il nuovo dizionario di Tedesco

DIZIONARIO | GROSSWÖRTERBUCH
TEDESCO-ITALIANO | DEUTSCH-ITALIENISCH
ITALIANO-TEDESCO | ITALIENISCH-DEUTSCH

a cura di Luisa Giacoma
e Susanne Kolb

Seconda edizione

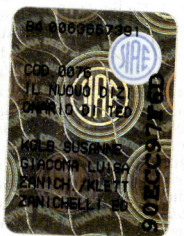

ZANICHELLI Klett PONS

© 2009 Zanichelli editore s.p.a. Bologna & PONS GmbH, Stuttgart.
[7768]

Il piano dell'opera è stato elaborato da Luisa Giacoma, Susanne Kolb e dalle Redazioni lessicografiche Zanichelli con la collaborazione della redazione PONS.

Questa opera è una banca dati costituita ai sensi dell'art. 102 bis della L. 633/1941 da Zanichelli editore s.p.a. I diritti di elaborazione in qualsiasi forma o opera, di memorizzazione anche digitale, su supporti di qualsiasi tipo (inclusi magnetici e ottici), di riproduzione e di adattamento totale o parziale con qualsiasi mezzo (compresi i microfilm e le copie fotostatiche), i diritti di noleggio, di prestito e di traduzione sono riservati per tutti i paesi. L'acquisto della presente copia dell'opera non implica il trasferimento dei suddetti diritti né li esaurisce.

Questo dizionario accoglie anche parole che sono – o si pretende che siano – marchi registrati, senza che ciò implichi alcuna valutazione del loro reale stato giuridico; nei casi obiettivamente noti all'editore, comunque, il lemma è seguito dal simbolo ®.

Nel contratto di cessione è esclusa, per biblioteche, istituti di istruzione, musei ed archivi, la facoltà di cui all'art. 71-ter legge diritto d'autore.

Seconda edizione (2009)

Tedesco-Italiano *a cura di* Susanne Kolb *con la collaborazione di* Paolo Scotini; *Indicazioni di pronuncia*: Markus Köhler, Wieland Eins (Multimedia-Sprachlabor, Universität Bamberg) *con il coordinamento di* Carlo Milan; **Italiano-Tedesco** *a cura di* Luisa Giacoma *con la collaborazione di* Adriana Hösle Borra; **Appendici**: Federica Loreggian; *Revisione appendici grammaticali*: Marisa Silvestri; *Corrispondenza*: Claudia Bathelt, Anna Ferraris-Kriis, Sara Loppo; **Carte geografiche**: LS International Cartography s.n.c.
Redazione Zanichelli: Carlotta Biancani, Alessandra Stefanelli
Revisione nuova ortografia: Viviana Nosilia
Collaborazioni redazionali: Tobias Briest, Valentina Galmuzzi, Andrea Garetto; *Correzione e riscontro bozze*: PAGE, Viviana Nosilia
Atlante dei colori a cura di Simona Fantetti e Claudia Petracchi, Graphiter, Roma; *Traduzione delle tavole a colori*: Eva Wiesmann
Edizione in cd-rom a cura di Marco Brazzali, Roberto Cagol; Emanuela Betti Motter, Elisabetta Marin, I.CO.GE Informatica s.r.l., Trento
I dati relativi alla flessione della lingua tedesca sono stati forniti da

canoo

Canoo Engineering AG, Kirschgartenstr. 5
CH-4051 Basel (http://www.canoo.net)
Revisione della flessione: Elisa Cazzola, Dima Logic s.a.s., Manja Finnberg
Revisione della Guida all'uso del cd-rom: Federica Mascagni
Traduzione della Guida all'uso del cd-rom: Markus Köhler
Elaborazione automatica dei testi, progetto grafico, composizione: Marco Brazzali, Roberto Cagol, Emanuela Betti Motter, Elisabetta Marin, Mara Tasin, I.CO.GE Informatica s.r.l., Trento
Impaginazione delle appendici: Exegi s.n.c.
Copertina: Miguel Sal (*progetto grafico e ideazione*); Exegi s.n.c. (*realizzazione*); Veronica Vannini (*redazione*)
Supporto al rinnovamento delle soluzioni grafiche: Progetti Nuovi – Milano: Annamaria Testa, Paolo Rossetti, Bianca Maria Biscione
Progetto grafico delle pagine interne: Marco Brazzali *con la collaborazione di* Remigio Decarli
Coordinamento di montaggi, stampa e confezione: Stefano Bulzoni, Massimo Rangoni

Prima edizione (2001)

Tedesco-Italiano *a cura di* Susanne Kolb *con la collaborazione di* Karin Stephan; *Stesura*: Karin Stephan, Uta Grabowski, Elisabeth Weitkämper-Collini, Gesche Elsholz, Maria Grazia Chiaro, Monika Elisabeth Lustig; *Traduzione*: Alessandra Baracchi, Paolo Scotini, Roberta Bergamaschi, Antonio Gelsomino, Simonetta Sagliocca, Giuseppe Foselli, Lucina Sapienza, Eva Wiesmann (*accezioni giuridiche*), Giuseppina Mancini (*accezioni di informatica*); *Revisione*: Karin Stephan, Alessandra Baracchi, Adriana Hösle Borra, Uta Grabowski, Paolo Scotini, Julia Katharina Reichert, Heiko Hans Schoberwalter, Maria Grazia Chiaro
Italiano-Tedesco *a cura di* Luisa Giacoma *con la collaborazione di* Silvia Verdiani; Per la preparazione della sezione Italiano-Tedesco ci si è valsi anche del *Dizionario francese-italiano* di Raoul Boch con la collaborazione di Carla Salvioni; *Stesura*: Silvia Verdiani, Giovanna Ronco, Paola Banino, Maria Grazia Chiaro; *Traduzione*: Adriana Hösle Borra, Norbert Bickert, Gerhard Friedrich, Dina Krause, Eva Wiesmann (*accezioni giuridiche*), Angela Maria Palmieri, Paola Pizzini; *Revisione*: Silvia Verdiani, Adriana Hösle Borra, Norbert Bickert, Sabine Müller, Uta Grabowski
Redazione Zanichelli: Marcus Köhler, Alessandra Stefanelli, *con la collaborazione di* Roberta Balboni; *Redazione PONS Gmbh*: Federica Loreggian; *Preparazione della banca dati*: Andrea Garetto, Daniela Saglia; *Correzione e riscontro bozze*: Il Nove, Lalinea

Chiusura redazionale: *marzo 2009*
Ristampa
6 5 4 3   2011 2012 2013 2014 2015
Stampa: L.E.G.O. S.p.A. Stabilimento di Lavis (TN)
Per segnalazioni o suggerimenti relativi a quest'opera, scrivere a:
Zanichelli editore – Redazioni Lessicografiche
Via Irnerio 34 – 40126 Bologna
fax 051 249782 (from abroad: +39 051 249782)
e-mail: lineacinque@zanichelli.it
Visitate il sito www.zanichelli.it e, per i dizionari e le altre opere di consultazione, http://dizionari.zanichelli.it, dove troverete il catalogo completo e molte iniziative.

© 2009 Zanichelli editore s.p.a. Bologna & PONS GmbH, Stuttgart.
[7768]

Die Übersetzung, die Datenbank, die Reproduktion und teilweise oder vollständige Umarbeitung des Textes mit jedwedem technischen Hilfsmittel (einschließlich Mikrofilmen und Fotokopien) sind in allen Ländern urheberrechtlich geschützt.

Warenzeichen, Marken und gewerbliche Schutzrechte

Wörter, die unseres Wissens eingetragene Warenzeichen oder Marken oder sonstige gewerbliche Schutzrechte darstellen, sind als solche – soweit bekannt – gekennzeichnet. Die jeweiligen Berechtigten sind und bleiben Eigentümer dieser Rechte. Es ist jedoch zu beachten, dass weder das Vorhandensein noch das Fehlen derartiger Kennzeichnungen die Rechtslage hinsichtlich dieser gewerblichen Schutzrechte berührt.

Das Projekt wurde von Luisa Giacoma, Susanne Kolb und der Wörterbuchredaktion des Zanichelli Verlags in Zusammenarbeit mit PONS GmbH entwickelt.

Zweite Auflage (2009)

Deutsch-Italienisch *hrsg. von* Susanne Kolb *unter Mitwirkung von* Paolo Scotini
Ausspracheangaben: Markus Köhler, Wieland Eins (Multimedia-Sprachlabor, Universität Bamberg) *unter Koordination von* Carlo Milan
Italienisch-Deutsch *hrsg. von* Luisa Giacoma *unter Mitwirkung von* Adriana Hösle Borra
Anhänge: Federica Loreggian
Revision der Grammatikanhänge: Marisa Silvestri
Musterbriefe: Claudia Bathelt, Anna Ferraris-Kriis, Sara Loppo
Landkarten: LS International Cartography s.n.c.
Redaktion Zanichelli: Carlotta Biancani, Alessandra Stefanelli
Revision der Rechtschreibung: Viviana Nosilia
Redaktionelle Mitwirkung: Tobias Briest, Valentina Galmuzzi, Andrea Garetto
Durchsicht der Druckfahnen: PAGE, Viviana Nosilia
Farbatlas von Simona Fantetti *und* Claudia Petracchi, Graphiter, Roma
Übersetzung der Abbildungen: Eva Wiesmann
Grafische Gestaltung, Erstellung der Datenbank und Textkomposition: Marco Brazzali, Roberto Cagol, Emanuela Betti Motter, Elisabetta Marin, Mara Tasin, I.CO.GE Informatica s.r.l., Trento
Layout der Anhänge: Exegi s.n.c.
Einbandgestaltung: Schmidt & Dupont, Stuttgart; *Logoentwurf*: Erwin Poell, Heidelberg; *Logoüberarbeitung*: Sabine Redlin, Ludwigsburg
Grafische Gestaltung der Innenseiten: Marco Brazzali *unter Mitwirkung von* Remigio Decarli
Beaufsichtigung des Druckvorgangs und der Verpackungsherstellung: Stefano Bulzoni, Massimo Rangoni

Erste Auflage (2001)

Deutsch-Italienisch *hrsg. von* Susanne Kolb *unter Mitwirkung von* Karin Stephan
Bearbeitung: Karin Stephan, Uta Grabowski, Elisabeth Weitkämper-Collini, Gesche Elsholz, Maria Grazia Chiaro, Monika Elisabeth Lustig
Übersetzung: Alessandra Baracchi, Paolo Scotini, Roberta Bergamaschi, Antonio Gelsomino, Simonetta Sagliocca, Giuseppe Foselli, Lucina Sapienza, Eva Wiesmann (*juristische Terminologie*), Giuseppina Mancini (*Computersprache*)
Revision: Karin Stephan, Alessandra Baracchi, Adriana Hösle Borra, Uta Grabowski, Paolo Scotini, Julia Katharina Reichert, Heiko Hans Schoberwalter, Maria Grazia Chiaro
Italienisch-Deutsch *hrsg. von* Luisa Giacoma *unter Mitwirkung von* Silvia Verdiani
Zur Erstellung des italienisch-deutschen Teils wurde das Wörterbuch Französisch-Italienisch von Raoul Boch in Zusammenarbeit mit Carla Salvioni verwendet
Bearbeitung: Silvia Verdiani, Giovanna Ronco, Paola Banino, Maria Grazia Chiaro
Übersetzung: Adriana Hösle Borra, Norbert Bickert, Gerhard Friedrich, Dina Krause, Eva Wiesmann (*juristische Terminologie*), Angela Maria Palmieri, Paola Pizzini
Revision: Silvia Verdiani, Adriana Hösle Borra, Norbert Bickert, Sabine Müller, Uta Grabowski
Redaktion Zanichelli: Marcus Köhler, Alessandra Stefanelli, *in Zusammenarbeit mit* Roberta Balboni
Redaktion PONS GmbH: Federica Loreggian
Sprachdatenverarbeitung: Andrea Garetto, Daniela Saglia
Durchsicht der Druckfahnen: Il Nove, Lalinea

2. Auflage: *März 2009*

PONS Produktinfos und Shop: www.pons.de
E-mail: info@pons.de
Onlinewörterbuch: www.pons.eu

Nachdruck:
6 5 4 3   2011 2012 2013 2014 2015

Druck: L.E.G.O. S.p.A., Lavis (TN)

ISBN 978-3-12-517312-5

Die Schweiz - Österreich

Italia

SOMMARIO / *INHALTSANGABE*

pag.	4	Presentazione	Seite 5	Vorwort
	6-8	Guida grafica	6-8	Graphische Gebrauchsübersicht
	9-11	Guida all'uso del dizionario	12-14	Erklärungen zum Gebrauch des Wörterbuches
	15-16	Abbreviazioni	15-16	Abkürzungen
	19-1398	*Dizionario Tedesco Italiano*	19-1398	*Wörterbuch Deutsch-Italienisch*
	1401-2574	*Dizionario Italiano Tedesco*	1401-2574	*Wörterbuch Italienisch-Deutsch*

Appendici / *Anhänge*

- 2575 — I. Breve grammatica della lingua tedesca / I. Deutsche Kurzgrammatik
- 2590 — II. Breve grammatica della lingua italiana / II. Italienische Kurzgrammatik
- 2604 — III. Verbi / III. Verben
  - 2604 — 1. Gli ausiliari *sein, haben* e *werden* / 1. Die Hilfsverben *sein, haben* und *werden*
  - 2604 — 2. I verbi modali / 2. Die Modalverben
  - 2606 — 3. I verbi regolari (verbi deboli) / 3. Die regelmäßigen Verben (schwache Verben)
  - 2608 — 4. Modelli di coniugazione dei verbi irregolari (verbi forti) / 4. Konjugationsmuster der unregelmäßigen Verben (starke Verben)
  - 2609 — 5. I verbi irregolari tedeschi / 5. Die unregelmäßigen deutschen Verben
  - 2611 — 6. Le forme più importanti del Konjunktiv II / 6. Die wichtigsten Formen des Konjunktivs II
  - 2611 — 7. Gli ausiliari *essere* e *avere* / 7. Die Hilfsverben *essere* und *avere*
  - 2612 — 8. I verbi servili *dovere, potere* e *volere* / 8. Die Modalverben *dovere, potere* e *volere*
  - 2612 — 9. I verbi regolari italiani / 9. Die regelmäßigen italienischen Verben
  - 2613 — 10. I verbi irregolari italiani / 10. Die unregelmäßigen italienischen Verben
- 2617 — IV. Corrispondenza / IV. Musterbriefe
  - 2617 — 1. Forme utili per la corrispondenza / 1. Korrespondenzbezogene Wendungen
  - 2618 — 2. Corrispondenza privata / 2. Privatkorrespondenz
  - 2629 — 3. Corrispondenza commerciale / 3. Geschäftskorrespondenz
- 2639 — V. Numeri e misure / V. Zahlen und Maße
- 2641 — Tavole illustrate bilingue / Abbildungen

PRESENTAZIONE

Nel corso dell'ultimo ventennio la lingua tedesca ha vissuto una profonda evoluzione non solo per effetto della riforma ortografica entrata in vigore nel 1998 e delle sue successive modifiche (l'ultima delle quali nel 2006), ma soprattutto per la nascita di nuove parole e locuzioni per via dei grandi cambiamenti politici, economici e sociali che hanno caratterizzato questi anni. In seguito a scambi culturali, scientifici e commerciali, il tedesco ha inglobato per secoli parole straniere. Mentre in passato prevalevano i latinismi (*Familie*, *Professor*), i francesismi (*Portier*, *Portmonee*) e, soprattutto in ambito artistico-musicale e bancario, gli italianismi (*adagio*, *Fresko*, *Oper*, *Konto*), oggi entrano nell'uso quotidiano della lingua tedesca soprattutto termini inglesi, legati specialmente all'informatica (*online*), alla musica (*Label*) e al linguaggio giovanile (*cool*). Allo stesso tempo gran parte del lessico della ex RDT, a vent'anni dalla riunificazione delle due Germanie, non è sopravvissuto; termini legati alla trasformazione politica (*Republikflüchtling*) culminata nella caduta del muro (*Mauerfall*) hanno acquisito un significato storico. Sono invece scomparse dall'uso comune le parole che avevano forti connotazioni politiche o ideologiche (*Kollektiv*).

L'intreccio fra le parole di una lingua può essere paragonato a un gigantesco *puzzle*: ogni tessera corrisponde a una parola e si può combinare con altre. I dizionari per lo più descrivono con puntigliosa precisione ogni singola tessera; spesso sono invece carenti le informazioni che più interessano il lettore su come le tessere possono (o debbono) essere combinate fra loro. Il principale elemento che caratterizza il **Nuovo dizionario di Tedesco** è che, al già difficile compito di descrivere correttamente ogni tessera, ne aggiunge un altro di grande utilità: per ogni parola è infatti posto in evidenza il modo in cui essa si combina con le altre a seconda dei vari contesti e significati. Sono così state registrate in ogni voce le **strutture grammaticali**, paragonabili ai bordi delle tessere del *puzzle*, che permettono certe combinazioni ma non altre. I **collocatori** invece segnalano le più importanti fra le tessere del *puzzle* che si possono unire al lemma in un legame privilegiato: ad esempio, al verbo *girare* nell'accezione di "voltare" avremo la *pagina* e la *testa*, mentre nell'accezione di "percorrere" troveremo la *città* e l'*isola*.

Il **Nuovo dizionario di Tedesco** registra numerosi nuovi lemmi, anche provenienti da settori in cui è più vivace l'innovazione linguistica, come i nuovi media, Internet e la telefonia (*bloggen*, *Fotohandy*, *simsen*), la scienza, la medicina e la tecnica (*Genmais*, *Palliativmedizin*, *Nanotechnologie*, *GPS-Gerät*), l'economia e la finanza (*Produktmanagement*, *fairer Handel*, *Abgeltungssteuer*), la politica, il settore istituzionale e giuridico (*EU-Osterweiterung*, *Nichtregierungsorganisation*, *Embryonenschutz*), l'ambiente e l'ecologia (*Biokraftstoff*, *Nachhaltigkeit*, *Windpark*), ecc. Lasciano le loro tracce nella lingua anche i mutamenti sociopolitici, ad esempio relativi alla nascita di una società multiculturale (*Deutschtürke*, *Döner*, *Multikulti*), a nuovi stili di vita, alla famiglia, al lavoro e al tempo libero (*Patchworkfamilie*, *Coaching*, *Prekariat*, *Billigflieger*).
Sono inoltre presenti nel lemmario tutte le forme femminili di aggettivi e sostantivi e le sigle più frequenti che vengono usate sui giornali e in televisione, e che possono costituire per i meno esperti un ostacolo alla comprensione dei testi.

Il **Nuovo dizionario di Tedesco** fornisce un repertorio, il più possibile completo, del tedesco e dell'italiano d'oggi: infatti, pur non trascurando la loro dimensione letteraria e scritta, molto spazio è stato dedicato alla lingua moderna e alle sue forme parlate, illustrate con numerosi esempi di uso comune; è stato registrato, per quanto possibile, anche il mutevole linguaggio giovanile. Sia il lemmario tedesco che quello italiano accolgono al loro interno le varianti elvetiche, austriache e regionali di molti vocaboli: accanto a *Fahrrad* è presente l'equivalente svizzero *Velo*, accanto a *Erkältung* quello in uso nel sud della Germania, in Svizzera e in Austria *Verkühlung*, accanto a *passeggiata* anche il meridionale *struscio*, accanto a *scopa* il toscano *granata*. Il dizionario è completamente aggiornato secondo le nuove regole ortografiche, comprese le ultime modifiche del 2006. Nella sezione tedesca vi sono anche le forme vecchie con il rimando a quelle nuove.

All'utente più esperto il dizionario può offrire, oltre al sistema delle strutture e dei collocatori, un prezioso strumento sia per la traduzione che per la produzione di testi in lingua straniera, fornendo in molti casi più traduzioni di uno stesso esempio o più traducenti di un singolo lemma (per esempio il nome botanico e quello popolare di una pianta o il termine medico e quello familiare di una malattia). Il lettore potrà orientarsi con sicurezza all'interno della rosa di traducenti proposti, grazie alle numerose indicazioni di limiti d'uso presenti sia al lemma che ai traducenti. Essi evidenziano le divergenze dalla lingua standard e sono molto utili per esprimersi con proprietà.

L'opera è anche consultabile su CD-ROM attraverso diverse modalità di ricerca, come la ricerca per lemma o la ricerca avanzata su campi specifici (tutto testo, traducenti, collocatori, etc.). Novità assoluta nella lessicografia tedesco-italiana – grazie al contributo di Sandro Pedrazzini e alla collaborazione con la società Canoo di Basilea, specializzata in linguistica computazionale – è l'introduzione dei quadri di flessione del tedesco, irrinunciabile strumento per gli studenti. Avremo quindi per ogni sostantivo l'intera declinazione al singolare e al plurale nei quattro casi, per ogni verbo tutte le sue forme coniugate ai tempi semplici e per ogni aggettivo la tabella di declinazione per tutti i generi, i casi e i gradi.

Desideriamo esprimere qui la nostra gratitudine all'*équipe* di lessicografi e revisori che hanno curato l'opera in un paziente lavoro durato molti anni. I nomi dei collaboratori sono elencati nella pagina dei crediti con il ruolo svolto da ciascuno di essi. Un ringraziamento particolare va a Luisa Giacoma e Susanne Kolb che hanno elaborato insieme agli editori il progetto dell'opera, e hanno coordinato e rivisto il lavoro di stesura e di aggiornamento delle due sezioni: Susanne Kolb la sezione Tedesco-Italiano e Luisa Giacoma la sezione Italiano-Tedesco.

Anche questa seconda edizione del **Nuovo dizionario di Tedesco** è frutto della lunga e proficua collaborazione fra le case editrici Zanichelli e Klett, che, con un congiunto sforzo editoriale, hanno potuto pubblicare il dizionario in Italia e in Germania.

Ci auguriamo di avere anche con questa nuova edizione un positivo riscontro da parte dei lettori e ringraziamo fin d'ora coloro che vorranno segnalarci eventuali manchevolezze o errori.

gli Editori

VORWORT

Im Laufe der letzten zwei Jahrzehnte hat sich die deutsche Sprache entscheidend weiterentwickelt, nicht nur aufgrund der im Jahre 1998 in Kraft getretenen und zuletzt 2006 nochmals überarbeiteten Rechtschreibreform, sondern vor allem durch die Prägung zahlreicher neuer Wörter und Wendungen, die die politischen, wirtschaftlichen und gesellschaftlichen Veränderungen dieser Jahre widerspiegeln. Infolge des Kontaktes mit anderen Sprachen – auf kultureller, wissenschaftlicher und wirtschaftlicher Ebene – hat das Deutsche über Jahrhunderte hinweg Wörter aus anderen Sprachen entlehnt. Waren es früher eher Latinismen (*Familie*, *Professor*), Gallizismen (*Portier*, *Portmonee*) und insbesondere künstlerisch-musikalischen Bereich und im Bankwesen sich durchsetzende Italianismen wie (*adagio*, *Fresko*, *Oper*, *Konto*), die in die deutsche Sprache eindrangen, sind es heute überwiegend Ausdrücke englischen Ursprungs aus der Informatik (*online*), der Gegenwartsmusik (*Label*) und der Jugendsprache (*Date*), die in die deutsche Alltagssprache übernommen werden. Zwanzig Jahre nach der Wiedervereinigung der beiden deutschen Staaten hat ein Großteil des Wortschatzes der ehemaligen DDR nicht überlebt. Historische Bedeutung erlangten dagegen Begriffe wie *Republikflüchtling*, Zeugen einer politischen Übergangsphase, die in dem ein neues Zeitalter einläutenden *Mauerfall* gipfelte. Völlig aus dem normalen Sprachgebrauch verschwunden sind Wörter mit stark politischer oder ideologischer Konnotation wie *Kollektiv*.

Das Flechtwerk, das die Wörter einer Sprache untereinander verbindet, kann mit einem riesigen Puzzle verglichen werden; jedes Teil entspricht einem Wort, das mit anderen kombiniert werden kann. Die Wörterbücher beschreiben meist mit aller Gründlichkeit jedes einzelne dieser Puzzleteile, vernachlässigen jedoch oft für den Benutzer wichtige Angaben, nämlich wie die einzelnen Teile miteinander verknüpft werden können oder müssen. Über die traditionelle Beschreibung der einzelnen Elemente hinaus geben die Einträge im **Großwörterbuch** dem Benutzer äußerst nützliche und hilfreiche Informationen darüber an die Hand, wie das betreffende Wort mit anderen kombiniert werden kann und je nach Kontext eine andere Bedeutung erhält. Zu diesem Zwecke werden die **grammatikalischen Konstruktionen** eines jeden Wortes, die mit den Rändern eines Puzzleteils vergleichbar sind, besonders hervorgehoben; sie zeigen an, welche Kombinationen möglich sind und welche nicht. Die sogenannten **Kollokatoren** wiederum stehen für die Puzzleteile, die sich bevorzugt mit dem Stichwort verbinden. Bei dem Verb *girare* in der Bedeutung "voltare" werden zum Beispiel die Kollokatoren *pagina* und *testa* angeführt, in der Bedeutung "percorrere" die Kollokatoren *città* und *isola*.

Die Neuauflage des **Großwörterbuches** verzeichnet eine große Anzahl neuer Wörter, u. a. aus Bereichen, in denen Neuschöpfungen an der Tagesordnung sind; man denke nur an die neuen Medien, ans Internet und die Telefonie (*bloggen*, *Fotohandy*, *simsen*), an Wissenschaft, Medizin und Technik (*Genmais*, *Palliativmedizin*, *Nanotechnologie*, *GPS-Gerät*), an die Welt der Wirtschaft und der Finanz (*Produktpiraterie*, *fairer Handel*, *Abgeltungssteuer*), der Politik, der Institutionen und des Rechtswesens (*EU-Osterweiterung*, *Nichtregierungsorganisation*, *Embryonenschutz*) sowie im Umwelt- und Klimaschutz (*Biokraftstoff*, *Nachhaltigkeit*, *Windpark*). Spuren in der Sprache hinterlassen auch soziopolitische Wandlungsprozesse wie das Entstehen einer multikulturellen Gesellschaft (*Deutschtürke*, *Döner*, *Multikulti*) und neuer Lebensstile als auch veränderter Arbeits- und Freizeitformen (*Patchworkfamilie*, *Coaching*, *Prekariat*, *Billigflieger*). Außerdem wurden in den Lemmabestand alle weiblichen Substantiv- und Adjektivformen aufgenommen, dazu besonders in der Presse und im Fernsehen gebräuchliche Abkürzungen und Kurzwörter, die den weniger mit der Sprache Vertrauten Verständnisschwierigkeiten bereiten können.

Das **Großwörterbuch** bietet demnach ein so gut wie vollständiges Repertoire der modernen deutschen und italienischen Sprache. Ohne die Literatur- und Schriftsprache des Deutschen und des Italienischen zu vernachlässigen, wird hier der durch zahlreiche Beispiele aus dem lebendigen Sprachgebrauch veranschaulichten Gegenwarts- und Umgangssprache viel Raum gegeben; im Rahmen des Möglichen wird auch der sich ständig verändernden Jugendsprache Rechnung getragen. Sowohl im italienischen als auch im deutschen Teil sind regionale, österreichische und schweizerische Wörter und Wendungen berücksichtigt: Neben *Fahrrad* ist das in der Schweiz übliche *Velo* verzeichnet, neben *Erkältung* das in Süddeutschland, in der Schweiz und in Österreich verwendete Wort *Verkühlung*, neben *passeggiata* das süditalienische *struscio*, neben *scopa* die toskanische Variante *granata*. Das Wörterbuch folgt den Regeln der neuen amtlichen Rechtschreibung einschließlich der letzten Änderungen von 2006. Im deutsch-italienischen Teil werden auch alle alten Formen mit einem Verweis auf die neue Schreibweise aufgeführt.

Dem fortgeschrittenen Benutzer erschließt dieses Wörterbuch nicht nur wertvolle Informationen über grammatikalische Konstruktionen und mögliche Kollokatoren. Darüber hinaus erweist es sich auch als wichtiges Hilfsmittel beim Übersetzen sowie beim Produzieren von fremdsprachlichen Texten, denn in vielen Fällen werden verschiedene Übersetzungsmöglichkeiten eines Beispiels oder mehrere Äquivalente für ein Stichwort aufgezeigt (z. B. die botanische sowie die volkstümliche Bezeichnung einer Pflanze oder der medizinische Fachterminus bzw. der umgangssprachliche Name einer Krankheit). Dank der vielen Sachgebiets- und Stilangaben, die sowohl das Stichwort der Ausgangssprache als auch dessen Äquivalente in der Zielsprache näher bestimmen, kann der Benutzer leichter aus dem Spektrum der vorgeschlagenen Übersetzungen die richtige auswählen. Diese Angaben kennzeichnen die von einer neutralen Sprachebene abweichenden Formen und sind überaus hilfreich für eine sprachlich stimmige Ausdrucksweise.

Das Werk erscheint auch als CD-ROM, die diverse Suchfunktionen wie z. B. Stichwortsuche und erweiterte Suche mit verschiedenen Optionen (Volltextsuche, Abfrage von Äquivalenten, Kollokatoren etc.) vorsieht. Als absolutes Novum in der deutsch-italienischen Lexikografie wurden, dank des Beitrags von Sandro Pedrazzini und der Zusammenarbeit mit dem Basler Unternehmen für Computerlinguistik Canoo, Flexionstabellen für das Deutsche eingeführt, die ein unverzichtbares Hilfsmittel für den Deutschlernenden darstellen. Jedes einzelne Substantiv wird im Singular und im Plural und in allen vier Fällen dekliniert, jedes Verb in den einfachen Zeitformen konjugiert und jedes Adjektiv mit den entsprechenden Deklinationstabellen für die verschiedenen grammatischen Geschlechter, Fälle und Steigerungsformen vorgestellt.

Wir möchten es auch diesmal nicht versäumen, dem Team von Lexikografen und Revisoren zu danken, die dieses Werk in steter, langjähriger Arbeit erstellt haben. Die einzelnen Mitarbeiter sind namentlich erwähnt, ihre jeweilige Rolle verdeutlicht. Unser besonderer Dank gilt Luisa Giacoma und Susanne Kolb, die das Projekt in Zusammenarbeit mit den Verlagen konzipiert haben und für die Koordinierung der Mitarbeiter und die Revision und Aktualisierung der Einträge verantwortlich zeichnen, Susanne Kolb für den deutsch-italienischen und Luisa Giacoma für den italienisch-deutschen Teil.

Auch diese zweite Auflage des **Großwörterbuches Deutsch-Italienisch/Italienisch-Deutsch** ist das Ergebnis der langen und fruchtbaren Zusammenarbeit zwischen den Verlagshäusern Zanichelli und Klett, die dank ihres gemeinsamen Engagements jetzt dieses Werk in Italien und in Deutschland vorlegen können.

Wir hoffen, dass auch diese neue Auflage bei der Leserschaft ebenso großen Anklang findet wie schon die Erstausgabe und sind dankbar für Hinweise auf eventuelle Mankos und Fehler.

Die Verleger

GUIDA GRAFICA ALLA CONSULTAZIONE / *GRAFISCHE GEBRAUCHSÜBERSICHT*

Aktion <-, -en> f **1** (*Handlung*) azione f, iniziativa f: **eine militärische ~ starten**, dare il via a un'azione militare; **eine ~ für den Frieden**, un'iniziativa per la pace **2** (*Werbeaktion*) campagna f (pubblicitaria) **3** <nur sing> geh (*das Handeln*) azione f **4** sport azione f ● **voll in ~ sein**, essere in piena attività; **in ~ treten** {Person}, entrare in azione; {Alarmanlage}, entrare in funzione.

- Stichwort
- grammatikalische Angaben
- Angabe der Flexion eines Stichwortes
- Beispiel und Übersetzung des Beispiels
- Genus der Übersetzung
- Übersetzungen

augurio <-ri> m **1** (*desiderio*) {+guarigione, prosperità}/Wunsch m **2** (*presagio*) Vorzeichen n, Omen n, Vorbedeutung f: **essere di buon/cattivo ~**, ein gutes/schlechtes Omen sein, ein gutes/böses Vorzeichen sein **3** (*responso divinatorio*) {+indovino} Wahrsagung f **4** (*voto di felicità, benessere*) Glückwunsch m: **ti/Le faccio i miei migliori auguri per l'Anno Nuovo**, ich wünsche dir/Ihnen alles Gute zum neuen Jahr; **auguri per gli esami!**, alles Gute für die Prüfungen!; **fare gli auguri a qu**, jdm gratulieren; **auguri di felicità!**, viel Glück!; **tanti auguri di Buon Natale e Felice Anno Nuovo**, frohe Weihnachten und ein glückliches neues Jahr; **mi ha mandato gli auguri di Pasqua**, er/sie hat mir Osterglückwünsche geschickt; **auguri per la Sua salute!**, alles Gute für Ihre Gesundheit!; **tanti auguri!**, herzlichen Glückwunsch!; **auguri di buon viaggio!**, gute Reise!

- lemma
- indicazione di forma flessa e di desinenze della flessione
- categoria grammaticale
- traducenti
- indicazione del genere del traducente
- esempio e traduzione dell'esempio

alternativ [A] adj **1** (*zwei Möglichkeiten lassend*) {Idee, Lösung, Modelle, Vorschlag} alternativo **2** (*vom bisher Üblichen abweichend*) {Ernährungsweise, Politik} alternativo; {Medizin} auch dolce: **~es Theater**, teatro off/alternativo **3** (*umweltfreundlich*) {Leben, Produktionsverfahren} alternativo; {Obstbau} biologico [B] adv {Leben} in modo alternativo.

- Buchstaben kennzeichnen die Wortarten und die Gliederung der Verben
- arabische Zahlen kennzeichnen die verschiedenen Bedeutungen eines Stichwortes

apparenza [A] f **1** (*ciò che sembra*) (An)schein m: **l'~ delle cose**, der Schein der Dinge; **a giudicare dall'~**, dem Anschein nach zu urteilen **2** (*aspetto*) Äußere n decl come agg, Aussehen n, Erscheinung f: **avere una bella/brutta ~**, schön/hässlich aussehen **3** fig <di solito al pl> fig (*forma*) Schein m: **badare alle apparenze**, die Form wahren, auf das Äußere achten/[Wert legen]; **salvare le apparenze**, den Schein wahren [B] loc avv **1** (*a prima vista*): **in ~**, dem Anschein nach **2 all'~** anscheinend ● **essere tutto ~** (*e non sostanza*), leerer/bloßer Schein sein; **l'~ inganna** prov, der Schein trügt.

- le lettere alfabetiche indicano diverse categorie grammaticali
- i numeri arabi indicano diverse accezioni del lemma
- il pallino blu precede la sezione relativa a: fraseologia esemplificativa, locuzioni idiomatiche e proverbi
- der blaue Punkt leitet den Abschnitt ein, der Phraseologie, idiomatische Redewendungen und Sprichwörter enthält

auf|sitzen <irr> itr **1** <sein> (*sich auf ein Pferd setzen*) montare ₁a cavallo₁/[in sella]; (*auf ein Motorrad*) salire, montare: **aufgesessen!**, a cavallo!, in sella! **2** <haben> (*auf etw ruhen*) **auf etw** (dat) **~** {Gebälk auf Trägern} poggiare su qc **3** <haben> fam (*aufgerichtet sitzen*) (**in etw** dat) **~** {Im Bett} stare seduto (-a) (in qc) **4** <haben> naut (*festsitzen*) (**auf etw** dat) **~** essersi incagliato: **das Schiff sitzt auf einer Sandbank auf**, la nave si è

...

- Kennzeichnung trennbarer Vorsilben
- entsprechendes Hilfsverb
- die Kollokatoren geben typische Subjekte, Objekte und Genitivergänzungen an
- Angaben zur Rektion
- grammatikalische Konstruktion

indicazione di prefisso separabile	**arretràre** A tr <avere> (mandare indietro) ~ **qu/qc** {TRUPPE} jdn/etw zurück|ziehen; {FERMATA DELL'AUTOBUS} etw zurück|setzen	
i collocatori indicano soggetto, oggetto, genitivo tipico, ecc.	B itr <essere> **1** (retrocedere) zurück|treten, zurück|weichen, zurück|gehen: **l'acqua arretrava a poco a poco**, das Wasser ging allmählich zurück/[fiel allmählich]; **arretrai di un metro**, ich trat einen Meter zurück; **arretrammo di fronte al pericolo**, wir wichen/schreckten vor der Gefahr zurück	
ausiliare del verbo		
struttura grammaticale	**2** fig (cambiare idea) ~ **da qc** {DAL PENSIERO, DALLA POSIZIONE PRESA} **von etw** (dat) ab|gehen, von etw (dat) ab|rücken: **non intendo arretrare di un millimetro dalle mie decisioni**, ich beabsichtige nicht, auch nur einen Millimeter von meinen Entscheidungen abzugehen/abzurücken.	
indicazione di reggenza		

lemmi omografi	**Amerikaner**① <-s, -> m gastr "pastina f rotonda con glassa di zucchero". **Amerikaner**② <-s, -> m (**Amerikanerin** f) americano (-a) m (f).	Homographe

	Agent <-en, -en> m (**Agentin** f) **1** pol (Spion) agente mf segreto (-a), spia f: **einen ~en enttarnen**, scoprire una spia **2** (Vermittler) {+KÜNSTLER, SCHAUSPIELER} agente mf **3** obs (Vertreter) agente mf, rappresentante mf.	Angabe des Femininums
indicazione del femminile	**amministratóre**, (**-trice**) m (f) (responsabile) {+SOCIETÀ} Verwalter(in) m (f): ~ **delegato**, Vorsitzende m decl come agg des Verwaltungsrates/[Geschäftsführer] m (einer Aktiengesellschaft) ● ~ **di rete** inform, Systemverwalter m.	

nella sezione tedesco italiano la linea sotto una vocale indica che la vocale è lunga, il punto che la vocale è breve	**April** <-(s), -e> m aprile m ● ~, ~! fam, pesce d'aprile!; **jdn in den ~ schicken**, fare un pesce d'aprile a qu fam; → auch **September**. **afosità** <-> f Schwüle f.	im deutsch-italienischen Teil werden lange Vokale durch einen Strich, kurze Vokale durch einen Punkt gekennzeichnet
nella sezione italiano tedesco la pronuncia sonora della s e della z è segnalata da un punto al di sotto del carattere; due punti indicano che la pronuncia può essere sorda o sonora	**ancora**② avv **1** (fino ad ora) bisher, noch: **non è ~ pronto**, er ist noch nicht fertig **2** (fino a quel momento) noch: **alle dieci di sera non era ~ arrivato**, um zehn Uhr abends war er noch nicht angekommen **3** (un'altra volta) noch einmal, nochmals: **proverò ~**, ich werde es noch einmal versuchen **4** (aggiunta) noch: **non sai tutto: c'è ~ dell'altro**, du weißt noch nicht alles, da gibt es noch etwas anderes; **ne vuoi ~ un po'?**, möchtest du noch ein wenig? **5** (perfino) sogar noch:	im italienisch-deutschen Teil steht ein Punkt unter einem s oder z, wenn diese stimmhaft ausgesprochen werden müssen, zwei Punkte, wenn diese sowohl stimmhaft als stimmlos sein können
nella sezione italiano tedesco l'accento acuto o grave segnala la pronuncia chiusa o aperta delle vocali	**oggi il dolce è ~ più buono di ieri**, heute ist der Kuchen sogar noch besser als gestern; **tu sei ~ più fortunato di me**, du hast sogar noch mehr Glück als ich.	im italienisch-deutschen Teil geben der Accent aigu und der Accent grave an, ob ein Vokal geschlossen oder offen ausgesprochen werden muss

indica la vecchia grafia delle parole tedesche	**Abriss**② (a.R. **Abriß**) <-es, -e> m (rias)sunto m, compendio m: **ein ~ der deutschen Literaturgeschichte**, un compendio di storia della letteratura tedesca.	alte Rechtschreibung eines Stichwortes

	alternativ A adj **1** (zwei Möglichkeiten lassend) {IDEE, LÖSUNG, MODELLE, VORSCHLAG} alternativo **2** (vom bisher Üblichen abweichend) {ERNÄHRUNGSWEISE, POLITIK} alternativo; {MEDIZIN} auch dolce: **~es Theater**, teatro off/alternativo **3** (umweltfreundlich) {LEBEN, PRODUKTIONSVERFAHREN} alternativo; {OBSTBAU} biologico B adv {LEBEN} in modo alternativo.	Bedeutungserklärung
spiegazione del significato dell'accezione	**avvedùto**, (-a) agg **1** (accorta) {DONNA, UOMO} umsichtig, besonnen **2** (furbo) schlau.	

7

	Auftrieb <-(e)s, ohne pl> m **1** (*Schwung*) spinta f, slancio m: jdm neuen ~ geben, dare nuovo slancio a qu; seine Arbeit hat dadurch einen ungeheuren ~ bekommen, il suo lavoro ne ha ricevuto una spinta enorme **2** *phys* spinta f aerostatica, portanza f **3** *ökon* slancio m, impulso m: die Maßnahmen der Regierung gaben der Wirtschaft neuen ~, i provvedimenti governativi hanno dato nuovo impulso all'economia **4** *agr* (*das Hinauftreiben*) {+VIEH} salita f ai pascoli ● *aerodynamischer* ~ *phys*, spinta aerodinamica; *aerostatischer* ~ *phys*, spinta aerostatica; *dynamischer* ~ *phys*, forza ascensionale dinamica; *hydrodynamischer* ~ *phys*, spinta idrodinamica; *hydrostatischer* ~ *phys*, spinta idrostatica/[di Archimede]; *statischer* ~ *phys*, forza ascensionale statica.	die Tilde ersetzt das jeweilige Stichwort oder einen nicht flektierten Teil desselben Stil- und Sachgebietsangaben Kennzeichnung von Alternativübersetzungen
limiti d'uso e indicazione di appartenenza a linguaggi specialistici la tilde sostituisce il lemma o la parte non flessa del lemma indicazione di traduzione alternativa		
	abbàglio <-*gli*> m **1** *rar* (*per troppa luce*) Blendung f **2** *fig* (*svista*) Versehen n: ho preso un ~, mir ist ein Versehen passiert/unterlaufen, ich habe einen Bock geschossen *fam*.	
rinvio ad altro lemma	**Arbeitsraum** m → **Arbeitszimmer**. **acquagym** → **aquagym**.	Verweis auf ein anderes Lemma
le varianti del lemma sono separate da una virgola	**Anschovis**, **Anchovis** <-, -> f *fisch* acciuga f, alice f. **auditòrio** <-*ri*>, **auditòrium** <-> m **1** (*sala per concerti*) Konzertsaal m; (*per registrazione*) Aufnahmestudio n **2** *radio* Senderaum m.	Lemmavarianten werden durch ein Komma getrennt
varianti regionali e nazionali	**Appel** <-s, Äppel> m *norddt* mela f ● für einen ~ und ein Ei *fam* {BEKOMMEN, KAUFEN, KRIEGEN, VERKAUFEN}, per un pezzo di pane/[quattro soldi]/[una sciocchezza] *fam*. **ab busseln** tr *bes*. A *fam* **jdn** ~ sbaciucchiare qu. **angùria** f *sett* (*cocomero*) Wassermelone f.	regionale und nationale Varianten
nomi di stato, città, persona	**Aachen** <-, ohne pl> n *geog* Aquisgrana f. **Andreas** m (*Vorname*) Andrea. **Argentina** f *geog* Argentinien n.	Personen- und Ortsnamen
forestierismi	**airbag** <-> m *ingl autom* Airbag m.	Fremdwörter
Quando una parola composta va a capo, il trattino di divisione viene ripetuto nella riga successiva	**abendlich** adj <attr> **1** (*abends stattfindend*) {BAD, DÄMMERUNG, NACHRICHTEN} della sera; {STILLE} *auch* serale: die -e Kühle, il fresco della sera; {KURS, VERANSTALTUNG} serale **2** (*dem Abend gemäß*) {KLEIDUNG, MAKE--UP} da sera.	bei Trennung eines Wortes mit Bindestrich am Zeilenende wird der Bindestrich zu Beginn der folgenden Zeile wiederholt
abbreviazione	**AKW** <-(s), -s> n *Abk von* Atomkraftwerk: centrale f atomica.	Abkürzung

GUIDA ALL'USO DEL DIZIONARIO

L'ORDINE ALFABETICO Nel lemmario tedesco ci sono le vocali *ä*, *ö* e *ü* che ai fini dell'ordinamento vengono considerate come le vocali semplici *a*, *o*, *u*, mentre *β* viene considerato come una doppia *s*. In caso di parole che si differenziano solo per queste lettere, la parola con *Umlaut* segue quella con vocale semplice, la parola con *β* quella con *ss*: **drucken**, **drücken**, **drückend**, **Drucker**, **Drücker**, **Druckerei**, ... Lo stesso discorso vale nel lemmario italiano per quanto riguarda le vocali accentate *à*, *è*, *é*, *ò*, *ù* e *ì* che vengono ordinate come se fossero prive di accento. Nelle coppie di lemmi che si distinguono solo per la presenza o meno dell'accento la parola accentata segue quella priva di accento: **papa**, **papà**, **papabile**, ...; **tabù**, **tabula rasa**, **tabulare**, ...

LA RIFORMA ORTOGRAFICA TEDESCA Il dizionario è completamente aggiornato secondo le nuove regole ortografiche, entrate definitivamente in vigore nel 1998 e modificate nel 2006. Per agevolare il lettore, le forme precedentemente in uso sono state inserite nel lemmario tedesco con l'indicazione a.R. (*alte Rechtschreibung von*, vecchia ortografia di) e il rimando a quelle attuali: **rad|fahren** a.R. *von* Rad fahren → **Rad**. Qualora la vecchia ortografia e la nuova siano consecutive alfabeticamente, esse vengono registrate a lemma una di fianco all'altra: **Anlass** (a.R. Anlaß) <-*es, Anlässe*> m ... Quando invece sono possibili una o più varianti quella meno comune rimanda a quella più comune: **Mayonnaise** <-, -*n*> → **Majonäse**. Se le due varianti sono successive nell'ordine alfabetico, esse vengono registrate allo stesso lemma con la variante più frequente che precede quella meno frequente: **Varietee**, **Varieté**, <-*s, -s*> n 1 ...

L'OMONIMIA Potrà capitare nel corso della consultazione del dizionario di trovare due o più lemmi scritti nello stesso modo **rein (1)**, **rein (2)**, **rein (3)**; **tenuta (1)**, **tenuta (2)**, **tenuta (3)**. Il criterio per la lemmatizzazione in questo dizionario si basa su considerazioni di tipo sincronico e non etimologico. Nel caso mantengano una parentela semantica, le varie accezioni vengono trattate all'interno della stessa voce.

LE PAROLE COMPOSTE Il lemmario della sezione tedesca, pur essendo particolarmente ricco di parole composte, non può registrarle tutte a causa della forte componibilità del tedesco. Se ci si trova davanti a un composto non registrato come tale, sarà sufficiente isolare i componenti e cercarle poi singolarmente per arrivare comunque a una traduzione. Nel caso di **Kolonialwarengeschäft**, ad esempio, bisognerà dividere il termine nelle sue componenti principali e poi cercare queste ultime singolarmente sul dizionario. Si otterrà così facilmente la traduzione: *negozio di generi coloniali*.

PREFISSI E SUFFISSI Nel lemmario italiano sono stati inseriti i principali prefissi, alcuni suffissi e primi e secondi elementi di parole composte particolarmente produttivi (antropo-, mega-, -voro) e utili a migliorare la comprensione della morfologia della lingua. Sono stati invece esclusi quelli che non hanno un equivalente in tedesco o che richiederebbero una spiegazione, come molti suffissi alterativi.

DIMINUTIVI E ACCRESCITIVI Le forme alterate in genere non vengono date, ma si fa eccezione se c'è un traducente non derivabile dal traducente della forma di base:

    allegróne, (-**a**) m (f) (*buontempone*) Spaßvogel *m*.

SIGLE E ABBREVIAZIONI Le sigle (o acronimi) e le abbreviazioni sono inserite all'interno del lemmario e non in una lista a parte. Se l'acronimo è diventato a tutti gli effetti un sostantivo, viene indicato anche il plurale, il genitivo nella sezione tedesca, e il genere. La doppia tilde (≈) indica la presenza di un corrispondente culturale, cioè di un'istituzione che svolge funzioni analoghe a quella citata.

    ACI m 1 *abbr di* Automobile Club d'Italia: "Italienischer Automobilklub"; ≈ ADAC *m* (*abbr di* Allgemeiner Deutscher Automobil-Club) 2 **abbr** *di* Azione Cattolica Italiana: "Katholische Aktion Italiens"; ≈ Katholische Aktion.

NOMI PROPRI E GEOGRAFICI I nomi propri sono inseriti all'interno del lemmario e non in una lista a parte.

I SOSTANTIVI I sostantivi vengono contraddistinti dalla presenza del genere maschile, femminile o neutro nella sezione tedesca, maschile o femminile in quella italiana. Nella sezione tedesca seguono il lemma il genitivo e il nominativo plurale dei sostantivi, in quella italiana i plurali irregolari.

IL FEMMINILE Per tutti i sostantivi che abbiano un genere naturale e che designino persone, la forma femminile viene registrata accanto a quella maschile nella sezione tedesca, per facilitare la comprensione e la reperibilità, e con le desinenze nella sezione italiana. Di tutti gli aggettivi in -o si dà sia il maschile che il femminile singolare. Il lemma è stato ordinato sotto la forma maschile. Quella femminile è anche registrata al suo posto alfabetico con un rimando, nel caso la forma maschile e quella femminile non siano vicine nell'ordine alfabetico.

IL PLURALE Nella sezione tedesca per i sostantivi composti o con prefisso valgono le indicazioni grammaticali della voce semplice; le desinenze si indicano soltanto se l'ultimo elemento di un sostantivo composto o con prefisso non è lemmatizzato autonomamente, o se esse divergono dalle forme flessionali della voce semplice o se quest'ultima ha più di una forma per il plurale e il genitivo. La mancanza del plurale viene segnalata con <*ohne* pl> (*ohne Plural*, senza plurale), l'invariabilità con <->. Nella sezione italiana nomi di genere comune in -ista (come giornalista, pianista, artista ecc.), in -cida (come omicida, ecc.) e in -ta (come acrobata, astronauta, ecc.) hanno le seguenti indicazioni: <-*i* m, -*e* f>. Per i forestierismi, invariati in italiano, si dà indicazione anche del plurale originale.

GLI AGGETTIVI Nella sezione tedesca del dizionario gli aggettivi vengono registrati nella loro forma indeclinata. Se questa non esiste, vengono registrati secondo il modello: **letzter**, **letzte**, **letztes**. Un aggettivo seguito dall'indicazione adj può essere usato sia con funzione attributiva che predicativa: adj attr si riferisce a un aggettivo con sola funzione attributiva (da concordare quindi col sostantivo), mentre adj präd si riferisce a un aggettivo con sola funzione predicativa e che dunque non viene declinato. In entrambe le sezioni gli aggettivi invariabili vengono segnalati con <inv>. Nel caso non sia qualificativo, nella sezione italiana viene specificato se l'aggettivo è dimostrativo (agg dimostr), indefinito (agg indef), numerale (agg num), possessivo (agg poss), interrogativo (agg interr). Le forme irregolari del comparativo e del superlativo sono date in sequenza tra parentesi uncinate:

    gut A <*besser*, *beste*>

    cattìvo, (-**a**) A <*più cattivo o peggiore, cattivissimo o pessimo*>

Sono stati inseriti nel lemmario gli aggettivi sostantivati d'uso più comune. Nella sezione tedesca sono seguiti da dekl wie adj, in quanto seguono la declinazione degli aggettivi.
Nella sezione italiana gli aggettivi non hanno indicazioni tra < > quando sono regolari (del tipo **nuovo**, **nuova/nuovi**, **nuove** o **dolce/dolci**). Gli aggettivi hanno indicazioni riguardanti la costruzione:

    stracólmo, (-**a**) agg *fam* ~ (*di qc*) 1 (*strapieno*) {BICCHIERE DI VINO} randvoll (*mit etw dat*); {TRAM DI PASSEGGERI, VALIGIA DI VESTITI} (*mit etw dat*) (voll)gefüllt: **un cucchiaio ~ di zucchero**, ein gehäufter Löffel Zucker; **un piatto ~ di riso**, ein gehäufter Teller Reis 2 *fig* (*traboccante*) {ANIMO DI GIOIA} voll (*von*) *etw* (*dat*)/+ *gen forb*, voller *etw* (*nom o gen*), (*von/mit etw dat*) erfüllt.

Quando i participi presenti e passati sono anche aggettivi vengono registrati come aggettivi se sono molto usati, se hanno un significato specifico, una loro fraseologia o una forma molto irregolare. I participi passati irregolari sono invece registrati con un rimando all'infinito del verbo.

I VERBI Molti verbi in tedesco sono formati da un verbo semplice preceduto dal preverbo. Nel lemmario tedesco una barra verticale indica che il verbo è *separabile* (**über|setzen**) mentre l'assenza di tale barra e l'indicazione della costruzione del participio passato senza il ge- sono l'inequivocabile segno di riconoscimento del verbo *inseparabile* (**übersetzen**): **übersetzen (1)** <ohne ge->, **über|setzen (2)**. Nella sezione italiana le barre che indicano il verbo *separabile* sono presenti solo nei traducenti del lemma. I verbi regolari italiani e quelli deboli tedeschi hanno la tabella di coniugazione in appendice e non necessitano quindi di particolari indicazioni. La maggiore irregolarità delle coniugazioni dei verbi italiani rispetto a quelli tedeschi obbliga a scelte diverse nelle due sezioni, soprattutto per quanto riguarda i verbi irregolari. Nella sezione tedesca è stata indicata fra parentesi uncinate la mancanza del prefisso *ge-* nel participio passato e i paradigmi dei verbi forti (o irregolari), il cui elenco è consultabile in appendice. Nella sezione italiana invece i verbi irregolari, o quelli che possono essere fonte di dubbio, hanno le principali forme, irregolari e non, tra parentesi uncinate subito dopo il lemma. Per facilitare la consultazione, tutti i verbi irregolari hanno l'indicazione *irr*. I verbi composti irregolari hanno il rimando alla forma base o a un modello. Tutte le forme base a cui si rimanda sono nella lista in appendice. Hanno l'indicazione: <sein> <essere> o <sein oder haben> <essere o avere> tutti i verbi che non formano i tempi composti esclusivamente con *haben* o *avere*. I verbi riflessivi, i verbi pronominali e i verbi impersonali dell'italiano formano di regola i tempi composti con *essere* quindi questa informazione non compare nella voce. Dove non ci sono indicazioni l'ausiliare è *haben* o *avere*, ma nei casi che potrebbero fuorviare l'utente, come il cambio di ausiliare all'interno della voce, viene dato anche <haben> o <avere>. Hanno sempre l'ausiliare *haben* o *avere* i verbi transitivi attivi. Sono state inserite abbondanti informazioni sulla reggenza dei verbi, ed è stato specificato se l'infinito viene usato con o senza una preposizione, se ve esserci il congiuntivo, soprattutto là dove esistono delle divergenze tra le due lingue. Quando una struttura non poteva essere descritta in modo soddisfacente con un infinito è stata formulata nella sua forma reale di occorrenza. Le locuzioni verbali del tipo "dare adito a qc" non vengono date come strutture, ma come esempi. Nella sezione italiana i *verbi frasali* come ad esempio "tirare su" sono stati messi in evidenza all'interno delle voci dei verbi corrispondenti, in questo caso "tirare".

GLI AVVERBI La maggior parte degli avverbi tedeschi sono formalmente degli aggettivi in funzione avverbiale e vengono quindi trattati alla voce dell'aggettivo sotto il punto *adv*. Gli avverbi sono lemmatizzati a parte solo se si tratta di avverbi veri e propri quali **höchst**, **sehr**, ecc ...

LE CONGIUNZIONI Le reggenze vengono sempre date in modo esplicito. Per esempio quando in italiano un congiuntivo segue la congiunzione si trova l'indicazione ... *congv*.

LE INTERIEZIONI Nel lemma le interiezione compare senza punto esclamativo, che viene aggiunto invece nella traduzione quando è necessario. Sono state integrate le interiezioni d'uso più frequente con ampi chiarimenti sui contesti e le situazioni in cui si adoperano. Sono state registrate anche molte interiezioni improprie.

LE PREPOSIZIONI Le preposizioni sono state corredate da un numero molto ampio di esempi dato che esse costituiscono un'ardua difficoltà nell'apprendimento di una lingua straniera. Sono identificate dall'etichetta *präp* nella sezione tedesca e *prep* in quella italiana. Nella sezione tedesca vengono sempre segnalati il caso o i casi che reggono e vengono date, tra parentesi uncinate, anche le rispettive forme contratte delle singole preposizioni. Nella sezione italiana compaiono fra parentesi uncinate le forme articolate delle preposizioni, che poi sono state lemmatizzate autonomamente con rinvio.

LE PARTICELLE MODALI Nella sezione tedesca sono state inserite molte particelle modali (*Modalpartikeln*). Vista la loro importanza soprattutto nella lingua parlata e la difficoltà di usarle correttamente, il significato è stato descritto con note d'uso il più possibile esplicite.

I PRONOMI Viene sempre specificato a quale categoria appartengono i pronomi, secondo lo schema seguente:

pronome personale **pron pers** Personalpronomen **pers pron**
pronome possessivo **pron poss** Possessivpronomen **poss pron**
pronome dimostrativo **pron dimostr** Demonstrativpronomen **dem pron**
pronome indefinito **pron indef** Indefinitpronomen **indef pron**
pronome relativo **pron rel** Relativpronomen **rel pron**
pronome interrogativo **pron interr** Interrogativpronomen **interr pron**

Nel lemmario tedesco i pronomi vengono lemmatizzati con la desinenza: **jeder, jede, jedes**.

STRUTTURAZIONE DELLE VOCI LESSICOGRAFICHE Le voci lessicografiche più complesse presentano al loro interno una suddivisione in lettere (**A**, **B**, **C**, ...) e in numeri arabi (**1**, **2**, **3**, ...). Le lettere indicano la coesistenza all'interno della stessa voce di diverse categorie grammaticali (ad esempio aggettivo e avverbio), di diversi generi (maschile e femminile) o di diverse possibilità di costruzione di un verbo (transitivo, riflessivo, ecc.). I numeri arabi servono a distinguere le diverse accezioni del lemma. Se c'è una sola categoria grammaticale, non viene messo **A**; se c'è una sola accezione, non viene messo **1**.

LE DISCRIMINAZIONI DI SIGNIFICATO Le discriminazioni di significato, solitamente un sinonimo, un iperonimo o una spiegazione, sono inserite in corsivo tra parentesi dopo il numero arabo e servono a individuare i diversi significati del lemma.

I LIMITI D'USO Le etichette sono abbreviazioni (si veda la relativa lista) che danno informazioni sui limiti d'uso di una parola riguardanti l'appartenenza a un sottocodice (*bot*, *zoo*, ecc.), il registro stilistico (*fam*, *vulg*, *volg*, ecc.), la diffusione geografica (*südt*, *A*, *CH*, *merid*, ecc.) e temporale (*obs*), l'atteggiamento del parlante (*pej*, *scherz*), la frequenza (*rar*).

I COLLOCATORI E LE STRUTTURE Principale elemento di novità di questo dizionario sono i *collocatori* e le *strutture*. I *collocatori* sono le parole che compaiono solitamente in compagnia del lemma e col quale hanno un rapporto di solidarietà lessicale. Essi formano col lemma delle *combinazioni libere* molto più numerose rispetto a quelle normalmente descritte dai soli esempi e aiutano, al pari dei cartelli indicatori, a orientarsi verso il traducente giusto. L'introduzione dei collocatori è un grande vantaggio per il lettore perché aggiunge degli esempi "condensati", che sfruttano molto bene lo spazio a disposizione. Questi partner probabili del lemma, riconoscibili per lo stile maiuscoletto racchiuso tra graffe, sono stati distinti a seconda del loro ruolo nella frase: *soggetti tipici* {CORSIVO}, *altri complementi e collocatori di aggettivi, avverbi, preposizioni* {TONDO}, *complementi di specificazione e di materia* {+TONDO}. I collocatori vengono dati solitamente al singolare a meno che sia più usato il plurale. Se per un collocatore, oltre ai traducenti dati, sono anche possibili i traducenti immediatamente precedenti, il collocatore viene seguito nella sezione tedesca da *auch* e in quella italiana da *anche*. Nei collocatori compaiono gli articoli indeterminativi quando sono necessari per la presenza di una preposizione. Gli articoli determinativi compaiono quando questa è l'unica possibilità. Quando, invece, è possibile sia l'articolo determinativo che quello indeterminativo non compare nulla. I gruppi di collocatori sono in ordine alfabetico. Se c'è una struttura del tipo ~ *qu/qc*, si trovano prima i collocatori che si riferiscono alle persone e poi quelli che si riferiscono alle cose. All'interno di questi sottogruppi è stato seguito l'ordine alfabetico. Le *strutture grammaticali* danno informazioni sul *come* i collocatori e il lemma si combinano tra loro, riducendo a una formula quelle che vengono definite dalla grammatica tradizionale reggenze. Le *strutture grammaticali* descrivono i contesti nei quali si inseriscono i lemmi, fornendo il tipo di complemento (animato o inanimato) abbinabile a un verbo, le preposizioni e i casi retti da sostantivi, verbi e aggettivi e gli altri possibili collegamenti sintattici. Esse costituiscono un tentativo di dare una grammatica della parola prendendo in considerazione, oltre alle reggenze dei verbi, anche quelle di aggettivi, sostantivi, ecc. generalmente poco evidenziate nei dizionari tradizionali. Le *strutture grammaticali* sono date in grassetto corsivo. Gli elementi facoltativi appaiono, come sempre, fra parentesi tonde. Le forme *jd*, *jds*, *jdm*, *jdn* e *qu* sono per le persone e i gruppi di persone, *etw* e *qc* per le cose, gli animali, le professioni o le cariche e alcuni nomi collettivi. Le strutture *etw zu tun* o *dass ...* e *a fare qc, di fare qc, che ...* ecc. vengono inserite solitamente come esempi, a meno che si tratti di un lemma usato solo con una di queste strutture. In tal caso sono state trattate come tutte le altre strutture (corsivo grassetto). Quando nelle due lingue le strutture divergono eccessivamente si ricorre all'esempio:

amàre ... **7** (*provare interesse*) ~ **qc** {ARTE, CINEMA, MUSICA, POESIA, SPORT, TEATRO, ecc.} *etw* lieben, *etw* mögen: ~ **fare qc**, *etw* gern tun ...

irgendwo(hin) corrisponde in italiano a *compl. di luogo*, **irgendwie** a *compl. di modo* e **irgendwann/Zeitangabe** a *compl. di tempo*

I TRADUCENTI
In entrambe le sezioni i traducenti dei lemmi e della fraseologia sono caratterizzati dall'uso dello stesso stile, cioè il tondo. Anche l'area dei traducenti prevede l'uso delle strutture e delle etichette. La presenza di una etichetta nel traducente indica una differenza di registro stilistico rispetto alla lingua standard ed è bene tenerne conto nella scelta del traducente. Quando nell'altra lingua il traducente è anche grammaticalmente diverso, ad esempio un aggettivo che diventa un sostantivo, si inserisce direttamente un esempio tipico, subito dopo i due punti:

ànte litteram <*inv*> *loc agg avv lat*: **fu un positivista ante litteram**, er war ein Vorläufer des Positivismus.

GLI ESEMPI
Gli esempi sono stati ordinati alle singole accezioni e sono in grassetto. La fraseologia introdotta in questo dizionario è il risultato di un'accurata analisi del patrimonio disponibile, selezionato in base a riflessioni contrastive e con una particolare attenzione all'uso corrente della lingua. Si è tenuto conto delle differenze strutturali esistenti fra l'italiano e il tedesco e si è cercato di evidenziarle il più possibile. La scelta è stata inoltre orientata dall'analisi degli errori tipici degli studenti italiani e tedeschi.

LE LOCUZIONI
Le locuzioni all'interno della sezione italiano-tedesco sono suddivise in: aggettivali (**loc agg**), avverbiali (**loc avv**), sostantivali (**loc sost**), congiuntive (**loc cong**), interiettive o esclamative (**loc inter**), preposizionali (**loc prep**) e verbali (**loc verbale**). In alcuni casi può capitare che, a seconda della grafia, il lemma sia una locuzione oppure no:

oltràlpe, *rar* **oltr'àlpe** **A** *avv loc avv* (*al di là delle Alpi*) jenseits der Alpen: **emigrare ~**, in Länder jenseits der Alpen auswandern **B** <-> *m* (*al di là delle Alpi*) Land *n*/Länder *n pl* jenseits der Alpen.

LE ESPRESSIONI IDIOMATICHE
Uno degli obiettivi di questo dizionario è stato quello di rendere semplice ed efficace la ricerca di una espressione idiomatica. Ci si è pertanto orientati verso un tipo di ordinamento sistematico e oggettivo, che garantisca all'utente un rapido reperimento dell'informazione cercata. Risponde a tali esigenze l'ordinamento alfabetico-grammaticale che sceglie la parola chiave alla quale ordinare l'espressione idiomatica secondo un criterio grammaticale e poi ordina alfabeticamente gli elementi così selezionati. A seconda della classe grammaticale alla quale appartengono gli elementi dell'espressione idiomatica si viene a creare all'interno della stessa una gerarchia. Se c'è un sostantivo, conta quello, se ce ne sono due, conta il primo. Se non ci fossero dei sostantivi, conta il verbo. Se non c'è il verbo, conta l'aggettivo. Se non c'è un aggettivo, conta l'avverbio. La parola chiave viene così automaticamente determinata dalla sua funzione all'interno dell'espressione idiomatica e l'utente va a colpo sicuro. L'espressione idiomatica è infatti ordinata al lemma che ne costituisce la parola chiave. Quando in una stessa voce lessicografica vengono registrate più espressioni idiomatiche bisogna seguire gli stessi criteri adottati per scegliere la parola chiave, escludendo ovviamente quella che ora costituisce il lemma. Si sceglie il secondo elemento più importante in ordine gerarchico. Se c'è un secondo sostantivo, vale quello, se no vale il verbo, ecc., come descritto sopra. Alla voce **Auge** si avrà pertanto il seguente ordine:

mit einem blauen Auge *davonkommen*
Augen haben wie ein *Luchs*
unter *vier* **Augen**

SEZIONE FRASEOLOGICA
La sezione speciale al fondo di alcune voci preceduta dal pallino • è riservata alle locuzioni idiomatiche, ai proverbi, agli esempi comuni a più accezioni (messi qui per evitare di ripeterli ai singoli punti), alle unità lessicalizzate non ordinabili sotto le accezioni della voce.

PAROLE INTRADUCIBILI
Alcuni lemmi non possiedono nell'altra lingua un equivalente e pertanto bisogna ricorrere a una spiegazione, proprio come nei dizionari monolingui. Sarà poi compito dell'utente decidere se utilizzare la spiegazione *tout court* oppure se citare tra virgolette il termine straniero, aggiungendo poi la spiegazione tra parentesi oppure in nota:

IM <-(s), -(s)> m *oder* <-, -(s)> f *Abk von* inoffizieller Mitarbeiter (inoffizielle Mitarbeiterin): "informatore (-trice) *m (f)* dei servizi segreti dell'ex RDT".

Klops <-es, -e> m **1** *norddt* (*Fleischkloß*) polpetta *f* (di carne) ... • Königsberger ~e *gastr*, "polpette di carne in salsa di capperi".

babà <-> m *gastr* "Hefeküchlein mit Rum (und Rosinen)".

pàppa (1) f ... ~ col *pomodoro gastr* (minestra toscana), "toskanische Brotsuppe mit Tomaten";

La spiegazione viene data in tondo tra virgolette perché, qualora un traduttore si trovi alle strette e sia costretto a tradurre ad esempio **Babà** può utilizzare la spiegazione *Hefeküchlein mit Rum und Rosinen.*

LA FONETICA
La pronuncia delle parole italiane è indicata dall'accento (scuro se indica un accento grafico obbligatorio, chiaro se indica la pronuncia: accento acuto, per la vocale chiusa, grave per la vocale aperta). Un puntino sotto la *s* e la *z* indica suono sonoro, due puntini sotto la *s* un suono sordo o sonoro, un puntino sotto la *l* di *gl* e la *n* di *gn* la *g* velare, un trattino sotto la *i* e la *u* la *i* e la *u* vocaliche. Nella sezione tedesca la vocale sulla quale cade l'accento ha un puntino o una lineetta sotto la lettera a seconda che si tratti di una vocale breve o lunga.

ERKLÄRUNGEN ZUM GEBRAUCH DES WÖRTERBUCHES

ALPHABETISCHE ANORDNUNG Was die Anordnung der Stichwörter im deutschen Teil betrifft, werden die Umlaute *ä, ö, ü* wie die entsprechenden nicht umgelauteten Vokale *a, o, u* behandelt, das *ß* wie *ss*. Bei Lemmata, die sich nur durch diese Buchstaben unterscheiden, folgt das Stichwort mit Umlaut auf das ohne Umlaut, das Stichwort mit *ß* auf das mit *ss*, z.B.: **drucken, drücken, drückend, Drucker, Drücker, Druckerei ...** Dasselbe gilt für den italienischen Teil: Stichwörter, die einen Vokal mit Akzent haben, werden so eingeordnet, als ob die Vokale akzentlos wären. Bei Lemmata, die sich nur durch den Akzent auf dem Vokal unterscheiden, folgen die mit Akzent auf die ohne: **papa, papà, papabile ...**; **tabù, tabula rasa, tabulare, ...**

DIE DEUTSCHE RECHTSCHREIBREFORM Das Wörterbuch folgt den Regeln der im Jahre 1998 in Kraft getretenen und zuletzt 2006 nochmals überarbeiteten Rechtschreibreform. Als Orientierungshilfe für den Benutzer werden im deutsch-italienischen Teil noch alle alten Formen aufgeführt, die Angabe **a.R. von** (*alte Rechtschreibung von*) verweist auf die neue Schreibweise: **rad|fahren a.R. von** Rad fahren → **Rad**. Wenn die alte und die neue Form im Alphabet direkt aufeinander folgen, werden sie nacheinander unter dem gleichen Stichwort verzeichnet: **Anlass** (a.R. Anlaß) *<-es, Anlässe>* m ... Falls mehrere Varianten möglich sind, wird von der selteneren auf die gebräuchlichere verwiesen: **Mayonnaise** *<-, -n>* → **Majonäse**. Wenn die beiden Varianten im Alphabet direkt aufeinander folgen, werden sie unter dem gleichen Lemma angegeben, zuerst die häufiger, dann die seltener verwendete: **Varietee, Varieté**, *<-s, -s>* n **1** ...

HOMONYMIE Beim Nachschlagen in diesem Werk wird man immer wieder auf zwei oder mehr Stichwörter stoßen, die gleich geschrieben werden: **rein (1), rein (2), rein (3)**; **tenuta (1), tenuta (2), tenuta (3)**. Das Kriterium, nach dem die Einträge in diesem Wörterbuch gegliedert werden, ist synchroner und nicht etymologischer Natur. Falls zwischen den verschiedenen Bedeutungen auch heute noch eine semantische Verbindung zu erkennen ist, werden sie alle unter einem einzigen Stichwort behandelt.

KOMPOSITA Im deutschen Teil sind zahlreiche Komposita verzeichnet. Da die deutsche Sprache jedoch in besonderem Maße zur Bildung von zusammengesetzten Wörtern neigt, konnten verständlicherweise nicht alle mit aufgenommen werden. Sollte man auf ein nicht verzeichnetes Kompositum treffen, kann man es in seine Bestandteile zerlegen und deren Übersetzung nachschlagen. Man nehme als Beispiel **Kolonialwarengeschäft**: wenn man die Entsprechung der einzelnen Elemente kennt, kommt man leicht auf die Übersetzung des Wortes: *negozio di generi coloniali*.

PRÄFIXE UND SUFFIXE Im italienischen Teil sind die wichtigsten Präfixe, einige Suffixe und die Bestandteile von zusammengesetzten Wörtern (*antropo-, mega-, -voro*) enthalten, die besonders produktiv sind und zum besseren Verständnis der Morphologie beitragen. Nicht berücksichtigt wurden hingegen Kompositionselemente, die im Deutschen keine Entsprechung haben und daher, ebenso wie viele Verkleinerungs- und Vergrößerungsformen, eine Erklärung erfordert hätten.

DIMINUTIVE UND AUGMENTATIVE Im allgemeinen wurden im italienischen Teil keine Verkleinerungs- und Vergrößerungsformen verzeichnet, es sei denn, ihre Bedeutung ist nicht vom Grundwort abzuleiten:

allegróne, *(-a)* m (f) (*buontempone*) Spaßvogel *m*.

KURZWÖRTER UND ABKÜRZUNGEN Die Kurzwörter (oder Akronyme) und Abkürzungen erscheinen im Text selbst, und nicht in einer gesonderten Liste im Anhang. Verwendet man ein Akronym wie ein normales Substantiv, dann werden auch der Plural – im deutschen Teil außerdem der Genitiv – und das Genus angegeben. Die doppelte Tilde (≈) steht bei sogenannten "kulturellen Äquivalenten", meist Institutionen, die im anderen Land ähnliche oder vergleichbare Funktionen haben.

ACI m **1** abbr *di* Automobile Club d'Italia: "Italienischer Automobilklub"; ≈ ADAC *m* (*abbr di* Allgemeiner Deutscher Automobil-Club) **2** abbr *di* Azione Cattolica Italiana: "Katholische Aktion Italiens"; ≈ Katholische Aktion.

PERSONEN- UND ORTSNAMEN Auch die wichtigsten Eigen- und Ortsnamen sind direkt ins Wörterbuch eingegliedert, und nicht extra im Anhang aufgeführt.

SUBSTANTIVE Bei den Substantiven wird das Genus – männlich, weiblich oder sächlich im deutschen, männlich oder weiblich im italienischen Teil – angegeben. Im deutschen Teil stehen hinter dem Lemma die Genitiv- und Pluralendungen.

FEMININFORM Von allen Substantiven, die ein natürliches Geschlecht haben und sich auf Personen beziehen, wird neben der Maskulin- auch die Femininform aufgezeigt. Im deutschen Teil wird letztere ganz ausgeschrieben, um das Verständnis und den Zugriff zu erleichtern. Im italienischen Teil werden die jeweiligen Endungen der weiblichen Substantive und alle Adjektive auf -o unter der männlichen und weiblichen Endung verzeichnet. Das Lemma wird unter der Maskulinform eingeordnet; falls die weibliche Form nicht direkt folgt, ist sie außerdem an der entsprechenden alphabetischen Stelle mit einem Verweis auf die männliche zu finden.

PLURAL Im deutschen Teil gelten die grammatikalischen Angaben des Grundwortes auch für eventuelle Komposita oder Präfixableitungen. Die Endungen werden nur dann angegeben, wenn das letzte Element des Kompositums bzw. der Ableitung nicht als eigenes Lemma auftaucht, wenn dessen Endungen von denen des Grundworts abweichen oder letzteres mehr als eine Plural- oder Genitivendung aufweist. Wenn ein Substantiv keinen Plural bildet, wird dies durch die Angabe *<ohne pl>* verdeutlicht, das Zeichen *<->* bedeutet, dass der Plural mit dem Singular identisch ist. Im italienischen Teil sind die Substantive auf -ista (wie giornalista, pianista, artista usw.), auf -cida (wie omicida, usw.) und auf -ta (wie acrobata, astronauta usw.) mit der Angabe *<-i m, -e f>* versehen. Bei aus anderen Sprachen entlehnten Fremdwörtern, die im Italienischen im allgemeinen unveränderlich sind, wird der Plural der Ausgangssprache mit aufgeführt.

ADJEKTIVE Im deutschen Teil werden die Adjektive undekliniert verzeichnet. Gibt es keine undeklinierte Form, werden sie folgendermaßen dargestellt: **letzter, letzte, letztes**. Wenn ein Adjektiv außer **adj** keine weiteren Angaben aufweist, kann es attributiv und prädikativ gebraucht werden, **adj attr** hingegen weist darauf hin, dass ein Adjektiv nur attributiv zu verwenden ist, **adj präd** bedeutet, dass ein Adjektiv ausschließlich prädikativ vorkommt und nicht deklinierbar ist. In beiden Teilen werden die unveränderlichen Adjektive mit dem Zusatz *<inv>* versehen. Die nicht qualitativen Adjektive gliedern sich im italienischen Teil in demonstrative Adjektive (**agg dimostr**), indefinite Adjektive (**indef agg**), Zahladjektive (**agg num**), besitzanzeigende (**agg poss**) und interrogative Adjektive (**agg interr**). Die unregelmäßigen Komparativ- und Superlativformen stehen in spitzen Klammern:

gut Ⓐ *<besser, beste>*

cattivo, *(-a)* Ⓐ *<più cattivo o peggiore, cattivissimo o pessimo>*

Auch gebräuchliche substantivierte Adjektive wurden ins Wörterbuch mit aufgenommen. Im deutschen Teil sind sie mit dem Zusatz **dekl wie adj** gekennzeichnet.
Im italienischen Teil wurde bei regelmäßigen Adjektiven (wie **nuovo, nuova/nuovi, nuove** oder **dolce/dolci**) auf zusätzliche Informationen zwischen spitzen Klammern verzichtet.

stracólmo, *(-a)* agg *fam* ~ (*di qc*) **1** (*strapieno*) {BICCHIERE DI VINO} randvoll (*mit etw dat*); {TRAM DI PASSEGGERI, VALIGIA DI VESTITI} (*mit etw dat*) (voll)gefüllt: **un cucchiaio ~ di zucchero**, ein gehäufter Löffel Zucker; **un piatto ~ di riso**, ein gehäufter Teller Reis **2** *fig* (*traboccante*) {ANIMO DI GIOIA} voll (*von*) *etw* (*dat*)/+ *gen forb*, voller *etw* (*nom o gen*), (*von/mit etw dat*) erfüllt.

Die Formen des Partizip Präsens und des Partizip Perfekts werden dann als adj lemmatisiert, wenn der adjektivische Gebrauch häufig ist, sie eine vom Verb abweichende Bedeutung oder eine eigene Idiomatik aufweisen. Die unregelmäßigen Partizip-Perfekt-Formen sind mit einem Verweis auf den Infinitiv des jeweiligen Verbs alphabetisiert.

VERBEN Viele deutsche Verben sind aus einem Präfix (oder aus einem anderen, ersten Element) und einem Grundverb zusammengesetzt. Im deutschen Teil zeigt ein senkrechter Strich an, dass das Verb *trennbar* ist (z.B. **über|setzen**), während bei *nicht trennbaren* Verben (**übersetzen**) ein solcher Strich fehlt und der Kommentar <ohne ge-> hinzukommt, der darüber aufklärt, dass das Partizip ohne ge- gebildet wird: **übersetzen(1)** <ohne ge->, **über|setzen(2)**. Im italienischen Teil steht der die *trennbaren* Verben kennzeichnende Strich nur bei den Äquivalenten des Stichworts. Die Konjugation der regelmäßigen Verben des Italienischen und der schwachen Verben des Deutschen sind den Tabellen im Anhang zu entnehmen, weitere Informationen erübrigen sich. Da die italienischen Verben stärkere Unregelmäßigkeiten als die deutschen zeigen, fällt die Darstellung der unregelmäßigen bzw. starken Verben in den beiden Teilen etwas unterschiedlich aus. Auf deutscher Seite stehen in spitzen Klammern die Paradigmen der unregelmäßigen bzw. starken Verben und der Hinweis <ohne ge->, während auf italienischer bei unregelmäßigen Verben oder solchen, bei denen der Benutzer Zweifel haben könnte, die wichtigsten Formen gleich nach Stichwort folgen, und zwar nicht in spitzen Klammern. Alle unregelmäßigen Verben sind mit <irr> gekennzeichnet. Bei zusammengesetzten Verben, die unregelmäßig sind, wird auf die Form des Grundverbs oder auf ein Konjugationsmuster verwiesen. All diese Formen sind in einer Liste im Anhang enthalten. Verben, die die Vergangenheit nicht nur mit *avere* oder *haben* bilden, sind mit dem Hinweis <avere o essere> bzw. <haben oder sein> versehen, mit Ausnahme der reflexiven, der reflexiv gebrauchten und der unpersönlichen Verben im Italienischen, die in den zusammengesetzten Zeiten immer mit *essere* konjugiert werden. In Fällen, wo der Benutzer auf Schwierigkeiten stoßen könnte wie z.B. bei Stichwörtern, in denen je nach Bedeutung und Funktion *essere* bzw. *sein* oder *avere* bzw. *haben* gebraucht wird, wird der Klarheit halber auch <avere> oder <haben> angegeben. Die transitiven Verben werden im Aktiv grundsätzlich mit *avere* oder *haben* konjugiert. Darüber hinaus enthalten die Einträge wesentliche Informationen über die Rektion der Verben, über die Präpositionen, mit denen sie auftreten, über die Verwendung des Konjunktivs, vor allem da, wo sich die beiden Sprachen unterschiedlich verhalten. Kann man die Konstruktion eines Verbs nicht zufriedenstellend im Infinitiv beschreiben, wird es in seiner tatsächlich im Sprachgebrauch vorkommenden Form dargestellt. Verbale Wendungen wie z.B. "dare adito a qc" gelten nicht als Konstruktionen, sondern als Beispiele. Im italienischen Teil sind feste Verb-Partikel-Verbindungen wie "tirare su" unter dem entsprechenden Verb, in diesem Fall "tirare", aufgeführt und werden besonders hervorgehoben.

ADVERBIEN Die meisten deutschen Adverbien sind der Form nach Adjektive in adverbialer Funktion und werden daher beim jeweiligen Adjektiv unter dem Punkt adv abgehandelt. Eigens lemmatisiert werden nur reine Adverbien wie **höchst**, **sehr** ...

KONJUNKTIONEN Die Rektionen werden immer explizit angegeben. Erfordert eine Konjunktion im Italienischen den Konjunktiv, ist sie mit dem Zusatz ... congv versehen.

INTERJEKTIONEN Die Interjektion als Lemma erscheint ohne Ausrufezeichen, das jeweilige Äquivalent mit Ausrufezeichen. Dieses Wörterbuch enthält die gängigen Interjektionen und gibt Auskunft über die Kontexte und Situationen, in denen sie verwendet werden. Unter dieser Kategorie wurden auch andere, als Interjektionen gebrauchte Wörter verzeichnet.

PRÄPOSITIONEN Die Einträge zu den Präpositionen wurden mit zahlreichen Beispielen veranschaulicht, da diese beim Erlernen einer Fremdsprache ein besonders großes Hindernis darstellen. Im deutschen Teil sind sie an der Etikette präp, im italienischen an der Etikette prep zu erkennen. Außerdem werden in ersterem immer auch der oder der Kasus angezeigt, mit dem die betreffende Präposition steht, und zwischen spitzen Klammern die kontrahierten Formen der einzelnen Präpositionen. Auf italienischer Seite werden die kontrahierten Formen der Präpositionen in spitzen Klammern aufgeführt und an ihrer alphabetischen Stelle mit Verweis lemmatisiert.

MODALPARTIKELN In den deutschen Lemmabestand wurden viele Modalpartikeln mit aufgenommen. Da sie in der gesprochenen Sprache eine wichtige Rolle spielen und ihre korrekte Verwendung vor allem für den Nicht-Muttersprachler besonders schwierig ist, wurden ihre Bedeutungsnuancen sorgfältig herausgearbeitet und so ausführlich wie möglich beschrieben.

PRONOMEN Die Pronomen untergliedern sich in folgende Kategorien:

pronome personale pron pers Personalpronomen pers pron
pronome possessivo pron poss Possessivpronomen poss pron
pronome dimostrativo pron dimostr Demonstrativpronomen dem pron
pronome indefinito pron indef Indefinitpronomen indef pron
pronome relativo pron rel Relativpronomen rel pron
pronome interrogativo pron interr Interrogativpronomen interr pron

Im deutschen Teil werden die Pronomen mit den Endungen lemmatisiert: **jeder, jede, jedes**.

AUFBAU DER STICHWÖRTER Komplexere Stichwörter sind in Buchstaben (**A**, **B**, **C**, ...) und arabische Ziffern (**1**, **2**, **3**, ...) unterteilt. Die Buchstaben stehen für verschiedene Wortarten (z.B. Adjektiv, Adverb usw.), die verschiedenen Genera eines Substantivs (Maskulinum, Femininum und Neutrum) oder die verschiedenen Verbkategorien (z.B. transitiv, reflexiv usw.), die arabischen Ziffern für die einzelnen Bedeutungen eines Lemmas. Gibt es nur eine einzige grammatikalische Kategorie, fällt das **A** weg, bei nur einer Bedeutung fällt die **1** weg.

BEDEUTUNGSDIFFERENZIERUNGEN Die Bedeutungsdifferenzierungen – in der Regel ein Synonym, ein Oberbegriff (*Hyperonym*) oder eine Erklärung – erscheinen kursiv und in runden Klammern nach der arabischen Zahl und dienen dazu, die verschiedenen Bedeutungen des Stichworts einzugrenzen.

STIL- UND SACHGEBIETSANGABEN Es handelt sich hierbei um Abkürzungen (siehe diesbezügliche Liste) die Aufschluss darüber geben, zu welchem Sachgebiet (*bot, zoo* ...) oder welcher Stilebene (*fam, vulg, volg* ...) ein Wort gehört, in welchen Ländern oder Regionen (*süddt, A, CH, merid* ...) es verbreitet ist, wie es zeitlich einzuordnen ist (*obs*), welche Haltung der Sprecher einnimmt (*scherz, pej*) oder wie häufig es verwendet wird (*rar*).

KOLLOKATOREN UND KONSTRUKTIONEN Die *Kollokatoren* und *Konstruktionen* sind die bedeutende Neuheit an diesem Wörterbuch. *Kollokatoren* sind Wörter, die oft zusammen mit dem Lemma auftreten und mit diesem eine Verbindung eingehen, die man als "lexikalische Solidarität" bezeichnet wird. Sie bilden mit dem Stichwort sogenannte *freie Kombinationen*, mit denen man viel mehr Kontexte erfassen kann als mit herkömmlichen Beispielen. Wie Wegweiser im Verkehr helfen sie dem Benutzer dabei, die richtigen Übersetzung zu finden. Die Kollokatoren sind insofern von großem Nutzen, als sie "kondensierte" Beispiele darstellen, die die ständigen Platzprobleme lösen, mit denen der Lexikograph zu kämpfen hat. Diese möglichen Partner des Stichworts, erkennbar an den Kapitälchen in geschwungenen Klammern, kann man, je nach syntaktischer Funktion, in folgende Kategorien unterteilen: *typische Subjekte* {KURSIV}, *Objekte und Kollokatoren von Adjektiven, Adverben und Präpositionen* {GRUNDSCHRIFT}, *typische Genitivergänzungen* {+GRUNDSCHRIFT}. In der Regel stehen die Kollokatoren im Singular, außer der Plural ist häufiger. Wenn für einen Kollokator neben den angegebenen Äquivalenten auch die direkt vorausgehende Übersetzung möglich ist, wird das im deutschen Teil mit *auch* und im italienischen mit *anche* vermerkt. Bei den Kollokatoren wird der unbestimmte Artikel angegeben, wie es die jeweilige Präposition erfordert. Der bestimmte Artikel wird nur dann angeführt, wenn er obligatorisch ist. Wenn beide Arten von Artikeln möglich sind, wird nichts angegeben. Kollokatoren, die dieselbe syntaktische Funktion haben, sind alphabetisch geordnet. Liegt eine Konstruktion vom Typ ~ *qu/qc* vor, werden zuerst die Kollokatoren genannt, die sich auf Personen beziehen und dann die, die sich auf Dinge/Sachen beziehen. Innerhalb dieser Untergruppen gilt die alphabetische Reihenfolge. Die *grammatikalischen Konstruktionen* geben Auskunft darüber, *wie* sich Kollokatoren und Stichwörter miteinander verbinden, leisten demnach in einer verkürzten Formel das, was in der traditionellen Grammatik als "Rektion" bezeichnet wird. Die *grammatikalischen Konstruktionen* beschreiben die Kontexte, in denen die jeweiligen Stichwörter vorkommen, und zeigen an, welche syntaktischen Verbindungen möglich sind, z.B. welche Art von Subjekt oder Objekt (belebt oder unbelebt) mit einem Verb kombiniert werden kann, welche Präpositionen und Kasus nach bestimmten Substantiven, Verben und Adjektiven stehen usw. Dies ist also der Versuch, eine Grammatik des einzelnen Wortes zu erstellen, indem außer den Rektionen des Verbs auch die der Adjektive, Substantive etc. in Betracht gezogen werden. Die *grammatikalischen Konstruktionen* sind fett und kursiv gedruckt. Die fakultativen Elemente erscheinen, wie immer, in runden Klammern. Die Formen *jd*, *jds*, *jdm*, *jdn* sind stets für Personen und Personengruppen, *etw* und *qc* für Sachen/Dinge, Tiere, Berufe, Ämter und einige Kollektivbegriffe. Die Konstruktionen *etw zu tun* oder *dass ...* und *a fare qc*, *di fare qc*, *che ...* etc. werden gewöhnlich unter die Beispiele eingeordnet, es sei denn, es handelt sich um ein Lemma, das nur diese Konstruktion aufweist. In diesem Fall werden diese Konstruktionen wie alle anderen behandelt (d.h. kursiv und fett gedruckt). Wenn die Konstruktionen in den beiden Sprachen sehr unterschiedlich sind, werden sie mithilfe eines Beispiels dargestellt:

amàre ... **7** (*provare interesse*) ~ *qc* {ARTE, CINEMA, MUSICA, POESIA, SPORT, TEATRO, *ecc.*} *etw* lieben, *etw* mögen: ~ **fare qc**, etw gern tun ...

irgendwo(hin) enstpricht dem italienischen *compl. di luogo*, **irgendwie** dem italienischen *compl. di modo* und **irgendwann/Zeitangabe** dem italienischen *compl. di tempo*.

ÜBERSETZUNGEN In beiden Teilen erscheinen die Äquivalente der Stichwörter und Redewendungen in der gleichen Schriftart, nämlich in Grundschrift. Auch die verschiedenen Übersetzungen werden durch grammatikalische Konstruktionen sowie Stil- und Sachgebietsangaben genauer bestimmt. Eine Stilangabe beim Äquivalent deutet darauf hin, dass es sich hier um eine von der Standardsprache abweichende Stilebene handelt, eine wichtige Information, auf die der Benutzer bei seiner Wahl achten sollte. Falls die Entsprechung in der Zielsprache sich auch grammatikalisch verändert, z.B. ein Adjektiv zum Substantiv wird, folgt gleich nach dem Doppelpunkt ein typisches Beispiel:

ànte litteram <inv> *loc agg avv lat*: **fu un positivista ante litteram**, er war ein Vorläufer des Positivismus.

BEISPIELE Die fett gedruckten Beispiele sind den einzelnen Bedeutungen zugeordnet. Die in diesem Werk verwendete Phraseologie ist das Ergebnis einer sorgfältigen Analyse des zur Verfügung stehenden Sprachschatzes und wurde aufgrund kontrastiver Überlegungen und mit besonderer Rücksicht auf den aktuellen Sprachgebrauch ausgewählt. Dabei wurde besonders auf die strukturellen Unterschiede zwischen dem Deutschen und Italienischen geachtet. Die Auswahl der Beispiele richtete sich auch nach den typischen Fehlern, die Ausländern beim Erlernen der beiden Sprachen unterlaufen.

FESTE WORTVERBINDUNGEN Im italienischen Teil sind die festen Wortverbindungen in adjektivische (*loc agg*), adverbiale (*loc avv*), substantivische (*loc sost*), konjunktive (*loc cong*), interjektive oder ausrufende (*loc inter*), präpositionale (*loc prep*) und verbale (*loc verbale*) unterteilt. In manchen Fällen handelt es sich, je nachdem, ob zusammengeschrieben oder auseinander geschrieben, um eine feste Wortverbindung oder um ein einziges Wort:

oltràlpe, *rar* **oltr'àlpe** **A** *avv loc avv* (*al di là delle Alpi*) jenseits der Alpen: **emigrare** ~, in Länder jenseits der Alpen auswandern

B <-> *m* (*al di là delle Alpi*) Land *n*/Länder *n pl* jenseits der Alpen.

REDEWENDUNGEN Eines der Ziele, die sich dieses Wörterbuch setzt, ist der schnelle und effektive Zugriff auf die Redewendungen. Daher wurde ein systematisches, objektives Ordnungssystem alphabetisch-grammatikalischer Natur angewandt, dass es dem Benutzer ermöglicht, die gesuchte Information so schnell wie möglich zu erhalten. Das Schlüsselwort, unter dem der idiomatische Ausdruck einzuordnen ist, wird nach einem grammatikalischen Kriterium ausgewählt, und dann werden die so ermittelten Elemente alphabetisch geordnet. Dadurch entsteht unter den Elementen einer Redewendung eine Art Hierarchie. Ist ein Substantiv vorhanden, dann zählt dieses, gibt es zwei, so zählt das erste. Falls kein Substantiv vorkommt, zählt das Verb. Wenn kein Verb da ist, gibt das Adjektiv den Ausschlag. Auf diese Weise wird das Schlüsselwort automatisch durch seine Funktion in dem idiomatischen Ausdruck bestimmt, und der Benutzer findet es auf Anhieb. Enthält ein- und derselbe Eintrag mehrere idiomatische Wendungen, gelten die gleichen Kriterien, die zur Auswahl des Schlüsselworts geführt haben, natürlich unter Ausschluss des Lemmas selbst. Man nimmt also das zweitwichtigste Element aus der Hierarchie. Falls es ein zweites Substantiv gibt, wählt man dieses, ansonsten ein Verb usw., genau so, wie weiter oben beschrieben. Unter dem Stichwort **Auge** sind die idiomatischen Elemente demnach wie folgt angeordnet:

mit einem blauen Auge *davonkommen*
Augen haben wie ein *Luchs*
unter *vier* **Augen**

PHRASEOLOGISCHER BLOCK Der phraseologische Block am Ende bestimmer Einträge wird durch einen dicken blauen Punkt • gekennzeichnet. Er enthält idiomatische Redewendungen, Sprichwörter, Beispiele, die sich auf mehrere Bedeutungen beziehen können (damit sie nicht unter jeder einzelnen Bedeutung wiederholt werden müssen), oder lexikalisierte Einheiten, die keiner der Bedeutungen zugeordnet werden können.

NICHT ÜBERSETZBARE WÖRTER Einige Stichwörter haben in der anderen Sprache keine Entsprechung, daher müssen sie, ähnlich wie in einem einsprachigen Wörterbuch, erklärt werden. Es liegt dann am Benutzer zu entscheiden, ob er einfach diese Erklärung benutzen oder das Fremdwort in Anführungszeichen zitieren möchte (und die Erklärung vielleicht in Klammern oder einer Fußnote dazusetzt):

IM <-(s), -(s)> *m oder* <-, -(s)> *f Abk von* inoffizieller Mitarbeiter (inoffizielle Mitarbeiterin): "informatore (-trice) *m (f)* dei servizi segreti dell'ex RDT".

Klops <-es, -e> *m* **1** *norddt* (*Fleischkloß*) polpetta *f* (di carne) ... • Königsberger ~**e** *gastr*, "polpette di carne in salsa di capperi".

babà <-> *m gastr* "Hefeküchlein mit Rum (und Rosinen)".

pàppa (1) *f* ... ~ **col** *pomodoro gastr* (*minestra toscana*), "toskanische Brotsuppe mit Tomaten".

Die Erklärung erscheint in Grundschrift und in Anführungszeichen. Wenn ein Übersetzer also z.B. Schwierigkeiten hat, **babà** ins Deutsche zu übersetzen, kann er auf die Erklärung *Hefeküchlein mit Rum und Rosinen* zurückgreifen.

AUSSPRACHEANGABEN Die Aussprache der italienischen Wörter wird durch einen Akzent angezeigt (dunkel, wenn er geschrieben werden muss; hell, wenn er nur die richtige Aussprache angibt: der Accent aigu steht über einem geschlossenen, der Accent grave über einem offenen Vokal). Ein Punkt unter dem *s* und dem *z* bedeutet, dass die Laute stimmhaft sind, zwei Punkte unter dem *s*, dass der Laut stimmhaft oder stimmlos ausgesprochen werden kann, ein Punkt unter dem *l* der Konsonantenverbindung gl und dem *n* in gn, dass es sich um velare Laute handelt, ein Strich unter dem *i* und dem *u*, dass diese vokalisch ausgesprochen werden. Im deutschen Teil zeigt ein Punkt bzw. ein Strich – je nachdem, ob es ein kurzer oder ein langer Vokal ist – die Silbe an, auf die die Betonung liegt.

ABBREVIAZIONI / *ABKÜRZUNGEN*

A

A = Austria/*Österreich*
a. R. = *alte Rechtschreibung*/vecchia ortografia
abbr, *Abk* = abbreviazione/*Abkürzung*
acc, *akk* = accusativo/*Akkusativ*
accr = accrescitivo/*Augmentativ*
adj, agg = *Adjektiv*/aggettivo, aggettivale
adm, amm = *administrativ, Verwaltungssprache*/amministrazione, linguaggio burocratico
adv, avv = *Adverb, adverbial*/avverbio, avverbiale
aero = aeronautica/*Luftfahrt*
agg, *adj* = aggettivo, aggettivale/*Adjektiv*
agr = agricoltura/*Agrikultur, Landwirtschaft*
akk, acc = *Akkusativ*/accusativo
allg., gener = *allgemein*/generalmente
alpin = alpinismo/*Alpinismus*
alterat = alterativo/*bedeutungsverändderndes Suffix*
amm, *adm* = amministrazione, linguaggio burocratico/*administrativ, Verwaltungssprache*
anat = anatomia/*Anatomie*
antrop = antropologia/*Anthropologie*
arch = architettura/*Architektur*
archeol, *archäol* = archeologia/*Archäologie*
art = articolo/*Artikel*
arte, *kunst* = arte/*Kunst*
assol = assoluto/*absolut*
astr = astronomia/*Astronomie*
astrol = astrologia/*Astrologie*
attr = attributivo/*attributiv*
autom = automobilistico/*automobilistisch*
avv, *adv* = avverbio, avverbiale/*Adverb, adverbial*

B

banca, *bank* = linguaggio bancario/*Bankwesen*
bau, edil = *Bauwesen*/edilizia
bes, spec = *besonders*/specialmente
best., det = *bestimmt*/determinativo
bibl = biblico, Bibbia/*biblisch, Bibel*
biochem = *biochemisch, Biochemie*/biochimico, biochimica
biol = biologia/*Biologie*
bot = botanica/*Botanik*
BRD, RFT = *Bundesrepublik Deutschland*/Repubblica Federale Tedesca

C

carte, *Karten* = giochi di carte/*Kartenspiele*
centr = italiano centrale/*mittelitalienisch*
CH = Svizzera/*Schweiz*
chim, *chem* = chimica/*Chemie*
comm, *com* = commercio/*Handel*
compar, *kompar* = comparativo, comparativa/*Komparativ*
compl = complemento/*Ergänzung*
condiz = condizionale/*Konditional, konditional*
cong, *konj* = congiunzione, congiuntiva/*Konjunktion*
congv, *konjv* = congiuntivo/*Konjunktiv*
coniug = coniugato/*konjugiert*

D

D = Germania/*Deutschland*
dadi, *Würfel* = giochi di dadi/*Würfelspiele*
dat = dativo/*Dativ*
DDR, RDT = *Deutsche Demokratische Republik*/Repubblica Democratica Tedesca
decl, *dekl* = declinato/*dekliniert*
dem, dimostr = *demonstrativ*/dimostrativo
deriv = derivati/*abgeleitete Formen*
det, *best.* = determinativo/*bestimmt*
difet = difettivo/*Defektivum*
dim = diminutivo/*Diminutiv*
dimostr, *dem* = dimostrativo/*demonstrativ*
dir, *jur* = diritto/*Juristik, Rechtssprache*

E

ecol, *ökol* = ecologia/*Ökologie*
econ, *ökon* = economia/*Ökonomie, Wirtschaft*
edil, *bau* = edilizia/*Bauwesen*
edit, *Verlag* = editoria/*Verlagswesen*
Eisenb, ferr = *Eisenbahnwesen*/ferrovia
el, elettr = *Elektronik, Elektrotechnik*/elettronica, elettrotecnica
enf = enfatico/*emphatisch*
engl, ingl = *englisch*/inglese
enol = enologia/*Weinbaukunde*
escl = esclamativo/*Exklamation, exklamatorisch*
etnol = etnologia/*Ethnologie*
etw, qc = *etwas*/qualcosa
eufem, *euph* = eufemismo, eufemistico/*Euphemismus, euphemistisch*

F

f = femminile/*Femininum*
fam = familiare/*familiär, umgangssprachlich*
farm, *pharm* = farmacia, farmacologico/*Pharmazie, pharmakologisch*
ferr, *Eisenb* = ferrovia/*Eisenbahnwesen*
fig = figurato, figurativamente/*figurativ, übertragen*
film = film, cinematografia/*Film, Kino*
filol = filologia/*Philologie*
filos, *philos* = filosofia, filosofico/*Philosophie, philosophisch*
fis, *phys* = fisica/*Physik*
fisch, itt = *Fischkunde*/ittiologia
fisco = fisco, fiscale/*Steuer*
forb, *geh* = forbito, linguaggio elevato/*gehoben*
form = formale/*formal*
fot = fotografia/*Fotografie*
franc, *frz* = francese/*französisch*
fut = futuro/*Futur*

G

gastr = gastronomia/*Gastronomie*
geh, forb = *gehoben*/forbito, linguaggio elevato
gen = genitivo/*Genitiv*
gener, *allg.* = generalmente/*allgemein*
geog = geografia/*Geografie*
geol = geologia/*Geologie*
geom = geometria/*Geometrie*
Gerund = gerundio/*Gerundium*
giorn, *journ* = giornalismo, giornalistico/*Zeitungswesen, Journalismus*
gramm, *gram* = grammatica/*Grammatik*

H

hist, stor = *Geschichte, historisch*/storia, storico

I

imper, imperat = imperativo/*Imperativ*
imperf = imperfetto/*Imperfekt, Präteritum*
impers, *unpers* = impersonale/*unpersönlich*
impr = improprio, impropria/*uneigentlicher Wortgebrauch*
ind = indicativo/*Indikativ*
indef = indefinito/*indefinit*
indet, *unbest* = indeterminativo/*unbestimmt*
indir = indiretto/*indirekt*
industr = industria/*Industrie*
inf = infinito/*Infinitiv*
inform = informatica/*Informatik*
ingl, *engl* = inglese/*englisch*
intens = intensivo/*intensiv*
inter, *interj* = interiezione, interiettiva/*Interjektion*
interr = interrogativo/*interrogativ*
inv = invariabile/*invariabel, unveränderlich*
iron = ironico/*ironisch*
irr = irregolare/*irregulär, unregelmäßig*
ital = italiano/*italienisch*
itr = intransitivo/*intransitiv*
itt, *fisch* = ittiologia/*Fischkunde*

J

jd, qu = *jemand*/qualcuno
jdm = *jemandem*/a qualcuno (dativo)
jdn = *jemanden*/qualcuno (accusativo)
jds = *jemandes*/di qualcuno (genitivo)
journ, giorn = *Zeitungswesen, Journalismus*/giornalismo, giornalistico
jur, dir = *Juristik, Rechtssprache*/diritto

K

Karten, carte = *Kartenspiele*/giochi di carte
kompar, compar = *Komparativ*/comparativo, comparativa
konj, cong = *Konjunktion*/congiunzione
konjv, congv = *Konjunktiv*/congiuntivo
kunst, arte = *Kunst*/arte

L

lat = Latino/*Latein*
lett, *lit* = letteratura, letterario/*Literatur*
ling = linguistica/*Linguistik*
lit, lett = *Literatur*/letteratura, letterario
loc = locuzione/*feste Wortverbindung*
lomb = lombardo/*lombardisch*

M

m = maschile/*Maskulinum*
mar, *naut* = marina/*Nautik*
mat, *math* = matematica/*Mathematik*
mecc, *mech* = meccanica/*Mechanik*
med = medicina/*Medizin*
merid, *südital* = italiano meridionale/*Süditalienisch*
metall = metallurgia/*Metallurgie*
meteo = meteorologia/*Meteorologie*
metrol = metrologia/*Metrologie*
m(f) = maschile o femminile a seconda della terminazione/*Maskulinum oder Femininum der Wortendung entsprechend*

mf = maschile o femminile senza variazione della terminazione/*Maskulinum oder Femininum bei adjektivisch deklinierten Substantiven*
mfn = maschile, femminile, neutro/*Maskulin, Feminin, Neutrum*
mil = militare/*Militär*
min = mineralogia/*Mineralogie*
mitol, *myth* = mitologia/*Mythologie*
mot = motori/*Motor(technik)*
mus = musica/*Musik*
myth, mitol = *Mythologie*/mitologia

N

n = neutro/*Neutrum*
napol = napoletano/*neapolitanisch*
naut, mar = *Nautik*/marina
nom = nominativo/*Nominativ*
norddt = *norddeutsch*/tedesco settentrionale
nordital, sett = *norditalienisch*/italiano settentrionale
nucl, *nukl* = (fisica) nucleare/*Nuklear(physik)*
num, *zahladj* = (aggettivo) numerale/*Zahladjektiv*
numism = numismatica/*Numismatik, Münzkunde*

O

obs = obsoleto/*obsolet, veraltend*
ökol, ecol = *Ökologie, Umwelt*/ecologia
ökon, econ = *Ökonomie, Wirtschaft*/economia
opt, ott = *Optik*/ottica
ornit, *ornith* = ornitologia/*Ornithologie, Vogelkunde*
ostdt = *ostdeutsch*/Germania dell'Est
ott, *opt* = ottica/*Optik*

P

P. = *Person*/persona
paleont = paleontologia/*Paläontologie*
parl = parlamento, parlamentare/*Parlament, parlamentarisch*
part pass, *part perf* = participio passato/*Partizip Perfekt*
part pres, *part präs* = participio presente/*Partizip Präsens*
partik = *Partikel*/particella
pass rem = passato remoto/*historisches Perfekt*
pedag = pedagogia/*Pädagogik*
pegg = peggiorativo/*pejorative Präfixe oder Suffixe*
pej, spreg = *pejorativ, abwertend*/spregiativo
perf = *Perfekt*/Perfetto
pers = persona, personale/*Person, persönlich*
pharm, farm = *Pharmazie, pharmakologisch*/farmacia, farmacologico
philos, filos = *Philosophie, philosophisch*/filosofia, filosofico
phys, fis = *Physik*/fisica
piem = piemontese/*piemontesisch*
pl = plurale/*Plural*
poet = poetico/*poetisch, Dichtkunst, Dichtersprache*
pol, *polit* = politica/*Politik*
port = portoghese/*portugiesisch*
poss = possessivo/*possessiv, besitzanzeigend*
post = postale/*Postwesen*
präd, pred = *prädikativ*/predicativo
präp, prep = *Präposition, präpositional*/preposizione, preposizionale
präs, pres = *Präsens*/presente
pred, *präd* = predicativo/*prädikativ*
pref = prefisso/*Präfix*
prep, *präp* = preposizione, preposizionale/*Präposition, präpositional*
pres, *präs* = presente/*Präsens*
pron = pronome, pronominale/*Pronomen, pronominal*
prov = proverbio, proverbiale/*Sprichwort, proverbiell*
psic, *psych* = psicologia, psicologico, psicoanalisi, psichiatria/*Psychologie, psychologisch, Psychoanalyse, Psychiatrie*

Q

qc, *etw* = qualcosa/*etwas*
qu, *jd* = qualcuno/*jemand*

R

radio = radiofonia, radiotecnica/*Radiotechnik, Rundfunk*
rar = raro, raramente/*rar, selten*
RDT, *DDR* = Repubblica Democratica Tedesca/*Deutsche Demokratische Republik*
rec = reciproco/*reziprok*
reg = regolare/*regelmäßig, regulär*
region = regionale/*regional, landschaftlich*
rel = relativo/*relativ*
relig = religione/*Religion*
rem = remoto/*historisches Perfekt*
rfl = riflessivo/*reflexiv*
RFT, *BRD* = Repubblica Federale Tedesca/*Bundesrepublik Deutschland*
rif. = riferito a/ *bezüglich, in Bezug auf*
rom, *röm* = romanesco/*römischer Dialekt*

S

s. = *siehe*/vedi
S. = *Sache*/cosa (oggetto)
scherz = scherzoso, scherzosamente/*scherzhaft*
scient, *wiss* = scientifico, scienza/*wissenschaftlich, Wissenschaft*
sett, *nordital* = italiano settentrionale/*norditalienisch*
sicil = siciliano/*sizilianisch*
sing = singolare/*Singular*
slang = slang, gergo/*Slang, saloppe Umgangssprache*
sociol, *soziol* = sociologia/*Soziologie*
sost, *subst* = sostantivo, sostantivale, sostantivato/*Substantiv, substantivisch, substantiviert*
soziol, sociol = *Soziologie*/sociologia
spagn, *span* = spagnolo/*spanisch*
spec, *bes.* = specialmente/*besonders*
sport = sport/*Sport*
spreg, *pej* = spregiativo/*pejorativ, abwertend*
stat = statistica/*Statistik*
stor, *hist* = storia, storico/*Geschichte, historisch*
subst, sost = *Substantiv*/sostantivo, sostantivale, sostantivato
süddt = *süddeutsch*/tedesco meridionale
südital, merid = *süditalienisch*/italiano meridionale
suff = suffisso/*Suffix*
superl = superlativo/*Superlativ*

T

teat, *theat* = teatro/*Theater*
tech, tecnol = *Technologie, Technik*/tecnologia, tecnica
tecnol, *tech* = tecnologia, tecnica/*Technologie, Technik*
ted = tedesco/*deutsch*
tel = telecomunicazioni/*Telekommunikation*
tess, *text* = tessile/*Textilien*
theat, teat = *Theater*/teatro
tip, *typ* = tipografia/*Typografie, Druckwesen*
topogr = topografia/*Topografie*
tosc, *tosk* = toscano/*toskanisch*
tr = transitivo/*transitiv*
TV = televisione/*Fernsehen*
typ, tip = *Typografie, Druckwesen*/tipografia

U

unbest, indet = *unbestimmt*/indeterminativo
univ = università/*Universität*
unpers, impers = *unpersönlich*/impersonale
urban = urbanistica/*Urbanistik*

V

Verlag, edit = *Verlagswesen*/editoria
Versicherung, assicurazioni = *Versicherungswesen*/assicurazioni
veter = veterinaria/*Tiermedizin*
vezz = vezzeggiativo/*Koseform*
volg, *vulg* = volgare/*vulgär*

W

wiss, scient = *wissenschaftlich, Wissenschaft*/scientifico, scienza
Würfel, dadi = giochi di dadi/*Würfelspiele*

Z

zahladj, num = *Zahladjektiv*/(aggettivo) numerale
zoo = zoologia/*Zoologie, Tierkunde*

tedesco • italiano
Deutsch • Italienisch

A, a

A, a <-, - (*oder fam* -s)> n **1** (*Buchstabe*) A, a f *oder* m **2** *mus* la m • **A wie** *Anton*, a come Ancona; **A-***Dur mus*, la maggiore; **a-***Moll mus*, la minore; **großes** A, A maiuscola; *kleines* **a**, a minuscola; **das A und (das)** *O* (ｌeiner S. genｊ/[bei etw dat]): **die richtige Einstellung zur Arbeit ist das A und das O**, avere il giusto atteggiamento verso il lavoro è quello che conta; **das A und O beim Erlernen einer Fremdsprache sind die Grammatikregeln**, quando si impara una lingua straniera, ciò che conta di più sono le regole grammaticali; *Vitamin* **A**, vitamina A; **von A bis Z**, dall'alfa all'omega, dalla a alla zeta; **von A bis Z erfunden sein** *fam*, essere inventato ｌdi sana piantaｊ/[da cima a fondo]; **wer A sagt, muss auch B sagen** *prov*, quando si è in ballo bisogna ballare *prov*.

a 1 Abk *von* Ar: a (Abk *von* ara) **2** Abk *von* a-Moll: la minore.

à *präp + akk fam* **1** *com* (*zu* (*je*)) da: **geben Sie mir drei Briefmarken à 55 Cent**, mi dia tre francobolli da 55 centesimi **2** (*per, pro*) a: **das Zimmer kostet 60 Euro à Person und Nacht**, la camera costa/viene 60 euro a persona e notte • **à la carte** *gastr*, alla carta, à la carte.

A 1 Abk *von* Ampere: A (Abk *von* ampere) **2** Abk *von* Autobahn: A (Abk *von* autostrada) **3** Abk *von* Austria (*Österreich*): A (Abk *von* Austria) **4** Abk *von* A-Dur: la maggiore.

Ä, ä <-, - (*oder fam* -s)> n A, a f *oder* m con diéresi/Umlaut *ling*.

Aa <-, *ohne pl*> n *Kindersprache* popò f, cacca f: **fass das nicht an, das ist Aa**, non lo toccare, è cacca; **Aa machen**, fare (la) popò.

AA **A** n Abk *von* Auswärtiges Amt: "Ministero m degli (Affari) Esteri tedesco"; (*in Italien*) la Farnesina **B** <*meist ohne art*> subst pl Abk *von* Anonyme Alkoholiker: AA (Abk *von* alcolisti anonimi).

Aachen <-, *ohne pl*> n *geog* Aquisgrana f.

Aachener① <*inv*> adj di Aquisgrana: **der ~ Dom**, il duomo di Aquisgrana.

Aachener② <-s, -> m (**Aachenerin** f) (*in Aachen wohnend*) abitante mf di Aquisgrana; (*aus Aachen stammend*) originario (-a) m (f) di Aquisgrana.

Aal <-(e)s, -e> m **1** *fisch* anguilla f **2** *gastr* anguilla f: **geräucherter Aal**, anguilla affumicata • **Aal blau** *gastr*, anguilla bollita; **glatt wie ein Aal**, viscido come un'anguilla; **das Aal grün** *gastr*, anguilla al vapore; **sich (drehen und) winden wie ein Aal** (*sich aus einer unangenehmen Situation zu befreien suchen*), sgusciare come un'anguilla.

aalen rfl *fam*: **sich in der Sonne ~**, crogiolarsi al sole, fare la lucertola *fam*.

Aalfang <-(e)s, *ohne pl*> m pesca f delle anguille.

aalglatt *pej* **A** adj {KERL, POLITIKER} viscido come un'anguilla: **~ sein**, essere/sembrare un'anguilla **B** adv {AUSWEICHEN} come un'anguilla: **sich ~ aus der Affäre ziehen**, trarsi d'impiccio sgusciando come un'anguilla.

Aalsuppe f *gastr* zuppa f di anguilla.

a.a.O. Abk *von* an angegebenen/angeführten Ort: loc. cit. (Abk *von* loco citato)

Aar <-(e)s, -e> m *obs oder poet* aquila f.

Aargau <-s, *ohne pl*> m *geog* Argovia f.

Aaron <-(s), *ohne pl*> m *bibl* Aronne m.

Aas <-es, -e *oder* Äser> n **1** <pl -e> (*Tierleiche*) carogna f **2** <*nur sing*> (*Fleisch von Tierleichen*) carogna f: **Aas fressende Insekten**, silfidi, necrofori; **Aas fressende Tiere**, animali necrofagi/[che si nutrono di carogne] **3** <pl Äser> *fam pej* (*Miststück*) carogna f, fetente m: **sie ist ein kleines Aas** *slang*, è una bella carognetta • **kein Aas** *fam*, neanche un cane; **kein Aas war da**, non c'era un cane *fam*; **das liest doch wieder kein Aas!**, vedrai/vedrete che non lo leggerà nessuno!

aasen itr *fam region* **mit etw** (dat) ~ {MIT ENERGIE, ROHSTOFFEN, SEINEN KRÄFTEN} sprecare *qc*; {MIT GELD} *auch* scialacquare *qc*, sperperare *qc*: **mit seiner Gesundheit ~**, strapazzarsi (la salute).

Aasfliege f *zoo* moscone m.

Aasfresser m *zoo* animale m necrofago/ [che si nutre di carogne].

Aasgeier m **1** *ornith* capovaccaio m, avvoltoio m aquilino **2** *fam pej* (*geldgieriger Mensch*) avvoltoio m, sciacallo m.

Aaskäfer m *zoo* necroforo m.

ab① *präp + dat* **1** (*temporal: von einem bestimmten Moment an*) da, a partire da: **ab nächstem/nächsten** *fam* **Monat arbeite ich in Frankfurt**, (a partire) dal prossimo mese lavorerò a Francoforte; **ab dem zehnten Juli bleibt unser Geschäft bis 21 Uhr geöffnet**, dal dieci luglio il nostro negozio resterà aperto fino alle (ore) 21; **ab morgen rauche ich nicht mehr**, da domani non fumo più; **schicken Sie die Post bitte ab sofort an meine neue Adresse**, d'ora in poi vi prego di spedire la posta al mio nuovo indirizzo **2** (*lokal: von einer bestimmten Stelle an*) da, a partire da: **ab hier wird der Weg breiter**, da qui la strada si allarga; **ab Frankfurt können Sie mit dem IC fahren**, da Francoforte può prendere l'intercity **3** (*von einem bestimmten Punkt an aufwärts*) da, a partire da, da ... in su: **Markenartikel ab 20 Euro**, articoli di marca ｌa partire da 20 euroｊ/[da 20 euro in su]; **bei Einkäufen ab 100 Euro ist der Parkplatz gratis**, per acquisti superiori a 100 euro il parcheggio è gratuito; **ab 14 Jahren zahlen den vollen Preis**, i ragazzi ｌsopra i 14 anniｊ/[dai 14 anni in su] pagano il prezzo intero; **alle Schüler ab der fünften Klasse**, tutti gli alunni dalla quinta in su/avanti **4** *com*: **ab Fabrik/Lager/** **Werk**, franco fabbrica/magazzino/stabilimento **5** *CH* (*bei Uhrzeitangaben: nach*): **es ist Viertel ab acht**, sono le otto e un quarto **6** *CH* (*von*): **Aufnahmen ab Radio**, registrazioni dalla radio.

ab② adv **1** (*temporal*): **von jetzt ab**, d'ora in poi; **von nächster Woche ab**, a partire dalla prossima settimana **2** (*lokal*): **von hier ab**, da qui; **von München ab dauert die Reise fünf Stunden**, da Monaco ｌci voglionoｊ/[sono] cinque ore di viaggio **3** (*in Fahrplänen*): **Hamburg ab 20.10 Uhr**, partenza da Amburgo alle (ore) 20.10 **4** (*weg*): **an der Ecke rechts ab**, all'angolo svoltare a destra; **weit ab von ...**, molto lontano da ... **5** (*bei Befehlen*): **ab durch die Mitte!**, fila/filate via!; **ab ins Bett!**, avanti, a letto!; **Gewehr ab!** *mil*, piedarm! • **ab und zu/an** *norddt*, di quando in quando, ogni tanto, talvolta.

AB <-s, -(s)> m Abk *von* Anrufbeantworter: segreteria telefonica: **eine Nachricht auf dem AB hinterlassen**, lasciare un messaggio in segreteria (telefonica).

Abakus <-, -> m **1** *arch* abaco m **2** *math* abaco m.

ab|ändern tr **etw ~ 1** (*korrigieren*) {ANTRAG, BESCHLUSS} apportare delle modifiche *a qc*; {ARTIKEL, KOMMENTAR, ROMAN, TEXT} *auch* correggere *qc*, ritoccare *qc*, rimaneggiare *qc* **2** (*in Teilen ändern*) {HOSE, ROCK} ritoccare *qc*, fare delle correzioni *a qc*; {PROGRAMM} modificare *qc* **3** *parl* (*modifizieren*) {GESETZESENTWURF} emendare *qc*, apportare delle modifiche *a qc* **4** *jur* {STRAFE} commutare *qc*; {URTEIL} riformare *qc*.

Abänderung f **1** (*Korrektur*) {+ANTRAG, BESCHLUSS, VERTRAG} modifica f; {+ARTIKEL, TEXT} *auch* rimaneggiamento m, ritocco m **2** (*Änderung*) {+HOSE, KLEID, ROCK} ritocco m, correzione f; {+PROGRAMM} cambiamento m, modifica f **3** *parl* {+GESETZENTWURF} emendamento m, modifica f **4** *jur* {+STRAFE} commutazione f; {+URTEIL} riforma f • **in ~ einer S.** (gen): **in ~ unseres Programms übertragen wir jetzt ein Konzert**, in seguito ad un cambiamento di programma trasmettiamo ora un concerto; **~en an etw** (dat) **vornehmen** {AN EINEM MANUSKRIPT, EINER REDE, EINEM VERTRAG}, apportare delle modifiche a qc.

Abänderungsantrag m *parl* emendamento m: **über einen ~ beraten**, discutere un emendamento; **einen ~ einbringen**, presentare un emendamento.

ab|arbeiten **A** tr **etw ~ 1** (*durch Arbeit tilgen*) {SCHULDEN} lavorare per ripagare *qc*, ammort(izz)are/estinguere *qc* lavorando; {VORSCHUSS} lavorare per restituire *qc* **2** (*nachholen*) {NICHT GELEISTETE ARBEITSSTUNDEN} recuperare *qc* **3** (*hinter sich bringen*) {ARBEITSTAG, VERTRAGSZEIT} arrivare ｌalla fine diｊ/[in fondo a] *qc*, lavorare fino alla fine di *qc* **B** rfl **sich ~** ammazzarsi di lavoro *fam*, logorarsi lavorando: **ich arbeite mich von morgens bis abends ab, und du tust gar nichts**, io sgobbo dalla mattina alla sera e tu non fai assolutamente niente *fam*.

Abart f *biol bot* varietà f: **eine ~ einer S.** (gen), una varietà di *qc*.

abartig **A** adj **1** (*anormal*) {Mensch, Verhalten} anormale; (*bes. sexuell*) {Neigung} perverso; {Mensch} *auch* pervertito; {Verhalten} da pervertito: **ein ~er Typ**, un degenerato/pervertito **2** *slang* (*sehr negativ*) {Film, Gefühl, Typ} mostruoso **B** adv **1** (*nicht normal*) {reagieren, sich verhalten} in modo anormale; (*bes. sexuell*) in modo perverso, da pervertito (-a) **2** *fam* (*sehr*): **er ist ~ intelligent**, ha/[è di] un'intelligenza mostruosa *fam*/spaventosa *fam*; **das Buch ist ~ gut**, il libro è favoloso/straordinario.

Abartigkeit f {+Mensch, Verhalten} anormalità f; (*bes. sexuell*) perversione f.

Abb. *Abk von* Abbildung: fig. (**Abk** *von* figura), ill. (**Abk** *von* illustrazione).

Abbau <-(e)s, *ohne* pl> m **1** *min* {+Bodenschätze, Kohle} estrazione f **2** (*Verringerung*) {+Arbeitsplätze, Gehälter, Personal, Produktion} riduzione f, diminuzione f, taglio m; {+Preise} ribasso m, diminuzione f, riduzione f **3** (*allmähliche Beseitigung*) {+Extraleistungen, Privilegien} abolizione f, soppressione f; {+Sozialstaat} smantellamento m: **diese Reise hat zum ~ meiner Vorurteile beigetragen**, questo viaggio mi ha aiutato a liberarmi dai miei pregiudizi; **der Zollschranken**, abbattimento delle barriere doganali; **der ~ von Atomwaffen**, lo smantellamento degli armamenti nucleari **4** (*Abbruch*) {+Baracke, Baugerüst, Messestand} smontaggio m; {+Fabrikeinrichtung} smantellamento m **5** (*Schwächung*) {+Kräfte} indebolimento m **6** *chem* {+Moleküle} demolizione f **7** *biol* {+Fett, Kohlehydrate} metabolizzazione f; {+Gift-, Schadstoffe} decomposizione f, degradazione f **8** *med* {+Gewebe, Zelle} degenerazione f.

abbaubar adj **1** *min* {Erz, Kohle} estraibile **2** *chem* degradabile: **biologisch ~** {Substanz, Verpackung, Waschpulver}, biodegradabile.

ab|bauen **A** tr **1** *min* etw ~ {Eisen, Erz, Kohle} estrarre *qc* **2** (*demontieren*) **etw ~** {Anlage, Gerüst, Maschine, Stand, Zelt} smontare *qc*; {Fabrikeinrichtung} smantellare *qc* **3** (*verringern*) **etw ~** {Bestände, Bürokratie} ridurre *qc*, diminuire *qc*; {Arbeitsplätze, Lohn, Personal, Produktion} *auch* tagliare *qc* **4** (*schrittweise beseitigen*) **etw ~** {Privilegien} abolire *qc*; {Sozialstaat} smantellare *qc*; {Grenzen, Vorurteile} abbattere *qc*: **Ängste ~**, dissipare le paure; **Spannungen ~**, allentare le tensioni **5** *chem* (*in einfachere Strukturen zerlegen*) **etw** (**zu etw** dat) **~** {Eiweiße zu Aminosäuren, Stärke zu Glucose} decomporre *qc* (in *qc*) **6** *biol* **etw ~** {Mikroorganismen Schadstoffe} decomporre *qc*; {Organismus, Leber Fett, Kohlehydrate} metabolizzare *qc*; {Nieren} filtrare *qc* **B** itr **1** (*weniger leisten*) rendere (di) meno **2** (*geistig und körperlich nachlassen*) perdere colpi *fam*: **in den letzten zwei Jahren hat er geistig und körperlich ganz schön abgebaut** *fam*, negli ultimi due anni ha perso parecchi colpi sia dal punto di vista mentale che fisico **3** *med* {Organismus, Zelle} degenerare.

Abbauprodukt n *chem* prodotto m di decomposizione.

ab|beißen <irr> **A** tr **etw** (**von etw** dat) **~** staccare *qc* (*da qc*) con un morso: **darf ich ein Stück von deiner Schokolade ~?**, posso dare un morso alla tua cioccolata? **B** itr: **lässt du mich mal ~?**, mi fai dare un morso? **C** rfl **sich** (dat) **etw ~**: **er würde sich lieber die Zunge ~, als ...**, si morderebbe la lingua piuttosto che ...

ab|beizen tr **etw ~** {Holz, Schrank, Schreibtisch} sverniciare *qc*; **etw von etw** (dat) **~** {Farbe, Lack von einem Möbelstück} togliere/ripulire *qc da qc* con solventi.

Abbeizmittel n *chem* sverniciatore m.

ab|bekommen <irr, *ohne* ge-> tr **1** (*seinen Anteil erhalten*) **etw** (**von jdm/etw**) **~** {Seinen Anteil, ein Stück Torte} avere *qc* (*da qu/qc*): **du wirst deinen Anteil schon noch ~**, avrai la tua parte, non ti preoccupare; **es ist kein Fleisch mehr da, aber du kannst ein Stück von mir ~**, non c'è più carne, ma puoi averne /[te ne posso dare] un pezzo della mia; **keine Angst, es gibt genug Kuchen, jeder bekommt etwas ab**, niente paura, ce n'è abbastanza di torta, ognuno avrà la sua parte **2** (*beziehen*) **etw ~** {Prügel, Schläge} prendere *qc*, beccar(si) *qc fam*, buscarsi *qc fam*: **er hat ein paar saftige Ohrfeigen ~** *fam*, si è buscato un bel paio di schiaffi **3** (*von etw betroffen werden*) **etw ~** {Regen, Schnee, Spritzer} prender(si) *qc*, beccar(si) *qc fam*: **wir haben den ganzen Regen ~**, ci siamo presi (-e)/[abbiamo beccato] tutta la pioggia; **zum Glück haben wir von dem Unwetter nichts ~**, per fortuna il maltempo non ci ha toccato **4** *fam* (*beschädigt werden*) **etw ~** {Auto einige Kratzer} riportare *qc* **5** *fam* (*verletzt werden*) **etw ~** {Leichte Verletzungen} riportare *qc*: **bei dem Sturz hat er fast nichts ~**, cadendo non si è fatto quasi niente; **hat er (et)was ~?**, si è fatto qualcosa? **6** *fam* (*losbekommen*) **etw** (**von etw** dat) **~** {Etikette von der Flasche, Fleck von der Bluse} riuscire a togliere *qc* (*da qc*).

ab|berufen <irr, *ohne* ge-> tr *pol* **jdn** (**aus/von etw** dat) **~** {Botschafter, Diplomaten aus einem Land, einer Stadt, von seinem Posten} richiamare *qu* (*da qc*) • (**aus diesem Leben**) (**von Gott**) **~ werden** *geh euph*, essere chiamato a sé /[da Dio]/[dal Signore].

Abberufung <-, -en> f *pol* <*meist* sing> {+Botschafter, Diplomat} richiamo m.

ab|bestellen <*ohne* ge-> tr **1** (*die Bestellung widerrufen*) **etw ~** {Abonnement, Hotelzimmer} disdire *qc*; {Ware} annullare l'ordine/l'ordinazione di *qc* **2** (*jds Besuch widerrufen*) **jdn ~** {Handwerker, Vertreter} disdire l'appuntamento *con qu*, dire *a qu* di non venire.

Abbestellung <-, -en> f {+Abonnement, Hotelzimmer} disdetta f; {+Zeitung} disdetta f dell'abbonamento; {+Ware} annullamento m di un ordine/un'ordinazione.

ab|betteln tr *fam* **jdm etw ~** {der Mutter ein Eis, neues Fahrrad, ein paar Euro} elemosinare *qc da qu*.

ab|bezahlen <*ohne* ge-> tr **etw ~ 1** (*nach und nach bezahlen*) {Schulden, 5000 Euro} finire di pagare *qc* (un poco alla volta)/[via via]) **2** (*in Raten zahlen*) {Auto, Möbel, Waschmaschine} pagare *qc* a rate/[ratealmente].

Abbezahlung f **1** {+Schulden} estinzione f **2** {+Auto, Möbel, Waschmaschine} pagamento m rateale.

ab|biegen <irr> **A** tr <*haben*> **etw ~ 1** (*krümmen*) {Finger, Zweig} piegare *qc*; {Draht} *auch* curvare *qc*, torcere *qc* **2** (*abwenden*) {Thema} scansare *qc*; {Skandal} evitare *qc*: **das konnten wir gerade noch ~!**, l'abbiamo scansata per un pelo!; **ein Gespräch ~**, cambiare discorso **B** itr <*sein*> **1** (*eine andere Richtung einschlagen*) {Auto, Fahrer} svoltare, girare: (**nach**) **links/rechts ~**, svoltare/girare a sinistra/destra; **er biegt von der Hauptstraße nach links ab**, lascia la strada principale e gira/[girando] a sinistra; **an der Ecke müssen Sie ~**, all'angolo deve svoltare; (**nach**) **links ~ verboten**, divieto di svolta a sinistra **2** (*eine Biegung machen*) {Straße} svoltare: **nach einigen Metern biegt der Weg nach rechts ab**, dopo pochi metri la strada svolta a destra; **von etw** (dat) **~** {Seitenstraße, Weg von der Hauptstraße} deviare *da qc*.

Abbiegespur f *autom* corsia f di preselezione.

Abbild n **1** (*Kopie*) copia f, riproduzione f: **jds ~ sein**, essere il ritratto/la copia di *qu*; **sie ist das genaue ~ ihrer Mutter**, è sua madre sputata *fam*/[la copia esatta di sua madre]; **ein ~ von etw** (dat) **anfertigen**, fare una copia di *qc* **2** (*Darstellung*) immagine f, rappresentazione f: **ein getreues ~ der Natur**, una rappresentazione fedele della natura.

ab|bilden tr **jdn/etw ~** {Bild, Foto Menschen, Szene} ritrarre *qu/qc*, raffigurare *qu/qc*: **in dem Kinderbuch sind viele Tiere abgebildet**, in quel libro per bambini sono raffigurati molti animali; **etw naturgetreu ~**, ritrarre *qc* dal vivo/vero/[fedelmente] *qc*; **die Schauspielerin war letzte Woche auf dem Titelblatt abgebildet**, l'attrice è apparsa in copertina la scorsa settimana.

Abbildung f **1** (*Illustration*) illustrazione f, figura f: **siehe ~ Nr. 10**, vedi figura n. 10; **ein Buch mit vielen ~en**, un libro riccamente illustrato/[con tante illustrazioni]; **etw mit ~en versehen**, corredare *qc* di illustrazioni, illustrare *qc* **2** <*meist* sing> (*das Abbilden*) riprodurre m: **solche Szenen eignen sich nicht für die ~ in einer Jugendzeitschrift**, scene del genere non sono adatte a essere riprodotte in una rivista per ragazzi **3** *opt* formazione f dell'immagine **4** (*Wiedergabe*) {+Szene} raffigurazione f; {+Person} *auch* ritratto m.

Abbildungsfehler m *opt* aberrazione f.

ab|binden <irr> **A** tr **1** (*losbinden*) **etw ~** {Kopftuch, Krawatte} togliere *qc*: **jdm die Schürze ~**, togliere il grembiule *a qu* **2** *med* **etw ~** {verletzte Arterie} allacciare *qc*, stringere *qc*; {Arm, Bein} mettere un laccio *a qc*: **die Nabelschnur ~**, legare il cordone ombelicale **3** *gastr* **etw** (**mit etw** dat) **~** {Soße, Suppe mit Mehl} legare *qc* con *qc* **B** itr *bau* {Beton, Kleber, Mörtel} far presa, consolidarsi **C** rfl **sich** (dat) **etw ~** {Kopftuch, Krawatte, Schürze} togliersi *qc*.

Abbitte <-, -n> f <*meist* sing> *obs* scuse f pl, scusa f • (**bei jdm**) **~ leisten/tun**, presentare le proprie scuse (a *qu*), chiedere scusa (a *qu*); **öffentlich ~ leisten/tun**, fare pubblica ammenda; **jdm** (**wegen etw** gen *oder fam* dat) **~ schulden**, dovere delle scuse a *qu* (per *qc*).

ab|blasen <irr> tr **1** *fam* (*absagen*) **etw ~** {Fest, Streik, Veranstaltung} annullare *qc* **2** (*durch Blasen entfernen*) **etw** (**von etw** dat) **~** {Schmutz, Staub} togliere *qc* (*da qc*) soffiando, soffiare via *qc* (*da qc*).

ab|blättern itr <*sein*> **1** (*die Blütenblätter verlieren*) {Blume, Blüte} perdere i petali **2** (*in Blättchen abfallen*) {Farbe, Putz} sfaldarsi, staccarsi (a scaglie): **der Putz blättert von der Wand ab**, l'intonaco si stacca dal muro/[dalla parete].

ab|bleiben <irr> itr <*sein*> *fam*: **wo ist sie denn schon wieder abgeblieben?**, ma dove è andata a finire stavolta? *fam*, dove diavolo si è cacciata? *fam*.

abblendbar adj *autom* {Innen-, Rückspiegel} antiabbagliante.

Abblende <-, ohne pl> f film chiusura f in dissolvenza.

ab|blenden A tr **1** autom (auf Abblendlicht schalten): **die Scheinwerfer ~**, abbassare i fari, mettere gli anabbaglianti **2** (abschirmen) etw ~ {LICHT} schermare qc; {FENSTER} oscurare qc B itr **1** autom abbassare i fari: **auf- und ~**, lampeggiare **2** fot ridurre l'apertura del diaframma: **bei diesem Foto hast du zu stark abgeblendet**, quando hai scattato questa foto hai chiuso troppo il diaframma **3** film chiudere in dissolvenza.

Abblendlicht n autom (fari m pl) anabbaglianti m pl: **das ~ einschalten**, accendere/mettere fam gli anabbaglianti; **mit ~ fahren**, viaggiare con ₗgli anabbaglianti₎/[i fari bassi fam].

ab|blitzen itr <sein> fam: **jd blitzt (bei jdm) ab** {MIT EINEM ANGEBOT, VORSCHLAG}, qu si sente rispondere picche (a qc) da qu; **er ist bei ihr abgeblitzt** (mit seinem Flirt), è andato in bianco con lei fam • **jdn lassen** {jds Bitte, Forderung ablehnen}, rispondere picche a qu; (nicht auf einen Flirt eingehen) auch, mandare in bianco qu fam.

ab|blocken A tr **1** (an der Durchführung hindern) jdn/etw ~ {ANGREIFER, KRITIKER, JDS ANSINNEN, FORDERUNG} bloccare qu/qc; {JDS ANGRIFF, KRITIK} auch parare qc **2** sport jdn/etw ~ {BALL, GEGNER} stoppare qc/qu: **einen Angriff der Gegenmannschaft ~**, fermare/stoppare un attacco della squadra avversaria B itr fam {PERSON} fare muro.

Abbrand m nukl (in Kernreaktor) combustione f nucleare.

ab|brausen① A tr jdn/etw ~ fare la doccia a qu, lavare qu/qc sotto la doccia B rfl **sich ~** far(si) una/la doccia: **sich kalt/warm ~**, far(si) una doccia fredda/calda.

ab|brausen② itr <sein> fam (schnell abfahren) schizzare fam/filare fam/sfrecciare fam via, partire a razzo fam.

ab|brechen <irr> A tr <haben> **1** (durch Brechen von etw lösen) etw (von etw dat) ~ {AST, BLÜTE, STÜCK, ZWEIG} staccare qc (da qc); (kaputtmachen) rompere qc (di qc): **du hast ja den Henkel abgebrochen!**, hai rotto il manico! **2** (abbauen) etw ~ {LAGER, ZELT} levare qc, smontare qc **3** (abreißen) etw ~ {GEBÄUDE} demolire qc, abbattere qc, buttare giù qc **4** (vorzeitig beenden) etw ~ {ARBEITEN, BEHANDLUNG, FUßBALLSPIEL, SCHWANGERSCHAFT, SUCHE, VERANSTALTUNG, VERHANDLUNGEN, VORSTELLUNG} interrompere qc; {KURS, STUDIUM} auch abbandonare qc; {DISKUSSION} interrompere qc, troncare qc; {GEWERKSCHAFT STREIK} revocare qc; {ARBEITNEHMER} auch interrompere qc: **der Streik wurde abgebrochen**, lo sciopero è ₗstato revocato₎/[rientrato fam]; {DIPLOMATISCHE BEZIEHUNGEN, FREUNDSCHAFTSVERHÄLTNIS} rompere qc, troncare qc; **die Beziehungen zu jdm ~**, troncare i rapporti con qu, rompere i ponti con qu **5** inform etw ~ {BETRIEBSSYSTEM, PROGRAMM} interrompere l'esecuzione di qc; {VORGANG} troncare qc B itr **1** <sein> (sich durch Brechen lösen) {ABSATZ, AST, GRIFF, HENKEL, ZWEIG} staccarsi, rompersi **2** <sein> (entzweibrechen) {MESSER, NADEL, ZAHN} spezzarsi, rompersi; {BLEISTIFT} spuntarsi **3** <sein> (unvermittelt enden) {KONTAKT, MUSIK, UNTERHALTUNG, VERBINDUNG} interrompersi **4** <haben> (plötzlich aufhören): **mitten in etw (dat) ~** {IN DER ARBEIT}, fermarsi nel bel mezzo di qc; {IM GESPRÄCH} interrompersi nel bel mezzo di qc C rfl **sich ~** (dat) etw ~ {FINGERNAGEL} spezzarsi qc, rompersi qc: **darf ich mir ein Stück von deiner Schokolade ~?**, posso prendere un pezzetto della tua cioccolata? • **sich** (dat) **einen ~ (, um etw zu tun)** slang (sich sehr anstrengen), farsi il mazzo slang/culo slang (per fare qc), farsi in quattro (per fare qc); (übertrieben vornehm tun), menarla slang, tirarsela slang; **sie hat sich wirklich keinen abgebrochen** (bei einer Arbeit), non si è certo sciupata/sprecata!

ab|bremsen A tr (durch Bremsen langsamer werden lassen) etw ~ {FAHRZEUG} far rallentare qc **2** (langsamer verlaufen lassen) etw ~ {ENTWICKLUNG, UMSCHWUNG} frenare qc, rallentare qc B itr autom frenare, rallentare: **stark ~**, frenare bruscamente, fare una brusca frenata.

ab|brennen <irr> A tr <haben> **1** (durch Verbrennen beseitigen) etw ~ {GETREIDESTOPPEL, TROCKENES GRAS} bruciare qc: **die Federn eines Huhns ~**, bruciacchiare i cacchioni di un pollo **2** (durch Feuer von etw befreien, reinigen) etw ~ {ACKERLAND, FELD, WIESE} debbiare qc **3** (niederbrennen) etw ~ {DORF, GEHÖFT, HAUS} bruciare qc, ridurre in cenere qc **4** (brennen lassen) etw ~ {FEUERWERKSKÖRPER} accendere qc: **ein Feuerwerk ~**, fare i ₗfuochi d'artificio₎/[botti fam] **5** (wegbrennen) etw ~ {LACK} bruciare qc B itr <sein> **1** (niederbrennen) {GEBÄUDE, GEHÖFT} bruciare, ridursi in cenere, essere/venire distrutto (-a) dal fuoco **2** (sich durch Brennen aufbrauchen) {FEUERWERKSKÖRPER} consumarsi (bruciando): **die Kerze ist abgebrannt**, la candela si è consumata **3** fam (sein Haus durch Brand verlieren): **wir sind letztes Jahr schon einmal abgebrannt**, già l'anno scorso ₗsiamo stati (-e) vittime di un incendio₎/[abbiamo perso la casa in un incendio].

ab|bringen <irr> tr **1** (dazu bewegen, etw aufzugeben) **jdn von etw** (dat) ~ {VON EINEM GEDANKEN} distogliere qu da qc; {VON EINEM PLAN, VORHABEN} auch dissuadere qu da qc: **endlich habe ich ihn vom Rauchen abgebracht**, finalmente sono riuscito (-a) a ₗtogliergli il vizio del fumo₎/[farlo smettere di fumare]; **jdn von einer Meinung ~**, far cambiare idea a qu; **jdn davon ~**, **etw zu tun**, dissuadere qu dal fare qc **2** (weglenken) **jdn von etw** (dat) ~ {VON EINER FÄHRTE, EINER SPUR, EINEM THEMA} distogliere qu da qc; {VOM (rechten) WEG ~}, sviare qu • **jd ist nicht von etw** (dat) **abzubringen** {VON EINEM GEDANKEN}, non si riesce a distogliere qu da qc; **jd ist nicht von seiner Absicht abzubringen**, è impossibile far cambiare idea a qu; **sich von etw** (dat) **nicht ~ lassen** {VON EINER IDEE, EINER MEINUNG}, non smuoversi di qc; **ich lass mich nicht davon ~!** fam, non cambio certo idea!

ab|bröckeln itr <sein> **1** (sich nach und nach lösen) {VERPUTZ} sgretolarsi, scrostarsi, staccarsi (a pezzetti): **der Putz bröckelt von der Wand ab**, l'intonaco si stacca ₗdal muro₎/[dalla parete] **2** Börse {AKTIENKURS, WÄHRUNG} essere in ribasso/flessione.

Abbruch m <nur sing> (das Niederreißen) {+GEBÄUDE, HAUS} demolizione f **2** <nur sing> (Beendigung) {+DIPLOMATISCHE BEZIEHUNGEN, VERHANDLUNGEN} rottura f; {+REISE, STUDIUM, VERANSTALTUNG} interruzione f; {+STREIK} revoca f **3** (das Abbauen) {+LAGER, ZELTE} smontaggio m **4** fam med (Schwangerschaftsabbruch) interruzione f volontaria della gravidanza **5** inform {+PROGRAMM} interruzione f, sospensione f; (automatischer ~ bei Systemfehler) aborto m; {+VORGANG} annullamento m • **reif für den ~ (sein)** {GEBÄUDE}, (essere) da demolire/abbattere; **etw** (dat) **keinen ~ tun** form {AUFTRITT, STREIT EINER BEZIEHUNG, EINEM FEST, DER GUTEN LAUNE}, non compromettere qc, non guastare qc; **das tut der Liebe keinen ~** fam, non fa niente, non importa; **das tut deiner Schönheit keinen ~** fam, non ti sciupa/rovina; **etw auf ~ verkaufen** {GEBÄUDE}, vendere qc a scopo di demolizione.

Abbrucharbeiten subst <nur pl> bau lavori m pl di demolizione.

Abbrucherlaubnis f bau permesso m ₗper la₎/[di] demolizione: **er hat für das Haus keine ~ bekommen**, non ₗha avuto₎/[gli hanno dato] il permesso di demolire la casa.

Abbruchfirma f impresa f di demolizione.

Abbruchgenehmigung f → **Abbrucherlaubnis**.

Abbruchhaus n (zum Abbruch bestimmt) edificio m da demolire; (schon abgerissen) edificio m demolito.

abbruchreif adj {GEBÄUDE, HÄUSERBLOCK} da demolire/abbattere.

Abbruchunternehmen n → **Abbruchfirma**.

ab|brühen tr etw ~ {GEMÜSE, HÜHNERFLEISCH, MANDELN} scottare qc, sbollentare qc.

ab|brummen tr fam etw ~ {HAFTSTRAFE} scontare qc: **er muss noch drei Jahre Gefängnis ~**, deve farsi ancora tre anni di galera fam.

ab|buchen tr bank etw (**von etw** dat) ~ {BETRAG, MIETE, RECHNUNG} addebitare qc (su qc): **wir haben den unten stehenden Betrag von Ihrem Konto abgebucht**, abbiamo addebitato dal Vostro conto l'importo sottoindicato; **ich lasse die Miete von meinem Konto ~**, ho incaricato la banca di addebitarmi l'affitto sul conto (corrente) • **das kannst du ~!** fam (damit kannst du nicht mehr rechnen), te lo puoi scordare/dimenticare!

Abbuchung f {+BETRAG, GEBÜHR, RECHNUNG} addebito m: **die ~ vom Konto**, l'addebito in conto.

Abbuchungsauftrag m ordine m di addebito.

ab|bürsten tr **1** (durch Bürsten reinigen) **jdn ~** (jds Kleidung reinigen) dare una spazzolata a qu fam; (jdn beim Waschen bürsten) strofinare qu dalla testa ai piedi; (jdm) etw ~ {JACKE, MANTEL, ROCK, RÜCKEN} dare una spazzolata a qc (di qu) fam, spazzolare qc (di qu): **kannst du mir mal die Hose ~?**, puoi darmi una spazzolata ai pantaloni? fam **2** (durch Bürsten entfernen) etw (**von etw** dat) ~ {FUSSELN, HAARE, STAUB VOM KRAGEN, MANTEL} spazzolare via qc (da qc), togliere qc (da qc) con la spazzola **3** fam (zurechtweisen) **jdn ~** dare una strigliata a qu fam.

ab|busseln tr bes. A fam **jdn ~** sbaciucchiare qu.

ab|büßen tr etw ~ **1** jur {FREIHEITSSTRAFE} scontare qc **2** relig espiare qc.

Abbüßung f <-, ohne pl> f jur: **nach/vor der Strafe**, dopo/[prima di] aver scontato la pena.

Abc <-, -> n <meist sing> **1** (Alphabet) alfabeto m, abbicci m, ABC m: **etw nach dem Abc ordnen** {BEGRIFFE, DATEN, KARTEIKARTEN}, mettere qc in ordine alfabetico, ordinare qc alfabeticamente **2** (Anfangsgründe): **das Abc einer S.** (gen) {DER MEDIZIN, DES TANZENS, DER WIRTSCHAFT}, l'ABC/abbicci di qc.

Abc-Buch n obs Schule abbecedario f, sillabario m.

Abchasien <-s, ohne pl> n geog Abkhazia f.

ab|checken tr fam **1** (überprüfen) etw ~ {FUNKTIONEN} controllare qc; {MASCHINE} controllare le funzioni di qc: **die Lage ~**, sondare il terreno; **habt ihr gut abgecheckt, ob auch wirklich alles funktioniert?**, avete controllato bene se davvero funziona tutto? **2** (*abhaken*) **etw** ~ {NAMEN DER PASSAGIERE} spuntare *qc* **3** (*absprechen*) **etw mit jdm** ~ {ANGEBOT, VORSCHLAG} discutere *qc* con *qu*, sentire *qu su/per qc fam*.

ABC-Kampfmittel subst <*nur pl*> *mil* armi f pl atomiche, biologiche e chimiche.

Abc-Schütze *m scherz* scolaretto m ⌊alle prime armi *fam*⌋/[della prima elementare].

ABC-Staaten subst <*nur pl*>: **die ABC--Staaten**, l'Argentina, il Brasile e il Cile.

ABC-Waffen subst <*nur pl*> → **ABC--Kampfmittel**.

Abdachung <-, -*en*> f *geog* declivio m.

ab|dämmen tr **1** (*stauen*) **etw** ~ {FLUSS, WASSER} arginare *qc* **2** (*vor Wasser schützen*) **etw** ~ {FELD, GEBIET, WIESE} munire *qc* di argini.

Abdampf <-(*e*)*s*, *Abdämpfe*> m *tech* vapore m (di scarico).

ab|dampfen itr <*sein*> *fam* andare via, andarsene, partire: **wo ist denn Katrin? – Die ist schon wieder abgedampft**, dov'è Katrin? – Se l'è già filata *fam*.

ab|danken itr {KANZLER, MINISTER} dimettersi; {HERRSCHER} abdicare.

Abdankung <-, -*en*> f **1** {+KANZLER, MINISTER} dimissioni f pl; {+HERRSCHER} abdicazione f **2** *CH* (*Trauerfeier*) esequie f pl.

Abdeckcreme f crema f coprente.

ab|decken A tr **1** (*etw von etw frei machen*) **etw** ~ {TISCH} sparecchiare *qc*: **das Bett** ~, togliere le coperte dal letto **2** (*bedecken*) **etw** (*mit etw* dat) ~ {BRUNNEN, GRAB, PFLANZEN} coprire *qc* (*con qc*) **3** (*die Dachpfannen wegnehmen*) **etw** ~ {GEBÄUDE, HAUS} scoperchiare *qc* **4** (*berücksichtigen*) **etw** ~ {BEDARF, BEDÜRFNISSE, FORDERUNGEN} soddisfare *qc*; {REGEL FÄLLE; VERSICHERUNG RISIKEN} coprire *qc* **5** (*ausgleichen*) **etw** ~ {SCHULDEN} estinguere *qc*, saldare *qc*; {VERPFLICHTUNGEN} adempiere (*a*) *qc*; {AUSGABEN, KOSTEN} coprire *qc* B itr sparecchiare (la tavola).

Abdeckkrem, Abdeckkreme f → **Abdeckcreme**.

Abdeckplane f telone m di copertura.

Abdeckplatte f **1** *bau* pannello m di copertura **2** (*für Herd*) piastra f di copertura **3** *el* placca f **4** (*für Handy*) coperchio m.

Abdeckstift m correttore m, stick m coprente.

Abdeckung f **1** (*Material zum Abdecken*) {+BEET, GRAB, GRUBE} copertura f **2** <*nur sing*> (*Vorgang*): **zur ~ der Pflanzen können Sie Tannenzweige nehmen**, per coprire le piante può usare rami d'abete.

ab|dichten tr **1** (*dicht machen*) **etw** (*mit etw* dat) ~ {RITZE} turare *qc* (*con qc*); {LECK, LOCH} *auch* tappare *qc* (*con qc*); {ROHR} sigillare *qc* (*con qc*); {FENSTER, TÜR} *auch* tappare *qc* (*con qc*); {FASS} stagnare *qc* (*con qc*) **2** (*isolieren*) **etw gegen etw** (akk) ~: **einen Raum/eine Wand gegen Feuchtigkeit** ~, impermeabilizzare un ambiente/una parete; **etw gegen Lärm** ~, isolare *qc* acusticamente, insonorizzare *qc*.

Abdichtung f **1** (*das Abgedichtetsein*) {+FENSTER, TÜR} chiusura f ermetica **2** (*Isolierung*): ~ **gegen Feuchtigkeit** {+GEBÄUDETEIL, WAND}, impermeabilizzazione; **~ gegen Lärm**, isolamento acustico, insonorizzazione **3** <*nur sing*> (*das Dichtmachen*) {+FUGE, RITZE} turare m; {+LECK} *auch* tappare m.

abdingbar adj *jur* {NORM} derogabile.

Abdomen <-*s*, - *oder geh Abdomina*> n **1** *med* addome m **2** *zoo* addome m.

abdominal adj *med* addominale.

ab|drängen tr *jdn* ~ {LEIBWÄCHTER, POLIZISTEN DEMONSTRANTEN, FANS} respingere *qu*, allontanare *qu*; {GEGENSPIELER} scartare *qu*; **jdn von etw** (dat) ~ {VOM FUßBALLPLATZ, VON DER STRAßE} allontanare *qu* da *qc*.

ab|drehen A tr <*haben*> **1** *fam* (*die Zufuhr unterbrechen*) **etw** ~ {GAS, WASSER} chiudere *qc*; {STROM} *auch* staccare *qc*: **den Wasserhahn** ~, chiudere il rubinetto (dell'acqua) **2** *fam* (*ausmachen*) **etw** ~ {HEIZUNG, LICHT, RADIO} spegnere *qc*, chiudere *qc* **3** (*drehend entfernen*) **etw** (**von etw** dat) ~ {BLUME VOM STIEL, KNOPF VON DER JACKE, STIEL VOM APFEL} staccare *qc* (*da qc*); {SCHRAUBVERSCHLUSS VOM GLAS} svitare *qc* (*da qc*) **4** (*abwenden*) **etw** ~ {GESICHT, KOPF, SCHULTER} voltare *qc*, girare *qc* **5** *film* **etw** ~ {SZENE} finire di girare *qc*; {FILM} *auch* girare le ultime scene *di qc* B itr <*haben oder sein*> *aero naut* cambiare rotta, virare C rfl <*haben*> **sich** ~ girarsi, voltarsi.

Abdrift <-, *rar* -*en*> f *aero naut* deriva f.

ab|driften itr <*sein*> **1** {BOOT, FLUGZEUG} andare alla deriva, derivare **2** *slang* (*abgleiten*) essere alla deriva; **irgendwohin** ~ {NACH LINKS, RECHTS} slittare + *compl di luogo*: **ins Kriminelle** ~, finire nel giro della malavita.

ab|drosseln tr *autom*: **den Motor** ~, mandare giù di giri.

Abdruck① <-(*e*)*s*, *Abdrücke*> m **1** (*das Abdrücken*) impressione f **2** (*durch Abdrücken entstehende Form*) calco m: **einen ~ in Gips von etw** (dat) **machen**, fare un calco in gesso di *qc* **3** (*abgedrückte Spur*) {+FINGER, REIFEN, SOHLE} impronta f; {+FUß} *auch* orma f • **einen ~ machen/nehmen** {ZAHNARZT}, prendere l'impronta.

Abdruck② <-(*e*)*s*, -*e*> m *typ* **1** (*gedruckte Version*) {+GEDICHT, INTERVIEW, ROMAN} pubblicazione f **2** <*nur sing*> (*das Nachdrucken*) {+ARTIKEL, ROMAN} ristampa f **3** (*Reproduktion*) {+BILD, ZEICHNUNG} stampa f, riproduzione f.

ab|drucken tr **etw** (**in etw** dat) ~ {ARTIKEL, GEDICHT, STELLUNGNAHME} pubblicare *qc* (*su qc*); {BILD, FOTO, ZEICHNUNG} *auch* riprodurre *qc* (*in qc*).

ab|drücken A tr **1** *fam* (*umarmen*) *jdn* ~ stringere *qu*, abbracciare *qu* **2** (*zudrücken*) (*jdm*) **etw** ~ {ADER, ARTERIE} comprimere *qc* (*a qu*): **jdm die Luft** ~, togliere il respiro a *qu* **3** (*nachbilden*) **etw** (**in etw** dat) ~ fare un calco *di qc* (*in qc*) B itr premere il grilletto, sparare: **er hat zweimal abgedrückt**, ha sparato due colpi/volte C rfl **1** (*sich abstoßen*) **sich** (**von etw** dat) ~ {VOM RAND DES SCHWIMMBECKENS} allontanarsi (*da qc*) dandosi una spinta **2** (*Spuren hinterlassen*) **sich irgendwo** ~ {FUßSPUREN IM SCHNEE, SAND} imprimersi + *compl di luogo*.

ab|ducken itr *Boxen* schivare un colpo.

ab|dunkeln tr **1** (*abschirmen*) **etw** ~ {LAMPE} velare *qc* **2** (*verdunkeln*) **etw** ~ {RAUM} oscurare *qc* **3** (*dunkler werden lassen*) **etw** ~ {FARBE} scurire *qc*.

ab|duschen A tr *jdn* ~ fare la doccia *a qu*; **jdm etw** ~ {DEN RÜCKEN, DIE SCHULTERN} lavare *qc a qu* sotto la doccia B rfl **sich** ~ farsi la doccia: **sich kalt/warm** ~, farsi una doccia fredda/calda; **sich** (dat) **etw** ~ lavarsi *qc* sotto la doccia; **er duscht sich den Rücken ab**, si lava la schiena sotto la doccia.

ab|ebben itr <*sein*> **1** (*zurückgehen*) {FLUT, HOCHWASSER} abbassarsi, decrescere, calare **2** (*an Intensität verlieren*) {INTERESSE} calare, diminuire, scemare; {WUT} placarsi; {LÄRM} *auch* attenuarsi.

Abece <-, *ohne pl*> n abbicci m.

Abel <-*s*, *ohne pl*> m *bibl* Abele m.

abend adv a.R. *von* Abend.

Abend <-*s*, -*e*> m **1** (*späte Tageszeit*) sera f; (*in seinem Verlauf*) serata f: **im Laufe des ~s**, in/[nel corso della] serata; **am frühen ~**, nel tardo pomeriggio; **heute/gestern/morgen ~**, questa/ieri/domani sera; **bis heute ~!**, a questa sera!, a stasera! *fam*; **am gestrigen ~**, ieri sera; **am nächsten/folgenden ~, am ~ darauf**, la sera dopo/seguente/successiva; **am späten ~**, in tarda serata; **am ~ vorher/zuvor, am vorherigen ~**, la sera prima/precedente; **bis in den späten ~ hinein**, fino a tarda sera; **am ~ des 20. Dezember**, la sera del 20 dicembre; **es ⌊wird ~⌋/⌊geht auf den ~ zu⌋**, si fa sera; **der ~ bricht an**, scende la sera; **am ~ bin ich gerne zu Hause**, la sera mi piace restare a casa; **eines ~s verschwand er und ließ nie wieder etwas von sich hören**, una sera scomparve e da allora non fece più avere sue notizie **2** (*geselliges Beisammensein*) serata f: **ein ⌊~ unter Freunden⌋/[geselliger ~]**, una serata tra amici; **ein musikalischer ~**, una serata musicale; **vielen Dank für den schönen ~**, grazie per la bella serata **3** (*Vorabend*) **am ~ vor etw** (dat), alla vigilia di *qc* • **du kannst mich mal am ~ besuchen!** *fam euph*, ma vai a quel paese!; **ein bunter ~ theat TV**, una serata di varietà; (*Fest oder Ä.*), una serata con intrattenimenti vari; **des ~s geh** (*abends*), di/(al)la sera; **zu ~ essen**, cenare; **~ für ~**, una sera dopo l'altra, ogni sera, sera dopo sera, tutte le sante sere *pej*, una sera sì e l'altra pure *fam scherz*; **den ganzen ~ über**, per tutta la sera(ta); **je später der ~, desto schöner die Gäste**, meglio tardi che mai; **gegen ~**, verso/[sul far della] sera; **guten ~!**, buona sera!; **der Heilige ~**, la vigilia di Natale; **jeden ~**, ogni sera, tutte le sere; **der ~ des Lebens** *lit*, la sera/il crepuscolo della vita *lit*; **'n ~!** *fam*, 'sera! *fam*; **jdm einen schönen ~ wünschen**, augurare una buona/bella serata a *qu*.

Abendakademie f → **Abendschule**.

Abendandacht f *relig* vespro m, messa f vespertina.

Abendanzug m abito m da sera (maschile).

Abendausgabe f {+ZEITUNG} edizione f della sera.

Abendblatt n giornale m della sera.

Abendbrot <-(*e*)*s*, *ohne pl*> n *meist norddt* cena f semplice (fredda): **~ essen**, cenare.

Abenddämmerung f crepuscolo m, imbrunire m.

abendelang A adj <*attr*> {DISKUSSIONEN, GESPRÄCHE} che dura intere serate B adv per intere serate.

Abendessen n cena f: **nach dem ~**, dopo cena; **um acht Uhr gibt es ~**, alle otto si cena; **was gibt es heute zum ~?**, (che) cosa c'è oggi per/da cena?; **zum ~ (ins Restaurant) gehen**, andare a cena fuori, uscire a cena; **das ~ ausfallen lassen**, saltare la cena.

abendfüllend adj {FILM, VORTRAG} che occupa l'intera serata: **ein ~es Programm**, un programma per l'intera serata.

Abendgebet n *relig* preghiera f della sera.

Abendgesellschaft f **1** (*Abendgäste*) invitati m pl a una serata **2** (*abendliches Fest*) serata f; (*mit Tanz*) serata f danzante; (*elegantes Fest*) soirée f, ricevimento m (serale), serata f di gala.

Abendgottesdienst m *relig* → **Abendandacht**.

Abendgymnasium n "scuola f serale per conseguire un diploma di maturità".

Abendhimmel m cielo m ⌊della sera⌋/[serale]/[vespertino] *poet*.

Abendkasse f *theat* biglietteria f, botteghino m: **Karten an der ~ kaufen**, acquistare i biglietti alla biglietteria la sera stessa dello spettacolo.

Abendkleid n abito m/vestito m da sera: **alle Damen waren im ~ erschienen**, tutte le signore si erano presentate in abito da sera.

Abendkurs m corso m serale: **einen ~ besuchen**, frequentare un corso serale.

Abendland <-(e)s, ohne pl> n *geh*: **das ~**, l'Occidente, il Ponente *lit*; **das christliche ~**, l'Occidente cristiano.

abendländisch *geh* A adj {ARCHITEKTUR, KUNST, MALEREI} occidentale, dell'Occidente B adv: **~ beeinflusst sein** {KUNST, MALEREI, MENSCH}, ₋essere influenzato dalla₋/[risentire della] cultura occidentale.

abendlich adj <attr> **1** (*abends stattfindend*) {BAD, DÄMMERUNG, NACHRICHTEN} della sera; {STILLE} *auch* serale: **die ~e Kühle**, il fresco della sera; {KURS, VERANSTALTUNG} serale **2** (*dem Abend gemäß*) {KLEIDUNG, MAKE-UP} da sera.

Abendmahl <-s, ohne pl> n **1** *relig* (*in der evangelischen Kirche*) Santa Cena f; (*in der katholischen Kirche*) comunione f, cena f eucaristica, eucaristia f **2** *kunst* cenacolo m, Ultima Cena f: **das ~ von Leonardo da Vinci**, ₋il cenacolo₋/[l'Ultima Cena] di Leonardo ● **das ~ empfangen/nehmen**, fare/ricevere la comunione; **das Letzte ~**, l'Ultima Cena.

Abendmahlzeit f cena f.

Abendnachrichten subst <nur pl> *radio* notiziario m della sera, giornale m radio della sera; *TV* notiziario m/telegiornale m/tig\ m *fam* della sera.

Abendprogramm n *radio TV* programma m serale: **was gibt's heute im ~?** *TV*, che cosa danno alla tele(visione) stasera?

Abendrot <-(e)s, ohne pl> n rosso m di sera ● **~, gut Wetterbot** *prov*, rosso di sera bel tempo si spera *prov*.

abends adv di/la sera: **~ gehe ich gern aus**, la sera mi piace uscire; **um 10 Uhr ~**, **um 10 Uhr**, alle dieci di sera; **spät ~**, la sera tardi; **von morgens bis ~**, dalla mattina alla sera.

Abendschule f scuola f serale.

Abendschüler m (**Abendschülerin** f) studente (-essa) m (f) di (una) scuola serale, persona f che frequenta una scuola serale.

Abendsonne f sole m al tramonto.

Abendspaziergang m passeggiata f serale.

Abendstern m *astr* Venere f, stella f ₋della sera₋/[vespertina].

Abendstille f silenzio m ₋della sera₋/[serale].

Abendstunde f <*meist* pl> ora f serale/ [della sera]: **in den späten ~n**, in tarda serata; **bis in die (späten) ~n**, fino a (tarda) sera.

Abendveranstaltung f serata f.

Abendverkauf m *CH* "apertura f serale settimanale dei negozi fino alle (ore) 21".

Abendvorstellung f *film* spettacolo m serale; *theat auch* rappresentazione f serale.

Abendzeit f *geh* sera f: **zur ~**, di/la sera.

Abendzeitung f giornale m/quotidiano m della sera.

Abenteuer <-s, -> n **1** (*aufregendes Erlebnis*) avventura f: **die Reise nach Spanien war ein richtiges ~**, il viaggio in Spagna è stato una vera avventura **2** (*Liebesabenteuer*) avventura f **3** (*ungewisses Unternehmen*) avventura f, impresa f rischiosa: **sich auf ein gefährliches ~ einlassen**, imbarcarsi in un'impresa pericolosa ● **auf ~ aus sein**, essere in cerca di avventure (amorose); **auf ~ ausgehen**, andare/partire in cerca di avventure; **sich in ein ~ stürzen**, buttarsi/imbarcarsi in un'avventura.

Abenteuerbuch n libro m di avventure.

Abenteuerferien subst <nur pl> vacanze f pl avventura/[all'insegna dell'avventura].

Abenteuerfilm m film m d'avventura.

Abenteuergeschichte f racconto m/ storia f d'avventura.

abenteuerlich A adj **1** (*wie ein Abenteuer gestaltet*) {LEBEN, REISE} avventuroso, ricco di avventure **2** (*fantastisch*) {GESCHICHTE, VORFALL} rocambolesco **3** (*gewagt*) {UNTERNEHMEN, VORHABEN} avventuroso, rischioso **4** (*seltsam, bizarr*) {GESTALTEN, KLEIDUNG} bizzarro, stravagante, strampalato **5** (*unglaublich*) {AUSREDE} inverosimile; {PREISE} esorbitante B adv **1** (*fantastisch*): **das hört sich sehr ~ an**, sembra molto rocambolesco **2** (*seltsam, bizarr*) {GEKLEIDET SEIN} in modo bizzarro/stravagante.

Abenteuerlichkeit <-, -en> f **1** <nur sing> (*abenteuerliche Art*) {+REISE} carattere m avventuroso **2** <meist pl> (*abenteuerliches Vorkommnis*) esperienza f avventurosa.

Abenteuerlust <-, ohne pl> f gusto m dell'avventura, spirito m d'avventura.

abenteuerlustig adj avventuroso, amante dell'avventura: **~ sein**, avere spirito d'avventura.

Abenteuerroman m romanzo m d'avventura.

Abenteuerspielplatz m spazio m ricreativo all'aperto per bambini, parco m Robinson.

Abenteuerurlaub m vacanze f pl avventura.

Abenteurer <-s, -> m (**Abenteurerin** f) avventuriero (-a) m (f).

aber① konj **1** (*jedoch*) ma, però, invece: **ja, er ist zu Hause**, **~ er hat keine Zeit**, sì, è a casa, ma però ha no tempo; **heute Abend kann ich nicht**, **~ morgen früh**, stasera non posso, ma domani mattina sì; **ich kann leider nicht zu deiner Party kommen**, **~ Klaus kommt gern**, (io) purtroppo non posso venire alla tua festa, ma/invece Klaus viene volentieri **2** (*Einschränkung: allerdings*) ma, però: **klein**, **~ fein**, piccolo ma grazioso; **die Sonne scheint**, **~ es ist sehr kalt**, c'è il sole, ma/però fa molto freddo; **das Zimmer ist nicht sehr groß**, **~ wenigstens ist es hell**, la camera non è molto grande, ma almeno è luminosa; **er spricht nicht sehr gut Deutsch**, **~ er weiß sich zu helfen**, non è che parli benissimo il tedesco, però si arrangia; **sie hat ihn zwar geheiratet**, **~ glücklich ist sie nicht mit ihm**, sì, l'ha sposato, ma non è felice con lui **3** (*zur Verstärkung einer Entgegnung*) ma, (ep)pure, però: **~ du musst sie doch gesehen haben!**, eppure dovresti ₋averla vista₋/[averli visti]!; **~ du kannst ihm doch nicht immer alles verheimlichen!**, ma non puoi sempre nascondergli tutto!; **~ einer muss es ihm doch sagen!**, qualcuno dovrà pur dirglielo!

aber② partik **1** (*unterstreicht Ärger und Ungeduld*) ma: **jetzt hört ~ mal auf!**, ma smettetela una buona volta!; **nun mach ~ mal einen Punkt!**, ora basta, però!, è ora di smetterla!; **~ ich bitte Sie!**, ma mi faccia il piacere! **2** (*drückt Erstaunen, Kritik, Lob aus*): **du sprichst ~ gut Deutsch!**, però, lo parli bene il tedesco!, (ma) come parli bene il tedesco!; **das habt ihr ~ gut gemacht!**, l'avete fatto proprio bene!; (*bei Kindern o Schülern*) **ma che bravi (-e)!**; **das war ~ nicht nett (von dir)**, certo non è stato gentile (da parte tua) **3** (*zur Verstärkung einer Antwort*) ma: **~ ja/natürlich/nein/sicher!**, ma sì/naturalmente/no/certo!; **~ ja doch!**, ma sì/certo!; **können Sie mir bitte helfen?** – **Aber gern!**, può aiutarmi per favore? – ₋Ma certo₋/[Volentieri]!

Aber <-s, -> n **1** (*Einwand*) ma m: **kein ~!**, non c'è ma che tenga!; **da gibt's kein ~**, **du kommst mit uns und Schluss!** *fam*, non ci sono ma che tengano, vieni con noi e basta! **2** (*Haken*) ma m: **da ist nur noch ein ~**, c'è solo un problemino/una cosetta.

Aberglaube <-ns, ohne pl>, **Aberglauben** <-s, ohne pl> m superstizione f.

abergläubisch adj {MENSCH} superstizioso.

Aberhundert, **aberhundert** <inv> unbest zahladj *geh* molte centinaia: **~ Lichter**, ₋molte centinaia₋/[(centinaia e) centinaia] di luci.

Aberhunderte, **aberhunderte** subst <nur pl> *geh* **~ von jdm/etw** pl/+ gen pl (molte) centinaia di qu/qc: **~ von Menschen waren zu dem Rockkonzert gekommen**, centinaia (e centinaia) di persone erano venute al concerto rock; **zu ~n**, a centinaia.

ab|erkennen <irr, ohne ge-> tr **jdm etw ~** {AUSZEICHNUNG, VERDIENST} non riconoscere qc a qu; {AKADEMISCHEN TITEL, WELTMEISTERTITEL} *auch* togliere qc a qu; *jur* {BÜRGER-, EHRENRECHTE, STAATSBÜRGERSCHAFT} privare qu di qc; {VATERSCHAFT} disconoscere qc.

Aberkennung <-, -en> f *jur* {+BÜRGERRECHTE, STAATSBÜRGERSCHAFT} privazione f; {+VATERSCHAFT} disconoscimento m: **~ der bürgerlichen Ehrenrechte**, privazione dei diritti civili; **die ~ seines Weltmeistertitels verursachte einen Riesenskandal**, la decisione di togliergli il titolo mondiale ha provocato un enorme scandalo.

abermalig adj <attr> *geh* ulteriore, rinnovato: **eine ~e Verkürzung der Arbeitszeit**, un'ulteriore diminuzione dell'orario di lavoro; **nach einem ~en Versuch gab er das Experiment auf**, dopo l'ennesimo tentativo rinunciò all'esperimento.

abermals adv *geh* di nuovo, un'altra volta.

ab|ernten tr **1** (*ernten*) **etw ~** {FRÜCHTE} raccogliere tutto (-a) qc; {GETREIDE} *auch* mietere tutto (-a) qc; **einen Weinberg ~**, vendemmiare, fare la vendemmia; **etw von jdm ~ lassen** {ERDBEEREN, GRÜNE BOHNEN}, far raccogliere qc da qu **2** (*durch Ernten leer machen*) **etw ~** {OBSTBÄUME} cogliere tutta la frutta *di* qc: **sie haben schon die Weizenfelder abgeerntet**, hanno già mietuto tutto il grano.

Abertausend, **abertausend** <inv> unbest zahladj *geh* molte migliaia: **~ Sterne**, ₋molte migliaia₋/[(migliaia e) migliaia] di stelle.

Abertausende, **abertausende** subst <nur pl> *geh* **~ von jdm/etw** pl/+ gen pl (molte) migliaia di qu/qc: **~ von Touristen kommen jedes Jahr nach Florenz**, ₋molte migliaia₋/[(migliaia e) migliaia] di turisti arrivano ogni anno a Firenze.

aberwitzig adj {PLAN, VORHABEN} dissennato, folle.

ab|erziehen <irr, ohne ge-> tr **jdm etw ~** {EINEM KIND, SCHÜLER SCHLECHTES BENEHMEN} disabituare qu a qc: **du musst ihm diese Unart ~!**, devi togliergli questo vizio!

ab|essen <irr> tr **etw (von etw** dat**) ~** {ROSINEN, STREUSEL VOM KUCHEN} mangiare qc (di qc).

Abessinien <-s, ohne pl> n *geog obs* Abissinia f.

ab|fackeln tr *tech* **etw ~** {ERDGAS, KOHLEN-

WASSERSTOFFE} bruciare qc.

abfahrbereit **A** adj <meist präd> {Auto, Bus, Taxi, Zug} pronto ₍per la partenza₎/[a partire]; {Person} pronto a partire **B** adv: **der Zug steht auf Gleis 14 ~**, il treno è in partenza al binario 14; **sie stand schon ~ an der Tür**, era già sulla soglia, pronta per partire.

ab|fahren <irr> **A** tr **1** <haben> (wegfahren) **etw ~** {Erde, Müll, Sperrmüll} portare via qc, rimuovere qc **2** <haben> (durch Dagegen-, Überfahren abtrennen) **etw ~** {Mauerstück} staccare qc, portare via qc; **jdm etw ~** {Körperteil} staccare qc a qu, portare via qc a qu **3** <haben oder sein> (bereisen) **etw ~** {Land} percorrere qc in lungo e in largo: **diesen Sommer haben wir die ganze Toskana abgefahren**, quest'estate abbiamo fatto il giro di tutta la Toscana **4** <haben oder sein> (befahren und kontrollieren) **etw ~** {Polizist Straße, Strecke} perlustrare qc **5** fam <haben> (aufbrauchen) **etw ~** {Mehrfahrtenkarte} consumare qc, finire qc **6** <haben> (abnutzen) **etw ~** {Reifen, Ski} consumare qc, finire qc fam: **abgefahrene Reifen**, pneumatici consumati/finiti **7** (ausnutzen) **etw ~** {Zeitkarte} sfruttare qc **B** itr <sein> **1** (losfahren) {Auto, Bus, Fähre, Person, Taxi} partire; {Schiff} auch salpare: **der Zug fährt von Gleis neun ab**, il treno parte dal binario nove; **meine Freundin fährt morgen früh ab**, la mia amica parte/[se ne va] domattina **2** (verlassen): **von der Autobahn ~**, uscire dall'autostrada **3** Ski (zu Tal fahren) scendere con gli sci **4** fam (besonders beeindruckt sein) **auf jdn/etw ~** andare pazzo (-a) per qu/qc fam, essere partito per qu/qc fam: **er fährt voll auf elektronische Musik ab**, è un patito della musica elettronica; **Peter fährt total/voll auf Monika ab**, Peter è completamente partito per Monika **C** rfl <haben> **sich ~** {Reifen} consumarsi ● **jdn ~ lassen** fam, mandare qu a ₍quel paese₎/[farsi benedire]/[farsi friggere] fam; (jds Bitte, Forderung ablehnen), rispondere picche a qu; (nicht auf einen Flirt eingehen) auch, mandare in bianco qu fam.

Abfahrt f **1** (das Abfahren) {+Auto, Bus, Person, Zug} partenza f **2** (Autobahnabfahrt) uscita f **3** Ski (~slauf) (discesa f) libera f; (Strecke) (pista f di) discesa f: **eine steile ~**, una discesa ripida.

abfahrtbereit adj → **abfahrbereit**.
Abfahrtslauf m Ski (discesa f) libera f.
Abfahrtsort m luogo m di partenza.
Abfahrtsplan m orario m partenze.
Abfahrtsrennen n Ski gara f di (discesa) libera.
Abfahrtssignal n segnale m di partenza.
Abfahrtsstrecke f Ski (pista f di) discesa f.
Abfahrtszeit, Abfahrtzeit f {+Bus, Zug} (orario m) partenza f.
Abfall① <-(e)s, -fälle> m (Industrieabfall) rifiuti m pl; (Haushaltsabfall) auch immondizie f pl, spazzatura f; (nicht brauchbare Reste) scarto m, residuo m; (von Baumwolle, Seide, Wolle) cascame m: **Abfälle wieder verwerten**, riciclare i rifiuti; **Abfälle bitte in die dafür vorgesehenen Behälter werfen!**, si prega di gettare i rifiuti negli appositi contenitori!; **radioaktive Abfälle**, rifiuti/residui radioattivi, scorie radioattive.
Abfall② <-(e)s, ohne pl> m **1** relig apostasia f, rinnegamento m, abbandono m **2** pol (von einer Partei) defezione f, abbandono m **3** (Abnahme) {+Leistung} calo m, diminuzione f **4** geog (Neigung) pendenza f, pendio m, declivio m.
abfallarm adj {Produktion, Technologie} a bassa produzione di rifiuti.
Abfallaufbereitung f trattamento m dei rifiuti.
Abfallbeseitigung f smaltimento m/eliminazione f dei rifiuti.
Abfalldeponie f → **Mülldeponie**.
Abfalleimer m secchio m della spazzatura, pattumiera f.
ab|fallen① <irr> itr <sein> **1** (herunterfallen) {Blätter, Blüten, Oliven} cadere; **von etw** (dat) **~** {Mörtel, Verputz von der Wand} staccarsi da qc **2** (schlechter sein, werden) (**neben/gegenüber jdm/etw, gegen jdn/etw**) **~**: **gegenüber dem ersten Buch fällt ihr zweites sehr ab**, il suo secondo libro ₍è decisamente inferiore al₎/[perde in paragone con il] primo; **neben seinem Freund fällt Max stark ab**, in confronto al suo amico, Max scompare/sfigura; **die Leistung des Motors fällt ab**, il motore perde colpi **3** sport {Läufer, Radfahrer} perdere terreno, essere/venire distanziato (-a)/staccato (-a) **4** fam (herausspringen) (**bei etw** dat) (**für jdn**) **~**: **was fällt dabei für mich ab?**, e io cosa ci guadagno? fam, a me cosa me ne viene? fam; **für dich fällt eine große Belohnung ab**, tu ti becchi fam una grossa ricompensa **5** (schwinden) **von jdm ~**: **die ganze Nervosität fiel von ihm ab**, gli passò tutto il nervosismo **6** (sich senken) {Gebirge, Gelände} digradare; {Straße} scendere: **das Gelände fällt gegen Westen ab**, il terreno digrada verso ovest; **der Weg fällt zum See ab**, la via scende verso il lago; **steil ~**, scendere a picco **7** (sich vermindern) {Druck, Temperatur} calare, diminuire, scendere.
ab|fallen② itr <sein> (sich lossagen) **von jdm/etw ~** {vom Glauben, von Gott} rinnegare qu/qc, abbandonare qu/qc; {von einer Partei} abbandonare qc, lasciare qc.
abfallend adj {Dach} spiovente; {Gelände} in declivio, digradante; {Schultern} cascante, cadente: **eine steil ~e Bergwand**, una parete ripida/scoscesa.
Abfallentsorgung f smaltimento m dei rifiuti.
Abfallerzeugnis n prodotto m di scarto.
Abfallgesetz n legge f sullo smaltimento dei rifiuti.
Abfallhaufen m mucchio m/cumulo m di rifiuti.
abfällig **A** adj {Äusserung, Bemerkung, Kritik, Lächeln} sprezzante; {Urteil} sfavorevole, negativo **B** adv (sich äussern, reden) in modo sprezzante, sprezzantemente.
Abfallkorb m → **Müllkorb**.
Abfallkübel m → **Abfalleimer**.
Abfallprodukt n **1** (bei der Herstellung abfallend) prodotto m di scarto, sottoprodotto m **2** (aus Abfällen hergestellt) prodotto m ottenuto da materiali di recupero.
Abfallsortierung f ökol differenziazione f dei rifiuti.
Abfallstoff m residuo m, scarto m.
Abfalltonne f bidone m per la spazzatura; (grössere ~) cassonetto m dell'immondizia.
Abfalltrennung f → **Mülltrennung**.
Abfallverbrennungsanlage f inceneritore m.
Abfallvermeidung <-, ohne pl> f ökol riduzione f dei rifiuti.
Abfallverwertung f ökol riciclaggio m (dei rifiuti).
Abfallverwertungssystem n sistema m di riciclaggio (dei rifiuti).
Abfallwirtschaft f gestione f dei rifiuti.
ab|fälschen tr sport **etw ~** {Ball, Scheibe, Schuss} deviare qc.

ab|fangen <irr> tr **1** (nicht ans Ziel kommen lassen) **jdn/etw ~** {Brief, Spion} intercettare qu/qc; {Funkspruch, Radiomeldung} auch captare qc: **wir haben den Brief gerade noch abgefangen, bevor ihn mein Mann lesen konnte**, siamo riusciti (-e) a intercettare la lettera prima che mio marito potesse leggerla **2** aero **etw ~** {Flugzeug, Rakete} intercettare qc **3** (abpassen) **jdn ~** {Briefträger} aspettare al varco qu: **ich fing es ab, um sie zu bitten, meinen Eltern nichts zu erzählen**, le ho fatto la posta per chiederle di non raccontare nulla ai miei (genitori) **4** (abwehren) **etw ~** {Angriff, Feind, Gegner} fermare qc, respingere qc; {Hieb, Schlag} parare qc **5** (mildernd auffangen) **etw ~** {Airbag, Stossdämpfer Aufprall} attutire qc, ammortizzare qc **6** (wieder unter Kontrolle bringen) **etw ~** {Fahrzeug} riprendere il controllo di qc: **er konnte den Wagen nicht mehr ~**, perse il controllo dell'automobile **7** sport **jdn ~** raggiungere qu, riprendere qu.
Abfangjäger m aero mil caccia m intercettatore.
ab|färben itr **1** (die Farbe übertragen) {Stoff, Wäsche} stingere: **bitte mit der Hand waschen! Färbt ab!**, lavare a mano separatamente!; **auf etw** (akk) **~** stingere colorando qc **2** (sich übertragen) **auf jdn ~** {Benehmen, Einstellung, Haltung} influenzare qu, avere dei riflessi su qu.
ab|fassen tr **etw ~** {Bericht, Kommuniqué, Rede, Testament} redigere qc, stendere qc, stilare qc adm; {Artikel, Diplom-, Doktorarbeit} redigere qc, scrivere qc; **etw über etw** (akk) **~** scrivere qc su qc: **etw von jdm ~ lassen**, far redigere/scrivere qc da qu.
Abfassung f {+Brief, Dokument, Protokoll} stesura f, redazione f: **jdn mit der ~ eines Artikels beauftragen**, incaricare qu di redigere/scrivere un articolo.
ab|faulen itr <sein> {Blätter, Zweige} marcire e cadere.
ab|federn **A** tr <haben> **1** (durch Federn dämpfen) **etw ~** {Stossdämpfer Stoss, Strassenunebenheiten} attutire qc, ammortizzare qc **2** tech (mit einer Federung versehen) **etw ~** {Achse} munire qc di ammortizzatori **3** (abmildern) **etw ~** {Kursverfall} frenare qc; **etw** (sozial) **~** {Folgen der Arbeitslosigkeit, soziale Härte} ammortizzare qc; {Kritik} ammorbidire qc **B** itr <sein oder haben> sport **1** (hochfedern) darsi una spinta **2** (zurückfedern) molleggiare.
Abfederung <-, -en> f **1** tech ammortizzazione f **2** (Abmilderung): (soziale) **~**, ammortizzazione (sociale), ammortizzatori (sociali).
ab|feiern itr fam **etw ~**: **ich habe noch mehr als 60 Überstunden abzufeiern**, devo avere ancora 60 ore di ferie per gli straordinari che ho fatto.
ab|feilen **A** tr **1** (durch Feilen entfernen) **etw (von etw dat) ~** {Metallstück, Unebenheiten auf Metall} limare via qc (da qc), asportare qc (da qc) limando **2** (durch Feilen formen oder kürzen) **etw ~** {Fingernägel} limare qc **3** fam (abschreiben) **etw ~ (von jdm) ~** copiare qc (da qu), scopiazzare qc fam **B** itr fam (**von jdm**) **~** copiare (da qu), scopiazzare qc fam.
ab|fertigen tr **1** (versandfertig machen) **etw ~** {Briefe, Gepäck, Koffer, Pakete} preparare qc per la spedizione **2** (bedienen) **jdn ~** {Antragsteller} sbrigare le pratiche di qu; {Kunden} servire qu **3** aero (einchecken lassen) **jdn ~** fare il check-in a qu: **die Fluggäste werden am Schalter 4 abgefertigt**, il check-in (dei passeggeri) viene effettuato allo sportello 4 **4** (am Zoll) **jdn ~** controllare

qu; **etw** ~ sdoganare *qc* **5** *fam (unfreundlich behandeln)* **jdn (mit etw** dat) ~ liquidare *qu (con qc) fam*: **er hat mich ganz kurz abgefertigt**, mi ha liquidato (-a) in quattro e quatt'otto *fam*.

Abfertigung f **1** *(Versand)* {+PAKETE, SENDUNG, WAREN} formalità f pl per la spedizione **2** *aero* {+GEPÄCK} check-in m **3** *(Abfertigungsstelle)* {+PAKETE, WAREN} sportello m spedizioni; **(am Flughafen)** check-in m, accettazione f; **(am Zoll)** controllo m (doganale) **4** *fam (unfreundliche Behandlung)* trattamento m sbrigativo **5** *A (Abfindung)* liquidazione f, buonuscita f.

Abfertigungshalle f {+FLUGHAFEN} (area f) check-in m/partenze f pl.

Abfertigungsschalter m (banco m dell') accettazione f/check-in m.

ab|feuern tr **etw** ~ **1** *(aus einer Schusswaffe schießen)*: **einen Schuss** ~, sparare un colpo, fare fuoco; **ein Gewehr** ~, sparare con un fucile; **Salutschüsse** ~, sparare una salva in segno di saluto **2** *(abschießen)* {BOMBE, RAKETE} lanciare *qc*.

ab|finden <irr> A tr *(entschädigen)* **jdn (mit etw** dat) ~ {AUSSCHEIDENDE ARBEITNEHMER} liquidare *qc (con qc)*; {GESCHÄDIGTE VERSICHERUNGSTEILNEHMER} *auch* risarcire *qu (con qc)*, indennizzare *qu (con qc)*: **einen Gläubiger** ~, tacitare un creditore; **die Gesellschafter wurden mit einer ziemlich hohen Summe abgefunden**, i soci sono stati liquidati con una somma piuttosto consistente; **er hat seine geschiedene Ehefrau großzügig abgefunden**, ha riservato alla ex moglie un trattamento economico generoso B rfl *(sich in etw fügen)* **sich mit etw (**dat**)** ~ rassegnarsi *a qc*: **er hat mir das Geld nie zurückgegeben, aber ich habe mich damit abgefunden**, non mi ha mai restituito i soldi, ma ormai ¡mi sono rassegnato (-a)₁/[ci ho messo una pietra sopra *fam*]; **sie hatte ihn einfach sitzen lassen, aber er wollte sich nicht damit** ~, lo aveva piantato *fam*/scaricato *fam*, ma lui non ¡si rassegnava₁/[riusciva a farsene una ragione]; **damit musst du dich** ~!, mettiti l'anima in pace!; **sich mit jdm** ~ rassegnarsi *alla presenza di qu*; **anfangs waren seine Eltern gegen sie, aber inzwischen haben sie sich mit ihr als Schwiegertochter abgefunden**, all'inizio lei ai suoi non andava affatto a genio, ma nel frattempo si sono rassegnati ad averla come nuora.

Abfindung <-, -en> f *(Entschädigung)* indennizzo m, risarcimento m; {+EHEGATTE} indennità f forfettaria; {+GLÄUBIGER} tacitamento m; {+GESELLSCHAFTER} liquidazione f; {+AUSSCHEIDENDER ARBEITNEHMER} *auch* buonuscita f, trattamento di fine rapporto *form* (Abk TFR).

Abfindungssumme f *(an Gesellschafter)* liquidazione f, *(an ausscheidenden Arbeitnehmer) auch* buonuscita f, *(an Ehegatten)* indennità f forfettaria.

ab|fischen tr **etw** ~ {SEE, TEICH, WEIHER} svuotare *qc* dai pesci.

ab|flachen A tr <haben> **etw** ~ {ERDWALL} spianare *qc*, appianare *qc* B itr <sein> **1** *(flacher werden)* **irgendwohin** ~ {GELÄNDE, UFER NACH OSTEN, WESTEN HIN, ZUM FLUSSBETT HIN} digradare dolcemente + *compl di luogo* **2** *(schwächer werden)* {LEISTUNG} calare, diminuire; {INTERESSE} *auch* scemare **3** *(an Qualität verlieren)* {KULTURANGEBOTE, PRODUKTE} peggiorare, calare/scendere di livello; {UNTERHALTUNG} appiattirsi; {NIVEAU} *auch* scendere C rfl <haben> **sich** ~ {DEICH, HANG} digradare (dolcemente).

Abflachung <-, -en> f *<meist* sing> **1** *geog*

qu; **etw** ~ {+BÖSCHUNG, DEICH, GELÄNDE} declivio m **2** *(das Abflachen)* {+ERDWALL} spianamento m **3** *(das Sinken)* {+NIVEAU} appiattimento m: ~ **der Kultur**, appiattimento culturale; {+INTERESSE, KONZENTRATION} calo m; {+WACHSTUM} *auch* flessione f.

ab|flauen itr <sein> **1** *(schwächer werden)* {WIND} calare; {BEGEISTERUNG, INTERESSE, NACHFRAGE} *auch* diminuire **2** *(zurückgehen)* {BÖRSENKURSE} essere in ribasso; {GESCHÄFTE} ristagnare.

ab|fliegen <irr> A itr <sein> **1** *(losfliegen)* {FLUGZEUG} decollare; {PASSAGIER} partire (con l'aereo): **wir fliegen von München ab**, partiamo (con l'aereo) da Monaco; **sie fliegen mit der nächsten Maschine ab**, partono con il prossimo aereo/volo B tr <haben oder bes. süddt sein> **etw** ~ **nach etw** dat) ~ {GEBIET NACH UNFALLOPFERN} sorvolare *qc (in cerca di)*.

ab|fließen <irr> itr <sein> **1** *(wegfließen)* **(aus etw** dat) ~ {WASSER} defluire *(da qc)*, scorrere via: **das Badewasser fließt nicht ab**, l'acqua non defluisce dalla vasca **2** *(sich durch Weiterfahren auflösen)* {VERKEHR} defluire: **der Verkehr fließt jetzt schneller ab**, ora il traffico scorre più velocemente **3** *(abwandern)* **irgendwohin** ~ {GELD, KAPITAL INS AUSLAND} defluire + *compl di luogo*.

Abflug m **1** *(das Losfliegen)* {+FLUGZEUG} partenza f, decollo m; {+PASSAGIER} partenza f (in aereo) **2** *aero (~stelle)* partenze f pl.

abflugbereit adj {FLUGZEUG} pronto per il decollo/la partenza.

Abflughafen m *aero* aeroporto m di partenza.

Abflughalle f *aero* terminal m/area f partenze.

Abflugschalter m *aero* (banco m del) check-in m, (banco m dell') accettazione f.

Abflugsort m *aero* luogo m di partenza.

Abflugszeit, Abflugzeit f *aero* ora f di partenza.

Abfluss (a.R. Abfluß) m **1** *<nur* sing> *(das Abfließen)* {+WASSER} deflusso m **2** *(~stelle)* {+BECKEN, WANNE} scarico m, scolo m **3** *<nur* sing> *(das Abfließen)* {+VERKEHR} deflusso m **4** *(Abwanderung)* {+GELD, KAPITAL} deflusso m.

Abflussgraben (a.R. Abflußgraben) m fosso m di scolo.

Abflussreiniger (a.R. Abflußreiniger) m idraulico m liquido.

Abflussrinne (a.R. Abflußrinne) f canaletto m di scolo.

Abflussrohr (a.R. Abflußrohr) n tubo m di scarico.

Abfolge f ordine m, successione f: **die ~ der Ereignisse**, il susseguirsi degli avvenimenti; **in (chrono)logischer** ~, in ordine (crono)logico.

ab|fordern tr **1** *(einfordern)* **jdm etw** ~ {AUSWEIS, PAPIERE} (ri)chiedere *qc a qu* **2** *(abverlangen)* **jdm etw** ~ {GEDULD, LEISTUNG} esigere *qc da qu*, pretendere *qc da qu*; {VERSPRECHEN} strappare *qc a qu*.

ab|fotografieren <ohne ge-> tr **etw** ~ {ABBILDUNG, ALTES FOTO} fare una fotografia *di qc*.

Abfrage f *inform* interrogazione f.

ab|fragen tr **1** *(von jdm wissen wollen)* **jdn (etw)** ~ {LEHRER SCHÜLER} interrogare *qu (in/su qc)*, esaminare *qu (in/su qc)*: **er hat uns die Grammatikregeln abgefragt**, ci ha interrogato ¡in grammatica₁/[sulle regole grammaticali] **2** *inform* **etw (nach etw** dat) ~ {DATENBANK, SUCHMASCHINE} interrogare *qc (su qc)*: **mach doch mal den Computer an und frag nach den Flugverbindungen nach Ber-**

lin ab!, accendi un po' il computer e controlla quali voli ci sono per Berlino!

Abfragestation f, **Abfrageterminal** n *inform* terminale m di interrogazione.

ab|fressen <irr> tr **1** *(wegfressen)* **etw** ~ {INSEKT, KANINCHEN, RAUPE BLÄTTER, KOHL, GRAS, TRIEBE} divorare completamente *qc*: **die Rehe haben alle Triebe abgefressen**, i caprioli hanno divorato/mangiato tutti i germogli; **die Schafe fressen das Gras ab**, le pecore brucano l'erba **2** *(kahl fressen)* **etw** ~ {VÖGEL KIRSCHBAUM} ripulire *qc* **3** *(abnagen)* **etw** ~ {HUND KNOCHEN} spolpare *qc*.

ab|frieren <irr> A itr <sein> {FINGER, FUß, ZEH} congelarsi; {BLÜTEN, KNOSPEN} essere bruciato dal gelo B rfl *fam* <haben> **sich (**dat**) etw** ~ {FINGER, FUß, HÄNDE, ZEHEN} congelarsi *qc* • **sich (**dat**) einen ~** *fam scherz*: **bei diesen Temperaturen friert man sich einen ab**, con queste temperature si ¡muore di freddo₁/[congela].

Abfuhr <-, -en> f **1** *fam (Zurückweisung)* rifiuto m **2** *<nur* sing> *(Abtransport)* {+MÜLL, SPERRGUT} rimozione f • **eine ~ bekommen** *sport*, incassare una sconfitta; **jdm eine ~ erteilen** *(jdn zurückweisen)*, respingere picche *a qu*; {EINEM VEREHRER}, respingere *qu*; **sich (**dat**) (bei jdm) eine ~ holen** *fam (abgewiesen werden)*, sentirsi rispondere picche (da qu); *(abblitzen)* {VEREHRER}, essere respinto da qu; **sich (**dat**) eine ~ (gegen jdn) holen** *sport*, subire una pesante/sonora sconfitta (da qu), prendere una bella batosta (da qu) *fam*.

ab|führen A tr **1** *(wegführen)* **jdn ~** {POLIZEI DEMONSTRANTEN, DIEB, VERDÄCHTIGEN} portare via *qu*, condurre via *qu* **2** *(abgeben)* **etw (an jdn/etw)** ~ {STEUER AN DAS FINANZAMT} pagare *qc (a qu/qc)*; {BEITRAG, BETRAG} *auch* versare *qc (a qu/qc)* **3** *(ableiten)* **etw** ~ {SCHORNSTEIN ABLUFT, VERBRENNUNGSGASE} scaricare *qc* **4** *(entfernen)* **jdn von etw (**dat**)** ~ {WEG VOM ZIEL} allontanare *qu da qc*; {EINWAND VOM THEMA} *auch* sviare *qu da qc*, far deviare *qu da qc*: **das führt uns zu weit vom Thema ab**, questo ci porta fuori tema B itr **1** *med* {NAHRUNG, MEDIKAMENT} essere lassativo/purgativo **2** *(Stuhlgang haben)* evacuare **3** *(wegführen)* **von etw (**dat**)** ~ {STRAßE, WEG VON DER HAUPTSTRAßE} dipartirsi *da qc*, deviare *da qc* **4** *(entfernen)* **von etw (**dat**)** ~ {DISKUSSION, VORSCHLAG VOM THEMA} allontanarsi *da qc*, discostarsi *da qc*.

abführend A adj {MITTEL, WIRKUNG} lassativo; {MEDIKAMENT} *auch* ad azione lassativa B adv: **dieses Medikament wirkt** ~, questa medicina ha un effetto lassativo/purgativo.

Abführmittel n lassativo m, purgante m, purga f *obs*.

Abführtee m tisana f lassativa.

Abführung f {+STEUER} pagamento m; {+BETRAG} *auch* versamento m.

Abfülldatum n data f di imbottigliamento.

ab|füllen tr **1** *(abziehen)* **etw (in etw** akk**)** ~ {SAFT, WEIN IN EINEN KRUG} mettere *qc in qc*: **das Öl/den Wein in Flaschen** ~, imbottigliare l'olio/il vino **2** *(füllen)* **etw** ~ {FLASCHEN} riempire *qc*: **die Flaschen mit Wein** ~, imbottigliare il vino **3** *fam (betrunken machen)* **jdn** ~, far prendere una sbornia/sbronza *a qu fam*.

Abfüllmaschine f imbottigliatrice f.

Abfüllung f *(von Öl, Saft, Wasser, Wein)* imbottigliamento m.

ab|füttern tr **1** *(die Fütterung vornehmen)* **etw** ~ {WILD} dare da mangiare *a qc*; {HUNDE, KATZEN, VIEH} *auch* governare *qc* **2** *fam (füttern)* **jdn** ~ {BABY, KLEINKIND} dare la pappa *a qu fam*, dare da mangiare *a qu* **3** *scherz* (*zu essen geben*) *jdn* ~ {Freunde, junge Leute} sfamare *qu fam scherz*, dare da mangiare a *qu*.

Abgabe① <-, *ohne* pl> f **1** (*das Verkünden*) **einer S.** (gen) {einer Erklärung} rilasciare m *qc*; {eines Urteils} formulazione f *di qc*: **der Minister wurde zur ~ einer Erklärung aufgefordert**, il ministro è stato invitato a rilasciare una dichiarazione **2** (*das Abgeben*) {+Bewerbung, Gutachten, Prüfungsarbeit} consegna f; *pol* {+Stimmzettel} consegna f **3** *com* {+Prospekt, Warenprobe} distribuzione f; {+alkoholisches Getränk, Wertpapiere} vendita f: **die ~ von alkoholischen Getränken an Jugendliche unter 16 Jahren ist verboten**, è vietata la vendita di bevande alcoliche ai minori di 16 anni **4** (*Abliefern*) {+Mantel, Pass} consegna f; {+Gepäck} *auch* deposito m **5** (*Abstrahlen*) ~ **von etw** (dat) {von Energie, Strahlen, Wärme} emissione f *di qc*, emanazione f *di qc* **6** (*Abfeuerung*): **die ~ des Schusses geschah versehentlich**, il colpo è partito accidentalmente **7** *Fußball* {+Ball} passaggio m **8** *sport* (*Verlust*) perdita f.

Abgabe② <-, *-n*> f <*meist* pl> tassa f, imposta f, tributo m, onere m: **der Handel ist gegen eine Erhöhung der ~n**, i commercianti sono contrari a un aumento dei tributi; **die Gemeinden wollen neue ~n einführen**, i comuni vogliono introdurre nuove imposte/tasse • **~n entrichten**, pagare le tasse; **neue ~n erheben**, imporre nuove tasse; **öffentliche ~n**, imposte, tasse; **soziale ~n**, contributi/oneri sociali; **städtische ~n**, imposte comunali.

abgabenfrei adj *geh adm* {Einnahmen} esente da tasse/imposte, esentasse.

abgabepflichtig, **abgabenpflichtig** adj *geh adm* {Person} soggetto a tassazione; {Einnahmen, Tätigkeit} *auch* tassabile, imponibile.

Abgabepreis m {+Waren} prezzo m di vendita.

Abgabetermin m {+Projekt, Prüfungsarbeit, Referat} termine m/data f di consegna.

Abgang m **1** *Schule* (*vorzeitiges Ausscheiden*) ritiro m, abbandono m: **durch den vorzeitigen ~ von der Schule bleiben viele Jugendliche arbeitslos**, molti giovani restano disoccupati per non aver terminato gli studi; **an unserer Schule haben wir diesen Monat zehn Abgänge**, questo mese dalla nostra scuola si sono ritirati dieci studenti; (*~ am Ende der Schulzeit*): **nach dem ~ von der Hauptschule ging er als Lehrling in eine Autowerkstatt**, dopo aver preso la licenza della scuola dell'obbligo iniziò a lavorare come apprendista in un'autofficina **2** (*Ausscheiden aus einem Amt*) abbandono m, ritiro m **3** *theat* uscita f di scena: **ein glänzender ~**, una brillante uscita di scena; **vor dem ~ von der Bühne verbeugte sich der Schauspieler**, prima di lasciare il palcoscenico l'attore si inchinò **4** <*nur* sing> *post* {+Briefe, Pakete} spedizione f **5** (*Abfahrt*) {+Flugzeug, Zug} partenza f **6** *sport* (*Absprung vom Turngerät*) uscita f **7** *med* {+Embryo, Nierenstein} espulsione f; (*Fehlgeburt*) aborto m spontaneo: **einen ~ haben**, avere un aborto spontaneo **8** *med* (*Todesfall*) decesso m; *slang* **mit morto m 9** <*nur* sing> *com* (*Absatz*) smercio m **10** *A com* (*Fehlbetrag*) ammanco m (di cassa) • **mach 'nen ~!** *slang*, sloggia! *fam*, smamma! *fam*; **sich** (dat) **einen guten ~ verschaffen**, fare una bella uscita di scena *fam*.

Abgänger <-s, -> m (**Abgängerin** f) (*vorzeitiger Schulabgänger*) studente (-essa) m (f) che si ritira dalla scuola; (*Schüler(in) mit Hauptschulabschluss*) studente (-essa) m (f) con licenza della scuola dell'obbligo; (*Schüler(in) mit Abitur*) studente (-essa) m (f) diplomato (-a).

abgängig adj *süddt A* {Person} scomparso, disperso.

Abgängige <*dekl wie* adj> mf *süddt A* scomparso (-a) m (f).

Abgängigkeitsanzeige f *süddt A* → **Vermisstenanzeige**.

Abgangszeugnis n diploma m; (*ohne Abschlussprüfung*) attestato m di frequenza.

Abgas <*-es, -e*> n <*meist* pl> gas m di scarico.

abgasarm adj {Auto, Fahrzeug, Motor} poco inquinante, con bassa emissione di gas tossici.

abgasfrei A adj {Auto, Kraftfahrzeug, Motor} non inquinante, che non emette gas tossici B adv {Verbrennen} senza emettere gas tossici/[inquinare].

Abgasgrenzwert m <*meist* pl> valore m limite delle emissioni inquinanti.

Abgaskatalysator m *tech* marmitta f catalitica, catalizzatore m.

Abgasnorm f norma f sulle emissioni inquinanti.

abgasreduziert adj poco inquinante, con ridotta emissione di gas tossici.

Abgassonderuntersuchung, **Abgasuntersuchung** f controllo m dei gas di scarico.

Abgastest m → **Abgassonderuntersuchung**.

Abgaswert m <*meist* pl> valore m di scarico dei gas.

Abgaswolke f nuvola f d(e)i gas di scarico.

ab|gaunern tr *fam pej* **jdm etw ~** {Geld} spillare *qc a qu fam*, portare via *qc a qu*: **sich** (dat) **von jdm etw ~ lassen**, farsi soffiare qc da *qu fam*.

abgearbeitet adj {Person} spossato, sfinito (da superlavoro); {Hände} consumato dal lavoro: **~ sein**, essere sfinito dal troppo lavoro; **du siehst ~ aus**, sembri sfinito (-a) dal lavoro.

ab|geben <*irr*> A tr **1** (*hinterlassen*) **etw** (**bei jdm**) ~ {Brief, Geschenk, Klassenarbeit, Waren} consegnare *qc* (*a qu*): **ich soll diesen Brief bei Frau Müller ~**, devo consegnare questa lettera alla signora Müller **2** (*zur Aufbewahrung*) **etw irgendwo ~** {Mantel in der Garderobe} lasciare *qc* (in custodia)/[consegnare *qc* + *compl di luogo*]; {Koffer am Gepäckschalter} *auch* depositare *qc* + *compl di luogo* **3** (*verschenken*) **etw** (**an jdn/etw**) ~ {Haustier, gebrauchte Kleidung, Mahlzeit} dare *qc* (*a qu*), regalare *qc* (*a qu*): **gebrauchte Kinderkleidung geben wir immer ans Waisenheim ab**, i vestiti usati per bambini li diamo sempre all'orfanotrofio **4** (*etw an jdn abtreten*) **jdm etw** (**von etw** dat) ~ {ein Stück von der Schokolade} dare *qc* (*di qc*) *a qu*: **warum gibst du deiner Schwester nicht ein Stückchen vom Kuchen ab?**, perché non dai un pezzetto del tuo dolce a tua sorella?; **als ich noch bei meinen Eltern wohnte, gab ich jeden Monat 150 Euro von meinem Gehalt ab**, quando abitavo ancora coi miei (genitori), contribuivo ogni mese con 150 euro al bilancio familiare **5** (*äußern*) **etw** (**zu etw** dat) ~ {Stellungnahme} esprimere *qc* (*su qc*); {Urteil} *auch* formulare *qc* (*su qc*); {öffentliche Erklärung} rilasciare *qc* (*su/*[*in merito a*] *qc*), fare *qc* (*su/*[*in merito a*] *qc*): **der Kanzler hat dazu noch keine Erklärung abgegeben**, il cancelliere non ha ancora rilasciato una dichiarazione/[si è ancora pronunciato] in merito **6** *parl* **etw** (**für jdn**) ~: **seine Stimme** (**für jdn**) ~, dare il proprio voto a *qu*, votare *qu*; **abgegebene Stimmen**, voti espressi/dati **7** (*einreichen*) **etw** ~ {Doktorarbeit, Prüfungsarbeit} consegnare *qc* **8** (*überlassen*) **jdm etw** ~ {Arbeit, Auftrag} lasciare *qc a qu*, cedere *qc a qu*: **ich kann dir zwei Eintrittskarten für das Konzert ~**, posso cederti due biglietti per il concerto **9** (*verleihen*) **etw** (**an jdn**) ~ {Amt, Posten, Vorsitz} lasciare *qc* (*a qu*), abbandonare *qc* (*in favore di qu*) **10** (*liefern*) **etw** (**für etw** akk/**zu etw** dat) ~ {Ereignis, Landschaft Hintergrund, Rahmen} costituire *qc* (*per qc*), fare *da qc* (*per qc*); {Argumente, Material, Stoff} fornire *qc* (*per qc*) **11** *fam* (*darstellen*) **etw** ~ {einen guten Ehemann, eine gute Lehrerin, einen guten Vermittler} essere *qc*: **du würdest sicher eine gute Mutter ~**, saresti certamente una buona madre *fam*, ti vedrei proprio bene come madre *fam*; **eine traurige Figur ~**, fare una trista figura/[figuraccia] *fam*; **er könnte gut den Wilhelm Tell ~** (*auf der Bühne*), potrebbe essere un ottimo/[fare benissimo fare il] Guglielmo Tell **12** *com* (*verkaufen*) **etw** ~ {Artikel, Gemüse, Kleidungsstücke} vendere *qc*, smerciare *qc*: **gebrauchte Möbel günstig abzugeben**, vendesi mobili usati a prezzi vantaggiosi **13** (*abfeuern*): **einen Schuss ~**, sparare un colpo **14** (*ausströmen*) **etw** ~ {Ofen Wärme} emanare *qc*, emettere *qc*, dare *qc*; {Rohr Gas, Dämpfe} emettere *qc*, liberare *qc*; {Energie} liberare *qc*: **der Atommüll gibt Strahlungen ab**, le scorie nucleari emettono radiazioni **15** *sport* {den Ball ~}, passare/cedere il pallone **16** *sport* (*verlieren*) **etw** (**an jdn**) ~ {Punkte, Satz} perdere *qc* (*a qu*), cedere *qc* (*a qu*) B *rfl fam* **1** (*sich beschäftigen*) **sich mit jdm/etw ~** occuparsi di *qu*/*qc*: **mit solchen Lappalien solltest du dich nicht ~** *pej*, non dovresti perdere tempo con queste sciocchezze **2** *pej* (*sich einlassen*) **sich mit jdm ~** {mit Ganoven, Straßenkindern} frequentare *qu*: **du wirst dich doch nicht mit so einem Typ ~?** *fam*, non vorrai mica frequentare quel tipo lì? *fam*; **sich nicht mit jdm ~ wollen**, non voler avere a che fare con *qu fam*; **sie gibt sich mit miesen Typen ab**, bazzica *fam* cattive compagnie C *itr sport* (*Fußballspieler*) fare un passaggio, passare la palla.

abgebrannt A *part perf von* **ab|brennen** B adj *fam*: **~ sein**, essere al verde *fam*/[in bolletta *fam*].

abgebrochen adj **1** (*unterbrochen*) {Ausbildung, Studium} interrotto **2** *fam* (*das Studium nicht beendet habend*): **er ist ~er Mediziner**, ha interrotto gli studi di medicina, si è ritirato dalla facoltà di medicina.

abgebrüht adj **1** *fam pej* (*skrupellos*) {Betrüger, Gauner, Killer} senza scrupoli, che ha il pelo sullo stomaco **2** *fam* (*dreist*) {Luder} smaliziato.

Abgebrühtheit <-, *ohne* pl> f *fam pej* spregiudicatezza f.

abgedreht adj *fam* folle, pazzo, assurdo.

abgedroschen adj *fam pej* {Ausrede, Worte} banale, inflazionato, scontato, trito (e ritrito) *fam*; {Floskel, Phrase} *auch* frusto: **~e Redensart**, modo di dire trito, luogo comune; **~e Weihnachtslieder**, canzoni natalizie sentite e risentite, i soliti canti di Natale.

abgefahren adj *slang* **1** {Band, Rockmusiker} mitico *slang* **2** (*verrückt*) folle, pazzo, assurdo.

abgefeimt adj *fam pej* {Kerl} furbo, scaltro; {Gauner, Lügner, Schurke} *auch* matricolato *fam*.

abgefuckt adj *vulg* {Kneipe, Laden, Hotel}

squallido; {TYP} malridotto; (als direkte Beleidigung) fottuto slang.

abgegrast adj fam {BEREICH DER WISSENSCHAFT} (ampiamente) sfruttato; {THEMA} ampiamente trattato, sviscerato.

abgegriffen adj 1 (abgenutzt) {BUCH, KARTENSPIEL} logoro, consumato 2 pej {KLISCHEES, PHRASEN} trito e ritrito, banale, abusato, frusto.

abgehackt A adj {SPRECHWEISE} stentato, sconnesso; {BEWEGUNG} a scatti B adv {SICH BEWEGEN} a scatti; {SPRECHEN} in modo sconnesso, smozzicando le parole.

abgehalftert adj fam pej {FUNKTIONÄR, POLITIKER} silurato fam.

abgehangen adj gastr {FILET, FLEISCH} frollato.

abgehärmt adj geh {GESICHT} smunto, emaciato.

abgehärtet adj {MENSCH} resistente: (gegen etw akk) ~ sein {GEGEN ERKÄLTUNGEN, GRIPPE, SCHNUPFEN}, essere resistente/temprato (a qc); {GEGEN KRITIK, VORWURF} essere vaccinato (contro qc) fam.

ab|gehen <irr> A itr <sein> 1 fam (sich lösen) (von etw dat) ~ {AUFNÄHER, LEDERFLICKEN, KNOPF VON DER JACKE, DER TASCHE; HENKEL VON DER TASSE; VERPUTZ VON DER MAUER} staccarsi (da qc): **mir ist ein Knopf abgegangen**, mi è partito/saltato un bottone fam 2 (entfernt werden können) (von etw dat) ~ {FARBE, GRAFFITI VON DER WAND} andare via (da qc), togliersi (da qc): **das Gekritzel der Kinder an der Wand geht nicht mehr ab**, gli scarabocchi dei bambini sulla parete non vanno più via 3 fam (abfahren) {BUS, FLUGZEUG, ZUG} partire, andarsene; {SCHIFF} auch salpare: **der Bus geht gleich ab**, l'autobus parte subito; **der IC geht vom Hauptbahnhof ab**, l'intercity parte dalla stazione centrale; **~d, in partenza: die ankommenden und ~den Züge**, i treni in arrivo e in partenza; **die nach Frankfurt ~den Züge**, i treni (in partenza) per Francoforte 4 (abzweigen) {STRAßE, WEG} dipartirsi: **gleich hinter der Kirche geht in eine kleiner Feldweg von der Hauptstraße ab**, subito dopo la chiesa dalla strada principale si diparte un viottolo 5 (abgezogen werden) **von etw** (dat) ~: **von dem Verkaufspreis gehen noch 5% Rabatt ab**, dal prezzo di vendita va detratto il 5% di sconto; **für die Heizung gehen monatlich 100 Euro ab**, per il riscaldamento partono/[se ne vanno fam] 100 euro al mese 6 (abgeschickt werden) {BRIEF, PAKET} partire: **der Einschreibebrief muss noch heute ~**, la raccomandata deve partire entro oggi; **die angefragten Unterlagen sind gestern an Sie abgegangen**, i documenti richiesti Le sono stati inviati ieri 7 (abweichen) **von etw** (dat) ~ {VON SEINEN GEWOHNHEITEN, SEINEM PLAN, EINEM STANDPUNKT, SEINEN ÜBERZEUGUNGEN} abbandonare qc, rinunciare a qc; {VON EINER FORDERUNG, EINEM ANSPRUCH} auch desistere da qc; {VON GRUNDSÄTZEN} derogare a qc: **von der Wahrheit ~**, (di)scostarsi dalla verità 8 fam (fehlen) **jdm** ~ {HUMOR, PERSON, TAKTGEFÜHL, VERSTÄNDNIS} mancare a qu: **seine Lebenslust und sein Optimismus gehen mir ganz schön ab**, la sua voglia di vivere e il suo ottimismo mi mancano parecchio; **sie lässt sich nichts ~**, non si fa mancare nulla 9 Schule univ {SCHÜLER, STUDENT} ritirarsi; **von etw** (dat) ~ {VON DER SCHULE, UNIVERSITÄT} abbandonare qc, ritirarsi da qc, lasciare qc: **abgegangen werden** fam euph, essere espulso 10 (ausgeschieden werden) {EMBRYO, GALLENSTEINE, NIERENSTEINE} essere espulso 11 sport (abspringen) **von etw** (dat) ~ {VOM BARREN, RECK} lasciare qc, uscire da qc 12 (von der Bühne) {SCHAUSPIELER} uscire (di scena) 13 fam (verlaufen) **irgendwie** ~ {AUSSPRACHE, STREIT, ZUSAMMENSTOß GLIMPFLICH, GUT, OHNE KOMPLIKATIONEN} concludersi/[andare a finire] + compl di modo: **bis jetzt ist alles glatt abgegangen**, finora tutto è andato/filato liscio; **das ist ja noch einmal gut für uns abgegangen!**, l'abbiamo scampata bella! fam 14 slang (los sein): **hier geht was ab!**, qui c'è un gran movimento fam₁/[vita fam] B tr <haben oder sein> etw ~ {GELÄNDE, STRECKE} ispezionare qc, perlustrare qc • **jdm geht einer ab** slang (ein Furz), a qu parte un peto fam; vulg (jd hat einen Samenerguss), qu viene fam.

abgehetzt adj {MENSCH} senza fiato: ~ **sein**, ₁essere senza₁/[non avere più] fiato.

abgehoben adj 1 (weltfremd) {MENSCH} trasognato, distaccato dalla realtà: ~ **sein**, non avere il senso della realtà; {ANSICHTEN} lontano dalla realtà 2 (verstiegen) {SPRACHE} astratto.

abgekämpft adj sfinito, spossato, stremato: **du machst einen ~en Eindruck**, sembri sfinito (-a).

abgekartet adj pej: **das ist doch ₁ein ~es Spiel₁/[eine ~e Sache]!**, è tutta una combine!, è la solita pastetta!, è il solito accordo sottobanco!

abgeklärt A adj {MENSCH, URTEIL} sereno B adv {BETRACHTEN, BEURTEILEN, REAGIEREN, ÜBER ETW SPRECHEN} serenamente, con serenità.

abgelagert adj {WEIN} invecchiato; {HOLZ, KÄSE} stagionato.

abgelaufen adj 1 (abgenutzt) {SCHUHSOHLEN} consumato 2 (fällig) {FRIST, WECHSEL} scaduto.

abgelegen A adj {DORF} sperduto; {GEGEND} auch isolato; {HAUS, HOF} appartato, fuorimano, isolato B adv: **er wohnt sehr ~**, abita in un posto molto isolato.

Abgelegenheit <-, ohne pl> f {+DORF, HAUS} posizione f isolata.

ab|gelten <irr> tr etw ~ {SCHULDEN} estinguere qc; {VERSICHERUNG ANSPRÜCHE} soddisfare qc.

Abgeltungssteuer f ökon imposta f sulle rendite degli investimenti privati.

abgemacht adj: **du hilfst mir also beim Umzug? – Abgemacht!**, allora mi aiuti a traslocare? – D'accordo!/Intesi! • **das war eine ~e Sache!**, era tutto combinato! fam; **es war doch eine ~e Sache, dass du mir diese Summe vorstrecken würdest, oder?**, non eravamo d'accordo che mi avresti anticipato questa somma?

abgemagert adj {TIER} macilento; {MENSCH} auch secco come un chiodo fam: **bis auf die Knochen ~ sein**, essere (ridotto) pelle e ossa.

abgemeldet adj fam: **bei jdm ~ sein**: **der ist bei mir ~!**, quello con me ha chiuso! fam.

abgeneigt adj avverso, sfavorevole, contrario: **jdm ~ sein**, avere in antipatia qu, essere maldisposto verso qu; **etw** (dat) ~ **sein** {BESTREBUNGEN, ALLEM NEUEN}, essere contrario/sfavorevole/avverso a qc; **ich bin dem nicht ganz ~**, non sarei del tutto contrario (-a); **nicht ~ sein, etw zu tun**, non essere contrario a fare qc, essere favorevole a fare qc.

abgenutzt adj {KLEIDER, REIFEN, SCHUHE} logoro, consumato, consunto.

Abgeordnete <dekl wie adj> mf 1 parl deputato (-a) m (f), onorevole mf 2 (Beauftragte) {+INTERESSENGEMEINSCHAFT, VEREIN} delegato (-a) m (f), rappresentante mf.

Abgeordnetenbank f parl banco m dei deputati.

Abgeordnetenbezug m <meist pl> indennità f parlamentare.

Abgeordnetenhaus n camera f dei deputati.

Abgeordnetenkammer f parl camera f dei deputati.

Abgeordnetenmandat n parl mandato m parlamentare.

abgerissen A part perf von ab|reißen B adj 1 (zerlumpt) {KLEIDUNG} strappato, stracciato, a brandelli 2 (zusammenhanglos) {SPRECHWEISE} sconnesso; {SATZ} auch frammentario C adv {SPRECHEN} in modo sconnesso.

abgerundet adj {WERK} compiuto; {STIL} rotondo, armonioso; {GESCHMACK} pieno, rotondo.

Abgesandte <dekl wie adj> mf obs messo m obs, emissario (-a) m (f); pol inviato (-a) m (f), delegato (-a) m (f).

Abgesang m geh 1 (Ausklang) {+EPOCHE, JAHRESZEIT} tramonto m 2 (letztes Werk) {+DICHTER, KÜNSTLER} canto m del cigno fig, commiato m.

abgeschieden A adj 1 (weit entfernt) {DORF} sperduto; {GEHÖRT, HAUS} isolato, lontano 2 (einsam): **ein ~es Leben führen**, condurre una vita solitaria, fare vita ritirata B adv: ~ **leben**, vivere isolato (-a) dal resto del mondo; ~ **liegen**, essere isolato.

Abgeschiedenheit <-, ohne pl> f isolamento m; (Einsamkeit) solitudine f.

abgeschlafft adj fam 1 (erschöpft) spompato fam, cotto fam, sfiancato, sfinito: ~ **aussehen**, avere un'aria fiacca 2 (schlapp) {TYP} moscio, floscio, fiacco: **ihr ~en Typen!**, che banda di mollaccioni! fam.

abgeschlagen adj 1 sport {LÄUFER, RENNFAHRER, SCHLUSSFELD} distanziato, staccato: **weit ~ sein**, essere molto staccato 2 pol {PARTEI} perdente 3 com {FIRMA} non più competitivo 4 region (erschöpft) fiacco, esausto, spossato.

Abgeschlagenheit <-, ohne pl> f spossatezza f, sfinimento m.

abgeschlossen A part perf von ab|schließen B adj 1 (separat) {APARTMENT, WOHNUNG} separato, indipendente, a sé stante; (in einem Teil des Hauses) auch con ingresso separato 2 (in sich vollendet): (in sich) ~ {WERK}, unitario 3 (beendet): **ein ~es Studium haben**, avere un diploma di laurea.

Abgeschlossenheit f {+WERK} compiutezza f.

abgeschmackt adj 1 pej (geistlos) {ÄUßERUNG, KOMMENTAR, SPAß, WITZ} insulso, banale 2 (albern) {LÄCHELN} sciocco, stupido.

Abgeschmacktheit <-, ohne pl> f {+ÄUßERUNG, REDENSART} insulsaggine f, banalità f.

abgeschrägt adj {BRETT} smussato; {WAND} inclinato.

abgeschrieben A part perf von ab|schreiben B adj fam: **die ist bei mir ~**, non ne voglio più sapere di lei; **jdn/etw ~ haben** (nicht mehr mit jdm/etw rechnen), aver fatto una croce sopra a qu/qc fam; **jdn ~ haben** (jdn als unheilbar ansehen), dare qu per spacciato (-a) fam; **die Ärzte haben ihn schon ~**, i medici lo danno per spacciato.

abgesehen adv: ~ **von .../von ... ~**: **vom Wetter war die Reise sehr schön**, a parte il tempo il viaggio è stato molto bello; **mal ganz ~ von deiner persönlichen Meinung, was können wir in diesem konkreten Fall tun?**, a prescindere dalla tua opinione personale, cosa possiamo fare in questo caso specifico?; ~ **davon ... a parte questo ...**; **die**

Wohnung ist nicht sehr groß, aber ~ davon bietet sie viele Vorteile, l'appartamento non è molto grande, ma a parte questo ha molti vantaggi; ~ **davon, dass ...** a parte il fatto che ..., a prescindere dal fatto che ...; **ganz ~ davon, dass ich mich nicht gut fühle, habe ich auch keine Lust, ins Kino zu gehen**, a parte il/[prescindere dal] fatto che non mi sento bene, non ho neanche voglia di andare al cinema.

abgespannt adj {AUSSEHEN} affaticato, spossato, stressato: **sie macht einen ~en Eindruck**, dà l'impressione di essere affaticata, sembra affaticata/stressata; **~ aussehen**, avere l'aria affaticata.

Abgespanntheit <-, ohne pl> f spossatezza f, affaticamento m.

abgespielt adj {FILM, SCHALLPLATTE, TONBAND} consumato.

abgestanden A part perf von ab|stehen B adj 1 (schal) {BIER, LIMONADE} stantio, non fresco 2 (verbraucht) {LUFT} viziato; {GERUCH} di stantio C adv: ~ **schmecken**, sapere di stantio.

abgestorben A part perf von ab|sterben B adj 1 (gefühllos geworden) {GLIEDER} intorpidito, insensibile: **eine ~e Liebe**, un amore inaridito 2 (vertrocknet) {AST, BAUM, ZWEIG} secco.

abgestumpft adj (durch Langeweile, Monotonie) {MENSCH} apatico; (gefühllos) (**gegen etw** akk) ~ insensibile (a qc).

abgetakelt adj fam pej {PROSTITUIERTE} malandato, malridotto, sciupato: **~ aussehen**, avere un aspetto malandato, sembrare sciupato (-a).

ab|gewinnen <irr, ohne ge-> tr 1 (als Gewinn abnehmen) **jdm etw** ~ {GELD, WERTGEGENSTAND} vincere qc a qu, portare via qc a qu (al gioco) 2 (entlocken) **jdm etw** ~ {LÄCHELN, VERSPRECHEN} strappare qc a qu 3 (etwas Positives daran finden): **etw** (dat) **nichts ~ (können)** non trovarci nulla in qc: **ich kann dieser Art von Malerei nichts ~**, non ci trovo niente di interessante in questo tipo di pittura, questo tipo di pittura non mi dice molto fam.

ab|gewöhnen <ohne ge-> A tr **jdm etw** ~ {DAS RAUCHEN, TRINKEN} far perdere a qu l'abitudine/il vizio di qc, disabituare qu a qc B rfl **sich** (dat) **etw** ~ togliersi il vizio di qc, disabituarsi a qc: **ich habe es mir schon lange abgewöhnt, ihm zu viele Fragen zu stellen**, ormai ho smesso di fargli troppe domande • **zum Abgewöhnen sein: das Essen in diesem Restaurant ist ja so richtig zum Abgewöhnen**, il cibo in questo ristorante ti fa passare la voglia di mangiare; **rauchen wir noch eine zum Abgewöhnen!** scherz, fumiamoci un'altra sigaretta, tanto per non perdere il vizio! fam.

abgewrackt adj {PERSON} malridotto: **~ sein**, essere un rottame fam.

abgezehrt adj {MENSCH} macilento, emaciato.

abgezockt adj fam scafato fam region.

ab|gießen <irr> tr **etw** ~ 1 (Gekochtes vom Kochwasser befreien) {KARTOFFELN, NUDELN} scolare qc 2 (einen Teil der Flüssigkeit weggießen) {WASSER} togliere una parte di qc 3 (durch Guss nachbilden) {BÜSTE} gettare qc.

Abglanz <-es, ohne pl> m 1 (Reflex) {+GARTEN, MONDSCHEIN} riflesso m, riverbero m 2 geh (Nachklang) ~ **einer S.** (gen) {EINER VERGANGENEN PRACHT, VERGANGENER REICHTÜMER} ombra f di qc, traccia f di qc.

ab|gleiten <irr> itr <sein> 1 (nach unten abrutschen) (**von etw** dat) ~ {VOM BECKENRAND, VON EINER BÖSCHUNG} scivolare (giù) (da qc)

2 (abschweifen) **von etw** (dat) ~ {VOM THEMA} allontanarsi da qc, divagare da qc: **seine Gedanken glitten ab**, i suoi pensieri scivolarono via; **in etw** (akk) ~ {IN NEBENSÄCHLICHKEITEN} scivolare in qc 3 (nachlassen) (**in etw** dat) ~ {IN SEINEN LEISTUNGEN} peggiorare (in qc), calare (in qc): **das Niveau der Unterhaltung glitt ab**, il livello della conversazione scadde 4 (absinken) **in etw** (akk) ~ {GEBIET, REGION IN ANARCHIE} sprofondare in qc 5 (abprallen) **an jdm** ~ {BELEIDIGUNG, BESCHULDIGUNG} scivolare addosso a qu, non toccare qc.

Abgott m (**Abgöttin** f) 1 (Idol) idolo m 2 obs (Götze) dio m • **jdn/etw zum ~ machen**, fare di qu/qc il proprio idolo.

abgöttisch A adj <attr> {LIEBE} idolatrico B adv: **jdn ~ lieben**, idolatrare qu.

ab|graben <irr> tr: **jdm das Wasser ~**, togliere il terreno sotto i piedi a qu.

ab|grasen tr 1 (abfressen) **etw** ~ brucare l'erba di qc: **die Schafe grasen die Wiese ab**, le pecore brucano l'erba dei prati 2 fam (absuchen) **etw** (**nach jdm/etw**) ~ {DIE UMGEBUNG NACH DEM ENTFÜHRER} setacciare qc (in cerca di qu/qc); {DEN WALD NACH BEEREN, PILZEN} girare qc (in cerca di qc): **ich habe alle Geschäfte nach einem geeigneten Geschenk abgegrast**, ho fatto il giro di tutti i negozi per trovare un regalo adatto 3 fam (erschöpfend bearbeiten) **etw** ~ {GEBIET} sfruttare ampiamente qc; {THEMA} trattare ampiamente qc, sviscerare qc.

ab|greifen <irr> tr **etw** ~ {KÖRPERTEIL, STELLE} palpare qc.

ab|grenzen A tr 1 (einfrieden) **etw** (**mit etw**) ~ {GRUNDSTÜCK MIT EINER HECKE, EINEM ZAUN} delimitare qc (con qc); **etw gegen etw** (akk)/**von etw** (dat) ~ {GARTEN GEGEN DAS, VOM NACHBARGRUNDSTÜCK} dividere qc da qc, separare qc da qc 2 (trennen) **etw** (**gegen etw** akk/**von etw** dat) ~ {RECHTE, VERANTWORTLICHKEIT} distinguere qc (da qc), delimitare qc: **die Aufgabengebiete ~**, delimitare le sfere di competenza B rfl **sich von jdm/etw** ~ {FRAU, MANN VOM PARTNER; KIND VON DEN ELTERN; POLITIKER VON SEINER PARTEI} affermare la propria autonomia rispetto a qu/qc.

Abgrenzung <-, -en> f 1 (Einfriedung) {+GARTEN, GRUNDSTÜCK} delimitazione f 2 (Eingrenzung) {+PFLICHTEN, RECHT} determinazione f, definizione f.

Abgrund m 1 (steil abfallender Hang) abisso m, precipizio m, baratro m: **ein abhängender ~**, una voragine 2 <nur sing> (Verderben) abisso m, baratro m, rovina f: **am Rande des ~s stehen**, essere sull'orlo dell'abisso/[del precipizio]; **jdn an den Rand des ~s bringen**, portare/mandare qu sull'orlo del precipizio 3 (Kluft) abisso m 4 (unerhörtes Ausmaß) abisso m • **ein ~ tut sich auf: als er sie verließ, tat sich ein ~ vor ihr auf**, quando la lasciò le crollò il mondo addosso; **menschliche Abgründe** geh, gli abissi dell'animo umano; **in einen ~ stürzen**, cadere/sprofondare in un precipizio.

abgrundhässlich (a.R. abgrundhäßlich) adj {MENSCH} bruttissimo, brutto come la fame fam/[da far paura fam].

abgründig geh A adj 1 (rätselhaft) {LÄCHELN} enigmatico, misterioso, insondabile 2 (unermesslich) {HASS} viscerale, profondo B adv (verstärkend vor Adjektiven): **er ist ~ boshaft**, è di una cattiveria senza limiti, è cattivissimo.

abgrundtief A adj {ABSCHEU} profondo; {HASS} auch viscerale B adv {JDN HASSEN} visceralmente, profondamente.

ab|gruppieren <ohne ge-> tr **jdn** ~ {AR-

BEITNEHMER} abbassare qu di livello, declassare qu.

ab|gucken fam A tr **etw** (**bei/von jdm**) ~ 1 (nachahmen) {KUNSTSTÜCK, TRICK BEI DEM, VOM VATER} apprendere/imparare qc (da qu) (osservando) 2 (abschreiben) {AUFGABE, ÜBERSETZUNG} copiare qc (da qu) B itr (**bei/von jdm**) ~ copiare (da qu): **lässt du mich ~?**, mi fai copiare?

Abguss (a.R. Abguß) m calco m: **der ~ einer Statue**, il calco di una statua; **einen ~ in Gips anfertigen**, eseguire un calco in gesso.

ab|haben <irr> tr fam 1 (bekommen) **etw** (**von etw** dat) ~ {VOM KUCHEN, SCHOKOLADE} avere qc (di qc): **nun esst mal nicht den ganzen Pudding auf! Ich will auch noch was ~**, non finite tutto il budino! Ne voglio un po' anch'io 2 (nicht aufhaben) **etw** ~ {BRILLE, HUT, KRAWATTE, MÜTZE} aver tolto qc 3 (entfernt haben) **etw** ~ aver tolto qc: **hast du den Fleck von der Jacke ab?**, sei riuscito (-a) a togliere la macchia dalla giacca? • **einen ~** (nicht ganz normal sein), essere (un po') tocco fam/toccato fam.

ab|hacken A tr **etw** ~ {AST, ZWEIG} mozzare qc, troncare qc, recidere qc geh; {BAUM} abbattere qc; **jdm/etw etw** ~ {EINER PERSON, EINEM TIER EIN KÖRPERTEIL} mozzare qc a qu B rfl **sich** (dat) **etw** ~ {DEN FINGER, DIE ZEHE} mozzarsi qc.

ab|haken tr 1 (mit einem Häkchen markieren) **etw** ~ {NAMEN} spuntare qc 2 (einen Schlussstrich setzen) **etw** ~: **die ganze Sache ist abgehakt**, è una faccenda chiusa; **die neue Stelle kannst du ~**, il nuovo impiego te lo puoi dimenticare.

ab|halten① <irr> tr 1 (hindern) **jdn von etw** (dat) ~ {VON DER ARBEIT} impedire a qu di fare qc: **jdn von einem Vorhaben ~**, desistere qu da un proposito; **mit deinem Geplapper hältst du mich vom Lesen ab!**, con le tue chiacchiere mi impedisci di [non mi fai] leggere!; **jdn davon ~, etw zu tun**, impedire a qu di fare qc; **sie hielt ihn davon ab, eine große Dummheit zu begehen**, gli impedì di fare una grande sciocchezza; **er lässt sich nicht von der gefährlichen Reise ~**, non si lascia dissuadere dal fare quel viaggio pericoloso; **einen Moment, ich muss noch einen Brief diktieren – Bitte, lassen Sie sich nicht ~!**, un attimo, devo ancora dettare una lettera – Prego, faccia pure! 2 (am Eindringen hindern) **etw** ~ {ABDICHTUNG, SCHUTZDACH HITZE, KÄLTE, REGEN, WIND} proteggere da qc 3 (fern halten) **etw** ~ {INSEKTEN} tenere lontano (-a) qc: **der Geruch einiger Pflanzen hält die Insekten ab**, l'odore di alcune piante tiene lontani gli insetti 4 fam (auf dem Töpfchen): **ein Kleinkind ~**, far fare i bisogni a un bambino piccolo.

ab|halten② <irr> tr **etw** ~ {KURS, PRÜFUNGEN, VERSAMMLUNG, VORLESUNG} tenere qc; {GOTTESDIENST} celebrare qc: **Wahlen ~**, tenere/tenere le elezioni; **Unterricht ~**, fare lezione.

ab|handeln① tr 1 (abkaufen) **jdm etw** ~ {BILD, SCHMUCKSTÜCK} comprare qc tirando sul prezzo/[a furia di trattare] 2 (heruntherhandeln) **etw von etw** (dat) ~: **er konnte fast 15% vom Verkaufspreis ~**, mercanteggiando ha avuto il 15% di sconto sul prezzo di vendita.

ab|handeln② tr **etw** ~ {KAPITEL, PROBLEM, THEMA} trattare qc.

abhanden|kommen <irr> itr <sein> andare smarrito (-a)/perduto (-a), scomparire; **jdm ~: mir ist der Personalausweis abhandengekommen**, ho smarrito la/[è scomparsa la mia] carta d'identità.

Abhandenkommen <-s, ohne pl> n {+Ausweis, Brille, Geldbörse} smarrimento m, perdita f, scomparsa f.

Abhandlung f trattato m, dissertazione f, saggio m: **eine ~ über etw (akk)**, un trattato su qc.

Abhang m {+Berg, Hügel} pendice f, pendio m, versante m, declivio m, china f; {+Bahndamm} scarpata f; {+Wiesengelände, Feld} balza f: **ein sanfter/steiler ~**, un pendio dolce/ripido.

ab|hängen① tr **1** (herunternehmen) etw (**von etw** dat) ~ {Bild, Gedenktafel} staccare qc (da qc), togliere qc (da qc), spiccare qc (da qc) **2** (abkoppeln) etw (**von etw** dat) ~ {Anhänger, Schlafwagen, Waggon} sganciare qc (da qc) **3** fam (hinter sich lassen) jdn ~ {Beschatter, Konkurrenten, Verfolger} distaccare qu, lasciare indietro qu, sganciarsi da qu fam, seminare qu fam.

ab|hängen② <irr> itr **1** (durch jdn, etw bestimmt sein) **von jdm/etw** ~ dipendere da qu/qc: **die Entscheidung hängt nur von Ihnen ab**, la decisione dipende solo da Lei; **das hängt ganz von den Umständen ab**, dipende unicamente dalle circostanze; **von Zufall ~**, dipendere dal caso; **meine Zukunft hängt von dieser Entscheidung ab**, il mio futuro dipende da questa decisione; **davon hängt zu viel für ihn ab**, è troppo importante per lui; **es hängt davon ab, ob/was/wie/[wie viel] ...**, dipende se/[da cosa]/[come]/[quanto] ...; **fahrt ihr morgen ans Meer? – Es hängt davon ab, ob das Wetter schön ist**, andate al mare domani? – Dipende se il tempo è bello o meno **2** (angewiesen sein) **von jdm/etw** ~ dipendere da qu/qc: **finanziell von jdm** ~, dipendere economicamente da qu **3** slang (sich entspannen) rilassarsi.

ab|hängen③ <irr> itr gastr {Fleisch} frollare.

abhängig adj **1** (süchtig) (**von etw** dat) ~ {von Drogen, Medikamenten} dipendente (da qc): **von Drogen ~e Jugendliche**, giovani dipendenti dalla droga/[tossicodipendenti] **2** (bedingt): **von etw** (dat) ~ **sein** {Höhe des Rabatts, Vergünstigung von der Abnahmemenge; Verkaufspreis vom Absatz; Ausflug vom Wetter}, dipendere da qc **3** (unterworfen): **von etw** (dat) ~ **sein**, essere condizionato da qc, essere subordinato a qc; **in der Landwirtschaft ist man sehr vom Wetter** ~, nell'agricoltura si è molto condizionati dal tempo; **eine von gewissen Umständen ~e Entscheidung**, una decisione subordinata a certe condizioni **4** gram (untergeordnet) {Rede} indiretto, {Fall} obliquo; {Satz} subordinato **5** (angewiesen): **von jdm/etw** ~ **sein**, dipendere da qu/qc; **ich bin finanziell von meinen Eltern** ~, economicamente dipendo dai miei (genitori) **6** (nicht selbständig) {Land, Staat} dipendente, non autonomo: **in ~er Stellung sein**, lavorare come dipendente ● **etw von etw** (dat) ~ **machen**, subordinare qc a qc.

Abhängige <dekl wie adj> mf **1** (unselbständige Erwerbstätige) dipendente mf **2** (Süchtige) tossicomane mf **3** jur {Schutzbefohlene} pupillo (-a) m (f): **Unzucht mit ~n**, corruzione di minori.

Abhängigkeit <-, ohne pl> f **1** (Bedingtheit) dipendenza f, subordinazione f: **gegenseitige ~**, interdipendenza f, dipendenza f reciproca **2** (Sucht) dipendenza f: **die ~ von Drogen**, la tossicodipendenza f **3** (das Angewiesensein) ~ **von jdm/etw** dipendenza f da qu/qc: **die politische ~**, la dipendenza politica f; **die wirtschaftliche ~ der Dritten Welt von den USA**, la dipendenza economica del Terzo Mondo dagli Stati Uniti; **die ~ voneinander**, l'interdipendenza ● **in** jds ~/[(die) ~ von jdm] **geraten**, diventare succube di qu/[dipendente da] qu.

Abhängigkeitsverhältnis n rapporto m di dipendenza: **in einem ~ zu jdm stehen**, avere un rapporto di dipendenza da qu; **in einem ~ zueinander stehen** {Menschen}, avere un rapporto di dipendenza reciproca; {Dinge, Sätze} essere interdipendenti.

ab|härten A tr jdn/etw ~ temprare qu/qc, irrobustire qu/qc: **den Körper gegen Erkältungen ~**, temprare il fisico contro i raffreddori; **die Arbeit an der frischen Luft härtet dich ab**, il lavoro all'aria aperta ti irrobustisce; **die Misserfolge der letzten Jahre haben ihn abgehärtet**, gli insuccessi degli ultimi anni l'hanno indurito B itr (**gegen etw** akk) ~ {Sauna, Sport gegen Erkältungen, Infektionen} rendere resistente (a qc); {Enttäuschung, Erfahrung gegen seelisches Leid} vaccinare (contro qc) fam C rfl sich ~ temprarsi, irrobustirsi.

Abhärtung <-, ohne pl> f irrobustimento m.

ab|hauen① <haute ab oder geh obs hieb ab, hat abgehauen> tr **1** (abschlagen) etw ~ {Ast} mozzare qc, troncare qc; {Baum} abbattere qc: **jdm den Kopf ~**, staccare la testa a qu **2** (wegschlagen) etw (**mit etw** dat) ~ {Verputz mit dem Hammer} staccare qc (con qc).

ab|hauen② <haute ab, ist abgehauen> itr fam tagliare la corda fam, battersela fam, svignarsela fam, andarsene: **als die Diebe merkten, dass jemand im Haus war, hauten sie ab**, quando i ladri si accorsero che c'era qualcuno in casa se la dettero a gambe; **irgendwohin ~** {nach Amerika, London, ins Ausland} scappare + compl di luogo; **aus/von etw** (dat) ~ {aus einem Land, der Schule, einer Stadt} scappare da qc; **von zu Hause ~**, scappare di casa ● **hau ab!**, smamma! fam, fila via! fam, levati di torno! fam, vattene!

ab|heben <irr> A tr **1** bank (wegnehmen) etw (**von etw** dat) ~ {Betrag, Geld vom Konto, Sparbuch} prelevare qc (da qc), ritirare qc (da qc): **ich möchte gern etwas ~**, vorrei fare un prelievo **2** Karten etw ~ alzare qc, tagliare qc **3** (beim Stricken): **eine Masche ~**, calare una maglia **4** (hochnehmen) etw ~ {Deckel, Telefonhörer} alzare qc, sollevare qc B itr **1** aero {Flugzeug} decollare, levarsi/alzarsi in volo; {Rakete} partire: **das Flugzeug hebt vom Boden ab**, l'aereo si solleva da terra **2** tel rispondere: **das Telefon hat schon dreimal geklingelt, warum hebst du nicht ab?**, il telefono ha già squillato tre volte, perché non rispondi?; **da hebt keiner ab**, non risponde nessuno **3** Karten alzare, tagliare: **du bist dran mit Abheben**, tocca a te alzare/tagliare **4** (hervortreten lassen) etw (**durch etw** akk) **von etw** (dat) ~ far risaltare qc su qc (facendo/con qc) **5** fam (sich etwas einbilden) esaltarsi, montarsi la testa: **jetzt heb bloß nicht gleich ab, nur weil du mal eine gute Note hast!**, non ti montare la testa solo perché una volta tanto hai preso un bel voto! C rfl **1** (sich ablösen) **sich** (**von etw** dat) ~ {Lack, Kruste, Schicht} staccarsi (da qc) **2** (sich unterscheiden) **sich** (**durch etw** akk/**in etw** dat) **von jdm** ~ {durch seine Ausgeglichenheit, Erfahrung, in seinen Leistungen} distaccarsi da qu (per/in qc), spiccare su qu (per/in qc): **er hob sich durch sein Wissen von seinen Mitschülern ab**, si distaccava dai/[spiccava tra i] suoi compagni di classe per le sue conoscenze **3** (sich abzeichnen) **sich von etw** (dat)/**gegen etw** (akk) ~ {Bäume, Berge, Türme vom, gegen den Himmel} stagliarsi contro qc; {Farbe, Relief vom Hintergrund, Untergrund} risaltare su qc, spiccare su qc: **das Gelb hebt sich gut vom roten Hintergrund ab**, il giallo [risalta bene]/[spicca] sullo sfondo rosso **4** form **auf etw** (akk) ~ mettere in evidenza/risalto/rilievo qc, dare rilievo a qc.

ab|heften tr etw ~ {Briefe, Unterlagen} mettere qc in un classificatore/raccoglitore; **etw in etw** (dat) ~ mettere qc in qc.

ab|heilen itr <sein> {Wunde} rimarginarsi, cicatrizzarsi; {Hautausschlag} guarire.

ab|helfen <irr> itr etw (dat) ~ {einem Schaden, Übel} porre rimedio a qc, rimediare a qc: **einem Notstand ~**, porre rimedio a una situazione di emergenza; **dem kann abgeholfen werden**, a questo c'è rimedio.

ab|hetzen A tr etw ~ {Hund, Pferd} sfiancare qc, sfinire qc B rfl **sich** (**bei etw** dat) ~ **1** (atemlos werden) {beim Laufen, Sport} restare senza fiato (facendo qc): **ich musste mich ganz schön ~, um den Zug noch zu erreichen**, ho dovuto correre parecchio per prendere il treno **2** (sich bei etw beeilen) {bei einer Arbeit, Tätigkeit} affannarsi/stressarsi/sbattersi fam (facendo qc): **von morgens bis abends muss man sich ~**, bisogna affannarsi dalla mattina alla sera.

Abhilfe <-, ohne pl> f rimedio m, riparo m ● **~ schaffen, für ~ sorgen**, correre ai ripari, trovare un rimedio.

ab|hobeln tr **1** (glätten) etw ~ {Brett, Holz} piallare qc **2** (weghobeln) etw ~ {Rinde, Unebenheit} asportare qc con la pialla.

abhold adj <präd> geh obs jdm/etw ~ **sein**, essere avverso a qu/qc.

ab|holen tr **1** (mitnehmen) etw (**bei jdm/irgendwo**) ~ (andare a prendere)/[ritirare] qc (da/presso qu/+ compl di luogo): **Ihren Schirm können Sie am Schalter für Fundsachen ~**, può ritirare il Suo ombrello allo sportello (degli) oggetti smarriti; **der Einschreibebrief ist bis spätestens morgen auf der Post abzuholen**, bisogna ritirare/[andare a prendere] la raccomandata alla posta al massimo entro domani; **Altpapier wird nur montags abgeholt**, raccolta della carta solo il lunedì; **etw (von jdm) ~ lassen** {gebrauchte Kleider, Sperrmüll von der Müllabfuhr}, far venire (qu) a prendere qc, far ritirare qc (da qu); **etw (irgendwo) von jdm ~ lassen** {Brief auf der Post, Gepäck am Bahnhof von einem Dienstboten, Freund}, mandare qu a prendere/ritirare qc (+ compl di luogo) **2** (treffen und mitnehmen) jdn (**bei jdm/irgendwo**) ~ andare/venire a prendere qu (da/presso qu/+ compl di luogo): **ich hole dich vom Bahnhof ab**, vengo a prenderti alla stazione; **um fünf muss ich meine Tochter vom Schwimmbad ~**, alle cinque devo andare a prendere mia figlia in piscina; **kannst du mich um acht ~?**, puoi venire/passare a prendermi alle otto?; **sich von jdm ~ lassen**, farsi venire a prendere da qu; **jdn zu etw** (dat) ~ {zum Arbeiten, Spielen, zu einem Ausflug, einer Spazierfahrt} andare/venire a prendere qu per qc **3** inform etw ~ {E-Mail} scaricare qc.

Abholer <-s, -> m (**Abholerin** f) persona f che ritira qc.

Abholmarkt m cash-and-carry m.

Abholpreis m "prezzo m che non include la consegna a domicilio".

Abholung <-, -en> f <meist sing> ritiro m: **die bestellte Ware steht zur ~ bereit**, la merce ordinata è pronta a essere ritirata/[per il ritiro]; **~ der Ware zwischen 10 und 12 Uhr**, ritiro della merce tra le 10 e le 12.

ab|holzen tr etw ~ {Berghang, Gebiet, Wald} di(s)boscare qc; {Baumreihe} abbattere *qc*; {UNTERHOLZ} diradare *qc*, sfoltire *qc*.

Abholzung <-, -en> f {+BERGHANG, GEBIET, WALD} di(s)boscamento m; {+BAUMREIHE} abbattimento m.

Abhöraffäre f scandalo m delle intercettazioni/microspie.

Abhöranlage f impianto m/sistema m di microspie.

ab|horchen tr *med jdn/etw* ~ {HERZ, LUNGE, PATIENTEN} auscultare *qu/qc*.

ab|hören tr **1** (*heimlich überwachen*) *etw* ~ {GESPRÄCH, TELEFONAT} intercettare *qc*: **abgehört werden** {GESPRÄCH, TELEFONAT}, essere intercettato; *jdn* ~ spiare *qu* per mezzo di intercettazione **2** (*abfragen*) *jdn/jdm etw* ~ {DEM/DEN SCHÜLER EIN GEDICHT, DIE GESCHICHTSDATEN, DIE GRAMMATIKREGELN, DIE LEKTION} risentire *qc a qu*; {LEHRER} interrogare *qu su qc*: **hörst du mir die Vokabeln ab?**, mi risenti i vocaboli? *fam* **3** (*auskultieren*) *jdn/etw* ~ {HERZ, LUNGE, PATIENTEN} auscultare *qu/qc* **4** (*hören*) *etw* ~ {KASSETTE, SCHALLPLATTE} ascoltare *qc* **5** (*heimlich hören*) *etw* ~ {AUSLÄNDISCHEN SENDER, SENDER DER REBELLEN} ascoltare clandestinamente *qc*.

Abhörgerät n microspia f, cimice f *slang*.

abhörsicher adj {TELEFON} a prova di intercettazione, antintercettazione.

Abhörung <-s, -en> f **1** (*Überwachung*) intercettazione f **2** *med* auscultazione f.

ab|hungern A tr *etw* ~ {KILO, PFUND} perdere *qc* con una dieta B rfl **1** *fam* (*durch Hungern verlieren*) **sich** (*dat*) *etw* ~ {FETT, SPECK, ÜBERGEWICHT} perdere/[buttare giù *fam*] *qc* (facendo la dieta): **in einer Woche habe ich mir drei Kilo abgehungert**, con una dieta ferrea in una settimana sono riuscito (-a) a perdere tre kili (di peso) **2** (*sich mühselig absparen*) **sich** (*dat*) *etw* ~: **ich musste mir das Geld** ~, **um mir dieses Auto kaufen zu können**, mi sono tolto (-a) il pane di bocca per potermi comprare questa macchina.

ab|husten A tr *etw* ~ {SCHLEIM} espettorare *qc* B itr espettorare.

Abi <-s, -s> n *fam* maturità f.

Abitur <-s, -e> n maturità f, licenza f liceale: **er hat (das)** ~, ha la maturità; **humanistisches** ~, maturità classica; **naturwissenschaftliches** ~, maturità scientifica • *das* ~ *ablegen form/machen*, sostenere/fare l'esame di maturità, fare la maturità *fam*; *das* ~ *bestehen*, passare la/[l'esame di] maturità; *durchs* ~ *fallen*, essere bocciato all'esame di maturità.

Abiturfeier f "cerimonia f in cui viene conferito il diploma di maturità".

Abiturient <-en, -en> m (**Abiturientin** f) (*vor, im Abitur*) maturando (-a) m (f), diplomando (-a) m (f), candidato (-a) m (f) all'esame di maturità; (*nach Abitur*) maturo (-a) m (f), diplomato (-a) m (f).

Abiturklasse f **1** (*letzte Klasse: im Gymnasium*) quinta f (liceo); (*im humanistischen Gymnasium*) terza liceo f **2** (*Schüler*) diplomandi m pl, maturandi m pl.

Abiturnote f voto m/punteggio m [dell'esame di₁/[della] maturità.

Abiturprüfung f (esame m/esami m pl di) maturità f.

Abiturzeugnis n diploma m di maturità f.

ab|jagen tr **1** (*entreißen*) *jdm etw* ~ {BEUTE, GELD} strappare *qc a qu*: **dem Gegenspieler den Ball** ~, strappare il pallone all'avversario **2** (*jdn mit List um etw bringen*) *jdm jdn/etw* ~ {AUFTRAG, KUNDE} portare via *qu/qc a qu*, soffiare *qu/qc a qu fam*.

Abk. Abk *von* Abkürzung: abbr. (Abk *von* abbreviazione).

ab|kämmen tr *etw* (*nach jdm/etw*) ~ {GEGEND NACH DIEBESGUT, ENTLAUFENEN HÄFTLINGEN} setacciare/[passare al setaccio] *qc* (*in cerca di qu/qc*).

ab|kanzeln tr *fam jdn* (*vor jdm*) ~ fare una partaccia *a qu* (*davanti a qu*) *fam*: **ich lasse mich von dir nicht einfach so** ~!, non ti permetto di trattarmi a pesci in faccia! *fam*.

ab|kapseln rfl **1** (*sich isolieren*) **sich** (*von jdm*) ~ isolarsi (*da qu*), chiudersi nel proprio guscio, ripiegarsi su se stesso (-a) **2** *med* **sich** ~ {GESCHWULST, KRANKHEITSERREGER} incapsularsi.

Abkapselung <-, -en> f <*meist sing*> **1** {+MENSCH} isolamento m **2** *med* incapsulamento m.

ab|karren tr *etw* ~ {SAND, SCHUTT, STEINE} portare via *qc* con un carro.

ab|kassieren <ohne ge-> A tr (*Geld einnehmen*) *jdn/etw* ~ {FAHRGÄSTE, GÄSTE EINES RESTAURANTS} riscuotere/incassare i soldi *da qu*; {KELLNER GETRÄNKE} incassare i soldi *di qc*: **die Tische** ~, riscuotere/incassare i soldi ai tavoli B itr **1** *fam* (*jdm viel Geld abnehmen*) (**bei** *jdm*) ~ {FINANZAMT, STAAT BEIM STEUERZAHLER; HANDWERKER BEI EINEM KUNDEN} spennare *qu fam*: **gestern war meine Tante hier, und ich habe wieder mal ganz schön abkassiert**, ieri c'era mia zia e he ho scucito di nuovo un sacco di soldi *fam* **2** *fam* (*finanziell profitieren*) (**bei** *etw* dat) ~ {AUFTRAGNEHMER BEI EINEM GESCHÄFT; MAKLER BEIM HAUSVERKAUF} fare [una bella sommetta₁/[un bel colpo] (*con qc*); {SPIELER BEIM GLÜCKSSPIEL} fare un bel colpo (*a qc*): **der hat beim Lotto ganz schön abkassiert**, ha vinto un bel gruzzolo al lotto **3** (*abrechnen*) (**bei** *jdm*) ~ {BEDIENUNG, OBER} riscuotere/incassare (i soldi) *da qu*: **darf ich bitte** ~?, posso prepararLe il conto?

ab|kauen tr *etw* ~ mordere *qc*, rosicchiare *qc*: **Fingernägel** ~, mangiarsi/rosicchiarsi le unghie; **abgekaute Nägel haben**, avere le unghie mangiucchiate/rosicchiate.

ab|kaufen tr **1** (*von jdm kaufen*) (*jdm*) *etw* ~ comprare *qc* (*da qu*), acquistare *qc* (*da qu*): **willst du mir nicht den Fernseher** ~?, non vuoi comprare il mio televisore? **2** *fam* (*glauben*) *jdm etw* ~: **diese Geschichte kaufe ich dir nicht ab!**, questa non me la vendi! *fam*; **das kauft uns doch keiner ab!**, questa non se la beve nessuno! *fam*; **wer soll dir das denn** ~?, a chi la vuoi dare a bere *fam*/intendere?

Abkehr <-, ohne pl> f ~ *von jdm/etw* {VON DER FAMILIE, DER PARTEI} distacco m *da qu/qc*; {VON GOTT, VOM GLAUBEN} *auch* abbandono m *di qc*: **die endgültige** ~ **vom Marxismus**, il distacco definitivo dal marxismo; **die** ~ **von der Welt**, il distacco dal mondo.

ab|kehren① A tr <haben> *etw* ~ {GESICHT} voltare *qc*, girare *qc* (dall'altra parte): **den Blick von etw** (dat) ~ {VON EINER SZENE}, distogliere lo sguardo da *qc* B itr <sein> *von etw* (dat) ~ {VON SEINEN GEWOHNHEITEN} abbandonare *qc*; {VON EINER IDEOLOGIE, ÜBERZEUGUNG} *auch* distaccarsi *da qc* C rfl <haben> **1** (*abwenden*) **sich** ~ voltarsi, girarsi; **sich *von jdm/etw*** ~ voltare le spalle *a qu/qc*: **die der Erde abgekehrte Seite des Mondes**, il lato della luna opposto alla terra **2** (*jdn, etw aufgeben*) **sich** *von jdm/etw* ~ {VON EINEM GELIEBTEN MENSCHEN} voltare le spalle *a qu*, staccarsi *da qu*; {VON GLAUBEN, VON GOTT, VON DER KIRCHE} abbandonare *qu/qc*; {VON ALLEM IRDISCHEN} rinunciare *a qu/qc*; {VON EINER IDEOLOGIE, EINER PARTEILINIE} distaccarsi dal mondo.

ab|kehren② tr **1** (*durch Kehren säubern*) *etw* ~ {FUßBODEN, TREPPE} spazzare *qc*, scopare *qc* **2** (*den Dreck entfernen*) *etw* (*von etw* dat) ~ {DRECK VOM FUßBODEN, ESSENSRESTE VOM TISCH} spazzolare (via) *qc* (*da qc*).

ab|ketten A tr **1** (*von der Kette lösen*) *etw* ~ {HUND} togliere la catena *a qc*, liberare *qc* dalla catena **2** (*beim Stricken*) ~ {MASCHEN} chiudere *qc* B itr (*beim Stricken*) chiudere le maglie.

ab|kippen A tr <haben> **1** (*herunterklappen*) *etw* ~ {BORDWAND EINES LKWS} ribaltare *qc* **2** (*abladen*) *etw* ~ {SAND, SCHUTT} scaricare *qc* B itr <sein> *aero* scendere in picchiata.

ab|klappern tr *fam* **1** (*der Reihe nach aufsuchen*) *jdn* ~ {VERTRETER KUNDEN} fare il giro *di qu*; *etw* (*nach jdm/etw*) ~ {DAS GANZE VIERTEL NACH NEUEN KUNDEN, GESCHÄFTE NACH EINEM GESCHENK, STADT NACH FREIEM ZIMMER} fare il giro *di qc* (*in cerca di qu/qc*), battere *qc* (*in cerca di qu/qc*): **wir haben alle Hotels nach ihm abgeklappert, konnten ihn aber nicht finden**, abbiamo fatto il giro di tutti gli alberghi ma non siamo riusciti (-e) a trovarlo **2** (*nacheinander besuchen*) *etw* ~ {TOURIST MUSEEN, SEHENSWÜRDIGKEITEN} farsi *qc fam*.

ab|klären tr *etw* ~ {FRAGE, MISSVERSTÄNDNIS} chiarire *qc*.

Abklärung f {+PROBLEM, SACHVERHALT} chiarimento m.

Abklatsch <-(e)s, -e> m **1** <nur sing> pej (*Nachahmung*) imitazione f, (brutta) copia f: **der billige** ~ **eines römischen Tempels**, la brutta copia di un tempio romano **2** *kunst* calco m **3** *typ* prima bozza f.

ab|klemmen A tr **1** (*abquetschen*) *jdm etw* ~ {FINGER, ZEHE} schiacciare *qc a qu* **2** (*abbinden*) *etw* ~ {ADER} stringere *qc*, comprimere *qc*; {NABELSCHNUR} legare *qc* **3** (*zusammenpressen*) *etw* ~ {KABEL} schiacciare *qc*, stringere *qc* (con dei morsetti) B rfl **sich** (*dat*) *etw* ~ {FINGER, ZEHE} schiacciarsi *qc*.

Abklingbecken n *nukl* vasca f di decadimento.

ab|klingen <irr> itr <sein> **1** (*leiser werden*) {LÄRM} smorzarsi, diminuire, attenuarsi; {MUSIK} spegnersi **2** (*schwinden*) {BEGEISTERUNG} svanire; {WUT} *auch* placarsi; {FIEBER} scendere, scemare, calare; {SCHMERZEN} calmarsi, attenuarsi: **die Erkältung ist abgeklungen**, il raffreddore è passato **3** *nukl phys* {RADIOAKTIVITÄT, STRAHLUNG} decadere.

ab|klopfen tr **1** (*durch Klopfen entfernen*) *etw* (*von etw* dat) ~ {ASCHE VON DER ZIGARETTE, SCHNEE VON MANTEL, VON DEN SCHUHEN} scuotere *qc* (*da qc*), togliere *qc* (*da qc*) (dando dei colpetti); {PUTZ, VERKRUSTUNG VON DER WAND} togliere *qc* (*da qc*) battendo; *jdm etw von etw* (dat) ~ togliere *qc* a *qc*, scuotere *qc da qc* di *qu* **2** (*durch Klopfen reinigen*) *etw* ~ {POLSTERMÖBEL} battere *qc*, pulire *qc* battendo; {DECKE, TEPPICH} *auch* scuotere *qc*; *jdm etw* ~ {JACKE, MANTEL} scuotere *qc a qu* **3** *med jdn/etw* ~ {PATIENTEN, BRUSTKORB, RÜCKEN} auscultare *qu/qc* (dando dei colpetti) **4** (*abhören*) *etw* (*nach etw* dat) ~ {MAUER, WAND NACH HOHLRÄUMEN, UNTER PUTZ VERLEGTEN LEITUNGEN} picchiettare *qc* (*in cerca di qc*) **5** *fam* (*untersuchen*) *etw* **auf etw** (akk)/*nach etw* (dat) ~ {ANGEBOT, VERTRAG AUF KUNDENFALLEN, NACHTEILIGE KLAUSELN} vagliare/esaminare attentamente *qc* per mettersi al riparo *da qc*; {ARGUMENT, BEWEISFÜHRUNG, ZEUGENAUSSAGE AUF STICHHALTIGKEIT} vagliare *qc di qc*: **etw nach Fehlern** ~, spulciare *qc* in cerca di errori **6** *fam* (*nacheinander aufsuchen*) *etw* ~ {BARS, KNEIPEN} fare il giro *di qc*, girare *qc*.

ab|knabbern tr fam **1** (abbeißen) etw ~ {KIND BROTKRUSTE; MAUS KÄSE; REH TRIEBE} rosicchiare qc; **etw (von etw dat) ~** {FLEISCH VOM KNOCHEN, MANDELN, KOKOSFLOCKEN VON DEN PLÄTZCHEN} staccare qc (da qc) a morsettini: **die Fingernägel ~**, mangiarsi/rosicchiarsi le unghie; **abgeknabberte Fingernägel**, unghie mangiucchiate/rosicchiate **2** (abnagen) etw ~ {KNOCHEN} rosicchiare qc.

ab|knallen tr slang pej jdn/etw ~ {TIER} abbattere qc, ammazzare qc; {PERSON} freddare qu slang.

ab|knapsen fam A tr etw (von etw dat) ~ {EIN PAAR EURO VOM LOHN, TASCHENGELD} mettere via qc (di qc) B rfl sich (dat) etw ~: **sich jeden Pfennig/Cent ~ müssen**, dover guardare al centesimo; **sie knapst sich jeden Cent ab, um ihren Sohn studieren zu lassen**, si toglie il pane di bocca per mandare il figlio all'università.

ab|knicken A tr <haben> (abbrechen) etw ~ {ÄHRE, BLUME, STÄNGEL, ZWEIG} spezzare qc, rompere qc (piegandolo); (nach unten knicken) piegare qc B itr <sein> **1** (abbrechen) {ÄHRE, BLUME, ZWEIG} spezzarsi; (nach unten knicken) piegarsi **2** (einknicken) **in etw** (dat) ~ {IN DER HÜFTE, DEN KNIEN} piegarsi su qc **3** (in einem Winkel abzweigen) {STRAßE} fare un gomito, piegare.

ab|knöpfen tr **1** fam (abluchsen) **jdm etw** ~ {GELD} scucire qc a qu fam, spillare qc a qu fam **2** (ablösen) **etw (von etw dat) ~** {INNENFUTTER, KAPUZE, KRAGEN VOM ANORAK} togliere qc (da qc) sbottonandolo: **etw lässt sich ~**, qc si può togliere (sbottonandolo).

ab|knutschen fam A tr jdn ~ {FREUND, FREUNDIN} sbaciucchiare qu fam, pomiciare con qu fam B rfl sich (gegenseitig) ~ sbaciucchiarsi, pomiciare fam.

ab|kochen tr etw ~ {MILCH, WASSER} far bollire qc, sterilizzare qc bollendolo; {MEDIZINISCHE INSTRUMENTE} sterilizzare qc (in acqua bollente).

ab|kommandieren <ohne ge-> tr **1** mil jdn irgendwohin ~ {ZU EINER EINHEIT, AN DIE FRONT} comandare qu + compl di luogo: **jdn zum Wachdienst ~**, destinare/distaccare qu al servizio di guardia **2** fam scherz (für eine Aufgabe bestimmen) **jdn zu etw** (dat) ~ {ZUM AUFRÄUMEN, ZUM GESCHIRRSPÜLEN} spedire fam/mandare qu a fare qc.

ab|kommen <irr> itr <sein> **1** (versehentlich abweichen) **von etw** (dat) ~ {VON DER REISEROUTE, DER STRAßE} allontanarsi da qc, deviare da qc: **wir sind vom Weg abgekommen**, ci siamo persi (-e)/smarriti (-e); **vom Kurs ~** {FLUGZEUG, SCHIFF} uscire di rotta; **vom rechten Weg ~** fig, allontanarsi dalla retta via, traviarsi **2** (aufgeben) **von etw** (dat) ~ {VOM RAUCHEN, TRINKEN} smettere di fare qc; {VON EINER ANGEWOHNHEIT} perdere qc, rinunciare a qc, abbandonare qc; {VON ANSICHTEN, GRUNDSÄTZEN} abbandonare qc; {VON EINEM PLAN, VORHABEN} auch desistere da qc: **spielst du noch Tennis? – Nein, davon bin ich längst abgekommen**, giochi ancora a tennis? – No, ci ho rinunciato da molto tempo; **davon ~, etw zu tun**, perdere l'abitudine di fare /[a] qc; **von diesem schönen Brauch kommt man immer mehr ab**, questa bella usanza si sta perdendo sempre di più; **von seiner Meinung ~**, cambiare opinione/parere **3** (abweichen) **von etw** (dat) ~ deviare da qc, divagare da qc, discostarsi da qc: **Sie kommen ja vom Thema ab!**, sta divagando!; **von seiner Rede ~**, perdere il filo del discorso.

Abkommen <-s, -> n jur accordo m, convenzione f, trattato m: **ein ~ zwischen Institutionen/Staaten**, un accordo tra istituzioni/stati; **das Maastrichter ~**, il trattato di Maastricht ● **ein internationales ~**, un trattato internazionale; **(mit jdm) ein ~ (über etw akk) schließen/treffen**, concludere/stipulare un accordo (con qu) (su qc).

abkömmlich adj <präd, meist verneint> {AUSHILFSKRAFT, MITARBEITER} disponibile, libero: **jd ist nicht ~**, qu è indispensabile, non possono fare a meno di qu.

Abkömmling <-s, -e> m **1** geh obs oder jur (Nachkomme) discendente mf: **ohne männliche ~e**, senza discendenti maschi **2** chem derivato m.

ab|können <irr> tr norddt fam: **jdn/etw nicht ~**, non reggere qu/qc fam, non sopportare qu/qc, non poter soffrire qu/qc, non poter vedere qu; **ich kann sein dummes Gerede einfach nicht ab**, non sopporto/reggo i suoi discorsi stupidi.

ab|koppeln A tr etw (von etw dat) ~ {ANHÄNGER VOM LASTWAGEN, RAUMFÄHRE VOM MUTTERSCHIFF, WAGGON VOM ZUG} staccare qc (da qc), sganciare qc (da qc); {SCHLITTENHUNDE} slegare qc; {ZUGTIERE} auch togliere il giogo a qc B rfl sich **von jdm/etw** ~ {VON PERSONEN, EINER GRUPPE} sganciarsi da qu/qc fam.

Abkoppelung, Abkopplung <-, -en> f {+RAUMFÄHRE, WAGGON} distacco m, sganciamento m.

ab|kratzen① A tr **1** (entfernen) **etw (von etw dat) ~** {ERDE VON DEN SCHUHEN, PREISSCHILD VOM BUCH, TAPETE VON DER WAND} grattare via qc (da qc), raschiare via qc (da qc), togliere qc (da qc) grattando **2** (säubern) **etw ~** {SPACHTEL} pulire qc raschiando B rfl sich (dat) etw ~ {SCHUPPIGE HAUT, SCHORF} togliersi qc grattando: **sich die Schuhe ~**, togliersi il fango/la neve dalle scarpe sfregandole.

ab|kratzen② itr <sein> slang (sterben) crepare slang, tirare le cuoia slang.

ab|kriegen tr fam → **ab|bekommen**.

ab|kühlen A tr <haben> **1** (erfrischen) **etw ~** {GESICHT, FÜßE} rinfrescar(si) qc; {MILCH, SUPPE} raffreddare qc; {GEWITTER LUFT} rinfrescare qc, raffreddare qc **2** (abflauen lassen) **etw ~** {MISSVERSTÄNDNIS, ZWISCHENFALL FREUNDSCHAFT, LIEBE} raffreddare qc; {GESPRÄCH, BESÄNFTIGENDE WORTE ZORN} calmare qc, placare qc B itr **1** <haben oder sein> (kühl werden) {BADEWASSER, HERDPLATTE, MILCH, MOTOR} raffreddarsi; {WETTER} rinfrescarsi **2** <haben oder sein> (an Intensität verlieren) {BEGEISTERUNG, BEZIEHUNG, FREUNDSCHAFT, STIMMUNG} raffreddarsi; {WUT, ZORN} sbollire C rfl <haben> sich ~ **1** (an Intensität verlieren) {BEZIEHUNGEN, FREUNDSCHAFT} raffreddarsi **2** (sich erfrischen) {MENSCH} rinfrescarsi D unpers <haben> meteo: **nach dem Regen hat es stark abgekühlt**, dopo la pioggia ha/è molto rinfrescato; **abends kühlt es ab**, la sera rinfresca.

Abkühlung <-, -en> f <meist sing> **1** (Temperaturabnahme) {+ATMOSPHÄRE, ERDKRUSTE, KÖRPER, MOTOR} raffreddamento m **2** meteo abbassamento m di temperatura, rinfrescata f **3** (Erfrischung) refrigerio m: **sich** (dat) **eine leichte ~ verschaffen**, rinfrescarsi un po', darsi una rinfrescata **4** (Verringerung der Intensität) {+BEZIEHUNGEN} raffreddamento m.

Abkunft <-, ohne pl> f geh obs {+RASSE} origine f; {+MENSCH} auch discendenza f; {+WORT} etimologia f, origine f: **von edler ~ sein**, essere di nobile origine/discendenza /[nobili natali]; **asiatischer ~ sein** {MENSCH}, essere di/[avere] origini asiatiche.

ab|kupfern tr fam etw (aus etw dat) ~ {ARTIKEL AUS EINER ZEITUNG, TEIL AUS BEKANNTEM WERK} copiare qc (da qc), scopiazzare qc (da qc) fam.

ab|kuppeln tr etw (von etw dat) ~ {ANHÄNGER VOM LASTWAGEN, VON DER LOKOMOTIVE, SCHLAFWAGEN VOM ZUG} sganciare qc (da qc), staccare qc (da qc).

ab|kürzen A tr **1** (verkürzt schreiben) **etw ~** {BEGRIFF, NAMEN, UNTERSCHRIFT, WORT} abbreviare qc (in qc): «**Doktor» wird durch/mit «Dr.» abgekürzt**, il titolo «dottore» si abbrevia in «dott.» **2** (vorzeitig beenden) **etw ~** {AUFENTHALT, URLAUB, VERFAHREN, VORTRAG} accorciare qc, abbreviare qc: **wir haben unsere Ferien um einige Tage ~ müssen**, abbiamo dovuto accorciare le ferie di qualche giorno **3** (verkürzen) **etw ~** {STRECKE} accorciare qc, abbreviare qc; {ARTIKEL, TEXT} auch tagliare qc: **den Weg ~**, accorciare la strada, prendere una scorciatoia B itr **1** (einen kürzeren Weg nehmen) accorciare la strada, prendere una scorciatoia: **nehmen wir lieber diesen Weg, dann kürzen wir ab**, è meglio se prendiamo questa strada, è una scorciatoia! **2** (verkürzt schreiben) usare delle abbreviazioni.

Abkürzung f **1** (abgekürztes Wort) abbreviazione f; (Kurzwort) forma f abbreviata, accorciamento m; (Buchstabenwort) sigla f: «**Abb.» ist die ~ von «Abbildung»**, «fig.» è l'abbreviazione di «figura»; «**Foto» ist eine ~ von «Fotografie»**, «foto» è la forma abbreviata di «fotografia»; «**UNO» ist die ~ von «United Nations Organization»**, «ONU» è la sigla di «Organizzazione delle Nazioni Unite» **2** (kürzerer Weg) scorciatoia f: **eine ~ gehen/nehmen**, prendere una scorciatoia, accorciare/scorciare la strada; **wir haben eine ~ durch den Wald genommen**, abbiamo tagliato per il bosco; **eine ~ kennen**, conoscere una scorciatoia **3** (Verkürzung) {+PROZEDUR, VERFAHREN, VORGANG} accorciamento m, abbreviamento m.

Abkürzungsverzeichnis n elenco m delle abbreviazioni.

Abkürzungszeichen n sigla f.

ab|küssen A tr jdn ~ sbaciucchiare qu, coprire qu di baci B rfl sich (gegenseitig) ~ sbaciucchiarsi.

ab|lachen rfl fam: **sich** (dat) **einen ~**, farsela sotto dalle risate fam.

ab|laden <irr> tr **1** (deponieren) **etw** (irgendwo) ~ {MÜLL, SCHUTT IN DER FREIEN NATUR, AM WEGRAND} scaricare qc (+ compl di luogo) **2** (entladen) **etw** (aus etw dat) ~ {ANHÄNGER, WAGEN} scaricare qc **3** (herunternehmen) **etw (von etw dat) ~** {KISTEN, SÄCKE, WARE VOM LKW} scaricare qc (da qc) **4** fam (absetzen) **jdn (irgendwo) ~** {PASSAGIERE, MITFAHRER, TOURISTEN} scaricare qu (+ compl di luogo) fam; (aus einem Flugzeug, Schiff) auch sbarcare qu (+ compl di luogo): **sie hat ihre Kinder bei einer Freundin abgeladen und ist in die Stadt gegangen**, ha scaricato/piazzato i bambini da un'amica ed è andata in centro **5** fam (abreagieren) **etw bei jdm** ~ {ÄRGER, FRUST, KUMMER} sfogare qc su qu, scaricare qc su/[addosso a] qu **6** fam (abwälzen) **etw auf jdn** ~ {SCHULD, VERANTWORTUNG} scaricare qc su qu.

Ablage f **1** (Brett) portaoggetti m; (Fach) vano m portaoggetti: **etw als ~ benutzen**, usare qc per mettere/riporre qc; **sie haben mein Bett als ~ für ihre schmutzigen Kleider benutzt**, hanno preso il mio letto per la cesta dei panni sporchi **2** (Aktenablage: Raum) archivio m; (im Büro) cassetta f portadocumenti **3** <nur sing> (das Archivieren) archiviazione f: **die ~ machen**, archiviare let-

tere e/o documenti **4** <nur sing> (*das Ablegen*) **4** {+Eier eines Tierweibchens} deposizione f **5** *CH* (*Zweigstelle*) succursale f.
Ablagekorb m cassetta f portadocumenti.
ab|lagern **A** tr **1** (*deponieren*) *etw* ~ {Fässer, Kartoffeln} immagazzinare qc **2** (*sich ansammeln lassen*) *etw* ~ {Fluss Geröll, Sand} depositare qc **3** (*durch Lagern verbessern*) *etw* ~ {Holz} far/lasciar stagionare qc; {Fleisch} (*lasciar*) frollare qc; {Wein} far/lasciar invecchiare qc **B** itr (*durch Lagern besser werden*) {Holz, Käse, Schinken, Tabak} stagionar(si); {Wein} *auch* invecchiare; {Fleisch} frollare: **abgelagertes Holz**, legno stagionato; **Whisky muss mindestens sieben Jahre ~**, il whisky deve invecchiare (per) almeno sette anni **C** rfl *sich* ~ (*irgendwo*) ~ depositarsi (+ *compl di luogo*).
Ablagerung f **1** (*Qualitätsverbesserung durch Lagerung*) {+Holz, Käse, Schinken} stagionatura f; {+Fleisch} frollatura f; {+Wein} invecchiamento m **2** (*das (Sich)ablagern*) {+Geröll, Kalk, Steine} deposito m **3** (*abgelagerter Stoff*) deposito m **4** *geol* (*Gesteinsbildung*) sedimentazione f; (*Sedimentgestein*) sedimento m.
Ablass (a.R. Ablaß) <-es, Ablässe> m *relig hist* indulgenza f.
Ablassbrief (a.R. Ablaßbrief) m *relig hist* breve f d'indulgenza.
ab|lassen <irr> **A** tr **1** (*abfließen lassen*) *etw* (*aus etw* dat) ~ {Wasser aus einem Becken, Tank} far defluire qc (da qc), far scorrere via qc (da qc): **das Öl (aus dem Motor) ~**, far uscire l'olio (dal motore) **2** (*herausströmen lassen*) *etw* (*aus etw* dat) ~ {Dampf, Gas} scaricare qc (da qc), far uscire qc (da qc): **die Luft aus den Reifen ~**, sgonfiare le gomme; **die alte Lokomotive lässt Dampf ab**, la vecchia locomotiva manda fuori il vapore **3** (*entleeren*) *etw* ~ {Fass, Gastank, Schwimmbecken, Teich} (s)vuotare qc **4** (*ermäßigen*) (*jdm*) *etw* (*von etw* dat) ~: **jdm 30% vom Preis ~**, concedere a qu uno sconto/un ribasso del 30% (sul prezzo) **5** (*preiswert verkaufen*) *jdm etw* ~ dare qc a qu (a un prezzo conveniente) **6** *fam* (*abladen*) *etw* (*an jdm*) ~ {Ärger, schlechte Laune, Zorn} sfogare qc (su qu), scaricare qc (₍addosso a₎/[su] qu) **7** *fam* (*nicht wieder befestigen*) *etw* ~ {Hut, Mütze, Namensschild} non rimettere qc **B** itr **1** (*mit etw aufhören*) *von etw* (dat) ~ {von einer Gewohnheit} abbandonare qc; {von einem Plan, Vorhaben} *auch* desistere da qc, lasciar perdere qc: **du musst vom Rauchen ~**, devi perdere il vizio del fumo **2** (*in Ruhe lassen*) *von jdm* ~ lasciar stare/perdere qu; {Raubtier von der Beute} lasciare qc.
Ablasshandel (a.R. Ablaßhandel) m *relig hist* commercio m delle indulgenze.
Ablativ <-s, -e> m *gram* **1** (*Kasus*) (caso m) ablativo m **2** (*Wort*) ablativo m.
ab|latschen tr *fam* **1** <haben> (*abnutzen*) *etw* ~ {Schuhe, Sohlen, Stiefel} consumare qc **2** <sein> (*begehen*) *etw* **nach etw** dat) ~ {Gegend, Wald nach Pilzen} battere qc (*in cerca di qc*) *fam*.
Ablauf① m **1** (*das Ablaufen*) {+Wasser} deflusso m **2** (*Ausguss*) scarico m, scolo m.
Ablauf② m **1** (*Verlauf*) {+Arbeit, Ereignis, Fest, Programm} svolgimento m **2** (*Art des Verlaufs*) svolgimento m, andamento m **3** (*das Verstreichen*) {+Frist, Ultimatum, Wartezeit} scadenza f: **nach ~ der Frist**, alla scadenza (del termine), scaduto il termine; **nach ~ der drei Tage**, trascorsi tre giorni; **die Rechnung ist vor ~ des Monats zu begleichen**, il conto va saldato prima della fine del mese **4** *inform* {+Programm, Vorgang} esecuzione f.
Ablaufdiagramm n *inform* diagramma m di flusso, flow chart m.
ab|laufen① <irr> itr <sein> **1** (*abfließen*) (*aus etw* dat) ~ {Wasser aus dem Becken, der Wanne} defluire (da qc), scorrere via (da qc): **das Wasser läuft langsam ab**, l'acqua defluisce lentamente; **im Waschbecken läuft das Wasser nicht ab**, nel lavandino l'acqua ₍non₎ scorre₎/[ristagna] **2** (*sich leeren*) {Becken, Dusche, Wanne} (s)vuotarsi: **die Badewanne läuft schlecht ab**, dalla vasca da bagno l'acqua va via a fatica **3** (*abtropfen*) *an/von etw* (dat) ~ {Regen an Fenster, Mantel, vom Schirm} scendere da qc, (s)gocciolare da qc **4** (*ungültig werden*) {Ausweis, Pass, Vertrag, Visum} scadere: **Ihr Pass ist bereits abgelaufen**, il Suo passaporto ₍è già scaduto₎/[non è più valido] **5** (*zu Ende gehen*) {Frist, Ultimatum, Zeit} scadere; {Amtszeit} terminare **6** (*vonstatten gehen*) *irgendwie* ~ {Demonstration, Konferenz, Programm} svolgersi + *compl di modo*: **(für jdn) gut/schlecht ~** {Aussprache}, andare bene/male (per qu); **die Demonstration ist friedlich abgelaufen**, la manifestazione si è svolta in modo pacifico; **wie ist denn die Diskussion mit deinem Chef abgelaufen?**, com'è andata la discussione con il tuo capo? **7** (*sich abwickeln*) (*von etw* dat) ~ {Kabel, Seil von einer Spule} srotolarsi (da qc) **8** (*sich abspulen*) {Tonband, Videokassette} girare, scorrere; {Film} venire proiettato (-a): **können Sie bitte mal das Tonband ~ lassen?**, mi/ci può far sentire il nastro?; **ich habe die Videokassette schon dreimal ~ lassen**, questa videocassetta me la sono vista già tre volte **9** (*trocken werden*): *etw* ~ lassen {Geschirr}, far scolare qc **10** *fam* (*jdn unbeindruckt lassen*) *an jdm* ~ {Kritik, Vorwürfe} non toccare qu, non sfiorare qu, non tangere qu ● **jdn irgendwie ~ lassen** *fam* {einfach, eiskalt}, respingere qu + *compl di modo*.
ab|laufen② <irr> **A** tr **1** <haben> (*durch Gehen abnützen*) *etw* ~ {Absätze, Schuhe, Schuhsohlen} consumare qc camminando **2** <haben oder sein> (*abgehen*) *etw* ~ {Strecke} percorrere qc a piedi **3** <haben oder sein> (*absuchen*) *etw* **nach jdm/etw** ~ {Gebiet, Strecke nach einem verschwundenen Menschen, verlorenen Gegenstand} percorrere/setacciare qc (*in cerca di qu/qc*): **ich habe, bin alle Geschäfte abgelaufen, um ein Geschenk für meine Schwester zu finden**, ho fatto il giro di tutti i negozi per trovare un regalo per/a mia sorella **B** rfl <haben> *fam* (*sich in der Suche nach etw erschöpfen*): **sich ₍dat₎ die Absätze/Beine/Hacken/Schuhsohlen nach etw** (dat) ~, fare kilometri per trovare qc.
ablauffähig adj *inform* eseguibile.
Ablauffolge f *inform* sequenza f.
Ablaufüberwachung f *inform* (programma m) supervisore m.
ab|laugen tr *etw* ~ **1** (*mit Lauge entfernen*) {Farbe, Lack} togliere qc con dei solventi **2** (*mit Lauge behandeln*) {Fensterrahmen, Tür} lavare qc con dei solventi.
Ablaut m <meist sing> *ling* apofonia f, alternanza f vocalica.
ab|lauten itr modificare la vocale tematica: **das ist ein schwaches Verb, es lautet nicht ab**, è un verbo debole, non modifica la vocale tematica.
Ableben <-s, ohne pl> n *geh* dipartita f *geh*, decesso m.
ab|lecken **A** tr **1** (*durch Lecken entfernen*) *etw* (**von etw** dat) ~ {Marmelade von der Hand, dem Messer} togliere qc (da qc) con la lingua **2** (*durch Lecken säubern*) *etw* ~ {Finger, Löffel, Messer} leccare qc, pulire qc leccando: **man leckt das Messer nicht ab!**, non si lecca il coltello! **3** (*mit der Zunge darüber fahren*) *jdn/etw* ~ {Hund, Katze das Herrchen, die Welpen} leccare qu/qc: **du sollst dich nicht vom Hund ~ lassen!**, non devi farti leccare dal cane!; *jdm/etw etw* ~ {Hund, Katze einem Menschen das Gesicht, die Hand, den Welpen das Fell} leccare qc a qu/qc **B** rfl *sich* (dat) *etw* ~ {Mensch das Blut, die Finger; Tier das Fell, die Pfote} leccarsi qc.
ab|legen① **A** tr **1** (*deponieren*) *etw* (*irgendwo*) ~ {Wäsche, Zeitung} deporre/posare qc (+ *compl di luogo*): **ich habe meinen Ring irgendwo abgelegt, und jetzt finde ich ihn nicht mehr**, ho messo il mio anello da qualche parte e ora non lo trovo più **2** (*archivieren*) *etw* ~ {Akten, Briefe, Quittungen} archiviare qc **3** *inform etw* ~ {Daten} archiviare qc **4** (*ausziehen*) *etw* ~ {Hut, Jacke, Mantel} levarsi qc, togliersi qc **5** (*aufgeben*) *etw* ~ {Arroganz, Misstrauen} mettere da parte qc; {Gewohnheit} abbandonare qc; {Scheu} liberarsi di/da qc: **du sollst deinen Stolz ~**, dovresti mettere da parte il tuo orgoglio **6** (*nicht mehr tragen*) *etw* ~ {Kleidungsstück} smettere (di portare) qc; {Ehering, Schleier, Trauerkleidung} smettere di portare qc; {Auszeichnungen, Orden} rinunciare a qc: **abgelegte Kleider**, vestiti smessi **7** (*nicht mehr führen*) *etw* ~ {Namen, Titel} rinunciare a qc **8** (*abwerfen*) *etw* ~ {Karten} scartare qc **9** (*niederlegen*) *etw* (*irgendwo*) ~ {Tier Eier} deporre qc (+ *compl di luogo*) **B** itr **1** (*abfahren*) (*von etw* dat) ~ {Schiff von einem Hafen} salpare (da qc); {vom Kai} lasciare qc **2** (*sich lösen und wegfliegen*) {Raumfähre} decollare; **von etw** (dat) ~ {Raumfähre von der Raumstation} staccarsi da qc, lasciare qc **3** *geh* (*die Jacke, den Mantel ausziehen*): **willst du nicht ~?**, non vuoi toglierti la giacca/il cappotto?
ab|legen② tr **1** (*absolvieren*) *etw* ~ {Prüfung} dare qc, sostenere qc: **sie hat die Prüfung mit «sehr gut» abgelegt**, ha superato l'esame con «ottimo» **2** (*als Funktionsverb*): **einen Eid ~**, prestare giuramento; **einen Eid auf die Verfassung ~**, giurare sulla costituzione; **den Eid ~, etw zu tun**, giurare di fare qc; **ein Gelübde ~**, fare un voto; **ein Geständnis ~**, fare una confessione, confessare; **jdm (über etw akk) Rechenschaft ~**, rendere conto (di qc) a qu; **Zeugnis (von etw** dat) ~, testimoniare (di qc).
Ableger <-s, -> m **1** *bot* propaggine f; (*Steckling*) talea f **2** *fam* (*Filiale*) succursale f, filiale f.
ab|lehnen **A** tr **1** (*zurückweisen*) *etw* ~ {Antrag, Gesetzentwurf, Gesuch} respingere qc; {Angebot, Vorschlag} *auch* rifiutare qc: **jede Verantwortung ~**, declinare ogni responsabilità; *jdn* ~ {Bewerber} respingere qu *fam*; **einen Richter (wegen Befangenheit) ~** *jur*, ricusare un giudice (per sospetto di parzialità) **2** (*nicht annehmen*) *etw* ~ {Geschenk, Hilfe} rifiutare qc, non accettare qc; {Einladung} *auch* declinare qc *geh*: **ein Amt ~**, rifiutare/declinare *geh* un incarico **3** (*etw verweigern*) *etw* ~ {Ausführung einer S., Behandlung eines Patienten, Diskussion, Kandidatur} rifiutare qc: **es ~, etw zu tun**, rifiutarsi di fare qc; **ich lehne es ab, mit dir darüber zu diskutieren**, mi rifiuto di discuterne con te; **die (Wieder)wahl ~**, rifiutare di (ri)candidarsi **4** (*missbilligen*) *jdn/etw* ~ {Art, Benehmen, Politiker, politische Richtung, Theaterinszenierung} disapprovare qu/qc, non approvare qu/qc: **jede Form von Gewalt ~**, essere contrario a ogni

forma di violenza; **jdn als etw** (akk) ~ {ALS LEHRER, SCHWIEGERSOHN, VORSITZENDEN} non volere *qu come qc* **B** itr (*Nein sagen*) dire di no, rifiutare, ricusare *geh*: **er wollte sie zum Abendessen einladen, aber sie lehnte ab**, voleva invitarla a cena ma lei rifiutò; dankend/höflich ~, rifiutare cortesemente.

ablehnend A *adj* **1** (*negativ*) {ANTWORT, BESCHEID} negativo: **ein ~er Bescheid** *adm*, una risposta negativa, un rigetto; **einen ~en Bescheid auf eine Bewerbung erhalten**, ricevere una risposta negativa a una candidatura **2** (*missbilligend*) {EINSTELLUNG, HALTUNG} sfavorevole **B** *adv* {SICH ÄUßERN} negativamente, sfavorevolmente: **etw** (dat) **eher ~ gegenüberstehen**, essere ₋più sfavorevole che favorevole₋/[tendenzialmente sfavorevole] a qc; **sich** (**jdm gegenüber**) ~ **verhalten**, mostrarsi sfavorevole (a qu).

Ablehnung <-, *-en*> *f* <*meist* sing> **1** (*Zurückweisung*) {+ANGEBOT, VORSCHLAG} rifiuto *m*; {+ANTRAG, GESUCH} *auch* rigetto *m adm oder jur*: **die ~ des Bewerbers war nicht vorauszusehen**, la bocciatura del candidato non era prevedibile; *jur* {+RICHTER} ricusazione *f* **2** (*ablehnende Antwort oder ablehnendes Schreiben*) rifiuto *m*, risposta *f* negativa **3** (*Missbilligung*) {+HANDLUNGSWEISE} disapprovazione *f* • (**bei jdm**) **auf ~ stoßen** {KANDIDAT, VORSCHLAG}, non incontrare l'approvazione di qu; {ANTRAG}, essere respinto; **er ist mit seinem Vorschlag bei den Kollegen auf ~ gestoßen**, alla sua proposta i colleghi hanno opposto un netto rifiuto.

ab|leisten *tr*: **den Wehrdienst ~**, prestare servizio militare.

ableitbar *adj* **1** (*herleitbar*) (**aus etw dat**) ~ {BEDEUTUNG, SCHLUSSFOLGERUNG} deducibile (*da qc*) **2** *ling* (**aus etw** *dat*) ~ {BEGRIFF, SATZSTRUKTUR, WORT} derivabile (*da qc*) **3** *math* {FORMEL, FUNKTION, GLEICHUNG} derivabile, differenziabile.

ab|leiten A *tr* **1** (*in eine andere Richtung leiten*) **etw** ~ {FLUSS, GIFTWOLKE, WASSERLAUF} deviare *qc*; {BLITZ} scaricare *qc* **2** (*herausleiten*) **etw** (**aus etw** *dat*) ~ {DAMPF, FLÜSSIGKEIT, RAUCH} far uscire *qc* (*da qc*): **Dampf durch ein Rohr ~**, far uscire il vapore da un tubo; **Abwässer ins Meer ~**, convogliare le acque di scarico verso il mare **3** (*herleiten*) **etw aus**/**von etw** (dat) ~ {BEGRIFF, GRAMMATISCHE FORM, WORT AUS EINER ANDEREN SPRACHE} far derivare *qc da qc* **4** *math* **etw** ~ {GLEICHUNG} differenziare *qc*, calcolare il differenziale *di qc*; {FUNKTION} calcolare la derivata *di qc*: **aus etw** (dat) **eine Formel ~**, ridurre *qc* a una formula **5** (*logisch folgern*) **etw aus etw** (dat) ~ dedurre *qc da qc*; {GESETZMÄßIGKEIT AUS VERSUCHSERGEBNISSEN} *auch* ricavare *qc da qc* **B** *rfl* **sich von**/**aus etw** (dat) ~ {WORT AUS EINEM ANDEREN WORT, EINER ANDEREN SPRACHE} derivare *da qc*.

Ableitung *f* **1** <*nur* sing> (*das Ableiten*) {+DAMPF, FLÜSSIGKEIT RAUCH} far uscire *m qc*; {+ABWÄSSER} scarico *m* **2** (*Folgerung*) deduzione *f* **3** *ling* {+WORT} derivazione *f*; (*abgeleitetes Wort*) parola *f* derivata, vocabolo *m* derivato **4** *math* {+FUNKTION} derivazione *f*; {+GLEICHUNG} *auch* differenziazione *f*; (*Differenzialquotient*) derivata *f* **5** *el* derivazione *f*.

ab|lenken A *tr* **1** (*zerstreuen*) **jdn** ~ distrarre *qu*: **ich sticke gern, es lenkt mich ab**, mi piace ricamare, mi distrae **2** (*abbringen*) **jdn** (**von etw** dat) ~ {VON GEDANKEN, KUMMER} distogliere *qu* (*da qc*); {VON EINER ARBEIT, VON PROBLEMEN} *auch* distrarre *qu* (*da qc*): **lenk ihn nicht ab, wenn er fährt!**, non lo distrarre mentre guida!; **sie lässt sich durch nichts ~**, nulla la distrae **3** (*wegführen*) **etw** (**von jdm**/**etw**) ~ {JDS AUFMERK- SAMKEIT} distogliere *qc da qu*/*qc*, allontanare *qc* (*da qu*/*qc*): **den Verdacht von jdm ~**, allontanare/sviare il sospetto da qu **4** *phys* **etw** ~ {WELLEN} deviare *qc*; {PRISMA LICHTSTRAHLEN} *auch* rifrangere *qc* **B** *itr* **1** (*ausweichen*): (**vom Thema**) ~, cambiare argomento; **durch etw** (akk)/**mit etw** (dat) (**vom Thema**) ~ {MIT EINEM EINWAND, EINER FRAGE}, deviare/sviare il discorso con qc **2** (*die Aufmerksamkeit auf anderes lenken*) (**von etw** dat) ~ {ANDERE BESCHÄFTIGUNG VON PROBLEMEN} distogliere *da qc*, distrarre (*da qc*) **C** *rfl* **sich** (**mit etw** dat) ~ distrarsi (*con qc*).

Ablenkung *f* **1** (*Zerstreuung*) distrazione *f*, svago *m*, diversivo *m*: **sie suchen ein bisschen ~**, cercano un po' di svago; **sich** (dat) **durch etw** (akk)/**mit etw** (dat) ~ **vom Alltagstrott verschaffen**, trovare un po' di svago dal tran tran quotidiano facendo qc; **zur ~**, per distrarsi **2** (*das Ablenken*) {+LICHT, STRAHLEN} deviazione *f*, deflessione *f*.

Ablenkungsmanöver *n mil sport* manovra *f* diversiva (*um vor einem Problem, Thema abzulenken*) diversivo *m*.

ab|lesen <irr> **A** *tr* **1** (*den Stand feststellen*) **etw** ~ {TEMPERATUR, ZÄHLERSTAND} leggere *qc*; {GAS, STROM} *auch* rilevare il consumo *di qc* **2** (*nach der Vorlage vortragen*) **etw** (**von etw** dat) ~ {REDE, TEXT VOM BLATT, VON DER VORLAGE} leggere *qc* (ad alta voce) (*da qc*) **3** (*folgern*) **etw aus etw** (dat) ~ {ENTWICKLUNG AUS EINER STATISTIK, STIMMUNG, WIDERSTAND, ZUSTIMMUNG AUS EINER REAKTION, EINEM VERHALTEN} dedurre *qc da qc*; {GESETZMÄßIGKEIT AUS EINER STATISTIK} *auch* ricavare *qc da qc*: **jdm etw an den Augen ~**, leggere a qu qc negli occhi; **jdm etw vom Gesicht ~**, leggere a qu qc in viso **4** (*abpflücken*) **etw** (**von etw** dat) ~ {BEEREN VOM STRAUCH} cogliere *qc* (*da qc*); {KÄFER, RAUPEN VON EINER PFLANZE} staccare *qc da qc* **B** *itr* **1** (*den Zählerstand feststellen*) leggere il contatore, fare la lettura del contatore: **heute ist einer zum Ablesen gekommen**, oggi è venuto ₋uno a fare la lettura del contatore₋/[il letturista] **2** (*mit Hilfe einer Vorlage sprechen*) (**von etw** dat) ~ leggere (ad alta voce) (*da qc*).

Ableser *m* (**Ableserin** *f*) letturista *mf*.

ab|leugnen A *tr* **etw** ~ {BETEILIGUNG, SCHULD, SEITENSPRUNG, TAT} negare fermamente *qc*; {VERANTWORTUNG} declinare *qc* **B** *itr* negare.

ab|lichten *tr* **1** *fam* (*fotografieren*) **jdn**/ **etw** ~ fotografare *qu*/*qc*, fare una fotografia *di qu*/*qc*: **sich ~ lassen**, farsi fotografare; (*Passbilder machen lassen*) farsi fare delle foto **2** *geh* (*fotokopieren*) (**jdm**) **etw** ~ {BRIEF, SEITE, UNTERLAGE} fotocopiare *qc* (*a qu*).

Ablichtung <-, *-en*> *f* **1** <*nur* sing> (*das Fotografieren*) {+PERSON} fotografare *m qu* **2** <*nur* sing> (*das Fotokopieren*) {+BRIEF, SEITE, UNTERLAGE} fotocopiare *m qc* **3** *geh* (*Fotografie*) fotografia *f*; (*Fotokopie*) fotocopia *f*.

ab|liefern *tr* **1** (*abgeben*) **etw** (**bei jdm**) ~ consegnare *qc* (*a qu*); *post* *auch* recapitare *qc* (*a qu*): **das Paket ist bis morgen abzuliefern**, il pacco va recapitato entro domani; **alte Telefonbücher müssen bei der Post abgeliefert werden**, i vecchi elenchi telefonici devono essere riconsegnati alla posta **2** (*einreichen*) **etw** ~ {EXAMENSARBEIT, ÜBERSETZUNG} consegnare *qc* **3** *com* (*liefern*) **etw** (**bei jdm**) ~, (**jdm**) **etw** ~ {BESTELLTE ARTIKEL, MÖBEL} consegnare *qc* (*a qu*) **4** *fam scherz* (*an einen bestimmten Ort bringen*) **etw** (**bei jdm**/*irgendwo*) ~ {KINDER BEI DEN GROßELTERN} portare *qu da qu*/+ *compl di luogo*, piazzare *qu* (*da qu*/+ *compl di luogo*) *fam*; {FREUNDIN ZU HAUSE} (ri)portare *qu* + *compl di luogo*.

Ablieferung *f* **1** (*Übergabe*) consegna *f*; {+BRIEFE, PAKET} *auch* recapito *m* **2** (*Einreichung*) {+EXAMENSARBEIT, ÜBERSETZUNG} consegna *f* **3** *com* (+BESTELLTE WAREN) consegna *f*.

Ablieferungstermin *m* termine *m* di consegna.

ab|liegen <irr> *itr* **1** (*entfernt sein*) essere distante/lontano: **das Haus liegt sehr weit vom Zentrum ab**, la casa è molto lontana dal centro; **das nächste Dorf liegt fünf Kilometer (weit) ab**, il prossimo paese si trova a cinque chilometri di distanza **2** *süddt A gastr* {FLEISCH} frollare.

ab|listen *tr* **jdm etw ~** {AUFTRAG, WERTVOLLEN GEGENSTAND} portare via *qc a qu* (con l'astuzia); {GELD} *auch* spillare *qc a qu fam*, scucire *qc a qu fam*: **ich habe ihm 200 Euro abgelistet**, gli ho scucito 200 euro; **sich** (dat) **von jdm etw ~ lassen**, farsi ₋portare via₋/[fregare] qc da qu.

ab|locken *tr* **1** (*abnehmen*) **jdm etw ~** {FOTO, GEGENSTAND, GELD} portare via *qc a qu* (con delle lusinghe): **sich** (dat) **etw ~ lassen**, farsi portare via qc **2** (*entlocken*) **jdm etw ~** {GESTÄNDNIS, GRINSEN, LÄCHELN} strappare *qc a qu*; {GEHEIMNIS, VERSPRECHEN} *auch* carpire *qc a qu*.

ablösbar *adj* **1** (*abtrennbar*) {ETIKETTE, MARKENSCHILD} staccabile: **leicht**/**schwer ~ sein**, essere facile/difficile da staccare/scollare **2** *jur ökon* {HYPOTHEK} estinguibile; {KREDIT, RENTENSCHULD} riscattabile.

ab|löschen *tr* **1** *gastr* **etw** (**mit etw** dat) ~ {BRATEN MIT BRÜHE, WASSER, WEIN} annaffiare *qc* (*con qc*), bagnare *qc* (*con qc*) **2** (*abwischen*) **etw** ~ {AN DIE TAFEL GESCHRIEBENE WÖRTER} cancellare *qc* **3** (**mit einem Löschblatt trocknen**) **etw** ~ {TINTE, TUSCHE} asciugare *qc* (con carta assorbente) **4** (*löschen*) **etw** ~ {FEUER, BRAND} spegnere *qc*.

Ablöse <-, *-n*> *f* **1** *süddt A* (*Summe zum Ablösen der Wohnungseinrichtung*): **wenn wir die Einbauküche behalten wollen, müssen wir dem Vormieter eine ~ von 4000 Euro bezahlen**, se vogliamo tenere la cucina componibile dovremo dare (una buonuscita di) 4000 euro all'affittuario precedente **2** *bes. A CH sport* → **Ablösesumme**.

ab|lösen A *tr* **1** (*jds Tätigkeit übernehmen*) **jdn ~** {KOLLEGEN} dare il cambio *a qu*; {WACHE} *auch* rilevare *qu* **2** (*ersetzen*) **jdn ~** {ANGESTELLTEN, FUßBALLER, POLITIKER} rimpiazzare *qu*, sostituire *qu*, subentrare *a qu*, prendere il posto *di qu* **3** *euph* (*aus dem Amt entfernen*) **jdn ~** rimuovere *qu*: **bei der Kabinettsbildung wurde der Wirtschaftsminister abgelöst**, quando venne formato il nuovo governo il ministro dell'economia fu rimosso **4** (*an die Stelle von etw treten*) **jdn ~** {NEUE METHODE, ANDERES SYSTEM} *veraltetes SYSTEM* sostituire *qc*, rimpiazzare *qc* **5** (*abmachen*) **etw** (**von etw** dat) ~ {ETIKETTE, BRIEFMARKE, PFLASTER} staccare *qc* (*da qc*), scollare *qc* (*da qc*), togliere *qc* (*da qc*): **die Briefmarke lässt sich nicht ~**, non si riesce a scollare il francobollo **6** (*abkratzen*) **etw** (**von etw** dat) ~ {FARBSCHICHT, ROST VOM BLECH} staccare *qc* (*da qc*) **7** *jur ökon* ~ {HYPOTHEK} estinguere *qc*; {KREDIT, RENTENSCHULD} riscattare *qc*, ammortare/ammortizzare *qc* (con rimborso unico) **8** (*gegen Bezahlung übernehmen*): **jds Möbel ~**, dare dei soldi a qu per i mobili (lasciati in una casa) **9** *sport* **jdn ~** {ATHLETEN, FUßBALLER} comprare *qu* **B** *rfl* **1** (*jds Tätigkeit im Wechsel übernehmen*) **sich** (**bei etw** dat) ~ {FAHRER BEIM FAHREN} darsi il cambio (*a qc*), alternarsi (*a qc*); {KOLLEGEN BEI EINER ARBEIT} darsi il cambio (*in qc*), alternarsi (*in qc*) **2** (*abge-

hen) **sich** (**von** *etw* dat) ~ {Netzhaut vom Auge} staccarsi (*da qc*); {Briefmarke, Etikett vom Brief, von der Unterlage} *auch* scollarsi (*da qc*).

Ablösesumme f *sport* "somma f pagata da una società per l'acquisto di un giocatore".

Ablösung <-, *ohne* pl> f **1** (*Auswechslung*) {+Fußballer, Mitarbeiter, Wache} cambio m **2** *euph* (*Entlassung*) {+Minister, Politiker} sostituzione f, rimpiazzo m **3** (*Person, die jd ablöst*) cambio m: **wann kommt endlich die ~?**, quando arriva il cambio? **4** (*das Entfernen*) {+Briefmarke, Etikett, Pflaster} staccare m *qc* **5** (*das Sichablösen*) {+Netzhaut} distacco m **6** *jur ökon* {+Hypothek} estinzione f; {+Kredit, Rentenschuld} riscatto m, ammortizzazione f/ammortamento m (con rimborso unico).

Ablösungssumme f → **Ablösesumme**.

ab|luchsen tr *fam jdm etw* ~ {Geheimnis} strappare *qc* (con l'astuzia) *a qu*; {Geld} cuccare *qc a qu fam*, scucire *qc a qu fam*, spillare *qc a qu fam*.

Abluft <-, *ohne* pl> f *tech* {+Betrieb, Werk} emissioni f pl gassose; {+Heizungsraum} aria f viziata (che viene aspirata).

ABM <-, -(s)> f **1** *D Abk von* Arbeitsbeschaffungsmaßnahme: "provvedimento m/misura f a sostegno dell'occupazione" **2** *mil Abk von engl* Antiballistic Missile: missile antimissile.

ab|machen① tr *fam etw* (**von** *etw* dat) ~ {Fleck vom Ärmel} togliere *qc* (*da qc*), levare *qc* (*da qc*); {Etikette von der Flasche, Plakat, Tapete von der Wand} *auch* staccare *qc* (*da qc*): **kannst du mir bitte das Pflaster ~?**, puoi togliermi il cerotto, per favore?

ab|machen② tr *etw* (**mit** *jdm*) ~ {Bedingungen, Kündigungsfrist, Termin} concordare *qc* (*con qu*), pattuire *qc* (*con qu*), mettersi d'accordo *su qc* (*con qu*): **wir hatten doch abgemacht, uns die Reparaturkosten zu teilen**, eravamo d'accordo di dividere le spese di riparazione; **so war das aber nicht abgemacht!**, non erano questi i ₗnostri accordiˌ/[patti]!; **wir haben noch kein genaues Datum abgemacht**, non abbiamo ancora stabilito una data precisa • **etw mit sich (dat) selbst ~**: **das musst du mit dir selbst ~!** (*sehen, wie du damit fertig wirst*), veditela un po' tu! *fam*; **etw unter sich** (dat pl) ~, stabilire *qc* di comune accordo; **das sollen sie ruhig unter sich ~!**, (che) se la vedano tra di loro!; **wir wollen die Sache unter uns ~**, ce la sbrighiamo tra di noi *fam*.

Abmachung <-, -en> f accordo m, patto m: **das ist gegen unsere ~**, è contro i nostri patti • **sich an die ~en halten**, rispettare i patti/gli accordi, stare/attenersi ₗai pattiˌ/[agli accordi]; **eine ~ mit jdm treffen**, concludere un accordo con qu, fare un patto con qu; **gegen eine ~ verstoßen**, violare un accordo/patto.

ab|magern itr <*sein*> dimagrire, perdere peso: **du bist in der letzten Zeit ganz schön abgemagert**, sei parecchio dimagrito(-a) ultimamente.

Abmagerung <-, *ohne* pl> f dimagrimento m, perdita f di peso.

Abmagerungskur f cura f/dieta f dimagrante: **eine ~ machen**, fare/seguire una cura dimagrante.

ab|mähen tr *etw* ~ {Wiese} tagliare *qc*; {Gras} *auch* falciare *qc*; {Hafer, Weizen} mietere *qc*, falciare *qc*.

ab|mahnen tr *jur jdn* ~ {Arbeitgeber Mitarbeiter} ammonire *qu*; {Bundeskartellamt Unternehmen} diffidare *qu*.

ab|malen A tr *etw* (**aus**/**von** *etw* dat) ~ {aus einem Buch, von einem Bild, einer Vorlage} copiare *qc* (*da qc*) (dipingendo): **etw aus der Natur ~**, dipingere/ritrarre *qc* dal vero B rfl *geh*: **sich auf/in jds Gesicht ~** {Freude, Leid}, dipingersi sul viso di qu.

Abmarsch m **1** *mil* (*das Abmarschieren*) {+Einheit, Soldaten} partenza f **2** (*das Losgehen*) {+Demonstranten, Teilnehmer} partenza f.

abmarschbereit A adj {Einheit, Soldaten, Wanderer} pronto ₗper la partenzaˌ/[a mettersi in marcia] B adv {Antreten, Stehen} pronto ₗper la partenzaˌ/[a partire].

ab|marschieren <*ohne* ge-> A itr <*sein*> {Soldaten, Truppe, Wanderer} partire, mettersi in marcia B tr <*sein oder haben*> *mil etw* ~ {Gebiet, Gegend, Stadt, Straße} perlustrare *qc*.

Abmeldeformular n *adm* (*für Personen*) certificato m di cambio di residenza; (*für Autos*) "certificato m di cancellazione di un veicolo dal pubblico registro automobilistico".

ab|melden A tr **1** (*sich zurückziehen*) *jdn* (**bei**/**von** *etw* dat) ~ {Kind von der Schule, beim Schwimmkurs} ritirare *qu da qc*, togliere *qu da qc fam*: **ich habe meine Tochter bei der Ballettschule abgemeldet**, ho tolto mia figlia dalla scuola di danza **2** (*den Umzug melden*) *jdn* ~ {Mieter} denunciare/notificare il cambio di residenza *di qu* **3** (*die Nichtbenutzung mitteilen*) *etw* ~ {Telefon} disdire (il contratto di) *qc*; {Fernsehgerät, Radio} disdire l'abbonamento *a qc*: **das Auto/Motorrad ~**, cancellare la macchina/moto dal pubblico registro automobilistico; **die Zeitung ~**, disdire l'abbonamento al giornale B rfl (*seinen Umzug anzeigen*) **sich ~** notificare il proprio cambio di residenza **2** (*sein Fortgehen melden*) **sich** (**bei**/**von** *etw* dat) ~ {von der Schule, bei einem Sprachkurs, Verein} ritirarsi (*da qc*): **sich im Hotel ~**, lasciare l'albergo; **sich bei jdm ~** *bes. mil* congedarsi *da qu*, prendere congedo *da qu* **3** *inform* **sich** (**von** *etw* dat) ~ {von einem anderen Computer} scollegarsi (*da qc*); {von einem Netzwerk} uscire *da qc* • **bei jdm abgemeldet sein** *fam*: **der ist bei mir abgemeldet!**, di lui non ne voglio più sentir parlare! *fam*, quello con me ha chiuso! *fam*.

Abmeldung f **1** {+Fernsehgerät, Radio} disdetta f dell'abbonamento di *qc*; {+Telefon} disdetta f del contratto di *qc*; {+Auto, Motorrad} cancellazione f (dal pubblico registro automobilistico) **2** *adm* (*Anzeige des Umzugs*) denuncia f/notifica f del cambio di residenza **3** {+Schüler} ritiro m.

ab|messen <irr> tr *etw* ~ **1** (*messen*) {Entfernung, Größe, Höhe, Wohnung} misurare *qc*; {Zutaten} dosare *qc* **2** (*abschätzen*) {Schaden, Verlust} valutare *qc*, stimare *qc*.

Abmessung f **1** <*nur* sing> (*das Abmessen*) {+Entfernung, Höhe} misurazione f **2** <*nur* pl> (*Dimension*) {+Fahrzeug, Lokomotive, Triebwagen} dimensioni f pl, misure f pl.

ab|mildern tr *etw* ~ {Aufprall, Sturz} attutire *qc*; {Äußerung, Bemerkung} mitigare *qc*, addolcire *qc*.

ABM-Kraft f *D* "lavoratore(-trice) m (f) pagato(-a) dall'agenzia di lavoro".

ab|montieren <*ohne* ge-> tr *etw* (**von** *etw* dat) ~ {Antenne, Autospiegel, Rad} smontare *qc* (*da qc*), togliere *qc* (*da qc*); {Fabrikanlage} smantellare *qc*.

ABM-Stelle f *D* "posto m di lavoro creato con misure a sostegno dell'occupazione".

ab|mühen rfl **sich ~** affaticarsi, arrabattarsi, faticare; **sich mit etw** (dat) ~ {mit einer Arbeit} essere alle prese *con qc*: **sie** muss sich den ganzen Tag allein mit ihren vier Kindern ~, deve vedersela da sola tutto il giorno con i suoi quattro figli; **ich habe mich ganz schön ~ müssen, um ihm Deutsch beizubringen**, ₗho dovuto faticare parecchio perˌ/[mi è costata molta fatica] insegnargli il tedesco.

ab|murksen tr *slang jdn* ~ accoppare *qu slang*, freddare *qu slang*, far fuori *qu fam*.

ab|mustern *naut* A tr *jdn* ~ {Besatzung, Seemann} congedare *qu* B itr {Seemann} congedarsi, andare in congedo.

ab|nabeln A tr *jdn* ~ {Neugeborenes} tagliare il cordone ombelicale *a qu* B rfl *fam* **sich** (**von** *jdm*/*etw*) ~ {von den Eltern, vom Elternhaus} tagliare il cordone ombelicale (*con qu*/*qc*), staccarsi (*da qu*/*qc*).

ab|nagen tr **1** (*leer nagen*) *etw* ~ {Knochen} rosicchiare *qc*: **abgenagte Knochen**, ossi spolpati **2** (*entfernen*) *etw* (**von** *etw* dat) ~ {Maus Stück vom Käse; Hund, Raubtier Fleisch von den Knochen} togliere *qc* (*da qc*) rosicchiando.

Abnäher <-s, -> m *text* pince f, ripresa f.

Abnahme <-, -n> f <*meist* sing> **1** (*Rückgang*) {+Geburten, Interesse, Umsatz, Zahlen} diminuzione f, calo m; {+Gewicht} *auch* perdita f **2** *com* acquisto m: **bei ~ von mindestens 1000 Stück gewähren wir einen Rabatt von 10%**, sugli acquisti superiori a 1000 pezzi pratichiamo uno sconto del 10%; **dieser Artikel findet auf dem deutschen Markt keine ~**, questo articolo non ₗtrova smercioˌ/[va] sul mercato tedesco; **das Produkt findet reißende ~**, questo prodotto va a ruba **3** *com jur* {+Ware} accettazione f: **er verweigert die ~ der Ware**, si rifiuta di ritirare la merce **4** *adm* {+Fahrzeug, Neubau, Strecke} collaudo m **5** (*Kreuzabnahme*) deposizione f.

ab|nehmen <irr> A tr **1** *fam* (*wegnehmen*) *jdm etw* ~ {einem Kind das Spielzeug} togliere *qc a qu*; {Polizei Ausweis, Führerschein} *auch* ritirare *qc a qu* **2** *fam* (*bezahlen lassen*) *jdm etw* ~ prendere *qc a qu fam*: **wenn du in die Disko willst, dann nehmen sie dir gleich 20 Euro ab**, se vuoi entrare in discoteca ti fanno sganciare *fam*/scucire *fam* subito 20 euro; **wie viel hat er dir dafür abgenommen?**, quanto ti ha preso/[fatto pagare]?, quanto ha voluto? **3** *fam* (*rauben*) *jdm etw* ~ sottrarre *qc a qu*, rubare *qc a qu*; (*beim Spiel abgewinnen*) portare via *qc a qu* (al gioco): **man hat mir beim Poker mein ganzes Geld abgenommen**, mi hanno ripulito(-a) *fam* a poker **4** (*herunternehmen*) *etw* ~ {Wäsche} ritirare *qc*, togliere *qc*; {Bild, Plakat} *auch* staccare *qc* **5** (*absetzen*) *etw* ~ {Brille, Hut, Mütze} levar(si) *qc*, toglier(si) *qc*: **sie nahm dem Kind die Mütze ab**, tolse il berretto al bambino **6** (*hochheben*) *etw* ~ {Deckel, Hörer, Telefon} alzare *qc*, sollevare *qc* **7** *med* (*jdm*) *etw* ~ {Arm, Bein, Finger} amputare *qc* (*a qu*) **8** (*aus der Hand nehmen*) *jdm etw* ~ {Koffer, Paket} prendere *qc a qu*: **kannst du mir bitte die Tasche ~?**, mi puoi reggere la borsa, per favore?; **kann ich Ihnen etwas ~?**, posso darLe una mano?; **darf ich Ihnen den Mantel ~?**, vuole darmi il cappotto? **9** (*entfernen*) (*jdm*) *etw* ~ {einem Kind die Windeln, einem Kranken den Verband} togliere *qc* (*a qu*) **10** (*übernehmen*): **jdm die Verantwortung ~**, sollevare qu da una responsabilità; **jdm eine Sorge ~**, ich würde dir gerne ein bisschen Arbeit ~, ti alleggerirei volentieri un po' di lavoro; **kann ich dir nicht ein paar Gänge ~?**, posso fare io alcune commissioni per te? **11** (*entgegennehmen*) (*jdm*) *etw* ~ {Briefe, Pakete,

WARE} prendere in consegna *qc* (*da qu*) **12** (*abkaufen*) **jdm etw ~** {GEGENSTAND, PRODUKT} comprare *qc da qu*, acquistare *qc da qu*: **er hat uns alle alten Möbel abgenommen**, ha comprato tutti i nostri vecchi mobili **13** *fam* (*glauben*) **jdm etw ~: das nehme ich dir nicht ab!**, questa non me la ˌdai a bere *fam*ˌ/[vendi *fam*]!; **und das soll ich dir ~?**, e ti dovrei credere? **14** (*prüfen*) **etw ~** {FAHRZEUG, MASCHINE, NEUBAU} collaudare *qc*: **etw vom TÜV ~ lassen** {FAHRZEUG}, sottoporre *qc* alla revisione **15** (*durchführen*) **etw ~** {INSPEKTION} effettuare *qc*: **eine Prüfung ~**, fare un esame; **die Parade ~**, passare in rivista le truppe **16** (*stoppen*): **die Zeit ~**, prendere il tempo, cronometrare **17** (*Gewicht verlieren*) **etw ~** dimagrire (*di*) *qc*, calare (*di*) *qc*: **er hat in einer Woche vier Pfund abgenommen**, in una settimana ˌè dimagrito (di)ˌ/[ha perso] due kili **18** (*zusammenstricken*) **etw ~** {MASCHEN} calare *qc*, diminuire *qc* **B** *itr* **1** (*kürzer werden*) {TAGE} accorciarsi **2** (*schwächer werden*) {FIEBER} calare, scendere; {SCHMERZEN} attenuarsi; {WIND} calare, scemare; {SEHVERMÖGEN} *auch* diminuire; {MOND} decrescere, essere (in fase) calante **3** (*Gewicht verlieren*) dimagrire **4** (*sich reduzieren*) {GESCHWINDIGKEIT, KRÄFTE, LEISTUNGSVERMÖGEN} diminuire **5** *tel* rispondere: **ich habe gestern mehrmals bei dir angerufen, aber niemand hat abgenommen**, ti ho chiamato più volte ieri, ma non ha risposto nessuno **6** (*Maschen zusammenstricken*) calare, diminuire.

Abnehmer <-s, -> *m* (**Abnehmerin** *f*) **1** *com* acquirente *mf*, compratore (-trice) *m* (*f*); **jds ~** il cliente di qu **2** (*Benutzer, Verbraucher*) {+GAS, STROM} utente *mf* ● **keine ~ finden** {ARTIKEL, PRODUKT}, non vendere; **viele/wenige ~ finden**, vendere bene/poco.

Abnehmerkreis *m* **1** *com* (cerchia *f* di) acquirenti *m pl*, clientela *f* **2** (*Benutzerkreis*) (cerchia *f* di) utenti *m pl*.

Abnehmerland *n com* paese *m* acquirente.

Abneigung <-, -en> *f* «*meist* sing» avversione *f*, antipatia *f*: **eine ~ gegen jdn/etw empfinden/haben**, provare/nutrire avversione/antipatia per qu/qc; **eine starke ~ gegen technische Dinge haben**, avere un'idiosincrasia per le cose tecniche.

ab|nibbeln *itr* <sein> *norddt slang* tirare le cuoia *fam*.

ab|nicken *tr fam* **etw ~** {MAßNAHME, REFORM} approvare *qc*.

abnorm, **abnormal A** *adj* **1** (*krankhaft*) {TRIEB, VERANLAGUNG, VERHALTEN} anormale, anomalo **2** (*ungewöhnlich*) {AUSMAß, GRÖßE} anomalo, anorme, insolito **B** *adv* **1** (*krankhaft*): **~ veranlagt sein**, avere delle tendenze anormali **2** *fam* (*außerordentlich*) {DICK, GROß, LANG} in modo anomalo, estremamente.

Abnormität <-, -en> *f* **1** *med* anomalia *f*; (*körperliche ~*) *auch* malformazione *f* **2** (*missgebildetes Wesen*) mostro *m*, essere *m* deforme.

ab|nötigen A *tr jdm etw ~** {ERKLÄRUNG, RESPEKT} pretendere *qc da qu*; {GESTÄNDNIS} strappare *qc a qu* **B** *rfl* **sich (dat) etw ~** costringersi *a qc*.

ab|nutzen, **ab|nützen** *süddt* **A** *tr* **etw ~** {BREMSEN, COUCH, KLEID, TEPPICH} consumare *qc*, logorare *qc*: **abgenutzt**, consumato, consunto, logoro, liso **B** *rfl* **sich ~ 1** (*verschleißen*) {BEZÜGE, STOFFE} consumarsi, logorarsi; {REIFEN} *auch* usurarsi; {MÖBEL} sciuparsi **2** (*an Wirksamkeit verlieren*) {PHRASE, WORTE} logorarsi: **abgenutzte Phrasen**, parole trite e ritrite.

Abnutzung *f*, **Abnützung** *f süddt A* {+BREMSEN, MOTOR, MASCHINE, REIFEN} usura *f*, logorio *m*, logoramento *m*.

Abo <-, -s> *n fam Abk von* Abonnement: abbonamento *m*.

A-Bombe *f mil* bomba *f* A.

Abonnement <-s, -s> *n* ~ (**für etw** akk) abbonamento *m* (*a qc*) ● **das ~ abbestellen/kündigen**, disdire l'abbonamento; **das ~ erneuern/verlängern**, riabbonarsi, rinnovare l'abbonamento; **ein ~ für etw (akk) haben** {FÜR DAS THEATER, EINE ZEITSCHRIFT}, avere l'abbonamento a qc, essere abbonato a qc; **im ~**, in abbonamento.

Abonnementfernsehen *n pay tv f*.
Abonnementkonzert, **Abonnementskonzert** *n* concerto *m* in abbonamento.
Abonnementkündigung, **Abonnementskündigung** *f* disdetta *f* ˌdell'ˌ/[di un] abbonamento.
Abonnementpreis, **Abonnementspreis** *m* prezzo *m* ˌdell'ˌ/[di un] abbonamento.

Abonnent <-en, -en> *m* (**Abonnentin** *f*) abbonato (-a) *m* (*f*).

abonnieren <ohne ge-> *tr* **etw ~** {PUBLIKATION, ZEITUNG} abbonarsi *a qc*, sottoscrivere/fare un abbonamento *a qc* ● **auf etw** (akk) **abonniert sein** (*ein Abonnement für etw haben*), essere abbonato a qc, avere un l'abbonamento a qc; *fam* (*etw immer wieder erleiden*), essere abbonato a qc *fam*; **wir sind auf eine Konzertreihe abonniert**, ˌabbiamo l'abbonamento aˌ/[siamo abbonati (-e)] a un ciclo di concerti; **dieses Jahr ist die einheimische Fußballmannschaft auf Niederlagen abonniert**, quest'anno la locale squadra di calcio è abbonata alle sconfitte.

ab|ordnen *tr jdn* (**nach/zu etw** dat) ~ {ZU EINER KONFERENZ} inviare/mandare *qu* (come delegato) *a qc*.

Abordnung *f* **1** «*nur* sing» (*das Abordnen*) {+BEVOLLMÄCHTIGTER, VERTRETER} invio *m* **2** (*Delegation*) delegazione *f*: **eine ~ entsenden**, inviare una delegazione.

Aborigines *subst* <*nur pl*> aborigeni *m pl*.

Abort① <-(e)s, -e> *m adm obs* ritirata *f*, gabinetto *m*.

Abort② <-s, -e> *m med* aborto *m* (spontaneo): **einen ~ haben**, avere un aborto spontaneo.

ab|packen *tr com* **etw ~** {FLEISCH, GEMÜSE, KÄSE, WURST} confezionare *qc*: **das Obst wird pfundweise abgepackt**, la frutta viene confezionata in contenitori da mezzo kilo; ˌ**abgepacktes Brot**ˌ/[**abgepackter Käse**], pane/formaggio confezionato.

ab|passen *tr* **1** (*zeitlich wählen*) **etw ~** {GÜNSTIGE GELEGENHEIT, RICHTIGEN ZEITPUNKT} attendere *qc*, aspettare *qc*: **das hast du ja gut abgepasst!**, hai scelto il momento giusto! **2** (*abfangen*) **jdn ~** attendere *qu*; (*auflauern*) fare la posta *a qu*, attendere al varco *qu*.

ab|pausen *tr* **etw ~** ricalcare *qc*, fare/eseguire *qc* a ricalco; **etw von etw** (dat) ~ {ZEICHNUNG VON EINER VORLAGE} ricalcare *qc da qc*.

ab|pellen *tr norddt* **etw ~** {PELLKARTOFFELN} sbucciare *qc*, pelare *qc*; {WURST} togliere la pelle *a qc*.

ab|perlen *itr* <sein> (**an/von etw** dat) ~ {REGEN, WASSER AN DEN FEDERN, AM REGENMANTEL} non penetrare *in qc*; {SCHWEIß VON DER STIRN; TAU VON DEN BLÄTTERN} imperlare *qc*: **der Regen perlte an/von ihrem Gesicht ab**, le gocce di pioggia le rigavano il viso.

ab|pfeifen <irr> *sport* **A** *tr*: **das Spiel ~** (*un-*
terbrechen), fermare il gioco; (*beenden*) fischiare la fine di un incontro; (*wegen Abseits, Foul u. Ä.*) fermare il gioco, fischiare **B** *itr* (*zur Halbzeit*) fischiare la fine del primo tempo; (*am Ende des Spiels*) fischiare la fine di un incontro.

Abpfiff *m sport* fischio *m* finale.

ab|pflücken *tr* **etw ~** {BLUMEN, KIRSCHEN, OLIVEN} (rac)cogliere *qc*.

ab|photographieren *a.R. von* abfotografieren → **ab|fotografieren**.

ab|placken *rfl norddt fam* → **ab|plagen**.

ab|plagen *rfl* **sich** (**mit etw** dat) ~ {MIT DEM COMPUTER} arrabattarsi (*a qc*) *fam*, sbattersi (*a qc*) *fam*; {MIT SEINER ARBEIT} sbattersi (*con qc*) *fam*, tribolare (*con qc*): **sich von morgens bis abends ~ müssen**, ˌdover sgobbare/tribolareˌ/[doversi arrabattare] dalla mattina alla sera; **ich muss mich immer allein mit den Kindern ~!**, me li devo sempre spupazzare io, i bambini! *fam*.

ab|platzen *itr* <sein> (**von etw** dat) ~ {KNOPF VOM HEMD, MANTEL} saltare (*via da qc*) *fam*, staccarsi (*da qc*): **mir ist ein Knopf abgeplatzt**, mi è saltato un bottone; {FARBE, LACK VON EINER OBERFLÄCHE} staccarsi (*da qc*).

Abprall <-(*e*)s, ohne pl> *m* rimbalzo *m*.

ab|prallen *itr* <sein> **1** (*zurückprallen*) (**von/an etw** dat) ~ {BALL, GESCHOSS} rimbalzare *contro/su qc* **2** (*nicht treffen*) **an jdm ~** {BELEIDIGUNG, VORWÜRFE} non toccare *qu*, non tangere *qu*: **deine Beleidigungen prallen vollkommen an mir ab**, le tue offese non miˌfanno né caldo né freddoˌ/[toccano].

ab|pressen *tr* **1** (*abnötigen*) **jdm etw ~** {VERSPRECHEN} strappare *qc a qu*; {GESTÄNDNIS} *auch* estorcere *qc a qu* **2** (*abschnüren*) **jdm etw ~** {ANGST DEN ATEM} mozzare *qc a qu*.

ab|pumpen *tr* **1** (*entfernen*) **etw** (**aus/von etw** dat) ~ {FLÜSSIGKEIT, ÖL, WASSER} pompare *qc* (*fuori da qc*) **2** (*leer pumpen*) **etw ~** {BECKEN, TEICH} (s)vuotare *qc* con la pompa.

ab|putzen A *tr* **1** (*sauber machen*) **etw ~** {SCHUHE, TISCH} pulire *qc* **2** (*entfernen*) **etw** (**von etw** dat) ~ {DRECK VON DEN SCHUHEN} togliere *qc* (*da qc*): **den Staub vom Regal ~**, spolverare lo scaffale **B** *rfl* **sich** (dat) **etw ~** {DIE HÄNDE, DEN MUND} pulirsi *qc*: **habt ihr euch die Schuhe richtig abgeputzt?**, vi siete puliti (-e) bene le scarpe?

ab|quälen *rfl* **1** (*sich abmühen*) **sich** (**mit etw** dat) ~ {MIT EINER ARBEIT} sbattersi (*con qc*) *fam*, dannarsi *fam*/penare/tribolare (*con qc*): **sich mit einer Übersetzung ~**, penare a fare una traduzione **2** (*abzwingen*) **sich** (dat) **etw ~** sforzarsi *di fare qc*: **sich** (dat) **ein Lächeln ~**, sforzarsi di sorridere; **er quälte sich eine Erklärung ab**, tirò fuori a fatica una spiegazione.

ab|qualifizieren <ohne ge-> **A** *tr* **jdn/etw ~** {BUCH, FILM} dare un giudizio negativo *su qc*, demolire *qc fam*, stroncare *qc fam*; {PERSON} screditare *qu*, dare un giudizio negativo *su qu*; **jdn/etw als etw** (akk) ~ bollare *qu/qc* come *qc* **B** *rfl* **sich** (**durch etw** akk) ~ {DURCH EINE FALSCHE ANTWORT, SCHLECHTE ARBEIT} screditarsi (*con qc*).

Abqualifizierung <-, ohne pl> *f* giudizio *m* negativo/sfavorevole.

ab|rackern *rfl fam* **sich ~** ammazzarsi di lavoro *fam*, lavorare come un negro *fam*, sgobbare *fam*, sfacchinare *fam*, farsi il mazzo *slang*: **ich hab' mich mit den schweren Koffern abgerackert**, mi sono ammazzato (-a)/stroncato (-a) a portare quei valigioni; **sich für jdn ~** ammazzarsi di lavoro *per qu*

Abraham | **abrücken**

fam, farsi il culo *per qu slang*.

Abraham <-s, ohne pl> m Abramo m • **sicher wie in ~s Schoß sein** *fam*, essere in una botte di ferro *fam*; **hier sind wir so sicher wie in ~s Schoß**, qui siamo veramente ₍al sicuro₎/[in una botte di ferro].

ab|rahmen tr *etw* ~ {MILCH} scremare *qc*.

Abrakadabra <-s, ohne pl> n (*Zauberformel*) abracadabra m.

ab|rasieren <ohne ge-> A tr **1** (*wegrasieren*) (*jdm*) *etw* ~ radere *qc* (*a qu*), tagliare *qc* (*a qu*); **jdm den Bart** ~, tagliare la barba a qu **2** *fam* (*dem Erdboden gleichmachen*) *etw* ~ {ERDBEBEN, STURM HÄUSER, STRASSENZUG} radere al suolo *qc*; {BAUMWIPFEL} svettare *qc* B rfl sich (dat) *etw* ~ {NACKENHAARE} radersi *qc*: **sich den Bart** ~, tagliarsi la barba, **sich die Haare unter den Achseln** ~, radersi le ascelle; **sich die Haare an den Beinen** ~, depilarsi le gambe; **sich die (Kopf)haare** ~, radersi/rasarsi a zero.

ab|raten <irr> itr *jdm von etw* (dat) ~ sconsigliare *qc a qu*: **ich habe ihm von dem Kauf/Projekt abgeraten**, gli ho sconsigliato ₍quell'acquisto₎/[di realizzare quel progetto]; **sie hat mir davon abgeraten**, me lo ha sconsigliato; **was, Sie wollen diese Bruchbude kaufen?** ₍Da kann ich₎/[Davon kann ich Ihnen] **nur** ~!, ma come, vuole comprare questa catapecchia? Glielo sconsiglio vivamente!; **jdm davon** ~, **etw zu tun**, sconsigliare a qu di fare qc.

ab|räumen A tr *etw* ~ **1** (*wegnehmen*) {BESTECK, FLASCHEN, GESCHIRR} togliere *qc*, levare *qc*: **die Gläser vom Tisch** ~, togliere i bicchieri dal tavolo **2** (*leer machen*) *etw* ~: **ein Bücherregal** ~, liberare uno scaffale dai libri, togliere i libri da uno scaffale; **den Tisch** ~, sparecchiare (la tavola) **3** *fam* (*viel gewinnen*) *etw* ~ {MEDAILLEN, OSCARS, PREISE} fare man bassa *di qc fam* B itr **1** (*abdecken*) sparecchiare: **heute bist du mit Abräumen dran** *fam*, oggi tocca a te sparecchiare *fam* **2** *fam* (*alles stehlen*) **in** *etw* (dat) ~ {DIEB IN DER BANK, EINER WOHNUNG} fare piazza pulita *in qc* **3** *fam* (*alles gewinnen*) fare la parte del leone, fare l'asso pigliatutto *fam*.

Abräumer <-s, -> m (**Abräumerin** f) *slang* asso pigliatutto m, protagonista mf incontrastato (-a).

ab|rauschen itr <sein> *fam* (*sich rasch entfernen*) {AUTO, MOTORRAD} schizzare via *fam*; (*sich auffällig entfernen*) {DIVA, VERÄRGERTE PERSON} andarsene facendo un po' di scena.

ab|reagieren <ohne ge-> A tr *etw* ~ {ÄRGER, SCHLECHTE LAUNE} sfogare *qc*; *etw* **an** *jdm* ~ sfogare *qc su qu*, scaricare *qc su*/[addosso a] *qu*: **seinen Frust an jdm** ~, sfogare le proprie frustrazioni su qu B rfl sich (**an** *jdm*) ~ scaricarsi (*su qu*), sfogarsi (*su qu*): **ich muss mich mal** ~, ho bisogno di uno sfogo, devo scaricarmi/sfogarmi.

ab|rechnen A tr *etw* (*von etw* dat) ~ {NEBENKOSTEN VON DER MIETE, RABATT VOM ENDPREIS, STEUERN VOM GEHALT} detrarre *qc* (*da qc*), dedurre *qc* (*da qc*), defalcare *qc* (*da qc*) **com** B itr **1** (*Schlussrechnung aufstellen*) {BEDIENUNG, OBER} fare/preparare il conto: **darf ich** ~?, posso fare il conto?; **vergessen Sie beim Abrechnen nicht, dass ich Ihnen noch zehn Euro schulde!**, quando mi fa il conto si ricordi che Le devo ancora dieci euro!; {CHEF, KASSIERERIN, LOHNBÜRO} fare i conti; **am Ende des Monats wird abgerechnet**, facciamo i conti alla fine del mese; **mit jdm** ~ fare/regolare i conti con qu **2** (*zur Rechenschaft ziehen*) **mit** *jdm* ~ fare/aggiustare i conti con qu: **mit dir habe ich noch was abzurechnen**, con te ho ancora qualche conto aperto/[in sospeso].

Abrechnung f **1** (*Rechnungsaufstellung*) conteggio m: **die monatliche** ~ **machen**, fare il conteggio finale mensile; **die** ~ **können wir später machen**, i conti li possiamo fare dopo **2** (*schriftliche Aufstellung*) conto m: **machen Sie mir bitte die** ~!, mi faccia/prepari il conto, per favore! **3** <*nur sing*> (*Vergeltung*) resa f/regolamento m dei conti **4** <*nur sing*> (*Abzug*) deduzione f, detrazione f, defalco m *com*; **nach** ~ **einer S.** (gen) {DER KOSTEN, DES RABATTS} detratto *qc*, dedotto *qc*, defalcato *qc com*: **nach** ~ **der Mehrwertsteuer müssen Sie noch 200 Euro bezahlen**, detratta/tolta l'IVA Le restano da pagare ancora 200 euro • **etw in** ~ **bringen** *form*, detrarre qc, portare qc in detrazione, defalcare qc *com*; **jährliche** ~ **com**, bilancio annuale; **in** ~ **kommen** *form*, venire detratto (-a), essere defalcato.

Abrede <-, -n> f *form* (*Übereinkommen*) accordo m, patto m • **etw in** ~ **stellen** *geh*, negare qc.

ab|regen rfl *fam* **sich** ~ darsi una calmata *fam*: **nun reg dich schon ab!**, datti una calmata! *fam*, calmati!

ab|reiben <irr> A tr **1** (*entfernen*) *etw* (*von etw* dat) ~ {FLECK, ROST, SCHMUTZ} togliere *qc* (*da qc*) strofinando: **eine Zitronenschale** ~, grattugiare una scorza di limone **2** (*säubern*) *etw* ~ {SILBERBESTECKE} pulire *qc* (strofinando): **die Schuhe mit einem Tuch** ~, strofinare le scarpe con un panno **3** (*polieren*) *etw* (*mit etw* dat) ~ {AUTO, FENSTER, OBERFLÄCHE} lucidare *qc* (*con qc*) **4** (*trocknen*) *jdn*/*etw* ~ asciugare *qu*/*qc* strofinando; **jdn mit etw** (dat) ~ frizionare qu *con qc* B rfl **1** (*sich abnutzen*) sich ~ {GUMMI, STOFF} consumarsi **2** (*abtrocknen*) **sich mit** *etw* (dat) ~ asciugarsi frizionando *con qc*.

Abreibung f **1** *med* frizione f **2** *fam* (*Prügel*) bastonate f pl *fam*, fracco m di botte *fam*: **jdm eine anständige/gehörige/ordentliche** ~ **verabreichen/verpassen**, suonarle a qu *fam*, darle a qu di santa ragione *fam*; **dem gehört eine ordentliche** ~ **verpasst!**, si meriterebbe una bella ripassata!

Abreise <-, ohne pl> f partenza f: **bei der** ~, alla/[al momento della] partenza, partendo; **nach jds** ~, dopo la partenza di qu; **vor der** ~, prima ₍della partenza₎/[di partire]; **zur** ~ {BEREIT SEIN, SICH FERTIG MACHEN}, a partire, per la partenza.

ab|reisen itr <sein> **1** (*die Reise antreten*) (**nach** *etw* dat) ~ partire (*per qc*): **wann reist ihr ab?**, quando partite?; **sie sind gestern nach Frankreich abgereist**, sono partiti (-e) ieri per la Francia **2** (*die Rückreise antreten*): (**wieder**) ~, (ri)partire.

Abreisetag m giorno m di/della partenza.

Abreisetermin m data f di/della partenza.

Abreißblock m blocco m a fogli staccabili.

ab|reißen <irr> A tr <*haben*> **1** (*abtrennen*) *etw* (*von etw* dat) ~ {BLATT VOM KALENDER, BILD, FOTO, TAPETE VON DER WAND} strappare (via) *qc* (*da qc*), staccare *qc* (*da qc*): **die Kinder haben im Garten alle Blumen abgerissen**, i bambini hanno strappato tutti i fiori del giardino **2** (*wegreißen*) *jdm etw* ~ {ARM, BEIN} staccare *qc a qu* **3** (*niederreißen*) *etw* ~ {GEBÄUDE, MAUER} abbattere *qc*, demolire *qc*, buttare giù *qc*; {GERÜST} smantellare *qc* B itr <sein> **1** (*reißen*) {FADEN, SEIL} strapparsi, spezzarsi; {KNOPF} staccarsi **2** (*unterbrochen werden*) {BESUCHE, KONTAKT, TELEFONVERBINDUNG} interrompersi: **sie hat den Briefkontakt nie** ~ **lassen**, non ha mai interrotto il rapporto epistolare **3** (*aufhören*): **nicht** ~ non finire mai, non avere mai fine: **die Probleme reißen nicht ab**, i problemi non finiscono mai; **der Strom der Touristen reißt nicht ab**, il flusso dei turisti non accenna a finire C rfl <*haben*> **sich** (dat) *etw* ~: **ich habe mir einen Knopf abgerissen**, mi si è staccato un bottone.

Abreißkalender m calendario m a fogli staccabili.

ab|reiten <irr> A tr **1** <*haben oder sein*> (*entlangreiten*) *etw* ~ {GELÄNDE, GRENZE, WEG} percorrere *qc a cavallo* **2** <*haben*> (*müde reiten*) *etw* ~ {PFERD} sfiancare *qc* B itr <*sein*> partire a cavallo.

ab|richten tr *etw* ~ {HUND} addestrare *qc*: **einen Hund zur Jagd** ~, addestrare un cane alla caccia; **die Hunde waren darauf abgerichtet, Blinden zu helfen**, i cani erano stati addestrati ad aiutare i ciechi; **einen Polizeihund auf Drogen** ~, addestrare un cane poliziotto a fiutare la droga.

Abrichtung <-, ohne pl> f addestramento m.

Abrieb <-(e)s, ohne pl> m {+REIFEN} abrasione f.

abriebfest adj {REIFEN} antiabrasione.

ab|riegeln tr *etw* ~ **1** (*absperren*) {GEBIET, GELÄNDE, STRASSENZUG} chiudere *qc* con transenne, transennare *qc*: **die Polizei hatte die Innenstadt hermetisch abgeriegelt**, la polizia aveva completamente chiuso il centro **2** (*mit einem Riegel schließen*) {FENSTER} chiudere *qc* con il catenaccio/paletto; {TÜR} *auch* mettere la spranga *a qc*.

Abriegelung <-, ohne pl> f {+STRASSENZUG} transennamento m.

ab|ringen <irr> A tr *jdm etw* ~ {VERSPRECHEN, ZUSAGE} strappare *qc a qu*: **dem Meer Land** ~, strappare un pezzo di terra al mare B rfl (dat) *etw* ~ {EINE ENTSCHULDIGUNG, EIN LÄCHELN} tirare fuori a fatica *qc*.

Abriss[①] (a.R. Abriß) <-es, ohne pl> m {+GEBÄUDE, MAUER} demolizione f, abbattimento m.

Abriss[②] (a.R. Abriß) <-es, -e> m (rias)sunto m, compendio m: **ein** ~ **der deutschen Literaturgeschichte**, un compendio di storia della letteratura tedesca.

Abrissarbeit (a.R. Abrißarbeit) f <*meist pl*> lavoro m di demolizione.

Abrissbirne (a.R. Abrißbirne) f palla f (da demolizione).

Abrissfirma (a.R. Abrißfirma) f impresa f di demolizione.

Abrissgebäude (a.R. Abrißgebäude) n (*vor dem Abriss*) edificio m da demolire; (*während des Abrisses*) edificio m in demolizione.

abrissreif (a.R. abrißreif) adj {HAUS} da demolire.

ab|rollen A tr <*haben*> *etw* ~ {FADEN, FILM, KABEL, SEIL} srotolare *qc*, svolgere *qc* B rfl <*sein*> **1** (*sich abwickeln*) {FILM, KABEL, LEINE, SEIL} srotolarsi **2** *fam* (*vonstatten gehen*): **das Programm rollt wie vorgesehen ab**, il programma si svolge come previsto; **die Ereignisse der letzten Wochen rollten noch einmal vor ihren Augen ab**, gli eventi delle ultime settimane le scorrevano/sfilavano davanti come in un film **3** *sport* **Turnen**: **nach vorn** ~, fare una capriola in avanti C rfl <*haben*> **sich** ~ **1** (*sich abwickeln*) {FADEN, KABEL, PAPIER} srotolarsi **2** *sport* (*eine rollende Bewegung machen*) {TURNER} fare una capriola.

ab|rubbeln *norddt fam* A tr *jdn* ~ asciugare *qu* strofinando B rfl **sich** ~ asciugarsi strofinando.

ab|rücken A tr <*haben*> *etw* ~ {BETT, SCHRANK, STUHL} scostare *qc*, spostare *qc*: **rück bitte den Tisch von der Wand ab!**, scosta il tavolo dalla parete, per favore! B itr <*sein*> **1** (*sich distanzieren*) **von** *jdm*/*etw* ~

{VON EINER ANSCHAUUNG, LEHRE, THESE} allontanarsi da qu/qc, prendere le distanze da qu/qc; {VON FAMILIENANGEHÖRIGEN, FREUNDEN} staccarsi da qu **2** mil {EINHEIT, POLIZEI, SOLDATEN} ritirarsi, partire **3** fam (weggehen) andarsene **4** (sich entfernen) **von etw** (dat) ~ scostarsi da qc, allontanarsi da qc.

Abruf <-(e)s, -e> m <meist sing> **1** bank {+KREDIT} utilizzo m; {+SUMME} prelievo m **2** com ordine m di consegna **3** inform {+DATEN} richiamo m ● **auf ~ bereitstehen** {WARE}, essere a disposizione per la consegna; **sich auf ~ bereithalten** {PERSON}, tenersi pronto (-a), essere a disposizione; **etw auf ~ kaufen**, acquistare qc a consegna dilazionata.

abrufbar adj inform {DATEN} disponibile: **~e Datei**, file di comando.

abrufbereit A adj **1** {MENSCH} a disposizione, pronto; {WARE} a disposizione, disponibile, pronto a essere consegnato **2** bank {KREDIT, SUMME} a disposizione: **der Betrag ist jederzeit ~**, la somma può essere utilizzata in qualsiasi momento **3** inform {DATEN} disponibile B adv **1** (einsatzbereit): **~ warten**, tenersi pronto (-a) **2** com (abholbereit): **die Ware liegt/steht ~**, la merce è ₍a disposizione₎/[pronta per la consegna].

Abrufdatei f inform file m di comando.

ab|rufen <irr> tr **1** inform **etw** (**aus etw** dat) ~ {DATEN, INFORMATIONEN AUS COMPUTERPROGRAMM} richiamare qc (da qc) **2** com **etw** ~ {BESTELLTE WAREN} chiedere la consegna di qc **3** bank **etw** ~ {SUMME} prelevare qc; {KREDIT} chiedere il pagamento di qc **4** (wegrufen) **jdn** (**von etw** dat) ~ {VON SEINER EINSATZSTELLE} richiamare qu (da qc).

ab|runden tr **1** (auf eine runde Zahl bringen) **etw** (**auf etw** akk) ~ {GELDBETRAG, ZAHL AUF EINE RUNDE ZAHL} arrotondare qc (a qc) (per difetto): **abgerundete Zahl**, cifra tonda **2** (vervollkommnen) **etw** ~ {PROGRAMM} perfezionare qc; {BERICHT, REFERAT, STIL} auch limare qc: **den Abend mit einer musikalischen Darbietung ~**, dare un tocco particolare alla serata con una rappresentazione musicale **3** (rund machen) **etw** ~ {ECKEN, KANTEN} arrotondare qc, smussare qc.

Abrundung <-, -en> f **1** (das Abrunden) {+BETRAG, ZAHL} arrotondamento m (per difetto): **~en sind üblich**, si ₍è soliti₎/[usa] fare cifra tonda **2** (Perfektionierung) {+BERICHT, STIL} perfezionamento m: **zur ~ des Festes**, per dare un tocco di classe alla festa; **zur ~ des Geschmacks fügen wir etwas Milch hinzu**, per esaltare il sapore aggiungiamo un po' di latte **3** (runde Form) rotondità f.

ab|rupfen tr fam **etw** (**von etw** dat) ~ {BLÄTTER, KÜCHENKRÄUTER} strappare qc (da qc), staccare qc (da qc).

abrupt A adj {ENDE} improvviso, repentino; {UNTERBRECHUNG} auch brusco B adv {ABBRECHEN, BEENDEN, SICH BEWEGEN, BREMSEN} bruscamente, improvvisamente.

ab|rüsten A tr **etw** ~ **1** mil {SOLDATEN} ridurre qc, diminuire qc; {ATOMWAFFEN} auch smantellare qc **2** (das Gerüst entfernen) {HAUS} disarmare qc B itr mil {STAAT} disarmare, ridurre/diminuire gli armamenti.

Abrüstung <-, ohne pl> f mil disarmo m.

Abrüstungsabkommen n accordo m sul disarmo.

Abrüstungsgespräche subst <nur pl> trattative f pl ₍per il₎/[sul] disarmo.

Abrüstungskonferenz f conferenza f ₍per il₎/[sul] disarmo.

Abrüstungsverhandlung f <meist pl> negoziato m ₍per il₎/[sul] disarmo.

ab|rutschen itr <sein> **1** (abgleiten) (**an/von etw** dat) ~ {AM STEILHANG, VOM BECKENRAND} scivolare giù (da qc) **2** (nach unten rutschen) {ERDMASSEN} franare, smottare; {SCHNEEMASSEN} scivolare a valle **3** fam (sich verschlechtern) (**in etw** dat) ~ {IN LATEIN, IN DEN LEISTUNGEN} perdere colpi (in qc) fam, peggiorare (in qc): **die einheimische Fußballmannschaft ist in die zweite Liga abgerutscht**, la squadra di calcio locale è scesa in (serie) B **4** (moralisch ~) cadere in basso: **wie weit willst du denn noch ~?**, vuoi proprio toccare il fondo? fam.

Abruzzen subst <nur pl> geog: **die ~**, l'Abruzzo, gli Abruzzi.

Abs. 1 Abk von Absender: mittente **2** Abk von Absatz: par. (Abk von paragrafo).

ABS <-, ohne pl> n Abk von Antiblockiersystem: ABS m (sistema frenante antibloccaggio).

ab|säbeln tr fam scherz **etw** (**von etw** dat) ~ {DICKE SCHEIBEN VON DER WURST} tagliare qc (di qc) (con l'accetta fam).

ab|sacken itr <sein> fam **1** (nach unten fallen) {BODEN} franare, sprofondare; {FUNDAMENT} abbassarsi **2** (sinken) {SCHIFF} affondare, colare a picco, sprofondare **3** (an Höhe verlieren) {FLUGZEUG, HUBSCHRAUBER} perdere quota (improvvisamente) **4** (niedriger werden) {BLUTDRUCK, BLUTZUCKERSPIEGEL} abbassarsi improvvisamente **5** (sich verschlechtern) (**in etw** dat) ~ {IN SEINEN LEISTUNGEN, IN MATHEMATIK} perdere colpi (in qc) fam, peggiorare (in qc) **6** (moralisch herunterkommen) decadere, cadere in basso.

Absage f **1** (ablehnender Bescheid) risposta f negativa **2** (Ablehnung) rifiuto m ● **eine ~ an etw** (akk) {AN DEN KOMMUNISMUS, REAKTIONÄRE KRÄFTE}, una condanna di qc; **eine ~ bekommen/erhalten**, ricevere una risposta negativa; **jdm eine ~ erteilen**, dare una risposta negativa a qu, dire di no a qu.

ab|sagen A tr **etw** ~ {EINLADUNG, TERMIN, VERABREDUNG} disdire qc; {BESUCH, DEMONSTRATION, KONFERENZ, KUNDGEBUNG} annullare qc B itr (**jdm**) ~ annullare un impegno (con qu): **ich wäre sehr gerne zu Ihrer Feier gekommen, aber ich muss leider ~**, sarei venuto (-a) volentieri alla Sua festa, ma purtroppo devo disdire.

ab|sägen tr **1** (durch Sägen trennen) **etw** ~ {BAUM} segare qc: **einen Ast vom Baum ~**, tagliare/segare un ramo dall'albero **2** fam (um seine Stellung bringen) **jdn** ~ {BEAMTEN, FUßBALLTRAINER} silurare qu fam; {POLITIKER} auch trombare qu fam.

ab|sahnen fam A tr **etw** ~ {EINE MENGE GELD} intascare qc fam B itr far(e) man bassa fam ● **anständig/[ganz schön] ~** fam, intascare un sacco di soldi.

Absatz m **1** (Schuhabsatz) tacco m: ₍flache/niedrige₎/[hohe] **Absätze**, tacchi bassi/alti **2** (Abschnitt) capoverso m, paragrafo m; (Gesetzesparagraph) comma m **3** (Treppenabsatz) pianerottolo m **4** <meist sing> com (Verkauf) smercio m, vendita f ● **guten ~ finden** com, vendersi bene, avere un grande smercio; **reißenden ~ finden**, andare a ruba; **auf dem ~ kehrtmachen, sich auf dem ~ umdrehen**, girare (su)i tacchi, voltare i tacchi; **einen ~ machen** (beim Schreiben), andare a capo, fare un capoverso; **neuer ~!** (bei Diktat), a capo!; **der ~ stockt** com, le vendite ristagnano.

Absatzbedingungen subst <nur pl> condizioni f pl di mercato.

absatzfähig adj di facile smercio, commerciabile.

Absatzflaute f ristagno m delle/nelle vendite.

Absatzförderung f promozione f delle vendite.

Absatzgebiet n area f di vendita, mercato m.

Absatzkrise f crisi f delle vendite.

Absatzmarkt m mercato m (di vendita), sbocco m: **neue Absatzmärkte (für etw akk) erschließen**, aprire nuovi sbocchi (a qc).

Absatzmöglichkeit f <meist pl> possibilità f di smercio/vendita.

Absatzschwierigkeiten subst <nur pl> difficoltà f pl di smercio/vendita.

Absatzsteigerung f incremento m/aumento m delle vendite.

absatzweise adv {LESEN, ÜBERSETZEN} paragrafo per paragrafo.

ab|saufen <irr> itr <sein> fam **1** (ertrinken) {PERSON} affogare **2** (untergehen) {SCHIFF} andare a fondo, affondare, colare a picco **3** (nicht funktionieren) {MOTOR} ingolfarsi **4** (überschwemmt werden) {BERGWERK, STOLLEN} allagarsi.

ab|saugen <saugt ab, saugte ab oder sog ab, abgesaugt oder abgesogen> tr **1** (durch Saugen entfernen) **etw** (**aus/von etw** dat) ~ {GIFTGAS, ÖL, WASSER} aspirare qc (da qc) **2** (staubsaugen) **etw** ~ {TEPPICH} pulire qc con l'aspirapolvere.

ab|schaben tr **1** (durch Schaben frei machen) **etw** ~ {MAUER, WAND} raschiare qc **2** (durch Schaben säubern) **etw** (**von etw** dat) ~ {PUTZ VON DER MAUER} raschiare via qc (da qc), togliere qc (da qc) raschiando.

ab|schaffen tr **etw** ~ **1** (aufheben) {ZOLLSTELLE} sopprimere qc; {TODESSTRAFE} abolire qc; {GESETZ, VORSCHRIFT} auch abrogare qc **2** (weggeben) {HAUSTIER, ZWEITWAGEN} sbarazzarsi di qc, dare via qc fam **3** fam (aus der Welt schaffen): **Steuern ₍gehören abgeschafft₎/[sollte man ~]**, le tasse andrebbero abolite.

Abschaffung <-, rar -en> f **1** {+TODESSTRAFE} abolizione f; {+GESETZ, VORSCHRIFT} auch abrogazione f **2** (Weggabe): **die ~ eines Haustieres erwägen**, prendere in considerazione (l'idea) di separarsi da un animale domestico.

ab|schälen A tr **1** (durch Schälen von etw lösen) **etw** (**von etw** dat) ~ {RINDE VOM BAUM} togliere qc (da qc) **2** (durch Schälen frei machen) **etw** ~ {APFEL} sbucciare qc; {HAUT} scorticare qc B rfl **sich** ~ {HAUT} spellarsi.

Abschaltautomatik f {+COMPUTER, MASCHINE} sistema m di scollegamento automatico; {+KÜCHENGERÄTE} spegnimento m automatico.

ab|schalten A tr **1** (ausschalten) **etw** ~ {FERNSEHER, HEIZUNG, LICHT, MASCHINE, RADIO} spegnere qc; {MOTOR} auch disinserire qc; {COMPUTER} disattivare qc, spegnere qc: **schalt doch mal diese langweilige Sendung ab!**, spegni la radio/tele, questa trasmissione è proprio noiosa! **2** (die Funktion unterbrechen): **den Strom ~**, staccare/interrompere la corrente; **ein Atomkraftwerk ~**, chiudere una centrale nucleare B itr fam **1** (sich entspannen) staccare la spina fam, non pensare a nulla, rilassarsi: **ich habe momentan so viel Arbeit, dass ich gar nicht so richtig ~ kann**, in questo periodo ho così tanto lavoro che non riesco a staccare la spina **2** (nicht mehr zuhören) (**bei etw** dat) ~ {GEGENPART BEI EINEM STREITGESPRÄCH} staccare la spina (durante qc) fam; {ZUHÖRER BEI EINER VORLESUNG, EINEM VORTRAG} non seguire più (qc) C rfl: **sich automatisch/[von selbst] ~** {HERD, KOCHPLATTE, MASCHINE}, spegnersi automaticamente/[da sé].

ab|schätzen tr **etw** ~ {GEFAHR, LAGE, RISIko} valutare qc; {Kosten} auch stimare qc, calcolare qc; {Reaktion} prevedere qc: **den Wert eines Grundstücks ~**, stimare il valore di un terreno; **eine Entfernung ~**, calcolare una distanza; **die Schäden sind nicht abzuschätzen**, i danni non sono calcolabili.

abschätzend A adj {Blick} scrutatore B adv: **jdn ~ anblicken**, scrutare qu, squadrare qu.

abschätzig A adj {Bemerkung, Witz} sprezzante B adv {Betrachten, Beurteilen} con sprezzo, in modo sprezzante.

ab|schauen fam A tr **etw** (bei jdm) ~, **jdm etw** ~ {Benehmen, Methode} copiare qc (da qu) B itr süddt (abschreiben) (bei jdm) ~ copiare (da qu).

Abschaum <-(e)s, ohne pl> m pej: **der ~ der Menschheit**, la feccia/schiuma dell'umanità; **der ~ der Gesellschaft**, la schiuma/i rifiuti della società.

ab|scheiden <irr> A tr **1** (absondern) **etw** ~ {Flüssigkeit} secernere qc: **Eiter ~**, fare pus **2** chem **etw** ~ far precipitare qc B rfl **chem sich** ~ precipitare.

ab|scheren <irr> tr **etw** ~ {Schafe} tosare qc.

Abscheu <-(e)s, ohne pl> m oder <-, ohne pl> f rar ripugnanza f, repulsione f, disgusto m, (profonda) avversione f ● **~ vor/gegenüber jdm empfinden**, avere repulsione per qu, provare una profonda avversione per qu; **(in jdm) ~ erregen**, fare ribrezzo (a qu), suscitare avversione (in qu); **~ vor etw** (dat) **haben**, provare ripugnanza per qc: **den ~ überwinden**, vincere la ripugnanza/il disgusto.

ab|scheuern A tr **1** (durch Scheuern reinigen) **etw** (mit etw dat) ~ {Fussboden, Kacheln, Pfanne mit einer Bürste, einem Scheuermittel} pulire qc (con qc) strofinando/sfregando **2** (durch Scheuern entfernen) **etw** (von etw dat) ~ {Schmutz vom Fussboden, von den Kacheln} togliere qc (da qc) sfregando/strofinando **3** (abwetzen) **etw** ~ {starke Beanspruchung, Bewegungen Stoff} consumare qc, logorare qc: **du hast den Kragen deines Hemdes ganz abgescheuert**, hai il colletto della camicia tutto consumato B rfl **1** (sich abwetzen) **sich** ~ {Kleidungsstück, Kragen, Stoff} consumarsi, logorarsi; **sich** (dat) **etw** ~ consumarsi qc: **vor lauter Schreiben habe ich mir die Manschetten abgescheuert**, a furia di scrivere mi si sono consumati tutti i polsini **2** (sich abschürfen) **sich** (dat) **etw** ~ {Haut, Knie} sbucciarsi qc.

abscheulich A adj **1** (entsetzlich) {Mensch} orribile, abominevole; {Anblick, Aussehen} auch ripugnante; {Geruch, Gestank} ripugnante, disgustoso, schifoso: **er sieht ~ aus**, ha un aspetto abominevole/terribile **2** (moralisch verwerflich) {Verhalten} detestabile, abominevole; {Tat, Verbrechen} atroce, esecrabile, efferato, abominevole **3** fam (unerträglich) {Kälte} terribile fam, tremendo fam; {Schmerzen} auch atroce, insopportabile B adv **1** (entsetzlich): **das riecht ~**, ha un odore schifoso/ripugnante; **das schmeckt ~**, ha un gusto/(è) disgustoso/schifoso **2** (moralisch verwerflich) {sich benehmen, handeln, sich verhalten} in modo esecrabile/odioso **3** fam (unerträglich): **das tut ~ weh**, fa terribilmente male/un male cane/atroce fam; **es ist ~ kalt**, fa un freddo boia/cane/[da morire] fam ● **wie ~!**, che orrore!

Abscheulichkeit <-, ohne pl> f ripugnanza f; {+Anblick, Film} orrore m, atrocità f.

ab|schicken tr **etw** ~ {Brief, Karte, Paket} spedire qc, inviare qc, mandare qc.

Abschiebehaft f jur detenzione f a scopo di espulsione ● **sich in ~ befinden, in ~ sitzen**, essere detenuto in attesa di espulsione; **jdn in ~ nehmen**, arrestare qu a scopo di espulsione.

ab|schieben <irr> A tr <haben> **1** (abrücken) **etw von etw** (dat) ~ {Bett, Tisch, Waschmaschine von der Wand} scostare qc da qc **2** adm jur (ausweisen) **jdn** ~ {Asylanten, Ausländer, Flüchtling, Terroristen, Verbrecher} espellere qu: **jdn ins Herkunftsland ~**, rimpatriare qu, rimandare qu al paese d'origine; **jdn über die Grenze ~**, rimandare qu oltreconfine **3** fam (loswerden) **jdn** ~ scaricare qu **4** fam (versetzen) **jdn** ~ {Beamten, unerwünschten Mitarbeiter, Richter} mandare via qu, trasferire qu: **man hat ihn in ein kleines Provinznest abgeschoben**, l'hanno spedito in un paesino di provincia **5** (abwälzen) **etw auf jdn** ~ {Schuld, Verantwortung} scaricare qc su qu, far ricadere qc su qu, addossare qc a qu B itr <sein> fam (weggehen) andarsene: **schieb ab!**, sloggia! fam, sparisci! fam, smamma! slang.

Abschiebung f <meist sing> **1** adm jur (+Asylanten, Ausländer, Flüchtlinge) espulsione f: **die ~ der Asylanten ins Herkunftsland**, il rimpatrio dei rifugiati politici **2** (Versetzung) {+unerwünschte Personen} allontanamento m.

Abschied <-(e)s, -e> m <meist sing> **1** (Trennung) (von jdm) addio m, commiato m (da qu) geh, distacco m (da qu); congedo m (da qu): **es war ein ~ für immer**, fu un addio per sempre; **der ~ von ihr fiel ihm nicht leicht**, gli riuscì difficile dirle addio; **der ~ von den Freunden**, il distacco dagli amici; **es war ein sehr trauriger ~**, fu un addio/commiato geh molto triste; **beim ~ weinte sie**, al momento dell'addio pianse **2** geh (Ausscheiden aus dem Amt) {+General, Offizier} congedo m **3** geh (das Aufgeben) **von** (dat) {von der Kindheit, der Vergangenheit} addio m a qc ● **seinen ~ einreichen/nehmen**, dare le dimissioni; (in den Ruhestand gehen), andare in pensione; mil congedarsi; **von jdm ~ nehmen** geh, prendere congedo/commiato geh da qu, dare l'addio a qu, dire addio a qu, congedarsi da qu, accomiatarsi da qu; **von etw** (dat) **~ nehmen** geh, dare l'addio a qc, dire addio a qc.

Abschiedsbesuch m visita f di commiato geh/congedo.

Abschiedsbrief m lettera f d'addio/di commiato geh.

Abschiedsfeier f festa f d'addio.

Abschiedsgesuch n mil richiesta f di congedo.

Abschiedsgruß m (Wort) parola f d'addio, commiato m geh; (Geste) gesto m d'addio/di commiato geh.

Abschiedskuss (a.R. Abschiedskuß) m bacio m d'addio.

Abschiedsrede f discorso m d'addio/di commiato geh; {+ausscheidender Minister} discorso m di commiato geh.

Abschiedsschmerz m dolore m della separazione/dell'addio.

Abschiedsszene f scena f d'addio.

Abschiedsträne f lacrima f d'addio.

Abschiedswort n parola f d'addio.

ab|schießen <irr> tr **1** (außer Gefecht setzen) **jdn/etw** ~ {Flugzeug, Piloten} abbattere qu/qc; {Panzer} distruggere qc **2** Jagd **etw** ~ {Tier} abbattere qc, ammazzare qc **3** (abfeuern) **etw** ~ {Geschoss} sparare qc; {Gewehr} sparare con qc; {Pfeile} scoccare qc; {Rakete, Torpedo} lanciare qc **4** (wegschießen) **jdm etw** ~ {Körperteil} portare via qc a qu (con un colpo d'arma da fuoco) fam **5** fam (erschießen) **jdn** ~: **ich könnte ihn ~!**, gli sparerei! fam, l'ammazzerei! fam **6** fam (absägen) **jdn** ~ {hohen Beamten, Manager} silurare qu fam; {Politiker} auch trombare qu fam.

ab|schinden <irr> rfl fam **sich mit etw** (dat) ~ {mit Holzhacken, einem schweren Koffer} rompersi/spezzarsi la schiena con qc fam; **sich für jdn** ~ ammazzarsi di lavoro per qu fam.

Abschirmdienst m (servizio m di) controspionaggio m: **militärischer ~**, (servizio di) controspionaggio militare.

ab|schirmen A tr **1** (isolieren) **jdn** (von jdm/etw) ~ isolare qu (da qu/qc): **er lebt ganz von der Außenwelt abgeschirmt**, vive completamente isolato/segregato dal mondo esterno **2** (schützen) **jdn/etw** (gegen etw akk) ~ riparare qu/qc (da qc), proteggere qu/qc (da qc) **3** (dämpfen) **etw** ~ {Lichtquelle, Radioaktivität} schermare qc; **etw mit etw** (dat)/**durch etw** (akk) ~ {Lärm mit/durch Isoliermaterial} tenere lontano (-a) qc con qc B rfl **sich** (**von jdm/etw**) ~ proteggersi (da qu/qc).

Abschirmung f **1** (Isolierung) isolamento m **2** (Schutz) riparo m, protezione f **3** (Dämpfen, Zurückhalten) {+Lichtquelle, Radioaktivität} schermatura f.

ab|schirren tr **etw** ~ {Pferd} togliere i finimenti a qc; {Ochsen} togliere il giogo a qc.

ab|schlachten A tr **jdn/etw** ~ {Tiere} macellare qc, scannare qc; {Menschen} massacrare qu, trucidare qu B rfl **sich (gegenseitig) ~** massacrarsi (a vicenda).

Abschlag m **1** (Anzahlung) acconto m, anticipo m: **einen ~ auf etw** (akk) **erhalten/zahlen** {auf das Gehalt, eine Schuld}, ricevere/[versare/pagare] un anticipo/acconto su qc **2** (Preisnachlass) ribasso m, sconto m: **jdm einen ~ von 15% gewähren**, concedere a qu uno sconto del 15% **3** (Rate) rata f: **auf ~ zahlen**, pagare a rate **4** sport {+Ball} rinvio m.

ab|schlagen <irr> A tr **1** (abtrennen) **etw** (von etw dat) ~ {Ast} troncare (di netto) qc (di qc), staccare (di netto) qc (da qc); {Glasrand} scheggiare qc: **ein Stück von der Vase/[vom Teller] ~**, sbreccare un vaso/piatto; {Henkel von der Tasse} staccare qc (da qc); **den Putz von der Wand ~**, staccare/togliere l'intonaco dalla parete (battendo); **jdm den Kopf ~**, troncare/mozzare/tagliare la testa a qu, decapitare qu **2** (fällen) **etw** ~ {Wald} tagliare qc; {Baum} auch abbattere qc **3** mil **jdn/etw** ~ {Angriff, Feind} respingere qu/qc **4** (ablehnen) **etw** ~ {Anliegen, Bitte} respingere qc; {Angebot} rifiutare qc; {Einladung} auch declinare qc, ricusare qc: **jdm einen Wunsch ~**, rifiutarsi di esaudire un desiderio di qu; **er kann niemandem etwas ~**, non riesce a rifiutare niente/[dire di no] a nessuno **5** sport etw ~ {Torwart Fussball} rinviare qc B itr sport {Torwart} rinviare C rfl **sich an etw** (dat) ~ {Dampf, Feuchtigkeit} depositarsi qc su qc, posarsi su qc.

abschlägig geh A adj {Antwort, Bescheid} negativo: **ein ~er Bescheid**, una risposta negativa, un rigetto adm B adv: **jdm ~ antworten**, dare una risposta negativa a qu; **etw ~ bescheiden** {Antrag, Bitte, Gesuch}, respingere qc.

Abschlagszahlung f acconto m, anticipo m; (bei Ratenzahlung) pagamento m della prima rata: **eine ~ auf etw** (akk) **erhalten/leisten**, ricevere/pagare un anticipo su qc.

ab|schlecken tr süddt A → **ab|lecken**.

ab|schleifen <irr> A tr **1** (entfernen) **etw** (von etw dat) ~ {Farbe von Möbelstück, Rost vom Messer} togliere qc (da qc) molando: **den Lack vom Tisch ~**, sverniciare il tavolo **2** (*reinigend glätten*) **etw ~** {FURNIER, HOLZOBERFLÄCHE} molare *qc*, levigare *qc* **B** rfl sich ~ **1** (*sich abnutzen*) {BELAG, FARBE} logorarsi, consumarsi **2** (*sich bessern*) {UNGEHOBELTES BENEHMEN, SCHLECHTE MANIEREN} affinarsi.

Abschleppdienst m soccorso m stradale, autosoccorso m.

ab|schleppen **A** tr **1** (*wegziehen*) **jdn/etw ~** {FAHRZEUG} rimorchiare *qu/qc*: **er hat mich/[meinen Wagen] bis zur nächsten Werkstatt abgeschleppt**, ₎mi ha trainato₎/[ha trainato la mia macchina] fino all'autofficina più vicina; **unbefugt parkende Fahrzeuge werden abgeschleppt**, rimozione forzata dei veicoli in sosta non autorizzata **2** *fam* (*irgendwohin mitnehmen*) **jdn** (**irgendwohin**) ~ {BEKANNTEN, FREUND IN EINE KNEIPE} trascinare *qu* (+ *compl di luogo*), (*mit sexuellen Absichten*) {FRAU, MANN} rimorchiare *qu* *fam*, agganciare *qu* **B** rfl **sich (dat) etw ~** {MIT SCHWEREN EINKAUFSTASCHEN, KOFFERN} rompersi/spezzarsi la schiena portando *qc*.

Abschleppseil n cavo m da rimorchio.
Abschleppstange f barra f per rimorchio.
Abschleppwagen m carro m attrezzi.

ab|schließen <irr> **A** tr **1** (*zuschließen*) **etw ~** {AUTO, SAFE, SCHRANK, TÜR, WOHNUNG} chiudere a chiave **2** (*verschließen*) **etw irgendwie ~** {LUFTDICHT} chiudere *qc* + *compl di modo*: **das Raumschiff war hermetisch abgeschlossen**, la navetta spaziale era chiusa ermeticamente; **die Marmeladengläser luftdicht ~**, chiudere ermeticamente i vasetti di marmellata **3** (*absolvieren*) **etw ~** {KURS, SCHULE} terminare *qc*, finire *qc*; {STUDIUM} *auch* concludere *qc*: **er hat das Gymnasium mit dem Abitur abgeschlossen**, ha fatto la maturità (liceale), ha finito il liceo; **mit abgeschlossenem Studium hat man viel mehr Chancen im Berufsleben**, con un diploma di laurea si hanno molte più possibilità di lavoro **4** (*vereinbaren*) **etw** (**mit jdm**) ~ {VERSICHERUNG, WAFFENSTILLSTAND} stipulare *qc* (con *qu*); {ABKOMMEN, GESCHÄFT} concludere *qc* (con *qu*): **einen Handel mit jdm ~**, concludere un affare con *qu*; **eine Wette ~**, fare una scommessa; *jur* {VERTRAG} stipulare *qc* (con *qu*), (*entsprechend den Formvorschriften*) formalizzare *qc*; **einen Vergleich ~**, transigere **5** (*abschneiden*) **jdn/etw** (**von etw** dat) ~ {ERDBEBEN, LAWINE DORF, GEBIET VON DER AUßENWELT} isolare *qu/qc* (da *qc*), tagliare fuori *qu/qc* (da *qc*): **von der Außenwelt abgeschlossen**, isolato dal resto del mondo **6** (*beenden*) **etw ~** {REDE, VORTRAG} concludere *qc*, terminare *qc*; {ERMITTLUNGEN, VERHANDLUNGEN} chiudere *qc*, porre termine a *qc* **7** *com* **etw ~** {GESCHÄFTSBUCH, GESCHÄFTSJAHR, KONTEN} chiudere *qc* **8** (*säumen*) **etw ~** {BORTE, VERZIERUNG} bordare *qc* **B** itr **1** (*zuschließen*) chiudere a chiave: **hast du abgeschlossen?**, hai chiuso a chiave? **2** (*Vertrag schließen*) **mit jdm ~** {KUNDE, VERTRAGSPARTNER} concludere/fare un affare con *qu* **3** (*enden*) **mit etw** (dat) ~ {GYMNASIUM, STUDIUM MIT ABITUR, DIPLOM} terminare con *qc*, finire con *qc*; {BERICHT, ROMAN} *auch* concludersi con *qc* **4** *ökon* **mit Gewinn/Verlust ~**, chiudere in attivo/perdita **5** (*Schluss machen*) **mit jdm/etw ~** {MIT FRÜHEREN AFFÄREN, EINEM FREUND, EINEM PARTNER, DER VERGANGENHEIT} chiudere con *qu/qc*, rompere con *qu/qc* **6** *inform* chiudere la sessione **C** rfl **sich** (**von jdm/etw**) ~ {VON DER AUßENWELT, DER GESELLSCHAFT} isolarsi (da *qu/qc*),

ritirarsi (da *qc*).

abschließend A adj {BEMERKUNG, WORTE} conclusivo, finale **B** adv {BEMERKEN, DARAUF HINWEISEN} in conclusione.

Abschluss (a.R. Abschluß) m **1** (*Beendigung*) {+ABEND, ARBEIT, GESPRÄCHE, VERANSTALTUNG} conclusione f, fine f, termine m; {+GESCHÄFTSJAHR} chiusura f: **zum ~ des Abends**, a conclusione della serata **2** (*das geplante Ende*) {+KURS, SCHULE} termine m, fine f; {+STUDIUM} *auch* conclusione f **3** (*Prüfung*) {+SCHULE} diploma m; {+UNIVERSITÄT} (diploma m di) laurea f: **die Schule ohne ~ verlassen**, non terminare la scuola, abbandonare la scuola; **sie hat keinen ~**, non ha nessun tipo di diploma; **nach ~ des Studiums**, terminati gli studi (universitari); **sie muss noch den ~ machen** (*am Gymnasium*), deve ancora fare la maturità; (*an der Universität*) deve ancora laurearsi **4** (*das Abschließen*) {+ABMACHUNG, GESCHÄFT, VEREINBARUNG} conclusione f: **die Verhandlungen standen kurz vor ihrem ~**, le trattative ₎erano a un passo dalla conclusione₎/[stavano per concludersi]; *jur* {+VERTRAG} stipula(zione) f **5** *ökon* {+GESCHÄFTSBUCH, KONTO} chiusura f • **etw zum ~ bringen** {REDE, VERHANDLUNGEN, VORTRAG}, portare a compimento/conclusione/termine *qc*, concludere *qc*; **seinen ~ finden** *geh* {FEST, GESPRÄCHE}, concludersi; **zum ~ kommen/gelangen** *form*, concludersi, giungere a conclusione; **einen ~ tätigen**, concludere un affare; **zum ~** {BEMERKEN, DARAUF HINWEISEN}, per concludere; **zum ~ einer S.** (gen) {EINER FEIER, SENDUNG, VERANSTALTUNG}, a conclusione di *qc*, per concludere *qc*.

Abschlussball (a.R. Abschlußball) m ballo m finale.
Abschlussbericht (a.R. Abschlußbericht) m relazione f/rapporto m finale.
Abschlussexamen (a.R. Abschlußexamen) n *univ* esame m finale.
Abschlussfeier (a.R. Abschlußfeier) f festa f di chiusura; *Schule univ* cerimonia f di consegna dei diplomi.
Abschlussklasse (a.R. Abschlußklasse) f *Schule* ultimo anno m.
Abschlussnote (a.R. Abschlußnote) f voto m finale.
Abschlussprüfung (a.R. Abschlußprüfung) f **1** *Schule* {+HAUPTSCHULE} esame m finale/[di licenza]; {+GYMNASIUM} maturità f **2** *ökon* revisione f ₎dei conti₎/[del bilancio].
Abschlusszeugnis (a.R. Abschlußzeugnis) n *Schule* diploma m.
Abschlusszwang (a.R. Abschlußzwang) m *jur* obbligo m a contrarre.

ab|schmecken A tr *gastr* **etw ~** {GERICHT, SOßE, SUPPE} assaggiare *qc* (per insaporirlo): **gut abgeschmeckt sein**, essere condito bene; **etw mit etw** (dat) ~ {MIT PAPRIKA, PFEFFER, SALZ} aggiustare *qc* di *qc* **B** itr assaggiare.

ab|schmelzen <irr> itr <sein> {EIS, GLETSCHER, POLKAPPEN} sciogliersi.
Abschmelzen <-s, ohne pl> n {+EIS, GLETSCHER, POLKAPPEN} scioglimento m.

ab|schmettern tr **1** *fam* (*heftig ablehnen*) **jdn/etw ~** {ANTRAG, BESCHWERDE, KANDIDATEN} respingere *qu/qc* **2** *sport* **etw ~** {BALL} respingere *qc*.

ab|schmieren A tr <haben> **1** (*mit Schmiere versehen*) **etw ~** {AUTO} ingrassare *qc*, lubrificare *qc* **2** *fam* (*abschreiben*) **etw ~** {AUFGABE, KLASSENARBEIT} scopiazzare *qc* *fam* **B** itr <sein> *slang aero* {FLUGZEUG} precipitare.

ab|schminken A tr *jdn* ~ {SCHAUSPIELER} struccare *qu*, togliere il trucco a *qu*: **das Ge-**

sicht ~, struccarsi, togliersi/levarsi il trucco; **die Augen ~**, struccarsi gli occhi **B** rfl **1** (*die Schminke entfernen*) sich ~ struccarsi, togliersi il trucco; **sich (dat) etw ~** {DIE AUGEN} struccarsi *qc* **2** *fam* (*aufgeben*) **sich (dat) etw ~** togliersi *qc* dalla testa: **das kannst du dir ~!**, toglitelo dalla testa!, scordatelo!

ab|schmirgeln tr **1** (*polieren*) **etw ~** {HOLZ, MÖBELSTÜCK} levigare *qc* con ₎lo smeriglio₎/[la carta vetrata]; {GLAS, METALL} smerigliare *qc* **2** (*entfernen*) **etw von etw** (dat) ~ {ALTEN LACK, ROST} togliere *qc* da *qc* con la carta vetrata.

ab|schnallen A tr (**jdm**) **etw ~** {GÜRTEL} slacciare *qc* (a *qu*), sfibbiare *qc* (a *qu*); {SCHLITTSCHUHE, SKIER} togliere *qc* (a *qu*); {SICHERHEITSGURT} *auch* slacciare *qc* (a *qu*) **B** rfl **sich ~** slacciarsi/togliersi la cintura di sicurezza; **sich (dat) etw ~** {SKIER} togliersi *qc*; {SICHERHEITSGURT} *auch* slacciarsi *qc*; {GÜRTEL} togliersi *qc*, slacciarsi *qc*, sfibbiarsi *qc* • **da schnallst du ab!** *fam*, roba da chiodi! *fam*, cose dell'altro mondo!

ab|schneiden <irr> **A** tr **1** (*von etw wegnehmen*) **etw ~** {HAARE, EIN STÜCK BROT} tagliare *qc*; {BLUMEN, GRAS} *auch* recidere *qc*; {ÄSTE} tagliare *qc*, troncare *qc*; **jdm etw** (**von etw** dat) ~ tagliare *qc* di *qc* a *qu*: **können Sie mir zwei Meter von dem Stoff ~?**, può tagliarmi due metri di questa stoffa?; **der Kuchen ist ganz frisch. Soll ich dir ein Stück ~?**, il dolce è freschissimo. Vuoi che te ne tagli un pezzo?; **die Entführer hatten ihm ein Ohr abgeschnitten**, i rapitori gli avevano tagliato un orecchio **2** (*sperren*) **jdm etw ~** {FLUCHTWEG, WEG} sbarrare *qc* a *qu*, bloccare *qc* a *qu*; {RÜCKZUG, ZUFUHR} tagliare *qc* a *qu* **3** (*unterbinden*): **jdm das Wort ~**, troncare la parola in bocca a *qu*, interrompere *qu* **4** (*isolieren*) **jdn/etw von jdm/etw ~** {ERDBEBEN, HOCHWASSER, SCHNEEFÄLLE DORF, GEBIET VON DER AUßENWELT} isolare *qu/qc* da *qu/qc*, tagliare fuori *qu/qc* da *qu/qc*: **durch die starken Schneefälle war das Gebiet von der Außenwelt abgeschnitten**, a causa delle forti nevicate la zona era isolata **5** (*ein Resultat erzielen*) (**bei etw** dat) **irgendwie ~** classificarsi + *compl di modo*, raggiungere un risultato + *adj*: **mittelmäßig ~**, raggiungere un risultato mediocre; **bei den Abschlussprüfungen hat Sabine sehr gut abgeschnitten**, agli esami finali Sabine se l'è cavata benissimo; **sein letzter Roman hat bei den Kritikern nicht gut abgeschnitten**, il suo ultimo romanzo non ha avuto una buona accoglienza dalla critica; **er hat beim Tennisturnier als Bester abgeschnitten**, al torneo di tennis è stato/risultato il migliore **C** rfl **sich (dat) etw ~** {DIE HAARE} tagliarsi *qc*; {DEN FINGER} mozzarsi *qc*: **ich habe mir die Haare ~ lassen**, mi sono ₎fatto (-a) ilmagliare₎/[tagliato (-a)] i capelli; **sich (gegenseitig) das Wort ~**, rubarsi la parola.

ab|schnippeln tr *fam* **etw ~** {PAPIER, STOFF} tagliuzzare *qc*.

Abschnitt m **1** (*Teilstück*) {+EINTRITTSKARTE, FORMULAR, POSTANWEISUNG, VERSICHERUNGSSCHEIN} tagliando m; {+SCHECK} matrice f **2** (*Zeitabschnitt*) periodo m, fase f **3** (*Teil von Gedrucktem*) passo m, passaggio m, paragrafo m; (*Kapitel*) capitolo m, sezione f: **der Roman gliedert sich in fünf ~e**, il romanzo si divide in cinque parti/sezioni; *jur* titolo m **4** *jur* {+VERFAHREN} fase f **5** (*Segment*) {+GEBÄUDE} parte f; {+AUTOBAHN, STRAßE} tratto m; {+EISENBAHNSTRECKE} *auch* tronco m **6** *math* segmento m.

ab|schnüren tr (**jdm**) **etw ~** {GLIED,

HANDGELENK} stringere qc (a qu): **der enge Verband schnürt mir das Blut ab**, la fasciatura stretta mi blocca la circolazione; **der Kragen ist so eng, dass er ihm den Hals abschnürt**, il colletto è talmente stretto che lo strangola; **das Korsett schnürt mir die Luft ab**, il busto mi toglie il respiro; **die Angst schnürte ihr die Luft ab**, la paura le chiudeva la gola.

ab|schöpfen tr **1** (wegnehmen) **etw** (**von etw** dat) ~ togliere qc (da qc), levare qc (da qc): **den Schaum vom Bier** ~, schiumare la birra, togliere la schiuma dalla birra; **den Rahm von der Milch** ~, scremare il latte; **das Fett von der Soße** ~, sgrassare il sugo, togliere/levare il grasso dal sugo **2** ökon **etw** ~ {KAUFKRAFT} assorbire qc; {GEWINNE} riassorbire qc **3** bank **etw** ~ {SUMME} prelevare qc.

ab|schotten A tr **1** (isolieren) **jdn/etw** ~ {LAND, VOLK} isolare qu/qc; {MARKT} chiudere qc **2** naut **etw** ~ stagnare qc B rfl sich ~ isolarsi, chiudersi, ritirarsi: **vor den Prüfungen schottet sie sich immer von allen ab**, prima degli esami si isola sempre dal resto del mondo.

Abschottung <-, -en> f **1** {+LAND, MENSCH, VOLK} isolamento m; {+MARKT} chiusura f **2** naut compartimento in stagno.

ab|schrägen tr **etw** ~ {BALKEN, BRETT} smussare i lati di qc; {DACH} dare un'inclinazione a qc: **abgeschrägt** {WAND}, inclinato; {DACH} auch spiovente.

ab|schrauben tr **etw** ~ **1** (entfernen) {KAPPE, SCHRAUBVERSCHLUSS} svitare qc: **den Deckel vom Glas** ~, togliere il coperchio dal vasetto (svitandolo); **der Deckel lässt sich nicht** ~, non si riesce a svitare il coperchio **2** (losschrauben) {SCHRAUBEN} svitare qc.

ab|schrecken A tr **1** (entmutigen) **jdn** ~ scoraggiare qu: **das hohe Bußgeld soll die Gurtmuffel** ~, le multe salate dovrebbero scoraggiare chi non vuole mettersi la cintura di sicurezza; **sich durch nichts** ~ **lassen**, non farsi scoraggiare/intimidire da niente **2** (abbringen) **jdn von etw** (dat) ~ {MAßNAHME, STRAFANDROHUNG} VON EINEM PLAN, EINER STRAFTAT} scoraggiare qu dal fare qc: **die brisante politische Lage schreckte ihn nicht davon ab, in den Nahen Osten zu reisen**, la scottante situazione politica non ₁lo trattenne dal₁/[gli impedì di] fare un viaggio in Medio Oriente **3** (schnell abkühlen) **etw** ~ {GEKOCHTE EIER} passare qc sotto l'acqua fredda; {METALLE} temprare qc B itr jur {STRAFE} ₁servire da₁/[essere un] deterrente.

abschreckend A adj **1** (warnend) {BEISPIEL} ammonitore, che serve da deterrente; {STRAFE, WAFFEN, WIRKUNG} deterrente **2** (sehr) {GESTANK, HÄSSLICHKEIT} repellente, ripugnante, rivoltante B adv **1** (als Warnung): ~ **wirken**, avere un effetto/una forza/un potere deterrente **2** (sehr): ~ **hässlich**, repellente, ripugnante.

Abschreckung <-, -en> f <meist sing> **1** mil: atomare/nukleare ~, deterrente nucleare; **die neue Waffe dient als/zur** ~, la nuova arma serve da deterrente **2** (das Entmutigen) dissuasione f: **zur ~ der Diebe haben wir eine Alarmanlage einbauen lassen**, per scoraggiare i ladri abbiamo fatto installare un impianto d'allarme.

Abschreckungsmittel n deterrente m, mezzo m di dissuasione.

Abschreckungspolitik <-, ohne pl> f politica f di dissuasione.

Abschreckungsstrategie f mil strategia f di dissuasione/intimidazione.

Abschreckungswaffe f mil arma f deterrente/[di dissuasione].

ab|schreiben <irr> A tr **1** (unerlaubt schriftlich übernehmen) **etw** (**bei/von jdm/aus etw** dat) ~ {BEI, VON EINEM MITSCHÜLER, AUS EINEM BUCH} copiare qc (da qu/qc): **der Lehrer hat ihn beim Abschreiben erwischt**, l'insegnante l'ha beccato a copiare; **etw haargenau** ~, copiare qc pari pari **2** (eine Abschrift machen) **etw** (**aus etw** dat) ~ (ri)copiare qc (da qc), trascrivere qc (da qc) **3** ökon (absetzen) **etw** ~ {AUTO, BÜROEINRICHTUNG, MASCHINE} ammortizzare qc, ammortare qc **4** (abziehen) **etw** (**von etw** dat) ~ {BETRAG, SUMME VON DER RECHNUNG} detrarre qc (da qc), defalcare qc (da qc) com **5** fam (nicht mehr rechnen mit) **jdn/etw** ~ fare/mettere una croce sopra a qu/qc: **erwarte nicht, dass er dir das Geld zurückgibt, das kannst du** ~!, non aspettarti che ti renda i soldi, facci un crocione! fam: **die kannst du als Freundin** ~!, quella come amica te la puoi scordare/dimenticare! **6** fam (verloren geben): **jdn** ~ → **abgeschrieben** B itr **1** (kopieren) (**bei/von jdm**) ~ copiare (da qu) **2** (schriftlich absagen) **jdm** ~ (einen Termin absagen) disdire un impegno/appuntamento con qu (per iscritto); (eine Einladung absagen) disdire un invito di qu (per iscritto) C rfl sich ~ {BLEISTIFT, FILZSTIFT} consumarsi.

Abschreibung <-, -en> f **1** Steuer {+BETRAG} deduzione f, detrazione f **2** (Abzug) {+AUTO, BÜROAUSSTATTUNG, MASCHINE} ammortamento m.

ab|schreiten <irr> tr <haben oder sein> **etw** ~ **1** (abmessen) {GELÄNDE, GRUNDSTÜCK} misurare qc (₁contando i₁/[a] passi) **2** (inspizieren) {ANGETRETENE EINHEIT, FORMATION} passare in rassegna qc.

Abschrift f **1** jur {+URKUNDE} copia f: **beglaubigte** ~, copia autenticata; **mit der Urschrift übereinstimmende** ~, copia (certificata) conforme all'originale; **etw in ~ einreichen** {URKUNDE, ZEUGNIS}, consegnare qc in copia **2** adm {+URKUNDE} duplicato m.

ab|schrubben fam A tr **1** (reinigen) **etw** ~ {BECKEN, FUßBODEN, KACHELN} pulire qc raschiando/strofinando: **jdm den Rücken** ~, strofinare la schiena a qu **2** (entfernen) **etw** (**von etw** dat) ~ {DRECK, SCHMUTZ} ₁tirare via₁/[togliere] qc (da qc) raschiando B rfl sich ~ pulirsi strofinando; sich (dat) **etw** ~ {RÜCKEN} pulirsi qc strofinando.

ab|schuften rfl fam sich ~ rompersi la schiena/le ossa fam, ammazzarsi di lavoro fam, lavorare come un negro fam: **in den letzten Jahren habe ich mich nur für euch abgeschuftet**, negli ultimi anni ho sfacchinato solo per voi.

ab|schuppen A tr **etw** ~ {FISCH} squamare qc, togliere le squame a qc B rfl sich ~ {HAUT} (de)squamarsi.

ab|schürfen rfl sich (dat) **etw** ~ {ELLBOGEN, KNIE} procurarsi un'abrasione/un'escoriazione a qc, escoriarsi qc, sbucciarsi qc fam: **sich die Haut** ~, escoriarsi, sbucciarsi fam.

Abschürfung f escoriazione f, abrasione f, sbucciatura f fam.

Abschuss (a.R. Abschuß) m **1** (Abfeuern) {+GESCHÜTZ, KANONE} tiro m; {+RAKETE, TORPEDO} lancio m **2** mil (Zerstörung) {+FLUGZEUG, PILOT} abbattimento m; {+PANZER} distruzione f **3** Jagd (erlegtes Wild) selvaggina f abbattuta: **die Zahl der Abschüsse festlegen**, stabilire il numero dei capi da abbattere; (das Erlegen) abbattimento m **4** fam (Entlassung) {+ARBEITNEHMER} licenziamento m in tronco; {+POLITIKER} siluramento m fam: **er muss mit seinem ~ rechnen**, deve aspettarsi di essere silurato.

Abschussbasis (a.R. Abschußbasis) f aero mil base f di lancio.

abschüssig adj {HANG, WEG} erto, ripido, scosceso, malagevole: ~e **Straße**, strada in forte discesa/pendenza.

Abschussliste (a.R. Abschußliste) f: **auf der ~ stehen** {LEITENDER ANGESTELLTER, POLITIKER}, essere sulla lista nera; **jdn auf die ~ setzen**, mettere qu sulla lista nera.

Abschussrampe (a.R. Abschußrampe) f aero mil rampa f di lancio.

Abschusszahl (a.R. Abschußzahl) f Jagd, numero m di animali da abbattere.

ab|schütteln tr **1** (entfernen) **etw** (**von etw** dat) ~ {KRÜMEL VOM TISCHTUCH, SCHNEE VOM BAUM} far cadere qc (da qc) scuotendo **2** fam (sich befreien) **jdn** ~ {POLIZEI, VERFOLGER} seminare qu fam; **etw** ~ {BESATZUNG, HERRSCHAFT} sbarazzarsi di qc, liberarsi di qc; {JOCH} scuotere qc **3** fam (vertreiben) **etw** ~ {ANGST, TRAURIGE GEDANKEN, SORGEN} scuotersi/scrollarsi di dosso qc, scacciare qc.

ab|schütten tr **etw** ~ **1** (abgießen) {FLÜSSIGKEIT} versare qc, togliere qc **2** (vom Kochwasser befreien) {GEMÜSE, KARTOFFELN, NUDELN} scolare qc.

ab|schwächen A tr **etw** ~ **1** (weniger drastisch machen) {BEHAUPTUNG, BEMERKUNG} addolcire qc; {SCHOCK, VORWURF, WIRKUNG} attenuare qc **2** (mildern) {AUFPRALL, STOß} ammortizzare qc, attenuare qc, attutire qc; {GERÄUSCH} smorzare qc, attenuare qc B rfl sich ~ **1** (an Intensität verlieren) {GERÄUSCH, LÄRM} attenuarsi, affievolirsi, attutirsi, smorzarsi **2** meteo {HOCH, TIEF} attenuarsi; {WIND} auch calare, scemare **3** (sich vermindern) {INFLATION, PREISAUFTRIEB} calare, diminuire.

Abschwächung f <meist sing> **1** (Verminderung) {+EINFLUSS, WIRKUNG} attenuazione f, diminuzione f; {+WÄHRUNG} indebolimento m: **zur ~ des Schocks**, per attenuare lo shock **2** (Milderung) {+AUFPRALL, STOß} ammortizzazione f **3** (das Abschwächen) {+BEHAUPTUNG, BEMERKUNG} addolcimento m **4** meteo {+HOCH, TIEF} attenuazione f; {+WIND} calare m.

ab|schwatzen tr fam, **ab|schwätzen** tr fam süddt: **er hat mir mein altes Motorrad abgeschwatzt**, con le sue chiacchiere mi ha convinto (-a) a dargli la mia vecchia moto.

ab|schweifen itr <sein> {PERSON} divagare, fare una digressione geh/divagazione; {GEDANKEN} perdersi altrove; **von etw** (dat) ~ divagare da qc: **vom Thema** ~ auch, uscire dal seminato fam.

Abschweifung <-, -en> f divagazione f, digressione f geh.

ab|schwellen <irr> itr <sein> **1** (zurückgehen) {GELENK} sgonfiarsi; {ABSZESS} auch sfiammarsi **2** (sich vermindern) {LÄRM} attenuarsi, affievolirsi.

ab|schwenken A itr <sein> **1** (zur Seite schwenken) **von etw** dat) ~ {KAMERA VOM MOTIV} allontanarsi (da qc), spostarsi (da qc): **der LKW schwenkt nach links ab**, il camion devia/svolta a sinistra; mil {KOLONNE} fare una conversione **2** (abkommen) **von etw** (dat) ~ {PARTEI, POLITIKER VON EINEM ALTEN KURS} abbandonare qc: **die Opposition ist abgeschwenkt**, l'opposizione ha cambiato rotta; **er ist nach rechts abgeschwenkt**, è ₁slittato verso₁/[andato a] destra B tr <haben> **etw** ~ **1** (kurz abspülen) {GESCHIRR, GLÄSER} sciacquare qc **2** (abtropfen lassen) {GEMÜSE, KARTOFFELN} scolare qc.

ab|schwindeln tr **jdm etw** ~ {GELDSUM-

ME, WERTGEGENSTAND} truffare {qc a qu₁/[qu di qc], fregare qc a qu fam: **er hat dem alten Mann seine Rente abgeschwindelt**, si è preso la pensione del vecchio ricorrendo all'inganno; **jdm eine Unterschrift ~**, estorcere una firma a qu (con l'inganno).

ab|schwirren itr *<sein>* {INSEKT} volare via con un gran ronzio; {VOGEL} volare via con un gran frullio d'ali; *fam pej* {PERSON} smammare *fam pej*: **schwirr ab!**, togliti dai piedi! *fam*, smamma! *fam*, sparisci!; *irgendwohin* ~ partire *per qc*, sparire *per qc*.

ab|schwören *<irr>* itr *geh* **etw** (dat) ~ {DEM ALKOHOL, DEM RAUCHEN} (decidere di) rinunciare *a qc*, {DEM GLAUBEN} abiurare *qc*, ripudiare *qc*, rinnegare *qc*.

Abschwung m **1** *sport* {+TURNER} uscita f **2** *ökon* {+WIRTSCHAFTSWACHSTUM} flessione f: **ein ~ der Konjunktur**, una fase di recessione.

ab|segeln A tr *<haben>* **etw** ~ {STRECKE} percorrere *qc* in barca a vela; {KÜSTE} veleggiare lungo *qc* B itr *<sein>* (**aus**/**von etw** dat) ~ {SEGELSCHIFF AUS, VON EINEM HAFEN} salpare (*da qc*): **die ~den Jachten**, gli yacht {che stanno salpando₁/[in partenza].

ab|segnen tr *fam scherz* **etw** ~ {CHEF, DIREKTOR PLAN, VORSCHLAG} dare la propria benedizione *a qc fam scherz*, acconsentire *a qc*: **der Artikel muss noch vom Chefredakteur abgesegnet werden**, l'articolo deve ancora avere il nullaosta del direttore.

absehbar adj {KONSEQUENZEN, VERÄNDERUNGEN} prevedibile: **in ~er Zeit**, in tempi brevi, in un prossimo futuro, fra non molto (tempo); **nicht ~**, non prevedibile, imprevedibile; **das Ende einer S. (gen) ist nicht ~**, non si vede la fine di qc; **die materiellen Schäden sind noch nicht ~**, i danni materiali non sono ancora calcolabili.

ab|sehen *<irr>* A tr **1** (*vorhersehen*) **etw** ~ prevedere *qc*: **ich kann nicht ~, wie sie reagieren wird**, non posso prevedere la sua reazione; **wir können nicht ~, wie lange die Arbeiten dauern werden**, non abbiamo ancora un'idea precisa sulla durata dei lavori; **es ist abzusehen, dass ...**, è prevedibile che ... *konjv*; **etw ist nicht abzusehen: ein Ende des Bahnstreiks ist noch nicht abzusehen**, la fine dello sciopero dei treni non è ancora in vista; **die durch das Erdbeben entstandenen Schäden sind noch nicht abzusehen**, i danni causati dal terremoto non sono ancora calcolabili/valutabili **2** (*abgucken*) **jdm etw** ~ imparare *qc da qu* (osservando) **3** *fam* (*abschreiben*) **etw** (**bei jdm**) ~ {SCHÜLER AUFSATZ, MATHEAUFGABEN} copiare *qc* (*da qu*) B itr **1** (*verzichten*) **von etw** (dat) ~ {VON EINER ANZEIGE, EINER ENTLASSUNG, EINER STRAFE} rinunciare *a* (*fare*) *qc*, desistere *da*(*l fare*) *qc*: **davon ~, etw zu tun**, rinunciare a fare qc, astenersi dal fare qc **2** (*nicht berücksichtigen*) **von etw** (dat) ~ {VON EINEM EINWAND, EINEM FEHLER} prescindere *da qc*: **sehen wir davon ab, dass ...**, a parte il fatto che ..., lasciamo stare che ... • **es auf jdn abgesehen haben** (*jdn schikanieren*), aver preso di mira qu; **seit ein paar Tagen hat es unser Chef auf mich abgesehen**, da qualche giorno il nostro capo ce l'ha con me; (*jdm den Hof machen*), aver messo gli occhi su/[addosso a] qu; **es auf etw** (akk) **abgesehen haben**, puntare a qc; **er hat es auf mein Geld abgesehen**, gli interessano solo i miei soldi.

ab|seifen A tr **jdm** ~ lavare *qu* col sapone; **jdm etw** ~ {DEN RÜCKEN} lavare *qc a qu* col sapone B rfl **sich** ~ lavarsi col sapone; **sich** (dat) **etw** ~ {DEN RÜCKEN} lavarsi *qc* col sapone.

ab|seihen tr **etw** ~ {BRATENSAFT, BRÜHE, SOBE} filtrare *qc*.

ab|seilen A tr **jdn**/**etw** (**von etw** dat) ~ {BERGSTEIGER, VERLETZTEN VON EINER FELSWAND} calare *qu/qc* (*da qc*) B rfl **1** (*sich hinunterlassen*) **sich** (**von**/**aus etw** dat) ~ {VON EINEM FELSEN, AUS EINEM OBEREN GESCHOSS} calarsi/scendere con una corda (*da qc*) **2** *fam* (*sich davonmachen*) **sich** ~ {GANGSTER, POLIZEILICH GESUCHTER} tagliare la corda *fam*, svignarsela *fam*: **nach dem Skandal hat er sich ins Ausland abgeseilt**, dopo lo scandalo è scappato all'estero.

ab|sein a.R. *von* ab sein → **sein**②.

abseits① adv **1** (*entfernt*) lontano, distante, fuorimano: **ihr Haus in den Bergen liegt sehr ~**, la sua casa in montagna è molto fuorimano; **~ stehen**, starsene in disparte **2** *sport* in fuorigioco: **~ sein**/**stehen**, essere in fuorigioco.

abseits② präp + gen lontano da: **wir wählen immer Reiserouten, die ~ des Massentourismus liegen**, scegliamo sempre itinerari lontani dal circuito del turismo di massa.

Abseits <-, -> n **1** *sport* fuorigioco m: **im ~ sein**/**stehen**, essere in fuorigioco; **ins ~ laufen**, andare/finire *fam* in fuorigioco; **der Schiedsrichter pfiff ~**, l'arbitro ha fischiato un fuorigioco **2** (*das Aus*) emarginazione f: **Arbeits- und Obdachlose leben im gesellschaftlichen ~**, i disoccupati e i senzatetto vivono ai margini dalla società • **jdn ins ~ drängen** *fam*, mettere in disparte qu, isolare qu, emarginare qu; **jdn ins politische ~ drängen**, emarginare qu sul piano politico; **ins ~ geraten** *fam*, ritrovarsi isolato (-a); **durch die lange Krankheit geriet er ins berufliche ~**, a causa della lunga malattia è rimasto (tagliato) fuori dal mondo del lavoro.

Abseitsstellung f *sport* posizione f di fuorigioco.

Abseitstor n *sport* gol m in fuorigioco.

ab|senden *<irr oder reg>* tr **etw** (**an jdn**/**etw**) ~ {BRIEF, DOKUMENTE, PAKET} inviare *qc* (*a qu/qc*), spedire *qc* (*a qu/qc*), mandare *qc* (*a qu/qc*).

Absender① m *post* mittente m; (*bei Warensendungen*) speditore m.

Absender② m (**Absenderin** f) (indirizzo m del) mittente m.

ab|sengen tr **etw** ~ {HAARE} bruciacchiare *qc*; {FEDERN, HUHN} *auch* strinare *qc*, fiammeggiare *qc*.

ab|senken A tr **1** (*tiefer liegen lassen*) **etw** (**um etw** akk) ~ {GRUNDWASSERSTAND} abbassare *qc* (*di qc*) **2** (*tiefer legen*) **etw** (**um etw** akk) ~ {FUNDAMENTE, TERRASSE UM EIN BESTIMMTES MAß} abbassare *qc* (*di qc*) **3** *agr* **etw** ~ {PFLANZEN} propagginare *qc* B rfl **sich** ~ {FUNDAMENTE, TERRASSE} abbassarsi; {GELÄNDE, HANG} *auch* declinare, digradare.

Absenz <-, -en> f **1** *geh* (*das Fehlen*) assenza f **2** *süddt A CH* {+SCHÜLER} assenza f.

Absenzenliste f lista f/elenco m degli assenti.

ab|servieren *<ohne ge->* A tr *fam* **1** (*unfreundlich behandeln und wegschicken*) **jdn** ~ liquidare *qu fam*, scaricare *qu fam*: **sich von jdm ~ lassen**, farsi liquidare da qu *fam*; **jdn mit etw** (dat) ~ liquidare *qu con qc* **2** (*entlassen*) **jdn** ~ {MITARBEITER} dare il benservito *a qu*; {POLITIKER} *auch* silurare *qu fam* (*umbringen*) **jdn** ~ far fuori *qu slang*, liquidare *qu fam* **4** (*abräumen*) **etw** ~ {GEDECK, GESCHIRR} togliere *qc*; {TISCH} sparecchiare *qc* B itr sparecchiare.

absetzbar adj **1** (*steuerlich zu berücksichtigen*) {AUSGABE, ANSCHAFFUNG} deducibile, detraibile **2** *com* (*verkäuflich*) {ARTIKEL, PRODUKT} smerciabile, vendibile: **nicht ~**, non smerciabile, invendibile; **schwer ~**, difficile da smerciare/vendere, di difficile smercio **3** (*des Amtes zu entheben*) {AMTSTRÄGER, DIKTATOR, POLITIKER} che può essere destituito/deposto.

ab|setzen A tr **1** (*des Amtes entheben*) **jdn** ~ {AMTSTRÄGER, MINISTER, REGIERUNGSCHEF} destituire *qu*, spodestare *qu*, rimuovere *qu*, deporre *qu* **2** (*abnehmen*) **etw** ~ {BRILLE, HUT, MÜTZE} togliersi *qc*, levarsi *qc* **3** (*hinstellen*) **etw** ~ {EINKAUFSTASCHE, GEPÄCK} posare *qc*, poggiare *qc*, deporre *qc* **4** (*aufhören*) **etw** ~ {GEIGE, GEWEHR, GLAS} posare *qc* **5** *fam* (*aussteigen lassen*) **jdn irgendwo** ~ {FAHRGAST, MITFAHRER, AM BAHNHOF, IN DER INNENSTADT} {mettere giù *fam*₁/[lasciare]/[far scendere] *qu + compl di luogo* (*ablagern*) **etw** ~ {GEBIRGSBACH GERÖLL, SAND} depositare *qc*, deporre *qc* **7** *com* (*verkaufen*) **etw** (**an jdn**) ~ {ARTIKEL, PRODUKT AN KUNDEN} vendere *qc* (*a qu*); **etw irgendwo** ~ {ARTIKEL IM AUSLAND, NACH ÜBERSEE} smerciare/vendere *qc* (+ *compl di luogo*) **8** (*abziehen*) **etw** ~ {VON etw dat} ~ {AUSGABEN, KOSTEN VON DER STEUER} dedurre *qc* (*da qc*), detrarre *qc* (*da qc*) **9** (*nicht stattfinden lassen*) **etw** ~ {FILM, KONZERT, STÜCK} annullare *qc*, cancellare *qc*: **dieses Theaterstück wurde vom Spielplan abgesetzt**, questa pièce è stata tolta dal cartellone **10** (*nicht mehr einnehmen*) **etw** ~ {MEDIKAMENT} sospendere (l'assunzione *di*) *qc* **11** (*unterbrechen*) **etw** ~ {BEHANDLUNG, THERAPIE} sospendere *qc* **12** (*kontrastieren*) **etw** (**von etw** dat) ~ {FARBE, KONTUREN VOM HINTERGRUND} far risaltare *qc* (*su qc*) B itr (*innehalten*) interrompersi: **sie erzählte mir alles auf einmal, ohne auch nur einmal abzusetzen**, mi raccontò tutto di seguito senza interrompersi neanche una volta C rfl **1** (*sich festsetzen*) **sich** (**auf etw** dat) ~ {STAUB AUF DEN MÖBELN} depositarsi *su qc*, posarsi *su qc* **2** *chem* **sich** (**irgendwo**) ~ {SUBSTANZ} depositarsi (+ *compl di luogo*) **3** *fam* (*verschwinden*) **sich irgendwohin** ~ {INS AUSLAND, ÜBER DIE GRENZE} scappare/filarsela *fam* (+ *compl di luogo*): **der Korruption angeklagte Minister hat sich ins Ausland abgesetzt**, il ministro accusato di corruzione è scappato all'estero **4** *sport* **sich** (**von jdm**/**etw**) (dat) ~ {LÄUFER, FELD VON DEN ANDEREN, VOM HAUPTFELD} staccarsi *da qu/qc*, distanziarsi *da qu/qc* **5** (*sich distanzieren*) **sich von etw** (dat) ~ prendere le distanze *da qc* **6** (*kontrastieren*) **sich gegen etw** (akk) ~ {BÄUME, HÄUSER GEGEN DEN HIMMEL} stagliarsi *contro qc*, staccare *su qc*.

Absetzung <-, -en> f **1** (*Amtsenthebung*) {+HERRSCHER} destituzione f, spodestamento m; {+BEAMTER, MINISTER, REGIERUNGSCHEF, VORSITZENDER} rimozione f, destituzione f **2** (*das Absetzen*) {+FILM, KONZERT, STÜCK, VERANSTALTUNG} annullamento m, cancellazione f: **die ~ eines Konzertes vom Spielplan**, la cancellazione di un concerto dal programma.

ab|sichern A tr **1** (*sicher machen*) **etw** (**durch etw** akk/**mit etw** dat) ~ {BAUSTELLE DURCH ALARMANLAGE, BRUNNEN MIT BRETTERN} rendere sicuro (-a) *qc* (*con qc*); {ABSTIEG MIT SEILEN} assicurare *qc* (*con qc*) **2** (*abstützen*) **etw** ~ dare un fondamento *a qc*: **etw wissenschaftlich** ~ dare base scientifica a qc **3** (*ein sicheres Mandat garantieren*) **jdn** (**über etw** akk) ~ {ABGEORDNETEN ÜBER EINE LANDESLISTE, EINEN LISTENPLATZ} assicurare/garantire l'elezione *a qu* (*attraverso qc*) B rfl (*sich eine Sicherheit verschaffen*) **sich**

(*gegen etw* akk) ~ {GEGEN RISIKEN, UNFÄLLE, UNVORHERGESEHENES} cautelarsi (*contro qc*), tutelarsi (*contro qc*), premunirsi (*contro qc*), prendere precauzioni (*contro qc*), garantirsi (*da/contro qc*), salvaguadarsi (*conro qc*): **sich gegen jede Kritik** ~ {SCHRIFTSTELLER, WISSENSCHAFTLER}, mettersi al riparo dalle, /[cautelarsi contro le] critiche.

Absicht <-, -en> f intenzione f, proposito m; *jur intenzione* f: **ich habe die** ~, **mein Haus zu verkaufen**, ho intenzione di vendere la casa ● **in der besten** ~, con ₁le migliori intenzioni, /[i migliori propositi]; **mit betrügerischer** ~, con intento fraudolento; **in böser** ~, in malafede, malintenzionatamente; **ernste ~en (auf jdn/mit jdm) haben**, avere intenzioni serie (con qu); **in guter** ~, in buonafede; **er hat es in guter** ~ **getan**, ₁l'ha fatto₁/[ha agito] in buonafede; **nicht in jds** ~ **liegen**, non essere nelle intenzioni di qu; **es lag nicht in seiner** ~, non era nelle sue intenzioni; **mit** ~, di proposito, apposta, intenzionalmente; **er hat es sicher nicht mit** ~ **getan**, sicuramente non l'ha fatto apposta; **ohne** ~, senza intenzione, involontariamente; **in selbstmörderischer** ~, con l'intenzione/l'intento di suicidarsi; **sich mit der** ~ **tragen, etw zu tun** *geh*, accarezzare il proposito di fare qc; **eine** ~ **verfolgen**, perseguire uno scopo/un intento.

absichtlich **A** adj {BELEIDIGUNG, FOUL, KRÄNKUNG, TÄUSCHUNG} intenzionale, fatto con intenzione; *jur* intenzionale **B** adv {ÄRGERN, TÄUSCHEN} apposta, intenzionalmente, di proposito, deliberatamente: **er hat es** ~ **getan**, l'ha fatto apposta/[di proposito]/[a bella posta *fam*]/[ad arte].

Absichtserklärung f dichiarazione f d'intenti.

ab|singen <irr> tr **1** (*bis zu Ende singen*) **etw** ~ {HYMNE, KAMPFLIED} cantare ₁tutto (-a) qc₁/[qc per intero] **2** (*vom Blatt singen*) **etw** (*von etw* dat) ~: **ein Lied vom Blatt** ~, cantare una canzone a prima vista.

ab|sinken <irr> itr <*sein*> **1** (*sich verringern*) {BLUTDRUCK, FIEBER, TEMPERATUR, WASSERSTAND} abbassarsi, scendere, calare: **das Absinken** {+TEMPERATUR, WASSERSTAND} abbassamento m, calo m **2** (*sich verschlechtern*) {NIVEAU} calare, peggiorare; {LEISTUNG} *auch* subire un calo **3** (*sich senken*) (**um etw** akk) ~ {BODEN} abbassarsi (*di qc*): **nach den letzten Regenfällen ist der Boden um fast zwei Zentimeter abgesunken**, dopo le ultime piogge il terreno si è abbassato di quasi due centimetri **4** (*tiefer sinken*) {SCHIFF, WRACK} affondare, colare/andare a picco/fondo.

Absinth <-(*e*)*s*, -*e*> m assenzio m.

ab|sitzen <irr> **A** tr <*haben*> *fam* **etw** ~ **1** (*lustlos verbringen*): **Tag für Tag muss ich meine Stunden hinter dem Schreibtisch** ~, tutti i santi giorni devo fare il mio tempo dietro la scrivania **2** (*verbüßen*) {STRAFE} scontare qc **B** itr <*sein*> **1** (*hinuntersteigen*) (**von etw** dat) ~ {VOM PFERD} smontare *da qc*, scendere *da qc* **2** CH (*sich setzen*) sedersi.

absolut **A** adj **1** (*uneingeschränkt*) {GLEICHBERECHTIGUNG, MACHT, VERBOT} assoluto; {VERTRAUEN} *auch* incondizionato; {ABLEHNUNG, JDS NEIN} categorico **2** *fam* (*total*) vero, grande: **das ist ~er Quatsch!**, questa è una vera/grande fesseria! **3** <*meist attr*> (*völlig*) {MEHRHEIT, RUHE, SCHWEIGEN, STILLE} assoluto **4** (*allein herrschend*) {HERRSCHER, MONARCHIE} assoluto **5** *philos* {DENKEN} assoluto **6** *chem* {ALKOHOL, ÄTHER} puro **B** adv *fam* {BLÖDSINNIG, LANGWEILIG, SCHLEIERHAFT, UNMÖGLICH, UNSINNIG} assolutamente: **ich kann ihn** ~ **nicht leiden**, non lo posso assolutamente soffrire; **das ist** ~ **nicht nötig**, non è assolutamente necessario ● ~ **betrachtet/genommen**, in assoluto.

Absolutheit <-, ohne pl> f {+DOGMA, GRUNDSÄTZE} assolutezza f.

Absolutheitsanspruch m *bes. pol relig* pretesa f di detenere la verità assoluta: **einen** ~ **erheben**, pretendere di detenere la verità assoluta.

Absolution <-, -en> f *relig* assoluzione f: **jdm die** ~ **erteilen**, impartire/dare l'assoluzione a qu, assolvere qu.

Absolutismus <-, ohne pl> m *hist* **1** (*Alleinherrschaft im 17./18. Jh.*) {+KAISER, KÖNIG} assolutismo m **2** (*Staatsform*) assolutismo m.

absolutistisch **A** adj {HERRSCHER} assolutista; {REGIME, STAAT} *auch* assolutistico **B** adv {REGIEREN} assolutisticamente.

Absolvent <-en, -en> m (**Absolventin** f) **1** (*Teilnehmer*) ~ (**in**) **einer S.** (gen) {+KURS, LEHRGANG} chi ha seguito *qc*, chi ha partecipato *a qc* **2** {+GYMNASIUM} (*kurz vor dem Abitur*) diplomando (-a) m (f); (*kurz nach dem Abitur*) diplomato (-a) m (f); {+UNIVERSITÄT} (*kurz vor dem Examen*) laureando (-a) m (f); (*nach dem Examen*) laureato (-a) m (f).

absolvieren <*ohne* ge-> tr *geh* **1** (*ablegen*) **etw** ~ {EXAMEN} superare *qc*, passare *qc* **2** (*erfolgreich beenden*) **etw** ~ {FACHSCHULE, GYMNASIUM, STUDIUM} finire *qc*, terminare *qc*, portare a termine *qc*; {COMPUTERKURS, FORTBILDUNGSKURS} frequentare *qc*, fare *qc fam* **3** (*ableisten*) **etw** ~ {ACHTSTUNDENTAG, PENSUM, TRAINING} fare *qc*: **den Militär-/Zivildienst** ~, fare/assolvere il servizio militare/civile.

Absolvierung <-, ohne pl> f {+MILITÄRDIENST, PROBEZEIT, ZIVILDIENST} assolvimento m; {+STUDIUM} compimento m: **nach erfolgreicher** ~ **einer Prüfung**, dopo aver superato con successo un esame; **nach** ~ **des Studiums**, dopo aver compiuto gli studi.

absonderlich **A** adj {DUFT, GEDANKE, GEFÜHL, GESCHMACK} strano, particolare; {KERL, MANIEREN, TYP} *auch* strambo, bizzarro, singolare **B** adv: ~ **riechen/schmecken**, avere un odore/sapore strano/particolare; **sich** ~ **benehmen/verhalten**, comportarsi in modo strambo/bizzarro.

Absonderlichkeit <-, ohne pl> f {+BENEHMEN, VERHALTEN} stranezza f, singolarità f; {+DUFT, GEFÜHLE, GESCHMACK} particolarità f, stranezza f.

ab|sondern A tr **1** (*isolieren*) **jdn/etw** (*von jdm/etw*) ~ {KRANKE VON GESUNDEN, SCHAF VON DER HERDE} isolare *qu/qc* (*da qu/qc*), separare *qu/qc* (*da qu/qc*) **2** (*ausscheiden*) **etw** ~ {DRÜSE, WUNDE EITER, FLÜSSIGKEIT, SEKRET} secernere *qc*: **die Wände sondern Feuchtigkeit ab**, le pareti trasudano umidità **B** rfl (*sich isolieren*) **sich** (*von jdm/etw*) ~ {MENSCH VON DEN MITMENSCHEN, SCHÜLER VON DER KLASSE} isolarsi (*da qu/qc*), appartarsi.

Absonderung <-, -en> f **1** (*Isolierung*) {+PATIENT} isolamento m **2** (*das Absondern*) {+SEKRET} secrezione f.

absorbieren <*ohne* ge-> tr **1** (*aufnehmen*) **etw** ~ {DÄMPFE, SCHADSTOFFE, STRAHLEN, WIRKSTOFFE} assorbire *qc* **2** (*dämpfen*) **etw** ~ {FEDERUNG, STOSSDÄMPFER SCHLAGLÖCHER, STÖSSE} assorbire *qc*, attutire *qc* **3** (*in Anspruch nehmen*) **jdn/etw** ~ {ARBEIT, BERUF KRÄFTE} assorbire completamente *qu/qc*; {FREIZEIT, PERSON} *auch* impegnare/occupare completamente *qu/qc*.

Absorption <-, ohne pl> f {+GIFTIGE DÄMPFE, SCHADSTOFFE} assorbimento m.

ab|spalten A tr **1** (*durch Spalten trennen*) **etw** (*von etw* dat) ~ {STÜCK HOLZ VON EINEM STAMM} staccare *qc* (*da qc*) **2** *chem* **etw** ~ {ENZYM PHOSPHATE} liberare *qc*; **etw von etw** (dat) ~ {MOLEKÜL VON EINER VERBINDUNG} separare *qc da qc*, dividere *qc da qc*: **bei der chemischen Reaktion wird Sauerstoff abgespaltet/abgespalten**, nella reazione chimica si libera ossigeno **B** rfl **1** (*sich von etw lösen*) **sich** (**von jdm/etw**) ~ {MINDERHEIT VON DER PARTEI; SEKTE VON DER MUTTERKIRCHE} staccarsi *da qu/qc*, separarsi *da qu/qc* **2** *chem* **sich** (**von etw** dat) ~ {MOLEKÜL VON EINER VERBINDUNG} staccarsi (*da qc*), liberarsi (*da qc*).

Abspaltung f scissione f, scisma m: **eine Minderheit der Partei drohte mit einer** ~, una minoranza del partito minacciava la scissione; **die** ~ **einer Sekte von der Mutterkirche**, la scissione di una setta dalla chiesa madre.

Abspann <-(*e*)*s*, -*e*> m *film TV* titoli m pl di coda.

ab|sparen rfl *fam* **sich** (dat) **etw** (**von etw** dat) ~: **ich habe mir das Kleid vom Taschengeld abgespart**, ho comprato il vestito risparmiando sulla paghetta; **deinen Urlaub musste ich mir vom Mund** ~, mi sono tolto (-a) il pane di bocca per farti fare questa vacanza.

ab|specken *fam* **A** tr **1** (*Gewicht reduzieren*) **etw** ~ {EINIGE KILO} buttare giù *qc fam*, perdere *qc* **2** (*reduzieren*) **etw** ~ {ANGEBOT, PRODUKTPALETTE} sfoltire *qc*, ridurre *qc* **B** itr *fam* **1** (*abnehmen*) buttare giù ciccia *fam*/kili *fam*: **zum Abspecken gehe ich in die Sauna**, per buttare giù un po' di ciccia faccio la sauna *fam* **2** (*reduziert werden*) {ABTEILUNG, VERWALTUNG} subire grossi tagli.

ab|speichern tr *inform* **etw** (**auf etw** akk) ~ {DATEI, DATEN, TEXT} salvare *qc* (*su qc*).

ab|speisen tr *fam* **jdn** (**mit etw** dat) ~: **liquidare qu** (*con qc*) *fam*: **nach all der Arbeit wollte er mich mit ein paar Kröten** ~, dopo tutto quel lavoro voleva liquidarmi con due lire.

abspenstig adj <*präd*>: **jdm jdn/etw** ~ **machen**, portare via qu/qc a qu; **jdm seine Freunde** ~ **machen**, portare via gli amici a qu.

ab|sperren A tr **1** (*versperren*) **etw** ~ {UNFALLSTELLE} transennare *qc*, chiudere *qc* con (delle) transenne; {STRASSE} *auch* sbarrare *qc*; {INNENSTADT} chiudere *qc* (al traffico) **2** (*abstellen*) (**jdm**) **etw** ~ {GAS, HEIZUNG, STROM, WASSER} chiudere *qc* (*a qu*) **3** *süddt A* (*zuschließen*) **etw** ~ {TOR, TÜR, WOHNUNG} chiudere *qc* (a chiave) **B** itr *süddt A* chiudere (a chiave).

Absperrgitter n transenna f.

Absperrhahn m rubinetto m di chiusura.

Absperrkette f catena f; (*aus Polizisten*) cordone m di poliziotti, sbarramento m di forze di polizia.

Absperrung f **1** <*nur sing*> (*das Absperren*) {+UNFALLORT} transennamento m; {+STRASSE} *auch* sbarramento m, f; {INNENSTADT} chiusura f (al traffico): **eine Baustelle durch ~en sichern**, rendere sicuro un cantiere transennandolo **2** (*Sperre*) barriera f, sbarramento m: **eine** ~ **errichten/niederreißen**, erigere/abbattere una barriera/uno sbarramento.

Abspiel <-*s*, ohne pl> n *sport* passaggio m.

ab|spielen A tr **1** (*ablaufen lassen*) **etw** ~ {CD, TONBAND}: **diese Schallplatte habe ich noch nicht** ~ **lassen**, questo disco non l'ho ancora sentito; **soll ich Ihnen die CD einmal** ~?, vuole che Le faccia ascoltare questo CD? **2** (*abnutzen*) **etw** ~ {CD, KASSETTE} consumare *qc* a forza di ascoltarlo; {BALL, SPIEL-

KARTEN) consumare *qc* a forza di giocare **3** (*ablesen*): **etw vom Notenblatt ~**, suonare qc a prima vista **4** *sport* **etw** (**an jdn**) ~ {BALL} passare *qc* (*a qu*) **B** *itr sport* effettuare un passaggio **C** *rfl* (*vor sich gehen*) **sich irgendwo/irgendwie ~** {SZENE} avvenire/ svolgersi/accadere + *compl di luogo/modo*: **der Unfall/Überfall hat sich vor unseren Augen abgespielt**, l'incidente/l'aggressione ₁ha avuto luogo₁/[è avvenuto (-a)] sotto i nostri occhi; **was sich da zwischen den beiden abspielt, ist eine echte Tragödie!** *fam*, quel che succede tra quei due è una vera e propria tragedia! ● **da/hier spielt sich gar nichts ab!** *fam* (*das kommt nicht in Frage!*), non se ne parla nemmeno!

ab|splittern A *itr* <*sein*> (**von etw** *dat*) ~ {HOLZ} scheggiarsi; {KERAMIK} *auch* sbreccarsi; {FARBE, LACK} sfaldarsi **B** *rfl* <*haben*> **sich ~ 1** (*sich ablösen*) {FARBE, LACK} sfaldarsi: **am Teller hat sich ein Stück abgesplittert**, il piatto si è scheggiato/sbreccato **2** (*sich abspalten*) {PARTEIGRUPPE} staccarsi.

Absprache f **1** accordo m, intesa f: **eine ~ (mit jdm) treffen**, giungere ad un'intesa (con qu), prendere accordi (con qu) **2** *jur* patteggiamento m, accordo m.

absprachegemäß *adv* come d'accordo/ d'intesa, come ₁da accordi presi₁/[stabilito]/[convenuto].

ab|sprechen <*irr*> **A** *tr* **1** (*verabreden*) **etw** (**mit jdm**) ~ {ORT, REISE, TERMIN, ZEIT} accordarsi (*con qu*) *su qc*, concordare *qc* (*con qu*): **es war abgesprochen, dass wir ins Kino gehen**, eravamo (rimasti (-e)) d'accordo di andare al cinema **2** (*vorher vereinbaren*) **etw** ~ {PLAN} concertare *qc*, concordare *qc*; (AUSSAGEN, GUTACHTEN) concordare *qc*, mettersi d'accordo *su qc*: **wir haben abgesprochen, dass ...**, abbiamo convenuto che ... **3** (*aberkennen*) **jdm etw** ~ {ANSPRUCH, RECHT} negare *qc a qu*; *jur* {BÜRGERRECHTE, STAATSANGEHÖRIGKEIT} privare *qu di qc* **4** (*streitig machen*) **jdm etw** ~ {FÄHIGKEIT, TALENT, GUTEN WILLEN} non riconoscere *qc a qu* **B** *rfl* **sich** ~ {PERSONEN} (*ausmachen*) mettersi d'accordo; (*Aussagen aufeinander abstimmen*) *auch* concordare una versione; **sich mit jdm** (**über etw** *akk*) ~ mettersi d'accordo *con qu* (*su qc*), accordarsi *con qu* (*su qc*).

ab|spreizen *tr* **etw** ~ {ARME, BEINE} stendere *qc*; {FINGER, ZEHEN} allungare *qc*.

ab|sprengen *tr* **etw** ~ {GESTEINSSTÜCK} far saltare *qc* con dell'esplosivo.

ab|springen <*irr*> *itr* <*sein*> **1** (*herunterspringen*) (**von etw** *dat*) ~ {VON EINER BRÜCKE, VOM PFERD, VON DER STRAẞENBAHN} saltare giù (*da qc*): **mit dem Fallschirm ~**, paracadutarsi, lanciarsi con il paracadute **2** *fam* (*sich zurückziehen*) tirarsi/[fare marcia] indietro *fam*, ripensarci: **er ist im letzten Moment abgesprungen**, all'ultimo momento ha fatto ₁marcia indietro *fam*₁/[dietrofront *fam*], si è ritirato all'ultimo momento; (**von etw** *dat*) ~ {VON EINEM KURS, EINEM GEPLANTEN SEMINAR} ritirarsi (*da qc*), abbandonare *qc*; {VON EINEM VERTRAG} rescindere *qc* **3** *fam pol* (*austreten*) uscire dal partito **4** (*abplatzen*) (**an/von etw** *dat*) ~ {FARBE, LACK AN EINER STELLE, VOM UNTERGRUND} saltare via (*da qc*), staccarsi (*da qc*) **5** (*abprallen*) (**an/von etw** *dat*) ~ {BALL AN EINEM BAUM, VON DER WAND} rimbalzare (*su/contro qc*).

ab|spritzen A *itr* <*haben*> **1** (*mit Wasserstrahl entfernen*) **etw** ~ {DRECK, FARBE, INSEKTEN, STAUB} togliere *qc* (*da qc*) con un getto d'acqua **2** (*reinigen*) **jdn/etw** ~ {AUTO, HOF, KINDER, MOTOR} lavare *qu/qc* (con un getto d'acqua) **3** (*mit etw besprühen*) **etw** ~ {PFLANZEN} spruzzare *qc*,

etw mit etw (*dat*) ~ {MIT EINER DÜNGELÖSUNG, EINEM INSEKTENVERTILGUNGSMITTEL, WASSER} spruzzare *qc di/con qc* **B** *itr* <*sein*> **1** (*abprallen*) (**von etw** *dat*) ~ {SCHLAMM VON DEN RÄDERN; WASSERTROPFEN VON DER SCHEIBE} schizzare via (*da qc*) **2** *fam* (*weggehen, -fahren*) {AUTO, PERSON} schizzare via **C** *rfl* **sich** (**mit etw** *dat*) ~: **sich mit einem Schlauch ~**, lavarsi/pulirsi con la sistola.

Absprung m **1** *fam* (*Ausstieg*): **den ~ schaffen**, fare il grande passo; **sei froh, dass du jetzt gekündigt hast, in einigen Jahren hättest du den ~ nicht mehr geschafft**, meno male che ti sei licenziato (-a) adesso, tra qualche anno non ce l'avresti più fatta ad andartene; **wenn du nicht aufhörst zu trinken, schaffst du den ~ nicht mehr**, se non smetti di bere non ne verrai più fuori *fam*; **den ~ verpassen**, perdere il treno *fam*; **den ~ wagen**, saltare il fosso *fam* **2** (*das Abspringen*) {+REITER, SKISPRINGER} salto m; {+FALLSCHIRMSPRINGER} lancio m; {+TURNER} stacco m.

ab|spulen *tr* **etw** ~ **1** (*von der Spule laufen lassen*) {FILM, TONBAND} svolgere la bobina *di qc*; (*für Arbeitszwecke*) *auch* sbobinare *qc*; (*abspielen*) {TONBAND} sentire *qc*; {VIDEOFILM} (far) vedere *qc*; (*vorführen*) {FILM} proiettare *qc* **2** (*abwickeln*) {GARN, KABEL} svolgere *qc*, srotolare *qc* **3** *fam* (*dahersagen*) {AUSREDE, FORDERUNGEN, SPRÜCHE} snocciolare *qc fam*, sciorinare *qc fam*.

ab|spülen A *tr* **1** (*unter fließendem Wasser reinigen*) **etw** ~ {GESCHIRR, HÄNDE} (ri)sciacquare *qc*, lavare *qc* **2** (*durch Spülen entfernen*) **etw** (**von etw** *dat*) ~ {DRECK, SCHLAMM, SCHMUTZ} togliere *qc* (*da qc*) (con l'acqua): **Seife von den Händen ~**, sciacquarsi il sapone dalle mani **B** *itr* rigovernare, lavare/ fare i piatti.

ab|stammen *itr* <*kein part perf*> **1** (*jds Nachfahre sein*) **von jdm/etw** ~ {VON EINER ADLIGEN FAMILIE, EINEM GESCHLECHT} discendere *da qu/qc* **2** *bot zoo* **von etw** (*dat*) ~ {PFLANZE VON URZEITLICHEN PFLANZEN; TIER VON EINER VOR-, URFORM} derivare *da qc*: **der Hund stammt vom Wolf ab**, il cane è un discendente del lupo **3** *ling* (*sich herleiten*) **von etw** (*dat*) ~ {BEGRIFF, WORT VON EINER ANDEREN SPRACHE} derivare *da qc*, provenire *da qc*.

Abstammung <*-, -en*> f **1** (*Abkunft*) {+PFLANZE, TIER} origine f; {+MENSCH} *auch* discendenza f; *jur* (*blutmäßige ~*) filiazione f: **seine ~ nicht leugnen können**, non poter rinnegare le proprie origini; **sie ist adliger ~**, è di ₁discendenza nobile₁/[nobili origini]/ [nobile estrazione]; **er ist deutscher ~**, è di origine tedesca **2** *ling* (*Ursprung*) {+WORT} origine f ● **ehelicher/nichtehelicher ~ sein**, essere figlio legittimo/naturale.

Abstammungslehre f teoria f dell'evoluzione.

Abstand m **1** (*räumliche Distanz*) distanza f, intervallo m: **ein ~ von zehn Meter(n)**, una distanza di dieci metri; **ein ~** ₁**von jdm/ etw**₁**/[zu jdm/etw]**, una distanza da qu/qc; **die Bäume im ~ von drei Meter(n) pflanzen**, piantare gli alberi a intervalli di tre metri; **jdm in einem ~ von wenigen Metern folgen**, seguire qu a pochi metri di distanza; **der ~ von unserem Haus zum Fluss beträgt nur 200 Meter**, la distanza dalla nostra casa al fiume è di solo 200 metri **2** (*zeitliche Distanz*) intervallo m: **in kurzen/regelmäßigen/unregelmäßigen Abständen**, a intervalli brevi/regolari/irregolari; **ein Medikament in dreistündigem ~ einnehmen**, assumere/prendere un medicinale a intervalli di tre ore **3** <*nur sing*> (*Reserviertheit*)

distanza f, distacco m: **jdm mit einem gewissen ~ begegnen**, trattare qu con un certo riserbo/distacco **4** <*nur sing*> (*innerer ~*) distacco m: **~ von jdm/etw gewinnen**, acquisire distacco da qu/qc; **sie hat noch keinen ~ von dieser Sache**, non ha ancora superato/metabolizzato *fam* questa vicenda **5** *sport* distacco m: **der italienische Sprinter siegte mit großem ~**, il velocista italiano ha vinto con largo/netto/forte distacco; **zwei Punkte ~ zur führenden Mannschaft**, un distacco di due punti dalla squadra di testa **6** *fam* → **Abstandssumme** ● (**zu/von jdm/etw**) ~ **halten** (*im Verkehr*), mantenere/rispettare la distanza di sicurezza (rispetto a qu/qc); **jdn auf ~ halten**, tenere qu a distanza; **mit ~**, di gran lunga; **sie ist mit ~ die Beste im Kurs**, è di gran lunga la migliore del corso; **von etw** (*dat*) ~ **nehmen** *geh*, desistere da qc, rinunciare a qc; **davon ~ nehmen**, non farne più una questione, farne *qc*; **den ~ verkleinern/vermindern** *sport*, accorciare/ridurre il distacco; (**den nötigen**) ~ **wahren/halten**, (man)tenere la distanza (dovuta), tenersi a (debita) distanza.

Abstandssumme f *form* **1** *sport* → **Ablösesumme** **2** (*für überlassene Einrichtungsgegenstände*) buonuscita f, rilievo m mobili.

ab|statten f *geh*: **jdm Bericht** (**über etw** *akk*) ~, riferire (qc) a qu, fare una relazione a qu (su qc); **jdm einen Besuch ~**, fare visita a qu; **jdm seinen Dank ~**, esprimere la propria gratitudine a qu, rendere grazie a qu *obs*.

ab|stauben A *tr* **1** (*vom Staub befreien*) **etw** ~ {BILDERRAHMEN, MÖBEL} spolverare *qc*, togliere la polvere *da qc* **2** *fam* (*unerlaubt mitnehmen*) **etw** (**bei/von jdm**) ~ {BETRAG, GEGENSTAND, ZIGARETTE} grattare *qc* (*a qu*) *fam*, fregare *qc* (*a qu*) *fam*, sgraffignare *qc* (*a qu*) *fam* **3** *fam* (*abbetteln*) **etw** (**bei jdm**) ~ scroccare *qc* (*a qu*) *fam*: **mal sehen, ob ich bei meiner Tante nicht ein paar Euro ~ kann**, vediamo un po' se riesco a scucire qualche soldo a mia zia *fam* **B** *itr* spolverare, togliere la polvere.

ab|stechen <*irr*> **A** *tr* **1** (*schlachten*) **etw** ~ {SCHLACHTTIER} scannare *qc*, sgozzare *qc* **2** *fam* (*erstechen*) **jdn** ~ accoltellare *qu*, scannare *qu fam* **3** (*abtrennen*) **etw** (**mit etw** *dat*) ~ {GRASNARBE, RASENKANTE MIT EINEM SPATEN} tagliare (via) *qc* (*con qc*): **Torf ~**, scavare torba **4** *metall* **etw** ~ {HOCHOFEN} spillare *qc*; {FLÜSSIGES METALL} *auch* far colare *qc* **5** (*ablaufen lassen*) **etw** ~ {BIER} spillare *qc*; **Wein ~**, togliere il vino dalla botte, travasare il vino **B** *itr* **1** (*sich abheben*) **gegen etw** (*akk*)/**von etw** (*dat*) ~ {SILHOUETTE GEGEN DEN HIMMEL} spiccare *su qc*, staccarsi *da qc*, distaccarsi *da qc*; {FARBE VOM UNTERGRUND, GEGEN ANDERE} *auch* risaltare *su qc* **2** (*sich herausheben*) **von jdm** ~ {VON DEN ANDEREN} spiccare *su qu*, distaccarsi *da qu*, distinguersi *da qu*.

Abstecher <*-s, ->* m **1** (*Ausflug*) puntata f, scappata f: **letztes Wochenende haben wir einen ~ nach Frankfurt gemacht**, lo scorso fine settimana abbiamo fatto una puntata a Francoforte **2** *geh* (*Exkurs*) digressione f: **ein ~ in die Philosophie**, una digressione/parentesi filosofica.

ab|stecken *tr* **1** (*abgrenzen*) **etw** ~ {GRUNDSTÜCK} delimitare *qc*: **eine Straße ~**, picchettare una strada; **etw mit etw** (*dat*) ~ {MIT PFÄHLEN, PFLÖCKEN} segnare *qc con qc* **2** (*umreißen*) **etw** ~ {POSITION} definire *qc*; {PROGRAMM, VORGEHENSWEISE} mettere a punto *qc*, delineare *qc*; **den Rahmen einer S.** (*gen*) ~ fissare i limiti di *qc*: **den Rahmen einer Doktorarbeit ~**, circoscrivere una tesi di dottorato **3** (*durch Nadeln markieren*) *etw* (*mit etw* dat) ~ {KLEIDUNGSSTÜCK MIT STECKNADELN} appuntare *qc* (*con qc*).

ab|stehen <irr> itr <haben oder süddt A CH sein> **1** (*nicht anliegen*) {HAARE} stare ritto (-a): **man hatte sie aus dem Bett geholt, und ihre Haare standen alle ab**, l'avevano buttata giù dal letto e aveva tutti i capelli ritti; **~de Ohren haben**, avere le orecchie a sventola **2** (*entfernt stehen*) (**von** *etw* dat) ~ {GEBÄUDE VON EINER STRASSE} essere distante (*da qc*); {MÖBELSTÜCK VON EINER WAND} *auch* essere scostato *da qc*.

Absteige <-, -n> f *pej* (*schlechtes Hotel*) albergaccio m; (*Stundenhotel*) albergo m a ore.

ab|steigen <irr> itr <sein> **1** (*heruntersteigen*) (**von** *etw* dat) ~ {VOM FAHRRAD, VON DER LEITER, VOM MOTORRAD, VOM ZUG} scendere *da qc*; {VOM PFERD} *auch* smontare *da qc* **2** *fam* (*sich einquartieren*) **in** *etw* (dat) ~ {IN EINEM GASTHOF, EINEM HOTEL} sistemarsi *in qc*, alloggiare *in qc*, scendere *a/in qc* **qc dass 3** (*seinen Status verschlechtern*) *irgendwie* ~ {BERUFLICH, GESELLSCHAFTLICH, SOZIAL} regredire + *compl di luogo*: **durch den Stellenwechsel ist er beruflich abgestiegen**, cambiando lavoro ha peggiorato la sua situazione professionale/[fatto un passo indietro fam] **4** *sport* (*MANNSCHAFT*) retrocedere: **die einheimische Fußballmannschaft ist in die Oberliga abgestiegen**, la squadra locale è retrocessa in serie B **5** (*abwärtsklettern*) (**von** *etw* dat) ~ {BERGSTEIGERER, BERGWANDERER VOM BERG, GIPFEL} scendere *da qc*: **das Absteigen**, la discesa.

absteigend adj *jur* {LINIE} discendente.

Absteigequartier n **1** (*Wohnung, in der man auf einer Reise absteigt*) pied-à-terre m; (*Hotel*) albergo m **2** → **Absteige**.

Absteiger <-s, -> m (**Absteigerin** f) **1** *sport* (*absteigende Mannschaft*) squadra f retrocessa **2** (*sozial absteigender Mensch*) perdente mf.

ab|stellen tr **1** (*ausstellen*) *etw* ~ {COMPUTER, ELEKTROGERÄT, MOTOR, RADIO} spegnere *qc*; {BETRIEBSANLAGEN, MASCHINEN} disattivare *qc* **2** (*abdrehen*) (*jdm*) *etw* ~ {GAS, HAUPTHAHN, WASSER} chiudere *qc* (*a qu*); {STROM, TELEFON} staccare (*a qu*) **3** (*vorübergehend absetzen*) *etw irgendwo* ~ {GEPÄCK, KOFFER, KORB, TABLETT} (ap)poggiare/posare *qc* (+ *compl di luogo*): **stell die Tassen auf dem Küchentisch ab!**, appoggia le tazze sul tavolo di cucina! **4** (*aufbewahren*) *etw irgendwo* ~ {GEGENSTAND, MÖBELSTÜCK BEI FREUNDEN, IN EINEM LAGERRAUM} depositare/lasciare *qc* + *compl di luogo* **5** (*parken*) *etw* (*irgendwo*) ~ {AUTO AUF EINEM PARKPLATZ, IN EINEM PARKHAUS} parcheggiare/posteggiare *qc* (+ *compl di luogo*), lasciare *fam*/mettere *fam qc* + *compl di luogo* **6** (*unterbinden*) *etw* ~ {LÄRM} far cessare *qc*; {MÄNGEL, MISSSTÄNDE, STEUERVERSCHWENDUNGEN, UNSITTE} mettere fine *a qc*, eliminare *qc* **7** (*sein lassen*): **das Rauchen/Trinken ~**, smettere di fumare/bere **8** (*ausrichten*) *etw auf jdn/etw* ~ {AUSGABEN AUF JDS EINKOMMEN} adeguare *qc a qu/qc*; {PRODUKTE AUF DIE VERBRAUCHER} pensare *qc* per *qu/qc*: **die Programme sind ganz auf die Bedürfnisse des Publikums abgestellt**, i programmi sono tesi a soddisfare le esigenze degli spettatori **9** (*abrücken*) *etw von etw* (dat) ~ {MÖBELSTÜCK VOM FENSTER, VON DER WAND} scostare *qc* da *qc* **10** *adm* (*abordnen*) *jdn* (**für** *etw* akk/**zu** *etw* dat) ~ {BEAMTEN FÜR EINE AUFGABE, ZU EINEM LEHRGANG} mandare *qu a qc*, inviare *qu a qc*; {EINHEIT, TRUPPE} *auch* distaccare *qu a qc*.

Abstellfläche f superficie f d'appoggio.

Abstellgleis n *Eisenb* binario m morto/[di servizio] ● **jdn aufs ~ schieben** *fam*, mettere qu da parte/[in un angolo]; **auf dem ~ stehen** *fam*, essere stato messo in disparte.

Abstellkammer f, **Abstellraum** m ripostiglio m, sgabuzzino m, bugigattolo m.

ab|stempeln tr **1** (*stempeln*) *etw* ~ {BRIEFMARKE, POSTSENDUNG} timbrare *qc*, bollare *qc* **2** (*bezeichnen*) **jdn als** *etw* (akk)/**zu** *etw* (dat) ~ {ALS LÜGNER, TRUNKENBOLD, VERRÜCKTEN} bollare *qu come qc*, marchiare *qu come qc*, etichettare *qu come qc*: **obwohl er unschuldig war, hatte ihn die Presse als Verbrecher abgestempelt**, sebbene fosse innocente la stampa lo aveva marchiato/etichettato come criminale; **ich lasse mich von dir doch nicht zum Dieb ~**, non ti permetto di darmi del ladro.

ab|steppen tr *etw* ~ {DAUNENDECKE, FUTTER, WATTIERTES KLEIDUNGSSTÜCK} trapuntare *qc*, impunturare *qc*, impuntire *qc*.

ab|sterben <irr> itr <sein> **1** (*eingehen*) morire: **die Pflanze stirbt ab**, la pianta sta morendo **2** (*gefühllos werden*) {GLIEDER} diventare insensibile, intorpidirsi **3** *med* (*leblos werden*) {EMBRYO, GLIED} morire; {GEWEBE, ZELLEN} *auch* necrotizzarsi.

Abstieg <-(e)s, -e> m <meist sing> **1** (*das Hinabklettern*) discesa f **2** (*abwärtsführender Weg*) discesa f: **ein steiler ~**, una discesa ripida **3** (*Niedergang*) regresso m: **ein wirtschaftlicher ~**, un regresso/peggioramento economico; **eine Arbeitslosigkeit bedeutet oft einen sozialen ~**, un lungo periodo di disoccupazione comporta spesso anche un regresso nella scala sociale **4** *sport* retrocessione f.

abstiegsgefährdet adj *sport* in zona retrocessione.

ab|stillen A tr *jdn* ~ {SÄUGLING} svezzare *qu*, divezzare *qu* B itr {MUTTER} smettere di allattare.

ab|stimmen A tr **1** (*anpassen*) *etw auf jdn/etw* ~ {PRODUKT, REKLAME AUF DEN VERBRAUCHER, PROGRAMM AUF JDS BEDÜRFNISSE} adattare *qc a qu/qc*: **die Farben aufeinander ~**, accordare/armonizzare/intonare i colori tra loro; **aufeinander abgestimmte Farben**, colori intonati; **Gerichte aufeinander ~**, armonizzare le pietanze tra di loro **2** (*etw mit jdm in Einklang bringen*) *etw mit jdm* ~ {ARTIKEL, PLAN, PROGRAMM} concordare *qc con qu*, mettersi d'accordo *con qu su qc*: **Aktivitäten/Veranstaltungen ~**, coordinare le attività/manifestazioni; **den Urlaub untereinander ~**, coordinarsi per le ferie; **die Hilfsmaßnahmen aufeinander ~**, coordinare le operazioni di soccorso **3** *radio* (*einstellen*) *etw* (**auf** *etw* akk) ~ {RADIO, SENDER AUF EINEN BESTIMMTEN KANAL} sintonizzare *qc* (*su qc*) B itr (**über** *jdn/etw*) ~ {ÜBER EINEN ANTRAG, EINEN KANDIDATEN, EIN PARTEIPROGRAMM, EINEN VORSCHLAG} votare (*qu/qc*) C rfl **sich ~ mit jdm** : mettersi d'accordo *con qu*; **sich untereinander ~** {PERSONEN} mettersi d'accordo (tra di loro) ● **geheim ~** *parl*, votare a scrutinio segreto; **durch Handzeichen ~** *parl*, votare per alzata di mano; **mit Ja/Nein ~**, votare a favore/[contro]; **über etw** (akk) **~ lassen** {ÜBER EINEN GEPLANTEN BEITRITT, EINE ERNENNUNG, EINEN VORSCHLAG}, mettere ai voti *qc*, procedere alla votazione su *qc*; **offen ~** *parl*, votare a scrutinio palese.

Abstimmung f **1** *auch jur pol* (*Stimmabgabe*) votazione f, voto m: **die ~ über** *etw* (akk), la votazione su *qc*; (*Volksabstimmung*) plebiscito m, referendum m popolare **2** (*Anpassung*) ~ (**auf** *etw* akk/**mit** *etw* dat) adattamento m (*a qc*); (*von Farben*) intonazione f (*con qc*) **3** *radio* (*Einstellung*) {+RADIO, SENDER} sintonizzazione f ● **etw zur ~ bringen** {ANTRAG, GESETZ}, mettere ai voti *qc*; **etw durch ~ entscheiden**, decidere *qc* col voto; **geheime ~** *parl*, voto segreto, votazione a scrutinio segreto; **in geheimer ~** *parl*, a scrutinio segreto; **~ durch Handaufheben/Handzeichen**, votazione per alzata di mano; **zur ~ kommen** {ANTRAG}, essere messo ai voti; **zur ~ kommen/schreiten geh**, passare/procedere alla votazione/[al voto]; **namentliche ~**, votazione per appello nominale; **offene ~** *parl*, scrutinio palese.

Abstimmungsergebnis n risultato m/esito m della votazione/[dello scrutinio].

Abstimmungsniederlage f sconfitta f ai voti.

abstinent A adj (*enthaltsam*) astinente; (*im Alkoholgenuss*) *auch* astemio; (*sexuell*) astinente, casto B adv: **~ leben**, vivere in astinenza, fare vita di astinenza.

Abstinenz <-, *ohne pl*> f astinenza f: **sexuelle ~**, astinenza sessuale, castità; **~ üben**, fare astinenza.

Abstinenzler <-s, -> m (**Abstinenzlerin** f) astemio (-a) m (f); (*Antialkoholiker*) antialcolista mf.

ab|stoppen A tr **1** *sport* *jdn/etw* ~ {LÄUFER, RENNFAHRER, RENNWAGEN, ZEIT} cronometrare *qu/qc*, prendere il tempo *a qu/qc* **2** (*zum Stillstand bringen*) *etw* ~ {AUTO, MASCHINEN} fermare *qc*, arrestare *qc* B itr {LÄUFER} fermarsi; {AUTO, MASCHINE} *auch* arrestarsi, bloccarsi.

Abstoß m **1** (*das Abstoßen*) spinta f **2** *Fußball* rimessa f dal fondo/[da fondo campo].

ab|stoßen <irr> A tr <haben> **1** (*verkaufen*) *etw* ~ {WERTPAPIERE} vendere *qc*; {LAGERBESTÄNDE, VORJAHRESARTIKEL} disfarsi *di qc* **2** *med* (*abwehren*) *etw* ~ {EMPFÄNGER, KÖRPER TRANSPLANTAT} rigettare *qc* **3** (*nicht eindringen lassen*) *etw* ~ {REGEN, WASSER} respingere *qc*: **der Stoff stößt Wasser ab**, il tessuto è idrorepellente **4** (*anwidern*) *jdn* ~ {JDS AUSSEHEN, BENEHMEN, FILM, FOTOS, WESEN} ripugnare *qu*, fare/suscitare ribrezzo/repulsione *in qu*, disgustare *qu* **5** (*abschlagen*) *etw* ~ {ECKE, KANTE, RAND} danneggiare *qc* con un colpo; **eine abgestoßene Tasse**, una tazza sbreccata/sbocconcellata; **der Tisch hat abgestoßene Kanten**, il tavolo ha gli spigoli sciupati **6** (*abnutzen*) *etw* ~ {ÄRMEL, KRAGEN, MANSCHETTEN} consumare *qc*, logorare *qc* **7** (*wegstoßen*) *etw* (**von** *etw* dat) ~ {BOOT VOM UFER} scostare *qc* (*da qc*) B itr **1** <haben oder sein> *naut* salpare, allontanarsi dalla riva **2** <haben> (*anwidern*) {AUSSEHEN, BENEHMEN, GERUCH, MENSCH, WESEN} ributtare, essere ributtante/ripugnante, suscitare ribrezzo/repulsione C rfl <haben> **1** (*sich wegbewegen*) **sich ~** (**von** *etw* dat) ~ {VOM BECKENRAND} staccarsi *da qc* **2** (*ramponiert werden*) **sich ~** {BUCHEINBAND} sciuparsi, consumarsi; {ÄRMEL, KRAGEN, MANSCHETTEN} *auch* logorarsi.

abstoßend A adj {AUSSEHEN, BENEHMEN, GERUCH, MENSCH} ributtante, ripugnante, repellente, rivoltante B adv {SICH BENEHMEN, VERHALTEN} in modo ributtante/repellente/disgustoso.

Abstoßung <-, -en> f *med* {+TRANSPLANTAT} rigetto m.

Abstoßungsreaktion f *med* reazione f/crisi f di rigetto.

ab|stottern tr *fam* *etw* ~ {AUTO, MOTORRAD, REISE, WASCHMASCHINE} pagare *qc* a rate.

Abstract <-s, -s> m *oder* n *bes. wiss* abstract m.

abstrahieren <ohne ge-> geh A tr *etw*

(*aus etw* dat) ~ {NORMEN, THEORIEN AUS GESETZMÄßIGKEITEN} astrarre *qc* (*da qc*) **B** itr (*von etw* dat) ~ fare astrazione *da qc*, astrarre *da qc*, non tenere conto *di qc*.

ab|strahlen **A** tr *etw* ~ **1** (*ausstrahlen*) {KAMIN, OFEN, SONNE ENERGIE, WÄRME} emanare *qc*, irradiare *qc*, diffondere *qc* **2** tech {FASSADE, GEBÄLK, KAROSSERIE, METALLPLATTEN} sabbiare *qc* **B** itr {WÄRME} irradiare.

abstrakt **A** adj **1** (*allgemeines Prinzip zeigend*) {BEGRIFF, DENKEN} astratto **2** (*nicht gegenständlich*) {MALEREI} astratto; {GEMÄLDE, SKULPTUR} auch non figurativo, non oggettivo: ~e Kunst, arte astratta, astrattismo; das ist ~e Kunst (*ein Bild, eine Skulptur*), è un'opera astratta **3** (*nicht konkret*) {ANTWORT, DARSTELLUNG, WISSEN} astratto **B** adv {DENKEN, DARSTELLEN} in modo astratto, astrattamente: ~ malen, fare della pittura astratta • ~ gesehen, in astratto.

Abstraktion <-, -en> f geh astrazione f.
Abstraktionsvermögen n geh capacità f di astrazione/astrarre.
Abstraktum <-s, Abstrakta> n **1** philos concetto m astratto **2** ling nome m astratto.

ab|strampeln rfl fam sich ~ **1** (*mühsam strampeln*) {RADFAHRER} pedalare sodo fam **2** (*sich abrackern*) trottare fam, frullare slang, pedalare slang.

ab|streichen <irr> tr **1** (*unberücksichtigt lassen*) *etw* *von etw* (dat) ~ {VON EINER BEHAUPTUNG} togliere *qc da qc* **2** (*abrinnen lassen*) *etw* (*an etw* dat) ~: **den Farbpinsel am Dosenrand ~**, sgocciolare il pennello passandolo sul bordo del barattolo.

ab|streifen **A** tr **1** (*abziehen*) (*jdm*) *etw* ~ {ARMBANDUHR, HANDSCHUHE} sfilare *qc a qu*: **sie streift ihren Ring/ihr Uhr ab**, si sfila l'anello/l'orologio; *etw* *von etw* (dat) ~ {PERLEN VON DER KETTE} sfilare *qc da qc* **2** (*abtreten*) *etw* (*an etw* dat) ~ {FÜßE, SCHUHE AM FUßABTRETER, AN EINEM TEPPICH} pulir(si) *qc* (*su qc*) **3** (*säubern*) *etw* *von etw* (dat) ~ {SCHMUTZ VON DEN SCHUHEN, STIEFELN} toglier(si) *qc da qc* **4** (*herunterstreifen*) *etw* ~ {SCHLANGE HAUT} mutare *qc* **5** (*absuchen*) *etw* ~ {GEGEND, GELÄNDE} perlustrare *qc*, setacciare *qc* **6** (*ablegen*) {SCHLECHTE ANGEWOHNHEIT} abbandonare *qc*; {VORURTEILE} liberarsi *di qc* **B** rfl sich (dat) *etw* ~ **1** (*sich abziehen*) {ARMBANDUHR, HANDSCHUHE, RING, SCHUHE} sfilarsi *qc* **2** (*säubern*) {SCHUHE} pulirsi *qc*.

ab|streiten <irr> tr **1** (*leugnen*) *etw* ~ {BETEILIGUNG, TAT} negare *qc*: **er stritt ab, an dem Überfall beteiligt gewesen zu sein**, negò di aver partecipato alla rapina **2** (*absprechen*) *jdm etw* ~ {EINSATZ, LEISTUNG, LOBENSWERTES VERHALTEN, GUTEN WILLEN} contestare *qc a qu*: **niemand will ihm ~, sich immer voll und ganz für unsere Partei eingesetzt zu haben**, nessuno vuole contestargli il suo pieno e totale impegno a favore del partito; **es lässt sich nicht ~, dass er sich sehr lobenswert verhalten hat**, non si può negare che si sia comportato in modo molto lodevole.

Abstrich m **1** <meist pl> (*Kürzungen*) tagli m pl, riduzione f: **um die Auflagen von Maastricht zu erfüllen, wird die Regierung ~e am Haushaltsplan vornehmen müssen**, per adempiere ai criteri di Maastricht il governo dovrà operare dei tagli al bilancio preventivo **2** med (*Entnahme von Schleimhaut: vom Gebärmutterhals*) striscio m; (*von Mandeln*) tampone m (faringeo) • **~e (an etw** dat) **machen** {AM BUDGET}, fare dei tagli *qc*, tagliare *qc*; (*auf einen Teil der Ansprüche, Erwartungen verzichten*), fare delle rinunce; **einen ~ machen** med (*vom Gebärmutterhals*), fare lo striscio; (*von den Mandeln*), fare un tampone.

abstrus adj geh {BEGRIFF, FORMULIERUNG, GEDANKE, IDEE, VORSTELLUNG} astruso.

ab|stufen **A** tr **1** (*terrassieren*) *etw* ~ {GELÄNDE, HANG} terrazzare *qc*, gradinare *qc* **2** (*stufenförmig schneiden*) (*jdm*) *etw* ~ {HAARE} scalare *qc* (*a qu*) **3** (*in der Höhe staffeln*) *etw* ~ {GEHÄLTER, LÖHNE} graduare *qc*, dividere *qc* per fasce; {STEUERTARIFE} dividere *qc* per scaglioni **4** (*niedriger stellen*) *etw* ~ {GEHALT, LOHN} ridurre *qc*; *jdn* ~ {ARBEITNEHMER} degradare *qu*: **jdn in der Gehaltsklasse ~**, inquadrare qu in una categoria retributivo inferiore **5** (*in der Intensität staffeln*) *etw* ~ {FARBEN} sfumare *qc*, digradare *qc*, scalare *qc*; {HELLIGKEIT, KONTRAST} regolare *qc* **B** rfl sich (*GELÄNDE*) digradare.

Abstufung <-, -en> f **1** (*das Gliedern in Terrassen*) {+HANG} terrazzamento m **2** (*Schattierung*) {+FARBEN} sfumatura f, gradazione f **3** (*Staffelung*) {+GEHÄLTER, LÖHNE} graduazione f, divisione f per fasce **4** {+ARBEITNEHMER} retrocessione f.

ab|stumpfen **A** tr <haben> **1** (*empfindungslos machen*) *etw* ~ {GERECHTIGKEITSSINN, GEWISSEN} ottundere *qc*, atrofizzare *qc* **2** (*gleichgültig machen*) *jdn* (*gegenüber etw* dat) ~ {BRUTALITÄTEN, SCHLIMME EREIGNISSE GEGENÜBER MENSCHLICHEM LEID} rendere indifferente/insensibile *qu* (*a qc*): **all die Gewalttaten im Fernsehen stumpfen den Menschen ab**, a furia di vedere tante scene di violenza in televisione la gente finisce per diventare insensibile **3** (*stumpf machen*) *etw* ~ {ECKEN, KANTEN, SPITZEN} smussare *qc* **B** itr <sein> **1** (*stumpf werden*) {KLINGE, SCHERE, SCHNEIDE} perdere il taglio/filo **2** (*gleichgültig werden*) {PERSON} diventare insensibile/apatico (-a): **er ist völlig abgestumpft**, è diventato completamente apatico; **gegen soziale Probleme abgestumpft sein**, essere diventato sordo/insensibile ai problemi sociali; **ihre Gefühle sind abgestumpft**, è diventata insensibile; **sein Gewissen ist abgestumpft**, la sua coscienza si è come atrofizzata **3** <haben> (*gleichgültig machen*) {EINTÖNIGE ARBEIT} abbrutire, alienare.

Abstumpfung <-, ohne pl> f {+MENSCH} abbrutimento m; ~ **gegen etw** (akk) {GEGEN GEWALT, SOZIALE PROBLEME} (crescente) insensibilità f *a qc*.

Absturz m **1** (*das Abstürzen*) {+FLUGZEUG, HUBSCHRAUBER} caduta f **2** (*das Herunterstürzen*) {+BERGSTEIGER} caduta f **3** inform {+PROGRAMM, SYSTEM} crash m, crollo m **4** ökon {+WÄHRUNG} crollo m • *etw* zum ~ **bringen** {KONSTRUKTIONSFEHLER FLUGZEUG}, far precipitare *qc*; {TERRORIST FLUGZEUG}, provocare la caduta *di qc*; {BOMBEN, JAGDFLUGZEUG, KANONEN FLUGZEUG}, abbattere *qc*; inform {PROGRAMM, SYSTEM}, mandare *qc* in crash.

ab|stürzen itr <sein> **1** (*aus der Luft zu Boden fallen*) {FLUGZEUG, HUBSCHRAUBER} precipitare, cadere: **das Flugzeug stürzte aus 1000 Meter Höhe ab**, l'aereo è precipitato da un'altezza di 1000 metri **2** (*vom Berg stürzen*) (*von etw* dat) ~ {BERGSTEIGER VON EINER FELSWAND, EINEM STEILHANG} precipitare (*da qc*), cadere (*da qc*) **3** inform {PROGRAMM, SYSTEM} andare in crash; {COMPUTER} auch piantarsi slang, bloccarsi **4** ökon {WÄHRUNG} crollare **5** (*den inneren Halt verlieren*) {MENSCH} cadere in / [precipitare nella] depressione **6** (*steil abfallen*) {FELSWAND, HANG} scendere a picco/precipizio.

Absturzgefahr f pericolo m di caduta.
Absturzstelle f **1** (*Stelle eines Flugzeugabsturzes*) luogo m della caduta **2** {+BERGSTEI-} GER} luogo m dell'incidente.

Absturzursache f causa f dell'incidente.

ab|stützen **A** tr *etw* (*mit etw* dat) ~ {DACH, DECKE, MAUER} puntellare *qc* (*con qc*), sorreggere *qc* (*con qc*), sostenere *qc* (*con qc*): **das Dach wird durch einen Pfeiler abgestützt**, il tetto è sorretto da un pilastro **B** rfl sich (*mit etw* dat) **an/von etw** (dat) ~ {MIT DEN ARMEN VOM BODEN} appoggiarsi *a qc* (*con qc*); {MIT DEN ARMEN, BEINEN AN, VON DER WAND} puntellarsi *a qc*: **sich durch/mit Krücken ~**, sorreggersi alle stampelle.

ab|suchen tr **1** (*durchstreifen*) *etw* (*nach jdm/etw*) ~ {GEGEND, STADT, WALDSTÜCK NACH DEM ENTFÜHRTEN} perlustrare/setacciare/[passare al setaccio] *qc* (*alla ricerca di qu/qc*): **ich habe das ganze Haus abgesucht**, ho cercato/rovistato in tutta la casa **2** (*durchstöbern*) *etw* (*nach etw* dat) ~ {DIE SCHUBLADEN NACH DER BRIEFTASCHE} frugare *in qc* (*alla ricerca*)/[in cerca] *di qc* **3** (*mit den Augen suchen*) *etw* (*nach etw* dat) ~ {HORIZONT NACH EINEM VERMISSTEN SCHIFF} scrutare *qc* (*alla ricerca di qc*) **4** (*untersuchen*) *etw* (*nach etw* dat) ~ {PFLANZEN NACH SCHADINSEKTEN} esaminare *qc* (*alla ricerca di qc*).

absurd **A** adj **1** (*unsinnig*) {GEDANKE, IDEE, VORSCHLAG} assurdo: **du redest vielleicht ein ~es Zeug!**, stai dicendo proprio delle assurdità!; **das ist das Absurdeste, das ich je gehört habe**, è la cosa più assurda che abbia mai sentito; **das finde ich ~**, lo trovo assurdo **2** theat {DRAMA} dell'assurdo: **~es Theater**, teatro dell'assurdo **B** adv in modo assurdo.

Absurdität <-, -en> f assurdità f, assurdo m.

Abszess (a.R. Abszeß) <-es, -e> m oder A n med ascesso m.

Abszisse <-, -n> f math ascissa f.
Abszissenachse f math asse f delle ascisse.

Abt <-(e)s, Äbte> m abate m.
Abt. Abk *von* Abteilung: reparto.

ab|takeln tr naut *etw* ~ {SCHIFF} disarmare *qc*, mettere in disarmo *qc*.

ab|tasten **A** tr **1** (*untersuchen*) *etw* ~ {SACK, TASCHE} tastare *qc*; *jdn* (*nach etw* dat) ~ {NACH WAFFEN} perquisire *qu* (*in cerca di qc*) **2** med *jdn/etw* ~ {BAUCH, BRUST, PATIENTEN} palpare *qu/qc* **3** el inform *etw* ~ {SCANNER TEXT, ZAHLEN} leggere *qc* (elettronicamente); {BILD} auch scannerizzare *qc*, fare la scansione *di qc* **4** (*sondieren*) *jdn auf etw* (akk) ~ {AUF FÄHIGKEITEN, KENNTNISSE} saggiare *qc di qu* **B** rfl med sich (selbst) ~ {FRAU} fare l'autopalpazione (del seno).

Abtauautomatik f sbrinatore m automatico.

ab|tauchen itr <sein> **1** (*unter Wasser gehen*) {U-BOOT} immergersi **2** fam (*verschwinden*) {BEKANNTER, FREUND} sparire (dalla circolazione)/[nel nulla], volatilizzarsi; {GESUCHTER} auch imboscarsi fam, darsi alla macchia fam.

ab|tauen **A** tr <haben> (*von Eis befreien*) *etw* ~ {KÜHLSCHRANK} sbrinare *qc*: **das Eis ~**, far sciogliere il ghiaccio **B** itr <sein> **1** (*schmelzen*) {REIFSCHICHT, SCHNEE} sciogliersi, disgelarsi **2** (*eisfrei werden*) {KÜHLSCHRANK} sbrinarsi.

Äbte pl *von* Abt.
Abtei <-, -en> f abbazia f, badia f.
Abteil n **1** (*Zugabteil*) (s)compartimento m: **~ für Nichtraucher/Raucher**, (s)compartimento (riservato ai) non fumatori/[fumatori] **2** (*abgeteilter Raum*) scompartimento m; (*im Schrank*) scomparto m.

ab|teilen tr **1** (*aufteilen*) *etw* ~ dividere *qc*

in parti/sezioni; (*Raum durch Zwischenwände* ~) *auch* tramezzare qc **2** (*abtrennen*) *etw* (**von etw** dat) ~ {ECKE VON EINEM RAUM} dividere qc da qc, separare qc da qc; {STÜCK VOM BRATEN, KUCHEN} tagliare qc (*da qc*): **einen Raum durch ein Regal ~**, dividere una stanza con uno scaffale.

Abteiltür f *Eisenb* porta f dello scompartimento.

Abteilung① f **1** (*selbständiger Teil einer Organisation*) {+KAUFHAUS} reparto m; {+KRANKENHAUS} *auch* divisione f; {+FIRMA} reparto m, sezione f; {+GEFÄNGNIS} sezione f: **pädiatrische ~**, reparto pediatrico, divisione pediatrica/[di pediatria]; **in der ~ für Lebensmittel finden Sie besonders preisgünstige Angebote**, nel reparto alimentare troverete delle offerte particolarmente vantaggiose **2** (*Verwaltungsabteilung*) ripartizione f, sezione f, reparto m, divisione f **3** *mil* reparto m **4** *bot* divisione f **5** *geol* piano m.

Abteilung② <-, *ohne* pl> f (*Unterteilung*) {+RAUM} divisione f.

Abteilungsleiter m (**Abteilungsleiterin** f) **1** *adm* caposezione mf, capodivisione mf, caposervizio mf **2** *com* (*in einer Firma*) caporeparto mf; (*in einer Rundfunkanstalt, einem Verlag*) caposervizio mf.

ab|telefonieren (a.R. abtelephonieren) <*ohne* ge-> *fam* A itr (*telefonisch absagen*) disdire telefonicamente/[per telefono] B tr (*mehrere Personen anrufen*) *jdn* (**nach jdm/ etw**) ~ {FREUNDE, VERWANDTEN} chiamare/ [telefonare a] qu (*per trovare qu/qc*).

ab|tippen tr *fam etw* ~ {HANDGESCHRIEBENEN TEXT} (ri)copiare qc a macchina.

Äbtissin f badessa f.

ab|tönen tr *etw* ~ {(HAAR)FARBE} sfumare qc.

Abtönung f {+FARBE} sfumatura f.

Abtönungspartikel f *ling* particella f modale.

ab|töten tr **1** (*absterben lassen*) *etw* ~ {BAKTERIEN, KEIME} uccidere qc; {NERV} devitalizzare qc **2** (*erlöschen lassen*) *etw* (*in/bei jdm*) ~ {EMPFINDEN, GEFÜHL} uccidere qc (*in qu*), soffocare qc (*in qu*).

ab|tragen <irr> A tr *etw* ~ **1** (*abnutzen*) {KLEIDUNG} logorare qc, consumare qc **2** *geh* (*abbezahlen*) {HYPOTHEK, SCHULDEN} estinguere qc (gradualmente) **3** *geh* (*abräumen*) {GESCHIRR, SPEISEN} portare via, levare qc, togliere qc **4** (*flach machen*) {GELÄNDE, HÜGEL} spianare qc, livellare qc **5** (*wegnehmen*) {BAUSCHUTT, EINE SCHICHT ERDE} portare via qc **6** (*abreißen*) {MAUERN} demolire qc; {GEBÄUDE} *auch* smantellare qc **7** *geol* (*MEERWASSER FELSEN, KÜSTE*) erodere qc; (*REGENWASSER ACKERBODEN, BERGHANG*) *auch* portare via qc B itr *geh* sparecchiare.

abträglich adj *geh* (*ÄUSSERUNG, BEMERKUNG*) pregiudizievole; **jdm/etw ~ sein** {RAUCHEN, STRESS, TRINKEN EINER PERSON, JDS GESUNDHEIT} nuocere a qu/qc, essere dannoso per qu/[a/per qc]; {BESTIMMTES VERHALTEN EINER PERSON, JDS ANSEHEN, RUF} recare danno a qu/qc, nuocere a qu/qc, non giovare a qu/qc.

Abtragung <-, -en> f **1** (*das Abbezahlen*) {+KREDIT, SCHULDEN} estinzione f (graduale) **2** *geol* {+BODEN} erosione f **3** (*das Abtragen*) {+ERDHAUFEN, HÜGEL} spianamento m, livellamento m **4** (*das Wegnehmen*) {+ERDSCHICHT} portare via **5** (*Abbau*) {+MAUERN} demolizione f; {+GEBÄUDE} *auch* smantellamento m.

Abtransport m {+BAUMATERIAL} sgombero m, rimozione f; {+UMZUGSGUT} trasporto m; {+FLÜCHTLINGE, GEFANGENE, VERLETZTE} sgombero m.

ab|transportieren <*ohne* ge-> tr *jdn/ etw* ~ {UMZUGSGUT} trasportare via qc; {AUSHUB, BAUSCHUTT} *auch* sgomberare qc; {GEFANGENE, TRUPPEN, VERLETZTE} (tras)portare via qu/qc.

ab|treiben <irr> A tr <haben> **1** *med*: **ein Kind ~** (**lassen**), abortire, interrompere la gravidanza **2** (*abkommen lassen*) *etw* (**von etw** dat) ~ {WIND BALLON, BOOT, FLUGZEUG, SCHIFF} far deviare qc (*da qc*); *jdn* ~ {STRÖMUNG SCHWIMMER} trascinare via qu, portare via qu **3** (*zu Tal treiben*) *etw* ~ {VIEH} far scendere/[condurre] a valle qc B itr **1** <sein> (*von der gewünschten Richtung abkommen*) {BALLON, BOOT, FLUGZEUG, SCHIFF} andare alla deriva, derivare; {SCHWIMMER} essere trascinato/portato via: **der Schwimmer treibt vom Ufer ab**, il nuotatore viene trascinato al largo **2** <haben> *med* abortire, interrompere la gravidanza.

Abtreibung <-, -en> f *med* aborto m (volontario), interruzione f volontaria della gravidanza, IVG f: **für die ~ sein**, essere favorevole all'aborto/[abortista]; **gegen die ~ sein**, essere contro l'aborto/[antiabortista]; • **eine ~ hinter sich** (dat) **haben**, aver subito un aborto/[un'interruzione di gravidanza], aver abortito; **eine ~ vornehmen**, praticare un aborto/[un'interruzione di gravidanza]; **eine ~** (**an sich dat**) *vornehmen* **lassen**, ricorrere a un'interruzione di gravidanza, interrompere la gravidanza.

Abtreibungsbefürworter m (**Abtreibungsbefürworterin** f) abortista mf.

Abtreibungsgegner m (**Abtreibungsgegnerin** f) antiabortista mf.

Abtreibungsgesetz n legge f sull'aborto/[sull'interruzione volontaria della gravidanza]; (*in Italien*) legge f 194.

Abtreibungsklinik f *med* clinica f in cui si praticano aborti.

Abtreibungsparagraf, **Abtreibungsparagraph** m D *fam* "articolo m del codice penale che sanziona l'aborto".

Abtreibungspille f *med* «pillola f del giorno dopo».

Abtreibungsverbot n divieto m di interruzione volontaria della gravidanza.

Abtreibungsversuch m tentativo m di aborto, tentato aborto m.

ab|trennen tr **1** (*abreißen*) *etw* (**von etw** dat) ~ {BESTELLKARTE, GUTSCHEIN} staccare qc (*da qc*) **2** (*abteilen*) *etw* (**von etw** dat) ~ {BEREICH, RAUM VON RESTLICHEN RAUM} separare qc da qc, dividere qc da qc; *etw mit etw* (dat) ~ {ZIMMER MIT EINEM VORHANG, EINER WAND} dividere qc con qc **3** (*abmachen*) *etw* (**von etw** dat) ~ {BESATZ, BORTE VON EINEM KISSEN} togliere qc (*da qc*): **den Kragen ~**, scucire/staccare il colletto; **die Knöpfe ~**, staccare i bottoni **4** (*abschneiden*) (*jdm/ etw*) *etw* ~ {MASCHINE, TÄTER KÖRPERGLIED} tagliare qc (*a qu/qc*); {CHIRURG BEIN} *auch* amputare qc (*a qu*).

Abtrennung f **1** (*das Abteilen*) {+RAUM} separazione f, divisione f **2** (*das Abschneiden*) {+GLIED} amputazione f **3** (*das Abmachen*) {+KNÖPFE, KRAGEN} staccare m qc **4** (*trennende Vorrichtung*) elemento m divisorio; (*Trenn-, Zwischenwand*) tramezzo m.

abtretbar adj *jur* cedibile.

ab|treten <irr> A tr <haben> **1** *jur* (*rechtsgeschäftlich übertragen*) *etw* (*jdm/an jdn*) ~ {ANSPRÜCHE, FORDERUNG, RECHTE} cedere qc (*a qu*) **2** *fam* (*überlassen*) *jdm etw* ~ {AUTO, GEGENSTAND, ZIMMER} lasciare qc a qu, cedere qc a qu, dare qc a qu *fam*: **ich trete Ihnen gerne meine Theaterkarten ab**, Le cedo volentieri i miei biglietti per il teatro **3** (*abnutzen*) *etw* ~ {BODENBELAG, SCHUHE, TEPPICHE} consumare qc, logorare qc, usurare qc **4** (*entfernen*) *etw* ~ {DRECK, SCHLAMM, SCHNEE} togliere qc (battendo i piedi) B itr <sein> **1** (*zurücktreten*) {HERRSCHER, POLITIKER, REGIERUNG} dimettersi, dare le dimissioni; {MONARCH} abdicare; **von etw** (dat) ~ ritirarsi *da qc* **2** *mil* {SOLDATEN} rompere le righe/fila **3** *fam euph* (*sterben*) andarsene *euph*, uscire di scena *euph* **4** *theat*: (**von der Bühne**) ~ {SCHAUSPIELER}, uscire (di scena) C rfl <haben> ~ **1** (*sich abnutzen*) **sich ~** {BODENBELAG, LÄUFER, TEPPICH} consumarsi, logorarsi **2** (*säubern*) **sich** (dat) *etw* **ab** (**an etw** dat) ~ {SCHUHE, STIEFEL AM FUSSABSTREIFER} pulirsi qc (*a/su qc*).

Abtreter <-s, -> m zerbino m, stoino m, puliscipiedi m.

Abtretung <-, -en> f *jur* {+ANSPRÜCHE, FORDERUNGEN, RECHTE} cessione f.

Abtrieb m *agr* discesa f dall'alpeggio.

Abtritt① m **1** *pol* {+MINISTER, REGIERUNG} dimissione f, uscita f di scena **2** *theat* uscita f (di scena).

Abtritt② m *obs oder region* (*Abort*) ritirata f *obs*, gabinetto m.

Abtrockentuch n *fam* → **Geschirrtuch**.

ab|trocknen A tr <haben> (*trockenreiben*) *jdn/etw* ~ {BESTECK, GESCHIRR, KIND} asciugare qu/qc B itr <haben> **1** (*das Geschirr trockenreiben*) asciugare (le stoviglie): **soll ich dir beim Abtrocknen helfen?**, vuoi che ti aiuti ad asciugare (le stoviglie)? **2** <sein oder haben> (*trocken werden*) {GESCHIRR, STRASSE} asciugarsi: **das Geschirr ist abgetrocknet**, le stoviglie si sono asciugate C rfl <haben> (*sich trockenreiben*) **sich ~** asciugarsi; **sich** *etw* ~ {GESICHT, HÄNDE} asciugarsi qc.

Abtropfbrett n scolapiatti m.

ab|tropfen itr <sein> **1** (*in Tropfen herunterfallen*) **von etw** (dat) ~ {REGEN VON DEN BÄUMEN, DEN DÄCHERN} gocciolare da qc **2** (*Flüssigkeit abgeben*) {GESCHIRR, WÄSCHE} sgocciolare: *etw* ~ **lassen** {BESTECK, GESCHIRR}, far scolare qc.

ab|trotzen tr *jdm etw* ~ {GELDBETRAG, GESTÄNDNIS, VERSPRECHEN} strappare qc a qu, estorcere qc a qu.

abtrünnig adj *geh oft hist* {GEFOLGSMANN, VASALL} infedele, rinnegato: **dem Glauben ~ werden**, apostatare dalla/[rinnegare la] propria fede; **einer Partei ~ werden**, rinnegare/[disertare da] un partito.

Abtrünnige <dekl wie adj> mf {+KIRCHE, PARTEI} rinnegato (-a) m (f), apostata mf.

ab|tun <irr> tr **1** *fam* (*abnehmen*) *etw* ~ {BRILLE, HUT, KRAWATTE, RING, SCHÜRZE} togliersi qc, levarsi qc **2** (*beiseite schieben*) *etw mit etw* (dat) ~ {MIT EINEM ACHSELZUCKEN} liquidare qc con qc *fam*: **diese Angelegenheit lässt sich nicht mit einem einfachen Dankeschön ~**, questa faccenda non si sistema con un semplice grazie; *etw* **als** *etw* ~: **einen Einwand als unbegründet ~**, liquidare un'obiezione come infondata; **ein Problem als unwichtig ~**, sminuire un problema; **damit allein ist es nicht abgetan**, così non basta.

ab|tupfen A tr **1** (*entfernen*) *etw* (**von etw** dat) ~ {BLUT} deterger(si) qc (*da qc*): **das Blut von einer Wunde ~**, detergere il sangue di/da una ferita; **jdm die Tränen ~**, asciugare le lacrime a qu **2** (*reinigen*) *etw* (**mit etw** dat) ~ {GESICHT, STIRN MIT EINEM WATTEBAUSCH} deterger(si) qc (*con qc*), pulir(si) qc (*con qc*); {WUNDE} tamponar(si) qc (*con qc*) B rfl **sich** (dat) *etw* ~ {GESICHT, STIRN} asciugarsi qc, detergersi qc; {MUNDWINKEL} nettarsi qc, pulirsi qc.

ab|urteilen tr **1** jur (verurteilen) **jdn** ~ {VERBRECHER} condannare qu **2** pej (verdammen) **etw** ~ condannare qc.
Aburteilung <-, ohne pl> f jur condanna f.
Abverkauf m A → **Ausverkauf**.
ab|verlangen <ohne ge-> tr **jdm etw** ~ **1** (fordern) {ARBEIT GEDULD} richiedere qc a qu; {CHEF HOHE LEISTUNGEN} pretendere qc da qu **2** (Geld fordern) {HOHE SUMME} chiedere qc a qu, pretendere qc da qu: **für die Reparatur dieses Motors hat er mir sehr viel Geld abverlangt**, per la riparazione del motore ˌmi ha chiestoˌ/[ha preteso] parecchi soldi.
ab|wägen <irr oder reg> tr **etw** ~ {PRO UND KONTRA} ponderare qc, soppesare qc, valutare qc; {WORTE} auch misurare qc, pesare qc, calibrare qc; {ANGEBOT, VORSCHLAG} vagliare qc, prendere in esame qc, valutare qc: **zwei Dinge gegeneinander** ~, mettere due cose sulla bilancia, pesare due cose.
Abwägung <-, ohne pl> f {+PRO UND KONTRA} ponderazione f, valutazione f; {+ANGEBOT, VORSCHLAG} vaglio m, valutazione f.
Abwahl f {+KLASSEN-, SCHULSPRECHER, POLITIKER, VORSITZENDER} mancata rielezione f: **die Schüler haben das Recht auf** ~ **eines Schulfaches**, gli studenti hanno il diritto di non scegliere più una materia.
abwählbar adj **1** (sich abwählen lassend): **der Vorsitzende dieses Ausschusses ist** ~, l'incarico del presidente di questa commissione è revocabile **2** {SCHULFACH} facoltativo.
ab|wählen tr **1** (durch Wahl abberufen) **jdn** ~ {AMTSTRÄGER, KLASSENSPRECHER} non rieleggere qu **2** (nicht mehr belegen) **etw** ~ {SCHULFACH} non scegliere più qc.
ab|wälzen tr **etw auf jdn** ~ {AUFGABEN, KOSTEN} scaricare qc su qu; {SCHULD, VERANTWORTUNG} auch far ricadere qc su qu, addossare qc a qu.
ab|wandeln tr **etw** ~ {AUTOR, KOMPONIST MELODIE, MOTIV, THEMA} variare qc, modificare qc.
ab|wandern itr <sein> **1** (weggehen) (irgendwohin) {+BEVÖLKERUNG, BEWOHNER NACH SÜDDEUTSCHLAND, INS UMLAND; FACHKRÄFTE, WISSENSCHAFTLER INS AUSLAND} emigrare + compl di luogo: **viele sind aus der Großstadt aufs Land abgewandert**, molti hanno abbandonato le metropoli per la campagna **2** (überwechseln) **zu jdm/etw** ~ {KUNDE ZUR KONKURRENZ; SPORTLER ZU EINEM ANDEREN VEREIN; WÄHLER ZU EINER ANDEREN PARTEI} passare a qu/qc **3** (woanders angelegt werden) (irgendwohin) ~ {BETRIEBE, UNTERNEHMEN} trasferirsi/[venire trasferito (-a)] + compl di luogo: **viele deutsche Betriebe sind ins Ausland abgewandert**, molte aziende tedesche si sono trasferite all'estero; **Kapital wandert ins Ausland ab**, i capitali vengono trasferiti all'estero; **in den letzten Jahren ist viel Kapital ins Ausland abgewandert**, negli ultimi anni c'è stata una massiccia fuga di capitali all'estero; **große Mengen Kapital sind aus Deutschland nach Luxemburg abgewandert**, ingenti capitali hanno lasciato la Germania per il Lussemburgo **4** (das Habitat verlagern) (irgendwohin) ~ {TIERE} migrare + compl di luogo: **viele Vögel sind aus den Industriezonen in unberührtere Gebiete abgewandert**, molti uccelli si sono spostati dalle zone industriali ad aree meno contaminate.
Abwanderung f **1** {+BEVÖLKERUNG, BEWOHNER} emigrazione f (interna): **die** ~ **der Bauern (in die Städte)**, l'esodo dei contadini, l'abbandono delle campagne; **die** ~ **von Wissenschaftlern**, la fuga/l'esodo ˌdegli scienziatiˌ/[dei cervelli] **2** {+KAPITAL} fuga f,

esodo m, emigrazione f **3** {+TIERE} (e)migrazione f.
Abwanderungsverlust m perdita f in seguito all'emigrazione; (durch Abwanderung von Fachkräften) perdita f di personale qualificato (che se ne va all'estero).
Abwandlung f {+MELODIE, MOTIV, THEMA} variazione f su qc.
Abwärme f tech {+HEIZUNG, KRAFTWERK} calore m perduto.
Abwart <-s, -e> m (**Abwartin** f) CH → **Hausmeister**.
ab|warten A tr **1** (auf das Eintreten warten) **jdn/etw** ~ {DIE ANTWORT, DEN RICHTIGEN AUGENBLICK, DIE ENTWICKLUNG, EINE PERSON} (stare ad) aspettare qu/qc: **jds Ankunft** ~, aspettare l'arrivo di qu; **ich kann nicht mit dir weggehen, ich warte den Klempner ab**, non posso uscire con te, sto aspettando l'idraulico **2** (auf das Ende von etw warten) **etw** ~ {GEWITTER, UNWETTER} aspettare che passi qc, aspettare la fine di qc B itr **1** (auf den Eintritt von etw warten) (stare ad) aspettare **2** (auf das Ende von etw warten) aspettare la fine • **das bleibt noch abzuwarten**, questo resta ancora da vedere; ~ **können**: **ich kann** ~!, (io) so aspettare!; **es gar nicht** ~ **können** (, **bis** ...), non vedere l'ora (che ... konjv): **es nicht** ~ **können, etw zu tun**, non vedere l'ora di fare qc, essere impaziente di fare qc; **ich kann es kaum** ~, **ihn wieder zu sehen**, non sto più nella pelle dalla voglia di rivederlo fam; **wart nur ab!**, aspetta e vedrai!; **warten wir (mal) ab!**, stiamo a vedere!
abwartend A adj {HALTUNG} di attesa; {BLICK} pieno di attesa B adv: **sich** ~ **verhalten**, stare ˌad aspettareˌ/[a vedere].
Abwartin f → **Abwart**.
abwärts adv **1** (nach unten) (in) giù, verso il basso: **die Straße führt** ~, la strada ˌconduce verso il bassoˌ/[va in giù]; **von hier an führt der Weg** ~, da qui la strada è in discesa; **der Fahrstuhl fährt gerade** ~, l'ascensore sta scendendo **2** (unter) **von jdm/etw** ~, da qu/qc in giù; **vom Abteilungsleiter (an)** ~ **verdient keiner mehr als 1000 Euro**, dal caporeparto in giù nessuno guadagna più di 1000 euro.
Abwärtsbewegung f movimento m discendente.
abwärts|gehen <irr> unpers <sein>: **mit jdm/etw geht es abwärts** {MIT EINEM ALKOHOLIKER, DER GESUNDHEIT, DER WIRTSCHAFT}, qu/qc sta peggiorando: **seit er seinen Arbeitsplatz verloren hat, geht es mit ihm immer weiter abwärts**, da quando ha perso il (posto di) lavoro gli va di male in peggio.
abwärtskompatibel adj inform retrocompatibile.
Abwärtskompatibilität f inform retrocompatibilità f.
Abwärtstrend m {+VOLKSWIRTSCHAFT, WIRTSCHAFT} tendenza f/trend m al ribasso: **die Wirtschaft ist im** ~, l'economia è in una fase di recessione.
Abwasch[1] <-(e)s, ohne pl> m **1** (schmutziges Geschirr) stoviglie f pl sporche/[da lavare/rigovernare] **2** (das Spülen) rigovernatura f: **heute bin ich mit dem** ~ **dran**, oggi tocca a me fare i piatti fam • **das geht in einem** ~ fam, si fa tutto in una volta; **wenn du schon putzt, dann mach auch mein Zimmer mit, das geht dann alles in einem** ~, visto che ti metti a pulire, dai una passata anche alla mia stanza, almeno si fa tutto in un colpo solo; **den** ~ **machen**, fare fam/lavare i piatti, rigovernare.
Abwasch[2] <-, -en> f A → **Spülbecken**.
abwaschbar adj {BEZUG, GEWEBE, LEDER,

TAPETE} lavabile.
Abwaschbecken n lavello m, acquaio m, lavandino m.
ab|waschen <irr> A tr **1** (säubern) **etw** (mit etw dat) ~ {GESICHT, HÄNDE MIT SEIFE, DEM WASCHLAPPEN} lavare qc (con qc) **2** (spülen) **etw** ~ {BESTECK, TELLER, TOPF} lavare qc: **Geschirr** ~, lavare i piatti, rigovernare **3** (entfernen) **etw** (**von etw** dat) ~ {ESSENSRESTE VOM TELLER, SCHMUTZ VON DER TAPETE} togliere qc (da qc) lavando, lavare via qc (da qc): **der Fleck lässt sich nicht** ~, la macchia non va via con l'acqua B itr lavare/fare fam i piatti, rigovernare C rfl **1** (sich waschen) **sich** ~ lavarsi: **sich kalt** ~, lavarsi con acqua fredda **2** (entfernen) **sich** (dat) **etw** (**von etw** dat) ~ {DRECK, FARBE, SCHMUTZ} togliersi qc (da qc) con (l')acqua: **sich** (dat) **die Schminke (vom Gesicht)** ~, togliersi il trucco (dal viso) con l'acqua.
Abwaschlappen m straccio m per lavare i piatti.
Abwaschmittel n detersivo m/sapone m per stoviglie.
Abwaschwasser n **1** (Wasser zum Abwaschen) acqua f per sciacquare i piatti **2** (Wasser in dem abgewaschen wurde) (acqua f di) rigovernatura f.
Abwasser <-s, -wässer> n acqua f di scarico/scolo: **Abwässer**, acque reflue; **industrielle Abwässer**, scarichi industriali.
Abwasseraufbereitung f trattamento m delle acque ˌdi scaricoˌ/[reflue].
Abwasserentsorgung f scarico m delle acque residue.
Abwasserkanal m fogna f, fognatura f, canale m di scarico/scolo.
Abwasserkläranlage f impianto m di depurazione delle acque ˌdi scaricoˌ/[reflue].
Abwasserleitung f condotto m di scarico.
Abwasserreinigung f depurazione f delle acque ˌdi scaricoˌ/[reflue].
ab|wechseln rfl **1** (im Wechsel handeln) **sich** ~ darsi il cambio, avvicendarsi, alternarsi, fare a turno; **sich** (**mit jdm**) (**bei etw** dat) ~ {BEI DER HAUSARBEIT, DER KRANKENPFLEGE} darsi il cambio (con qu) (in qc), avvicendarsi (con qu) (in qc), fare a turno (con qu) (in qc) **2** (im Wechsel erfolgen) **sich** ~ {GLÜCK UND UNGLÜCK, HASS UND LIEBE} alternarsi; {JAHRESZEITEN} avvicendarsi.
abwechselnd adv alternativamente, a turno: ~ **reden**, alternarsi nel parlare; ~ **lachen und weinen**, passare dal riso al pianto e dal pianto al riso.
Abwechslung, **Abwechselung** <-, -en> f **1** (Zerstreuung) distrazione f, svago m: **in diesem Dorf gibt es wenig** ~, questo paese offre ˌpochi svaghiˌ/[poche opportunità di divertimento] **2** <nur sing> (Veränderung) cambiamento m, variazione f: **ich brauche ein wenig** ~, ho bisogno di cambiare un po' • **sich** (dat) ~ **vom Alltag verschaffen**, uscire ˌdalla routine quotidianaˌ/[dal tran tran di tutti i giorni]; ~ **in etw** (akk) **bringen**, vivacizzare qc; **die** ~ **lieben**: **sie liebt die** ~, le piace cambiare; **zur** ~, per cambiare (un po'), tanto per cambiare; **wir könnten zur** ~ **mal ins Kino gehen und nicht immer nur ins Theater**, ˌuna volta tantoˌ/[tanto per cambiare] potremmo andare al cinema invece che a teatro.
abwechslungshalber adv per cambiare.
abwechslungslos adj monotono.
abwechslungsreich A adj {KOST, PROGRAMM} variato, vario B adv: **sich** ~ **ernäh**-

ren, seguire un'alimentazione variata, variare l'alimentazione; **etw ~ gestalten**, variare qc, movimentare qc.

Abweg m <meist pl>: **jdn auf ~e bringen/führen**, allontanare qu dalla retta via, mettere qu sulla cattiva strada, fuorviare qu, traviare qu; **auf ~e geraten**, finire su una cattiva strada, smarrire la retta via; **auf ~en sein**, essere su una brutta/cattiva strada.

abwegig adj {FRAGE, GEDANKE} assurdo, paradossale.

Abwegigkeit <-, ohne pl> f assurdità f.

Abwehr <-, ohne pl> f **1** sport (Gesamtheit der Spieler) difesa f: **die Mannschaft hatte eine sehr gute ~**, la squadra aveva un'ottima difesa; (Aktion) {+BALL} respinta f **2** mil difesa f: **die ~ des Feindes war nicht sehr stark**, la difesa del nemico non era molto forte; **die ~ des feindlichen Angriffs gelang nicht**, l'attacco nemico non poté essere respinto **3** (Spionageabwehr) controspionaggio m **4** (Ablehnung) resistenza f **5** (~system) difesa f.

abwehrbereit adj mil in stato di allerta.

Abwehrbereitschaft f mil stato m di allerta.

Abwehrdienst m (servizio m di) controspionaggio m.

ab|wehren A tr **1** (zurückschlagen) **jdn/etw ~** {ANGREIFER, ANGRIFF} respingere qu/qc; {FEIND} auch ricacciare (indietro) qu **2** sport **etw ~ Fußball** {TORWART BALL, SCHUSS} parare qc; {ABWEHRSPIELER ANGRIFF, BALL, SCHUSS} respingere qc; **Boxen** {GERADE, HAKEN} parare qc, stoppare qc fam **3** med **etw ~** {INFEKTION, MIKROORGANISMEN} difendersi contro/da qc **4** (zurückweisen) **etw ~** {ANSCHULDIGUNG, VERDACHT, VORWURF} respingere qc; {ANGRIFF} auch parare qc; {DANK} rifiutare qc; {HILFE} auch respingere qc **5** (abwenden) **etw ~** {UNHEIL} scongiurare qc; {GEFAHR} auch allontanare qc, stornare qc **6** (fern halten) **jdn/etw ~** {BESUCHER, JOURNALISTEN, NEUGIERIGE} tenere ₁lontano (-a)₁/ [a bada] qu/qc; {FLIEGEN, MÜCKEN} scacciare (via) qu/qc B itr **1** (ablehnen) fare resistenza **2** sport {TORWART} parare.

abwehrend A adj {GESTE, HALTUNG} di difesa, difensivo B adv {DIE HÄNDE HEBEN} schermendosi.

Abwehrhaltung f atteggiamento m ₁di difesa₁/[difensivo].

Abwehrkraft f <meist pl> med {+KÖRPER, ORGANISMUS} difesa f immunitaria.

Abwehrmaßnahme f mil misura f ₁di difesa₁/[difensiva].

Abwehrmechanismus m meccanismo m di difesa.

Abwehrreaktion f {+KÖRPER} reazione f di difesa.

Abwehrschwäche f med immunodeficienza f, deficienza f immunitaria, immunodepressione f.

Abwehrspieler m (**Abwehrspielerin** f) sport difensore m; Fußball auch stopper m fam.

Abwehrstoff m anticorpo m.

ab|weichen <irr> itr <sein> **1** (abkommen) **von etw** (dat) **~** {VOM KURS, VON DER ROUTE, DER STRASSE} deviare da qc, allontanarsi da qc **2** (abgehen) **von etw** (dat) **~** {VON DER PARTEILINIE, VOM THEMA} deviare da qc, allontanarsi da qc; jur {VON EINER NORM, VORSCHRIFT} derogare (a) qc **3** (sich unterscheiden) **von etw** (dat) **~** {ANSICHT, AUSSAGE, FORSCHUNGSERGEBNIS VON ANDEREN} differire da qc, divergere da qc, discostarsi da qc: **unsere Meinungen weichen stark voneinander ab**, le nostre opinioni divergono nettamente; **die neue Ausgabe weicht nur in ei-**

nigen Kapiteln von der alten ab, la nuova edizione diverge/differisce dalla vecchia solo in alcuni capitoli; **seine Aussagen weichen von der Wahrheit ab**, le sue dichiarazioni si discostano dalla verità; **die Zwillingsschwestern weichen im Aussehen sehr voneinander ab**, le due gemelle sono molto diverse fisicamente.

abweichend adj {ANSICHT, MEINUNG} divergente: **ein von der Norm ~es Verhalten**, un comportamento ₁fuori dalla norma₁/[che esce dagli schemi] ● **~ von etw** (dat) jur {VON EINER NORM, VORSCHRIFT}, in deroga a qc.

Abweichler <-s, -> m (**Abweichlerin** f) pol deviazionista mf.

Abweichung <-, -en> f **1** aero naut deviazione f **2** (Unterschiedlichkeit) divergenza f: **es gibt erhebliche ~en in unseren Ansichten**, ci sono notevoli divergenze di opinioni tra noi, le nostre opinioni divergono notevolmente; **~en vom üblichen Sprachgebrauch**, eccezioni rispetto all'uso linguistico corrente **3** jur **~ (von etw** dat) deroga f a qc **4** (das Sich-Entfernen) allontanamento m, deviazione f.

ab|weisen <irr> tr **1** (wegschicken) **jdn ~** {NEUGIERIGE} mandare via qu, cacciare qu; {BESUCHER, VERTRETER} non ricevere qu, mandare via qu: **er lässt sich nicht ~**, è uno che non demorde **2** (abschlägig bescheiden) **jdn/etw ~** {ANSINNEN, BITTE} rifiutare qc, respingere qc; {ANTRAG} auch rigettare qc; {BEWERBER} respingere qu, non ammettere qu **3** jur **etw ~** {ANTRAG, GESUCH} respingere qc, rigettare qc: **eine Klage ~**, respingere una domanda (giudiziale) **4** (zurückschlagen) **jdn/etw ~** {ANGREIFER, ANGRIFF} respingere qu/qc.

abweisend A adj {ART, BENEHMEN, GESTE, MIENE} scostante; {ANTWORT} negativo: **jdm gegenüber ~ sein**, essere scostante con qu B adv {BEHANDELN} in modo scostante: **sich ~ verhalten**, tenere un atteggiamento/comportamento scostante.

Abweisung <-, -en> f **1** (Ablehnung) {+ANTRAG, BEWERBER} bocciatura f **2** jur {+ANTRAG, GESUCH} rigetto m.

abwendbar adj {EREIGNIS, UNGLÜCK} evitabile: **die Katastrophe war nicht ~**, la catastrofe era inevitabile; **der Unfall wäre ~ gewesen**, l'incidente si sarebbe potuto evitare.

ab|wenden <irr oder reg> A tr **1** (verhindern) **etw (von jdm) ~** {KATASTROPHE, UNHEIL} allontanare qc (da qu); {FOLGEN, SCHADEN} evitare qc (a qu): **eine Gefahr ~**, scongiurare/stornare un pericolo **2** (zur Seite wenden) **etw ~** {GESICHT, KOPF} girare/voltare qc dall'altra parte; {BLICK} volgere altrove qc: **den Blick von jdm ~**, distogliere lo sguardo da qu; **mit abgewandtem Blick**, con lo sguardo rivolto altrove B rfl **1** (sich wegdrehen) **sich ~** voltarsi/girarsi dall'altra parte; **sich von jdm ~** voltare le spalle a qu **2** (sich innerlich abkehren) **sich von jdm ~** {VON FREUNDEN, KOLLEGEN} voltare le spalle a qu, abbandonare qu.

ab|werben <irr> tr {jdm/etw} **jdn ~** {EINER FIRMA ABONNENTEN, KÄUFER, KUNDEN; PERSONALCHEF EINER ANDEREN FIRMA FACHKRAFT} portare via qu (a qu/qc), soffiare qu a qu/qc fam.

Abwerbung f {+FACHKRÄFTE, KÄUFER, KUNDEN} portare m via qu.

ab|werfen A tr **1** (aus der Luft) **etw ~** {BALLAST} scaricare qc, sganciare qc; {BOMBEN} sganciare qc, lanciare qc; {FLUGBLÄTTER, PROSPEKTE} lanciare qc; {HILFSGÜTER, NACHSCHUB} paracadutare qc **2** (herunterwerfen) **jdn ~** {PFERD REITER} disarcionare qu, gettare/buttare a terra qu **3** (verlieren) **etw ~**

{BAUM BLÄTTER} perdere qc **4** (abstoßen) **etw ~** {GEWEIH} perdere qc **5** Karten **etw ~** scartare qc **6** (erzielen) **etw ~** {GEWINN, PROFIT, ZINSEN} fruttare qc, rendere qc: **die abgeworfenen Gewinne**, gli utili realizzati **7** geh (sich befreien) **etw ~** {BÜRGER FESSELN, JOCH} liberarsi da qc B itr sport {HOCHSPRINGER} far cadere l'asticella; {TORWART} rinviare con le mani.

ab|werten tr **1** ökon **etw ~** {WÄHRUNG} svalutare qc, deprezzare qc: **der Dollar wurde um drei Punkte abgewertet**, il dollaro ₁è stato svalutato₁/[ha subito una svalutazione] di tre punti **2** (Bedeutung mindern) **etw ~** {IDEALE, TUGENDEN, VERDIENST} sminuire qc, deprezzare qc, svalutare qc.

abwertend A adj {GEBRAUCH, WORTE} spregiativo, peggiorativo; {KRITIK} sfavorevole B adv {BEURTEILEN} in modo sfavorevole.

Abwertung f **1** ökon svalutazione f, deprezzamento m **2** {+IDEALE, TUGENDEN, VERDIENSTE} sminuimento m, svalutazione f.

abwesend A adj **1** (nicht anwesend) assente: **unerlaubt ~ sein**, mancare senza permesso, essere assente ingiustificato; **er ist viel von zu Hause ~**, manca/[si assenta] spesso da casa **2** (geistes~) {BLICK, GESICHTSAUSDRUCK, MENSCH} assente, distratto, assorto nei propri pensieri: **~ aussehen**, avere l'aria assente B adv {LÄCHELN} in modo assente/distratto.

Abwesende <dekl wie adj> mf assente mf.

Abwesenheit <-, ohne pl> f **1** (das Entferntsein) assenza f: **in/während seiner ~ wurde in seiner Wohnung eingebrochen**, durante la sua assenza gli sono entrati i ladri (in casa) **2** (Geistesabwesenheit) assenza f, distrazione f ● **durch ~ glänzen** fam scherz, brillare per la propria assenza scherz; **jdn in ~ verurteilen** jur, condannare qu in contumacia.

ab|wetzen tr **etw ~** {ÄRMEL, HOSEN, SESSELLEHNE} consumare qc, logorare qc: **abgewetzte Hosen**, pantaloni consumati/lisi/logori/consunti.

ab|wickeln A tr **1** (herunterwickeln) **etw ~** {GARN, KABEL, WOLLE} dipanare qc, srotolare qc, svolgere qc: **einen Wollknäuel ~**, dipanare/svolgere un gomitolo; **einen Verband ~**, disfare una fasciatura; **den Verband vom Arm ~**, togliere la fasciatura dal braccio; **den Verband von einer Verletzung ~**, sfasciare una ferita **2** (erledigen) **etw ~** {FORMALITÄTEN} sbrigare qc; {AUFTRAG} svolgere qc; {KÄUFE} realizzare qc; {ÜBERWEISUNG} effettuare qc; {GESCHÄFTE} sbrigare qc; jur {KONKURS} curare qc; {VERTRAG} eseguire qc **3** euph (als politische Altlast abschaffen, liquidieren) **etw ~** {BETRIEB, UNTERNEHMEN} liquidare qc; **jdn ~** {FUNKTIONÄRE} far fuori qc fam B rfl **1** (sich abrollen) **sich (von etw** dat) **~** {FADEN, FILM, TONBAND} srotolarsi (da qc) **2** (sich etw abmachen) **sich** (dat) **etw ~** {DEN VERBAND} togliersi qc.

Abwickler <-s, -> m (**Abwicklerin** f) jur liquidatore (-trice) m (f).

Abwicklung f **1** (Erledigung) {+AUFTRAG} svolgimento m; {+FORMALITÄTEN, GESCHÄFTE} disbrigo m; {+ÜBERWEISUNG} esecuzione f; jur {+VERTRAG} esecuzione f **2** (Auflösung) f {+BETRIEB, UNTERNEHMEN} liquidazione f; (Entlassung) {+MITARBEITER} licenziamento m.

ab|wiegeln A tr **1** (beruhigen) **jdn ~** {DEMONSTRANTEN, STREIKENDE} calmare qu, placare qu, tranquillizzare qc **2** (verharmlosen) **etw ~** {FRAGE, LAGE, PROBLEM} minimizzare qc B itr minimizzare: **die Regierung ist geübt im Abwiegeln**, il governo è (un) maestro nell'arte di minimizzare.

ab|wiegen <irr> tr (jdm) **etw ~** {BROT,

KARTOFFELN, OBST} pesare qc (a qu).
ab|wimmeln tr fam jdn ~ {BESUCHER, BITTSTELLER, VERTRETER} scaricare qu fam, sbolognare qu fam, sbarazzarsi di qu, levarsi/togliersi dai piedi qu fam: **er lässt sich nicht ~,** non si riesce a toglierselo dai piedi fam; **etw ~** {ARBEIT, AUFTRAG} sbolognare qc fam.
ab|winkeln tr etw ~ {ARME, BEINE} piegare qc (ad angolo).
ab|winken A itr (ablehnen) rifiutare; (durch Handbewegung) {jdm} ~ fare cenno di no (a qu) B tr 1 (im Motorsport: beenden) **etw ~**: **das Rennen ~,** dare il segnale di fine corsa; (nach Unfall) fermare la gara 2 (im Motorsport: zum Anhalten bringen) {jdn} ~ {RENNFAHRER} fermare qu facendo dei segnali • **bis zum Abwinken** slang {ESSEN, FEIERN, TRINKEN}, a più non posso fam, fino ˌa star maleˌ/[alla nausea].
ab|wirtschaften A tr etw ~ {BETRIEB, FIRMA, HOF} mandare in rovina qc, far fallire qc, mandare in malora qc, dissestare qc B itr {BETRIEB, FIRMA, ÖKONOMIE, STAAT} andare in rovina/malora/dissesto.
ab|wischen A tr 1 (entfernen) **etw** (von **etw** dat) ~ {DRECK, STAUB} togliere qc (da qc), levare qc (da qc): **den Staub vom Schrank ~** spolverare l'armadio, togliere la polvere dall'armadio; **er wischte ihr die Tränen ab,** le asciugò le lacrime 2 (reinigen) **etw** ~ {BANK, MUND, TISCH} pulire qc B rfl 1 (entfernen) **sich** (dat) **etw** (von **etw** dat) ~ {SCHWEISS VON DER STIRN} togliersi qc (da qc), detergersi qc (da qc), asciugarsi qc (da qc): **sich** (dat) **die Tränen ~,** asciugarsi le lacrime 2 (sich säubern) **sich** (dat) **etw** ~ {DIE HÄNDE, DEN MUND} pulirsi qc: **sich** (dat) **die Stirn ~,** asciugarsi/detergersi la fronte.
ab|wracken tr etw ~ {SCHIFF} demolire qc; {AUTO} auch rottamare qc.
Abwurf m 1 {+BOMBEN, FLUGBLÄTTER} lancio m 2 sport rinvio m con le mani.
ab|würgen tr fam 1 (im Keim ersticken) **etw ~** {STREIK} soffocare qc; {DISKUSSION, GESPRÄCH} troncare qc di netto 2 (zum Stillstand bringen) **etw ~** {MOTOR} ingolfare qc.
ab|zahlen tr **etw ~** 1 (in Raten bezahlen) {AUTO, MÖBEL, WASCHMASCHINE} pagare qc a rate: **wir haben uns eine neue Küche gekauft, wir können sie nach und nach ~,** ci siamo comprati (-e) una cucina nuova, possiamo pagarla un poco alla volta; **nächsten Monat haben wir unser Haus abgezahlt,** il mese prossimo avremo finito di pagare la casa 2 (zurückzahlen) {DARLEHEN, KREDIT} pagare qc (a scadenze regolari); {SCHULDEN} estinguere qc (gradualmente).
ab|zählen A tr 1 (die Anzahl feststellen) **jdn/etw ~** {ANWESENDE, SCHÜLER, TEILNEHMER} fare la conta di qu; {BANKNOTEN} contare qc (uno (-a) a uno (-a)): **etw an den Fingern ~,** contare qc sulle dita 2 (eine bestimmte Anzahl zählen) (jdm) **etw ~**: **zählen Sie mir bitte zehn Fünfzigeuroscheine ab!,** per favore, mi conti dieci banconote da 50 euro; **bitte das Geld abgezählt bereithalten,** si prega di tenere pronto il denaro contato B itr 1 (eine bestimmte Anzahl zählen): **der Kassierer hat sich beim Abzählen vertan,** nel contare i soldi il cassiere si è sbagliato 2 (bei Kinderspielen) fare la conta.
Abzählreim m conta f.
Abzahlung f 1 {+DARLEHEN, KREDIT} pagamento m rateale; {+SCHULDEN} saldo m graduale 2 (Ratenzahlung) pagamento m rateale • **etw auf ~ kaufen,** comp(e)rare qc a rate.
Abzahlungsgeschäft n ökon vendita f rateale.

Abzählvers m → **Abzählreim**.
ab|zapfen tr 1 (zapfen) **etw ~** {BIER, WEIN} spillare qc 2 fam (abnehmen) **jdm etw ~** {GELD} spillare qc a qu fam, spremere qc a/da qu fam: **jdm Blut ~ fam,** togliere/prelevare il sangue a qu.
ab|zäumen tr **etw ~** {PFERD} togliere le briglie a qc.
ab|zäunen tr 1 (durch einen Zaun abtrennen) **etw ~** recintare qc 2 (abriegeln) **etw ~** {PLATZ, STRASSE} transennare qc.
Abzäunung f 1 (Umzäunung) recinto m, recinzione f 2 (Abriegelung) transennamento m.
Abzeichen n 1 (Plakette) distintivo m: **ein ~ an der Jacke tragen,** portare un distintivo sulla giacca 2 mil (Rangabzeichen) mostrina f; (Orden) decorazione f.
ab|zeichnen A tr 1 (abmalen) **etw ~** {BILD, GEGENSTAND} ricopiare qc, riprodurre qc 2 (signieren) **etw ~** {BERICHT, DOKUMENT, SCHRIFTSTÜCK} siglare qc, apporre la propria sigla a qc B rfl 1 (sich abheben) **sich irgendwo ~** {KONTUREN, UMRISSE AM, GEGEN DEN, VOR DEM HIMMEL, AUF, VOR EINEM HINTERGRUND} profilarsi/delinearsi + compl di luogo, stagliarsi contro qc 2 (erkennbar werden) **sich ~** {GEFAHR, KONFLIKT, TENDENZ, TREND, WENDE} delinearsi, profilarsi 3 (sich widerspiegeln) **sich ~** {ERSCHRECKEN, FREUDE, LEID, SCHMERZ IN DEN AUGEN} trasparire da qc; {IM GESICHT} dipingersi su qc 4 (durchscheinen) **sich** (durch **etw** akk) ~ {FORMEN, HÜFTEN, UNTERWÄSCHE} trasparire attraverso qc; **sich irgendwo ~** {TRÄGER AUF DER SCHULTER} lasciare il segno + compl di luogo.
Abziehbild n decalcomania f.
ab|ziehen <irr> A tr <haben> 1 (abrechnen) **etw** (von **etw** dat) ~ {RABATT VOM KAUFPREIS, UNKOSTEN VOM GEWINN} detrarre qc (da qc), togliere qc (da qc), scalare qc (da qc); {SOZIALABGABEN, STEUERN VOM GEHALT, LOHN} auch trattenere qc (su/da qc), ritenere qc (di/da/su qc); (im Steuerrecht) **etw ~** portare qc in deduzione 2 math (subtrahieren) **etw** (von **etw** dat) ~ {EINE SUMME VON EINER ANDEREN} sottrarre qc da qc 3 (wegnehmen) **etw** (aus **etw** dat) ~ {KAPITAL} ritirare qc (da qc) 4 (herausziehen) **etw ~** {SCHLÜSSEL} togliere qc (dalla serratura) 5 (herunterziehen) **etw** (von **etw** dat) ~ {RING VOM FINGER} togliere qc (di/da qc), togliersi qc (di/da qc) 6 mil **jdn/etw** (aus **etw** dat) ~ {JAGDFLUGZEUGE, PANZER, SOLDATEN, TRUPPEN AUS EINEM GEBIET} ritirare qu/qc (da qc) 7 (entfernen) **etw ~** {TOMATEN} pelare qc; {PFIRSICHE} sbucciare qc; {HAUT, SCHALE} togliere qc; **etw von etw** (dat) ~ togliere qc da qc: **etw** (dat) **das Fell ~** {EINEM BÄREN, LEOPARDEN, WILDSCHWEIN}, scuoiare qc; {EINEM FUCHS, HASEN, KANINCHEN, LAMM} spellare qc 8 (die Bezüge entfernen): **das Kissen ~,** cambiare la federa; **die Bettbezüge ~,** cambiare le federe e il copripiumone; **das Bett ~,** cambiare il letto/le lenzuola, disfare il letto 9 fot **etw ~** {NEGATIV} stampare qc 10 typ (vervielfältigen) **etw ~** tirare qc: **können Sie (mir) den Artikel bitte fünfmal ~?,** può farmi cinque copie di quest'articolo, per favore? 11 (abfüllen) **etw ~** {MOST, WEIN} imbottigliare qc 12 CH (ausziehen) **etw ~** {KLEIDUNGSSTÜCK} togliersi qc 13 slang (stattfinden lassen) **etw ~** {FETE, PARTY} fare qc B itr <sein> 1 meteo {GEWITTER, STURMTIEF} allontanarsi: **das Unwetter zieht langsam nach Süden ab,** il maltempo si sta spostando lentamente verso sud 2 (wegziehen) {DAMPF, GIFTWOLKE, NEBEL, RAUCH} diradarsi, disperdersi; **aus etw** (dat) ~ {AUS EINEM RAUM} (fuori)uscire da qc;

{AUS EINEM GEBIET, EINER SIEDLUNG} allontanarsi da qc 3 mil (aus **etw** dat) ~ {TRUPPEN} ritirarsi (da qc), andarsene (da qc) 4 fam (weggehen) andarsene: **laut singend zogen sie ab,** se ne andarono cantando a squarciagola; **zieh ab!, vattene!, sparisci!** fam, smamma! slang.
ab|zielen itr (mit **etw** dat) **auf etw** (akk) ~ {MIT EINER ANSPIELUNG, BEMERKUNG} mirare a fare qc (con qc), puntare a fare qc (con qc); (mit **etw** dat) **auf jdn** ~ riferirsi a qu (con qc), intendere qu (con qc): **worauf zielen Sie mit diesen Worten ab?,** dove vuole ˌandare a parareˌ/[arrivare] con questi discorsi?; **auf etw** (akk) ~ {GESETZ, MASSNAHME} mirare a qc, essere diretto a qc; **diese Maßnahme zielt darauf ab, die finanzielle Lage unserer ausländischen Mitbürger zu verbessern,** questo provvedimento ˌsi pone l'obiettivo diˌ/[mira a] migliorare le condizioni economiche degli stranieri residenti nel nostro Paese.
ab|zischen itr <sein> fam pej smammare slang, filare (via) fam: **zisch ab, du gehst mir auf den Geist!,** alza i tacchi, mi stai rompendo l'anima! fam.
Abzocke <-, ohne pl> f fam ladrocinio m fam, furto m fam.
ab|zocken tr fam **jdn ~** ripulire qu fam, pelare qu fam, spennare qu fam.
Abzocker <-s, -> m (**Abzockerin** f) fam ladro (-a) m (f) fam.
Abzockerei <-, -en> f fam → **Abzocke**.
Abzockerin f → **Abzocker**.
Abzug m 1 ökon ‹meist pl› (einbehaltene Sozialabgaben, Steuern) trattenuta f, ritenuta f; (im Steuerrecht) deduzione f 2 (das Abrechnen) (+RABATT, SKONTO) deduzione f, detrazione f 3 mil {+HEER, SOLDATEN} ritiro m, partenza f 4 (Fotokopie) {+ARTIKEL} (foto)copia f 5 fot copia f, stampa f: **ein vergrößerter ~,** un ingrandimento 6 (Gewehrabzug) grilletto m: **den Finger am ~ haben,** avere il dito sul grilletto 7 ökon: **der ~ von ausländischem Kapital,** la fuga di capitali stranieri 8 (Abzugsvorrichtung) sfiato m, sfiatatoio m; (Dunstabzug) cappa f • **etw in ~ bringen** adm, detrarre qc, defalcare qc; **jdm freien ~ gewähren** mil, garantire il ritiro delle truppe; **nach ~ einer S.** (gen) adm, detratto qc, defalcato qc; **nach ~ der Reisekosten,** detratte le spese del viaggio; **ohne ~** adm, senza detrazioni.
abzüglich präp + gen adm defalcato, detratto, dedotto; ~ **der Kosten,** defalcate/detratte le spese.
abzugsfähig adj {AUSGABEN, KOSTEN} deducibile, detraibile: **-e Aufwendungen** (im Steuerrecht), oneri deducibili.
abzugsfrei adj {EINKÜNFTE, UMSÄTZE} esente da imposte/ritenute.
Abzugshaube f cappa f di aspirazione.
Abzugsrohr n (für Dämpfe, Gase, Gerüche) tubo m di scarico.
Abzugsschacht m (für Dämpfe, Gase, Gerüche) pozzo m di scarico.
ab|zupfen tr **etw** (von **etw** dat) ~ {BEEREN, BLÄTTER VOM STRAUCH} staccare qc (da qc) (con la punta delle dita).
ab|zwacken tr fam **etw** (von **etw** dat) ~ {100 EURO VOM GEHALT, HAUSHALTSGELD} mettere da parte qc (di qc).
Abzweig m 1 adm (abzweigende Straße) diramazione f 2 el tech diramazione f.
Abzweigdose f el scatola f di derivazione.
ab|zweigen A tr <haben> fam (für einen bestimmten Zweck reservieren) **etw** (von **etw** dat) ~ mettere da parte qc (di qc), (sich widerrechtlich aneignen) togliere qc (senza farsi

notare), appropriarsi *di qc* **B** *itr* <*sein*> **1** *el tech* **von etw** (dat) ~ {KABEL, LEITUNG} partire *da qc* **2** (*in eine andere Richtung gehen*) (**von etw** dat) ~ {GLEIS, STRAßE, WEG} diramarsi *da qc*: **von der Hauptstraße zweigen viele Wege ab**, dalla strada principale si diramano molte stradine; **die Straße zweigt nach rechts ab**, la strada devia a destra; **hier zweigt ein Weg** ₍in das₎/[zum] **Dorf ab**, da qui parte una stradina/un viottolo per il paese **C** *rfl* <*haben*> **sich** (dat) *etw* (**von etw** dat) ~ fare la cresta *su qc fam*: **unsere Hausangestellte versucht immer, sich ein paar Euro vom Haushaltsgeld abzuzweigen**, la nostra donna di servizio cerca sempre di mettersi in tasca qualche euro dei soldi per le spese di casa.

Abzweigung <-, -en> f **1** (+STRAßE, WEG) diramazione f, bivio m, biforcazione f **2** *el tech* derivazione f.

ab|zwicken *tr fam etw* ~ {DRAHT, KABEL} tranciare *qc* (con le pinze o le tenaglie); {AST, REBE} *auch* recidere *qc*.

ab|zwingen <irr> *tr* **A** *tr jdm etw* ~ {LÄCHELN} strappare *qc a qu*; {BEICHTE, GESTÄNDNIS, VERSPRECHEN} *auch* estorcere *qc a qu* **B** *rfl* **sich** (dat) *etw* ~ {EIN LÄCHELN, LOBESWORTE} costringersi *a qc*, sforzarsi *di fare qc*.

Access <-, *ohne pl*> m *inform* accesso m.

Accessoire <-s, -s> n <*meist pl*> accessorio m (di moda).

Account <-s, -s> m *oder* n *inform* account m.

Acetat n → **Azetat**.

Aceton n → **Azeton**.

Acetylen n → **Azetylen**.

ach *interj* **1** (*drückt Verlangen oder Wunsch aus*) ah!: **ach, hätte ich doch auf ihn gehört!**, ah, se gli avessi dato retta! **2** (*drückt Bedauern oder Schmerz aus*) oh!: **ach, das tut mir aber leid!**, oh, quanto mi dispiace!! **3** (*drückt plötzliches Erinnern aus*): **ach ja!**, ah già!, è vero!, ah sì (è vero)!; **ach ja, jetzt weiß ich wieder, wie das passiert ist!**, ₍ah già₎/[sì, ecco], ora mi ricordo com'è successo! **4** (*drückt Staunen und Freude aus*) oh!, ah!, ma no!: **ach, das ist aber nett von dir!**, oh, è carino da parte tua!; **ach, Sie sind das!**, ah, è Lei! **5** (*drückt Ärger aus*): **ach lass mich doch in Ruhe!**, ma lasciami in pace! ● **ach ja?** (*Zweifel*), (ma) davvero?, ma non mi dire!, ah sì?; **ach je!**, ahimè!, ohimè!; **ach nein!** (*Ablehnung*), ah no!; **ach und weh schreien** *fam* (*jammern*), fare un dramma *fam*; **ach so!**, ah ecco, (ora) capisco!; **ach was!**/**wo!**/**woher!**, ma no!, macché!, ma va'!; **ach, was ich noch sagen wollte!**, ah, ecco cosa volevo dire!

Ach <-s, -(s)> n: **mit Ach und Krach** *fam*, per un pelo *fam*, per il rotto della cuffia *fam*, a stento, a malapena; **hat er das Abitur bestanden? – Gerade so mit Ach und Krach!**, ha passato l'esame di maturità? – Proprio per un soffio/pelo!

Achat <-(e)s, -e> m *min* agata f.

Achillesferse f *fig* tallone m d'Achille, punto m debole.

Achillessehne f *anat* tendine m d'Achille.

Achim (*Vorname*) → **Joachim**.

Achlaut, **Ach-Laut** m *ling* fricativa f velare sorda (come nella parola tedesca 'ach').

Achsabstand m *tech* interasse m, distanza f assiale.

Achsbruch m → **Achsenbruch**.

Achse <-, -n> f **1** *mech* asse m; *autom auch* assale m **2** *math* asse m **3** *pol* asse m: **die ~ Berlin-Rom** *hist*, l'asse Roma-Berlino ● (*immer*/*ständig*) *auf* ~ **sein** *fam* (*unterwegs sein*), essere (sempre) in giro *fam*; (*auf Reisen sein*), essere (sempre) in viaggio *fam*; **sich um**

seine eigene ~ drehen {ERDE, PERSON}, girare su se stesso (-a); {AUTO} *auch*, fare (un) testa-coda.

Achsel <-, -n> f *anat* **1** *fam* (*Schulter*) spalla f **2** (~*höhle*) ascella f ● **die**/[**mit den**] **~n zucken**, alzare le spalle, fare spallucce, dare un'alzata di spalle.

Achselhaar n **1** <*meist pl*> (*einzelnes Haar*) pelo m dell'ascella: **sich** (dat) **die ~e wegrasieren**, radersi (i peli del)le ascelle **2** <*nur sing*> (*Behaarung*) peli m pl delle ascelle.

Achselhöhle f ascella f, cavità f ascellare.

Achselklappe f controspallina f.

Achselzucken <-s, *ohne pl*> n alzata f di spalle.

achselzuckend *adv* {ETW HINNEHMEN, ZUR KENNTNIS NEHMEN, SAGEN} con un'alzata di spalle, alzando le spalle: **sie reagierte ~ auf meine Frage**, rispose alla mia domanda ₍con un'alzata di spalle₎/[facendo spallucce].

Achsenbruch m rottura f dell'asse.

Achsenkreuz n *math* assi m pl coordinati/cartesiani.

Achsenmacht f <*meist pl*> *hist* potenza f dell'asse.

Achsensymmetrie f simmetria f assiale.

Achslager n *mech* cuscinetto m portante/[dell'assale]; *Eisenb* boccola f.

Achslast f *mech* carico m assiale.

acht① <*inv*> *zahladj* **1** (*Zahl*) otto: ~ **plus/und zwei gibt/ist/macht zehn**, otto più/e due fa dieci; **gestern waren wir ~/**[**zu ~**] **bei Tisch**, ieri eravamo in otto a tavola; **schlagt das Buch auf Seite ~ auf!**, aprite il libro a pagina otto!; **alle ~ Tage**, una volta alla settimana; **Montag in ~ Tagen**, lunedì ₍a otto₎/[tra otto giorni]; **in ~ Tagen**, fra una settimana; **heute in ~ Tagen**, oggi a otto, otto giorni a oggi; **vor ~ Tagen**, una settimana fa **2** (*Alter*) otto anni: **mein Sohn ist ~ (Jahre alt)**, mio figlio ha otto anni; **mit ~ (Jahren) spielen Kinder noch sehr gern**, a otto anni i bambini amano ancora molto giocare, ai bambini di otto anni piace ancora molto giocare; **nächsten Monat wird meine Tochter ~ (Jahre alt)**, il prossimo mese mia figlia compie otto anni **3** (*Uhrzeit*) otto: **es ist ~ (Uhr)**, sono le otto, (*abends auch*) sono le (ore) venti; **sie kommt um ~**, arriva/viene alle otto; **es ist ~ vor drei**, sono le tre meno otto (minuti), mancano otto minuti alle tre; **es ist halb ~**, sono le sette e mezzo/trenta, (*abends auch*) sono le (ore) diciannove e trenta; **es ist Viertel vor ~**, sono le otto meno un quarto, manca un quarto alle otto; **ich komme gegen ~**, vengo verso le otto; **es ist kurz nach ~**, sono appena passate le otto **4** *sport* (*Punkt*) otto: ~ **zu sechs gewinnen**, vincere (per) otto a sei; → *auch* **vier**.

acht② *adv*: **zu ~**, in otto.

Acht① <-, -en> f **1** (*Zahl*) otto m **2** *fam* (*Transport*): **die ~** (*Bus-*, *Straßenbahnlinie*) l'otto m; **die ~ hält hier nicht**, l'otto non ferma qui, (*U-Bahnlinie*) la linea otto **3** (*Sportler*): **die ~ hat gewonnen**, ha vinto il numero otto **4** *Karten* otto m **5** *sport* (*Eislauffigur*) otto m, doppio cerchio m: **eine ~ auf dem Eis laufen**, descrivere un otto (pattinando) sul ghiaccio.

Acht② <-, *ohne pl*> f *hist* bando m, proscrizione f ● **jdn in ~ und Bann tun** *hist*, **die ~ über jdn verhängen** *hist* {KÖNIG}, mettere al bando qu.

Acht③ <-, *ohne pl*> f *obs* attenzione f ● (**auf jdn**/**etw**) ~ **geben** {AUF DIE KLEINEN GESCHWISTER, DIE GESUNDHEIT}, aver cura di qu/qc; **gib ~**, bada a qu/qc, stare attento (-a) a qu/qc; **gib ~!**, stai attento (-a)!; **gib ~, dass du nicht

fällst!, fa' attenzione a non cadere!; **gib auf dich ~!**, abbi cura di te!, riguardati!; ~ **haben** *fam obs*: **hab ~!**, fa' attenzione!; **etw außer ~ lassen** (*nicht berücksichtigen*), non tenere conto di qc, non prendere in considerazione qc, non considerare qc, trascurare qc; **sich (vor etw** dat) **in ~ nehmen**, stare attento (-a) (a qc), fare attenzione (a qc), stare in guardia; **nimm dich in ~, dass er dich nicht übers Ohr haut!**, bada/[stai attento (-a)] che non ti imbrogli!; **sich vor jdm in ~ nehmen**, guardarsi da qu.

achtarmig *adj* {LEUCHTER} a/con otto bracci; {UNGEHEUER} a/con otto braccia.

achtbändig *adj* {AUSGABE, ENZYKLOPÄDIE, WERK} in otto volumi.

achtbar *adj* {LEISTUNG} di tutto rispetto; {LEUTE} *auch* rispettabile, degno di stima: **ein ~er Bürger** *iron*, un (cittadino) benpensante *iron*.

achte *zahladj* → **achter**.

Achte <*dekl wie adj*> mf **1** (*Tag des Monats*) otto m: **am ~n eines jeden Monats**, l'otto di ogni mese **2** (*Monat des Jahres*): **der erste/zweite/... ~**, il primo/due/... (di) agosto **3** (*Reihenfolge*) ottavo (-a) m (f): **er ist ~r geworden**, ₍è arrivato₎/[si è piazzato] ottavo; **Sie sind als ~(r) dran**, Lei è l'ottavo (-a); **jeder ~**, ₍una persona ogni₎/[uno su] otto **4** (*bei historischen Namen*): **Heinrich VIII.** (*gesprochen der Achte*) Enrico VIII (*gesprochen ottavo*); → *auch* **Vierte**.

Achteck n ottagono m.

achteckig *adj* ottagonale.

achteinhalb <*inv*> *zahladj* **1** (*8,5*) otto e mezzo **2** *fam* (*8500 Euro*) ottomilacinquecento euro.

achtel <*inv*> *adj* <*attr*>: **ein ~ Liter**, un ottavo di litro.

Achtel <-s, -> n *oder CH meist* m **1** (*der achte Teil*) ottavo m: **ein ~ Kaffee**, 125 grammi di caffè; **ein ~ Liter/[eines Liters]**, un ottavo di litro **2** (*Bruchzahl*) ottavo m **3** *mus* croma f.

Achtelfinale n *sport* ottavi m pl di finale ● **im ~ ausscheiden**, perdere agli ottavi di finale; **ins ~ einziehen**/**kommen**, arrivare agli ottavi di finale.

Achtelnote f *mus* croma f.

Achtelpause f *mus* pausa f di ₍una croma₎/[un ottavo].

achten **A** *tr* **1** (*respektieren*) **jdn**/**etw** ~ {ALTER, ELTERN, GEFÜHLE ANDERER, GESETZ} rispettare qu/qc **2** (*schätzen*) **jdn** (**wegen etw** gen *oder fam* dat) ~ stimare qu (per qc), apprezzare qu (per qc); **jdn**/**etw gering** ~, tenere ₍in poco conto₎/[poca/scarsa considerazione] qu/qc, disistimare qu/qc; **jdn**/**etw hoch** ~ {JDS ARBEIT, KOLLEGEN, LEHRER, MITARBEITER} avere/nutrire molta/[una grande] stima di qu, stimare molto qu, tenere qu/qc in gran conto **B** *itr* **1** (*be-*) **auf jdn**/**etw** ~ {AUF DIE ANWESENDEN, PASSANTEN, DEN VERKEHR} prestare/fare attenzione *a qu/qc*, stare attento (-a) *a qu/qc*, badare *a qu/qc*: ~ **Sie bitte darauf, dass Sie das Formular richtig ausfüllen!**, faccia attenzione a compilare correttamente il modulo!; ~ **Sie darauf, nichts falsch zu machen!**, badi/[stia attento (-a)] a non sbagliare!; **hast du gesehen, wie sie angezogen war? – Nein, ich habe nicht darauf geachtet**, hai visto com'era vestita? – No, non ci ho fatto caso; **achte nicht darauf!**, non farci caso! **2** (*aufpassen*) **auf jdn**/**etw** ~ {AUF DIE BLUMEN, DEN HUND, EIN KLEINKIND} badare *a qu/qc*, prendersi cura *di qu/qc*.

ächten *tr* **1** <*meist Passiv*> *geh* (*verdammen*): **geächtet werden** {RASSENPOLITIK, TODESSTRAFE}, essere messo al bando **2** *geh* (*aus* *einer Gemeinschaft ausschließen*) **jdn** ~ mettere al bando *qu*: **gesellschaftlich geächtet werden**, essere messo al bando dalla società; **sich geächtet fühlen**, sentirsi messo (-a) al bando **3** *hist* **jdn** ~ bandire *qu*, mettere al bando *qu*.

achtens *adv* (in) ottavo (luogo).

achtenswert *adj* **1** (*ehrbar*) {MENSCH} rispettabile, degno di rispetto/stima **2** (*anzuerkennend*) {BEMÜHUNGEN, EINSATZ} degno di nota; {LEISTUNG} di tutto rispetto.

achter, achte, achtes *zahladj* <attr> **1** (*Datum*) otto: **sie ist am achten August geboren**, è nata l'otto agosto; **heute ist der achte Februar**, oggi è l'otto febbraio **2** (*Jahreszahl*) ottavo (-a) **3** (*Reihenfolge*) ottavo: **in der achten Reihe**, in ottava fila **4** (*zum achten Mal*) {AUFLAGE, GEBURTSTAG} ottavo (-a) **5** *math* ottavo (-a): **der achte Teil von etw** (dat), un ottavo di qc, l'ottava parte di qc; → *auch* **vierter**.

Achter <-s, -> *m* **1** (*Ruderboot*) imbarcazione f da otto (rematori) **2** *fam* (*Ziffer*) otto m **3** *fam* (*Bus oder Straßenbahn*) otto m **4** *fam* (*Radverbiegung*): **ich habe einen ~ am Hinterrad**, ho la ruota posteriore (della bici) deformata.

Achterbahn f otto m volante, montagne f pl russe.

Achterdeck n *naut* ponte m di poppa.

achterlei <inv> *adj* **1** <attr> otto specie/tipi di ..., otto ... differenti/diversi: ~ **Brot**, otto tipi di pane **2** (*substantivisch*) otto cose f pl (diverse); → *auch* **viererlei**.

achtern *adv* *naut* a poppa: **von** ~, da poppa.

achtfach A *adj* **1** (*achtmal so groß*) otto volte tanto, ottuplo *rar*: **wir haben den ~en Preis bezahlt**, abbiamo pagato ₁un prezzo otto volte maggiore/superiore₁/ otto volte tanto]; **eine ~e Vergrößerung**, un ingrandimento in un formato otto volte più grande **2** (*achtmal erfolgend*) otto volte: **der ~e Weltmeister**, l'otto volte campione del mondo **3** (*achtmal erstellt*): **ein Formular in ~er Ausfertigung**, un modulo in otto copie/ esemplari B *adv* {AUSFERTIGEN} in otto copie/ esemplari; {UNTERSCHREIBEN, VERGRÖßERN} otto volte; → *auch* **vierfach**.

Achtfache <dekl wie adj> n: **das ~** (*an etw* dat) l'ottuplo *rar* (*di qc*): **etw um das ~ erhöhen**, aumentare qc di otto volte; **die Preise sind um das ~ gestiegen**, i prezzi sono aumentati di otto volte; **das ~ an Leistung**, un rendimento (di) otto volte superiore.

acht|geben <irr> tr → **Acht**³.

achtgeschossig A *adj* {GEBÄUDE} di/a otto piani B *adv* {BAUEN} a otto piani.

acht|haben <irr> tr → **Acht**³.

achthundert <inv> *zahladj* ottocento.

Achthundertjahrfeier f (celebrazione f dell') ottavo centenario m.

achthundertjährig *adj* <meist attr> di ottocento anni: **in diesem Jahr feiert man das ~e Bestehen des Dorfes**, quest'anno si ₁celebra l'ottavo centenario della fondazione₁/[celebrano gli ottocento anni] del villaggio.

achthundertster, achthundertste, achthundertstes *zahladj* <attr> **1** (*an 800. Stelle*) {BESUCHER} ottocentesimo (-a) **2** (*zum 800. Mal*) ottocentesimo (-a): **der achthundertste Jahrestag**, l'ottavo centenario m.

achthunderttausend <inv> *zahladj* ottocentomila.

achtjährig *adj* *meist* <meist attr> **1** (*acht Jahre alt*) {KIND} (dell'età) di otto anni **2** (*acht Jahre lang*) {AUSLANDSAUFENTHALT} (della durata) di otto anni.

Achtjährige <dekl wie adj> mf bambino (-a) m (f) di otto anni, ottenne mf.

Achtkampf m *sport hist* gara f a otto discipline.

achtkantig *adj* ottagonale.

achtköpfig *adj* <attr> {FAMILIE} di otto persone/componenti.

achtlos A *adj* {VERHALTEN} distratto; {PERSON} *auch* sbadato, poco accorto B *adv* {ETWAS WEGWERFEN} distrattamente, sbadatamente, senza pensarci; {SICH VERHALTEN} da sbadato/distratto: **mit seinen Sachen ~ umgehen**, trattare le proprie cose con poca cura; **die Schüler gehen mit den Computern sehr ~ um**, gli studenti ₁usano i computer in modo poco accorto₁/[maltrattano i computer]; **er ließ die Plastikflaschen ~ auf der Wiese liegen**, lasciò le bottiglie di plastica sul prato fregandosene altamente *fam*.

Achtlosigkeit <-, ohne pl> f sbadataggine f, mancanza f di cura.

achtmal *adv* {ANFERTIGEN, KOPIEREN} otto volte: **ich habe diesen Film schon ~ gesehen**, questo film l'ho già visto otto volte; ~ **so groß wie ...**, otto volte più grande di...

achtmalig *adj*: **nach ~em Versuch**, dopo l'ottavo tentativo; **nach ~em Klingeln wurde mir die Tür geöffnet**, dopo aver suonato otto volte mi hanno aperto (la porta).

Acht-Minuten-Takt m **1** intervallo m di otto minuti: **die U-Bahn fährt im Acht-Minuten-Takt**, la metropolitana passa a intervalli di otto minuti **2** *tel* scatto m della durata di otto minuti.

achtmonatig *adj* <attr> **1** (*acht Monate alt*) {KIND, TIER} (dell'età) di otto mesi: **ein ~er Säugling**, un bambino di otto mesi **2** (*acht Monate lang*) {ARBEIT, AUFENTHALT} (della durata) di otto mesi.

achtmonatlich A *adj* {ABRECHNUNG, KONTROLLE} (che si ripete) ogni otto mesi B *adv* {ABRECHNEN, ERSCHEINEN} ogni otto mesi.

Achtmonatskind n bambino (-a) m (f) nato (-a) ₁all'ottavo mese (di gestazione)₁/ [di otto mesi].

achträdrig, achträderig *adj* {WAGEN} a otto ruote.

achtsam *geh* A *adj* attento, accurato B *adv* attentamente, accuratamente: **etw ~ ausführen**, eseguire qc accuratamente; **mit etw** (dat) ~ **umgehen**, maneggiare qc con cura.

Achtsamkeit <-, ohne pl> f cura f, attenzione f, accuratezza f.

achtseitig *adj* **1** (*acht Seiten umfassend*) {ABHANDLUNG, PROSPEKT, REFERAT} di otto pagine **2** (*oktagonal*) {KÖRPER, VIELECK} con otto lati, ottagonale.

Achtsitzer m veicolo m a otto posti.

achtstellig *adj* {BETRAG, SUMME, ZIFFER} a/ di otto cifre.

achtstöckig A *adj* {GEBÄUDE} a/di otto piani B *adv* {BAUEN} a otto piani.

Achtstundentag m <meist sing> giornata f (lavorativa) di otto ore.

achtstündig *adj* <attr> (*acht Stunden lang*) {ARBEITSTAG, AUFENTHALT} (della durata) di otto ore.

achtstündlich A *adj* {ABLÖSUNG, WECHSEL} che avviene ogni otto ore: **in ~en Abständen**, a intervalli di otto ore B *adv* {SICH ABWECHSELN} ogni otto ore.

achttägig *adj* <attr> **1** (*acht Tage lang*) {AUFENTHALT, KONGRESS, URLAUB} (della durata) di otto giorni **2** *fam* (*eine Woche lang*) di una settimana.

achttausend <inv> *zahladj* ottomila: **er verdient ~ Euro im Monat**, guadagna otto-mila euro al mese.

Achttausender <-s, -> m (*8000 m hoher Berg*) vetta f/montagna f di/alta ottomila metri; (*zwischen 8000 und 9000 m*) vetta f/ montagna f tra gli ottomila e i novemila metri.

Achtteiler <-s, -> m *TV* serie f televisiva₁/ [sceneggiato m televisivo] in otto puntate.

achtteilig *adj* {SERVICE} di otto pezzi; {FERNSEHFILM, -SERIE} in otto puntate.

Achtundsechziger <-s, -> m (**Achtundsechzigerin** f) *fam* sessantottino (-a) m (f).

Achtung <-, ohne pl> f **1** (*Wertschätzung*) stima f, considerazione f {RESPEKT} ~ (**vor jdm/etw**) rispetto m (₁per/verso qu₁/[per/ di qc]): **aus ~ vor jdm**, per rispetto verso qu **3** (*warnender Ausruf: Vorsicht*): ~!, attenzione!, pericolo!; ~ **Stufe!**, attenzione al gradino! **4** *mil* attenti! ● **alle ~!** *fam*, bravo (-a)!, tanto di cappello!, congratulazioni!; **bei aller ~** (**vor jdm/etw**), con tutto il rispetto (per qu/qc); **jdm seine ~ entgegenbringen/ erweisen**, dimostrare la propria stima a qu; **sich allgemeiner ~ erfreuen**, godere della stima generale; **in jds ~ fallen/sinken**, scadere nella stima di qu; ~, **fertig, los!**, ai vostri posti, pronti, via!; ~ **gebietend** *geh* {MENSCH}, che ispira/incute rispetto; **jds ~ genießen**, godere della stima/considerazione di qu; **vor jdm ~ haben**, avere/nutrire rispetto per qu, rispettare qu; **vor etw** (dat) (**große**) ~ **haben** [VOR EINER LEISTUNG], inchinarsi di fronte a qc, essere (molto) ammirato da qc; **bei jdm ₁hoch in₁/[in hoher] ~ stehen**, essere tenuto in grande considerazione da qu, essere molto stimato da qu, godere della massima stima di qu; **in jds ~ steigen**, salire nella stima/considerazione di qu; ~ **verdienen**, meritare rispetto, essere degno di stima; **sich ~ (bei jdm) ~ verschaffen**, farsi rispettare (da qu).

Ächtung <-, -en> f **1** *hist* messa f al bando **2** (*Verdammung*) {+GEWALT, KRIEG, RASSENHASS} messa f al bando, condanna f **3** (*Ausschluss aus einer Gemeinschaft*) messa f al bando: **ein Opfer der gesellschaftlichen ~ werden**, essere messo al bando dalla società.

achtunggebietend *adj* → **Achtung**.

achtungsvoll A *adj* rispettoso B *adv* {GRÜßEN} rispettosamente.

achtzehn <inv> *zahladj* **1** (*Kardinalzahl*) diciotto **2** (*Uhrzeit*) diciotto **3** (*Alter*) diciotto anni: **er ist ~**, ha diciotto anni; **nächsten Monat wird sie ~**, il mese prossimo compie diciotto anni; **mit ~ ist man volljährig**, a diciotto anni si è maggiorenni **4** *sport* (*Punkte*) diciotto.

Achtzehn <-, -en> f **1** (*Zahl*) diciotto m **2** *fam* (*Transport*): **die ~**, (*Bus-, Straßenbahnlinie*) il diciotto; (*U-Bahnlinie*) la linea diciotto **3** *fam sport*: **die ~**, il/la diciotto; → *auch* **Vier**.

achtzehneinhalb <inv> *zahladj* diciotto e mezzo.

Achtzehner <-s, -> m *fam* (*Buslinie*): **der ~**, il diciotto.

achtzehnfach A *adj* {BETRAG, SUMME} diciotto volte maggiore: **in ~er Ausfertigung**, in diciotto copie B *adv* {AUSFERTIGEN, KOPIEREN} in diciotto copie/esemplari; → *auch* **vierfach**.

achtzehnhundert <inv> *zahladj* milleottocento: **die Firma wurde ~/[im Jahre ~] gegründet**, la ditta fu fondata nel 1800.

achtzehnjährig *adj* **1** (*achtzehn Jahre alt*) {JUGENDLICHE} diciottenne, di diciotto anni **2** (*achtzehn Jahre lang*) {MITGLIEDSCHAFT, ZUSAMMENARBEIT} (della durata) di diciotto anni: **nach ~er Ehe**, dopo ₁diciotto anni di

matrimonio₁/[un matrimonio durato diciotto anni].
Achtzehnjährige *<dekl wie adj>* mf diciottenne mf, ragazzo (-a) m (f) di diciotto anni.
achtzehnt *adv*: zu ~, in diciotto.
achtzehnte *zahladj* → **achtzehnter**.
Achtzehnte *<dekl wie adj>* mf **1** *fam* (*Datum*) diciotto m: **heute ist der** ~, oggi è il diciotto **2** (*Reihenfolge*) diciottesimo (-a) m (f): **im Hürdenlauf ist er** **~r geworden**, nella corsa a ostacoli è arrivato diciottesimo **3** (*bei historischen Namen*): **Ludwig XVIII** (*gesprochen der Achtzehnte*), Luigi XVIII (*gesprochen diciottesimo*); → *auch* **Vierzehnte**.
achtzehnte, achtzehnter, achtzehntes *zahladj <attr>* **1** (*Datum*) diciotto: **heute ist der achtzehnte März**, oggi è il diciotto marzo **2** (*Jahreszahl*) diciottesimo (-a): **das achtzehnte Jahrhundert**, il diciottesimo secolo, il Settecento **3** (*Reihenfolge*) diciottesimo (-a): **er ist auf dem achtzehnten Platz**, è al diciottesimo posto **4** *math* diciottesimo (-a): **der achtzehnte Teil von etw** (*dat*), un diciottesimo di qc, la diciottesima parte di qc; → *auch* **vierzehnter**.
achtzeilig *adj* {STROPHE} di otto righe.
achtzig *<inv>* *zahladj* **1** (*Kardinalzahl*) ottanta **2** (*Alter*) ottant'anni: **er ist** ~, ha ottant'anni **3** (*Stundenkilometer*) ottanta (km orari): **Richtgeschwindigkeit** ~, velocità massima consigliata ottanta; **mit** ~ **Sachen** *fam* **fuhr er durch die Stadt**, attraversò la città (andando) a ottanta (kilometri) all'ora; → *auch* **vierzig**.
Achtzig *<-, -en>* f (*die Zahl achtzig*) ottanta m: **er ist um die** ~, ha un'ottantina d'anni, è sugli ottant'anni; → *auch* **Vierzig**.
achtziger *<inv>* *adj <attr>* **1** (*Jahrzehnt von 80-89*): **die** ~ **Jahre**, gli anni Ottanta; **in den** ~ **Jahren**, negli anni Ottanta **2** (*Wein aus dem Jahre 1980*): **ein** ~ **Jahrgang**, l'annata 1980; **ich hätte gerne einen** ~ **Chianti**, vorrei un Chianti dell'Ottanta.
Achtziger① *<-s, ->* m (*Wein*) vino m del 1980.
Achtziger② *<-s, ->* m (**Achtzigerin** f) (*Person zwischen 80 und 89*): **mein Großvater ist ein rüstiger** ~, mio nonno è un arzillo ottantenne.
Achtzigerjahre, achtziger Jahre, 80er Jahre, 80er-Jahre *subst <nur pl>* **1** (*Jahrzehnt von 80-89*): **die** ~, gli anni Ottanta **2** (*Lebensalter von 80-89*): **in den ~n sein**, essere tra gli ottanta e i novanta.
achtzigjährig *adj <meist attr>* **1** (*achtzig Jahre alt*) {BAUM} di ottant'anni; {MENSCH} *auch* ottantenne, ottuagenario *obs*: ~ **sterben**, morire ottantenne/[a ottant'anni] **2** (*achtzig Jahre dauernd*) {LEBEN, OKKUPATION} (della durata) di ottant'anni.
Achtzigjährige *<dekl wie adj>* mf ottantenne mf: **als ~r**, a ottant'anni, ottantenne.
achtzigmal *adv* ottanta volte.
achtzigste *zahladj* → **achtzigster**.
Achtzigstel *<-s, ->* n ottantesimo m, ottantesima parte f.
achtzigster, achtzigste, achtzigstes *zahladj <attr>* **1** (*Reihenfolge*) ottantesimo (-a) **2** (*Teil*): **der achtzigste Teil von etw** (*dat*), un ottantesimo di qc, l'ottantesima parte di qc.
Achtzimmerwohnung f appartamento m di otto vani/stanze.
Achtzylinder m *autom* **1** (*Wagen*) automobile f a otto cilindri **2** (*Motor*) (motore m a) otto cilindri m.
ächzen *itr* **1** (*stöhnen*) (*vor etw* dat) {VOR ANSTRENGUNG, SCHMERZ} gemere (da

qc): **das Ächzen**, i gemiti; **unter Ächzen (und Stöhnen) kam er die Treppe herauf**, salì le scale gemendo (e lamentandosi) **2** (*knarren*) {BRÜCKE, GEBÄLK, TREPPE, TÜR} gemere, cigolare, scricchiolare.
Ächzer *<-s, ->* m (*vor Erleichterung*) profondo sospiro m di sollievo; (*vor Schmerz*) gemito m ● **seinen letzten** ~ **tun** *fam* (*sterben*), esalare l'ultimo respiro *geh*; **der tut bald seinen letzten** ~, sta per tirare il calzino *fam*.
Acker *<-s, ÷>* m campo m/terreno m coltivato ● **den** ~ **bearbeiten**, lavorare i campi/la terra; **den** ~ **bestellen**, coltivare i campi/la terra; **den** ~ **pflügen**, arare il campo.
Ackerbau *<-(e)s, ohne pl>* m *agr* agricoltura f ● ~ **(be)treiben**, coltivare la terra; ~ **und Viehzucht**, agricoltura e allevamento.
Ackerboden m *agr* terreno m coltivabile/arativo.
Ackerfläche f *agr* superficie f coltivata/coltivabile.
Ackergaul m *agr* cavallo m ₁per il lavoro agricolo₁/[da soma]; *pej* (*schlechtes Pferd*) ronzino m.
Ackergerät n *agr* attrezzo m agricolo.
Ackerland n *agr* terreno m agricolo/arativo.
ackern A *tr* *etw* ~ {FELD, LAND} arare qc B *itr* *fam* (*schuften*) sgobbare *fam*, sfacchinare *fam*: **wir mussten ganz schön** ~, **um das Referat rechtzeitig abzuliefern**, abbiamo dovuto sgobbare parecchio per consegnare la relazione in tempo *fam*.
Ackersalat m *fam* → **Feldsalat**.
Ackerwagen m carro m agricolo.
Acryl *<-s, ohne pl>* n *chem text* acrilico m.
Acrylfaser f *text* fibra f acrilica.
Acrylglas n vetro m acrilico.
Acrylharz n *chem* resina f acrilica.
Acryllack m vernice f acrilica.
Action *<-, ohne pl>* f (*in einem Film, einem Roman*) azione f: **in dem Film gibt's zu wenig** ~, in questo film non c'è molta azione; (*Trubel*) movimento m: **hier ist zu wenig** ~ *fam*, questo posto è un mortorio *fam* ● ~ **machen** *fam*, essere pieno di iniziativa; **in** ~ **sein** *fam*: **sie ist immer voll in** ~, è sempre in movimento.
Actionfilm m film m d'azione.
a.d. *Abk von* an der (*bei Ortsnamen*): sul, sullo, sulla: **Frankfurt a.d. Oder**, Francoforte sull'Oder.
a. D. *Abk von* außer Dienst: a r. (*Abk von* a riposo).
A. D. *Abk von lat* Anno Domini: AD.
ad absurdum *adv* *geh*: **etw ad absurdum führen**, dimostrare/provare l'assurdità di qc.
ADAC *<-(s), ohne pl>* m *Abk von* Allgemeiner Deutscher Automobil-Club: ≈ ACI m (*Abk von* Automobile Club d'Italia).
ad acta *adv* *geh*: **etw ad acta legen** {FALL, PROBLEM}, archiviare qc.
Adam *<-s, ohne pl>* m (*Vorname*) Adamo ● **bei** ~ **und** *Eva* **anfangen** *fam*, partire da Adamo e Eva, prenderla molto alla larga/lontana *fam*; **von** ~ **und** *Eva* **abstammen** *fam* {GEGENSTÄNDE, MÖBEL}, essere vecchio come il cucco *fam*, essere antidiluviano; **nach** ~ **Riese** *fam scherz*, a casa mia *fam*, fino a prova contraria; **fünf und/plus sieben macht nach** ~ **Riese zwölf**, a casa mia cinque più sette fa(nno) dodici *fam*; **seit** **~s Zeiten** *fam*, dacché mondo è mondo, da Adamo in qua.
Adamsapfel *<-s, ohne pl>* m *anat fam* pomo m d'Adamo.
Adamskostüm n *fam scherz* costume m adamitico *fam*: **im** ~ **herumlaufen**, andare

in giro in costume adamitico.
Adaptation *<-, -en>* f **1** *<nur sing>* *biol* adattamento m: **die** ~ **von etw** (*dat*) **an etw** (*akk*), l'adattamento di qc a qc **2** *<nur sing>* *soziol* adattamento m: **die** ~ **des Menschen an sein soziales Umfeld**, l'adattamento dell'uomo al suo ambiente sociale **3** *geh* (*Umarbeitung*) adattamento m, riduzione f: **die** ~ **eines literarischen Werkes für das Theater**, l'adattamento teatrale di un'opera letteraria.
Adapter *<-s, ->* m el adattatore m.
adaptieren *<ohne ge->* *tr* **1** *biol* **etw an etw** (akk) ~ adattare qc a qc **2** *soziol* **jdn** (*an etw* akk) ~ {MENSCHEN AN SEIN SOZIALES UMFELD} adattare qu (a qc) **3** (*umarbeiten*) **etw** (*für etw* akk) ~ {LITERARISCHES WERK FÜR FILM, THEATER} adattare qc (*per qc*) **4** *A* (*einrichten*) **etw als etw** (akk) ~ {BURG ALS MUSEUM} adattare qc a qc, destinare qc a qc.
adäquat *adj* *geh* {AUSDRUCK, BELOHNUNG, BEMÜHUNG, ÜBERSETZUNG} adeguato.
Adäquatheit *<-, ohne pl>* f *geh* {+BELOHNUNG, HONORAR, VERHALTEN} adeguatezza f.
addieren *<ohne ge->* *math* A *tr* **etw** (*zu etw* dat) ~ addizionare qc, sommare qc (con qc), aggiungere qc a qc B *itr* fare l'addizione/la somma.
Addiermaschine f addizionatrice f.
Addition *<-, -en>* f *math* addizione f, somma f.
Additiv *<-s, -e>* n *chem* additivo m.
ade *adv* *region* oder *obs* addio ● **jdm ade sagen**, dire addio a qu; **etw** (*dat*) **ade sagen**, dare l'addio a qc, dire addio a qc, rinunciare a qc.
Adel *<-s, ohne pl>* m **1** (*Aristokratie*) nobiltà f, aristocrazia f, ceto m nobile *bes. hist* **2** (*Adelstitel*) titolo m nobiliare/[di nobiltà] **3** (*Edelmut*) nobiltà f ● **den** ~ **ablegen**, deporre il titolo nobiliare; **alter** ~, antica nobiltà; **erblicher** ~, nobiltà ereditaria; **hoher** ~, alta nobiltà; **niederer** ~, bassa nobiltà; **von** ~ **sein**, essere di famiglia nobile, avere origini nobili; **aus altem** ~ **stammen**, essere di antica famiglia nobile; **verarmter** ~, nobiltà decaduta; **jdm den** ~ **verleihen**, dare il titolo nobiliare a qu, conferire a qu il titolo nobiliare; ~ **verpflichtet**, noblesse oblige.
Adelheid f (*Vorname*) Adelaide.
adeln *tr* **1** (*den Adel verleihen*) **jdn** ~ nobilitare qu, conferire un titolo nobiliare a qu **2** *geh* (*auszeichnen*) **jdn** ~ {EDLE GESINNUNG, GROSSZÜGIGKEIT} fare/rendere onore a qu, nobilitare qu.
Adelsprädikat n predicato m ₁di nobiltà₁/[nobiliare].
Adelsstand m ceto m nobiliare, aristocrazia f ● **jdn in den** ~ **erheben**, elevare qu al grado di nobile.
Adelstitel m titolo m nobiliare: **«Baron» und «Graf» sind** ~, «barone» e «conte» sono titoli nobiliari.
Adenokarzinom n *med* adenocarcinoma m.
Adenom *<-s, -e>* n *med* adenoma m.
Adenovirus n oder m *biol* adenovirus m.
Adept *<-en, -en>* m (**Adeptin** f) adepto (-a) m (f), seguace m.
Ader *<-, -n>* f **1** *anat* vena f **2** (*in Gestein, Holz*) venatura f **3** *bot* nervatura f **4** *min* vena f, filone m **5** *el* filo m conduttore ● **sich** (dat) **die ~n aufschneiden/öffnen**, tagliarsi le vene; **eine ... ~ haben** {DICHTERISCHE, KÜNSTLERISCHE}, avere una vena ...; **eine soziale ~ haben** *fam*, avere sensibilità per il sociale, impegnarsi nel sociale; **eine ~ für etw** (akk) **haben**, avere un'inclinazione per qc,

essere portato per qc; **eine ~ für Musik haben**, avere il dono della musica, essere portato per la musica; **keine ~ für etw** (akk) **haben** *fam* (*für etw nicht aufgeschlossen sein*) {FÜR MODERNE KUNST, TECHNO-MUSIK}, non avere sensibilità per qc; **jdn zur ~ lassen** *obs* (*jdm Blut abnehmen*), salassare qu; *fam* (*jdm viel Geld abnehmen*), salassare qu *fam*.

Äderchen <-s, -> n *anat* dim *von* Ader venetta f, venuzza f.

Aderlass (a.R. Aderlaß) <-es, -lässe> m **1** *geh* (*Verlust*) emorragia f, grave perdita f **2** *med obs* salasso m.

Äderung <-, -en> f **1** *anat* venatura f **2** *bot* venatura f.

Adhäsionsverschluss (a.R. Adhäsionsverschluß) m (*an Briefumschlägen*) chiusura f autoadesiva/autoincollante.

ad hoc *adv geh* **1** (*speziell für den Fall*) ad hoc, appositamente, apposta **2** (*aus dem Augenblick heraus*): **etw ad hoc entscheiden**, decidere qc sul momento.

Ad-hoc-Maßnahme f *geh* provvedimento m ad hoc.

adieu *adv obs oder region* (*auf Wiedersehen*) arrivederci!, (*leb/lebt wohl*) addio!

Adjektiv <-s, -e> n *gram* aggettivo m.

adjektivieren <ohne ge-> tr *gram* **etw ~** {SUBSTANTIV, ADVERB} aggettivare qc.

adjektivisch *adj gram* aggettivale.

adjustieren <ohne ge-> tr **etw ~** {WERKSTÜCK} aggiustare qc, accomodare qc; {MESSGERÄT, WAAGE} mettere a punto qc, tarare qc.

Adjutant <-en, -en> m *mil* aiutante m di campo.

Adler <-s, -> m **1** (*Raubvogel*) aquila f **2** (*Symbol*) aquila f: **der preußische ~**, l'aquila prussiana.

Adlerauge n: **~n haben**, avere gli occhi di lince/falco, avere un occhio/una vista d'aquila.

Adlerblick <-s, ohne pl> m sguardo m d'aquila.

Adlerfarn m *bot* felce f aquilina.

Adlerhorst m nido m d'aquila.

Adlernase f naso m aquilino.

adlig, adelig *adj* **1** (*dem Adel angehörend*) nobile, aristocratico **2** (*von Adel zeugend*) nobile **3** (*edelmütig*) nobile.

Adlige, Adelige <dekl wie adj> mf nobile mf, aristocratico (-a) m (f).

Administration <-, -en> f *geh* amministrazione f: **die ~ Bush** *pol*, l'amministrazione/[il governo] Bush.

administrativ A *adj* {MASSNAHME, MITTEL} amministrativo B *adv* amministrativamente, a livello amministrativo.

Admiral① <-s, -e> m *zoo* (vanessa f) atalanta f, vulcano m.

Admiral② <-s, -e oder Admiräle> m *mil* ammiraglio m.

Admiralität <-, -en> f *mil* ammiragliato m.

Admiralsrang m *mil* grado m di ammiraglio.

Admiralsstab m *mil* stato m maggiore della marina.

Adolf, Adolph m (*Vorname*) Adolfo.

Adonis <-, ohne pl> m *scherz* adone m.

adoptieren <ohne ge-> tr **jdn ~** {KIND} adottare qu: **ein adoptiertes Kind**, un bambino adottato.

Adoption <-, -en> f adozione f: **ein Kind zur ~ freigeben**, autorizzare l'adozione di un bambino.

Adoptiveltern *subst* <nur pl> genitori m pl adottivi.

Adoptivkind n figlio (-a) m (f) adottivo

(-a).

Adrenalin <-s, ohne pl> n *med* adrenalina f.

Adrenalinspiegel m livello m/tasso m di adrenalina.

Adrenalinstoß m scarica f di adrenalina.

Adressat <-en, -en> m (**Adressatin** f) **1** *post* (*Empfänger*) destinatario (-a) m (f) **2** *geh* (*jd, an den sich eine Botschaft richtet*) destinatario (-a) m (f) **3** <meist pl> *com* (*Zielgruppe*) target m.

Adressatengruppe f *com* target m.

Adressatin f → **Adressat**.

Adressaufkleber (a.R. Adreßaufkleber) m etichetta f autoadesiva per indirizzo.

Adressaufruf (a.R. Adreßaufruf) m *inform* chiamata f di indirizzo.

Adressbereich (a.R. Adreßbereich) m *inform* fascia f di indirizzi.

Adressbildung (a.R. Adreßbildung) f *inform* formazione f dell'indirizzo.

Adressbuch (a.R. Adreßbuch) n **1** *adm* (*amtliches Adressverzeichnis*) indirizzario m, elenco m degli indirizzi **2** (*Notizbuch für Adressen*) rubrica f (degli indirizzi).

Adresscode (a.R. Adreßcode) m *inform* codice m indirizzi.

Adresse <-, -n> f **1** (*Anschrift*) indirizzo m: **wir sind umgezogen, unsere neue ~ ist/lautet ...**, ci siamo trasferiti (-e), il nostro nuovo indirizzo è ...; **vergessen Sie nicht, Ihre ~ auf dem Umschlag anzugeben!**, non dimentichi di mettere il Suo indirizzo sulla busta!; **schreiben Sie mir an die obige ~!**, mi scriva all'indirizzo sopraindicato! **2** *inform* indirizzo m **3** (*Name*): **eine der besten ~n für Software**, una delle migliori marche di software; **das Unternehmen gehört mit zu den besten ~n des Sektors**, l'impresa è una delle migliori (aziende) del settore; **in Paris finden Sie die feinsten ~n für Mode**, a Parigi trova le migliori case di moda; **kannst du mir die ~ einer guten Schneiderin geben?**, puoi ₍darmi il nome di₎/[indirizzarmi da] una brava sarta? **4** *geh* (*offizielles Schreiben*) indirizzo m • **bei jdm an ₍die falsche/verkehrte ~ geraten/kommen** *fam* (*den falschen Ansprechpartner haben*), sbagliare indirizzo con qu *fam*; **da bist du bei mir an ₍die falsche ~ geraten₎/[der falschen ~]!**, con me ₍hai proprio sbagliato indirizzo₎/[sei proprio capitato (-a)/cascato (-a) *fam* male]!; **jdm seine ~ hinterlassen**, lasciare il proprio indirizzo a qu; **können Sie mir bitte eine ~ hinterlassen, unter der ich Sie im Urlaub erreichen kann?**, mi può lasciare un recapito dove posso raggiungerLa durante le vacanze?; **etw an jds ~ richten** *geh* {AUFRUF, WARNUNG}, rivolgere qc all'indirizzo di qu, indirizzare qc a qu; (**bei jdm**) (**mit etw dat**) **an der richtigen ~ sein** *fam*, aver trovato (in) qu la persona giusta (per qc); **Sie wollen Ihr Haus verkaufen? Dann sind Sie bei mir genau an der richtigen ~!** *fam*, vuole vendere la casa? Allora ha trovato proprio la persona giusta/[che fa al caso suo]; *iron*, sbagliare indirizzo con qu; **mit diesen Drohungen sind Sie bei mir genau an der richtigen ~!**, ha trovato proprio la persona giusta da minacciare! *iron*.

Adressendecoder m *inform* decodificatore m degli indirizzi.

Adressenverwaltung f *inform* gestione f dell'indirizzario.

Adressenverzeichnis n indirizzario m, elenco m degli indirizzi.

adressieren <ohne ge-> tr **1** (*mit der Adresse versehen*) **etw ~** {BRIEF, PAKET, UMSCHLAG} mettere l'indirizzo su qc; **du hast die Karte**

falsch adressiert, hai messo l'indirizzo sbagliato sulla cartolina; **der Brief war richtig adressiert**, l'indirizzo sulla lettera era esatto **2** (*an jdn richten*) **etw an jdn/etw ~** indirizzare qc a qu: **ein an mich adressierter Brief**, una lettera indirizzata a me; **an jdn adressiert sein** {KRITIK, VORWURF, WORTE}, essere indirizzato a qu.

Adressiermaschine f adrematrice f.

Adresskartei (a.R. Adreßkartei) f indirizzario m.

Adresskennsatz (a.R. Adreßkennsatz) m *inform* etichetta f di indirizzo.

Adresskode (a.R. Adreßkode) m → **Adresscode**.

adrett *obs* A *adj* {MÄDCHEN} (dalla faccia) pulita, in ordine B *adv* {GEKLEIDET} ammodino.

Adria <-, ohne pl> f *geog* **die ~**, l'Adriatico.

adriatisch *adj* adriatico: **das Adriatische Meer**, il mare Adriatico.

ADSL *tel Abk von* Asymmetric Digital Subscriber Line: ADSL (Abk *von* Asymmetric Digital Subscriber Line).

ADSL-Leitung f *tel* linea f ADSL.

ADSL-Technologie f *tel* tecnologia f ADSL.

A-Dur n *mus* la m maggiore.

Advent <-(e)s, ohne pl> m *relig* Avvento m • **der erste/zweite/dritte/vierte ~**, la prima/seconda/terza/quarta domenica di Avvento; **am ersten ~**, la prima domenica di Avvento; **im ~**, nel periodo dell'Avvento; **es ist ~**, è il periodo dell'Avvento.

Adventskalender m calendario m dell'Avvento.

Adventskranz m corona f dell'Avvento (fatta di rami d'abete).

Adventssonntag m *relig* domenica f dell'Avvento.

Adventszeit f *relig* periodo m dell'Avvento.

Adverb <-s, -ien> n *gram* avverbio m.

adverbial *gram* A *adj* {GEBRAUCH} avverbiale B *adv* {BENUTZEN, GEBRAUCHEN} in modo/funzione avverbiale.

Adverbialbestimmung f *gram* complemento m avverbiale.

Adverbialsatz m *gram* proposizione f avverbiale.

adverbiell *adj gram rar* → **adverbial**.

adversativ *adj gram* {KONJUNKTION} avversativo.

Advokat <-en, -en> m *CH oder obs* avvocato m.

Advokaturbüro n *CH* → **Anwaltsbüro**.

Advokaturskanzlei f *A* → **Anwaltskanzlei**.

aerob *adj biol* aerobio, aerobico.

Aerobic <-s, ohne pl> n *oder* f <-, ohne pl> *sport* aerobica f.

Aerobier <-s, -> m *biol* aerobio m.

Aerodynamik <-, ohne pl> f *autom phys* aerodinamica f.

aerodynamisch A *adj* **1** *phys* {VERHALTEN} aerodinamico; {GESETZ} dell'aerodinamica **2** (*wenig Luftwiderstand bietend*) {AUTO, FLUGZEUG, FORM} aerodinamico B *adv*: **~ geformt sein**, avere una linea aerodinamica.

Affäre <-, -n> f **1** *fam* (*Angelegenheit*) questione f, faccenda f: **der Ölwechsel ist eine ~ von zehn Minuten**, il cambio dell'olio è questione di dieci minuti **2** (*unangenehmer Vorfall*) faccenda f, affare m, affaire m *pol*: **eine peinliche ~**, una faccenda imbarazzante; **er soll in dunkle ~n verwickelt sein**, dicono che sia coinvolto in vicende ₍poco chiare₎/[losche] **3** (*Liebschaft*) relazione f (amoro-

sa): **er hat eine ~ mit seiner Sekretärin**, ha una relazione con la sua segretaria • **sich aus der ~ ziehen**, cavarsi/trarsi d'impaccio.

Äffchen <-s, -> n zoo dim von Affe scimmietta f, scimmiotto m.

Affe <-n, -n> m **1** zoo scimmia f **2** fam pej (blöder Kerl) scemo f fam, babbeo f fam, pezzo m di cretino fam **3** fam pej (eitler Kerl) damerino m: **so ein eingebildeter ~!** fam pej, che pallone gonfiato! fam pej • **(wie) vom wilden ~n gebissen sein** fam: **du bist wohl vom wilden ~n gebissen?**, ma ti sei bevuto (-a) il cervello? fam; **einen ~n an jdm gefressen haben** fam (jdn übertrieben mögen), stravedere per qu; (in jdn verknallt sein), aver preso una cotta/sbandata per qu; **einen ~ (sitzen) haben** fam (betrunken sein), avere la scimmia fam; **jdn laust der ~**: **(ich denk'/ glaub',) mich laust der ~!** fam (ich seh' nicht recht), non credo ai miei occhi!, sogno o son desto (-a)?; **sich zum ~n machen** fam, rendersi ridicolo (-a); **dasitzen wie ein ~ auf dem Schleifstein** fam, sembrare un orso su una bici fam; **dem/seinem ~n Zucker geben** fam scherz, togliersi uno sfizio fam (un capriccio); (jdn in seinen Neigungen unterstützen), assecondare i capricci di qu.

Affekt <-(e)s, -e> m (stato m di) eccitazione f • **im ~**, in preda a uno stato di alterazione (mentale); **im ~ handeln**, agire in preda a uno stato di alterazione (mentale).

Affekthandlung f jur psych atto m commesso in stato di alterazione (mentale).

affektiert pej **A** adj {STIL} affettato; {BENEHMEN, GETUE, VERHALTEN} auch lezioso, svenevole; {MENSCH} affettato, manierato, smanceroso **B** adv {SICH AUSDRÜCKEN, BENEHMEN, SPRECHEN} in modo affettato/smanceroso.

Affektiertheit <-, ohne pl> f {+MENSCH} affettazione f, svenevolezza f.

affenartig **A** adj **1** (wie ein Affe) {BENEHMEN, GESCHÖPF, VORMENSCH} scimmiesco **2** <attr> (sehr groß) {GESCHWINDIGKEIT} pazzesco fam **B** adv {SICH BEWEGEN} come una scimmia; **~ schnell**: **alles ist ~ schnell passiert**, è successo tutto in un battibaleno fam.

Affenbrotbaum m zoo baobab m.

affengeil adj slang strafigo slang, mitico slang, favoloso fam: **das Konzert der Rolling Stones war ~**, il concerto dei Rolling Stones è stato uno sballo fam.

Affengeschwindigkeit <-, ohne pl> f fam velocità f pazzesca fam/folle fam.

Affenhaus n {+ZOO} padiglione m delle scimmie.

Affenhitze f fam caldo m bestiale fam/infernale fam.

Affenkäfig m {+ZOO} gabbia f delle scimmie • **hier geht es zu wie im ~!** fam, questa è una gabbia di matti! fam.

Affenkälte <-, ohne pl> f fam freddo m bestiale fam/boia fam.

Affenliebe <-, ohne pl> f fam oft pej affetto m/amore m sviscerato/cieco, attaccamento m viscerale: **mit (wahrer) ~ an jdm hängen**, avere un amore sviscerato per qu, essere attaccato a qu in modo viscerale.

Affenmensch m biol uomo m scimmia, pitecantropo m wiss.

Affenschande f fam vergogna f, scandalo m: **das ist eine ~ fam**, è una vergogna! fam.

Affentempo <-s, ohne pl> n fam velocità f pazzesca fam/folle fam: **in/mit einem ~ fuhr er über die Autobahn**, sfrecciò a velocità vertiginosa sull'autostrada.

Affentheater <-s, ohne pl> n fam: **hört endlich mit diesem ~ auf!** (mit dem übertriebenen Getue), smettetela con questo teatrino fam/

[queste pagliacciate]!; **mach doch nicht so ein ~!** (stell dich nicht so an!), non fare tante storie!

Affenzahn m fam: **einen ~ draufhaben**, andare a manetta fam/[tutto gas]; **der hat vielleicht einen ~ drauf!**, sta correndo come un pazzo!

Affiche <-s, -n> f A CH → **Plakat**.

affig fam **A** adj {BENEHMEN, GEHABE, GETUE} affettato, smanceroso; {MÄDCHEN} smorfioso, lezioso **B** adv: **sich ~ anstellen/benehmen**, fare lo/la smorfioso (-a).

Äffin f zoo scimmia f femmina, femmina f della scimmia.

Affinität <-, -en> f geh **1** (Ähnlichkeit) ~ (**zu jdm/etw**) affinità f (con qu/qc); **~ (zwischen jdm/etw (und jdm/etw))** affinità f (tra qu/qc (e qu/qc)) **2** chem affinità f.

affirmativ adj geh {AUSSAGESATZ, ÄUßERUNG} affermativo.

Affix <-es, -e> n ling affisso m.

Affront <-s, -s> m ~ (**gegen jdn/etw**) affronto m (a qu/qc): **etw als (einen) ~ empfinden**, considerare qc (come) un affronto.

Afghane <-n, -n> m zoo (Hund) levriero m/ levriere m afghano.

Afghane <-n, -n> m (Afghanin f) afghano (-a) m (f).

afghanisch adj afghano.

Afghanistan <-s, ohne pl> n geog Afghanistan m: **in ~**, in Afghanistan.

Afrika <-s, ohne pl> n geog Africa f.

Afrikaans <-, ohne pl> n ling afrikaans m.

Afrikaforscher m (Afrikaforscherin f) africanista mf.

Afrikaner <-s, -> m (Afrikanerin f) africano (-a) m (f).

afrikanisch adj {BEVÖLKERUNG, FAUNA} africano.

Afroamerikaner m (Afroamerikanerin f) afroamericano (-a) m (f).

afroamerikanisch adj (die Afrikaner in Amerika betreffend) {KULTUR, MUSIK} afroamericano; (Afrika und Amerika betreffend) {BEZIEHUNGEN} tra Africa e America.

afroasiatisch adj {SPRACHEN} afroasiatico; (Afrika und Asien betreffend) {BEZIEHUNGEN} afroasiatico.

Afrolook m acconciatura f afro.

After <-s, -> m form anat ano m.

Aftershave <-(s), -s> n dopobarba m, aftershave m.

Aftershave-Lotion, **Aftershavelotion** f lozione f dopobarba.

After-Sun-Lotion f (lozione f) doposole m.

AG <-, -s> f **1** Abk von Aktiengesellschaft: S.p.A. f (Abk von Società per Azioni) **2** Abk von Arbeitsgemeinschaft, Arbeitsgruppe: gruppo m di lavoro.

Ägäis <-, ohne pl> f geog Egeo m: **die ~**, il Mare Egeo.

ägäisch adj egeo: **das ~e Meer**, il Mar(e) Egeo, l'Egeo.

Agathe f (Vorname) Agata.

Agave <-, -n> f bot agave f.

Agenda <-, Agenden> f **1** (Terminkalender) agenda f **2** (Tagesordnung) agenda f: **etw auf die ~ setzen**, mettere qc in agenda; **auf der ~ stehen**, essere in agenda; **ganz oben auf der politischen ~ stehen**, essere al primo posto nell'agenda politica.

Agens <-, Agentien oder Agentia oder -> n oder rar m **1** <pl Agentien> geh (treibende Kraft) motore m **2** <pl -> ling agente m **3** <pl Agentien oder Agentia> med agente m.

Agent <-en, -en> m (Agentin f) **1** pol (Spion)

agente mf segreto (-a), spia f: **einen ~en enttarnen**, scoprire una spia **2** (Vermittler) {+KÜNSTLER, SCHAUSPIELER} agente mf **3** obs (Vertreter) agente mf, rappresentante mf.

Agentenfilm m film m di spionaggio.

Agentennetz n, **Agentenring** m rete f di spionaggio, organizzazione f spionistica.

Agententätigkeit f attività f di spionaggio.

Agentin f → **Agent**.

Agentur <-, -en> f **1** (Nachrichtenagentur) agenzia f di stampa **2** com agenzia f, rappresentanza f **3** (Werbeagentur) agenzia f pubblicitaria **4** (Model-, Künstler-, Literatenagentur) agenzia f **5** (Amt, Behörde) agenzia f **6** (Pressemitteilung) agenzia f • **~ für Arbeit**, Agenzia del Lavoro, Centro per l'Impiego.

Agenturbericht m, **Agenturmeldung** f notizia f/dispaccio m d'agenzia, agenzia f slang.

Agglomeration <-, -en> f CH → **Ballungsgebiet**.

Aggregat <-(e)s, -e> n tech gruppo m motore.

Aggregatzustand <-s, ohne pl> m phys stato m d'aggregazione: **flüssiger/fester/ gasförmiger ~**, stato liquido/solido/gassoso.

Aggression <-, -en> f **1** psych aggressività f **2** (aggressive Haltung) aggressività f: **~en bekommen**, diventare aggressivo (-a); **seine ~en an jdm abreagieren**, sfogare/scaricare la propria aggressività su qu; **~en gegen jdn/etw haben**, essere aggressivo nei confronti di qu/qc **3** mil aggressione f (militare).

aggressionsgeladen adj carico di aggressività.

Aggressionskrieg m guerra f di aggressione.

Aggressionslust f psych carica f di aggressività.

Aggressionspotenzial, **Aggressionspotential** n potenziale m di aggressività.

Aggressionsstau m psych aggressività f repressa.

Aggressionstrieb m psych pulsione f aggressiva.

aggressiv **A** adj **1** (angriffslustig) {MENSCH, TONFALL, VERHALTEN} aggressivo **2** (rücksichtslos) {FAHRWEISE} aggressivo **3** (aufdringlich) {DUFT, FARBE} aggressivo **4** (gezielt) {THERAPIE} d'urto; {WERBUNG} aggressivo **5** chem {FLÜSSIGKEIT, SUBSTANZ} corrosivo **6** sport {BOXER, SPIELER, SPIELWEISE} aggressivo **B** adv **1** (angriffslustig) {REAGIEREN, SICH VERHALTEN} in modo aggressivo **2** (rücksichtslos): **fahren**, avere una guida pericolosa **3** sport {SPIELEN} in modo aggressivo **4** chem: **auf etw (akk) ~ wirken**, corrodere qc, avere un effetto corrosivo su qc.

Aggressivität <-, ohne pl> f aggressività f.

Aggressor <-s, -en> m form pol aggressore m.

Ägide <-, rar -n> f geh: **unter jds ~ stehen**, essere sotto l'egida di qu geh.

agieren <ohne ge-> itr geh (handeln) **irgendwie** ~ {SELBSTÄNDIG} agire + compl di modo: **vorsichtig ~**, agire con prudenza; **gegen jdn ~** agire contro qu.

agil adj geh **1** (geistig und körperlich beweglich) {PERSON} agile, svelto: **trotz ihres hohen Alters ist sie noch sehr ~**, nonostante la sua età è ancora molto in gamba **2** (wendig) agile.

Agio <-s, -s> n bank aggio m.

Agitation <-, -en> f **1** pol meist pej mobilitazione f di massa (per mezzo della propaganda politica): ~ **(gegen jdn/etw) betreiben**, mobilitare le masse (contro qu/qc) **2** *bes. ostdt hist* (*Mittel zur Bewusstseinsbildung*) agitazione f.

Agitationsarbeit f opera f di propaganda.

Agitator <-s, -en> m (**Agitatorin** f) **1** *pol* agitatore (-trice) m (f) politico (-a), sobillatore (-trice) m (f) **2** *ostdt hist* agit-prop mf.

agitatorisch adj {PAROLEN, PROPAGANDA} agitatorio.

agitieren <ohne ge-> itr **1** *pol meist pej* (**für/gegen jdn/etw**) ~ mobilitare le masse (per mezzo della propaganda politica) (*per/contro qu/qc*) **2** *ostdt hist* (**für etw** akk) ~ {FÜR DIE PARTEI} fare agitazione politica (*per qc*).

Agnes f (*Vorname*) Agnese.

Agnostiker <-s, -> m (**Agnostikerin** f) agnostico (-a) m (f).

agnostisch adj agnostico.

Agonie <-, -n> f *geh med* agonia f • **in ~ liegen** {KRANKER, REGIERUNG}, essere ⌊in agonia⌋/⌊agonizzante⌋, agonizzare.

Agrarbevölkerung f popolazione f agricola.

Agrargesellschaft f società f agricola.

agrarisch adj <attr> *geh* {BETRIEB, ERZEUGNIS, LAND} agricolo; {FACHSCHULE} agrario.

Agrarland n **1** (*Agrarstaat*) paese m agricolo **2** <nur sing> (*Boden*) terreno m agricolo.

Agrarmarkt m mercato m agricolo.

Agrarpolitik f politica f agraria.

Agrarprodukt n prodotto m agricolo.

Agrarreform f riforma f agraria.

Agrarstaat m paese m/stato m agricolo.

Agrarwirtschaft f economia f agraria/rurale.

Agrarwissenschaft f scienze f pl agrarie, agraria f.

Agreement <-s, -s> n *pol* agreement m, accordo m, intesa f.

Agrikultur f agricoltura f.

Agrochemie f *chem* agrochimica f.

Agronom <-en, -en> m (**Agronomin** f) agronomo (-a) m (f).

Agronomie <-, *ohne pl*> f agronomia f.

Agronomin f → **Agronom**.

agronomisch adj agronomico.

Ägypten <-s, *ohne pl*> n *geog* Egitto m: **in ~**, in Egitto.

Ägypter <-s, -> m (**Ägypterin** f) egiziano (-a) m (f): **die (alten) ~** *hist*, gli egizi.

ägyptisch adj egiziano; *hist* egizio.

Ägyptologie <-, *ohne pl*> f egittologia f.

ah interj **1** (*drückt plötzliches Verstehen aus*) ah!: **ah deshalb!**, ah, ecco perché/(come mai)!; **ah so, jetzt verstehe ich!**, adesso/[ora sì che] capisco! **2** (*drückt Bewunderung und Freude aus*) ah!: **ah, was für ein schöner Tag!**, ah, che bella giornata! **3** (*drückt Überraschung aus*): **ah, wen sieht man denn da!**, ma guarda un po' chi si vede!

äh interj **1** (*Ausruf des Ekels*) puà!, puh! **2** (*bei Sprechpausen*) ehm.

aha interj ah, ecco!

Aha-Effekt <-(e)s, -e> m <meist sing> effetto m sorpresa.

Aha-Erlebnis n: **jetzt hab' ich endlich kapiert, wie der Videorekorder funktioniert! Das war ein echtes Aha-Erlebnis!**, ho avuto una folgorazione! Finalmente ho capito come far funzionare il videoregistratore!; **das war ein echtes Aha-Erlebnis!**, è stata una vera rivelazione/scoperta!

ahd. Abk *von* althochdeutsch: antico alto-tedesco.

Ahle <-, -n> f lesina f.

Ahn <-s *oder* -en, -en> m (**Ahnin** f) antenato (-a) m (f), avo (-a) m (f).

ahnden tr *geh etw* (*mit etw* dat) ~ {STRAFTAT, VERBRECHEN MIT EINER FREIHEITSSTRAFE} punire qc (*con qc*): **ein Vergehen streng ~**, perseguire severamente un reato.

Ahne <-n, -n> m *oder* <-, -n> f → **Ahn**.

ähneln A itr *jdm/etw* ~ (as)somigliare *a qu/qc*, rassomigliare *a qu/qc*: **eine Stadt ähnelt der anderen**, una città è simile all'altra; **er ähnelt sehr seinem Vater**, somiglia molto a suo padre B rfl sich/einander (**in etw** dat) ~ {IM CHARAKTER, IN DER GESTIK} (as)somigliarsi (*in qc*): **die Brüder ~ einander**, i fratelli si (as)somigliano; **seine Romane ~ sich alle**, i suoi romanzi si assomigliano tutti.

ahnen A tr *etw* ~ **1** (*vermuten*) {WAHRHEIT} intuire qc: **er ahnte nichts von den Schwierigkeiten, die auf ihn warteten**, non aveva la minima idea delle difficoltà che lo aspettavano, non immaginava minimamente quali difficoltà lo aspettassero; **das konnte ich doch nicht ~!**, non potevo prevederlo/immaginarlo/sospettarlo!; **ich ahnte, worauf er hinauswollte**, immaginavo dove volesse arrivare; **ich hab's geahnt!**, me lo sentivo! **2** (*voraussehen*) {GEFAHR, UNHEIL} presagire qc, prevedere qc, avere il presentimento *di qc*, presentire qc: **ich ahnte, dass ich ihn nie wieder sehen würde**, sentivo/[avevo il presentimento] che non l'avrei più rivisto; **ich ahne nichts Gutes**, non prevedo niente di buono; **nichts Gutes ~d**, öffnete er den Brief, aprì la lettera non presagendo niente di buono; **als ob ich es geahnt hätte**, sembrava che me lo sentissi **3** (*er~*) {GESCHMACK, LAGE, UMRISSE}immaginare *qc*, intuire *qc*: **der Himbeergeschmack ist nur zu ~!**, per sentire il gusto dei lamponi, bisogna avere un bel po' di fantasia! B itr *geh jdm* ~: **ihr ahnte nichts Gutes**, aveva un brutto presentimento/presagio *geh* • (**ach**), **du ahnst es nicht!** *fam* (*Ausruf der unangenehmen Überraschung*), ma cosa da non credere!; **ohne zu ~**: **ohne zu ~, was passiert war, rief ich ihn an**, ⌊ignaro (-a) di⌋/[senza sapere] cosa fosse successo lo chiamai; **ohne es zu ~, hatte ich ihm geholfen**, senza rendermene conto l'avevo aiutato.

Ahnenbild n ritratto m di un avo/antenato.

ahnend A adj: **nichts ~**, ignaro, inconsapevole B adv: **nichts ~**, non sospettando niente.

Ahnenforschung f genealogia f.

Ahnengalerie f galleria f dei ritratti degli antenati.

Ahnenkult <-(e)s, *ohne pl*> m culto m degli antenati.

Ahnentafel f tavola f genealogica, albero m genealogico.

Ahnfrau f *obs* antenata f, ava f.

Ahnherr m *obs* antenato m, avo m.

Ahnin f *geh* → **Ahn**.

ähnlich① A adj {ANSICHTEN, GESCHICHTEN, GESCHMACK, INTERESSEN} simile, affine: **etwas Ähnliches**, qualcosa di simile; **wir haben einen ~en Geschmack**, abbiamo gusti affini; **~ wie jd/etw**, simile a qu/qc; **unter ~en Umständen**, in circostanze analoghe; **meine Wohnung ist so ~ wie deine**, il mio appartamento è simile al tuo; **jdm/etw ~ sein**, essere simile a qu/qc, somigliare a qu/qc; **sie ist ihrer Mutter sehr ~**, ⌊è molto simile⌋/[somiglia molto] a sua madre; **ein dem Original ~es Porträt**, un ritratto somigliante all'originale; **sich ~ sein**, (as)somigliarsi, essere simili; **die beiden Brüder sind sich** (dat)**/einander sehr ~**, i due fratelli ⌊si (as)somigliano molto⌋/[sono molto simili]; **ihr seid euch in vielen Dingen so ~**, avete molte affinità, per molti versi ⌊siete simili⌋/[vi somigliate] B adv {DENKEN} più o meno allo stesso modo • **oder so ~** *fam*, o qualcosa ⌊del genere⌋/[di simile]; **sie heißt Katrin oder so ~**, si chiama Katrin o qualcosa del genere; **jdm ~ sehen**, (as)somigliare a qu; **sich täuschend ~ sehen**, (as)somigliarsi in modo stupefacente; **und/oder so ~** (Abk u. Ä., o. Ä.) (*bei Aufzählungen*), e simili (Abk e sim.).

ähnlich② präp + dat similmente a.

Ähnlichkeit <-, -en> f ~ (**mit jdm**) somiglianza f (*con qu*), ~ (**mit etw** dat) analogia f (*con qc*), similitudine f *lit rar*: **~ mit jdm haben**, (as)somigliare a qu; **zwischen den beiden Situationen besteht eine gewisse ~**, le due situazioni presentano ⌊una certa analogia⌋/[delle similitudini].

ähnlich|sehen <irr> itr *fam* (*typisch für jdn sein*) **jdm ~ sein** *da qu*: **das sieht dir wieder mal ähnlich**, questa è ⌊una delle tue *fam*⌋/[proprio da te]!; **das sieht ihm wieder mal ähnlich!**, questa è proprio da lui! *fam*.

Ahnung <-, -en> f **1** (*Vorgefühl*) presentimento m, presagio m *lit*: **eine böse/düstere ~ haben**, avere un brutto presentimento **2** (*Vorstellung*) idea f: **eine ~ (von etw dat) haben** (*etwas wissen*), avere un'idea di qc; **hast du eine ~, wo meine Schlüssel sind?**, hai (un')idea di dove siano le mie chiavi?; **ich hatte doch keine ~** (*davon*), **dass sie sich getrennt haben**, non sapevo assolutamente che si fossero lasciati; **du brauchst ihn gar nicht zu fragen, er hat keine ~ von der ganzen Sache**, non importa che tu gli chieda, non sa assolutamente niente di questa faccenda; **von etw** (dat) **~ haben** (*sich in etw auskennen*), intendersi di qc; **von Computern hat er echt viel ~!** *fam*, è uno che di computer se ne intende! *fam*; **der hat doch keine ~ von Politik!** *fam*, (quello) non ha proprio niente di politica! *fam* • ⌊**keine** *blasse*⌋/[**nicht die geringste/leiseste/mindeste**] **~ haben** *fam* (*etw absolut nicht wissen*), non avere la minima/[più pallida] idea *fam*; **ich habe nicht die entfernteste/geringste ~, woher ich das Geld nehmen soll**, non ho la più pallida idea di dove trovare i soldi; (*sich absolut nicht auskennen*), non intendersi minimamente/[per niente] di qc; **von der englischen Rechtschreibung hat er nicht die leiseste ~!**, gli mancano anche i più semplici rudimenti di ortografia inglese!; **hast du eine ~!** *fam iron*, (se) sapessi! *fam*; (**ich habe**) **keine ~!**, non (ne) ho idea!; **wann kommt er denn zurück? – Keine ~!**, ma quando torna? – ⌊E io che ne so?⌋/[Non ne ho idea!]/[Boh! *fam*].

ahnungslos A adj {BESUCHER, BEVÖLKERUNG} inconsapevole, ignaro B adv senza sospettare nulla, all'oscuro di tutto: **sie tut immer so ~**, fa sempre l'ingenua/la gnorri/l'indiano.

Ahnungslose <dekl wie adj> mf ingenuo (-a) m (f): **spiel nicht den ~n!**, non fare l'ingenuo/l'innocente/lo gnorri/l'indiano!

Ahnungslosigkeit <-, *ohne pl*> f essere m ignaro, inconsapevolezza f, ingenuità f.

ahnungsvoll adj *geh* carico di presentimenti.

ahoi interj **Boot/Schiff ~**, olà, della barca/nave!

Ahorn <-s, -e> m **1** *bot* (*Baum*) acero m **2** <nur sing> (*Holz*) (legno m d')acero m.

Ahornblatt n *bot* foglia f d'acero.

Ahornsirup m sciroppo m d'acero.
Ähre <-, -n> f spiga f: **~n lesen**, spigolare.
Ährenfeld n campo m di spighe.
Ährenkranz m corona f di spighe.
Ährenlese f spigolatura f.
Aids, AIDS <-, ohne pl> n med Abk von engl Acquired Immune Deficiency Syndrome: AIDS m oder f, aids m oder f.
Aidsberatungsstelle f centro m (di assistenza/informazione per l')Aids.
Aidserkrankung f med AIDS m oder f, aids m oder f, sindrome f da immunodeficienza acquisita: **er ist an einer ~ gestorben**, è morto di AIDS; **im letzten Jahr wurden 12 000 neue ~en registriert**, l'anno scorso sono stati registrati 12 000 nuovi casi di AIDS.
Aidserreger m med agente m patogeno/eziologico dell'AIDS.
Aidsfall m caso m di AIDS.
Aidshilfe, Aids-Hilfe f associazione f per la lotta all'AIDS.
aidsinfiziert adj sieropositivo.
Aidsinfizierte <dekl wie adj> mf sieropositivo (-a) m (f).
aidskrank adj malato di AIDS, affetto da AIDS.
Aidskranke <dekl wie adj> mf malato (-a) m (f) di AIDS, persona f affetta da AIDS.
Aidspatient m (**Aidspatientin** f) paziente mf affetto (-a) da AIDS.
aidspositiv adj sieropositivo, positivo al test dell'AIDS.
Aidstest m med test m dell'AIDS.
Aidstherapie f med terapia f contro l'AIDS.
Aidstote <dekl wie adj> mf morto (-a) m (f) di AIDS, vittima f dell'AIDS.
Aidsvirus n oder m med virus m dell'AIDS.
Airbag <-s, -s> m autom airbag m.
Airbus m airbus m.
Airconditioning, Air-Conditioning <-s, -s> n (impianto m di) aria f condizionata, condizionatore m (d'aria).
ais, Ais <-, -> n mus la m diesis.
ais-Moll n mus la m diesis minore.
Ajatollah <-(s), -s> m relig ayatollah m.
Akademie <-, -n> f **1** (Art Fachhochschule) m istituto m parauniversitario, scuola f di specializzazione; (Kunstakademie) accademia f (di belle arti) **2** (Institution) accademia f: **die ~ der Wissenschaften in Berlin**, l'Accademia Berlinese delle Scienze **3** ostdt hist (Institut zur Erwachsenenbildung) accademia f **4** (~gebäude) accademia f.
Akademiker <-s, -> m (**Akademikerin** f) laureato (-a) m (f).
Akademikerarbeitslosigkeit f disoccupazione f [fra i laureati]/[intellettuale].
Akademikerin f → **Akademiker**.
Akademikerschwemme f pletora f/invasione f di laureati.
akademisch A adj **1** <attr> (an einer Universität erworben) {AUSBILDUNG, GRAD, LAUFBAHN, TITEL, WÜRDE} universitario, accademico **2** (an Universitäten üblich): **das ~e Viertel**, il quarto d'ora accademico **3** (studentisch): **die ~e Jugend**, i giovani universitari **4** pej kunst accademico **5** pej (zu theoretisch) {AUFFASSUNG, STIL} accademico B adv **1** (an der Universität erfolgt): **~ gebildet sein**, avere una formazione universitaria **2** pej kunst {MALEN} ⌊in modo⌋/[con stile] accademico.
Akazie <-, -n> f bot acacia f.
Akelei <-, -en> f bot aquilegia f.
Akklamation <-, -en> f bes. A geh acclamazione f: **jdn durch ~ wählen**, eleggere qu per acclamazione.
akklimatisieren <ohne ge-> rfl sich ~ acclimatarsi, ambientarsi; **sich in etw** (dat) ~ acclimatarsi in qc, ambientarsi in qc: **er scheint sich in der neuen Stadt gut zu ~**, pare che si stia ambientando bene nella nuova città.
Akklimatisierung <-, ohne pl> f acclimatarsi m.
Akkord① <-(e)s, -e> m mus accordo m: **einen ~ (auf dem Klavier) anschlagen**, eseguire/suonare un accordo al pianoforte.
Akkord② <-s, ohne pl> m industr cottimo m: **im ~ arbeiten**, lavorare a cottimo.
Akkordarbeit f industr lavoro m a cottimo.
Akkordarbeiter m (**Akkordarbeiterin** f) industr lavoratore (-trice) m (f) retribuito (-a) a cottimo, cottimista mf.
Akkordeon <-s, -s> n mus fisarmonica f.
Akkordlohn m industr (retribuzione f a) cottimo m.
akkreditieren <ohne ge-> tr pol jdn (**bei etw** dat) ~ {BOTSCHAFTER, GESANDTEN, JOURNALISTEN BEI EINEM MINISTERIUM, EINER REGIERUNG} accreditare qu (presso qc): (**bei etw** dat) **akkreditiert sein**, essere accreditato (presso qu).
Akkreditierung <-, -en> f pol ~ (**bei etw** dat) {BEI EINER REGIERUNG} accreditamento m (presso qc).
Akku <-s, -s> m fam Abk von Akkumulator: accumulatore m ● **den ~ aufladen** (bes. von Handy, Notebook), caricare la batteria; **seinen ~ aufladen** slang, ricaricarsi fam, ricaricare le batterie fam; **der ~ ist leer** (bes. von Handy, Notebook), la batteria è scarica; **mein/der ~ ist leer** slang (ich habe keine Energie mehr), ho le pile scariche slang.
Akkumulator <-s, -en> m accumulatore m.
akkumulieren <ohne ge-> geh A tr etw (**in etw** dat) ~ {DÜNGEMITTEL, PFLANZENSCHUTZMITTEL, RADIOAKTIVITÄT} accumulare qc (in qc) B rfl sich (**in/bei etw** dat) ~ {PFLANZENSCHUTZMITTEL IM KÖRPER DES MENSCHEN; SCHWIERIGKEITEN BEI EINEM BAUVORHABEN, EINEM PROJEKT} accumularsi (in qc).
akkurat① A adj **1** (ordentlich) {KLEIDUNG} accurato, ordinato; {MENSCH} auch preciso **2** (exakt) {ARBEITSWEISE} accurato B adv {ARBEITEN, GEKLEIDET SEIN} in modo accurato, accuratamente, con accuratezza.
akkurat② adv süddt A fam esattamente, proprio.
Akkusativ <-s, -e> m gram accusativo m: **die Präposition "für" regiert den ~**, la preposizione "für" regge l'accusativo; **im ~**, all'accusativo.
Akkusativobjekt n gram (ohne präp) complemento m oggetto/diretto; (mit präp) complemento m indiretto.
Akne <-, ohne pl> f med acne f.
Akonto <-s, -ten oder -s> n A acconto m, anticipo m: **ein ~ leisten**, versare/dare un acconto.
Akontozahlung f bank (versamento m di un) acconto m.
akquirieren <ohne ge-> tr ökon jdn/etw ~ {GESCHÄFTE} procacciar(si) qc; {KUNDEN} auch acquisire qu.
Akquise <-, -n> f → **Akquisition** 2.
Akquisiteur <-s, -e> m (**Akquisiteurin** f) geh **1** ökon (Kundenwerber) procacciatore (-trice) m (f) di clienti **2** journ (Anzeigenwerber) agente mf pubblicitario (-a).
Akquisition <-, -en> f ökon **1** (Übernahme eines Unternehmens(bereichs)) acquisizione f **2** (Kundenwerbung) acquisizione f.
Akribie <-, ohne pl> f geh meticolosità f, scrupolosità f, acribia f lit: **etw mit ~ tun**, fare qc con acribia/[meticolosa precisione].
akribisch geh A adj {FORSCHUNG, STUDIUM} minuzioso, meticoloso, scrupoloso B adv {ARBEITEN, FORSCHEN} in modo meticoloso, meticolosamente, minuziosamente.
Akrobat <-en, -en> m (**Akrobatin** f) acrobata mf.
Akrobatik <-, ohne pl> f acrobatica f.
Akrobatin f → **Akrobat**.
akrobatisch adj acrobatico.
Akronym <-s, -e> n ling acronimo m, sigla f.
Akt① <-(e)s, -e> m **1** geh (Handlung) {+EMPÖRUNG, RACHE} atto m; {+HÖFLICHKEIT, MENSCHLICHKEIT, VERZWEIFLUNG} auch gesto m: **ein rechtswidriger Akt**, un atto illegale **2** (Zeremonie) cerimonia f: **ein denkwürdiger/feierlicher Akt**, una cerimonia memorabile/solenne **3** theat atto m **4** (Zirkus) numero m **5** (Geschlechtsakt) atto m sessuale, coito m, amplesso m.
Akt② <-(e)s, -e> m kunst nudo m: **ein männlicher Akt**, un nudo maschile; **ein weiblicher Akt**, un nudo femminile/[di donna].
Akt③ <-(e)s, -en> m süddt A → **Akte**.
Aktaufnahme f → **Aktfoto**.
Aktbild n (quadro m raffigurante un) nudo m.
Akte <-, -n> f adm jur (Sammlung von Schriftstücken) atti m pl, documenti m pl, pratica f, dossier m, fascicolo m, incartamento m ● **eine ~ über jdn anlegen**, ⌊mettere insieme⌋/[raccogliere] un fascicolo/dossier su qu; **eine ~ bearbeiten**, evadere una pratica; **Einheitliche Europäische ~** pol hist, Atto Unico Europeo; **in die ~n kommen**, essere messo agli atti; **etw zu den ~n legen**, mettere qc agli atti; fig (als erledigt betrachten), archiviare qc, chiudere qc; **vertrauliche ~n**, atti riservati, dossier/fascicolo riservato.
Aktenberg m fam montagna f/pila f di pratiche.
Akteneinsicht f accesso m agli atti.
Aktenkoffer m valigetta f portadocumenti, (valigetta f) ventiquattrore f.
aktenkundig adj <präd> **1** (mit der Akte vertraut): ~ **sein** {PERSON}, essere a conoscenza degli atti, conoscere gli atti **2** (in Akten vermerkt): ~ **sein** {VORFALL}, risultare agli atti.
Aktenmappe f **1** (Sammelmappe) cartella f portadocumenti **2** norddt (Aktentasche) valigetta f portadocumenti.
Aktennotiz f annotazione f (in una pratica): **sich** (dat) **eine ~ (von etw** dat) **machen**, farsi un'annotazione (riguardo a qc).
Aktenordner m classificatore m, raccoglitore m per documenti.
Aktenschrank m armadio m per ufficio.
Aktentasche f borsa f portadocumenti.
Aktenvermerk m → **Aktennotiz**.
Aktenzeichen n (Abk AZ, Az.) numero m di protocollo.
Akteur <-s, -e> m (**Akteurin** f) **1** geh (Handelnder) attore m, parte f in causa: **die EU als internationaler ~**, la UE come attore (politico) internazionale; **kollektive ~e**, attori collettivi **2** (Schauspieler) attore (attrice) m (f) **3** sport giocatore (-trice) m (f).
Aktfoto n (foto f di) nudo m.
Aktie <-, -n> f ökon azione f: **wie stehen die ~n dieses Unternehmens?**, a quanto stanno le azioni di quest'impresa?; **sein Vermögen in ~n anlegen**, investire il proprio capitale in azioni ● **~n abstoßen** ökon, cedere/vendere azioni; **~n ausgeben** ökon, emettere azioni; **die ~n fallen** ökon, le azioni scendono/[sono in ribasso]; **junge ~n**, nuove azio-

ni, azioni di nuova emissione; **wie stehen die ~n?** *fam scherz* (*wie geht's*), come vanno le cose?; *fam* (*wie stehen die Chancen?*), ho/hai/avete delle chance?; **die ~n steigen ökon**, le azioni salgono/[sono in rialzo]; **jds ~n steigen** *fam*, qu guadagna punti; **seit er Erfolg im Beruf hat, sind seine ~n in der Frauenwelt gestiegen**, da quando ha successo nel lavoro, ₍ha guadagnato punti agli occhi delle donne₎/[le sue azioni nel mondo femminile sono in rialzo]; **stimmberechtigte ~n** *ökon*, azioni con diritto di voto.

Aktienausgabe f emissione f di azioni.
Aktienbesitzer m (**Aktienbesitzerin** f) azionista mf.
Aktienbestand m *ökon* portafoglio m azionario.
Aktienemission f → **Aktienausgabe**.
Aktienfonds m fondo m azionario: **in ~ investieren**, investire in fondi azionari.
Aktiengeschäft n *ökon* operazione f in azioni.
Aktiengesellschaft f *ökon* (Abk AG) società f per azioni (Abk S.p.A.).
Aktienindex m *ökon* indice m azionario.
Aktieninhaber m (**Aktieninhaberin** f) → **Aktienbesitzer**.
Aktienkapital n *ökon* capitale m azionario.
Aktienkauf m acquisto m di azioni.
Aktienkurs m *ökon* quotazione f azionaria.
Aktienmarkt m *ökon* mercato m azionario.
Aktienmehrheit f *ökon* maggioranza f delle azioni: **die ~ besitzen**, essere azionista di maggioranza.
Aktiennotierung f *ökon* quotazione f azionaria.
Aktienpaket n pacchetto m azionario.
Aktienportefeuille n *ökon* → **Aktienbestand**.
Aktienurkunde f *jur ökon* certificato m azionario.
Aktion <-, -en> f 1 (*Handlung*) azione f, iniziativa f: **eine militärische ~ starten**, dare il via a un'azione militare; **eine ~ für den Frieden**, un'iniziativa per la pace 2 (*Werbeaktion*) campagna f (pubblicitaria) 3 <*nur sing*> *geh* (*das Handeln*) azione f 4 *sport* azione f ● **voll in ~ sein**, essere in piena attività; **in ~ treten** {PERSON}, entrare in azione; {ALARMANLAGE}, entrare in funzione.
Aktionär <-s, -e> m (**Aktionärin** f) *ökon* azionista mf: **die ~e**, l'azionariato.
Aktionärsversammlung f *ökon* assemblea f degli azionisti.
Aktionismus <-, *ohne pl*> m *pej* (*Drang*) attivismo m esagerato.
Aktionsausschuss (a.R. Aktionsausschuß) m comitato m d'azione.
Aktionsbereich m sfera f d'azione.
aktionsfähig adj 1 (*in der Lage zu agieren*) {MENSCH} capace/[in grado] di agire 2 *mil* {PANZER} operativo.
Aktionskomitee n comitato m d'azione.
Aktionspreis m prezzo m di lancio.
Aktionsprogramm n piano m d'azione: **ein ~ gegen Arbeitslosigkeit/Drogensucht**, un'iniziativa contro la disoccupazione/tossicodipendenza.
Aktionsradius m 1 *aero naut* raggio m d'azione 2 *geh* (*Wirkungsbereich*) raggio m/campo m d'azione.
aktionsunfähig adj 1 (*nicht in der Lage zu agieren*) incapace di agire; *fam* (*völlig fertig*) fuori combattimento *fam*, K.O. *fam* 2 *mil* {PANZER} non operativo, fuori combatti-

mento.
aktiv A adj 1 (*tätig*) {LEBEN} attivo: **politisch ~ sein**, essere impegnato politicamente, occuparsi attivamente di politica; **sexuell ~ sein**, essere attivo sessualmente; **in etw** (dat) **~ sein** {IN EINER FRAUENGRUPPE, IN DER FRIEDENSBEWEGUNG}, essere attivo/impegnato in qc, impegnarsi in qc; (**in etw** dat) **~ werden**, attivarsi/[darsi da fare] (per qc) 2 (*Wirkung ausübend*) {MITTEL} efficace: **biologisch ~**, biologicamente attivo 3 *mil* {DIENST} attivo; {OFFIZIER, SOLDAT} (in servizio) effettivo 4 *sport* {SPORTLER} in attività 5 (*durch Aktivität gekennzeichnet*) {NACHBARSCHAFTSHILFE} pratico, concreto: **~er Umweltschutz**, contributo fattivo alla difesa dell'ambiente 6 (*rüstig*) {MENSCH} attivo: **obwohl er schon Rentner ist, ist er noch sehr ~**, sebbene sia già in pensione è ancora molto in gamba 7 <*meist attr*> *chem* {SAUERSTOFF} attivo 8 *ling* {VERBFORMEN} attivo B adv 1 (*tatkräftig*) {AN ETW MITARBEITEN, UNTERSTÜTZEN} attivamente: **sich ~ an etw** (dat) **beteiligen**, avere parte attiva in qc, partecipare attivamente a qc 2 *mil* in servizio effettivo.
Aktiv ① <-s, *ohne pl*> n *gram* forma f attiva, attivo m: **im ~**, alla forma attiva, all'attivo; **etw ins ~ setzen**, mettere qc alla forma attiva.
Aktiv ② <-s, -e *oder* -s> n *ostdt* attivo m.
Aktiva subst <*nur pl*> *ökon* attivo m, attività f pl: **~ und Passiva**, attivo e passivo.
Aktivbürger m (**Aktivbürgerin** f) CH cittadino (-a) m (f) a tutti gli effetti.
Aktive <*dekl wie adj*> mf *sport* atleta mf in attività.
Aktivgeschäft n *bank* operazione f attiva.
aktivieren <*ohne ge-*> tr 1 (*ansporen*) **jdn ~** {JUGEND, MITARBEITER} stimolare qu, spronare qu; **jdn** (**zu etw** dat) **~** {GEWERKSCHAFTLER ZUR TEILNAHME AN DEMONSTRATION, JUGENDLICHE ZU POLITISCHER ARBEIT} attivare qu (per qc), mobilitare qu (per qc) 2 (*aktiver gestalten*) **etw ~** {ANSTRENGUNGEN, WAHLKAMPF} intensificare qc 3 *bes. med* **etw ~** {ANWENDUNG, ARZNEIMITTEL} HORMONAUSSCHÜTTUNG, KEIMDRÜSEN, KREISLAUF} stimolare qc 4 *chem* **etw ~** attivare qc 5 *phys* (*in Gang setzen*) **etw ~** {LICHTSCHRANKE MECHANISMUS} attivare qc, mettere qc in funzione 6 *com* **etw ~** portare/registrare qc all'attivo.
Aktivierung <-, *ohne pl*> f 1 (*das Ansporen*) {+MITARBEITER} stimolare m; {+DEMONSTRATIONSTEILNEHMER, GEWERKSCHAFTLER} mobilitazione f 2 *chem med* attivazione f 3 *phys* attivazione f, messa f in funzione 4 *com* registrazione f all'attivo.
Aktivismus <-, *ohne pl*> m attivismo m.
Aktivist <-en, -en> m (**Aktivistin** f) 1 (*aktiver Mensch*) persona f attiva; (*gewerkschaftlich aktiver Mensch*) attivista mf; (*politisch aktiver Mensch*) *auch* militante mf 2 *ostdt* lavoratore (-trice) m (f) modello.
Aktivität <-, -en> f 1 <*meist pl*> (*Tätigkeit*) attività f: **illegale ~en**, attività illegali; **enorme ~en entwickeln**, darsi un gran daffare 2 *phys* (*radioaktive Strahlung*) {+ATOMMÜLL} attività f 3 <*nur sing*> (*aktives Verhalten*) attività f: **politische ~**, attività politica.
Aktivkohle f *chem* carbone m attivo.
Aktivkohlefilter m *chem* filtro m a carbone attivo/attivato.
Aktivposten m *com* voce f attiva.
Aktivsaldo m *com* saldo m attivo.
Aktivseite f *com* avere m.
Aktivurlaub m vacanze f pl attive.
Aktmalerei f *kunst* pittura f di nudo.
Aktmodell n modello (-a) m (f) per nudo.

Aktphoto a.R. *von* Aktfoto → **Aktfoto**.
aktualisieren <*ohne ge-*> tr **etw ~** {DATENBANK, LEHRPROGRAMM, LEXIKON, REISEFÜHRER, WÖRTERBUCH} aggiornare qc; {ALTEN FILM, ALTES THEATERSTÜCK} rileggere qc in chiave moderna.
Aktualisierung <-, -en> f {LEHRPROGRAMM, WÖRTERBUCH} aggiornamento m; *inform auch* update m; {+ALTER FILM, ALTES THEATERSTÜCK} rilettura f in chiave moderna.
Aktualität <-, -en> f 1 <*nur sing*> (*Gegenwartsbezogenheit*) {+FILM, THEMA, LITERARISCHES WERK} attualità f: **an ~ gewinnen/verlieren** {THEMA}, ₍diventare sempre₎/[non essere] più attuale 2 <*nur pl*> *geh* (*aktuelle Ereignisse*) attualità f.
aktuell adj 1 (*gegenwärtig interessierend*) {NACHRICHT, PROBLEM, THEMA} d'attualità; {INFORMATION} aggiornato; (*Umfrage*) (molto) recente: **das ist ein Problem von ~em Interesse**, è un problema di attualità; **wieder ~ werden** {BEWEGUNG, THEMA}, tornare d'attualità; **nicht mehr ~ (sein)**, (essere) datato; **die ~sten Nachrichten**, le notizie dell'ultima ora, le ultimissime 2 (*zeitgemäß*) {BUCH, FILM, WERK} attuale 3 (*gegenwärtig*) {BEDARF, KAUFKRAFT, WARENANGEBOT} attuale 4 (*modern*) {FARBE, MINIRÖCKE} di moda: **Grau ist in diesem Sommer sehr ~**, il grigio ₍va molto₎/[è molto di moda] quest'estate; **die Miniröcke der sechziger Jahre werden bald wieder ~**, le minigonne degli anni Sessanta torneranno presto di moda ● **Aktuelles vom Tage**, notizie del giorno.
Aktzeichnung f *kunst* (disegno m di) nudo m.
Akupressur <-, -en> f digitopressione f.
Akupunkteur m (**Akupunkteurin** f) agopuntore (-trice) m (f), agopunturista mf.
akupunktieren <*ohne ge-*> A tr **jdn ~** praticare l'agopuntura a qu B itr praticare l'agopuntura.
Akupunktur <-, -en> f agopuntura f.
Akustik <-, *ohne pl*> f 1 (*akustische Verhältnisse*) {+GEBÄUDE, SAAL} acustica f: **eine gute/schlechte ~ haben**, avere una buona/cattiva acustica 2 *phys* acustica f.
akustisch A adj acustico; {PROBLEM} *auch* di acustica B adv acusticamente, dal punto di vista acustico, sul piano acustico: **ich habe dich ~ nicht verstanden**, non ho sentito bene quel che hai detto.
akut A adj 1 *med* (*plötzlich auftretend*) {ERKRANKUNG, INFEKTION} acuto: **~ sein**, essere in fase acuta; **der Patient schwebt in ~er Lebensgefahr**, il paziente è in grave pericolo di vita 2 (*dringend*) {FRAGE, PROBLEM} scottante; {GEFAHR} incombente, imminente: **~ werden**, diventare urgente/pressante; **ein ~er Notfall**, un'emergenza assoluta; *med* (*Patient*) un'urgenza; **es besteht ein ~er Mangel an Arbeitsplätzen**, c'è una grave mancanza di posti di lavoro; **etwas Akutes**, qualcosa di urgente/pressante B adv: **~ auftreten** {KRANKHEIT}, manifestarsi in forma acuta; {PROBLEM} subentrare all'improvviso.
Akut <-(e)s, -e> m *ling* accento m acuto.
AKW <-(s), -s> n *Abk von* Atomkraftwerk: centrale f atomica.
Akzent <-(e)s, -e> m 1 <*nur sing*> (*Aussprache*) accento m: **mit ausländischem ~ sprechen**, parlare con accento straniero; **sie hat einen österreichischen ~**, ha l'accento austriaco 2 *ling* (*Betonung*) accento m: **bei Substantiven auf -ment liegt der ~ auf der letzten Silbe**, nei sostantivi in -ment l'accento cade sull'ultima sillaba 3 *ling* (*Zeichen*) accento m 4 (*Schwerpunkt*) accento m ● **den ~ auf etw** (akk) **legen**, porre/mettere l'ac-

cento su qc, porre l'enfasi su qc; **~e setzen**, lasciare/dare un'impronta (personale); **deutliche ~e setzen**, dare segnali chiari; **dieser Hersteller hat neue ~e in der Automobilbranche gesetzt**, questo produttore ha aperto nuovi orizzonti nel settore automobilistico; **die Herbstmode setzt neue ~e**, la moda autunnale ˌimpone nuove tendenzeˌ/[inaugura un nuovo trend]; **die ~e verlagern**, spostare il tiro.
akzentfrei A adj {AUSSPRACHE, SPRACHE} senza/[privo di] accento B adv {SPRECHEN} senza accento.
akzentuieren <ohne ge-> A tr geh etw ~ 1 (betonen) {PROGRAMMPUNKT, UNTERSCHIEDE} accentuare qc, sottolineare qc 2 (hervorheben) {FARBEN, KONTRASTE} accentuare qc, evidenziare qc, sottolineare qc 3 (aussprechen) {WORT} accentare qc B itr (deutlich aussprechen) parlare scandendo bene le parole C rfl sich ~ {WIRTSCHAFTSKRISE} accentuarsi, acutizzarsi.
akzeptabel <attr akzeptable(r,s)> A adj {ANGEBOT, BEDINGUNGEN, GEHALT, LEISTUNG, RISIKO} accettabile B adv {SPIELEN, VERDIENEN} passabilmente, in modo passabile.
Akzeptabilität <-, ohne pl> f geh accettabilità f.
Akzeptanz <-, ohne pl> f ~ **von etw** (dat)/ **einer S.** (gen) consenso m nei confronti di qc: **die mangelnde ~ des Euros bei den Deutschen**, la scarsa adesione dei tedeschi all'euro.
akzeptierbar adj {BEDINGUNGEN, GEHALT} accettabile.
akzeptieren <ohne ge-> tr 1 (etw annehmen) etw ~ {BEDINGUNGEN, GEHALT, SCHECK} accettare qc, {ANGEBOT, VORSCHLAG} auch accogliere qc 2 (mit jdm einverstanden sein) **jdn ~** {KOLLEGEN, NEUEN MITARBEITER} accettare qu: **der neue Mitarbeiter wurde von den Kollegen gut akzeptiert**, il nuovo collaboratore è stato ben accolto dai colleghi; **jdn als etw ~** accettare qu come/quale qc 3 (etw hinnehmen) **etw ~** {KRANKHEIT, NOTLAGE, SCHICKSALSSCHLAG} accettare qc, rassegnarsi a qc: **er wollte nicht ~, dass seine Frau ihn verlassen hatte**, non voleva accettare che sua moglie lo avesse lasciato 4 (gelten lassen) **etw ~** {ENTSCHULDIGUNG} accettare qc, accogliere qc.
AL <-, -s> f pol Abk von Alternative Liste: lista f alternativa.
à la adv 1 gastr alla, alla maniera di: **à la carte essen**, mangiare ˌà la carteˌ/[alla carta]; **Geschnetzeltes à la Stroganoff**, spezzatino alla (maniera di) Stroganoff 2 (nach jds Stil) {HUT, KLEIDUNG} alla, alla maniera di: **eine Erzählung à la Kafka**, un racconto in stile kafkiano; **ein Geschäftsgebaren à la Mafia**, una gestione mafiosa degli affari.
Alabaster <-s, ohne pl> m min alabastro m.
Alarm <-(e)s, -e> m 1 (Warnsignal) allarme m: **es gibt keinen Grund zum ~**, non c'è motivo di allarmarsi 2 bes. mil (Alarmzustand) allarme m ● **~ auslösen/geben/schlagen** {PERSON}, ˌfar scattareˌ/[dare]/[suonare] l'allarme; **bei ~**, in caso di allarme; **blinder/falscher ~**, falso allarme; **~ schlagen** (eindringlich warnen), dare l'allarme.
Alarmanlage f sistema m/impianto m d'allarme, (impianto m) antifurto m.
alarmbereit adj {FEUERWEHR, POLIZEI, SOLDATEN} in (stato di) allerta, pronto a intervenire, allertato; {FLUGZEUG} pronto ˌa decollareˌ/[al decollo].
Alarmbereitschaft <-, ohne pl> f {+FEUERWEHR, POLIZEI} stato m di allerta ● **in ~ sein** {FEUER-

WEHR, POLIZEI}, essere in (stato di) allerta, essere pronto a intervenire; **jdn in ~ versetzen**, mettere qu in (stato di) allerta, allertare qu.
Alarmglocke f campanello m d'allarme ● **bei jdm geht die ~** fam, a qu si accende un campanello d'allarme.
alarmieren <ohne ge-> tr 1 (zum Einsatz rufen) **jdn ~** {FEUERWEHR, NACHBARN, RETTUNGSLEUTE} dare l'allarme a qu: **Sie sollten unverzüglich die Polizei ~!**, dovrebbe avvisare subito la polizia! 2 (aufschrecken) **jdn ~** {GERÜCHT, NACHRICHT, SYMPTOM} allarmare qu, mettere in allarme qu.
alarmierend adj {GESUNDHEITSZUSTAND} allarmante, preoccupante; {EREIGNIS, NACHRICHT} auch inquietante: **es ist ~, dass der Konsum von harten Drogen ständig zunimmt**, è (un fatto) allarmante che il consumo di droghe pesanti sia in continuo aumento.
Alarmismus <-, Alarmismen> m allarmismo.
Alarmknopf m pulsante m d'allarme.
Alarmsignal n segnale m d'allarme: **bei jdm/etw ein ~ auslösen** {NACHRICHT, TATBESTAND, UMSTAND, VERHALTEN}, mettere qu/qc in allarme, allarmare qu/qc.
Alarmstufe f stato m di allerta: **Rot bedeutet höchste ~**, (il) rosso significa stato di massima allerta.
Alarmvorrichtung f sistema m/impianto m d'allarme.
Alarmzeichen n segnale m/campanello m d'allarme.
Alarmzustand m mil stato m d'allerta ● **im ~ sein**, essere in stato d'allerta; **jdn in den ~ versetzen** {ANGRIFF, BEFEHLSHABER}, mettere qu in stato d'allerta, allertare qu.
Alaska <-s, ohne pl> n geog Alaska f.
Alaun <-s, -e> m chem allume m.
Alb① <-, ohne pl> f geog: **die Fränkische Alb**, il Giura di Franconia; **die Schwäbische Alb**, il Giura di Svevia.
Alb② <-(e)s, -en> m geh incubo m, angoscia f.
Albaner <-s, -> m (**Albanerin** f) albanese mf.
Albanien <-s, ohne pl> n geog Albania f.
albanisch adj {SPRACHE, TEXT} albanese.
Albanische <-(s), ohne pl> n, **Albanische** <dekl wie adj> n albanese m: **sie hat den Text aus dem ~en ins Deutsche übersetzt**, ha tradotto il testo dall'albanese al tedesco; → auch **Deutsch, Deutsche**②.
Albatros <-, -se> m ornith albatros m.
Alben pl von Album.
albern① pej A adj 1 (kindisch) {JUNGE, MÄDCHEN} sciocco, stupido; {BENEHMEN, GEREDE, GETUE} auch puerile, infantile: **sei doch nicht so ~!**, non essere così stupido (-a)!; **werd' bloß nicht ~!**, non fare so sciocco/la sciocca!; **hört endlich mit eurem ~en Gekicher auf!**, smettetela con queste risatine sciocche!; **die erzählt nur ~es Zeug**, dice solo sciocchezze 2 fam (lächerlich) {BETRAG} ridicolo, irrisorio; {FEHLER} ridicolo, stupido: **es ist mir einfach zu ~, es ihm ständig wiederholen zu müssen**, mi sembra davvero stupido doverglielo ripetere in continuazione B adv: **er hat sich sehr ~ benommen**, si è comportato in modo infantile/puerile; **in diesem Kleid komme ich mir einfach ~ vor**, con questo vestito mi sento davvero ridicola.
albern② itr fare il/la cretino (-a).
Albernheit <-, -en> f 1 nur sing (albernes Wesen) {+MENSCH} puerilità f 2 nur sing (Lächerlichkeit) {+VORFALL} stupidità f 3 (dumme Äußerung) sciocchezza f, stupidag-

gine f: **hört doch auf mit diesen ~en!**, smettetela con queste stupidaggini/sciocchezze!
Albert m (Vorname) Alberto.
Albinismus <-, ohne pl> m biol med albinismo m.
Albino <-s, -s> m med albino (-a) m (f).
Albtraum m → **Alptraum**.
Album <-s, Alben oder fam Albums> n 1 (Fotoalbum) album m (delle fotografie): **Fotos in ein ~ kleben**, incollare/mettere le foto in un album; **ein ~ anlegen/machen**, fare un album 2 (Plattenalbum) album m: **in einigen Tagen erscheint das neue ~ von Elton John**, ˌfra pochiˌ/[a] giorni uscirà il nuovo album di Elton John 3 (Briefmarkenalbum) album m (dei francobolli).
Alchemie, Alchimie <-, ohne pl> f hist alchimia f.
Alchemist <-en, -en> m (**Alchemistin** f), **Alchimist** <-en, -en> m (**Alchimistin** f) hist alchimista mf.
alchemistisch, alchimistisch adj alchimistico.
Aldehyd <-s, -e> m chem aldeide f.
al dente adj gastr al dente.
Alemanne <-n, -n> m (**Alemannin** f) hist alemanno (-a) m (f).
alemannisch adj ling hist alemanno.
Alexander m (Vorname) Alessandro.
Alexandra f (Vorname) Alessandra.
Alfons m (Vorname) Alfonso.
Alfred m (Vorname) Alfredo.
Alge <-, -n> f bot alga f.
Algebra <-, ohne pl> f math algebra f.
algebraisch adj {FORMEL} algebrico; {REGEL} di algebra.
Algenpest f ökol invasione f di alghe.
Algerien <-s, ohne pl> n geog Algeria f.
Algerier <-s, -> m (**Algerierin** f) algerino (-a) m (f).
algerisch adj {BEVÖLKERUNG, DIALEKTE, TRADITIONEN} algerino, dell'Algeria.
Algier <-s, ohne pl> n geog Algeri f.
Algorithmus <-, Algorithmen> m inform math algoritmo m.
alias adv alias, detto/chiamato anche: **Sylvester Stallone ~ Rambo**, Sylvester Stallone, alias/[altrimenti detto] Rambo.
Alibi <-s, -s> n 1 jur (für etw akk) alibi m (per qc): **sie hat kein ~ für die Tatzeit**, non ha alibi per l'ora del delitto 2 (Vorwand) (für etw akk) alibi m (per qc), pretesto m (per qc) ● **jds ~ anzweifeln** {ERMITTLUNGSRICHTER}, mettere in dubbio l'alibi di qu; **(k)ein ~ besitzen**, (non) avere un alibi; **jds ~ bestätigen**, confermare l'alibi di qu; **ein glaubhaftes ~ haben**, avere un alibi credibile; **ein lückenloses ~ haben**, avere un alibi di ferro.
Alibifrage f domanda f pretestuosa: **mit seiner ~ wollte er nur Genaueres über das Projekt erfahren**, con quella sua domanda pretestuosa mirava solo a sapere qualcosa di più (preciso) sul progetto.
Alibifrau f: **eine ~ sein**, ricoprire una carica politica o istituzionale solo per il fatto di essere donna.
Alibifunktion f: **nur ~ haben** {MAßNAHMEN, REGELUNGEN}, essere solo un alibi, servire solo ˌda alibiˌ/[come pretesto].
Alice f (Vorname) Alice.
Alimente subst <nur pl> jur alimenti m pl ● **jdn auf ~ verklagen**, chiedere gli alimenti a qu; **~ zahlen**, pagare gli alimenti.
Alkali <-s, Alkalien> n chem alcali m.
Alkalimetall n chem metallo m alcalino.
Alkalisalz n chem sale m alcalino.

alkalisch adj chem {LÖSUNG, REAKTION} alcalino.

Alkaloid <-(e)s, -e> n chem alcaloide m.

Alkohol <-s, -e> m <meist sing> **1** chem alcol m: **denaturierter ~**, alcol/spirito denaturato; **reiner ~**, alcol puro; **~ destillieren**, distillare alcol **2** <nur sing> (*alkoholische Getränke*) alcol m, alcolici m pl ● **etw in ~ einlegen** {OBST}, mettere qc sotto spirito; **etw in ~ ertränken** {PROBLEME, SORGEN}, affogare qc nell'alcol; **sich (dat) nichts aus ~ machen**: **ich mache mir nichts aus ~**, gli alcolici non mi fanno né caldo né freddo fam; **nach ~ riechen**, puzzare di alcol; **jdn unter ~ setzen** fam (*jdn betrunken machen*), far ubriacare/sbronzare fam qu; **unter ~ stehen** (*betrunken sein*), essere ubriaco, aver bevuto; **keinen ~ trinken**, non bere (alcolici), essere astemio; **dem ~ verfallen sein**, essere ₍schiavo dell'alcol₎/[dedito all'alcol]; **keinen ~ vertragen**, non reggere/sopportare l'alcol; **~ löst die Zunge**, il vino scioglie la lingua.

alkoholabhängig adj alcolizzato, alcoldipendente.

Alkoholabhängige <dekl wie adj> mf alcolista mf, alcoldipendente mf.

alkoholarm adj {GETRÄNK} a basso contenuto alcolico.

Alkoholausschank m mescita f tosk.

Alkoholeinfluss (a.R. Alkoholeinfluß) m effetto m dell'alcol ● **unter ~ stehen**, essere sotto l'effetto dell'alcol, essere in preda ai fumi dell'alcol.

Alkoholfahne <-, ohne pl> f fam alito m che puzza di alcol: **eine ~ haben**, puzzare di alcol.

alkoholfrei adj {BIER, WEIN} analcolico, non alcolico: **~e Getränke**, bevande analcoliche, analcolici.

Alkoholgegner m (**Alkoholgegnerin** f) antialcolista mf.

Alkoholgehalt m **1** (*Gehalt an Alkohol*) {+GETRÄNK} tasso m/tenore m alcolico, gradazione f alcolica, alcolicità f **2** (*Konzentration*) {+BLUT} tasso m di alcol, alcolemia f.

Alkoholgenuss (a.R. Alkoholgenuß) m consumo m di alcolici: **übermäßiger ~**, eccessivo consumo di alcol(ici).

alkoholhaltig adj {GETRÄNK} alcolico.

Alkoholika subst <nur pl> geh alcolici m pl, bevande f pl alcoliche.

Alkoholiker <-s, -> m (**Alkoholikerin** f) alcolista mf, alcolizzato (-a) m (f), etilista mf med: **~ sein**, essere un alcolizzato ● **Anonyme ~** (Abk AA), Alcolisti Anonimi (Abk AA).

alkoholisch adj **1** (*Alkohol enthaltend*) {GETRÄNK} alcolico: **~e Getränke**, bevande alcoliche, alcolici **2** chem pharm: **auf ~er Basis**, a base di alcol.

alkoholisiert geh **A** adj {MENSCH} ubriaco: **in ~em Zustand**, in stato di ebbrezza **B** adv {AUTO FAHREN} in stato di ebbrezza.

Alkoholismus <-, ohne pl> m alcolismo m, etilismo m med.

Alkoholkonsum m consumo m di alcol.

alkoholkrank adj alcolizzato.

Alkoholkranke <dekl wie adj> mf alcolizzato (-a) m (f), alcolista mf, etilista mf med.

Alkoholmessgerät m (a.R. Alkoholmeßgerät) n alcolimetro m, etilometro m.

Alkoholmissbrauch (a.R. Alkoholmißbrauch) <-s, ohne pl> m abuso m di alcolici/alcol.

Alkoholpegel m fam, **Alkoholspiegel** m tasso m alcolico (nel sangue), alcolemia f.

Alkoholsteuer f imposta f/tassa f sugli alcolici.

Alkoholsucht f alcolismo m, etilismo m med, dipendenza f da alcol.

alkoholsüchtig adj alcolizzato, alcoldipendente.

Alkoholsüchtige <dekl wie adj> mf alcolizzato (-a) m (f).

Alkoholsünder m (**Alkoholsünderin** f) automobilista mf che guida in stato di ebbrezza.

Alkoholtest m alcoltest m, etilotest m.

Alkoholverbot n **1** (*Verbot, Alkohol zu trinken*) divieto m di consumare alcol **2** hist proibizionismo m.

Alkoholvergiftung f (*akute ~*) intossicazione f da alcol; (*chronische ~*) etilismo m.

all indef pron **1** <attr> (*sämtliche*) tutti (-e): **alle Kinder spielen gern**, tutti i bambini giocano volentieri; **wir alle**, tutti noi, noi tutti; **ich danke allen meinen deutschen Freunden für ihre Unterstützung**, ringrazio tutti i miei amici tedeschi per il loro aiuto; **sie hat allen Grund, ihn zu verlassen**, ha tutti i motivi di questo mondo per lasciarlo; **mit allen Mitteln**, con ogni mezzo; **alles + substantiviertes Adj**: **alles Unnötige kauft sie**, tutte le cose inutili le compra lei; **(ich wünsche dir) alles Gute**, (ti faccio) tanti auguri, (ti auguro) ₍ogni bene₎/[tante buone cose] fam; **alles Mögliche tun**, fare tutto il possibile **2** <inv> (*vor nicht zählbaren Wörtern*) tutto; **all der/die/das/dies/mein/...**: **beim Pokern hat er all sein Geld verloren**, ha perso tutti i soldi giocando a poker; **ich danke dir für all die Geduld**, ti ringrazio per tutta la tua pazienza; **all die Zeit über**, per tutto questo tempo **3** (*substantivisch neutrum: gesamt*) tutto: **das hat doch alles keinen Sinn mehr**, tutto ciò non ha più senso; **das geht dich doch alles gar nichts an**, tutto ciò non ti riguarda; **ihn kannst du alles fragen**, a lui puoi chiedere tutto/[qualsiasi cosa]; **alles, was ...**, tutto quello/ciò che ...; **alles, was ich gehört habe**, tutto ciò/quello che ho sentito; **das ist alles**, ecco tutto, questo è tutto; **das sind alles meine Platten**, questi dischi sono tutti miei; **alles braucht seine Zeit**, ogni cosa ha bisogno del suo tempo **4** <nur pl> (*substantivisch: jede(r) Einzelne(r)*) tutti (-e): **diese Städte habe ich alle gesehen**, queste città le ho viste tutte; **alle müssen zur Versammlung kommen**, tutti devono venire all'assemblea; **alle die, die kontaktiert wurden, lehnten ab**, tutte le persone contattate hanno rifiutato **5** (*intensivierend vor Subst mit Präp*) tutto: **in aller Frühe**, di buon mattino; **in aller Ruhe**, con tutta calma/tranquillità; **bei allem Verständnis**, con tutta la comprensione; **aller Wahrscheinlichkeit nach**, con ogni probabilità; **für alle Zeit(en)**, per sempre **6** fam (*substantivisch: alle*) alles: **alles ab ins Bett!**, tutti a letto!; **alles aussteigen!**, scendere!, si scende! **7** (*bei Maß- und Zeitangaben: zeigt Wiederholung an*) ogni: **alle halbe Stunde fährt ein Bus**, l'autobus passa ogni mezz'ora; **unterbrich mich doch nicht alle fünf Minuten!**, non mi interrompere ogni cinque minuti!; **alle zehn Kilometer finden Sie einen Rastplatz**, ogni dieci kilometri troverete una piazzola di sosta ● **alles in allem** (*insgesamt gesehen*), tutto sommato, (*zusammengerechnet*), in tutto/totale; **alles andere**, tutt'altro; **alles andere als ...**, tutt'altro che ...; **er ist alles andere als schlau**, è tutt'altro che furbo; **alle für einen und einer für alle**, uno per tutti e tutti per uno; **sie (wohl) nicht mehr alle haben**, essersi bevuto il cervello fam; **du hast sie wohl nicht mehr alle?** fam, ma ti sei bevuto (-a) il cervello? fam, ma che, dai i numeri? fam; **in allem, in tutto**; **alle Mal** (*jedes Mal*), finora ... ₍tutte le volte₎/[sempre]; **ein für alle Mal** fam, una volta per tutte; **lass dir das ein für alle Mal gesagt sein!**, te lo dico una volta per tutte!; **damit ist ein für alle Mal Schluss**, finiamola una buona volta!; **alles oder nichts**, (o) tutto o niente; **trotz allem**, nonostante/malgrado tutto; **über alles** {LIEBEN, MÖGEN}, sopra ogni cosa, più di ₍ogni altra cosa₎/[tutto]; **Geld geht ihr über alles**, per lei i soldi sono la cosa più importante; **alles Übrige**, tutto il resto; **vor allem**, soprattutto, innanzitutto.

All <-s, ohne pl> n universo m, cosmo m, spazio m.

allabendlich **A** adj <attr> {KURS, TREFFEN, VERANSTALTUNG} che si svolge ogni sera: **unser ~er Spaziergang**, la nostra passeggiata serale **B** adv {IRGENDWOHIN GEHEN, STATTFINDEN} ogni sera, tutte le sere.

Allah <-s, ohne pl> m relig Allah m.

allbekannt adj {MENSCH, PHÄNOMEN} noto a tutti, conosciuto da tutti: **es ist ~, dass ...**, è risaputo che ...

alle① indef pron → **all**.

alle② adj <präd> fam **1** (*zu Ende sein*): **~ sein**, essere finito; **bald ~ sein**, stare per finire; **die Milch ist ~**, il latte è finito, non c'è più latte, manca il latte; **das Geld ist ~**, ho finito i soldi; **ist noch Kuchen da? – Nein, der ist ~**, c'è ancora del dolce? – No, ₍è finito₎/[non ce n'è più] **2** (*zu Ende gehen*): **werden** (*VORRÄTE*), stare per finire/esaurirsi; **nimm dir noch ein bisschen Fleisch, es muss ~ werden**, prendi un altro po' di carne, va finita ● **etw ~ machen** (*aufessen*), finire qc; **jdn ~ machen** slang (*jdn umbringen*), far fuori qu fam.

alledem, **alldem** pron tutto questo/ciò: **mit ~ hat er nichts zu tun**, con tutto questo/ciò (lui) non ha niente a che fare/vedere; **nichts von ~**, niente di tutto questo/ciò; **trotz ~**, nonostante/malgrado ciò/tutto; **von ~ wusste ich nichts**, non sapevo niente di tutto questo/ciò; **zu ~ kommt noch, dass ...**, a tutto questo si aggiunge che ...

Allee <-, -n> f viale m (alberato).

Allegorie <-, -n> f allegoria f.

allegorisch adj {FIGUR, WANDBILD} allegorico.

Allegro <-s, -s oder Allegri> n mus allegro m.

allein① **A** adj <präd> (*da*) solo: **ich bin gern ~**, sto volentieri da solo (-a), mi piace stare (da) solo (-a); **ganz ~ sein**, essere solo soletto fam; **mit jdm ~ sein**, essere solo con qu; **sich ~ fühlen**, sentirsi solo (-a); **du hättest sie nicht ~ lassen sollen!**, non avresti dovuto lasciarla sola! **B** adv **1** (*ohne Hilfe*) da solo: **das Kind kann schon ~ essen**, il bambino mangia già da solo; **vielen Dank, das kann ich schon ~**, grazie, ma posso fare da me **2** (*ohne Gesellschaft anderer*) solo, da solo: **ich gehe nicht gern ~ aus**, non mi piace uscire (da) solo (-a); **~ leben**, vivere (da) solo (-a) ● **auf sich ~ angewiesen/gestellt sein**, poter contare solo su se stesso (-a); **~ Erziehende** → **Alleinerziehende**; **nicht ~ ..., sondern auch ...**, non solo ..., ma anche ...; **von ~**, da solo/sé; **die Tür ist von ~ zugefallen**, la porta si è chiusa da sola; **die Schmerzen sind von ~ weggegangen**, i dolori sono scomparsi da soli; **das weißt du doch von ~**, lo sai da te/solo (-a).

allein② adv **1** (*nur*) solo, soltanto, solamente, unicamente: ₍**~ sie**₎/[**sie ~**] **ist dafür verantwortlich**, solo lei ne è responsabile **2** (*bereits*) solo: **(schon) ~ der Gedanke**, **(schon) der Gedanke ~**, il solo pensiero; **(schon) ~ bei der Vorstellung wird mir schlecht**, alla sola idea mi sento male.

allein③ konj lit solo che.

Alleinberechtigung f diritto m esclusivo/[di esclusiva].

Alleinbesitz m proprietà f esclusiva.

Alleinbesitzer m (**Alleinbesitzerin** f) proprietario (-a) m (f) unico (-a).

alleine adj fam → **allein**①.

Alleinerbe m jur (**Alleinerbin** f) jur erede mf universale.

alleinerziehend adj che alleva i figli/il figlio da solo: **er ist ~**, è un padre single; **~e Mutter**, madre single.

Alleinerziehende <dekl wie adj> mf padre m/madre f single.

Alleingang m **1** (Handlung ohne jds Hilfe) iniziativa f individuale: **etw im ~ machen**, fare qc da solo (-a) **2** sport Fußball u. Ä. azione f individuale/[in solitario], assolo m, discesa f slang.

Alleinherrschaft f autocrazia f; pol {+PARTEI} potere m assoluto.

Alleinherrscher m (**Alleinherrscherin** f) geh sovrano (-a) m (f) assoluto (-a), autocrate mf.

alleinig adj <attr> **1** (einzig) {ERBE, HERRSCHER, MITTEL, VERTRETER} solo, unico **2** A (allein stehend): **eine ~e Frau**, una donna sola, una single; (nicht verheiratet) una donna nubile.

Alleininhaber m (**Alleininhaberin** f) {+GESCHÄFT, LADEN} proprietario (-a) m (f)/ titolare mf unico (-a).

Alleinlebende <dekl wie adj> mf "persona f che vive da sola", single mf.

Alleinreisende <dekl wie adj> mf "persona f che viaggia da sola".

Alleinsein <-s, ohne pl> n solitudine f, essere solo m.

alleinseligmachend a.R. von allein selig machend → **selig**.

Alleinseligmachende <dekl wie adj> n: **berufliche Karriere ist auch nicht das ~**, la carriera non è l'unica via per la felicità; → auch **selig**.

alleinstehend adj **1** (nicht verheiratet) {FRAU} nubile; {MANN} celibe **2** (ohne Familienangehörige) solo: **sie ist ~**, vive da sola; **eine ~e Frau, ein ~er Mann** (ohne Partner(in)) una single, un single **3** (einzeln gelegen) {HAUS} isolato, appartato.

Alleinstehende <dekl wie adj> mf (unverheiratete Frau) nubile f; (unverheirateter Mann) celibe m; (Person ohne Partner) single mf.

Alleinunterhalter m (**Alleinunterhalterin** f) mattatore (-trice) m (f): **er war gestern auf dem Fest der ~**, ieri alla festa ha tenuto banco fam.

Alleinverdiener m (**Alleinverdienerin** f) "unica persona f in famiglia che guadagna".

Alleinvertretung f com (rappresentanza f) esclusiva f: **die ~ (einer S. gen) haben**, avere l'esclusiva (di qc).

Alleinvertrieb m com vendita f esclusiva: **den ~ (einer S. gen) haben**, essere il distributore unico (di qc).

alleluja interj → **halleluja**.

allemal adv fam (gewiss) senz'altro, certo, certamente, comunque: **das bringst du ~ hin!**, ce la fai di sicuro!; **glaubst du, er kommt noch rechtzeitig? – ~!**, credi che arriverà in tempo? – Certo/Sicuramente!

allenfalls adv **1** (höchstens) tutt'al più, al massimo: **die ärztliche Untersuchung dauert ~ zwanzig Minuten**, la visita medica dura al massimo venti minuti **2** (gegebenenfalls) semmai, caso mai, eventualmente: **mach dir keine Sorgen, wenn das Taxi nicht kommt, ~ bringe ich dich zum Bahn**hof, non ti preoccupare se non arriva il tassì, caso mai alla stazione ti accompagno io.

allenthalben adv geh obs ovunque, dappertutto.

aller indef pron → **all**.

alleräußerster, alleräußerste, alleräußerstes adj fam {ANGEBOT, PREIS} ultimissimo (-a) fam, ultimo (-a).

allerbester, allerbeste, allerbestes fam A adj (il/la) migliore (di tutti/tutte): **das ist der allerbeste Wein, den ich je getrunken haben**, è il miglior vino che io abbia mai bevuto; **wir essen nur das Allerbeste**, mangiamo solo le cose migliori; **du bist mein Allerbester!**, sei il mio tesoro!; **das ist meine allerbeste Freundin**, questa è la mia migliore amica; **ich wünsche dir das Allerbeste**, ti auguro tutto il meglio, ti faccio i miei migliori auguri; **es wäre am allerbesten, wenn du mich morgen anrufen würdest**, la cosa migliore sarebbe che (tu) mi telefonassi domani B adv: **am allerbesten: am allerbesten gehst du gleich zum Arzt**, la cosa migliore in assoluto è che tu vada subito dal medico; **am allerbesten gefällt mir ...**, la cosa che mi piace di più in assoluto è ...

allerdings A adv **1** (einschränkend: jedoch) però, tuttavia: **die Wohnung ist zwar wunderschön, ~ auch sehr teuer**, la casa è bellissima, tuttavia anche parecchio cara **2** (bekräftigend) ma certo!, certamente!, eccome!: **wusstest du denn Bescheid? – Allerdings!**, ne eri al corrente? – Certamente!, Naturalmente! B partik (in der Tat): **das ist ~ nicht korrekt**, altroché se è scorretto!

allererster, allererste, allererstes adj (il/la) primo (-a) di tutti/tutte, (il/la) primissimo (-a): **das ist das Allererste, was ich höre**, questa è nuova!; **sie will immer die Allererste sein**, vuole sempre essere la prima (di tutti (-e)); **er erfährt es als Allererster**, è in assoluto il primo a saperlo; **als Allererstes muss ich auf die Bank**, la primissima cosa che devo fare è andare in banca.

allerfrühestens adv al più presto.

allergen adj: **~e Substanz**, allergene.

Allergen <-s, -e> n med allergene m.

Allergie <-, -n> f med **1 • eine ~ (gegen etw akk) haben** {GEGEN CHEMIKALIEN, HAUSSTAUB, MILBEN, POLLEN}, avere l'allergia (a qc), essere allergico (a qc); **an einer ~ leiden**, soffrire di un'allergia.

allergiegetestet adj med pharm ipoallergenico.

Allergieschock m med shock m/choc m anafilattico.

Allergietest m med test m allergologico.

Allergiker <-s, -> m (**Allergikerin** f) soggetto m allergico, allergico (-a) m (f).

allergisch A adj **1** (durch eine Allergie ausgelöst) {ASTHMA, AUSSCHLAG, HUSTEN, REAKTION} allergico **2** (an einer Allergie leidend) {MENSCH} allergico: **gegen etw (akk) ~ sein** {HAUT CREME, PARFUM, SONNE; MENSCH gegen ERDBEEREN, HAUSSTAUB, MILBEN}, essere allergico a qc, avere l'allergia a qc **3** fam (ablehnend): **gegen jdn/etw ~ sein**, essere allergico a qu/qc, avere l'idiosincrasia per/[l'allergia a] qc; **gegen solches Gerede bin ich ~**, sono allergico (-a) a discorsi di questo tipo B adv: **~ bedingt**, dovuto ad un'allergia, di origine/natura allergica • **auf etw (akk) ~ reagieren** {AUF CHEMIKALIEN, MEDIKAMENTE, AUF EINE PERSON}, essere allergico a qu.

Allergologe m (**Allergologin** f) med allergologo (-a) m (f).

Allergologie <-, ohne pl> f med allergologia f.

Allergologin f → **Allergologe**.

allergologisch adj med allergologico.

allerhand <inv> indef pron fam parecchio: **das hat mich ~ Geld gekostet**, mi è costato parecchio/[un bel po' di soldi]; **ich kann ~ vertragen, aber das ist mir nun doch zu viel!**, riesco a sopportare parecchio, ma questo è davvero troppo!; **sie hat ~ mitgemacht**, ne ha passate tante fam; **vor unserer Abreise haben wir noch ~ zu tun**, prima della partenza ₁abbiamo ancora molto da fare₁/[dobbiamo ancora fare diverse cose] • **das ist (ja/doch/wirklich) ~!**, (questo) è (davvero) troppo/[il colmo]!

Allerheiligen <-, ohne pl> n relig Ognissanti m, (Tutti) i Santi m pl fam: **an ~**, il giorno dei Santi.

Allerheiligste <dekl wie adj> n **1** relig (Raum mit dem Bildnis Gottes) santuario m **2** relig (im Tempel von Jerusalem) sancta sanctorum m, santuario m **3** relig (geweihte Hostie im Tabernakel) Santissimo m (Sacramento m) **4** fam (privatester Raum) sacrario m fam, santuario m fam, sancta sanctorum m.

allerhöchster → **allerhöchster**.

allerhöchstens adv **1** (im äußersten Fall) al massimo, tutt'al più: **ich habe mich ~ zweimal mit ihr getroffen**, l'ho/avrò incontrata al massimo due volte **2** (spätestens) al massimo, al più tardi: **in ~ drei Tagen bin ich zurück**, al massimo/[più tardi] fra tre giorni sarò di ritorno.

allerhöchster, allerhöchste, allerhöchstes adj **1** (an Höhe): **der/die/das allerhöchste ...**, il/la più alto (-a) ...; **die allerhöchsten Berggipfel**, le vette più alte dei monti, le somme vette dei monti lit; **dieses Gebäude ist das allerhöchste**, questo edificio è il più alto di tutti **2** (an Menge): **der/die/das allerhöchste** ... {BETRAG, GESCHWINDIGKEIT}, il/la massimo (-a)..., il/la più alto (-a); **der allerhöchste Lottogewinn**, la massima/[più alta/grossa fam] vincita al lotto **3** (an Rang): **der/die/das allerhöchste ...**, il/la massimo (-a) ..., il/la supremo (-a) ..., il/la sommo (-a) ...; **die allerhöchste Instanz**, l'istanza suprema; **sich an allerhöchster Stelle beschweren**, protestare presso la massima/suprema autorità; **es war allerhöchste Zeit, dass ...**, era proprio ora che ...; **konjv: in allerhöchster Erregung**, in uno stato di estrema agitazione.

allerlei <inv> indef pron **1** (attributiv) {AUSGABEN, AUSREDEN, IDEEN, PLÄNE, WEINE} di ogni genere/sorta/specie/tipo: **vor dem Abschluss des Vertrags müssen noch ~ Fragen geklärt werden**, prima di stipulare il contratto vanno chiarite ancora diverse questioni; **in unserem Keller steht ~ Gerümpel**, nella nostra cantina c'è ogni genere di ciarpame **2** (substantivisch) parecchie cose: **wir hatten uns ~ zu erzählen**, avevamo da dirci parecchie/diverse cose; **so ~**, tante cose; **man hört so ~ über ihn**, si sentono tante cose sul suo conto; **man erzählt sich so ~**, si dicono tante cose.

Allerlei <-s, ohne pl> n miscuglio m, mistura f: **buntes ~**, pot-pourri • **Leipziger ~** gastr, verdure miste.

allerletzter, allerletzte, allerletztes adj <attr> **1** (ganz letzter) ultimo (-a), ultimissimo (-a): **er ging als Allerletzter durchs Ziel**, tagliò il traguardo ₁ultimo tra tutti₁/[per ultimo]; **wir warten schon ewig auf dich, du bist wie immer der Allerletzte**, ti stiamo aspettando da un'eternità, come sempre arrivi per ultimo; **im allerletzten Moment**, all'ultimissimo momento, all'ultimo tuffo fam **2** (allerneuester) ultimissimo

(-a): **die allerletzten Nachrichten**, le ultimissime notizie **3** (*ganz hässlich*) (il/la) più orribile: **du hast ja mal wieder die allerletzten Schuhe an!** *fam*, ma guarda che scarpe oscene ti sei messo (-a) di nuovo! ● **das ist (ja/wirklich) das Allerletzte!** *fam*, ma questo è davvero il colmo/massimo!
allerliebst adj **1** (*meistgeliebte*) amatissimo, (il) più caro: **er ist mein ~er Freund**, è il mio più caro amico; **die Modelleisenbahn ist das ~e Spielzeug der Kinder**, il trenino elettrico è il giocattolo più amato dai bambini **2** (*reizend*) graziosissimo, carinissimo *fam*, delizioso: **deine kleine Tochter ist wirklich ~**, la tua bambina è veramente deliziosa ● **am ~en: am ~en wäre es mir, du würdest erst morgen abfahren**, la cosa migliore per me sarebbe che tu partissi non prima di domani; **am ~en gehe ich ins Kino**, più di tutto mi piace andare al cinema; **dich habe ich am ~en**, sei la persona a cui voglio più bene in assoluto.
allermeister, allermeiste, allermeistes A adj la stragrande maggioranza di: **die allermeisten Verkehrsunfälle passieren am Wochenende**, la stragrande maggioranza degli incidenti stradali avviene il fine settimana B adv **am allermeisten: darüber freue ich mich am allermeisten**, ⌊questa è la cosa⌋/[è ciò] che mi fa più piacere in assoluto; **er raucht am allermeisten**, (lui) fuma più di tutti; **was mir am allermeisten leid tut, ist ...**, ciò che mi dispiace più di tutto è ...
allernächster, allernächste, allernächstes A adj **1** (*unmittelbar folgend*): **in allernächster Zeit**, entro brevissimo tempo, nell'immediato; **in allernächster Zukunft**, nell'immediato futuro **2** (*unmittelbar benachbart*): **der/die/das allernächste** (-a) ...; **das allernächste Postamt**, il più vicino ufficio postale; **in allernächster Umgebung**, nelle immediate vicinanze **3** (*kürzester*): **der/die/das allernächste** {Route, Strecke}, il/la più breve; **aus allernächster Nähe**, da ⌊molto vicino⌋/[vicinissimo] B adv **am allernächsten: dieses Hotel liegt der Autobahn am allernächsten**, questo albergo è il più vicino in assoluto all'autostrada; **ihre Tante steht ihr am allernächsten**, sua zia è la persona che le è/sta più vicina.
allerneuester, allerneueste, allerneuestes adj ultimo (-a): **die allerneuesten Nachrichten**, le ultimissime notizie; **die allerneueste Mode**, l'ultimo grido; **sie ist immer auf dem allerneuesten Stand**, è sempre aggiornatissima; **wissen Sie schon das Allerneueste?**, la sa l'ultima?; **sie trägt immer das Allerneueste**, è sempre vestita all'ultima moda; **das Allerneueste vom Tage**, le ultimissime novità del giorno.
allernötigster, allernötigste, allernötigstes A adj: **nehmt bitte nur** ⌊**die allernötigsten Sachen**⌋/[**das Allernötigste**] **mit!**, per favore, portatevi soltanto ⌊lo stretto necessario⌋/[l'indispensabile]! B adv: **am allernötigsten: Erholung brauche ich jetzt am allernötigsten**, ora più di ogni altra cosa ho bisogno di riposo.
allerorts adv *geh obs* (d)ovunque, dappertutto.
allerschlimmster, allerschlimmste, allerschlimmstes adj il/la peggiore: ⌊**das Allerschlimmste**⌋/[**am allerschlimmsten**] **war, dass ...**, la cosa peggiore [più terribile] (in assoluto) era che ... *konjv*; **sich auf das Allerschlimmste gefasst machen**, ⌊aspettarsi il⌋/[prepararsi al] peg-

gio.
Allerseelen <-, ohne pl> n *relig* giorno m dei morti, morti m pl *fam*.
allerseits adv **1** (*an alle*) a tutti (quanti): **ein schönes Wochenende ~!**, buon fine settimana a tutti! **2** (*von allen*) da tutti: **sie ist ~ gerne gelitten**, è apprezzata da tutti.
allerspätestens adv al più tardi, al massimo, non più tardi di.
Allerweltsgeschmack m *fam pej* gusto m dozzinale.
Allerweltsgesicht n *fam pej* volto m comunissimo/banalissimo.
Allerweltskerl m *fam* uomo m dalle mille risorse.
Allerweltsname m *fam pej* nome m comunissimo.
Allerweltsthema n *fam pej* argomento m ⌊fritto e rifritto⌋/[trito e ritrito] *fam pej*.
Allerwort n *fam pej* parola f trita.
allerwenigster, allerwenigste, allerwenigstes A adj **1** (*wenigster*) pochissimo (-a): **in den allerwenigsten Fällen**, in pochissimi casi; **die allerwenigsten Menschen**, una piccola minoranza di persone; **das wissen die Allerwenigsten**, lo sanno in pochissimi **2** (*mindester*): **das Allerwenigste**, il minimo/meno; **das ist das allerwenigste, was man machen kann**, è il minimo/meno che si possa fare B adv: **am allerwenigsten: von allen Pflanzen mag ich Kakteen am allerwenigsten**, fra tutte le piante i cactus sono quelle che mi piacciono meno; **das weiß er am allerwenigsten**, è quello che ne sa meno di tutti; **ich lasse mich nicht auf den Arm nehmen, am allerwenigsten von dir!**, non mi faccio prendere in giro, ⌊tanto meno⌋/[meno che mai] da te.
Allerwerteste <dekl wie adj> m *fam euph scherz* didietro m *fam*, posteriore m *fam*.
alles① indef pron → **all**.
alles② partik: **wer kommt ~?**, chi è che viene?; **was hast du ~ gemacht?**, cosa hai fatto di bello?
allesamt indef pron *fam* tutti quanti: **ihr könnt mich ~ mal gern haben!**, andate a quel paese tutti quanti!
Allesfresser m *zoo* onnivoro m.
Alleskleber m attaccatutto m, adesivo m/colla f universale.
Allesschneider m affettatrice f.
Alleswisser m (**Alleswisserin** f) *pej* tuttologo (-a) mf *iron*.
allfällig adj *CH* eventuale.
allg. Abk *von* allgemein: in generale, generalmente.
Allgäu <-s, ohne pl> n *geog* Algovia f.
Allgegenwart <-, ohne pl> f **1** *relig* onnipresenza f, ubiquità f **2** (*ständiges Vorhandensein*) onnipresenza f.
allgegenwärtig adj {Gott} onnipresente.
allgemein A adj **1** <attr> (*alle betreffend*) {Bedingungen, Bestimmungen} generale; {Feiertag} nazionale; {Wahlrecht} universale: **~e Wehrpflicht**, servizio militare obbligatorio **2** <attr> (*öffentlich*) {Interesse, Meinung, Wohl} generale, comune **3** (*nicht speziell*) {Begriff, Bedingungen, Definition, Kenntnisse, Wissen} generico; {Überblick} generale: **seine Erklärungen waren viel zu ~**, le spiegazioni che ha dato erano troppo generiche **4** <attr> (*gemeinsam*) {Ablehnung, Überraschung, Zustimmung} generale: **auf ~en Wunsch wird die Vorstellung morgen wiederholt**, a grande richiesta lo spettacolo verrà replicato domani **5** (*unbestimmt*) {Formulierung, Gerede, Worte} generico, vago

B adv **1** (*überall*): **es ist ~ üblich, dass ...**, è uso comune ... *inf*; **~ verbreitet**, generalmente diffuso; **~ verständlich/zugänglich**, comprensibile/accessibile a tutti; **es ist ~ bekannt, dass ...**, è noto a tutti che ..., tutti sanno che ..., è risaputo che ... **2** (*generell*) {Zustimmen} in linea generale: (ganz ~) gesprochen, generalmente parlando, in generale **3** (*unspezifisch*) {Abfassen, Formulieren} genericamente, in modo generico: **sich ausdrücken/halten**, stare/mantenersi sulle generali **4** (*bei allen*) {Sich verständlich machen} da tutti ● **das Allgemeine und das Besondere**, il generale e il particolare; **vom Allgemeinen auf das Besondere schließen**, ragionare procedendo dal generale al particolare; *im* **Allgemeinen**, generalmente, in generale, in genere.
Allgemeinarzt m (**Allgemeinärztin** f) medico m generico.
Allgemeinbefinden n stato m (generale) di salute, condizioni f pl generali di salute.
Allgemeinbesitz m **1** (*Besitz der Allgemeinheit*) bene m pubblico **2** → **Allgemeingut**.
allgemeinbildend adj → **bildend**.
Allgemeinbildung <-, ohne pl> f cultura f generale.
Allgemeindelikt n *jur* reato m comune.
allgemeingültig adj → **gültig**.
Allgemeingültigkeit <-, ohne pl> f validità f generale/universale, universalità f.
Allgemeingut n <meist sing> patrimonio m comune: **das ist ~**, è patrimonio comune; **diese Sprichwörter gehören zum ~**, questi proverbi fanno parte del patrimonio (linguistico) collettivo/comune.
Allgemeinheit <-, -en> f **1** <nur sing> (*Öffentlichkeit*) collettività f, comunità f: **der ~ zugänglich**, accessibile/aperto al pubblico; **im Interesse der ~**, nell'interesse ⌊della collettività/comunità⌋/[generale]; **die Zerstörung der Umwelt geht auf Kosten der ~**, è la collettività che fa le spese della distruzione dell'ambiente **2** <nur sing> (*Undifferenziertheit*) {+Äusserung} genericità f: **Erklärungen von zu großer ~**, spiegazioni troppo generiche; **in dieser ~ kann man das nicht sagen**, non si può generalizzare così **3** <meist pl> (*Allgemeinplatz*) luogo m comune.
Allgemeinmedizin f *med* medicina f generale.
Allgemeinplatz m luogo m comune.
Allgemeinpraxis f studio m/ambulatorio m di medicina generale.
allgemeinverständlich adj adv → **verständlich**.
Allgemeinwissen n cultura f generale.
Allgemeinwohl n bene m comune.
Allgemeinzustand m → **Allgemeinbefinden**.
allgewaltig adj *geh* onnipotente.
Allheilmittel n *meist pej oder scherz* **1** (*Medizin für alles*) toccasana m, panacea f, rimedio m universale **2** (*Lösung für alles*) panacea f, rimedio m universale.
Allianz <-, -en> f **1** *pol* alleanza f, lega f **2** (*NATO-Bündnis*) alleanza f atlantica ● **einer ~ beitreten** {Staat}, aderire a un'alleanza; **die Heilige ~** *hist*, la Santa Alleanza.
Alligator <-s, -en> m *zoo* alligatore m.
alliiert adj *pol* {Kräfte, Truppen} alleato.
Alliierte <dekl wie adj> mf <meist pl> *pol* alleato (-a) m (f) ● **die ~n** *hist* (*im 2. Weltkrieg*), gli alleati.
all-inclusive A adj all inclusive, tutto compreso B adv all inclusive.

All-inclusive-Urlaub m vacanza f all inclusive.

Alliteration <-, -en> f ling alliterazione f.

alljährlich A adj <attr> {GEBURTSTAGSFEIER} tradizionale; {KONFERENZ, TREFFEN} annuale B adv {STATTFINDEN, ZUSAMMENKOMMEN} tutti gli anni, annualmente, ogni anno.

Allmacht <-, ohne pl> f 1 (unbegrenzte Macht) {+DIKTATOR, GELD} onnipotenza f; {+KONZERN, PARTEI} strapotere m 2 relig {+GOTT} onnipotenza f.

allmächtig adj 1 (unbeschränkt mächtig) {POLITIKER} onnipotente; {KONZERN, PARTEI, STAAT} potentissimo, che ha un potere illimitato 2 relig onnipotente: **der ~e Gott**, Dio onnipotente • **~er Gott!** (Ausruf des Erstaunens), Dio onnipotente!, Dio mio!

allmählich A adj <attr> {BESSERUNG, TEMPERATURANSTIEG, WANDEL, WETTERBESSERUNG} graduale, progressivo B adv 1 fam (nach und nach) poco a poco, pian piano, lentamente: **so ganz ~ wird er wieder gesund**, ₁pian piano₁/[(a) poco a poco)] si rimette; **es wird ~ dunkel**, si sta facendo buio 2 (langsam): **ich werde ~ müde**, comincio a sentire la stanchezza; **~ gehst du mir auf die Nerven**, cominci a darmi sui nervi 3 fam (endlich): **es wird ~ Zeit, dass wir gehen**, si è fatta quasi l'ora di andare.

allmonatlich A adj <attr> {RECHNUNG} mensile B adv {BEZAHLEN, ERSCHEINEN, SICH TREFFEN} mensilmente, ogni mese, tutti i mesi.

allmorgendlich A adj <attr> {FRÜHSTÜCK} solito; {HETZE} mattutino, della mattina, di ogni mattina: **das ~e Aufstehen ist eine Qual**, doversi alzare ogni mattina è una vera sofferenza B adv tutte le mattine, ogni mattina.

allnächtlich A adj <attr> {RUHESTÖRUNG} notturno, che si ripete tutte le notti B adv {AUFSTEHEN MÜSSEN, BELÄSTIGT WERDEN} ogni notte, tutte le sante notti, notte dopo notte.

Allopathie <-, ohne pl> f med allopatia f.

Allradantrieb m autom trazione f integrale.

Allrounder m, **Allroundgenie** n persona f poliedrica/versatile.

Allroundkünstler m (**Allroundkünstlerin** f) artista mf eclettico (-a)/poliedrico (-a).

Allroundman m → **Allrounder**.

allseitig A adj 1 (allgemein) {PROTEST, ZUFRIEDENHEIT} generale; {ZUSTIMMUNG} auch unanime 2 (vielseitig) {BILDUNG, INTERESSEN} poliedrico; {GEIST} eclettico B adv {INFORMIERT} su tutto: **~ begabt sein**, avere una mente poliedrica; **~ interessiert sein**, avere molteplici interessi.

allseits adv 1 (überall) {BEKANNT, GERN GESEHEN} ovunque, dappertutto: **es ist ~ bekannt, dass ...**, è noto ovunque che ..., tutto il mondo sa che ...; **es wird ~ gefordert, dass ...**, tutti chiedono che ... konjv; **er wird ~ geschätzt**, è stimato da tutti 2 (rundum) {INFORMIERT} su tutto.

Alltag <-(e)s, -e> m 1 <nur sing> (tägliches Einerlei) vita f ₁di tutti i giorni₁/[quotidiana], quotidianità f, quotidiano m: **der graue/triste ~**, ₁il tran tran fam₁/[la monotonia]/[il grigiore] della vita quotidiana, la routine quotidiana 2 (Werktag) giorno m ₁di lavoro₁/[feriale].

alltäglich A adj 1 <attr> (tagtäglich) {ARBEIT, AUSGABEN, BESCHÄFTIGUNG, LEBEN, SORGEN} quotidiano, di tutti i giorni: **der ~e Trott**, il tran tran quotidiano 2 (gewöhnlich) {GESCHENK} banale; {GESICHT, MENSCH} auch comune, qualunque, ordinario, come tanti (-e): **nicht ~**, fuori dal comune 3 (gang und gäbe): **Geldprobleme sind bei ihm ~/[etwas Alltägliches]**, per lui i problemi economici sono ₁all'ordine del giorno₁/[di ordinaria amministrazione] B adv (jeden Tag) quotidianamente, ogni giorno, tutti i giorni.

Alltäglichkeit <-, ohne pl> f 1 (alltägliches Geschehen) tran tran m, routine f quotidiana 2 (tägliches Wiederholen) {+GESTE, HANDLUNG} quotidianità f 3 (Gewöhnlichkeit): **die ~ eines Gesichts**, un viso come tanti, la mediocrità/banalità di un viso.

alltags adv nei giorni lavorativi/feriali.

Alltagsbeschäftigung f occupazione f quotidiana.

Alltagsdinge subst <nur pl> cose f pl/faccende f pl di ₁ogni giorno₁/[tutti i giorni]/[ordinaria amministrazione].

Alltagserfahrung f esperienza f quotidiana.

Alltagskleid n vestito m di/per tutti i giorni.

Alltagskleidung f abbigliamento m per tutti i giorni.

Alltagsleben n vita f quotidiana/[di tutti i giorni].

Alltagsmensch m uomo m comune/qualunque/[come tanti]/[della porta accanto].

Alltagssorgen subst <nur pl> preoccupazioni f pl quotidiane/[della vita quotidiana], problemi m pl quotidiani.

Alltagssprache f lingua f ₁di tutti i giorni₁/[quotidiana]/[di uso comune].

Alltagsstress (a.R. Alltagsstreß) m stress m della vita quotidiana.

Alltagstrott m pej tran tran m quotidiano, routine f quotidiana.

allumfassend adj geh {BILDUNG, KENNTNISSE, WISSEN} enciclopedico, universale; {ORGANISATION} capillare; {REFORM} auch che abbraccia tutti i campi.

Allüre <-, -n> f <meist pl> posa f: **keine ~n haben**, non darsi delle arie; **sie hat ~n wie ein Filmstar**, ₁ha degli atteggiamenti da₁/[si atteggia a] diva (del cinema).

allwissend adj 1 fam (umfassend informiert) al corrente di tutto, informato su tutto: **er ist immer so ~**, fa sempre il saccentone, si crede onnisciente scherz iron; **~ sein**, essere un pozzo di scienza; **ich bin doch nicht ~!**, non posso mica sapere tutto! fam 2 relig onnisciente geh: **der Allwissende**, l'Onnisciente.

Allwissenheit <-, ohne pl> f relig onniscienza f.

allwöchentlich A adj <attr> {EINKÄUFE, KIRCHGANG, SEMINAR} settimanale B adv {EINKAUFEN, ERSCHEINEN, STATTFINDEN} ogni settimana, settimanalmente.

allzeit adv obs sempre: **~ bereit**, sempre pronto/disponibile.

allzu adv troppo, eccessivamente: **das weiß ich nur ~ gut!**, lo so fin troppo bene!, ne so qualcosa io!; **sie ist nicht ~ intelligent!**, non è proprio una cima! fam; **es ist nur ~ verständlich, dass er sie nicht wieder sehen will**, è fin troppo comprensibile che lui non voglia rivederla; **du solltest der ganzen Sache nicht ~ großes Gewicht beilegen!**, non dovresti dare troppo peso a tutta questa faccenda!; **Sie können ruhig zu Fuß gehen, der Bahnhof ist nicht ~ weit!**, può benissimo andare a piedi, la stazione non è poi così lontana!

allzufrüh a.R. von allzu früh → **früh**.

allzugern a.R. von allzu gern → **gern**.

allzusehr a.R. von allzu sehr → **sehr**.

allzuviel a.R. von allzu viel → **viel**①.

Allzweckhalle f sala f polivalente.

Allzweckreiniger m detergente m multiuso.

Allzwecktuch n panno m multiuso.

Alm <-, -en> f pascolo m alpino/montano/[d'alta montagna], alpeggio m, alpe f, baita f, malga f.

Alma Mater <- -, ohne pl> f geh obs oder scherz università f.

Almanach <-s, -e> m 1 (Verlagskatalog) catalogo m, annuario m 2 obs (Kalender) almanacco m, calendario m.

Almhütte f baita f, malga f.

Almosen <-s, -> n 1 geh (Spende) elemosina f, offerta f: **einem Bettler ein ~ geben**, fare l'elemosina a un mendicante; **um ~ bitten**, chiedere l'elemosina, elemosinare 2 (geringer Betrag) elemosina f, miseria f: **für ein ~ arbeiten müssen**, dover lavorare per ₁un tozzo di pane₁/[quattro soldi].

Aloe <-, -n> f bot aloe m oder f.

alogisch adj geh alogico.

Alois m (Vorname) Aloisio.

Alp① <-, -en> f CH → **Alm**.

Alp② a.R. von Alb → **Alb**②.

Alpaka <-s, -s> n 1 zoo (Lamaart) alpaca m 2 <nur sing> text alpaca m.

Alpakawolle f (lana f di) alpaca m.

Alpdruck <-(e)s, ohne pl> m incubo m, angoscia f: **der reinste ~**, un vero incubo.

Alpe <-, -n> f A → **Alm**.

Alpen subst <nur pl> geog: **die ~**, le Alpi.

Alpenflora f flora f alpina.

Alpenführer m (**Alpenführerin** f) guida f alpina.

Alpenglühen <-s, ohne pl> n rosseggiare m delle vette alpine.

Alpenjäger m (in Italien und Frankreich) alpino m.

Alpenland n geog 1 (in den Alpen liegendes Land) paese m alpino 2 (Gebiet der Alpen) Alpi f pl, regione f alpina, territorio m alpino.

alpenländisch adj alpino, della regione alpina.

Alpenpass (a.R. Alpenpaß) m passo m alpino.

Alpenrepublik f fam scherz Austria f.

Alpenrose f bot rosa f delle Alpi, rododendro m.

Alpensalamander m zoo salamandra f atra/nera.

Alpenstock m bastone m da montagna, Alpenstock m.

Alpenstraße f strada f alpina.

Alpenveilchen n bot ciclamino m.

Alpenverein m club m alpino.

Alpenvorland n zona f prealpina: **das ~**, le Prealpi.

Alphabet <-(e)s, -e> n alfabeto m • **nach dem ~** {AUFFÜHREN, ORDNEN}, in ordine alfabetico, alfabeticamente.

alphabetisch A adj {GLIEDERUNG, REIHENFOLGE} alfabetico B adv {AUFFÜHREN, ORDNEN} in ordine alfabetico, alfabeticamente.

alphabetisieren A adj <ohne ge-> tr 1 (alphabetisch ordnen) **etw** ~ {ADRESSEN, KARTEIKARTEN, NAMEN} ordinare qc alfabeticamente, mettere qc in ordine alfabetico 2 (lesen und schreiben lehren) **jdn** ~ alfabetizzare qu.

Alphabetisierung <-, -en> f 1 (Anordnung) ordinare m alfabeticamente 2 (Beseitigung des Analphabetentums) alfabetizzazione f.

alphanumerisch adj inform alfanumerico.

Alphastrahlen subst <nur pl> phys raggi m

pl alfa.
Alphateilchen n *phys* particella f alfa.
Alphorn n *mus* Alphorn m, corno m alpino/[delle Alpi].
alpin adj **1** <attr> (*Skidisziplinen betreffend*) alpino: **die ~en Skimeisterschaften**, i campionati di sci alpino **2** <attr> (*das Bergsteigen betreffend*) {AUSRÜSTUNG} alpino **3** *bot* (*in den Alpen vorkommend*) alpino, delle Alpi **4** (*die Alpen betreffend*) {GEBIET, LANDSCHAFT} alpino, alpestre.
Alpinismus <-, ohne pl> m *geh* alpinismo m.
Alpinist <-en, -en> m (**Alpinistin** f) alpinista mf.
Alpinistik <-, ohne pl> f → **Alpinismus**.
Alpinistin f → **Alpinist**.
Alptraum m **1** (*schlimmer Traum*) incubo m **2** (*etwas Schreckliches*) incubo m: **Prüfungen sind für sie ein wahrer ~**, per lei gli esami sono un vero incubo.
al-Qaida <-, ohne pl> f ⟨*meist ohne art*⟩ Al Qaeda f, Al Qaida f.
Alraun <-(e)s, -e> m *bot*, **Alraune** ⟨-, -n⟩ f *bot* (radice f di) mandragola f.
als konj **1** (*temporal: in dem Moment, da ...*) quando, nel momento in cui: **als sie nach Hause kam, (da) war er bereits abgereist**, quando lei tornò a casa lui era già partito; **als er sie sah, verliebte er sich sofort in sie**, quando/come/[nel momento in cui] la vide se ne innamorò; **als sie heiratete, war sie erst 19 Jahre alt**, quando si sposò aveva soltanto 19 anni **2** (*temporal: Gleichzeitigkeit*) quando, allorquando *lit*, allorché *lit*: **als ich in Heidelberg lebte, arbeitete ich bei einem Notar**, quando vivevo a Heidelberg lavoravo in uno studio notarile **3** (*temporal: nachdem*) quando, dopo che ... *inf*: **als sie die Examensarbeit abgeliefert hatte, (da) konnte sie endlich in Urlaub fahren**, ⌊una volta⌋ consegnata⌋/[dopo aver consegnato] la tesi di laurea, è potuta finalmente partire per le vacanze **4** (*mit Zeitangabe*): **gerade als ich duschen wollte, klopfte es an der Tür**, proprio quando stavo per farmi la doccia, bussarono alla porta; **damals, als er noch nicht verheiratet war, ...**, allora, quando non era ancora sposato ...; **eines Tages, als ..., un giorno quando ...; zu der Zeit, als ...**, nel periodo in cui ... **5** (*gibt die Folge an*): **zu + adj, als dass ... konjv** troppo + adj ⌊per ... inf⌋/[perché ... konjv]: **sie ist zu stolz, als dass sie ihren Fehler einsehen würde**, è troppo orgogliosa per riconoscere il suo errore **6** (*gibt den Grund an*) **umso + kompar, als ...** tanto più + adj quanto ...: **der Skandal ist umso bedauerlicher, als er dem guten Namen der Firma schadet**, lo scandalo è tanto più spiacevole quanto più danneggia il buon nome dell'azienda **7** (*im Vergleich: drückt den Eindruck oder die Wirkung aus*): **als ob/wenn** *fam* ... konjv II come se ... konjv II: **er guckte mich an, als ⌊ob er mich noch nie gesehen hätte⌋/[hätte er mich noch nie gesehen]**, mi guardò ⌊come se⌋/[quasi] non mi avesse mai visto (prima); **sie fährt, als ob sie betrunken wäre**, guida come ⌊se fosse ubriaca⌋/[un'ubriaca]; **ich hatte den Eindruck, als ⌊wollte er mich betrügen⌋/[ob er mich betrügen wollte]**, avevo l'impressione che mi volesse imbrogliare; **es sieht aus, als würde es bald schneien**, pare che ⌊voglia nevicare⌋/[nevicherà]; **sie tat (so), als ⌊ob sie schliefe⌋/[schliefe sie]**, faceva finta/[finse] di dormire; **der tut nur so als ob!**, quello fa solo finta! **8** (*im Ausrufesatz*): **als ⌊ob/wenn er das nicht wüsste⌋/[wüsste er das nicht]!**, schifosa come fa lo pesse! **9** (*in der Eigenschaft von etw*) come, da, in qualità/veste di: **ich als Lehrer habe die Pflicht, Sie über das Vorgefallene zu informieren**, ⌊in quanto⌋/[in qualità di] insegnante, ho il dovere di informarLa/informarVi dell'accaduto; **als Nachtisch empfehlen wir Ihnen unsere Apfeltorte**, come dessert Le/Vi consigliamo la nostra torta di mele; **der gute Name meines Onkels als Abgeordneter steht auf dem Spiel**, è in gioco la reputazione di mio zio in quanto deputato; **schon als kleines Mädchen spielte sie Klavier**, già da bambina suonava il pianoforte; **als Abteilungsleiter hat er viel Verantwortung**, come caporeparto ha molta responsabilità; **Horst Tappert wurde als Inspektor Derrick berühmt**, Horst Tappert è diventato famoso nel ruolo dell'ispettore Derrick; **sie arbeitet als Übersetzerin**, lavora come traduttrice; **er nahm in seiner Eigenschaft als Minister an dem Kongress teil**, partecipò a quel congresso in veste/qualità di ministro; **dieses Buch habe ich als Geschenk bekommen**, questo libro l'ho avuto in regalo; **als Beispiel dienen**, servire di/da/come esempio; **als Beweis/Zeichen der Freundschaft**, in segno di amicizia **10** (*im kompar vor Subst oder Pron*) di: **er ist jünger als ich**, è più giovane di me; **sein Auto ist schneller als deins**, la sua macchina è più veloce della tua; **ich sehe ihn häufiger als du**, lo vedo più spesso di te; **ich sehe ihn häufiger als dich**, lo vedo più spesso di quanto non veda te, vedo più spesso lui che te; **ich trinke italienischen Rotwein lieber als französischen**, preferisco il vino rosso italiano a quello francese **11** (*vor Adj, Adv, Verb oder präpositionaler Ergänzung*) che: **mehr breit als lang**, più largo che lungo; **sie hat mehr Angst vor dir als vor ihm**, ha più paura di te che di lui **12** (*beim Vergleich von zwei Subst*) che: **im Parlament sitzen mehr Männer als Frauen**, in parlamento ci sono più uomini che donne **13** (*im Komparativsatz*) di come/quanto, di quel(lo) che: **sie ist sympathischer als du denkst**, è più simpatica di quanto credi **14** (*wie*): **so + adv als möglich: so früh als möglich**, il prima possibile, quanto prima, il più presto possibile ● **alles andere als + adj** {BILLIG, HÜBSCH, KOREKT, NETT, SYMPATHISCH}, tutt'altro che + adj; **anders als**, diverso da: **es ist anders als früher**, è diverso da/[rispetto a] prima; **umso mehr, als**, tanto più che ...; **nichts als + subst**, nient'altro che + subst; **du hast nichts als Dummheiten im Kopf**, non hai (nient'altro) che sciocchezze in testa; ⌊**niemand anders**⌋/[**kein anderer**] **als du/er/...**, ⌊nessun altro all'infuori di⌋/[nessuno tranne] te/lui/...; **seit Stunden schwärmte er mir schon von seiner neuen Flamme vor und wer kam ins Café? Niemand anders als sie!**, da ore mi raccontava con entusiasmo della sua nuova fiamma ed ecco entrare nel caffè proprio lei!; **wer sonst als + subst**, chi altro se non + subst; **wo sonst als + irgendwo**: **wo sonst als in deinem Zimmer soll der Schlüssel sein?**, dove ⌊vuoi che sia⌋/[deve essere] la chiave se non in camera tua?
alsbald adv *obs* ben presto.
alsbaldig adj <attr> *geh* {ENTSCHEIDUNG, LIEFERUNG} immediato; {ANTWORT} *auch* sollecito.
alsdann adv **1** *geh obs* (*dann*) poi, quindi, in seguito **2** *süddt A fam* (*also dann*) allora.
also① adv **1** (*demzufolge*) quindi, dunque, perciò, di conseguenza: **ich denke, ~ bin ich**, penso, dunque sono; **bei ihr zu Hause meldet sich niemand, ~ ist sie noch in Urlaub**, a casa sua non risponde nessuno, quindi deve essere ancora in ferie **2** (*Vorausgehendes zusammenfassend: das heißt*) cioè, vale a dire; (*beispielsweise*) come, quali: **Singvögel ~ Drossel, Fink und Nachtigall, gehören heutzutage zu den geschützten Arten**, oggi gli uccelli canori, quali/come il tordo, il fringuello e l'usignolo, rientrano nelle specie protette **3** *obs* (*so*) così.
also② partik **1** *fam* (*vor Erklärungen o Beschreibungen*) allora, dunque: **~, erst müssen Sie die Diskette einschieben ...**, allora, prima di tutto deve inserire il dischetto ... **2** *fam* (*vor einer Aufforderung*) allora, su, dai: **~ gehen wir!**, allora, andiamo!; **~ los, an die Arbeit!**, su, al lavoro! **3** *fam* (*vor Fragen*) allora, dunque: **~, wie können wir dir helfen?**, allora, come possiamo aiutarti?; **~, was soll ich mitbringen?**, allora, che cosa devo portare? **4** *fam* (*drückt Entrüstung aus*) ma insomma: **~ Thomas, so geht das aber nicht!**, ma insomma, Thomas, così non va!; **~ bitte! Was bildest du dir eigentlich ein?**, ma insomma! Chi ti credi di essere? **5** (*bestätigend*) allora, dunque: **wir sehen uns morgen früh!**, allora ci vediamo domattina!; **~, dann machen wir das so**, bene, allora facciamo così **6** (*nach Satzunterbrechungen*) dunque: **Vater hat gefragt ... ~, er will wissen, ob ...**, papà ha chiesto ... dunque, vuole sapere se ...; **~, ich meine, wir sollten endlich eine Entscheidung treffen**, dunque, direi che è arrivato il momento di prendere una decisione; **~, wie ich schon sagte, ...**, bene, dunque, come ho già detto ... **7** *fam* (*plötzliches Verstehen*) quindi: **du hast mir ~ die ganze Zeit über nur Lügen aufgetischt!**, quindi non hai fatto altro che raccontarmi bugie tutto il tempo! **8** (*das Gespräch beendend*) allora: **~ (dann), bis morgen!**, a domani, allora!; **~, lasst's euch gut gehen!**, allora, statemi bene! ● **~ dann!** (*als Gruß*), ci vediamo!; **~ doch!**, ecco, hai/avete visto!, come volevasi dimostrare!; **~ gut/schön!**, e va bene!, d'accordo!; **~ gut, du darfst mit meinem Wagen fahren!** *fam*, e va bene, puoi prendere la mia macchina!; **na ~!** *fam*, e allora!; **na ~, warum hast du das nicht gleich gesagt?** *fam*, e allora, perché non l'hai detto subito?
Alster <-, ohne pl> f *geog* Alster f.
Alsterwasser n *norddt* → **Radler**①.
alt <*älter, älteste*> adj **1** (*betagt*) {MENSCH} anziano, vecchio: **die alten Leute**, gli anziani, le persone anziane, i vecchi *oft pej*; **ein alter Mann**, un vecchio; **ein alter Herr**, un signore anziano; **mein alter Herr**, il mio vecchio *fam*, mio padre; **eine alte Eiche**, una vecchia quercia; **alt werden**, invecchiare, diventare vecchio (-a); **er wird langsam alt**, sta invecchiando/[diventando vecchio], sta cominciando a invecchiare; **wie alt ist sie geworden?**, com'è invecchiata!; **er ist alt geworden**, si è fatto vecchio, è invecchiato; **er ist nicht alt geworden**, è morto piuttosto giovane; **zum Heiraten bist du schon zu alt**, sei già troppo vecchio (-a) per sposarti, non hai più l'età per sposarti; **jdm zu alt sein**, essere troppo vecchio per qu **2** (*ein bestimmtes Alter angebend*): **wie alt ist sie?**, ⌊quanti anni⌋/[che età] ha?; **18 Jahre alt werden/sein**, compiere/avere 18 anni; **für wie alt halten Sie mich?**, quanti anni mi dà?; **er hat eine sieben Jahre alte Tochter**, ha una figlia di sette anni; **er ist so alt wie ich**, ha la mia età; **sie sind gleich alt**, hanno la stessa età, sono coetanei (-e); **sie ist die älteste von uns**, fra noi (lei) è la più vecchia; (*bei Geschwistern*) *auch* (lei) è la maggiore; **Cosimo der Alte**, Cosimo il Vecchio **3** (*Altersmerkmale zeigend*) {GESICHT, HÄNDE} da vecchio **4** <attr> (*aus früheren Zeiten stammend*) {BRÄUCHE, KULT} vecchio <*vorgestellt*>; {ADEL, MYTHOS, SAGEN, SPRICHWORT} *auch* antico

Alt | älter

<vorgestellt>: **Lieder aus der alten Zeit**, canzoni dei ˌvecchi tempiˌ/[tempi passati] **5** <attr> (*klassisch*) {GERMANEN, RÖMER} antico <vorgestellt>; {GESCHICHTE, GRIECHEN, KULTUR, SPRACHEN} *auch* classico: **das alte Rom**, la Roma antica, l'antica Roma **6** (*antik*) {BÜCHER, MÖBEL, MÜNZEN, PORZELLAN} antico, d'antiquariato **7** (*schon lange bestehend*) {STADT} antico; {BESITZ, GEWOHNHEIT, TRADITION} *auch* vecchio **8** <attr> (*langjährig*) {BEZIEHUNGEN, FREUNDSCHAFT, KUNDE, PATIENT} vecchio <vorgestellt>, di vecchia data: **ein alter Freund**, un vecchio amico, un amico di vecchia data **9** (*gebraucht*) {GEGENSTAND, MÖBEL, WAGEN} vecchio, usato, di seconda mano; {KLEIDUNG} *auch* smesso **10** (*nicht mehr frisch*) {LEBENSMITTEL} non fresco, passato; {WUNDE} vecchio; {BROT} *auch* raffermo, stantio **11** (*überholt*) {TRICK} vecchio <vorgestellt>, superato; {UMGANGSFORMEN} antiquato **12** <attr> (*ehemalig*) vecchio: **meine alte Schule**, la mia vecchia scuola; {KOLLEGE, LEHRER, MITSCHÜLER} vecchio <vorgestellt>, di una volta, ex <vorgestellt> **13** (*oft vorkommend*) {FEHLER, SORGEN, VORURTEILE} vecchio <vorgestellt>, solito <vorgestellt> **14** <attr> (*gewohnt*) {GESCHICHTE} vecchio <vorgestellt>, solito <vorgestellt>: **am alten Platz sein**, essere al solito posto; **du bist immer noch die Alte!**, non sei affatto cambiata!, sei sempre la stessa! **15** <attr> *fam pej* (*drückt negative Meinung aus*) {GAUNER, GEIZKRAGEN, LÜGNER} vecchio <vorgestellt>, incorreggibile: **sie ist eine alte Hexe**, è una vecchia strega **16** *fam* (*als Anrede*): **alter Freund/Junge!**, vecchio mio! *fam* ● **alt aussehen**, sembrare vecchio (-a), avere un aspetto vecchio; **(ganz schön) alt aussehen** *fam* (*eine schlechte Figur abgeben*), fare una figuraccia *fam*; **es bleibt alles beim Alten** (*es ändert sich nichts*), non cambia mai nulla, resta sempre tutto uguale; (*es bleibt wie abgemacht*), resta tutto come prima; (*über etw dat*) **alt und *grau* werden**, invecchiarci (su qc); **Alt und *Jung***, vecchi e giovani, grandi e piccoli; **alles beim Alten lassen**, lasciare tutto immutato/[com'era], non cambiare nulla; (**jdn**) **alt machen** {FRISUR, KLEID}, invecchiare qu; **aus Alt *mach* Neu** *fam*, basta una rinfrescata/ripulita; **irgendwo nicht alt werden** *fam*: **hier werde ich heute Abend nicht alt!**, stasera qui non ci resisterò/rimarrò a lungo!

Alt① <-s, *rar -e*> m *mus* **1** (*Altstimme*) (voce f da) contralto m **2** (*Sängerin*) contralto m ● **Alt singen**, cantare/[avere una voce] da contralto.

Alt② <-s, -> n → **Altbier**.

altangesehen adj {FAMILIE, FIRMA} che gode da sempre di una buona reputazione.

altangesessen adj, **altansässig** adj → **alteingesessen**.

altangestammt adj {RECHTE} anticamente acquisito.

Altar <-(e)s, Altäre> m altare m ● **jdn zum ~ führen** *geh* {FRAU}, condurre/portare qu all'altare; **jdn auf dem ~ einer S.** (*gen*) **opfern** *geh* {EINER IDEOLOGIE, PARTEI}, sacrificare qu sull'altare di qc; ˌ**an/vor denˌ/[zum] ~ treten**, andare all'altare, sposarsi.

Altaraufsatz m retablo m.

Altarbild n *kunst* pala f d'altare, ancona f.

Altarflügel m sportello m di politico, anta f dell'altare.

Altargemälde n *kunst* → **Altarbild**.

Altarraum m santuario m, zona f intorno all'altare.

Altarsakrament n eucaristia f, sacramento m dell'altare.

Altauto n auto f usata/vecchia.

Altautoentsorgung f *ökol* rottamazione f delle auto usate.

altbacken adj **1** (*nicht mehr frisch*) {BROT, BRÖTCHEN} raffermo, vecchio, stantio, non fresco **2** *pej* (*altmodisch*) {MENSCH} antiquato, all'antica; {ANSICHTEN, METHODEN} fuori moda, antiquato, sorpassato, superato.

Altbatterie f pila f usata/vecchia.

Altbau <-(e)s, *-ten*> m vecchia costruzione f, vecchio edificio m; (*von besonderem Wert*) edificio m d'epoca.

Altbausanierung f risanamento m di ˌvecchi edificiˌ/[vecchie costruzioni].

Altbauwohnung f appartamento m/alloggio m in un vecchio palazzo.

altbekannt adj {TATSACHE} noto da tempo, (saputo e) risaputo: **das ist doch ~!**, è cosa vecchia!, lo sanno anche i muri! *fam*; **~ sein**, essere arcinoto.

altbewährt adj **1** (*seit langem bewährt*) {MITTEL} provato/sperimentato da tempo; {METHODE} *auch* collaudato **2** (*lange gepflegt*) {FREUNDSCHAFT, VERBINDUNG} di lunga data, collaudato.

Altbier n *gastr* birra f scura.

Altblechcontainer m "cassonetto m/ campana f per recipienti usati in alluminio e banda stagnata".

Altbundeskanzler m *D* ex cancelliere m federale (ancora in vita).

Altbundesländer subst <*nur pl*> *pol* "gli 11 Länder (federali) che costituivano la Repubblica Federale Tedesca fino al 1989".

Altbundespräsident m *D* ex presidente m federale (ancora in vita).

altchristlich adj paleocristiano.

altdeutsch adj {MÖBEL} in stile tedesco antico.

Alte① <*dekl wie adj*> mf **1** (*alter Mensch*) vecchio (-a) m (f): **die ~n**, i vecchi *oft pej*, gli anziani **2** *fam pej* (*Ehepartner*): **mein/dein/... ~r**, il mio/tuo/... vecchio *fam pej*, mio/tuo/... marito; **meine/deine/... ~**, la mia/tua/... vecchia *fam pej*, mia/tua/... moglie **3** *fam pej* (*Vater*): **mein/dein/... ~r**, il mio/tuo/... vecchio *fam pej*; (*Mutter*): **meine/deine/... ~**, la mia/tua/... vecchia *fam pej*; **dein ~r nervt ganz schön**, il tuo vecchio rompe proprio *fam pej*; (*Eltern*): **meine ~n**, i miei vecchi/genitori; (*in Bezug auf irgendeine Frau*) **die ~**, la vecchia; **schaut euch mal die ~ an! – Aufgemotzt wie 'ne Rockerbraut!** *slang*, guardate quella vecchia – È conciata da rockettara *fam* **4** *fam pej* (*Chef*): **der ~**, il vecchio *fam pej*, il capo, il padrone *pej*; **die ~**, la vecchia *fam pej*, la capa *fam scherz*, la padrona *pej* **5** *zoo* (*Muttertier*): **die ~**, la madre **6** <*nur pl*> (*Völker der Antike*): **die ~n**, gli antichi ● **wie die ~n sungen, so zwitschern auch die Jungen** *prov*, tale il padre tale il figlio *prov*.

Alte② <*dekl wie adj*> <*nur sing*>: **das ~**, il passato, il vecchio; **am ~n hängen**, essere attaccato al passato; **dem ~n nachtrauern**, rimpiangere il passato; **das ~ und das Neue**, il vecchio e il nuovo.

altehrwürdig adj *geh* {MENSCH} venerabile.

alteingesessen adj: **die ~en Bürger**, i vecchi cittadini, i locali; **das ist eine ~e Firma**, è un'azienda presente da (molti) anni (in ˌquesta cittàˌ/[questo paese]).

Alteisen <-s, *ohne pl*> n ferrovecchio m, rottami m pl di ferro, ferraglia f.

Altenarbeit f lavoro m con gli anziani.

Altenbetreuung f → **Altenpflege**.

Altenclub m → **Altenklub**.

Altenheim n → **Altersheim**.

Altenhilfe f *adm* assistenza f (domiciliare) agli anziani, assistenza f geriatrica.

Altenklub m (*der Gemeinde*) circolo m/ [punto m d'incontro] per anziani.

Altenpflege f (*in Pflegeheimen*) assistenza f geriatrica; (*häusliche Pflege durch Freiwillige oder Berufspfleger*) assistenza f domiciliare ˌagli anzianiˌ/[alle persone anziane].

Altenpflegeheim n casa f di cura per anziani, gerontocomio m.

Altenpfleger m (**Altenpflegerin** f) assistente mf/infermiere (-a) m (f) geriatrico (-a).

Altentagesstätte f centro m sociale per anziani.

Altenteil n {+BAUER} "vitalizio m corrisposto dall'erede preferito o dal cessionario in cambio dell'eredità o della cessione dell'azienda agricola" ● **sich aufs ~ setzen/zurückziehen**, ritirarsi dalla vita attiva, andare in pensione.

Altenwohnheim n residenza f per anziani/[la terza età].

Alter <-s, *ohne pl*> n **1** (*Lebensalter*) età f: **er starb im ~ von 92 Jahren**, è morto all'età di 92 anni; **wir sind alle im gleichen ~**, abbiamo tutti la stessa età, siamo tutti (-e) coetanei (-e); **ein Herr mittleren ~s**, un signore di mezza età; **65 ist doch heutzutage kein ~!** *fam*, a 65 anni non si è mica vecchi oggigiorno! *fam*; **sie hat zwei Kinder im schulpflichtigen ~**, ha due figli in età scolare; **in meinem/deinem/... ~**, alla mia/tua/... età; **meine Freundin ˌist in meinemˌ/ [hat mein] ~**, la mia amica ˌha la mia (stessa) etàˌ/[è della mia età]; **hast du ihn schon mal nach seinem ~ gefragt?**, gli hai mai chiesto ˌquanti anni haˌ/['l'età]?; **man sieht ihm sein ~ nicht an**, porta bene i suoi anni *fam*, non dimostra gli anni che ha **2** (*Bejahrtheit*) vecchiaia f, età f senile, senilità f: **für sein ~ vorsorgen**, provvedere alla propria vecchiaia; **im ~ ist er viel gereist**, da vecchio ha viaggiato molto **3** (*Zeit des Vorhandenseins*) {+GEMÄLDE} età f **4** (*Menschen bestimmten ~s*) età f: **auf der Feier sah man Personen jeden ~s**, alla festa c'erano persone di ˌtutte leˌ/[ogni] età **5** (*alte Menschen*): **das ~**, gli anziani, i vecchi, la terza età; **das ~ achten/ehren**, portare rispetto all'età e ai capelli bianchi ● **im besten ~**, nel fiore degli anni; **ein Mann im besten ~**, un uomo nel fiore degli anni; **ein biblisches ~ haben**, avere un'età molto avanzata, essere vecchissimo, essere un Matusalemme; **in hohes ~ erreichen**, ˌarrivare aˌ/[raggiungere] una bella età; **in fortgeschrittenem/hohem/ vorgerücktem ~ sein**, essere avanti ˌnegli anniˌ/[con l'età], essere in là con gli anni; **im heiratsfähigen ~** (*Frau*), in età da marito; (*Mann*), in età da prendere moglie; **bis in hohe ~**, fino a tarda età; **ins heiratsfähige ~ kommen**, arrivare all'età in cui si prende marito/moglie; **ein kritisches ~**, un'età critica; **im zarten ~ von ...**, alla tenera età di ...; **mit zunehmendem ~**, con l'età, con gli anni, invecchiando; **~ schützt vor Torheit nicht** *prov*, a testa bianca spesso cervello manca *prov*.

älter adj **1** *kompar von alt*: **hast du noch einen ~en Bruder?**, hai un fratello più grande?; **mein ~er Bruder**, (il) mio fratello maggiore; **er ist drei Jahre ~ als ich**, ha tre anni più di me, è più vecchio di me di tre anni **2** *euph* (*alt*) di una certa età: **ein ~er Herr**, un signore di una certa età; **unsere ~en Mitbürger**, i nostri concittadini di una certa età; **Heim für ~e Mitbürger**, istituto/residenza per ˌpersone anzianeˌ/[anziani] **3** (*ziemlich alt*): **er ist schon etwas ~**, è già (un po') vecchiotto, ha già i suoi annetti, è già un po' in là con gli anni, non è più tanto giovane.

Alterchen <-s, -> n *scherz oder pej* dim *von* Alte① vecchietto m *fam*: **na, ~, wie geht's?** *scherz*, allora, vecchio mio, come andiamo?

Ältere <*dekl wie adj*> mf **1** (*älterer Mensch*): **die ~n**, gli anziani, i vecchi; **die ~n unter ihnen**, i più anziani/vecchi tra di loro **2** *hist* (*Erstgeborene*): **Lucas Cranach der ~**, Lucas Cranach il Vecchio.

Alter Ego <- -, *ohne pl*> n **1** (*treuer Freund*) alter ego mf **2** *psych* (+SCHIZOPHRENE) seconda personalità f.

altern A tr <*haben*> *etw* ~ {WEINE} invecchiare *qc* B itr <*sein oder rar haben*> (*älter werden*) {HAUT, HOLZ, ORGANE, PERSON, ZELLEN} invecchiare, diventare vecchio (-a): **sie ist in letzter Zeit stark gealtert**, è molto invecchiata negli ultimi tempi; **der ~de Künstler**, l'artista che sta invecchiando; **vorzeitig ~**, invecchiare precocemente/[prima del tempo]; **vorzeitiges Altern**, invecchiamento precoce.

alternativ A adj **1** (*zwei Möglichkeiten lassend*) {IDEE, LÖSUNG, MODELLE, VORSCHLAG} alternativo **2** (*vom bisher Üblichen abweichend*) {ERNÄHRUNGSWEISE, POLITIK} alternativo; {MEDIZIN} *auch* dolce: **~es Theater**, teatro off/alternativo **3** (*umweltfreundlich*) {LEBEN, PRODUKTIONSVERFAHREN} alternativo; {OBSTANBAU} biologico B adv {LEBEN} in modo alternativo.

Alternativbewegung f *pol* movimento m alternativo.

Alternative① <-, -n> f alternativa f: **vor einer ~ stehen**, trovarsi di fronte a un'alternativa.

Alternative② <*dekl wie adj*> mf alternativo (-a) m (f); *pol* esponente mf di un movimento alternativo.

Alternativenergie f energia f alternativa.

Alternativlandwirtschaft f agricoltura f biologica.

Alternativler <-s, -> m (**Alternativlerin** f) *fam* alternativo (-a) m (f).

Alternativlösung f soluzione f alternativa.

Alternativmedizin f medicina f alternativa/dolce.

Alternativreise f viaggio m alternativo.

Alternativreiseführer m guida f (di viaggio) alternativa.

Alternativreisende <*dekl wie adj*> mf "chi viaggia in modo alternativo".

Alternativszene f ambienti m pl alternativi.

alternieren <*ohne* ge-> itr *geh* {DUNKLE UND HELLE FARBEN, LICHT UND SCHATTEN} alternarsi.

alterprobt adj {METHODE, VERFAHREN} provato/sperimentato da lungo tempo.

alters adv *lit oder obs*: **von/seit ~ her**, da tempo immemorabile.

Altersabbau <-s, *ohne pl*> m decadimento m senile.

Altersasyl n *CH* → **Altersheim**.

altersbedingt adj **1** (*durch das jeweilige Alter bedingt*) {UNARTEN, VERHALTENSFORMEN} dovuto all'età **2** (*durch hohes Alter bedingt*) {BESCHWERDEN, KRANKHEITEN} dovuto/legato all'età, causato dalla vecchiaia: **die Kreislaufschwäche ist bei Ihnen ~**, la Sua insufficienza circolatoria è dovuta all'età.

Altersbeschwerden subst <*nur pl*> disturbi m pl dell'età, acciacchi m pl/malanni m pl della vecchiaia.

Alterserscheinung f segno m/sintomo m di invecchiamento.

Altersfleck m macchia f della vecchiaia.
Altersforschung f gerontologia f.
Altersfürsorge f assistenza f (statale o privata) agli anziani, servizio m assistenziale agli anziani.
Altersgenosse m (**Altersgenossin** f) coetaneo (-a) m (f), persona f della stessa età: **sie sind ~n**, sono coetanei, hanno la stessa età; **er ist mein ~**, è (un) mio coetaneo, ha la mia età.
Altersgrenze f **1** (*Alter, in dem man Rechte oder Pflichten hat*) limite m d'età **2** (*Rentenalter*) età f ⌊di pensionamento⌋/[pensionabile]: **die ~ erreicht haben**, aver raggiunto il limite d'età; **wegen Erreichung der ~**, per raggiunti limiti d'età.
Altersgründe subst <*nur pl*> ragioni f pl/ motivi m pl di età: **aus ~n**, per ragioni di età.
Altersgruppe f fascia f di età.
Altersheilkunde f *med* geriatria f.
Altersheim n casa f di riposo, ospizio m *pej*, ricovero m.
Altersjahr n *CH* anno m di vita.
Altersklasse f **1** (*Personen im gleichen Alter*) fascia f di età **2** *sport* categoria f.
Alterskrankheit f malattia f ⌊della vecchiaia⌋/[senile].
alterslos adj {GESICHT, HÄNDE, SCHÖNHEIT} senza età.
Alterspräsident m presidente m (provvisorio) per anzianità.
Altersprozess (a.R. Alterungsprozeß) m → **Alterungsprozess**.
Alterspyramide f *adm* piramide f ⌊delle età⌋/[della popolazione].
Altersrente f, **Altersruhegeld** n pensione f di vecchiaia.
altersschwach adj **1** (*gebrechlich*) {MENSCH} indebolito dall'età, decrepito **2** *fam* (*abgenutzt*) {AUTO, GEBÄUDE, MÖBELSTÜCK} vecchissimo, decrepito, che cade a pezzi.
Altersschwäche <-, *ohne pl*> f (*Gebrechlichkeit*) debolezza f dovuta alla vecchiaia, decadimento m senile; *med* marasma m senile, senilità f ● **an ~ leiden**: **dein Auto leidet an ~** *fam scherz*, la tua macchina cade a pezzi m; **an ~ sterben** {MENSCH, TIER}, morire di vecchiaia.
Altersschwachsinn m *med* demenza f senile.
Alterssicherung f sicurezza f (economica) nella vecchiaia; (*Versicherung*) pensione f.
Alterssitz m rifugio m per la vecchiaia.
altersspezifisch adj caratteristico/tipico di una certa età.
Alterssport m ⌊attività f sportiva⌋/[sport m] per anziani/[la terza età].
Altersstarrsinn m testardaggine f/ostinazione f senile.
Altersstufe f fascia f d'età.
Alterssteilzeit f "part-time m per motivi di età".
Altersunterschied m differenza f d'età/di anni.
Altersversicherung f assicurazione f per la vecchiaia.
Altersversorgung f (*staatliche* ~) pensione f: **private ~**, assicurazione privata per la vecchiaia; (*private zusätzliche* ~) pensione f integrativa.
Altersvorsorge f assicurazione f per la vecchiaia: **private ~**, assicurazione privata per la vecchiaia.
Alterswerk n *kunst lit* opera f della maturità.
Altertum <-s, *Altertümer*> n **1** <*nur sing*> (*älteste historische Zeit*) antichità f, età f antica, periodo m antico **2** <*nur pl*> (*Kunstgegenstände aus dem* ~) antichità f pl, oggetti m pl antichi.

altertümlich adj **1** (*aus alter Zeit stammend*) {BAUWERK, KUNSTGEGENSTAND} antico **2** (*altmodisch*) {ANSICHTEN} antiquato, all'antica; {KLEIDUNG, MÖBEL} antiquato, fuori moda **3** (*archaisch*) {SPRACHE, WORT} arcaico.

Altertumsforscher m (**Altertumsforscherin** f) studioso (-a) m (f) delle antichità (classiche).

Altertumsforschung <-, *ohne pl*> f, **Altertumskunde** f studio m delle antichità (classiche).

Altertumswert <-(e)s, *ohne pl*> m **1** (*besonderen Wert*) {+MÖBELSTÜCK, VASE} valore m dovuto all'antichità **2** *fam scherz*: **du solltest dir mal einen neuen Computer kaufen, deiner hat ja schon ~!**, dovresti comprarti un computer nuovo, ormai il tuo è un pezzo ⌊d'antiquariato⌋/[da museo]!

Altertumswissenschaft <-, *ohne pl*> f scienza f delle antichità (classiche).

Alterung <-, *-en*> f **1** <*nur sing*> (*das Altwerden*) {+BEVÖLKERUNG, HAUT, MENSCH, ZELLEN} invecchiamento m **2** (*das Altern*) {+GEGENSTÄNDE, HOLZ, LEDER} invecchiamento m: **die künstliche ~ des Weins**, l'invecchiamento artificiale del vino.

Alterungsprozess (a.R. Alterungsprozeß) m processo m di invecchiamento.

älteste adj superl *von* alt.

Älteste <*dekl wie adj*> mf **1** (*ältestes Mitglied*): **der/die ~**, il più anziano/vecchio, la più anziana/vecchia; **der Rat der ~n**, il consiglio degli anziani **2** *fam* (*Erstgeborene*): **der ~**, il (figlio) ⌊più grande⌋/[maggiore]; **die ~**, la (figlia) ⌊più grande⌋/[maggiore].

Ältestenrat m **1** <*nur sing*> *D pol* commissione f consultiva del Bundestag **2** (*Gruppe der Ältesten*) consiglio m degli anziani.

Ältestenrecht <-(e)s, *ohne pl*> n maggiorascato m, maggiorasco m.

Altflöte f *mus* flauto m contralto.

altgedient adj {OFFIZIER} veterano.

Altgerät n apparecchio m vecchio.

altgewohnt adj {BRAUCH} consueto; {UMGEBUNG} *auch* abituale, familiare.

Altglas n *ökol* vetro m usato/[da riciclare].

Altglasbehälter m, **Altglascontainer** m campana f/contenitore m per la raccolta (del) vetro.

Altglassammlung f raccolta f del vetro (usato/vecchio).

Altglasverwertung f riciclaggio m del vetro (usato/vecchio).

Altgold n **1** (*schon früher verarbeitetes Gold*) oro m vecchio **2** (*chemisch gedunkeltes Gold*) oro m brunito.

altgriechisch adj {ALPHABET} greco antico; {BUCHSTABE} del greco antico.

Altgriechisch n, **Altgriechische** <*dekl wie adj*> n greco m antico: **Altgriechisch lernen**, studiare il greco antico.

althergebracht adj, **altherkömmlich** adj {ART, BRAUCH} tradizionale.

althochdeutsch adj *ling* {GRAMMATIK, LITERATUR, WORT} dell'antico alto tedesco: **auf ~**, in/nell'antico alto tedesco.

Althochdeutsch n, **Althochdeutsche** <*dekl wie adj*> n (Abk ahd.) antico alto tedesco m.

Altist <-en, *-en*> m (**Altistin** f) *form mus* (*Mann*) contraltista m; (*Frau*) contralto m.

Altjahresabend m *CH* → **Silvester**.

altjüngferlich A adj {KLEIDUNG} da ⌊vec-

chia zitella/[zitellona] **B** adv {SICH KLEIDEN} da vecchia zitella/[zitellona].
Altkanzler m → **Altbundeskanzler**.
Altkleidersammlung f {+CARITAS, SOZIALE EINRICHTUNGEN} raccolta f (dei) vestiti usati.
altklug adj {KIND} saputello fam, saccente: ~ **sein**, essere un saccentello; **tu doch nicht immer so ~!**, non fare sempre il/la saputello (-a)!
Altlast <-, -en> f <meist pl> ökol **1** (giftige Abfälle) residuo m tossico: **~en aufbereiten/ beseitigen**, trattare/depurare/[eliminare] i residui tossici **2** (von den Abfällen verseuchte Flächen) sito m contaminato **3** fig pesante eredità f.
ältlich adj {GESICHT} non più giovane; {MENSCH} auch piuttosto anzianotto/vecchiotto: **ein ~er Herr**, un signore di una certa età/[già un po' in là con gli anni]; **sie sieht ~ aus**, non ha un aspetto giovanile.
Altmaterial n materiali m pl usati.
Altmaterialsammlung f raccolta f di materiali usati.
Altmeister m (**Altmeisterin** f) **1** (großer Könner) maestro (-a) m (f) **2** sport ex campione (-essa) m (f).
Altmetall n metallo m vecchio, rottami m pl metallici/[di metallo].
Altmetallcontainer m container m/cassonetto m per il metallo vecchio.
altmodisch **A** adj **1** (aus der Mode gekommen) {KLEIDUNG, KLEIDUNGSSTÜCK} fuori/[passato di] moda, démodé **2** (rückständig) {ANSICHTEN, METHODE} superato, sorpassato, antiquato, démodé **B** adv: **sie kleidet sich sehr ~**, il suo abbigliamento è decisamente démodé.
Altpapier <-s, ohne pl> n carta f vecchia/ straccia/usata/[da macero/riciclare].
Altpapiercontainer m contenitore m/ container m/cassonetto m per la carta vecchia/usata.
Altpapiersammlung f raccolta f della carta vecchia/usata.
Altphilologe m (**Altphilologin** f) filologo (-a) m (f) classico (-a), studioso (-a) m (f) di filologia classica.
Altphilologie <-, ohne pl> f filologia f classica.
Altphilologin f → **Altphilologe**.
altrosa <inv> adj {FARBE, STOFF} rosa antico.
Altruismus <-, ohne pl> m geh altruismo m.
Altruist <-en, -en> m (**Altruistin** f) geh altruista mf.
altruistisch geh **A** adj {MENSCH} altruista; {VERHALTEN} auch altruistico **B** adv {DENKEN, HANDELN} in modo altruistico, con altruismo.
Altschnee m neve f vecchia.
Altschulden subst <nur pl> vecchio debito m.
Altsilber n **1** (Gebrauchtsilber) argento m vecchio **2** (künstlich gedunkeltes Silber) argento m brunito.
Altsprachler <-s, -> m (**Altsprachlerin** f) → **Altphilologe**.
altsprachlich adj {SCHULZWEIG} classico.
Altstadt f centro m storico, città f vecchia.
Altstadtsanierung f risanamento m del centro storico.
Altsteinzeit f paleolitico m, era f paleolitica.
altsteinzeitlich adj paleolitico.
Altstimme f mus (voce f di) contralto m.
Altstoff m → **Altmaterial**.
alttestamentarisch, **alttestamentlich** **A** adj {NAME} dell'Antico Testamento;

{ORT} menzionato nell'Antico Testamento **B** adv: **~ sehr bewandert sein**, conoscere molto bene l'Antico Testamento.
altväterisch **A** adj **1** (überkommen) {BRAUCH, TRADITION} antico **2** (altmodisch) {AUSDRUCKSWEISE, STIL} antiquato, arcaico, superato, sorpassato; {KLEIDUNG} fuori moda, démodé **B** adv {GEKLEIDET SEIN} con capi fuori moda.
altväterlich adj {BELEHRUNG, TONFALL} paternalistico.
Altware f <meist pl> oggetti m pl usati, cose f pl vecchie, roba f vecchia/usata.
Altwarenhändler m (**Altwarenhändlerin** f) robivecchi mf, rigattiere (-a) m (f).
Altwasser <-s, -> n {+DONAU, RHEIN} ramo m laterale/morto.
Altweiberfastnacht, **Altweiberfastnacht** f giovedì m grasso.
Altweibersommer m **1** (Nachsommer) estate f di San Martino **2** (Spinnfäden) fili m pl della Vergine.
Alu <-s, ohne pl> n fam Abk von Aluminium.
Alufolie f fam → **Aluminiumfolie**.
Aluminium <-s, ohne pl> n alluminio m.
Aluminiumblech n lamiera f d'alluminio.
Aluminiumfolie f foglio m d'alluminio; (für Lebensmittel) carta f argentata.
Alzheimer f fam, **Alzheimerkrankheit** f med (morbo m di) Alzheimer m.
am präp **1** = an dem → **an**① **2** (zur Bildung des Superlativs): **er läuft am schnellsten von allen**, corre più veloce di tutti gli altri; **am schönsten ist es zu Hause**, la cosa più bella è stare a casa **3** fam (als Verlaufsform): **ich bin gerade am Arbeiten**, sto lavorando; **er ist am Schlafen**, sta dormendo.
a. M. Abk von am Main: sul Meno.
Amalgam <-s, -e> n **1** chem amalgama m **2** geh (Gemisch) amalgama m, commistione f: **ein ~ aus Prosa und Dichtung**, una commistione di prosa e di poesia.
Amalgamfüllung f med otturazione f in amalgama.
amalgamieren <ohne ge-> **A** tr **etw** ~ **1** tech {GOLD, KALIUM, ZINK} amalgamare qc **2** geh (vermengen) {ANSICHTEN, STILRICHTUNGEN} amalgamare qc **B** rfl **sich ~ 1** tech {SILBER, ZINN} amalgamarsi **2** geh {MEINUNGEN} amalgamarsi.
Amaryllis <-, Amaryllen> f bot amarilli f, amarillide f.
Amateur <-s, -e> m (**Amateurin** f) **1** (Liebhaber) amatore (-trice) m (f), dilettante mf **2** sport (Nichtprofi) dilettante mf, amatore (-trice) m (f) **3** pej (Dilettant) dilettante mf.
Amateurboxer m (**Amateurboxerin** f) sport pugile m dilettante.
Amateurfilm m film m amatoriale.
Amateurfilmer m (**Amateurfilmerin** f) cineamatore (-trice) m (f), cinedilettante mf.
Amateurfotograf m (**Amateurfotografin** f) fotografo (-a) m (f) dilettante.
Amateurfunk m attività f radioamatoriale.
Amateurfunker m (**Amateurfunkerin** f) radioamatore (-trice) m (f).
Amateurfußball m calcio m amatoriale/ dilettantistico.
Amateurfußballer m (**Amateurfußballerin** f) calciatore (-trice) m (f) dilettante/[non professionista].
amateurhaft pej **A** adj {ARBEIT} da dilettanti; {AUSBILDUNG} dilettantistico **B** adv {INSZENIEREN, ORGANISIEREN} in modo dilettantistico, da dilettanti.

Amateurin f → **Amateur**.
Amateurliga f sport campionato m nazionale dilettanti.
Amateurmannschaft f sport squadra f amatoriale/[composta da dilettanti].
Amateurphotograph m (**Amateurphotographin** f) → **Amateurfotograf**.
Amateursport m sport m amatoriale/dilettantistico, dilettantismo m.
Amateurstatus m dilettantismo m.
Amateurvideo n video m amatoriale.
Amazonas <-, ohne pl> m geog Rio m delle Amazzoni.
Amazone <-, -n> f **1** myth amazzone f **2** sport (Reiterin) amazzone f, cavallerizza f.
Ambiente <-, ohne pl> n geh (Atmosphäre) ambiente m, atmosfera f; (Milieu, das eine Persönlichkeit umgibt) ambiente m, contesto m.
Ambiguität <-, -en> f geh ambiguità f.
Ambition <-, -en> f <meist pl> ambizione f, aspirazione f: **politische ~en haben**, avere ambizioni/aspirazioni politiche; **sie hat ~en auf die Stelle als Abteilungsleiterin**, la sua ambizione/aspirazione è fare la caporeparto, mira/aspira al posto di caporeparto.
ambitioniert adj geh {PERSON} ambizioso.
ambivalent adj geh {BEZIEHUNGEN, GEFÜHLE} ambivalente.
Ambivalenz <-, -en> f geh ambivalenza f.
Amboss (a.R. Amboß) <-es, -e> m **1** tech incudine f **2** anat incudine f.
ambulant **A** adj med **1** (nicht stationär) {BEHANDLUNG, PATIENT IN TAGESKLINIK} ambulatoriale (in ospedale): **~e Pflege**, assistenza domiciliare **2** (umherziehend) {GEWERBE, HÄNDLER} ambulante **B** adv: **jdn ~ behandeln**, curare/trattare qu in ambulatorio/ [ambulatorialmente].
Ambulanz <-, -en> f **1** (Station für ambulante Behandlung) {+KRANKENHAUS} ambulatorio m (dell'ospedale); (Notambulanz) pronto soccorso m; (für ambulante Ganztagsbehandlungen) day hospital m **2** (Krankenwagen) (auto)ambulanza f.
Ameise <-, -n> f zoo formica f ● **emsig/fleißig wie eine ~ sein**, essere laboriosa come una formica.
Ameisenbär m zoo formichiere m.
Ameisenei n <meist pl> fam uovo m di formica.
Ameisenhaufen m formicaio m.
Ameisenkribbeln n fam, **Ameisenlaufen** n fam formicolio m: **mein Fuß ist eingeschlafen und jetzt habe ich ~**, mi si è addormentato il piede e ora ho (come) un formicolio.
Ameisensäure <-, ohne pl> f chem acido m formico.
Ameisenstaat m società f delle formiche.
amen interj relig amen, così sia.
Amen <-s, ohne pl> n relig amen m ● **sein ~ zu etw** (dat) **geben**, dare il proprio benestare/ consenso a qc; **das ist so sicher wie das ~ in der Kirche** fam, su questo non ci piove fam, com'è vero che io mi chiamo .../[due più due fa quattro].
Amerika <-s, ohne pl> n geog **1** (Kontinent) America f: **der Kontinent ~**, il continente americano **2** fam (USA) Stati m pl Uniti (d'America), USA m pl.
amerikafreundlich adj filoamericano.
Amerikaner① <-s, -> m gastr "pastina f rotonda con glassa di zucchero".
Amerikaner② <-s, -> m (**Amerikanerin** f) americano (-a) m (f).
amerikanisch **A** adj **1** (nord~) {KONTINENT} americano **2** (in Bezug auf USA) {AK-

zent, Gericht, Sitte} americano, statunitense B adv all'americana.
Amerikanisch <-(s), ohne pl> n, **Amerikanische** <dekl wie adj> n americano m; → auch **Deutsch, Deutsche**®.
amerikanisieren <ohne ge-> tr *etw* ~ {Kleidung, Lebensstil, Sprache} americanizzare qc, adattare qc al modello americano.
Amerikanisierung <-, ohne pl> f {+Kleidung, Lebensstil, Sprache} americanizzazione f, adattamento m al modello americano.
Amerikanismus <-, Amerikanismen> m bes. *ling* americanismo m.
Amerikanist <-en, -en> m (**Amerikanistin** f) americanista mf.
Amerikanistik <-, ohne pl> f americanistica f.
Amethyst <-(e)s, -e> m *min* ametista f.
Ami <-(s), -(s)> m *fam meist pej* **1** (*US-Bürger*) americano m **2** (*US-Soldat in Deutschland*) "soldato m americano di stanza in Germania".
Amigo <-s, -s> m *slang* "uomo m d'affari intrallazzato con i politici".
Aminobenzoesäure f *chem* acido m aminobenzoico.
Aminosäure f *chem* amminoacido m.
Ammann <-(e)s, Ammänner> m *CH* sindaco m.
Amme <-, -n> f balia f, nutrice f.
Ammenmärchen n fandonia f, frottola f: **das ist aber wirklich ein** ~, a questa storia non crederebbe neanche un bambino.
Ammer <-, -n> f *oder fachspr* <-s, -n> m *ornith* zigolo m.
Ammoniak <-s, ohne pl> n *chem* ammoniaca f.
Ammonifikation <-, ohne pl> f *chem* ammonificazione f.
Ammonit <-en, -en> m *geol* ammonite f.
Amnesie <-, -n> f *med* amnesia f, perdita f della memoria.
Amnestie <-, -n> f amnistia f • **eine ~ erlassen**, concedere l'amnistia; **unter die ~ fallen**, beneficiare dell'amnistia; **eine ~ fordern**, chiedere l'amnistia.
amnestieren <ohne ge-> tr *jdn* ~ {Häftling} amnistiare qu, concedere l'amnistia a qu.
Amnestierte <dekl wie adj> mf amnistiato (-a) m (f).
Amöbe <-, -n> f *biol* ameba f.
Amöbenruhr f *med* dissenteria f amebica, amebiasi f.
Amok <-s, ohne pl> m furia f/follia f omicida • ~ **fahren**, guidare come un folle (mettendo in pericolo la vita degli altri); ~ **laufen**, essere in preda a una furia omicida.
Amokfahrer m (**Amokfahrerin** f) "automobilista mf folle che mette in pericolo la vita degli altri".
Amokfahrt f folle corsa f (in automobile).
Amoklauf <-s, ohne pl> m furia f/raptus m omicida, attacco m di follia.
Amokläufer m (**Amokläuferin** f) folle mf/pazzo (-a) m (f) omicida.
Amokschütze m "pazzo m omicida che spara tra la folla".
a-Moll <-, ohne pl> n *mus* la m minore.
Amor <-s, ohne pl> m *myth* Cupido m, Amore m • ~**s Pfeile**, le frecce di Cupido; **von ~s Pfeil getroffen werden** *lit*, essere raggiunto dalle frecce di Cupido.
amoralisch adj {Lebenswandel, Verhalten} amorale.
Amoralismus <-, ohne pl> m *geh* amoralismo m.

Amoralität <-, ohne pl> f *geh* amoralità f.
Amorette <-, -n> f amorino m, putto m.
amorph adj **1** *geh* (*ungeformt*) {Masse} amorfo, informe **2** *biol* amorfo.
Amortisation <-, -en> f *ökon* **1** (*allmähliche Tilgung*) {+Darlehen} ammortamento m **2** {+Kosten} ammortizzamento m, ammortamento m.
amortisieren <ohne ge-> A tr *ökon etw* ~ **1** (*allmählich tilgen*) {Darlehen} ammortare qc, ammortizzare qc **2** (*wieder einbringen*) {Kosten} ammortizzare qc B rfl **sich ~** {Anschaffung, Investition} ammortizzarsi.
amourös adj *geh* {Abenteuer, Erfahrung} amoroso.
Ampel <-, -n> f **1** (*Verkehrsampel*) semaforo m: **die ~ ist grün/rot, die ~ ₁steht auf₁/[zeigt] Grün/Rot**, il semaforo è verde/rosso; **er ist bei Rot über die ~ gefahren**, è passato con il (semaforo) rosso; **die ~ ist auf Grün/Rot gesprungen**, il semaforo è diventato verde/rosso **2** (*Hängelampe*) lampada f a sospensione **3** (*Blumenampel*) fioriera f pensile.
Ampelanlage f *form* semaforo m.
Ampelkoalition f *D pol* "(ipotetica) coalizione f tra socialdemocratici, liberali e verdi tedeschi".
Ampelkreuzung f incrocio m stradale regolato da semaforo.
Ampere <-(s), -> n *el phys* (Abk A) ampere m.
Amperemeter n *el phys* amperometro m.
Amperesekunde f *el phys* amperosecondo m, coulomb m.
Amperestunde f *el phys* amperora f.
Ampfer <-s, -> m *bot* pazienza f, lapazio m, romice f.
Amphetamin <-s, -e> n *chem med* anfetamina f.
Amphibie <-, -n> f *zoo* anfibio m.
Amphibienfahrzeug n *mil* (veicolo m/automezzo m) anfibio m.
amphibisch adj **1** *zoo* anfibio **2** *mil* {Fahrzeug} anfibio.
Amphitheater n anfiteatro m.
Amphora <-, Amphoren>, **Amphore** <-, -n> f anfora f.
Amplitude <-, -n> f *phys* ampiezza f.
Ampulle <-, -n> f **1** *med pharm* fiala f, fialetta f **2** *anat* ampolla f.
Amputation <-, -en> f *med* {+Glied} amputazione f.
amputieren <ohne ge-> tr *med etw* ~ {Glied} amputare qc; *jdm etw* ~ amputare qc a qu: **ein amputierter Arm**, un braccio amputato.
Amputierte <dekl wie adj> mf persona f che ha subito un'amputazione, amputato (-a) m (f).
Amsel <-, -n> f *ornith* merlo m.
Amsterdam <-s, ohne pl> n *geog* Amsterdam f.
Amt <-(e)s, Ämter> n **1** *adm* (*Behörde*) ufficio m, ente m: **Amt für Umweltschutz**, ente per la tutela ambientale **2** (*Abteilung einer Behörde*) ufficio m (pubblico) **3** (*offizielle Aufgabe*) funzione f, ufficio m, incarico m: **das Amt haben, etw zu tun**, avere l'incarico di fare qc **4** (*öffentliche Stellung*) carica f, incarico m, funzione f: **er bekleidet ein hohes Amt**, riveste un'alta carica; **er hat sein Amt niedergelegt**, ha dato le dimissioni, ha lasciato l'incarico; **im Amt sein**, essere in carica; **das Amt des Bürgermeisters bekleiden/innehaben**, ricoprire la carica di

sindaco **5** *relig* messa f cantata • **ein Amt antreten/übernehmen**, assumere una carica/un incarico; **ein Amt ausüben**, ricoprire una carica; **in Ausübung seines Amtes**, nell'esercizio delle sue funzioni; **das Auswärtige Amt** (Abk AA) *D pol*, il ministero degli (Affari) Esteri; (*in Italien*) *auch*, la Farnesina; **jdn seines Amtes entheben**, sollevare qu da un incarico, destituire qu dalla sua carica; **im Amt**, in carica; **kraft seines Amtes** *geh obs*, in virtù del suo ufficio; **sein Amt missbrauchen**, prevaricare; **seines Amtes walten** *geh*, adempiere ₁(a)i propri doveri d'ufficio₁/[(a)gli obblighi del proprio ufficio]; **von Amts wegen** *geh* {tätig werden, untersuchen, vorgehen}, d'ufficio; **eine von Amts wegen verfolgbare Straftat**, un reato perseguibile d'ufficio; **in Amt und Würden**, in carica, rivestito di una carica; **zum zuständigen Amt gehen**, rivolgersi all'ufficio competente.
Amtfrau f *D* → **Amtmann**.
amtieren <ohne ge-> itr **1** (*ein Amt innehaben*) **als etw** (nom) ~ {als Bürgermeister, Minister, Polizeipräsident} ricoprire/rivestire la carica di qc, svolgere/esercitare/adempiere la funzione di qc: **er amtiert seit einem Jahr als Minister für wirtschaftliche Zusammenarbeit**, da un anno ricopre la carica di ministro per la cooperazione economica; **er amtiert vorübergehend als stellvertretender Direktor**, provvisoriamente esplica/svolge le funzioni di vicedirettore; **der neue Bürgermeister amtiert erst seit kurzem**, il nuovo sindaco è in carica solo da poco **2** *fam* (*oft scherz* (*fungieren*)) **als etw** (nom) ~ {als Babysitter, Gruppenführer} fare da qc: **sie amtiert gern als Gastgeberin**, le piace ricevere.
amtierend adj <attr> {Bürgermeister, Minister} in carica.
amtlich A adj **1** (*von Amts wegen*) {Auftrag} ufficiale **2** <attr> (*behördlich*) {Bekanntmachung, Dokument, Schreiben} ufficiale; {Abschrift} autentico: **aus ~er Quelle**, da fonte ufficiale; **das Fahrzeug mit dem ~en Kennzeichen S-EN 8066, la vettura ₁con targa di circolazione₁/[targata] S-EN 8066; **nicht ~**, non ufficiale, ufficioso **3** <präd> *fam* (*ganz sicher*): **es ist ~, Herr Müller wird Abteilungsleiter**, è ufficiale, il signor Müller diventa caporeparto; **die Hochzeit von Anna und Thomas ist jetzt ~**, le nozze di Anna e Thomas sono ormai ₁una cosa ufficiale₁/[ufficiali] **4** (*ernst*) {Miene} di ufficialità B adv {dementieren} ufficialmente: **etw ~ beglaubigen lassen** {Abschrift, Fotokopie, Übersetzung}, fare autenticare qc.
Amtmann <-(e)s, Amtmänner oder Amtleute> m (**Amtmännin** f) *D* funzionario (-a) m (f) statale di livello elevato.
Amtsanmaßung f *jur* usurpazione f di funzioni pubbliche.
Amtsantritt m entrata f in carica; {+Politiker} *auch* assunzione f del mandato.
Amtsapparat m apparato m statale.
Amtsarzt m (**Amtsärztin** f) ufficiale mf sanitario (-a).
amtsärztlich A adj {Attest, Gutachten} dell'ufficiale sanitario B adv {sich bescheinigen lassen, sich untersuchen lassen} dall'ufficiale sanitario.
Amtsbefugnis f *adm* competenza f.
Amtsbeleidigung f oltraggio m a pubblico ufficiale.
Amtsbereich m *adm* ambito m delle ₁funzioni d'ufficio₁/[competenze].
Amtsbezeichnung f *adm* qualifica f (ufficiale), titolo m.

Amtsblatt n adm bollettino m ufficiale.
Amtsdauer f adm durata f della carica; pol auch durata f del mandato.
Amtsdeutsch n meist pej tedesco m burocratico.
Amtsdiener m adm usciere m di un ufficio (pubblico).
Amtseid m adm giuramento m d'ufficio.
Amtseinführung f adm {+KANZLER, MINISTER} insediamento m in un ufficio, investitura f.
Amtsenthebung f destituzione f; (vorläufige ~) sospensione f.
Amtsentsetzung <-, -en> f A CH → **Amtsenthebung**.
Amtsführung f amministrazione f, gestione f.
Amtsgeheimnis n **1** <nur sing> (mit einem Amt verbundene Schweigepflicht) segreto m d'ufficio **2** (offiziell dem Stillschweigen unterliegender Vorgang) segreto m d'ufficio ● **sich auf das ~ berufen**, appellarsi al segreto d'ufficio; **das ~ verletzen**, violare il segreto d'ufficio.
Amtsgericht n jur **1** (unterste Instanz) pretura f (tedesca) **2** (Gebäude) pretura f.
Amtsgeschäfte subst <nur pl> adm pol funzioni f pl/mansioni f pl (d'ufficio): **der Kanzler hat seine ~ aufgenommen**, il primo ministro ha cominciato a svolgere le funzioni proprie della sua carica; **jdn in die ~ einführen**, introdurre qu all'esercizio delle proprie funzioni.
Amtshaftung f jur responsabilità f amministrativa.
amtshalber adv {BESCHLAGNAHMEN} per motivi/ragioni d'ufficio.
Amtshandlung f adm atto m ufficiale/[d'ufficio].
Amtsinhaber m (**Amtsinhaberin** f) adm titolare mf (di un ufficio), detentore (-trice) m (f) di una carica (pubblica).
Amtskollege m (**Amtskollegin** f) omologo (-a) m (f).
Amtsmiene f: **eine ~ aufsetzen**, assumere un'espressione di ufficialità.
Amtsmissbrauch (a.R. Amtsmißbrauch) m jur abuso m d'ufficio.
amtsmüde adj {PERSON} stanco della propria carica.
Amtsniederlegung f dimissioni f pl.
Amtsperson f adm pubblico ufficiale m ● **Beleidigung einer ~**, oltraggio a pubblico ufficiale.
Amtspflicht f jur doveri m pl d'ufficio.
Amtsrichter m (**Amtsrichterin** f) jur giudice mf di prima istanza, ≈ pretore m.
amtsrichterlich adj jur {URTEIL} pretorio, del pretore.
Amtsschimmel <-s, ohne pl> m scherz oft pej lungaggini f pl burocratiche, burocratismo m ● **den ~ reiten**, essere estremamente fiscale, seguire fiscalmente le disposizioni; **da wiehert der ~**, qui il burocratismo la fa da padrone/[impera].
Amtssprache f **1** <nur sing> adm (Bürokratensprache) burocratese m, linguaggio m burocratico **2** (offizielle Sprache) {+LAND} lingua f ufficiale; {+EU, INTERNATIONALE ORGANISATIONEN} lingua f ufficiale.
Amtsstunden subst <nur pl> adm orario m d'ufficio.
Amtsträger m (**Amtsträgerin** f) jur pubblico ufficiale m, titolare mf di un ufficio.
Amtsübergabe f jur passaggio m di poteri.
Amtsvergehen n jur reato m commesso da un pubblico ufficiale.
Amtsverlust m adm jur decadenza f da un ufficio/una carica.
Amtsvorgänger m (**Amtsvorgängerin** f) adm predecessore (-a) m (f) in una carica (pubblica).
Amtsvormund m jur "servizio m sociale investito della tutela del minore", tutore m ufficiale.
Amtsvormundschaft f jur "tutela f (del minore) affidata al servizio sociale".
Amtsvorsteher m (**Amtsvorsteherin** f) adm capo m di un ufficio pubblico.
Amtswalter m (**Amtswalterin** f) adm titolare mf di un ufficio.
Amtsweg m iter m burocratico, via f gerarchica ● **auf dem ~**, per via gerarchica; **den ~ gehen/nehmen**, seguire l'iter burocratico, procedere per via gerarchica; {PERSON} auch, fare la trafila burocratica.
Amtszeit f durata f della carica/[del servizio]; pol durata f della carica/[del mandato]: **nach nur zweijähriger ~ ist der Oberbürgermeister heute zurückgetreten**, il sindaco si è dimesso dopo soli due anni dall'inizio del mandato.
Amtszimmer n adm ufficio m.
Amulett <-(e)s, -e> n amuleto m, talismano m.
amüsant **A** adj {FILM, GESCHICHTE} divertente; {ABEND, GESELLSCHAFTER} auch piacevole, gradevole: **etwas Amüsantes**, qualcosa di divertente/piacevole **B** adv {ERZÄHLEN} in modo divertente; {SICH UNTERHALTEN} in modo piacevole, piacevolmente.
Amüsement <-s, -s> n divertimento m, diletto m.
amüsieren <ohne ge-> **A** tr jdn ~ {JDS ART, BENEHMEN, ERZÄHLWEISE} divertire qu **B** rfl **1** (sich vergnügen) **sich ~ divertirsi**: **sich großartig/köstlich ~**, divertirsi/godersela un mondo fam; **habt ihr euch gut amüsiert?**, vi siete divertiti (-e)? **2** (sich lustig machen) **sich über jdn/etw ~** prendere in giro qu, divertirsi alle spalle di qu, ridere di qu/qc **3** (eine Liebesaffäre haben) **sich mit jdm ~** divertirsi con qu, spassarsela con qu fam.
Amüsierviertel n "quartiere m dei locali notturni e a luci rosse".
amusisch adj geh {MENSCH} privo di senso artistico.
an① präp + dat oder akk **1** + dat (räumlich: vor geographischen Namen) su: **Frankfurt liegt am Main**, Francoforte si trova sul Meno; **Hamburg liegt an der Elbe**, Amburgo è situata sull'Elba; **Ancona liegt an der Adria**, Ancona è sull'Adriatico; **wir haben die Ferien am Gardasee verbracht**, abbiamo trascorso le vacanze sul lago di Garda **2** + dat (räumlich: nahe bei) a, vicino a, su: **am Feuer sitzen**, stare seduto (-a) vicino (-a) al fuoco; **wir haben ein Haus am Meer**, abbiamo una casa al mare; **die Kirche an der Autobahn**, la chiesa vicina all'autostrada; **sie wohnt am Marktplatz**, abita sulla piazza del mercato; **er sitzt am Schreibtisch**, è/sta seduto alla scrivania; **der Sessel steht am Fenster**, la poltrona si trova/[è] vicino alla finestra; **man hat ihn am Tatort gesehen**, è stato visto sul luogo del delitto **3** + akk (räumlich: in Richtung auf) a: **im Sommer fahren wir ans Meer**, in estate andiamo al mare; **er setzt sich an den Schreibtisch**, si siede/mette alla scrivania; **kommen Sie bitte an die Tafel!**, per favore, venga alla lavagna!; **schreiben Sie an die Tafel**, scriva alla lavagna!; **kannst du ans Telefon gehen?**, puoi andare (a rispondere) al telefono? **4** + dat oder akk (räumlich: gibt Kontakt mit etw an) a, vicino a: **die Uhr hängt an der Wand**, l'orologio è appeso alla parete; **das Bett steht an der Wand**, il letto è alla/[contro la] parete; **an einer Stelle**, in un punto; **etw an die Wand hängen**, appendere qc alla parete; **an die Tür klopfen**, bussare alla porta; **sie lehnt sich an die Tür**, si appoggia alla porta **5** + dat (gibt Berührung an) a, per: **er hat sich am Knie verletzt**, si è ferito a un ginocchio; **er fasste sie am Arm**, la prese per un braccio; **sie nimmt das Kind an der Hand**, prende il bambino per (la) mano **6** + akk (nebeneinander) **etw an etw**: **wir wohnen Tür an Tür**, abitiamo uno (-a) accanto all'altro (-a); **in der Altstadt steht Haus an Haus dicht beieinander**, nel centro storico una casa è attaccata all'altra **7** + dat (zeitlich: oft unübersetzt): **an einem Winterabend**, (in) una sera d'inverno; **an einem Tag im Mai**, un giorno di maggio; **an kalten Tagen**, nelle giornate fredde; **an diesem Abend**, quella sera; **an jenem Morgen**, quella mattina; (an mit Artikel verschmolzen): **am Abend/Morgen**, la/di sera/mattina; **am Anfang/Ende der Ferien**, all'inizio/[alla fine] delle vacanze; **am Nachmittag**, il/di pomeriggio; **am dritten Oktober**, il tre (di) ottobre; (nicht mit Artikel verschmolzen): **an dem Tag, dem ...**, il giorno in cui ... **8** + dat bes. süddt (vor Feiertagen): **an Ostern/Weihnachten**, a Pasqua/Natale; **an Feiertagen**, nei giorni festivi; **an meinem Geburtstag mache ich eine Party**, il giorno del mio compleanno darò una festa **9** + akk (räumlich und zeitlich: erstreckt sich bis): **bis an etw** fino a qc: **bis ans Ende seiner Tage**, fino alla fine dei suoi giorni; **das Wasser geht/reicht ihm bis an die Knie**, l'acqua gli arriva alle ginocchia **10** + dat (bei einer Institution) presso, a, in: **sie ist Lehrerin an einer höheren Schule**, è insegnante presso/[insegna in] una scuola superiore; **er ist Choreograf am Theater**, lavora come coreografo in un teatro; **am Goethe-Institut arbeiten**, lavorare al Goethe **11** + dat (gibt noch nicht beendete Tätigkeit an): **sie arbeiten an einem Projekt**, stanno lavorando a un progetto; **sie schreibt an einem Buch**, sta scrivendo un libro; **ich bin schon seit sieben Uhr früh an der Arbeit**, sto lavorando già dalle sette di stamattina **12** + dat oder akk (mit bestimmten Adj, Subst und Verben): **reich/arm an etw** (dat) **sein**, essere ricco/povero di qc; **die Firma zeigt kein Interesse an dem Angebot**, la ditta non mostra alcun interesse per l'offerta; **er ist nicht schuld an dem Unfall**, la colpa dell'incidente non è sua; **ich hänge sehr an meiner Oma**, sono molto affezionato (-a)/attaccato (-a) alla (mia) nonna; **es ist jetzt an ihm, eine Entscheidung zu treffen**, ora tocca a lui prendere una decisione; **sie hat etwas an sich, was mir nicht gefällt**, ha qualcosa che non mi piace; **was ist denn an dem Typ schon dran?**, ma che cosa ha di particolare/[ci trovi in] quel tipo?; **an dieser ganzen Geschichte ist nichts Wahres (dran)**, in tutta questa storia non c'è niente di vero; **das Schöne an der ganzen Sache ist, dass...**, il bello di tutta questa faccenda è che ...; **was haben Sie an frischem Obst?**, che cosa avete di frutta fresca?; **viele Grüße an deine Schwester**, tanti saluti a tua sorella; **erinnerst du dich noch an ihn?**, ti ricordi ancora di lui?; **wenden Sie sich doch bitte an meinen Kollegen!**, per favore, si rivolga al mio collega!; **mein Großvater denkt gerne an die alten Zeiten**, a mio nonno piace pensare ai/[ricordare i] vecchi tempi **13** fam: **an was** (woran) a (che) cosa: **an was denkst du?**, a (che) cosa pensi? **14** CH

(zu) a: **ich gehe an eine Konferenz**, vado a una conferenza • **an (und für) sich**, in fondo.

an② adv **1** fam (ungefähr): **an die + Zahl** su/circa + numero: **er ist an die 50**, è sui 50, ha circa 50 anni, ha una cinquantina d'anni; **es dürften an die 200 g sein**, dovrebbero essere sui/circa 200 g; **an die 2000 Menschen nahmen daran teil**, vi hanno partecipato circa/sulle/[intorno a] 2000 persone **2** (Ankunftszeit) arrivo a: ₗFrankfurt anₗ/[an Frankfurt] **13.45**, arrivo a Francoforte 13.45 **3** (in Verbindung mit "von": räumlich): **von ... an da ... in poi/avanti: von hier an geht die Straße aufwärts**, da qui in poi/avanti la strada è in salita; **von der dritten Reihe an**, dalla terza fila in poi, a partire dalla terza fila; (zeitlich): **von Anfang an**, fin dall'inizio; **von heute an**, da oggi in poi, a partire da oggi; **von jetzt an**, da ora in poi/avanti, a partire da adesso; **von morgen an**, (a partire) da domani, da domani in poi/avanti; **von Kindheit an interessierte er sich für Astronomie**, fin dall'infanzia si interessava di astronomia **4** fam (angezogen): **und nun Jacke an und raus!**, e ora infilatevi la giacca e fuori! fam **5** fam (anmachen): **Licht an!**, accendi/accendete la luce!

Anabolikum <-s, Anabolika> n pharm anabolizzante m.

Anachronismus <-, Anachronismen> m geh anacronismo m.

anachronistisch adj geh anacronistico.

anaerob adj biol anaerobio, anaerobico.

Anaerobier <-s, -> m biol anaerobio m.

Anagramm <-s, -e> n anagramma m.

Anakoluth <-s, -e> n oder m ling anacoluto m.

Anakonda <-, -s> f zoo anaconda m.

anal Ⓐ adj <attr> **1** anat {SCHLIESSMUSKEL, VENE} anale, dell'ano **2** psych {PHASE} anale Ⓑ adv {FIEBER MESSEN} per via rettale.

Analgetikum <-s, Analgetika> n pharm analgesico m.

analog Ⓐ adj **1** (entsprechend) {ERSCHEINUNG, FALL, PROBLEM, SITUATION} analogo; ~ (zu) etw (dat) {(ZU) DIESEM FALL} analogo a qc **2** inform {RECHNER} analogico **3** tech {UHR} analogico Ⓑ adv (entsprechend) in modo analogo, analogamente.

Analogie <-, -n> f analogia f: **in ~ zu etw** (dat), per analogia con qc; **~n aufweisen**, presentare (delle) analogie; **zwischen Italienisch und Spanisch gibt es viele ~n**, fra l'italiano e lo spagnolo ci sono molte analogie.

Analogieschluss (a.R. Analogieschluß) m ragionamento m per analogia, analogismo m.

Analogrechner m inform computer m analogico.

Analphabet <-en, -en> m (**Analphabetin** f) **1** (wer nicht lesen und schreiben kann) analfabeta mf **2** pej (Unwissender) analfabeta mf, ignorante mf.

Analphabetentum <-s, ohne pl> n → **Analphabetin** f → **Analphabet**.

Analphabetismus <-, ohne pl> m analfabetismo m.

Analverkehr m rapporto m anale.

Analyse <-, -n> f **1** geh (Untersuchung) {ENTWICKLUNG, FEHLER, SITUATION} analisi f: **etw einer kritischen ~ unterziehen**, sottoporre qc ad un'analisi critica; **eine wissenschaftliche ~ durchführen**, eseguire un'analisi scientifica **2** chem analisi f: **eine qualitative ~**, un'analisi qualitativa **3** psych analisi f.

analysieren <ohne ge-> tr **1** geh (untersuchen) etw ~ {BUCH, ENTWICKLUNG, POLITISCHE LAGE, TEXT} analizzare qc, fare l'analisi di qc **2** chem etw ~ analizzare qc, fare l'analisi di qc **3** psych jdn/etw ~ (psic)analizzare qu/qc.

Analysis <-, ohne pl> f geom math analisi f.

Analyst <-en, -en oder -s, -s> m (**Analystin** f) Börse analista mf finanziario (-a).

Analytik <-, ohne pl> f philos analitica f.

Analytiker <-s, -> m (**Analytikerin** f) geh bes. psych analista mf.

analytisch Ⓐ adj {DENKEN, METHODE} analitico; {FÄHIGKEIT} auch d'analisi: **~e Geometrie**, geometria analitica Ⓑ adv {DENKEN, VORGEHEN} in modo analitico.

Anämie <-, -n> f med anemia f.

anämisch adj med anemico.

Anamnese <-, -n> f med anamnesi f.

Ananas <-, - oder -se> f bot **1** (Frucht) ananas m **2** (Pflanze) ananas m.

Ananasscheibe f fetta f di ananas.

Anapäst <-(e)s, -e> m ling anapesto m.

Anapher <-, -n> f ling anafora f.

Anarchie <-, -n> f anarchia f.

anarchisch Ⓐ adj {VERHÄLTNISSE, ZUSTAND} di anarchia; {PERSON} anarchico Ⓑ adv {LEBEN} anarchicamente, in anarchia.

Anarchismus <-, ohne pl> m pol anarchismo m.

Anarchist <-en, -en> m (**Anarchistin** f) anarchico (-a) m (f).

anarchistisch adj {ATTENTAT, SZENE, TÄTER} anarchico.

Anarcho <-(s), -(s)> m fam anarchico m.

Anarchogruppe f fam gruppo m anarchico.

Anarchoszene <-, ohne pl> f fam ambienti m pl anarchici/anarcoidi pej.

Anarchoterror <-s, ohne pl> m fam pej terrorismo m anarchico.

Anästhesie <-, -n> f med anestesia f.

anästhesieren <ohne ge-> tr med jdn ~ anestetizzare qu.

Anästhesist <-en, -en> m (**Anästhesistin** f) med anestesista mf.

Anästhetikum <-s, Anästhetika> n pharm anestetico m.

Anatolien <-s, ohne pl> n geog Anatolia f.

Anatom <-en, -en> m med anatomista m, anatomico m rar.

Anatomie <-, -n> f **1** <nur sing> (Wissenschaft) anatomia f **2** (anatomischer Aufbau) ~ **einer S.** (gen) {DES KNOCHENSKELETTS, NERVENSYSTEMS} anatomia f di qc **3** (Institut) istituto m di anatomia.

Anatomiesaal m aula f di anatomia.

anatomisch adj {AUFBAU, KENNTNISSE} anatomico.

anbacken <irr oder reg> tr etw ~ {BROT, PIZZA} mettere/cuocere brevemente qc in forno.

an|baggern tr fam jdn ~ {MÄDCHEN, JUNGEN MANN} provarci con qu fam: **sich (von jdm) ~ lassen** fam, farsi abbordare fam da qu.

an|bahnen Ⓐ tr etw ~ (in die Wege leiten) {BEZIEHUNGEN, GESPRÄCHE, VERHANDLUNGEN} avviare qc, dare inizio a qc, iniziare qc Ⓑ rfl **sich ~** {UNANGENEHMES, UNHEIL} stare per accadere; {MÖGLICHKEITEN, VERÄNDERUNGEN, WENDE} profilarsi, delinearsi; {FREUNDSCHAFT, VERHÄLTNIS} star nascendo: **bei mir bahnt sich eine Grippe an**, sto covando un'influenza; **zwischen ihnen bahnt sich etwas an**, tra loro sta nascendo qualcosa.

an|bändeln itr fam mit jdm ~ tentare un approccio con qu: **warum hast du denn bloß mit so einem angebändelt?**, perché mai ti sei ₗlasciata accalappiare/abbindolareₗ da₁/[messa con] uno così? fam.

Anbau① <-(e)s, -ten> m **1** (Nebengebäude) fabbricato m aggiunto, edificio m annesso **2** <nur sing> (das Anbauen) {+GEBÄUDE} aggiunta f.

Anbau② <-(e)s, ohne pl> m agr {+GEMÜSE, GETREIDE, KARTOFFELN} coltivazione f: **aus biologischem ~**, da coltivazioni biologiche.

an|bauen① arch Ⓐ tr etw (**an etw** akk) ~ {ERWEITERUNGSTRAKT, GEBÄUDE AN EIN HAUPTGEBÄUDE} aggiungere qc (a qc) Ⓑ itr: **nächstes Jahr wollen wir ~**, l'anno prossimo vogliamo ampliare la casa.

an|bauen② tr agr etw ~ {GEMÜSE, GETREIDE, REIS} coltivare qc: **Wein ~**, coltivare la vite.

anbaufähig adj {GEMÜSESORTE, GETREIDESORTE} adatto alla coltivazione.

Anbaufläche f agr (zum Anbau geeignet) superficie f coltivabile; (bebaute Ackerfläche) superficie f coltivata.

Anbaugebiet n agr {+GETREIDE} zona f di coltivazione; {+WEIN} zona f di produzione: **die wichtigsten ~e für Wein**, le principali zone/regioni a vocazione vinicola.

Anbaumöbel n <meist pl> mobile m componibile.

Anbauschrank m armadio m componibile.

Anbeginn m geh inizio m, principio m • **seit ~** (einer S. gen), dall'inizio (di qc); **von ~ (an)**, (fin) ₗdall'inizioₗ/[dal principio].

an|behalten <irr> tr etw ~ {KLEIDUNGSSTÜCK, SCHMUCK, SCHUHE} tener(si) addosso qc: **ich behalte lieber meinen Mantel an**, preferisco ₗtenere addossoₗ/[non togliermi] il cappotto.

anbei adv geh adm in allegato, qui accluso: **~ senden wir Ihnen unsere neue Preisliste**, in allegato Le inviamo il nuovo listino prezzi.

an|beißen <irr> Ⓐ tr etw ~ {APFEL, STÜCK KUCHEN} dare un morso a qc, morsicare qc: **angebissen**, morso, morsicato Ⓑ itr **1** {den Köder beißen} {FISCH} abboccare **2** fam (Interesse zeigen) {FREIER, INTERESSENT} abboccare fam • **zum Anbeißen aussehen** fam scherz {MÄDCHEN}, essere un bel bocconcino fam.

an|bekommen <irr, ohne ge-> tr **1** <meist verneint> (nur mühsam anziehen können): **etw nicht ~** {SCHUHE}, non riuscire a mettter(si)/infilar(si) qc **2** (nur mühsam anzünden können) **etw ~**, riuscire ad accendere qc: **hast du das Feuer endlich ~?**, sei riuscito (-a) finalmente ad accendere il fuoco?

an|belangen <ohne ge-> tr jdn/etw ~ concernere qu/qc, riguardare qu/qc: **was mich anbelangt, so ...**, per quanto mi concerne/riguarda, quanto a me ...; **was Ihren Vorschlag anbelangt ...**, per quel che riguarda/concerne la Sua proposta ...

an|bellen tr **1** jdn/etw ~ {HUND} abbaiare a qu/qc fam **2** (jdn anschreien) jdn ~ abbaiare a qu fam.

an|beraumen <ohne ge-> tr geh adm etw ~ {KONFERENZ, TERMIN} fissare qc, stabilire qc; {SITZUNG} convocare qc.

an|beten tr **1** relig (durch Beten verehren) jdn/etw ~ {GOTT} adorare qu/qc, venerare qu/qc; {GÖTZEN} idolatrare qu/qc **2** (verehren) jdn ~ {STAR} idolatrare qu/qc; {FRAU, FREUNDIN, MANN} auch adorare qu.

Anbetracht m geh: **in ~ einer S.** (gen) {+DER LAGE, DER SCHWERE EINER TAT}, tenuto conto di qc, in considerazione di qc; **in ~ dessen, dass ...**, ₗtenuto contoₗ/[in considerazione] del fatto che ..., visto che ...

an|betreffen <irr, ohne ge-> tr geh → **an|belangen**.

an|betteln tr jdn ~ chiedere l'elemosina a qu.

Anbetung <-, -en> f *meist* sing> relig {+GOTT, DIE HEILIGEN DREI KÖNIGE} adorazione f.

an|biedern rfl pej sich ((bei) jdm)/an jdn ~ fare il ruffiano/la ruffiana (con qu) pej.

Anbiederung <-, -en> f pej ruffianeria f pej.

an|bieten <irr> **A** tr (jdm) etw ~ **1** (zur Verfügung stellen) {BEGLEITUNG, PLATZ} offrire qc (a qu): jdm Hilfe ~, offrire aiuto a qu; biete unserem Gast doch mal einen Stuhl an!, fai accomodare/sedere il nostro ospite!; dein Freund hat mir angeboten, mich mit dem Wagen zum Bahnhof zu bringen, il tuo amico si è offerto di accompagnarmi alla stazione in macchina **2** (zur Auswahl vorschlagen) {GASTGEBER KUCHEN, SEINEN PLATZ, EINE TASSE KAFFEE, ZIGARETTE} offrire qc (a qu): was darf ich Ihnen ~?, che cosa posso offrirLe?; darf ich Ihnen ein Glas Wein ~?, posso/[mi permette di] offrirLe un bicchiere di vino? **3** com (als Angebot offerieren) (jdm) etw ~ {ARTIKEL, LEBENSMITTEL} offrire qc (a qu); {BUCH EINEM VERLAG} proporre qc (a qu): etw günstig ~, offrire qc a un prezzo vantaggioso; Waren zum Kauf ~, mettere in vendita delle merci **4** (antragen) {AMT, POSTEN, STELLE} offrire qc (a qu) **5** (vorschlagen) {UNTERSTÜTZUNG} offrire qc (a qu); {LÖSUNG} proporre qc (a qu); {ENTSCHULDIGUNG} presentare qc (a qu): seinen Rücktritt ~, mettere a disposizione la propria carica; jdm das Du ~, proporre a qu di darsi del tu **6** (zur Wahl stellen) {SCHULE COMPUTER-, ENGLISCHKURSE, SPORTVEREIN TENNISSTUNDEN} offrire qc (a qu), proporre qc (a qu) **B** rfl **1** (sich zur Verfügung stellen) sich (jdm) ~ {PROSTITUIERTE} offrirsi (a qu); sich (jdm) als etw (nom) ~ {ALS BEGLEITER, BERGFÜHRER, STADTFÜHRER, ÜBERSETZER} offrirsi (a qu) come qc, proporsi (a qu) come qc: sich ~, etw zu tun, offrirsi di fare qc **2** (nahe liegen) sich ~ {GELEGENHEIT, LÖSUNG, MÖGLICHKEIT} offrirsi, presentarsi, prospettarsi: sich (für etw akk) ~ {STADT FÜR EIN TREFFEN} prestarsi (a qu): es bietet sich keine Alternative an, non si prospettano alternative; bei den günstigen Preisen bietet es sich geradezu an, jetzt ein neues Auto zu kaufen, visti i prezzi così vantaggiosi, è quasi d'obbligo comprarsi una macchina nuova; dieser schöne Ort bietet sich zum Erholen geradezu an, questo bel posto è il luogo ideale per rilassarsi; sich zum Vergleich ~, prestarsi al confronto.

Anbietende <dekl wie adj> mf ökon offerente mf.

Anbieter m (**Anbieterin** f) com ökon offerente mf; {+WARE} auch fornitore (-trice) m (f); inform (von Internet) provider m, server m, gestore (-trice) m (f), fornitore (-trice) m (f) di accesso; (tel TV) gestore (-trice) m (f); (von Dienstleistungen) fornitore m; (von Gas, Strom, Wasser) gestore (-trice) m (f), ente m erogatore • externe ~ ökon, service.

an|binden <irr> **A** tr **1** (festbinden) jdm/etw (an etw dat/akk) ~ {HUND, MENSCHEN, PFERD} legare qu/qc (a qc), attaccare qu/qc (a qc): das Boot ~, ormeggiare la barca **2** (einschränken) jdn ~ {EHEFRAU, FREUNDIN, KINDER} tenere al guinzaglio qu: ich lasse mich von dir nicht ~!, non mi faccio mettere il guinzaglio/[laccio al collo] da te! **3** (anschließen) etw an etw (akk) ~ {AN VERKEHRSNETZ} collegare qc a qc **B** itr geh (Streit anfangen) mit jdm ~ attaccare lite con qu.

Anbindung <-, -en> f collegamento m: eine gute ~ an das öffentliche Verkehrsnetz haben, essere ben collegato alla rete dei trasporti pubblici.

an|blaffen tr fam pej jdn ~ **1** (anbellen) abbaiare a qu **2** (scharf zurechtweisen) abbaiare a qu fam.

an|blasen tr **1** (anfachen) etw ~ {FLAMMEN} ravvivare qc soffiandoci sopra **2** (in Betrieb setzen) etw ~ {HOCHOFEN} accendere qc.

an|blättern tr etw ~ {ARTIKEL, ZEITSCHRIFT} sfogliare qc.

an|blecken tr jdn/etw ~ {HUND, WILDES TIER} mostrare i denti a qu/qc; {ABTEILUNGSLEITER, DIREKTOR} abbaiare a qu fam.

Anblick m **1** <nur sing> (das Anblicken) vista f: beim ~ des Blutes wurde sie ohnmächtig, alla vista del₁/[vedendo il] sangue perse conoscenza; beim ersten ~, a prima vista **2** (Bild) spettacolo m, scena f: ihm bot sich ein erfreulicher ~, gli si offrì un piacevole spettacolo; ein rührender ~, una scena toccante/commovente; ein trauriger ~, uno spettacolo/una scena triste; ein ~ für Götter, uno spettacolo buffissimo.

an|blicken tr jdn/etw ~ guardare qu/qc; jdn irgendwie ~ {FRAGEND, FREUNDLICH, LIEBEVOLL, STRAFEND, ÜBERRASCHT} guardare qu + compl di modo/adj: er blickte sie lächelnd an, la guardava sorridendo; sie sah ihn verblüfft an, lo guardava sbigottita; jdn kurz ~, guardare di sfuggita qu.

an|blinken tr jdn ~ {AUTOFAHRER} lampeggiare a qu.

an|blinzeln tr jdn ~ fare l'occhiolino a qu, strizzare l'occhio a qu, ammiccare a qu.

an|blitzen tr jdn ~ lanciare a qu uno sguardo fiammeggiante: seine Augen blitzten mich wütend/herausfordernd an, mi lanciò uno sguardo furioso/[di sfida].

an|bohren tr **1** (ein Loch in etw bohren) etw (mit etw dat) ~ {BRETT, DECKE, WAND MIT EINEM BOHRER} cominciare a perforare qc (con qc) **2** (durch Bohren zugänglich machen) etw ~ {ERDGASLAGER, MINERALQUELLE, ÖLQUELLE} cominciare a sfruttare qc **3** fam (jdn angehen) jdn ~ avvicinare qu: ich werde mal den Chef um eine Gehaltserhöhung ~, chiederò al capo un aumento di stipendio.

Anbot <-(e)s, -e> n A → **Angebot**.

an|braten <irr> tr etw ~ {BRATEN, STÜCK FLEISCH} rosolare brevemente a ₁fuoco vivo₁/[fiamma viva] qc, dare una rosolata a fiamma viva qc.

an|brauchen tr fam etw ~ {FLASCHE, PACKUNG, TUBE} aprire qc, iniziare qc: die Packung Zigaretten ist schon angebraucht, il pacchetto di sigarette è già iniziato.

an|bräunen tr etw ~ {KNOBLAUCHZEHE, ZWIEBEL} (far) dorare qc.

an|brechen <irr> **A** tr <haben> etw ~ **1** (zu verbrauchen beginnen) {DOSE, TAFEL SCHOKOLADE} cominciare qc, iniziare qc; {VORRÄTE} intaccare qc: eine Flasche Wein ~, aprire una bottiglia di vino **2** (auszugeben beginnen) {ERSPARNISSE} intaccare qc **B** itr <sein> geh (beginnen) {TAG} spuntare, sorgere, nascere; {ZEITALTER} cominciare, iniziare; {NACHT} calare, sopraggiungere: der Herbst bricht an, sta cominciando l'autunno; der Morgen bricht an, sta spuntando ₁l'alba **C** rfl <haben> sich (dat) etw ~ {HANDGELENK, KNÖCHEL} procurarsi un'incrinatura/infrazione med a qc.

an|brennen <irr> **A** tr <haben> etw ~ {HOLZKOHLE, KAMINHOLZ} accendere qc **B** itr <sein> **1** (ansetzen) {BRATEN, REIS, SOßE} attaccarsi: das Fleisch ist angebrannt, la carne si è attaccata; etw ~ lassen, far attaccare qc; angebrannt schmecken, sapere di bruciaticcio/attaccaticcio **2** (zu brennen beginnen) {HOLZ, KOHLE} prendere fuoco • nichts ~ lassen fam (sich nichts entgehen lassen), non farsene scappare una fam.

an|bringen <irr> tr **1** (befestigen) etw (an etw dat) ~ {LAMPE AN DER DECKE} attaccare qc (a qc); {BILD, HAKEN AN DER WAND, SCHILD AM KOFFER} auch mettere qc (a qc), sistemare qc (a/su qc); {ETIKETT, PFLASTER} applicare qc (a qc); {PLAKAT} affiggere qc (a qc), attaccare qc (a qc) **2** (montieren) etw ~ {BESCHLAG} fissare qc, applicare qc; {HUFEISEN} mettere qc; {REGALE} auch attaccare qc, sistemare qc; {AMPEL, FERNSEHER, STECKDOSE, TELEFON} installare qc **3** (vorbringen) etw ~ {ARGUMENT, BESCHWERDE, GESUCH} presentare qc **4** (äußern) etw ~ {KRITIK} esprimere qc: Kritik kann man bei ihm nicht ~, lui non ammette critiche **5** (vornehmen) etw ~ {VERBESSERUNGEN} apportare qc **6** (zeigen) etw ~ {KENNTNISSE, WISSEN} far valere qc: er konnte seine Deutschkenntnisse gut ~, ha potuto far valere le sue conoscenze di tedesco; auf jeder Party versucht er, seine dummen Witze anzubringen, a ogni festa cerca di piazzare fam le sue stupide barzellette **7** fam (loswerden) etw (bei jdm) ~ {ALTE BÜCHER, GEBRAUCHTWAGEN, PRODUKT} piazzare qc fam, rifilare qc (a qu) fam **8** fam (mitbringen) jdn/etw ~: bei meiner Geburtstagsfeier brachte er fünf Leute an, die ich überhaupt nicht kannte, alla mia festa di compleanno si è portato dietro cinque persone che io non conoscevo nemmeno **9** fam (unterbringen) jdn (irgendwo) ~ sistemare qu (+ compl di luogo): er konnte ihn als Lehrling bei der Bank ~, è riuscito a sistemarlo come tirocinante in banca **10** fam (anziehen können): etw nicht ~ können, non riuscire a infilarsi/mettersi qc: ich bring die Schuhe nicht an, non riesco a infilarmi le scarpe.

Anbringung <-, ohne pl> f attaccare m: die ~ von Plakaten ist verboten!, divieto di affissione!

Anbruch <-(e)s, ohne pl> m geh {+EPOCHE, ZEIT} inizio m, principio m • bei ~ der Dunkelheit, al calar delle tenebre; bei ~ des Morgens/Tages, allo spuntar del giorno geh, al nascere del sole geh; bei ~ der Nacht, ₁sul far₁/[al calar] della notte.

an|brüllen tr **1** (brüllend anschreien) jdn ~ inveire contro qu, sbraitare contro qu, urlare contro qu: ich lass mich doch von dir nicht ~!, non ti permetto di urlarmi in faccia! **2** (in jds Richtung brüllen) jdn/etw ~ {LÖWE} ruggire contro/a qu/qc.

an|brummen tr jdn/etw ~ {BÄR, CHEF, MANN} bramire contro qu/qc.

Anchovis <-, -> f → **Anschovis**.

Andacht <-, -en> f **1** relig funzione f (religiosa) **2** <nur sing> (geistige Haltung beim Gebet) raccoglimento m, devozione f **3** <nur sing> (innere Anteilnahme) raccoglimento m, rapimento m: ein Kunstwerk mit ~ betrachten, contemplare un'opera d'arte in raccoglimento • mit ~ beten, pregare ₁con devozione₁/[in raccoglimento]; in ~ versunken sein, essere in raccoglimento.

andächtig **A** adj **1** relig (im Gebet versunken) {GLÄUBIGE} raccolto in preghiera **2** (ehrfürchtig) {STAUNEN} riverente **3** (feierlich) {STILLE} solenne **B** adv **1** relig {BETEN} in raccoglimento, con devozione **2** (ehrfürchtig) {ZUHÖREN} in raccoglimento, con devozione.

Andachtsbild n relig immagine f devozionale, santino m.

Andalusien <-s, ohne pl> n geog Andalusia f.

Andalusier <-s, -> m (**Andalusierin** f) andaluso (-a) m (f).

andalusisch adj {STADT, TANZ} andaluso.
andante adv *mus* andante.
Andante <-(s), -s> n *mus* andante m.
Andauer f {+REGENFÄLLE} persistenza f, perdurare m.
an|dauern itr {FIEBER, SCHLECHTES WETTER} persistere, perdurare; {AUSEINANDERSETZUNGEN} continuare.
andauernd A adj <attr> **1** (*anhaltend*) {AUSEINANDERSETZUNGEN, KONFLIKTE} che non cessa; {SPANNUNGEN} che non si placa; {REGENFÄLLE} incessante **2** (*ständig*) {KLAGEN, VORWÜRFE} continuo B adv {FRAGEN, UNTERBRECHEN} di continuo, continuamente, in continuazione; {REGNEN} *auch* incessantemente, in modo persistente: **stör mich doch nicht ~!**, non mi disturbare in continuazione!
Anden subst <nur pl> *geog*: **die ~**, le Ande.
an|denken <irr> tr *etw* ~ cominciare a pensare *a qc*, prendere in considerazione *qc*.
Andenken <-s, -> n **1** (*Erinnerung*) ricordo m, memoria f: **einen Brief als ~ aufbewahren**, conservare/tenere una lettera per ricordo **2** (*Souvenir*) ricordo m, ricordino m, souvenir m, pensierino m: **er hat mir ein ~ aus Deutschland mitgebracht**, mi ha portato un souvenir dalla Germania ● **jdn in gutem ~ behalten**, conservare un buon ricordo di qu, serbare buona memoria di qu; **jdm ein ehrendes ~ bewahren** *geh*, (continuare a) onorare la memoria di qu; **zum ~ an jdn/etw** {AN EINEN VERSTORBENEN}, in memoria di qu/qc; {AN EINEN FREUND, EINE GEMEINSAME ZEIT}, in ricordo di qu/qc.
andere indef pron → **anderer**.
anderentags adv *geh* l'indomani, il giorno dopo/seguente/successivo.
anderenteils adv, **andererseits**, **andrerseits** adv per un altro verso; (*in Verbindung mit einesteils und einerseits*) dall'altra (parte), dall'altro (lato): **einerseits/einesteils mache ich diese Arbeit sehr gern, ~ ist sie aber auch sehr anstrengend**, da una parte questo lavoro mi piace molto, dall'altra è anche molto faticoso.
anderer, andere, anderes indef pron **1** (*adjektivisch und substantivisch: verschieden*) altro (-a), diverso (-a): **ich bin anderer Ansicht**, (io) la penso in modo diverso, sono di parere diverso/[diverso avviso]; **mit anderen Worten**, in altre parole; **ich will diese Wohnung und keine andere**, voglio questa casa e nessun'altra; **sie hat einen anderen**, ha un altro (uomo); **das kannst du jemand anderem erzählen**, raccontalo a qualcun altro! **2** (*adjektivisch und substantivisch: aus zwei Möglichkeiten wählend*): **der/die/das andere**, l'altro (-a); **zieh das andere Kleid an!**, metti(ti) l'altro vestito!; **dieses Buch nehme ich, das andere kannst du deiner Schwester schenken**, questo libro lo prendo io, l'altro lo puoi regalare a tua sorella; **deine Freundin ist ganz nett, aber die andere gefiel mir besser**, la tua ragazza non è male, ma l'altra mi piaceva di più **3** (*adjektivisch und substantivisch: neu*) {ARBEIT, AUTO, STELLUNG} altro (-a): **ein anderes Hemd anziehen**, cambiarsi la camicia, mettersi un'altra camicia; **unsere Wohnung ist zu klein, wir müssen eine andere suchen**, la nostra casa è troppo piccola, ne dobbiamo cercare un'altra **4** (*adjektivisch: folgend*) seguente, successivo, dopo: **am anderen Tag**, il giorno dopo/seguente, l'indomani **5** (*adjektivisch und substantivisch: übrig*) altro (-a): **die Konferenz fängt gleich an, rufen Sie bitte die anderen Teilnehmer!**, la conferenza sta per iniziare, chiami per favore gli altri partecipanti!; **einige wollten sofort abfahren, andere erst später**, alcuni volevano partire subito, altri più tardi; **wo sind denn die anderen?**, dove sono gli altri/le altre?; **alles andere will ich nicht wissen**, tutto il resto non lo voglio sapere; **er hat viele Bilder, eins schöner als das andere**, ha molti quadri, uno più bello dell'altro **6** (*adjektivisch: weiterer*) altro (-a): **ich habe noch eine andere Frage**, ho ancora un'altra domanda; **das sind wirklich sehr schöne Fotos, hast du noch andere?**, queste foto sono davvero molto belle, ne hai (delle) altre? ● **alles andere als ...**, tutt'altro che ...; **die Verkäuferin war alles andere als freundlich**, la commessa era tutt'altro che gentile; **sie sind einer wie der andere**, sono tutti uguali; **etwas anderes**, qualcos'altro; **möchtest du noch etwas anderes?**, vuoi ancora qualcos'altro?; **ich habe an etwas ganz anderes gedacht**, stavo pensando a ˌtutt'altro/[tutt'altra cosa]; **etwas anderes sein: das ist etwas ganz anderes**, è tutta un'altra cosa; **jede andere**, chiunque/qualunque altro; **jede andere hätte ihn schon zum Teufel gejagt**, qualsiasi altra donna l'avrebbe già mandato al diavolo; ˌ**kein andererˌ**/[**keine andere**], nessun altro/[nessun'altra]; **kein anderer ist so großzügig wie dein Bruder**, nessun altro è (così) generoso quanto tuo fratello; **etwas anderes sagen**: **hätte ich etwas anderes gesagt!** *fam*, stavo per ˌdire qualcosa d'inappropriatoˌ/[fare una gaffe]; **und andere** (Abk u. a.), e altri, e altre cose; **und andere** (Abk u. a.), eccetera; *unter* **anderem** (Abk u. a.), tra l'altro; *unter* **anderen** (Abk u. a.), tra le altre cose; **und vieles andere mehr** (Abk u. v. a. m.), e molte altre cose; *zum* **anderen**, d'altra parte, d'altro lato/canto.
Anderkonto n *bank* conto m fiduciario.
andermal adv: **ein ~**, un'altra volta.
ändern A tr **1** (*ver~*) *etw* ~ {AUSSEHEN, ENTSCHLUSS, NAMEN, VERHALTEN} cambiare *qc*; {HALTUNG, MEINUNG} *auch* modificare *qc*, mutare *qc*: **den Kurs ~**, cambiare rotta; **das ändert die Sache**, questo cambia le cose; **an meinem Entschluss ist nichts mehr zu ~**, la mia decisione non cambia; **das ändert nichts an der Tatsache, dass ...**, questo non cambia assolutamente il fatto che ...; ˌ**daran ist nichts zuˌ**/[**das lässt sich nicht mehr**] ~, quel che è fatto è fatto; **daran hat sich nichts geändert**, non è cambiato niente **2** (*Änderungen vornehmen*) *etw* ~ {HOSE, JACKE, ROCK} fare delle modifiche/correzioni *a qc*, ritoccare *qc*; (*enger machen*) riprendere *qc* **3** (*um~*) *etw* ~ {GESETZ, VERTRAGSBEDINGUNGEN} cambiare *qc*, modificare *qc*; {GESETZESENTWURF} emendare *qc*; {PROGRAMM, TEXT} modificare *qc*, apportare ˌdei ritocchiˌ/[delle modifiche] *a qc*; **etw in etw** (akk) ~ trasformare *qc in qc* **4** (*umwandeln*) *jdn* ~ {ERFAHRUNG, ERLEBNIS} cambiare (profondamente) *qu*, trasformare *qu* B rfl *sich* ~ **1** (*sich charakterlich ver~*) cambiare: **sie hat sich sehr geändert**, è cambiata molto; **der ändert sich nie!**, non cambierà mai! **2** (*anders werden*) {ADRESSE, BENEHMEN, LAGE, MODE, PLAN, ZEITEN} cambiare; {PREISE} *auch* variare; {WETTER} cambiare, variare, mutare.
andernfalls, anderenfalls adv *geh* altrimenti, in caso contrario, se no, diversamente: **Ihre Tochter muss mehr lernen, ~ wird sie dieses Jahr nicht versetzt**, Sua figlia deve studiare di più, altrimenti quest'anno non verrà promossa.
andernorts, anderenorts adv *geh* altrove, da un'altra parte, da altre parti.
anders A adj <präd> diverso: **früher war alles ~**, una volta era tutto diverso; ~ (**als jd/etw**) **sein**, essere diverso (da qu/qc); **sie ist ganz ~ als ihr Bruder**, è molto diversa da suo fratello; **im Laufe der Jahre ist er ~ geworden**, nel corso degli anni è cambiato; ~ **aussehen**, sembrare diverso (-a), avere un aspetto diverso B adv **1** (*verschieden*) diversamente, in modo diverso, in un altro modo: ~ **ausgedrückt**, in altre parole, in altri termini; **ich denke ~ darüber**, (io) la penso diversamente/[in modo diverso], sono di parere diverso; ~ **Denkende** → **Andersdenkende**; **ich hätte ~ gehandelt**, io avrei agito diversamente; **mir geht es nicht ~**, lo stesso vale per me, anche per me è così/[la stessa cosa]; **es wäre alles ~ gekommen, wenn du ihm nichts gesagt hättest**, sarebbe andato tutto diversamente/[per un altro verso] se (tu) non gli avessi detto niente; **das hört sich schon ganz ~ an**, questa è già un'altra cosa; ~ **schmecken**, avere un ˌsapore diversoˌ/[altro sapore]; **vielleicht hat er es sich** (dat) ~ **überlegt**, forse ˌha cambiato ideaˌ/[ci ha ripensato]; **sich ~ entscheiden**, decidere altrimenti/diversamente **2** (*nach Adv und Interrogativpronomen*): **irgendwo ~** in qualche altro posto, da qualche altra parte; **jemand ~**, qualcun altro; **wenn du die Arbeit nicht machen kannst, dann muss sie eben jemand ~ machen**, se tu non puoi fare questo lavoro, allora lo dovrà fare qualcun altro; **nirgendwo ~ isst man besser als hier**, ˌda nessun'altra parteˌ/[in nessun altro posto] si mangia meglio (di qui); **wem ~ hätte sie es sagen sollen?**, a chi altro avrebbe dovuto dirlo?; **wie könnte es auch ~ sein?**, come potrebbe essere altrimenti? ● **es geht nicht ~**, non si può fare diversamente, non c'è altro modo; **nicht ~ können**: **ich kann nicht ~** (**muss leider**), non posso fare diversamente/altrimenti; **ich kann nicht ~, ich muss rauchen** (*kann es nicht lassen*), non posso fare a meno di fumare; **ganz ~ werden**: **mir wird ganz ~, wenn ich nur ans Klettern denke** (*schwindelig*), mi gira la testa solo a pensare ad arrampicarmi (sulle rocce); (*flau im Magen*): **mir wurde ganz ~, als er mich so ansah**, mi sentii tremare le gambe, quando mi guardò in quel modo; (*Angst und Bange*): **als plötzlich der Schäferhund vor mir stand, wurde mir ganz ~**, ritrovandomi all'improvviso davanti quel pastore tedesco mi venne una gran paura.
andersartig adj {MENSCH} diverso; {AUSSEHEN, GESCHMACK, VERHALTEN} *auch* differente.
andersdenkend adj {BÜRGER, MINDERHEIT, SCHRIFTSTELLER} dissenziente, di opinione diversa, dissidente.
Andersdenkende <dekl wie adj> mf *bes. pol* chi ha ˌun'opinione diversaˌ/[idee diverse], chi la pensa diversamente.
anderseits adv → **anderenteils**.
andersfarbig A adj di un colore diverso/differente, di un altro colore B adv {STREICHEN} di un altro colore.
andersgeartet adj → **geartet**.
andersgeschlechtlich adj dell'altro sesso, di sesso diverso.
andersgesinnt a.R. *von* anders gesinnt → **gesinnt**.
Andersgesinnte <dekl wie adj> mf chi ha ˌun'opinione diversaˌ/[idee diverse]; *pol* dissidente mf, dissenziente mf.
andersgläubig adj *relig* eterodosso, di confessione/fede/religione diversa.
Andersgläubige <dekl wie adj> mf *relig* eterodosso (-a) m (f), persona f di confessione/fede/religione diversa.
andersherum A adv **1** (*in eine andere*

anderslautend | aneignen

Richtung): **stell den Schreibtisch doch ~, dann hast du mehr Platz!**, gira la scrivania dall'altra parte, così hai più spazio!; **versuch mal, den Schalter ~ zu drehen, vielleicht funktioniert es dann!**, prova a girare l'interruttore in senso opposto/inverso, forse così funziona! **2** (*in anderer Richtung*): **~ stehen**, essere girato dall'altra parte **3** (*von der anderen Richtung*) {HINEINFAHREN} dall'altra parte **4** (*in Bezug auf Kleidung*) {ANZIEHEN, TRAGEN} dall'altra parte: **du musst den Pullover ~ anziehen**, girati il pullover, te lo sei messo (-a) a rovescio **B** *adj* <präd> *fam euph* (*homosexuell*): **~ sein**, essere dell'altra sponda.

anderslautend *adj* {BERICHTE, MELDUNGEN, MITTEILUNGEN} contrastante, discordante, di contenuto diverso.

andersrum *adj adv fam* → **andersherum**.

Anderssein *n* essere *m* diverso, diversità *f*.

anderssprachig *adj* **1** (*in einer anderen Sprache abgefasst*) {BUCH} scritto in un'altra lingua: **die deutsche und ~e Literatur**, la letteratura tedesca e quella delle altre lingue **2** (*eine andere Sprache sprechend*) {BEVÖLKERUNGSGRUPPE, MINDERHEIT} di lingua diversa, alloglotto *geh*.

anderswie *adv fam* in qualche ⌊altro modo⌋/[altra maniera], diversamente, altrimenti.

anderswo *adv fam* altrove, in un altro posto, da qualche altra parte: **so etwas gibt es ~ nicht**, una cosa del genere non esiste altrove/[da nessun'altra parte].

anderswoher *adv fam* {KOMMEN, SEIN} da qualche altra parte, da un'altra parte, da un altro posto.

anderswohin *adv fam* {GEHEN, HÄNGEN, STELLEN} da qualche altra parte, da un'altra parte, in qualche altro posto, altrove.

anderthalb <inv> *zahladj* uno e mezzo: **~ Jahre**, un anno e mezzo; **ich habe ~ Stunden auf dich gewartet**, ti ho aspettato (per) un'ora e mezza; **~ Pfund Kirschen**, 750 g di ciliegie.

anderthalbfach *adj* <attr> una volta e mezzo: **nehmen Sie die ~e Menge!** (*in einem Rezept*), prenda una volta e mezzo la dose indicata!

anderthalbmal *adv* una volta e mezzo: **bei dieser Arbeit habe ich ~ so viel verdient wie sonst**, con questo lavoro ho guadagnato il 50% (in) più del solito.

anderthalbstündig *adj* di un'ora e mezzo: **mit ~er Verspätung**, con un'ora e mezzo di ritardo.

Änderung <-, -en> *f* **1** (*Abänderung*) {+ADRESSE, KURS, NAME} cambiamento *m*; {+MEINUNG} *auch* mutamento *m*; {+ENTWURF, TAGESORDNUNG} modifica *f*, variazione *f*; {+PLAN} *auch* cambiamento *m*; {+GESETZ} modifica *f* (*a qc*); {+GESETZENTWURF} emendamento *m* (*a qc*): **nach ~ des Titels**, dopo aver cambiato il titolo **2** {+KLEIDUNGSSTÜCK} modifica *m*, correzione *f*, ritocco *m* **3** (*Wandel*) {+GESELLSCHAFT, POLITIK} trasformazione *f*, (profondo) mutamento *m*; {+WETTER} cambiamento *m* • **~en vorbehalten**, salvo cambiamenti/rettifiche; **eine ~ an etw (dat) vornehmen**, apportare delle modifiche/correzioni a qc; {AN KLEIDUNGSSTÜCKEN} *auch*, ritoccare qc.

Änderungsantrag *m parl* proposta *f* di emendamento.

änderungsbedürftig *adj* {BEBAUUNGSPLAN, BESTIMMUNG, VORSCHRIFT} che ⌊necessita di⌋/[richiede delle] modifiche: **das Gesetz ist ~**, è necessario un emendamento alla legge.

Änderungsschneider *m* (**Änderungsschneiderin** *f*) sarto (-a) *m* (*f*) (che effettua solo correzioni).

Änderungsschneiderei *f* sartoria *f* (dove si effettuano solo correzioni).

Änderungsschneiderin *f* → **Änderungsschneider**.

Änderungsvorschlag *m* proposta *f* di cambiamento/modifica; *parl* (proposta *f* di) emendamento *m* • **über einen ~ abstimmen** *parl*, votare un emendamento; **einen ~ unterbreiten** *parl*, proporre un emendamento.

anderwärtig *adj* <attr> {INFORMATIONEN, MELDUNGEN} di altra fonte, di provenienza diversa.

anderweitig A *adj* <attr> {FRAGEN, PROBLEME, SCHULDEN, VERPFLICHTUNGEN} altro, di tipo diverso **B** *adv* **1** (*mit anderen Dingen*): **kannst du bitte mal ans Telefon gehen, ich bin gerade ~ beschäftigt**, puoi rispondere tu al telefono, per favore? Sono occupato (-a) con altre cose **2** (*von anderer Seite*) {HÖREN} da altra fonte, da altri **3** (*an andere*): **die Arbeit ist schon ~ vergeben**, il lavoro è stato assegnato ⌊a un'altra persona⌋/[ad altri]; **die Stelle wurde schon ~ besetzt**, il posto è già stato occupato da ⌊qualcun altro⌋/[un'altra persona]; **du brauchst den Typ gar nicht anzubaggern, der ist schon ~ vergeben** *fam*, non ci provare neanche con quello lì, è già ⌊impegnato con un'altra⌋/[preso *fam*] **4** (*anders*) {SICH ENTSCHEIDEN} diversamente, altrimenti.

an|deuten A *tr* **1** (*erwähnen*) *etw* ~ {ANGELEGENHEIT, FRAGE, PROBLEM} accennare *a qc*, far cenno *a qc*: **er hat so etwas Ähnliches angedeutet**, ha accennato a qualcosa del genere; **(jdm) ~, dass …**, accennare (a qu) di … *inf* **2** (*vorsichtig zu verstehen geben*) (*jdm*) *etw* ~ {ABSICHT, MISSFALLEN} lasciare intendere *qc* (*a qu*), far capire *qc* (*a qu*) **3** (*in Umrissen erkennen lassen*) *etw* ~ {TEILNES BILDES, PLAN, THEMA} abbozzare *qc*, accennare *qc*: **sie deutete ihm ein Lächeln an**, ⌊gli rivolse un accenno di⌋/[gli accennò un] sorriso **B** *rfl* **sich ~** {VERÄNDERUNG, VERBESSERUNG, WECHSEL} intravedersi.

Andeutung *f* **1** (*versteckter Hinweis*) (ac)cenno *m*, allusione *f*: **auf eine ~ von dir hin**, a un tuo cenno; **in ~en sprechen**, parlare per sottintesi/[mezze parole] **2** (*Spur*) abbozzo *m*, accenno *m*, idea *f*; {+LÄCHELN} accenno *m*, ombra *f* • **eine ~ (über jdn/etw) machen**, fare un'allusione (a qu/qc); **eine versteckte ~**, un'allusione velata.

andeutungsweise A *adv* {ZU VERSTEHEN GEBEN} per accenni/allusioni/sottintesi, indirettamente; {ERZÄHLEN} a mezze parole: **etw ist nicht einmal ~ vorhanden**, non c'è ⌊il minimo accenno⌋/[la minima traccia] di qc **B** *adj* <attr> {LÄCHELN} abbozzato, accennato; {FRAGE} timido.

an|dichten *tr jdm etw* ~ {ABSICHTEN, FÄHIGKEIT} attribuire *qc a qu*: **man will ihm da irgendeine Verantwortung ~**, gli si vuol affibbiare *fam*/appioppare *fam* una qualche responsabilità.

an|diskutieren <ohne ge-> *tr etw* ~ {PROBLEM, THEMA} cominciare a discutere *di qc*.

an|docken *tr* (*an etw akk*) ~ {RAUMFÄHRE AN EINER RAUMSTATION} agganciarsi *a qc*; {MOLEKÜL, VIRUS} annidarsi *in qc*.

an|donnern A *tr jdn* ~ {CHEF MITARBEITER; GENERAL OFFIZIERE} tuonare *contro qu* **B** *tr* {GÜTERZUG} arrivare con grande frastuono.

Andorra <-s, *ohne pl*> *n geog* Andorra *f*.

Andorraner <-s, -> *m* (**Andorranerin** *f*) andorrano (-a) *m* (*f*), abitante *mf* di Andorra.

andorranisch *adj* {DIALEKT, TRADITIONEN} di Andorra, andorrano.

Andrang <-(e)s, *ohne pl*> *m* **1** (*Zustrom*) {+BLUT, SCHLAMM-, WASSERMASSEN} afflusso *m* **2** (*hindrängende Menschenmenge*) (massiccia) affluenza *f*, ressa *f*, calca *f*: **der große ~ des Publikums**, la grande affluenza di pubblico; **beim Beginn des Sommerschlussverkaufs gibt es immer einen großen ~**, all'inizio delle svendite estive c'è sempre una gran(de) ressa.

Andrea *f* (*Vorname*) Andreina.

Andreas *m* (*Vorname*) Andrea.

Andreaskreuz *n* **1** *relig* croce *f* di sant'Andrea **2** *autom* (*Verkehrsschild*) croce *f* di sant'Andrea, segnale *m* di passaggio a livello.

an|drehen *tr* **1** (*anstellen*) *etw* ~ {GAS, HAHN, WASSER} aprire *qc*; {LICHT, RADIO} accendere *qc*; {MASCHINE} avviare *qc* **2** (*festdrehen*) *etw* ~ {BOLZEN, SCHRAUBE} avvitare *qc*, stringere *qc* **3** *fam* (*verkaufen*) **jdm etw ~** {ÜBERTEUERTE AUTOS, SCHLECHTE WARE} appioppare *qc a qu fam*, rifilare *qc a qu fam*, rivogare *qc a qu fam*: **sich (dat) etw ~ lassen**, farsi appioppare *qc*.

andrenfalls *adv* → **andernfalls**.

andrer, andre, andres *indef pron* → **anderer**.

andrerseits *adv* → **anderenteils**.

Androgen <-s, -e> *n biol* androgeno *m*.

androgyn *adj biol* {AUSSEHEN} androgino.

Androgynie <-, *ohne pl*> *f biol med* androginia *f*.

an|drohen *tr etw* ~ {ENTLASSUNG, KONSEQUENZEN, RACHE, STRAFE} minacciare *qc*; **jdm etw ~** minacciare *qu di qc*: **jdm ~, etw zu tun**, minacciare qu di fare qc.

Androhung *f* minaccia *f*: **unter ~ ⌊einer S. (gen)⌋/[von etw (dat)]** {EINER STRAFE, VON GEWALT, PRÜGEL}, sotto la minaccia di qc • **~ der Strafe** *jur*, pena prevista.

Androide <-n, -n> *m* androide *m*.

Androloge <-n, -n> *m* (**Andrologin** *f*) *med* andrologo (-a) *m* (*f*).

Andrologie <-, *ohne pl*> *f med* andrologia *f*.

Andrologin *f* → **Androloge**.

andrologisch *adj med* andrologico.

Andromeda <-, *ohne pl*> *f astr* Andromeda *f*.

Andropause <-, *ohne pl*> *f* andropausa *f*.

Andruck *m typ* prova *f* di stampa.

an|drucken *typ* **A** *tr etw* ~ fare una prova di stampa *di qc* **B** *tr* {VERLAGSHAUS} cominciare a stampare.

an|drücken *tr etw* (*an etw akk*) ~ {KLEBSTOFF, PFLASTER} premere *qc* (*contro qc*).

an|dünsten *tr gastr etw* ~ {GEMÜSE, KOHL} (far) saltare *qc* brevemente; {ZWIEBEL} far imbiondire *qc*.

an|ecken *itr* <sein> **1** (*versehentlich anstoßen*) **mit etw** (dat) (**an etw** dat) ~ {AM STRASSENRAND, AN DER TISCHKANTE} urtare *con qc* (*lo spigolo di qc*) **2** *fam* (*unangenehm auffallen*) (**bei jdm**) ~ urtare *qu*: **mit deinen unangebrachten Bemerkungen bist du bei ihm angeeckt**, con le tue osservazioni poco opportune l'hai urtato; **er will bei niemandem ~**, non vuole urtare/offendere nessuno; **wegen seines Benehmens eckt er oft bei den Kollegen an**, il suo comportamento irrita spesso i colleghi.

an|eignen *rfl* **sich (dat) etw ~ 1** (*an sich nehmen*) {BÜCHER, SCHALLPLATTEN, WAREN} appropriarsi *di qc*, impossessarsi *di qc*: **du hast dir meine neuen CDs einfach ange-**

Aneignung | anfallen

eignet, ohne mich vorher zu fragen, ti sei semplicemente impossessato (-a) dei miei nuovi CD senza chiedermeli prima **2** (*sich vertraut machen*) {FERTIGKEITEN, KENNTNISSE, WISSEN} acquisire *qc*; {FREMDSPRACHE} impadronirsi *di qc* ● **sich** (dat) **etw widerrechtlich ~**, usurpare *qc*, appropriarsi indebitamente di *qc*.

Aneignung <-, *ohne pl*> f **1** (*Inbesitznahme*) {+GEGENSTÄNDE, WAREN} appropriazione f: **die widerrechtliche ~ von etw** (dat), l'appropriazione indebita di *qc*, l'usurpazione di *qc* (*Erwerb*) {+FERTIGKEITEN, KENNTNISSE, WISSEN} acquisizione f ● **freie ~ herrenloser Sachen** *jur*, occupazione.

aneinander adv **1** (*jeweils an der anderen Person*) (l')uno (-a) accanto all'altro (-a): **~ vorbeigehen**, passarsi accanto; **sie reden ~ vorbei**, non si intendono, parlano due lingue diverse **2** (*eine Person an die andere*) {DENKEN} (l')uno (-a) all'altro (-a): **sich ~ gewöhnen**, abituarsi ₍(l')uno (-a) all'altro (-a)₎/[gli uni agli altri] **3** (*eine Sache an die andere*) (l')uno (-a) accanto all'altro (-a), gli uni/le une accanto ₍agli altri₎/[alle altre]: **~ festbinden**, legare (l')uno (-a) con l'altro (-a).

aneinander|bauen tr *etw* ~ {HÄUSER} costruire *qc* (l')uno (-a) accanto all'altro (-a).

aneinander|binden <irr> tr **1** (*zusammenbinden*) *etw* ~ {FADENENDEN} legare ₍(l')uno (-a) con l'altro (-a)₎/[insieme] *qc* **2** (*fesseln*) *jdn*/*etw* ~ legare ₍(l')uno (-a) all'altro (-a)₎/[insieme] *qu*/*qc*.

aneinander|drängen rfl sich ~ {KINDER, WELPEN IN DER KÄLTE} stringersi l'uno (-a) all'altro (-a).

aneinander|fügen tr *etw* ~ {EINZELTEILE EINES PUZZLES} mettere insieme *qc*.

aneinander|geraten <irr, *ohne ge*-> itr <sein> **1** (*streiten*) (**wegen etw** gen *oder fam* dat) ~ accapigliarsi (*per qc*), litigare (*per qc*) **2** (*sich prügeln*) (**wegen etw** gen *oder fam* dat) **mit jdm ~** {PERSONEN} litigare *con qu*, venire alle mani *con qu* (*per qc*): **die beiden Brüder geraten wegen der geringsten Kleinigkeit aneinander**, i due fratelli si accapigliano anche per la minima sciocchezza.

aneinander|grenzen itr {GÄRTEN, GRUNDSTÜCKE} essere adiacenti/contigui, confinare l'uno con l'altro, essere confinanti/attigui.

aneinandergrenzend adj {GÄRTEN, GRUNDSTÜCKE} confinanti, contigui, adiacenti, attigui.

aneinander|hängen① tr *etw* ~ {GIRLANDEN, LAMPIONS, WAGGONS} attaccare *qc* (l')uno (-a) accanto all'altro (-a).

aneinander|hängen② <irr, *haben oder* süddt A CH sein> itr {GIRLANDEN, LAMPIONS, WAGGONS} essere attaccato (l')uno (-a) all'altro (-a).

aneinander|klammern A tr *etw* ~ {BLÄTTER, BRIEFBÖGEN, UNTERLAGEN} spillare (insieme) *qc* B rfl **sich ~** {GESCHWISTER, MUTTER UND KIND, VERLIEBTE BEIM ABSCHIED} stringersi forte, aggrapparsi (l')uno (-a) all'altro (-a).

aneinander|kleben A itr (*zusammengeklebt sein*) {PAPIERSTÜCKE} essere incollato (l')uno (-a) all'altro (-a) B tr (*zusammenkleben*) *etw* ~ {EINZELSTÜCKE AUS HOLZ ODER PAPIER} incollare *qc*.

aneinander|reihen A tr *etw* ~ {KISTEN} mettere in fila *qc*, allineare *qc*; {BÜCHER, FLASCHEN} schierare *qc* {PERLEN} infilare *qc* B rfl **sich ~** {JAHRE, MONATE, TAGE} succedersi (l')uno (-a) all'altro (-a)), susseguirsi; {BÜCHER} essere ₍in fila₎/[allineati (-e)].

aneinander|schmiegen rfl sich ~ {KINDER, VERLIEBTE} stringersi l'uno (-a) all'altro (-a).

aneinander|schweißen tr *etw* ~ {METALLSTÜCKE} saldare insieme *qc*.

aneinander|stellen tr *etw* ~ {REGALE, SCHRÄNKE} mettere/sistemare *qc* (l')uno (-a) accanto all'altro (-a).

aneinander|stoßen <irr> itr <sein> **1** (*zusammenstoßen*) urtarsi **2** (*aneinandergrenzen*) incontrarsi.

Anekdötchen <-s, -> n *fam oft scherz* dim *von* Anekdote piccolo aneddoto m, storiella f.

Anekdote <-, -n> f aneddoto m.

anekdotenhaft A adj {GESCHICHTE} aneddotico B adv {ERZÄHLEN} in forma aneddotica, sotto forma di aneddoto.

an|ekeln tr *jdn* ~ {ANBLICK, GERUCH, PERSON} disgustare *qu*, nauseare *qu*, dare la nausea *a qu*, ripugnare *qu*, fare ribrezzo/schifo *fam a qu*: **sein Benehmen ekelt mich an**, il suo comportamento mi stomaca/[dà il voltastomaco]; **seine Kleider sind so schmutzig, dass sie mich ~**, i suoi vestiti sono talmente sporchi che mi fanno schifo *fam*; **Zigarettengeruch ekelt mich an**, il puzzo di fumo mi disgusta/[dà la nausea].

Anemone <-, -n> f *bot* anemone m.

an|erbieten <irr, *ohne ge*-> rfl sich ~ offrirsi: **er erbot sich an, meinen Koffer zu tragen**, si offrì di portarmi la valigia.

anerkannt A part perf *von* an|erkennen B adj **1** (*unbestritten*) {TATSACHE} riconosciuto **2** (*allgemein geschätzt*) {BUCH, KUNSTWERK} riconosciuto, apprezzato; {WISSENSCHAFTLER} *auch* affermato **3** adm (*zugelassen*) {DIPLOM, PRÜFUNG} riconosciuto; {SCHULE} legalmente riconosciuto: **eine staatlich ~e Privatschule**, una scuola privata ₍legalmente riconosciuta₎/[parificata]; **ein offiziell ~er Rekord** *sport*, un primato omologato.

anerkanntermaßen adv notoriamente.

an|erkennen <irr, *ohne ge*-> tr *jdn*/*etw* ~ {HERRSCHER, REGIERUNG, STAAT, URKUNDE} riconoscere *qu*/*qc*; {KIND} *auch* legittimare *qu*: **die Vaterschaft ~**, riconoscere la paternità **2** (*zulassen*) *etw* ~ {ABSCHLUSS, DIPLOM, PRÜFUNG} riconoscere *qc*: **einen Rekord offiziell ~** *sport*, omologare un primato **3** (*akzeptieren*) *etw* ~ {ABMACHUNG, FORDERUNGEN, REGELN} riconoscere *qc* **4** (*würdigen*) *etw* ~ {BEMÜHUNGEN, LEISTUNGEN} riconoscere *qc* **5** (*gelten lassen*) *etw* ~ {STANDPUNKT, ÜBERZEUGUNG} rispettare *qc* ● **etw gesetzlich ~**, riconoscere qc legalmente.

anerkennend A adj {BLICK, KOPFNICKEN, WORTE} di riconoscimento, di apprezzamento B adv {JDM AUF DIE SCHULTER KLOPFEN} in segno di riconoscimento/apprezzamento.

anerkennenswert A adj {BEMÜHUNG, EINSATZ, LEISTUNG} che merita riconoscimento B adv: **er verhält sich sehr ~**, il suo comportamento è degno di riconoscimento.

Anerkenntnis <-ses, -se> n *jur* riconoscimento m.

Anerkennung <-, -en> f **1** (*meist* sing) *jur* {+GRENZE, REGIERUNG, URKUNDE, VATERSCHAFT} riconoscimento m: **diplomatische ~ eines Staates**, riconoscimento di uno stato **2** (*Würdigung*) {+BEMÜHUNG, LEISTUNG} riconoscimento m: **jds ~ finden**, riscuotere la stima di qu, incontrare l'apprezzamento/il favore di qu; **als ~ einer S.** (gen), in (segno di) riconoscimento di qc **3** (*Toleranzierung*) {+MEINUNG, STANDPUNKT} rispetto m: **er tut sich mit der ~ anderer Standpunkte schwer**, gli riesce difficile rispettare altri punti di vista.

Anerkennungsverfahren n *jur*: **~ eines ausländischen Urteils**), giudizio di de-

libazione.

an|erziehen <irr, *ohne ge*-> tr *jdm etw* ~ {BESTIMMTES BENEHMEN, PÜNKTLICHKEIT} inculcare *qc a qu*, educare *qu a qc*.

Aneurysma <-s, Aneurysmen> n *med* aneurisma m.

an|fachen tr *geh etw* ~ **1** (*zum Brennen bringen*) {FEUER} attizzare *qc*, ravvivare *qc* **2** (*schüren*) {HASS, LEIDENSCHAFT, NEID} attizzare *qc*, formentare *qc*.

an|fahren <irr> A tr <haben> **1** (*mit einem Fahrzeug liefern*) *etw* ~ {GETRÄNKE, HOLZ, KOHLE, MÖBEL} portare *qc*: **etw ~ lassen**, far portare *qc* **2** (*beim Fahren streifen*) *jdn* ~ {AUTO, MOTORRAD PASSANTEN} investire *qu*, andare addosso *a qu* **3** (*ansteuern*) *etw* ~ {ORT, REISEZIEL} dirigersi *verso qc*: **das Schiff fährt jetzt den Hafen an**, la nave si sta dirigendo verso il porto **4** *fam* (*auftischen*) *etw* ~ {GETRÄNKE, SPEISEN} portare/mettere in tavola *qc*: **lass noch mal eine Runde Bier ~!**, fai portare altra birra! **5** *fam* (*zurechtweisen*) *jdn* ~ apostrofare malamente *qu* B itr <sein> {AUTO, BUS, ZUG} partire: **das Anfahren**, la partenza; **Vorsicht beim Anfahren des Zuges!**, attenzione, treno in partenza!; **das Anfahren am Berg**, la partenza in salita ● **angefahren kommen**: **der Bus kam angefahren**, l'autobus stava arrivando.

Anfahrt f **1** (*Hinfahrt*) tragitto m, viaggio m: **für die ~ zum Flughafen brauchen Sie fast eine Stunde**, per il viaggio fino all'aeroporto Le ci vuole quasi un'ora; **der Taxifahrer nimmt für die ~ drei Euro**, il tassista prende tre euro per la chiamata **2** (*Zufahrt*) (via f di) accesso m **3** (*Ankunft*) arrivo m.

Anfall① <-(e)s, Anfälle> m **1** *med* attacco m, accesso m, crisi f: **einen epileptischen ~ bekommen/erleiden**, avere ₍un attacco epilettico₎/[una crisi epilettica] **2** (*plötzlicher Stimmungswandel*) **~ von etw** (dat) {VON WAHNSINN} attacco m di *qc*, accesso m di *qc*; {VON EIFERSUCHT} *auch* crisi f di *qc*: **in einem ~ von Großzügigkeit**, in uno slancio di generosità ● **einen ~ bekommen/kriegen** *fam*, (*Herzanfall*) avere un attacco ₍di cuore *fam*₎/[cardiaco]; (*Wutanfall*) avere un'esplosione di rabbia; **ich kriege gleich einen ~**, sto per esplodere; **einen hysterischen ~ haben**, avere ₍una crisi isterica₎/[un attacco di isteria].

Anfall② <-(e)s, *ohne pl*> m **1** *ökon*: **der ~ von Zinsen war gering**, gli interessi prodotti erano bassi **2** (*das Aufkommen*) {+MÜLL, NEBENPRODUKTE} produzione f **3** (*Anhäufung*) {+ARBEIT, REPARATUREN} quantità f; {+KOSTEN} ammontare m: **bei ~ von Reparaturen**, in caso di riparazioni **4** (*Ertrag*) ~ **an etw** (dat) {AN GETREIDE} produzione f *di qc*.

an|fallen① <irr> tr <haben> **1** (*überfallen*) *jdn* ~ {TÄTER FRAU} aggredire *qu*, assalire *qu* **2** (*anspringen*) *jdn*/*etw* ~ {HUND PASSANTEN, ANDERE TIERE} aggredire *qu*/*qc*, attaccare *qu*/*qc* **3** (*befallen*) *jdn* ~ {SCHMERZLICHE ERINNERUNG, HEIMWEH, TRAURIGKEIT} assalire *qu*, prendere *qu*, cogliere *qu*.

an|fallen② <irr> itr <sein> **1** (*entstehen*) {ABFALL, MÜLL, NEBENPRODUKTE} essere prodotto: **die Gemeinden können den ~den Müll kaum noch bewältigen**, i comuni non riescono più a smaltire i rifiuti accumulati **2** *ökon* (*sich ergeben*): **bei so vielen Transaktionen fallen auch höhere Kontogebühren an**, con tanti movimenti bancari anche le spese di tenuta conto sono/risultano più alte; **wenn Sie eine so hohe Summe anlegen, dann fallen auch hohe Zinsen an**, se investe una cifra così elevata, anche gli interessi saranno più alti **3** (*sich anhäufen*) {AR-

anfällig adj **1** (nicht widerstandsfähig): ~ sein, essere cagionevole (di salute): **im Alter wird man ~er**, con l'età si diventa più cagionevoli; ~ **für etw** (akk) **sein** {FÜR ERKÄLTUNGEN}, essere/andare soggetto (-a) a qc; **kleine Kinder sind für Erkältungen ~er**, i bambini piccoli ⌊vanno più soggetti ai raffreddori⌋/[prendono più facilmente il raffreddore] **2** (reparatur~) ~ **für etw** (akk) {FÜR PANNEN, STÖRUNGEN} soggetto a qc.

Anfälligkeit <-, ohne pl> f **1** (anfällige Konstitution) cagionevolezza f; ~ **für etw** (akk) {FÜR ERKÄLTUNGEN, INFEKTIONEN} predisposizione a qc **2** (Reparaturanfälligkeit): **bei längerem Gebrauch steigt die ~ von Elektrogeräten für Störungen**, se usati per lungo tempo gli elettrodomestici vanno più soggetti ai guasti.

Anfang <-(e)s, Anfänge> m **1** <meist sing> (Beginn eines Zeitabschnitts) inizio m, principio m: **der ~ des Jahres**, l'inizio dell'anno; **(am) ~ einer S.** (gen)/+ subst, all'inizio di qc, al principio di qc: **wir sind ~ 1999 umgezogen**, ci siamo trasferiti (-e) all'inizio del 1999; **~ Mai**, ⌊all'inizio⌋/[al principio di maggio, (a)i primi di maggio; **(am) ~ des Monats**, all'inizio del mese, i primi (giorni) del mese; **am ~ seiner Karriere**, agli esordi della (sua) carriera **2** <nur sing> (Beginn eines Alters): **er ist ~ Fünfzig**, ha poco più di cinquant'anni **3** (erster Teil) {+STRAßE, STRECKE} inizio m; {+BEZIEHUNG, KAPITEL, REISE, ROMAN} auch principio m; {+LIED, MUSIKSTÜCK, REDE} inizio m, attacco m **4** <meist pl> (Ursprung) origini f pl, primordi m pl, inizi m pl: **die Anfänge der Menschheit**, i primordi/le origini dell'umanità; **die Anfänge des Lebens**, le origini della vita; **er hat dieses Unternehmen aus bescheidenen Anfängen aufgebaut**, ha creato questa impresa quasi dal nulla **5** (Start) inizio m: **das war ein viel versprechender ~**, è ⌊stato un inizio⌋/[stata una partenza] molto promettente **6** <nur pl> (Grundbegriffe) {+MATHEMATIK, PHILOSOPHIE} rudimenti m pl, principi m pl, basi f pl • **am ~** (Beginn), in principio, in origine; **am ~ schuf Gott Himmel und Erde**, in principio Dio creò il cielo e la terra; (anfänglich), all'inizio, inizialmente; **der ~ vom Ende: das ist der ~ vom Ende**, è l'inizio della fine; **von ~ bis Ende**, ⌊dall'inizio⌋/[dal principio] alla fine, da capo a piedi; **gleich zu ~**, fin dall'inizio; **ich möchte Sie gleich zu ~ darauf hinweisen, dass ...**, vorrei farLe/Vi notare fin dall'inizio che ...; **den ~ (bei/mit etw dat) machen** fam, (in)cominciare (a fare qc), iniziare (a fare qc); **der ~ ist gemacht**, il primo passo è fatto; **seinen ~ nehmen** geh, avere inizio, iniziare, cominciare; **ein neuer ~**, un nuovo inizio; **nach seiner Scheidung will er einen neuen ~ machen**, dopo il divorzio vuole ⌊ricominciare daccapo⌋/[ripartire da zero]; **wieder am ~ stehen**: **jetzt stehen wir wieder ganz am ~**, siamo di nuovo ⌊al punto di partenza⌋/[daccapo]; **von ~ an**, fin ⌊dall'inizio⌋/[dal principio]; **meine Eltern waren von ~ an dagegen**, i miei genitori erano contrari fin dall'inizio; **zu ~**, all'inizio; **aller ~ ist schwer** prov, il difficile sta nel cominciare prov.

an|fangen <irr> **A** tr **1** (beginnen) **etw ~** {ARBEIT, BRIEF, KURS} (in)cominciare qc, iniziare qc: ~, **etw zu tun**, (in)cominciare/iniziare a fare qc; **sie fing an, den Zeitungsartikel vorzulesen**, incominciò a leggere l'articolo ad alta voce; **etw (mit jdm) ~** {GESPRÄCH, VERHÄLTNIS} iniziare qc (con qu), cominciare qc (con qu); **ich glaube, sie hat etwas mit ihm angefangen** fam, credo che (lei) abbia iniziato una storia con lui; **Streit mit jdm ~**, attaccare briga con qu fam; **jetzt fang bloß keinen Streit an!**, non (in)cominciare a litigare!; **etw mit etw** (dat) **~** {BRIEF MIT EINER FORMULIERUNG, ESSEN MIT EINEM GEBET} (in)cominciare qc con qc, iniziare qc con qc, dare inizio a qc con qc, aprire qc con qc **2** fam (tun) **etw ~** fare qc: **was soll ich damit ~?**, che me ne faccio?; **was wollt ihr denn heute ~?**, cosa volete fare oggi?; **etw irgendwie ~**: **etw schlau ~**, saperci fare; **etw verkehrt ~**, impostare qc in modo sbagliato **3** fam (anbrauchen) **etw ~** {NEUE FLASCHE, PACKUNG} aprire qc **B** itr **1** (beginnen) {FERIEN, FEST} (in)cominciare, iniziare, avere inizio; {NEUES JAHR, KURS, MESSE, VERANSTALTUNG} auch aprirsi: **es fing ⌊an zu regnen⌋/[zu regnen an]**, è/ha (in)cominciato a piovere; **irgendwo** (in)cominciare/iniziare + compl di luogo: **die Grenzlinie fängt bei dem Turm an**, la linea di confine comincia/parte dalla torre **2** (eine Stelle antreten) (irgendwann ~) (in)cominciare/iniziare + compl di tempo): **Sie können am 1. April bei uns ~**, può ⌊cominciare a lavorare⌋/[prendere servizio] da noi il primo aprile; **er hat als Vertreter bei der Firma angefangen, und jetzt ist er Abteilungsleiter**, ha incominciato a lavorare in quella ditta come rappresentante e ora è caporeparto **3** (den Anfang machen) **(mit etw** dat) **~** (in)cominciare/iniziare (a fare qc): **fangt schon mit dem Essen an, ich komme gleich!**, cominciate pure a mangiare, arrivo subito!; **ihr streitet ja schon wieder, wer hat denn diesmal angefangen?**, state di nuovo litigando, chi ha cominciato questa volta?; **mit den Umbauarbeiten wird nächste Woche angefangen**, i lavori di ristrutturazione avranno inizio la prossima settimana; **fangen wir endlich mit der Arbeit an!**, mettiamoci finalmente al lavoro! • **fang nicht wieder damit/davon an!** fam, non ricominciare con questa storia! fam; **das fängt ja gut/heiter an!** fam iron, cominciamo bene!; **klein ~**, cominciare dal basso; **mit nichts angefangen haben**, aver cominciato dal nulla; **mit jdm nichts ~ können**: **ich kann mit ihr nichts ~**, con lei non ho niente da spartire; **mit etw (dat) nichts ~ können** {MIT EINEM GERÄT}, non sapere che farsene di qc; **mit diesem Wort kann ich nichts ~**, questa parola non mi dice niente; **wieder ⌊von vorn⌋/[bei null] ~**, ricominciare da capo, ripartire da zero; **mit etw (dat) nichts anzufangen wissen**, non sapere che farsene di qc; **er weiß nichts mit seiner Freizeit anzufangen**, non sa come passare il tempo libero; **nichts mit sich (dat) anzufangen wissen**: **er weiß nichts mit sich anzufangen**, non sa stare ⌊con se stesso⌋/[da solo].

Anfänger <-s, -> m (**Anfängerin** f) principiante mf: **Deutschkurse für ~**, corsi di tedesco per principianti • **(du/Sie) ~!** fam, dilettante!, incapace!; **ein blutiger ~ sein**, essere ⌊un novellino⌋/[alle prime armi]; **~ in etw** (dat) **sein** {IN EINEM FACH, IM KOCHEN}, essere un principiante in qc.

Anfängerkurs m corso m per principianti.

Anfängerübung f esercizio m per principianti.

anfänglich A adj <attr> {MISSTRAUEN, PROBLEME, ZÖGERN} iniziale: **die ~en Schwierigkeiten waren bald überwunden**, le difficoltà iniziali furono presto superate **B** adv dapprima, al principio, all'inizio, inizialmente, in un primo momento/tempo.

anfangs① adv all'inizio, inizialmente, da principio, dapprima, sulle prime fam.

anfangs② präp + gen fam all'inizio di: **~ des Monats**, all'inizio del mese; **~ Januar**, all'inizio di gennaio, i primi di gennaio.

Anfangsbuchstabe m (lettera f) iniziale f: **großer/kleiner ~**, iniziale maiuscola/minuscola.

Anfangserfolg m successo m iniziale.

Anfangsgehalt n stipendio m iniziale.

Anfangsgeschwindigkeit f velocità f iniziale.

Anfangsgründe subst <nur pl> {+MATHEMATIK, SPRACHE} rudimenti m pl, principi m pl elementari, basi f pl, abbicci m.

Anfangskapital n {+AG, FIRMA} capitale m iniziale/(di partenza).

Anfangskenntnisse subst <nur pl> nozioni f pl elementari, prime nozioni f pl.

Anfangsschwierigkeit f <meist pl> difficoltà f pl iniziali.

Anfangssilbe f sillaba f iniziale.

Anfangsstadium n {+KRANKHEIT} stadio m iniziale, primo stadio m; {+PROJEKT, VERSUCH} fase f iniziale: **noch im ~ stecken** {BAU, PROJEKT}, essere ancora ⌊in/nella fase iniziale⌋/[allo stato embrionale].

Anfangszeit f **1** (Zeitangabe) {+KURS, SEMINAR, VERANSTALTUNG} ora f d'inizio **2** <meist sing> (erste Zeit) periodo m iniziale, primo periodo m.

an|fassen A tr **1** (berühren) **jdn/etw ~** {ARTIKEL, GEGENSTAND, KÖRPERTEIL, PERSON} toccare qu/qc: **die ausgestellte Ware bitte nicht ~!**, per favore non toccare la merce esposta!; **fass den Topf bloß nicht an, der ist heiß!**, non toccare la pentola, brucia!; **er fasst alle jungen Frauen an**, tocca/[mette le mani addosso a] tutte le ragazze; **ein Politiker zum Anfassen**, un politico che cerca il contatto con la gente **2** (bei der Hand nehmen) **jdn ~** prendere qu per mano **3** fam (anpacken) **etw irgendwie ~** {ANGELEGENHEIT, AUFGABE, PROBLEM} affrontare/abbordare qc + compl di modo **4** (behandeln) **jdn irgendwie ~** {GROB, HART, STRENG} trattare qu + compl di modo: **er fasst seinen Sohn sehr hart an**, tratta suo figlio ⌊con molta durezza⌋/[molto duramente] **B** itr **1** (berühren) toccare: **nicht ~!**, non toccare!; **dieser Stoff ist aber weich! Fass mal an!**, com'è morbida questa stoffa! Tocca un po'! **2** fam (mithelfen): **mit ~**, dare una mano, aiutare; **wenn ihr alle mit anfasst, dann werden wir schneller fertig**, se date tutti una mano finiremo prima; **fass doch mal mit an!**, aiutaci un po'!, dai una mano! **C** rfl **1** (sich anfühlen) **sich irgendwie ~**: **der Stoff fasst sich weich an**, la stoffa è morbida al tatto **2** (sich an die Hand nehmen) **sich ~** prendersi per mano.

an|fauchen tr **1** (in jds Richtung fauchen) **jdn/etw ~** {KATZE, RAUBKATZE} soffiare contro qu/qc **2** fam (wütend anfahren) **jdn ~** saltare addosso a qu fam, aggredire qu.

an|faulen itr {HOLZ} cominciare a marcire; {FRÜCHTE} auch cominciare ad andare a male: **angefaultes Obst**, frutta un po' passata.

anfechtbar adj **1** jur {TESTAMENT, URTEIL} impugnabile **2** (sich bestreiten lassend) {BEHAUPTUNG, THEORIE, THESE} contestabile, oppugnabile.

Anfechtbarkeit <-, ohne pl> f {+BESCHLUSS, URTEIL} impugnabilità f; {+THEORIE, THESE} contestabilità f, oppugnabilità f.

an|fechten <irr> tr **1** (gerichtlich angreifen) **etw ~** {TESTAMENT, URTEIL} impugnare qc; {ZEUGENAUSSAGE} inficiare qc, contestare qc: **die Ehelichkeit eines Kindes ~**, disconosce-

re (la paternità di) un figlio **2** (*nicht anerkennen*) **etw ~** {BESCHLUSS, MEINUNG, THEORIE, THESE} contestare *qc*, oppugnare *qc*.
Anfechtung <-, -*en*> f **1** {+BESCHLUSS, THEORIE, THESE} contestazione f, oppugnazione f **2** *jur* {+TESTAMENT, URTEIL} impugnazione f **3** *geh* (*Versuchung*) tentazione f.
Anfechtungsvorbehalt m *jur* riserva f di impugnazione.
an|feinden A tr *jdn* ~ trattare *qu* con ostilità, aggredire *qu* B rfl **sich ~** guardarsi in cagnesco *fam*.
Anfeindung <-, -*en*> f ostilità f, animosità f.
an|fertigen tr **1** *geh* (*herstellen*) **etw ~** {KLEIDUNGSSTÜCK} confezionare *qc*; {MÖBELSTÜCK} fabbricare *qc*; {ZEICHNUNG} eseguire *qc*: **hier werden Ersatzteile angefertigt**, qui si fabbricano pezzi di ricambio; **einen Mantel ~ lassen**, far confezionare/fare un cappotto; **sich (dat) ein Bücherregal ~ lassen**, farsi fare una libreria; **wer hat diesen Entwurf angefertigt?**, chi ha realizzato questo progetto? **2** *form* (*herstellen*) **etw ~** {PROTOKOLL, SCHRIFTSTÜCK} stendere *qc*; {ARTIKEL} redigere *qc*; {KOPIE} fare *qc* **3** (*zubereiten*) **etw ~** {ARZNEI, LOTION} preparare *qc*.
Anfertigung f **1** (*Herstellung*) {+MÖBELSTÜCK} fabbricazione f; {+KLEIDUNGSSTÜCK} confezione f, fattura f; {+ZEICHNUNG} esecuzione f **2** *form* (*das Aufsetzen*) {+PROTOKOLL, SCHRIFTSTÜCK} stesura f; {+ARTIKEL} redazione f; {+ENTWURF} realizzazione f **3** (*Zubereitung*) {+ARZNEI, LOTION} preparazione f.
an|feuchten A tr **etw ~** {BRIEFMARKE, BÜGELWÄSCHE} inumidire *qc*; {LIPPEN} *auch* umettare *qc* B rfl **sich (dat) etw ~** {LIPPEN} inumidirsi *qc*, umettarsi *qc*.
an|feuern tr **1** (*anzünden*) **etw ~** {OFEN} accendere *qc* **2** (*antreiben*) **jdn ~** incoraggiare *qu*, incitare *qu*; *sport auch* fare il tifo *per qu*.
Anfeuerungsruf m <*meist* pl> grido m d'incoraggiamento/incitamento.
an|fixen tr *slang* **jdn ~** {DEALER POTENZIELLEN KUNDEN} spingere *qu* a bucarsi *slang*.
an|flachsen tr *fam* **jdn ~** prendere per i fondelli/il naso *qu fam*.
an|flehen tr **jdn ~** supplicare *qu*, implorare *qu*: **ich flehe dich an**, ti supplico/imploro; **jdn um etw** (akk) **~**, supplicare *qu da qu*, implorare *qu da qu*, supplicare *qu di qc*, implorare *qu di fare qc*.
an|fliegen <irr> A tr <*haben*> **1** (*fliegend ansteuern*) **etw ~** {FLUGZEUG FLUGHAFEN, STADT} volare *verso qc*, dirigersi in volo *verso qc*, fare rotta *su qc* **2** (*als ständiges Ziel haben*) **etw ~**: **Rom wird von der Lufthansa angeflogen**, Roma è servita dalla Lufthansa; **mehrere internationale Fluggesellschaften fliegen jetzt auch Florenz an**, diverse compagnie aeree internazionali ora fanno scalo anche a Firenze B itr <*sein*> (*herbeifliegen*): **angeflogen kommen** {VÖGEL}, avvicinarsi in volo; {FLUGZEUG, HUBSCHRAUBER} auch avvicinarsi.
Anflug m **1** *aero* (*Flugweg*) (tragitto m di) volo m **2** *aero* (*letzte Phase vor der Landung*) avvicinamento m: **die Maschine befindet sich im ~ auf Frankfurt**, l'aereo ¡si sta avvicinando¡/[è in avvicinamento] all'aeroporto di Francoforte; **beim ~ auf New York hatte das Flugzeug technische Schwierigkeiten**, durante la fase di atterraggio all'aeroporto di New York l'aereo ha avuto dei problemi tecnici **3** (*Hauch*) **~ von etw** (dat)/+ gen {VON IRONIE, MELANCHOLIE, SPOTT} ombra f *di qc*, traccia f *di qc*, velo m *di qc*: **ein ~ von Trauer**, un velo di tristezza; **ein ~ von Schmerz**, un'ombra di dolore; **sie begrüßte**

mich mit dem **~ eines Lächelns**, mi salutò accennando un sorriso.
Anflugschneise f *aero* corridoio m di avvicinamento.
an|flunkern tr *fam* **jdn ~** raccontare delle bugie/frottole/panzane *fam a qu*.
an|fordern tr **jdn/etw** (*bei/von jdm*) **~** {ARBEITSKRÄFTE BEIM/VOM ARBEITSAMT, GUTACHTEN BEI/VON EINEM SACHVERSTÄNDIGEN, INFORMATIONSMATERIAL BEI EINER SCHULE} (ri)chiedere *qu/qc* (*da qu/qc*), fare richiesta *di qu/qc* (*a qu/qc*).
Anforderung f **1** <*nur* sing> (*das Anfordern*) {+ANGEBOT, ZUSÄTZLICHE ARBEITSKRÄFTE, INFORMATIONEN, KATALOG} richiesta f; {+WAREN} ordinazione f **2** <*meist* pl> (*Anspruch*) esigenza f, pretesa f: **in seinem Alter ist er den ~en nicht mehr gewachsen**, alla sua età non è più in grado di far fronte agli impegni che la sua professione richiede; **er stellt zu große/hohe ~en an seine Mitarbeiter**, pretende troppo dai suoi collaboratori; **der Bewerber entspricht nicht unseren ~en**, il candidato non è in possesso dei requisiti da noi richiesti ● **auf ~** {VER-, ZUSENDEN}, su richiesta.
Anforderungsprofil n profilo m (professionale) richiesto.
Anfrage f **1** (*Bitte um Auskunft*) domanda f, richiesta f: **eine schriftliche ~ an den Bürgermeister/die Gemeinde richten**, indirizzare una domanda scritta al sindaco/comune **2** *parl*: **große ~**, interpellanza f; **kleine ~**, interrogazione; **eine große ~ einbringen**, presentare un'interpellanza.
an|fragen itr **bei jdm um etw** (akk) **~** {BEI DER BEHÖRDE UM GENEHMIGUNG} (ri)chiedere *qc a qu*: (bei jdm) **~, ob ...**, chiedere (a qu) se ...
an|fressen <irr> A tr **etw ~ 1** (*einen kleinen Teil fressen*) {MÄUSE, NAGETIERE KÄSE, KUCHEN} rosicchiare *qc* **2** (*aufzulösen beginnen*) {CHEMIKALIEN, ROST METALLE} (cominciare a) corrodere *qc*, intaccare *qc* B rfl *fam*: **sich (dat) einen Bauch ~**, mettere su una bella pancia/trippa *fam*.
an|freunden rfl **1** (*Freunde werden*) **sich ~** {PERSONEN} fare/stringere amicizia, diventare amici/amiche: **sie haben sich angefreundet**, sono diventati (-e) amici/amiche; **sich mit jdm ~** fare/stringere amicizia *con qu*, diventare amico (-a) *di qu* **2** (*an etwas gewöhnen*) **sich mit etw** (dat) **~** {MIT DEM COMPUTER, DER MODERNEN TECHNIK} familiarizzare *con qc*, abituarsi *a qc*, prendere confidenza *con qc*: **sich mit etw** (dat) **nicht ~ können**, non riuscire ad abituarsi *a qc*; **ich kann mich nur schwer mit dem Gedanken ~**, faccio fatica ad abituarmi all'/[a questa] idea **3** (*schätzen können*): **sich mit etw** (dat) **nicht ~ können** {MIT POPART, ROCKMUSIK}, non trovarci nulla in *qc*, non riuscire a farsi piacere *qc*.
an|frieren <irr> itr <*sein*> (**an etw** dat) **~** {LEICHTER GEGENSTAND, PAPIER AM BODEN, AN DER SCHEIBE} attaccarsi (*a qc*) (gelando).
an|fügen tr **1** (*beilegen*) (**etw** dat) **etw ~** {EINEM BRIEF DIE RECHNUNG} allegare *qc* (*a qc*) **2** (*hinzufügen*) (**etw** dat) **etw ~** {EINEM ARTIKEL EINEN KOMMENTAR, EINIGE ZEILEN} aggiungere *qc* (*a qc*): **ich möchte noch ~, dass ...**, vorrei aggiungere che ...
an|fühlen A tr **etw** (*mit etw* dat) **~** {GEGENSTAND} tastare *qc* (*con qc*); {KÖRPERTEIL, STOFF MIT DER HAND} toccare delicatamente *qc* (*con qc*) B rfl **sich irgendwie ~**: **der Wollstoff fühlt sich sehr weich an**, il tessuto di lana è molto morbido al tatto; **das fühlt sich wie Leder an**, al tatto sembra pelle.

Anfuhr <-, -*en*> f {+LIEFERUNG, WARE} consegna f.
an|führen① tr **1** (*zitieren*) **etw ~** {STELLE AUS DER BIBEL, GEFLÜGELTES WORTE, ZITAT} citare *qc*; {BEISPIEL} *auch* portare *qc*; {GRUND} addurre *qc*: **etw als Beispiel für etw** (akk) **~**, portare/citare *qc* a esempio di *qc*; **und was hat er zu seiner Entschuldigung angeführt?**, e quale scusa ha addotto? **2** (*führen*) **etw ~** (*Reisegruppe*) guidare *qc*; {EXPEDITION} *auch* essere a capo *di qc*; {TRUPPEN, TRUPPENTEIL} comandare *qc*, essere a capo *di qc*, guidare *qc*; {DEMONSTRATIONSZUG, FESTZUG, TABELLE} aprire *qc*, guidare *qc*, essere in testa *a qc*; {AUFSTAND, BANDE} capeggiare *qc*, guidare *qc*, essere alla testa *di qc*, essere a capo *di qc* **3** (*benennen*) **jdn ~** {GEWÄHRSMANN, ZEUGEN} indicare *qu*; **jdn als etw** (akk) **~** {ALS ZEUGEN} indicare *qu* come *qc*.
an|führen② tr *fam* **jdn ~** menare *qu* per il naso, prendere *qu* per i fondelli *fam*: **von jdm angeführt werden**, essere preso in giro da *qu*; **sich von jdm ~ lassen**, farsi ¡prendere in giro¡/[fregare] *da qu*.
Anführer m (**Anführerin** f) (*Befehlshaber*) {+ARMEE, KOMPANIE, TRUPPE} comandante mf; (*Kopf*) {+BEWEGUNG, DEMONSTRATION, GRUPPE} capo m; {+AUFSTAND} *auch* capeggiatore (-trice) m (f); {+BANDE} capo m, capobanda mf, capoccia m.
Anführung f <*meist* sing> **1** (*Befehligung*) {+BANDE, KOMPANIE, TRUPPE} comando m **2** (*das Anführen*) {+BEISPIEL, ZITAT} citazione f: **ich bitte Sie um die ~ von Beispielen**, per favore, faccia degli esempi; **ohne ~ von triftigen Gründen kann man dir nicht kündigen**, non ti possono licenziare senza (addurre) validi motivi; **unter ~ von Gewährsleuten**, nominando dei garanti.
Anführungsstrich m <*meist* pl>, **Anführungszeichen** n <*meist* pl> virgoletta f: **etw in Anführungsstriche/Anführungszeichen setzen**, mettere *qc* tra virgolette, virgolettare *qc*.
an|füllen tr **etw** (*mit etw* dat) **~** {FLASCHE, MESSBECHER MIT EINER FLÜSSIGKEIT} riempire (completamente) *qc* (*di qc*): **mit etw** (dat) **angefüllt sein**, essere ¡pieno zeppo¡/[stracolmo] di *qc*.
an|funkeln tr **jdn ~** fulminare *qu* con lo sguardo.
Angabe① <-, -*n*> f **1** <*meist* pl> (*Aussage*) dato m, indicazione f: **genaue ~n über jdn/etw machen**, fornire informazioni precise su *qu/qc*; **nähere ~n zu etw** (dat) **machen**, dare dettagli/particolari/[informazioni] più dettagliate] su *qc*; **laut ~n des Ministers**, secondo ¡le dichiarazioni del¡/[quanto dichiarato dal] ministro; **der Politiker wollte keine ~n zu dem Skandal machen**, il politico non ha voluto rilasciare dichiarazioni riguardo allo scandalo; **nach ~n des Lehrers**, a detta dell'insegnante; **~n zur Person**, dati personali; **ich musste ~n zu meiner Person machen**, dovetti declinare le mie generalità **2** (*Nennung*) {+ADRESSE, DETAIL, NAME, PREISE} indicazione f: **ohne ~ der Adresse**, senza indicazione dell'indirizzo; **er ist ohne ~ einer neuen Adresse verzogen**, si è trasferito senza lasciare (il nuovo) indirizzo; **ohne ~ von Gründen**, senza addurre motivi **3** <*meist* pl> (*Anweisung*) indicazione f: **bitte das Formular gemäß den ~n ausfüllen**, per favore, compilare il modulo secondo le indicazioni/istruzioni.
Angabe② <-, -*n*> f *sport* battuta f, servizio m.
Angabe③ <-, *ohne* pl> f *fam pej* (*Prahlerei*) spaccponata f *fam*, smargiassata f *fam*, fanfaronata f *fam*.
Angabe④ <-, -*n*> f *gram* complemento: **freie**

~, complemento facoltativo; (*in der Valenzgrammatik: fakultatives Element*) complemento m facoltativo.

an|gaffen tr *fam pej* jdn ~ fissare qu ₍a bocca aperta₎/[imbambolato (-a)].

an|geben ① <irr> tr **1** (*nennen*) (**jdm**) **etw** ~ {ADRESSE, NAMEN} indicare qc (*a qu*), dare qc (*a qu*); {EINKOMMEN, WERT} dichiarare qc (*a qu*): **der Angeklagte weigert sich, die Namen seiner Mittäter anzugeben**, l'imputato si rifiuta di fare i nomi dei complici; **seine Personalien ~**, declinare le proprie generalità; **die im Katalog angegebenen Preise sind bis 31. Mai gültig**, i prezzi indicati sul catalogo sono validi fino al 31 maggio; **können Sie Zeugen ~?**, può indicare dei testimoni?; **etw als Ausrede/Entschuldigung/Grund ~**, addurre qc come pretesto/scusa/motivo **2** (*denunzieren*) **etw** ~ (**bei jdm**/**etw**) ~ {DIEBSTAHL, EINBRUCH BEI DER POLIZEI} denunciare qc (*a qu/qc*); **jdn als etw** (akk) ~ {PERSON ALS TÄTER} indicare qu come qc **3** (*deklarieren*) **etw** ~ {ZU VERZOLLENDE GEGENSTÄNDE} dichiarare qc **4** (*markieren*) **etw** ~ {BAROMETER STURM, WETTERUMSCHWUNG} segnare qc; {MESSINSTRUMENT, STRICHCODE, THERMOMETER MESSWERTE, KATEGORIE, TEMPERATUR} auch indicare qc: **etw auf einer Karte ~**, indicare/segnare qc su una mappa **5** (*bestimmen*) **etw** ~ {KURS, RICHTUNG, TEMPO} stabilire qc, dare qc; *mus* {TAKT, TEMPO} segnare qc, dare qc: **den Ton ~**, dare il tono.
an|geben ② <irr> itr *sport* battere, servire.
an|geben ③ <irr> itr *fam* (**mit etw** dat) ~ {MIT SEINEM AUTO, SEINEM GELD, EINEM TITEL} vantarsi (*di qc*), darsi delle arie (*per qc*): **gib doch nicht immer so an!**, smettila di ₍fare sempre lo spaccone₎/[menartela *slang*]!, datti meno arie!; **der gibt vielleicht an!**, quello si crede chissà chi!, ma guarda quello ₍quante arie si dà₎/[come se la tira *slang*]!
Angeber m (**Angeberin** f) *pej* spaccone (-a) m (f), gradasso (-a) m (f), sbruffone (-a) m (f), fanfarone (-a) m (f), smargiasso (-a) m (f), guascone (-a) m (f).
Angeberei <-, -en> f *pej* **1** <*nur* sing> (*Prahlerei*) spaccionata f, fanfaronata f, smargiassata f, sbruffonata f **2** <*meist* pl> (*angeberische Äußerung*) spaccionata f, fanfaronata f, smargiassata f, sbruffonata f, guasconata f.
Angeberin f → **Angeber**.
angeberisch *pej* A adj {AUFTRETEN, BENEHMEN, REDEN} da spaccone/smargiasso/sbruffone: **der ist vielleicht ~!** Er redet immer nur von seinem Geld und seinen Luxusautos!, ma quanto se la tira *slang*/mena *slang* quel tipo! Parla solo dei suoi soldi e delle sue macchine di lusso! B adv {SICH BENEHMEN, REDEN} da spaccone/smargiasso/sbruffone.
Angebetete <dekl wie adj> mf oft scherz adorato (-a) m (f).
angeblich A adj <attr> {HINTERMÄNNER, TÄTER} presunto: **er ist der ~e Augenzeuge des Unfalls**, si dice che sia il testimone oculare dell'incidente B adv: **sie ist ~ verreist**, ₍si dice₎/[dicono] che sia in viaggio; **er hat ~ im Lotto gewonnen**, ₍corre voce₎/[sembra] che abbia vinto al lotto.
angeboren adj **1** (*bei der Geburt schon vorhanden*) {ERKRANKUNG, MISSBILDUNG, SCHADEN} congenito: **die Blindheit ist bei ihm ~**, è cieco dalla nascita, è nato cieco **2** (*chronisch*) {CHARAKTEREIGENSCHAFTEN, TALENT} innato, connaturato: **die Dummheit ist bei ihm ~**, la stupidità ce l'ha nei geni.
Angebot <-(e)s, -e> n **1** (*das Anbieten*) offerta f **2** com (*Offerte*) offerta f: **jdm ein ~ machen**/**unterbreiten**, fare/sottoporre un'offerta a qu, offrire qc a qu; **ein günstiges ~ erhalten**, ricevere un'offerta vantaggiosa **3** *jur* (*bei einem Vertrag*) offerta f **4** <*meist* sing> com (*Warenangebot*) ~ (**an**/**von etw** dat) offerta f (*di qc*): **in unserer Lebensmittelabteilung finden Sie ein reichhaltiges ~ an italienischen Weinen**, nel nostro reparto alimentari troverete una vasta scelta/offerta di vini italiani **5** com (*Sonderangebot*) offerta f (speciale): **heute finden Sie bei uns im ~: ...**, oggi da noi in offerta troverete ...; **kauf ein paar Flaschen Chianti, der ist heute im ~!**, compra qualche bottiglia di Chianti, oggi è in offerta! **6** <*nur* sing> ökon (*Gesamtheit von Gütern*) offerta f: **~ und Nachfrage**, domanda e offerta.

angebracht A part perf von an|bringen B adj {KLEIDUNG} adatto; {BEMERKUNG, WORTE} opportuno, indicato: **deine Worte waren für diesen Anlass nicht ~**, in quella occasione le tue parole furono poco opportune; **es ist ~, dass ...**, è ₍opportuno₎/[il caso] che ...; *konjv*: **ich halte es für ~, wenn du ihr einen Brief schreibst**, ritengo opportuno che tu le scriva una lettera.
angebrochen A part perf von an|brechen B adj **1** *fam* (*begonnen*): **für jede ~e Stunde zahlt man einen Euro**, per ogni frazione di ora si paga un euro; **was machen wir nun mit dem ~en Abend?**, cosa facciamo a quest'ora? La serata ormai è andata *fam* **2** (*teilweise gebrochen*): **der Knochen ist ~**, l'osso ha un'incrinatura **3** (*schon geöffnet*): **eine ~e Dose Bier**, una lattina di birra iniziata.
angebunden A part perf von an|binden B adj **1** *fam* (*beschäftigt sein*): **mit jdm**/**etw ~ sein** {MIT DEM HAUSHALT, DEN KINDERN}, essere occupato/impegnato con qu/qc **2** (*unfreundlich*): **kurz ~ sein**, essere ₍di poche parole₎/[sbrigativo], tagliare corto *fam*.
angedeihen <irr> tr *geh oder scherz*: **jdm etw ~ lassen** {GUTE/SCHLECHTE BEHANDLUNG}, riservare qc a qu; {HILFE, SCHUTZ} accordare qc a qu.
angeduselt adj *fam* brillo, alticcio *fam*.
angeekelt adj {BLICK, MIENE} disgustato, nauseato, schifato: **von etw** (dat) **~ sein**, essere disgustato/nauseato/schifato da qc.
angegammelt adj *fam* {FRUCHT} mezzo marcio; {BROT, KÄSE} mezzo ammuffito.
angegossen adj *fam*: **wie ~ passen**/**sitzen** {KLEIDUNGSSTÜCK, SCHUHE}, stare/andare ₍a pennello *fam*₎/[alla perfezione], calzare come un guanto.
angegraut adj {HAAR, SCHLÄFEN} brizzolato.
angegriffen A part perf von an|greifen B adj {GESUNDHEIT} compromesso: **etwas ~ aussehen**, avere un aspetto ₍un po'₎/[leggermente] provato, avere un'aria un po' sbattuta/sciupata; **psychisch ~**, provato psicologicamente.
angehaucht adj *fam*: **links ~ sein**, essere (un/una) simpatizzante di sinistra; **faschistisch ~ sein**, essere di tendenze fasciste.
angeheiratet adj {ONKEL, TANTE} acquistato/acquisito (con il matrimonio).
angeheitert adj brillo, alticcio *fam*: **stark ~ sein**, essere ubriaco/bevuto *fam*.
an|gehen <irr> A tr **1** <*haben oder süddt A CH sein*> (*um etw bitten*) **jdn um etw** (akk) ~ {UM EINE GEHALTSERHÖHUNG, EINEN RAT, EINE SPENDE} chiedere qc a qu **2** <*haben oder süddt A CH sein*> (*in Angriff nehmen*) **etw** ~ {AUFGABE, PROJEKT, SCHWIERIGKEITEN} affrontare qc; {PROBLEM, THEMA} auch abbordare qc **3** <*sein*> (*betreffen*) **jdn** ~ riguardare qu, concernere qu: **diese Angelegenheit geht dich gar nichts an**, questa faccenda non ti riguarda affatto; **das geht dich nichts an!**, non ti riguarda!, non sono fatti tuoi!, non è affar tuo!; **was mich angeht, ...**, quanto a me, ..., per quanto mi riguarda/concerne, **... geh**; **was Ihre Gehaltserhöhung angeht, so muss ich erst mit dem Personalchef darüber sprechen**, ₍per quanto riguarda/concerne il₎/[quanto al] Suo aumento di stipendio, devo prima parlare con il capo del personale **4** <*haben oder süddt A CH sein*> (*angreifen*) **jdn**/**etw** ~ {GEGNER, KONKURRENTEN} attaccare qu/qc: **ich weiß nicht, warum er mich so heftig angegangen hat**, non capisco perché mi abbia ₍attaccato così duramente₎/[aggredito così] **5** *sport* <*haben oder süddt A CH sein*> **jdn** ~ attaccare qu **6** <*haben oder süddt A CH sein*> **etw** ~: **eine Kurve vorsichtig ~** {AUTO}, prendere/affrontare una curva con prudenza B itr <*sein*> **1** *fam* (*zu leuchten beginnen*) accendersi: **das Licht geht nicht an**, la luce non si accende **2** *fam* (*zu brennen beginnen*) {FEUER} accendersi **3** *fam* (*in Gang kommen*) {AUTO, FERNSEHER, MOTOR, RADIO, WASCHMASCHINE} accendersi **4** *fam* (*beginnen*) {FERIEN, KINO, SCHULE, THEATER} (in)cominciare, iniziare: **nächste Woche geht die Schule wieder an**, la prossima settimana ricomincia la scuola; **beeilt euch, der Film geht gleich an**, fate presto, il film sta per iniziare **5** (*bekämpfen*) **gegen etw** (akk) ~ {GEGEN DROGENHANDEL, KORRUPTION, MISSSTÄNDE, VERBRECHEN} combattere qc, lottare contro qc: **gegen Drogenhandel sollte wirksamer angegangen werden**, lo spaccio di stupefacenti dovrebbe essere contrastato più efficacemente **6** (*vorgehen*) **gegen jdn**/**etw** ~ procedere contro qu/qc; {GEGEN EIN GERICHTSURTEIL} appellarsi contro qc, ricorrere in appello contro qc: **bei Gericht gegen jdn ~**, procedere per vie legali contro qu **7** *fam* (*festwachsen*) {ABLEGER, GEPFLANZTER BAUM} attecchire, mettere radici **8** (*möglich sein*): **nicht ~**, non essere ammissibile/possibile *fam*; **ihr ständiges Zuspätkommen geht einfach nicht an**, non è ammissibile/tollerabile che arrivi sempre in ritardo C unpers <*sein*>: **es geht nicht an, dass ...**, non è ammissibile/accettabile che ... *konjv*: **es geht ja gerade noch an, dass er seine Freunde häufig um Geld bittet, aber ...**, passi il fatto che chiede spesso soldi agli amici, ma ...
angehend adj <attr> **1** (*beginnend*): **Petra ist jetzt schon 13, sie ist eine ~e junge Dame**, Petra ha già 13 anni, sta diventando una signorina **2** (*in Ausbildung befindlich*) {MUSIKER, SCHAUSPIELER} esordiente, alle prime armi, agli esordi, in erba *fam*: **er ist ein ~er Arzt**, è un medico ₍alle prime armi₎/[in erba] *fam* **3** (*zukünftig*) {EHEFRAU, EHEMANN, VATER} futuro.
an|gehören <ohne ge-> itr **etw** (dat) ~ {FAMILIE, GRUPPE, ORGANISATION, PARTEI} appartenere a qc, far parte di qc: **das gehört inzwischen der Vergangenheit an**, ormai appartiene al passato.
angehörig adj **etw** (dat) ~ {EINER ORGANISATION, EINER PARTEI} appartenente a qc, facente parte di qc: **etw** (dat) **~ sein**, essere appartenente a qc, appartenere a qc.
Angehörige <dekl wie adj> mf **1** <*meist* pl> (*Familienangehörige*) parente mf, congiunto (-a) m (f), familiare mf: **meine ~n**, i miei familiari; **die nächsten ~n**, i parenti ₍più prossimi₎/[stretti] **2** (*Mitglied*) {+ORGANISATION} appartenente mf a qc; {+PARTEI, REGIERUNG} membro m *di qc*: **die ~n eines Betriebes**, il personale di un'azienda.
angekettet adj <präd> **1** (*in Ketten liegen*): **~ sein** {GEFANGENEN}, essere incatenato/[legato con le catene]; {HUND} essere incatenato/[(legato) alla catena] **2** (*beansprucht*

sein): ~ **sein**, essere inchiodato *fam*; **zu Hause ~ sein**, essere relegato/confinato a casa.

angekeucht adj *fam*: ~ **kommen**, arrivare ₍senza fiato₎/[ansimando]/[col fiatone]/[col fiato corto].

Angeklagte <*dekl wie adj*> mf jur (*im Strafprozess: nach Eröffnung des Hauptverfahrens*) imputato (-a) m (f); (*im allgemeinen Sinn*) accusato (-a) m (f).

angeknackst adj *fam* {GESUNDHEIT} già un po' compromesso; {PRESTIGE} intaccato; {SELBSTBEWUSSTSEIN} *auch* che ha già subito un colpo/una batosta *fam*; {BEZIEHUNG} incrinato, traballante: **psychisch ~**, con problemi psicologici.

angekratzt adj *fam* {IMAGE} appannato, offuscato: **ein ~es Nervenkostüm haben**, avere i nervi scossi.

angekrochen A part perf *von* an|kriechen B adj *fam pej*: ~ **kommen**, arrivare strisciando; **erst beleidigt sie mich und dann kommt sie wieder ~**, prima mi offende e poi torna con la coda fra le gambe *fam*.

Angel① <-, -n> f canna f da pesca: **ich glaube, ich habe einen großen Fisch an der ~**, credo d'aver pescato un grosso pesce ● **die ~ auswerfen**, gettare l'amo; **jdm an die ~ gehen** *fam*: **er ist ihr an die ~ gegangen**, si è fatto accalappiare/agganciare da lei *fam*.

Angel② <-, -n> f {+FENSTER, LADEN, TÜR} cardine m ● **etw aus den ~n heben** {FENSTER, TÜR}, scardinare qc; *fam* (*etw umkrempeln*) {WELT}, sconvolgere qc, mettere qc sottosopra; {DEMOKRATIE, RECHT, SYSTEM}, scardinare qc.

Angela f (*Vorname*) Angela.

angelaufen A part perf *von* an|laufen B adj *fam*: ~ **kommen**, arrivare correndo/[di corsa]; **das Kind kam ~**, il bambino venne/arrivò correndo; **viele Menschen kamen ~, um die Schauspieler zu sehen**, accorse tanta gente per vedere gli attori.

Angelegenheit f affare m, faccenda f, questione f: **eine dringende/wichtige ~**, una questione/un affare urgente/importante; **es handelt sich um eine ernste ~**, si tratta di una faccenda seria; **geschäftliche ~en**, questioni d'affari; **öffentliche/private ~en**, affari pubblici/privati; **ich will mit d(ies)er ganzen ~ nichts zu tun haben**, non voglio avere niente a che fare con tutta questa faccenda; **können Sie sich bitte um diese ~ kümmern?**, si può occupare Lei di questa faccenda, per favore?; **kümmern Sie sich gefälligst um Ihre eigenen ~en!**, si faccia gli affari/i fatti Suoi!; **von jetzt an werde ich mich nur noch um meine eigenen ~ kümmern**, d'ora in poi baderò solo ₍alle mie faccende₎/[ai fatti miei] ● **in eigener ~**, per una questione personale; **eine ~ erledigen**, sbrigare una faccenda; **sich in fremde ~en mischen**, ₍immischiarsi negli affari₎/[impicciarsi dei fatti] altrui *fam*; **eine ~ in Ordnung bringen**, sistemare una faccenda.

angelegt A part perf *von* an|legen B adj: **ein auf vier Jahre ~es Projekt**, un progetto pensato/concepito per durare quattro anni; **eine breit ~e Werbekampagne**, una campagna pubblicitaria su vasta scala; **groß ~** {AKTION, FAHNDUNG, FORSCHUNGSPROGRAMM, PROPAGANDAKAMPAGNE}, in grande stile, con grande impiego di mezzi.

angelernt adj **1** (*eingearbeitet*) {ARBEITER, KRAFT} non specializzato **2** (*oberflächlich*) {WISSEN} nozionistico.

Angelgerät n attrezzo m/arnese m da pesca.

Angelhaken m amo m.

Angelika f (*Vorname*) Angelica.

Angelleine f lenza f.

angeln A tr *etw* ~ {FISCHE} pescare qc con la lenza: **wir gehen heute Forellen ~**, oggi andiamo a pesca di trote B itr **1** (*mit der Angel Fische fangen*) pescare con la lenza: ~ **gehen**, andare a pescare/pesca; **zum Angeln gehen**, andare a pesca/pescare **2** *fam* (*zu greifen versuchen*) **nach etw** (dat) ~ {NACH DEN PANTOFFELN, DEM TELEFON, DER ZEITUNG} cercare di prendere qc C rfl *fam* **sich** (dat) **jdn ~** {MANN, MILLIONÄR} accalappiare *qu fam*.

an|geloben tr *geh jdm etw* ~ {TREUE} promettere solennemente qc a qu.

Angelobung <-, -en> f A giuramento m.

Angelpunkt m **1** (*Zentrum*) centro m **2** (*Hauptsache*) cardine m, fulcro m.

Angelrute f canna f da pesca.

Angelsachse m (**Angelsächsin** f) anglosassone mf.

angelsächsisch adj {LITERATUR, STAMM} anglosassone.

Angelschein m licenza f di pesca.

Angelschnur f → **Angelleine**.

Angelsport m pesca f (sportiva).

angemessen A adj {BELOHNUNG, GEHALT, HONORAR} adeguato, equo; {PREIS} auch congruo; {KLEIDUNG} adeguato, conveniente, adatto; {VERHALTEN, WORTE} *auch* opportuno: **den Lebenshaltungskosten ~e Gehälter**, stipendi adeguati/commisurati al costo della vita; **ich halte den Preis für ~**, lo ritengo un prezzo adeguato B adv {HONORIEREN, WÜRDIGEN} in ₍modo adeguato₎/[maniera adeguata], adeguatamente; {GEKLEIDET SEIN, SICH VERHALTEN} *auch* in maniera opportuna, in modo conveniente.

Angemessenheit <-, ohne pl> f {+HONORAR, KLEIDUNG} adeguatezza f; {+MASSNAHME, VERHALTEN, WORTE} *auch* opportunità f.

angenagelt adj: **wie ~ stehen bleiben**, rimanere/restare lì piantato (-a) come un palo.

angenehm A adj {GAST, NACHRICHT, ÜBERRASCHUNG} gradito, piacevole; {AUSSEHEN, KLIMA, MENSCH, URLAUB} piacevole, gradevole: **(ich wünsche Ihnen eine) ~e Reise!**, (Le auguro) buon viaggio!; **es wäre mir sehr ~, wenn …**, mi farebbe molto piacere se …; **es wäre mir ~er, wenn Sie ihm nichts davon sagen würden**, preferirei che non gli dicesse nulla; **es ist mir gar nicht ~, dass er mich besucht**, non gradisco affatto la sua visita; **darf ich Ihnen beim Koffertragen helfen? – O ja, das wäre mir sogar sehr ~**, posso aiutarLa a portare le valigie? – Ma certo, mi farebbe molto piacere B adv: ~ **duften/riechen**, avere un ₍buon profumo₎/[odore piacevole/gradevole]; ~ **überrascht sein**, essere piacevolmente sorpreso; **im Sommer ist es im Garten ~ kühl**, in estate in giardino c'è un bel frescolino ● **(sehr) ~!** (*wenn man sich vorstellt*), piacere!, molto lieto (-a)!

Angenehme <*dekl wie adj*> n: **das ~ mit dem Nützlichen verbinden**, unire l'utile al dilettevole; **etwas ~s**, qualcosa di piacevole/gradevole.

angenommen A part perf *von* an|nehmen B adj **1** (*adoptiert*) {KIND} adottato **2** (*zugelegt*) {NAME} adottato ● **~, dass …**, supposto/ ammesso/[nell'ipotesi] che … *konjv*.

angepasst (a.R. angepaßt) A adj {MENSCH, VERHALTEN} conformista B adv: **sich ~ verhalten/zeigen**, comportarsi da conformista.

Angepasstheit (a.R. Angepaßtheit) <-, ohne pl> f conformismo m.

angerannt A part perf *von* an|rennen B adj: ~ **kommen** {PERSON}, venire/arrivare di corsa.

angerast adj: ~ **kommen** {SPORTWAGEN}, arrivare a ₍grande velocità₎/[tutta birra *fam*]/[razzo *fam*].

angeregt A adj {DISKUSSION, GESPRÄCH} animato, vivace B adv {DISKUTIEREN, SICH UNTERHALTEN} animatamente, vivacemente.

angesagt adj <präd> *fam* **1** (*gefragt sein*): **Familie ist wieder ~**, è tornata ₍di moda₎/[in auge] la famiglia, la famiglia è di nuovo in **2** (*gemacht werden*): ~ **sein**, essere in programma; **heute ist Nichtstun ~**, oggi il programma prevede: dolce far niente; **jetzt ist Mittagessen ~**, ora si pranza.

angesäuselt adj <präd> *fam*: **er ist leicht ~**, è un po' brillo/alticcio *fam*.

angesaust adj *fam*: ~ **kommen** {PERSON}, arrivare ₍come un razzo *fam*₎/[sparato (-a)].

angeschimmelt adj {BROT, GEKOCHTE SPEISEN} un po' ammuffito.

angeschlagen A part perf *von* an|schlagen B adj **1** (*nicht in bestem Zustand*): **einen ~en Eindruck machen**, ~ **aussehen**, avere un'aria provata/sbattuta *fam*; **eine ~e Gesundheit haben**, essere un po' malandato di salute, essere di salute malferma; **~e Nerven haben**, avere i nervi a ₍fior di pelle₎/[scossi]; **ein ~es Selbstbewusstsein**, un'autostima ferita **2** *sport* (*leicht verletzt*) {BOXER} suonato *slang*; {SPORTLER} malridotto **3** (*beschädigt*) {GLAS, TASSE, TELLER} sbocconcellato, sbreccato.

angeschmiert adj: (*mit jdm/etw*) **angeschmiert sein**, averla presa in tasca (con qu/qc) *fam*; **der/die Angeschmierte sein**, essere il/la cretino (-a) di turno.

angeschmutzt adj {KLEIDUNGSSTÜCK} (leggermente) sporco: **dein Hemd ist am Kragen leicht ~**, la tua camicia ha il colletto un po' sporco.

angeschneit adj *fam*: ~ **kommen**: **wir wollten es uns gestern Abend mal so richtig gemütlich machen, da kamen unsere Verwandten ~**, ieri sera volevamo passare una seratina tranquilla, ma ecco piombarci in casa i parenti.

angeschrieben A part perf *von* an|schreiben B adj *fam*: **bei jdm gut ~ sein**, essere nella manica di qu; **bei jdm schlecht ~ sein**, essere sul libro nero di qu.

Angeschriebene <*dekl wie adj*> mf persona f contattata (per iscritto): **es antworteten nur 20% der ~n**, ha risposto solo il 20% delle persone contattate.

Angeschuldigte <*dekl wie adj*> mf jur (*nach der Anklageerhebung bis zur Eröffnung des Hauptverfahrens*) imputato (-a) m (f).

angesehen A part perf *von* an|sehen B adj {BÜRGER, POLITIKER} stimato, apprezzato; {FIRMA} *auch* rinomato: **er kommt aus einer der ~sten Familien der Stadt**, viene da una delle famiglie più in vista della città; **hoch ~** *geh* {BÜRGER}, molto stimato; {FAMILIE, POLITIKER, WISSENSCHAFTLER}, di grande prestigio.

Angesicht <-(e)s, ohne pl> n *geh* **1** *obs* (*Antlitz*) volto m **2** (*im Hinblick auf*): **im ~ einer S.** (gen) {EINER GEFAHR, DES TODES}, faccia a faccia con qc ● **jdn von ~ kennen**, conoscere qu di vista; **im ~ der Tatsache, dass …**, visto che …, tenendo conto del fatto che …; **von ~ zu ~** {GEGENÜBERSTEHEN}, faccia a faccia.

angesichts A präp + gen {DER HOHEN ZAHL AN ARBEITSLOSEN, DER SCHLECHTEN WIRTSCHAFTSLAGE} considerato, in considerazione di: ~ **der Tatsache, dass …**, ₍considerato il₎/[tenuto conto del] fatto che …; ~ **meiner desolaten Finanzen ist an Urlaub jetzt nicht zu denken**, considerato lo stato disastroso delle mie finanze, ora non è proprio il caso di pensare a una vacanza **B** adv: ~ **von etw (dat)** in considerazione di qc.

angespannt **A** adj **1** (*kritisch*) {Börsensituation, Wirtschaftslage} critico; {politische Lage} *auch* teso **2** (*angestrengt*) {Mensch, Nerven} teso **B** adv {Zuhören} attentamente, con la massima concentrazione.

angestammt adj **1** (*überkommen*) {Privilegien, Rechte} ereditario **2** (*gewohnt*) {Platz, Rolle} abituale **3** (*ererbt*) {Besitz, Güter} ereditato.

angestaubt adj **1** (*leicht staubig*) impolverato **2** *fam* (*altmodisch*) {Ansichten, Theorien} ammuffito.

angestellt adj <präd>: (**bei jdm**) ~ **sein** essere impiegato (presso qu), essere alle dipendenze di qu: **sie ist beim Staat ~**, è (una) dipendente statale; **als Sekretärin ~ sein**, ₍avere un impiego₎/[essere impiegata] come segretaria; **fest ~**, fisso, assunto ₍in pianta stabile₎/[stabilmente]; **sie ist jetzt fest ~**, ora è assunta a tempo indeterminato, ora ha un impiego fisso.

Angestellte <dekl wie adj> mf impiegato (-a) m (f), dipendente mf: **die ~n**, i dipendenti; **kaufmännische ~r**, impiegato (nel settore) commerciale; **die leitenden ~n**, i dirigenti/quadri; **~r sein**, fare l'impiegato; **die ~n des öffentlichen Dienstes**, i dipendenti pubblici.

Angestelltenverhältnis n rapporto m di lavoro dipendente: **im ~ stehen**, essere impiegato.

Angestelltenversicherung f previdenza f sociale per i (lavoratori) dipendenti: **Beiträge für die ~ bezahlen/entrichten**, pagare/versare i contributi per la previdenza sociale.

angestrengt **A** adj **1** (*Anstrengung zeigend*) {Aussehen} affaticato; {Gesicht} *auch* tirato **2** (*intensiv*) intenso, concentrato: **mit ~er Aufmerksamkeit**, con la massima concentrazione; **~es Arbeiten**, lavoro intenso **B** adv {Arbeiten} intensamente; {Nachdenken} *auch* con concentrazione; {Zuhören} attentamente, con attenzione.

angetan **A** part perf *von* an|tun **B** adj <präd> **1** (*begeistert sein*): **von jdm/etw ~ sein** {von einer Idee, einem sympathischen Menschen}, essere entusiasta di qu/qc **2** (*geeignet sein*): **danach/dazu ~ sein, etw zu tun**: **unsere finanzielle Lage ist nicht gerade dazu ~, große Reisen zu unternehmen**, la nostra situazione economica non è tale da permetterci di fare grandi viaggi • **es jdm ~ haben**: **sein Lächeln hat es ihr einfach ~**, è rimasta affascinata/incantata dal suo sorriso; **sie hat es mir sehr ~**, mi ha conquistato (-a).

Angetraute <dekl wie adj> mf *scherz* consorte mf, sposo (-a) m (f): **mein ~r, meine ~**, la mia dolce metà *scherz*.

angetrunken **A** part perf *von* an|trinken **B** adj {Person} brillo, alticcio *fam*: **in ~em Zustand**, in stato di ebbrezza.

angewandt **A** part perf *von* an|wenden **B** adj <attr> {Kunst, Mathematik, Physik, Sprachwissenschaft} applicato.

angewiesen **A** part perf *von* an|weisen **B** adj: **auf jdn/etw ~ sein** {Arbeitnehmer, alter Mensch auf ein Gehalt, andere Menschen, Sozialhilfe}, dipendere da qu/qc, avere bisogno di qu/qc; **die meisten Studenten sind auf die finanzielle Hilfe ihrer Eltern ~**, la maggior parte degli studenti ha bisogno dell'aiuto economico dei genitori; **zum Glück bin ich finanziell nicht auf ihn ~**, per fortuna non dipendo economicamente da lui; **aufeinander ~ sein**, dipendere l'uno (-a) dall'altro (-a); **auf sich selbst ~ sein**, doversela cavare da solo (-a), poter contare solo su se stesso (-a).

Angewiesene <dekl wie adj> mf *jur* delegato (-a) m (f).

an|gewöhnen <ohne ge-> **A** tr **jdm etw ~** abituare *qu a qc*: **wer hat dir nur diese Ausdrucksweise angewöhnt?**, ma chi ti ha insegnato ad esprimerti in quel modo?; **gewöhne deinem Sohn bitte ein besseres Benehmen an!**, abitua tuo figlio a comportarsi meglio! **B** rfl **sich (dat) etw ~** abituarsi *a qc*, prendere l'abitudine *di (fare) qc*: **gewöhn dir bloß nicht das Rauchen an!**, non prendere ₍l'abitudine di fumare₎/[il vizio del fumo]!; **sich (dat) ~, etw zu tun**, abituarsi a fare qc; **wann gewöhnst du dir endlich an, pünktlich zu sein?**, ma quando imparerai ad essere puntuale?; **ich habe (es) mir angewöhnt, abends ein Glas warme Milch zu trinken**, ho preso l'abitudine di bere un bicchiere di latte caldo la sera.

Angewohnheit <-, *ohne pl*> f abitudine f, vezzo m: **er hat die schlechte ~, immer zu spät zu kommen**, ha la brutta/cattiva abitudine di arrivare sempre in ritardo; **sie hat die ~, Nägel zu kauen**, ha il (brutto) vezzo di mangiarsi le unghie; **das ist eine ~ von ihm**, è una sua abitudine • **eine ~ annehmen/ablegen**, prendere/abbandonare un'abitudine.

angewurzelt adj: **wie ~ stehen bleiben**, rimanere impalato (-a); **als er sie sah, blieb er wie ~ stehen**, quando la vide rimase impalato; **jetzt steh nicht wie ~ da!**, non startene lì impalato (-a)!

angezeigt adj *geh* opportuno, indicato: **etw für ~ halten**, ritenere opportuno (-a) qc; **dieses Medikament ist bei Kopfschmerzen ~**, questo farmaco è indicato contro/per il mal di testa.

angezogen **A** part perf *von* an|ziehen① und② **B** adj vestito: *irgendwie* **~ sein**, ₍essere vestito₎/[vestire] + *compl di modo/adj*; **sie ist immer sehr elegant ~**, veste sempre molto elegante; **sind die Kinder auch warm ~?**, sono coperti bene i bambini?

an|giften tr *fam* **jdn ~** aggredire *qu* (verbalmente), saltare addosso *a qu fam*.

Angina <-, *Anginen*> f <meist sing> *med* angina f.

Angina Pectoris <- -, *ohne pl*> f *med* angina f pectoris.

Angiografie, **Angiographie** <-, *-n*> f *med* angiografia f.

Angiom <-s, *-e*> n *med* angioma m.

Angioplastie <-, *-n*> f *med* angioplastica f.

an|gleichen <irr> **A** tr **etw etw (dat)/an etw (akk) ~** {Tarife denen/an die anderen Länder} adeguare *qc a qc*, allineare *qc con qc*: **die Gehälter müssen den Preisen angeglichen werden**, gli stipendi devono essere agganciati/allineati ai prezzi; **(an)einander angeglichen werden**, venire armonizzati (-e) tra di loro **B** rfl **sich jdm/etw ~** adeguarsi *a qu/qc*, conformarsi *a qu/qc*: **Italien muss sich beim Umweltschutz den EU-Normen ~**, quanto alla tutela dell'ambiente l'Italia deve conformarsi/adeguarsi alle norme UE; **sich (aneinander) ~** adattarsi/adeguarsi (l')uno (-a) all'altro (-a); **durch gegenseitige Beeinflussung können sich Kulturen ~**, influenzandosi reciprocamente le culture possono avvicinarsi.

Angleichung <-, *-en*> f **~ einer S.** (gen) **an etw** (akk) {der Gehälter, Gesetze, Normen, Tarife, Verordnungen} adeguamento m *di qc a qc*; {der Lebenshaltungskosten, Preise} *auch* allineamento m *di qc a qc*; {einer Kultur an andere Kulturen, einer Methode an andere Methoden} conformarsi m *di qc a qc*, avvicinamento m *di qc a qc*.

Angler <-s, *->* m (**Anglerin** f) pescatore (-trice) m (f) (con la canna).

an|gliedern tr **etw etw (dat)/an etw (akk) ~ 1** (*anschließen*) {Außenstelle einer Firma, Verein an einen Dachverband} annettere *qc a qc*, aggregare *qc a qc* **2** (*annektieren*) {Staat einem anderen Staat} annettere *qc a qc*.

Angliederung f **1** (*Anschluss*) {+Firma, Organisation, Partei} aggregazione f **2** (*Annexion*) {+Gebiet, Staat} annessione f.

Anglikaner <-s, *->* m (**Anglikanerin** f) *relig* anglicano (-a) m (f).

anglikanisch adj {Glauben, Kirche} anglicano.

Anglikanismus <-, *ohne pl*> m *relig* anglicanesimo m.

Anglist <-en, *-en*> m (**Anglistin** f) **1** (*Wissenschaftler*) anglista mf **2** (*Student*) studente (-essa) m (f) di anglistica.

Anglistik <-, *ohne pl*> f anglistica f.

Anglistin f → **Anglist**.

Anglizismus <-, *Anglizismen*> m anglicismo m.

angloamerikanisch adj angloamericano.

an|glotzen tr *fam pej* **jdn/etw ~** fissare *qu/qc* con gli occhi sbarrati/spalancati.

Angola <-s, *ohne pl*> n *geog* Angola f.

Angolaner <-s, *->* m (**Angolanerin** f) angolano (-a) m (f).

angolanisch adj angolano.

an|gondeln itr <sein> *fam* arrivare piano piano: **auf/mit etw (dat) angegondelt kommen** {auf dem Fahrrad, mit dem Schlauchboot}, arrivare lemme lemme su/in/con qc.

Angorakaninchen n *zoo* coniglio m d'angora.

Angorakatze f *zoo* gatto m d'angora.

Angorawolle f (lana f d')angora f.

angreifbar adj {Behauptung, Politiker, Theorie} attaccabile, contestabile.

an|greifen <irr> **A** tr **1** (*attackieren*) **jdn/etw ~** {Bunker, Panzer, Stellung} attaccare *qu/qc*, assalire *qu/qc*; {Feind, Polizisten} *auch* aggredire *qu/qc*: **angegriffen werden**, essere attaccato, subire un attacco **2** *sport* (*vorgehen*) **jdn ~** {Mannschaft Gegner, Mannschaft} attaccare *qu*, caricare *qu* slang **3** (*heftig kritisieren*) **jdn/etw ~** {Gegner, Politik, Regierung} attaccare *qu/qc*, aggredire *qu/qc*: **der Politiker wurde von den Journalisten öffentlich angegriffen**, il politico è stato attaccato/contestato pubblicamente dai giornalisti; **mit ihm kann man sich nicht unterhalten, er greift einen gleich an**, con lui non si può parlare, ti ₍aggredisce subito₎/[dà/salta subito addosso] **4** (*schädigen*) **etw ~** {Insekten Bäume} attaccare *qc*; {Alkohol, Droge, Kaffee, Krankheit, Präparat Nerven, Organ, Organismus} *auch* intaccare *qc*: **Rauchen greift die Lungen an**, il fumo danneggia/rovina i polmoni; **Stress greift die Gesundheit an**, lo stress ₍compromette la₎/[nuoce alla] salute; **die lange Erkrankung hat ihn stark angegriffen**, la lunga malattia lo ha molto provato/indebolito **5** (*zersetzen*) **etw ~** {saurer Regen, Reinigungsmittel, Säure Farbe, Fassaden, Lack, Metall} attaccare *qc*, aggredire *qc*, intaccare *qc* **6** (*anbrechen*) **etw ~** {Guthaben, Reserven, Vorrat} intaccare *qc*, mettere mano *a qc*, toccare *qc* **7** *region* (*anfassen*) **etw ~** toccare *qc* **B** itr **1** *mil* {Feind, Flugzeug, Panzer, Truppen} attaccare; **mit**

etw (dat) ~ {MIT PANZERN, RAKETEN} attaccare *con qc* **2** *sport* (ANGRIFFSSPIELER, MANNSCHAFT) attaccare, andare in attacco, caricare *slang* **C** *rfl* **süddt** *fam* (*sich anfassen*) **sich irgendwie ~**: **der Wollstoff greift sich weich an**, il tessuto di lana è morbido al tatto.
Angreifer <-s, -> m (**Angreiferin** f) **1** *mil* aggressore m, aggreditrice f, assalitore (-trice) m (f) **2** *sport* attaccante mf.
an|grenzen *itr* **an etw** (akk) **~** {FELD, GRUNDSTÜCK AN EINEN FLUSS, EINE STRASSE} confinare *con qc*; {GEBÄUDE, ZIMMER AN EIN ANDERES} essere attiguo/contiguo/adiacente *a qc*.
angrenzend *adj* <attr> {GEBÄUDE, ZIMMER} contiguo, attiguo, adiacente, attiguo; {GRUNDSTÜCK *auch* confinante; {GEBIET} limitrofo, confinante: **der an den See ~e Park**, il parco ˌche confina con ilˌ/[adiacente al] lago.
Angriff m **1** *mil* {(ATTACKE)} attacco m, aggressione f, offensiva f, assalto m: **atomarer ~**, attacco/offensiva nucleare; **einen feindlichen ~ zurückschlagen**, respingere un attacco nemico; **einen ~ fliegen**, compiere un'incursione aerea; **zum ~ übergehen**, passare all'attacco, sferrare un'offensiva **2** (*aggressive Kritik*) **~ auf/gegen jdn/etw** attacco m *a qu/qc*, dura/aspra/pesante critica f *a qu/qc*: **die Politiker waren den ~en in der Presse ausgesetzt**, i politici erano esposti agli attacchi della stampa; **zum ~ auf jdn rüsten**, andare/muovere all'attacco contro qu, sferrare un'offensiva contro qu **3** *sport* (*Vorgehen*) {+MANNSCHAFT, STÜRMER} attacco m, offensiva f: **einen ~ abwehren**, respingere un attacco **4** <*nur* sing> *sport* (*Angriffsspieler*) attacco m **●** **etw in ~ nehmen** {AUFGABE, PROJEKT}, intraprendere qc, mettere mano a qc; **diesen Sommer wollen wir den Umbau unseres Hauses in ~ nehmen**, quest'estate vogliamo ˌmettere manoˌ/[dare inizio] alla ristrutturazione della casa; **~ ist die beste Verteidigung** *prov*, la miglior difesa è l'attacco *prov*.
angriffig *adj* CH → **angriffslustig**.
Angriffsfläche f lato m debole **●** **jdm eine ~ bieten**, offrire/prestare il fianco agli attacchi di qu; **(jdm) keine ~ bieten**, essere inattaccabile, non offrire nessun appiglio (a qu).
Angriffskrieg m guerra f d'aggressione.
Angriffslust <-, ohne pl> f *mil pol sport* aggressività f.
angriffslustig *adj* {MENSCH, STAAT, TIER} aggressivo: **~ sein**, essere aggressivo.
Angriffsplan m piano m d'attacco.
Angriffspunkt m **1** *mil* punto m d'inizio dell'attacco **2** (*schwacher Punkt*) punto m debole.
Angriffsspiel n *sport* gioco m ˌd'attaccoˌ/ [offensivo].
Angriffsspieler m (**Angriffsspielerin** f) *sport* attaccante mf.
Angriffswaffe f *mil* arma f offensiva/[da offesa].
an|grinsen *tr* **jdn** (*irgendwie*) ~: **er grinste mich dumm an**, mi rivolse un sorrisino stupido.
Angst <-, **Ängste**> f **1** (*Furcht*) **~ (vor jdm/ etw)** paura f (*di qu/qc*), timore m (*di qu/qc*): **die ~ vor Gewalttaten nimmt in der Bevölkerung zu**, nella popolazione aumenta la paura di atti di violenza; **sie zitterte vor (lauter) ~**, tremava ˌper laˌ/[di] paura; **jdm ~ machen** {GROSSER HUND, SITUATION, VORSTELLUNG}, fare/mettere paura a qu, impaurire qu **2** (*Sorge*) ~ **(um jdn/etw)** angoscia f, ansia f (*per qc*): **viele Arbeitnehmer müssen heutzutage ~ um ihren Arbeitsplatz haben**, oggigiorno molti lavoratori hanno ragione di temere per il proprio posto di lavoro **●** ***aus~* (, etw zu tun)**, per (la) paura (di fare qc); **furchtbare/schreckliche Ängste ausstehen**, essere in preda all'angoscia, vivere (dei) momenti di terrore; **jdm ist/wird (es) ~ und *Bange***: **wenn ich an den Umzug denke, dann wird mir ~ und Bange**, pensando al trasloco mi ˌassale/prende una gran pauraˌ/[sento morire *fam*]; **als in der Dunkelheit plötzlich ein Mann vor ihr stand, wurde (es) ihr ~ und Bange**, quando all'improvviso nel buio si trovò di fronte un uomo, si prese una bella paura; **~ vor der eigenen *Courage* haben**, avere paura di osare; **jdm ~ *einflößen***, incutere paura a qu; **jdm ~ *einjagen***, fare/mettere paura a qu; **~ haben (*sich fürchten*)**, avere paura; **~ haben, dass ...** (*befürchten, dass ...*), ˌavere pauraˌ/ [temere] che ..., *konjv*; **jdm/etw ~ *haben***, avere paura per qu/qc, essere in ansia/pensiero per qu/qc; **Mütter haben oft ~ um ihre Kinder**, le madri sono spesso in ansia per i (propri) figli; **~ vor jdm/etw *haben***, avere paura di qu/qc; **furchtbare ~ vor jdm/etw haben**, avere ˌil terroreˌ/[una paura terribile/tremenda]/[una paura del diavolo *fam*] di qu/qc; **sich (dat) vor ~ in die *Hosen* machen** *fam*, farsela sotto/addosso/[nei calzoni] dalla paura *fam*; **keine ~!** *fam*, niente/ [non avere/abbiate] paura!, non temere/temete!; *panische* **~**, timor panico; **in ~ und *Schrecken***, nel terrore; **~ und *Schrecken* verbreiten** {TERRORISTEN, VERBRECHER}, seminare il terrore; **vor ~ *sterben*/[(fast) umkommen/vergehen]**, morire di paura, essere (mezzo) morto di paura; **ich bin vor ~ fast umgekommen**, stavo morendo/[per morire] di paura; **es mit der ~ zu *tun* bekommen/kriegen** *fam*, prender(si) paura, impaurirsi; **kein Mensch war zu sehen, und ich bekam es langsam mit der ~ zu tun**, non c'era anima viva e incominciai a impaurirmi; **jdn in ~ *versetzen***, impaurire qu, angosciare qu, procurare angoscia a qu.
angsterfüllt *adj* {AUSDRUCK, GESICHT} pieno di paura, angosciato.
Angstgefühl n senso m di paura/ansia, angoscia f.
Angstgegner m *slang sport* bestia f nera: **gegen diese Mannschaft haben wir keine Chance, sie ist unser ~**, contro quella squadra non vinceremo mai, è la nostra bestia nera *scherz*.
Angsthase m *fam iron* coniglio m *fam*, fifone (-a) m (f) *fam*, vigliacco (-a) m (f), cacasotto mf *fam pej*.
ängstigen *geh* **A** *tr* (*in Angst versetzen*) **jdn ~** {SITUATION, UNHEIMLICHER TRAUM} impaurire qu, angosciare qu **B** *rfl* **1 sich (vor jdm/etw) ~** aver paura (*di qu/qc*), avere timore (*di qu/qc*) **2** (*sich sorgen*) **sich (um jdn) ~** stare in pensiero/ansia (*per qu*), preoccuparsi (*per qu*), angosciarsi (*per qu*), angustiarsi (*per qu*) *geh*: **sich zu Tode ~**, morire di paura.
Angstkauf m acquisto m dettato dal panico.
ängstlich **A** *adj* **1** (*leicht zu Angst neigend*) {MENSCH} pauroso, timoroso: **sei nicht so ~, der Hund tut doch nichts!**, ˌnon essere così pauroso (-a)ˌ/[niente paura], il cane non morde mica! **2** (*voller Angst*) {BLICK, GESICHT} timoroso, pieno di paura **3** (*besorgt*) {MENSCH} ansioso, apprensivo: **deine Mutter ist wirklich zu ~, sie lässt dich keinen Schritt alleine machen**, tua madre è davvero troppo ansiosa, non ti fa fare neanche un passo da sola (-a) **B** *adv* **1** (*voller Angst*) {BLICKEN, SICH UMSCHAUEN} pauroso (-a), con timore/paura, pieno di paura **2** (*sorgfältig*) scrupolosamente, meticolosamente; {ETW HÜTEN} gelosamente.
Ängstlichkeit <-, ohne pl> f **1** (*leicht zu Angst neigender Charakter*) carattere m timoroso/pauroso **2** (*Besorgtheit*) ansietà f, apprensione f.
angstlösend *adj* *bes. pharm* ansiolitico: **~e Medikamente**, ansiolitici.
Angstneurose f *med psych* nevrosi f d'ansia.
Angstneurotiker m (**Angstneurotikerin** f) soggetto m ansioso, ansioso (-a) m (f).
Angstschrei m grido m di paura.
Angstschweiß m sudore m freddo, sudore m provocato ˌdalla pauraˌ/[dall'angoscia].
Angsttraum m incubo m.
angstverzerrt *adj* {GESICHT} stravolto dalla paura.
angstvoll **A** *adj* {BLICK, GESICHTSAUSDRUCK} angosciato, pieno di angoscia/paura, angoscioso **B** *adv* {ANBLICKEN, DREINSCHAUEN} angosciato (-a), con occhi angosciati, con aria angosciata.
Angstzustand m (stato m di) ansia f/angoscia f, stato m ansioso: **Angstzustände haben**, essere in preda all'angoscia.
an|gucken *fam* **A** *tr* **jdn/etw ~** guardare *qu/qc* **B** *rfl* **sich (dat) jdn/etw ~** guardarsi *qu/qc*: **willst du mir nun das Mofa abkaufen oder nicht? – Ich will es mir erst mal ~**, allora lo vuoi comprare il mio motorino o no? – Prima voglio dargli un'occhiata.
an|gurten **A** *tr* **jdn** allacciare la cintura di sicurezza *a qu* **B** *rfl* **sich ~** metter(si)/allacciar(si) la cintura di sicurezza: **angegurtet sein**, aver allacciato la cintura di sicurezza; **du solltest immer nur angegurtet fahren**, quando guidi dovresti sempre mettere la cintura di sicurezza.
an|haben[①] <irr> *tr* *fam* **1** (*tragen*) **etw ~** {KLEIDUNG, KLEIDUNGSSTÜCK} avere/portare addosso *qc*, indossare *qc*: **sie hat überhaupt nichts an**, è completamente nuda **2** (*eingeschaltet haben*) **etw ~** {COMPUTER, FERNSEHER, RADIO} avere/tenere acceso (-a) *qc*.
an|haben[②] <irr> *tr* **1** (*beweisen können*): **jdm etwas/nichts ~ können**, ˌpoter fare qualcosa *fam*ˌ/[non poter fare niente *fam*] a qu; **obwohl er auch in den Skandal verwickelt ist, bin ich sicher, dass man ihm überhaupt nichts ~ kann**, benché sia coinvolto anche lui nello scandalo sono sicuro (-a) che non ˌgli possono far nullaˌ/[lo possono toccare] **2** (*zuleide tun*): **jdm/etw etwas/nichts ~ können**: **der Sturm konnte dem Schiff nichts ~**, la tempesta non riuscì a scalfire la nave; **seine Kritik kann mir nichts ~**, le sue critiche non mi ˌfanno né caldo né freddoˌ/[scalfiscono neppure].
an|haften *itr* **1** (*kleben*) **an jdm/etw ~** {FARBRESTE, KLEBESTREIFEN, SCHMUTZ} essere/rimanere attaccato (-a) /appiccicato (-a) *a qu/qc* **2** *geh* **jdm ~** {RUF, VERDACHT} rimanere addosso *a qu*: **etw** (dat) **haftet ein Risiko an**, qc comporta un rischio; (*eigen sein*) **etw** (dat) **haftet ein Mangel/Nachteil an**, qc ha un neo/inconveniente.
an|halten[①] <irr> **A** *itr* **1** (*stehen bleiben*) {FUSSGÄNGER} fermarsi, arrestarsi **2** (*stoppen*) (*irgendwo*) ~ {FAHRER, FAHRZEUG AN DER AMPEL, VOR DER HAUSTÜR} fermarsi (+ *compl di luogo*): **der Zug hält an, und die Reisenden steigen aus**, il treno si ferma e i viaggiatori scendono; **halten Sie bitte da vorne an!**, si fermi laggiù, per favore! **3** (*innehalten*) (**in etw** dat) ~ {IN DER REDE, IM

SPRECHEN} interrompersi (in qc), interrompere qc **B** tr **1** (stoppen) **jdn/etw** ~ {AUTO, PERSON} fermare qu/qc **2** (zurückhalten): **den Atem/die Luft** ~, trattenere il respiro/fiato; **mit angehaltenem** ~, trattenendo il respiro.

an|halten② <irr> itr (nicht aufhören) {BESCHWERDEN, FIEBER, KÄLTEWELLE, STURM} (per)durare, persistere, continuare: **der Regen hält an**, la pioggia persiste.

an|halten③ <irr> tr **1** (anleiten) **jdn zu etw** (dat) ~ {ZUR ARBEIT, PÜNKTLICHKEIT} sollecitare qu a fare/essere qc; {ZUR DISZIPLIN, ZU GUTEM BENEHMEN} richiamare qu a qc: **Sie sollten Ihre Kinder dazu** ~, **nicht immer so viel Lärm zu machen**, dovrebbe insegnare ai Suoi figli a non fare troppo rumore; **jdn zu Ordnung und Sauberkeit** ~, insegnare a qu l'ordine e la pulizia, educare qu a essere ordinato e pulito **2** obs (heiraten wollen) (**bei jdm**) **um jdn** ~ {UM EIN MÄDCHEN} chiedere (a qu) la mano di qu: **um jds Hand** ~, chiedere la mano di qu.

anhaltend **A** adj {BESCHWERDEN, FIEBER, SCHMERZEN} persistente; {REGENFÄLLE} auch incessante, continuo; **~er Beifall**, applauso incessante; **~e Nachfrage**, domanda costante **B** adv: **in den nächsten Tagen bleibt es** ~ **regnerisch**, nei prossimi giorni il tempo continuerà a essere piovoso; **~ starke Regenfälle**, piogge forti e persistenti.

Anhalter m (**Anhalterin** f) autostoppista mf **per** ~, in autostop; **per** ~ **fahren** fam, ₁fare l'₁/[viaggiare in] autostop.

Anhaltspunkt m indicazione f, indizio m: **gibt es irgendwelche ~e dafür, dass er den Diebstahl begangen haben könnte?**, esistono degli indizi che potrebbero far pensare che sia stato lui a commettere il furto?; **können Sie mir vielleicht einige ~e geben?**, potrebbe darmi eventualmente qualche indicazione?; **für diese Behauptung gibt es keine ~e**, a questa affermazione non esistono riscontri.

anhand **A** präp + gen in base a, sulla base di, con l'aiuto di: ~ **der vorliegenden Beweise konnte er verurteilt werden**, ha potuto essere condannato in base alle prove esistenti; ~ **eines Beispiels**, ₁con l'aiuto/ausilio₁/[servendosi] di un esempio **B** adv: ~ **von etw** (dat) in base a qc, sulla base di qc.

Anhang m <meist sing> (Nachtrag) {+WERK, WÖRTERBUCH} appendice f; {+VERTRAG} postilla f; jur (Teil des Jahresabschlusses) nota f integrativa **2** inform {E-MAIL} allegato m **3** <nur sing> (Anhängerschaft) {+KULTURELLE BEWEGUNG} seguito m, seguaci m pl, sostenitori m pl **4** <nur sing> fam oft scherz (Angehörige) congiunti m pl: **er kommt heute ohne** ~, oggi viene senza familiari al seguito.

an|hängen **A** tr **1** (ankuppeln) **etw** (**an etw** akk) ~ {ANHÄNGER, WAGGON, WOHNWAGEN} agganciare qc (a qc), attaccare qc (a qc) **2** (an etw hängen) **etw** (**an etw** akk) ~ {MANTEL, SCHIRM AN EINEN HAKEN, SCHILD AN DIE TÜR} appendere qc (a qc), attaccare qc (a qc) **3** (hinzufügen) **etw an etw** akk) ~ {SATZ, EIN PAAR ZEILEN AN EINEN BRIEF} aggiungere qc (a qc); {ANLAGE AN EINE E-MAIL} allegare qc **4** fam (übertragen) **jdm etw** ~ {INFEKTION, KRANKHEIT} attaccare qc a qu **5** fam (aufschwatzen) **jdm etw** ~ {LADENHÜTER, ALTES MODELL, SCHLECHTE WARE} affibbiare qc a qu fam, rifilare qc a qu fam; appioppare qc a qu fam **6** fam (anlasten) **jdm etw** ~ {SCHULD} affibbiare qc a qu fam; {DIEBSTAHL, MORD} addossare la responsabilità di qc a qu **7** (verlängern) **etw** (**an etw** akk) ~ aggiungere qc **B** rfl sich ~: **einige Tage Urlaub (an das Wochenende)** ~, attaccare qualche giorno di fe-

rie (al fine settimana) **B** itr **1** (anhaften) **jdm** ~ {ANSCHULDIGUNG, VERDACHT} gravare addosso a qu, rimanere addosso a qu: **der Verdacht der Korruption wird ihm ewig** ~, non riuscirà mai a scrollarsi di dosso il sospetto di corruzione **2** geh (sich zugehörig fühlen) **etw** (dat) ~ {EINER IDEOLOGIE, PARTEI, ÜBERZEUGUNG} aderire a qc **C** rfl **1** (sich festklammern) **sich** (**an jdn/etw**) ~ {AN EINEN WAGEN} attaccarsi a qu/qc **2** (dicht hinterherfahren) **sich** (**an jdn/etw**) ~ incollarsi a qu/qc **3** (zustimmen) **sich an jdn/etw** ~ {AN EINEN BESCHLUSS, DIE MEHRHEIT} accodarsi a qu/qc ● **jdm etwas** ~ **fam**, mettere in giro delle malignità su qu.

Anhänger① <-s, -> m **1** (angehängter Wagen) rimorchio m **2** (angehängtes Schmuckstück) pendente m, ciondolo m **3** (Gepäckanhänger) cartellino m.

Anhänger② <-s, -> m (**Anhängerin** f) **1** sport (Fan) {+FUSSBALLMANNSCHAFT, SPORTART} tifoso (-a) m (f), sostenitore (-trice) m (f) **2** (Gefolgsmann) {+DIKTATOR, PARTEI, REGIME} seguace mf, sostenitore (-trice) m (f); {+BEWEGUNG} auch aderente m, adepto (-a) m (f) **3** (Befürworter) {+THEORIE, THESE} fautore (-trice) m (f).

Anhängerkupplung f gancio m di traino.

Anhängerschaft <-, ohne pl> f seguaci m pl, sostenitori m pl, seguito m, aderenti m pl.

anhängig adj jur {KLAGE} pendente: **eine Sache ist bei Gericht** ~, la causa pende davanti/innanzi ₁ai giudici₁/[al tribunale]; **~e Strafverfahren**, carichi pendenti.

anhänglich adj ~ (**an jdn**) attaccato (a qu), affezionato (a qu): **unser kleiner Hund ist sehr** ~, il nostro cagnolino ci è molto attaccato.

Anhänglichkeit <-, ohne pl> f {+HAUSTIER, PERSON} attaccamento m.

Anhängsel <-s, -> n **1** (kleiner Anhänger) pendente m, pendaglio m, ciondolino m **2** pej (überflüssiger Mensch) appendice f, peso m morto; (lästiger Mensch) palla f slang.

an|hauchen tr **etw** ~ {BRILLE, SPIEGEL} soffiare su qc, alitare su qc; {DIE KALTEN HÄNDE} soffiare/alitare su qc (per riscaldarlo); **jdn** ~: **hauchen Sie mich mal an! Ah, Sie haben Alkohol getrunken!**, mi faccia sentire il fiato/l'alito! Ah, Lei ha bevuto!

an|hauen **A** tr (plump ansprechen) **jdn um etw** (akk) ~ {UM GELD} scroccare qc a qu fam, sbafare qc a qu fam: **er haut jeden um Bier und Zigaretten an**, cerca di scroccare birra e sigarette a destra e a manca fam **B** itr (dat) **etw** (**an etw** dat) ~ {KNIE AM TISCH} battere qc (contro qc).

an|häufen **A** tr (aufhäufen) **etw** ~ {ABFÄLLE, GELD, KOMPOST, VORRÄTE} accumulare qc, ammassare qc, ammucchiare qc **B** rfl sich ~ {ABFÄLLE, KOMPOST, VERMÖGEN} accumularsi, ammucchiarsi: **während meines Urlaubs hat sich eine Menge Arbeit angehäuft**, durante le ferie mi si è accumulato un mucchio di lavoro.

Anhäufung <-, -en> f {+REICHTUM, VERMÖGEN} accumulo m; {+ABFÄLLE, KOMPOST, LAUB} auch ammasso m, mucchio m.

an|heben① <irr> tr **etw** ~ **1** (erhöhen) {ABGABEN, ARBEITSLOSENGELD, LÖHNE, MEHRWERTSTEUER, PREISE, TARIF} aumentare qc; {PREISE} **2** (verschärfen) {ANFORDERUNGEN} aumentare qc **3** (hochheben) {TRINKGEFÄSS} alzare qc; {MÖBELSTÜCK} auch sollevare qc.

an|heben② <hob oder obs hub an, hat angehoben> itr obs oder lit {GESANG, MUSIK, PROTESTSTURM} levarsi; {NEUE ÄRA} principiare geh

obs.

Anhebung <-, -en> f {+ANFORDERUNGEN, BETRAG, GEHALT, STEUER} aumento m; {+PREISE, TARIF} auch rialzo m.

an|heften tr **1** (festmachen) **etw an etw** (dat oder akk) ~ {DOKUMENT AN EINE/EINER AKTE} attaccare qc a qc, spillare qc a qc, fissare qc a qc; {ZETTEL AN EINE/EINER TÜR} attaccare qc a qc, fissare qc a qc, affiggere qc a qc **2** (beim Nähen befestigen) **etw auf etw** dat oder akk) ~ appuntare qc a qc, fissare qc a qc; {SAUM} imbastire qc **3** (anstecken) **jdm etw** ~ {AUSZEICHNUNG, ORDEN} attaccare qc a qu, appuntare qc a qu.

anheimelnd adj {KAMINFEUER, KLÄNGE} piacevole; {ATMOSPHÄRE} auch accogliente, intimo.

anheim|fallen <irr> itr <sein> geh **jdm/etw** ~, essere/cadere vittima di qu/qc: **einem Verbrechen** ~, essere vittima di un delitto; **der Vergessenheit** ~, cadere nell'oblio; **der Zerstörung** ~, venire distrutto (-a).

anheim|stellen tr geh obs **jdm etw** ~ lasciare qc alla discrezione di qu: **das stelle ich Ihnen anheim**, lo lascio alla Sua discrezione; **es bleibt dir anheimgestellt, wie du dich entscheiden willst**, la decisione è ₁lasciata alla₁/[a] tua discrezione, rimetto la decisione a te.

an|heizen tr **etw** ~ **1** (zum Brennen bringen) {KAMIN, OFEN} accendere qc **2** fam (verschlimmern) {KRISE} alimentare qc **3** fam (verstärken) {KONJUNKTUR} dare impulso a qc, stimolare qc, incentivare qc **4** fam (beleben) {DISKUSSION} ravvivare qc; {STIMMUNG} auch (ri)scaldare qc.

an|herrschen tr **jdn** ~ apostrofare duramente qu.

an|heuern **A** tr **1** naut **jdn** ~ {MATROSE} ingaggiare qu, reclutare qu; **jdn als etw** (akk) ~ {ALS SCHIFFSKOCH, SCHIFFSOFFIZIER} ingaggiare qu come qc **2** fam (anstellen) **jdn** ~ {SAISONARBEITER} ingaggiare qu; pej (zu einer illegalen Arbeit) {KILLER} auch assoldare qu, prezzolare qu **B** itr naut (auf etw dat) ~ {AUF EINEM SCHIFF} imbarcarsi su qc.

Anhieb m fam: **auf** ~, alla prima fam, al primo colpo fam; **sie hat die Prüfung auf** ~ **geschafft**, ha passato l'esame ₁al primo tentativo₁/[alla prima].

an|himmeln tr fam **jdn** ~ **1** (schwärmerisch verehren) {FILMSTAR, LEHRER, POPSÄNGER} stravedere per qu, adorare qu, idolatrare qu **2** (schwärmerisch ansehen) guardare qu estasiato (-a), stare in adorazione di qu: **hast du bemerkt, wie sie ihn den ganzen Abend angehimmelt hat?**, hai visto con che occhi l'ha guardato tutta la sera?

anhin adv CH: **am 1. Oktober** ~, il prossimo 1 ottobre; **bis** ~, finora.

Anhöhe f altura f, poggio m: **auf der** ~, sull'altura.

an|hören **A** tr **1** (aufmerksam zuhören) **etw** ~ {BESCHWERDEN, CD, HÖRSPIEL, KONZERT, TONBAND, VORTRAG} ascoltare qc (con attenzione), sentire qc (con attenzione): **eine Messe** ~, udire/sentire messa **2** (unfreiwillig mithören) **etw** (mit) ~ {DISKUSSION, GESPRÄCH} sentire qc (₁per caso₁/[casualmente]): **wir saßen am Nachbartisch und konnten ihre Unterhaltung mit** ~, eravamo seduti (-e) al tavolo accanto e, senza volere, abbiamo sentito la loro conversazione **3** (Gehör schenken) **jdn** ~ {MITARBEITER} (stare a) sentire qu, ascoltare qu, dare ascolto a qu; jur {PARTEIEN, ZEUGEN} udire qu **4** (an der Stimme anmerken) **jdm etw** ~ nella voce di qu: **man hörte ihr die Verzweiflung an**, ₁nella sua voce si sentiva/coglie-

va₁/[dalla sua voce traspariva] la disperazione; **ich hörte ihm an, dass er sich über meine Entscheidung freute**, sentivo dalla sua voce che era contento della mia decisione; **man hört ihr an, dass sie Französin ist**, si sente che è francese **5** ⟨*jds Meinung hören*⟩ *jdn* ~ {FACHMANN, TECHNIKER} sentire *qu* **B** rfl **1** (*aufmerksam zuhören*) **sich** (dat) *etw* ~ {CD, KLAGEN, KONZERT, VORTRAG} ascoltare *qc* (con attenzione), stare a sentire (attentamente) *qc*: **er hörte sich aufmerksam alles an, was der Professor sagte**, ascoltava con attenzione tutto ciò che il professore diceva **2** (*nicht mehr dulden*): **sich** (dat) *etw* **nicht mehr (mit)** ~ **(können)**, non (poter) stare più a sentire *qc*; **ich kann mir seine Angebereien nicht mehr länger (mit)** ~!, non posso più ₁stare a sentire₁/[sorbirmi] le sue smargiassate!; **jetzt ist aber Schluss! Eure Streitereien höre ich mir nicht mehr länger an!**, ora basta! Non voglio più sentirvi litigare! **3** *fam* (*bestimmten Klang haben*) **sich** *irgendwie* ~: **deine Stimme hört sich heiser an, du bist doch nicht etwa erkältet?**, ti sento un po' roco (-a), non sarai per caso raffreddato (-a)?; **na, wie hat sich der Tenor angehört?**, allora, come ti/vi è sembrato il tenore?; **deine Stimme hört sich heute so traurig an**, ti sento così triste oggi **4** *fam* (*klingen*) **sich** *irgendwie* ~ suonare + *compl di modo*: **das Angebot hört sich gut an**, l'offerta suona bene; **das hört sich ja (so) an, als ob du mich loswerden wolltest!**, sembra quasi che tu ti voglia sbarazzare di me!
Anhörung ‹-, -en› f **1** *parl pol* hearing m, indagine f conoscitiva **2** *jur* {+ZEUGEN} audizione f: **nach ~ der Parteien**, dopo aver udito le parti, dopo l'audizione delle parti ● **öffentliche ~**, audizione a porte aperte.
Anhörungsverfahren n *jur* procedimento m di audizione.
a̱n|hupen tr *jdn* ~ suonare (il clacson) *a qu*.
a̱n|husten tr *jdn* ~ tossire in faccia *a qu*.
Anilin ‹-s, ohne pl› n *chem* anilina f.
animalisch adj *pej* {INSTINKT, TRIEB} animale; {VERHALTEN} *auch* animalesco.
Animateur ‹-s, -e› m (**Animateurin** f) animatore (-trice) m (f) (turistico (-a)).
Animation ‹-, -en› f **1** (*im Tourismus*) animazione f **2** *film inform* animazione f.
Animierdame f entraîneuse f.
animieren ‹ohne ge-› **A** tr *jdn zu etw* (dat) ~ {ZU EINER DUMMHEIT, ZUM TRINKEN} incitare *qu a fare qc*: **jdn dazu ~, etw zu tun**, incitare qu a fare qc **B** itr **zu etw** (dat) ~: **das schöne Wetter animiert geradezu zum Baden**, il bel tempo mette proprio voglia di fare il bagno.
animierend **A** adj {DARBIETUNG, VORSTELLUNG} stimolante, eccitante **B** adv: ~ **auf jdn/etw wirken**, avere un effetto/un'azione stimolante su qu/qc.
Animierlokal n locale m notturno con entraîneuse.
Animiermädchen n → **Animierdame**.
Animosität ‹-, -en› f *geh* animosità f: **~en gegen jdn/etw haben**, provare animosità contro qu, avere/provare un'avversione per qu/qc.
Anion ‹-s, -en› n *phys* anione m.
Anis ‹-(es), ohne pl› m *bot* anice m.
Anisbrot n pane m all'anice.
Anislikör m *gastr* anisetta f.
Anisöl n olio m essenziale d'anice.
Anisplätzchen n *gastr* biscotto m all'anice, ancino m.
Anisschnaps m *gastr* (grappa f all')anice m.
Anita f (*Vorname*) Anita.
Anja f (*Vorname*) → **Anna**.
a̱n|kämpfen tr *gegen jdn/etw* ~ {GEGEN DEN STURM} lottare *contro qu/qc*; {GEGEN VORURTEILE} *auch* combattere *qu/qc*: **die Regierung versucht, gegen die Inflation anzukämpfen**, il governo cerca di combattere l'inflazione; **sie kämpfte vergeblich gegen die Müdigkeit an**, lottava invano contro la stanchezza; **sie kämpfte gegen ihre Tränen an**, non voleva farsi vincere dalle lacrime.
Ankauf m {+AUTO, IMMOBILIE, KUNSTOBJEKT} acquisto m: **An- und Verkauf**, compravendita.
a̱n|kaufen **A** tr *etw* ~ {AKTIEN, GEMÄLDE, IMMOBILIE, SCHMUCK, WERTGEGENSTÄNDE} acquistare *qc*, comp(e)rare *qc* **B** rfl **sich** (*irgendwo*) ~ acquistare un immobile + *compl di luogo*: **er hat sich in einem Ort in Süditalien angekauft**, ha acquistato un immobile in una cittadina dell'Italia meridionale.
Ankäufer m (**Ankäuferin** f) acquirente mf, compratore (-trice) m (f): **wir haben endlich einen ~ für unser Haus in den Bergen gefunden**, abbiamo finalmente trovato un acquirente per la nostra casa in montagna.
Anke f (*Vorname*) → **Anna**.
ankehrig adj *CH* abile.
Anker ‹-s, -› m **1** *naut* ancora f **2** *bau* catena f **3** *el* ancora f **4** (*an der Uhr*) ancora f ● **den ~ (aus)werfen**, **sich vor ~ legen**, gettare l'ancora; (*irgendwo*) **vor ~ gehen** {SCHIFF}, ₁gettare l'ancora₁/[ancorarsi] (+ *compl di luogo*); **den ~ hieven**, salpare (l'ancora); **den ~ lichten**, levare l'ancora, salpare; (*irgendwo*) **vor ~ liegen** {BOOT, SCHIFF}, essere ancorato + *compl di luogo*, essere ₁all'ancora₁/[alla fonda] (+ *compl di luogo*).
Ankerboje f *naut* gavitello m dell'ancora, boa f di ormeggio.
Ankerkette f *naut* catena f dell'ancora.
ankern itr **1** (*den Anker werfen*) {SCHIFF} ancorarsi, gettare l'ancora **2** (*vor Anker liegen*) {BOOT, SCHIFF} essere ancorato/[all'ancora] (+ *compl di luogo*).
Ankerplatz m *naut* (posto m di) ancoraggio m, ormeggio m, posto m di fonda.
Ankerwährung f *ökon* valuta f ancora/ [di riferimento].
Ankerwinde f *naut* verricello m dell'ancora.
a̱n|ketten tr *jdn/etw* ~ {GEFANGENE} incatenare *qu*, mettere in catene *qu*; {HUND} incatenare *qc*, legare alla catena *qc*: **das Fahrrad an einem/einen Laternenpfahl ~**, legare la bicicletta con una catena al palo della luce.
a̱n|kläffen tr *fam jdn/etw* ~ {HUND} abbaiare *a qu/qc*.
Anklage f **1** ‹nur sing› *jur* (*öffentliche Klage*) azione f penale: **~ erheben**, esercitare l'azione penale **2** ‹nur sing› *jur* (*gerichtliche Beschuldigung*) accusa f, imputazione f, incriminazione f: **die ~ lautet auf Mord**, l'accusa/l'imputazione è di omicidio **3** ‹nur sing› *jur* (*Staatsanwaltschaft*) accusa f: **das Plädoyer der ~**, l'arringa/la requisitoria dell'accusa; **die ~ verhört die Zeugen**, l'accusa interroga i testimoni; **Zeuge der ~**, teste/testimone d'accusa **4** ‹meist pl› (*Beschuldigung*) accusa f ● **~ gegen jdn erheben** *jur*, (**jdn unter ~ stellen** *jur*), mettere qu ₁in stato di₁/[sotto] accusa, incriminare qu *jur*; **eine ~ widerle-** **gen** *jur*, confutare un'accusa.
Anklagebank f *jur* banco m degli imputati: (**wegen etw gen** *oder fam* **dat**) **auf der ~ sitzen**, sedere sul banco degli imputati (per rispondere di qc); (*allgemeiner*) essere messo sotto accusa (per qc).
Anklageerhebung f *jur* esercizio m dell'azione penale.
a̱n|klagen **A** tr **1** *jur* (*gerichtlich beschuldigen*) *jdn etw* (gen)/*wegen etw* (gen *oder fam* dat) ~ {(WEGEN) EINER STRAFTAT, (WEGEN) EINES VERBRECHENS} accusare *qu* (*di qc*), imputare *qu* (*di qc*), muovere un'accusa *contro qu* (*per qc*), incriminare *qu* (*di*/*per qc*): **etw** (gen)/**wegen etw** (gen *oder fam* dat) **angeklagt sein** {DES MORDES, WEGEN MORD(ES)}, essere accusato/imputato di qc, essere incriminato/ di per qc **2** (*beschuldigen*) *jdn etw* (gen) ~ {DER KORRUPTION, ÜBLER METHODEN} accusare *qu di qc*, incolpare *qu di qc*: **jdn ~, etw getan zu haben**, accusare qu di aver fatto qc **3** (*verantwortlich machen*) *jdn/etw* ~ {ARTIKEL, BUCH, FILM SOZIALE MISSSTÄNDE, POLITIKER} denunciare *qu/qc*, essere un atto d'accusa *contro qu/qc* **B** itr {ARTIKEL, BILD, FILM} essere un atto d'accusa **C** rfl **sich ~** (auto)accusarsi.
a̱nklagend adj {TON} accusatorio, d'accusa.
Anklagepunkt m *jur* capo m d'imputazione/d'accusa.
Ankläger m (**Anklägerin** f) *jur* accusatore (-trice) m (f) ● **öffentlicher ~**, Pubblica Accusa, Pubblico Ministero.
Anklagesatz m *jur* capo m d'imputazione/d'accusa.
Anklageschrift f *jur* richiesta f di rinvio a giudizio.
Anklagevertreter m (**Anklagevertreterin** f) *jur* rappresentante mf dell'accusa.
a̱n|klammern **A** tr *etw* (*an etw* dat *oder* akk) ~ {QUITTUNG AN EINEM/EINEN BRIEF} spillare *qc* (*a qc*); {WÄSCHESTÜCK AN DER/DIE LEINE} attaccare *qc a qc* (con mollette) **B** rfl **1** (*Hilfe suchend festhalten*) **sich** *an jdm/etw* ~ {AN EINE HOFFNUNG, ANS LEBEN} aggrapparsi *a qu/qc*, attaccarsi *a qu/qc* **2** (*sich festklammern*) **sich** *an jdm/etw/jdn/etw* ~ {KIND AN DER/ DIE MUTTER} aggrapparsi *a qu/qc*.
Anklang m **1** ‹nur sing› (*Zustimmung*) favore m, consenso m, approvazione f: **bei jdm ~ finden** {REDE, REGIERUNGSPROGRAMM, VORSCHLAG}, trovare/incontrare il favore/consenso di qu, trovare un'eco favorevole presso qu; **großen ~ finden**, avere (una) vasta risonanza/eco **2** ‹nur pl› (*Reminiszenzen*): **Anklänge an jdm/etw**, reminiscenze + adj, riecheggiamenti + adj, richiami a qu/qc; **Anklänge an Kafka**, reminiscenze kafkiane; **Anklänge an die Romantik**, richiami al romanticismo.
a̱n|kleben **A** tr ‹haben› *etw* (*an etw* dat *oder* akk) ~ {FOTO, PLAKAT AN DER/DIE WAND} attaccare *qc* (*a qc*) (con la colla), incollare *qc* (*a qc*), appiccicare *qc* (*a qc*): **Ankleben verboten!**, vietata l'affissione!, divieto di affissione! **B** itr ‹sein› (*an etw* dat) ~ {KAUGUMMI, TEIG} attaccarsi (*a qc*), rimanere attaccato (-a) (*a qc*), appiccicarsi (*a qc*); {KLEBEETIKETT, KLEBESTREIFEN} *auch* incollarsi (*a qc*).
Ankleidekabine f → **Ankleideraum**.
a̱n|kleiden *geh* **A** tr *jdn* ~ {KIND, KRANKEN} vestire *qu* **B** rfl **sich ~** vestirsi.
Ankleideraum m {+GESCHÄFT} camerino m di prova; {+SCHWIMMBAD} spogliatoio m; (*am Meer*) cabina f.
a̱n|klicken tr *inform etw* ~ {BEFEHL, PROGRAMM, SYMBOL} cliccare *su qc*.
a̱n|klingeln *fam tel* **A** tr *jdn* ~ {BEKANN-**

TEN} dare/fare uno squillo *a qu fam*, dare un colpo di telefono a qu B itr *bei jdm* ~ {BEI EINEM FREUND} dare/fare uno squillo a qu *fam*, dare un colpo di telefono a qu: **kannst du kurz bei mir ~, bevor du kommst?**, mi puoi dare un colpo di telefono prima di venire?

an|klingen <irr> itr <haben> **1** (*erinnern*) *an etw* (akk) ~ {ERZÄHLUNG AN ALTE ZEITEN, FRÜHERE URLAUBE} riecheggiare *qc*, rievocare *qc*, richiamare *qc* **2** <sein> (*spürbar werden*) *in etw* (dat) ~ {BEDAUERN, KRITIK, VORWURF IN JDS STIMME, WORTEN} (ri)echeggiare *in qc*, trasparire *da qc*: **in seinem Artikel klingt leise Kritik an**, nel suo articolo ₍si percepisce una nota₎/[c'è una leggera nota/sfumatura] critica; **etw in etw** (dat) ~ **lassen**, lasciare trasparire qc in qc.

an|klopfen itr **1** (*an die Tür klopfen*) (*an etw* dat *oder* akk) ~ bussare (*a qc*): **du sollst gefälligst ~, bevor du hereinkommst**, ti ho detto di bussare prima di entrare; **energisch an der/die Tür ~**, bussare energicamente alla porta **2** *fam* (*vorsichtig bitten*) *bei jdm* (**um** *etw* akk) ~ {UM EINEN KREDIT} bussare *alla porta di qu* (*per ottenere qc*): **bei jdm um Geld ~**, bussare a quattrini a qu *fam*, battere cassa da qu *fam* **3** *tel* {NETZBETREIBER} inoltrare l'avviso di chiamata: **da klopft jemand an**, c'è un avviso di chiamata **4** *fam* (*vorsichtig anfragen*) *bei jdm* ~ sondare il terreno *con qu*.

Anklopfton m *tel* (segnale m di) avviso m di chiamata.

an|knabbern tr *etw* ~ {NAGETIER BROT, KNOSPEN, MÖHRE} cominciare a rosicchiare *qc*.

an|knacksen *fam* A tr (*leicht schädigen*) *etw* ~ {KRITIK JDS SELBSTBEWUSSTSEIN} compromettere *qc*, intaccare *qc* B rfl (*leicht anbrechen*) **sich** (dat) *etw* ~ {ARM, FUSS, KNOCHEN} incrinarsi qc, procurarsi un'incrinatura/infrazione *med a qc*.

an|knipsen tr *fam etw* ~ {LAMPE, LICHT} accendere *qc*.

an|knöpfen tr *etw* (*an etw* akk) ~ {KAPUZE, KRAGEN AN EINE JACKE, EINEN MANTEL} abbottonare *qc* (*a qc*).

an|knoten tr *etw* (*an etw* akk) ~ {SEIL AN EIN ANDERES} annodare *qc* (*con/a qc*).

an|knüpfen A tr **1** (*durch Knüpfen befestigen*) *etw* (*an etw* akk) ~ {SEIL AN EIN ANDERES} annodare *qc a qc*, {FRANSEN AN EINEN SCHAL} *auch* attaccare *qc a qc* **2** (*aufnehmen*) *etw* (*mit jdm*) ~ {FREUNDSCHAFT} allacciare *qc* (*con qu*), {BEZIEHUNGEN, KONTAKTE} *auch* stringere *qc* (*con qu*), stabilire *qc* (*con qu*): **ein Gespräch mit jdm ~**, ₍intavolare un₎/[attaccare *fam*] discorso con qu B itr *an etw* (akk) ~ {AN EINEN ALTEN BRAUCH, EINE FRÜHERE THEORIE} riallacciarsi *a qc*: **ich möchte an die Rede meines Kollegen ~**, vorrei ₍riprendere il₎/[ricollegarmi/riallacciarmi al] discorso del mio collega, vorrei prendere spunto dal discorso del mio collega.

Anknüpfungspunkt m spunto m.

an|kommen <irr> A itr <sein> **1** (*eintreffen*) (*irgendwo*) ~ {BRIEF, PAKET BEIM EMPFÄNGER; REISENDE, URLAUBER IN EINEM ORT} giungere/arrivare (+ *compl di luogo*): **um wie viel Uhr kommt ihr am Bahnhof an?**, a che ora arriverete alla stazione?; **euer Brief ist noch nicht bei mir angekommen**, la vostra lettera non mi è ancora arrivata; **mit dem Auto/Zug ~**, arrivare in auto/treno; **bei diesem Verkehr werden wir nie pünktlich ~**, con questo traffico non riusciremo mai ad arrivare in orario; **seid ihr gut angekommen?**, siete arrivati (-e)₍sani (-e) e salvi (-e)₎/[bene]? **2** (*angelangen*) *irgendwo* ~ {BEIM NACHTISCH, AUF EINER BESTIMMTEN SEI-TE} arrivare + *compl di luogo* **3** (*Anklang finden*) (*bei jdm*) ~ {ARTIKEL, IDEE, MODE, SCHLAGER, VORSCHLAG} incontrare (il favore *di qu*), andare forte (*presso qu*) *fam*, avere successo (*presso qu*); (*bei jdm*) *irgendwie* ~: **die neue CD von Celine Dion kommt toll an**, il nuovo CD di Celine Dion ₍è gettonatissimo *fam*₎/[sta riscuotendo un grande successo]/[va forte]; **diese Produkte kommen nicht an**, questi prodotti non vanno; **der neue Deutschlehrer kommt bei den Schülern ausgezeichnet an**, il nuovo insegnante di tedesco ha molto successo fra gli studenti; **der Vorschlag der Grünen, aus der Atomenergie auszusteigen, ist bei der Industrie überhaupt nicht gut angekommen**, la proposta dei Verdi di abbandonare l'energia nucleare non ha ₍riscosso l'approvazione₎/[incontrato il favore] degli industriali; **dieser Witz kommt nicht mehr an**, questa barzelletta non fa più ridere **4** *fam* (*mehrmals belästigen*) (*jdm*) **mit** *etw* (dat) ~ {MIT BESCHWERDEN, FRAGEN} arrivare (*da qu*) *con qc*: **er ist schon wieder damit angekommen**, ha tirato fuori un'altra volta quella faccenda; **komm mir nicht immer mit deinen Problemen an!**, non (mi) arrivare sempre con i tuoi problemi! *fam*; **warte, ich helfe dir, sonst kommst du nachher wieder an und beschwerst dich!**, aspetta, ti aiuto, se no dopo arrivi e ti lamenti!; **mit so einem alten Auto brauchen Sie bei uns gar nicht anzukommen**, è inutile che ₍si presenti₎/[arrivi] (da noi) con una macchina così vecchia, non compriamo auto usate **5** <*meist verneint*> (*sich durchsetzen*) **gegen jdn/etw** ~ {GEGEN EINE ENTWICKLUNG, EINEN KONKURRENTEN} (riuscire a) tenere testa *a qu/qc*: **gegen seine Bravour kommt keiner an**, non c'è nessuno più bravo di lui; **ich komme gegen ihn einfach nicht an**, con lui non riesco a spuntarla **6** <*meist verneint*> (*überwinden können*) **gegen etw** (akk) ~: **sie kommt gegen ihre Depressionen nicht an**, non riesce a venire fuori dalla depressione; **gegen Vorurteile ist nur schwer anzukommen**, è difficile superare/vincere i pregiudizi **7** (*eine Stellung finden*) **bei jdm/irgendwo** ~ {BEI EINEM UNTERNEHMER} trovare ₍un impiego₎/[lavoro] (*presso qu/+ compl di luogo*) **8** (*geboren werden*) (*bei jdm*) ~ nascere (*a qu*), arrivare (*a qu*): **bei meiner Schwester ist das zweite Kind angekommen**, ₍mia sorella ha avuto₎/[a mia sorella è nato] il secondo bambino; **bei Müllers sind Drillinge angekommen**, ai Müller sono arrivati tre gemelli B unpers **1** (*wichtig sein*): **jdm kommt es auf etw** (akk) **an**, qc importa a qu, qc conta per qu; **sie liebt ihn sicher nicht, ihr kommt es doch nur auf seine gesellschaftliche Stellung an**, di certo non lo ama, per lei conta soltanto la sua posizione sociale; **es kommt mir darauf an, dass der Artikel so schnell wie möglich in Druck geht**, ci tengo (a) che l'articolo vada in stampa appena possibile; **auf die paar Minuten kommt es nun auch nicht mehr an**, a questo punto qualche minuto in più o in meno non ₍ha importanza₎/[fa differenza]; **darauf kommt es mir doch gar nicht an!**, non è davvero ciò che mi importa/preme!; **bei der Arbeit kommt es darauf an, dass man gut Englisch kann**, per fare quel lavoro bisogna/[è importante] sapere bene l'inglese **2** (*abhängig sein*): **es kommt auf jdn/etw an**, dipende da qu/qc; **darauf soll es nicht ~**, non sarà ₍questa la difficoltà₎/[questo il problema]!; **macht ihr morgen einen Ausflug? – Es kommt auf das Wetter an**, fate una gita domani? – Dipende dal tempo; **würdest du die Stelle annehmen? – Das/Es kommt darauf an!**, accetteresti quel posto? – Dipende!; **ich würde dir deinen alten Wagen schon abkaufen, es kommt darauf an, wie viel du dafür willst**, (te la) comprerei volentieri la tua vecchia macchina, dipende da quanto vuoi; **wenn es darauf ankommt, dann kannst du dich auf sie verlassen**, ₍quando c'è₎/[nel momento del] bisogno, puoi contare su di lei/loro; **es kommt auf einen Versuch an**, bisognerebbe fare un tentativo C tr **jdn irgendwie** ~ {NICHT LEICHT, SCHWER} riuscire *a qu + adj*: **es kommt mich sehr schwer an, mich den neuen Gegebenheiten anzupassen**, mi ₍riesce molto difficile₎/[costa molta fatica] adattarmi alla nuova situazione • **es auf etw** (akk) ~ **lassen** {AUF EINEN PROZESS, EINEN STREIT}, correre il rischio *di qc*, rischiare *qc*; **wegen so einer kleinen Summe würde ich es nicht auf eine Anzeige ~ lassen**, per quelle due lire non correrei il rischio di essere denunciato (-a); **es d(a)rauf ~ lassen** *fam*, stare a vedere, tentare la sorte; **ich will eine Gehaltserhöhung, die man mir aber sicher nicht geben wird – Lass es doch mal drauf ~!**, voglio un aumento di stipendio che sicuramente non mi concederanno – Stai un attimo a vedere!; **ich würde es nicht drauf ~ lassen**, al posto tuo non rischierei; **er hat es drauf ~ lassen**, se l'è cercata *fam*, **jdm mit etw** (dat) *nicht* ~: **auf die Tour kommst du bei der nicht an!** *fam*, con questo sistema con lei non ₍arrivi a niente *fam*₎/[hai chance]; **jetzt hör schon auf zu heulen, damit kommst du bei mir nicht an!** *fam*, smettila di piangere, con me non attacca! *fam*.

Ankömmling <-s, -e> m **1** (*Angekommene*) nuovo (-a) arrivato (-a) m (f)/venuto (-a) m (f) **2** (*Neugeborene*) neonato (-a) m (f), nuovo (-a) nato (-a) m (f).

an|können itr *fam*: **gegen jdn/etw nicht ~**, non potere venire contro qu/qc.

an|koppeln A tr *etw* (*an etw* akk) ~ {WAGGON AN DIE LOK, DEN ZUG} agganciare *qc* (*a qc*), attaccare *qc* (*a qc*) B itr *an etw* (akk) ~ {RAUMFÄHRE AN EINE ANDERE} agganciarsi *a qc*.

an|kotzen tr *slang* **jdn** ~ {JDS ART, BENEHMEN, EINTÖNIGE ARBEIT} fare schifo *a qu fam*, far vomitare *qu fam*: **die ganze Sache kotzt mich an!**, tutta questa faccenda mi dà il voltastomaco!

an|kreiden tr *fam* **jdm etw** ~ {JDS BENEHMEN, VERHALTEN} prendersela *con qu per qc*: **er hat es mir übel angekreidet, dass ich mich nicht mehr gemeldet habe**, ce l'ha a morte con me perché non mi sono più fatto (-a) sentire.

an|kreuzen tr *etw* ~ {DATUM, NAMEN} segnare *qc* con una crocetta, fare una crocetta *su/[accanto a qc]*: **kreuzen Sie bitte die richtige Antwort an!**, segnate la risposta esatta con una crocetta!

an|künden *geh obs*, **an|kündigen** A tr **1** (*ansagen*) **jdn** ~ {GAST, KÜNSTLER, REDNER} annunciare *qu* **2** (*im Voraus bekannt geben*) *etw* ~ {BESUCH, BUCHVERÖFFENTLICHUNG, RÜCKTRITT, VERANSTALTUNG} annunciare *qc*: **die milde Luft kündigt den Frühling an**, l'aria mite annuncia la primavera B rfl **1** (*sich anmelden*) **sich** (*bei jdm*) ~ annunciarsi (*a qu*): **er hat sich bei uns für den 10. Mai angekündigt**, ci ha annunciato la sua visita per il 10 maggio **2** (*sich andeuten*) **sich** (*durch etw* akk) ~ {JAHRESZEIT} annunciarsi (*con qc*); {FLUT, KATASTROPHE, KRANKHEIT DURCH ANZEICHEN} *auch* preannunciarsi (*con qc*).

Ankündigung f annuncio m: **wir bitten**

Sie um ~ Ihrer genauen Ankunftszeit, La/Vi preghiamo di comunicare l'ora esatta del Suo/Vostro arrivo • **ohne vorherige ~**, senza preavviso.

Ankunft <-, *ohne pl*> f **1** (*das Eintreffen*) arrivo m: **bei der ~**, all'arrivo; **die ~ des Intercity aus Frankfurt ist für zwanzig Uhr vorgesehen**, l'arrivo dell'intercity proveniente da Francoforte è previsto per le ore venti; **nach der ~ am Flughafen mussten wir lange auf unser Gepäck warten**, dopo l'arrivo all'aeroporto abbiamo dovuto aspettare a lungo i bagagli **2** (*Geburt*) arrivo m, nascita f.

Ankunftshalle f *aero* arrivi m pl.

Ankunftstafel f *aero Eisenb* tabellone m degli arrivi.

Ankunftszeit f *aero Eisenb* orario m d'arrivo.

an|kuppeln tr *etw* (**an etw** akk) ~ {WAGGON, ZUG AN EINEN ANDEREN} agganciare qc (a qc), attaccare qc (a qc).

an|kurbeln tr *etw* – **1** *ökon* {PRODUKTION} incentivare qc; {NACHFRAGE} rilanciare qc; {KONJUNKTUR, WIRTSCHAFT} dare impulso/[nuova linfa]/[incentivi] a qc **2** (*zum Anspringen bringen*) {AUTO, GRAMMOPHON, MOTOR} avviare qc, mettere in moto qc.

Ankurbelung <-, -en> f *ökon* incentivazione f, rilancio m: **~ der Wirtschaft**, rilancio economico.

Anl. *Abk von* Anlage(n): all., alleg. (**Abk** *von* allegato (-i)).

an|lächeln tr *jdn* ~ sorridere *a qu*, fare un sorriso *a qu*: **jdn nett ~**, fare un bel sorriso a qu.

an|lachen A tr *jdn* – **1** (*lachend ansehen*) guardare qu ridendo **2** (*einen heiteren Eindruck auf jdn machen*) {HIMMEL, SONNE} sorridere *a qu* **3** *fam* (*Lust machen*) {BRATEN, KUCHEN} far venire l'acquolina in bocca *a qu* B rfl **1** (*sich lachend ansehen*) ~ guardarsi ridendo **2** *fam* (*mit jdm anbändeln*) **sich** (dat) *jdn* ~ rimorchiare qu *fam*, agganciare qu *fam*.

Anlage f **1** (*Grünanlage*) giardini m pl, parco m, spazio m/area f verde: **öffentliche ~n**, giardini pubblici; (*Hotelanlage*) complesso m alberghiero; (*Wohnanlage*) complesso m residenziale **2** (*das Anlegen*) {+GRÜNFLÄCHE, PARK} realizzazione f, creazione f; {+AKTE, KARTEI, SAMMLUNG} creazione f; {+LISTE} auch compilazione f; *inform* {+DATEI} creazione f **3** (*Sportanlage*) impianto m (sportivo) **4** (*das Errichten*) {+PARKHAUS, STELLPLÄTZE} costruzione f, realizzazione f **5** (*Produktionsgebäude*) impianto m, stabilimento m **6** *mil* installazione f, impianto m **7** (*Stereoanlage, Telefonanlage*) impianto m **8** (*Einrichtung*) {+HEIZUNG} installazione f **9** *ökon* investimento m **10** (*Veranlagung*) predisposizione f, attitudine f, talento m: **eine ~ zu etw** (dat) **haben** {ZUR MUSIK}, essere portato per qc, avere talento per qc; {ZU ALLERGIEN, INFEKTIONEN} essere/andare soggetto (-a) a qc **11** *lit theat* struttura f, impianto m **12** *adm* (*Anhang zu einem Schreiben*) allegato m; *inform auch* attachment m: **als/[in der] ~**, accluso/in allegato • **elektronische ~n**, impianto elettronico; **sanitäre ~n**, (impianti) sanitari.

Anlageberater m (**Anlageberaterin** f) *ökon* consulente mf finanziario (-a), promotore (-trice) m (f) finanziario (-a).

Anlageberatung f *ökon* consulenza f finanziaria, investment consulting m.

Anlagefonds m *ökon* fondo m d'investimento.

Anlageform f forma f d'investimento.

Anlagegut n <*meist* pl> *ökon* bene m stru-

mentale.

Anlagekapital n *ökon* immobilizzazioni f pl.

Anlagenanschluss (a.R. Anlagenanschluß) m *tel* allacciamento m.

Anlagenbau m *tech* impiantistica f.

Anlagenbuchhaltung f *ökon* contabilità f degli immobilizzi.

Anlagentechnik f *tech* impiantistica f.

Anlagepapier n <*meist* pl> *ökon* titolo m d'investimento.

Anlagevermögen n *ökon* capitale m fisso, patrimonio m immobilizzato, immobilizzazioni f pl.

Anlagewerte subst <*nur* pl> *ökon* immobilizzazioni f pl.

an|landen A tr <*haben*> *etw* (**irgendwo**) ~ {KUTTER MEERESFRÜCHTE} portare a terra qc (+ *compl di luogo*); {SCHIFF TRUPPEN} far sbarcare qc (+ *compl di luogo*) B itr <*sein*> **irgendwo** ~ {SCHIFF} approdare/[toccare terra] + *compl di luogo*.

an|langen A tr <*haben*> *süddt A CH* (*anfassen*) *jdn/etw* ~ toccare qu/qc B itr <*sein*> *obs* (**irgendwo**) ~ {IN EINEM GASTHOF, AUF DEM GIPFEL, ZU HAUSE} giungere/arrivare (+ *compl di luogo*) • **was jdn/etw anlangt**, ..., per quanto ₍riguarda qu/qc...₎/[attiene a qc...].

Anlass (a.R. Anlaß) <-es, Anlässe> m **1** (*Ursache*) motivo m, ragione f: **der ~ des Wortwechsels**, il motivo del diverbio; **es besteht ~ zur Hoffnung**, c'è ragione di sperare; **es besteht kein ~ zur Panik**, non c'è motivo/ragione di farsi prendere dal panico; **die Geburt eurer Tochter ist ein guter ~ zum Feiern**, la nascita di vostra figlia è un buon motivo per festeggiare; **es gibt keinen ~, sich** (dat) **Sorgen zu machen**, non c'è ragione di preoccuparsi; **allen ~ haben, etw zu tun**, avere tutte le ragioni per fare qc; **bist du ihm denn nicht böse? – Ich sehe keinen ~ dazu**, non ce l'hai con lui? – Non ne vedo il motivo/la ragione; **beim geringsten ~ explodiert sie gleich**, alla minima cosa va su tutte le furie **2** (*Gelegenheit*) occasione f: **die Preisverleihung ist ein festlicher ~**, la premiazione è un'occasione solenne; **ein Kleid für feierliche Anlässe**, un vestito per le grandi occasioni; **bei offiziellen Anlässen**, in occasioni ufficiali • **aus ~ einer S.** (gen), in occasione di qc; **aus ~ des zweihundertsten Jahrestages**, in occasione del bicentenario; **bei besonderen Anlässen**, in occasioni particolari; **ein ~ (für jdn) sein, etw zu tun** {DISKUSSION, FEST, EIN TREFFEN SICH ZU BEDANKEN, JDM DIE MEINUNG ZU SAGEN, SICH ZU VERSÖHNEN}, essere l'occasione (per qu) per fare qc; **~ zu etw** (dat) **geben**, dare adito a qc; **jdm ~ geben, etw zu tun**, dare motivo a qu di (fare) qc, dare a qu l'occasione di fare qc; **die zunehmende Umweltverschmutzung gibt der Regierung ~ zu strengeren Maßnahmen**, il crescente inquinamento ambientale spinge il governo ad adottare misure più severe; **aus gegebenem ~**, date le circostanze; **einen/keinen ~ haben, etw zu tun** {SICH ZU BESCHWEREN, UNZUFRIEDEN ZU SEIN}, avere/[non avere] motivo/ragione di fare qc; **etw zum ~ nehmen, um etw zu tun**, ₍cogliere l'occasione₎/[approfittare] di qc per fare qc; **ich nehme dieses Treffen zum ~, um allen meinen Kollegen für ihre Mitarbeit zu danken**, colgo l'occasione di questo incontro per ringraziare tutti i miei colleghi per la loro collaborazione; **ohne jeden ~**, senza ₍alcun motivo₎/[alcuna ragione]; **zum ~ nehmen**, diventare motivo di qc; **ein Missverständnis wird oft zum ~ von Streit**, un malinteso diventa spesso motivo di

occasione di lite.

an|lassen <*irr*> A tr *etw* ~ **1** (*starten*) {MOTOR, WAGEN} mettere in moto qc, avviare qc, far partire qc **2** *fam* (*anbehalten*) {JACKE, PULLOVER, SCHUHE} tener(si)/lasciar(si) addosso qc **3** *fam* (*laufen lassen*) {WASSER, WASSERHAHN} lasciare aperto (-a) qc **4** *fam* (*in Betrieb lassen*) {FERNSEHER, LICHT, RADIO} lasciare acceso (-a) qc **5** *fam* (*brennen lassen*) {FEUER, KERZE} lasciare acceso (-a) qc B rfl *fam* **sich irgendwie** ~ **1** (*sich beruflich erweisen*): **der neue Lehrling lässt sich wirklich gut an**, il nuovo apprendista promette proprio bene **2** (*anfangen*) {JAHRES-, TAGESZEIT} promettere + *compl di modo*: **der Tag lässt sich gut an**, la giornata promette bene **3** (*sich entwickeln*) {ERNTE, GESCHÄFT} promettere/[lasciar sperare] + *compl di modo*: **die Traubenlese lässt sich dieses Jahr überhaupt nicht gut an**, quest'anno la vendemmia non promette niente di buono.

Anlasser <-s, -> m *autom* starter m, dispositivo m d'avviamento: **den ~ betätigen**, azionare lo starter; {+RASENMÄHER} motorino m d'avviamento.

anlässlich (a.R. anläßlich) präp + gen *geh* {+HOCHZEITSTAG, JUBILÄUM} in occasione di.

an|lasten tr *jdm etw* ~ {FEHLER, TAT, VERSÄUMNIS} imputare qc a qu, addossare qc a qu: **jdm ein Verbrechen ~**, accusare qu di un delitto; **jdm etw als etw** (akk) ~ {ZÖGERN ALS DESINTERESSE} interpretare qc di qu come qc.

Anlauf m **1** (*Versuch*) tentativo m **2** *sport* rincorsa f **3** (*-strecke*) pedana f di rincorsa **4** <*nur* sing> (*Beginn*) {+GESPRÄCHE, PRODUKTION, VERHANDLUNGEN} avvio m, inizio m • **im ersten**/zweiten ~, al primo/secondo tentativo; **etw beim/im ersten ~ schaffen** {DEN HUNDERTMETERLAUF, EINE PRÜFUNG, EINEN SPRUNG}, riuscire a fare qc al primo tentativo/colpo *fam*; **einen neuen ~ machen**/nehmen, fare un altro tentativo, provarci ancora una volta, riprovarci; **~ nehmen, um etw zu tun** {UM DEN GRABEN ZU ÜBERSPRINGEN, UM ZUM HOCHSPRUNG ANZUSETZEN}, prendere la rincorsa/lo slancio per fare qc.

Anlaufadresse f → **Anlaufstelle**.

an|laufen <*irr*> A itr <*sein*> **1** (*beginnen*) {GESPRÄCHE} incominciare, iniziare, avere inizio; {SAISON, VORBEREITUNGEN} auch prendere il via; {AKTION, PROJEKT} decollare *fig*: **die Verhandlungen sind angelaufen**, le trattative sono state avviate; **der Film läuft morgen in allen Kinos an**, il film esce domani in tutte le sale (cinematografiche) **2** *sport* {SPRINGER} prendere la rincorsa/lo slancio **3** (*in Gang kommen*) {MASCHINE, MOTOR} avviarsi, mettersi in moto: **der Motor läuft nicht an**, il motore non parte **4** (*beschlagen*) {BRILLE, FENSTER, SPIEGEL} appannarsi **5** (*oxidieren*) {METALLENER GEGENSTAND, METALL} diventare opaco (-a): **schwarz ~**, annerirsi, annerire **6** (*sich verfärben*) **blau ~**, diventare/farsi livido (-a); **das Kind hatte einen Asthmaanfall und lief blau an**, il bambino ebbe un attacco d'asma e ₍diventò cianotico₎/[si fece livido]; **rot ~**, diventare rosso (-a), arrossire; **vor lauter Wut lief er ganz rot an**, divent̀o tutto rosso per la rabbia B tr <*haben*> *naut etw* ~ fare rotta per/su qc, dirigersi verso qc: **das Schiff läuft Hamburg an**, la nave fa rotta per Amburgo; **einen Hafen ~**, toccare un porto.

Anlaufkosten subst <*nur* pl> *ökon* spese f pl d'avviamento.

Anlaufkredit m *ökon* credito m di inizio attività.

Anlaufschwierigkeit f <*meist* pl> → **Anfangsschwierigkeit**.

Anlaufstelle f (Person) punto m di riferimento; (Institution) auch punto m d'appoggio.

Anlaufzeit <-, ohne pl> f **1** (Warmlaufzeit) {+MOTOR} tempo m di avviamento **2** (Vorbereitungszeit) {+MENSCH, PROJEKT} (fase f/periodo m di) rodaggio m, periodo m/fase f iniziale: **morgens brauche ich immer eine gewisse ~, um in Schwung zu kommen**, la mattina ci metto sempre un po' a carburare/ingranare fam.

Anlaut m ling (suono m) iniziale f.

an|läuten süddt A CH **A** itr (**bei jdm**) ~ telefonare (a qu), fare una telefonata (a qu) **B** tr jdn ~ telefonare a qu.

Anlegebrücke f naut pontile m, imbarcadero m.

Anlegemanöver n {+SCHIFF} manovra f di attracco; {+RAUMKAPSEL} manovra f di aggancio.

an|legen **A** tr **1** (erstellen) **etw** ~ {AKTE} aprire qc; {KARTEI} fare qc, creare qc; {STATISTIK} compilare qc, fare qc; {LISTE, VERZEICHNIS} auch stilare qc; inform {DATEI} creare qc **2** (herrichten) **etw** ~ {GARTEN, PARK, SPIELPLATZ} allestire qc, realizzare qc, creare qc; {STRASSE, WEG} tracciare qc **3** (ansammeln) **etw** ~ {VORRÄTE} mettere da parte qc, farsi qc **4** Karten ~ attaccare qc **5** ökon (investieren) **etw** (**in etw** dat) ~ {GELD, KAPITAL IN AKTIEN, WERTPAPIEREN} investire qc (in qc): **Kapital Gewinn bringend ~**, investire il capitale ₍con profitto₎/[in modo redditizio] **6** (ausgeben) **etw** (**für etw** akk) ~ spendere qc (per qc): **wie viel willst du denn für eine Wohnung ~?**, quanto vuoi spendere per un appartamento? **7** (es darauf ankommen lassen): **es auf etw** (akk) ~, mirare/puntare a qc: **du legst es doch nur auf einen Streit an**, stai solo cercando di litigare; **mit deiner ewigen Kritik legst du es doch nur darauf an, das Projekt zum Scheitern zu bringen**, con le tue continue critiche ₍vuoi soltanto₎/[miri soltanto a] far fallire il progetto; **er hatte es darauf angelegt, uns zu hintergehen**, ₍la sua intenzione₎/[il suo intento] era di truffarci; **du legst es wohl darauf an, mich zum Weinen zu bringen**, ₍ma vuoi proprio₎/[lo fai apposta per] farmi piangere? **8** (daran legen) **etw** (**an etw** dat oder akk) ~ {LEITER AN DER/DIE MAUER} appoggiare qc a/su qc: **das Lineal** ~, appoggiare il righello; **einen strengen Maßstab** ~, adottare un criterio severo; **einen Säugling an die Brust** ~, attaccare un lattante al seno, dare il seno a un lattante **9** (an den Körper legen) **etw** ~ {HUND, PFERD OHREN} abbassare qc; {VOGEL FLÜGEL} ripiegare qc **10** geh (anziehen) **etw** ~ {ABENDROBE, KLEID} indossare qc, mettere(si) qc: **eine Halskette** ~, indossare una collana **11** (befestigen) (**jdm**) **etw** ~ {VERBAND} applicare qc (a qu), mettere qc (a qu): **jdm Handschellen** ~, mettere le manette a qu, ammanettare qu **12** (ansetzen) **etw** ~ {GEWEHR, PISTOLE} puntare qc: **die Pistole auf jdn/etw** ~, puntare la pistola contro qu/qc **B** itr **1** (festmachen) (**irgendwo**) ~ {SCHIFF} attaccare/approdare (+ compl di luogo): **in einem Hafen** ~, approdare in un porto **2** (zielen) **auf jdn/etw** ~: **auf eine Person, ein Tier** ~, mirare a qu/qc; **mit dem Gewehr auf jdn** ~, puntare il fucile contro qu **C** rfl fam (Streit suchen) **sich mit jdm** ~ attaccare briga con qu fam, cercare lite con qu.

Anlegeplatz m → Anlegestelle.

Anleger <-s, -> m (**Anlegerin** f) ökon investitore (-trice) m (f).

Anlegestelle f approdo m, attracco m, ormeggio m, scalo m.

an|lehnen **A** tr **1** (daran lehnen) **etw** (**an etw** dat oder akk) ~ {BRETT, KLAPPSTUHL, LEITER AN DER/DIE WAND} appoggiare qc a qc **2** (nicht ganz schließen) **etw** ~ {FENSTER, TÜR} accostare qc, socchiudere qc **B** rfl **1** (daran lehnen) **sich an jdn/etw** ~ appoggiarsi a qu/qc, addossarsi a qu/qc **2** (folgen) **sich an jdn/etw** ~ {BEARBEITUNG, THEORIE AN EINEN ANDEREN AUTOR, DIE URFASSUNG} rifarsi a qu/qc, prendere a modello qu/qc; {AUTOR AN EINEN ANDEREN AUTOR} auch ispirarsi a qu/qc, trarre ispirazione da qu/qc.

Anlehnung <-, ohne pl> f **1** (Halt) appoggio m: **bei/an jdm** ~ **finden/suchen**, trovare/cercare appoggio/sostegno in qu **2** (Vorbild) ~ **an jdn/etw** ispirazione f a qu/qc, riferimento m a qu/qc: **unter** ~ **an die Maler des Expressionismus**, ₍prendendo a modello i₎/[rifacendosi/ispirandosi ai] pittori dell'espressionismo.

Anlehnungsbedürfnis n oft scherz bisogno m di affetto/tenerezza: **sie hat ein starkes** ~, ha molto/[un forte] bisogno di affetto.

anlehnungsbedürftig adj bisognoso di affetto/tenerezza: **Kinder sind besonders** ~, i bambini ₍sono particolarmente bisognosi₎/[hanno un particolare bisogno] di affetto.

an|leiern tr fam **etw** ~ {GESPRÄCH, UNTERHALTUNG, VERHANDLUNGEN} avviare qc: **die Kontakte hab' ich angeleiert**, i contatti li ho stabiliti io.

Anleihe <-, -n> f **1** ökon (Kredit) prestito m; (Wertpapier) obbligazione f **2** oft pej (Plagiat) prestito m, plagio m ● **eine** ~ **aufnehmen**, accendere form/contrarre/prendere un prestito; **eine** ~ **bei jdm machen** {BEI EINEM AUTOR}, prendere spunto da qu; **staatliche** ~**n**, obbligazioni statali.

an|leimen tr **etw** (**an etw** akk oder rar dat) ~ {STÜCK HOLZ AN EIN ANDERES} incollare qc a qc, attaccare qc a qc con la colla.

an|leinen tr **etw** ~ {HUND} mettere al guinzaglio qc.

an|leiten tr **1** (unterweisen) **jdn** (**bei etw** dat) ~ {BEI DER ARBEIT, DEN HAUSAUFGABEN} guidare qu (in qc), aiutare qu (in/[a fare] qc): **sich von jdm** ~ **lassen**, farsi guidare da qu **2** (erziehen) **jdn zu etw** (dat) ~ {ZU KRITISCHEM DENKEN, FLEISS, ORDNUNG, SELBSTÄNDIGKEIT} indirizzare qu a qc, educare qu a qc, insegnare a qu: **die Schüler zur Pünktlichkeit** ~, insegnare ₍agli studenti a essere puntuali₎/[la puntualità agli studenti].

Anleitung f **1** (Unterweisung) guida f: **Kinder brauchen die** ~ **eines Erwachsenen**, i bambini hanno bisogno della guida di un adulto; **unter** ₍**jds** ~₎/[**der** ~ **von jdm**], sotto la guida di qu **2** (Anleitungsblatt) ~ **für etw** akk/**zu etw** dat {FÜR DEN GEBRAUCH, ZUR MONTAGE} (foglietto m di) istruzioni f pl (per qc).

Anlernberuf m "lavoro m che richiede solo un breve periodo di formazione e nessuna particolare qualifica professionale".

an|lernen **A** tr **jdn** ~ {AUSHILFSKRAFT, HILFSARBEITER} avviare qu, addestrare qu: **er ist kein Facharbeiter, er wurde nur angelernt**, non è un operaio specializzato, ha fatto solo un periodo di rodaggio **B** rfl fam (sich dat) **etw** ~ {FÄHIGKEIT, FERTIGKEIT} imparare qc da sé/solo (-a): **ich habe mir meine Computerkenntnisse selbst angelernt**, ho imparato da me a usare il computer.

an|lesen <irr> **A** tr **etw** ~ {ARTIKEL} cominciare a leggere qc; {BUCH} auch leggere le prime pagine di qc **B** rfl **sich** (dat) **etw** ~ {SPRACHKENNTNISSE, WISSEN} acquisire qc leggendo/[attraverso la lettura]: **ihre philosophischen Kenntnisse hat sie sich angelesen**, tutto quello che sa di filosofia l'ha imparato leggendo; **ein (nur) angelesenes Wissen**, conoscenze (puramente) nozionistiche.

an|leuchten tr **jdn/etw** (**mit etw** dat) ~ {HAUSWAND, PERSON MIT EINER LAMPE, EINEM SCHEINWERFER} illuminare qu/qc (con qc).

an|liefern tr **com etw** ~ {BESTELLTE WARE} consegnare qc.

Anlieferung f com {+WAREN} consegna f: **die Ware bei** ~ **bezahlen**, pagare la merce alla consegna.

an|liegen <irr> itr **1** (anstehen) {ANGELEGENHEIT} essere da fare/sbrigare; {TAGESORDNUNGSPUNKT} essere sul tappeto: **für die morgige Konferenz liegen einige wichtige Punkte an**, riguardo alla conferenza di domani ci sono alcuni punti importanti da discutere; **liegt sonst noch etwas an?**, c'è ancora qualche pendenza? **2** (sich eng anpassen) (**an etw** dat) ~ {KLEIDUNGSSTÜCK AM KÖRPER} aderire a qc: **ich mag keine Hosen, die zu eng** ~, non mi piacciono i pantaloni troppo attillati/aderenti **3** (nicht abstehen): **es sieht nicht schön aus, wenn deine Haare zu glatt** ~, i capelli troppo appiccicati alla testa non ti stanno bene.

Anliegen <-s, -> n **1** (Bitte, Wunsch) richiesta f: **ich habe ein** ~ **an dich**, devo chiederti una cortesia; **ein** ~ **vorbringen**, avanzare una richiesta **2** (Angelegenheit) faccenda f, questione f, problema m: **der Schutz der Umwelt ist ein** ~, **das uns alle angeht**, la tutela dell'ambiente è una questione che (ci) riguarda tutti.

anliegend **A** adj **1** <attr> (angrenzend) {GRUNDSTÜCK, HAUS, LÄNDEREIEN} adiacente, attiguo, contiguo **2** (eng anpassend): **eng** ~ {KLEIDUNGSSTÜCK}, aderente, attillato **3** (beiliegend) {LISTE, PROSPEKT} allegato, accluso **B** adv in allegato: ~ **übersenden wir Ihnen unsere neue Preisliste**, (in) allegato Vi inviamo il nuovo listino prezzi.

Anlieger <-s, -> m (**Anliegerin** f) {+INNENSTADT, STRASSE} residente mf: ~ **frei**, consentito (ai) frontisti; **Parkplätze nur/frei für** ~, parcheggio riservato ai residenti.

Anliegerstaat m stato m confinante.

Anliegerverkehr m circolazione f riservata ai residenti.

an|locken tr **1** (durch Lockungen zum Kommen veranlassen) **jdn** ~ {GÄSTE, KÄUFER, KUNDEN, TOURISTEN} attirare qu, attrarre qu: **die Ausstellung lockt viele Besucher an**, l'esposizione attira/attrae molti visitatori; **sie lockten ihn mit der Aussicht auf gute Verdienstmöglichkeiten an**, lo allettarono con la promessa di grossi guadagni; **viele Läden versuchen, die Touristen mit niedrigen Preisen anzulocken**, molti negozi cercano di adescare i clienti con prezzi bassi **2** (sich locken) **etw** ~ {TIER} attirare qc.

an|löten tr **etw** (**an etw** dat oder rar akk) ~ {DRAHT AN EINEM/EINEN ANDEREN} saldare qc a qc.

an|lügen <irr> tr **jdn** ~ mentire a qu, dire una bugia a qu: **du hast mich angelogen**, mi hai mentito/[detto una bugia].

Anm. Abk von Anmerkung: nota f.

Anmache <-, -n> f fam pej approccio m, tampinamento m fam nordital; **mit so einer billigen** ~ **kommst du bei mir nicht an!**, con me questo genere di approccio non funziona!

an|machen tr **1** fam (befestigen) **etw** (**irgendwo**) ~ {BILD, REGAL AN DER WAND, SCHILD AN DER TÜR} attaccare/fissare qc (+ compl di luogo) **2** (einschalten) **etw** ~ {FERNSEHER, HEIZUNG, LICHT, RADIO} accendere qc: **mach doch mal die Nachrichten an!**, accendi un po' la radio/televisione per sentire le notizie! **3** (*anzünden*) (*jdm*) *etw* ~ {FEU-ER, KERZE, OFEN, ZIGARETTE} accendere *qc* (*a qu*) **4** (*zubereiten*) *etw* (*mit etw* dat) ~ {SALAT MIT ESSIG UND ÖL, MIT EINER SOßE} condire *qc* (*con qc*) **5** (*vermischen*) *etw* ~ {MÖRTEL} preparare *qc*, impastare *qc* **6** *fam oft pej* (*aufdringlich ansprechen*) *jdn* ~ {FRAU} abbordare *qu fam*, cercare di rimorchiare *fam*/agganciare *qu fam*, provarci *con qu* **fam: sich von jdm ~ lassen**, farsi abbordare da *qu* **7** *fam oft pej* (*Streit mit jdm suchen*) *jdn* ~ attaccare briga *con qu fam* **8** *fam* (*reizen*) *jdn* ~ {TORTE} invogliare *qu*, stuzzicare *qu*, alluzzare *qu fam*; {MUSIK} caricare *qu slang*, gasare *qu slang*, tirare *qu slang* **9** *fam* (*jdm zusetzen*) *jdn* ~ rompere l'anima *a qu* **10** (*zum Mitmachen animieren*) *jdn* ~ {PUBLIKUM} cercare di coinvolgere *qu* ● **mach mich nicht an!** *fam*, lasciami stare!, non mi rompere l'anima! *fam*.

Anmacher m (**Anmacherin** f) *fam pej* galletto m, uno (-a) m (f) che ci prova *fam*.

an|mahnen tr **1** (*die Bezahlung anfordern*) *etw* ~ {BETRAG, RECHNUNG} sollecitare il pagamento *di qc*; {BEZAHLUNG} reclamare *qc* **2** (*ermahnen*) *jdn zu etw* (dat) ~ {ZUR AUFMERKSAMKEIT, ZUM FLEIß, ZUR ORDNUNG} esortare *qu a qc*, richiamare *qu a qc* **3** (*fordern*) *etw* ~ {SCHNELLES HANDELN} pretendere *qc*, esigere *qc*.

Anmahnung f {+BETRAG, RECHNUNG} sollecito m (di pagamento).

an|mailen tr *jdn* ~ mandare una mail *a qu*.

an|malen A tr **1** *fam* (*bemalen*) *etw* ~ {GARTENZAUN, OSTEREIER, WAND} dipingere *qc*, pitturare *qc*: **ich habe den Schrank blau/mit blauer Farbe angemalt**, ho dipinto/tinto l'armadio di blu **2** (*anzeichnen*) *etw an etw* (akk) ~ {BILD, ZEICHNUNG AN DIE TAFEL} disegnare *qc a qc* **3** *fam* (*schminken*) *jdm etw* ~ {GESICHT} truccare *qc a qu* B *rfl* **1** *fam oft pej* (*sich schminken*) **sich** ~ dipingersi, pitturarsi *fam*, truccarsi [in modo eccessivo]; **sich** (dat) *etw* ~ {AUGEN, LIDER, WIMPERN} dipingersi *qc*, pitturarsi *qc fam*, tingersi *qc*: **sie malt sich** (dat) **die Lippen an**, si dipinge/tinge le labbra, si mette il rossetto; **sie hat grün angemalte Fingernägel**, ha le unghie dipinte di verde **2** (*sich aufmalen*) **sich** (dat) *etw* ~ {SCHNURRBART} farsi *qc* con la matita.

Anmarsch m **1** *mil* {+TRUPPEN} avanzata f **2** (*Marschweg*) {+WANDERER} strada f (da fare): **ein ~ von drei Stunden**, tre ore di cammino ● **im ~ sein** *fam*, star arrivando, essere in fase di avvicinamento *scherz*; **ein Gewitter ist im ~**, ⌊si sta preparando/avvicinando⌋ [sta arrivando] un temporale; **schnell weg! Die Polizei ist im ~**, presto, scappiamo, sta arrivando la polizia!; **im ~ auf etw** (akk) **sein** *mil* {TRUPPEN AUF EINE STADT}, avanzare/ [stare marciando] verso *qc*, essere in marcia verso *qc*.

an|marschieren <ohne ge-> itr <sein> *mil* {TRUPPEN} avvicinarsi (marciando).

an|maßen *rfl* **sich** (dat) *etw* ~ {BEFUGNIS, PRIVILEG, RECHT} arrogarsi *qc*; {KRITIK, MEINUNG} permettersi di esprimere/formulare *qc*: **ich maße mir nicht an, darüber ein Urteil zu fällen**, non ho la pretesa di esprimere un giudizio in merito.

anmaßend *pej* A adj {ART, BENEHMEN, TON} arrogante, presuntuoso: ~ **sein**, essere arrogante/presuntuoso B *adv* {AUFTRETEN, SICH BENEHMEN} ⌊in modo⌋/[da] arrogante/presuntuoso; {URTEILEN} *auch* con arroganza.

Anmaßung <-, -en> f **1** (*widerrechtliche* ~) arrogarsi *qc* **2** *geh* (*Überheblichkeit*) arroganza f, presunzione f.

Anm. d. Ü. *Abk von* Anmerkung des Übersetzers: n. d. t. (*Abk von* nota del traduttore).

Anmeldebestätigung f {+KURS, SEMINAR} attestato m di iscrizione.

Anmeldeformular n modulo m di iscrizione, stampato m per l'iscrizione.

Anmeldefrist f (*für Kurs, Schule, Seminar*) termine m per l'iscrizione.

Anmeldegebühr f (*für Kurs, Schule*) tassa f di iscrizione.

an|melden A tr **1** (*ankündigen*) *jdn*/*etw* (*bei jdm*) ~ {BESUCH, BESUCHER, GAST} annunciare *qu*/*qc* (*a qu*) **2** (*einen Termin vereinbaren*) *jdn* (*bei jdm*) ~ {BEIM ARZT, FRISEUR} prendere/fissare un appuntamento *per*/*a qu* (*da qu*): **ich habe dich beim Zahnarzt angemeldet**, ti ho preso un appuntamento dal dentista **3** (*einschreiben*) *jdn* (*bei*/*zu etw* dat/*für etw* akk) ~ {FÜR EINEN/ZU EINEM KURS, BEI EINER SCHULE, ZU EINEM SEMINAR} iscrivere *qu* (*a qc*): **sein Kind in der Schule ~**, iscrivere il figlio a scuola; **hast du dich schon für den Schwimmkurs angemeldet?**, ⌊ti sei già iscritto (-a)⌋/[hai già fatto l'iscrizione] al corso di nuoto?; **den Wagen zur Überholung ~**, prendere un appuntamento per fare il tagliando alla macchina **4** *adm* (*registrieren lassen*) *jdn*/*etw* (*irgendwo*) ~ {AUTO, MOTORRAD} immatricolare *qc* (+ *compl di luogo*); {PATENT} depositare *qc* (+ *compl di luogo*); {FERNSEHGERÄT, RADIO} denunciare il possesso *di qc* (+ *compl di luogo*); {WOHNSITZ} prendere *qc* (+ *compl di luogo*); {UNTERMIETER} far registrare *qu* (+ *compl di luogo*) **5** (*geltend machen*) *etw* ~ {BEI JDM} *etw* ~ {RECHTE} rivendicare *qc* (*nei confronti di qu*); **Ansprüche ~**, accampare delle pretese **6** (*vorbringen*) *etw* ~ {WÜNSCHE} esprimere *qc*; {FORDERUNGEN} avanzare *qc*; {ZWEIFEL} *auch* sollevare *qc*: **Bedenken gegen etw** (akk) **~**, avanzare delle riserve su *qc*, esprimere delle perplessità su *qc* **7** (*anzeigen*) *etw* ~ (*bei etw* dat) ~ {UMSATZ BEIM FINANZAMT} dichiarare *qc* (*a qc*) B *rfl* **1** (*ankündigen*) **sich** (*bei jdm*) ~ {BESUCHER} annunciarsi (*a qu*), annunciare la propria visita (*a qu*): **für nächstes Wochenende hat sich deine Schwester bei uns angemeldet**, tua sorella ci ha annunciato la sua visita per il prossimo weekend **2** (*sich einen Termin geben lassen*) **sich** (*bei jdm*) ~ {BEIM ARZT, FRISEUR} prendere/fissare un appuntamento (*da qu*) **3** (*sich eintragen lassen*) **sich** (*für etw* akk/*zu etw* dat) ~ {FÜR EINEN KURS, ZU EINEM SEMINAR, ZU EINEM STUDIUM} iscriversi (*a qc*) **4** *adm* (*sich registrieren lassen*): **sich polizeilich ~**, prendere la residenza.

anmeldepflichtig adj <präd> {FERNSEHGERÄT, HUND} soggetto a denuncia; {AUSLÄNDER, MIETER} con obbligo di denuncia.

Anmeldeschluss (a.R. Anmeldeschluß) m termine m (ultimo) di iscrizione: ~ **ist der kommende Mittwoch**, le iscrizioni si chiuderanno mercoledì prossimo.

Anmeldung f **1** (*vorherige Ankündigung*) {+ANKUNFT, BESUCH, BESUCHER} annuncio m **2** (*Termin*) appuntamento m: **ohne ~ kann ich Sie leider nicht vorlassen**, mi dispiace, ma senza appuntamento non posso farLa passare; **nur nach vorheriger ~**, solo su appuntamento **3** (*Einschreibung*) {+KURSTEILNEHMER, SCHÜLER, STUDENT} iscrizione f: **die ~ zu einem Studiengang**, l'iscrizione a un corso di studi **4** (*angemeldete Person*) iscritto f **5** *adm* (*Registrierung*) {+NEUER EINWOHNER} iscrizione f, registrazione f; {+AUTO} immatricolazione f; **polizeiliche ~**, notifica del cambio di residenza **6** *fam* (*Vorzimmer*) {+ARZTPRAXIS} segreteria f; {+AMT, KRANKENHAUS} (ufficio m) accettazione f.

an|merken A tr **1** (*anstreichen*) *etw* ~ {KALENDERTAG, TEXTSTELLE} segnare *qc*: **etw mit einem Markierstift ~**, evidenziare *qc* **2** (*hinzufügen*) *etw* ~ aggiungere *qc*, osservare *qc*: **dazu möchte ich noch Folgendes ~: ...**, vorrei aggiungere quanto segue: ...; **er merkte an, dass ...**, osservò che ... **3** *fam* (*an jdm erkennen*) *jdm etw* ~ leggere *qc* in faccia a *qu*: **man merkt ihm seine Verlegenheit an**, che è imbarazzato, il suo imbarazzo è visibile; **ihm ist nie anzumerken, was er denkt**, non si capisce mai che cosa pensa; **man merkt ihr an, dass sie enttäuscht ist**, le si legge in faccia che è delusa B *rfl* (*sich etw anstreichen*) **sich** (dat) *etw* ~ {AUSSAGE, BESONDERHEIT, TEXTSTELLE} segnarsi *qc*: **sich** (dat) *etw* **mit Rotstift ~**, evidenziare/segnarsi *qc* in rosso ● **sich** (dat) *etw* ~ **lassen** {ÄRGER, GEFÜHL}, far vedere/trasparire/capire *qc*; **lass dir nicht ~, wie wütend du bist!**, cerca di non dare a vedere quanto sei arrabbiato (-a)!; **sich** (dat) **nichts ~ lassen**, fare ⌊finta di nulla⌋/[come se niente fosse].

Anmerkung <-, -en> f **1** (*mündliche Äußerung*) osservazione f, commento m **2** (*Fußnote*) annotazione f, nota f.

an|mieten tr *etw* ~ {BÜRO, HAUS, WOHNUNG} affittare *qc*, prendere in affitto *qc*; {AUTO} *auch* noleggiare *qc*, prendere a nolo *qc*.

an|motzen tr *fam jdn* ~ aggredire verbalmente *qu*.

Anmut <-, *ohne pl*> f *geh* **1** (*Grazie*) {+BEWEGUNGEN, GEBÄRDEN, MÄDCHEN} grazia f, leggiadria f *lit* **2** (*Lieblichkeit*) {+LANDSCHAFT} amenità f ● ~ **besitzen**, avere grazia; **sich mit ~ bewegen**, muoversi ⌊con grazia⌋/[in modo aggraziato].

an|muten tr *geh jdn irgendwie* ~ {BEFREMDEND, EIGENARTIG} fare un effetto/un'impressione + adj *a qu*: **es mutet mich seltsam an**, mi fa ⌊uno strano effetto⌋/[un'impressione strana]; **es mutete mich wie im Traum an**, mi parve di vivere un sogno.

anmutig A adj {BEWEGUNG, MÄDCHEN} grazioso, aggraziato, leggiadro *lit*; {LANDSCHAFT} ameno B *adv* {SICH BEWEGEN, TANZEN} in modo aggraziato, con grazia.

Anna, Anne f (*Vorname*) Anna.

an|nageln tr *etw* ~ (*an etw* dat *oder* akk) ~ {BRETT, SCHILD AN DER/DIE WAND} inchiodare *qc* (*a qc*), attaccare/fissare *qc* (*a qc*) con i chiodi.

an|nagen tr *etw* ~ {NAGETIER APFEL, BROT, KABEL} cominciare a rosicchiare/rodere *qc*.

an|nähen tr *etw* ~ (*an etw* dat *oder* akk) ~ {KNOPF AN DER/DIE JACKE} (ri)attaccare *qc* (*a qc*) (cucendo); **kannst du mir bitte den Saum wieder ~?**, mi puoi rifare l'orlo, per favore?

an|nähern A tr *etw etw* (dat) ~ {ZEICHNUNG EINER VORLAGE} avvicinare *qc a qc*: **Ansichten/Meinungen einander ~**, far convergere opinioni/pareri B *rfl* **sich** *jdm*/*etw* ~ {EINEM NEUEN KULTURKREIS, EINER PERSON, EINEM ANDEREN STAAT} avvicinarsi *a qu*/*qc*; {EINER MEINUNG, EINEM STANDPUNKT} *auch* accostarsi *a qc*: **sich einander ~**, avvicinarsi l'uno (-a) all'altro (-a); **sie versuchen, sich einander anzunähern**, cercano di avvicinarsi l'uno (-a) all'altro (-a).

annähernd adv approssimativamente, pressappoco: **die Endsumme beläuft sich auf ~ 10 000 Euro**, il totale ammonta approssimativamente a 10 000 euro; **~ 20 000 Zuschauer haben den Feierlichkeiten beigewohnt**, alle celebrazioni hanno assistito più o meno 20 000 spettatori; **er verdient nicht ~ so viel wie du**, non guadagna neanche lontanamente (tanto) quanto te.

Annäherung <-, -en> f **1** (*das Näherkommen*) {+FLUGZEUG} avvicinamento m **2** (*zwischen Menschen, Staaten*) avvicinamento m **3** (*die Angleichung*) {+ANSICHTEN, FORDERUNGEN, VORSTELLUNGEN} convergenza f.

Annäherungsversuch m approccio m, avance f: **nimm dich vor den ~en unseres Chefs in acht!**, stai attenta agli approcci del nostro capo! • **einen ~ (bei jdm) machen**, fare delle avance(s) (a qu), tentare un approccio (con qu).

annäherungsweise adv → **annähernd**.

Annahme <-, -n> f **1** (*Vermutung*) supposizione f, ipotesi f: **wir haben Grund zur ~, dass er nicht die Wahrheit sagt**, abbiamo motivo di supporre che non dica la verità; **ich war der ~, dass er abgefahren sei**, supponevo (che) fosse partito; **worauf beruht Ihre ~?**, su cosa si basa la Sua supposizione/ipotesi?; **er hat das doch nur in der ~ getan, dass er dir damit eine Freude macht**, l'ha fatto soltanto perché pensava di farti piacere/contento (-a); **gehe ich recht in der ~, dass Sie unser Angebot nicht interessiert?**, mi sembra di capire che la nostra offerta non Le interessi, sbaglio o la nostra offerta non Le interessa?; **eine weit verbreitete ~**, un'opinione largamente diffusa **2** <nur sing> (*das Annehmen*) {+BETRAG, BRIEF, GESCHENK, PAKET} accettazione f: **sie verweigerte die ~ des Einschreibens**, rifiutò di accettare la raccomandata; **verweigert!**, respinto! **3** <nur sing> (*Akzeptierung*) {+AUFTRAG, BEDINGUNGEN} accettazione f **4** <nur sing> jur pol (*das Annehmen*) {+ERBSCHAFT} accettazione f; {+ANTRAG, GESETZ} approvazione f; {+STAATSANGEHÖRIGKEIT} acquisizione f; obs {+KIND} adozione f **5** <nur sing> sport {+BALL} ricezione f **6** <nur sing> (*Zulassung*) ammissione f: **über Ihre ~ wurde noch nichts entschieden**, non è stato ancora deciso niente riguardo alla Sua ammissione **7** (*~stelle*) {+AMT, KRANKENHAUS} (ufficio m) accettazione f: **bitte gehen Sie zuerst zur ~ und füllen Sie das Formular aus!**, per favore, vada prima all'accettazione e compili il modulo! • **von der ~ ausgehen, dass ...**, partire dal presupposto che ... konjv; **in der ~, dass ...**, supponendo/[nell'ipotesi] che ... konjv; **~ an Kindes statt** obs, adozione.

Annahmebestätigung f {+BRIEF, EINSCHREIBEN, PAKET} ricevuta f di avvenuta consegna.

Annahmefrist f {+ANTRAG, BEWERBUNG, EINREICHUNG} termine m di accettazione.

Annahmestelle f **1** (*Lottoannahmestelle*) ricevitoria f **2** (*Stelle für die Annahme*) {+AMT, WERKSTATT} (ufficio m) accettazione f **3** (*Abgabestelle*) {+VERBRAUCHTE BATTERIEN, ALTE MEDIKAMENTE} punto m di raccolta.

Annahmeverweigerung f {+BRIEF, EINSCHREIBEN, SENDUNG} rifiuto m di accettare qc: **bei ~**, in caso di mancata accettazione.

Annalen subst <nur pl> geh annali m pl • **in die ~ (der Geschichte) eingehen** {BESONDERES EREIGNIS}, entrare negli annali (della storia).

annehmbar A adj **1** (*akzeptabel*) {+ANGEBOT, BEDINGUNGEN, PREIS, THEORIE} accettabile: **Ihr Vorschlag ist für mich nicht ~**, per me la Sua proposta è inaccettabile **2** fam (*nicht übel*) {+HOTEL, UNTERBRINGUNG} passabile, non male, decente: **gefällt dir meine neue Frisur? – Ja, sieht ganz ~ aus**, ti piace la mia nuova pettinatura? – Sì, non c'è male B adv fam {KLAVIER, TENNIS SPIELEN} in modo decente/passabile/dignitoso.

an|nehmen <irr> A tr **1** (*entgegenneh-*

men) etw (*von jdm*) ~ {BRIEF, GESCHENK, PAKET, TELEGRAMM, TRINKGELD} accettare qc (*da qu*): **können Sie die Post für Ihren Nachbarn ~?**, può prendere Lei la posta per il Suo vicino? **2** (*in Auftrag nehmen*) etw ~ {ARBEIT, AUFTRAG, REPARATUR, WETTE} accettare qc **3** (*akzeptieren*) etw ~ {ANGEBOT, BEDINGUNG, EINLADUNG, RAT, VORSCHLAG} accettare qc; {HERAUSFORDERUNG} auch raccogliere qc: **sie wollte unsere Hilfe nicht ~**, non ha voluto accettare il nostro aiuto **4** (*meinen*) etw ~ supporre qc, presumere qc, credere qc, ritenere qc: **hat er die Prüfung denn bestanden? – Ich nehme es an**, ha passato l'esame? – Suppongo/[Mi sa fam] di sì; **die Polizei nimmt an, dass er den Unfall verursacht hat**, la polizia suppone/presume che sia stato lui a causare l'incidente; **ich nahm an, dass du zu Hause wärest**, credevo (che) tu fossi a casa; **ich nehme an, dass du Recht hast**, mi sa che hai ragione fam, suppongo che tu abbia ragione; **es ist doch nicht so schwierig, wie man ~ könnte**, non è poi così difficile come si potrebbe pensare; **wie kannst du nur so etwas von mir ~?**, come fai a pensare di me una cosa del genere?; **du hast doch wohl nicht ernstlich angenommen, dass er zurücktritt?**, non avrai osato sul serio che si sarebbe dimesso?; **das will ich aber ~!**, vorrei anche vedere!, lo credo bene! **5** (*voraussetzen*) etw ~ supporre qc, presumere qc, mettere qc per iposte: **nehmen wir mal an**, ⌊**der Zug käme nicht rechtzeitig**⌋/[**dass der Zug nicht rechtzeitig käme**]. **Was würdest du dann tun?**, (sup)poniamo/[mettiamo (il caso)]/[ammettiamo] che il treno non arrivi in tempo, che cosa faresti?; **nimm an, sie hätte Recht. Was machst du dann?**, ⌊**metti che abbia**⌋/[se, per ipotesi, avesse] ragione, che cosa farai?; **es wird allgemein angenommen, dass ...**, generalmente si crede/ritiene che ... konjv **6** (*billigen*) etw ~ {GESETZENTWURF, RESOLUTION} approvare qc; {ANTRAG} auch accettare qc, accogliere qc **7** (*sich zulegen*) etw ~ {ANGEWOHNHEIT, MANIEREN} prendere qc; {STAATSANGEHÖRIGKEIT} auch acquisire qc, acquistare qc; {NAMEN, PSEUDONYM} adottare qc, prendere qc, assumere qc: **den katholischen Glauben ~**, convertirsi al cattolicesimo **8** (*zulassen*) jdn/etw ~ {ANMELDUNG, BEWERBUNG} accettare qu/qc; {KURSTEILNEHMER, SCHÜLER} auch ammettere qu/qc: **von den 500 Bewerbern wurden nur 12 angenommen**, su 500 candidati ne sono stati ammessi solo 12; **hattest du dich nicht um ein Praktikum bei Siemens beworben? – Doch, aber ich bin nicht angenommen worden**, non avevi fatto domanda di tirocinio alla Siemens? – Sì, ma non mi hanno preso (-a) fam/accettato (-a) **9** (*adoptieren*): **jdn an Kindes Statt ~** obs {KIND} adottare qu **10** (*eindringen lassen*) etw ~ {STOFF FARBE, FEUCHTIGKEIT} assorbire qc: **dieser Stoff nimmt kein Wasser an**, questo tessuto è idrorepellente **11** (*erscheinen lassen*) etw ~: ⌊**ein anderes Aussehen**⌋/[**eine andere Farbe**] ~, cambiare aspetto/colore **12** (*in Verbindung mit Substantiven: drückt Veränderung aus*): **unser Projekt nimmt langsam Gestalt an**, il nostro progetto ⌊sta prendendo corpo/forma⌋/[si sta concretizzando]; **der Krieg in Serbien hat unvorstellbare Ausmaße angenommen**, la guerra in Serbia ha assunto dimensioni impensabili; **Vernunft ~**, mettere giudizio, ravvedersi **13** sport etw {+BALL} ricevere qc B rfl geh **1** (*sich kümmern*) **sich jds/etw ~** {DER FLÜCHTLINGE, EINES HILFSBEDÜRFTIGEN MENSCHEN, EINES TIERES, EINER WAISE} prendersi cura di qu/qc, occuparsi di qu/qc **2** (*sich mit etw beschäftigen*) **sich etw**

(*gen*) ~ {EINER ANGELEGENHEIT, FRAGE, EINES PROBLEMS} interessarsi di qc, occuparsi di qc, farsi carico di qc.

Annehmlichkeit <-, -en> f <meist pl> geh agio m, comodità f: **sich (dat) viele ~en leisten können**, potersi permettere molte comodità.

annektieren <ohne ge-> tr etw ~ {STAAT BESETZTES GEBIET, LANDESTEIL} annettere qc.

Annektierung <-, -en> f pol, **Annexion** <-, -en> f pol {+BESETZTES GEBIET, LANDESTEIL} annessione f.

Annette f (*Vorname*) Annetta.

anno adv obs nell'anno: **dieses Gebäude wurde ~ 1720 erbaut**, questo edificio fu costruito nel(l'anno) 1720 • **~ dazumal** fam scherz, ai tempi dei tempi; **Anno Domini** relig, nell'anno del Signore; **von ~ Tobak sein** fam scherz, essere ⌊dei tempi in cui Berta filava⌋/[dell'uno quando non c'era nessuno] fam.

Annonce <-, -n> f annuncio m, inserzione f • **~ aufgeben**, pubblicare/fare un annuncio; **sich auf eine ~ melden**, rispondere ad un annuncio; **eine ~ in die Zeitung setzen**, mettere un annuncio sul giornale.

Annoncenteil m rubrica f/fascicolo m/pagine f pl degli annunci.

annoncieren <ohne ge-> A tr **1** (*eine Anzeige für etw aufgeben*) etw (*irgendwo*) ~ mettere/[far pubblicare] un annuncio per qc (+ compl di luogo): **in der Zeitung einen Gebrauchtwagen ~**, far pubblicare un annuncio sul giornale per mettere in vendita un'auto usata **2** (*ankündigen*) etw ~ {DAS ERSCHEINEN EINES BUCHES} annunciare qc B itr mettere/fare un annuncio/un'inserzione (sul giornale): **du solltest mal in der Zeitung ~, vielleicht findest du dann schneller eine Wohnung**, dovresti mettere un annuncio sul giornale, forse troveresti casa più in fretta.

annullieren <ohne ge-> tr geh etw ~ {EHE, URTEIL, VERTRAG} annullare qc.

Annullierung <-, -en> f geh {+EHE, URTEIL, VERTRAG} annullamento m.

Anode <-, -n> f phys anodo m.

an|öden fam A tr jdn ~ {LANGWEILIGER ERZÄHLER, URALTER FILM, LANDLEBEN} annoiare qu a morte, tediare qu: **sein dummes Gerede ödet uns alle an**, i suoi discorsi stupidi ci annoiano tutti a morte B rfl sich (gegenseitig) ~ annoiarsi a morte l'uno (-a) con l'altro (-a).

anomal geh A adj {ENTWICKLUNG, VERHALTEN} anomalo, anormale B adv {SICH BENEHMEN, SICH VERHALTEN} in modo anomalo/anormale.

Anomalie <-, -n> f geh **1** (*Abweichung vom Normalen*) anomalia f, anormalità f **2** med anomalia f.

anonym A adj geh **1** (*keinen Namen nennend*) {ANRUF, ANRUFER, ANZEIGE, BRIEF, SPENDER, VERFASSER} anonimo; {WERK} auch senza nome **2** (*namenlos*) {GROßSTADT, SIEDLUNGEN, WOHNBLOCKS} anonimo B adv {ANRUFEN, ANZEIGEN, SPENDEN} anonimamente, in modo anonimo • **~ bleiben (wollen)** {SPENDER}, (voler) ⌊rimanere anonimo (-a)⌋/[conservare/mantenere l'anonimato], non (voler) comparire.

anonymisieren <ohne ge-> tr adm etw ~ {DATEN, DOKUMENTE} anonimizzare qc (per tutelare la privacy).

Anonymität <-, ohne pl> f **1** (*die Identität nicht preisgebender Zustand*) anonimato m **2** (*anonymer Zustand*) {+GROßSTADT, HOCHHAUS, WOHNSIEDLUNG} carattere m/aspetto m anonimo • **die ~ wahren**, mantenere/conservare l'anonimato.

Anorak <-s, -s> m giacca f a vento; (*Daunenanorak*) piumino m; (*leichter* ~) K-way® m *oder* f.

an|ordnen tr **1** (*bestimmen*) *etw* ~ {BETRIEBSLEITUNG ÜBERSTUNDEN; MINISTER, SCHULLEITER UNTERSUCHUNG} ordinare *qc*, disporre *qc*; {ARZT MEDIKAMENT, UNTERSUCHUNG} ordinare *qc*, prescrivere *qc* **2** (*ordnen*) *etw* ~ (*irgendwie*) ~ {ADRESSEN, KARTEIKARTEN ALPHABETISCH, NACH DEM ALPHABET, NACH SACHGEBIETEN} ordinare/sistemare/disporre *qc* + *compl di modo*.

Anordnung f **1** (*Verfügung*) disposizione f, ordine m: **diese ~en kommen von oben, ihr müsst euch daran halten**, queste disposizioni vengono dall'alto, dovete attenervici; **auf ~ des Arztes**, su prescrizione medica; **auf ~ der Behörden bleibt die Diskothek vorläufig geschlossen**, per ordine delle autorità la discoteca resta temporaneamente chiusa; **ich führe nur die ~en des Chefs aus**, eseguo solo le disposizioni del capo; *adm* {+BEHÖRDE} disposto m; *jur* ordine m **2** (*systematische Ordnung*) {+ADRESSEN, KARTEIKARTEN, REGISTER} ordinamento m, disposizione f, sistemazione f ● **eine ~ erlassen**, emanare una disposizione; **einer ~ nachkommen**, ₁attenersi a₁/[seguire] una disposizione; **polizeiliche ~**, ordinanza di polizia.

Anorexie <-, -n> f *med* anoressia f.

anorganisch adj *chem* inorganico: **~e Chemie**, chimica inorganica.

Anorgasmie <-, -n> f anorgasmia f.

anormal adj anormale: **der ist aber völlig ~!**, è completamente andato! *fam*.

an|packen A tr **1** (*anfassen*) *jdn*/*etw* ~ afferrare *qu*/*qc*: **jdn an den Armen** ~, afferrare qu per un braccio **2** *fam* (*bewältigen*) *etw* ~ (*irgendwie*) ~ {ARBEIT, AUFGABE, PROJEKT} affrontare/abbordare *qc* (+ *compl di modo*) ~ **man muss Probleme nur richtig ~**, i problemi vanno solo affrontati nel modo giusto **3** *fam* (*behandeln*) *jdn irgendwie* ~ {HART, ZU SANFT, VORSICHTIG} trattare *qu* + *compl di modo*: **du hast ihn immer nur mit Samthandschuhen angepackt**, l'hai trattato sempre con i guanti B itr *fam* (**mit**) ~ dare una mano: **kannst du mal mit ~?**, puoi dare una mano?

an|passen A tr **1** (*adaptieren*) *etw jdm*/*etw* ~ {EINBAUELEMENT} adattare *qc a qu*/*qc*, adeguare *qc a qu*/*qc*: **das Kleid wird genau ihrer Figur angepasst**, l'abito viene modellato sulla sua figura **2** (*angleichen*) *etw etw* (dat) ~ {GEHÄLTER DER INFLATION, PRODUKTIVITÄT} adattare *qc a qc*, adeguare *qc a qc*, allineare *qc a qc*: **die Gewerkschaften fordern, dass die Löhne den Lebenshaltungskosten angepasst werden**, i sindacati chiedono ₁che i salari vengano adeguati₁/[l'adeguamento dei salari] al costo della vita **3** (*auf etw einstellen*) *etw etw* (dat)/*an etw* (akk) ~ {KLEIDUNG EINEM BESTIMMTEN ANLASS, WAREN DEN KUNDENWÜNSCHEN} adattare *qc a qc*, adeguare *qc a qc*; {LEBENSSTIL DEN VERÄNDERTEN UMSTÄNDEN, UNTERRICHTSPROGRAMM DER KLASSE} *auch* conformare *qc a qc*; {MODE DEM GESCHMACK DER ZEIT} adattare *qc a qc*, adeguare *qc a qc*, uniformare *qc a qc*: **die Produkte sind den Bedürfnissen der Kunden angepasst**, i prodotti sono calibrati sulle esigenze dei clienti B rfl sich (*jdm*/*etw*/*an jdn*/*etw*) ~ {EINEM ANDEREN KLIMA, DEN ANSPRÜCHEN DER KUNDEN, EINER MENTALITÄT, EINER NEUEN UMGEBUNG, VERÄNDERTEN VERHÄLTNISSEN} adattarsi (*a qu*/*qc*), adeguarsi (*a qu*/*qc*); {DEN EU-NORMEN} *auch* allinearsi *a qc*: **sich den einheimischen Gewohnheiten ~**, adattarsi/conformarsi alle abitudini locali;

sich dem Willen der Mehrheit ~, uniformarsi/allinearsi alla volontà della maggioranza; **sie will sich nicht der Wirklichkeit ~**, non vuole adattarsi alla realtà; **sich seiner Zeit ~**, adeguarsi ai tempi.

Anpasser <-s, -> m (**Anpasserin** f) *pej* conformista mf.

Anpassung <-, -en> f <*meist* sing> **1** (*das Sicheinstellen auf etw*) ~ (*an jdn*/*etw*) {AN KOLLEGEN} adattarsi m *a qu*/*qc*; {AN ANDERE GEWOHNHEITEN, DAS KLIMA, ANDERE LEBENSUMSTÄNDE, NEUE UMGEBUNG} *auch* adeguamento m (*a qu*/*qc*), adattamento m (*a qu*/*qc*): **die ~ an die EU-Richtlinien**, l'adeguamento alle direttive dell'UE **2** (*Angleichung*) {+GEHÄLTER, LÖHNE, MIETEN, RENTEN} adeguamento m, adattamento m: **die ~ der Löhne an die Lebenshaltungskosten**, l'adeguamento dei salari al costo della vita.

anpassungsfähig adj {PERSON} capace di adattarsi, adattabile, flessibile: **er ist sehr ~**, si sa adattare bene, ha molto spirito di adattamento.

Anpassungsfähigkeit f → **Anpassungsvermögen**.

Anpassungsphase f periodo m di adattamento.

Anpassungsprozess (a.R. Anpassungsprozeß) m processo m di adattamento/adeguamento.

Anpassungsschwierigkeit f <*meist* pl> *soziol* difficoltà f di adattamento.

Anpassungsvermögen n spirito m/capacità f di adattamento, adattabilità f; (*auf dem Arbeitsmarkt*) *auch* flessibilità f: **sie hat kein ~**, non ha spirito di adattamento, non si sa adattare.

an|peilen tr *etw* ~ **1** *radio* {FEINDLICHES FLUGZEUG, FUNKQUELLE, SENDER} individuare *qc*, localizzare *qc*, rilevare la posizione *di qc* **2** *naut* {KAPITÄN HAFEN} puntare verso *qc*, dirigersi verso *qc*; {SCHIFF} *auch* fare rotta verso/su *qc* **3** *fam scherz* (*anvisieren*) {HÖHERES GEHALT, GUTE NOTE, BESSERE POSITION} mirare *a qc*, puntare *a qc*.

an|pfeifen <*irr*> A tr **1** *sport etw* ~ {SCHIEDSRICHTER HALBZEIT, SPIEL} fischiare l'inizio *di qc*, dare il fischio d'inizio *di qc* **2** *fam* (*zurechtweisen*) *jdn* ~ dare una strigliata *a qu fam*, dare/fare una ripassata *fam*/risciacquata *a qu fam* B itr *sport* fischiare l'inizio, dare il fischio d'inizio.

Anpfiff m **1** <*meist* sing> *sport* {+HALBZEIT, SPIEL} fischio m d'inizio: **nach dem ~ der zweiten Halbzeit**, dopo aver fischiato l'inizio del secondo tempo **2** *fam* (*Rüffel*) ripassata f *fam*, risciacquata f *fam*, strigliata f *fam*: **einen ~ bekommen**, prendersi una bella ripassata *fam*/risciacquata *fam*.

an|pflanzen tr **1** (*anbauen*) *etw* ~ (*irgendwo*) ~ {GEMÜSE, GETREIDE, KARTOFFELN, MAIS} coltivare/piantare *qc* (+ *compl di luogo*): **Weizen auf einem Feld ~**, coltivare un campo a grano **2** (*setzen*) *etw* (*irgendwo*) ~ {BÄUME, BLUMEN, GEMÜSE AUF DEM FELD, IM GARTEN} piantare/mettere *fam qc* (+ *compl di luogo*) **3** (*bepflanzen*) *etw* ~ {BEET, FELD, GARTEN} coltivare *qc*.

Anpflanzung f **1** (*das Anpflanzen*) {+GEMÜSE, GETREIDE, OLIVEN} coltivazione f, coltura f **2** (*das Setzen*) {+BÄUME, BLUMEN, BÜSCHE} piantare m *qc* **3** (*bepflanzte Fläche*) piantagione f.

an|pflaumen tr *fam pej jdn* ~ sfottere *qu slang*.

an|pinkeln tr *fam* **1** (*gegen etw pinkeln*) *etw* ~ {SCHÜLER TOR DES GYMNASIUMS} pisciare *su*/*contro qc* **2** (*auffällig werden*) *jdn* ~ insultare *qu*: **ich lasse mich doch von die-**

sem Idioten nicht ~!, non mi lascio mica mettere i piedi in testa da questo idiota!

an|pinseln *fam* A tr *etw* ~ {GITTER, ZAUN} spennellare *qc*, dare una spennellata *a qc*; {WAND} *auch* tinteggiare *qc*: **etw rot**/[**mit roter Farbe**] ~, dipingere *qc* di/in rosso B itr *scherz* sich ~ dipingersi *fam*, pitturarsi *fam*; **sich** (dat) *etw* ~ {DIE AUGEN, DEN MUND} dipingersi *qc fam*, pitturarsi *qc fam*, truccarsi *qc*.

an|pirschen rfl **1** (*sich vorsichtig nähern*) **sich** (*an etw* akk) ~ {JÄGER AN EIN TIER} avvicinarsi (*a qc*) a passi felpati **2** *fam* (*sich anschleichen*) **sich an jdn** ~ {FOTOGRAF, REPORTER AN FILMSTAR} avvicinarsi di soppiatto *a qu*.

an|pöbeln tr *fam pej jdn* ~ prendere *qu* a male parole *fam*.

an|pochen itr **bei jdm**/**an etw** (dat) ~ {BEI EINER PERSON, AN DER TÜR} bussare (timidamente) ₁*alla porta di qu*₁/[*a qc*].

Anprall <-(e)s, *ohne* pl> m {+FAHRZEUG} urto m; {+WELLEN} frangersi m.

an|prallen itr <*sein*> **an**/**gegen etw** (akk) ~ {FAHRZEUG AN/GEGEN EINEN BAUM, EINE WAND} urtare *contro qc*, cozzare *contro qc*, sbattere *contro qc*; {WELLEN AN/GEGEN DIE KAIMAUER} frangersi *su*/*contro qc*.

an|prangern tr *jdn*/*etw* ~ {KORRUPTION, HALBLEGALE PRAKTIKEN, UNSITTEN} stigmatizzare *qc*, flagellare *qc*, denunciare pubblicamente *qu*/*qc*: **die Missstände im Gesundheitswesen ~**, condannare duramente la malasanità; **jdn als etw** (akk) ~ {ALS BETRÜGER, KORRUPTEN POLITIKER} bollare *qu come qc*.

an|preisen <*irr*> A tr (*jdm*) *etw* ~ decantare *qc* (*a qu*), cantare/tessere le lodi di *qc* (*a qu*), fare una grande pubblicità *a qc*: **der Supermarkt preist seine Produkte als besonders günstig an**, il supermercato pubblicizza i suoi prodotti come particolarmente economici B rfl sich (*jdm*) ~ {BEWERBER, VERMITTLER} offrirsi (*a qu*): **er versucht, sich als Fachmann anzupreisen**, cerca di vendersi come esperto.

Anprobe f {+KLEIDUNGSSTÜCK} prova f: **können Sie bitte morgen zur ~ kommen?**, può venire domani per la prova?

an|probieren <*ohne* ge-> tr **1** (*zur Probe anziehen*) *etw* ~ {ANZUG, BLUSE, KLEID, ROCK} provar(si) *qc*: **zum Anprobieren dürfen Sie drei Kleidungsstücke mit in den Umkleideraum nehmen**, per la prova può portare tre capi di vestiario nel camerino **2** (*probeweise anziehen lassen*) *jdm etw* ~ {SCHNEIDER KLEIDUNGSSTÜCK} mettere *qc* in prova *a qu*, provare *qc a qu*.

an|pumpen tr *fam jdn* (**um etw** akk) ~ {UM 100 EURO} chiedere in prestito *qc* (*a qu*): **er wollte mich schon wieder um Geld ~**, voleva che gli scucissi di nuovo dei soldi *fam*.

an|pusten tr *fam etw* ~ {FEUER} soffiare *su qc*.

an|quatschen tr *fam jdn* ~ attaccare discorso *con qu fam*: **er quatscht alle Mädchen an**, attacca discorso con tutte; **von jdm** ₁**in einem Lokal**₁/[**auf der Straße**] **angequatscht werden**, essere avvicinato/abbordato *fam* da qu ₁in un locale₁/[per strada].

Anrainer① <-s, -> m (*benachbarter Staat*) paese m/stato m confinante.

Anrainer② m (**Anrainerin** f) *bes. südd A* → **Anlieger**.

Anrainergrundstück n terreno m confinante.

Anrainerstaat m stato m confinante: **die ~en des Mittelmeers**, i paesi del bacino del Mediterraneo.

an|raten <irr> tr jdm etw ~ {VERNUNFT, VORSICHT} raccomandare qc a qu; {KAUF, VERKAUF} consigliare qc a qu ● **auf jds Anraten (hin)** {+ARZT}, su/dietro consiglio/suggerimento di qu.

an|rauen (a.R. anrauhen) tr etw ~ {HOLZ, LEDER, STOFF} rendere ruvido (-a) qc: **angeraut sein** {HOLZ, LEDER, STOFF}, essere (diventato) ruvido; {STIMME} essere (diventato) rauco.

anrechenbar adj calcolabile: **auf/für etw** (akk) ~ {BEITRÄGE AUF DIE STEUER; GUTHABEN AUF ENDPREIS}, detraibile da qc, che si può scalare da qc.

an|rechnen A tr **1** (in Rechnung stellen) **jdm etw** ~ {FEHLZEIT, TELEFONGESPRÄCHE, ÜBERNACHTUNG, ÜBERSTUNDEN, ZUSATZLEISTUNG} mettere in conto qc a qu, conteggiare qc a qu, calcolare qc a qu: **es tut mir leid, aber die Getränke muss ich Ihnen extra ~**, mi dispiace, ma le bibite glieLe devo conteggiare a parte **2** (gutschreiben) **jdm etw auf etw** (akk) ~ scalare qc da qc a qu: **beim Kauf eines neuen Wagens können wir Ihnen auf Ihren alten 1000 Euro ~**, se acquista una macchina nuova, la vecchia Le verrà valutata 1000 euro, dal prezzo della macchina nuova Le verranno scalati 1000 euro per la vecchia; **die zwei Semester Auslandsstudium werden auf die hiesige Studienzeit angerechnet**, i due semestri di studio all'estero vengono abbonati; **die alte Waschmaschine werden wir Ihnen mit 100 Euro ~**, dando indietro la vecchia lavatrice Vi verranno scalati 100 euro dal prezzo della nuova; **Erziehungsurlaub wird auf die Rentenversicherung angerechnet**, il periodo di congedo per maternità/paternità viene riconosciuto ai fini pensionistici **3** (bewerten) **jdm etw als etw** (akk) ~ {ALS ERFOLG, VERDIENST} riconoscere qc a qu come qc: **jdm etw als strafmildernd ~**, riconoscere a qu l'attenuante di qc; **jdm etw hoch ~**, riconoscere a qu il merito di qc; **ich rechne es dir hoch an, dass du mir in dieser schweren Zeit geholfen hast**, apprezzo molto che tu mi abbia aiutato in questo periodo difficile B rfl **sich** (dat) **etw als etw** (akk) ~ attribuirsi il merito di qc: **ich rechne mir diesen Erfolg als mein eigenes Verdienst an**, attribuisco a me stesso (-a) il merito di questo successo.

Anrechnung <-, -en> f <meist sing>: **unter ~ der Vorauszahlung**, scalando l'anticipo; **bei ~ Ihres Gebrauchtwagens kostet Sie der neue Wagen nur noch 9500 Euro**, dando indietro la macchina usata, la nuova Le verrà a costare soltanto 9500 euro; **bei/unter ~ seines Einsatzes**, tenendo conto del/[considerando il] suo impegno.

Anrecht n <meist sing> ~ **auf etw** (akk) {AUF EINEN BESITZ, EIN ERBE, AUF HILFE, UNTERHALT} diritto m a qc ● **sein** (auf etw akk) **geltend machen** {AUF EIN ERBE}, far valere il proprio diritto a qc; ~ **auf etw** (akk) **haben**, avere diritto a qc; **er hat ein ~ darauf, über den Inhalt des Testaments informiert zu werden**, ha (il) diritto di essere informato sul contenuto del testamento.

Anrede f **1** (das Anreden) "modo m di rivolgersi a qu" **2** (Titel) appellativo m: «**Signora**» **ist die italienische ~ für eine verheiratete Frau**, in Italia quando ci si rivolge a una donna sposata la si chiama «Signora».

an|reden A tr **1** (das Wort an jdn richten) **jdn** ~ rivolgere la parola a qu, rivolgersi a qu **2** (in einer bestimmten Form ansprechen) **jdn irgendwie** ~: jdn mit du/Sie ~, dare del tu/ Lei a qu; **wie muss ich ihn ~?**, come devo rivolgermi a lui?; **reden Sie mich bitte mit "Herr Professor" an!**, per favore, si rivolga a me chiamandomi "professore"! B itr (sich beim Sprechen durchzusetzen versuchen) **gegen jdn/etw ~**: **gegen den ohrenbetäubenden Lärm der Autos konnte er nicht ~**, non riusciva a far sentire la sua voce al di sopra del frastuono delle auto.

an|regen A tr **1** (stimulieren) **etw** ~ {KAFFEE, MAGENBITTER, MEDIKAMENT, TEE} Herztätigkeit, KREISLAUF, VERDAUUNG} stimolare qc; {APERITIF} APPETIT} auch stuzzicare qc, conciliare qc; {FANTASIE, SINNE} stimolare qc, eccitare qc, sollecitare qc **2** (ermuntern) **jdn zu etw** (dat) ~ {ZUM KAUF} stimolare/invogliare qu a (fare) qc; {ZUM NACHDENKEN} auch dare lo spunto a qu per qc: **sich von etw** (dat) ~ **lassen**, prendere (lo) spunto da qc **3** (vorschlagen) **etw** ~ {ÄNDERUNG, VERBESSERUNG} proporre qc, dare spunto a qc, suggerire qc B itr {KAFFEE, TEE, SEKT} avere un effetto stimolante/eccitante.

anregend A adj {DROGE, KAFFEE, MEDIKAMENT, TEE} stimolante, eccitante; {BUCH, GESPRÄCH} stimolante, ricco/pieno di spunti B adv: ~ **wirken** {MEDIKAMENT, KAFFEE}, avere un effetto stimolante.

Anregung f **1** (Stimulierung) {+APPETIT, HERZTÄTIGKEIT, KREISLAUF, VERDAUUNG} stimolazione f: **ein Medikament zur ~ der Herztätigkeit**, un farmaco con azione stimolante sul cuore, uno stimolante dell'attività cardiaca **2** (Anstoß) stimolo m, spunto m: **in unserem Institut finden Sie viele ~en, um Ihre Forschungsarbeit weiterzuführen**, nel nostro istituto troverà molti stimoli per portare avanti la Sua ricerca **3** (Vorschlag) suggerimento m, proposta f: **auf ~ von jdm**, su suggerimento/proposta di qu.

an|reichern A tr **1** (gehaltvoller machen) **etw** (mit etw dat) ~ {ESSEN, GERICHT MIT BESTIMMTEN ZUTATEN} arricchire qc (di/con qc) **2** (versetzen) **etw mit etw** (dat) ~ {FLUSSWASSER, TRINKWASSER MIT MINERALIEN, SPURENELEMENTEN} arricchire qc di qc: **mit Kohlensäure angereichert** {WASSER}, addizionato/ [con l'aggiunta] di anidride carbonica; **angereichertes Uran**, uranio arricchito B rfl (sich ansammeln) **sich in etw** (dat) ~ {GIFTSTOFFE IM GEWEBE, IN DER LUFT, IM WASSER} accumularsi in qc.

an|reihen① A tr **etw** ~ mettere qc in fila; {PERLEN} infilare qc B rfl **sich** (an etw akk) ~ {BERICHT AN EINEN VORIGEN; EREIGNIS AN DAS ANDERE} seguire a ruota qc: **sich hinten ~**, mettersi in fila/coda.

an|reihen② tr **etw** ~ {ROCK} imbastire qc; {SAUM} auch appuntare qc.

Anreise <-, -n> f <meist sing> **1** (Anfahrt) (viaggio m di) andata f: **die ~ dauert etwa fünf Stunden**, il viaggio di andata/[l'andata] dura circa cinque ore **2** geh (Ankunft) {+BESUCHER, GRUPPE, REISEGESELLSCHAFT} arrivo m: **jds ~ erwarten**, attendere l'arrivo di qu.

an|reisen itr <sein> arrivare: **gestern sind unsere Verwandten aus Berlin angereist**, ieri sono arrivati i nostri parenti di Berlino; **reist ihr mit dem Wagen oder mit dem Zug an?**, arrivate in macchina o in treno?

Anreisetag m giorno m dell'/di arrivo.

an|reißen <irr> tr **1** (kurz zur Sprache bringen) **etw** ~ {FRAGEN, SOZIALE PROBLEME, THEMA} abbozzare qc, accennare a qc, toccare brevemente qc **2** fam (durch Reißen anbrechen) **etw** ~ {VORRÄTE} intaccare qc; {TAFEL SCHOKOLADE} iniziare qc; {PACKUNG, SCHACHTEL ZIGARETTEN} auch aprire qc.: **du brauchst die Packung Zigaretten nicht anzureißen, hier liegen doch noch welche!**, non c'è bisogno che tu apra un altro pacchetto di sigarette, qui ce ne sono ancora! **3** (am Rande einreißen) **etw** (irgendwo) ~ {PACKUNG, TÜTE AN DER ECKE} aprire qc (+ compl di luogo).

Anreiz m ~ (zu etw dat) {ZUM FORSCHEN, ZUR FORTBILDUNG, ZUM SPAREN} stimolo m (a qc), spinta f (a qc), ökon incentivo m (a qc): **eine Gehaltserhöhung ist immer ein guter ~ zu mehr Engagement im Beruf**, un aumento di stipendio è sempre un ottimo stimolo/[un'ottima spinta] per un maggior impegno nel lavoro; **diese Maßnahmen sollen ein ~ für junge Leute sein**, questi provvedimenti devono essere di stimolo ai giovani; **der Markt muss mehr ~e für ausländische Investoren bieten**, il mercato deve offrire maggiori incentivi agli investitori stranieri; **jdm materielle ~e bieten/geben**, offrire incentivi economici a qu.

an|reizen tr **1** (anspornen) **jdn zu etw** (dat) ~ {EHRGEIZ, GUTE NOTE, PRÄMIE ZU BESSERER LEISTUNG} stimolare qu a (fare) qc; {STEUERVERGÜNSTIGUNGEN ZUM SPAREN} auch essere d'incentivo per qu a qc: **jdn dazu ~, etw zu tun**, stimolare qu a fare qc **2** (anregen) **etw** ~ {APPETIT} stimolare qc, stuzzicare qc, conciliare qc; {JDS INTERESSE, NEUGIER} suscitare qc.

Anreizfonds m ökon fondo m incentivante.

an|rempeln tr fam **jdn** ~ urtare qu, dare una spinta a qu: **morgens ist die U-Bahn dermaßen überfüllt, dass man nur angerempelt wird**, la mattina la metropolitana è talmente affollata che non ci si salva dagli spintoni.

an|rennen <irr> A itr <sein> **1** (anstürmen) **gegen jdn/etw** ~ {HEER GEGEN DEN FEIND, EINE FEINDLICHE STELLUNG} assaltare qu/qc; {MENSCH, TIER GEGEN EINEN ANGREIFER} auch lanciarsi contro qu/qc, scagliarsi contro qu/ qc **2** fam (anlaufen) **gegen jdn/etw** ~ {GEGEN EINEN KONKURRENTEN} cercare disperatamente di battere qu/qc: **gegen eine Mauer von Vorurteilen ~**, scontrarsi con un muro di pregiudizi; **man rennt nur noch gegen die Zeit an**, è un continuo inseguire il tempo B rfl <haben> fam **sich** (dat) **etw** (an etw dat) ~ {KNIE AM TISCH} urtare (con) qc (contro qc), battere qc (contro qc).

Anrichte <-, -n> f credenza f, buffet m.

an|richten tr **1** (zum Essen bereitstellen) **etw** ~ {BELEGTE BROTE, ESSEN} preparare qc (per la tavola); {KÄSEPLATTE} guarnire qc: **sagen Sie bitte den Gästen, es sei angerichtet** geh, dica per favore agli ospiti che possono accomodarsi a tavola **2** (zubereiten) **etw** (mit etw dat) ~ {SALAT MIT DRESSING, EINER SOßE} condire qc (con qc) **3** (verursachen) **etw** ~ {ERDBEBEN, ORKAN, ÜBERSCHWEMMUNG} SCHÄDEN, VERWÜSTUNG} causare qc, provocare qc **4** fam (anstellen) **etw** ~ {KINDER DURCHEINANDER, UNFUG, UNSINN} combinare qc fam: **da hast du aber was Schönes angerichtet!**, l'hai combinata proprio bella!

an|rollen A tr <haben> **etw** ~ {FÄSSER} portare qc (facendolo rotolare) B itr <sein> **1** (sich nähern) {FLUGZEUG, GÜTERWAGEN} avvicinarsi, arrivare: **~de Wellen**, onde che si frangono sulla battigia **2** (starten) {SUCHAKTION, WERBEKAMPAGNE} prendere il via, decollare.

an|rosten itr <sein> {FAHRRAD, MESSER} cominciare/iniziare ad arrugginire, prendere un po' di ruggine.

anrüchig adj **1** mit schlechtem Ruf) {GESCHÄFTE} losco; {PERSON} auch di dubbia fama, poco raccomandabile; {NACHTLOKAL, SPELUNKE} malfamato, equivoco **2** (anstößig) {WITZE} spinto.

an|rücken A tr <haben> **etw an etw** (akk) ~ {TISCH AN DIE WAND} avvicinare qc a qc, ac-

Anruf m telefonata f, chiamata f (telefonica): **anonyme ~e**, telefonate anonime; **einen ~ bekommen/erhalten**, ricevere una telefonata; **ich erwarte einen dringenden ~ aus Frankfurt**, aspetto una chiamata/telefonata urgente da Francoforte; **können Sie bitte den ~ entgegennehmen, ich bin gerade beschäftigt**, per favore, può ⌊prendere Lei la telefonata⌋/⌊rispondere Lei al telefono⌋, sono momentaneamente occupato (-a).

anrufbar adj {Telefonzelle} abilitato a ricevere (telefonate).

Anrufbeantworter <-s, -> m: **(automatischer) ~**, segreteria telefonica; **eine Nachricht auf dem ~ hinterlassen**, lasciare un messaggio sulla segreteria (telefonica).

an|rufen <irr> A tr 1 (*mit jdm telefonisch in Kontakt treten*) *jdn/etw* ~ {Auskunft, Freund, Feuerwehr, Kollegen, Polizei} chiamare *qu/qc*, telefonare *a qu/qc*: **jdn schnell/kurz ~**, dare ⌊un colpo di telefono⌋/[uno squillo *fam*] a qu 2 (*jdn um Hilfe bitten*) *etw* ~ {Schiedsstelle} appellarsi *a qc*; {Gericht} investire *qc*; *jdn um etw* ~ (akk) ~ {Um Gnade, Hilfe} invocare *qc di qu*: **jdn als Zeugen ~**, chiamare qu a testimone B itr telefonare: **deine Freundin hat heute Morgen schon dreimal angerufen**, la tua amica/ragazza ha già chiamato/telefonato tre volte stamattina; *bei jdm/etw* ~ {Bei der Bank, einem Bekannten, der Polizei} telefonare *a qu/qc*, chiamare *qu/qc*.

Anrufer m (**Anruferin** f) chiamante mf: **wer war denn der ~?**, chi era al telefono?

Anrufer-Identifikation f *tel* identificazione f del chiamante.

Anruferin f → **Anrufer**.

Anrufweiterschaltung f *tel* trasferimento m di chiamata.

an|rühren tr 1 <meist verneint> (*anfassen*) *jdn/etw* ~ toccare *qu/qc* 2 <meist verneint> (*von etw nehmen*) *etw* ~ {Essen, Nachtisch, Wein} toccare *qc*: **seitdem er Probleme mit der Leber hat, rührt er keinen Tropfen Alkohol mehr an**, da quando ha problemi di fegato non tocca più un goccio di alcol; **ich habe in meinem ganzen Leben noch nie eine Zigarette angerührt**, in vita mia non ho mai toccato una sigaretta 3 *geh* (*innerlich berühren*) *jdn* ~ {Elend, Leid} toccare *qu*, commuovere *qu* 4 (*ansprechen*) *etw* ~ {Heikles Thema} toccare *qc*: **einen wunden Punkt ~**, mettere il dito nella piaga 5 (*zurechtmischen*) *etw* ~ {Farbe, Teig} mescolare *qc*, preparare *qc*; {Gips, Mörtel, Zement} *auch* impastare *qc*.

anrührend adj {Film, Geschichte, Szene} toccante, commovente.

ans präp = an das → **an**①.

an|säen tr 1 (*aussäen*) *etw* ~ {Blumen, Getreide, Salat} seminare *qc* 2 (*besäen*) *etw* ~ {Feld, Fläche} seminare *qc*: **ein Stück Land mit Weizen ~**, seminare un terreno a grano.

Ansage f 1 (*Mitteilung*) annuncio m, comunicazione f; *TV* presentazione f: **es folgt eine ~ für alle Autofahrer**, segue un annuncio/una comunicazione a tutti gli automobilisti; **wir warten auf die ~ der Ergebnisse**, attendiamo l'annuncio dei risultati 2 (*beim Kartenspiel*) dichiarazione f.

an|sagen A tr 1 *radio TV jdn/etw* ~ presentare *qu/qc*; {Künstler, Programmteil} *auch* annunciare *qu/qc*; {Uhrzeit} comunicare *qc* 2 (*ankündigen*) (*jdm*) *etw* ~ annunciare *qc* (*a qu*): **(jdm) seinen Besuch ~**, (pre)annunciare la propria visita (a qu); **jdm den Kampf ~**, dichiarare guerra a qu B itr *radio TV*: **sie sagt im Radio an**, ⌊fa l'⌋/⌊è⌋ annunciatrice alla radio C rfl (*seinen Besuch ankündigen*) sich (*bei jdm*) ~ annunciare la propria visita (*a qu*).

an|sägen tr *etw* ~ {Balken, Baum, Brett} cominciare a segare *qc*.

Ansager <-s, -> m (**Ansagerin** f) *radio TV* {+Nachrichten} annunciatore (-trice) m (f), conduttore (-trice) m (f); speaker mf; *TV auch* mezzobusto m *scherz*; {+Programm} annunciatore (-trice) m (f).

an|sammeln A tr *etw* ~ {Kapital, Kunstschätze, Reichtümer} accumulare *qc*, ammassare *qc* B rfl 1 (*sich versammeln*) sich ~ {Menschenmenge} assembrarsi, adunarsi 2 (*sich anhäufen*) sich (*irgendwo*) ~ {Arbeit, Feuchtigkeit, Schmutz, Staub} accumularsi (+ *compl di luogo*); {Blätter, Müll} *auch* ammassarsi (+ *compl di luogo*) 3 (*sich anstauen*) sich (*bei jdm*) ~ {Hass, Wut, Zorn} accumularsi (*in qu*).

Ansammlung f 1 {+Menschen} assembramento m, concentramento m, concentrazione f 2 {+Gegenstände, Müll} accumulo m, ammasso m 3 {+Hass, Wut} accumulo m.

ansässig adj residente: *irgendwo* ~ **sein** {Person}, risiedere/[essere residente] + *compl di luogo*; {Firma} avere sede + *compl di luogo*; *irgendwo* ~ **werden**, stabilirsi/domiciliarsi + *compl di luogo*; **sich** *irgendwo* ~ **machen**, prendere la residenza + *compl di luogo*.

Ansässige <dekl wie adj> mf residente mf, abitante mf del luogo, indigeno (-a) m (f) *scherz*.

Ansatz m 1 (~*stelle*) {+Arm, Haar, Hals} attaccatura f; {+Henkel} *auch* attacco m: **am ~ der Stirn**, all'attaccatura dei capelli 2 (*Beginn*): **den ~ zu einem Bauch haben**, avere un accenno/inizio di pancia; **es zeigen sich erste Ansätze zur Besserung**, si manifestano i primi (timidi) segnali di un miglioramento; **schon früh zeigte er Ansätze dazu, ein großer Künstler zu werden**, già molto presto si indovinava in lui la stoffa del grande artista; **er ist nie über Ansätze hinausgekommen**, non ha mai superato la fase iniziale 3 (*angesetzte Schicht*) ~ **von etw** (dat) {Von Kalk} deposito m *di qc*; {Von Rost} strato m *di qc* 4 *form ökon* (*Veranschlagung*) {+Einnahmen, Erträge} valutazione f, stima f; {+Kosten} *auch* preventivo m; (*Fonds für Sonderzwecke*) stanziamento m, fondo m 5 *tech* (*Ansatzstück*) aggiunta f 6 *math* impostazione f 7 *bes. lit philos* (*Herangehensweise*) approccio m, impostazione f 8 <*nur sing*> *mus* {+Bläser} imboccatura f; {+Sänger} impostazione f ● **außer ~ bleiben** *form ökon* non essere ⌊messo in conto⌋/[preso in considerazione]; **etw (für etw akk) in ~ bringen** *form ökon*, mettere qc in conto (per qc); **für das Gesundheitswesen sind 200 Millionen Euro in ~ gebracht worden**, per la sanità sono stati preventivati 200 milioni di euro; *im* ~ {Richtig sein}, come impostazione; *schon im* ~ {Falsch sein}, già in partenza; {Etw Ersticken, Unterdrücken}, sul nascere.

Ansatzpunkt m punto m di partenza, appiglio m.

Ansatzstück n *tech* aggiunta f.

ansatzweise adv: **Demokratisierungstendenzen sind nur ~ vorhanden**, vi sono solo timidi accenni di democratizzazione.

an|saufen <irr> rfl: **sich (dat) einen (Rausch) ~** *fam*, sbronzarsi *fam*, prendersi una (bella) sbornia *fam*/sbronza *fam*, sborniarsi *fam*; **er musste sich erst Mut ~, bevor er sich traute, das Mädchen anzusprechen**, dovette sbronzarsi per farsi coraggio prima di abbordare la ragazza.

an|saugen <saugt an, saugte an oder sog an, angesaugt oder angesogen> A tr *etw mit etw* ~ (dat) ~ aspirare *qc con qc*; {Mit Pipette, Saugheber} *auch* tirare su *qc con qc* B rfl sich (*an etw* dat *oder* akk) ~ {Blutegel, Kraken am Schenkel} attaccarsi (*a qc*).

an|schaffen A tr 1 (*kaufen*) *etw* ~ acquistare *qc*, comprare *qc* 2 *süddt A* (*anordnen*) **jdm etw ~** ordinare qc a qu B itr 1 *fam* (*sich prostituieren*) (*für jdn*) ~ battere (il marciapiede) (per qu) *fam*; (*für jdn*) ~ **gehen**, andare a battere (il marciapiede) (per qu) *fam* 2 *fam* (*Geld verdienen*): ~ **(gehen)**, (andare a) lavorare 3 *süddt A* (*befehlen*) comandare C rfl 1 (*sich kaufen*) **sich (dat) etw ~** comprarsi *qc*, farsi *qc fam* 2 (*sich zulegen*) **sich (dat) jdn/etw ~** {Freund, Freundin} farsi *qu fam*, trovarsi *qu*; {Frau, Mann} prendere *qu*; {Haustier} prendersi *qc*; {Kind} avere *qu*.

Anschaffung <-, -en> f acquisto m: **eine ~**⌋/[~**en**] **machen**, fare ⌊un acquisto⌋/[acquisti]; **der Kauf eines Hauses ist eine ~, die sich rentiert**, l'acquisto di una casa è un investimento redditizio.

Anschaffungskosten subst <*nur pl*> costi m pl d'acquisto.

Anschaffungspreis m prezzo m d'acquisto.

Anschaffungswert m valore m d'acquisto.

an|schalten A tr 1 (*einschalten*) *etw* ~ {Anlage, Maschine} mettere in funzione *qc*, far partire *qc fam*, azionare *qc*; {Fernseher, Gerät, Heizung, Lampe, Licht, Radio} accendere *qc*; {Computer} *auch* avviare *qc*; {Strom} attaccare *qc* 2 (*anschließen*) *etw* ~ (akk) ~ {Drucker an den Computer} collegare *qc a/con qc* B rfl sich ~ {Licht} accendersi; {Anlage, Maschine} *auch* mettersi in funzione, partire *fam*.

an|schauen *bes. süddt A CH* A tr **jdn/etw ~** guardare *qu/qc*: **wie schaust du mich denn an?**, cos'hai da guardarmi così? B rfl 1 (*sich ansehen*) **sich (dat) jdn/etw ~** {Auslagen, Menschen, Schaufenster} guardar(si) *qu/qc*, dare un'occhiata *a qu/qc*: **sich (dat) etw genau ~**, guardarsi qc perbene; **sich (dat) etw gar nicht (erst) ~**, non dare nemmeno un'occhiata a qc; **wir sollten uns das Haus mal ~**, bisognerebbe dare un'occhiata a quella casa; **er hat sich die Stadt angeschaut**, ha fatto un giro (turistico) per la città; **sie schaute sich lange das Bild/die Landschaft an**, guardò a lungo il quadro/paesaggio; **den Bewerber will ich mir ~**, a questo candidato voglio darci un'occhiata; **der Arzt soll ihn sich mal ~**, bisognerebbe che il medico ⌊gli desse un'occhiata⌋/[lo vedesse] *fam* 2 (*sich ansehen*): ⌊**sich (gegenseitig)**⌋/[**einander**] **geh**] ~, guardarsi; **sie schauten sich zärtlich an**, si guardarono teneramente 3 (*hinnehmen*): **ich schau mir das jetzt schon lange genug an!**, sono stato (-a) anche troppo a guardare!; **ich schaue mir das nicht länger an!**, non sono più disposto (-a) a stare a guardare!, non ci sto più! *fam*; **sich (dat) ~ müssen, wie jd etw tut**, dover starsene a guardare qu fare qc ● *da* **schau (einer) an!** *fam*, **da schau her!** *fam region*, ma guarda un po'!; *lass* **dich mal in dem neuen Kleid ~!**, fatti vedere/guardare col vestito nuovo!

anschaulich Ⓐ adj {BEISPIEL} chiaro, efficace, esplicativo, incisivo; {BERICHT, VORTRAG} vivace, vivo, chiaro, incisivo; {BESCHREIBUNG, DARSTELLUNG, SCHILDERUNG} evocativo, suggestivo, plastico, perspicuo; {STIL} vivace, icastico, plastico: **~en Unterricht machen**, fare lezione avvalendosi di esempi pratici; **(jdm) etw ~ machen**, illustrare qc (a qu); **wie soll ich dir das ~ machen?**, come te lo devo spiegare? Ⓑ adv {BESCHREIBEN, ERKLÄREN} in modo incisivo; {SCHILDERN} in modo plastico/suggestivo/vivace.

Anschaulichkeit <-, ohne pl> f {+BEISPIEL, BERICHT, BESCHREIBUNG, INFORMATIONEN, VORTRAG} chiarezza f, incisività f; {+SCHILDERUNG} suggestività f, vivacità f, plasticità f.

Anschauung <-, -en> f **1** (Ansicht) modo m di vedere: **nach unserer ~**, a nostro avviso/[modo di vedere]; **eine andere ~ der Dinge**, un altro modo di vedere le cose; **seine ~en ändern**, cambiare la propria visione delle cose; **jds ~ teilen**, condividere il modo di vedere di qu; ₍**der ~ sein**₎/(**die ~ vertreten**), **dass ...**, essere del parere che ... **2** geh (Vorstellung) idea f: **eine ~ von etw (dat)**, un'idea di qc; **veraltete ~en haben**, essere di vedute sorpassate, avere idee antiquate • **etw aus eigener ~ kennen**, conoscere qc per esperienza personale.

Anschauungsmaterial n materiale m illustrativo; (Lehrmittel) materiale m didattico, supporti m pl didattici.

Anschauungsunterricht m lezione f con supporti didattici.

Anschauungsweise f modo m di pensare, mentalità f.

Anschein <-s, ohne pl> m geh apparenza f: **vom äußeren ~ her**, all'apparenza • **allem/dem ~ nach**, (stando) all'apparenza, apparentemente, a quanto pare; **den ~ erwecken, als (ob) ... konjv II**, dare l'impressione di ... inf; **sich (dat) den ~ geben, als (ob) ... konjv II**, darsi l'aria di ... inf, voler far credere di ... inf; **es hat den ~, dass/[als ob] ... konjv II**, sembra/pare che ... konjv, si ha l'impressione che ... konjv.

anscheinend adv a quanto pare, apparentemente.

Anscheinsbeweis m jur prova f critica/indiretta.

an|scheißen <irr> tr slang **1** (zurechtweisen) **jdn ~** fare una ₍partaccia fam₎/[parte di merda slang] a qu, fare un cazziatone fam südital a qu: **mein Chef hat mich heute fürchterlich angeschissen, weil ich zu spät gekommen bin**, oggi il capo mi ha fatto un culo slang/mazzo slang così perché sono arrivato (-a) in ritardo **2** (betrügen) **jdn ~** metterlo in culo a qu vulg, inculare qu vulg, inchiappettare qu fam, fregare qu fam: **da hast du dich aber ganz schön ~ lassen**, ₍te l'hanno messo₎/[l'hai preso] in culo ben bene slang, ti sei fatto (-a) inchiappettare alla grande fam.

an|schicken rfl geh **sich zu etw (dat) ~** {ZUM GEHEN, ZAHLEN} accingersi/apprestarsi/disporsi a fare qc: **sich ~, etw zu tun**, accingersi/apprestarsi/disporsi a fare qc.

an|schieben <irr> tr **jdn/etw ~** {FAHRZEUG} spingere qc: **könnt ihr mich mal ~?**, potete aiutarmi a spingere la macchina?

an|schielen tr fam **jdn ~** guardare qu ₍di sbieco₎/[in tralice].

an|schießen <irr> tr **1** (verletzen) **jdn/etw ~** ferire qu/qc (con un colpo di arma da fuoco) **2** fam (kritisieren) **jdn ~** sparare a zero su/contro qu • **angeschossen kommen** {PERSON}, arrivare ₍sparato (-a)₎/[veloce come un fulmine]; {AUTO, PFEIL, WASSER}, arrivare a fortissima velocità.

an|schimmeln itr <sein> cominciare ad ammuffire, prendere un po' di muffa.

an|schirren tr **etw ~** {ZUGTIER} attaccare qc al carro; {PFERD} bardare qc, mettere i finimenti a qc.

Anschiss (a.R. Anschiß) <-es, -e> m slang parte f di merda slang, partaccia f fam, cazziatone m fam südital: (**wegen etw gen** oder **fam dat**) **einen ~ bekommen/kassieren/kriegen**, prendersi/beccarsi una (bella) parte di merda (per qc) slang.

Anschlag ① m (Attentat) attentato m: **ein ~ auf jdn**/[**jds Leben**]/[**etw**], un attentato ₍a qu₎/[alla vita di qu]/[a qc]; **einen ~ auf jdn verüben**, compiere un attentato contro qu, attentare a(lla vita di) qu; **einem ~ zum Opfer fallen**, rimanere vittima di un attentato • **einen ~ auf jdn vorhaben** fam scherz, avere da chiedere un favore a qu.

Anschlag ② m **1** (Bekanntmachung) avviso m, manifesto m; (Plakat) affisso m: **einen ~ an etw (dat) machen/aushängen**, affiggere un avviso a qc **2** com ökon preventivo m: **etw in ~ bringen** adm {AUFWENDUNGEN, KOSTEN, SPESEN}, calcolare qc, mettere in conto (preventivo) qc **3** (Tastenanschlag: auf der Schreibmaschine) battuta f; (auf dem Klavier) tocco m: **250 Anschläge in der Minute**, 250 battute al minuto; **einen harten/weichen ~ haben** {PIANIST}, avere il tocco duro/morbido **4** (Widerstand) {+HEBEL, KNOPF, PEDAL, SCHALTER} (dispositivo m d')arresto m: **bis zum ~**, fino ₍in fondo₎/[all'arresto] **5** sport (Berühren des Beckenrandes) battuta f (contro il bordo della piscina): **zwischen seinem und meinem ~ lag nur eine Hundertstelsekunde**, abbiamo toccato con un solo centesimo di secondo di differenza **6** sport battuta f, primo lancio m **7** (beim Versteckspiel) bomba f, tana f **8** (schussbereite Stellung) posizione f di tiro: **etw (auf jdn) in ~ bringen** {GEWEHR, PISTOLE, REVOLVER}, puntare/spianare qc (contro qu); **das Gewehr im ~**, col fucile spianato • **bis zum ~ arbeiten/feiern/zechen** fam, lavorare/[far baldoria]/[sbevazzare] fino allo sfinimento fam.

Anschlagbrett n bacheca f, tabellone m (per affissioni).

an|schlagen <irr> Ⓐ tr <haben> **1** (befestigen) **etw (an etw dat** oder **akk) ~** {BRETT, LATTE, LEISTE} fissare qc (a qc); (mit Nägeln) inchiodare qc (a qc); {AUSHANG, PLAKAT} affiggere qc (su/in qc) **2** mus **etw ~** {AKKORD, TON} suonare qc; {MELODIE} auch attaccare qc; {KLAVIERTASTE, TASTE} toccare qc; {SAITE} auch pizzicare qc **3** (durch Klang anzeigen) **etw ~** (GLOCKE, TURMUHR DIE STUNDEN) battere qc, suonare qc **4** (drücken) **etw ~** {TASTEN DER SCHREIBMASCHINE} battere qc **5** (anstimmen) **etw ~** {TON, TONFALL} adottare qc, assumere qc: **einen anderen Ton ~**, cambiare tono; **eine schnellere Gangart ~**, assumere un'andatura più veloce, accelerare il passo/l'andatura **6** (beschädigen) **etw ~** {GESCHIRR} sbreccare qc, scheggiare qc **7** Ⓐ (anzapfen) **etw ~** {FASS} spillare qc Ⓑ itr **1** <sein> (anprallen) (**mit etw dat) an/gegen etw (akk) ~** {MENSCH MIT DEM ARM, KNIE, KOPF AN DEN SCHRANK, TISCH} battere/cozzare (qc) contro qc, urtare qc (con qc); {ETW AUF ETW} ~ {BRECHER, WELLE AN EINE KAIMAUER} (in)frangersi (contro qc); {ANS UFER} battere contro qc, (in)frangersi su/in qc: **~de Welle**, frangente **2** <haben> sport {SCHWIMMER} toccare (il bordo della piscina) **3** <haben> (läuten) {GLOCKE, TÜRKLINGEL} suonare **4** <haben> (Laut geben) {HUND} abbaiare **5** <haben> med (wirken) (**bei jdm/etw**) **~** {MEDIKAMENT, THERAPIE BEI EINEM PATIENTEN, EINER KRANKHEIT} essere efficace (₍su qu₎/[contro qc]), avere effetto (su qu): **die Therapie hat angeschlagen**, la terapia ha fatto effetto **6** <haben> fam (dick machen) **bei jdm ~** fare ingrassare qu Ⓒ rfl <haben> (sich verletzen) **sich (dat) etw (an etw dat) ~** battere/cozzare qc (contro qc).

Anschlagsäule f → Litfaßsäule.

an|schleichen <irr> rfl **sich (an jdn/etw) ~** avvicinarsi furtivamente/[di soppiatto] (a qu/qc) • **angeschlichen kommen**, avvicinarsi/arrivare di soppiatto; **jetzt kommt er wieder angeschlichen**, eccolo che torna con la coda tra le gambe.

an|schlendern itr <sein> avvicinarsi camminando pian pianino • **angeschlendert kommen**, avvicinarsi/arrivare camminando pian pianino.

an|schleppen tr **1** autom **etw ~** trainare qc (fino a farlo partire) **2** fam (mitbringen) **jdn (mit) ~** tirarsi dietro qu fam, portarsi dietro qu (a rimorchio/traino) fam **3** (mühsam herbeibringen) **etw ~** {KISTE, KOFFER} portare qc (a fatica); (**jdm) etw ~** {HUND ERLEGTES TIER} portare qc (a qu) **4** scherz fam (bringen) (**jdm) etw ~** {FLASCHE, GERICHT, GETRÄNK} portare qc (a qu).

an|schließen <irr> Ⓐ tr **1** tel **etw (an etw** akk) **~** {ANLAGE, TELEFON AN DAS ÖFFENTLICHE NETZ} allacciare qc (a qc), collegare qc (a qc), attaccare qc (a qc) fam **2** tech **jdn/etw an etw (akk) ~** {AN DIE KANALISATION, ÖFFENTLICHE WASSERVERSORGUNG} collegare qu/qc a qc **3** el **etw ~** {HERD, WASCHMASCHINE} installare qc; **etw an etw (akk) ~** {COMPUTER AN INTERNET} collegare qc a qc; {HERD, WASCHMASCHINE ANS STROMNETZ} auch attaccare qc a qc: **die angeschlossenen Sender**, le stazioni collegate **4** (mit einem Schloss festmachen) **etw (an etw** akk **oder** dat) **~** {FAHRRAD AM LATERNENPFAHL} attaccare/legare/assicurare qc (a qc) (col lucchetto), allucchettare qc (a qc); (mit einer Kette) mettere la catena a qc **5** (hinzufügen) **etw** (**etw** dat/**an etw** akk) **~** {BEMERKUNG, BITTE, FRAGE, ZUSATZ} aggiungere qc (a qc), far seguire qc (a qc) Ⓑ itr (folgen) **an etw (akk) ~** {DISKUSSION, STEHEMPFANG AN EINEN VORTRAG} seguire qc, far seguito a qc Ⓒ rfl **1** (sich zugesellen) **sich jdm/etw ~** unirsi a qu/qc: **sich anderen leicht/schwer ~**, legare facilmente/difficilmente con gli altri fam; **allein im Ausland schloss sie sich bald einer Landsmännin an**, sola all'estero ben presto fece/strinse amicizia con una connazionale **2** (beipflichten) **sich jdm/etw ~** {EINEM MENSCHEN} associarsi a qu/qc; {JDS AUSFÜHRUNGEN, MEINUNG, EINEM BESCHLUSS} auch condividere qc **3** (sich beteiligen) **sich etw (dat) ~** {EINEM KAMPF, STREIK} aderire a qc; {EINER ORGANISATION, PARTEI} auch affiliarsi a qc, associarsi a qc: **etw (dat) angeschlossen (sein)** {EINER FIRMA, PARTEI, ORGANISATION}, (essere) affiliato a qc **4** (angrenzen) **sich (an etw** akk) **~** {GRUNDSTÜCK, WALD, WIESE} essere ₍attiguo/adiacente a qc₎/[confinante con qc]; {STAAT} essere ₍limitrofo a qc₎/[confinante con qc]; {WIRTSCHAFTSGEBÄUDE} essere annesso (a qc); {GEBÄUDETEIL, ZIMMER} essere adiacente/attiguo (a qc) **5** (folgen) **sich an etw (akk) ~** {KALTES BÜFETT, DISKUSSION AN EINEN FILM, VORTRAG} seguire qc, far seguito a qc.

anschließend Ⓐ adj {BERICHT, DISKUSSION, EMPFANG, TANZ} che segue (immediatamente); {EREIGNIS} successivo: **ein Vortrag mit ~er Diskussion**, una conferenza ₍con successivo₎/[seguita da un] dibattito Ⓑ adv in seguito, (subito) dopo.

Anschluss (a.R. Anschluß) m **1** tel (Telefonanschluss) allacciamento m; (Anlage) linea f (telefonica): **einen zweiten ~ beantragen**, chiedere una seconda linea telefonica; **er hat noch keinen ~**, non ha ancora il telefono; **keinen ~ (irgendwohin) bekommen** {NACH ITALIEN, IN DIE USA}, non riuscire a prendere la linea (con qc); **hier ist der ~ Bonn 53544**, ₍siete collegati con₎/[questo è] il (numero) 53544 di Bonn; **der ~ ist besetzt**, il numero è occupato **2** *tech* (*das Anschließen*) ~ **(an etw akk)** *akk* {AN DAS GASNETZ, DIE KANALISATION, WASSERVERSORGUNG} allacciamento m (*a qc*): **der ~ eines Computers ans Internet**, ₍il collegamento₎/[la connessione] di un computer ₍a internet₎/[in rete]; *el* allacciamento m (*a qc*), collegamento m (*a qc*) **3** *tech* (*Vorrichtung: für Strom*) presa f (di corrente); (*für Wasser*) rubinetto m centrale **4** <*nur sing*> (*Kontakt*) contatti m pl, conoscenze f pl: ~ **bekommen/finden**, fare delle conoscenze, stringere dei contatti; **Ausländern den ~ erleichtern**, facilitare l'inserimento degli stranieri; ~ **suchen**, cercare di ₍fare conoscenze₎/[stringere dei contatti] **5** (*Verkehrsverbindung*) ~ **(an etw akk/nach etw dat)** {AN EINE FÄHRE, EINEN FLUG, ZUG} coincidenza f (*con qc*); {NACH FRANKFURT, HAMBURG} coincidenza f (*per qc*): **den ~ noch bekommen**, **(an etw akk/nach etw dat) haben**, avere una coincidenza (con/per qc) **6** *pol* ~ (*an etw akk*) {+GEBIET, STAAT AN EINEN STAAT} annessione f (*a qc*); *hist* {+ÖSTERREICH AN DAS DRITTE REICH} Anschluss m **7** (*Beitritt*) ~ (*an etw akk*) {AN EINE ORGANISATION, PARTEI} adesione f (*a qc*), affiliazione f (*a qc*) **8** <*nur sing*> (*Erreichen des Leistungsniveaus*) ~ (*an jdn/etw*): **in der Forschung den ~ an die Weltspitze halten**, ₍tenere il₎/[stare al] passo con la ricerca internazionale più avanzata; **dem Läufer gelang der ~ an die Spitze**, il corridoio riuscì a ricongiungersi al gruppo di testa • *im* ~ **(an etw akk)** {AN EINEN FILM, VORTRAG} al termine di (qc), dopo (qc); *im* ~ **an jdn/etw** (*mit Bezug auf jdn/etw*), rifacendosi a qu/qc, ispirandosi a qu/qc, prendendo spunto da qu/qc; ~ **als** *Nebenkläger jur* (*im Strafprozess*), costituzione di parte civile; **kein ~ unter dieser** *Nummer!*, attenzione, il numero selezionato è inesistente!; **den ~ verpassen** (*den anschließenden Flug, Zug*), perdere la coincidenza; *fam* (*keinen Ehepartner finden*), perdere il treno del matrimonio *fam*; (*beruflich zurückbleiben*), rimanere tagliato (-a) fuori, perdere il treno *fam*.

Anschlussbox (a.R. Anschlußbox) f *inform* scatola f di connessione.

Anschlussdose (a.R. Anschlußdose) f *el* scatola f di derivazione.

Anschlussfinanzierung (a.R. Anschlußfinanzierung) f finanziamento m successivo.

Anschlussflug (a.R. Anschlußflug) m *aero* (volo m in) coincidenza f.

Anschlusskabel (a.R. Anschlußkabel) n cavo m di collegamento/allacciamento.

Anschlussstelle, **Anschluss-Stelle** (a.R. Anschlußstelle) f *autom* raccordo m autostradale.

Anschlussstück, **Anschluss-Stück** (a.R. Anschlußstück) n raccordo m.

Anschlusstor (a.R. Anschlußtor) n *sport*, **Anschlusstreffer** (a.R. Anschlußtreffer) m *sport* gol m che accorcia le distanze: **das Anschlusstor erzielen**, accorciare le distanze.

Anschlusszug (a.R. Anschlußzug) m (treno m in) coincidenza f.

an|schmachten tr *fam jdn* ~ fare l'occhio da pesce lesso *a qu fam*, fare gli occhi languidi *a qu*.

an|schmeißen <irr> tr *fam etw* ~ {MASCHI-NE, MOTOR} far partire qc *fam*, avviare qc, mettere in moto qc.

an|schmieden tr *etw* ~ attaccare qc fucinando.

an|schmiegen Ⓐ *rfl* **1** (*sich anlehnen*) **sich (an jdn/etw)** ~ {MENSCH} stringersi a qu/qc, accucciolarsi a qu/qc fam; {TIER} strusciarsi contro qu/qc **2** (*eng anliegen*) **sich (an etw akk)** ~ {KLEIDUNG, KLEIDUNGSSTÜCK} aderire a qc: **ein Kleid, das sich zu eng (an den Körper) anschmiegt**, un abito ₍che fascia troppo₎/[troppo attillato] Ⓑ tr (*anlehnen*) **etw an etw** (akk) ~ {KOPF, WANGE AN JDS BRUST, SCHULTER} appoggiare qc a qc.

anschmiegsam adj **1** {MENSCH, WESEN} affettuoso, tenero **2** {MATERIAL, STOFF} che aderisce alle forme del corpo.

an|schmieren Ⓐ tr **1** (*bemalen*) **etw** (*mit etw* dat) ~ {GEGENSTAND, PAPIER, WAND MIT FARBE} imbrattare qc (con qc), impiastrare qc (con qc) **2** *fam* (*beschmutzen*) **jdn/etw** (*mit etw* dat) ~ sporcare qu/qc (con qc), insudiciare qu/qc (con qc) **3** *fam* (*betrügen*) **jdn** (*mit etw* dat) ~ infinocchiare qu (con qc) *fam*, fregare qu (con qc) *fam*, imbrogliare qu (con qc): **man hat dich ganz schön angeschmiert**, ti hanno fregato (-a) alla grande *fam* Ⓑ *rfl* **1** (*sich beschmutzen*) **sich (mit etw** dat) ~ imbrattarsi (di qc), impiastrarsi (di qc), impiastricciarsi (di qc) **2** *fam pej* (*sich zu stark schminken*) **sich** ~ impiastrarsi il viso.

an|schmoren tr *etw* ~ {FLEISCH} brasare/stufare brevemente qc.

an|schnallen Ⓐ tr **1** *aero aut jdn* ~ mettere la cintura (di sicurezza) a qu **2** (*festschnallen*) **etw** ~ {SCHLITTSCHUHE, SKI} allacciar(si) qc Ⓑ *rfl* **1** *aero aut sich* ~ allacciarsi/mettersi la cintura (di sicurezza) **2** (*sich etw festschnallen*) **sich** (dat) **etw** ~ {RUCKSACK} agganciarsi qc; {SKI} allacciar(si) qc.

Anschnallpflicht f obbligo m della cintura (di sicurezza): **in Deutschland besteht ~**, in Germania la cintura di sicurezza è obbligatoria.

an|schnauzen tr *fam jdn* ~ rimbrottare qu, fare un rimbrotto a qu, dare una strigliata a qu *fam*: **sich von jdm** ~ **lassen**, farsi rimbrottare da qu.

an|schneiden <irr> tr *etw* ~ **1** (*das erste Stück anschneiden*) {BRATEN, BROT, KUCHEN, WURST} tagliare la prima fetta di qc, cominciare a tagliare qc; {BLUMEN} spuntare il gambo di/a qc **2** (*ansprechen*) {FRAGE, PROBLEM, THEMA} toccare qc, accennare a qc **3** *sport* {BALL} tagliare qc.

Anschnitt m **1** (*das Anschneiden*): **beim ~ eines Schinkens**, ₍tagliando la prima fetta del₎/[cominciando a tagliare il] prosciutto **2** (*erstes Stück*) {+KÄSE, SCHINKEN, WURST} prima fetta f, primo pezzo m **3** (*~fläche*) prima fetta f.

an|schnorren tr *fam jdn* (*um etw* akk) ~ scroccare qc a qu *fam*, elemosinare qc da qu.

Anschovis, **Anchovis** <-, -> f *fisch* acciuga f, alice f.

an|schrauben tr *etw* (*an etw* akk *oder* dat) ~ avvitare qc (a qc), fissare qc (a qc) (con delle viti): **das Anschrauben**, l'avvitamento.

an|schreiben <irr> Ⓐ tr **1** (*darauf schreiben*) **etw** (*an etw* akk) ~ {AUFGABE AN DIE TAFEL, PAROLE AN DIE WAND} scrivere qc (a/su qc) **2** (*ein Schreiben an jdn richten*) **jdn** (*wegen etw* gen *oder fam* dat) ~ inviare una lettera a qu (per qc), rivolgersi (per iscritto) a qu (per qc) **3** *com fam* (*auf Kredit geben*) (*jdm*) *etw* ~ mettere qc in conto (a qu), segnare qc a debito (a qu): **können Sie mir die 50 Euro ~?**, mi può ₍mettere in conto₎/[segnare] i 50 euro? Ⓑ itr *fam com* (*Kredit geben*) {BÄCKER, METZGER} fare credito: **unser Metzger schreibt nicht an**, il nostro macellaio non fa credito; **in einem Geschäft ~ lassen**, avere un conto aperto in un negozio.

an|schreien <irr> *pej* Ⓐ tr *jdn* (*wegen etw* gen *oder fam* dat) ~ urlare a qu (per qc), alzare la voce con qu (per qc): **sich (von jdm) ~ lassen**, beccarsi le urla di qu *fam*; **ich lass mich doch von dir nicht ~!**, non ti permettere di alzare la voce con me! Ⓑ *rfl* ₍sich (gegenseitig)₎/[einander geh] ~ urlarsi.

Anschrift f indirizzo m, recapito m.

Anschubfinanzierung f *ökon* iniezione f di capitali; (*für Neugründungen*) incentivo m economico.

an|schuldigen tr *geh jdn* (*etw* gen/*wegen etw* gen) ~ accusare qu (pubblicamente) *di qc*.

Anschuldigung <-, -en> f accusa f: **falsche ~**, calunnia f.

an|schüren tr *etw* ~ {GLUT, FEUER} (r)attizzare qc.

an|schwärzen tr *fam pej* **1** (*schlecht machen*) **jdn** (*bei jdm*) ~ mettere qu in cattiva luce (con qu), denigrare/screditare qu (₍davanti a₎/[presso] qu) **2** (*denunzieren*) **jdn** (*wegen etw* gen *oder fam* dat) (*bei jdm*) ~ denunciare qu (per qc) (presso qu).

an|schweigen <irr> Ⓐ tr *jdn* ~ ₍rifiutarsi di₎/[ostinarsi a non] parlare a qu, chiudersi in un ostinato silenzio di fronte a qu Ⓑ *rfl* ₍sich (gegenseitig)₎/[einander geh] ~ chiudersi in un ostinato silenzio: **sie haben sich stundenlang angeschwiegen**, non si sono rivolti (-e) la parola per ore.

an|schweißen tr *tech etw* (*an etw* dat *oder* akk) ~ saldare qc (a qc): **(an etw** dat *oder* akk) **angeschweißt sein**, essere saldato (a qc).

an|schwellen <irr> itr <*sein*> **1** (*dick werden*) {HAUT, KÖRPERTEIL, VENEN} gonfiarsi, enfiarsi *lit*, ingrossarsi, inturgidirsi; (*nach einem Schlag, Stich*) tumefarsi: **der Finger schwoll bläulich an**, gonfiandosi il dito assunse un colore₎/[si fece] bluastro; **meine Beine sind angeschwollen**, ho le gambe gonfie; **dick angeschwollen sein**, essere molto gonfio/ingrossato; **der Stich hat ihre Lippen ~ lassen**, la puntura le ha tumefatto/[fatto gonfiare] le labbra **2** (*ansteigen*) {FLUSS} gonfiarsi, ingrossarsi, crescere; {WASSER} salire **3** (*lauter werden*) {MUSIK} aumentare di volume; {LÄRM} *auch* crescere: **das Gemurmel schwoll zu einem Getöse an**, il mormorìo crebbe fino a diventare frastuono.

an|schwemmen Ⓐ tr <*haben*> *etw* ~ {FLUSS, FLUT, WASSER TREIBGUT, WRACKTEILE} gettare a riva qc, portare a riva qc; {ALGEN, SAND} depositare a riva qc; **etw an etw** (akk) ~ {AN DEN STRAND} gettare qc su qc, depositare qc su qc: **angeschwemmte Wrackteile**, rottami portati dalle acque; **angeschwemmtes Land**, terreno alluvionale Ⓑ itr <*sein*> {MÜLL, TREIBGUT, WRACKTEILE} essere gettato/portato a riva.

an|schwimmen <irr> Ⓐ tr <*haben*> *etw* ~ {BOJE, INSEL, SANDBANK} nuotare fino a qc, guadagnare qc nuotando/[a nuoto]: **angeschwommen kommen** {MENSCH, WASSERVOGEL}, avvicinarsi nuotando/[a nuoto]; {FLASCHE} avvicinarsi galleggiando (sull'acqua) Ⓑ itr <*sein*> **gegen etw** (akk) ~ {GEGEN DIE STRÖMUNG} nuotare contro qc.

an|schwindeln tr *fam jdn* ~ raccontare

fandonie/frottole/panzane *fam*/balle *slang a qu*: **sich (von jdm) ~ lassen**, ber(se)la *fam*, farsela a fare (da qu) *fam*.

an|schwirren *itr* <*sein*> (HORNISSE, WESPE) arrivare ronzando; (VOGEL) arrivare con gran frullio d'ali ● **angeschwirrt kommen** (HORNISSE, WESPE), arrivare/avvicinarsi ronzando; (VOGEL), arrivare/avvicinarsi con gran frullio d'ali.

an|schwitzen *tr gastr etw* ~ (ZWIEBELN) dorare *qc*, imbiondire *qc*.

an|segeln *tr etw* ~ (HAFEN, INSEL, STADT) fare vela *per qc*.

an|sehen <*irr*> A *tr* **1** (*ins Gesicht sehen*) **jdn** (*irgendwie*) ~ (ÄRGERLICH, MISSTRAUISCH, VERWUNDERT) guardare *qu* (+ *compl di modo*): **jdn böse ~**, guardare male qu; **jdn groß/unschuldig ~**, guardare qu con tanto d'occhi/[aria innocente]; **jdn freudestrahlend ~**, guardare qu con un'espressione/[tutto (-a)] raggiante **2** (*betrachten*) **etw** ~ (BILD, FOTO, GEGENSTAND) guardare *qc* **3** (*für etw halten*) **jdn/etw als/für etw** (akk) ~ considerare *qu/qc qc*, ritenere *qu/qc qc*, reputare *qu/qc qc*: **jd sieht es als seine Pflicht an, etw zu tun**, qu considera/ritiene (un) suo dovere fare qc; **als jd/etw angesehen werden**, essere considerato qu/qc, passare per qu/qc **4** (*ablesen können*) **jdm etw** ~ {JDS ERLEICHTERUNG, ERSCHÖPFUNG, FREUDE} leggere *qc in faccia a qu*: **man sieht ihr das schlechte Gewissen an**, le si legge in faccia (che ha) la coscienza sporca; **man sieht ihm sein Alter nicht an**, non dimostra gli anni che ha, non gli si dà l'età che ha *fam*; **man sieht ihr die Strapazen der langen Reise an**, si vede (dalla faccia) che il lungo viaggio l'ha stancata molto; **das sieht man ihm nicht an**, a vederlo non si direbbe; **man sieht jdm an, dass ...**, a qu si legge in faccia che ..., qu ce l'ha scritto in faccia che ...; **ich habe ihm gleich angesehen, dass er Ausländer ist**, (l')ho capito subito che è straniero; **ihre Freude war ihr deutlich anzusehen**, la gioia ce l'aveva stampata in faccia *fam* **5** (*sehen und hinnehmen*) **etw** (*mit*) ~ {JDS DUMMHEITEN, SCHANDTATEN, STREICHE} starsene a guardare *qc*: **etw nicht länger mit ~ können**, non poter più stare a guardare qc; **nicht mit ~ können, wie jd etw tut**, non poter più stare a guardare come qu fa qc; **das kann man doch nicht mit ~!**, non si può mica restare a guardare! B *rfl* **1** (*sich ins Gesicht sehen*) sich (*gegenseitig*)/[einander *geh*] ~ guardarsi: **sie sahen sich schweigend an**, si guardarono in silenzio/[senza parlare] **2** (*neugierig betrachten*) **sich** (dat) **jdn/etw** ~ guardar(si) *qu/qc*; (SZENE) *auch* osservare *qc*; (SEHENSWÜRDIGKEIT) visitare *qc*; (AUTO, HAUS, WOHNUNG) vedere *qc*: **darf ich mir das mal kurz ~?**, posso darci un'occhiata?; **sich** (dat) **die Stadt ~**, fare un giro (turistico) per la città **3** (*mitverfolgen*) **sich** (dat) **etw** ~ (FERNSEHSENDUNG, FILM, FUSSBALLSPIEL, KARNEVALSZUG, SPORTVERANSTALTUNG, VIDEOKASSETTE) vedere *qc*, vedersi *qc fam*, guardare *qc*, guardarsi *qc fam* ● **sie sehe sich einer an!**, ma guarda cosa tocca vedere! *fam*; **sieh mal (einer) an!** *fam*, ma guarda un po'! *fam*; **jd/etw ist ... anzusehen** (HÄSSLICH, HÜBSCH, SCHÖN, SCHRECKLICH), qu/qc è ... da/a vedersi; **das Mädchen ist reizend anzusehen**, quella ragazza è veramente graziosa; **der Garten ist hübsch anzusehen**, il giardino è bello a vedersi; **jdn nicht mehr ~**, non guardare più qu; **jdn von oben herab ~**, guardare qu dall'alto in basso; **jdn schief ~**, guardare storto/[di traverso] qu *fam*.

Ansehen <-*s, ohne pl*> *n* **1** (*Reputation*) prestigio *m*, reputazione *f*, considerazione *f*, credito *m*: **(bei jdm) ein gewisses/[großes] ~ genießen**, godere di un certo/[grande] prestigio (presso qu); **er genießt hohes ~ bei seinen Kollegen**, gode di grande autorevolezza presso i suoi colleghi; **zu ~ kommen/gelangen**, acquistare prestigio; **(bei jdm) in hohem ~ stehen**, godere di un'ottima reputazione/[grande prestigio] (presso qu); **sein ~ verlieren**, rovinarsi la reputazione; **(bei jdm) an ~ verlieren**, perdere prestigio/credito (presso qu) **2** *geh* (*Aussehen*) apparenza *f*, aspetto *m*: **jdn vom ~ (her) kennen**, conoscere qu di vista; **dem ~ nach zu urteilen**, a giudicare dall'aspetto ● **ohne ~ der Person** *jur*, senza riguardo allo status sociale della persona; **man verhörte alle Zeugen ohne ~ der Person**, interrogarono tutti i testimoni, senza alcuna distinzione.

ansehnlich *adj* **1** (*beträchtlich*) {BEUTE, ERBSCHAFT} notevole, considerevole; {BETRAG, GUTHABEN, MENGE} *auch* rilevante; {LEISTUNG} apprezzabile, notevole, di tutto rispetto: **eine ~e Summe**, una bella somma/cifra **2** (*stattlich*) {MENSCH} di bell'aspetto, di bella presenza; {GEBÄUDE} imponente: **ein ~er Bauch**, una bella pancia.

an|seilen A *tr jdn* ~ {BERGSTEIGER} legare *qu* in cordata, imbracare *qu*; {VERLETZTEN} imbracare *qu*, attaccare *qu* a una corda; **etw** ~ legare *qc* con delle corde/funi, imbracare *qc* B *rfl* **sich** ~ legarsi con delle corde; {BERGSTEIGER} legarsi in cordata.

an|sein *a.R. von* an sein → **sein**².

Anselm *m* (*Vorname*) Anselmo.

an|sengen A *tr* <*haben*> **etw** ~ (ab)bruciacchiare *qc*; {BÜGELEISEN, BÜGLER} *auch* strinare *qc* B *itr* <*sein*> {KABEL, STOFF, TEPPICH} cominciare a bruciare; {KLEIDUNGSSTÜCK} *auch* strinarsi: **es riecht angesengt**, c'è odore di bruciaticcio/bruciacchiato.

an|setzen A *tr* **1** (*anfügen*) **etw** (*an etw* akk *oder* dat) ~ aggiungere *qc* (*a qc*) **2** (*annähen*) **etw** (*an etw* akk *oder* dat) ~ {ÄRMEL, STÜCK STOFF} attaccare *qc* (a *qc*); {DECKE} attaccare *qc* (*a qc*); {TASCHEN} *auch* applicare *qc* (*a qc*): **ein Kleid mit tief angesetztem Rock**, un abito a vita bassa **3** (*anlehnen*) **etw** (*an etw* akk *oder* dat) ~ {MÖBELSTÜCK} accostare *qc a qc*, mettere *qc* contro *qc*; {LEITER} appoggiare *qc* (*a qc*): **die Leiter darf nicht zu steil angesetzt werden**, la scala non deve essere messa troppo in verticale **4** (*daran setzen*) **etw** ~ {BLASINSTRUMENT} imboccare *qc*; {WAGENHEBER} mettere *qc*, piazzare *qc*: **das Glas ~**, accostare il bicchiere alle labbra; **die Feder ~**, accingersi a scrivere **5** (*veranschlagen*) **etw mit etw** (dat)/**auf etw** (akk) ~ {WERT EINES GEMÄLDES, HAUSES MIT/AUF 1 MILLION} calcolare *qc*, stimare *qc qc*, valutare *qc qc*: **die Kosten mit 1000 Euro/[zu hoch/niedrig] ~**, preventivare costi di 1000 euro/[troppo alti/bassi]; **die benötigte Zeit auf zwei Wochen ~**, valutare/calcolare in due settimane il tempo necessario **6** (*festlegen*) **etw** (*für/auf etw* akk) ~ {BESPRECHUNG, KONFERENZ, TERMIN, TREFFEN} fissare *qc* (*per qc*): **das nächste Treffen haben wir für den Sommer angesetzt**, il prossimo incontro l'abbiamo fissato per l'estate **7** (*hetzen*) **jdn/etw auf jdn** ~ {DETEKTIV, GEHEIMAGENTEN, HUND, STEUERFAHNDUNG, ZOLLFAHNDUNG} mettere *qu/qc* alle calcagna di *qu*: **jdn auf jds Spur ~**, mettere qu sulle tracce di qu **8** (*bilden*) **etw** ~ {BLÄTTER, BLÜTEN, KNOSPEN} mettere *qc*; {BEEREN, FRÜCHTE} fare *qc*: **einen Bauch/[Fett] ~**, mettere su pancia/ciccia *fam*; **Rost ~**, prendere la ruggine; **Schimmel ~**, fare la muffa **9** *gastr* **etw** (*mit etw* dat) ~ {BOWLE, FRUCHTWEIN, TEIG} preparare *qc* (*con qc*): **Pfirsiche mit Wein ~**, mettere le pesche in infusione nel vino **10** *sport* **jdn auf jdn** ~ {SPIELER AUF DEN TORJÄGER} mettere *qu* su *qu*/[a marcare *qu*] B *itr* **1** (*in Stellung bringen*) **mit etw** (dat) (*irgendwo*) ~ {MIT DEM BOHRER, HEBEL, DER SÄGE} posizionare *qc* (+ *compl di luogo*); {MIT DEM WAGENHEBER} *auch* piazzare *qc* (+ *compl di luogo*) **2** (*beginnen*) **zu etw** (dat) ~ {ZUM SPRECHEN, TRINKEN, ÜBERHOLEN} apprestarsi *a fare qc*, accingersi *a fare qc geh*, stare *per fare qc*; {ZUR LANDUNG, ZUM SPRUNG} prepararsi *a qc*: **sie setzte immer wieder an, kam aber nicht zu Wort**, tentò più volte/[a più riprese] di prendere la parola ma non ci riuscì; **mit etw** (dat) (*an etw* dat) ~ {MIT JDS ARBEIT AN EINEM PUNKT, EINER STELLE} cominciare *qc da qc*, iniziare *qc da qc*: **hier möchte ich mit meiner Kritik ~**, è da qui che ne prende spunto la mia critica **3** (*dick machen*) (**bei jdm**) ~ fare ingrassare (*qu*) **4** (*anbrennen*) {MILCH, PUDDING, SUPPE} attaccarsi C *rfl* (*sich ablagern*) **sich** (*irgendwo*) ~ {ROST, SCHIMMEL} formarsi; {KALK} depositarsi.

Ansicht *f* **1** (*Meinung*) opinione *f*, parere *m*: **der ~ sein, dass ...**, essere dell'avviso/opinione che ... *konjv*; **meiner/seiner ~ nach**, a mio/suo avviso, secondo me/lui; **über etw** (akk)/[**in etw** (dat)] **geteilter ~ sein**, avere opinioni/pareri discordanti/discordi a proposito di/[riguardo a *qc*]; (**über etw** akk)/[**in etw** dat] **anderer/[der gleichen] ~ sein**, essere di un altro/[dello stesso] parere (riguardo a qc); **ich bin ganz Ihrer ~**, sono pienamente/perfettamente d'accordo con Lei; **jds ~ teilen**, condividere il parere/l'opinione di qu; **fortschrittliche/vernünftige ~en haben**, avere idee progressiste/ragionevoli **2** (*Abbildung*) {+LANDSCHAFT, STADT} veduta *f*, vista *f*: **~ von oben/unten**, veduta dall'alto/[dal basso]; **die vordere/seitliche/hintere ~ des Schlosses**, la veduta frontale/laterale/posteriore del castello ● **zur ~**, in visione; **jdm ein Muster zur ~ schicken**, spedire a qu un campione in visione.

ansichtig *adj geh*: **jds/etw ~ werden**, scorgere *qu/qc*.

Ansichtskarte *f* cartolina *f* illustrata.

Ansichtssache *f*: **etw ist ~**, qc è (una) questione di punti di vista/[(materia) discutibile/opinabile]; **~!** *fam*, dipende dai punti di vista!

an|siedeln A *tr* **1** (*ansässig machen*) **jdn** (*irgendwo*) ~ {FLÜCHTLINGE} far insediare *qu* (+ *compl di luogo*) **2** *ökol* (*sesshaft machen*) **etw irgendwo** (*wieder*) ~ {TIERART} (re)introdurre *qc* + *compl di luogo* **3** (*etablieren*) **etw irgendwo** ~ {INDUSTRIE, INDUSTRIEANLAGE, KONZERN} impiantare *qc* + *compl di luogo* **4** *geh* (*stammen*): **irgendwo angesiedelt/anzusiedeln sein** {BEGRIFF, TERMINUS}, essere collocabile/[da collocare] + *compl di luogo*; **diese Gemälde sind in der Reifezeit des Künstlers anzusiedeln**, questi quadri sono riferibili alla maturità dell'artista; **der Roman ist im Paris des 19. Jahrhunderts angesiedelt**, il romanzo è ambientato nella Parigi dell'Ottocento; **die Täter sind in rechtsextremistischen Kreisen anzusiedeln**, gli autori del crimine sono da ricercarsi negli ambienti dell'estrema destra B *rfl* **sich** *irgendwo* ~ **1** (*sich niederlassen*) stabilirsi/insediarsi + *compl di luogo* **2** *biol* {BAKTERIEN, PILZKULTUR} formarsi/svilupparsi + *compl di luogo*.

Ansiedler *m* (**Ansiedlerin** *f*) colono (-a) *m* (*f*): **viele ~ der heutigen USA kamen aus Deutschland**, molti dei coloni degli odierni

Stati Uniti provenivano dalla Germania. **Ansiedlung** f 1 <*nur sing*> (*das Ansiedeln*) insediamento m 2 (*Siedlung*) insediamento m 3 <*nur sing*> ökol {+Tierarten, Tiere} introduzione f 4 ökon {+Industriebetriebe} impianto m.

Ansinnen <-s, -> n *geh* richiesta f: **an jdn ein ~ stellen/richten**, avanzare una richiesta nei confronti di qu; **er richtete das unverschämte ~ an mich, ihn bei der Polizei zu decken**, ha avuto la sfacciataggine di pretendere che lo coprissi davanti alla polizia.

Ansitz m 1 *Jagd* posta f 2 *A* (*Wohnsitz*) dimora f rappresentativa.

an|sitzen <*irr*> *itr* <*haben oder süddt A CH sein*> *Jagd* mettersi/stare alla posta.

ansonsten adv 1 (*im Übrigen*) a parte questo, per il resto 2 (*im anderen Fall*) altrimenti, se no.

an|spannen A tr 1 (*straffen*) **etw** ~ {Muskeln} tendere qc; {Draht, Seil} auch tirare qc 2 (*anstrengen*) **jdn** ~ affaticare qu: **jdn zu sehr** ~, sovraffaticare qu, chiedere troppo a qu; **etw** ~ {Kräfte} mobilitare qc, impegnare qc; {Nerven} tendere qc 3 (*mit Zugtieren bespannen*) **etw** ~ {Kutsche} attaccare i cavalli a qc; {Wagen} auch attaccare i buoi a qc 4 (*ins Geschirr spannen*) **etw** ~ {Ochsen, Pferd} attaccare qc ₍al carro₎/[alla carrozza] B *itr* 1 (*Zugtier* ~) attaccare (il cavallo alla carrozza)/[il bue al carro] 2 (*Kutsche* ~): **es ist angespannt**, la carrozza è pronta; ~ **lassen**, fare attaccare i cavalli C *rfl* **sich** ~ {Muskeln, Nerven} tendersi.

Anspannung <-, *ohne pl*> f tensione f; (*körperlich*) auch sforzo m ● **unter ~ aller Kräfte**, impegnando tutte le forze, mobilitando tutte le energie, mettendocela tutta *fam*.

Anspiel n <*meist* sing> Karten *sport* inizio m ₍del gioco₎/(della partita).

an|spielen A *tr* 1 *Fußball* **jdn** ~ passare la palla a qu, servire qu 2 *Karten* **etw** ~ {Herz, Trumpf} giocare qc come prima carta, aprire il gioco con qc, calare qc in apertura di gioco B *itr* 1 (*andeuten*) (*mit etw* dat) **auf jdn/etw** ~ alludere (con qc) a qu/qc, fare allusione (con qc) a qu/qc: **worauf wollen Sie ~?**, a che cosa vuole alludere?; **spielst du damit vielleicht auf mich an?**, (dicendo questo) vuoi forse alludere a me?, è forse riferita a me quest'allusione? 2 (*das Spiel beginnen*) *Fußball* {Spieler} iniziare il gioco/la partita, dare il calcio d'inizio; {Spielführer} dare inizio a ₍al gioco₎/[alla partita]; *Karten* aprire il gioco.

Anspielung <-, -en> f ~ (*auf jdn/etw*) allusione f (a qu/qc): ~**en auf jdn/etw machen**, fare allusioni a qu/qc.

an|spinnen <*irr*> *rfl* (*sich entwickeln*) **sich** ~ {Freundschaft, Gespräch} star nascendo; {Liebesverhältnis} auch sbocciare: **da spinnt sich doch etwas an!**, qui c'è del tenero!

an|spitzen *tr* 1 (*spitz machen*) **etw** ~ {Rute, Stock} fare la punta a qc, appuntare qc; {Bleistift, Buntstift} auch temperare qc 2 *fam* (*antreiben*) **jdn** ~ pungolare qu.

Ansporn <-(*e*)s, *ohne pl*> m stimolo m, sprone m, incentivo m: **jdm als ~ dienen**, servire come stimolo a qu, essere d'incentivo a qu; (*innerer* ~) motivazione f, spinta f.

an|spornen *tr* 1 (*ermuntern*) **jdn** ~ {Mitarbeiter, Schüler, Spieler} stimolare qu; **jdn zu etw** (dat) ~ stimolare qu a fare qc; **jdn zu**₍**erhöhter Leistung**₎/[verstärktem Einsatz] ~, spronare qu a rendere/impegnarsi di più; **jdn ~, etw zu tun**, spronare qu a fare qc 2 (*die Sporen geben*): **ein Pferd** ~, ₍spronare il₎/[dar di sprone/sproni al] cavallo, dare una spronata al cavallo.

Ansprache f 1 (*kurze Rede*) (breve) discorso m, concione f *iron*: **eine ~ halten**, tenere un discorso 2 <*nur* sing> *bes. süddt A* (*Kontakt*) contatto m: **(mehr) ~ brauchen**, avere bisogno di (maggiore) compagnia; **keinerlei ~ haben**, non avere nessuno con cui parlare; **wenig ~ haben**, avere pochi contatti.

ansprechbar adj <präd> 1 (*zu sprechen*) disponibile (a parlare): **der Chef ist heute so wütend, dass er nicht ~ ist**, oggi il capo è talmente furioso che non gli si può rivolgere la parola 2 *med* {Patient, Verletzter} in sé, lucido, in grado di parlare 3 (*zugänglich*) ~ **auf etw** (akk) sensibile a qc, aperto a qc.

an|sprechen <*irr*> A *tr* 1 (*anreden*) **jdn** ~ rivolgersi a qu, rivolgere la parola a qu: **der Penner sprach jeden Passanten an**, il barbone abbordava/[attaccava bottone *fam* con] tutti i passanti; **ich lasse mich nicht auf der Straße** ~, non mi faccio abbordare per strada 2 (*betiteln*) **jdn mit etw** (dat) ~ {mit einem Titel} chiamare qu con qc; {mit seinem Vornamen} chiamare qu per qc: **jdn mit Du/Sie** ~, dare del tu/Lei a qu; **wie soll ich Sie eigentlich ~?**, com'è che La devo chiamare?; **wie spricht man einen Fürsten an?**, come ₍ci si rivolge₎/[si rivolge la parola] a un principe?; **sprich mich einfach mit Kasimir an!**, chiamami semplicemente Kasimir! 3 (*gegenüber jdm erwähnen*) **jdn auf etw** (akk) ~ parlare a qu di qc, accennare a qu a qc, fare cenno a qu a qc 4 (*bitten*) **jdn um etw** (akk) ~ {um einen Gefallen, um Geld} chiedere qc a qu 5 (*meinen*) **jdn** ~ riferirsi a qu, rivolgersi a qu: **ich habe dich angesprochen!**, mi riferisco a te!; **damit sind wir alle angesprochen**, questo ci riguarda tutti 6 (*sich an eine Gruppe wenden*) **jdn** ~ rivolgersi a qu: **unsere Firma spricht vor allem Studienabgänger an**, la nostra azienda si rivolge soprattutto ai neolaureati 7 (*erwähnen*) **etw** ~ {Problem, Punkt, Thema} portare il discorso su qc 8 (*gefallen*) **jdn** ~ piacere a qu: **irgendwie spricht mich das nicht an**, non è che (questo) mi ₍piaccia/dica₎ (un) granché/[ispiri tanto] *fam* 9 (*innerlich berühren*) **jdn** ~ coinvolgere qu, toccare qu: **der Film hat viele Menschen angesprochen**, il film ha coinvolto tanta gente; **dieses Thema spricht viele an**, è un argomento che tocca molti da vicino B *itr* 1 *med* **auf etw** (akk) ~ {Patient auf Fragen, Gesten} reagire a qc; {auf ein Präparat, eine Spritze, Therapie} auch rispondere a qc; **bei jdm** ~ {Massage, Medikament, Spritze, Therapie} fare/avere effetto su qu, agire su qu: **diese Tabletten sprechen bei ihr nicht an**, queste compresse non le fanno nessun effetto 2 *tech* (*reagieren*) **bei etw** (dat)/**auf etw** (akk) ~ {Bremse, Gaspedal} rispondere a qc; {Geigerzähler, Messgerät} reagire a qc 3 (*Anklang finden*) (**bei jdm**) ~ avere/trovare vasta eco/risonanza (presso qu) ● **sich** (**bei etw** dat) **angesprochen fühlen**, sentirsi chiamato (-a) in causa (da qc); **sich von etw** (dat) **angesprochen fühlen**, sentirsi coinvolto (-a) da qc.

ansprechend A adj {Angebot, Artikel} allettante, invitante; {Äußeres} attraente, affascinante; {Atmosphäre, Umgebung} piacevole, gradevole; {Verpackung} attraente B adv {Gestalten} in modo attraente/piacevole.

Ansprechpartner m (**Ansprechpartnerin** f) persona f di riferimento, interlocutore (-trice) m (f), contatto m, referente mf.

an|springen <*irr*> A *tr* <*haben*> (*gegen jdn springen*) **jdn/etw** ~ {Hund, Kind, Raubtier, Reh} balzare/saltare addosso a qu/qc: **von jdm/etw angesprungen werden**, essere assalito da qu/qc; **sie wurde plötzlich von hinten angesprungen**, improvvisamente fu assalita/aggredita alle spalle B *itr* <*sein*> 1 (*zu laufen beginnen*) {Motor, Wagen} mettersi in moto, partire *fam*: **gut/schlecht/schwer** ~, ₍mettersi in moto₎/[partire *fam*] bene/male/[con difficoltà] 2 *fam* (*reagieren*) **auf etw** ~ {auf ein Angebot, einen Vorschlag} starci a qc *fam*: **man versuchte, ihn zu erpressen, aber er sprang nicht darauf an**, hanno tentato di ricattarlo ma lui non è stato al gioco; **ich machte ihr ein Angebot, aber sie sprang nicht darauf an**, le ho fatto un'offerta ma lei non ₍ne ha voluto sapere₎/[c'è stata] ● **angesprungen kommen**, arrivare saltando/saltellando.

an|spritzen *tr* **jdn/etw** (*mit etw* dat) ~ {mit Wasser} spruzzare/bagnare qu/qc (con qc), schizzare/spruzzare qc addosso a qu/qc; {mit Farbe, Tinte} imbrattare qu/qc (di qc); {vorbeifahrender Wagen} schizzare qu/qc (di qc); {mit Schlamm} auch inzaccherare qu/qc (di qc).

Anspruch m 1 *jur* ~ (**auf etw** akk) diritto m (a qc) 2 <*meist* pl> (*Anforderung*) ~ (**an jdn/etw**) pretesa f (nei confronti di qu/qc): **er hat hohe Ansprüche**, è molto esigente; **jds Ansprüchen genügen**, soddisfare/appagare le esigenze di qu 3 <*meist* pl> (*Wunsch*) esigenza f ● ~ **auf etw** (akk) **erheben** *jur* {auf das Erbe, mehr Urlaub}, rivendicare il diritto a qc; ~ **auf Schadenersatz erheben** *jur*, chiedere il risarcimento (dei) danni; **etw erhebt** ~ **auf etw** (akk) {Aufstellung, Konzeption, Theorie auf Einmaligkeit, Vollständigkeit}, qc ha la pretesa di (essere) qc; **einen** ~ **geltend machen** *jur*, far valere un diritto; **jds Ansprüchen (irgendwie) gerecht werden**, soddisfare (+ *compl di modo*) le esigenze di qu; ~ **auf etw** (akk) **haben**, avere diritto a qc, poter pretendere qc; **etw (für sich) in** ~ **nehmen** {Recht}, valersi di qc; {jds Dienste, Gastfreundschaft, Hilfe}, avvalersi di qc, ricorrere/[fare ricorso] a qc; {Angebot, Möglichkeiten}, approfittare di qc; **ich möchte Ihre Zeit nicht zu sehr in** ~ **nehmen**, non vorrei rubarLe troppo tempo; **diese Aufgabe nimmt alle ihre Kräfte in** ~, questo compito assorbe tutte le sue forze; **das Gesetz in** ~ **nehmen** *jur*, ricorrere/[far ricorso] alla legge; **jdn in** ~ **nehmen**, assorbire qu, prendere qu *fam*; **seine Arbeit nimmt ihn zurzeit völlig in** ~, in questo periodo il lavoro lo assorbe totalmente; **in** ~ **genommen sein**, essere occupato; **von jdm/etw (sehr/stark) in** ~ **genommen sein** {von der Arbeit, den Kindern}, essere (molto) ₍preso da₎/[occupato con] qu/qc; **Ansprüche stellen** {Mensch}, avere delle pretese; (**an jdn**) **Ansprüche stellen**, avere pretese (con qu), pretendere (da qu); **in diesem Unternehmen werden hohe Ansprüche gestellt**, in quest'impresa ₍sono molto esigenti₎/[pretendono molto]; **diese Übersetzung stellt hohe Ansprüche an meine Sprachkenntnisse**, questa traduzione mette a dura prova le mie conoscenze linguistiche; **keine Ansprüche stellen**, non essere esigente.

Anspruchsdenken n pretese f pl (eccessive); (*gegenüber dem Sozialstaat*) mentalità f assistenziale.

Anspruchshäufung f *jur* connessione f soggettiva.

anspruchslos adj 1 (*genügsam*) {Mensch} poco esigente, senza pretese, che si accontenta di poco: **ziemlich/völlig ~ sein**, non chiedere ₍un granché₎/[niente alla vita, ₗavere poche₁/[non avere] esigenze/pretese **2** (*trivial*) {FILM, ROMAN, UNTERHALTUNGSLITERATUR} senza pretese, leggero **3** (*pflegeleicht*) {BLUME, PFLANZE} rustico, che richiede poche cure.

Anspruchslosigkeit <-, ohne pl> f **1** (*Genügsamkeit*) {+MENSCH} poche esigenze f pl **2** (*Trivialität*) {+FILM, ROMAN} mancanza f di spessore **3** (*Pflegeleichtigkeit*) {+PFLANZE} semplicità f di cure.

anspruchsvoll adj **1** (*hohe Ansprüche habend*) {MENSCH} esigente, pretenzioso, pieno di esigenze: **er ist zu ~**, ha troppe esigenze, è troppo esigente, è difficile da accontentare **2** (*niveauvoll*) {ARBEIT} impegnativo, di alto livello; {FILM, ROMAN} *auch* di grande spessore; {GESCHMACK} raffinato; {MUSIK, STIL} *auch* ricercato, sofisticato **3** (*qualitativ hochwertig*) {ARTIKEL, EINRICHTUNG, MÖBELSTÜCK} raffinato; {QUALITÄT} superiore.

Anspruchsvolle <dekl wie adj> mf persona f esigente: **eine Zeitung/ein Wagen für ~**, ₗun giornale per lettori esigenti₁/[una macchina per chi non si accontenta].

an|spucken tr *jdn/etw* ~ sputare addosso *a qu/qc*.

an|spülen tr *etw* ~ {FLUSS, MEER KLEINHOLZ, STRANDGUT} portare a riva *qc*; {SAND} depositare *qc* a riva: **angespülte Wrackteile**, relitti trascinati a riva (dalla corrente).

an|stacheln tr *jdn/etw* ~ spronare *qu/qc*, stimolare *qu/qc*; *jds Ehrgeiz* ~, pungolare l'ambizione di qu; *jdn zu etw* (dat) ~ {ZUM WIDERSTAND} incitare qu a qc; {ZUM AUFRUHR} *auch* istigare qu a qc; **jdn zu höherer Leistung** ~, incitare/spronare/spingere qu a rendere di più; **sich durch jdn zu etw** (dat) ~ **lassen**, farsi spronare da qu a (fare) qc; **jdn** (dazu) ~, etw zu tun, spingere/incitare qu a fare qc.

Anstalt <-, -en> f **1** (*Heilanstalt*) ospedale m psichiatrico, manicomio m *obs*: **geschlossene** ~, struttura chiusa **2** *geh* (*Einrichtung*) istituto m, ente m: **eine ~ des öffentlichen Rechts**, un ente (di diritto) pubblico.

Anstalten subst <*nur pl*> preparativi m pl: **~ machen/treffen, etw zu tun**, fare preparativi per fare qc, apprestarsi/accingersi/disporsi a fare qc; **keine/[nicht die geringsten] ~ machen, etw zu tun**, ₗnon accennare₁/[non accennare minimamente] a fare qc, non dare nessun/[il minimo] segno di voler fare qc; **~** (ₗfür etw (akk)₁/[zu etw (dat)]) **treffen** *form*, prendere provvedimenti (in vista di qc).

Anstaltsarzt m (**Anstaltsärztin** f) {+HEILANSTALT} medico m di un ospedale psichiatrico; {+STRAFANSTALT} medico m di un penitenziario.

Anstaltsgeistliche <dekl wie adj> mf {+HEILANSTALT} cappellano m di un ospedale psichiatrico; {+STRAFANSTALT} cappellano m di un penitenziario.

Anstaltspackung f confezione f per ospedali.

Anstand[1] <-(e)s, ohne pl> m (*gutes Benehmen*) (buona) educazione f, (buona) creanza f, buone maniere f pl; (*Schicklichkeit*) convenienza f, decenza f, decoro m: **Leute ohne ~**, gente senza creanza/educazione • **keinen ~ haben**, non avere creanza; *mit* ~, decentemente, in modo decoroso; **sich mit ~ verabschieden/zurückziehen**, congedarsi/ritirarsi con educazione; **den ~ verletzen**, offendere la decenza/il decoro/le convenienze; **den ~ wahren**, salvare il decoro.

Anstand[2] <-(e)s, Anstände> m (*Jagdanstand*) posta f: **auf den ~ gehen**, mettersi alla posta.

anständig **A** adj **1** (*gesittet*) {MENSCH} educato, ammodo, perbene; {BENEHMEN} *auch* decoroso, corretto; {KLEIDUNG} decente, decoroso, presentabile; {WITZ} pulito: **einen ~en Eindruck machen**, fare/dare l'impressione di (essere) una persona perbene **2** (*ehrbar*) {LOKAL} perbene, serio; {FAMILIE, PERSON} *auch* onesto, rispettabile; {VERHALTEN} onesto, corretto, perbene, serio: **das war nicht ~ von ihm**, non è stato corretto/onesto da parte sua **3** *fam* (*zufrieden stellend*) {BEZAHLUNG, GEHALT, UNTERKUNFT} decente, decoroso, dignitoso: **habt ihr kein ~es Glas?** *fam*, non avete un bicchiere decente? *fam* **4** *fam* (*ordentlich*) {BAD, STEAK, TRACHT PRÜGEL} bello **B** adv **1** (*gesittet*) {SICH KLEIDEN} decentemente, decorosamente, come si deve, ammodo; {SICH BENEHMEN} *auch* perbene **2** *fam* (*ordentlich*) {BEZAHLEN} decentemente: **jetzt muss ich erst (ein)mal ~ baden/essen!**, adesso per prima cosa mi devo fare ₗun bel bagno₁/[una bella mangiata]!; **jetzt schlaf ich mich erst (ein)mal ~ aus!**, adesso come prima cosa vado a farmi una bella dormita!

anständigerweise adv: **etw ~ tun**, avere la correttezza di fare qc.

Anständigkeit <-, ohne pl> f {+BENEHMEN} correttezza f, serietà f, onestà f; {+MENSCH} *auch* moralità f: **aus ~**, per correttezza/serietà.

Anstandsbesuch m visita f di cortesia/convenienza.

Anstandsgefühl n senso m della convenienza.

anstandshalber adv per una (pura) questione di forma.

Anstandshappen m *fam* boccone m della creanza: **einen ~ übrig lassen**, lasciare il boccone della creanza.

anstandslos adv *fam* {(BE)ZAHLEN, ZURÜCKNEHMEN} senza fare problemi/storie *fam*; {DURCHKOMMEN} senza difficoltà/problemi; {AKZEPTIEREN, EINVERSTANDEN SEIN} senza esitazione.

Anstandswauwau <-s, -s> m *fam scherz* terzo incomodo m *scherz*: **(bei jdm) den ~ spielen**, reggere il moccolo (a qu) *fam*.

an|starren tr *jdn/etw* ~ guardare fisso *qu/qc*, fissare *qu/qc*.

anstatt **A** präp + gen invece di, al posto di **B** konj: **~ etw zu tun** invece di fare qc, ₗpiuttosto che₁/[anziché] fare qc.

an|stauben itr <*sein*> prendere la polvere, impolverarsi.

an|stauen **A** tr *etw* ~ {BACH, WASSERLAUF} bloccare (il corso/flusso di) *qc*, sbarrare *qc*; {WASSER} far ristagnare *qc* **B** rfl **1** (*sich stauen*) **sich** (*in/vor etw* dat) ~ {WASSER IN EINEM BECKEN, VOR EINER BARRIERE} ristagnare (*in/dietro qc*), ingorgarsi (*in/dietro qc*), accumularsi (*in/dietro qc*); {BLUT IN DEN ADERN, VOR GEFÄSSVERENGUNGEN} ristagnare/[non circolare più] (ₗ*in qc*₁/[*a causa di qc*]): **der Bach staut sich vor der Barriere an**, le acque del torrente ristagnano dietro la barriera **2** (*sich aufstauen*) **sich** (*in jdm*) ~ {HASS, VERLANGEN, WUT} accumularsi dentro/*in qu*: **angestaute Wut**, collera/rabbia repressa.

an|staunen tr *etw* ~ guardare *qu/qc* ₗcon stupore/meraviglia₁/[stupito (-a)].

an|stechen <irr> tr **1** *gastr etw* (*mit etw* dat) ~ {BRATEN, KARTOFFELN, KUCHEN} bucare *qc* (*con qc*), bucherellare *qc* (*con qc*) **2** *med etw* (*mit etw* dat) ~ {BLASE, FURUNKEL} incidere *qc* (*con qc*), aprire *qc* (*con qc*) **3** (*hineinstechen*) **etw** ~ {REIFEN} bucare *qc*, forare *qc*; {SCHADINSEKT BLATT, PFLANZE} attaccare *qc* **4** (*anzapfen*) **etw** ~ {FASS} spillare *qc*.

an|stecken **A** tr **1** (*befestigen*) {*jdm*} **etw** ~ {ABZEICHEN, ANSTECKNADEL, ORDEN} appuntare *qc a qu* **2** (*an den Finger*) {*jdm*} **etw** ~ {RING} infilare *qc* al dito *a qu* **3** (*anzünden*) {*jdm*} **etw** ~ {KERZE, PFEIFE, ZIGARETTE, ZIGARRE} accendere *qc* (*a qu*) **4** (*in Brand stecken*) **etw** (*mit etw* dat) ~ {KAMINHOLZ, PAPIER} dare fuoco *a qc* (*con qc*); {GEBÄUDE} *auch* incendiare *qc* (*con qc*), appiccare il fuoco *a qc* (*con qc*) **5** *med* (*infizieren*) **jdn** (*mit etw* dat) ~ contagiare *qu* (*con qc*), trasmettere *qc a qu*, attaccare *qc a qu fam* **6** (*übertragen*) **jdn mit etw** (dat) ~ {MIT JDS BEGEISTERUNG, ERREGUNG, LACHEN} contagiare *qu con qc*, comunicare *qc a qu*, trasmettere *qc a qu*; {MIT JDS ANGST, NERVOSITÄT} *auch* attaccare *qc a qu fam*, mettere addosso *qc a qu fam*; *jdn* ~ {BEGEISTERUNG, FANATISMUS, LACHEN, NERVOSITÄT, WUT} contagiare *qu* **B** itr **1** *med* essere contagioso **2** (*sich übertragen*) {BEGEISTERUNG, ERREGUNG, GÄHNEN, LACHEN} essere contagioso/comunicativo, contagiare **C** rfl **1** (*sich infizieren*) **sich** (*bei jdm*) ~ farsi contagiare (*da qu*): **wo hast du dich denn angesteckt?**, dov'è che l'hai preso (-a)/beccato (-a) *fam*?; **sich** (*bei jdm*) **mit etw** (dat) ~ prendersi *qc* (*da qu*) **2** (*sich anzünden*) **sich** (dat) **etw** ~ {PFEIFE, ZIGARRE, ZIGARETTE} accendersi *qc*.

ansteckend adj **1** {KRANKHEIT} contagioso, infettivo **2** (*sich leicht übertragend*): ~ **sein** {BEGEISTERUNG, ERREGUNG, GÄHNEN, LACHEN}, essere contagioso/comunicativo.

Anstecker m distintivo m (a spillo); (*mit dem Konterfei eines Idols*) badge m, pin m.

Anstecknadel f **1** (*Schmucknadel*) spilla f, spillo m **2** (*Abzeichen*) distintivo m (a spillo).

Ansteckung <-, -en> f <*meist* sing> *med* contagio m, infezione f.

Ansteckungsgefahr f *med* pericolo m/rischio m di contagio: **es besteht ~**, c'è pericolo di contagio; **es besteht große/erhöhte ~**, c'è un notevole/elevato pericolo/rischio di contagio.

Ansteckungsherd m, **Ansteckungsquelle** f focolaio m di infezione.

an|stehen <irr> itr <*haben oder süddt A CH sein*> **1** (*Schlange stehen*) (**nach etw** dat/**um etw** akk) ~ fare la fila/coda (*per qc*): **um Brot/Eier** ~, fare la fila per il pane/le uova **2** (*zu erledigen sein*) {FRAGEN, PROBLEME} rimanere in sospeso; {ARBEIT} essere da sbrigare/fare: **was steht heute an?**, cos'è previsto per oggi?; **was steht heute bei dir an?**, cos'hai in programma (per) oggi?, quali incombenze hai oggi?; **etw ~ lassen** {PROBLEM}, rinviare qc, rimandare qc, procrastinare qc; {SCHULDEN, ZAHLUNGEN} differire qc **3** (*feststehen*) {GERICHTSSACHE} essere iscritto a ruolo; {VERHANDLUNGSPUNKT} essere all'ordine del giorno; {TERMIN} essere fissato/stabilito **4** *geh* (*geziemen*): **jdm gut/wohl** ~, addirsi a qu; **jdm nicht/schlecht** ~, ₗnon addirsi₁/[addirsi poco] a qu; **es steht jdm gut an, etw zu tun**, si confà/addice a qu fare qc; **es steht jdm nicht/schlecht an, etw zu tun**, non si addice a qu fare qc; **es stünde jdm gut/[nicht schlecht] an, etw zu tun**, sarebbe conveniente che qu facesse qc.

an|steigen <irr> itr <*sein*> **1** (*sich erhöhen*) (**um etw** akk) ~ {MIETE, TEMPERATUR, ZAHLEN, ZINSEN} aumentare (*di qc*), salire (*di qc*); {PREISE, UMSATZ} *auch* crescere (*di qc*); {WASSER, WASSERPEGEL} salire (*di qc*); **auf etw** (akk) ~ salire *a qc*: **~d**, in aumento/crescita, crescente; {PREISE} *auch* in rialzo; **sprunghaft ~**, esplodere **2** (*steiler werden*) {BERGHANG, GELÄNDE, WEG} salire, essere in salita: **~d**, in salita; **leicht/steil ~d**, in leggera/[forte/ripida] salita.

anstelle präp + gen invece di, al posto di.

an|stellen **A** tr **1** (*einschalten*) **etw ~** {FERNSEHER, HEIZUNG, HERD, LICHT, RADIO} accendere qc: **die Nachrichten ~**, accendere la radio/televisione per sentire le notizie **2** (*in Gang setzen*) **etw ~** {KLINGEL, LÄUTEWERK} {MOTOR} mettere in funzione qc; mettere in moto qc, avviare qc **3** (*wieder fließen lassen*) **etw ~** {GAS, WASSER} aprire qc; {STROM} attaccare qc: **das Gas lässt sich hier ~**, il gas si apre qui; **der Strom ist wieder angestellt worden**, hanno rimesso/rimandato la corrente *fam* **4** (*beschäftigen*) **jdn** (**als etw** akk) **~** assumere qu (*come qc*), impiegare qu (*come qc*), prendere qu (*come qc*) *fam*: (**bei jdm**) (**als etw** nom) **angestellt sein**, ₍avere un impiego₎/[essere impiegato] (presso qu) (come/[in qualità di] qc); **jdn aushilfsweise/[zur Probe] ~**, assumere qu temporaneamente/[in prova]; **jdn fest ~**, assumere qu ₍fisso (-a)₎/[in pianta stabile]; **jdn zum Aufräumen/Schuhputzen ~** *fam*, far ₍mettere in ordine₎/[pulire le scarpe] a qu; **du brauchst immer jemanden, den du ₍kannst**, hai sempre bisogno di qualcuno ₍che lavori per te₎/[a cui dare ordini] **5** (*anlehnen*) **etw** (**an etw** akk) **~** {LEITER AN DIE WAND} mettere qc contro qc, appoggiare qc a qc, accostare qc a qc **6** (*dazustellen*) **etw ~** {BANK, STUHL, TISCH} aggiungere qc **7** (*durchführen*) **etw** (**über etw** akk/**zu etw** dat) **~** {ERMITTLUNGEN, NACHFORSCHUNGEN, UNTERSUCHUNGEN} svolgere qc (*su qc*), fare qc (*su qc*); {BETRACHTUNGEN, ÜBERLEGUNGEN} fare qc (*su qc*); {VERMUTUNGEN} *auch* formulare qc (*su qc*): **Überlegungen ~, ob ...**, meditare/riflettere se ...; {VERGLEICH} fare qc; {VERSUCH} *auch* intraprendere qc **8** *fam* (*bewerkstelligen*): **es geschickt/schlau ~**, fare un bel lavoro *fam*; **wie kann man es ~**, ₍dass ...₎/[etw zu tun], come si potrebbe ₍fare per₎/[riuscire a] ... *inf?*, cosa si può inventare per ... *inf?* *fam*; **wie soll ich das nur ~?**, come potrei fare?, cosa potrei inventare? *fam*; **wie hast du das angestellt?**, come hai fatto?; **es so ~, dass ...**, fare ₍in modo₎/[sì] che ... *konjv*: **was soll ich bloß mit dir ~?**, ma cosa devo fare con te? **9** *fam* (*anrichten*) **etw ~** {BLÖDSINN, DUMMHEITEN, UNFUG} combinare qc, fare qc: **was hast du da wieder angestellt?**, che hai combinato ancora?; **dass ihr mir ja nichts anstellt!**, mi raccomando, ₍non combinate guai₎/[state buoni (-e)]! **B** rfl **1** (*Schlange stehen*) **sich ~** ₍fare la₎/[mettersi in] coda/fila: **sich hinten ~**, mettersi in fondo alla coda **2** *fam* (*sich verhalten*) **sich** (**bei etw** dat) **irgendwie ~**: **sich** (**bei etw** dat) **geschickt/ungeschickt ~**, (di)mostrarsi abile/incapace (a/nel fare qc); **die hat sich vielleicht dumm angestellt**, ha fatto propria la figura dell'imbranata • **stell dich (doch) nicht (so) an!** *fam* (*sei nicht so wehleidig oder kompliziert!*), non fare tante storie! *fam*, non farla tanto lunga! *fam*; (*sei nicht so ungeschickt!*), non essere così imbranato (-a)!

anstellig adj *obs* abile, capace.

Anstellung f impiego m, posto m: **feste ~**, impiego/posto fisso; (**noch) in ~ sein**, avere (ancora) un impiego.

Anstellungsvertrag m contratto m di assunzione.

an|steuern tr **etw ~** **1** *naut* fare rotta *per qc* **2** (*anvisieren*) {FORTSCHRITT, KARRIERE, WACHSTUM} puntare *a qc*, mirare *a qc*: **ein Thema ~**, portare la conversazione su un argomento **3** *fam* (*darauf zugehen*) {GASTHAUS} puntare *verso qc*.

Anstich m **1** (*das Anstechen*) {+FASS} spillatura f **2** (*erstes Glas Bier*) prima birra f spillata.

Anstieg <-(e)s, -e> m **1** *nur sing* {+INFLATION, KOSTEN, MIETEN, TEMPERATUREN, ZINSEN} aumento m **2** (*Aufstieg*) **~ zu etw** (dat) salita f (*su qc*), ascensione f (*su qc*), ascesa f; (*steiler ~*) *auch* pettata f *lit* **3** <*nur sing*> (*Steigung*) {+STRAßE, WEG} salita f; (+GELÄNDE, HANG) pendenza f.

an|stieren tr *pej* **jdn ~** fissare qu ₍con gli occhi sgranati₎/[strabuzzando gli occhi]; (*mit Begierde*) divorar(si)/mangiar(si) qu con gli occhi.

an|stiften tr **1** (*anzetteln*) **etw ~** {AUFRUHR, STREIT} fomentare qc; {KOMPLOTT} *auch* ordire qc, tramare qc **2** *fam* (*anrichten*) **etw ~** {DUMME STREICHE, UNFUG} fare qc, combinare qc **3** (*verleiten*) **jdn** (**zu etw** dat) **~** {ZU EINER STRAFTAT} istigare qu *a qc*, spingere qu *a qc*: **jdn** (**dazu**) **~, etw zu tun**, istigare/spingere qu a fare qc.

Anstifter m (**Anstifterin** f) istigatore (-trice) m (f), fomentatore (-trice) m (f).

Anstiftung <-, *ohne* pl> f *jur* istigazione f, incitamento m: **die ~ (eines Menschen) zu etw** (dat), l'istigazione (di una persona) a qc; **~ zum Verbrechen**, istigazione a delinquere.

an|stimmen **A** tr **1** *mus* **etw ~** {LIED, MELODIE} intonare qc; {GRUNDTON} dare qc; {KAPELLE MUSIKSTÜCK} attaccare qc, intonare qc **2** (*erheben*) **etw ~** {EIN GEHEUL, GESCHREI, LAMENTO} prorompere *in qc*: **ein Gelächter ~**, scoppiare ₍a ridere₎/[in una risata]; **ein Loblied über jdn/etw ~**, cantare le lodi di qu/qc; **ein Klagelied (über jdn) ~**, attaccare con un piagnisteo (su qu) **B** itr *mus* dare la ₍nota iniziale₎/[tonica].

an|stolzieren itr <*sein*> arrivare impettito (-a)/tronfio (-a) • **anstolziert kommen**, arrivare impettito (-a)/tronfio (-a).

Anstoß m **1** (*Ansporn*) impulso m, spinta f: **der ~ zu dieser Initiative ging von ihr aus**, è stata lei a dare l'impulso a questa iniziativa; **jd bekommt** ₍**von jdm**₎/[**durch etw** (akk)] **den ~ zu etw** (dat), è qu/qc che incita/spinge qu a (fare) qc; **den (ersten) ~ zu etw** (dat) **geben** (*MENSCH ZU EINEM PROJEKT, VORHABEN*), dare ₍l'impulso iniziale₎/[il primo impulso] a qc; {ZU EINEM AUFRUHR, EINER DISKUSSION, REVOLUTION} scatenare qc; **diese Entdeckung gab den ~ zu weiteren Forschungen**, questa scoperta dette impulso a ulteriori ricerche; **jdm den ~ geben, etw zu tun**, incitare/incoraggiare/spingere/stimolare qu a (fare) qc, dare a qu l'impulso a (fare) qc **2** *geh* (*Ärgernis*) scandalo m: **~ erregen**, suscitare/fare/dare scandalo; **bei jdm ~ erregen**, scandalizzare qu; **an etw** (dat) **~ nehmen**, formalizzarsi per qc, scandalizzarsi per qc **3** *Fußball* calcio m d'inizio.

an|stoßen <*irr*> **A** itr **1** <*sein*> (*gegen etw stoßen*) (**mit etw** dat) **an etw** (akk) **~** {MIT DEM ELLENBOGEN, KOPF AN DEN SCHRANK, TISCH} (s)battere (*qc*) *contro qc*, andare a (s)battere (*con qc*) *contro qc*, urtare qc (*con qc*): **mit dem Knie/Kopf an die Tür ~**, (s)battere il ginocchio/la testa contro la porta, urtare la porta con il ginocchio/la testa, dare una ginocchiata/testata alla porta; **mit etw** (dat) **an etw** (akk) **~** {MIT EINEM GERÄT, EINER TRAGLAST} (s)battere qc (*contro qc*): **er ging vorsichtig, um nirgends anzustoßen**, si muoveva con prudenza per non andare a sbattere da nessuna parte **2** <*haben*> (*lispeln*): (**mit der Zunge**) **~** *fam*, avere la lisca *fam* **3** <*haben*> (*prosten*) (**mit etw** dat) (**auf jdn/etw**) **~** ₍fare un brindisi₎/[brindare] (*con qc*) (*a qu/qc*): **auf jds Wohl ~**, brindare alla salute di qu **4** <*sein*> (*anecken*) **bei jdm** (**mit etw** dat) **~** urtare qu (*con qc*) **5** *rar* <*sein*> (*angrenzen*) **an etw** (akk) **~** {GARTEN, GRUNDSTÜCK AN EINEN ACKER, WALD} essere adiacente/contiguo *a qc*, confinare *con qc*; {AN EINEN BACH, KANAL} essere delimitato *da qc*; {LAND AN EIN LAND} confinare *con qc*, essere limitrofo *a qc* **6** <*haben*> *Fußball* dare il calcio d'inizio **B** tr <*haben*> **1** (*leicht stoßen*) **jdn ~** dare un colpetto *a qu*: **jdn mit dem Ellenbogen/Knie ~**, dare/tirare una gomitata/ginocchiata a qu; **sie stieß ihn mit dem Fuß unter dem Tisch an**, gli diede un colpetto con il piede sotto il tavolo **2** (*in Bewegung setzen*) **etw ~** {SPIELER KUGEL} colpire qc; {FUßBALL} *auch* calciare qc: **das Pendel einer Uhr ~**, far partire il pendolo di un orologio con un colpetto **C** rfl **sich** (**an etw** dat) **~** (*andare a*) (s)battere *contro qc*, urtare *contro qc*; **sich** (dat) **etw ~** (s)battere qc.

Anstößer <-s, -> m (**Anstößerin** f) CH → **Anlieger**.

anstößig **A** adj indecente, scandaloso: **ein ~er Witz**, una barzelletta pesante/[di cattivo gusto]; **das ist doch nichts Anstößiges!**, non è mica una cosa scandalosa! **B** adv {SICH AUSDRÜCKEN, BENEHMEN} in modo indecente/scandaloso, scandalosamente.

Anstößigkeit <-, -en> f **1** (*anstößige Art*) {+KLEIDUNG, LEICHT BEKLEIDETER KÖRPERTEIL} indecenza f; {+ANDEUTUNG, BEMERKUNG, WITZ} *auch* cattivo gusto m; {+FILM, SZENE} oscenità f, immoralità f **2** (*Bemerkung, anstößige Stelle*) oscenità f.

an|strahlen tr **1** (*anleuchten*) **etw ~** illuminare qc **2** (*strahlend ansehen*) **jdn ~** guardare qu ₍con aria₎/[tutto (-a)] raggiante: **ihre Augen strahlten ihn an**, lo guardò con occhi raggianti.

an|streben tr **etw ~** aspirare *a qc*, mirare *a qc*; {POSTEN, STELLE} *auch* ambire *a qc*; {ZIEL} perseguire *qc*: **etw mit allen Mitteln ~**, impiegare tutti i mezzi per raggiungere/ottenere qc; **~, etw zu tun**, aspirare a fare qc.

an|streichen <*irr*> tr **1** (*mit Farbe*) **etw ~** {FENSTER, MÖBEL, TÜR, ZAUN} pitturare qc, tinteggiare qc, dipingere qc; (*mit weißer Farbe*) imbiancare qc; (*bes. mit Lack*) verniciare qc: **etw neu/frisch ~**, rimbiancare/ripitturare/riverniciare qc; **etw gelb/grün ~**, dipingere/pitturare qc di giallo/verde **2** (*markieren*) **etw** (**mit etw** dat) **~** {FEHLER, NAMEN, SATZ, TEXTSTELLE} segnare qc (*con qc*): **etw dick/rot ~**, segnare qc ₍bello grosso *fam*₎/[in rosso]; **der Lehrer hat in meinem Aufsatz nichts angestrichen**, l'insegnante non mi ha segnato errori nel tema.

Anstreicher <-s, -> m (**Anstreicherin** f) imbianchino (-a) m (f).

an|strengen[①] **A** tr **1** (*ermüden*) **jdn/etw ~** affaticare qu/qc, stancare qu/qc: **die neue Arbeit strengt mich unheimlich an**, il nuovo lavoro mi stressa enormemente; **das viele Lesen strengt meine Augen an**, tutto questo leggere mi stanca gli occhi **2** (*beanspruchen*) **etw ~** {KRÄFTE} impegnare qc, mobilitare qc: **sein Gedächtnis ~**, sforzare la memoria, sforzarsi di ricordare; **seinen Geist ~**, sforzare la mente/il cervello, scervellarsi; **streng doch mal deinen Geist/Verstand an!**, spremiti un po' le Meningi! *fam*, fa' lavorare un po' il cervello! **B** rfl (*sich Mühe geben*) **sich ~** sforzarsi, fare uno sforzo, impegnarsi: **sich nicht sonderlich ~**, non sforzarsi ₍più di tanto₎/[eccessivamente]; **streng dich mal ein bisschen an!**, fa' un piccolo sforzo!, sforzati un po'!; **sich** (**mit etw** dat) **~** {MIT EINER ARBEIT, EINEM ESSEN, GESCHENK, EINER ZEICHNUNG} sforzarsi (*per fare* *qc*), darsi da fare (*per* (*fare*) *qc*); **unsere Gastgeber hatten sich sehr angestrengt**, i nostri ospiti si erano dati molto da fare; **sich ~, etw zu tun**, sforzarsi di fare qc.

an|strengen② *tr jur etw* (**gegen** *jdn*) ~ intentare *qc* (*contro qu*): **einen Prozess gegen jdn** ~, fare/muovere causa a/contro qu, intentare/promuovere un'azione legale/giudiziaria contro qu, intentare una causa contro qu.

anstrengend *adj* faticoso, stancante; {ARBEIT, BERUF, TÄTIGKEIT} *auch* impegnativo: **~e Zeiten**, tempi duri; **~ für die Augen sein**, stancare gli occhi.

Anstrengung <-, *-en*> *f* **1** (*Kraftaufwand*) sforzo m: **sich von den ~en einer Reise erholen**, riprendersi ˌdalle faticheˌ/[dagli strapazzi] di un viaggio; **vermeiden Sie körperliche ~en!**, eviti ˌgli sforziˌ/[di affaticarsi]!; **unter ~ aller Kräfte**, impegnando tutte le forze **2** (*Bemühung*) sforzo m: **~en machen/unternehmen** *geh*, etw zu tun, fare degli sforzi per fare qc ● **mit äußerster/letzter ~**, con/in un estremo/ultimo sforzo.

Anstrich *m* **1** <*nur sing*> (*das Anstreichen*) pittura f, tinteggiatura f; (*bes. mit weißer Farbe*) imbiancatura f; (*bes. mit Lack*) verniciatura f **2** (*Farbüberzug*) tinta f, colore m; (*mit Lack*) vernice f: **der zweite/letzte ~**, la seconda/l'ultima mano **3** <*nur sing*> (*Note*) tocco m, nota f: **etw** (*dat*) **einen offiziellen/persönlichen ~ geben/verleihen**, dare/conferire a qc un tocco ufficiale/personale; **man muss der Sache einen anderen ~ geben**, bisogna dare alla cosa una veste diversa **4** <*nur sing*> (*Anschein*) **~ von etw** (*dat*) {VON EXPERTENTUM, WISSENSCHAFTLICHKEIT} parvenza *di qc*: **ein intellektueller/wissenschaftlicher ~**, una parvenza di intellettualità/scientificità; **sich** (*dat*) ˌ**den ~ eines Gelehrten**ˌ/**[einen gelehrten ~] geben**, darsi aria da studioso.

Ansturm *m* <*meist* sing> **1** (*Andrang*) {+AUTOGRAMMJÄGER, FANS, FOTOGRAFEN} assalto m; {+BESUCHER, KÄUFER, KUNDEN, SPARER} *auch* forte affluenza f, massiccio afflusso m; **~ auf etw** (*akk*) {AUF BANKEN, GESCHÄFTE, SONDERANGEBOTE} assalto *a qc*; {AUF THEATERKARTEN} corsa f *a qc* **2** *mil* assalto m **3** *geh* (*heftiges Eindringen*) {VON EMOTIONEN, GEFÜHLEN} tempesta f.

an|stürmen *itr* <*sein*> **1** *mil* **gegen** *jdn***/etw** ~ dare l'assalto *a qu/qc*, assaltare *qu/qc*, assalire *qu/qc* **2** (*angelaufen kommen*) {HORDE, KINDERSCHAR} arrivare di gran carriera **3** *geh* (*dagegen peitschen*) **gegen etw** (*akk*) ~ {BRECHER, FLUT, WELLEN GEGEN DIE FELSEN, DEN KAI} percuotere *qc geh*.

an|suchen *itr A oder obs* (**bei** *jdm*) **um etw** (*akk*) ~ {UM EINE AUDIENZ, EINEN BESPRECHUNGSTERMIN} sollecitare *qc* (*presso qu*).

Ansuchen <*-s, ->* n *adm* istanza f *adm*, richiesta f, domanda f: **ein ~ bei jdm einreichen**, presentare una richiesta/un'istanza presso qu; **auf jds ~**, su istanza/richiesta di qu.

an|surfen *tr slang inform etw* ~ {WEBSEITE} entrare *in qc*, collegarsi *a qc*.

Antagonismus <-, *Antagonismen*> *m geh* {+VERSCHIEDENE INTERESSEN, KLASSEN} antagonismo m.

Antagonist <*-en, -en*> *m* (**Antagonistin** f) *geh* **1** (*Gegner*) antagonista mf, avversario (-a) m (f), rivale mf **2** *lit* (*Gegenspieler*) antagonista mf.

antagonistisch *adj geh* {GEFÜHL, MEINUNGEN} antagonistico.

an|tanzen *itr* <*sein*> *fam* (*unpassend aufkreuzen*) (*irgendwo*) ~ arrivare (in un momento inopportuno) (+ *compl di luogo*): **jetzt kommt er schon wieder angetanzt!**, riecco-lo, un'altra volta!; (*auf Kommando kommen*) presentarsi (all'appello *scherz*) (+ *compl di luogo*); (*auf Einladung*): **nach und nach tanzten alle unsere Freunde an**, alla spicciolata arrivarono tutti i nostri amici.

Antarktis <-, *ohne* pl> *f geog* Antartide f.

antarktisch *adj* antartico.

an|tasten *tr* **1** (*beeinträchtigen*) **etw** ~ {JDS EHRE, PRIVILEG, WÜRDE} intaccare *qc*; {JDS RECHT} ledere *qc*: **die Menschenrechte dürfen nicht angetastet werden**, i diritti fondamentali dell'uomo sono sacri e inviolabili **2** (*anbrechen*) **etw** ~ {ERSPARNISSE, KONSERVEN, VORRAT} intaccare *qc*, toccare *qc*.

an|tauen *itr* <*sein*> {TIEFKÜHLKOST} cominciare a scongelarsi: **angetaut**, parzialmente scongelato.

an|täuschen *tr sport etw* ~ {SCHUSS} fintare *qc*.

Anteil *m* **1** (*Teil, der jdm zukommt*) ~ (**an etw** dat) parte f (*di qc*); (*anteilige Summe*) *auch* quota f (*di qc*): **seinen ~ bekommen**, ricevere la propria parte; **ihr ~ an der Erbschaft**, la sua parte/quota dell'eredità **2** (*Teil, der zu etw gehört*) **~ an etw** (*dat*) {AN ASBEST, SCHWERMETALLEN} tenore m *di qc*, percentuale f *di qc*; **der überwiegende ~ der Bevölkerung**, la stragrande maggioranza della popolazione **3** <*meist* pl> *ökon* (*Beteiligung*) ~ (**an etw** dat) partecipazione f (*a qc*): **~ am Gewinn**, partecipazione agli utili; **~e erwerben/verkaufen**, acquistare/vendere quote (di partecipazione) ● **an etw** (*dat*) **~ haben**, avere parte in qc; **welchen ~ hat er an diesem Werk?**, quale è stato il suo contributo a quest'opera?; **an etw** (*dat*) **~ nehmen/zeigen** {AN JDS FREUDE, LEID, SCHMERZ, TRAUER}, essere partecipe di qc, prendere parte a qc, partecipare a qc; (*Interesse zeigen*), mostrare interesse per qc, interessarsi a qc; **ich nehme aufrichtigen ~ an Ihrem** ˌ**schweren Verlust**ˌ/[**Leid**], ˌmi condolgo con Lei per la grave perditaˌ/[sono partecipe del Suo dolore]; **er nahm sichtbar ~ an ihrer Freude**, era visibilmente partecipe della sua gioia.

anteilig, anteilmäßig A *adj* {ABFINDUNG, URLAUBSTAGE} proporzionale B *adv* in proporzione, proporzionalmente.

Anteilnahme <-, *ohne* pl> *f* **1** (*Mitgefühl*) ~ (**an etw** dat) {AN EINEM TRAUERFALL, UNGLÜCK} partecipazione f (*a qc*): **meine aufrichtige ~**, le mie vive/sentite condoglianze; **jdm seine ~ bekunden**, porgere/fare a qu le proprie condoglianze; **jdm mit ~ zuhören**, ascoltare qu con grande partecipazione **2** (*Beteiligung, Interesse*) partecipazione f: **unter großer ~ der Bevölkerung**, con la massiccia partecipazione della popolazione; **etw mit reger ~ verfolgen**, seguire qc con viva partecipazione.

Anteilschein *m ökon* titolo m di partecipazione.

Anteilseigner *m* (**Anteilseignerin** f) *ökon* partecipante mf.

an|telefonieren (a.R. antelephonieren) *tr fam jdn* ~ dare un colpo di telefono *a qu*, telefonare *a qu*, dare uno squillo *a qu fam*.

Antenne <-, *-n*> *f* **1** *radio TV* antenna f: **eine ~ auf dem Dach anbringen**, installare un'antenna sul tetto **2** *zoo* {+INSEKT} antenna f ● **seine ~n ausfahren** *fam*, drizzare le antenne; **eine/keine ~ für etw** (*akk*) **haben** (*Gefühl für etw haben*), avere/[non avere] sensibilità per qc; (*etw vorausahnen können*): **ich habe eine ~ dafür**, me lo sento; **sehr feine ~n haben**, avere le antenne sensibili.

Antennenmast *m tech* palo m (per antenna); (*Funkmast*) ripetitore m.

Antennenwald *m fam* selva f di antenne, antenna f selvaggia *journ*.

Anthologie <-, *-n*> *f lit* antologia f.

Anthrax <-, *ohne* pl> *m med* → **Milzbrand**.

Anthrazit <*-s, -e*> *m min* antracite f.

anthrazit, anthrazitfarben *adj*, **anthrazitfarbig** *adj* ((di) color) antracite.

anthrazitgrau *adj* grigio antracite.

Anthropologe <*-n, -n*> *m* (**Anthropologin** f) antropologo (-a) m (f).

Anthropologie <-, *ohne* pl> *f* antropologia f.

Anthropologin f → **Anthropologe**.

anthropologisch *adj* antropologico.

anthropomorph *adj* antropomorfo.

Anthropomorphismus <*-s, Anthropomorphismen*> *m* antropomorfismo m.

Anthropophage <*-n, -n*> *m* (**Anthropophagin** f) antropofago (-a) m (f).

Anthroposoph <*-en, -en*> *m* (**Anthroposophin** f) antroposofo (-a) m (f).

Anthroposophie <-, *ohne* pl> *f* antroposofia f.

Anthroposophin f → **Anthroposoph**.

anthroposophisch A *adj* antroposofico B *adv* {ERZIEHEN} secondo ˌle convinzioni antroposoficheˌ/[la dottrina antroposofica]: **~ angehaucht/orientiert sein**, avere ˌtendenze antroposoficheˌ/[un'impostazione antroposofica].

Anti-Aging-Creme, **Antiagingcreme**, **Anti-Aging-Krem**, **Antiagingkrem**, **Anti-Aging-Kreme**, **Antiagingkreme** f crema f anti-age/anti-aging.

Anti-AKW-Demonstration f manifestazione f contro ˌil nucleareˌ/[le centrali nucleari].

Antialkoholiker *m* (**Antialkoholikerin** f) antialcolista mf: **der Verband der ~**, lega antialcolica; **~ sein**, essere un antialcolista.

Antiallergikum <*-s, Antiallergika*> n <*meist* pl> *pharm* antiallergico m.

antiamerikanisch *adj* antiamericano.

Antiamerikanismus <-, *ohne* pl> *m* antiamericanismo m.

Antiatombewegung f movimento m antinucleare.

antiautoritär A *adj* {ERZIEHUNG} antiautoritario B *adv*: **jdn ~ erziehen**, dare/impartire un'educazione antiautoritaria a qu; **~ eingestellt sein**, avere/[essere di] idee/convinzioni antiautoritarie.

Antibabypille f *fam pharm* pillola f (anticoncezionale/antifecondativa).

antibakteriell *adj med pharm* antibatterico.

Antibeschlagtuch n *autom* panno m antiappannante.

antibiotikaresistent *adj* resistente agli antibiotici.

Antibiotikaresistenz f resistenza f agli antibiotici.

Antibiotikum <*-s, Antibiotika*> n *pharm* antibiotico m.

Antiblockiersystem n *autom* (Abk ABS) (sistema m frenante) antibloccaggio m (Abk ABS).

antichambrieren <*ohne* ge-> *itr geh obs* fare anticamera.

Antichrist *m* **1** <*-(s), ohne* pl> (*Teufel*) anticristo m **2** <*-en, -en*> (*Gegner des Christentums*) nemico m del cristianesimo.

antichristlich A *adj* anticristiano B *adv* in modo anticristiano: **~ eingestellt sein**, avere un'impostazione anticristiana.

antidemokratisch adj antidemocratico.
Antidepressivum <-s, Antidepressiva> n pharm (farmaco m) antidepressivo m.
Anti-Doping-Agentur, Antidopingagentur f agenzia f antidoping.
Anti-Doping-Gesetz, Antidopinggesetz n legge f antidoping.
Antidumpinggesetz n jur legge f antidumping.
Antidumpingmaßnahme f misura f antidumping.
Antidumpingzoll m dazio m antidumping.
Antiepileptikum <-s, Antiepileptika> n pharm (farmaco m) antiepilettico m.
Antifaltencreme, Antifaltenkrem, Antifaltenkreme f crema f antirughe.
Antifaschismus m antifascismo m.
Antifaschist m (**Antifaschistin** f) antifascista mf.
antifaschistisch adj antifascista; {HALTUNG, VERHALTEN} auch antifascistico.
Antifouling <-s, ohne pl> n naut pittura f antifouling/antivegetativa.
Antifrostmittel n antigelo m, anticongelante m.
Antigen <-s, -e> n biol med antigene m.
Antiglobalisierung <-, ohne pl> f antiglobalizzazione f.
Antiglobalisierungsbewegung f movimento m antiglobalizzazione/[no global].
Antigua und Barbuda <- - -s, ohne pl> n geog Antigua f e Barbuda f.
antihaftbeschichtet adj {KOCHTOPF, PFANNE} antiaderente.
Antiheld m (**Antiheldin** f) antieroe m.
Antihistaminikum <-s, Antihistaminika> n pharm antistaminico m.
Antiimperialismus <-, ohne pl> m antimperialismo m.
antiimperialistisch adj antimperialista; {BESTREBUNGEN, POLITIK} auch antimperialistico.
antiinflationär adj ökon antinflazionistico, antinflativo.
antik A adj **1** (aus der Antike stammend) {KULTUR, MYTHOLOGIE} antico; {BAUWERK, DRAMA, PLASTIK} classico, dell'antichità (classica): das ~e Griechenland, la Grecia classica; das ~e Rom, la Roma antica **2** (als Antiquität anzusehen) {EINRICHTUNG, MÖBEL, TEPPICH} antico, d'epoca, d'antiquariato B adv: ~ eingerichtet, arredato con mobili d'epoca/d'antiquariato.
Antike <-, -n> f **1** <nur sing> (das klassische Altertum) antichità f **2** <meist pl> (antike Kunstwerke) opera f d'arte (dell'antichità) classica.
Antikernkraftbewegung f → **Antiatombewegung**.
antikisierend adj anticheggiante, in stile antico.
antiklerikal adj anticlericale.
Antiklerikalismus m anticlericalismo m.
Antiklopfmittel n mot antidetonante m.
Antikommunismus m anticomunismo m.
Antikommunist m (**Antikommunistin** f) anticomunista mf.
antikommunistisch adj anticomunista.
antikonzeptionell adj pharm {MITTEL} anticoncezionale.
Antikörper m <meist pl> med anticorpo m.
Antikriegsbewegung f movimento m contro la guerra.
Antillen subst <nur pl> geog: **die ~**, le Antille.

Antilope <-, -n> f zoo antilope f.
Antimilitarismus <-, ohne pl> m antimilitarismo m.
Antimilitarist m (**Antimilitaristin** f) antimilitarista mf.
antimilitaristisch adj antimilitarista; {BEWEGUNG} auch antimilitaristico.
Anti-Minen-Konvention f pol convenzione f contro l'impiego delle mine.
Antimon <-s, ohne pl> n chem antimonio m.
Antimykotikum <-s, Antimykotika> n pharm (farmaco m) antimicotico m.
Antineuralgikum <-s, -ka> n pharm (farmaco m) antinevralgico.
Antinomie <-, -n> f jur philos antinomia f.
Antioxidans <-, Antioxidantien> n chem antiossidante m.
Antipathie <-, -n> f geh antipatia f: **eine ~ gegen jdn/etw haben**, avere/provare/sentire antipatia per/verso qu/qc.
Antipersonenmine f mil mina f antiuomo.
Antiphrase f ling antifrasi f.
Antipode <-n, -n> m (**Antipodin** f) **1** geog "chi abita agli antipodi" **2** geh (völlig Andersdenkender) opposto m.
an|tippen A tr **1** (kurz berühren) **jdn** (**an etw** dat) ~ {AM ARM, AN DER SCHULTER} toccare qu con la punta delle dita (su qc); (leggermente qu (su qc); **etw** ~ {BREMSE, PEDAL, TASTE} toccare appena qc, sfiorare qc **2** fam (streifen) **etw** ~ {PROBLEM, PUNKT, THEMA} accennare a qc, sfiorare qc, toccare (di sfuggita) qc B itr fam **bei jdm** (**wegen etw** gen oder fam dat) ~ sondare/tastare il terreno presso qu (per qc): **ich werde mal wegen eines Jobs für dich bei ihm ~**, sentirò lui se ha un lavoretto per te.
Antiqua <-, ohne pl> f typ caratteri m pl romani.
Antiquar <-s, -e> m (**Antiquarin** f) libraio (-a) m (f) antiquario (-a).
Antiquariat <-(e)s, -e> n **1** (Laden) libreria f antiquaria; (mit modernen Büchern) remainder m; (Abteilung) reparto m dei libri d'occasione/[remainder] **2** <nur sing> (Handel) antiquariato m di libri, commercio m di libri usati o antichi • **modernes ~**, remainder.
Antiquarin f → **Antiquar**.
antiquarisch A adj <attr> **1** (aus dem Antiquariat) d'antiquariato **2** (gebraucht) usato, d'occasione, di seconda mano B adv **1** (im Antiquariat) {ERWERBEN, KAUFEN} in una libreria antiquaria **2** (gebraucht) d'occasione, di seconda mano.
antiquiert adj pej {ANSICHT, EINSTELLUNG} antiquato, vieto, all'antica.
Antiquität <-, -en> f antichità f, pezzo m d'antiquariato, oggetto m antico: **mit ~en handeln**, commerciare in antiquariato/antichità; **~en sammeln**, collezionare antichità.
Antiquitätenausstellung f mostra f d'antiquariato.
Antiquitätengeschäft n negozio m di antiquariato/[(d')antiquario]/[di antichità].
Antiquitätenhandel m antiquariato m, commercio m di antiquariato/[antiquario].
Antiquitätenhändler m (**Antiquitätenhändlerin** f) antiquario (-a) m (f), commerciante mf di antichità.
Antiquitätenmarkt m mercato m dell'antiquariato, fiera f antiquaria/[dell'antiquariato].
Antiquitätensammler m (**Antiquitätensammlerin** f) collezionista mf di antichità.

Antiquitätensammlung f collezione f d'antiquariato/[di antichità].
Antirakete, Antiraketenrakete f mil missile m antimissile.
Antirassismus m antirazzismo m.
antirassistisch adj antirazzista.
Antiraucherkampagne f campagna f antifumo/antitabacco.
Antirheumatikum <-s, Antirheumatika> n pharm (farmaco m) antireumatico m.
Antisatellitenwaffe f mil arma f antisatellite.
Antischuppenshampoo n shampoo m antiforfora.
Antisemit m (**Antisemitin** f) antisemita mf.
antisemitisch adj antisemita; {PROPAGANDA} auch antisemitico.
Antisemitismus <-, ohne pl> m antisemitismo m.
Antiseptikum <-s, Antiseptika> n pharm antisettico m.
antiseptisch A adj antisettico B adv: ~ **wirken**, avere un effetto antisettico/[un'azione antisettica].
Antiserum n pharm antisiero m.
Antispasmodikum <-s, Antispasmodika> n, **Antispastikum** n pharm antispasmodico m, antispastico m.
Antistatikspray n phys spray m antistatico.
antistatisch A adj antistatico B adv {BEHANDELN} con un agente antistatico/[una sostanza antistatica].
Antiteilchen n nukl phys antiparticella f.
Antiterroreinheit f unità f/commando m/squadra f antiterrorismo.
Antiterroreinsatz m operazione f antiterrorismo.
Antiterrorismus m antiterrorismo m.
Antiterrorkrieg m guerra f al terrorismo.
Antithese f antitesi f.
antithetisch adj antitetico.
Antitranspirant <-s, -e oder -s> n antitraspirante m.
Antitrustgesetz n jur legge f antitrust.
antiviral adj med pharm antivirale.
Antivirenprogramm n inform (programma m) antivirus m.
Antivirensoftware f inform software m antivirus.
antiwestlich adj antioccidentale.
Antizipation <-, -en> f anticipazione f.
antizipieren <ohne ge-> tr geh **etw** ~ anticipare qc.
antizyklisch adj anticiclico.
Antizyklone f meteo anticiclone m.
Antlitz <-es, -e> n <meist sing> poet volto m.
Anton m (Vorname) Antonio • **blauer ~** fam, tuta blu (da metalmeccanico).
an|tönen tr A CH → **an|deuten**.
Antonym <-s, -e> n ling antonimo m: **wie lautet das ~ zu «kalt»?**, qual è l'antonimo di «freddo»?
an|törnen fam A tr **jdn** ~ {MUSIK} mandare/[far andare] su di giri qu fam; {DROGE} auch far sballare qu slang; {MENSCH} alluzzare qu, far perdere la testa a qu: **angetörnt sein** (durch Musik), essere su di giri fam; (durch Drogen) auch essere fatto/sballato slang B itr {MUSIK} far andare su di giri fam; {DROGE} auch far sballare slang.
Antrag <-(e)s, Anträge> m **1** adm ~ (**auf etw** akk) domanda f (di qc), richiesta f (di qc): **förmlicher/formloser ~**, domanda in (car-

ta da) bollo; /[carta semplice] **2** (*Formular*) (modulo m di) domanda f: **einen ~ ausfüllen**, riempire un modulo (di domanda) **3** *jur* (*vertragliches Angebot*) offerta f; (*Erklärung gegenüber einem Gericht*) domanda f, richiesta f, istanza f; (*Klageantrag*) domanda f giudiziale **4** *parl* mozione f: **einen ~ einbringen**, presentare una mozione **5** *obs* (*Heiratsantrag*) proposta f di matrimonio ● ***auf*** jds ~ (akk), a/dietro/su richiesta di qu; *adm jur*, per/su istanza di qu; **jdm einen ~ machen**, fare a qu una proposta di matrimonio; **einem ~ stattgeben** *adm jur*, accogliere una domanda/richiesta; **einen ~ auf etw** (akk) **stellen** *adm jur*, fare/presentare domanda/richiesta di qc.

an|tragen <irr> tr *geh* **jdm etw** ~ {Seine Dienste} offrire *qc a qu*; {Ein Amt, den Vorsitz} *auch* proporre *qc a qu*; {Seine Hilfe} offrire *qc a qu*, porgere *qc a qu*: **jdm das Du ~**, proporre a qu di darsi del tu; **jdm ~, etw zu tun**, proporre a qu di fare qc.

Antragsformular n modulo m di domanda.

Antragsteller <-s, -> m (**Antragstellerin** f) richiedente mf.

an|trainieren A tr *etw* (dat) *etw* ~ {Einem Tier} addestrare *qc a fare qc*, insegnare *a qc a fare qc* B rfl sich (dat) *etw* ~ {Muskeln} sviluppare *qc* (con l'allenamento); {Gute Nerven} farsi venire *qc fam*.

an|treffen <irr> tr (*vorfinden*) **jdn** (*irgendwo*/*irgendwann*) ~ trovare *qu/qc* (+ *compl di luogo*/*tempo*): **um diese Zeit ist er immer anzutreffen**, a quell'ora ˌmi si trova sempreˌ/[sono sempre raggiungibile/reperibile]; **etw ~** {Eine neue, veränderte Situation} trovare *qc*; **jdn irgendwie ~** trovare *qu* + *compl di modo*; **in welchem Zustand hast du ihn angetroffen?**, come l'hai trovato?, in che stato l'hai visto? *fam*; **jdn** ˌ**bei guter Gesundheit**ˌ/[**in guter Laune**] **~**, trovare qu ˌin buona saluteˌ/[di buonumore].

an|treiben <irr> A tr <haben> **1** (*vorwärtstreiben*) **jdn/etw ~** {Gefangene, Kolonne, Tier} spingere avanti *qu/qc* **2** (*drängen*) **jdn** (**zu etw** dat) **~** incitare/spingere *qu a fare qc*; **jdn zur Arbeit ~**, spingere qu a lavorare; **jdn zur Eile ~**, fare/mettere fretta a qu; **ich lasse mich nicht ~**, non mi faccio mettere sotto pressione; **jdn dazu ~, etw zu tun**, incitare/spingere qu a fare qc **3** (*anschwemmen*) **etw ~** {Sturm, Wind} (so)spingere a riva *qc*; {Strömung, Wellen} trasportare/trascinare a riva *qc*: **etw wird angetrieben**, qc viene trasportato/trascinato a riva **4** tech (*in Bewegung setzen*) **etw ~** azionare qc, far funzionare qc, muovere qc; {Rad} far girare qc, muovere qc: **etw wird elektrisch/**[**durch einen Motor**] **angetrieben**, qc è azionato elettricamente/[da un motore] **5** (*veranlassen*): **jdn** (**dazu**) **~, etw zu tun** {Liebe, Neugier, Sehnsucht}, spingere/indurre/portare qu a fare qc B itr <sein> {Boot, Leichnam, Quallen} essere trasportato a riva; {Baum, Treibholz} *auch* fluitare verso la riva {Wolken} arrivare; **etw ist angetrieben**, {Treibgut} qc è stato gettato a riva {Wolken} essere arrivato.

Antreiber m (**Antreiberin** f) *pej* schiavista mf, negriero (-a) m (f) ● **die inneren ~** *psych soziol*, le spinte interiori/emotive.

an|treten <irr> A tr <haben> **1** (*beginnen*) **etw ~** {Ausbildung, Lehre} iniziare *qc*, (in-)cominciare *qc*; {Karriere, Studium} *auch* intraprendere *qc*: **eine Reise ~**, ˌiniziare unˌ/[mettersi in]/[partire per un] viaggio; **den Heimweg ~**, avviarsi verso casa; (*zu Fuß*) *auch* incamminarsi verso casa; **die Rückfahrt ~**, iniziare il viaggio di ritorno; **den Rückzug ~**, battere in ritirata; **eine Stelle ~**, cominciare a lavorare, iniziare un lavoro; **eine Strafe ~**, cominciare a scontare una pena **2** (*übernehmen*) **etw ~** {Stellung} assumere *qc*; {Amt} *auch* prendere possesso *di qc*; {Dienst} prendere *qc*, entrare *in qc*; {Erbschaft} adire *qc*, entrare in possesso *di qc*: ˌ**sein Amt**ˌ/[**seine Amtszeit**]/[**seinen Dienst**] **~**, entrare in carica/servizio; **die Regierung ~**, assumere il governo **3** (*starten*) **etw ~** {Motorrad} mettere in moto (a pedale) *qc* **4** (*festtreten*) **etw ~** {Erde} calcare *qc*, (cal)pestare *qc*: **die Erde um das gerade gepflanzte Bäumchen ~**, rincalzare l'alberello appena piantato B itr <sein> **1** (*sich aufstellen*) (*irgendwo*) **~** {Häftling, Zögling} mettersi in filaˌ/[schierarsi] (+ *compl di luogo*); {Soldaten, Truppeneinheit} allinearsi/[mettersi in fila/riga] (+ *compl di luogo*): **zum Appell ~**, presentarsi all'appello **2** (*erscheinen*) **zu etw** (dat) **~** {Zum Dienst} presentarsi *in qc* **3** (*eine Stellung beginnen*) **bei jdm** (**als etw** nom) **~** cominciare a lavorare *presso qu* (*come qc*); (*im öffentlichen Dienst*) *auch* prendere servizio *presso qu* (*come qc*) **4** *sport* **zu etw** (dat) **~** presentarsi *a qc*; **gegen jdn ~** affrontare *qu*.

Antrieb m **1** *aero naut* (*~smotor*) propulsione f; *autom* trazione f **2** *mech* azionamento m, comando m **3** *tech* (*Getriebe*) trasmissione f **4** (*Impuls*) impulso m, stimolo m: **etw** (dat) **~ geben**, dare impulso/slancio a qc; **die Öffnung der Grenzen hat der Wirtschaft neuen ~ gegeben**, l'apertura delle frontiere ha ˌridato propulsioneˌ/[dato nuovo impulso/slancio] all'economia; **jdm** (**neuen**) **~ geben, etw zu tun**, (ri)dare a qu lo stimolo/la motivazione a fare qc ● **aus eigenem ~**, di ˌpropria iniziativaˌ/[spontanea volontà].

Antriebsachse f *tech* assale m motore.

Antriebsaggregat n *tech* (gruppo m) motopropulsore m, gruppo m propulsore, motore m di propulsione.

Antriebskraft f **1** *tech* forza f motrice **2** *fig* (*treibende Kraft*) forza f propulsiva.

antriebslos adj *psych* apatico.

Antriebslosigkeit <-, ohne pl> f *psych* apatia f.

Antriebsrad n *tech* ruota f motrice; {+Fahrzeug} ruota f di trazione.

Antriebsschwäche f *psych* mancanza f d'iniziativa, apatia f.

Antriebswelle f *autom* semiasse m; {+Kraftmaschine} albero m motore.

an|trinken <irr> A tr <meist part perf> *etw* **~** {Flasche, Glas} cominciare a bere *da qc*: **die Flasche/das Glas ist schon angetrunken**, qualcuno ha già bevuto da ˌquesta bottigliaˌ/[questo bicchiere]; **eine angetrunkene Flasche**, una bottiglia già aperta/incominciata B rfl *fam* sich (dat) *etw* ~: **sich** (dat) **einen** (**Rausch/Schwips**) **~**, ubriacarsi, sbronzarsi *fam*; **sich** (dat) **Mut ~** bere per farsi coraggio.

Antritt <-s, ohne pl> m **1** {+Fahrt, Reise} inizio m: **bei ~ der Fahrt/Reise**, all'inizio del viaggio, alla partenza; **vor ~ der Fahrt/Reise**, prima di mettersi in viaggio **2** {+Amt} assunzione f; {+Regierung} insediamento m; {+Erbschaft} entrata f in possesso: **vor seiner Stellung**, prima di occupare il suo nuovo posto/impiego; **nach ~ seines Amtes**, dopo il suo insediamento.

Antrittsbesuch m prima visita f (di cortesia).

Antrittsrede f discorso m inaugurale; *parl* discorso m d'insediamento/d'investitura.

Antrittsvorlesung f *univ* prolusione f, lezione f inaugurale.

an|trocknen itr <sein> (**an etw** dat) **~** seccarsi (*su qc*).

an|tuckern itr <sein> *fam* {Kahn, Motorboot} arrivare scoppiettando ● **angetuckert kommen**, arrivare/avvicinarsi scoppiettando.

an|tun <irr> tr (*zufügen*) **jdm etw ~** {Gewalt, Schande, Unrecht} fare *qc a qu*: **jdm Böses/Gutes ~**, fare del male/bene a qu; **jdm etwas/nichts ~**, fare/[non fare] del male a qu; **so etwas könnte ich ihr niemals ~**, non potrei mai farle una cosaˌ[del genereˌ/[simile]; **tu mir das nicht an!**, non farmelo!, non farmi questo!; **tun Sie mir die Ehre an und besuchen Sie mich!** *geh*, mi faccia l'onore di farmi una visita; ˌ**tun Sie sich**ˌ/[**tu dir**] **keinen Zwang an!**, non faccia/fare complimenti! ● **sich** (dat) **etwas ~** *euph*, farla finita *euph*.

an|turnen tr → **an|törnen**.

Antwerpen <-s, ohne pl> n *geog* Anversa f.

Antwort <-, -en> f **1** (*Beantwortung*) ~ (**auf etw** akk) risposta f (*a qc*); *form auch* riscontro m (*a qc*); (*Erwiderung*) replica f (*a qc*): **etw zur ~ bekommen**, avere/ricevere qc come risposta; **zur ~ bekommen, dass ...**, sentirsi rispondere che ...; **jdm etw ~ geben**, dare una risposta a qu; **jdm etw zur ~ geben**, rispondere qc a qu; **auf ~ warten**, aspettare/[essere in attesa di] una risposta/un riscontro **2** (*Reaktion*) ~ (**auf etw** akk) risposta f (*a qc*), reazione f (*a qc*): **als ~ auf etw** (akk), in risposta a qc; **als ~ zuckte sie bloß mit den Schultern**, ˌper tutta rispostaˌ/[reagì facendo] spallucce ● **jdm die ~ schuldig bleiben**, dovere una risposta a qu; (**jdm**) **keine ~ schuldig bleiben**, rispondere per le rime (a qu) *fam*; **um ~ wird gebeten!** (Abk u. A.w.g.), gradita Sua/Vostra risposta, si prega di rispondere (Abk RSVP); **um baldige/umgehende ~ wird gebeten!**, si prega di rispondere ˌcon cortese sollecitudineˌ/[a stretto giro di posta]!; **auf alles eine ~ haben/wissen**, avere sempre la risposta pronta; **keine ~ ist auch eine ~** *prov*, chi tace acconsente *prov*.

Antwortbrief m lettera f/missiva f di risposta.

antworten A tr (**jdm**) *etw* ~ rispondere qc (*a qu*): **was hat er dir darauf geantwortet?**, (che) cosa ti ha risposto?; **~, dass ...**, rispondere che ... B itr **1** (*eine Antwort geben*) (**jdm**) (**auf etw** akk) ~ rispondere (*a qu*) (*a qc*): **jdm auf seine Fragen ~**, rispondere alle domande di qu; **mit Ja oder Nein ~**, rispondere ˌcon unˌ/[di] sì oˌcon unˌ/[di] no; **wie soll ich ihm ~?**, come gli devo rispondere? **2** (*reagieren*) **mit etw** (dat) (**auf etw** akk) ~ rispondere con qc (a qc), reagire con qc (a qc).

Antwortkarte f cartolina f di risposta prepagata.

Antwortschein m: **internationaler ~**, buono m di risposta internazionale.

Antwortschreiben n *form* (lettera f di) risposta f.

an|vertrauen <ohne ge-> A tr **1** (*übergeben*) **jdm/etw etw ~** {Dokumente, Papiere, Wertgegenstände} affidare *qc a qu/qc*; {Schatz, wichtige Unterlagen der Bank} mettere *qc* al sicuro *in qc*, affidare *qc in custodia a qu* **2** (*übertragen*) **jdm etw ~** {Amt, Aufgabe} affidare *qc a qu* **3** (*erzählen*) **jdm etw ~** {Geheimnis, Kummer, Pläne einem Freund, dem Tagebuch} confidare *qc a qu/qc*: **etw dem Papier ~**, affidare qc alla carta **4** (*zur Betreuung übergeben*) **jdm jdn ~** {Kind dem Babysitter, Kranken dem Pfleger} affi-

Anverwandte | anwurzeln 99

dare qu a/[alle cure di] qu **B** rfl **1** (sich mitteilen) **sich jdm** ~, confidarsi con qu, fare delle confidenze a qu, aprirsi con qu: **sie hat sich mir anvertraut**, si è confidata/aperta con me, mi ha fatto delle confidenze **2** (Zuflucht finden): **sich Gott** ~, ₌affidarsi a₎/[mettersi nelle mani di] Dio; **sich etw** (dat) ~ {JDS FÜHRUNG, LEITUNG, OBHUT, SCHUTZ} affidarsi a qc.

Anverwandte <dekl wie adj> mf geh congiunto (-a) m (f), parente mf.

an|visieren <ohne ge-> tr **1** (ins Visier nehmen) **jdn/etw** ~ mirare a qu/qc **2** geh (ins Auge fassen) **etw** ~ mirare a qc, puntare a qc, avere di mira qc, puntare la mira su qc: **hatte anvisiert, die Arbeit diesen Monat abzuschließen**, puntava a terminare il lavoro entro il mese.

an|wachsen <irr> itr <sein> **1** (Wurzeln schlagen) (**auf etw** dat) ~ {BAUM, PFLANZE} mettere radici (in qc), attecchire (in qc), attaccare (in qc) **2** (festwachsen) (**an etw** dat) ~ {NAGELHAUT AM NAGEL} crescere su qc; {NAGEL AM NAGELBETT} attaccarsi a qc; {WIEDER ANGENÄHTER FINGER} attecchire a qc **3** (zunehmen) {BEVÖLKERUNG, SCHULDEN} aumentare, crescere; {LÄRM, VERKEHR} auch intensificarsi; **auf etw** (akk) ~ salire a qc.

Anwachsen <-s, ohne pl> n **1** {+BAUM, PFLANZE} attecchimento m **2** {+NAGELHAUT} crescita f; {+TRANSPLANTAT} attecchimento m **3** (Zunahme) aumento m, crescita f ● **im ~ (begriffen) sein**, essere in aumento.

an|wählen tr **1** tel **jdn/etw** ~ {FERNSPRECHTEILNEHMER, LAND, STADT} chiamare qu/qc; {TELEFONNUMMER} auch comporre qc **2** inform **etw** ~ cliccare su qc.

Anwalt <-(e)s, Anwälte> m (**Anwältin**) f **1** jur avvocato (-essa) m (f), legale mf: **sich** (dat) **einen ~ nehmen**, prendere/[rivolgersi a] un avvocato; **sich als ~ niederlassen**, aprire uno studio legale **2** geh (Fürsprecher) difensore m, difenditrice f: **sich zum ~** ₌einer P./S. (gen)₎/[**für jdn/etw**] **machen** geh, farsi difensore/patrocinatore di qu/qc.

Anwaltsbüro n **1** (Büro) studio m legale/[di avvocato] **2** (Sozietät) studio m legale associato.

Anwaltschaft <-, rar -en> f jur **1** (Vertretung eines Mandanten) difesa f, patrocinio m: **die ~ für jdn übernehmen**, assumere la difesa/il patrocinio di qu **2** (Gesamtheit der Anwälte) avvocatura f, (Anwaltskammer) ordine m degli avvocati.

Anwaltskammer f ordine m degli avvocati.

Anwaltskanzlei f → **Anwaltsbüro**.

Anwaltskosten subst <nur pl> spese f pl legali.

Anwaltspraxis f → **Anwaltsbüro**.

an|wandeln tr geh: **etw wandelt jdn an** {GEFÜHL, LAUNE, STIMMUNG}, qc coglie qu, qu si sente preso (-a) da qc: **was wandelt dich auf einmal an?**, (che) cosa ti prende all'improvviso?

Anwandlung f ghiribizzo m, improvviso cambiamento m d'umore: **dichterische/künstlerische ~en bekommen**, essere preso da velleità poetiche/artistiche; **zuweilen** ₌so seine₎/[seltsame] **~en haben**, andare a lune, essere lunatico; **in einer ~ von etw** (dat) {VON GROßZÜGIGKEIT, WAHNSINN, WUT}, in un accesso/attacco di qc; {VON FURCHT, HEIMWEH, MISSTRAUEN, REUE} in un momento di qc.

an|wärmen tr **etw** ~ scaldare qc appena/leggermente.

Anwärter m (**Anwärterin** f) ~(**in**) (**auf etw** akk) {AUF EIN AMT, EINEN POSTEN, TITEL} candidato (-a) m (f) (a qc), aspirante mf (a qc); sport auch pretendente mf (a qc): **der ~ auf den Thron**, il pretendente/l'aspirante al trono.

Anwartschaft <-, -en> f ~ (**auf etw** akk) {AUF EINEN POSTEN} candidatura f (a qc); {AUF EIN ERBE} diritto m a qc; sport {AUF DEN ERSTEN PLATZ, EINEN TITEL} candidatura f (a qc): **die ~ auf den Thron**, la pretesa al trono.

an|wehen **A** tr **1** (gegen jdn wehen) **jdn** ~ {HAUCH, LUFTZUG} sfiorare qu: **wenn ihn nur ein Lüftchen anweht, ist er gleich erkältet**, basta che lo sfiori un alito di vento e subito prende il raffreddore **2** (auftürmen) **etw** (irgendwo) ~ {WIND BLÄTTER, SAND} portare qc (+ compl di luogo); {SCHNEE} accumulare qc (+ compl di luogo) **B** itr (irgendwo) ~ {BLÄTTER, SAND, SCHNEE} accumularsi/ammucchiarsi (+ compl di luogo).

an|weisen <irr> tr **1** (beauftragen): **jdn** ~, **etw zu tun** {ANGESTELLTE, BEHÖRDE}, dare istruzioni/disposizioni a qu di fare qc; **er lässt Sie durch mich ~, diesen Brief zu schreiben**, mi ha incaricato di farLe scrivere questa lettera; **jd ist angewiesen, etw zu tun**, qu ₌ha l'incarico₎/[è incaricato] di fare qc **2** (anleiten) **jdn** ~ {NEUEN MITARBEITER} avviare qu al lavoro, istruire qu; {AUSZUBILDENDEN, SCHÜLER} formare qu **3** (zuweisen) **jdm etw** ~ {ARBEITSPLATZ, SCHLAF-, SITZPLATZ, ZIMMER} assegnare qc a qu **4** (überweisen) (**jdm**) **etw** (**auf etw** akk) ~ {GELD AUF DAS BANKKONTO} (far) accreditare/versare qc (a qu) (su qc): **jdm etw durch die Post** ~, accreditare/versare qc a qu per vaglia postale; **etw zur Zahlung** ~, dare mandato di pagamento per qc.

Anweisung f **1** (Anordnung) istruzione f, disposizione f, direttiva f: **ich habe meine ~en!**, ho delle direttive/disposizioni da seguire!; **jds ~en beachten**, seguire le istruzioni/disposizioni di qu; ~ **haben, etw zu tun**, avere l'incarico di fare qc; **auf** (jds) ~, su incarico di (qu); **auf ärztliche** ~, su/dietro prescrizione medica **2** (Anleitung) istruzione f; (Gebrauchsanweisung) istruzioni f pl (per l'uso) **3** (Zuweisung) assegnazione f **4** (Überweisung) ~ (**an jdn**) (**auf etw** akk) {+GELD} versamento m/accredito m (a qu) (su qc); (Zahlungsauftrag) mandato m/ordine m di pagamento **5** (Überweisungsformular) richiesta f di bonifico; (Banküberweisung) bonifico m (bancario); (Scheck) assegno m (bancario); (Postanweisung) vaglia m (postale).

anwendbar adj (**auf etw** akk/**in etw** dat) ~ applicabile (a qc).

Anwendbarkeit <-, ohne pl> f applicabilità f, possibilità f di applicazione: **die ~ einer S.** (gen) **auf etw** (akk), la possibilità di applicare qc a qc; **eine Methode auf ihre ~ prüfen**, verificare l'applicabilità di un metodo.

an|wenden <irr oder reg> tr **1** (gebrauchen) **etw** ~ {DAS GELERNTE, PROGRAMM} applicare qc, utilizzare qc; {METHODE, MITTEL, TECHNOLOGIE, VERFAHREN} auch impiegare qc; {GEWALT, LIST, ÜBLE METHODEN, TRICK} usare qc; ricorrere a qc: **Mühe/Sorgfalt auf etw** (akk) ~, mettere impegno in qc; **etw gut/nützlich** ~, fare buon uso di qc; **etw falsch/richtig** ~, utilizzare/usare qc in modo sbagliato/[appropriato/giusto] **2** (übertragen) **etw auf etw** (akk) ~ {GESETZ, PARAGRAPHEN, REGEL, THEORIE, URTEIL} applicare qc a qc: **sich auf etw** (akk) ~ **lassen**, essere applicabile a qc.

Anwender <-s, -> m (**Anwenderin** f) inform utente mf.

anwenderfreundlich adj inform facile da usare, amichevole.

Anwenderprogramm n inform applicazione f, programma m applicativo.

Anwendersoftware f inform software m applicativo.

Anwendung <-, -en> f **1** <nur sing> (Gebrauch) utilizzo m, uso m, impiego m; {+COMPUTERPROGRAMM} utilizzo m: **bei richtiger ~ des Programms ...**, usando correttamente il programma; **unter ~ von Gewalt/Foltermethoden**, con l'uso della forza/tortura **2** (Übertragung) ~ (**auf etw** akk) {+GESETZ, REGEL, THEORIE} applicazione f (a qc): ~ **auf die Praxis**, messa in pratica **3** med (therapeutische Maßnahme) applicazione f **4** inform applicazione f ● **etw in/zur ~ bringen** form, applicare qc, mettere in pratica qc; ~ **finden, zur ~ gelangen/kommen** geh {GESETZ, REGEL, THEORIE}, trovare applicazione/impiego.

Anwendungsbereich m, **Anwendungsgebiet** n campo m/settore m d'impiego/d'applicazione.

Anwendungsprogramm n inform applicazione f, programma m applicativo.

Anwendungssoftware f inform software m applicativo.

Anwendungsvorschrift f med modalità f d'uso, avvertenze f pl.

an|werben <irr> tr **jdn** (**für etw** akk) ~ {ARBEITSKRÄFTE} reclutare qu (per qc); mil auch arruolare qu (per qc).

Anwerbung f reclutamento m; mil auch arruolamento m.

an|werfen <irr> **A** tr **etw** ~ **1** (in Gang setzen) {MASCHINE} mettere in funzione/moto qc, far partire qc; {MOTOR, PROPELLER} avviare qc **2** fam (anstellen) {HEIZUNG} accendere qc **B** itr sport Handball (das Spiel beginnen) fare la battuta d'inizio.

Anwesen <-s, -> n geh podere m, tenuta f, proprietà f terriera.

anwesend adj presente: **bei etw** (dat) ~ **sein**, essere presente a qc, assistere a qc; **nicht ganz ~ sein**, non essere del tutto presente fam, non esserci del tutto con la testa fam.

Anwesende <dekl wie adj> mf persona f presente: **die ~n**, i presenti, gli astanti; **ist Professor X unter den ~n?**, il professore X è fra i presenti? ● ~ **ausgenommen**, esclusi i presenti; (**sehr**) **verehrte** ~!, signore e signori!

Anwesenheit <-, ohne pl> f presenza f: **in jds ~, in ~ von jdm**, alla presenza di qu, presente qu, con qu presente; **in ~ der Eltern**, ₌alla presenza dei₎/[presenti i] genitori, con i genitori presenti.

Anwesenheitsliste f foglio m/elenco m delle presenze.

Anwesenheitspflicht f obbligo m di presenza, presenza f obbligatoria.

an|widern tr **jdn** ~ disgustare qu, nauseare qu, stomacare qu, schifare qu: **das widert mich an!**, questa cosa mi ripugna!; **von etw** (dat) **angewidert sein**, essere disgustato/nauseato/schifato da qc; **sie sah ihn angewidert zu**, lo guardò/osservò ₌con disgusto₎/[disgustata]/[schifata].

Anwohner <-s, -> m (**Anwohnerin** f) → **Anlieger**.

Anwurf <-(e)s, Anwürfe> m **1** sport Handball battuta f d'inizio **2** geh (unbegründete Anschuldigung) accusa f infondata/ingiustificata.

an|wurzeln itr <sein> (**in etw** dat) ~ {BAUM, PFLANZE} mettere radici (in qc), attecchire (in qc) ● **wie angewurzelt dastehen/stehen bleiben**, stare/restare lì impalato (-a)/

inchiodato (-a).

Anzahl <-, ohne pl> f **1** (gewisse Menge) ~ + subst (pl)/**von jdm/etw** (pl) quantità f di qu/qc: **eine große ~** ⌊Bücher/Schüler⌋/[von Büchern/Schülern], un gran numero di libri/studenti; **eine gewisse ~ von jdm/etw**, un numero imprecisato di qu/qc, una certa quantità di qu/qc, un tot di qu/qc fam; **eine ganze ~ von jdm/etw**, un gran numero di qu/qc **2** (Gesamtmenge) numero m; **in ungleicher ~ vertreten sein**, essere rappresentati in numero disuguale.

an|zahlen tr (jdm) **etw** ~ {BETRAG, PROZENTSATZ} dare/pagare qc in/come acconto (a qu), dare/versare un acconto di qc (a qu): **er hat die Hälfte des Preises angezahlt**, ha dato/pagato la metà del prezzo ⌊in acconto⌋/[come caparra]; {ARTIKEL} dare/versare un acconto per qc; **muss ich etwas ~?**, devo lasciare un acconto?; **angezahlt** {BETRAG}, versato ⌊in/come acconto⌋/[come caparra]; {ARTIKEL} per cui è stato lasciato un acconto.

Anzahlung f, **Anzahlungssumme** f com jur acconto m, anticipo m, caparra f: **eine ~ machen/leisten**, dare/versare un acconto, dare una caparra, fare un versamento iniziale.

an|zapfen A tr **1** (Flüssigkeit entnehmen) **etw** ~ {BAUM} incidere qc (per estrarre qc); {FASS} spillare qc **2** fam **nel tel etw** ~ {LEITUNG, STROMNETZ} inserirsi abusivamente in qc: **jds Telefonleitung ~**, intercettare le telefonate di qu **3** fam (sich etw verschaffen) **jdn** ~ {INFORMANTEN, INFORMATIONSQUELLE} carpire informazioni/notizie a qu: **jdn (um Geld) ~**, spillare/spremere denaro a qu B itr spillare la botte: **der Wirt hat frisch angezapft**, l'oste ha appena spillato la botte.

Anzeichen n **1** <meist pl> (Indiz) segno m, indizio m, avvisaglia f: **alle ~** ⌊deuten darauf hin⌋/[sprechen dafür], **dass ...**, tutti gli indizi portano a pensare che ...; **es waren erste ~ einer Krise zu spüren**, si percepivano le prime avvisaglie di una crisi; **er zeigte keine ~ von Müdigkeit**, non dava segni di stanchezza; **wenn nicht alle ~ trügen**, se le apparenze non ingannano; **~n von Ermüdung erkennen lassen**, mostrare segni di affaticamento **2** med sintomo m.

an|zeichnen tr **1** (markieren) **etw** (**auf/in etw** dat) ~ {PUNKT, STELLE AUF EINER LANDKARTE, IN EINEM TEXT} segnare qc (su/in qc), evidenziare qc (su/in qc), marcare qc (su/in qc) **2** (zeichnen) **etw** (**an etw** akk) ~ {AN EINE WAND} disegnare qc (su qc); {AN EINE TAFEL} auch disegnare qc (a qc).

Anzeige <-, -n> f **1** jur denuncia f **2** adm jur {+GEBURT} dichiarazione f, denuncia f **3** (Inserat) inserzione f, annuncio m (economico/pubblicitario): **eine ~** ⌊aufgeben/schalten⌋/[in die Zeitung setzen], mettere un'inserzione/un annuncio sul giornale; **sich auf eine ~ (hin) melden**, rispondere a un annuncio **4** (Bekanntgabe) {+GEBURT, HEIRAT, VERLOBUNG, TODESFALL} partecipazione f, annuncio m **5** (das Anzeigen) {+ABFAHRTS-, ANKUNFTSZEIT, GESCHWINDIGKEIT, MESSWERTE, SPIELSTAND, TEMPERATUR} indicazione f **6** (angezeigte Information) {+ABFAHRTS-, ANKUNFTSZEIT} (Display) display m ● **jdn/etw zur ~ bringen** form jur, denunciare qu/qc; **~ (gegen jdn) erstatten**, sporgere denuncia (contro qu); **~ gegen unbekannt jur**, denuncia contro ignoti.

Anzeigeerstatter <-s, -> m (**Anzeigeerstatterin** f) denunciante mf.

an|zeigen A tr **1** (Strafanzeige erstatten) **jdn** (**wegen etw**) gen oder fam auch ~ {TÄTER} denunciare qu (per qc), sporgere denuncia contro qu (per qc); **etw** ~ {AUTOUNFALL} denunciare qc, comunicare qc: **etw** ~ (**bei jdm/etw**) ~ {DIEBSTAHL BEI DER POLIZEI}, denunciare qc a qu/qc) **2** adm jur (einer Behörde mitteilen) **etw** ~ dichiarare qc, denunciare qc **3** (bekannt geben) (**jdm**) **etw** ~ {GEBURT, HEIRAT, TODESFALL, VERLOBUNG} partecipare qc (a qu), annunciare qc (a qu) **4** (angeben) **etw** ~ {ANZEIGE, BAROMETER, INFORMATIONSTAFEL, MESSINSTRUMENT, UHR} indicare qc, segnare qc **5** (zeigen) **jdm etw** ~ {RICHTUNG} indicare qc a qu **6** (erkennen lassen): **etw zeigt jdm an, dass ...**, qc fa capire a qu che ... B rfl **sich (selbst) ~** autodenunciarsi, fare autodenuncia.

Anzeigenannahme f ufficio m inserzioni (economiche).

Anzeigenblatt n giornalino m di annunci economici.

Anzeigenkampagne f campagna f pubblicitaria.

Anzeigenschluss (a.R. Anzeigenschluß) m: **~ 20 Uhr**, le inserzioni si accettano fino alle ore 20.

Anzeigenseite f pagina f di inserzioni/annunci.

Anzeigenteil m pagine f pl degli annunci (economici).

Anzeigenwerbung f inserzioni f pl pubblicitarie.

Anzeigepflicht f obbligo m di denuncia/notificazione.

anzeigepflichtig adj con obbligo di denuncia/notificazione.

Anzeiger① <-s, -> m (Amtsanzeiger) gazzetta f, bollettino m; (in Zeitungsnamen) auch gazzetta f, corriere m, giornale m, gazzettino m.

Anzeiger② <-s, -> m (Anzeigegerät) indicatore m.

Anzeigetafel f pannello m/tabellone m (elettronico); sport (tabellone m) segnapunti m.

an|zetteln tr fam **etw** ~ **1** (vom Zaun brechen) {RAUFEREI, SCHLÄGEREI, STREIT} fare scoppiare qc, provocare qc **2** (heimlich vorbereiten) {VERSCHWÖRUNG} ordire qc, tramare qc; {AUFSTAND} organizzare qc; {GESCHICHTE, SACHE} organizzare qc.

an|ziehen① <irr> A tr **1** (sich bekleiden) **etw** ~ {STRÜMPFE} mettersi qc; {SCHUHE} auch calzare qc; {KLEIDUNGSSTÜCK} mettersi qc, indossare qc: **ich habe nichts anzuziehen**, non ho niente da mettermi (addosso) **2** (jdn bekleiden) **jdn** ~ vestire qu; **jdm etw** ~ mettere qc a qu **3** (mit Kleidung versorgen) **jdn irgendwie** ~ {ELEGANT, MODISCH, VORTEILHAFT} vestire qu + compl di modo/adj: **sie zieht ihre Kinder immer sehr teuer an**, spende sempre molto per ⌊i vestiti dei⌋/[vestire i] figli; **irgendwie angezogen sein**, vestire + compl di modo/adj; **sie ist immer gut angezogen**, veste sempre bene; **elegant/sportlich angezogen sein**, vestire elegante/sportivo **4** CH (beziehen) **etw** ~: **das Bett ~**, mettere/cambiare le lenzuola B rfl **1** (sich kleiden) **sich** ~ vestirsi; (festlich) auch abbigliarsi; **sich irgendwie** ~ vestirsi + compl di modo/adj: **sich modisch/sportlich** ~, vestirsi alla moda, vestire sportivo; **zieh dich warm an!**, copriti (bene)! **2** (sich mit etw bekleiden) **sich** (dat) **etw** ~ mettersi (addosso) qc ● **zieh dich warm an!** fam, **du solltest dich warm ~!** fam (rüste dich für einen Konflikt!), preparati!

an|ziehen② <irr> A tr **1** (straffen) **etw** ~ {ZÜGEL} tirare qc; {SCHNUR} tendere qc; (festziehen) **etw** ~ {HANDBREMSE} tirare qc; {SCHRAUBE} stringere qc, serrare qc; {SAITE} tendere qc **2** (an den Körper ziehen) **etw** ~ {ARM, BEIN} tirare a sé qc, flettere qc, piegare qc **3** (Interesse wecken) **jdn** ~ {AUSSTELLUNG BESUCHER; LAND TOURISTEN} attirare qu; {BILD PERSON; MANN FRAU} attrarre qu: **jdn magisch** ~, attrarre magicamente qu; **sich von jdm/etw angezogen fühlen**, sentirsi attratto (-a) da qu/qc; **der neue Supermarkt zieht viele Kunden an**, il nuovo supermercato richiama molti clienti **4** phys **etw** ~ {MAGNET} attirare qc, attirare qc **5** (annehmen) **etw** ~ prendere qc; {SALZ FEUCHTIGKEIT} assorbire qc B itr **1** (sich in Bewegung setzen) {LOKOMOTIVE} partire, muoversi, mettersi in movimento; {ZUGTIER} cominciare a tirare **2** (beschleunigen) accelerare; {LÄUFER} auch scattare, fare uno scatto: **gut/schlecht ~** {MOTORRAD, WAGEN}, avere ⌊una buona⌋/[poca] ripresa **3** (ansteigen) {INFLATION, KURS, PREISE, WERTPAPIER} aumentare, crescere, salire C rfl **sich (gegenseitig) ~** {GEGENSÄTZE, POLE} attrarsi; {MENSCHEN} essere/sentirsi attratti (-e) l'uno (-a) dall'altro (-a).

anziehend adj {ÄUßERES, MENSCH} attraente, affascinante.

Anziehung f **1** <meist sing> (Reiz) attrattiva f, attrazione f, fascino m: **eine starke ~ auf jdn ausüben**, esercitare un forte fascino su qu **2** <nur sing> phys attrazione f.

Anziehungskraft f **1** phys (forza f d')attrazione f, gravitazione f **2** <nur sing> (Verlockung) attrazione f, attrattiva f, fascino m.

an|zischen tr **1** (Zischlaute von sich geben) **jdn/etw** ~ {SCHLANGE, SCHWAN} sibilare contro qu/qc **2** fam (anherrschen) **jdn** ~ {FRAU IHREN MANN} rigirarsi come una vipera contro qu ● **angezischt kommen**, arrivare di corsa.

an|zockeln itr <sein> fam {PFERDEGESPANN} arrivare trotterellando; {SCHÜLER 10 MINUTEN NACH ACHT} arrivare con atteggiamento menefreghista.

Anzug① <-(e)s, Anzüge> m **1** (Herrenanzug) vestito m/abito m/completo m da uomo: **der gute ~**, l'abito buono/bello/[da festa] **2** CH (Bezug) {+KISSEN} federa f; {+FEDERBETT} copripiumone m.

Anzug② <-(e)s, ohne pl> m **1** (Beschleunigungsvermögen) ripresa f **2** CH (Antrag im Parlament) mozione f ● **im ~ sein** mil, avanzare; {GEWITTER}, essere in arrivo, prepararsi, avvicinarsi; {GEFAHR}, essere imminente, incombente, incombere; **bei mir ist eine Erkältung im ~**, sto covando un raffreddore.

anzüglich adj {BEMERKUNG, WITZ} spinto, piccante, salace, a doppio senso; {GESTE} pesantemente allusivo, indecente: **~ sein**, essere licenzioso.

Anzüglichkeit <-, -en> f **1** <nur sing> (Schlüpfrigkeit) salacità f; {+GESTE} indecenza f, allusività f, licenziosità f **2** (Geste) sconcezza f; (Bemerkung) auch allusione f equivoca.

an|zünden A tr **etw** ~ **1** (entzünden) {BRENNSTOFF, FEUER, HOLZ, KERZE, SCHEITERHAUFEN} accendere qc; {GEGENSTÄNDE, MÜLL} dare fuoco a qc, bruciare qc **2** (in Brand stecken) {GEBÄUDE, HOF} incendiare qc, dare/[appiccare il] fuoco a qc, dare alle fiamme qc **3** (zum Brennen bringen) {GASHERD, KAMIN, OFEN} accendere qc B rfl **sich** (dat) **etw** ~ {ZIGARETTE, ZIGARRE} accendersi qc.

Anzünder <-s, -> m fam (für Gasherd) accendigas m; (für Holzkohlengrill) accendifuoco m.

an|zweifeln tr **etw** ~ mettere in dubbio qc, dubitare di qc.

an|zwinkern tr **jdn** ~ fare l'occhiolino a qu, ammiccare a qu, strizzare l'occhio a qu.

an|zwitschern rfl fam: **sich** (dat) **einen ~**,

prendersi una sbornia *fam*/ciucca *fam*.
AOK <-, ohne pl> f *D Abk von* Allgemeine Ortskrankenkasse: "ente m pubblico per l'assistenza sanitaria in Germania", ≈ ASL f.
äolisch adj *geol* eolico ● **Äolische Inseln** *geog*, (isole) Eolie/Lipari.
Aorta <-, -ten> f *anat* aorta f.
Aortenklappe f *anat* valvola f aortica.
Aostatal <-(e)s, ohne pl> n *geog* Val(le) f d'Aosta: **die Bewohner des ~s**, i valdostani.
apart A adj {AUSSEHEN} singolare, fine; {GESICHT} *auch* interessante; {KLEID} particolare, insolito: **sie ist eine ~e Frau**, è un tipo B adv {SICH KLEIDEN} con uno stile particolare.
Apartheid <-, ohne pl> f *pol* apartheid f *oder* m.
Apartheidpolitik f (politica f di) apartheid f *oder* m.
Apartment <-s, -s> n miniappartamento m, piccolo appartamento m, appartamentino m.
Apartmenthaus n residence m.
Apartmentwohnung f → **Apartment**.
Apathie <-, -n> f apatia f.
apathisch adj {KRANKER} apatico; {ZUSTAND} di apatia.
Apennin <-s, -en> m *geog* Appennino m.
Apenninenhalbinsel f *geog* penisola f appenninica.
aper adj *süddt A CH* {HANG} senza neve; {STRAßE} libero/sgombro dalla neve.
Aperitif <-s, -s *oder* -e> m *gastr* aperitivo m: **trinken wir einen ~?**, beviamo/prendiamo un aperitivo?; **(sich dat) einen ~ nehmen**, andare a prender(si) un aperitivo.
Apfel <-s, Äpfel> m *bot* mela f ● **(wohl oder übel) in den sauren ~ beißen (müssen)** *fam*, (dover) inghiottire ⌊bocconi amari⌋/[una pillola amara], (dover) ingoiare/[mandare giù] il rospo; **für einen ~ und ein Ei** *fam* {BEKOMMEN, KAUFEN, KRIEGEN, VERKAUFEN}, per ⌊un pezzo di pane⌋/[quattro soldi]/[una sciocchezza] *fam*; **~ im Schlafrock** *gastr*, fagottini di mela; **der ~ fällt nicht weit vom Stamm** *prov*, tale il padre tale il figlio *prov*, buon sangue non mente *prov*.
Apfelbaum m *bot* melo m.
Apfelblüte f **1** (*Blüte*) fiore m di melo **2** (*das Blühen*) fioritura f dei meli: **zur Zeit der ~**, nel periodo di fioritura dei meli.
Äpfelchen <-s, -> n *dim von* Apfel melina f.
Apfelernte f raccolta f delle mele.
apfelgrün adj verde mela.
Apfelkuchen m torta f di mele.
Apfelmost m **1** (*ungegoren*) succo m di mela **2** *süddt A CH* (*vergoren*) sidro m di mela.
Apfelmus n *gastr* purè m/passato m di mele.
Apfelsaft m *gastr* succo m di mela.
Apfelsaftgetränk n *gastr* bibita f a base di succo di mela.
Apfelschale f buccia f di mela.
Apfelschimmel m *zoo* cavallo m grigio pomellato.
Apfelschorle f *o n gastr* "succo m di mela allungato con acqua gassata".
Apfelsine <-, -n> f *bot* **1** (*Frucht*) arancia f **2** (*Baum*) arancio m.
Apfelsinenbaum m *bot* arancio m.
Apfelsinensaft m *gastr* succo m d'arancia.
Apfelsinenschale f buccia f d'arancia.
Apfelstrudel m *gastr* strudel m di mele.
Apfelwein m *gastr* sidro m.
Aphärese <-, -n> f *ling* aferesi f.
Aphasie <-, -n> f *med philos* afasia f.
Aphorismus <-, -men> m *geh* aforismo m.

aphoristisch adj aforistico.
Aphrodisiakum <-s, -ka> n afrodisiaco m.
Aphthe <-, -n> f *med* afta f *wiss*.
Aphthenseuche f → **Maul- und Klauenseuche**.
Aplomb <-s, ohne pl> m *geh* aplomb m, disinvoltura f.
Apnoetauchen n *sport* apnea f.
APO, Apo <-, ohne pl> f *pol hist Abk von* außerparlamentarische Opposition: opposizione f extraparlamentare.
apodiktisch *geh* A adj {AUSSAGE, BEHAUPTUNG} apodittico B adv {BEHAUPTEN, ERKLÄREN} apoditticamente.
Apokalypse <-, -n> f **1** *relig* apocalisse f **2** *geh* (*Untergang*) apocalisse f.
apokalyptisch adj apocalittico ● **die Apokalyptischen Reiter**, i Cavalieri dell'Apocalisse.
apokryph adj *geh* apocrifo.
apolitisch adj {GESELLSCHAFT, JUGENDLICHE} apolitico.
Apollo, Apoll <-s, ohne pl> m *myth* Apollo m.
Apologet m (**Apologetin** f) *geh* apologeta mf.
Apostel <-s, -> m **1** *relig* apostolo m **2** *oft iron* (*Eiferer*) paladino m, campione m, apostolo m: **ein ~ der Sittenstrenge**, un paladino del rigore morale.
Apostelbrief m *bibl* epistola f, lettera f degli apostoli.
Apostelgeschichte <-, ohne pl> f *bibl* Atti m pl degli Apostoli.
a posteriori adv *geh* a posteriori.
apostolisch adj *relig* apostolico.
Apostroph <-s, -e> m *ling* apostrofo m.
apostrophieren <ohne ge-> tr **1** *gram etw* ~ apostrofare *qc*, mettere l'apostrofo *a qc* **2** *geh* (*bezeichnen*) **jdn als etw** (nom *oder* akk) ~ definire *qu qc*: **jdn als Idioten ~**, definire qu un idiota.
Apotheke <-, -n> f **1** farmacia f **2** *fam iron* (*teures Geschäft*) negozio m molto caro, gioielleria f *iron* ● **eine ganze ~ mit sich (dat) rumschleppen** *fam*, essere una farmacia ambulante.
Apothekenhelfer m (**Apothekenhelferin** f) aiuto m farmacista, pratico (-a) m (f) di farmacia.
apothekenpflichtig adj ⌊che si trova⌋/[in vendita] solo in farmacia.
Apothekenschränkchen n armadietto m dei medicinali (di casa).
Apotheker <-s, -> m (**Apothekerin** f) farmacista mf.
Apothekerwaage f bilancia f da farmacista.
Apotheose <-, -n> f *geh* apoteosi f.
Apparat <-(e)s, -e> m **1** *tech* (*Gerät*) apparecchio m; (*kleinerer* ~) *auch* congegno m **2** (*Telefon*) apparecchio m (telefonico): **~ 25**, interno 25; **am ~ bleiben**, rimanere ⌊in linea⌋/[all'apparecchio]; **wer ist am ~?**, chi parla?, con chi parlo?; **am ~!**, sono io! **3** *fam* (*Radio*) radio m f, apparecchio m radiofonico; (*Fernsehapparat*) televisore m, apparecchio m **4** *fam* (*Rasierapparat*) rasoio m **5** *fam* (*Fotoapparat*) macchina f fotografica **6** (*Verwaltungsapparat*) apparato m, macchina f: **bis der ganze ~ der Bürokratie in Gang kommt**, prima che si metta in moto l'intera macchina burocratica **7** *meist sing* *anat* apparato m **8** *univ* (*Zusammenstellung von Büchern*) "(scaffale m dei) libri m pl necessari alla preparazione di un esame o seminario" **9** (*nicht bestimmbarer Gegenstand*) aggeggio m *fam*, arnese m, affare m *fam*; *slang*

(*großer Gegenstand*) bestia f *fam* ● **kritischer ~ lit**, apparato critico.
Apparatebau <-s, ohne pl> m *tech* costruzione f di apparecchiature.
Apparatemedizin f medicina f strumentale.
Apparatschik <-s, -s> m *pej* burocrate m *pej*.
Apparatur <-, -en> f *tech* apparecchiatura f.
Appartement <-s, -s> n **1** (*im Hotel*) suite f, appartamento m **2** → **Apartment**.
Appeal <-s, ohne pl> m *geh* {+PRODUKT, ROCKSTAR} appeal m.
Appel <-s, Äppel> m *norddt* mela f ● **für einen ~ und ein Ei** *fam* {BEKOMMEN, KAUFEN, KRIEGEN, VERKAUFEN}, per ⌊un pezzo di pane⌋/[quattro soldi]/[una sciocchezza] *fam*.
Appell <-s, -e> m **1** (*Aufruf*) ● (**an jdn/etw**) {AN JDS HILFSBEREITSCHAFT, AN DIE NATION, ÖFFENTLICHKEIT, VERNUNFT} appello m (a *qu/qc*); **~ zu etw** (dat) {ZUM FRIEDEN, ZUR SOLIDARITÄT} appello m *a qc*: **einen ~ an jdn richten**, fare/lanciare/rivolgere un appello a qu, appellarsi a qu; **einen ~ an jdn richten, etw zu tun**, appellarsi a qu affinché faccia qc, invitare qu a fare qc **2** *mil* appello m: **zum ~ antreten**, presentarsi all'appello.
Appellation <-, -en> f *CH jur* appello m.
Appellationsgericht n *jur obs* corte f d'appello.
appellieren <ohne ge-> itr *geh* **1** (*jdn zu etw aufrufen*) **an jdn** ~ appellarsi *a qu*: **an jdn ~, etw zu tun**, esortare/invitare/chiamare *qu a fare qc* **2** (*etw ansprechen*) **an etw** (akk) ~ {AN JDS EINSICHT, MENSCHLICHKEIT, VERNUNFT} appellarsi *a qc*, fare appello *a qc*; {AN JDS GEWISSEN} fare appello *a qc* di qu **3** *CH* (*Berufung einlegen*) **gegen etw** (akk) ~ appellarsi *contro qc*, ricorrere in appello *contro qc*.
Appendix ① <-, Appendizes> m *oder* f *wiss anat* appendice f.
Appendix ② <-, Appendizes> m *geh* (*Anhang*) appendice f.
Appenzell <-s, ohne pl> n *geog* **1** (*Stadt*) (città f di) Appenzell f **2** (*Kanton*) (cantone m di) Appenzell m.
Appenzeller m, **Appenzellerkäse** m (formaggio m) Appenzeller m.
Appetit <-(e)s, ohne pl> m appetito m: **den ~ anregen**, stuzzicare/stimolare l'appetito; **jd bekommt ~**, a qu viene appetito/[voglia di mangiare]; **jd bekommt ~ auf etw** (akk), a qu viene voglia di mangiare qc; **mit ~ essen**, mangiare ⌊con appetito⌋/[di buon appetito], mangiare di gusto; **großen/wenig ~ haben**, avere molto/poco appetito; **(keinen) ~ haben**, (non) avere appetito/[voglia di mangiare]; **~ auf etw** (akk) **haben**, avere ⌊appetito di⌋/[voglia di mangiare] qc; **(jdm) ~ machen**, fare venire l'appetito (a qu); **jdm den ~ verderben**, far perdere l'appetito a qu, far passare la fame a qu; **jdm vergeht der ~**, a qu passa l'appetito/la fame ● **guten ~!**, buon appetito!; **der ~ kommt beim Essen** *prov*, l'appetito vien mangiando *prov*.
appetitanregend adj **1** {SPEISE} appetitoso, stuzzicante; {APERITIF} che stuzzica l'appetito: **~ sein**, ⌊far venire⌋/[stuzzicare] l'appetito **2** *pharm* {MITTEL} che stimola l'appetito.
Appetithappen m *gastr* stuzzichino m.
appetithemmend adj *pharm* {TABLETTE} che riduce l'appetito/[gli stimoli della fame]: **ein ~es Mittel**, un anoressante *wiss*.
appetitlich A adj **1** (*wohlschmeckend*) {ESSEN, GERICHT} appetitoso, succulento, gustoso: **sehr ~**, squisito, prelibato, sopraffino **2** (*Appetit machend*) {DUFT, ESSEN} invitante;

~ aussehen, avere un aspetto appetitoso **3** *fam* {MÄDCHEN} dall'aspetto fresco e pulito **B** *adv* {VERPACKEN, ZUBEREITEN} in modo allettante: **~ riechen**, avere un odore invitante.

appetitlos *adj* inappetente, disappetente, senza appetito: **in seinem Essen herumstochern**, razzolare svogliatamente nel piatto, pasticciare col cibo nel piatto.

Appetitlosigkeit <-, *ohne pl*> f mancanza f d'appetito, inappetenza f, disappetenza f.

Appetitzügler <-s, -> m anoressante m.

applaudieren <*ohne* ge-> *itr* (*jdm/etw*) applaudire (*qu/qc*): **heftig ~**, applaudire con molto entusiasmo.

Applaus <-es, *ohne pl*> m *geh* applauso m • **~!** (*als Aufforderung ans Publikum*), un bell'applauso!

Applikation <-, -en> f **1** *geh med* {+MEDIKAMENTE} somministrazione f; {+FANGO, SALBE, UMSCHLÄGE} applicazione f **2** *text* (*Verzierung*) applicazione f.

apportieren <*ohne* ge-> **A** *tr etw ~* {HUND, HASEN, STOCK} riportare *qc* **B** *itr* {HUND} riportare.

Apportierhund m cane m da riporto.

Apposition <-, -en> f *gram* apposizione f.

appretieren <*ohne* ge-> *tr text etw ~* apprettare *qc*.

Appretur <-, -en> f *text* **1** (*Mittel*) appretto m **2** (*das Appretieren*) apprettatura f.

Approbation <-, -en> f *adm* {+APOTHEKER, ARZT} iscrizione f all'albo professionale (dei farmacisti/medici): **einem Arzt die ~ entziehen**, radiare un medico dall'albo (professionale).

approbiert *adj* {APOTHEKER, ARZT} iscritto all'ordine (dei medici/farmacisti).

Après-Ski <-, *ohne pl*> n **1** (*Freizeit*) possibilità f di intrattenimento dopo lo sci **2** (*Kleidung*) (abbigliamento m) doposci m.

Après-Sun-Lotion f → **After-Sun-Lotion**.

Aprikose <-, -n> f *bot* **1** (*Frucht*) albicocca f **2** (*Baum*) albicocco m.

Aprikosenbaum m *bot* albicocco m.

Aprikosenmarmelade f marmellata f di albicocche.

April <-(s), -e> m aprile m • **~, -!** *fam*, pesce d'aprile!; **jdn in den ~ schicken**, fare un pesce d'aprile a qu *fam*; → *auch* **September**.

Aprilscherz m pesce m d'aprile.

Aprilwetter n tempo m capriccioso/pazzerello *fam*.

a priori *adv geh* a priori.

apropos *adv* **1** (*übrigens*) a proposito **2** (*was ... angeht*) **~ *etw*** a proposito *di qc*: **der Urlaub wird teuer, ~ (Geld), könntest du mir was leihen?**, la vacanza costerà cara, a proposito (di soldi), mi potresti prestare qualcosa?

Apsis <-, *Apsiden*> f *arch* abside f.

Apulien <-s, *ohne pl*> n *geog* Puglia f.

Apulier <-s, -> m (**Apulierin** f) pugliese mf.

apulisch *adj* pugliese.

Aquädukt <-(e)s, -e> m *oder* n acquedotto m romano.

Aquagym <-s, *ohne pl*> n *sport* a(c)quagym m.

Aquakultur f acquicoltura f, acquacoltura f.

Aquamarin <-s, -e> m *min* acquamarina f.

aquamarinblau *adj* (azzurro/color acquamarina.

Aquaplaning <-(s), *ohne pl*> n *autom* aquaplaning m.

Aquarell <-s, -e> n *kunst* (dipinto m ad) acquerello m, acquarello m: **~ malen**, dipinge-

re ad acquerello/acquarello.

Aquarellfarbe f acquerello m, acquarello m.

Aquarellmaler m (**Aquarellmalerin** f) acquerellista mf.

Aquarellmalerei f acquerello m, acquarello m.

Aquarium <-s, *Aquarien*> n acquario m.

Aquatinta <-, *Aquatinten*> f *kunst* acquatinta f.

Äquator <-s, *ohne pl*> m *geog* equatore m.

äquatorial *adj* equatoriale.

Äquatorialafrika n *geog* Africa f equatoriale.

Äquatorialguinea <-s, *ohne pl*> n *geog* Guinea f Equatoriale.

Äquatortaufe f *naut* battesimo m dell'equatore.

Aquavit <-s, -e> m *gastr* "grappa f aromatizzata al cumino".

äquivalent *adj geh* equivalente: **die beiden Begriffe sind ~**, i due termini ₍sono equivalenti₎/[si equivalgono].

Äquivalent <-(e)s, -e> n *geh* **~ (für etw** *akk/von/zu etw dat*) equivalente m (*di qc*).

Äquivalenz <-, -en> f *geh math* equivalenza f.

äquivok *adj ling philos* equivoco.

Ar <-s, -e *oder bei Maßangaben* -> m *oder* n (Abk a) ara f (Abk a.).

Ara <-s, -s> m *ornith* ara f.

Ära <-, *rar Ären*> f *geh* era f: **die Ära Adenauer**, l'era Adenauer.

Araber① <-s, -> m *zoo* cavallo m arabo.

Araber② <-s, -> m (**Araberin** f) arabo (-a) m (f).

Arabeske <-, -n> f **1** *kunst* arabesco m **2** *mus* arabesque f, arabesca f.

Arabien <-s, *ohne pl*> n *geog* Arabia f.

arabisch *adj* **1** *geog* arabo; {WÜSTE} arabico; {KLIMA} dell'Arabia **2** *ling* arabo: **~ e Ziffern**, numeri arabi, cifre arabiche.

Arabisch <-(s), *ohne pl*> n, **Arabische** <*dekl wie adj*> n arabo m, lingua f araba.

arabischsprachig *adj* {BEVÖLKERUNG, LANDESTEIL} di lingua araba; {UNTERRICHT} in lingua araba.

Arabistik <-, *ohne pl*> f arabistica f, studio m della lingua e cultura dei paesi arabi.

Aragón <-s, *ohne pl*> n, **Aragonien** <-s, *ohne pl*> n *geog* Aragona f.

Aralie <-, -n> f *bot* aralia f.

Aralsee m *geog* lago m d'Aral.

aramäisch *adj* aramaico.

Aramäisch <-(s), *ohne pl*> n, **Aramäische** <*dekl wie adj*> n aramaico m.

Araukarie <-, -en> f *bot* araucaria f.

Arbeit <-, -en> f **1** (*Tätigkeit*) lavoro m: **bei der ~ mit jdm/etw.**, lavorando con qu/qc; **die ~ am Computer**, il lavoro al computer; **die ~en an der Fassade**, i lavori alla facciata; **sich** (*dat*) **die ~ einteilen**, organizzarsi/gestirsi il lavoro; **seine ~ gut/schlecht machen**, fare bene/male il proprio lavoro, lavorare bene/male; **jdm bei der ~ zusehen**, guardare qu mentre lavora/[sta lavorando]; guardare qu lavorare **2** (*Arbeitsplatz*) lavoro m, impiego m: **das Recht auf ~**, il diritto al lavoro; **zur ~ gehen**, andare ₍al lavoro₎/[a lavorare]; **von der ~ kommen**, rientrare/tornare dal lavoro; **~ suchend**, in cerca di lavoro, alla ricerca di un lavoro; → **Suchende** → **Arbeitsuchende 3** (*Produkt*) lavoro m; {+KÜNSTLER} *auch* opera f **4** (*schriftliches Werk*) lavoro m, tema f **5** *Schule* (*Klassenarbeit*) compito m: **eine ~ schreiben/[schreiben lassen]**, fare/dare un compito in classe;

eine wissenschaftliche ~, un lavoro scientifico **6** <*nur sing*> (*Mühe*) lavoro m, fatica f: **das war vielleicht eine ~!**, che faticata! *fam*, che sfacchinata! *fam* **7** (*Aufgabe*) lavoro m, compito m: **seine ~ besteht darin, zu ...** *inf*, il suo lavoro consiste nel ... *inf*, il suo compito è (di) ... *inf* • **an die ~!**, al lavoro!; **jdm läuft die ~ nicht davon** *iron*, il lavoro può aspettare un po'; **etw (bei jdm) in ~ geben**, far fare *qc* (a qu); **geistige ~ leisten/verrichten**, fare lavoro intellettuale; **nach getaner ~**, a lavoro ultimato/concluso; **~ haben** (*einen Arbeitsplatz haben*), avere un lavoro/impiego, lavorare; (*zu tun haben*), avere ₍da fare₎/[del/parecchio lavoro]; **etw in ~ haben**, lavorare a *qc*; **das ist viel/[eine Menge] ~**, è molto/[un mucchio di] lavoro; **das ist doch keine ~!**, cosa vuoi che sia! *fam*; **~ und Kapital**, lavoro e capitale; **das kostet viel ~**, richiede molto lavoro, costa molta fatica; **ganze/gründliche ~ leisten** (*etw vollständig erledigen*), fare un bel lavoro, fare le cose a puntino; *iron* (*radikal vorgehen*) *auch*, non lasciare di certo le cose a metà; **jdm (viel) ~ machen**, dare (molto) da fare a qu; **halbe ~ machen**, lasciare le cose a metà; **sich (mit etw dat) viel ~ machen**, mettere molto impegno in *qc*; **machen Sie sich** (*dat*) **(bloß) keine ~!**, non si disturbi!, non si dia troppo disturbo!; **sich an die ~ machen**, **an die ~ gehen**, mettersi al lavoro; **(k)einer geregelten ~ nachgehen**, (non) lavorare regolarmente; **die ~ niederlegen**, sospendere il lavoro, incrociare le braccia; **an/bei/auf fam der ~ sein**, essere al lavoro, stare lavorando; **in ~ sein**, essere in lavorazione; **Ihre Bestellung ist in ~!**, stiamo evadendo il Suo ordine; **ohne ~ sein**, essere ₍senza lavoro₎/[disoccupato]; **sich in die ~ stürzen**, buttarsi nel lavoro; **~ schändet nicht** *prov*, il lavoro nobilita l'uomo; **~ macht das Leben süß** *prov*, pan di sudore pan di sapore *prov*; **erst die ~, dann das Vergnügen** *prov*, prima il dovere, poi il piacere *prov*.

arbeiten **A** *tr* **1** (*herstellen*) *etw* (*aus/in etw* *dat*) **~**, realizzare *qc* (*di qc*), costruire *qc* (*in qc*): **von Hand gearbeitet**, fatto a mano; **irgendwie/[aus etw** (*dat*)] **gearbeitet (sein)** {KOSTBAR, AUS GOLD}, (essere) realizzato ₍+ *compl di modo*₎/[in *qc*] **2** (*tun*): **etwas ~**, fare qualcosa; **nichts ~**, non fare niente **B** *itr* **1** (*tätig sein*) lavorare: **an etw (**dat**) ~** {AN TEXTEN, WERKEN} lavorare *a qc*; {AM COMPUTER, AN DER SCHREIBMASCHINE} lavorare *a qc*; **mit jdm/etw ~** {MIT ALTEN, BEHINDERTEN, KINDERN} lavorare *con qu/qc*: **der Maler arbeitet mit Ölfarben**, il pittore lavora con colori a olio; **über jdn/etw ~** {ÜBER EINEN AUTOR, EIN THEMA} lavorare *su qu/qc*; **störe ihn nicht beim Arbeiten!**, non disturbarlo mentre lavora! **2** (*berufstätig sein*) (**bei jdm/irgendwo**) ~ lavorare (*presso qu/+ compl di luogo*): **sie arbeitet ₍an der Universität₎/[bei der Bank/Post]**, lavora ₍all'università₎/[in banca]/[alle poste]; **ganztags ~**, lavorare a tempo pieno; **halbtags ~**, lavorare ₍part-time₎/[a tempo parziale/ridotto]; **die ~de Bevölkerung**, la popolazione attiva; **als *etw* (**nom**) ~** {ALS KELLNER} lavorare come *qc*, fare *qc* **3** (*funktionieren*) (**mit *etw* sein**) ~ {ANLAGE, HEIZUNG, MASCHINE MIT GAS, ÖL} funzionare (*a qc*), andare *fam* (*a qc*) **4** (*seine Funktion erfüllen*) **irgendwie ~** {IMMUNSYSTEM, ORGAN, STOFFWECHSEL} funzionare *+ compl di modo* **5** (*sich verziehen*) {BALKEN, BRETT, HOLZ} imbarcarsi, deformarsi, incurvarsi **6** (*gären*) {HEFE, TEIG} lievitare; {MOST, WEIN} fermentare, essere in fermentazione **C** *rfl* **1** (*sich bewegen*) **sich irgendwohin ~** {BERGARBEITER, EINGESCHLOSSENE, MAULWURF} avanzare/

procedere + *compl di luogo* **2** (*sich irgendwohin kämpfen*) **sich** *irgendwohin* ~ {AN DIE SPITZE, TABELLENSPITZE} lavorare duro *per raggiungere qc*: **sich nach oben** ~, fare strada/carriera **3** (*durchdringen*) **sich durch etw** (akk) ~ {DURCHS GEBÜSCH, UNTERHOLZ} farsi strada *fra/attraverso qc*, aprirsi un varco *tra qc*; {DURCH FELS, GESTEIN, STAHL} perforare *qc* **4** (*bewältigen*) **sich durch etw** (akk) ~ {DURCH DEN AKTENBERG, STAPEL VON BRIEFEN, MANUSKRIPTEN, POST} smaltire *qc* **5** (*durch Arbeit werden*) **sich** *irgendwie* ~: **sich krank/müde** ~, ammalarsi/stancarsi ₍a forza di lavorare₎/[per il troppo lavoro] **D** unpers **1** (*die Arbeit erledigen*): **es arbeitet sich irgendwie**, si lavora + *compl di modo*: **es arbeitet sich gut/schlecht bei dieser Beleuchtung**, si lavora bene/male con questa luce; **es arbeitet sich irgendwie mit jdm** {BESSER, GUT, SCHLECHT, SCHLECHTER}, si lavora + *compl di modo* con qu; **es arbeitet sich angenehm mit jdm**, è piacevole lavorare con qu; **es arbeitet sich irgendwie auf/mit etw** (dat) {AUF AUSDRUCKEN, PAPIER, MIT EINEM COMPUTER, GERÄT}, si lavora + *compl di modo* su/con qc **2** (*beschäftigen*): **es arbeitet in jdm**, qualcosa scava dentro qu; **in seinem Kopf arbeitet es**, sta rimuginando ● ~ **gehen**, (andare a) lavorare; **er geht morgen wieder** ~, domani ritorna/rientra al lavoro; *irgendwo*/[bei jdm] ~ *lassen*, farsi fare i vestiti ₍+ *compl di luogo*₎/[da qu]; **etw** ~ *lassen* {GELD, KAPITAL}, far fruttare qc; **an sich** (dat) ~, lavorare su se stesso (-a).

Arbeiter <-s, -> m (**Arbeiterin** f) **1** *allg.* lavoratore (-trice) m (f) **2** (*Fabrikarbeiter, Landarbeiter*) operaio (-a) m (f) ● **ein** *fleißiger/gründlicher/schneller* ~ **sein**, lavorare ₍con diligenza₎/[con accuratezza/esattezza]/[molto velocemente]; *gelernter* ~, operaio qualificato; *ungelernter* ~, operaio non qualificato; (*auf dem Bau*) ~, manovale.

Arbeiteraufstand m sommossa f operaia.

Arbeiterbewegung f movimento m operaio.

Arbeiterfamilie f famiglia f operaia/[di operai].

Arbeiterführer m (**Arbeiterführerin** f) leader mf operaio (-a).

Arbeitergewerkschaft f sindacato m dei lavoratori.

Arbeiterin f **1** → **Arbeiter 2** *zoo* (*von Ameisen*) formica f operaia; (*von Bienen*) ape f operaia.

Arbeiterkind n figlio (-a) m (f) di operai.

Arbeiterklasse f classe f operaia.

Arbeitermilieu n *soziol* contesto m operaio: **im** ~ **aufwachsen**, crescere in un contesto/ambiente operaio.

Arbeiterpartei f *pol* partito m operaio.

Arbeiterschaft <-, *ohne pl*> f **1** (*Gesamtheit der Arbeiter*) (insieme m degli) operai m pl, maestranze f pl; {+BETRIEB, FABRIK} *auch* personale m operaio **2** (*Arbeiterstand*) classe f operaia.

Arbeitersiedlung f quartiere m operaio.

Arbeiterstadt f città f (prevalentemente) operaia.

Arbeiter- und Bauern-Staat m *ostdt hist* "stato m socialista degli operai e dei contadini".

Arbeiterviertel n quartiere m operaio.

Arbeiterwohlfahrt <-, *ohne pl*> f *D* "istituzione f assistenziale per gli operai".

Arbeitgeber m (**Arbeitgeberin** f) datore (-trice) m (f) di lavoro, padrone (-a) m (f) *oft pej*.

Arbeitgeberanteil m "contributi m pl previdenziali a carico del datore di lavoro".

Arbeitgeberseite f padronato m; (*in der Gewerkschaftssprache*) *auch* parte f datoriale/imprenditoriale: **von** ~ **aus**, da parte degli imprenditori.

Arbeitgeberverband m associazione f degli imprenditori; (*in Italien*) Confindustria f (**Abk** *von* Confederazione generale dell'Industria italiana).

Arbeitnehmer <-s, -> m (**Arbeitnehmerin** f) lavoratore (-trice) m (f) dipendente, prestatore (-trice) m (f) d'opera.

arbeitnehmerähnlich adj: ~e **Selbstständige**, "lavoratori autonomi che collaborano spesso con un solo committente".

Arbeitnehmeranteil m "contributi m pl previdenziali a carico del lavoratore".

arbeitnehmerfeindlich adj {HALTUNG, POLITIK, REGELUNG} che penalizza i lavoratori.

Arbeitnehmerfreizügigkeit f *jur* libera circolazione f dei lavoratori.

arbeitnehmerfreundlich adj {HALTUNG, POLITIK, REGELUNG} a favore dei lavoratori.

Arbeitnehmerin f → **Arbeitnehmer**.

Arbeitnehmerschaft <-, *ohne pl*> f lavoratori m pl (dipendenti).

Arbeitnehmerseite f lavoratori m pl: **auf (der)** ~, dalla parte dei lavoratori.

Arbeitnehmervertretung f rappresentanza f dei lavoratori.

Arbeitsablauf m svolgimento m/andamento m del lavoro.

Arbeitsagentur f agenzia f del lavoro.

arbeitsam adj *geh* {PERSON} laborioso, operoso.

Arbeitsamt n *hist oder fam* ufficio m di collocamento.

Arbeitsanleitung f istruzioni f pl per la corretta esecuzione di un lavoro.

Arbeitsantritt m (*bei neuer Stelle*) entrata f in servizio; (*täglich*) inizio m della giornata ₍di lavoro₎/[lavorativa]: **bei(m)** ~, nel momento in cui si prende servizio, quando si comincia a lavorare.

Arbeitsanweisung f → **Arbeitsanleitung**.

Arbeitsanzug m tenuta f da lavoro.

Arbeitsatmosphäre f → **Arbeitsklima**.

Arbeitsauffassung f → **Arbeitsmoral**.

Arbeitsaufwand m lavoro m necessario per realizzare qc: **der** ~ **für die Reparatur**, il lavoro necessario alla riparazione; **etw mit geringem/großem** ~ **erreichen**, ottenere/realizzare qc con un minimo/grande dispendio di energia.

arbeitsaufwendig, **arbeitsaufwändig** adj che richiede molto lavoro, impegnativo.

Arbeitsausfall m: **aufgrund defekter Maschinen kam es zu einem fünfstündigen** ~, a causa di macchinari difettosi il lavoro ha subito un'interruzione di cinque ore.

Arbeitsbedingungen subst <*nur pl*> condizioni f pl di lavoro.

Arbeitsbeginn m inizio m ₍del lavoro₎/[della giornata lavorativa].

Arbeitsbelastung f carico m di lavoro: **zwei Mitarbeiter sind ausgefallen, deshalb ist die momentane** ~ **sehr hoch**, mancano due collaboratori quindi c'è un sovraccarico di lavoro.

Arbeitsberater m (**Arbeitsberaterin** f) *adm* consulente mf del lavoro.

Arbeitsbereich m **1** (*Arbeitsgebiet*) campo m di lavoro, settore m lavorativo **2** (*Aufgabenbereich*) sfera f di competenza: **in jds** ~ **fallen**, ricadere nella sfera di competenza di qu, essere di competenza di qu **3** (*Räumlichkeiten*) ambiente m di lavoro.

Arbeitsbericht m resoconto m sul/[relativo al] lavoro svolto.

Arbeitsbeschaffung f **1** (*Arbeitsplatzbeschaffung*) creazione f di posti/occasioni di lavoro **2** (*Auftragsbeschaffung*): **diese Kontakte dienen der** ~, questi contatti servono a procurare lavoro.

Arbeitsbeschaffungsmaßnahme f *adm* (**Abk** ABM) misura f occupazionale, misura f/provvedimento m a sostegno dell'occupazione.

Arbeitsbeschaffungsprogramm n *adm* piano m per l'occupazione.

Arbeitsbescheinigung f certificato m di lavoro.

Arbeitsbesprechung f riunione f di lavoro.

Arbeitsbesuch m *pol* visita f di lavoro.

Arbeitsblatt n *inform* foglio m di calcolo elettronico; *Schule* foglio m con esercizi/compiti da fare.

Arbeitsbuch n libro m/quaderno m degli esercizi.

Arbeitsdatei f *inform* file m (di lavoro).

Arbeitsdienst m *hist* servizio m di lavoro obbligatorio.

Arbeitseifer m zelo m/sollecitudine f sul lavoro.

Arbeitseinstellung f **1** → **Arbeitsmoral 2** (*Arbeitsniederlegung*) astensione f dal lavoro, sciopero m.

Arbeitseinteilung f distribuzione f/organizzazione f del lavoro.

Arbeitsende n fine f del lavoro.

Arbeitsentgelt n *adm* retribuzione f, compenso m.

Arbeitserlaubnis f *adm* permesso m di lavoro: **eine** ~ **beantragen**, richiedere il permesso di lavoro.

Arbeitserleichterung f facilitazione f del lavoro: **der Computer bedeutet eine große** ~, il computer facilita molto il lavoro; **zur** ~, per agevolare/facilitare il lavoro.

Arbeitsessen n (*mittags*) colazione f di lavoro; (*abends*) cena f di lavoro.

Arbeitsexemplar n copia f di lavoro.

arbeitsfähig adj **1** {MENSCH} abile/idoneo al lavoro: **jdn** ~ **schreiben** (*nach Krankheit*), dichiarare qu abile al lavoro; **im** ~**en Alter**, in età lavorativa; **ich bin heute nicht** ~, oggi non sono in condizioni di lavorare **2** (*funktionsfähig*) {REGIERUNG} in grado di svolgere le proprie funzioni/mansioni, operativo.

Arbeitsfähigkeit f **1** {+MENSCH} abilità f/idoneità f al lavoro **2** (*Funktionsfähigkeit*) {+AUSSCHUSS, REGIERUNG} operatività f.

Arbeitsfeld n *geh* campo m/ambito m d'attività.

Arbeitsfläche f {+KÜCHE} piano m di lavoro.

arbeitsfrei adj {TAG, NACHMITTAG} libero (dal lavoro), di riposo.

Arbeitsfrieden, **Arbeitsfriede** m pace f sociale.

Arbeitsgang m fase f/stadio m di lavoro: **in einem einzigen** ~, in un'unica fase di lavoro; *industr* fase f di lavorazione.

Arbeitsgebiet n → **Arbeitsfeld**.

Arbeitsgemeinschaft f **1** gruppo m di lavoro; *Schule univ* gruppo m di studio **2** *ökon* (*Gruppe von Firmen*) consorzio m.

Arbeitsgenehmigung f → **Arbeitser-**

laubnis.
Arbeitsgerät n {+GÄRTNER, LANDWIRT} attrezzo m di lavoro.
Arbeitsgericht n *jur* tribunale m del lavoro.
Arbeitsgruppe f gruppo m di lavoro, équipe f, team m.
Arbeitshose f pantaloni m pl da lavoro.
Arbeitshypothese f ipotesi f di lavoro.
arbeitsintensiv adj **1** (*viel Arbeit erfordernd*) molto impegnativo **2** *ökon* {FERTIGUNG, SEKTOR} ad alto impiego di manodopera.
Arbeitskampf m conflitto m tra le parti sociali.
Arbeitskittel m camice m (da lavoro).
Arbeitskleidung f tenuta f/vestiti m pl da lavoro.
Arbeitsklima n atmosfera f/clima m sul posto di lavoro.
Arbeitskollege m (**Arbeitskollegin** f) collega mf (di lavoro).
Arbeitskraft f **1** <*nur* sing> (*Leistungskraft*) capacità f lavorativa, forza f lavoro: **die menschliche ~ ersetzen**, sostituire il lavoro dell'uomo **2** (*Mitarbeiter*) lavoratore (-trice) m (f): **Arbeitskräfte** (*als Sammelbegriff*), manodopera; **wie viele Arbeitskräfte sind in der Firma beschäftigt?**, quante persone lavorano nell'azienda?, qual è la forza lavoro dell'azienda?
Arbeitskräftemangel m carenza f/scarsità f di manodopera.
Arbeitskräfteüberhang m manodopera f in esubero.
Arbeitskreis m gruppo m di lavoro: **zum Thema «Saurer Regen» hat sich ein ~ gebildet**, si è costituito un gruppo di lavoro sull'argomento «piogge acide».
Arbeitslager n campo m di lavoro.
Arbeitsleben <-s, ohne pl> n vita f lavorativa.
Arbeitsleistung f rendimento m, prestazione f.
Arbeitslohn m compenso m, retribuzione f, paga f, salario m.
arbeitslos adj disoccupato, senza lavoro: **~ sein**, essere disoccupato/[senza lavoro]; **~ werden**, perdere il lavoro/[posto (di lavoro)]; **sich ~ melden**, iscriversi nelle liste di collocamento.
Arbeitslose <dekl wie adj> mf disoccupato (-a) m (f), senzalavoro mf.
Arbeitslosengeld n: **~ I** *D*, indennità f di disoccupazione; **~ II** *D*, assegno m minimo di sussistenza.
Arbeitslosenheer n esercito m dei disoccupati.
Arbeitslosenhilfe <-, ohne pl> f *D* (*früher*) sussidio m di disoccupazione.
Arbeitslosenquote f tasso m di disoccupazione: **eine ~ von 14%**, un tasso di disoccupazione del 14%.
Arbeitslosenunterstützung f → **Arbeitslosengeld**.
Arbeitslosenversicherung f "contributo m prelevato dalla busta paga per alimentare un fondo destinato ai disoccupati".
Arbeitslosenzahl f, **Arbeitslosenziffer** f numero m dei disoccupati.
Arbeitslosigkeit <-, ohne pl> f disoccupazione f: **in diesem Land herrscht eine hohe/starke ~**, in quel paese c'è ₍molta disoccupazione₎/[una disoccupazione molto alta].
Arbeitsmangel m mancanza f/carenza f di lavoro.

Arbeitsmarkt m mercato m del lavoro.
Arbeitsmarktpolitik f politica f occupazionale.
Arbeitsmarktreform f *pol* riforma f del mercato del lavoro.
Arbeitsmaschine f **1** macchina f da lavoro **2** *pej* (*Mensch*) macchina f (da lavoro).
Arbeitsmaterial n **1** (*Berufsmaterial*) materiale m di lavoro **2** *Schule* materiale m didattico, sussidi m pl didattici.
Arbeitsmedizin f medicina f del lavoro.
Arbeitsminister m (**Arbeitsministerin** f) ministro (*rar* -a) m (f) del lavoro.
Arbeitsministerium n ministero m del lavoro.
Arbeitsmittel n **1** (*Mittel für den Arbeitsprozess*) strumento m di lavoro **2** → **Arbeitsmaterial**.
Arbeitsmoral f atteggiamento m verso il lavoro: **keine ~ haben**, avere una condotta professionale poco seria; **was ist denn das für eine ~?**, che concezione del lavoro è mai questa?
Arbeitsnachweis m **1** (*Stellenvermittlung*) agenzia f/ufficio m di collocamento **2** (*Bescheinigung*) certificato m di lavoro.
Arbeitsniederlegung f *geh* astensione f dal lavoro, sciopero m.
Arbeitsort m luogo m di lavoro.
Arbeitspapier n **1** *bes. pol* (*schriftliche Ausarbeitung*) ipotesi f/bozza f di lavoro **2** <*nur* pl> (*beschäftigungsrelevante Unterlagen*) "documenti m pl richiesti per l'assunzione di un lavoratore dipendente"; (*in Italien*) libretto m di lavoro.
Arbeitspause f pausa f (di lavoro), break m, stacco m.
Arbeitspensum n (quantità f di) lavoro m da svolgere, quantità f di lavoro prestabilita, carico m di lavoro prestabilito: **sein ~ bewältigen**, esaurire il proprio carico di lavoro ₍come da programma₎/[prestabilito].
Arbeitspferd n **1** (*Lasttier*) cavallo m da lavoro/fatica/tiro **2** (*Mensch, der sehr viel arbeitet*) bestia f da soma.
Arbeitsplan m piano m di lavoro.
Arbeitsplatte f piano m di lavoro.
Arbeitsplatz m **1** (*Platz zum Arbeiten*) posto m di lavoro: **nicht an seinem ~ sein**, non essere al proprio posto (di lavoro) **2** (*Stelle*) posto m (di lavoro): **Arbeitsplätze schaffen/sichern**, ₍creare dei₎/[garantire i] posti di lavoro **3** *inform* risorse f pl del computer • **am ~**, sul (posto di) lavoro.
Arbeitsplatzabbau m → **Stellenabbau**.
Arbeitsplatzbeschreibung f descrizione f delle mansioni da svolgere, caratteristiche f pl del posto di lavoro.
Arbeitsplatzgarantie f posto m (di lavoro) garantito/assicurato.
Arbeitsplatzsicherung f tutela f/difesa f dei posti di lavoro.
Arbeitsplatzteilung f job sharing m.
Arbeitsplatzwechsel m cambio m (del posto) di lavoro.
Arbeitsprobe f saggio m del proprio lavoro.
Arbeitsprozess (*a.R.* Arbeitsprozeß) m **1** (*Arbeitsablauf*) processo m produttivo **2** (*Arbeitswelt*) mondo m del lavoro: **jdn wieder in den ~ eingliedern**, reinserire qu nel mondo del lavoro.
Arbeitsraum m → **Arbeitszimmer**.
Arbeitsrecht <-(e)s, ohne pl> n *jur* diritto m del lavoro.
arbeitsrechtlich adj *jur* {ANGELEGENHEIT,

STREITFALL} di diritto del lavoro: **~e Literatur**, dottrina in materia di diritto del lavoro.
arbeitsreich adj {JAHR, TAG, WOCHE} pieno di lavoro, denso di impegni (di lavoro): **er hat ein ~es Leben hinter sich**, ha sempre lavorato molto in vita sua.
Arbeitsrhythmus m ritmo m di lavoro.
Arbeitsrichter m (**Arbeitsrichterin** f) giudice m del lavoro.
arbeitsscheu adj *pej* sfaccendato, sfaticato.
Arbeitsscheue <dekl wie adj> mf *pej* scansafatiche mf, lavativo (-a) m (f), fannullone (-a) m (f), scioperato (-a) m (f).
Arbeitsschritt m fase f/stadio m di lavoro.
Arbeitsschutz m tutela f del lavoro: **aus Gründen des ~es**, per motivi di sicurezza (sui luoghi di lavoro).
Arbeitsschutzbestimmung f norma f relativa alla tutela del lavoro.
Arbeitsschutzgesetzgebung f legislazione f del lavoro.
Arbeitssicherheit f sicurezza f sul lavoro.
Arbeitssitzung f riunione f di lavoro.
Arbeitsspeicher m *inform* memoria f principale, RAM f.
Arbeitssprache f (*bei einem Kongress, in einer EU-Kommission*) lingua f ufficiale dei lavori.
Arbeitsstätte f *geh* **1** (*Arbeitsort*) luogo m di lavoro **2** (*Arbeitszimmer*) studio m.
Arbeitsstelle f **1** (*Stellung*) posto m di lavoro **2** (*Arbeitsort*) luogo m di lavoro.
Arbeitsstunde f ora f₍di lavoro₎/[lavorativa]; (*berechnete Stunde in Werkstätten u. Ä.*) ora f di manodopera.
Arbeitssuche f ricerca f di lavoro: **auf ~ sein**, essere ₍alla ricerca di un₎/[in cerca di] lavoro.
Arbeitstag m giornata f₍di lavoro₎/[lavorativa]: **heute war ein sehr anstrengender ~**, oggi ho avuto una giornata di lavoro molto pesante/faticosa; **noch 20 ~e Urlaub haben**, avere ancora 20 giorni di ferie.
Arbeitstagung f convegno m.
arbeitsteilig **A** adj {GESELLSCHAFT} basato sulla divisione del lavoro **B** adv etw {BETREIBEN} applicando il principio della divisione del lavoro; {VORGEHEN} dividendosi il lavoro; {VERFAHREN, VORGEHEN} secondo il principio della divisione del lavoro.
Arbeitsteilung f divisione f del lavoro.
Arbeitstempo n ritmo m di lavoro.
Arbeitstier n **1** (*Tier zum Arbeiten*) animale m da lavoro **2** *fam* (*arbeitswütiger Mensch*) maniaco (-a) m (f) del lavoro, sgobbone (-a) m (f), stacanovista mf.
Arbeitstisch m tavolo m da lavoro; (*für geistige Arbeit*) *auch* scrivania f; (*für handwerkliche Arbeit*) banco m da lavoro.
Arbeitstitel m titolo m provvisorio.
Arbeitstreffen n incontro m di lavoro informale.
Arbeitsüberlastung f sovraccarico m/[carico m eccessivo] di lavoro: **wegen ~ ist es uns nicht möglich, ...**, a causa di un eccessivo carico di lavoro non siamo in grado di ...
arbeitsuchend adj → **Arbeit**.
Arbeitsuchende <dekl wie adj> mf "persona f in cerca di lavoro".
arbeitsunfähig adj inabile al lavoro: **er ist durch einen Unfall ~ geworden**, non è più in grado di lavorare a causa di un incidente; **jdn ~ schreiben**, dichiarare qu inabi-

Arbeitsunfähigkeit f inabilità f al lavoro: **dauernde ~**, invalidità permanente.
Arbeitsunfall m infortunio m/incidente m sul lavoro.
Arbeitsunterlage f <meist pl> materiale m di lavoro.
Arbeitsvergütung f retribuzione f.
Arbeitsverhältnis n jur rapporto m di lavoro: **ein ~ eingehen**, stipulare un contratto di lavoro; **jdn aus dem ~ entlassen**, licenziare qu; **das ~ mit jdm lösen** (ARBEITGEBER), recedere dal rapporto di lavoro con qu, licenziare qu; (ARBEITNEHMER) recedere dal rapporto di lavoro con qu, dare le dimissioni, licenziarsi; **in einem festen ~ stehen**, avere un impiego fisso.
Arbeitsvermittlung f 1 (Vermittlung einer Beschäftigung) (servizio m di) collocamento m: **diese Agentur ist für ~ zuständig**, quest'agenzia si occupa di procurare contatti di lavoro; **die ~ erfolgt über Computer**, la ricerca del posto di lavoro avviene tramite computer 2 (Abteilung im Arbeitsamt) (ufficio m di) collocamento m 3 (Vermittlungsagentur) agenzia f per il lavoro.
Arbeitsvertrag m contratto m di lavoro: **(un)befristeter ~**, contratto a tempo (in)determinato.
Arbeitsverweigerung f rifiuto m ˪di prestare l'attività lavorativa dovuta˩/[del lavoratore ad adempiere alla propria obbligazione contrattuale].
Arbeitsweise f 1 (Vorgehensweise) procedimento m di lavoro, modo m di lavorare 2 (Funktionsweise) {+COMPUTER, GERÄT, MASCHINE} funzionamento m.
Arbeitswelt f mondo m del lavoro.
arbeitswillig adj solerte, che ha voglia di lavorare: **ein ~er Angestellter**, un impiegato solerte; **~ sein**, avere voglia di lavorare.
Arbeitswillige <dekl wie adj> mf "persona f ˪che ha voglia di lavorare˩/[solerte sul lavoro]".
Arbeitswoche f settimana f lavorativa: **ich habe eine harte ~ hinter mir**, sono reduce da una settimana di lavoro pesante.
Arbeitswut f fam smania di lavorare, stacanovismo m scherz oder iron: **jdn packt die ~**, a qu prende la smania di lavorare.
arbeitswütig adj fam maniaco del lavoro.
Arbeitszeit f 1 (tägliche Arbeit) orario m di lavoro: **während der ~**, durante l'orario di lavoro 2 (benötigte Zeit) tempo m lavorato, ore f pl ˪di lavoro˩/[lavorative] ● **gleitende ~**, orario (di lavoro) flessibile.
Arbeitszeitgesetz n legge f sull'orario di lavoro.
Arbeitszeitkonto n conteggio m delle ore lavorate (di un lavoratore dipendente).
Arbeitszeitverkürzung f riduzione f dell'orario di lavoro.
Arbeitszeugnis n (lettera f di) referenze f pl.
Arbeitszimmer n studio m.
Arbitrage <-, -en> f Börse arbitraggio m.
arbiträr geh A adj arbitrario B adv arbitrariamente, in modo arbitrario.
archaisch adj geh 1 (veraltet) arcaico 2 (aus vorgeschichtlicher Zeit) {PLASTIK, STATUE} arcaico.
Archaismus <-, Archaismen> m ling arcaismo m.
Archäologe <-n, -n> m (**Archäologin** f) archeologo (-a) m (f).
Archäologie <-, ohne pl> f archeologia f.
Archäologin f → **Archäologe**.

archäologisch A adj archeologico B adv {ERFORSCHT, ERSCHLOSSEN} dal punto di vista archeologico; {INTERESSIERT, INTERESSIERTE} all'archeologia.
Arche <-, -n> f: **die ~ Noah** bibl, l'arca di Noè.
Archetyp m philos psych archetipo m.
archetypisch adj {SYMBOLE, VORSTELLUNGEN} archetipico.
archimedisch adj geom phys {AXIOM, KÖRPER, SCHRAUBE} di Archimede; **der ~e Punkt**, il punto di Archimede/appoggio.
Archipel <-s, -e> m geog arcipelago m.
Architekt <-en, -en> m (**Architektin** f) 1 (Baumeister) architetto (-a) m (f) 2 <nur m> geh (Schöpfer) ~ **einer S.** (gen) artefice m di qc.
Architektenbüro n studio m di architettura.
Architektenwettbewerb m concorso m di architettura, gara f d'appalto: **für den Bau der Staatsbibliothek wurde ein ~ ausgeschrieben**, è stato bandito un concorso tra architetti per la costruzione della biblioteca nazionale.
Architektin f → **Architekt**.
architektonisch A adj architettonico B adv architettonicamente, dal punto di vista architettonico; {VORGEBILDET} in architettura; {BEWANDERT} auch di architettura.
Architektur <-, -en> f 1 <nur sing> (Baukunst) architettura f 2 <nur sing> (Struktur) {+ROMAN, WERK} architettura f, struttura f, organizzazione f 3 inform architettura f.
Architekturbüro n studio m di architettura.
Architrav <-s, -e> m arch architrave m.
Archiv <-s, -e> n archivio m.
Archivar <-s, -e> m (**Archivarin** f) archivista mf.
Archivbild n foto f d'archivio.
Archivexemplar n copia f/esemplare m d'archivio.
archivieren <ohne ge-> tr geh **etw** ~ archiviare qc.
ARD <-, ohne pl> f 1 (Fernsehanstalt) Abk von Arbeitsgemeinschaft der öffentlich-rechtlichen Rundfunkanstalten der Bundesrepublik Deutschland: "radiotelevisione f pubblica tedesca" 2 (Kanal) primo canale m (della televisione pubblica tedesca): **in der ARD senden sie heute ...**, oggi il primo canale trasmette ...
Are <-, -n> f CH → **Ar**.
Areal <-s, -e> n 1 (Gebiet) area f, superficie f 2 biol (Verbreitungsgebiet) areale m.
Ären pl von Ära®.
Arena <-, Arenen> f 1 hist arena f 2 (Zirkusmanege) arena f, pista f 3 (Sportplatz) arena f, campo m 4 (Stierkampfarena) arena f 5 geh (Schauplatz) arena f, agone m lit ● **in die ~ steigen** (MATADOR), scendere nell'arena; (POLITIKER) auch scendere in campo/lizza.
arg <ärger, ärgste> A adj bes. süddt 1 (schlimm) {BELEIDIGUNG, FRECHHEIT, KATASTROPHE, VERLETZUNG, VERLUST} grave; {SCHICKSAL} brutto: **arges Wetter**, tempaccio; **ein arger Gestank**, un ˪odore orribile˩/[odoraccio]; **der/die/das ärgste ...**, il/la peggiore ...; **immer ärger**, di male in peggio; **mein ärgster Feind**, il mio peggior/acerrimo nemico; **das ist denn doch zu arg!**, (questo) è davvero troppo!, è il colmo! 2 <attr> (groß) {FREUDE, LIEBENSWÜRDIGKEIT} grande; {ENTTÄUSCHUNG} auch amaro 3 <attr> (stark) {GEDRÄNGE} gran(de); {RAUCHER, SÄUFER} forte B adv region molto, terribilmente fam: **arg teuer sein**, essere carissimo; **es geht ihm arg schlecht**, sta ˪proprio male˩/

[malissimo]; **jdn arg in Verlegenheit bringen** (jdn unsicher machen), mettere qu in serio imbarazzo; (jdn in Schwierigkeiten bringen) mettere qu in seria difficoltà; **hast du Lust? – Nicht so arg**, hai voglia? – Non tanta ● **das Ärgste befürchten**, temere/evitare il peggio; **ganz arg** fam: **ich hab dich ganz arg lieb**, ti voglio un gran bene; **aus dem Ärgsten heraus sein**, aver (ormai) superato il peggio; **im Argen liegen**: **im Gesundheitswesen liegt vieles im Argen**, ci sono tante cose che non vanno nel sistema sanitario; **etw noch ärger machen**, non fare (altro) che peggiorare qc; **jdm arg mitspielen** fam, giocare un ˪brutto tiro˩/[tiro mancino] a qu fam; **das Leben hat jdm (ganz schön) arg mitgespielt**, la vita ha messo qu a dura prova; **es zu arg treiben** fam, passare ogni limite, esagerare.
Argentinien <-s, ohne pl> n geog Argentina f.
Argentinier <-s, -> m (**Argentinierin** f) argentino (-a) m (f).
argentinisch adj argentino.
ärger adj kompar von arg.
Ärger <-s, ohne pl> m 1 (wütendes Gefühl) rabbia f: **seinen ~ an jdm auslassen**, sfogare la propria rabbia su qu 2 (Unannehmlichkeiten) noie f pl, seccature f pl, grane f pl fam, scocciature f pl fam: **der tägliche ~ im Büro**, le noie quotidiane in ufficio; **der dauernde ~ mit den Ämtern**, le continue seccature burocratiche ● **jd bekommt/kriegt ~** fam, qu passerà dei guai fam; **es gibt (mit jdm) ~** fam, ci sarà da litigare/discutere (con qu), ci saranno dei problemi (con qu); **jetzt gibt es ~!** fam, adesso succede un casino! slang; **grün und gelb/blau vor ~** fam, verde/nero (-a)]/[di tutti i colori] dalla rabbia; **~ haben**, avere delle noie/seccature; **mit jdm/etw ~ haben**, avere dei problemi con qu/qc; (jdm) **~ machen/bereiten**, procurare delle noie/seccature (a qu); {PERSON}, creare dei problemi (a qu); **mach keinen ~!** fam, non rompere! fam; **so ein ~!**, che seccatura!; **vor ~**, dalla rabbia; **zu meinem/seinem (großen) ~**, con mia/sua (grande) rabbia.
ärgerlich A adj 1 (verärgert) {BLICK} irritato; {STIMME, TON} seccato; **~ sein** (˪auf jdn˩/[über jdn/etw akk]), essere seccato fam (˪con qu˩/[per qc]), esserselo presa (˪con qu˩/[per qc]); **sei nicht ~!**, non prendertela!; **~ darüber sein, dass ...**, essere seccato (-a) fam perché ..., esserselo presa perché ...; **jdn ~ machen** {JDS VERHALTEN}, irritare qu, seccare qu fam, infastidire qu; **es macht mich ~ zu sehen, wie hier gearbeitet wird**, mi irrita vedere come si lavora qui; **leicht/schnell ~ werden**, prendersela/irritarsi/seccarsi fam ˪per un nonnulla˩/[facilmente] 2 (unangenehm) {ANGELEGENHEIT, SACHE, VORFALL} fastidioso, seccante fam: **(für jdn) ~ sein**, essere un fastidio/una seccatura/una scocciatura fam/[una rottura (di scatole) fam] (per qu); **es ist ~, dass ...**, è seccante che ...; **das Ärgerliche an der Sache ist, dass ...**, la vera seccatura/scocciatura in tutta questa faccenda è ... B adv {REAGIEREN} con irritazione; {ANSEHEN} auch con aria irritata/scocciata; {ANTWORTEN} con tono irritato/seccato: **seine Stimme klang ~**, dalla voce sembrava infastidito/scocciato ● **wie ~!**, che seccatura/scocciatura fam/[rottura (di scatole)]! fam.
ärgern A tr (ungehalten machen) **jdn** (**mit etw** dat) ~ infastidire qu (con qc), irritare qu (con qc), seccare qu (con qc), far arrabbiare qu (con qc); **es ärgert jdn, dass ...**, a qu secca fam ˪che ... konjv˩/[... inf]; **es ärgert mich, dass ich das nicht bemerkt habe**, mi

secca non essermene accorto (-a); **ein Tier ~**, stuzzicare un animale **B** rfl **sich (über jdn/etw) ~** arrabbiarsi (*con qu/per qc*), irritarsi (*per qc*), infastidirsi (*per qc*), prendersela (*con qu/per qc*): **ich habe mich schrecklich über ihn/[sein Verhalten] geärgert**, me la sono presa terribilmente ⌊con lui⌋/[per il suo comportamento] ● **sich ⌊grün und blau⌋/[schwarz] ~** *fam*, diventare verde/[nero (-a)]/[di tutti i colori] dalla rabbia; **sich krank/tot ~** *fam*, mangiarsi/rodersi il fegato, farsi venire il ⌊mal di fegato⌋/[fegato grosso]; **nicht ~, nur wundern!** *fam*, non arrabbiarti, prendila con filosofia!

Ärgernis <-ses, -se> *n* **1** <*nur sing*> (*etwas Anstößiges*) (oggetto *m*/motivo *m* di) scandalo *m* **2** <*meist pl*> (*Unannehmlichkeit*) noia *f*, seccatura *f*, fastidio *m*: **die ~se des Alltags**, i piccoli contrattempi della vita quotidiana; **die ~se im Beruf**, le noie/seccature sul lavoro ● **~ erregen, bei jdm ~ erregen**, fare/suscitare scandalo, scandalizzare qu; **ein öffentliches ~**, un oltraggio al pudore; **ein ~ sein** (*Anstoß erregen*), essere uno scandalo; (*ärgerlich sein*), essere una seccatura.

ärgester, ärgeste, ärgestes, ärgster, ärgste, ärgstes adj superl von arg.

Arglist *f* **1** *geh* (*Hinterlist*) malizia *f*, perfidia *f* **2** *jur* dolo *m*.

arglistig **A** adj **1** *geh* (*hinterlistig*) {PLAN} perfido; {MENSCH} *auch* malizioso, subdolo **2** *jur* {TÄUSCHUNG} doloso **B** adv con malizia/perfidia, in modo subdolo, maliziosamente.

arglos *geh* **A** adj {BEMERKUNG, FRAGE, MENSCH} senza/[privo di] malizia, innocente, ingenuo **B** adv **1** (*ohne Täuschungsabsicht*) senza malizia, in modo del tutto innocente, in buona fede **2** (*vertrauensselig*) ingenuamente.

Arglosigkeit <-, *ohne pl*> *f* innocenza *f*, ingenuità *f*, candore *m*: **jds ~ bezweifeln**, dubitare della buona fede di qu; **voller ~ sein** {BEMERKUNG, FRAGE}, essere del tutto privo di malizia.

Argument <-(e)s, -e> *n* **1** argomento *m*: **ein stichhaltiges ~**, un solido/valido argomento **2** *math* argomento *m* **3** *ling* argomento *m* ● **das ist doch kein ~!**, (questo) non è un argomento/motivo valido!; (*das ist unsinnig*) (questo) non c'entra niente!; **kein ~ für etw (akk) sein**, non essere ⌊una buona ragione⌋/[un valido motivo] per qc; **kein ~ gegen etw (akk) sein**: **Globalisierung ist kein ~ gegen die Aufrechterhaltung der sozialen Leistungen**, la globalizzazione non esclude il mantenimento dello stato sociale.

Argumentation <-, -en> *f* ragionamento *m*, argomentazione *f*: **ich kann seiner ~ nicht folgen**, non riesco a seguire il suo ragionamento.

Argumentationsgrundlage *f* *geh* pezza *f* d'appoggio.

argumentativ *geh* **A** adj {BEGRÜNDUNG, BEWEISFÜHRUNG} argomentativo, sostenuto da argomenti (validi) **B** adv **1** {SCHWACH, ÜBERZEUGEND} dal punto di vista argomentativo/[del ragionamento]: **~ ist er wenig überzeugend**, il suo ragionamento è poco convincente **2** {ÜBERZEUGEN, WIDERLEGEN} argomentando, con delle argomentazioni (valide): **jdm ~ nicht standhalten können**, non avere argomenti sufficienti per reggere il confronto con qu.

argumentieren <*ohne ge*-> *itr* **1** (*debattieren*) (**mit jdm**) **~** argomentare (*con qu*), ragionare (*con qu*) **2** (*als Argument anführen*) **mit etw** (dat) **~** addurre qc come argomento.

Argusaugen subst <*nur pl*> *geh* occhi *m pl* d'Argo ● **mit ~n** {BEOBACHTEN, VERFOLGEN},

con occhi di lince; {BEWACHEN, ÜBER JDN WACHEN}, con occhio vigile.

Argwohn <-(e)s, *ohne pl*> *m* *geh* sospetto *m*, diffidenza *f*: **jdn/etw mit ~ betrachten**, guardare qu/qc con diffidenza/sospetto ● **jds/[bei jdm] ~ erregen**, destare/suscitare i sospetti di qu; **gegen jdn ~ hegen** *geh*, avere/nutrire (dei) sospetti su qu; **voller ~**, pieno di diffidenza; **jds ~ zerstreuen**, dissipare i sospetti di qu.

argwöhnen *tr* *geh* **etw ~** sospettare qc: **~, dass ...**, sospettare che ... *konj*.

argwöhnisch *geh* **A** adj sospettoso, diffidente: **~ werden**, cominciare a insospettirsi; **gegen jdn ~ werden**, cominciare a nutrire sospetti su qu; **das ließ ihn ~ werden**, questo lo insospettì **B** adv {BEÄUGEN, BEOBACHTEN, MUSTERN} con aria sospettosa, con diffidenza.

Ariadnefaden *m* *geh* filo *m* di Arianna.

Arie <-, -n> *f* *mus* aria *f*: **eine ~ schmettern**, cantare un'aria con forza/passione; **eine ~ singen**, cantare un'aria.

Arier <-s, -> *m* (**Arierin** *f*) **1** *hist* (*Indoeuropäer*) ario *m* **2** (*im Nationalsozialismus: Mensch germanischer Rasse*) ariano (-a) *m* (*f*).

arisch adj **1** (*indoeuropäisch*) ario **2** (*im Nationalsozialismus: reinrassig germanisch*) ariano.

arisieren <*ohne ge*-> *tr* *hist* (*im Nationalsozialismus*) **etw ~** {LAND, STADT, VIERTEL} arianizzare qc.

Aristokrat <-en, -en> *m* (**Aristokratin** *f*) aristocratico (-a) *m* (*f*).

Aristokratie <-, -n> *f* **1** <*nur sing*> *pol* aristocrazia *f* **2** (*Adelsstand*) aristocrazia *f*, nobiltà *f* **3** <*nur sing*> (*Vornehmheit*) {+GEIST, WESEN} aristocrazia *f*, nobiltà *f*, raffinatezza *f*.

Aristokratin *f* → **Aristokrat**.

aristokratisch adj {STAATSFORM} aristocratico; {GESICHTSZÜGE} *auch* raffinato.

Aristoteles <-, *ohne pl*> *m* Aristotele *m*.

Arithmetik <-, *ohne pl*> *f* *math* aritmetica *f*.

arithmetisch adj <*attr*> aritmetico.

Arkade <-, -n> *f* *arch* **1** (*Bogen*) arcata *f* **2** <*meist pl*> (*Bogengang*) portico *m* **3** (*überdachte Einkaufsstraße*) galleria *f*.

Arkadien <-s, *ohne pl*> *n* *geh* arcadia *f*.

Arkadier <-s, -> *m* (**Arkadierin** *f*) *geh* arcade *mf*.

arkadisch adj *geh* {DICHTUNG, MALEREI} arcade, arcadico.

Arktis <-, *ohne pl*> *f* *geog* Artide *f*.

arktisch adj <*attr*> **1** (*die Arktis betreffend*) artico **2** (*wie in der Arktis*) {KÄLTE, TEMPERATUREN} polare.

arm <*ärmer, ärmste*> adj **1** (*besitzlos*) {FAMILIE, MENSCH} povero: **arm werden**, impoverir(-si), diventare povero (-a) **2** (*bedauernswert*) {MENSCH, TIER} povero: **er ist ein armer Kerl!**, è un poverino/poverino/poveretto!, è un povero cristo! **3** (*wenig ergiebig*) {BODEN} povero, misero: **arm an etw** (dat) **sein**, essere povero/carente/scarso di qc ● **arm dran sein** *fam*, essere messo/ridotto male *fam*, essere malmesso; **geistig arm sein**, essere povero/carente sul piano intellettuale; **jdn arm machen**, impoverire qu, rovinare qu; **du machst mich noch mal arm!** *fam*, mi porterai alla rovina!; **jdn um etw** (akk) **ärmer machen** (DIEB UM GELD), alleggerire qu di qc; **Arm und Reich**, ricchi e poveri, i ricchi e i poveri; **um jdn/etw ärmer sein/werden**, ⌊aver perso⌋/[perdere] qu/qc.

Arm <-(e)s, -e> *m* **1** *anat* braccio *m* **2** (*Fangarm*) {+KRAKE, POLYP} tentacolo *m* **3** (*Zugriff*) {+GERECHTIGKEIT, GESETZ}; {+MAFIA} tentacolo *m*: **jds Arm reicht weit**, qu ha

le braccia lunghe, qu arriva dappertutto; **der Arm des Gesetzes ⌊reicht weit⌋/[ist lang]**, il braccio della legge arriva dappertutto **4** (*Flussarm*) braccio *m*, diramazione *f*, ramo *m* **5** (*Ärmel*) manica *f*: **ein Kleid mit kurzem/langem Arm**, un vestito a maniche corte/lunghe **6** (*abzweigender Teil*) {+KRAN, KREUZ, LEUCHTER, WAAGE, WEGWEISER} braccio *m* **7** (*Armlehne*) bracciolo *m* **8** *fam* *euph* (*Arsch*) didietro *m*; (*blöde Person*) stronzolone *m* ● **jdn mit offenen Armen aufnehmen/empfangen**, accogliere qu a braccia aperte; **jdm den Arm bieten/leihen/reichen** *geh*, offrire/dare il braccio a qu; **sich** (dat) **den Arm brechen**, rompersi/fratturarsi il braccio; **jdm in den Arm fallen** (*jdn an etw hindern: an einem positiven Vorhaben*), mettere i bastoni fra le ruote a qu; (*an einem negativen Vorhaben*), bloccare qu, fermare qu; **jdm in die Arme fallen**, cadere tra le braccia di qu; **jdm (mit etw dat) unter die Arme greifen**, dare/tendere una mano a qu (con qc); **jdn auf dem Arm halten/haben/tragen** {KLEINES KIND}, tenere/avere/portare in braccio/collo qu; **jdn ⌊im Arm⌋/[in den Armen] halten**, tenere qu tra le braccia; **sie halten sich in den Armen**, si tengono fra le braccia; **Arm in Arm**, a braccetto, sottobraccio; **einen langen Arm haben**, essere molto influente; **den längeren Arm haben**, avere il coltello dalla parte del manico; **jdm in die Arme laufen** *fam* (*jdm zufällig begegnen*), imbattersi in qu, incappare in qu; **sich in den Armen liegen**, stare abbracciati; **sich aus jds Armen lösen** *geh*, liberarsi dall'abbraccio di qu; **jds Arm nehmen**, prendere qu per il braccio; **jdn auf den Arm nehmen** (*jdn auf den Arm heben*), prendere in braccio/collo qu; *fam* (*jdn veräppeln*), prendere in giro qu; **jdn in die Arme nehmen**, prendere tra le braccia qu; **jdn in die Arme schließen** *geh*, stringere qu tra le braccia; **sich** (dat) **in die Arme sinken**, lasciarsi cadere l'uno (-a) nelle braccia dell'altro (-a); **jdn jdm/etw in die Arme treiben**, spingere qu tra le braccia di qu/qc; **jdm den Arm umdrehen**, torcere il braccio a qu; **unter dem Arm** {HABEN, TRAGEN}, sottobraccio; **jds verlängerter Arm**, la lunga mano di qu, la longa manus di qu; **die Arme verschränken**, incrociare le braccia, mettersi a braccia conserte; **mit verschränkten Armen** {DABEISTEHEN, ZUSEHEN}, con le mani in mano; **ein/zwei/drei Arm voll etw**, una/due/tre bracciate di qc: **ein/zwei Arm voll Holz**, ⌊una bracciata⌋/[due bracciate] di legna; **sich jdm/etw in die Arme werfen**, gettarsi nelle/[tra le] braccia di qu, darsi a qu.

armamputiert adj amputato di un braccio: **linksseitig ~**, amputato del braccio sinistro.

Armatur <-, -en> *f* <*meist pl*> **1** (*Bedienungsteil*) {+AUTO, FLUGZEUG} strumenti *m pl* di comando, apparecchiatura *f* di controllo **2** (*Mischbatterie*) {+DUSCHE, WASCHBECKEN} rubinetteria *f*.

Armaturenbrett *n* quadro *m*/pannello *m* di comando, cruscotto *m*.

Armband <-(e)s, -bänder> *n* **1** (*Schmuckarmband*) braccialetto *m*, bracciale *m* **2** (*Uhrenarmband*) cinturino *m*, braccialetto *m*.

Armbanduhr *f* orologio *m* da polso.

Armbeuge *f* *anat* piega *f* del braccio.

Armbinde *f* **1** (*Kennzeichen*) {+BLINDE, PERSONAL} bracciale *m* **2** *med* benda *f*/fascia *f* al braccio: **den Arm in einer ~ tragen**, avere un braccio al collo.

Armbruch *m* *med* frattura *f* del braccio.

Armbrust *f* *hist* balestra *f*.

Arme <*dekl wie adj*> *mf* povero (-a) *m* (*f*): **die**

~n, i poveri • **(ach,) du/Sie ~(r)!** *iron,* (oh) povero (-a) te/Lei!, poverino (-a)!; **der Ärmste!** *auch iron,* quel ₁povero disgraziato₁/[poveraccio]!; **die Ärmsten der Armen,** i più poveri tra i poveri; **ich ~(r)!** *auch iron,* povero (-a) me!; **die neuen ~n,** i nuovi poveri; **es *trifft* ja keinen Armen!** *fam,* ricco (-a) com'è, non se ne accorge nemmeno!, tanto non patisce, con tutti i soldi che ha!

Armee <-, -n> f **1** *mil (Heer)* esercito m, forze f pl armate; *(Heereseinheit)* armata f **2** *fam (riesige Mengen)* ~ **von jdm/etw** esercito m *di qu/qc* • **die Rote ~** *hist,* l'Armata Rossa.

Ärmel <-s, -> m manica f • **(sich dat) die ~ hochkrempeln** *fam,* rimboccar(si) le maniche; **etw aus dem ~ schütteln** *fam* {ANTWORT, GELD, LÖSUNG}, tirare fuori qc; *(mit Leichtigkeit tun),* fare qc a occhi chiusi; **ich kann die Übersetzung dieses Gedichts doch nicht aus dem ~ schütteln!,** non posso mica fare la traduzione di questa poesia così su due piedi!

Ärmelaufschlag m risvolto m della manica.

Armeleuteessen n mangiare m dei poveri.

Ärmelkanal m *geog* (canale m della) Manica f.

ärmellos adj senza/[privo di] maniche: **ein ~es, tief ausgeschnittenes Kleid,** un vestito senza maniche e molto scollato.

Armenhaus n **1** *hist* ospizio m (di mendicità) **2** *(arme Region)* area f/zona f depressa: **Portugal war lange Zeit das ~ Europas,** in Europa il Portogallo è stato a lungo l'ultima ruota del carro.

Armenien <-s, ohne pl> n *geog* Armenia f.

Armenier <-s, -> m **(Armenierin** f) armeno (-a) m (f).

armenisch adj armeno.

Armenküche f mensa f dei poveri.

Armenrecht n *jur hist* gratuito patrocinio m.

Armenviertel n quartiere m povero.

ärmer adj *kompar von* arm.

Armeslänge f *geh:* **ich konnte mich noch so anstrengen, er war mir immer eine ~ voraus,** per quanto mi sforzassi, mi precedeva sempre di un palmo.

Armesündermiene, Armsündermiene f *fam* aria f da cane bastonato *fam*.

armieren <ohne ge-> tr *etw* ~ {BETON, KABEL} armare qc.

Armin m *(Vorname)* Arminio.

armlang adj ₁lungo (come)₁/[della lunghezza di] un braccio.

Armlänge f **1** *(Länge der Arme beim Maßnehmen)* lunghezza f delle braccia **2** *(als ungefähres Längenmaß)* braccio m **3** *(Länge der Ärmel)* lunghezza f delle maniche.

Armlehne f bracciolo m.

Armleuchter m **1** *(Leuchter)* candelabro m (a bracci) **2** *fam pej (Dummkopf)* cretino (-a) m (f), imbecille mf.

ärmlich A adj **1** *(kümmerlich)* {AUSSTATTUNG, KLEIDUNG, WOHNUNG} povero, misero: **einen ~en Eindruck machen** {MENSCH, WOHNUNG}, dare un'impressione di miseria/povertà; **aus ~en Verhältnissen kommen,** provenire da un contesto povero **2** *(dürftig)* {ESSEN, MAHLZEIT} povero, misero B adv {AUSGESTATTET, GEKLEIDET SEIN} poveramente, miseramente; {LEBEN} *auch* in povertà: ~ **wohnen,** vivere in condizioni di povertà.

Ärmlichkeit <-, ohne pl> f **1** {+KLEIDUNG, VERHÄLTNISSE} povertà f **2** {+ESSEN, MAHLZEIT} povertà f.

Armloch n giromanica m.

Armmuskel m *anat* muscolo m del braccio; *(Bizeps)* bicipite m del braccio.

Armprothese f braccio m artificiale, protesi f del/al braccio.

Armreif <-(e)s, -e>, **Armreifen** m *(am Handgelenk)* braccialetto m, bracciale m; *(am Oberarm)* bracciale m alla schiava.

armselig adj **1** *(primitiv)* {BEHAUSUNG, HÜTTE, VIERTEL} misero; {LEBEN} *auch* miserabile **2** *(dürftig)* {ESSEN, MAHLZEIT} povero, misero **3** *(erbärmlich)* {AUSFLUCHT, AUSREDE} meschino; {FEIGLING, GEHALT, HONORAR, LÜGNER} *auch* miserabile: **ein ~er Mensch,** un poveruomo/pover'uomo.

Armseligkeit <-, ohne pl> f **1** *(Primitivität)* miseria f **2** *(Dürftigkeit)* {+ESSEN, MAHLZEIT} povertà f **3** *(Erbärmlichkeit)* {+AUSREDE, SUMME} meschinità f.

Armsessel m poltrona f a braccioli.

ärmster, ärmste, ärmstes adj *superl von* arm.

Armstumpf m braccio m monco, moncherino m.

Armstütze f *autom* bracciolo m.

Armsündermiene f → **Armesündermiene**.

Armut <-, ohne pl> f **1** *(Mittellosigkeit)* povertà f, miseria f: **in bitterer ~ leben,** vivere nella miseria più squallida/nera; **in manchen Landesteilen herrscht noch bittere ~,** in alcune zone del paese c'è ancora un'estrema povertà **2** *(Dürftigkeit)* {+AUSDRUCK, FORMULIERUNGEN, STIL} povertà f: ~ **an etw** (dat), povertà di qc • *geistige* ~ {+MENSCH, VOLK}, povertà intellettuale/spirituale: *neue* ~, nuova povertà.

Armutsfalle f: **in die ~ geraten,** rischiare (di scivolare nel)la povertà; **der ~ entkommen,** uscire dalla povertà.

Armutsgrenze f soglia f di povertà.

Armutszeugnis n: **sich (dat) (mit etw** dat) **ein ~ ausstellen,** dare prova della propria incapacità (facendo qc); **ein ~ für jdn sein,** essere prova dell'incapacità/inettitudine di qu; *(moralisch)* essere una dimostrazione di incapacità da parte di qu; **die hohe Arbeitslosigkeit in Ostdeutschland ist ein ~ für das wieder vereinigte Deutschland,** l'alto tasso di disoccupazione nelle regioni orientali del paese è una prova tangibile dei limiti della Germania riunificata.

Armvoll m → **Arm**.

Arnika <-, -s> f *bot* arnica f.

Arnold m *(Vorname)* Arnaldo, Arnoldo.

Aroma <-s, -s *oder* Aromen *oder geh* Aromata> n **1** *(Geruch)* {+FRUCHT, GEWÜRZ, KAFFEE, TEE, WEIN} aroma m **2** *(Geschmack)* aroma m, sapore m **3** *(-stoff)* aroma m.

Aromatherapie f aromaterapia f.

aromatisch A adj **1** *(angenehm duftend)* {GEWÜRZ, TABAK, TEE} aromatico: ~**er Duft,** aroma **2** *(würzig)* {WEIN} aromatico; {SPEISE} *sapore* gustoso: ~**er Geschmack,** aroma B adv **1** *(voller Aroma):* ~ **duften,** avere un buon aroma **2** *(würzig):* ~ **schmecken,** essere saporito.

aromatisieren <ohne ge-> tr *etw* ~ aromatizzare qc.

Aronstab, Aronsstab m *bot* aro m, gigaro m.

Arrak <-s, -e *oder* -s> m *gastr* arak m.

Arrangement <-s, -s> n *geh* **1** *(Übereinkunft)* accordo m, accomodamento m, intesa f, arrangiamento m: **ein ~ mit jdm treffen,** giungere a un accomodamento/un'intesa con qu **2** *(künstlerische Gestaltung)* {+MUSIKSTÜCK} arrangiamento m, adattamento m; {+THEATERSTÜCK} adattamento m, riduzione f; {+FEST, VERANSTALTUNG} allestimento m, organizzazione f **3** *(künstlerisch Angeordnetes)* composizione f.

arrangieren <ohne ge-> A tr **1** *(organisieren)* *etw* **(für jdn)** ~ {REISE} organizzare qc *(per qu)*; {FEST, VERANSTALTUNG} *auch* allestire qc *(per qu)*; {BESUCH, TREFFEN} combinare qc *(a qu)*; {HOCHZEIT} combinare qc **2** *(gestalten)* *etw* ~ {BLUMEN, SITZGRUPPE} comporre qc **3** *mus* arrangiare qc, adattare qc B rfl **1** *(übereinkommen)* **sich ~** arrangiarsi, accomodarsi, trovare un accordo/accomodamento; **sich mit jdm** ~ trovare un accordo con qu **2** *(sich abfinden)* **sich (mit etw** dat) ~ {MIT DER UMWELT} scendere a compromessi *(con qc)*; {MIT DEN VERHÄLTNISSEN} imparare a convivere *con qc*.

Arrest <-(e)s, -e> m **1** *mil* {+FELDWEBEL, OFFIZIER} arresti m pl; {+SOLDAT} consegna f: ~ **haben** {FELDWEBEL, OFFIZIER}, essere agli arresti; {SOLDAT} essere consegnato; **in ~ kommen** {FELDWEBEL, OFFIZIER}, essere messo agli arresti; {SOLDAT} essere consegnato; **verschärfter ~,** arresti di rigore **2** *Schule hist* castigo m: **eine Stunde ~ haben,** stare in castigo per un'ora **3** *jur (Sicherstellung)* sequestro m: **dinglicher ~,** sequestro dei beni; **persönlicher ~,** arresto.

Arrestzelle f cella f di rigore.

arretieren <ohne ge-> tr *etw* ~ {HANDBREMSE} bloccare qc.

Arrhythmie f *auch med* aritmia f.

arrivieren <ohne ge-> itr <sein> *geh* arrivare, farsi strada; **zu etw** (dat) ~ arrivare a diventare qc.

arriviert adj *geh* **1** *(anerkannt)* {BÜRGER} arrivato; {KÜNSTLER, POLITIKER, SCHRIFTSTELLER} *auch* affermato, di successo; **arriviert sein,** essere arrivato **2** *pej (emporgekommen)* arrivato, arricchito.

Arrivierte <dekl wie adj> mf **1** *(anerkannte Person)* arrivato (-a) m (f), persona f arrivata/affermata/[di successo] **2** *pej (Emporkömmling)* arrivato (-a) m (f), arricchito (-a) m (f), parvenu m, arrampicatore (-trice) m (f) sociale.

arrogant *geh pej* A adj {MENSCH} arrogante, prepotente B adv {SICH VERHALTEN} da/[in modo] arrogante; {ANTWORTEN, JDN BEHANDELN} con arroganza.

Arroganz <-, ohne pl> f *pej* arroganza f.

Arsch <-(e)s, Ärsche> m *vulg* **1** *(Hintern)* culo m *fam* **2** *(blöder Kerl)* stronzo m *vulg,* testa f di cazzo m *vulg* • **sich (dat) den ~ abfrieren** *vulg,* gelarsi le chiappe *slang,* avere un freddo cane/boia; **jdm den ~ aufreißen** *vulg,* fare il culo *vulg;* **sich (dat) für jdn/etw den ~ aufreißen,** farsi il culo *vulg/* mazzo *vulg* per qc/qu, farsi un culo *vulg/* mazzo *vulg* così per qc/qu; **ich könnte mich in den ~ beißen, dass ...,** mi morderei le mani per ... *inf;* **jd bekommt/kriegt den ~ voll** *vulg,* a qu viene fatto il culo rosso *vulg;* **der kriegt den ~ voll, wenn er heimkommt!,** ₁gli faccio il culo rosso *fam*₁/[lo riempio di botte] quando torna a casa!; **auf den ~ fallen** *fam,* ₁battere il₁/[restare col] culo per terra *slang;* **ich bin ja fast auf den ~ gefallen, als ...,** sono rimasto (-a) lì come un idiota/un'idiota quando ...; **schmecken wie ~ und Friedrich** *fam* {KANTINEN-, MENSAESSEN}, fare schifo/vomitare, essere una schifezza *fam;* **für den ~ sein** *vulg* {ARBEIT}, andare a puttane *vulg;* **jdm steht der ~ auf Grundeis** *slang,* qu ha la strizza al culo *slang;* **seinen ~ nicht hochkriegen** *vulg,* non alzare/muovere il culo *vulg;* **einen kalten ~ haben/kriegen** *vulg,* tirare le cuoia; **jdm in den ~ kriechen** *vulg,* leccare le/[dare anche] il culo a qu *vulg*; **der/die kann mich (mal) am ~ lecken!** *vulg*, vada a ₁fare in culo₁/[farsi fottere]! *vulg*; **leck mich am ~!** *vulg*, vaffanculo! *vulg*; **der** *letzte* **~** *vulg*, un grande stronzo *vulg*; (*der Allerdümmste*), un gran cretino; **der letzte ~ hat einen Preis bekommen, nur du nicht!**, anche il più cretino ha preso un premio, solo tu no!; **du hast ja wohl den ~ offen/auf!** *vulg*, sei completamente fuori (di testa)! *fam*; **wie ein ~ mit Ohren aussehen** *slang*, avere la faccia di/da culo *vulg*; **~ mit Ohren!**, testa di cazzo! *vulg*; **am/im ~ sein** *slang* (*kaputt sein*), essere andato *fam*; **sich auf den/seinen ~ setzen** *slang* (*sich Mühe geben*), mettersi sotto *fam*; (*perplex sein*), restare/rimanere di sale *fam*; **beim Skifahren hat er sich voll auf den ~ gesetzt**, cadendo dagli sci ha battuto una gran culata; **jdn/jdm in den ~ treten** *vulg*, dare un calcio in culo a qu *vulg*; **etw geht jdm völlig am ~ vorbei** *vulg*, qu se ne (stra)fotte di qc *slang*, a qu non gliene frega un cazzo di qc *vulg*, qu se ne sbatte (le palle) di qc *vulg*; **am ~ der Welt (wohnen)** *slang*, (abitare) in culo al mondo *slang*; **den ~ zukneifen** *vulg*, tirare le cuoia.

Arschbacke f *vulg* chiappa f *fam*.

Arschficker m *vulg* **1** *pej* (*Homosexueller*) culattone m *vulg*, culo m rotto *vulg* **2** (*als Schimpfwort*) rotto m in culo *vulg*.

Arschgeige f *slang* stronzetto m.

arschkalt adj *fam*: **heute ist es ~**, oggi fa un freddo boia *fam*; **das Wasser ist ~**, l'acqua è fredda da morire.

Arschkarte f *vulg pej*: **jd hat die ~ gezogen**, qu ha avuto sfiga *slang*.

Arschkriecher m (**Arschkriecherin** f) *vulg pej* leccaculo mf.

Arschkrietscherei <-, -en> f *vulg pej* servilismo m, piaggeria f.

Arschloch n *vulg* **1** (*Anus*) buco m del culo *vulg* **2** (*Blödmann*) stronzo m *vulg*, faccia f da/di culo *vulg*, testa f di cazzo *vulg*, pezzo m di merda *vulg*.

Arschtritt m *slang* calcio m in culo *slang*: **(von jdm) einen ~ kriegen**, prendere un calcio in culo (da qu).

Arsen <-s, ohne pl> n *chem* arsenico m.

Arsenal <-s, -e> n **1** (*Vielzahl*) ~ + gen/**von etw** (dat pl) arsenale m *di qc* **2** (*Waffenlager*) arsenale m.

Art <-, -en> f **1** (*Sorte*) sorta f, genere m, specie f, tipo m: **ein Bursche der übelsten Art**, un tipo della peggior specie; **welche Art (von) Brot magst du am liebsten?**, che tipo di pane preferisci?; **diese Art Leute, Leute dieser Art**, questo genere/tipo di persone, gente di questa fatta; **Bauwerke dieser Art**, edifici di questo genere; **jede Art (von) Folter**, ogni genere di tortura; **Probleme besonderer Art haben**, avere dei problemi particolari **2** (*Methode*) modo m, maniera f: **auf die/diese Art (und Weise)**, in questo modo, in questa maniera; **auf die Art geht es am besten/schnellsten**, questo è il modo migliore/[più veloce]; **jds Art zu leben/schreiben**, il modo di vivere/scrivere di qu **3** (*Wesensart*) natura f, carattere m, indole f: **das ist so meine Art**, questo è il mio modo (di fare), sono fatto (-a) così; **das ist ganz ihre Art**, (questo) è da lei; **das ist eigentlich nicht seine Art**, a dir il vero non è da lui; **nicht jds Art entsprechen/sein**, non essere ₁nel carattere₁/[il modo di fare] di qu; **eine lebhafte/zurückhaltende Art haben**, avere un'indole vivace/riservata **4** (*Verhaltensweise*) maniere f pl, modi m pl: **versuch es auf die freundliche Art!**, provaci con le buone!; **ihre Art, auf Leute zuzugehen, ...**, il suo modo di avvicinarsi agli altri ...; **er hat so eine Art, die anderen zu kritisieren**, con quel modo che ha di criticare gli altri! **5** *biol* (*Spezies*) specie f **6** (*Stil*) maniera f: **in der Art von jdm** {MALEN, SCHREIBEN}, alla maniera di qu ● **aller Art**, di ogni genere/sorta, di tutti i tipi; **auf ... Art** {GRAUSAME, MERKWÜRDIGE, UNGEKLÄRTE}, in maniera ...; **auf meine/deine/seine/... Art**, a modo mio/tuo/suo ...; **einzig in seiner Art**, unico nel suo genere; **nach Art des Hauses** *gastr*, (specialità) della casa; **Gulasch nach Art des Hauses**, spezzatino della casa; **das ist doch keine Art!** *fam*, non è questo il modo (di comportarsi)!, non è così che ci si comporta!; **ist das vielleicht/etwa eine Art?** *fam*, ma che razza di maniere?!, ma che modi sono questi?!; **jeder auf seine Art**, ciascuno a suo modo; **nach ... Art**, nach Art ...: **nach** ₁**italienischer Art**₁/[**Art der Italiener**], all'italiana; **aus der Art schlagen**, dirazzare; **die schlägt ein wenig aus der Art**, (lei) ha dirazzato; **so eine Art (von)**, una specie di; **ist die Nachspeise eine Art Pudding?**, ma questo dessert è una specie di budino?

Art. Abk *von* Artikel: art. (Abk *von* articolo).

Artangabe f *gram* complemento m di modo.

Artdirector <-s, -s> m *art* director mf.

arteigen adj *biol* specie-specifico: **einer Pflanze/einem Tier ~ sein**, essere specifico di una pianta/un animale.

arten itr *geh* **nach jdm ~** prendere *da qu*.

artenreich adj *biol* {FAUNA, FLORA} ricco di specie.

Artenreichtum m → **Artenvielfalt**.

Artenschutz m *biol* protezione f delle specie, biodiversità f.

Artenschutzabkommen n convenzione f sulla protezione delle specie.

Artenschwund m, **Artensterben** n *ökol* estinzione f di una/alcune specie.

Artenvielfalt f *biol* molteplicità f delle specie, biodiversità f.

Arterhaltung f *biol* conservazione f della specie.

Arterie <-, -n> f *anat* arteria f.

arteriell adj arteriale.

Arterienverkalkung f *fam* → **Arteriosklerose**.

Arterienverschluss (a.R. Arterienverschluß) m *med* occlusione f di un'arteria.

Arteriografie, **Arteriographie** <-, -n> f *med* arteriografia f.

Arteriosklerose f *med* arteriosclerosi f: **an ~ leiden**, soffrire di arteriosclerosi.

artfremd adj *biol* {VERHALTEN} atipico; {EIWEISS} estraneo.

Artgenosse m (**Artgenossin** f) **1** *biol* congenere m: **ein Tier folgt instinktiv seinen ~n**, per istinto un animale segue i suoi simili **2** *fam* (*Mitmensch*) simile mf, pari mf.

artgerecht A adj {TIERHALTUNG, UNTERBRINGUNG} adeguato a una certa specie (animale) B adv {HALTEN, UNTERBRINGEN} rispettando le abitudini della specie (animale).

artgleich adj {PFLANZE, TIER} conspecifico, della stessa specie.

Arthritis <-, *Arthritiden*> f *med* artrite f.

arthritisch adj *med* artritico.

Arthrose <-, -n> f *med* artrosi f.

Arthroskopie <-, -n> f *med* artroscopia f.

Arthur, **Artur** m (*Vorname*) Arturo.

artifiziell adj *geh* artificiale; {FREUNDLICHKEIT} *auch* artefatto.

artig A adj {HUND, KIND} ubbidiente, buono: **eine ~ Verbeugung** *obs*, un bell'inchino; **sei schön ~!**, fa il bravo!/la brava!, comportati bene! B adv {BITTE SAGEN, DIE HAND GEBEN} come si deve, per benino.

Artigkeit <-, -en> f **1** <nur sing> (*Wohlerzogenheit*) buona educazione f **2** <nur pl> *obs* (*Komplimente*) complimenti m pl, convenevoli m pl: **sich** (dat) **~en sagen**, scambiarsi convenevoli.

Artikel <-s, -> m **1** (*geschriebener Text*) articolo m: **einen interessanten ~ in der Zeitung lesen**, leggere un articolo interessante sul giornale **2** *com* (*Ware*) articolo m: **einen ~ nachbestellen**, riordinare un articolo **3** *ling* articolo m: **der bestimmte/unbestimmte ~**, l'articolo determinativo/indeterminativo **4** (*Wörterbuchartikel*) voce f **5** *jur* (*im Gesetz, Vertrag*) articolo m.

Artikulation <-, -en> f **1** *geh* (*das Ausdrücken*) {+GEDANKE} articolazione f **2** *ling* articolazione f.

artikulieren <ohne ge-> *geh* A tr **1** (*aussprechen*) **etw irgendwie ~** articolare/pronunciare qc + *compl di modo* **2** (*zum Ausdruck bringen*) **etw ~** {BEDÜRFNISSE, FORDERUNGEN, GEDANKEN} articolare qc, formulare qc; {GEFÜHLE} *auch* esprimere qc, manifestare qc B rfl **sich** (*irgendwie*) **~** esprimersi (+ *compl di modo*): **sich artikuliert ausdrücken**, sapersi esprimere.

Artillerie <-, -n> f *mil* artiglieria f.

Artilleriebeschuss (a.R. Artilleriebeschuß) m *mil* tiro m d'artiglieria.

Artilleriefeuer n *mil* fuoco m d'artiglieria.

Artillerist <-en, -en> m artigliere m.

Artischocke <-, -n> f *bot* carciofo m.

Artischockenboden m fondo m di carciofo.

Artischockenherz n cuore m di carciofo.

Artist <-en, -en> m (**Artistin** f) (*Zirkusdarsteller*) artista mf (*del circo*₁/[di varietà]); (*Zirkuskusakrobat*) acrobata mf.

artistisch adj {FÄHIGKEITEN, KÖNNEN} da acrobata; {GLANZNUMMER, SENSATION} di alta acrobazia.

Artothek <-, -en> f "galleria f o museo m che dà in prestito opere d'arte a privati".

artverwandt adj *biol* di specie affine.

Arznei <-, -en> f medicinale m, medicina f *fam*, farmaco m: **eine ~ nehmen/verschreiben**, prendere/prescrivere una medicina ● **eine bittere ~** (*eine negative Erfahrung*), una pillola amara.

Arzneibuch n farmacopea f.

Arzneimittel n farmaco m, medicinale m, prodotto m farmaceutico.

Arzneimittelabhängigkeit f dipendenza f da farmaci, farmacodipendenza f.

Arzneimittelallergie f allergia f a un farmaco.

Arzneimittelentsorgung f smaltimento m dei farmaci (scaduti).

Arzneimittelforschung f ricerca f farmacologica.

Arzneimittelgesetz n "legge f che regolamenta la produzione e la vendita di medicinali".

Arzneimittelhersteller m industria f/casa f farmaceutica.

Arzneimittelkunde f farmaceutica f.

Arzneimittelmissbrauch (a.R. Arzneimittelmißbrauch) m abuso m di medicinali/farmaci.

Arzneimittelprüfung f controllo m (clinico) sui farmaci.

Arzneimittelzulassung f "autorizzazione f alla vendita di un farmaco".

Arzneipflanze f pianta f medicinale/officinale.

Arzt <-es, Ärzte> m (**Ärztin** f) medico m, dottore (-essa) m (f): **zum ~ gehen**, andare dal medico; **den ~ rufen**, chiamare il medico • **behandelnder ~**, medico curante; **... bis der ~ kommt fam** {ARBEITEN, LACHEN, TRINKEN}, ... a più non posso; {ZAHLEN} ... all'infinito; **praktischer ~**, medico generico.
Arztberuf m professione f medica.
Arztbesuch m visita f medica.
Ärztehaus n centro m medico.
Ärztekammer f ordine m dei medici.
Ärztemuster n campione m gratuito per medici.
Ärzteschaft <-, ohne pl> f categoria f dei medici.
Arzthelfer m (**Arzthelferin** f) assistente mf medico (-a).
Ärztin f → **Arzt**.
Arztkosten subst <nur pl> spese f pl mediche.
ärztlich A adj <attr> medico: **in ~er Behandlung sein**, essere in cura da/presso un medico; **auf ~en Rat**, su consiglio medico; **~es Gutachten**, perizia medica B adv 1 (durch einen Arzt): **sich ~ behandeln lassen**, ⌊farsi curare⌋/[essere in cura] da un medico; **sich ~ untersuchen lassen**, sottoporsi a un esame medico 2 (in medizinischer Hinsicht): **~ empfohlen**, raccomandato dal medico.
Arztpraxis f studio m medico.
Arztrechnung f parcella f/conto m del medico.
Arzttermin m appuntamento dal medico: **einen ~ ausmachen/vereinbaren**, fissare ⌊un appuntamento⌋/[una visita] dal medico.
As① , **as** <-, -> n mus la m bemolle: **As-Dur**, la bemolle maggiore; **as-Moll**, la bemolle minore.
As② a.R. von Ass → **Ass**.
Asbest <-(e)s, ohne pl> m min amianto m; (Serpentinasbest) asbesto m.
Asbestanzug m tuta f d'amianto.
Asbestbelastung f contaminazione f da amianto: **eine hohe ~ aufweisen**, presentare un'alta contaminazione da amianto.
Asbestfaser f fibra f d'amianto.
asbesthaltig adj che contiene amianto: **~e Abfälle**, rifiuti contenenti amianto.
Asbestose <-, -n> f med asbestosi f.
Asbestplatte f piastra f d'amianto.
Asbeststaub m polvere f d'amianto.
asbestverseucht adj contaminato dall'amianto.
Asbestverseuchung f contaminazione f/inquinamento m da amianto.
Asbestzement m bau fibrocemento m.
Aschanti <-, -> f, **Aschantinuss** (a.R. Aschantinuß) f A → **Erdnuss**.
Aschbecher m → **Aschenbecher**.
aschblond adj {HAAR} biondo cenere; {MÄDCHEN, TYP} dai capelli biondo cenere.
Asche <-, rar -n> f 1 (Verbrennungsrückstände) cenere f 2 <nur sing> geh (sterbliche Überreste) ceneri f pl 3 fam (Geld) quattrini m pl fam: **mit dieser Idee hat er ganz schön ~ gemacht**, con quell'idea ha fatto un sacco/pozzo di quattrini • **sich** (dat) **~ aufs Haupt streuen** geh, cospargersi il capo di cenere; **~ zu ~, Staub zu Staub** relig, ricordati uomo che sei polvere e polvere ritornerai; **zu ~ werden** {MENSCH, HAUS}, ritornare polvere; {GEGENSTAND, HAUS}, ridursi in cenere.
Aschenbahn f sport pista f in terra rossa.
Aschenbecher, **Aschbecher** m portacenere m, posacenere m.
Aschenbrödel <-s, -> n 1 (Märchenfigur) Cenerentola f 2 (ausgenutzte Frau) cenerentola f: **im Haus das ~ sein/abgeben**, essere la cenerentola della/di casa.
Aschenplatz m Tennis campo m in terra battuta/rossa.
Aschenputtel <-s, -> n → **Aschenbrödel**.
Aschenregen m pioggia f di cenere.
Ascher m fam → **Aschenbecher**.
Aschermittwoch m (mercoledì m delle) Ceneri f pl.
aschfahl adj {GESICHT} cinereo lit.
aschgrau adj {HAAR, KLEID} grigio cenere; {HIMMEL, TAG, TIER} bigio.
ASCII-Code, **ASCII-Kode** m inform codice m ASCII.
Ascorbinsäure f chem acido m ascorbico.
As-Dur n mus la m bemolle maggiore.
äsen A tr etw ~ {BLÄTTER, SPROSSEN} brucare qc B itr {WILD} cibarsi.
aseptisch adj med asettico, sterile: **etw ~ machen**, sterilizzare qc, rendere qc asettico (-a).
Äser pl von Aas.
Aserbaidschan <-s, ohne pl> n geog Azerbaigian m.
asexuell adj asessuale.
Asi <-s, -s> m slang pej coatto m slang.
Asiat <-en, -en> m (**Asiatin** f) asiatico (-a) m (f).
asiatisch adj asiatico, dell'Asia.
Asien <-s, ohne pl> n geog Asia f.
Askese <-, ohne pl> f 1 geh (enthaltsame Lebensweise) ascetismo m: **ein Leben in ~ führen**, condurre una vita ascetica/[da asceta] 2 relig ascesi f: **~ üben**, praticare l'ascesi.
Asket m (**Asketin** f) asceta mf.
asketisch geh A adj ascetico B adv {LEBEN} asceticamente, da asceta.
Askorbinsäure f chem → **Ascorbinsäure**.
Äskulapstab m bastone m di Esculapio.
as-Moll n mus la m bemolle minore.
asozial A adj asociale B adv in modo asociale: **sich ~ verhalten**, ⌊comportarsi da⌋/[avere un comportamento] asociale.
Asoziale <dekl wie adj> mf asociale mf.
Aspekt <-(e)s, -e> m 1 geh aspetto m: **ein Problem unter verschiedenen ~en betrachten**, considerare un problema sotto vari aspetti/[punti di vista]; **der ~ «Zeit» ist bei diesem Projekt nicht genügend berücksichtigt worden**, in questo progetto al fattore «tempo» non è stato dato sufficiente rilievo 2 ling aspetto m.
Asphalt <-(e)s, -e> m asfalto m.
Asphaltdecke f manto m d'asfalto.
Asphaltdschungel m fig pej giungla f d'asfalto.
asphaltieren <ohne ge-> tr etw ~ asfaltare qc.
Asphaltstraße f strada f asfaltata.
Aspik <-s, -e> m oder A n gastr aspic m: **Pute in ~**, un aspic di tacchino.
Aspirant <-en, -en> m (**Aspirantin** f) geh **~(in)** (**auf/für etw** akk) {AUF DEN DIREKTORENSESSEL, FÜR DEN INTENDANZPOSTEN} aspirante mf (a qc).
aspirieren <ohne ge-> tr ling etw ~ {VERSCHLUSSLAUT} aspirare qc.
Aspirin® <-s, ohne pl> n pharm aspirina® f.
Ass <-es, -e> n 1 Karten asso m 2 fam (Spitzenkönner) asso m: **sie ist ein Ass in Chemie**, è un asso in chimica 3 Tennis ace m.
aß 1. und 3. pers sing imperf von essen.
äße 1. und 3. pers sing imperf konj II von essen.
Assel <-, -n> f zoo isopode m; (Kellerassel) porcellino m di terra; (Mauerassel) onisco m.
Assembler <-s, -> m inform 1 (Programmiersprache) linguaggio m assemblatore 2 (Programm) (programma m) assemblatore m.
Assembling <-s, -> n ökon fusione f.
Assessmentcenter, **Assessment-Center** n assessment center m.
Assessor m (**Assessorin** f) jur "laureato (-a) m (f) in giurisprudenza che ha superato il secondo esame di stato".
Assimilation <-, -en> f 1 biol assimilazione f 2 geh (Anpassung) **~** (**an etw** akk) {AN BESTEHENDE VERHÄLTNISSE} adattamento m (a qc); {AN EINE NEUE UMGEBUNG} auch integrazione f (in qc) 3 soziol assimilazione f 4 psych assimilazione f 5 ling assimilazione f.
assimilieren <ohne ge-> A tr 1 biol etw ~ {BLATT, PFLANZE} assimilare qc 2 psych etw ~ {NEUE EINDRÜCKE, WAHRNEHMUNGEN} assimilare qc B rfl geh (sich anpassen) **sich** (**an etw** akk) ~ {AN BESTEHENDE VERHÄLTNISSE} adattarsi (a qc); {AN EINE NEUE UMGEBUNG} auch integrarsi (in qc), assimilarsi (a qc).
Assistent <-en, -en> m (**Assistentin** f) 1 univ ricercatore (-trice) m (f) (universitario (-a)), assistente mf (universitario (-a)) obs 2 med assistente mf (ospedaliero) 3 (Helfer) assistente mf, aiuto m, aiutante mf • **medizinisch-technischer ~** (Abk MTA), analista di laboratorio.
Assistentenstelle f posto m di ricercatore.
Assistentin f → **Assistent**.
Assistenz <-, rar -en> f assistenza f: **~ benötigen**, necessitare di assistenza; **mit der/unter ~ von jdm**, con l'assistenza di qu.
Assistenzarzt m (**Assistenzärztin** f) assistente mf (del/[di un] primario).
Assistenzprofessor m (**Assistenzprofessorin** f) univ professore (-essa) m (f) associato (-a).
assistieren <ohne ge-> itr (**bei etw** dat) ~ {ASSISTENZARZT, OP-SCHWESTER BEI EINER OPERATION} assistere il chirurgo (durante qc); **jdm** (**bei etw** dat) ~ assistere/coadiuvare qu (durante qc).
Assoziation <-, -en> f 1 geh (Verknüpfung) associazione f (d'idee), collegamento m: **eine bestimmte ~ haben**, stabilire una determinata associazione; **bestimmte ~en** (**in jdm**) **wecken/hervorrufen** {BILD, GEDICHT, LANDSCHAFT}, evocare ⌊certe immagini⌋/[certi ricordi] (in qu); ⌊**dieser Duft**⌋/[**dieses Wort**] **weckt angenehme ~en in mir**, ⌊questo profumo⌋/[questa parola] mi suscita ricordi piacevoli 2 bes. pol (Zusammenschluss) associazione f.
assoziativ adj geh associativo.
assoziieren <ohne ge-> tr geh (verknüpfen) **etw mit jdm/etw** ~ associare qc a qu/qc, mettere in relazione qc con qu/qc.
assoziiert adj geh pol {MITGLIED, STAAT} associato; **etw** (dat) ~ {DER EU, EINER STAATENGEMEINSCHAFT} associato a qc.
Ast <-(e)s, Äste> m 1 (Zweig) ramo m: **Äste treiben**, ramificare 2 (abzweigender Teil) {+FLUSS} ramo m: **sich in Äste teilen**, ramificarsi 3 anat {+BLUTGEFÄSS, NERV} ramificazione f, ramo m 4 (Astknoten) nodo m, nocchio m • **den Ast absägen, auf dem man sitzt** fam, tagliare il ramo su cui si è seduti, darsi la zappa sui piedi fam; **auf dem absteigenden Ast sein** fam {POLITIKER, SPORTLER}, essere sul viale del tramonto, perdere quota, essere in (fase di) declino; {FIRMA}, trovarsi/navigare in cattive acque; **auf dem aufsteigenden Ast sein** fam {POLITIKER, SPORTLER}, prendere quota, essere in (fase di) ascesa;

{*Firma*}, andare a gonfie vele; **einen Ast durchsägen** *fam scherz*, russare/ronfare come una locomotiva/un ghiro/una motosega; **sich** (**dat**) **einen Ast lachen** *fam*, piegarsi in due dalle risate, ridere a crepapelle *fam*.

AStA <-(*s*), -(*s*) *oder* **Asten**> m *univ Abk von* Allgemeiner Studentenausschuss: rappresentanti m pl degli studenti (universitari).

Aster <-, -*n*> f *bot* aster m, astro m; (*Sommeraster*, *Gartenaster*) astro m della Cina.

Asteroid <-*en*, -*en*> m *astr* asteroide m.

Astgabel f *bot* forcella f.

Ästhet <-*en*, -*en*> m (**Ästhetin** f) *geh* esteta mf.

Ästhetik <-, -*en*> f **1** (*Wissenschaft*) estetica f **2** <*nur sing*> (*Schönheit*) {+Bau, Körper, Skulptur} estetica f: **jdm fehlt der Sinn für ~**, qu non ha ₗsenso estetico₁/[il senso del bello] **3** <*nur sing*> (*Schönheitssinn*) senso m estetico.

Ästhetin f → **Ästhet**.

ästhetisch adj estetico: **das Ästhetische eines Kunstwerkes**, il valore estetico di un'opera d'arte; **~ bist du nicht gerade mit deinen fettigen Haaren!**, con quei capelli unti non sei ₗmolto estetico (-a)₁/[una delizia].

Ästhetizismus <-, *ohne pl*> m estetismo m.

Asthma <-*s*, *ohne pl*> n *med* asma f.

Asthmaanfall m attacco m d'asma.

Asthmatiker <-*s*, -> m (**Asthmatikerin** f) asmatico (-a) m (f).

asthmatisch A adj **1** (*durch Asthma ausgelöst*) {Anfall} d'asma; {Beschwerden, Röcheln} asmatico **2** (*an Asthma leidend*) {Patient} asmatico B adv: **~ bedingt**, di origine asmatica, provocato dall'asma; **~ keuchen**, ansare come un asmatico.

astigmatisch adj *med opt* astigmatico.

Astigmatismus <-, *ohne pl*> m *med phys* astigmatismo m.

Astknoten m nodo m (del legno), nocchio m.

astral adj {Einfluss, Welt} astrale.

astrein *fam* A adj **1** (*moralisch einwandfrei*) impeccabile, perfetto; {Kerl, Typ} a posto: **nicht ganz ~ sein** (*Geschäft*, *Sache*, *Witz*), essere poco pulito; {Kerl, Typ} essere un po' losco **2** (*hervorragend*) fantastico, stratosferico *fam* B adv (*prima*) {Spielen} da dio *fam*; {Sich verhalten} in modo fantastico: **~ schmecken**, essere da leccarsi i baffi.

Astrologe <-*n*, -*n*> m (**Astrologin** f) astrologo (-a) m (f).

Astrologie <-, *ohne pl*> f astrologia f.

Astrologin f → **Astrologe**.

astrologisch A adj <attr> {Buch, Zeitschrift} di astrologia; {Gutachten, Sinn} astrologico B adv {Interessiert} all'astrologia; {Bewandert, Vorgebildet} in astrologia.

Astronaut <-*en*, -*en*> m (**Astronautin** f) astronauta mf.

Astronom <-*en*, -*en*> m (**Astronomin** f) astronomo (-a) m (f).

Astronomie <-, *ohne pl*> f astronomia f.

Astronomin f → **Astronom**.

astronomisch A adj **1** <attr> *astr* {Beobachtung, Instrument, Zeichen} astronomico; {Forschung, Kenntnisse, Studium, Werk} di astronomia; {Ausbildung} da astronomo **2** *fam* (*riesig*) {Ausgaben, Preise, Summen, Zahlen} astronomico, stratosferico B adv *fam*: **~ hoch** {Preise, Gewinne}, astronomico.

Astrophysik f astrofisica f.

Astrophysiker m (**Astrophysikerin** f) astrofisico (-a) m (f).

Astwerk n rami m pl.

ASU <-, -*s*> f *D adm Abk von* Abgassonderuntersuchung: "controllo m dei gas di scarico degli autoveicoli".

ASU-Plakette f *D* bollino m di controllo gas di scarico autoveicoli; (*in Italien*) ≈ bollino m verde *fam*.

Asyl <-(*e*)*s*, -*e*> n **1** <*nur sing*> (*Zuflucht*) asilo m: **politisches ~**, asilo politico; **um ~ bitten/nachsuchen**, chiedere asilo (politico); **jdm** (**politisches**) **~ gewähren**, concedere asilo (politico) a qu; **~ Suchende** → **Asylsuchende 2** (*Obdachlosenasyl*) asilo m notturno.

Asylant <-*en*, -*en*> m (**Asylantin** f) *oft pej* richiedente mf asilo politico, "persona f che chiede asilo politico".

Asylantenflut f *pej*, **Asylantenschwemme** f *pej* ondata f di profughi (che chiedono asilo politico).

Asylantenwohnheim n "struttura f in cui sono alloggiati i rifugiati che hanno chiesto asilo politico".

Asylantin f → **Asylant**.

Asylantrag m *pol* richiesta f di asilo politico: **einen ~ stellen**, fare richiesta di asilo politico.

asylberechtigt adj che ha diritto all'asilo politico.

Asylbewerber m (**Asylbewerberin** f) richiedente mf asilo politico, "persona f che chiede asilo politico".

Asylpolitik f politica f ₗdell'asilo₁/[dell'accoglienza].

Asylrecht <-(*e*)*s*, *ohne pl*> n {+politisch oder religiös verfolgte} diritto m d'asilo.

Asylsuchende <*dekl wie adj*> mf → **Asylbewerber**.

Asylverfahren n "procedimento m atto ad accertare la legittimità della richiesta di asilo politico".

Asymmetrie f asimmetria f.

asymmetrisch adj asimmetrico.

asymptomatisch adj asintomatico.

asynchron adj asincrono.

Asyndeton <-*s*, *Asyndeta*> n *ling* asindeto m.

Aszendent <-*en*, -*en*> m *astr* ascendente m.

At <-(*s*), -*s*> n, **At-Zeichen** n *inform* at m, chiocciola f.

A. T. *Abk von* Altes Testament: A.T. (*Abk von* Antico Testamento).

Atavismus <-, -*men*> m atavismo m.

atavistisch adj atavico.

Ataxie <-, -*n*> f *med* atassia f.

Atelier <-*s*, -*s*> n **1** (*Arbeitsstätte*) {+Maßschneider} atelier m; {+Fotograf, Künstler} *auch* studio m **2** (*Filmatelier*) studio m, teatro m di posa **3** → **Atelierwohnung**.

Atelieraufnahme f *fot* foto f in studio; *film* ripresa f in interni/studio.

Atelierfenster n finestra f a tetto, lucernario m.

Atelierwohnung f attico m.

Atem <-*s*, *ohne pl*> m **1** (*~luft*) fiato m: **sie spürte den ~ des schlafenden Kindes**, sentì il respiro del bambino addormentato **2** (*~geruch*) alito m: **ein reiner/unreiner ~**, un alito fresco/[cattivo/pesante] **3** (*das Atmen*) respiro m: **gleichmäßiger ~**, respiro regolare ● **mit** *angehaltenem* **~** (*ohne zu atmen*), trattenendo il respiro; (*sehr angespannt*), col fiato sospeso; **den ~ anhalten** (*nicht weiteratmen*), trattenere il respiro; (*angespannt sein*), stare col fiato sospeso; **jdm/etw geht der ~ aus** (*jd ist mit seiner Kraft finanziell am Ende*), qu ha dato fondo alle proprie risorse; **außer ~**, senza fiato; **sie kam/geriet außer ~**, le era venuto il ₗfiato grosso₁/

corto₁/[fiatone]; **außer ~ sein**, essere senza fiato, avere il ₗfiato grosso/corto₁/[fiatone]; **einen kurzen ~ haben**, essere astmatico; **einen langen ~ haben** (*Ausdauer haben*), non demordere; **den längeren ~ haben** (*mehr Ausdauer als der Gegner haben*), avere maggiore resistenza/costanza (della controparte); **jdn in ~ halten** (*in Spannung halten*), tenere qu col fiato sospeso; (*auf Trab halten*), non lasciare a qu il tempo di respirare; **~ holen/ schöpfen** *geh*, prendere fiato; **wieder zu ~ kommen**, riprendere fiato; **nach ~ ringen**, respirare ₗa fatica₁/[con difficoltà], sentirsi mancare il respiro/l'aria; **jdm den ~ verschlagen**, lasciare qu ₗbasito (-a)₁/[senza parole].

Atembeklemmung f affanno m, senso m di soffocamento.

atemberaubend A adj {Geschwindigkeit, Schönheit} mozzafiato *fam*; {Entwicklung} vorticoso; {Spannung} paralizzante; {Neuigkeit} che lascia senza fiato B adv {Schnell, Schön} da togliere il respiro.

Atembeschwerden subst <*nur pl*> difficoltà f pl respiratorie.

Atemfrequenz f frequenza f respiratoria.

Atemgerät n respiratore m.

Atemgymnastik f ginnastica f respiratoria.

Atemholen <-*s*, *ohne pl*> n: **Schwierigkeiten beim ~ haben**, avere difficoltà respiratorie; **zum ~ stehen bleiben**, fermarsi per riprendere fiato; **kaum noch zum ~ kommen**, trovare appena il tempo per respirare, non avere quasi più un attimo/minuto di respiro.

Atemlähmung f *med* paralisi f respiratoria.

atemlos A adj **1** (*außer Atem*) trafelato, senza fiato, affannato, ansante, ansimante **2** (*voller Spannung*): **es herrschte ~e Stille**, non si sentiva volare una mosca; **die Zuschauer waren ~ vor Spannung**, gli spettatori rimasero col fiato sospeso **3** (*schnell*) {Tempo} frenetico, concitato, affannoso: **die ~e Abfolge der Ereignisse**, il susseguirsi concitato/frenetico degli eventi; **in ~er Folge**, in rapida successione B adv **1** (*außer Atem*) {Ankommen, Berichten, Hereinstürzen, Hervorstoßen} trafelato (-a), senza fiato, ansimante **2** (*gespannt*) {Lauschen, Zuhören, Zuschauen} trattenendo il respiro.

Atemmaske f *med* (*Sauerstoffmaske*) maschera f a ossigeno; (*zur Betäubung*) maschera f da/per anestesia.

Atemnot f insufficienza f respiratoria, dispnea f *wiss*.

Atempause f attimo m di respiro/tregua: **eine ~ einlegen/machen**, avere un attimo di respiro/tregua; **sich** (**dat**) **keine ~ gönnen**, non concedersi un attimo di tregua.

Atemregler m *sport* (*beim Tauchen*) erogatore m.

Atemschutz m **1** (*Schutzmaßnahmen*) protezione f delle vie respiratorie **2** → **Atemschutzgerät 3** → **Atemschutzmaske**.

Atemschutzgerät n (*im Bergbau, in der Industrie, bei der Feuerwehr*) autoprotettore m.

Atemschutzmaske f mascherina f/maschera f antismog; (*Arbeitsschutz*) autoprotettore m: **eine ~ im Verkehr tragen**, portare una mascherina antismog nel traffico.

Atemstillstand m blocco m/arresto m respiratorio, apnea f *wiss*.

Atemtechnik f tecnica f respiratoria.

Atemübung f esercizio m di respirazione.

Atemwege subst <*nur pl*> *anat* vie f pl respiratorie.

Atemwegserkrankung, **Atemwegerkrankung** f malattia f delle vie respiratorie.

Atemzug m respiro m: **einen tiefen ~ machen**, inspirare profondamente, fare un bel respiro profondo *fam*; **ruhige Atemzüge**, respiri regolari • **in** *einem* **~** {EIN GEDICHT AUFSAGEN}, tutto d'un fiato; ₍**in** *einem*₎/**[im gleichen/selben] ~**, nello stesso istante/momento; **du kannst doch die beiden Künstler nicht in einem ~ nennen!**, non puoi mettere sullo stesso piano questi due artisti!; **einen ~ lang**, per un attimo/istante; **bis zum letzten ~ geh** *euph*, (fino) all'ultimo respiro; **im nächsten ~**, un istante/attimo dopo.

Atheismus <-, *ohne pl*> m ateismo m.

Atheist <-en, -en> m (**Atheistin** f) ateo (-a) m (f).

atheistisch adj ateo.

Athen <-s, *ohne pl*> n *geog* Atene f.

Athener m (**Athenerin** f) ateniese mf.

Äther <-s, *ohne pl*> m **1** *poet* (*Himmel*) etere m • **etw in/über den ~ schicken** *geh*, trasmettere qc via etere; **über den ~ geh**, via etere.

ätherisch adj **1** *geh* (*zart*) etereo **2** *chem* {DUFT, ESSENZ} volatile, etereo; {ÖL, ZUSATZ} *auch* essenziale.

Äthiopien <-s, *ohne pl*> n *geog* Etiopia f.

Äthiopier m (**Äthiopierin** f) etiope mf.

äthiopisch adj {GEBIET, HOCHEBENE, KULTUR} etiopico; {BEVÖLKERUNG} *auch* etiope.

Athlet <-en, -en> m (**Athletin** f) atleta mf.

athletisch ⓐ adj {KÖRPERBAU} atletico ⓑ adv: **~ gebaut sein**, avere un fisico atletico.

Äthyl <-s, *ohne pl*> n *chem* etile m.

Äthylalkohol m alcol m etilico.

Äthylen <-s, *ohne pl*> n *chem* etilene m.

Atlant <-en, -en> m *arch* atlante m, telamone m.

Atlanten pl *von* Atlant, Atlas②.

Atlantik <-s, *ohne pl*> m *geog* (Oceano m) Atlantico m.

Atlantis <-, *ohne pl*> f <*ohne art*> *myth* Atlantide f.

atlantisch adj atlantico: **ein ~es Hoch/Tief**, (un'area di) alta/bassa pressione di origine atlantica • **Atlantisches Bündnis** *pol*, **Atlantische Gemeinschaft** *pol*, Alleanza atlantica; **der Atlantische Ozean**, l'Oceano Atlantico.

Atlas① <-, *ohne pl*> m *geog* Atlante m.

Atlas② <- *oder* -ses, -se *oder* Atlanten> m **1** (*Kartenwerk*) atlante m geografico; (*Autoatlas*) atlante m stradale/automobilistico **2** (*Bildtafeln*) atlante m: **ein ~ der Botanik**, un atlante botanico.

Atlas③ <- *oder* -ses, -se> m *text* raso m.

Atlas④ <- *oder* -ses, -se> m *anat* atlante m.

atmen ⓐ tr *geh* **etw** ~ {KÜHLE WINTERLUFT} respirare qc ⓑ itr ₍*irgendwie*₎ ~ respirare (+ *compl di modo*): **durch den Mund/die Nase ~**, respirare con la bocca/il naso; **jdm fällt das Atmen schwer**, qu respira a fatica, qu ha difficoltà a respirare • **(wieder) frei ~ (können)**, ricominciare a respirare liberamente; (*nach Jahren der Diktatur*) recuperare lo spazio vitale.

Atmosphäre <-, -n> f **1** <*nur sing*> (*Erdatmosphäre*) atmosfera f **2** <*nur sing*> (*Stimmung*) atmosfera f, clima m: **hier herrscht eine gelöste/gespannte ~**, qui regna un'atmosfera rilassata/tesa **3** <*nur sing*> (*Umgebung*) ambiente m, contesto m **4** *phys* atmosfera f • **etw hat** ~ {LOKAL, STADT, WOHNUNG}, c'è una certa atmosfera in qc; ~ **verbreiten**, creare un'atmosfera intima.

Atmosphärendruck m *phys* pressione f atmosferica.

Atmosphärenüberdruck m *phys* bar m.

atmosphärisch adj atmosferico.

Atmung <-, *ohne pl*> f respirazione f.

atmungsaktiv adj {KLEIDUNG} traspirante.

Atmungsorgan n <*meist pl*> *anat* organo m dell'apparato respiratorio.

Ätna <-s, *ohne pl*> m *geog* Etna m.

Atoll <-s, -e> n *geol* atollo m.

Atom <-s, -e> n *phys* atomo m.

Atomangriff m *mil* attacco m nucleare.

Atomantrieb m *tech* propulsione f (a energia) nucleare/atomica.

atomar ⓐ adj **1** *phys* (*die Atome betreffend*) atomico **2** *mil nukl* nucleare, atomico: **~es Wettrüsten**, corsa agli armamenti nucleari ⓑ adv **1** *mil* {BEDROHEN, VERNICHTEN} con armi nucleari **2** *tech* {ANTREIBEN, FUNKTIONIEREN} a energia nucleare.

Atombombe f bomba f atomica/A.

Atombombenexplosion f *mil* esplosione f nucleare/atomica.

atombombensicher adj {RAKETENSILO, RAKETENSTELLUNG} a prova di bomba atomica; {BUNKER, UNTERKÜNFTE} *auch* antiatomico.

Atombombenversuch m esperimento m/test m nucleare.

Atombomber m *mil* bombardiere m atomico.

Atombunker m rifugio m antiatomico.

Atomenergie f energia f nucleare/atomica.

Atomexplosion f esplosione f nucleare/atomica.

Atomforschung f ricerca f nucleare.

Atomforschungszentrum n centro m di studi nucleari.

atomfrei adj → **atomwaffenfrei**.

Atomgemeinschaft, **Atomenergiegemeinschaft** f: **Europäische Atomgemeinschaft** (*Abk* Euratom), Comunità Europea dell'Energia Atomica (*Abk* CEEA, EURATOM).

atomgetrieben adj a propulsione nucleare/atomica.

Atomgewicht n peso m atomico.

Atomindustrie f industria f nucleare.

atomisieren <*ohne ge-*> tr **etw ~ 1** (*zersprengen*) {FELSBROCKEN, GEGENSTAND} polverizzare qc; {FLÜSSIGKEITEN} atomizzare qc, nebulizzare qc **2** *pej* (*zersplittern*) {ANGELEGENHEIT, FRAGESTELLUNG} atomizzare qc *rar*.

Atomkern m nucleo m atomico.

Atomkraft f energia f nucleare/atomica, nucleare m.

Atomkraftbefürworter m (**Atomkraftbefürworterin** f) nuclearista mf, sostenitore (-trice) m (f)/fautore (-trice) m (f) del nucleare, filonucleare mf.

Atomkraftgegner m (**Atomkraftgegnerin** f) antinuclearista m.

Atomkraftwerk n (*Abk* AKW) centrale f nucleare/atomica.

Atomkrieg m *mil* guerra f atomica/nucleare.

Atommacht f potenza f nucleare.

Atommeiler m → **Atomreaktor**.

Atommodell n *phys* modello m atomico.

Atommüll m scorie f pl radioattive, rifiuti m pl radioattivi.

Atommülllager n deposito m (finale) di scorie nucleari.

Atomphysik f fisica f nucleare/atomica.

Atomphysiker m (**Atomphysikerin** f) fisico m nucleare.

Atompilz m fungo m atomico.

Atompolitik f politica f nucleare.

Atomprogramm n programma m nucleare.

Atomrakete f *mil* missile m nucleare.

Atomreaktor m reattore m nucleare, pila f atomica/nucleare.

Atomspaltung f → **Kernspaltung**.

Atomsperrvertrag m → **Atomwaffensperrvertrag**.

Atomsprengkopf m *mil* testata f/ogiva f nucleare.

Atomstopp, **Atomteststopp** m *pol* moratoria f degli esperimenti nucleari, messa f al bando ₍degli esperimenti₎/[dei test] nucleari.

Atomstrahlen subst <*nur pl*> radiazioni f pl atomiche/nucleari.

Atomstrom m elettricità f/[energia elettrica] da nucleare.

Atomtest m test m/esperimento m nucleare.

Atomteststoppvertrag m *pol* accordo m sulla moratoria degli esperimenti nucleari.

Atomtod m *journ* morte f provocata da radiazioni atomiche.

Atomtransport m trasporto m di scorie nucleari.

Atom-U-Boot n *mil* sottomarino m/sommergibile m nucleare.

Atomuhr f orologio m atomico.

Atomunfall m incidente m nucleare.

Atomversuch m → **Atomtest**.

Atomwaffe f arma f nucleare/atomica.

atomwaffenfrei adj {ZONE} denuclearizzato, libero da armi nucleari.

Atomwaffensperrvertrag m *pol* trattato m di non proliferazione nucleare.

Atomwaffentest m test m/esperimento m nucleare.

Atomwärme f *phys* calore m atomico.

Atomwirtschaft f industria f nucleare.

Atomwissenschaftler m (**Atomwissenschaftlerin** f) scienziato (-a) m (f) nucleare.

Atomzeichen n simbolo m chimico.

Atomzeitalter n era f atomica/nucleare.

atonal adj {MUSIK} atonale.

atonisch adj *med* {MUSKELN} atonico.

atoxisch adj *wiss* atossico.

Atrazin <-s, *ohne pl*> n *chem* atrazina f.

Atrium <-s, Atrien> n *arch* atrio m, patio m.

Atrophie <-, -n> f *med* atrofia f.

atrophisch adj *med* atrofico: **eine ~e Veränderung**, un'atrofia.

ätsch interj *fam* tiè! *fam*, ben ti sta! *fam*.

Attaché <-s, -s> m *pol* attaché mf, addetto m diplomatico.

Attachment <-s, -s> n *inform* attachment m, allegato m.

Attacke <-, -n> f **1** (*Angriff*) *mil hist* carica f (di cavalleria); *sport* attacco m: **eine ~ abwehren**, respingere un attacco **2** (*Kritik*) ~ (**gegen jdn/etw**) attacco m (*a qu/qc*) **3** *med* attacco m • **zur ~ blasen**, sferrare l'offensiva/l'attacco, muovere all'attacco; *mil* {TROMPETER}, suonare la carica; **eine ~ gegen jdn/etw reiten** (*jdn/etw scharf angreifen*), sferrare un attacco/un'offensiva contro qu/qc; *mil* effettuare una carica contro qu/qc, caricare qu/qc.

attackieren <*ohne ge-*> tr **1** *geh* (*kritisieren*) **jdn/etw ~** attaccare qu/qc, sferrare un attacco contro qu/qc **2** (angreifen) **jdn** ~ aggredire qu; sport caricare qu/qc, attaccare qu/qc **3** mil obs **jdn/etw** ~ caricare qu/qc, attaccare qu/qc.

Attentat <-(e)s, -e> n ~ (**auf jdn**) attentato m (a qu): **ein** ~ **auf jdn vereiteln geh/verüben**, sventare/compiere un attentato contro qu; **einem** ~ **zum Opfer fallen**, ₍cadere vittima di₎/[morire in] un attentato • **ein** ~ **auf jdn vorhaben** fam scherz, avere da chiedere un grosso favore a qu.

Attentäter m (**Attentäterin** f) attentatore (-trice) m (f), autore (-trice) m (f) dell'attentato.

Attest <-(e)s, -e> n (ärztliche Bescheinigung) certificato m medico: **jdm ein** ~ **ausschreiben/ausstellen**, rilasciare un certificato medico a qu; **ein** ~ **vorlegen**, presentare un certificato medico.

attestieren <ohne ge-> tr **1** form med (**jdm**) **etw** ~ {GUTEN GESUNDHEITSZUSTAND} rilasciare (a qu) un certificato di qc, {HEILUNG} attestare qc a qu: **der Arzt hat ihm ein schweres Nierenleiden attestiert**, il medico gli ha rilasciato un certificato in cui diagnostica una grave patologia renale **2** geh (bescheinigen) **jdm/etw etw** ~ riconoscere qc a qu/qc.

Attitüde <-, -n> f <meist pl> geh atteggiamento m (affettato), posa f (artificiale): **die ~n einer Filmdiva**, i vezzi di una diva del cinema; **die ~n eines Stars an den Tag legen**, ₍atteggiarsi a₎/[darsi arie da] divo (-a), avere/tenere atteggiamenti divistici.

Attraktion <-, -en> f **1** (Anziehungspunkt) ~ attrazione f: **das neue Museum ist eine** ~ **für die Touristen aus aller Welt**, il nuovo museo è un'attrazione per i turisti di tutto il mondo **2** (Reiz) {+ALTSTADT, ZOO} attrattiva f, attrazione f.

attraktiv adj **1** (anziehend) {FRAU, MANN} attraente **2** (verlockend) {ANGEBOT, GEHALT, PREIS, STELLUNG, VORSCHLAG} allettante: **das ist wirklich ein ~es Angebot!**, quest'offerta fa davvero gola! fam; {LAND, STADT} pieno/ricco di attrattive; **die öffentlichen Verkehrsmittel müssen** ~ **er werden**, bisogna rendere più efficienti i mezzi pubblici.

Attraktivität <-, -en> f **1** <nur sing> (Anziehung) {+FRAU, MANN} attrattiva f **2** (Reiz) {+ANGEBOT, GEHALT, STELLUNG} carattere m allettante; {+LAND, STADT} attrattive f pl.

Attrappe <-, -n> f (Gegenstand) imitazione f: **der Hund in dem Schaufenster ist doch nur eine ~!**, ma quel cane in vetrina è finto!; (gemalter Gegenstand) trompe-l'œil m; mil sagoma f; (Nachbildung eines Menschen) manichino m; **die ~ eines Königs/Ritters**, un re/cavaliere finto; **die ~ eines Fensters**, il trompe-l'œil di una finestra, una finestra (dipinta) in trompe-l'œil • **nur ~ sein** geh (Schein), avere una funzione puramente di facciata; (Nachbildung), essere solo un'imitazione.

Attribut <-(e)s, -e> n **1** gram attributo m **2** geh (Wesensmerkmal) caratteristica f **3** geh (bestimmter Gegenstand als Kennzeichen) {+GOTT, HEILIGER} attributo m.

attributiv adj gram {GEBRAUCH, STELLUNG} attributivo.

Attributsatz m gram proposizione f attributiva.

atü Abk von Atmosphärenüberdruck: bar m.

atypisch adj atipico.

atzen tr **1** Jagd **etw** ~ {JAGDVÖGEL} nutrire qc, dare da mangiare a qc **2** scherz: **die Kinderschar** ~, sfamare la frotta di bambini.

ätzen **A** tr **1** med **etw** (**mit etw** dat) ~ cauterizzare qc (con qc) **2** kunst **etw auf/in etw** (akk) ~ incidere (all'acquaforte) qc su/

in qc **B** itr {LAUGE, SÄURE} corrodere, essere corrosivo.

ätzend adj **1** (zerfressend wirkend) {LAUGE, MITTEL, SÄURE, SUBSTANZ} corrosivo **2** (beißend) {GERUCH, RAUCH} pungente **3** (kränkend) {KRITIK, SPOTT, ZYNISMUS} caustico, corrosivo **4** fam (nervig) palloso fam: **echt** ~ **sein**, essere una vera palla fam; **der Typ ist echt** ~, quel tipo è proprio pesante fam; **die Klassenfahrt/das Familienfest war echt** ~, la ₍gita scolastica₎/[festa di famiglia] è stata veramente una rottura di scattole fam.

Ätzmittel n chem sostanza f caustica, corrosivo m; med caustico m.

Ätznatron n chem soda f caustica.

Ätzstift m med cauterio m.

Atzung <-, -en> f Jagd nutrimento m.

Ätzung <-, -en> f **1** med (Verätzung) cauterizzazione f **2** kunst (Incisione f all')acquaforte f, morsura f.

au interj **1** (Schmerz ausdrückend) ahi!, ohi! **2** (Begeisterung ausdrückend): **au fein!/ja!/klasse!** fam, super! slang, dai! fam.

Au <-, -en> f süddt A → **Aue**.

aua interj ahi!, ohi!: **aua, das war mein Fuß!**, ohi, mi hai pestato un piede!

aubergine <inv> adj <präd>, **aubergine-farben** adj color melanzana.

Aubergine <-, -n> f bot melanzana f: **die ~n in Scheiben schneiden, salzen und ein wenig ziehen lassen**, tagliare le melanzane a fette, salarle e farle spurgare.

Auberginenauflauf m gastr pasticcio m di melanzane; (in Italien: mit Parmesan überbacken) parmigiana f di melanzane.

auch **A** adv (ebenfalls) anche, pure: **ich** ~, anch'io, pure io; **ich** ~ **nicht**, neanch'io, neppure/nemmeno io; **ich kenne ihn** ~ **nicht**, non lo conosco ₍nemmeno/neppure io₎/[neanch'io]; **er tut es ja** ~, lo fa anche/pure lui; **Gewalt ist aber** ~ **keine Lösung!**, neppure/nemmeno con la violenza si risolve niente!, neanche la violenza è una soluzione! **B** partik **1** (tatsächlich: oft nicht übersetzt): **ich sag' das nicht nur, ich meine das** ~!, non faccio/[lo dico] tanto per dire, lo penso sul serio!; **wenn ich etwas verspreche, tu ich das** ~!, quando prometto una cosa, la faccio!; **du siehst müde aus! – Das bin ich** ~!, sembri stanco (-a)! – Infatti, lo sono (davvero)!; **stimmt das – wirklich?**, ma sarà vero?; **er hatte vorausgesagt, dass ..., und so war es dann** ~, aveva pronosticato che ... e così è stato/andata **2** (immer): so/was/wer/wie/wo ~: **so reich du** ~ **sein magst**, ..., per quanto tu sia/[possa essere] ricco (-a) ..., per ricco (-a) che tu sia ...; **so schnell sie** ~ **laufen mag**, ..., per quanto velocemente riesca a correre ...; **was es** ~ **sei**, qualunque cosa sia, checché sia; **was er** ~ **sagen mag**, ..., qualunque/qualsiasi cosa dica ...; **wer sich** ~ **dahinter verbergen mag**, ..., chiunque ci sia dietro ...; **wo er** ~ **sein mag**, (d)ovunque sia; **wie sehr du** ~ **schreist, hier hört dich niemand**, puoi urlare quanto vuoi, (tanto) qui non ti sente nessuno **3** (sogar) anche, persino, perfino: ~ **dann, wenn du nicht magst**, anche se non ne hai voglia; ~ **dem besten Koch kann so etwas passieren**, anche/persino al miglior cuoco può succedere una cosa del genere; **ohne** ~ **nur zu fragen**, senza neppure domandare • ... **aber** ~!: **so was Ärgerliches aber** ~!, ma guarda che scocciatura/rogna! fam; ~ **gut!** (egal), va bene lo stesso!; ~ **das noch!**, ci mancava anche/pure/solo questa! fam; **oder** ~, oppure, ovvero; **nicht schlecht!**, mica/niente male!; **nicht nur ..., sondern** ~ ..., non solo ..., ma anche ...; **sowohl ... als** ~

..., tanto ... quanto ..., sia ... sia ...; ~ **wenn**, **wenn** ~, anche se ..., pur ... Gerund, sebbene ... konjv: ~ **wenn er es nicht sagt** ..., anche se non lo dice ...; **wenn er** ~ **reich ist** ..., ₍sebbene sia₎/[pur essendo] ricco ..; **und wenn** ~!, e se anche fosse!, e allora?! fam; **wie dem** ~ **sei**, comunque sia; **wozu** ~?, a che/quale scopo?, a che pro?

Audienz <-, -en> f ~ (**bei jdm**) {BEIM KÖNIG, PAPST} udienza f (da qu): **jdm um eine** ~ **bitten**, chiedere udienza a qu; **jdm eine** ~ **geben**, accordare/concedere un'udienza a qu.

Audimax <-, -> n fam univ Abk von Auditorium maximum: aula f magna.

Audiobook <-s, -s> n audiolibro m.

Audioführung f (durch Museen, Ausstellungen) audioguida f.

Audiogramm <-s, -e> n med audiogramma m.

Audiokassette f (audio)cassetta f.

Audiovision f audiovisione f.

audiovisuell **A** adj <attr> {UNTERRICHTSMITTEL} audiovisivo **B** adv {GESTALTEN, WERBEN} con l'ausilio di tecniche audiovisive, con mezzi/supporti audiovisivi.

Auditorium <-s, Auditorien> n **1** univ (Hörsaal) aula f (universitaria) **2** geh (Zuhörerschaft) uditorio m • ~ **maximum**, aula f magna.

Aue <-, -n> f poet region (Flusswiese) prato m che costeggia un fiume.

Auerhahn m zoo gallo m cedrone, urogallo m.

Auerhenne f, **Auerhuhn** n gallo m cedrone femmina, urogallo m femmina, femmina f ₍del gallo cedrone₎/[dell'urogallo].

Auerochse m zoo uro m.

auf **A** präp + dat oder akk **1** + dat (räumlich: darauf befindlich) su, sopra: **die Bücher liegen auf dem Tisch**, i libri sono sul/[sopra il] tavolo; **auf dem Boden sitzen**, essere seduto per terra; **auf der Straße spielen**, giocare per (la) strada; **seit einer Stunde auf der Autobahn fahren**, essere/guidare da un'ora in autostrada; **auf der Straße liegen** {PERSON}, ₍essere disteso₎/[giacere] sull'asfalto; {GEGENSTAND} essere ₍in mezzo alla strada₎/[per terra]; **auf dem Land wohnen**, abitare in campagna; **auf den Feldern/Wiesen**, nei campi/prati; **auf dem Markt einkaufen**, fare la spesa al mercato; **auf Seite 11**, a pagina 11 **2** + akk (räumlich: in Richtung auf) su, sopra: **die Bücher auf den Tisch legen**, mettere i libri sul tavolo; **auf den Boden fallen** {GEGENSTAND}, cadere in/per terra; **aufs Land ziehen**, trasferirsi in campagna; **auf die Autobahn fahren**, prendere l'autostrada, entrare in autostrada; **sich aufs Sofa setzen**, seder(si) sul divano; **auf die Straße rennen**, correre in strada; **auf die Terrasse (hinaus)gehen**, andare in/sulla terrazza; **auf den Stuhl steigen**, salire sulla sedia **3** + akk oder dat geog (vor Inselnamen) a: **auf Ischia/Kreta/Kuba/Mallorca/Teneriffa sein**, essere a Ischia/Creta/Cuba/Maiorca/Tenerife; **auf Korsika/Sardinien/Sizilien sein**, essere in Corsica/Sardegna/Sicilia; **auf ₍einer Insel₎/[einem Atoll] leben**, vivere su un'isola/un atollo; **auf Elba sein**, essere ₍all'isola d'Elba₎/[all'Elba fam]; **auf Mauritius sein/fliegen**, essere/andare alle Mauritius; **auf die Malediven/Seychellen fliegen**, andare alle Maldive/Seychelles **4** + dat (in einem Raum, einer Institution, bei einer Gelegenheit) a: **auf der Bank/Post Schlange stehen**, fare la coda ₍in banca₎/[alla posta]; **noch auf der Schule sein**, andare ancora a scuola; **auf seinem Zimmer essen**, mangiare nella propria stanza; (Hotelzimmer) mangiare in camera; **jdn auf einem Fest kennen lernen**, conoscere qu a una festa; **auf einer Konferenz sprechen**, parlare a una conferenza **5** + akk (*in eine Institution, zu einem Anlass*) a: **jdn auf die Bank/Post schicken**, mandare qu ⌊in banca⌋/[alla posta]; **auf ein Fest gehen**, andare a una festa; **auf einen Kongress fahren**, andare a un congresso; **sie geht noch auf die Schule**, va ancora a scuola **6** + akk (*einen Zeitpunkt festlegend*): **auf einen Montag/Dienstag fallen**, cadere di lunedì/martedì; **etw auf nächste Woche verschieben**, rimandare qc alla prossima settimana; **es rückt auf Weihnachten zu**, si avvicina (il) natale; **in der Nacht von Freitag auf Samstag**, nella notte ⌊fra venerdì e sabato⌋/[da venerdì a sabato]; **auf acht Uhr einen Tisch im Restaurant bestellen**, prenotare un tavolo al ristorante per le otto **7** + akk (*auf einen unbestimmten Zeitraum bezogen*): **das Hotel ist auf Wochen hinaus ausgebucht**, l'albergo è al completo per diverse settimane; **auf unbestimmte Zeit**, a tempo indeterminato **8** + akk (*bis zu*) a: **auf die Minute (genau) (an)kommen**, spaccare il minuto; {*PERSON*} *auch* essere (puntuale come) un orologio svizzero; **auf den Cent genau**, al centesimo; **sie hat auf den Tag genau vor fünf Jahren geheiratet**, oggi sono esattamente cinque anni ⌊che si è sposata⌋/[dal giorno del suo matrimonio] **9** + dat (*während*) durante, nel corso di: **auf der Fahrt**, durante il viaggio; **auf dem Weg**, strada facendo; **auf der Fahrt/dem Weg nach ...**, ⌊in viaggio⌋/[sulla strada] per ...; **auf Besuch/Reisen sein**, essere in visita/viaggio **10** + akk (*für*) per: **sieben Liter auf 100 Kilometer verbrauchen**, consumare sette litri ogni 100 kilometri; **jdn auf einen Kaffee/ein Bier einladen**, invitare qu per/[a prendere] un caffè/una birra **11** + akk (*über eine bestimmte Entfernung*) a ... di distanza: **das Konzert war auf drei Kilometer (Entfernung) zu hören**, il concerto si sentiva a tre kilometri di distanza **12** + akk (*um*): **etw auf etw**, qc su qc; **Stein auf Stein setzen**, costruire pietra su pietra **13** + dat (*instrumental*): **auf dem Computer schreiben**, scrivere al computer; (*bei Fortbewegungsmittel*) in; **auf dem Fahrrad/Mofa durch die Stadt fahren**, andare in giro per la città in bicicletta/motorino; **auf einem Pferd/Kamel/Esel reiten**, cavalcare un cavallo/cammello/asino **14** + akk (*als Reaktion*): **auf etw (hin)**, su qc, dietro qc; **auf jds Anfrage/Befehl**, ⌊dietro/su richiesta⌋/[per/su ordine] di qu; **auf ärztlichen Rat (hin)**, su/dietro consiglio medico; **auf Initiative des Bürgermeisters**, su/per iniziativa del sindaco **15** + akk (*in einer bestimmten Art*) in: **etw auf Italienisch sagen**, dire qc in italiano; **auf diese Art**, in questo modo, in questa maniera; **Forelle auf Müllerinart**, trota alla mugnaia; **jeder auf seine Art**, ciascuno a suo modo **16** + akk (*jdm zuprostend*) a: **auf dich!**, alla tua!; **wir trinken auf Ihre Gesundheit!**, brindiamo alla vostra/Sua salute! **17** + *superl* (*so ... wie möglich*) nel modo + *superl*: **aufs grausamste**, con (un')estrema crudeltà; **aufs modischste gekleidet sein**, vestire all'ultima moda **18** + dat *oder* akk (*mit bestimmten Adj, Subst und Verben*): **auf jdn böse sein**, essere arrabbiato con qu; **auf jdn neugierig sein**, essere curioso di conoscere qu; **sich auf die Ferien freuen**, non vedere l'ora che arrivino le vacanze; **auf etw (akk) verzichten**, rinunciare a qc; **auf die Straßenbahn warten**, aspettare il tram; **Zimmer mit Aussicht aufs Meer**, camera con vista sul mare; **das Recht auf Arbeit**, il diritto al lavoro **B** *adv*: **auf und ab/nieder** (*rauf und runter*), su e

giù; **das Boot tanzt auf und ab**, la barca oscilla sulle onde; **es ging ständig auf und ab**, era un continuo su e giù; **es geht auf und ab** (*es gibt Höhen und Tiefen*), ci sono alti e bassi **C** *interj* **1** (*los*) su!, avanti!, forza!: **auf geht's!**, via!, andiamo!; **auf, an die Arbeit!**, su, al lavoro!; **auf, erzähl schon!**, su, racconta!; **auf nach Rom!**, si parte, destinazione Roma! **2** (*aufgesetzt*): **... auf!** {HELM, HUT, MÜTZE}, mettiti/mettetevi il/la ...! **3** (*offen*): **Mund auf!**, apri/aprite la bocca!; **Fenster auf!**, apri/aprite la finestra! **D** *konj geh* (*es sei*): **auf dass ...**, affinché ... **konj**; **auf dass er seine Fehler einsehen möge**, affinché riconosca i suoi errori ● **auf und davon sein** *fam*, essere svanito nel nulla, aver tagliato la corda *fam*; **auf einmal** (*plötzlich*), improvvisamente, tutt'a un tratto, di colpo, di punto in bianco; (*alles zusammen*) {ESSEN, TUN}, tutto in una volta; {WOLLEN}, tutto e subito.

Auf n: **das Auf und Ab** (*räumlich*), il su e giù, il saliscendi; **das Auf und Ab der Hügellandschaft**, i dolci declivi del paesaggio collinare; (*Höhen und Tiefen*) gli alti e i bassi; **das Auf und Ab des Lebens**, ⌊gli alti e i bassi⌋/[le alterne vicende/vicissitudini] della vita; **das Auf und Ab der Wechselkurse**, l'altalena dei cambi.

auf|arbeiten tr **etw ~ 1** (*renovieren*) {ANTIQUITÄT, MÖBELSTÜCK} restaurare qc **etw neu ~**, mettere a nuovo qc **2** (*bearbeiten*) {KORRESPONDENZ, LIEGENGEBLIEBENES} mettersi in pari con qc, sbrigare qc, smaltire qc; {AKTEN} evadere qc **3** (*bewältigen*) {EINDRÜCKE, ERLEBNISSE, KONFLIKTE, VERGANGENHEIT} elaborare qc **4** (*auswerten*) {ERGEBNISSE, FACHLITERATUR, FAKTEN, FORSCHUNGSERGEBNISSE, -STAND} elaborare qc.

auf|atmen itr **1** (*erleichtert sein*) tirare ⌊un sospiro di sollievo⌋/[il fiato], sentirsi sollevato (-a): **ein Aufatmen ging durch die Menge**, la folla tirò un sospiro di sollievo **2** (*durchatmen*) respirare profondamente.

auf|backen <backte auf oder buk auf, aufgebacken> tr **etw ~** {BROT, BRÖTCHEN} passare in forno qc.

auf|bahren tr **jdn ~** esporre la salma di qu.

Aufbahrung <-, -en> f esposizione f del feretro: **jdn für die ~ vorbereiten** {TOTEN, VERSTORBENEN}, comporre la salma di qu (per le esequie).

Aufbahrungshalle f camera f ardente/mortuaria.

Aufbau① <-(e)s, ohne pl> m **1** (*das Zusammenbauen*) {+GERÜST, REGAL, SPIELZEUGMODELL, ZELT} montaggio m; {+HI-FI-ANLAGE} installazione f; {+BARACKE, FERTIGHAUS} costruzione f; {+MESSESTAND} allestimento m **2** (*Schaffung*) {+LAND} organizzazione f; {+WIRTSCHAFT} sviluppo m; {+ARMEE, INFRASTRUKTUR, SOZIALES NETZ, UNTERNEHMEN} creazione f; {+KONTAKTE, VERBINDUNGEN} *auch* stabilire m qc; {+ORGANISATION, PARTEI} costituzione f, fondazione f, creazione f **3** (*Wiederaufbau*) ricostruzione f **4** (*Struktur*) {+BILD, GEMÄLDE} struttura f; {+GEDICHT, OPER, REDE, ROMAN} *auch* impianto m; {+MOLEKÜL, ZELLE} composizione f.

Aufbau② <-(e)s, -ten> m **1** bau (*das Aufgebaute*) costruzione f; (*Aufstockung*) sopraelevazione f, sopralzo m **2** *autom* carrozzeria f **3** <*meist pl*> *naut* sovrastrutture f pl.

Aufbauarbeit f (*bei Infrastruktur, in der Marktwirtschaft*) organizzazione f; (*bei Gebäude, Stadt*) costruzione f: **die ~en in Frankfurt begannen in den fünfziger Jahren**, la ricostruzione di Francoforte ebbe inizio negli anni Cinquanta.

auf|bauen **A** tr **1** (*zusammenbauen*) **etw ~** {GERÜST, REGAL, SPIELZEUG, ZELT} montare qc; {MESSESTAND} allestire qc; {HI-FI-ANLAGE} installare qc; {BARACKE, FERTIGHAUS} costruire qc **2** (*hinstellen*) **etw ~** (*Ausstellungsstücke*) disporre qc; {KALTES BÜFETT} allestire qc **3** (*errichten*) **etw ~** {GEBÄUDE, STADT} costruire qc, edificare qc: **etw wieder ~** {LAND, STADT, WIRTSCHAFT}, ricostruire qc; {GEBÄUDE} *auch*, riedificare qc **4** (*schaffen*) **etw ~** {SOZIALES NETZ} creare qc; {ARMEE, UNTERNEHMEN} *auch* mettere in piedi qc; {ORGANISATION, PARTEI} creare qc, costituire qc, fondare qc; {WIRTSCHAFT} creare qc; {BEZIEHUNGEN, KONTAKTE} *auch* stabilire qc: **eine Beziehung zum Partner ~**, costruire un rapporto con il partner; {STAAT, DEMOKRATISCHES SYSTEM} edificare qc, creare qc **5** (*daraufbauen*) **etw ~** (**auf etw** akk) ~ {STOCKWERK} aggiungere qc (*a qc*); {KAROSSERIE} montare qc **6** (*wiederherstellen*): **etw wieder ~** {KUR, VITAMINE KRÄFTE}, ridare qc; **jdn (wieder) ~**, tirare su (il morale a) qu, ridare fiducia a qu **7** (*basieren*) **etw auf etw** (dat *oder* akk) ~ {PLAN, THEORIE AUF EINER GRUNDLAGE, HYPOTHESE} basare qc su qc, fondare qc su qc **8** *fam* (*heranbilden*) **jdn ~** {NACHWUCHS, SPORTLER} tirare su qu *fam*, formare qc; {POLITIKER, STAR} costruire (un'immagine *a*) qu; **jdn als etw** (akk)/**zu etw** (dat) ~ fare qc di qu, far diventare qu qc **9** (*strukturieren*) **etw irgendwie ~** {WISSENSCHAFTLICHE ARBEIT, REDE, ROMAN} strutturare qc + *compl di modo*; {BILD, MUSIKSTÜCK, LITERARISCHES WERK} comporre qc + *compl di modo* **10** el phys tel **etw ~** {DRUCK, SPANNUNG} generare qc **11** chem phys **etw ~** {MOLEKÜLE VERBINDUNG} formare qc, comporre qc: **etw ist ... aufgebaut**, qc ha una struttura ... **12** inform **etw ~** {BILD} costruire qc **B** itr **1** (*sich gründen*) **auf etw** (dat *oder* akk) ~ basarsi *su qc*, fondarsi *su qc* **2** (*zusammenbauen*) (*einen Messestand*) allestire uno/lo stand **3** (*errichten*): **wir wollen ~ und nicht zerstören**, vogliamo costruire e non distruggere; {AM THEATER} montare (*bei Theater*), montare la scene; **schon zwei Tage vor dem Konzert wird mit dem Aufbauen begonnen**, già due giorni prima del concerto iniziano a montare il palco; **Aufbauen!**, das war das Schlagwort in den fünfziger Jahren, negli anni Cinquanta la parola d'ordine era: ricostruire! **C** rfl **1** (*sich schaffen*) **sich** (dat) **etw ~** {FIRMA} mettere *qc*: **sich** (dat) **eine Existenz ~**, crearsi un avvenire; **sich** (dat) **eine neue Existenz ~**, rifarsi una vita **2** *fam* (*sich postieren*) **sich vor jdm/etw ~**, piazzarsi *davanti a qu/qc fam* **3** (*sich gründen*) **sich auf etw** (dat *oder* akk) ~ (*PLANUNG, THEORIE, THESE*) basarsi *su qc*, fondarsi *su qc* **4** meteo **sich ~** {HOCH, KALTFRONT, TIEF} formarsi; {GEWITTERWOLKEN} *auch* addensarsi **5** (*bestehen aus*) **sich aus etw** (dat) ~ {EIWEIß, MOLEKÜL} essere composto *di qc*, comporsi *di qc*.

Aufbaukurs m corso m di perfezionamento.

auf|bäumen rfl **1** (*sich aufrichten*) **sich ~** {PFERD} impennarsi, inalberarsi: **sich vor Schmerz ~** {MENSCH}, (con)torcersi dal dolore **2** *geh* (*sich auflehnen*) **sich gegen jdn/etw ~** insorgere *contro qu/qc*, rivoltarsi *contro qu/qc*, ribellarsi *a qu/qc*: **das Aufbäumen**, la ribellione, la rivolta ● **ein letztes Aufbäumen**, un colpo di coda.

Aufbaupräparat n pharm ricostituente m.

Aufbauprinzip n tech schema m (di costruzione), principio m strutturale.

auf|bauschen **A** tr **1** (*übertreibend dar-*

stellen) **etw** ~ gonfiare qc, montare qc, ingigantire qc; **etw zu etw** (dat) ~ {ZU EINEM PROBLEM, SKANDAL} gonfiare/montare qc fino a farne qc: **etw zu einer unüberwindlichen Schwierigkeit ~**, ingigantire qc fino a farne un problema insormontabile **2** (blähen) **etw** ~ {WIND ROCK, SEGEL} gonfiare qc **B** rfl **sich** ~ **1** (sich blähen) {ROCK, SEGEL} gonfiarsi **2** (sich auswachsen) assumere dimensioni esagerate/eccessive; **sich zu etw** (dat) ~ {ZU EINER KRISE} assumere le dimensioni di qc.

Aufbaustudium n univ corso m di studio integrativo.

Aufbauten pl von Aufbau②.

auf|begehren <ohne ge-> itr geh (**gegen jdn/etw**) ~ ribellarsi (a qu/qc), rivoltarsi (contro qu/qc), insorgere (contro qu/qc).

auf|behalten <irr, ohne ge-> tr fam (anbehalten) **etw** ~: **die Brille** ~, tenere/[non togliersi] gli occhiali; **den Hut** ~, tenere il cappello in testa.

auf|beißen <irr> **A** tr **etw** ~ {KNOTEN, VERPACKUNG} aprire qc con i denti; {NUSS} schiacciare qc con i denti **B** rfl sich (dat) **etw** ~ {LIPPEN} mordersi qc.

auf|bekommen <irr> tr fam **etw** ~ **1** (öffnen) {DOSE, FLASCHE, KOFFER, TÜR} riuscire ad aprire qc **2** Schule {AUFGABE, HAUSAUFGABE} avere qc da fare: **habt ihr nichts ~?**, non avete compiti da fare?

auf|bereiten <ohne ge-> tr **etw** ~ **1** tech {ROHSTOFFE} trattare qc; {TRINKWASSER} depurare qc **2** nukl (wieder ~) {BRENNELEMENTE} rigenerare qc, ritrattare qc **3** (auswerten) {DATEN, STATISTIKEN, ZAHLENMATERIAL} elaborare qc **4** (bearbeiten) {MANUSKRIPT, THEATERSTÜCK, LITERARISCHE VORLAGE} rielaborare qc, adattare qc: **etw dramaturgisch/literarisch ~**, ₍adattare qc per il teatro₎/[dare a qc una veste letteraria].

Aufbereitung <-, -en> f **1** tech {+ERZE, KOHLE} trattamento m; {+TRINKWASSER} depurazione f; (Wiederaufbereitung) ritrattamento m **2** nukl rigenerazione f **3** (Auswertung) {+DATEN, STATISTIKEN, ZAHLENMATERIAL} elaborazione f **4** (Bearbeitung) {+MANUSKRIPT, LITERARISCHE VORLAGE} rielaborazione f, adattamento m, riduzione f: **die ~ eines Romans als Theaterstück**, la riduzione teatrale di un romanzo.

Aufbereitungsanlage f **1** tech impianto m di lavorazione **2** nukl impianto m di rigenerazione f.

auf|bessern tr **etw** ~ **1** (erhöhen) {GEHALT, RENTE, TASCHENGELD} arrotondare qc fam, integrare qc; **etw durch etw** (akk) ~ {DURCH JOBS, ÜBERSTUNDEN} arrotondare/integrare qc facendo qc; {DURCH NEBENEINKÜNFTE} arrotondare qc con qc **2** (auffrischen) {SPRACHKENNTNISSE} migliorare qc.

auf|bewahren <ohne ge-> tr **etw** ~ **1** (in Verwahrung nehmen) {GEPÄCK} tenere qc in custodia; {WERTSACHEN} auch custodire qc: **etw gut** ~, tenere qc al/[in un luogo] sicuro **2** (lagern) {LEBENSMITTEL} conservare qc; {BRIEFE, ZEITSCHRIFTEN} auch tenere qc: **etw zum Andenken** ~, conservare/tenere qc per ricordo • **kühl/trocken** ~!, conservare in luogo fresco/asciutto!

Aufbewahrung f **1** (Verwahrung) custodia f; {+GEPÄCKSTÜCK} deposito m: **etw in ~ geben** {TESTAMENT, WERTGEGENSTAND}, dare/lasciare qc in custodia; {KOFFER} depositare qc, dare/lasciare qc in deposito; **jdm etw zur ~ übergeben/anvertrauen**, affidare qc alla custodia di qu; **er hat mich um ~ seiner Akten**, mi ha pregato di custodire i suoi documenti **2** fam (Gepäckaufbewahrung) deposito m bagagli.

Aufbewahrungsort m: **der ~ einer S.** (gen), il luogo in cui è depositato/custodito qc; **etw an einen sicheren ~ bringen**, mettere/depositare qc in un luogo sicuro; **das ist kein geeigneter ~ für Wertsachen**, non è il luogo adatto per custodire oggetti di valore.

auf|biegen <irr> tr **etw** ~ {DRAHT, SCHLÜSSELRING} aprire qc (forzandolo).

auf|bieten <irr> tr geh **1** (einsetzen) **jdn/etw** ~ {ANHÄNGER, GEFOLGSLEUTE, POLIZEI, TRUPPEN} mobilitare qu/qc **2** (aufwenden) **etw** ~ {MITTEL} impiegare qc, mobilitare qc, fare ricorso a qc; {KRÄFTE} auch fare appello a qc; {FÄHIGKEITEN} fare appello/ricorso a qc **3** adm **jdn** ~ {BRAUTPAAR} fare le pubblicazioni (matrimoniali) di qu.

Aufbietung <-, ohne pl> f **1** (Einsatz) {+ANHÄNGER, POLIZEI, TRUPPEN} mobilitazione f **2** (Aufwendung) {+FÄHIGKEITEN, KRÄFTE, MITTEL} impiego m, ricorso m a qc • **unter ~ einer S.** (gen)/**von etw** (dat) {VON POLIZEI, TRUPPEN}, mobilitando qc; **unter ~ aller Kräfte**, facendo appello a tutte le proprie forze.

auf|binden <irr> **A** tr **1** (öffnen) **etw** ~ {SACK, SCHÜRZE} slegare qc; {KNOTEN, SCHLEIFE} auch disfare qc, sciogliere qc; {KRAWATTE, SCHUH} slacciare qc; **jdm etw** ~ sciogliere qc a qu, slegare qc a qu, slacciare qc a qu **2** (hochbinden) **etw** ~ {HAARE} legare qc, tirare su qc fam; {REBEN, ZWEIGE} legare qc (in alto) **3** obs (befestigen) **jdm etw** ~ {GEPÄCKSTÜCK, RUCKSACK, SACK} legare qc sulle spalle a qu; **etw auf etw** (akk) ~ legare qc a qc, fissare qc a qc **4** fam (aufbürden) **jdm etw** ~ {ARBEIT, ETWAS UNANGENEHMES} scaricare qc a qu fam, accollare qc a qu **5** fam (weismachen) **jdm etw** ~ dare a intendere/bere qc a qu, far credere qc a qu: **lass dir doch so was nicht ~!**, non te la berrai mica questa, vero?! **B** rfl sich (dat) **etw** ~ **1** (sich hochbinden) {HAARE} legarsi qc, tirarsi su qc fam **2** obs (befestigen) {GEPÄCKSTÜCK, RUCKSACK, SACK} legarsi qc sulle spalle.

auf|blähen **A** tr **1** (füllen) **etw** ~ {BALLON, HÜLLE, SEGEL} gonfiare qc **2** (blähen) **etw** ~ {NASENFLÜGEL} dilatare qc **3** (aufbauschen) **etw** ~ {ANGELEGENHEIT, KLEINIGKEIT, PROBLEM} gonfiare qc, ingigantire qc **4** (übersteigern) **etw** ~ {KOSTEN, VERWALTUNGSAPPARAT} gonfiare qc: **aufgebläht** (sein), (essere) gonfiato **B** rfl sich ~ **1** (sich füllen) {BALLON, HÜLLE, SEGEL} gonfiarsi **2** (sich blähen) {BAUCH, DARM} gonfiarsi; {NASENFLÜGEL} dilatarsi **3** pej (sich wichtig machen) gonfiarsi (di boria), gasarsi fam, darsi delle arie, montarsi la testa, ringalluzzirsi fam.

aufblasbar adj {(LUFT)MATRATZE} gonfiabile.

auf|blasen <irr> **A** tr (mit Luft füllen) (**jdm**) **etw** ~ gonfiare qc (a qu): **bläst du mir mal den Luftballon auf?**, mi gonfi il palloncino?; **zum Aufblasen**, gonfiabile **B** rfl sich ~ **1** pej (sich wichtig machen) gonfiarsi (di boria), darsi delle arie, gasarsi fam, ringalluzzirsi fam **2** (sich füllen) {SCHLAUCHBOOT, RETTUNGSINSEL} gonfiarsi.

auf|bleiben <irr> itr <sein> fam **1** (nicht zu Bett gehen) rimanere/restare alzato (-a): **ich bin die ganze Nacht aufgeblieben**, sono rimasto (-a) in piedi tutta la notte; **lang** ~, stare alzato (-a) fino a tardi; **wie lange bleibst du abends auf?**, quando vai a dormire la sera? **2** (geöffnet bleiben) {FENSTER, KLAPPE, TÜR} rimanere/restare aperto (-a).

Aufblende f film apertura f in dissolvenza.

auf|blenden **A** tr **1** autom accendere gli abbaglianti, (als Warnsignal) lampeggiare (con gli abbaglianti): **aufgeblendet/[mit aufgeblendeten Scheinwerfern] fahren**, viaggiare con gli abbaglianti accesi **2** fot aprire il diaframma **3** film aprire in dissolvenza **B** tr autom: **die Scheinwerfer** ~, accendere gli abbaglianti.

auf|blicken itr **1** (nach oben sehen) (**zu jdm/etw**) (**von etw** dat) ~ {VOM BUCH, DER LEKTÜRE} ₍alzare/levare gli occhi₎/[alzare/levare/sollevare lo sguardo] (verso/[in direzione di] qu/qc) (da qc) **2** (als Vorbild verehren) **zu jdm** ~ guardare qu con ammirazione, ammirare qu.

auf|blinken itr **1** fam aut lampeggiare (con gli abbaglianti) **2** (kurz blinken) {LÄMPCHEN, WARNLAMPE} lampeggiare.

auf|blitzen itr <haben> **1** (kurz aufleuchten) {LICHTREFLEX, MESSER, TASCHENLAMPE} balenare; {STERN} accendersi **2** <sein> (plötzlich auftauchen) (**bei/in jdm**) ~ {GEDANKE, IDEE} balenare a qu: **in jdm blitzen Erinnerungsmomente auf**, qu ha dei flash(back); **in seinen Augen blitzte der alte Hass auf**, nei suoi occhi balenò un lampo dell'antico odio.

auf|blühen itr <sein> **1** (sich öffnen) {BLUME, KNOSPE} aprirsi, sbocciare, fiorire: **aufgeblüht**, aperto, sbocciato, fiorito **2** (aufleben) {MENSCH} rifiorire, rinascere **3** geh (sich entfalten) {HANDEL, KULTUR, WISSENSCHAFT} fiorire.

auf|bocken tr autom **etw** ~ {AUTO} sollevare qc; (mit dem Wagenheber) sollevare qc con il cric; {MOTORRAD} mettere qc sul cavalletto.

auf|bohren tr **etw** ~ **1** (ein Loch in etw bohren) {ZAHN} trapanare qc; {STRASSE} auch aprire qc (con il martello pneumatico) **2** (durch Bohren öffnen) {TRESOR, TÜR, TÜRSCHLOSS} scassinare qc con il trapano.

auf|brauchen **A** tr **etw** ~ {FLASCHE, ANGEBROCHENE PACKUNG} finire qc; {ERSPARNISSE, VORRÄTE} auch esaurire qc **B** rfl sich ~ {VORRÄTE} esaurirsi, finire.

auf|brausen itr <sein> **1** (wütend werden) infiammarsi, impennarsi, inalberarsi: **leicht/schnell** ~, inalberarsi facilmente **2** (plötzlich einsetzen) {BEIFALL, JUBEL} proromper.

aufbrausend adj {MENSCH, TEMPERAMENT} irascibile, collerico, infiammabile.

auf|brechen <irr> **A** tr <haben> **etw** ~ **1** (gewaltsam öffnen) {DECKEL, KISTE} forzare qc; {PKW, SCHLOSS, TRESOR} auch scassinare qc **2** (auseinanderbrechen) {ERDE} rompere qc; {STRASSENBELAG} aprire qc **3** geh (zur Öffnung bringen) {GEWOHNHEITEN, TRADITION} infrangere qc, rompere con qc; {STRUKTUREN, SYSTEM} far saltare qc **B** itr <sein> **1** (aufplatzen) {ERDE, STRASSENBELAG} spaccarsi; {WUNDE} aprirsi; {KNOSPE} auch sbocciare, schiudersi **2** (plötzlich sichtbar werden): (wieder) ~ {HASS, KONFLIKTE}, (ri)accendersi; {GEGENSÄTZE} (ri)affiorare, (ri)emergere; {ÄNGSTE} auch venire/tornare a galla **3** (sich auf den Weg machen) (**nach/zu etw** dat) ~ {NACH GRIECHENLAND, ROM, ZU EINER EXPEDITION, REISE} partire (per qc): **wir müssen jetzt** ~, **sonst verpassen wir den Bus**, dobbiamo incamminarci/avviarci se no perdiamo l'autobus; **es ist Zeit zum Aufbrechen**, è ora di andare/[togliere le tende fam].

auf|brezeln rfl fam sich ~ agghindarsi, mettersi in tiro slang: **aufgebrezelt sein**, essere tutto (-a) in tiro.

auf|bringen <irr> tr **1** (bezahlen) **etw** ~ {MIETE, RATE} riuscire a pagare qc; **etw für etw** (akk) ~ {GELD, NOTWENDIGE MITTEL} mettere insieme₁/[procurarsi] qc per (pagare) qc **2** (mobilisieren) **etw** (**für etw** akk/**zu etw** dat) ~ {ENERGIE, GEDULD, KRAFT, MUT} trovare qc (per fare qc): **für jdn/etw Verständnis** ~, mostrarsi comprensivo (-a) verso qu, capire qu/a/qc **3** (*erzürnen*) **jdn** ~ mandare in collera qu; **jdn gegen jdn/etw** ~ ˌmettere su *fam*ˌ/[istigare] *qu contro qu* **4** (*ins Leben rufen*) **etw** ~ {GERÜCHT, UNSINN} mettere in giro *qc*, diffondere *qc*; {SCHLAGWORT} lanciare *qc*; {MODE} *auch* introdurre *qc* **5** *naut mil* **etw** ~ {FEINDLICHES SCHIFF} impadronirsi *di qc* **6** *fam* (*aufbekommen*) **etw** ~ riuscire ad aprire *qc*.

Aufbruch <-s, ohne pl> m **1** (*das Weggehen*) partenza f: **im ~ (begriffen) sein**, essere in partenza, stare per partire; **zum ~ drängen/mahnen**, insistere per partire/[andare via] **2** *geh* (*Erneuerung*) rinnovamento m; {+LAND, VOLK} risveglio m: **eine Zeit des ~s**, un'epoca di grandi cambiamenti **3** (*Frostaufbruch*) crepa f, cretto m, spaccatura f.

Aufbruchstimmung, **Aufbruchsstimmung** f **1** (*Unruhe*) aria f di partenza: **unter den Gästen kam ~ auf**, fra gli ospiti c'era aria di partenza; **in ~ sein**, avere voglia di partire; **bist du schon in ~?**, senti già la partenza?, sei già in fermento per la partenza? **2** (*der Erneuerung*) aria f/atmosfera f/clima m di rinnovamento/cambiamento • **es herrscht ~** (*auf einer Party, einem Vortrag*), c'è aria di smobilitazione *fam*; (*in einem Lokal*) *auch*, stanno chiudendo; (*im Land*), c'è aria di grandi cambiamenti.

auf|brühen tr **etw** ~ {KAFFEE, TEE} fare *qc*, preparare *qc* (versandoci sopra acqua bollente): **einen Brühwürfel ~**, fare/preparare un brodo di dado; **Kaffee ~**, fare un caffè (alla tedesca).

auf|brummen tr *fam* **jdm etw** ~ {ARBEIT, DIENST, KOSTEN, STRAFE} appioppare *qc a qu fam*, rifilare *qc a qu fam*.

auf|buckeln tr *fam* → **auf|bürden**.

auf|bügeln tr **etw** ~ **1** (*mit dem Bügeleisen glätten*) {BLUSE, JACKE} dare una stirata *a qc* **2** (*durch Bügeln übertragen*) {MUSTER AUF T-SHIRT} applicare *qc* con il ferro da stiro.

auf|bürden geh Ⓐ tr **1** (*belasten*) **jdm/etw auf** ~ {ARBEIT, LAST EINEM MITARBEITER, LASTTIER} caricare *qu/qc di qc*: **jdm zu viel Arbeit ~**, sovraccaricare qu di lavoro **2** (*geben*) **jdm etw** ~ {SCHULD, VERANTWORTUNG} addossare *qc a qu*, accollare *qc a qu* Ⓑ rfl **sich (dat) etw** ~ caricarsi *di qc*, farsi carico *di qc*, addossarsi *qc*, accollarsi *qc*: **sie hat sich zu viel aufgebürdet**, ha troppe responsabilità sulle spalle, si è caricata di troppe responsabilità.

auf|decken Ⓐ tr **1** (*enthüllen*) **etw** ~ {UNGELÖSTEN FALL, RÄTSEL, ZUSAMMENHÄNGE} fare luce *su qc*, chiarire *qc*; {VERBRECHEN, WAHRHEIT} scoprire *qc*; {GEHEIMNIS, HINTERGRÜNDE} *auch* svelare *qc*; {KOMPLOTT} smascherare *qc* **2** *geh* (*bloßlegen*) **etw** ~ {WAHREN CHARAKTER, FEHLER, SCHWÄCHEN} scoprire *qc*, portare alla luce *qc*; {JDS ABSICHTEN} scoprire *qc*, smascherare *qc* **3** *Karten* **etw** ~ scoprire *qc* **4** (*auf den Tisch stellen*) **etw** ~ {SCHÜSSEL, TELLER} mettere/portare in tavola *qc*; {TISCHDECKE} mettere sulla tavola *qc* **5** (*zurückschlagen*) **etw** ~ {BETT} scoprire *qc*; {BETTDECKE} sollevare *qc* **6** (*jds Bett zurückschlagen*) **jdn** ~ scoprire *qu* Ⓑ itr (*den Tisch decken*) apparecchiare Ⓒ rfl **sich** ~ scoprirsi, togliersi la coperta di dosso.

Aufdeckung <-, -en> f **1** (*Enthüllung*) {+ZUSAMMENHÄNGE} chiarimento m; {+UNGELÖSTER FALL, RÄTSEL} *auch* soluzione f; {+HINTERGRÜNDE, KOMPLOTT, VERBRECHEN, WAHRHEIT} scoperta f **2** *geh* (*Bloßlegung*): **jdm mit der öffentlichen ~ einer S. (gen) drohen**, minacciare qu di ˌsvelare qc pubblicamenteˌ/[rendere pubblico *qc*].

auf|donnern rfl *fam pej* **sich** ~ bardarsi *fam pej*, agghindarsi in modo pacchiano *fam*,

mettersi in ghingheri *fam*: **aufgedonnert sein**, (essere) tutto (-a) bardato/agghindato.

auf|drängen Ⓐ tr (*anzunehmen drängen*) **jdm etw** ~ {ABONNEMENT, GEGENSTAND, SCHNAPS} costringere/obbligare *qu* ad accettare *qc*, offrire con insistenza *qc a qu*; {ANSICHTEN, MEINUNG} imporre *qc a qu* Ⓑ rfl **1** (*sich aufdringlich anbieten*) **sich jdm** ~ imporre la propria presenza/compagnia *a qu*, essere invadente *con qu*; **sich jdm als etw** (nom) ~ imporsi *a qu come qc* **2** (*unwillkürlich aufkommen*) **sich jdm** ~ {ERINNERUNG, GEDANKE} imporsi alla mente *di qu*: **mir drängte sich gleich der Verdacht auf, dass ...**, fui subito preso (-a) dal sospetto che ...

auf|drehen Ⓐ tr **etw** ~ **1** (*öffnen*) {FLASCHE, GAS, HAHN, WASSER} aprire *qc*; {SCHRAUBE} allentare *qc*, svitare *qc* **2** *fam* (*lauter stellen*) {RADIO, STEREOANLAGE, VERSTÄRKER} alzare (il volume *di*) *qc*: **etw voll ~**, mettere/sparare *slang qc* a tutto volume **3** (*aufziehen*) {SPIELUHR, SPIELZEUGAUTO, UHRWERK} caricare *qc*, dare la carica *a qc* **4** (*zu Locken rollen*): (**jdm**) **die Haare** ~, mettere i bigodini (*a qu*); **sie dreht jeden Morgen ihr Haar auf**, tutte le mattine si mette i bigodini Ⓑ itr **1** *fam* (*loslegen*) andare ˌsu di giriˌ/[in orbita] *fam*: **du bist heute ja richtig aufgedreht!** *fam*, oggi sei proprio su di giri! *fam* **2** *fam aut* (*beschleunigen*) andare a ˌtutta birraˌ/[tutto gas] *fam*, schiacciare l'acceleratore Ⓒ rfl **sich** (dat) **etw** ~: **sich die Haare** ~, mettersi i bigodini.

aufdringlich adj **1** (*zudringlich*) {BENEHMEN} importuno; {MENSCH} *auch* invadente, entrante, intrusivo, petulante: ~ **sein**, essere invadente/entrante (con qu); (**jdm gegenüber**) ~ **werden**, diventare invadente/entrante (con qu); {MANN FRAUEN GEGENÜBER} *auch* diventare pesante (con qu) **2** (*zu intensiv*) {GERUCH, PARFÜM} penetrante, aggressivo **3** (*schreiend*) {FARBE, KLEIDUNG} aggressivo.

Aufdringlichkeit <-, -en> f **1** (*Zudringlichkeit*) {+MENSCH} invadenza f, modo m di fare invadente: **die ~ seines Benehmens stößt viele ab**, la sua invadenza fa scappare i più; **sie konnte sich seiner ~en kaum erwehren**, riuscì a malapena a ˌrespingere le sue avanceˌ/[tenerlo a bada] *fam* **2** (*zu intensive Art*) {+GERUCH, PARFÜM} aggressività f **3** (*zu grelle Gestaltung*) {+FARBE, KLEIDUNG, TAPETE} vistosità f: **dieses Tapetenmuster ist von einer ~**, **die schon an Kitsch grenzt**, il disegno di questa carta da parati è così vistoso da rasentare il kitsch.

auf|dröseln tr *fam* **etw** ~ {KNOTEN, STRICKARBEIT} disfare *qc*; {FADENGEWIRR} districare *qc*, sbrogliare *qc*; {PROBLEMATIK} districare *qc*, sbrogliare *qc*.

Aufdruck <-(e)s, -e> m **1** (*Aufgedrucktes*) scritta f: **sie trug ein T-Shirt mit dem «Atomkraft? Nein, danke!»**, indossava una T-shirt con la scritta: «Energia nucleare? No, grazie!» **2** *post* sovrastampa f.

auf|drucken tr **etw** (*auf etw* akk) ~ {MUSTER, TEXT, VERMERK} stampare *qc* (*su qc*); {STEMPEL} apporre *qc* (*su/a qc*).

auf|drücken Ⓐ tr **1** (*öffnen*) **etw** ~ {FENSTER, TÜR} aprire *qc* spingendolo, spingere *qc* (per aprirlo); {GESCHWÜR, PICKEL} strizzare *qc*, schiacciare *qc* **2** *el* (*durch Knopfdruck öffnen*) **etw** ~ {TOR, TÜR} aprire *qc* azionando/premendo l'apriporta **3** (*anbringen*) **etw auf etw** (akk) ~ {STEMPEL} apporre *qc a/su qc*; {SIEGEL} *auch* imprimere *qc su qc*: **jdm seinen Stempel** ~, dare la propria impronta *a qu/qc* **4** (*mit etw darauf drücken*) **etw** (*auf etw* akk) ~ {WERKZEUG} fare forza *con qc su qc*; {SCHREIBGERÄT} cal-

care *con qc* (*su qc*), pigiare *con qc* (*su qc*): **tosk: jdm den Hut** ~, calcare il cappello in testa a qu Ⓑ itr **1** (*beim Schreiben*) calcare, pigiare *tosk* **2** (*die Tür elektrisch öffnen*) azionare/premere l'apriporta.

aufeinander adv **1** (*übereinander*) (l')uno (-a) ˌsopra l'altro (-a)ˌ/[sull'altro (-a)] **2** (*jeweils auf den anderen*) {LOSGEHEN} (l')uno (-a) ˌcontro l'altro (-a)ˌ/[addosso all'altro (-a)]; {LOSSCHLAGEN} (l')uno (-a) ˌ(-a)ˌ/[a vicenda] **3** (*wechselseitig*): ~ **angewiesen sein**, dipendere (l')uno (-a) dall'altro (-a); ~ **Rücksicht nehmen**, avere riguardo (l')uno (-a) per l'altro (-a); **sich ~ verlassen können**, poter contare/[fare affidamento] (l')uno (-a) sull'altro (-a); ~ **zugehen**, andare incontro (l')uno (-a) all'altro (-a); (*einen Kompromiss suchen*) venirsi incontro.

aufeinander|beißen <irr> tr: **die Zähne** ~, stringere i denti.

Aufeinanderfolge <-, ohne pl> f ~ (+ gen/**von etw** dat) serie f (*di qc*), successione f (*di qc*).

aufeinander|folgen itr <sein> → **folgen**①.

aufeinanderfolgend adj → **folgend**.

aufeinander|hängen <irr> itr <haben oder süddt A CH sein> stare appiccicati (l')uno (-a) all'altro (-a): **in einer kleinen Wohnung hängt man zu dicht aufeinander**, in un appartamento piccolo si sta troppo appiccicati.

aufeinander|hocken itr <haben oder süddt A CH sein> *fam* stare appiccicati (-e) (l')uno (-a) all'altro (-a).

aufeinander|legen Ⓐ tr **etw** ~ {BÜCHER, ORDNER, WÄSCHE} mettere/porre l'uno (-a) sopra l'altro (-a), sovrapporre *qc*: **du musst die Bögen genau** ~, devi sovrapporre i fogli in modo che combacino perfettamente Ⓑ rfl **sich** ~ mettersi (l')uno (-a) sopra l'altro (-a).

aufeinander|liegen <irr> itr <haben oder süddt A CH sein> {HANDTÜCHER, HEMDEN} stare/essere (l')uno (-a) sopra l'altro (-a), essere impilato; {BÜCHER} *auch* essere accatastato.

aufeinander|prallen itr <sein> **1** (*zusammenstoßen*) {FAHRZEUGE} scontrarsi/urtarsi (l')uno (-a) con l'altro (-a); {GEGENSTÄNDE, KUGELN} cozzare/sbattere (l')uno (-a) contro l'altro (-a) **2** (*sich treffen*) {KÄMPFENDE, TRUPPEN} scontrarsi; *geh* (*konträr sein*) {GEGENSÄTZE, MEINUNGEN} scontrarsi.

aufeinander|stellen Ⓐ tr **etw** ~ {KISTEN, TASSEN, TELLER} mettere/sistemare *qc* l'uno (-a) sopra l'altro (-a), impilare *qc*, fare una pila *di qc* Ⓑ rfl **sich** ~ {AKROBATEN} mettersi (l')uno (-a) sopra l'altro (-a).

aufeinander|stoßen <irr> itr <sein> **1** (*sich zufällig begegnen*) {PERSONEN} imbattersi (l')uno (-a) nell'altro (-a) **2** (*kämpfen*) {KÄMPFENDE, TRUPPEN} scontrarsi; (*konträr sein*) {GEGENSÄTZE, MEINUNGEN} scontrarsi.

aufeinander|treffen <irr> itr <sein> (*sich auseinandersetzen*) {TRUPPEN} affrontarsi; {MANNSCHAFTEN} *auch* incontrarsi; (*konträr sein*) {GEGENSÄTZE, MEINUNGEN} scontrarsi.

Aufenthalt <-(e)s, -e> m **1** (*das Verweilen*) soggiorno m, permanenza f: **ich wünsche Ihnen einen angenehmen ~!**, Le auguro una buona permanenza!; **Unbefugten ist der ~ auf dem Baugelände untersagt**, ai non addetti ai lavori è vietato sostare sul cantiere **2** (*~sort*) luogo m di soggiorno **3** *jur* dimora f: **gewöhnlicher ~**, domicilio ~; (*Wohnort*) domicilio m, dimora f; **in etw** (dat) ~ **nehmen** *form* (IN EINEM LAND, EINER STADT), prendere domicilio/dimora in/a *qc*, fissare la propria dimora in/a *qc* **4** *autom Eisenb* fermata f, sosta f: ~ **haben**, fermarsi, sostare; **der Zug hat fünf Minuten ~**, il treno fa una sosta di cinque minuti; **der Zug fährt ohne ~ bis München durch**, il treno viaggia fino a Monaco senza fermate intermedie ● **~ unbekannt**, recapito sconosciuto.

Auf|enthalter m (**Auf|enthalterin** f) CH residente mf temporaneo (-a).

Auf|enthaltsbeschränkung f adm limitazione f del/al permesso di soggiorno.

Auf|enthaltsbewilligung f → **Aufenthaltserlaubnis**.

Auf|enthaltsdauer f durata f di/del soggiorno, permanenza f.

Auf|enthaltserlaubnis f, **Auf|enthaltsgenehmigung** f permesso m di soggiorno.

Auf|enthaltsort m (luogo m di) soggiorno m: **der derzeitige ~ der Geiseln ist unbekannt**, non si sa in che luogo siano attualmente tenuti gli ostaggi; jur dimora f ● **~ unbekannt**, recapito sconosciuto.

Auf|enthaltsraum m {+FIRMA, JUGENDHERBERGE, SCHULE} sala f di ricreazione/ritrovo; {+FLUGHAFEN} sala f d'aspetto.

auf|erlegen <ohne ge-> tr geh jdm etw ~ {STRAFE} infliggere qc a qu; jur comminare qc a qu; {PRÜFUNG, VERANTWORTUNG, VERPFLICHTUNG} imporre qc a qu: **jdm ~, etw zu tun**, imporre a qu di fare qc.

auf|erstanden adj relig risorto, risuscitato ● **der Auferstandene**, (Gesù) Cristo risorto, il Risorto.

auf|erstehen <irr, ohne ge-> itr <sein> relig risorgere, risuscitare.

Auf|erstehung <-, ohne pl> f relig risurrezione f ● (**fröhliche**) **~ feiern** scherz {IDEEN, MODE}, ritornare alla grande fam, essere nuovamente attuale; {BESTIMMTES KLEIDUNGSSTÜCK} auch essere ritornato di moda.

auf|erwecken <ohne ge-> tr jdn ~ risuscitare qu, risvegliare qu: **euer Geschrei würde einen Toten ~!**, mi/ci state rompendo i timpani con questi strilli!

auf|essen <irr> A tr (verzehren) **etw ~** {RESTLICHES ESSEN, TELLER} finire qc; {GERICHT} mangiare tutto (-a) qc: **alles ~**, mangiare tutto fino all'ultima briciola, spolverare tutto fam; **die Suppe ~**, mangiare tutta la minestra B itr mangiare tutto, finire ciò che si ha nel piatto.

auf|fahren <irr> A tr (verzehren) **etw ~** 1 (kollidieren mit) **auf jdn/etw ~** {AUF DEN VORDERMANN} andare addosso a qu/qc (da dietro); {AUF EIN FAHRZEUG} auch tamponare qc; {AUF EIN HINDERNIS} (andare a) sbattere contro qc, urtare contro qc; {AUF EIN RIFF, EINE SANDBANK} (andare a) finire su qc, incagliarsi su qc 2 autom (näher heranfahren) **auf jdn/etw ~** avvicinarsi a qu/qc (da dietro): (**zu**) **dicht auf jdn/etw ~**, arrivare quasi addosso a qu/qc (da dietro), incollarsi a qu/qc fam; **mein Hintermann fährt dauernd so dicht auf**, la macchina dietro mi sta incollata al paraurti 3 autom (hinauffahren) **auf etw (akk) ~** {AUF DIE AUTOBAHN, SCHNELLSTRASSE} entrare in qc, prendere qc 4 mil {GESCHÜTZE, PANZER} raggiungere la postazione 5 (hochschrecken) sobbalzare, sussultare: **aus etw** (dat) **~**: **aus dem Schlaf ~**, svegliarsi di soprassalto; **aus einem Alptraum ~**, svegliarsi di soprassalto in mezzo a un incubo; **aus seinen Gedanken ~**, riscuotersi dai propri pensieri 6 (aufbrausen) scattare fam 7 relig ascendere/salire al cielo: **in den**/[zum]/[gen geh] **Himmel ~**, salire al cielo B tr <haben> 1 (herfahren) **etw irgendwo ~** {DÜNGER, ERDE, KIES, SAND} trasportare e depositare qc + compl di luogo **2 mil etw** (herbeischaffen) **etw ~** {GETRÄNKE, SPEISEN} mettere in tavola qc

4 (ins Feld führen) **etw ~** {ARGUMENTE, BEWEISE} addurre qc.

auf|fahrend adj {CHARAKTER} irascibile, iracondo: **ein ~er Typ**, uno che salta su per niente.

Auf|fahrt f 1 (Autobahnauffahrt) raccordo m (di ingresso in autostrada) 2 (das Hinauffahren) ascesa f, salita f 3 (Zufahrt) (rampa f d')accesso m; (zum Haus) viale m d'accesso 4 CH → **Himmelfahrt**.

Auf|fahrtrampe f (rampa f di) accesso m.

Auf|fahrtsstraße f via f/viale m/strada f d'accesso.

Auf|fahrunfall m tamponamento m; (**mit mehreren Fahrzeugen**) tamponamento m a catena.

auf|fallen <irr> itr <sein> 1 (positiv bemerkt werden) {MENSCH} attirare/attrarre l'attenzione (-a); (**bei**) **jdm ~** attirare l'attenzione di qu, colpire qu; (**bei**) **jdm irgendwie ~** {ANGENEHM, POSITIV} fare un'impressione + adj su/a qu, colpire qu + compl di modo; **durch etw** (akk)/**wegen etw** (gen oder fam dat) **~** distinguersi per qc, farsi notare per qc 2 (negativ bemerkt werden) {MENSCH} farsi notare, dare nell'occhio, attirare/attrarre l'attenzione; **als etw** (nom) **~** {ALS RADIKALER} segnalarsi come qc; {ALS UNZUVERLÄSSIG} rivelarsi qc; (**bei**) **jdm irgendwie ~** {UNANGENEHM, NEGATIV} fare un'impressione + adj su/a qu, colpire qu + compl di modo 3 (besonders bemerkt werden) {MENSCH} non passare inosservato (-a), fare colpo 4 (als ungewöhnlich bemerkt werden) {FEHLER, FLECK, LOCH, ETWAS UNGEWÖHNLICHES} saltare agli occhi: **jdm fällt etw auf**, qc salta agli occhi a qu, qu nota/[si accorge di] qc, qc colpisce qu; **das ist mir noch nicht aufgefallen**, non me ne ero ancora accorto (-a); **das muss dir doch aufgefallen sein!**, non dirmi che non l'hai notato!, devi essertene accorto (-a) per forza!; **jdm fällt etw an jdm/etw auf** {AN EINEM GEDICHT, NAMEN, AN EINER PERSON}, qu nota qc in qu/qc; **fällt dir heute etwas an mir auf?**, noti qualcosa di diverso in me oggi?; **jdm fällt auf, dass ...**, qu nota che ...; **es ist allgemein aufgefallen, dass...**, tutti si sono accorti che... ● **angenehm ~** {PERSON}, colpire positivamente; **bloß**/[nur nicht] **~!**, l'importante è non ₍farsi notare₎/[dare nell'occhio]!; **unangenehm ~**, risultare sgradevole.

auf|fallend A adj {ERSCHEINUNG, PERSÖNLICHKEIT} che colpisce; {ELEGANZ, INTELLIGENZ, SCHÖNHEIT} auch che si nota; {FARBE} vistoso, che salta agli occhi; {KLEIDUNGSSTÜCK} auch appariscente; {ÄHNLICHKEIT} sorprendente, impressionante: **es ist ~, dass/wie ...**, è sorprendente/impressionante vedere/come ...; **das Auffallendste an ihr sind die blauen Augen**, quello che colpisce/[si nota] di più in lei sono gli occhi azzurri B adv {BLASS, NERVÖS} visibilmente; {INTELLIGENT, SCHÖN} notevolmente; {RUHIG, ZURÜCKHALTEND} stranamente: **~ blau/rot**, di un blu/rosso vistoso; **er spricht ~ oft von ihr**, è sorprendente quanto spesso parli di lei ● **stimmt ~!** fam, è proprio vero!

auf|fällig A adj {AUSSEHEN, KLEIDUNGSSTÜCK} che ₍non passa inosservato (-a)₎/[si nota]; {BENEHMEN} auch strano; {FARBE} vistoso; {KLEIDUNG} auch appariscente; {NARBE} ben visibile, che ₍salta agli occhi₎/[si nota]: **ist an ihm etwas besonders ~?**, c'è qualcosa che si nota particolarmente in lui?; **du starrst mich so an, was ist denn so ~ an mir?**, mi fissi in un modo tale... cosa ho di tanto strano?; **jd kann an jdm/etw nichts Auffälliges bemerken**, qu non nota niente di particolare in qu/qc B adv {NERVÖS} visi-

bilmente; {SICH KLEIDEN} in modo vistoso/appariscente: **sie hat ~ lackierte Fingernägel**, ha uno smalto che si nota per forza fam; **sie kleidet sich in einer Art, ~er geht's nicht mehr!**, si veste in un modo così vistoso che peggio non si può! ● **~ werden** (kriminelle Neigungen erkennen lassen), essere noto alla polizia (per aver commesso reati minori).

auf|falten A tr **etw ~** spiegare qc B rfl **sich ~** 1 (sich öffnen) {FALLSCHIRM} aprirsi 2 geol corrugarsi.

Auf|fangbecken n 1 industr bacino m di raccolta, serbatoio m 2 (Sammelbecken) ricettacolo m fig: **die Privatschulen sind ein ~ für all die Lehrer, die beim Staat keine Anstellung finden**, la scuola privata ₍funge da contenitore₎/[è un ripiego] per tutti quegli insegnanti che non trovano posto nella scuola pubblica.

auf|fangen <irr> tr **etw ~** 1 (einfangen) {BALL, GEWORFENEN GEGENSTAND} prendere/afferrare/acchiappare qc al volo: **fang** (**den Ball**) **auf!**, prendi/acchiappa la palla! 2 (mitbekommen) {GESPRÄCHSFETZEN, SATZ, WORTE} afferrare qc, cogliere qc; {JDS BLICK} percepire qc, sentire qc: **wo hast du denn dieses Schimpfwort aufgefangen?**, ₍dove l'hai sentita₎/[chi te l'ha insegnata] questa parolaccia? 3 tel **etw ~** {FUNKSPRUCH, NACHRICHT} captare qc, intercettare qc 4 (kompensieren) **etw ~** {KURSVERFALL, PREISSTEIGERUNG} frenare qc 5 (sammeln) **etw ~** {REGENWASSER} raccogliere qc 6 autom (abfangen) **etw ~** {AIRBAG, STOSSSTANGE} AUFPRALL, STOSS} attutire qc, smorzare qc, assorbire qc 7 sport (abwehren) **etw ~** {FAUSTSCHLAG} parare qc.

Auf|fanglager n centro m di prima accoglienza.

auf|fassen A tr 1 (deuten) **etw irgendwie ~** {ANDERS} intendere/prendere qc + compl di modo: **etw falsch/richtig ~**, capire/interpretare male/bene qc; **etw wörtlich ~**, prendere alla lettera qc; **etw als etw** (akk) **~** {ALS EINE BELEIDIGUNG, LIEBESERKLÄRUNG, EINEN VORWURF} intendere qc come qc, prendere qc come qc; **er hat deinen Vorwurf als Scherz aufgefasst**, ha preso il tuo rimprovero per uno scherzo; **die Atmosphäre als eine Art Schutzhülle um die Erde ~**, concepire l'atmosfera come una sorta di involucro protettivo che circonda la terra 2 (begreifen) **etw irgendwie ~** {LEICHT, SCHNELL} comprendere/capire qc + compl di modo: **etw mühelos ~**, comprendere qc senza problemi B itr (Auffassungsgabe besitzen) **irgendwie ~** recepire + compl di modo: **dieser Schüler fasst leicht/schnell auf**, questo studente recepisce in fretta.

Auf|fassung <-, -en> f 1 (Vorstellung) concezione f, modo m di intendere/vedere: **unsere ~en von Urlaub sind zu verschieden, als dass wir zusammen wegfahren könnten**, abbiamo idee troppo diverse su che cos'è una vacanza per poter partire insieme 2 (Meinung) opinione f, parere m 3 <nur sing> (~sgabe) capacità f di comprendere, intelligenza f ● **jds ~ nach, nach jds ~**, secondo il parere/[modo di vedere] di qu; **nach christlicher/islamischer ~**, secondo il credo cristiano/islamico; **meiner/seiner/... ~ nach**, a mio/suo .. avviso.

Auf|fassungsgabe <-, ohne pl> f intelligenza f, capacità f di comprendere: **eine gute ~ besitzen**, avere facilità di comprensione.

Auf|fassungssache f: **das ist ~!**, dipende (dal punto di vista)!, è questione di punti di vista!

auf|findbar adj: **etw ist ~** {VERLORENER GE-

GENSTAND}, qc si può trovare; **die Brille muss doch irgendwo ~ sein**, gli occhiali devono pur essere da qualche parte!; **nicht ~ sein** {GEGENSTAND}, essere introvabile; {PERSON} auch essere irreperibile.

auf|finden <irr> tr (entdecken) **jdn/etw ~** {VERLORENEN GEGENSTAND, LEICHE} (ri)trovare qu/qc: **jdn irgendwie ~** {VERLETZT, TOT}, (ri)trovare qu + adj; **jd/etw ist nicht/nirgends aufzufinden**, ˌquˎ è introvabile/irreperibileˌ/[qc è introvabile].

auf|fischen tr fam **1** (aus dem Wasser ziehen) **jdn/etw ~** {ERTRUNKENEN, GEGENSTAND, SCHIFFBRÜCHIGEN} (ri)pescare qu/qc (da qc), recuperare qu/qc **2** (jdn zufällig kennen lernen) **jdn ~** {BEKANNTEN, FRAU, TYP} pescare qu fam, scovare qu fam, trovare qu: **wo hast du denn die aufgefischt?**, dove l'hai pescata (quella)? fam.

auf|flackern itr <sein> **1** (wieder zu flackern beginnen) {FEUER, FLAMME, KERZE} riaccendersi per un momento, rifiammeggiare lit **2** geh (kurz ausbrechen) {GEFÜHL, MISSTRAUEN, STREIT} accendersi: **Hass flackerte in ihm auf**, avvampò/infiammò di odio • **etw ~ lassen** {KERZE}, far fiammeggiare qc.

auf|flammen itr <sein> **1** (sich plötzlich entzünden) {FEUERZEUG} accendersi all'improvviso: **überall flammten Waldbrände auf**, divampavano ovunque incendi boschivi **2** geh (gewaltig losbrechen) {KÄMPFE, LIEBE, ZORN} divampare, accendersi; {REVOLTEN, UNRUHEN} scoppiare: **im ganzen Land flammte Widerstand auf**, la rivolta divampò in tutto il paese; **Wut flammte in ihren Augen auf**, i suoi occhi ˌsi accesero ˌ/[divamparono] di rabbia • **etw aus Aufflammen bringen**, riuscire a ravvivare qc; **mit ein wenig Papier brachte er das Feuer zum Aufflammen**, con un po' di carta riuscì a ravvivare il fuoco.

auf|flattern itr <sein> (flügelschlagend auffliegen) {ENTE, KRÄHE} alzarsi svolazzando, levarsi in volo sbattendo le ali: **durch den Schuss aufgeschreckt, flatterten die Tauben auf**, spaventati dallo sparo, i piccioni si ˌalzarono svolazzandoˌ/[levarono in volo sbattendo le ali].

auf|fliegen <irr> itr <sein> **1** (hochfliegen) {VOGEL} levarsi in volo, prendere il volo; {STAUB} alzarsi: **etw ~ lassen** {WIND BLÄTTER, PAPIER}, sollevare qc **2** (sich plötzlich öffnen) {FENSTERLADEN, TÜR} spalancarsi (ˌall'improvvisoˌ/[di colpo/schianto]) **3** fam (entdeckt werden) {BANDE, SCHMUGGELRING} essere scoperto; {BETRUG} auch venire a galla **4** fam (scheitern) {KONFERENZ, TERMIN} saltare fam: **wegen der Alkoholprobleme des Popstars war die ganze Tournee aufgeflogen**, a causa dei problemi di alcolismo della pop star era ˌandata a monteˌ/[saltata] tutta la tournee; **etw ~ lassen** (etw zum Scheitern bringen) {PLAN, ÜBERFALL, VORHABEN}, mandare a monte qc.

auf|fordern tr **1** (von jdm etw verlangen) **jdn zu etw** (dat) **~** {ZUR ARBEIT, ZUM GEHEN, ZUR RUHE} sollecitare qu a (fare) qc, invitare qu a (fare) qc, esortare qu a (fare) qc: **jdn ~, etw zu tun**, intimare a qu di fare qc, ingiungere a qu di fare qc; **die Polizei forderte die Bankräuber ˌauf, sich zu ergebenˌ/[zur Aufgabe auf]**, la polizia intimò/ingiunse ai rapinatori di arrendersi; **die Schüler werden aufgefordert, den Schulhof während der Pause nicht zu verlassen**, gli alunni sono pregati di non abbandonare il cortile durante la ricreazione; **die Sekretärin forderte mich auf, ihr zu folgen**, la segretaria mi invitò a seguirla; **der Chef forderte die Mitarbeiter zu mehr Disziplin auf**, il capo ha sollecitato/esortato i collaboratori a una maggiore disciplina; jur {MIETER ZUR RÄUMUNG} intimare qc a qu **2** (jdn einladen) **jdn zu etw** (dat) **~** {ZUM BLEIBEN, ZUM SITZEN} pregare qu di fare qc, invitare qu a fare qc: **der Gastgeber forderte die Gäste zum Essen auf**, il padrone di casa invitò gli ospiti a mettersi a tavola; **dieser schöne Platz fordert zum Verweilen auf** geh, questo posto meraviglioso invita a fermarsi un po'; **die Psychologin forderte ihren Patienten zum Erzählen auf**, la psicologa pregò il paziente di cominciare a parlare; **jdn zum Wettkampf ~**, sfidare qu a una competizione **3** (zum Tanz bitten) **jdn ~** invitare qu a ballare: **höflich forderte er die Ehefrau seines Kollegen auf**, cortesemente invitò a ballare la moglie del collega.

auffordernd **A** adj {BLICKE, GESTE, LÄCHELN} invitante, allettante **B** adv: **~ winken**, fare cenno di avvicinarsi; **~ blicken**, guardare con espressione invitante.

Aufforderung f **1** (Befehl) intimazione f, ingiunzione f, invito m, sollecitazione f, esortazione f: **die ~ zu gehorchen half nichts**, l'intimazione a obbedire non servì a niente; **er erhielt die ~, vor Gericht zu erscheinen**, ricevette l'invito a comparire in tribunale; jur ingiunzione f, ordine m, intimazione f; **~ zur Räumung**, intimazione di sfratto **2** (Einladung) invito m, intimazione f: **die Gäste folgten gerne der ~, Platz zu nehmen**, gli ospiti accolsero con piacere l'invito ad accomodarsi **3** (~ zum Tanz) invito m a ballare • **auf ~**, su/dietro invito; **einer ~ nachkommen** (einer Vorladung), ottemperare/adempiere a un invito; (einer Einladung), accogliere/[aderire a] un invito.

Aufforderungssatz m ling frase f imperativa.

auf|forsten **A** tr etw (wieder) **~** {GEBIET} rimboschire qc, rimboscare qc **B** itr piantare alberi.

Aufforstung <-, -en> f agr {+GEBIET, REGENWÄLDER, WALD} rimboschimento m, rimboscamento m.

auf|fressen <irr> **A** tr **1** (ganz fressen) **jdn/etw ~** {KATZE MAUS; WILDES TIER MENSCH} mangiare/divorare completamente qu/qc, mangiarsi (completamente) qu/qc fam **2** (stark beansprucher) **jdn ~** {ANSTRENGUNG, SORGE} logorare qu, sciupare qu, consumare qu: **die Arbeit frisst sie auf**, il lavoro la logora/sciupa, si logora/sciupa troppo per il lavoro; **die Eifersucht frisst ihn auf**, la gelosia lo divora, è divorato dalla gelosia **3** (viel von Insekten gestochen werden) **jdn ~** {INSEKTEN, STECHMÜCKEN} mangiare vivo (-a) qu **B** itr (alles fressen) {KATZE, RAUBTIER, TIER} mangiare tutto • **jdn nicht ~ fam** scherz, non mangiare mica qu fam; **hab keine Angst, ich fress dich schon nicht auf!** fam, non avere paura, non ti mangio mica! fam.

auf|frieren <irr> **A** tr <haben> (etw auftauen) etw **~** {WASSERLEITUNG} (dis)gelare qc; {LEBENSMITTEL} auch scongelare qc **B** itr <sein> {FLUSS, SEE, WEG} sgelarsi, disgelar(si).

auf|frischen **A** tr <haben> **1** (reaktivieren) etw **~** {KENNTNISSE, SPRACHKENNTNISSE} rinfrescare qc, rispolverare qc: **jdm das Gedächtnis ~**, rinfrescare la memoria a qu; **eine alte Bekanntschaft ~**, ravvivare una vecchia conoscenza **2** (erneuern) etw **~** {ANSTRICH, LIPPENSTIFT} ritoccare qc, ravvivare qc, dare un ritocco a qc: **das Make-up ~**, ˌritoccarsi/rifarsi ilˌ/[dare un ritocco al] trucco **3** med (aktivieren): **die Impfung ~**, fare la vaccinazione di richiamo **4** (ergänzen) etw **~** {KOLLEKTION, SAMMLUNG, VORRAT, WEINVORRAT} integrare qc (con qc), completare qc (con qc): **seine Ernährung mit Vitaminen ~**, integrare la propria alimentazione con vitamine **B** itr <sein oder haben> meteo {LUFT, WIND} rinfrescare.

Auffrischung <-, ohne pl> f **1** (Reaktivierung) {+ERINNERUNG, KENNTNISSE} rinfrescare m qc: **zur ~ deines Gedächtnisses gebe ich dir ein paar Anhaltspunkte**, per rinfrescarti la memoria ti do qualche indicazione; **zur ~ meiner Sprachkenntnisse**, per rinfrescare le mie conoscenze linguistiche **2** (Erneuerung) {+FARBE} ritocco m.

Auffrischungsimpfung f med (vaccinazione f di) richiamo m.

aufführbar adj {AUTOR, KOMÖDIE, THEATERSTÜCK} rappresentabile, che si può rappresentare/[mettere in scena]: **eine schwer ~e Oper**, un'opera ˌdifficile da rappresentareˌ/[difficilmente rappresentabile].

Aufführbarkeit <-, ohne pl> f {+KOMÖDIE, THEATERSTÜCK} rappresentabilità f.

auf|führen **A** tr etw **~** **1** theat (spielen) {AUTOR, THEATERSTÜCK} mettere in scena qc, rappresentare qc; {FILM} proiettare qc: **eine Komödie von Goldoni ~**, ˌmettere in scenaˌ/[rappresentare] una commedia di Goldoni; **am Sonntag wird Hamlet (zum ersten Mal) aufgeführt**, domenica va in scena l'Amleto; mus {BEETHOVEN, SYMPHONIE} eseguire qc; {OPER} rappresentare qc, mettere in scena qc; **sie führen die Neunte Symphonie auf**, eseguono la nona sinfonia; **etw wieder ~** {OPER, THEATERAUFFÜHRUNG}, rimettere/riportare in scena qc **2** (anführen) {BEISPIELE, FAKTEN, VORFÄLLE} portare qc, addurre qc, apportare qc; {BEWEISE, INDIZIEN} produrre qc, addurre qc, apportare qc: **Entlastungsmotive ~**, addurre/apportare ragioni a discarico; **jdn als Zeugen ~**, riportare qc come testimone; (auflisten) {DATEN, TATSACHEN} elencare qc; **in dieser Statistik ist die Zahl der Opfer aufgeführt**, in questa statistica è elencato il numero delle vittime; **etw einzeln ~**, citare/elencare qc uno (-a) per uno (-a) **B** rfl (sich benehmen) **sich irgendwie ~** {GUT, NORMAL, SCHLECHT, WIE EIN VERRÜCKTER} comportarsi + compl di modo: **die Kinder haben sich unmöglich aufgeführt**, i bambini si sono comportati molto male; **sich wie anständige Leute ~**, comportarsi come gente per bene; **führ dich doch nicht so auf!** fam, non fare scene!

Aufführung f **1** {+KOMÖDIE, OPER, THEATERSTÜCK} rappresentazione f, messa f in scena, messinscena f; {+KONZERT} esecuzione f: **eine gelungene/herausragende/mittelmäßige ~**, un'esecuzione/una rappresentazione/una messinscena riuscita/eccellente/mediocre; **die ~ moderner Autoren aufs Programm setzen**, mettere in cartellone le opere di autori moderni **2** form (Auflistung) {+BEISPIELE, FAKTEN} citazione f, adduzione f rar: **die ~ der Beweise/Zeugen**, la produzione ˌdelle proveˌ/[dei testimoni] **3** adm (das Nennen) {+AUSGABEN, KOSTEN} registrazione f • **etw zur ~ bringen** {SYMPHONIE}, eseguire qc, rappresentare qc, interpretare qc; {DRAMA, TRAGÖDIE}, mettere in scena qc, produrre sulle scene qc; **zur ~ einer S. (gen) gehen** {EINES KONZERTS, EINER OPER}, andare a sentire/ascoltare l'esecuzione di qc; {EINER KOMÖDIE, EINES THEATERSTÜCKS}, andare a vedere la rappresentazione/messinscena di qc; **zur ~ kommen/gelangen** {AUTOR, DRAMA}, essere ˌmesso in scenaˎ/[rappresentato]; {KOMPONIST, WERK}, essere eseguito.

Aufführungsrecht n jur diritto m alla rappresentazione.

auf|füllen **A** tr **1** (vollständig füllen) etw

(*mit etw* dat) ~ {Kanister, Schwimmbad, Teich mit Wasser} riempire *qc* (*di qc*); {Becher, Krug mit Wasser, Wein} *auch* rabboccare *qc* (*con qc*); {Vorräte} integrare *qc* (*con qc*); **einen Graben mit Erde ~**, rinterrare un fosso, riempire un fosso di terra; **ein Glas ~**, riempire un bicchiere fino all'orlo; **die Regale mit Waren ~**, riempire gli scaffali di merce; **den Tank mit Benzin ~**, riempire il serbatoio di benzina **2** *bau* (*mit Material aufschütten*) *etw* ~ {Straße, Ufer} colmare *qc* **B** rfl (*Essen nehmen*) **sich** (dat) *etw* (*mit etw* dat) ~ riempirsi *qc* fino all'orlo (*di qc*); {Tablett} caricarsi *qc* (*di qc*); **am Büfett füllte sie sich den ganzen Teller auf**, al buffet si è riempita il piatto fino all'orlo.

auf|futtern tr *fam scherz etw* ~ {Essen, Kuchen} finire *qc*, spazzare (via) *qc fam*, spazzolare *qc fam*; **es scheint gut geschmeckt zu haben, sie haben alles aufgefuttert**, sembra che gli sia piaciuto, perché hanno finito/spazzolato tutto/[ripulito i piatti].

auf|füttern tr **1** (*mit Essen aufziehen*) *etw* ~ {Fohlen, Jungen Vogel} allevare *qc*, tirare su *qc* **2** *fam* (*mit Essen kräftigen*) *jdn* ~ {Kranken Menschen, Verletzen} rimettere in forze *qu*.

Aufgabe① <*-, -n*> f **1** (*Verpflichtung*) compito m, incombenza f; (*Auftrag*) incarico m: **eine dankbare/ehrenvolle ~**, un incarico/compito gratificante/onorevole; **eine interessante/verantwortungsvolle ~**, un impegno/incarico/compito interessante/[di grande responsabilità]; **eine anstrengende/undankbare ~**, un'incombenza faticosa/ingrata, un compito faticoso/ingrato; **die Polizei hat die ~, den Verkehr zu überwachen**, la polizia ha il compito di sorvegliare il traffico; **war es nicht deine ~ einzukaufen?**, non era compito tuo fare la spesa? **2** (*zu lösendes Problem*) problema m: **eine komplizierte ~**, un problema complicato; **eine unlösbare ~**, un problema irrisolvibile/insolubile; **ein Schuldirektor hat schwierige ~n zu lösen**, come preside di scuola ha problemi difficili da risolvere **3** (*Funktion, Zweck*) funzione f, scopo m: **dieses Gerät hat die ~, alle Daten aufzuzeichnen**, questo apparecchio ha la funzione di registrare tutti i dati **4** <*meist pl*> *Schule* (*Hausaufgabe*) compiti m pl, lezioni f pl: **hast du deine ~n schon gemacht?**, hai già fatto i compiti? **5** *math* problema m, esercizio m: **eine ~ lösen**, risolvere un problema; **jdm eine ~ stellen**, assegnare/dare un esercizio a qu **6** (*das Aufgeben*) {+Paket} consegna f; {+Inserat} mettere m *qc*: **die ~ einer Bestellung**, l'ordinazione; **die ~ des Gepäcks am Schalter**, la consegna del bagaglio allo sportello ● **etw als seine ~ ansehen**, sentirsi in dovere di fare *qc*; **jdm eine schwierige ~ anvertrauen**, affidare una difficile incombenza/[un difficile compito]/[una mansione difficile] a qu; **eine ~ ausführen**, eseguire un compito/incarico; **eine ~ bekommen**, ricevere un compito/incarico; **der Schüler bekam die ~, den Ausflug zu organisieren**, lo studente ricevette il compito/l'incarico di organizzare la gita; **sich** (dat) **eine ~ zu eigen machen**, assumersi un impegno/compito; **jdm eine ~ geben**, dare un compito/un'incombenza a qu; **sich einer ~ (nicht) gewachsen fühlen**, non sentirsi all'altezza di/[in grado di affrontare] un compito; **sich** (dat) **etw zur ~ machen**, farsi un dovere di fare *qc*, impegnarsi a fare *qc*; **er hat sich die Beendigung des Werkes zur ~ gemacht**, si è assunto l'impegno di portare a termine l'opera; **seit seiner Pensionierung hat er es sich zur ~ gemacht, den Garten zu pflegen**, da quando è in pensione si è fatto un dovere di curare il

giardino; **seinen ~n nachkommen** *geh*, ottemperare ai propri doveri *geh*; **vor einer neuen ~ stehen**, trovarsi di fronte a un nuovo compito; **jdm eine ~ übergeben**, assegnare un compito a qu; **eine ~ übernehmen**, assumere un compito/incarico; **jdm eine ~ zuteilen**, assegnare un compito a qu.

Aufgabe② <*-, ohne pl*> f **1** (*das Nichtfortsetzen*) {+Studium} abbandono m; {+Beruf} *auch* rinuncia f *a qc*; {+Anschläge, Kampf, Terror} abbandono m, rinuncia f *a qc*: **den Feind zur ~ bewegen/zwingen**, persuadere/convincere/[costringere] il nemico alla resa; **die Krankheit zwang sie zur ~ ihrer Arbeit**, la malattia la costrinse ad abbandonare le sue attività **2** *sport* {+gegnerische Mannschaft} abbandono m, ritiro m: **die Überlegenheit des Gegners zwang ihn zur ~**, la superiorità dell'avversario l'ha costretto all'abbandono/[al ritiro] **3** (*das Aufgeben*) {+Rauchen, Sucht} rinuncia f *a qc*: **die ~ dieser alten Gewohnheit würde ihr schwerfallen**, la rinuncia/[dover rinunciare] a questa vecchia abitudine le risulterebbe difficile **4** (*das Fallenlassen*) {+Idee, Forderung, Hoffnung, Plan} abbandono m, rinuncia f *a qc*: **erst nach langen Verhandlungen konnte die Polizei die Entführer zur ~ ihres Vorhabens bewegen**, solo dopo lunghe trattative la polizia riuscì a convincere i sequestratori a recedere dai loro propositi **5** (*das Schließen*) {+Firma, Geschäft} chiusura f: **die Zentrale kündigte die ~ der Niederlassung an**, la centrale ha annunciato la chiusura della filiale.

Aufgabebescheinigung f *adm com* ricevuta f di avvenuta consegna/spedizione.

auf|gabeln tr **1** *fam oft pej* (*jdn zufällig kennen lernen*) *jdn* ~ pescare *qu fam*, trovare *qu*: **den Typ hat sie gestern in der Disko aufgegabelt**, quel tipo l'ha pescato ieri in discoteca **2** *fam* (*etw zufällig finden*) *etw* ~ pescare *qc fam*, scovare *qc fam*, raccattare *qc fam*: **wo hast du denn das Radio aufgegabelt?**, dov'è che hai scovato/pescato quella radio?

Aufgabenbereich m, **Aufgabengebiet** n sfera f di competenza/attività.

Aufgabenheft n *Schule* quaderno m per i compiti/[degli esercizi].

Aufgabenstellung f tipo m di compito/problema: **keine Angst vor der Prüfung! Das Thema variiert, aber die ~ ist immer die gleiche**, non ti preoccupare per l'esame! L'argomento varia, ma i termini del problema invece sono sempre gli stessi.

Aufgabenverteilung f **1** (*Austeilung von Schularbeiten, Prüfungen*) distribuzione f dei compiti/[degli esercizi] **2** (*Verteilung von Verantwortlichkeiten*) ripartizione f delle responsabilità/[dei compiti]: **die ~ im Büro ist gut organisiert**, in ufficio la ripartizione dei compiti è organizzata bene; **die Rollenveränderung hat zu einer neuen ~ innerhalb der Familie geführt**, il cambiamento dei ruoli ha comportato una nuova ripartizione dei compiti all'interno della famiglia.

Aufgabeort m luogo m di spedizione.

Aufgabestempel m *adm* timbro m con la data di consegna/spedizione; *post* timbro m di spedizione postale.

Aufgang m **1** <*nur sing*> *astr* {+Mond, Sonne} sorgere m, levarsi m, levata f **2** (*Treppenaufgang*) scala f d'accesso: **das Gebäude hat drei Aufgänge**, nell'edificio ci sono tre scale d'accesso **3** (*Weg nach oben*) salita f **4** *sport* <*meist sing*> (*erster Teil einer Übung*) apertura f (di un esercizio).

Aufgangspunkt m *astr* {+Mond, Sonne} punto m di levata: **der ~ der Sonne ver-**

schiebt sich jeden Tag, il punto di levata del sole si sposta ogni giorno.

auf|geben① <irr> tr **1** (*zu lösen geben*) *jdm etw* ~ {Frage, Rätsel} porre *qc a qu*, fare *qc a qu fam*: **jdm ein schwieriges Problem zur Lösung ~**, porre a qu un difficile problema da risolvere; **sein Verhalten gibt uns viele Rätsel auf**, il suo comportamento ci sembra alquanto enigmatico **2** *geh* (*auferlegen*) *jdm etw* ~ imporre *qc a qu*: **sie gab uns auf, über diese Angelegenheit zu schweigen**, ci impose di tacere su questa faccenda **3** (*Aufgaben geben*) (*jdm*) *etw* ~ {Aufsatz, Hausaufgabe, Übersetzung, Übung} dare (*a qu*) *qc* da fare: **die Lehrerin gibt immer so viel auf**, l'insegnante ci dà/assegna sempre tanti compiti (per casa) **4** *Eisenb* (*zur Bearbeitung weiterleiten*) *etw* ~ (**bei jdm/irgendwo**) ~ {Gepäck, Koffer am Schalter} consegnare *qc* (*a qu/+ compl di luogo*) **5** *post* (*zur Verschickung auf das Postamt geben*) *etw* ~ impostare *qc* (all'ufficio postale/[alla posta]): **hast du den Brief schon aufgegeben?**, hai impostato la lettera? **6** (*in Auftrag geben*) *etw* (*irgendwo*) ~ {Anzeige in der Zeitung} mettere *qc* (+ *compl di luogo*): **die Bestellung beim Kellner ~**, dare/fare l'ordinazione al cameriere; **haben Sie die Bestellung schon aufgegeben?**, ha già ordinato?

auf|geben② <irr> **A** tr **1** (*einstellen*) *etw* ~ {Belagerung, Kampf, Widerstand} abbandonare *qc*, mollare *qc fam* **2** (*auf etw verzichten müssen*) *etw* ~ {Wohnung} lasciare *qc*; {Beruf} *auch* abbandonare *a qc*, abbandonare *qc*; {Hobbys, Interessen} rinunciare *a qc*, abbandonare *qc*: **als das erste Kind geboren wurde, gab sie ihre Arbeit auf**, quando nacque il primo figlio, abbandonò/lasciò/mollò *fam* il lavoro; **wegen der Knieoperation musste er das Joggen ~**, a causa dell'operazione al ginocchio ha dovuto rinunciare al/[smettere di fare] footing **3** (*mit etw aufhören*) *etw* ~ {Rauchen, Trinken} rinunciare *a qc*, smettere di fare *qc*: **du solltest diese Gewohnheit ~**, dovresti togliertici quest'abitudine **4** (*etw fallen lassen*) *etw* ~ {Forderung, Idee} abbandonare *qc*, rinunciare *a qc*: **sie gaben ihre Hoffnung auf schönes Wetter auf**, abbandonarono la speranza che il tempo sarebbe migliorato; **er gab seinen Plan auf, den Berg zu besteigen**, abbandonò il/[rinunciò al] progetto di scalare la montagna; **sie hatte es aufgegeben, darüber nachzudenken**, aveva rinunciato a/[smesso di] rifletterci; **gib's auf!**, lascia stare/perdere!; **ich geb's auf!**, mi arrendo!, ci rinuncio!, getto la spugna! **5** (*jdn/etw verloren geben*) *jdn/etw* ~ {Drogensüchtigen, Kranken, schlechten Schüler} dare per spacciato (-a)/perduto (-a) *qu/qc* **6** *ökon* (*einstellen*) *etw* ~ {Firma, Geschäft} chiudere *qc*: **die Konkurrenz war groß, deshalb mussten sie den Laden ~**, la concorrenza era enorme, perciò dovettero chiudere il negozio **7** (*nicht weitermachen*) *etw* ~ {Schule, Studium, Wettkampf} abbandonare *qc*, lasciare *qc* **B** itr (*sich geschlagen geben*) {Konkurrenz, Mannschaft, Sportler} abbandonare, arrendersi, smettere, mollare *fam*: **er gab in der vierten Runde auf**, ha abbandonato alla quarta ripresa; **trotz aller Probleme wollte sie nicht ~**, nonostante tutti i problemi non volle arrendersi/mollare *fam*/demordere.

aufgeblasen adj **1** (*mit Luft gefüllt*) {Luftballon, Tüte} gonfiato **2** *fam pej* (*wichtigtuerisch*) borioso, montato *fam*, pieno di sé: **ein ~er Kerl**, un pallone gonfiato.

Aufgeblasenheit <*-, ohne pl*> f *fam pej* presunzione f, boria f.

Aufgebot n 1 <*meist* sing> (*Einsatz*) ~ (**an/von jdm/etw**) {VON HUBSCHRAUBERN} spiegamento m *di qc*; {AN MATERIAL} impiego *di qc*; {SOLDATEN} *auch* contingente *di qu/qc*: **ein großes ~ an Polizisten**, un grande spiegamento/contingente di poliziotti 2 (*zur Eheschließung*) pubblicazioni f pl di matrimonio: **das ~ bestellen**, fare le pubblicazioni (in chiesa/comune) ● **unter ~ aller Kräfte**, con l'impiego di tutte le forze.

aufgebracht **A** part perf *von* auf|bringen **B** adj {GÄSTE, KUNDE} adirato, stizzito, irritato: **in ~em Ton trug er seine Beschwerde vor**, con tono irritato presentò il suo reclamo; **über jdn/etw ~ sein**, essere irritato/adirato/stizzito con qu/per qc; **wegen etw** (gen *oder* fam dat) **~ sein**, essere irritato/adirato/stizzito per qc **C** adv in modo adirato/irritato/stizzito: **~ sprechen**, parlare in modo/tono adirato/irritato/stizzito; **~ mit den Händen fuchteln**, gesticolare furibondo (-a).

aufgedonnert fam pej **A** adj {FRAU} bardato, in tiro *slang*: **die ist aber ~!**, come è conciata/bardata! **B** adv: **~ rumlaufen**, andare in giro tutto (-a) sistemato (-a).

aufgedreht adj fam 1 (*überzogener Stimmung sein*): **~ sein**, essere ₁su di giri *fam*₁/[esagitato] 2 (*auf Maximum*): **voll ~ sein** {FERNSEHER, MUSIK, RADIO, STEREOANLAGE}, essere a tutto volume; **mit voll ~er Musik Auto fahren**, girare in macchina con la musica a tutto volume.

aufgedunsen adj {GESICHT, KRANKER, LEIB, WASSERLEICHE} gonfio, tumefatto, enfiato *lit*, tumido *lit*: **sein Gesicht war vom übermäßigen Alkoholkonsum ~**, aveva il viso gonfio/enfiato per l'eccessivo consumo di alcol.

auf|gehen <*irr*> itr <*sein*> 1 (*sich öffnen*) {FENSTER, REGENSCHIRM, TÜR} aprirsi; {BLUMEN, KNOSPEN} *auch* sbocciare, schiudersi; {BLASE, WUNDE} aprirsi: **der Vorhang ging auf, und dann begann die Vorstellung**, si aprì/alzò il sipario e lo spettacolo ebbe inizio 2 *astr* (*langsam sichtbar werden*) {MOND, SONNE} sorgere, levarsi, alzarsi, spuntare 3 *gastr* {AUFLAUF} gonfiarsi; {HEFETEIG, KUCHEN} *auch* lievitare 4 *agr* {GETREIDE, SAAT} germinare, germogliare, spuntare 5 (*sich lösen*) {KNOPF, REIßVERSCHLUSS} aprirsi; {HAARE, KNOTEN} sciogliersi; {NAHT} aprirsi, scucirsi 6 (*Erfüllung finden*) **in etw** (dat) ~ {IN DER ARBEIT, FAMILIE, IM HAUSHALT, STUDIUM} darsi/dedicarsi anima e corpo *a qc*: **er geht völlig in seiner Arbeit auf**, si butta a capofitto sul lavoro 7 (*klar werden*): **etw auf geht jdm auf** {BEDEUTUNG, TRAGWEITE, ZUSAMMENHANG}, qu realizza qc, qu capisce qc, qc è chiaro a/per qu; **erst allmählich ging ihm der Sinn dieser Worte auf**, solo pian piano cominciava a capire/realizzare il significato di quelle parole; **plötzlich ging ihr auf, warum er so gehandelt hatte**, improvvisamente capì/[le fu chiaro]/[si rese conto] perché lui aveva agito così; **jdm geht ein Licht auf**, a qu si accende una lampadina 8 *math* tornare: **diese Rechnung geht (nicht) auf**, questo conto (non) torna; **die drei geht in der neun auf**, il nove è divisibile per tre; **die Rechnung geht glatt auf**, i conti tornano 9 (*sich verwirklichen*) {ÜBERLEGUNG} tornare; {PLANUNG, VORHABEN} realizzarsi: **in dieser Art von Roman muss immer alles sauber ~**, in questo genere di romanzo tutto deve sempre tornare alla perfezione 10 (*in etw verschwinden*) **in etw** (akk) ~ {KLEINE FIRMEN IN GROßEN BETRIEBEN, KONZERNEN} essere assorbito *da qc*: **in der Masse ~**, sparire/scomparire nella massa.

aufgehoben **A** part perf *von* auf|heben **B** adj 1 (*in guten Händen*): **(bei jdm/irgendwo) gut/sicher ~ sein** {KIND, MENSCH, TIER}, essere in ₁buone mani₁/[mani sicure] (₁presso/con qu₁/[+ compl di luogo]); {CODE, GEHEIMNIS, GEHEIMNUMMER} essere ben conservato/custodito (*presso/da qu/+ compl di luogo*): **bei ihr bist du gut ~**, con lei sei in buone mani 2 *jur* {BESCHLAGNAHME} revocato.

auf|geilen slang **A** tr 1 (*sexuell erregen*) **jdn ~** {ENGES KLEID, HINTERN, PORNOFILM} arrapare *qu slang*, infoiare *qu slang*, allupare *qu slang*: **aufgegeilt sein**, essere arrapato/infoiato/allupato 2 (*jdn extrem erregen*) **jdn ~** {EXTREMSPORT, GESCHWINDIGKEIT, TODESANGST} eccitare *qu* estremamente: **das schnelle Autofahren geilt ihn total auf**, correre in macchina lo fa andare su di giri **B** rfl 1 (*sich sexuell erregen*) **sich** (**an jdm/etw**) ~ {AN FOTOS NACKTER FRAUEN, PORNOFILMEN} arraparsi *con qu/qc slang*, eccitarsi con *qu/qc* 2 (*Genugtuung über etw empfinden*) **sich an etw** (dat) **~** {AN COMPUTERSPIELEN, JDS FURCHT, NIEDERLAGE} eccitarsi al massimo *per qc*: **das ist ein Lehrer, der sich richtig an der Angst seiner Schüler aufgeilt**, è un insegnante che gode nel vedere che gli studenti hanno paura (di lui).

aufgeklärt adj 1 (*sexuell ~*) {KIND, SCHÜLER} essere informato sulla sessualità: **schon Sechsjährige werden heute ~**, oggigiorno i bambini ricevono un'educazione sessuale già a sei anni 2 (*verstandesbestimmt*) {MENSCH, POLITIK, RICHTER} illuminato: **ein ~er Geist**, uno spirito illuminato 3 *philos pol* {KÖNIG, MENSCH, ZEITALTER} illuminato: **~er Absolutismus**, dispotismo illuminato.

Aufgeklärtheit <-, ohne pl> f 1 (*geistige ~*) spirito m illuminato 2 (*sexuelle ~*) educazione f sessuale.

aufgeknöpft adj <präd> fam sbottonato fam, espansivo.

aufgekratzt adj fam: (*von etw dat*) **~ sein**: **vom Sekt waren alle sehr ~**, lo spumante li aveva mandati tutti su di giri; **vom vielen Spielen waren die Kinder ~**, avendo giocato a lungo i bambini erano eccitati; **in ~er Stimmung/Laune sein**, essere su di giri fam, sentirsi euforico (-a).

Aufgeld <-s, ohne pl> n 1 *bank* aggio m 2 (*zusätzlicher Betrag*) supplemento m: **ein ~ bezahlen**, pagare un supplemento.

aufgelegt adj: **gut ~ sein**, essere di buonumore; **schlecht ~ sein**, essere di cattivo umore, avere la luna storta *fam*; **wie ist der Chef heute ~?**, di che umore è il capo oggi?; **zu etw** (dat) **~ sein** {ZUM AUSGEHEN, TANZEN}, ₁essere in vena₁/[sentirsela] di fare qc; avere voglia di fare qc; **lass mich in Ruhe, ich bin heute nicht zu Scherzen ~**, lasciami in pace, oggi non sono in vena di scherzare; **ich bin nicht dazu ~, mit deinen Freunden auszugehen**, non me la sento di uscire con i tuoi amici.

auf|gellen itr <*sein*> {LÄRM, MUSIK, SIRENEN} levarsi forte e improvviso (-a): **ein Schrei gellte in der Nacht auf**, un grido stridulo si levò nella notte.

aufgelockert adj *meteo*: **~e Bewölkung**, nuvolosità irregolare/scarsa.

aufgelöst adj sconvolto, fuori di sé: **~ sein**, essere sconvolto/stravolto/[fuori di sé]; **in Tränen ~ sein**, ₁essere in un mare di₁/[essersi sciolto in] lacrime.

aufgemacht adj (*effektvoll gestaltet*): **irgendwie ~ sein**: **die Anzeige/der Artikel ist groß/eindrucksvoll ~**, l'annuncio/l'articolo è fatto/presentato in modo da attirare l'attenzione; **das Buch ist gut/schlecht ~**, il libro ha una bella/brutta veste grafica.

aufgemotzt slang **A** adj 1 (*aufgedonnert*) {PERSON} agghindato; {AUTO} superaccessoriato 2 (*frisiert*) {MOFA, MOPED} truccato **B** adv (*aufgedonnert*): **~ rumlaufen**, andare in giro tutto (-a) agghindato (-a).

aufgeräumt adj 1 (*gut gelaunt*) sereno, di buon umore: **~ sein**, essere sereno e tranquillo 2 (*ordentlich*) {ZIMMER} ordinato, in ordine.

aufgeregt **A** adj {STIMME} eccitato, agitato, concitato: **ein ~es Stimmengewirr**, un vocio concitato; **~ sein** (*nervös sein*), essere agitato/nervoso; (*gespannte Vorfreude empfinden*) essere emozionato **B** adv {BERICHTEN, ERZÄHLEN} in modo eccitato/agitato, con agitazione/eccitazione: **alle redeten ~ durcheinander**, tutti parlavano in modo confuso e agitato.

Aufgeregtheit <-, ohne pl> f agitazione f, nervosismo m, eccitazione f; (*gespannte Vorfreude*) emozione f.

aufgeschlagen adj 1 (*verletzt*) ferito: **blutig ~e Knie**, ginocchia sanguinanti; **mit ~en Knien**, con le ginocchia sbucciate 2 (*geöffnet*) {BUCH, SEITE, ZEITUNG} aperto: **mit ~en Augen**, ad occhi aperti.

aufgeschlossen **A** part perf *von* auf|schließen **B** adj aperto, disponibile: **seine Eltern sind sehr ~**, i suoi genitori hanno una mentalità molto aperta; **sie macht einen ganz ~en Eindruck**, sembra una persona piuttosto aperta/disponibile; **für etw** (akk)/**gegenüber etw** (dat) **~ sein** {FÜR ANDERE RELIGIONEN, NEUE TENDENZEN}, essere aperto verso qc **C** adv: **etw** (dat) **~ gegenüber stehen** {DEN PROBLEMEN ANDERER} essere sensibile per qc; {DER GENTECHNIK, DEN NEUEN INFORMATIONSTECHNOLOGIEN}, essere incuriosito da qc, interessarsi a qc.

Aufgeschlossenheit <-, ohne pl> f 1 (*offener Charakter*) mentalità f aperta/disponibile: **dank seiner ~ fand er rasch Freunde**, grazie alla sua mentalità aperta presto riuscì a trovare amici 2 (*Empfänglichkeit*): **für etw** (akk)/**gegenüber etw** (dat) {FÜR DIE PROBLEME ANDERER} sensibilità f *per/verso qc*; {NEUEN STRÖMUNGEN/TENDENZEN GEGENÜBER} ricettività f *verso qc*.

aufgeschmissen adj <präd> fam: **~ sein**, essere spacciato fam/fregato fam/fottuto *slang*, stare fresco (-a) *fam*; **ohne Telefon ist man auf dem Land ganz schön ~**, senza telefono in campagna si ₁è fregati₁/[sta freschi]; **wenn meine Eltern mir das Geld nicht leihen, bin ich total ~**, se i miei non mi prestano quei soldi sono inguaiato (-a)/spacciato (-a)/fregato (-a).

aufgeschoben **A** part perf *von* auf|schieben **B** adj {EREIGNIS, FEST} rimandato ● **~ ist nicht aufgehoben** *prov*, rimandare non vuol dire rinunciare.

aufgeschossen **A** part perf *von* auf|schießen **B** adj {JUGENDLICHER, MANN} alto e magro: **ein hoch ~er Junge**, un perticone *fam*, uno spilungone *fam*.

aufgeschürft adj {GESICHT, HÄNDE, KNIE} scorticato, sbucciato: **mit ~en Händen/Knien**, con le mani/ginocchia scorticate/sbucciate.

aufgeschwemmt adj {GESICHT} gonfio, gonfiato, tumefatto.

aufgesetzt adj {FRÖHLICHKEIT} finto; {LÄCHELN} *auch* artificiale, artefatto.

aufgesprungen **A** part perf *von* auf|springen **B** adj {HÄNDE, LIPPEN} screpolato.

aufgestylt slang adj in tiro *slang*, agghindato: **mit ~er Frisur**, con un'acconciatura molto elaborata.

aufgetakelt adj fam oft pej {FRAU} agghindato, in gingheri.

aufgetrieben **A** part perf von auf|treiben **B** adj {BAUCH} gonfio.

aufgeweckt adj {KIND, MENSCH, VERSTAND} sveglio, pronto, vivace.

Aufgewecktheit <-, ohne pl> f {+KIND} vivacità f, prontezza f (di mente).

aufgeworfen **A** part perf von auf|werfen **B** adj: ~e Lippen, labbre tumide.

aufgezogen fam **A** part perf von auf|ziehen **B** adj: es war eine groß ~e Werkekampagne, è stata una campagna pubblicitaria in grande stile **C** adv: irgendwie ~ sein {FEST, MESSE, VERANSTALTUNG} bombastisch, groß, in großem STIL}, essere realizzato + compl di modo.

auf|gießen <irr> tr gastr **1** (aufbrühen): Kaffee ~, preparare il caffè (alla tedesca); Tee ~, preparare/fare il tè **2** (Wasser hinzufügen) etw ~ {BRATEN} versare dell'acqua su qc, aggiungere dell'acqua a qc; Soße mit Wein ~, aggiungere del vino ₍al sugo₎/[alla salsa].

auf|gliedern **A** tr (unterteilen) etw (in etw) akk) ~ {TEXT IN ABSCHNITTE, WÖRTER IN GRUPPEN} suddividere qc (in qc) **B** rfl (sich unterteilen) sich (in etw akk) ~ {ANGEBOT, BILANZ, INHALTSANGABE} suddividersi (in qc): die Bundesrepublik ist in 16 Bundesländer aufgegliedert, la Repubblica Federale Tedesca è suddivisa in 16 Länder.

Aufgliederung <-, -en> f {+ABRECHNUNG, ANGEBOT, BILANZ, TEXT} (sud)divisione f.

auf|glimmen <irr> itr <sein> geh **1** (schwach aufflackern) {LÄMPCHEN, STREICHHOLZ} accendersi per un attimo; {STERNE} brillare fiocamente **2** (kurz zum Vorschein kommen): etw glimmt ₍in jdm₎/irgendwo} auf {HASS, LEIDENSCHAFT}, negli occhi di qu si vede un lampo di qc; {HOFFNUNG} negli occhi di qu c'è un barlume di qc; Wut glomm in seinen Augen auf, nei suoi occhi si vide un lampo di rabbia.

auf|glühen itr <haben oder sein> **1** (glühend aufleuchten) {FEUER, HOLZSCHEIT} riaccendersi per un attimo: in der Dunkelheit sah man die Zigarette kurz ~, nel buio si vide la brace della sigaretta brillare per un attimo **2** (sich erhitzen) {GESICHT} infuocarsi.

auf|graben <irr> tr **1** (umgraben) {BODEN, ERDE} rivoltare qc, vangare qc **2** (freilegen) {STRAßE} scavare qc; {GRABEN, LOCH} auch sterrare qc.

auf|greifen <irr> tr **1** (ergreifen) jdn ~ {BETRUNKENEN, HERUMSTREIFENDE JUGENDLICHE} prendere qu; {DIEB, RÄUBER} auch acciuffare qu fam **2** (weiterverfolgen) etw ~ {GEDANKE, IDEE, PLAN, THEMA} riprendere qc; {KRIPO, PRESSE MORDFALL} occuparsi di qc **3** (wieder aufnehmen) etw ~ {ARGUMENT, DISKUSSION, GESPRÄCH} riprendere qc, tornare su qc: wenn ich die letzte Frage noch einmal ~ darf, ..., se posso tornare all'ultima domanda ...; den Faden der Erzählung wieder ~, riprendere il filo del racconto.

aufgrund **A** präp + gen a causa di, per via di: ~ der großen Nachfrage beginnt im Juni ein weiterer Kurs, a causa della forte domanda, a giugno inizierà un altro corso; er ist ~ einer Zeugenaussage verurteilt worden, è stato condannato sulla base di una testimonianza **B** adv ~ von etw (dat) in base a qc; ~ von Zeugenaussagen konnte man ihn als Täter identifizieren, il colpevole è stato identificato ₍in base₎/[grazie] ad alcune testimonianze.

auf|gucken itr fam → auf|blicken.

Aufguss (a.R. Aufguß) m **1** (konzentrierter Kräutertee) infusione f, infuso m: einen ~ von etw (dat) bereiten, preparare un infuso/un'infusione di qc **2** (in der Sauna) acqua f versata sulle pietre arroventate della stufa: einen ~ machen, versare l'acqua sulle pietre arroventate **3** pej (fantasielose Imitation) {+KUNSTWERK, SONG} brutta copia f.

Aufgussbeutel (a.R. Aufgußbeutel) m gastr bustina f di tè/tisana.

auf|haben <irr> fam **A** tr etw ~ **1** (tragen) {HUT, MÜTZE} avere in testa qc, avere sul capo qc, portare qc: auf dem Moped muss man den Helm ~, in motorino è obbligatorio portare il casco; beim Lesen hat sie die Brille auf, quando legge porta gli occhiali **2** (geöffnet stehen) {FENSTER, MUND, SCHIRM, TÜR} tenere qc aperto (-a), avere qc aperto (-a): sie hat immer die Fensterläden auf, tiene sempre aperte le persiane **3** (geöffnet tragen) {BLUSE} avere/portare qc aperto (-a): er hatte sein Hemd bis zum Gürtel auf, teneva/aveva la camicia aperta/sbottonata fino alla cintura; du hast den Reißverschluss auf, hai la lampo aperta **4** (mühsam aufbekommen haben) etw ~ {KOFFER, SCHACHTEL} esser riuscito ad aprire qc; {DIEB AUTO, GELDSCHRANK, TÜR} auch essere riuscito a forzare qc **5** (Hausaufgaben haben) dover fare qc, avere da fare qc: über die Ferien haben die Kinder nichts auf, per le vacanze i bambini non hanno compiti per casa **B** itr ~ {BANK, GESCHÄFT, SUPERMARKT} essere aperto: das Kaufhaus hat durchgehend auf, il grande magazzino fa orario continuato; die Tankstelle hat rund um die Uhr auf, il distributore di benzina è aperto 24 ore su 24.

auf|hacken tr etw ~ **1** (durch Hacken aufbrechen) {EIS, PFLASTER} rompere qc col piccone, picconare qc rar **2** (mit dem Schnabel öffnen) {VOGEL EI, ERDE, NUSS} aprire qc con il becco.

auf|haken tr (jdm) etw ~ {BÜSTENHALTER, KORSETT} sganciare qc (a qu), aprire qc (a qu).

auf|halsen fam pej **A** tr jdm jdn/etw ~ {EINEM KOLLEGEN AKTEN, ARBEIT, KOSTEN, MANDANTEN, VERANTWORTUNG} accollare qu/qc a qu, affibbiare qu/qc a qu fam, appioppare qu/qc a qu fam: nun hat mir der Chef auch noch diesen Kunden aufgehalst!, ora il capo mi ha accollato anche questo cliente! **B** rfl sich (dat) jdm/etw aufhalsen ~ {MIT DEM KUNDEN MEHR ARBEIT, MIT DER AUFGABE MEHR MÜHE} accollarsi qc (con qu/qc) fam: mit den Gästen hat er sich eine weitere Belastung aufgehalst, con gli ospiti si è accollato/preso un ulteriore impegno.

auf|halten <irr> **A** tr **1** (abhalten) jdn (mit etw dat) (bei etw dat) ~ {BEI DER ARBEIT, MIT FRAGEN, BEIM NACHDENKEN} trattenere qu (con qc) (mentre fa qc): du hältst mich bei der Arbeit auf, mi distogli dal lavoro; Sie halten mich mit ihrem Gerede nur auf!, mi trattiene/[fa fare tardi] con le Sue chiacchiere!; ich will Sie/dich nicht länger ~, non La/ti trattengo oltre, non voglio trattenerLa/trattenerti oltre; lassen Sie sich durch mich nicht ~!, non voglio trattenerLa! **2** (bremsen) jdn/etw ~ {ANGRIFF} fermare qc, arrestare qc; {FEINDLICHE TRUPPEN, VORMARSCH} auch bloccare qc; {INFLATION} fermare qc, arrestare qc: wenn er gehen will, kannst du ihn nicht ~, se vuole andarsene non lo puoi trattenere; diese Entwicklung kann man nicht ~, non si può fermare/arrestare questo sviluppo; die Katastrophe ist nicht aufzuhalten, la catastrofe è inevitabile **3** fam (etw geöffnet halten) etw ~ {HAND, SACK, TÜR} tenere qc aperto (-a) **B** rfl **1** (weilen) sich irgendwo ~ {IM AUSLAND, IN DER STADT} trattenersi/soggiornare/indugiare lit + compl di luogo: den Sommer über halten sie sich auf dem Land auf, durante l'estate stanno in campagna **2** (Zeit verlieren) sich bei/mit etw (dat) ~ {BEI EINEM PROBLEM, PUNKT, THEMA} trattenersi su/con qc, soffermarsi su qc: er hielt sich nicht lange mit Höflichkeiten auf, sondern kam gleich zur Sache, non si perse molto in gentilezze ma andò subito al sodo; wir können uns nicht ewig mit/bei diesem Kapitel ~!, non possiamo soffermarci per l'eternità su questo capitolo! **3** (sich eingehend befassen) sich mit jdm ~ {MIT EINEM BEKANNTEN, KOLLEGEN, SCHÜLER} occuparsi di qu **4** geh (sich über jdn entrüsten): sich darüber ~, dass ..., indignarsi ₍per il fatto che₎/[perché] ...

auf|hängen **A** tr (daran hängen) etw irgendwo ~ {BILD AN DER WAND, MANTEL IN DER GARDEROBE, AN EINEM HAKEN} appendere/attaccare qc + compl di luogo; {LAMPE AN DER DECKE, AM BALKEN} auch sospendere qc + compl di luogo: Gardinen ~, appendere le tende; die Lampe an der Decke ~, sospendere/appendere la lampada al soffitto; Wäsche zum Trocknen ~, stendere il bucato ad asciugare **2** fam (aufhalsen) jdm etw ~ {AUFGABE, MEHRARBEIT} accollare qc a qu, rifilare qc a qu fam **3** (an Erhängen töten) jdn (an etw dat) ~ {VERURTEILTEN AN EINEM BAUM, PFAHL} impiccare qu (a qc), appendere qu (a qc) lit **4** (entwickeln) etw an etw (dat) ~ {AN EINEM FALL, AN EINER FRAGE, EINEM THEMA} prendere spunto da qc per qc: eine Argumentation an einem Einzelfall ~, sviluppare un'argomentazione partendo [prendendo spunto] da un caso singolo **5** tel (auflegen) etw ~ {TELEFONHÖRER} riattaccare qc fam, riagganciare qc, mettere giù qc fam **6** fam (andrehen) jdm etw ~ {ALTES AUTO, WERTLOSES ZEUG} rifilare qc a qu fam, appioppare qc a qu fam, appiccicare qc a qu fam: sich (dat) etw ~ lassen, farsi rifilare fam/appioppare fam/appiccicare fam qc **7** fam (aufbinden) jdm etw ~ {GESCHICHTE, LÜGE, MÄRCHEN} dare a bere qc a qu fam **B** itr tel riattaccare fam, riagganciare, mettere giù la cornetta **C** rfl (sich erhängen) sich (mit/an etw dat) ~ {AN/MIT EINEM GÜRTEL} impiccarsi (con qc); {AN EINEM BAUM} impiccarsi (a qc): er hängte sich an/mit einem Strick auf, si è impiccato con una corda; wo kann ich mich ~? fam scherz, dove posso appendere la mia roba?

Aufhänger <-s, -> m **1** (an der Kleidung) laccetto m (attaccapanni) **2** (als Anlass dienendes Ereignis) ~ (für etw akk) spunto m (per qc), occasione f (per qc): die Bemerkung des Politikers war der ~ für den Artikel, il commento dell'uomo politico dette/fornì lo spunto per l'articolo; etw als ~ benützen, usare/[servirsi di] qc come spunto per qc; jdm als ~ für seine Kritik dienen, servire a qu come spunto/appiglio per la sua critica.

Aufhängung <-, -en> f tech sospensione f.

auf|hauen <haute auf oder hieb auf, aufgehauen> fam **A** tr <haben> (etw mit einem Schlag öffnen) etw ~ {EIS} spaccare qc; {KOKOSNUSS} auch aprire qc con un colpo secco **B** itr <sein> mit etw (auf etw akk oder akk) ~ {MIT DEM HINTERKOPF AUF EINEM/EINEN STEIN} andare a sbattere con qc (su/contro qc) **C** rfl <haben> sich (dat) etw ~ {ARME, BEINE, KNIE} sbucciarsi qc: beim Sturz vom Fahrrad hat sie sich die Knie aufgehauen, cadendo dalla bicicletta si è sbucciata le ginocchia.

auf|häufen **A** tr etw ~ {REICHTÜMER, SCHÄTZE, VERMÖGEN} accumulare qc, ammucchiare qc fam **B** rfl sich ~ {MÜLL, REICHTÜMER, SCHÄTZE, SCHULDEN} accumularsi,

auf|heben <irr> **A** tr **1** (vom Boden nehmen) etw ~ {MÜLL, PAPIER, SPIELZEUG} raccogliere qc, raccattare qc **2** (aufrichten) jdn ~ {GESTÜRZTEN, VERLETZTEN} rialzare qu, tirare su qu **3** (aufbewahren) {jdm} etw ~ {BRIEFE, FOTOS, UNTERLAGEN} conservare qc (per qu), tenere qc (per/a qu), mettere da parte qc (per qu), custodire qc (per qu): **etw zur Erinnerung ~**, conservare/tenere qc per ricordo; **hebst du mir bitte ein Stück Kuchen für später auf?**, mi metti da parte una fetta di torta per dopo?; **Geld für eine Reise ~**, mettere da parte il denaro per un viaggio **4** (erheben) etw ~ {AUGEN, BLICK, HAND, KOPF} alzare qc, sollevare qc **5** adm jur (widerrufen) etw ~ {BESCHLAGNAHME, GENEHMIGUNG, HAFTBEFEHL, VERBOT, VERFÜGUNG} revocare qc; {ERLASS, GESETZ} abrogare qc, abolire qc; {TODESSTRAFE} auch sopprimere qc; {TESTAMENT} annullare qc; {URTEIL} auch cassare qc; {VERTRAG} rescindere qc: **etw (teilweise) ~** {GESETZ}, derogare (a) qc; **etw vorübergehend ~**, sospendere qc **6** geh (offiziell beenden) etw ~ {STREIK} porre fine a qc, revocare qc; {VERSAMMLUNG} dichiarare qc chiuso (-a); {BELAGERUNG} togliere qc; {AUSNAHMEZUSTAND} revocare qc: **hiermit ist die Sitzung aufgehoben**, la seduta è tolta **7** (neutralisieren) etw ~ {GEWINN VERLUST} (ri)compensare qc, pareggiare qc; bes. phys {EINE KRAFT DIE ANDERE KRAFT} compensare qc: **die Wirkung von etw (dat) ~**, neutralizzare l'effetto di qc **8** philos etw ~ {DUALISMUS, GEGENSÄTZE} superare qc **B** rfl (sich ausgleichen) sich ~ {GEWINN UND VERLUST, NEGATIVE UND POSITIVE ZAHLEN} elidersi, annullarsi (a vicenda), neutralizzarsi; {POSITIVE UND NEGATIVE SEITEN} compensarsi, bilanciarsi: **alles in allem heben sich Vor- und Nachteile wieder auf**, tutto sommato i vantaggi e gli svantaggi si compensano/bilanciano.

Aufheben <-s, ohne pl> n geh: **viel ~(s) ͵um jdn/etw͵/[von jdm/etw] machen**, alzare/sollevare un polverone per qu/qc, fare tanto rumore per qu/qc; **wenn sie abreist, macht sie immer viel ~(s) darum**, quando parte per un viaggio ne fa sempre una questione di stato; **er macht nicht viel ~(s) davon**, non ne parla molto; **er machte sich ohne viel ~(s) an die Arbeit**, senza ͵tanti complimenti͵/[fare tante storie] si mise al lavoro; **ohne großes ~ nahmen sie mehrere Flüchtlinge bei sich auf**, senza far scalpore, ospitarono alcuni profughi a casa loro.

aufhebend adj jur {KLAUSEL} risolutivo.

Aufhebung <-, -en> f **1** adm jur {+BESCHLAGNAHME, VERBOT, VERFÜGUNG} revoca f; {+ERLASS, GESETZ} abrogazione f, abolizione f; {+TODESSTRAFE} auch soppressione f; {+URTEIL} annullamento m, cassazione f; {+VERTRAG} rescissione f, risoluzione f; **(teilweise) ~ +**{GESETZ}, deroga f a qc **2** (das Abschaffen) {+ZÖLLE} abolizione f **3** (Beendigung) {+AUSNAHMEZUSTAND, BLOCKADE, EMBARGO, IMPORTBESCHRÄNKUNG} revoca f; {+BELAGERUNG} togliere m qc **4** (das Aufheben) {+NATURGESETZE, SCHWERKRAFT} compensazione f, abolizione f **5** philos (bes. bei Hegel) superamento m.

auf|heften tr etw (auf etw akk) ~ {KRAGEN AUF EIN KLEID} attaccare qc (a qc) (cucendolo).

auf|heitern A tr jdn (mit etw dat) ~ {MIT EINER GESCHICHTE, EINEM SPIEL, WITZ} rasserenare qu (con qu), allietare qu (con qc), rallegrare qu (con qc): **ich hoffe, ich konnte dich ein bisschen ~**, spero di averti tirato (-a) un po' su (di morale) **B** rfl **1** geh sich ~ {GESICHT} rasserenarsi **2** meteo sich ~ {HIMMEL} rasserenarsi, schiarirsi **C** unpers meteo: **es heitert (sich) auf**, (si) sta schiarendo, comincia a schiarire; **im Süden örtlich ~d**, al sud locali schiarite.

Aufheiterung <-, -en> f **1** meteo rasserenamento m, schiarita f **2** (Stimmungsbesserung) {+TRAURIGER, TRÜBSINNIGER MENSCH} rasserenamento m: **zur allgemeinen ~ erzählte er ein paar Witze**, per rasserenare/rallegrare/allietare la compagnia raccontò un paio di barzellette.

auf|heizen A tr **1** (erhitzen) etw ~ {HÄUSER, LUFT, SAND, STEINE, WASSER} (ri)scaldare (gradualmente/[piano piano]) qc **2** (emotional aufladen) jdn/etw ~ {ATMOSPHÄRE, STIMMUNG} surriscaldare qc; {DEBATTE, REDE}, {ZUSCHAUER} accendere qu/qc, accalorare qu/qc, elettrizzare qu: **die Leute ~**, accendere gli animi; **schon die erste Band hatte das Publikum so aufgeheizt, dass alle tanzten**, già il primo gruppo aveva talmente scaldato/elettrizzato il pubblico, che tutti ballavano **B** rfl **1** (heißer werden) sich ~ {BODEN, GEMÄUER, WOHNUNG, STEINE} (ri)scaldarsi (gradualmente/[piano piano]) **2** (sich emotional aufladen) {ATMOSPHÄRE, STIMMUNG} surriscaldarsi, accendersi: **aufgeheizt sein** {ATMOSPHÄRE}, essere surriscaldato/rovente; {DISKOBESUCHER} essere elettrizzato.

auf|helfen <irr> itr jdm ~ {EINER GESTÜRZTEN PERSON} aiutare qu a(d) ͵alzarsi (in piedi)͵/[a tirarsi su]: **einer alten Dame vom Stuhl ~**, aiutare una vecchia signora ad alzarsi dalla sedia.

auf|hellen A tr etw ~ **1** (heller machen) {FARBE, HAARE, HAARFARBE} schiarire qc **2** (klarer machen) {MOTIVE, SACHVERHALT, UMSTÄNDE} far luce su qc, chiarire qc, fare chiarezza su qc: **die Hintergründe des Verbrechens ~**, far luce sui retroscena del delitto **B** rfl **1** meteo sich ~ {HIMMEL, WETTER} rischiararsi **2** geh (heiterer werden) sich ~ {GESICHT} rischiararsi, illuminarsi **3** (heller machen) sich (dat) etw ~ {HAARE} schiarirsi qc **4** (verständlich werden) sich ~ {BEDEUTUNG, SINN} chiarirsi **C** unpers meteo: **es hellt (sich) auf**, (si) sta schiarendo.

Aufheller <-s, -> m **1** fot riflettore m **2** (Wäscheaufheller) (sostanza f) sbiancante m **3** (Haaraufheller) (shampoo m/colore m) schiarente m.

Aufhellung <-, -en> f <meist sing> **1** (Blondierung) {+HAARE, HAARFARBE} schiaritura f **2** (Erhellung) ~ einer S. (gen) {EINES SACHVERHALTS, MYSTERIÖSER UMSTÄNDE} gettare m luce su qc, fare m luce su qc, chiarimento m: **sie trug maßgeblich zur ~ der Tatsachen bei**, ha contribuito in misura determinante a gettare/fare luce sui fatti **3** meteo schiarita f.

auf|hetzen tr **1** (aufwiegeln) jdn (gegen jdn/etw) ~ {DAS VOLK GEGEN DIE REGIERUNG, DIE SCHWESTER GEGEN DIE FREUNDIN} sobillare qu (contro qu/qc), aizzare qu (contro qu/qc): **er hetzte die ganze Klasse gegen den Lehrer auf**, sobillò tutta la classe contro l'insegnante; **die Leute gegeneinander ~**, aizzare l'uno (-a) contro l'altro (-a) **2** (anstacheln) jdn zu etw (dat) ~ {ZU BRANDSTIFTUNG, MORD, EINER SCHLÄGEREI} sobillare qu a qc, aizzare qu a fare qc, istigare qu a fare qc: **er hetzte den Bruder zum Streit auf**, sobillò/istigò il fratello alla lite; **jdn ~, etw zu tun**, sobillare/aizzare/istigare qu a fare qc.

auf|heulen tr **1** (kurz aufschreien) emettere/mandare un urlo, lanciare un grido: **im Wald hörte sie die Wölfe ~**, sentiva i lupi ululare nella foresta; **sie heulte vor Schmerz auf**, urlò/[lanciò un grido di dolore **2** fam (laut zu weinen beginnen) {KIND} scoppiare a piangere **3** (ein Geräusch ins Extreme steigern) {MOTOR} ululare: **etw ~ lassen**, far ululare qc fam; **er ließ den Motor ein paar Mal ~**, fece ululare un paio di volte il motore.

auf|holen A tr etw ~ **1** (ausgleichen) {ZUG VERSPÄTUNG, SPORTLER RÜCKSTAND, ZEITVERLUST} recuperare qc: **versäumten Schlaf ~**, recuperare il sonno perduto **2** (hochziehen) {ANKER} levare qc **B** itr (wieder näher heranrücken) recuperare, guadagnare terreno; sport {LÄUFER, RENNFAHRER, WAGEN} auch rimontare, effettuare la rimonta; {BÖRSENKURSE} riguadagnare terreno, riprendere quota, essere in rialzo.

Aufholjagd f sport rimonta f.

auf|holzen tr → **auf|forsten**.

auf|horchen itr tendere l'orecchio, rizzare gli orecchi: **jdn ~ lassen**, suscitare l'interesse di qu; **die Aufschlüsselung des menschlichen Genoms ließ die Öffentlichkeit ~**, la decodificazione del genoma umano destò/suscitò l'interesse dell'opinione pubblica.

auf|hören A tr (nicht länger tun) ~, etw zu tun, smettere/cessare/finire di fare qc; **sie hat aufgehört zu arbeiten**, ha smesso di lavorare; **wenn sie doch nur ~ würde, immer dieselben Lieder zu singen!**, se la smettesse/[facesse finita] una buona volta di cantare sempre le stesse canzoni! **B** itr **1** (etw nicht mehr weiter tun) **mit etw (dat) ~** {MIT DEM KRACH, DEN VORWÜRFEN} smettere (di fare qc), farla finita (con qc) fam: **endlich hörte sie mit dem Geschrei auf**, finalmente smise di gridare; **hör auf!**, smettila!, finiscila!, dacci un taglio! fam **2** (enden) {FREUNDSCHAFT, LÄRM, MUSIK} finire, terminare; {GEREDE, KONZERT} auch concludersi: **wann hört eure Klagerei endlich auf?**, quando la finirete/smetterete di lamentarvi?; **an dieser Stelle hört der Briefwechsel auf**, a questo punto il carteggio finisce/[si conclude]; **der Film hört um zehn Uhr auf**, il film finisce/termina alle dieci; **der Regen hat aufgehört**, ha smesso di piovere, la pioggia è cessata **3** (nicht weiterführen) irgendwo ~ {BACH, STRAßE} finire/terminare + compl di luogo: **der Weg hört auf dem Feld auf**, la strada finisce/termina tra i campi **4** (die Stellung aufgeben) (bei jdm/etw) ~ smettere di lavorare (da qu/presso qc): **Anna soll gekündigt haben, sie hört nächsten Monat auf**, pare che Anna si sia licenziata; ͵se ne va͵/[smette] il mese prossimo **C** unpers: **es hört auf, etw zu tun**, cessa/smette di fare qc; **es hat aufgehört zu regnen**, ͵è finito/cessato͵/[ha smesso] di piovere ● **da hört (sich) doch alles auf!** fam, questo è troppo!, è il colmo! fam, fin qui e poi basta! fam; **hör auf damit!** fam, falla finita! fam, dacci un taglio! fam.

auf|jagen tr **1** Jagd (aufschrecken) etw ~ {BEUTE, FASANE, HASE, KANINCHEN} scovare qc, stanare qc **2** (stören) jdn aus (dat) ~ {LÄRM PERSON AUS DEM SCHLAF} strappare qu a qc.

auf|jauchzen itr prorompere in grida di giubilo: **das Kind jauchzte vor Freude auf, als es das schöne Geschenk sah**, quando vide il bel regalo il bambino proruppe in grida di giubilo.

auf|jaulen itr: **der Hund jaulte (vor Schmerz) laut auf**, il cane mandò un guaito/uggiolio di dolore.

Aufkauf <-(e)s, Aufkäufe> m com ~ **von etw** (dat pl) {VON BILLIGARTIKELN, RESTBESTÄNDEN, WAREN} acquisto m in blocco di qc.

auf|kaufen tr *etw* ~ {AKTIEN, IMMOBILIEN, RESTBESTÄNDE} acquistare *qc* (in blocco/ [gran quantità]).

auf|keimen itr <*sein*> **1** agr (*sprießen*) {GE-TREIDE, SAAT, SAMEN} germogliare, germinare **2** (*sich zaghaft entwickeln*) {GEFÜHL, HOFF-NUNG, LIEBE} sbocciare, germogliare, nascere: **Zweifel keimten in ihm auf, als er ihr ins Gesicht sah**, in lui ₍si destarono₎/[nacquero] dei dubbi quando la guardò in faccia; **sie versuchte, die ⌐de Eifersucht/Leidenschaft zu unterdrücken**, cercò di reprimere la gelosia/passione che le stava nascendo dentro.

auf|klaffen itr (*ABGRUND, GLETSCHERSPAL-TE*) spalancarsi; {*WUNDE*} slabbrarsi: **vor ihr klaffte mit einem Mal ein Erdboden auf**, a un tratto il terreno le si spalancò davanti.

aufklappbar adj {VERDECK} apribile; {LIE-GESTUHL, STUHL, TISCH} auch pieghevole; {TA-SCHENMESSER} a scatto/serramanico: **ein Auto mit ⌐em Verdeck**, un'auto decap(p)ottabile; **der Arbeitstisch ist nach oben ~**, il piano di lavoro si apre verso l'alto.

auf|klappen **A** tr <*haben*> *etw* ~ {BUCH, KOFFER, LIEGESTUHL, MESSER, VERDECK} aprire *qc*: **das Aufklappen der Liegestühle ist Aufgabe des Hotelboys**, è compito del boy aprire le sedie a sdraio; **beim Aufklappen des Kofferraums springt die Feder manchmal raus**, a volte, quando si apre il bagagliaio, la molla schizza via **B** itr <*sein*> {BUCH, DECKEL DES KOFFERRAUMS} aprirsi (di scatto): **der Fensterladen ist aufgeklappt**, la persiana (si) è aperta.

auf|klaren meteo **A** itr {HIMMEL, WETTER} rischiarare, schiarirsi: **örtlich ~d**, locali schiarite **B** unpers: **es klart auf**, si sta rischiarando/schiarendo.

auf|klären **A** tr **1** (*erklären*) *etw* ~ {IRR-TUM, VORFALL} chiarire *qc*, fare chiarezza *su qc*: **das Missverständnis lässt sich leicht ~**, l'equivoco ₍si può chiarire facilmente₎/[è facilmente spiegabile] **2** (*aufdecken*) *etw* ~ {FALL, RÄTSEL, VERBRECHEN} chiarire *qc*, fare luce *su qc*: **die Polizei klärte den Mord rasch auf**, la polizia ha fatto presto luce sull'omicidio **3** (*informieren*) **jdn** (*über etw* akk) ~ {ANGEKLAGTEN ÜBER SEINE RECHTE; BE-VÖLKERUNG ÜBER GEFAHREN, MASSNAHMEN, VER-ÄNDERUNGEN; KÄUFER ÜBER BEDINGUNGEN} informare *qu* (*di/su qc*), mettere *qu* al corrente (*di qc*): **die Neuankömmlinge wurden über die Risiken aufgeklärt**, i nuovi arrivati sono stati informati/[messi al corrente] dei rischi **4** (*sexuell informieren*) **jdn** ~ {JU-GENDLICHEN, KIND} dare un'educazione sessuale *a qu*, spiegare la sessualità *a qu*: **die Schule soll die Kinder ~**, la scuola deve ₍dare un'educazione sessuale₎/[spiegare la sessualità] ai bambini **5** mil *etw* ~ {LAGE, STEL-LUNG DES FEINDES} fare una ricognizione *di qc* **B** rfl **sich ~ 1** (*sich aufdecken*) {EREIGNIS, GE-HEIMNIS, IRRTUM, MISSVERSTÄNDNIS, RÄTSEL, VORFALL} chiarirsi **2** geh (*sich aufhellen*) {GE-SICHT, MIENE} rischiararsi **3** meteo {HIMMEL, WETTER} schiarirsi, rischiarar(si) **C** unpers meteo: **es klärt auf**, si sta schiarendo; **nach dem Gewitter klärte es wieder auf**, dopo il temporale è tornato il sereno.

Aufklärer① <*-s, ->* m aero mil ricognitore m.

Aufklärer② <*-s, ->* m (**Aufklärerin** f) **1** *philos hist* illuminista mf **2** <*nur m*> *mil* ricognitore m.

aufklärerisch adj **1** *philos hist* {GEIST, IDEEN, PHILOSOPHIE, SCHRIFTEN} illuminista, illuministico **2** (*Klarheit geben wollend*) {IN-HALT, INTENTIONEN, ROMAN} educativo: **⌐e Absichten verfolgen**, perseguire fini educativi/pedagogici.

Aufklärung f **1** <*meist* sing> (*Erklärung*) {+IRRTUM, MISSVERSTÄNDNIS, VORFALL} chiarimento m, chiarificazione f **2** (*Aufdeckung*) {+TODESFALL, VERBRECHEN} chiarimento m: **dem Kommissar gelang die ~ des Falles in einer Woche**, il commissario riuscì a risolvere il caso nel giro di una settimana **3** (*Information*) **~ über etw** (akk) {ÜBER DIE WIRT-SCHAFTLICHE LAGE, NEUE REGELUNGEN, EINEN VORFALL} chiarimento m *su qc*: **die ~ über Funk und Fernsehen**, l'informazione per radio e televisione; **jdm ~ über etw** (akk) **verschaffen**, dare/fornire chiarimenti/delucidazioni a qu su qc; **der Minister bat um ~ über den Stand der Ermittlungen**, il ministro chiese ragguagli sullo stato delle indagini **4** <*nur* sing> (*sexuelle Erziehung*) educazione f sessuale **5** mil (*Erkundung*) ricognizione f **6** <*nur* sing> *philos* illuminismo m; *hist* (*Zeitalter*) illuminismo m, secolo m dei lumi.

Aufklärungsarbeit f attività f/lavoro m di informazione.

Aufklärungsbuch n libro m di educazione sessuale.

Aufklärungsdienst m *mil* servizio m di ricognizione.

Aufklärungsfilm m film(ato) m di educazione sessuale.

Aufklärungsflug m *mil* volo m di ricognizione.

Aufklärungsflugzeug n *mil* aereo m da ricognizione, ricognitore m.

Aufklärungskampagne f campagna f ₍di informazione₎/[informativa]: **die Verbraucherorganisation will eine ~ über genetisch veränderte Produkte starten**, l'associazione dei consumatori vuole avviare una campagna d'informazione sui prodotti geneticamente manipolati.

Aufklärungspflicht f *jur* (*Pflicht zur Aufklärung einer Person*) obbligo m di informazione; (*Pflicht zur Aufklärung eines Sachverhalts*) obbligo m di accertamento.

Aufklärungsquote f percentuale f di casi risolti.

Aufklärungssatellit m *mil* satellite m spia.

Aufklärungsschrift f opuscolo m/scritto m/brochure f di informazione.

Aufklärungstruppe f *mil* pattuglia f di ricognizione.

auf|klatschen **A** tr <*haben*> *pej*: **jdn ~ gehen** {NEONAZIS, SKINHEADS AUSLÄNDER} avere a spaccare in culo/muso a qu *vulg* **B** itr <*sein*> *fam* **auf etw** (akk) ~ {WASSER-BOMBE AUF DEN BODEN; KÖRPER AUF DAS PFLAS-TER} cascare/cadere con un tonfo *su qc*.

aufklebbar adj {ADRESSE, BILD} (auto)adesivo.

Aufklebeadresse f etichetta f autoadesiva per indirizzi.

auf|kleben tr *etw* (*auf etw* akk) ~ {ADRES-SE, BRIEFMARKE AUF EIN PAKET, ZEITUNGSAUS-SCHNITT AUF EIN BLATT PAPIER} incollare *qc* (*su qc*), attaccare *qc* (*su qc*) (con la colla).

Aufkleber <*-s, ->* m adesivo m, etichetta f autoadesiva.

auf|klinken tr: **die Tür ~**, aprire la porta abbassando in modo risoluto la maniglia.

auf|klopfen tr *etw* (*mit etw* dat) ~ {SCHA-LE, SCHLOSS MIT EINEM HAMMER} rompere *qc* (*con qc*), spaccare *qc* (*con qc*).

auf|knabbern tr *fam etw* ~ {ERDNÜSSE, KEKSE, SALZSTANGEN} sgranocchiare *qc* (finendolo).

auf|knacken tr *etw* ~ **1** *fam* (*aufbrechen*) {AUTO, TRESOR} scassinare *qc* **2** (*knacken*) *etw* ~ {NÜSSE} schiacciare *qc*.

auf|knöpfen **A** tr **1** (*durch Knöpfen öffnen*) (*jdm*) *etw* ~ {BLUSE, HEMD, MANTEL} sbottonare *qc* (*a qu*) **2** (*befestigen*) *etw auf etw* (akk) ~ {KRAGEN AUF BLUSE, KLEID} attaccare *qc a qc* (con dei bottoni) **B** rfl *sich* (dat) *etw* ~ {BLUSE, HEMD, MANTEL} sbottonarsi *qc*.

auf|knoten tr *etw* ~ {PAKETSCHNUR, SCHNÜRSENKEL} snodare *qc*, sciogliere il nodo *di qc*; {KNOTEN} disfare *qc*, sciogliere *qc*: **ein Taschentuch ~**, disfare il nodo al fazzoletto.

auf|knüpfen **A** tr **1** *fam* (*aufhängen*) *jdn* (*an etw* dat) ~ {OPFER AM BAUM, AM MAST} impiccare *qu* (*a qc*) **2** (*aufknoten*) *etw* ~ {PA-KETSCHNUR} snodare *qc*, slegare *qc*, sciogliere il nodo *di qc*; {KNOTEN} sciogliere *qc*, disfare *qc* **B** rfl *fam sich* (*an etw* dat) ~ {AN EINEM BALKEN, BAUM} impiccarsi (*a qc*).

auf|kochen **A** tr <*haben*> *gastr* **1** *etw* ~ {BREI, MILCH, SUPPE, WASSER} far bollire *qc*, portare *qc* a ebollizione **2** (*erneut kochen lassen*) (*jdm/für jdn*) *etw* ~ {SUPPE} riscaldare *qc* (*per/a qu*) **B** itr <*sein*> **1** (*zu kochen beginnen*) {BREI, MILCH, SUPPE, WASSER} cominciare a bollire, levare/alzare il bollore: *etw* ~ **lassen**, dare il bollore *a qc*, far levare/alzare il bollore a qc **2** *geh* (*in Rage bringen*): *etw* ~ **lassen** {EMOTIONEN, GEMÜTER}, far ribollire *qc*.

auf|kommen <*irr*> itr <*sein*> **1** (*Kosten übernehmen*) *für jdn/etw* ~ {ELTERN FÜR UN-TERHALTSBERECHTIGTE; STAAT FÜR ARME} provvedere al mantenimento *di qu*, provvedere *a qu*; {PERSON KOSTEN} pagare *qc*; {VERSICHE-RUNG SCHADEN} *auch* rispondere *di qc*: **nach der Scheidung musste der Vater für den Unterhalt seiner Tochter ~**, dopo il divorzio il padre dovette provvedere al mantenimento della figlia **2** (*Verantwortung übernehmen*) *für jdn/etw* ~ {POLIZEI FÜR DIE SICHERHEIT DER BEVÖLKERUNG} provvedere *a qc*, garantire *qu/qc*; {ELTERN FÜR MINDERJÄHRIGE KINDER} assumersi la responsabilità *di qu/qc*, essere responsabile *per qu/qc*, rispondere *di qu/qc* **3** (*sich durchsetzen können*) **gegen jdn/etw** ~ {KIND GEGEN DIE ELTERN, AUTORITÄREN LEH-RER} spuntarla con *qu/qc*, farcela con *qu/qc* **4** (*entstehen*) {KRITIK} levarsi; {ZWEIFEL} sorgere, nascere: **in ihm kamen Zweifel auf**, gli sorsero dei dubbi; {GERÜCHT} spargersi (in giro), cominciare a circolare; {MODE} affermarsi; {BRAUCH} auch diffondersi; **wer hat denn dieses Gerücht ~ lassen?**, chi ha messo in giro queste voci?; **er lässt Kritik gar nicht erst ~**, soffoca le critiche sul nascere; **auf dem Fest kam keine richtige Stimmung auf**, alla festa non si è creata l'atmosfera giusta, la festa non è decollata *fam* **5** (*aufstehen*) {ALTE, KRANKE} tirarsi/mettersi in piedi, sollevarsi: **der Verletzte kam nicht auf**, senza aiuto il ferito non riusciva a sollevarsi **6** *sport* (*aufholen*) {LÄU-FER} recuperare **7** *sport* (*aufsetzen*) **irgendwie** ~ {FALLSCHIRMSPRINGER, SKISPRINGER, TURNER GUT, SCHLECHT} atterrare/[toccare terra] + *compl di modo*: **beim Aufkommen brach sich der Springer den Fuß**, ₍quando ha toccato terra₎/[atterrando] il saltatore si è rotto il piede **8** (*wieder gesund werden*) {KRANKER, PATIENT} ristabilirsi, rimettersi **9** meteo {BRISE, WIND} levarsi, alzarsi; {WOL-KEN} formarsi; {NEBEL} *auch* calare, scendere: **bei ~dem Wind segeln**, navigare (a vela) quando si alza il vento **10** *naut* (*herankommen*) {BOOT, SCHIFF}, avvicinarsi, apparire all'orizzonte.

Aufkommen <*-s, ->* n **1** <*nur* sing> (*Entstehung*) {+KRITIK} nascita f; {+MODE} nascita f, nascere m; {+BEFÜRCHTUNG, ZWEIFEL} *auch* sorgere m **2** <*nur* sing> meteo {+NEBEL, WOL-KEN} (graduale) formazione f; {+WIND} alzar-

si m, levarsi m **3** ökon ~ **an/aus etw** (dat): **das ~ an Steuern**, il gettito fiscale.
auf|krempeln **A** tr (*jdm*) *etw* ~ {Ärmel, Hosenbein} rimboccare *qc* (*a qu*): **kannst du mir mal die Ärmel ~?**, mi puoi rimboccare le maniche? **B** rfl sich (dat) *etw* ~ rimboccarsi *qc*: **er krempelte sich die Hosenbeine auf und watete durch den Fluss**, si arrotolò i pantaloni e attraversò il fiume.
auf|kreuzen itr <*sein*> **1** *fam* (*auftauchen*) (**bei jdm/irgendwo**) ~ riapparire/(ri)comparire (all'improvviso) *da qu/+ compl di luogo*, piombare in casa *a qu fam*: **sie kreuzten ganz unvermutet an einem Sonntag bei uns auf**, una domenica ci piombarono in casa; **sie wird schon wieder ~!**, vedrai che prima o poi ricompare/[si rifà vedere] **2** *naut*: **gegen den Wind ~**, bordeggiare.
auf|kriegen tr *fam* → **auf|bekommen**.
auf|kündigen tr **1** (*kündigen*) *etw* ~ {Arbeitsverhältnis} interrompere *qc*; {Vertrag} disdire *qc*, disdettare *qc*: **die Stelle ~**, lasciare il (posto di) lavoro, licenziarsi, dare le dimissioni **2** *geh* (*das Ende von etw erklären*) (*jdm*) *etw* ~ {Verhältnis} chiudere *qc* (*con qu*): **jdm die Freundschaft ~**, rompere i ponti con qu.
Aufl. f Abk *von* Auflage: ed. (Abk *von* edizione).
auf|lachen itr scoppiare a ridere: **hell/laut ~**, scoppiare in una sonora risata.
auf|laden <*irr*> **A** tr **1** (*laden*) *etw* ~ (**auf** *etw* akk) ~ {Frachtgut, Möbel, Schutt auf eine Ladefläche, einen Laster} caricare *qc* (*su qc*): **die Säcke auf den Lastwagen ~**, caricare i sacchi sul camion **2** *fam* (*aufbürden*) **jdm** *etw* ~ {Pflichten} addossare *qc a qu*, accollare *qc a qu*; {Verantwortung} *auch* caricare *qu di qc*: **jdm die ganze Arbeit ~**, accollare tutto il lavoro a qu **3** *el etw* ~ {Akkumulator, Batterie} caricare *qc*, mettere in carica *qc*; (*neu* ~) ricaricare *qc*; *etw* wieder ~ {Akku, Batterie, Chipkarte, Magnetkarte, Telefonkarte}, ricaricare *qc*; **zum Aufladen** {Chipkarte, Kreditkarte, Telefonkarte}, ricaricabile **B** rfl **1** (*sich elektrostatisch laden*) **sich** ~ {Haare, Textilien} caricarsi di elettricità: **die Luft lädt sich bei einem Gewitter elektrisch auf**, durante un temporale l'aria si carica di elettricità **2** *fam* (*sich etw aufbürden*) sich (dat) *etw* ~ {Arbeit} addossarsi *qc*, accollarsi *qc*, sobbarcarsi *qc*; {Pflichten, Verantwortung} *auch* farsi carico di *qc*, caricarsi di *qc*: **ich habe mir zu viel Arbeit aufgeladen**, mi sono sobbarcato / a troppo lavoro **C** itr (*das Laden vornehmen*) caricare: **die Kinder könnten beim Aufladen helfen**, i ragazzi potrebbero dare una mano a caricare.
Aufladung f **1** *el* carica f, ricarica f; *tel* ricarica f telefonica **2** *mot* sovralimentazione f.
Auflage <-, -n> f **1** *typ* (*Gesamtheit der gedruckten Exemplare*) {+Buch, Zeitschrift, Zeitung} edizione f; (*~nhöhe*) tiratura f: **Vorwort zur dritten ~**, premessa alla terza edizione; **fünfte, neu bearbeitete und erweiterte ~**, quinta edizione interamente riveduta ed ampliata; **seine Bücher haben sehr hohe ~n erzielt**, i suoi libri hanno venduto un altissimo numero di copie; **wie hoch ist die ~?**, che tiratura ha? **2** (*Schreibunterlage*) sottomano m **3** (*Beschichtung*) placcatura f: **das Besteck hat eine ~ aus Silber**, le posate sono placcate in/d'argento **4** <*meist* pl> ~ (*Bedingung*) condizione f; *bes.* bau industr vincolo m: **amtliche ~n**, disposizioni/direttive amministrative; **jdm etw zur ~ machen**, imporre qc a qu come condizione; **die städtebaulichen ~n sind in dieser Gegend besonders streng**, i vincoli urbanistici in questa zona sono particolarmente severi; **sie gaben ihm die Genehmigung mit der ~, umweltfreundliches Material zu verwenden**, gli concessero l'autorizzazione ₍a condizione che venissero utilizzati₎/[vincolandolo all'uso di] materiali ecologici.
Auflagenhöhe f *typ* {+Buch, Zeitschrift, Zeitung} tiratura f.
auflagenschwach adj {Buch, Zeitung} a bassa tiratura.
auflagenstark adj {Buch, Zeitung} ad alta tiratura.
Auflager n bau appoggio m.
auf|lagern tr *etw* (**auf** *etw* akk) ~ appoggiare *qc su qc*.
auf|lassen <*irr*> tr **1** *fam* (*offen lassen*) *etw* ~ {Fenster, Mantel, Schublade, Tür} lasciare aperto (-a) *qc*: **lass das Fenster ruhig auf, es ist stickig hier drin**, lascia pure la finestra aperta, qua dentro si soffoca; **den obersten Hemdknopf ~**, lasciare aperto il primo bottone della camicia **2** *fam* (*aufbehalten*) *etw* ~ {Hut, Mütze} tenersi *qc* (in testa) *fam* **3** *fam* (*aufbleiben lassen*) **jdn** ~ far stare alzato (-a) *qu*, permettere *a qu* di stare alzato (-a): **am Wochenende lassen sie die Kinder etwas länger auf**, il fine settimana fanno stare i ragazzi alzati un po' più a lungo **4** *bes.* süddt A (*stilllegen*) *etw* ~ {Grube, Stollen} abbandonare *qc*, chiudere *qc*: **ein aufgelassenes Bergwerk**, una miniera abbandonata **5** *bes.* süddt A (*schließen*) *etw* ~ {Bahnhof, Fabrik} chiudere *qc* **6** *jur etw* ~ {Bauplatz, Grundstück} accordarsi sul passaggio di proprietà *di qc*.
auf|lauern itr **jdm/etw** ~ {(*Raub*)*katze*} fare la posta *a qu/qc*, appostare *qc*; {Mensch} *auch* aspettare *qu* al varco, stare in agguato aspettando *qu*.
Auflauf① <-(e)s, Aufläufe> m <*meist* sing> (*Menschenauflauf*) assembramento m.
Auflauf② <-(e)s, Aufläufe> m gastr (*Gemüseauflauf*) sformato m; (*Reisauflauf*) *auch* timballo m; (*Nudelauflauf*) pasticcio m; (*Kartoffelauflauf, Käseauflauf mit Eiweiß*) soufflé m, tortino m.
auf|laufen <*irr*> itr <*sein*> **1** naut (*auf Grund laufen*) (**auf** *etw* dat *oder* akk) ~ incagliarsi (*su qc*); **auf eine Sandbank ~**, arenarsi: **das Schiff lief auf die Klippen auf**, la nave si incagliò sugli scogli **2** (*gegen jdn/etw prallen*) (**auf jdn/etw**) ~ {Auto auf die Leitplanke} andare a sbattere (*contro qu/qc*), urtare *contro qu/qc*; {Person auf eine andere} *auch* andare addosso *a qu*: **der Verteidiger ließ seinen Gegenspieler ~** sport, il difensore fece ostruzione all'avversario provocandone la caduta **3** (*sich ansammeln*) {Post, Schulden, Zinsen} accumularsi; **auf** *etw* (akk) ~ {Zinsen auf einen bestimmten Betrag} ammontare *a qc*: **aufgelaufene Zinsen**, interessi maturati **4** (*ansteigen*) {Flut, Wasser} montare, crescere, salire: **~des Wasser**, la marea che monta/sale/cresce **5** sport **zu jdm/etw** ~ {Läufer zu den ersten Läufern, zur Spitzengruppe} riagganciare *qu/qc*, raggiungere *qu/qc*: **zur Best-/Hochform ~**, raggiungere il massimo/top della forma **6** (*scheitern*) (**mit etw** dat) ~: **jd läuft mit** ₍**seiner Initiative**₎/[**seinem Projekt**] **auf**, l'iniziativa/il progetto di qu fa fiasco **7** *fam* (*ignoriert oder zurückgewiesen werden*) von venir considerato (-a) di striscio *fam*; (**mit etw** dat) ~, rimanere a bocca asciutta (*con qc*); (*in eine peinliche Situation bringen*): **jdn ~ lassen**, far fare una figuraccia a qu.
Auflaufform f pirofila f/stampo m per sformati.
auf|leben itr <*sein*> **1** (*aufblühen*) riprendere vigore, {Pflanzen} riprendersi: **nach dem Regen ist die Natur wieder aufgelebt**, dopo la pioggia la natura ha ripreso vigore **2** (*neue Lebenskraft bekommen*): (**wieder**) ~ {Mensch}, (sentirsi) rinascere, ritrovare la gioia di vivere; **in letzter Zeit ist er richtig aufgelebt**, negli ultimi tempi è proprio rinato; **die Kranke lebte durch den Besuch der Familie jedes Mal auf**, l'ammalata sembrava rianimarsi/rinascere durante le visite dei familiari **3** (*von neuem beginnen*) {Gespräch} rianimarsi, riprendere vigore; {Diskussion} *auch* riaccendersi **4** (*wieder aktuell werden*) {Brauch, Traditionen} rivivere: *etw* wieder **~ lassen**, far rivivere qc **5** *geh* (*sich erneut bemerkbar machen*): (**wieder**) ~ {Groll, Hass, Interesse}, riaccendersi; **die Erinnerungen wieder ~ lassen**, far rivivere i ricordi.
auf|lecken tr *etw* ~ leccare *qc*; {Hund, Katze} *auch* lappare *qc*.
auf|legen **A** tr **1** (*etw auf etw legen*) *etw* ~ {Gedeck, Schallplatte} mettere (su *fam*) *qc*: **zur Feier des Tages wurde eine weiße Leinendecke aufgelegt**, per l'occasione misero una tovaglia di lino bianco; **was für Musik soll ich ~?**, che musica metto (su)?; **jdm kalte/warme Kompressen ~**, applicare compresse fredde/calde a qu **2** (*etw auftragen*) *etw* ~ {Lippenstift, Rouge} mettersi *qc*: **sie hat zu viel Schminke aufgelegt**, si è truccata troppo **3** *typ* (*herausgeben*) *etw* ~ {Buch, Essay, Roman, Studie} pubblicare *qc*: **ihr neuer Roman wird im Frühjahr aufgelegt**, il suo nuovo romanzo verrà pubblicato in primavera; *etw* **neu ~**, ristampare *qc* **4** ökon (*mit der Herstellung eines neuen Fabrikats beginnen*) *etw* ~ {Modell, Serie} mettere in produzione *qc*, cominciare a produrre *qc*: **das neue Golfmodell wird im Dezember aufgelegt**, il nuovo modello della Golf verrà messo in produzione a dicembre, a dicembre sarà dato il via alla produzione della nuova Golf **5** (*nachlegen*) *etw* ~ {Briketts, Holzscheit, Kohle} aggiungere *qc* **6** adm (*zur Einsichtnahme auslegen*) *etw* ~ (*irgendwo*) ~ {Baupläne, Liste, Wahlergebnisse} esporre *qc* (+ *compl di luogo*) **7** tel *etw* ~ {Den Hörer} mettere giù *qc fam*, abbassare *qc*, attaccare *qc* **8** ökon *etw* ~ {Aktien, Anleihen} emettere *qc* **9** naut *etw* ~ {Schiff, Tanker} mettere in rimessaggio *qc*; {Boot} tirare su *qc fam* **B** itr *tel* riattaccare, riagganciare: **so, jetzt reicht's, leg auf!**, adesso basta, ₍metti giù *fam*₎/[riattacca!].
auf|lehnen rfl (*opponieren*) **sich** (**gegen jdn/etw**) ~ {Gegen das Parteidiktat, die Todesstrafe} opporsi *a qu/qc*, contestare *qu/qc*; {Gegen die Eltern, die Obrigkeit} *auch* ribellarsi (*a qu/qc*), rivoltarsi (*contro qu/qc*): **fast alle Jugendlichen lehnen sich früher oder später gegen ihre Eltern auf**, quasi tutti gli adolescenti prima o poi si ₍ribellano ai₎/[rivoltano contro i] genitori **2** region (*sich aufstützen*) **sich** (**auf** *etw* dat *oder* akk) ~ {Auf dem/das Fensterbrett, dem/den Tisch} puntare/appoggiare i gomiti (*su qc*).
Auflehnung <-, -en> f ~ (**gegen jdn/etw**) contestazione f (*di qu/qc*), opposizione f (*a qu/qc*); {Gegen die Eltern, die Obrigkeit} *auch* ribellione f (*a qu/qc*): **die ~ gegen die überbrachten Werte**, la ribellione ai valori tradizionali.
auf|lesen <*irr*> tr **1** (*aufheben*) *etw* ~ {Krümel, Perlen, Scherben} raccogliere *qc*, raccattare *qc fam*: **etw vom Boden ~**, raccogliere qc da terra **2** *fam* (*aufgabeln*) **jdn/etw** ~ scovare *qc/qu fam*: **wo hast du denn den aufgelesen?**, ma dove l'hai scovato/pescato *fam*/raccattato? *fam*

3 *fam* (*aufschnappen*) *etw* ~ {REDENSARTEN, WÖRTER} sentire *qc* **4** *fam scherz* (*sich holen*) *etw* (*irgendwo*) ~ {KRANKHEIT, VIRUS} beccarsi *qc* (+ *compl di luogo*) *fam*.

auf|leuchten *itr* <*haben oder sein*> *irgendwo* ~ {(TASCHEN)LAMPE IN DER DUNKELHEIT} accendersi all'improvviso + *compl di luogo*; (*in der Entfernung*) balenare/baluginare + *compl di luogo*; {*bes.* AUGEN, STERNE} sfavillare, accendersi: **ein Blitz leuchtete am Himmel auf**, un lampo balenò nel cielo; **ihre Augen leuchteten vor Freude auf**, i suoi occhi sfavillarono di gioia; **für einen Augenblick leuchtete die Sonne hell am Gewitterhimmel auf**, per un attimo il sole illuminò il cielo temporalesco.

auf|liegen <*irr*> **A** *itr* **1** (*zur Verfügung stehen*) {ZEITSCHRIFTEN} essere a disposizione del pubblico **2** *adm* (*irgendwo*) ~ {AKTEN, LISTEN, PLÄNE} essere esposto (+ *compl di luogo*): **der neue Bebauungsplan liegt ab nächster Woche im Rathaus auf**, il nuovo piano regolatore potrà essere visionato/consultato in comune dalla settimana prossima; **ab morgen werden die Klausurergebnisse ~**, da domani saranno esposti i risultati delle prove scritte **3** (*auf etwas liegen*) **auf etw** (*dat*) ~ {BRETTER AUF STÜTZEN} poggiare *su qc*: **der Hörer hat nicht richtig aufgelegen**, la cornetta era messa male **B** *rfl* (*sich wund liegen*): **jd liegt sich** (*dat*) **etw auf** {DEN RÜCKEN}, a qu si piaga *qc*.

auf|listen *tr* (*jdm*) *etw* ~ elencare *qc* a *qu*), fare una lista/un elenco *di qc* (*a qu*): **die Neuzugänge ~**, ₍elencare i₎/[fare una lista/ un elenco dei] nuovi arrivi; **er hat mir aufgelistet, wen er alles einladen will**, mi ha fatto la lista/l'elenco di tutti quelli che vuole invitare; **aufgelistet sein** {NAME}, essere/figurare in una lista/un elenco.

auf|lockern **A** *tr* **1** (*lockern*) *etw* ~ {BODEN, ERDREICH} smuovere *qc*, rivoltare *qc*, rimuovere *qc* **2** (*abwechslungsreicher gestalten*) *etw* ~ {UNTERRICHT, VORTRAG} rendere meno pesante/noioso (-a) *qc*: **er lockerte seinen Vortrag mit geistreichen Bemerkungen auf**, ha alleggerito il tono del suo intervento con alcune osservazioni spiritose; **die Vororte sollen mit Grünanlagen aufgelockert werden**, bisogna rompere la monotonia delle periferie creando zone di verde; **die Eintönigkeit des Mietshauses architektonisch ~**, rompere la monotonia dell'edificio con alcuni interventi architettonici **3** (*zwangloser machen*) *etw* ~ {ATMOSPHÄRE, STIMMUNG} rendere più rilassato (-a)/disteso (-a) *qc*: **die Musik trug sehr dazu bei, die Atmosphäre aufzulockern**, la musica contribuì molto a rendere l'atmosfera più rilassata **B** *rfl sich* ~ **1** *meteo* {BEWÖLKUNG} diradarsi, dissiparsi: **aufgelockerte Bewölkung**, nuvolosità irregolare; **~de Bewölkung**, nuvolosità in diminuzione **2** (*die Muskeln entspannen*) scioglersi (i muscoli).

Auflockerung <-, -*en*> *f* **1** (*das Auflockern*) {+BODEN, ERDREICH} smuovere *m qc* **2** (*abwechslungsreichere Gestaltung*): **zur ~ der Konferenz/des Vortrags**, per rendere più agile/scorrevole l'intervento/la relazione; **zur ~ des Unterrichts**, per rendere la lezione più varia; **zur ~ der eintönigen Häuserreihen**, per spezzare l'uniformità del caseggiato **3** (*Zwanglosigkeit*): **der Tanz hat sehr zur ~ der Atmosphäre beigetragen**, il ballo ha contribuito molto a rendere più rilassata l'atmosfera **4** *meteo*: **für die zweite Tageshälfte ist eine ~ der Bewölkung vorgesehen**, nella seconda metà della giornata è prevista una diminuzione della nuvolosità **5** *sport*: **Übungen zur ~ der Muskeln**, eser-

cizi per sciogliere(si) i muscoli.

auf|lodern, auf|lohen *itr* <*sein*> **1** (*plötzlich emporflammen*) {FEUER} divampare, avvampare: **die Flammen loderten haushoch auf**, le fiamme divamparono altissime **2** (*entbrennen*) {STRAßENKÄMPFE} divampare: **der alte Hass loderte wieder in ihm auf**, l'antico odio si riaccese in lui.

auflösbar *adj* {VERTRAG} risolvibile.

auf|lösen **A** *tr* **1** (*in einer Flüssigkeit lösen*) *etw* (*in etw* dat) ~ {HONIG, ZUCKER IM KAFFEE, IN DER MILCH, IM TEE} (far) sciogliere *qc* (*in qc*): **du musst die Tablette in einem Glas Wasser ~**, devi (far) sciogliere la compressa in un bicchiere d'acqua **2** *chem etw* ~ {SÄURE, STOFF} sciogliere *qc* **3** (*zerstreuen*) *etw* ~ {MILITÄR, POLIZEI DEMONSTRATION, KUNDGEBUNG, VERSAMMLUNG} sciogliere *qc*; (*mit Gewalt*) disperdere *qc* **4** (*nicht länger bestehen lassen*) *etw* ~ {ORGANISATION, PARLAMENT, PARTEI, VEREIN} sciogliere *qc* **5** (*für ungültig erklären*) *etw* ~ {EHE} sciogliere *qc*; {VERTRAG} *auch* risolvere *qc*; {VERLOBUNG} rompere *qc* **6** (*aufklären*) *etw* ~ {RÄTSEL} risolvere *qc*; {GEHEIMNIS} *auch* chiarire *qc* **7** *mus etw* ~ {VORZEICHEN} annullare *qc* in chiave; {DISSONANZ} risolvere *qc*: **das Fis zu F ~**, annullare il fa diesis in chiave **8** *bank* (*löschen*) *etw* ~ {KONTO} estinguere *qc*, chiudere *qc fam* **9** (*liquidieren*) *etw* ~ {FIRMA, GESCHÄFT} liquidare *qc*; {GESELLSCHAFT} sciogliere *qc*: **seinen Haushalt ~**, disfarsi dell'arredamento della casa **10** *geh* (*lösen*) *etw* ~ {SCHLEIFE} sciogliere *qc*; {KNOTEN, ZOPF} *auch* disfare *qc*: **mit aufgelösten Haaren**, con i capelli sciolti **11** *fot etw* ~ {KAMERA FARBPUNKTE} risolvere *qc* **12** *math etw* ~ {GLEICHUNG} risolvere *qc*; {KLAMMER} svolgere *qc* **B** *rfl* **1** (*sich zerteilen*) *sich* (*in etw* dat) ~ {TABLETTE, ZUCKER IN TEE, WASSER} sciogliersi (*in qc*) **2** (*sich aufklären*) {RÄTSEL} risolversi; {GEHEIMNIS} *auch* chiarirsi **3** (*aufhören zu bestehen*) *sich* ~ {FAMILIE, FREUNDESKREIS, ORGANISATION, PARTEI, VEREIN} *auch* sciogliersi: **der Stau hat sich aufgelöst**, il traffico ha ripreso a scorrere **4** *meteo sich* ~ {WOLKEN} dissiparsi, diradarsi; {NEBEL} *auch* dissolversi **5** (*sich zerstreuen*) *sich* ~ {MENSCHENMASSE} dispersersi **6** (*aufgehen*) *sich* ~ {HAARE} sciogliersi; {KNOTEN} *auch* disfarsi **7** (*verschwinden*) *sich* (*in etw* akk) ~: **sich in nichts** ~ {PLÄNE}, svanire nel nulla.

auflösend *adj jur* {BEDINGUNG} risolutivo.

Auflösung *f* **1** <*meist* sing> (*Zerstreuung*) {+DEMONSTRATION, KUNDGEBUNG, VERSAMMLUNG} scioglimento *m*; (*mit Gewalt*) dispersione *f* **2** (*Zerfall*) {+FAMILIE, ALTE ORDNUNGEN} disgregazione *f*; {+PARLAMENT, PARTEI} scioglimento *m* **3** (*Beenden*) {+EHE} scioglimento *m*; {+VERTRAG} *auch* risoluzione *f*; (*Liquidation*) {+FIRMA, GESCHÄFT} liquidazione *f*; {+GESELLSCHAFT} scioglimento *m* **4** (*Aufklärung*) {+RÄTSEL} soluzione *f*; {+GEHEIMNIS} *auch* chiarimento *m*; {+KREUZWORTRÄTSEL} soluzione *f*, chiusura *f* **5** *bank* {+KONTO} estinzione *f mus* {+VORZEICHEN} annullamento *m* in chiusura; {+DISSONANZ} risoluzione *f* **7** (*hohe fot TV* (*Bildauflösung*) definizione *f*, risoluzione *f* **8** *meteo* {+WOLKEN} diradarsi *m*, dissiparsi *m*, disperdersi *m*; {+NEBEL} dissolversi *m* **9** *math* {+GLEICHUNG} risoluzione *f* **10** (*Verstörtheit*) smarrimento *m*: **in völliger ~ sein**, essere completamente disfatto.

Auflösungszeichen *n mus* bequadro *m*.

auf|machen **A** *tr* **1** *fam* (*öffnen*) (*jdm*) *etw* ~ {FENSTER, FLASCHE, HOSE, REIßVERSCHLUSS, SCHUBLADE, TÜR} aprire *qc* (*a qu*); {GÜRTEL, SCHUHE} slacciare *qc* (*a qu*): **ungeduldig machte er den Brief auf**, con impa-

zienza aprì la lettera; **eine Flasche Sekt ~**, aprire/stappare una bottiglia di spumante; **ein Geschenk ~**, aprire un regalo; **den Vorhang ~** *theat*, aprire il sipario; (*in der Wohnung*) aprire le tende **2** *fam* (*öffnen*) *etw* ~ {FIRMA, GESCHÄFT} aprire/[mettere su] *qc*: **ein Restaurant ~**, aprire un ristorante **3** *typ* (*effektvoll gestalten*) *etw irgendwie* ~ {BUCH, PUBLIKATION GESCHMACKVOLL, REIßERISCH, SCHÖN, WEIHNACHTLICH} dare *a qc* una veste editoriale + *adj* **4** *typ* (*darstellen*) *etw irgendwie* ~ {ARTIKEL, PRESSE, ZEITUNG EREIGNIS, PROZESS, VORFALL GROß, REIßERISCH} presentare/dipingere *qc* + *compl di modo*: **die Presse hat den Fall groß aufgemacht**, la stampa ha dato grande risalto al caso **5** *fam med* (*einen Eingriff vornehmen*) *jdn* ~ {CHIRURG PATIENTEN} aprire *qu* **6** (*lösen*) *etw* ~ {HAAR} sciogliere *qc*; {KNOTEN} *auch* disfare *qc* **B** *itr* **1** (*die Tür öffnen*) (*jdm*) ~ aprire (*a qu*): **warum machst du nicht auf?**, perché non apri? **2** (*öffnen*) {GESCHÄFT, LOKAL} aprire: **wann macht der Bäcker auf?**, a che ora apre il fornaio?; **inzwischen machen die meisten Geschäfte auch sonntags auf**, nel frattempo la maggior parte dei negozi è aperta anche la domenica **3** (*eröffnen*) {GESCHÄFT, LOKAL, SUPERMARKT} aprire **C** *rfl* **1** (*sich etw öffnen*) *sich* (*dat*) *etw* ~ {HOSE, JACKE, MANTEL} sbottonarsi *qc*, aprirsi *qc*: **sie machte sich ihre Jacke auf**, si aprì/sbottonò la giacca; {GÜRTEL, SCHUHE} slacciarsi *qc*; **er machte sich den Gürtel/die Schuhe auf**, si sciacciò la cintura/le scarpe **2** (*aufbrechen*) *sich* (*zu etw* akk/*irgendwohin*) ~: **partire/incamminarsi/avviarsi** + *compl di luogo*): **wir wollen uns morgen ganz früh ~**, vogliamo partire domani mattina molto presto; **sich zu einem Spaziergang ~**, andare a fare una passeggiata; **sie machten sich nach Hause auf**, si avviarono/incamminarono verso casa **3** (*sich anschicken*): **sich** (*dazu*) **~, etw zu tun**, decidersi/risolversi a fare *qc* **4** *fam* (*sich zurechtmachen*) *sich irgendwie* ~ {ÄLTERE FRAU WIE EIN TEENAGER} combinarsi *fam* + *compl di modo*.

Aufmacher <-*s*, -> *m typ* titolone *m*, strillo *m*; *TV* {+NACHRICHTEN} (notizia *f* di) apertura *f*.

Aufmachung <-, -*en*> *f* **1** (*Gestaltung*) presentazione *f*; {+BUCH} veste *f* editoriale/tipografica: **die neue ~ der Schulbücher hat bei den Schülern viel Anklang gefunden**, la nuova veste editoriale dei libri scolastici ha incontrato il favore degli studenti **2** (*äußere Erscheinung*) mise *f*: **die ~ der Damen war äußerst elegant**, la mise delle signore era molto elegante; **in großer ~**, in pompa magna **3** *typ* (*Darstellung*) {+NACHRICHT} presentazione *f*: **über jdn/etw in großer ~ berichten**, parlare di *qc/qu* con grande enfasi.

auf|malen *tr etw auf etw* (dat *oder* akk) ~ {FIGUR AUF EINE/EINER MAUER, TAFEL AUF EINEN/EINEM ZETTEL} disegnare *qc su qc*; {PAROLE, SPRUCH} scrivere *qc su qc*; (*mit dem Pinsel*) dipingere *qc su qc*.

Aufmarsch *m* **1** (*Parade*) parata *f*, sfilata *f* **2** *mil* (*Beziehung der Stellung*) schieramento *m*.

auf|marschieren <*ohne* ge-> *itr* <*sein*> **1** (*herummarschieren*) sfilare **2** *mil* {ARMEE, SOLDATEN, TRUPPE} schierarsi **3** *fam* (*erscheinen*): **jdn ~ lassen** {KINDER, SCHÜLER}, far sfilare *qu*.

auf|merken *itr* **1** *geh* (*Acht geben*) **auf etw** (akk) ~ prestare attenzione *a qc* **2** (*aufhorchen*) drizzare le orecchie, tendere l'orecchio.

aufmerksam **A** *adj* **1** (*alles genau beobachtend*) {BEOBACHTER, SCHÜLER, ZUSCHAU-

ER} attento: **mit ~em Blick verfolgte er das Spiel**, con sguardo attento seguiva il gioco **2** (*zuvorkommend*) {GASTGEBER} attento, gentile: **alle waren sehr ~ mit dem unerwarteten Gast**, tutti colmarono di attenzioni l'ospite inatteso; **das ist sehr ~ von Ihnen**, è molto gentile da parte Sua B *adv* {ANSEHEN, ZUHÖREN} attentamente, con attenzione • **jdn auf jdn/etw ~ machen**, richiamare l'attenzione di qu su qu/qc, far notare/rilevare qc a qu; **er hat mich darauf ~ gemacht, dass der Apparat noch in Garantie war**, mi ha fatto notare che l'apparecchio era ancora in garanzia; **(jdn) auf sich (akk) ~ machen**, farsi notare (*da qu*), richiamare l'attenzione (*di qu*) su di sé; **auf jdn/etw ~ werden**, notare qu/qc, accorgersi di qu/qc; **hör bitte auf zu weinen, die Leute werden schon ~**, smettila di piangere per favore, tutti ti guardano.

Aufmerksamkeit <-, -en> *f* **1** <*nur sing*> (*Konzentration*) attenzione *f*: **darf ich um Ihre ~ bitten?**, posso avere la Vostra attenzione?; **nach einigen Stunden lässt die ~ der Schüler nach**, dopo alcune ore di lezione l'attenzione dei ragazzi diminuisce **2** <*meist sing*> (*Zuvorkommenheit*) gentilezza *f*, premura *f*; (*aufmerksame Gesten*) attenzioni *f pl*, premure *f pl*: **seine ~ ist aufrichtig**, la sua gentilezza è sincera; **er ist voller ~en für seine alte Mutter**, è pieno di attenzioni/premure per la vecchia madre **3** (*kleines Geschenk*) pensierino *m*, regalino *m*: **eine ~ des Hauses**, un omaggio della casa; **die Pralinen sind eine kleine ~ von mir**, i cioccolatini sono un pensierino da parte mia • **jds ~ entgehen**, sfuggire all'attenzione di qu; **jds ~ erregen**, suscitare l'attenzione di qu; **seine ~ auf etw (akk) richten**, rivolgere la propria attenzione a qc; **jdn mit ~en überhäufen/überschütten**, colmare qu di attenzioni/premure; **~ für etw (akk) zeigen**, (di)mostrare interesse per qc; **jds ~ auf sich ziehen**, catturare/catalizzare l'attenzione di qu; **(mit etw dat) die ~ auf sich ziehen**, attirare l'attenzione su di sé (facendo qc).

auf|mischen *fam* A *tr* (*verprügeln*) **jdn ~**, pestare *qu*, riempire *qu* di botte *fam*, menare *qu fam* B *itr* menare botte *fam*: **die Fußballfans haben mal wieder so richtig aufgemischt**, i tifosi hanno scatenato una delle solite risse.

auf|möbeln *tr fam* **1** (*aufmuntern*) **jdn ~** {BESUCH, FREUNDE} tirare su (di morale) *qu*: **er versuchte, ihn etwas aufzumöbeln**, tentò di tirarlo un po' su (di morale) **2** (*beleben*) **jdn ~** {KAFFEE, SCHNAPS, ZIGARETTE} tirare su *qu fam* **3** (*wiederherstellen*) **etw ~** {BOOT, FAHRRAD, KOMMODE, SCHRANK} rimettere ₎in sesto₎/[a nuovo] *qc* **4** (*aufpolieren*) **etw ~** {IMAGE} rifarsi *qc*; {KENNTNISSE} rispolverare *qc*.

auf|motzen *fam* A *tr* **etw ~ 1** (*mit Accessoires ausstatten*) {AUTO, MOTORRAD} bardare *qc* **2** (*frisieren*) {MOFA, MOPED} truccare *qc* B *rfl* **sich ~** bardarsi: **wie hat sich denn die Alte da aufgemotzt?**, ma come si è bardata quella tipa?

auf|mucken *itr fam* (**gegen jdn/etw**) ~ {GEGEN DEN LEHRER, EIN VERBOT} protestare (*contro qu/qc*), opporsi *a qu/qc*, ribellarsi *a qu/qc*: **die Jungs wollten ~, überlegten es sich dann aber anders**, i ragazzi volevano protestare, poi ci ripensarono; **muckt ja nicht auf!**, non fiatate!

auf|muntern *tr* **1** (*aufheitern*) **jdn ~** {FREUNDLICHER EMPFANG, TRÖSTENDE WORTE} sollevare il morale/lo spirito *a qu*, tirare su *qu fam*, mettere *qu* di buonumore: **er versuchte, seine Freunde mit lustigen Anek-** **doten aufzumuntern**, cercò di sollevare il morale agli amici raccontando aneddoti spassosi **2** (*ermutigen*) **jdn (zu etw** dat) **~** {FUSSBALLER, RADFAHRER ZUM DURCHHALTEN, WEITERMACHEN} incoraggiare/incitare *qu* (*a fare qc*) **3** (*beleben*) **jdn ~** {KAFFEE, SCHNAPS, ZIGARETTE} tirare su *qu fam*.

aufmunternd A *adj* {BLICK, LÄCHELN, WORTE} incoraggiante, d'incoraggiamento; {RUFE} *auch* d'incitamento B *adv*: **jdm ~ zulächeln**, sorridere/[fare un sorriso] a qu per incoraggiarlo.

Aufmunterung <-, -en> *f* **1** (*das Aufmuntern*) sollevare m/[tirare m su] il morale/lo spirito **2** (*das Ermutigen*) incoraggiamento m, incitamento m • **zur ~**: **soll ich dir zur ~ eine Tasse Kaffee machen?**, vuoi che ti faccia un caffè per tirarti un po' su?; **geh doch mal mit ihm ins Kino! Er braucht (et)was zur ~**, perché non vai al cinema con lui? Ha bisogno di tirarsi un po' su.

aufmüpfig *adj fam* {JUGENDLICHE, KINDER, SCHÜLER} ribelle, ricalcitrante: **im Moment ist sie gegen alles und jeden ~**, è un periodo che si ribella a tutto e a tutti.

Aufmüpfigkeit <-, -en> *f fam* **1** <*nur sing*> (*aufmüpfige Art*) essere m ribelle: **diese Phase der ~ wird auch vorbeigehen**, passerà anche questa fase di ribellione **2** (*aufmüpfige Handlung*) atto m di ribellione.

auf|nähen *tr* **etw** (**auf etw** akk) ~ {APPLIKATIONEN AUF EINE TISCHDECKE, TASCHE AUF EIN KLEID} applicare *qc* (*a qc*), cucire *qc* (*su qc*).

Aufnahme <-, -n> *f* **1** <*nur sing*> (*Beginn*) {+DIPLOMATISCHE BEZIEHUNGEN} avvio m; {+VERHANDLUNGEN} *auch* apertura *f* **2** <*nur sing*> (*Unterbringung*) ~ (**in etw** akk) {IN EIN HEIM, LAGER} accoglienza f: **die ~ des Patienten ins Krankenhaus**, il ricovero del paziente in ospedale **3** *fam med* (*aufgenommener Patient*) ricovero m **4** (*~raum im Krankenhaus*) *f* accettazione f: **in der ~ warten**, aspettare all'accettazione; **sich in der ~ melden**, farsi registrare all'accettazione **5** <*nur sing*> (*Empfang*) accoglienza f: **eine freundliche/herzliche ~ (bei jdm) finden**, essere accolto amichevolmente/cordialmente (da qu), trovare un'accoglienza amichevole/cordiale da qu; **die ~ beim Publikum ist hervorragend**, l'accoglienza da parte del pubblico è strepitosa **6** <*nur sing*> (*Erteilung der Mitgliedschaft*) ~ (**in etw** akk) {IN EINEN ORDEN, VEREIN} ammissione f (*a qc*): **die ~ in einen Klub beantragen**, chiedere l'ammissione a un club **7** <*nur sing*> (*Hinzufügung*) ~ **einer S.** (gen) **in etw** (akk) inserimento m *di qc in qc*: **die ~ des Stücks in das Progamm/den Spielplan**, l'inserimento di una pièce nel programma/cartellone **8** <*nur sing*> (*Erfassung*) ~ **von etw** (dat) {VON FAKTEN, INFORMATIONEN, LERNSTOFF} assimilazione f *di qc* ~ **eines Protokolls** *adm jur*, redazione di un verbale **9** foto (*grafia*) f: **sind die ~n was geworden?** *fam*, sono venute bene le foto? **10** *film* ripresa f: **die ~ der letzten Szene**, la ripresa dell'ultima scena; **Achtung, ~!**, ciac, si gira! **11** *radio* (*Musik- oder Tonaufzeichnung auf CD*) incisione f; (*auf Tonband*) registrazione f **12** <*nur sing*> *biol* (*von Sauerstoff*) assimilazione f; (*von Nährstoffen, Vitaminen*) *auch* assorbimento m **13** <*nur sing*> (*+NAHRUNG*) assunzione f: **die ~ (von) fester Nahrung**, l'assunzione di cibo solido **14** <*nur sing*> *zoo* {+FÄHRTE, SPUR} fiutare m *qc* **15** <*nur sing*> *bank* {+DARLEHEN, HYPOTHEK} accensione f; {+SCHULDEN} contrarre m *qc*: **um heute ein Haus zu kaufen, ist die ~ eines Kredits oft unvermeidlich**, per l'acquisto di una casa oggi è spesso inevitabile accendere/contrarre un mutuo **16** <*nur sing*> (*Verzeichnung*) re- gistrazione f: **die ~ der Personalien**, la registrazione dei dati personali • **~n (von jdm/etw) machen** {*Fotos machen*}, fare/scattare delle foto (di/a qu/qc); (*Tonbandaufnahmen*) fare delle registrazioni (di qc); (*Videoaufnahme*), fare delle riprese/[registrazioni video] (di qu/qc).

Aufnahmeantrag m domanda *f* di ammissione.

Aufnahmebedingung f condizione *f* di ammissione.

aufnahmefähig *adj* **1** (*rezepierfähig*) ~ (**für etw** akk) {SCHÜLER, STUDENT FÜR EIN FACH, EINE MATERIE} in grado di recepire (*qc*), ricettivo (*a qc*): **ein ~er Geist/Kopf**, una mente/un'intelligenza ricettiva; **nach der Arbeit ist er für nichts mehr richtig ~**, dopo il lavoro non è più in grado di recepire niente **2** *ökon* {MARKT} che ha capacità di assorbimento: **der Markt ist nicht mehr ~**, il mercato è saturo.

Aufnahmefähigkeit <-, *ohne pl*> f **1** (*Rezepierfähigkeit*) ricettività f, capacità f ricettiva: **von großer ~ sein**, avere una grande ricettività **2** *ökon* capacità f/potere m di assorbimento: **die ~ des Marktes ist erschöpft**, la capacità di assorbimento del mercato è esaurita.

Aufnahmegebühr f tassa *f* di ammissione/iscrizione.

Aufnahmekapazität <-, *ohne pl*> f {+HOTEL} capacità f ricettiva; {+MARKT} capacità f/potere m di assorbimento.

Aufnahmelager n campo m/centro m di accoglienza.

Aufnahmeland n (*für Flüchtlinge*) paese m ospitante.

Aufnahmeprüfung f *Schule univ* esame m di ammissione.

Aufnahmeraum m *radio* sala *f* di registrazione.

Aufnahmestudio n *mus* studio m di registrazione; *film TV* teatro m di posa.

Aufnahmetaste f tasto m di registrazione.

Aufnahmewagen m *radio TV* auto *f* per le riprese in esterno.

auf|nehmen <irr> *tr* **1** (*beginnen*) **etw ~** {ARBEIT, TÄTIGKEIT} cominciare *qc*, iniziare *qc*; {NACHFORSCHUNGEN, VERHANDLUNGEN} *auch* avviare *qc*; {BEZIEHUNGEN} stabilire *qc*, allacciare *qc*: **(den) Kontakt mit jdm ~**, ₎prendere contatto₎/[stabilire dei contatti] con qu; **eine berufliche Tätigkeit ~**, intraprendere un'attività professionale; **mit jdm Verbindung ~**, entrare in relazione con qu **2** (*weiterführen*) **etw** (wieder) ~ {ARBEIT, ARGUMENT, GESPRÄCH, THEMA} riprendere *qc*, ritornare *su qc*: **den Faden der Erzählung wieder ~**, riprendere il filo del discorso; *jur* {PROZESS} procedere alla revisione *di qc* **3** (*empfangen*) **jdn ~** accogliere *qu*, ricevere *qu*; (*unterbringen*) ospitare *qu*: **unerwartete Gäste freundlich ~**, accogliere/ricevere cordialmente degli ospiti inattesi; **auch viele Private nahmen Flüchtlinge bei sich auf**, anche molti privati ospitarono i profughi **4** (*in einem Krankenhaus Platz finden*) **jdn ~** {KLINIK, KRANKENHAUS PATIENTEN} accettare *qu*: **wir können im Moment niemanden ~**, al momento non possiamo accettare nessuno; **er wurde im/ins Krankenhaus aufgenommen**, è stato ricoverato in ospedale **5** (*beitreten lassen*) **jdn** (**in etw** akk) ~ {IN EINEN KLUB, ORDEN, EINE SCHULE, EINEN VEREIN} ammettere *qu* (*a/in qc*): **jdn als Mitglied ~**, accettare qu come socio; **jdn** (**in etw** akk) **wieder ~** (*wieder eingliedern*) {IN EINE PARTEI, EINEN VEREIN} reintegrare qu (in qc), riammettere qu (in qc); {IN EINE GRUPPE} auch reinserire qu (in qc) **6** (*fassen*) *jdn*/*etw* ~ (*FASS, TANK*) contenere *qc*; {*AULA, FLUGZEUG, HÖRSAAL, SCHIFF*} *auch* accogliere *qu/qc*, ospitare *qu/qc*: **das Schiff kann bis zu 2000 Passagiere** ~, la nave può accogliere/contenere fino a 2000 persone **7** (*hinzufügen*) *etw in etw* (akk) ~ {KLAUSEL IN EINEN VERTRAG, PUNKT IN DIE TAGESORDNUNG, REZENSION IN EINE ZEITSCHRIFT, STÜCK IN DEN SPIELPLAN} accogliere *qc in qc*, inserire *qc in qc* **8** (*auf etw reagieren*) *etw irgendwie* ~ {BEGEISTERT, ENTTÄUSCHT, GELASSEN} accogliere/prendere *qc + compl di modo fam*: **die Kritik hat das Film sehr positiv/zurückhaltend aufgenommen**, la critica ha accolto il film molto positivamente/tiepidamente; **etw mit Beifall** ~, accogliere qc con entusiasmo; **wie hat sie die Absage aufgenommen?**, come ha preso la disdetta? **9** (*geistig verarbeiten*) *etw* ~ {EINDRUCK, IDEE, LERNSTOFF, NEUES} assimilare *qc*, recepire *qc*: **er nimmt alles mit Leichtigkeit auf**, apprende/assorbe tutto con facilità; **nicht mehr in der Lage sein, etwas aufzunehmen**, non essere più in grado di recepire niente **10** (*schriftlich festhalten*) *etw* ~ {PROTOKOLL} stendere *qc*, redigere *qc*, stilare *qc*: **eine Anzeige** ~, prendere un'ordinazione; **jds Personalien** ~, prendere i dati anagrafici di qu, rilevare le generalità di qu; **einen Unfall** ~, redigere il verbale di un incidente **11** (*fotografieren*) *jdn*/*etw* ~ {GEBÄUDE, LANDSCHAFT, PERSON} riprendere *qu/qc*, fotografare *qu/qc*, fare una foto *a qu/qc*; {FOTO} fare *qc*, scattare *qc*: **das Brautpaar** ~, fotografare gli sposi; **wo habt ihr diese Fotos aufgenommen?**, dove avete fatto/scattato queste foto? **12** (*filmen*) *jdn*/*etw* ~ {EREIGNIS, FEST, LANDSCHAFT, PERSON} riprendere *qu/qc*, filmare *qu/qc*; {FILM} girare *qc*: **der Film ist in der Türkei aufgenommen worden**, il film è stato girato in Turchia **13** (*auf Kassette oder Tonband festhalten*) *etw* (*auf etw* akk) ~ {EINE GERÄUSCHKULISSE, EIN INTERVIEW, EIN KONZERT AUF KASSETTE, TONBAND} registrare *qc* (*su qc*); {AUF CD} incidere *qc* (*su qc*): **eine Platte** ~, incidere un disco **14** *biol etw* ~ {HAUT FLÜSSIGKEIT} assorbire *qc*; {BLUT, ZELLEN SAUERSTOFF} assimilare *qc* **15** (*essen*) *etw* ~ {KRANKER, PATIENT NAHRUNG} assumere *qc* **16** (*aufspüren*) *etw* ~ {FÄHRTE, SPUR} fiutare *qc* **17** *bank etw* ~ {DARLEHEN, HYPOTHEK} accendere *qc*; {SCHULDEN} contrarre *qc*: **wir haben bei der Bank 10 000 Euro aufgenommen**, abbiamo preso un prestito in banca di 10 000 euro **18** *norddt* (*aufwischen*) *etw* ~ {VERSCHÜTTETE FLÜSSIGKEIT} raccogliere/asciugare/[tirare su *norditaI*] (con lo straccio): **etw mit dem Lappen** ~, asciugare qc con lo straccio **19** (*auf die Nadel nehmen*) *etw* ~ {MASCHEN} riprendere **20** (*vermessen*) *etw* ~ {GEBIET, GELÄNDE} rilevare *qc*, fare/prendere i rilievi *di qc* **21** (*aufheben*) *etw* ~ raccogliere *qc*, prendere *su qc*, sollevare *qc*: **die Scherben vom Boden** ~, raccattare/raccogliere i cocci (da terra) • **es mit jdm** ~ **können**, (poter) tener testa a qu, misurarsi/[potersi misurare] con qu; **an Mut kann es keiner mit ihm** ~, in quanto a coraggio nessuno può ₁tenergli testa₁/[competere con lui]; **im Tennis kann es wirklich keiner mit ihm** ~, a tennis ₁è proprio imbattibile₁/[non ha batte nessuno]; **auf diesem Gebiet kann es wirklich keiner mit ihr** ~, in quel settore ₁è senza rivali₁/[non ha concorrenti].

Aufnehmer <-s, -> m *norddt* straccio m, cencio m.

auf|nötigen tr *jdm etw* ~ {EIN STÜCK KU-CHEN} obbligare/costringere *qu* ad accettare *qc*; {EIN ABONNEMENT, EINEN VERTRAG} imporre *qc a qu*.

auf|oktroyieren <ohne ge-> tr *geh jdm etw* ~ {ANSICHT, MEINUNG, ÜBERZEUGUNG} imporre *qc a qu*.

auf|opfern A tr *geh* (*jdm*/*etw*) *etw* ~ sacrificare *qc* (*a qu/qc*), immolare *qc* (*a/per qu/qc*): **sein Leben einem Ideal** ~, sacrificare la propria vita a un ideale B rfl sich (*für jdn*/*etw*) ~ {FÜR DIE FAMILIE, EIN IDEAL, DEN STAAT} sacrificarsi (*per qu/qc*), immolarsi (*per qu/qc*).

aufopfernd A adj {LIEBE, SORGE} pervaso da spirito di sacrificio: **eine ~e Arbeit**, un lavoro che richiede sacrifici B adv {SICH EINSETZEN, JDN PFLEGEN} con abnegazione/[spirito di sacrificio].

Aufopferung <-, -en> f *<meist sing>* **1** (*das Aufopfern*) ~ (*für jdn*/*etw*) sacrificio m (*per qu/qc*): **unter ~ von Privilegien/Vorteilen**, sacrificando privilegi/vantaggi **2** (*Hingebung*) ~ (*für jdn*) abnegazione f (*verso qu*): **mit ~**, con abnegazione.

aufopferungsvoll adj → **aufopfernd**.

auf|packen rfl *fam* (*aufbürden*) **sich** (dat) *etw* ~ {VIEL ARBEIT} accollarsi *qc*, sobbarcarsi *qc*.

auf|päppeln tr *fam jdn*/*etw* ~ {SCHWACHES KIND, KRANKEN, KRANKES TIER} rimettere in forze *qu/qc*, rimettere in sesto *qc*.

auf|passen itr **1** (*aufmerksam sein*) stare attento (-a), fare/prestare attenzione: **scharf/höllisch** ~, stare attentissimo (-a); **kannst du denn nicht** ~?, non puoi stare un po' più attento (-a)?; **pass mal auf!** (*hör zu!*), ascolta!, stai a sentire!; **in einigen Tagen wird er wieder vor deiner Tür stehen, pass auf!**, fra qualche giorno te lo ritrovi un'altra volta davanti alla porta, vedrai!; **auf die Straßenverkehrsschilder** ~, fare attenzione ai cartelli stradali; **an der Kreuzung musst du besonders** ~, a quell'incrocio devi stare particolarmente attento (-a); **ihr müsst in der Schule besser** ~!, dovete stare più attenti (-e) a scuola!; **pass auf, dass du nicht stolperst**, stai attento (-a) a non inciampare!; **pass auf, dass er dich nicht übers Ohr haut!**, stai attento (-a) a non farti fregare!; **aufgepasst!**, attenzione! **2** (*beaufsichtigen*) *auf jdn*/*etw* ~ {AUF DAS HAUS, DIE KINDER, DEN KOFFER} badare *a qu/qc*, stare attento (-a) *a qu/qc*, dare un'occhiata *a qu/qc*.

Aufpasser <-s, -> m (**Aufpasserin** f) **1** *pej* (*bei Prüfungen*) sorvegliante mf **2** (*im Gefängnis*) guardia f **3** (*jd, der Schmiere steht*) palo m.

auf|peitschen tr **1** (*heftig bewegen*) *etw* ~ {ORKAN, STURM MEER} sferzare *qc*; {WELLEN} sommuovere *qc lit* **2** (*in heftige Erregung versetzen*) *jdn*/*etw* ~ {MUSIK, RHYTHMUS PUBLIKUM, STIMMUNG} eccitare *qu/qc* **3** (*aufwiegeln*) *jdn*/*etw* (*zu etw* dat) ~ {REDNER MASSE} aizzare/incitare *qu/qc* (*a* (*fare*) *qc*): **~de Reden**, discorsi istigatori.

auf|peppen tr *fam etw* ~ {EINRICHTUNG} vivacizzare *qc*, rendere più vivace *qc*; {FILM, SCHLAGER} dare brio *a qc*: **du solltest deine Kleidung etwas** ~, dovresti rendere il tuo look un po' più vivace/grintoso.

auf|pflanzen A tr (*aufstellen*) *etw* ~ {FAHNE, STANDARTE} piantare *qc*, inastare *qc*; (*aufs Gewehr stecken*) {BAJONETT} inastare *qc* B rfl *fam* (*sich provozierend hinstellen*) **sich** *vor jdm*/*etw* ~ {VOR DEM EINGANG, DER TÜR} piantarsi/piazzarsi *davanti a qu/qc fam*.

auf|pfropfen tr **1** *agr etw* (*auf etw* akk) ~ innestare *qc* (*su qc*) **2** → **auf|oktroyieren**.

auf|picken tr *zoo etw* ~ **1** (*mit dem Schnabel aufnehmen*) {HUHN, VOGEL BROTKRUMEN, KÖRNER} beccare *qc* **2** (*pickend öffnen*) {HUHN, VOGEL EI, DECKEL} rompere *qc* col becco.

auf|platzen itr *<sein>* {BALLON, BEUTEL, BRANDBLASE, NAHT} scoppiare; {LIPPEN} screpolarsi; {BLÜTE, WUNDE} aprirsi: **die Wunde ist wieder aufgeplatzt**, la ferita si è riaperta.

auf|plustern A tr (*aufrichten*) *etw* ~ {VOGEL GEFIEDER} (d)rizzare *qc* B rfl **sich** ~ **1** (*das Gefieder aufrichten*) gonfiarsi (d)rizzando le penne **2** *pej* (*prahlen*) gonfiarsi, pavoneggiarsi, darsi delle arie: **das ist einer, der sich gerne aufplustert**, è uno a cui piace pavoneggiarsi.

auf|polieren <ohne ge-> tr *etw* ~ **1** (*glänzend machen*) {MÖBELSTÜCK} lucidare *qc*, lustrare *qc*, dare il lucido *a qc* **2** *fam* (*auffrischen*) {KENNTNISSE} rinfrescare *qc*; {SEIN ANSEHEN} rifarsi *qc*.

auf|poppen tr *fam etw* ~ {INSZENIERUNG, KLASSIKER} proporre *qc* in chiave pop.

auf|prägen tr *etw* (*auf etw* akk) ~ {NAME, WAPPEN AUF EIN BUCH, EINE MÜNZE} imprimere *qc* (*su qc*).

Aufprall <-(e)s, -e> m *<meist sing>* (+AUTO) urto m, impatto m, cozzo m; (+BALL) rimbalzo m; (+GESCHOSS) impatto m.

auf|prallen tr itr *<sein>* (*auf etw* akk oder dat) ~ {BALL AUF DEN/DEM BODEN} rimbalzare (*su qc*); {WAGEN AUF DEN/DEM VORDEREN} andare a sbattere (*contro qc*), urtare (*contro qc*); {FLUGZEUG AUF DIE/DER FELSWAND} schiantarsi (*contro qc*).

Aufpreis m sovrapprezzo m, maggiorazione f (del prezzo): **gegen ~ von ...**, pagando un sovrapprezzo/una maggiorazione di ...

auf|probieren <ohne ge-> tr *etw* ~ {BRILLE, HUT, MÜTZE} provar(si) *qc*.

auf|pumpen tr *etw* ~ **1** (*mit Luft füllen*) {BALL, LUFTMATRATZE} gonfiare *qc*; {REIFEN} *auch* pompare *qc*: **sind die Reifen aufgepumpt?**, sono gonfie le gomme? **2** (*die Reifen von etw mit Luft füllen*) ~ **ein Fahrrad** ~, gonfiare le gomme della bicicletta.

auf|pusten tr *fam etw* ~ {LUFTBALLON} gonfiare *qc* (soffiando a pieni polmoni).

auf|putschen *pej* A tr **1** (*aufwiegeln*) *jdn*/*etw* (*gegen jdn*/*etw*) ~ istigare *qu/qc* (*contro qu/qc*), aizzare *qu/qc* (*contro qu/qc*): **die Leute gegen die Regierung** ~, istigare/sobillare/aizzare la gente contro il governo; *jdn zu etw* (dat) ~ {DEMONSTRANTEN ZU GEWALTTATEN} istigare *qu a qc* **2** (*jds Leistungsfähigkeit steigern*) *jdn* ~ {KAFFEE, TABLETTEN, TEE} eccitare *qu*, dare la carica *a qu*; *jdn* (*mit etw* dat) ~ {LEISTUNGSSPORTLER} dopare *qu* (*con qc*) B itr (*aufpeitschen*) eccitare: **Kaffee putscht auf**, il caffè eccita/[ha un effetto eccitante]; **~de Mittel**, eccitanti, stimolanti C rfl (*aufpeitschen*) **sich** (*mit etw* dat) ~ {MIT KAFFEE, TABLETTEN, TEE} caricarsi (*con qc*) *fam*; *sport* doparsi (*con qc*).

Aufputschmittel n (sostanza f) eccitante m, stimolante m: **zu ~n greifen**, ricorrere a eccitanti/stimolanti.

auf|putzen *fam* A tr **1** (*besonders herrichten*) *jdn*/*etw* ~ agghindare *qu*, addobbare riccamente *qc*, decorare *qc*, abbellire *qc*: **der Saal wurde zu der Feierlichkeit besonders aufgeputzt**, in occasione della festa la sala venne addobbata con gran pompa **2** *pej* (*wirkungsvoller erscheinen lassen*) *etw* ~ {BILANZ, ZAHLEN} truccare *qc*: **sein Image** ~, rifarsi un'immagine B rfl **sich** ~ agghindarsi, farsi bello (-a).

auf|quellen <irr> itr *<sein>* **1** (*quellend grö-*

ßer werden) {HAFERFLOCKEN, KÖRNER} gonfiarsi, ricrescere; {GETROCKNETE BOHNEN, ERBSEN, LINSEN} rinvenire 2 (anschwellen) {AUGE, LID} gonfiarsi: **ein aufgequollenes Gesicht**, un viso gonfio 3 *geh* (*quellend hochsteigen*) {RAUCH} alzarsi/salire (spandendosi nell'aria).

auf|raffen A *tr* *etw* ~ 1 (*eilig aufheben*) {BANKNOTEN, BÜCHER, HEFTE, UNTERLAGEN} raccattare/raccogliere *qc* in fretta e furia 2 (*raffen*) {LANGEN ROCK} tirar(si) su *qc*, alzar(si) *qc* B *rfl* 1 (*mühsam aufstehen*) **sich ~ alzarsi/[tirarsi su] a fatica** 2 (*sich zu etw überwinden*) **sich (zu etw** dat) ~ {ZU EINER ARBEIT} decidersi (*a fare qc*): **sich dazu ~, etw zu tun**, decidersi a fare qc; **bevor die sich mal (zu etwas) aufrafft!**, prima che quella si dia una mossa!; **ich kann mich heute zu nichts ~**, oggi non riesco a decidermi a fare nulla.

auf|ragen *itr* {BERG, TURM} ergersi: **hoch in den Himmel ~**, ˌergersi alto (-a)ˌ/[svettare] nel cielo.

auf|rappeln *rfl fam* 1 (*mühsam aufstehen*) **sich ~** alzarsi/[tirarsi su] a fatica 2 (*sich erholen*) **sich ~** rimettersi (in salute/sesto/forze), riprendersi, ristabilirsi 3 (*sich zu etw aufraffen*) **sich (zu etw** dat) ~ decidersi (*a fare qc*): **ich hab' mich endlich dazu aufgerappelt, das Fahrrad zu reparieren**, mi sono finalmente fatto (-a) coraggio e ho riparato la bici.

auf|räumen A *tr* (*irgendwo Ordnung machen*) **etw ~** {KLEIDERSCHRANK, SCHREIBTISCH, ZIMMER} (ri)mettere in ordine *qc*, riordinare *qc*, r(i)assettare *qc*; {HOTELZIMMER} auch (ri)fare *qc*; {SPIELSACHEN} (ri)mettere a posto *qc*, mettere via *qc* B *itr* 1 (*nicht weiter bestehen lassen*) **mit etw** (dat) ~ {MIT ABERGLAUBEN, VERALTETEN ANSICHTEN, VORURTEILEN} far piazza pulita *di qc*, fare tabula rasa *di qc* 2 (*Ordnung machen*) (*irgendwo*) ~ fare/[mettere in] ordine *+ compl di luogo* 3 *fam pej* (*durchgreifen*) **unter jdm/etw** ~ {UNTER DEN DROGENHÄNDLERN, EXTREMISTISCHEN GRUPPIERUNGEN, REBELLEN} fare piazza pulita *di qu/qc*: **die Polizei hat unter den Zuhältern aufgeräumt**, la polizia ha fatto piazza pulita dei magnaccia.

Aufräumungsarbeiten *subst* <*nur pl*> lavori m pl di sgombero.

auf|rechnen *tr* 1 (*in Rechnung stellen*) **jdm etw ~** addebitare *qc a qu*, mettere in conto *qc a qu*: **dem Kunden die Materialkosten ~**, mettere in conto al cliente i costi del materiale 2 (*verrechnen*) **etw mit** (dat)/**gegen etw** (akk) ~ {EINE FORDERUNG GEGEN EINE ANDERE} scalare *qc da qc*: **eine Summe gegen eine andere ~**, scalare un importo da un altro; **Einnahmen und Ausgaben gegeneinander ~**, fare il bilancio tra le entrate e le uscite.

Aufrechnung f compensazione f.

aufrecht A *adj* 1 (*aufgerichtet*) {GANG, HALTUNG} eretto 2 (*rechtschaffen*) {MENSCH} retto, probo *lit*, onesto B *adv* 1 (*aufgerichtet*) {SITZEN, STEHEN} d(i)ritto (-a): **geh ~!**, cammina dritto (-a)!; **sich ~ halten**, stare dritto (-a), (man)tenere una postura eretta 2 (*rechtschaffen*) {HANDELN} rettamente, onestamente, probamente *lit* ● **sich ˌnicht mehrˌ/[kaum noch] ~ halten können**, non reggersi più in piedi (dalla stanchezza).

aufrecht|erhalten <*irr, ohne ge-*> *tr* 1 (*daran festhalten*) **etw ~** {BEHAUPTUNG, THEORIE} (continuare a) sostenere *qc* 2 (*bestehen lassen*) **etw ~** {BEZIEHUNG, FREUNDSCHAFT, KONTAKT} mantenere *qc*, tenere vivo (-a) *qc* 3 (*moralisch stützen*) **jdn ~** {GLAUBE, HOFFNUNG GEISEL, HÄFTLING} sostenere *qu*.

Aufrechterhaltung <*-, ohne pl*> f {+FREUNDSCHAFT, KONTAKT} mantenimento m; {+BEHAUPTUNG, THEORIE} continuare m a sostenere *qc*.

auf|regen A *tr* 1 (*unruhig machen*) **jdn ~** agitare *qu*, mettere in agitazione *qu*; (*heftige Emotionen in jdm wecken*) eccitare *qu*, emozionare *qu*: **die Nachricht regte alle furchtbar auf**, la notizia mise tutti in agitazione; **die vielen Besuche regen den Kranken auf**, le numerose visite agitano il malato; **das Treffen mit ihm regte sie entsetzlich auf**, l'incontro la emozionò/eccitò terribilmente 2 *fam* (*ärgern*) **jdn** (*durch etw* akk/*mit etw* dat) **~** far venire i nervi/il nervoso *a qu* (*con qc*), dare sui nervi *a qu* (*con qc*), irritare *qu* (*con qc*): **hört auf mit dem Gezanke, ihr regt mich auf**, smettetela di bisticciare, mi fate venire i nervi B *rfl* 1 (*sich beunruhigen*) **sich (über etw** akk) **~** agitarsi (*per qc*): **reg dich nicht auf!**, non ti agitare!, sta' calmo (-a)!; **warum regst du dich so auf, es ist doch nichts passiert!**, perché ti agiti tanto, non è successo niente! 2 (*sich ärgern*) **sich (über jdn/etw) ~** scaldarsi/irritarsi/alterarsi (*a causa di qu/per qc*), prendersela (*con qu/per qc*): **der Chef hat sich furchtbar über ihn aufgeregt**, il capo è andato su tutte le furie a causa sua; **sich künstlich ~**, scaldarsi per un nonnulla 3 (*sich entrüsten*) **sich über etw** (akk) **~** avere da ridire *su qc*, scandalizzarsi *per qc*: **kümmere dich nicht um deine Nachbarn! Die regen sich doch über alles auf!**, non badare ai vicini. Hanno da ridire su tutto!; **er hat sich wahnsinnig über dein Benehmen aufgeregt!**, era molto scandalizzato per il tuo comportamento.

aufregend *adj* 1 (*spannend*) {FILM, GESCHICHTE, STADT} eccitante, emozionante; {ABENTEUER} *auch* esaltante 2 (*erregend*) {PARFÜM} eccitante; {FRAU, MANN} *auch* conturbante.

Aufregung f 1 (*Erregung*) agitazione f, eccitazione f; (*starke Emotion*) emozione f: **warum all diese ~?**, perché tutta questa agitazione?; **in der allgemeinen ~ der Vorbereitungen**, nell'eccitazione generale per i preparativi; **vor ~ wurde sie ganz rot**, arrossì per l'emozione; **es gibt keinen Grund zur ~**, non c'è motivo di agitarsi 2 (*Unruhe*) agitazione f, smania f; (*Durcheinander*) confusione f ● **in ~ geraten**, agitarsi, dare in smanie; **in heller ~**, in grandissima agitazione; **jdn in ~ versetzen**, mettere in agitazione qu.

auf|reiben <*irr*> A *tr* 1 (*überfordern*) **jdn ~** {VERANTWORTUNG} logorare *qu*, sfibrare *qu*; {ARBEITSRHYTHMUS, TÄTIGKEIT} estenuare *qu*, sfinire *qu* 2 *mil* (*vernichten*) **etw ~** {TRUPPEN BATAILLON, KOMPANIE} annientare *qc*, sterminare *qc*, falciare *qc* B *rfl* 1 (*wund reiben*) **sich** (dat) **etw/an etw** ~ {DIE/AN DEN FERSEN} spellarsi *qc*: {DIE HÄNDE, KNIE/AN DEN HÄNDEN, KNIEN} escoriarsi *qc*: **sich die Knie beim Plattenlegen ~**, escoriarsi le ginocchia pistrellando il pavimento; **sie hat sich die Fersen an den neuen Schuhen aufgerieben**, si è spellata i talloni con le scarpe nuove 2 (*sich überfordern*) **sich ~** logorarsi, sfinirsi: **sie reibt sich bei dieser Arbeit auf**, questo lavoro la logora.

aufreibend *adj* {ARBEIT, BERUF} estenuante, snervante: **ein ~es Warten**, un'attesa snervante; **die vielen Dienstreisen sind sehr ~**, le numerose trasferte sono estenuanti.

auf|reihen *tr* 1 (*aufzählen*) **etw ~** {EREIGNISSE, FEHLER} fare un elenco *di qc*, elencare *qc* 2 (*auffädeln*) **etw** (**auf etw** akk) **~** {PERLEN AUF EINE SCHNUR} infilare *qc* (*su qc*) 3 (*in einer Reihe aufstellen*) **etw irgendwo ~** {BÜCHER IM REGAL} ˌmettere in filaˌ/[allineare] *qc + compl di luogo*.

auf|reißen <*irr*> A *tr* <*haben*> 1 (*durch Reißen öffnen*) **etw ~** {BEUTEL, BRIEF, KARTON, UMSCHLAG} aprire *qc* (strappando) 2 (*ruckartig aufmachen*) **etw ~** {AUGEN, FENSTER, TÜREN} aprire di scatto *qc*; (*weit aufmachen*) spalancare *qc*: **er riss Mund und Augen auf** *fam* (*er staunte sehr*), fece tanto d'occhi, spalancò gli occhi 3 *bau* **etw ~** {BAGGER, STRASSENARBEITER} ASPHALT, STRASSENPFLASTER} sventrare *qc*, spaccare *qc* 4 (*kurz darstellen*) **etw ~** {SACHVERHALT, THEMA} delineare *qc*, tracciare/tratteggiare *qc* ˌa grandi lineeˌ/[per sommi capi], abbozzare *qc* 5 *slang* (*jdn zu einem schnellen sexuellen Kontakt kennen lernen wollen*) **jdn ~** {JUNGE FRAUEN, MÄDCHEN} rimorchiare *qu fam*, cuccare *qu slang* B *itr* <*sein*> 1 (*aufgehen*) {NAHT} strapparsi; {WUNDE} aprirsi: **der Beutel riss auf, und die Apfelsinen kullerten auf die Erde**, il sacchetto si strappò e tutte le arance rotolarono per terra 2 *fam* (*aufklaren*) {BEWÖLKUNG, WOLKENDECKE} aprirsi, squarciarsi C *rfl* <*haben*> (*sich aufritzen*) **sich** (dat) **etw** (**an etw** dat) ~ {FINGER, HAND AN EINEM DORN, HAKEN, NAGEL} farsi/procurarsi una lacerazione *a qc* (*con qc*); {ÄRMEL, KLEID} strapparsi *qc* (*con qc*): **ich habe mir die Hand an einem rostigen Nagel aufgerissen**, mi sono procurato (-a) una lacerazione alla mano con un chiodo arrugginito; **er hat sich die Hose in dem Dornengestrüpp aufgerissen**, si è strappato i pantaloni in mezzo ai rovi D *unpers* <*haben*> *meteo* (*das Wetter wird besser*): **es reißt auf**, si sta aprendo, (si) sta schiarendo.

Aufreißer <*-s, -*> m *slang* "tipo m che rimorchia/cucca/imbrocca parecchio", sciupafemmine m.

auf|reizen *tr* **jdn ~** {ANBLICK, FILM, FRAU, KLEIDUNG, VERHALTEN} eccitare *qu*, provocare *qu*, arrapare *qu slang*, attizzare *qu slang*.

aufreizend A *adj* {BLICK, GANG, KLEIDUNG, LÄCHELN} provocante, conturbante, procace; {FRAU} *auch* eccitante B *adv* {SICH KLEIDEN, VERHALTEN} in modo provocante, procacemente.

Aufrichte <*-, -n*> f *CH* → **Richtfest**.

auf|richten A *tr* 1 (*in aufrechte Lage bringen*) **jdn/etw ~** {UMGEFALLENEN GEGENSTAND, KIND, KRANKEN} tirare su *qu/qc*, (ri)alzare *qu/qc*, sollevare *qu*: **eine Antenne ~**, tirare su un'antenna; **der Hund richtete die Ohren auf**, il cane (d)rizzò le orecchie 2 (*errichten*) **etw ~** {ZELT} montare *qc*, rizzare *qc*, mettere in piedi *qc*; {STATUE} innalzare *qc*, erigere *qc*; {GERÜST, WALL} *auch* tirare su *qc*, rizzare *qc* 3 (*moralisch aufbauen*) **jdn ~** confortare *qu*, rinfrancare *qu*, ridare animo/coraggio *a qu*; **jdn wieder ~** rinfrancare *qu*, risollevare *qu* B *rfl* 1 (*sich in die Höhe richten*) **sich ~** alzarsi, (d)rizzarsi, tirarsi su: **sich mühsam ~**, ˌtirarsi suˌ/[alzarsi] a fatica; **sich im Bett ~**, rizzarsi a sedere sul letto; **sie kann sich nur mit fremder Hilfe ~**, riesce ˌa tirarsi suˌ/[ad alzarsi] solo se l'aiutano; **sich zu voller Größe ~**, ergersi in tutta la propria altezza 2 (*neuen Mut fassen*) **sich (an jdm/etw) ~** risollevarsi *grazie a qu/qc*, rinfrancarsi *grazie a qu/qc*, riprendere coraggio *grazie a qu/qc*: **sich an dem Beistand der Freunde wieder ~**, riprendere coraggio grazie al sostegno degli amici.

aufrichtig A *adj* {FREUND} sincero, franco, leale; {MENSCH} *auch* schietto, limpido: ˌjdm **gegenüber**ˌ/[**zu jdm**] **~ sein**, essere sincero/leale/franco/schietto ˌnei confronti diˌ/[con] qu; **zu mir ist er immer ~ gewesen**, con me è sempre stato sincero/leale/schietto/franco; **wenn ich ~ sein soll...**, sinceramente..., se devo essere sincero (-a) ...; **~e Anteilnahme**, sentita partecipazione; **mein ~es Beileid**, le mie più sincere/sentite condoglianze **B** adv (BEDAUERN, BEWUNDERN) sinceramente: **sich ~ freuen**, provare una gioia sincera, essere sinceramente contento; **es tat ihr ~ leid**, era sinceramente dispiaciuto; **ich glaube, er meint es ~**, ho l'impressione che sia sincero; **jdn ~ um Verzeihung bitten**, chiedere sinceramente scusa a qu.

Aufrichtigkeit <-, ohne pl> f {+CHARAKTER, MENSCH} sincerità f, franchezza f, lealtà f, schiettezza f; {+HANDELN, VERHALTEN} onestà f, limpidezza f: **seine ~ steht außer Frage**, la sua sincerità/lealtà è fuor di dubbio; **sein Verhalten war immer von ~ gekennzeichnet**, il suo comportamento è sempre stato improntato all'onestà.

Aufriss (a.R. Aufriß) <-es, -e> m **1** arch prospetto m, sezione f verticale, alzato m **2** (Abriss) {+KUNSTGESCHICHTE, THEMA} spaccato m; (Werk) compendio m: **die italienische Literaturgeschichte im ~**, la storia della letteratura italiana in breve/sintesi.

auf|ritzen **A** tr etw (mit etw dat) ~ {PACKUNG, ZELLOPHANHÜLLE} aprire qc (con uno strumento appuntito): **eine Plastikhülle mit dem Brieföffner ~**, aprire un cellofan con il tagliacarte **B** rfl sich (dat) etw (an etw dat) ~ {ARM, FINGER, WANGE AN EINEM DORN, EINER GLASSCHERBE, EINEM NAGEL} farsi un graffio a qc (con qc), graffiarsi qc (con qc), scalfirsi qc (con qc): **ich habe mir die Hand an einem Nagel aufgeritzt**, mi sono graffiato (-a) la mano con un chiodo.

auf|rollen tr **1** (zusammenrollen) etw ~ {FAHNE, LANDKARTE, PLAKAT, TEPPICH} arrotolare qc, avvolgere qc **2** (aufwickeln) etw (auf etw akk) ~ {KABEL AUF DIE KABELTROMMEL, SCHNUR AUF EINE ROLLE} arrotolare qc (su qc), avvolgere qc (su qc) **3** (auseinanderrollen) etw ~ {FAHNE, LANDKARTE, TEPPICH} spiegare qc; {PLAKAT, STOFFBALLEN, TEPPICH} srotolare qc **4** (erneut aufgreifen): etw noch einmal ~ {FRAGE, PROBLEM}, riesaminare qc; **einen Fall/Prozess wieder ~**, riaprire un caso/processo **5** fam (aufkrempeln) etw ~ {ÄRMEL} rimboccare qc **6** sport: **das Feld von hinten ~**, guadagnare la testa del gruppo **7** mil: **die feindliche Front ~**, aprirsi un varco nelle postazioni nemiche.

auf|rücken itr <sein> **1** (aufschließen) avvicinarsi, stringersi: **bitte ~!**, avvicinatevi!, stringetevi! **2** (befördert werden) (zu etw dat) ~ essere promosso ((a) qc), fare carriera: **er ist zum Abteilungsleiter aufgerückt**, è stato promosso caporeparto; **sie ist in eine höhere Position aufgerückt**, è avanzata di grado.

Aufruf m **1** (das Aufgerufenwerden) {+NAME, TEILNEHMER} appello m: **seinen ~ abwarten**, aspettare che chiamino il proprio nome **2** (Appell) ~ **an jdn** appello m a qu: **einen ~ an die Bevölkerung erlassen/richten**, rivolgere/lanciare un appello alla popolazione; **einem ~ folgen**, rispondere a un appello; **~ zu etw** (dat) {ZUR SPENDENAKTION} appello m per qc; {ZUM WIDERSTAND} appello m a qc **3** bank (von Banknoten) ritiro m (dalla circolazione) **4** aero (Ankündigung) {+FLUG} annuncio m, chiamata f: **letzter ~ für den Flug nach Berlin**, ultima chiamata per il volo diretto a Berlino **5** inform (das Starten) {+PROGRAMM} esecuzione f; (Abrufung) {+DATEN} richiamo m.

auf|rufen <irr> **A** tr **1** (jdn beim Namen rufen) **jdn ~** chiamare qu per nome (ad alta voce): **bin ich schon aufgerufen worden?**, mi hanno già chiamato (-a)?; **die Schüler ~**, fare l'appello degli scolari; **die Teilnehmer alphabetisch ~**, chiamare i (nomi dei) partecipanti in ordine alfabetico **2** (auffordern) **jdn/etw ~** {PASSAGIER, PATIENTEN} chiamare qu; {ZEUGEN} auch invitare qu a deporre: **jdn ~, etw zu tun**, invitare qu a fare qc **3** (ankündigen) **etw ~** {FLUG} annunciare qc, chiamare qc **4** (drannehmen) **jdn ~** {SCHÜLER} chiamare qu a rispondere **5** (appellieren) **jdn zu etw** (dat) ~ {DIE BEVÖLKERUNG, BÜRGER ZUR SOLIDARITÄT, ZU EINER SPENDE, ZUR UNTERSTÜTZUNG} invitare qu a fare qc, fare appello affinché qu faccia qc; {ZUR AUFLEHNUNG, ZUM KAMPF, WIDERSTAND} incitare qu a qc: **die Gewerkschaften haben die Arbeiter zum Streik aufgerufen**, i sindacati hanno invitato gli operai a scioperare **6** bank (einziehen) **etw ~** {BANKNOTEN} ritirare qc (dalla circolazione) **7** inform (starten) **etw ~** {PROGRAMM} lanciare qc; (abrufen) {DATEN} richiamare qc **B** itr (öffentlich auffordern) **zu etw** (dat) ~ {ZUR SOLIDARITÄT, ZU EINER SPENDE, ZUR UNTERSTÜTZUNG} fare/lanciare un appello per qc; {ZUM KAMPF, WIDERSTAND} incitare a qc.

Aufruhr <-(e)s, -e> m **1** (Auflehnung) ribellione f, rivolta f, insurrezione f, sommossa f: **ein ~ ist losgebrochen**, è scoppiata una rivolta/sommossa; **das ganze Land geriet in ~**, in tutto il paese scoppiò la rivolta **2** <nur sing> (von Gefühlen, Leidenschaften) tumulto m, tempesta f, turbina m, vortice m: **den ~ der Gefühle besänftigen**, placare il tumulto dei sentimenti ● **jdn in ~ bringen/versetzen**, mettere qu in agitazione/subbuglio; **etw in ~ haben** {MAGEN}, avere qc in subbuglio₁/sottosopra₁; **in ~ sein** {BEVÖLKERUNG, LAND, STADT}, essere in agitazione/subbuglio; **alle waren in ~ wegen der Nachricht**, tutti erano in subbuglio/agitazione per via della notizia; **seine Gefühle waren in ~**, aveva i sentimenti in tumulto; **in offenem ~ stehen**, essere in aperta rivolta; **einen ~ unterdrücken/ersticken**, reprimere/soffocare una rivolta/insurrezione.

auf|rühren tr **1** (durch Rühren in Bewegung bringen) **etw ~** {KAFFEESATZ, SCHLAMM, TEESATZ} smuovere qc **2** geh (wachrufen) **etw (in jdm) ~** {ERINNERUNGEN, GEFÜHLE} ridestare qc (in qu), far riemergere/riaffiorare qc (in qu), muovere qc (a qu): **die Erzählungen der Verwandten rührten Kindheitserinnerungen in ihm auf**, i racconti dei parenti ridestarono in lui i ricordi dell'infanzia **3** (Negatives in Erinnerung bringen) **etw ~** {ALTE, UNANGENEHME GESCHICHTEN} rivangare qc, rimestare qc: **warum willst du diese unangenehme Episode wieder ~?**, perché (vuoi) rivangare quell'episodio spiacevole? **4** geh (aufwühlen) **jdn ~** turbare qu, agitare qu: **jdn im Innersten ~**, turbare qu intimamente/nel profondo].

Aufrührer <-s, -> m (Aufrührerin f) rivoltoso (-a) m (f), sedizioso (-a) m (f), ribelle mf.

aufrührerisch adj {IDEEN, PAROLEN, ZUSAMMENKUNFT} sovversivo, sedizioso; {BÜRGER, PERSONEN} auch ribelle; {VOLKSMENGE} in tumulto/rivolta.

auf|runden tr math **etw (auf etw** akk) ~ {SUMME, ZAHL} arrotondare qc (a qc): **von 17.80 Euro auf 18 Euro ~**, arrotondare da 17,80 euro a 18 euro.

auf|rüsten A itr mil pol (die Rüstung verstärken) {STAAT, STREITKRÄFTE} riarmare, potenziare gli armamenti/arsenali: **ein wildes Aufrüsten hat begonnen**, è cominciata una forsennata corsa agli armamenti; **wieder ~**, riarmare **B** tr **1** mil pol (mit Rüstung versehen) **etw (wieder) ~** {LAND, STAAT ANDERES LAND, STREITKRÄFTE} (ri)armare qc: **ein Land atomar ~**, dotare un paese di armi atomiche **2** (aufmuntern) **jdn ~** confortare qu, rincuorare qu **3** inform tech **etw ~** {COMPUTER, MOTOR} potenziare qc.

Aufrüstung f <meist sing> mil pol riarmo m: **atomare/nukleare ~**, riarmo atomico/nucleare.

auf|rütteln tr **1** (wachrütteln) **jdn ~** (ri)scuotere qu, svegliare qu scuotendolo: **sie rüttelte ihn aus dem Schlaf auf**, lo scosse dal sonno **2** (wachsam werden lassen) **jdn/etw (aus etw dat) ~** {BEVÖLKERUNG AUS DER APATHIE, LETHARGIE} (ri)scuotere qu/qc (da qc): **jds Gewissen ~**, scuotere/risvegliare la coscienza di qu; **die Menschen aus ihrer Gleichgültigkeit ~**, riscuotere gli uomini dalla loro indifferenza; **Worte, die die Menge aufrüttelten**, parole che scossero la folla.

aufs präp = auf das → **auf**.

auf|sagen tr **1** (auswendig vortragen) **etw ~** {GEDICHT} recitare qc **2** geh (aufkündigen) **jdm etw ~** {FREUNDSCHAFT} rompere qc con qu; {GEHORSAM} rifiutare qc a qu: **jdm das Arbeitsverhältnis ~**, {+ARBEITNEHMER} licenziarsi da qu/qc; {ARBEITGEBER} licenziare qu.

auf|sammeln tr **etw ~** {PAPIERFETZEN, SCHERBEN, ZIGARETTENSTUMMEL} raccogliere qc, raccattare qc fam: **das verstreute Spielzeug der Kinder ~**, raccattare i giocattoli dei bambini (sparsi per terra).

aufsässig adj **1** (trotzig) {SCHÜLER} ribelle; {KIND} auch cocciuto **2** (rebellisch) {REDEN} sovversivo; {MENSCH, VOLK} auch ribelle, ricalcitrante.

Aufsässigkeit <-, -en> f <meist sing> {+KIND, SCHÜLER} indisciplina f; {+VOLK} spirito m di ribellione, riottosità f lit.

auf|satteln tr **etw ~ 1** (satteln) {ESEL, PFERD} sellare qc **2** tech (ANHÄNGER, WOHNWAGEN) agganciare qc.

Aufsatz① m **1** (Schulaufsatz) tema m, componimento m, elaborato m; (in der Grundschule) pensierino m: **einen ~ über etw** (akk) **schreiben**, scrivere un tema su qc; **im letzten ~ hatte ich eine vier**, nell'ultimo tema ho preso sei **2** (kurze Abhandlung) saggio m; (in Zeitschrift) articolo m.

Aufsatz② m (Aufbau) {+KÜCHENSCHRANK, VITRINE} alzata f.

Aufsatzheft n Schule quaderno m per i temi.

Aufsatzthema n Schule soggetto m del tema.

auf|saugen <reg oder irr> tr **1** (saugend aufnehmen) **etw ~** {HANDTUCH, PAPIER, SCHWAMM FLÜSSIGKEIT} assorbire qc: **die Erde hat den ganzen Regen aufgesaugt**, il terreno ha assorbito tutta la pioggia; **etw mit etw** (dat) ~ {KAFFEE, WASSER MIT EINEM KÜCHENTUCH} asciugare qc con qc **2** (aufnehmen) **etw in sich** (akk) ~ {UNTERRICHTSSTOFF} assorbire ₁con avidità₁/avidamente qc; {WORTE} bere qc **3** (mit dem Staubsauger ~) **etw ~** {FUSSELN, STAUB} aspirare qc (con l'aspirapolvere).

auf|schauen itr bes. süddt A CH → **auf|blicken**.

auf|schäumen A tr <haben> **1** (aufquellen lassen) **etw ~** {MILCH} far fare la schiuma a qc **2** tech **etw ~** {STYROPOR} espandere qc **B** itr <haben oder sein> {BIER, MILCH, WASCHMITTEL} fare la schiuma, schiumare; {CHAMPAGNE, SEKT, WELLEN} spumare, spumeggiare, schiumare: **der Champagner schäumte in den Kelchen auf**, lo champagne spumeggiava nei calici.

auf|scheuchen tr **1** (aufjagen) **etw ~** {HIRSCH, REH, VÖGEL} spaventare qc **2** fam (*jdn in seiner Ruhe stören*) **jdn** ~ disturbare *qu*, importunare *qu*: **jdn aus seiner Ruhe ~**, disturbare la quiete di qu.

auf|scheuern Ⓐ tr **jdm etw** ~ {SATTEL PO; SCHUHE, STIEFEL FERSE, FUß} spellare *qc a qu*, sbucciare *qc a qu*, scorticare *qc a qu*: **der Rucksack hat mir die Schultern aufgescheuert**, lo zaino mi ha scorticato le spalle Ⓑ rfl (dat) **etw** ~ {ARME, FERSE, KNIE, PO} spellarsi *qc*, sbucciarsi *qc*, scorticarsi *qc*.

auf|schichten tr **etw** ~ {ALTPAPIER} impilare *qc*; {HOLZSCHEITE} accatastare *qc*.

aufschiebbar adj <präd> rimandabile, rinviabile: **etw ist nicht mehr** ~ {ENTSCHEIDUNG}, qc non può più essere rinviato/rimandato/procrastinato, qc non è più rinviabile/procrastinabile *rar*.

auf|schieben <irr> tr **1** (*hinauszögern*) **etw** ~ {EINLADUNG, ERLEDIGUNG, REISE, TREFFEN, UNTERSUCHUNG} rimandare *qc*, rinviare *qc*, differire *qc* {ZAHLUNG} dilazionare *qc*, prorogare *qc*: **schieben wir die Entscheidung bis morgen auf**, rimandiamo la decisione a domani **2** (*öffnen*) **etw** ~ {LUKE, RIEGEL, SCHIEBETÜR} aprire *qc* (facendolo scorrere).

aufschiebend adj *jur* {BEDINGUNG} sospensivo.

auf|schießen <irr> itr <sein> **1** (*empor~*) {STICHFLAMME} divampare, avvampare; {WASSERSTRAHL} schizzare verso l'alto **2** (*schnell wachsen*) {JUNGE, MÄDCHEN} crescere/alzarsi nel giro di pochissimo tempo: **hoch aufgeschossen sein**, essere diventato altissimo: **die Saat ist aufgeschossen**, sono spuntate le piantine **3** (*hochfahren*) saltare su.

Aufschlag m **1** (*Verteuerung*) sovrapprezzo m: **der ~ der Preise beläuft sich auf 15%**, l'aumento dei prezzi si aggira sul 15% **2** (*Aufprall*) urto m, impatto m **3** {+ÄRMEL, HOSENBEIN} risvolto m; (*Revers*) *auch* mostra f **4** *sport* battuta f, servizio m, service m: **wer hat ~?**, chi è ₁alla battuta₁/[al servizio]?

auf|schlagen <irr> Ⓐ tr <haben> **1** (*durch einen Schlag öffnen*) **etw** ~ {EI, EIS, NUSS} rompere *qc* **2** (*aufklappen*) **etw** ~ {BUCH, ZEITUNG} aprire *qc*: **ein Buch auf Seite 13** ~, aprire un libro a pagina 13 **3** (*öffnen*) **etw** ~ {AUGEN} aprire *qc* **4** (*aufbauen*) **etw** (*irgendwo*) ~ {LAGER} piantare *qc* (+ *compl di luogo*); {ZELT} *auch* montare *qc* (+ *compl di luogo*) **5** (*Quartier beziehen*) **etw irgendwo** ~ {WOHNSITZ IN MÜNCHEN} stabilire *qc* + *compl di luogo*: **sein Quartier irgendwo** ~, prendere alloggio + *compl di luogo* **6** (*umschlagen*) **etw** ~ {ÄRMEL} rimboccare *qc*; {BETTDECKE} rovesciare all'indietro *qc*; {KRAGEN} alzare *qc*: **die Betten** ~, preparare i letti (togliendo il copriletto) **7** (*erhöhen*) **etw** (**um etw** akk) ~ {PREISE} alzare *qc* (*di qc*), rincarare *qc* (*di qc*), aumentare *qc* (*di qc*), maggiorare *qc* (*di qc*): **den Benzinpreis um 3%** ~, maggiorare il prezzo della benzina del 3% **8** (*hinzusetzen*) **etw auf etw** (akk) ~ {GEBÜHREN AUF DIE ENDSUMME} (ri)caricare *qc su qc* **9** (*eine bestimmte Anzahl Maschen als erste Reihe aufnehmen*): **Maschen** ~, avviare la maglia, infilare il ferro Ⓑ itr **1** <haben oder rar sein> (*die Preise erhöhen*) rincarare, aumentare: **um etw** ~ (akk) {BROTPREIS UM 10 CENT, 3%} rincarare *di qc*, aumentare *di qc*: **die Preise/Mieten haben kräftig aufgeschlagen**, i prezzi/gli affitti sono notevolmente rincarati; **mit etw** (dat) ~ rincarare *qc*, aumentare *qc*: **die Händler haben mit den Preisen aufgeschlagen**, i commercianti hanno rincarato i prezzi **2** <haben> *sport* battere, servire **3** <sein> (*auftreffen*) (**mit etw** dat) **auf etw** dat *oder* akk ~ battere (*su qc*) (cadendo):

er schlug mit dem Kopf auf den Boden auf, batté la testa sul pavimento **4** <sein> (*sich öffnen*) {FENSTER, TÜR} spalancarsi **5** <sein> (*auflodern*) {FLAMME} divampare, avvampare Ⓒ rfl <haben> (*verletzen*) **sich** (dat) **etw** ~ {ELLBOGEN, KNIE} scorticarsi/sbucciarsi *qc* cadendo: **sich den Kopf** ~, spaccarsi la testa cadendo.

Aufschläger <-s, -> m (**Aufschlägerin** f) *sport* battitore (-trice) m (f).

Aufschlagfehler m *sport* Tennis errore m ₁nel servizio₁/[alla battuta].

auf|schlecken tr → **auf|lecken**.

auf|schließen <irr> Ⓐ tr **1** (*etw mit einem Schlüssel öffnen*) **etw** (**mit etw** dat) ~ {HAUS, SAFE, TÜR MIT EINEM SCHLÜSSEL} aprire *qc* (*con qc*), disserrare *qc* (*con qc*) *lit*: **der Hausmeister schloss ihnen die Wohnung mit einem Nachschlüssel auf**, il portiere aprì loro l'appartamento con una controchiave **2** *geh* (*offenbaren*) **jdm etw** ~ {SEIN INNERSTES, DEN SINN EINES GLEICHNISSES, DIE WELT DER KUNST} aprire *qc a qu*, dischiudere *qc a qu* **3** *biol chem* **etw** ~ rendere solubile *qc*, scomporre *qc*, digerire *qc* Ⓑ itr **1** (*mit einem Schlüssel aufmachen*) (**jdm**) ~ aprire (con la chiave) (*a qu*): **kannst du bitte ~?**, puoi aprire tu (con la chiave), per favore? **2** (*aufrücken*) stringersi **3** *sport* (*einholen*): **zur** ₁**führenden Mannschaft**₁/[**Spitzengruppe**] ~, raggiungere ₁la squadra in testa alla classifica₁/[la testa/vetta della classifica].

auf|schlitzen tr **1** (*öffnen*) **etw** ~ aprire *qc* con una lama, tagliare *qc* (per aprirlo): **einen Sack mit dem Messer** ~, aprire un sacco con il coltello; **einem Tier den Bauch** ~, ₁squarciare la pancia a₁/[sbudellare]/[sventrare] un animale **2** (*beschädigen*) **etw** (**mit etw** dat) ~ {BEZUG, BILD, SITZ} tagliare *qc* (*con qc*) (dannegiandolo) **3** (*verletzen*) **jdm etw** ~ {KÖRPERTEIL} aprire *qc a qu*, squarciare *qc a qu*.

auf|schluchzen itr singhiozzare, emettere un singhiozzo/singulto *lit*.

Aufschluss (a.R. Aufschluß) m **1** ((*Auf*)*klärung*) ~ (**über jdn/etw**) delucidazione f pl (*su qc*), lumi m pl (*su qc*); (*Auskunft*) informazioni f pl (*su qc/qc*): (**jdm**) **über etw** (akk) ~ **geben**, dare/fornire delucidazioni/informazioni (a qu) su qc; (**jdm**) **über jdn** ~ **geben**, dare/fornire delle informazioni su qu (a qu); ~ **über etw** (akk) **verlangen**, chiedere lumi su qc; **sich** (dat) ~ **über etw** (akk) **verschaffen**, procurarsi delle informazioni su qc **2** *biol chem* decomposizione f, digestione f.

auf|schlüsseln tr **1** (*detaillieren*) **etw** (**nach etw** dat) ~ {ARTIKEL NACH PREIS, KOSTEN NACH POSTEN} suddividere *qu/qc* (*secondo qc*), ripartire *qu/qc* (*secondo qc*): **die Wähler nach Geschlecht und Altersklasse** ~, suddividere/ripartire gli elettori secondo sesso e (classe di) età **2** (*erläutern*) **jdm etw** ~ {FAKTEN, ZUSAMMENHÄNGE} dare delucidazioni/spiegazioni *a qu su qc*.

Aufschlüsselung <-, ohne pl> f suddivisione f, ripartizione f.

aufschlussreich (a.R. aufschlußreich) adj {AUFSTELLUNG, STATISTIK, TABELLE} illuminante, istruttivo; {HINWEIS, UNTERLAGEN} istruttivo; {BROSCHÜRE} *auch* informativo: **ihre Erläuterungen waren sehr** ~, le sue spiegazioni furono molto illuminanti.

auf|schnallen tr **etw** ~ {RUCKSACK} allacciarsi *qc*; **etw auf etw** ~ {FAHRRAD AUFS AUTODACH} legare/fissare *qc* + *compl di luogo*.

auf|schnappen Ⓐ tr <haben> **1** *fam* (*zufällig hören*) **etw** ~ {GERÜCHT, GESPRÄCHSFETZEN, NEUIGKEIT} (venire a) sapere *qc* per caso,

sentire per caso *qc*: **wo die Kinder das wohl aufgeschnappt haben?**, chissà dove/[da chi] l'avranno sentito (dire) i bambini? **2** (*mit dem Maul oder dem Schnabel auffangen*) **etw** ~ {DELPHIN BALL; HUND KNOCHEN} acchiappare/[prendere al volo] *qc* (con la bocca o con il becco) Ⓑ itr <sein> (*aufgehen*) {KOFFER} aprirsi di scatto; {SCHLOSS, VERSCHLUSS} *auch* scattare: **die Tür schnappte auf**, la porta si aprì di scatto.

auf|schneiden <irr> Ⓐ tr **1** (*öffnen*) **etw** ~ {VERBAND, VERPACKUNG} tagliare *qc*, aprire *qc* tagliandolo; *med* {GESCHWÜR} incidere *qc* **2** (*in Scheiben schneiden*) **etw** ~ {BROT, SCHINKEN, WURST} affettare *qc*, tagliare (a fette) *qc*; (*tranchieren*) {GANS, HÄHNCHEN} tranciare *qc*: **den Braten** ~, tagliare/affettare l'arrosto Ⓑ itr *fam pej* (*prahlen*) fare lo spaccone/sbruffone, farsi grande: **mit seinen Erfolgen** ~, vantarsi/[farsi grande] dei propri successi Ⓒ rfl sich (dat) **etw** ~ {FINGER} tagliarsi *qc*.

Aufschneider m (**Aufschneiderin** f) *fam pej* ammazzasette m *fam*, spaccone (-a) m (f), gradasso (-a) m (f), smargiasso (-a) m (f), sbruffone (-a) m (f), guascone (-a) m (f).

aufschneiderisch adj *fam pej* {GETUE, REDEN} da spaccone/gradasso/sbruffone.

Aufschnitt <-(e)s, ohne pl> m affettato m (misto): **200 Gramm gemischten ~ kaufen**, comprare due etti di affettato misto.

Aufschnittplatte f piatto m di affettato misto.

auf|schnüren Ⓐ tr **etw** ~ {SCHUHE, STIEFEL} slacciare *qc*, aprire *qc*; {PAKET} slegare *qc*, togliere lo spago a *qc* Ⓑ rfl **sich** (dat) **etw** ~ {SCHUHE, STIEFEL} slacciarsi *qc*.

auf|schrammen rfl → **auf|schürfen**.

auf|schrauben tr **1** (*öffnen*) **etw** ~ {DECKEL, FÜLLER, MARMELADENGLAS, VERSCHLUSS} svitare *qc*, aprire *qc* svitandolo **2** (*befestigen*) **etw auf etw** (akk) ~ fissare *qc su qc* con delle viti, avvitare *qc a/su qc*: **ein Schild auf eine Tür** ~, fissare una targa a una porta con delle viti, avvitare una targa a una porta.

auf|schrecken Ⓐ tr <haben> **1** (*erschrecken*) **jdn** ~ far sobbalzare/sussultare/trasalire *qu*; **etw** ~ {TIER} spaventare *qc* **2** (*stören*) **jdn aus etw** (dat) ~ {AUS SEINEN GEDANKEN, TRÄUMEN, ÜBERLEGUNGEN} strappare *qu a qc*: **du hast ihn aus dem Mittagsschlaf aufgeschreckt**, lo hai strappato bruscamente al suo sonnellino pomeridiano Ⓑ <schreckt oder schrickt auf, schreckte oder obs schrak auf, aufgeschreckt> itr <sein> (*hochschrecken*) sobbalzare, sussultare, trasalire: **aus dem Schlaf** ~, svegliarsi di soprassalto.

Aufschrei m **1** (*Schrei*) grido m, urlo m: **ein ~ des Entsetzens/Schmerzes**, un ₁grido di terrore₁/[urlo di dolore] **2** (*Äußerung*) grido m: **ein ~ der Empörung** *geh*, un grido ₁d'indignazione₁/[di protesta].

auf|schreiben <irr> Ⓐ tr **1** (*schriftlich festhalten*) **etw** ~ {BEOBACHTUNGEN, REISEERLEBNISSE} scrivere *qc*, annotare *qc*, mettere per iscritto *qc* **2** (*niederschreiben*) (**jdm**) **etw** ~ {ABFAHRTSZEITEN, NAMEN, TELEFONNUMMER} scrivere *qc* (*a qu*), segnare *qc* (*a qu*): **schreib alles auf, was er sagt**, ₁prendi nota di₁/[scriviti]/[segnati] tutto quello che dice **3** *fam med* (*ver~*) **jdm etw** ~ {MEDIKAMENT, MITTEL} prescrivere *qc a qu* **4** *fam* (*jds Daten oder Autokennzeichen notieren*) **jdn** ~ {VERKEHRSSÜNDER} prendere i dati *di qu*: **der Polizist schrieb die Autokennzeichen aller Falschparker auf**, il vigile ₁si annotò₁/[prese *fam*] le targhe di tutte le macchine parcheggiate in divieto di sosta Ⓑ rfl (*notieren*) **sich** (dat) **etw** ~ annotarsi *qc*, prendere nota *di qc*, scriversi *qc*, segnarsi *qc*: **ich habe vergessen, mir seine Adresse aufzuschreiben**, ho dimenticato di scrivermi/annotarmi/segnarmi il suo indirizzo.

auf|schreien <irr> itr lanciare un urlo, emettere un grido, gridare *fam*: **freudig ~**, emettere un grido di gioia; **sie schrie vor Schmerz laut auf**, lanciò un urlo di dolore.

Aufschrift f scritta f, dicitura f; (*auf einer Medaille, einem Siegel, Wappen*) leg(g)enda f, iscrizione f: **die ~ besagt, dass hier der Zutritt verboten ist**, la scritta dice che qui l'accesso è proibito; **das Paket trägt die ~ «vorsichtig handhaben»**, il pacco reca la dicitura «maneggiare con cura».

Aufschub m {+Frist, Zahlung} proroga f, dilazione f; {+Wehrdienst} rinvio m: **diese Angelegenheit duldet keinen ~**, questa questione non ammette/consente rinvii/dilazioni; **ein ~ von fünf Tagen, um die Schulden zu begleichen**, un comporto di cinque giorni per saldare il debito • **jdm ~ gewähren**, accordare/concedere una proroga a qu; **ohne ~ *geh***, senza indugio.

auf|schürfen rfl sich (dat) *etw* ~ {Die Ellbogen, Haut, Knie} escoriarsi *qc*, sbucciarsi *qc*: **bei dem Sturz vom Pferd hat sie sich das Gesicht aufgeschürft**, cadendo da cavallo ha riportato delle escoriazioni al viso.

auf|schütteln tr *etw* ~ {Daunenbett, Kissen} sprimacciare *qc*, spiumacciare *qc*; {Fruchtsaft} agitare *qc*.

auf|schütten tr *etw* ~ **1** (*aufgießen*): **Wasser auf etw** (akk) ~, versare acqua su qc **2** *bau* {Damm} innalzare *qc*; (*erhöhen*) {Straße} (ri)alzare *qc*; (*verbreitern*) ampliare *qc* **3** (*aufhäufen*) {Sand, Steine} scaricare *qc* ammucchiandolo **4** (*ablagern*) {Fluss Steine} depositare *qc*.

auf|schwatzen tr, **auf|schwätzen** tr *süddt A* **jdm etw** ~ {Vertreter Produkt} rifilare *qc a qu*, indurre/convincere *qu a comprare qc* (riempendogli la testa di chiacchiere); **sich** (dat) (**von jdm**) **etw ~ lassen**, farsi convincere (da qu) a comprare qc.

auf|schweißen tr *tech* **etw ~** {Autowrack, Blechteile, Unfallauto} aprire *qc* con la fiamma ossidrica.

auf|schwellen [A] tr <haben> *etw* ~ {Wind Segel} gonfiare *qc* [B] <irr> itr <sein> (*anschwellen*) {Backe, Bauch, Segel} gonfiarsi.

auf|schwemmen tr *etw* ~ {starke Medikamente Gesicht} gonfiare *qc*; {Bier den Bauch} *auch* dilatare *qc*.

auf|schwingen <irr> [A] rfl <haben> **1** (*sich aufraffen*) **sich** (**zu etw** dat) ~ decidersi (*a fare qc*), risolversi (*a fare qc*): **endlich habe ich mich zu einem Entschluss aufgeschwungen**, finalmente ho avuto il coraggio di prendere una decisione **2** *geh* (*hochfliegen*) **sich** (**in die Luft**) ~ {Vogel} alzarsi/levarsi/librarsi in volo [B] itr <sein> **1** (*sich öffnen*) {Flügeltüren} aprirsi sbattendo **2** *sport* {Turner} prendere lo slancio (verso l'alto).

Aufschwung m **1** *ökon* ripresa f, rilancio m: **ein leichter ~**, una ripresina *bes. journ*; **der wirtschaftliche ~**, il rilancio dell'economia; **nach der Steuerreform erlebt der Arbeitsmarkt einen neuen ~**, dopo la riforma fiscale il mercato del lavoro è in ripresa; **der Informatikmarkt hat einen stürmischen ~ erlebt**, il mercato dell'informatica ha conosciuto un grande boom; **einen neuen ~ nehmen** {Wirtschaft}, ricevere nuovo impulso, essere in fase di rilancio **2** *sport* slancio m **3** (*innerer Auftrieb*) slancio m, carica f: **der Erfolg hat ihm neuen ~ gegeben**, il successo gli ha ridato la carica.

auf|sehen <irr> itr **1** (*aufblicken*) (**von etw** dat) ~ {vom Buch, von der Lektüre} alzare/sollevare lo sguardo (*da qc*), alzare gli occhi (*da qc*): **er sah von der Arbeit auf**, sollevò lo sguardo da quello che stava facendo; **zu jdm/etw ~** alzare/sollevare lo sguardo *verso qu/qc*: **der Kranke sah müde zu dem Arzt auf, der in das Zimmer trat**, il malato alzò uno sguardo stanco verso il medico che stava entrando **2** (*jdn bewundern*) **zu jdm ~** guardare *a qu* con ammirazione: **ehrfürchtig zu jdm ~**, nutrire un rispetto reverenziale per qu.

Aufsehen <-s, *ohne pl*> n sensazione f, scalpore m, clamore m • **~ erregen** (*Verwunderung auslösen*), destare/suscitare/fare scalpore; **die Scheidung des bekannten Tenors erregte großes ~**, il divorzio del famoso tenore ha ₁fatto sensazione₁/[destato molto scalpore]; (*starke Beachtung finden*), fare sensazione/chiasso, suscitare clamore; **dieses Buch hat einiges ~ erregt**, questo libro ₁ha suscitato parecchio scalpore₁/[è stato molto chiacchierato]; **~ erregend → aufsehenerregend**; **ohne ~**, senza clamore/scalpore, discretamente; **folgen Sie mir ohne ~!**, mi segua senza dare troppo nell'occhio!; **der Prozess ging ohne ~ über die Bühne**, il processo si è svolto senza colpi di scena; **jedes ~ vermeiden** {Person}, evitare di dare nell'occhio.

aufsehenerregend adj {Nachricht, Neuerungen, Veränderung, Vorfall} sensazionale, clamoroso, che desta scalpore; {Ereignis} *auch* spettacolare • **nichts Aufsehenerregendes**, nulla/niente di sensazionale; **wie war der Film? – Nichts Aufsehenrregendes**, com'era il film? – Niente di sconvolgente/che *fam*.

Aufseher <-s, -> m (**Aufseherin** f) (*bei einer Prüfung*), sorvegliante mf; (*im Gefängnis*) guardia f carceraria; (*im Museum*) custode mf, guardiano (-a) m (f).

auf|sein a.R. *von auf sein* → **sein**[2].

auf|seiten präp + gen da parte di.

auf|setzen [A] tr **1** (*auf den Kopf/die Nase setzen*) **jdm etw ~** {Helm, Hut} mettere *qc a qu*: **warte, ich will der Kleinen eine Mütze ~**, aspetta, voglio mettere un berrettino alla piccola; **ich muss erst die Brille ~**, devo prima metter(mi)/inforcare gli occhiali **2** (*auf den Herd setzen*) **etw ~** {Essen, Kartoffeln, Topf} mettere *qc* sul fuoco: **setz schon mal das Wasser für die Nudeln auf!**, intanto metti l'acqua per la pasta! **3** (*einen bestimmten Ausdruck annehmen*) **etw ~** {Freundliches, Grimmiges Gesicht, Eine Strenge, Feierliche Miene} assumere *qc*, fare *qc*: **der Vater setzte eine feierliche Miene auf und fing mit seiner Rede an**, il padre assunse un'espressione solenne e cominciò il suo discorso; **ein freundliches Lächeln ~**, atteggiare il viso a un sorriso gentile **4** (*mit einer Unterlage in Berührung bringen*) **etw ~** {Fuß} mettere *qc*, (ap)poggiare *qc*, posare *qc*: **sie setzte den verstauchten Fuß vorsichtig auf die Erde auf**, appoggiò cautamente a terra il piede slogato **5** (*abfassen*) **etw ~** {Antrag, Bericht, Protokoll} formulare *qc* per iscritto, redigere *qc*; {Testament} redigere *qc*, stendere *qc*; {Vertrag} *auch* stipulare *qc* **6** (*aufrichten*) **jdn ~** {Kind, Kranken} mettere ₁a sedere₁/[seduto (-a)] *qu* **7** (*auf etw draufbauen*) **etw auf etw** (akk) ~: **eine weitere Etage aufs Einfamilienhaus ~**, rialzare la villetta unifamiliare di un altro piano **8** *aero* (*etw landen*) **etw ~** {Flugzeug} fare atterrare *qc* **9** (*aufnähen*) **etw ~** {Taschen} applicare *qc* [B] itr *aero* (**auf etw** dat *oder* akk) ~ {Flugzeug auf der/die Landebahn, der/die Piste} atterrare (*su qc*), posarsi (*su qc*), toccare *qc*: **die Maschine setzt zur Landung auf**, l'aereo sta atterrando [C] rfl **1** (*sich aufrecht hinsetzen*) **sich ~** tirarsi su (a sedere), mettersi seduto (-a) **2** (*anziehen*) **sich** (dat) **etw ~** {Brille, Hut} mettersi *qc*.

auf|seufzen itr sospirare, mandare un sospiro: **tief ~**, emettere un profondo sospiro.

Aufsicht f **1** <nur sing> (*Kontrolle*) **~** (**über jdn/etw**) (*ärztliche ~*) controllo m (*su qu/qc*); (*polizeiliche ~*) *auch* vigilanza f (*su qu/qc*), sorveglianza f (*di qu/qc*), custodia f (*di qu/qc*); (*über Arbeiten*) supervisione f (*di qc*); (*bes. Bau- und Restaurierungsarbeiten*) sovrintendenza f (*di qc*): **Kinder können den Zoo nur unter ~ von Erwachsenen besuchen**, i bambini possono visitare lo zoo solo se accompagnati da adulti **2** <meist sing> (*Person*) sorvegliante mf: **auf dem Schulhof war keine ~**, nel cortile della scuola non c'era ₁nessun sorvegliante₁/[nessuno a sorvegliare]; (*in der Fabrik*) sorvegliante mf; (*in der Schule, von Jugendgruppen*) chi sorveglia; (*im Gefängnis*) guardia f carceraria, agente mf di custodia, secondino (-a) m (f); (*im Park, Zoo*) guardiano (-a) m (f); (*im Museum*) custode mf • **unter ärztlicher ~**, sotto controllo medico; **über etw** (akk) **~ führen** {über die Bauarbeiten}, soprintendere a qc, avere la supervisione di qc; **~ führend** {Person}, che sorveglia/controlla, che è addetto alla vigilanza; **wer ist der ~ führende Lehrer?**, chi è l'insegnante che deve vigilare (sullo svolgimento degli esami)?; **~ Führende → Aufsichtführende**; **bei etw** (dat) **~ haben** {Bei den Prüfungen}, sorvegliare durante qc; **die ~ über jdn haben** {über die Arbeiter, Schüler}, sorvegliare qu; **jdn ohne ~ lassen** {Kinder, Schüler}, lasciare qu senza sorveglianza; **jdm obliegt die ~ über jdn/etw** *form*, qu ha l'onere di sorvegliare qu/qc; **unter jds ~ stehen**, essere sotto la custodia di qu; **unter polizeilicher ~ stehen**, essere sorvegliato dalla polizia; **jdn unter jds ~ stellen**, affidare qu alla custodia di qu.

aufsichtführend adj → **Aufsicht**.

Aufsichtführende <dekl wie adj> mf form addetto (-a) mf alla sorveglianza, persona f che sorveglia.

Aufsichtsamt n *adm* ispettorato m.

Aufsichtsbeamte <dekl wie adj> m (**Aufsichtsbeamtin** f) *adm* agente mf addetto (-a) alla sorveglianza.

Aufsichtsbehörde f *adm* autorità f di controllo/sorveglianza/vigilanza, garante m.

Aufsichtspersonal <-s, *ohne pl*> n personale m di controllo/sorveglianza/vigilanza.

Aufsichtspflicht <-, *ohne pl*> f *jur* (*gegenüber Minderjährigen*) dovere m di sorveglianza.

Aufsichtsrat m *ökon* **1** (*Überwachungsorgan in einer AG*) consiglio m di sorveglianza (eletto dall'assemblea generale): **im ~ sitzen**, essere membro del consiglio di sorveglianza **2** (*Mitglied des ~*) membro m del consiglio di sorveglianza.

Aufsichtsratmitglied n *ökon* membro m del consiglio di sorveglianza.

Aufsichtsratsvorsitzende <dekl wie adj> mf presidente mf del consiglio di sorveglianza.

auf|sitzen <irr> itr **1** <sein> (*sich auf ein Pferd setzen*) montare ₁a cavallo₁/[in sella]; (*auf ein Motorrad*) salire, montare **• aufgessen!**, a cavallo!, in sella! **2** <haben> (*auf etw ruhen*) **auf etw** (dat) ~ {Gebälk auf Trägern} poggiare *su qc* **3** <haben> *fam* (*aufgerichtet sitzen*) (**in etw** dat) ~ {im Bett} stare seduto

(-a) (in qc) **4** <haben> naut (festsitzen) (**auf etw** dat) ~ essersi incagliato: **das Schiff sitzt auf einer Sandbank auf**, la nave si è arenata (su qc) **5** <sein> fam (hereinfallen) **jdm** ~ lasciarsi abbindolare/infinocchiare da qu fam: prendere una fregatura da qu: **sie ist seinen Märchen aufgesessen!** fam, ⌊c'è cascata in pieno nelle⌋/[le ha bevute tutte le] sue storie! fam; **sie ist einem Betrug aufgesessen!**, ha preso una bella fregatura!, è rimasta vittima di una truffa! fam; **jdn ~ lassen** fam (im Stich lassen), tirare un bidone a qu fam, piantare in asso qc.

auf|spalten <spaltete auf, aufgespalten oder aufgespaltet> **A** tr **1** (teilen) **etw in etw** (akk) ~ {REFORM PARTEI IN ZWEI GRUPPEN, ZWEI LAGER} spaccare qc in qc, scindere qc in qc, dividere qc in qc: **das Holz (in Scheite)** ~, spaccare la legna **2** chem **etw** (**in etw** akk) ~ {ENZYME PROTEINE} scindere qc in qc **B** rfl (sich trennen) **sich** (**in etw** akk) ~ spaccarsi (in qc), scindersi (in qc), dividersi (in qc): **die Partei hat sich in zwei unabhängige Gruppierungen aufgespalten**, il partito si è spaccato/scisso/diviso in due formazioni indipendenti.

Aufspaltung f **1** {+PARTEI} spaccatura f, scissione f, divisione f **2** chem scissione f.

auf|spannen tr **1** (ziehen) **etw** ~ {SEIL} tendere qc; {NETZ, SPRUNGTUCH} auch distendere qc **2** (öffnen) **etw** ~ {SCHIRM, TROCKENSTÄNDER} aprire qc: **hilf mir mal beim Aufspannen des Sonnenschirms!**, aiutami ad aprire l'ombrellone! **3** (aufziehen) **etw** (**auf etw** akk) ~ {BLATT AUF EIN REIßBRETT, LEINWAND AUF RAHMEN} tendere qc su qc.

auf|sparen **A** tr **1** (für später aufheben) (**jdm**) **etw** ~ {ESSEN} serbare qc (per qu), mettere da parte qc (per qu), tenere (in serbo) qc (per qu), mettere via qc (a qu): **das Beste bis zuletzt** ~, serbare la parte migliore fino all'ultimo **2** (für später bewahren) **etw** ~ {ENERGIE} risparmiare qc: **seine Kräfte** ~, risparmiare/economizzare le proprie forze **B** rfl **sich** (dat) **etw** ~ risparmiarsi qc, mettersi ⌊da parte⌋/[via] qc: **er hat sich sein ganzes Taschengeld für ein Fahrrad aufgespart**, ha risparmiato tutte le paghette per comprarsi la bicicletta; **die Flasche Champagner sparen wir uns für den Geburtstag auf**, la bottiglia di champagne la mettiamo da parte per il compleanno.

auf|sperren tr **etw** ~ **1** süddt A (aufschließen) {HAUS, SCHUPPEN, TÜR} aprire con la chiave qc **2** fam (aufreißen) {FENSTER, TÜR} aprire qc, spalancare qc: **weit aufgesperrt sein**, essere spalancato.

auf|spielen **A** itr **1** mus obs (Musik machen): **zum Tanz** ~, suonare musica per il ballo **B** sport **irgendwie** ~ {GROß, GUT, SICHER} giocare + compl di modo: **die Mannschaft hat dieses Mal glänzend aufgespielt**, la squadra questa volta ha giocato splendidamente **B** rfl fam pej (sich wichtig tun) **sich** (**als etw** nom) ~ darsi delle arie (da qc) fam, atteggiarsi (a qc): **er spielt sich gerne als Märtyrer auf**, gli piace fare il martire; **vor anderen spielt er sich immer groß auf**, di fronte agli altri si dà sempre un sacco di arie.

auf|spießen tr **1** (mit einer Gabel aufnehmen) **etw** ~ {BISSEN, FLEISCHSTÜCK, GURKE, OLIVE} infilzare qc con la forchetta; (mit einem Spießchen) infilzare qc **2** (durchbohren) **jdn**/**etw** (**mit etw** dat) ~ {MIT EINER NADEL, STICHWAFFE} infilzare qu/qc (con qc); **jdn mit den Hörnern** ~ auch, incornare qu **3** (öffentlich kritisieren) **jdn**/**etw** ~ {POLITIKER, MISSSTÄNDE} stigmatizzare qu/qc, mettere alla berlina/gogna qu, criticare aspramente qu/qc.

auf|splittern **A** tr <haben> **etw** ~ {KONFLIKT, UNSTIMMIGKEITEN LAND, PARTEI} frammentare qc, parcellizzare qc **B** itr <sein> (in Splitter auflösen) frammentarsi, frantumarsi: **die Planken waren unter dem Druck des Wassers aufgesplittert**, i tavoloni della barca si erano frantumati sotto la pressione dell'acqua **C** rfl <haben> (sich spalten) **sich** (**in etw** akk) ~ {GRUPPE, LAND, PARTEI} frammentarsi in qc: **das Land hatte kaum ein Jahrzehnt existiert, da war es schon in viele Kleinstaaten aufgesplittert**, il paese si era frammentato in tanti piccoli staterelli.

auf|sprengen tr **etw** ~ {SCHLOSS, TÜR} forzare qc; (mit Sprengstoff) {TRESOR} far saltare qc.

auf|springen <irr> itr <sein> **1** (hochspringen) balzare/saltare su, scattare in piedi, alzarsi di scatto: **das Telefon hatte kaum geklingelt, da war sie schon aufgesprungen**, non appena (lei) sentì squillare il telefono, balzò in piedi **2** (in letzter Sekunde einsteigen) (**auf etw** akk) ~ {AUF DIE STRAßENBAHN, DEN ZUG} saltare su (qc) **3** (sich öffnen) {KOFFER, SCHLOSS, TÜR} aprirsi di scatto; {KNOSPEN} schiudersi, sbocciare: **~de Falten an einem Rock**, pieghe di una gonna che si aprono **4** (aufplatzen) {LIPPEN} screpolarsi; {HAUT} auch spaccarsi fam: **aufgesprungene Hände**, mani screpolate **5** (auftreffen) {BALL} rimbalzare.

auf|spritzen **A** tr <haben> **etw** (**auf etw** akk) ~ {FARBE, LACK} applicare/mettere qc (su qc) con la pistola a spruzzo **B** itr <sein> {SCHLAMM} schizzare (verso l'alto); {WASSER} auch sprizzare • **sich die Lippen ~ lassen**, rifarsi le labbra, farsi gonfiare le labbra.

auf|sprühen **A** tr <haben> **etw** (**auf etw** akk) ~ {AUTOLACK, FARBE} spruzzare qc (su qc) (con la pistola a spruzzo); {GRAFFITI AUF DIE WAND} spruzzare qc (su qc) (con la bomboletta spray); {FIXIERMITTEL} dare qc (su qc) **B** itr <sein> {FUNKEN} sprizzare; {WASSER} auch schizzare.

Aufsprung m sport atterraggio m.

auf|spulen tr **etw** ~ {FILM, KABEL} avvolgere qc, bobinare qc; {GARN} incannare qc, avvolgere qc.

auf|spüren tr **jdn**/**etw** ~ {VERBRECHER} rintracciare qu/qc, scovare qu/qc, scoprire qc; {WILD} auch stanare qc: **eine Fährte** ~, trovare/scoprire una traccia; **ein Geheimnis/Versteck** ~, scoprire un segreto/covo.

auf|stacheln tr **1** (aufwiegeln) **jdn** (**gegen jdn**/**etw**) ~ {EINE POLITISCHE GRUPPE} aizzare qu (contro qu/qc), istigare qu (contro qu/qc); {EINEN KOLLEGEN} mettere su qu (contro qu/qc); **jdn zu etw** (dat) ~ {ZUM STREIK, WIDERSTAND} istigare qu a qc, incitare qu a qc **2** (anspornen) **jdn** (**zu etw** dat) ~ {ZU MEHR EIFER, BESSERER LEISTUNG} spronare qu (a fare qc), pungolare qu (affinché faccia qc).

auf|stampfen itr pestare i piedi: **vor Wut/Zorn** ~, pestare i piedi ⌊dalla rabbia⌋/[dall'ira].

Aufstand m rivolta f, insurrezione f, ribellione f, sommossa f, sedizione f • **bewaffneter** ~, rivolta/insurrezione armata; **es gibt einen** ~ fam, scoppia la rivoluzione fam; **wenn sie die Rechnung sehen, dann wird es einen ~ geben**, quando vedranno la bolletta scoppierà la rivoluzione; **einen ~ niederschlagen**, soffocare una rivolta; **den ~ proben** fam, cercare di ribellarsi.

aufständisch adj {ARBEITER, BEVÖLKERUNG} in rivolta, ribelle.

Aufständische <dekl wie adj> mf ribelle mf, rivoltoso (-a) m (f), insorto (-a) m (f).

auf|stapeln tr **etw** ~ {BÜCHER, KISTEN} impilare qc; {HOLZ} accatastare qc.

auf|stauen **A** tr ~ {FLUSS} sbarrare qc **B** rfl **1** (sich anstauen) **sich** ~ {BLUT} accumularsi; {WASSER} auch raccogliersi **2** fig (sich ansammeln) **sich in jdm** ~ {AGGRESSIONEN, ÄRGER, WUT} accumularsi in qu: **eine schreckliche Wut hatte sich in ihr aufgestaut**, in lei si era accumulata una terribile rabbia, aveva dentro di sé una terribile rabbia repressa.

auf|stechen <irr> tr **etw** ~ aprire qc con un ago/uno spillo; med incidere qc: **eine Blase** ~, incidere/bucare fam una vescica.

Aufsteckeinheit f inform plug-in m.

auf|stecken **A** tr **1** (hoch~) **etw** ~ {DAS HAAR, DIE HAARE} tirare su qc **2** fam (aufgeben) **etw** ~ {VORHABEN} mollare qc fam, lasciar perdere qc fam ~, abbandonare una gara ~: **er hat das Studium aufgesteckt**, ha mollato gli studi **3** (draufstechen) **jdm etw** ~ {RING} infilare qc a qu, mettere qc a qu; **etw auf etw** (akk) ~ {RING AUF DEN FINGER} infilare qc su qc, mettere qc a qc **B** itr (aufgeben) mollare fam, lasciar perdere, tirarsi indietro; (bei einem Rennen) ritirarsi: **du kannst doch jetzt nicht ~!**, mica puoi mollare/[tirarti indietro] ora! **C** rfl **sich** (dat) **etw** ~ {DAS HAAR, DIE HAARE} tirarsi su qc.

auf|stehen <irr> itr **1** <sein> (sich erheben) alzarsi, tirarsi su fam: **vom Tisch** ~, alzarsi da tavola; **er half der alten Dame beim Aufstehen**, aiutò l'anziana signora ad alzarsi; **das Kind fiel hin und stand sofort wieder auf**, il bambino cadde e si tirò su subito; **zur Begrüßung der Neuankömmlinge standen alle auf**, in omaggio ai nuovi arrivati tutti si alzarono (in piedi) **2** <sein> (das Bett verlassen) alzarsi: **früh/spät** ~, alzarsi presto/tardi; **müde/[gut gelaunt]** ~, alzarsi ⌊stanco (-a)⌋/[di buonumore]; **er ist heute zum ersten Mal aufgestanden**, si è alzato oggi per la prima volta; **im Winter fällt mir das Aufstehen schwer**, d'inverno mi riesce difficile alzarmi **3** <haben oder süddt A CH sein> (offen stehen) {FENSTER, TÜR} essere aperto: **alle Fenster standen weit auf**, tutte le finestre erano spalancate **4** <sein> (er ~ stehen) (**auf etw** dat) ~ {TISCH AUF DREI BEINEN} poggiare su qc • **da musst du schon früher ~ eher ~!** fam, credi di essere furbo (-a) tu!; **da hättest du schon früher ~ müssen, wenn …**, (ti) ci vuole ben altro per… inf; **da hättest du schon früher ~ müssen, wenn du die Stelle wirklich wolltest!**, dovevi svegliarti prima se volevi davvero quel posto di lavoro!; **nicht mehr/wieder ~** euph, non alzarsi più dal letto.

auf|steigen <irr> itr <sein> **1** (**auf etw** steigen) (**auf etw** akk) ~ {AUF EIN FAHRRAD, MOTORRAD, EINEN TRAKTOR} salire (su qc), montare (su qc): **sie stiegen (auf ihre Pferde) auf und galoppierten davon**, montarono in sella e partirono al galoppo **2** (nach oben steigen) {DRACHEN, NEBEL} alzarsi, salire; {BALLON} auch sollevarsi; {FLUGZEUG} alzarsi in volo, prendere quota; {SONNE} levarsi, salire (alto): **dichter Nebel stieg aus den Feldern auf**, una fitta nebbia si alzò dai campi; **die Sonne steigt am Himmel auf**, il sole sale (alto) nel cielo **3** geh (aufkommen) **in jdm** ~ {NEID, WUT} nascere in qu; {ZWEIFEL} sorgere in qu; {ERINNERUNGEN} affiorare in qu, emergere in qu: **Müdigkeit stieg in ihm auf**, fu preso dalla stanchezza; **sie spürte Tränen in sich** ~, si sentiva salire le lacrime agli occhi; ⌊**es stieg der Verdacht**⌋/[**der Verdacht stieg**] **in mir auf, dass …**, mi venne il sospetto che …; **jäher Zorn stieg in ihm auf**, si sentì avvampare d'ira 4 (*eine höhere Stellung erreichen*) (*zu etw* dat) ~ {ZUM ABTEILUNGSLEITER, FILIALLEITER} essere promosso (*a*) *qc*, passare *a qc*: **sie ist zur Direktorin aufgestiegen**, è stata promossa/[passata] direttrice; **beruflich ~**, fare carriera, avanzare di grado, emergere; **sozial ~**, avanzare nella scala sociale; **in eine höhere Gehaltsgruppe ~**, passare alla fascia retributiva successiva 5 *sport* {MANNSCHAFT, VEREIN} essere promosso: **die Mannschaft ist in die Bundesliga aufgestiegen**, la squadra è stata promossa in (serie) A 6 (*hinaufsteigen*) **auf etw** akk/**zu etw** dat ~ {AUF EINEN BERG, ZUM GIPFEL} salire *su qc* 7 (*an die Oberfläche kommen*) {BLASEN} affiorare, venire in superficie.

auf|steigend adj {TONLEITER} ascendente: **Verwandtschaft in ~er Linie**, parentela in linea ascendente.

Aufsteiger <-s, -> m (**Aufsteigerin** f) 1 *fam* (*jd, der beruflich und sozial aufgestiegen ist*) chi ˌha fatto carrieraˌ/[ce l'ha fatta *fam*]; *pej* un arrampicatore sociale: **ein sozialer ~**, chi è salito nella scala sociale 2 *sport* squadra f neopromossa f.

auf|stellen A tr 1 (*hinstellen*) *etw* ~ {FALLEN, SCHILDER} mettere *qc*, piazzare *qc*, collocare *qc*; {DENKMAL} erigere *qc*, innalzare *qc*; {FAHNE} piantare *qc*; {LEITER} rizzare *qc*; {MAST} *auch* piantare *qc*, mettere *qc*; {FERNSEHER, MASCHINE} installare *qc*; {ANTENNE} *auch* montare *qc*, drizzare *qc*: **neue Telefonmasten ~**, piantare nuovi pali del telefono 2 (*aufbauen*) *etw* ~ {BARACKE, BETT, REGAL} montare *qc*; {GERÜST} *auch* innalzare *qc*; {ZELT} piantare *qc*, montare *qc*; {RAKETEN} posizionare *qc*, piazzare *qc* 3 (*anordnen*) *etw* ~ (*irgendwo*) ~ {MÖBEL IN EINEM RAUM, STÜHLE AUF DER TERRASSE} mettere/disporre/sistemare *qc* (+ *compl di luogo*): **die Stühle im Halbkreis ~**, disporre le sedie a semicerchio; **die Blumenarrangements vor der Bühne ~**, disporre le composizioni floreali davanti al palcoscenico 4 (*aufrichten*) *etw* ~ {TIER OHREN} (d)rizzare *qc* 5 (*formulieren*) *etw* ~ {BEHAUPTUNG} fare *qc*; {FORDERUNG} *auch* avanzare *qc*; {VERGLEICH} fare *qc*; {VERMUTUNG} avanzare *qc*, formulare *qc*: **er stellte die Behauptung auf, dass alle Politiker korrupt seien**, affermò/asserì che tutti i politici sono corrotti 6 (*ausarbeiten*) *etw* ~ {PROGRAMM} stilare *qc*; {BILANZ} *auch* redigere *qc*, stendere *qc*; {LEHRSATZ, THEORIE} enunciare *qc*, formulare *qc*; {REGELN} stilare *qc*, fissare *qc* 7 (*erstellen*) *etw* ~ {TABELLE} compilare *qc*; {LISTE} *auch* stendere *qc* 8 *sport*: **einen Rekord ~**, stabilire un record 9 (*postieren*) *jdn* ~ {POLIZISTEN, SOLDATEN} collocare *qu*, disporre *qu*: **an allen Ausgängen waren Posten aufgestellt**, a tutte le uscite erano collocate delle sentinelle 10 (*nominieren*) *jdn/etw* ~ {KANDIDATEN} presentare *qu*; {KABINETT, REGIERUNG} formare *qc*; {ALS KANDIDATEN FÜR DIE LANDTAGSWAHLEN} proporre/presentare *qu come se per qc*: **sich (als Kandidat(en)) ~ lassen**, candidarsi 11 *sport* (*auswählen*) *jdn* ~ {SPIELER} scegliere *qu*: **jdn als Verteidiger ~**, schierare *qu* come [nel ruolo di] difensore 12 (*zusammenstellen*) *etw* ~ {FORMATION, TRUPPE} mettere insieme *qc*; {MANNSCHAFT} *auch* mettere su, formare *qc*, costituire *qc* 13 (*wieder ~*) *etw* ~ {FIGUR, UMGEFALLENEN GEGENSTAND, KEGEL} tirare su *qc*, (ri)alzare *qc*, rimettere in piedi *qc* 14 *region* (*aufsetzen*) *etw* ~ {KARTOFFEL, SUPPE} mettere *qc* sul fuoco 15 *CH* (*in gute Laune bringen*) *jdn* ~ mettere *qu* di buonumore, tirare su *qu* B rfl 1 (*sich sträuben*) **sich** ~ {FELL, NACKENHAAR} (d)rizzarsi (*sich anordnen*) **sich *ir*gendwie** ~ {NEBENEINANDER, IN ZWEIERREIHEN}

mettersi/disporsi + *compl di modo*; *mil* schierarsi + *compl di modo*: **sich im Halbkreis ~**, disporsi a semicerchio; **sich hintereinander ~**, mettersi uno (-a) dietro l'altro (-a); **sich *irgendwo*** ~ {VOR DER BÜHNE} mettersi + *compl di luogo* 3 (*sich positionieren*) **sich *irgendwie*** ~, posizionarsi + *compl di modo*: **sich neu ~**, darsi un nuovo profilo, ristrutturarsi, riformarsi; **gut aufgestellt sein** (*finanziell, wirtschaftlich*), essere ben posizionato, godere di buona salute.

Aufstellung <-, -en> f *meist sing* 1 (*Anordnung von Möbeln*) disposizione f, collocazione f, sistemazione f 2 (*das Aufstellen*) {+ANTENNE, GERÜST} montaggio m 3 (*Formulierung*) {+FORDERUNG, HYPOTHESE} formulazione f, esprimere m *qc*, avanzare m *qc*; {+BEHAUPTUNG} fare *qc* 4 (*Erstellung*) {+TABELLE} compilazione f; {+LISTE} *auch* stesura f 5 (*Ausarbeitung*) {+BILANZ, PROGRAMM} stesura f; {+GESETZ, LEHRSATZ, THEORIE} formulazione f, enunciazione f 6 (*Liste*) distinta f, elenco m, tabella f: **eine ~ machen**, fare una distinta 7 (*Nominierung*) {+KANDIDAT} presentazione f 8 *sport*: **ihm gelang die ~ eines neuen Rekords**, è riuscito a stabilire un nuovo record; (*Erstellung*) {+MANNSCHAFT, TRUPPE} formazione f: **die Fußballmannschaft spielt in folgender ~**, la squadra di calcio gioca con la seguente formazione 9 *mil*: **~ nehmen** {POLIZISTEN, SOLDATEN}, disporsi, schierarsi.

auf|stemmen A tr 1 *etw* ~ {TÜR} forzare *qc* 2 (*aufstützen*) *etw* (**auf etw** akk) ~ {ELLBOGEN AUF DEN TISCH} appoggiare *qc* (*su qc*) B rfl **sich** (**mit etw** dat) ~ {MIT DEM FUß} puntar(si) (*con qc*), puntellarsi (*con qc*).

auf|stempeln tr *etw* (**auf etw** akk) ~ {ADRESSE AUF BRIEFUMSCHLAG} mettere un timbro *on qc* (*su qc*).

auf|steppen tr *etw* (**auf etw** akk) ~ {TASCHEN AUF EINE JACKE} applicare *qc* (*su qc*) (con impunture), impuntire *qc su qc*.

auf|sticken tr *etw* (**auf etw** akk) ~ {MONOGRAMM AUF KISSEN, TASCHENTUCH} ricamare *qc* (*su qc*).

Aufstieg <-(e)s, -e> m <*meist* sing> 1 (*das Aufsteigen auf einen Berg*) salita f, ascensione f: **der ~ war sehr mühsam**, la salita è stata molto faticosa 2 (*Aufwärtsentwicklung*) ascesa f, sviluppo m: **der ~ einer Nation zur Weltmacht**, l'ascesa di una nazione a superpotenza; **sie denkt nur an ihren beruflichen ~**, pensa solo a fare carriera; **sein ~ zum Abteilungsleiter ist ihm zu Kopf gestiegen**, la promozione a caporeparto gli ha dato alla testa *fam*; **ein erstaunlicher sozialer ~**, una sorprendente ascesa sociale 3 *sport* {+MANNSCHAFT} promozione f 4 (*das Aufsteigen*) {+BALLON} salita f, ascesa f.

Aufstiegschance f, **Aufstiegsmöglichkeit** f prospettiva f/possibilità f di carriera/avanzamento.

Aufstiegsrunde f *sport* girone m di qualificazione, play off m.

Aufstiegsspiel n *sport* (partita f di) spareggio m (per la promozione).

auf|stöbern tr 1 *fam* (*entdecken*) *jdn/etw* ~ scovare *qu/qc fam*, rintracciare *qu/qc*: **wo hast du denn die alten Schinken aufgestöbert?**, ma dove li hai scovati quei vecchi libroni?; **sie haben ihn in Argentinien aufgestöbert**, l'hanno scovato/rintracciato in Argentina 2 *Jagd etw* ~ {FUCHS, KANINCHEN, REH} scovare *qc*, stanare *qc*.

auf|stocken A tr *etw* (*um etw* akk) ~ 1 (*erhöhen*) {ETAT, GEHALT, KREDIT} aumentare *qc* (*di qc*): **das Kapital der Gesellschaft um 50 Millionen Euro ~**, aumentare/accrescere il capitale societario di 50 milioni di

euro; **einen Kredit auf 200 000 Euro ~**, aumentare un fido portandolo a 200 000 euro 2 *bau* (*höher machen*) {GEBÄUDE, HAUS} rialzare *qc* (*di qc*), sopr(a)elevare *qc* (*di qc*): **das Haus ist um zwei Stockwerke aufgestockt worden**, la casa è stata rialzata di due piani B itr 1 (*das Kapital erhöhen*) (*um etw*) akk) ~ {UNTERNEHMEN} aumentare il capitale (*di qc*) 2 *bau* rialzare un edificio di uno o più piani.

Aufstockung <-, -en> f 1 (*Erhöhung*) {+ETAT, KREDIT} aumento m; {+KAPITAL} *auch* accrescimento m 2 *bau* {+GEBÄUDE} rialzamento m, sopr(a)elevazione f.

auf|stöhnen itr (**vor etw** dat) ~ fare un sospiro (*di qc*); {VOR SCHMERZ} mandare/emettere un gemito (*di qc*): **erleichtert ~**, sospirare sollevato (-a), tirare un sospiro di sollievo.

auf|stöpseln tr *fam etw* ~ {BADEWANNE, FLASCHE} sturare *qc*, stappare *qc*.

auf|stoßen <irr> A tr <*haben*> 1 (*durch einen Stoß öffnen*) *etw* ~ {LUKE, TOR, TÜR} aprire *qc* con una spinta 2 (*durch einen Stoß verletzen*) *etw* ~ {ELLBOGEN, KNIE} farsi male a *qc* battendolo B itr 1 <*sein*> (*hart auftreffen*) **mit etw** (dat) **auf etw** (akk) ~ {MIT DEM ELLBOGEN, KOPF, DER STIRN AUF DIE TISCHKANTE} (s)battere *qc contro qc*, urtare *qc contro qc* 2 <*haben*> (*rülpsen*) ruttare: **das Baby muss noch ~**, il bebè deve ancora fare il ruttino 3 <*sein*> *fam* (*Rülpsen verursachen*) {VERZEHRTE SPEISEN} venire/tornare su, tornare in gola *fam*: **der Braten gestern Abend ist mir ganz schön aufgestoßen**, l'arrosto di ieri sera mi è tornato ˌin golaˌ/[su parecchio] 4 *fam* (*negativ auffallen*) *jdm* ~ colpire negativamente *qu*: **ihr frivoles Verhalten auf dem Fest ist ihm aufgestoßen**, il suo comportamento frivolo durante la festa lo ha colpito negativamente • **jdm sauer/übel ~** *fam*, rimanere sullo stomaco a qu *fam*, far rimanere male qu; **es ist ihm sauer aufgestoßen, dass er im Testament übergangen worden ist**, essere stato escluso dal testamento gli ha lasciato l'amaro in bocca.

aufstrebend adj *meist* <*attr*> 1 (*nach oben gerichtet*): **hoch ~e Berge**, montagne che si ergono maestose 2 (*vorwärtsstrebend*) {MENSCH} che punta/[vuole arrivare] in alto: **ein ~er junger Mann**, un giovane in carriera; {LAND, STADT} in pieno sviluppo, emergente: **ein ~er Wirtschaftszweig**, un settore economico emergente/[in piena espansione].

Aufstrich <-(e)s, -e> m 1 <*meist* sing> (*Brotaufstrich*) "tutto ciò che si spalma sul pane": **was wollt ihr als ~?**, che cosa volete sul pane? 2 *mus* arcata f in su.

auf|stuhlen itr mettere su(i tavoli) le sedie: **bei uns müssen die Kellner noch ~, den Rest besorgen dann die Putzfrauen**, da noi tocca ancora ai camerieri mettere su le sedie, il resto poi lo fanno le donne delle pulizie.

auf|stülpen tr *etw* ~ {KRAGEN} tirare su *qc*; **jdm etw** ~ {HUT, MÜTZE} calcare *qc in testa a qu*: **die Lippen ~**, fare boccuccia.

auf|stützen A tr 1 (*auflehnen*) *etw* (**auf etw** akk/dat) ~ {ARME AUF DIE/DER THEKE, DEN/DEN TISCH} appoggiare *qc su qc*; {ELLBOGEN} *auch* puntare *qc* (*su qc*): **er saß mit aufgestütztem Kopf da**, se ne stava lì seduto con la testa appoggiata alla mano 2 (*stützend aufrichten*) *jdn* ~ {DEN KRANKEN} tirare su *qu*, sollevare *qu* B rfl (*sich stützen*) **sich** (**mit etw** dat) (**auf etw** akk/dat) ~ appoggiarsi (*con qc*) (*a/su qc*): **sich mit den Ellbogen auf die/der Theke ~**, appoggiarsi con i gomiti sul bancone; **er stützte sich mit**

einem Arm auf ihre/ihrer Schulter auf, si appoggiava/sorreggeva con un braccio alla spalla di lei.

auf|suchen tr geh **1** (*sich zu jdm begeben*) *jdn* ~ recarsi *da qu* geh; {FREUNDE} andare a trovare *qu*, fare visita *a qu*: **du solltest einen Arzt** ~, dovresti consultare un medico **2** (*sich irgendwohin begeben*) *etw* ~ {BIBLIOTHEK, SPEISESAAL, TOILETTE} recarsi geh/andare + *compl di luogo*.

auf|takeln A tr naut *etw* ~ {SCHIFF, SEGELSCHIFF} attrezzare *qc*, allestire *qc* B rfl *fam pej* (*sich übertrieben aufmachen*) sich ~ bardarsi *fam pej*, conciarsi *fam pej*, mettersi *fam*: **guck bloß, wie die sich aufgetakelt hat!**, guarda come si è conciata quella!

Auftakt m **1** (*Eröffnung*) apertura f, avvio m, prologo m: **den ~ zu etw** (dat) **bilden**, costituire l'inizio di *qc*; **der Protestmarsch wurde zum ~ einer Volkserhebung**, la marcia di protesta dette il via a/[segnò l'inizio di] una rivolta popolare **2** mus (*unvollständiger Takt*) anacrusi f.

auf|tanken A tr *etw* ~ **1** aero naut riempire il serbatoio di *qc* di carburante, fare il pieno *a qc*: **tanken Sie mir den Wagen auf!**, mi faccia il pieno!; **Benzin ~**, fare il pieno di benzina **2** (*sammeln*) {FRISCHE LUFT} fare il pieno *di qc*: **neue Energie/Kräfte** ~, ricaricarsi B itr **1** aero (*FLUGZEUG*) fare rifornimento **2** fam (*sich erholen*) ricaricarsi fam.

auf|tauchen itr <sein> **1** (*emportauchen*) {TAUCHER, U-BOOT} riemergere, tornare in superficie **2** (*irgendwo*) (*wieder*) ~ (*unerwartet* (*wieder*) *da sein*) {BUCH, MENSCH} ricomparire/riapparire (+ *compl di luogo*): **nach vielen Jahren tauchte sie plötzlich wieder auf**, dopo tanti anni all'improvviso ricomparve **3** (*zum Vorschein kommen*) {AKTEN, VERLEGTER GEGENSTAND} saltare fuori *fam*; {BEWEISE} *auch* emergere **4** (*sichtbar werden*) **aus** *etw* (dat) ~ {AUS DEM WALD} spuntare *da qc*, emergere *da qc*, sbucare *da qc*; {AUS DEM NEBEL} riemergere *da qc*, riapparire *da qc*: **ein Wildschwein tauchte unvermittelt aus dem Gestrüpp auf**, all'improvviso un cinghiale saltò/sbucò fuori dalla macchia; *irgendwo* ~ {IN DER FERNE, AM HORIZONT} apparire/comparire + *compl di luogo* **5** (*sich unerwartet stellen*) {FRAGE, PROBLEM} emergere, sorgere; {ZWEIFEL} *auch* affiorare: **es sind unerwartete Hindernisse aufgetaucht**, sono sorti ostacoli inaspettati.

auf|tauen A tr <haben> (*von Eis befreien*) *etw* ~ {SONNE EIS, SCHNEE} (far) sciogliere *qc*; {PERSON ROHR, TÜRSCHLOSS, WASSERLEITUNG} (di)sgelare *qc*, sghiacciare *qc*; {TIEFKÜHLKOST} *auch* scongelare *qc*, decongelare *qc* B itr <sein> **1** (*schmelzen*) {SCHNEE} sciogliersi; {ERDE, LEITUNG, ROHR, SCHLOSS} disgelarsi; {TIEFKÜHLKOST} scongelarsi, decongelarsi: **der Fluss taut langsam auf**, il fiume disgela/sgela/[si sghiaccia] piano piano **2** *fam* (*die Befangenheit verlieren*) sciogliersi *fam*: **er braucht eine Weile, bevor er mal auftaut**, per sciogliersi ha bisogno di un po' di tempo.

auf|teilen tr **1** (*verteilen*) *etw* (**an** *jdn*/ **unter** *jdn*/*jdn*) ~ {GEWINN, KUCHEN, NAHRUNGSMITTEL} dividere *qc* (*fra qu*), ripartire *qc* (*fra qu*), spartire *qc* (*fra qu*); {ÄMTER} lottizzare *qc*, spartirsi *qc* (*tra qu*): **das Erbe untereinander/[unter sich]** ~, spartirsi/dividersi l'eredità (fra sé); **die Süßigkeiten unter den Kindern/[die Kinder]** ~, spartire i dolciumi fra i bambini **2** (*einteilen*) *jdn*/ *etw* (**in** *etw* akk) ~ {ARBEIT IN BEREICHE, KINDER, SCHÜLER IN GRUPPEN} (sud)dividere *qu*/ *qc* (*in qc*): **Baugelände in Parzellen** ~, lottizzare/parcellizzare un terreno edificabile.

Aufteilung f **1** (*Verteilung*) {+SPENDENGELDER} spartizione f, ripartizione f, divisione f **2** (*Einteilung*) suddivisione f; {+ÄMTER} lottizzazione f, spartizione f; {+BAUGELÄNDE} parcellizzazione f, lottizzazione f.

auf|tischen tr (*jdm*) *etw* ~ **1** (*auf den Tisch bringen*) mettere/portare in tavola *qc* (*a qu*), servire *qc* (*a qu*) **2** *fam* (*Unwahres erzählen*) {AUSREDEN, LÜGEN} scodellare *qc fam*, propinare *qc* (*a qu*).

Auftrag <-(e)s, Aufträge> m **1** (*Anweisung*) incarico m, incombenza f, compito m: **den ~ haben, alle Angestellten zu kontrollieren**, avere l'incarico/il compito di controllare tutti gli impiegati; **ein ehrenvoller/schwieriger/wichtiger ~**, un incarico/un'incombenza/un compito onorevole/difficile/importante **2** (*Weisung*): **im ~** **von** *jdm*/*etw*/[einer P./S. (gen)], per conto/incarico di *qu*/ *qc*, incaricato (-a) da *qu*/*qc*: **im ~ des Gesundheitsministers**, per incarico del ministro della sanità; **ich komme im ~ der Firma Weiss**, vengo per conto della ditta Weiss **3** com (*Bestellung*) ordinazione f, commissione f, ordine m, ordinativo m, commessa f: **ein ~ über 1000 Schreibtischstühle**, un ordine/un'ordinazione di 1000 sedie da scrivania; **es sind viele neue Aufträge eingegangen**, sono arrivati molti nuovi ordini/ordinativi/[molte nuove commesse/commissioni] **4** (*Beauftragung*) commissione f, appalto m com: **einem Künstler** *etw* **in ~ geben**, commissionare *qc* a un artista; **einer Firma** *etw* **in ~ geben** {BAUARBEITEN, DIENSTLEISTUNGEN} dare in appalto/[appaltare] *qc* a una ditta; **das Unternehmen bekam den ~ zum/[für den] Wiederaufbau der Kirche**, l'impresa ottenne l'appalto per la ricostruzione della chiesa; **die Firma erhielt den ~ über 200 Computer für die Gemeindeverwaltung**, la ditta ebbe l'appalto per la fornitura di 200 computer al comune **5** jur (*Angebot*) offerta f **6** jur (*Vertrag*) mandato m; (*im Werkvertragsrecht*) incarico m **7** *meist* sing (*Verpflichtung*) dovere m, compito m: **das Parlament hat den ~, das Haushaltsdefizit abzubauen**, il parlamento ha il compito di ridurre il deficit di bilancio; **seinen gesellschaftlichen ~ erfüllen**, adempiere il/al proprio dovere sociale; **das sollte ein ~ des modernen Schriftstellers sein**, ciò dovrebbe essere un impegno dello scrittore moderno • **einen ~ annehmen**, accettare un'ordinazione/una commissione/un ordine/una commessa/un ordinativo; **nur auf ~ arbeiten** (*auf Bestellung*), lavorare solo su ordinazione/commissione; **einen ~ ausführen/erledigen**, eseguire/sbrigare un incarico, evadere un ordine com; **einen ~ bekommen/erhalten**, ricevere un incarico/un'incombenza; **jdn mit einem ~ betrauen**, affidare un incarico/un'incombenza a *qu*; **jdm einen ~ erteilen**/**geben**, affidare/dare un incarico/ un compito/un'incombenza a *qu*; **jdm einen ~ über** *etw* (akk) **erteilen** {ÜBER EINE WARENMENGE}, fare una commissione/una ordinazione/un ordinativo di *qc* a *qu*, commissionare *qc* a *qu*; **jdm den ~ erteilen**/**geben**, **etw zu tun**, affidare/dare a *qu* l'incarico di fare *qc*; **etw** (**bei** *jdm*) **in ~ geben** com, ordinare *qc* (*a qu*), commissionare *qc* (*a qu*); **in jds ~ kommen**, venire da parte/[per incarico/conto di *qu*; **im ~ und auf** *Rechnung* **von** *jdm*, per ordine e conto di *qu*; **einen ~ stornieren/zurücknehmen** com, annullare/ ritirare un'ordinazione/un ordine/una commissione; **einen ~ (an** *jdn*/*etw*) **vergeben**, dare un appalto a *qu*/*qc*.

auf|tragen <irr> A tr **1** (*mit etw beauftragen*) *jdm etw* ~ incaricare *qu* di (fare) *qc*: **Herr Berg hat mir herzliche Grüße an euch aufgetragen**, il signor Berg mi ha incaricato di portarvi i suoi più cordiali saluti; **man hat ihm aufgetragen, niemanden vorzulassen**, è stato incaricato di non far passare nessuno; **ich hatte euch doch aufgetragen, eure Zimmer aufzuräumen**, eppure vi avevo detto di mettere a posto le vostre stanze **2** (*aufstreichen*) *etw* (**auf** *etw* akk) ~ {MAKE-UP} stendere *qc* (*su qc*); {FARBE, LACK} *auch* applicare *qc* (*su qc*): **eine dünne Schicht Leim auf das Holz auftragen**, stendere uno strato sottile di colla sul legno; **sie trägt den Puder nur ganz dünn auf**, si dà soltanto un velo di cipria **3** *fam* (*abnutzen*) *etw* ~ {KLEIDER} consumare *qc*, distruggere *qc fam*: **die Sachen der älteren Geschwister** ~, finire (di portare) i vestiti dei fratelli maggiori **4** geh (*servieren*) *etw* ~ {SPEISEN} portare/mettere in tavola *qc*, servire *qc*: **es ist aufgetragen!**, è (pronto) in tavola. B itr (*dicker erscheinen lassen*) {MANTEL, PULLOVER, ROCK} ingrossare, fare apparire più grasso (-a) • **dick ~** *fam*, calcare le tinte, sparare le grosse *fam*.

Auftraggeber m (**Auftraggeberin** f) **1** {+KUNSTWERK, ÜBERSETZUNG} committente mf; {+BAUWERK, DIENSTLEISTUNG} *auch* appaltante mf; {+VERBRECHEN} mandante mf: **die Stadtverwaltung ist in diesem Fall der ~**, in questo caso l'appaltante è l'amministrazione comunale **2** jur mandante mf.

Auftragnehmer <-s, -> m (**Auftragnehmerin** f) com appaltatore (-trice) m (f), ditta f appaltatrice.

Auftragsabwicklung f com evasione f/ disbrigo m di un ordine.

Auftragsannahme f accettazione f di un ordine/un'ordinazione/una commessa/una commissione.

Auftragsbestätigung f com conferma f d'ordine.

Auftragsbuch n com registro m/libro m degli ordini/ordinativi.

Auftragseingang m com arrivo m di un ordine: **den ~ bestätigen**, confermare l'arrivo di un ordine.

Auftragserteilung f ordinazione f, commissione f.

auftragsgemäß A adj {ANFERTIGUNG, AUSLIEFERUNG} conforme all'ordinazione/ [alla commissione], in conformità all'ordinazione B adv {ANFERTIGEN, AUSFÜHREN, AUSLIEFERN} come da ordine/ordinazione/commissione, conformemente all'ordinazione/[all'ordine]/[alla commissione].

Auftragslage f com (volume m degli) ordini m pl/ordinativi m pl.

Auftragspolster n com massa f/[grande quantità f] di ordini/ordinazioni.

Auftragsrückgang m com diminuzione f degli ordini, calo m/flessione f delle ordinazioni/commissioni.

Auftragsrückstand m com ritardo m nell'evadere gli ordini/le ordinazioni.

Auftragsvergabe f com assegnazione f di un ordine; (*bes. bei Bauarbeiten, Dienstleistungen*) assegnazione f di un appalto; (*an Freischaffende, Künstler*) assegnazione f di una commissione.

Auftragswerk n opera f d'arte su commissione/[commissionata].

auf|treffen itr <sein> (**auf** *etw* akk/dat) ~ {BALL} colpire *qc*: **das Geschoss ist auf die Wand aufgetroffen**, il proiettile ha colpito il muro; **mit** *etw* (dat) **auf** *etw* (akk/dat) ~, battere *qc* contro/su *qc*: **beim Sturz ist er mit dem Kopf auf die Tischkante aufgetroffen**, cadendo ha battuto la testa sullo spigolo del tavolo.

auf|treiben ‹irr› tr **1** *fam* (*ausfindig machen*) **jdn/etw** ~ {Essbares} mettere insieme *qc fam*, trovare *qc*; {einen Arzt, Handwerker, ein Taxi} scovare *qu/qc fam*, trovare *qu/qc*: **das nötige Geld** ~, ₁mettere insieme₁/[procurar(si)] i soldi necessari; **nicht aufzutreiben sein** {Freund, Karten, Taxi}, essere introvabile **2** (*aufblähen*) **etw** ~ {Bohnen, Sahne Bauch} gonfiare *qc*; {Backpulver, Hefe Teig} far lievitare *qc*, far crescere *qc fam* **3** (*aufwirbeln*) **etw** ~ {Wind Blätter, Staub} sollevare *qc*.

auf|trennen tr **etw** ~ {Naht, Saum} disfare *qc*, scucire *qc*.

auf|treten ‹irr› **A** itr ‹sein› **1** (*sich benehmen*) **irgendwie** ~ {arrogant, forsch, zurückhaltend} comportarsi + *compl di modo*, avere un comportamento/atteggiamento + *adj*: **sicher** ~, mostrare un comportamento sicuro; **er tritt sehr selbstbewusst auf**, ha un fare molto sicuro **2** (*den Fuß aufsetzen*) **irgendwie** ~ {fest, leise, vorsichtig} camminare ₁+ *compl di modo*₁/[con passo + *adj*]: **er kann noch nicht richtig** ~, non può ancora poggiare bene il piede a terra; **tritt nicht so laut auf**, non camminare così rumorosamente **3** (*in Erscheinung treten*) **als etw** (nom) ~ {als Helfer, Sachverständiger} presentarsi *come*/[in veste di] *qc*: **als Kläger** ~ *jur*, stare in giudizio come attore; **als Zeuge** ~, comparire (in giudizio) come testimone; **als Zeuge gegen jdn** ~, deporre/testimoniare contro *qu* **4** (*plötzlich entstehen*) {Zweifel} sorgere; {Probleme, Schwierigkeiten} *auch* insorgere, sopraggiungere; {Symptome} comparire, manifestarsi; {Krankheit} *auch* insorgere: **die gleichen Symptome sind auch bei anderen Kindern aufgetreten**, anche altri bambini hanno presentato gli stessi sintomi, gli stessi sintomi ₁sono stati osservati₁/[si sono manifestati] anche in altri bambini; **sollten hohes Fieber und Übelkeit** ~, **verständigen Sie mich bitte sofort**, se dovessero sopraggiungere/comparire febbre alta e nausea mi avverta subito, per favore **5** *theat* (*sich als Schauspieler produzieren*) esibirsi, recitare; (*die Bühne betreten*) entrare in scena: **dieses Mal tritt er in einer witzigen Komödie auf**, questa volta recita in una commedia brillante; **zum ersten Mal** ~, debuttare, esordire; **in der Rolle der Lady Macbeth** ~, esibirsi nel ruolo di Lady Macbeth; **sie tritt nur in der zweiten Szene auf**, compare soltanto nella seconda scena; **in einem berühmten Theater** ~, recitare in un famoso teatro **B** tr ‹haben› (*mit einem Tritt öffnen*) **etw** ~ {Tür, Verschlag} aprire *qc* con una pedata/un calcio.

Auftreten ‹-s, ohne pl› m **1** (*Benehmen*) modo m di comportarsi, comportamento m: **ein sicheres/selbstbewusstes** ~ **haben**, avere un modo di fare sicuro, mostrarsi sicuro (-a) (di sé) **2** (*Erscheinen*) comparizione f *jur*: **jds** ~ **als Zeuge**, la comparizione di *qu* come teste; **er vermeidet das** ~ **in der Öffentlichkeit**, evita di comparire in pubblico **3** (*das Vorkommen*) (*von Fieber*) comparsa f; (*von Krankheitssymptomen*) *auch* manifestarsi m; (*von Problemen, Schwierigkeiten*) insorgere m, sopraggiungere m **4** *theat* (+Schauspieler) esibizione f.

Auftrieb ‹-(e)s, ohne pl› m **1** (*Schwung*) spinta f, slancio m: **jdm neuen** ~ **geben**, dare nuovo slancio a *qu*; **seine Arbeit hat dadurch einen ungeheuren** ~ **bekommen**, il suo lavoro ne ha ricevuto una spinta enorme **2** *phys* spinta f aerostatica, portanza f **3** *ökon* slancio m, impulso m: **die Maßnahmen der Regierung gaben der Wirtschaft neuen** ~, i provvedimenti governativi hanno dato nuovo impulso all'economia **4** *agr* (*das Hinauftreiben*) {+Vieh} salita f ai pascoli ● **aerodynamischer** ~ *phys*, spinta aerodinamica; **aerostatischer** ~ *phys*, spinta aerostatica; **dynamischer** ~ *phys*, forza ascensionale dinamica; **hydrodynamischer** ~ *phys*, spinta idrodinamica; **hydrostatischer** ~ *phys*, spinta idrostatica/[di Archimede]; **statischer** ~ *phys*, forza ascensionale statica.

Auftriebskraft f *aero phys* forza f ascensionale.

Auftritt ‹-(e)s, -e› m **1** *theat* (*Erscheinen*) entrata f/ingresso m/comparsa f in scena: **der erste** ~, il debutto, l'esordio; **sie hat ihren** ~ **erst im zweiten Akt**, entra in scena soltanto nel secondo atto **2** *theat* (*Dauer des Auftretens*) presenza f in scena, esibizione f: **während seiner** ~**e herrscht immer absolutes Schweigen**, mentre lui è di scena c'è sempre assoluto silenzio **3** *theat* (*Szene*) scena f **4** (*Streit*) scenata f, scena f, piazzata f: **es kam zu einem peinlichen** ~, ci fu una scena imbarazzante ● **jd hat seinen großen** ~ *fam*, è il grande giorno di *qu*; **einen kurzen** ~ **geben** *fam*, fare una breve comparsa; **das war aber ein kurzer** ~!, è stata proprio toccata e fuga! *fam*.

auf|trumpfen itr (*mit etw dat*) ~ ostentare la propria superiorità (*in qc*), fare sfoggio *di qc*: **mit seiner Bildung** ~, fare sfoggio della propria cultura.

auf|tun ‹irr› **A** tr **etw** ~ **1** *fam* (*ausfindig machen*) scovare *qc fam*, scoprire *qc*, trovare *qc*: **wir haben ein schönes Lokal aufgetan**, abbiamo scoperto un locale carino; **ich habe einen guten Kfz-Mechaniker aufgetan**, ho trovato un buon meccanico **2** *geh obs* (*öffnen*) {Augen, Fenster, Tür} schiudere *qc geh*, aprire *qc*: **er hatte noch nicht einmal den Mund aufgetan, als...**, non aveva ancora aperto bocca che... **3** *region* (*aufsetzen*) {Brille, Hut} metter(si) *qc* **B** rfl **1** *geh obs* (*sich öffnen*) **sich** ~ {Fenster, Tür} schiudersi *geh*, aprirsi: **ein Abgrund tat sich vor mir auf** *fig*, davanti a me si aprì un baratro **2** (*sich darbieten*) **sich** (dat) (*vor*) **jdm** ~ {Chancen, Perspektiven} aprirsi (*davanti*) a *qu*, schiudersi (*davanti*) a *qu*: **ungeahnte Möglichkeiten taten sich ihm auf**, gli si schiusero/aprirono possibilità insperate.

auf|türmen **A** tr **etw** ~ {Bücher, Holz, Waren} accatastare *qc*, ammonticchiare *qc* **B** rfl **1** (*hoch aufragen*) **sich** (*irgendwo*) ~ ammonticchiarsi + *compl di luogo*, {Gebirge} ergersi + *compl di luogo*, {Wolken} ammassarsi + *compl di luogo*: **im Arbeitszimmer türmen sich die Bücher auf**, nello studio ci sono cataste di libri **2** (*sich zusammenballen*) **sich vor jdm** ~ {Hindernisse, Probleme, Schwierigkeiten} diventare *per qu* una montagna insormontabile.

auf|wachen itr ‹sein› **1** (*wach werden*) svegliarsi, destarsi *geh*: **um sieben Uhr** ~, svegliarsi alle sette; **mit Kopfschmerzen** ~, svegliarsi col mal di testa; **aus der Narkose** ~, (ri)svegliarsi dall'anestesia **2** (*sich befreien*) (*aus etw dat*) ~ svegliarsi (*da qc*), destarsi (*da qc*): **aus seiner Gleichgültigkeit/Lethargie** ~, svegliarsi/destarsi ₁dall'indifferenza₁/[dalla letargia].

Aufwachraum m *med* sala f (di) risveglio.

auf|wachsen ‹irr› itr ‹sein› **irgendwo** ~ {auf dem Land, in der Stadt} crescere + *compl di luogo*: **sie ist in Köln aufgewachsen**, è cresciuta a Colonia; **in kleinen Verhältnissen** ~, crescere in un ambiente modesto; **sie ist bei den Großeltern aufgewachsen**, è cresciuta con i nonni; **ohne Geschwister** ~, crescere senza fratelli.

auf|wallen itr ‹sein› **1** (*aufkochen*) {Milch, Suppe} bollire: **die Milch kurz** ~ **lassen**, ₁far bollire brevemente il₁/[levare il bollore al] latte **2** *geh* (*hochsteigen*) **in jdm** ~ {Mitleid, Rührung, Zärtlichkeit} crescere in *qu*; {Hass, Neid, Zorn} *auch* ribollire in *qu*: **Dankbarkeit wallte in ihr auf**, sentì un'ondata/un moto di gratitudine alzarsi dentro di lei.

Aufwand ‹-(e)s, ohne pl› m **1** (*Einsatz*) ~ (*an/von etw dat*) {an Geld, Kraft, Zeit} dispendio m (*di qc*); (*aufgewendete Mittel*) dispendio m, spesa f: **einen hohen** ~ **an Mitteln erfordern**, richiedere un forte impiego di mezzi (finanziari); **etw mit einem geringen** ~ **an Kosten erreichen**, ottenere *qc* con una spesa modesta/minima; **der** ~ **hat sich gelohnt**, ne è valsa la pena, è servito a *qc*; **so ein großer** ~ **lohnt sich nicht**, il gioco non vale la candela *fam*; **keinen** ~ **an Mitteln scheuen**, non badare a spese, non lesinare sui mezzi; **er hat großen** ~ **getrieben, um die Villa perfekt zu restaurieren**, ha fatto/affrontato grandi spese per restaurare la villa alla perfezione; **das erfordert einen großen** ~ **an Zeit**, richiede un grande dispendio di tempo; **der dazu nötige** ~ **an Zeit**, il tempo necessario **2** (*Verschwendung*) spreco m: **das war ein unnötiger** ~, è stato un inutile spreco ● **allerhand/großen/viel** ~ **treiben**, spendere e spandere *fam*; **großen** ~ **treiben, um etw zu tun**, investire molto per fare *qc*; **was da für ein** ~ **getrieben wird!**, che spreco! *fam*, che sperpero! *fam*.

aufwändig **A** adj **1** (*kostspielig*) {Einrichtung, Lebensstil} dispendioso; {Dekoration, Film, Inszenierung} costoso: **der** ~**ste Film überhaupt**, il film più costoso in assoluto **2** (*arbeitsintensiv*) impegnativo, che richiede molto lavoro **3** (*zeitintensiv*) che richiede molto tempo **B** adv (*Ausstatten, Einrichten*) in modo dispendioso: **sehr** ~ **leben**, vivere ₁in modo dispendioso₁/[dispendiosamente].

Aufwandsentschädigung f indennità f di rappresentanza.

auf|wärmen **A** tr **1** (*erwärmen*) **etw** ~ {Essen} (ri)scaldare *qc*: **die Brötchen zum Frühstück** ~, scaldare i panini per la colazione **2** *fam pej* (*erneut erwähnen*) **etw** ~ tirare fuori di nuovo *qc*, rivangare *qc fam*: **warum willst du die alte Geschichte wieder** ~?, perché vuoi tirare fuori di nuovo quella vecchia storia? **B** rfl **1** (*sich wärmen*) **sich** (*an/mit etw dat*) ~ {an der Heizung, mit einem Tee} (ri)scaldarsi (*a qc*); **sich** (dat) **etw** (*an etw dat*) ~ (ri)scaldarsi *qc* (*a qc*): **sich die Hände/Füße am Feuer** ~, riscaldarsi le mani/i piedi al fuoco **2** *sport* (*warm machen*) riscaldarsi: **sich vor dem Wettkampf** ~, riscaldarsi prima della gara; **sich die Muskeln** ~, scaldarsi i muscoli.

Aufwärmgymnastik f *sport* (esercizi m pl di) riscaldamento m.

Aufwartefrau f *region* donna f delle pulizie.

auf|warten itr **1** (*etw zu bieten haben*) **mit etw** (dat) ~ {mit einer Anekdote, Neuigkeit, Überraschung, einem Witz} avere in serbo *qc*: **die Tante wartet immer mit den neuesten Skandalgeschichten auf**, la zia ₁ne ha sempre in serbo₁/[ci delizia sempre con] le ultimissime storielle scandalistiche **2** *geh* (*anbieten*) (**jdm**) **mit etw** (dat) ~ servire *qc* (*a qu*), offrire *qc* (*a qu*): **den Gästen mit besonderen Leckerbissen** ~, offrire agli ospiti bocconcini prelibati **3** *geh obs* (*einen Besuch abstatten*) **jdm** ~ recarsi *da qu* in visita di cortesia.

aufwärts adv **1** (*nach oben*) {gerichtet sein, zeigen} verso l'alto, in alto: **die Straße führt/geht** ~, la strada è in salita; **den Fluss** ~ **fahren**, risalire il fiume **2** (*angefangen* *von*): **von ... (an) ~**, da ... in su, a partire da...; **von fünf Personen (an) ~ gibt es eine Ermäßigung**, a partire da cinque persone c'è uno sconto; **vom General (an) ~**, dal generale in su.

Aufwärtsentwicklung f {+INFLATION, ZINSEN} tendenza f al rialzo; {+BÖRSE} *auch* andamento m ascensionale/positivo; {+PREISE} tendenza f all'aumento; {+WIRTSCHAFT} ripresa f.

aufwärts|gehen <irr> unpers <sein>: **es geht aufwärts (mit etw dat)**, va meglio (con qc); **es geht aufwärts mit jdm**, qu ₁si sta riprendendo₁/[va migliorando]; **mit unserer Firma geht es wieder aufwärts**, la nostra ditta va di nuovo meglio; **mit der Wirtschaft geht es wieder aufwärts**, l'economia riprende quota; **es wird schon wieder ~!**, (vedrai/vedrà che) andrà meglio!; **mit ihrer Gesundheit geht es aufwärts**, la sua salute va migliorando.

aufwärtsgerichtet adj: **~ sein** {BAUPRODUKTION}, ₁essere in₁/[mostrare segni di] ripresa; {ENTWICKLUNG DER EINFUHRPREISE}, essere in rialzo.

Aufwärtshaken m *Boxen* montante m, uppercut m.

Aufwärtstrend m trend m positivo.

Aufwartung <-, -en> f *geh*: **jdm seine ~ machen**, fare una visita di cortesia a qu, recarsi da qu in visita di cortesia *obs*.

Aufwasch <-(e)s, ohne pl> m *region* **1** (*zu spülendes Geschirr*) stoviglie f pl/piatti m pl da lavare **2** (*das Abwaschen*): **den ~ machen**, fare *fam*/lavare i piatti; **alles in einem ~ erledigen/machen**, fare tutto ₁in una volta₁/ [insieme]; **das geht in einem ~!**, si fa in un colpo solo! *fam*; **das ist ein ~!**, (facciamo) un viaggio e due servizi!, prendiamo due piccioni con una fava!

auf|wecken tr *jdn* ~ svegliare qu.

auf|weichen A tr <haben> **1** (*morastig machen*) *etw* ~ {REGEN BODEN} rendere molle qc, ammorbidire qc **2** (*weich werden lassen*) (*in etw* dat) ~ {BROT IN MILCH} ammollare qc (*in qc*), ammollire qc (*in qc*), ammorbidire qc (*in qc*) **3** *geh* (*lockern*) *etw* ~ {GRUNDSÄTZE, SYSTEM} minare qc; {ERSTARRTE FRONT} ammorbidire qc B itr <sein> **1** (*morastig machen*) {BODEN, ERDE} ammorbidirsi **2** (*sich lockern*) {GRUNDSÄTZE, MORAL} indebolirsi.

auf|weisen <irr> tr **1** (*über etw verfügen*) *etw* ~ {KENNTNISSE, QUALIFIKATION} poter presentare/esibire qc, essere in possesso di qc; *etw* ₁~ können₁/[aufzuweisen haben], essere in grado di presentare/esibire qc; **sie hatte sehr gute Referenzen aufzuweisen**, era in possesso di ottime referenze; **die Stadt hat viele Sehenswürdigkeiten aufzuweisen**, la città presenta molte attrattive; **große Erfolge aufzuweisen haben**, avere grossi successi al proprio attivo **2** (*erkennen lassen*) *etw* ~ presentare qc **das Obst wies schon Flecken auf**, la frutta presentava già molte macchie; **der Wagen wies nicht den kleinsten Kratzer auf**, la macchina non aveva il benché minimo graffio; **das neue Verfahren weist viele Vorzüge auf**, il nuovo procedimento presenta molti vantaggi.

auf|wenden <irr *oder* reg> tr *etw* (**für etw** akk) ~ {GELD, ZEIT} impiegare qc (*per qc*), spendere qc (*per qc*), investire qc (*per qc*): **all seine Zeit für ein Hobby ~**, impiegare tutto il proprio tempo per un hobby; **sie musste all ihren guten Willen ~, um nicht die Geduld zu verlieren**, dovette fare appello a tutta la sua buona volontà per non perdere la pazienza; **er musste seine ganze Kraft ~, um den Schrank zu verrücken**, do-

vette fare ricorso a tutta la sua forza per spostare l'armadio.

aufwendig adj → **aufwändig**.

Aufwendung <-, -en> f **1** <nur sing> (*Einsatz*) impiego m: **unter/mit ~ all seiner Beredsamkeit**, facendo appello a tutta la sua eloquenza; **bei/unter ~ hoher Kapitalien**, investendo ingenti capitali **2** <nur pl> *geh adm* (*Ausgaben*) oneri m pl, spese f pl: **hohe ~en haben**, avere spese elevate • **abzugsfähige ~en** (*im Steuerrecht*), oneri deducibili; **außerordentliche ~en**, sopravvenienze attive.

auf|werfen <irr> A tr *etw* ~ **1** (*zur Sprache bringen*) {FRAGE, PROBLEM} sollevare qc **2** (*aufschütten*) {DAMM} innalzare qc, erigere qc; {ERDE} ammucchiare qc: **aufgeworfene Erdmassen**, ammassi di terra B rfl (*sich erheben*) **sich zu etw** (dat) ~ {ZUM RICHTER, VERTEIDIGER} ergersi a qc, erigersi a qc, impancarsi a qc: **er will sich immer zum Lehrmeister ~**, sale sempre in cattedra.

auf|werten A tr **1** ökon *etw* (**um etw** akk) ~ {RENTE, WÄHRUNG} rivalutare qc (*di qc*): **die Renten sind um sechs Prozent aufgewertet worden**, le pensioni sono state rivalutate del sei per cento **2** <meist Passiv> (*höher werten*) *etw* ~ {ANSEHEN} accrescere qc, aumentare qc; {LAND, REGION, STADTTEIL} valorizzare qc: **jds Position wird aufgewertet**, il ruolo di qu viene rivalutato; *jdn* ~ {AUTOR}, rivalutare qu; **durch den Erfolg im Ausland ist seine Rolle sehr aufgewertet worden**, grazie al successo riscosso all'estero il suo ruolo è stato molto rivalutato B itr ökon {LAND} rivalutare la propria moneta.

Aufwertung f **1** ökon rivalutazione f, apprezzamento m **2** (*höhere Bewertung*) {+AUTOR, IDEOLOGIE, KUNSTRICHTUNG} rivalutazione f; {+ANSEHEN} aumento m, accrescimento m.

auf|wickeln A tr **1** (*aufrollen*) *etw* ~ {BAND, KABEL, SCHNUR} avvolgere qc, arrotolare qc; {FADEN} *auch* aggomitolare qc **2** *fam* (*aufdrehen*) **sich die Haare ~**, fare la messa in piega a qu, mettere i bigodini a qu **3** (*auseinanderwickeln*) *etw* ~ {GESCHENK, PAKET} scartare qc, aprire qc; {VERBAND} disfare qc B rfl: **sich** (dat) **die Haare ~**, mettere i bigodini, farsi la messa in piega.

Aufwiegelei <-, -en> f *pej* sobillazione f: *jdn* **wegen ~ anklagen**, accusare qu di sobillazione.

auf|wiegeln tr *jdn* (**gegen jdn/etw**) ~ {DIE ARBEITER, LEUTE GEGEN DIE REGIERUNG, MANNSCHAFT GEGEN DEN KAPITÄN} sobillare qu (*contro qu/qc*), sollevare qu (*contro qu/qc*), agitare qu (*contro qu/qc*), sommuovere qu (*contro qu/qc*); *jdn* **zu etw** (dat) ~ incitare qu a qc, istigare qu a qc: **die Leute zur Revolte ~**, istigare la gente alla rivolta; *jdn* **gegeneinander ~**, istigare gli uni/le une contro gli altri/le altre.

Aufwiegelung <-, -en> f sobillazione f, istigazione f.

auf|wiegen <irr> tr *etw* ~ {VORTEILE NACHTEILE} compensare qc, controbilanciare qc: **sein Beitrag ist mit Geld nicht aufzuwiegen**, il suo contributo non si può misurare in termini di denaro; **solche Dinge sind mit nichts aufzuwiegen**, cose simili non hanno prezzo.

Aufwiegler <-s, -> m (**Aufwieglerin** f) sobillatore (-trice) m (f), istigatore (-trice) m (f), provocatore (-trice) m (f), agitatore (-trice) m (f).

Aufwind m *meteo* corrente f (d'aria) ascensionale • (**neuen**) **~ bekommen** (*Erfolg haben*), avere il vento in poppa; **im ~ sein**, ricevere nuovo impulso; **der Wirtschaft neuen ~ verschaffen** {GUTE AUFTRAGSLAGE}, dare

nuovo impulso all'economia.

auf|wirbeln A tr <haben> **1** (*hoch~*) *etw* ~ {WIND BLÄTTER, SAND, STAUB} far mulinare/vorticare qc **2** *fig* (*auslösen*): **viel Staub ~**, sollevare un gran polverone, fare/suscitare scalpore B itr <sein> {BLÄTTER, SAND, STAUB} mulinare, vorticare.

auf|wischen tr *etw* ~ **1** (*wischend entfernen*) asciugare/raccogliere qc con uno straccio: **den verschütteten Wein ~**, asciugare il vino versato con uno straccio **2** (*putzen*) {DIELE, FUßBODEN, TREPPE} pulire qc (con lo straccio), lavare qc: **die Küche ~**, passare lo straccio in cucina.

Aufwischlappen m straccio m, cencio m *bes. tosk.*

auf|wühlen tr **1** (*aufreißen*) *etw* ~ smuovere qc; {LASTWAGEN FELDWEG} sbudellare qc; {MAULWURF ERDE} rivoltare qc **2** (*aufrühren*) *etw* ~ {STURM MEER, SEE} agitare qc **3** *fig* (*erregen*) *jdn* ~ {EINDRÜCKE ERLEBNISSE} sconvolgere qu, mettere sottosopra qu.

auf|zählen tr *jdn/etw* ~ enumerare qu/qc: **zähl mir alle Freunde auf, die da waren**, fammi la lista di tutti gli amici (che erano) presenti.

Aufzahlung f *süddt* A CH → **Aufpreis**.

Aufzählung f enumerazione f; {+NAMEN} lista f.

auf|zäumen tr *etw* ~ {PFERD} imbrigliare qc, mettere le briglie a qc • **etw verkehrt/ [von hinten] ~**, affrontare male qc.

auf|zehren tr **1** (*völlig aufbrauchen*) *etw* ~ {ERSPARNISSE, VORRÄTE} finire qc, esaurire qc **2** (*verzehren*) *jdn/etw* ~ {FIEBER, KRANKHEIT ENERGIE} consumare qu/qc, esaurire qu/qc; {PERSON} *auch* logorare qu.

auf|zeichnen A tr **1** (*aufschreiben*) *etw* ~ {EINDRÜCKE, ERINNERUNGEN, GEDANKEN} annotare qc, registrare qc **2** (*eine Skizze von etw machen*) *etw* (**auf etw** akk) ~ disegnare qc (*su qc*): **jdm den Weg ~**, fare una piantina a qu **3** (*aufnehmen*) *etw* ~ {FILM, KONZERT, SENDUNG} registrare qc B rfl sich (dat) *etw* ~ {FILM, SENDUNG} registrar(si) qc.

Aufzeichnung f **1** <meist pl> (*Notiz*) annotazione f, appunto m: **~ machen**, prendere degli appunti • <nur pl> *bes. lit* (*Tagebuchaufzeichnungen*) diario m **3** *radio TV* registrazione f; (*Sendung*) (trasmissione f in) differita f.

auf|zeigen tr *geh etw* ~ {FEHLER, MÄNGEL} (di)mostrare qc, mettere in evidenza qc: **der Forscher zeigte auf, wie schädlich diese Substanzen für die Umwelt sind**, il ricercatore ha mostrato quanto queste sostanze siano dannose per l'ambiente.

auf|ziehen[1] <irr> A tr <haben> **1** (*nach oben ziehen*) {FAHNE, SEGEL} issare qc, (inn)alzare qc **2** (*öffnen*) *etw* ~ {GARDINEN, SCHUBLADE, VORHANG} aprire qc (tirandolo); {SCHNÜRSENKEL} *auch* slacciare qc; {SCHLEIFE} disfare qc **3** (*befestigen*) *etw* (**auf etw** akk) ~ mettere qc a/su qc, montare qc su qc: **eine Leinwand auf den Rahmen ~**, tendere una tela (fissandola) sul telaio; **Schneeketten ~**, mettere/montare le catene (da neve); **neue Saiten auf die Geige ~**, mettere delle corde nuove al violino **4** (*die Feder spannen*) *etw* ~ {UHR, UHRWERK} caricare qc **5** *med* (*füllen*) *etw* ~ {LÖSUNG AUS EINER AMPULLE} aspirare qc: **eine Spritze ~**, riempire una siringa **6** (*Gestricktes auftrennen*) *etw* ~ {ÄRMEL, PULLOVER} disfare qc B itr <sein> **1** (*aufkommen*) {GEWITTER, WOLKEN} avvicinarsi, arrivare, sopraggiungere **2** *mil* (*irgendwo*) ~ {POSTEN, WACHE} montare (+ *compl di luogo*).

auf|ziehen[2] <irr> tr **1** (*großziehen*) *jdn/*

auf|ziehen etw (*irgendwie*) ~ {KIND, TIERBABY LIEBEVOLL} allevare/crescere/[tirare su] *qu/qc* + *compl di modo* **2** *agr* etw ~ {PFLANZEN} coltivare *qc*.

auf|ziehen③ <irr> *tr fam* (*necken*) jdn (mit etw dat/wegen etw gen oder fam dat) – prendere in giro *qu* (*per qc*) *fam*: **alle ziehen ihn wegen/mit seinen roten Haaren auf**, tutti lo prendono in giro per i suoi capelli rossi.

auf|ziehen④ <irr> *tr fam* <haben> (*organisieren*) etw ~ {FEST, VERANSTALTUNG} mettere in piedi *qc fam*, organizzare *qc*: **etw ganz groß ~ {PARTY}**, organizzare *qc* in grande (stile).

Aufzucht <-, -en> *f <meist sing> zoo* (*von Fohlen, Küken, Rindern*) allevamento m; (*von Kindern*) tirare m su *qu*, crescere m *qu*.

Aufzug① <-(e)s, Aufzüge> m **1** (*Fahrstuhl*) ascensore m **2** (*Lastenaufzug*) montacarichi m.

Aufzug② <-(e)s, Aufzüge> m **1** *theat* atto m **2** <*nur sing*> *pej* (*Aufmachung*) look m, tenuta f, mise f: **ein lächerlicher/unmöglicher ~**, un look ridicolo/improbabile; **du willst doch wohl nicht in solch einem ~ erscheinen?!**, non ti vorrai mica presentare con quella mise?!

Aufzug③ <-(e)s, Aufzüge> m **1** <*nur sing*> (*das Aufziehen*) {+GEWITTER, WOLKEN} sopraggiungere m **2** *mil* {+WACHE} disporsi m **3** (*Festzug*) corteo m, sfilata f.

Aufzugschacht, Aufzugsschacht m vano m ascensore.

auf|zwingen <irr> **A** *tr* **jdm etw ~ 1** (*aufdrängen*) {ARTIKEL, WARE} costringere *qu* a comprare *qc*: **der Verkäufer hat uns praktisch den Teppich aufgezwungen**, il commesso ha praticamente costretti (-e) a comprare il tappeto; {RAT} costringere/obbligare *qu* ad accettare *qc*; {HILFE} *auch* imporre *qc* a *qu* **2** (*jdn gewaltsam zu etw zwingen*) {HERRSCHAFT, FREMDE KULTUR} imporre *qc* a *qu*: **jdm seinen Willen ~**, imporre a *qu* la propria volontà **B** *rfl* **sich jdm ~** {GEDANKE} imporsi alla mente di *qu*.

Aug. *Abk von* August: Ag. (*Abk von* agosto).

Augapfel m *anat* globo m/bulbo m oculare ● **jdn wie seinen ~ hüten** {BABY, ENKELKIN}, amare *qu* come la pupilla dei propri occhi, tenere a *qu* come ai propri occhi; **etw wie seinen ~ hüten** {ANDENKEN, SCHMUCK}, tenere *qc* come una reliquia, custodire gelosamente *qc*.

Auge <-s, -n> n **1** *anat* occhio m: **blaue/graue ~n haben**, avere gli occhi azzurri/grigi; **blutunterlaufene/[tief liegende] ~n**, occhi ⌊iniettati di sangue⌋/[infossati]; **meine ~n brennen/tränen**, mi bruciano/lacrimano gli occhi; **glänzende/leuchtende/strahlende ~n**, occhi ⌊che brillano⌋/[luminosi]/[raggianti]; **große/runde/mandelförmige ~n**, occhi grandi/(ro)tondi/[a mandorla]; **sanfte/traurige ~n haben**, avere gli occhi miti/tristi, avere lo sguardo mite/triste; **gute ~n haben**, avere gli occhi buoni, avere la vista buona; **schlechte ~n haben**, avere la vista debole, non avere gli occhi buoni, non vedere bene **2** (*Punkte einer Spielkarte oder auf dem Würfel*) punto m **3** *bot* (*bes. bei Kartoffeln*) occhio m, gemma f, bottone m **4** *arch* (*Kuppelöffnung*) occhio m **5** (*Fettauge*) occhio m (del brodo) ● **jdm etw von den ~ ablesen** {BITTE, WUNSCH}, leggere *qc* ⌊negli occhi⌋/[nello sguardo] di *qu*; **~ auf!** (*Achtung!*), occhio!; **jdm gehen die ~n auf**, ⌊*qu* apre⌋/[a *qu* si aprono] gli occhi; **früher oder später werden ihm noch die ~n aufgehen**, prima o poi aprirà gli occhi; **die ~n aufschlagen** *geh*, aprire gli occhi; **jd möchte jdm (am liebsten) die ~n auskratzen** *fam*, *qu* vorrebbe cavare gli occhi a *qu*; **sich (dat) die ~n ausweinen** *fam*, piangere/versare tutte le proprie lacrime; **jdn/etw im ~ behalten**, tener d'occhio *qu/qc*, non perdere di vista *qu/qc*; **das ~ beleidigen**, essere un pugno in un occhio, essere un insulto al buon gusto; **ein blaues ~**, un occhio nero/pesto; **da bleibt kein ~ trocken** *fam* (*vor Vergnügen*), tutti ridono fino alle lacrime; (*vor Traurigkeit*), nessuno riesce a trattenere le lacrime; (*da bleibt keiner verschont*), si salvi chi può!; **auf einem ~ blind sein**, essere cieco da un occhio; **auf dem ~ ist er/sie blind**, da quell'orecchio non ci sente; **auf beiden ~n blind sein**, non c'è peggior sordo di chi non vuol sentire *prov*; **mit bloßem ~** {ERKENNEN, SEHEN}, a occhio nudo; **mit einem blauen ~ davonkommen** *fam*, cavarsela a buon mercato *fam*; **jdm etw aufs ~ drücken** *fam* {EINE UNANGENEHME ARBEIT, DIE VERANTWORTUNG}, ammollare *qc* a *qu fam*, appioppare *qc* a *qu fam*; **etw ins ~ fassen** (*sich etw vornehmen*), avere in programma *qc*; (*etw erwägen*), pensare a *qc*, prendere in considerazione *qc*; **jdm etw vor ~n führen** (*jdm etw klarmachen*), fare presente *qc* a *qu*; (*zeigen*) {FILM DEN ZUSCHAUERN, GESCHICHTE DEN LESERN}, fare vedere *qc* a *qu*; **sich (dat) etw vor ~n führen**, tenere presente *qc*, avere ben chiaro (-a) (*davanti agli occhi*) *qc*, rendersi conto di *qc*; **sich (pl) ~ in ~ gegenüberstehen**, essere faccia a faccia con *qu*, guardarsi dritto negli occhi; **jdm aus den ~n gehen**, non farsi più vedere/trovare da *qu*; **geh mir aus den ~n!**, non farti più vedere!, levati di torno!, togliti dai piedi! *fam*; **das kann (leicht) ins ~ gehen** *fam*, può ⌊andare a finir male⌋/[finire tutto a puttane] *fam*; **etw mit eigenen ~n gesehen haben**, aver visto *qc* con i propri occhi; **jdm zu tief in die ~n gesehen haben** (*sich in jdn verliebt haben*), essersi preso una cotta per *qu*; **das ~ des Gesetzes** *scherz* (*die Polizei*), il braccio della legge; **ein geübtes/geschultes ~ haben**, aver l'occhio allenato; **große ~n machen**, fare tanto d'occhi *fam*, sgranare/sbarrare gli occhi; **ein (wachsames) ~ auf jdn/etw haben** (*aufpassen*), tenere d'occhio *qu/qc*; **ein ~ auf das Kind haben**, tenere d'occhio il/la bambino (-a); **ein ~ auf die Neue haben** (*begehren*), aver messo gli occhi sulla nuova collega; **etw im ~ haben** {INSEKT, STAUBKORN}, avere *qc* nell'occhio; (*etw im Sinn haben*) {SEINEN EIGENEN VORTEIL}, guardare solo a *qc*; {EIN BESTIMMTES MODELL}, aver pensato a *qc* di preciso; **für etw (akk) ein ~ haben**, avere buon occhio per *qc*; **nur ~n für jdn haben**, non aver occhi che per *qu*, aver occhi solo per *qu*; **hinten keine ~n haben** *fam*, non avere gli occhi dietro, non poter vedere dietro le proprie spalle; **in jds ~n**, agli occhi di *qu*; **jdm nicht mehr unter die ~n kommen/treten**, non farsi più vedere da *qu*; **der soll mir bloß nicht mehr unter die ~n kommen!**, che non si faccia più vedere!, non deve più capitarmi ⌊sotto gli occhi⌋/[a tiro]!; **keine ~n im Kopf haben**, essere cieco; **ich hab doch ~n im Kopf!**, non sono mica cieco (-a)!; **hast du keine ~n im Kopf?**, ma dove ce li hai gli occhi?, sei cieco (-a)?, non ci vedi?; **jdm fallen fast die ~n aus dem Kopf** *fam*, a *qu* escono gli occhi fuori dalle orbite; **sich (dat) nach jdm die ~n aus dem Kopf schauen/sehen** (*angestrengt suchen*), consumarsi la vista a forza di cercare *qu*; (*glotzen*) **der schaut sich ja die ~n aus dem Kopf!**, ma guarda quello com'è imbambolato!; **sich (dat) (wegen jdm) die ~n aus dem Kopf weinen**, versare tutte le proprie lacrime (per *qu*), non avere più occhi per piangere; **mit einem lachenden und einem weinenden ~**, con un occhio che ride e uno che piange, contento a metà; **jdn nicht aus den ~n lassen**, non perdere *qu* ⌊d'occhio⌋/[di vista]; **~n haben wie ein Luchs**, avere ⌊occhi di falco/lince⌋/[una vista d'aquila]; **die/jds ~n sind größer als der Magen**, *qu* ha gli occhi più grandi della pancia; **magisches ~** {+RADIO}, occhio magico; **das ~ isst mit**, l'occhio vuole la sua parte; **die ~n auf null stellen** *euph*, tirare le cuoia; **die ~n offen halten**, tenere gli occhi aperti, stare in guardia; **jdm die ~n (über jdn/etw) öffnen** (*jdn aufklären*), aprire gli occhi a *qu* (su *qu/qc*); **jdm die ~n für etw (akk) öffnen** (*jdn in etw einführen*), far scoprire *qc* a *qu*; **sich (dat) die ~n reiben**, fregarsi/stropicciarsi gli occhi; **so weit das ~ reicht**, a perdita d'occhio; **ein ~ riskieren**, lanciare un'occhiata/uno sguardo; **die/[mit den] ~n rollen**, roteare gli occhi; (*vor Ärger, Ungeduld*) alzare gli occhi al cielo; **ein ~ voll Schlaf nehmen**, fare/schiacciare *fam* una dormitina/un pisolino; **mit offenen ~n schlafen**, dormire a occhi aperti; **jdm schöne ~n machen** *fam*, fare gli occhi dolci a *qu*; **jdm wird schwarz vor ~n**, *qu* sta per svenire; **etw (dat) ins ~ sehen** (*einer Gefahr, der Wirklichkeit*), guardare in faccia *qc*; **etw mit anderen/neuen ~n sehen**, vedere *qc* con ⌊altri occhi⌋/[occhi nuovi]; **jdm nicht (gerade) in die ~n sehen können**, non riuscire a guardare *qu* negli occhi; **kaum aus den ~n sehen können** *fam*, riuscire a malapena a tenere aperti gli occhi; **sehenden ~s in sein Verderben rennen** *geh*, andare coscientemente verso la (propria) rovina; **ins ~ springen/fallen**, balzare agli occhi; **ins ~ stechen**, dare nell'occhio; **seinen ~n nicht/kaum trauen**, non credere ai propri occhi; **mit offenen ~n träumen**, sognare a occhi aperti; **jdm nicht mehr unter die ~n treten können**, non avere più il coraggio di comparire davanti a *qu*; **etw nicht nur um jds schöner blauer ~n tun**, fare *qc* non solo per i begli occhi di *qu*; **seine ~n überall haben** *fam*, vedere tutto; **die Kindergärtnerin muss ihre ~n überall haben**, la maestra dell'asilo deve avere cent'occhi; **jdm gehen die ~n über** *fam*, *qu* non crede ai propri occhi (*dalla gioia*), *qu* fa tanto d'occhi, *qu* sgrana gli occhi; **unter jds ~n**, sotto gli occhi di *qu*; **mit verbundenen ~n**, a occhi bendati; **jdn/etw mit verbundenen ~n erkennen**, riconoscere *qu/qc* a occhi bendati; **sich (dat) die ~n verderben**, rovinarsi gli occhi/la vista; **die ~n verdrehen**, stralunare/strabuzzare gli occhi; (*vor Ärger, Genervtsein, Ungeduld*), alzare gli occhi al cielo; **jdn aus den ~n verlieren**, perdere di vista *qu*; **die ~n vor etw (dat) verschließen**, chiudere gli occhi davanti a *qc*; **jdn/etw mit den ~n verschlingen**, mangiarsi *qu/qc* con gli occhi; **verweinte ~n haben**, avere gli occhi gonfi/rossi di pianto; **unter vier ~n**, a quattr'occhi, in separata sede; **vor jds ~n**, ⌊sotto gli⌋/[davanti agli] occhi di *qu*; **sie haben das Kind vor seinen ~n entführt**, gli hanno portato via il bambino sotto agli occhi; **vor aller ~n**, sotto gli occhi di tutti; **ein ~ auf jdn/etw werfen**, mettere gli occhi su *qu/qc*; **wo hast du denn deine ~n?**, ma dove ce li hai gli occhi?; **~ um ~, Zahn um Zahn** *bibl*, occhio per occhio, dente per dente; **~ zu und durch!** *fam*, forza e coraggio!; ⌊**ein ~**⌋/[**beide ~n**] **zudrücken**, chiudere un occhio; **kein ~ zutun** *fam*, non chiudere occhio; **er hat die ganze Nacht kein ~ zugetan**, stanotte non ha chiuso occhio; **mit den ~n zwinkern**, ammiccare con gli occhi; **aus den ~n, aus dem Sinn** *prov*, lontano dagli occhi lontano dal cuore *prov*; **vier ~n sehen mehr als zwei** *prov*, quattro occhi vedono meglio di due *prov*.

äugen itr (*irgendwie*) ~ {AUFMERKSAM, MISSTRAUISCH, VORSICHTIG} lanciare uno sguardo + *adj*, guardare + *compl di modo*.

Augenarzt m (**Augenärztin** f) oculista mf, oftalmologo (-a) m (f) *wiss*.

Augenaufschlag m sguardo m: **mit einem unschuldigen ~**, alzando gli occhi con aria innocente.

Augenbank <-, -en> f *med* banca f degli occhi.

Augenblick m momento m, istante m, attimo m: **im ~**, al momento, in questo momento; **in diesem ~**, in questo istante; **im ersten ~**, lì per lì, sul momento, in un primo momento; **vom ersten ~ an**, (fin) dal primo momento/istante; **im nächsten ~**, un istante/attimo dopo; **im letzten ~**, all'ultimo momento; **einen ~, bitte!**, un momento/attimo/istante, per favore!; **~ mal!** *fam*, un momento!; **sie können jeden ~ kommen**, possono arrivare da un momento all'altro; **er kam im ungeeignetsten ~**, arrivò nel momento meno opportuno; **keinen ~ Ruhe haben**, non avere un attimo di pace ● **alle ~e**, ogni momento.

augenblicklich A *adj* 1 <attr> (*momentan*) {ZUSTAND} attuale: **die ~e Lage ist sehr zufrieden stellend**, la situazione attuale è molto soddisfacente 2 (*sofortig*) {ANTWORT, ENTSCHEIDUNG} istantaneo, immediato: **sie brauchen ~e Hilfe**, hanno bisogno di (un) aiuto immediato B *adv* 1 (*gegenwärtig*) al momento, attualmente: **bei wem ist er ~ beschäftigt?**, da chi lavora al momento?; **sie ist ~ nicht im Haus**, al momento non è in casa/sede 2 (*sofort*) subito, immediatamente: **die Sache muss ~ erledigt werden**, la faccenda deve essere sbrigata subito; **sei ~ still!**, taci immediatamente!

Augenblicksbildung f parole f pl create ad hoc.

Augenblickserfolg m successo m effimero/transitorio.

Augenbraue f sopracciglio m: **buschige/ dichte ~n haben**, avere le sopracciglia cespugliose/folte; **sich** (dat) **die ~n zupfen**, farsi le sopracciglia.

Augenbrauenstift m matita f per sopracciglia.

Augendeckel m *fam* palpebra f superiore.

Augendiagnose f *med* iridologia f.

Augendiagnostiker m (**Augendiagnostikerin** f) *med* iridologo (-a) m (f).

augenfällig *adj* evidente, palese, che salta agli occhi; {ZUSAMMENHANG} *auch* lampante; (*auffällig*) vistoso.

Augenfarbe f colore m degli occhi.

Augenflimmern <-s, ohne pl> n *med* oscillopsia f.

Augenheilkunde <-, ohne pl> f *med* oculistica f, oftalmologia f *wiss*.

Augenhöhe f: **in ~**, all'altezza degli occhi; **auf ~** {MIT JDM DISKUTIEREN, VERHANDELN} da pari a pari.

Augenhöhle f orbita f, cavità f oculare.

Augenklappe f benda f (per gli occhi).

Augenklinik f clinica f oculistica/oftalmica.

Augenkrankheit f, **Augenleiden** n malattia f degli occhi.

Augenlicht <-(e)s, ohne pl> n *geh* vista f.

Augenlid n *anat* palpebra f.

Augenmaß <-es, ohne pl> n 1 (*Fähigkeit, Entfernungen abzuschätzen*) occhio m, capacità f di misurare a occhio: **nach ~**, a occhio 2 (*Einschätzungsgabe*) colpo m d'occhio, capacità f di valutazione: **ihm fehlt das richtige ~, um die Situation korrekt einschätzen zu können**, gli manca il colpo d'occhio per giudicare correttamente la situazione ● **ein gutes ~ haben** (*für Entfernungen*), avere (buon) occhio; (*etw einschätzen können*), avere l'occhio clinico.

Augenmerk <-(e)s, ohne pl> n attenzione f: **sein ~ auf etw** (akk) **richten/lenken**, rivolgere l'attenzione a/verso qc; **sie konzentriert ihr ~ im Moment ganz auf dieses Problem**, la sua attenzione al momento è tutta rivolta a questo problema.

Augennerv m *anat* nervo m ottico.

Augenoptiker m (**Augenoptikerin** f) ottico (-a) m (f).

Augenpaar n *geh* paio m d'occhi.

Augenpflege f cura f degli occhi.

Augenränder subst <nur pl> contorno m degli occhi.

Augenringe subst <nur pl>, **Augenschatten** subst <nur pl> occhiaie f pl.

Augenschein <-s, ohne pl> m *geh* apparenza f: **der ~ spricht gegen ihn**, le apparenze sono contro di lui; **der ~ kann trügen**, l'apparenza inganna ● **es hat den ~, dass ...**, sembra/sembrerebbe che ... *konjv*; **dem ~ nach**, in/[stando all'] apparenza; **jdn/etw in ~ nehmen** *geh*, esaminare attentamente qu/qc; **sich durch ~ von etw** (dat) **überzeugen**, accertarsi personalmente di qc; **nach bloßem ~ urteilen**, giudicare soltanto dalla/ [in base alla] apparenza.

augenscheinlich *geh* A *adj* {MANGEL, NACHTEIL, VORTEIL} manifesto, palese, evidente, lampante: **es war ~, dass er zu keinem Kompromiss bereit war**, era palese/lampante che non era disposto ad alcun compromesso B *adv* {SICH IRREN} manifestamente; {FALSCH, KRANK SEIN} evidentemente, palesemente: **wir hatten uns ~ verfahren**, avevamo evidentemente/[era evidente/palese che avevamo] sbagliato strada; **sie war (ganz) ~ schlechter Laune**, era manifestamente di cattivo umore.

Augenschmaus m *scherz* → **Augenweide**.

Augenstern m *poet* pupilla f: **das Enkelkind war sein ~**, il nipotino era la luce dei suoi occhi.

Augentropfen subst <nur pl> *pharm* collirio m, gocce f pl per gli occhi.

Augentrost m *bot* eufrasia f.

Augenweide f delizia f/gioia f per gli occhi: **mit seinen langen, fettigen Haaren ist er nicht gerade eine ~**, con quei capelli lunghi e unti non è esattamente una delizia.

Augenwimper f ciglio m.

Augenwinkel m coda f dell'occhio: **jdn/ etw aus dem ~ beobachten/sehen**, osservare/vedere qu/qc con la coda dell'occhio.

Augenwischerei <-, -en> f *fam pej* fumo m/polvere f negli occhi: **mit jdm ~ betreiben**, gettare polvere negli occhi a qu; **das ist doch alles (nur) ~!**, non è altro che fumo/ polvere negli occhi!

Augenzeuge m (**Augenzeugin** f) testimone mf oculare: **ich war selbst ~**, ho assistito di persona/[personalmente] alla scena, sono stato testimone con i miei occhi.

Augenzeugenbericht m: **nach ~en**, secondo testimoni oculari; **aus ~en geht hervor, dass ...**, secondo quanto riferiscono testimoni oculari ...

Augenzwinkern <-s, ohne pl> n strizzat(in)a f d'occhio, ammiccamento m: **sich durch ~ verständigen**, intendersi con una strizzatina d'occhio/[l'occhiolino].

augenzwinkernd *adv* {ANSEHEN, ZUPROSTEN} strizzando l'occhio, facendo l'occhiolino, gli manca il colpo d'occhio per ... lino.

Augiasstall <-(e)s, ohne pl> m *geh* stalle f pl di Augia: **den ~ ausmisten/reinigen** *geh*, fare pulizia, mettere ordine.

Äuglein <-s, -> n *dim von* Auge occhietto m, occhiolino m.

au gratin *adv gastr* al gratin, gratinato.

Augsburg <-s, ohne pl> n *geog* Augusta f.

Augur m 1 *hist* augure m 2 *geh oft iron* (*Eingeweihter, der Urteile über bestimmte Entwicklungen abgibt*) augure m, profeta m.

Augurenlächeln n *geh* sorriso m augurale.

August① m (*Vorname*) Augusto ● **dummer ~**, pagliaccio, buffone.

August② <-(e)s oder -, -e> m agosto m: **wir fahren am 15. ~ ans Meer**, il 15 agosto/[a ferragosto] partiamo per il mare; → *auch* **September**.

Augustiner <-s, -> m (**Augustinerin** f) *relig* agostiniano (-a) m (f).

Augustinerorden m *relig* ordine m agostiniano.

Auktion <-, -en> f asta f (pubblica), (vendita f all') incanto m *jur*: **etw auf einer ~ ersteigern**, comprare qc all'asta/incanto; **etw auf einer ~ versteigern lassen**, mettere qc all'asta/incanto.

Auktionator <-s, -en> m (**Auktionatorin** f) banditore (-trice) m (f) di aste.

Auktionshaus n casa f d'aste.

Auktionskatalog m catalogo m di un'asta.

Aula <-, Aulen *oder* -s> f *Schule univ* aula f magna.

Au-pair-Mädchen n ragazza f alla pari/[au pair].

Au-pair-Stelle f posto m di ragazza alla pari.

Aura <-, ohne pl> f *geh* aura f.

Aureole <-, -n> f 1 *geh* aureola f 2 *meteo* alone m.

Aurikel <-, -n> f *bot* auricola f, orecchio m d'orso.

aurikular, **aurikulär** *adj geh med* auricolare.

Aurora① <-, ohne pl> f *myth* (*Göttin*) Aurora f.

Aurora② <-, ohne pl> f *lit* (*Morgenröte*) aurora f.

aus① *präp* + *dat* 1 (*räumlich: von innen nach außen*) da, di: **ein Buch aus dem Regal nehmen**, prendere un libro dallo scaffale; **eine Flasche Wein aus dem Keller holen**, prendere una bottiglia di vino dalla/in cantina; **aus der Flasche/dem Glas trinken**, bere alla bottiglia/[nel bicchiere]; **aus der Hand fressen**, mangiare dalla mano; **aus dem Haus gehen**, uscire di casa; **nimm ihm das Messer aus der Hand!**, levagli/togligli il coltello di mano!; **aus der Nase bluten**, sanguinare dal naso; **sie haben ihr die Tasche aus der Hand gerissen**, le hanno strappato la borsa di mano 2 (*Herkunft*) da, di: **sie kommt/ist aus Berlin**, è (originaria) di Berlino, è berlinese, viene da Berlino; **sie sind aus der ehemaligen DDR**, sono della ex RDT; **aus gutem Hause**, di buona famiglia; **aus aller Herren Länder**, da ogni dove; da tutti i paesi del mondo; **aus großer Höhe abstürzen**, precipitare da alta quota; **sie ist hier aus der Nähe**, lei è di qui vicino/ [queste parti]; **der Zug aus München**, il treno proveniente da Monaco 3 (*aus etw hergestellt*) di, in: **aus Eisen/Kunststoff**, di ferro/ [materiale sintetico]; **eine Figur aus Holz**, una statuetta in/di legno/[lignea]; **die Jacke ist aus reiner Seide**, la giacca è di/in pura seta; **der Tisch ist aus Kirschbaum**, il tavolo è di ciliegio; **ist der Ring aus Gold?**, è d'oro l'anello? **4** (*Teil eines Ganzen*) di: **nur einige Artikel aus dem reichhaltigen Angebot**, solo alcuni articoli dell'ampia gamma; **mir fehlt noch ein Band aus der Reihe**, mi manca ancora un volume di quella collana; **einer aus der Runde fehlte**, uno della cerchia mancava **5** (*Grund*) per: **aus Angst/Eifersucht/Liebe**, per paura/gelosia/amore; **aus welchem Grund hast du ihm das gesagt?**, per quale motivo gliel'hai detto?; **aus Mangel an Geld**, per mancanza di denaro; **das habe ich doch nur aus Spaß gesagt**, ma l'ho detto solo per scherzo; **sie hat aus Verlegenheit geschwiegen**, ha taciuto per (l')imbarazzo; **sie hat das nur aus einer Laune heraus getan**, l'ha fatto semplicemente per un capriccio; **er hat aus einer Notlage heraus gehandelt**, ha agito spinto dal bisogno **6** (*Verwandlungsprozess*) da: **aus dem Trieb wird eine neue Pflanze**, dal germoglio nasce una nuova pianta; **eine Übersetzung aus dem Italienischen ins Deutsche**, una traduzione dall'italiano al tedesco; **was soll nur aus dir werden?**, che (cosa) ne sarà di te?; **was ist eigentlich aus Karl geworden?**, che ne è (stato) di Karl? **7** (*räumlich: aus einer bestimmten Entfernung*) da: **aus weiter Ferne**, da ₋molto lontano₋/[lontanissimo]; **sie hatte ihn schon aus einiger Entfernung erkannt**, l'aveva riconosciuto già da una certa distanza; **sie haben aus nächster Nähe geschossen**, hanno sparato da distanza molto ravvicinata **8** (*zeitlicher Ursprung*) di: **ein Bild aus dem 18. Jahrhundert**, un quadro del Settecento; **ein Manifest aus dem Jahre 1843**, un manifesto del(l'anno) 1843; **Aufnahmen aus der Kinderzeit**, foto degli anni d'infanzia.

aus② *adv* **1** (*imperativisch: ausschalten*): **bitte Licht aus!**, (spegnere) la luce/le luci per favore!; **Motor aus!**, spegnere il motore! **2** (*von etw ausgehend*) da: **von Frankfurt aus fahren wir weiter nach Köln**, da Francoforte proseguiamo per Colonia; **von hier aus**, da qui ● **bei jdm aus und ein gehen**, essere di casa da qu; **es ist aus (und vorbei) mit etw** (*dat*), è finita (con qc); **mit dem Betrieb ist es aus**, l'impresa è finita; **mit dem schönen Leben wird es bald aus und vorbei sein**, la bella vita finirà presto; **etw von sich aus tun**, fare qc di propria iniziativa; **von mir aus** *fam* (*meinetwegen*), per me, per conto mio; (*was mich betrifft*), per me, per quanto mi riguarda; **von mir aus können wir gerne noch ein Stück spazieren gehen**, ₋per me non ci sono problemi se facciamo₋/[per quanto mi riguarda faccio volentieri] ancora una passeggiatina/giratina; **von mir aus gern!**, per me volentieri!; **von mir aus könnt ihr ins Kino gehen**, per me, potete andare al cinema; **darf/kann ich dein Fahrrad nehmen? – Von mir aus!**, posso prendere la tua bici? – Fai pure!; **weder ein noch aus wissen**, non sapere ₋dove sbattere la testa₋/[a che santo votarsi].

Aus <-, *ohne pl*> *n* **1** *Tennis* out *m*: **den Ball ins Aus schießen** *Fußball*, tirare il pallone fuori (campo) **2** *fam* (*Ende*) fine *f*: **das ist das Aus für den Betrieb**, questa è la fine dell'azienda; **das bedeutet das Aus für seine Karriere**, ciò significa la fine della sua carriera; **für jdn/etw kommt das Aus**, per qu/qc arriva la fine; **für die Kohlebergwerke ist das endgültige Aus gekommen**, per le miniere di carbone è definitivamente arrivata la fine.

aus|arbeiten *tr etw* ~ {Aufsatz} svolgere *qc*; {Artikel, Rede} elaborare *qc*; {Plan} *auch* mettere a punto *qc*; **etw sorg-** **fältig/[im Detail]** ~, elaborare *qc* ₋con cura₋/[nei dettagli].

Ausarbeitung <-, -en> *f* {+Artikel, Rede, Vortrag} elaborazione *f*; {+Plan} *auch* messa *f* a punto.

aus|arten *itr* <*sein*> **1** *pej* (*ins Negative umschlagen*) (*in etw* akk/*zu etw* dat) ~ {Fest, Party in ein, zu einem Trinkgelage, in eine, zu einer Schlägerei} degenerare (*in qc*), trasformarsi *in qc*, andare a finire *in qc*: **der Wortwechsel ist** ₋**in einen**₋/[**zu einem**] **wilden Streit ausgeartet**, il battibecco è degenerato in una lite furibonda **2** (*sich danebenbenehmen*) comportarsi male: **wenn sie ein bisschen getrunken hat, artet sie aus**, quando è alticcia non conosce limiti.

aus|atmen A *tr etw* ~ {Luft} espirare *qc* **B** *itr* espirare: **kräftig/langsam durch den Mund** ~, espirare ₋a fondo₋/[lentamente] dalla bocca.

aus|baden *tr fam etw* ~ (**müssen**) {Fehler eines anderen} (dover) fare le spese *di qc fam*, (dover) pagare le conseguenze *di qc*.

aus|baggern *tr etw* ~ **1** (*eine Vertiefung herstellen*) {Grube, Loch} scavare *qc*, escavare *qc* **2** (*ausheben*) {Flussbett} dragare *qc*.

Ausbaggerung <-, -en> *f* **1** (*das Ausbaggern*) {+Grube, Loch} escavazione *f*, scavatura *f* **2** (*das Ausheben*) {+Flussbett} draggaggio *m*.

aus|balancieren <*ohne* ge-> *tr etw* ~ {Meinungen} equilibrare *qc*; {Gewicht, Kräfte} *auch* bilanciare *qc*; {Interessen} conciliare *qc*.

Ausbalancierung <-, -en> *f* <*meist sing*> equilibramento *m*: **eine** ~ **der Interessen versuchen**, tentare di conciliare gli interessi.

aus|baldowern <*ohne* ge-> *tr fam etw* ~ {Schlupfwinkel, Versteck} riuscire a scoprire *qc*, scovare *qc fam*.

Ausbau <-(e)s, *ohne pl*> *m* **1** *tech* {+Bremsen, Kardanwelle, Motor} smontaggio *m* **2** *bau* (*Verbesserung*) {+Infrastrukturelle Einrichtungen} ampliamento *m*, sviluppo *m*, potenziamento *m*: ~ **der Autobahn**, ampliamento dell'autostrada **3** *bau* (*Erweiterung der Wohnfläche*) {+Erdgeschoss, Schlaf-, Wohnzimmer} ampliamento *m*, ingrandimento *m* **4** *bau* (*Umgestaltung in Wohnfläche*) {+Dachboden, Keller} trasformazione *f*: **die Genehmigung für den** ~ **der Scheune erhalten**, ottenere il permesso per la trasformazione/l'adattamento del fienile **5** (*Erweiterung*) {+Branche, Industriezweig} potenziamento *m*, sviluppo *m*, espansione *f*; {+Produktion} incremento *m* **6** (*Vertiefung*) {+Beziehungen, Freundschaft} consolidamento *m* **7** (*Vergrößerung*) {+Machtposition, Vorsprung} consolidamento *m*, rinforzamento *m*.

aus|bauchen A *tr etw* ~ {Kupferkessel} bombare *qc* **B** *rfl sich* ~ {Segel} gonfiarsi.

aus|bauen A *tr etw* ~ **1** *tech* {Bremsen, Kardanwelle, Motorblock} smontare *qc* **2** *bau* (*erweitern*) *etw* ~ {Eisenbahnnetz, Straßennetz} ampliare *qc*, potenziare *qc*, sviluppare *qc*: **die Straße ist nicht ausgebaut**, la strada non è asfaltata; **diese Bahnstrecke ist nicht gut ausgebaut**, questo tratto ferroviario non è molto sviluppato **3** (*vertiefen*) *etw* ~ {Freundschaft} consolidare *qc*; {Beziehung} *auch* intensificare *qc*; {Aufsatz, Idee} approfondire *qc*, sviluppare ulteriormente *qc* **4** (*vergrößern*) *etw* ~ {Machtposition, Vorsprung} consolidare *qc*, rinforzare *qc*; {Markt} potenziare *qc*, estendere *qc* **5** (*steigen*) *etw* ~ {Produktion} incrementare *qc* **6** *bau* (*umstrukturieren*) *etw* (*zu etw* dat) ~ {Alten Bahnhof, stillgelegte Fabrik zu einem Kino, Museum} trasformare *qc in qc*, adattare *qc a qc* **7** *bau* (*die bewohnte Fläche erweitern*) *etw* ~ {Schlafzimmer, ersten Stock, Wohnzimmer} ampliare *qc*, ingrandire *qc* **8** *bau* (*unbewohnte Fläche bewohnbar machen*) *etw* (*zu etw* dat) ~ {Keller, Scheune in eine Wohnung} trasformare *qc in qc*: **wir wollen unseren Dachboden** ~, vogliamo ristrutturare la soffitta e renderla abitabile **B** *itr bau* (*die bewohnte Fläche erweitern*) fare lavori di ampliamento/ingrandimento.

ausbaufähig *adj* **1** (*kann vergrößert werden könnend*) {Straßennetz} ampliabile, che si può ampliare/potenziare; {Branche, Industrie} potenziabile, che si può potenziare/sviluppare; {Position, Vorsprung} consolidabile, che si può consolidare/rinforzare: **die wirtschaftlichen Beziehungen mit diesem Land sind durchaus** ~, i rapporti economici con questo paese possono senz'altro essere consolidati; **der asiatische Markt ist noch sehr** ~, il mercato asiatico offre ancora ampi margini di incremento **2** (*verbesserungsfähig*) {Aufsatz, Idee} che può essere perfezionato: **eine ~e Position**, una posizione che offre buone prospettive di carriera.

Ausbauwohnung *f* appartamento *m* ricavato ampliando uno spazio già esistente.

aus|bedingen <*bedingt aus, bedingte aus oder bedang aus, ausbedungen*> *rfl geh sich* (*dat*) *etw* ~ riservarsi *qc*: **sich Bedenkzeit** ~, chiedere tempo per riflettere; **sich das Recht** ~, *etw zu tun*, riservarsi il diritto di fare *qc*; **ich bedinge mir Pünktlichkeit aus**, pongo come condizione la puntualità.

aus|beißen <*irr*> *rfl sich* (*dat*) **einen Zahn** ~, spezzarsi un dente mordendo/masticando.

aus|bessern *tr etw* ~ {Dach, Zaun} riparare *qc*, aggiustare *qc*, sistemare *qc*; {Socken, Strümpfe} rammendare *qc*; {Hose, Kleid} *auch* rattoppare *qc*: **die Schlaglöcher sind notdürftig ausgebessert worden**, le buche per strada sono state rattoppate alla meno peggio.

Ausbesserung <-, -en> *f* {+Dach, Straßendecke} riparazione *f*; {+Socken, Strümpfe} rammendo *m a qc*; {+Hose, Kleid, Riss} *auch* rattoppo *m a qc*.

Ausbesserungsarbeit *f* <*meist pl*> (lavoro *m* di) riparazione *f*.

ausbesserungsbedürftig *adj* <*meist präd*> {Dach, Möbel} che necessita di riparazioni, che deve essere riparato, che è da riparare; {Socken} che deve essere rammendato; {Pullover} *auch* che deve essere rattoppato.

aus|beulen A *tr* **1** (*verformen*) *etw* ~ {Hosenbein, Jackentasche} sformare *qc*: **die Ärmel an dem Pullover sind schon völlig ausgebeult**, le maniche del golf sono già completamente sformate **2** (*die Beulen beseitigen*) *etw* ~ {Blech, Karosserie} raddrizzare *qc*; {Hut} ridare forma *a qc* **B** *rfl sich* ~ {Ärmel, Hosenbeine, Jackentasche} sformarsi.

Ausbeulung <-, -en> *f* **1** (*das Sichverformen*) {+Ärmel, Hosenbeine, Jackentasche} sformarsi *m* **2** (*Beseitigung von Beulen*) {+Blech, Karosserie} raddrizzamento *m*.

Ausbeute *f* <*meist sing*> {+Arbeit} profitto *m*; *min* rendimento *m*, resa *f*: **eine geringe/spärliche** ~ **an Kohle**, ₋un modesto/uno scarso rendimento₋/[una modesta/scarsa resa] di carbone; **eine reiche** ~, un ricco bottino; **die wissenschaftliche** ~ **einer Arbeit**, il profitto che la scienza trae da una ricerca.

aus|beuten *tr* **1** *pej* (*ausnutzen*) *jdn* ~ {Angestellte(n), Arbeiter, Arbeitskraft} sfruttare *qu*: **jdn schamlos/gewissenlos** ~, sfruttare qu ⌊in maniera vergognosa⌋/⌊senza il minimo scrupolo⌋; **etw** ~ sfruttare qc, approfittare di qc; **jds Gutmütigkeit** ~, ⌊sfruttare la⌋/⌊approfittare della⌋ bontà di qu **2** (abbauen und verbrauchen) **etw** ~ {BODENSCHÄTZE, ÖLVORKOMMEN, WASSERRESERVEN} sfruttare qc.

Ausbeuter <-s, -> m (**Ausbeuterin** f) pej sfruttatore (-trice) m (f).

Ausbeuterei <-, ohne pl> f fam pej sfruttamento m.

Ausbeuterin f pej → **Ausbeuter**.

Ausbeutung <-, ohne pl> f **1** pej (Ausnutzung) {+ANGESTELLTE, ARBEITER, ARBEITSKRAFT} sfruttamento m **2** (das Verbrauchen) {+BODENSCHÄTZE, ÖLVORKOMMEN, WASSERRESERVEN} sfruttamento m.

aus|bezahlen <ohne ge-> tr **1** (zahlen) (**jdm**) **etw** ~ {GEHALT, ÜBERSTUNDEN} pagare qc (a qu), corrispondere qc (a qu) **2** region (auszahlen) **jdn** ~ {HILFSKRÄFTE, TAGELÖHNER} pagare qu, retribuire qu **3** (abfinden) **jdn** ~ {ERBEN, TEILHABER} liquidare qu.

Ausbezahlung f **1** (Zahlung) {+GEHALT} pagamento m **2** region (Auszahlung) {+HILFSKRÄFTE, TAGELÖHNER} pagamento m, retribuzione f **3** (Abfindung) {+ERBE, TEILHABER} liquidazione f.

aus|bilden A tr **1** (beruflich vorbereiten) **jdn** ~ formare qu: **Krankenschwestern/Lehrlinge/Techniker** ~, formare infermiere/apprendisti/tecnici; **Rekruten** ~, addestrare reclute; **jdn zu etw** (dat)/**als etw** (akk) ~ preparare qu alla professione di qc, dare a qu una formazione da qc; **jdn zum Internisten/Kinderarzt** ~, dare a qu una formazione da internista/pediatra; **die Studenten zu Lehrern** ~, preparare gli studenti alla professione di insegnante; **jdn in etw** (dat) ~ {IM SINGEN, ZEICHNEN} istruire qu in qc **2** (schulen) **etw** ~ {FÄHIGKEIT, STIMME} educare qc: **seine Anlagen** ~, sviluppare le proprie predisposizioni; **seine Stimme** ~ **lassen**, prendere lezioni di canto **3** bot (hervorbringen) **etw** ~ {BAUM, PFLANZE KNOSPE, TRIEB, WURZEL} mettere qc B rfl **1** (sich einer bestimmten Ausbildung unterziehen): **sich zu etw** (dat)/**als etw** (nom) ~ **lassen**, studiare da qc; **sich zum/als Schauspieler** ~ **lassen**, studiare da attore; **sich zum Geologen/Ingenieur** ~ **lassen**, studiare da geologo/ingegnere; **er lässt sich in Gesang** ~, studia canto **2** bot (sich entwickeln) **sich** ~ {KNOSPE, TRIEB, WURZEL} svilupparsi, formarsi: **aus der Knospe bildet sich ganz langsam die Blüte aus**, dal bocciolo si forma pian piano il fiore.

Ausbilder <-s, -> m (**Ausbilderin** f) **1** industr formatore (-trice) m (f) (professionale) **2** mil istruttore (-trice) m (f).

Ausbildung f **1** (Schulung) formazione f, percorso m formativo; {+REKRUTEN} addestramento m; {+SPORTLICHER NACHWUCHS} formazione f: **eine akademische** ~, una formazione universitaria; **berufliche** ~, formazione professionale; **die schulische** ~, la preparazione/formazione scolastica; **sich in der** ~ **befinden**, non aver concluso la propria formazione; {STUDENT} auch non aver (ancora) finito gli studi; **sie hat eine gute** ~, lei ha avuto una buona formazione **2** bot (Herausbildung) {+KNOSPE, TRIEB, WURZEL} formazione f, sviluppo m.

Ausbildungsbeihilfe f "sovvenzione f statale per la formazione professionale (giovanile)".

Ausbildungsberuf m "attività f che prevede la formazione professionale".

Ausbildungsbetrieb m "impresa f che forma anche apprendisti".

Ausbildungsförderung f "sovvenzione f statale per la formazione professionale (giovanile)"; (für Studenten) borsa f di studio; (früher) presalario m.

Ausbildungsförderungsgesetz n adm → **Bundesausbildungsförderungsgesetz**.

Ausbildungsgang m (im Studium) corso m di studi; (im Beruf) corso m professionale.

Ausbildungskosten subst <nur pl> spese f pl per l'istruzione.

Ausbildungsmaßnahme f <meist pl> misure f pl a sostegno della formazione (professionale).

Ausbildungsplatz m, **Ausbildungsstelle** f posto m con contratto di formazione.

Ausbildungsvertrag m contratto m di formazione (e lavoro).

Ausbildungszeit f durata f della formazione professionale; (bei Studenten) durata f degli studi.

Ausbildungszertifikat n certificato m di formazione: **Betriebe mit** ~, "ditte che rilasciano un certificato di formazione".

aus|bitten <irr> rfl **1** (verlangen) **sich** (dat) **etw** ~ {HÖFLICHKEIT, RUHE} esigere qc, pretendere qc, (ri)chiedere qc: **ich bitte mir mehr Aufmerksamkeit von euch aus**, esigo/richiedo una maggior attenzione da parte vostra **2** geh (um etw bitten) **sich** (dat) **etw** ~ chiedere qc: **sich** (dat) **etwas Bedenkzeit** ~, chiedere un po' di tempo per riflettere ● **das möchte ich mir (auch) ausgebeten haben!**, vorrei anche vedere!

aus|blasen <irr> tr **etw** ~ (löschen) {KERZE, STREICHHOLZ} spegnere qc (soffiandoci sopra) **2** (leer blasen) {EI} (s)vuotare qc (soffiandoci dentro); {HOBEL, RASIERAPPARAT} pulire qc (soffiandoci sopra).

aus|bleiben <irr> itr <sein> **1** (nicht eintreten) {FOLGEN, WIRKUNG} non verificarsi: **der erhoffte Aufschwung blieb aus**, la tanto sperata ripresa non si verificò; ⌊l'avvenne⌋; **es konnte nicht** ~, **dass die Sache aufflog**, era inevitabile che la cosa venisse scoperta; **ihre Regel ist ausgeblieben**, non ⌊le sono venute⌋/[ha avuto] le mestruazioni **2** (fernbleiben) {BESUCHER, GÄSTE, KÄUFER} non venire/arrivare: **die Kunden blieben am Anfang aus**, all'inizio i clienti non arrivavano **3** (fortbleiben) restare/rimanere fuori, non rientrare, stare via: **lange** ~, rimanere fuori a lungo; **über**/⌊**die ganze**⌋ **Nacht** ~, rimanere fuori (per) tutta la notte; **er ist drei Tage ausgeblieben**, ⌊è stato via⌋/[non è rientrato] per tre giorni **4** (aussetzen) {ATMUNG, PULS} fermarsi.

aus|bleichen① tr **etw** ~ {SONNE STOFF} sbiadire qc, scolorire qc.

aus|bleichen② <irr oder reg> itr <sein> {FARBE, STOFF} sbiadire, scolorire.

Ausblende f film radio TV chiusura f in dissolvenza.

aus|blenden A tr film radio TV **1** **etw** ~ {MUSIK, TON} togliere qc; film {SZENE} chiudere qc in dissolvenza **2** (ausklammern) **etw** ~ {FAKTOR, FRAGE, PROBLEM} lasciare da parte qc B rfl **sich** (**aus etw** dat) ~ {AUS EINER SENDUNG, ÜBERTRAGUNG} chiudere/interrompere il collegamento C.

Ausblick m **1** (Aussicht) ~ (**auf**/**über etw** akk) vista f (su qc), visuale f (su qc), veduta f (su qc), panorama m (di qc): **ein herrlicher** ~ **über**/**auf die ganze Stadt**, una splendida vista su tutta la città; **vom Haus aus genießen wir einen weiten** ~, da casa godiamo di una vista/visuale molto ampia; **jdm den** ~ **auf etw** (akk) **versperren**, impedire a qu la visuale su qc **2** (Vorausschau) ~ (**auf etw**

akk) panorama m (di qc); (Zukunftsperspektive) previsione f (di qc): **ein** ~ **auf die kommende Sommermode**, un panorama della moda della prossima estate; **einen** ~ **auf die weitere Entwicklung geben**, fare una previsione degli sviluppi futuri.

aus|blicken itr geh **nach jdm**/**etw** ~ guardarsi intorno in cerca/attesa di qu/qc.

aus|bluten A itr **1** (leer bluten) {GESCHLACHTETES TIER} dissanguarsi **2** (aufhören zu bluten) {WUNDE} smettere/finire di sanguinare, non sanguinare più B rfl (sich finanziell verausgaben) **sich** ~ dissanguarsi fam: **mit dem Hausbau haben sie sich völlig ausgeblutet**, per costruire la casa si sono completamente dissanguati (-e).

aus|bomben tr: **ausgebombt werden**: **nachdem sie in Berlin ausgebombt worden waren, zogen sie aufs Land**, dopo che le bombe avevano distrutto la loro casa di Berlino, sfollarono in campagna.

aus|booten tr **1** naut (an Land bringen) **jdn** ~ {FLÜCHTLINGE, PASSAGIERE} sbarcare qu **2** fam (aus einer Position verdrängen) **jdn** ~ {KONKURRENTEN, RIVALEN} scaricare qu fam, estromettere qu.

aus|borgen region A tr **jdm etw** ~ {BUCH, RASENMÄHER, STAUBSAUGER} prestare qc a qu, dare in prestito qc a qu B rfl **sich** (dat) **etw** (**von**/**bei jdm**) ~ farsi prestare qc (da qu), prendere in prestito qc (da qu).

aus|brechen <irr> A tr <haben> **1** (her~) **etw aus etw** (dat) ~ {STEINE AUS DER MAUER} staccare qc (da qc); {SICH EINEN ZAHN} ~, rompere un dente a qu **2** (erbrechen) **etw** ~ {KRANKE SCHLAFMITTEL} rigettare qc, vomitare qc B itr <sein> **1** (sich befreien) (**aus etw** dat) ~ {TIER AUS DEM KÄFIG} scappare (da qc); {HÄFTLING AUS DEM GEFÄNGNIS} auch evadere (da qc), fuggire (da qc) **2** (plötzlich beginnen) {EPIDEMIE, HUNGERSNOT, KRANKHEIT, KRIEG, STURM} scoppiare: **Feuer brach aus**, scoppiò un incendio; **der Frühling ist ausgebrochen**, è esplosa la primavera; **Panik brach unter dem Publikum aus**, fra il pubblico si diffuse il panico **3** (sich lösen) **aus etw** (dat) ~ {DÜBEL AUS DER DECKE} staccarsi da qc **4** (sich von etw frei machen) **aus etw** (dat) ~ {AUS DEM ALLTAG, EINER BEZIEHUNG, DER GESELLSCHAFT} fuggire da qc, scappare da qc **5** mil **aus etw** (dat) ~ rompere qc: **aus einem Kessel** ~, rompere l'accerchiamento **6** (plötzlich in etw verfallen) **in etw** (akk) ~ {IN GESCHREI, LACHEN} scoppiare ⌊a fare⌋/[in] qc, prorompere in qc: **in Gelächter** ~, scoppiare a ridere; **in Jubel** ~, prorompere in grida di giubilo; **in Tränen** ~, scoppiare/prorompere in lacrime, rompere in pianto **7** (auftreten): **jdm bricht der Schweiß aus**, qu comincia a sudare; **jdm bricht der kalte Schweiß aus**, a qu vengono i sudori freddi, qu suda freddo **8** geol (in Tätigkeit treten) {VULKAN} entrare in eruzione, eruttare **9** (verweigern) {PFERD} scartare: **das Pferd ist vor dem dritten Hindernis ausgebrochen**, il cavallo ha scartato davanti al terzo ostacolo **10** (außer Kontrolle geraten) {WAGEN} sbandare: **auf der nassen Fahrbahn ist ihr der Wagen ausgebrochen**, sulla strada bagnata ha perso il controllo della macchina C rfl <haben>: **sich** (dat) **einen Zahn** ~, rompersi un dente.

Ausbrecher m (**Ausbrecherin** f) fam evaso (-a) m (f), fuggiasco (-a) m (f).

aus|breiten A tr **1** (nebeneinanderhinlegen) **etw** (**irgendwo**) ~ {BÜCHER, WAREN} disporre/sistemare qc + compl di luogo: **die Geschenke unter dem Weihnachtsbaum** ~, disporre i regali sotto l'albero di Natale **2** (auseinanderbreiten) **etw** (**irgendwo**) ~ {LANDKARTE} spiegare qc + (compl di luogo);

{BETTTUCH, DECKE} *auch* (di)stendere *qc* (+ *compl di luogo*): **eine Tischdecke auf dem Tisch ~**, distendere/spiegare una tovaglia sul tavolo **3** (*darlegen*) *etw* (**vor** *jdm*) ~ {ANSICHTEN, PLAN, PROBLEM, VORHABEN} esporre *qc* (*a qu*), spiegare *qc* (*a qu*): **er hat sein ganzes Leben vor mir ausgebreitet**, mi ha raccontato tutta la sua vita per filo e per segno **4** (*ausstrecken*) *etw* ~ {MENSCH ARME} allargare *qc*, aprire *qc*: **mit ausgebreiteten Armen**, a braccia aperte/allargate; {VOGEL FLÜGEL} (di)spiegare *qc* **5** (*verbreiten*) *etw* ~ {LEHRE, RELIGION} diffondere *qc* B rfl **1** (*größer werden*) **sich** ~ {GERUCH, RAUCH} espandersi; {KLIMAZONE, STADT, WÜSTE} allargarsi **2** (*erstrecken*) **sich irgendwohin** ~ estendersi + *compl di luogo*: **das Hochdruckgebiet wird sich am Wochenende über ganz Deutschland ~**, nel fine settimana l'area di alta pressione andrà estendendosi su tutta la Germania **3** *phys* (*sich ausbreiten*) **sich** ~ {LICHT, WÄRME, WELLEN} diffondersi, propagarsi **4** (*um sich greifen*) **sich** ~ {EPIDEMIE, KRANKHEIT} diffondersi, propagarsi **5 sich auf etw** (akk) ~ {FEUER AUF DAS NEBENGEBÄUDE} propagarsi *a qc*, estendersi *a qc* **6** (*sich verbreiten*) **sich** ~ {GERÜCHT, IDEOLOGIE, MODE} diffondersi, propagarsi: **der Skandal breitet sich aus**, lo scandalo si allarga; **Unsitten, die sich schnell unter den Jugendlichen ~**, cattive abitudini che prendono rapidamente piede tra i giovani **7** *pej* (*sich auslassen*) **sich über etw** (akk) ~ {ÜBER SEINE ANSICHTEN, PLÄNE, PROBLEME} diffondersi *su qc*, dilungarsi *su qc*: **sie hat sich lang und breit über ˌihren Urlaubˌ/ ˌihre Situationˌ ausgebreitet**, si è dilungata/[diffusa dettagliatamente] ˌsulle sue vacanzeˌ/[sulla sua situazione] **8** (*sich erstrecken*) **sich vor jdm/etw** ~ {FELDER, WIESEN} estendersi/distendersi *davanti a qu/qc*: **die Wüste breitete sich endlos vor ihren Augen aus**, il deserto si estendeva sconfinato davanti ai loro occhi **9** *fam* (*Platz beanspruchen*) **sich irgendwo** ~ {AUF DEM SESSEL, DEM SOFA} spaparanzarsi/spaparacchiarsi *fam südital* + *compl di luogo*.

Ausbreitung <-, *ohne pl*> f **1** (*das Sichausbreiten*) {+GERUCH, RAUCH} espandersi m; {+HOCH-, TIEFDRUCKGEBIET, STADT, WÜSTE} *auch* estendersi m, {+FEUER} propagarsi m **2** *phys* {+LICHT, WÄRME, WELLEN} diffusione f, propagazione f **3** (*das Umsichgreifen*) {+EPIDEMIE, KRANKHEIT, UNRUHE} diffusione f, propagazione f **4** (*das Sichverbreiten*) {+GERÜCHT, IDEOLOGIE, SKANDAL} diffusione f, propagazione f; {+MODE} *auch* avanzata f.

aus|bremsen tr *jdn* ~ **1** *sport* (*mit einem Fahrzeug*) tagliare la strada *a qu* obbligandolo a frenare **2** *fam* (*austricksen*) {GEGNER, KONKURRENZ} fare lo sgambetto *a qu fam*.

aus|brennen <irr> A tr <*haben*> *med etw* ~ {WARZE, WUNDE} bruciare *qc*, cauterizzare *qc* B itr <*sein*> **1** (*zu Ende brennen*) {FEUER, VULKAN} spegnersi; {KERZE} *auch* consumarsi (bruciando) **2** (*ganz verbrennen*) {AUTO, GEBÄUDE} bruciare completamente, essere distrutto dal fuoco.

aus|bringen <irr> tr **1** (*aussprechen*): **einen Trinkspruch auf jdn/etw** ~, fare un brindisi a qu/qc; **ein Hoch/Vivat auf jdn** ~, fare un evviva in onore di qu; **ein Prosit auf jds Gesundheit** ~, brindare/[fare un brindisi] alla salute di qu **2** (*verteilen*) *etw* ~ (**auf** *etw* dat) ~ {DÜNGER, JAUCHE AUF DEN FELDERN, WIESEN} spargere *qc* (*su/per qc*), spandere *qc* (*su/per qc*) **3** *naut* **etw** ~ {BOOT} mettere in acqua *qc*; {ANKER, NETZ} gettare *qc*.

Ausbringung <-, -en> f {+DÜNGER, JAUCHE} spargere m *qc* (sui/per i campi).

Ausbruch m **1** (*Flucht*) ~ (**aus** *etw* dat): {AUS DEM GEFÄNGNIS} evasione f (*da qc*): **einen ~ vereiteln/versuchen/vorbereiten**, sventare/tentare/preparare un'evasione; **jdm ist der ~ gelungen**, qu è riuscito a evadere **2** (*plötzlicher Beginn*) {+FIEBER} accesso m; {+KRANKHEIT} insorgenza f, comparsa f; {+KRIEG, KRISE} scoppio m **3** *mil* sortita f **4** *geol* {+VULKAN} eruzione f **5** (*das Verlassen*) ~ **aus** *etw* (dat) {AUS EINER BEZIEHUNG, DER GESELLSCHAFT} fuga f *da qc* **6** (*plötzliche Affektentladung*) {+BEGEISTERUNG, FREUDE} accesso m, esplosione f, impeto m; {+ÄRGER, WUT, ZORN} *auch* sfogo m, scoppio m, scatto m: **alle fürchten sich vor ihren Ausbrüchen**, tutti temono i suoi sfoghi; **in einem ~ blinder Wut**, in un impeto/accesso di rabbia cieca • **zum ~ kommen** {KRANKHEIT}, manifestarsi, insorgere; {KONFLIKT}, scoppiare, esplodere.

ausbruchssicher adj {GEFÄNGNIS, STRAFANSTALT} di massima sicurezza.

Ausbruchsversuch m **1** {+HÄFTLING} tentativo m d'evasione, tentata evasione f **2** *mil* tentativo m di sortita **3** (*aus einer Bindung*) tentativo m di fuga.

aus|brüten tr *etw* ~ **1** *zoo* {EIER} covare *qc* **2** *fam* (*aushecken*) {PLAN, STREICH} escogitare *qc*, architettare *qc* **3** *fam* (*krank werden*) {GRIPPE, MASERN, WINDPOCKEN} covare *qc*: **ich fühle mich völlig schlapp, ich glaube, ich brüte etwas aus**, mi sento completamente fiacco (-a), credo di star covando qualcosa.

Ausbuchtung <-, -en> f {+STRAND, STRAßE} slargo m.

aus|buddeln tr *fam etw* ~ {KARTOFFELN} cavare *qc*; {KNOCHEN, SCHATZ} dissotterrare *qc*, disseppellire *qc*.

aus|bügeln tr *etw* ~ **1** (*durch Bügeln glätten*) {HOSE, JACKE} dare una stirata *a qc*; {FALTEN} togliere *qc* stirando **2** *fam* (*bereinigen*) {FEHLER, MISSVERSTÄNDNIS} rimediare *a qc*, riparare *a qc*; {ANGELEGENHEIT} aggiustare *qc fam*.

aus|buhen tr *fam jdn/etw* ~ {AUFFÜHRUNG, MANNSCHAFT, SÄNGER} fischiare *qu/qc*: **die Schauspieler wurden ausgebuht**, gli attori vennero fischiati.

Ausbund m *oft pej oder iron* ~ **an/von** *etw* (dat) concentrato m *di qc*: **ein ~ an/von Bosheit**, un concentrato di cattiveria; **ein ~ an/von Intelligenz**, un mostro di intelligenza; **sie ist ein ~ an/von Neugier**, è la curiosità in persona; **ein ~ an/von Tugend**, un modello/esempio di virtù.

aus|bürgern tr *jdn* ~ privare *qu* della cittadinanza.

Ausbürgerung <-, -en> f privazione f della cittadinanza.

aus|bürsten tr *etw* ~ {ANZUG, JACKE, MANTEL} spazzolare *qc*, dare una spazzolata *a qc*; {FLECK, SCHMUTZ} togliere *qc* con la spazzolaˌ/[spazzolando].

aus|büxen itr *fam scherz* (*jdm*) ~ {INTERNATSSCHÜLER} scappare (*da qu*): **meine Freundin ist mir ausgebüxt**, mi è scappata la ragazza.

aus|checken A tr **1** *aero jdn/etw* ~ {FLUGGÄSTE, GEPÄCK} controllare *qu/qc* all'arrivo **2** *slang* (*auskundschaften*) *etw* ~ {LAGE} sondare *qc*: **bevor ich mich entscheide, ob ich bleibe, will ich erst mal ~, wie die Arbeitsatmosphäre hier so ist**, prima di decidere se rimanere o no, voglio capire per bene com'è qui l'atmosfera di lavoro B itr **1** (*aus etw* dat) ~ (*GAST AUS EINEM HOTEL*) ˌlasciare *qc*ˌ/[partire (*da qc*)] (saldando il conto) **2** *aero* (*sich ablassen fassen*) {+FLUG-

PASSAGIERE} sbrigare le formalità (doganali) all'arrivo.

Auschwitzlüge f *hist pol* negazione f dell'esistenza dei campi di sterminio, negazionismo m.

Ausdauer <-, *ohne pl*> f **1** (*Beharrlichkeit*) costanza f, perseveranza f, tenacia f: **ihre Stärke liegt in der ~**, la sua forza sta nella perseveranza; **etw mit ~ verfolgen**, perseguire *qc* con tenacia **2** *sport* (*Kondition*) resistenza f: **er hatte eine unglaublich gute ~**, aveva un'incredibile resistenza • **viel/wenig/große ~ haben**, avere molta/poca/grande costanza; *sport* avere molta/poca/[una grande] resistenza; **keine ~ haben**, ˌnon avereˌ/[mancare di] perseveranza/costanza/tenacia; *sport*, non avere resistenza.

ausdauernd A adj **1** (*beharrlich*) {BEMÜHUNGEN, FLEIß} costante; {MITARBEITER} *auch* perseverante, tenace: **in etw** (dat) **sehr ~ sein**, essere molto costante/perseverante/tenace in *qc* **2** *sport* {LÄUFER} che ha resistenza **3** *bot* {BLUME, PFLANZE, STAUDE} perenne, sempreverde B adv (*beharrlich*) {ARBEITEN, SICH EINSETZEN, STUDIEREN} con costanza/perseveranza/tenacia, tenacemente.

Ausdauertraining n *sport* esercizi m pl di resistenza (fisica).

ausdehnbar adj {HANDELSBEZIEHUNGEN} estendibile, ampliabile: **auf etw** (akk) ~ **sein** {THEORIE, THESE}, che è estendibile a *qc*, che può essere esteso/allargato a *qc*.

aus|dehnen A tr **1** (*erweitern*) *etw* ~ {EINFLUSSBEREICH, GEBIET, GRENZEN} ampliare *qc*, estendere *qc*, allargare *qc* **2** (*dehnen*) *etw* ~ {GUMMIBAND} tendere *qc*, tirare *qc*; {HANDSCHUHE, SCHUHE} allargare *qc* **3** *phys etw* ~ {HITZE METALL} dilatare *qc*; {GAS BALLON} gonfiare *qc* **4** (*jdn/etw auch berücksichtigen*) *etw* **auf** *jdn/etw* ~ {EINFLUSS, EINLADUNG, UNTERSUCHUNG} estendere *qc a qu/qc*, allargare *qc a qu/qc*: **die Einladung auf die ganze Verwandtschaft ~**, estendere/allargare l'invito a tutta la parentela; **seinen Einfluss auf neue Sphären ~**, estendere/allargare/ampliare la propria influenza a nuove sfere; **die Untersuchung auf andere Personen ~**, estendere l'inchiesta ad altre persone **5** (*zeitlich verlängern*) *etw* ~ {BESUCH, FERIEN, URLAUB} prolungare *qc*, allungare *qc*: **den Aufenthalt auf zwei Wochen ~**, prolungare il soggiorno a due settimane B rfl **1** *phys* (*an Volumen zunehmen*) {GAS, LUFT, METALL} dilatarsi; {BALLONHÜLLE} gonfiarsi: **Wasser dehnt sich bei Erwärmung aus**, l'acqua si dilata con il calore **2** (*sich erstrecken*) **sich** (*irgendwohin*) ~ {KRIEG} estendersi (+ *compl di luogo*); {BRAND, SEUCHE} *auch* propagarsi/diffondarsi (+ *compl di luogo*): **das Hochdruckgebiet dehnt sich über ganz Europa aus**, l'alta pressione si estende su tutta l'Europa **3** (*dauern*) **sich** ~ {WARTEZEIT} prolungarsi; {VERHANDLUNGEN} *auch* andare per le lunghe.

Ausdehnung f **1** (*Ausbreitung*) {+GEBIET} ampliamento m; {+BRAND, HOCHDRUCKGEBIET, KRIEG} estendersi m: **die ~ der Schlechtwetterfront**, l'estendersi del fronte del maltempo **2** (*räumliche Erstreckung*) {+GEBIET, LAND} estensione f: **eine ~ von Tausenden von Quadratkilometern haben**, avere un'estensione di migliaia di kilometri quadrati **3** (*Erweiterung*) {+EINFLUSSBEREICH, HERRSCHAFT} estendere m *qc*; {+UNTERNEHMEN} espansione f: **jdm gelingt die ~ seines Einflussbereiches**, qu riesce ad estendere/ampliare la propria sfera d'influenza; ~ (*einer S.* gen) **auf** *jdn/etw* {EINER EINLADUNG, UNTERSUCHUNG AUF ANDERE PERSONEN, DES EINFLUSSBEREICHES, DER HERRSCHAFT AUF ANDERE GEBIETE} estensione f (*di qc*) *a qu/qc* **4** *phys* {+GAS, METALL, WASSER} dilatazione f, espansione f **5** (*Verlängerung*) {+AUFENTHALT, BESUCH} prolungamento m.

Ausdehnungskoeffizient m *phys* coefficiente m di dilatazione.

Ausdehnungsvermögen n *phys* capacità f di dilatazione.

aus|denken <irr> rfl sich (dat) *etw* ~ **1** (*ersinnen*) escogitare *qc*, inventar(si) *qc*; {AUSREDE, GESCHICHTE} *auch* farsi venire in mente *qc*; {SCHERZ, TRICK} ideare *qc*, escogitare *qc*: **die Kinder hatten sich eine ganz tolle Überraschung ausgedacht**, i bambini avevano pensato a una sorpresa fantastica; **was sie sich nicht alles ausdenkt!**, le inventa tutte!; **denk dir mal was aus!**, fatti venire in mente qualcosa! **2** (*sich etw vorstellen*) immaginarsi *qc*: **ich hatte mir das alles so schön ausgedacht**, mi ero fatto (-a) un bel programma *fam* ● **da musst du dir schon etwas anderes ~!** *fam*, inventane/trovane un'altra!; **das hast du dir aber fein ausgedacht!** *iron*, l'hai pensata bella!; **nicht auszudenken sein**, essere inimmaginabile; **die Folgen eines Krieges wären nicht auszudenken!**, le conseguenze di una guerra sarebbero inimmaginabili!; **nicht auszudenken, was passiert wäre, wenn ...**, non è neppure pensabile cosa sarebbe successo se ...

aus|deuten tr *etw* ~ interpretare *qc*.
Ausdeutung f interpretazione f.
aus|differenzieren <ohne ge-> **A** tr *etw* ~ {THEMA} esaminare *qc* sotto tutti gli aspetti **B** rfl **sich** ~ svilupparsi autonomamente.

aus|diskutieren <ohne ge-> tr *etw* ~ {PROBLEM, THEMA} discutere a fondo (*di*) *qc*, sviscerare *qc*, esaurire la discussione *su/[intorno a] qc*: **das müssen wir unbedingt noch ~!**, ne dobbiamo ancora ˌdiscutere fino in fondoˌ/[parlare per bene]!, dobbiamo assolutamente tornarci sopra!; **das haben wir doch schon ausdiskutiert!**, questa discussione l'abbiamo già fatta (più volte)!

aus|dorren itr <sein> disseccare, seccarsi, inaridirsi: **der Boden ist durch die lange Trockenperiode völlig ausgedorrt**, il terreno si è seccato/inaridito a causa della prolungata siccità.

aus|dörren **A** itr <sein> → **aus|dorren** **B** tr <haben> (*jdm*) *etw* ~ (dis)seccare *qc* (*a qu*): **die Heizungsluft hatte ihr die Kehle ausgedörrt**, l'aria asciutta del riscaldamento le aveva seccato la gola.

aus|drehen tr *etw* ~ {GAS} chiudere *qc* (girando una manopola); {LICHT} spegnere *qc* (girando l'interruttore).

aus|dreschen tr *etw* ~ {RAPS, WEIZEN} trebbiare *qc*.

aus|dribbeln tr *Fußball jdn* ~ dribblare *qu*.

Ausdruck① <-(e)s, *Ausdrücke*> m parola f, termine m, espressione f: **ein gewählter/mundartlicher/ordinärer ~**, un termine ricercato/dialettale/volgare; **ein medizinischer/technischer ~**, un termine medico/tecnico; **ein feststehender ~**, una locuzione/un'espressione fissa; **ein passender/treffender ~**, un termine appropriato/azzeccato; **nach dem richtigen ~ suchen**, cercare ˌil termine giustoˌ/[la parola giusta] ● **das ist gar kein ~!** *fam*, è un eufemismo!, è dir poco!; **du führst vielleicht Ausdrücke im Mund!**, du hast vielleicht Ausdrücke **am Leib!** *fam*, ti esprimi in un modo ...!, che frasario!

Ausdruck② <-(e)s, ohne pl> m **1** (*Emphase*) espressione f, espressività f, forza f/capacità f espressiva: **ein Gedicht mit viel ~ vortragen**, recitare una poesia con grande espressività **2** (*~sweise*) modo m di esprimersi, linguaggio m: **sehr gewandt im ~ sein**, esprimersi con grande scioltezza; **den schriftlichen ~ eines Schülers bewerten**, valutare il modo di scrivere di uno studente **3** *geh* (*sichtbares Zeichen*) ~ *einer S.* (gen) espressione f *di qc*, segno m *di qc*: **Eile und Stress sind ~ unserer Zeit**, la fretta e lo stress sono espressioni/segni del nostro tempo; **seine Art zu sprechen ist ~ seiner Schüchternheit**, il suo modo di parlare è lo specchio della sua timidezza; **mit dem ~ tiefsten Bedauerns ...**, esprimendo/manifestando il più profondo rincrescimento ...; **mit dem ~ meiner Hochachtung ...** *obs*, con l'espressione della mia stima ... **4** (*Gesichtsausdruck*) espressione f, aria f: **ein ärgerlicher/freudiger/gespannter/zufriedener ~**, un'aria/espressione irritata/gioiosa/tesa/contenta; **ein ~ von Widerwillen zeigte sich auf seinem Gesicht**, sul suo volto si dipinse un'espressione di ribrezzo; **ein Gesicht ohne ~**, un viso inespressivo/[privo di espressione] **5** *math* espressione f ● *etw* **zum ~ bringen** *geh*, esprimere *qc*, manifestare *qc*; **zum ~ bringen, dass ...**, dire/sottolineare che ...; **etw deutlich zum ~ bringen**, esplicitare *qc*; **ein allgemeines Unbehagen zum ~ bringen**, dare voce a un disagio collettivo; *etw* (dat) ~ *geben*/verleihen, esprimere *qc*, esternare *qc*; **sie gab ihrem Wunsch ~, ihn bald wieder zu sehen**, espresse il desiderio di rivederlo presto; (**in etw** dat) **zum ~ kommen**, emergere (da *qc*); **in ihren Worten kam die Freude klar zum ~**, dalle sue parole emerse chiaramente la gioia; **sich im ~ vergreifen**, sbagliare tono, usare il tono sbagliato.

Ausdruck③ <-(e)s, *-e*> m (*ausgedruckter Text*) stampa f.

aus|drucken tr (*jdm*) *etw* ~ {ARTIKEL, DATEI, TEXT} stampare *qc* (*a qu*).

aus|drücken① tr **1** (*herauspressen*) *etw* *aus etw* (dat) ~ {SAFT AUS EINER ORANGE, ZITRONE} spremere *qc da qc* **2** (*auspressen*) *etw* ~ {ORANGE, ZITRONE} spremere *qc*; {SCHWAMM} strizzare *qc*; {PICKEL} *auch* schiacciare *qc*; {TUBE} spremere *qc* **3** (*löschen*) *etw* ~ {ZIGARETTE} spegnere *qc*.

aus|drücken② **A** tr **1** (*formulieren*) *etw* (*irgendwie*) ~ {MEINUNG, SACHVERHALT} esprimere/formulare/dire *qc* (+ *compl di modo*): **etw klar/knapp/treffend ~**, esprimere *qc* in modo chiaro/conciso/appropriato; **einfach ausgedrückt**, in parole povere; **anders ausgedrückt**, in ˌaltre paroleˌ/[altri termini], per dirlo altrimenti/diversamente; **so ähnlich hat er sich ausgedrückt**, ˌsi è espressoˌ/[ha detto] all'incirca così; **ich weiß nicht, wie ich mich ~ soll**, non so come dire; **wenn ich mich so ~ darf**, se posso esprimermi così; **wie viel macht das in Euro ausgedrückt?**, quanto fa in euro?; *etw* **mit Worten ~**, esprimere *qc* a parole **2** (*mitteilen*) (*jdm*) *etw* ~ {BEDAUERN, MISSFALLEN, MITGEFÜHL} esprimere *qc* (*a qu*), manifestare *qc* (*a qu*); {GEDANKEN, GEFÜHLE} esprimere *qc*, verbalizzare *qc*: **ich kann Ihnen nur meine Dankbarkeit ~**, non posso che manifestarLe la mia gratitudine; **sie drückte die Hoffnung aus, dass es bald zu einer Einigung käme**, espresse la speranza che si arrivasse presto a un accordo **3** (*erkennen lassen*) *etw* ~ {GESICHT, MIENE ÄRGER, BEGEISTERUNG, SORGE, TRAUER} esprimere *qc*: **seine ganze Haltung drückt Müdigkeit aus**, tutto il suo atteggiamento è segno di stanchezza; **ihre Miene drückte starke Spannung aus**, ˌil suo viso esprimevaˌ/[dal suo viso traspa-

riva] una grande tensione **B** rfl **1** (*sich äußern*) **sich** *irgendwie* ~ esprimersi/parlare + *compl di modo*: **ich habe mich falsch ausgedrückt**, mi sono espresso (-a) male, non mi sono spiegato (-a) (bene); **ich hoffe, dass ich mich klar und deutlich ausgedrückt habe**, spero di ˌesser stato (-a) esplicito (-a)ˌ/[essermi espresso (-a) chiaramente]; **sich klar/gewählt/verständlich ~**, esprimersi/parlare in modo chiaro/ricercato/comprensibile; **wie der sich ausdrückt!** *pej*, che modo di esprimersi ha quello!; **ich wüsste nicht, wie ich mich anders ~ sollte**, non saprei come dirlo diversamente/altrimenti; **wie er sich auszudrücken pflegte**, come (lui) ˌera solitoˌ/[soleva *geh*] dire **2** (*offenbar werden*) **sich** *in etw* (dat) ~ emergere *da qc*, trasparire *da qc*: **in seinen Worten drückte sich Bitterkeit aus**, ˌle sue parole esprimevanoˌ/[dalle sue parole traspariva] amarezza.

ausdrücklich **A** adj <attr> espresso, esplicito: **er hat meine ~e Genehmigung**, ha la mia autorizzazione esplicita; **auf ~en Wunsch des Publikums**, su espresso desiderio del pubblico **B** adv {BESTIMMEN, SAGEN} espressamente, esplicitamente: **sie hatte dich ~ gebeten, zum Abendessen wieder da zu sein**, ti aveva espressamente pregato (-a) di essere di ritorno per cena; **der Kunde hat ~ ein Zimmer mit Dusche verlangt**, il cliente ha chiesto espressamente una camera con doccia; **ich möchte noch einmal ~ betonen, dass ...**, vorrei ribadire con forza che ...

Ausdruckskraft <-, ohne pl> f forza f espressiva, espressività f.
ausdruckslos **A** adj {BLICK, GESICHT, MIENE} inespressivo, ˌprivo diˌ/[senza] espressione **B** adv {GUCKEN} inespressivo: **~ sprechen**, parlare senza variare il tono della voce.
Ausdruckslosigkeit <-, ohne pl> f {+AUGEN, VORTRAGSWEISE} inespressività f.
Ausdrucksmittel n mezzo m espressivo/[di espressione].
ausdrucksschwach adj poco espressivo, che ha una forza/capacità espressiva limitata.
ausdrucksstark **A** adj {STIL, TEXT} intenso, di grande intensità espressiva **B** adv {SPIELEN, VORTRAGEN} con grande intensità espressiva.
Ausdruckstanz m *teatro* danza f m.
Ausdrucksvermögen <-, ohne pl> n capacità f espressiva/[di espressione], espressività f; (*sprachlich*) *auch* proprietà f di linguaggio.
ausdrucksvoll **A** adj {AUGEN, GESICHT, GESTIK} espressivo, pieno di espressione **B** adv {SINGEN, VORTRAGEN} con espressività.
Ausdrucksweise f modo m di esprimersi, linguaggio m; (*mündliche ~*) *auch* frasario m: **eine sehr gewählte ~**, un ˌmodo di esprimersiˌ/[frasario] molto forbito; (*bes. schriftlich*) uno stile molto forbito; **altes Schwein! – Was ist denn das für eine ~?!**, brutto maiale! – Ma che ˌmodo di parlareˌ/[frasario] è questo?

aus|dünnen tr *etw* ~ **1** (*lichten*) {BÄUME, BUSCHWERK, PFLANZE} sfoltire *qc*, diradare *qc* **2** (*reduzieren*) {ANGEBOT} tagliare *qc*; {PERSONAL} ridurre *qc*, sfoltire *qc* **3** (*schneiden*) {HAARE} sfoltire *qc*.

Ausdünnung <-, *-en*> f {+BAHNSTRUKTUR} snellimento m; {+PERSONAL} sfoltimento m.

aus|dünsten tr *etw* ~ esalare *qc*, emanare *qc*: **der feuchte Keller dünstet einen fauligen Geruch aus**, dalla cantina umida

Ausdünstung <-, -en> f **1** (*das Ausdünsten*) esalazione f, emanazione f **2** (*Geruch*) esalazione f; (*Körpergeruch*) traspirazione f.

auseinander adv **1** (*räumlich voneinander entfernt*) separatamente, staccato, distanti l'uno (-a) dall'altro (-a): **die Nebengebäude liegen weit ~**, gli edifici annessi sono molto distanti (l')uno dall'altro **2** fam (*zeitlich voneinander getrennt*): **wir sind zehn Jahre ~**, tra di noi ci ˌsono dieci anni di differenzaˌ/ [corrono dieci anni fam]; **die Vorgänge liegen weit ~**, gli avvenimenti sono molto distanti (l')uno dall'altro **3** (*eins aus dem Anderen*) {SICH ENTWICKELN, RESULTIEREN} l'uno (-a) dall'altro (-a): **die Ergebnisse leiten sich ~ ab**, i risultati derivano l'uno dall'altro • **~ sein** fam, non essere più insieme fam, essersi lasciati, aver rotto fam; **die zwei sind schon lange ~**, i due si sono lasciati da tempo; **weit ~ wohnen**, abitare distanti l'uno (-a) dall'altro (-a).

auseinạnder|bauen tr *etw* ~ {APPARAT, FERNSEHER, GERÄT, MOTOR, RADIO} smontare qc.

auseinạnder|bekommen <irr, ohne ge-> tr **1** (*voneinander lösen*) *etw* ~ {FÄDEN, KORDEL} riuscire a sbrogliare qc; {VERKLEBTE TEILE} riuscire a staccare qc **2** (*trennen*) *jdn* ~ {FREUNDE, GESCHWISTER} riuscire a dividere/separare qu.

auseinạnder|biegen <irr> tr *etw* ~ {EISENSTÄBE} allargare qc (piegandolo).

auseinạnder|brechen <irr> **A** tr <haben> (*in mehrere Teile brechen*) *etw* ~ {BROT, STOCK} rompere qc, spezzare qc **B** itr <sein> (*kaputtgehen*) {GEBÄUDE} cadere a pezzi; {FAHRRAD, SCHRANK, SESSEL, STUHL} sfasciarsi; (*sich auflösen*) {FAMILIE, FÖDERATION, KOALITION, PARTEI, REICH} frantumarsi, disintegrarsi, smembrarsi.

auseinạnder|bringen <irr> tr **1** (*entzweien*) *jdn* ~ allontanare qu, separare qu, dividere qu: **Eifersucht und Missverständnisse brachten die Freundinnen auseinander**, gelosie e malintesi allontanarono le amiche; **seine Mutter hat sie auseinandergebracht**, è stata la madre di lui a farli separare **2** (*voneinander lösen*) *etw* ~ {VERKLEBTE TEILE} riuscire a staccare qc.

auseinạnder|dividieren <ohne ge-> tr *jdn/etw* ~ {GRUPPE, PERSONEN, STAATEN} dividere qu/qc; {PROBLEM} sezionare qc: **niemand soll glauben, er könne uns ~**, che nessuno creda di poterci dividere.

auseinạnder|driften itr <sein> **1** (*sich voneinander entfernen*) {STAATEN EINES BUNDES} prendere strade diverse, allontanarsi l'uno (-a) dall'altro (-a) **2** geol {KONTINENTE, PLATTEN} allontanarsi l'uno (-a) dall'altro (-a).

auseinạnder|entwickeln rfl sich ~ svilupparsi in direzioni diverse.

auseinạnder|fahren <irr> itr <sein>: **das Schülerpärchen fuhr erschrocken auseinander, als der Lehrer die Klasse betrat**, la coppietta di alunni si separò spaventata quando l'insegnante entrò in classe.

auseinạnder|fallen <irr> itr <sein> {GRUPPE} sfasciarsi; {BÜCHERSCHRANK, KOMMODE, SESSEL} cadere a pezzi: **der Schrank fällt bald auseinander**, l'armadio sta cadendo a pezzi.

auseinạnder|falten tr *etw* ~ {TISCHDECKE} spiegare qc; {BRIEF, LANDKARTE} auch aprire qc.

auseinạnder|fliegen <irr> itr <sein> {FABRIK, GEBÄUDE} saltare in aria, esplodere.

auseinạnder|gehen <irr> itr <sein> **1** (*in die Brüche gehen*) {EHE, FREUNDSCHAFT} andare in frantumi/pezzi: **ihre Verlobung ist auseinandergegangen**, hanno rotto il fidanzamento; (*sich trennen*), separarsi, lasciarsi, dividersi: **sie sind nach zwei Jahren Ehe auseinandergegangen**, si sono lasciati dopo due anni di matrimonio; **im Guten ~**, lasciarsi da (buoni) amici **2** (*auseinanderströmen*) {MENGE, MENSCHEN} disperdersi **3** (*sich verzweigen*) {STRAßEN, WEGE} dividersi, biforcarsi **4** (*sich öffnen*) {GARDINEN, VORHANG} schiudersi **5** (*verschieden sein*) {ANSICHTEN, MEINUNG} divergere, differire, discostarsi: **darüber werden unsere Meinungen immer ~**, su questo le nostre opinioni divergeranno sempre **6** (*zerfallen*) {BUCH, KOMMODE, SESSEL, SOFA} rompersi, sfasciarsi **7** fam (*dick werden*) sformarsi, sfasciarsi: **sie ist vielleicht auseinandergegangen in den letzten zwei Jahren!**, come si è sformata/ sfasciata negli ultimi due anni!

auseinạndergezogen adj: **weit ~ sein** {ORT}, essere molto sviluppato in lunghezza.

auseinạnder|halten <irr> tr *jdn und jdn/etw und etw* ~ {BEGRIFFE, PERSONEN, WÖRTER} distinguere qu da qu/qc da qc: **Subjekt und Objekt musst du schon ~ können**, devi saper distinguere il soggetto dall'oggetto; **die Zwillinge sind nur schwer auseinanderzuhalten**, è difficile distinguere i gemelli (l'uno (-a) dall'altro (-a)).

auseinạnder|jagen tr *jdn* ~ {DEMONSTRANTEN} disperdere qu con la forza: **die Polizei versuchte, die demonstrierende Menschenmenge auseinanderzujagen**, la polizia cercò di disperdere la folla di manifestanti.

auseinạnder|klaffen itr **1** (*weit auseinanderstehen*): **die Haut klaffte an der Stelle auseinander**, in quel punto la pelle presentava un'ampia lacerazione; **die Wunde klafft auseinander**, la ferita è slabbrata **2** (*sich stark unterscheiden*) {ANSICHTEN, INTERESSEN} divergere/discostarsi totalmente, essere in netto contrasto: **weiter könnten die Meinungen nicht ~**, le opinioni non potrebbero essere più divergenti.

auseinạnder|klamüsern tr fam *etw* ~ districare qc, sgrovigliare qc, sbrogliare qc: **unmöglich, die Verwandtschaftsverhältnisse auseinanderzuklamüsern**, impossibile orientarsi nel groviglio dei legami di parentela; **ein Problem ~**, cercare di sbrogliare un problema.

auseinạnder|kommen <irr> itr <sein> **1** (*sich aus den Augen verlieren*) {FREUNDE, GESCHWISTER} perdersi di vista **2** (*sich fremd werden*) diventare estranei (-e) (l'uno (-a) all'altro (-a)).

auseinạnder|krachen itr <sein> rompersi facendo un gran fracasso.

auseinạnder|kriegen tr → **auseinạnder|bekommen**.

auseinạnder|laufen <irr> itr <sein> **1** (*in verschiedene Richtungen gehen*) {STRAßEN, WEGE} divergere, dividersi **2** (*in verschiedene Richtungen laufen*) {KINDER, MANNSCHAFT, MENGE} dividersi/sparpagliarsi correndo **3** (*flüssig werden*) {EIS, KÄSE} sciogliersi, liquefarsi; {BUTTER} auch fondersi, squagliarsi **4** (*voneinander abweichen*) {ANSICHTEN, MEINUNGEN} divergere, differire, discostarsi.

auseinạnder|leben rfl sich ~ {EHEPARTNER, PARTNER} diventare estranei (l'uno (-a) per l'altro (-a)): **die Geschwister sich völlig auseinandergelebt**, i fratelli sono diventati due perfetti estranei.

auseinạnder|legen tr **1** (*erklären*) *jdm etw* ~, spiegare qc a qu, esporre qc a qu, illustrare qc a qu **2** *etw* ~ (*auseinanderfalten*) {TISCHDECKE}, stendere qc; {LANDKARTE}, aprire qc, spiegare qc.

auseinạnder|liegen itr <haben oder süddt A CH sein> essere distante.

auseinạnder|machen tr fam *etw* ~ **1** (*zerlegen*) {APPARAT, GERÄT} smontare qc, scomporre qc **2** (*ausbreiten*) {LANDKARTE, STANDTPLAN} aprire qc, dispiegare qc • **die Beine ~** fam, divaricare le gambe.

auseinạnder|nehmen <irr> tr **1** (*zerlegen*) *etw* ~ {MOTOR, RADIO, RASENMÄHER, UHR} smontare qc; (*stark beschädigen*) {EINRICHTUNG, KNEIPE, SPIELHÖLLE} fare a pezzi qc fam, distruggere qc; (*entkräften*) {ARGUMENT, AUSSAGE, PROJEKT} demolire qc, smontare qc **2** fam (*besiegen*) *jdn/etw* ~ {GEGNER, GEGNERISCHE MANNSCHAFT} stracciare qu/qc, fare a pezzi qu; (*jdn vernichtend kritisieren*) demolire qu.

auseinạnder|pflücken tr → **zerpflücken**.

auseinạnder|reißen <irr> tr **1** (*zerfetzen*) *etw* ~ {BOMBE, SPRENGLADUNG AUTO, GEBÄUDE} disintegrare qc; (*in Stücke reißen*) {KARTON, PAPIER} stracciare qc, strappare qc, fare a pezzi qc **2** (*voneinander trennen*) *jdn/etw* ~ {ANGEHÖRIGE} dividere/separare brutalmente/[a forza] qu/qc; {FAMILIE} smembrare qc: **Kinder und Eltern wurden auseinandergerissen**, figli e genitori vennero brutalmente separati.

auseinạnder|rollen tr *etw* ~ {PAPIERROLLE, PLAKAT, TEPPICH} srotolare qc.

auseinạnder|rücken **A** tr *etw* ~ {STÜHLE} mettere più spazio fra qc **B** itr <sein> {GÄSTE, SCHAULUSTIGE} scostarsi, fare posto.

auseinạnder|sägen tr *etw* ~ {BRETT, HOLZ} dividere qc con la sega.

auseinạnder|schneiden <irr> tr *etw* ~ {BROT, STÜCK STOFF} tagliare/dividere qc (in due o più pezzi).

auseinạnder|schrauben tr *etw* ~ {APPARAT, GERÄT} smontare qc con il cacciavite.

auseinạnder|schreiben <irr> tr *etw* ~, scrivere qc ˌstaccato (-a)ˌ/[in due parole].

auseinạnder|sein itr <sein> a.R. ~ auseinander sein → **auseinạnder**.

auseinạnder|setzen **A** tr **1** (*erklären*) *jdm etw* ~ {HINTERGRÜNDE, ZUSAMMENHANG} spiegare qc a qu, illustrare qc a qu: **jdm seine Pläne ~**, esporre a qu i propri progetti **2** (*getrennt setzen*) *jdn* ~ {KINDER, SCHÜLER} separare qu l'uno (-a) dall'altro (-a), dividere qu **B** rfl **1** (*sich befassen*) sich *mit etw* (dat) ~ {MIT EINEM PROBLEM, DER VERGANGENHEIT} confrontarsi con qc, occuparsi in modo approfondito di qc: **sich mit dem Gesamtwerk eines Autors ~**, cimentarsi nello studio dell'opera omnia di un autore **2** (*versuchen, mit jdm etwas Strittiges zu klären*) **sich mit jdm (über etw** akk) **~** confrontarsi con qu (su qc), misurarsi con qu (su qc): **die Parteien haben sich über den neuen Gesetzesentwurf auseinandergesetzt**, i partiti si sono confrontati sul nuovo progetto di legge **3** (*sich getrennt setzen*) sich ~, sedersi in posti diversi.

Auseinạndersetzung <-, -en> f **1** (*Beschäftigung*) ~ **mit jdm/etw** confronto m con qu/qc, occuparsi m (in modo approfondito) di qu/qc: **die ~ mit unserer jüngsten Vergangenheit**, il confronto con il nostro passato recente **2** (*Streitgespräch*) ~ (**mit jdm**) discussione f (con qu), confronto m (con qu), controversia f (con qu): **die ~ im Parlament war sehr heftig/erregt**, la discussione in parlamento è stata molto accesa/animata; **eine gewerkschaftliche ~**, una controversia sindacale **3** (*Streit*) contrasto m, confronto m: **es kam zu einer harten ~ zwischen den Gewerkschaften und Arbeitgeberverbänden**, si arrivò a un duro scontro tra sindacati e confindustria; **die üblichen ~en in der Familie**, i soliti contrasti in famiglia **4** (*Kampf*) conflitto m: **eine militärische/kriegerische/blutige ~**, un conflitto armato/bellico/sanguinoso.

auseinander|stehen itr <*haben oder süddt A CH sein*> essere distante: **jds Zähne stehen auseinander**, qu ha i denti radi/distanziati.

auseinander|stieben <*stiebt auseinander, stob oder stiebte auseinander, ist auseinandergestoben oder rar auseinandergestiebt*> itr <*sein*> {HERDE, MENSCHENMENGE} fuggire in tutte le direzioni; {FUNKEN} schizzare in tutte le direzioni.

auseinander|streben itr <*sein*> **1** (*in verschiedene Richtungen gehen*) {MENSCHENMENGE} disperdersi, sparpagliarsi **2** (*auseinandergehen*) {KRÄFTE, TENDENZEN} divergere: **~de Meinungen**, opinioni divergenti.

auseinander|treiben <*irr*> **A** tr <*haben*> **jdn/etw** ~ {WIND WOLKEN} disperdere qc; {POLIZEI DEMONSTRANTEN, MENSCHENMENGE} disperdere qu/qc **B** itr <*sein*> {WOLKEN} dispersdersi.

auseinander|wehen tr etw ~ far volare qc ⌊in tutte le direzioni⌋/[sparpagliandolo].

auseinander|ziehen <*irr*> **A** tr <*haben*> (*durch Ziehen dehnen*) **etw** ~ {VORHÄNGE, GUMMIBAND} tirare qc **B** itr <*sein*> (*sich trennen*) {PAAR} separarsi (e andare ad abitare in case diverse).

auserkoren adj geh (*zu etw dat*) ~ (pre)scelto (*per/a qc*): **er war (dazu) ~, die Leitung des berühmten Orchesters zu übernehmen**, era stato prescelto per assumere l'incarico di direttore della famosa orchestra.

auserlesen geh **A** adj {WEIN} squisito, prelibato; {FRÜCHTE, SPEISEN} auch selezionato **B** adv (*überaus*): **~ feine Speisen**, cibi squisitissimi; **~ schön**, di sopraffina/superlativa bellezza.

aus|ersehen <*irr, ohne ge-*> tr geh **jdn für etw** (akk)/**zu etw** dat) ~ {FÜR EIN AMT, ZU JDS NACHFOLGER, STELLVERTRETER} (pre)scegliere qu per/a qc, destinare qu a qc: **du bist dafür ~, die Delegation im Ausland zu leiten**, sei stato (-a) ⌊(pre)scelto (-a) per⌋/[destinato (-a) a] guidare la delegazione all'estero; **zu Großem ~ sein**, essere predestinato a qualcosa di grande; **man hat sie zur Leiterin der neuen Filiale ~**, hanno scelto lei come direttrice della nuova filiale.

aus|erwählen <*ohne ge-*> tr geh **jdn** (*zu etw* dat) ~ (pre)scegliere qu (*per qc*): **zu einer bestimmten Aufgabe auserwählt**, prescelto per un determinato incarico; **jdn dazu ~, etw zu tun**, scegliere qu per fare qc; **von Gott auserwählt**, eletto da Dio; **das auserwählte Volk** relig, il popolo eletto.

Auserwählte <*dekl wie adj*> mf **1** geh prescelto (-a) m (f), eletto (-a) m (f): **die ~n des Herrn**, gli eletti del Signore **2** scherz (*der, die Zukünftige*) fortunato (-a) m (f).

aus|fädeln **A** tr **etw** ~: **den Faden ~**, sfilare l'ago **B** rfl **sich aus etw** (dat) ~ {AUTO AUS DEM STAU} togliersi da qc, uscire da qc.

ausfahrbar adj tech {LEITER} allungabile, estensibile; {ANTENNE} auch telescopico; {FAHRGESTELL} abbassabile.

aus|fahren <*irr*> **A** tr <*haben*> **1** (*spazieren fahren*) **jdn** ~ portare qu fuori/[a passeggio]/[in giro]: **das Kind im Kinderwagen ~**, portare il bambino a passeggio (in carrozzina); **er wird jeden Tag von ihr im Rollstuhl ausgefahren**, tutti i giorni lo porta fuori in carrozza **2** (*ausliefern*) **etw** ~ {PAKETE, WARE} consegnare qc (con un mezzo); {ZEITUNGEN} auch distribuire qc **3** (*ausklappen*) **etw** ~ {VORDEREN SCHEINWERFER} far uscire qc; {ANTENNE} auch alzare qc **4** {FAHRWERK, LANDEKLAPPEN} abbassare qc **4** (*nehmen*): **eine Kurve ~**, prendere una curva larga **5** (*austragen*) **etw** ~ {MEISTERSCHAFT, RENNEN} disputare qc **6** (*beschädigen*) **etw** ~ {STRAßE, WEG} rovinare qc (con dei mezzi): **die Feldwege sind von den Motorrädern völlig ausgefahren**, i sentieri di campagna sono completamente rovinati dalle moto **7** (*auf Höchstgeschwindigkeit bringen*): **ein Auto voll ~**, tirare/lanciare al massimo una macchina **B** itr <*sein*> **1** naut (*aus dem Hafen fahren*) {SCHIFF} uscire (dal porto): **zum Fischfang ~**, uscire (per la pesca) **2** min (*aus der Grube ausfahren*) {BERGWERKSARBEITER} uscire dal pozzo.

Ausfahrer <*-s, ->* m (**Ausfahrerin** f) region fattorino (-a) m (f).

Ausfahrsignal, **Ausfahrtsignal** n Eisenb segnale m di partenza.

Ausfahrt f **1** (*Ausfahrgelegenheit*) {+HOF, FABRIKGELÄNDE, PARKHAUS} uscita f: (**die**) **~ (bitte) freihalten!**, lasciare libero il passaggio!, passo carrabile!; **jdm die ~ versperren**, bloccare l'uscita/il passaggio a qu **2** (*Autobahnausfahrt*) uscita f **3** obs (*Spazierfahrt*) gita f/giro m (in macchina) **4** (*das Hinausfahren*) {+SCHIFF} uscita f; min uscita f dal pozzo **5** (*Abfahrt*) {+ZUG} partenza f: **der Zug hat noch keine ~ erhalten**, il treno non ha ancora ricevuto il segnale di via.

Ausfahrtsschild, **Ausfahrtschild** n "cartello m stradale che indica l'uscita".

Ausfall m **1** <*nur sing*> (*Verlust*) {+ZÄHNE} caduta f; {+HAARE} perdita f **2** <*nur sing*> (*Nichtstattfinden*) {+KONZERT, SITZUNG} annullamento m: **sie hatten einen hohen ~ an Schulstunden**, molte lezioni sono state saltate **3** ökon (*Einbuße*) perdita f: **~ der Produktion**, mancata produzione; **das Unternehmen hatte große Ausfälle zu verzeichnen**, l'azienda ha dovuto registrare grosse perdite **4** (*vorübergehende Abwesenheit*) {+ANGESTELLTE, MITARBEITER} assenza f (temporanea) **5** (*vorübergehender Wegfall*) {+GEHALT, STIPENDIUM} mancato pagamento m **6** <*nur sing*> tech (*vorübergehendes Außerkraftsein*) {+KRAFTWERK, MOTOR, TRIEBWERK} guasto m, avaria f **7** mil (*Angriff*) sortita f: **einen ~ unternehmen/wagen**, intraprendere/arrischiare una sortita **8** sport Fechten affondo m; Turnen affondo m **9** (*das Nichtmehrfunktionieren*) {+ATMUNG, HERZ} arresto m **10** (*beleidigende Äußerung*) invettiva f, insulto m, attacco m verbale: **ich kann mir ihre giftigen Ausfälle auch nicht erklären**, neanch'io riesco a spiegarmi le sue uscite velenose.

aus|fallen <*irr*> itr <*sein*> **1** ((*her*)*ausgehen*) (**jdm**/**etw**) ~ {FEDERN, HAARE, ZÄHNE} cadere (a qu/qc): **der Henne fallen die Federn aus**, ⌊alla gallina cadono⌋/[la gallina perde] le penne; **mit 30 Jahren waren ihm schon fast alle Haare ausgefallen**, a 30 anni ⌊gli erano già caduti⌋/[aveva già perso] quasi tutti i capelli **2** (*nicht stattfinden*) {KONFERENZ, KONZERT, VERANSTALTUNG} non aver luogo, saltare fam; {FERNSEHSENDUNG} non andare in onda: **die angekündigte Debatte muss leider ~**, il dibattito preannunciato purtroppo non avrà luogo; **der Musikunterricht fällt nächste Woche aus**, la prossima settimana salta la lezione di musica; **heute fällt die Schule aus**, oggi non c'è scuola; **etw ~ lassen** {ABENDESSEN, KURS, TRAINING, UNTERRICHT}, saltare qc **3** (*nicht mehr funktionieren*) {MASCHINE, MOTOR} bloccarsi; {SIGNAL} non funzionare: **heute ist der Strom für zwei Stunden ausgefallen**, oggi per due ore è mancata la corrente **4** (*wegen Krankheit fehlen*) mancare, essere assente: **er wird wohl für die nächsten zwei Monate ~**, probabilmente mancherà/[sarà assente] per i prossimi due mesi **5** (*ein bestimmtes Ergebnis zeigen*) **irgendwie** ~ andare + compl di modo: **gut/schlecht ~**, andare bene/male; **günstig/ungünstig ~** {ENTSCHEIDUNG}, essere favorevole/sfavorevole; **die Ernte ist dieses Jahr gut ausgefallen**, quest'anno il raccolto è andato bene; **wie ist die Mathearbeit ausgefallen?**, com'è andato il compito di matematica?; **die Wahlen sind sehr überraschend ausgefallen**, le elezioni hanno avuto un esito davvero sorprendente; **die Niederlage ist sehr deutlich ausgefallen**, la sconfitta è stata nettissima.

ausfallend, **ausfällig** **A** adj {ÄUßERUNG, BEMERKUNG} offensivo, ingiurioso, oltraggioso: **~ gegen jdn sein**, essere offensivo/ingiurioso nei confronti di qu; **er wird leicht ~**, diventa facilmente offensivo; **du warst ihr gegenüber sehr ~**, sei stato (-a) molto offensivo (-a) nei suoi confronti **B** adv {SICH AUSDRÜCKEN, ÄUßERN} in maniera offensiva.

Ausfallstraße f strada f radiale.

Ausfalltor, **Ausfallstor** n porta f: **Neapel ist das ~ zum Mittelmeer**, Napoli è la porta del Mediterraneo.

Ausfallzeit f **1** Versicherung periodo m di sospensione **2** inform tempo m di fuori servizio.

aus|fechten <*irr*> tr **etw** ~ {MEINUNGSVERSCHIEDENHEIT, STREIT} sostenere qc, affrontare qc: **einen Streitfall vor Gericht ~**, discutere una causa ⌊in tribunale⌋/[davanti al giudice].

aus|fegen tr **etw** ~ {ZIMMER} dare una spazzata a qc.

aus|feilen tr **etw** ~ **1** (*zurechtfeilen*) {SCHLÜSSEL} limare qc **2** (*verbessern*) {ARTIKEL, REZENSION, VORTRAG} limare qc, cesellare qc, dare ⌊l'ultimo tocco⌋/[gli ultimi ritocchi] a qc; {TECHNIK} perfezionare qc, affinare qc.

aus|fertigen tr adm **1** (*ausstellen*) (**jdm**) **etw** ~ {PASS, URKUNDE} rilasciare qc (a qu) **2** (*schreiben*) **etw** ~ {VERTRAG} redigere qc; {RECHNUNG} rilasciare qc.

Ausfertigung f **1** (*das Ausfertigen*) {+PASS, RECHNUNG, URKUNDE} rilascio m **2** <*meist sing*> (*Exemplar*) {+VERTRAG} copia f: **die zweite ~**, il duplicato, la copia; **einen Lebenslauf in dreifacher ~ abgeben**, consegnare un curriculum vitae in ⌊triplice copia⌋/[tre copie].

ausfindig adv: **jdn/etw ~ machen** {ADRESSE, BEKANNTEN, GESCHÄFT, LOKAL}, riuscire a trovare qu/qc, scoprire qu/qc, scovare qu/qc fam; {JDS AUFENTHALTSORT} auch localizzare qc, individuare qc; **wir haben eine wunderschöne einsame Bucht ~ gemacht**, abbiamo scoperto una bellissima baia isolata.

aus|flicken tr fam **etw** ~ {DACH} rappezzare qc; {JACKE} auch rattoppare qc.

aus|fliegen <*irr*> **A** tr <*haben*> (*im Flugzeug wegbringen*) **jdn/etw** (*aus etw* dat) ~ {KINDER, KRANKE, VERLETZTE AUS DEM KRIEGSGEBIET} (far) evacuare qu/qc (da qc) (con l'aereo), portare via qu/qc (da qc) con l'aereo **B** itr <*sein*> (*weg~*) {VOGEL} volare via, abbandonare/lasciare il nido • **alle sind ausgeflogen** fam, sono tutti fuori/usciti/via.

aus|fließen <irr> itr <sein> **1** (herausfließen) {BENZIN, ÖL, WASSER} fuor(i)uscire: **der Wein floss aus dem Fass aus**, il vino fuor(i)usciva dalla botte **2** (leer laufen) {FASS, KANISTER, TANK} svuotarsi.

aus|flippen itr <sein> fam **1** (durchdrehen) ₍perdere la₎/₍andare fuori di₎ testa fam, flippare slang, dare di fuori/matto slang, andare in cortocircuito slang **2** (vor Freude außer sich geraten) perdere la testa: **er wäre vor Freude fast ausgeflippt**, era quasi impazzito dalla gioia **3** (Drogen nehmen) farsi slang, flippare slang ● **ich dacht' (echt), ich flipp' aus** slang, pensavo di essere diventato (-a) matto (-a)!

aus|flocken itr <sein> chem {KOLLOID} flocculare.

Ausflockung <-, -en> f chem {+KOLLOID} flocculazione f.

Ausflucht <-, Ausflüchte> f <meist pl> geh pretesto m, scusa f: **das sind alles nur Ausflüchte!**, sono tutte/solo scuse!; **sie findet immer irgendeine ~**, trova sempre un pretesto ● **Ausflüchte machen**, accampare dei pretesti; **Ausflüchte suchen**, nascondersi dietro un dito fam; **nie um Ausflüchte verlegen sein**, avere sempre una scusa pronta, non essere mai a corto di pretesti.

Ausflug m gita f, escursione f: **einen ~ machen/unternehmen**, fare/intraprendere una gita/un'escursione; **einen ~ aufs Land machen**, fare una scampagnata; **einen ~ von mehreren Tagen machen**, fare una gita/un'escursione di più giorni; **die Kinder machen einen ~ mit der Schule**, i ragazzi vanno in gita con la scuola.

Ausflügler <-s, -> m (**Ausflüglerin** f) gitante mf, escursionista mf.

Ausflugsdampfer m naut piroscafo m/battello m/vaporetto m per escursioni.

Ausflugsfahrt f gita f (turistica), escursione f.

Ausflugslokal n locale m ₍per gitanti₎/[turistico].

Ausflugsort m località f turistica.

Ausflugsverkehr <-s, ohne pl> m traffico m del fine settimana.

Ausflugsziel n meta f di gite/escursioni: **unser ~ ist Heidelberg**, la meta della nostra gita è Heidelberg.

Ausfluss (a.R. Ausfluß) <-es, Ausflüsse> m <meist sing> **1** <nur sing> (das Auslaufen) {+ÖL, WASSER} fuor(i)uscita f **2** med (aus einer Wunde) secrezione m, scolo m; (aus der Scheide) perdita f **3** geh (Auswirkung) <sein> **einer S. (gen)** {EINER LAUNE, WELTANSCHAUUNG} frutto m di qc, prodotto m di qc: **der ~ einer überschäumenden Fantasie**, il frutto di una fantasia esuberante **4** (Abfluss) {+BECKEN, WANNE} scarico m, scolo m.

aus|formulieren <ohne ge-> tr etw ~ {REDE, VORTRAG} formulare accuratamente qc, dare una forma (stilistica) più definita a qc.

aus|forschen tr **1** (herausfinden) etw ~ {GEHEIMNIS} riuscire a scoprire qc, {VERSTECK} auch riuscire a trovare qc **2** A adm (ausfindig machen) **jdn** ~ {POLIZEI FLÜCHTIGEN, TÄTER, VERDÄCHTIGEN} riuscire a trovare/prendere qu.

Ausforschung f **1** {+GEHEIMNIS, VERSTECK} scoperta f **2** A adm (Ermittlung) inchiesta f, indagine f.

aus|fragen tr jdn (**über jdn/etw**) ~ interrogare qu, fare il terzo grado a qu ₍su qu/qc₎, fare il terzo grado a qu: **jdn über seine Vergangenheit ~**, interrogare qu sul suo passato; **jdn nach etw (dat)/wegen etw (gen oder fam dat) ~** interrogare qu su qc; **jdn nach dem Tathergang ~**, interrogare qu sullo svolgimento dei fatti; **jdn wegen einer bestimmten Angelegenheit ~**, interrogare qu su una determinata faccenda; **jedes Mal wenn ich ihn sehe, fragt er mich aus**, tutte le volte che lo vedo mi ₍fa il terzo grado₎/[tempesta di domande].

aus|fransen itr <sein> (HOSE, TEPPICH) sfrangiarsi, sfilacciarsi: **ausgefranste Hosen sind wieder modern**, i pantaloni sfrangiati sono tornati di moda.

aus|fressen <irr> tr (ausbaden): **etw ~ müssen** fam, doverla pagare; **am Ende musste wie immer ich die Sache ~**, alla fine, come sempre, l'ho dovuta pagare io ● **etwas ausgefressen haben** fam (etwas angestellt haben), averne combinata una fam; **was hat er denn jetzt schon wieder ausgefressen?**, cosa ha combinato ancora?

Ausfuhr <-, -en> f **1** <nur sing> (das Exportieren) esportazione f, export m ökon: **die ~ von Technologie**, il transfert di tecnologie **2** (ausgeführte Ware) esportazioni f pl ● **von der ~ abhängig sein**, dipendere ₍dalle esportazioni₎/[dall'export]; **die ~ beschränken**, limitare le esportazioni; **die ~ erleichtern**, facilitare le esportazioni; **die ~ steigern**, aumentare le esportazioni; **unsichtbare ~**, esportazioni invisibili; **zollfreie ~ com**, esportazione in franchigia (doganale).

Ausfuhrartikel m articolo m di/[destinato alla] esportazione.

aus|führbar adj **1** (realisierbar) {PLAN, PROJEKT} attuabile, realizzabile **2** (für den Export geeignet) {WARE} esportabile, che può essere esportato.

Ausfuhrbeschränkung f limitazione f/restrizione f all'esportazione.

Ausfuhrbestimmung f <meist pl> normative f pl sulle esportazioni.

aus|führen① tr **1** com (exportieren) **etw ~** {ERDÖL, GETREIDE, OBST, SCHWERMETALL} esportare qc **2** (zum Ausgehen einladen) **jdn ~** portare fuori qu: **jdn zum Abendessen ~**, portare qu a cena; **jdn ins Kino ~**, portare qu al cinema **3** (spazieren führen) **jdn ~** {BEHINDERTEN, BLINDEN, KRANKEN} portare ₍a passeggio₎/[fuori] qu; **etw ~** {HUND} portare fuori/[a passeggio/spasso] qc.

aus|führen② tr **1** (verwirklichen) **etw ~** {BESCHLUSS} mettere in pratica qc; {PLAN, PROJEKT} attuare qc; {AUFTRAG, BEFEHL} eseguire qc; {BESTELLUNG} auch evadere qc **2** (erledigen) **etw ~** {ARBEIT, OPERATION} eseguire qc, fare qc; {EXPERIMENT, REPARATUR} auch effettuare qc; {MORD} eseguire materialmente qc **3** (darlegen) **etw ~** {DETAILS, GEDANKEN, THEORIE} esporre qc, spiegare qc: **etw umständlich/weitschweifig ~**, esporre qc in modo circostanziato/prolisso **4** jur **etw ~** {PARTEIEN VERTRAG} eseguire qc **5** sport **etw ~** {TANZSCHRITTE} eseguire qc; {ECKBALL} auch battere qc.

ausführend adj <attr> **1** pol {GEWALT} esecutivo **2** ökon {LAND} esportatore.

Ausführende <dekl wie adj> mf esecutore (-trice) m (f); mus theat interprete mf.

Ausfuhrerklärung f dichiarazione f (doganale) per l'esportazione.

Ausfuhrgenehmigung f autorizzazione f all'esportazione, permesso m di esportazione.

Ausfuhrhafen m porto m (di uscita).

Ausfuhrhandel m ökon commercio m d'esportazione, esportazioni f pl, export m.

Ausfuhrland n ökon **1** (ausführendes Land) paese m esportatore **2** (Land, in das exportiert wird) paese m importatore/[di destinazione].

ausführlich A adj {ANALYSE, BERICHT, BESCHREIBUNG, ERKLÄRUNG, UNTERSUCHUNG} dettagliato, particolareggiato, esauriente B adv {BESCHREIBEN} dettagliatamente, in modo particolareggiato, ampiamente, estesamente, in modo esauriente: (**über**) **etw (akk) ~ berichten**, riferire su qc con dovizia di particolari; **eine Problematik ~ beleuchten**, analizzare ampiamente un problema; **es ist alles ~st besprochen worden**, si è parlato di tutto fin nel minimo dettaglio.

Ausführlichkeit <-, ohne pl> f ricchezza f/ampiezza f di dettagli/particolari: **in aller ~**, particolareggiatamente, dettagliatamente, esaurientemente, estesamente; **etw in aller ~ schildern**, descrivere qc nei minimi dettagli.

Ausfuhrpapiere subst <nur pl> documenti m pl per l'esportazione.

Ausfuhrprämie f ökon premio m all'esportazione.

Ausfuhrquote f ökon quota f delle esportazioni.

Ausfuhrsperre f embargo m, blocco m delle esportazioni.

Ausführung f **1** <nur sing> (das Ausführen) {+BESCHLUSS} mettere m in pratica qc; {+PLAN, PROJEKT} attuazione f, realizzazione f; {+AUFTRAG, OPERATION} esecuzione f; {+EXPERIMENT, REPARATUR} auch effettuazione f; {+BESTELLUNG} esecuzione f, evasione f: **die ~ der Arbeiten wird der Firma Roth übertragen**, l'esecuzione dei lavori viene affidata alla ditta Roth **2** (Ausstattung) {+AUTO, KÜCHE, KÜHLSCHRANK} versione f, modello m: **eine einfache/elegante/exklusive ~**, un modello semplice/elegante/esclusivo; **der Artikel ist in verschiedenen ~en erhältlich**, l'articolo è disponibile in differenti versioni; (Qualität) fattura f; **das Kleid ist von bester ~**, il vestito è di ottima fattura **3** <nur sing> (das Ausführen einer bestimmten Bewegung) esecuzione f: **die exakte ~ der Schritte vor dem Absprung ist sehr wichtig**, l'esatta esecuzione dei passi prima del salto è molto importante **4** <meist pl> (Darlegung) argomentazione f, considerazione f: **ihre ~en waren sehr aufschlussreich**, le sue considerazioni sono state molto istruttive; **seine ~en waren nicht sehr überzeugend**, le sue argomentazioni non erano molto convincenti **5** <nur sing> jur {+VERTRAG} esecuzione f ● **etw zur ~ bringen** {PLAN, VORHABEN}, dare esecuzione a qc, attuare qc, realizzare qc; {BESCHLUSS}, mettere in pratica qc; **zur ~ kommen/gelangen** geh {AUFTRAG, OPERATION}, venire eseguito (-a); {BESTELLUNG}, venire evaso (-a); {PLAN, VORHABEN}, trovare realizzazione, giungere ad attuazione.

Ausfuhrverbot n ökon divieto m d'esportazione.

Ausfuhrzoll m dazio m sulle esportazioni.

aus|füllen tr **1** (anfüllen) **etw (mit etw dat) ~** {GRABEN, LOCH MIT ERDE, STEINEN} riempire qc (di qc), colmare qc (di qc) **2** (mit den erforderlichen Eintragungen versehen) **etw ~** {ANMELDUNG, ANTRAG, FORMULAR, FRAGEBOGEN, SCHECK} compilare qc, riempire qc **3** (befriedigen) **jdn ~** {ARBEIT, BERUF, BESCHÄFTIGUNG, HAUSARBEIT} soddisfare qu, appagare qu: **die Mutterschaft füllt sie ganz aus**, la maternità la appaga totalmente; **ein ausgefülltes Leben haben**, sentirsi realizzato (-a) nella vita **4** (beanspruchen) **etw ~** {SCHRANK WANDBREITE} occupare qc, riempire qc, prendere qc **5** (verbringen) **etw mit etw (dat) ~** {WARTEZEIT MIT LESEN} occupare/trascorrere/passare qc con/facendo qc: **sie füllt ihre Freizeit mit Sport aus**, passa/trascorre il tempo libero facendo/[a fare] sport **6** (in Anspruch nehmen) **etw ~** {TRAINING ZEIT} occupare qc, prendere qc fam 7 (bekleiden) etw irgendwie ~ {AMT, POSTEN} svolgere qc + compl di modo: er füllt dieses Amt sehr unzureichend aus, è tutto inadeguato all'incarico che ricopre.

Ausg. Abk von Ausgabe: ed. (Abk von edizione).

Ausgabe① <-, -n> f **1** (meist pl) (Geldausgabe) spesa f, uscita f: **Einnahmen und ~n halten sich die Waage**, entrate e uscite si bilanciano; **die ~n beschränken**, limitare/contenere le spese; **laufende ~n**, spese correnti/fisse; **öffentliche ~n**, spesa pubblica; jur oneri m pl, spese f pl **2** <nur sing> (Verteilung) {+DECKEN, ESSEN, HILFSGÜTER, MEDIKAMENTE, PROVIANT} distribuzione f **3** <nur sing> (Aushändigung) {+BÜCHER, GEPÄCK, POST} consegna f, distribuzione f **4** <sing> (Verkauf) {+FAHRKARTEN} vendita f; {+AKTIEN, ANLEIHEN, BANKNOTEN, BRIEFMARKEN} emissione f **5** (Ort, an dem etw ausgegeben wird) {+KANTINE, MENSA} banco m di distribuzione; {+BIBLIOTHEK} banco m (delle consegne); {+POST} sportello m (delle consegne) **6** <nur sing> (Bekanntgabe) {+BEFEHL} comunicazione f.

Ausgabe② <-, -n> f **1** typ (Edition) {+BUCH} edizione f: **die erste/zweite/dritte ~**, la prima/seconda/terza edizione; **eine gebundene/illustrierte/kommentierte ~**, un'edizione rilegata/illustrata/commentata; **die neue ~ ist ungebunden**, la nuova edizione è in brossura; **eine ~ erster/letzter Hand**, la prima/ultima edizione curata dall'autore **2** (Sendung) {+NACHRICHTEN, TAGESSCHAU, ZEITUNG} edizione f; {+ZEITSCHRIFT} auch numero m: **die letzte ~ des Wetterberichts ist um Mitternacht**, l'ultimo bollettino meteorologico è a mezzanotte **3** inform output m, uscita f.

ausgabefreudig adj che spende a piene mani.

Ausgabekurs m bank corso m d'emissione.

Ausgabenbuch, **Ausgabebuch** n libro m delle spese.

Ausgabenpolitik f pol politica f della spesa pubblica.

Ausgabensenkung f ₍riduzione f della₎/[taglio m alla] spesa (pubblica).

Ausgabeschalter m sportello m (delle consegne).

Ausgabestelle f (für Banknoten, Wertpapiere) ufficio m d'emissione; (für Essen, Kleider) punto m/centro m di distribuzione; (für Gepäck) sportello m ritiro bagagli; (für Fahrkarten) sportello m vendita biglietti.

Ausgang m **1** (Möglichkeit zum Hinausgehen) uscita f, sbocco m: **wir treffen uns am ~ wieder**, ci ritroviamo all'uscita; **alle Ausgänge waren gesperrt**, tutte le uscite erano sbarrate; **kein ~!**, vietata l'uscita!; **die Grotte hat nur einen ~**, la grotta ha un solo sbocco **2** (Rand) {+ORTSCHAFT, STADT} uscita f: **am ~ des Waldes**, al limitare/margine del bosco **3** med {+MAGEN} piloro m; {+DARM} ano m **4** künstlicher ~, un ano artificiale **4** <nur sing> (Ergebnis) {+PROZESS} esito m; {+VERHANDLUNG, WAHLEN} auch risultato m: **eine Operation mit tödlichem ~**, un intervento dall'esito letale; **ein überraschender/unglücklicher ~**, un esito sorprendente/infelice; **einen unerwarteten ~ nehmen**, (andare a) finire in modo imprevisto; **die Sache nahm einen bösen ~**, la faccenda è finita male **5** <nur sing> geh (Ende) {+MITTELALTER, RENAISSANCE} fine f: **am ~ des 18. Jahrhunderts**, sul finire del ₍XVIII secolo₎/[Settecento] **6** <meist pl> (ausgehende Post) posta f/lettere f pl in partenza **7** <nur sing> (~spunkt)

inizio m, punto m di partenza: **seinen ~ von etw (dat) nehmen**, prendere l'avvio/inizio da qc, partire da qc ● ~ **haben** mil oder scherz, essere in libera uscita.

Ausgangsbasis f base f di partenza: **eine gemeinsame ~ haben**, avere una base di partenza comune.

Ausgangskapital n ökon capitale m iniziale.

Ausgangslage f situazione f iniziale/[di partenza].

Ausgangsmaterial n materiale m di base.

Ausgangsposition f posizione f di partenza: **eine glänzende ~ haben**, avere un'ottima posizione di partenza.

Ausgangsprodukt n prodotto m di base.

Ausgangspunkt m {+FÜHRUNG, REISE, WANDERUNG} punto m di partenza; {+THEORIE, THESE} auch base f di partenza: **zum ~ zurückkehren**, (ri)tornare al punto di partenza.

Ausgangssperre f bes. mil coprifuoco m: ~ **verhängen**, decretare il coprifuoco.

Ausgangssprache f lingua f di partenza.

Ausgangsstellung f **1** sport posizione f di partenza/guardia **2** mil posizione f iniziale.

ausgebaut adj: (**gut**) ~ {INFRASTRUKTUR, VERKEHRSSYSTEM}, sviluppato, {STRASSE} asfaltata.

aus|geben <irr> A tr **1** (zahlen) etw (für etw) akk) ~ spendere qc (per qc), pagare qc (per qc): **sie geben monatlich 1000 Euro für die Miete aus**, di affitto spendono 1000 euro al mese; **sie haben ein Vermögen für das Haus ausgegeben**, hanno speso un patrimonio per quella casa; **sie gibt sehr gerne Geld aus**, è una spendaccione **2** (verteilen) etw (**an jdn**) ~ {DECKEN, ESSEN, HILFSGÜTER, MEDIKAMENTE, PROVIANT} distribuire qc (a qu) **3** (aushändigen) etw ~ {BÜCHER, POST} consegnare qc **4** (in Umlauf bringen) etw ~ {BRIEFMARKEN, WERTPAPIERE} emettere qc; {BANKNOTEN} auch mettere in circolazione qc; {FAHRKARTEN} vendere qc **5** fam (spendieren) (jdm) etw ~ pagare qc (a qu), offrire qc (a qu): **er gab eine Runde aus**, pagò/offrì da bere a tutti **6** (bekannt machen) etw ~ {BEFEHL, PAROLE} dare qc **7** (darstellen) jdn/etw als/für etw (akk) ~ spacciare qu/qc per qc, far passare qu/qc per qc, gabellare qu/qc per qc fam: **er hat sie als seine Kusine ausgegeben**, l'ha fatta passare per sua cugina; **eine Geschichte als wahr ~**, far passare per vera una storia; **eine Idee als die eigene ~**, spacciare per propria un'idea **8** inform (ausdrucken) etw ~ stampare qc B rfl **sich als etw** (nom)/**für etw** (akk) ~ spacciarsi per qc, farsi passare per qc: **die Diebe hatten sich als Kunden ausgegeben**, i ladri si erano spacciati per clienti; **sich für jünger ~**, farsi passare per più giovani di quanto si è ● **einen ~ fam**, pagare ₍da bere₎/[un giro].

ausgebeult adj {ÄRMEL, HOSENBEIN} sformato, deformato.

Ausgebeutete <dekl wie adj> mf sfruttato (-a) m/f.

ausgebildet adj: **ein ~er Krankenpfleger/Masseur**, un ₍infermiere professionale₎/[massaggiatore diplomato]; **ein ~er Dreher/Schreiner**, un tornitore/falegname ₍di professione₎/[professionista]; **~e Kräfte**, personale preparato/avviato.

ausgeblutet adj {BEVÖLKERUNG, LAND} a terra, allo stremo.

ausgebombt adj {FLÜCHTLING} che ha perso la casa ₍sotto i₎/[nei] bombardamenti.

{HÄUSER, STADT} distrutto dai bombardamenti.

ausgebrannt adj **1** fam (körperlich erschöpft) disfatto fam, distrutto fam, alla frutta fam, sfinito fam; (psychisch) svuotato, sfinito: **er fühlte sich völlig ausgebrannt**, si sentiva completamente svuotato **2** (völlig verbrannt) {AUTO, GEBÄUDE} distrutto ₍dal fuoco₎/[dalle fiamme].

ausgebucht adj {HOTEL} tutto prenotato, (al) completo: **alle Flüge nach München sind ~**, tutti i voli per Monaco sono ₍al completo₎/[pieni fam]; **schon ~ sein** fam, essere già impegnato, avere già degli impegni; **am Sonntag bin ich leider schon ~**, domenica purtroppo ho già degli impegni; **der nächste Montag ist bei ihr schon ~**, il prossimo lunedì ₍ha già fissato qualcosa₎/[è già impegnata].

ausgebufft adj fam **1** oft pej (ausgefuchst) {GESCHÄFTSMANN, HÄNDLER, VERTRETER} furbastro fam, dritto fam, furbacchione fam: **~e Methoden**, metodi ₍poco ortodossi₎/[da filibustiere] **2** → **ausgepumpt**.

Ausgeburt <-, -en> f geh pej **1** (Auswuchs) ~ **einer S.** (gen) parto m di qc, prodotto m di qc: **die ~ einer überreizten Fantasie**, il prodotto di una fantasia sovreccitata **2** (Ausbund) ~ **von etw** (dat) quintessenza f di qc, perfetto esemplare m di qc: **sie ist eine ~ von Arroganz**, è l'arroganza fatta/in persona; **er ist eine ~ von Faulheit**, è la pigrizia nella sua massima espressione.

ausgedehnt adj **1** (umfangreich) {NACHFORSCHUNG, UNTERSUCHUNG} su vasta scala **2** (weitgestreckt) {SAAL} ampio, vasto; {EBENE, PARK} auch esteso **3** (lang dauernd) {ERHOLUNGSPAUSE, SPAZIERGANG, URLAUB} lungo: **nach einem ~en Frühstück**, dopo una colazione prolungata.

ausgedient adj mil obs ~ **haben** {OFFIZIER} in congedo ● {OFFIZIER, SOLDAT} aver finito il servizio (militare); {HAUSHALTSGERÄT, KLEIDUNGSSTÜCK}, essere (diventato) inservibile, aver fatto il proprio tempo.

ausgefallen adj {DEKORATION, HOBBY, VORSCHLAG} stravagante, insolito, originale: **einen ~en Geschmack haben**, avere dei gusti insoliti/[un po' stravaganti]; **sie trägt immer sehr ~e Kleidung**, è vestita sempre in modo molto stravagante.

ausgeflippt adj fam **1** (unter Drogen stehend) flippato slang, fatto slang, scoppiato slang: **der ist total ~**, è completamente fatto **2** (exzentrisch) scoppiato slang: **~e junge Leute**, giovani scoppiati slang/schizzati slang; **~e Kleidung**, abbigliamento eccentrico; **ein ~er Typ**, un tipo scoppiato/[di fuori] slang ● ~ **sein** (etwas verrückt sein), essere ₍fuori di testa fam₎/[scoppiato slang]/[schizzato slang].

ausgefuchst adj fam furbastro fam, dritto fam, furbacchione fam: **ein ~er Typ**, un volpone fam.

ausgeglichen adj **1** (harmonisch) {MENSCH, TEMPERAMENT} equilibrato, posato, ponderato; {BEWEGUNGEN} armonioso **2** (gleichmäßig) {BILANZ, SPIEL} in pareggio; {KLIMA} temperato, mite.

Ausgeglichenheit <-, ohne pl> f **1** (innere Harmonie) {+CHARAKTER, MENSCH} equilibrio m, posatezza f; {+BEWEGUNGEN} armoniosità f **2** (Gleichmäßigkeit) {+BILANZ, SPIEL} pareggio m; {+KLIMA} mitezza f.

aus|gehen <irr> A tr intr **1** (weggehen) (**mit jdm**) ~ uscire (con qu), andare fuori (con qu): **ich gehe nur am Wochenende aus**, esco solo il fine settimana **2** (erlöschen) {FEUER, LICHT, MOTOR, RADIO, ZIGARRE} spegnersi **3** (enden) **irgendwie** ~ {BUCH, FILM,

ausgehend | ausgesucht

GESPRÄCH, VERHANDLUNGEN} (andare a) finire/[concludersi] + compl di modo: **gut/schlecht ~**, finire bene/male; **unentschieden ~** {SPIEL}, finire pari; **wie ist die Angelegenheit denn ausgegangen?**, com'è finita poi la faccenda?; **es hätte schlimmer ~ können**, sarebbe potuta finire/[poteva andare fam] peggio; **wie sind die Wahlen ausgegangen?**, come sono andate le elezioni? fam, qual è stato l'esito delle elezioni?; **das Wort geht auf einen Konsonanten aus**, la parola finisce/termina in/per consonante **4** (seinen Ausgang nehmen) **von etw** (dat) **~** partire/dipartirsi da qc: **vom Bahnhofsplatz gehen die meisten wichtigen Straßen aus**, dalla piazza della stazione si diparte/irradia la maggior parte delle strade più importanti **5** (ausgestrahlt werden): **von jdm/etw geht etw aus** {FEINDSELIGKEIT, RUHE, SICHERHEIT}, qu emana qc, qu irradia qc; **von ihm geht immer eine besondere Gelassenheit aus**, (lui) trasmette sempre un gran senso di tranquillità; **von den Blumen geht ein besonderer Duft aus**, questi fiori diffondono un profumo particolare; **vom Ofen geht eine angenehme Wärme aus**, dalla stufa si sprigiona/[la stufa emana/diffonde] un gradevole calore **6** (veranlasst werden) **von jdm ~** {ANREGUNG, IDEE, VORSCHLAG} partire da qu, (pro)venire da qu, muovere da qu geh **7** (als Ausgangspunkt nehmen) **von etw** (dat) **~** {VON DER ANNAHME, TATSACHE} partire da qc; **von etw** (dat) **~** prendere le mosse da qc: **davon ~, dass ...**, partire dal presupposto che ... konjv oder ind, dare per scontato (-a) che ... konjv oder ind; **ich gehe mal davon aus, dass alle an dem Streik teilnehmen werden**, parto dal presupposto che tutti partecipino allo sciopero; **wenn wir von der Annahme ~, dass ...**, se si parte dalla supposizione/[dall'ipotesi] che ...; **von falschen Voraussetzungen ~**, partire da presupposti sbagliati **8** (abzielen) **auf etw** (akk) **~** {AUF BETRUG, GEWINN, VORTEILE} mirare a qc, puntare a qc: **auf Abenteuer ~**, cercare l'avventura **9** (zu Ende gehen) {GELD, KRÄFTE, VORRAT} finire, esaurirsi: **mir geht die Geduld aus**, mi scappa/[sto perdendo] la pazienza; **mir ist das Geld ausgegangen**, ho finito (tutti) i soldi; **beim Treppensteigen geht ihm immer die Puste aus**, a salire le scale rimane sempre senza fiato; **unterwegs ging ihnen das Benzin aus**, finirono la benzina mentre erano in viaggio **10** (ausfallen) (jdm/etw) **~** {FEDERN DEM VOGEL, ZÄHNE DEM ALTEN MANN} cadere a qu/qc: **die Haare sind ihm schon früh ausgegangen**, i capelli gli sono caduti/[li ha persi] presto **11** (die Farbe verlieren) stingere, scolorirsi: **die Bluse geht beim Waschen aus**, quando la lavi, la camicia stinge; **der Stoff ist beim Waschen ausgegangen**, la stoffa ha perso colore/[si è scolorita] durante il lavaggio **12** fam (sich ausziehen lassen): **schwer ~** {SCHUHE}, togliersi/levarsi a fatica; {HANDSCHUHE} auch sfilarsi a fatica **B** rfl **A** (ausreichen) **sich ~** {GELD, VORRÄTE} bastare **C** unpers **A**: **es gibt sich gerade noch aus, dass wir pünktlich ins Kino kommen**/[den Abendzug erwischen], facciamo appena in tempo ad arrivare al cinema/[prendere l'ultimo treno della sera] ● **leer ~**, rimanere a mani vuote/[bocca asciutta] fam; **straffrei ~**, rimanere/uscirne impunito (-a).

ausgehend adj **1** (zu Ende gehend) che sta finendo/[sta per finire]: **das ~e Jahrhundert**, il secolo che sta per finire/[declina]; **im ~en Mittelalter**, nel tardo Medioevo; **in der ~en Renaissance**, al tramonto del Rinascimento **2** (abzuschickend) {POST} in partenza/uscita.

ausgehfertig adj <präd>: **~ sein**, essere pronto per/a uscire; **sich ~ machen**, prepararsi per/a uscire.

ausgehungert adj **1** fam (sehr hungrig) {MENSCH} (molto) affamato, morto di fame; {TIER} auch famelico: **ich bin total ~**, ho una fame da lupi **2** (durch langes Hungern entkräftet) indebolito/debilitato per la/[dalla] fame.

Ausgehverbot n **1** divieto m di uscita **2** mil coprifuoco m.

ausgeklügelt adj {MECHANISMUS, SYSTEM} ingegnoso; {PLAN} auch ben architettato/congegnato.

ausgekocht adj fam pej {BURSCHE, TYP} furbacchione, astuto; {GAUNER} auch fatto e finito fam.

ausgelassen **A** adj **1** (fröhlich) {STIMMUNG} allegro, gaio, vivace: **eine ~e Gesellschaft**, un'allegra brigata; **~e Spiele**, giochi allegri **2** (wild) scatenato: **die Kinder waren völlig ~**, i bambini erano scatenatissimi **B** adv (wild) {HERUMSPRINGEN, SPIELEN, TANZEN} in modo scatenato.

Ausgelassenheit <-, -en> f <meist sing> **1** (Fröhlichkeit) {+GESELLSCHAFT, STIMMUNG} allegria f, gaiezza f **2** (Wildheit) {+KINDER} sfrenatezza f.

ausgelatscht adj fam {PANTOFFELN, SCHUHE} sformato.

Ausgeliefertsein <-s, ohne pl> n **- an jdn/etw** {AN DEN FEIND, GEGNER} essere m alla mercé di qu/[in balia di qu/qc].

ausgelitten part perf von aus|leiden obs: **~ haben** euph, aver finito di soffrire/patire.

ausgelutscht adj slang **1** (kraftlos) spompato fam **2** (abgenutzt) {FILM} visto e rivisto; {THEMA} trito e ritrito.

ausgemacht **A** adj **1** <attr> pej (ausgesprochen) {BETRÜGER, SCHURKE} perfetto, grandissimo: **ein ~er Gauner**, un furbo di tre cotte fam; **das war eine ~e Dummheit**, è stata una cretinata bella e buona/[in piena regola] fam **2** (beschlossen) {SACHE} certo, deciso: **es ist ~, dass ...**, si intende/[è inteso che] ... **B** adv (verstärkend vor adj) estremamente, molto.

ausgemergelt adj {KÖRPER} emaciato, smunto: **ein ~es Gesicht**, un viso smunto/scavato.

ausgenommen konj **1** (es sei denn) a meno che ... konjv, sempre che non ... konjv: **wir könnten einen Spaziergang machen, ~ es regnet**, potremmo fare una passeggiata, a meno che non piova; **wir kommen am Wochenende, ~ Karl muss Überstunden machen**, veniamo il fine settimana, sempre che Karl non debba fare degli straordinari **2** (außer) ~ + subst (nom/akk)/[subst (nom/akk) ~] eccetto/fuorché/tranne/salvo/all'infuori di + subst: **alle waren lustig und vergnügt, ~ unser Chef**/[unser Chef ~], tutti erano allegri e di buonumore all'infuori del/[tranne il] nostro capo.

ausgepowert adj fam → **ausgepumpt**.

ausgeprägt adj {GESICHTSZÜGE, KINN} spiccato, marcato, pronunciato; {NASE} importante, pronunciato; {VORLIEBE} marcato, spiccato, netto; {GESCHMACK} definito; {SYMPATHIE} accentuato; {AKZENT, INTELLIGENZ} spiccato: **eine ~e Abneigung gegen mondäne Ereignisse**, una netta avversione/[idiosincrasia] per gli eventi mondani; **einen ~en Sinn für Gerechtigkeit/Schönheit haben**, avere uno spiccato senso della giustizia/bellezza.

ausgepumpt adj {MENSCH} spompato fam, cotto fam, distrutto fam, con le pile scariche fam.

ausgerechnet partik fam **1** (als Ausdruck des Unwillens) proprio: **~ mir muss so etwas passieren!**, proprio a me doveva succedere!; **~ an meinem Geburtstag regnete es**, piove proprio il giorno del mio compleanno; **~ heute muss der Zug Verspätung haben!**, proprio oggi il treno doveva fare ritardo! **2** (als Ausdruck der Skepsis) proprio: **warum sollte ~ auf unserer Strecke Stau sein?**, perché dovrebbero esserci delle code proprio sul nostro percorso?

ausgeschissen part perf von aus|scheißen: **bei jdm (restlos) ~ haben** vulg: **der hat bei mir (restlos) ~**, io con lui ho chiuso (definitivamente), lui per me è morto.

ausgeschlafen adj ben riposato (per aver dormito a sufficienza): **sich ~ fühlen**, sentirsi bello (-a) riposato (-a).

ausgeschlossen adj <präd>: **~ sein**, essere escluso; **ein Irrtum ist ~**, un errore è escluso; **es ist nicht ~, dass ...**, non si può/[è da] escludere che ...; **das halte ich für ganz ~**, lo escludo categoricamente, lo ritengo del tutto impossibile ● **(völlig) ~!**, impossibile!, neanche per idea!, no davvero!

ausgeschnitten adj {KLEID, SCHUHE} scollato, decolleté: **tief/weit ~**, molto scollato/scavato, con una profonda/[un'ampia] scollatura.

ausgesorgt part perf: **~ haben**, essersi sistemato/[messo a posto] per sempre fam: **mit dem Gewinn haben sie für ihr Leben ~**, con quella vincita sono a posto/[si sono sistemati (-e)] per tutta la vita.

ausgesprochen **A** adj <attr> {NEIGUNG, VORLIEBE} spiccato, particolare, netto: **ein ~er Gegner einer S.** (gen)/[von etw (dat)] **sein**, essere un nemico dichiarato/giurato di qc; **~es Glück haben**, avere una fortuna sfacciata; **von ~er Höflichkeit sein**, essere di una cortesia squisita; **dieses Mal hattest du ~es Pech**, questa volta hai avuto veramente una sfortuna/scalogna nera; **sie ist eine ~e Schönheit**, è una vera bellezza; **er hat eine ~e Trinkernase**, ha il classico naso da beone **B** adv {FAUL, GEIZIG, INTELLIGENT, SCHÖN, ZUVERLÄSSIG} decisamente, estremamente: **~e warme Farben**, colori particolarmente caldi; **sie sind ~ großzügig**, sono decisamente generosi (-e).

aus|gestalten <ohne ge-> tr **etw ~** {FEIER, FEST} organizzare qc; {AUSSTELLUNG, RAUM} auch allestire qc; {METHODE, THEMA} sviluppare qc.

Ausgestaltung <-, -en> f **1** <nur sing> {+FEIER, FEST} organizzazione f; {+AUSSTELLUNG, RAUM} auch allestimento m; {+METHODE, THEMA} sviluppo m **2** (Form) forma f; **die musikalische ~**, l'arrangiamento musicale.

ausgestanden **A** part perf von aus|stehen **B** adj fam: **(endlich) ~ sein** {LIEBESBEZIEHUNG}, essere (finalmente) chiuso fam; **irgendwann ist alles ~!**, prima o poi passa tutto!

ausgestorben **A** part perf von aus|sterben **B** adj **1** (verlassen) morto, deserto: **nach Ladenschluss ist die Innenstadt wie ~**, dopo la chiusura dei negozi il centro è (come) deserto; **im August sind die großen Städte im Süden wie ~**, d'agosto le grandi città del sud sono come morte **2** (nicht mehr bestehend) {VOLK} scomparso; {TIERART} estinto.

Ausgestoßene <dekl wie adj> mf emarginato (-a) m (f), dropout mf.

ausgesucht **A** adj <attr> **1** (erlesen) {SPEISEN, STOFFE, WEINE} pregiato, scelto **2** geh (sehr groß) {HÖFLICHKEIT, ZUVORKOMMENHEIT} squisito; {ELEGANZ} ricercato: **~e Manieren**, maniere squisite **B** adv (besonders) {SCHMACKHAFT, SCHÖN} particolarmente er ist ~ höflich, è particolarmente/estremamente cortese.

ausgewachsen adj **1** (*zu Ende gewachsen*) {MENSCH, PFLANZE, TIER} adulto, cresciuto **2** <attr> *fam* (*sehr groß*) {IDIOTIE, SCHWACHSINN} totale, enorme: **ein ~er Blödsinn**, una stupidaggine bell'e buona *fam*, una perfetta idiozia; **du bist ein ~es Rindvieh!**, sei un idiota integrale!

ausgewählt adj <attr> **1** (GEDICHTE) scelto: **~e Werke**, opere scelte **2** (*erlesen*) {WEINE} selezionato.

Ausgewanderte <*dekl wie adj*> mf emigrato (-a) m (f).

ausgewaschen adj (FARBE) slavato; {JEANS} *auch* scolorito.

Ausgewiesene <*dekl wie adj*> mf espulso (-a) m (f).

ausgewogen **A** part perf *von* aus|wiegen **B** adj {KRÄFTEVERHÄLTNIS, POLITIK} equilibrato; {MENSCH} *auch* ponderato; {RHYTHMUS} armonioso: **eine ~e Diät**, una dieta bilanciata.

Ausgewogenheit <-, *ohne pl*> f {+KRÄFTEVERHÄLTNIS, POLITIK} equilibrio m; {+MENSCH} *auch* ponderatezza f; {+RHYTHMUS} armonia f; {+DIÄT} essere m bilanciato.

ausgezeichnet **A** adj {ARBEIT, LEISTUNG} eccellente, ottimo; {SPEISE, WEIN} *auch* squisito, eccelso: **die Verpflegung war ~**, il vitto era eccellente; **Sie haben Ausgezeichnetes geleistet!**, Lei ha fatto un lavoro eccellente/ notevole! **B** adv {KOCHEN, REITEN, SINGEN, SPIELEN} benissimo, ottimamente, in modo eccellente/eccelso: **mir geht es ~**, sto d'incanto *fam*; **du siehst ~ aus**, hai un aspetto fantastico; **das Reisgericht hat allen ~ geschmeckt**, il risotto è piaciuto moltissimo a tutti • **~!**, perfetto!, ottimo!

ausgiebig **A** adj {ESSEN, MAHLZEIT} abbondante; {MITTAGSSCHLAF, PAUSE, SPAZIERGANG} lungo; {BERICHT, INFORMATION} dettagliato: **~en Gebrauch von etw (dat) machen**, fare largo uso di qc; **einen ~en Mittagsschlaf halten**, fare un bel pennichella *fam* **B** adv abbondantemente, copiosamente: **~ duschen**, fare una bella doccia; **~ frühstücken**, fare una ⌊colazione abbondante⌋/⌊bella colazione⌋; **es hat ~ geregnet**, è piovuto copiosamente/[in abbondanza].

Ausgiebigkeit <-, *ohne pl*> f {+ESSEN, FRÜHSTÜCK} abbondanza f.

aus|gießen <*irr*> tr **1** (*weggießen*) *etw* ~ {FLÜSSIGKEIT} gettare via *qc* (versando) **2** (*leeren*) *etw* ~ {EIMER, FLASCHE} (s)vuotare *qc* **3** (*füllen*) *etw* (*mit etw* dat) ~ {FUGEN, LOCH, RISSE} riempire *qc* (con *qc*), (ot)turare *qc* (con *qc*): **die Pfeiler mit Beton ~**, riempire i pilastri di cemento.

Ausgleich <-(e)s, -e> m <*meist sing*> **1** (*Übereinkommen*) appianamento m, accomodamento m: **einen ~ anstreben/herbeiführen**, ⌊mirare a⌋/⌊raggiungere⌋ un accomodamento; **der ~ der Kontraste**, l'appianamento dei contrasti **2** *bank*: **die Bank verlangt den ~ meines Kontos**, la banca mi chiede di riportare in attivo il mio conto **3** *bes. ökon* (*Herstellung eines Gleichgewichts*) perequazione f: **der ~ der Kosten/Steuern**, la perequazione ⌊dei costi⌋/[fiscale] **4** (*Kompensation eines Mangels*) compensazione f: **als ~ für die vielen Überstunden hat er öfter frei**, come compensazione per i tanti straordinari ha più spesso qualche giorno libero; (*Kompensation eines Verlusts*) compenso m, indennizzo m, risarcimento m: **einen ~ für den erlittenen Schaden erhalten**, ottenere un indennizzo/risarcimento per il danno subito **5** *sport* pareggio m • **sozialer ~**, equità/parità sociale.

aus|gleichen <*irr*> **A** tr **1** (*mildern*) *etw* ~ {KONTRASTE, SPANNUNGEN} appianare *qc*; {UNTERSCHIEDE} *auch* livellare *qc*: **widerstreitende Interessen ~**, equilibrare interessi contrastanti **2** (*wettmachen*) *etw* ~ (*durch etw* akk) ~ {MANGELNDE BEWEGUNG DURCH SPORT, FABRIKATIONSFEHLER DURCH PREISNACHLASS} compensare *qc* (con *qc*), (contro)bilanciare *qc* (con *qc*): **einen Fehler ~**, riparare/ rimediare a un errore; **ein Versäumnis durch besonderen Eifer ~**, compensare una mancanza con particolare zelo **3** (*durch Angleichung beseitigen*) *etw* ~ {HÖHENUNTERSCHIEDE} pareggiare *qc*; {SOZIALE UNTERSCHIEDE} livellare *qc*: **eine ~de Politik**, una politica perequativa **4** *com* (*begleichen*) *etw* ~ {RECHNUNG, SCHULDEN, VERBINDLICHKEITEN} saldare *qc*: **den Verlust ~**, sanare il passivo **5** *bank etw* ~ {KONTO} pareggiare *qc* **B** itr *sport* (*den Ausgleich erzielen*) pareggiare **C** rfl (*sich aufheben*) **sich ~** {UNTERSCHIEDE} compensarsi, equilibrarsi, bilanciarsi: **Freud und Leid gleichen sich aus**, gioie e dolori si compensano.

Ausgleichsabgabe f <*meist pl*> ökon pol onere m di compensazione/perequazione.

Ausgleichsfonds m D ökon pol fondo m di compensazione/perequazione.

Ausgleichsgetriebe n tech differenziale m.

Ausgleichsgymnastik f ginnastica f correttiva.

Ausgleichssport m "sport m che serve a correggere una postura errata che si assume soprattutto durante il lavoro".

Ausgleichstor n, **Ausgleichstreffer** m rete f/gol m del pareggio.

Ausgleichszahlung f ökon pagamento m compensativo, indennità f compensativa.

aus|gleiten <*irr*> itr <*sein*> **1** (*ausrutschen*) (*auf etw* dat) ~ {AUF DEM EIS, DEM NASSEN STRASSE} scivolare (*su qc*), sdrucciolare (*su qc*) **2** (*entgleiten*) *jdm* ~ scivolare/sfuggire di mano *a qu*: **ihr glitt das Messer aus, und dabei verletzte sie sich**, il coltello le scivolò di mano e (così) si ferì.

aus|gliedern tr **1** (*herausnehmen*) *etw* (*aus etw* dat) ~ {DORF, STADT AUS DEM VERWALTUNGSGEBIET} separare *qc* (*da qc*) **2** (*nicht behandeln*) *etw* ~ {PROBLEM} accantonare *qc*, lasciare fuori *qc*.

aus|graben <*irr*> **A** tr **1** (*aus der Erde hervorholen*) *jdm/etw* ~ {KISTE} (dis)sotterrare *qc*; {SCHATZ} *auch* scavare *qc*; {LEICHE, TOTEN} disseppellire *qu*, (ri)esumare *qu*, dissotterrare *qu*: **eine Pflanze mit den Wurzeln ~**, dissotterrare una pianta con le radici **2** (*wiederentdecken*) *etw* ~ {ALTE BRIEFE, KOSTÜME, FOTOS, SPIELZEUG} (ri)tirare fuori *qc*; {ALTE BRÄUCHE, LIEDER, VERGANGENE MODE} riesumare *qc*, disseppellire *qc*, dissotterrare *qc*, rispolverare *qc* **3** (*wachrufen*) *etw* ~ {ANEKDOTEN, ERINNERUNGEN} riportare alla memoria *qc*, richiamare alla mente *qc*: **gib doch nicht immer wieder die alten Geschichten aus!**, non ⌊tirare sempre fuori⌋/ [riesumare sempre] le vecchie storie! **4** *archäol etw* ~ {AMPHOREN, ANTIKE STÄTTE, TEMPEL, TONTAFELN} (ri)portare alla luce *qc*, dissotterrare *qc*, disseppellire *qc*, scavare *qc* **B** itr *archäol irgendwo* ~ fare/effettuare degli scavi + compl di luogo.

Ausgrabung <-, -en> f *archäol* **1** (*das Ausgraben*) scavo m (archeologico): **die ~en leiten**, dirigere gli scavi **2** (*Fund*) reperto m archeologico: **sensationelle ~en in Pompeji**, nuovi sensazionali reperti archeologici a Pompei **3** (*~sstätte*) scavo m, sito m archeologico.

Ausgrabungsarbeit f <*meist pl*> archäol scavo m (archeologico).

Ausgrabungsstätte f archäol scavo m, sito m archeologico.

aus|greifen <*irr*> itr {REDNER} prenderla (alla) larga *fam*; {PFERD} allungare.

ausgreifend adj <attr> {BEWEGUNGEN} ampio; {PLÄNE} ambizioso: **mit weit ~en Schritten**, ad ampie falcate.

aus|grenzen tr *jdn/etw* (*aus etw* dat) ~ {ENTWICKLUNGSLAND, RANDGRUPPEN} escludere *qu/qc* (*da qc*); {FRAGE, PROBLEM, THEMA} *auch* lasciare fuori *qc* (*da qc*): **ausländische Mitbürger ~**, emarginare/[tagliare fuori] i concittadini stranieri.

Ausgrenzung <-, -en> f {+FRAGE, PROBLEM, THEMA} esclusione f; {+MINDERHEITEN, RANDGRUPPEN} *auch* emarginazione f.

Ausguck m **1** *fam* vedetta f **2** *naut* coffa f, posto m di vedetta; (*Matrose im* ~) vedetta f.

Ausguss (a.R. Ausguß) m D {KÜCHE} acquaio m, lavello m **2** (*Abfluss*) scarico m.

aus|haben <*irr*> *fam* **A** tr *etw* ~ **1** (*ausgezogen haben*) {HOSE, KLEID, MANTEL, SCHUHE} essersi tolto *qc*, essersi levato *qc* **2** (*zu Ende haben*) {ARTIKEL, BUCH, ZEITSCHRIFT} aver finito (di leggere) *qc*; {SUPPE, WEIN} aver finito (di mangiare/bere) *qc* **3** (*ausgeschaltet haben*) {FERNSEHER, RADIO} aver ~ spento (-a) **B** itr (*den Unterricht beendet haben*) finire: **am Samstag haben wir schon um zwölf Uhr aus**, il sabato ⌊si finisce⌋/[usciamo] a mezzogiorno.

aus|hacken tr **1** (*aus der Erde hacken*) *etw* ~ {KARTOFFELN, ZWIEBELN} cavare *qc* **2** (*mit der Hacke entfernen*) *etw* ~ {UNKRAUT} estirpare *qc*, togliere/[tirare via] *qc* (con la zappa) **3** (*entfernen*) *jdm/etw etw* ~ {GEIER DEM TOTEN DIE AUGEN} cavare *qc a qu/qc*.

aus|haken **A** tr *etw* ~ {FENSTERLADEN, KETTE, VERSCHLUSS} sganciare *qc* **B** rfl **sich ~** {VERSCHLUSS} sganciarsi • **bei jdm hakt es aus** *fam* (*jd versteht nichts mehr*), qu non riesce a capirci niente; (*jd verliert die Nerven*), qu ⌊va fuori di⌋/[perde la] testa *fam*; (*jd verliert den Faden*), qu perde il filo, qu ha un blackout; **wenn sonntags so reagiert, da hakt's bei mir aus**, quando uno reagisce così io non ci capisco più niente; **irgendwann hat's dann bei ihm ausgehakt**, a un certo punto ⌊è uscito di⌋/[ha perso la] testa.

aus|halten <*irr*> **A** tr **1** (*ertragen*) *etw* ~ {ANSTRENGUNG, BELASTUNG, HITZE, HUNGER, SCHMERZEN} sopportare *qc*, resistere a *qc*, reggere *qc*: **ich halte es vor Kopfschmerzen nicht mehr aus**, non ce la faccio più dal mal di testa; **ich halte es nicht mehr aus**, non ⌊ne posso⌋/[reggo]/[ce la faccio] più; **ihre Nerven halten das nicht länger aus**, i suoi nervi non reggeranno più molto a lungo; **sie hat die Schmerzen sehr tapfer ausgehalten**, ha sopportato stoicamente il dolore; **das ist ein Stoff, der viel aushält**, (questo) è un tessuto molto resistente; **der Lärm ist ja nicht zum Aushalten!**, ma questo rumore è insopportabile! **2** (*standhalten*) *etw* ~ {JDS BLICK} reggere *qc*, sostenere *qc*: **die neuen Fasern halten jeden Vergleich mit den herkömmlichen aus**, le nuove fibre ⌊reggono al⌋/[non temono il] paragone con quelle tradizionali **3** *fam* (*durchhalten*): **es irgendwo ~**, resistere/reggere + compl di luogo: **er hält es an keinem Arbeitsplatz lange aus**, non resiste a lungo in nessun posto di lavoro; **wie hältst du es in dieser Stadt nur aus?**, ma come fai a vivere in questa città?; **sie hat es bei ihm nicht mehr ausgehalten**, non ce l'ha fatta più a stare con lui **4** *fam pej* (*unterhalten*) *jdn* ~ mantenere *qu*: **sich von jdm ~ lassen**, farsi mantenere da qu, fare il/la mantenuto (-a) di qu

5 *mus etw* ~ {NOTE, TERZ} mantenere *qc* **B** *itr* **1** (*durchhalten*) resistere, reggere **2** (*warten, um aufs WC zu gehen*) resistere, reggere: **jetzt müsst ihr ~, bis wir zu Hause sind**, cercate di tenerla finché non siamo a casa *fam* • **hier/so lässt es sich (gut) ~!**, qui/così sì che si sta bene!, questo sì che si chiama vivere!; **mit jdm ist es nicht auszuhalten**, qu è insopportabile, qu non si regge; **mit meiner Schwiegermutter ist es nicht mehr auszuhalten**, con mia suocera la situazione è diventata insostenibile; *viel ~ können*, (poter) sopportare molto.

aus|handeln *tr etw ~* {KOMPROMISS, TARIF} negoziare *qc*; {KAUF, PREIS} contrattare *qc*, pattuire *qc*.

aus|händigen *tr jdm etw ~* {SCHLÜSSEL} consegnare *qc a qu*; {DOKUMENT} *auch* rilasciare *qc a qu*; {EILBRIEF, EINSCHREIBEN, PAKET} consegnare *qc a qu*, recapitare *qc a qu*.

Aushändigung <-, *ohne pl*> f consegna f; {+EILBRIEF, EINSCHREIBEN, PAKET} *auch* recapito m.

Aushandlung <-, *ohne pl*> f {+KOMPROMISS, TARIF} negoziazione f; {+KAUF, PREIS} contrattazione f, pattuizione f.

Aushang m avviso m/comunicato m/annuncio m (esposto/affisso): *etw durch ~ bekannt machen*, rendere noto (-a) qc affiggendo un annuncio/avviso; *die Aushänge lesen*, leggere gli avvisi/i comunicati/gli annunci (esposti/affissi).

aus|hängen① **A** *tr etw ~* **1** (*bekannt machen*) {AUFGEBOT, FOTOS} esporre *qc*; {WAHLERGEBNISSE, ZEITPLAN} *auch* affiggere *qc*, appendere *qc*: **sind die Prüfungsergebnisse schon ausgehängt worden?**, sono già stati affissi/[fuori *fam*] i risultati degli esami? **2** (*aus den Angeln heben*) {FENSTER, TÜR} scardinare *qc* **B** *rfl sich ~* **1** (*sich glätten*) {HOSE, KLEID, MANTEL} riprendere la piega (stando appeso) **2** (*sich lösen*) {FENSTER, TÜR} scardinarsi, uscire dai cardini.

aus|hängen② <*irr*> *itr* {AUFGEBOT} essere esposto; {SPEISEKARTE, UNTERSCHRIFTENLISTE, ZEITPLAN} *auch* essere affisso/appeso: **die Namen der Teilnehmer haben am schwarzen Brett ausgehangen**, i nomi dei partecipanti erano esposti/affissi in bacheca.

Aushängeschild n (*Sache*) fiore m all'occhiello; (*Person*) *auch* personaggio m di cartello: **er dient der Firma als ~**, serve alla ditta come personaggio di cartello.

aus|harren *itr geh* (*irgendwo*) ~ {AUF SEINEM POSTEN, IM VERSTECK} resistere (fino alla fine) (+ *compl di luogo*).

aus|hauchen *tr geh etw ~* **1** (*ausatmen*) {LUFT} espirare *qc* **2** (*ausströmen*) {DUFT, UNANGENEHMEN GERUCH} esalare *qc*, emanare *qc*, diffondere *qc* • ⌊*seinen Geist*⌋/[sein Leben]/[seine Seele] ~, spirare *lit*, esalare l'ultimo respiro *geh*.

aus|hauen <*haute aus oder hieb aus, ausgehauen*> *tr* **1** (*schlagen*) *etw in etw* (dat) ~ {STUFEN IN FELS} ricavare *qc in qc* (con uno scalpello) **2** (*bildhauern*) *etw in etw* (dat) ~ {GESTALT IN MARMOR} scolpire *qc in qc* **3** (*roden*) *etw ~* {BÄUME} diradare *qc*.

aushäusig adj in giro, fuori casa: **ist unser Sohn schon wieder ~?**, nostro figlio è di nuovo in giro?

aus|hebeln *tr fam jdn/etw ~* aggirare *qu/qc*, bypassare *qu/qc*.

aus|heben <*irr*> *tr* **1** (*ausschachten*) *etw ~* {GRABEN, GRUBE, SCHACHT} scavare *qc* **2** (*finden und verhaften*) *jdn ~* {DEALER, HEHLER, VERBRECHER} stanare *qu*, snidare *qu*: **die Entführer sind in ihrem Versteck von der Polizei ausgehoben worden**, i sequestratori sono stati snidati dal loro nascondiglio dalla polizia **3** (*entdecken*) *etw ~* {POLIZEI DROGENLABOR, SCHLUPFWINKEL} scovare *qc* **4** (*leeren*) *etw ~* {NEST} (s)vuotare *qc* **5** (*aushängen*) *etw ~* {FENSTERFLÜGEL} scardinare *qc*.

Aushebung <-, *-en*> f **1** (*Ausschachtung*) {+GRABEN, GRUBE, SCHACHT} scavo m **2** (*das Auffinden und Verhaften*): **die ~ der Verbrecher gelang dank eines Informanten**, riuscirono a stanare/snidare i criminali grazie a un informatore **3** (*Entdeckung*) {+DROGENLABOR, SCHLUPFWINKEL} scoperta f.

aus|hecken *tr fam etw ~* {LIST, PLAN, SCHERZ} escogitare *qc*, architettare *qc*: **na, was heckt ihr zwei denn schon wieder aus?**, che cosa state di nuovo tramando/complottando voi due?

aus|heilen A *tr* <*haben*> *etw ~* {KRANKHEIT} curare (bene) *qc* **B** *itr* <*sein*> {KRANKHEIT, VERLETZUNG} guarire (completamente).

aus|helfen <*irr*> *itr* **1** (*einspringen*) (*irgendwo*) ~ aiutare/[dare una mano] (+ *compl di luogo*): **sie hilft in der Praxis ihres Vaters aus**, dà una mano nello studio del padre; **die Studenten helfen bei der Ernte aus**, gli studenti aiutano durante la vendemmia **2** (*jdm etw geben oder leihen*) *jdm* (*mit etw* dat) ~ prestare *qc a qu*, venire/andare in aiuto *a qu* (*con qc*): **er hat mir mit 100 Euro ausgeholfen**, mi ha prestato 100 euro; **als die Heizung kaputtging, halfen ihnen die Nachbarn mit Holz für den Kamin aus**, quando il riscaldamento si ruppe i vicini li aiutarono dandogli legna per il caminetto.

aus|heulen *rfl fam sich bei jdm ~* sfogarsi con qu (piangendo).

Aushilfe f <*meist* sing> (*vorübergehende Mitarbeit*) aiuto m temporaneo **2** (*Hilfskraft*) aiuto m temporaneo, aiutante mf temporaneo (-a), ausiliare mf, avventizio (-a) m (f) • *jdn zur ~ einstellen*, assumere qu come aiuto temporaneo; *jdn zur ~ suchen*, cercare qu come aiuto temporaneo; **Kellner zur ~ gesucht**, cercasi aiuto cameriere.

Aushilfskellner m (**Aushilfskellnerin** f) aiuto cameriere (-a) m (f).

Aushilfskraft f aiuto m temporaneo, supplente mf, ausiliare mf, ausiliario (-a) m (f), avventizio (-a) m (f): **eine Stenotypistin zur ~**, una dattilografa ausiliaria; **für die Sommersaison gesucht**, cercasi aiuto per la stagione estiva.

Aushilfslehrer m (**Aushilfslehrerin** f) supplente mf.

Aushilfspersonal <-s, *ohne pl*> n personale m temporaneo/ausiliario/avventizio.

aushilfsweise adv {ARBEITEN, BESCHÄFTIGT SEIN} temporaneamente, come ⌊aiuto temporaneo⌋/[avventizio (-a)]: **sie arbeitet ~ im Krankenhaus**, lavora come aiuto temporaneo all'ospedale.

aus|höhlen *tr etw ~* **1** (*hohl machen*) {BRANDUNG, WASSER KÜSTE, UFER} erodere *qc*; {BAUMSTAMM, FELSEN} scavare *qc*, incavare *qc*; {PERSON BRÖTCHEN} (s)vuotare *qc* **2** *geh* (*Schwäche*) {GESUNDHEIT, WIDERSTANDSKRAFT} minare *qc*; {ANSEHEN, RUF} *auch* scalzare *qc* **3** (*Schwächung*) {+GESETZ, PRINZIP, RECHTE} (progressiva) indebolimento m: **zur ~ von etw** (dat) **führen**, finire per minare *qc*.

Aushöhlung <-, *ohne pl*> f **1** (*das Aushöhlen*) {+BAUMSTAMM, STEIN} incavatura f; {+KÜSTE, UFER} erosione f **2** (*Vertiefung*) incavo m, cavità f, incavatura f.

aus|holen *itr* **1** (*mit dem Arm/der Hand zur Bewegung ansetzen*) sollevare/alzare il braccio/la mano: **sie holte (mit der Hand) aus und versetzte ihm eine Ohrfeige**, alzò la mano e gli dette uno schiaffo; **zum Schlag ~**, sollevare/alzare la mano per colpire; **er holte zum Wurf des Speers aus**, sollevò/alzò il braccio per lanciare il giavellotto **2** (*mit großen Schritten gehen*) camminare a ⌊grandi passi⌋/[ampie falcate]: **weit ~**, allungare il passo; **mit weit ~den Schritten**, a grandi passi, a ampie falcate **3** (*ausschweifen*): **weit ~**, prenderla (alla) larga *fam*, cominciare ⌊da lontano⌋/[ab ovo], partire da lontano.

aus|horchen *tr jdn* (*über jdn/etw*) ~ cercare di carpire *a qu* informazioni (*su qu/qc*), cercare di sapere *qc da qu* (*su qu/qc*).

Aushub <-(*e*)s, *ohne pl*> m *bau* **1** (*das Ausheben*) scavo m **2** (*ausgehobene Erde*) materiale m di scavo.

aus|hungern *tr* **1** (*hungern lassen*) *jdn ~* affamare *qu*, far patire/soffrire/fare la fame *a qu*: **sie hungern die Gefangenen aus**, fanno patire la fame ai prigionieri **2** (*zur Kapitulation durch Hunger zwingen*) *jdn/etw ~* {EINGESCHLOSSENE(N), FESTUNG, STADT} costringere *qu/qc* alla resa per fame, prendere *qu/qc* per fame.

aus|husten *tr etw ~*: **Schleim ~**, espettorare, scatarrare.

aus|ixen *tr fam etw ~* {BUCHSTABEN, WORT} cancellare *qc* facendoci sopra ⌊una crocetta⌋/[delle crocette].

aus|kalkulieren <*ohne ge-*> *tr etw ~* {KOSTEN} calcolare esattamente *qc*, fare un calcolo esatto *di qc*.

aus|kämmen A *tr* (*mit dem Kamm entfernen*) *etw* (*aus etw* dat) ~ {SCHMUTZ, STAUB AUS DEN HAAREN} togliere *qc* (*da qc*) (con il pettine); *jdm etw* (*aus etw* dat) ~ togliere *qc* (*da qc*) *a qu*: **jdm die Haare ~**, pettinare i capelli a qu **B** *rfl sich* (dat) *etw ~* {HAARE} pettinarsi *qc*.

aus|kämpfen *tr etw ~* {RECHTSSTREIT} affrontare *qc* fino in fondo • **ausgekämpft haben** *euph*, aver cessato/smesso di soffrire.

aus|kaufen *tr fam*: **die Kunden haben das ganze Geschäft ausgekauft**, i clienti hanno svuotato il negozio (comprando tutto).

aus|kehren *tr süddt etw ~* {RAUM, SAAL} spazzare (tutto (-a)) *qc*, scopare (tutto (-a)) *qc*.

aus|keimen *itr* <*sein*> {GETREIDE, KARTOFFELN} germogliare, buttare.

aus|kennen <*irr*> *rfl* **1** (*gut kennen*) **sich ~** conoscere bene un posto, essere pratico di un luogo; **sich irgendwo ~** conoscere bene *qc*, essere pratico *di qc*, muoversi bene + *compl di luogo*: **sie kennt sich hier nicht gut aus**, non è molto pratica di questo posto **2** (*viel von etw verstehen*) **sich** (*mit jdm/etw*) ~ intendersi *di qc*, conoscere bene/[a fondo] *qu/qc*, saperne *di* (*di qc*), capirci *qc* (*di qc*) *fam*, essere esperto *di qc*: **frag mal Stefan, der kennt sich mit Computern ganz gut aus**, prova a chiederlo a Stefan, lui se ne intende abbastanza di computer; **auf dem Gebiet kennt er sich aus wie kein anderer**, in quel campo è esperto come nessun altro; **sie müsste sich doch mit so was ~**, lei dovrebbe ⌊capirci qualcosa *fam*⌋/[intendersene]; **im Zivilrecht kenne ich mich überhaupt nicht aus**, di diritto civile non (ne) so assolutamente niente, il diritto civile per me è arabo; **mit Kindern kennt sie sich hervorragend aus**, con i bambini ci sa davvero fare; **mit solchen Problemen kennen wir uns inzwischen aus**, di problemi simili ci siamo fatti (-e) una cultura nel frattempo **3** (*wissen, woran man ist*) **sich bei jdm ~** riuscire a capire *qu*: **bei ihr kennt man sich nicht aus**, e chi la capisce!

aus|kippen *tr etw ~* **1** (*durch Kippen ausleeren*) {ASCHENBECHER, EIMER, PAPIERKORB} svuotare *qc* (rovesciandolo) **2** (*durch Kippen ausschütten*) {Asche, Putzwasser, Sand} buttare via *qc* (rovesciando il contenitore): **sie kippte den abgestandenen Wein aus**, buttò via il vino vecchio.

aus|klammern *tr* **etw** (*aus etw* dat) ~ {Punkt, Thema} lasciare ₍da parte₎/[stare]/[perdere] *qc*, escludere *qc* (*da qc*): **einen strittigen Punkt aus der Debatte ~**, escludere dal dibattito un punto controverso; **die Frage nach der Ursache würde ich erst einmal ~**, per ora lascerei stare il problema della causa.

Ausklammerung <-, -en> f {+Frage, Punkt, Thema} esclusione f.

aus|klamüsern <ohne ge-> *tr fam* **etw** ~ {Methode} spremersi le meningi per scoprire/trovare *qc fam*.

Ausklang <-(e)s, ohne pl> m conclusione f, finale m: **zum ~ des Abends**, in finale/conclusione di serata.

ausklappbar adj ribaltabile.

Ausklappbild n illustrazione f piegata (all'interno di un libro).

aus|klappen *tr* **etw** ~ {Schreibplatte} aprire *qc* (ribaltandolo).

aus|kleiden **A** *tr* **1** *geh* (*entkleiden*) **jdn** ~ denudare *qu*, svestire *qu*, spogliare *qu*: **er war schon ausgekleidet**, era già svestito **2** (*etw mit etw überziehen*) **etw** (*mit etw* dat) ~ {Raum mit einer Holztäfelung} rivestire *qc* (*di/con qc*), {mit Gobelins, Textiltapete} *auch* tappezzare *qc* (*con qc*) **B** *rfl geh* **sich** ~ denudarsi, svestirsi, spogliarsi: **ich habe mich gerade ausgekleidet**, mi sono appena spogliato (-a).

aus|klicken *rfl inform* **sich** ~ disconnettersi, uscire.

aus|klingen <irr> *itr* <sein> **irgendwie/mit etw** (dat) ~ concludersi/finire + *compl di modo/con qc*: **harmonisch/ruhig ~**, concludersi in armonia/tranquillità; **die Feier klang mit einem Konzert aus**, la cerimonia si concluse con un concerto.

aus|klinken **A** *tr* (*lösen*) **etw** ~ {Bombe, Schleppseil, Segelflugzeug} sganciare *qc* **B** *rfl* **1** (*sich lösen*) **sich** ~ {Halteseil, Schleppseil} sganciarsi **2** *fam* (*sich zurückziehen*) **sich** (*aus etw* dat) ~ {aus einer Gemeinschaft, einem Projekt} sganciarsi (*da qc*) *fam*: **sich aus einer Sendung ~**, chiudere il collegamento **3** *inform* **sich** ~ disconnettersi.

aus|klopfen *tr* **etw** ~ {Kleidungsstücke, Teppich} (s)battere *qc*: **Staub aus den Kleidern ~**, togliere la polvere dai vestiti (battendo con *qc*).

aus|klügeln *tr* **etw** ~ {Methode} escogitare *qc*; {Plan, Verfahren} ideare *qc*: **ein raffiniert ausgeklügeltes System**, un sistema escogitato con sottile intelligenza; **das hast du aber fein ausgeklügelt**, certo, l'hai studiata proprio bene!

aus|kneifen <irr> *itr fam* svignarsela *fam*, squagliarsela *fam*, filarsela *fam*: **du wirst doch nicht ~ wollen?**, non vorrai mica ₍tagliare la corda *fam*₎/[scantonare] *fam*?

aus|knipsen *tr fam* **etw** ~ {Lampe, Licht} spegnere *qc*.

aus|knobeln *tr fam* **etw** ~ **1** (*ausklügeln*) {Plan, System} partorire *qc* (dopo lunga riflessione) **2** (*herausfinden*) {Frage, Problem} venire a capo *di qc*, sbrogliare *qc* **3** (*durch Knobeln entscheiden*) decidere *qc* (tirando i dadi): **wir knobeln aus, wer einkaufen gehen muss**, ci giochiamo ai dadi a chi tocca la spesa.

ausknöpfbar adj {Jacken-, Mantelfutter} staccabile.

aus|kochen *tr* **etw** ~ **1** (*lange kochen*) {Fleisch, Knochen} far bollire *qc* **2** (*steril machen*) {Instrumente} sterilizzare *qc* (facendolo bollire) **3** *fam pej* (*aushecken*) {Plan} escogitare *qc*, architettare *qc*; {Ränke, Verschwörung} tramare *qc*, ordire *qc*, architettare *qc*.

aus|kommen <irr> *itr* <sein> **1** (*sich mit jdm verstehen*) **mit jdm** ~ intendersi *con qu*, andare d'accordo *con qu*, trovarsi (*con qu*) *fam*: **sie kommen gut mit den neuen Nachbarn aus**, vanno molto d'accordo con i nuovi vicini; **es ist keine dicke Freundschaft, aber die zwei kommen ganz gut miteinander aus**, non è un'amicizia stretta, ma i due s'intendono abbastanza; **kommt ihr jetzt wieder besser miteinander aus?**, va meglio ora fra di voi?; **mit ihr kann man einfach nicht ~**, con lei non ₍è possibile₎/[c'è verso di] andare d'accordo; **der neue Chef und sein Stellvertreter kommen überhaupt nicht miteinander aus**, il nuovo capo e il suo vice non si trovano proprio *fam* **2** (*zurechtkommen*): **ohne jdn/etw (nicht) ~** (non) cavarsela senza *qu/qc*, (non) poter fare a meno di *qu/qc*, ₍(non) poter₎/[(non) riuscire a] fare/stare senza *qu/qc*: **ich komme auch allein aus**, ce la faccio anche da solo (-a), me la sbrigo/cavo anche da solo (-a); **ein paar Tage kommen sie auch ohne dich aus**, per un paio di giorni se la cavano anche senza di te; **ohne Auto kommt sie nicht aus**, non può fare a meno della macchina; **wir kommen blendend ohne Fernseher aus**, possiamo vivere/stare benissimo senza televisore **3** (*ausreichend über etw verfügen*) **mit etw** (dat) ~ farcela *con qc fam*, farsi bastare *qc*: **mit seinem Geld ~**, farcela con i soldi *fam*; **ich geb' dir 2000 Euro. Du musst eben versuchen, damit auszukommen**, ti do 2000 euro. Devi cercare di farteli bastare; **sie kommt mit ihrem Gehalt nicht bis zum Ende des Monats aus**, non ce la fa ad arrivare alla fine del mese con lo stipendio; **wir kommen mit den Vorräten nicht aus**, le provviste non ci bastano **4** **A** (*entkommen*) {Gefangener, Hund} scappare, fuggire **5** CH (*bekannt werden*) venire fuori.

Auskommen① <-s, ohne pl> n (*Einkommen*) mezzi m pl (di sostentamento): **sein ~ haben**, avere di che vivere; **ein gutes ~ haben**, avere di che vivere bene, disporre di mezzi per vivere bene.

Auskommen② <-s, ohne pl> n: **es ist/gibt kein ~ mit ihm/ihr**, con lui/lei non ₍si può andare d'accordo₎/[non c'è modo di trovare un'intesa].

auskömmlich **A** adj {Gehalt} sufficiente, bastante **B** adv {Bezahlt werden} sufficientemente: **~ leben können**, avere di che vivere.

aus|kosten *tr* **1** (*genießen*) **etw** ~ {Erfolg, Freiheit, Leben, Triumph} godersi *qc* (fino in fondo), gustare *qc* (fino in fondo), assaporare *qc* (fino in fondo): **das Leben voll ~**, godersi la vita fino in fondo; **die wiedergewonnene Freiheit in vollen Zügen ~**, assaporare pienamente la riconquistata libertà **2** *geh* (*erleiden*) **etw** ~ (*müssen*) {Qualen, Schmerzen} (dover) soffrire/patire *qc*.

aus|kotzen *vulg* **A** *tr* (*erbrechen*) **etw** ~ vomitare *qc* **B** *rfl* **1** (*sich erbrechen*) vomitare **2** (*sich aussprechen*) **sich** (**bei jdm**) ~ tirare fuori tutto (*con qu*) *fam*.

aus|kragen *arch* **A** *itr* {Erker, Geschoss} sporgere, aggettare **B** *tr* **etw** ~ {Sims} far sporgere/aggettare *qc*.

Auskragung <-, -en> f *arch* sporto m, aggetto m.

aus|kramen *tr fam* **etw** ~ {Alte Briefe, Fotos} tirare fuori *qc*; {Alte Erinnerungen, Ge-** **schichten} rispolverare *qc*.

aus|kratzen **A** *tr* <haben> (*beseitigen*) **etw** ~ {Schmutz} togliere *qc* (grattando), grattare via *qc*; {Topf} scrostare *qc* **B** *itr* <sein> *fam* tagliare la corda *fam*, svignarsela *fam*, squagliarsela *fam*.

aus|kriechen <irr> *itr* <sein> {Vögelchen} uscire dall'uovo.

aus|kristallisieren <ohne ge-> **A** *tr* <haben> **etw** ~ {Kochsalz} cristallizzare *qc* **B** *itr* <sein> cristallizzarsi.

aus|kugeln **A** *tr* **jdm etw** ~ {Arm, Gelenk} slogare *qc a qu* **B** *rfl* **sich** (dat) **etw** ~ {Arm, Gelenk} slogarsi *qc*.

aus|kühlen **A** *tr* <haben> **jdn/etw** ~ {Eisige Luft, Kälte Raum} raffreddare *qu/qc*; {Körper, Menschen} ₍far scendere₎/[abbassare] la temperatura *di qu/qc*: **die vielen Stunden im Schnee hatten sie völlig ausgekühlt**, dopo tante ore nella neve si ₍erano congelati (-e)₎/[era congelata] **B** *itr* <sein> {Kuchen, Raum} raffreddarsi, diventare freddo (-a).

Auskühlung <-, ohne pl> f raffreddamento m; {+Mensch} *auch* congelamento m, ipotermia f: **an ~ sterben**, morire per congelamento.

Auskultation <-, -en> f *med* auscultazione f.

auskultieren <ohne ge-> *tr med* **etw** ~ {Herz, Lunge} auscultare *qc*.

aus|kundschaften *tr* **etw** ~ {Gebiet} esplorare *qc*, perlustrare *qc*; {Versteck} cercare di scoprire *qc*; {Geheimnis} *auch* indagare *su qc*: **jds Vermögensverhältnisse ~**, indagare sulla situazione patrimoniale di *qu*.

Auskunft <-, Auskünfte> f **1** (*Information*) ~ (**über jdn/etw**) informazione f (*su qu/qc*), ragguaglio m (*su qu/qc*), notizia f (*su qu/qc*): **eine detaillierte/genaue/unpräzise ~**, un'informazione dettagliata/precisa/imprecisa **2** <nur sing> (~**sstelle**) ufficio m informazioni; *Eisenb* informazioni f pl; *tel* servizio m informazioni: **wenden Sie sich bitte an die ~**, si rivolga per favore all'ufficio informazioni **3** <nur sing> (*jd, der Auskünfte erteilt*) addetto (-a) m (f) al servizio informazioni ● **jdn um ~/[eine ~] bitten**, chiedere informazioni/[un'informazione] a *qu*; **jdm ausführlich(e) ~ über etw** (akk) **geben**, dare ampi ragguagli a *qu* su *qc*; **über jdn Auskünfte einholen/einziehen**, raccogliere/prendere informazioni su *qu*; **nähere ~ erteilt/erteilen ..., per** ₍maggiori ragguagli₎/[notizie più dettagliate] rivolgersi a ...

Auskunftei <-, -en> f agenzia f informazioni; (*Detektei*) agenzia f investigativa.

Auskunftsbüro n (*bes. für Touristen*) ufficio m informazioni (turistiche).

Auskunftsdienst <-(e)s, ohne pl> m servizio m informazioni.

Auskunftspflicht <-, ohne pl> f *jur* obbligo m d'informazione.

Auskunftsschalter m *Eisenb* informazioni f pl.

Auskunftsverweigerungsrecht <-(e)s, ohne pl> n *jur* facoltà f di non rispondere.

aus|kuppeln *autom* **A** *itr* disinnestare la frizione **B** *tr* ~ {Kupplung} lasciare *qc*, togliere il piede *da qc*.

aus|kurieren <ohne ge-> **A** *tr fam* **jdn/etw** ~ {Infekt, Krankheit, Patienten} guarire *qu/qc* **B** *rfl* **sich** ~ guarire completamente, rimettersi completamente *fam*: **ich muss mich erst wieder ~**, prima bisogna che mi rimetta del tutto.

aus|lachen *tr* **jdn** ~ deridere *qu*, canzonare *qu*, burlarsi *di qu*: **wegen seiner großen**

Ohren ist er ausgelacht worden, ⌊si sono burlati (-e) di lui⌋/[lo hanno canzonato] per le sue orecchie enormi.

aus|laden <irr> **A** tr **1** (entladen) etw ~ {FRACHT, LADUNG, MÖBEL} scaricare qc **2** (von einer Ladung freimachen) etw ~ {AUTO, LASTSCHLEPPER, SCHIFF, ZUG} scaricare qc **3** fam (eine Einladung rückgängig machen) jdn ~ {GAST} disdire un invito a qu **B** itr (entladen) scaricare: **wir müssen noch ~**, dobbiamo ancora scaricare.

ausladend adj **1** arch {DACH, ERKER, TERRASSE} sporgente **2** (weit) {BEWEGUNG, GESTE} ampio.

Auslage f **1** (ausgestellte Ware) merce f esposta/[in esposizione] **2** (Schaufenster) vetrina f: **die Ware in der ~**, la merce esposta/[in vetrina] **3** <meist pl> (Spesen) spese f pl: **jdm seine ~n erstatten**, rimborsare le spese a qu; **hohe ~n haben**, avere molte spese **4** sport (posizione f di) guardia.

auslagerbar adj ökon {PRODUKTION} che può essere affidato a terzi.

aus|lagern tr **1** (woanders unterbringen) etw ~ {KUNSTGEGENSTÄNDE} depositare qc da un'altra parte; jdn ~ fam scherz {GÄSTE, KINDER} far sloggiare qc fam scherz, sfrattare qu scherz **2** com (zum Verkauf anbieten) etw ~ {LAGERBESTÄNDE, WAREN} mettere in vendita qc **3** (eine Firma oder Behörde an einen anderen Ort verlegen) etw ~ trasferire qc, spostare qc **4** (an Externe vergeben) etw ~ {PRODUKTION} affidare qc a terzi, terziarizzare qc.

Auslagerung <-, -en> f **1** (Unterbringung an einem anderen Ort) {+KUNSTGEGENSTÄNDE} trasferimento m **2** com {+LAGERBESTÄNDE, WAREN} messa f in vendita **3** (Verlegung einer Firma oder Behörde) trasferimento m **4** (Vergabe an Externe) {+PRODUKTION} outsourcing m, terziarizzazione f, affidamento m a terzi.

Ausland <-s, -> m **1** (fremdes Land) estero m: **aus dem ~**, dall'estero; **das europäische ~**, gli altri paesi europei; **ins ~ gehen**, andare (a vivere) all'estero; **im ~ leben**, vivere all'estero **2** (Bevölkerung, Regierung eines fremden Landes) estero m: **der Handel mit dem ~**, il commercio con l'estero; **Kontakte zum ~ knüpfen**, ⌊allacciare rapporti⌋/[stabilire contatti] con l'estero.

Ausländer <-s, -> m (**Ausländerin** f) straniero (-a) m (f), forestiero (-a) m (f).

Ausländeramt n adm ufficio m stranieri.

Ausländeranteil m quota f/percentuale f di stranieri.

Ausländerbehörde f adm → **Ausländeramt**.

ausländerfeindlich **A** adj {BEVÖLKERUNG, HALTUNG, LAND} xenofobo, esterofobo **B** adv: **~ eingestellt sein**, avere un atteggiamento xenofobo.

Ausländerfeindlichkeit <-, ohne pl> f xenofobia f, esterofobia f.

ausländerfreundlich adj {BEVÖLKERUNG, HALTUNG} xenofilo, esterofilo.

Ausländerhass (a.R. Ausländerhaß) m xenofobia f.

Ausländerin f → **Ausländer**.

Ausländerkind n figlio (-a) m (f) di immigrati/stranieri.

Ausländerpolitik f politica f nei confronti dei cittadini stranieri.

Ausländerviertel n quartiere m di immigrati.

Ausländerwahlrecht n diritto m di voto ai cittadini stranieri.

Ausländerwohnheim n casa f di accoglienza per immigrati.

ausländisch adj {FREUNDE, SENDER} straniero; {WAREN, ZEITUNGEN} auch estero: **~e Zahlungsmittel**, valuta estera.

Auslandsabsatz <-es, ohne pl> m com ökon vendite f pl all'estero.

Auslandsabteilung f com {+UNTERNEHMEN} ufficio m estero.

Auslandsamt n ufficio m estero.

Auslandsanlage f ökon investimento m all'estero.

Auslandsanleihe f bank prestito m estero.

Auslandsaufenthalt m soggiorno m all'estero.

Auslandsbeziehungen subst <nur pl> relazioni f pl/rapporti m pl con l'estero.

Auslandseinsatz m mil missione f (militare) all'estero.

Auslandserfahrung f esperienza f di lavoro all'estero: **wir suchen Mitarbeiter mit ~**, cerchiamo collaboratori con esperienza di lavoro all'estero.

Auslandserzeugnis n prodotto m estero.

Auslandsgeschäft n com commercio m con l'estero.

Auslandsgespräch n tel chiamata f internazionale.

Auslandsjahr n anno m (trascorso) all'estero.

Auslandskorrespondent m (**Auslandskorrespondentin** f) journ radio TV corrispondente mf dall'estero, inviato (-a) m (f) all'estero.

Auslandskrankenschein m modulo m per l'assicurazione sanitaria all'estero.

Auslandsmarkt m com ökon mercato m estero.

Auslandsnachfrage f com ökon domanda f estera.

Auslandsniederlassung f com ökon succursale f all'estero.

Auslandspresse f stampa f estera.

Auslandsreise f viaggio m all'estero.

Auslandsschulden subst <nur pl> ökon debiti m pl con l'estero.

Auslandsschutzbrief m autom assicurazione f (globale) per l'estero, ≈ carta f verde.

Auslandssemester n univ semestre m (di studi) all'estero.

Auslandssendung f spedizione f internazionale.

Auslandsspiel n sport incontro m all'estero.

Auslandsstudium n univ studi m pl (universitari) all'estero.

Auslandstournee f tournée f all'estero.

Auslandsurlaub m vacanze f pl all'estero.

Auslandsverbindlichkeit f <meist pl> ökon debito m con l'estero.

Auslandsvermögen n ökon capitale m estero.

Auslandsverschuldung f ökon debito m estero.

Auslandsvertretung f {+UNTERNEHMEN} rappresentanza f (commerciale) all'estero; (diplomatische Vertretung) rappresentanza f diplomatica all'estero.

Auslandswährung f valuta f/divisa f estera.

Auslandszulage f indennità f di trasferta.

aus|lassen <irr> **A** tr **1** (weglassen) etw ~ {SATZ, WORT} saltare qu/qc, tralasciare qc, omettere qc; {GELEGENHEIT} lasciarsi sfuggire qc: **einige Details ~**, tralasciare/omettere alcuni dettagli; **sie lassen keine Gelegenheit aus, ihn aufzuziehen**, non si perdono occasione di prenderlo in giro fam **2** (abreagieren) etw an jdm ~ {ÄRGER, NERVOSITÄT} sfogare qc su qu, scaricare qc su qu; {WUT, ZORN} auch riversare qc su qu: **sie lässt ihre Launen gern an den Familienmitgliedern aus**, spesso e volentieri sfoga il suo cattivo umore sui membri della famiglia **3** gastr (zergehen lassen) etw ~ {BUTTER, MARGARINE, SCHMALZ} struggere qc, (far) sciogliere qc **4** fam (ausgeschaltet lassen) etw ~ {LICHT, RADIO} lasciare spento (-a) qc, non accendere qc: **man kann die Heizung schon ~**, non c'è già più bisogno di accendere il riscaldamento **5** fam (nicht anziehen) etw ~ {JACKE, MANTEL} non mettersi qc **6** fam (auftrennen) etw ~ (weiter machen) {NAHT} allargare qc; (länger machen) {SAUM} allungare qc **7** A (freilassen) etw ~ {HUND} lasciare libero (-a) qc, liberare qc, sciogliere qc **B** rfl (sich negativ äußern) **sich über etw** (akk) **~** esprimersi su qc, pronunciarsi su qc; **sich über jdn ~** pej sparlare di qu: **er hat sich lang und breit über den neuen Chef ausgelassen**, ha fatto il pelo e il contropelo al nuovo capo.

Auslassung <-, -en> f **1** (das Weglassen) {+DETAIL, SATZ, WORT} omissione f, esclusione f, tralasciamento m rar **2** <meist pl> (Äußerung) ~ (über jdn) esternazione f (su qu), osservazione f (su qu), commento m (su qu).

Auslassungspunkte subst <nur pl> ling puntini m pl di sospensione.

Auslassungszeichen n ling apostrofo m.

aus|lasten tr **1** (voll ausnutzen) etw ~ {BETRIEB, MASCHINE, PRODUKTIONSKAPAZITÄT, SYSTEM} sfruttare al massimo qc, utilizzare al meglio qc: **den Motor ~**, spingere al massimo un motore **2** (beanspruchen) jdn ~ {ARBEIT, BERUF} impegnare qu, tenere occupato (-a) qu: **jdn voll ~**, assorbire completamente qu **3** (befriedigen) jdn (nicht) ~ (non) soddisfare qu, (non) appagare qu: **nur mit der Hausarbeit allein fühle ich mich nicht ausgelastet**, facendo solo la casalinga non mi sento soddisfatto (-a).

Auslastung <-, ohne pl> f {+BETRIEB, MASCHINE, PRODUKTIONSSYSTEM} massimo/pieno sfruttamento m/utilizzo m.

aus|latschen tr fam etw ~ {SCHUHE} slargare qc, sformare qc.

Auslauf m **1** (~stelle) scarico m, scolo m, deflusso m **2** <nur sing> (Bewegungsfreiheit) libertà f/possibilità f di movimento: **hier haben die Kinder ausreichend ~**, qui i bambini possono muoversi come vogliono; **ein Hund braucht ~**, i cani hanno bisogno di correre **3** (Bewegungsraum) spazio m per muoversi: **einen ~ für Tiere einfrieden/umzäunen**, recintare uno spazio per gli animali.

aus|laufen <irr> **A** itr <sein> **1** (herauslaufen) {BENZIN, ÖL, WEIN} uscire fuori, fuor(i)uscire, scorrere fuori, colare (fuori): **der Kanister war leck, und das Trinkwasser (war) ausgelaufen**, il serbatoio era bucato e tutta l'acqua potabile era uscita/fuori **2** (leer fließen) {FASS, KANISTER, TANK} (s)vuotarsi, perdere: **der ganze Tank ist ausgelaufen**, il serbatoio ⌊si è svuotato completamente⌋/[ha perso tutto il liquido] **3** naut (den Hafen verlassen) {SCHIFF} salpare, uscire dal porto, partire **4** (zum Stillstand kommen) {MOTOR, PROPELLER, SCHWUNGRAD} fermarsi/arrestarsi lentamente/gradualmente; sport {LÄUFER, SKISPRINGER, SPRINTER} rallentare (la corsa) **5** (enden) {WEG} finire; {KURS, PROGRAMM} auch terminare, concludersi; {VERTRAG} scadere; {ZAHLUNGEN} finire

6 (*nicht fortgesetzt werden*) {MODELL, SERIE} non essere più in produzione: **ein ~des Modell**, un modello fuori produzione **7** (*übergehen*) **in etw** (akk) **~** finire *in qc*, terminare *in qc*, lasciare il posto *a qc*, divenire *qc*: **die Berge laufen in eine hügelige Landschaft aus**, le montagne ˻lasciano il posto a un paesaggio collinare˼/[digradano in colline]; **die Küste läuft an der Stelle in eine kleine Bucht aus**, la costa si allarga in quel punto in una piccola baia; **in eine Spitze ~**, finire a punta **8** *fam* (*ausgehen*) (*für jdn*) *irgendwie* **~** {ANGELEGENHEIT, SACHE} BÖSE, GLIMPFLICH, GUT, SCHLIMM} finire + *compl di modo* (*per qu*), avere un esito + *adj* (*per qu*): **für jdn gut/schlecht ~**, andare bene/male a qu; **der Prozess wird schlecht für sie ~**, il processo finirà male per lei **9** (*ausgehen*) {FARBEN} scolorirsi, stingere, sbiadire **B** *rfl* <*haben*> **sich ~** fare una bella camminata.

Ausläufer① *m* **1** *meteo* {HOCH-, TIEFDRUCKGEBIET} propaggine *f* **2** *geog* {+GEBIRGE} contrafforte *m*, propaggine *f*, costone *m* **3** *bot* (*Seitensposs*) stolone *m*.

Ausläufer② *m* (**Ausläuferin** *f*) *A CH* fattorino (-a) *m* (*f*).

Auslaufmodell *n com* modello *m* di fine serie.

aus|laugen *tr* **1** (*Bestandteile entziehen*) *etw* **~** {MONOKULTUR, REGEN, WASSER BODEN, ERDE} impoverire *qc*, depauperare *qc* **2** (*erschöpfen*) *jdn* **~** {ANSPANNUNG, ARBEIT, SCHUFTEREI} sfinire *qu*, sfiancare *qu*, spossare *qu*, stremare *qu*: **das Training für die Weltmeisterschaft hatte die Sportler ausgelaugt**, l'allenamento per i mondiali aveva stremato gli atleti **3** *chem etw* **~** {SALZE} lisciviare *qc*.

Auslaut *m* <*meist* sing> *ling* (*suono m*) finale *f*: **ein Konsonant im ~**, una consonante in finale di parola.

aus|lauten *itr ling* **auf etw** (akk) **~** terminare *in qc*: **~der Konsonant/Vokal**, consonante/vocale finale.

Auslautverhärtung *f ling* assordimento *m*, desonorizzazione *f*.

aus|leben **A** *tr geh* (*entfalten*) *etw* **~** {BEGABUNG, INTERESSEN, NEIGUNGEN} sviluppare *qc*; {AGGRESSIONEN, GEFÜHLE} dare libero corso *a qc*: **seinen Frust nicht ~ können**, non poter sfogare le proprie frustrazioni **B** *rfl* **sich ~** goder(si) la vita, vivere appieno la propria vita.

aus|lecken *tr* **1** (*leeren*) *etw* **~** {SCHÜSSEL, TELLER, TOPF} leccare tutto (-a) *qc* **2** (*aus etw lecken*) *etw* (*aus etw dat*) **~** {MARMELADE, PUDDING, SAHNE} leccare *qc* (*da qc*): **das Kätzchen leckte die Milch aus der Schüssel aus**, il gattino leccava il latte dalla scodella.

aus|leeren *tr etw* **~ 1** (*leeren*) {GLAS, EIMER, FLASCHE, SCHÜSSEL} (s)vuotare *qc*: **sein Glas in einem Zug ~**, (s)vuotare il proprio bicchiere in un colpo **2** (*wegschütten*) {SPÜLWASSER, WASSER} buttare via *qc*, gettare via *qc*.

aus|legen *tr* **1** (*zur Ansicht hinlegen*) *etw* **~** {BÜRGERLISTEN} esporre *qc*; {WARE} *auch* mettere in esposizione *qc*: **der Bebauungsplan ist im Rathaus (zur Einsichtnahme) ausgelegt worden**, il piano regolatore è stato esposto in comune (perché ne sia presa visione) **2** (*in die Erde bringen*) *etw* **~** {KARTOFFELN} piantare *qc*, mettere *qc fam*; {SAATGUT} seminare *qc* **3** (*hinlegen*) *etw* **~** {GIFT, KÖDER} mettere *qc*, piazzare *qc fam*: **im Keller Rattengift ~**, mettere il veleno per i topi in cantina **4** (*mit einem Belag versehen*) *etw* (*mit etw dat*) **~** {ZIMMER MIT TEPPICHBODEN, SCHRANK MIT PAPIER} rivestire *qc di qc*, mette-

re *qc in qc*: **die Küche mit Fliesen ~**, piastrellare la cucina **5** (*mit Einlegearbeit versehen*) *etw mit etw* (dat) **~** intarsiare *qc con qc* **6** *tech* (*konzipieren*) *etw für etw* (akk) **~** {BREMSEN, MOTOR FÜR EINE BESTIMMTE BELASTUNG, HALLE, STADION FÜR EINE BESTIMMTE BESUCHERZAHL} progettare *qc per qc*, progettare *qc per qc*: **die Brücke ist für ein Maximalgewicht von 5000 Tonnen ausgelegt**, il ponte è stato progettato per un peso massimo di 5000 tonnellate **7** (*vorlegen*) *jdm etw* **~**, *etw für jdn* **~** {GELD} anticipare *qc a/per qu*: **er legte die 50 Euro Jahresbeitrag für seinen Freund aus**, anticipò per il suo amico i 50 euro di contributo annuo **8** (*deuten*) *etw irgendwie* **~** interpretare/spiegare/ intendere *qc* + *compl di modo*: **jds Worte falsch ~**, interpretare male le parole di qu; **wie würdest du denn sein Verhalten ~?**, come spiegheresti tu il suo comportamento?; **ein Gesetz/einen Text ~**, interpretare una legge/un testo; **die Bibel neu ~**, fornire una nuova esegesi della bibbia; *etw als etw* (akk) **~** interpretare *qc come qc*, intendere *qc come qc*: **sie hatten ihr Schweigen als Schüchternheit ausgelegt**, hanno interpretato il suo silenzio come timidezza **9** (*verlegen*) *etw* **~** {KABEL, LEITUNG} posare *qc*.

Ausleger <-s, -> *m* **1** *bau tech* braccio *m* (della gru) **2** *naut* buttafuori *m*, scalmo *m* a forcella.

Auslegeware <-, *ohne pl*> *f* rivestimento *m* per pavimenti.

Auslegung <-, *-en*> *f* **1** (*Interpretation*) {+HOROSKOP} interpretazione *f*; {+GEDICHT, GESETZ, TEXT} *auch* commento *m*; {+PLAN, PROBLEM, VERTRAG} illustrazione *f*; {+BIBEL} esegesi *f*, interpretazione *f* **2** (*das Auslegen*) {+WAREN} esposizione *f*.

Auslegungssache *f*: **das ist ~**, è (una) questione d'interpretazione.

aus|leiern **A** *tr* <*haben*> *etw* **~ 1** (*ausweiten*) {PULLOVER, SOCKEN} slargare *qc*, sformare *qc*: **grab nicht immer die Hände so in die Taschen, du leierst sie ganz aus**, non dovresti sempre le mani nelle tasche, così le sformi completamente **2** (*abnutzen*) {GEWINDE} far perdere la forma *a qc* per l'usura **B** *itr* <*sein*> (*sich ausweiten*) {FEDER, GUMMIBAND} allentarsi, mollarsi.

Ausleihe <-, *-n*> *f* **1** (*Raum, in dem Bücher ausgegeben werden*) ufficio *m* prestiti, distribuzione *f*; {Schalter} sportello *m* prestiti, distribuzione *f* **2** <*nur* sing> (*Verleih*) {+BÜCHER} prestito *m*; {+FILME, VIDEO} noleggio *m*.

aus|leihen **A** *tr* (*jdm*) *etw/etw* (*an jdn*) **~** {AUTO, BUCH, FILMKASSETTE, RASENMÄHER} (im)prestare *qc* (*a qu*), dare in prestito *qc* (*a qu*): **ich habe ihr meinen Fotoapparat ausgeliehen**, le ho prestato la (mia) macchina fotografica **B** *rfl* (*entleihen*) **sich** (dat) *etw* (*bei/von jdm*) **~** farsi prestare *qc* (*da qu*), prendere in prestito *qc* (*da qu*): **für so viele Gäste musste sie sich Geschirr bei ihren Freundinnen ~**, con tutti quegli ospiti dovette farsi prestare delle stoviglie dalle sue amiche.

aus|lernen *itr* {LEHRLING} finire/concludere l'apprendistato/il tirocinio ● **man lernt nie aus** *prov*, non si finisce mai di imparare.

Auslese <-, *-n* f **1** <*nur* sing> (*das Auswählen*) scelta *f*, selezione *f*, cernita *f*: **eine strenge ~ treffen**, fare/operare una rigorosa/severa selezione; **~ aus etw** (dat) {AUS GEDICHTEN, JDS REPERTOIRE, TEXTEN} scelta *f di qc*, selezione *f di qc*; *lit kunst auch* antologia *f di qc*: **eine ~ aus ihrem Frühwerk**, una scelta/selezione di opere dalla sua produzione giovanile **2** (*Elite*) {+SÄNGER, SPORTLER, WISSENSCHAFTLER} (fior) fiore *m*, élite *f*

3 (*Weinauslese*) vino *m* scelto/selezionato ● **die natürliche ~** *biol*, la selezione naturale.

aus|lesen① <*irr*> *tr* **1** *geh* (*auswählen*) *jdn/etw* **~** {FRISCHES GEMÜSE, DIE BESTEN SCHÜLER} selezionare *qu/qc*, scegliere *qu/qc*, cernere *qc* **2** (*aussondern*) *etw* **~** {FAULE FRÜCHTE, FAULES GEMÜSE, MINDERWERTIGE WARE} scartare *qc*: **das angeschlagene Obst ~**, scartare la frutta ammaccata.

aus|lesen② <*irr*> **A** *tr etw* **~** {BUCH, ROMAN} finire (di leggere) *qc*: **lass mich den Artikel ~, dann geb' ich dir die Zeitung!**, fammi finire l'articolo, poi te lo do il giornale! **B** *itr* finire di leggere.

Ausleseverfahren *n* (iter *m* della) selezione *f*.

aus|leuchten *tr etw* **~ 1** (*beleuchten*) {BÜHNE, ECKE, RAUM} illuminare *qc* (a giorno) **2** (*aufzuklären suchen*) {AFFÄRE, FRAGE, HINTERGRÜNDE} fare luce *su qc*, chiarire *qc*.

Ausleuchtung <-, *-en*> *f* illuminazione *f* integrale.

aus|lichten *tr etw* **~** {OBSTBÄUME} sfrondare *qc*.

aus|liefern *tr* **1** *com* (*liefern*) *etw* **~** {WARE} consegnare *qc* **2** (*übergeben*) *jdn* (*an jdn/etw*) **~** {MAFIOSO, TERRORISTEN, VERBRECHER AN DIE BEHÖRDE, POLIZEI} consegnare *qu a qu/qc*; {AN EINEN ANDEREN STAAT} estradare *qu* **3** (*überlassen*) *jdn etw* (dat) **~** {SEINEM SCHICKSAL} abbandonare *qu a qc*, lasciare *qu* in balia *di qc*; {DEM HUNGER, TOD} condannare *qu a qc*: **sie hatten ihn damit dem sicheren Tod ausgeliefert**, con ciò l'avevano condannato a morte certa ● **jdm ausgeliefert sein** {DEN FEINDEN, VERFOLGERN}, essere ˻in balia˼/[alla mercé] di qu; **sie war den Entführern hilflos ausgeliefert**, era completamente alla mercé dei sequestratori.

Auslieferung *f* **1** *com* {+WARE} consegna *f*: **die ~ der bestellten Ware erfolgt am 1. Mai**, la consegna della merce ordinata avverrà il 1° maggio, la merce ordinata verrà consegnata il 1° maggio **2** *jur pol* {+FLÜCHTLING, TERRORIST, VERBRECHER} estradizione *f*: **jds ~ beantragen**, chiedere l'estradizione di qu.

Auslieferungsabkommen *n jur pol* trattato *m* di estradizione: **Europäisches ~**, convenzione europea di estradizione.

Auslieferungsantrag *m jur pol*, **Auslieferungsersuchen** *n jur pol* richiesta *f* di estradizione.

Auslieferungshaft *f jur pol* detenzione *f* in attesa di estradizione.

Auslieferungslager *n com* "magazzino *m*/deposito *m* in cui viene custodita la merce destinata ai dettaglianti o ai consumatori".

Auslieferungsschein *m com* bolletta *f*/bolla *f* di consegna.

Auslieferungsverfahren *n jur pol* procedura *f* di estradizione.

Auslieferungsvertrag *m jur pol* (*im Völkerrecht*) trattato *m* di estradizione.

aus|liegen <*irr*> *itr* <*haben* oder *süddt A CH sein*> **1** (*ausgestellt sein*) {WARE} essere esposto/[in esposizione] **2** (*zur Einsichtnahme daliegen*) {LISTE, PLAN, PROJEKT} essere esposto **3** (*zur Mitnahme daliegen*) {FORMULAR, PROSPEKT, ZEITSCHRIFT} essere a disposizione.

Auslinie *f sport* linea *f* laterale del campo.

aus|loben *tr* **1** *jur* (*als Belohnung aussetzen*) *etw* **~** offrire *qc* come ricompensa **2** (*ausschreiben*) *etw* **~** {PREIS, WETTBEWERB} bandire *qc*.

aus|löffeln *tr etw* **~ 1** (*leer löffeln*) {TELLER} vuotare a cucchiaiate *qc* **2** (*aufessen*) {BREI, PUDDING, SUPPE} mangiare col cucchiaio *qc* ● **etw ~ können/müssen** *fam*, dover subire le conseguenze di qc; **jetzt kann ich das wieder ~, was du uns eingebrockt hast!**, tocca di nuovo a me subire le conseguenze del pasticcio/casino *fam* che hai combinato!

aus|loggen *rfl inform* sich ~ fare il logout, uscire.

aus|löschen *tr* **1** (*löschen*) **etw** ~ {KERZE, FACKEL, FEUER} spegnere *qc* {FLAMMEN} *auch* estinguere *qc* **2** *geh* (*ausschalten*) **etw** ~ {LAMPE, LICHT} spegnere *qc*, smorzare *qc* **3** (*tilgen*) **etw** ~ {ERINNERUNG} cancellare *qc*; {INSCHRIFT, SPUR} *auch* eliminare *qc*; {SCHULDEN} estinguere *qc*; {KREDIT} *auch* spegnere *qc* **4** *geh* (*zerstören*) **jdn/etw** ~ {ERDBEBEN, KRIEG} ESISTENZA, FAMILIE, VOLK} annientare *qu/qc*: **das Erdbeben löschte eine ganze Stadt aus**, il terremoto ha cancellato un'intera città.

aus|losen A *tr* **jdn/etw** ~ {GEWINNER, REIHENFOLGE, TEILNEHMER} sorteggiare *qu/qc*, estrarre/tirare a sorte *qu/qc* B *itr* estrarre/tirare a sorte.

aus|lösen A *tr* **1** (*in Gang setzen*) **etw** ~ {SCHLAGWERK, VORRICHTUNG} azionare *qc*, mettere in funzione *qc*; {ALARM, AUSLÖSER, BLITZLICHT} far scattare *qc*: **versehentlich einen Schuss** ~, far partire incidentalmente un colpo **2** (*verursachen*) **etw** ~ {KRIEG, REVOLUTION, STREIK, WIDERSTAND} provocare *qc*, scatenare *qc*, generare *qc*, determinare *qc*: **die neuen Bestimmungen lösten eine heftige Protestwelle aus**, le nuove disposizioni scatenarono una violenta ondata di proteste; **der Unfall hat ein regelrechtes Verkehrschaos ausgelöst**, l'incidente ha determinato un vero e proprio caos nel traffico cittadino **3** (*hervorrufen*) **etw** ~ (*bei/in jdm*) ~ {ERREGUNG, FREUDE, GELÄCHTER, MITGEFÜHL} suscitare *qc* (*in/presso qu*), destare *qc* (*in/presso qu*); {STREIT} scatenare *qc* (*in qu*), produrre *qc* (*in qu*), provocare *qc* (*in qu*): **seine Bemerkung löste im Publikum allgemeines Interesse aus**, la sua osservazione destò un generale interesse nel/[presso il] pubblico; **die Freilassung der Geiseln löste Erleichterung aus**, il rilascio degli ostaggi produsse un senso di sollievo/liberazione; **Panik in der Bevölkerung ~**, produrre panico nella popolazione **4** (*freikaufen*) **jdn** ~ {GEFANGENE, GEISEL} riscattare *qu* **5** (*einlösen*) **etw** ~ {PFAND} riscattare *qc*; {ABGESCHLEPPTES AUTO} recuperare *qc* (dietro pagamento di un'ammenda) B *rfl* sich ~ {ALARMANLAGE} scattare, entrare in funzione.

Auslöser <-s, -> *m* **1** *fot* (*Auslöseknopf*) scatto *m* **2** (*auslösendes Moment*) fattore *m* scatenante, molla *f* (che fa scattare *qc*): **das war der ~ des Streits**, quella è stata la molla che ha fatto scattare la lite **3** *psych* causa *f*, fattore *m* scatenante.

Auslosung *f* sorteggio *m*, estrazione *f*.

Auslösung <-, ohne pl> *f* **1** (*das Auslösen*) {+ALARM, MECHANISMUS} azionamento *m*; {+BLITZLICHT} scatto *m* **2** (*das Freikaufen*) {+GEISEL} riscatto *m*; {+ABGESCHLEPPTES AUTO} recupero *m* (dietro pagamento di un'ammenda).

aus|loten *tr* **etw** ~ **1** *naut* {WASSERTIEFE} scandagliare *qc*, sondare *qc* **2** *tech* (*Senkrechte bestimmen*) {MAUER, WAND} mettere a piombo *qc*, piombare *qc* **3** (*ergründen*) {JDS CHARAKTER, JDS WESEN} sondare *qc* {RECHTSLAGE, RISIKO} valutare *qc* attentamente.

aus|lüften *tr* **etw** ~ {RAUM} aerare *qc*, dare aria *a qc*; {KLEIDER} fare prendere aria *a qc*.

aus|lutschen *tr fam* **etw** ~ {ORANGENSCHALE, ZITRONENSCHEIBE} succhiare tutto (-a) *qc*.

aus|machen A *tr* **1** (*löschen*) **etw** ~ {FACKEL, FEUER, KERZE, ZIGARETTE} spegnere *qc* **2** *fam* (*ausstellen*) **etw** ~ {ALARMANLAGE, FERNSEHER, HEIZUNG, LICHT, RADIO} spegnere *qc*; {GAS, WASSER} chiudere *qc fam*: **im Stau den Motor ~**, spegnere il motore mentre si è in coda **3** (*sichten*) **jdn/etw** ~ {AUTO, FLUGZEUG, VERDÄCHTIGE GESTALT, SCHIFF, ZUG} avvistare *qu/qc*, scorgere *qu/qc*, distinguere *qu/qc*: **jdn in der Menge ~**, scorgere/distinguere qu fra la folla; (*entdecken*) individuare *qc*, localizzare *qc*; **sie haben das Versteck der Entführer ausgemacht**, hanno individuato/localizzato il nascondiglio dei sequestratori **4** (*betragen*) **etw** ~ ammontare *a qc*: **die Zinsen machen 500 Euro im Jahr aus**, gli interessi ammontano a 500 euro all'anno; **der Preisunterschied macht 200 Euro aus**, la differenza di prezzo è di 200 euro *fam* **5** (*darstellen*) **etw** ~ costituire *qc*, fare *qc*: **das ist es, was einen guten Schauspieler ausmacht**, è proprio quello che fa di un attore un bravo attore; **es macht schon eine Menge aus, ob man acht oder sechs Stunden arbeitet**, fa una bella differenza lavorare sei ore invece di otto; **die schöne Lage macht einen wesentlichen Reiz des Dorfes aus**, la bella posizione costituisce una delle attrattative principali del paese; **das macht kaum einen Unterschied aus**, fa una differenza minima **6** *fam* (*verabreden*) **etw** (*mit jdm*) ~ {TERMIN, TREFFPUNKT, UHRZEIT} fissare *qc* (*con qu*), stabilire *qc* (*con qu*): **das war nicht ausgemacht**, questo non era stato convenuto/stabilito **7** *fam* (*abmachen*) **etw unter sich** (*dat*)/**mit etw** (*dat*) ~ vedersela *fra qu/con qc fam*: **etw mit sich** (*dat*) **selbst ~**, vedersela da solo (-a); **das müsst ihr schon unter euch,/[untereinander] ~!**, dovete vedervela tra di voi!, insomma, vedetevela/sbrigatevela tra di voi!; **das müssen Sie mit Ihrem Gewissen ~**, deve fare i conti con la Sua coscienza **8** (*stören*) **jdm etwas/nichts ~**, (di)spiacere/[non (di)spiacere] a qu, dare/[non dare] fastidio a qu, seccare/[non seccare] qu/qc; **die extreme Hitze macht ihm gar nichts aus**, questo caldo estremo non gli dà minimamente fastidio B *unpers*: **es macht jdm etwas aus**, a qu importa/dispiace; **würde es Ihnen etwas ~,/[macht es Ihnen aus], wenn ich das Fenster öffne?**, Le dispiacerebbe se aprissi,/[Le dispiace se apro] la finestra?; **wenn es Ihnen nichts ausmacht, ...**, se non Le dispiace ...

aus|malen A *tr* **1** (*bemalen*) **etw** ~ {RAUM, SAAL, WAND} pitturare *qc*, dipingere *qc*, tinteggiare *qc* **2** (*kolorieren*) **etw** ~ {FIGUREN IM MALBUCH} colorare *qc* **3** (*schildern*) **jdm etw** ~ {ERLEBNISSE, REISE, VORZÜGE} dipingere *qc a qu*, descrivere *qc a qu*: **sie malte ihm den Ort in den lebhaftesten Farben aus**, gli dipinse il luogo nelle tinte più vivide, gli fece un quadro vivido del luogo B *rfl* **sich** (*dat*) **etw** ~ {URLAUB, ZUKUNFT} immaginarsi *qc*, figurarsi *qc*.

Ausmalung <-, -en> *f* **1** (*das Bemalen*) {+RAUM, SAAL, WAND} tinteggiatura *f* **2** (*Kolorierung*) {+FIGUREN} colorare *m* **3** (*Darstellung*) descrizione *f* **4** (*das Sichausmalen*) immaginarsi *qc*, figurarsi *m qc*.

aus|manövrieren <ohne ge> *tr pej jdn* ~ {GEGNER, KONKURRENTEN} mettere fuori gioco/gara *qu*.

Ausmaß <-es, -e> *n* **1** <meist sing> (*Umfang*) {+SCHADEN, VERLUST} entità *f*, dimensione *f*: **erschreckende ~e annehmen**, assumere proporzioni allarmanti; **eine Katastrophe von ungeheurem ~,/[ungeheuren ~es]**, una catastrofe di immane entità; **er ist sich** (*dat*) **des Ausmaßes dieses Skandals nicht bewusst**, non è consapevole della portata di questo scandalo **2** <meist pl> (*Ausdehnung*) dimensione *f*, misura *f*; (*Größe*) dimensione *f*, grandezza *f*, proporzione *f*, mole *f*: **das ~ eines Raums**, le dimensioni di una stanza; **das Einkaufszentrum hat die ~e einer kleinen Stadt**, il centro commerciale ha le dimensioni di una piccola città ● **bis zu einem gewissen ~**, fino a un certo punto.

aus|mauern *tr* **etw** ~ {GEWÖLBE, KAMIN} rivestire di pietre *qc*, murare *qc*.

aus|meißeln *tr* **etw** (*aus etw dat*) ~ {INSCHRIFT, ZAHL AUS MARMORBLOCK} incidere *qc* (*in qc*) con lo scalpello.

aus|mergeln *tr* **1** (*entkräften*) **jdn** ~ {KRANKHEIT} emaciare *qu*: **ein von der Krankheit ausgemergelter Körper**, un corpo emaciato dalla malattia **2** (*die Nährstoffe entziehen*) **etw** ~ {ACKERLAND} impoverire *qc*, depauperare *qc*.

aus|merzen *tr* **etw** ~ **1** (*vertilgen*) {UNKRAUT} estirpare *qc*, sradicare *qc*, svellere *qc*; {UNGEZIEFER} eliminare *qc* **2** (*beseitigen*) {FEHLER} eliminare *qc*.

aus|messen <irr> *tr* **etw** ~ {GRUNDSTÜCK, RAUM, SCHRANK, WOHNUNG} misurare *qc*, prendere le misure *di qc*.

Ausmessung *f* misurazione *f*.

aus|misten A *tr* **etw** ~ **1** *fam* (*aussortieren und wegwerfen*) {DACHBODEN, KELLER, SCHRANK} mettere ordine *in qc*, fare repulisti *in qc fam scherz*: **alte Schulbücher ~**, buttare via/[sbarazzarsi di] vecchi libri di scuola **2** (*von Mist befreien*) {STALL} ripulire dal letame *qc*, rimuovere il letame *da qc* B *itr* **1** *fam* (*Überflüssiges aussortieren und wegwerfen*) (*irgendwo*) ~ **AUF DEM DACHBODEN, IM KELLER** mettere ordine,/[fare repulisti] *fam* (+ *compl di luogo*) **2** (*von Mist befreien*) rimuovere il letame.

aus|montieren <ohne ge> *tr* **etw** ~ {AUTORADIO, MOTOR} smontare *qc*.

aus|mustern *tr* **1** (*aussondern*) **etw** ~ {VERROSTETES FAHRRAD, DEFEKTE GERÄTE, ALTE KLEIDER, MÖBEL} scartare *qc* **2** *mil* **jdn** ~ riformare *qu*.

Ausmusterung *f* **1** (*Aussonderung*) scarto *m* **2** <nur sing> *mil* riforma *f*.

Ausnahme <-, -n> *f* eccezione *f*: **eine rühmliche ~**, una rara eccezione; **alle ohne ~**, tutti (-e) senza eccezione; **mit wenigen ~n**, con poche eccezioni; **von wenigen ~n abgesehen**, tranne qualche eccezione ● **eine ~ bilden**, costituire un'eccezione; **bei/wegen jdm/etw eine ~ machen**, fare un'eccezione per qu/qc; **mit ~ einer P./S.** (*gen*),/[von jdm/etw], ad eccezione di qu/qc, eccetto/tranne/[a parte] qu/qc; **mit ~ der Großeltern,/[von den Großeltern] waren alle da**, ad eccezione dei,/[eccetto i] nonni c'erano tutti; **~n bestätigen die Regel**, l'eccezione conferma la regola.

Ausnahmebestimmung *f* <meist pl> disposizione *f* eccezionale.

Ausnahmeerscheinung *f* eccezione *f*.

Ausnahmefall *m* caso *m* eccezionale, eccezione *f*.

Ausnahmegenehmigung *f* autorizzazione *f* speciale/eccezionale: **eine ~ bekommen**, ottenere/ricevere un'autorizzazione speciale.

Ausnahmegesetz *n* legge *f* speciale.

Ausnahmeregelung *f* deroga *f*.

Ausnahmesituation *f* situazione *f* eccezionale/[d'eccezione].

Ausnahmestellung *f* posizione *f* eccezionale.

Ausnahmezustand <-(e)s, ohne pl> *m* **1** *pol* (*Notstand*) stato *m* d'emergenza: **den ~**

(**über etw** akk) **verhängen**, proclamare/dichiarare lo stato d'emergenza (in qc); **den ~ aufheben**, dichiarare finito la stato d'emergenza **2** (*Situation der Ausnahme*) situazione f eccezionale.

ausnahmslos A *adj* <*attr*> {EINVERSTÄNDNIS, ZUSTIMMUNG} unanime B *adv* {SICH EINSTELLEN, TEILNEHMEN, ZUSTIMMEN} senza eccezione: **das Problem geht ~ alle an**, il problema riguarda tutti senza eccezione.

ausnahmsweise *adv* in via eccezionale, eccezionalmente: **der Vater brachte sie mit dem Auto zur Schule**, il padre li/la accompagnò in via del tutto eccezionale a scuola in macchina; **der Zug hatte ~ mal keine Verspätung**, una volta tanto il treno non era in ritardo.

aus|nehmen <*irr*> A *tr* **1** (*ausschließen*) **jdn/etw** (**von etw** dat) **~** escludere qu/qc (da qc); {VON EINER AUFGABE, PFLICHT, VERPFLICHTUNG} dispensare qu da qc, esentare qu da qc: **Rentner sind von dieser Regelung ausgenommen**, i pensionati sono esclusi da questa normativa **2** *fam pej* (*schröpfen*) **jdn ~** ripulire qu *fam*, pelare qu *fam*, spennare qu *fam*: **sie ist total von ihm ausgenommen worden**, (lui) l'ha ⌊completamente ripulita⌋/[spolpata] **jdn beim Spiel ~**, pelare/spennare qu al gioco; **dieser Wucherer hat ihn völlig ausgenommen**, quello strozzino lo ha completamente svenato/spolpato **3** A (*erkennen*) **jdn/etw** ~ {AUTO, PASSANTEN} notare qu/qc, riconoscere qu/qc **4** (*von Eingeweiden säubern*) **etw** ~ {FISCH} pulire qc, sventrare qc; {WILD} *auch* sviscerare qc, sbudellare qc; {GEFLÜGEL} pulire qc, togliere le viscere a qc **5** (*leeren*) **etw** ~ {VOGELNEST} svuotare qc B *rfl* **sich *irgendwie* ~** presentarsi + *compl di modo*, fare una + *adj* figura: **sich gut/schlecht ~**, ⌊presentarsi bene⌋/[sfigurare]; **die Skulptur nimmt sich ganz hervorragend vor der weißen Wand aus**, la scultura fa un gran bell'effetto davanti alla parete bianca.

ausnehmend A *adj* <*attr*> *geh* {SCHÖNHEIT} straordinario, eccezionale; {FREUNDLICHKEIT, HÖFLICHKEIT} *auch* estremo, squisito B *adv* {FREUNDLICH, HÖFLICH, ZUVORKOMMEND} straordinariamente, estremamente, particolarmente: **sie ist ~ hübsch**, è particolarmente bella.

aus|nüchtern *itr*: **jdn ~ lassen**, fare smaltire la sbornia a qu.

Ausnüchterung <-, -en> f <*meist sing*> smaltimento m della sbornia: **bis zu seiner ~ bleibt er in der Zelle**, resta in cella finché non ⌊gli è passata⌋/[ha smaltito] la sbornia.

Ausnüchterungszelle f "cella f dove gli ubriachi smaltiscono la sbornia".

aus|nutzen *tr*, **aus|nützen** *tr süddt A* **1** (*ausbeuten*) **jdn ~** sfruttare qu, approfittarsi di qu **2** (*sich zunutze machen*) **etw** (**zu etw** (dat))/**für etw** akk) **~** {GELEGENHEIT, SCHÖNES WETTER} approfittare di qc (per (fare) qc); {KAPAZITÄT, MITTEL, ZEIT} utilizzare qc/impiegare qc/usufruire di qc (per (fare) qc): **sie nutzte die Gelegenheit aus, um eine Freundin zu besuchen**, colse l'occasione per andare a trovare un'amica **3** (*Vorteile ziehen*) **etw** ~ {JDS GUTGLÄUBIGKEIT, JDS UNWISSENHEIT} approfittare di qc; {KENNTNIS, MACHT, UMSTAND} *auch* trarre vantaggio da qc, avvantaggiarsi di qc: **er scheute sich nicht, seine Beziehungen auszunutzen**, non ebbe timore di sfruttare le sue conoscenze.

Ausnutzung <-, ohne pl> f, **Ausnützung** <-, ohne pl> f *süddt A* **1** (*Ausbeutung*) {+ARBEITER, ARBEITSKRAFT, MENSCH} sfruttamento m **2** (*Nutzung*) {+GELEGENHEIT} approfittare m; {+MITTEL, ZEIT} utilizzazione f **3** (*das Ausnut-*

zen) {+JDS GUTGLÄUBIGKEIT, KENNTNIS, MACHT, STELLUNG, UMSTAND, JDS UNWISSENHEIT} approfittare m, trarre m vantaggio.

aus|packen A *tr* **1** (*leeren*) **etw** ~ {KOFFER, REISETASCHE} disfare qc; {PÄCKCHEN, PAKET} aprire qc, scartare qc **2** (*aus der Verpackung lösen*) **etw** ~ {BILDER, BÜCHER, WARE} sballare qc, togliere qc dall'imballaggio; {GESCHENK} spacchettare qc, aprire qc, scartare qc: **die Kleider ~**, tirare fuori i vestiti B *itr* **1** (*den Koffer, die Reisetasche leeren*) disfare le valige **2** *fam* (*ausplaudern*) cantare *fam*, vuotare il sacco *fam*: **wenn die Polizei ihm genügend zusetzt, wird er ~**, basta che la polizia lo metta un po' sotto torchio e lui vuota il sacco.

aus|parken *itr fam* uscire dal parcheggio: **das ist beim Ausparken passiert**, è successo uscendo/[mentre uscivo] dal parcheggio.

aus|peitschen *tr* **jdn ~** frustare qu, fustigare qu, scudisciare qu, flagellare qu.

Auspeitschung <-, -en> f fustigazione f.

aus|pennen *itr slang* farsi una bella dormita.

aus|pfeifen <*irr*> *tr* **jdn/etw** ~ {SCHAUSPIELER, STÜCK} fischiare qu/qc.

Auspizium <-s, Auspizien> n <*meist pl*> *geh* auspicio m ● **unter dem ~ einer P./S.** (gen), sotto gli auspici di qu/qc.

aus|plappern *tr fam*, **aus|plaudern** *tr fam* **etw** ~ {GEHEIMNIS, PLAN} spiattellare qc *fam*, spifferare qc *fam*, strombazzare qc *fam*.

aus|plündern *tr* **1** (*ausrauben*) **jdn/etw** ~ {PERSON} rapinare qu, depredare qu; {LAND, STADT} saccheggiare qc, depredare qc, razziare qc; {BANK} svaligiare qc; {GESCHÄFT} *auch* depredare qc, saccheggiare qc **2** *scherz* (*ausräumen*) **etw** ~ {KÜHLSCHRANK, VORRATSKAMMER} saccheggiare qc, svuotare qc, ripulire qc.

Ausplünderung <-, ohne pl> f {+PERSON} depredare m qu; {+LAND, STADT} saccheggio m, razzia f; {+BANK, GESCHÄFT} *auch* svaligiamento m.

aus|polstern *tr* **etw** (**mit etw** dat) ~ {MANTEL MIT WATTE} imbottire qc (di/con qc); {KISTE, SCHACHTEL MIT PAPIER} riempire qc (di/con qc).

aus|posaunen <*ohne* ge-> *tr fam* **etw** ~ strombazzare qc *fam*, gridare/sbandierare qc ai quattro venti: **natürlich hat sie die Neuigkeit von der bevorstehenden Hochzeit gleich ausposaunt**, naturalmente è andata subito a sbandierare ai quattro venti la notizia del matrimonio imminente.

aus|powern A *tr fam pej* **jdn/etw** ~ {LAND, VOLK} dissanguare qu/qc B *rfl slang* **sich** (**für etw** akk) ~ {FÜR DIE ARBEIT, DEN JOB} sfinirsi (a causa di qc).

aus|prägen *rfl* **1** (*sich ausdrücken*) **sich in etw** (akk) ~: **tiefes Misstrauen prägte sich in seinem Gesicht aus**, il suo viso esprimeva/manifestava profonda diffidenza **2** (*sich herausbilden*) **sich** ~ {EIGENHEITEN} delinearsi, profilarsi.

Ausprägung f **1** (*Münzprägung*) conio m **2** (*Erscheinungsform*) forma f, espressione f.

aus|pressen *tr* **1** (*herauspressen*) **etw** (**aus etw** dat) ~ {SAFT AUS EINER FRUCHT} spremere qc (da qc), far uscire qc da qc spremendolo; {CREME AUS DER TUBE, WASSER AUS EINEM SCHWAMM, DER WÄSCHE} far uscire qc da qc strizzandolo **2** (*pressen*) **etw** ~ {APFELSINE, SCHWAMM, ZITRONE} spremere qc **3** (*ausbeuten*) **etw** ~ {LAND} spremere qc; **jdn** ~ {MENSCH} spremere qu (come un limone) **4** (*ausfragen*) **jdn** ~ mettere qu sotto torchio, torchiare qu.

aus|probieren <*ohne* ge-> A *tr* **1** (*erpro-*

ben) **etw** (**an jdm/etw**) ~ {MEDIKAMENT, THERAPIE AN KRANKEN, PATIENTEN} sperimentare qc (su qu/qc), provare qc (su qu/qc): **ein neues Rezept ~**, provare una nuova ricetta; **Sie können den Wagen selbstverständlich ~**, può naturalmente provare/[fare un giro di prova con] la macchina **2** (*etw zum ersten Mal tun*) **etw** ~ {FREECLIMBING, REITEN, SKIFAHREN} provare a fare qc, cimentarsi in qc (per la prima volta) B *itr* (*feststellen*): ~, ⌊**ob/wie**⌋/[**wie viel**]/[**wie lange**] ..., provare/vedere ⌊se/come⌋/[quanto]/[quanto tempo] ...; **ich wollte ~, wie viel die Schaukel aushält**, volevo vedere quanto (peso) regge l'altalena; **~, wie der Drachen fliegt**, provare a vedere come vola l'aquilone ● **es mit jdm ~** (**wollen**) {ARBEITGEBER MIT NEUER KRAFT}, (voler) provare con qu.

Auspuff <-(e)s, -e> m *autom* scappamento m, marmitta f.

Auspuffanlage f *autom* impianto m di scarico.

Auspuffgas n gas m di scarico/scappamento.

Auspuffrohr n *autom* tubo m di scarico/scappamento.

Auspufftopf m *autom* marmitta f.

aus|pumpen *tr* **1** (*durch Pumpen entfernen*) **etw** (**aus etw** dat) ~ {WASSER AUS DEM KELLER} pompare qc (da qc) **2** (*leeren*) **etw** ~ {BAUGRUBE, BECKEN, KÜCHE, TEICH} svuotare qc con la pompa: **jdm den Magen ~**, fare/praticare la lavanda gastrica a qu.

aus|pusten *tr fam* **etw** ~ {FACKEL, KERZE} spegnere qc *fam*.

aus|quartieren <*ohne* ge-> *tr* **jdn** ~ far sloggiare qu, sfrattare qu *iron*.

aus|quetschen *tr* **1** (*auspressen*) **etw** ~ {APFELSINE, PAMPELMUSE, ZITRONE} spremere qc **2** *fam* (*ausfragen*) **jdn** (**über etw** akk) ~ torchiare/spremere qu (per sapere qc): **beim Verhör ist er wie eine Zitrone ausgequetscht worden**, all'interrogatorio l'hanno torchiato a dovere.

aus|radieren <*ohne* ge-> *tr* **1** (*mit einem Radiergummi entfernen*) **etw** ~ cancellare qc (con la gomma) **2** *fam pej* (*vernichten*) **etw** ~ {GEGEND, STADT} radere al suolo qc, cancellare qc (dalla faccia della terra); **jdn** ~ fare fuori qu *fam*, liquidare qu.

aus|rangieren <*ohne* ge-> *tr* **etw** ~ {ALTE KLEIDER, MÖBEL, ABGEWETZTER TEPPICH} scartare qc, mettere via/[da parte] qc; {LOK, WAGGONS, ZUG} mettere fuori servizio qc: **die löchrigen Schuhe kann man ja wohl ~**, queste scarpe bucate si possono anche buttar via.

aus|rasten① A *itr* <*sein*> **1** (*herausspringen*) {FESTSTELLVORRICHTUNG, HEBEL} disinnestarsi; {ZAHNRAD} *auch* uscire dall'ingranaggio **2** *fam* (*durchdrehen*) perdere le staffe *fam*, uscire dai gangheri *fam* B *rfl* <*haben*> *fam*: **bei jdm rastet es aus**, qu perde ⌊le staffe⌋/[il lume della ragione].

aus|rasten② *süddt A* A *itr* riposare B *rfl* **sich ~** riposarsi.

aus|rauben *tr* **1** (*berauben*) **jdn** ~ rapinare qu, depredare qu, derubare qu **2** (*ausplündern*) **etw** ~ {GESCHÄFT, HAUS, WOHNUNG} svaligiare qc: **eine Bank** ~, rapinare/svaligiare una banca, fare una rapina in banca; **die Kasse** ~, svuotare la cassa.

aus|räuchern *tr* **1** (*durch Rauch vernichten*) **etw** ~ {UNGEZIEFER} sterminare col fumo/gas qc **2** (*von Ungeziefer befreien*) **etw** ~ {GEBÄUDE, RAUM} disinfestare col fumo qc.

Ausräucherung <-, -en> f <*meist* sing> **1** (*Vernichtung*) {+UNGEZIEFER} sterminare m col fumo/gas qc **2** (*das Ausräuchern*) {+GEBÄU-*

DE, RAUM) disinfestazione f col fumo/gas.
aus|raufen rfl: **ich könnte mir die Haare (einzeln) ~** ... *fam*, mi mangerei le mani ...
aus|räumen A tr **1** (*entfernen*) *etw* **~** (*aus etw* dat) ~ {BÜCHER AUS EINEM REGAL} togliere *qc* (*da qc*); {MÖBEL AUS EINEM RAUM} *auch* sgomberare *qc* (*da qc*) **2** (*leeren*) *etw* **~** {RAUM, SCHRANK, WOHNUNG} (s)vuotare *qc*, sgomb(e)rare *qc*, liberare *qc*: **ich muss das Zimmer bis Ende der Woche ausgeräumt haben**, devo liberare la stanza entro la fine della settimana **3** (*beseitigen*) *etw* **~** {BEDENKEN, VERDACHT, ZWEIFEL} rimuovere *qc*, allontanare *qc*, fugare *qc*, eliminare *qc*: **die Versuche haben alle Zweifel ausgeräumt**, gli esperimenti hanno fugato ogni dubbio **4** *med* (*entfernen*) *etw* **~** {GESCHWULST} togliere *qc*, asportare *qc* **5** *fam* (*ausrauben*) *etw* **~** {DIEB BANK} rapinare *qc*, svaligiare *qc*; {KASSE, WOHNUNG} ripulire *qc fam*, svuotare *qc fam* B itr (*Gegenstände aus etw herausräumen*) sgomb(e)rare.
Ausräumung <-, *ohne pl*> f **1** (*das Ausräumen*) {+MÖBEL, RAUM, WOHNUNG} sgombero m **2** (*Beseitigung*) {+BEDENKEN, VERDACHT, ZWEIFEL} rimozione f, eliminazione f.
aus|rechnen A tr **1** (*durch Rechnen ermitteln*) *etw* **~** {GEWICHT, KOSTEN, LÄNGE, PREIS} calcolare *qc*: **die Durchschnittsgeschwindigkeit eines Autos im Straßenverkehr ~**, calcolare la velocità media di un veicolo nel traffico urbano **2** (*lösen*) *etw* **~** {RECHENAUFGABE} risolvere *qc*; {FLÄCHE EINES QUADRATS} calcolare *qc* B rfl **1** (*mit etw rechnen*) sich (dat) *etw* **~** {GEWINN, SITZE, WÄHLERSTIMMEN} contare *su qc*, fare assegnamento/affidamento *su qc*, aspettarsi *qc*: **die Linke rechnet sich gute Chancen bei den Regionalwahlen aus**, la sinistra conta di ottenere un buon successo alle (elezioni) regionali; **wir rechnen uns dieses Jahr eine besonders gute Ernte aus**, quest'anno facciamo assegnamento su un raccolto particolarmente buono; **die Industrie rechnet sich einen entscheidenden Produktionsanstieg aus**, l'industria conta su un decisivo incremento della produzione **2** (*sich vorstellen können*): **sich (dat) *etw* ~ können**, potersi immaginare/figurare *qc*; **das kannst du dir leicht ~**, te lo puoi ben/facilmente immaginare/figurare; **man kann sich leicht ~, was dann passiert**, è facilmente prevedibile/immaginabile (che) cosa succederà.
Ausrede f scusa, pretesto m: **nur keine ~n!**, niente scuse! • **eine faule ~** *fam*, una misera scusa *fam*, una scusa meschina *fam*; **das sind doch nur faule ~n!**, sono tutte scuse!; **immer eine ~ ₍parat haben₎/[bereithaben], nie um eine ~ verlegen sein**, avere sempre una scusa pronta *fam*.
aus|reden A tr *jdm etw* **~** {ANSCHAFFUNG, PLAN} dissuadere *qu da*(*l fare*) *qc*, sconsigliare ₍*qc a qu*₎/[*a qu di fare qc*], distogliere *qu da*(*l fare*) *qc*: *jdm* **~, eine lange Bergtour allein zu machen**, sconsigliare a qu di fare una lunga escursione in montagna da solo (-a); *jdm* **eine Idee/ein Vorhaben ~**, distogliere qu da un'idea/un progetto; **die Eltern versuchten, ihr diesen Mann ~**, i genitori cercarono di dissuaderla dal frequentare quell'uomo B itr (*zu Ende reden*) finire di parlare: *jdn nicht ~ lassen*, non lasciar finire a qu di parlare; **lass mich doch mal ~!**, fammi finire! C rfl *bes. A sich ~* sfogarsi.
aus|reichen itr **1** (*genügend vorhanden sein*) (*für etw* akk) **~** {BENZIN, GELD, VORRÄTE} bastare (*per qc*), essere sufficiente (*per qc*): **vier Eier reichen für den Kuchen aus**, quattro uova bastano per il dolce; **hoffentlich reichen die Getränke aus**, speriamo

che le bevande bastino/[siano sufficienti]; **der Proviant reicht mindestens für eine Woche aus**, le provvigioni bastano almeno per una settimana **2** (*gut genug sein*) {BEGABUNG, SPRACHKENNTNISSE FÜR EINE AUFGABE, STELLUNG} bastare (*per qc*), essere sufficiente (*per qc*).
ausreichend A adj **1** (*genügend*) {KENNTNISSE, FINANZIELLE MITTEL} sufficiente, bastante, bastevole *lit*: **Essen und Getränke sind in ~em Maß vorhanden**, di cibo e bevande ce n'è a sufficienza; **seine praktischen Erfahrungen sind leider nicht ~ für die Stelle**, purtroppo la sua esperienza pratica non è sufficiente per il posto **2** *D Schule* {LEISTUNG, NOTE} sufficiente: ₍**in Mathematik**₎/[**im Diktat**] **~ haben**, aver (preso) sufficiente in matematica/[nel dettato] B adv (*genügend*) {INFORMIEREN} sufficientemente, a sufficienza.
aus|reifen itr *<sein>* **1** (*ganz reif werden*) {FRUCHT, GEMÜSE} maturare (completamente), giungere a completa maturazione: **das Obst reift besser an der Pflanze aus**, la frutta matura meglio sulla pianta **2** (*sich zur vollen Reife entwickeln*) {CHARAKTER, ENTSCHEIDUNG, PLAN} maturare, giungere a maturazione: **eine Idee ~ lassen**, maturare un'idea; **das Projekt ist technisch noch nicht ausgereift**, il progetto non è maturo da un punto di vista tecnico.
Ausreifung <-, *ohne pl*> f maturazione f.
Ausreise <-, *ohne pl*> f espatrio m: **bei der ~ muss man durch die Grenzkontrolle**, quando si lascia il paese bisogna passare (attraverso) il controllo doganale; *jdm* **die ~ verweigern** adm, negare l'espatrio a qu adm.
Ausreiseantrag m richiesta f/domanda f di espatrio.
Ausreiseerlaubnis f, **Ausreisegenehmigung** f adm permesso m d'espatrio.
Ausreisekontrolle f "controllo m delle persone in uscita da un paese".
aus|reisen itr *<sein>* espatriare, andare all'estero: **für immer ~**, espatriare per sempre.
Ausreiseverbot n adm divieto m d'espatrio.
Ausreisevisum n adm visto m d'uscita.
aus|reißen <irr> A tr *<haben>* (*heraus~*) *etw* **~** {BLUMEN, UNKRAUT} strappare *qc* {MIT DER WURZEL} sradicare *qc*; *jdm etw* **~** {HAAR} strappare *qc a qu* B itr *<sein>* **1** (*sich lösen*) {ÄRMEL, BUCHSEITE} staccarsi **2** (*einreißen*) {KNOPFLOCH} strapparsi; {STOFF} lacerarsi: **die Naht ist ausgerissen**, la cucitura è scoppiata **3** *fam* (*weglaufen*) (*aus/von etw* dat) **~** {AUS DEM GEFÄNGNIS, INTERNAT, WAISENHEIM} scappare (*da qc*) *fam*, tagliare la corda (*da qc*) *fam*: **der Junge ist von zu Hause ausgerissen**, il ragazzo è scappato di casa; **sie ist den Großeltern ausgerissen**, è scappata ai nonni **4** (*Reißaus nehmen*) (*vor jdm/etw*) **~** scappare (*davanti a qu/qc*), darsela a gambe (*davanti a qu/qc*) *fam*: **die Pferde rissen vor dem Feuer aus**, i cavalli scapparono davanti al fuoco; **vor dem riesigen Hund riss der Kleine aus**, davanti a quel cane enorme il bambino scappò a gambe levate **5** *Radsport* andare in fuga.
Ausreißer <-s, -> m (**Ausreißerin** f) **1** (*jd, der weggelaufen ist*) fuggitivo (-a) m (f), fuggiasco (-a) m (f): **der kleine ~ wurde noch am selben Abend gefunden**, il piccolo fuggitivo fu ritrovato la sera stessa **2** *Radsport* corridore m in fuga, fuggitivo (-a) m (f) **3** *slang tech* (*von der Norm abweichender Wert*) dato m anomalo, outlier m.
Ausreißversuch m *sport* tentativo m di

fuga: **einen ~ unternehmen**, tentare la fuga.
aus|reiten <irr> A tr *<haben>*: **ein Pferd ~**, portare un cavallo in passeggiata B itr *<sein>* uscire a cavallo, fare una cavalcata/[passeggiata a cavallo].
aus|reizen tr *etw* **~ 1** *Karten* dichiarare *qc* più forte dell'avversario **2** (*ausschöpfen*) {KAPAZITÄT, THEMA} esaurire *qc*: **ausgereizt sein** {THEMA}, essere esaurito.
aus|renken A rfl **sich (dat) *etw* ~** {ARM, FUẞGELENK, HANDGELENK} slogarsi *qc*; {SCHULTER} *auch* lussarsi *qc*: **sich den Hals ausgerenkt haben**, avere il torcicollo; **sich den Hals ~, um besser zu sehen**, allungare il collo per vedere meglio; **sich beim Sturz die Schulter ~**, lussarsi una spalla cadendo B tr *jdm etw* **~** slogare *qc a qu*, lussare *qc a qu*: **er hat mir den Arm ausgerenkt**, mi ha slogato il braccio.
Ausrenkung <-, -en> f {+ARM, FUẞ} slogatura f, distorsione f; {+SCHULTER} *auch* lussazione f.
aus|richten A tr **1** (*veranstalten*) *etw* **~** {AUSFLUG, FEST, TAGUNG, WETTKAMPF} organizzare *qc*; {HOCHZEIT} *auch* preparare *qc*: **der Empfang wird von der Botschaft ausgerichtet**, il ricevimento viene organizzato dall'ambasciata **2** (*einstellen*) *etw auf etw* (akk)/*nach etw* (dat) **~** {ANTENNE, SATELLITEN NACH SÜDOSTEN} orientare *qc verso qc*; {WARENANGEBOT AUF DIE NACHFRAGE} adeguare *qc su/secondo qc*; {MAẞNAHMEN} adeguare *qc a qc*; *etw auf jdn/nach jdm* **~**: **die Fahrpläne besonders auf die Bedürfnisse der arbeitenden Bevölkerung ~**, adeguare gli orari (dei mezzi pubblici) soprattutto alle necessità di chi lavora; **sein ganzes Verhalten ist darauf ausgerichtet, die anderen unter Kontrolle zu halten**, il suo comportamento mira a tenere gli altri sotto controllo **3** (*in eine Reihe stellen*) *jdn/etw* **~** {KEGEL, SCHACHFIGUREN, SOLDATEN} allineare *qu/qc*, disporre in fila *qu/qc*: **die Schüler in Reihen ~**, disporre gli scolari in più file **4** (*übermitteln*) (*jdm*) *etw* **~** {BOTSCHAFT, NACHRICHT} riferire *qc a qu*, (ri)portare *qc* (*a qu*), trasmettere *qc* (*a qu*): **richte deinen Eltern Grüße von uns aus**, porta i nostri saluti ai tuoi genitori; **richten Sie ihm einen Gruß von mir aus**, lo saluti da parte mia; **richte ihr aus, dass die Bücher angekommen sind**, riferiscile (da parte mia) che i libri sono arrivati; **ich werd's ~!**, riferirò! **5** *fam* (*erreichen*): **(bei jdm) (et)was ~**, ottenere qualcosa (da qu); **(bei jdm) nichts ~**, non ottenere niente (da qu); **mit einem verlockenden Angebot kannst du viel bei ihm ~**, con un'offerta allettante puoi ottenere molto da lui; **mit Freundlichkeit kannst du alles bei ihr ~**, con un po' di gentilezza le rigiri come vuoi *fam*; **mit Strenge kann man bei Kindern gar nichts ~**, con la severità non si ottiene niente dai ragazzi **6** *süddt A fam* (*verleumden*) *jdn* **~** sparlare *di qu*, dire male *di qu* **7** *CH* (*zahlen*) *jdm etw* **~** {ENTSCHÄDIGUNG, GEHALT, RENTE} corrispondere *qc a qu*, pagare *qc a qu* B rfl **sich (an etw** dat**) ~** adeguarsi (*a qc*).
Ausrichtung f **1** (*Veranstaltung*) {+AUSFLUG, FEST, HOCHZEIT, TAGUNG, WETTKAMPF} preparazione f, organizzazione f **2** (*das Ausrichten*) **~ auf etw** (akk) {AUF DIE BEDÜRFNISSE, JDS GESCHMACK, JDS NIVEAU} orientamento m *su qc*, adattamento m *a qc*, adeguamento m *a qc*: **die immer größere ~ auf einen internationalen Publikumsgeschmack**, l'orientamento sempre maggiore al gusto di un pubblico internazionale **3** (*Aufstellung*) {+KEGEL, SCHACHFIGUREN, SCHÜLER} allineamento m, disposizione f in file; {+SOLDATEN}

Ausritt m **1** (*Spazierritt*) cavalcata f, passeggiata f a cavallo **2** (*das Herausreiten*) (**aus etw** dat) uscire m (a cavallo) (*da qc*).

aus|rollen A tr *<haben> etw ~* **1** (*glatt machen*) {TEIG} stendere qc, spianare qc **2** (*auseinanderrollen*) {STOFFBAHN, TEPPICH} srotolare qc; {KABEL} svolgere qc B itr *<sein>* (*zum Stehen kommen*) {FLUGZEUG} rullare fino ad arrestarsi; {AUTO, ZUG} rallentare fino ad arrestarsi; {BALL} rotolare fino a fermarsi: **ein Auto ~ lassen**, lasciare che una macchina si fermi da sola.

aus|rotten tr **1** (*vernichten*) jdn/etw ~ {FEINDE, MINDERHEIT, STAMM, VOLK} sterminare qu, annientare qu; {SCHÄDLINGE, UNGEZIEFER} eliminare qc; {PFLANZE, UNKRAUT} sradicare qc, estirpare qc **2** (*beseitigen*) **etw ~** {ABERGLAUBEN, UNSITTE} estirpare qc, sradicare qc: **ein Übel an der Wurzel ~**, eliminare un male alla radice.

Ausrottung *<-, ohne pl>* f **1** (*Vernichtung*) {+FEIND, MINDERHEIT, STAMM, VOLK} sterminio m, annientamento m; {+SCHÄDLINGE, UNGEZIEFER} eliminazione f; {+PFLANZE, UNKRAUT} sradicamento m, estirpazione f **2** (*Beseitigung*) {+ABERGLAUBE, ÜBEL, UNSITTE} sradicare m qc, estirpare m qc, estirpazione f.

aus|rücken A itr *<sein>* **1** (*sich zum Einsatz begeben*) {FEUERWEHR, POLIZEI} uscire; *bes. mil* {PANZER, TRUPPEN} *auch* mettersi in marcia **2** *fam* (*weglaufen*) {JUGENDLICHER, TIER} scappare: **dieser verdammte Köter ist schon wieder ausgerückt**, questo maledetto cagnaccio è di nuovo scappato B tr *<haben> etw ~* **1** *tech* {KUPP(E)LUNG} disinserire qc **2** *typ* {ZAHL, WORT} spostare qc.

Ausruf m esclamazione f; (*unartikuliert*) grido m: **ein ~ des Entsetzens/Erschreckens**, un grido di orrore/paura; **ein ~ der Überraschung**, un'esclamazione di sorpresa; **sie begrüßte ihn mit einem freudigen ~**, lo salutò con un'esclamazione di gioia; **etw durch ~ bekannt machen**, annunciare qc ad alta voce.

aus|rufen *<irr>* tr **1** (*bekannt geben*) **etw ~** annunciare qc: **den Zug/eine Zugverspätung ~**, annunciare il treno/[ritardo di un treno] **2** (*proklamieren*) **etw ~** {NOTSTAND} proclamare qc; {STREIK} *auch* indire qc: **den Ausnahmezustand ~**, proclamare/dichiarare lo stato d'emergenza; **die Republik ~**, proclamare la repubblica **3** (*spontan äußern*) **etw ~** esclamare qc, gridare qc: "**Wie schön!**" – **rief sie aus**, "Che bello!" – esclamò **4** (*jdn suchen*) **jdn ~** far chiamare qu: **jdn über Lautsprecher ~ lassen**, far chiamare qu con l'altoparlante **5** (*zum Kauf anbieten*) **etw ~** {ZEITUNG} pubblicizzare qc a voce alta **6** *hist* (*jds Wahl bekannt geben*) **jdn zu etw** (dat) **~** proclamare qu qc: **jdn zum König/Kaiser ~**, proclamare qu re/imperatore.

Ausrufer *<-s, ->* m *hist* banditore m.

Ausrufesatz m *gram* proposizione f/frase f esclamativa.

Ausrufezeichen n *gram* punto m esclamativo.

Ausrufung *<-, -en>* f {+AUSNAHMEZUSTAND, NOTSTAND, STREIK} proclamazione f.

Ausrufungszeichen n *rar* → **Ausrufezeichen**.

aus|ruhen A tr *etw ~* {ARME, AUGEN, BEINE, FÜßE} riposare qc: **ausgeruht sein**, essere riposato (-a) B itr (*irgendwo*) ~ {AUF EINER BANK, DER COUCH, IM GRAS} riposare (+ *compl di luogo*): **nach dem Essen einen Moment ~**, riposare un po' dopo pranzo C rfl **sich** (**von etw** dat) **~** {VON EINER ANSTREN-GUNG, ARBEIT, STRAPAZE} riposarsi (*da qc*).

aus|rupfen tr *etw* (dat) **etw ~** strappare qc a qc: **einem Huhn/Vogel die Federn ~**, spennare un pollo/uccello.

aus|rüsten tr **1** (*ausstatten*) **etw** (**mit etw** dat) **~** {LABOR, KRANKENHAUS, OPERATIONSSAAL MIT DEN MODERNSTEN APPARATUREN} equipaggiare qc di qc, attrezzare qc (di qc), dotare qc di qc, fornire qc di qc, corredare qc di qc: **die Autos serienmäßig mit Airbag ~**, dotare le macchine dell'airbag di serie; **eine Zahnarztpraxis ~**, attrezzare uno studio dentistico **2** (*mit etw versehen*) **jdn/etw** (**mit etw** dat) **~** {ARMEE, MANNSCHAFT MIT PROVIANT, WAFFEN} equipaggiare qu/qc (di qc), munire qu/qc di qc, fornire qu/qc di qc, dotare qu/qc di qc: {SCHIFF} armare qc: **jdn gut/ausreichend/unzureichend ~**, equipaggiare qu bene/[in modo adeguato]/[in modo inadeguato].

Ausrüstung f **1** *<nur sing>* (*das Ausrüsten*) {+EXPEDITION, LABOR} equipaggiamento m, dotazione f **2** (*Ausstattung*) {+AUTO, BETRIEB, FLUGZEUG} equipaggiamento m, dotazione f, corredo m: **eine reiche ~ an/mit Zubehör**, un'ampia dotazione di accessori; {+SCHIFF} armamento m **3** (*~sgegenstände*) equipaggiamento m, attrezzatura f, attrezzi m pl, armamentario m; *bes. tech* attrezzatura f: **die ~ zum Fischen**, gli attrezzi/l'armamentario per la pesca; **eine neue ~ für den Wintersport**, una nuova attrezzatura da sci.

Ausrüstungsgegenstand m *<meist pl>* attrezzatura f, attrezzi m pl.

aus|rutschen itr *<sein>* **1** (*ausgleiten*) (**auf etw** dat) **~** {AUF GLATTEM, NASSEM BODEN} scivolare (*su qc*), sdrucciolare (*su qc*): **ich bin ausgerutscht**, sono scivolato (-a), ho fatto uno sdrucciolone **2** (*aus der Hand gleiten*) **jdm ~** {GLAS, MESSER, SCHLÄGER, TASSE} scivolare/sfuggire di mano a qu: **die Schere ist mir beim Stoffschneiden aus der Hand gerutscht**, le forbici mi sono scivolate/sfuggite di mano mentre stavo tagliando la stoffa.

Ausrutscher *<-s, ->* m *fam* scivolone m, passo m falso, gaffe f: **jdm passiert ein schrecklicher ~**, qu commette una terribile gaffe.

Aussaat f **1** (*das Aussäen*) semina f, seminazione f *lit* **2** (*Saatgut*) semenza f, sementem, sementa f.

aus|säen tr *etw ~* {GETREIDE} seminare qc: **das Aussäen des Getreides**, la semina dei cereali.

Aussage f **1** (*Behauptung*) ~ (**über jdn/etw**) dichiarazione f (*su qu/qc*), affermazione f (*su qu/qc*), asserzione f (*su qu/qc*): **nach jds ~**, a detta di qu, secondo quanto afferma qu; **nach ~ der Experten besteht kein Risiko**, a detta degli esperti non esiste alcun rischio **2** *jur* deposizione f, testimonianza f: **bei seiner ~ bleiben**, confermare la propria deposizione; **eine eidliche ~**, una deposizione sotto giuramento; **eine falsche ~ machen**, deporre/testimoniare il falso, rendere falsa testimonianza; **die ~ verweigern**, rifiutarsi di deporre; **seine ~ widerrufen**, ritrattare (la propria deposizione); **~ gegen ~**, la parola di qu contro la parola di qu altro **3** (*Gehalt*) {+RELIGIÖSE SCHRIFT, ROMAN, WERK} messaggio m.

Aussagekraft *<-, ohne pl>* f {+BILD, SKULPTUR, ROMAN} forza f espressiva, espressività f.

aussagekräftig adj {BILD, KUNSTWERK, TEXT} di/[che ha] grande forza espressiva; {GESTE, ZAHLEN} molto significativo.

aus|sagen A tr **1** (*ausdrücken*) **etw** (**über jdn/etw**) **~** dire qc (*su qu/qc*): **das** sagt noch lange nichts über seinen Charakter aus, questo non dice proprio niente sul suo carattere; **das sagt viel über sie aus**, questo la dice lunga su di lei; **was will er mit seinem Gedicht ~?**, che messaggio vuole trasmettere con la sua poesia? **2** *jur* (*darstellen*) **etw** (**über jdn/etw**) **~** dichiarare/affermare/asserire/dire qc (ˌsul conto di quˌ)/[in merito a qc]): **der Zeuge sagte aus, den Angeklagten an dem Abend getroffen zu haben**, il testimone asserì di aver incontrato l'imputato quella sera; **was können Sie über den Tathergang ~?**, ha qualcosa da dichiarare sullo svolgimento dei fatti? B itr *jur* (*eine Aussage machen*) deporre, fare una deposizione, testimoniare; **für/gegen jdn ~** deporre ˌa favore diˌ/[contro] qu: **falsch/richtig ~**, deporre/testimoniare il falso/vero; **unter Eid ~**, deporre sotto giuramento; **vor Gericht ~**, deporre davanti alla corte; **als Zeuge ~**, deporre come/[in qualità di] testimone.

aus|sägen tr *etw ~* {FIGUR} ricavare qc segando.

Aussagesatz m *ling* proposizione f enunciativa.

Aussageverweigerung f *jur* rifiuto m di deporre/testimoniare.

Aussageweise f *ling* modo m.

Aussagewert m: **die Ergebnisse dieser Umfrage haben keinen großen ~**, i risultati di questo sondaggio non sono particolarmente significativi.

Aussatz *<-es, ohne pl>* m *med* lebbra f: **~ haben**, avere la lebbra.

aussätzig adj *med* lebbroso: **~ sein**, essere lebbroso, avere la lebbra.

Aussätzige *<dekl wie adj>* mf lebbroso (-a) m (f).

aus|saufen *<irr>* tr *etw ~* **1** (*austrinken*) {TIERE} lappare qc, bere tutto (-a) qc **2** *fam pej* {MENSCH BIER} scolarsi qc.

aus|saugen (*saugt aus, saugte aus oder sog aus, ausgesaugt oder ausgesogen*) tr **1** (*durch Saugen entfernen*) **etw ~** {GIFT} succhiare qc; {SAFT} *auch* sorbire qc **2** (*durch Saugen leeren*) **etw ~** {APFELSINE, EI, ZITRONE} succhiare tutto (-a) qc: **die Wunde ~**, succhiare la ferita **3** (*ausbeuten*) **jdn/etw ~** {REGION} dissanguare qc; {MENSCHEN} *auch* spremere qu/qc, spolpare qu/qc.

aus|schaben tr **1** (*auskratzen*) **etw** (**aus etw** dat) **~** {RESTE AUS EINER SCHÜSSEL, EINEM TOPF} raschiare via qc (da qc), togliere qc (*da qc*) raschiando **2** (*säubern*) **etw ~** {SCHÜSSEL, TOPF} pulire qc grattando/scrostando/raschiando **3** (*aushöhlen*) **etw ~** {APFEL, GURKE} svuotare qc **4** *med*: **die Gebärmutter ~**, eseguire un raschiamento (all'utero).

Ausschabung *<-, -en>* f *med* raschiamento m.

aus|schachten tr *etw ~* **1** (*ausheben*) {GRUBE} scavare qc: **eine Baugrube ~**, effettuare uno scavo di fondazione **2** (*herausschaufeln*) {ERDE} togliere qc (scavando).

Ausschachtung *<-, -en>* f **1** (*das Ausschachten*) {+ERDE, GRUBE, SCHACHT} scavo m, escavazione f: **die ~ eines Brunnens**, lo scavo di un pozzo **2** (*ausgeschachtete Grube*) scavo m, fossa f, buca f.

Ausschachtungsarbeiten subst *<nur pl>* lavori m pl di scavo.

aus|schalten A tr **1** (*ausmachen*) **etw ~** {FERNSEHGERÄT, LICHT, RADIO} spegnere qc, chiudere qc *fam*; {MOTOR} arrestare qc, spegnere qc; {MASCHINE} fermare qc; {STROM} togliere qc, staccare qc, disattivare qc **2** (*ausschließen*) **jdn/etw ~** {FEHLERQUELLE, KON-

KURRENZ} eliminare *qu/qc*; {FEIND, GEGNER} *auch* togliere di mezzo *qu/qc fam* **B** *rfl* **sich (automatisch)** ~ {ALARMANLAGE, HEIZUNG, LÜFTUNG} spegnersi (automaticamente): **der Wecker schaltet sich von selbst/alleine aus**, la sveglia si spegne da sé/sola.

Ausschaltung <-, *ohne* pl> f {+FEHLERQUELLE, FEIND, GEGNER, KONKURRENZ} eliminazione f.

Ausschank <-(e)s, *Ausschänke*> m **1** <*ohne* pl> (*Ausschenken*) mescita f: **der ~ von alkoholischen Getränken ist verboten**, è vietata la vendita di bevande alcoliche **2** (*Gastwirtschaft*) mescita f, osteria f; (*Bierausschank*) birreria f **3** (*Schanktisch*) banco m di mescita.

Ausschau f: **nach jdm/etw ~ halten** (*suchend umherblicken*), cercare qu/qc con gli occhi/lo sguardo; (*suchen*) tenere gli occhi aperti in modo da individuare/trovare qu/qc.

aus|schauen **A** *itr* **1** (*nach jdm/etw Ausschau halten*) **nach jdm/etw** ~ cercare qu/qc con gli occhi/lo sguardo: **ungeduldig/sehnsüchtig nach jdm ~**, scrutare con impazienza/trepidazione davanti a sé in attesa che qu arrivi **2** *süddt* **A** (*aussehen*) *irgendwie* ~ aver un aspetto + *adj*, presentarsi + *compl di modo*: **sie schaut gut aus**, ha un bell'aspetto, si presenta bene; **sie schaut krank aus**, sembra malata; **er schaut kerngesund aus**, sembra che scoppi di salute; **gut schaust du aus mit/in diesem Kleid!** *fam*, stai bene con questo vestito! **B** *unpers*: **es schaut nach Regen aus**, sembra/pare che ⌊venga a *fam*⌋/[debba] piovere ● **es schaut schlecht (für jdn) aus**, le cose si mettono male (per qu), le prospettive di qu non sono buone; **wie schaut's aus?** *süddt* **A** (*wie geht's?*), come va?, come vanno le cose?; (*wie steht die Angelegenheit?*), come siamo messi?, come va/procede la cosa?; (*seid ihr fertig?*, *habt ihr es geschafft?*), a che punto siamo?, come siamo messi?; **wie schaut's aus mit dir?** *süddt* **A** (*wie geht es dir?*), come stai?; (*was meinst du dazu?*), (tu) che cosa ne dici/pensi?

aus|schaufeln *tr* **1** (*herausholen*) **etw** (**aus etw** dat) ~ {ERDE AUS EINEM GRABEN} spalare via *qc* (*da qc*), togliere *qc* (*da qc*) **2** (*ausheben*) **etw** ~ {GRABEN, GRUBE, LOCH} scavare *qc* con la pala **3** (*herausholen*) **jdn** ~ {LAWINENOPFER, VERSCHÜTTETE} disseppellire *qu*.

aus|scheiden <irr> **A** *tr* <*haben*> (*absondern*) **etw** (**aus etw** dat) ~ {EXKREMENTE AUS DEM DARM, GIFTSTOFFE AUS DEM KÖRPER, URIN AUS DER BLASE} espellere *qc* (*da qc*), {LEBER, GALLE} secernere *qc* **B** *itr* <*sein*> **1** (*eine Tätigkeit aufgeben*) (**aus etw** dat) ~ {AUS DEM DIENST, DER FIRMA, DER REGIERUNG} uscire (*da qc*), ritirarsi (*da qc*): **aus einem Amt ~**, lasciare un incarico, dimettersi da una carica; **mit 60 aus dem Berufsleben ~**, andare in pensione a 60 anni; **aus der Partei ~**, ⌊lasciare il⌋/[uscire dal] partito **2** *sport* (*nicht weiter teilnehmen können*) essere eliminato: **in/nach der zweiten Runde ~**, essere eliminato al/[dopo il] secondo turno/[giro di qualificazioni]; **nach einem Unfall aus dem Rennen ~**, abbandonare la corsa dopo un incidente **3** (*nicht in Betracht kommen*) {BEWERBER, MÖGLICHKEIT} non poter essere preso (-a) in considerazione, essere fuori discussione: **so eine Arbeit scheidet für sie aus**, un lavoro simile non è per lei; **der Vorschlag scheidet in jedem Fall aus**, la proposta ⌊è fuori discussione⌋/[non si discute nemmeno]; **als Täter scheidet er aus**, non può essere lui il colpevole.

Ausscheidung f **1** <*nur* sing> (*Aussonderung*) {+STOFFWECHSELPRODUKTE} espulsione f; (*bes. von Drüsen*) secrezione f **2** <*meist* pl> escremento m **3** *sport* (*~skampf*) (gara f) eliminatoria f, qualificazione f.

Ausscheidungskampf m *sport* eliminatoria f, gara f eliminatoria/[a eliminazione], qualificazione f.

Ausscheidungsorgan n *anat* organo m escretore/[di secrezione].

Ausscheidungsprodukt n prodotto m escretivo, secreto m.

Ausscheidungsrennen n *sport* (corsa f di) qualificazione f.

Ausscheidungsrunde f *sport*, **Ausscheidungsspiel** n *sport* (partita f di) qualificazione f.

aus|schelten *tr* → **aus|schimpfen**.

aus|schenken *tr* **1** (*im Lokal einschenken und verkaufen*) **etw** (**an jdn**) ~ {BIER, SPIRITUOSEN, WEIN} servire *qc* (*a qu*), mescere *qc* (*a qu*): **an Betrunkene schenken wir keinen Alkohol aus**, agli ubriachi non serviamo alcolici **2** (*einschenken*) (**jdm**) **etw** ~ {BIER, SAFT, SCHNAPS, WEIN} versare *qc* (*a qu*), servire *qc* a *qu*: **könntest du den Sekt ~?**, potresti versare/servire lo spumante?

aus|scheren *itr* <*sein*> **1** (*seitlich ausbiegen*) {AUTO, MENSCH} uscire dalla corsia; {FLUGZEUG, SOLDAT} uscire dalla formazione **2** (*abweichen*) {JUNGPOLITIKER, NACHWUCHS} cambiare rotta: **aus einem Bündnis ~**, uscire da un patto.

aus|schicken *tr* **jdn** (**nach jdm/etw**) ~ mandare *qu* (*a cercare qu/qc*).

aus|schiffen **A** *tr* (*an Land bringen*) **jdn/etw** ~ {LADUNG, PASSAGIERE, WARE} sbarcare *qu*, scaricare *qc* **B** *rfl* (*an Land gehen*) **sich** ~ sbarcare, scendere a terra.

Ausschiffung <-, *-en*> f <*meist* sing> {+LADUNG, PASSAGIERE, WARE} sbarco m.

aus|schildern *tr* **etw** ~ **1** (*mit Verkehrszeichen versehen*) {STRAßEN} dotare *qc* di segnaletica **2** (*kennzeichnen*) {STRECKE, UMLEITUNG, WEG} segnalare *qc*, indicare *qc*: **der Weg zur Ausstellung ist ganz schlecht ausgeschildert**, le indicazioni per la mostra sono pessime.

Ausschilderung <-, *-en*> f **1** (*das Ausschildern mit Verkehrszeichen*) dotare m *qc* di segnaletica **2** (*das Kennzeichnen*) {+STRECKE, UMLEITUNG, WEG} segnalazione f, indicazione f.

aus|schimpfen *tr* **jdn** (**wegen etw** gen *oder fam* **per etw**) ~ sgridare *qu* (*per qc*), riprendere *qu* (*per qc*): **die Mama schimpft uns manchmal wegen jeder Kleinigkeit aus**, a volte la mamma ci sgrida per delle sciocchezze.

aus|schirren *tr* **etw** ~ {PFERD} levare/togliere i finimenti *a qc*.

aus|schlachten *tr* **1** *fam* (*Wiederverwertbares ausbauen*) **etw** ~ {ALTES AUTO, MASCHINE, MOTOR} smontare *qc* (utilizzando pezzi singoli), cannibalizzare *qc* **2** *fam pej* (*ausnutzen*) **etw** ~ {VERTUSCHTE AFFÄRE, SKANDAL} sfruttare *qc*, usare *qc*, approfittare di *qc*: **der Vorfall wurde von der Presse weidlich ausgeschlachtet**, il caso venne largamente sfruttato dalla stampa **3** *Jagd* (*ausnehmen*) **etw** ~ {ERLEGTES, TOTES TIER} sventrare *qc*, sbudellare *qc*.

Ausschlachtung <-, *-en*> f <*meist* sing> **1** *fam* (*das Ausbauen*) {+ALTES AUTO, MASCHINE, MOTOR} smontaggio m, cannibalizzazione f **2** *fam pej* (*das Ausschlachten*) {+VERTUSCHTE AFFÄRE, SKANDAL} sfruttamento m, uso m: **die ~ dieser Geschichte durch die Presse ist einfach skandalös**, l'uso che la stampa ha fatto di questo caso è semplicemente scandaloso **3** *Jagd* {+ERLEGTES TIER} sventramento m, sbudellamento m.

aus|schlafen <irr> **A** *tr* **etw** ~ {RAUSCH} smaltire *qc* **B** *itr* dormire abbastanza/[a sufficienza], fare/farsi una bella dormita: **hast du endlich ausgeschlafen?**, te la sei fatta una bella dormita?! **C** *rfl* **sich** ~ farsi un bella dormita.

Ausschlag m **1** *med* eruzione f cutanea, sfogo m **2** (*Bewegung*) {+KOMPASSNADEL, ZEIGER} deviazione f; {+WAAGE} *auch* tracollo m; {+PENDEL} oscillazione f ● (**für etw** akk) **den ~ geben**, essere decisivo/determinante per *qc*; **die letzten Wahlstimmen gaben den ~ für den Sieg**, gli ultimi voti (consegnati) furono decisivi per la vittoria.

aus|schlagen <irr> **A** *tr* <*haben*> **1** (*herausschlagen*) **jdm etw** ~ {ZAHN} rompere/[far saltare] *qc a qu* **2** (*ablehnen*) **etw** ~ {ANGEBOT, GESCHENK} rifiutare *qc*, respingere *qc*, ricusare *qc*; {EINLADUNG} declinare *qc*; **jdn** ~ {BEWERBER} respingere *qu* **3** (*abschlagen*) (**jdm**) **etw** ~ {BITTE, GEFALLEN} rifiutare *qc* (*a qu*), negare *qc* (*a qu*), ricusare *qc*: **ich kann meiner Tochter nichts ~**, non riesco a dire di no a mia figlia **4** (*mit Stoff auskleiden*) **etw mit etw** (dat) ~ {RAUM, SCHRANK, WÄNDE} rivestire *qc di qc*, foderare *qc di qc* **5** *region* (*ausschütteln*) **etw** ~ {LAPPEN, STAUBTUCH} scuotere *qc* **B** *itr* **1** <*haben oder sein*> {ZEIGER} deviare; {ZEIGER DER WAAGE} *auch* tracollare; {PENDEL} oscillare **2** <*haben*> *zoo* (*treten*) {ESEL, PFERD, ZEBRA} scalciare, tirare calci **3** <*haben oder sein*> bot (*keimen*) {BAUM, PFLANZE} germogliare, buttare.

ausschlaggebend *adj* {ASPEKT, BEDEUTUNG, FAKTOR, TOR} decisivo, determinante: **für etw** (akk) ~ **sein**, essere decisivo/determinante per *qc*; **ein Umstand von ~er Bedeutung**, una circostanza di importanza decisiva.

aus|schließen <irr> **A** *tr* **1** (*aussperren*) **jdn** ~ chiudere fuori *qu* **2** (*nicht teilnehmen lassen*) **jdn** (**von etw** dat) ~ {VON EINER FEIER, EINEM TREFFEN, DER WELTMEISTERSCHAFT} escludere *qu* (*da qc*): **die Öffentlichkeit war von den Verhandlungen ausgeschlossen**, è stata un'udienza a porte chiuse **3** (*nicht mit einbeziehen*) **etw von etw** (dat) ~ {REDUZIERTE WARE} escludere *qc da qc*: **Unterwäsche ist vom Umtausch ausgeschlossen**, la biancheria non viene cambiata **4** (*ausstoßen*) **jdn** (**aus etw** dat) ~ {AUS EINEM KLUB, ORCHESTER, EINER PARTEI} espellere *qu* (*da qc*), scacciare *qu* (*da qc*), estromettere *qu* (*da qc*) **5** (*als unwahrscheinlich erachten*) **etw** ~ {FEHLER, PANNE} escludere *qc*, ritenere impossibile *qc*: **die Polizei schließt aus, dass es sich um denselben Täter handelt**, la polizia esclude/[ritiene impossibile] che i delitti abbiano la stessa matrice; **man kann Eifersucht als Motiv nicht ~**, non si può escludere il movente della gelosia; **es ist nicht auszuschließen, dass ...**, non si può escludere che ... *konjv* **6** (*unmöglich machen*) **etw** ~ {IRRTUM, ZWEIFEL} eliminare *qc*: **wir müssen jeden Fehler/Unsicherheitsfaktor ~**, dobbiamo eliminare ogni errore/[fattore d'insicurezza]; **das eine schließt das andere nicht aus**, l'uno non esclude l'altro **B** *rfl* **sich** ~ **1** (*sich aussperren*) chiudersi fuori (casa) **2** (*nicht nebeneinander existieren können*) escludersi (a vicenda).

ausschließlich **A** *präp* + gen *oder* dat escluso, non compreso, tranne: ~ **der Kosten**, escluse/[non comprese] le spese **B** *adv* solamente, esclusivamente, unicamente, solo: **er lebt ~ für seine Arbeit**, vive unicamente per il suo lavoro; **das ist ~ unsere An-**

gelegenheit, questa faccenda riguarda solo noi; sie trägt ~ helle Kleidung, indossa solo vestiti chiari **C** adj <attr> {ANSPRUCH, RECHT, VERTRETUNG} esclusivo; {INTERESSE} unico: glaubst du, das ~e Recht auf Erholung zu haben?, credi di avere soltanto tu diritto al riposo?

Ausschließlichkeit <-, ohne pl> f assolutezza f, intransigenza f: **sich etw (dat) mit ~ widmen** {DEM BERUF, DER FAMILIE}, dedicarsi solo ed esclusivamente a qc.

Ausschließlichkeitsbindung f jur: **Vereinbarung der ~**, clausola/patto di esclusiva.

Ausschließlichkeitsdenken n intransigenza f (intellettuale).

Ausschließlichkeitsvereinbarung f jur clausola f/patto m di esclusiva.

aus|schlüpfen itr <sein> {KÜKEN} sgusciare, uscire dal guscio.

aus|schlürfen tr etw ~ {SAFT, TEE, WHISKY} finire qc a sorsi.

Ausschluss (a.R. Ausschluß) m **1** (Teilnahmeverbot) esclusione f: **unter ~ der Öffentlichkeit stattfinden** {PROZESS, VERHANDLUNG}, svolgersi a porte chiuse **2** (das Ausschließen) ~ (**aus etw** dat) {AUS EINER ORGANISATION, PARTEI} espulsione f (da qc), estromissione f (da qc).

Ausschlussfrist (a.R. Ausschlußfrist) f jur termine m perentorio.

aus|schmieren tr **1** (einfetten) **etw (mit etw** dat) ~ {BACKFORM MIT FETT} ungere qc (con qc): **etw mit Butter ~**, imburrare qc **2** bes. süddt fam (hereinlegen) **jdn ~** prendere per il naso qu fam.

aus|schmücken tr **1** (dekorieren) **etw (mit etw** dat) ~ {RAUM, SAAL MIT GEMÄLDEN, MALEREIEN} decorare qc (di/con qc), ornare qc (di/con qc), abbellire qc (di/con qc): **den Eingang mit Blumen ~**, decorare l'ingresso di fiori; **eine Fassade mit Stuck ~**, decorare una facciata con degli stucchi **2** (ausgestalten) **etw (mit etw** dat) ~ {ERZÄHLUNG MIT ANEKDOTEN} infiorare qc (con qc), infiorettare qc (con qc).

Ausschmückung <-, -en> f **1** (das Ausschmücken) {KIRCHE, RAUM, SAAL} decorazione f, addobbo m, ornamento m; {+ERZÄHLUNG} infioramento m, infiorettatura f rar: **für die ~ des Saals haben wir einen ganzen Nachmittag gebraucht**, per addobbare la sala abbiamo impiegato un intero pomeriggio **2** (Dekoration) decorazione f, addobbo m, ornamento m {+ERZÄHLUNG} (in)fiorettatura f, ornamento m.

aus|schnaufen itr süddt A riprendere fiato: **ein wenig ~**, riposarsi un po'.

aus|schneiden <irr> tr **1** (durch Schneiden herausnehmen) **etw (aus etw** dat) ~ {ANZEIGE, ARTIKEL AUS DER ZEITUNG} ritagliare qc (da qc) **2** (durch Schneiden herstellen) **etw (aus etw** dat) ~ {FIGUREN AUS PAPIER, STOFF} ritagliare qc (da qc) **3** (einen Ausschnitt machen) **etw ~** {KLEID} scollare qc, fare uno scollo/ una scollatura a qc: **etw tief ~**, fare uno scollo profondo a qc **4** (von etw befreien) **etw ~** {BAUM} sfoltire i rami di qc.

Ausschnitt m **1** (Öffnung) {+BLUSE, KLEID, PULLOVER} scollatura f, scollo m, scavatura f, scavo m: **ein Kleid mit tiefem ~**, un abito con una profonda scollatura; **ein Pullover mit rundem/spitzem ~**, un golf ₌con lo scollo tondo₌/[a girocollo]/[a V] **2** (Teil) {+MUSIKSTÜCK, ROMAN, TEXT} brano m, frammento m, squarcio m; {+FILM} spezzone m, sequenza f; {+GEMÄLDE} dettaglio m, particolare m; {+ZEITUNG} ritaglio m: **~e aus berühmten Opern**, brani di opere famose.

aus|schöpfen tr **1** (her-~) **etw (aus etw** dat) ~ {WASSER AUS DEM BRUNNEN, DER TONNE} prendere qc (da qc) (con un contenitore); {SUPPE AUS DER SUPPENSCHÜSSEL} prendere/ [tirare su] qc con il ramaiolo **2** (leeren) **etw ~** {TONNE, WANNE} vuotare qc (usando un contenitore); {BOOT, KAHN} aggottare qc **3** (ganz ausnutzen) **etw ~** {RESERVEN} esaurire qc; {THEMA} sviscerare qc: **alle Möglichkeiten restlos ~**, tentare/esperire tutte le strade.

Ausschöpfung <-, ohne pl> f {+MÖGLICHKEITEN, RESERVEN} esaurimento m; {+THEMA} sviscerare m qc, svisceramento m: **unter ~ aller Möglichkeiten**, sfruttando tutte le possibilità.

aus|schrauben tr etw ~ {BIRNE, SICHERUNG} svitare qc.

aus|schreiben <irr> tr **1** (ungekürzt schreiben) **etw ~** {NAMEN} scrivere qc per esteso; {WORT, ZAHL} auch scrivere per intero qc **2** (ausstellen) **(jdm) etw ~** {ATTEST, REZEPT} scrivere qc (per qu), emettere qc (per qu); {RECHNUNG, SCHECK} compilare qc (per qu), emettere qc (per qu): **jdm eine Quittung ~**, rilasciare (una) ricevuta a qu **3** (bekannt geben) **etw ~** {AMT} mettere a concorso qc, bandire un concorso per qc; {STELLE} auch pubblicare un annuncio per qc; {WETTBEWERB} bandire qc, indire qc; {WAHLEN} indire qc; {DIENSTLEISTUNGEN, WARENLIEFERUNGEN} appaltare qc.

Ausschreibung f **1** (öffentliche Bekanntmachung) {+AMT, STELLE} concorso m; {+BAUVORHABEN, LIEFERUNG} appalto m; {+WETTBEWERB} bandire m qc **2** (Text einer ~) bando m (di concorso): **die Bedingungen sind Sie in der ~**, le condizioni sono contenute nel bando di concorso; **die ~ des Wettbewerbs erfolgt am 15. April**, il concorso viene bandito il 15 aprile, il bando di concorso esce il 15 aprile.

aus|schreien <irr> tr etw ~ **1** (schreiend anbieten) {WAREN, ZEITUNGEN} pubblicizzare qc ad alta voce **2** (schreiend bekannt machen) {NACHRICHTEN, TITEL} annunciare qc ad alta voce.

Ausschreier <-s, -> m **Ausschreierin** f) (von Zeitungen) strillone (-a) m (f).

aus|schreiten <irr> **A** tr <haben> etw ~ {STRECKE, WEG} misurare a passi qc **B** itr <sein> camminare a ampie falcate: **schnell ~**, allungare il passo.

Ausschreitung <-, -en> f <meist pl> atto m di violenza: **es kam zu brutalen ~en**, si giunse a brutali atti di violenza.

Ausschuss (a.R. Ausschuß) m **1** (Kommission) commissione f, comitato m **2** <nur sing> (minderwertige Ware) scarto m, merce f ₌di scarto₁/[difettosa] **3** (~stelle) foro m di uscita (di un proiettile) ● **ein beratender/leitender ~**, un comitato consultivo/direttivo; **einen ~ bilden/einsetzen**, formare/nominare una commissione; **ein engerer/erweiterter/ständiger ~**, una commissione ristretta/allargata/permanente; **ein parlamentarischer ~**, una commissione parlamentare; **der ~ tagt/[tritt zusammen]**, la commissione si riunisce; **etw an einen ~ verweisen**, rimettere qc a una commissione; **ein ~ von Wissenschaftlern**, un comitato scientifico.

Ausschussmitglied (a.R. Ausschußmitglied) n membro m di una commissione.

Ausschussquote (a.R. Ausschußquote) f percentuale f di prodotti difettosi/[di scarto].

Ausschusssitzung, **Ausschuss-Sitzung** (a.R. Ausschußsitzung) f seduta f di una commissione.

Ausschussware (a.R. Ausschußware) f merce f ₌di scarto₁/[difettosa].

aus|schütteln tr etw ~ {BETTTUCH, STAUBTUCH, TISCHDECKE} scuotere qc.

aus|schütten tr etw ~ **1** (wegschütten) {PUTZWASSER, SPÜLWASSER} buttare via qc **2** (durch Schütten leeren) {ABFALLEIMER, ASCHENBECHER, EIMER, GLAS, KANNE, SACK} svuotare qc **3** ökon (verteilen) {DIVIDENDE, LOTTERIEGEWINN, PRÄMIEN, ZINSEN} distribuire qc, ripartire qc.

Ausschüttung <-, -en> f **1** ökon (das Ausschütten) distribuzione f, ripartizione f **2** ökon (ausgeschütteter Betrag) dividendo m **3** (das Freisetzen) ~ **von etw** (dat) {VON ADRENALIN, HORMONEN} scarica f di qc **4** nukl (radioaktive ~) ricaduta f radioattiva, fallout m.

aus|schwärmen itr {BIENEN, KINDER, TOURISTEN} sciamare: **die Touristen schwärmten in die ganze Stadt aus**, sciami di turisti si riversarono in città.

aus|schwatzen tr bes. süddt pej etw ~ {GEHEIMNIS, INFORMATIONEN} farsi scappare/ sfuggire qc.

aus|schwefeln tr etw ~ **1** (desinfizieren) {FASS, LAGERRAUM} inzolfare qc, solforare qc **2** (Ungeziefer vernichten) {INSEKTEN, SCHÄDLINGE} eliminare qc con lo zolfo.

aus|schweifen itr <sein> **1** (abschweifen) {REDNER} divagare, allontanarsi dal discorso **2** (übermäßig sein) **in etw** (dat) ~ {IN GEFÜHLEN, SEINEN LEIDENSCHAFTEN} eccedere in qc, esagerare in qc.

ausschweifend adj {FANTASIE} sfrenato, sbrigliato; {GEFÜHLE} eccessivo, smisurato, smodato; {LEBENSWEISE} dissoluto, dissipato, debosciato: **eine ~e Erzählung**, un racconto infarcito di digressioni; **ein ~es Leben führen**, condurre una vita sregolata.

Ausschweifung <-, -en> f {+FANTASIE} sfrenatezza f, sbrigliatezza f; {+LEBENSWANDEL} sregolatezza f, dissolutezza f, dissipatezza f.

aus|schweigen <irr> rfl sich (**über etw/ jdn**) ~ serbare/mantenere il silenzio (su qu/ qc), non esprimersi (su qu/qc), non pronunciarsi (su qu/qc).

aus|schwemmen tr **1** (von etw befreien) **etw (aus etw** dat) ~ {GIFTSTOFFE AUS DEM KÖRPER} espellere qc (da qc), eliminare qc (da qc); {GOLDKÖRNER} lavare qc: **eine Wunde ~**, lavare/pulire una ferita **2** (aushöhlen) **etw ~** {UFER} erodere qc.

aus|schwenken **A** tr <haben> etw ~ **1** (ausspülen) {GLAS, KRUG} (ri)sciaquare qc **2** (zur Seite bewegen) {DREHKRAN} orientare qc, girare qc **B** itr <sein> (sich seitwärts bewegen) {ANHÄNGER, BUS} sbandare.

aus|schwitzen **A** tr etw ~ {WÄNDE FEUCHTIGKEIT} trasudare qc; {MENSCH GIFTSTOFFE} espellere/eliminare qc sudando/ [con il sudore] **B** itr **aus etw** (dat) ~ {FEUCHTIGKEIT AUS DEN WÄNDEN} trasudare da qc.

aus|sehen <irr> **A** tr **1** (einen bestimmten Anblick bieten) **irgendwie** ~ sembrare + adj, avere l'aspetto/l'aria + adj, parere + adj: **gesund ~**, aver l'aria di uno che sta bene; **krank/müde ~**, sembrare malato (-a)/stanco (-a); **schlecht ~**, avere una brutta cera; **er/ sie sieht gut aus**, è ₌un bell'uomo₁/[una bella donna]; **ich fühle mich heute gar nicht wohl. ~ Du siehst aber ganz gut aus!**, oggi non mi sento molto bene. – Ti vedo in forma, invece!; **vergnügt ~**, avere l'aria allegra; **der ~ sieht ja zum Fürchten aus**, ha un aspetto che fa paura; **er sieht jünger/älter aus, als er ist**, dimostra meno/più anni di quelli che ha, sembra più giovane/vecchio di quello che è; **ein gut ~der junger Mann**, un giovane di bella presenza; **mit/in diesem Kleid siehst du wirklich gut aus**, ₍stai proprio bene con₎/[ti sta proprio bene] questo vestito; **der Sessel sieht ₍wie neu aus₎/[aus wie neu** *fam*], la poltrona sembra/pare nuova; **wie siehst du denn schon (wieder) aus?** *fam* (*wie hast du dich denn zurechtgemacht?*), ma come ti sei conciato (-a)? *fam*; (*was machst du denn für ein Gesicht?*) ma che faccia hai?; **er sah schuldbewusst aus**, aveva un'aria colpevole; **jd sieht (ganz so/danach) aus, als ob ...** *konjv*, qu ha l'aria di ... *inf*; **er sieht aus, als ₍ob er Fieber hätte₎/[hätte er Fieber]**, ₍si direbbe che ha₎/[sembra che abbia] la febbre; **sie sieht (ganz so) aus, als ob sie dir gleich eine Ohrfeige geben wollte**, (lei) ha tutta l'aria di volerti mollare un ceffone; **er sieht ganz danach aus, als ₍wären ihm alle gleichgültig₎/[ob ihm alle gleichgültig wären]**, (lui) ha tutta l'aria d'infischiarsene del mondo intero; **nach etwas/nichts ~** *fam*: **die Bluse sieht nach nichts aus**, la camicia ha un aspetto anonimo; **zieh doch das Abendkleid an! Das sieht wenigstens nach was aus!** *fam*, metti ti il vestito da sera! Almeno fa figura; **Herr M. ist Millionär – Er sieht aber nicht danach aus!**, il signor M. è miliardario – Non ₍si direbbe₎/[sembra]; **du hast ihm doch nicht das Geld gegeben? – Sehe ich vielleicht so aus?**, non gli avrai mica dato i soldi? – Per chi mi hai preso (-a)? **2** (*scheinen*) *irgendwie* ~ (LAGE, SITUATION BESORGNIS ERREGEND, GEFÄHRLICH, KRITISCH) sembrare + *adj*, avere un aspetto + *adj*: **die Verletzung sah böse aus**, la ferita aveva un brutto aspetto **3** (*ähnlich sein*) **wie jd/etw** ~ (as)somigliare a *qu/qc*, sembrare *qu/qc*, parere *qu/qc*: **er sieht aus wie Marlon Brando**, (as)somiglia a Marlon Brando; **sie sieht aus wie eine Hexe**, sembra una strega **4** *fam* (*wahrscheinlich sein*) **nach etw** (dat) **~**: **das Wetter sieht nach Regen aus**, questo tempo sa di pioggia *fam*; **das sieht nach Betrug aus**, ha tutta l'aria di essere un imbroglio, puzza d'imbroglio **B** *unpers* **1** (*den Anschein haben*): **es sieht nach Regen/Schnee aus**, pare/sembra che voglia piovere/nevicare, si direbbe che venga *fam* a piovere/nevicare; **es sieht ganz danach aus, als ob gleich ein Gewitter losginge**, pare proprio che fra poco scoppi un temporale **2** (*best. Aussehen haben*): **es sieht gut/schlecht aus mit unserem Ausflug am Samstag**, le cose si mettono bene/male per la nostra gita di sabato; **wenn es regnet, sieht es natürlich schlecht aus mit unserer Gartenparty**, se piove le cose si mettono davvero male per la nostra festa in giardino ● **so siehst du aus!** *fam iron*, ti piacerebbe! *fam*, bella, questa! *fam iron*; **wie sieht's aus?** *fam*, allora, che si dice?

Aussehen <-s, ohne pl> n aspetto m, apparenza f, sembiante m *lit*, sembianza f *lit* ● **jdn nicht nach seinem ~ beurteilen**, non giudicare qu dall'apparenza; **ein blühendes/gesundes/kränkliches ~ haben**, avere un aspetto fiorente/sano/malaticcio; **dem ~ nach**, secondo l'apparenza; **ein unschuldiges ~ haben**, avere un'aria innocente; **nach dem ~ zu urteilen**, a giudicare dall'apparenza/aspetto.

aussehend adj: gut ~ {FRAU, MANN}, di bell'aspetto, bello.

aus|sein a.R. *von* aus sein → **sein**②.

außen adv **1** (*auf der Außenseite*) fuori, di fuori, all'esterno, esternamente: **der Mantel hat innen Pelz und ~ Leder**, il cappotto è di pelliccia all'interno e all'esterno di pelle; **von ~ sieht man gar nicht, dass die Jacke gestopft ist**, vista da fuori la giacca non sembra rammendata **2** (*außerhalb eines Raumes*) fuori, all'esterno: **die Fliege sitzt ~ auf der Scheibe**, la mosca è appoggiata sul vetro all'esterno; **die Abzugshaube gibt die Kochdünste direkt nach ~ ab**, la cappa (aspirante) scarica direttamente fuori i fumi della cucina; **die Tür geht nach ~ auf**, la porta si apre verso l'esterno; **wir haben die Kirche leider nur von ~ gesehen**, purtroppo abbiamo visto la chiesa soltanto ₍dal di₎/[da] fuori; **kein Ton drang nach ~**, neanche un suono arrivò all'esterno; **von ~ betrachtet, ist die Sache gar nicht so schlimm**, dal di fuori la faccenda non è poi così grave **3** (*an die Öffentlichkeit*): **nach ~**, all'esterno; **die Notiz gelangte schnell nach ~**, la notizia trapelò rapidamente; **nichts darf davon nach ~ dringen**, niente di ciò deve trapelare **4** (*äußerlich*): **nach ~ hin**, dal di fuori; **nach ~ hin funktioniert ihre Beziehung perfekt**, visto dal di fuori il loro rapporto funziona perfettamente; **nach ~ hin ist sie immer ben kontrolliert**, davanti agli altri è sempre molto controllata ● **~ hui und innen pfui** *fam*, bello (-a) fuori e marcio (-a) dentro; **links/rechts ~ spielen** *sport*, giocare come ala sinistra/destra; ~ **Stehende → Außenstehende**; **~ vor**: ~ **vor bleiben**, rimanere fuori, non essere considerato; **jdn ~ vor lassen**, non prendere in considerazione, lasciare fuori qu; **etw ~ vor lassen**, lasciare da parte qc; **~ vor sein**, essere tagliato fuori.

Außenansicht f {+GEBÄUDE, KIRCHE} esterno m.

Außenantenne f antenna f esterna.

Außenarbeiten subst <nur pl> lavori m pl esterni.

Außenaufnahme f <meist pl> film ripresa f esterna; <pl> esterni m pl: **~n machen**, girare gli esterni.

Außenbahn f sport {+SCHWIMMBECKEN, STADION} corsia f esterna.

Außenbeleuchtung f {+GEBÄUDE, PARK} illuminazione f esterna.

Außenbezirk m quartiere m periferico/[di periferia].

Außenbordmotor m naut (motore m) fuoribordo m.

aus|senden <irr *oder* reg> tr **1** (*schicken*) **jdn ~** {BOTEN, KUNDSCHAFTER, MISSIONAR} inviare qu, mandare qu **2** phys (*ausstrahlen*) **etw ~** {GERÄT SIGNAL; RADIOAKTIVER STOFF STRAHLEN} emettere qc.

Außendienst <-(e)s, ohne pl> m servizio m fuorisede/esterno: **im ~ tätig sein**, lavorare fuorisede.

Außendienstmitarbeiter m {Außendienstmitarbeiterin f} collaboratore (-trice) m f esterno (-a).

Aussendung <-, -en> f **1** (*das Aussenden*) {+BOTEN, KUNDSCHAFTER, MISSIONAR} invio m **2** phys (*Ausstrahlung*) {+SIGNAL, STRAHLEN} emissione f.

Außenfeldspieler m {Außenfeldspielerin f} sport (giocatore (-trice) m (f)) esterno (-a) m (f).

Außenfläche f lato m esterno, superficie f esterna.

Außengrenze f {+EU-STAATEN} frontiera f esterna.

Außenhandel m com commercio m con l'estero.

Außenhandelsbeschränkung f ökon limitazione f del/al commercio con l'estero.

Außenhandelsbilanz f ökon bilancia f commerciale.

Außenhandelsniederlassung f com succursale f all'estero.

Außenhandelspolitik f com politica f commerciale con l'estero.

Außenhaut f {+SCHIFF} rivestimento m/fasciame m esterno.

Außenhautplanke f {+SCHIFF} centinatura f esterna.

Außenkante f bordo m esterno.

Außenlinie f {+FUẞBALLPLATZ} linea f esterna.

Außenminister m {Außenministerin f} *pol* ministro m degli (Affari) Esteri; {+USA} Segretario m di Stato.

Außenministerium n Ministero m degli (affari) Esteri.

Außenpolitik f pol politica f estera.

außenpolitisch **A** adj <attr> {KURS} di politica estera; {REFERENT} che si occupa di politica estera; {ERFAHRUNG} in politica estera: **ein ~er Erfolg**, un successo della politica estera; **die ~e Lage**, la situazione internazionale **B** adv di politica estera: **~ sehr informiert sein**, essere molto/ben informato sulla politica estera.

Außenquartier n CH (*Außenbezirk*) quartiere m periferico/[di periferia].

Außenschi m → **Außenski**.

Außenseite f lato m esterno; {+GEBÄUDE} esterno m; {+STOFF} dritto m; {+PERSON} facciata f.

Außenseiter <-s, -> m {Außenseiterin f} **1** (*wer eigene Wege geht*) spirito m solitario: **sozialer ~**, disadattato, emarginato **2** sport outsider mf.

Außenseiterrolle f ruolo m di outsider.

Außenski m sport sci m esterno.

Außenspiegel m specchietto m/retrovisore m esterno.

Außenstände subst <nur pl> adm crediti m pl: **~ haben/eintreiben**, avere/riscuotere dei crediti.

außenstehend adj <attr> {PERSON} estraneo, non coinvolto.

Außenstehende <dekl wie adj> mf estraneo (-a) m (f): **für einen ~n ist das nur schwer zu verstehen**, per un estraneo è difficile da capire.

Außenstelle f com succursale f.

Außenstürmer m {Außenstürmerin f} sport ala f.

Außentasche f tasca f esterna.

Außentemperatur f meteo temperatura f esterna.

Außentreppe f scala f esterna.

Außentür f porta f esterna.

Außenwand f {+GEBÄUDE} muro m esterno, parete f esterna.

Außenwelt f mondo m esterno: **von der ~ abgeschnitten sein**, essere isolato/[tagliato fuori] dal mondo esterno.

Außenwert m com ökon valore m esterno.

Außenwinkel m geom angolo m esterno.

Außenwirtschaft f ökon rapporti m pl economici con l'estero.

außenwirtschaftlich adj {PROBLEME, VERTRÄGE} che riguarda i rapporti economici con l'estero.

außer① präp + dat **1** (*abgesehen von*) all'infuori di, eccetto, tranne, salvo, fuorché, a parte: **~ dir habe ich es niemandem gesagt**, all'infuori di te non l'ho detto a nessuno; **~ einer ausgekugelten Schulter hatte sie nichts**, a parte una spalla lussata non si era fatta niente; **man hörte nichts ~ dem gleichmäßigen Atem des Kindes**, non si sentiva niente all'infuori del respiro regolare del bambino; **~ ihrem Bruder waren alle**

da, c'erano tutti tranne suo fratello; **~ samstags sind wir immer geöffnet**, salvo/eccetto il sabato siamo sempre aperti **2** (*neben*) oltre a: **~ ihrem Beruf hat sie auch einen Haushalt zu versorgen**, oltre al suo lavoro ha da sbrigare anche le faccende di casa; **~ der Familie waren auch alle Freunde da**, oltre alla famiglia c'erano anche tutti gli amici **3** (*außerhalb*) **~ + subst** fuori + *subst*: **~ Betrieb/Dienst**, fuori servizio; **~ Haus**, fuori casa; **~ Lebensgefahr**, fuori pericolo; **~ Hörweite/Sichtweite**, troppo lontano per essere udito/visto; **etw ~ Kurs setzen**, mettere qc fuori corso, ritirare qc dalla circolazione ● **~ sich** (dat) **sein** (vor etw dat) {VOR ÄRGER, GLÜCK, WUT}, essere fuori di sé (da qc) *fam*; **sie war ~ sich vor Freude**, era fuori di sé dalla gioia.

außer② *konj* se non, a meno che … *konjv*, tranne che … *konjv*, salvo che … *konjv*, sempre che … *konjv*: **wir kommen zu Fuß, ~ (wenn) es regnet**, veniamo a piedi, a meno che non piova; **der Drucker funktioniert ganz gut, ~ dass er manchmal nicht das Papier nachzieht**, la stampante funziona abbastanza bene, se non fosse che ogni tanto non trascina la carta; **er geht gar nicht mehr aus dem Haus, ~ um zur Messe zu gehen**, non esce più di casa, salvo/tranne che per andare a messa.

Außerachtlassung *f adm* non osservanza *f*, mancato rispetto *m*.

außeramtlich Ⓐ *adj* {MITTEILUNG} non ufficiale Ⓑ *adv* {ERFAHREN, MITTEILEN} non ufficialmente, in via ₗnon ufficiale₎/[ufficiosa].

außerberuflich *adj* {AKTIVITÄT, BELASTUNGEN, TÄTIGKEIT} extraprofessionale, al di fuori della professione, extralavorativo.

außerbetrieblich *adj* {AUSBILDUNG} (che si svolge) fuori sede/[dall'azienda]; {INTERESSEN} al di fuori dell'azienda.

außerdem *adv* inoltre, oltre a ciò, in più: **und ~ ist es billiger/gesünder/schneller**, e inoltre è ₗmeno costoso₎/[più salutare]/[più veloce]; **und ~, wer sagt dir denn, dass er auch wirklich kommt?**, e in più, chi ti dice che (lui) venga davvero?; **sie ist Sopranistin und hat ~ eine pianistische Ausbildung**, lei è (un) soprano e ha inoltre una formazione pianistica.

äußere *adj* → **äußerer**

Äußere <*dekl wie adj*> *n* <*nur sing*> **1** (*das Aussehen*) aspetto *m* (esteriore), apparenza *f*: **ein jugendliches/sportliches ~s**, un aspetto giovanile/sportivo; **ein angenehmes ~s haben**, avere un aspetto piacevole; **auf sein ~s achten**, curare il proprio aspetto; **viel Wert auf sein ~s legen**, dare molta importanza al proprio aspetto; **nach dem ~n zu urteilen**, a giudicare dalle apparenze **2** (*das Auswärtige*) estero: **Minister des ~n**, ministro degli (Affari) Esteri.

außerehelich *adj* {GESCHLECHTSVERKEHR} extraconiugale; {KIND} illegittimo, naturale.

äußerer, äußere, äußeres *adj* <*attr*> **1** (*außen befindlich*) {MAUER, SCHADEN, SCHICHT, SEITE, VERLETZUNG} esterno (-a), esteriore *f*; **2** (*von außen kommend*) {ANLASS} esterno (-a); {URSACHEN} *auch* estrinseco (-a): **die äußeren Einflüsse**, gli influssi ₗdel mondo esterno₎/[esterni] **3** (*wahrnehmbar*) {BILD, RAHMEN} esteriore, esterno (-a), estrinseco (-a); {ÄHNLICHKEIT, WANDEL} apparente, superficiale: **der äußere Schein trügt**, l'apparenza inganna **4** (*auswärtig*) {ANGELEGENHEITEN} estero (-a).

außereuropäisch *adj* {LAND, SPRACHE} extraeuropeo.

außerfahrplanmäßig Ⓐ *adj* {BUS, FAHRT, ZUG} straordinario, speciale: **für die Touristen stehen ~e Züge zur Verfügung**, per i turisti sono a disposizione treni speciali Ⓑ *adv* {EINSETZEN, FAHREN LASSEN, ZUR VERFÜGUNG STELLEN} in via straordinaria.

außergerichtlich *adj jur* {VERGLEICH} extragiudiziale, stragiudiziale, extraprocessuale.

außergewöhnlich Ⓐ *adj* {GRÖßE, HITZE, KÄLTE, LEISTUNG, SITUATION} insolito, eccezionale, straordinario; {ANZEICHEN, SYMPTOME} anomalo, insolito, inconsueto: **ein ganz ~er Umstand**, una circostanza del tutto straordinaria/[fuori della norma]; **ich kann nichts Außergewöhnliches an ihm feststellen**, non ci vedo niente di particolare in lui Ⓑ *adv* {FLEIßIG, GROß, HEIß, HÜBSCH} eccezionalmente, straordinariamente: **es ist ~ kalt**, fa un freddo eccezionale.

außerhalb Ⓐ *präp + gen* **1** (*nicht in einem bestimmten Zeitraum*) al di fuori di, fuori da: **~ der Arbeitszeit**, fuori dall'orario di lavoro; **~ der Saison werden die Badeorte zu kleinen Dörfern**, fuori stagione le località balneari tornano a essere piccoli paesi **2** (*nicht in einem bestimmten Bereich*) al di fuori di, fuori di: **~ der Legalität handeln**, agire fuori dalla legalità; **~ der Stadt**, fuori città Ⓑ *adv fam* fuori: **~ liegen**, essere situato fuori (da un centro abitato); **~ wohnen**, abitare fuori (città); **die meisten Studenten kommen von ~**, la maggior parte degli studenti viene da fuori.

außerirdisch *adj* {FLUGKÖRPER, WESEN} extraterrestre: **die Außerirdischen**, gli extraterrestri.

Außerkraftsetzung <-, *-en*> *f* <*meist sing*> *adm* {+GESETZ, VERORDNUNG} abrogazione *f*.

äußerlich Ⓐ *adj* **1** (*außen*) {ANWENDUNG, VERWENDUNG} esterno: **eine ~e Verletzung**, una ferita **2** (*das Äußere betreffend*) {ÄHNLICHKEIT} apparente, esteriore, superficiale **3** (*nicht wesentlich*) {DETAILS} superficiale Ⓑ *adv* (*nach außen hin*) esteriormente, esternamente: **~ war er sehr gefasst**, esteriormente era molto controllato; **sie versuchte, sich ~ nichts anmerken zu lassen**, cercò di non far trapelare niente; **rein ~ betrachtet**, considerato solo esteriormente.

Äußerlichkeit <-, *-en*> *f* <*meist pl*> **1** (*äußere Form*) esteriorità *f*, apparenza *f*: **an ihr ist alles ~**, in lei tutto è apparenza; **viel Wert auf ~en legen**, dare molta importanza alle apparenze; **sich ~ von ~en blenden lassen**, lasciarsi abbagliare/ingannare dalle apparenze **2** (*nebensächliche Details*) dettaglio *m*: **das sind doch nur ~en!**, ma sono dettagli!

äußern Ⓐ *tr* (*aussprechen*) **etw ~** {ANSICHT, MEINUNG, UNZUFRIEDENHEIT, VERDACHT} esprimere *qc*, manifestare *qc*, esternare *qc*: **er äußerte die Ansicht, dass ...**, espresse l'opinione che ...; **sie äußerte ihr Befremden über sein Verhalten**, ella manifestò stupore per il suo comportamento Ⓑ *rfl* **1** (*Stellung nehmen*) **sich zu etw** (dat) **~** esprimersi/pronunciarsi *su*/[a *proposito di*] *qc*: **der Parteivorsitzende hat sich zu der Frage nicht geäußert**, il segretario del partito non si è pronunciato sulla questione **2** (*seine Meinung sagen*) **sich ~** (**über** *jdn/etw*) **~** esprimersi/pronunciarsi ₗsu *qu*/*qc*₎/[in merito a *qc*]/[a *proposito di qc*]: **sich freimütig/zurückhaltend über etw** (akk) **~**, esprimersi con franchezza/riserbo su *qc*; **sich negativ/positiv über jdn/etw ~**, esprimere un parere negativo/positivo su *qu*/*qc*; **sie haben sich wohlwollend über dich geäußert**, si sono espressi ₗin modo molto favorevole₎/[con grande benevolenza] sul tuo conto; **wie hat sie sich geäußert?**, che cosa ha detto? **3** (*sich ausdrücken*) **sich irgendwie / in etw** (dat) **~** manifestarsi + *compl di modo*/*con*/*attraverso qc*: **seine Unsicherheit äußert sich in zunehmender Steifheit**, la sua insicurezza si esprime attraverso un crescente irrigidimento.

außerordentlich Ⓐ *adj* **1** (*herausragend*) {BEGABUNG, LEISTUNG, MENSCH} straordinario, eccezionale, fuori dal comune; {SCHÖNHEIT} *auch* singolare: **Außerordentliches leisten**, fare cose straordinarie/eccezionali **2** (*außerhalb der gewöhnlichen Ordnung*) {MAßNAHME, SITZUNG} straordinario: **~er Professor** *adm obs*, professore straordinario Ⓑ *adv* {BEGABT, GESCHICKT, HÜBSCH} straordinariamente, eccezionalmente, oltremodo: **die Angelegenheit ist ~ wichtig**, la faccenda è eccezionalmente importante; **die Begegnung war ~ peinlich**, l'incontro è stato oltremodo penoso; **es tut uns ~ leid**, ci dispiace infinitamente.

außerorts *adv A CH* {ARBEITEN, WOHNEN} fuori: **~ wohnen**, vivere da fuori (città).

außerparlamentarisch *adj* extraparlamentare: **die ~e Opposition** *pol* (Abk APO), l'opposizione extraparlamentare.

außerplanmäßig *adj* {LANDUNG, SITZUNG, UNTERBRECHUNG} non previsto, fuori programma; {AUSGABEN, KOSTEN} straordinario, non previsto; *adm obs* {PROFESSOR} straordinario; {ZUG} straordinario.

außerschulisch *adj* {BILDUNG, ERZIEHUNG, PROBLEME} extrascolastico.

außersinnlich *adj* {WAHRNEHMUNG} extrasensoriale.

außersprachlich *adj* {MITTEL} extralinguistico; {KOMMUNIKATION} non verbale.

äußerst *adv* {AUFMERKSAM, BESCHEIDEN, GEFÄHRLICH, KOMPLIZIERT, SCHWEIGSAM, WICHTIG} estremamente, quanto mai, oltremodo: **sie ist ~ ehrgeizig**, è estremamente ambiziosa; **die Sache ist ~ dringlich**, la faccenda è ₗestremamente urgente₎/[della massima urgenza].

außerstande *adj geh*: **~ sein, etw zu tun**, non essere in grado di fare *qc*; **sich ~ fühlen, etw zu tun**, non sentirsi ₗin grado₎/[capace] di fare *qc*; **sich ~ sehen, etw zu tun**, vedersi impossibilitato (-a) di fare *qc*; **sie sah sich ~, die Arbeit termingerecht abzuliefern**, si vide impossibilitata a consegnare il lavoro entro il termine stabilito.

äußerste *adj* → **äußerster**

Äußerste <*dekl wie adj*> *n* <*nur sing*> **1** (*das eben Mögliche*) estremo *m* **2** (*das Schlimmste*) peggio *m* ● **jdm das ~ abverlangen**, esigere il massimo da *qu*; **sein ~s geben**, dare il massimo, fare tutto il possibile; ₗ**auf das**₎/[**aufs**] **~ erschrocken sein**, essere spaventato a morte; ₗ**auf das**₎/[**aufs**] **~ gefasst sein**, ₗaspettarsi il₎/[essere pronto al] peggio; **bis zum ~n gehen**, fare tutto il possibile; **es nicht zum ~n kommen lassen**, impedire che accada il peggio; **etw bis zum ~n treiben**, spingere *qc* fino al limite; **jdn zum ~n treiben**, fare perdere la pazienza a *qu*; **das ~ wagen**, tentare ₗl'impossibile₎/[il tutto per tutto].

äußerstenfalls *adv* al limite, tutt'al più, nel peggiore dei casi.

äußerster, äußerste, äußerstes *adj* <*attr*> **1** (*entferntester*) {GRENZE} estremo (-a); {PLANET, PUNKT} il/la più lontano (-a): **am äußersten Ende/Rand**, al limite estremo; **im äußersten Norden/Süden**, all'estremo nord/sud **2** (*größter*) {DRINGLICHKEIT, GENAUIGKEIT, SORGFALT, WICHTIGKEIT} massimo (-a), estremo (-a): **das ist für mich von äußerster Bedeutung**, ciò è per me ₗdi estrema₎/[della massima] importanza; **wir müs-**

sen äußerste Vorsicht walten lassen, dobbiamo usare la massima prudenza; **mit äußerster Kraft**, con tutta la forza possibile **3** (*spätester*) {FRIST, TERMIN} ultimo (-a) **4** (*schlimmster*): **im äußersten Fall**, nel caso peggiore.

außertariflich **A** adj {BEZAHLUNG} fuori contratto **B** adv [BEZAHLEN] fuori contratto.

außertourlich adj A {VERANSTALTUNG} fuori programma, straordinario.

Äußerung <-, -en> f **1** (*Bemerkung*) osservazione f, commento m, uscita f: **das war eine sehr unglückliche ~**, è stata un'uscita molto infelice; **seine ~n sind wirklich kränkend**, i suoi commenti sono veramente offensivi **2** (*Stellungnahme*) dichiarazione f, asserzione f **3** (*Zeichen*) **~ einer S.** (gen) espressione f *di qc*, manifestazione f *di qc*: **sich jeder ~ enthalten**, astenersi ₍da ogni commento₎/[dal fare commenti]; **eine ~ tun**/[**fallen lassen**], fare un'osservazione.

außervertraglich adj extracontrattuale.

aus|setzen **A** tr **1** (*sich selbst überlassen*) **jdn**/**etw** ~ {HUND, KATZE} abbandonare *qu*/*qc*, lasciare per strada *qu*/*qc*; {KIND, SÄUGLING} *auch* esporre *qu* obs **2** (*freilassen*) **etw** ~ rimettere *qc* in libertà₎/[un animale cresciuto in cattività]; **ein in Gefangenschaft aufgewachsenes Tier** ~, ₍rimettere nel suo habitat₎/[ridare la libertà] a un animale cresciuto in cattività; **Fasanen in einem Jagdrevier** ~, buttare/lanciare dei fagiani in una riserva di caccia **3** (*preisgeben*) **jdn**/**etw** **etw** (dat) ~ {ANGRIFFEN, EINER GEFAHR, DEM GELÄCHTER, VORWÜRFEN, DER WITTERUNG} esporre *qu*/*qc a qc*: **die Haut der Sonne ~**, esporre la pelle al sole; **der Kritik ausgesetzt sein**, essere oggetto di critica; **gesundheitsschädlichen Strahlungen ausgesetzt sein**, essere esposto a radiazioni nocive; **jdm ausgesetzt sein**, essere ₍alla mercé₎/[in balia] di qu **4** (*in Aussicht stellen*) **etw** (**für etw** akk) ~ {BELOHNUNG} promettere *qc* (*per qc*), offrire *qc* (*per qc*): **einen Preis für die beste Erzählung ~**, mettere in palio un premio per il miglior racconto; **auf seinen Kopf sind 10 000 Euro ausgesetzt**, sulla sua testa pende/[è stata messa] una taglia di 10 000 euro **5** *jur* (*aufschieben*) **etw** ~ {STRAFVOLLZUG} sospendere *qc*; {VERHANDLUNG} rinviare *qc*: **die Strafe zur Bewährung** ~, concedere il beneficio della sospensione condizionale della pena **6** (*kritisieren*): **(et)was (an jdm**/**etw) auszusetzen haben**/**finden**, avere/trovare da ridire/eccepire *qc* (*su qu*/*qc*), criticare *qc* (*in qu*/*qc*), **an allem (et)was auszusetzen haben**/**finden**, avere/trovare da ridire su tutto; **an der Organisation etwas auszusetzen haben**/**finden**, avere/trovare da ridire sull'organizzazione; **an seinem Vorschlag ist nichts auszusetzen**, non c'è niente da eccepire sulla sua proposta; **(an jdm**/**etw) ist**/[**gibt es**] **(et)was auszusetzen**, ci sarebbe da ridire/eccepire *qc* (*su qu*/*qc*), ci sarebbe da criticare *qc* (*in qu*/*qc*); **an seinem Benehmen gibt es nichts auszusetzen**, sul suo comportamento non c'è niente da (ri)dire/eccepire **7** (*beim Spiel*): **eine Runde ~**, ₍stare fermo (-a)₎/[saltare] un giro **B** itr **1** (*beim Spiel übersprungen werden*) stare fermo **2** *fam* (*einmal* ~, *devi ₍*stare fermo (-a)₎/[saltare] un giro **2** (*unterbrechen*) (**mit etw** dat) ~ {MIT DER ARBEIT, DER PILLE, DEM TRAINING} interrompere (*qc*), sospendere (*qc*): **er musste eine Monate ~**, dovette interrompere per qualche mese; **für einige Zeit mit der Therapie ~**, interrompere/sospendere la terapia per un certo tempo; **eine Weile mit der Arbeit ~**, smettere di lavorare per qualche tempo; **wegen Schwanger-**

schaft ~, ₍mettersi in₎/[andare in congedo per] maternità **3** (*stocken*) {ATMUNG, HERZ} fermarsi; {MOTOR} *auch* bloccarsi: **die Musik setzte plötzlich aus**, la musica s'interruppe di colpo **C** rfl **sich etw** (dat) ~ esporsi *a qc*: **sich der öffentlichen Kritik ~**, prestare il fianco alle critiche • **ohne auszusetzen**, senza interruzioni, ininterrottamente.

Aussetzung <-, -en> f **1** (*das Aussetzen*) {+HUND, KATZE, TIERBABY} abbandono m; {+KIND} *auch* esposizione f *obs* **2** (*Freilassung*) rimessa f in libertà; {+JAGDWILD} lancio m **3** (*die Inaussichtstellung*) {+BELOHNUNG, SUMME} promessa f, offerta f; {+PREIS} messa f in palio **4** *jur* (*Aufschiebung*) {+VOLLSTRECKUNG} sospensione f; {+VERHANDLUNG} rinvio m: **die ~ der Strafe zur Bewährung**, la sospensione condizionale della pena; **~ des Strafrestes**, (beneficio della) libertà condizionale.

Aussicht f **1** <*meist sing*> (*Blick*) ~ (**auf etw** akk) {AUF DIE STADT, DIE UMGEBUNG} vista f (*su qc*), veduta f (*su qc*), visuale f (*su qc*), panorama m (*di qc*): **von hier aus hat man eine schöne ~**, da qui si ha/[gode di] una bella vista/veduta; **ein Zimmer mit ~ auf** ₍**die Berge**₎/[**den See**], una camera con vista ₍sui monti₎/[sul lago] **2** <*meist pl*> (*Chancen*) prospettiva f, probabilità f, possibilità f, speranza f, chance f pl: **gute**/**wenig ~en haben**, avere buone/poche probabilità/possibilità; ~ **auf etw** (akk) **haben** {AUF ERFOLG} avere prospettive/probabilità di *qc*; **es besteht keine ~ auf Besserung**, non c'è alcuna speranza di miglioramento; **gute ~ auf eine neue Stelle haben**, avere buone probabilità/possibilità/speranze di ottenere un nuovo posto; **wie sind die ~en auf das Wetter am Wochenende?**, come sono le previsioni del tempo per il fine settimana? **3** <*nur pl*> (*berufliche Möglichkeiten*) prospettive f pl (di carriera): **ein Beamter ohne große ~en**, un funzionario (statale) senza grandi prospettive; **ein Dozent mit glänzenden ~en**, un docente con brillanti prospettive (di carriera) • **große ~en auf etw** (akk) **haben** {FILM AUF DEN OSCAR}, avere buone possibilità di fare *qc*; **etw in ~ haben**, avere in vista *qc*; **wir haben endlich eine Wohnung in ~!**, c'è finalmente una casa in vista!; **das sind ja** (**erfreuliche**/**herrliche**/**schöne**/...) ~**en!** *fam iron*, bella prospettiva! *iron*; **in ~ stehen**, prospettarsi; **jdm etw in ~ stellen**, prospettare *qc a qu*.

aussichtslos adj {KAMPF, LAGE, VORHABEN, ZUSTAND} senza speranza; {ANSTRENGUNGEN, VERSUCHE} disperato, inutile, vano: **es ist so gut wie ~**, è quasi impossibile; **seine Lage ist ~**, per lui non c'è speranza; **die Sache ist ~**, è una cosa persa.

Aussichtslosigkeit <-, *ohne* pl> f {+VORHABEN} mancanza f di prospettive: **sich** (dat) **der ~ der Lage bewusst sein**, rendersi conto che la situazione è disperata; {+ANSTRENGUNG, VERSUCHE} inutilità f, vanità f.

Aussichtspunkt m punto m panoramico, belvedere m.

aussichtsreich adj {UNTERNEHMEN, VORHABEN} promettente, che promette bene, con rosee prospettive: **ein ~er Präsidentschaftskandidat**, un candidato che ha buone probabilità/chance di diventare presidente.

Aussichtsturm m torre f panoramica, belvedere m.

Aussichtswagen m *Eisenb* carrozza f panoramica.

aus|sieben **A** tr **1** (*aussondern*) **etw** ~ {KLUMPEN, MEHL} setacciare *qc*, passare *qc* al

setaccio; **etw** (**aus etw** dat) ~ {KLUMPEN AUS DEM MEHL, STEINE AUS DEM SAND} togliere *qc da qc* col setaccio **2** (*nach strengen Kriterien auswählen*) **jdn** ~ {KANDIDATEN, SCHÜLER, STUDENTEN} selezionare *qu*, scegliere *qu* dopo ₍una severa selezione₎/[un attento vaglio] **3** (*nach strenger Auswahl ausscheiden*) **jdn** ~ eliminare/scartare *qu* (dopo una severa selezione) **B** itr (*auswählen*) effettuare una selezione/cernita: **bei den letzten Prüfungen ist kräftig ausgesiebt worden**, agli ultimi esami c'è stata una selezione durissima.

aus|siedeln tr **jdn** ~ trasferire *qu* forzosamente: **nach dem 2. Weltkrieg wurden in Polen lebende Deutsche ausgesiedelt**, dopo la seconda guerra mondiale i tedeschi residenti in Polonia furono costretti a emigrare in Germania.

Aussiedler m (**Aussiedlerin** f) *D adm* immigrato (-a) di origine tedesca proveniente dall'Europa orientale.

Aussiedlerhof m podere m isolato/[fuori dal paese].

Aussiedlerin f → **Aussiedler**.

Aussiedlung f trasferimento m forzato.

aus|sinnen <*irr*> tr *geh* **etw** ~ {PLAN} escogitare *qc*, ideare *qc*, architettare *qc*.

aus|sitzen <*irr*> tr **etw** ~ **1** *fam* (*abwarten, dass sich etw von selbst erledigt*) {PROBLEM, SKANDAL} aspettare che *qc* si risolva da sé **2** (*fest im Sattel sitzen bleiben*): **den Trab**/**Galopp** ~, fare trotto/galoppo seduto.

aus|söhnen **A** tr **jdn** (**mit jdm**) ~ riconciliare *qu* (*con qu*), r(i)appacificare *qu* (*con qu*), far fare la pace *a qu* (*con qu*): **die Schwestern wieder (miteinander) ~**, riappacificare le sorelle; **sie söhnte den Vater mit dem Großvater aus**, riconciliò/riappacificò il padre con il nonno **B** rfl **sich** ~ {STREITENDE} riconciliarsi, r(i)appacificarsi, fare la pace; **sich mit jdm** ~ {MIT DER FAMILIE, DEN VERWANDTEN} riconciliarsi *con qu*, r(i)appacificarsi *con qu*, fare la pace *con qu*: **sie haben sich wieder ausgesöhnt**, hanno fatto la pace.

Aussöhnung <-, -en> f <*meist sing*> ~ (**mit jdm**) riconciliazione f (*con qu*), r(i)appacificazione f (*con qu*).

aus|sondern tr **jdn**/**etw** ~ {SCHLECHTEN BEWERBER, SCHÜLER, BESCHÄDIGTES TEIL} scartare *qu*/*qc*, eliminare *qu*/*qc*; {BESONDERS WERTVOLLE STÜCKE} selezionare *qc*, fare la cernita *di qc*: **die Artikel mit Mängeln ~**, scartare gli articoli difettosi.

Aussonderung <-, -en> f <*meist sing*> {+BEWERBER} eliminazione f; {+WERTVOLLE STÜCKE} selezione f, cernita f; {+ARTIKEL, FRÜCHTE} scarto m.

aus|sortieren <*ohne* ge-> tr **etw** ~ **1** (*ausscheiden*) {AUSSCHUSSWARE, ALTE KINDERSACHEN, KLEIDER} scartare *qc*, eliminare *qc* **2** (*auswählen*) selezionare *qc*, scegliere *qc*, fare la cernita *di qc*: **sortier die besten Stücke aus, der Rest kommt in die Altkleidersammlung**, scegli i capi migliori, il resto finisce alla raccolta degli indumenti usati.

Aussortierung f <*meist sing*> **1** (*das Ausscheiden*) scarto m, eliminazione f **2** (*das Auswählen*) scelta f, selezione f, cernita f.

aus|spähen **A** tr (*ausspionieren*) **jdn**/**etw** ~ spiare *qu*/*qc* **B** itr (*Ausschau halten*) **nach etw** (dat) ~ {NACH HILFE} cercare *qc* (con gli occhi/lo sguardo).

aus|spannen **A** tr **1** (*abspannen*) **etw** ~ {OCHSE, PFERD} staccare *qc* **2** *fam* (*abspenstig machen*) **jdm jdn** ~ soffiare *qu a qu fam*, fregare *qu a qu fam*, portare via *qu a qu*: **sie hat ihr den Freund ausgespannt**, le ha soffiato il ragazzo **B** itr rilassare, riposarsi, concedersi un po' di riposo: **ich muss mal richtig ~**, ho bisogno di un periodo di relax/riposo **C** rfl *fam* (*sich ausruhen*) **sich ~** rilassarsi, riposarsi.

Ausspannung <-, *ohne pl*> f rilassamento m, riposo m, relax m: **zur ~ fahre ich immer in die Berge**, per rilassarmi vado sempre in montagna.

aus|sparen tr *etw* **~ 1** (*freilassen*) lasciare/tenere libero (-a) *qc*: **ein Zimmer für die Gäste ~**, riservare una stanza agli ospiti; **eine Wand für Regale ~**, tenere libera una parete per gli scaffali **2** (*ausnehmen*) {ARGUMENT, FRAGE, PROBLEM} lasciare da parte *qc*, evitare *qc*: **die brenzligen Themen wurden wohlweislich ausgespart**, gli argomenti scottanti vennero saggiamente evitati.

Aussparung <-, *-en*> f <*meist sing*> **1** (*das Aussparen*) {+LÜCKE, PLATZ, RAUM} lasciare m/tenere m libero *qc* **2** (*ausgesparter Raum*) spazio m libero, superficie f libera **3** (*das Ausnehmen*) {+ARGUMENT, FRAGE, PROBLEM, THEMA} lasciare m da parte *qc*, evitare m *qc*.

aus|speien <*irr*> **A** tr *etw* **~ 1** (*ausspucken*) {SPEICHEL} sputare *qc* **2** (*erbrechen*) {NAHRUNG} rimettere *qc*, rigettare *qc*, vomitare *qc* **3** *sport* (*ausstoßen*) {VULKAN LAVA} sputare *qc fam*, vomitare *qc fam* **B** itr sputare.

aus|sperren **A** tr *jdn* **~ 1** (*ausschließen*) chiudere fuori *qu*: **die Tür schlug zu, und sie war ausgesperrt**, la porta si chiuse con un tonfo e lei rimase (chiusa) fuori **2** (*von der Arbeit ausschließen*) **streikende Arbeiter ~**, fare una serrata **B** rfl **sich ~** chiudersi fuori (lasciando la chiave all'interno).

Aussperrung f (*in der Fabrik*) serrata f: **die Direktion droht mit ~**, la direzione minaccia la serrata.

aus|spielen **A** tr **1** (*auflegen*) *etw* **~** {HERZKÖNIG, TRUMPF} giocare *qc*, calare *qc*, tirare *qc* **2** (*als Gewinn aussetzen*) *etw* **~** {EINE BESTIMMTE GELDSUMME} mettere in palio *qc*: **es werden mehr als dreißig Millionen ausgespielt**, ⌊sono stati messi⌋/[ci sono] in palio più di trenta milioni **3** *sport* (*an jdm vorbeikommen*) *jdn* **~** {GEGENSPIELER, GEGNER, VERTEIDIGER} scartare *qu*: **den Torwart der gegnerischen Mannschaft ~**, scartare il portiere della squadra avversaria **4** *fam* (*zum eigenen Vorteil einsetzen*) *jdn* (*gegen jdn*) **~** mettere *qu* contro *qu* (per il proprio tornaconto): **die Familienmitglieder gegeneinander ~**, mettere i membri della famiglia (l')uno contro l'altro; *etw* **~** {ERFAHRUNG, ÜBERLEGENHEIT} mettere a frutto *qc*, sfruttare *qc* **B** itr (*als erste Karte spielen*) essere di mano: **wer spielt aus?**, chi è di mano?, chi comincia a giocare?; **hoch/niedrig ~**, cominciare il gioco con una carta alta/bassa ● **jd hat ausgespielt** *fam*, per qu è finita.

Ausspielung <-, *-en*> f estrazione f (della lotteria).

aus|spinnen <*irr*> tr *etw* **~** {GEDANKEN, GESCHICHTE} sviluppare *qc*.

aus|spionieren <*ohne ge*-> tr *pej* **1** (*zu entdecken versuchen*) *etw* **~** {JDS GEHEIMNISSE, VERSTECK} scoprire *qc* (spiando) **2** (*sich heimlich über jdn informieren*) *jdn* **~** {NACHBARN} spiare *qu*.

Aussprache f **1** <*nur sing*> (*Art des Aussprechens*) pronuncia f: **eine korrekte ~**, una pronuncia corretta; **eine deutliche/undeutliche ~ haben**, avere una pronuncia chiara/[poco chiara] **2** *ling* (*richtige Artikulation*) pronuncia f: **die ~ entspricht nicht immer der Schreibweise eines Worts**, non sempre la pronuncia corrisponde alla grafia di una parola **3** (*klärendes Gespräch*) colloquio m (chiarificatore), chiarimento m ● **jdn um eine ~ bitten**, chiedere un chiarimento a qu;

eine *feuchte* **~ haben**, parlare sputacchiando; **eine** *geheime*/*vertrauliche* **~ mit jdm haben**, avere un colloquio segreto/confidenziale con qu; **eine klare ~** *wünschen*, desiderare un colloquio franco.

Ausspracheangabe f indicazione f della pronuncia, trascrizione f fonetica.

Aussprachefehler m errore m di pronuncia.

Ausspracheregel f regola f fonetica.

Aussprachewörterbuch n dizionario m di pronuncia/fonetica.

aussprechbar adj **1** (*artikulierbar*) {NAME, SATZ, WORT} pronunciabile, che si riesce a pronunciare **2** (*formulierbar*) {GEDANKE, ÜBERLEGUNG} esprimibile, che si può esprimere; {BEDAUERN} che si può manifestare.

aus|sprechen <*irr*> **A** tr **1** (*artikulieren*) *etw irgendwie* **~** {AUSDRUCK, SATZ DEUTLICH, KLAR, LAUT, UNDEUTLICH} pronunciare *qc* + *compl di modo*: **etw richtig ~**, pronunciare *qc* correttamente/bene; **etw falsch ~**, pronunciare *qc* scorrettamente/[in modo scorretto]; **sprich dieses Wort bitte deutlicher aus!**, prova a pronunciare più chiaramente questa parola, per favore!; **wie wird dieses Wort ausgesprochen?**, come si pronuncia questa parola? **2** (*zum Ausdruck bringen*) *etw* **~** {KRITIK, MEINUNG} esprimere *qc*, manifestare *qc*; {ANLIEGEN, BEDAUERN} *auch* dare voce a *qc*; **jdm sein Beileid ~**, fare le proprie condoglianze a qu; **der Regierung sein Vertrauen ~**, esprimere la fiducia al governo; **einen Vorwurf ~**, muovere/fare un rimprovero **3** *jur* (*verkünden*) *etw* **~** {STRAFE, URTEIL} pronunciare *qc* **B** itr finire di parlare: **lasst ihn doch ~!**, ma fatelo finire! **C** rfl **1** (*sein Herz ausschütten*) **sich** (*bei jdm*) (*über etw*) akk) **~** (*ÜBER SEINE PROBLEME*) sfogarsi (*di qc*) (*con qu*): **sich offen über etw** (akk) **~**, sfogarsi liberamente di qc; **sie hat sich bei ihrer Mutter ausgesprochen**, ⌊si è sfogata con⌋/[ha aperto il suo cuore a] sua madre **2** *geh* (*sich äußern*) **sich** *irgendwie* **über** *jdn*/*etw* **~** esprimersi/pronunciarsi + *compl di modo* su *qu*/*qc*: **sich anerkennend**/**lobend**/**tadelnd über** *jdn* **~**, avere parole di riconoscimento/elogio/biasimo per qu; **sie hat sich nicht näher/eingehender darüber ausgesprochen**, non si è pronunciata più particolareggiatamente sull'argomento **3** *geh* (*Stellung nehmen*) **sich für/gegen** *jdn*/*etw* **~** pronunciarsi/dichiararsi ⌊a favore di⌋/[contro] *qu*/*qc*: **die Bevölkerung hat sich fast einstimmig gegen Atomkraftwerke ausgesprochen**, la popolazione si è pronunciata quasi all'unanimità contro le centrali atomiche; **sich für ein neues Gesetz zur Rauschgiftbekämpfung ~**, pronunciarsi a favore di una nuova legge per la lotta contro gli stupefacenti **4** (*mit jdm reden*) **sich ~** {PERSONEN} avere un chiarimento, chiarirsi, spiegarsi; **sich mit jdm ~** avere un chiarimento *con qu*, chiarirsi *con qu* **5** (*sich artikulieren lassen*) **sich** *irgendwie* **~**: **sich leicht/schwierig ~**, essere facile/difficile da pronunciare; **wie spricht sich dieses Wort aus?**, come si pronuncia questa parola?

Ausspruch m **1** (*Äußerung einer bekannten Persönlichkeit*) detto m (celebre), massima f **2** (*Äußerung*) commento m, osservazione f.

aus|spucken **A** tr *etw* **~ 1** *fam* (*aus dem Mund spucken*) {OBSTKERN} sputare *qc* **2** *fam* (*abgeben*) {COMPUTER DATEN; AUTOMAT FAHRKARTE, WECHSELGELD} sputare (fuori) *qc fam*, buttare fuori *qc fam* **3** *fam* (*erbrechen*) rigettare *qc*, rimettere *qc*, vomitare *qc* **B** itr (*ausspeien*) sputare; **vor** *jdm* **~** sputare davanti a *qu* ● (**komm..**) **spuck's aus!** *fam* (*sag es*

schon!), (su/avanti/dai,) sputa il rospo!

aus|spülen **A** tr **1** (*durch Spülen entfernen*) *etw* **~** {SCHAUM AUS DER WÄSCHE, SHAMPOO AUS DEN HAAREN} togliere *qc* (*da qc*) sciacquando, lavare via *qc* (*da qc*), sciacquare via *qc* (*da qc*) **2** (*durch Spülen sauber machen*) *etw* **~** {GLÄSER, HANDWÄSCHE} (ri)sciacquare *qc*; {MUND} *auch* (ri)sciacquarsi *qc* **3** (*spülend wegreißen*) {HOCHWASSER KÜSTE} erodere *qc* **B** itr risciacquare: **bitte einmal ~!** (*beim Zahnarzt*), (ri)sciacqui, per favore! **C** rfl **sich** (dat) *etw* **~** {AUGEN, HAARE} (ri)sciacquarsi *qc*: **sich nach dem Zähneputzen den Mund ~**, (ri)sciacquarsi la bocca dopo essersi lavato (-a) i denti.

aus|staffieren <*ohne ge*-> **A** tr **1** *fam* (*einkleiden*) *jdn* (*mit etw* dat) **~** attrezzare *qu di qc*, equipaggiare *qu di qc*, rifornire *qu di qc*: **die Kinder mit neuer Sommerkleidung ~**, rinnovare il vestiario estivo ai bambini; **die ganze Familie neu ~**, rifare il guardaroba a tutta la famiglia; **jdn für den Winterurlaub mit einer kompletten Skiausrüstung ~**, attrezzare *qu* di tutto l'equipaggiamento da sci per le vacanze invernali **2** (*einrichten*) *etw* (*mit etw* dat) **~** {HAUS, ZIMMER MIT NEUEN MÖBELN} arredare *qc* (*con qc*); {JAGDZIMMER MIT TROPHÄEN, RAUM MIT KRIMSKRAMS, POKALEN} addobbare *qc* (*con qc*): **die Terrasse mit neuen Korbstühlen ~**, attrezzare il terrazzo di nuove poltrone in vimini **B** rfl **sich** (*mit etw* dat) **~** rivestirsi, rifornirsi *di qc*: **sich jedes Jahr neu ~**, rivestirsi ogni anno da capo a piedi, rifarsi il guardaroba tutti gli anni.

Ausstaffierung <-, *-en*> f <*meist sing*> **1** (*das Einkleiden*) rivestire m; (*mit besonderer Ausrüstung*) equipaggiamento m, attrezzamento m *rar* **2** (*das Einrichten mit Möbeln*) arredamento m; (*mit Krimskrams, Pokalen, Trophäen*) addobbo m.

Ausstand m **1** (*Streik*) sciopero m: **sich im ~ befinden**, **im ~ sein**, essere in sciopero, scioperare; **in den ~ treten**, scendere/entrare in sciopero **2** (*kleines Fest für die Arbeitskollegen beim Verlassen der Arbeitsstelle*): **seinen ~ geben**, dare una festicciola d'addio.

ausständig adj *südd A* → **ausstehend**.

aus|stanzen tr *tech* **etw** **~** {METALLTEIL} punzonare *qc*.

aus|statten tr **1** (*versehen*) *jdn* **mit etw** (dat) **~** munire *qu di qc*, provvedere *qu di qc*, fornire *qu di qc*, attrezzare *qu di qc*, equipaggiare *qu di qc*: **jdn mit allem Nötigen ~**, provvedere/munire/fornire qu di tutto il necessario; **ein mit vielen guten Anlagen ausgestatteter Mensch**, una persona dotata di molte qualità **2** (*ausrüsten*) *etw* **mit etw** (dat) **~** dotare *qc di qc*, fornire *qc di qc*, provvedere *qc di qc*, arredare *qc con qc*, corredare *qc di qc*: **ein Buch mit** ⌊**einer Bibliografie**⌋/[**Bildern**] **~**, corredare un libro di una bibliografia⌋/[illustrazioni]; **das Esszimmer mit Möbeln ~**, arredare la sala da pranzo; **eine Praxis mit den nötigen Geräten ~**, dotare uno studio delle apparecchiature necessarie; **das Haus ist mit allen Bequemlichkeiten ausgestattet**, la casa è provvista di ⌊ogni comodità⌋/[tutti i comfort] **3** *geh* (*übertragen*) *jdn* **mit etw** (dat) **~** {MIT EINER VOLLMACHT} investire *qu di qc*.

Ausstattung <-, *-en*> f <*meist sing*> **1** (*Einrichtung*) arredamento m: **eine moderne/praktische ~**, un arredamento moderno/pratico **2** (*Ausrüstung*) corredo m; {+KRANKENHAUS, LABOR} *auch* dotazione f; {+AUTO} corredo m, allestimento m; {+SCHIFF} *auch* equipaggiamento m: **die ~ einer Expedition**, l'equipaggiamento di una spedizione **3** {+Buch} veste f tipografica; {+Film, Theaterstück} allestimento m.

Ausstattungsfilm m film m spettacolare.

Ausstattungskosten subst <nur pl> spese f pl di allestimento.

aus|stechen <irr> **A** tr **1** (übertreffen) **jdn** (**in etw** dat) ~ {Konkurrenten, Mitarbeiter} soppiantare qu (in qc); **jdn im Beruf ~**, soppiantare qu nel lavoro **2** (verletzen): **jdm die Augen ~**, cavare gli occhi a qu **3** (ausschneiden) **etw ~** {Plätzchen} tagliare qc con lo stamp(in)o **4** (mit einem spitzen Gerät entfernen) **etw ~** {Unkraut} estirpare qc (con un attrezzo appuntito) **5** (ausheben) **etw ~** {Graben} scavare qc **B** itr (Plätzchen ausschneiden) tagliare biscotti con lo stamp(in)o (da una sfoglia).

Ausstechform f gastr stamp(in)o m/formina f per biscotti.

aus|stehen <irr> **A** tr **1** (ertragen) **etw ~** {Schmerzen} sopportare qc; {Durst, Hunger, Qualen} auch patire qc: **große Angst ~**, provare grande paura; **nicht auszustehen sein** {Gestank, Lärm, Verkehrschaos}, essere insopportabile **2** fam (leiden): **jdn nicht ~ können**, non ˌreggere famˌ/[poter soffrire] qu; **ich habe ihn noch nie ~ können**, non l'ho mai ˌpotuto soffrireˌ/[sopportato]; **etw nicht ~ können** {schlechtes Benehmen}, non poter sopportare qc **B** itr **1** (fehlen) {Antwort} mancare: **diese Übersetzung steht noch aus**, siamo in attesa della traduzione; **die Entscheidung steht noch aus**, la decisione ˌnon è stata ancora presaˌ/[è ancora da prendere] **2** com: **diese Rechnung steht noch aus**, questa fattura non è ancora stata pagata/saldata; **ich habe noch Geld ~**, mi devono ancora dei soldi • **jd hat mit jdm viel auszustehen**, qu ne fa passare tante a qu fam.

ausstehend adj <attr> {Gelder} arretrato; {Forderungen, Rechnungen} in sospeso, pendente; **ein noch ~er Betrag**, un importo non ancora pagato/saldato, un sospeso, una pendenza.

aus|steigen <irr> itr <sein> **1** (verlassen) (**aus etw** dat) ~ {aus dem Auto, Bus, Flugzeug, Zug} scendere da qc: **ich muss an der nächsten Haltestelle ~**, devo scendere alla prossima fermata; **Endstation, alles ~!**, capolinea! Scendere, per favore!; **jdm beim Aussteigen helfen**, aiutare qu a scendere; **beim Aussteigen aus dem Bus bin ich gefallen**, sono caduto (-a) scendendo dall'autobus **2** fam (sich zurückziehen) (**aus etw** dat) ~ ritirarsi (da qc), uscire da qc: **aus der Kernenergie ~**, abbandonare l'energia nucleare; **aus einem Rennen/Wettbewerb ~**, ˌritirarsi daˌ/[abbandonare] una corsa/gara; **aus dem Studium ~**, lasciare/piantare fam gli studi; **aus einem Vertrag ~**, rompere un contratto **3** fam (sein normales Leben aufgeben) piantare/mollare tutto fam: **auf dem Höhepunkt seiner Karriere hatte er genug und stieg einfach aus**, giunto all'apice della sua carriera, si accorse di aver abbastanza del lavoro e mollò fam tutto; **aus der Mafia/dem Terroristenmilieu ~**, pentirsi.

Aussteiger <-s, -> m (**Aussteigerin** f) (aus dem Beruf, der Gesellschaft, dem Studium) chi pianta fam/molla fam tutto; (aus dem Terroristenmilieu) pentito (-a) m (f).

aus|stellen tr **1** (zur Ansicht stellen) **etw ~** {Bilder, Skulpturen} esporre qc; {Waren} auch mettere in mostra qc: **junge Künstler stellen ihre Werke aus**, giovani artisti espongono le loro opere; **die ausgestellte Ware ist auch in anderen Farben vorrätig**, la merce esposta è disponibile anche in altri colori **2** fam (ausschalten) **etw ~** {Fernseher, Gas, Heizung, Radio} spegnere qc, chiudere qc fam **3** (ausfertigen) (**jdm**) **etw ~** {Attest, Bescheinigung, Pass, Quittung, Urkunde, Zeugnis} rilasciare qc (a qu); {Scheck, Wechsel} emettere qc (a qu); {Rechnung} auch rilasciare qc (a qu): **jdm ein Rezept ~**, rilasciare una ricetta a qu.

Aussteller <-s, -> m (**Ausstellerin** f) **1** com (auf einer Ausstellung, Messe) espositore (-trice) m (f) **2** {+Scheck} traente mf; {+Wechsel} auch emittente mf; {+Urkunde} autorità f/ufficio m che rilascia (qc).

Ausstellerfirma f com ditta f espositrice.

Ausstellerin f → **Aussteller**.

Ausstellfenster n autom deflettore m.

Ausstellung f **1** (Veranstaltung) esposizione f, mostra f; (Automobilausstellung) salone m <meist sing> (das Ausstellen) {+Bescheinigung, Dokument, Pass, Quittung} rilascio m; {+Scheck, Wechsel} emissione f.

Ausstellungsdatum n adm {+Bescheinigung, Dokument, Pass} data f di/del rilascio; {+Scheck, Wechsel} data f di emissione.

Ausstellungsfläche f superficie f espositiva.

Ausstellungsgelände n area f espositiva.

Ausstellungshalle f padiglione m espositivo/[d'esposizione].

Ausstellungskatalog m catalogo m della mostra/esposizione.

Ausstellungsort m **1** {+Attest, Bescheinigung, Pass} luogo m di/del rilascio; {+Scheck, Wechsel} luogo m di emissione **2** bes. Kunst luogo m dell'esposizione.

Ausstellungsraum m salone m della mostra, spazio m espositivo.

Ausstellungsstand m stand m (espositivo).

Ausstellungsstück n **1** (Muster) oggetto m/pezzo m da esposizione **2** (Exponat) oggetto m/pezzo m esposto; kunst auch opera f esposta.

aus|sterben <irr> itr <sein> {Pflanzenart, Tierart} estinguersi; {Beruf} scomparire: **vom Aussterben bedroht sein**, essere minacciato di estinzione; **im Aussterben begriffen sein**, essere in via d'estinzione.

Aussteuer <-, ohne pl> f (Wäscheaussteuer) corredo m; (Mitgift) dote f.

aus|steuern tech **A** tr **etw ~** {Bässe, Frequenz, Lautstärke} regolare qc **B** itr regolare il volume/la frequenza.

Ausstieg <-(e)s, -e> m **1** (das Aussteigen) ~ (**aus etw** dat) {aus dem Bus, Flugzeug, Zug} scendere m (da qc), discesa f (da qc); {aus dem Auto} uscita f (da qc), scendere m (da qc) **2** fam (das Aussteigen) ~ (**aus etw** dat) {aus der Kernenergie} abbandono m (di qc), rinuncia f (a qc); {aus einem Projekt} auch uscita f (da qc) **3** (Stelle zum Aussteigen) discesa f, uscita f.

aus|stopfen tr **1** (anfüllen) **etw** (**mit etw** dat) ~ {Kissen mit Federn, Schaumstoff} imbottire qc (di qc); {Loch mit Papier, Ritze mit Stroh} riempire qc (di/con qc) **2** (präparieren) **etw ~** {Adler, Eule, Fuchs} impagliare qc, imbalsamare qc: **ein ausgestopfter Hirsch**, un cervo impagliato.

Ausstoß m <meist sing> **1** ökon (Produktionsmenge) {+Betrieb, Fabrik, Maschine} produzione f **2** ökol (Emission) emissione f: **der ~ von Schadstoffen muss drastisch gedrosselt werden**, l'emissione di sostanze tossiche va drasticamente ridotta.

aus|stoßen <irr> tr **1** (ausschließen) **jdn** (**aus etw** dat) ~ {aus der Armee} espellere qu (da qc); {aus einer Partei, einem Verein} auch estromettere qu (da qc), buttare fuori qu (da qc) fam **2** (von sich geben) **etw ~** {Schrei} cacciare qc fam, lanciare qc, mandare qc; {Seufzer} emettere qc; {Drohung} proferire qc; {Fluch} auch lanciare qc, scagliare qc **3** (ablassen) **etw ~** {Kraftwerk, Maschine, Schlot} Dampf, Rauch, Schadstoffe} emettere qc, espellere qc; {Vulkan Felsbrocken, Lava} eruttare qc: **der Motor stößt zu viele Abgase aus**, quel motore produce troppi gas di scarico, l'emissione dei gas di scarico di quel motore è troppo alta **4** ökon (produzieren) **etw ~** {Betrieb, Fabrik} eine bestimmte Anzahl von Autos, von Maschinen; {Maschine} Artikel, eine bestimmte Stückzahl} produrre qc: **täglich 1000 Roller ~**, produrre 1000 scooter al giorno **5** (verlieren lassen) **jdm etw ~** {Auge} cavare qc a qu; {Zahn} rompere qc a qu, spaccare qc a qu.

Ausstoßung <-, -en> f (aus einer Gemeinschaft) espulsione f, esclusione f.

aus|strahlen **A** tr **1** radio TV **etw ~** {Fußballspiel, Nachrichten, Programm, Sendung} mandare in onda qc, trasmettere qc, diffondere qc, irradiare qc radio: **das Konzert wird in einer Direktübertragung aus dem Wiener Opernhaus ausgestrahlt**, il concerto viene trasmesso in diretta dall'Opera di Vienna; **der angekündigte Film kann leider nicht ausgestrahlt werden**, il film annunciato purtroppo non può essere mandato in onda **2** (verbreiten) **etw ~** {Person Gelassenheit, Hektik, Ruhe, Unruhe} emanare qc, irradiare qc, sprigionare qc, trasmettere qc; {Heizkörper, Ofen Wärme; Lampe Licht} diffondere qc, emanare qc, sprigionare qc, irradiare qc, sprigionare qc **3** (wirken) **auf jdn/etw ~** {jds Gelassenheit, Ruhe auf andere} trasmettersi a qu/qc **B** itr **von etw** (dat) **irgendwohin ~** irradiarsi/diffondersi da qc a qc: **die Schmerzen strahlten von den Zähnen auf den ganzen Kopf aus**, i dolori si irradiavano dai denti a tutta la testa.

Ausstrahlung f **1** radio TV messa f in onda, diffusione f, trasmissione f **2** <nur sing> (Wirkung) carisma m, fascino m: ~ **haben**, avere carisma/fascino; **eine gewisse/starke ~ (auf jdn) haben**, avere un certo/forte carisma, avere un certo/forte ascendente su qu; **von jdm geht eine bestimmte ~ aus**, qu ha una certa aura.

Ausstrahlungskraft f carisma m.

aus|strecken **A** tr **etw ~** {Tier Fühler} allungare qc; {Arm, Bein} auch (dis)tendere qc **B** rfl **1** (sich bequem hinlegen) **sich** (**irgendwohin**) **~** {in Bett, Gras, auf dem Sofa} allungarsi/distendersi/sdraiarsi (+ compl di luogo) **2** (sich strecken) **sich ~** mettersi in punta di piedi.

aus|streichen <irr> tr **1** (wegstreichen) **etw ~** {das Geschriebene, ein Wort} cancellare qc, cassare qc: **jds Namen aus einer Liste ~**, cancellare/stralciare il nome di qu da una lista **2** (bestreichen) **etw mit etw** (dat) ~ ungere qc con qc: **eine Backform mit Butter ~**, imburrare uno stampo.

aus|streuen tr **1** (verstreuen) **etw ~** {Tierfutter} spargere qc **2** (bestreuen) **etw mit etw** (dat) ~ {Kuchenblech mit Bröseln, Mehl} cospargere qc di qc, ricoprire qc con qc.

aus|strömen **A** tr <haben> geh (verbreiten) **etw ~** {Duft} emanare qc, esalare qc, effondere qc lit; {Heizkörper Wärme; Lampe Licht} diffondere qc, emanare qc, sprigionare qc, irradiare qc **B** itr <sein> **1** (strömen) (**aus etw** dat) ~ {Wasser aus der Leitung, einem

Rohr} fuor(i)uscire (da qc); {Dampf aus einem Kessel, einem Schlot; Gas aus einer Leitung} auch sprigionarsi (da qc) **2** fig (ausgehen) **von jdm** ~ {Kraft, Ruhe, Sicherheit, Zuversicht} emanare da qu, irradiare da qu: **von ihr strömt eine besondere Wärme aus**, da lei emana un calore particolare.

aus|studieren <ohne ge-> itr fam finire di studiare.

aus|suchen A tr (auswählen) **jdn/etw (für jdn/etw)** ~, **jdm jdn/etw** ~ scegliere qu/qc (per qu/qc): ⌐ein Geburtstagsgeschenk für jdn⌐/[jdm ein Geburtstagsgeschenk} ~, scegliere un regalo di compleanno per qu; **sie haben eine ältere Frau als Begleiterin für ihn ausgesucht**, come persona di compagnia gli hanno trovato una signora di mezza età B itr (eine Auswahl treffen) scegliere: **du brauchst nur auszusuchen!**, non hai che da scegliere!; **hilfst du mir beim Aussuchen?**, mi aiuti a scegliere? C rfl sich (dat) etw ~ scegliersi qc: **er sucht sich immer die besten Stücke aus**, si sceglie sempre i pezzi migliori.

Austausch <-(e)s, ohne pl> m **1** (das Austauschen) scambio m, cambio m: **der freie** ~ **von Waren**, il libero scambio di merci; **etw im** ~ **gegen etw (akk) erhalten**, ricevere qc in cambio di qc **2** tech (das Ersetzen) {+Kühler, Motor, Reifen, Welle} cambio m, sostituzione f: **der** ~ **des Ölfilters**, il cambio del filtro dell'olio; **der** ~ **von defekten Teilen**, la sostituzione di parti difettose **3** sport (das Ersetzen eines Spielers) sostituzione f **4** (gegenseitiges Mitteilen von Erfahrungen, Erinnerungen, Gedanken) scambio m: ~ **von Höflichkeiten**, scambio di cortesie **5** (das Entsenden von Diplomaten, Dozenten, Studenten) scambio m: **sie ist als Lektorin im** ~ **für vier Jahre in Frankreich**, è in Francia per quattro anni come lettrice di scambio.

Austauschaktion f (von Geiseln, politischen Häftlingen) scambio m.

austauschbar adj {Begriffe, Teile, Wörter} intercambiabile, scambiabile.

aus|tauschen A tr **1** (eintauschen) **etw (gegen/für etw** akk) ~ {Rohstoffe für/gegen Industrieerzeugnisse} scambiare qc (contro/per qc) **2** (ersetzen) **etw** ~ {Kupplung, Motor, Teil} sostituire qc, cambiare qc **3** sport (auswechseln) **jdn** ~ {Spieler, Torwart, Verteidiger} sostituire qu **4** (miteinander wechseln) **etw (mit jdm)** ~ {Erinnerungen, Gedanken, Ideen, Vorstellungen} scambiar(si) qc (con qu): **Höflichkeiten** ~, scambiarsi cortesie **5** pol **jdn** ~ {Diplomaten, Gefangene} scambiare qu B rfl **sich über etw** (akk) ~ {über Eindrücke, Erfahrungen, Erinnerungen} scambiarsi qc.

Austauschmotor m motore m ⌐di ricambio⌐/[sostitutivo].

Austauschschüler m (**Austauschschülerin** f) Schule studente (-essa) m (f) di scuola superiore) che partecipa a uno scambio.

Austauschstudent m (**Austauschstudentin** f) univ studente (-essa) m (f) che partecipa a uno scambio.

aus|teilen A tr **1** (verteilen) (jdm) **etw** ~, **etw (an jdn)** ~ {Essen, Geschenke, Hilfsmittel, Prospekte} distribuire qc (a qu): **die Post an die Gäste⌐/[den Gästen die Post]** ~, distribuire la posta agli ospiti **2** Karten **etw** ~ {Karten, Spielmarken} dare qc, distribuire qc **3** (versetzen) **etw** ~ {Prügel, Schläge} distribuire qc, somministrare qc B itr **1** Karten dare/distribuire le carte **2** fam (andere hart kritisieren) averne per tutti fam • **wer austeilt, muss auch einstecken lernen**, chi la fa l'aspetti prov, quel che è fatto è reso prov.

Austeilung f (von Geschenken, Prospekten) distribuzione f.

Auster <-, -n> f ostrica f: **eine** ~ **aufbrechen/ausschlürfen**, aprire/succhiare un'ostrica.

Austerity <-, ohne pl> f geh austerity f, austerità f.

Austernbank f banco m di ostriche.

Austernfischer m ornith ostrichiere m, beccaccia f di mare.

Austernfischerei f pesca f/raccolta f delle ostriche.

Austernmesser n coltello m da ostriche.

Austernpark m ostricaio m.

Austernpilz m bot pleurotus m, gelone m.

Austernschale f guscio m d'ostrica.

Austernzucht f ostricoltura f.

aus|testen tr **etw** ~ {Medikament} testare qc.

aus|tilgen tr **etw** ~ **1** (vernichten) {Ungeziefer} sterminare qc, annientare qc; {Unkraut} estirpare qc, sradicare definitivamente qc **2** (auslöschen) **etw** ~ {Erinnerungen} cancellare completamente qc; {Krankheit} debellare qc.

Austilgung f <meist sing> {+Ungeziefer} sterminio m, annientamento m.

aus|toben A tr **etw (an jdm)** ~ {Seinen Ärger, seine Wut} sfogare qc (su qu) B rfl **1** (wüten) **sich** ~ {Feuer, Sturm} (cessare/finire di) infuriare/imperversare: **das Unwetter hatte sich ausgetobt**, la tempesta aveva cessato di imperversare **2** (sich müde toben) **sich** ~ scavallare, scatenarsi: **lass die Kinder sich doch** ~!, lasciali scavallare i bambini!; (ein wildes Leben führen) darsi alla pazza gioia; **sich vor der Ehe** ~, divertirsi/[darsi alla pazza gioia] prima del matrimonio.

Austrag① <-(e)s, ohne pl> m süddt → Altenteil.

Austrag② <-(e)s, ohne pl> m sport {+Meisterschaft, Wettkämpfe} disputa f.

aus|tragen <irr> A tr **1** (zustellen) **etw** ~ {Brötchen, Milch} consegnare a domicilio qc, portare a casa; {Zeitungen} recapitare qc, consegnare a domicilio qc; {Post} distribuire qc, recapitare qc **2** (ausfechten) **etw (mit jdm)** ~ {Konflikt, Streit} risolvere qc (con qu), comporre qc (con qu): **eine Meinungsverschiedenheit mit jdm** ~, risolvere una divergenza di opinioni con qu; **einen Kampf mit jdm** ~, lottare con qu fino ⌐alla fine⌐/[all'ultimo] **3** sport **etw** ~ {Wettbewerb, Wettkampf} disputare qc: **die Fußballweltmeisterschaften werden in Lissabon ausgetragen**, i mondiali di calcio si disputano/giocano a Lisbona **4** (eine Schwangerschaft nicht unterbrechen): **ein Kind** ~, portare a termine una gravidanza **5** zoo: **ein Junges** ~, portare a termine una gravidanza **6** (streichen) **etw (aus etw** dat) ~ {Daten, Namen aus einer Liste} cancellare qc (da qc), eliminare qc (da qc) B rfl **sich (aus etw** dat) ~ {Aus einer Liste} cancellarsi (da qc).

Austräger m (**Austrägerin** f) (von Zeitungen) ragazzo (-a) m (f) che porta i giornali a casa; (von Blumen) fattorino (-a) m (f).

Austragung <-, -en> f **1** (das Austragen) {+Konflikt, Streitigkeit} (ri)soluzione f, composizione f **2** sport {+Wettkampf} disputa f: **Deutschland hat sich um der nächsten Fußballweltmeisterschaft beworben**, la Germania si è candidata ⌐come paese ospitante dei⌐/[per ospitare i] prossimi campionati del mondo di calcio.

Austragungsort m sport sede f: ~ **der nächsten Leichtathletikmeisterschaften ist Stuttgart**, la sede dei prossimi campionati di atletica leggera è Stoccarda.

Australien <-s, ohne pl> n geog Australia f.

Australier <-s, -> m (**Australierin** f) australiano (-a) m (f).

australisch adj australiano.

aus|träumen itr: **ausgeträumt haben**, aver finito di sognare, non avere più illusioni; **der Traum von etw (dat) ist ausgeträumt** {vom Glück, von einem neuen Haus}, addio sogni di qc.

aus|treiben <irr> A tr **1** (abgewöhnen) **jdm etw** ~ {Eigensinn, Sturheit} far passare a qu la voglia di (fare) qc, togliere a qu il vizio/l'abitudine di (fare) qc: **ich werde dir deine frechen Antworten schon** ~!, te la faccio passare io la voglia di dare quelle rispostacce!; **jdm seine Launen** ~, far passare le lune a qu fam, togliere a qu la voglia di capricci **2** (exorzieren): **jdm den Dämon/Teufel** ~, esorcizzare qu **3** geh (vertreiben) **jdn aus etw** ~ {Bevölkerung aus den Häusern} (s)cacciare qu da qc B itr bot {Baum} (cominciare a) germogliare, mettere le gemme; {Blätter, Knospen} spuntare.

Austreibung <-, -en> f (Teufelsaustreibung) esorcismo m.

aus|treten <irr> A tr **etw** ~ **1** (auslöschen) {Funke, Glut, Zigarette} spegnere qc con i piedi/il piede **2** (abnutzen) {Schuhe} sformare qc: **völlig ausgetretene Schuhe**, scarpe completamente sformate; {Dielen, Stufen, Treppe} consumare qc (a furia di salirci sopra); {Pfad} fare/battere qc (percorrendolo ripetutamente) B itr <sein> **1** (ausströmen) (**aus etw** dat) ~ {Blut aus der Wunde} uscire (da qc); {Dämpfe, Gas, Öl aus einem Leck, einer Öffnung} fuor(i)uscire (da qc) **2** euph (zur Toilette gehen): ~ **gehen/müssen**, andare/[dover andare] ⌐in bagno⌐/[al gabinetto]; **darf ich mal** ~?, posso uscire? **3** (ausscheiden) (**aus etw** dat) ~ {Aus einem Orchester, einem Staatenbund} uscire da qc; {Aus einem Verein} auch lasciare qc: **aus der Kirche** ~, "rinunciare a essere membro della chiesa non pagando più le tasse dovute per legge"; **aus der Partei** ~, ⌐lasciare il⌐/[uscire dal] partito.

Austriazismus <-, Austriazismen> m austriacismo m, termine m austriaco.

aus|tricksen tr **jdn** ~ **1** fam (mit einer List ausschalten) {Gegner, Konkurrenten} ⌐eliminare qu⌐/[sbarazzarsi di qu]/[mettere qu fuori gioco] (con astuzia) **2** sport bes. Fußball {Gegner} fintare qu, fare una finta a qu.

aus|trinken A tr **etw** ~ **1** (leer trinken) {Glas} bere tutto (-a) qc, (s)vuotare qc; {Flasche} auch finire qc **2** (ganz trinken) {Bier, Kaffee, Tee, Wasser} finire (di bere) qc: **trink deine Milch aus!**, finisci (di bere) il (tuo) latte!; **trink den letzten Rest Wein aus!**, finisci l'ultimo sorso di vino! B itr bere tutto: **hast du immer noch nicht ausgetrunken?**, non hai ancora finito di bere?

Austritt m **1** <meist sing> (von Flüssigkeit) fuor(i)uscita f; (das Entweichen) {+Gas} auch fuga f **2** (das Austreten) ~ (**aus etw** dat) uscita f (da qc), defezione f (da qc), abbandono m (di qc): **seinen** ~ **aus der Partei bekannt geben**, rendere di dominio pubblico la propria uscita dal partito; **der Verein hatte zahlreiche** ~**e zu verzeichnen**, l'associazione dovette registrare numerose defezioni.

Austrittserklärung f (dichiarazione f di) uscita f.

aus|trocknen A tr <haben> **etw** ~ {Dürreperiode, Hitze, Sonne Boden, Felder, Pflanzen} (dis)seccare qc, inaridire qc; {Sonne,

WIND HAUT} disidratare *qc* **B** *itr* <sein> {BODEN, FELDER, KÄSE, PFLANZEN} (dis)seccarsi, seccare, inaridirsi; {HAUT} disidratarsi: **meine Kehle ist ausgetrocknet**, ho la gola secca; **das Flussbett trocknet von Juli an ganz aus**, a partire da luglio il letto del fiume è completamente asciutto.

Austrocknung *f* {+BODEN, FELDER, PFLANZEN} inaridimento m, disseccazione f; {+HAUT} disidratazione f: **die – vieler Flüsse in den Sommermonaten**, il prosciugamento di molti fiumi durante i mesi estivi; **die – der Haut durch Sonne und Wind**, la disidratazione della pelle dovuta all'(l'esposizione al) sole e al vento.

aus|trompeten *tr fam etw* ~ {NEUIGKEIT} strombazzare *qc*, dire/gridare/sbandierare *qc* ai quattro venti.

aus|tüfteln *tr fam etw* ~ {METHODE, PLAN} escogitare *qc*.

aus|üben *tr* **1** (*berufsmäßig machen*) *etw* ~ {AMT, BERUF, HANDWERK} esercitare *qc*; {SPORT} praticare *qc*: **er übt den Beruf des Bäckers/Kochs aus**, esercita il mestiere di fornaio/cuoco **2** (*Gebrauch von etw machen*) *etw* ~ {HERRSCHAFT, MACHT, RECHT} esercitare *qc* **3** (*eine bestimmte Wirkung auf jdn haben*) *etw* (*auf jdn/etw*) ~ {ANZIEHUNGSKRAFT, EINFLUSS, REIZ, WIRKUNG} esercitare *qc* (*su qu/qc*); {DRUCK} *auch* fare *qc* (*su qu/qc*): **eine heilsame Wirkung auf jdn ~**, avere un effetto salutare su qu.

Ausübung <-, *ohne pl*> *f* **1** (*das Ausüben*) {+BERUF, HANDWERK, TÄTIGKEIT} esercizio m, pratica f: **in ~ seines Amtes/Dienstes** *adm*, nell'adempimento del proprio ufficio, nell'espletamento delle proprie funzioni; **in ~ seines Berufes**, nell'esercizio della sua professione **2** (*Anwendung*) {+HERRSCHAFT, MACHT, RECHT} esercizio m.

aus|ufern *itr* <sein> (**in etw** *akk*) ~ {DISKUSSION IN EINEN STREIT} degenerare (*in qc*): **der Konflikt könnte gefährlich ~**, il conflitto potrebbe subire una pericolosa escalation.

Ausuferung <-, -en> *f* {+AUSEINANDERSETZUNG, DISKUSSION} degenerazione f; {+KONFLIKT} escalation f.

Ausverkauf *m* **1** *com* liquidazione f, svendita f, saldi *m pl*: **etw im ~ kaufen**, comp(e)rare *qc* a una liquidazione/[ai saldi]; **~ wegen Geschäftsaufgabe**, liquidazione per chiusura locali **2** *pej* (*Aufgabe*) {+IDEALE, WERTE} naufragio m.

aus|verkaufen <ohne ge-> *tr etw* ~ {WAREN} svendere *qc*, liquidare *qc*.

ausverkauft *adj* **1** (*restlos verkauft*) esaurito: **die Karten sind schon seit Monaten ausverkauft**, i biglietti sono esauriti da mesi; **der Artikel ist ausverkauft**, l'articolo è esaurito **2** (*so, dass alle Eintrittskarten verkauft sind*) {ERSTAUFFÜHRUNG, KINO, KONZERT, OPER} esaurito, al completo: **das Theater ist ~**, il teatro è al completo/[esaurito]: **die Vorstellung ist ausverkauft**, i biglietti per lo spettacolo sono esauriti; **vor ~em Hause spielen** *theat*, fare il pienone *fam*/[il tutto esaurito] • ~!, tutto esaurito!

aus|wachsen <irr> *rfl* **1** (*sich zu etw entwickeln*) **sich zu etw** (*dat*) ~ {AUSEINANDERSETZUNGEN, UNRUHEN ZU EINEM PROBLEM, ZUR REVOLTE} assumere le dimensioni *di qc*: **die jugendlichen Banden wachsen sich zu einem riesigen sozialen Problem aus**, il fenomeno delle bande giovanili sta assumendo le dimensioni di un enorme problema sociale **2** *geh* (*sich weiterentwickeln*) **sich ~** {KONFLIKTE, UNRUHEN} estendersi, allargarsi, espandersi **3** *fam* (*sich normalisieren*) **sich ~** {BEHINDERUNG, MISSBILDUNG} normalizzarsi • **das/es ist zum Auswachsen!** *fam*, c'è da diventare matti! *fam*.

Auswahl <-, *ohne pl*> *f* **1** (*Wahl*) scelta f **2** *com* (*Warenangebot*) ~ (**an/von etw** *dat*) scelta *f* (*di qc*), assortimento *m* (*di qc*): **eine reiche ~ an Hemden und Pullovern**, un ricco assortimento/[un'ampia scelta] di camicie e maglie; **dieses Geschäft hat eine große ~**, questo negozio è ben assortito/fornito **3** (*Zusammenstellung ausgewählter Dinge*) scelta f, selezione f, cernita f: **eine ~ aus der Lyrik des zwanzigsten Jahrhunderts**, una scelta di liriche del Novecento; **wir zeigen Ihnen eine ~ aus der Sommerkollektion**, vi mostriamo una scelta dalla collezione estiva **4** *sport* (*aus den Besten zusammengestellte Mannschaft*) selezione f • **wenig ~ bieten**, avere poca scelta; (**die**) **freie ~ haben**, avere la scelta/[libera scelta]; **zur ~ stehen**, esser(ci) a scelta; **es stehen drei Modelle zur ~**, ci sono tre modelli a scelta/disposizione; **eine ~ treffen**, fare una scelta.

Auswahlband *m* volume m di brani scelti, raccolta f, antologia f.

Auswahlbibliografie, **Auswahlbibliographie** *f* bibliografia f essenziale.

aus|wählen **A** *tr* **jdn/etw** (*für jdn/etw*) ~ {BUCH, GESCHENK, KANDIDATEN} scegliere *qu/qc* (*per qu/qc*): **sie ist unter den vielen Bewerbern für die Stelle ausgewählt worden**, tra i tanti candidati a questo posto è stata scelta lei **B** *itr* fare una scelta, scegliere **C** *rfl* **sich** (*dat*) **jdn/etw** ~ scegliersi *qu/qc*, scegliere *qu/qc* per sé: **sie hat sich sehr tüchtige Mitarbeiter ausgewählt**, si è scelta dei collaboratori molto capaci; **er hat sich einen ganz einfachen dunklen Anzug ausgewählt**, ha scelto un abito scuro molto sobrio.

Auswahlfenster *n inform* finestra f (con le opzioni).

Auswahlkriterium *n* criterio m di scelta/selezione.

Auswahlmannschaft *f sport* selezione f, squadra f selezionata.

Auswahlmenü *n inform* menu m.

Auswahlmöglichkeit *f* possibilità f di scelta.

Auswahlprüfung *f* esame m di ammissione.

Auswahlspieler *m* (**Auswahlspielerin** *f*) *sport* giocatore (-trice) m (f) selezionato (-a).

Auswahlverfahren *n* (iter m/meccanismo m di) selezione f: **im ~**, nella selezione.

aus|walzen *tr etw* ~ **1** (*flach machen*) {ALUMINIUM, BLECH, STAHL} laminare *qc*, cilindrare *qc* **2** *fam pej* (*weitschweifig erörtern*) dilungarsi *su qc*, menare/tirare *qc* per le lunghe: **die Geschichte ist bis zum Überdruss ausgewalzt worden**, si sono dilungati su quella storia fino alla nausea.

Auswanderer *m* (**Auswanderin** *f*) emigrante mf.

aus|wandern *itr* <sein> (*irgendwohin*) ~ {NACH AUSTRALIEN, DEUTSCHLAND, IN DIE SCHWEIZ} emigrare (+ *compl di luogo*).

Auswanderung *f* emigrazione f: **~ nach Übersee**, emigrazione oltreoceano.

Auswanderungswelle *f* ondata f migratoria.

auswärtig *adj* <attr> **1** (*aus einem anderen Ort*) {BEWERBER, KUNDEN} di fuori, che viene da fuori, forestiero; {SCHÜLER, TEILNEHMER} esterno, che viene da fuori: **gegen eine ~e Mannschaft spielen**, giocare contro una squadra che viene da fuori **2** *pol* (*die Beziehungen zum Ausland betreffend*) {ANGELEGENHEITEN, POLITIK} estero: **das Auswärtige Amt** (Abk AA) (*in Deutschland und Österreich*), il Ministero degli (Affari) Esteri **3** (*außerhalb des eigenen Wohnorts*) esterno: **die ~en Mitarbeiter**, i collaboratori esterni; **eine ~e Schule besuchen**, frequentare una scuola fuori del proprio comune (di residenza).

auswärts *adv* **1** (*nicht zu Hause*) {ESSEN} fuori; {ARBEITEN} fuori (città) **2** (*von einem anderen Ort*): **von ~**, da fuori; **von ~ kommen**, venire da fuori/[un'altra città], essere forestiero **3** *sport* (*auf fremdem Platz*) fuori casa: **~ spielen**, giocare fuori casa/[in trasferta].

Auswärtsspiel *n sport* (partita f/incontro m in) trasferta f.

aus|waschen <irr> **A** *tr etw* ~ **1** (*ausspülen*) {GEFÄß, GLÄSER, PINSEL} sciacquare *qc* **2** (*waschen*) {BLUSE, SLIP, SOCKEN} dare una lavata *a qc*, lavare *qc* **3** (*entfernen*) {FLECK} togliere *qc* lavando, lavare via *qc* **4** *geol* {WASSER BODEN} dilavare *qc*; {WASSER GESTEIN, KÜSTE} erodere *qc*: **die Brandung wäscht die Felsenküste aus**, la risacca erode la costa rocciosa **B** *rfl* sich (dat) etw ~ {WUNDE} lavarsi *qc*, sciacquarsi *qc*.

Auswechselbank *f sport* panchina f.

auswechselbar *adj* {ARBEITSKRAFT, BEGRIFF, SPIELER, TEIL} sostituibile, rimpiazzabile; (*untereinander*) intercambiabile.

aus|wechseln *tr* **1** (*ersetzen*) *etw* ~ {BATTERIE, ZÜNDKERZEN} cambiare *qc*, sostituire *qc*: **die durchgebrannte Birne ~**, cambiare/sostituire la lampadina bruciata; **das Auswechseln von Kabeln**, la sostituzione di cavi **2** (*ersetzen*) **jdn** (*gegen jdn*) ~ {MITARBEITER, SPORTLER} sostituire *qu* (*con qu*): **der verletzte Torwart wurde ausgewechselt**, il portiere infortunato venne sostituito.

Auswechselspieler *m* (**Auswechselspielerin** *f*) *sport* riserva f.

Auswechslung, **Auswechselung** <-, -en> *f* cambio m, sostituzione f.

Ausweg *m* via f d'uscita/[di scampo/salvezza]: **das ist kein ~**, non è una soluzione • **sich einen ~ offen halten**, tenersi aperta una via d'uscita; **keinen anderen ~ mehr sehen/wissen**, non vedere altra via d'uscita; **nach einem ~ suchen**, cercare una via d'uscita; **immer einen ~ wissen**, trovare sempre una via d'uscita; **sapere sempre come trarsi d'impaccio**/[cavarsela]; **keinen ~ mehr aus etw** (dat) **wissen**, non sapere come uscire da.

ausweglos *adj* {SITUATION} senza via d'uscita: **eine ~e Lage**, una situazione disperata.

Ausweglosigkeit <-, *ohne pl*> *f* impossibilità f di trovare una via d'uscita; **sie erkannten die ~ ihrer Lage**, si resero conto che la loro situazione era senza via d'uscita.

aus|weichen <irr> *itr* <sein> **1** (*zu vermeiden suchen*) scansarsi: **sie konnte gerade noch ~**, riuscì a scansarsi all'ultimo momento: **nach rechts/links ~**, scansarsi verso destra/sinistra; (*mit dem Auto*) sterzare a destra/sinistra; **zur Seite ~**, farsi da parte; **jdm/etw ~** scansare *qu/qc*, schivare *qu/qc*, evitare *qu/qc*; **einem Auto im letzten Moment ~**, schivare una macchina all'ultimo momento; **jdm gerade noch ~ können**, riuscire a scansare qu all'ultimo momento **2** (*zu umgehen suchen*) **jdm/etw ~** {EINER AUSEINANDERSETZUNG, ENTSCHEIDUNG, PERSON} scansare *qu/qc*, evitare *qu/qc*, sfuggire *qc*; {FRAGE} eludere *qc*: **jds Blick ~**, evitare/sfuggire lo sguardo di qu; **seit der letzten Diskussion weicht sie mir aus**, dall'ultima discussione lei mi evita **3** (*als Ersatz nehmen*) **auf etw** (akk) ~ ripiegare *su qc*: **auf etwas anderes ~**, ripiegare su un'altra cosa; **auf andere Energiequellen ~**, ripiegare su altre

fonti di energia.
ausweichend A *adj* {ANTWORT} evasivo, elusivo; {BLICK} sfuggente B *adv* {ANTWORTEN} in modo evasivo.
Ausweichmanöver *n* **1** *autom* sterzata f (per evitare un ostacolo/incidente) **2** (*Ausflucht*) scappatoia f, espediente m, escamotage m.
Ausweichmöglichkeit f **1** *autom* "slargo m lungo le strade strette di montagna per poter lasciare il passo" **2** (*Alternative*) alternativa f.
Ausweichstrecke f itinerario m/percorso m alternativo.
aus|weiden *tr etw* ~ {HUHN, KANINCHEN, REH, WILDSCHWEIN} sventrare *qc*, sbudellare *qc*, sviscerare *qc*.
Ausweidung <-, *ohne pl*> f sventramento m, sbudellamento m, svisceramento m.
aus|weinen A *itr* finire/cessare di piangere B *rfl* **sich** ~ (*bei jdm*) ~ sfogarsi piangendo (*con qu*): **sich** (*dat*) **die Augen** ~, piangere ₍a dirotto₎/[calde lacrime] *fam*, piangere tutte le proprie lacrime; **wein dich ruhig aus! Danach geht es dir wieder besser!**, ₍piangi pure₎/[sfogati]! Dopo starai meglio!
Ausweis <-es, -e> m tessera f, tesserino m: **an der Kasse seinen ~ vorzeigen**, esibire la propria tessera alla cassa; (*Personalausweis*) documento m (₍d'identità₎/[di riconoscimento]), carta f d'identità; **Ihren ~, bitte!**, un documento (d'identità), per favore!; **mein ~ ist abgelaufen**, la mia carta d'identità è scaduta • **einen ~ ausstellen**, rilasciare un documento d'identità; **einen ~ beantragen**, richiedere/[chiedere il rilascio di] un documento d'identità; **ein gültiger/ungültiger ~**, un documento d'identità valido/scaduto; **den ~ kontrollieren**, chiedere/controllare la carta d'identità; **den ~ verlangen**, chiedere la carta d'identità; **einen ~ vorzeigen**, esibire un documento (d'identità).
aus|weisen <irr> A *tr* **1** (*des Landes verweisen*) *jdn* ~ espellere *qu* (dal paese), dare il foglio di via (*a qu*): **jdn als unerwünschte Person** ~, espellere qu (dal paese) in quanto persona indesiderata **2** *ökon* (*belegen*) *etw* ~ {AUSGABEN, GEWINNE, VERLUSTE} documentare *qc*, provare *qc*, (di)mostrare *qc*: **die Statistik weist einen Zuwachs von zwei Prozent aus**, la statistica mostra una crescita del due per cento **3** (*zeigen*) *jdn als etw* (*akk*) ~: **der Roman weist sie als vorzügliche Schriftstellerin aus**, il romanzo mostra/prova le sue doti di scrittrice eccellente; **der Film weist ihn als Nachwuchstalent aus**, il film lo rivela quale talento della nuova generazione **4** *adm* (*festlegen*) *etw* (*als etw* akk) ~ prevedere *qc* (*come qc*), destinare *qc come qc*: **der neue Bebauungsplan weist viele Grünflächen aus**, il nuovo piano regolatore prevede molte aree verdi; **ein Grundstück als Einkaufszentrum** ~, destinare un terreno alla costruzione di un centro commerciale B *rfl* **1** (*seine Identität*) **sich** ~ dimostrare la propria identità (con un documento): **können Sie sich ~?**, ha un documento? **2** (*sich erweisen*) **sich als etw** (*nom oder rar akk*) ~ dimostrare di essere *qc*: **sie hat sich als gute Journalistin ausgewiesen**, ha dimostrato di essere una brava giornalista.
Ausweiskontrolle f controllo m dei documenti (d'identità).
Ausweispapiere *subst* <*nur pl*> *adm jur* documenti m pl ₍d'identità₎/[di riconoscimento].
aus|weißen *tr etw* ~ {ZIMMER} imbiancare *qc*.

Ausweisung f **1** *adm* (*Abschiebung*) espulsione f **2** *ökon* (*Belegung*) documentazione f, attestazione f, prova f: **eine genaue ~ der Gewinne und Verluste**, una esatta documentazione dei guadagni e delle perdite **3** *adm* (*Identitätsnachweis*) prova f d'identità.
Ausweisungsbefehl m ordine m di espulsione, foglio m di via obbligatorio.
aus|weiten A *tr etw* ~ **1** (*ausdehnen*) {PULLOVER, T-SHIRT} allargare *qc* **2** (*vergrößern*) {BEFUGNISSE, KOMPETENZEN} estendere *qc*, dilatare *qc*; {ABSATZGEBIET, HANDEL} espandere *qc* B *rfl* **1** (*weiter werden*) **sich** ~ {PULLOVER, T-SHIRT} allargarsi, diventare più ampio (-a)/largo (-a), slabbrarsi **2** (*größer werden*) **sich** ~ {EBENE, HOCHDRUCKGEBIET} allargarsi, estendersi: **der Kreis der Abonnenten/Interessierten hat sich ausgeweitet**, la cerchia degli abbonati/interessati si è allargata **3** (*sich zu etw entwickeln*) **sich zu etw** (*dat*) ~ acquistare le dimensioni di *qc*: **der Konflikt hat sich zu einem Bürgerkrieg ausgeweitet**, il conflitto ha acquistato le dimensioni di una guerra civile.
Ausweitung <-, -en> f {+BEFUGNISSE, KOMPETENZEN} estensione f, dilatazione f; {+HANDEL} espansione f.
auswendig *adv* a memoria: **etw ~ können/lernen**, sapere/imparare *qc* a memoria; **kannst du den ganzen Text schon ~?**, sai già tutto il testo a memoria? • **jdn/etw in- und ~ kennen** *fam*, conoscere *qu/qc* ₍a fondo₎/[come le proprie tasche].
Auswendiglernen <-s, *ohne pl*> n studiare m a memoria: **ein Gedicht zum ~**, una poesia da imparare a memoria.
aus|werfen <irr> *tr etw* ~ **1** (*produzieren*) produrre *qc*, sfornare *qc*: **die Anlage wirft am Tag 3000 Teile aus**, l'impianto sforna 3000 pezzi al giorno **2** (*ins Wasser werfen*) {ANGEL, NETZ} gettare *qc* **3** (*ausstoßen*) {VULKAN ASCHE} espellere *qc*, eruttare *qc* **4** (*verteilen*) {DIVIDENDE, GEWINNANTEILE} distribuire *qc*.
auswertbar *adj* {DATEN} valutabile, analizzabile, interpretabile, che può essere valutato/analizzato/interpretato.
aus|werten *tr etw* ~ {ANGABEN, DATEN, STATISTIK} valutare *qc*, analizzare *qc*, interpretare *qc*: **einen Bericht kritisch** ~, analizzare criticamente un resoconto; **die Ergebnisse einer Umfrage** ~, interpretare/valutare i risultati di un'inchiesta.
Auswertung f (*von Daten*) valutazione f, analisi f, interpretazione f.
aus|wetzen *tr fam*: **eine Scharte** ~, rimediare a un errore.
aus|wickeln *tr etw* ~ {PÄCKCHEN} scartare *qc*; {GESCHENK} *auch* spacchettare *qc*: **ein Bonbon** ~, scartare una caramella.
aus|wiegen <irr> *tr etw* ~ **1** (*das Gewicht genau bestimmen*) pesare (esattamente) *qc*: **die Kartoffeln/das Fleisch** ~, pesare le patate/la carne **2** (*ein bestimmtes Gewicht erreichen*) pesare *qc*: **wiegen Sie mir bitte zwei Kilo Aprikosen aus!**, mi pesi/faccia/dia per favore due kili esatti di albicocche!; **ein Kilo Seehecht** ~, fare un kilo esatto di merluzzo.
aus|winden <irr> *tr bes. süddt A CH* → **aus|wringen**.
aus|wirken *rfl* **sich auf jdn/etw** ~ {SKANDAL AUF DIE WAHLERGEBNISSE} avere delle ripercussioni *su qu/qc*: **das wird sich** ~, avrà delle ripercussioni; **sich irgendwie auf jdn/etw** ~ ripercuotersi/influire + *compl di modo su qu/qc*, avere ripercussioni/conseguenze/effetti + *adj su qc*; **sich günstig/ungünstig auf jdn/etw** ~, influire

positivamente/negativamente *su qu/qc*; **der Bürgerkrieg hat sich katastrophal auf den Tourismus ausgewirkt**, la guerra civile ha avuto ₍conseguenze/ripercussioni catastrofiche₎/[effetti catastrofici] sul turismo.
Auswirkung f ~ (*auf jdn*) effetto m (*su qu*), influsso m (*su qu*); ~ (*auf etw* akk) *auch* conseguenza f (*su qc*), ripercussione f (*su qc*): **negative ~en auf die Wirtschaft haben**, avere riflessi negativi sull'economia; **die ~en der Dürreperiode auf die Ernte waren verheerend**, le conseguenze della siccità sul raccolto sono state catastrofiche.
aus|wischen *tr etw* ~ **1** (*säubern*) {SCHRANK, SCHUBLADE} pulire *qc*, dare una pulita a *qc*: **etw feucht** ~, pulire *qc* con un panno umido; **die Gläser mit einem trockenen Lappen** ~, dare una pulita ai bicchieri con un panno asciutto **2** (*wegwischen*) {GESCHRIEBENES, ZEICHNUNG} cancellare *qc*: **die Namen an der Tafel** ~, cancellare i nomi (scritti) alla lavagna • **jdm eins ~** *fam*, giocare un brutto tiro a *qu fam*.
aus|wringen <irr> *tr etw* ~ {WÄSCHE} strizzare *qc*.
Auswuchs <-es, *Auswüchse*> m **1** (*Wucherung*) escrescenza f, protuberanza f **2** <*meist pl*> (*Übersteigerung*) aberrazioni m pl, eccessi m pl: **das sind Auswüchse der Fantasie**, queste sono aberrazioni della fantasia; **die Auswüchse des Verwaltungsapparats**, gli eccessi/le anomalie dell'apparato amministrativo.
aus|wuchten *tr mech etw* ~ equilibrare *qc*, bilanciare *qc*: **die Räder ~ (lassen)**, (far) equilibrare/bilanciare le ruote.
Auswurf m **1** <*meist* sing> *med* espettorazione f *med*, sputo m, spurgo m *med*: **zäher/blutiger** ~, espettorazione di muco/sangue **2** <*nur* sing> *geh pej* (*Abschaum*) feccia f, rifiuto m: **der ~ der Gesellschaft/Menschheit**, la feccia ₍della società₎/[dell'umanità] **3** <*nur* sing> (*das Auswerfen*) ~ **von etw** (*dat*) {VON ASCHE, LAVA} eruzione f *di qc*, espulsione f *di qc*.
aus|würfeln *tr etw* ~ giocarsi *qc* ai dadi, decidere *qc* ai dadi: **eine Runde Sekt** ~, giocarsi ai dadi un giro di spumante.
aus|zahlen A *tr* **1** (*zahlen*) (*jdm*) *etw* ~ {ERBE, GEHALT, LOHN, SPESEN} pagare *qc* (*a qu*), versare *qc* (*a qu*), corrispondere *qc* (*a qu*): **er bekommt 2000 Euro ausgezahlt**, gli pagano 2000 euro; **jdm einen Gewinn** ~, pagare una vincita a *qu* **2** (*abfinden*) *jdn* ~ {GLÄUBIGER} soddisfare *qu*, tacitare *qu*; {ARBEITNEHMER, TEILHABER} liquidare *qu*: **einen Erben** ~, corrispondere/liquidare a un erede la sua parte (ereditaria); **sich** (*dat*) **sein Erbteil ~ lassen**, farsi liquidare la propria parte (di eredità) B *rfl* **sich ~ pagare: der Einsatz/die Mühe zahlt sich am Ende doch aus**, alla fine l'impegno/la fatica paga; **eine solche Investition zahlt sich nicht aus**, un investimento simile non ha un ritorno.
aus|zählen *tr* **1** (*genau bestimmen*) *etw* ~ contare *qc*, fare ₍il conteggio/computo₎/[la conta] *di qc*; {STIMMEN} fare lo spoglio/scrutinio *di qc* **2** *Boxen* (*die Niederlage feststellen*) *jdn* ~ contare *qu slang*.
Auszahlung f **1** (*Zahlung*) {+ERBTEIL, GEHALT, LOHN, PRÄMIE, RENTE} pagamento m, versamento m **2** (*Abfindung*) {+ARBEITNEHMER, ERBE, TEILHABER} liquidazione f.
Auszählung f conteggio m, computo m, conta f; {+STIMMEN} spoglio m, scrutinio m.
aus|zanken *tr* → **aus|schimpfen**.
aus|zehren *tr geh jdn* ~ {KRANKHEIT} consumare *qu*, debilitare *qu*; {ANSTRENGUNGEN} *auch* sfinire *qu*, sfibrare *qu*, stremare *qu*: **der**

Kampf gegen die Krankheit hat ihn völlig ausgezehrt, la lotta contro la malattia lo ha debilitato completamente; **ausgezehrt wirken**, sembrare stremato (-a)/sfinito (-a); **ein ausgezehrtes Gesicht**, un viso smunto/scavato.

aus|zeichnen Ⓐ tr **1** com (*mit einem Preis versehen*) **etw** ~ prezzare *qc*, mettere a *qc* il cartellino/l'etichetta con il prezzo: **die Ware muss noch ausgezeichnet werden**, la merce deve ancora essere prezzata; **die Ware ist falsch ausgezeichnet**, il prezzo indicato sulla merce è sbagliato **2** (*ehren*) **jdn**/**etw** (*mit etw dat*) ~ {MIT DEM VERDIENSTKREUZ} decorare *qu* (*con qc*); {MIT EINEM PREIS} premiare *qu*/*qc* (*con qc*), conferire *qc a qu*, attribuire *qc a qu*: **der griechische Regisseur wurde mit der Goldenen Palme ausgezeichnet**, il regista greco è stato premiato con la Palma d'oro; **der Film ist mit dem Prädikat «wertvoll» ausgezeichnet worden**, il film ha avuto la menzione «pregevole»; **einen Wissenschaftler mit dem Nobelpreis ~**, conferire il premio Nobel a uno scienziato; **jdn mit einer besonderen Ehrung ~**, insignire *qu* di una particolare onorificenza **3** (*kennzeichnen*) **jdn**/**etw** ~ {AUSDAUER, ENGAGEMENT, LEISTUNGSWILLE, WILLENSSTÄRKE} (contrad)distinguere *qu*/*qc*, caratterizzare *qu*/*qc*, essere ₁la caratteristica₁/[il segno distintivo] di *qu*/*qc*: **der Mut zu Veränderungen zeichnet diese Regierung aus**, il coraggio di operare cambiamenti è il segno distintivo di questo governo Ⓑ rfl **sich durch etw** (*akk*) ~ distinguersi *per qc*, eccellere *in qc*: **die Mädchen haben sich in der Gefahr durch großen Mut ausgezeichnet**, nel pericolo le ragazze si sono distinte per il grande coraggio; **der Wagen zeichnet sich durch besondere Wendigkeit aus**, la macchina si distingue per la sua particolare agilità; **ihr Sohn zeichnet sich durch große Intelligenz aus**, suo figlio brilla per la sua grande intelligenza.

Auszeichnung f **1** <*nur* sing> (*von Ware*) prezzatura f **2** <*nur* sing> (*das Auszeichnen*) ~ **mit etw** (*dat*) {MIT EINEM PREIS, TITEL, BESONDEREN WÜRDEN} conferimento m *di qc*, attribuzione f *di qc*: **die ~ mit dem Nobelpreis fand vor dem schwedischen Königspaar statt**, il conferimento del premio Nobel ha avuto luogo davanti ai reali di Svezia; **die ~ mit dem Verdienstkreuz**, la decorazione con la croce al merito **3** (*Preis*) premio m; (*Orden*) onorificenza f, decorazione f **4** (*besondere Ehrung*) riconoscimento m: **die Wahl zum Direktor des Forschungszentrums war eine besondere ~ für ihn**, l'elezione a direttore del centro di ricerca fu per lui un grande riconoscimento • **mit ~**, con lode; **die Prüfung mit ~ bestehen**, superare l'esame con la lode; **jdm eine ~ verleihen**, insignire *qu* di una onorificenza.

Auszeit f *sport* time out m • **sich** (*dat*) **eine ~ (von etw dat) nehmen**, prendersi una vacanza (da *qc*).

ausziehbar adj {TISCH} allungabile, estraibile; {ANTENNE} telescopico; {LEITER} *auch* estensibile, allungabile.

aus|ziehen <*irr*> Ⓐ tr <*haben*> **1** (*verlängern*) **etw** ~ {ANTENNE, STATIV} allungare *qc*, tirare fuori *qc*: **den Tisch kann man ~**, il tavolo si può allungare **2** (*ablegen*) (*jdm*) **etw** ~ {KLEIDUNGSSTÜCK, SCHUHE} togliere (di dosso) *qc* (*a qu*), levare *qc* (di dosso) (*a qu*) **3** (*auskleiden*) **jdn** ~ spogliare *qu*, svestire *qu*: **ein Kind nackt ~, um es zu baden**, spogliare/svestire un bambino per fargli il bagno; **jdn mit den Augen ~**, spogliare *qu* con gli occhi **4** (*her~*) (*jdm*) **etw** ~ {DORN, SPLIT-*

TER*} estrarre *qc* (*a qu*), togliere *qc* (*a qu*); {ZAHN} *auch* cavare *qc* (*a qu*) **fam 5** *fam* (*ausnehmen*) **jdn** ~ spellare *qu fam*, svuotare le tasche/il borsellino *a qu*, spennare *qu fam* Ⓑ itr <*sein*> **1** (*Wohnung aufgeben*) sgombrare, andare via, sloggiare *fam*: **wir müssen zum 31. März ~**, dobbiamo andarcene/[lasciare la casa] entro il 31 marzo **2** (*verlassen*) **aus etw** (*dat*) ~ {TRUPPEN AUS DER KASERNE, STADT} sgombrare *qc*, lasciare *qc*: **der Trauerzug zog aus der Kirche aus**, il corteo funebre uscì dalla chiesa **3** (*ausrücken*) partire, andarsene: **~, um die Welt kennen zu lernen**, partire alla scoperta del mondo; **auf Abenteuer ~**, partire in cerca di avventure Ⓒ rfl **1** (*sich entkleiden*) **sich ~** spogliarsi, svestirsi **2** (*etw ablegen*) **sich etw ~** {JACKE, PULLOVER, SCHUHE} togliersi (di dosso) *qc*, levarsi (di dosso) *qc*.

Ausziehleiter f scala f telescopica/allungabile/estensibile.

Ausziehtisch m tavolo m allungabile/estraibile.

aus|zischen tr **jdn**/**etw** ~ {REDNER, THEATERSTÜCK} fischiare *qu*/*qc*.

Auszubildende <*dekl wie adj*> mf *adm* (*Abk* Azubi) apprendista mf, tirocinante mf.

Auszug m **1** <*nur* sing> (*das Verlassen einer Wohnung*) sgombero m: **könnt ihr uns beim ~ helfen?**, potete aiutarci a ₁sgombrare l'appartamento₁/[portare via i mobili]? **2** *bank* (*Kontoauszug*) estratto m conto: **sich** (*dat*) **die Auszüge der letzten drei Monate geben lassen**, farsi dare l'estratto conto con i movimenti degli ultimi tre mesi **3** (*Pflanzenextrakt*) ~ **aus etw** dat) estratto m (*di qc*) **4** (*ausgewählte Stelle*) ~ (**aus etw** dat) {AUS EINER PREDIGT, REDE, EINEM TEXT} passo m (*di*/*da qc*), brano m (*di*/*da qc*) **5** <*nur* sing> (*das Verlassen*) uscita f: **der ~ des Festumzugs aus der Festhalle**, l'uscita del corteo dal salone; *bibl* esodo m: **der ~ aus Ägypten**, l'esodo dall'Egitto **6** (*herausgeschriebener Abschnitt*) estratto m: **ein ~ aus dem Geburtsregister**, un estratto dell'atto di nascita; **ein beglaubigter ~**, un estratto autenticato.

Auszugsmehl n farina f 00, fior m di farina.

auszugsweise adv: **eine Rede ~ veröffentlichen**/**drucken**, pubblicare/stampare ₁alcuni passi₁/[l'estratto] da un discorso.

aus|zupfen Ⓐ tr **etw** ~ {UNKRAUT} strappare *qc*, sbarbare *qc* Ⓑ rfl **sich** (*dat*) **etw** ~ {AUGENBRAUEN, HÄRCHEN} togliersi *qc* (con una pinzetta).

autark adj **1** ökon autarchico **2** (*unabhängig*) {DENKEN, KULTUR} libero, indipendente: **ein ~er Mensch**, una persona autonoma.

Autarkie <*-, -n*> f <*meist* sing> **1** (*wirtschaftliche Unabhängigkeit*) autarchia f **2** (*geistige Unabhängigkeit*) indipendenza f: **geistige**/**kulturelle ~**, indipendenza mentale/culturale.

Authentie <*-, ohne pl*> f *geh* → **Authentizität**.

authentifizieren <*ohne ge-*> tr *geh* **etw** ~ {AUSZUG, ÜBERSETZUNG, UNTERSCHRIFT} autenticare *qc*.

authentisch adj {BERICHT} veritiero; {TEXT} autentico, originale.

authentisieren <*ohne* ge-> tr *jur* **etw** ~ autenticare *qc*.

Authentizität <*-, ohne pl*> f {+TEXT} autenticità f; {+BERICHT} veridicità f.

Autismus <*-, ohne pl*> m *med* autismo m.

Autist <*-en, -en*> m (**Autistin**) f *med* autistico (-a) m (f).

autistisch adj *med* {KIND, PERSON} autistico.

Auto <*-s, -s*> n auto(mobile) f, macchina f: **ich fahre gern ~**, mi piace guidare (la macchina); (*mit dem ~ fahren*) mi piace andare in macchina; **fahrt ihr mit dem ~ oder mit dem Zug?**, andate in macchina o in treno?, prendete la macchina o il treno?; **sie kann gut ~ fahren**, guida bene; **wir haben uns ein gebrauchtes ~ gekauft**, abbiamo comprato una macchina usata; **bist du zu Fuß oder mit dem ~ da?**, sei venuto (-a) a piedi o in macchina? • **ein ~ abschleppen**, rimorchiare/trainare una macchina; **das ~ parken**, parcheggiare la macchina; ₁**aus dem**₁/[**ins**] ~ **steigen**, ₁scendere dalla₁/[montare/salire in] macchina; **ein ~ überholen**, superare una macchina; **ein ~ zulassen**, immatricolare una macchina/un'auto.

Autoabgase subst <*nur pl*> gas m pl di scarico delle auto.

Autoantenne f antenna f dell'auto.

Autoatlas m atlante m stradale/automobilistico.

Autoaufkleber m adesivo m per la macchina.

Autobahn f autostrada f: **auf die ~ fahren**, entrare/immettersi in autostrada; **auf der ~ fahren**, viaggiare in autostrada, percorrere l'autostrada; **von der ~ fahren**, uscire dall'autostrada.

Autobahnabschnitt m tronco m dell'autostrada.

Autobahnanschlussstelle, **Autobahnanschluss-Stelle** (a.R. Autobahnanschlußstelle) f allacciamento m autostradale.

Autobahnauffahrt f ingresso m/imbocco m dell'autostrada.

Autobahnausfahrt f uscita f dell'autostrada.

Autobahndreieck n svincolo m autostradale a trifoglio.

Autobahngebühr f pedaggio m autostradale.

Autobahnkreuz n snodo m/svincolo m autostradale.

Autobahnnetz n rete f autostradale.

Autobahnpolizei f polizia f stradale.

Autobahnrastplatz m area m di sosta.

Autobahnraststätte f autogrill m ®, area f di servizio.

Autobahnring m tangenziale f, raccordo m anulare.

Autobahnvignette f *A CH* bollino m/vignetta f autostradale.

Autobahnzubringer m raccordo m autostradale.

Autobatterie f batteria f della macchina.

Autobiografie f autobiografia f.

autobiografisch adj {ERZÄHLUNG, ROMAN} autobiografico.

Autobiographie f → **Autobiografie**.

autobiographisch adj → **autobiografisch**.

Autobombe f autobomba f.

Autobus m (*in der Stadt*) autobus m; (*zwischen Städten*) corriera f, pullman m.

Autobusbahnhof m stazione f degli autobus/dei pullman.

Autobushaltestelle f fermata f ₁dell'autobus₁/[d'autobus].

Autobuslinie f linea f dell'autobus.

Autocar m *CH* pullman m.

autochthon adj autoctono.

Autodafé <*-s, -s*> n *geh* autodafé m.

Autodidakt <*-en, -en*> m (**Autodidaktin** f) *geh* autodidatta mf.

autodidaktisch Ⓐ adj {METHODE} autodidattico Ⓑ adv {SICH ANEIGNEN, LERNEN, STUDIE-

REN} da autodidatta.

Autodieb m (**Autodiebin** f) ladro (-a) m (f) d'auto.

Autodiebstahl m furto m d'auto.

Autodrom <-s, -e> n autodromo m.

Autofabrik f fabbrica f di automobili.

Autofähre f (nave f) traghetto m, ferry-boat m.

Autofahren <-s, ohne pl> n (*Tätigkeit*) guidare m: **beim ~ muss man vorsichtig sein**, quando si guida bisogna essere prudenti, al volante la prudenza è d'obbligo; **ich habe keine Lust zum ~** (*als Fahrer*), non ho voglia di guidare; (*als Mitfahrer*) non ho voglia di andare in macchina ● **unfallfreies ~**, guidare senza avere incidenti.

Autofahrer m (**Autofahrerin** f) automobilista mf: **ich bin schon 15 Jahre (lang) ~**, guido (la macchina) da ben 15 anni.

Autofahrt f viaggio m in macchina.

Autofokus <-, -se> m *fot* autofocus: **eine Kamera mit ~**, una macchina fotografica con autofocus.

autofrei adj *adm*: **~er Sonntag**, domenica ₍a piedi₎/[senz'auto]; **~e Zone**, zona chiusa al traffico.

Autofriedhof m cimitero m delle auto(mobili).

Autogamie <-, ohne pl> f *bot* autogamia f.

Autogas n GPL m.

autogen adj: **~es Training**, training autogeno.

Autogeschäft n concessionario m (di automobili), autosalone m.

Autograf <-s, -e(n)> n *Verlag* (scritto m) autografo m.

autografisch adj {BUCH, TEXT} autografo.

Autogramm <-s, -e> n autografo m: **jdn um ein ~ bitten**, chiedere un autografo a qu.

Autogrammjäger m (**Autogrammjägerin** f) *fam* cacciatore (-trice) m (f) d'autografi.

Autograph n → **Autograf**.

autographisch adj → **autografisch**.

Autohändler m (**Autohändlerin** f) rivenditore (-trice) m (f) d'auto; (*Vertragshändler*) concessionario (-a) m (f) (di automobili).

Autohaus n → **Autogeschäft**.

Autohersteller m → **Automobilhersteller**.

Autohupe f clacson m.

Autohypnose f autoipnosi f.

autoimmun adj {KRANKHEIT} autoimmune.

Autoimmunkrankheit f *med* malattia f autoimmunitaria.

Autoimmunreaktion f *med* reazione f autoimmune.

Autoindustrie f industria f automobilistica/[dell'automobile].

Autokarosserie f carozzeria f dell'auto.

Autokarte f carta f automobilistica/stradale.

Autokino n drive-in m, cineparco m, autocinema m.

Autoknacker m (**Autoknackerin** f) *fam* topo m d'auto *fam*.

Autokolonne f fila f di macchine.

Autokorso m caroselli m pl (di auto).

Autokrat <-en, -en> m geh **1** (*pol* absolutistischer Herrscher), autocrate m **2** (*selbstherrlicher Mensch*) autocrate m, despota m.

Autokratie <-, -n> f *pol* autocrazia f.

autokratisch adj {HERRSCHER, HERRSCHAFT} autocratico.

Autolenker m (**Autolenkerin** f) *CH* →

Autofahrer.

Autolyse <-, -n> f *med* autolisi f.

Automarder m *fam* → **Autoknacker**.

Automarke f marca f d'automobile.

Automat <-en, -en> m **1** (*Verkaufsautomat*) distributore m automatico, macchinetta f *fam* **2** *tech* (*selbstständig arbeitende Maschine*) apparecchio m automatico **3** (*Spielautomat*) slot machine f; (*Musikautomat*) jukebox m **4** (*Geldautomat*) bancomat m: **Geld am ~en ziehen**, prendere dei soldi al bancomat **5** *pej* (*Mensch*) automa m, robot m.

Automatenknacker m (**Automatenknackerin** f) *fam* scassinatore (-trice) m (f) di ₍distributori automatici₎/[macchinette].

Automatenrestaurant n distributore m automatico di cibi pronti.

Automatik <-, -en> f **1** <*meist sing*> *tech* automatismo m; (*am Auto*) cambio m automatico: **ein Fotoapparat mit ~**, una macchina fotografica automatica **2** <*nur sing*> (*selbstständiger Ablauf eines Prozesses*) comando m automatico.

Automatikgetriebe n *autom* cambio m automatico.

Automatikgurt m *autom* cintura f di sicurezza automatica.

Automatikschaltung f *autom* cambio m automatico.

Automation <-, ohne pl> f automazione f.

automatisch A adj **1** (*mit Automatik ausgestattet*) {BREMSE, KAMERA, SIGNAL, STEUERUNG} automatico **2** (*unwillkürlich*) {BEWEGUNG, REAKTION} automatico B adv **1** (*selbsttätig*) {ABLAUFEN, ERFOLGEN, WEITERLEITEN} automaticamente **2** (*unwillkürlich*) {ANTWORTEN, LÄCHELN} automaticamente, in modo automatico, di riflesso: **etw ganz ~ tun**, fare qc in modo del tutto automatico ● **halb ~ → halbautomatisch**.

automatisieren <ohne ge-> A tr *etw* ~ {BETRIEB, PRODUKTION} automatizzare *qc* B itr introdurre l'automatizzazione ● **voll automatisiert → vollautomatisiert**.

Automatisierung <-, -en> f automazione f, automatizzazione f.

Automatisierungsnutzen <-s, ohne pl> m beneficio m dell'automazione.

Automatismus <-, *Automatismen*> m **1** *tech* automatismo m **2** *geh med psych* automatismo m.

Automechaniker m (**Automechanikerin** f) meccanico (-a) m (f) (per auto).

Autominute f <*meist pl*> minuto m d'auto: **das Restaurant ist nur fünf ~n von hier entfernt**, il ristorante è a soli cinque minuti d'auto da qui.

Automobil <-s, -e> n *geh obs* → **Auto**.

Automobilausstellung f salone m dell'automobile, autosalone m.

Automobilbranche <-, -en> f *ökon* settore m automobilistico/[dell'automobile].

Automobilclub m → **Automobilklub**.

Automobil-Club m: **Allgemeiner Deutscher Automobil-Club** (Abk ADAC), ≈ Automobile Club d'Italia (Abk ACI).

Automobilhersteller m casa f/azienda f automobilistica.

Automobilindustrie f industria f automobilistica.

Automobilist m (**Automobilistin** f) *bes. CH* automobilista mf.

Automobilklub m automobilclub m.

Automobilsalon m → **Automobilausstellung**.

Automodell n modello m d'auto.

Automuseum n museo m dell'auto (d'epoca).

autonom adj **1** *pol* (*unabhängig*) {PROVINZ, REGION, STAAT} autonomo **2** *pol* (*linksradikal*): **~e Gruppe**, gruppo di autonomi di sinistra.

Autonome <*dekl wie adj*> mf *pol* autonomo (-a) m (f) (di sinistra).

Autonomenszene f *pol* ambienti m pl degli autonomi (di sinistra).

Autonomie <-, -n> f <*meist sing*> *geh* autonomia f: **nach ~** (**von etw dat**) **streben**, aspirare all'autonomia (da qc).

Autonomieabkommen n *pol* accordo m che sancisce l'autonomia.

Autonomiebehörde f: **die Palästinensische ~** *pol*, l'Autorità Nazionale Palestinese.

Autonomiebestrebung f <*meist pl*> tendenza f autonomistica, aspirazione f all'autonomia.

Autonomiegebiet n: **die Palästinensischen ~e** *pol*, i Territori Autonomi Palestinesi.

Autonummer f *fam aut* numero m di targa.

Autopanne f panne f, guasto m: **eine ~ haben**, essere in panne (con la macchina); **mit einer ~ irgendwo liegen bleiben**, rimanere in panne con la macchina da qualche parte.

Autopapiere subst <*nur pl*> documenti m pl dell'auto.

Autopilot m {+FLUGZEUG, RAKETE} autopilota m, pilota m automatico.

Autoplastik f *med* autoplasti(c)a f, autotrapianto m, autoinnesto m.

Autopsie <-, -n> f *med* autopsia f: **eine ~ anordnen/vornehmen**, ordinare/eseguire un'autopsia.

Autor <-s, -en> m (**Autorin** f) autore (-trice) m (f): **ein erfolgreicher/[viel gelesener]/[zeitgenössischer] ~**, un autore ₍di successo₎/[molto letto]/[contemporaneo].

Autoradio n autoradio f.

Autorecycling n *ökol* riciclaggio m di componenti di automobile.

Autoreifen m pneumatico m (per auto).

Autoreisezug m *Eisenb* "treno + auto".

Autorenfilm m *film* film m d'autore.

Autorenkollektiv n *lit* autori m pl vari.

Autorenlesung f *lit* "incontro m con l'autore (che legge brani tratti dalle proprie opere)", reading m.

Autorennbahn f pista f, autodromo m.

Autorennen n corsa f/gara f automobilistica.

Autorenrechte subst <*nur pl*> diritti m pl d'autore.

Autorenverzeichnis n (*in einem Buch*) indice m degli autori; {+VERLAG} catalogo m degli autori.

Autoreparatur f *mech* riparazione f di un'auto.

Autoreparaturwerkstatt f autofficina f, autoriparazione f.

Autoreverse <-, ohne pl> n (*am Kassettenrekorder*) autoreverse m.

Autorin f → **Autor**.

Autorisation <-, -en> f *geh* autorizzazione f: **jdm die ~ erteilen**, dare l'autorizzazione a qu, autorizzare qu.

autorisieren <ohne ge-> tr *geh* **1** (*bevollmächtigen*) **jdn zu etw** (dat) ~ *qu a* (*fare*) *qc*: **mein Sohn ist autorisiert, das Geld an meiner Stelle anzunehmen**, mio figlio è autorizzato a ritirare i soldi in mia vece **2** (*genehmigen*) **etw ~** {TEXT, VERSION} autorizzare *qc*: **eine autorisierte**

Übersetzung, una traduzione autorizzata.
autoritär A *adj* **1** (*Gehorsam verlangend*) {ELTERN, PERSÖNLICHKEIT} autoritario; {ERZIEHUNG} di tipo autoritario **2** *pol* (*totalitär*) {REGIME} autoritario, dispotico B *adv* **1** (*Gehorsam verlangend*) {BEHANDELN, ERZIEHEN, MIT JDM UMGEHEN} in modo autoritario **2** *pol* (*totalitär*) {REGIEREN} da dittatore/despota.
Autoritarismus <-, *ohne pl*> m *geh* autoritarismo m.
Autorität <-, *-en*> f **1** <*nur sing*> (*Ansehen*) autorità f, autorevolezza f: **die elterliche/kirchliche/staatliche ~**, l'autorità dei genitori/[ecclesiastica]/[statale]; **seine ~ auf dem Gebiet der Oper ist unbestritten**, la sua autorità nel campo dell'opera lirica è indiscussa **2** (*Kapazität*) autorità f: **als ~ auf einem Gebiet gelten**, passare per un'autorità in un campo; **sie ist eine ~ im Bereich der Genforschung**, (lei) è un'autorità nel campo della ricerca genetica ● - **besitzen/genießen**, essere autorevole, avere/[godere di] autorevolezza; **seine ~ festigen**, consolidare la propria autorità; **jds ~ untergraben**, minare l'autorità di qu; **sich ~ verschaffen**, farsi rispettare/valere.
autoritativ *adj geh* autorevole; {BESTIMMUNG} normativo.
autoritätsgläubig *adj pej* {BÜRGER, PERSON} che ha fiducia incondizionata nell'autorità.
Autoritätsgläubigkeit <-, *ohne pl*> f *pej* fiducia f incondizionata nell'autorità.
autoritätshörig *adj pej* supino ai dettami dell'autorità.
Autoritätsprinzip n *geh* principio m di autorità.
Autorschaft f paternità f di un'opera.
Autorückruf m "invito m di un produttore a restituire l'automezzo con difetti di fabbricazione".
Autosalon m → **Automobilsalon**.
Autoschalter m *bank* sportello m bancario drive-in.
Autoschlange f coda f/fila f di automobili.
Autoschlosser m (**Autoschlosserin** f) meccanico (-a) m (f) (per auto).
Autoschlüssel m chiavi f pl della macchina.
Autoskooter <-s, -> m autoscontro m.
Autosport m automobilismo m, sport m automobilistico.
Autostopp m autostop m: **mit/per ~ fahren**, viaggiare in autostop; **~ machen**, fare l'autostop.
Autostopper m (**Autostopperin** f) autostoppista mf.
Autostrich m *fam* **1** (*Straße*) "zona f in cui le prostitute si offrono agli automobilisti in transito" **2** (*Form von Prostitution*) prostituzione f lungo le strade trafficate.
Autostunde f ora f d'auto/di macchina: **der Flughafen ist eine ~ von uns entfernt**, l'aereoporto è a un'ora di macchina da casa nostra.
Autosuggestion f autosuggestione f.
Autotelefon (a.R. Autotelephon) n autotelefono m, telefono m in macchina.
Autotransfusion f *med* autotrasfusione f, autoemotrasfusione f.
Autotransplantation f *med* autotrapianto m.
autotroph *adj biol* autotrofo.
Autotür f portiera f/sportello m della macchina.
Autounfall m incidente m d'auto/[automobilistico].
Autoverkehr m traffico m automobilistico, circolazione f (delle auto).
Autoverleih m, **Autovermietung** f **1** (*Unternehmen*) (società f/ditta f di) autonoleggio m **2** (*das Vermieten*) autonoleggio m, noleggio m d'auto.
Autowaschanlage f autolavaggio m.
Autowerkstatt f autofficina f.
Autowrack n carcassa f d'auto.
Autozoom <-s, -s> n *fot* autozoom m.
Autozubehör n autoaccessori m pl, accessori m pl per auto.
autsch *interj* ahi!
auweh *interj* **1** (*Ausruf des Schmerzes*) ahi!; (*Ausruf des Bedauerns*) accidenti!, porco cane!: **~, ich habe meinen Ausweis zu Hause vergessen!**, accidenti, ho dimenticato la mia carta d'identità a casa!
auxiliar *adj geh* ausiliare.
Auxiliarverb n *ling* verbo m ausiliare.
Aval <-s, -e> m *oder rar* n *bank* avallo m.
Avance <-, -*n*> f *geh* avance f, proposta f: **jdm ~n machen** (*jdm zeigen, dass man sich sexuell für ihn interessiert*), fare delle avance(s) a qu; (*jdm ein beruflich interessantes Angebot machen*) fare a qu una proposta allettante/interessante.
avancieren <*ohne ge-*> *itr* <*sein*> (*zu etw dat*) ~ avanzare di grado, raggiungere il grado *di qc*: **er ist zum ersten Direktor avanciert**, è stato promosso direttore capo.
Avantgarde <-, -*n*> f <*meist sing*> *geh* avanguardia f.
Avantgardismus <-, *ohne pl*> m *geh* avanguardismo m.
Avantgardist <-*en*, -*en*> m (**Avantgardistin** f) avanguardista mf.
avantgardistisch *adj* {LITERATUR, MALEREI} avanguardista.
AvD m *Abk von* Automobilclub von Deutschland: "Automobile Club Tedesco".
Ave-Maria <-(s), -(s)> n *relig* avemaria m.
Aversion <-, -*en*> f ~ (**gegen jdn/etw**) avversione f (*per qu/qc*), idiosincrasia f (*per qu/qc*): **sie hat eine ausgesprochene ~ gegen ihn**, ha una vera e propria avversione per lui.
Avis <-*es*, -*e oder* -, -> m *oder* n **1** *com* avviso m **2** *bank* avviso m di pagamento di una cambiale.
a vista A *adj* {WECHSEL} a vista B *adv* {ZAHLEN} a vista.
Avistawechsel m *bank* cambiale f a vista.
Avitaminose <-, -*n*> f *med* avitaminosi f.
Avocado <-, -*s*> f avocado m.
axial *adj tech* {VERSCHIEBUNG} assiale.
Axiom <-*s*, -*e*> n *geh* assioma m: **ein mathematisches ~**, un assioma matematico.
axiomatisch *adj* {GRUNDSATZ, PRINZIP} assiomatico.
Axt <-, *Äxte*> f ascia f, scure f ● **die Axt im Hause erspart den Zimmermann**, chi fa de sé fa per tre *prov*; **wie die Axt im** *Walde* **hausen** *fam*, sich wie die Axt im Walde benehmen, comportarsi come un vandalo/barbaro.
Axthieb m colpo m d'ascia, asciata f.
Ayatollah <-(s), -s> m → **Ajatollah**.
Ayurveda, **Ayurweda** <-(s), *ohne pl*> m ayurveda f.
AZ, **Az.** *Abk von* Aktenzeichen: prot. n. (Abk von numero di protocollo).
Azalee <-, -*n*> f *bot* azalea f.
Azetat <-*s*, *ohne pl*> n *text* acetato m.
Azeton <-*s*, *ohne pl*> n *chem* acetone m.
Azetylen <-*s*, *ohne pl*> n *chem* acetilene m.
Azimut <-*s*, -*e*> n *oder* m *astr* azimut m.
Azoikum <-*s*, *ohne pl*> n *geol* azoico m.
Azoren *subst* <*nur pl*> *geog*: **die ~, le Azzorre**.
Azorenhoch n *meteo* anticiclone m delle Azzorre.
Azteke <-*n*, -*n*> m (**Aztekin** f) azteco (-a) m (f).
Aztekenreich n *hist* impero m azteco.
Aztekin f → **Azteke**.
Azubi <-*s*, -*s*> m *oder* <-, -*s*> f *fam* (Abk von Auszubildende) apprendista mf, tirocinante mf.
azurblau *adj geh* azzurro m.
azyklisch *adj* **1** *chem* aciclico **2** *med* {BLUTUNGEN} irregolare.

B, b

B① **, b** <-, - *oder fam* -s> n **1** (*Buchstabe*) B, b f *oder* m **2** *mus* (*Ton*) si m bemolle; (*Erniedrigungszeichen*) minore ● **B wie Berta**, b come Bologna; **B-*Dur* mus**, si bemolle maggiore; **b-*Moll* mus**, si bemolle minore; → *auch* **A, a**.

B② **1** *Abk von* Bundesstraße: ≈ S. S. (*Abk von* Strada Statale) **2** *autom post Abk von* Belgien: B **3** *inform Abk von* Byte: byte m.

BA <-, *ohne pl*> f *Abk von* British Airways: BA f.

B.A. *Abk von* Bachelor of Arts: "laurea f triennale/breve in materie umanistiche, scienze sociali o economiche".

baba, bäbä *interj Kindersprache* cacca!: **nicht in den Mund stecken, das ist ~!**, non metterlo in bocca, è cacca!

babbeln <*ich babb(e)le*> *fam region* **A** *itr* (*undeutlich sprechen*) {KLEINKIND} balbettare, ciangottare **B** *tr* (*schwatzen*) *etw* ~ blaterare *qc*: **dummes Zeug** ~, blaterare/dire sciocchezze.

Babel <-s, *ohne pl*> n **1** *bibl* Babele f **2** *lit* (*Ort der Sünde*) sentina f di vizi *lit* **3** (*Sprachengewirr*) babele f di lingue.

Baby <-s, -s> n **1** (*Säugling*) bebè m, neonato (-a) m (f), lattante mf: **ein ~ bekommen/erwarten**, aspettare un bambino **2** *fam* (*Liebling*) tesoro m, tesorino m **3** *pej* (*unselbständige Person*) bambino m **4** *fam* (*sehr junges Tier*) cucciolo m.

Babyalter n prima infanzia f.
Babyartikel m <*meist pl*> articolo m per neonato.
Babyausstattung f corredino m, biancheria f per neonato.
Babybett n lettino m.
Babyboom m *fam* boom m delle nascite.
Babyflasche f, **Babyfläschchen** n biberon m, poppatoio m.
Babyfon® <-s, -e> n baby monitor m.
Babyjahr n anno m di congedo per maternità/paternità: **das ~ ist auf die Rentenversicherung anrechenbar**, l'anno di congedo per maternità/paternità viene riconosciuto ai fini pensionistici.
Babykleidung f abbigliamento m per neonati.
Babykost f → **Babynahrung**.
Babylon <-s, *ohne pl*> n *geog hist* Babilonia f.
babylonisch *adj* babilonese ● **die Babylonische *Gefangenschaft***, la cattività babilonese; **eine ~e *Sprachverwirrung***, una babele di lingue.
Babynahrung f alimenti m pl per neonati, omogeneizzati m pl.
Babypause f *fam* (*pausa f lavorativa per*) maternità f.
Babyphon <-s, -e> n → **Babyfon**®.
Babyschale f navicella f, navetta f.
babysitten <*nur im inf und perf: babygesittet*> *itr* (**bei jdm**) ~ custodire i bambini (*di qu*), fare il/la baby-sitter (*da qu*).
Babysitter <-s, -> m (**Babysitterin** f) baby-sitter mf.
Babysitz m seggiolino m (per auto).
Babyspeck m *fam scherz* ciccia f *fam*.
Babystrich m *fam* prostituzione f minorile: **auf dem ~**, nel giro della prostituzione minorile.
Babytragehilfe f → **Babytragetuch**.
Babytragetasche f navicella f.
Babytragetuch n marsupio m.
Babywäsche f → **Babyausstattung**.
Bacchanal <-s, -e> n *geh* baccanale m.
bacchantisch *adj geh* {FESTESSEN} bacchico.
Bacchus <-, *ohne pl*> m *myth* Bacco m, Dioniso m.
Bach <-(e)s, *Bäche*> m ruscello m: **der ~ murmelt/rauscht**, il ruscello mormora ● **den ~ hinunter-/runtergehen** *fam*, andare storto (-a) *fam*, andare buca *fam*, andare male.
Bachblütentherapie, **Bach-Blüten-Therapie** f floriterapia f di Bach.
Bache <-, -n> f *zoo* femmina f del cinghiale, cinghiale m femmina.
Bachelor <-(s), -s> m **1** D *univ* laurea f triennale/breve **2** → **Bakkalaureat**.
Bachforelle f *fisch* trota f di ruscello.
Bächlein <-s, -> n *dim von* Bach ruscelletto m ● **ein ~ machen** *Kindersprache*, fare (la) pipì.
Bachstelze f *ornith* ballerina f bianca.
Backaroma n aroma m per dolci.
Backblech n teglia f del forno.
backbord, backbords *adv naut* a babordo; *aero* a sinistra.
Backbord n **1** *naut* babordo m **2** *aero* fianco m sinistro.
Backbordmotor m *aero* motore m di sinistra.
Backbrett n spianatoia f.
Backe <-, -n> f **1** (*Wange*) guancia f, gota f *lit*: **eine dicke/geschwollene ~ haben**, avere una guancia gonfia **2** *fam* (*Gesäß~*) natica f, chiappa f *slang* **3** *tech* (*Bremsbacke*) ganascia f, ceppo m {+GEWEHR} guancia f; {+SCHRAUBENSCHLÜSSEL, SCHRAUBSTOCK, ZANGE} *auch* ganascia f ● **au, ~!** *fam*, accidentaccio! *fam*, cavolo! *fam*; **über beide ~n strahlen** *fam*, avere/fare un sorriso da un orecchio all'altro.
backen <*bäckt oder backt, backte oder obs buk, gebacken*> **A** *tr etw* ~ **1** (*im Ofen*) {BROT, KUCHEN, PLÄTZCHEN} cuocere *qc* (in forno) **2** *region* (*im Fett braten*) {FISCH, FLEISCH, KRAPFEN} friggere *qc* **3** (*trocknen*) {OBST} seccare *qc* **4** (*brennen*) {ZIEGEL} cuocere *qc* **B** *itr* **1** (*im Ofen gar werden*) {BROT, KUCHEN, PLÄTZCHEN} cuocere: **der Kuchen muss nur** eine Viertelstunde ~, il dolce deve cuocere solo un quarto d'ora; (*im Fett garen*) {FISCH, FLEISCH, KRAPFEN} friggere **2** (*zum Backen geeignet*): **der Ofen bäckt gut**, il forno cuoce bene **3** (*Tätigkeit des Backens*) fare dei dolci (in forno): **jd bäckt gut**, qu fa dei buoni dolci, qu è un pasticciere provetto ● **so eine Frau musst du dir ~!** (*deine Idealfrau gibt es nicht*), una donna così non esiste nemmeno stampata!

Backenbart m favoriti m pl, fedine f pl.
Backenbremse f *mech* freno m a ganasce.
Backenknochen m *anat* zigomo m.
Backentasche f borsa f mascellare.
Backenzahn m molare m.
Bäcker <-s, -> m (**Bäckerin** f) fornaio (-a) m (f), panettiere (-a) m (f) ● **beim ~**, dal fornaio, in panetteria, al forno.
Bäckerei <-, -en> f panetteria f, forno m, panificio m.
Bäckerhandwerk n mestiere m di/del panettiere/fornaio.
Bäckerin f → **Bäcker**.
Bäckerinnung f associazione f dei fornai.
Bäckerladen m → **Bäckerei**.
Bäckerlehrling m apprendista m panettiere/fornaio.
Bäckermeister m (**Bäckermeisterin** f) fornaio (-a) m (f).
Bäckersfrau, Bäckerfrau f fornaia f, panettiera f.
Backfisch m **1** *gastr* pesce m fritto **2** *fam obs* ragazza f, adolescente f.
Backform f stampo m per dolci.
Backgammon <-(s), *ohne pl*> n backgammon m.
Background <-s, -s> m **1** *geh* (*kultureller Hintergrund*) background m, ambiente m **2** (*Kenntnisse*) background m, esperienza f/preparazione f professionale **3** (*Hintergründe*) retroscena m **4** *mus* sottofondo m, sfondo m musicale.
Backhähnchen n, **Backhuhn** n, **Backhühnchen** n pollo m al forno.
Backlist <-, -s> f *Verlag* elenco m dei titoli disponibili.
Backobst n frutta f secca/essiccata.
Backofen m forno m.
backofenfest *adj* {FORM, KERAMIK} da forno, pirofilo.
Backpacker <-s, -> m *slang* saccopelista mf.
Backpapier n carta f da forno.
Backpfeife f *region* schiaffo m, ceffone m.
Backpflaume f prugna f secca.
Backpulver n lievito m (in polvere).
Backröhre f forno m.
Backslash <-s, -s> m *inform* backslash m.

Backspacetaste f, **Backspace-Taste** f *inform* backspace m.

backstage adv *slang* nel backstage, dietro le quinte.

Backstein m *bau* mattone m, laterizio m.

Backsteinbau m *bau* edificio m in mattone/laterizio.

Backsteingotik f *arch* (stile m) gotico m baltico.

Backstube f forno m.

backt, bäckt 3. pers sing präs *von* backen.

backte 1. *und* 3. pers sing imperf *von* backen.

Back-up, Backup <-s, -s> n *inform*, **Back-up-Datei** f *inform* (file m) backup m.

Backware f <*meist pl*> prodotto m da forno.

Backwerk n pasticceria f, pasticcini m pl.

Bacon <-s, ohne pl> m bacon m.

Bad <-(e)s, Bäder> n 1 (*in Meer, Schwimmbad, See, Wanne*) bagno m: **ein Bad nehmen** (*in der Badewanne*), fare il bagno 2 <*meist pl*> *med* bagno m: **jdm Bäder verordnen/verschreiben**, prescrivere dei bagni a qu 3 (*Badewanne*) vasca f (da bagno) 4 (*Badezimmer*) (stanza f da) bagno m 5 (*Schwimmbad*) piscina f; (*Strandbad*) bagno m: **öffentliche Bäder**, piscine pubbliche 6 (*Kurort*) stazione f/località f termale, bagni m pl: **in ein Bad fahren**, andare in una stazione/località termale 7 (*Seebad*) località f/stazione f balneare 8 *chem fot tech* bagno m ● (*das*) **Bad in der Menge**, il bagno di folla; **ein Bad in der Menge nehmen**, fare ˌun bagno di follaˌ/[il bagno nella folla]; **türkisches Bad**, bagno turco.

Badeanstalt f stabilimento m balneare; (*Schwimmbad*) piscina f: **öffentliche ~**, bagno pubblico.

Badeanzug m costume m da bagno: **einteiliger ~**, costume (da bagno) intero, monopezzo; **zweiteiliger ~**, due pezzi, bikini.

Badegast m 1 (*im Kurort*) ospite mf di una stazione termale 2 (*im Schwimmbad*) bagnante mf.

Badehose f calzoncini m pl da bagno, costume m da bagno (per uomo).

Badekabine f cabina f (da spiaggia).

Badekappe f cuffia f (da bagno).

Badekur f *med* cura f termale, balneoterapia f.

Bademantel m accappatoio m.

Badematte f scendibagno m.

Bademeister m (**Bademeisterin** f) bagnino (-a) m (f).

Bademütze f → **Badekappe**.

baden A tr *jdn/etw* ~ (BABY, KIND, ÄLTEREN MENSCHEN, TIER) fare il bagno *a qu/qc* B itr (*in etw* (dat)) ~ {IN DER WANNE} fare il bagno (*in qc*); {IM MEER, SCHWIMMBAD} *auch* bagnarsi *in qc* C rfl sich ~ fare/farsi il bagno ● ~ **gehen** (*in der Wanne*), andare a fare il bagno; (*schwimmen gehen*), andare a fare ˌuna nuotataˌ/[il bagno]; (**bei/mit etw dat**) ~ **gehen** *fam*, fare fiasco (con qc); **mit seinen Plänen ist er ~ gegangen** *fam*, i suoi progetti sono ˌandati a monte *fam*ˌ/[naufragati]; **nackt ~**, fare il bagno nudo (-a); **in Schweiß gebadet sein**, essere in un bagno di sudore; **warm/heiß/kalt ~**, fare un bagno caldo/bollente/freddo.

Baden[1] <-s, ohne pl> n (*in der Wanne*) bagno m; (*Schwimmen*) bagno m, nuotata f ● **beim ~**, facendo/durante il bagno; (*beim Schwimmen*) *auch*, nuotando.

Baden[2] <-s, -> m *geog* Baden m.

Badener[1] <inv> adj del Baden.

Badener[2] <-s, -> m (**Badenerin** f) (*in Baden wohnend*) abitante mf del Baden; (*aus Ba-*

den stammend) originario (-a) m (f) del Baden.

Badenser[1] <inv> adj → **Badener**[1].

Badenser[2] <-s, -> m (**Badenserin** f) → **Badener**[2].

Baden-Württemberg n *geog* Baden-Württemberg m.

Baden-Württemberger m (**Baden-Württembergerin** f) (*in Baden-Württemberg wohnend*) abitante mf del Baden-Württemberg; (*aus Baden-Württemberg stammend*) originario (-a) m (f) del Baden-Württemberg.

baden-württembergisch adj del Baden-Württemberg.

Badeofen m scaldabagno m.

Badeort m 1 (*Seebad*) località f/stazione f balneare 2 (*Kurort*) località f/stazione f termale.

Bädertherapie f *med* balneoterapia f.

Badesachen subst <*nur pl*> → **Badezeug**.

Badesaison f stagione f balneare/[dei bagni].

Badesalz n → **Badezusatz**.

Badeschlappe f <*meist pl*> ciabatta f da mare/piscina.

Badeschuh m <*meist pl*> scarpette f pl da mare/piscina.

Badestrand m spiaggia f (balneabile form.

Badetasche f borsa f da spiaggia.

Badetuch n telo m da bagno.

Badeverbot n divieto m di balneazione.

Badewanne f vasca f da bagno.

Badewasser n acqua f del bagno: **das dreckige ~ ablassen**, far uscire l'acqua sporca dalla vasca.

Badezeit f 1 (*Saison*) stagione f balneare/ [dei bagni] 2 <*nur pl*> (*Öffnungszeiten*) {+SCHWIMMBAD} orario m di apertura.

Badezeug n *fam* occorrente m per il bagno.

Badezimmer n bagno m, stanza f da bagno.

Badezusatz m prodotto m per il bagno.

Badge <-s, -s> n (*Kennkarte*) badge m, distintivo m.

badisch adj del Baden: **~er Wein**, vino del Baden; **im Badischen wohnen**, abitare nella zona del Baden.

Badminton <-s, ohne pl> n *sport* badminton m: **~ spielen**, giocare a badminton.

Badvorleger m tappetino m per il bagno.

Baedeker® <-s, -> m Baedeker m (*la guida turistica tedesca per antonomasia*): **im Urlaub nicht alle ~-Sehenswürdigkeiten abklopfen**, in vacanza non voglio seguire la guida turistica come fosse il vangelo.

baff adj <präd> *fam*: **~ sein**, rimanere di stucco/sasso *fam*.

BAföG, Bafög <-(s), ohne pl> n Abk *von* Bundesausbildungsförderungsgesetz: "legge f per il sostegno dell'istruzione scolastica e universitaria in Germania": **~ bekommen/kriegen** *fam*, ≈ ricevere il presalario; **einen ~-Antrag stellen**, ≈ fare domanda di presalario.

BAföG-Empfänger m (**BAföG-Empfängerin** f) "chi studia usufruendo dei fondi stanziati dalla legge per il sostegno dell'istruzione scolastica e universitaria in Germania", ≈ percettore (-trice) m (f) di presalario.

Bagage <-, ohne pl> f *fam pej* (*Gesindel, Pack*) gentaglia f, canaglia f; (*Kinder*) marmaglia f.

Bagatelldelikt n *jur* reato m bagatellare.

Bagatelle <-, -n> f bagatella f, inezia f.

Bagatellfall m 1 *jur* reato m bagatellare

2 (*Bagatelle*) bagatella f, inezia f.

bagatellisieren <ohne ge-> tr *etw* ~ {ANGELEGENHEIT, PROBLEM, VORFALL} minimizzare *qc*.

Bagatellschaden m danno m lieve/[di modesta entità].

Bagdad <-s, ohne pl> n *geog* Baghdad f.

Bagger <-s, -> m ruspa f, escavatore m, escavatrice f.

Baggerführer m (**Baggerführerin** f) dragatore (-trice) m (f), draghista mf, escavatorista mf.

baggern A tr (*mit dem Bagger graben*) *etw* ~ scavare *qc*; (*mit Nassbagger*) dragare *qc* B itr 1 (*mit einem Bagger arbeiten*) scavare; (*mit Nassbagger*) dragare 2 *fam* (*sich an eine Frau heranmachen*) rimorchiare (*qu*) 3 *sport* Volleyball respingere con un bagher.

Baggersee m laghetto m di cava.

Baguette[1] <-, -n> f *oder* <-s, -s> n *gastr* (*Stangenweißbrot*) baguette f.

Baguette[2] <-, -n> f (*Edelsteinschliff*) baguette f.

bah, bäh interj 1 (*aus Schadenfreude, Verachtung*) ah, ah!; (*vor Ekel*) puh! 2 (*von Schaf*) bè!, bèe!: **ein Schaf macht bah** Kindersprache, la pecora fa bè/bèe.

Bahamainseln subst <*nur pl*> *geog*, **Bahamas** <pl> *geog* isole f pl Bahama, Bahamas f pl.

Bahn[1] <-, -en> f 1 (*Weg*) via f, strada f 2 (*Fahrbahn*) carreggiata f, corsia f 3 (*Papierbahn*) rotolo m; (*Stoffbahn*) telo m; (*Tapetenbahn*) lista f 4 *astr* orbita f 5 *phys* (*Elektronenbahn*) orbita f 6 *bes. mil* (*Geschossbahn*) traiettoria f 7 *sport* pista f; (*im Schwimmbecken*) corsia f; (*des einzelnen Wettkämpfers*) corsia f 8 *tech* (*Arbeitsseite eines Werkzeugs*) {+AMBOSS} bocca f m; {+HAMMER} bocca f ● **sich in gewohnten ~en bewegen**, viaggiare sempre sui soliti binari, battere sentieri già conosciuti, rimanere in acque conosciute; **sich in neuen ~en bewegen**, percorrere/ [andare per] strade nuove; **sich** (dat) **~ brechen** {DURCH UNWEGSAMES GELÄNDE, EINE MENSCHENMENGE}, farsi strada, aprirsi un varco; (*sich durchsetzen*), affermarsi, avere successo, imporsi; **jdn auf die richtige/rechte ~ bringen/führen**, (ri)mettere qu sulla ˌbuona stradaˌ/[via libera]; **~ frei!**, via libera!; **freie ~ dem Tüchtigen!**, largo ai valorosi!; **aus der ~ geraten**, smarrire la retta via; **auf die schiefe ~ geraten/kommen**, prendere ˌuna brutta piegaˌ/[un brutto andazzo] *fam*; (*endlich*) **freie ~ haben**, avere (finalmente) via libera; **wieder in geregelte ~en kommen**, tornare alla normalità; **wieder auf die richtige ~ kommen**, rimettersi in carreggiata, ritrovare la retta via; **etw in die richtigen ~en lenken**, mettere qc sui binari giusti; **auf der rechten ~ sein**, essere sulla retta via; **jdn aus der ~ werfen**, sconvolgere la vita a qu.

Bahn[2] <-, -en> f 1 (*Eisenbahn*) treno m, ferrovia f 2 (*Institution, ~verwaltung*) ferrovie f pl: **er arbeitet bei der ~**, lavora alle ferrovie 3 (*Straßenbahn*) tram m 4 → **Bergbahn** 5 *fam* (*~hof*) stazione f: **jdn zur/[an die] ~ bringen**, accompagnare qu alla stazione 6 (*Strecke, Verkehrsnetz*) linea f (ferroviaria) ● ˌmit der ~ fahrenˌ/[die ~ nehmen] (*Zug*), viaggiare in treno; (*Straßenbahn*), andare in tram; **frei ~ com**, franco stazione.

Bahnanschluss (a.R. Bahnanschluß) m 1 (*Erreichbarkeit mit dem Zug*) collegamento m ferroviario: **der Ort hat keinen ~**, quella località non è collegata alla rete ferroviaria 2 → **Zuganschluss**.

Bahnarbeiter m (**Bahnarbeiterin** f)

operaio (-a) m (f) delle ferrovie.

Bahnbau <-s, ohne pl> m costruzione f della ferrovia.

Bahnbeamte <dekl wie adj> m (**Bahnbeamtin** f) impiegato (-a) m (f) delle ferrovie, ferroviere (-a) m (f).

bahnbrechend adj **1** (revolutionär) {ERKENNTNIS, FORSCHUNG} che apre nuove strade, pionieristico: **eine ~e Erfindung**, un'invenzione rivoluzionaria **2** kunst d'avanguardia.

Bahnbrecher m (**Bahnbrecherin** f) **1** (Vorkämpfer) pioniere (-a) m (f), precursore m, precorritrice f, antesignano (-a) m (f) **2** kunst avanguardista mf.

Bahnbus m autobus m delle ferrovie.

Bahncard f Eisenb "carta f ferroviaria annuale che permette di ottenere degli sconti sul prezzo del biglietto".

Bahndamm m terrapieno m della ferrovia.

bahnen A tr (jdm) etw ~ {WEG} aprire qc (a qu), spianare qc (a qu): **jdm den Weg zum Erfolg ~**, aprire a qu la via del successo B rfl **sich (dat) etw ~**: sich einen Weg (durch ⌊die Menschenmenge⌋/[den Schnee]) ~, ⌊farsi strada/largo⌋/[aprirsi un varco] (attraverso la folla/neve); **sich einen Weg ⌊zur Tür⌋/[ins Freie] ~**, aprirsi un varco verso la porta/l'esterno.

Bahnfahrkarte f biglietto m ferroviario/[del treno].

Bahnfahrt f viaggio m in treno.

Bahngleis n binario m (della ferrovia), rotaie f pl.

Bahnhof m (Abk Bhf.) stazione f: **am/[auf dem] ~ (sein)**, (essere) alla stazione; **jdn am/vom ~ abholen**, andare a prendere qu alla stazione; **jdn zum ~ begleiten/bringen**, accompagnare qu alla stazione ● **jdm einen großen ~ bereiten** fam, preparare un'accoglienza festosa a qu; **(immer) nur ~ verstehen** fam, non capire un cavolo fam/accidente fam/tubo slang.

Bahnhofsgaststätte f ristorante m della stazione, (einfache ~) buvette f della stazione.

Bahnhofshalle f atrio m/hall f della stazione.

Bahnhofsmission f "organizzazione f/centro m assistenziale operante nelle stazioni".

Bahnhofsplatz m piazza f della stazione.

Bahnhofsrestaurant n → **Bahnhofsgaststätte**.

Bahnhofsviertel n zona f/quartiere m della stazione.

Bahnhofsvorsteher m (**Bahnhofsvorsteherin** f) capostazione mf.

bahnlagernd adv com fermo/giacente in stazione.

Bahnlinie f linea f ferroviaria.

Bahnpolizei f polizia f ferroviaria.

Bahnpolizist m (**Bahnpolizistin** f) agente mf di polizia ferroviaria.

Bahnschranke f barriera f/sbarra f (di passaggio a livello).

Bahnstation f (piccola) stazione f ferroviaria.

Bahnsteig m marciapiede m, binario m ● **Achtung am ~ ...!**, attenzione al marciapiede/binario ...!

Bahnsteigkante f bordo m/margine m del binario ● **einfahrender Zug, bitte von der ~ zurücktreten!**, treno in arrivo, per favore allontanarsi dal binario!

Bahnsteigkarte f obs biglietto m di ingresso ai binari.

Bahnstrecke f tratto m/tronco m ferroviario.

Bahntransport m trasporto m per ferrovia.

Bahnüberführung f cavalcavia m, sovrappassaggio m (ferroviario).

Bahnübergang m passaggio m a livello: **beschrankter/unbeschrankter ~**, passaggio a livello con/senza barriere; **gesicherter/ungesicherter**, passaggio a livello custodito/incustodito.

Bahnunterführung f sottopassaggio m (ferroviario).

Bahnverbindung f → **Zugverbindung**.

Bahnwärter m (**Bahnwärterin** f) casellante mf, cantoniere (-a) m (f).

Bahnwärterhäuschen n casello m ferroviario, casa f cantoniera.

Bahnwärterin f → **Bahnwärter**.

Bahrain <-s, ohne pl> n geog Bahrein m.

Bahre <-, -n> f **1** (Krankenbahre) barella f, lettiga f **2** (Totenbahre) bara f.

Bai <-, -en> f (Bucht) baia f, golfo m; (kleine Bai) insenatura f.

Baikalsee m geog lago m Bajkal.

Baiser <-s, -s> n gastr meringa f.

Baisse <-, -n> f Börse ribasso m: **auf ~ spekulieren**, speculare al ribasso.

Baissespekulant m (**Baissespekulantin** f) Börse ribassista mf, bear m.

Baissespekulation f Börse speculazione f al ribasso.

Baissier <-s, -s> m Börse ribassista m, bear m.

Bajonett <-(e)s, -e> n mil baionetta f.

Bajonettfassung f el {+GLÜHLAMPE} portalampada m a baionetta.

Bajonettverschluss (a.R. Bajonettverschluß) m tech {+ROHR} innesto m a baionetta.

Bake <-, -n> f **1** naut meda f, boa f di segnalazione **2** aero aerofaro m **3** (Verkehrsbake) pannello m distanziometrico.

Bakelit® <-s, ohne pl> n bachelite f.

Bakkalaureat <-(e)s, -e> n **1** (unterster akademischer Grad in den USA und Großbritannien) baccalaureato m, baccellierato m, bachelor m **2** (französisches Abitur) baccalaureato m.

Bakkalaureus <-, Bakkalaurei> m (in den USA und Großbritannien) baccalaureato m.

Bakkarat <-s, ohne pl> n Karten baccarà m.

Bakterie <-, -n> f meist pl> biol batterio m, microbo m: **~n abtöten**, uccidere i batteri.

bakteriell biol med A adj batterico B adv {ÜBERTRAGEN} per via batterica: **~ verursacht**, di natura/origine batterica, causato da batteri.

bakterienbeständig adj resistente ai batteri.

Bakterienflora f med flora f batterica.

Bakterienkrieg m guerra f batteriologica.

Bakterienkultur f biol coltura f batterica.

Bakterienstamm m biol ceppo m batterico.

Bakterienträger m (**Bakterienträgerin** f) med portatore (-trice) m (f) di batteri.

Bakteriologe <-n, -n> m (**Bakteriologin** f) batteriologo (-a) m (f).

Bakteriologie <-, ohne pl> f med batteriologia f.

Bakteriologin f → **Bakteriologe**.

bakteriologisch adj batteriologico.

Bakteriolyse <-, -n> f med batteriolisi f.

bakterizid adj med, antibatterico.

Bakterizid <-s, -e> n med battericida m.

Balalaika <-, -s oder Balalaiken> f mus balalaica f: **~ spielen**, suonare la balalaica.

Balance <-, -n> f equilibrio m ● **jdn aus der ~ bringen**, sbalestrare qu; **die ~ halten** (auf Balken, Seil), tenersi/stare in equilibrio; (das innere Gleichgewicht bewahren), mantenere l'equilibrio; **die ~ verlieren**, perdere l'equilibrio.

Balanceakt m **1** {+ARTIST} giochi m pl d'equilibrio, equilibrismo m, funambolismo m **2** (das Lavieren) equilibrismo m, funambolismo m: **politischer ~**, funambolismo/equilibrismo politico.

balancieren <ohne ge-> A tr <haben> (im Gleichgewicht halten) **etw ~** bilanciare qc, tenere in equilibrio qc: **ein Tablett ~**, bilanciare un vassoio; **etw (auf etw** dat) **~** tenere/[fare stare] in equilibrio qc (su qc): **einen Ball auf dem Kopf ~**, tenere/[far stare] in equilibrio una palla sulla testa B itr <sein> (über etw akk) **~** {ÜBER EINEN BALKEN, EIN SEIL} stare/tenersi in equilibrio (su qc).

bald adv **1** (in naher Zukunft) presto, tra/fra poco, prossimamente: **bis/auf ~!**, a presto!; **nicht so ~**, non così presto **2** (früh) presto, di buon'ora; (rechtzeitig) per tempo **3** (schnell) presto, in fretta **4** fam (beinahe) quasi: **ich wäre ~ hingefallen**, c'è mancato poco che cadessi, stavo per cadere **5** region fam (endlich) finalmente: **bis du jetzt ~ still!**, ci stai un po' zitto (-a)! ● **~ ..., ~ ...**, ora ..., ora ...; **~ da, ~ dort**, ora qua, ora là; un po' dovunque; **~ darauf**, poco dopo; **ich hätte ~ gesagt ...**, stavo per dire ...; **~ hierhin, ~ dorthin**, ora di qua, ora di là; **das ist ~ gesagt**, è presto detto; **möglichst ~**, so ~ als/wie möglich, quanto prima, il più presto possibile; **~ so, ~ anders**, ora così, ora cosà.

Baldachin <-s, -e> m **1** (über einem Bett, Thron) baldacchino m **2** relig baldacchino m **3** arch baldacchino m.

Bälde f: **in ~**, fra/tra poco, prossimamente.

baldig adj <attr> {EINTREFFEN, KOMMEN, WIEDERSEHEN} prossimo; {ANTWORT} sollecito; {GENESUNG} pronto: **auf ~es Wiedersehen!**, (arrivederci) a presto!

baldigst adv form al più presto, quanto prima.

baldmöglichst A adj <attr> {ANTWORT, ERLEDIGUNG} il più sollecito possibile: **wir bitten um ~e Antwort**, confidiamo in una risposta la più sollecita possibile B adv il più presto possibile, con la maggior sollecitudine possibile.

Baldrian <-s, -e> m bot valeriana f.

Baldriantropfen subst <nur pl> med gocce f pl di valeriana.

Balearen subst <nur pl> geog: **die ~**, le Baleari.

Baleareninsel f geog isola f delle Baleari.

Balg ① <-(e)s, Bälge> m **1** (Blasebalg, Orgelbalg) mantice m **2** (Tierhaut) pelle f.

Balg ② <-(e)s, Bälger> m oder n fam pej (Kind) marmocchio m fam, monello m fam ● **so ein⌋/[du] blödes ~!**, monellaccio! fam, brutto birbante! fam.

balgen rfl **sich (um etw** akk) **~** {HUNDE, KINDER} accapigliarsi (per qc), azzuffarsi (per qc); **sich mit jdm (um etw** akk) **~**, accapigliarsi con qu (per qc), azzuffarsi con qu (per qc).

Balgerei <-, -en> f {+KINDER} zuffa f, rissa f, baruffa f.

Balkan <-s, ohne pl> m geog **1** (Balkanhalbinsel): **der ~**, i Balcani, la regione/penisola balcanica **2** (~gebirge): **der ~**, i Balcani ● **auf dem ~**, nei Balcani.

Balkanhalbinsel f geog penisola f balcanica.

balkanisieren <ohne ge-> tr pol pej etw ~ balcanizzare qc.

Balkanisierung <-, ohne pl> f pol pej balcanizzazione f.

Balkanland n <meist pl> geog, **Balkanstaat** m <meist pl> geog paese m/stato m balcanico.

Balken <-s, -> m **1** (langes Holzteil) trave f; (kleiner ~) travicello m: **tragender ~**, trave portante; **einen ~ einziehen**, mettere una trave **2** (Querbalken) traversa f **3** (Dachbalken) corrente m **4** sport (Schwebebalken) trave f (d'equilibrio) **5** {+WAAGE} giogo m (della bilancia) ● **lügen, dass sich die ~ biegen** fam, mentire spudoratamente, spararle grosse fam; **den ~ im eigenen Auge nicht sehen, aber den Splitter im fremden** prov, non vedere la trave nel proprio occhio, ma la pagliuzza in quello di un altro prov.

Balkencode m inform codice m a barre.

Balkendecke f arch soffitto m a travi.

Balkendiagramm n inform grafico m a barre.

Balkengerüst n bau travatura f.

Balkenkode m → **Balkencode**.

Balkenüberschrift f typ titolo m a caratteri cubitali.

Balkenwaage f bilancia f a due piatti.

Balkenwerk <-s, ohne pl> n bau travatura f.

Balkon <-s, -s oder -e> m **1** arch balcone m, terrazzo m: **auf den ~ gehen**, uscire sul balcone/terrazzo **2** film theat galleria f, balconata f **3** slang (großer Busen) davanzale m fam.

Balkonblume f <meist pl> (Blume für den Balkon) fiore m da balcone/terrazzo; (Blume auf dem Balkon) fiore m sul terrazzo/balcone.

Balkonkasten m cassetta f per fiori (da mettere sul balcone).

Balkonmöbel subst <nur pl> (Möbel für den Balkon) mobili m pl [per il]/[da] balcone/terrazzo; (Möbel auf dem Balkon) mobili m pl del balcone/terrazzo.

Balkonpflanze f (Pflanze für den Balkon) pianta f [per il]/[da mettere in] balcone/terrazzo; (Pflanze auf dem Balkon) pianta f del terrazzo/balcone.

Balkontür f porta f finestra.

Ball① <-(e)s, Bälle> m **1** (zum Spielen) palla f; (großer ~, Fuß~) pallone m: **den ~ annehmen/abgeben**, ricevere/passare la palla; **den ~ fangen**, prendere/afferrare la palla; **~ spielen**, giocare a palla; **den ~ werfen**, gettare la palla **2** (ballähnlicher Gegenstand, Kugel) palla f; (Ballon) globo m (terrestre); (Sonnenball) sfera f solare ● **einen ~ machen** Tennis, fare un punto; **den ~ ins** Netz/Tor **schießen/werfen/jagen** sport, tirare/mettere in rete; **am ~ sein/bleiben** sport, tenere (la) palla; fam (etw weiterverfolgen), non perdere battuta, non mollare fam; **sich (dat) die Bälle** zuwerfen/zuspielen fam, assecondarsi a vicenda.

Ball② <-(e)s, Bälle> m (Tanz) ballo m, festa f da ballo: **auf dem ~**, al ballo; **einen ~ geben/veranstalten**, dare/organizzare un ballo.

balla balla adj slang fuori slang: **der Typ ist ein bisschen balla balla, oder?**, quel tipo è un po' fuori, vero?

Ballade <-, -n> f lit mus ballata f.

Ballast <-(e)s, ohne pl oder rar -e> m **1** aero naut zavorra f **2** (unnütze Beschwerung) zavorra f; (Person) auch peso m morto ● **~ abwerfen** auch fig, gettare a mare la zavorra.

Ballaststoffe subst <nur pl> med fibre f pl alimentari, sostanze f pl non assimilabili.

Bällchen <-s, -> n dim von Ball pallina f.

ballen [A] tr (zusammenpressen) **etw** ~ {PAPIER} appallottolare qc: **die Faust**/[**Hand zur Faust**] **~**, serrare il pugno; **wütend die Faust (gegen jdn) ~**, mostrare i pugni (a qu); **Lehm/Schnee zu Klumpen ~**, fare palle di argilla/neve [B] rfl (sich zusammenpressen, -schieben) **sich ~** {ERDE, MENSCHENMENGE, SCHNEE} ammassarsi; {WOLKEN} addensarsi; {VERKEHR} congestionarsi; {FAUST} serrarsi ● **mit geballter Kraft/Energie**, con forza/energia concentrata.

Ballen <-s, -> m **1** com (Verpackungsformat) balla f: **ein ~ Baumwolle/Stroh**, una balla di cotone/paglia; **in ~ (ver)packen**, imballare; (Zählmaß: Papier) balla f di dieci risme; (Zählmaß: Stoff) balla f di dodici pezze **2** anat {+FÜßE, HÄNDE, PFOTEN, TATZEN} cuscinetto m **3** med {+MITTELFUßKNOCHEN} alluce m valgo.

Ballerina① <-, Ballerinen> f (Tänzerin) ballerina f, danzatrice f.

Ballerina② <-s, -s> m (Schuh) ballerina f.

Ballermann m fam (Pistole, Revolver) cannone m slang, sputafuoco m oder f slang.

ballern [A] itr fam **1** <haben> (knallen) sparare a salve; {DONNERSCHLÄGE, SCHÜSSE} crepitare: **zu Silvester wird immer viel geballert**, per l'ultimo dell'anno si fanno sempre molti botti **2** <sein> (stoßen) **gegen**/**an etw** (akk) **~** {GEGEN/AN DIE TÜR} battere a qc, picchiare a qc [B] tr slang <haben> (mit Wucht werfen) **etw gegen**/**in etw** (akk) **~** {BALL GEGEN DIE GARAGE, SCHULTASCHE IN DIE ECKE} sbattere qc contro/in qc ● **jdm eine**/[**ein paar**] **~** fam, appioppare [uno schiaffo]/[due ceffoni] a qu fam.

Ballerspiel n <meist pl> slang (gioco m) sparatutto m: **Videospiele sind oft ~e**, spesso nei videogiochi non si fa altro che sparare.

Ballett <-(e)s, -e> n **1** (Tanz) balletto m: **klassisches/modernes ~**, balletto classico/moderno, danza classica/moderna; **zum ~ gehen**, prendere lezioni di danza classica **2** (Tanzgruppe) balletto m, corpo m di ballo: **beim ~ sein**, essere ballerino/ballerina.

Balletteuse <-, -n> f geh ballerina f.

Ballettmeister m (**Ballettmeisterin** f) direttore (-trice) m (f) del corpo di ballo.

Ballettmusik f musica f da balletto.

Ballettröckchen <-s, -> n tutù m.

Ballettschuh m <meist pl> scarpetta f da ballo.

Ballettschule f scuola f di danza.

Balletttänzer m (**Balletttänzerin** f), **Ballett-Tänzer** m (**Ballett-Tänzerin** f) ballerino (-a) m (f).

Ballettruppe, **Ballett-Truppe** f corpo m di ballo.

Ballführung f sport controllo m della palla.

Ballgefühl <-s, ohne pl> n sport tocco m di palla: **ein gutes ~ haben**, avere un buon tocco di palla.

Ballistik <-, ohne pl> f phys balistica f.

ballistisch adj <attr> phys {UNTERSUCHUNG} balistico: **~es Gutachten** jur, perizia balistica.

Balljunge m sport raccattapalle m.

Ballkleid n abito m/costume m da ballo.

Ballmädchen n sport raccattapalle f.

Ballon <-s, -s oder -e> m **1** aero (Luftfahrzeug) pallone m aerostatico, aerostato m, mongolfiera f **2** (Luftballon) palloncino m **3** (~flasche) damigiana f **4** slang (Kopf) zucca f fam ● **(so) einen (roten) ~ kriegen**/**bekommen** fam, diventare rosso (-a) come un peperone fam; **eins auf**/**vor den ~ kriegen**/**bekommen** fam, beccarsi un ceffone fam.

Ballondilatation <-, -en> f med dilatazione f/angioplastica f wiss con palloncino.

Ballonfahrer m (**Ballonfahrerin** f) aerostiere (-a) m (f).

Ballonfahrt f aero volo m/viaggio m in mongolfiera.

Ballsaal m sala f da ballo.

Ballspiel n sport gioco m della/[con la] palla.

Ballspielen <-s, ohne pl> n giocare m a palla, gioco m di/[con la] palla ● **~ verboten!**, vietato giocare a palla!

Ballsport m sport sport m con la palla.

Ballungsgebiet n, **Ballungsraum** m zona f ad alta concentrazione urbana e industriale, agglomerato m urbano.

Ballungszentrum n centro m/città f ad alta concentrazione urbana e industriale.

Ballwechsel m sport palleggio m.

Balsa <-, ohne pl> n, **Balsaholz** n balsa f.

Balsam <-s, ohne pl> m **1** pharm balsamo m **2** (Wohltat) balsamo m, toccasana m: **deine Worte sind ~ für** [**meine Ohren**]/[**mich**], le tue parole sono [musica per le mie orecchie]/[balsamo per me] ● **~ für jds Seele**/[**auf jds Wunde (akk)**] **sein**, essere un balsamo per le ferite di qu; **~ auf/in jds Wunde(n) gießen/träufeln**, versare balsamo sulle ferite di qu.

balsamieren <ohne ge-> tr **1** (konservieren) **etw** ~ {LEICHE, TOTEN} imbalsamare qc **2** geh (mit Balsam oder Ä. einreiben) **jdn/etw** ~ {KÖRPER, MENSCHEN} frizionare qu/qc con del balsamo.

Balte <-n, -n> m (**Baltin** f) (im Baltikum wohnend) abitante mf dei Paesi baltici; (aus dem Baltikum stammend) originario (-a) m (f) dei Paesi baltici.

Baltikum <-s, ohne pl> n geog: **das ~**, i Paesi baltici.

Baltin f → **Balte**.

baltisch adj baltico ● **Baltisches Meer**, mar Baltico.

Balustrade <-, -n> f balaustra f.

Balz <-, ohne pl> f ornith **1** (Liebesspiel) estro m amoroso **2** → **Balzzeit**.

balzen itr **1** ornith {VÖGEL} essere in amore **2** fam oft scherz (die (sexuelle) weibliche Aufmerksamkeit erregen wollen) fare la ruota fam scherz/il pollo fam scherz.

Balzzeit f ornith stagione f degli accoppiamenti.

bam interj (von (Glocken)klang) don!

Bambi① <-s, -s> n Kindersprache bambi m, cerbiatto m.

Bambi② <-s, -s> m film "premio m, che rappresenta un cerbiatto, conferito al festival cinematografico di Berlino".

Bambule <-, -n> f slang "sommossa f in prigione o in casa di correzione".

Bambus <- oder -ses, -se> m bot bambù m.

Bambusbär m zoo panda m gigante, orso m del bambù.

Bambushütte f capanna f di bambù.

Bambusrohr n canna f di bambù.

Bambusspross (a.R. Bambussproß) m <meist pl> germoglio m di bambù.

Bambusvorhang m **1** (Vorhang aus Bambus) tendina f di bambù **2** pol cortina f di bambù.

Bammel <-s, ohne pl> m slang: **(einen)/(mächtigen) ~ vor jdm/etw haben** fam, avere (una gran) [fifa/strizza di qc fam]/[paura di qu].

banal adj **1** pej (unbedeutend) {ANGELEGENHEIT, BUCH, FILM, TYP} banale, triviale: **was er sagt, ist ziemlich ~**, dice cose abbastanza

banali 2 (*gewöhnlich, alltäglich*) {LEBEN, URLAUB} convenzionale, ordinario.

banalisieren <ohne ge-> tr *etw* ~ banalizzare *qc*.

Banalität <-, -en> f **1** <nur sing> (*Trivialität*) banalità f, insulsaggine f, trivialità f **2** <meist pl> (*Äußerung*) banalità f, insulsaggine f, ovvietà f pl.

Banane <-, -n> f banana f.

Bananenrepublik f *pol pej* repubblica f delle banane.

Bananenschale f buccia f di banana • **auf einer ~ ausrutschen**, scivolare su una buccia di banana.

Bananensplit <-s, -s> n *gastr* banana split f.

Bananenstaude f *bot* banano m.

Bananenstecker m *el* (spina f a) banana, spina f unipolare.

Banause <-n, -n> m *pej* (**Banausin** f) *pej* persona f gretta, ignorante (-a) m (f).

band 1. *und* **3.** *pers sing imperf von* binden.

Band① <-(e)s, Bänder> n **1** (*aus Papier, Stoff*) nastro m **2** (*Gummiband*) (nastro m) elastico m **3** (*Lederband*) correggia f **4** (*Metallband*) nastro m in metallo (per pacchi) **5** (*Messband*) nastro m metrico **6** *industr* (*Förderband*) nastro m (trasportatore); (*Fließ~*) catena f di montaggio: **am ~ arbeiten/stehen**, lavorare alla catena di montaggio; **ein neues Modell auf ~ legen** *industr*, mettere in produzione un nuovo modello **7** (*Tonband*) nastro m (magnetico), cassetta f; (*Videoband*) videonastro m, videotape m: **etw auf ~ aufnehmen**, incidere/registrare qc su nastro (magnetico); **ein ~ abspielen**, ascoltare una registrazione; **ein ~ bespielen/besprechen**, registrare/incidere su nastro; **ein ~ löschen**, cancellare una registrazione; **etw aufs ~ sprechen/diktieren**, registrare/dettare qc su nastro; (*Anrufbeantworter*) segreteria f (telefonica): **jdm etw aufs ~ sprechen** *fam*, lasciare a qu un messaggio in segreteria **8** {+DRUCKER, SCHREIBMASCHINE} nastro m **9** *radio* (*Bereich*) banda f **10** <meist pl> *anat* legamento m articolare, tendine m: **sich** (dat) **die Bänder überdehnen/zerren**, stirarsi i legamenti • **das** *Blaue* **~** *naut*, il nastro azzurro; **am** *laufenden* **~** *fam*, senza sosta, ininterrottamente.

Band② <-(e)s, -e> n **1** *geh* (*innere Bindung*) legame m, vincolo m: **das ~ der Ehe**, il vincolo del matrimonio; **~e der Freundschaft**, vincoli d'amicizia; **zarte ~e knüpfen** *geh*, stringere ₍dolci legami₎/[tenere amicizia] **2** <nur pl> *poet* (*Fesseln*) catene f pl.

Band③ <-(e)s, Bände> m (Abk Bd.) (*Buchband*) volume m, tomo m • **jd könnte über etw** (akk) **Bände** *erzählen*/*schreiben* *fam*, qu potrebbe raccontarne/scriverne tante su qc; **das** *füllt* **Bände**, ci si potrebbe scrivere un romanzo; **das** *spricht* **Bände**, questo dice tutto.

Band④ <-, -s> f *mus* band f, complesso m, gruppo m musicale.

Bandage <-, -n> f bendaggio m, fasciatura f, benda f: **jdm eine ~ anlegen**, applicare un bendaggio/una benda/una fasciatura a qu • **das sind harte ~n** *fam*, sono colpi bassi *fam*; **mit harten ~n kämpfen** *fam*, giocare pesante/duro *fam*.

bandagieren <ohne ge-> tr *jdn* ~ fasciare qu; (*jdm*) *etw* ~ fasciare qc (a qu), bendare qc (a qu).

Bandaufzeichnung f (*Bild*) registrazione f video; (*Ton*) registrazione f.

Bandbreite <-, ohne pl> f **1** *radio* larghezza f di banda **2** *ökon* {+GEHÄLTER, PREISE} margine m di fluttuazione; {+WECHSELKURS} fascia f di oscillazione **3** (*Umfang, Spannweite*) {+ANGEBOTE, MEINUNGEN} gamma f; {+MÖGLICHKEITEN} ventaglio m; {+PARTEIEN} spettro m **4** *inform* {+PROVIDER} larghezza f di banda.

Bändchen① <-s, - *oder* Bänderchen> n dim *von* Band① (*aus Papier, Stoff*) nastrino m.

Bändchen② <-s, -> n dim *von* Band③ volumetto m.

Bande① <-, -n> f **1** *fam pej oder scherz* (*Gruppe*) banda f *fam*, compagnia f, combriccola f, cricca f *slang*: **ihr seid vielleicht eine ~!** *fam*, siete proprio una bella combriccola! *fam* **2** (*Diebesbande, Verbrecherbande*) banda f, gang f: **bewaffnete ~**, banda armata • **feige ~** *fam*, banda/manica di vigliacchi *fam*.

Bande② <-, -n> f *sport* {+STADION} bordi m pl del campo; {+REITBAHN} sponda f, parete f; {+BILLARD} sponda f, mattonella f; {+KEGELBAHN} margine m, bordo m.

Bandeisen n *tech* moietta f, reggetta f.

Bändel <-s, -> n *südtt A oder m CH* **1** (*Schnürsenkel*) laccio m **2** (*Bändchen*) nastrino m • **jdn am ~ haben** *fam*, tenere qu al guinzaglio *fam*.

Bandenchef m (**Bandenchefin** f) *fam*, **Bandenführer** m (**Bandenführerin** f) capobanda mf.

Bandenkrieg m guerra f per bande.

Bandenkriminalität f criminalità f associata.

Bandenwerbung f "pannelli m pl pubblicitari ai bordi di un campo sportivo".

Bänderchen pl *von* Bändchen①.

Banderole <-, -n> f (*Zigarrenbanderole*) fascetta f fiscale.

Bänderriss (a.R. Bänderriß) m *med* rottura f dei legamenti.

Bänderzerrung f *med* stiramento m dei legamenti.

Bandgeschwindigkeit f (*bei Tonband*) velocità f di scorrimento del nastro; (*bei Fließband*) velocità f della catena di montaggio.

bändigen tr **1** (*zähmen*) *etw* ~ {TIER} domare *qc*, addomesticare *qc*, ammansire *qc*; *meist scherz* *jdn* ~ domare qu, frenare qu, addomesticare qu **2** (*unter Kontrolle bringen*) *etw* ~ {BRAND} domare *qc*; {NATUR} dominare *qc*; {LEIDENSCHAFT} *auch* contenere *qc*, domare *qc*; {HAARE} addomesticare *qc*.

Bändigung <-, ohne pl> f **1** (*das Zähmen*) {+TIER} domatura f; {+PERSON} sottomissione f **2** (*das Kontrollieren*) {+LEIDENSCHAFT} dominio m, controllo m.

Bandit <-en, -en> m bandito m, brigante m; (*Räuber*) rapinatore m • **einarmiger ~** *fam scherz*, slot machine, macchina mangiasoldi.

Bandlaufwerk n *inform* unità f nastro, streamer m.

Bandleader m *mus* leader m di un complesso/gruppo musicale.

Bandmaß n metro m a nastro.

Bandmontage f *industr* montaggio m a catena.

Bandnudel f <meist pl> *gastr* tagliatella f; (*breiter*) fettuccina f.

Bandoneon <-s, -s> n *mus* bandoneon m.

Bandsäge f sega f a nastro.

Bandscheibe f *anat* disco m intervertebrale • **jd hat es** ₍an/mit der ~₎/[an den ~n] *fam*, qu ha problemi al disco (intervertebrale) *fam*.

Bandscheibenschaden m *med* discopatia f.

Bandscheibenvorfall m ernia f del disco (intervertebrale).

Bandspule f bobina f.

Bandwurm m verme m solitario, tenia f.

bange, bang <banger *oder* bänger, bangste *oder* bängste> adj **1** <präd> (*ängstlich*): **jdm ist ~ (vor jdm/etw)**, qu ha paura/timore (di qu/qc); **davor ist mir nicht ~e**, non ne ho paura **2** *geh* (*beklommen*) {AUGENBLICKE, MINUTEN, STUNDEN} d'ansia; {SCHWEIGEN} angoscioso: **in ~er Erwartung**, in ansiosa attesa; **jdm ist/wird es ~ (zumute)** (**um jdn/etw**), qu sta in pena/pensiero (per qu/qc), qu è preoccupato (per qu/qc).

Bange <-, ohne pl> f *bes. norddt*: **keine ~ (vor jdm/etw) haben**, non avere paura (di qu/qc); **(haben Sie) (nur) keine ~!** *fam*, non abbia paura!, non si preoccupi!, niente paura! • **jdm (mit etw dat) ~ machen**, far paura a qu (con qc); **~e machen gilt nicht!** *fam*, non facciamoci intimidire! *fam*.

Bangemacher m (**Bangemacherin** f) allarmista mf.

bangen *geh* Ⓐ unpers (*Angst haben*): ₍**es bangt jdm**₎/[**jdm bangt (es)**] (**vor jdm/etw**), qu ha paura (di qu/qc); **mir bangt davor**, tremo al solo pensiero Ⓑ itr (*sich sorgen*) **um jdn/etw** ~ trepidare per *qu/qc geh*, temere per *qu/qc*: **um sein Leben ~**, temere per la propria vita.

Bangladesch <-s, ohne pl> n *geog* Bangladesh m.

Banjo <-s, -s> n *mus* banjo m.

Bank① <-, Bänke> f **1** (*Sitzbank*) panca f, panchina f: **auf einer ~ sitzen**, sedere su una panca **2** *sport* (*Auswechselbank*) panchina f **3** (*Schulbank*) banco m (di scuola): **in/auf der ersten ~ sitzen**, stare/sedere nel primo banco; (*im Parlament, Gericht*) banco m, sc(r)anno m **4** *tech* (*Werkbank*) banco m di lavoro; (*Drehbank*) tornio m **5** *meteo* (*Wolkenbank*) banco m di nuvole; (*Nebelbank*) banco m di nebbia **6** (*Sandbank*) banco m di sabbia; (*Austernbank*) banco m di ostriche; (*Korallenbank*) banco m di coralli • **(alle) durch die ~** *fam*, ₍tutti quanti₎/[tutti, nessuno escluso]; **vor leeren Bänken**: **vor leeren Bänken predigen**, parlare ₍al vento₎/[ai muri]; **vor leeren Bänken spielen theat**, recitare ₍a sala vuota₎/[davanti a una platea deserta]; *sport*, giocare a tribune vuote; **etw auf die lange ~ schieben** *fam*, rimandare qc alle calende greche, mandare qc per le lunghe.

Bank② <-, -en> f **1** *bank* banca f; (*in einigen Eigennamen von Geldinstituten*) banco m: **bei der ~ arbeiten/sein**, lavorare in banca; **auf die ~ gehen**, andare in banca; **Geld zur ~ bringen**, portare ₍del denaro₎/[dei soldi] in banca; **Geld bei der ~ einzahlen**, versare/depositare denaro in banca; **Geld auf der ~ (liegen) haben**, avere soldi in banca; **Geld von der ~ holen**, ritirare ₍del denaro₎/[dei soldi] dalla banca; **ein Konto bei der ~ haben**, avere un conto in banca **2** <nur sing> (*Kasse einer Spielbank*) banco m • **die ~ halten**, tenere il banco; **die ~ sprengen**, far saltare il banco.

Bankangestellte <dekl wie adj> mf impiegato (-a) m (f) di banca.

Bankanweisung f *bank* assegno m bancario.

Bankautomat m → **Geldautomat**.

Bänkchen <-s, -> n dim *von* Bank① (*Sitzbank*) panchetta f, panchettina f.

Bankdarlehen n prestito m/mutuo m bancario.

Bankdirektor m (**Bankdirektorin** f) direttore (-trice) m (f) di banca.

Bankeinlage f *bank* deposito m bancario.

Bänkelsänger m *hist* cantastorie m.
Bankenaufsicht f vigilanza f sulle banche.
Banker <-s, -> m (**Bankerin** f) *fam* bancario (-a) m (f).
Bankett① <-(e)s, -e> n banchetto m.
Bankett② <-(e)s, -e> n, **Bankette** <-, -n> f banchina f.
Bankfach <-s, *Bankfächer*> n **1** <*nur sing*> (*Beruf*) ramo m bancario: **im ~ tätig sein**, lavorare in banca **2** (*Schließfach*) cassetta f di sicurezza.
Bankfiliale f filiale f/succursale f di una banca, agenzia f bancaria.
Bankgeheimnis <-es, *ohne pl*> n segreto m bancario.
Bankgeschäft n operazione f/transazione f bancaria, banking m.
Bankguthaben n *bank* deposito m bancario.
Bankhalter m (**Bankhalterin** f) (*Spielbankhalter*) banchiere (-a) m (f), croupier m, banco m.
Bankier <-s, -s> m banchiere m.
Banking <-(s), *ohne pl*> n banking m.
Bankkauffrau f impiegata f di banca, bancaria f.
Bankkaufmann m impiegato m di banca, bancario m.
Bankkonto n conto m bancario.
Bankkrach m fallimento m/crac m bancario.
Banklehre f tirocinio m in banca: **eine ~ machen**, fare tirocinio in banca.
Bankleitzahl f (*Abk BLZ*) *bank* codice m di avviamento bancario (*Abk CAB*).
Banknachbar m (**Banknachbarin** f) *Schule* compagno (-a) m (f) di banco.
Banknote f banconota f, biglietto m di banca: **kleine/große ~n**, banconote di piccolo taglio/di grosso taglio; **~n in Umlauf bringen/setzen**, emettere delle banconote; **~n aus dem Umlauf/Verkehr ziehen**, ritirare dalla circolazione delle banconote.
Bankomat <-en, -en> m → **Bankautomat**.
Bankrate f → **Diskontsatz**.
Bankraub m rapina f a una banca.
Bankräuber m (**Bankräuberin** f) rapinatore (-trice) m (f) di (una) banca.
bankrott adj **1** (*zahlungsunfähig*) {FIRMA, GESCHÄFTSMANN} fallito : **sein**, essere fallito ; (*pleite sein*) essere al verde *fam* **2** (*am Ende*) {IDEOLOGIE} fallito, fallimentare ; {POLITIK} finito ● **sich (für) ~ erklären**, dichiarare fallimento ; **~ gehen/machen**, fallire, fare bancarotta ; **jdn ~ machen**, far fallire qu.
Bankrott <-(e)s, -e> m **1** (*Zahlungsunfähigkeit*) fallimento m, bancarotta f : **betrügerischer ~**, bancarotta fraudolenta **2** (*Ruin*) fallimento m, crollo m, rovina f : **geistiger/politischer ~**, fallimento intellettuale/politico ● **den ~ anmelden/erklären**, dichiarare fallimento ; **~ machen** (*zahlungsunfähig werden*), fare bancarotta/fallimento, fallire ; *fam* (*scheitern*), fallire ; **kurz vor dem ~ stehen**, essere a un passo dal fallimento/tracollo.
Bankrotterklärung f **1** *com* dichiarazione f di fallimento **2** *fig* fallimento m.
Bankrotteur <-s, -e> m (**Bankrotteurin** f) bancarottiere (-a) m (f).
Bankschalter m sportello m di banca.
Bankscheck m assegno m bancario.
Bankschließfach n cassetta f di sicurezza.
Banküberfall m rapina f a una banca.
Banküberweisung f *bank* bonifico m bancario.

Bankverbindung f coordinate f pl bancarie: **wie ist bitte Ihre ~?**, quali sono le Sue coordinate bancarie?
Bankverkehr m operazioni f pl/attività f pl bancarie.
Bankwesen n sistema m bancario, banking m.
Bann <-(e)s, *ohne pl*> m **1** *geh* (*magische Wirkung*) incantesimo m, fascino m, malia f, potere m magico **2** *hist* bando m, esilio m **3** *relig* scomunica f ● **jdn mit dem ~ belegen** *relig*, lanciare la scomunica contro qu ; **den ~ brechen**, rompere il ghiaccio *fam* ; **jdn in seinen ~ schlagen/ziehen** *geh*, irretire qu, ammaliare qu, stregare qu ; **den ~ des Schweigens brechen**, rompere il silenzio ; ₍**in jds ~**₎/**[im ~ einer S.** (*gen*)**] stehen** *geh*, essere stregato da qu/qc, subire il fascino di qu/qc.
Bannbulle <-, *ohne pl*> f *hist* bolla f di scomunica.
bannen tr **1** (*vertreiben*) **jdn/etw ~** {GEISTER, TEUFEL} scacciare qu/qc, esorcizzare qc **2** (*abwenden*) **etw ~** {GEFAHR} scongiurare qc **3** *relig hist* **jdn ~** scomunicare qu **4** *geh* (*durch Spannung fesseln, verzaubern*) **jdn ~** ammaliare qu, irretire qu ● **jdn wie gebannt anstarren**, fissare qu come ipnotizzato (-a) ; (**wie**) **gebannt zuhören/lauschen**, ascoltare come incantato (-a).
Banner <-s, -> n **1** (*Fahne*) stendardo m, vessillo m **2** *geh* (*Ideal*) bandiera f **3** *inform* {+INTERNETWERBUNG} banner m.
Bannkreis m *geh* sfera f di influenza ● **in jds ~ (akk) geraten** *geh*, entrare nella sfera di influenza di qu.
Bannmeile f *pol* zona f di rispetto (intorno a edifici governativi).
Bantamgewicht n *sport* peso m gallo.
Bantamgewichtler <-s, -> m (**Bantamgewichtlerin** f) *sport* peso m gallo.
Baptist <-en, -en> m (**Baptistin** f) *relig* battista mf.
Baptisterium <-s, *Baptisterien*> n (*Kirche*) battistero m ; (*Taufstein*) battistero m, fonte m battesimale.
Baptistin f → **Baptist**.
bar Ⓐ adj **1** *ökon* contante, in contanti, cash : **ich habe wenig bares Geld bei mir**, ho ₍pochi contanti₎/[poco denaro contante] con me **2** <*attr*> (*rein*) puro, palese, evidente : **das ist doch barer/[der bare] Unsinn!**, è una pura sciocchezza!, sono pure sciocchezze! **3** *obs* (*unbedeckt*) nudo : **mit barem Haupte**, a testa scoperta **4** <*präd*> *geh* **bar einer S.** (*gen*) {JEGLICHEN GEFÜHLS, ALLER/JEDER HOFFNUNG} privo *di* qc, senza qc : **bar jeglicher Vernunft**, privo di ogni ragione Ⓑ adv *ökon* in contanti, cash : **bar (be)zahlen**, pagare ₍in contanti₎/[cash] ; **gegen bar**, dietro pagamento in contanti ; **in bar**, in contanti.
Bar① <-s, -s *oder mit Zahlangaben* -> n *phys* bar m.
Bar② <-, -s> f **1** (*Theke*) bar m, banco m : **an der Bar sitzen**, sedere al banco **2** (*Nachtlokal*) night(club) m : **in die Bar gehen**, andare in un night(club) **3** (*Stehbar*) bar m.
Bär <-en, -en> m (**Bärin** f) orso (-a) m (f) : **der Bär brummt**, l'orso bramisce ● **jdm einen Bären aufbinden** *fam*, darla a bere a qu *fam* ; **der Große/Kleine Bär** *astr*, l'Orsa maggiore/minore ; **hungrig wie ein Bär sein**, avere una fame da lupo ; **stark wie ein Bär (sein)**, (essere) forte come un toro.
Baracke <-, -n> f baracca f.
Barackenlager n baraccopoli f, bidonville f.
Barbados <-', *ohne pl*> n *geog* isola f di Barbados, le (isole f pl) Barbados f pl *fam*.

Barbar <-en, -en> m (**Barbarin** f) **1** *pej* (*roher Mensch*) troglodita mf, barbaro (-a) m (f) **2** *pej* (*ungebildeter Mensch*) troglodita mf, incolto (-a) m (f), ignorante mf **3** <*meist pl*> *hist* barbaro m.
Barbara f (*Vorname*) Barbara.
Barbarei <-, -en> f barbarie f.
barbarisch Ⓐ adj **1** *pej* (*brutal*) {HERRSCHAFT, VERBRECHEN, VORGEHEN} barbaro, brutale **2** *pej* (*unzivilisiert*) {AUFTRETEN, BEHANDLUNG, METHODEN} incivile, rozzo **3** <*attr*> *fam* (*schlimm, sehr groß*) {AUSMAßE, GESTANK, KRACH} terribile *fam*, mostruoso *fam* **4** *hist* barbarico Ⓑ adv **1** (*grausam*) barbaramente, brutalmente **2** *fam* (*sehr, schrecklich*) terribilmente *fam*, mostruosamente *fam*.
Barbecue <-(s), -s> n **1** (*Grillfest*) barbecue m, grigliata f all'aperto **2** (*Bratrost*) barbecue m, griglia f, graticola f, gratella f **3** (*gebratenes Fleisch*) grigliata f, carne f arrosto.
bärbeißig adj *fam* {MIENE, TON} burbero, scontroso ● **ein ~er Mensch**, un orso *fam*, un brontolone.
Barbestand m disponibilità f pl, liquidità f ; (*in der Geschäftskasse*) fondo m cassa.
Barbetrag m somma f/importo m in contanti.
Barbie® <-, -s> f *slang*, **Barbiepuppe** f *slang* (*aufgetaketes Mädchen*) Barbie® f.
Barbier <-s, -e> m *obs oder scherz* barbiere m ● **der ~ von Sevilla** *mus lit*, il barbiere di Siviglia.
Barbiturat <-s, -e> n *pharm* barbiturico m, barbiturato m.
barbusig adj a petto/seno nudo/scoperto.
Barcelona <-s, *ohne pl*> n *geog* Barcellona f.
Barcelonier <-s, -> m (**Barcelonierin** f) barcellonese mf, abitante mf di Barcelona.
Bärchen <-s, -> n dim *von* Bär (*Koseform*) orsetto m, orsacchiotto m.
Barcode m *inform* codice m a barre.
Barcodeleser m lettore m di codici a barre.
Bardame f barista f (di un night).
Barde <-n, -n> m **1** *hist* bardo m **2** *oft iron* (*Dichter*) poeta m **3** (*Verfasser von Balladen*) cantautore m.
Bareinlage f *jur ökon* conferimento m in denaro.
Bärendienst m : **jdm einen ~ erweisen**, rendere un pessimo servizio a qu.
Bärendreck m *süddt CH* (*Lakritze*) liquirizia f.
Bärenhaut f : ₍**sich auf die ~ legen**₎/[**auf der ~ liegen**] *fam pej*, fare vita da poltrone *fam*, starsene a pancia all'aria *fam*.
Bärenhunger m *fam* fame f da lupo fam : **einen ~ haben** *fam*, avere una fame da lupo *fam*.
Bärenkraft f <*meist pl*> forza f da toro/leone : **Bärenkräfte haben**, essere forte come un toro/leone.
Bärennatur f : **eine ~ haben/besitzen** *fam*, avere un fisico ₍di ferro₎/[d'acciaio] *fam*, avere una salute di ferro.
bärenstark adj **1** *fam* forte come un toro/leone **2** *slang* (*toll*) {MODE, TYP} forte *slang*, eccezionale *fam* : **sie machen ~e Musik** *fam*, fanno una musica formidabile.
Barett <-(e)s, -e *oder rar* -s> n **1** *jur univ* tocco m **2** *relig* berretta f **3** *mil* berretto m.
barfuß adj <*präd*>, **barfüßig** adj <*attr*> a piedi nudi, scalzo : **~ gehen/laufen**, camminare ₍a piedi nudi₎/[scalzo (-a)].
Barfüßer <-s, -> m *relig*, **Barfüßermönch** m *relig* frate m scalzo.

Barfüßerorden m *relig* ordine m dei frati scalzi.

barg 1. *und* 3. *pers sing imperf von* bergen.

Bargeld n denaro m contante/[in contanti]/[cash]/[liquido].

bargeldlos **A** *adj* {BEZAHLEN, EINKAUFEN} senza contanti: **~er Zahlungsverkehr**, operazioni/pagamenti senza contanti **B** *adv* senza contanti.

Bargeschäft n operazione f in contanti.

barhäuptig *adj geh* a capo scoperto.

Barhocker m sgabello m da bar.

Bärin f → **Bär**.

Bariton <-s, -e> m *mus* **1** (*Stimme*) baritono m **2** (*Sänger*) baritono m.

Barium <-s, *ohne pl*> n *chem* bario m.

Barkasse <-, -n> f barcaccia f.

Barkauf m acquisto m in contanti.

Barke <-, -n> f barca f.

Barkeeper <-s, -> m, **Barmann** m barista m, barman m.

Barkode m → **Balkencode**.

Barkodeleser m → **Barcodeleser**.

Bärlauch m *bot* aglio m orsino.

barmherzig *adj* ~ (*mit jdm/gegen jdn*) misericordioso/caritatevole (*con/verso qu*) • **die Barmherzigen Brüder** (*Orden*), i Fatebenefratelli; **~er Gott!**, misericordia!, santo Iddio!; **die Barmherzigen Schwestern** (*Orden*), le Suore ⌊della Carità⌋/[di San Vincenzo].

Barmherzigkeit <-, *ohne pl*> f misericordia f, carità f • (**an jdm**) **~ üben** *geh relig*, avere misericordia (di qu).

Barmittel *subst* <*nur pl*> *ökon* fondi m pl liquidi, denaro m ⌊in contanti⌋/[cash].

Barmixer <-s, -> m "chi prepara i cocktail al banco/bar".

Bar-Mizwa① <-s, -s> m "giovane m ebreo che ha passato la cerimonia di iniziazione".

Bar-Mizwa② <-, -s> f "cerimonia f di iniziazione ebraica".

barock *adj* **1** *arch kunst lit mus* barocco **2** (*überladen*) barocco, carico; {SPRACHSTIL} ampolloso **3** (*bizarr, sonderbar*) {ANSICHTEN, GESCHMACK, MENSCHEN, FANTASIE} bizzarro, stravagante • **eine ~e Figur** *scherz*, una figura bella abbondante.

Barock <-(s), *ohne pl*> n *oder* m *arch kunst lit mus* barocco m.

Barockkirche f *arch kunst* chiesa f barocca.

Barockkunst f *arch kunst* arte f barocca.

Barockmusik f *mus* musica f barocca.

Barockstil m *arch kunst lit mus* barocco m, stile m barocco.

Barockzeit f *arch kunst lit mus* barocco m, epoca f barocca.

Barometer <-s, -> n *oder* m **1** *meteo* barometro m **2** (*Maßstab*) ~ **für etw** (*akk*) barometro (*di qc*) • **das ~ steht hoch/tief**, il barometro segna alta/bassa pressione; **das ~ steht auf veränderlich**, il barometro segna (tempo) variabile; **das ~ steigt/fällt**, il barometro sale/scende; **das ~ steht auf Sturm** (⌊bei jdm⌋/[in etw dat]) *fam* {BEIM CHEF, IN DER FAMILIE}, tira una brutta aria (⌊da qu⌋/[in qc]) *fam*, c'è aria di tempesta/burrasca (⌊da qu⌋/[in qc]).

Barometerstand m *meteo* livello m/stato m barometrico.

Baron <-s, -e> m (**Baronin** f) barone m, baronessa f.

Baronesse <-, -n> f *obs*, **Baronin** f → **Baron**.

Barras <-, *ohne pl*> m *fam obs* naia f *fam*: **zum ~ gehen/müssen** *fam*, andare a/[dover andare] sotto la naia *fam*; **beim ~ sein** *fam*, fare la naia *fam*.

Barren① <-s, -> m (*Goldbarren, Silberbarren*) lingotto m, barra f.

Barren② <-s, -> m **1** *sport* parallele f pl: **am ~ turnen**, fare ginnastica alle parallele **2** *sport* (*Stufenbarren*) parallele f pl asimmetriche.

Barrengold n oro m in lingotti.

Barriere <-, -n> f **1** (*Hindernis*) barriera f: **eine ~ errichten**, erigere/innalzare una barriera **2** (*Schlagbaum*) barriera f, sbarra f; CH (*Bahnschranke*) barriera f del passaggio a livello **3** *psych* barriera f, ostacolo m: **~n abbauen**, abbattere le barriere/gli ostacoli; **~n überwinden**, superare delle barriere.

Barrikade <-, -n> f barricata f: **eine ~ errichten**, erigere una barricata • (**für etw** *akk*) **auf die ~n gehen/steigen** *fam* {FÜR SEINE IDEALE, ÜBERZEUGUNGEN}, salire sulle barricate (per qc).

barsch **A** *adj* {ANTWORT, MENSCH, UMGANGSTON} sgarbato, brusco: ~ ⌊**zu jdm**⌋/[**gegen jdn**] **sein**, essere sgarbato/brusco (con/verso qu) **B** *adv* bruscamente, sgarbatamente.

Barsch <-(e)s, -e> m *fisch* (pesce m) persico m.

Barschaft <-, *rar* -en> f *geh* denaro m contante/[in contanti]/[liquido]: **das ist meine ganze ~**, ecco tutto il mio contante.

Barscheck m *bank* assegno m ordinario (non sbarrato).

barst 1. *und* 3. *pers sing imperf von* bersten.

Bart① <-(e)s, Bärte> m **1** (*Vollbart*) barba f: **einen ~ tragen**, portare/avere la barba; **sich** (*dat*) **einen ~ stehen/wachsen lassen**, farsi crescere la barba **2** (*Schnurrbart*) baffi m pl **3** *zoo* (**+**HUND, KATZE, MAUS) baffi m pl; {+ZIEGE} barba f; {+HAHN} bargiglio m **4** (*Kinnbart*) barbetta f **5** (*Backenbart*) favoriti m pl, fedine f pl **6** *bot* filamento m di radice, barba f • **der ist ab** *fam*, non c'è più niente da fare; **etw in seinen ~** ⌊(*hinein*)**brummen**⌋/[**murmeln**] *fam*, borbottare ⌊fra i denti *fam*⌋/[tra sé e sé]; **jdm um den ~ gehen/streichen** *fam*, adulare qu, lisciare qu, lusingare qu, fare una sviolinata a qu; **beim ~e des Propheten schwören** *fam*, giurare sulla barba del Profeta; **so 'n ~!** *fam*, che barba!; **ein Witz/eine Geschichte hat** (**schon**) **so einen ~** *fam*, una barzelletta/storia è vecchia come il cucco *fam*; **sich** (*dat*) **nachdenklich/zufrieden durch den ~ streichen**, lisciarsi/accarezzarsi la barba pensieroso/contento.

Bart② <-(e)s, Bärte> m *tech* ingegno m.

Bärtchen <-s, -> n *dim von* Bart① barbetta f.

Bartel <-, -n> f <*meist pl*> *fisch* barbiglio m.

Bartenwal m *zoo* misticeto m.

Bartflechte f **1** *bot* barba f di bosco **2** *med* sicosi f.

Barthaar n **1** {+MENSCH} pelo m della barba **2** {+HUND, KATZE, MAUS} vibrissa f.

Barthel m: **wissen, wo der ~ den Most holt** *fam*, essere un furbo di tre cotte *fam*, essere un furbacchione *fam*, saperla lunga *fam*.

Bartholomäus m (*Vorname*) Bartolomeo.

Bartholomäusnacht f *hist* notte f di san Bartolomeo.

bärtig *adj* barbuto.

bartlos *adj* **1** (*ohne Bart*) imberbe, senza barba **2** (*glatt rasiert*) ben rasato.

Bartnelke f *bot* garofano m a mazzetti.

Bartstoppel f <*meist pl*> pelo m (della barba).

Bartträger m uomo m che porta/ha la barba, uomo m barbuto.

Bartwuchs m {+MANN} crescita f della barba; {+FRAU} peluria f.

Barverkauf m vendita f in contanti, cash sale m.

Barvermögen n liquidità f.

Barvorschuss (a.R. Barvorschuß) m anticipo m in contanti.

baryzentrisch *adj phys* baricentrico.

Baryzentrum <-s, Baryzentra *oder* Baryzentren> n *phys* baricentro m.

Barzahlung f pagamento m ⌊in contanti⌋/[(a) pronta cassa]: **nur gegen ~**, solo dietro pagamento in contanti.

Basaliom <-s, -e> n *med* basalioma m.

Basalt <-(e)s, -e> m *min* basalto m.

Basaltemperatur f *med* temperatura f basale.

Basar <-s, -e> m **1** (*orientalischer Markt*) bazar m: **auf den ~ gehen**, andare al bazar **2** (*Wohltätigkeitsverkauf*) vendita f di beneficenza.

Base① <-, -n> f *region obs* (*Kusine*) cugina f.

Base② <-, -n> f *chem* base f.

Baseball <-s, *ohne pl*> m *sport* baseball m.

Baseballspiel n *sport* partita f/incontro m di baseball.

Baseballspieler m (**Baseballspielerin** f) *sport* giocatore (-trice) m (f) di baseball.

Basedow <-s, *ohne pl*> m *med fam*, **Basedowsche Krankheit** <-n -, *ohne pl*> f *med* morbo m di Basedow, basedowismo m.

Basel <-s, *ohne pl*> n *geog* Basilea f.

Baseler <-s, -> m (**Baselerin** f) abitante mf di Basilea.

Basen pl *von* Base①, Base②, Basis.

BASIC <-(s), *ohne pl*> n *Abk von engl* beginner's all purpose symbolic instruction code: Basic m.

Basics *subst* <*nur pl*> *fam* **1** (*Grundwissen*) (cose f pl) fondamentali m pl: **kannst du mir mal schnell die ~ zu diesem Thema zusammenstellen?**, potresti cercarmi le informazioni essenziali su questo argomento? **2** (*modische Grundausstattung*) vestiti m pl/indumenti m pl irrinunciabili/essenziali: **Sportschuhe, Jeans und T-Shirt sind die ~ in der Klamottensammlung**, scarpe sportive, jeans e magliette sono pezzi fondamentali/[che non possono mancare] nell'abbigliamento giovanile.

basieren <*ohne* ge-> **A** *itr* **auf etw** (*dat*) ~, basarsi *su qc*, fondarsi *su qc* **B** *tr* **etw auf etw** (*dat/akk*) ~ basare qc su qc, fondare qc *su qc*.

Basilika <-, *Basiliken*> f basilica f.

Basilikum <-s, -s *oder Basiliken*> n *bot* basilico m.

Basilisk <-en, -en> m **1** *myth* basilisco m **2** *zoo* basilisco m.

Basiliskenblick m *geh* sguardo m di basilisco: **jdn mit ~ ansehen**, guardare qu con occhi di basilisco.

Basis <-, *Basen*> f **1** (*Grundlage*) base f **2** *arch* base f, zoccolo m **3** *mil* base f **4** *pol* base f: **die Stimmung an der ~ sondieren**, sondare gli umori della base **5** *math* base f **6** *tel* base f • **eine/die ~ für etw** (*akk*) **bilden**, costituire la base di qc; **auf einer festen/soliden ~ ruhen**, poggiare su solide basi; **eine ~ für etw** (*akk*) **schaffen**, creare le basi per qc; **~ und Überbau** *pol*, base e sovrastruttura f.

Basisarbeit f *pol* lavoro m di base.

basisch *adj chem* basico.

Basisdemokratie <-, *ohne pl*> f *pol* democrazia f di base, democrazia f diretta.

basisdemokratisch *adj pol* di democrazia di base.

Basisgruppe f *pol* gruppo m di base.

Basiskurs m *Börse* quotazione f di base.
Basislager n campo m base.
Basisstation f *tel* base f (di un cordless).
Basiswissen n cognizioni f pl di base.
Baske <-n, -n> m (**Baskin** f) basco (-a) m (f).
Baskenland <-s, ohne pl> n *geog* Paesi m pl baschi.
Baskenmütze f (berretto m) basco m.
Basketball m *sport* **1** (*Spiel*) pallacanestro f, basket m: ~ **spielen**, giocare a pallacanestro/basket **2** (*Ball*) palla f da pallacanestro.
Basketballer <-s, -> m (**Basketballerin** f) *sport* giocatore (-trice) m (f) di pallacanestro/basket.
Baskin f → **Baske**.
baskisch adj basco.
Basrelief n *arch kunst* bassorilievo m.
bass (a.R. baß) adv *scherz*: ~ **erstaunt/verwundert sein**, essere sbalordito.
Bass (a.R. Baß) <-es, Bässe> m **1** *mus* (*Stimme*) basso m **2** *mus* (*Sänger*) basso m **3** *mus* (*Kontrabass*) contrabbasso m; (*~gitarre*) basso m **4** *<meist pl> radio TV* bassi m pl ● **hoher/ tiefer ~**, basso cantante/profondo.
Bassbariton (a.R. Baßbariton) m *mus* basso baritono m.
Bassgeige (a.R. Baßgeige) f *mus obs* contrabbasso m.
Bassgitarre (a.R. Baßgitarre) f *mus* basso m: ~ **spielen**, suonare il basso.
Bassin <-s, -s> n **1** *geog geol* bacino m **2** (*Schwimmbecken*) piscina f.
Bassinstrument (a.R. Baßinstrument) n *mus* strumento m di registro basso.
Bassist <-en, -en> m (**Bassistin** f) *mus* **1** (*Streicher*) contrabbassista mf **2** (*Sänger*) basso m.
Basslage (a.R. Baßlage) f *mus* registro m di basso.
Bassschlüssel, **Bass-Schlüssel** (a.R. Baßschlüssel) m *mus* chiave f di basso.
Bassstimme, **Bass-Stimme** (a.R. Baßstimme) f *mus* voce f di basso.
Bast <-(e)s, -e> m *bot* rafia f.
basta interj basta! ● **und damit ~!** *fam*, e non una parola di più!, questo discorso è chiuso! *fam*.
Bastard <-(e)s, -e> m **1** *fam pej* (*Schimpfwort*) bastardo m *vulg*, figlio m di puttana/ mignotta *vulg*: **du ~!**, brutto bastardo! **2** *bot* ibrido m; *zoo* meticcio m, incrocio m **3** *hist* bastardo m, figlio m illegittimo.
Bastei <-, -en> f *hist* → **Bastion**.
Bastelarbeit f **1** (*Tätigkeit*) bricolage m, fai da te m: **er verbringt seine Freizeit oft mit irgendwelchen ~en**, trascorre spesso il tempo libero a fare bricolage **2** (*Gegenstand*) oggetto m fatto a mano, lavoretto m: **das Modellflugzeug ist eine ~ von mir**, questo modellino di aereo l'ho fatto/fabbricato io **3** (*kniffelige Arbeit*) lavoro m ₍da certosini/ certosino₎/[complicato].
Bastelei <-, -en> f *fam* **1** (*Gegenstand*) oggetto m fatto a mano, lavoretto m **2** *pej* (*ständiges Herumwerken*) trafficare m *fam*, aggeggiare m *tosk fam* **3** (*kniffelige Arbeit*) lavoro ₍da certosini/certosino₎/[complicato].
basteln **A** itr **1** (*Handwerksarbeiten herstellen*) fare lavori manuali (per passatempo), fare bricolage **2** *fam* (*sich zu schaffen machen*) **an etw** (dat) ~ trafficare *a qc* su: **er bastelt an seinem Fahrrad**, traffica alla sua bicicletta **B** tr (*handwerklich fertigen*) (*jdm*) **etw** ~ fare *qc* (*a qu*), fabbricare *qc* (*a qu*): **sie hat ihren Eltern Weihnachtsgeschenke gebastelt**, ha fabbricato/fatto da sé i regali di Natale per i genitori **C** rfl **sich** (dat) **etw** ~ fabbricarsi *qc*, farsi *qc*.
Basteln <-s, ohne pl> n bricolage m, fai da te m, do-it-yourself m.
Bastille <-, ohne pl> f *hist* Bastiglia f ● **der Sturm auf die ~ hist**, la presa della Bastiglia.
Bastion <-, -en> f **1** *mil hist* bastione m, baluardo m **2** (*Zufluchtsort*) bastione m, baluardo m.
Bastler <-s, -> m (**Bastlerin** f) chi fa bricolage/[piccoli lavori manuali (per passatempo)].
bat 1. und 3. pers sing imperf *von* bitten.
BAT <-, ohne pl> m Abk *von* Bundesangestelltentarif: "retribuzione f del pubblico impiego in Germania".
Bataillon <-s, -e> n *mil* battaglione m.
Bataillonskommandeur m *mil* comandante m di battaglione.
bäte 1. und 3. pers sing konjv II *von* bitten.
Batik <-, -en> f *text* batik m.
batiken **A** itr fare batik **B** tr **etw** ~ fare batik *su qc*, tingere *qc* a batik ● **gebatikt**, fatto a batik.
Batist <-(e)s, -e> m *text* batista f.
Batterie <-, -n> f **1** *el* {+ELEKTROGERÄT, RADIO, TASCHENLAMPE} pila f; (*Zusammenschaltung stromerzeugender Elemente*) batteria f; {+AUTO} batteria f (per accensione): **die ~ aufladen**, caricare la batteria; **die ~ ist leer**, la batteria è scarica **2** *mech* (*Mischbatterie*) rubinetto m miscelatore **3** *mil* batteria f **4** *mus* batteria f **5** *fam* (*Serie von gleichartigen Gegenständen*) **~ von etw** (dat)/*einer S.* (gen) serie f *di qc*: **eine ganze ~ von Weinflaschen**, un'intera serie/collezione di bottiglie di/da vino **6** (*Legebatterie*) batteria f (per l'allevamento di polli).
Batteriebetrieb m alimentazione f a batteria.
batteriebetrieben adj (alimentato) a batteria.
Batterieempfänger m, **Batterieempfängergerät** n ricevitore m a pila/batteria.
Batteriehuhn n pollo m allevato in batteria.
Batterieladegerät n caricabatterie m.
Batterie- und Netzbetrieb m alimentazione f a batteria e dalla rete.
Batzen <-s, -> m *fam* **1** (*Klumpen*) cumulo m, grumo m **2** (*viel Geld*) mucchio m/sacco m di soldi ● **einen ganzen/schönen ~ (Geld) ausgeben/kosten/verdienen** *fam*, spendere/costare/guadagnare un mucchio *fam*/ fracco *fam* di soldi.
Bau① m **1** <-(e)s, ohne pl> (*Errichten, Anlegen*) {+HÄUSERN, STRASSEN} costruzione f, edificazione f **2** <-(e)s, ohne pl> (*Herstellen*) {+FAHRZEUGE, GERÄTE, MOTOREN, MUSIKINSTRUMENTE} costruzione f, fabbricazione f **3** <-(e)s, -ten> (*Gebäude*) edificio m, fabbricato m, costruzione f: **historische Bauten**, edifici storici **4** <-(e)s, ohne pl> *fam* (*Baustelle*) cantiere m: **auf dem Bau arbeiten**, lavorare in cantiere **5** <-(e)s, ohne pl> (*Gliederung*) architettura f, struttura f, organizzazione f **6** <-(e)s, ohne pl> (*Körperbau*) corporatura f **7** <nur pl> Bauten *film*, scenografia, scenari ● **im/in Bau sein, sich im/in Bau befinden**, essere/trovarsi in (corso/via di) costruzione/edificazione.
Bau② <-(e)s, -e> m **1** *zoo* tana f **2** *fam* (*Wohnung*) casa f: **ich bin gar nicht mehr aus dem Bau gekommen**, non sono più uscito (-a) di casa, non ho più messo il naso fuori **3** <nur sing> *slang mil* (*Arrest*) arresti m pl.
Bauabnahme f *bau* collaudo m dei lavori (dopo la loro ultimazione).
Bauabschnitt m lotto m dei lavori.
Bauamt n genio m civile.
Bauarbeiten subst <nur pl> lavori m pl edili/[di costruzione] ● **(Achtung) ~!**, attenzione, lavori in corso!
Bauarbeiter m (**Bauarbeiterin** f) lavoratore (-trice) m (f) edile, (operaio (-a) m (f)) edile mf.
Bauart f **1** (*Bauweise*) sistema m/tipo m di costruzione **2** *arch* stile m **3** *tech* costruzione f.
Bauaufsicht f controllo m dei cantieri.
Bauaufsichtsbehörde f ispettorato m edile.
Baubaracke f baracca f di cantiere.
Bauboom m boom m edilizio.
Bauch <-(e)s, Bäuche> m **1** {+MENSCH, TIER} ventre m, pancia f; (*Unterleib*) addome m **2** *fam psych* (*im Gegensatz zum Kopf*) pancia f *fam*, istinto m: **vom ~ her**, istintivamente, d'istinto; **etw aus dem ~ heraus entscheiden**, decidere qc ₍d'istinto₎/[istintivamente]; **der Kopf sagt «nein», aber der ~ sagt «ja»**, la testa non ne vuole sapere, ma il cuore dice di sì **3** (*dicker ~*) pancia f, pancione m *fam*, trippone m *fam* **4** {+GEFÄSS, INSTRUMENT} pancia f **5** (*Schiffs, Flugzeugsbauch*) pancia f, ventre m; {+ERDE} ventre m ● **etw aus dem hohlen ~ beantworten** *fam*, rispondere a qc così su due piedi *fam*; **einen ~ bekommen, sich** (dat) **einen ~ zulegen** *fam*, metter su pancia *fam*; **den ~ einziehen**, tirar dentro la pancia; (**mit etw dat) auf den ~ fallen** *fam*, far fiasco (in qc); **einen (dicken) ~ haben**, avere la pancia; (*schwanger sein*) *slang*, avere il pancione; **nichts im ~ haben** *fam*, essere a stomaco vuoto; **sich** (dat) **den ~ vor Lachen halten**, sbellicarsi dalle risa *fam*, tenersi la pancia dalle risate *fam*, ridere a crepapelle *fam*; ₍**sich auf den ~ legen**₎/[**auf dem ~ liegen**], mettersi/giacere sul ventre; **vor jdm auf dem ~ liegen/rutschen** *fam*, strisciare ai piedi di qu *fam*; **einem Mädchen/einer Frau einen dicken ~ machen** *slang*, mettere incinta una ragazza/donna; **sich** (dat) **den ~ vollschlagen** *fam*, mangiare a quattro palmenti *fam*, abbuffarsi *fam*; ₍**eine Wut**₎/[**einen Zorn/Ärger**] **(auf jdn) im ~ haben**, avere una gran rabbia in corpo (nei confronti di qu); **ein voller ~ studiert nicht gern** *prov*, plenus venter non studet libenter.
Bauchansatz <-es, ohne pl> m *fam* pancetta f *fam*, accenno m/inizio m di pancia: **einen leichten ~ haben/zeigen**, aver messo su un po' di pancetta.
Bauchatmung f → **Zwerchfellatmung**.
Bauchbinde f **1** *med* panciera f, ventriera f **2** (*für Frack*) fascia f di seta **3** *fam* {+ZIGARRE} fascetta f; *fam* {+BUCH} fascetta f (editoriale).
Bauchdecke f *anat* parete f addominale.
Bauchentscheidung f *fam* decisione f istintiva.
Bauchfell n *anat* peritoneo m.
Bauchfellentzündung f *med* peritonite f.
Bauchgrimmen <-s, ohne pl> n → **Bauchschmerz**.
Bauchhöhle f *anat* cavità f addominale.
Bauchhöhlenschwangerschaft f *med* gravidanza f addominale/extrauterina/ ectopica.
bauchig adj {FLASCHE, VASE} panciuto.
Bauchklatscher <-s, -> m *fam* panciata f, spanciata f.
Bauchladen m *fam* cassetta f da venditore ambulante.
Bauchlandung f **1** *aero fam* atterraggio

m senza carrello **2** *fam* (*im Schwimmbad*) panciata f *fam* **3** (*Misserfolg*) fallimento m, insuccesso m, fiasco m • **eine ~ machen** *aero*, fare/eseguire un atterraggio senza carrello; (*im Schwimmbad*), dare una panciata/spanciata; *fam* (*einen Misserfolg einstecken*), far fiasco *fam*.

Bäuchlein <-s, -> n *dim von* Bauch *oft scherz* pancina f, pancetta f; (*von Kind*) pancino m.

bäuchlings adv {HINFALLEN} a pancia in giù, bocconi.

Bauchmuskel m <*meist pl*> *anat* (muscolo m) addominale m • **~n trainieren**, ⌊allenare gli⌋/[fare *fam*] addominali.

Bauchmuskulatur f muscolatura f addominale.

Bauchnabel m *anat* ombelico m.

bauchreden <*nur inf und part perf: bauchgeredet*> itr parlare col ventre, fare il ventriloquo.

Bauchredner m (**Bauchrednerin** f) ventriloquo (-a) m (f).

Bauchschmerz m <*meist pl*> dolore m addominale/[di ventre], mal m di pancia *fam* • **ich kriege ~en, wenn ich nur an den Umzug denke**, mi sento male solo al pensiero del trasloco; **jdm ~en verursachen** {GEDANKE AN DIE ANSTRENGENDE REISE, EINE PRÜFUNG}, far venire il mal di pancia a qu *fam*.

Bauchspeck m *gastr* pancetta f magra.

Bauchspeicheldrüse f *anat* pancreas m.

Bauchspeicheldrüsenkrebs m *med* tumore m al/del pancreas.

Bauchtanz m danza f del ventre.

Bauchtänzerin f danzatrice f del ventre.

Bauchweh <-s, *ohne pl*> n *fam*, **Bauchzwicken** <-s, *ohne pl*> n *fam* → **Bauchschmerz**.

Baud <-(s), -> n *tel inform* baud m.

Baude <-, -n> f *ostdt* **1** (*Bauernhof*) cascinale m, malga f **2** (*Berggasthof*) rifugio m.

Baudenkmal n *arch* monumento m architettonico: **geschütztes ~**, monumento protetto.

Bauelement n **1** *bau* elemento m costruttivo; (*Fertigteil*) pezzo m/elemento m prefabbricato **2** *el* componente m: **elektronisches ~**, componente m elettronico.

bauen Ⓐ tr **1** (*errichten, anlegen*) *etw* ~ {MENSCH, TIER NEST} fare qc; {HÖHLE} scavare qc; {HAUS, KIRCHE} costruire qc (*a qu*), fabbricare qc (*a qu*), edificare qc (*a qu*), erigere qc (*a qu*); {TUNNEL} scavare qc: **Straßen ~**, costruire delle strade; **in diesem Stadtviertel wird viel gebaut**, in questo quartiere si costruisce molto **2** (*zusammen~*) *etw* ~ costruire qc, assemblare qc, montare qc: **einen Motor/eine Maschine ~**, costruire un motore/una macchina; {MUSIKINSTRUMENT} fabbricare qc **3** *ling etw* ~ {SATZ} costruire qc **4** *fam* (*verursachen*) *etw* ~ {einen Unfall ~, {ABITUR} fare qc; **Mist** *fam*/**Scheiße** *slang* ~, fare una cavolata *fam*/cazzata *slang*, combinare un guaio *fam* **5** *fam* (*machen*) *etw* ~ {EXAMEN} fare qc: **das Examen ~**, laurearsi; **den Führerschein ~**, prendere la patente Ⓑ itr **1** (*ein oder mehrere Gebäude errichten*) costruire **2** (*ein eigenes Haus errichten lassen*) farsi ⌊costruire una casa⌋/[la casa] **3** (*errichten*) **an** *etw* (dat) ~ lavorare *a qc*, costruire qc: **sie ~ gerade an einer Brücke**, stanno lavorando a un ponte **4** (*vertrauen*) **auf jdn/etw** ~ contare *su qu/qc*, fare affidamento su qu/qc Ⓒ rfl **sich** (dat) *etw* ~ costruirsi qc, farsi costruire qc: **wir haben uns ein Haus gebaut**, ci siamo fatti costruire una casa • **gut/kräftig gebaut sein**, essere ben piazzato *fam*, essere di robusta costituzione.

Bauer① <-n *oder rar* -s, -n> m (**Bäuerin** f) **1** (*jd, der auf dem Land wohnt*) contadino (-a) m (f); (*Landwirt*) *auch* agricoltore (-trice) m (f), coltivatore (-trice) m (f) diretto (-a) **2** *fam pej* (*grober Mensch*) villano m *pej* **3** *Schach* pedone m **4** (*Spielkarte*) fante m • **die dümmsten ~n haben die dicksten/größten Kartoffeln** *prov*, la fortuna arride agli sciocchi *prov*; **was der ~ nicht kennt, frisst er nicht** *prov*, fidarsi è bene, non fidarsi è meglio *prov*.

Bauer② <-s, -> n *oder* m (*Käfig*) gabbia f (per uccelli).

Bäuerchen <-s, -> n **1** *dim von* Bauer① contadinello m, contadinetto m **2** *Kindersprache* (*Aufstoßen von Babys*) ruttino m • **ein/sein ~ machen** *fam* {KIND}, fare il ruttino *fam*.

Bäuerin f → **Bauer**①.

bäuerisch adj → **bäurisch**.

bäuerlich Ⓐ adj **1** (*die Bauern betreffend, nach Art der Bauern*) {ARBEIT, LEBENSWEISE} contadinesco, campagnolo, rustico **2** (*ländlich*) {GEGEND, LANDSCHAFT, UMGEBUNG} rurale, agricolo Ⓑ adv {EINRICHTEN} in stile rustico: **die Gegend hier ist sehr ~ geprägt**, questa zona è a forte connotazione agricola.

Bauernaufstand <-(e)s, *ohne pl*> m *hist* → **Bauernkrieg**.

Bauernbrot n pane m casereccio.

Bauernbub m *süddt A CH* → **Bauernjunge**.

Bauerndorf n paese m/villaggio m di contadini.

Bauernfang m: **auf ~ ausgehen** *fam pej*, imbrogliare, gabbare *fam*.

Bauernfänger <-s, -> m *fam pej* imbroglione m, gabbatore m *fam*.

Bauernfängerei <-, *ohne pl*> f *fam pej* imbroglio m, truffa f.

Bauernfrühstück <-s, *ohne pl*> n *gastr* "colazione f a base di patate arrostite, uova strapazzate e pancetta".

Bauernhaus n (casa f) colonica f, casale m.

Bauernhochzeit f nozze f pl alla campagnola.

Bauernhof m fattoria f, podere m, masseria f • **Ferien/Urlaub auf dem ~**, ferie/vacanze in un agriturismo.

Bauernjunge m contadinello m.

Bauernkaff n *fam pej* paesucolo m di campagna.

Bauernkrieg m *hist* guerra f dei contadini.

Bauernmädchen n contadinella f.

Bauernmöbel subst <*nur pl*> mobili m pl rustici.

Bauernopfer n **1** *Schach* sacrificio m del pedone **2** *pol* capro m espiatorio.

Bauernregel f detto m contadino (sul tempo).

Bauernschaft <-, *rar -en*> f popolazione f rurale/agricola.

bauernschlau adj scaltro, furbo, malizioso.

Bauernschläue f furbizia f, astuzia f, scaltrezza f.

Bauernstube f soggiorno m in stile rustico.

Bauerntheater n **1** (*volkstümliches Theater*) teatro m folcloristico-rurale **2** (*Schauspieltruppe*) compagnia f teatrale di paese.

Bauerntölpel m *pej* villano m, zotico m.

Bauernverband m associazione f ⌊degli agricoltori⌋/[dei coltivatori diretti].

Bauersfrau f contadina f.

Bauersleute subst <*nur pl*> contadini m pl.

Bauerwartungsland <-s, *ohne pl*> n *adm* area f di prossima edificabilità.

Baufach n edilizia f.

baufällig adj {GEBÄUDE, HAUS} pericolante, cadente.

Baufälligkeit <-, *ohne pl*> f essere m pericolante.

Baufinanzierung f finanziamento m dei lavori.

Baufirma f ditta f/impresa f costruttrice/edile/[di costruzioni].

Bauführer m (**Bauführerin** f) *bau* capocantiere mf.

Baugelände n area f fabbricabile/edificabile.

Baugenehmigung f concessione f edilizia, permesso m di costruzione.

Baugerüst n *bau* impalcatura f, ponte(ggio) m.

Baugeschäft n (*Unternehmen*) impresa f edile/[di costruzioni]; (*Branche*) settore m edile, edilizia f: **dick im ~ drin sein** *fam*, essere un pezzo grosso dell'edilizia.

Baugesellschaft f società f immobiliare.

Baugewerbe n edilizia f.

Baugrube f scavo m (di fondazione).

Baugrundstück n lotto m/terreno m edificabile/fabbricabile.

Bauhandwerk n edilizia f, settore m edilizio.

Bauhandwerker m (**Bauhandwerkerin** f) operaio (-a) m (f) edile.

Bauhaus <-es, *ohne pl*> n *arch kunst* Bauhaus m.

Bauherr m (**Bauherrin** f) committente mf/proprietario (-a) mf della costruzione.

Bauherrenmodell n *ökon* "modello m fiscale che consente sgravi fiscali a chi investe in progetti edilizi".

Bauholz n legname m da costruzione.

Bauindustrie f industria f edile.

Bauingenieur m (**Bauingenieurin** f) ingegnere m civile.

Baujahr n {+GEBÄUDE} anno m di costruzione; {+AUTO} anno m di fabbricazione: **welches ~ ist Ihr Auto?**, di che anno è la Sua auto?

Baukasten m scatola f/gioco m delle costruzioni, lego® m.

Baukastensystem n *tech* sistema m modulare: **nach dem ~**, secondo il sistema modulare.

Bauklotz m cubetto m del gioco delle costruzioni • **Bauklötze(r) staunen** *fam*, rimanere di stucco *fam*.

Baukonjunktur f *ökon* congiuntura f edilizia.

Baukonzern m *bau* gruppo m edile.

Baukosten subst <*nur pl*> spese f pl di costruzione.

Baukostenzuschuss (a.R. Baukostenzuschuß) m "contributo m alle spese di costruzione da parte del futuro affittuario".

Baukredit m *bank* mutuo m/credito m concesso per un progetto edilizio.

Baukunst <-, *ohne pl*> f *geh* architettura f.

Bauland <-s, *ohne pl*> n → **Baugelände**.

Bauleiter m (**Bauleiterin** f) *bau* direttore (-trice) m (f) dei lavori (di costruzione).

Bauleitung f *bau* direzione f dei lavori (di costruzione).

baulich adj <*attr*> {MAẞNAHMEN, VERÄNDERUNGEN} architettonico.

Baulichkeit <-, -en> f <*meist pl*> *adm* edificio m, fabbricato m.

Baulöwe m *fam* speculatore m edilizio, pa-

lazzinaro m *fam pej*.
Baulücke f "lotto m senza costruzioni in un'area interamente edificata": **~n schließen**, costruire su lotti non edificati.
Baum <-(e)s, Bäume> m **1** *bot* albero m: **auf den ~ klettern**, arrampicarsi sull'albero; **auf dem ~ sitzen**, sedere sull'albero; **am ~ hängen viele Äpfel**, l'albero è carico di mele **2** *fam (Weihnachtsbaum)* albero m di Natale **3** *inform* albero m **4** *naut* boma m *oder* f ● **ich könnte Bäume** *ausreißen fam*, mi sento un ercole/leone; **der ~ der Erkenntnis** *bibl*, l'albero della scienza del bene e del male; **das/es ist, um auf die Bäume zu** *klettern fam*, è roba da matti *fam*/chiodi *fam*; **einen alten ~ soll man nicht** *verpflanzen*, una persona anziana non va tolta dal suo ambiente; **die Bäume wachsen nicht in den Himmel** *prov*, non si può fare il passo più lungo della gamba.
Baumarkt m **1** *com* centro m bricolage **2** *ökon* mercato m dell'edilizia, settore m edile.
Baumaschine f <*meist pl*> *bau* macchina f edile.
Baumaterial n *bau* materiale m da costruzione.
Baumbestand m {+GEGEND, LAND, PARK} patrimonio m arboreo ● **Baugrundstück mit altem ~ zu verkaufen**, vendesi terreno edificabile con alberi secolari.
baumbestanden adj alberato, piantato ad alberi.
Baumblüte <-, ohne pl> f **1** fioritura f degli alberi **2** *(Zeit der ~)* stagione f della fioritura degli alberi.
Bäumchen n *dim von* Baum alberello m, alberino m, arboscello m ● **~, wechsle dich spielen** *(Kinderspiel)*, giocare ai quattro cantoni; *fam scherz (Partnerwechsel)*, cambiare partner.
Baumeister m (**Baumeisterin** f) **1** *bau* perito *(rar -a)* m (f) edile **2** *hist* architetto m.
baumeln *itr* (**an etw** dat) ~ {PERSON, SEIL} penzolare *(da qc)*: **am Galgen**) ~ *slang*, penzolare dalla forca; {ARM, BEINE, KOPF} ciondolare, dondolare; ⌞**die Beine ~ lassen**⌟/[**mit den Beinen ~**], ciondolare le gambe, stare con le gambe a ciondoloni/ penzoloni ● **im Urlaub möchte ich so richtig die Seele ~ lassen**, in vacanza vorrei proprio lasciare la mente libera da ogni pensiero.
bäumen *rfl* → **auf|bäumen**.
Baumfarn m *bot* ciateacea f.
Baumgrenze f limite m della vegetazione arborea.
Baumgruppe f boschetto m.
Baumhaus n casetta f sull'albero.
baumhoch Ⓐ adj alto come un albero Ⓑ adv {BAUEN, WACHSEN} fino a raggiungere l'altezza di un albero.
Baumkrone f chioma f/corona f dell'albero.
Baumkuchen m *gastr* "dolce m a forma di tronco con uova, zucchero e farina".
baumlang adj *fam*: **ein ~er Kerl** *fam*, un tipo molto alto *fam*, un giovanotto lungo come una pertica *fam*.
Baumläufer m *ornith* rampichino m.
baumlos adj senza alberi, non alberato.
Baumnuss (a.R. Baumnuß) f *CH bot* (*Walnuss*) noce f.
baumreich adj {GEBIET, GEGEND} ricco di alberi, con un ricco patrimonio forestale.
Baumrinde f corteccia f (d'albero).
Baumschere f cesoie f pl da giardiniere.
Baumschule f vivaio m di piante arboree.

Baumstamm m tronco m (d'albero), fusto m.
Baumsterben n *ökol* moria f degli alberi.
Baumstruktur f *inform* struttura f ad albero.
Baumstumpf m ceppo m.
Baumwipfel m cima f dell'albero.
Baumwollballen m balla f di cotone.
Baumwollbluse f camicia f (da donna) di cotone.
Baumwolle <-, ohne pl> f **1** *bot* (pianta f di) cotone m; (*geerntete Samenfäden*) cotone m **2** *text* cotone m: **ein Hemd aus ~**, una camicia di cotone.
baumwollen adj <*attr*> di cotone.
Baumwollernte f raccolta f del cotone.
Baumwollfaser f fibra f di cotone.
Baumwollgarn n filato m di cotone.
Baumwollhemd n camicia f (da uomo) di cotone.
Baumwollpflücker m (**Baumwollpflückerin** f) raccoglitore (-trice) m (f) di cotone.
Baumwollplantage f piantagione f di cotone.
Baumwollspinnerei <-, -en> f **1** <*nur sing*> (*Vorgang*) filatura f del cotone **2** (*Fabrik*) cotonificio m.
Baumwollstaude f pianta f del cotone.
Baumwollstoff m tessuto m di cotone.
Baumwolltischdecke f tovaglia f di cotone.
Baumwuchs m **1** (*Baumbestand*) vegetazione f arborea **2** (*Baumform*) forma f di albero.
Bauordnung f regolamento m edilizio.
Bauplan m **1** *bau* (*Bauvorhaben*) progetto m di costruzione **2** <*meist pl*> *bau* (*Entwurf*) progetto m/disegno m di costruzione **3** *biol*: **genetischer ~**, struttura genetica **4** (*zur Montage*) schema m di montaggio.
Bauplastik f *arch kunst* scultura f architettonica.
Bauplatz m **1** (*Baugrund*) terreno m/area f fabbricabile/edificabile **2** (*nach Beginn der Arbeiten*) cantiere m edile.
Baupolizei f (nucleo m di) polizia f edilizia.
Baupreis m costi m pl di costruzione.
Bauprojekt n → **Bauvorhaben**.
Baurecht n *jur* **1** (*Gesetzgebung*) legislazione f edilizia **2** (*Genehmigung*) concessione f edilizia *adm*, permesso m di costruzione.
bäyrisch adj *pej* rozzo, zotico, villano.
Bauruine f *fam* costruzione f non ultimata.
Bausanierung f ristrutturazione f (edilizia), risanamento m edilizio.
Bausatz m *tech* kit m di montaggio.
Bausch <-(e)s, -e *oder* Bäusche> m **1** (*Wattebausch*) batuffolo m **2** (*an Kleidern*) sbuffo m ● **in ~ und** *Bogen*: **etw in ~ und Bogen ablehnen/zurückweisen**, rifiutare/respingere qc in blocco/toto; **etw in ~ und Bogen verdammen/verurteilen**, condannare qc in blocco.
Bauschaden m <*meist pl*> difetto m/vizio m di costruzione.
bauschen Ⓐ *tr etw* ~ {WIND SEGEL} gonfiare qc Ⓑ *itr* {ÄRMEL, KLEID, SEGEL, VORHANG} gonfiarsi Ⓒ *rfl* **sich** ~ {ÄRMEL, KLEID, SEGEL, VORHANG} gonfiarsi ● **gebauscht** {ÄRMEL}, a sbuffo.
bauschig adj {ÄRMEL} a sbuffo.
Bauschlosser m (**Bauschlosserin** f) *bau* fabbro m.
Bauschutt m calcinacci m pl.

Bausparen <-s, ohne pl> n risparmio m finalizzato all'acquisto immobiliare.
Bausparer m (**Bausparerin** f) "persona f che ha stipulato un contratto di risparmio immobiliare".
Bausparkasse f istituto m di credito immobiliare/edilizio.
Bausparvertrag m contratto m di risparmio immobiliare.
Baustein m **1** *bau* pietra f da costruzione **2** <*meist pl*> (*Spielzeug*) pezzo m/elemento m del gioco delle costruzioni **3** (*Bestandteil*) componente f, elemento m costitutivo; (*Beitrag*) contributo m ● **elektronischer ~** *inform*, modulo m.
Baustelle f **1** *bau* cantiere m **2** (*nicht fertige Arbeiten, Projekte u. Ä.*): **etw ist noch eine ~**, qc non è ancora finito/ultimato **3** *inform* lavori m pl in corso ● **Achtung, ~!**, lavori in corso!; **Betreten der ~ verboten!**, vietato l'ingresso ai non addetti ai lavori!
Baustil m stile m architettonico.
Baustoff m **1** *bau* materiale m da costruzione **2** *biol* sostanza f.
Baustopp m *bau* blocco m dei lavori ● **einen ~ verhängen**, imporre/ordinare un blocco dell'edilizia.
Bausubstanz f struttura f (architettonica): **die alte ~**, gli edifici storici; **die bestehende ~**, la struttura (architettonica) esistente.
Bausünde f mostro m edilizio.
Bautechniker m (**Bautechnikerin** f) *bau* tecnico m edile.
Bauteil n **1** (*Gebäude*) parte f dell'edificio **2** (*Element*) {+HAUS} elemento m/pezzo m prefabbricato; {+MASCHINE} componente m.
Bauten pl *von* Bau① **3**.
Bautischler m (**Bautischlerin** f) *bau* carpentiere *(rar -a)* m (f).
Bauträger m (**Bauträgerin** f) costruttore (-trice) m (f): **öffentlicher ~**, ente costruttore.
Bautrupp m *bau* squadra f di operai edili.
Bauunternehmen n → **Baufirma**.
Bauunternehmer m (**Bauunternehmerin** f) imprenditore (-trice) m (f)/costruttore (-trice) m (f) edile.
Bauverbot n *bau* divieto m di costruzione, inedificabilità f: **ein ~ aussprechen**, imporre un divieto di costruzione; **Gebiet mit ~**, area soggetta a inedificabilità.
Bauvertrag m contratto m di costruzione.
Bauvorhaben n progetto m di costruzione.
Bauvorschrift f norma f edilizia.
Bauweise f **1** (*Art des Bauens*) modo m di costruire **2** (*Stil*) stile m ● **offene/geschlossene ~**, case singole/[a schiera].
Bauwerk n edificio m, fabbricato m, costruzione f.
Bauwesen n edilizia f.
Bauwirtschaft f industria f edile.
Bauxit <-s, -e> m *min* bauxite f.
bauz *interj Kindersprache* patapum!, patapunfete! ● **~ machen**, fare patapum/patapunfete!
Bauzaun m palizzata f.
Bauzeichnung f disegno m/progetto m di costruzione.
Bauzeit f tempo m di costruzione.
Bayer <-n, -n> m (**Bayerin** f) bavarese mf.
bayerisch, bayrisch adj bavarese ● **der Bay(e)rische Wald** *geog*, la Selva Bavarese.
Bayern <-s, ohne pl> n *geog* Baviera f.
Bayreuth <-s, ohne pl> n *geog* Bayreuth f.

bayrisch adj → **bayerisch**.
Bazar m → **Basar**.
Bazi <-(s), -(s)> m *süddt A scherz* briccone m *scherz*, furfante m *scherz*.
Bazille <-, -n> f *fam*, **Bazillus** <-, *Bazillen*> m **1** <*meist* pl> *biol* med bacillo m, (*Krankheitserreger*) germe m, microbo m **2** <*nur* sing> (*negatives Element*) {+UNZUFRIEDENHEIT} bacillo m ● **eine linke ~** *fam scherz oder pej*, un furbacchione *fam*, un drittone *fam*.
Bd. *Abk von* Band: vol. (*Abk von* volume).
BDA <-, *ohne* pl> **A** f *Abk von* Bundesvereinigung der Arbeitgeberverbände: "Confederazione f Generale degli Imprenditori" **B** m *Abk von* Bund Deutscher Architekten: "Associazione f degli Architetti Tedeschi".
Bde. *Abk von* Bände: voll. (*Abk von* volumi).
BDI <-, *ohne* pl> m *Abk von* Bundesverband der Deutschen Industrie: "Confederazione f dell'Industria Tedesca", ≈ CONFINDUSTRIA f.
BDM <-, *ohne* pl> m *hist* (*im Nationalsozialismus*) *Abk von* Bund Deutscher Mädel: "organizzazione f nazista che raggruppava le ragazze di età compresa fra i 14 e i 18 anni".
BDÜ <-, *ohne* pl> m *Abk von* Bundesverband der Dolmetscher und Übersetzer: "Associazione f Confederale degli Interpreti e Traduttori Tedeschi".
B-Dur n *mus* si m bemolle maggiore.
BE <-, *ohne* pl> f *Abk von* Broteinheit: "unità f di misura dei carboidrati (nelle diete)", unità f pane.
beabsichtigen <*ohne* ge-> tr *etw* ~ ˌavereˌ intenzioneˌ/[proporsi]/[pensare] *di fare qc*, intendere *fare qc*: **das hatte ich nicht beabsichtigt**, non l'ho fatto apposta; **genau das hat er mit seinen Bemühungen beabsichtigt**, con i suoi sforzi ha inteso arrivare proprio a questo; **was ~ Sie damit?**, qual è il Suo scopo?; ~, **etw zu tun**, ˌavere intenzioneˌ/[proporsi]/[pensare] di fare qc, intendere fare qc; **sie ~, ihre Ferien in Italien zu verbringen**, pensano/[hanno intenzione] di passare le vacanze in Italia.
beabsichtigt adj **1** (*erwünscht*) voluto, desiderato: **die ~e Wirkung**, l'effetto voluto/desiderato **2** (*vorgesehen*) previsto: **wie ~**, come previsto **3** (*vorsätzlich*) intenzionale: **das war nicht ~**, non era intenzionale/voluto.
beachten <*ohne* ge-> tr **1** (*befolgen*) *etw* ~ {RATSCHLAG} seguire *qc*, ascoltare *qc*; {BEDIENUNGSANLEITUNG, GEBRAUCHSANWEISUNG, HINWEIS} seguire *qc*, attenersi a *qc*; {REGEL, VERBOT, VERKEHRSZEICHEN, VORFAHRT, VORSCHRIFT} osservare *qc*, rispettare *qc* **2** (*berücksichtigen*) *etw* ~ tener conto *di qc*, considerare *qc*: **es ist zu ~, dass ...**, si consideri/[tenga conto] che ... **3** (*Aufmerksamkeit schenken*) *jdn/etw* ~ fare attenzione *a qu/qc*, badare *a qu/qc*: **etw nicht ~**, ignorare qc, non osservare qc; **jdn (gar/überhaupt) nicht ~**, non considerare (assolutamente) qu, ignorare qu (completamente).
beachtenswert adj notevole, degno di nota: **es ist ~, wie ...**, è degno di nota come ...
beachtlich **A** adj (*beträchtlich*) apprezzabile, considerevole, notevole: **er hat im Leben/Beruf Beachtliches geleistet**, ˌnella vitaˌ/[nel lavoro] ha fatto cose notevoli; **~!**, notevole! **B** adv (*deutlich*) notevolmente, considerevolmente, sensibilmente: **die Preise sind ~ gestiegen**, i prezzi sono notevolmente/ considerevolmente/ sensibilmente aumentati.
Beachtung <-, *ohne* pl> f **1** (*Befolgung*) {+RAT, RATSCHLAG} seguire m, ascoltare m; {+BEDIENUNGSANLEITUNG, GEBRAUCHSANWEISUNG, HINWEIS} seguire m; {+REGEL, VERBOT, VERKEHRSZEICHEN, VORFAHRT, VORSCHRIFT} osservanza f, rispetto m **2** (*Berücksichtigung*) considerazione f **3** (*Aufmerksamkeit*) attenzione f ● **bei ~ einer S.** (gen), osservando qc; **bei ~ der Sicherheitsbestimmungen wäre dieser Unfall nicht passiert**, questo incidente non sarebbe avvenuto se si fossero rispettate le norme di sicurezza; **(bei jdm) (große) ~ finden**, essere (molto) considerato (da qu); **jdm/etw (große) ~ schenken**, prestare (grande) attenzione a qu/qc; **jds ~ verdienen**, meritare l'attenzione di qu.
Beachvolleyball, **Beach-Volleyball** n *sport* beach volley m.
Beagle <-s, -(s)> m *zoo* beagle m.
beamen **A** tr *inform etw* ~ {DATEI, FOTOS} mandare *qc* **B** rfl (*in Sciencefictionfilmen und -romanen*) **sich irgendwohin ~** scomparire e rimaterializzarsi + *compl di luogo*.
Beamer <-s, -> m videoproiettore m.
Beamte <*dekl wie* adj> m (*Beamtin* f) **1** (*niederer Staats~*) dipendente mf/impiegato (-a) m (f) statale/pubblico (-a) **2** (*höherer ~*) funzionario (-a) m (f) (statale), pubblico ufficiale m **3** (*höherer Justiz-, Verwaltungsbeamte*) magistrato m **4** (*richterlicher Beamter, Gerichtsvollzieher*) ufficiale m giudiziario **5** (*Polizeibeamte, Zollbeamte*) funzionario (-a) m (f)/agente mf (ˌdi poliziaˌ/[della dogana]) **6** (*Bahnbeamte, Postbeamte*) dipendente mf/impiegato (-a) m (f) (delle poste/ferrovie) ● **~/Beamtin auf Lebenszeit**, funzionario (-a) ˌin pianta stabileˌ/[di ruolo]; **~/Beamtin auf Widerruf**, funzionario (-a)/impiegato (-a) in prova.
Beamtenanwärter m (**Beamtenanwärterin** f) aspirante mf a un impiego pubblico.
Beamtenapparat m apparato m amministrativo.
Beamtenbeleidigung f *jur* oltraggio m a pubblico ufficiale: **jdn wegen ~ anzeigen**, denunciare qu per oltraggio a pubblico ufficiale.
Beamtenbestechung f corruzione f di pubblico ufficiale: **der ~ beschuldigt werden**, essere accusato di corruzione di pubblico ufficiale.
Beamtendeutsch n *pej* tedesco m burocratico, linguaggio m burocratico, burocratese m *iron*.
Beamtenheer n esercito m di funzionari (statali).
Beamtenlaufbahn f carriera f del pubblico impiego: **die höhere ~ einschlagen**, intraprendere la carriera dirigenziale/direttiva del pubblico impiego.
Beamtenmentalität f *pej* mentalità f da statale.
Beamtenrecht n *adm jur* normativa f sul/[che regola il] pubblico impiego.
Beamtentum <-s, *ohne* pl> n **1** (*Stand*) funzionari m pl **2** (*Eigenschaft*) mentalità f da statale **3** (*Beamtsein*) carica f di funzionario.
Beamtenverhältnis n: **im ~ sein/stehen**, essere di ruolo; **ins ~ übernommen werden**, passare/diventare di ruolo.
beamtet adj *form* impiegato (statale).
Beamtete <*dekl wie* adj> mf *form* → **Beamte**.
Beamtin f → **Beamte**.
beängstigen <*ohne* ge-> tr *geh jdn* ~ impaurire *qu*, mettere paura a *qu*.
beängstigend adj preoccupante, inquietante, allarmante: **~e Ausmaße annehmen**, assumere dimensioni preoccupanti.
beanspruchen <*ohne* ge-> tr **1** (*fordern*) *etw* (*für sich* akk) ~ {GEBIET} rivendicare *qc* (*per sé*); {ANTEIL, RECHT} *auch* reclamare *qc* (*per sé*); {RUHE, UNGESTÖRTHEIT, UNTERSTÜTZUNG, EIGENES ZIMMER} pretendere *qc* (*per sé*): **(für etw akk) Schadenersatz ~**, chiedere il risarcimento (dei) danni (per qc); **etw ~ können**, poter pretendere *qc* **2** (*erfordern, benötigen*) *etw* ~ {GELD, ZEIT} richiedere *qc*; {AUFMERKSAMKEIT, GEDULD, KRAFT} *auch* esigere *qc*; {PLATZ} occupare *qc* **3** (*ausnutzen, Gebrauch machen*) *etw* ~ {EINRICHTUNGEN} sfruttare *qc*; {JDS AUFMERKSAMKEIT, GASTFREUNDSCHAFT, GEDULD, HILFE}, approfittare di *qc* **4** (*an jdn hohe Anforderungen stellen*) *jdn* ~ assorbire *qu*, impegnare *qu*: **die kleinen Kinder ~ sie stark/sehr**, i bambini piccoli la impegnano molto; **sein Beruf beansprucht ihn ganz**, la sua professione lo assorbe completamente **5** (*abnutzen, strapazieren*) *etw* ~ {BREMSEN, MASCHINE, MATERIAL, MOTOR} consumare *qc*, usurare *qc*; {NERVEN} logorare *qc*.
beansprucht adj impegnato, occupato: **ich bin beruflich/familiär stark ~**, sono molto impegnato (-a) ˌin famigliaˌ/[sul lavoro]; **nervlich stark ~ sein**, essere sottoposto a grande stress.
Beanspruchung <-, *rar* -en> f **1** (*Forderung*) {+ANTEIL, GEBIET, RECHT} rivendicazione f; {+GELD, SCHADENERSATZ, UNTERSTÜTZUNG} pretesa f, richiesta f **2** (*Erfordernis*) {+GELD, ZEIT} richiesta f; {+PLATZ} occupare m *qc* **3** (*Ausnutzen*) {+AUFMERKSAMKEIT, GASTFREUNDSCHAFT, GEDULD, HILFE} approfittare m **4** (*Belastung*) *idio* m; {+MASCHINE, MOTOR} consumo m, logorio m, usura f; {+MENSCH} (*beruflich*) strapazzo m; (*nervlich*) logoramento m, logorio m: **die ~ durch die Kinder/den Beruf**, l'impegno richiesto ˌdai figliˌ/[dal lavoro]; **starker ~ ausgesetzt sein** {MENSCH}, essere sottoposto a grande stress; {MASCHINE} essere soggetto al logorio.
beanstanden <*ohne* ge-> tr **1** (*tadeln*) *etw* (*an jdm/etw*) ~ criticare ˌqc (di qu/qc)ˌ/[qu/qc (per qc)], biasimare ˌqc (di qu/qc)ˌ/[qu/qc (per qc)]: **an diesem Buch habe ich zu ~, dass ...**, di questo libro critico che ...; **ich beanstande die schlechten Manieren an ihm**, di lui non approvo le cattive maniere **2** (*reklamieren*) *etw* ~ {RECHNUNG} contestare *qc*; {MÄNGEL, SCHLECHTEN SERVICE, WARE} sporgere/presentare reclamo *per qc*, reclamare *per qc* ● **etw zu ~ haben**, aver da ridire su qc.
beanstandet adj {ARTIKEL, WARE} ritornato per reclamo.
Beanstandung <-, -en> f **1** (*Tadel*) critica f, rimostranza f **2** (*+ARTIKEL, WARE*) reclamo m (*per qc*); {+RECHNUNG} contestazione f ● **zu ~en Anlass geben** *geh*, Anlass zu ~en geben *geh*, dar adito/luogo a critiche; {WARE}, dar luogo/adito a reclamo; **es gibt (keinen) Grund zur ~**, (non) c'è motivo di critica; {+WARE}, (non) c'è motivo di reclamare; **~en haben**, sollevare delle obiezioni; **ohne ~**, senza obiezioni.
beantragen <*ohne* ge-> tr **1** (*durch Antrag erbitten*) *etw* (*bei jdm/etw*) ~ chiedere *qc* (*a qu/qc*), far domanda *di/per qc* (*a qu/qc*): **bei der Universität ein Stipendium ~**, chiedere una borsa di studio all'università; **Urlaub ~**, chiedere le ferie; **wie (am 15.4.) beantragt**, come richiesto (il 15/4) **2** (*vorschlagen*) *etw* ~ *parl* proporre *qc*; *jur* richiedere *qc*, domandare *qc*, fare istanza *di qc*.
beantworten <*ohne* ge-> tr **1** (*eine Antwort geben*) *etw* ~ rispondere *a qc*: **Ihre Frage kann mit einem klaren Nein beantwortet werden**, alla Sua domanda si può rispondere con un chiaro no **2** (*ei-*

b

ne Lösung geben) *etw* ~: **die Frage nach der Schuld ist nicht zu** ~, la questione della colpevolezza rimane irrisolta **3** (*reagieren*) *etw* (**mit** *etw* dat) ~ {Gruß, Lächeln mit einem Blick, freche Bemerkung mit einem Tadel} rispondere *a qc* (*con qc*).

Beantwortung <-, *ohne pl*> f risposta f● **in** ~ **einer S.** (gen) *form*, in risposta/riscontro a qc *form*; **in** ~ **Ihres Schreibens vom ...** *form*, in risposta alla Sua (lettera) del ...

bearbeiten <*ohne ge*-> tr **1** *adm com* (*prüfen*) *etw* ~ {Akte, Antrag} evadere *qc*, (di)sbrigare *qc*; {Bestellung} sbrigare *qc*; {Fall} trattare *qc* **2** (*schreiben über*) *etw* ~ {Thema} scrivere *su qc*, trattare *qc* **3** (*überarbeiten*) *etw* ~ rielaborare *qc*, rimaneggiare *qc*, rifare *qc*: **das Wörterbuch ist neu bearbeitet worden**, il dizionario è stato aggiornato/riveduto; (*einen Text redigieren*) redigere *qc*; *mus* riordinare *qc*, arrangiare *qc*; *film radio theat TV* sceneggiare *qc*, adattare *qc*, ridurre *qc* **4** (*arbeiten an, behandeln*) *etw* (**mit** *etw* dat) ~ {Holz, Metall, Stein} lavorare *qc* (*con qc*); {Boden, Land} coltivare *qc* (*con qc*); *chem* trattare *qc* (*con qc*) **5** *inform*: **Bearbeiten, modifica! 6** *fam* (*traktieren, schlagen*) *jdn* (**mit** *etw* dat) ~ colpire *qu* (*con qc*), (mal)menare *qu* (*con qc*), maltrattare *qc qu*; **er bearbeitete ihn mit den Fäusten**, lo prese a pugni; *etw* (**mit** *etw* dat) ~ colpire *qc* (*con qc*); **die Tür mit Fußtritten/[den Füßen]** ~, prendere a calci la porta **7** *fam* (*einwirken auf*) *jdn* ~ lavorarsi *qu fam*, cercare di convincere *qu*.

Bearbeiter m (**Bearbeiterin** f) **1** *adm* (*Sachbearbeiter*) referente mf, relatore (-trice) m (f) **2** (*wer Material zusammenstellt*) compilatore (-trice) m (f) **3** (*Überarbeiter*) revisore (*rar* -a) m (f); (*Redakteur*) redattore (-trice) m (f); *mus* arrangiatore (-trice) m (f); *film radio theat TV* sceneggiatore (-trice) m (f).

Bearbeitung <-, *-en*> f **1** *adm com* (*+Akte, Antrag, Bestellung, Fall*) disbrigo m, evasione f **2** (*Redigieren*) redazione f; (*Überarbeiten*) revisione f; *mus* (*Vorgang und Ergebnis*) riduzione f, arrangiamento m; *film radio theat TV* (*Vorgang und Ergebnis*) sceneggiatura f, riduzione f, adattamento m **3** (*Behandeln*) {+Holz, Metall, Stein} lavorazione f; *agr* coltivazione f ● **in** ~ (**sein**), (essere) in preparazione.

Bearbeitungsgebühr f tassa f di cancelleria.

beargwöhnen <*ohne ge*-> tr *jdn/etw* ~ sospettare *di qu/qc*.

Beat <-(*s*), *ohne pl*> m *mus* **1** (*Beatmusik*) musica f beat **2** (*Rhythmuseinheit*) beat m.

Beatband f *mus* complesso m beat.

Beate f (*Vorname*) Beata.

Beatgeneration, Beat-Generation f beat generation f.

beatmen <*ohne ge*-> tr *med jdn* (*künstlich*) ~ praticare la respirazione artificiale *a qu*: (*Mund-zu-Mund*) praticare la respirazione bocca a bocca *a qu*: **er wurde mit dem Sauerstoffgerät beatmet**, fu collegato al respiratore a ossigeno.

Beatmung <-, *-en*> f <*meist sing*> *med* (*Mund--zu-Mund-~*) respirazione f bocca a bocca: **künstliche** ~, respirazione artificiale.

Beatmungsgerät n respiratore m.

Beatmusik f musica f beat.

Beatnik <-s, -s> m *hist* beatnik m.

Beaufortskala <-, *ohne pl*> f *meteo* scala f Beaufort.

beaufsichtigen <*ohne ge*-> tr *jdn/etw* ~ {Arbeiten, Kinder, Schüler} sorvegliare *qu/qc*.

Beaufsichtigung <-, *-en*> f {+Arbeiten, Kinder, Schüler} sorveglianza f.

beauftragen <*ohne ge*-> tr **1** (*Auftrag erteilen*) *jdn* **mit** *etw* (dat) ~ incaricare *qu di qc*: *jdn* (**damit**) ~, *etw* **zu tun**, incaricare *qu di fare qc*; **mit** *etw* (dat) **beauftragt sein**, essere incaricato di *qc* **2** (*ermächtigen*) *jdn* ~ delegare *qu*: *jdn* ~, *etw* **zu tun**, delegare *qu* (a fare *qc*).

Beauftragte <*dekl wie adj*> mf incaricato (-a) m (f), delegato (-a) m (f); *jur* mandatario (-a) m (f).

beäugeln <*ohne ge*-> tr *fam scherz jdn/etw* ~ {die neue Freundin des Sohnes, ein gewagtes Kleid} occhieggiare *qu/qc*.

beäugen <*ohne ge*-> tr *fam jdn/etw* ~ scrutare *qu/qc*; *jdn/etw* **misstrauisch** ~, lanciare occhiate sospettose a *qu/qc*, scrutare con sospetto *qu/qc*.

Beautyfarm, Beauty-Farm f beauty farm f.

Bebaubarkeit f {+Grundstück} edificabilità f, fabbricabilità f.

bebauen <*ohne ge*-> tr **1** *bau etw* ~ costruire (edifici) *su qc*, fabbricare *su qc*; (*baulich erschließen*) urbanizzare *qc*: **ein Gelände/Grundstück mit** *etw* (dat) ~, costruire *qc* su un'area/un terreno; **das Grundstück darf nicht bebaut werden**, su questo terreno non si può costruire, questo terreno non è edificabile/fabbricabile **2** *agr etw* (*etw* dat) ~ {Acker, Land} coltivare *qc* (*a qc*): **er bebaute sein Land mit Kartoffeln**, coltivava il suo terreno a patate.

bebaut adj **1** *bau* {Gelände, Grundstück} edificato: **diese Gegend ist völlig/dicht/locker** ~, quest'area è completamente/fortemente/poco edificata **2** *agr* coltivato.

Bebauung <-, *-en*> f **1** (*Vorgang*) {+Gebiet, Grundstück} costruzione f *su qc* **2** (*Gebäude*) costruzioni f pl, fabbricati m pl: **das Gebiet ist durch eine dichte/lockere** ~ **gekennzeichnet**, l'area è caratterizzata dalla presenza di molte/poche costruzioni.

Bebauungsplan m piano m regolatore.

beben itr **1** (*erschüttert werden*) tremare: **die Erde bebt**, la terra trema **2** (*heftig zittern*) (**vor** *etw* dat) ~ tremare (*di qc*), fremere (*di qc*): **seine Stimme bebte vor Angst/Wut/Zorn**, la sua voce tremava/fremeva ₘdi/dallaₘ pauraₘ/ₘ[di rabbia]/[d'ira]; **am ganzen Körper** ~, tremare dalla testa ai piedi.

Beben <-*s*, -> n **1** (*heftiges Zittern*) tremito m, tremore m **2** *geol* scossa f sismica/tellurica.

bebend adj tremante, fremente; {Stimme} tremulo.

bebildern <*ohne ge*-> tr *etw* ~ {Buch, Erzählung, Heft} illustrare *qc*.

Bebilderung <-, *-en*> f {+Buch, Erzählung, Heft} illustrazione f.

bebrillt adj *fam meist scherz* occhialuto *fam scherz*, con gli occhiali.

Béchamelsoße f *gastr* besciamella f.

Becher <-*s*, -> m **1** (*Trinkgefäß ohne Henkel*) calice m, coppa f; (*mit Henkel*) tazza f **2** (*Glasbecher, Pappbecher, Plastikbecher, Zahnputzbecher*) bicchiere m: **aus einem** ~ **trinken**, bere dal bicchiere **3** (*Joghurtbecher*) vasetto m; (*Eisbecher*) coppetta f, bicchierino m: **einen** ~ (**voll**) **Eis essen**, mangiarsi una coppetta di gelato **4** (*Würfelbecher*) bossolo m **5** *bot* calice m ● **zu tief in den** ~ **geschaut haben** *fam*, aver bevuto un bicchiere di troppo, aver alzato un po' il gomito *fam*; **den** ~ **des Leidens bis zur Neige leeren** *geh*, bere fino in fondo l'amaro calice *geh*, bere il calice fino alla feccia *lit*.

bechern itr *fam scherz* trincare *fam* ● **einen** ~ *fam*, farsi un bicchiere *fam*.

becircen tr → **bezirzen**.

Becken <-*s*, -> n **1** (*flaches Gefäß*) catino m **2** *geol* bacino m; (*Bassin, Hafenbecken*) bacino m **3** (*Schwimmbecken*) piscina f **4** (*Waschbecken*) lavandino m; (*Spülbecken*) lavello m, acquaio m; (*Toilette*) lavabo m **5** (*Brunnenbecken*) vasca f **6** *anat* bacino m **7** *mus* piatti m pl ● **ein gebärfreudiges** ~ **haben** *fam scherz*, essere di bacino largo *fam*.

Beckenbruch m *med* frattura f del bacino.

Beckenknochen m *anat* osso m pelvico.

Beckenrand m bordo m della piscina.

Becquerel <-*s*, -> n (Abk Bq) becquerel m.

bedacht **A** part perf von **bedenken** **B** adj (*überlegt*) {Handlung} cauto, prudente; **auf** *etw* (akk) ~ **sein** mirare/badare a *qc*: (**immer nur**) **auf seinen Vorteil** ~ **sein**, mirare, badare (esclusivamente) al proprio interesse; (**immer nur**) **auf** ₘ**seinen Ruf**ₘ/**[sich selbst]** ~ **sein**, pensare/badare (esclusivamente) ₘalla propria reputazioneₘ/[a se stesso]; **darauf** ~ **sein, etw zu tun**, badare/stare attento (-a) a fare *qc*; **wohl** ~ → **wohlbedacht** **C** adv {Handeln, Vorgehen} con cautela/prudenza, cautamente, prudentemente.

Bedacht <-(*e*)*s*, *ohne pl*> m *geh*: **mit** ~ (*vorsichtig*), con circospezione/cautela; (*mit Absicht*) deliberatamente, di proposito; **ohne** ~, sconsideratamente, con leggerezza; **voll** ~, a ragion veduta ● **auf** *etw* (akk) (**keinen**) ~ **nehmen**, (non) badare a *qc*, (non) fare attenzione a *qc*.

bedächtig **A** adj **1** (*überlegt*) {Worte} riflessivo, ponderato; (*vorsichtig*) prudente, avveduto **2** (*gemessen*) {Bewegungen} ponderato, posato; (*langsam*) lento **B** adv **1** (*überlegt*) {Sprechen} con ponderatezza; (*vorsichtig*) con cautela **2** (*langsam*) lentamente, piano, adagio.

Bedächtigkeit <-, *ohne pl*> f {+Worte} ponderatezza f; {+Bewegungen} posatezza f; (*Vorsicht*) avvedutezza f, prudenza f.

bedanken <*ohne ge*-> rfl **1** (*jdm danke sagen*) **sich** (**bei** *jdm*) (**für** *etw*) ~ ringraziare (*qu*) (*di/per qc*): **ich bedanke mich**, ₘLa ringrazioₘ/[grazie tante]; **er hat sich bei mir für das Geschenk bedankt**, mi ha ringraziato per [il regalo **2** *fam iron* (*ablehnen*) **sich** (**bei** *jdm*) (**für** *etw* akk) ~ rifiutare (gentilmente) (*qc*) (*a qu*): **dafür bedanke ich mich** (**bestens**)! *fam iron*, grazie tante! *iron*; **für dieses Schlamassel kannst du dich bei deinem Bruder** ~!, *fam iron*, di questo pasticcio puoi ringraziare tuo fratello! *iron*.

Bedarf <-(*e*)*s*, *ohne pl*> m **1** (*Bedürfnis*) ~ (**an** *etw* dat) {an Nahrungsmitteln, Sauerstoff} fabbisogno m (*di qc*); (*~smenge*) quantità f necessaria (*di qc*); (*Verbrauch*) consumo (*di qc*): **Gegenstände des täglichen/gehobenen** ~s, articoli di ₘuso quotidianoₘ/[lusso] **2** (*Nachfrage*) ~ (**an** *jdm*/*etw*) {an Arbeitskräften, Fachleuten, Wohnungen} domanda f (*di qu/qc*) ● **anmelden**, fare richiesta di *qc*; **bei** ~, in caso di bisogno, se occorre; **es besteht** (**kein**) ~ **an** *jdm*/*etw*, (non) c'è bisogno di *qu/qc*; **den** ~ **an** *etw* (dat) **decken**, coprire il fabbisogno di *qc*; **mein** ~ **ist gedeckt** *fam iron*, sono stufo (-a), ne ho abbastanza, ne ho le tasche piene *fam*; ~ **haben an** *etw* (dat), avere bisogno di *qc*; **kein** ~! *fam iron*, no grazie! *iron*, grazie tante! *iron*; (**je**) **nach** ~, a richiesta, a seconda del fabbisogno; **über** ~, oltre al fabbisogno, in surplus.

Bedarfsartikel m articolo m di prima necessità.

Bedarfsfall m: **im/[für den]** ~ *geh*, in caso di bisogno.
Bedarfsgüter subst <*nur pl*> beni m pl di consumo.
Bedarfshaltestelle f fermata f a richiesta.
bedauerlich adj deplorevole; {ZWISCHENFALL} *auch* spiacevole: **es ist ~, dass ...**, è spiacevole che ... *konjv*: **ich muss Ihnen leider etwas Bedauerliches mitteilen**, devo purtroppo comunicarLe qualcosa di spiacevole.
bedauerlicherweise adv purtroppo.
bedauern <*ich bedau(e)re, ohne ge->* **A** tr **1** (*schade finden*) **etw** ~ dispiacersi *per qc*, rammaricarsi *di qc*, deplorare *qc*: **jd bedauert (es), dass ...**, a qu rincresce/dispiace che ... *konjv*: **ich bedau(e)re (es), dass sie nicht gekommen ist**, mi rincresce/dispiace che non sia venuta **2** (*bemitleiden*) **jdn** ~ compiangere *qu*, compatire *qu* **B** rfl **sich selbst** ~, compiangersi, compatirsi • (**ich**) **bedau(e)re!**, spiacente!; **kannst du mir morgen beim Umzug helfen? – Bedau(e)re, da muss ich arbeiten**, puoi aiutarmi domani a traslocare? – Spiacente, devo lavorare; **jd ist zu** ~, qu è da compatire.
Bedauern <-*s, ohne pl*> n **1** (*Kummer*) dispiacere m, rincrescimento m, rammarico m: (**sehr**) **zu jds** ~, con (grande) rammarico/rincrescimento di qu; **zu meinem** ~, con mio rammarico/rincrescimento **2** (*Mitgefühl*) compassione f, commiserazione f.
bedauernd **A** adj dispiaciuto **B** adv con rammarico: **zu schade, dass du nicht kommen kannst, sagte er** ~, peccato che tu non possa venire, disse ˌcon rammaricoˌ/[dispiaciuto].
bedauernswert adj {MENSCH} che desta compassione, compassionevole; {ZUSTAND} *auch* deplorevole, pietoso.
bedecken <*ohne ge->* **A** tr **1** (*zudecken*) **jdn** (**mit etw** dat) ~ coprire *qu* (*con qc*): **den Toten mit einem Tuch** ~, coprire il morto con un lenzuolo **2** (*verbergen*) **etw** ~ {ROCK, KNIE; SCHNEE ERDE, FELD, WIESE} coprire *qc*, **etw** (**mit etw** dat) ~ {MÖBEL, TISCH} coprire *qc* (*di/con qc*), nascondere *qc* (*con qc*): **sein Gesicht mit den Händen** ~, nascondere il viso dietro le mani, coprirsi il viso con le mani **B** rfl (*sich zudecken*) **sich** (**mit etw** dat) ~ coprirsi (*con qc*): **sich mit einem Federbett** ~, coprirsi con un piumone **C** unpers: **es bedeckt sich**, il cielo si sta coprendo.
bedeckt adj *meteo* {HIMMEL} coperto • ˌ**sich** (**in etw** dat) ~ **halten** *fam*ˌ/[(**in etw** dat) ~ **bleiben** *fam*], tenere un profilo basso (riguardo a *qc*), non pronunciarsi (su *qc*).
bedenken <*irr, ohne ge->* **A** tr **1** (*überlegen*) **etw** ~ considerare *qc*, pensare *a qc*, riflettere *su qc*: **die Folgen** ~, pensare alle conseguenze, considerare le conseguenze **2** (*beachten*) **etw** ~ tener conto *di qc*, prendere in considerazione *qc* **3** *geh* (*beschenken*) **jdn** (**mit etw** dat) ~ regalare *qc* (*a qu*): **die Schauspieler mit Applaus** ~, tributare applausi agli attori; **jd wird** (**mit etw** dat) **bedacht**, qu riceve *qc* in regalo; (*testamentarisch*) qu viene ricordato in un testamento (*con qc*); **er hat mich in seinem Testament bedacht**, mi ha ricordato nel suo testamento **B** rfl *geh* (*sich besinnen*) **sich** ~ riflettere, pensarci su *fam* • **sich anders** ~, cambiare idea, mutar parere; (**jdm**) **etw zu** ~ **geben** *geh*, far pensare/considerare *qc* (a qu); **zu** ~ **geben, dass ...**, far presente che ..., far considerare che ...; **wenn man es** *recht* **bedenkt**, se ci si pensa bene, pensandoci bene; **wenn man bedenkt, dass ...,** e che ...
Bedenken <-*s, -> n* **1** <*nur* sing> (*das Überlegen*) riflessione f, considerazione f **2** <*meist*

pl> (*Zweifel*) dubbi m pl, scrupoli m pl, remore f pl: **jdm kommen** ~, a qu vengono/sorgono dei dubbi • (**gegen etw** akk) ~ **anmelden/äußern**, avanzare delle riserve (su *qc*); **jds** ~ **beseitigen/zerstreuen**, dissipare i dubbi di qu; (**keine**) ~ **haben, etw zu tun**, (non) esitare a fare *qc*; ~ **hegen** *geh*/**haben**, nutrire/avere dei dubbi; **es wurden** ~ **laut**, furono avanzati dei dubbi; **ohne** ~, senza esitazione.
bedenkenlos **A** adj (*hemmungslos*) {HANDELN} sconsiderato **B** adv **1** (*ohne Überlegung*) {HANDELN, VORGEHEN} senza esitazione **2** (*problemlos*) {ETW BENUTZEN, VERWENDEN} senza problemi, tranquillamente **3** (*skrupellos*) {ETW AUSNÜTZEN} senza scrupoli/remore.
Bedenkenlosigkeit <-*, ohne pl*> f **1** (*Unüberlegtheit*) sconsideratezza f, avventatezza f, mancanza f di riflessione **2** (*Skrupellosigkeit*) mancanza f di scrupoli.
bedenkenswert adj da (ri)considerare, che merita riflessione.
Bedenkenträger m (**Bedenkenträgerin** f) coscienza f/voce f critica.
bedenklich adj **1** (*Besorgnis erregend*) {AUSSICHTEN, GESUNDHEITSZUSTAND, NEUIGKEITEN} inquietante, preoccupante, allarmante **2** (*ernst*) {LAGE} serio, grave **3** (*gefährlich*) {UNTERNEHMEN} pericoloso **4** (*fragwürdig, zweifelhaft*) {GESCHÄFTE, METHODEN} dubbio, sospetto **5** (*besorgt*) pieno di scrupoli, esitante: **ein ~es Gesicht machen**, avere un'espressione dubbiosa • **das macht/stimmt** ~, ciò fa riflettere.
Bedenkzeit <-*, ohne pl*> f tempo m per riflettere • ˌ**sich** (dat) (**von jdm**) ~ **ausbitten** *geh*ˌ/[(**jdn**) **um** ~ **bitten**], chiedere (a qu) del tempo per riflettere; **jdm** ~ **geben/einräumen**, lasciare/dare a qu ˌil tempo di riflettereˌ/[tempo per riflettere]; **wir haben ihm drei Tage** ~ **gegeben**, gli abbiamo dato tre giorni per riflettere.
bedeppert *fam oft pej* **A** adj basito: **ein ~es Gesicht machen**, fare la faccia stupita **B** adv (*DASTEHEN, DREINSCHAUEN*) basito (-a).
bedeuten <*ohne ge->* tr **1** (*gleichzusetzen sein mit*) **etw** ~ significare *qc*, voler dire *qc*; *ling* significare *qc*; (*versinnbildlichen*) significare *qc*, simboleggiare *qc*: **was bedeutet dieses Wort?**, che significa questa parola?; **das bedeutet, dass ...**, ciò vuol dire che ...; **das hat nichts zu** ~, questo non ha alcuna importanza, questo non significa niente, non vuol dire niente **2** (*ankündigen*) **etw** ~ preannunciare *qc*: **das bedeutet nichts Gutes**, questo non ˌlascia presagireˌ/[fa prevedere] nulla di buono; (*mit zwei bringen*) comportare *qc* **3** (*gelten*): (**jdm**) **wenig/etwas/nichts** ~, significare poco/[qualche cosa]/[niente] (per qu), avere poca/qualche/nessuna importanza (per qu); **was bedeutet ich dir eigentlich noch?**, significo ancora qualcosa per te? **4** *geh* (*zu verstehen geben*): **jdm** ~, ˌ**etw zu tun**ˌ/[**dass ...**], far capire a qu che ...; **ich bedeutete ihm zu gehen**, gli ho fatto capire che doveva andarsene • **das hat etwas zu** ~, gatta ci cova *fam*, c'è qualcosa sotto; **was soll das ~?**, che vuol dire questo?, che senso ha ciò?
bedeutend **A** adj **1** (*wichtig, bemerkenswert*) importante: **er hat Bedeutendes für sein Land geleistet**, ha fatto grandi cose per il suo paese **2** (*namhaft*) {GESTALT, PERSÖNLICHKEIT} importante, eminente, illustre **3** (*beachtlich, beträchtlich*) {BETRAG, ERFOLG, LEISTUNG, SUMME, TALENT} notevole, ragguardevole, considerevole **B** adv (*beträchtlich*) considerevolmente, sensibilmente: **es geht ihr schon** ~ **besser**, sta già notevolmente meglio, è sensibilmente migliorata

bedeutsam **A** adj **1** (*bedeutend, wichtig*) significativo **2** (*viel sagend*) {BLICK} eloquente, espressivo; {SCHWEIGEN} significativo, eloquente; {GESTE, LÄCHELN} *auch* rivelatore **B** adv in modo significativo/eloquente: **er blickte sie ~ an**, le rivolse uno sguardo eloquente.
Bedeutsamkeit <-*, ohne pl*> f **1** (*Wichtigkeit*) importanza f **2** *geh* (*Bedeutung*) significato m, senso m.
Bedeutung f **1** (*Sinn*) significato m, senso m **2** (*Wortbedeutung*) accezione f, significato m: **in wörtlicher** ~, in senso letterale; **in übertragener** ~, in senso figurato/metaforico/traslato **3** (*Vorbedeutung*) auspicio m **4** (*Wichtigkeit*) importanza f; (*Tragweite, Geltung*) portata f • **etw** (dat) **viel/wenig/keinerlei** ~ **beimessen**, attribuire molta/poca/alcuna importanza a *qc*; ~ **gewinnen**, acquistare importanza; (**für jdn/etw**) ~ **haben**, ˌessere importanteˌ/[avere importanza] (per qu/qc); **nichts** von ~, niente/nulla d'importante; **gibt's** (**et**)**was Neues?** – **Nichts von** ~, novità? – Nulla d'importante; **ohne** (**jede**) ~, senza alcuna importanza; (**für jdn/etw**) **von** ~ **sein**, avere importanza (per qu/qc); **es ist von** ~, **ob/dass ...**, ˌè importanteˌ/[ha importanza] (il fatto) che ...; *konjv*; **es ist für mich von größter** ~, **dass ...**, per me è importantissimo che ... *konjv*; **von ausschlaggebender** ~, determinante; **von politischer** ~, essere di rilevanza politica.
Bedeutungserweiterung f *ling* estensione fˌdel significatoˌ/[semantica], ampliamento mˌdel significatoˌ/[semantico]: **eine** ~ **erfahren** {AUSDRUCK, WORT}, subire un ampliamento semantico.
Bedeutungsfeld n *ling* campo m semantico.
Bedeutungslehre f *ling* semantica f.
bedeutungslos adj insignificante, irrilevante, trascurabile.
Bedeutungslosigkeit <-*, ohne pl*> f irrilevanza f.
bedeutungsschwer adj carico di significato.
Bedeutungsumfang m *ling* estensione f del significato, area f semantica.
Bedeutungsunterschied m *ling* differenza f semantica/[di significato].
Bedeutungsverengung f *ling* riduzione f semantica/[di significato].
bedeutungsvoll adj → **bedeutsam**.
Bedeutungswandel m *ling* mutamento m semantico.
Bedeutungswörterbuch n *ling* dizionario m, vocabolario m.
bedienbar adj: **leicht** ~, di facile uso/impiego, maneggevole; *inform* amichevole, user-friendly; **schwer** ~, di difficile uso, difficile da usare.
Bedienbarkeit <-*, ohne pl*> f utilizzabilità f: **leichte** ~, facilità f d'uso.
bedienen <*ohne ge->* **A** tr **1** com gastr **jdn** ~ servire *qu*: **werden Sie schon bedient?**, La stanno già servendo? **2** (*beliefern*) **jdn/etw** ~ fornire *qu/qc*; (*Verkehrsmittel*) servire *qu/qc*: **nur eine Fluggesellschaft bedient diese Strecke**, solo una compagnia aerea serve questa tratta **3** (*handhaben*) **etw** ~ {FLUGZEUG, GRÖẞERES GERÄT, MASCHINE, MOTORBOOT, SCHIFF, ZUG} manovrare *qc*; {TELEFON} utilizzare *qc*; {COMPUTER, FAX, FERNSEHER, KASSETTENREKORDER, VIDEOGERÄT} far funzionare *qc*; {SPÜL-, WASCHMASCHINE} *auch* azionare *qc* **4** *mil* **etw** ~ {GESCHÜTZ, MG} servire *qc* **5** **Karten etw** ~ {FARBE, TRUMPF} rispondere a *qc* **6** *sport* **jdn** ~ servire *qu*, passare la palla *a qu* **7** (*Zinsen zahlen*) **etw**

~ pagare gli interessi *su qc* **B** *itr* **1** *gastr* servire **2** (*Kartenspiel*) rispondere **C** *rfl* **1** *gastr* **sich** (**mit etw dat**) ~ servirsi (*di qc*): ~ **Sie sich!**, si serva! **2** *geh* (*gebrauchen*) **sich** *jds*/ **etw** ~ servirsi *di qu/qc* • **ich bin bedient** *iron fam*, sono stufo (-a) *fam*, ne ho fin sopra i capelli *fam*; (**mit etw dat**) *gut/schlecht bedient sein* *fam*, capitare/cascare bene/male (con qc) *fam*; **sich hinten und vorne ~ lassen** *fam*, farsi servire e riverire *fam*.
Bediener m (**Bedienerin** f) **1** {+Computer, Gerät, Maschine} operatore (-trice) m (f) **2** *f A* (*Putzfrau*) donna f ₁di servizio₁/ [delle pulizie].
bedienerfreundlich *adj* di facile uso, facile da usare; *inform auch* amichevole, user--friendly.
Bedienerführung <-, *ohne pl*> f *bes. inform* guida f all'uso.
Bedienerin f → **Bediener**.
bedienstet *adj A* (*angestellt*) a(l) servizio: **bei jdm ~ sein**, essere al servizio di qu.
Bedienstete <*dekl wie adj*> mf *adm* impiegato (-a) m (f).
Bedienung <-, *-en*> f **1** <*nur sing*> *com gastr* {+Gäste, Kunden} servizio m **2** <*nur sing*> {+größere Geräte, Maschinen} manovra f; {+Computer, Fax, Fernseher, Kassettenkorder, Telefon, Videogerät} uso m, impiego m; {+Spül-, Waschmaschine} *auch* messa f in funzione, azionamento m **3** <*nur sing*> *mil* {+Geschütz, MG} servizio m, manovra f **4** (*Kellner*) cameriere (-a) m (f): ~ (, **bitte**)!, cameriere/cameriera! **5** <*nur sing*> (*Bedienungsgeld*) servizio m: ~ **inbegriffen**/[inkl. ~], servizio compreso • **zur freien ~**, a disposizione.
Bedienungsanleitung f istruzioni f pl per l'uso.
Bedienungsfehler m errore m (nell'uso di una macchina).
Bedienungsgeld n *gastr* servizio m.
Bedienungshebel m leva f di comando.
Bedienungskomfort m facilità f d'uso, maneggevolezza f.
Bedienungsmannschaft f *mil* serventi m pl.
Bedienungsschalter m *el tech* pulsante m di comando.
Bedienungsvorschrift f istruzioni f pl per l'uso.
Bedienungszuschlag m *obs* → **Bedienungsgeld**.
bedingen <*ohne ge-*> **A** *tr* **1** (*verursachen*) *etw* ~ causare *qc*, determinare *qc*, comportare *qc*, avere come conseguenza *qc*: **durch etw (akk) bedingt sein**, essere condizionato da *qc*; **psychisch bedingt sein**, essere di origine/natura psichica **2** (*voraussetzen*) *etw* ~ presupporre *qc*, richiedere *qc* **B** *rfl* (*voneinander abhängen*) **sich gegenseitig ~**, condizionarsi a vicenda.
bedingt **A** *adj* **1** (*eingeschränkt*) {Erlaubnis, Mitspracherecht, Vertrauen} limitato; {Lob} parziale **2** *jur* condizionale, condizionato, soggetto a condizione: **~e Freilassung**, libertà condizionata **3** (*abhängig*) {Reaktion, Reflex} condizionato **B** *adv* (*mit Einschränkung*) {Gültig sein} con riserva, in parte • ~ **gültig**, valido (solo) in parte.
Bedingtheit <-, *ohne pl*> f condizionamento m.
Bedingung <-, *-en*> f **1** (*Voraussetzung*) condizione f, premessa f, presupposto m; (*Erfordernis*) esigenza f, requisito m: **eine ~ erfüllen**, soddisfare una condizione; **es zur ~ machen, dass ...**, porre come condizione che ... *konjv*; **unter der ~, dass ...**, a condizione/patto ₁di ... *inf*₁/[che ... *konjv*]; **unter diesen ~en**, a queste condizioni; **unter keiner ~**, a nessuna condizione, in nessun caso **2** <*meist pl*> *com* condizione f: **zu günstigen ~en**, a condizioni favorevoli/convenienti; **wie lauten Ihre ~en?**, quali condizioni pone?; (*jdm*) ₁**eine ~**₁/[**~en**] **stellen**, porre ₁una condizione₁/[delle condizioni] (a qu) **3** (*Vertragsbestimmung*) clausola f; *pol* preliminare m **4** *jur* condizione f: **auflösende/resolutive ~**, condizione risolutiva; **aufschiebende/suspensive ~**, condizione sospensiva; **gemischte ~**, condizione mista; **kasuelle ~**, condizione casuale; **objektive ~ der Strafbarkeit**, condizione obiettiva di punibilità **5** <*meist pl*> (*Verhältnisse*) condizioni f pl, circostanze f pl, modalità f pl: **unter günstigen ~en**, in circostanze favorevoli; **klimatische/soziale ~en**, condizioni climatiche/sociali.
bedingungslos **A** *adj* {Kapitulation} incondizionato; {Gehorsam, Liebe, Vertrauen} *auch* assoluto **B** *adv* incondizionatamente, senza (alcuna) riserva: **sich ~ für jdn/etw einsetzen**, adoperarsi/impegnarsi senza (alcuna) riserva per qu/qc; **jdm ~ vertrauen**, fidarsi ciecamente di qu.
Bedingungssatz m *ling* proposizione f condizionale.
bedrängen <*ohne ge-*> *tr* **1** (*unter Druck setzen, verfolgen*) *jdn* ~ {Feind, Gegenspieler, Gegner} incalzare *qu*, assediare *qu* **2** (*belästigen*) *jdn* (**mit etw dat**) ~ tempestare *qu* (*di qc*), subissare *qu* (*di qc*), assillare *qu* (*con qc*): **sie hat mich mit ständigen Forderungen bedrängt**, mi ha assillato (-a) con continue richieste; **er bedrängt uns mit Fragen/Anrufen**, ci tempesta di domande/telefonate **3** (*belasten*) *jdn* ~ {Sorge, Zweifel} assillare *qu*, angustiare *qu*, opprimere *qu* • **jdn hart ~**, incalzare qu; **sich in bedrängter Lage befinden**, trovarsi in una situazione difficile; (*finanziell*) trovarsi in difficoltà finanziarie, trovarsi/navigare in cattive acque.
Bedrängnis <-, *ohne pl*> f *geh* (*Notlage*) difficoltà f pl; (*Verlegenheit*) situazione f imbarazzante, imbarazzo m • **jdn arg in ~ bringen**, **jdn in große/arge/schwere ~ bringen**, mettere qu in grossa/grave difficoltà; **in ~ geraten/kommen**, cacciarsi nei guai *fam*; **in** (**großer/arger/schwerer**) ~ **sein**, trovarsi in (grossa/grave) difficoltà; **in äußerster ~ sein**, essere in estrema difficoltà, essere con l'acqua alla gola *fam*.
bedrohen <*ohne ge-*> *tr* **1** (*jdm mit Gewaltanwendung drohen*) *jdn* (**mit etw dat**) ~ minacciare qu (*con qc*): **der Räuber bedrohte ihn mit einer Pistole**, il rapinatore lo minacciò con una pistola; **jdn mit dem Tod ~**, minacciare di morte qu **2** (*gefährden*) *jdn*/*etw* ~ minacciare *qu/qc*, insidiare *qu/qc*, essere un pericolo/una minaccia *per qu/qc*: **Krieg bedroht das Land**, la guerra minaccia il paese.
bedrohlich **A** *adj* {Blick, Ton, Worte} minaccioso; {Ereignis, Situation} pericoloso, allarmante: **~e Ausmaße annehmen**, assumere dimensioni allarmanti **B** *adv* minacciosamente, pericolosamente: **die Bombe explodierte ~ nah am Haus**, la bomba esplose pericolosamente vicino alla casa; **sein Zustand hat sich ~ verschlechtert**, le sue condizioni si sono notevolmente aggravate.
bedroht *adj* minacciato; (₁**von etw dat**₁/[**durch etw akk**]) ~ **sein** essere minacciato (da qc), essere in pericolo: **sein Leben ist ~**, la sua vita è in pericolo; **vom Aussterben ~e Pflanzen/Tiere**, ₁piante minacciate₁/[animali minacciati] di estinzione; **sich von jdm/etw ~ fühlen**, sentirsi minacciato (-a)/insidiato (-a) da qu/qc.

Bedrohung f minaccia f: **eine ~ für jdn/etw darstellen**, rappresentare/costituire una minaccia per qu/qc; **~ des Friedens**, minaccia per la pace.
bedrucken <*ohne ge-*> *tr text typ* **etw** (**mit etw dat**) ~ stampare *qc* (*su qc*): **einen Stoff mit Blumen/**[**einem Muster**] **~**, stampare dei fiori/una fantasia su un tessuto • **bedrucktes Briefpapier**, carta da lettere intestata.
bedrücken <*ohne ge-*> *tr jdn* ~ opprimere *qu*, angustiare *qu*, tormentare *qu*: **was bedrückt dich denn?**, che cosa ti opprime/angustia/tormenta?
bedrückend *adj* {Anblick, Nachricht} deprimente; {Gedanke, Schweigen, Vorstellung} opprimente; {Stimmung} opprimente, soffocante; {Luft, Hitze} *auch* asfissiante; {Not, Sorge} pressante, angosciante.
bedrückt *adj* {Mensch} oppresso, depresso, abbattuto, avvilito: **von Kummer/Sorgen ~ sein**, essere oppresso dalle preoccupazioni; {Stimmung} depresso; {Schweigen} opprimente; **~ aussehen**, avere l'aria abbattuta.
Bedrückung <-, *ohne pl*> f oppressione f; (*seelisch*) abbattimento m, avvilimento m, depressione f.
Beduine <-n, -n> m (**Beduinin** f) beduino (-a) m (f).
bedürfen <*irr, ohne ge-*> **A** *itr geh* (*brauchen*) *jds/etw* ~ (*Person*) abbisognare di *qu/qc*, aver bisogno *di qu/qc*, necessitare di *qu/qc*: **ich bedarf deiner Hilfe**, ho bisogno del tuo aiuto; (*Sache*) esigere *qc*, richiedere *qc*, necessitare *di qc*: **ihr Verhalten bedarf einer Erklärung**, il suo comportamento esige una spiegazione **B** *unpers* (*nötig sein*) occorrere, essere necessario: **es bedarf jds/etw ~**, qu/qc occorre, qu/qc necessita, c'è bisogno di qu/qc; **es bedarf großer Anstrengungen**, occorrono molti sforzi; **es bedarf nur eines Wortes**, basta una parola.
Bedürfnis <-ses, -se> n **1** (*Verlangen*) ~ (**nach etw** (**dat**)) bisogno m (*di qc*): **ein ~ nach etw** (**dat**) **haben/verspüren** {Nach Aufmerksamkeit, Zuwendung}, provare/sentire il bisogno di qc; **es ist jdm ein ~, etw zu tun** *form*, qu sente il bisogno di fare qc **2** <*meist pl*> (*Notwendigkeiten*) bisogni m pl, esigenze f pl, necessità f pl: **die ~se der Gesellschaft befriedigen**, soddisfare i bisogni • le esigenze della società.
Bedürfnisbefriedigung f soddisfacimento m/appagamento m dei bisogni: **die eigene ~ in den Vordergrund stellen**, porre in primo piano l'appagamento dei propri bisogni.
bedürfnislos *adj* {Mensch} senza bisogni/ pretese, modesto; (*beim Essen und Trinken*) frugale; {Leben} sobrio.
Bedürfnislosigkeit <-, *ohne pl*> f (*Genügsamkeit*) sobrietà f; (*Bescheidenheit*) modestia f; (*beim Essen und Trinken*) frugalità f.
bedürftig *adj* {Mensch} indigente, bisognoso: **die Bedürftigen**, i bisognosi; **jds/etw ~ sein** *geh*, essere bisognoso di qu/qc; **sie ist der Ruhe ~**, ₁ha bisogno₁/[è bisognosa] di tranquillità.
Bedürftigkeit <-, *ohne pl*> f indigenza f.
beduselt *adj fam scherz* **1** (*angetrunken*) brillo, alticcio **2** (*benommen*) stordito, intontito.
Beefsteak n bistecca f • **deutsches ~**, polpetta di carne.
beehren <*ohne ge-*> *tr geh oft iron jdn* (**mit etw dat**) ~ onorare *qu* (*di qc*): **sie beehrten mich mit ihrem Besuch**, mi hanno onorato della loro visita • **bitte ~ Sie uns bald wie-**

beeiden <ohne ge-> tr, **beeidigen** <ohne ge-> tr *etw* ~ dichiarare *qc* sotto giuramento: **eine Aussage vor Gericht** ~, deporre (in tribunale) sotto giuramento.

beeidigt adj {Sachverständiger, Übersetzer} giurato.

Beeidigung <-, -en> f jur {+Sachverständiger, Übersetzer, Zeuge} giuramento m.

beeilen <ohne ge-> rfl **1** (*versuchen, schnell zu sein*) **sich** (**mit etw** dat) ~ affrettarsi (*con qc*), spicciarsi (*con qc*), sbrigarsi (*con qc*): **beeil dich ein bisschen!**, affrettati/sbrigati un po'!; **beeilt euch mit der Arbeit!**, spicciatevi/sbrigatevi con il lavoro! **2** geh (*nicht zögern*): **sich ~, etw zu tun**, affrettarsi a fare qc, non indugiare/tardare a fare qc.

Beeilung <-, ohne pl> f fam: **~ (bitte)!**, presto!

beeindrucken <ohne ge-> tr *jdn* (**mit etw** dat) ~ impressionare *qu* (*con qc*), colpire *qu* (*con qc*), fare impressione a *qu* (*con qc*): **sich leicht ~ lassen**, essere facilmente impressionabile; **sich nicht ~ lassen**, non farsi/lasciarsi impressionare.

beeindruckend adj {Leistung, Wissen} impressionante, sorprendente.

beeindruckt adj impressionato, colpito: **von jdm/etw ~ sein**, essere/rimanere impressionato (-a)/colpito (-a) da qu/qc; **ich war von dem Schauspiel tief/stark ~**, sono rimasto (-a) profondamente/molto impressionato (-a) dallo spettacolo.

beeinflussbar (a.R. beeinflußbar) adj {Jugendliche, Schüler} influenzabile.

beeinflussen <ohne ge-> tr *jdn* ~ {Richter} condizionare *qu*; {Gutachter, Zeugen} subornare *qu*; **jdn** (**bei/in etw** dat) ~, *etw* ~ influenzare *qu/qc*, influire su *qu/qc*: **er hat sie in ihrer Meinung beeinflusst**, ha influenzato la sua opinione; **dieser Vorfall wird seine Entscheidung ~**, questo episodio influirà sulla sua decisione; **jdn günstig/ungünstig ~**, esercitare un'influenza benefica/malefica su qu/qc; **leicht/schwer zu ~ (sein)**, (essere) facilmente/difficilmente influenzabile.

Beeinflussung <-, -en> f **1** – (**einer P./S.** gen/**von jdm/etw**) influenza f (*su qu/qc*), condizionamento m (*di qu/qc*): **wie weit geht die ~ der öffentlichen Meinung durch die Medien?**, fino a che punto i media influenzano l'opinione pubblica? **2** jur {+Richter} condizionamento m; {+Gutachter, Zeugen} subornazione f.

beeinträchtigen <ohne ge-> tr **1** (*schaden*) *etw* ~ {Beziehung, Freundschaft, Verhältnis} pregiudicare *qc*, nuocere *a* *qc*; avere effetti negativi *su* qc; {Rauchen Gesundheit} *auch* danneggiare *qc* **2** (*vermindern*) *etw* ~ {Leistung, Qualität, Wert} ridurre *qc*, peggiorare qc **3** (*stören*) *etw* ~ disturbare *qc*: **der Lärm beeinträchtigt meine Konzentration**, il rumore disturba la mia concentrazione **4** (*einschränken*) *etw* ~ {jds Rechte} ledere *qc*; **jdn** (**in etw** dat) ~ limitare *qu* (*in qc*): **jdn in seiner Freiheit / in seinen Möglichkeiten ~**, limitare qu ⌊nella sua libertà⌋/[nelle sue possibilità] ● **sich durch jdn/etw beeinträchtigt fühlen**, sentirsi limitato (-a) da qu, sentirsi a disagio a causa di qu/qc.

Beeinträchtigung <-, -en> f **1** {+Beziehung, Freundschaft, Gesundheit, Verhältnis} danno m **2** {+Leistung, Qualität, Wirkung} diminuzione f **3** {+Arbeit, Konzentration, Ruhe} disturbo m **4** {+Bewegungsfrei-

heit} limitazione f ● **körperliche ~**, handicap fisico, minorazione fisica.

beelenden <ohne ge-> tr *CH jdn* ~ intristire *qu*, rattristare *qu*, affliggere *qu*.

Beelzebub <-s, ohne pl> m bibl Belzebù m.

beenden <ohne ge-> tr **1** (*zu Ende bringen*) *etw* ~ {Arbeit, Prüfung, Schule, Studium} terminare qc, finire qc; {Gespräch, Konferenz, Prozess, Verhandlungen} concludere qc; {Blockade} togliere qc; {Kampfhandlungen, Krieg} cessare qc: **die Sitzung ~**, chiudere la seduta **2** (*vollenden*) *etw* ~ completare qc, ultimare qc **3** inform: **Beenden** (*Befehl*), esci.

Beendigung <-, ohne pl> f **1** (*das Beenden*) finire m **2** (*Fertigstellung*) ultimazione f, completamento m; (*Vollendung*) compimento m **3** (*Ende*) fine f: **nach ~ des Krieges**, dopo la fine della guerra, a guerra terminata **4** (*Abschluss*) {+Gespräch, Konferenz, Verhandlungen} conclusione f.

beengen <ohne ge-> tr **1** (*zu eng/klein sein für*) *jdn* ~ {Kleidung} stringere *qu*: **~de Kleidung**, vestiti stretti; {Raum} limitare *qu* **2** (*jds Freiheiten einschränken*) *jdn* ~ {Gesetze, Regeln, Verbote} limitare *qu* **3** (*bedrücken*) *jdn* ~ {Situation, Umgebung, Verhältnisse} opprimere *qu*: **etw Beengendes an sich haben** {Atmosphäre, spiessige Umgebung}, avere qualcosa di opprimente.

beengt **A** adj **1** (*eng*) ristretto, limitato, angusto: **auf ~em Raum**, in uno spazio limitato/angusto; **in sehr ~en Verhältnissen leben**, vivere in grandi ristrettezze **2** (*eingeschränkt*) ristretto, disagevole, angusto: **sich durch etw** (akk) ~ **fühlen**, sentirsi a disagio per qc **B** adv: ~ **wohnen**, vivere in pochi metri quadri.

Beengtheit <-, ohne pl> f **1** (*räumlich*) ristrettezza f: **in großer ~ wohnen**, vivere molto allo stretto fam **2** (*Bedrückung*) oppressione f: **ein Gefühl der ~ haben**, provare un senso di oppressione.

Beeper <-s, -> m {+Arzt, Hebamme} beeper m, cercapersone m.

beerben <ohne ge-> tr *jdn* ~ {Verstorbenen} ereditare *da qu*; {Geschäftsführer, Politiker} essere l'erede *di qu*.

beerdigen <ohne ge-> tr *jdn* ~ seppellire *qu*, sotterrare *qu*, inumare *qu*: **jdn mit allen Ehren ~**, seppellire qu con tutti gli onori; **jdn kirchlich ~**, dare una sepoltura cristiana a qu.

Beerdigung <-, -en> f seppellimento m, sepoltura f; (*~sfeier*) funerale m, funerali m pl, esequie f pl: **auf eine/[zu einer] ~ gehen**, andare a un funerale ● **auf der *falschen* ~ sein** *fam* (*fehl am Platze sein*), essere nel posto sbagliato; **~ *erster Klasse* fam** {Auftritt, Konzert, Rede, Veranstaltung}, fiasco colossale.

Beerdigungsfeier f funerale m, funerali m pl, esequie f pl.

Beerdigungsinstitut n, **Beerdigungsunternehmen** n (impresa f di) pompe f pl funebri.

Beere <-, -n> f bot **1** (*Frucht*) bacca f: **~n pflücken/sammeln**, raccogliere bacche **2** (*Weinbeere*) chicco m, acino m.

Beerenauslese f (*Wein*) vino m pregiato.

beerenförmig adj bacciforme, a forma di bacca.

Beerenfrucht f bacca f.

Beerenobst n bacche f pl.

Beet <-(e)s, -e> n ai(u)ola f; (*Rabatte*) bordura f (di ai(u)ola).

Beete f → **Bete**.

befähigen <ohne ge-> tr *jdn* **zu etw** (dat)

~ qualificare *qu* a qc; (*bes. durch staatliche Prüfung*) abilitare *qu a qc*: **jdn** (dazu) ~, **etw zu tun**, rendere qu atto (-a)/idoneo (-a) a fare qc, mettere qu in grado di fare qc; (*bes. durch staatliche Prüfung*) abilitare *qu a fare qc*; **seine hervorragenden Sprachkenntnisse ~ ihn** ⌊**zu dolmetschen**⌋/[**zum Dolmetschen**], le sue eccellenti conoscenze linguistiche gli permettono di fare l'interprete.

befähigt adj ~ (**zu etw** dat) **1** (*begabt*) atto (*a qc*), capace (*di qc*), dotato (*per qc*, *di qc*), di talento: **ein ~er Schriftsteller**, uno scrittore di talento **2** (*durch Ausbildung*) qualificato (*per qc*), abilitato (*a qc*).

Befähigung <-, -en> f <*meist* sing> ~ (**zu etw** dat/**für etw** akk) **1** (*Eignung*) attitudine f (*a qc*), disposizione f (*per qc*), capacità f (*di qc*) **2** (*berufliche Qualifikation*) abilitazione f (*a qc*), qualifica(zione) f (*di qc*), idoneità f (*a qc*): **die ~ zum Unterrichten**, l'abilitazione all'insegnamento.

Befähigungsnachweis m adm certificato m di abilitazione.

befahl 1. und 3. pers sing imperf *von* befehlen.

befahrbar adj **1** {Pass, Straße, Strecke, Weg} praticabile, percorribile, agibile, transitabile; (*mit dem Wagen*) carrozzabile; (*mit dem Rad*) ciclabile **2** naut navigabile.

befahren① <irr, ohne ge-> tr **1** (*auf etw fahren*) *etw* ~ {Brücke, Pass, Straße, Weg} percorrere *qc*, passare *su/per qc*, transitare *su/per qc*; {Eisenbahnstrecke} percorrere *qc*; {Kreuzung} attraversare *qc*: **diese Straße darf man nur in einer Richtung ~**, questa strada è percorribile solo in un senso **2** naut navigare *in/su qc* **3** (*bereisen*) visitare *qc*, viaggiare *per qc* ● **Befahren verboten!**, transito vietato!

befahren② adj {Gewässer, Straße} transitato, trafficato: **wenig/stark ~**, poco/molto trafficato/transitato; **viel ~** {Autobahn, Straße}, molto trafficato/transitato.

Befall <-s, ohne pl> m ~ (**durch etw** akk) {durch Blattläuse, Parasiten} infestazione f (*di qc*).

befallen① <irr, ohne ge-> tr **1** (*infizieren*) *jdn/etw* ~ {Parasiten, Ungeziefer Pflanze, Tier} infestare qc; {Pilz, Virus Menschen} colpire qu **2** geh (*überkommen*) *jdn* ~ {Fieber, Krankheit} colpire qu; {Angst, Furcht, Panik} assalire qu.

befallen② adj ~ (**von etw** dat) {Baum, Pflanze, Tier} essere infestato (*da qc*); {Organ, Mensch} essere colpito (*da qc*): **ein von der Cholera ~es Gebiet**, un'area colpita dal colera.

befangen adj **1** (*schüchtern, verlegen*) imbarazzato, in soggezione: **sich ~ fühlen**, provare soggezione; **jdn ~ machen**, mettere qu in soggezione **2** (*voreingenommen*) prevenuto; (*parteiisch*) parziale, di parte **3** jur {Richter} parziale: **einen Richter als ~ ablehnen**, ricusare un giudice per ⌊sospetto di parzialità⌋/[legittima suspicione]; **sich für ~ erklären** {Richter, Zeuge}, astenersi **4** geh (*verstrickt*) **in etw** (dat) ~: **in dem Glauben ~ sein, (dass …)** geh, essere prigioniero della convinzione geh (che … *konjv*); **in einem Irrtum ~ sein** geh, essere prigioniero di un errore geh; **in Vorurteilen ~ sein** geh, essere schiavo/vittima dei propri pregiudizi geh.

Befangenheit <-, ohne pl> f **1** (*Verlegenheit*) imbarazzo m, soggezione f **2** (*Voreingenommenheit*) prevenzione f, parzialità f; (*Parteiischsein*) parzialità f **3** jur parzialità f ● **einen Richter wegen ~ ablehnen** *jur*, ricusare un giudice per ⌊sospetto di parzialità⌋/[legittima suspicione].

befassen <ohne ge-> **A** tr *form* (*beauftra-*

gen) **jdn mit etw** (dat) ~ {MIT EINEM FALL} incaricare *qu di (fare) qc*, interessare *qu a qc*: **mit etw** (dat) **befasst sein**, essere incaricato di qc, occuparsi di qc B **rfl sich mit jdm/ etw ~ 1** (*sich beschäftigen*) {MIT EINEM ANGEBOT, EINER FRAGE, EINEM GEBIET, VORSCHLAG} occuparsi di *qu/qc*, dedicarsi a *qu/qc*, interessarsi di *qu/qc* **2** (*handeln von*) {ARTIKEL, AUFSATZ, BUCH MIT EINER PERSON, EINEM THEMA} trattare (di) *qu/qc*, occuparsi di *qu/qc*.

befehden <ohne ge-> geh A tr **1** (*bekämpfen*) **jdn/etw** ~ combattere *qu/qc* **2** *hist* **jdn/etw** ~ essere in lotta/guerra con *qu/qc* B rfl **sich (gegenseitig)/einander** geh ~ combattersi.

Befehl <-(e)s, -e> m **1** (*Anweisung*) ordine m, comando m; *jur* ingiunzione f, ordine m; *adm* precetto m **2** <nur sing> *mil* comando m: **den ~ über jdn/etw haben/führen**, avere il comando di qu/qc **3** *inform* {+BENUTZER} comando m; (*Programmiersprache*) istruzione f: **einen ~ eingeben**, dare/immettere un comando/un'istruzione • *auf/laut jds* ~, per/ su ordine di qu; **ausdrücklicher/strikter ~**, ordine tassativo/perentorio, ingiunzione; **einen ~ ausführen**, eseguire un ordine; **(jdm) einen ~ erteilen/geben**, impartire/ dare un ordine (a qu); **auf höheren ~ form**, per ordini superiori; ~ **ist ~**, un ordine è un ordine; **unter jds ~** (dat) **stehen**, essere agli ordini di qu; **den ~ übernehmen**, assumere il comando; **den ~ verweigern mil**, disobbedire a un ordine; **zu ~! mil**, agli ordini!, comandi!; *scherz*, agli ordini!, comandi!

befehlen <befiehlt, befahl, befohlen> A tr **1** ((*jdm) etw gebieten*) (**jdm**) **etw** ~ ordinare *qc* (*a qu*), comandare *qc* (*a qu*), dare (l')ordine (*a qu*): **von Ihnen lasse ich mir nichts ~**, non prendo ordini da Lei; **jdm ~, etw zu tun**, ordinare/comandare a qu di fare qc; **der Kommandant befahl, dass .../[etw zu tun]**, il comandante ordinò che ... *konjv*/[di fare qc] **2** (*beordern*) **jdn zu jdm/irgendwohin** ~ ordinare/[dare ordine] a qu di andare/recarsi *da qu/+ compl di luogo*: **Soldaten an die Front ~**, (co)mandare i soldati al fronte B itr **1** (*den Befehl haben*) (**über jdn/etw**) ~ avere il comando (di qu/qc), comandare *qu/qc*: **über ein Heer ~**, avere il comando di un esercito, essere a capo di un esercito, comandare un esercito **2** (*Anordnungen erteilen*) dare/impartire ordini, comandare • **wie Sie ~!**, come vuole/desidera!

befehlend, befehlerisch adj imperioso: **in ~em Ton**, in/con tono imperioso/perentorio.

befehligen <ohne ge-> tr *mil* **jdn/etw** ~ {TRUPPEN} comandare *qu/qc*.

Befehlscode m *inform* codice m di comando.

Befehlsempfänger m (**Befehlsempfängerin** f) esecutore (-trice) m (f) (di ordini): **jdn zum bloßen ~ degradieren**, degradare qu a puro esecutore.

Befehlsfolge f *inform* sequenza f di istruzioni.

Befehlsform f *ling* (*modo* m) imperativo m: **der Satz steht in der ~**, la frase è all'imperativo.

befehlsgemäß A adj conforme agli ordini B adv {AUSFÜHREN, MELDEN} secondo gli /[come da] ordini.

Befehlsgewalt f *mil* ~ (**über jdn/etw**) comando m (*su qu/qc*), autorità f di comando (*su qu/qc*), potere m di comandare (*su qu/qc*): **jds ~ unterstehen**, essere agli ordini di qu.

Befehlshaber <-s, -> m (**Befehlshaberin** f) comandante mf • **oberster ~**, comandante supremo/[in capo].

Befehlskode m → **Befehlscode**.
Befehlsnotstand m *jur* obbligo m di eseguire un ordine.
Befehlssatz m *ling* proposizione f imperativa.
Befehlssprache f *inform* linguaggio m di comando.
Befehlston m tono m di comando.
Befehlsverweigerung f *mil* rifiuto m di obbedienza, insubordinazione f.
befehlswidrig A adj contrario agli ordini B adv {SICH VERHALTEN} in modo contrario agli ordini.
Befehlszeile f *inform* riga f di istruzioni.

befeinden <ohne ge-> geh A tr **jdn/etw** ~ {IDEOLOGIE, SCHRIFTEN, SCHRIFTSTELLER} osteggiare *qu/qc*, avversare *qu/qc* B rfl **sich** ~ osteggiarsi, avversarsi.

befestigen <ohne ge-> tr **1** (*festmachen*) **etw** (**an etw** dat) ~ fissare *qc* (*a qc*), attaccare *qc* (*a qc*), affiggere *qc* (*su qc*): **ein Plakat an der Wand ~**, attaccare un poster alla parete; (*mit Klebstoff*) incollare *qc* (*a/in/su qc*); (*mit Nägeln*) inchiodare *qc* (*a qc*); (*mit Schrauben*) avvitare *qc* (*a/in qc*); (*mit Schnur, Strick*) legare *qc* (*a qc*) **2** *mil* **etw** ~ {STADT} fortificare *qc* **3** (*stützen*) **etw** ~ {BÖSCHUNG, DAMM, STRASSE, UFER} consolidare *qc*; {FENSTER, MAUER} puntellare *qc*; {FREUNDSCHAFT, HERRSCHAFT, RUHM} rafforzare *qc*, consolidare *qc*, rinvigorire *qc*.

Befestigung <-, -en> f **1** (*Festmachen*) fissaggio m **2** *tech* {+BOLZEN, SCHRAUBEN} serraggio m **3** *mil* fortificazione f **4** *rar* (*Stärkung*) rafforzamento m, consolidamento m.

Befestigungsanlage f *mil*, **Befestigungsbau** m *mil*, **Befestigungswerk** n *mil* fortificazioni f pl.

befeuchten <ohne ge-> A tr **etw** (**mit etw** dat) ~ {BRIEFMARKE, FINGER, PFLANZE, WÄSCHE} inumidire *qc* (*con qc*), umettare *qc* (*con qc*): **etw mit Speichel ~**, inumidire qc con la saliva B rfl **sich** (dat) **etw** (**mit etw** dat) ~ inumidirsi *qc* (*con qc*), umettarsi *qc* (*con qc*): **sich die Lippen ~**, inumidirsi/umettarsi le labbra.

befeuern <ohne ge-> tr **1** *aero* **naut etw** ~ munire *qc* di segnali luminosi **2** (*beheizen*) **etw** (**mit etw** dat) ~ {KESSEL, OFEN} riscaldare *qc* (*con qc*) **3** *fam* (*bewerfen*) **jdn** (**mit etw** dat) ~ {DEMONSTRANTEN, ZUSCHAUER POLITIKER, POLIZEI, SCHLECHTEN SCHAUSPIELER} lanciare *qc* contro qu, bersagliare *qu* con *qc*.

Befeuerung <-, -en> f **1** (*Flugplatzbefeuerung*) luci f pl/illuminazione f della pista **2** *naut* segnalazioni f pl luminose.

befiehlt 3. pers sing präs *von* befehlen.

befinden <irr, ohne ge-> A tr **1** *form* (*erachten*) **jdn/etw als/für + adj** ~ giudicare *qu/ qc + adj/adv*, stimare *qu/qc + adj/adv*: **etw für gut/schlecht ~**, giudicare qc positivamente/negativamente **2** *jur* **jdn/etw für + adj** ~ {DEN ANGEKLAGTEN FÜR SCHULDIG} giudicare *qu/qc + adj*: **er wurde des Mordes für schuldig befunden**, fu giudicato colpevole di omicidio B itr **1** (*entscheiden*) **über etw** (akk) ~ {ÜBER EINEN ANTRAG, EINE BEWERBUNG, KANDIDATUR, ZULASSUNG} decidere *di/su qc*: **wir müssen über Ihren Antrag noch ~**, dobbiamo ancora decidere della Sua domanda **2** *jur* **über jdn/etw** ~ giudicare *qu/ qc* C rfl **1** (*liegen*) **sich irgendwo** ~ trovarsi/[essere (situato)] + *compl di luogo*: **die Wohnung befindet sich im ersten Stock**, l'appartamento si trova al primo piano **2** (*stecken*) **sich in etw** (dat) ~ trovarsi in *qc*: **sich in einer schwierigen Lage ~**, trovarsi in una situazione difficile **3** geh (*gesundheitlich fühlen*) **sich irgendwie** ~ stare/

sentirsi + *compl di modo*: **sich wohl ~**, stare/sentirsi bene.

Befinden <-s, ohne pl> n **1** geh (*Meinung*) parere m, stima f, opinione f: **nach meinem ~**, a mio parere **2** (*Gesundheitszustand*) (stato m di) salute: **sich nach jds ~** (dat) **erkundigen**, chiedere come sta qu; **wie ist Ihr ~?**, come sta?

befindlich adj *meist* <attr> geh (*meist unübersetzt*) che è, che si trova: **im Bau/Umlauf ~**, in costruzione/circolazione; **an der Macht ~**, al potere; **in Pension ~**, in pensione; **die in Haft ~en Angeklagten**, gli imputati (che sono/[si trovano]) in carcere; **die auf der Haut ~en Leberflecken**, i nei (che si trovano) sulla pelle; **das in Kraft ~e Gesetz**, la legge in vigore.

Befindlichkeit <-, ohne pl> f stato m d'animo.

befingern <ohne ge-> tr *fam pej* **etw** ~ {WARE} brancicare *qc*, toccare *qc* con le dita; {BUSEN} brancicare *qc*, palpare *qc*, palpeggiare *qc*.

beflaggen <ohne ge-> tr **etw** ~ {GEBÄUDE, SCHIFF, STRASSEN} imbandierare *qc*, pavesare *qc*.

Beflaggung <-, ohne pl> f **1** (*das Beflaggen*) imbandieramento m **2** (*die Flaggen*) bandiere f pl, imbandieramento m *rar*.

beflecken <ohne ge-> tr **1** (*mit Flecken beschmutzen*) **etw** (**mit etw** dat) ~ macchiare *qc (di qc)*, imbrattare *qc (di qc)*, sporcare *qc (di qc)* **2** geh (*entehren*) **etw** (**durch etw** akk) ~ macchiare *qc (con qc)*, infangare *qc (con qc)*, infamare *qc (con qc)*: **jds Ehre/Ruf ~**, macchiare/infamare/infangare l'onore/ la reputazione di qu; **jds Ruf ist befleckt**, la sua reputazione è compromessa.

Befleckung <-, ohne pl> f geh **1** (*mit Flecken*) imbrattamento m **2** (*Entehrung*) {+EHRE, RUF} macchiare m *qc*.

befleißigen <ohne ge-> rfl **sich etw** (gen) ~ usare *qc*, mostrare *qc*: **sich großer Höflichkeit ~**, mostrare/[far uso di] (una) grande cortesia; **sich ~, etw zu tun**, impegnarsi a fare qc, industriarsi per fare qc, ingegnarsi a fare qc, applicarsi a fare qc.

befliegen <irr, ohne ge-> tr *aero* **etw** ~ {FLUGGESELLSCHAFT, PILOT ROUTE, STRECKE} volare *qc*: **diese Strecke wird nicht mehr beflogen**, questa tratta aerea non è più servita.

beflissen adj geh {MITARBEITER} zelante; {SCHÜLER} diligente; {DIENER} solerte.

Beflissenheit <-, ohne pl> f geh {+MITARBEITER} zelo m; {+SCHÜLER} assiduità f, diligenza f; {+DIENER} solerzia f.

beflügeln <ohne ge-> tr geh **1** (*anspornen*) **jdn** (**zu etw** dat) ~ {ZU GRÖSSEREM EINSATZ, MEHR FLEISS, GROSSARTIGEN LEISTUNGEN} spronare *qu (a fare qc)*, stimolare *qu (a fare qc)*: **jds Fantasie ~**, ispirare la fantasia di qu; **etw** ~ {POSITIVE KONJUNKTUR BÖRSE} dare slancio a qc **2** (*beschleunigen*) **etw** ~ accelerare *qc*: **jds Schritte ~**, far accelerare il passo di qu, mettere le ali ai piedi di qu geh.

beflügelt adj **1** (*mit Flügeln*) alato **2** (*angespornt*) ispirato: **von etw** (dat) ~ **sein** {VON EINER IDEE, BESTIMMTEN VORSTELLUNGEN}, essere ispirato/motivato da qc.

befohlen part perf *von* befehlen.

befolgen <ohne ge-> tr **etw** ~ {GEBOT, RAT} seguire *qc*; {ANWEISUNG, BEFEHL} eseguire *qc*; {DIÄT, GRUNDSATZ, REGEL, VORSCHRIFT} attenersi *a qc*, osservare *qc*.

Befolgung <-, ohne pl> f ~ (**einer S.** gen) {+BEFEHL} esecuzione f (*di qc*); {+ANWEISUNG, REGEL, VORSCHRIFT} osservanza f (*di qc*): **unter ~ der Vorschriften**, in ottemperanza al regolamento₁/[alle norme].

befördern <ohne ge-> tr **1** (*transportieren*) *jdn/etw* ~ {SPEDITEUR, TAXIFAHRER, ÖFFENTLICHE VERKEHRSMITTEL} trasportare *qu/qc*: **die Flüchtlinge wurden in einem Lastwagen ins Ausland befördert**, i profughi furono trasportati all'estero in un camion; **jdn/etw mit dem Auto** ~, trasportare qu/qc in/[con la] macchina; {GEPÄCK, POST, WAREN} spedire *qc*; **etw** ₁**mit der**₁/[**durch die**] **Post** ~, spedire qc per posta **2** (*beruflich hochstufen*) *jdn* (*zu etw* dat) ~ promuovere *qu* (*qc*): **der Chef beförderte ihn zum Abteilungsleiter**, il direttore lo ha promosso caporeparto; (**zu etw** dat) **befördert werden**, essere promosso (qc) **3** *rar* (*begünstigen*) **etw** ~ {JDS FORTKOMMEN, KARRIERE} promuovere *qc*, favorire *qc*.

Beförderung <-, -en> f **1** (*Transport*) trasporto m; {+GEPÄCK, POST, WAREN} spedizione f **2** (*beruflicher Aufstieg*) ~ (**zu etw** dat) promozione f (*a qc*), avanzamento m (*a qc*).

Beförderungsbedingungen subst <nur pl> condizioni f pl di trasporto.

Beförderungskosten subst <nur pl> spese f pl di trasporto/spedizione.

Beförderungsmittel n adm mezzo m di trasporto.

Beförderungspflicht f "obbligo m dei mezzi pubblici di trasportare persone, animali o merci".

beforsten <ohne ge-> tr *etw* ~ {BERGHANG, TAL} imboschire *qc*.

befrachten <ohne ge-> tr **1** (*beladen*) *etw* (**mit etw** dat) ~ {SCHIFF MIT WAREN} caricare *qc* (*di qc*) **2** *geh* (*beschweren*) *etw* **mit etw** (dat) ~ {ARTIKEL, DARSTELLUNG, REDE MIT DETAILS} caricare *qc di qc*, appesantire qc con *qc* **3** *aero naut etw* ~ noleggiare *qc*.

befrackt adj {DIENER, KELLNER} in frac.

befragen <ohne ge-> tr **1** (*Fragen stellen*) *jdn* (*zu etw* dat/*über jdn/etw*) ~ rivolgere domande *a qu* (*su qu/qc*); (*interviewen*) intervistare *qu* (*su qu/qc*) **2** *jur* (*vernehmen*) *jdn* (*zu etw* dat/*über jdn/etw*) ~ {ZEUGEN} interrogare *qu* (*su qu/qc*), sentire *qu* (*su qu/qc*), escutere *qu* **3** (*um Rat fragen*) *jdn* (*zu etw* dat/*über etw* akk/*nach etw* dat *rar*) ~ {BUCH, KARTEN, KRISTALLKUGEL, NACHSCHLAGEWERK, ORAKEL, WÖRTERBUCH} consultare *qc* (*per fare qc*) **4** (*um Stellungnahme, Rat bitten*) *jdn* (*in/nach etw* dat/*um etw* akk) ~ {ANWALT, ARZT} consultare *qu* (*per qc*); interpellare *qu* (*su/per qc*): **jdn in einer Angelegenheit/Sache** ~, consultare/interpellare qu su/[a proposito di] una questione; **jdn nach seiner Meinung** ~, sentire il parere di qu.

Befragte <dekl wie adj> mf **1** interrogato (-a) m (f); *jur auch* escusso (-a) m (f) **2** (*um Rat*) interpellato (-a) m (f) **3** (*bei Umfrage*) intervistato (-a) m (f): **zehn von 40 ~n gaben an, dass** ..., fra gli intervistati dieci su 40 hanno affermato che ...

Befragung <-, -en> f **1** (*das Befragen*) rivolgere m delle domande **2** *jur* (+ZEUGE) interrogatorio m, escussione f **3** *pol* interrogazione f **4** (*um Rat*) {+KARTEN, NACHSCHLAGEWERK, ORAKEL, WÖRTERBUCH} consultazione f **5** (*Umfrage*) sondaggio m, inchiesta f: **eine ~ durchführen**, eseguire un sondaggio/un'indagine; **die ~ ergab, dass** ..., dal sondaggio è emerso che ...

befreien <ohne ge-> **A** tr **1** (*frei machen von*) *jdn/etw* (*von jdm/etw*)/(*aus etw* dat) ~ liberare *qu/qc* (*da qu/qc*): **ein Volk von der Diktatur** ~, affrancare un popolo dalla dittatura; {GEISEL, TIER} liberare *qu/qc* (*da qc*); (*aus der Abhängigkeit*) emancipare *qu da qu/qc*; (*aus einer Zwangs- oder Notlage retten*) salvare *qu da qu/qc*: **jdn aus der Gefahr** ~, salvare qu da un pericolo **2** (*freistellen*) *jdn* **von etw** (dat) ~ {VOM MILITÄRDIENST, VON DER PFLICHT, DEN PRÜFUNGEN, DER STEUER, DEM UNTERRICHT} dispensare *qu da qc*, esentare *qu da qc*, esonerare *qu da qc*: **vom Wehrdienst befreit**, dispensato/esentato/esonerato ₁dal servizio militare₁/[dall'obbligo di leva]; {VON VERBINDLICHKEITEN} esimere *qu da qc*, disimpegnare *qu da qc*; {SCHULDNER VON DER ZAHLUNGSVERPFLICHTUNG} esonerare *qu da qc* **3** (*von Unangenehmem erlösen*) *jdn* **von etw** (dat) ~ {VON SCHMERZEN, SORGEN} liberare *qu da qc*, sollevare qu da qc; {VON EINER LAST} liberare *qu da qc*, alleggerire *qu di qc*: **ein ~des Lachen**, una risata liberatoria **4** (*reinigen*) **etw von etw** (dat) ~ {ATEMWEGE, NASE VOM SCHLEIM, AUTO VOM SCHNEE, STRAßE VOM EIS} liberare *qc da qc*; {SCHUHE VOM SCHMUTZ} togliere *qc da qc*; {RAUM VOM UNGEZIEFER} disinfestare *qc da qc* **B** rfl **1** (*entkommen*) **sich** (**von**/**aus etw** dat) ~ liberarsi (*da qc*), salvarsi (*da qc*): **sich aus einer schwierigen Lage** ~, uscire da una situazione difficile **2** (*sich frei machen*) **sich von etw** (dat) ~ {VON ANGST, VORSTELLUNGEN, VORURTEILEN} liberarsi *di qc*; {VON VERANTWORTUNG} *auch* scrollarsi di dosso *qc*; **sich von jdm** ~ sbarazzarsi *di qu*, liberarsi *di qu*.

Befreier m (**Befreierin** f) liberatore (-trice) m (f); (*Retter*) salvatore (-trice) m (f).

befreit **A** adj {MENSCH} sollevato; {AUFATMEN, SEUFZER} di sollievo: **sich ~ fühlen**, sentirsi sollevato (-a) **B** adv {AUFATMEN, AUFSEUFZEN} con/di sollievo.

Befreiung <-, -en> f **1** ~ (**von**/**aus etw** dat) {+HÄFTLING, GEISEL, LAND, TIER, VOLK} liberazione f (*da qc*); (*aus der Abhängigkeit*) emancipazione f (*da qc*) **2** (*Freistellung*) ~ (**von etw** dat) {VOM MILITÄRDIENST, EINER PFLICHT, DEN STEUERN, DEM UNTERRICHT, EINER VERPFLICHTUNG} dispensa f (*da qc*), esenzione f (*da qc*), esonero (*da qc*) **3** (*Erlösung*) ~ (**von etw** dat) {VON SCHMERZEN} sollievo m (*a qc*); {VON EINER LAST} alleggerimento m (*di qc*) **4** (*Erleichterung*) sollievo m: **ein Gefühl der ~ empfinden**, provare un senso di liberazione **5** (*Entfernung*) ~ **von jdm/etw**) allontanamento (*da qu/qc*) **6** *jur* dispensa f: **~ von Ehevorboten**, dispensa ₁(da impedimenti nel matrimonio)₁/[matrimoniale]; **~ aus der Abhängigkeit** *hist* {+BAUER}, emancipazione.

Befreiungsbewegung f *pol* movimento f di liberazione.

Befreiungsfront f *pol* fronte m di liberazione: **die nationale ~**, il Fronte di Liberazione Nazionale.

Befreiungskampf m lotta f di liberazione.

Befreiungskrieg m *pol* guerra f₁ di liberazione₁/[d'indipendenza] • **die ~e** *hist*, le guerre d'indipendenza.

Befreiungsorganisation f organizzazione f di liberazione • **die Palästinensische ~** *pol*, l'Organizzazione per la Liberazione della Palestina.

Befreiungsschlag m **1** *sport* disimpegno m **2** (*Befreiung aus einer schwierigen Lage*) grande liberazione f.

Befreiungstheologe m (**Befreiungstheologin** f) teologo (-a) m (f) della liberazione.

Befreiungstheologie <-, ohne pl> f *relig* teologia f della liberazione.

Befreiungstheologin f → **Befreiungstheologe**.

Befreiungsversuch m tentativo m di liberazione: **ein geglückter/missglückter ~**, un tentativo di liberazione riuscito/fallito.

befremden <ohne ge-> tr *jdn* ~ {JDS AUFTRETEN, VERHALTEN} sconcertare *qu*, lasciare perplesso (-a) *qu*: **es befremdet mich, dass** ..., mi sconcerta (il fatto) che ... *konjv*.

Befremden <-s, ohne pl> n, **Befremdung** <-, ohne pl> f sconcerto m, perplessità f: **sein Befremden über etw** (akk) **ausdrücken/äußern**, esprimere il proprio sconcerto per qc; **zu meinem Befremden**, con mio grande sconcerto; **mit Befremden feststellen, dass** ..., constatare con sconcerto che ...

befremdend adj sconcertante.

befremdet adj sconcertato; **von etw** (dat) **~ sein** essere sconcertato da/per qc.

befremdlich adj {ÄUßERUNG, VERHALTEN} sconcertante, che lascia perplesso: **etwas sehr Befremdliches an sich** (dat) **haben**, avere qualcosa di strano.

befreunden <ohne ge-> rfl **1** (*mit jdm Freundschaft schließen*) **sich** (**mit jdm**) ~ stringere/fare amicizia (*con qu*): **Karin hat sich mit Hans befreundet**, Karin ha stretto amicizia con Hans, Karin è diventata amica di Hans **2** (*sich gewöhnen an*) **sich mit etw** (dat) ~ familiarizzare *con qc*: **sich mit ₁einem Gedanken₁/[einer Idee/Vorstellung] ~**, abituarsi a un'idea.

befreundet adj {FAMILIE, PERSON} amico: **ein ~es Land**, un paese amico/alleato; **~e Paare**, coppie amiche; **ein mit uns ~er Politiker**, un politico amico nostro; **mit jdm (eng/fest/gut/nah) ~ sein**, essere amico (intimo) di qu; **sie sind (eng) ~**, sono amici (intimi).

befrieden <ohne ge-> tr *geh* **etw** ~ {LAND, VOLK} (*rap*)pacificare *qc*.

befriedigen <ohne ge-> **A** tr *jdn* ~ soddisfare *qu*, accontentare *qu*; {GLÄUBIGER} soddisfare *qu*, tacitare *qu*; (*sexuell*) appagare *qu*: **diese Lösung befriedigt mich noch nicht**, questa soluzione non mi soddisfa ancora; **er ist schwer/leicht zu ~**, è difficile/facile soddisfarlo; **etw** ~ {BEDÜRFNIS, BEGIERDE, NEUGIER, TRIEB, WUNSCH} soddisfare *qc*, appagare *qc*; {DURST, HUNGER} placare *qc*, saziare *qc*; {ANSPRÜCHE, FORDERUNG, VERLANGEN} soddisfare *qc*, esaudire *qc* **B** rfl **sich** (**selbst**) ~ masturbarsi.

befriedigend adj **1** (*zufrieden stellend*) {LEISTUNG, LÖSUNG, RESULTAT} soddisfacente; {ARBEIT, AUFGABE} gratificante **2** *Schule* ≈ discreto, sette.

befriedigt **A** adj soddisfatto, contento; (*sexuell*) appagato **B** adv {FESTSTELLEN} con soddisfazione: **~ lächeln**, sorridere soddisfatto (-a).

Befriedigung <-, ohne pl> f **1** soddisfazione f; {+BEGIERDE, NEUGIER} soddisfazione f, appagamento m: **sexuelle ~**, appagamento sessuale **2** *com* {+ANSPRÜCHE, GLÄUBIGER} tacitamento m • **~ empfinden**/*verspüren*, provare soddisfazione; **etw mit ~ feststellen**, rilevare qc con soddisfazione; **jdm ~ verschaffen**, procurare soddisfazione a qu; **zu jds ~**, con la soddisfazione di qu; **zu meiner großen ~**, con mia grande soddisfazione.

Befriedung <-, ohne pl> f *geh* {+LAND, VOLK} pacificazione f.

Befriedungspolitik f *geh* politica f di pacificazione.

befristen <ohne ge-> tr *etw* (**auf etw** akk) ~ fissare il termine/la scadenza *per/di qc* (*a qc*): **einen Vertrag auf drei Jahre ~**, fissare la scadenza di un contratto a tre anni.

befristet adj a termine, a tempo determinato: **ein ~er Arbeitsvertrag**, un contratto (di lavoro) a termine; **kurz ~**, a breve scadenza, a breve termine; **lang ~**, a lunga scadenza, a lungo termine; **ökon** {ANLAGE} a termine; *adm* {PASS, VISUM} temporaneo ● **auf etw (akk) ~ sein** {VERTRAG}, essere limitato a qc; {VISUM}, essere valido per qc; **ein auf drei Monate ~es Visum**, un visto valido tre mesi.

Befristung <-, -en> f **1** ~ **(auf etw akk)** {+ARBEITSVERHÄLTNIS, VERTRAG} limitare m *(a qc)*: **die ~ des Beschäftigungsverhältnisses auf ein Jahr**, stabilire in un anno il termine del rapporto di lavoro **2** *adm* ~ **(auf etw akk)** {+GENEHMIGUNG, PASS, VISUM} limitare m *(a qc)*: **eine ~ der Erlaubnis auf sechs Monate**, limitare il permesso a sei mesi.

befruchten <ohne ge-> tr **1** *biol etw ~* {TIER TIER} fecondare qc; {EI} *auch* gallare qc: **das Weibchen legt die befruchteten Eier ab**, la femmina depone le uova fecondate; {INSEKT, WIND PFLANZE} impollinare qc **2** *(geistig anregen)* **jdn/etw ~** ispirare qu, fecondare qc; **auf jdn/etw befruchtend wirken**, avere un effetto/influsso fecondo/creativo su qu/qc ● **jdn/etw künstlich ~** *med*, fecondare qc artificialmente, inseminare qu/qc; **sich künstlich ~ lassen** *med*, sottoporsi ₍all'inseminazione₎/[alla fecondazione] artificiale.

Befruchtung <-, -en> f *biol* fecondazione f; {+PFLANZE} impollinazione f ● **künstliche ~** *med*, fecondazione/inseminazione artificiale; ~ **im Reagenzglas** *med*, fecondazione in vitro/provetta.

Befugnis <-, -se> f *form* autorizzazione f, facoltà f, potere m: **(nicht) die ~ zu etw (dat) haben**, (non) essere autorizzato a fare qc, (non) avere l'autorizzazione a fare qc; **seine ~se überschreiten**, eccedere i limiti delle proprie competenze.

befugt adj *form* ~ **(zu etw dat)** autorizzato *(a qc)*: **(dazu) ~ sein, etw zu tun**, essere autorizzato a fare qc.

Befugte <dekl wie adj> mf autorizzato (-a) m (f), persona f autorizzata: **nicht ~**, i non autorizzati, le persone non autorizzate.

befühlen <ohne ge-> tr etw ~ {PULS} tastare qc; {STOFF} *auch* palpare qc.

befummeln <ohne ge-> tr *fam* **1** *(sexuell berühren)* **jdn** ~ palpare qu, mettere le mani addosso *a qu* **2** *(betasten)* **etw ~** toccare qc, palpare qc.

Befund m **1** risultato m, reperto m **2** *med* diagnosi f, referto m: **positiver/negativer ~**, esito positivo/negativo; **ohne ~** (Abk o. B.), esito negativo.

befürchten <ohne ge-> tr **etw ~** temere qc, aver paura *di qc*: ~, **dass ...**, temere/[aver paura] che ... *konjv*: **der junge Schauspieler befürchtet, dass er ausgepfiffen wird**/[ausgepfiffen zu werden], il giovane attore teme/[ha paura] di essere fischiato; ₍**es ist**₎/[**steht** *geh*] **zu ~, dass ...**, c'è da temere che ... *konjv*: **das Schlimmste ~**, temere il peggio.

Befürchtung <-, -en> f timore m, paura f, apprensione f: **in jdm die ~ erwecken, dass ...**, suscitare in qu la paura/il timore che ... *konjv*; **~en/[die ~] haben, dass ...**, avere il timore che ... *konjv*.

befürworten <ohne ge-> tr **etw ~** {ANTRAG, GESUCH, KANDIDATUR, LÖSUNG, PROJEKT, VORSCHLAG} appoggiare qc, sostenere qc, caldeggiare qc, propugnare qc.

Befürworter <-s, -> m **(Befürworterin** f) sostenitore (-trice) m (f), fautore (-trice) m (f), propugnatore (-trice) m (f).

Befürwortung <-, -en> f appoggio m; *(Empfehlung)* raccomandazione f.

begabt adj ~ **(für etw** akk) dotato *(per qc)*, portato *per qc*, tagliato *per qc fam*: **der Schüler ist künstlerisch ~**, l'allievo è portato/tagliato per le materie artistiche; **hoch ~** {SCHÜLER, STUDENT}, superdotato, particolarmente dotato; **schwach ~** {SCHÜLER}, poco/scarsamente dotato.

Begabte <dekl wie adj> mf persona f dotata/[di talento]: **mathematisch ~**, persone dotate/portate/tagliate *per* la matematica.

Begabtenförderung f *adm* "borse f pl di studio per scolari/studenti meritevoli".

Begabung <-, -en> f **1** *(Talent)* ~ **(für etw** akk/**zu etw** dat) talento m *(per qc)*, disposizione f *(per qc)*, dote f (+ *adj*): **er hat ~ zum Musiker**, ha talento per la musica; **eine ~ für Sprachen haben**, avere ₍una disposizione₎/[un dono naturale] per le lingue; **er hat eine ~ dafür, immer das Falsche zu sagen**, ha il dono di dire sempre le cose sbagliate **2** *(begabter Mensch)* talento m, ingegno m: **sie ist eine echte ~**, è un vero e proprio talento, un talento da vedere *fam*.

begaffen <ohne ge-> tr *fam pej* **jdn/etw ~** fissare qu/qc insistentemente, guardare qu/qc a bocca aperta.

begann 1. und 3. pers sing imperf *von* beginnen.

begänne 1. und 3. pers sing konjv II *von* beginnen.

begatten <ohne ge-> **A** tr **1** *zoo etw ~* accoppiarsi con qc **2** *rar* **jdn ~** unirsi in un rapporto sessuale con qu, copulare con qu obs **B** rfl geh **sich ~** {TIERE} accoppiarsi.

Begattung <-, -en> f *geh bes. zoo* accoppiamento m.

Begattungsorgan n *geh anat* organo m sessuale.

begeben <irr, ohne ge-> **A** tr *bank* **etw ~** {ANLEIHE, WERTPAPIERE} emettere qc; {WECHSEL} negoziare qc **B** rfl geh **1** *(gehen, fahren)* **sich** *irgendwohin* ~ recarsi/andare + *compl di luogo*, partire *per qc*: **sich nach draußen ~**, andare fuori, uscire; **sich ₍ins Hotel₎/[nach Italien]/[aufs Land] ~**, recarsi in albergo/Italia/campagna; **sich ans Meer ~**, recarsi al mare; **sich auf eine Reise ~**, partire per un viaggio, recarsi in viaggio; **sich zu jdm ~**, recarsi da qu; **sich in ärztliche Behandlung ~**, affidarsi alle cure di un medico; **sich in Gefahr ~**, ₍incorrere in₎/[esporsi a] un pericolo; **sich zur Ruhe ~**, andare a letto/riposare **2** *(mit etw beginnen)* **sich an etw** (akk) ~, mettersi *a qc*, cominciare con qc, iniziare con qc: **sich an die Arbeit ~**, mettersi al lavoro **3** *geh (verzichten)* **sich etw** (gen) ~ {EINES EINFLUSSES, EINER MÖGLICHKEIT} rinunciare *a qc*; {EINES ANSPRUCH(E)S, RECHTS} rinunciare *a qc*, privarsi *di qc*, spogliarsi *di qc* **C** *unpers obs (sich ereignen)* **sich ~** accadere, avvenire: **es begab sich, dass ...**, accadde/avvenne che ...

Begebenheit <-, -en> f *geh* accadimento m, avvenimento m, evento m.

begegnen <ohne ge-> **A** itr <-sein-> **1** *(zufällig, treffen)* **jdm ~** incontrare qu, imbattersi *in qu* **2** *geh (sich zu jdm verhalten)* **jdm irgendwie ~** trattare qu + *compl di modo*: **er ist ihr freundlich/[mit Hochmut/Respekt] begegnet**, l'ha trattata gentilmente/[con superbia/rispetto] **3** *(auf etw stoßen)* **etw** (dat) ~ {DER ARROGANZ, FREUNDLICHKEIT, GASTFREUNDSCHAFT} incontrare qc, essere accolto *con qc*; {SCHWIERIGKEITEN} incontrare qc: **unser Vorschlag ist starkem Misstrauen begegnet**, la nostra proposta è stata accolta con grande diffidanza; **diesem Problem bin ich schon begegnet**, ₍mi sono già imbattuto (a) in₎/[ho già incontrato] questo problema **4** *(entgegentreten, reagieren auf)* **etw** (dat)

(**mit etw** dat) ~ {GEFAHR, ÜBEL} affrontare qc *(con qc)*; {SCHWIERIGKEITEN} *auch* ovviare *a qc (con qc)*; {ANGEBOT, VORSCHLAG, WUNSCH} accogliere qc *(con qc)*: **einer Theorie mit Zurückhaltung/Vorsicht ~**, accogliere una teoria con riserva/cautela **5** *geh (widerfahren)* **jdm ~** capitare *a qu*, accadere *a qu* **B** rfl *<sein> geh* **sich/einander ~** {BLICKE, PERSONEN} incontrarsi, incrociarsi ● **wieder ~** → **wieder|begegnen**.

Begegnung <-, -en> f **1** *(Zusammentreffen)* ~ **(mit jdm)** incontro m *(con qu)* **2** *(das Bekanntwerden)* ~ **(mit etw** dat) contatto *(con qc)* **3** *sport* incontro m, gara f, competizione f.

Begegnungsstätte f luogo m d'incontro.

begehbar adj {GERÜST} praticabile, agibile; {BRÜCKE, WEG} *auch* percorribile a piedi.

begehen <irr, ohne ge-> tr **etw ~ 1** *(betreten)* {BRÜCKE, STRECKE, WEG} percorrere qc: **ein viel begangener Wanderweg**, un sentiero (escursionistico) molto battuto; *(prüfend abschreiten)* {GLEISABSCHNITT, TUNNELSTÜCK, UNFALLSTRECKE} ispezionare qc **2** *(verüben)* {FEHLER, SÜNDE} commettere qc: **eine Dummheit ~**, fare una sciocchezza; {TAT, VERBRECHEN} compiere qc, commettere qc, perpetrare qc; **einen Betrug an jdm ~**, ₍perpetrare una frode₎/[commettere una truffa] ai danni di qu; **einen Mord an jdm ~**, commettere un omicidio, assassinare qu; **Selbstmord ~**, suicidarsi, togliersi la vita; **eine Straftat ~**, commettere un reato, delinquere; **eine Straftat/ein Verbrechen an jdm ~**, commettere/perpetrare qc un delitto contro qu **3** *geh (feiern)* {FEST, GEBURTSTAG, JUBILÄUM} celebrare qc, festeggiare qc: **etw feierlich ~** {TAG}, commemorare qc.

begehren <ohne ge-> tr *geh* **jdn/etw ~ 1** *(begierig sein auf)* desiderare (ardentemente) *qu/qc*, agognare qc, anelare *a qc*, bramare *qu/qc*, concupire *qu lit oder scherz*: **jdn ₍zur Frau₎/[zum Manne] ~**, desiderare sposare qu; **ein Mädchen zur Frau ~**, desiderare una ragazza in sposa; **~, etw zu tun**, desiderare fare qc ● **du sollst nicht ~ ...** *bibl*, non desiderare ...

Begehren <-s, *rar* -> n **1** *geh* ~ **(nach jdm/etw)** brama f *(di qc)*, desiderio m *(di qu/qc)* **2** *jur* domanda f ● **auf jds ~ (hin)** *obs*, per desiderio di qu.

begehrenswert adj {FRAU, MÄDCHEN} desiderabile: **jdn/etw ~ finden**, trovare qu/qc desiderabile.

begehrlich adj *geh* {BLICK} cupido *lit*, concupiscente *lit oder scherz*.

Begehrlichkeit <-, -en> f *<meist pl>* desiderio m (ardente), brama f ● **~en (in jdm) wecken** {VERLOCKENDES ANGEBOT, LUXUSGÜTER, SÜSSIGKEITEN}, suscitare un desiderio ardente (in qu).

begehrt adj **1** *(umworben)* {PERSON} corteggiato: **er ist ein ~er Junggeselle**, è uno scapolo corteggiato **2** *(gefragt)* {FERIENZIEL, KURORT, POSTEN} ambito; {PRODUKT, WARE} richiesto: **Italien ist als Reiseziel sehr ~**, l'Italia è molto ambita come meta turistica; **das ist eine sehr ~e Rolle** *film theat*, è una parte molto ambita.

Begehungsdelikt n *jur* reato m commissivo.

begeistern <ohne ge-> **A** tr **jdn ~** {AUSSTELLUNGSPROGRAMM, KÜNSTLER PUBLIKUM; LEHRER SCHÜLER} entusiasmare qu, appassionare qu; **jdn für jdn/etw ~** {FÜR EINE IDEE, EINEN VORSCHLAG} destare *in qu* entusiasmo *per qu/qc*: **sie konnte ihn rasch fürs Bergsteigen ~**, in poco tempo riuscì ad appassionarlo all'alpinismo **B** itr {DARSTELLUNG, SPIEL, VORTRAG} essere entusiasmante

C rfl sich *für jdn/etw/an etw* (dat) ~ entusiasmarsi *per qc*, appassionarsi *a qc*, essere ₍appassionato (-a) di *qc*₎/[entusiasta *di qu/qc*]: **er begeistert sich für Fußball**, è appassionato/[un patito] di calcio; **sie hat sich an der Landschaft begeistert**, era entusiasta per il paesaggio ● *sich für jdn/etw nicht ~ können fam* (*keinen Gefallen an jdm/ etw finden*), rimanere indifferente a qu/qc; **ich sag' dir schon jetzt, für die Oper wirst du mich nicht ~ können**, ti dico fin d'ora che non riuscirai a farmi diventare un appassionato/un'appassionata di lirica.

begeisternd *adj* {Buch, Film, Rede, Vorschlag} entusiasmante, che appassiona.

begeistert A *adj* {Mensch} entusiasta, appassionato; {Applaus, Bericht, Brief, Empfang} entusiastico: **~er Anhänger**, sostenitore entusiasta, fan; **restlos/hellauf ~ sein**, essere assolutamente entusiasta; **von jdm/ etw ~ sein**, essere entusiasta di qu/qc **B** *adv* {von etw erzählen} con entusiasmo, in toni entusiastici.

Begeisterung <-, *ohne pl*> *f* ~ (*über/für etw* akk) entusiasmo m (*per qc*): **seine ~ über den Urlaub war grenzenlos**, il suo entusiasmo per le vacanze era immenso ● **bei jdm ~ über etw** (akk) **auslösen/erwecken/ hervorrufen**, suscitare/destare in qu entusiasmo per qc, suscitare/destare l'entusiasmo di qu per qc; **in ~ geraten**, entusiasmarsi; *helle* **~**, grande entusiasmo; **es** *herrscht* **~ über etw** (akk), c'è entusiasmo per qc; **vor ~ sprühen**, sprizzare entusiasmo da tutti i pori; **etw mit/aus** (dat) **~ *tun***, fare qc con/per entusiasmo; **etw mit wahrer/ [einer wahren] ~ tun** *oft iron*, morire dalla voglia di fare qc, fare qc con grande entusiasmo/voglia; **jdn in ~ versetzen**, entusiasmare qu.

begeisterungsfähig *adj* {Publikum} entusiasmabile, capace di entusiasmarsi.

Begeisterungsfähigkeit <-, *ohne pl*> *f* capacità f di entusiasmarsi.

Begeisterungssturm m ondata f di entusiasmo: **ein ~ brach los**, si scatenò un'ondata di entusiasmo.

Begeisterungstaumel m delirio m, entusiasmo m fanatico: **in einen wahren ~ geraten**, andare in delirio.

Begier <-, *ohne pl*> *f geh*, **Begierde**, <-, *-n*> *f geh* **1** (*sexuelles Verlangen*) concupiscenza f, desiderio m (bramoso) **2** (*Verlangen*) ~ (*nach jdm/etw*) {Nach Einfluss, Macht, Wissen} brama f (*di qc*), sete f (*di qc*); {Nach Geld, Reichtum} avidità (*di qc*), cupidigia (*di qc*); {Nach Frau, Mann} desiderio m (*di qu*), voglia f (*di qu*) ● **vor ~ brennen**, etw zu tun, morire dalla voglia di fare qc; **~ nach etw** (dat) **haben/verspüren**, avere voglia/desiderio di qc; *voll* ~ (**lauschen/zuhören**), (ascoltare) avidamente; **seine ~ nicht zügeln können**, non saper frenare la propria voglia.

begierig A *adj* **1** (*voll Verlangen*) ~ (*nach etw* dat) voglioso (*di qc*), desideroso (*di qc*); (*sexuell*) concupiscente, libidinoso (*di qc*); {Nach Geld} avido (*di qc*), cupido (*di qc*); **nach Wissen/Macht**, avido di sapere/potere **2** (*gespannt*) ~ (**auf etw** akk) {Auf eine Antwort, Meinung} curioso (*di avere qc*); {Leser, Zuhörer} avido (*di qc*): **ich bin ~ zu erfahren, ob/wie ...**, sono curioso (-a) di sapere come/se ...; (*darauf*) **sein**, **etw zu tun**, desiderare fare qc **B** *adv* **1** (*voll Verlangen*) {Ansehen, Lesen, Zuhören} avidamente **2** (*gespannt*) {Entgegensehen, Erwarten} con desiderio.

begießen <irr, *ohne ge->* tr **1** (*Flüssigkeit hinzufügen*) *etw* (*mit etw* dat) ~ {Pflanzen} mit Wasser} annaffiare *qc* (*con qc*) **2** *gastr* {Braten mit dem eigenen Saft} pillottare *qc* (*con qc*) **3** *fam* (*feiern*) *etw* ~ festeggiare *qc* con una bevuta, bagnare *qc fam*: **das müssen wir ~**, dobbiamo brindare.

Beginn <-(e)s, *ohne pl*> m **1** (*Anfang*) inizio m, principio m, (*Eröffnung*) apertura f; (*Ursprung*) origine f **2** (*Ausgangspunkt*) (punto m di) partenza f **3** *adm* decorrenza f: **~** (**der Wirksamkeit**), decorrenza; **~ des Vertrags**, decorrenza del contratto ● **bei/zu ~ einer S.** (gen), all'inizio di qc; **bei/zu ~ der Vorstellung**, all'inizio dello spettacolo; **gleich bei/ zu ~**, fin dall'inizio; ₍*seit* ~₎/[**von ~ an**], dall'inizio.

beginnen <beginnt, begann, begonnen> **A** tr **1** (*anfangen*) *etw* ~ {Arbeit, Studium} cominciare *qc*, iniziare *qc*; {Gespräch, Verhandlungen} *auch* intavolare *qc*, avviare *qc*: **~, etw zu tun**, cominciare/iniziare a fare qc **2** *geh* (*anstellen*) *etw* ~ fare *qc*: **ich wusste nicht, was ich ~ sollte**, non sapevo cosa fare; **er wusste damit nichts zu ~**, non sapeva cosa farsene; **was sollen wir damit ~?**, che cosa ce ne facciamo? **B** *itr* (*anfangen*) {Kino, Unterricht, Vorstellung} cominciare, iniziare: **mit etw** (dat) **~**, cominciare con *qc*, iniziare con *qc*; **das Abendessen begann mit einer herrlichen Vorspeise**, la cena iniziò con uno splendido antipasto; {Gastgeber mit einem Gespräch, der Vorstellung der Gäste} cominciare *con/[a fare] qc*, iniziare *con/[a fare] qc*; **beginnen Sie mit dem Essen!**, cominci pure a mangiare!; **mit der Arbeit ~**, cominciare ₍il lavoro₎/[a lavorare]; **jd beginnt (damit), etw zu tun**, qu comincia a fare qc **C** *unpers*: **es beginnt zu + inf** {Regnen, Schneien} comincia a + inf.

beginnend *adj* <attr> **1** *med* {Erkältung, Infektion, Schnupfen} nascente, incipiente, in fase iniziale **2** (*hereinbrechend*) {Nacht} che scende: **bei ~er Dunkelheit**, al calar delle tenebre.

beglaubigen <ohne ge-> tr **1** (*als richtig bestätigen*) *etw* ~ {Kopie, Unterschrift, Urkunde, Testament} autenticare *qc*, legalizzare *qc*, convalidare l'autenticità *di qc*, convalidare *qc*: **etw ~ lassen**, fare autenticare *qc*; **beglaubigte Abschrift/Kopie**, copia autenticata; **beglaubigte Unterschrift**, firma autenticata **2** (*in seinem Amt bestätigen*) *jdn* (*bei jdm/etw*) ~ {Botschafter, Diplomaten} accreditare *qu* (*presso qu/qc*) ● **notariell beglaubigt**, con autentica notarile, autenticato da un notaio.

Beglaubigung <-, *-en*> *f* **1** (*das Beglaubigen*) {+Kopie, Unterschrift, Zeugnisabschrift} autentica f, autenticazione f, legalizzazione f, convalida f: **eine notarielle ~**, autentica notarile; **die ~ einer S.** (gen) **beibringen** *adm* {Eines Dokuments, Schreibens}, depositare l'autentica di qc; **zur ~** *adm*, in fede **2** (*Bestätigung im Amt*) {+Diplomaten} accreditamento m.

Beglaubigungsschreiben n {+Diplomaten} credenziali f pl.

Beglaubigungsvermerk m *jur* timbro m di autenticazione/autentica.

begleichen <irr, *ohne ge-> tr geh etw* ~ {Rechnung, Schulden, Zeche} regolare *qc*, saldare *qc*, pagare *qc*: **eine Schuld ~**, saldare un debito.

Begleichung <-, *rar -en*> *f* pagamento m, saldo m.

Begleitbrief m *com* lettera f d'accompagnamento.

begleiten <ohne ge-> tr **1** (*mitgehen, -fahren*) *jdn* (*irgendwohin*) ~ accompagnare *qu/qc* (+ *compl di luogo*): **jdn ins Theater ~**, accompagnare qu a teatro; **jdn** ₍**an die**₎/ [**zur**] **Bahn ~**, accompagnare qu alla stazione; **jdn nach Hause ~**, accompagnare/portare qu a casa; **ein Tier begleitet sein Herrchen**, un animale segue il suo padrone **2** (*eskortieren*) *jdn/etw* ~ {Fahrzeug, Flugzeug, Geldtransport, Häftling, Politiker} scortare *qu/qc* **3** (*auf dem Lebensweg*) *jdn* ~ {Glück, Wünsche} accompagnare *qu*, seguire *qu* **4** *mus jdn* (*auf/an etw* dat) ~ accompagnare *qu* (*a/con qc*): **einen Sänger auf der Gitarre ~**, accompagnare un cantante alla/[con la] chitarra **5** (*einhergehen mit*) *etw* (*mit etw* dat) ~ accompagnare *qc* (*con qc*): **seine Worte mit Gesten ~**, accompagnare le proprie parole con dei gesti; **ein Werk mit einem Kommentar ~**, dotare un'opera di un commentario; **von etw** (dat) **begleitet sein**, essere accompagnato da qc; **der Sturm war von Hagel begleitet**, la tempesta fu accompagnata dalla grandine; **sein Bemühen war von Erfolg begleitet**, i suoi sforzi furono coronati da successo ● **~de Umstände**, circostanze concomitanti; **~de Worte**, parole di accompagnamento.

Begleiter <-s, -> m (**Begleiterin** f) **1** accompagnatore (-trice) m (f) **2** (*Reisebegleiter*) guida f **3** *mus* accompagnatore (-trice) m (f) ● ₍**ständiger ~**₎/[**ständige ~in**] *euph*, accompagnatore (-trice) fisso (-a f).

Begleiterscheinung f fenomeno m concomitante, effetto m collaterale: **diese Beschwerden sind eine ~ des Alters**, questi disturbi sono una manifestazione dell'età; **ist diese Krankheit eine ~ der Wohlstandsgesellschaft?**, questa malattia è figlia della società del benessere?

Begleitflugzeug n velivolo m di scorta.

Begleitinstrument n *mus* strumento m d'accompagnamento.

Begleitmannschaft f (personale m di) scorta f.

Begleitmusik f **1** *film theat TV* musica f d'accompagnamento **2** (*Hintergrundmusik in öffentlichen Räumen*) musica f di sottofondo **3** (*begleitende Aktionen*) contorno m.

Begleitpapier n <meist pl> *com* documento m d'accompagnamento.

Begleitperson f **1** {+Kinder} accompagnatore (-trice) m (f): **beim Schulausflug müssen immer drei ~en dabei sein**, nelle gite scolastiche devono esserci sempre tre accompagnatori **2** (*Eskorte*) scorta f.

Begleitschein m *com* bolletta f doganale di transito.

Begleitschiff n nave f (di) scorta.

Begleitschreiben n → **Begleitbrief**.

Begleitschutz m scorta f.

Begleitstimme f *mus* (*Melodie*) voce f d'accompagnamento, (*Notenpapier*) spartiti m pl per la voce d'accompagnamento.

Begleitsymptom n *med* sintomo m secondario/concomitante.

Begleittext m testo m illustrativo.

Begleitumstand m <meist pl> circostanza f concomitante.

Begleitung <-, *-en*> *f* **1** (*das Begleiten*) accompagnamento m: **darf ich Ihnen meine ~ anbieten?** (*nach Hause*), posso accompagnarLa (a casa)?; **danke für Ihre ~** (*nach Hause*), grazie di avermi accompagnato (-a) (a casa) **2** (*Gesellschaft*) compagnia f: **in jds ~** (**sein**), (essere) in compagnia di qu, (essere) accompagnato da qu; **sie geht in ~ ihres Freundes auf das Fest**, va alla festa ₍in compagnia del₎/[accompagnata dal] suo ragazzo; **in männlicher ~**, in compagnia di un uomo; **ich bin in ~ hier**, sono venuto (-a) con un'altra persona **3** (*begleitende Person*) accompagnatore (-trice) m (f); (*Geleit*) scorta f; (*Gefolge*) seguito m 4 mus (*das Begleiten*) accompagnamento m; (*Begleitmusik*) accompagnamento m, musica d'accompagnamento: mit/ohne ~ spielen, suonare con/senza accompagnamento; die ~ des Sängers/Chors übernehmen, accompagnare il cantante/coro ● ohne ~ (*allein*), da solo (-a); (*ohne Leibwächter*), senza scorta.

beglotzen <ohne ge-> *fam* **A** tr *jdn/etw* ~ {KINDER AUSLAGEN IM SCHAUFENSTER; FREMDE; SCHAULUSTIGE UNFALL, VERLETZTEN} fissare *qu/qc* a bocca spalancata **B** *rfl* sich ~ fissarsi a bocca aperta.

beglücken <ohne ge-> tr *geh jdn* (mit etw dat/durch etw akk) ~ rendere felice *qu* (*con qc*), colmare *qu* di gioia/felicità (*con qc*); jdn mit einem Geschenk ~, rendere felice qu con un regalo; jdn mit ˌseiner Anwesenheit˺/ˌseinem Besuch͵ ~ *iron*, onorare qu della propria presenza/visita; ein ~des Erlebnis/Gefühl, un'esperienza/una sensazione che colma/riempie di gioia/felicità.

beglückt *adj geh* ~ (über *jdn/etw*) felice di *qu/qc*: (darüber) ~ sein, dass ..., essere felice che ... *konjv*; ich bin darüber ~, ne sono felice.

beglückwünschen <ohne ge-> tr *jdn* (zu *jdm/etw*) ~ felicitarsi *con qu* (*per qu/qc*), congratularsi *con qu* (*per qu/qc*): jdn zum Geburtstag ~, fare gli auguri di compleanno a qu; jdn zum Examen ~, congratularsi con qu per la laurea ● lass dich ~!, auguri!, congratulazioni!

begnadet *adj geh* dotato: ein ~er Künstler, un artista dotato/[di talento].

begnadigen <ohne ge-> tr *jur jdn* ~ graziare *qu*, concedere la grazia *a qu*; *pol* amnistiare *qu*: der zum Tode Verurteilt ist zu lebenslanger Freiheitsstrafe begnadigt worden, il condannato a morte è stato graziato: sconterà l'ergastolo.

Begnadigte <*dekl wie adj*> *mf* **1** *jur* graziato (-a) m (f) **2** *pol* amnistiato (-a) m (f).

Begnadigung <-, -en> *f* **1** *jur* grazia f: um ~ ersuchen, presentare domanda di grazia **2** *pol* (*Amnestie*) amnistia f.

Begnadigungsgesuch *n jur* domanda f di grazia.

begnügen <ohne ge-> *rfl* **1** (*sich zufrieden geben*) sich mit etw (dat) ~ {MIT GERINGEM LOHN, EINER KLEINEN WOHNUNG} (ac)contentarsi (*di qc*) **2** (*sich beschränken*): sich damit ~, etw zu tun, limitarsi a fare qc.

Begonie <-, -n> *f bot* begonia f.

begönne **1.** *und* **3.** *pers sing konjv II von* beginnen.

begonnen *part perf von* beginnen.

begoss (a.R. begoß) **1.** *und* **3.** *pers sing imperf von* begießen.

begossen **A** *part perf von* begießen **B** *adj*: wie ~ dastehen *fam*, starsene lì come un cane bastonato *fam*.

begraben <*irr, ohne ge-*> tr **1** (*beerdigen*) *jdn/etw* ~ {MENSCH, TIER} seppellire *qu/qc*, sotterrare *qu/qc* **2** (*verschütten*) *jdn/etw* (unter sich dat) ~ seppellire *qu/qc*: die Lawine begrub zehn Menschen unter sich, la valanga seppellì dieci persone **3** (*aufgeben*) *etw* ~ {HOFFNUNG} seppellire *qc*, abbandonare *qc*; {PLÄNE} accantonare *qc*, {ILLUSIONEN, TRÄUME, WÜNSCHE} abbandonare *qc*, rinunciare *a qc* **4** (*beenden*) *etw* ~ {FEINDSCHAFT, STREIT} dimenticare *qc* ● etw endgültig ~, fare una croce su *qc fam*, mettere una pietra sopra *qc fam*; jd kann sich ˌlassen *fam*, può andare a nascondersi *fam*; mit diesem Examen kannst du dich ~ lassen *fam*, questa laurea te la puoi friggere *fam*; in etw (dat) lebendig ~ sein, essere sepolto (-a) vi-

vo (-a) in qc; da/dort möchte ich nicht ~ sein, non ci starei/[vorrei stare] neanche morto (-a) *fam*.

Begräbnis <-ses, -se> n sepoltura f; (~*feier*) funerale m, funerali m pl, esequie f pl.

Begräbnisfeier f, **Begräbnisfeierlichkeiten** *subst* <*nur pl*> esequie f pl, onoranze f pl funebri: die ~ findet um 12 Uhr statt, le esequie avranno luogo alle (ore) 12.

Begräbniskosten *subst* <*nur pl*> spese f pl per il funerale.

Begräbnisstätte f *geh* luogo m di sepoltura.

begradigen <ohne ge-> tr *etw* ~ {FLUSS, STRASSE} rettificare *qc*.

Begradigung <-, -en> f rettificare m.

begrapschen <ohne ge-> tr *fam pej etw* ~ {AUSGESTELLTE ARTIKEL, WARE} brancicare *qc*, toccare *qc* con le mani; (*sexuell berühren*) *jdn* ~ brancicare *qu*, palpare *qu*, mettere le mani addosso *a qu*.

begreifen <*irr, ohne ge-*> **A** tr **1** (*verstehen*) *etw* ~ comprendere *qc*, capire *qc*, afferrare *qc*: ~, dass ..., realizzare/capire che ...; begreif doch endlich, dass sie dich nur ausnutzt!, mettiti in testa una buona volta che ti sfrutta e basta!; das ist nicht/kaum zu ~, ˌnon è˺/[è appena] comprensibile; das ist schwer zu ~, è difficile da capire; das begreife ich nicht, questo non lo capisco; sie hat endlich begriffen, was los ist, finalmente ha capito cosa succede **2** (*auffassen*) *etw* (*irgendwie*) ~ {AUSSAGE, SATZ, WORT} intendere *qc*/interpretare *qc* (+ *compl di modo*) **3** *geh* (*ansehen als*) *jdn/etw* als *etw* (akk) ~ considerare *qu/qc qc*, interpretare *qc* come *qc* **B** itr (*verstehen*) capire, comprendere *qc* **C** *rfl* **1** *geh* (*sich verstehen*): sich (selbst) nicht ~, non capirsi, non comprendersi; ich begreife mich selbst nicht mehr, non mi capisco più; es begreift sich, dass ..., ˌè inteso˺/[si capisce] che ... **2** (*sich als etw verstehen*) sich als *etw* (akk) ~ considerarsi *qc*, ritenersi *qc* ● leicht/schnell ~, capire al volo; schwer/langsam ~, essere duro di comprendonio *fam*; das begreife, wer will!, das soll mal einer ~! *fam*, chi ci capisce qualcosa è bravo!

begreiflich *adj* <*meist präd*> {REAKTION, VERHALTEN} comprensibile, intelligibile: das ist ~, questo si capisce, è comprensibile; jdm ~ sein/werden, essere/diventare comprensibile per qu; es ist ~, dass ..., è comprensibile/[si capisce] che ...; aus ~en Gründen, per comprensibili/ovvi motivi ● jdm etw ~ machen, far capire *qc* a qu; jdm ~ machen, warum ..., far capire a qu perché/[il motivo per cui] ...; sich jdm ~ machen, farsi capire da qu.

begreiflicherweise *adv* comprensibilmente, ovviamente.

begrenzen <ohne ge-> tr **1** (*die Grenze bilden*) *etw* ~ delimitare *qc*, segnare/tracciare i confini *di qc*: ein Grundstück durch eine Mauer ~, delimitare un terreno con un muro **2** (*einschränken*) *etw* (auf etw akk) ~ limitare *qc* (*a qc*): die Geschwindigkeit auf 100 km/h ~, limitare la velocità a 100 km/h; die Diskussion auf einen Aspekt ~, limitare la discussione a un aspetto **3** (*klein halten*) *etw* ~ {RISIKO, SCHADEN} contenere *qc*, limitare *qc*.

begrenzt **A** *adj* limitato: einen ~en Horizont/Verstand haben, avere ˌun orizzonte limitato˺/[un'intelligenza limitata]; ~e Möglichkeiten, possibilità limitate/ristrette; ~es Vertrauen in jdn haben, fidarsi di qu solo fino a un certo punto **B** *adv* limitatamente, in misura limitata: das ist nur ~ möglich, que-

sto è possibile solo in misura limitata; Tiefgefrorenes ist nur ~ haltbar, i cibi surgelati si conservano solo per un periodo limitato.

Begrenztheit <-, ohne pl> f limitatezza f.

Begrenzung <-, -en> f **1** (*Grenzziehung*) demarcazione f, tracciare m i confini **2** (*Einschränkung*) {+EINFLUSS, RECHTE} limitazione f; {+FREIHEIT} *auch* restrizione f; (*Geschwindigkeitsbegrenzung*) limite m (di velocità) **3** *mil* {+ATOMWAFFEN, RÜSTUNG} limitazione f **4** (*Grenze*) confine m, delimitazione f.

Begrenzungslinie f linea f di demarcazione/confine.

Begriff <-(e)s, -e> m **1** (*Bedeutungsgehalt*) concetto m: den ~ «Demokratie» definieren, definire il concetto di «democrazia»; (*Ausdruck, Fachwort*) termine m; dieser ~ stammt aus dem Englischen, questo termine deriva dall'inglese **2** *philos* concetto m **3** (*Vorstellung*) idea f, immagine f: nach menschlichen ~en, secondo parametri umani; einen ~ von etw (dat) haben, avere un'idea di qc; sich (dat) einen ~ von etw (dat) machen, farsi un'idea di qc; ich glaube, du machst dir keinen ~ davon, wie schwierig es ist, sich als Frau bei den männlichen Kollegen durchzusetzen, credo che tu non abbia idea di quanto sia difficile, come donna, farsi le proprie ragioni con i colleghi maschi; sich (dat) einen falschen ~ von etw (dat) machen, farsi un'idea sbagliata di qc ● für meine/deine/... ~e, per il mio/tuo/... giudizio, a mio/tuo/... giudizio; über jds ~e gehen, superare/andare oltre la capacità di comprensione di qu, essere troppo difficile per qu; etw ist (jdm) ein ~, qu/qc dice qc (a qu), qu/qc è noto (a qu); ist dir das ein ~?, questo ti dice qualcosa?; dieser Name ist mir kein ~, questo nome ˌnon mi dice niente˺/[mi suona nuovo *fam*]; dieses Produkt ist allen Hausfrauen ein ~, questo prodotto è noto a tutte le casalinghe; schwer/langsam von ~ sein *fam*, essere duro di comprendonio *fam*; (gerade/eben) im ~ sein/stehen, etw zu tun *form*, stare per fare qc, accingersi a fare qc *geh*, essere sul punto di fare qc, essere in procinto di fare qc *geh*; zum ~ für Qualität/Schönheit/... werden *geh*, diventare/essere sinonimo di qualità/bellezza/...

begriffen **A** *part perf von* begreifen **B** *adj*: in etw (dat) ~ sein, stare facendo qc, essere intento a fare qc: die Gäste sind im Aufbruch ~, gli ospiti ˌstanno partendo˺/[sono in partenza]; im Entstehen ~ sein, stare nascendo, essere in (via di) formazione; in der Entwicklung ~ sein, essere in fase di sviluppo; in einem Irrtum ~ sein, stare sbagliando; mitten in den Vorbereitungen ~, nel bel mezzo dei preparativi; im Wachstum ~, in (fase di) crescita.

begrifflich **A** *adj* <*attr*> **1** (*bedeutungsmäßig*) concettuale **2** (*abstrakt*) astratto: ~es Denken, ragionamento astratto **B** *adv* (*nach Begriffen*): etw ~ bestimmen, definire qc concettualmente; eine Kartei alphabetisch oder ~ ordnen, ordinare uno schedario alfabeticamente o per soggetti.

Begriffsbestimmung f *ling philos* definizione f di un concetto: eine ~ vornehmen, definire un concetto.

Begriffsbildung f *ling philos* formazione f di un concetto.

begriffsstutzig *adj pej* duro di comprendonio *fam pej*.

Begriffsstutzigkeit <-, ohne pl> f *pej* ottusità f *pej*.

Begriffsvermögen n facoltà f di comprendere, capacità f di comprensione: das geht über mein ~, (questo) va oltre la mia capacità di comprensione, questo non lo capisco.

begründen <ohne ge-> tr **1** (*gründen*) *etw* ~ {RICHTUNG} creare *qc*; {SCHULE, ZEITUNG} *auch* fondare *qc*, costituire *qc*: **einen eigenen Hausstand ~**, mettere su casa; **eine Theorie ~**, formulare una teoria; *jur* costituire *qc* **2** (*den Grund für etw legen*) *etw* ~ {LEISTUNGEN, SIEG RUF, RUHM} essere alla base *di qc* **3** (*den Grund angeben*) *etw* (*mit etw* dat) ~ motivare *qc* (*con qc*); {*bes.* ANSPRUCH, HANDLUNG} giustificare (*qc con qc*): **womit hat er denn seine Verspätung begründet?**, come ha giustificato il ritardo?; **etw damit ~, dass ...**, motivare *qc* con il fatto che ...; *etw* **sachlich ~**, motivare *qc* razionalmente.

Begründer m (**Begründerin** f) fondatore (-trice) m (f), iniziatore (-trice) m (f); {+KUNSTRICHTUNG, THEORIE, WISSENSCHAFT} padre m, fondatore (-trice) m (f).

begründet adj (*nachvollziehbar*) {VERHALTEN, VORGEHENSWEISE} motivato; (*berechtigt*) {HOFFNUNG, VERDACHT, ZWEIFEL} fondato: **es besteht der ~e Verdacht, dass ...**, esiste il sospetto fondato che ...; *konjv*; (*gerechtfertigt*) giustificato; {ANSPRUCH} legittimo ● **in etw** (dat) ~ **sein/liegen**, essere dovuto a *qc*; **das ist/liegt in der Natur der Sache ~**, è (insito) nella natura delle cose.

Begründung f **1** (*Gründung*) {+BETRIEB, FIRMA, PARTEI} fondazione f; {+THEORIE} formulazione f: **die ~ eines eigenen Hausstandes**, il mettere su casa; *jur* (*das Begründen*) {+RECHT} costituzione f **2** (*Erklärung*) motivazione f, spiegazione f, giustificazione f; *jur* {+URTEIL} motivazione f: **eine ~ (für etw** akk) **angeben/vorbringen**, addurre una motivazione (per *qc*); **welche ~ hat er denn diesmal für seinen Misserfolg vorgebracht?**, questa volta come ha giustificato il suo insuccesso?; **als/zur ~ einer S.** (gen)_J/[**von etw** (dat)], come/a motivazione di *qc*; **mit der ~, dass ...**, con la motivazione che ...

Begründungssatz m *ling* proposizione f causale.

begrünen <ohne ge-> tr *etw* ~ {PLÄTZE, STADTTEIL} creare spazi verdi *in qc*: **begrünte Höfe**, cortili pieni di verde.

Begrünung <-, *ohne pl*> f creazione f di spazi verdi.

begrüßen <ohne ge-> tr **1** (*willkommen heißen*) *jdn* ~ {GASTGEBER GAST} salutare *qu*; (*empfangen*) accogliere *qu*; (*feierlich*) dare il benvenuto *a qu*: **jdn kühl/freundlich/herzlich ~**, salutare *qu* freddamente/gentilmente/cordialmente; **wir würden uns sehr freuen, Sie bald wieder hier ~ zu dürfen** *form*, ci rallegreremmo molto di poterLa rivedere presto qui *form* **2** (*empfangen*) **jdn als etw** (akk) ~ salutare *qu come qc*: **jdn als Befreier ~**, salutare *qu* come liberatore **3** *geh* (*gutheißen*) *etw* ~ {ENTSCHEIDUNG, ENTSCHLUSS, VORHABEN, VORSCHLAG} accogliere/vedere *qc* con (molto) favore, rallegrarsi *di qc*: **ich würde es ~, wenn ...**, auspicherei che ... *konjv*; **es ist zu ~, dass ...**, è auspicabile che ...

begrüßenswert adj auspicabile, gradito, benaccetto, degno di plauso *geh*: **es wäre ~, wenn ...**, sarebbe auspicabile che ... *konjv*.

Begrüßung <-, -en> f saluto m, benvenuto m, scambio m di saluti; (*Empfang*) accoglienza f: **zur ~ der Gäste**, come saluto/benvenuto agli ospiti, per accogliere gli ospiti; **jdm zur ~ einen Blumenstrauß überreichen**, dare il benvenuto a qu con un mazzo di fiori; **jdm zur ~ die Hand reichen**, accogliere qu stringendogli/dandogli la mano.

Begrüßungsansprache f → **Begrüßungsrede**.

Begrüßungsfeier f cerimonia f di benvenuto.

Begrüßungsformel f formula f di saluto: **«wie geht's?» ist eine reine ~**, «come va?» è semplicemente una formula di saluto.

Begrüßungsgeld n "contributo monetario elargito fino al 1990 dalla Germania Ovest ai visitatori provenienti dalla Germania Est".

Begrüßungskuss (a.R. Begrüßungskuß) m bacio m di benvenuto.

Begrüßungsrede f discorso m di benvenuto; (*zur Eröffnung*) discorso m inaugurale.

Begrüßungstrunk m brindisi m di benvenuto.

begucken <ohne ge-> *fam* **A** tr *etw* ~ {BRIEF, PAKET} guardare *qc* attentamente **B** rfl **sich ~** guardarsi, squadrarsi.

Begum <-, -en> f begum f.

begünstigen <ohne ge-> tr **1** (*förderlich sein für*) *jdn/etw* ~ {HITZE AUSBREITUNG EINER KRANKHEIT; UMSTÄNDE ENTWICKLUNG} favorire *qu/qc*: **vom Glück/Schicksal begünstigt**, favorito dalla fortuna/sorte **2** (*bevorzugen*) *jdn* (**bei etw** dat/**vor jdm**) ~ {KANDIDATEN, SCHÜLER} favorire *qu* (*in qc/rispetto a qu*), privilegiare *qu* (*in qc/rispetto a qu*), agevolare *qu* (*in qc*): **der Politiker steht im Verdacht, potenzielle Geldgeber begünstigt zu haben**, il politico è sospettato di aver privilegiato potenziali finanziatori **3** *jur jdn/etw* ~ {TÄTER, VERBRECHEN} favoreggiare *qu/qc*.

Begünstiger <-s, -> m (**Begünstigerin** f) *jur* favoreggiatore (-trice) m (f).

begünstigt adj *jur* beneficiario, beneficiato.

Begünstigte <dekl wie adj> mf *jur* beneficiario (-a) m (f), beneficiato (-a) m (f).

Begünstigung <-, -en> f **1** (*das Begünstigen*) {+EXPORT, KONJUNKTUR, WIRTSCHAFTSWACHSTUM} incoraggiamento m, agevolazione f; {+BESTREBUNGEN, INITIATIVE, PROJEKT} incoraggiamento m, promozione f, appoggio m **2** (*das Bevorzugen*) favorire m, avvantaggiare m, privilegiare m **3** *jur* {+TÄTER, VERBRECHEN} favoreggiamento m.

begutachten <ohne ge-> tr **1** (*prüfen*) *etw* ~ dare un parere/giudizio *su qc*, esaminare *qc*; (*fachmännisch*) fare una perizia *di/su qc*, periziare *qc*: **etw ~ lassen**, far periziare *qc* **2** *fam* (*ansehen*) *jdn/etw* ~ dare un'occhiata *a qu/qc*.

Begutachter m (**Begutachterin** f) perito (-a) m (f).

Begutachtung <-, -en> f parere m, giudizio m; (*fachmännisch*) perizia f: **jdm etw zur ~ vorlegen**, presentare qc a qu per una perizia.

begütert adj *geh* {FAMILIE, PERSON} benestante, facoltoso, danaroso, abbiente.

begütigen <ohne ge-> tr *jdn* ~ rabbonire *qu*, calmare *qu*: **ich versuchte, meinen wütenden Vater zu begütigen**, cercai di rabbonire mio padre che era furibondo.

behaart adj {ARME, BEINE, KÖRPER, MENSCH} peloso; {BRUST} villoso; {KOPF} capelluto; *bot* *zoo* peloso: **dicht ~** {MENSCH}, peloso; {ARME, BEINE, BRUST} *auch*, villoso; (*von Kopfhaar*), dalla capigliatura folta.

Behaarung f **1** *zoo* pelo m **2** (*Körperhaare*) peluria f **3** (*Kopfhaar*) capelli m pl.

behäbig **A** adj **1** (*dick*) {MENSCH} grasso, corpulento **2** (*langsam*) {BEWEGUNG, MENSCH, REDEWEISE, TON} lento, flemmatico **3** (*bequem*) {AUTO, MÖBEL} comodo **4** *CH* (*wohlhabend*) benestante, facoltoso, abbiente **B** adv (*bequem*) {SICH BEWEGEN, NÄHER KOMMEN, ETW TUN} lentamente, in modo flemmatico, con flemma.

Behäbigkeit <-, *ohne pl*> f **1** (*beleibte Gestalt*) corpulenza f **2** (*Langsamkeit*) lentezza f, flemma f **3** (*Bequemlichkeit*) comodità f, agio m.

behaftet adj ~ **mit etw** (dat) {MIT FEHLERN, EINEM MAKEL, MIT MÄNGELN} che presenta *qc*; {MIT EINER KRANKHEIT} affetto *da qc*: **mit Risiken ~ (sein)**, (essere) pieno di rischi; **mit Schulden ~ (sein)**, (essere) carico/oberato di debiti.

behagen <ohne ge-> itr *jdm* ~ {ARBEITSZEIT, BEDINGUNGEN} piacere *a qu*, andare a genio *a qu*, garbare *a qu*: **es behagt ihr nicht, dass sie keine Gehaltserhöhung bekommen hat**, non le va a genio che non le abbiano dato un aumento di stipendio; **das behagt mir nicht an ihr**, questo non mi piace in lei; **das behagt mir ganz und gar nicht!**, non mi piace affatto!

Behagen <-s, *ohne pl*> n piacere m, gusto m, diletto m *geh*; **an etw** (dat) ~ **finden** trovare piacere/gusto/diletto *geh* in *qc*: **mit ~**, con piacere; **sie schlürfte ihren Kaffee mit großem ~**, sorseggiava il caffè con estremo piacere.

behaglich **A** adj **1** (*gemütlich*) {WOHNUNG, ZUHAUSE} confortevole, accogliente; {WÄRME} piacevole, gradevole; {MÖBEL} comodo: **sich ~ fühlen**, sentirsi a proprio agio **2** (*genussvoll*) {BRUMMEN, SCHNURREN, STÖHNEN} di piacere **B** adv {IRGENDWO SITZEN} comodamente ● **es sich** (dat) ~ **machen**, mettersi ˪a proprio agio/[comodo (-a)].

Behaglichkeit <-, *ohne pl*> f (*Bequemlichkeit*) comodità f; (*Gemütlichkeit*) atmosfera f/ambiente m accogliente/confortevole; (*Wohlbefinden*) agio m: **als das Feuer angezündet wurde, breitete sich wohlige ~ im Raum aus**, acceso il fuoco, nella stanza si diffuse un'atmosfera accogliente.

behalten <irr, *ohne ge*-> tr **1** (*nicht zurückgeben*) *etw* ~ {GELIEHENES BUCH, GELD, GESCHENK} tenere *qc*: **du brauchst mir die Bluse nicht zurückzugeben, du kannst sie ruhig ~**, non mi devi rendere la camicetta, tienila pure; (*nicht wegwerfen*) serbare *qc* **2** (*an einem Ort belassen*) *etw* irgendwo ~ {HUT AUF DEM KOPF, SCHIRM, STOCK IN DER HAND} tenere/lasciare *qc* + *compl di luogo*: **die Hände in den Taschen ~**, tenere le mani in tasca **3** (*sich nicht von jdm trennen*) *jdn* (**bei sich** dat) ~ tenere *qu* (*con sé*), trattenere *qu* (*presso di sé*): **einen Gast über Nacht bei sich ~**, tenere un ospite a dormire, ospitare qu per la notte; **nach dem Tod seiner Schwester behielt er seine Nichte bei sich**, dopo la morte di sua sorella tenne con sé la nipote **4** (*bewahren*) *etw* ~ {BRAUCH, FARBE, MEHRHEIT, NATIONALITÄT, STELLUNG, WERT} mantenere *qc*, conservare *qc*: **nach der Heirat hat sie ihren Mädchennamen ~**, dopo il matrimonio ha conservato il nome da ragazza **5** (*sich merken*) *etw* ~ tenere a mente *qc*, ricordare *qc*, ritenere *qc*: **ich kann einfach keine Telefonnummern ~**, non riesco a ricordare i numeri di telefono; **etw im Kopf/Gedächtnis ~ (können)**, (riuscire a) tenere a mente *qc*; **jdn in guter/schlechter Erinnerung ~**, serbare/conservare un buon/cattivo ricordo di *qu* **6** (*nicht verlieren*) *etw* ~: **die Nerven/die Ruhe ~**, mantenere la calma **7** (*davontragen*) *etw* ~ (*körperlichen*) {SCHADEN, SCHOCK, VERLETZUNG} riportare *qc* ● **der Patient kann nichts bei sich ~** (dat) ~ *geh*, il paziente non riesce a tener niente nello stomaco; **etw für sich ~**, tenere *qc* per sé; **sie kann einfach nichts für sich ~**, non riesce a tenere un segreto; **Recht ~**, avere ragione; **etw (von etw** dat) **übrig ~**: jd behält etw (von etw dat) übrig, a qu avanza/rimane qc (di qc); **wir haben fast den ganzen Kuchen übrig ~**, ci è rimasto/[ci è avanzato] quasi tutto il dolce.

Behälter <-s, -> m **1** contenitore m; (*für Flüssigkeiten*) recipiente m **2** (*Tank für Benzin, Gas, Öl, Wasser*) serbatoio m **3** (*bes. groß, zum Transport*) cisterna f **4** (*Kanister*) tanica f; (*Eimer*) secchio m **5** (*Container*) container m.

Behältnis <-ses, -se> n *geh* contenitore m; (*für Flüssigkeiten*) recipiente m.

behämmert adj *slang* {Typ} toccato *fam*: **du bist wohl total ~?**, sei matto (-a)?, sei fuori di testa?; **einen völlig ~en Eindruck machen**, dare l'impressione di essere completamente tarato *fam*.

behänd, behände *geh* **A** adj {Bewegungen, Handgriffe, Schritte} agile, svelto; (*geistig*) sveglio: **sie ist trotz ihres Alters noch sehr ~**, nonostante l'età è ancora molto agile **B** adv {sich bewegen, einsteigen} agilmente, con agilità.

behandeln <ohne ge-> tr **1** (*umgehen mit*) **jdn/etw irgendwie ~** {freundlich, gut, höflich, schlecht} trattare *qu/qc + compl di modo*: **jdn von oben herab ~**, trattare qu dall'alto in basso; **jdn/etw stiefmütterlich ~**, trascurare qu/qc; **ich lass mich doch von dir nicht so ~!**, non ti permetto di trattarmi in questo modo!; **eine Angelegenheit vertraulich ~**, trattare una vicenda in via confidenziale; **jdn wie jdn ~** trattare *qu da/come qu*; **wir haben ihn wie unseren eigenen Sohn behandelt**, lo abbiamo trattato come un figlio; **du sollst mich nicht immer ₁wie ein kleines Mädchen ~₁/[so ~, als ob ich ein kleines Mädchen wäre]**, non mi trattare sempre come (se fossi) una ragazzina **2** (*untersuchen*) **etw ~** {Aspekt, Frage, Problem, Thema} trattare (*di*) *qc*, parlare *di qc*: **der Film behandelt das Drogenproblem**, il film tratta del/il problema della droga; **der Lehrer hat heute im Unterricht den Konjunktiv behandelt**, oggi a lezione l'insegnante ha trattato il congiuntivo **3** *med* (*therapieren*) **jdn/etw (mit etw** dat) **~** {Kranken, Krankheit mit Antibiotika, Penizillin} trattare *qc* (*con qc*), curare *qu/qc* (*con qc*); **jdn irgendwie ~** {Arzt Kranken homöopathisch, psychotherapeutisch} curare/trattare *qu con qc*: **der Patient wurde stationär behandelt**, il paziente è stato curato in ospedale; **sich ärztlich ~ lassen**, ₁farsi curare₁/ [essere in cura] da un medico; **~der Arzt**, medico curante **4** (*handhaben*) **etw irgendwie ~** {technisches Gerät, Maschine} maneggiare *qc + compl di modo*; **etw vorsichtig ~** {Glas, Keramik, Porzellan}, maneggiare *qc* con cura **5** (*mit einer Substanz bearbeiten*) **etw (mit etw** dat) **~** {Holz, Lebensmittel, Pflanze, Stoff} trattare *qc* (*con qc*): **mit chemischen Produkten behandelt**, trattato con prodotti chimici.

Behändigkeit <-, *ohne pl*> f *geh* agilità, sveltezza; (*geistig*) prontezza.

Behandlung f **1** (*Umgang*) trattamento m **2** (*Untersuchung*) trattazione f, svolgimento m **3** *med* (*das Therapieren*) {+Patient} cura f, assistenza f; {+Krankheit, Zahn} cura f, trattamento m; (*Therapie*) terapia f: **(bei jdm) (wegen etw** gen *oder fam* dat) **in ~ sein**, essere in cura (da qu) (per qc); **bei welchem Arzt sind Sie in ~?**, qual è il Suo medico curante?; **er ist in psychotherapeutischer ~**, è in cura da uno psicoterapeuta; **ambulante/ stationäre ~**, terapia ambulatoria/ospedaliera; **sich in ärztliche/fachärztliche ~ begeben**, affidarsi alle cure di un medico/ uno specialista **4** (*Handhabung*) maneggio m, uso m **5** (*Bearbeitung mit einer Substanz*) trattamento m.

behandlungsbedürftig adj *med* {Patient} bisognoso di cure (mediche); {Krankheit} che deve essere curato.

Behandlungsfehler m errore m medico.

Behandlungskosten subst <*nur pl*> *med* spese f pl di assistenza medica/sanitaria.

Behandlungsmethode f *med* metodo m terapeutico, trattamento m.

Behandlungspflicht f *jur med* **1** (*Pflicht des Arztes*) "obbligo m del medico di curare un malato o un ferito" **2** (*Pflicht eines Patienten mit Geschlechtskrankheit*) "obbligo m di sottoporsi a cure mediche per chi è affetto da una malattia venerea".

Behandlungsraum m *med* ambulatorio m, studio m medico.

Behandlungsschein m *med* impegnativa f.

Behandlungsstuhl m *med* **1** (*Zahnarzt*) poltrona f del dentista **2** (*Frauenarzt*) lettino f ginecologico.

Behang m **1** (*hängender Schmuck*) pendaglio m, pendente m, ciondolo m **2** (*Wandbehang*) arazzo m **3** (*Baumbehang*) addobbo m.

behängen <ohne ge-> tr **1** (*befestigen*) **etw (mit etw** dat) **~** {Wand mit Postern} tappezzare *qc* con *qc*; (*drappieren*) addobbare *qc* con drappi; {Baum mit Kugeln, Schmuck} addobbare *qc* (*con qc*) **2** *fam pej* (*übermäßig ausstatten mit*) **jdn mit etw ~** {mit Auszeichnungen, Orden} coprire *qu di qc*: **mit Juwelen behängt**, carico/coperto di gioielli.

beharken <ohne ge-> *fam* **A** tr **jdn/etw ~** {Bürger Politiker; Opposition Regierung} aggredire *qu/qc* **B** rfl sich ~ {Eheleute, Kollegen} aggredirsi a vicenda: **anstatt zusammenzuarbeiten, haben sie sich von Anfang an beharkt**, anziché collaborare si sono fatti (-e) la guerra sin dall'inizio.

beharren <ohne ge-> itr **1** (*bestehen auf*) **auf/bei etw** (dat) **~** persistere *in qc*, perseverare *in qc*; {auf einem Entschluss, auf/bei einer Meinung, auf einem Recht, Vorsatz} insistere *in qc*; {auf einem Punkt, Thema} insistere *su qc*: **darauf ~, etw zu tun**, insistere a/nel fare qc, ostinarsi a fare qc; **er beharrte darauf, uns zu begleiten**, insistette nel volerci accompagnare **2** *geh* (*bleiben*) **in etw** (dat) **~** {in einem Zustand} insistere *in qc*, rinchiudersi *in qc*: **in seinem Trotz ~**, insistere/perseverare nella propria ostinazione.

beharrlich **A** adj {Mensch} perseverante, costante; {Fragen} insistente; {Glauben, Liebe} tenace, ostinato **B** adv {sich weigern} ostinatamente; {seine Meinung vertreten} *auch* tenacemente, con tenacia.

Beharrlichkeit <-, *ohne pl*> f {+Mensch, Verhalten} perseveranza f, costanza f, continuità f; {+Weigerung} fermezza f.

Beharrungsvermögen n **1** perseveranza f **2** *phys* forza f d'inerzia.

behauchen <ohne ge-> tr **1** (*auf etw hauchen*) **etw ~** {Brille, Fenster} soffiare *su qc*, alitare *su qc* **2** *ling* **etw ~** {Konsonant} aspirare *qc*: **ein behauchter Laut**, un suono aspirato.

behauen <reg, *ohne* ge-> tr **etw ~** {Holz, Steine} sgrossare *qc*, digrossare *qc*.

behaupten <ohne ge-> **A** tr **1** (*die Behauptung aufstellen*) **etw ~** asserire *qc*, affermare *qc*; *bes.* Unerwiesenes) sostenere *qc*: **es wird₁/[man] behauptet, dass ...**, si sostiene/afferma/dice che ...; **sie behauptet, ihr Mann sei krank**, sostiene che suo marito è malato; **von jdm ~, dass ...**, affermare di qu

che ...; **das habe ich nicht behauptet**, questo non l'ho detto **2** (*erfolgreich verteidigen*) **etw ~** {Platz, Stellung} mantenere *qc*; {Position, Recht} difendere *qc*; {Ansichten} sostenere *qc* **B** rfl (*sich durchsetzen*) **sich ~** {neues Produkt} imporsi, affermarsi; {Preis, Kurs} rimanere stabile: **sich auf dem Markt ~**, affermarsi/imporsi sul mercato; **sich (gegen jdn/etw/in etw** dat) **~** {im Beruf, Sport} imporsi/affermarsi/sfondare (₁nei confronti di qu/qc₁/[in qc]); **sich in der Gruppe (nicht) ~ können**, (non) riuscire ad affermarsi all'interno del gruppo ● **etw felsenfest/[steif und fest] ~**, affermare ostinatamente qc, sostenere qc con fermezza.

Behauptung <-, -en> f **1** (*Aussage*) affermazione f, asserzione f: **die ~ aufstellen, dass ...**, affermare/sostenere che ...; (*These*) avanzare la tesi che ...; **eine kühne/gewagte ~**, un'affermazione audace/azzardata; **eine leere ~**, un'affermazione priva di fondamento; **eine ~ widerlegen**, confutare un'affermazione **2** <*nur sing*> (*Aufrechterhaltung*) {+Lebensstandard, Privilegien, Standard, Vorsprung} mantenimento m **3** <*nur sing*> (*Durchsetzung*) {+Firma, Produkt} affermazione f, successo m.

Behausung <-, -en> f *oft pej* alloggio m, abitazione f: **ärmliche ~**, casuccia.

Behaviorismus <-, *ohne pl*> m *psych* behaviorismo m, comportamentismo m.

Behaviorist <-en, -en> m (**Behavioristin** f) *psych* behaviorista mf, comportamentista mf.

behavioristisch adj behavioristico, comportamentistico.

beheben <irr, *ohne* ge-> tr **1** (*etw Störendes beseitigen*) **etw ~** {Schwierigkeit} risolvere *qc*, superare *qc*, eliminare *qc*, rimuovere *qc*; {Fehler, Mangel, Missstände, Übel} rimediare *a qc*, ovviare *a qc*; {Schaden, Störung} riparare *qc*, aggiustare *qc* **2** *A* (*abheben*) **etw ~** {Geld von der Bank, vom Konto} ritirare *qc*, prelevare *qc*.

Behebung <-, *ohne pl*> f **1** {+Fehler, Mangel, Missstände, Schwierigkeiten} eliminazione f, rimedio f *a qc*; {+Schaden, Störung} riparazione f **2** *A* (*das Abheben*) {+Geld} prelievo m, ritiro m.

beheimaten <ohne ge-> tr **etw irgendwo ~** {Tier in einem bestimmten Gebiet} reintrodurre *qc + compl di luogo*.

beheimatet adj **1** (*ansässig*) **in etw** (dat) **~** domiciliato *a/in qc*, residente *a/in qc*; (*gebürtig*) nativo *di qc*, originario *di qc*: **wo sind Sie ~?** *geh*, da dove viene (Lei)? **2** *bot* **zoo in etw** (dat) **~** {Tier in Afrika, den Alpen} originario *di qc*.

beheizbar adj {Raum, Zimmer} riscaldabile; {Heckscheibe} termico.

beheizen <ohne ge-> tr **1** (*warm machen*) **etw (mit etw** dat) **~** {Wohnung, Zimmer mit Gas, Heizöl, Kohle}, riscaldare *qc* (*con qc*) **2** *tech* **etw irgendwie ~** {Heckscheibe elektrisch} riscaldare *qc + compl di modo*.

Beheizung <-, *ohne pl*> f {+Haus, Wohnung} riscaldamento m.

Behelf <-(*e*)*s*, -*e*> m espediente m, ripiego m.

behelfen <irr, *ohne* ge-> rfl **1** (*als Ersatz verwenden*) **sich (mit etw** dat) **~** aiutarsi (*con qc*), arrangiarsi (*con qc*), accontentarsi (*di qc*): **da das Auto kaputt ist, muss ich mich mit dem Fahrrad ~**, essendo rotta l'auto, devo arrangiarmi con la bicicletta **2** (*auskommen*): **sich ohne jdn/etw ~**, fare a meno di qu/qc.

Behelfsausfahrt f (*auf der Autobahn*) uscita f provvisoria.

Behelfsbrücke f ponte m provvisorio.

Behelfslösung f espediente m, soluzione f di ripiego.

behelfsmäßig **A** adj {AUSFAHRT, BRÜCKE} provvisorio; {UNTERKUNFT} auch di ripiego/fortuna; {LÖSUNG} di ripiego, improvvisato **B** adv provvisoriamente; **jdn nur ~ verarzten**, prestare a qu solo le prime cure; **bei Freunden ~ unterkommen**, sistemarsi provvisoriamente presso amici.

Behelfsunterkunft f alloggio m di ripiego/fortuna.

behelfsweise adv: **der Gaskocher dient nur ~ als Herd**, il fornellino a gas fa ₍le veci della₎/[provvisoriamente da] cucina.

behelligen <ohne ge-> tr **jdn** (**mit etw** dat) ~ {MIT SEINEN NÖTEN, SORGEN} importunare qu (con qc), disturbare qu (con qc); **jdn mit Fragen/[seinen Problemen]** ~, importunare qu con ₍delle domande₎/[i propri problemi].

behend, **behende** a.R. von behänd(e) → **behänd**.

Behendigkeit a.R. von Behändigkeit → **Behändigkeit**.

beherbergen <ohne ge-> tr **1** (**jdn als Gast aufnehmen**) **jdn** ~ alloggiare qu, ospitare qu, dare alloggio a qu **2** (**Unterkunft bieten**) **etw** ~ {GEBÄUDE VERSCHIEDENE BÜROS, LÄDEN} ospitare qc, racchiudere qc.

beherrschen <ohne ge-> **A** tr **1** (**über jdn/etw herrschen**) **jdn/etw** ~ {LAND, VOLK} dominare qu/qc, regnare su qu/qc **2** (**dominieren**) **jdn/etw** ~ {JDS DENKEN, GESELLSCHAFT, MARKT} dominare qu/qc, influenzare fortemente qu/qc **3** (**Gewalt haben über**) **etw** ~ {GEFÜHLE, TRIEBE} dominare qc, controllare qc; {FAHRZEUG, SITUATION} controllare qc, avere qc sotto controllo **4** (**gut können**) **etw** ~ {HANDWERK, KUNST, MUSIKINSTRUMENT, SPIELREGELN, SPRACHE, TECHNIK} padroneggiare qc, essere padrone di qc, dominare qc: **die deutsche Sprache in Wort und Schrift** ~, padroneggiare la lingua tedesca parlata e scritta; **um als Dolmetscherin zu arbeiten, müssen Sie mindestens zwei Fremdsprachen perfekt** ~, per poter lavorare come interprete deve avere una perfetta padronanza di almeno due lingue straniere **5** (**typisch sein für**) **etw** ~ predominare in qc: **Zypressen ~ das Landschaftsbild der Toskana**, nel paesaggio toscano predomina il cipresso; (**überragen**) dominare qc, sovrastare qc: **der Kirchturm beherrscht das Städtchen**, il campanile domina/sovrasta la cittadina **B** rfl **sich** ~ dominarsi, controllarsi, padroneggiarsi: **sich nicht ~ können**, non sapersi controllare; **sie musste sich sehr ~, um ihn nicht vor die Tür zu setzen**, ha dovuto fare un grande sforzo per non metterlo alla porta ● **ich kann mich ~!** fam iron, me ne guardo bene! fam iron.

beherrschend adj {GEFÜHLE, TRIEBE} dominante: **der (ihn) einzig ~e Gedanke war ...**, il pensiero che lo ossessionava era ...; (**überragend**) sovrastante.

beherrscht **A** adj {MENSCH} controllato, disciplinato, padrone di se stesso; {AUFTRETEN, GESICHTSAUSDRUCK, MIENE} composto **B** adv {AUFTRETEN} in maniera composta; {SPRECHEN} in modo controllato.

Beherrschtheit <-, ohne pl> f autocontrollo m, dominio m di se stesso.

Beherrschung <-, ohne pl> f **1** (**Macht über**) ~ **von jdm/etw/einer S.** (gen) dominio m su qu/qc **2** (**Selbstbeherrschung**) autocontrollo m: **die/seine ~ verlieren**, perdere il controllo **3** (**Kontrolle**) ~ **von etw** (dat)/**einer S.** (gen) {+GEFÜHLE} controllo m di qc, dominio m su qc; {+MARKT} controllo m di qc **4** (**Können**) ~ **von etw** (dat)/**einer S.**

(gen) padronanza f di qc, conoscenza f perfetta di qc.

beherzigen <ohne ge-> tr **etw** ~ {JDS MAHNUNG, WARNUNG, GUTE WORTE} dare/prestare ascolto a qc: **sie hatte den Rat ihres Vaters nicht beherzigt**, non aveva ascoltato/seguito il consiglio del padre.

beherzt geh **A** adj {EINGREIFEN, FRAU, MANN, VORGEHEN} coraggioso, ardito, intrepido **B** adv {EINGREIFEN, HANDELN, VORGEHEN} coraggiosamente, arditamente.

Beherztheit <-, ohne pl> f geh coraggio m, audacia f.

behilflich adj geh: **jdm** (**bei etw** dat) ~ **sein** {BEIM AUSSTEIGEN, TRAGEN} essere d'aiuto a qu (in qc), aiutare qu (in/[a fare] qc), dare una mano a qu (a fare qc): **sie waren einem Freund beim Umzug** ~, aiutarono un amico a traslocare; **darf ich Ihnen ~ sein?**, posso esserLe utile/[d'aiuto]?; **jdm mit etw** (dat) ~ **sein** (**jdm etw leihen**) prestare qc a qu; **könntest du mir wohl mit 500 Euro ~ sein?**, potresti prestarmi 500 euro?

behindern <ohne ge-> tr **1** (**hinderlich sein**) **jdn** (**bei etw** dat) ~ ostacolare qu (in qc), essere d'impaccio/d'intralcio a qu (in qc): **ihr behindert mich bei der Arbeit**, mi siete d'impiccio nel lavoro; {ENGE KLEIDUNG} impedire qu: **der lange Rock behindert mich beim Einsteigen (ins Auto)**, la gonna lunga mi dà fastidio quando devo salire in macchina; {KRANKHEIT, VERLETZUNG} essere un handicap per qu (in qc); {CHARAKTEREIGENSCHAFTEN} handicappare qu (in qc); {SPORTLER} trattenere qu, marcare qu **2** (**blockieren**) **etw** ~ {BEWEGUNG, SICHT} impedire qc, ostacolare qc; {STREIK PRODUKTION} ostacolare qc; {DEMONSTRATION, UNFALL VERKEHR} intralciare qc, congestionare qc; {GESPRÄCH, VERHANDLUNGEN} intralciare qc, ostacolare qc.

behindert adj disabile, diversamente abile, handicappato fam, minorato obs: **sie haben ein ~es Kind**, hanno un bambino disabile; **geistig/körperlich ~ sein**, avere un handicap mentale/fisico; **schwer ~** → **schwerbehindert**.

Behinderte <dekl wie adj> mf portatore (-trice) m (f) di handicap, disabile mf, diversamente abile mf: **ein geistig/körperlich ~r**, portatore di un handicap mentale/fisico.

Behindertenausweis m tessera f di invalidità.

behindertengerecht **A** adj {BAUWEISE} a misura di disabile; {GEBÄUDE, PLATZ, WEG} senza barriere architettoniche; {AUFGANG, GEBÄUDE, VERKEHRSMITTEL} accessibile ai disabili **B** adv {AUSSTATTEN, BAUEN} a misura di disabile: ~ **wohnen**, abitare in un edificio senza barriere architettoniche.

Behindertenolympiade f sport Paralimpiadi f pl, Paraolimpiadi f pl, Giochi Paralimpici/Paraolimpici.

Behindertenparkplatz m parcheggio m per disabili.

Behindertensport m sport m per disabili.

Behindertenstatus m adm condizione f di disabile: **aufgrund seines ~ kann er nur bestimmte Arbeiten ausführen**, a causa ₍della sua condizione di disabile₎/[del suo handicap] è in grado di svolgere soltanto certe mansioni.

Behinderten-WC n bagno m per disabili.

Behindertenwerkstatt f laboratorio m protetto/[per portatori di handicap].

Behinderung <-, -en> f **1** (**das Behindern**) impedimento m: **wegen ~ einer S.** (gen) adm {+AUFFAHRT, ZUGANG}, per aver ostacolato qc;

das Auto wurde wegen ~ der Einfahrt abgeschleppt, l'auto fu rimossa perché impediva l'accesso a un passo carrabile; {+SPORTLER} trattenuta f **2** (**Hindernis**) impedimento m, ostacolo m; (**Nachteil**) handicap m **3** (**Blockierung**) {+PRODUKTION} ostacolare m qc; {+VERKEHR} intralcio m a qc **4** (**Handikap**) handicap m, disabilità f, minorazione f: **geistige ~**, handicap/minorazione mentale; **körperliche ~**, handicap fisico, minorazione fisica ● **mit ~en muss gerechnet werden** autom, si segnalano possibili rallentamenti.

behorchen <ohne ge-> tr fam → **belauschen**.

Behörde <-, -n> f **1** (**Verwaltungsorgan**) autorità f; (**Amtsgebäude**) ufficio m: **die zuständige ~**, l'ufficio/l'autorità competente; **sie ist bei einer städtischen ~ angestellt**, è impiegata in un ufficio comunale; **bei einer ~ eine Genehmigung einholen**, richiedere un permesso presso un ufficio; ₍**zu einer**₎/[**auf eine**] ~ **gehen**, andare in un ufficio; **von ~ zu ~ laufen**, andare/passare da un ufficio all'altro **2** <nur pl> autorità f pl.

Behördenapparat m apparato m burocratico.

Behördendeutsch n, **Behördensprache** f tedesco m burocratico, linguaggio m burocratico, burocratese m iron.

Behördenwillkür f arbitrarietà f burocratica.

behördlich **A** adj ufficiale, amministrativo: ₍**mit ~er Genehmigung**₎/[**~ genehmigt**], con autorizzazione ufficiale; **eine ~e Maßnahme/Vorschrift**, una misura/norma amministrativa **B** adv {ANGEORDNET, GENEHMIGT, VORGESCHRIEBEN} da parte delle autorità.

behördlicherseits adv {ANGEORDNET, GENEHMIGT, VERBOTEN} da parte delle autorità.

behüten <ohne ge-> tr **1** (**bewachen**) **jdn/etw** ~ (**HUND HAUS, HOF, KINDER**) fare la guardia a qu/qc, stare a guardia di qc **2** (**beschützen**) **jdn/etw** (**vor jdm/etw**) ~ proteggere qu/qc (da qu/qc): **jdn vor einer Gefahr ~**, proteggere qu da un pericolo; **jdn vor Schaden ~**, evitare un danno a qu ● (**Gott**) **behüte!** fam obs, Dio ce ne guardi! fam, per carità!

behütet **A** adj {MÄDCHEN} allevato ₍nella bambagia₎/[sotto una campana di vetro]; {JUGEND, KINDHEIT} vissuto/trascorso sotto una campana di vetro, protetto: **wohl ~** → **wohlbehütet** **B** adv: ~ **aufwachsen**, crescere nella bambagia.

behutsam **A** adj **1** (**vorsichtig**) {VORGEHEN} cauto, circospetto, prudente **2** (**zart**) delicato **B** adv **1** (**mit Vorsicht**) con cautela/precauzione: ~ **vorgehen**, agire con cautela **2** (**sorgsam**) delicatamente: **jdm etw** ~ **beibringen**, far capire con delicatezza qc a qu; **mit jdm/etw** (dat) ~ **umgehen**, trattare qu/qc delicatamente/[con delicatezza].

Behutsamkeit <-, ohne pl> f **1** (**Vorsicht**) precauzione, circospezione f, prudenza f **2** (**Sorgsamkeit**) delicatezza f.

bei präp + dat **1** (**in der Nähe von**) presso, vicino a, nei pressi di: **bei Hamburg**, presso/[vicino ad] Amburgo; **wir treffen uns beim Zeitungskiosk**, ci vediamo all'edicola; **bei jdm sitzen**, sedere con qu; (**ungefähr**) circa, intorno a, pressappoco: **der Preis liegt bei 2000 Euro**, il prezzo ₍si aggira intorno a₎/[ammonta a circa] 2000 euro **2** (**bei Personen, im Haus von**) da, presso, a casa di: **sie wohnt noch bei ihren Eltern**, abita/vive ancora ₍con i₎/[dai] genitori; **ich war beim Arzt**, sono stato (-a) dal medico; **bei jdm** (**in der Wohnung**), a casa di qu, da qu, presso qu; **bei mir zu Hause**, a casa mia; **wir tref-**

fen uns um sechs (Uhr) bei mir (zu Hause), ci vediamo alle sei ₍a casa mia₎/[da me]; bei Maiers, ₍a casa₎/[dai] Maier; (in der Heimat von) da, presso, dalle parti di; bei uns zu Lande, dalle nostre parti, nel nostro paese, qui da noi 3 (in einem Unternehmen, einer Institution) da, a, in: er arbeitet bei Siemens/[der Post], lavora ₍alla Siemens₎/ [alle poste]; sie ist Sekretärin bei einer staatlichen Behörde, è segretaria in un ufficio statale; beim Bäcker einkaufen, comprare il pane dal fornaio/panettiere; warst du schon beim Metzger?, sei già andato (-a)/stato (-a) dal macellaio? 4 (Teilnahme an einem Ereignis) a: ich war bei ₍ihrer Hochzeit₎/[dem Fest], sono stato (-a) ₍al suo matrimonio₎/[alla festa]; (in einer Menge) a, fra; bei der Demonstration waren viele Studenten, alla manifestazione c'erano molti studenti; dieser Brief lag bei seinen Papieren, questa lettera era fra le sue carte 5 (in Werken von) in: bei Dante, in Dante 6 (im historischen Kontext, bes. von Schlachten) di: die Schlacht bei Waterloo, la battaglia di Waterloo 7 (an, direkte Berührung) per: jdn bei der Hand nehmen, prendere qu per mano 8 (Zeitpunkt) a, al momento di: bei (der) Ankunft des Flugzeuges, all'arrivo dell'aereo; bei Beginn der Vorstellung, all'inizio della rappresentazione; beim Eintritt in ..., entrando/[al momento di entrare] in ... 9 (Zeitraum) durante: bei Tag/Nacht, di giorno/notte, durante il giorno/la notte; bei Tag und bei Nacht, (di) giorno e (di) notte; bei meinem letzten Besuch ging es ihm gesundheitlich nicht besonders gut, l'ultima volta che sono andato (-a) a trovarlo non stava molto bene di salute 10 (zeitliche Umstände: meist mit Gerund zu übersetzen): beim Essen/Lesen, mangiando/leggendo; ich rufe dich gleich zurück, ich bin gerade beim Essen, ti richiamo subito, sto mangiando; wir waren gerade beim Essen, als das Telefon klingelte, eravamo a tavola quando squillò il telefono; bei der Arbeit sein, essere al lavoro, star lavorando; beim Arbeiten brauche ich absolute Ruhe, quando lavoro ho bisogno di assoluta tranquillità 11 (modal: Begleitumstand) con, a, in: bei Sonne/Regen, con il sole/la pioggia; bei Kerzenlicht essen, cenare a lume di candela; er ist bei einem Unfall ums Leben gekommen, ha perso la vita in un incidente; bei Wind und Wetter, con un tempo da lupi fam 12 (modal: Zustand oder Verhalten) in, di: bei guter Gesundheit sein, essere in buona salute; bei guter/ schlechter Laune sein, essere di buonumore/[cattivo umore]; (nicht) bei Bewusstsein/Verstand sein, (non) essere cosciente/ [in sé] 13 (konditional: im Falle von) in caso di, con: bei Gefahr, in caso di pericolo; bei Glatteis langsam fahren!, ridurre la velocità in caso di fondo ghiacciato!; bei einem Unfall sollte man ..., in caso di incidente si dovrebbe ... 14 (konzessiv: trotz) malgrado, nonostante, a dispetto di, con: bei alledem, malgrado/nonostante tutto; bei aller Freundschaft, malgrado/con tutta l'amicizia; bei aller Vorsicht, malgrado/nonostante tutte le precauzioni; beim besten Willen, con tutta la buona volontà 15 (was eine Person, Sache betrifft) riguardo a, quanto a, per quel che riguarda, con: bei diesem Problem bin ich machtlos, sono impotente riguardo a questo problema; das kommt bei ihm oft vor, gli succede spesso 16 (angesichts) in considerazione di, tenendo conto di, dato, visto: bei deiner Erkältung solltest du nicht hinausgehen, raffreddato (-a) come sei non dovresti uscire; bei solchen Risiken,

di fronte a tali rischi; bei so vielen Schwierigkeiten, con/[di fronte a]/[in considerazione di] tante difficoltà; bei seiner Vergangenheit verwundert das nicht, visto il suo passato, questo non meraviglia 17 (bei Beteuerungen): bei meiner Ehre! geh, sul mio onore! geh; bei Gott!, in nome di Dio! 18 (unbestimmte Maßangabe): dieses Auto ist bei weitem komfortabler, quest'auto è ₍di gran lunga₎/[molto] più confortevole; er ist bei weitem nicht fertig, non ha affatto/ [per niente] finito ● bei sich anfangen, cominciare da se stesso (-a); bei näherer Betrachtung, ad un più attento esame; ich dachte bei mir, pensavo fra me e me; bei dieser Gelegenheit (möchte ich sagen ...), in quest'occasione (vorrei dire ...); etw bei sich (dat) haben/tragen, avere/portare qc con sé; nicht ganz bei sich sein fam, non essere del tutto in sé.

bei|behalten <irr, ohne ge-> tr etw ~ {GESCHWINDIGKEIT, KURS} mantenere qc; {BRAUCH, GEWOHNHEIT, TRADITION} auch conservare qc; {DIÄT, THERAPIE} continuare qc: eine Ansicht/Meinung ~, rimanere dello stesso parere, mantenere la propria opinione.

bei|biegen <irr> tr fam jdm etw ~ far capire qc a qu.

Beiblatt n (foglio m) allegato m: Hinweise für das richtige Ausfüllen des Formulars finden Sie auf dem ~, per una corretta compilazione del modulo vedasi allegato.

Beiboot n naut scialuppa f.

bei|bringen <irr> tr 1 (beschaffen) jdn/ etw ~ {DOKUMENTE, PAPIERE, UNTERLAGEN} fornire qc, presentare qc; {BEWEISE, ZEUGEN} produrre qu/qc; {GELD} procurare qc 2 (zufügen) jdm etw ~ {WUNDE, VERLETZUNG} procurare qc a qu; {NIEDERLAGE, SCHLAG} infliggere qc a qu 3 fam (lehren) jdm etw ~ insegnare qc a qu, far apprendere/capire qc a qu 4 fam (etw Unangenehmes vorsichtig mitteilen) jdm etw ~ {NACHRICHT} dare qc a qu con tatto: jdm etw vorsichtig/schonend/ sachte ~, far capire con tatto/delicatezza qc a qu.

Beichte <-, -n> f 1 relig confessione f: (bei einem Priester) die ~ ablegen geh, confessarsi/[fare la confessione] (da un sacerdote) 2 oft scherz (Geständnis) confessione f ● jdm die ~ abnehmen/hören, confessare qu; zur ~ gehen, andare a confessarsi.

beichten A tr 1 relig (jdm) etw ~ confessare qc (a qu), confessarsi (con qu) 2 oft scherz (gestehen) (jdm) etw ~ confessare qc (a qu), confidare qc (a qu) B itr confessare, confessarsi ● ~ gehen relig, andare a confessarsi.

Beichtgeheimnis n relig segreto m confessionale.

Beichtkind n "persona f che spesso va a confessarsi dallo stesso sacerdote".

Beichtsiegel n → Beichtgeheimnis.

Beichtspiegel m questionario m di preparazione alla confessione.

Beichtstuhl m relig confessionale m.

Beichtvater m relig confessore m.

Beichtwillige <dekl wie adj> mf persona f che vuole confessarsi.

beidarmig A adj sport {SPIELER} ambidestro; med {AMPUTATION, LÄHMUNG} degli arti superiori B adv sport {SPIELEN} con entrambe le braccia; med {GELÄHMT} agli arti superiori: jdn ~ amputieren, amputare a qu gli arti superiori.

beidbeinig A adj sport {ABSPRUNG} a gambe unite; {FUSSBALLSPIELER} ambidestro; med {AMPUTATION, LÄHMUNG} degli arti inferiori B adv sport con tutt'e due le gambe; med {GE-

LÄHMT} agli arti inferiori: jdn ~ amputieren, amputare a qu gli arti inferiori.

beide A pron <nur pl. adjektivisch> tutti e due, entrambi, ambedue: ~ Brüder, entrambi i fratelli, tutti e due i fratelli B pron <nur pl. substantivisch: ohne art stark, mit art schwach gebeugt> alle ~, tutt'e due; die ~n, i due; eins von ~n, o l'uno o l'altro, uno dei due; keiner von ~n, nessuno dei due, né l'uno né l'altro; wir/ihr ~(n), noi/voi due C pron n <nur sing>: ~s, entrambe/ambedue le cose, tutt'e due le cose, l'una e l'altra cosa; ich möchte ~s, vorrei ₍entrambe le cose₎/[l'una e l'altra cosa]; er hat sich in beidem geirrt, si è sbagliato ₍in entrambe le cose₎/[nell'una e nell'altra cosa].

beidemal a.R. von beide Mal → Mal①.

beiderlei <inv> adj <attr> di entrambe le specie: ~ Geschlechts, di ambo i sessi, dell'uno e dell'altro sesso.

beiderseitig adj <attr> 1 (auf beiden Seiten) da entrambe le parti: eine Straße mit ~em Radweg, una strada con una pista ciclabile da entrambi i lati 2 (von beiden Parteien) {ABKOMMEN, VERTRAG} bilaterale; (gegenseitig) reciproco, vicendevole: in ~em Einverständnis, di reciproco accordo 3 med {LÄHMUNG, LUNGENENTZÜNDUNG} bilaterale: ~e Lähmung auch, diplegia med.

beiderseits A präp + gen (zu beiden Seiten) da entrambi i lati di: ~ ₍des Flusses₎/ [der Straße], da entrambi i lati ₍del fiume₎/ [della strada] B adv 1 (bei beiden Parteien) da ambedue le parti: es herrscht ~ Zufriedenheit über diese Lösung, ambedue le parti sono contente di questa soluzione 2 (gegenseitig) reciprocamente: sie haben ~ versichert, dass ..., si sono dati (-e) reciproca assicurazione che ... 3 (zu beiden Seiten): ~ von dem Fluss/der Straße, da entrambi i lati ₍del fiume₎/[della strada].

beides pron n → beide.

beidfüßig A adj sport {ABSPRUNG} a piedi uniti; med {AMPUTATION} di entrambi i piedi B adv sport {ABSPRINGEN} a piedi uniti; med: jdn ~ amputieren, amputare a qu entrambi i piedi.

Beidhänder <-s, -> m (Beidhänderin f) ambidestro (-a) m (f).

beidhändig A adj {MENSCH} ambidestro; {RÜCKHAND} a due mani; {AMPUTATION} di entrambe le mani B adv (mit beiden Händen) con entrambe le mani; sport {SCHLAGEN} a due mani: jdn ~ amputieren med, amputare a qu entrambe le mani.

bei|drehen itr naut {SCHIFF} virare.

beidseitig A adj 1 (auf beiden Seiten) {BEDRUCKUNG, BEMALUNG, BESCHICHTUNG, FURNIER} su entrambe le parti; med {LÄHMUNG, LUNGENENTZÜNDUNG} bilaterale: ~ Lähmung auch, diplegia med 2 (gegenseitig) reciproco: die Probleme wurden zur ~en Zufriedenheit gelöst, i problemi furono risolti con soddisfazione reciproca B adv (auf beiden Seiten) {BEDRUCKT, BESCHICHTET, FURNIERT} da ambedue le parti: ~ gelähmt med, diplegico.

beidseits präp bes. süddt CH → beiderseits.

beieinander adv (zusammen) {SITZEN, STEHEN} insieme; (nebeneinander) l'uno (-a) vicino all'altro (-a): die Bäume stehen zu dicht ~, gli alberi sono troppo vicini l'uno all'altro.

beieinander|haben <irr> tr fam jdn/ etw ~ {INFORMATIONEN, UNTERLAGEN} avere raccolto qc; {GELD} avere da parte qc; {LEUTE} aver riunito qu ● ₍(sie) nicht alle₎/[sie nicht richtig] ~, essere un po' matto, essere toccato fam, essere fuori di testa slang.

beieinander|halten <irr> tr etw ~ {ER-

SPARNISSE, GELD} tener(si) stretto (-a) qc: **er kann sein Geld einfach nicht ~**, ha le mani bucate *fam*.

beieinander|sein *a.R. von* beieinander sein → **sein**②.

beieinander|sitzen <irr> itr <haben oder süddt A CH sein> stare insieme, passare del tempo insieme; **am Abend saßen sie noch bei einem Bier beieinander**, la sera si riunirono davanti a una birra.

beieinander|stehen <irr> itr <haben oder süddt A CH sein> stare/trovarsi ⌊vicini (-e)⌋/ [l'uno (-a) accanto all'altro (-a)].

Beifahrer m (**Beifahrerin** f) **1** (*im Auto*) passeggero (-a) m (f) (accanto al conducente) **2** (*bei Rallye*) navigatore (-trice) m (f) **3** (*in LKW*) secondo (-a) autista mf **4** (*auf Motorrad*) compagno (-a) m (f) di motocicletta **5** (*im Beiwagen*) compagno (-a) m (f) di sidecar.

Beifahrerairbag m *autom* airbag m passeggero.

Beifahrersitz m **1** (*in Auto*) sedile m accanto al conducente **2** (*auf Motorrad*) sidecar m, motocarrozzetta f.

Beifall <-s, *ohne pl*> m **1** (*durch Klatschen*) applauso m, applausi m pl; (*durch Zurufe*) acclamazione f: **jdm ~ klatschen/spenden** *geh*, applaudire qu, tributare applausi a qu *geh*; **rauschenden/stürmischen ~ hervorrufen**, suscitare fragorosi/scroscianti applausi **2** (*Zustimmung*) approvazione f, consenso m, plauso m: **jds/[bei jdm] ~ finden**, incontrare il favore di qu, ottenere/riscuotere il plauso di qu; **jdm/etw ~ spenden/zollen** *geh*, plaudire a qc, approvare qu/qc, mostrare la propria approvazione a qu/per qc ● **viel ~ bekommen** {DARSTELLER, REDNER}, ricevere molti applausi; **für etw (akk) jds ~ ernten** (*Applaus erhalten*), raccogliere gli applausi di qu per qc; (*Zustimmung*), ricevere il plauso di qu per qc; **~ heischend** {BLICK}, che implora plauso/approvazione; **~ heischend um sich sehen**, guardarsi intorno in cerca di plauso/approvazione.

beifallheischend adj → **Beifall**.

beifällig **A** adj {KOPFNICKEN, LÄCHELN} consenziente, favorevole, di approvazione **B** adv con approvazione, favorevolmente: **~ nicken**, annuire in segno di assenso, fare un cenno d'approvazione col capo; **jdm ~ zulächeln**, fare un sorriso di approvazione a qu.

Beifallsäußerung f <*meist* pl>, **Beifallsbekundung** f <*meist* pl> espressione f di approvazione.

Beifallsbezeigung <-, -en> f *form* → **Beifallsäußerung**.

beifallsfreudig adj {PUBLIKUM} dall'applauso facile, incline all'applauso.

Beifallsklatschen, **Beifallklatschen** n applauso m, battimano m f.

Beifallsruf, **Beifallruf** m <*meist* pl> acclamazione f, evviva m.

Beifallssturm m uragano m/scroscio m di applausi.

Beifilm m corto(metraggio) m.

bei|fügen tr **1** (*mitsenden*) (**etw** dat) **etw** ~ allegare qc (a qc), accludere qc (a qc), annettere qc (a qc): **einem Brief eine Fotokopie ~**, allegare una fotocopia a una lettera **2** (*hinzufügen*) (**etw** dat) **etw** ~ {SATZ, WORT} aggiungere qc (a qc).

Beifügung f **1** <*nur sing*> *form* {+SCHRIFTLICHE ERKLÄRUNG, FORMULAR, RECHNUNG, SCHECK} allegare m *qc*: **sie hatte die ~ gewisser Unterlagen vergessen**, aveva dimenticato di allegare certi documenti; **unter ~ ⌊von etw (dat)⌋** (*einer S. gen*), allegando qc; **unter ~ der Rechnung**, allegando la fattura **2** *gram* attributo m.

Beifuß <-es, *ohne pl*> m *bot* artemisia f.

Beigabe f **1** <*nur sing*> (*das Beigeben*) aggiunta f: **den Teig unter ~ von Milch rühren**, mescolare l'impasto aggiungendo latte; **als ~**, in aggiunta, come extra **2** *gastr* contorno m **3** (*dem Toten als*) *archäol* corredo m funebre ● **unter ~ ⌊von etw (dat)⌋/[einer S. (gen)]**, aggiungendo qc.

beige adj <präd oder fam attr> (di colore) beige: **ein ~r Pullover** *fam*, una maglia beige; **ein ~s Hemd** *fam*, una camicia beige.

Beige① <-, - oder fam -s> n (*Farbe*) beige m.

Beige② <-, -n> f *süddt A CH* (*Stapel, Stoß*) pila f.

bei|geben <irr> tr **1** (*hinzufügen*) (**etw** dat) **etw** ~ {DOKUMENTE, KOPIE} allegare qc (a qc), accludere qc (a qc) **2** *gastr* **etw** (dat) **etw** ~ {ZUTATEN} aggiungere qc (a qc) **3** (*als Unterstützung*) **jdm/etw jdn** ~ {BEGLEITER, BEWAFFNETE, WÄCHTER} dotare qu di qu/qc: **sie gaben den Journalisten einen bewaffneten Begleiter bei**, fornirono ai giornalisti una scorta armata ● **klein ~**, darsi per vinto (-a), abbassare la cresta *fam*.

beigefarben adj (di colore) beige: **ein ~es Hemd**, una camicia di colore beige.

Beigeordnete <dekl wie adj> mf *adm* funzionario (-a) m (f)/impiegato (-a) m (f) comunale.

Beigeschmack m **1** retrogusto m, sapore m strano e poco convincente: **der Wein hat einen sonderbaren ~**, questo vino ha un sapore strano **2** (*Beiklang*) sapore m, connotazione f: **einen unangenehmen/bitteren ~ ⌊haben/hinterlassen⌋/[(bei jdm) zurücklassen]**, lasciare l'amaro in bocca (a qu); **die ganze Geschichte/Angelegenheit hatte einen unangenehmen ~**, tutta la storia/faccenda aveva uno strano sapore; **nach dieser Enthüllung bekamen seine Worte einen schlechten ~**, dopo quelle rivelazioni le sue parole assunsero un brutto significato.

Beiheft n **1** (*zu Buch*) supplemento m; (*zu Zeitschrift, Zeitung*) supplemento m, inserto m **2** *Schule* (*Lösungsheft*) chiave f di verifica.

Beihilfe f **1** (*finanzielle Unterstützung*) sussidio m, sovvenzione f **2** <*nur sing*> *jur* complicità f: **psychische ~**, istigazione; **~ zum Mord**, concorso in omicidio.

Beiklang m **1** (*Unterton*) {+AUSDRUCK, ÄUSSERUNG, WORT} connotazione f **2** *mus* suono m strano.

bei|kommen <irr> itr <sein> **1** (*fertig werden mit*) **jdm** (**mit etw** dat) ~ {MIT HÄRTE, STRENGE} prendere qu (con qc), trattare qu (con qc): **ihm ist nicht/schwer beizukommen**, non si riesce a convincerlo; **wie wäre ihm beizukommen?**, per che verso prenderlo? **2** (*bewältigen*) **etw** (dat) ~ {PROBLEME, SCHWIERIGKEITEN} superare qc, venire a capo di qc **3** (*ausz*) vincere qc: **der Verschmutzung der Nordsee ist nur mit strengen Gesetzen beizukommen**, l'inquinamento del Mare del Nord si sconfigge soltanto con una severa legislazione.

beil. *Abk von* beiliegend.

Beil <-(e)s, -e> n **1** (*Werkzeug*) scure f, accetta f **2** (*Fallbeil*) ghigliottina f; (*Richtbeil*) mannaia f, scure f.

Beilage f **1** (*das Beilegen*): **er hat uns um die ~ von Prospekten gebeten**, ci ha chiesto di allegare dei dépliant; **unter ~ von 15 Euro in Briefmarken**, allegando francobolli per un valore di 15 euro **2** (*zur Zeitung*) supplemento m, inserto m, magazine m; (*beigelegtes Werbematerial*) inserto m pubblicitario, dépliant m, pieghevole m; (*Schriftstück*) allegato m **3** *gastr* ~ (**zu etw** dat) contorno m (a qc): **Gemüse als ~ zum Fleisch essen**, mangiare verdura di contorno alla carne.

beiläufig **A** adj (*nebensächlich*) {BEMERKUNG, ERWÄHNUNG} incidentale **B** adv **1** (*nebenbei*) incidentalmente, per inciso, fra parentesi, en passant: **~ gesagt**, per inciso, fra parentesi; **etw ~ bemerken/erwähnen/sagen**, osservare/menzionare/dire qc en passant **2** *A* (*ungefähr*) circa, press'a poco, più o meno.

Beiläufigkeit <-, -en> f **1** (*Nebensächlichkeit*) {+BEMERKUNG} accidentalità f, casualità f **2** (*Gleichgültigkeit*) {+MENSCH} indifferenza f: **von etw (dat) mit erschreckender ~ sprechen** (VON DEM KRIEGSGESCHEHEN, DEN MASSENMORDEN), parlare di qc con spaventosa indifferenza.

bei|legen **A** tr **1** (*beifügen*) (**etw** dat) **etw** ~ {GESCHENK, RECHNUNG, RÜCKUMSCHLAG} accludere qc (a qc), allegare qc (a qc) **2** (*zuschreiben*) **etw** (dat) **etw** ~ attribuire qc (a qc): **etw** (dat) Bedeutung/Gewicht/Wert ~, attribuire importanza/peso/valore a qc **3** (*schlichten*) **etw** ~ {AUSEINANDERSETZUNG, KONFLIKT, STREIT} comporre qc, conciliare qc: **etw gütlich/friedlich ~**, risolvere/comporre amichevolmente qc; **etw durch Vergleich ~** *jur*, transigere qc **B** rfl **sich** (dat) **etw** ~ {BEZEICHNUNG, KÜNSTLERNAMEN, TITEL} darsi qc.

Beilegung <-, *ohne pl*> f {+KONFLIKT, STREIT} composizione f, conciliazione f.

beileibe adv (*verstärkend bei Verneinungen*): **~ nicht**, non ... affatto; **er ist ~ kein großer Literat**, non è assolutamente/affatto un grande letterato ● **~ nicht!**, niente affatto! *fam*, assolutamente no!; (**um Himmels willen**), per carità! *fam*.

Beileid <-(e)s, *ohne pl*> n condoglianze f pl ● **jdm sein ~ aussprechen/bezeigen** *geh*, fare/esprimere le proprie condoglianze a qu; (**mein**) **herzliches ~!** *auch iron*, le (mie) più sincere condoglianze!

Beileidsbesuch m visita f di condoglianze ● **von ~en bitten wir abzusehen**, si prega da astenersi dalle visite di condoglianze.

Beileidsbezeigung f, **Beileidsbezeugung** f condoglianze f pl.

Beileidsbrief m, **Beileidsschreiben** n lettera f di condoglianze.

bei|liegen <irr> itr (**etw** dat) ~ {ANGEBOT, BRIEFMARKE, FOTO, PREISLISTE} essere accluso/allegato (a qc).

beiliegend adm **A** adj {BRIEF, DOKUMENT, UNTERLAGEN} allegato **B** adv in allegato, qui unito: **~ senden wir Ihnen ...**, in allegato Le/Vi inviamo ...

beim präp = bei dem → **bei** ● **~ + substantiviertes Verb** (*als Verlaufsform*) star + Gerund: **er ist (gerade) ~ Lernen/Lesen**, sta studiando/leggendo.

bei|mengen tr → **bei|mischen**.

bei|messen <irr> tr **jdm/etw etw** ~ {SINN} attribuire qc (a qu/qc), ascrivere qc (a qu/qc); {BEDEUTUNG, GEWICHT, WERT} auch dare qc a qu/qc.

bei|mischen **A** tr (**etw** dat) **etw** ~ {DEM MEHL BACKPULVER} mescolare qc (a qc) **B** rfl **sich etw** (dat) ~ {FEUER-, BRANDGERUCH, GESTANK DEM DUFT} aggiungersi a qc.

Beimischung f aggiunta f, mescolanza f.

Bein <-(e)s, -e> n **1** {+HOSE, MENSCH, STUHL, TISCH} gamba f; {+TIER} zampa f, gamba f *rar* **2** <*nur sing*> *süddt A CH* (*Knochensubstanz*) osso m ● **sich** (dat) **die ~e nach etw** (dat) **ablaufen** *fam*, consumare ⌊la suola delle scarpe⌋/[le scarpe] ⌊per trovare qc⌋/[alla ricerca di qc] *fam*; **die ~e ⌊unter den Arm⌋/[in die Hand] nehmen** *fam*, mettersi le gambe in spalla, correre a ⌊rotta di collo⌋/[gambe levate] *fam*; **mit dem linken ~ zuerst** *aufgestanden sein fam*, essersi alzato col piede sinistro/sbagliato, avere la luna storta *fam*; **sich (dat) kein ~ ausreißen** *fam*, non farsi venire l'ernia, prendersela comoda; **sich (dat)** (⌊**für** *jdn*⌋/[**wegen etw gen** *oder fam* **dat**]) **die/sämtliche ~e ausreißen**, farsi in quattro (⌊per qu⌋/[per fare qc]); **sich (dat) die ~e in den** *Bauch*/**Leib stehen** *fam*, aspettare a lungo in piedi; **etw hat ~e bekommen**/**gekriegt** *fam*, qc è sparito *fam*; **etw auf die ~e bringen** *fam*, mettere in piedi qc, imbastire qc, organizzare qc; **jdn wieder auf die ~e bringen** {KRANKEN}, rimettere in piedi qu, far guarire qu; **mit gekreuzten/überschlagenen ~en** *dasitzen*, sedere con le gambe accavallate; **kein ~ auf die** *Erde* **kriegen** *fam* (*nicht zum Zuge kommen*), non riuscire ⌊a sfondare *fam*⌋/[ad affermarsi]; **etw** *fährt* **jdm in die ~** {NACHRICHT, SCHRECK}, qc fa tremare le gambe a qu; **mit einem ~ im** *Gefängnis* **stehen** *fam*, essere a un passo dalla prigione; **etw geht (jdm) in die ~** *fam* (*die Beine anstrengen*), qc stronca le gambe (a qu) *fam*; (*stimuliert zum Tanzen*) {MUSIK}, qc mette voglia di ballare (a qu), qc invoglia (qu) a ballare; **(bereits) mit einem ~ im** *Grab(e)* **stehen** *fam*, avere (già) un piede nella fossa *fam*; **jdn/etw am ~ haben** *fam*, avere qu/qc sul groppone *fam*; **sich ⌊nicht mehr⌋**/[**kaum noch**] **auf den ~en halten können**, ⌊non reggersi più⌋/[reggersi a malapena] in piedi; **sich (dat) etw ans ~ hängen**/**binden** *fam*, mettersi una bella corda al collo *fam*, prendersi una bella gatta da pelare *fam*; **alles, was ~e hat** *fam*, tutti quanti, mezzo mondo; **jdm wieder auf die ~e helfen** (*gesundheitlich*), aiutare qu a ⌊rimettersi in piedi⌋/[ristabilirsi]/[guarire]; (*aus einer Notlage*), aiutare qu a rimettersi in sesto *fam*; **wieder auf die ~e kommen** *fam* (*gesundheitlich*), rimettersi in piedi, ristabilirsi, rimettersi in salute; (*moralisch*), riprendersi (*finanziell*), risollevarsi; **mit beiden ~en (fest) im** *Leben* **stehen**, ⌊avere i⌋/[stare coi] piedi (saldamente) per terra; **jdm ~e machen** *fam* (*antreiben*), far correre/filare *fam* qu; (*fortjagen*), cacciare via qu; **sich auf die ~ machen**, mettersi in cammino, avviarsi, incamminarsi; **jdm ans ~ pinkeln/pissen** *slang*, dare addosso a qu, attaccare qu: **jd fühlt sich ans ~ gepinkelt** *slang*, qu si sente offeso (-a); **sich (dat) die ~e aus dem Leib rennen**, correre a ⌊più non posso⌋/[perdifiato]; **auf den ~en sein** *fam* (*unterwegs sein*), essere in movimento; ⌊**die halbe Stadt**⌋/[**das ganze Dorf**]/... **ist auf den ~en** *fam*, ⌊mezza città⌋/[tutto il paese]/... è ⌊per strada⌋/[in giro/movimento]; **noch gut auf den ~en sein** {ALTER MENSCH}, essere ancora arzillo [in gamba]; **schon/noch auf den ~en sein**, essere già/ancora ⌊in piedi⌋/[alzato]; **(noch) schwach/wack(e)lig auf den ~en sein**, essere (ancora) debole; **wieder auf den ~en sein**, essersi ristabilito; **auf eigenen ~en stehen**, camminare con le proprie gambe; **die Kinder müssen langsam lernen, auf eigenen ~en zu stehen**, pian piano i figli devono imparare a camminare con le proprie gambe; **auf schwachen ~en stehen** {BEHAUPTUNG, HYPOTHESE, THEORIE}, avere un fragile fondamento, avere i piedi d'argilla; **ein/das ~ stehen lassen** *Fußball*, fare uno/lo sgambetto, **jdm ein ~ stellen** *auch fig*, fare uno sgambetto a qu; **etw auf die ~ stellen**, mettere in piedi qc *fam*; **über seine eigenen ~e stolpern**, inciampare nei propri piedi, essere imbranato *fam*; **die ~e unter** *Vaters* **Tisch strecken** *fam*, vivere alle spalle del padre, farsi mantenere dal padre; **sich (dat)** **die ~e vertreten** *fam*, sgranchirsi le gambe *fam*.

beinah *fam*, **beinahe** *adv* quasi: **~ eine Million**, quasi un milione; **ich wäre ~ gefallen**, è mancato poco che cadessi; **ich hätte ~ gesagt ...**, stavo per dire ...

Beinahezusammenstoß m *aero aut* collisione f ⌊mancata per un pelo⌋/[sfiorata].

Beiname m soprannome m.

Beinamputation f *med* amputazione f di ⌊una gamba⌋/[entrambe le gambe].

beinamputiert adj mutilato di ⌊una gamba⌋/[entrambe le gambe]; **linksseitig/beidseitig ~**, mutilato ⌊della gamba sinistra⌋/[entrambe le gambe].

Beinamputierte <dekl wie adj> mf mutilato (-a) m (f) di ⌊una gamba⌋/[entrambe le gambe].

Beinarbeit <-, ohne pl> f *sport* lavoro f di gamba.

Beinbruch m frattura f della gamba • **das ist (doch) kein ~** *fam*, non è così grave/terribile, non è (mica) ⌊la fine del mondo⌋/[morto nessuno] *fam*.

beinern adj 1 (*aus Knochen*) osseo 2 (*aus Elfenbein*) d'avorio, eburneo.

Beinfreiheit f libertà f di movimento.

beinhalten <ohne ge-> tr *form* **etw ~** contenere qc, comprendere qc.

beinhart adj 1 (*sehr hart*) *fam süddt A* {ERDE} durissimo; {BROT, KUCHEN} auch duro come un sasso; {PERSON} duro come la pietra 2 *slang* (*super, toll*) figo *slang*: **der Typ ist ~**, il tipo è un figo *slang*.

Beinhaus n ossario m.

Beinmuskulatur f muscolatura f delle gambe.

Beinprothese f protesi f alla gamba, gamba f artificiale.

Beinschiene f 1 *med* doccia f 2 *sport* (*Baseball, Hockey*) parastinchi m.

Beinstumpf m moncone m/troncone m di gamba.

bei|ordnen tr 1 *geh* (*zur Seite stellen*) **jdm jdn ~** {DEM TEAMLEITER FACHKRÄFTE, SPEZIALISTEN} assegnare *qu a qu* 2 *jur* **jdm jdn ~**: **jdm einen Anwalt ~**, assegnare a qu un difensore d'ufficio 3 *ling* **etw ~** {EINSCHUB, NEBEN-, RELATIVSATZ EINEM ANDEREN NEBEN-, RELATIVSATZ} aggiungere *qc a qc* come proposizione coordinata: **ein beigeordneter Satz**, una proposizione coordinata.

bei|packen tr (**etw** dat) **etw ~** aggiungere qc (a qc).

Beipackzettel m *pharm* foglio m/foglietto m illustrativo, bugiardino m *fam*.

bei|pflichten itr **jdm/etw** (**in etw** dat) **~** essere d'accordo *con qu/qc* (*su qc*), concordare *con qu/qc* (*su qc*): **einer Meinung ~**, condividere un parere.

Beiprogramm n {+FESTIVAL, KONGRESS, TAGUNG} eventi m pl paralleli: **im ~ der Berlinale**, parallelamente alla Berlinale.

Beirat m *adm* 1 (*Person*) consigliere m aggiunto 2 (*Gremium*) comitato m consultivo/[di esperti]: **im ~ sitzen**, essere membro del comitato consultivo.

be|irren <ohne ge-> tr **jdn ~** fuorviare qu, confondere qu: **sich (bei/in etw** dat) **nicht ~ lassen**, non lasciarsi confondere (in qc); **sich ⌊von niemandem⌋**/[**durch nichts**] **~ lassen**, non lasciarsi confondere da nessuno/niente.

Beirut <-s, ohne pl> n *geog* Beirut f.

beisammen *adv* insieme: **wieder ~ sein**, essere di nuovo uniti.

beisammen|haben <irr> tr **etw ~** {INFORMATIONEN, UNTERLAGEN} aver raccolto qc; {GELD} aver da parte qc; {PERSONEN} aver riunito qu: **das Geld für ein kleines Häuschen hat er jetzt endlich beisammen**, ha finalmente messo insieme i soldi per una casetta; **seine Gedanken nicht ~** *fam*, non starci con la testa *fam*, essere scombinato di testa *fam*; ⌊**seinen Verstand**⌋/[**seine Sinne**] **~** *fam*, essere perfettamente in sé • **jd hat (sie) nicht alle beisammen** *fam*, a qu manca ⌊una/qualche rotella⌋/[un/qualche venerdì] *fam*, qu è un po' tocco *fam*.

beisammen|sein a.R. *von* beisammen sein → **sein**②.

Beisammensein n riunione f, stare m insieme: **ein gemütliches ~**, un piacevole incontro.

beisammen|stehen <irr> itr <haben *oder* süddt A CH sein> (*beieinanderstehen*) stare/trovarsi ⌊vicini (-e)⌋/[l'uno (-a) accanto all'altro (-a)].

Beischlaf m *bes. jur* rapporti m pl sessuali, coito m, congiunzione f carnale *geh*: **den ~ ausüben/vollziehen**, consumare l'atto sessuale • **außerehelicher/unehelicher ~**, rapporti sessuali extraconiugali/prematrimoniali.

Beischläfer m (**Beischläferin** f) *form* uomo m/donna f che ha consumato l'atto sessuale.

Beisein n: ⌊**im ~ von jdm**⌋/[**in jds** (dat) **~**] in/alla presenza di qu; ⌊**ohne ~ von jdm**⌋/[**ohne jds** (akk) **~**] in assenza di qu.

beiseite *adv* da parte, in disparte • **~ bringen** a.R. *von* beseitebringen → **beiseite|bringen**; **~ lassen** a.R. *von* beiseitelassen → **beiseite|lassen**; **~ legen** a.R. *von* beiseitelegen → **beiseite|legen**; **~ nehmen** a.R. *von* beiseitenehmen → **beiseite|nehmen**; **~ schaffen** a.R. *von* beiseiteschaffen → **beiseite|schaffen**; *Scherz/Spaß* **~!**, scherzi a parte!; **~ schieben** a.R. *von* beiseiteschieben → **beiseite|schieben**; **~ sprechen** *theat*, parlare a parte; **~ treten** a.R. *von* beiseitetreten → **beiseite|treten**; **~ tun** a.R. *von* beiseitetun → **beiseite|tun**.

beiseite|bringen <irr> tr **etw ~** nascondere qc, sottrarre qc, far sparire qc.

beiseite|lassen <irr> tr (*beiseitelegen*) **etw ~** lasciare da parte qc; (*nicht berücksichtigen*) trascurare qc, tralasciare qc, ignorare qc.

beiseite|legen tr 1 (*sparen*) **etw ~** mettere da parte qc, risparmiare qc 2 (*etw Angefangenes weglegen*) **etw ~** mettere da parte qc, riporre qc.

beiseite|nehmen <irr> tr **jdn ~** prendere qu ⌊da parte⌋/[in disparte].

beiseite|schaffen tr 1 (*verstecken*) **etw ~** → **beiseite|bringen** 2 *fam euph* (*ermorden*) **jdn ~** levare di mezzo qu *fam*, eliminare qu, sopprimere qu.

beiseite|schieben <irr> tr 1 (*wegschieben*) **jdn ~** spingere da parte qu 2 (*verdrängen*) **etw ~** mettere da parte qc; (*nicht berücksichtigen*) {ARGUMENT, THEMA} scartare qc, accantonare qc, tralasciare qc.

beiseite|treten <irr> itr <sein> mettersi in disparte.

beiseite|tun <irr> tr *fam* **etw ~** mettere qc ⌊da parte⌋/[via].

Beisel, **Beisl** <-s, -(n)> n *A* taverna f, osteria f.

bei|setzen tr *geh* **jdn ~** {VERSTORBENEN} seppellire qu, inumare qu *form*.

Beisetzung f <-, -en> f *geh* sepoltura f, inumazione f *form* • **die ~ fand ⌊in aller Stille⌋**/[**unter Ausschluss der Öffentlichkeit**] **statt**, le esequie si sono svolte in forma strettamente privata.

Beisetzungsfeierlichkeit f <meist pl> → Begräbnisfeier.
Beisitz m 1 <nur sing> jur: den ~ (inne)haben, essere giudice a latere 2 → Beifahrersitz.
Beisitzer <-s, -> m (**Beisitzerin** f) 1 jur giudice m a latere 2 (in Ausschuss, Prüfung) membro m di commissione; univ assistente mf.
Beispiel n 1 (Exempel) ~ (**für etw** akk) esempio m (di qc): **als** ~, come esempio; **etw an/mit einem** ~ **erklären**, spiegare/illustrare qc con un esempio; **ein** ~ **anführen/ nennen**, citare un esempio; **ein treffendes** ~, un esempio calzante; (**wie**) **zum** ~ (Abk z. B.), per/ad esempio 2 (Vorbild) esempio m, modello m: **nach dem** ~ ₍einer S. (gen)₎/ [von etw (dat)], ₍seguendo l'esempio₎/[sull'esempio]/[sulla falsariga] di qu ● (jdm) **ein** *abschreckendes*/**warnendes** ~ **sein**, essere di monito (per qu); (jdm) **als** ~ (**für etw** akk) *dienen*, servire da esempio/modello (a qu) (per qc); (jds) (dat) ~ *folgen*, seguire ₍l'esempio₎/[la falsariga] di qu; (jdm) **ein gutes/schlechtes/... ~ geben**, dare (a qu) il buon/cattivo/... esempio; **etw** *ist* **ohne** ~, qc è inaudito/troppo/[il colmo], qc passa il segno; **sich** (dat) **an jdm/etw ein** ~ *nehmen*, prendere esempio da qu/qc; **mit gutem** ~ **vorangehen**, dare il buon esempio; **schlechte -e verderben gute Sitten** prov. i cattivi esempi guastano i buoni costumi prov.
beispielgebend adj esemplare, che funge da modello.
beispielhaft A adj {TAT, VERHALTEN} esemplare: ~ **für etw** (akk) (**sein**), (essere) emblematico di qc; **die aggressive Reaktion war** ~ **für seine Art der Konfliktbewältigung**, la reazione aggressiva era emblematica del suo modo di risolvere i conflitti B adv {HANDELN, SICH VERHALTEN, VORGEHEN} in modo esemplare.
Beispielhaftigkeit <-, ohne pl> f esemplarità f.
beispiellos adj 1 (einmalig) unico, senza pari, senza precedenti, incomparabile: **in der Politik ist eine solche Maßnahme bisher** ~, in politica una tale misura è finora senza precedenti 2 (unerhört) {FRECHHEIT, UNVERSCHÄMTHEIT} inaudito: **das ist ~!**, è inaudito!
beispielshalber adv, **beispielsweise** adv a mo' di esempio, per esempio.
bei|springen <irr> itr <sein> geh jdm ~ venire in aiuto di qu, soccorrere qu: **jdm in einer Gefahr/der Not** ~, soccorrere/aiutare qu in una situazione di pericolo/necessità.
beißen <beißt, biss, gebissen> A tr 1 (**mit den Zähnen verletzen**) **jdn/etw** ~ mordere qu/qc, morsicare qu/qc: **die Kleine beißt die anderen Kinder im Kindergarten**, all'asilo la piccola morde gli altri bambini; **jdn** (**in etw** akk) ~ mordere qc (a qu): **der Hund hat ihn ins Bein gebissen**, il cane gli ha morso una gamba 2 (kauen) **etw** ~: **etw** (**nicht**) ~ **können**, (non) poter mordere qc; **er kann das harte Brot nicht** ~, non può mordere il pane duro 3 fam (stechen) **jdn** ~ {FLOH} mordere qu; {MÜCKE} pungere qu B itr 1 (brennen) (jdm) (**auf/in etw** dat) ~ {QUALM, RAUCH, TRÄNENGAS} bruciare (qc) (a qu), far bruciare qc (a qu), pizzicare (qc) (a qu): **der Geruch der Säure beißt mir in der Nase**, l'odore dell'acido mi brucia il naso; **der Rauch beißt in den Augen** ~, il fumo fa bruciare gli occhi; **auf der Zunge** ~, bruciare la lingua; **auf der Haut** ~, pizzicare la pelle 2 fam (stechen) {FLOH} mordere; {MÜCKE} pungere 3 (**die Zähne in etw hineindrücken**) **in etw** (akk) ~ mordere qc, dare un morso a: **in**

den Apfel ~, addentare una mela; **darf ich mal in dein Brötchen** ~?, posso dare un morso al tuo panino? 4 (**mit den Zähnen auf etw stoßen**) **auf etw** (akk) ~ {AUF EINEN KIRSCH-, PFLAUMENKERN} mordere qc (per sbaglio) 5 (bissig sein) {TIER} mordere 6 (nach etw schnappen) **nach jdm/etw** ~ {TIER NACH DEM BRIEFTRÄGER, DEM DIEB, HOSENBEIN} cercare di addentare qc, cercare di mordere qu 7 (an die Angel gehen) {FISCHE} abboccare C rfl 1 (sich selbst mit den Zähnen verletzen) **sich** (dat) **in/auf etw** (akk). ~ mordersi qc: **sich** (dat) **auf die Zunge/Lippen** ~, mordersi la lingua/le labbra 2 (sich gegenseitig mit den Zähnen verletzen) **sich** ~ {TIERE} mordersi, azzannarsi: **die Hunde haben sich gebissen**, i cani si sono azzannati 3 (nicht zusammenpassen) **sich** ~ {FARBEN} stonare, stridere: **das Grün deiner Bluse beißt sich ganz schön mit dem Lila deines Rocks**, il verde della camicetta fa a pugni con il lilla della gonna ● **an etw** (dat) ~ *haben* fam, avere un bell'osso da rodere fam; **nichts zu** ~ *haben* fam, non avere niente da mettere sotto i denti fam, non avere di che sfamarsi fam; **lässt du mich mal** ~?, mi fai dare un morso?; **er wird dich schon nicht** (**gleich**) ~! fam scherz, non ti morde mica! fam.
beißend adj 1 (GERUCH, GESCHMACK) pungente; {KÄLTE} auch mordente 2 (scharf, verletzend) {BEMERKUNG, HOHN, IRONIE, KRITIK, SPOTT} mordace, pungente, caustico.
Beißer <-s, -> m 1 (bissiges Tier) animale m mordace; (bissiger Hund) cane m mordace 2 <meist pl> fam meist scherz (Zahn) {+MENSCH} dente m aguzzo; {+HUND, TIER} zanna f aguzza.
Beißerchen <-s, -> n <meist pl> dim von Beißer fam Kindersprache dentino m fam.
Beißring m anello m da dentizione.
beißwütig adj {HUND, TIER} estremamente mordace.
Beißzange f 1 (Werkzeug) tenaglie f pl (a taglio) 2 fam pej (Frau) bisbetica f.
Beistand m 1 <nur sing> (Hilfe) aiuto m, assistenza f: **jdm** ~ **leisten** geh, soccorrere/assistere qu; **er leistete ihr seelisch/seelischen** ~, l'assistette moralmente, le diede un aiuto morale; **der** ~ **eines Priesters**, il conforto di un sacerdote 2 jur patrocinatore m; (Rechtsbeistand) patrocinatore m legale.
Beistandspakt m pol patto m di mutua assistenza.
bei|stehen <irr> itr <haben oder süddt A CH sein> **jdm** (**in etw** dat) ~ assistere qu (in qc), aiutare qu (in qc), soccorrere qu (in qc): **jdm in** ₍**der Not**₎/[**einer schwierigen Lage**] ~, assistere qu₍nell'emergenza₎/[in una situazione difficile].
Beistelltisch m tavolino m (d'appoggio).
bei|steuern A tr **etw** (**zu etw** dat) ~ {ANTEIL, BEITRAG, BETRAG, ZAHLUNG} dare il proprio contributo (a qc); {ANEKDOTE, TEIL EINER ARBEIT, WITZ} contribuire (con qc) (a qc): **jeder hat seinen Teil zu dem Projekt beigesteuert**, ognuno ha dato il proprio contributo al progetto; **ich möchte etwas dazu** ~ (**zu einer Arbeit**), vorrei dare un mio contributo; (finanziell) auch vorrei contribuire con una quota/parte; **zum Kauf der Wohnung haben mir meine Eltern etwas beigesteuert**, i miei genitori mi hanno dato un contributo per l'acquisto dell'appartamento B itr **zu etw** (dat) ~ contribuire a qc: **dazu** ~, **dass** ..., contribuire ₍a che₎/[affinché] ... konjv.
bei|stimmen itr **etw** (dat) ~ {EINER AN-

SICHT, EINEM VORSCHLAG} acconsentire a qc, aderire a qc, essere d'accordo con qc; **jdm** (**in etw** dat) ~ essere del parere di qu (su qc), essere d'accordo con qu (su qc), convenire con qu (su qc): **wir stimmen ihm/[seiner Meinung] bei**, siamo ₍d'accordo con lui₎/[del suo parere]; **jdm darin** ~, **dass** ..., essere d'accordo con qu che ...; **ich stimme dir darin bei**, su questo sono d'accordo con te, ne convengo, sono del tuo parere; ~**d nicken**, annuire in segno di assenso.
Beistrich m A gram (Komma) virgola f.
Beitrag <-(e)s, Beiträge> m 1 (Anteil) ~ (**zu etw** dat) contributo m (a qc): **seinen** ~ **zu etw** (dat) **leisten**, dare il proprio contributo a qc; **er hat einen wichtigen** ~ **zur Lösung des Problems geleistet**, ha dato un contributo importante alla soluzione del problema 2 (Aufsatz, bes. in Zeitung) ~ (**zu etw** dat/**über etw** akk) articolo m (su qc), saggio (su qc): **einen** ~ **über etw** (akk) **schreiben/verfassen**, scrivere un articolo su qc 3 (Mitgliedsbeitrag) ~ (**für etw** akk) quota f (per qc), contributo m (per qc); (Versicherungsbeitrag) premio m (per qc): **einen** ~ **entrichten/zahlen**, pagare una quota/un premio.
bei|tragen <irr> A tr **etw** (**zu etw** dat) ~ contribuire (con qc) a qc: **er hat sein(en) Teil zum Gelingen des Plans beigetragen**, ha dato il suo contributo ₍alla riuscita₎/[al buon esito] del progetto B itr **zu etw** (dat) ~ concorrere a qc, dare il proprio contributo a qc: **dazu** ~, ₍**dass** ...₎/[**etw zu tun**], contribuire ₍a che ...₎/[a fare qc]; konjv **diese Nachricht trägt nur dazu bei, Verwirrung zu stiften**, questa notizia contribuisce solo a creare confusione; **viel zu etw** (dat) ~, contribuire molto a qc; **wenig/nichts** (**zu etw** dat) ~, ₍contribuire poco₎/[non contribuire per niente] (a qc); **wesentlich zu etw** (dat) ~, dare un contributo essenziale a qc.
Beitragsbemessungsgrenze f (Sozialversicherung) massimale m di contributo.
Beitragserhöhung f Versicherung aumento m del premio.
beitragsfrei adj {BEZÜGE} ₍esente da₎/[non soggetto a] contributi.
Beitragsklasse f (in Sozialversicherung) fascia f/categoria f contributiva.
Beitragspflicht f (in Sozialversicherung) obbligo m contributivo.
beitragspflichtig adj {ARBEITSENTGELT} soggetto a contributi; {PERSON} auch contribuente.
Beitragsrückerstattung f Versicherung restituzione f dei premi corrisposti.
Beitragssatz m Versicherung tasso m di premio: **den** ~ **festlegen**, stabilire il tasso di premio.
Beitragssenkung f Versicherung riduzione f del premio.
Beitragszahler m (**Beitragszahlerin** f) contribuente mf.
Beitragszahlung f versamento m dei contributi.
bei|treiben <irr> tr **etw** ~ {GELD, SCHULDEN, STEUERN} riscuotere qc, incassare qc, esigere qc.
bei|treten <irr> itr <sein> 1 (Mitglied werden) **etw** (dat) ~ {EINER GESELLSCHAFT} entrare in qc; {DER EU, PARTEI, EINEM VEREIN} auch aderire a qc; {ABKOMMEN, FÖDERATION, PAKT, VERTRAG} aderire a qc 2 jur **etw** (dat) ~ {EINEM VERFAHREN} intervenire in qc.
Beitritt m (**in etw** dat) {IN EINE PARTEI, ORGANISATION, EINEN VEREIN} iscrizione (a qc), adesione (a qc); ~ (**zu etw** dat) {ZU EINER GESELLSCHAFT} entrata f (in qc); {ZU EINEM ABKOMMEN, PAKT, VERTRAG} adesione f (a qc):

Beitrittsantrag | Bekenntnis

seinen ~ (zu etw dat) erklären, dichiarare la propria adesione (a qc) ● **~ zum Verfahren** jur, intervento nel processo.

Beitrittsantrag m pol domanda f di adesione; (an eine Organisation) auch domanda f d'iscrizione.

Beitrittserklärung f dichiarazione f di adesione.

Beitrittskandidat m pol: **Polen und Litauen sollen als erste osteuropäische ~en in die EU aufgenommen werden**, Polonia e Lituania saranno i primi paesi dell'Europa orientale a entrare nell'Unione Europea.

Beitrittsverhandlung f <meist pl> trattativa f per l'adesione all'UE.

Beiwagen m {+Motorrad} carrozzino m, sidecar m.

Beiwerk <-s, ohne pl> n geh accessori m pl; (schmückend) ornamenti m pl.

bei|wohnen itr geh etw (dat) ~ {einer Aufführung, einem Fest, einer Verhandlung, Versammlung, Vorstellung} assistere a qc, essere presente a qc, partecipare a qc, presenziare a qc.

Beiwort <-(e)s, Beiwörter> n ling → **Adjektiv**.

Beiz <-, -en> f süddt CH osteria f.

Beize① <-, -n> f **1** chem (Holzbeize und für Stoffe) mordente m; (für Metall) decapaggio m; (Gerberei, Tabakbeize) concia f **2** gastr marinata f.

Beize② <-, -n> f Jagd caccia f col falcone.

beizeiten adv **1** (früh) {aufstehen} presto, di buon'ora **2** (rechtzeitig) in/per tempo.

beizen tr etw ~ **1** chem {Stoff} tingere qc, colorare qc; {Holz} verniciare qc: **einen Schrank braun ~**, verniciare un armadio di/in marrone; **hell gebeiztes Holz**, legno verniciato chiaro; {Metall} decapare qc; {Tabak, Tierhaut} conciare qc **2** gastr marinare qc.

Beizfalke m Jagd falcone m da caccia.

Beizjagd f → **Beize**②.

Beizmittel n chem (für Stoffe) mordente m; (Holzbeizmittel) verniciatura f; (für Metall) decapaggio m; (Gerberei, Tabakbeizmittel) concia f.

bejahen <ohne ge-> tr **1** (mit "Ja" beantworten) etw ~ {Frage} rispondere di sì/[affermativamente] a qc **2** (gutheißen) etw ~ {Beschluss, Entscheidung} approvare qc: **das Leben ~**, avere un atteggiamento positivo verso la vita.

bejahend adj {Antwort} affermativo: **~d mit dem Kopf nicken**, fare un cenno affermativo con la testa.

bejahrt adj geh avanti negli anni, attempato, in là con gli anni.

Bejahung <-, -en> f <meist sing> **1** affermazione f (Antwort) risposta f affermativa **2** (Gutheißung) approvazione f.

Bejahungsfall m adm: **im ~**, in caso di risposta affermativa.

bejammern <ohne ge-> tr oft pej etw ~ {Los, Schicksal, Tod, Verlust} piangere per qc.

bejubeln <ohne ge-> tr jdn/etw ~ osannare (a) qu, inneggiare a qu/qc, acclamare (a) qu/qc.

bekakeln <ohne ge-> tr norddt fam etw ~ chiacchierare di qc, ciaccolare di qc.

bekam 1. und 3. pers sing imperf von **bekommen**①

bekäme 1. und 3. pers sing konjv II von **bekommen**①

bekämpfen <ohne ge-> A tr jdn/etw ~ {Diktatur, Gegner, Haltung, Kriminalität, Laster, Meinung, Vorurteil} combattere

(contro) qu/qc, lottare contro qu/qc B rfl **sich (gegenseitig) ~** combattersi, lottare l'uno (-a) contro l'altro (-a).

Bekämpfung <-, ohne pl> f **~ von jdm/etw** (dat)/**jds/etw** lotta f contro qu/qc: **zur ~ der Kriminalität**, per combattere la criminalità.

bekannt adj **1** {Person} noto, conosciuto; {Sache} noto, risaputo: **allgemein ~ sein** {Person}, essere conosciuto dappertutto/ovunque; {Sache}, essere risaputo/notorio; **wohl ~** → **wohlbekannt**; **weit ~**, molto noto/conosciuto; → auch **weit**; **~ werden** {Person}, farsi un nome, farsi conoscere; (berühmt), diventare celebre; {Sache}, diventare notorio (-a)/[di pubblico dominio]; **durch ihren Erstlingsroman wurde sie (in der Öffentlichkeit) ~**, si fece (pubblicamente) conoscere con il suo primo romanzo; **das Produkt ist in ganz Europa ~**, il prodotto è conosciuto in tutta Europa; **(bei jdm) für etw (akk)/wegen etw (gen oder fam dat) ~ sein**, essere noto/conosciuto (da/fra qu) per qc; **sie ist bei ihren Freunden für ihre Großzügigkeit ~**, fra i suoi amici è conosciuta per la sua generosità **2** (einen bestimmten Ruf habend) **~ als jd/etw** (nom) conosciuto/noto come qu/qc: **er ist als Künstler ~**, è conosciuto come artista; **Siena ist als Kulturstadt ~**, Siena è conosciuta come città di cultura **3** (nicht fremd oder neu) jdm ~ {Gesicht, Mensch, Name} noto a qu, familiare a qu, non nuovo a qu: **ein mir ~er Philosoph**, un filosofo a me noto; **sein Gesicht ist mir ~, wenn ich nur auf den Namen käme!**, il suo viso mi è noto/[non mi è nuovo], se solo mi venisse in mente il nome!; **etw ist jdm ~** {Angelegenheit, Neuigkeit}, qu a qu, qu a qu risulta qc; **das ist mir nicht ~**, non lo so, non mi risulta; **davon ist uns nichts ~**, non ne sappiamo niente; **ist Ihnen/dir bekannt, dass ..., Lei sa/[tu sai] che ..., Le/ti risulta che ...** ● **jdn/sich mit jdm ~ machen**, presentare qu/presentarsi; **darf ich ~ machen?**, posso presentare?; **etw ~ machen** (veröffentlichen) {Aufruf, Meldung, Nachricht}, comunicare qc, pubblicare qc, rendere noto qc; (ausrufen), proclamare qc; **jdm etw ~ machen** (in Kenntnis setzen), mettere qu al corrente di qc, far conoscere qc a qu, portare qc alla conoscenza di qu; **sich mit etw (dat) ~ machen** (vertraut machen mit) {mit einer Arbeit, Aufgabe, einem Fachgebiet, Problem}, familiarizzare con qc; **mit jdm ~ sein**, conoscere qu; **sie sind miteinander ~**, si conoscono, sono conoscenti; **etw als ~ voraussetzen**, dare qc per scontato (-a); **jdm ~ vorkommen**, essere/risultare noto (-a) a qu; **dieser Name kommt mir ~ vor**, questo nome non mi è/giunge nuovo; **~ werden** {Neuigkeit}, essere reso noto, essere divulgato/diffuso; {Geheimnis}, trapelare; **es wurde der breiten Öffentlichkeit bekannt, dass ...**, divenne di pubblico dominio che ...; **mit jdm ~ werden**, conoscere qu, fare la conoscenza di qu; **mit etw ~ werden**, familiarizzare con qc.

Bekannte <dekl wie adj> mf conoscente mf, conoscenza f: **ein ~r**/[**eine ~**] **von mir**, un/una mio (-a) conoscente, una mia conoscenza; **wir sind alte ~**, ci conosciamo da tanto (tempo); **ein flüchtiger/guter ~r**, un conoscente occasionale/[vecchio conoscente].

Bekanntenkreis m cerchia f di conoscenze, giro m di conoscenze, conoscenti m pl: **einen großen ~ haben**, avere una grande cerchia di conoscenze, avere un largo giro di conoscenze, conoscere molte persone.

bekanntermaßen adv form notoriamente.

Bekanntgabe <-, ohne pl> f comunicazione f, notificazione f: **alle warten gespannt auf die ~ der Wahlergebnisse**, tutti attendono con ansia che venga reso noto l'esito delle elezioni.

bekannt|geben <irr> tr → **geben**.

Bekanntheit <-, ohne pl> f {+Namen, Ort, Prominente, Werk} notorietà f, fama f: **die ~ der Fakten wird vorausgesetzt**, si dà per scontato che i fatti siano noti.

Bekanntheitsgrad m grado m di notorietà.

bekanntlich adv notoriamente, com'è noto, come tutti sanno: **~ ist sie eine gute Ärztin**, notoriamente/[come tutti sanno]/[si sa che] è un buon medico.

bekannt|machen tr → **bekannt**.

Bekanntmachung <-, -en> f **1** (das Bekanntmachen) {+Aufruf, Meldung, Nachricht} pubblicazione f; {+Gesetz} promulgazione f; (feierlich) proclama m **2** (Anschlag, Anzeige) comunicato m, avviso m; (Plakat) manifesto m, affisso m ● **amtliche ~**, avviso pubblico.

Bekanntschaft <-, -en> f **1** <nur sing> (das Bekanntsein) conoscenza f: **jds ~ machen**/[**mit jdm ~ machen/schließen**], fare la conoscenza di qu, fare conoscenza con qu; **bei näherer ~**, conoscendo meglio qu **2** fam (Personenkreis) conoscenti m pl, conoscenze f pl: **in jds (dat) ~**, fra i conoscenti/le conoscenze di qu, tra le persone che qu conosce/frequenta **3** <meist pl> (Einzelperson) conoscente mf, conoscenza f ● **mit etw (dat) ~ machen** fam iron, sperimentare qc.

bekannt|werden <irr> itr <sein> → **bekannt**.

bekehren <ohne ge-> A tr jdn (zu etw dat) ~ **1** relig convertire qu (a qc): **jdn zum christlichen Glauben ~**, convertire qu alla fede cristiana/[al cristianesimo] **2** (zu einer Wandlung bewegen) {zu einer Auffassung, politischen Haltung, Meinung} convincere qu (a fare qc): **seine Freundin hat ihn zur vegetarischen Ernährung bekehrt**, la sua ragazza l'ha convertito all'alimentazione vegetariana/[convinto a mangiare vegetariano] B rfl **sich (zu etw dat) ~ 1** relig convertirsi (a qc): **sich zum Islam ~**, convertirsi all'Islam **2** (zu etw wandeln) {zu einer Auffassung, politischen Haltung, Meinung} convertirsi (a qc).

Bekehrung <-, -en> f relig **~ (zu etw dat)** conversione f (a qc); (Wandlung) conversione f (a qc).

bekennen <irr, ohne ge-> A tr **1** (gestehen) etw ~ {Fehler, Irrtum, Unrecht} ammettere qc, riconoscere qc; {Schuld, Sünde, Verbrechen} ammettere qc, confessare qc **2** relig: **seinen Glauben ~**, professare la propria fede; **Bekennende Kirche**, Chiesa Confessionale (tedesca) B rfl **1** (öffentlich eintreten) **sich zu jdm/etw ~** {zu einem Glauben, einer Ideologie, Überzeugung} professare qc; {zu einem Irrtum, unehelichen Kind} riconoscere qu/qc; {zu einem Attentat} rivendicare qc: **sich zu einem Freund ~**, parteggiare per un amico, schierarsi con/[a fianco di] un amico **2** (sich outen) **sich als jd ~** professarsi qu, dichiararsi qu: **immer mehr Menschen ~ sich als Homosexuelle**, sempre più persone si professano/dichiarano omosessuali ● **sich (für/als) schuldig ~**, dichiararsi colpevole.

Bekenneranruf m telefonata f di rivendicazione.

Bekennerbrief m, **Bekennerschreiben** n lettera f di rivendicazione.

Bekenntnis <-ses, -se> n **1** (Eingeständnis)

{+FEHLER, SCHULD, SEITENSPRUNG, SÜNDE, VERIRRUNG} ammissione f, confessione f: **ein ~ ablegen**, fare una confessione/un'ammissione **2** *relig* confessione f: **welches ~ haben Sie?**, qual è la Sua religione?; **Schulen katholischen ~es**, scuole di confessione cattolica **3** (*das Eintreten*) ~ (**zu etw** *dat*) professione (*di qc*): **~ zur Demokratie**, professione di democrazia; **~ zu den Menschenrechten**, difesa dei diritti umani **4** *<nur pl> lit* (*Erinnerungen*) confessioni f pl: **die ~se des hl. Augustin**, le Confessioni di sant'Agostino.

Bekenntnisfreiheit <-, *ohne* pl> f libertà f di culto.

Bekenntniskirche <-, *ohne* pl> f Chiesa f Confessionale (tedesca).

bekenntnislos adj aconfessionale, senza confessione.

Bekenntnisschule f scuola f confessionale.

bekifft adj *fam* fumato *slang*.

beklagen <*ohne* ge-> **A** tr **etw** ~ **1** (*bedauern*) {SCHICKSAL, TOD, UNGLÜCK, VERLUST} rammaricarsi *di qc*, lamentare *qc*, dolersi *di qc*, deplorare *qc*: **die sozialen Verhältnisse ~**, deplorare le condizioni sociali **2** *geh* (**um jdn trauern**) piangere *qc*: **den Tod eines Freundes ~**, piangere la morte di un amico; **jd/etw ist zu ~** {MENSCHENLEBEN, OPFER, TOTE}, si lamenta(no) qu/qc **B** rfl (*sich beschweren*) **sich** (**bei jdm**) **über jdn/etw/wegen etw** (gen *oder fam* dat) ~ lamentarsi (*con qu*) *di qu/qc*, lagnarsi (*con qu*) *di qu/qc*: **sich** (**darüber**) **~, dass ...**, lamentarsi (il fatto) che ... *konjv*: **ich möchte gerne wissen, worüber er sich zu ~ hat**, vorrei proprio sapere che cosa ha da lamentare; **jd kann sich nicht ~**, qu non si può lamentare; **wie geht es dir? – Na ja, ich kann mich nicht ~**, come stai? – Insomma, non mi lamento.

beklagenswert adj {MENSCH} commiserevole; {FEHLER, IRRTUM, VERSEHEN, VORFALL, ZUSTAND} deplorevole.

beklagt adj *jur* (*im Zivilprozess*): **die ~e Partei**, la parte convenuta.

Beklagte <*dekl wie adj*> mf *jur* (*im Zivilprozess*) convenuto (-a) m (f).

beklatschen <*ohne* ge-> tr **jdn/etw** ~ applaudire *qu/qc*.

beklauen <*ohne* ge-> tr *fam* **jdn** ~ derubare *qu*; **etw** ~ {KAUFHAUS, SUPERMARKT} rubare *in qc*.

bekleben <*ohne* ge-> tr **etw** (**mit etw** dat) ~ {BRIEF MIT BRIEFMARKEN, WAND MIT POSTERN} incollare *qc* (*su qc*): **etw mit Papier ~**, incollare della carta su qc.

bekleckern <*ohne* ge-> *fam* **A** tr (*beflecken*) **jdn/etw** (**mit etw**) ~ {KLEIDUNGSSTÜCK, TISCHDECKE} macchiare *qu/qc* (*di qc*), sporcare *qu/qc* (*di qc*) **B** rfl **sich** (**mit etw** dat) ~ macchiarsi (*di qc*), imbrattarsi (*di qc*): **die Kinder haben sich mit Eis bekleckert**, i bambini si sono imbrattati di gelato.

beklecksen <*ohne* ge-> tr **jdn/etw** ~ macchiare *qu/qc*.

bekleiden <*ohne* ge-> *geh* **A** tr (*eine bestimmte Stelle haben*) **etw** ~ {RANG, STELLUNG} ricoprire *qc*, occupare *qc*; {AMT, POSTEN} *auch* rivestire *qc* **B** rfl (*etw anziehen*) **sich** (**mit etw** dat) ~ vestirsi (*di/con qc*), coprirsi (*di/con qc*).

bekleidet adj ~ (**mit etw** dat) vestito (*di/con qc*): **leicht ~ sein**, essere vestito (-a) leggero (-a); **mit Sakko und Krawatte ~ sein**, essere in giacca e cravatta.

Bekleidung f <*meist* sing> **1** (*~sstücke*) abbigliamento m, vestiti m pl, vestiario m **2** *geh* (*das Bekleiden*) {+AMT} ricoprire m *qc*, rivestire *qc*.

Bekleidungsartikel m <*meist* pl> (*capo* m *di*) abbigliamento m: **~ finden Sie im ersten Stock**, l'abbigliamento si trova al primo piano.

Bekleidungshaus n grande negozio m di abbigliamento.

Bekleidungsindustrie f industria f dell'abbigliamento.

Bekleidungsstück n capo m di vestiario, indumento m.

beklemmen <*ohne* ge-> tr **jdn** ~ opprimere *qu*, angosciare *qu*: **Angst beklemmte sie**, la paura l'opprimeva.

beklemmend **A** adj opprimente, angosciante, angoscioso: **ein ~es Gefühl**, una sensazione angosciante/[di angoscia]; **ein ~es Schweigen**, un silenzio opprimente; **das kleine Zimmer wirkt ~**, questa stanzetta trasmette un senso di oppressione **B** adv: **es war ~ still auf den Straßen**, nelle strade regnava una calma opprimente/angosciosa.

Beklemmung f <-, -*en*> f oppressione f, angoscia f, affanno m: **~ en bekommen/haben**, essere angosciato, avere delle angosce.

beklommen adj oppresso, angosciato: **~en Herzens** *geh*, con il cuore colmo d'angoscia *geh*; **mit ~er Stimme**, con voce angosciata; **jdm ist ~ zumute**, qu si sente angosciato (-a)/oppresso (-a).

Beklommenheit <-, *ohne* pl> f → **Beklemmung**.

beklopfen <*ohne* ge-> tr **etw** ~ {ARZT BRUST, RÜCKEN} picchiettare *qc* con le dita.

bekloppt adj *norddt fam* picchiato *fam*, picchiatello *fam*.

beknabbern <*ohne* ge-> tr **etw** ~ {MÄUSE, RATTEN KÄSE, PAPIER} rosicchiare *qc*, rodere *qc*.

beknackt adj *fam* **1** (*blöd, dumm*) {SACHE} stupido, cretino; {PERSON} *auch* idiota *fam*, deficiente *fam*, suonato *fam*: **der Typ sieht ganz schön ~ aus**, quello lì sembra proprio un demente **2** (*ärgerlich*) {LAGE, SACHE, SITUATION} scocciante *fam*, seccante.

beknien <*ohne* ge-> tr *fam*: **jdn ~, etw zu tun**, supplicare qu in ginocchio di fare qc.

bekochen <*ohne* ge-> tr *fam* **jdn** ~ far da mangiare *a qu*: **der braucht doch sowieso nur eine, die ihn bekocht!**, ha solo bisogno di una che gli faccia da mangiare!

bekommen① <*irr, ohne* ge-> **A** tr <*haben*> **1** (*erhalten*) **etw** (**von jdm**) ~ {ANTWORT, AUSZEICHNUNG, BEFEHL, BELOHNUNG, GESCHENK, GLÜCKWÜNSCHE, NACHRICHT} ricevere *qc* (*da qu*): **er hat heute Post von einer Freundin ~**, oggi ha ricevuto posta da un'amica; {GELD} avanzare *qc* (*da qu*), dover avere *qc* (*da qu*): **sie bekommt noch zwanzig Euro von mir**, lei ⌊deve ancora avere⌋/[avanza ancora] venti euro da me; **was/[wie viel] ~ Sie** (**dafür**) **von mir?**, quanto Le devo (per questo)? **2** (*durch Bemühung erreichen*) **etw** (**von jdm**) ~ {GEHALTSERHÖHUNG, GENEHMIGUNG, MEHRHEIT, STIMME} ottenere *qc* (*da qu*) **3** (*wünschen*) **etw** ~ desiderare *qc*: **ich bekomme bitte ein Bier!**, desidero/vorrei una birra!; **ich bekomme dieses Buch**, vorrei questo libro; **was ~ Sie?**, che cosa desidera?; **~ Sie sonst noch etwas?**, desidera altro? **4** *fam med* (*mit etw behandelt werden*) **etw** ~ {PATIENT BÄDER, BESTRAHLUNG, MASSAGE} doversi fare *qc* fam: **der Patient bekommt täglich eine Spritze**, al paziente bisogna fare un'iniezione al giorno; **ich bekomme täglich eine Massage**, mi fanno un massaggio al giorno **5** (*sich verschaffen*) **jdn/etw** ~ {ANGESTELLTE, ARBEIT, MITARBEITER, PLATZ, STELLUNG} trovare *qu/qc*; {EINDRUCK, ÜBERBLICK} ricavare *qc*; {AUSKUNFT, INFORMATION} ricevere *qc*; {KONTAKT, TELEFONVERBINDUNG} riuscire a prendere *qc*: **wo bekommt man ...?**, dove si trova ...?; **es ist nirgends zu ~**, non lo si trova in nessun posto; **eine Frau/einen Mann ~**, trovare moglie/marito **6** (*erteilt ~*) **etw** ~ {GEFÄNGNIS, STRAFE, STRAFZETTEL, VERWARNUNG} prendersi *qc*, beccarsi *qc* fam, buscarsi *qc* fam: **er hat fünf Jahre** (**Gefängnis**) **~**, ha preso/avuto cinque anni (di prigione); {FUßTRITT, OHRFEIGE, PRÜGEL, SCHLÄGE} ricevere *qc*, buscarsi *qc* fam, beccarsi *qc* fam **7** (*entwickeln*) **etw** ~ {HEIMWEH, KOPFSCHMERZEN, SCHRECKEN, WUT} venire (*a qu*): **ich bekam große Angst**, ⌊mi venne⌋/[presi] una grande paura, mi impaurii molto; {BEDENKEN, DURST, HERZKLOPFEN, HOFFNUNG, LUST, SKRUPEL} (in)cominciare ad avere *qc*; **er bekommt Hunger**, (in)comincia ad avere fame; {ERKÄLTUNG, GRIPPE, HUSTEN, SCHNUPFEN} prendersi *qc*, buscarsi *qc* fam; {ANSTECKENDE KRANKHEIT} *auch* contrarre *qc*; **ich glaube, ich bekomme Fieber**, credo che mi stia venendo la febbre; **einen Bauch ~**, metter su pancia fam; **eine Glatze ~**, diventare calvo (-a); **graue Haare ~**, diventare grigio (-a), ingrigire *geh*, incanutire *geh*; **einen roten Kopf ~**, diventare rosso (-a), arrossire; **jd bekommt Pickel/Warzen**, a qu stanno venendo ⌊dei brufoli⌋/[delle verruche] **8** (*neu wachsen*) **etw** ~ {BLÄTTER, BLÜTEN, WURZELN} mettere *qc*: **die Pflanze hat Knospen ~**, la pianta ha messo bocci; **Zähne ~** {KIND}, mettere i denti **9** (*getroffen werden von*) **etw** ~: **er hat einen Herzinfarkt ~**, è stato colpito da un infarto; **einen Ball an den Kopf ~**, prendere una pallonata in testa; **einen elektrischen Schlag ~**, prendere la scossa (elettrica) **10** (*zu erwarten haben*) **etw** ~ {GEWITTER, PROBLEME, REGEN, SCHNEE, SCHWIERIGKEITEN, BESSERES WETTER, SCHLECHTERES WETTER} avere (*fut*) *qc*: **wir ~ Regen**, avremo pioggia; **wir ~ anderes Wetter**, il tempo cambierà; **sie ~ sicher Ärger**, avranno sicuramente dei guai; **jdn/etw** ~ {BESUCH, GÄSTE} aspettare *qu/qc*; **ein Baby/Kind ~**, aspettare un bambino, essere incinta; **hat sie ihr Kind schon ~?**, ha già partorito/[avuto il bambino]?; **Nachwuchs ~**, aspettare un bambino; **Junge ~**, fare i cuccioli **11** (*finden*) **etw** ~ {KARTEN, PLATZ} riuscire a trovare *qc*: **man bekommt einfach keinen Parkplatz**, non si riesce proprio a trovare parcheggio **12** *fam* (*noch rechtzeitig erreichen*) **etw** ~ {FLUGZEUG, S-BAHN, U-BAHN} (riuscire a) prendere *qc*: **den Zug/Bus/... nicht mehr ~**, perdere il treno/l'autobus/... **13** (*es schaffen*): **es fertig ~, etw zu tun**, essere capace di fare *qc*; **es nicht fertig/[über sich] ~, etw zu tun** fam, non essere capace di fare *qc* **14** (*die Möglichkeit haben, etw zu tun*): **etw zu hören/sehen ~**, riuscire a sentire/vedere *qc*; **auf unserer Reise durch die Toskana bekamen wir viel zu sehen**, viaggiando attraverso la Toscana siamo riusciti (-e) a vedere molte cose; **kann ich was zu essen ~?**, posso avere qualcosa da mangiare?; **ich bekomme was zu tun**, arriva del lavoro per me; **du bekommst was zu lachen**, avrai di che ridere **15** (*passivischer Sinn, oft mit Passiv übersetzt*): **etw geschenkt ~**, avere/ricevere *qc* in regalo; **er hat ein Buch geschenkt ~**, ha ricevuto in regalo un libro, gli è stato regalato un libro; **etw geliehen ~**, avere/ricevere *qc* in prestito; **ich habe das Essen bezahlt ~**, la cena mi è stata offerta/pagata; **er bekam gesagt, dass ...**, gli venne detto che ...; **diese Arbeit ~ Sie von mir in einer Woche gemacht**, questo lavoro glielo faccio in una settimana **16** *fam* (*jdn zu etw bewegen*) **jdn zu etw** (dat) ~ riuscire a far fare *qc a qu*: **wir bekommen ihn nicht in eine Diskothek**, non riusciamo a ˌfarlo venireˌ/[portarlo] in discoteca; **jdn dazu ~, etw zu tun**, riuscire a far fare qc a qu, indurre qu a fare qc; **ich bekomme sie nicht dazu, ordentlicher zu arbeiten**, non riesco a farla lavorare un po' più ordinatamente **17** *fam* (*in einen bestimmten Zustand bringen*) *etw irgendwie* ~: **ich bekomme die Handtücher nicht mehr sauber**, non riesco a far tornare puliti gli asciugamani **18** *fam* (*an eine bestimmte Stelle bringen*) **jdn/etw irgendwohin** ~ riuscire a mettere/infilare *fam qu/qc + compl di luogo*: **den Topf ~ wir nicht in den Mikrowellenherd**, non riusciamo a mettere/infilare la pentola nel forno a microonde; **das Kind ist nicht ins Bett zu ~**, non si riesce a mettere a letto il bambino **19** *relig etw* (*von jdm*) ~ {DIE LETZTE ÖLUNG, DEN SEGEN} ricevere *qc* (*da qu*) **B** *itr <haben> com gastr*: ~ **Sie schon?** (*im Geschäft*), La stanno già servendo?; (*im Restaurant*) ha già ordinato?; **wer bekommt als Nächster?** (*im Geschäft*), chi è il prossimo?, a chi tocca? ● *etw fertig* ~ *fam*, riuscire a finire/terminare qc; *frei* ~ → **frei|bekommen**; **jd bekommt nicht/nie genug**, a qu non basta mai, per qu non è mai troppo, qu non è mai soddisfatto; **etw zu hören/sehen ~**, dover sentirne/vederne delle belle; **der wird was zu hören/ sehen ~**, dovrà sentirne/vederne delle belle!; **jdn/etw satt/über ~** *fam*, essere stufo di qu/qc, averne abbastanza di qu/qc *fam*.

bekommen② *<irr, ohne ge->* *itr <sein>* (*zuträglich sein*) **jdm irgendwie ~**: **die frische Luft bekommt mir gut**, l'area fresca mi fa bene; **das bekommt mir nicht/schlecht**, mi fa male, non mi giova; **das Essen ist ihm nicht ~**, non ha digerito; **wie ist Ihnen der Urlaub ~?**, Le ha giovato la vacanza? ● **das wird dir/ihm/... schlecht ~ sein** fam, ˌte ne pentiraiˌ/[se ne pentirà]/...; **wohl bekomms!** *geh*, alla Sua!, salute!, buon pro'!

bekömmlich adj {GETRÄNK, SPEISE} digeribile; {KLIMA, LUFT} salutare, sano, salubre ● **leicht/schwer ~ sein** {GETRÄNK, SPEISE}, essere facilmente/difficilmente digeribile.

Bekömmlichkeit *<-, ohne pl>* f {+GETRÄNK, SPEISE} digeribilità f.

beköstigen *<ohne ge->* tr **jdn** ~ dare il vitto a *qu*.

Beköstigung *<-, ohne pl>* f vitto m, mantenimento m.

bekräftigen *<ohne ge->* tr **1** (*bestätigen*) *etw* (*durch etw* akk/*mit etw* dat) ~ {ABMACHUNG, AUSSAGE, VEREINBARUNG} confermare *qc* (*con qc*) **2** *geh* (*bestärken*) **jdn in etw** (dat) ~ {IN SEINEM ENTSCHLUSS, SEINER MEINUNG, SEINEM STANDPUNKT} rafforzare *qu* (*in qc*).

Bekräftigung *<-, ohne pl>* f **1** (*Bestätigung*) {+ABMACHUNG, AUSSAGE, VEREINBARUNG} conferma f **2** (*Bestärkung*) {+HALTUNG, VERDACHT, VERMUTUNG} rafforzamento m: **zur ~ meiner Worte**, per rafforzare le mie parole.

bekreuzen *<ohne ge->* rfl *rar* → **bekreuzigen**.

bekreuzigen *<ohne ge->* rfl **sich** (*vor jdm/etw*) ~ farsi il segno della croce (*davanti a qu/qc*).

bekriegen *<ohne ge->* **A** tr **jdn** ~ fare la guerra *a qu*, guerreggiare *con/contro qu* **B** rfl **sich** (**gegenseitig**) ~ farsi la guerra (a vicenda).

bekritteln *<ohne ge->* tr *pej* **jdn/etw** ~ criticare *qu/qc*, trovare da ridire *su qu/qc*; *etw an jdm* ~ criticare *qc di qu*.

bekritzeln *<ohne ge->* tr *etw* (*mit etw* dat)

~ {PAPIER, WAND} scarabocchiare *su qc* (*con qc*): **die Mauer ist mit politischen Slogans bekritzelt**, il muro è coperto di slogan politici.

bekümmern *<ohne ge->* tr (*besorgt machen*) **jdn** ~ preoccupare *qu*, inquietare *qu*; (*traurig machen*) affliggere *qu*, rattristare *qu*, crucciare *qu* ● **was bekümmert Sie das?** (*was geht Sie das an?*), che gliene importa?

bekümmert adj: ~ **über jdn/etw** (*besorgt*) preoccupato (ˌper qu/qcˌ/[di qc]); (*traurig*) triste (*per qu/qc*), afflitto (*per qu/qc*): **ein ~es Gesicht machen**, fare la faccia triste.

bekunden *<ohne ge->* **A** tr **1** *geh* (*zeigen*) *etw* ~ {ANTEILNAHME, BEILEID, INTERESSE, MISSFALLEN, SYMPATHIE} manifestare *qc*, dimostrare *qc*: **sein Interesse an jdm/etw ~**, manifestare il proprio interesse per *qc/qc* **2** *jur* (*bezeugen*) *etw* ~ dichiarare *qc*, deporre *su qc*: **etw vor Gericht ~**, deporre su qc in tribunale **B** *rfl geh* **sich in etw** (dat) ~ {CHARAKTEREIGENSCHAFT, VERSCHIEDENHEIT IN EINEM BESTIMMTEN VERHALTEN} rivelarsi *in qc*, manifestarsi *in qc*: **seine Abneigung bekundete sich darin, dass ...**, la sua avversione si manifestò/rivelò nel fatto che ...

Bekundung *<-, -en>* f {+ANTEILNAHME, ENTTÄUSCHUNG, INTERESSE, MISSFALLEN, SYMPATHIE, UNMUT} dimostrazione f.

belabern *<ohne ge->* tr *fam jdn* ~ sommergere *qu* di chiacchiere, attaccare un bottone *a qu fam*.

belächeln *<ohne ge->* tr **jdn/etw** ~ sorridere di *qu/qc*, ridere di *qu/qc*.

beladen① *<irr, ohne ge->* **A** tr *etw* (*mit etw* dat) ~ {LASTWAGEN, SCHIFF} caricare *qc* (*di qc*) **B** *rfl* **sich** (**mit etw** dat) ~ {MIT SORGEN} caricarsi (*di qc*); {MIT SCHULD} macchiarsi (*di qc*); {MIT ARBEIT, SCHULDEN, VERANTWORTUNG} addossarsi *qc*, sobbarcarsi *qc*.

beladen② adj ~ (**mit etw** dat) carico (*di qc*); (*mit etw* dat) ~ {MIT GEPÄCK} essere carico (di *qc*); {MIT ARBEIT, SCHULDEN, VERANTWORTUNG} essere oberato/gravato di qc: **hoch ~** {LASTWAGEN}, molto carico, stracarico *fam*, supercarico *fam*; **schwer ~** {FAHRRAD, FAHRZEUG, WAGEN}, sovraccarico, stracarico; **sie war nach dem Einkauf schwer ~**, dopo la spesa era carica come un somaro/mulo; **sie konnte den schwer beladenen Einkaufswagen kaum schieben**, riusciva a stento a spingere il carrello stracarico; **mit Schmuck ~** *pej*, carico di gioielli; **mit Schuld ~**, oppresso dalla colpa.

Belag *<-(e)s, Beläge>* m **1** (*Schicht*) strato m; (*Ölbelag*) patina f; (*dünn*) patina f, velo m **2** (*Fußbodenbelag, Straßenbelag*) rivestimento m **3** (*auf Fenster, Spiegel*) patina f: **einen ~ auf der Zunge haben**, avere una patina sulla lingua **4** (*Zahnbelag*) placca f **5** *gastr* (*zwischen zwei Brotscheiben*) ripieno m; (*auf Torte*) farcia f **6** *autom* (*Bremsbelag*) guarnizione f.

Belagerer *<-s, ->* m (**Belagerin** f) assediante mf.

belagern *<ohne ge->* tr **1** *mil etw* ~ {SOLDATEN, TRUPPEN FESTUNG, STADT} assediare *qc* **2** *fam* (*sich drängen um*) **jdn/etw** ~ {JOURNALISTEN HOTEL, STAR} assediare *qu/qc*, attorniare *qu/qc fam*: **der Popstar war von seinen Fans belagert**, il popstar era assediata dai suoi fan.

Belagerung *<-, -en>* f {+FESTUNG, STADT} assedio m.

Belagerungszustand m *mil* stato m d'assedio: **den ~ ausrufen**, dichiarare/proclamare lo stato d'assedio; **den ~ über eine Stadt/ein Land verhängen**, dichiarare/proclamare lo stato d'assedio in una città/

un paese.

belämmert *fam* **A** adj **1** (*betreten*) {PERSON} abbattuto, avvilito: **du siehst so ~ aus**, hai un'aria così abbattuta **2** (*bescheuert*): **du bist wohl ~!**, seiˌmatto (-a)ˌ/[fuori di testa]! *slang*; **ein ~es Wetter**, un tempo orribile/orrendo **B** adv: **mir geht es ~**, sono giù (di corda) *fam*; **wie kann man sich nur so ~ anstellen!**, come si può essere così dementi!

Belang *<-(e)s, -e>* m **1** *<nur pl>* (*Interessen*) interessi m pl: **er vertritt die ~e seiner Mandantin**, difende gli interessi della sua assistita **2** *<nur sing>* (*Bedeutung*): (**es ist**) (**für jdn**) ˌ**nicht von**ˌ/[**ohne**] ~, (per qu) non ˌè importanteˌ/[ha importanza]; **nichts von ~**, niente di importante/rilevante; (**es ist**) (**für jdn**) **von** (**großem**) ~, (per qu) è (molto) importanteˌ/[ha (molta) importanza].

belangen *<ohne ge->* tr **1** *jur* (*verklagen*) **jdn** (**gerichtlich**) **wegen etw** (gen *oder fam* dat) ~ procedere *contro qu per qc*; (*im Zivilprozess*) far/muovere causa *a/contro qu per qc*, convenire *qu* in giudizio *per qc*: **jdn wegen Rauschgifthandels ~**, procedere contro qu per traffico di stupefacenti **2** *obs* (*betreffen*): **was jdn/etw belangt**, per quel che ne guarda/concerne qu/qc, quanto a qu/qc.

belanglos adj ~ (**für jdn/etw**) {BEMERKUNG, DETAIL, EINZELHEIT} insignificante (*per qu/qc*), irrilevante (*per qu/qc*), senza importanza (*per qu/qc*): **die Unterhaltung glitt ins Belanglose ab**, la conversazione scivolò nel banale.

Belanglosigkeit *<-, -en>* f **1** *<nur sing>* (*Bedeutungslosigkeit*) {+BEMERKUNG, DETAIL, EINZELHEIT} irrilevanza f, banalità f, futilità f: **Dinge von ziemlicher ~**, cose abbastanza irrilevanti **2** (*belanglose Sache*) banalità f: **~en austauschen**, scambiarsi delle banalità.

Belarus *<-', ohne pl>* n Bielorussia f.

Belarusse m (**Belarussin** f) bielorusso (-a) m (f).

belarussisch adj bielorusso.

belassen *<irr, ohne ge->* tr **1** (*nicht verändernd einwirken*) **jdn in/bei etw** (dat) ~ {IN/ BEI DER ANNAHME, DEM GLAUBEN, IRRTUM, DER VORSTELLUNG, DEM WAHN} lasciare *qu in qc*: **jdn bei seiner Meinung ~**, lasciare qu ˌdella sua ideaˌ/[credere quello che vuole] **2** *form* (*bleiben lassen*) **jdn irgendwo ~** {BEAMTEN, MITARBEITER IN EINEM AMT, EINER STELLUNG} lasciare *qu + compl di luogo*; **etw irgendwo ~** {GEGENSTAND AN/AUF SEINEM PLATZ} lasciare *qc + compl di luogo*: **bitte ~ Sie das Telefon auf seinem Platz!**, per favore, lasci il telefono al suo posto! ● **alles beim Alten ~**, lasciare ˌle cose come stannoˌ/[tutto com'è]; **jdm ~ bleiben**, essere affar di qu, spettare a qu decidere; **es dabei ~** *fam* (*beim Alten*), lasciare ˌle cose come stannoˌ/[tutto com'è]; (*nicht mehr davon sprechen*), lasciar perdere, non parlarne più; ~ **wir es dabei!** (*beim Alten*), lasciamo ˌle cose come stannoˌ/[tutto com'è]; (*sprechen wir nicht mehr davon*), lasciamo perdere, non parliamone più.

belastbar adj **1** (*mit Gewicht*) ~ **mit etw** (dat) {BRÜCKE, FAHRSTUHL, FAHRZEUG} che ha una portata *di qc*: **bis zu 50 Tonnen ~**, ˌfino a una portataˌ/[con una portata massima] di 50 tonnellate; **ein mit maximal acht Personen ~er Fahrstuhl**, un ascensore con una capienza/portata massima di otto persone; **wie hoch ist die Brücke ~?**, qual è la portata massima di questo ponte? **2** *el* ~ **mit etw** (dat) {LEITUNG, SICHERUNG, STROMNETZ} che sopporta un carico *di qc* **3** (*psychisch oder physisch*) ~ (**mit etw** dat) {MENSCH MIT ANSTRENGUNGEN, PROBLEMEN} resistente (*a qc*): **körperlich/seelisch ~ sein**, avere resistenza fisica/psicologica; **die neue Kollegin ist**

nicht sehr ~, la nuova collega regge male lo stress **4** med {HERZ, KÖRPER, KREISLAUF, LEBER} resistente **5** ökol ~ **durch etw** (akk)/**mit etw** (dat) {FLÜSSE, LUFT, NATUR, ÖKOSYSTEM, UMWELT MIT ABGASEN, DURCH SCHADSTOFFE} che tollera l'inquinamento da qc: **die Umwelt ist nur bis zu einer gewissen Grenze ~**, l'ambiente sopporta solo un certo tasso d'inquinamento **6** ökon: **ein nicht mit Hypotheken ~es Haus**, una casa non ipotecabile; **der Steuerzahler ist nicht weiter ~**, il contribuente non può essere tassato oltre (questo limite) **7** bank: **ein bis zu 5000 Euro ~es Konto**, un conto corrente con un massimo scoperto di 5000 euro; **wie hoch ist mein Konto ~?**, qual è il massimo scoperto di cui dispongo?

Belastbarkeit <-, ohne pl> f **1** (Fähigkeit, Gewicht auszuhalten) {+BRÜCKE, FAHRZEUG} portata f massima **2** (physische oder psychische Widerstandsfähigkeit) {+MENSCH} (capacità f di) resistenza f: **jds körperliche/nervliche/seelische ~**, la (capacità di) resistenza fisica/nervosa/psicologica di qu; **sie ist an die Grenze ihrer seelischen ~ gestoßen**, ha raggiunto il limite della sopportazione psicologica; **die ~ eines Arbeitnehmers**, la capacità lavorativa di un dipendente **3** med {+KÖRPER, KREISLAUF, ORGANE} resistenza f **4** mech tech {+DRAHTSEIL, MATERIAL} resistenza f **5** el {+LEITUNG, SICHERUNG, STROMNETZ} capacità f di carico **6** ökol limite m d'inquinamento **7** ökon {+STEUERZAHLER} livello m massimo di tassazione.

belasten <ohne ge-> **A** tr **1** (beladen) **etw** (**mit etw** dat) ~ {BALKEN, BRÜCKE, STAHLTRÄGER} caricare qc (di qc); {FAHRSTUHL, FAHRZEUG} caricare qc (di qc): **den rechten Ski ~**, spostare il peso sullo sci destro; **ihr habt euren Wagen zu stark belastet**, avete sovraccaricato la macchina **2** (stark beanspruchen) **etw** (**mit etw** dat/**durch etw** akk) ~ {STROMNETZ DURCH WEITERE ANSCHLÜSSE, MIT ZUSÄTZLICHEN ELEKTROGERÄTEN} caricare qc (di qc); {WASSERHAUSHALT DURCH WASSERVERBRAUCH, -VERSCHWENDUNG} compromettere qc (con qc) **3** (stark in Anspruch nehmen) **jdn** ~ (mit Arbeit, Sorgen, Verantwortung) stressare qu; **jdn mit etw** (dat)/**durch etw** (akk) ~ {MIT ARBEIT, ÜBERSTUNDEN} caricare qu di qc; {DURCH ZU VIELE AUFGABEN} stressare qu con qc; {MIT PROBLEMEN, VERANTWORTUNG} auch gravare qu di qc; **etw mit etw** (dat) ~ {SEIN GEDÄCHTNIS MIT KLEINIGKEITEN, SEIN GEWISSEN MIT SCHULDGEFÜHLEN, VORWÜRFEN} gravare qc di qc **4** (bedrücken) **jdn/etw** ~ {SORGE, SCHULD, VERANTWORTUNG MENSCHEN} opprimere qu/qc; {GEWISSEN} auch pesare su **5** ökol **jdn/etw** (**mit etw** dat/**durch etw** akk) ~ {BEVÖLKERUNG, MENSCHEN DURCH ABGASE, SCHADSTOFFE} mettere a rischio la salute di qu/qc (con qc); {GEWÄSSER, LUFT, ÖKOSYSTEM, UMWELT} inquinare (con qc); {MIT RADIOAKTIVER STRAHLUNG} contaminare qu/qc (con qc) **6** med **etw** ~ {ANSTRENGUNG, STRESS DAS HERZ, DEN KREISLAUF} andare a carico di qc; {ALKOHOL, FETT, KALORIEN DIE LEBER, DEN MAGEN} danneggiare qc; {STRESS NERVEN} logorare qc: **abends sollte man seinen Magen nicht mit fettem Essen ~**, la sera sarebbe meglio non appesantire lo stomaco con cibi grassi **7** jur **jdn** ~ {AUSSAGE, BEWEIS ANGEKLAGTEN} essere a carico di qu; {ZEUGE} deporre a carico di qu: **die Zeugenaussage hat den Angeklagten belastet**, la testimonianza assunta è stata una prova a carico dell'imputato **8** ökon **jdn/etw** ~ {AUSGABEN, STEUERN BUDGET, HAUSHALT, STEUERZAHLER} gravare/pesare su qu/qc; **jdn/etw mit etw** (dat) ~ {ARBEITNEHMER, STEUERZAHLER MIT ZUSÄTZLICHEN ABGABEN, ETAT MIT SONDERAUSGABEN} gravare qu/qc di qc: **etw mit einer Hypothek ~**, gravare qc di un'ipoteca, ipotecare qc **9** bank **etw mit etw** (dat) ~: **jds Konto mit einem Betrag ~**, addebitare una somma in conto corrente a qu **B** rfl **1** sich (**mit etw** dat) ~ {MIT ARBEIT, PROBLEMEN, SORGEN, VERANTWORTUNG} caricarsi di qc, sobbarcarsi qc; (nervlich) logorarsi (con qc); (körperlich) logorarsi (con qc), sforzarsi (con qc) **2** jur **sich** (**selbst**) ~ autoaccusarsi • **damit will ich mich nicht ~** (mit dieser Arbeit, Verantwortung), non me ne voglio fare carico; (mit jds Problemen, Sorgen), non voglio saperne niente.

belastend adj **1** {ARBEIT, AUFGABE, PFLICHT} gravoso, pesante; {PROBLEM, SCHULD} opprimente **2** jur {AUSSAGE, BEWEIS, MATERIAL} a carico.

belastet adj **1** (mit Gewicht) ~ (**mit etw** dat) carico di qc: **ein zu stark ~er Fahrstuhl/Lastwagen**, un ascensore/camion ₁troppo carico₁/[sovraccarico] **2** (bedrückt) **mit/von etw** (dat) ~ {MIT SCHULD(GEFÜHLEN), VON SORGEN} oppresso da qc **3** ökon **mit etw** (dat)/**durch etw** (akk) ~ {BEVÖLKERUNG MIT HOHEN STEUERN, ETAT DURCH SONDERAUSGABEN} gravato di qc: **mit einer Hypothek ~**, gravato da ipoteca, ipotecato • **erblich ~ sein** med, ₁essere affetto da₁/[avere] una tara ereditaria; **iron**, essere tarato.

belästigen <ohne ge-> tr **1** (behelligen) **jdn** (**mit etw** dat) ~ infastidire qu (con qc), importunare qu (con qc), seccare qu (con qc); (stören) disturbare qu (con qc): **jdn mit Fragen ~**, importunare/tediare qu con delle domande **2** (zudringlich werden) **jdn** ~ {FRAU, MÄDCHEN} molestare qu.

Belästigung <-, -en> f **1** (Störung durch Gestank, Lärm, Rauchen) disturbo m, fastidio m; (durch Besuche, Telefonanrufe) auch seccatura f **2** (Zudringlichkeit) molestia f; jur molestia f, azione f molesta: **sexuelle ~en**, molestie sessuali • **etw als ~ empfinden** {JDS BESUCHE, TELEFONANRUFE, DEN STRASSENLÄRM}, trovare fastidioso (-a) qc; {JDS ANNÄHERUNGSVERSUCHE} auch, trovare seccante qc.

Belastung <-, -en> f **1** (Gewicht) {+AUFZUG, BALKEN, BRÜCKE, FAHRZEUG} carico m: **die zulässige ~ einer Brücke/eines Fahrstuhls**, ₁il carico massimo consentito₁/[la portata massima consentita] di un ponte/ascensore **2** (psychische ~) {+MENSCH} stress m; (körperliche ~) peso m; (durch Verantwortung) carico m, gravame m; (durch Gewissensbisse, Sorgen) peso m, oppressione f: **eine erhöhte ~ mit Arbeit**, un maggior carico di lavoro; **die doppelte ~ durch Beruf und Kinder**, il doppio peso dovuto a lavoro e figli; **für jdn eine ~ darstellen/sein**, essere un peso per qu; **zu einer ~ (für jdn) werden**, diventare un peso (per qu) **3** med {+KREISLAUF, ORGANE} sforzo m eccessivo per qc; {+NERVEN} stress m **4** (starke Beanspruchung) {+STROMNETZ, WASSERHAUSHALT} carico m **5** ökol {+GEWÄSSER, LUFT, ÖKOSYSTEM} (durch Schadstoffe) inquinamento m; ~ **der Umwelt** auch, impatto ambientale; (durch Radioaktivität) contaminazione f **6** jur {+ANGEKLAGTER} (durch Beweise) prove f pl a carico; (durch Zeugen) deposizione f/testimonianza f a carico; (belastende Zeugenaussage) deposizione f a carico **7** bank {+KONTO} addebito m: **die ~ des Kontos beträgt 370 Euro**, l'addebito in conto ammonta a 370 euro **8** ökon {+BUDGET, STEUERZAHLER} oneri m: **steuerliche ~**, onere/carico fiscale/tributario; (mit Hypothek) {+GRUNDSTÜCK, HAUS} onere m su qc **9** mech tech (Beanspruchung) sollecitazione f; **el** carico m • **außergewöhnliche ~en Steuer**, spese straordinarie detraibili; **erbliche ~**, tara eredita-ria.

Belastungs-EKG n med ECG m sotto sforzo.

belastungsfähig adj {PERSON} (körperlich) resistente, che ha resistenza (fisica); (im Beruf, in der Arbeit) capace di lavorare sotto stress/pressione.

Belastungsfähigkeit f (körperlich) resistenza f (fisica); (im Beruf, in der Arbeit) capacità f di lavorare sotto stress/pressione.

Belastungsgrenze f **1** {+AUFZUG, BRÜCKE} limite m di portata; {+MATERIAL} limite m di carico **2** {+MENSCH} (körperlich) limite m di resistenza; (nervlich, seelisch) limite m di sopportazione.

Belastungsmaterial n jur prove f pl a carico.

Belastungsprobe f **1** bau {+BRÜCKE, KONSTRUKTION, STRASSE} prova f di carico **2** med {+HERZ, PATIENT} prova f da sforzo **3** {+EHE, KOALITION} banco m di prova: **einer ~ ausgesetzt sein**, essere sul banco di prova **4** mech tech prova f di resistenza.

Belastungszeuge m jur (**Belastungszeugin** f) jur teste mf/testimone mf a carico.

belauben <ohne ge-> rfl sich ~ {WALD} tornare verde; {BAUM} ₁ricoprirsi di₁/[mettere le] foglie: **dicht belaubt** {BAUM}, molto frondoso, ricco di fogliame.

Belaubung <-, ohne pl> f **1** (Laubwerk) fogliame m **2** (das Sichbelauben) mettere m le foglie.

belauern <ohne ge-> **A** tr (heimlich beobachten) **jdn** ~ {EHEPARTNER, KOLLEGEN, VERBRECHER} spiare qu; (prüfend beobachten) scrutare qu, squadrare qu; **etw** ~ {JÄGER WILD} appostare qc; {KATZE, RAUBTIER BEUTE} fare la posta a qc **B** rfl **sich** (**gegenseitig**) ~ studiarsi/annusarsi fam a vicenda.

belaufen <irr, ohne ge-> rfl **sich auf etw** (akk) ~ {FORDERUNG, RECHNUNG, SCHADEN, SUMME} ammontare a qc: **die Rechnung beläuft sich auf 50 Euro**, il conto/la fattura ammonta a 50 euro.

belauschen <ohne ge-> tr **1** **jdn/etw** ~ {PERSONEN} ascoltare di nascosto qu/qc; {GESPRÄCH} auch origliare qc **2** (forschend beobachten) **etw** ~ {NATUR, VOGELWELT} osservare qc.

beleben <ohne ge-> **A** tr **1** (anregen) **jdn/etw** ~ {BAD, DUSCHE, GETRÄNK, MEDIZIN MENSCHEN} rimettere al mondo qu fam; {KAFFEE, MASSAGE KREISLAUF} stimolare qc: **der Gedanke an die bevorstehende Reise belebte sie**, il pensiero del viaggio imminente la tirò su; (aktiv gestalten) {BRÄUCHE, SITTEN, TRADITIONEN}, far rinascere qc, far rivivere qc; **alte Bräuche wieder ~**, dare nuova vita a vecchi costumi **2** (in Schwung bringen) **etw** ~ {KONKURRENZ, STEUERERLEICHTERUNGEN ABSATZ, MARKT, WIRTSCHAFT} dare impulso a qc, stimolare qc, rilanciare qc: **etw wieder ~** (Impulse geben) {WIRTSCHAFT}, rilanciare qc; dare nuovo impulso a qc **3** (lebendiger gestalten) **etw** (**mit etw** dat/**durch etw** akk) ~ {REDE MIT ANEKDOTEN, TEXT MIT BILDERN, ZIMMER DURCH AUSGEFALLENE MÖBEL, MIT BUNTEN TAPETEN} ravvivare qc (con qc), vivacizzare qc (con qc); {FEST, STIMMUNG, UNTERHALTUNG MIT WITZIGEN EINFÄLLEN} auch animare qc (con qc); {MUSIKANTEN, STRASSENTHEATER, BUNT GEKLEIDETE TOURISTEN PLATZ, STRASSEN} animare qc **B** rfl **1** (sich aufhellen) **sich** (**bei etw** dat) ~ {JDS AUGEN, GESICHT BEI EINEM ANBLICK} (ri)animarsi (di fronte a qc), accendersi (di fronte a qc) **2** (lebendig werden) **sich** (**wieder**) ~ {ERINNERUNGEN, NATUR} rivivere **3** (lebhafter werden) **sich** ~ {STIMMUNG, UNTERHALTUNG (ri)animarsi, ravvivarsi **4** (*sich mit Leben füllen*) **sich ~** {LOKAL, STADT, STRAßE} popolarsi, animarsi **5** (*intensiver werden*) **sich ~** {VERKEHR} intensificarsi **6** (*in Schwung kommen*) **sich (durch etw** akk) **~** {KONJUNKTUR, KULTURAUSTAUSCH, WIRTSCHAFT} trarre impulso da *qc*.

belebend *adj* **1** (*anregend*) stimolante: **eine ~e Wirkung haben**, avere un effetto stimolante **2** (*auflockernd*) che ravviva/vivacizza: **die einen Text ~en Abbildungen**, le illustrazioni che ravvivano un testo; **die eine Fassade ~en architektonischen Elemente**, gli elementi architettonici che ravvivano una facciata.

belebt *adj* **1** (*voll Leben und Betrieb*) {PLATZ, STADT} animato, movimentato; (*verkehrsreich*) {KREUZUNG, STRAßE} frequentato, animato **2** (*beseelt*) {MARMOR, STEIN} animato **3** (*lebendig*) {NATUR} vivo.

Belebtheit <-, *ohne pl*> *f* {+PLATZ, STRAßE} animazione *f*, movimento *m*.

Belebung <-, *ohne pl*> *f* **1** (*das Beleben*) animazione *f* **2** (*Stimulierung*) stimolazione *f*: **zur ~ der Konjunktur/Wirtschaft**, per stimolare la/[dare nuovo impulso alla] congiuntura/economia **3** (*Aufschwung*) rilancio *m*: **~ der Wirtschaft**, rilancio dell'economia.

belecken <*ohne ge*-> **A** *tr* **etw ~** {MENSCH, BRIEFMARKE} leccare *qc*; {FINGERSPITZEN} leccarsi *qc*; **jdn/etw ~** {KATZE, HUND SEIN HERRCHEN, DIE JUNGEN} leccare *qu/qc*; {JDS HAND, DAS FELL DER JUNGEN} *auch* lambire *qc* **B** *rfl* **sich ~** {KATZE, RAUBKATZE} leccarsi; **sich (gegenseitig) ~** {KATZEN, HUNDE} leccarsi a vicenda.

Beleg <-(*e*)*s*, -*e*> *m* **1** (*Quittung*) **~ (für etw** akk) ricevuta *f* (di *qc*), quietanza *f* (di *qc*): **kann ich für diese Zahlung einen ~ haben?**, posso avere una ricevuta di questo pagamento?; *com* (*für eine Ausgabe*) pezza *f* giustificativa **2** (*Beweis*) **~ (für etw** akk) *f* (*di qc*), (*Beweisstück*) pezza *f* d'appoggio; (*Urkunde*) documento *m* (*di qc*) **3** (*Textbeleg*) citazione *f*: **etw als ~ für etw** (akk) **anführen**, citare *qc* a sostegno di *qc*; **ling** (*Wortbeleg*) attestazione (*di qc*) ● **als ~ für etw** (akk), a dimostrazione/sostegno di *qc*; **~e für etw** (akk) **beibringen**, produrre le prove di *qc*.

Belegarzt *m med* (**Belegärztin** *f*) *med* "medico *m* non ospedaliero che assiste anche pazienti in clinica o in ospedale".

belegbar *adj* (AUSSAGE, BEHAUPTUNG) dimostrabile, provabile; (AUSGABE) documentabile.

Belegbett *n* "posto *m* letto in ospedale destinato a pazienti di medici esterni".

belegen <*ohne ge*-> *tr* **1** *gastr* (*mit Belag versehen*) **etw (mit etw** dat) **~** {BROT MIT KÄSE, WURST} mettere *qc su qc*; {TORTENBODEN MIT OBST} *auch* ricoprire *qc* (*di qc*), guarnire *qc* (*di qc*) **2** (*besetzen*) **etw ~** {HOTELBETT, SITZPLATZ} occupare *qc*; (*reservieren*) prenotare *qc*, riservare *qc* **3** (*okkupieren*) **etw ~** {HAUS, WOHNUNG} occupazione *f di qc*; **etw mit jdm ~** {HOTEL MIT KURGÄSTEN, KRANKENHAUSSTATION MIT PRIVATPATIENTEN} occupare *qc con qu*: **nach dem Erdbeben wurden Kirchen und Schulen mit Obdachlosen belegt**, dopo il terremoto i senzatetto furono sistemati nelle chiese e nelle scuole **4** *univ* **etw ~** {KURS, SEMINAR, VORLESUNG} iscriversi *a qc* **5** (*beweisen*) **etw (durch etw** akk/**mit etw** dat) **~** {ABSTAMMUNG, IDENTITÄT} documentare *qc* (*con qc*), dimostrare *qc* (*con qc*), comprovare *qc* (*con qc*); {AUSGABEN, KAUF} documentare *qc* (*con qc*); {BEHAUPTUNG} dimostrare l'attendibilità *di qc* (*con qc*); **etw mit Beispielen ~**, portare degli esempi a sostegno di *qc*; **eine Behauptung mit Beweisen/[einem Zitat] ~**, suffragare un'affermazione con delle prove/[una citazione]; **einen Kauf durch eine Quittung ~**, documentare una spesa con una ricevuta; **der Gebrauch dieses Wortes ist schon im 18. Jahrhundert belegt**, l'uso di questa parola è attestato fin dal XVIII secolo **6** *sport* **etw ~** {PLATZ, RANG, TABELLENSPITZE} occupare *qc*: **den ersten/zweiten/… Platz ~**, piazzarsi primo (-a)/secondo (-a)/…, arrivare primo (-a)/secondo (-a)/… **7** (*jdm/etw etw auferlegen*) **jdn/etw mit etw** (dat) **~** {MIT BUßGELD, STRAFE} infliggere *qc a qu/qc*; {MIT STEUERN} imporre *qc a qu/qc*; {MIT STEUERN} imporre *qc a qu/qc*; **mit einer hohen Geldstrafe belegt**, gli inflissero una multa/un'ammenda elevata; *relig* scomunicare *qu* **8** (*besteuern*) **etw mit etw** (dat) **~** {ALKOHOL, BENZIN, ZIGARETTEN MIT SONDERSTEUERN, IMPORTGÜTER MIT ZOLL} assoggettare *qc a qc*, gravare *qc di qc* **9** *mil* **jdn/etw mit etw** (dat) **~**: **etw mit Bomben ~**, sottoporre *qc* a bombardamenti; **die gegnerischen Stellungen wurden mit Artilleriefeuer belegt**, le posizioni nemiche furono bersagliate dal fuoco dell'artiglieria; **eine Stadt mit Truppen ~**, occupare militarmente una città.

Belegexemplar *n* *Verlag* copia *f*/esemplare *m* d'obbligo; {+AUTOR} copia *f* dell'autore.

Belegfrist *f univ* periodo *m* d'iscrizione.

Beleghebamme *f* "ostetrica *f* non ospedaliera scelta dalla partoriente per assisterla durante il parto in ospedale".

Belegschaft <-, -en> *f* {+BANK, BETRIEB, VERLAG} personale *m* (dipendente), maestranze *f pl*; (*Personalbestand*) effettivi *m pl* ● **die ganze ~** *fam scherz*, tutta la banda *fam scherz*.

Belegschaftsaktie *f ökon* azione *f* privilegiata riservata ai dipendenti: **Mitbesitz in Form von ~n**, azionariato operaio.

Belegschaftsmitglied *n* membro *m* del personale.

Belegschaftsstärke *f* numero *m* dei dipendenti.

Belegstation *f* "reparto *m* ospedaliero a disposizione di un medico esterno".

Belegstelle *f* citazione *f*, passo *m* citato.

belegt *adj* **1** (*mit einem Belag*) **ein mit Käse/Schinken/Wurst ~es Brötchen**, una fetta di pane col formaggio/prosciutto/salame **2** (*besetzt*) {BETT, PLATZ, ZIMMER} riservato, occupato: **im Juli ist unser Hotel immer voll ~**, di luglio il nostro albergo è sempre al completo; *tel* occupato; **~ sein** {SITZPLATZ, TELEFONLEITUNG}, essere occupato **3** {STIMME} velato; {ZUNGE} patinoso, impastato **4** (*nachweisbar*) documentato: **urkundlich ~ sein**, essere documentato/[comprovato da documenti] **5** *ling* {WORT, WORTGEBRAUCH} attestato.

Belegung <-, *rar* -en> *f* **1** *univ* **~ (einer S.** gen) iscrizione *f* (*a qc*): **von der ~ zu vieler Kurse rate ich dir ab**, ti sconsiglio di iscriverti a troppi corsi **2** (*Besetzung*) **~ (einer S.** gen) (**mit jdm**) {EINES HAUSES, HOTELZIMMERS, EINER WOHNUNG} occupazione *f di qc* (*con qu*): **die ~ eines Krankenhauses**, il numero di letti occupati in un ospedale.

belehnen *tr* **1** *hist* **jdn ~** {VASALL} investire *qu* di un beneficio; **jdn mit etw** (dat) **~** {MIT RECHTEN} investire *qu* (*di qc*) {MIT EINEM AMT} *auch* infeudare *qc a qu*, concedere *qc a qu* a titolo di feudo; {MIT GÜTERN, LAND} infeudare *qc a qu*, concedere *qc a qu* a titolo di feudo **2** *CH* → **beleihen**.

belehrbar *adj* {MENSCH} disposto a imparare, ricettivo; **er ist einfach nicht ~**, non imparerà mai.

belehren <*ohne ge*-> **A** *tr* **1** (*aufklären*) **jdn (über etw** akk) **~** ÜBER JDS RECHTE, DIE VORSCHRIFTEN} informare *qu* (*di qc*): **der Anwalt hat sie belehrt, dass sie keine Ansprüche mehr geltend machen kann**, l'avvocato l'ha informata che non potrà più far valere alcun diritto; **lass dich (darüber) ~, wie das neue Computerprogramm funktioniert**, fatti spiegare come funziona il nuovo programma del computer **2** *pej* (*besserwisserisch erklären*) **jdn ~** fare la lezione a *qu*: **von dir brauche ich mich nicht ~ zu lassen!**, non prendo lezioni da te! **3** (*von einer irrigen Meinung abbringen*) **jdn ~** far sentire/intendere ragione *a qu*: **ich bin belehrt!**, ho capito la lezione!; **sich ~ lassen**, ricredersi; **ich habe mich ~ lassen, dass …**, mi sono fatto (-a) convincere che …; **nicht zu ~ sein**, non sentire/intendere ragione **B** *itr*: (**mit etw** dat) **~ wollen** {AUTOR, KÜNSTLER MIT SEINEN WERKEN}, voler istruire la gente (*con qc*) ● **jdn eines anderen/Besseren ~**, far ricredere *qu*; **sich eines Besseren ~ lassen**, farsi convincere del contrario.

belehrend *adj* **1** (*unterweisen wollend*) {FILM, THEATERSTÜCK, VORTRAG} didascalico, didattico **2** *pej* (*besserwisserisch*) {STIMME, TON} cattedratico.

Belehrung <-, -en> *f* **1** (*Instruktion*) insegnamento *m*, istruzione *f* **2** (*belehrender Hinweis*) {+VERKEHRSSÜNDER} avvertimento *m*, ammonimento *m*; {+ANGEKLAGTE, ZEUGE} avvertimento *m* ● *danke* **für die ~!** *iron*, grazie del consiglio! *iron*; **deine ~en kannst du dir sparen!**, risparmiati i tuoi consigli!

beleibt *adj geh euph* pingue, corpulento.

Beleibtheit <-, *ohne pl*> *f geh euph* pinguedine *f*, corpulenza *f*.

beleidigen <*ohne ge*-> *tr* **1** (*kränken*) **jdn (durch etw** akk/**mit etw** dat) **~** offendere *qu* (*facendo qc/con qc*); (*bes. mit Worten*) insultare *qu* (*con qc*); **jdn schwer/tödlich ~**, offendere *qu* pesantemente/mortalmente; *jur* **jdn ~** offendere *qu* **2** (*unangenehm berühren*) **etw ~** {AUGE, OHR, GUTEN GESCHMACK, SPRACHGEFÜHL} offendere *qc*, essere un'offesa *per qc*.

beleidigend *adj* {ANTWORT, BEMERKUNG, VERHALTEN, WORTE} offensivo, ingiurioso: **das, was du da sagst, ist ~!**, mi stai offendendo!; **werde bitte nicht ~!**, non diventare offensivo (-a)!

beleidigt **A** *adj* {GESICHT, MENSCH, MIENE, TON} offeso: **~ sein**, esser(si) offeso; **bist du jetzt ~?**, ti sei offeso (-a)?; **jetzt ist sie ~**, adesso si è offesa; (*immer*) **gleich/leicht/schnell ~ sein**, offendersi per niente; **tief ~ sein**, essere offeso a morte/[profondamente offeso]; **sei nicht gleich ~!**, non offenderti subito!; **sich durch etw** (akk) **~ fühlen**, sentirsi offeso (-a) da *qc*; **ein ~es Gesicht machen**, fare una faccia offesa **B** *adv* {ANTWORTEN, REAGIEREN} offeso (-a): **~ ging sie aus dem Zimmer**, offesa, uscì dalla stanza ● **auf ~ machen** *fam*, **~ tun** *fam*, fare l'offeso (-a).

Beleidigung <-, -en> *f* **1** (*das Beleidigen*) ingiuria *f*, offesa *f*; (*beleidigendes Wort*) *auch* insulto *m*; (*Affront*) affronto *m*; (*schwere ~, Beamtenbeleidigung*) oltraggio *m* **2** (*etwa unangenehm Berührendes*) **~ (einer S.** gen/**für etw** akk) offesa *f* (*a/per qc*): **eine ~ für das Auge**, un'offesa per la vista; **ein ~ im Ohr**, un pugno in un occhio *fam*; **eine ~ (des (guten) Geschmacks**, un'offesa al buongusto ● **~ einer Amtsperson** *jur*, oltraggio a pubblico ufficiale.

Beleidigungsklage *f jur* querela *f* per offesa/ingiuria.

Beleidigungsprozess (a.R. Beleidigungsprozeß) m *jur* processo m per offesa/ingiuria.

beleihen <irr, ohne ge-> tr *etw* ~ **1** (*als Pfand geben*) {WERTGEGENSTAND} dare in pegno *qc*, portare *qc* al monte di pietà; (*als Pfand nehmen*) dare un prestito su pegno *di qc* **2** *ökon* {GRUNDSTÜCK, HAUS} ipotecare *qc*.

belemmert a.R. *von* belämmert → **belämmert**.

belesen adj {MENSCH} erudito, colto: **eine außergewöhnlich ~e Person**, una persona di straordinaria erudizione/cultura; **auf einem Gebiet sehr ~ sein**, avere una grande erudizione/cultura in un campo.

Belesenheit <-, ohne pl> f erudizione f, cultura f.

Beletage <-, -n> f *arch* piano m nobile, primo piano m.

beleuchten <ohne ge-> tr **1** (*mit Licht erhellen*) *etw* (*mit etw dat*) ~ illuminare *qc* (*con qc*): **das Zimmer ist nicht ausreichend beleuchtet**, la stanza non è illuminata a sufficienza **2** *autom* *etw* ~ accendere i fari *di qc*: **Ihr Fahrrad ist nicht vorschriftsmäßig beleuchtet**, le luci della Sua bicicletta non sono regolamentari **3** *geh* (*betrachten*) *etw* ~ {PROBLEM, THEMA} esaminare *qc*: **etw von allen Seiten ~**, analizzare *qc* da tutte le angolazioni.

Beleuchter m (**Beleuchterin** f) *film theat* tecnico m delle luci.

beleuchtet adj illuminato: **hell ~** {RAUM, ZIMMER}, ben illuminato; **grell ~**, illuminato da una luce intensa, sovrailluminato.

Beleuchtung <-, -en> f **1** (*das Beleuchten*) illuminazione f **2** (*das Betrachten*) esame m **3** (*Lichtquelle*) illuminazione f, luci f pl: **eine elektrische/indirekte/künstliche ~**, un'illuminazione elettrica/indiretta/artificiale **4** *autom* {+FAHRZEUG} fari m pl, luci f pl.

Beleuchtungsanlage f (impianto m di) illuminazione f.

Beleuchtungseffekt m effetto m di luce.

Beleuchtungskörper m *form* punto m luce.

Beleuchtungsstärke f *phys* intensità f luminosa.

Beleuchtungstechnik f illuminotecnica f.

beleumdet, beleumundet adj: **gut ~ sein** {MENSCH GEGEND, LOKAL}, ₍avere una₎/[godere di] buona fama; **schlecht ~ sein** {MENSCH}, avere una cattiva fama; {GEGEND, LOKAL} *auch* essere malfamato.

belfern itr *fam* {HUND} latrare; {CHEF} *auch* sbraitare; {KANONEN} tuonare.

Belgien <-s, ohne pl> n *geog* Belgio m: **nach ~ fahren**, andare in Belgio.

Belgier <-s, -> m (**Belgierin** f) belga mf.

belgisch adj belga.

Belgrad <-s, ohne pl> n *geog* Belgrado f.

belichten <ohne ge-> *fot* tr *etw* ~ {FILM, FOTOPAPIER} impressionare *qc*, esporre (alla luce) *qc*: **etw zu kurz/lange ~**, sottoesporre/sovraesporre *qc* itr: **bei diesem Foto hast du zu lange belichtet**, per fare questa foto hai aperto troppo il diaframma.

Belichtung <-, -en> f *fot* esposizione f, posa f: **die ~ erfolgt automatisch**, il tempo di esposizione/posa è automatico.

Belichtungsautomatik f *fot* esposizione f automatica.

Belichtungsmesser <-s, -> m *fot* esposimetro m.

Belichtungszeit f *fot* tempo m di posa, (tempo m) esposizione f.

belieben <ohne ge-> *geh* unpers (*gefallen*): **jdm beliebt (es), etw zu tun**, a qu piace fare *qc*, qu desidera fare *qc*; **wie es Ihnen beliebt**, come Le aggrada itr *iron* (*zu tun pflegen*): **~, etw zu tun**, usare fare *qc*, essere solito fare *qc*; **er beliebt, viel zu schlafen**, usa/[è solito] dormire molto; (*geruhen*) degnarsi di fare *qc*, accondiscendere a fare *qc*; **sie beliebt, mit uns zu speisen**, si degna di mangiare con noi • **Sie ~ (wohl) zu scherzen!** *iron*, ma vuole scherzare!

Belieben <-s, ohne pl> n: **(ganz) nach ~**, a piacimento; **das können Sie ganz nach ~ entscheiden**, può decidere ₍a Suo piacimento₎/[come più Le aggrada]; **(ganz) in jds ~ (dat) liegen/stehen** *geh*, essere a (completa) discrezione di qu, dipendere (completamente) da qu.

beliebig adj **1** (*irgendein*) qualsiasi, qualunque: **ein ~es Beispiel**, un esempio qualunque; **jeder ~e/jede ~e/jedes ~e ...**, un/una qualunque/qualsiasi ...; **zu jeder ~en Zeit**, a qualsiasi/qualunque ora; **ich kann Ihnen das Sofa mit jedem ~en Stoff beziehen**, posso rivestirLe il divano con qualunque tessuto ₍Le piaccia₎/[desideri]; **alles Beliebige**, qualunque/qualsiasi cosa; **etwas Beliebiges**, qualcosa a piacere; **du kannst dir unter den Sachen (irgend)etwas Beliebiges aussuchen**, fra queste cose puoi sceglierne una a piacere **2** (*irgendwer*): ₍jeder Beliebige₎/[jede Beliebige], chiunque, ₍il primo venuto₎/[la prima venuta]; ₍irgendein Beliebiger₎/[irgendeine Beliebige], uno (-a) qualunque **3** (*wahlfrei*) discrezionale, a discrezione: **die Auswahl ist ~**, la scelta è libera/[a discrezione]; **in ~er Reihenfolge**, non importa in che ordine **4** (*willkürlich*) arbitrario adv a piacere, a volontà, a scelta: **die Farbe kann ~ verändert werden**, il colore può essere cambiato a piacere; **~ lang(e)**, quanto (tempo) si vuole; **du kannst ~ lang(e) bleiben**, puoi rimanere quanto vuoi; **~ oft**, tutte le volte che si vuole; **~ viel Geld**, denaro a volontà/piacere; **~ viele Eintrittskarten**, tutti i biglietti che si vogliono.

beliebt adj **1** (*geschätzt*) (**bei jdm**) **~** {LEHRER, POLITIKER, PROMINENTER, SCHAUSPIELER} benvoluto (*da qu*), popolare (*da/fra qu*), amato (*da qu*); {BUCH, FILM, URLAUBSORT} popolare (*da/fra qu*), amato (*da qu*) **2** (*gern benutzt*) (**bei jdm**) **~** {THEMA} amato (*da qu*); {AUSREDE, REDEWENDUNG} diffuso (*tra qu*): **Schlankheitskuren sind ein ~es Thema in Frauenzeitschriften**, le diete dimagranti sono un cavallo di battaglia delle riviste femminili • **sich (bei jdm) ~ machen**, farsi benvolere (da qu); **sie versucht, sich beim Chef zu machen**, cerca di accattivarsi le simpatie del capo; **sich mit etw (dat) (bei jdm) nicht ~ machen**, non suscitare le simpatie di qu con *qc*: **mit seiner arroganten Art macht er sich bei den Wählern nicht gerade ~**, con quel modo di fare arrogante non suscita certo le simpatie degli elettori.

Beliebtheit <-, ohne pl> f {+AUSFLUGSORT, BUCH, FILM, POLITIKER, PROMINENTER, ROMAN, URLAUBSORT} popolarità f • **sich (bei jdm) großer ~ erfreuen** {POLITIKER, SCHAUSPIELER, SCHRIFTSTELLER, SPORTLER}, godere di una grande popolarità (fra qu); {REDEWENDUNG, THEMA}, essere molto amato (da qu).

Beliebtheitsskala f scala f di gradimento: **in der ~ ganz oben sein/stehen**, essere in cima alle preferenze.

beliefern <ohne ge-> tr **jdn/etw** (**mit etw dat**) **~** {FIRMA, KUNDEN, WARENHAUS} fornire (*qc a*) *qu/qc*, fornire *qu/qc di qc*.

Belieferung f fornitura f.

Belladonna <-, *Belladonnen*> f **1** *bot* (*Tollkirsche*) belladonna f **2** *pharm* belladonna f.

bellen itr {FUCHS, HUND} abbaiare, latrare tr (*laut und befehlend rufen*) *etw* ~ {VORGESETZTER ANWEISUNG, BEFEHL} abbaiare *qc*.

bellend adj {HUSTEN} secco; {STIMME} sbraitante.

Belletristik <-, ohne pl> f (*Prosa*) narrativa f, fiction f; (*schöngeistige Literatur*) letteratura f amena, belle lettere f pl.

belletristisch adj {ABTEILUNG, BUCH, VERLAG} di narrativa: **~e Literatur** (*Erzählliteratur*), narrativa; (*schöngeistige Literatur*) letteratura amena, belle lettere.

belobigen <ohne ge-> tr *obs* **jdn** (**wegen etw** gen *oder* fam dat) **~** elogiare *qu* (*per qc*), encomiare *qu* (*per qc*).

belohnen <ohne ge-> tr **jdn/etw** (**für etw** akk) (**mit etw** dat) **~** {EINEN MENSCHEN, EIN TIER} ricompensare *qu/qc* (*per/di qc*) (*con qc*): **ich belohnte ihn für seine Hilfe mit einem Geschenk**, per il suo aiuto lo ricompensai con un regalo; **jdn** (**für etw** akk) **~** {ANERKENNUNG, BEIFALL, ERFOLG} ricompensare *qu* (*di qc*), ripagare *qu* (*di qc*); **etw ~** {JDS AUSDAUER, GEDULD, HILFSBEREITSCHAFT, TREUE, VERTRAUEN} ricompensare *qc*, ripagare *qc*.

Belohnung <-, -en> f **1** (*Lohn*) ricompensa f **2** <nur sing> (*das Belohnen*) ricompensa f, rimunerazione f • **eine ~ (für etw** akk) **aussetzen**, offrire una ricompensa (per qc); **gegen ~**, dietro ricompensa; **zur/als ~ für etw** (akk), come ricompensa per *qc*.

belüften <ohne ge-> tr *etw* ~ {RAUM, ZIMMER} aerare *qc*, ventilare *qc*: **ein gut/schlecht belüfteter Raum**, un ambiente ben/mal aerato.

Belüftung f aerazione f, ventilazione f.

Belüftungsanlage f impianto m di aerazione/ventilazione.

belügen <irr, ohne ge-> tr **jdn** ~ mentire *a qu*, dire bugie *a qu* rfl **sich** (**selbst**) **~** mentire a se stesso (-a), ingannare se stesso (-a), illudersi.

belustigen <ohne ge-> tr **jdn** (**mit etw** dat) **~** divertire *qu* (*con qc*), far ridere *qu* (*con qc*): **etw belustigt jdn** (**an jdm**) {GEBAREN, GESTIK, KLEIDUNGSSTÜCK}, *qc* (*di qu*) fa ridere qu; **~d**, divertente rfl *geh* **sich über jdn/etw** ~ {ÜBER EINE MERKWÜRDIGE ANGEWOHNHEIT, AUSGEFALLENE KLEIDUNG, EINE PERSON} prendersi gioco di *qu/qc*, farsi beffe *di qu/qc*, beffarsi di *qu/qc*.

belustigt adj {GESICHTSAUSDRUCK, STIMME, TON} divertito: **jd ist über etw** (akk) **~**, qu è divertito da *qc*, qc diverte qu adv {JDN ANSCHAUEN, ANTWORTEN, JDM ZUSCHAUEN} con aria divertita: **sie lächelte ~**, sorrise divertita.

Belustigung <-, -en> f **1** <nur sing> (*das Belustigtsein*) divertimento m **2** (*lustige Veranstaltung*) divertimento m • **zu jds ~** {SPÄßE, WITZE MACHEN, EINEN ALLEINUNTERHALTER, CLOWN AUFTRETEN LASSEN}, per il divertimento di qu.

bemächtigen <ohne ge-> rfl *geh* **1** (*in seine Gewalt, seinen Besitz bringen*) **sich etw** (gen) **~** impossessarsi di *qc*, impadronirsi di *qc*; (*widerrechtlich*) {EINER ERBSCHAFT, DER MACHT, DES THRONES} usurpare *qc*; **sich jds ~** impossessarsi di qu, catturare *qu* **2** (*überkommen*) **sich jds ~** {ANGST, GEDANKE, GEFÜHL, SCHLAF} impadronirsi di qu, impossessarsi *di qu*.

bemäkeln <ohne ge-> tr *fam* **etw** (**an jdm/etw**) **~** {FEHLER, VERHALTEN} criticare *qc* (*di qu/qc*): **an jdm/etw immer (et)was zu ~ haben/finden**, avere/trovare sempre da ridire qualcosa su *qu/qc*.

bemalen <ohne ge-> tr *etw* ~ {GLAS, KE-

RAMIK, MÖBEL, WAND} dipingere qc: **etw mit Blumen/Farbe ~**, dipingere ⌊dei fiori su qc⌋/[qc in un colore]; **mit etw (dat) bemalt werden** {GEGENSTAND MIT MOTIVEN}, essere/venire decorato (-a) con qc; **von Hand bemalt**, dipinto a mano; **bunt bemalt** {GESCHIRR, SCHRANK} multicolore B rfl *fam pej (sich stark schminken)* **sich ~** pitturarsi *fam*; **sich (dat) etw ~** pitturarsi *qc*.

Bemalung <-, -en> f **1** *(das Bemalen)* decorazione f **2** *(Motiv)* ornamento m, decorazione f; *(Malereien)* pitture f pl.

bemängeln <ohne ge-> tr **etw (an/bei jdm/an etw** dat) ~ criticare qc *(di qu/qc)*: **an diesem Service gibt es einiges zu ~**, sul servizio c'è parecchio da ridire; **~, dass ...**, lamentarsi che ... *konjv*.

Bemängelung <-, ohne pl> f **~ einer S.** (gen) critica *(a qc)*.

bemannen <ohne ge-> tr **etw ~** {RAUMSCHIFF, SCHIFF, U-BOOT} dotare qc di un equipaggio.

bemannt adj **1** *(mit einer Crew besetzt)* {RAUMSCHIFF, U-BOOT} dotato di equipaggio, con uomini a bordo **2** *fam scherz (mit Freund oder Mann)*: **~ sein** {FRAU}, essere accompagnato; **seit ein paar Wochen ist sie wieder ~**, da qualche settimana è di nuovo accoppiata.

bemänteln <ohne ge-> tr **etw ~** {FEHLER, VERSAGEN} mascherare qc, nascondere qc.

bemerkbar adj percettibile: **für jdn ~ sein**, essere percettibile da/per qu • **sich (bei jdm) (durch etw akk) ~ machen** {MENSCH}, farsi notare (da qu) (con qc), attirare l'attenzione (di qu) (con qc); {ERSCHÖPFUNG, KRANKHEIT, UNLUST}, manifestarsi (in qu) con qc; **mach dich ~, wenn du etwas brauchst!**, fatti sentire se hai bisogno di qualcosa!; **ihre Krankheit machte sich gleich zu Anfang durch Übelkeit ~**, fin dall'inizio la sua malattia si manifestò con un senso di nausea.

bemerken <ohne ge-> tr **1** *(wahrnehmen)* **jdn/etw ~** notare qu/qc, accorgersi di qu/qc, fare caso a qu/qc: **~, dass ...**, accorgersi/notare che ...; **sie bemerkte es noch rechtzeitig**/[**zu spät**], **dass ...**, si accorse ⌊giusto in tempo⌋/[troppo tardi] che ... **2** *(äußern)* **etw (zu etw** dat) **~** osservare qc *(a proposito di qc)*, dire qc *(a proposito di qc)*; *(erwähnen)* menzionare qc; *(kommentieren)* commentare qc: **nebenbei bemerkt**, per inciso, incidentalmente; **ich möchte (dazu) ~, dass ...**, (a questo proposito) vorrei osservare/dire che ...

bemerkenswert A adj {ANSTRENGUNG, FORTSCHRITTE, KRAFT, LEISTUNG} notevole, rimarchevole; {ARBEIT, BUCH, MENSCH} degno di nota: **etwas/nichts Bemerkenswertes**, qualcosa/niente ⌊di particolare⌋/[che merita di essere notato] B adv notevolmente: **eine ~ schöne Frau**, una donna di notevole bellezza.

Bemerkung <-, -en> f **1** *(Äußerung)* osservazione f, commento m: **eine abfällige/kritische/zynische ~**, un'osservazione sprezzante/critica/cinica; **ihm entschlüpfte die ~, ...**, si lasciò scappare ...; **wenn ich mir eine ~ erlauben darf ...**, se mi è consentita un'osservazione ... **2** *(schriftliche Anmerkung)* **~** *(zu etw* dat) nota f *(su qc)*, appunto m *(su qc)*, annotazione f *(su qc)* • **(jdm gegenüber) eine ~ (über jdn/etw) fallen lassen**, lasciarsi (volutamente) scappare (con qu) un'osservazione (su qu/qc); **(jdm gegenüber) eine ~ (über jdn/etw) machen**, fare un'osservazione (su qu/qc) (con qu).

bemessen <irr, ohne ge-> tr A tr **etw (nach etw** dat) **~** {LOHN, PRÄMIE NACH LEISTUNG, STRAFMASS NACH STRAFTAT} commisurare qc a qc; {PREIS, RAUM, UMFANG} calcolare qc *(in base a qc)*; {MENGE} dosare qc *(in base a qc)* B rfl **form sich nach etw** (dat) **~** {KOSTEN NACH VERBRAUCH, STEUER, UNTERSTÜTZUNG NACH EINKOMMEN} calcolarsi in base a qc; {VERDIENST NACH ERFOLG} misurarsi in base a qc; {STRAFE NACH SCHULD} commisurarsi *a qc* • **knapp/reichlich ~** {HONORAR, TRINKGELD}, misero/lauto; {PORTION}, scarso/abbondante; **knapp ~ sein** {MITTEL, ZEIT}, essere contato; **2000 Euro für diese Arbeit sind etwas knapp ~**, 2000 euro per questo lavoro sono un po' pochi; **meine Zeit ist knapp ~**, ho i minuti contati, ho il tempo contato.

Bemessung f {+HONORAR, STEUER, VERSICHERUNGSLEISTUNG} calcolo m.

Bemessungsgrundlage f ökon {+RENTE, SOZIALLEISTUNG} base f di calcolo; {+STEUERN} base f imponibile.

bemitleiden <ohne ge-> A tr **jdn ~** compatire qu, compiangere qu, avere/provare compassione/pietà *per qu*: **du bist zu ~**, sei da compatire/compiangere B rfl **sich (selbst) ~** compiangersi, piangersi addosso.

bemitleidenswert adj {MENSCH, KREATUR} che desta/fa compassione; {ZUSTAND} auch pietoso, compassionevole: **sie ist wirklich ~**, è davvero da compiangere; **sich in einem ~en Zustand befinden**, trovarsi in uno stato pietoso.

bemittelt adj geh di mezzi, agiato, benestante, facoltoso: **von Haus aus ~ sein**, essere di famiglia abbiente/agiata/facoltosa.

bemogeln <ohne ge-> tr *fam scherz* **jdn ~** gabbare qu *fam*.

bemoost adj {BAUMSTAMM, STEIN, WALDBODEN} coperto di muschio, muscoso.

bemühen <ohne ge-> A tr geh **1** *(in Anspruch nehmen)* **jdn ~** {ANWALT, ARZT, EXPERTEN} interpellare qu, ricorrere a qu: **darf ich Sie in dieser Angelegenheit noch einmal ~?**, posso interpellarLa ancora a questo proposito? **2** *(zurückgreifen auf)* **etw ~** {AUSREDE} fare ricorso a qc, ricorrere a qc; {AUFZEICHNUNGEN, NOTIZBUCH} consultare qc **3** *(zitieren)* **jdn/etw ~** {AUTOR, BIBEL, BEKANNTES BUCH, SPRICHWORT} citare qu/qc B rfl **1** *(sich Mühe geben)* **sich ~** sforzarsi, darsi da fare, fare degli sforzi, impegnarsi: **du musst dich mehr ~**, devi sforzarti/impegnarti di più; **ich habe mich wirklich bemüht**, ce l'ho messa davvero tutta; **er bemüht sich gar nicht**, non fa nessuno sforzo; **sich ~, etw zu tun**, sforzarsi di fare qc, adoperarsi per fare qc; **sich krampfhaft/verzweifelt ~, etw zu erreichen**, tentare spasmodicamente/disperatamente di ottenere qc **2** *(zu erlangen suchen)* **sich um etw** (akk) **~** {UM EINE ANSTELLUNG, BEFÖRDERUNG, STELLE} cercare di ottenere qc; {UM JDS FREUNDSCHAFT, GUNST, VERTRAUEN, ZUNEIGUNG} cercare (di ottenere) qc, cercare di guadagnarsi qc **3** *(für sich gewinnen)* **sich um jdn ~** corteggiare qu **4** *(sich kümmern)* **sich um jdn ~** prendersi cura *di qu*; **sich um etw** (akk) **~** {UM EIN GUTES ARBEITSKLIMA} ⌊cercare di⌋/[darsi da fare per] creare qc **5** *(sich einsetzen für)* **sich für jdn ~** adoperarsi per qu **6** geh *(gehen)* **sich irgendwohin/zu jdm ~** recarsi/andare + compl di luogo/da qu: **würden Sie sich jetzt bitte ins Nebenzimmer ~?** form, Le posso chiedere di accomodarsi nella stanza accanto?; **würdest du dich bitte mal zur Tür ~?**, potresti degnarti di aprire la porta? • **bitte ~ Sie sich nicht!**, non ⌊s'incomodi⌋/[si disturbi]!; **sich umsonst/vergeblich ~**, darsi da fare inutilmente; **er hat sich umsonst bemüht, die Stelle war längst vergeben**, ha solo perso tempo, quel posto di lavoro era già stato assegnato da tempo.

bemüht adj **1** *(eifrig)* {SCHÜLER} volenteroso, che si applica; {MITARBEITER} zelante, solerte; {VERHALTEN} sollecito, premuroso: **um jdn ~ sein**, darsi premura per qu, prendersi cura di qu; **um etw (akk) ~ sein**, preoccuparsi di qc; **er war um einen guten Eindruck ~**, si sforzava/preoccupava di fare bella figura; **wir sind stets um das Wohl unserer Gäste ~**, ci preoccupiamo costantemente del benessere dei nostri ospiti; **(darum) ~ sein, etw zu tun**, cercare di fare qc, adoperarsi per fare qc **2** geh *(gezwungen)* {FREUDE, HERZLICHKEIT} sforzato, poco spontaneo.

Bemühung <-, -en> f **~ meist pl** *(Anstrengung)* sforzo m; *(Fürsorge)* premura f: **trotz aller ~en**, nonostante tutti gli sforzi **2** <nur pl> *(auf Rechnungen: Dienstleistung)* {+ANWALT, ARZT, STEUERBERATER} prestazioni f pl • **danke für Ihre ~en!**, La ringrazio del Suo interessamento.

bemüßigt adj: **sich ~ fühlen/sehen, etw zu tun** geh oder iron, sentirsi in obbligo di fare qc, vedersi costretto (-a) a fare qc.

bemustern <ohne ge-> tr **com etw ~** {KOLLEKTION} campionare qc.

bemuttern <ohne ge-> tr **jdn ~** fare da madre/mamma a qu, avere cure materne per qu, coccolare qu *fam*; *iron* trattare qu come un/una bambino/a: **sie bemuttert ihn wie ein kleines Kind**, lo tratta come se fosse un bambino; **sich von jdm ~ lassen**, farsi coccolare da qu.

benachbart adj {FAMILIE, PERSON} vicino (di casa); {DORF, STADT} vicino; {GRUNDSTÜCK, HAUS, LAND} confinante, adiacente; {GEBIET} limitrofo; {DISZIPLIN, FACHGEBIET} affine: **jdm/etw ~ sein**, essere vicino a qu/qc.

benachrichtigen <ohne ge-> tr **jdn (von etw** dat) **~** informare qu *(di qc)*, avvertire qu *(di qc)*, avvisare qu *(di qc)*: **jd wird davon benachrichtigt, dass ...**, qu viene informato/avvertito/avvisato che ...

Benachrichtigung <-, -en> f **1** <nur sing> *(das Benachrichtigen)* informazione f, informare m *qu*: **im Falle eines neuerlichen Ausgangs der Verhandlungen bitte ich um sofortige ~**, in caso di fallimento delle trattative desidero essere immediatamente ⌊informato (-a)⌋/[messo (-a) al corrente] **2** *(Nachricht)* informazione f, avviso m, notizia f; *adm* notifica f, notificazione f: **ohne vorherige ~**, senza preavviso.

benachteiligen <ohne ge-> tr **1** *(schlechter behandeln)* **jdn (gegenüber jdm) ~** sfavorire qu *(rispetto a qu)*, penalizzare qu; *(wegen Geschlecht, Glauben, Klasse, Rasse)* auch discriminare qu **2** *(zum Nachteil gereichen)* **jdn (gegenüber jdm) ~** {BESTIMMUNGEN BESTIMMTE BEVÖLKERUNGSGRUPPE} mettere qu in condizione di svantaggio *(rispetto a qu)*, penalizzare qu *(rispetto a qu)*, danneggiare qu.

benachteiligt adj svantaggiato, *(wegen Geschlecht, Glauben, Klasse, Rasse)* auch discriminato: **sich ~ fühlen**, sentirsi penalizzato (-a); **sozial ~**, socialmente svantaggiato; **wirtschaftlich ~**, economicamente svantaggiato.

Benachteiligte <dekl wie adj> mf svantaggiato (-a) m (f): **die ~n unserer Gesellschaft**, i diseredati della nostra società; **der/die ~ sein**, rimetterci.

Benachteiligung <-, -en> f **1** *(das Benachteiligen)*: **gegen die ~ ausländischer Mitbürger sein**, essere contro la discriminazione dei concittadini stranieri; **die ~ türkischer Kinder gegenüber ihren Klassenkameraden ist heute leider an der Tagesordnung**, purtroppo oggi la discriminazione dei bambini turchi rispetto ai loro compagni di classe è all'ordine del giorno **2** (*Nachteil*) handicap m.

benagen <ohne ge-> tr **etw** ~ {TIER, WILD KNOCHEN, RINDE} rodere qc, rosicchiare qc.

Benchmark <-, -s> f oder <-s, -s> m **1** ökon benchmark m **2** (*Leistungstest*) *inform* benchmark m.

Benchmarking n → **Benchmark**.

Bendel a.R. von Bändel → **Bändel**.

benebeln <ohne ge-> tr *fam* jdn ~ {ALKOHOL, DROGEN} annebbiare la testa a qu; {DUFT, NARKOSE} stordire qu; **etw** ~ {JDS SINNE, VERSTAND} annebbiare qc a qu: **(von etw dat) benebelt sein**, essere stordito/annebbiato (da qc); *fam* (*leicht betrunken sein*) essere brillo/alticcio *fam*.

benedeien <mit oder ohne ge-> tr *relig* jdn ~ {JUNGFRAU MARIA} benedire qu; {GOTT} glorificare qu: **gebenedeit sei dein Name**, benedetto sia il nome tuo.

Benedikt m (*Vorname*) Benedetto.

Benediktiner <-s, -> m (**Benediktinerin** f) *relig* benedettino (-a) m (f).

Benediktinerorden m *relig* ordine m benedettino.

Benefizkonzert n concerto m di beneficenza.

Benefizspiel n *sport* (*incontro m/partita* f) di beneficenza.

Benefizveranstaltung f manifestazione f di beneficenza; *mus theat* spettacolo m di beneficenza.

Benefizvorstellung f *mus theat* spettacolo m di beneficenza.

benehmen① <irr, ohne ge-> rfl **1** (*sich gesittet verhalten*) **sich** ~ sapersi comportare: **hast du denn nie gelernt, dich zu ~?**, non hai mai imparato ₍le buone maniere₎/[a comportarsi come si deve]?; **sich gut/schlecht** ~, comportarsi bene/male **2** (*sich verhalten*) **sich irgendwie** ~ {GROB, UNVERSCHÄMT, ZUVORKOMMEND} comportarsi + *compl di modo*: **sich** {jdm gegenüber} **anständig/freundlich/höflich** ~, comportarsi educatamente/gentilmente/cortesemente (con/[nei confronti di] qu); **sich wie ein ...** ~ {WIE EIN CLOWN, DEPP, STRAßENJUNGE, WIE EINE DAME, EIN GENTLEMAN}, comportarsi ₍come un/una₎/[da] ...; **sich kindisch/[wie ein Kind]** ~, comportarsi ₍in modo infantile₎/[come un bambino/una bambina] • **benimm dich!**, comportati bene!; **bitte ~ Sie sich!**, un po' di contegno, per favore!; **sich nicht ~ können**, non sapersi comportare, non conoscere le buone maniere; **sich unmöglich ~** *fam*, comportarsi malissimo *fam*; **sich zu ~ wissen**, sapersi comportare, conoscere le buone maniere.

benehmen② <irr, ohne ge-> tr *geh* **jdm etw** ~ {DIE LUST, DEN MUT} togliere qc a qu, levare qc a qu.

Benehmen <-s, ohne pl> n (*Verhalten*) comportamento m, condotta f, contegno m; (*gutes* ~) buone maniere f pl: **was ist denn das für ein ~!**, ma che maniere sono queste!; **das ist (doch) kein ~!**, ma che modo di comportarsi!, belle maniere! • **jdm ~ beibringen**, insegnare le buone maniere a qu; **kein ~ haben**, essere maleducato, non sapersi comportare; **im ~ mit jdm** form, d'accordo con qu; **sich mit jdm** (wegen etw gen oder fam dat) **ins ~ setzen** form, mettersi in contatto con qu (per qc), contattare qu (per qc); **sich mit jdm über etw** (akk) **ins ~ setzen** form, accordarsi con qu riguardo a qc.

beneiden <ohne ge-> tr **jdn** ~ invidiare qu, essere geloso di qu; **jdn um etw** (akk)/**wegen etw** (gen oder dat fam) ~ invidiare qc a/

di qu: **er beneidet dich um dein Glück**, invidia la tua felicità • **jd ist nicht zu ~**, qu non è da invidiare.

beneidenswert Ⓐ adj {ERFOLG, KARRIERE, LEBEN, MENSCH} invidiabile: **eine ~e Künstlerin**, un'artista che suscita invidia Ⓑ adv: **sie ist ~ naiv** *iron*, è di un candore invidiabile.

Beneluxländer subst <nur pl> pol, **Beneluxstaaten** subst <nur pl> pol: **die ~**, i paesi/gli stati del Benelux, il Benelux.

benennen <irr, ohne ge-> tr **1** (*einen Namen geben*) **etw** ~ dare un nome a qc; **jdn nach jdm** ~ chiamare qu come qu, dare a qu il nome di qu: **das Kind wurde nach seinem Großvater benannt**, il bambino fu chiamato come il nonno; **etw nach jdm/etw** ~ {PLATZ, STRAßE, WERK} intitolare qc a qu/qc; **die Straße ist nach einem Staatsmann benannt**, la strada è intitolata a uno statista **2** (*nennen*) **jdn als etw** (akk) ~ {ALS KANDIDATEN, SACHVERSTÄNDIGEN} designare qu come qc; **jdn als/zum Zeugen** ~, chiedere l'ammissione di qu come teste.

Benennung f **1** <nur sing> (*das Benennen*) denominazione f; {+KANDIDAT, SACHVERSTÄNDIGE} designazione f; {+ZEUGE} citazione f **2** (*Bezeichnung*) denominazione f; (*Name*) nome m; (*Titel*) titolo m.

benetzen <ohne ge-> tr **geh etw** ~ {LIPPEN} umettarsi qc, inumidir(si) qc: **Tränen benetzten ihre Wangen**, le lacrime le rigavano le guance.

Bengale <-n, -n> m (**Bengalin** f) bengalese mf.

Bengalen <-s, ohne pl> n *geog* Bengala m.

Bengali <- oder -s, ohne pl> n (*Sprache*) bengali m.

Bengalin f → **Bengale**.

bengalisch adj **1** (*Bengalen betreffend*) {BRAUCH, SPRACHE} bengalese, bengalino **2** (*in buntem Licht erscheinend*) **~e Beleuchtung**, illuminazione multicolore; **~es Feuer**, bengala.

Bengel <-s, - oder -s> m bes. norddt fam (*frecher Junge*) monello m *fam*, birba f *fam*, birichino m *fam*: **was für ein süßer ~!**, che adorabile monello!; (*Halbwüchsiger*) ragazzaccio m; **so ein dummer ~!**, che deficiente!

Benimm <-s, ohne pl> m *fam* (*Benehmen*): ~ **haben**, essere educato, sapersi comportare; **kein(en) ~ haben**, essere maleducato, non sapere cos'è l'educazione.

Benimmregel f <meist pl> regola f di ₍buona educazione₎/[galateo].

Benin <-s, ohne pl> n *geog* Benin m: **nach ~ fahren**, andare nel Benin.

Benjamin m **1** (*Vorname*) Beniamino **2** *fam* (*Jüngster*): **der ~ der Familie/Klasse sein**, essere il pulcino della famiglia/classe.

Benno m (*Vorname*) Benno.

benommen Ⓐ part perf von **benehmen** Ⓑ adj <präd> intontito, stordito: **er war von dem Unfall noch stark ~**, era ancora completamente stordito a causa dell'incidente; **jdn ~ machen** {DROGE, MEDIKAMENT}, intontire qu.

Benommenheit <-, ohne pl> f stordimento m, intontimento m: **ein Gefühl der ~**, un senso di stordimento.

benoten <ohne ge-> tr **jdn/etw** (*mit etw* dat) ~ {LEHRER, PRÜFER SCHRIFTLICHE ARBEIT, KANDIDATEN} dare un voto/giudizio a qu/qc: **sein Referat wurde mit «sehr gut» benotet**, nella relazione ha avuto ottimo ~.

benötigen <ohne ge-> tr **etw** ~ {GELD, HILFE, KLEIDUNG, NAHRUNG} aver bisogno di qc, necessitare di qc: **etw dringend** ~, aver bisogno urgente di qc; **wie viel Geld benötigst**

du/[du von mir]?, quanto denaro ₍ti necessita₎/[vuoi che ti dia]?.

benötigt adj necessario, occorrente.

Benotung <-, -en> f **1** (*das Benoten*) {+KANDIDAT, SCHÜLER, STUDENT} valutazione f; {+KLASSENARBEIT, REFERAT} *auch* votazione f **2** (*Note*) voto m, giudizio m.

benutzbar adj {GEGENSTAND} utilizzabile; {STRAßE, WEG} praticabile.

benutzen <ohne ge-> tr, **benützen** <ohne ge-> süddt A CH **1** (*verwenden*) **etw** ~ utilizzare qc, usare qc, adoperare qc, impiegare qc; {ABKÜRZUNG, AUFZUG, SCHLEICHWEG} prendere qc; {BIERGLAS, GESCHIRR, HANDTUCH, SEIFE} usare qc, servirsi di qc; {LITERATUR, SEKUNDÄRLITERATUR, WERK} consultare qc; **etw als etw** akk/**zu etw** dat) ~ utilizzare qc (come/per qc), usare qc (come/per qc), servirsi di qc (come/per qc): **ich benutze diesen Raum als Arbeitszimmer**, uso quest'ambiente come studio; **den Computer zum Verfassen von Texten** ~, utilizzare il computer per l'elaborazione di testi; **nach dem Benutzen**, dopo l'utilizzo/l'uso; **das benutzte Geschirr/Handtuch**, ₍i piatti sporchi₎/[l'asciugamano sporco]; **ein viel/wenig benutzter Waldweg**, un sentiero nel bosco ₍molto battuto₎/[poco praticato/frequentato] **2** (*fahren mit*) **etw** ~ {DAS AUTO, DEN BUS, ZUG} prendere qc, andare con qc **3** (*für einen bestimmten Zweck einsetzen*) **etw** (*zu etw* dat/**für etw** akk) ~ approfittare di qc (per qc), sfruttare qc (per qc), servirsi di qc (per qc): **er hat die Ferien zum Lesen benutzt**, ha sfruttato le vacanze per leggere; **die Gelegenheit zu etw** (dat) ~, cogliere l'occasione per fare qc; **die Gelegenheit (dazu)** ~, **etw zu tun**, approfittare dell'occasione per fare qc, cogliere l'occasione per fare qc **4** *pej* (*ausnutzen*) **jdn/etw** ~ approfittare di qu/qc, abusare di qu/qc, usare qu/qc: **sich benutzt fühlen**, sentirsi usato (-a).

Benutzer <-s, -> m (**Benutzerin** f), **Benützer** <-s, -> m (**Benützerin** f) süddt A CH **1** (*jd, der etw benutzt*) utilizzatore (-trice) m (f); {+BIBLIOTHEK, LEIHBÜCHEREI, TELEFON, ÖFFENTLICHE VERKEHRSMITTEL} utente mf **2** *inform* utente mf **3** <nur pl> (*Benutzerkreis*) utenza f, utenti m pl.

benutzerfreundlich adj {GERÄT, WÖRTERBUCH} di facile uso, facile da usare; {COMPUTER, PROGRAMM} *auch* amichevole, user-friendly.

Benutzerfreundlichkeit <-, ohne pl> f {+GERÄT, MASCHINE} facilità f d'uso; {+COMPUTER, PROGRAMM} *auch* amichevolezza f; {+BIBLIOTHEK} facilità f di consultazione.

Benutzergruppe f → **Benutzerkreis**.

Benutzerhandbuch n *inform* manuale m dell'utente.

Benutzer-ID f *inform* user-ID m oder f.

Benutzerin f → **Benutzer**.

Benutzerkennung f *inform* identificazione f utente, user-ID m oder f.

Benutzerkonto n *inform* account m utente.

Benutzerkreis m (bacino m di) utenza f.

Benutzername m *inform* nome m utente.

Benutzeroberfläche f *inform* interfaccia f utente.

Benutzerprofil n profilo m utente.

Benutzung <-, ohne pl> f, **Benützung** f süddt A CH <-, ohne pl> (*das Benutzen*) utilizzazione f; {+GEBRAUCHSGEGENSTAND} uso m, utilizzo m; {+BIBLIOTHEK, ÖFFENTLICHE VERKEHRSMITTEL} *auch* utenza f: **nach der ~**, dopo l'utilizzo/l'uso; **die ~ einer S.** (gen) **als etw**, l'utilizzazione di qc come qc • **etw in ~ haben/nehmen** form, ₍avere in uso₎/[fare uso di]

qc; **jdm etw zur ~ *überlassen*,** dare in uso qc a qu.
Benutzungsgebühr f tassa f d'uso; (*Leihgebühr*) (diritti m pl di) noleggio m; (*Straßenbenutzungsgebühr*) pedaggio m.
Benutzungsordnung f {+BIBLIOTHEK, LEIHBÜCHEREI} regolamento m.
Benzen <-s, -e> n *chem* benzene m.
Benzin <-s, -e> n *autom* benzina f; (*Reinigungsbenzin*) benzina f (per smacchiare).
Benziner <-s, -> m *fam aut* auto f/macchina f a benzina.
Benzinfeuerzeug n accendino m a benzina.
Benzingutschein m buono m (per la) benzina.
Benzinkanister m *autom* tanica f di riserva.
Benzinleitung f *autom* condotto m della benzina.
Benzinmotor m motore m a benzina.
Benzinpreis m prezzo m della benzina: **die ~e steigen unaufhörlich,** il prezzo della benzina è in continuo aumento.
Benzinpreiserhöhung f aumento m del prezzo della benzina.
Benzinpumpe f *autom* pompa f della benzina.
Benzinstand m *autom* livello m della benzina.
Benzinstandsanzeiger m *autom* indicatore m di livello (₁della benzina₁)/[del carburante]).
Benzintank m *autom* serbatoio m della benzina.
Benzinuhr f *autom* → **Benzinstandsanzeiger**.
Benzinverbrauch m *autom* consumo m di benzina/carburante.
Benzinzapfstelle f distributore m/pompa f₁di/della benzina₁/[di/del carburante].
Benzodiazepin <-s, -e> n *chem pharm* benzodiazepina f.
Benzoesäure f *chem* acido m benzoico.
Benzol <-s, -e> n *chem* benzolo m, benzene m.
Benzpyren <-s, ohne pl> n *chem* benzopirene m.
Benzyl <-s, ohne pl> n *chem* benzile m.
Benzylalkohol m *chem* alcol m benzilico.
beobachten <ohne ge-> tr **1** (*aufmerksam betrachten*) **jdn/etw ~** {GEGENSTAND, HIMMEL, MENSCHEN, PATIENTEN, PLANETEN, SZENE} osservare *qu/qc*; (*prüfend*) esaminare *qu/qc*, scrutare *qu*; (*heimlich*) spiare *qu/qc*; **jdn bei etw** (dat) **~** {BEIM BADEN, LESEN, KOCHEN} osservare *qu* ₁fare qc₁/[mentre fa qc]: **jdn** ₁**beim Arbeiten**₁/[**bei seiner Arbeit**] **~,** osservare qu mentre lavora; **jdn (dabei) ~, wie ...,** osservare qu mentre ..., guardare qu fare qc; **wir haben (ihn dabei) beobachtet, wie er im Kaufhaus einen Pullover stahl,** l'abbiamo osservato mentre rubava un maglione al grande magazzino; **sich (von jdm) beobachtet fühlen,** ₁avere l'impressione di essere₁/[sentirsi] osservato (-a) (da qu) **2** (*observieren*) **jdn ~** {SPION, VERDÄCHTIGEN, UNTREUEN EHEPARTNER} sorvegliare *qu*: **jdn ~ lassen,** far sorvegliare/seguire qu **3** (*bemerken*) **etw (an jdm/etw) ~** {AUFFÄLLIGES, SYMPTOM, VERÄNDERUNG} osservare *qc* (*in qu/qc*), notare *qc* (*in qu/qc*): **ich konnte nichts Besonderes an seinem Verhalten ~,** non osservai niente di particolare nel suo comportamento ● **gut beobachtet!,** che occhio!
Beobachter <-s, -> m (**Beobachterin** f) **1** osservatore (-trice) m (f): **ein aufmerksamer ~,** un attento osservatore; **bei etw** (dat)

als ~ anwesend sein, assistere a qc in veste di osservatore **2** *jur mil pol* {+UNO} osservatore (-trice) m (f).
Beobachterstatus <-, ohne pl> m *pol* {+STAAT} ruolo m di osservatore.
Beobachtung <-, -en> f **1** (*das Beobachten*) osservazione f: **die ~ machen, dass ...,** osservare/notare che ... **2** (*Observierung*) sorveglianza f: **unter ~ stehen,** essere sorvegliato/[sotto sorveglianza] **3** *med* osservazione f: **unter ~,** in osservazione; **sie ist zur ~ in einer Spezialklinik,** è in osservazione in una clinica specialistica **4** (*Ergebnis des Beobachtens*) constatazione f, osservazione f ● (**an jdm) eine ~ machen,** osservare qualcosa (in qu); (**an jdm) die ~ machen, dass ...,** osservare/notare che qu ...; **diese ~ habe ich noch nie gemacht,** questa è una cosa che non ho mai notato; **aus eigener ~ weiß ich ...,** so per esperienza personale che ...
Beobachtungsgabe f spirito m d'osservazione: **eine scharfe ~ haben,** avere un ottimo spirito d'osservazione.
Beobachtungsposten m *mil* posto m di osservazione: **auf ~ sein/stehen,** essere/stare di vedetta.
Beobachtungssatellit m *mil meteo* satellite m di osservazione.
Beobachtungsstation f **1** osservatorio m; *meteo* osservatorio m meteorologico; *astr* osservatorio m **2** *med* reparto m d'osservazione.
beölen <ohne ge-> rfl *slang* **sich ~** divertirsi da matti *fam*.
beordern <ohne ge-> tr **jdn zu jdm/irgendwohin ~** comandare *a qu* di recarsi *da qu/+ compl di luogo*: **er wurde** ₁**an die Front**₁/[**nach Somalia**] **beordert,** fu comandato ₁al fronte₁/[in Somalia]; **jdn zu sich (dat) ~,** mandare a chiamare qu, convocare qu; **er wurde gleich heute Morgen zum Direktor beordert,** stamani è stato immediatamente convocato dal direttore.
bepacken <ohne ge-> tr **jdn/etw (mit etw** dat) **~** caricare *qu/qc* (*di qc*).
bepackt adj: **schwer ~** {ESEL, GEPÄCKTRÄGER, PFERD} stracarico; **schwer ~ sein,** essere carico come un mulo; **er war mit Einkaufstüten schwer ~,** era stracarico di borse della spesa.
bepflanzen <ohne ge-> tr **etw (mit etw** dat) **~** {GARTEN, LAND, PARK} piantare *qc* (*a qc*), piantare *qc in qc*: **ein Beet mit Blumen ~,** piantare dei fiori in un'aiuola.
Bepflanzung <-, -en> f **1** (*das Bepflanzen*) piantare m *qc*, piantagione f **2** (*die Pflanzen*) piante f pl.
bepinkeln <ohne ge-> fam **A** tr **etw ~** {BAUM, HAUSWAND, HOSENBEIN} fare la pipì *su qc*, orinare *su qc*, pisciare *su qc vulg* **B** rfl **sich ~** farsi la pipì addosso, orinarsi addosso, pisciarsi addosso *vulg*; **sich (dat) etw ~** {HOSE, HOSENBEIN} farsi la pipì *su qc*, orinarsi *su qc*, pisciarsi *su qc vulg*.
bepinseln <ohne ge-> tr **1** *gastr* **etw (mit etw** dat) **~** spennellare *qc* (*con qc*) **2 etw (jdm) etw ~** spennellare *qc* (*a qu*) **3 fam** (*voll schreiben*) **etw (mit etw** dat) **~** {HAUSWAND} imbrattare *qc* (*con qc*).
bepissen <ohne ge-> tr rfl *vulg* → **bepinkeln.**
bepudern <ohne ge-> tr **etw ~** {HAUT} dare il (boro)talco *su qc*.
bequasseln <ohne ge-> fam, **bequatschen** <ohne ge-> tr fam **1** (*bereden*) **etw (mit jdm) ~** chiacchierare *di qc* (*con qu*) **2** (*überreden*) **jdn ~** convincere *qu* parlandogli: **er hat mich solange bequatscht, dass ich schließlich nachgegeben habe,** mi ha

talmente martellato (-a) che alla fine ho ceduto; **jdn (dazu) ~, etw zu tun,** convincere qu a fare qc.
bequem **A** adj **1** (*angenehm*) {KLEIDUNG, MÖBEL, SCHUHE} comodo, confortevole: **ein ~es Leben führen,** fare/condurre una vita comoda **2** (*mühelos*) {METHODE, WEG} agevole; {BEDIENUNG, HANDHABUNG} facile, comodo: **eine ~e Ausrede,** una scusa troppo facile/comoda; **es ist ~, mit 30 noch bei seinen Eltern zu wohnen,** è comodo vivere ancora con i genitori a 30 anni **3** (*leicht zu handhaben*) {ELEKTROGERÄT} maneggevole, pratico **4** *fam pej* (*träge*) {MENSCH} pigro, comodone *fam*: **dazu ist er viel zu ~!,** è troppo comodone per farlo! **B** adv {LEBEN, ZU ERREICHEN SEIN} comodamente; {BEDIENEN, HANDHABEN} con facilità: **~ sitzen** (*KLEIDUNG*), essere comodo/confortevole; (*MENSCH*) stare comodo (-a) ● **es (mit jdm/etw) ~ haben,** avere vita facile (con qu/qc); **Eltern mit artigen Kindern haben es ~,** se i bambini sono buoni i genitori hanno vita facile; **es sich** (dat) **~ machen,** mettersi ₁comodo (-a)₁/[a proprio agio]; **machen Sie es sich** (dat) **~!,** si accomodi!, si metta comodo (-a)!
bequemen <ohne ge-> rfl **1** (*sich entschließen*) **sich zu etw** (dat) **~** {ZU EINER ANTWORT, ENTSCHULDIGUNG, ERKLÄRUNG} accondiscendere *a qc*, degnarsi *di fare qc*, compiacersi *di fare qc*: **sich (dazu) ~, etw zu tun,** degnarsi di fare qc, compiacersi di fare qc; **sie bequemte sich endlich (dazu), uns anzurufen,** finalmente si degnò di telefonarci **2** (*sich begeben*) **sich zu jdm/irgendwohin ~** degnarsi di andare *da qu/+ compl di luogo*.
Bequemlichkeit <-, -en> f **1** <nur sing> (*Behaglichkeit*) comodità f, agio m; (*Komfort*) comfort m **2** <meist pl> (*Annehmlichkeiten*) comodità f pl, comfort m: **die Appartments sind mit allen ~en ausgestattet,** gli appartamenti sono ₁dotati di₁/[con] tutti i comfort **3** <nur sing> (*Trägheit*) pigrizia f, indolenza f ● **aus ~,** per pigrizia; **in aller ~,** con tutta calma.
berappen <ohne ge-> tr *fam* **etw (für etw** akk) **~** {GELD} sganciare *qc* (*per qc*) *fam*, sborsare *qc* (*per qc*) *fam*.
beraten <*irr*, ohne ge-> **A** tr **1** (*Rat geben*) **jdn (bei/in etw** dat) **~** consigliare *qu* (*in qc*): **jdn gut/schlecht ~,** dare buoni/cattivi consigli a qu; **sich von jdm ~ lassen,** farsi consigliare da qu; **in dieser Sache ließ er sich von einem Rechtsanwalt ~,** in questa vicenda si fece consigliare da un avvocato; **schlecht/übel ~,** malconsigliato **2** (*besprechen*) **etw ~** {PERSONEN ANGEBOT, VORSCHLAG} discutere *qc*, dibattere *qc*, consultarsi *su qc*; *pol* {GESETZESVORLAGE} dibattere *qc* **B** itr (*sprechen über*) {ZWEI ODER MEHRERE PERSONEN} consultarsi; *jur* deliberare (*su qc*); **mit jdm (über etw** akk) **~** consultarsi *con qu* (*su qc*), consigliarsi *con qu* (*per/su qc*) **C** rfl **sich (über jdn/etw) ~** {PERSONEN ÜBER EINE ANGELEGENHEIT, EINEN FALL, KANDIDATEN, PATIENTEN} consultarsi (*su qu/qc*); **sich mit jdm (über jdn/etw) ~** consultarsi *con qu* (*su qu/qc*), discutere *con qu* (*su qu/qc*): **ich beriet mich mit einem Kollegen über die Werbekampagne,** mi consultai con un collega sulla campagna pubblicitaria ● ₁**gut**₁/**wohl** geh₁/[**schlecht**] **~ sein, etw zu tun,** fare bene/male a fare qc; **mit jdm/etw gut/schlecht ~ sein,** essere capitato bene/male con qu/qc.
beratend **A** adj {AUSSCHUSS, GREMIUM, TÄTIGKEIT} consultivo; {ANWALT, ARZT} consulente: **in ~er Funktion,** in qualità/funzione di consulente **B** adv: **jdm ~ zur Seite stehen,**

Berater <-s, -> m (**Beraterin** f) consigliere (-a) m (f); *com jur ökon* consulente mf.

Beratergremium n organo m consultivo/[di consulenza].

Beraterin f → **Berater**.

Beraterstab m staff m, gruppo m di consulenti.

Beratertätigkeit f → **Beratungstätigkeit**.

Beratervertrag m *ökon* contratto m di consulenza.

beratschlagen <ohne ge-> **A** tr etw ~ {ZWEI ODER MEHRERE PERSONEN PLAN, VORGEHENSWEISE} discutere qc, consultarsi su qc **B** itr (**mit jdm**) (**über etw** akk) ~ {ÜBER EIN ANGEBOT, EINEN VORSCHLAG} consultarsi (con qu) (su qc), discutere (con qu) (su/di qc).

Beratung <-, -en> f **1** (*Besprechung*) {+ANGEBOT, FALL, PRÜFUNGSERGEBNIS, VORSCHLAG} discussione f, dibattito m, consultazione f; (*bes. unter Experten, Spezialisten*) consulto m; {+GESETZESNOVELLE} dibattito m; {+URTEIL} deliberazione f: **das Gericht zieht sich zur ~ zurück**, la corte si ritira per deliberare **2** → **Beratungsgespräch 3** → **Beratungsstelle** • **etw ist in ~** *form*, si delibera su qc; **zur ~ kommen** *form* {GESETZESNOVELLE}, andare in discussione.

Beratungsfirma f → **Beratungsunternehmen**.

Beratungsgespräch n consulenza f: **kommen Sie doch einmal zu einem ~ vorbei!**, passi una volta per un colloquio/una consulenza!

Beratungsstelle f ufficio m di consulenza; *med soziol* consultorio m.

Beratungstätigkeit f attività f di consulenza.

Beratungsunternehmen n società f di consulenza.

Beratungsvertrag m *ökon* → **Beratervertrag**.

berauben <ohne ge-> tr **1** (*bestehlen*) jdn ~ derubare qu, rapinare qu; **jdn etw** (gen) ~ {SEINER BRIEFTASCHE, GELD-, HANDTASCHE} derubare qu di qc; {SEINER HABSELIGKEITEN} auch spogliare qu di qc **2** (*gewaltsam entziehen*) **jdn etw** (gen) ~ {DER FREIHEIT, EINES RECHTS, VORTEILS} privare qu di qc, spogliare qu di qc; {ALLER HOFFNUNG, JEDER ZUVERSICHT} togliere qc a qu: **aller Hoffnung beraubt sein**, essere privo di qualsiasi speranza.

berauschen <ohne ge-> geh **A** tr **1** (*trunken machen*) **jdn** ~ {ALKOHOL, DUFT} ubriacare qu, inebriare qu; {DROGEN} esaltare qu **2** (*in Verzückung versetzen*) **jdn** ~ {ERFOLG, GESCHWINDIGKEIT, GLÜCK, IDEE, MACHT} inebriare qu, esaltare qu; {ANBLICK, MUSIK} auch rapire qu **B** rfl **1** (*sich trunken machen*) **sich (an etw** dat) ~ {AN ALKOHOL} ubriacarsi di qc; {AN DROGEN} esaltarsi (con qc) **2** (*in Extase geraten*) **sich an etw** (dat) ~ {AN EINEM ANBLICK, DER GESCHWINDIGKEIT, MACHT} inebriarsi di qc, esaltarsi per qc.

berauschend A adj **1** (*Verzückung hervorrufend*) {ANBLICK, ERLEBNIS, GEFÜHL, MUSIK} inebriante, esaltante; {SCHÖNHEIT} che rapisce **2** (*einen Rausch bewirkend*) {DUFT, GETRÄNK, WIRKUNG} inebriante; {MEDIKAMENT, DROGEN} esaltante **B** adv: ~ **wirken** {DROGE}, avere un effetto stupefacente; {GETRÄNK} avere un effetto euforizzante • **nicht (gerade) ~ sein** *iron* {FILM, REDE}, non essere proprio esaltante: **diese Leistung war nicht gerade ~**, questa prestazione non è stata proprio esaltante.

berauscht adj <präd> **1** (*trunken*) inebriato, ubriaco, ebbro; (*von Drogen*) esaltato **2** (*in Ekstase*) ~ **von etw** (dat) {VOM ERFOLG, VON DER GESCHWINDIGKEIT, MACHT} inebriato da qc, ebbro di qc; {VON EINEM ANBLICK, JDS SCHÖNHEIT} rapito da qc.

Berber① <-s, -> m → **Berberteppich**.

Berber② m (**Berberin** f) **1** *geog* berbero (-a) m (f) **2** *slang* (*Obdachlose*) barbone (-a) m (f).

Berberitze <-, -n> f *bot* crespino m.

Berberteppich m tappeto m berbero.

berechenbar adj **1** (*kalkulierbar*) {AUSGABEN, KOSTEN} calcolabile; {SCHADEN} valutabile, stimabile **2** (*vorhersehbar*) {MENSCH, POLITIK, REAKTION, VERHALTEN} prevedibile.

Berechenbarkeit <-, ohne pl> f **1** (*Kalkulierbarkeit*) {+KOSTEN, SCHADEN} calcolabilità f **2** (*Vorhersehbarkeit*) {+MENSCH, VERHALTEN} prevedibilità f.

berechnen <ohne ge-> tr **1** (*ausrechnen*) **etw** ~ {GRÖßE, KOSTEN, UMFANG, WERT} calcolare qc **2** (*in Rechnung stellen*) (**jdm**) **etw (für etw** akk) ~ {AUFWAND, BERATUNG, DIENSTLEISTUNG, REPARATUR, SPESEN} mettere in conto a qc (a qu) (per qc), conteggiare qc (a qu) (per qc): **für den Versand berechne ich Ihnen zehn Euro**, per la spedizione Le metto in conto dieci euro **3** (*im Voraus abwägen*) **etw** ~ {EFFEKT, GESTEN, WORTE} misurare qc **4** (*im Voraus kalkulieren*) **etw für jdn/auf etw** (akk) ~ calcolare qc (per qu/qc), preventivare qc (per qu/qc): **das Essen für sechs Personen** ~, calcolare il cibo per sei persone; **die Wartezeit auf ein Jahr** ~, calcolare/preventivare un anno d'attesa.

berechnend adj *pej* {ART, CHARAKTER} calcolatore, interessato.

Berechnung f **1** (*Ausrechnung*) {+KOSTEN, UMFANG, WERT} calcolo m: ~**en anstellen**, fare/eseguire dei calcoli **2** (*das Inrechnungstellen*) {+AUFWAND, DIENSTLEISTUNG, REPARATUR, SPESEN} conteggio m, messa f in conto, computo m **3** (*bewusster Einsatz*) {+EFFEKT, GESTEN, WORTE} misurare qc **4** (*nur sing*) (*eigennützige Absicht*) calcolo m: **bei etw** (dat) **mit eiskalter ~ vorgehen**, procedere con estrema freddezza in qc • **aus** ~, per calcolo; **gegen** ~, dietro pagamento; **nach jds** ~ (dat), jds ~ **nach** (dat), secondo i calcoli di qu.

Berechnungsgrundlage f base f di calcolo.

berechtigen <ohne ge-> **A** tr (*das Recht zu etw geben*) **jdn zu etw** (dat) ~ autorizzare qu a fare qc, legittimare qu a fare qc, dare diritto a qu a fare qc: **jdn (dazu) ~, etw zu tun**, autorizzare qu a fare qc; **Ihre Stellung berechtigt Sie nicht (dazu), eine solche Entscheidung zu treffen**, la Sua posizione non La autorizza a prendere una tale decisione **B** itr **1** (*bevollmächtigen*) **zu etw** (dat) ~ autorizzare a fare qc, dare diritto a qc: **die Karte berechtigt zum Eintritt**, il biglietto autorizza ad entrare **2** (*Anlass geben*) **zu etw** (dat) ~ dare adito a qc, autorizzare qc: **ihr Talent berechtigt zu großen Hoffnungen**, il suo talento dà adito a grandi speranze.

berechtigt adj **1** (*begründet*) {EINWAND, HOFFNUNG, VORWURF, ZWEIFEL} fondato **2** (*moralisch, rechtlich fundiert*) {ANSPRUCH, FORDERUNG} giusto, legittimo, giustificato: **einen ~en Anspruch auf etw** (akk) **haben**, accampare una legittima pretesa su qc **3** <präd> (*befugt*) **zu etw** (dat) ~ **sein**, essere autorizzato a fare qc; **sich zu etw** (dat) ~ **fühlen** {ZU MAßNAHMEN, PROTEST, EINEM BESTIMMTEN SCHRITT}, sentirsi autorizzato (-a) a fare qc.

berechtigterweise adv *form* legittimamente.

Berechtigung <-, -en> f **1** (*Befugnis*) ~ (**zu etw** dat) autorizzazione f (a qc), diritto m (di qc): **Zutritt nur mit ~!**, ingresso consentito solo agli autorizzati! **2** (*Rechtmäßigkeit*) {+EINWÄNDE, HOFFNUNG, VORWÜRFE, ZWEIFEL} fondatezza f; {+ANSPRUCH, FORDERUNG} legittimità f • **die ~/[keine ~] haben, etw zu tun**, essere/[non essere] autorizzato a fare qc, avere/[non avere] il diritto di fare qc.

bereden <ohne ge-> **A** tr (*besprechen*) **etw** (**mit jdm**) ~ {ANGEBOT, ANGELEGENHEIT, PLAN, VORSCHLAG} parlare (con qu) di qc, discutere (con qu) di/su qc **B** rfl (*sich beraten*) **sich (über etw** akk) ~ {ZWEI ODER MEHRERE PERSONEN} conferire (su qc), consultarsi (su qc): **sich mit jdm (über etw** akk) ~, conferire con qu (su qc), consultarsi con qu (su qc).

beredsam adj **1** (*redegewandt*) {MENSCH} eloquente **2** *iron* (*redefreudig*) {NACHBARIN, VERTRETER} chiacchierone, loquace.

Beredsamkeit <-, ohne pl> f eloquenza f.

beredt adj **1** (*viel sagend*) {BLICK, SCHWEIGEN} significativo, eloquente **2** (*ausdrucksvoll*) {GESTE, MIMIK} espressivo, suggestivo **3** (*redegewandt*) {MENSCH} eloquente.

Bereich <-(e)s, -e> m oder n **1** (*Gebiet*) zona f, regione f, territorio m: **im ~ der Stadt liegen**, trovarsi in territorio urbano **2** (*Sachgebiet*) campo m, ramo m, materia f: **im ~ (der) Technik**, nel campo della tecnica **3** (*Aufgabenbereich*) ambito m, sfera f **4** (*Einflussbereich, Machtbereich*) orbita f • **in jds ~** (akk) **fallen**, essere di competenza di qu; **es ist alles im grünen ~** *fam*, è tutto a posto/[sotto controllo]; **im ~ des Möglichen liegen**, essere possibile.

bereichern <ohne ge-> **A** tr **1** (*vergrößern*) **etw (mit etw** dat/**um etw** akk) ~ {BILDUNG, ERFAHRUNG, WISSEN} arricchire qc (di qc), aumentare qc (di qc), accrescere qc (di qc): **eine Sammlung um einige Stücke** ~, arricchire la collezione di alcuni pezzi **2** (*innerlich reicher machen*) **jdn/etw** ~ {EINDRÜCKE, GESPRÄCH, REISE PERSON, JDS LEBEN} arricchire qu/qc: **die Lektüre dieses Buches hat mich bereichert**, la lettura di questo libro mi ha arricchito (-a) **B** rfl **sich (an jdm/etw** dat) ~ arricchirsi (a spese di qu/qc): **sich auf Kosten anderer** ~, arricchirsi alle spalle di altri/[altrui].

bereichernd adj {ERFAHRUNG, GESPRÄCH, REISE} che arricchisce.

Bereicherung <-, -en> f *meist sing* **1** (*finanzielle* ~) arricchimento m: **unerlaubte ~** *jur*, arricchimento illecito **2** (*Vergrößerung*) {+SAMMLUNG} arricchimento m, accrescimento m **3** (*innerer Gewinn*) arricchimento m (spirituale).

bereifen <ohne ge-> tr *autom* **etw** ~ dotare/munire qc di pneumatici, gommare qc *slang*: **einen Wagen neu** ~, mettere i pneumatici nuovi a una macchina.

bereift adj {BAUM, WIESE} (ri)coperto di brina.

Bereifung <-, -en> f *autom* pneumatici m pl, gommatura f.

bereinigen <ohne ge-> **A** tr etw ~ {ANGELEGENHEIT} sistemare qc; {MISSVERSTÄNDNIS} chiarire qc; {MEINUNGSVERSCHIEDENHEIT, STREIT} comporre qc, conciliare qc **B** rfl **sich (von selbst) ~** chiarirsi (da sé), sistemarsi (da sé).

bereisen <ohne ge-> tr **etw** ~ {GEGEND, LAND} viaggiare in/per/attraverso qc: **sie haben ganz Deutschland bereist**, hanno viaggiato per tutta la Germania.

bereit adj <präd> **1** (*fertig*): (*zu etw akk*) ~ **sein** {PERSON}, essere pronto (per/[a fare] qc); **bist du ~?** Wir müssen gehen, sei pronto (-a)? Dobbiamo andare; **zum Aufbruch ~ sein**, essere pronto ₐa partire₎/[per la partenza] **2** (*vorbereitet*): (*für jdn/zu etw akk*) ~ **sein** {BETT, ESSEN, GÄSTEZIMMER}, essere pronto (per qu/qc) **3** (*willens*): **zu etw** (dat) ~ **sein**, essere disposto/pronto a qc; ~ **sein, etw zu tun**, essere disposto/pronto a fare qc; **wir sind ~, dir zu helfen**, siamo disposti (-e)/pronti (-e) ad aiutarti ● **zu** *allem* ~ (**sein**), (essere) pronto/disposto a tutto; **sich zu etw** (dat) ~ **erklären**, dichiararsi pronto (-a)/disposto (-a) a qc; **sich** ~ *finden* a.R. *von* bereitfinden → **bereit|finden**; ~ *machen* → **bereit|machen**.

bereiten <ohne ge-> tr **1** (*verursachen*) (*jdm*) *etw* ~ causare qc (*a qu*), recare qc (*a qu*), procurare qc (*a qu*); {EMPFANG, ÜBERRASCHUNG} riservare qc (*a qu*): **jdm Freude ~**, rendere/fare contento (-a)/felice qu; **jdm Kummer/Sorgen ~**, causare/creare delle preoccupazioni a qu, angustiare qu; **jdm Schwierigkeiten ~**, creare (delle) difficoltà a qu **2** *geh* (*zu~*) (*jdm*) *etw* ~ {ARZNEI, GETRÄNKE, SPEISEN} preparare qc (*a/per qu/qc*), fare qc (*a/per qu*): **das Essen ~**, preparare/far da mangiare **3** *geh* (*vor~*) (*jdm*) *etw* ~, *etw* (*für jdn/etw*) ~ {BAD, BETT, GÄSTEZIMMER} preparare qc (*a qu/per qc*): **alles war für das Fest bereitet**, tutto era pronto per la festa.

bereit|erklären rfl → **bereit**.

bereit|finden <irr> rfl **sich zu etw** (dat) ~ essere pronto/disposto a qc.

bereit|haben <irr> tr *etw* ~ **1** (*zur Verfügung haben*) {AUSWEIS, FAHRKARTE, GELD} avere pronto (-a) qc; {ANTWORT, AUSREDE, BEMERKUNG, WITZ} avere qc pronto (-a): **er hat immer eine Ausrede bereit**, ha sempre una scusa pronta **2** (*zusammengestellt haben*) aver preparato qc: **hast du alles bereit?**, hai (preparato) tutto?

bereit|halten <irr> tr **1** (*griffbereit haben*) *etw* (*für jdn/etw*) ~ {AUSWEIS, FAHRKARTE, GELD} tener pronto (-a) qc (*per qu/qc*): **bitte die Pässe ~!**, passaporti alla mano! **2** (*in petto haben*) *etw* (*für jdn*) ~ {ÜBERRASCHUNG, VERÄNDERUNG} riservare qc (*a qu*).

bereit|legen tr (*jdm*) *etw* (*für jdn/etw* akk) ~ {ÄRZTLICHE INSTRUMENTE, UNTERLAGEN, WERKZEUG} preparare qc (*a qu*) (*per qc*).

bereit|liegen <irr> itr <haben oder süddt A CH sein> **1** (*abholbereit sein*) essere pronto; (*zu etw* dat/*für etw* akk) ~ essere pronto (*a/per qc*): **der Videorekorder liegt zur Abholung bereit**, il videoregistratore è pronto per essere ritirato; *für jdn* ~ essere a disposizione *di qu* **2** (*griffbereit sein*) (*für etw* akk) ~ {DOKUMENTE, UNTERLAGEN, WERKZEUG FÜR DEN GEBRAUCH} essere pronto (*per qc*); {FÜR DEN NOTFALL} essere pronto (*in caso di qc*) **3** *naut* {FÄHRE, SCHIFF} essere pronto a salpare: **die Flotte liegt im Hafen bereit**, la flotta è pronta a salpare.

bereit|machen A tr (*jdm*) *etw* ~ {BAD, BETT, FRÜHSTÜCK} preparare qc (*a qu*) B rfl **sich** (*für jdn/etw*) ~ {FÜR EINEN BESUCHER, DEN AUFTRITT, DAS KONZERT, DEN THEATERBESUCH} prepararsi *per qu/qc*.

bereits adv **1** (*schon*) già, di già: **es ist ~ fünf Uhr**, sono già le cinque **2** (*allein*) ~: **der Gedanke macht mich verrückt**, il solo/semplice/mero pensiero mi fa impazzire, impazzisco al solo/semplice/mero pensiero.

Bereitschaft <-, -en> f **1** <nur sing> (*Bereitwilligkeit*) disponibilità f, buona volontà f **2** <nur sing> → **Bereitschaftsdienst 3** (*Einheit der Polizei*) unità f di pronto intervento, reparto m mobile ● **seine ~ erklären, etw zu tun**, dichiararsi disponibile/pronto (-a) a fare qc; ~ **haben** {ARZT, FEUERWEHRMANN, POLIZEI, SANITÄTER, SOLDAT}, essere di guardia; {APOTHEKE, APOTHEKER} essere di turno; **in ~ sein** {ARZT, FEUERWEHR, KRANKENWAGEN, TRUPPE}, essere in allerta/[stato di allarme], essere pronto a intervenire.

Bereitschaftsarzt m (**Bereitschaftsärztin** f) guardia f medica; (*im Krankenhaus*) medico m di guardia/turno.

Bereitschaftsdienst m **1** {+ARZT, PFLEGEPERSONAL} servizio m di pronto soccorso; {+APOTHEKE} servizio m di turno; {+FEUERWEHR, POLIZEI} servizio m di pronto intervento **2** *mil* servizio m di picchetto.

Bereitschaftspolizei f reparto m mobile, (polizia f di) pronto intervento m.

bereit|stehen <irr> itr <haben oder süddt A CH sein> essere pronto; *für jdn/zu etw* (dat) ~ essere disponibile *per qu/qc*, essere a disposizione *di qu/qc*; {TRUPPEN} essere pronto (*a/per qc*); {FLUGZEUG, TAXI} star aspettando: **das Essen steht für dich in der Küche bereit**, il cibo è pronto in cucina.

bereit|stellen tr **1** (*zur Verfügung stellen*) (*jdm*) *etw* ~ {FAHRZEUG, GERÄT, INSTRUMENT, MATERIAL, MITTEL} mettere qc a disposizione (*di qu*); {FINANZIELLE MITTEL} *auch* stanziare qc (*per qu*) **2** (*vorbereitend hinstellen*) *etw* (*für jdn/etw*) ~ {ARBEITSMITTEL, GERÄT} preparare qc (*a qu/per qc*) **3** *Eisenb etw* ~ {SONDERZUG, ZUSÄTZLICHEN ZUG} mettere a disposizione qc **4** *mil etw* ~ {TRUPPEN} allertare qc.

Bereitstellung f, *rar* -*en*> f **1** (*Zurverfügungstellung*) {+FAHRZEUG, GERÄT, INSTRUMENT, MATERIAL, MITTEL} messa f a disposizione; {+FINANZIELLE MITTEL} stanziamento m **2** *inform* erogazione f (in rete).

bereitwillig A adj sollecito, premuroso, volenteroso, disponibile B adv prontamente, con sollecitudine, di buongrado: **er gab mir ~ Auskunft**, mi dette prontamente l'informazione.

Bereitwilligkeit <-, ohne pl> f disponibilità f, buona volontà f; {+AUSKUNFTS-, VERKAUFSPERSONAL} *auch* premura f.

bereuen <ohne ge-> tr *etw* ~ pentirsi *di qc*; (*bedauern*) rimpiangere qc: **Sie werden es nicht ~!**, non se ne pentirà!; **das wirst du noch ~!**, te ne pentirai!; ~, **etw getan zu haben**, pentirsi di aver fatto qc ● *etw bitter* ~, pentirsi amaramente di qc.

Berg <-(e)s, -e> m **1** *geog* monte m; (*kleiner* ~) collina f **2** <nur pl> (*Gebirge*) montagna f, monti m pl: **in die ~e fahren**, andare in montagna **3** (*Steigung*) salita f: **das ist aber ein steiler ~!**, che salita! **4** (*Menge*): **ein ~/~e von etw** (dat pl) {VON AKTEN, ANTRÄGEN, GESCHIRR, MÜLL}, ₐuna montagna/un mucchio *fam*₎/[montagne/mucchi *fam*]/[masse] di qc: **einen ~ (von) Schulden haben**, avere una montagna di debiti ● **im ~ arbeiten**, lavorare in miniera; **mit etw** (dat) **nicht ₐhinter dem₎/[hinterm] ~ halten** *fam*, non far mistero di qc; **jdm über den ~ helfen** *fam*, aiutare qu a uscire dalle peste *fam*; **sich über alle ~e machen** *fam*, rendersi irreperibile, sparire dalla circolazione *fam*; **über den ~ sein** *fam*, aver superato il peggio, esserne fuori *fam*; (**längst/schon**) **über alle ~e sein** *fam*, essere (già) lontano un miglio, aver (già) preso il largo *fam*; **über ~ und Tal** (**wandern**), (camminare) ₐper monti e per valli₎/[su e giù per i monti]; **~e versetzen** (**können**), (poter) spostare(s)/muovere le montagne; (*jdm*) **goldene ~e versprechen**, promettere ₐmari e monti₎/[la luna] *fam* (a qu); **wenn der ~ nicht zum Propheten kommt, muss der Prophet zum ~e kommen** *prov*, se la montagna non va da Maometto, Maometto va alla montagna *prov*.

bergab adv in giù, in discesa; (*beim Abstieg*) durante la discesa: **jd geht/läuft ~**, qu scende; **jetzt geht es wieder ~**, adesso si scende di nuovo; **die Straße geht ~**, la strada scende/[è in discesa] ● **mit jdm geht es ~** (*geschäftlich*), gli affari di qu vanno a rotoli; (*gesundheitlich*), la salute di qu va peggiorando/[di male in peggio]; **mit etw** (dat) **geht es ~** {MIT DER GESUNDHEIT}, qc va di male in peggio, qc va peggiorando; {MIT DER FIRMA, DEM GESCHÄFT} *auch*, qc va a rotoli.

Bergakademie f accademia f mineraria, istituto m minerario.

Bergamotte <-, -n> f *bot* **1** (*Baum*) bergamotto m; (*Frucht*) bergamotto m **2** (*Birnensorte*) bergamotta f, pera f bergamotta.

Bergamt n ufficio m minerario, amministrazione f delle miniere.

bergan adv *geh* → **bergauf**.

Bergarbeiter m (**Bergarbeiterin** f) minatore (-trice) m (f).

Bergarbeiterstreik m sciopero m dei minatori.

bergauf adv in salita, in su; (*beim Aufstieg*) durante la salita: **jd geht/läuft ~**, qu sale; **die Straße geht ~**, la strada sale/[è in salita] ● **es geht mit jdm ~** (*geschäftlich*), gli affari di qu vanno migliorando; (*gesundheitlich*), qu ₐè in via di guarigione₎/[si sta rimettendo]; **es geht mit etw** (dat) ~ {MIT DEM GESCHÄFT, DER GESUNDHEIT}, qc va migliorando.

Bergbach m ruscello m; (*reißender* ~) torrente m.

Bergbahn f (*Zahnradbahn*) ferrovia f ₐdi montagna₎/[a cremagliera]; (*Seilbahn*) funivia f, funicolare f.

Bergbau <-(e)s, ohne pl> m industria f mineraria: **im ~ arbeiten**, lavorare in miniera; **vom ~ leben**, vivere del lavoro della miniera.

Bergbauer m (**Bergbäuerin** f) contadino (-a) m (f) che vive in montagna.

Bergbesteigung f ascensione f, scalata f.

Bergbewohner m (**Bergbewohnerin** f) montanaro (-a) m (f): **die ~**, la popolazione montana.

bergen <birgt, barg, geborgen> tr **1** (*retten*) *jdn/etw* ~ {DINGE, VERLETZTE} salvare qu/qc; (*in Sicherheit bringen*) mettere al sicuro/riparo qu/qc, trarre in salvo qu, portare in salvo qc; {AUTO-, FLUGZEUGTEILE, SCHIFF, TOTE} recuperare qu; {VERSCHÜTTETE} estrarre qu **2** (*enthalten*) ~ {KIRCHE, MUSEUM KUNSTSCHÄTZE} contenere qc, racchiudere qc, ospitare qc **3** *geh* (*mit sich bringen*) *etw* (**in sich**) ~ {GEFAHR, RISIKO, VORTEIL} comportare qc: **eine Reise im Amazonasgebiet birgt nicht wenige Gefahren in sich**, un viaggio in Amazzonia comporta non pochi pericoli.

bergeweise adv ~ + subst {ARBEIT, GELD} un mucchio *di qc*, un sacco *di qc*: **das Kind bringt immer ~ Comics mit nach Hause**, il bambino (-a) porta sempre a casa mucchi di fumetti; **~ Kuchen essen**, mangiare montagne di dolci.

Bergfried <-(e)s, -e> m *arch hist* battifredo m, maschio m, torrione m.

Bergführer m (**Bergführerin** f) guida f alpina.

Berggeist m spirito m/genio m della montagna.

Berggipfel m vetta f/cima f della montagna.

berghoch A adj (*sehr hoch*) {HAUFEN, WEL-

LEN} altissimo, alto come una montagna **B** *adv:* **der Müll in den Straßen türmt sich ~**, ci sono montagne di spazzatura nelle strade; **die Wellen türmten sich ~**, le onde erano altissime.

Berghütte f rifugio m (alpino), baita f.

bergig *adj* {GEGEND, LANDSCHAFT} montuoso, montagnoso.

Bergkamm m cresta f di una montagna.

Bergkette f catena f ₌di montagne₌/[montuosa].

Bergkristall m *min* cristallo m di rocca.

Bergkuppe f cima f tondeggiante; (*Hügelkuppe*) poggio m.

Bergland n regione f/zona f montuosa.

Bergler <-s, -> m (**Berglerin** f) *süddt A* → **Bergbewohner**.

Bergleute *pl von* **Bergmann**.

Bergluft <-, *ohne pl*> f aria f di montagna.

Bergmann <-(e)s, -leute *oder rar* -männer> m → **Bergarbeiter**.

Bergmassiv <-s, -e> n massiccio m montuoso.

Bergnot <-, *ohne pl*> f emergenza f in montagna: **in ~ geraten/sein**, trovarsi in pericolo/difficoltà durante una scalata; **jdn aus ~ retten**, salvare qu da un pericolo/una difficoltà durante una scalata.

Bergpredigt <-, *ohne pl*> f *bibl* sermone m/discorso m della montagna.

Bergrecht n codice m minerario.

Bergrücken m dorso m (di montagna).

Bergrutsch m frana f.

Bergsattel m sella f (₌di una₌/[della] montagna).

Bergschi m → **Bergski**.

Bergschuh m <*meist pl*> pedula f, scarpone m.

Bergsee m lago m di montagna.

Bergski m sci m a monte.

Bergspitze f picco m ₌di una₌/[della] montagna, cima f/vetta f appuntita ₌di una₌/[della] montagna.

Bergstation f stazione f a monte.

bergsteigen *itr* <*haben oder sein, nur inf und part perf:* berggestiegen> fare dell'alpinismo; (*wandern*) camminare in montagna: **~ gehen**, fare dell'alpinismo, camminare in montagna.

Bergsteigen <-s, *ohne pl*> n alpinismo m: **mein Hobby ist ~**, il mio hobby è l'alpinismo.

Bergsteiger m (**Bergsteigerin** f) alpinista mf; (*Kletterer*) scalatore (-trice) m (f), arrampicatore (-trice) m (f).

Bergstraße f **1** (*Straße in den Bergen*) strada f di montagna **2** *geog:* **die ~**, "regione f al margine ovest dell'Odenwald".

Bergtour f escursione f in montagna; (*Trekking*) trekking m.

Berg-und-Tal-Bahn f *obs* montagne f *pl* russe, ottovolante m.

Berg-und-Tal-Fahrt f **1** (*mit Seilbahn u. A.*) corsa f andata e ritorno (con funivia ecc.) **2** (*starke Schwankungen*) altalena f, su e giù m: **die Berg-und-Tal-Fahrt des Dollars**, l'altalena del dollaro.

Bergung <-, -en> f <*meist sing*> {+FLUGZEUG, MATERIAL, SCHIFF, TOTE, VERSCHÜTTETE} recupero m; {+EINGESCHLOSSENE, SCHIFFBRÜCHIGE, VERLETZTE} salvataggio m.

Bergungsaktion f, **Bergungsarbeiten** *subst* <*ohne pl*> {+FAHRZEUG, FLUGZEUG, MATERIAL, SCHIFF, TOTE} operazioni f *pl* di recupero; {+LEBENDE, VERLETZTE} operazioni f *pl* di salvataggio.

Bergungsdienst m servizio m di soccorso.

Bergungsmannschaft f squadra f di soccorso.

Bergungsschiff n nave f di soccorso.

Bergungstrupp m → **Bergungsmannschaft**.

Bergungsversuch m {+FAHRZEUG, FLUGZEUG, MATERIAL, SCHIFF, TOTE} tentativo m di recupero; {+LEBENDE, VERLETZTE} tentativo m di salvataggio.

Bergwacht <-, -en> f <*meist sing*> (servizio m di) soccorso m alpino.

Bergwand f parete f (di montagna).

Bergwandern <-s, *ohne pl*> n trekking m.

Bergwanderung f → **Bergtour**.

Bergwelt f mondo m della montagna.

Bergwerk n miniera f.

Beriberi <-, *ohne pl*> f *med* beriberi m, beri beri m.

Bericht <-(e)s, -e> m **1** (*Report*) {+MITARBEITER, VERTRETER} rapporto m, relazione f, resoconto m: **ein ausführlicher/schriftlicher ~ (über etw** akk), una relazione dettagliata/scritta (su qc); **einen ~ (über etw** akk) **abfassen/schreiben**, scrivere/stilare un rapporto (su qc), stendere/compilare una relazione (su qc) **2** (*Erlebnisbericht, Erzählung, Reisebericht*) racconto m, resoconto m: **nach ~en von Augenzeugen**, secondo quanto riferito da testimoni oculari **3** *journ radio TV* servizio m, reportage m; (*aus dem Ausland oder von Außenstelle*) corrispondenza f; (*über Aktuelles: in der Zeitung*) cronaca f; (*im Fernsehen*) telecronaca f; (*im Radio*) radiocronaca f • **eigener ~** *journ*, dal nostro corrispondente, nostro servizio; (**jdm**) (**über etw** akk) **~ erstatten** form {DEM VORGESETZTEN}, fare rapporto (su qc) (a qu); (*schriftlich*), stendere/fare una relazione (su qc) (per qu).

berichten <*ohne* ge-> **A** *tr* (*erzählen*) (**jdm**) **etw ~** {ALLES, EINIGES, INTERESSANTES, NEUES, VIEL} raccontare qc (a qu), riferire qc (a qu): **es wird berichtet, dass ...**, si racconta/riferisce che ...; **es gibt viel zu ~**, ce ne sono di cose da raccontare; (**jdm**) **~, was/wie ...**, raccontare/riferire/riportare (a qu) ₌che cosa₌/[come] ... **B** *itr* **1** *journ radio TV* (**von irgendwoher**) **~** {KORRESPONDENT} inviare un reportage/servizio (da qc); **für jdn/etw ~** {FÜR DAS FERNSEHEN, DEN RUNDFUNK, EINEN VERLEGER, EINE ZEITUNG} ₌lavorare come₌/[fare il] corrispondente per qu/qc; **über etw** (akk)/**von etw** (dat) **~** fare un reportage/servizio *su qc*: **das Fernsehen berichtet täglich über die Präsidentschaftswahlen in den USA**, in TV ci sono ogni giorno servizi sulle presidenziali negli USA; **wie unser Korrespondent aus Sarajevo berichtet ...**, come riferisce/[ci comunica] il nostro corrispondente da Sarajevo ...; **wie soeben berichtet wird ...**, secondo le notizie appena giunte in redazione ...; **wir ~ für Sie vom Tage**, Vi riassumiamo i fatti/le notizie del giorno **2** (*mitteilen*) **jdm über etw** (akk)/**von etw** (dat) **~** rendere conto *a qu di qc*, informare *qu di qc*; {EINEM VORGESETZTEN} *auch* fare un rapporto *su qc a qu*: **er hat uns ausführlich von seiner Reise berichtet**, ci ha ragguagliato in modo esauriente sul suo viaggio; **jdm ~, dass ...**, riferire/raccontare a qu che ...

Berichterstatter <-s, -> m (**Berichterstatterin** f) **1** *journ radio TV* reporter mf; (*aus dem Ausland*) corrispondente mf, inviato (-a) m (f); (*über kulturelle, sportliche Ereignisse*) cronista mf **2** (*Referent*) relatore (-trice) m (f) **3** *jur* giudice mf relatore (-trice).

Berichterstattung f **1** *journ radio TV* informazioni f *pl*; (*über kulturelle, lokale, sportliche Ereignisse*) cronaca f: **die ~ in dieser Zeitung ist einseitig**, questo giornale riporta le notizie in modo fazioso; **eine objektivere ~ über den Reaktorunfall wäre wünschenswert**, sarebbe auspicabile un'informazione più obiettiva sull'incidente nel reattore; (*im Fernsehen, in der Zeitung*) *auch* corrispondenza f **2** (*das Berichterstatten*) **~ über etw** akk) rapporto m (*su qc*), resoconto m (*di qc*): **jdn zur ~** ₌**zu jdm**₌/[**irgendwohin**] **rufen**, chiamare/convocare *qu* ₌*da qu*₌/[+ *compl di luogo*] per fare/presentare un rapporto/resoconto; **der Botschafter wurde zur ~ zurückgerufen**, l'ambasciatore è stato richiamato per consultazioni.

berichtigen <*ohne* ge-> **A** *tr* **1** (*korrigieren*) **etw ~** {(DRUCK)FEHLER, ZAHL} correggere *qc*; {ANGABEN, AUSSAGE, BEHAUPTUNG, IRRTUM} *auch* rettificare *qc*; (*emendieren*) {TEXT} emendare *qc*; **jdn ~** correggere *qu* **2** *jur* **etw ~** {AUSSAGE, URTEILSTEXT} correggere *qc*, rettificare *qc* **3** *ökon* **etw ~** {RECHNUNG} saldare *qc*, pareggiare *qc*; {KONTO} *auch* rettificare *qc* form **B** *itr* fare una rettifica, rettificare: **eine ~de Bemerkung**, una correzione; **ein ~der Hinweis/Zusatz**, una rettifica **C** *rfl* **sich ~** correggersi.

Berichtigung <-, -en> f **1** (*das Berichtigen*) {+DRUCKFEHLER, ZAHL} correzione f; {+ANGABE, AUSSAGE, IRRTUM} *auch* rettifica f **2** *jur* {+AUSSAGE, URTEILSTEXT} rettifica f **3** *journ* {+BEHAUPTUNG, NACHRICHT} rettifica f; (*Gegendarstellung*) smentita f **4** *Schule* (*etw Berichtigtes*) correzione f.

Berichtsheft n *industr* {+LEHRLING} "quaderno m per il resoconto quotidiano degli apprendisti".

Berichtsjahr n *com* esercizio m, anno m in esame.

beriechen <*irr, ohne* ge-> **A** *tr* **jdn/etw ~** {MENSCH} annusare *qu/qc*; {TIER} *auch* fiutare *qu/qc* **B** *rfl* **sich ~** (*gegenseitig*) **~ 1** (*sich beschnuppern*) {TIERE} annusarsi, fiutarsi **2** *fam* (*sich prüfend annähern*) {MENSCHEN} studiarsi (con circospezione), annusarsi *fam*.

berieseln <*ohne* ge-> *tr* **1** (*bewässern*) **etw ~** {BEET, FELD, GARTEN, RASEN} irrigare *qc* **2** *fam* (*einwirken auf*) **jdn mit etw** (dat) **~** {MIT MUSIK} sommergere *qu di qc*; {MIT REKLAME, WERBESPRÜCHEN} *auch* inondare *qu di qc*: **in den Kaufhäusern wird man dauernd mit Musik berieselt**, nei grandi magazzini c'è sempre un'invadente musichetta di sottofondo; **beim Arbeiten lasse ich mich nicht gern mit Musik ~**, quando lavoro non mi piace avere la musica in sottofondo.

Berieselung <-, *ohne pl*> f **1** {+BEET, FELD, GARTEN, RASEN} irrigazione f **2** *fam*: **diese ständige ~ mit Musik im Supermarkt geht mir auf die Nerven**, quella musichina con cui ti martellano costantemente al supermercato mi dà ai nervi; **eine ständige ~ mit Reklame**, uno stillicidio di messaggi pubblicitari.

Berieselungsanlage f impianto m d'irrigazione.

beringen <*ohne* ge-> *tr ornith* **etw ~** {VOGEL} inanellare *qc*.

Beringmeer n *geog:* **das ~**, il mare di Bering.

Beringstraße f *geog:* **die ~**, lo stretto di Bering.

beringt *adj* **1** *ornith* inanellato **2** (*mit Ringen geschmückt*) {FINGER, HAND} inanellato, pieno di anelli.

beritten *adj* <*attr*> **1** (*auf einem Pferd reitend*) {KURIER, POLIZIST} a cavallo **2** (*mit Pfer-*

den ausgerüstet) {POLIZEI} a cavallo.
Berkelium <-s, ohne pl> n *chem* berchelio m, berkelio m.
Berlin <-s, ohne pl> n *geog* **1** (*Stadt*) (citta f di) Berlino f: **die Hauptstadt ~**, la capitale Berlino f; **das ~ der Zwanzigerjahre**, la Berlino degli anni Venti **2** (*Bundesland*) land m di Berlino.
Berlinale <-, -n> f *film* Berlinale f, festival m del cinema di Berlino.
Berliner① <inv> adj <attr> {ABSTAMMUNG, MUNDART, SPEZIALITÄT, WITZ} berlinese, di Berlino: **~ Bär**, l'orso simbolo di Berlino; **~ Krapfen/Pfannkuchen** *gastr*, bombolone m, **die ~ Mauer** *hist*, il muro di Berlino, il Muro; **der ~ Senat**, il governo di Berlino; **das ~ Wappen**, lo stemma di Berlino.
Berliner② <-s, -> m *gastr* bombolone m.
Berliner③ <-s, -> m (**Berlinerin** f) berlinese mf: **ein waschechter ~**, un berlinese doc.
berlinerisch A adj *fam rar* berlinese, di Berlino B adv (in) berlinese: **Berlinerisch sprechen**, parlare in (dialetto) berlinese • **auf/in Berlinerisch**, in berlinese, nel dialetto berlinese.
berlinern <ohne ge-> itr *fam* parlare in (dialetto) berlinese: **stark ~**, parlare berlinese stretto.
berlinisch adj → **berlinerisch**.
Bermudadreieck <-s, ohne pl> n *geog* triangolo m ⌊delle Bermuda⌋/[della morte].
Bermudainseln subst <nur pl> *geog* (isole f pl) Bermuda f pl.
Bermudas subst <nur pl> **1** *geog*: **die ~**, le Bermuda; **auf die ~ fahren**, andare alle Bermuda; **auf den ~ Urlaub machen**, trascorrere le vacanze alle Bermuda **2** → **Bermudashorts**.
Bermudashorts subst <nur pl> bermuda m pl.
Bern <-s, ohne pl> n *geog* **1** (*Stadt*) Berna f **2** (*Kanton*) Berna m.
Bernd m (*Vorname*) → **Bernhard**.
Berner① <inv> adj <attr> bernese, di Berna.
Berner② <-s, -> m (**Bernerin** f) bernese mf.
Bernhard <-s, ohne pl> m (*Vorname*) Bernardo.
Bernhardiner① <-s, -> m *zoo* (cane m) san Bernardo, m.
Bernhardiner② m (**Bernhardinerin** f) *relig* (monaco m) bernardino m, monaca f bernardina.
Bernhardinerhund m → **Bernhardiner**①.
Bernhardinerin f *relig* → **Bernhardiner**②.
Bernhardinerorden m *relig* ordine m bernardino.
Bernstein m *min* ambra f.
bernsteinfarben adj color ambra, ambrato.
Bernsteinkette f collana f di ambra.
Bernsteinschmuck m gioielli m pl di ambra.
Berserker <-s, -> m *myth* feroce guerriero m (delle saghe nordiche) • **wie ein ~ arbeiten/schuften** *fam*, lavorare/sgobbare come un ossesso/dannato *fam*; **wie ein ~ kämpfen**, combattere come una furia scatenata; **wie ein ~ um etw (akk) kämpfen**, lottare come un leone per qc; **wie ein ~ toben** *fam*, essere una furia scatenata fam.
bersten <birst oder obs berstet, barst, geborsten> itr <sein> *geh* **1** (*auseinanderplatzen*) {ERDE, MAUER, VERPUTZ} spaccarsi, crepare, fendersi; {GLAS, GLÜHBIRNE, VASE} rompersi; {KERNREAKTOR, METEOR} esplodere: **das Schiff rammte einen Eisberg und barst in zwei Teile**, la nave urtò contro un iceberg spaccandosi in due (parti) **2** (*platzen*) **vor etw** (dat) ~ scoppiare *da qc*, esplodere *da qc*: **vor Lachen ~**, crepare/scoppiare dal ridere; **vor Neugier/Ungeduld ~**, non stare più in sé ⌊dalla curiosità⌋/[dall'impazienza]; **vor Zorn ~**, scoppiare dalla rabbia *fam* • **zum Bersten satt/voll sein** *fam scherz*, essere ⌊strapieno *fam*⌋/[pieno come un uovo *fam*]/[non sapere più dove mettere *fam*]; **zum Bersten voll sein** {BUS, SAAL}, essere strapieno *fam*/[pieno zeppo].
Berstkatastrophe f *nukl* esplosione f nel reattore.
Berstschutz m *nukl* schermatura f antiscoppio.
Bertha, Berta <-s, ohne pl> f (*Vorname*) Berta • **die dicke Berta** *hist* (*Kanone aus den Kruppwerken*), la grossa/gran berta.
berüchtigt adj **1** (*in schlechtem Ruf stehend*) {LOKAL, STADTVIERTEL} malfamato **2** (*gefürchtet*) {GANGSTER, MAFIABOSS} famigerato; {FOLTERMETHODE} auch tristemente noto; {WUTANFALL} famoso • **als etw (nom) ~ sein** {JUGENDLICHER ALS RAUFBOLD; GEGEND, LOKAL ALS DROGENUMSCHLAGPLATZ, TERRORISTENTREFF}, essere (tristemente) noto per essere qc; **für etw (akk)/wegen etw (gen oder fam** dat) ~ sein {CHEF, LEHRER FÜR SEINE STRENGE; LOKAL FÜR SCHLÄGEREIEN; JUGENDLICHER WEGEN SEINER RAUFLUST}, essere (tristemente) noto per/[a causa di] qc; **der neue Chef ist wegen seiner Arbeitswut berüchtigt**, il nuovo capo è un famigerato stacanovista.
berückend adj *geh* {ANBLICK} incantevole, che incanta/rapisce; {LÄCHELN, SCHÖNHEIT} auch affascinante • **das ist nicht gerade ~** *fam iron*, qc non è proprio entusiasmante.
berücksichtigen <ohne ge-> tr **1** (*in Rechnung stellen*) **etw** ~ {ALTER, KRANKHEIT, LAGE, VERHÄLTNISSE} considerare qc, tenere presente qc, tener conto di qc **2** (*positiv bedenken*) **jdn/etw** ~ {ANTRAG, BEWERBER, VORSCHLAG, WUNSCH} considerare qu/qc, prendere in considerazione qu/qc: **leider konnten nicht alle Bestellungen berücksichtigt werden**, purtroppo non è stato possibile soddisfare tutte le ordinazioni pervenuteci • ⌊**es ist zu**⌋/[**man muss**] **~, dass ...**, bisogna considerare/[tener presente] che ...; **wenn man berücksichtigt, dass ...**, ⌊se si considera⌋/[considerando] che ...
Berücksichtigung <-, ohne pl> f: **die ~ aller eingegangenen Bewerbungen ist leider nicht möglich**, purtroppo non è possibile prendere in considerazione tutte le domande (di lavoro) inviateci; **auch ohne ~ seiner Herkunft**, anche se non si ⌊considera la⌋/[tien conto della] sua estrazione sociale • **bei ~ einer S. (gen)**, tenendo conto di qc; **in/unter ~ einer S. (gen)** *form*, considerando/considerato qc, tenendo/tenuto conto di qc, in considerazione di qc; **unter ~ der Tatsache, dass ...**, considerando il fatto che ...; **unter ~ aller Vorschriften**, nel rispetto di tutte le norme.
berückt adj *geh oder scherz* ~ **von etw** (dat) {VON EINEM ANBLICK, LÄCHELN, JDS SCHÖNHEIT} incantato da qc, rapito da qc.
Beruf <-(e)s, -e> m lavoro m, attività f (professionale); (*erlernter ~*) professione f; (*handwerklicher ~*) mestiere m: **ein akademischer ~**, una professione accademica; **ein künstlerischer ~**, una professione artistica; **ihr ~ nimmt sie völlig in Anspruch**/[befriedigt sie nicht], il suo lavoro ⌊la occupa totalmente⌋/[non la appaga/soddisfa] • **einen ~ ausüben**, esercitare una professione/un mestiere; **einen ~ ergreifen**, scegliere/abbracciare/intraprendere una professione, scegliere un mestiere; **einen ~ erlernen**, imparare/apprendere un mestiere; **freier ~**, libera professione; **ohne ~**, senza professione/[un mestiere]; **etw von ~ sein**, essere (di professione) qc, fare qc; **was sind Sie von ~?**, che cosa fa di mestiere?, qual è la Sua professione?; **ich bin Lehrer von ~**, sono (di professione) insegnante, faccio l'insegnante; **im ~ stehen**, lavorare, essere in attività; {ANWALT, ARZT}, esercitare (la propria professione); **seinen ~ verfehlt haben**, aver sbagliato mestiere; **von ~**, di professione; **seinen/den ~ wechseln**, cambiar(e) mestiere; **von ~s wegen** *form* {ETW TUN, VERREISEN}, per lavoro.
berufen① <irr, ohne ge-> A tr (*ernennen*) **jdn zu etw** (dat) ~ {ZUM MINISTER, VORSITZENDEN} nominare qu qc, designare qu (*come*) qc: **er hat ihn zu seinem Nachfolger ~**, l'ha designato suo successore; **jdn in/auf etw** (akk) ~ designare qu a qc: **jdn ⌊in ein Amt⌋/[auf eine Stelle]/[auf einen Lehrstuhl] ~**, designare qu a (occupare) una carica/un posto/una cattedra; **jdn** ⌊**als etw** akk⌋ **irgendwohin ~** nominare qu qc + compl di luogo; **man berief ihn als Professor** ⌊**nach Heidelberg**⌋/[**an die Universität Heidelberg**], fu nominato professore ⌊a Heidelberg⌋/[all'università di Heidelberg] B rfl **sich auf jdn/etw ~** {AUF DAS GESETZ, AUF EINE VORSCHRIFT} richiamarsi a qu/qc, appellarsi a qu/qc; {AUF EINEN ZEUGEN} riferirsi a qu: **sich auf die Verfassung ~**, appellarsi alla Costituzione; **du kannst dich auf mich ~**, puoi fare il mio nome C itr A (*Berufung einlegen*) ricorrere in appello • ⌊**ich will**⌋/[**man soll**]/[**wir wollen**] **es nicht ~!** *fam*, tocchiamo ferro!; **ich will es nicht ~, aber ... fam**, non voglio dirlo troppo forte ma ... *fam*.
berufen② adj **1** (*begabt*) {KÜNSTLER, MUSIKER} particolarmente portato/dotato **2** (*befähigt*) {KRITIKER} competente: **aus ~em Munde**, da fonte autorevole **3** (*ausersehen*): **zu etw (dat) ~ sein**, avere la vocazione per qc, essere chiamato a qc; **dazu ~ sein, etw zu tun**, essere chiamato a fare qc • **viele sind ~, aber nur wenige sind auserwählt** *bibl*, molti sono i chiamati, ma pochi gli eletti *prov*; **sich zu etw (dat) ~ fühlen** {ZUM LEHREN, MALEN, SCHREIBEN}, sentire la vocazione per (fare) qc, sentirsi chiamato (-a) a (fare) qc; {ZUM KRITIKER, KÜNSTLER, POLITIKER}, sentire la vocazione per fare qc; **sich dazu ~ fühlen, etw zu tun**, sentire la vocazione per fare qc; **ich fühle mich nicht dazu ~, Kinder zu erziehen**, non ho proprio la vocazione a tirare su i figli.
beruflich A adj <attr> {AUSBILDUNG, PFLICHTEN, TÄTIGKEIT, WEITERBILDUNG} professionale: **aus ~en Gründen**, per motivi di lavoro; **das ~e Leben**, la vita professionale; **seine ~en Probleme**, i suoi problemi ⌊di lavoro⌋/[professionali]; **jds ~e Verpflichtungen**, gli impegni di lavoro di qu; **jds ~er Werdegang**, la carriera (professionale) di qu B adv {ALS ETW ARBEITEN, KLAVIER SPIELEN} di professione; {SPORT TREIBEN} auch a livello professionistico; {ERFOLGREICH SEIN, WENIG ERFOLG HABEN} dal punto di vista professionale, professionalmente; {VERHINDERT SEIN, VERREISEN} per motivi di lavoro: **sich ~ fort-/weiterbilden**, frequentare corsi di aggiornamento professionale, aggiornarsi nella professione: **was machen Sie ~?**, che lavoro fa?, qual è la Sua professione?; **in etw (dat) ~ tätig sein** {IN EINEM BEREICH, IM KRANKENHAUS, IN DER SCHULE}, lavorare in qc; **er ist ~ viel unterwegs**, è molto in giro per lavoro; **~ vorwärtskommen**, fare carriera.
Berufsanfänger m (**Berufsanfängerin**

f) "chi è all'inizio di un lavoro o di un'attività professionale": ~ **sein**, essere alle prime armi ⌊nella propria professione⌋/[nel proprio lavoro].

Berufsarmee f → **Berufsheer**.

Berufsausbildung f formazione f professionale.

Berufsaussichten subst <nur pl> prospettive f pl/sbocchi m pl professionali: **gute/schlechte ~ haben**, avere/[non avere] buone prospettive professionali.

Berufsbeamte <dekl wie adj> m impiegato (-a) m (f) di ruolo (nella pubblica amministrazione).

berufsbedingt adj **1** (mit dem Beruf zusammenhängend) {PROBLEME} dovuto al lavoro **2** (durch den Beruf verursacht) {SEHSCHWÄCHE, STAUBLUNGE} causato dal lavoro; {KRANKHEIT} professionale: ~ **sein**, essere causato dal lavoro.

berufsbegleitend adj {AUSBILDUNG, UNTERRICHT} complementare.

Berufsberater m (**Berufsberaterin** f) consulente mf di orientamento.

Berufsberatung f **1** orientamento m/consulenza f professionale **2** → **Berufsberatungsstelle**.

Berufsberatungsstelle f centro m di orientamento/consulenza professionale.

Berufsbezeichnung f qualifica professionale: **was ist Ihre genaue ~?**, qual è esattamente ⌊il Suo titolo (professionale)⌋/[la Sua professione]?.

berufsbezogen adj {AUSBILDUNG, STUDIUM, UNTERRICHT} che risponde alle esigenze della professione.

Berufsbild n <meist sing> figura f/profilo m professionale.

berufsbildend adj {SCHULE} per la formazione professionale.

Berufsbildungswerk n "struttura f che, con l'aiuto di medici, psicologi e assistenti sociali, cerca di dare una formazione professionale a giovani disabili".

Berufsboxen n pugilato m professionistico, boxe f professionistica.

Berufsboxer m (**Berufsboxerin** f) pugile m professionista: ~ **sein**, fare il pugile di professione.

berufserfahren adj che ha esperienza professionale.

Berufserfahrung f esperienza f professionale: **Sekretärin mit mehrjähriger ~ gesucht**, cercasi segretaria con esperienza professionale pluriennale.

Berufsethos n etica f/deontologia f professionale.

Berufsfachschule f scuola f (di qualificazione) professionale.

Berufsfeuerwehr f vigili m pl del fuoco (professionisti).

Berufsfreiheit f libertà f di scegliere ed esercitare una professione.

berufsfremd adj {MENSCH} nuovo/[che non è] del mestiere; (dem entsprechende Ausbildung) che non ha la formazione (professionale) richiesta; {TÄTIGKEIT} estraneo alla formazione (professionale) di qu, atipico.

Berufsfußball m calcio m professionistico.

Berufsfußballer m (**Berufsfußballerin** f) calciatore (-trice) m (f) professionista/[di professione]: ~ **sein**, fare il calciatore di professione.

Berufsgeheimnis n segreto m professionale.

Berufsgenossenschaft f cassa f previdenza (di categoria) contro gli infortuni sul lavoro.

Berufsgruppe f categoria f professionale.

Berufsheer n mil esercito m professionale/[di professionisti].

Berufskleidung f tenuta f da lavoro.

Berufskrankheit f **1** (Krankheit) malattia f professionale **2** oft scherz (charakterliche Veränderung) deformazione f professionale.

Berufsleben <-, ohne pl> n vita f professionale • **im ~ stehen**, lavorare, avere/esercitare un'attività/una professione; **voll im ~ stehen**, essere affermato/qualcuno nella propria professione.

berufslos adj senza professione/[un mestiere].

berufsmäßig **A** adj <attr> {LITERAT, MUSIKER, PHILOSOPH} di professione, professionista **B** adv {SCHREIBEN, KLAVIER SPIELEN} professionalmente, per/di professione: **etw ~ betreiben/machen**, fare qc di professione, praticare professionalmente qc.

Berufsmusiker m (**Berufsmusikerin** f) musicista mf professionista.

Berufsoffizier m (**Berufsoffizierin** f) mil ufficiale m di carriera.

Berufsrevolutionär m (**Berufsrevolutionärin** f) fam meist pej rivoluzionario (-a) m (f) di professione, professionista mf della rivoluzione pej.

Berufsrisiko n rischio m professionale.

Berufsschule f scuola f per la formazione professionale.

Berufsschüler m (**Berufsschülerin** f) studente (-essa) m (f) di scuola per la formazione professionale.

Berufsschullehrer m (**Berufsschullehrerin** f) insegnante mf in una scuola per la formazione professionale.

Berufssoldat m (**Berufssoldatin** f) mil militare m/soldato (-essa) m (f) di carriera.

Berufsspieler m (**Berufsspielerin** f) **1** → **Berufssportler** **2** (berufsmäßiger Glücksspieler) giocatore (-trice) m (f) professionista, professionista mf del gioco d'azzardo.

Berufssportler m (**Berufssportlerin** f) (atleta mf) professionista mf.

Berufsstand m categoria f professionale; {+ANWÄLTE, ÄRZTE} ordine m (professionale).

berufstätig adj che lavora: **die ~e Bevölkerung**, la popolazione attiva; **eine ~e Frau**, una donna che lavora; **~ sein**, lavorare, avere un lavoro; **halbtags ~ sein**, ⌊fare un lavoro⌋/[lavorare] part-time; **ist er noch ~?**, lavora ancora?, è ancora in attività?; (auf einen Arzt, Anwalt bezogen) auch esercita ancora?; **seit sie Kinder hat, ist sie nicht mehr ~**, da quando ha i figli ⌊non lavora più⌋/[ha smesso di lavorare]; **er ist schon lange nicht mehr ~**, è da tempo che non lavora/esercita più.

Berufstätige <dekl wie adj> mf persona f che lavora: **als ~r hat man kaum noch Freizeit**, a chi lavora resta pochissimo tempo libero; **die ~n**, la popolazione attiva.

Berufstätigkeit f attività f professionale.

berufsunfähig adj <meist präd> inabile al lavoro: **sie ist durch einen Unfall ~ geworden**, è rimasta invalida in seguito a un incidente.

Berufsunfähigkeit <-, ohne pl> f inabilità f al lavoro, invalidità f.

Berufsunfähigkeitsrente f pensione f d'invalidità.

Berufsunfall m infortunio m sul lavoro.

Berufsverband m associazione f di categoria (professionale).

Berufsverbot n **1** jur interdizione f dall'esercizio di una professione **2** D (aus politischen Gründen) "divieto m di accesso al pubblico impiego per gli appartenenti a gruppi estremisti" • **mit ~ belegt werden**, essere colpito dall'interdizione all'esercizio della propria professione jur; {EXTREMIST}, essere escluso dal pubblico impiego per motivi politici; **jdm ~ erteilen**, infliggere a qu l'interdizione dall'esercizio della propria professione jur; {EINEM EXTREMISTEN}, vietare a qu di esercitare la propria professione per motivi politici.

Berufsverbrecher m (**Berufsverbrecherin** f) delinquente mf professionale, professionista mf del crimine.

Berufsverkehr m traffico m (delle ore) di punta.

Berufswahl <-, ohne pl> f scelta f della/[di una] professione: **Freiheit der ~**, libertà f di scegliere ed esercitare una professione.

Berufswechsel m cambiamento m del lavoro: **an einen ~ denken**, pensare di cambiare lavoro.

Berufsziel n professione f che si desidera esercitare: **welches ~ haben Sie?**, a quale professione aspira?, quale professione Le piacerebbe?

Berufszweig m ramo m professionale.

Berufung <-, -en> f **1** <meist sing> jur appello m: **das Recht auf ~**, il diritto d'appello **2** <meist sing> (Angebot für ein Amt) ~ (**in etw** akk) nomina f (a qc), designazione f (a qc) **3** univ (auf etw akk/an etw akk) {AUF EINEN LEHRSTUHL, AN EINE UNIVERSITÄT} nomina f (a qc): **eine ~ als Professor annehmen**, accettare una cattedra; **sie lehnte ihre ~ nach Hamburg ab**, rifiutò la cattedra offertale dall'università di Amburgo **4** <nur sing> (das Sichberufenfühlen) ~ (**zu etw** dat) vocazione f (a/per qc): **sie fühlte die ~ zur Künstlerin in sich**, sentì dentro di sé la vocazione per l'arte **5** <nur sing> (Bezugnahme) ~ **auf jdn/etw** riferimento m a qu/qc, richiamo m a qu/qc ● **aus ~**, per vocazione; (gegen ein Urteil) ~ ⌊einlegen⌋/[in die ~ gehen] jur, proporre/[ricorrere in] appello (contro una sentenza), appellare/[appellarsi contro] una sentenza; **mit/unter ~ auf jdn/etw**, riferendosi a qu/qc; **einer ~ stattgeben** jur, accogliere l'appello; **eine ~ zurückweisen** jur, respingere un appello.

Berufungsfrist f jur termine m per ricorrere in appello.

Berufungsgericht n jur corte f d'appello.

Berufungsinstanz f jur corte f d'appello.

Berufungsklage f jur appello m.

Berufungskläger m (**Berufungsklägerin** f) jur appellante mf.

Berufungsrecht n jur diritto m d'appello.

Berufungsrichter m (**Berufungsrichterin** f) jur giudice m d'appello.

Berufungsverfahren n jur processo m di secondo grado.

Berufungsweg m: **auf dem ~** jur, in appello.

beruhen <ohne ge-> itr **auf etw** (dat) ~ {AUSSAGE, BERICHT AUF TATSACHEN, DER WAHRHEIT} fondarsi su qc, basarsi su qc, essere fondato su qc; {BRAUCH, FEST, ZEREMONIE AUF ALTEN TRADITIONEN} risalire a qc, avere origine in qc; {JDS ÄNGSTLICHKEIT, FURCHT, SCHÜCHTERNHEIT AUF SCHLECHTEN ERFAHRUNGEN, EINEM SCHOCK} essere dovuto a qc, nascere da qc: **auf Gegenseitigkeit ~**, essere reciproco; **auf einem Irrtum ~**, ⌊nascere da⌋/[essere dovuto a] un errore ● **etw auf sich** (dat) ~ **lassen**, lasciare stare/perdere qc; **lassen wir das/**[**die Sache**] **auf sich ~!**, lasciamo stare/perdere!

beruhigen <ohne ge-> **A** tr **1** (zur Ruhe bringen) **jdn** ~ {ARZT, MUTTER, MEDIKAMENT} calmare qu; {AUSKUNFT, NACHRICHT, UMSTAND} tranquillizzare qu, rassicurare qc: **die tobende Menge** ~, calmare/placare la folla inferocita; **einen zornigen Menschen** ~, placare/(ac)quietare una persona infuriata; **er war kaum zu** ~, era quasi impossibile calmarlo; **etw** ~ {GEMÜTER} acquietare qc, placare qc; {KRÄUTERTEE DARM, MAGEN} avere un effetto calmante su qc; {MEDIKAMENT} avere un effetto sedativo su qc; {NERVEN} distendere qc, rilassare qc **2** (beschwichtigen) **jdn** ~ {GESPRÄCH, GUTE NACHRICHT, TRÖSTENDE WORTE} tranquillizzare qu, rassicurare qu; **etw** ~ {GEWISSEN} tranquillizzare qc, tacitare qc **3** (Verkehr reduzieren) **etw** ~ {INNENSTADT, STRASSE, WOHNGEBIET} limitare il traffico in qc; {VERKEHR} limitare qc **B** rfl **sich** ~ **1** (ruhig werden) {MENSCH} calmarsi, placarsi, (ac)quietarsi, tranquillizzarsi: **sie konnte sich gar nicht darüber** ~, **dass er sie geschlagen hatte**, non riusciva a darsi pace pensando che lui l'aveva picchiata; **nun beruhige dich doch!**, e datti una calmata! fam **2** meteo {MEER} calmarsi; {STURM} auch placarsi **3** (sich entspannen) {BÖRSE, POLITISCHE LAGE} tornare tranquillo (-a), (ri)stabilizzarsi.

beruhigend **A** adj **1** (ruhig machend) {GEWISSHEIT, NACHRICHT, WISSEN, WORTE} rassicurante, tranquillizzante; {FARBEN, LANDSCHAFT, MUSIK} rilassante, distensivo: **es ist (für jdn)** ~/[**ein** ~ **es Gefühl**] **zu wissen, dass** ..., è tranquillizzante/rassicurante (per qu) sapere che ... **2** pharm {MEDIKAMENT, WIRKUNG} calmante, sedativo; (gegen Angstzustände) auch tranquillante **B** adv {AUF JDN EINREDEN, AUF DIE SCHULTER KLOPFEN} in modo rassicurante/tranquillizzante: ~ **auf jdn wirken** (jds Sorgen nehmen), avere un effetto rassicurante/tranquillizzante su qu; (jdn entspannen) {FARBEN, LANDSCHAFT, MUSIK} avere un effetto rilassante/riposante su qu; ~ **(auf jdn/etw) wirken** pharm, avere un effetto calmante (su qu/qc).

beruhigt **A** adj: ~ **sein**, essere/sentirsi/ stare tranquillo (-a); (aufgrund einer positiven Nachricht) auch essere/sentirsi rassicurato (-a); **dann bin ich ja beruhigt!**, allora sto tranquillo (-a)!; **Sie können** ~ **sein, Ihrer Frau wird nichts passieren!**, può stare tranquillo (-a), a Sua moglie non succederà niente!; **erst als sie erfuhr, dass der Vertrag verlängert wurde, war sie** ~, si tranquillizzò solo quando venne a sapere che il contratto sarebbe stato rinnovato **B** adv {ABFAHREN, NACH HAUSE GEHEN, IN DIE ZUKUNFT BLICKEN} tranquillo (-a), tranquillamente, con tranquillità: **nach dem versöhnlichen Gespräch mit seinem Chef fuhr er** ~ **in Urlaub**, dopo il colloquio riconciliatore col capo partì per le vacanze completamente rassicurato.

Beruhigung <-, ohne pl> f **1** (das Beschwichtigen) {+BESORGTER MENSCH} rassicurazione f **2** (das Ruhigmachen) {+KIND, PATIENT, SCHÜLER} calmare m qu; {+GEMÜTER, ZORNIGER MENSCH} auch placare m qu/qc: **etwas/[ein Mittel] zur** ~ pharm, un calmante/ tranquillante/sedativo; **zur** ~ **der Nerven**, per distendere/rilassare i nervi; **zur** ~ **seines Gewissens schenkte er ihr einen Pelzmantel**, per tranquillizzare/tacitare la sua coscienza le regalò una pelliccia **3** meteo {+MEER} calmarsi m; {+WETTER} auch stabilizzazione f **4** (Entspannung) {+POLITISCHE LAGE} stabilizzazione f: **zur** ~ **der Börse**, per stabilizzare la borsa **5** (Verkehrsberuhigung) {+INNENSTADT, STRASSE, WOHNGEBIET} limitazione f del traffico (in qc); {+VERKEHR} limitazione f **6** (Gefühl der Sicherheit) rassicurazione f: **jdm**/[**für jdn**] **ist es eine** ~ **zu wissen, dass** ..., tranquillizza/rassicura qu sapere che ... ● **zu jds** ~, per tranquillizzare/rassicurare qu; **zu Ihrer** ~ **kann ich Ihnen sagen, dass** ..., per Sua tranquillità posso dirLe che ...

Beruhigungsmittel n pharm calmante m, sedativo m; (Tranquilizer) tranquillante m.

Beruhigungspille f **1** pharm → **Beruhigungsmittel** **2** fam oft scherz (beruhigende Nachricht) notizia f tranquillizzante: **jdm eine** ~ **verabreichen** fam, dare a qu una notizia tranquillizzante.

Beruhigungsspritze f iniezione f sedativa/calmante: **jdm eine** ~ **geben**, iniettare a qu un sedativo/calmante.

berühmt adj {BUCH, KÜNSTLER, KUNSTWERK, WISSENSCHAFTLER} celebre, famoso, noto; {ANBAUGEBIET, LAGE, NAME, RESTAURANT} auch rinomato: **für etw** (akk)/**wegen etw** (gen oder fam dat) ~ **sein**, essere famoso/rinomato per qc; **eine** ~ **für**/[**wegen ihrer**] **Allüren** ~**e Schauspielerin**, un'attrice famosa/celebre per i suoi atteggiamenti da diva; **(durch etw akk)** ~ **werden**, diventare famoso (-a)/celebre (per qc) ● **das ist nicht (gerade)** ~ iron, non è (un) granché, non è niente di speciale; **jdn/etw** ~ **machen**, rendere qu/qc famoso (-a)/celebre.

berühmt-berüchtigt adj famigerato, malfamato.

Berühmtheit <-, -en> f **1** <nur sing> (Ruhm) {+BUCH, KÜNSTLER, WISSENSCHAFTLER} celebrità f, fama f, notorietà f; {+ANBAUGEBIET, LAGE, RESTAURANT} auch rinomanza f **2** (renommierte Persönlichkeit) celebrità f, persona f celebre/famosa ● **es zu trauriger** ~ **bringen, traurige** ~ **erlangen** {PERSON}, diventare tristemente famoso (-a)/celebre; {ORT}, diventare tristemente noto (-a); ~ **erlangen**, acquistare celebrità, diventare famoso (-a)/celebre.

berühren <ohne ge-> **A** tr **1** (anfassen) **jdn**/**etw** ~ toccare qu/qc: **das Berühren der Ware ist verboten!**, è vietato toccare la merce (esposta)!; (streifen) sfiorare qu/qc: **beim Vorbeigehen hat sie mich mit ihrem weiten Mantel** ~, passando mi ha sfiorato (-a) con il suo ampio cappotto **2** (auf der Reise streifen) **etw** ~ {LÄNDER, ORT} toccare qc, passare per qc **3** math **etw** ~ essere tangente a qc **4** (kurz erwähnen) **etw** ~ {PROBLEM, THEMA} toccare qc, accennare a qc: **etw nur kurz** ~, sfiorare qc, trattare qc di sfuggita; **dieses Argument wurde in unserem Gespräch noch nicht einmal berührt**, nel nostro colloquio questo argomento non è stato nemmeno sfiorato **5** (seelisch bewegen) **jdn** ~ {LEID, JDS SCHICKSAL, SITUATION, VORSTELLUNG, WORTE} toccare qu, commuovere qu: **jdn zutiefst**/[**in seinem Innern**] ~, toccare/ commuovere qu profondamente; **jdn angenehm/unangenehm** ~, risultare piacevole/ spiacevole a qu, mettere in imbarazzo qu; **jdn schmerzlich** ~, fare male a qu, addolorare qu; **jdn seltsam** ~, fare uno strano effetto a qu; **dass sie leidet, berührt ihn nicht im Geringsten**, che lei soffra non lo tocca minimamente/[gli fa né caldo né freddo] **B** rfl **1** (Kontakt haben) **sich (gegenseitig)** ~ {MENSCHEN, DRÄHTE, GEGENSTÄNDE} toccarsi; (sich streifen) sfiorarsi: **ihre Hände berührten sich nur für einen Augenblick**, le loro mani si sfiorarono solo per un attimo **2** (übereinstimmen) **sich (in etw dat)** ~ {MEINUNGEN, PLÄNE, VORSTELLUNGEN} convergere (su qc) {INTERESSEN} auch incontrarsi (in qc).

berührt adj: **von etw** (dat) ~ **sein**, essere toccato/commosso da qc; **jd ist von etw** (dat) **angenehm/unangenehm** ~, qu è piacevolmente/spiacevolmente colpito da qc; **(von etw dat) peinlich berührt sein**, essere imbarazzato (per qc); **sich von etw** (dat) **peinlich/schmerzlich** ~ **fühlen**, sentirsi in imbarazzo per qc.

Berührung <-, -en> f **1** (das (Sich)berühren) contatto m, toccar(si) m; (flüchtige, leichte, vorsichtige ~) sfioramento m: **die** ~ **ihrer Hände löste bei ihr eine Flut von Gefühlen aus**, il contatto tra le loro mani suscitò in lei un tumulto di sensazioni; **Ansteckung durch** ~, contagio per contatto **2** (gesellschaftlicher Kontakt) contatto m **3** (Erwähnung) {+ARGUMENT, PUNKT, THEMA} accenno m (a qc) **4** adm contiguità f ● **bei** ~ (einer S. gen), al contatto (con qc); **bereits bei** ~, con il semplice contatto; **jdn mit etw (dat) in** ~ **bringen** {MIT EINER FREMDEN KULTUR, EINER KUNSTRICHTUNG}, mettere qu a contatto con qc, avvicinare qu a qc; **mit jdm/etw in** ~ **kommen** (jdn, etw berühren), toccare qu/qc; (in Kontakt kommen), venire a contatto con qu/qc; **schon früh kam er mit der Mafia in** ~, già molto presto è entrato nel giro della mafia.

Berührungsangst f **1** psych fobia f del contatto, pselafobia f wiss **2** <meist pl> (Angst vor bestimmten Problemen) riluttanza f: **bei etw (dat) Berührungsängste haben** {BEI BESTIMMTEN THEMEN}, avere paura di qc, avvertire un imbarazzo/disagio nei confronti di qc.

Berührungsbildschirm m inform schermo m ₁sensibile al tatto₁/[a sfioramento].

Berührungspunkt m **1** (Gemeinsamkeit) punto m ₁in comune₁/[di convergenza]: **ich habe nur noch wenig(e)** ~**e mit meinen ehemaligen Klassenkameraden**, ormai ho poco in comune con i miei ex compagni di classe **2** geom punto m di contatto.

Beryllium <-s, ohne pl> n chem berillio m.

bes. Abk von besonders: spec. (Abk von specialmente).

besabbeln <ohne ge-> fam, **besabbern** <ohne ge-> fam **A** tr **jdn**/**etw** ~ sbavare qu/ qc fam, sporcare qu/qc di bava **B** rfl **sich** ~ sbavar(si); **sich mit etw** (dat) ~ {MIT BREI, SUPPE} sbrodolarsi di/con qc fam.

besagen <ohne ge-> tr **etw** ~ voler dire qc, significare qc: **das besagt** ₁**noch gar nichts**₁/[**viel**], (questo) ₁in fondo non vuol dire nulla₁/[vuol dire molto]; **was besagt das schon?**, e che cosa vorrebbe dire?; **ein Gesetz/eine Vorschrift besagt, dass** ..., una legge/una disposizione recita che ...; **das besagt nicht, dass** ..., (questo) non significa/[vuol dire] che ... ind oder konjv.

besagt adj <attr> form: **der** ~**e Mieter/ Abend**, ₁il detto inquilino₁/[la detta sera]; **der/die Besagte**, ₁il suddetto/summenzionato/sunnominato₁/[la suddetta/summenzionata/sunnominata].

besaiten <ohne ge-> tr **etw** ~ {INSTRUMENT} incordare qc, mettere le corde a qc: **etw neu** ~, mettere le corde nuove a qc ● **zart besaitet** → **zartbesaitet**.

besamen <ohne ge-> tr biol **jdn/etw** (künstlich) ~ {FRAU} sottoporre qu a inseminazione artificiale a qu; {TIER} inseminare qc (artificialmente).

besammeln <ohne ge-> rfl CH → **versammeln**.

Besammlung f CH → **Versammlung**.

Besamung <-, -en> f inseminazione f (artificiale).

Besamungsstation f agr, Besamungs-

zentrale f agr centro m per l'inseminazione artificiale.

Besan <-s, -e> m naut (~segel) (vela f dell'albero di) mezzana f; (~mast) (albero m di) mezzana f.

besänftigen <ohne ge-> **A** tr jdn/etw ~ {MENSCHEN, MENSCHENMENGE, TIER} rabbonire qu, calmare qu; {JDS ERREGUNG, ZORN} placare qc, mitigare qc: **die erhitzten Gemüter ~**, placare ⌊i bollenti spiriti⌋/[gli animi infervorati] **B** rfl **sich ~** rabbonirsi, calmarsi.

Besänftigung <-, ohne pl> f {+MENSCH} calmare m qu; {+ERREGUNG, ZORN} placare m qc, mitigare qc • **zu jds ~**, per calmare qu; **zur ~ einer S.** (gen), per placare qc.

besät adj ~ **mit etw** (dat) **1** (bestreut) {MIT BLÄTTERN, BLUMEN, BLÜTEN} (ri)coperto di qc: **mit Sternen ~**, cosparso/trapunto di stelle **2** iron (überladen) {MIT ORDEN, VERZIERUNGEN} coperto di qc, tempestato di qc.

Besatz m **1** text (Einfassung) guarnizione f; (Borte) gallone m **2** (Bestand) **~** (**an etw** dat) {AN FISCHEN, WILD} patrimonio m (di qc); {AN VIEH} scorte f pl vive (di qc).

Besatzer <-s, -> m (**Besatzerin** f) pol occupatore (-trice) m (f), esercito m/potenza f occupante: **die amerikanischen ~**, gli occupatori americani.

Besatzung f **1** (Mannschaft) equipaggio m; mil (Verteidigungstruppe) guarnigione f **2** (~sarmee) truppe f pl d'occupazione/occupanti.

Besatzungsarmee f mil esercito m d'occupazione/occupante.

Besatzungskind n "bambino (-a) m (f) concepito (-a) durante l'occupazione da una donna locale con un soldato dell'esercito occupante".

Besatzungsmacht f potenza f occupante: **die vier Besatzungsmächte in Berlin**, le quattro potenze occupanti a Berlino.

Besatzungsmitglied n membro m dell'equipaggio.

Besatzungstruppen subst <nur pl> truppe f pl d'occupazione/occupanti.

Besatzungszone f zona f d'occupazione: **die amerikanische ~** D hist, la zona di occupazione americana.

besaufen <irr, ohne ge-> rfl slang **sich ~** prendersi una sbornia fam/sbronza fam colossale: **sich sinnlos/[bis zur Besinnungslosigkeit] ~**, bere fino a perdere i sensi.

Besäufnis <-ses, -se> n slang gran bevuta f, sbevazzata f fam.

besäuselt adj fam brillo, alticcio fam.

beschädigen <ohne ge-> tr etw ~ {FAHRZEUG, GERÄT, HAUS} danneggiare qc; {GEGENSTAND, LACK, OBERFLÄCHE} auch sciupare qc; {SCHIFFSLADUNG} avariare qc.

beschädigt adj: **leicht/stark ~ sein**, essere leggermente/gravemente danneggiato; **schwer ~** (in großem Maße beschädigt) {AUTO}, gravemente danneggiato; {GEBÄUDE} auch, gravemente lesionato.

Beschädigung <-, -en> f **1** <nur sing> (das Beschädigen): **die ~ einer S.** (gen), i danni (ar)recati/causati a qc; **~ fremden Eigentums** jur, danneggiamento di cose altrui **2** (beschädigte Stelle) danno m; {+TECHNISCHE ANLAGE, MASCHINE, MOTOR, SCHIFF} auch avaria f: **die ~** (**an etw** dat), il danno subito (da qc); {AN EINER ANLAGE, MASCHINE, EINEM MOTOR} auch l'avaria (a qc).

beschaffen① <ohne ge-> **A** tr (jdm/etw) jdn/etw ~ procurare qu/qc a qu/qc, procacciare qc (per qc), fornire qc (per qc); etw (**für etw** akk) ~ procurare qc (per qc), fornire qc (per qc), procacciare qc (per qc), reperire qc (per qc): **wer beschafft das Material für die Aus-**

stellung?, chi fornisce/procura il materiale per la mostra?; **diese Videokassette ist schwer zu ~**, questa videocassetta è difficilmente reperibile **B** rfl **sich** (dat) **etw ~** procurarsi qc, procacciarsi qc: **sie hat sich das nötige Geld beschafft**, si è procurata il denaro necessario; **sich** (dat) **etw wieder ~** procurarsi di nuovo qc.

beschaffen② adj form: **so ~**, siffatto, tale; **so ~ sein, dass ...**, essere tale da ... inf/che ...; **die Verpackung ist so ~, dass sie zerbrechliche Ware schützt**, l'imballaggio è realizzato in modo tale da proteggere la merce fragile; **sie ist nun einmal so ~**, è ⌊così di natura⌋/[fatta così]; **ich bin leider so ~, dass mir gleich die Tränen kommen**, purtroppo sono fatto (-a) così, mi vengono subito le lacrime agli occhi; **mit jdm/etw ist es gut/schlecht ~**: **mit meiner Konzentrationsfähigkeit ist es schlecht ~**, la mia capacità di concentrazione lascia molto a desiderare; **wie ist es mit deiner Gesundheit ~?**, come va la salute?

Beschaffenheit <-, ohne pl> f **1** (Eigenschaft) **~** (**einer S.** (gen)/**von etw** dat) qualità f (di qc); (chemische ~) composizione f (di qc): **die bauliche ~ der Altstadt**, il tessuto architettonico del centro storico; **die unebene ~ des Geländes**, la conformazione accidentata del terreno **2** (Zustand) **~** (**einer S.** gen/**von etw** dat) condizioni f pl (di qc), stato m (di qc): **wie ist die ~ der Straßen nach dem Unwetter?**, in quale stato sono le strade dopo il temporale?; **je nach ~ der Lage**, a seconda della situazione; **jds** (~) (körperlich) la costituzione di qu, il fisico di qu; (charakterlich, seelisch) la natura di qu, il carattere di qu, l'indole di qu.

Beschaffung <-, ohne pl> f procacciamento m; (Kauf) acquisto m: **die ~ von Drogen**, procacciarsi la droga; **die ~ von Informationen**, l'acquisizione di informazioni; **die ~ von Waffen für im Krieg befindliche Nationen ist verboten**, è vietato fornire armi alle nazioni in guerra.

Beschaffungskriminalität f "microcriminalità f legata alla tossicodipendenza".

Beschaffungsprostitution f "prostituzione f legata alla tossicodipendenza".

beschäftigen <ohne ge-> **A** tr **1** (Arbeit geben) **jdn ~** impiegare qu, dare lavoro a qu, occupare qu: **das Unternehmen beschäftigt 50 Personen**, la ditta impiega/[dà lavoro a]/[occupa] 50 persone; **jdn als etw** (akk) **~** assumere qu come qc **2** (zu tun geben) **jdn** (**mit etw** dat) **~** tenere occupato (-a) qu (con qc): **die Kinder mit einem Spiel ~**, tenere occupati i bambini con un gioco **3** (zu denken geben) **jdn ~** dare da pensare a qu, (pre)occupare qu: **dieses Problem hat mich lange beschäftigt**, questo problema mi ha preoccupato (-a) a lungo; **was beschäftigt dich, dass du so nachdenklich bist?**, (che) cosa è che ti preoccupa, che sei così pensieroso (-a)? **B** rfl **1** (Zeit verbringen mit) **sich mit jdm/etw ~** occuparsi di qu/qc: **sie beschäftigt sich viel mit ihrem Hund**, si occupa molto del suo cane, passa molto tempo con il suo cane; **sich intensiv mit jdm/etw ~**, dedicarsi a qu/qc **2** (sich befassen) **sich mit etw** (dat) **~** occuparsi di qc, interessarsi di qc: **wir haben uns ausführlich mit englischer Literatur beschäftigt**, ci siamo occupati (-e)/interessati (-e) approfonditamente di letteratura inglese **3** (handeln von) **sich mit etw** (dat) **~** trattare qc: **der Artikel beschäftigt sich mit aktuellen Fragen**, l'articolo tratta questioni di attualità.

beschäftigt adj **1** (angestellt): **bei/in etw**

(dat) **~ sein**, essere impiegato (-a) a/in qc, lavorare a/in qc; **er ist ⌊bei der Post⌋/[in einem Verlag] ~**, ⌊è impiegato⌋/[lavora] ⌊alle poste⌋/[in una casa editrice]; **als etw** (nom) **~ sein**, essere impiegato come qc, lavorare come qc, essere assunto come qc **2** (befasst) **~** (**mit jdm/etw**) {MIT KINDERN, KRANKEN} occupato (con qu/qc): **~ sein**, essere occupato/impegnato; **mit etw** (dat) **sehr ~ sein**, essere assorbito da qc; **sie sind beruflich so ~, dass für das Privatleben nur wenig Zeit bleibt**, sono così impegnati con il lavoro che gli resta poco tempo per la vita privata; **viel ~** {FRAU, MANAGER, MANN}, molto occupato/impegnato, occupatissimo, impegnatissimo **3** (gerade etwas tuend) **~ mit etw** (dat) impegnato in qc, intento a fare qc: **sie ist mit Zeitunglesen ~**, è intenta a leggere il giornale, sta leggendo il giornale; **damit ~ sein, etw zu tun**, essere intento a fare qc, star facendo qc; **ich bin damit ~, Briefe zu schreiben**, sto scrivendo delle lettere.

Beschäftigte <dekl wie adj> mf **1** (Angestellter) dipendente mf, impiegato (-a) m (f), lavoratore (-trice) m (f) **2** <nur pl> (Erwerbstätige) occupati m pl.

Beschäftigung <-, -en> f **1** (berufliche Arbeit) occupazione f, lavoro m; (feste Anstellung) impiego m **2** (Einsatz) {+ARBEITSKRAFT} impiego m: **die ~ ausländischer Arbeitskräfte auf Baustellen**, l'impiego di lavoratori stranieri nei cantieri edili **3** (Tätigkeit) occupazione f, attività f; (Zeitvertreib) passatempo m: **eine interessante/langweilige ~**, un passatempo interessante/noioso; **zur ~ der Kinder**, per tenere occupati i bambini; **die ~ mit jdm** {MIT ALTEN, BEHINDERTEN, KINDERN, KRANKEN}, il lavoro con qu **4** (geistige Auseinandersetzung) **~ mit etw** (dat) riflessione f su qc, studio m di qc: **die ~ mit diesen Problemen**, la riflessione su questi problemi; **die ~ mit Kunst/Literatur**, lo studio ⌊dell'arte⌋/[della letteratura] • **für ~ ist gesorgt** scherz, il lavoro non mancherà; **eine/keine ~ haben**, avere/[non avere] un'attività/un lavoro/un'occupazione; **einer/keiner ~ nachgehen** form, ⌊esercitare una⌋/[non esercitare nessuna] attività; **ohne ~ sein**, essere disoccupato/[senza lavoro/impiego]; **eine ~ suchen**, cercare un lavoro/impiego; **sich** (dat) **eine ~ suchen**, cercarsi ⌊qualcosa da fare⌋/[un'occupazione]; **jdn bei einer ~ stören**, disturbare qu mentre sta facendo qc.

Beschäftigungsförderungsgesetz n legge f a sostegno dell'occupazione.

Beschäftigungsgrad m ökon tasso m d'occupazione.

Beschäftigungskrise f ökon crisi f occupazionale.

Beschäftigungslage f situazione f occupazionale.

beschäftigungslos adj (arbeitslos) senza impiego/lavoro, disoccupato; (ohne Tätigkeit) senza attività/occupazione: **ein ~er Maler**, un pittore disoccupato.

Beschäftigungspolitik f politica f ⌊dell'occupazione⌋/[occupazionale].

Beschäftigungsprogramm n **1** ökon programma m occupazionale/[per la creazione di posti di lavoro]: **die italienische Regierung hat für den Süden ein ~ entworfen**, il governo italiano ha messo a punto un programma per la creazione di nuovi posti di lavoro nel Mezzogiorno **2** fam (Unterhaltungsprogramm) **~** (**für jdn**) {FÜR EINEN BETTLÄGERIGEN} programma m per ⌊tenere occupato (-a)⌋/[distrarre] qu: **für die Kinder ein ~ entwerfen**, pensare a un programma ludico per tenere occupati i bambini.

Beschäftigungstherapie f **1** med ergoterapia f, terapia f occupazionale **2** fig oft iron: **die Aufgaben, die mir mein Chef überträgt, sind reine ~**, i compiti che mi affida il mio capo ⌊sono puri riempitivi⌋/[servono solo ad ammazzare il tempo].
Beschäftigungsverhältnis n → **Arbeitsverhältnis**.
beschälen <ohne ge-> tr zoo etw ~ {STUTE} montare qc.
Beschäler m zoo stallone m.
beschallen <ohne ge-> tr **1** (zudröhnen) **jdn/etw** (**mit etw** dat) ~ {MIT LÄRM, MUSIK} sommergere qu/qc (di qc), frastornare qu/qc (con qc) **2** med **jdn/etw** ~ fare un'ecografia a qu/qc.
beschämen <ohne ge-> tr **jdn** ~ {JDS GESCHENK, GROẞZÜGIGKEIT, HILFSBEREITSCHAFT} imbarazzare qu, mettere in imbarazzo qu; {JDN, DER ES NICHT VERDIENT} far vergognare qu; **jdn durch etw** (akk)/**mit etw** (dat) ~ {MENSCH MIT EINEM GESCHENK, DURCH SEIN VERHALTEN} mettere in imbarazzo qu con qc; {JDN, DER ES NICHT VERDIENT} far vergognare qu con qc.
beschämend adj **1** (schändlich) {EINSTELLUNG, NIEDERLAGE, VERHALTEN} vergognoso: (**für jdn**) ~ **sein**, essere vergognoso (da parte di qu) **2** (demütigend) {GEFÜHL, SITUATION} umiliante: **für jdn ~ sein**, essere umiliante per qu **3** (Verlegenheit hervorrufend): **für jdn ~ sein** {JDS GROẞZÜGIGKEIT, HILFSBEREITSCHAFT}, essere imbarazzante per qu ● **das ist ~ wenig**, è vergognosamente poco.
beschämt A adj (mit Scham erfüllt) che si vergogna; (verlegen) imbarazzato: (**über etw** akk) ~ **sein**, vergognarsi (di qc); (verlegen) essere imbarazzato/[in imbarazzo] per qc; **sich durch jdn/etw** ~ **fühlen**, sentirsi imbarazzato (-a) ⌊a causa di qu⌋/[per qc] B adv {ABWENDEN, DASTEHEN, WEGGEHEN, WEGSEHEN} pieno (-a) di vergogna.
Beschämung <-, -en> f {meist sing} (sentimento m di) vergogna f: ~ **empfinden**, provare vergogna ● **mit/[zu meiner (großen)] ~**, con mia (grande) vergogna.
beschatten <ohne ge-> tr **1** (überwachen) **jdn** ~ pedinare qu, tallonare qu; **jdn ~ lassen**, far pedinare qu **2** geh (Schatten werfen auf) **etw** ~ ombreggiare qc, ombrare qc lit **3** sport **jdn** ~ francobollare qu, marcare stretto (-a) qu.
Beschatter <-s, -> m (**Beschatterin** f) **1** (Überwacher) pedinatore (-trice) m (f) **2** fam (Beschützer) angelo m custode **3** fam sport marcatore (-trice) m (f).
Beschattung <-, rar -en> f (Überwachung) pedinamento m.
beschauen <ohne ge-> A tr **1** adm **etw** ~ {FLEISCH} esaminare qc, controllare qc **2** region (betrachten) **jdn/etw** ~ guardare qu/qc, contemplare qu/qc B rfl **region sich** (dat) **jdn/etw** ~ guardare qu/qc (attentamente/[da vicino]), contemplare qu/qc, rimirare qu/qc.
beschaulich A adj **1** (geruhsam) {ABEND, LEBEN} pacifico, tranquillo; {LEBENSABEND} auch sereno; {CHARAKTER, MENSCH} contemplativo: **ein ~es Leben führen**, condurre una vita pacifica/tranquilla **2** relig (contemplativ) **ein ~er Orden**, un ordine che fa vita contemplativa B adv {LEBEN, VERBRINGEN} in (tutta) calma, in pace: **sich** (dat) **seinen Lebensabend ~ gestalten**, rendersi sereni gli ultimi anni di vita.
Beschaulichkeit <-, ohne pl> f tranquillità f, calma f: **ein Leben in ~**, una vita contemplativa.
Bescheid <-(e)s, -e> m (Nachricht) notizia f;

(Antwort) risposta f; (behördliche Mitteilung) avviso m, comunicazione f; (schriftlich) notifica f, notificazione f; (behördliche Entscheidung) decisione f: **abschlägiger ~**, risposta negativa, rigetto; **negativer ~**, risposta negativa; **positiver ~**, risposta positiva; (**von jdm**) (**über etw** akk) ~ **bekommen/erhalten**, avere/ricevere una risposta (da qu) (su/[riguardo a] qc); **Sie erhalten von uns ~**, Le faremo sapere ● **jdm** (**über etw** akk/**von etw** dat) ~ **geben**, informare qu (di qc), dare una risposta a qu (su qc); **richterlicher ~** jur, decisione; **jdm** (**über etw** akk) ~ **sagen**, avvisare qu (di qc), avvertire qu (di qc); **jdm** (**gehörig/tüchtig/ordentlich/anständig/...**) **~ sagen/stoßen** fam, dire il fatto suo a qu fam, dirne quattro a qu fam; (**über jdm/etw**) **~ wissen**, essere informato (su qu/di qc), essere al corrente (di qc); **weißt du schon ~?**, sei già al corrente?, sei già informato (-a)?; **er weiß gut ~**, è ben informato; **nun wissen Sie ~!**, ora lo sa!; **sobald ich ~ weiß, ...**, appena so qualcosa ...; (**in/mit etw** dat) **~ wissen**, essere pratico di qc, intendersi di qc; **ich weiß in diesen Dingen nicht ~**, non mi intendo di queste cose.
bescheiden① A adj **1** (genügsam) {MENSCH} modesto; (sich nicht in den Vordergrund stellend) umile; {ANSPRÜCHE, FORDERUNGEN} modesto; {LEBEN, LEBENSFÜHRUNG} auch semplice **2** (zurückhaltend) {BENEHMEN, VERHALTEN} discreto, modesto, riservato **3** (einfach) {MAHLZEIT} semplice, sobrio; {EINRICHTUNG, KLEIDUNG, MOBILIAR, WOHNUNG} auch modesto, senza pretese **4** fam (gering) modesto, basso: **ein ~es Gehalt**, uno stipendio basso/modesto/[piuttosto misero], uno stipendiuccio fam **5** (maßvoll) moderato, modico: **~e Preise**, prezzi modici **6** (mittelmäßig) {ERGEBNIS, LEISTUNG} modesto, mediocre **7** fam euph (beschissen) {ESSEN, WETTER} terribile, schifoso; {GEFÜHL, SITUATION} spiacevole, sgradevole B adv **1** (selbstgenügsam) {LEBEN} modestamente **2** (einfach) {AUSGESTATTET, EINGERICHTET, GEKLEIDET} modestamente, semplicemente, sobriamente ● **jdm geht es ~**, **jd fühlt sich ~**, qu sta/[si sente] da cani fam.
bescheiden② <irr, ohne ge-> A tr **1** geh (zuteilwerden lassen): **Gott/**[**das Schicksal**] **bescheidet jdm etw**, Dio/[la fortuna/il destino] concede qc a qu; **jdm ist etw beschieden**, a qu è dato qc, a qu è concesso qc; **jdm ist beschieden, etw zu tun**, a qu è dato fare qc, a qu è concesso (di) fare qc; **es war ihm nicht beschieden, sie wieder zu sehen**, non gli fu concesso (di) rivederla; **jdm/etw ist kein Erfolg beschieden**, a qu/qc non è dato avere successo; **jdm ist kein Glück beschieden**, la fortuna non arride a qu **2** form (entscheiden) **etw** ~ {ANTRAG, GESUCH} deliberare su qc: **etw abschlägig/positiv ~**, respingere/rigettare adm/[accettare] qc **3** form (jdm mitteilen): **irgendwie ~ werden**: **abschlägig beschieden werden**, ricevere ⌊un rifiuto/rigetto⌋/[una risposta negativa]; **er wurde dahingehend beschieden, dass ...**, gli hanno comunicato che ... **4** geh form (beordern) **jdn zu jdm/irgendwohin** ~ convocare/citare qu da qu/+ compl di luogo B rfl geh (sich begnügen) **sich mit etw** (dat) ~ **accontentarsi** di qc; (sich einschränken) limitarsi a qc: **du musst lernen, dich zu ~**, devi imparare ad accontentarti.
Bescheidenheit <-, ohne pl> f **1** (Genügsamkeit) {+MENSCH} modestia f; {+ANSPRÜCHE, FORDERUNGEN} moderatezza f; {+LEBEN, LEBENSFÜHRUNG} moderatezza f, semplicità f **2** (Zurückhaltung im Verhalten) modestia f, discrezione f, riservatezza f; (charakterliche ~) umiltà f **3** (Einfachheit) {+EINRICHTUNG, KLEI-

DUNG, MOBILIAR, WOHNUNG} semplicità f, sobrietà f **4** (Geringfügigkeit) {+GEHALT, LEISTUNG, VERDIENST} modestia f, scarsità f **5** (Mäßigung) modestia f, moderazione f ● **aus** (**lauter/reiner**) **~**, per (pura) modestia; **bei aller ~**, modestia a parte; (**nur**) **keine falsche ~!**, non faccia/fare ⌊il falso modesto⌋/[la falsa modesta]!; (Aufforderung zum Zugreifen), non fare/fate/faccia complimenti!; **in aller ~**, in tutta umiltà; **~ ist eine Zier, doch weiter kommt man ohne ihr** fam scherz, la modestia è una qualità, ma avanti non si va.
bescheinen <irr, ohne ge-> tr **jdn/etw** ~ {FACKEL, FEUER, LICHT, SONNE} illuminare qu/qc; {MOND} rischiarare qu/qc: **von der Sonne beschienen** {BALKON, FELDER, SEITE EINES HAUSES}, soleggiato, assolato.
bescheinigen <ohne ge-> tr **etw** ~ attestare qc, certificare qc: **es wird bescheinigt, dass ...**, si certifica che ...; **sich** (dat) **etw** (**von jdm**) ~ **lassen**, farsi certificare qc (da qu); **den Empfang eines Briefes ~**, accusare ricevuta di una lettera; **den Erhalt** ⌊**des Geldes**⌋/[**eines Betrages**] ~, rilasciare quietanza/ricevuta per una somma (di denaro); **jdm etw** ~ rilasciare un certificato/attestato di qc a qu; **jdm Sprachkenntnisse ~**, attestare/certificare le conoscenze linguistiche di qu; (**jdm**) **~, dass ...**, certificare/attestare (a qu) che ...
Bescheinigung <-, -en> f **1** (das Bescheinigen) **einer S.** (gen) attestazione f di qc: **die ~ des Empfangs**, l'accusa di ricevuta **2** (Schriftstück) **~ über etw** dat) attestato m (di qc), certificato m (di qc); {ÜBER DEN ERHALT EINES GELDBETRAGS} quietanza f (di qc), ricevuta f (di qc): **eine ~** (**über etw** akk) **ausstellen**, rilasciare un certificato (di qc).
bescheißen <irr, ohne ge-> slang A tr **jdn** ~ fregare qu fam, fottere qu vulg, incularee qu vulg, imbrogliare qu, truffare qu; {PARTNER} mettere le corna a qu fam, cornificare qu fam; **jdn um etw** (akk) ~ truffare qc a/di qc: (**von jdm**) **beschissen werden**, farsi fregare (da qu) fam; (**bei etw** dat) **beschissen werden**, prendere una fregatura (con qc) B (**bei etw** dat) ~ dare una fregatura (con qc), truffare (in qc); (bes. beim Spiel) barare (a qc).
beschenken <ohne ge-> A tr **jdn** ~ fare ⌊un regalo⌋/[dei regali] a qu; **jdn mit etw** (dat) ~ regalare qc a qu, donare qc a qu: **mein Vater hat uns immer großzügig beschenkt**, mio padre ci ha sempre coperto di regali B rfl **sich** (**gegenseitig**) ~ farsi (dei) regali.
Beschenkte <dekl wie adj> mf persona f che riceve un regalo/dono; jur donatario (-a) m (f).
bescheren <ohne ge-> A tr **1** (zu Weihnachten beschenken) **jdn** ~ fare il regalo di Natale a qu; **jdm mit etw** (dat) ~ regalare/donare qc a qu (per Natale): **was hat das Christkind den Kindern beschert?**, cosa ha portato Gesù Bambino ai piccoli? **2** (überraschend bringen) **jdm etw** ~ portare qc a qu, procurare qc a qu, dare qc a qu: **jdm eine Überraschung ~**, fare una (bella) sorpresa a qu B itr (Weihnachtsgeschenke austauschen) scambiarsi i doni natalizi: **es wird beschert!**, comincia lo scambio dei regali!; (an Kinder gerichtet) è passato Babbo Natale! fam.
Bescherung <-, -en> f scambio m dei regali di Natale: **wann ist bei euch ~?**, quando vi scambiate i regali (di Natale)? ● **eine schöne ~ anrichten** fam iron, combinare un bel guaio/pasticcio fam iron; **das gibt eine schöne ~!** fam, sarà un bel guaio/pasticcio! fam;

da/jetzt ₁haben wir₁/[habt ihr] die ~! *fam*, che guaio! *fam*, eccoci all'acqua! *fam*.

bescheuert *fam* **A** *adj* **1** (*blöd*) {FRAGE, GEREDE, VERHALTEN} cretino *fam*; {MENSCH} *auch* deficiente *fam*: **red doch nicht so ein ~es Zeug!**, smettila di dire cretinate! **2** (*unerfreulich*) {SITUATION, VERHALTEN, VORFALL} seccante, spiacevole; {WETTER} schifoso *fam*: **das ist ja wirklich ~!** *fam*, è davvero seccante!. **B** *adv* {SICH AUSDRÜCKEN, ERKLÄREN, SICH VERHALTEN} come un idiota/cretino: **frag doch nicht so ~!**, non fare domande così cretine!; **red nicht so ~ daher!**, smettila di dire idiozie!; **wie kann man sich auch nur so ~ anstellen?**, ma come si fa a essere così imbranati?

beschichten <*ohne* ge-> *tr tech etw* (**mit etw** dat) ~ rivestire *qc* (*di qc*), (ri)coprire *qc* (*di qc*), munire *qc* di uno strato di *qc*: **etw mit Kunststoff(folie) ~**, plastificare *qc*; **beschichtetes Holz**, legno laminato; **beschichtete Pfanne**, padella antiaderente.

Beschichtung <-, -en> *f* **1** <*nur* sing> (*das Beschichten*) rivestimento *m*, copertura *f*; (*mit Kunststoff*) plastificazione *f* **2** (*Schicht*) ~ (*aus etw* dat) strato *m* (*di qc*), rivestimento *m* (*di/in qc*): **die ~ der Pfanne ist verkratzt**, il fondo della padella antiaderente è graffiato.

beschicken <*ohne* ge-> *tr* **1** (*ausstatten*) *etw* ~ {AUSSTELLUNG} inviare opere *a qc*, esporre *a qc*; {MESSE} inviare prodotti/articoli *a qc*, esporre *a qc*; **etw mit etw** (dat) ~ *a qc esponendo qc*: **die Frankfurter Buchmesse ist immer gut beschickt**, ci sono sempre molti espositori alla fiera del libro di Francoforte **2** (*Vertreter entsenden*) *etw* ~ {KONGRESS, (SPORT)VERANSTALTUNG} inviare rappresentanti *a qc* **3** *tech etw* ~ {HOCHOFEN} alimentare *qc*.

beschickert *adj bes. norddt fam* brillo, alticcio *fam*.

beschießen <*irr, ohne* ge-> *tr* **1** (*auf jdn, etw schießen*) **jdn/etw** (**mit etw** dat) ~ {MENSCH FEIND, GEBÄUDE, FEINDLICHE STELLUNGEN} sparare ₁*a/su/contro qu*₁/[*su/contro qc*] (*con qc*), far fuoco *su/contro qu/qc* (*con qc*); {MIT AUTOMATISCHEN WAFFEN} mitragliare *qu/qc* (*con qc*); {MIT SCHWEREN WAFFEN} cannoneggiare *qu/qc* (*con qc*); {FLUGZEUG, KRIEGSSCHIFF} bombardare *qu/qc* (*con qc*) **2** *fam* (*überhäufen*) **jdn** (**mit etw** dat) ~ {MIT FRAGEN, VORWÜRFEN} bombardare *qu* (*di qc*), mitragliare *qu* (*di qc*) **3** *nukl phys etw* (**mit etw** dat) ~ bombardare *qc* (*con qc*).

Beschießung <-, -en> *f mil* fare *m* fuoco; (*Bombardierung*) bombardamento *m*; (*mit automatischen Waffen*) mitragliamento *m*; (*mit Kanonen*) cannoneggiamento *m*.

beschildern <*ohne* ge-> *tr* **1** (*mit Schildchen versehen*) **etw** (**mit etw** dat) ~ etichettare *qc* (*con qc*), munire *qc* di targhetta **2** *adm* (*mit Verkehrsschildern versehen*) **etw** ~ {STRAßE} dotare *qc* di segnaletica: **die Umleitung ist beschildert**, la deviazione è segnalata con dei cartelli.

Beschilderung <-, -en> *f* **1** (*das Beschildern: mit Schildchen*) etichettatura *m*; *adm form* (*mit Verkehrsschildern*) dotare *m* di segnaletica **2** *form* (*Schildchen*) etichette *f pl*, targhette *f pl*; *adm* (*Verkehrsschilder*) segnaletica *f* stradale, cartelli *m pl* stradali.

beschimpfen <*ohne* ge-> *tr* **jdn** (**mit etw** dat) ~ insultare *qu* (*con qc*), ingiuriare *qu* (*con qc*), oltraggiare *qu* (*con qc*); **jdn als etw** ~ {ALS ARSCHLOCH, DIEB, FEIGLING} dare del/dello/della ... *a qu*.

Beschimpfung <-, -en> *f* <*nur* sing> (*das Beschimpfen*) insultare *m qu*; **jds** ~ gli insulti rivolti *a qu* **2** (*Schimpfwort*) insulto *m*.

Beschiss (*a.R.* Beschiß) <-es, *ohne* pl> *m slang* fregatura *f fam*: **das ist alles ~**, è tutta una solenne fregatura.

beschissen *slang* **A** *part perf von* bescheißen **B** *adj* {ESSEN, GEFÜHL, SITUATION, WETTER} schifoso, di merda *slang*; {BEZAHLUNG, PERSON, ZUSTAND} schifoso, merdoso *slang*: **das ist ein ~er Typ**, è un tipo schifoso *slang*; **wir sind in einer ~en Lage**, siamo ₁in una situazione di merda *slang*₁/[nella cacca *slang*] **C** *adv slang* {SICH BENEHMEN} in modo schifoso: **jdm geht es ~**, qu sta di merda *slang*; **das schmeckt ~**, è schifoso, ha un sapore schifoso.

Beschlag① *m* **1** (*Schließe*) {+BUCH, KOFFER, TRUHE} borchia *f*, guarnizione *f* di metallo *f*; (*Scharnier*) {+FENSTER, MÖBELSTÜCK, TÜR} cerniera *f* **2** <*meist* sing> (*Hufeisen*) ferratura *f*.

Beschlag② *m* **1** (*Feuchtigkeit auf Glas, Spiegel*) appannamento *m* **2** (*Überzug auf Metall*) patina *f*.

Beschlag③ *m* <*ohne* art>: **etw mit ~ belegen** *jur mil naut*, confiscare *qc*, sequestrare *qc*, porre *qc* sotto sequestro; **jdn/etw mit ~ belegen, jdn/etw in ~ nehmen** *scherz*, sequestrare *qu/qc scherz*, requisire *qu/qc scherz*, monopolizzare *qu/qc scherz*; **meine Schwester nimmt ständig das Telefon in ~**, mia sorella è sempre attaccata al telefono; **sein Hobby nimmt ihn völlig in ~**, il suo hobby lo assorbe completamente; **nach seiner Rede wurde der Präsidentschaftskandidat von den Reportern in ~ genommen**, dopo il discorso il candidato alla presidenza è stato sequestrato/assaltato dai giornalisti.

beschlagen① <*irr, ohne* ge-> *tr* **1** (*mit Beschlägen versehen*) **etw** ~ (*mit Metall*) {+FENSTER, MÖBEL, TRUHE, TÜR} ferrare *qc*; (*mit Nägeln*) chiodare *qc*: **ein Fass mit Reifen ~**, cerchiare una botte **2** (*mit Hufeisen versehen*) **etw** ~ {PFERD} ferrare *qc*.

beschlagen② <*irr, ohne* ge-> **A** *tr* <*haben*> **etw** ~ {ATEM, DAMPF, FEUCHTIGKEIT, NEBEL, BRILLE, GLAS, SPIEGEL} appannare *qc* **B** *itr* <*sein*> **1** (*anlaufen*) appannarsi: **~e Scheiben**, vetri appannati **2** (*sich mit einer Schicht überziehen*) {METALL} fare la patina; {SILBERBESTECK} *auch* annerir(si); {KÄSE, WURST} cominciare ad ammuffire **C** *rfl* <*haben*> **sich** ~ {BRILLE, GLAS, SPIEGEL} appannarsi.

beschlagen③ *adj* **~ in etw** (dat) {MENSCH} ferrato *fam in qc*, esperto *in qc*: ₁**in seinem Fach**₁/[**auf seinem Gebiet**] **sehr ~ sein**, essere ferrato/esperto in materia.

Beschlagenheit <-, *ohne* pl> *f geh* **~ in etw** (dat) essere *m* ferrato/esperto *in qc*.

Beschlagnahme <-, *ohne* pl> *f jur* confisca *f*, sequestro *m*; (*in Kriegszeiten*) requisizione *f*.

beschlagnahmen <*ohne* ge-> *tr* **1** *jur* (*konfiszieren*) **etw** ~ confiscare *qc*, sequestrare *qc*; (*requirieren*) requisire *qc* **2** *fam oft scherz* (*mit Beschlag belegen*) **jdn** ~ requisire *qu scherz*, sequestrare *qu scherz*; **etw** ~ requisire *qc*; {PLATZ} occupare *qc*.

Beschlagnahmung *f* → **Beschlagnahme**.

beschleichen <*irr, ohne* ge-> *tr* **1** (*befallen*) **jdn** ~ {ANGST, FURCHT, SELTSAMES GEFÜHL} insinuarsi nella mente *di qu*: **Zweifel beschlichen ihn**, dubbi s'insinuarono nella sua mente **2** *Jagd etw* ~ {JÄGER WILD} avvicinarsi pian piano *a qc*.

beschleunigen <*ohne* ge-> **A** *tr* **1** (*die Geschwindigkeit erhöhen*) **etw** ~ accelerare *qc*, affrettare *qc*: ₁**den Schritt**₁/[**seine Schritte**] **~**, accelerare/affrettare il passo; **das Tempo ~** (*schneller fahren*), accelerare, aumentare la velocità; (*den Arbeitsrhythmus erhöhen*) accelerare il ritmo **2** (*vorantreiben*) **etw** ~ {ARBEIT, LIEFERUNG, VORGANG} accelerare *qc*, sollecitare *qc*, velocizzare *qc* **3** (*schneller werden lassen*) **etw** ~ accelerare *qc*; {ANGST, FREUDE, HOFFNUNG JDS HERZSCHLAG, PULS} accelerare *qc di qu*, aumentare *qc di qu*; {JDS GANGART, SCHRITTE} far accelerare *qc a qu* **B** *itr autom* {FAHRER, FAHRZEUG} accelerare; (*aufs Gaspedal drücken*) premere l'acceleratore **C** *rfl* **sich** ~ {ABLAUF, KRANKHEITSVERLAUF} accelerare; {HERZSCHLAG, PULS, TEMPO} *auch* aumentare.

beschleunigt *adj* {PULS} accelerato: **mit ~er Geschwindigkeit**, a maggiore velocità.

Beschleunigung <-, -en> *f* <*meist* sing> **1** (*das Beschleunigen*) accelerazione *f*, acceleramento *m*; {+FAHRZEUG, LÄUFER, RENNFAHRER} accelerazione *f*, ripresa *f* **2** (*das Vorantreiben*) accelerazione *f*, sollecitazione *f* **3** *phys* accelerazione *f*.

Beschleunigungsvermögen *n autom* ripresa *f*, capacità *f* di accelerazione.

beschließen① <*irr, ohne* ge-> **A** *tr* **1** (*entscheiden*) **etw** ~ decidere *qc*; {GEMEINDERAT, KOMMISSION, VERSAMMLUNG, VORSTAND} *auch* deliberare *su qc*: **~, etw zu tun**, decidere di fare *qc*, risolversi a fare *qc*; {GEMEINDERAT, KOMMISSION, VORSTAND} deliberare di fare *qc*; **sie beschloss, eine Wohnung zu kaufen**, decise di comprare un appartamento; **~, dass ...**, decidere/deliberare che ... **2** (*durch Abstimmung festlegen*) **etw** ~ {GESETZ, SATZUNG, STATUTEN} votare *qc*, approvare *qc* **B** *itr* (*beraten und abstimmen*) **über etw** (akk) ~ {AUSSCHUSS, KOMMISSION ÜBER EINEN ANTRAG} votare *qc*, deliberare *su qc*; {BEHÖRDE} decretare *qc*; *jur* {PARLAMENT ÜBER EINE GESETZESVORLAGE, DIE STEUERGESETZGEBUNG} deliberare *su qc*: **die Eigentümerversammlung hat über die Hausordnung beschlossen**, la riunione dei condomini ha approvato il regolamento; **darüber ~, wie/ob/...**, decidere come/se/...

beschließen② <*irr, ohne* ge-> *tr* **etw** ~ {KOLONNE, REIHE} chiudere *qc*; **etw** (**mit etw** dat) ~ {PROGRAMM, REDE, VERANSTALTUNG} terminare *qc* (*con qc*), concludere *qc* (*con qc*); {BRIEF} *auch* chiudere *qc* (*con qc*): ₁**sein Leben**₁/[**seine Tage**] **~** *lit*, finire i propri giorni *geh*.

beschlossen **A** *part perf von* beschließen **B** *adj* deciso: **das ist (eine) ~e Sache**, è (una) cosa decisa.

Beschluss (*a.R.* Beschluß) *m* decisione *f*, risoluzione *f*; {+BEHÖRDE} decreto *m*; *jur* decreto *m*, ordinanza *f* ● **auf jds** ~ (akk), su/per decisione di *qu*; **auf/laut ~ des Gerichtes**, su decreto/ordinanza del tribunale; **auf/laut ~ des Parlaments**, per deliberazione del Parlamento; **einen ~ fassen** *geh*, prendere una decisione.

beschlussfähig (*a.R.* beschlußfähig) *adj* {AUSSCHUSS, ORGAN, VERSAMMLUNG} (*rechtlich in der Lage*) atto a deliberare, che ha ₁facoltà di deliberare₁/[potere deliberativo]; (*die vorgeschriebene Mitgliederzahl aufweisend*) che ha il numero legale: **~e Anzahl**, quorum/[numero legale]; **~ sein** (*rechtlich*), avere potere deliberativo; (*von der Anwesenheit der Mitglieder her*) raggiungere il quorum/[numero legale].

Beschlussfähigkeit (*a.R.* Beschlußfähigkeit) <-, *ohne* pl> *f* {+AUSSCHUSS, GREMIUM, ORGAN} potere *m* deliberativo, facoltà *f* di deliberare: **(die) ~ herstellen**, raggiungere il quorum/[numero legale].

beschlussreif (*a.R.* beschlußreif) *adj* {GESETZESVORLAGE, HAUSORDNUNG, PLAN} pronto per essere approvato/votato.

beschlussunfähig (a.R. beschlußunfähig) adj: ~ **sein**, non raggiungere il quorum/[numero legale].

beschmeißen <irr, ohne ge-> tr fam **jdn/etw mit etw** (dat) ~ buttare qc addosso a qu, gettare qc addosso a qu.

beschmieren <ohne ge-> **A** tr **1** fam (bestreichen) **etw** (**mit etw** dat) ~ spalmare qc su qc: **ein Stück Brot mit Butter ~**, spalmare del burro su una fetta di pane **2** (beschmutzen) **jdn/etw** (**mit etw** dat) ~ sporcare qu/qc (di/con qc), imbrattare qc (di/con qc) fam; (**mit Fett**) ungere qu/qc (di/con qc); **jdm etw** (**mit etw** dat) ~ {KLEID, KRAGEN, PULLOVER} imbrattare qc a/di qu (con qc), sporcare qc a/di qu (con qc) **3** pej (beschreiben, bemalen) **etw** (**mit etw** dat) ~ {MAUER, PAPIER, WAND} imbrattare qc (di/con qc) **B** rfl **sich** (**mit etw**) ~ imbrattarsi (di qc), sporcarsi (di qc); **sich** (dat) **etw** (**mit etw** dat) ~ imbrattarsi (con qc), sporcarsi (con qc): **sich etw mit Fett ~**, ungersi qc.

beschmutzen <ohne ge-> **A** tr **1** (schmutzig machen) **jdn/etw** (**mit etw** dat) ~ insudiciare qu/qc (di/con qc), sporcare qu/qc (di/con qc): **das Bett ~**, sporcare il letto; **beschmutzt**, sudicio, sporco **2** (in den Schmutz ziehen) **etw** (**mit etw** dat) ~ {JDS ANDENKEN, NAMEN, GUTEN RUF} macchiare qc (di qc); imbrattare qc (di qc): **jds Ehre ~**, macchiare l'onore di qu; **beschmutzt**, macchiato **B** rfl **sich** (**mit etw** dat) ~ insudiciarsi (di/con qc), sporcarsi (di/con qc).

Beschmutzung <-, -en> f **1** form (das Schmutzigmachen) insudiciare m qc, sporcare m qc: **die ~ der Wände mit Kritzeleien ist eine Unart vieler Jugendlicher**, sporcare i muri con scritte e graffiti è un viziaccio di tanti ragazzi **2** geh (das Beschmutztwerden) {+JDS NAMEN, GUTEN RUF} macchiare m qc, imbrattare m qc **3** (Schmutz) sudiciume m, sporcizia f.

beschneiden <irr, ohne ge-> tr **1** (zurechtschneiden) **etw** ~ {FLÜGEL} tarpare qc; {BAUM, REBSTOCK, ROSEN} potare qc **2** typ **etw** ~ {BUCHBLOCK, DRUCKBOGEN, FOTO} raffilare qc **3** med relig **jdn** ~ {JUNGEN} circoncidere qu; {MÄDCHEN} asportare la clitoride a qu, sottoporre qu a clitoridectomia med **4** (beschränken) **jdm** etw ~ limitare qc di qu, restringere qc di qu: **jds Freiheiten/Rechte ~**, limitare le libertà/i diritti di qu.

Beschneidung <-, -en> f **1** (das Zurechtschneiden) {+BAUM, REBSTOCK, ROSEN} potatura f; {+HECKEN} tosatura f **2** typ {+BUCHBLOCK, DRUCKBOGEN, FOTO} raffilatura f **3** med relig {+JUNGE} circoncisione f; {+MÄDCHEN} clitoridectomia f **4** (Beschränkung) limitazione f, restrizione f, riduzione f.

beschneit adj innevato, coperto di neve.

beschnüffeln <ohne ge-> **A** tr **1** (beriechen) **jdn/etw** ~ {TIER} annusare qu/qc, fiutare qc **2** fam pej (bespitzeln) **jdn** ~ spiare qu, ficcare il naso nelle cose di qu fam **3** fam (kennen lernen) **jdn** ~ annusare qu fam, studiare qu **B** rfl **1** (aneinander riechen) **sich** (gegenseitig) ~ {TIERE} annusarsi **2** fam (sich kennen lernen) **sich** ~ {MENSCHEN} annusarsi fam, studiarsi.

beschnuppern <ohne ge-> **A** tr **1** (beriechen) **jdn/etw** ~ {MENSCH} annusare qu/qc; {TIER} auch fiutare qc **2** fam (kennen lernen) **jdn** ~ annusare qu fam, studiare qu **B** rfl **1** (aneinander riechen) **sich** (gegenseitig) ~ {TIERE} annusarsi **2** fam (sich kennen lernen) **sich** ~ {MENSCHEN} annusarsi fam, studiarsi.

beschönigen <ohne ge-> tr **etw** ~ {ANGELEGENHEIT, VORFALL} abbellire qc; {FEHLER, MAKEL} mascherare qc, dissimulare qc; {KRISE, MACHENSCHAFTEN, TAT, ÜBERGRIFF} minimizzare qc: **da gibt es nichts zu ~, die Lage ist ernst**, non ₍facciamoci illusioni₎/[minimizziamo], la situazione è grave.

beschönigend **A** adj {BERICHT, BEZEICHNUNG, DARSTELLUNG} edulcorato: **ein ~er Ausdruck**, un eufemismo **B** adv {DARSTELLEN} minimizzando.

Beschönigung <-, -en> f {+ANGELEGENHEIT, VORFALL} abbellimento m; {+FEHLER, MAKEL} mascheramento m; {+KRISE, TAT} minimizzazione f: **ohne ~en**, senza minimizzare.

beschränken <ohne ge-> **A** tr **1** (begrenzen) **etw** (**auf etw** akk) ~ {AUSGABEN, IMPORTE, VERSCHULDUNG} ridurre qc (a qc); {REDEZEIT, STUDIENPLÄTZE, TEILNEHMERZAHL, ZAHL} limitare qc (a qc) **2** (einschränken) **jdn in etw** (dat) ~ limitare qu in qc: **jdn in seiner Handlungsfreiheit ~**, limitare qu nella sua libertà d'azione **B** rfl (sich begnügen) **sich** (**auf etw** akk) ~ limitarsi (a qc): **sich auf das Notwendigste ~**, limitarsi allo stretto necessario; **sich** (**in etw** dat) ~ {IN ALLEM, SEINEN ANSPRÜCHEN, AUSGABEN} limitarsi (in qc).

beschrankt adj con sbarre: **~er Bahnübergang**, passaggio a livello con sbarre.

beschränkt **A** adj **1** (eingeschränkt) {ANZAHL, MITTEL, TEILNEHMERZAHL, ZEIT} limitato: **jd ist finanziell/zeitlich ~**, qu ha limitate disponibilità finanziarie/[di tempo]: **Gesellschaft mit ~er Haftung**, società a responsabilità limitata **2** (beengt) {RAUM, WOHNVERHÄLTNISSE} stretto, angusto **3** (ärmlich) ristretto, misero: **in ~en Verhältnissen leben**, vivere in ristrettezze **4** pej (geistig begrenzt) {MENSCH} ottuso, limitato; {ANSICHTEN, INTELLEKT, VERSTAND} ristretto, limitato: **geistig (etwas) ~ sein**, avere un'intelligenza (un po') limitata; **einen ~en Horizont haben**, avere un orizzonte limitato/ristretto, non vedere più in là del proprio naso fam **B** adv in misura limitata: ₍jdm steht₎/[jd hat] etw **nur ~ zur Verfügung** {MITTEL, ZEIT}, qc di cui qu dispone è limitato.

Beschränktheit <-, ohne pl> f **1** (Begrenztheit) {+MITTEL} limitatezza f, insufficienza f; {+PLÄTZE, TEILNEHMER} numero m limitato; {+ZEIT} mancanza f **2** pej (Engstirnigkeit) ristrettezza f di vedute, mediocrità f di spirito; (mangelnde Intelligenz) ottusità f, limitatezza f.

Beschränkung <-, -en> f <meist sing> (Begrenzung) {+AUSGABEN, KOSTEN} riduzione f; {+IMPORTE, REDEZEIT, TEILNEHMERZAHL, VERSCHULDUNG} limitazione f: **die ~ einer S.** (gen) **auf etw** (akk) {DER IMPORTE, REDEZEIT, TEILNEHMERZAHL, VERSCHULDUNG}, la limitazione di qc a qc; {DER AUSGABEN, KOSTEN} la riduzione di qc a qc; **die ~ der Investitionen auf ein Minimum**, la riduzione degli investimenti a un minimo ● **jdm ~en auferlegen**, imporre delle limitazioni a qu; (finanziell) imporre delle restrizioni a qu.

beschreiben <irr, ohne ge-> tr **1** (schildern) (**jdm**) **jdn/etw** ~ {BILD, EINZELHEIT, EINDRUCK, GEGENSTAND, PERSON} descrivere qu/qc (a qu); {TÄTER} auch dare/fare una descrizione di qc (a qu), dare i connotati di qu (a qu): **kaum/nicht zu ~ sein**, essere indescrivibile **2** (schreiben auf) **etw** (**mit etw** dat) ~ {PAPIER} scrivere su qc (con qc); (voll schreiben) riempire qc (scrivendo con qc) **3** (vollführen) **etw** ~ {BAHN, KREIS} descrivere qc, tracciare qc ● **jd kann (jdm) etw gar nicht ~** {EIN GEFÜHL}, qu non riesce a descrivere qc a qu: **ich kann dir gar nicht ~, wie glücklich ich in dem Moment war**, non ho parole per descriverti la felicità che provavo in quel momento.

Beschreibung f **1** (das Beschreiben) {+PERSON, SACHVERHALT, TÄTER, VORGANG} descrizione f: **eine genaue/detaillierte ~ von jdm/etw geben**, dare una descrizione precisa/dettagliata di qu/qc; **jdn/etw nur aus jds ~ kennen**, conoscere qu/qc solo dalla descrizione di qu; **die ~ trifft genau auf den Verdächtigen zu**, la descrizione si attaglia perfettamente al sospettato **2** fam (Beipackzettel) foglio m illustrativo; (Gebrauchsanweisung) istruzioni f pl: **sich bei ein** (dat) **genau an die ~ halten**, seguire alla lettera le istruzioni nel fare qc ● **etw spottet jeder ~**, non ci sono parole per descrivere qc; **über alle ~ ~** {HÄSSLICH, SCHÖN}, indescrivibilmente.

beschreiten <irr, ohne ge-> tr: **den Rechtsweg ~**, adire/esperire le vie legali; **neue Wege ~**, battere nuove strade.

Beschrieb <-s, -e> m CH descrizione f.

beschrieben **A** part perf von beschreiben **B** adj: **eng ~** {BLATT, SEITE}, scritto (-a) fitto (-a) fitto (-a).

beschriften <ohne ge-> tr **etw** ~ {GEDENKTAFEL, GRABSTEIN} fare un' iscrizione su qc: **einen Grabstein mit etw** (dat) ~ **lassen** {MIT EINEM GEDENKSPRUCH, MIT JDS NAMEN}, fare incidere qc su una lapide; {MARMELADENGLAS, SCHULHEFT} etichettare qc; (mit Adresse versehen) {BRIEFUMSCHLAG} mettere l'indirizzo su qc ●

Beschriftung <-, -en> f **1** (das Beschriften) iscrizione f; {+GEDENKTAFEL, GRABSTEIN} incisione f; {+MARMELADENGLAS, SCHULHEFT} etichettaggio m; {+UMSCHLAG} iscrizione f dell'indirizzo: **achten Sie bei der ~ des Umschlags auf Leserlichkeit**, faccia attenzione a scrivere in modo leggibile l'indirizzo sulla busta **2** (Aufschrift) {+GEDENKTAFEL, GRABSTEIN} iscrizione f su qc; {+MARMELADENGLAS, SCHULHEFT} scritta f su qc; {+UMSCHLAG} indirizzo m su qc.

beschuldigen <ohne ge-> tr bes. jur **jdn** (**etw** gen) ~ accusare qu (di qc), incriminare qu (per qc), incolpare qu (di qc), imputare qu (di qc): **jdn eines Diebstahls/Mordes ~**, accusare qu di furto/omicidio, incriminare qu per furto/omicidio; **jdn ~, etw getan zu haben**, accusare qu di aver fatto qc.

Beschuldigte <dekl wie adj> mf jur (bis zur Zustellung der Anklageschrift) indagato (-a) m (f), persona f sottoposta ad indagine.

Beschuldigung <-, -en> f jur accusa f, imputazione f: **~en gegen jdn erheben**, avanzare/muovere delle accuse a/contro qu.

beschummeln <ohne ge-> fam **A** tr **1** (betrügen) **jdn** (**bei etw** dat) ~ {BEIM HANDELN, SPIEL} imbrogliare qu (in qc), fregare qu (in qc) fam; **jdn** (**um etw** akk) ~ truffare ₍qc a qu₎/[qu (di qc)] **2** (belügen) **jdn** ~ raccontare balle a qu fam **B** itr fregare fam; (bes. beim Spiel) barare: **du beschummelst ja!**, stai barando!

Beschuss (a.R. Beschuß) <-es, ohne pl> m **1** mil (mit Handfeuerwaffen, Munition) tiro m; (mit Granaten) lancio m; (mit Raketen) auch bombardamento m; (mit automatischen Waffen) mitragliamento m; (mit schweren Waffen) cannoneggiamento m, bombardamento m **2** phys bombardamento m ● **unter ~ geraten** mil, trovarsi sotto il fuoco nemico; (wegen etw gen oder fam dat) **unter ~ geraten** fig, essere (messo) sotto tiro (a causa di qc); **jdn/etw unter ~ nehmen** mil (mit Granaten, Handfeuerwaffen), mettere qu/qc sotto tiro; (mit Raketenwerfern) auch, bombardare qu/qc; (mit automatischen Waffen), mitragliare qu/qc; fig (attackieren), prendere di mira qu/qc, attaccare qu/qc; **unter ~ stehen** mil, essere sotto il fuoco nemico.

beschützen <ohne ge-> tr **jdn** (**vor jdm**/

***etw*)** ~ (*behüten*) proteggere *qu* (*da qu/qc*); (*verteidigen*) difendere *qu* (*da qu/qc*): **jdn vor einer Gefahr ~**, proteggere qu da un pericolo; **Gott beschütze dich!**, che Dio ti protegga!; **~d**, protettivo.

Beschützer <-s, -> m (**Beschützerin** f) protettore (-trice) m (f), angelo m custode *fam*; (*Schutzherr*) (santo (-a f)) m (f) protettore (-trice) m (f)/patrono (-a) m (f).

beschwatzen <ohne ge-> tr *fam region* **1** (*überreden*) **jdn** (**zu etw** dat) ~ convincere qu con le chiacchiere (*a fare qc*) **2** (*bereden*) ***etw*** (**mit jdm**) ~ chiacchierare (*con qu*) di qc, ciarlare (*con qu*) di qc.

Beschwerde <-, -n> f **1** (*Klage*) lamentela f, lagnanza f; *com* reclamo m **2** *jur* ricorso m **3** <*nur* pl> *med* — **Beschwerden** • **zu ~n Anlass geben**, essere motivo di lamentele; (**gegen etw** akk) **bei jdm**) ~ **einreichen/einlegen** *form*, inoltrare/presentare un reclamo (per qc) (a qu/qc); *jur*, proporre/[presentare un] ricorso (contro qc) (davanti a qu/qc); (**über etw** akk) (**bei jdm**) ~ **führen** *form*, reclamare (per qc) (presso qu), inoltrare un reclamo (per qc) (a qu).

Beschwerdebuch n registro m dei reclami.

beschwerdefrei adj *med* {STADIUM, ZEITRAUM} senza disturbi/dolori: ~ **sein** {PATIENT}, non avere disturbi/dolori.

Beschwerdefrist f *jur* termine m per presentare un ricorso.

Beschwerdeführende <dekl wie adj> mf, **Beschwerdeführer** m (**Beschwerdeführerin** f) *form* reclamante mf; *jur* (*gegen ein Urteil*) ricorrente mf, parte f ricorrente.

Beschwerdegegner m (**Beschwerdegegnerin** f) *jur* reclamato (-a) m (f).

Beschwerden subst <*nur* pl> disturbi m pl, malanni m pl, dolori m pl, acciacchi m pl *fam*: **er hat ~ beim Schlucken**, ha difficoltà a deglutire; **sie hat immer wieder ~ mit ihrem Herzen/Magen**, ha sempre dei disturbi/problemi di cuore/stomaco; **was für ~ haben Sie?**, che tipo di disturbi accusa?; **wo haben Sie ~?**, dove ha disturbi/dolori? dove Le fa male?; **er hat die typischen ~ eines alten Mannes**, ha gli acciacchi tipici delle persone anziane; **jd klagt über ~ beim Atmen/Gehen**, qu accusa dei dolori quando respira/cammina; **jdm ~ machen/verursachen**, creare/provocare dei disturbi/dolori a qu, far soffrire qu.

Beschwerdeschrift f *form* lettera f di reclamo: **eine ~ einreichen**, inoltrare una lettera di reclamo.

Beschwerdeweg m *form*: **den ~ gehen/beschreiten**, sporgere reclamo.

beschweren① <ohne ge-> rfl (*sich beklagen*) **sich** (**bei jdm**) (**über jdn/etw**) ~ lamentarsi (*con qu*) (*di qu/di/per qc*), lagnarsi (*con qu*) (*di qu/di/per qc*), reclamare (*presso qu*) (*per qc*): **sie hat sich bei ihrem Chef über die ungerechte Behandlung beschwert**, si è lamentata con il suo capo del trattamento ingiusto; **sich** (**darüber**) ~, **dass ...**, lamentarsi/lagnarsi perché ...

beschweren② <ohne ge-> tr **1** (*schwerer machen*) ***etw*** ~ mettere ₁un peso₁/[qualcosa di pesante] *su qc*; ***etw mit etw*** (dat) ~ {MIT EINEM SCHWEREN GEGENSTAND} mettere *qc su qc*; (*damit es sich nicht fortbewegt*) fermare *qc* (*con qc*): **die Unterlagen mit einem Buch ~**, fermare i documenti con un libro; {DACH} appesantire (*con qc*): **ein Dach mit Steinen ~**, appesantire un tetto con delle pietre **2** (*seelisch belasten*) **jdn mit etw** (dat) ~ gravare *qu di qc*, opprimere *qu con qc*, caricare *qu di qc*: **jdn mit seinen Sorgen ~**, gra-

vare qu delle proprie preoccupazioni.

beschwerlich adj {ARBEIT} faticoso, gravoso; {AUFGABE, VORHABEN} arduo, difficile; {LEBEN} pieno di stenti; {REISE, WEG} disagevole, arduo.

Beschwerlichkeit <-, -en> f **1** <*nur* sing> (+AUFSTIEG, FAHRT, REISE} fatica f, strapazzo m **2** <*nur* pl> (*Mühsal*) disagi m pl, noie f pl, fatiche f pl.

beschwichtigen <ohne ge-> tr *geh* **1** (*besänftigen*) **jdn** (**mit etw** dat) ~ calmare *qu* (*con qc*), rabbonire *qu* (*con qc*) **2** (*beruhigen*) ***etw*** ~ {WUT, ZORN} placare *qc*, mitigare *qc*; {GEWISSEN} tacitare *qc*: **~de Gesten/Worte**, gesti/parole tranquillizzanti.

Beschwichtigung <-, -en> f {+MENSCH} calmare m *qu*, rabbonire m *qu*, pacificazione f: **zur ~ seines Gewissens**, per tacitarsi la coscienza; **zur ~ jds Zornes**, per placare l'ira di qu.

Beschwichtigungspolitik f politica f di pacificazione.

Beschwichtigungsversuch m tentativo m di pacificazione.

beschwindeln <ohne ge-> tr *fam* (*belügen*) **jdn** ~ raccontare balle *a qu fam*, mentire *a qu*, dire bugie *a qu*.

beschwingen <ohne ge-> tr **jdn** ~ {MUSIK, GUTE NACHRICHT PERSON} rendere allegro (-a) *qu/qc*.

beschwingt A adj {MENSCH} pieno di slancio; {MELODIE, RHYTHMUS, STIMMUNG} allegro, gaio; {GANG, SCHRITTE} spedito, leggero B adv {GEHEN, TANZEN} pieno (-a) di slancio.

beschwipst adj *fam* brillo, alticcio *fam*.

beschwören <irr, ohne ge-> tr **1** (*beeiden*) ***etw*** ~ giurare *qc*; *jur* (*AUSSAGE*) rendere *qc* sotto giuramento: **~, dass ...**, giurare che ...; **ich könnte ~, ihn gerade noch gesehen zu haben**, potrei giurare di averlo visto un attimo fa **2** (*anflehen*) **jdn** ~ supplicare *qu*, implorare *qu*, scongiurare *qu*: **jdn ~, etw zu tun**, supplicare/implorare qu di fare qc; **ich beschwöre dich!**, ti supplico!; **mit ~dem Blick**, con sguardo implorante; **mit ~den Worten**, con parole di supplica **3** (*bannen*) ***etw*** ~ {DÄMON, GEIST, TEUFEL} esorcizzare *qc*, scacciare *qc*; {GEFAHR} scongiurare *qc*; {SCHLANGEN} incantare *qc* **4** (*hervorrufen*) ***etw*** ~ {BILDER, ERINNERUNGEN, VERGANGENHEIT} (ri)evocare *qc*; {VERSTORBENE} evocare *qu*, richiamare in vita *qu*.

Beschwörung <-, -en> f **1** (*das Anflehen*) implorazione f, supplica f **2** (*Geisterbeschwörung*) scongiuro m, esorcismo m **3** → **Beschwörungsformel 4** (*das Hervorrufen*) {+BILDER, ERINNERUNG, VERGANGENHEIT} (ri)evocazione f.

Beschwörungsformel f formula f magica.

beseelen <ohne ge-> tr *geh* **1** (*mit Leben erfüllen*) ***etw*** ~ {KUNSTWERK, NATUR} animare *qc*, dare un'anima *a qc* **2** (*durchdringen*) **jdn/etw** ~ {GLAUBE, MUT, ZUVERSICHT} animare *qu*; {LÄCHELN JDS GESICHT} animare *qc*; {DÄMON, UNGEIST} possedere *qu/qc*.

beseelt adj **1** (*mit einer Seele begabt*) {WESEN} animato **2** (*erfüllt*) **~ von etw** (dat) {VON GLAUBE, HOFFNUNG, IDEALISMUS} animato *da qc*.

besehen <irr, ohne ge-> A tr **jdn/etw** ~ guardare (bene) *qu/qc*, esaminare *qc* B rfl **sich** (**in etw** dat) ~ {IM SCHAUFENSTER} guardarsi (*in qc*); {IM SPIEGEL} guardarsi (*a qc*), rimirarsi (*in qc*); **sich** (dat) ***etw*** ~ guardarsi *qc*: **das möchte ich mir genauer ~**, lo voglio guardare meglio • **genau ~**, visto/esaminato da vicino, a un più attento esame.

beseitigen <ohne ge-> tr **1** (*entfernen*) ***etw***

~ {DRECK, MÜLL, UNRAT} rimuovere *qc*; {FLECKEN} togliere *qc*; {SPUREN} cancellare *qc*; {FEHLER} correggere *qc*, eliminare *qc*; {HINDERNIS, SCHWIERIGKEITEN} appianare *qc*, rimuovere *qc*; {SCHNEE} spalare *qc*; {STREITIGKEITEN} comporre *qc*, dirimere *qc*; {ZWEIFEL} dissipare *qc*, fugare *qc*; {SCHADEN} riparare *qc*; {MISSSTAND} rimediare *a qc*, rimuovere *qc*; {REGIERUNG, REGIME} rovesciare *qc*: **diese Creme beseitigt Hautunreinheiten**, questa crema risolve il problema delle impurità della pelle **2** *fam euph* (*umbringen*) **jdn** ~ eliminare *qu euph*, far fuori *qu fam*, liquidare *qu slang*.

Beseitigung <-, ohne pl> f **1** (*Entfernen*) {+DRECK, MÜLL, UNRAT} rimozione f; {+FLECKEN, SPUREN, ZWEIFEL} eliminazione f; {+FEHLER} correzione f, eliminazione f; {+HINDERNIS, SCHWIERIGKEITEN} appianamento m, rimozione f; {+SCHADEN} riparazione f; {+REGIERUNG, REGIME} rovesciamento m **2** *fam euph* (*Tötung*) {+MENSCH} eliminazione f *euph*, liquidazione f *slang*.

Besen <-s, -> m **1** (*Feger*) scopa f, granata f *tosk* **2** *slang pej* (*kratzbürstige Frau*) megera f, strega f *fam*, bisbetica f *fam* • **ich *fresse* einen ~, wenn ...** *fam*, mi mangio un cane/[asino vivo] se ... *fam*, che mi venga un accidente se ... *fam*; **mit eisernem ~ (aus)kehren**, fare piazza pulita; **neue ~ kehren gut** *prov*, granata nuova spazza bene tre giorni *prov*, scopa nuova spazza bene *prov*.

Besenbinder <-s, -> m (**Besenbinderin** f) scopaio (-a) m (f), fabbricante mf di scope.

Besenkammer f ripostiglio m, sgabuzzino m, stanzino m delle scope.

besenrein adj pulito, scopato, spazzato • **die Wohnung ist ~ übergeben worden**, l'appartamento è stato consegnato pulito.

Besenschrank m armadietto m per le scope.

Besenstiel m manico m di scopa • **steif wie ein ~ (sein)** *fam*, (essere) rigido come un manico di scopa; **einen ~ verschluckt haben** *fam*, aver ingoiato un manico di scopa.

besessen adj **1** *relig* **~ von etw** dat) {VON BÖSEN GEISTERN} posseduto (*da qc*), invasato (*da qc*): **vom Teufel ~ sein**, essere posseduto/invasato dal demonio, essere invasato **2** (*unter einem Zwang stehend*) {FUSSBALLFAN, KRITIKER} fanatico: **von etw** (dat) **~ sein** {VON EIFERSUCHT, EINER FIXEN IDEE, EINEM GEDANKEN, VON HASS, EINER LEIDENSCHAFT}, essere ossessionato da qc; **vom Fußball ~ sein**, avere la fissazione/mania del calcio, essere un maniaco del calcio • **~ {DAVONRENNEN, SCHREIEN}**, come un/una ossesso (-a)/forsennato (-a); {ARBEITEN} *auch*, come un/una dannato (-a); **von etw** (dat) **wie ~ sein** {VON SEINER EIFERSUCHT, SEINEM HASS, SEINER LEIDENSCHAFT}, essere (come) invasato da qc; **ich bin von dieser Arbeit wie ~**, sono ossessionato (-a) da questo lavoro.

Besessene <dekl wie adj> mf **1** *relig* indemoniato (-a) m (f), invasato (-a) m (f), posseduto (-a) m (f) **2** (*Fanatiker*) fanatico (-a) m (f), esaltato (-a) m (f), invasato (-a) m (f); (*psychisch Gestörter*) maniaco (-a) m (f) • **wie ein ~r/eine ~e**, come un/una dannato (-a)/ossesso (-a)/forsennato (-a).

Besessenheit <-, ohne pl> f *relig* possessione f, invasamento m demoniaco **2** (*Wahn*) ossessione f; (*Fanatismus*) fanatismo m.

besetzen <ohne ge-> tr **1** (*belegen*) ***etw*** ~ {PLATZ, STUHL, TISCH} occupare *qc* **2** (*okkupieren*) ***etw*** ~ {ASYLANTEN, PROTESTLER BAUGELÄNDE, BOTSCHAFT, HAUS} occupare *qc* (abusivamente/illegalmente) **3** *mil* ***etw*** ~ {HEER, TRUPPEN LAND, STADT} occupare *qc* (militarmente), presiedere *qc* **4** (*ausfüllen*) **etw ~** {Amt, Posten, Stelle} occupare *qc*, ricoprire *qc*; {Rolle} assegnare *qc*; **etw mit jdm ~** {Posten, Stelle} assegnare *qc a qu*; {Amt} *auch* affidare *qc a qu*; {Rolle mit einem Schauspieler} assegnare *qc a qu* **5** *naut* **etw ~** {Schiff} equipaggiare *qc* **6** (*dekorieren*) **etw mit etw** (dat) ~ {Kleidungsstück} guarnire *qc di qc*; {mit Edelsteinen, Perlen u. Ä.} tempestare *qc di qc* **7** (*bestücken*) **etw mit etw** (dat) ~ {mit Tieren} (ri)popolare *qc di qc*: **einen künstlichen See mit Fischen ~**, popolare di pesci un lago artificiale.

Besetzer <-s, -> m (**Besetzerin** f) {+Baugelände, Botschaft} occupante mf; {+Haus} *auch* squatter mf.

besetzt adj **1** (*vergeben*) {Platz, Sitz, Stuhl, Tisch, WC} occupato: **die Plätze waren schon alle ~**, tutti i posti erano già occupati/presi; (*vorgebucht*) tutti i posti erano già riservati/prenotati; **die Stelle ist ˌnoch nichtˌ/[schon] ~**, quel posto (di lavoro) ˌè ancora vacanteˌ/[non è più disponibile/libero]; **kaum/[nur halb] ~ sein** {Stuhlreihen, Saal, Theater, Tische}, essere mezzo (-a) vuoto (-a); **voll ~ sein** {Hotel, Saal, Theater, Wagen, Zug}, essere (al) completo; **der Saal/das Theater ist bis zum letzten Platz ~**, la sala/il teatro è al completo; → *auch* **vollbesetzt 2** *tel* {Fax, Leitung, Nummer, Telefon} occupato **3** *bes. mil* (*okkupiert*) occupato: **ein ~es Haus**, una casa occupata (abusivamente) **4** *text* (*verziert*) **~ mit etw** (dat) {mit Pelz, Stoff} guarnito *di qc*; {mit Edelsteinen, Perlen} tempestato *di qc* **5** *fam* (*beschäftigt*): **~ sein** {Person}, essere occupato/impegnato ● **etw ~ halten**, tenere occupato (-a) *qc*, occupare *qc*; {Haus}, occupare *qc*.

Besetztzeichen n *tel* segnale m di occupato: **wenn ich die Nummer wähle, kommt immer das ~**, quando faccio questo numero mi dà sempre occupato.

Besetzung <-, -en> f **1** <*nur sing*> (*das Besetzen*) {+Posten, Stelle} assegnazione f: **die ~ des Amtes mit einem Nachfolger**, la nomina di un successore a questa carica; *mus theat* (+Rolle) assegnazione f; {+alle Rollen in einem Stück} distribuzione f; *film auch* casting m **2** *film mus theat* (*die Sänger*) interpreti m pl; (*die Schauspieler*) *auch* cast m: **sie spielen das Stück in einer neuen ~**, rappresentano il pezzo/la pièce con nuovi interpreti **3** *sport* (*Aufstellung*) formazione f; (*Mannschaft*) squadra f **4** *bes. mil* occupazione f; {+Haus, Baugelände, Botschaft} occupazione f (illegale).

Besetzungsliste f *mus* elenco m degli interpreti; *film theat auch* (elenco m del) cast m.

besichtigen <*ohne ge-*> tr **etw ~** visitare *qc*; (*zur Prüfung*) ispezionare *qc*, visionare *qc*: **sie haben ganz Rom in einem einzigen Tag besichtigt**, ˌhanno visitatoˌ/[si sono fatti (-e)] *fam* tutta Roma in un solo giorno; **Sie können die Fertighäuser jederzeit ~**, può andare a visionare/visitare le case prefabbricate quando vuole; **wann können wir euer Baby ~?** *scherz*, quando possiamo venire a vedere il bambino?

Besichtigung <-, -en> f visita f: **eine ~ des Museums mit Führer/Führung**, una visita guidata del museo.

Besichtigungsfahrt f gita f turistica.

Besichtigungstour f giro m turistico, visita f (guidata).

Besichtigungszeit f <*meist pl*> orario m di visita.

besiedeln <*ohne ge-*> tr **etw ~ 1** (*bebauen und bewohnen*) {Gebiet, Land} colonizzare *qc*; (*bevölkern*) popolare *qc* **2** (*bewohnen*) {Pflanze, Tier} popolare *qc*.

besiedelt adj: **dicht/stark ~ sein** {Gebiet, Landstrich}, essere densamente popolato; **dünn/schwach ~ sein**, essere scarsamente popolato.

Besiedlung, Besiedelung f <*meist* sing> colonizzazione f, popolamento m.

Besiedlungsdichte f densità f della popolazione.

besiegeln <*ohne ge-*> tr geh **1** (*bekräftigen*) **etw ~** {Freundschaft, Vereinbarung, Versprechen} suggellare *qc*: **etw mit einem Händedruck/Handschlag ~**, suggellare *qc* con una stretta di mano **2** (*entscheiden*) **etw ~** {Fehler, Tat, Vergehen Untergang} segnare *qc*, determinare *qc*: **sein Schicksal ist besiegelt**, il suo destino è segnato.

besiegen <*ohne ge-*> tr **1** (*gegen jdn gewinnen*) **jdn ~** {Feind, Gegner} sconfiggere *qu*, vincere *qu*, battere *qu*; *sport* sconfiggere *qu*, vincere *qu*, battere *qu* **2** (*überwinden*) **etw ~** {Krankheit, Schwierigkeiten} vincere *qc*, superare *qc*; {Triebe} vincere *qc*, dominare *qc*.

Besiegte <*dekl wie adj*> mf vinto (-a) m (f), sconfitto (-a) m (f): **Sieger und ~**, vincitori e vinti.

besingen <*irr, ohne ge-*> tr **1** (*rühmen*) **jdn/etw ~** (de)cantare *qu/qc*, celebrare *qu/qc* **2** *mus* **etw ~** {Band, Sänger Schallplatte} incidere *qc*, registrare *qc*.

besinnen <*irr, ohne ge-*> rfl **1** (*überlegen*) **sich ~**, riflettere: **ohne sich (lange) zu ~**, senza pensarci tanto, senza esitare **2** *geh* (*sich erinnern an*) **sich** (*auf jdn/etw*) **~** ricordarsi (di qu/qc), rammentarsi (di qu/qc): **wenn ich mich recht besinne ...**, se il ricordo bene ... **3** (*sich bewusst werden*) **sich auf etw** (akk) **~** {auf die eigenen Fähigkeiten, Kräfte} prendere coscienza *di qc* ● **sich anders/[eines anderen]/[eines Besseren] ~**, cambiare idea, ripensarci, ricredersi.

besinnlich adj {Mensch, Temperament, Wesen} riflessivo, meditativo, contemplativo; {Abend} intimo, raccolto; {Augenblick, Minute, Tag, Zeit} di raccoglimento/meditazione; {Rede, Wort} di riflessione.

Besinnlichkeit <-, *ohne pl*> f raccoglimento f, meditazione f.

Besinnung <-, *ohne pl*> f **1** (*Bewusstsein*) conoscenza f, sensi m pl, coscienza f: **bei ~ sein**, essere cosciente/[in sé]; **ohne ~**/[ohne] **~ sein**, essere privo di sensi **2** (*Vernunft*) ragione f: **jdn (wieder) zur ~ bringen**, ricondurre qu alla ragione **3** (*das Nachdenken*) riflessione f, riflettere m, meditazione f **4** (*das Bewusstwerden*) **~ auf etw** (akk) {auf die eigenen Fähigkeiten, Kräfte} presa f di coscienza *di qc*; (*das Erinnern*) ricordo m *di qc*: **~ auf alte Werte**, la riscoperta dei vecchi valori ● (**wieder**) **zur ~ kommen** (*das Bewusstsein wiedererlangen*), riprendere conoscenza, rinvenire, riaversi; (*Vernunft annehmen*), tornare in sé; **die ~ verlieren** (*das Bewusstsein verlieren*), perdere i sensi/la conoscenza; (*den Kopf verlieren*), perdere la testa.

besinnungslos adj **1** (*ohnmächtig*) privo di sensi, svenuto **2** (*blind*) **~ vor etw** (dat) sconvolto *da qc*, accecato *da qc*: **er war ~ vor Wut**, era ˌfuori di séˌ/[accecato] dalla rabbia.

Besinnungslosigkeit <-, *ohne pl*> f perdita f dei sensi.

Besitz <-es, *ohne pl*> m **1** (*Eigentum*) possesso m, proprietà f: **gemeinsamer ~**, comproprietà, condominio, proprietà comune; **öffentlicher/staatlicher ~**, proprietà pubblica/[statale/demaniale]; **privater ~**, proprietà privata **2** (*Vergnügen*) patrimonio m, averi m pl, beni m pl **3** *obs* (*Grundbesitz*) proprietà f terriera/fondiaria; (*Landgut*) podere m, tenuta f **4** *jur* (*tatsächliche Sachherrschaft*) detenzione f: **~ von Waffen**, detenzione di armi ● **von jdm ~ ergreifen** *geh* {Gefühl}, impossessarsi di qu, pervadere qu; **von etw** (dat) **~ ergreifen** *geh* {Person}, prendere possesso di qc, impossessarsi di qc; **in jds ~ gelangen/übergehen**, passare in mano a qu, diventare proprietà di qu; **in den ~ ˌvon etw** (dat)ˌ/[einer S. (gen)] **gelangen/kommen**, entrare/venire in possesso di qc, entrare in ~ **haben** *form*, essere in possesso di qc, possedere qc; **im ~ einer S.** (gen) **sein** *form*, essere in possesso di qc; **im vollen ~ seiner geistigen/körperlichen Kräfte**, nel pieno possesso delle proprie forze mentali/fisiche; **Klage auf Wiedereinräumung des ~es** *jur*, azione di reintegrazione; **etw in ~ nehmen**, prendere possesso di qc, impossessarsi di qc, impadronirsi di qc; **Störung/Beeinträchtigung des ~es** *jur*, turbativa del possesso.

Besitzanspruch m rivendicazione f di possesso ● **seine Besitzansprüche auf etw** (akk) **anmelden**/[**geltend machen**], accampare diritti su qc; **einen ~ auf etw** (akk) **haben**, rivendicare il possesso di qc.

besitzanzeigend adj *gram*: **~es Fürwort**, pronome possessivo.

besitzen <*irr, ohne ge-*> tr **1** (*als Besitz haben*) **etw ~** {Geld, Immobilien, Schmuck, Wertpapiere} possedere qc, essere in possesso di qc, essere proprietario di qc; *jur* {Güter} detenere qc: **etw ~** (*ohne Erlaubnis*) ~ *jur* {Drogen, Waffen}, detenere qc (abusivamente) **2** (*versehen mit*) **etw ~** avere qc, essere provvisto *di qc*: **dieser Fernsehapparat besitzt ein besonders gutes Bild**, questo televisore ha un'immagine particolarmente buona **3** (*haben*) **etw ~** {körperliche und charakterliche Eigenschaften, Fähigkeiten, Kenntnisse} avere qc: **sie besitzt blaue Augen**, ha gli occhi azzurri; {jds Vertrauen} godere *di qc*; {jds Liebe} avere qc; **er hat die Unverschämtheit besessen, mich spät nachts anzurufen**, ha avuto la sfacciataggine di telefonarmi a notte fonda **4** (*genießen*) **etw ~** {Freiheiten, Gunst, Rechte} godere *di qc* **5** *geh euph* (*sexuell*) ~ **jdn ~** possedere qu *geh*: **er hat viele Frauen besessen**, ha posseduto molte donne ● **die ~den Klassen**, le classi abbienti.

Besitzer <-s, -> m (**Besitzerin** f) **1** possessore m, possiditrice f; (*Eigentümer*) proprietario (-a) m (f): **der rechtmäßige ~**, il proprietario legittimo **2** *jur* detentore (-trice) m (f) **3** (*Inhaber*) {+Betrieb, Konto, Unternehmen} titolare mf ● **den ~ wechseln**, cambiare proprietario, passare in altre mani.

besitzergreifend adj possessivo.

Besitzergreifung f *form* presa f di possesso.

Besitzerin f → **Besitzer**.

Besitzerstolz m orgoglio m di essere proprietario di qc.

Besitzerwechsel m cambiamento m/cambio m di proprietario.

besitzlos adj {Person} nullatenente.

Besitzlose <*dekl wie adj*> mf nullatenente mf.

Besitzstand m stato m/situazione f patrimoniale.

Besitztum <-s, Besitztümer> n **1** <*meist pl*> (*Grundbesitz*) possedimento m, proprietà f terriera **2** <*nur sing*> (*Eigentum, Vermögen*) possesso m, proprietà f.

Besitzung f **1** (*Land- und Grundbesitz*) proprietà f terriera, possedimento m **2** (*Kolonie*) colonia f, possedimenti m pl coloniali:

überseeische ~en, territori d'oltremare. **Besitzverhältnisse** subst <nur pl> **1** (*in einem Staat*) distribuzione f della ricchezza: **die ~ sind sehr ungleich**, la distribuzione della ricchezza è molto disomogenea **2** {+Familie, Firma, Person} situazione f patrimoniale.

besoffen adj slang {Mensch} sbronzo *fam*, ubriaco; {Zustand} di ubriachezza: **total ~**, ubriaco fradicio *fam*.

Besoffene <dekl wie adj> mf slang ubriaco (-a) m (f).

besohlen <ohne ge-> tr etw ~ {Schuhe, Stiefel} ris(u)olare *qc*: **ein Paar Schuhe ~ lassen**, far ris(u)olare un paio di scarpe.

Besohlung <-, -en> f **1** (*das Besohlen*) risuolatura f **2** (*Sohle*) suola f.

besolden <ohne ge-> tr **1** adm jdn ~ {Beamten} stipendiare *qu*, retribuire *qu*: **nach etw (dat) besoldet werden**, essere stipendiato/retribuito secondo *qc* **2** mil jdn ~ {Soldaten} pagare il soldo *a qu*.

Besoldung <-, -en> f <meist sing> **1** (*das Besolden*) {+Beamte} retribuzione f; (*Gehalt*) stipendio m **2** mil soldo m.

Besoldungsgruppe f categoria f retributiva.

besonderer, besondere, besonderes adj <attr> **1** (*speziell*) {Ausbildung, Fähigkeiten} speciale, particolare: **etwas/nichts Besonderes**, qualcosa/niente di speciale; **im Besonderen**, in particolare **2** (*außergewöhnlich*) {Ehre, Freude, Leistung, Qualität} particolare; (*ungewöhnlich*) {Anstrengung, Fall} eccezionale, particolare: **besondere Kennzeichen**, segni particolari; **besondere Umstände**, circostanze particolari/eccezionali **3** (*gesondert*) {Raum} separato (-a), a parte **4** (*eigentümlich*) {Name, Verhalten} singolare, strano (-a) • **sich für etwas Besonderes halten**, ⌊credere di essere⌋/[ritenersi] speciale, credere di essere chissà chi *fam*; **das ist nichts Besonderes** *fam*, non è un granché *fam*, non è niente di speciale; **jd möchte/will etwas Besonderes sein**, qu vuole essere speciale.

Besonderheit <-, -en> f **1** (*Eigenart*) particolarità f, peculiarità f, specificità f, caratteristica f **2** (*Ungewöhnlichkeit*) eccezionalità f, singolarità f.

besonders adv (Abk bes.) **1** (*vor allem*) specialmente, particolarmente, soprattutto; (*hauptsächlich*) principalmente: **solche Beschwerden treten ~ bei alten Leuten auf**, disturbi del genere si manifestano soprattutto nelle persone anziane **2** (*außerordentlich*) eccezionalmente, straordinariamente: **das Mädchen ist ~ hübsch**, la ragazza è particolarmente bella; (*sehr*) molto, oltremodo, particolarmente; **nicht ~ gut/billig/teuer/warm/kalt/...**, non particolarmente/molto buono/economico/costoso/caldo/freddo/... **3** (*speziell, für sich allein*) {Anfertigen, Behandeln, Verpacken} separatamente, a parte **4** (*ausdrücklich*) espressamente, particolarmente: **etw ~ betonen/hervorheben**, sottolineare particolarmente qc • **jdm geht es nicht ~ (gut)**, qu non sta tanto bene; **wie geht's dir? – Nicht ~ (gut)** *fam*, come stai? – Non tanto bene; **etw ist nicht ~**, qc non è un granché, qc non è niente di speciale; **seine Arbeit ist nicht ~**, il suo lavoro non è ⌊un granché⌋/[niente di speciale].

besonnen A part perf von besinnen B adj **1** (*vernünftig*) ragionevole, giudizioso, assennato **2** (*ausgeglichen*) {Mensch} posato, equilibrato; {Verhalten} ponderato, equilibrato; {Urteil} oculato C adv {Handeln, sich verhalten, vorgehen} con ponderazione/accortezza.

Besonnenheit <-, ohne pl> f {Mensch} equilibrio m, posatezza f, {Urteil} oculatezza f.

besorgen <ohne ge-> A tr **1** (*beschaffen*) (*jdm*) **etw ~** procurare *qc* (*a qu*), procacciare *qc* (*a qu*); (*günstig, durch Beziehungen*) procurare *qc* (*a qu*), trovare *qc* (*a qu*): **jdm ein Taxi ~**, chiamare un taxi a qu; **mein Cousin kann uns einen gebrauchten Wagen ~**, mio cugino può trovarci una macchina usata; (*einkaufen*) {Geschenke, Kleinigkeit} comprare *qc* (*per qu*), acquistare *qc* (*per qu*); **ich will noch rasch den Einkauf ~**, faccio un salto a fare la spesa **2** (*erledigen*) **etw ~** {Arbeit, Erledigung} sbrigare *qc*; {Auftrag} eseguire *qc*; Verlag {Ausgabe, Druck} curare *qc*: **die Übersetzung eines Buches ~**, curare la traduzione di un libro **3** (*betreuen*) **jdn/etw ~** {Haushalt, Kinder} occuparsi *di qu/qc*, attendere *a qu/qc* geh B rfl (*sich beschaffen*) **sich (dat) etw ~** procurarsi *qc*, procacciarsi *qc* • **es jdm ~** *fam* (*es jdm heimzahlen*), farla pagare a *qu fam*; (*die Meinung sagen*), dirne quattro a *qu fam*; dare una lezione a *qu fam*; slang (*sexuell befriedigen*), far godere *qu*; **was du heute kannst ~, das verschiebe nicht auf morgen** *prov*, non rimandare a domani quel che puoi fare oggi *prov*, chi ha tempo non aspetti tempo *prov*.

Besorgnis <-, -se> f <meist sing> ~ (*um jdn/etw*) apprensione f (*per qu/qc*), preoccupazione f (*per qu/qc*) • **jds ~ erregen**, destare la preoccupazione di qu; **~ erregend → besorgniserregend**; **in ~ geraten**, farsi prendere dall'apprensione; **es besteht kein Grund/Anlass zur ~**, non c'è da/[motivo di] preoccuparsi.

besorgniserregend adj inquietante, preoccupante.

besorgt adj **1** (*voller Sorge*) ~ (*um jdn/etw, wegen etw* gen *oder fam* dat) preoccupato (*per qu/qc*), in ansia (*per qu/qc*): **sie ist sehr ~ um ihre Zukunft**, è molto preoccupata/[in ansia] per il suo futuro **2** (*fürsorglich*) (*um jdn/etw*) premuroso (*verso/con qu*), sollecito (*verso/con qu, di qu*) *lit*.

Besorgtheit <-, ohne pl> f apprensione f, preoccupazione f.

Besorgung <-, -en> f **1** (*Einkauf*) acquisto m, spesa f: **~en machen/erledigen**, fare le spese/delle commissioni **2** <nur sing> (*das Erledigen*) {+Angelegenheit, Aufgabe, Geschäft} disbrigo m **3** <nur sing> (*Betreuung*): **die ~ des Haushalts**, il governo della casa.

bespannen <ohne ge-> A tr **1** (*überziehen*) **etw ~** (*mit etw* dat) ~ {Fläche, Rahmen, Wand} rivestire *qc* (*di/con qc*); {Geige} incordare *qc*; {Tennisschläger} incordare *qc*: **etw mit Stoff ~**, intelare qc **2** (*Tiere vor etw spannen*) **etw ~** (*mit etw* dat) ~ {Fuhrwerk, Kutsche, Wagen mit Pferden} attaccare *qc a qc*.

Bespannung f **1** <nur sing> (*das Bespannen mit Stoff*) rivestimento m; (*mit Saiten*) incordatura f **2** <nur sing> (*das Bespannen mit Pferden*) attaccare m (i cavalli) **3** (*Material*) rivestimento m, copertura f; (*Saiten*) corde f pl; (*Fäden*) fili m pl.

bespielbar adj **1** {Tonband, Videokassette} su cui si può registrare **2** sport {Platz, Rasen, Spielfeld} agibile.

bespielen <ohne ge-> tr **1** (*auf einem Tonträger speichern*) **etw ~** (*mit etw* dat) ~ {Schallplatte} incidere *qc* (*su qc*); {Tonband, Videokassette} registrare *qc* (*su qc*): **bespielte Kassette**, cassetta registrata **2** (*Gastspiele geben*) **etw ~** {Ensemble, Schauspieler Theater} recitare *in/a qc*; (*ausstellen*) {Künstler Galerie, Museum} esporre

in qc **3** sport **etw ~**: **ein gut/schlecht zu ~der Platz**, un campo su cui si gioca bene/male.

bespitzeln <ohne ge-> tr *pej* **jdn ~** spiare *qu*, pedinare *qu*: **sich (von jdm) bespitzelt fühlen**, sentirsi spiato (-a) (da qu).

Bespitzelung <-, -en> f opera f di spionaggio.

bespötteln <ohne ge-> tr **jdn/etw ~** prendere in giro *qu/qc*.

besprechen <irr, ohne ge-> A tr **1** (*erörtern*) **etw** (*mit jdm*) ~ parlare *di qc* (*con qu*), discutere *di qc* (*con qu*), commentare *qc* (*con qu*); (*offiziell*) conferire *su qc* (*con qu*), discutere *di qc* (*con qu*) **2** (*rezensieren*) **etw ~** {Ausstellung, Buch, Film, Konzert, Theaterstück} recensire *qc* **3** (*durch Zauberworte bannen*) **etw ~** {Krankheit, Wunde} cercare di guarire *qc* con una formula magica **4** (*Gesprochenes aufnehmen*) **etw ~** {Videokassette} registrare *qc*; {Schallplatte, Tonband} auch incidere *qc* B rfl (*über etw sprechen*) **sich (über etw** akk) ~ consultarsi (*su/per qc*); **sich mit jdm (über etw** akk) ~ consultarsi *con qu* (*su/per qc*).

Besprechung <-, -en> f **1** (*Unterredung*) conversazione f, colloquio m, discussione f; (*Konferenz*) riunione f, colloquio m, conferenza f: **er hat (gerade) eine ~, er ist (gerade) in einer ~**, è in riunione **2** (*Rezension*) critica f, recensione f **3** (*das Besprechen*) {+Videokassette} registrazione f; {+Schallplatte, Tonband} auch incisione f.

Besprechungsexemplar n Verlag copia f per recensione.

Besprechungsraum m sala f riunioni.

Besprechungszimmer n sala f conferenze/[riunioni].

bespringen <ohne ge-> tr zoo **etw ~** {Kuh, Stute} montare *qc*.

bespritzen <ohne ge-> A tr **1** (*befeuchten*) **jdn/etw** (*mit etw* dat) ~ {mit ein paar Tropfen, Wasser} spruzzare/schizzare ⌊*qu/qc* (*di/con qc*)⌋/[*qc* (*addosso*) *a qu*]; {mit Schmutz} imbrattare *qu/qc* (*di/con qc*); {mit Blut, Farbe} macchiare *qu/qc* (*di/con qc*) **2** (*besprühen*) **etw** (*mit etw* dat) ~ {Pflanzen} spruzzare *qu/qc*, annaffiare *qc*; {mit Pestizid} irrorare *qc* (*con qc*) B rfl (*sich befeuchten*) **sich mit etw** (dat) ~ spruzzarsi ⌊*di qc*⌋/[*qc addosso*]: **beim Öffnen des Füllers bespritzte er sich mit Tinte**, aprendo la penna si spruzzò l'inchiostro addosso; **sich (dat) etw mit etw** (dat) ~ spruzzarsi *qc su qc*.

besprochen A part perf von besprechen B adj: **viel ~** (*viel diskutiert*) {Artikel, Buch, Werk}, di cui si discute molto; **wie ~**, come convenuto/d'accordo.

besprühen <ohne ge-> A tr (*befeuchten*) **jdn/etw** (*mit etw* dat) ~ {mit Farbe, Parfüm, Sprays, Wasser} spruzzare ⌊*qu/qc* (*di/con qc*)⌋/[*qc* (*addosso*) *a qu*]; {Pflanzen mit Pestizid} irrorare *qc* (*con qc*) B rfl sich mit **etw** (dat) ~ spruzzarsi *di/con qc*; sich (dat) **etw mit etw** (dat) ~ spruzzarsi *qc* (*di qc*).

bespucken <ohne ge-> tr **jdn/etw ~** sputare ⌊*addosso a qu*⌋/[*su qc*].

besser A adj <kompar von gut> **1** ~ (*als jd/etw*) migliore (*di qu/qc*): **dieses Auto ist ~ als das andere**, questa macchina è migliore/meglio di quell'altra; **~ werden** {Gesundheit, Situation, Wetter}, migliorare; **es ist ~, wenn ...**, è meglio che ...; **konjv**: **es ist ~, du kommst sofort**, è meglio che tu venga subito; **es ist ~, etw zu tun**, è meglio fare qc; **es wäre ~ ⌊zu gehen⌋/[wenn wir gingen]**, sarebbe meglio andare/[se andassimo] **2** (*gehoben*) elevato, di un certo livello, di una certa classe: **das ist ein ~es Restaurant**, è un ristorante di un certo livello **3** <attr> *oft iron* (*zur höheren Gesellschaft gehörend*) bene, dell'alta società: **die ~en Leute**, la gente bene; **in ~en Kreisen verkehren**, frequentare ambienti bene/[dell'alta società] **4** <attr> *fam pej* (*kaum mehr als*) poco più di: **er nennt sich Direktionsassistent, ist aber nur ein ~er Sekretär**, si definisce assistente del direttore, ma è solo poco più di un segretario **B** adv <kompar *von* gut *und* wohl> **1** meglio: **sie singt ~ als die anderen**, canta meglio degli altri; **das deutsche Brot schmeckt mir ~ als das italienische**, il pane tedesco mi piace più di quello italiano; **ich kann das ~!**, io lo so fare meglio! **2** *fam* (*lieber*) è meglio che ... *konjv*: **tu das ~ nicht!**, è meglio che tu non lo faccia!; **ich glaube, ich geh' jetzt ~**, credo che ora sia meglio che me ne vada ● **~ (gesagt)**, per meglio dire; **jdn eines Besseren belehren**, far ricredere qu; **sich eines Besseren besinnen**, cambiare idea, ricredersi, ripensarci; **es ~ haben als ₁jd anderer₁/[früher]**, star(e) meglio di ₁qu altro₁/[prima]; **immer ~**, sempre meglio, di bene in meglio; **~ ist ~**, non si sa mai; **₁mir ist₁/[ich fühle mich] ~**, sto meglio; **es kommt noch ~!** *iron*, non ne finisce qui!, il bello deve ancora venire!; **etw ~ können**, saper fare meglio qc; **es ~ machen (als irgendjemand sonst)**, far meglio (di chiunque); **~ als (gar) nichts**, meglio di/che niente; **₁sie möchte etwas Besseres sein fam₁/[sie meint, etwas Besseres zu sein fam]**, ₁crede di₁/[vorrebbe] essere speciale; **Besseres zu tun haben (als ...)** *fam*, aver di meglio da fare (che ...); **₁umso₁/[desto] ~**, tanto meglio; **~ Verdienende** → **Besserverdiener**; **das wäre ja noch ~!** *fam iron*, sarebbe il colmo!; **sich zum Besseren wenden**, volgere al meglio; **es wird immer noch ~!** *meist iron*, va di bene in meglio; **alles ~ wissen**, fare il/la saccente, sapere sempre tutto, saperla lunga.

besser|gehen <irr> itr <sein> → **gehen**.

bessergestellt adj agiato, benestante.

Bessergestellte <dekl wie adj> mf agiato (-a) m (f), benestante mf: **die ~n unter uns**, quelli (-e) tra di noi che stanno meglio.

bessern **A** tr **1** (*sittlich*) **jdn ~**, migliorare qu **2** (*besser machen*) **etw ~**, migliorare qc **B** rfl **1** (*sich besser verhalten*) **sich ~**, migliorarsi; (*bes. sittlich*) emendarsi, correggersi: **ich werde versuchen, mich zu ~**, cercherò di migliorare **2** (*besser werden*) **sich ~** (*Gesundheit*) migliorare, andare meglio; (*Lage, Leistungen, Verhältnisse*) migliorare; (*Wetter*) *auch* rimettersi al bello ● **bessere dich!** *fam*, rimettiti!, guarisci!

besser|stellen tr (*jds Gehalt erhöhen*) **jdn ~**, aumentare lo stipendio di/a qu; (*jds finanzielle Situation verbessern*) {Steuerreform Familien} migliorare la situazione economica di qu.

Besserstellung <-, *ohne* pl> f miglioramento m economico.

Besserung <-, *ohne* pl> f **1** miglioramento m **2** (*gesundheitlich*) guarigione f, ristabilimento m ● **gute ~!**, pronta guarigione!; **jdm (eine) gute ~ wünschen**, augurare a qu una pronta guarigione; **auf dem Wege der ~ sein**, essere in via di guarigione, stare meglio.

Besserverdiener m (**Besserverdienerin** f), **Besserverdienende** <dekl wie adj> mf chi guadagna di più.

Besserwessi <-s, -s> m *ostdt fam pej* "appellativo m usato dai tedeschi orientali per indicare un connazionale occidentale saccente e arrogante".

Besserwisser <-s, -> m (**Besserwisserin** f)

f) *pej* saccente mf, sapientone (-a) m (f), saputo (-a) m (f).

Besserwisserei <-, *ohne* pl> f *pej* saccenteria f.

Besserwisserin f → **Besserwisser**.

besserwisserisch adj *pej* saccente.

bestallen <*ohne* ge-> tr adm **jdn zu etw** (dat) **~**, nominare qu qc.

Bestallung <-, *-en*> f adm nomina f.

Bestand m **1** <nur sing> (*Bestehen*) {+Firma} esistenza f; (*Fortdauer*) {+Menschheit} sopravvivenza f; (*Abmachung, Vertrag*) continuità f, durata f; {+Koalition, Regierung} stabilità f: **der fünfzigjährige ~ eines Unternehmens**, ₁i cinquant'anni₁/[il cinquantennale] di un'impresa; **~ haben₁/[von ~ sein]**, ₁avere durata₁/[durare nel tempo] **2** com (**an etw** dat) giacenza f (di qc), riserva f (di qc), scorte f pl (di qc): **die Bestände auffüllen**, reintegrare le scorte **3** (*Viehbestand*) patrimonio m zootecnico; (*Wildbestand*) selvaggina f; (*Forstbestand*) patrimonio m forestale **4** (*Kassenbestand*) fondo m cassa; (*Vermögensbestand*) consistenza f patrimoniale/[del patrimonio] ● **~ aufnehmen** com, fare l'inventario, inventariare; (*resümieren*), fare il punto della situazione, fare il bilancio; **der eiserne ~**, ₁la riserva₁/[le scorte] di emergenza.

bestanden **A** part perf *von* **bestehen** **B** adj **1** (*bewachsen*) **~ (mit etw** dat) {Mit Pflanzen} (ri)coperto (*di qc*): **mit Bäumen ~**, alberato **2** (*geschafft*) {Probe, Prüfung} superato.

beständig **A** adj **1** (*dauerhaft*) {Beziehung, Freundschaft, Glück, Liebe} durevole **2** <attr> (*andauernd*) {Angst, Gefahr, Gejammer, Sorgen, Lärm} continuo; {Gestank, Lärm, Regen} *auch* persistente **3** (*gleich bleibend*) {Gefühle, Mensch, Temperaturen} costante **4** (*widerstandsfähig*) **~ gegen etw** akk) resistente (*a qc*), inattaccabile (*da qc*): **gegen Hitze ~**, termoresistente, refrattario; {Farbe} indelebile, inalterabile **5** chem stabile **6** meteo stabile **B** adv (*immer*) costantemente, continuamente.

Beständigkeit <-, *ohne* pl> f **1** (*Dauerhaftigkeit*) durevolezza f **2** (*Dauer*) continuità f, persistenza f **3** (*Konstanz*) f {+Charakter, Leistungen, Wesen} costanza f **4** (*Widerstandsfähigkeit*) ~ (**gegen etw** akk) resistenza f (*a qc*) **5** chem stabilità f **6** meteo stabilità f.

Bestandsaufnahme f **1** com (*Inventur*) inventario m **2** (*Bilanz*) punto m della situazione, bilancio m: **eine ~ machen** (*Inventur machen*), fare l'inventario, inventariare; (*Bilanz ziehen*), fare il punto della situazione, fare il bilancio.

Bestandsliste f com (*lista f dell')inventario m*.

Bestandteil m **1** (*Element*) elemento m componente f; (*Bau-, Einzelteil*) parte f, pezzo m **2** (*wichtiger Teil*) parte f/elemento m importante: **die Interviews stellen einen wichtigen ~ der Untersuchung dar**, le interviste sono un elemento essenziale dell'indagine **3** chem componente m *oder* f ● **sich in seine ~e auflösen** *fam* {Kleidungsstück, Koffer}, andare in pezzi, disfarsi; **einen ~ von etw** dat₁/[einer S. gen] **bilden**, essere parte (costitutiva) di qc, essere un elemento (costitutivo) di qc; **wesentlicher ~**, elemento essenziale, parte integrante; **etw in seine ~e zerlegen** {Apparat, Gerät, Maschine}, smontare qc pezzo per pezzo.

bestärken <*ohne* ge-> tr **jdn** (**in etw** dat) **~**, {in seinem Entschluss, dem Verdacht, der Vermutung, dem Vorsatz} rafforzare qu (in

qc), confermare qu (*in qc*): **jdn in ₁seiner Meinung₁/[seinem Glauben] ~**, rafforzare/confermare qu ₁nella sua opinione₁/[nella convinzione che ...]; **jdn (darin) ~, etw zu tun**, incoraggiare qu a fare qc.

Bestärkung <-, *ohne* pl> f **1** (*Unterstützung*) rafforzamento m; (*psychological*) rassicurazione f **2** (*Erhärtung*) {+Verdacht, Vermutung} conferma f.

bestätigen <*ohne* ge-> **A** tr **1** (*für begründet erklären*) **etw ~** {Befürchtungen, Meldung, Nachricht, Verdacht, Worte} confermare qc, avvalorare qc **2** (*bescheinigen*) **etw ~** attestare qc, certificare qc; jur {Testament} convalidare qc; {Urteil} confermare qc: **etw amtlich ~**, convalidare qc, omologare qc **3** com **etw ~** {Brief} accusare ricevuta di qc; {Auftrag} confermare qc: **den Empfang ~**, accusare ricevuta **4** (*bestärken*) **jdn (in etw** dat) **~** {in einer Absicht, einem Entschluss, Vorhaben} confermare qu (*in qc*), rafforzare qu (*in*); (*in einer Funktion, Stellung*) **jdn (in etw** dat)/(**als etw** akk) **~**, (ri)confermare qu (*in*) qc: **das Parlament hat ihn ₁in seinem Amt₁/[als Präsidenten] bestätigt**, il parlamento ₁gli ha confermato la carica₁/[lo ha confermato presidente] **B** rfl (*sich als begründet erweisen*) **sich ~** risulatare vero (-a), trovare conferma: **der Verdacht hat sich leider bestätigt**, purtroppo il sospetto ha trovato conferma ● **sich bestätigt fühlen** (*anerkannt fühlen*), sentirsi apprezzato (-a), avere delle conferme; **sich in etw** (dat) **bestätigt fühlen** {in einer Annahme, einem Verdacht, einer Vermutung}, vedere confermato (-a) qc; **hiermit/hierdurch wird bestätigt, dass ...**, (di seguito) si certifica che ...

Bestätigung <-, *-en*> f **1** {+Nachricht, Verdacht, Worte} conferma f: (*seine*) ~ **finden** {Behauptung, Verdacht, Vermutung}, trovare conferma/riscontro **2** (*das Bescheinigen*) attestazione f; jur {+Testament} convalida f; {+Urteil} conferma f: **amtliche ~**, convalida, omologazione **3** (*Schriftstück*) **~ (über etw** akk) certificato m (*di qc*), attestato m (*di qc*): **eine ~ ausstellen/vorlegen**, rilasciare/esibire un certificato **4** com accusare m ricevuta f; {+Auftrag} conferma f **5** (*Anerkennung*) riconoscimento m, conferma f: **~ brauchen**, aver bisogno di conferme **6** (*im Amt*) conferma f.

Bestätigungsschreiben n lettera f di conferma.

bestatten <*ohne* ge-> tr geh euph **jdn ~**, inumare qu *geh*, dare sepoltura a qu *geh*.

Bestattung <-, *-en*> f geh euph inumazione f, sepoltura f; (*Feier*) funerale m, esequie f pl.

Bestattungsinstitut n, **Bestattungsunternehmen** n → **Beerdigungsinstitut**.

bestäuben <*ohne* ge-> tr **1** (*mit etw Pulverartigem überziehen*) **etw (mit etw** dat) **~**, impolverare qc, cospargere qc (*di qc*), spolverizzare qc (*di qc*) **2** gastr **etw (mit etw** dat) **~**, spolverare qc (*di qc*), spolverizzare qc (*di qc*): **einen Kuchen mit Puderzucker ~**, spolverare un dolce di zucchero a velo **3** bot **etw ~** {Insekten, Wind Blüten, Pflanzen} impollinare qc.

Bestäubung <-, *rar -en*> f bot impollinazione f.

bestaunen <*ohne* ge-> tr **jdn/etw ~** guardare qu/qc con stupore: **jdn/etw mit großen Augen ~**, guardare qu/qc con due occhi così *fam*.

bestbezahlt adj <attr> (il/la) meglio pagato (-a), strapagato, pagato profumatamente: **zu den ~en Mitarbeitern gehören**, essere tra i collaboratori meglio pagati.

beste adj → **bester**.

Beste <dekl wie adj> **A** mf: **der/die ~**, il/la migliore; **sie ist die ~ in der Klasse**, è la migliore della classe; **mein ~r, meine ~** fam, mio caro, mia cara **B** n <nur sing> **1** (*die beste Sache*): **das ~**, il meglio, la cosa migliore; **das ~ ist, wenn wir mit dem Auto fahren**, la cosa migliore è andare in macchina; **das ~ an dem Theaterstück war das Bühnenbild**, il meglio dello spettacolo teatrale era la scenografia; **ich halte es für das ~, wenn …**, ritengo che la cosa migliore sia … *inf* **2** (*Wohl*) bene m: **ich will nur dein ~s**, voglio solo il tuo bene; **zu jds ~n**, per il bene di qu; **es ist zu deinem ~n**, è per il tuo bene • **aufs/[auf das] ~**, nel miglior modo possibile; **etw zum ~n geben** (*erzählen*) {Bemerkungen, Geschichten, Gemeinplätze, Witze}, raccontare qc; (*singen*), cantare qc, esibirsi cantando qc; **sein ~s geben**, dare il meglio di sé; **jdn zum ~n halten/haben**, canzonare qu, prendere in giro qu; **das ~ ist für jdn gerade gut genug**, per qu il meglio è sempre troppo poco; **wollen wir das ~ hoffen!**, hoffen wir das ~!, speriamo bene!; **das ~ aus etw** (dat) **machen**, trarre il meglio da qc; **von jdm nur das ~ sagen können**, poter dire solo il meglio di qu; **mit jdm steht es nicht zum ~n**, qu è messo male fam; **es/[die Sache] steht nicht zum ~n**, le cose non vanno per il verso giusto, la situazione non è rosea; **sein ~s tun/versuchen**, fare del proprio meglio; **ich werd' mein ~s tun**, farò del mio meglio; **das ~ vom ~n**, il fior fiore; **sich zum ~n wenden**, volgere al meglio, prendere una buona piega.

bestechen <irr, ohne ge-> **A** tr **1** (*korrumpieren*) **jdn** (*mit etw* dat) ~ corrompere qu (con qc), comprare qu (con qc); (*schmieren*) ungere qu (con qc) fam; jur corrompere qu (con qc); {Sachverständigen, Zeugen} subornare qu, comprare qu **2** (*beeindrucken*) **jdn** (*durch etw* akk) ~ sedurre qu (con qc), affascinare qu (con qc), incantare qu (con qc), conquistare qu (con qc) **B** itr (*beeindrucken*) (*durch etw* akk) ~ sedurre (con qc), affascinare (con qc), incantare (con qc): **sie besticht durch ihren Charme**, affascina con il suo charme; **der Text besticht durch seine Klarheit**, il testo conquista per la sua chiarezza • **sich ~ lassen**, lasciarsi corrompere; (*sich beeindrucken lassen*), lasciarsi sedurre.

bestechend **A** adj seducente, affascinante: **etwas Bestechendes haben**, avere un suo fascino **B** adv (*beeindruckend*): ~ **einfach/schön/klar/logisch**, di una semplicità/bellezza/chiarezza/logica impressionante.

bestechlich adj corruttibile; (*käuflich*) venale.

Bestechlichkeit <-, ohne pl> f corruttibilità f; (*Käuflichkeit*) venalità f.

Bestechung <-, -en> f auch jur corruzione f; jur {Sachverständigen, Zeuge} subornazione f • **aktive ~** jur (*Vorteilsgewährung*), corruzione (attiva); **passive ~** jur (*Vorteilsannahme*), corruzione (passiva); (*Forderung eines Vorteils*), concussione.

Bestechungsaffäre f → **Bestechungsskandal**.

Bestechungsgeld n <meist pl> tangente f, bustarella f fam, mazzetta f fam.

Bestechungsskandal m scandalo m delle tangenti/bustarelle fam.

Bestechungssumme f **1** (*Höhe*) importo m della mazzetta/bustarella **2** → **Bestechungsgeld**.

Bestechungsversuch m tentativo m di corruzione, tentata corruzione f.

Besteck <-(e)s, -e oder fam -s> n **1** <meist sing> (*Eß~*) posate f pl: **das ~ auflegen**, mettere le posate in tavola **2** med ferri m pl chirurgici; slang {+Drogenabhängige} occorrente m per il buco slang **3** naut punto m, posizione f.

Besteckkasten m portaposate m.

bestehen① <irr, ohne ge-> **A** tr etw ~ **1** (*erfolgreich absolvieren*) {Kampf, Probe} sostenere qc; (*Probezeit*) superare qc; (*Prüfung*) auch passare (a) qc **2** geh (*durchstehen*) {Krise} superare qc; {harte Probe, Schicksalsschlag} auch sopportare qc **B** itr **1** (*eine Prüfung erfolgreich absolvieren*) passare **2** (*sich bewähren*) **in etw** (dat) ~ {in der Gefahr, Not} far fronte a qc **3** (*standhalten*) **vor jdm** ~ tener testa a qu, fronteggiare qu: **dieser Student kann selbst vor dem strengsten Professor ~**, questo studente può tenere testa perfino al professore più severo; **vor etw** (dat) ~ {Arbeit, Leistung vor Kritik} reggere a qc, resistere a qc.

bestehen② <irr, ohne ge-> itr (*beharren*) **auf etw** (dat) ~ insistere su/in qc, persistere in qc, ostinarsi in/su qc: **auf einer Forderung ~**, insistere in una richiesta; **sie bestand ihm gegenüber auf ihrer Meinung**, con lui persistette nella/[ribadì la] sua opinione; **auf einem Punkt/Thema ~**, insistere su un punto/argomento; **auf seinem Recht ~**, fare valere i propri diritti; **darauf ~, etw zu tun**, insistere a/nel/per fare qc, ostinarsi a fare qc; **er bestand darauf, mich zum Abendessen einzuladen**, ha insistito per invitarmi a cena; **darauf ~, dass …**, insistere affinché/perché … konjv.

bestehen③ <irr, ohne ge-> itr **1** (*hergestellt sein*) **aus etw** (dat) ~ {Material, Stoff, Substanz} essere (fatto) (di qc); (*tech*) essere costruito (in qc): **das Rohr besteht aus Aluminium**, il tubo è (fatto) di alluminio **2** (*aus mehreren Teilen oder Elementen zusammengesetzt sein*) **aus etw** (dat) ~ essere costituito di/da qc, essere composto di qc, essere formato da/di qc, constare di qc, consistere in/di qc: **die Prüfung besteht aus vier Fragen**, l'esame consiste in quattro domande **3** (*zum Inhalt haben*) **in etw** (dat) ~ consistere in qc: **darin ~, dass …**: **seine Arbeit besteht darin, Daten in den Computer einzugeben**, il suo lavoro consiste nell'inserire dati nel computer; **die Schwierigkeit/das Problem besteht darin, dass …**, la difficoltà/il problema consiste nel fatto che …

bestehen④ itr (*existieren*) esistere, essere, esserci: **das Geschäft besteht schon seit 20 Jahren**, il negozio esiste già da 20 anni; **die Zweifel ~ noch**, i dubbi persistono; **es besteht die Aussicht/die Gefahr/die Möglichkeit/der Verdacht, dass …**, c'è la prospettiva/il pericolo/la possibilità/il sospetto ₍dl … infl₎/[che … konjv] • ~ **bleiben** (*weiterhin existieren*) {Hoffnung, Gefahr, Vermutung}, persistere, rimanere, continuare a esistere; {Beziehung, Freundschaft, Kunstwerk} perdurare, rimanere, continuare a esistere; (*weiterhin gelten*) {Abmachung, Vorschrift}, rimanere valido (-a); **weiter ~** → **weiter|bestehen**.

Bestehen① <-s, ohne pl> n (*Absolvieren*) {+Probe, Prüfung} superamento m.

Bestehen② <-s, ohne pl> n (*Beharren*) ~ **auf etw** (dat) {auf einem Detail, einer Erzählung, einem Punkt} insistenza f su qc; {auf Bezahlung, Einhaltung, Regelung} pretesa f di qc.

Bestehen③ <-s, ohne pl> n (*Vorhandensein*) esistenza f, persistenza f • **seit** (dem) ~ **einer S.** (gen) {einer Ausgangssperre, der Bestimmungen, der Kontrolle}, dall'introduzione di qc; **seit ~ der Welt**, dalla creazione del mondo; **das fünfzigjährige ~ eines Unternehmens feiern**, festeggiare/celebrare ₍i

cinquant'anni₎/[il cinquantenario] di un'azienda.

bestehen|bleiben a.R. von bestehen bleiben → **bestehen**④.

bestehend adj **1** (*existierend*) {Gesellschaftsordnung, Umstände, Verhältnisse} esistente; (*Situation*) attuale **2** (*geltend*) {Gesetz, Regelung, Vorschrift} vigente, in vigore.

bestehlen <irr, ohne ge-> tr **jdn** (*um etw* akk) ~ derubare qu (di qc).

besteigen <irr, ohne ge-> tr **1** (*steigen auf*) **etw** ~ {Hügel, Leiter, Rednerpult, Tribüne, Turm} salire su qc; {Berg} auch scalare qc; {Thron} salire a qc, ascendere a qc; {Fahrrad, Motorrad} salire su qc, montare in qc, inforcare qc: **ein Pferd ~**, montare/salire a cavallo **2** (*einsteigen in*) **etw** ~ {Bus, Flugzeug, Schiff, Taxi, Zug} salire in/su qc: **einen Wagen ~**, salire in macchina.

Besteigung f **1** (*Bergbesteigung*) ascensione f, scalata f **2** (*Thronbesteigung*) ascesa f (al trono).

bestellen <ohne ge-> **A** tr **1** (*in Auftrag geben*) **etw** (*bei jdm*) ~ gastr ordinare qc (a/da qu); com {Ware} ordinare qc (a/da qu), commissionare qc (a qu): **etw ist bestellt** {Essen}, qc è stato ordinato; {Ware} auch qc è stato commissionato **2** (*reservieren*) (*jdm*) **etw** ~ {Eintrittskarten, Tisch} prenotare qc (a qu), riservare qc (a qu), fissare qc (a qu); {Hotelzimmer} auch fermare qc (a qu) fam **3** (*abonnieren*) **etw** ~ {Zeitschrift, Zeitung} abbonarsi a qc **4** (*kommen lassen*) **jdn/etw** (*irgendwohin*) ~ {Mitarbeiter} convocare qu (+ compl di luogo); {Krankenwagen, Taxi} chiamare qc (+ compl di luogo); (*einen Termin geben*) {Kunden, Patienten} dare appuntamento a qu (+ compl di luogo): **um/für/auf** fam **zwei Uhr bestellt sein**, avere un appuntamento alle due; **zu etw** (dat) **bestellt sein** {zu einer Behandlung, einem Gespräch}, avere appuntamento per qc; {zu einer Arbeit, Aufgabe} essere incaricato di qc **5** (*ausrichten*) (*jdm*) **etw** (*von jdm*) ~ {Glückwünsche} portare/fare qc a qu (da parte di qu); **jdm/[an jdn] Grüße ~**, portare a qu i saluti di qu, salutare qu da parte di qu; {Nachricht} comunicare qc (a qu) (da parte di qu); **soll ich etw ~?**, devo riferire qc?; **bestell ihm** (*von mir*)**, dass …**, riferiscigli (da parte mia) che …; **ich soll Ihnen ~, dass …**, mi hanno pregato di dirLe che …; **jd lässt ~, dass …**, qu manda a dire che … **6** adm (*ernennen*) **jdn** (*zu etw* dat) ~ {zum Pressesprecher, Referenten, persönlichen Vertreter} nominare qu (qc); **jdn zum Verteidiger ~**, nominare qu difensore **7** jur **etw** ~ {Hypothek, Nießbrauch} costituire qc **8** agr **etw** ~ {Feld, Land} coltivare qc, lavorare qc **B** itr gastr (*im Restaurant*) (*bei jdm*) ~ ordinare (a qu): **haben Sie schon bestellt?**, ha già ordinato? **C** rfl (*anfordern*) **sich** (dat) **etw** ~ ordinarsi qc • **wie bestellt und nicht abgeholt**: **wie bestellt und nicht abgeholt aussehen** fam, avere l'aria abbattuta, sembrare un cane bastonato fam; **wie bestellt und nicht abgeholt (dastehen)** fam, (starsene lì) come ₍un fesso₎/una fessa fam₎/[un baccalà] fam; **um jdn ist es gut/schlecht bestellt**, le cose vanno bene/male a qu, qu è messo bene/male fam; ₍**um etw** (akk)₎/[**mit etw** (dat)] **ist es gut/schlecht bestellt**, qc va bene/male; **wie ist es damit bestellt?**, come vanno le cose?; (₍**ein**₎/[**gegen jdn**]/[**in etw** dat]) **nichts**/[**nicht viel**] **zu ~ haben** fam, ₍non avere₎/[avere scarsa] voce in capitolo (₍con qu₎/[in qc]).

Besteller <-s, -> m (**Bestellerin** f) **1** committente mf **2** (*Abonnent*) abbonato (-a) m

(f).
Bestellformular n *com* modulo m di ordinazione, cedola f di commissione.
Bestellkarte f *com* buono m/coupon m d'ordine.
Bestellliste, Bestell-Liste f nota f di ordinazione.
Bestellnummer f *com* (Abk Best-Nr.) numero m di ordinazione.
Bestellpraxis f *med* "studio m medico dove si visita su appuntamento".
Bestellschein m **1** *com* cedola f di commissione **2** (*in der Bibliothek*) scheda f per il prestito.
Bestellung f **1** (*das Bestellen*) {+WARE} ordine m (*di qc*), ordinazione f (*di qc*), commissione f (*di qc*): **bei ~ (der Ware)**, ordinando (la merce); **eine ~ erhalten**, ricevere un'ordinazione; {+GERICHT} ordinazione f **2** *com* merce f ordinata, articolo m ordinato; *gastr* ordinazione f **3** (*Reservierung*) prenotazione f **4** {+ZEITSCHRIFT, ZEITUNG} abbonamento m **5** (*Nachricht*) ambasciata f **6** *adm* (*Ernennung*) nomina f **7** *jur* {+HYPOTHEK, NIESSBRAUCH} costituzione f **8** *agr* coltivazione f • **auf ~ gastr**, su/dietro ordinazione; *com auch*, su commissione; (**bei jdm**) **eine ~ machen/aufgeben** *com*, fare un'ordinazione (a qu); *gastr*, ordinare qc (a qu).
Bestellzettel m → **Bestellschein**.
bestenfalls adv **1** (*im günstigsten Fall*) nel migliore dei casi: **~ kommt er um 22 Uhr nach Hause**, nel migliore dei casi rientra alle (ore) 22 **2** (*höchstens*) tutt'al più, al massimo: **~ angelt er ein paar kleine Fischlein**, ₍tutt'al più₎/₍al massimo₎ pescherà qualche pesciolino.
bestens adv **1** (*bestmöglich*) nel modo migliore, nel miglior modo possibile: **wir werden Sie ~ bedienen**, La serviremo nel miglior modo possibile **2** *fam* (*sehr gut*) benissimo, molto bene, ottimamente: **wie fühlst du dich? – Bestens!**, come ti senti? – Benissimo! **3** (*herzlich*) cordialmente: **wir danken Ihnen ~**, La ringraziamo tanto/infinitamente; **er lässt ~ grüßen**, invia i più cordiali saluti.
bester, beste, bestes **A** adj <superl *von* gut> **1** <attr> migliore: **meine beste Freundin**, la mia miglior amica; **er ist der beste Spieler**, è il miglior giocatore; ₍im besten Alter₎/₍in den besten Jahren₎, nel fiore degli anni; **besten Dank!** *auch iron*, tante grazie!; **das ist der beste Lehrer, den ich je hatte**, è il miglior insegnante che abbia mai avuto; **es ist am besten, jetzt zu gehen**, la cosa migliore è andarsene adesso **2** <attr> (*sehr gut*) ottimo, molto buono: **von bester Qualität**, di ottima/prima qualità; **sie ist bei bester Laune**, (lei) è di ottimo umore; **die Aussichten waren nicht gerade die besten**, le prospettive non erano proprio esaltanti; **aus ₍bestem Hause₎/₍besten Verhältnissen₎ stammen**, essere di ottima famiglia **B** adv <superl *von* gut *und* wohl>: **am besten**, meglio; **meine Schwester schwimmt am besten von uns allen**, mia sorella nuota meglio di tutti noi; **am besten gehe ich**, la cosa migliore è che me ne vada; **am besten gefällt mir ...**, la cosa che più mi piace è ..; **aufhören, wenn es am besten schmeckt**, smettere (di mangiare) nel momento in cui piace di più • ₍so ist es₎/₍das ist₎ **am besten**, è la cosa migliore.
besteuern <ohne ge-> tr ökon jdn ~ {FIRMA, GEWERBETREIBENDE, STEUERZAHLER} tassare qu; **etw** ~ {EINKOMMEN, VERDIENST} tassare qc, mettere un'imposta *su qc*.
besteuert adj: **hoch ~** {EINKOMMEN, ...} molto tassato, supertassato *fam*; {PERSON} *auch*, tartassato *fam pej*.
Besteuerung <-, *-en*> f <meist sing> ökon tassazione f.
Bestform f *bes. sport* ottima/splendida forma f: ₍**in ~ sein**₎/₍**sich in ~ befinden**₎, essere/trovarsi ₍in splendida₎/₍al top della₎ forma; **nicht gerade in ~ sein**, non essere proprio ₍al top della forma₎/₍in forma smagliante₎.
bestgehasst (a.R. bestgehaßt) adj <attr> *fam iron* (il/la) più odiato (-a): **er ist der ~e Lehrer an der Schule**, è l'insegnante che a scuola ha vinto l'oscar dell'antipatia.
bestgekleidet adj {FRAU, MANN} (il/la) meglio vestito (-a).
bestialisch **A** adj **1** (*sehr grausam*) {VERBRECHEN} bestiale, brutale **2** *fam* (*unerträglich*) {GESTANK, HITZE} bestiale, insopportabile **B** adv **1** (*sehr grausam*) {JDN BEHANDELN, VORGEHEN, WÜTEN} in modo bestiale/brutale **2** (*unerträglich*): **~ stinken**, mandare un puzzo bestiale *fam*.
Bestialität <-, *-en*> f bestialità f, brutalità f.
besticken <ohne ge-> tr **etw** (**mit etw** dat) ~ ricamare qc (*su qc*).
Bestie <-, *-n*> f **1** (*Tier*) bestia f feroce, belva f **2** (*Mensch*) bruto m, belva f.
bestimmen <ohne ge-> **A** tr **1** (*festsetzen*) **etw** ~ {ORT, PREIS, TERMIN} decidere *qc*, fissare *qc*, stabilire *qc*: **er hat Ort und Zeit des Treffens bestimmt**, ha fissato/deciso/stabilito il luogo e l'ora dell'incontro **2** *bes. jur* (*anordnen*) **etw** ~ {GESETZ, GESETZGEBER, VORSCHRIFT} stabilire *qc*, ordinare *qc* **3** (*wissenschaftlich feststellen*) **etw** ~ {ALTER, BEDEUTUNG, BEGRIFF, WORT} definire *qc*; {KUNSTWERK, PFLANZE, VIRUS} classificare *qc*; {KRANKHEIT} diagnosticare *qc* (*prägen*) **etw** ~ {LANDSCHAFT, STADTBILD} caratterizzare *qc* **5** (*beeinflussen*) **etw** ~ {PREIS, ZAHL} determinare *qc*, stabilire *qc*; {ENTWICKLUNG, STIL} influenzare *qc*, caratterizzare *qc* **6** (*ernennen*) **jdn zu etw** (dat) ~ nominare qu *a qc*, designare *qu a qc*: **jdn zum/als Nachfolger ~**, nominare qu successore **7** (*zudenken*) **etw für jdn/etw** ~ destinare *a qu/qc*: **das Geld ist für diesen Zweck bestimmt**, il denaro è destinato a questo scopo; (*zuweisen*) assegnare *qc a qu/qc* **B** itr **1** (*verfügen*) **über etw** (akk) ~ disporre *di qc*: **sie kann nach Belieben über ihr Vermögen ~**, (lei) può disporre a piacere del suo patrimonio **2** (*befehlen*) (**über jdn/etw**) ~ decidere (*di/su qu/qc*), comandare (*su qu/qc*): **in diesem Hause bestimmt er**, in questa casa decide/comanda lui • **bei/in etw** (dat) (**nichts**) **zu ~ haben**, (non) avere voce in capitolo per quanto riguarda qc, (non) contare (nulla) per quanto riguarda qc; **zu Hause hat er nichts zu ~**, a casa non ha voce in capitolo.
bestimmend adj **1** (*entscheidend*) ~ (**für etw** akk) {BEITRAG, EINFLUSS, FAKTOR} determinante (*per qc*), decisivo (*per qc*) **2** (*beherrschend*) {PERSON, PERSÖNLICHKEIT, WESEN} dominante.
bestimmt **A** adj **1** <attr> (*festgelegt*) stabilito; {PREIS, ZEITPUNKT} *auch* fissato **2** (*entschieden*) {AUFTRETEN, MENSCH} deciso, risoluto, fermo; {TON} *auch* categorico **3** <attr> (*gewiss*) {DINGE, LEUTE, VORSTELLUNGEN} certo **4** <attr> (*genau*) preciso, specifico, determinato: **ein ganz ~er Preis**, un prezzo ben preciso **5** (*deutlich*) chiaro **6** <attr> *gram* {ARTIKEL} determinativo, definito **7** (*zugedacht*): **~ für etw** (akk) destinato *a qc*, previsto *per qc* **B** adv **1** (*sicher*) certamente, di certo, senz'altro: **ich werde es ganz ~ tun**, lo farò ₍di sicuro₎/₍senz'altro₎/₍certamente₎; **kommen**
Sie auf das Fest? – Ja, ~, viene alla festa? – Sì, senz'altro **2** (*mit großer Sicherheit*) con certezza: **weißt du das ~?**, lo sai con certezza?, ne sei poprio sicuro (-a)?; **ich weiß ganz ~, dass ...**, so per certo che ... **3** (*entschieden*) con fermezza/decisione, deciso: **sie tritt sehr ~ auf**, ha un fare molto sicuro; **er lehnte ~ ab**, rifiutò con fermezza **4** (*entschieden*): **sich ~er ausdrücken**, esprimersi con più chiarezza/precisione.
Bestimmtheit <-, *ohne pl*> f **1** (*Sicherheit*) certezza f **2** (*Entschiedenheit*) fermezza f.
Bestimmung <-, *-en*> f **1** (*Vorschrift*) disposizione f, norma f: **gesetzliche ~en**, disposizioni/norme di legge; **die Urkunde entspricht den gesetzlichen ~en** *jur*, il documento è conforme alla legge; **gemäß den gesetzlichen ~en** *jur*, con le modalità previste dalla legge; **die gesetzlichen ~en umsetzen** *jur*, attuare il dettato della legge; **~en erlassen**, emanare disposizioni; {+VERTRAG} clausola f; {+TESTAMENT} disposizione f **2** <*nur sing*> (*Verwendungszweck*) scopo m, fine m **3** <*nur sing*> (*Schicksal*) destino m, sorte f; (*Berufung*) vocazione f **4** *gram* complemento m: **adverbiale ~**, complemento circostanziale **5** <*nur sing*> (*das Bestimmen*) stabilire m; (*das Festlegen*) fissare m **6** <*nur sing*> {+BEDEUTUNG, BEGRIFF, WORT} definizione f; {+KUNSTWERK, PFLANZE, VIRUS} classificazione f; {+KRANKHEIT} diagnosi f **7** (*Ernennung*) **zu etw** (dat) designazione f *a qc*, nomina f *a qc* **8** (*Beeinflussung*) condizionamento m.
Bestimmungsbahnhof m stazione f di destinazione.
bestimmungsgemäß **A** adj {BENUTZUNG, GEBRAUCH} prescritto **B** adv secondo le disposizioni/norme.
Bestimmungshafen m porto m di destinazione.
Bestimmungsland n paese m di destinazione.
Bestimmungsort m (luogo m di) destinazione f.
Bestimmungswort n *ling* determinante m, modificatore m.
bestinformiert adj {KREISE, PERSONEN, QUELLEN} (il/la) meglio informato (-a).
Bestleistung f *bes. sport* migliore prestazione f; (*Rekord*) primato m, record m.
bestmöglich **A** adj <attr> (*AUSBILDUNG, ERGEBNIS, SITUATION*) (il/la) migliore possibile: **das Bestmögliche tun**, fare tutto il possibile **B** adv nel migliore dei modi.
Best-Nr. Abk *von* Bestellnummer: numero m di ordinazione.
bestrafen <ohne ge-> tr **1** (*jdm eine Strafe auferlegen*) **jdn** (**wegen etw** gen *oder fam* dat/**für etw** mit etw dat) ~ punire qu (*per qc*) (*con qc*) *auch jur*: ₍**wegen dieser Tat**₎/₍**für diese Tat**₎ **wurde der Angeklagte mit fünf Jahren Gefängnis bestraft**, per questo reato l'imputato è stato condannato a cinque anni di prigione; **etw mit dem Tode ~**, punire qc con la morte; (*züchtigen*) castigare *qu* (*per qc*) (*con qc*) **2** (*etw mit Strafe belegen*) **etw** ~ {FRECHHEIT, UNGEHORSAM, VERBRECHEN, VERGEHEN} punire *qc* **3** *sport* **jdn/etw** ~ {SPIELER} penalizzare *qu*; {FOUL} punire *qc* m.
Bestrafung <-, *-en*> f **1** (*das Bestrafen*) punizione f; (*Züchtigung*) castigo m; (*Strafe*) *auch jur* pena f **2** *sport* penalizzazione f.
bestrahlen <ohne ge-> tr **1** (*beleuchten*) **etw** ~ {BÜHNE, GEBÄUDE, LANDSCHAFT} illuminare *qc*, irradiare *qc* **2** *med* **jdn/etw** ~ {KRANKEN, ORGAN, TUMOR} irradiare *qu/qc*, curare *qu/qc* con la radioterapia: **bestrahlt werden**, essere sottoposto a radioterapia

3 *phys* *etw* ~ irradiare *qc*.

Bestrahlung f **1** (*Beleuchtung*) illuminazione f; (*Sonnenbestrahlung*) insolazione f **2** *med* radioterapia f, cura f dei raggi: **~en bekommen/erhalten**, essere sottoposto a radioterapia, essere curato con le radiazioni **3** *phys* irradiazione f: **hoher ~ ausgesetzt sein**, essere esposto a forti radiazioni ● **radioaktive ~**, radioterapia.

Bestrahlungslampe f lampada f (per uso terapeutico o abbronzante).

Bestrahlungsschaden m <*meist* pl> lesione f₍dovuta alle₎/[provocata dalle] radiazioni.

Bestrahlungstherapie f *med* radioterapia f.

Bestreben n ~ **zu etw** (dat) sforzo m (*di fare qc*), aspirazione f (*a qc*) ● **das ~ haben, etw zu tun**, aspirare a fare qc, mirare a fare qc; **im ~, etw zu tun**, aspirando a fare qc, nel tentativo di fare qc.

bestrebt adj <präd>: ~ **sein, etw zu tun**, sforzarsi di fare qc, mirare a fare qc; **sie ist bestrebt, es immer allen recht zu machen**, si sforza di accontentare sempre tutti.

Bestrebung f <-, -en> f <*meist* pl> (*Bemühung*) sforzo m; (*Versuch*) tentativo m.

bestreichen <irr, ohne ge-> tr *etw* (**mit etw** dat) ~ {BROT MIT BUTTER, MARMELADE, SCHMELZKÄSE, LEBERWURST} spalmare *qc su qc*: **eine Backform mit Butter/Fett ~**, imburrare/ungere uno stampo; {WUNDE MIT SALBE} mettere *qc su qc*; {GEGENSTAND MIT ÖL} lubrificare *qc*; {WAND MIT FARBE} dipingere *qc* (*di qc*), verniciare *qc* (*di qc*); **etw mit Lack ~**, verniciare *qc*.

bestreiken <ohne ge-> tr *etw* ~ {BETRIEB, INDUSTRIEZWEIG} scioperare *in qc*, colpire *qc* con lo sciopero: **die Fabrik wird zurzeit bestreikt**, nella fabbrica stanno scioperando, la fabbrica è in sciopero.

bestreiten① <irr, ohne ge-> tr **1** (*leugnen*) *etw* ~ negare *qc*, smentire *qc*: **das bestreite ich nicht**, non dico il contrario, non (lo) nego; **~, etw getan zu haben**, negare di aver fatto qc; **es lässt sich nicht ~, dass ...**, non si può negare che ... *konjv* **2** (*streitig machen*) *jdm etw* ~ {RECHT AUF FREIHEIT, WIDERSPRUCH} contestare *qc a qu*.

bestreiten② <irr, ohne ge-> tr *etw* ~ **1** (*finanzieren*) {KOSTEN} sostenere *qc*; {LEBENSUNTERHALT} provvedere *a qc*; {STUDIUM} *auch* finanziare *qc* **2** (*gestalten, durchführen*) {PRÜFUNG, WETTKAMPF} sostenere *qc*; {FERNSEHSENDUNG, PROGRAMM} essere il mattatore *di qc*: **den ganzen Abend ~** *fam*, tenere in piedi l'intera serata; **die Unterhaltung ~** *fam*, tenere banco, sostenere la conversazione.

bestreuen <ohne ge-> tr *etw* (**mit etw** dat) ~ {OBERFLÄCHE, WEG} spargere *qc* (*su qc*); *gastr* {KUCHEN, TEIG} cospargere *qc* (*di qc*): **etw mit Salz/Zucker/Mehl ~**, cospargere qc di sale/zucchero/farina.

bestricken <ohne ge-> tr *jdn* ~ **1** (*bezaubern*) ammaliare *qu*, irretire *qu*, affascinare *qu*, incantare *qu*: ~**d**, ammaliante, affascinante, incantevole **2** *fam* (*mit Selbstgestricktem versehen*) *jdn* ~ {OMA ALLE ENKEL, DIE GANZE FAMILIE} regalare *a qu* capi di vestiario fatti a maglia con le proprie mani.

Bestseller <-s, -> m bestseller m.

Bestsellerautor m (**Bestsellerautorin** f) bestsellerista mf, autore (-trice) m (f) di bestseller.

Bestsellerliste f elenco m dei bestseller.

bestückt adj: (**mit etw** dat) **gut/reich ~ sein** {GESCHÄFT, LAGER, SAMMLUNG}, essere ₍ben fornito₎/[munito] (di qc).

bestuhlen <ohne ge-> tr *etw* ~ {RAUM, SAAL} fornire di sedie *qc*.

Bestuhlung f <-, -en> f (insieme m delle) sedie f pl: **die ~ ist neu**, le sedie sono nuove.

bestürmen <ohne ge-> tr **1** (*bedrängen*) *jdn* (**mit etw** dat) ~ tempestare *qu di qc*, assediare *qu con qc*, martellare *qu di qc fam*: **jdn mit Fragen/Telefonaten ~**, tempestare/martellare qu di domande/telefonate **2** (*überkommen*) *jdn* ~ {GEDANKEN, GEFÜHLE, ZWEIFEL} assalire *qu*.

bestürzen <ohne ge-> tr *jdn* ~ {EREIGNIS, NACHRICHT, TOD} sconvolgere *qu*, sbigottire *qu*, sgomentare *qu*.

bestürzend adj {EREIGNIS, NACHRICHT} sconvolgente.

bestürzt adj {AUSSEHEN, MIENE} sconvolto, sgomento, sbigottito: **ein ~es Gesicht machen**, avere un'espressione sgomenta/sbigottita; **über etw** (akk) ~ **sein**, essere sgomento/sbigottito per qc, rimanere allibito (-a) per qc.

Bestürzung f <-, ohne pl> f ~ (**über etw** akk) {*qc*) ● (**bei/in jdm**) ~ **auslösen**, creare/provocare sgomento (in qu); **jdn in ~ versetzen**, sbigottire qu, gettare qu nello sgomento.

Bestzeit f *bes. sport* miglior tempo m, tempo m record.

Besuch <-(e)s, -e> m **1** (*das Besuchen*) visita f: **ein kurzer ~**, una visitina; **offizieller ~**, visita ufficiale **2** *med com* {+KUNDE, PATIENT} visita f **3** (*Besichtigung*) {+AUSSTELLUNG, KIRCHE, MUSEUM, STADT} visita f **4** <*nur sing*> (*regelmäßiger ~*) {+KURS, SCHULE, UNIVERSITÄT} frequenza f *a qc*; {+LOKAL, KINO, OPER, THEATER} frequentazione f **5** (*das Beiwohnen*) {+VERSAMMLUNG, VORSTELLUNG} assistere m *a qc* **6** <*nur sing*> (*Gast*) ospite mf; (*Gäste*) ospiti m pl: **hoher ~** (*eine Person*), un ospite importante; (*mehrere Personen*) ospiti importanti ● **jdm einen ~ abstatten** *form*, far visita a qu, recarsi in visita da qu *form*; (**bei jdm**) **auf/zu ~ (sein)**, (essere) in visita (da qu); (**von jdm**) ~ **bekommen/erwarten**, ricevere/aspettare la visita (di qu); ~ **haben**, avere ospiti/visite; **jdn zu ~ haben**, avere ospite qu, avere qu in visita; **es ist ~ da**, ci sono ospiti/visite, c'è un ospite/una visita; **zu jdm auf ~ kommen**, andare a trovare qu; **eine Freundin kommt zu uns auf ~**, un'amica viene a trovarci; **eine Bekannte kommt zu ihr auf ~**, una conoscente va a trovarla; (**bei jdm**) **einen ~ machen**, far visita (a qu), andare/passare a trovare qu; {ARZT BEI PATIENTEN}, andare a visitare qu, fare una visita (a qu).

besuchen <ohne ge-> tr **1** (*einen Besuch abstatten*) *jdn* ~ fare visita *a qu*, andare a trovare *qu*, venire a trovare *qu*: **meine Verwandten ~ mich**, i miei parenti vengono a trovarmi/₍farmi visita₎; **ich besuche meine Freunde**, vado/passo a trovare i miei amici, faccio visita ai miei amici; **ich komme dich nach der Schule kurz ~**, passo a farti una visitina dopo la scuola **2** *com med jdn* ~ {PATIENTEN} visitare *qu*, fare una visita *a qu*; {KUNDEN} fare visita *a qu* **3** (*besichtigen*) *etw* ~ {AUSSTELLUNG, KIRCHE, MUSEUM, STADT} visitare *qc* **4** (*regelmäßig hingehen*) *etw* ~ {KINO, KURS, LOKAL, SCHULE, THEATER, UNIVERSITÄT} frequentare *qc* **5** (*teilnehmen an*) *etw* ~ {KURS, SEMINAR} seguire *qc*, partecipare *a qc*, prendere parte *a qc*: **den Gottesdienst ~**, andare a messa; **eine Versammlung ~**, assistere/partecipare a una riunione; **eine Vorlesung ~**, seguire una lezione (universitaria).

Besucher m (**Besucherin** f) **1** (*jd, der jdn besucht*) visitatore (-trice) m (f); (*jd, der Sehenswürdigkeiten besichtigt*) visitatore (-trice) m (f) **2** (*Gast*) ospite mf **3** (*regelmäßiger ~*) frequentatore (-trice) m (f), habitué mf **4** *film theat* spettatore (-trice) m (f), habitué mf **5** (*Teilnehmer*) partecipante mf.

Besucherritze f <*meist sing*> *fam scherz* "spazio m tra i materassi del letto matrimoniale".

Besucherstrom m afflusso m di visitatori/pubblico: **am Wochenende wurde ein starker ~ verzeichnet**, durante il fine settimana si è registrato un forte afflusso di visitatori.

Besucherzahl f numero m di visitatori, visite f pl: **die ~en** ₍**gehen zurück**₎/[steigen], cala/aumenta il numero dei visitatori.

Besucherlaubnis f (*bei einem Kranken oder Gefangenen*) permesso m di visita: ~ **bekommen/erhalten**, ottenere un permesso di visita; (*für ein Gebiet oder Land*) visto m.

Besuchsrecht n *jur* {+GETRENNTER ODER GESCHIEDENER ELTERNTEIL} diritto m di visita.

Besuchsritze f → **Besucherritze**.

Besuchstag m giorno m di visita.

Besuchszeit f **1** (*im Gefängnis, Krankenhaus*) orario m delle visite **2** (*bei einer Ausstellung, im Museum*) orario m di apertura.

besucht adj: **gut/stark ~ sein**, essere molto frequentato; **schlecht/schwach ~ sein**, essere poco frequentato; **viel ~** {LOKAL, RESTAURANT}, molto frequentato, frequentatissimo; {AUSSTELLUNG, MESSE}, con grande affluenza/afflusso di visitatori.

besudeln <ohne ge-> A tr **1** (*beschmutzen*) *jdn/etw* (**mit etw** dat) ~ imbrattare *qu/qc* (*di/con qc*), sporcare *qu/qc* (*di/con qc*), insudiciare *qu/qc* (*di/con qc*) **2** (*herabwürdigen*) *etw* ~ {ANDENKEN, EHRE, NAMEN} macchiare *qc*, infangare *qc* B *rfl* **sich** (**mit etw** dat) ~ imbrattarsi (*di/con qc*), insudiciarsi (*di/con qc*); **sich** (dat) *etw* ~ imbrattarsi *qc*, sporcarsi *qc*, insudiciarsi *qc*.

Beta <-(s), -s> n (*griechischer Buchstabe*) beta f.

Betablocker <-s, -> m *pharm Abk von* Betarezeptorenblocker: betabloccante m.

betagt adj *geh* {MENSCH} attempato, anziano.

Betakarotin, **Betacarotin** <-s, ohne pl> n betacarotene m.

Betarezeptorenblocker <-s, -> m *pharm* → Betablocker.

betasten <ohne ge-> tr *jdn/etw* ~ tastare *qu/qc*, palpare *qu/qc*; {GEMÜSE, OBST, AUSGESTELLTE WARE} toccare *qc*; *med* {SCHWANGERE, UNTERLEIB} palpare *qu/qc* ● **das Betasten der Ware ist verboten**, (è) vietato toccare la merce.

Betastrahlen subst <*nur pl*> *phys* raggi m pl beta.

Betateilchen n *phys* particella f beta.

betätigen <ohne ge-> A tr **1** *tech* (*bedienen*) *etw* ~ {ALARMANLAGE, BREMSE, HEBEL, NOTBREMSE, SCHALTER, SIRENE} azionare *qc*; {MECHANISMUS} *auch* attivare *qc*; {KNOPF} premere *qc*; {WASSERSPÜLUNG} tirare *qc*; {ZÜNDSCHLÜSSEL} girare *qc*: **etw automatisch/[mit der Hand] ~**, azionare qc automaticamente/[a mano] **2** *geh* (*funktionieren lassen*) *etw* ~ {GEHIRN, MUSKELN, SPRECHWERKZEUGE} attivare *qc*, far funzionare *qc*: **betätige mal dein Hirn!**, fai lavorare un po' il cervello! B *rfl* (*tätig sein*) **sich irgendwie ~**: **du betätigst dich zu wenig**, fai poco movimento; **sich geistig ~**, lavorare ₍con la mente₎/[intellettualmente]; **sich körperlich ~**, fare attività fisica; **sich politisch ~**, essere impegnato politicamente, essere attivo in politica; **sich als etw** (nom) ~ fare *il/la qc*, lavorare *come qc*; **sie betätigt sich als Babysitterin**, ₍lavora come₁/[fa la] baby-sitter; **sich als Journalist/Künstler ~**, fare il giornalista/l'artista; **er betätigt sich als Vermittler**, fa/funge da intermediario ● **du kannst dich gleich ~!** *fam*, puoi renderti subito utile!

Betätigung <-, -en> f **1** <*nur sing*> *tech* (*das Betätigen*) {+Alarmanlage, Bremse, Hebel, Schalter, Sirene} azionamento m, messa f in azione; {+Mechanismus} *auch* attivazione f: **durch ~ des Gaspedals/Hebels**, azionando l'acceleratore/la leva; **bei ~ dieses Knopfes**, premendo questo bottone **2** (*Beschäftigung*) ~ (**als etw** nom) attività f (*di qc*), occupazione f (*come qc*): **handwerkliche/künstlerische/sportliche ~**, attività artigianale/artistica/sportiva.

Betätigungsfeld n sfera f d'attività, raggio m d'azione: **die neue Arbeit bietet ihm ein weites ~**, il nuovo lavoro gli offre un vasto raggio d'azione.

betatschen <*ohne ge*-> *tr fam* **1** (*ohne Hemmungen berühren*) **etw** ~ mettere le mani dappertutto su *qc* **2** (*sexuell belästigen*) **jdn** ~ mettere le mani addosso *a qu*, palpeggiare *qu*.

betäuben <*ohne ge*-> **A** *tr* **1** *med* **jdn/etw** (**mit etw** dat) ~ {Person, Tier} anestetizzare *qu/qc* (*con qc*), narcotizzare *qu/qc* (*con qc*), addormentare *qu/qc* (*con qc*): **jdn örtlich ~**, anestetizzare qu localmente, praticare un'anestesia locale a qu; **jdn mit einer Narkose ~**, praticare un'anestesia generale/totale a qu; **betäubt werden**, subire un'anestesia, venire addormentato (-a); {Körperteil, Nerv, Zahn} anestetizzare *qc*, addormentare *qc*; {Schmerzen} calmare *qc* **2** (*durch Schlag auf den Kopf bewusstlos machen*) **jdn/etw** ~ {Person, Tier} stordire *qu/qc*, tramortire *qu/qc* **3** (*benommen machen*) **jdn ~** {Lärm} assordare *qu*, stordire *qu*; {Duft} stordire *qu*, inebriare *qu*: **sich wie betäubt fühlen**, sentirsi (come) stordito (-a); **die Sinne ~**, intorpidire i sensi **4** (*beruhigen*) **etw** (**mit etw** dat/**durch etw** akk) ~ {Gefühl, Schmerz} attenuare *qc* (*con qc*), attutire *qc* (*con qc*); {Kummer, Sorgen} assopire *qc* (*con qc*); {Gewissen} far tacere *qc* (*con qc*) **B** *rfl* **sich** (**mit etw** dat/**durch etw** akk) ~ stordirsi (*con qc*): **sich mit/durch Alkohol ~**, stordirsi ubriacandosi/bevendo; **sich durch Arbeit ~**, stordirsi con il lavoro.

betäubend *adj* **1** (*bewusstlos machend*) {Schlag} che stordisce; *med* {Gas, Injektion} anestetizzante, narcotizzante **2** (*benommen machend*) {Krach, Lärm} assordante **3** (*berauschend*) {Duft, Parfüm} inebriante.

Betäubung <-, -en> f **1** <*nur sing*> *med* (*das Betäuben*) anestesia f, narcosi f: (**bei jdm**) **eine örtliche ~ vornehmen**, fare/praticare un'anestesia locale (a qu); **zur ~ der Schmerzen**, per placare/attenuare i dolori **2** *med* (*Zustand*) anestesia f, narcosi f **3** <*nur sing*> (*das Bewusstlosmachen*) tramortimento m **4** (*Benommenheit*) stordimento m, intontimento m; (*durch Lärm*) assordamento m: **eine leichte/schwere ~ befiel ihn**, fu colto da un leggero/forte senso di stordimento.

Betäubungsmittel n narcotico m, anestetico m.

Betäubungsmittelgesetz n *jur* legge f sugli stupefacenti.

Betaversion f *inform* {+Computerprogramm} versione f beta.

Bete <-, -n> f <*meist sing*>: **Rote ~**, barbabietola (rossa); **ich esse gern Rote ~**, mi piacciono le barbabietole (rosse).

beteiligen <*ohne ge*-> **A** *tr* **1** (*miteinbeziehen*) **jdn** (**an etw** dat) ~ {An einer Diskussion, einem Gespräch, Projekt, Spiel} far partecipare *qu* (*a qc*), coinvolgere *qu* (*in qc*) **2** *com ökon* **jdn** (**an etw** dat) ~ {An einem Geschäft} (co)interessare *qu a qc*; {An einer Gesellschaft, einem Unternehmen} (co)interessare *qu* (*in qc*), associare *qu*, fare *qu* socio (-a): **jdn am Gewinn ~**, far (com)partecipare *qu* agli utili; **jdn finanziell ~**, far (com)partecipare *qu* economicamente **B** *rfl* **1** (*aktiv mitwirken*) **sich** (**an etw** dat) ~ {An einer Aktion, einem Gespräch, einer Diskussion, einem Spiel, Wettbewerb} partecipare (*a qc*), prender parte (*a qc*); (*mitarbeiten*) collaborare (*a qc*), cooperare (*a qc*): **alle Studenten haben sich an dem Forschungsvorhaben beteiligt**, tutti gli studenti hanno collaborato/partecipato al progetto di ricerca; **du könntest dich ruhig ~, anstatt nur rumzusitzen**, potresti rendertì utile anziché star (seduto (-a)) lì senza far niente **2** (*Geld beisteuern*) **sich** (**an etw** dat) ~ partecipare (*a qc*), contribuire (*a qc*): **sich an den Unkosten ~**, partecipare/contribuire alle spese.

beteiligt *adj* **1** (*mitarbeiten*): (**an etw** dat) ~ **sein**, collaborare (a qc), partecipare (a qc); (*beitragen*) contribuire (a qc), dare un contributo (a qc); **maßgeblich an einer Aktion/einem Projekt ~ sein**, dare un contributo decisivo a un'azione/un progetto **2** (*verwickelt sein*): (**an etw** dat) ~ **sein**, essere coinvolto (in qc), essere implicato (in qc); **an einem Unfall ~ sein**, essere coinvolto in un incidente; **an einem Verbrechen ~ sein**, essere implicato in un reato **3** *com ökon*: (**an etw** dat) ~ **sein** {An einem Geschäft}, essere interessato (a qc), avere la propria parte (in qc), essere partecipe (di qc); {An einer Gesellschaft, einem Unternehmen} essere socio (di qc); **am Gewinn ~ sein**, avere degli utili, partecipare agli utili.

Beteiligte <*dekl wie adj*> mf ~ (**an etw** dat) **1** (*Teilnehmer*) {An einer Aktion, Diskussion, einem Gespräch, einer Prüfung, einem Spiel, einer Versammlung, einem Wettkampf} partecipante mf (*a qc*) **2** (*Betroffener*) interessato (-a) m (f) (*a qc*), implicato (-a) m (f) (*in qc*) **3** *com ökon* (*Teilhaber*) socio (-a) m (f) **4** *jur* (*Vertragspartei*) parte f contraente; (*Verfahrensbeteiligte*) parte f in causa **5** (*Komplize*) {An einem Verbrechen} complice mf.

Beteiligung <-, -en> f ~ (**an etw** dat) **1** (*Teilnahme*) partecipazione f (*a qc*) **2** (*Mitwirkung*) collaborazione f (*a qc*), cooperazione f (*a qc*); {An einem Verbrechen} complicità f (*in qc*) **3** *com ökon* (*Anteil*) partecipazione f (*a qc*); (*Gewinnbeteiligung*) interessenza f (*in qc*).

Betel <-s, *ohne pl*> m betel m.

Betelnuss (a.R. Betelnuß) f *bot* noce f di areca.

beten **A** *itr* (**für jdn**)/(**um etw** akk) ~ pregare (*per qu/qc*), dire le preghiere (*per qu/qc*): **um Frieden ~**, pregare per la pace; (**zu jdm**) ~ pregare (*qu*): **zu Gott ~**, pregare Dio; **~d**, in preghiera, che prega **B** *tr* **etw** ~ recitare *qc*: **das Vaterunser ~**, dire/recitare il Paternostro.

beteuern <*ohne ge*-> *tr* (**jdm**) **etw** ~ {Unschuld} protestare *qc* (*di fronte a qu*), proclamare *qc* (*di fronte a qu*); {Liebe} dichiarare *qc* (*a qu*): **~, dass ...**, affermare/assicurare che ... ● **hoch und heilig ~**, affermare solennemente.

Beteuerung <-s, -en> f {+Unschuld} affermazione f; {+Liebe} dichiarazione f.

Bethlehem <-s, *ohne pl*> n *geog* Betlemme f.

betiteln <*ohne ge*-> *tr* **1** (*anreden*) **jdn** (**mit**) + *subst* ~ chiamare *qu* + *subst*: **jdn** (**mit**) **Herr Doktor ~**, chiamare qu dottore; **wie soll ich sie ~?**, come devo chiamarla? **2** *fam pej* (*beschimpfen*) **jdn** (**mit**) + *subst* ~ dare *del/dello/della* ... *a qu fam*: **jdn** (**mit**) **Dummkopf ~**, dare dell'imbecille a qu **3** (*einen Titel geben*) **etw** ~ {Artikel, Aufsatz, Bericht, Buch, Sendung} intitolare *qc*, dare un titolo *a qc*.

Beton <-s, *ohne pl*> m calcestruzzo m: **armierter ~**, cemento armato.

Betonbau m *bau* **1** (*Gebäude*) costruzione f/edificio m/struttura f in calcestruzzo **2** <*nur sing*> (*Bauweise*) costruzione f in calcestruzzo.

Betonblock m *bau* **1** blocco m di calcestruzzo **2** (*Häuserblock*) isolato m in calcestruzzo.

Betonburg f *fam pej* casermone m di cemento.

Betondecke f *bau* **1** {+Gebäude} solaio m in cemento armato **2** {+Straße} pavimentazione f di/in calcestruzzo.

betonen <*ohne ge*-> *tr* **1** (*hervorheben*) **etw** ~ accentuare *qc*, sottolineare *qc*, mettere *qc* in rilievo; (*nachdrücklich sagen*) insistere *su qc* **2** (*hervortreten lassen*) **etw** ~ {Figur, Formen, Hüften, Körperteil} sottolineare *qc*, evidenziare *qc*, mettere *qc* in rilievo/risalto: **die enge Hose betont ihre Figur**, i pantaloni stretti mettono in risalto/[il suo fisico] **3** *ling mus* (*den Akzent legen*) **etw** ~ {Note, Silbe, Wort} accentare *qc*, porre l'accento *su qc*: **ein Wort auf der ersten Silbe ~**, accentare la parola sulla prima sillaba; **einen Satz richtig ~**, dare l'intonazione giusta a una frase.

betonieren <*ohne ge*-> **A** *tr* **etw** ~ **1** {Balken, Grundmauern, Pfeiler} gettare *qc* in calcestruzzo: **betonierte Straße**, strada con pavimentazione in calcestruzzo **2** (*starr festlegen*) consolidare *qc* **B** *itr* **1** *bau* fare una gettata in calcestruzzo **2** *slang sport* fare catenaccio *slang*, arroccarsi in difesa.

Betonierung <-s, *ohne pl*> f *bau* gettata f di/in calcestruzzo.

Betonklotz m *fam pej* blocco m di cemento.

Betonkopf m *fam pej* testa f di legno, testa f dura.

Betonmischer m → **Betonmischmaschine**.

Betonmischmaschine f betoniera f, impastatrice f per calcestruzzo.

Betonsilo m *oder* n *fam pej* casermone m di cemento.

Betonstraße f *bau* strada f con pavimentazione in calcestruzzo.

betont **A** *adj* **1** (*ausdrücklich, bewusst*) marcato, accentuato, evidente; (*ostentativ*) ostentato: **mit ~er Freundlichkeit**, con ostentata gentilezza **2** *ling* {Silbe, Vokal, Wort} tonico, accentato: **schwach ~** {Silbe, Vokal}, con accento debole, poco accentato **B** *adv* marcatamente; (*ostentativ*) ostentatamente: **sich ~ gleichgültig/lässig geben**, ostentare indifferenza/disinvoltura.

Betonung <-, -en> f **1** <*nur sing*> (*das Hervorheben*) {+Figur, Formen, Körperteil} accentuazione f **2** <*nur sing*> (*Beteuerung*) {+Umstand, Unschuld} affermazione f, asserzione f **3** <*nur sing*> (*Gewicht*) rilievo m, risalto m, importanza f: **wir legen die ~ auf Qualität**, diamo particolare rilievo/importanza alla qualità **4** <*nur sing*> *ling* (*das Betonen*) {+Silbe, Wort} accentazione f **5** *ling* (*Akzent*) accento m; (*Tonfall, Satzbetonung*) intonazione f, cadenza f: **die ~ liegt auf der vorletzten Silbe**, l'accento è sulla penultima sillaba.

Betonungszeichen n *ling mus* accento m (grafico).

Betonverkleidung f *bau* rivestimento m in/di calcestruzzo.

Betonwüste f fam pej colata f di cemento.
betören <ohne ge-> tr (bezaubern) **jdn/etw** ~ {MUSIK, PERSON} incantare qu/qc, affascinare qu/qc; {BLICK, DUFT} sedurre qu; (verliebt machen) far infatuare qu.
betörend adj **1** (faszinierend) {MENSCH} ammaliante; {BLICK, LÄCHELN, STIMME} auch seducente, che incanta **2** (verlockend) {ANGEBOT} allettante.
betr., Betr. Abk von betreffend, betreffs, Betreff: ogg. (Abk von oggetto).
Betracht <-(e)s, ohne pl> m geh: **außer bleiben**, non essere preso in considerazione; **jd/etw kommt in ~**, qu/qc è da considerare/[tenere in conto]; **etw kommt nicht in ~**, qc è fuori discussione/questione, qc non è/viene preso in considerazione; **etw außer ~ lassen**, non tener conto di qc; **jdn/etw in ~ ziehen**, prendere in considerazione qu/qc, tener conto di qu/qc, tenere presente qu/qc.
betrachten <ohne ge-> A tr **1** (ansehen) **jdn/etw** ~ contemplare qu/qc, guardare qu/qc, osservare qu/qc; (genau) studiare qu/qc **2** (prüfen und beurteilen) **etw irgendwie** ~ considerare/esaminare qc + compl di modo: **ein Problem nüchtern/sachlich** ~, considerare/esaminare un problema in modo obiettivo **3** (halten für) **jdn/etw als etw** (akk) ~ ritenere qu/qc qc, considerare qu/qc qc: **jdn als seinen Freund** ~, considerare/ritenere qu un amico; **ich betrachte diese Arbeit als nützlich**, considero utile questo lavoro B rfl **1** (sich ansehen) **sich** ~ guardarsi, contemplarsi, rimirarsi: **sich im Spiegel** ~, guardarsi allo specchio **2** (sich etw anschauen) **sich** (dat) **etw** ~ guardarsi qc **3** (sich halten für) **sich als etw** (nom) ~ considerarsi qc, ritenersi qc • **etw flüchtig** ~, guardare qc di sfuggita; **genau betrachtet**, tutto sommato/considerato; **von nahem betrachtet**, visto (-a) più da vicino; **jdn von oben bis unten** ~, squadrare qu dalla testa ai piedi; **jdn prüfend** ~, scrutare qu; **so betrachtet**, visto in questo modo, da quest'angolazione.
Betrachter <-s, -> m (**Betrachterin** f) **1** {+ENTWICKLUNG, EREIGNISSE, SITUATION} osservatore (-trice) m (f): **ein aufmerksamer** ~, un attento osservatore **2** {+BAUWERK, BILD, SKULPTUR} spettatore (-trice) m (f).
beträchtlich A adj (beachtlich) considerevole, rilevante, notevole B adv **1** (beachtlich) considerevolmente, notevolmente **2** <vor kompar> (wesentlich) di gran lunga, molto: **er ist** ~ **ärmer als sie**, è di gran lunga più povero di lei.
Betrachtung <-s, -en> f **1** (das Ansehen) {+BILD, KUNSTWERK} contemplazione f, osservazione f **2** (das Untersuchen) {+GEGENSTAND, PROBLEM} esame m **3** (Überlegung) considerazione f, riflessione f: **über etw** (akk) ~**en anstellen**, riflettere/meditare (su qc), fare delle riflessioni (su qc); **kritische** ~**en**, considerazioni/osservazioni critiche • **bei näherer** ~, a un più attento esame.
Betrachtungsweise f modo m di considerare.
Betrag <-(e)s, Beträge> m importo m, ammontare m, somma f: **ein ~ (in Höhe) von 100 Euro**, un importo di 100 euro; **im ~ von**, dell'importo di • (dankend) **erhalten** (Quittungsformel), per quietanza.
betragen① <irr, ohne ge-> tr (sich belaufen auf) **etw** ~ ammontare a qc, essere di qc: **die Kosten ~ 200 Euro**, i costi ammontano a 200 euro; **die Länge des Balkens beträgt zehn Meter**, la lunghezza della trave è di dieci metri.
betragen② <irr, ohne ge-> rfl (sich benehmen) **sich irgendwie** (gegenüber jdm) ~ comportarsi + compl di modo (con/[nei confronti di] qu): **sich gut/anständig** ~, comportarsi bene/educatamente; **sich schlecht** ~, comportarsi male.
Betragen <-s, ohne pl> n (Benehmen) comportamento m; (im Schulzeugnis) condotta f: **schlechtes** ~, cattiva condotta.
betrauen <ohne ge-> tr **jdn mit etw** (dat) ~ affidare qc a qu, incaricare qu di qc: **jdn mit einem Amt** ~, investire qu di una carica; **jdn mit einem Auftrag/einer Arbeit** ~, affidare un incarico/lavoro a qu; **jdn damit** ~, **etw zu tun**, incaricare qu di fare qc; **sie war damit betraut, den Kongress zu organisieren**, era incaricata di organizzare il congresso.
betrauern <ohne ge-> tr **jdn/etw** ~ {JDS TOD, VERLUST} piangere qu/qc; {VERSTORBENEN} auch portare il lutto per qu.
Betreff <-(e)s, -e> m <meist sing> form (Abk Betr.) oggetto m • ~: **Ihr Schreiben vom ...** (in Geschäftsbriefen), oggetto: Sua lettera del ...; **in ~ einer S.** (gen) form, per quanto concerne/riguarda, riguardo a, quanto a.
betreffen <irr, ohne ge-> tr **1** (angehen) **jdn/etw** ~ concernere qu/qc, riguardare qu/qc: **das betrifft mich nicht**, ciò non mi riguarda **2** geh (bestürzen) **jdn** ~ colpire qu, turbare qu: **diese Nachricht hat mich zutiefst betroffen**, questa notizia mi ha profondamente colpito (-a)/turbato (-a) • **betrifft** form (in Geschäftsbriefen), oggetto; **was jdn/etw betrifft**, quanto a qu/qc, per quel che riguarda/concerne qu/qc; **was das betrifft**, in quanto a ciò; **was mich betrifft**, per quanto mi concerne.
betreffend adj (Abk betr.) **1** (erwähnt) suddetto, in questione; {SACHE} auch in oggetto **2** (zuständig) competente, in questione • ⌊**Ihren Brief vom ...**⌋/[**Ihre Anfrage ...**], in riferimento alla Sua ⌊(lettera) del ...⌋/[richiesta ...].
Betreffende <dekl wie adj> mf: **der/die** ~, la persona in questione, l'interessato (-a); **der** ~ **soll sich bei der Polizei melden**, ⌊la persona in questione⌋/[l'interessato] si presenti alla polizia.
betreffs präp + gen adm com (Abk betr.) in merito a: **Anfrage/Brief ~ Gehaltserhöhung**, richiesta/lettera in merito a un aumento di stipendio.
Betreffzeile f (in Brief, E-Mail) (riga f) oggetto m.
betreiben <irr, ohne ge-> tr **1** (durchführen) **etw** ~ {ANGELEGENHEIT, GESCHÄFT} condurre qc; {ARBEIT} eseguire qc; (beschleunigen) sollecitare qc **2** (ausüben) **etw** ~ {BERUF, GEWERBE, HANDWERK} esercitare qc; {POLITIK} fare qc; {STUDIEN} attendere a qc; {SPORT} praticare qc; {HOBBY} auch coltivare qc: **etw eifrig**/[**mit Eifer**] ~, coltivare/[dedicarsi a] qc con passione **3** com (führen) **etw** ~ {GESCHÄFT, HANDEL, HOTEL, LOKAL} gestire qc, esercire qc; {FUNKANLAGE, KRAFTWERK} gestire qc; {FIRMA, UNTERNEHMEN} condurre qc, dirigere qc **4** tech (antreiben) **etw mit etw** (dat)/**irgendwie** ~ alimentare qc a qc/+ compl di modo: **einen Motor mit Benzin** ~, alimentare un motore a benzina; **ein atomar betriebenes Schiff**, una nave a propulsione nucleare.
Betreiben n: **auf jds** ~ (**hin**), per iniziativa di qu.
Betreiber <-s, -> m (**Betreiberin** f) form gestore (-trice) m (f), esercente mf.
Betreiberfirma f gestore m.
Betreiber in f → **Betreiber**.
betreten① <irr, ohne ge-> tr **1** (hineingehen in) **etw** ~ {HAUS, RAUM} entrare in qc, mettere piede in qc **2** (treten auf) **etw** ~ {BÜHNE, RASEN, SPIELFELD} entrare in qc, mettere piede su qc; (zertreten) calpestare qc; {PODIUM, REDNERPULT, TRIBÜNE} salire su qc: **die Schwelle** ~, varcare la soglia **3** (erste Schritte in/auf etw machen) **etw** ~ {NEUES JAHRHUNDERT ODER ZEITALTER, NEULAND} entrare in qc; {GEFÄHRLICHEN BODEN} addentrarsi in qc • **Betreten verboten!**, vietato entrare!, ingresso vietato!; **Betreten der Baustelle verboten!**, vietato l'accesso al cantiere!; **Betreten des Rasens verboten!**, è proibito calpestare il prato!
betreten② adj ~ **über etw** (akk) imbarazzato (per/[a causa di] qc), confuso (per qc): **ein ~es Gesicht machen**, fare una faccia imbarazzata; **es herrschte ~es Schweigen**, ⌊c'era⌋/[regnava] un silenzio imbarazzato.
betreuen <ohne ge-> tr **1** (sorgen für) **jdn/etw** ~ {GARTEN, PFLANZEN, TIERE} badare a qc, prendersi cura di qc, curare qc/qc; {KINDER, KRANKE, ALTE MENSCHEN} auch assistere qu **2** (beratend unterstützen) **jdn/etw** ~ {KUNDEN, SPORTLER, STUDENTEN} assistere qu; {REISEGESELLSCHAFT} accompagnare qu/qc; {GESCHÄFT, PROJEKT} curare qc, seguire qc; {DIPLOM-, DOKTORARBEIT} seguire qc **3** (verantwortlich sein für) **etw** ~ {ABTEILUNG, AUFGABENBEREICH, SACHGEBIET, ZONE} essere incaricato di qc, curare qc, occuparsi di qc.
Betreuer <-s, -> m (**Betreuerin** f) **1** {+GRUPPE, KINDER} accompagnatore (-trice) m (f); {+ALTE, KRANKE} assistente mf **2** {+SPORTLER} allenatore (-trice) m (f); {+NATIONALMANNSCHAFT} commissario m tecnico **3** {+WISSENSCHAFTLICHER ARBEIT} relatore (-trice) m (f) **4** (Bearbeiter, Verantwortliche) incaricato (-a) m (f), referente mf **5** jur (für körperlich oder psychisch kranke Volljährige) curatore (-trice) m (f).
Betreuung <-s, ohne pl> f **1** (im sozialen Bereich, Gesundheitswesen) assistenza f: **ärztliche** ~, assistenza medica **2** {+REISEGRUPPEN} accompagnamento m **3** {+WISSENSCHAFTLICHE ARBEIT, PROJEKT} supervisione f **4** jur (von körperlich oder psychisch kranken Volljährigen) curatela f.
Betreuungsangebot n (für kranke und alte Menschen) offerta f di assistenza; (für Kinder) offerta f di asili nido, scuole dell'infanzia e servizi di baby-sitter.
Betreuungsgeld n "contributo m statale per famiglie che non mandano i figli al nido o alla scuola materna".
Betreuungskosten subst <nur pl> (für Kinder) spese f pl per la babysitter.
Betrieb① <-(e)s, -e> m **1** (Industriebetrieb) azienda f, impresa f: **handwerklicher** ~, impresa artigianale; **landwirtschaftlicher** ~, azienda agricola; **privater** ~, azienda/impresa privata; **staatlicher** ~, impresa pubblica/statale, ente pubblico; **einen ~ leiten**, dirigere un'azienda/un'impresa **2** (Fabrik) fabbrica f, stabilimento m **3** (Werkstatt) officina f **4** <nur sing> (Belegschaft) personale m, dipendenti m pl **5** (Arbeitsstelle) posto m di lavoro, lavoro m: **er kommt um 6 Uhr aus dem** ~, torna dal lavoro alle sei.
Betrieb② <-(e)s, ohne pl> m **1** (Tätigkeit) attività f, esercizio m: **den ~ einstellen**, sospendere l'attività; **den ~ wieder aufnehmen**, riprendere l'attività; **den ~ stören**, disturbare l'attività; **in vollem ~ (sein)**, (essere) in piena attività **2** {+BAHN, BUS, LINIE} esercizio m **3** tech {+ANLAGE, MASCHINE} funzionamento m; mech {+EISENBAHN} trazione f **4** fam (Betriebsamkeit) movimento m; (Verkehr) traffico m, movimento m: **es herrscht großer** ~ ⌊**in den Geschäften**⌋/[**auf den Straßen**], ⌊nei negozi⌋/[per le strade] c'è un

gran movimento; **in der Stadt war viel ~**, in città c'era molto traffico ● **(etw ist) außer ~** {FABRIK}, (qc è) fermo; (*abgestellt*) {ANLAGE, MASCHINE}, (qc è) fuori servizio/uso; **vorübergehend außer ~!**, temporaneamente fuori uso!; **(etw ist) in ~** {FABRIK}, (qc è) in attività; {ANLAGE, MASCHINE}, (qc è) in funzione; **etw in ~ nehmen** {FABRIK}, mettere in funzione qc; **etw in ~ nehmen/setzen** {ANLAGE, MASCHINE}, mettere in funzione qc; {BUS-, EISENBAHN-, U-BAHN-LINIE}, attivare qc; **etw außer ~ setzen** {FABRIK}, sospendere l'attività di qc; {MASCHINE}, disattivare qc; {ANLAGE, EISENBAHNLINIE} *auch*, chiudere qc.

betrieblich Ⓐ *adj* <attr> {ALTERSVERSORGUNG, ANGELEGENHEIT, ERFORDERNIS, LEISTUNG} aziendale, dell'azienda Ⓑ *adv* (*durch den Betrieb der Firma*): **~ bedingt**, per motivi aziendali.

betriebsam *adj* attivo, industrioso, laborioso.

Betriebsamkeit <-, *ohne pl*> f operosità f, laboriosità f, attività f.

Betriebsangehörige <*dekl wie adj*> mf dipendente mf d'azienda.

Betriebsanlage f impianto m, stabilimento m.

Betriebsanleitung f istruzioni f pl per l'uso, libretto m di istruzioni.

Betriebsarzt m (**Betriebsärztin** f) medico m aziendale.

Betriebsausflug m gita f aziendale.

Betriebsbahnhof m stazione f di deposito.

Betriebsberater m (**Betriebsberaterin** f) → **Unternehmensberater**.

betriebsbereit *adj tech* {ANLAGE, GERÄT, MASCHINE} pronto a entrare in funzione, pronto per l'uso.

betriebsblind *adj pej* "che non vede più i difetti nel proprio lavoro".

Betriebsblindheit f *pej* "incapacità f di vedere i difetti nel proprio lavoro".

betriebseigen *adj* {MENSA, PARKPLATZ} aziendale, (di proprietà) dell'azienda.

Betriebserlaubnis f *autom* atto m di omologazione.

Betriebsferien *subst* <*nur pl*> ferie f pl annuali, chiusura f annuale.

Betriebsfest n festa f aziendale.

betriebsfremd *adj* esterno.

Betriebsführung f 1 (*das Führen*) gestione f aziendale 2 (*Betriebsleitung*) direzione f aziendale.

Betriebsgeheimnis n segreto m aziendale.

betriebsintern Ⓐ *adj* all'interno dell'azienda Ⓑ *adv* (REGELN) all'interno dell'azienda: **~ wird diskutiert, ob ...**, all'interno dell'azienda si discute se ...

Betriebskantine f mensa f aziendale.

Betriebskapital n *ökon* capitale m d'esercizio.

Betriebsklima n clima m nel posto di lavoro: **hier herrscht ein schlechtes ~**, in questo posto di lavoro l'atmosfera non è granché.

Betriebskosten *subst* <*nur pl*> spese f pl condominiali.

Betriebskrankenkasse f cassa f malattia aziendale/[dell'azienda].

Betriebsleiter m (**Betriebsleiterin** f) direttore (-trice) m (f) d(ell)'azienda.

Betriebsleitung f → **Betriebsführung**.

Betriebsnachfolge f *jur* cessione f di azienda.

betriebsnah *adj* {TARIFPOLITIK, WEITERBIL-DUNG} orientato ₍ai bisogni₎/[alle esigenze] dell'azienda.

Betriebsnudel f *fam scherz* anima f della compagnia.

Betriebsorganisation f organizzazione f ₍dell'azienda₎/[aziendale].

Betriebsprüfung f *ökon* verifica f fiscale.

Betriebsrat① m *commissione* f interna, consiglio m di azienda; (*in einer Fabrik*) consiglio m/comitato m di fabbrica.

Betriebsrat② m (**Betriebsrätin** f) membro m ₍del consiglio di fabbrica₎/[della commissione interna].

Betriebsratsmitglied n membro m ₍del consiglio di fabbrica₎/[della commissione interna].

Betriebsratsvorsitzende <*dekl wie adj*> mf presidente (-essa) m (f) ₍del consiglio di fabbrica₎/[della commissione interna].

Betriebsratswahl f elezione f ₍del consiglio di fabbrica₎/[della commissione interna].

Betriebsrente f pensione f aziendale.

Betriebsschluss (a.R. Betriebsschluß) <-es, *ohne pl*> m fine f dell'orario di lavoro (in una fabbrica/ditta/...).

Betriebsschutz <-es, *ohne pl*> m (*Schutz der Betriebsanlagen*) misure f pl di sicurezza per gli impianti, (*betrieblicher Arbeitsschutz*) norme f pl relative alla sicurezza sul luogo di lavoro.

betriebssicher *adj tech* {ANLAGE, GERÄT, MASCHINE} affidabile, sicuro.

Betriebssicherheit <-, *ohne pl*> f *tech* {+ANLAGE, GERÄT, MASCHINE} affidabilità f, sicurezza f.

Betriebsstörung f *tech* {+ANLAGE, MASCHINE} anomalia f di funzionamento.

Betriebssystem n *inform* sistema m operativo.

Betriebsübergang m *jur* trasferimento m di azienda.

Betriebsübertragung f *jur* trasferimento m di azienda.

Betriebsunfall m 1 (*Unfall im Betrieb*) infortunio m sul lavoro 2 (*Fehlentwicklung*) incidente m di percorso ● **ihr erstes Kind war ein ~** *fam scherz*, il loro primo figlio non era programmato.

Betriebsvereinbarung f "accordo m raggiunto dal consiglio di fabbrica e dalla direzione".

Betriebsverfassungsgesetz n statuto m aziendale.

Betriebsvermögen n patrimonio m ₍dell'azienda₎/[aziendale].

Betriebsversammlung f riunione f aziendale.

Betriebswirt m (**Betriebswirtin** f) diplomato (-a) m (f)/esperto (-a) m (f) di economia aziendale, aziendalista mf; (*mit Hochschulabschluss*) laureato (-a) m (f) in ₍economia aziendale₎/[scienze aziendali].

Betriebswirtschaft f → **Betriebswirtschaftslehre**.

Betriebswirtschaftler m (**Betriebswirtschaftlerin** f) *fam univ* (*Lehrende*) docente mf di ₍economia aziendale₎/[scienze aziendali]; (*Professor*) professore (-essa) m (f) di ₍economia aziendale₎/[scienze aziendali]; (*Student*) studente (-essa) m (f) di ₍economia aziendale₎/[scienze aziendali]: **sie ist studierte ~in**, ₍è laureata/dottoressa₎/[ha la laurea] in ₍economia aziendale₎/[scienze aziendali].

betriebswirtschaftlich *adj* di economia aziendale: **eine ~e Analyse/Untersuchung**, un'analisi/un'indagine condotta seguendo criteri di economia aziendale.

Betriebswirtschaftslehre f economia f aziendale, scienze f pl aziendali: **~ studieren**, studiare/fare *fam* economia aziendale/scienze aziendali.

Betriebszugehörigkeit f appartenenza f all'azienda: **für zwanzigjährige ~ ausgezeichnet werden**, ricevere un premio per i 20 anni di lavoro in un'azienda.

betrinken <*irr, ohne ge*> rfl **sich (mit etw dat) ~** ubriacarsi (di/con qc): **sich sinnlos ~**, prendersi una sbornia colossale *fam*.

betroffen Ⓐ part perf von **betreffen** Ⓑ *adj* 1 (*in Mitleidenschaft gezogen*) **~ von etw (dat)** {VON EINER ANORDNUNG, MASSNAHME, VERÄNDERUNG} interessato (da qc) 2 (*heimgesucht*) **~ von etw (dat)** {VON EINEM SCHICKSALSSCHLAG, UNGLÜCK} colpito da qc: **die vom Erdbeben ~e Gegend**, la regione colpita dal terremoto 3 (*bestürzt*) **~ (über etw akk)** {BLICK, GESICHT, PERSON, REAKTION, SCHWEIGEN} turbato (per qc), sgomento (per qc), sbigottito (per qc): **tief ~ sein**, essere profondamente turbato.

Betroffene <*dekl wie adj*> mf interessato (-a) m (f), parte f in causa; (*von Unglück*) vittima f, parte f lesa.

Betroffeneninitiative f "persone f pl che si uniscono per il raggiungimento di un fine comune": **wegen der Mieterhöhung hat sich eine ~ gebildet**, si è costituito un gruppo di persone intenzionate a contrastare gli aumenti dei canoni d'affitto.

Betroffenheit <-, *ohne pl*> f sgomento m, sbigottimento m, turbamento m: (**mit etw dat**) **seine ~ zum Ausdruck bringen**, manifestare il proprio sgomento (con qc).

betrüben <*ohne ge*> tr **jdn ~** rattristare qu, affliggere qu: **es betrübt mich sehr, dass ...**, mi rattrista molto (il fatto) che ... *konjv*.

betrüblich *adj* {NACHRICHT} triste, doloroso; (*bedauerlich*) {EREIGNIS} spiacevole; {ZUSTÄNDE} *auch* desolante: **mit meinen Finanzen sieht es ~ aus**, le mie finanze sono in condizioni pessime/desolanti.

Betrübnis <-, *-se*> f *geh* afflizione f, tristezza f.

betrübt *adj* **~ (über etw akk)** triste (per qc), afflitto (per qc), rattristato (per qc), addolorato (per qc); (*sehr ~*) affranto (per qc): **tief/[zu Tode] ~ sein**, essere profondamente addolorato.

Betrübtheit <-, *ohne pl*> f tristezza f, afflizione f.

Betrug <-(e)s, *ohne pl*> m 1 inganno m, imbroglio m, impostura f; (*um Geld*) frode f, truffa f 2 (*im Spiel*) barare m 3 (*in der Ehe, Partnerschaft*) tradimento m 4 *jur* frode f, truffa f ● **einen ~ an jdm begehen/verüben**, perpetrare/commettere una truffa/frode ai danni di qu; **frommer ~**, pietosa bugia.

betrügen <*irr, ohne ge*> Ⓐ itr 1 (*täuschen*) ingannare, imbrogliare, gabbare 2 (*im Spiel*) barare Ⓑ tr 1 (*täuschen*) **jdn ~** ingannare qu, imbrogliare qu, gabbare qu: **sich betrogen fühlen**, sentirsi ingannato (-a); **von jdm betrogen werden**, lasciarsi imbrogliare/abbindolare da qu 2 (*im Spiel*) **jdn ~** truffare qu al gioco 3 (*geschäftlich*) **jdn ~** truffare qu, frodare qu; **jdn (um etw akk) ~** truffare/frodare ₍qu di qc₎/[qc a qu]: **er hat mich um 5000 Euro betrogen**, mi ha truffato (-a) (di) 5000 euro; **jdn um ₍sein Erbe₎/[seine Rechte] ~**, defraudare qu di ₍un'eredità₎/[dei suoi diritti] 4 (*in der Ehe, Partnerschaft*) **jdn (mit jdm) ~** tradire qu (con qu), mettere le corna a qu (con qu) *fam*: **sie hat ihren Mann mit einem Arbeitskollegen betrogen**, ha tradito suo marito con un collega di lavoro C rfl (*sich selbst etw vorspiegeln*) **sich** (**selbst**) ~ ingannare se stesso (-a), farsi delle illusioni, illudersi ● **sich in seinen Hoffnungen/Erwartungen/... betrogen sehen**, sentirsi defraudato (-a) delle/[tradito nelle] proprie speranze/aspettative/...

Betrüger <-s, -> m (**Betrügerin** f) **1** (*geschäftlich*) imbroglione (-a) m (f), impostore (-a) m (f), truffatore (-trice) m (f) **2** (*beim Spielen*) baro (-a) m (f) **3** *jur* truffatore (-trice) m (f), frodatore (-trice) m (f) **4** (*Lügner*) bugiardo (-a) m (f).

Betrügerei <-, -en> f **1** (*wiederholtes Betrügen*) inganno m, imbroglio m, impostura f **2** (*beim Spielen*) barare m **3** *jur* frode f, truffa f **4** (*in der Ehe, Partnerschaft*) tradimento m.

Betrügerin f → **Betrüger**.

betrügerisch *adj* **1** {MENSCH} ingannatore, imbroglione, disonesto; {PRAKTIKEN, VERHALTEN} fraudolento, disonesto **2** *jur* {BANKROTT, HANDLUNG} fraudolento ● **in ~er Absicht**, a scopo fraudolento, con intento fraudolento.

Betrugsmanöver n tentativo m di truffa.

betrunken A *part perf von* betrinken B *adj* ubriaco: **in ~em Zustand**, in stato di ubriachezza/ebbrezza; **sinnlos/völlig ~**, ubriaco fradicio *fam* C *adv* in stato di ubriachezza/ebbrezza: **~ Auto fahren**, guidare la macchina in stato di ubriachezza.

Betrunkene <dekl wie adj> mf ubriaco (-a) m (f).

Betrunkenheit <-, ohne pl> f ubriachezza f, ebbrezza f.

Bett <-(e)s, -en> n **1** (*Möbel*) letto m: **im ~ liegen/sein**, essere a letto; **die Kinder ins/zu ~ bringen**, mettere a letto i bambini; **zu/ ins ~ gehen**, andare a letto, coricarsi; **geh ins ~!**, va'/vai a letto!; **sich ins/zu ~ legen**, mettersi a letto, coricarsi **2** (*~decke*) coperta f; (*~zeug*) "insieme m di coperte o piumoni, guanciali e lenzuola": **das ~ aufschlagen**, preparare il letto; **das ~ beziehen/überziehen**, cambiare le lenzuola; **die ~en (auf)schütteln**, sprimacciare guanciali e piumoni **3** (*Flussbett*) letto m, alveo m **4** *tech* basamento m, banco m ● (**erschreckt**) *aus dem ~ fahren*, balzare giù dal letto (spaventato (-a)); (**vor Müdigkeit**) **ins ~ fallen**, crollare (a letto) dalla stanchezza/[dal sonno]; **ans ~ gefesselt sein** *geh*, essere costretto/bloccato a letto; **sehr früh ins ~ gehen**, andare a letto con le galline; **mit jdm ins ~ gehen/steigen** *fam*, andare a letto con qu *fam*; **zusammen ins ~ gehen** *fam*, andare a letto insieme *fam*; **das ~ hüten** (**müssen**), (dover) (re)stare a letto; **sich ins gemachte ~ legen** *fam*, trovare la pappa scodellata; (*gute Partie machen*), appendere il cappello al chiodo; (**morgens**) **nicht aus dem ~ kommen**, non riuscire ad alzarsi dal letto (al mattino); **das ~ machen**, (ri)fare il letto; (**noch**) **ins ~ machen**, farla (ancora) a letto; **jdn aus dem ~ trommeln** *fam*, buttare giù dal letto.

Bettbezug m **1** (*Bettwäsche*) lenzuola f pl, biancheria f da letto **2** (*Bezug des Federbettes*) copripiumino m, copripiumino® m.

Bettcouch f divano m letto.

Bettdecke f **1** coperta f (da letto); (*Tagesdecke*) copriletto m **2** (*Federbett*) piumone m; (*Steppdecke*) trapunta f, imbottita f.

Bettel <-s, ohne pl> m *fam* cianfrusaglie f pl *fam*, ciarpame m *fam*, robaccia f *fam* ● **jdm den ganzen ~ hinwerfen/hinschmeißen** *fam*; [**jdm den ganzen ~ vor die Füße werfen/schmeißen** *fam*], piantare baracca e burattini *fam*/[mandare tutto a quel paese *fam*].

bettelarm *adj* povero in canna *fam*.

Bettelei <-, rar -en> f **1** *pej* mendicità f, accattonaggio m **2** {+HUND, KIND} continue richieste f pl.

Bettelmönch m frate m questuante/mendicante.

betteln *itr* **1** (*um etw* akk) ~ {UM ALMOSEN, GELD} mendicare (*qc*), chiedere l'elemosina, accattare *qc*, elemosinare *qc* **2** (*bitten*) (*bei jdm*) (*um etw* akk) ~ {HUND, KIND} chiedere insistentemente (*qc*) (*a qu*) ● **~ gehen**, andare a chiedere l'elemosina; **Betteln und Hausieren verboten!**, vietato l'accesso ai questuanti e ai venditori ambulanti!

Bettelorden m ordine m dei frati questuanti.

Bettelstab m *geh*: **jdn an den ~ bringen**, gettare qu sul lastrico, ridurre qu in miseria.

betten *geh* A *tr* (*hinlegen*) **jdn auf etw** (akk) ~ adagiare *qu su qc*: **den Verletzten auf eine Bahre ~**, adagiare il ferito su una barella; **etw auf etw** (akk) ~ appoggiare *qc a/su qc*: **den Kopf auf ein Kissen ~**, appoggiare la testa sul cuscino B rfl (*sich hinlegen*) **sich ~** stendersi, coricarsi ● **sich weich ~** *fam* (*sich ein angenehmes Leben verschaffen*), sistemarsi bene; **wie man sich bettet, so liegt/schläft man** *prov*, come uno si fa il letto, così dorme *prov*.

Bettflasche f *süddt CH* (*Wärmeflasche*) borsa f dell'acqua calda.

Bettgeschichte f *pej* **1** (*sexuelles Verhältnis*) storia f di letto *fam*: **das läuft doch nur auf eine ~ hinaus**, non sarà altro che una storia di letto/sesso **2** <meist pl> *slang journ* (*Klatsch über Liebesaffären*) racconto m spinto/scabroso.

Bettgestell n telaio m del letto.

Betthäschen n *fam*, **Betthase** m *fam* donna f da letto *fam*.

Betthimmel m baldacchino m (del letto).

Betthupferl <-s, -> n *bes. süddt A fam* dolcetto m della buona notte.

Bettina f (*Vorname*) Bettina.

Bettkante f orlo m del letto.

Bettkasten m cassetto m sotto il letto.

bettlägerig *adj* {PATIENT} degente, allettato.

Bettlägerigkeit <-, ohne pl> f degenza f.

Bettlaken n lenzuolo m.

Bettlektüre f lettura f prima di addormentarsi.

Bettler <-s, -> m (**Bettlerin** f) mendicante mf, accattone (-a) m (f); (*Hungerleider*) pezzente mf.

Bettnässen <-s, ohne pl> n *med* enuresi f notturna.

Bettnässer <-s, -> m (**Bettnässerin** f) *med* affetto (-a) m (f) da/[chi soffre di] enuresi.

Bettpfanne f padella m.

bettreif *adj fam* pronto per il letto, stanco morto *fam*, cotto *fam*.

Bettruhe f riposo m a letto: **einem Patienten** (**strengste**) **~ verordnen**, prescrivere il riposo (assoluto) a un paziente.

Bettschüssel f → **Bettpfanne**.

Bettschwere f: **die nötige ~ haben** *fam*, non reggersi in piedi dal sonno (per aver bevuto molto).

Bettszene f *film TV* scena f di sesso/[scabrosa]/[spinta].

Betttuch, Bett-Tuch n → **Bettlaken**.

Bettüberzug m copripiumino m, copripiumino® m.

Bettvorlage f, **Bettvorleger** m scendiletto m.

Bettwanze f *zoo* cimice f dei letti.

Bettwäsche f lenzuola f pl, biancheria f da letto.

Bettzeug n *fam* "insieme m di coperte o piumoni, guanciali e lenzuola".

Bettzipfel m lembo m della coperta ● **nach dem ~ schielen** *fam*, sognare il letto.

betucht *adj fam* agiato, abbiente: (**gut**) **~ sein**, stare bene a quattrini/soldi, essere agiato.

betulich A *adj* **1** (*übermäßig freundlich und bemüht*) (eccessivamente) premuroso: **ihre ~e Art nervt mich**, i suoi modi coì esageratamente premurosi mi danno ai nervi **2** (*gemächlich*) lento B *adv* (*gemächlich*) adagio, piano, lentamente.

betupfen <ohne ge-> *tr etw* (*mit etw* dat) ~ {EKZEM, PICKEL, WUNDE} tamponare leggermente *qc* (*con qc*); {MALER, RESTAURATOR GEMÄLDE, LEINWAND} (ri)toccare leggermente *qc* (*con qc*).

betütern <ohne ge-> *norddt fam* A *tr* (*sich übertrieben um jdn kümmern*) **jdn ~** {ENKEL, KLEINKIND} coccolare *qu* B *rfl* (*sich betrinken*) **sich ~** ubriacarsi.

betütert *adj norddt fam* alticcio, brillo.

Beuge <-, -n> f **1** *anat* {+ARM, BEIN} piega f **2** *sport* flessione f: **in die ~ gehen**, fare delle flessioni.

Beugehaft <-, ohne pl> f *jur* arresto m coercitivo.

Beugemuskel m *anat* muscolo m flessore.

beugen A *tr etw ~* **1** (*ein Körperteil biegen*) {ARM, BEIN, KOPF, NACKEN, RUMPF} piegare *qc*, flettere *qc*; (*krümmen*) curvare *qc*; (*senken*) chinare *qc* **2** (*brechen*) {GESETZ, RECHT, STOLZ} piegare *qc* **3** *gram* {ADJEKTIV, ARTIKEL, PRONOMEN, SUBSTANTIV} declinare *qc*, flettere *qc*; {VERB} coniugare *qc*, flettere *qc* **4** *phys* {LICHTSTRAHLEN} diffrangere *qc* B *rfl* **1** (*sich neigen*) **sich irgendwohin ~** chinarsi/piegarsi + *compl di luogo*: **sich zu jdm ~**, chinarsi su/verso qu; **sich nach vorne ~**, chinarsi in avanti; **sich über ein Buch ~**, chinarsi sul libro; **sich über den Balkon ~**, sporgersi dal balcone; **sich aus dem Fenster ~**, sporgersi dalla finestra **2** (*sich ver~*) **sich vor jdm ~** (in)chinarsi *davanti*/[*di fronte*] *a qu* **3** *geh* (*sich unterwerfen*) **sich** (**jdm/etw**) **~** {BESCHLUSS, MEHRHEIT, SCHICKSAL, WILLEN} sottomettersi (*a qu/qc*) ● **vom Alter gebeugt**, piegato/incurvato dagli anni; **von Kummer gebeugt**, piegato dal dolore.

Beugung <-, -en> f **1** (*Biegen*) {+KÖRPERTEILE} piegamento m, flessione f; (*Krümmung*) incurvamento m **2** *gram* {+ADJEKTIV, ARTIKEL, PRONOMEN, SUBSTANTIV} declinazione f, flessione f; {+VERB} coniugazione f, flessione f **3** *jur* (*Rechtsbeugung*) "applicazione f volutamente erronea del diritto da parte di un giudice o arbitro in sede di decisione di una controversia" **4** *phys* {+LICHTSTRAHLEN} diffrazione f.

Beule <-, -n> f **1** (*durch Stoß, Schlag angeschwollene Stelle an Kopf, Stirn*) bernoccolo m, bitorzolo m, corno m *fam*; (*Frostbeule*) gelone m; (*Schwellung*) gonfiore m, rigonfiamento m **2** *med* (*Eiterbeule*) ascesso m **3** (*Delle*) ammaccatura f **4** (*am Hosenknie*) gobba f, gobbo m.

beulen *itr* (*an etw* dat) ~ {HOSE, JACKETT AM ARM, KNIE, RÜCKEN} far le gobbe/i gobbi (*a qc*).

Beulenpest f *med* peste f bubbonica.

beunruhigen <ohne ge-> A *tr* (*in Sorge versetzen*) **jdn ~** preoccupare *qu*, allarmare *qu*, inquietare *qu*, mettere *qu* in ansia/agitazione B *rfl* (*sich Sorgen machen*) **sich** (**wegen jds/etw** oder *fam* **jdm/etw/über etw** akk) **~** preoccuparsi (*per qu/qc*), allarmarsi (*per qu/qc*), inquietarsi (*per qu/qc*).

beunruhigend adj inquietante, preoccupante, allarmante.

beunruhigt adj preoccupato, allarmato, inquieto, in ansia/agitazione: (**über** etw akk₁/[**wegen** etw gen oder fam dat]) **beunruhigt sein**, essere preoccupato/inquieto/allarmato (per/[a causa di] qc).

Beunruhigung <-, -en> f inquietudine f, preoccupazione f ● **kein Anlass zur ~**, non c'è motivo di preoccuparsi.

beurkunden <ohne ge-> tr **1** (schriftlich bescheinigen) (**jdm**) **etw** ~ (GEBURT) certificare qc (a qu), attestare qc (a qu); (VERTRAG) registrare qc (a qu); (beglaubigen) autenticare qc (a qu) ● **etw ~ lassen**, far autenticare qc **2** (durch Urkunde belegen) (**jdm**) **etw** ~ {RECHT} comprovare qc (a qu), certificare (con dei documenti) qc (a qu).

Beurkundung <-, -en> f (schriftliche Bescheinigung) attestazione f, certificazione f; (Beglaubigung) autentica(zione) f: **notarielle ~**, autentica(zione) notarile.

beurlauben <ohne ge-> tr **1** (Urlaub geben) **jdn ~** {BEAMTEN, UNIPROFESSOR} mandare qu in congedo; {ANGESTELLTEN} dare le ferie a qu; {SCHÜLER} dare dei giorni liberi a qu; mil mandare qu in licenza: **sich ~ lassen**, chiedere un congedo **2** adm (suspendieren) **jdn ~** {BEAMTEN} sospendere qu (temporaneamente) ● **beurlaubt sein** {BEAMTER, UNIPROFESSOR}, essere in congedo (temporaneo); {SOLDATEN}, essere in licenza; {ANGESTELLTER}, essere in ferie; {SCHÜLER}, essere a casa per qualche giorno; (suspendiert sein), essere sospeso.

Beurlaubung <-, -en> f **1** (Urlaub) {+BEAMTER, UNIPROFESSOR} congedo m; mil licenza f; {+SCHÜLER} libertà f da scuola; {+ANGESTELLTER} permesso m dal lavoro **2** (Suspendierung) sospensione f.

beurteilen <ohne ge-> tr **1** (bewerten) **jdn/etw ~** giudicare qu/qc, dare/esprimere un giudizio su qu/qc: **jdn nach seinem Äußeren ~**, giudicare qu dall'apparenza; **jdn/etw richtig/falsch ~**, giudicare qu/qc in modo giusto/sbagliato; **soweit sich das ~ lässt**, per quanto si possa giudicare **2** (abschätzen) **etw ~** {LEISTUNGEN, WERT} stimare qc, valutare qc **3** (rezensieren) **etw ~** {AUSSTELLUNG, BUCH, FILM} recensire qc ● **etw ist schwer zu ~**, qc è difficile da giudicare/valutare.

Beurteilung <-, -en> f **1** (Beurteilen) giudizio m, valutazione f, giudicare m **2** ((schriftliche) Meinung, Urteil) giudizio m, valutazione f **3** (meist wissenschaftliches oder technisches Gutachten) perizia f **4** (Rezension) recensione f, critica f.

Beute <-, ohne pl> f **1** (Diebesbeute) bottino m, refurtiva f; (Kriegsbeute) bottino m, preda f di guerra **2** (~tier) {+JÄGER, RAUBTIER} preda f **3** (Fang) caccia f; naut pesca f **4** geh (Opfer) vittima f ● **auf ~ ausgehen** {PLÜNDERNDE SOLDATEN}, andare in cerca di bottino; {RAUBTIERE}, andare a caccia di prede; **eine leichte ~ für jdn (sein)** (Diebesbeute; (essere) un facile bottino per qu; (Opfer), (essere) una facile preda per qu; **~ machen**, far bottino; **reiche/fette ~**, ricco bottino.

beutegierig adj avido di preda.

Beutegut <-, ohne pl> n (Diebesbeutegut) bottino m, refurtiva f; (Kriegsbeutegut) bottino m, preda f di guerra.

Beutekunst <-, ohne pl> f "opere f pl d'arte trafugate durante una guerra".

Beutel <-s, -> m **1** (Tasche) borsa f, sacchetto m **2** (zur Verpackung) sacchetto m **3** (Tabaksbeutel) borsa f **4** (Teebeutel) bustina f **5** fam (Geldbeutel) borsellino m **6** zoo marsupio m ● **tief in den ~ greifen müssen** fam, (dover) sborsare parecchi soldi fam; **einen leeren ~ haben** fam obs, avere la borsa vuota.

beuteln tr: **vom Leben (arg/sehr) gebeutelt sein** fam, avere una vita (molto) travagliata/difficile.

Beutelratte f zoo opossum m.

Beutelschneider m **1** fam pej (Taschendieb) tagliaborse m, borsaiolo m, borseggiatore m **2** (Wucherer) strozzino m, usuraio m.

Beuteltier n zoo marsupiale m.

Beutestück n parte f ₁del bottino₁/[della refurtiva].

Beutezug m {+MENSCH, TIER} razzia f.

bevölkern <ohne ge-> **A** tr **1** (bewohnen) **etw ~** {MENSCHEN, TIERE} popolare qc, abitare qc **2** (füllen) **etw ~** {MENSCHEN ORT, PLATZ} popolare qc, animare qc: **abends ~ junge Leute die Straßen der Stadt**, la sera i giovani popolano le strade della città **3** (besiedeln) **etw ~** {MENSCHEN GEBIET, LAND} colonizzare qc **B** rfl (sich füllen mit) **sich mit jdm ~** {MIT MENSCHEN, ZUSCHAUERN} animarsi di qu, riempirsi di qu.

bevölkert adj **1** (besiedelt) {GEBIET, GEGEND, LAND, LANDSTRICH, REGION} popolato: **dicht/stark ~ sein**, essere densamente popolato; **dünn/schwach ~ sein**, essere scarsamente popolato **2** (belebt) {PLATZ, STADT, STRAẞE} animato, frequentato, popolato.

Bevölkerung <-, rar -en> f **1** <nur sing> (Besiedlung) popolamento m **2** (Einwohner) popolazione f, abitanti m pl: **arbeitende ~**, popolazione attiva; **eingesessene/einheimische ~**, popolazione stanziale [indigena/locale]; **die ~ ₁nimmt zu₁/[wächst]**, la popolazione cresce/aumenta; **die ~ ₁nimmt ab₁/[verringert sich]**, la popolazione diminuisce.

Bevölkerungsabnahme f → **Bevölkerungsrückgang**.

Bevölkerungsdichte f densità f di/della popolazione.

Bevölkerungsexplosion f esplosione f demografica, boom m demografico.

Bevölkerungsgruppe f fascia f della popolazione; (ethnische Minderheit) gruppo m etnico.

Bevölkerungslehre f → **Bevölkerungswissenschaft**.

Bevölkerungspolitik f politica f demografica.

Bevölkerungsrückgang m calo m demografico, diminuzione f della popolazione.

Bevölkerungsschicht f strato m/ceto m della popolazione.

Bevölkerungsschwund m crollo m demografico.

Bevölkerungsstatistik f statistica f demografica.

Bevölkerungsstruktur f struttura f della popolazione.

Bevölkerungswachstum n → **Bevölkerungszunahme**.

Bevölkerungswissenschaft f demografia f.

Bevölkerungszahl f numero m degli abitanti.

Bevölkerungszunahme f, **Bevölkerungszuwachs** m incremento m demografico, crescita f della popolazione.

bevollmächtigen <ohne ge-> tr **jdn (zu etw) ~ 1** jur con (eine Vollmacht erteilen) dare/conferire una procura/delega a qu (per qc), delegare qu (a qc): **jdn ~, etw zu tun**, dare/conferire una procura di fare qc; **zu etw (dat) bevollmächtigt sein**, avere la procura per qc **2** (berechtigen) autorizzare qu (a fare qc): **jdn ~, etw zu tun**, autorizzare qu a fare qc; **zu etw (dat) bevollmächtigt sein**, essere autorizzato a fare qc.

Bevollmächtigte <dekl wie adj> mf **1** (Beauftragte) incaricato (-a) m (f), deputato (-a) m (f) **2** com jur procuratore (-trice) m (f), delegato (-a) m (f) **3** pol plenipotenziario (-a) m (f).

Bevollmächtigung <-, -en> f (lettera f di) autorizzazione f; jur procura f, mandato m ● **jdm eine ~ ausstellen/schreiben**, scrivere una lettera d'autorizzazione a qu; jur, rilasciare una procura a qu.

bevor konj **1** (bei Subjektsidentität) prima di ... inf: **~ ich in Urlaub fahre, muss ich noch einiges erledigen**, prima di andare in ferie devo ancora sbrigare alcune cose **2** (bei unterschiedlichen Subjekten) prima che... konjv: **~ du gehst, will er dich noch etwas fragen**, prima che tu vada ha ancora qualcosa da chiederti ● **~ nicht**, finché non ...; **~ ich nicht weiß, warum ...**, finché non so perché ..; **nicht ~**, non prima che ... konjv; **nicht, ~ du aufgeräumt hast!**, non prima che tu abbia messo a posto!

bevormunden <ohne ge-> tr **jdn ~** mettere qu sotto tutela, esercitare la tutela su qu; (jdm die Entscheidungsfreiheit nehmen) trattare qu come un/una bambino (-a).

Bevormundung <-, -en> f tutela f; (starke Einflussnahme) controllo m: **ich verbitte mir diese ~!**, non accetto imposizioni!

bevorrechtigt adj {PERSON} privilegiato; {ANSPRUCH, FORDERUNG} auch con diritto di prelazione: **nicht ~e Forderung** jur, credito chirografario; **nicht ~er Gläubiger** jur, creditore chirografario ● **~e Straße** autom (Vorfahrtsstraße), strada con diritto di precedenza.

bevor|stehen <irr> itr <haben oder süddt A CH sein> **1** (in Kürze eintreten) {EREIGNIS, FEIERTAG, FEST, JAHRESZEIT} essere imminente; {GEFAHR} auch incombere, sovrastare **2** (zu erwarten sein) **jdm/etw ~** {DAS SCHLIMMSTE, DER SCHWIERIGSTE TEIL} aspettare qu/qc, attendere qu/qc: **ihm steht eine Überraschung bevor**, lo attende/aspetta una sorpresa **2** (vor jdm/etw liegen) **jdm/etw ~** {HARTER WINTER, HEIẞER SOMMER, SCHWIERIGE ZEITEN DER BEVÖLKERUNG, DEM LAND, DEN MENSCHEN, DER WELT} prospettarsi a qu/qc, profilarsi a qu/qc: **jdm/etw steht eine rosige Zukunft bevor**, ₁le si prospetta₁/[ha davanti a sé] un futuro roseo.

bevorstehend adj {EREIGNIS, GEFAHR, KRIEG, KRISE} imminente, incombente; {WAHLEN, WINTER} imminente, prossimo.

bevorteilen <ohne ge-> tr **jdn/etw ~** favorire qu/qc: **bevorteilt werden**, essere avvantaggiato.

Bevorteilung f → **Bevorzugung**.

bevorzugen <ohne ge-> tr **1** (vorziehen) **jdn/etw (vor jdm/etw) ~** preferire qu/qc (a qu/qc), prediligere qu/qc (a qu/qc): **ich bevorzuge vegetarische Küche**, preferisco/prediligo la cucina vegetariana; **er bevorzugt diesen Freund vor den anderen**, preferisce questo amico agli altri **2** (begünstigen) **jdn (vor/gegenüber jdm) ~** {CHEF MITARBEITER; ELTERNTEIL KIND; LEHRER SCHÜLER} favorire/preferire/privilegiare qu (₁nei confronti₁/[a danno/scapito] di qu).

bevorzugt A adj **1** (privilegiert) {BEHANDLUNG, STELLUNG} privilegiato, preferenziale **2** (beliebteste) preferito, favorito, prediletto: **der von mir ~e Autor**, il mio autore preferito/favorito/prediletto **B** adv (vorzugsweise) preferibilmente, di preferenza; {ABFERTIGEN, BEDIENEN, BEHANDELN} in modo privilegiato: **etw ~ behandeln**, dare la precedenza a qc;

jdn ~ behandeln, riservare un trattamento ⌊di favore⌋/[privilegiato] a qu; **~ behandelt werden**, godere di un trattamento ⌊di favore⌋/[privilegiato].

Bevorzugung <-, -en> f **1** (*das Bevorzugen*) ~ (**einer P./S.** gen) {+KIND, MITARBEITER, SCHÜLER} predilezione f (*per qu/qc*), preferenza f (*per qu/qc*) **2** (*bevorzugte Behandlung*) ~ (**einer P./S.** gen) (**bei etw** dat) {DER ALTEN/KRANKEN BEI DER PLATZVERGABE} favoritismo m (*a qu*) (*in qc*), trattamento m di favore (*a qu/qc*) (*in qc*).

bewachen <ohne ge-> tr **1** (*beaufsichtigen*) **jdn/etw** ~ {GEFANGENEN, HÄFTLING, HAUS} sorvegliare *qu/qc*, custodire *qu/qc*, vigilare *su qu/qc*; {POLITIKER, TRANSPORT} scortare *qu/qc*: **bewachter Parkplatz**, posteggio custodito **2** *sport* **jdn** ~ marcare *qu*, coprire *qu*.

Bewacher <-s, -> m (**Bewacherin** f) **1** (*Wache*) custode mf, guardia f, guardiano (-a) m (f), sorvegliante mf; (*Leibwächter*) guardia f del corpo **2** *sport* marcatore (-trice) m (f).

bewachsen adj **~ mit etw** (dat) (ri)coperto *di qc*: **eine mit Efeu ~e Mauer**, un muro (ri)coperto di edera.

Bewachung <-, -en> f <meist sing> **1** (*das Bewachen*) {+GELD- ODER GEFANGENENTRANSPORT, HÄFTLING, HAUS} custodia f, sorveglianza f **2** (*Wache*) guardia f **3** *sport* marcamento m, copertura f • **unter ~ (stehen)**, (essere) guardato a vista, (essere) sotto sorveglianza.

bewaffnen <ohne ge-> **A** tr (*jdn mit Waffen ausrüsten*) **jdn** (**mit etw** dat) ~ armare *qu* (*di qc*) **B** rfl **1** (*sich mit Waffen versehen*) **sich** (**mit etw** dat) ~ armarsi (*di qc*) **2** *scherz* (*sich ausrüsten mit*) **sich** (**mit etw** dat) ~ armarsi (*di qc*), munirsi (*di qc*), fornirsi (*di qc*): **ich bewaffnete mich mit einem Regenschirm**, mi sono armato (-a)/munito (-a) di ombrello.

bewaffnet adj **1** (*mit Waffen ausgerüstet*) ~ (**mit etw** dat) armato (*di qc*): **schwer ~** {SOLDATEN, TERRORISTEN, TRUPPE}, armato fino ai denti; **schwer ~e Bankräuber**, rapinatori di banca armati ⌊di tutto punto⌋/[fino ai denti]; **~er Überfall**, aggressione a mano armata; **~er Widerstand**, resistenza armata **2** *scherz* (*versehen mit*) ~ (**mit etw** dat) armato (*di qc*), fornito (*di qc*), munito (*di qc*): **mit Papier und Stift ~, ging ich zur Prüfung**, armato (-a) di carta e penna, sono andato (-a) all'esame.

Bewaffnung <-, -en> f **1** <nur sing> (*das Bewaffnen*) armamento m **2** (*Waffen*) armi f pl.

bewahren <ohne ge-> **A** tr **1** (*behalten*) **etw** ~ {STILLSCHWEIGEN} mantenere *qc*; {KALTES, RUHIG(ES) BLUT, KLAREN ODER KÜHLEN KOPF, RUHE} *auch* conservare *qc*; {GEHEIMNIS} custodire *qc*, serbare *qc*; {BRAUCH, TRADITION} conservare *qc*, mantenere *qc*: **Haltung/Fassung ~**, ⌊mantenere il controllo⌋/[conservare la padronanza di sé]; **das Andenken an jdn ~**, serbare il ricordo di qu, tenere vivo il ricordo di qu; **etw in guter Erinnerung ~**, avere/serbare un buon ricordo di qc; **etw im Gedächtnis ~**, tenere a mente qc **2** (*schützen*) **jdn/etw vor jdm/etw** ~ {VOR EINER GEFAHR, EINEM UNHEIL} proteggere *qu/qc* da *qu/qc*, preservare *qu/qc* da *qu/qc*: **jdn davor ~, etw zu tun**, preservare qu dal fare qc; **vor etw** (dat) **bewahrt bleiben** {VOR KRANKHEIT, MISSGESCHICK, SCHICKSAL}, scampare a qc, essere risparmiato di qc **3** *geh* (*auf-~*) **etw ~** conservare qc, serbare qc: **Souvenirs in einer Schublade ~**, conservare dei souvenir in un cassetto **B** rfl (*sich erhalten*) **sich** (dat) **etw** ~ mantener(si) *qc*, serbarsi *qc*:

sich (dat) **seine Frische/Unschuld/Fröhlichkeit ~**, mantenere la propria freschezza/innocenza/allegria • **(Gott) bewahre!** *fam*, Dio ce ne guardi! *fam*, Dio ce ne scampi e liberi! *fam*.

bewähren <ohne ge-> rfl **1** (*sich als wirksam erweisen*) **sich** ~ {LÖSUNG, MEDIKAMENT, METHODE, MITTEL, PRODUKT, REZEPT} dare buoni risultati, rivelarsi/dimostrarsi efficace, affermarsi; (*sich als haltbar erweisen*) {BEZIEHUNG, FREUNDSCHAFT, PARTNERSCHAFT} rivelarsi/dimostrarsi valido (-a), essere collaudato, resistere nel tempo; (*sich als zuverlässig erweisen*) {AUTO, GERÄT} rivelarsi/dimostrarsi affidabile **2** (*sich als gut oder geeignet erweisen*) **sich** (**als etw** nom) ~ affermarsi (*come qc*), avere successo (*come qc*), dare buona prova di sé (*come qc*): **sie hat sich als Ärztin bewährt**, ⌊si è affermata⌋/[ha avuto successo] come medico, si è dimostrata un valido medico • **sich nicht ~** {PERSON}, non affermarsi, non avere successo; {GERÄT, MASCHINE}, rivelarsi/dimostrarsi inaffidabile; {METHODE, VORGEHEN}, dimostrarsi inefficace.

bewahrheiten <ohne ge-> rfl **sich** ~ {BEFÜRCHTUNG, GERÜCHT, HOFFNUNG, VERMUTUNG} risultare vero (-a); {PROPHEZEIUNG} avverarsi.

Bewahrheitung <-, -en> f *geh* {+AHNUNG, VERDACHT} risultare m vero; {+PROPHEZEIUNG} avverarsi m.

bewährt adj **1** (*erprobt*) {GERÄT, LÖSUNG, MASCHINE, MEDIKAMENT, METHODE, MITTEL, PRODUKT, REZEPT, STRATEGIE} sperimentato, provato, collaudato; (*zuverlässig*) {FREUND} fidato; {FREUNDSCHAFT} collaudato, a tutta prova **2** (*berufserfahren*) {ARZT, MITARBEITER} esperto, valente.

Bewahrung <-, ohne pl> f *geh* **1** (*Erhaltung*) conservazione f, mantenimento m **2** (*Schutz*) ~ **vor jdm/etw**) protezione f (*da qu/qc*), preservazione f (*da qu/qc*) **3** (*Aufbewahrung*) conservazione f, custodia f.

Bewährung <-, -en> f **1** (*das Sichbewähren*) {+PERSON} affermazione f, prova f/dimostrazione f di idoneità; {+METHODE, MITTEL} efficacia f, prova f/dimostrazione f di validità **2** *jur* (*sospensione f*) *condizionale* f: **eine Strafe auf/zur ~ aussetzen**, concedere ⌊il beneficio della⌋/[la] sospensione condizionale della pena, concedere la condizionale; **bekommen/erhalten**, beneficiare della (sospensione) condizionale (della pena); **mit/ohne (Strafaussetzung zur) ~**, con/senza il beneficio della sospensione condizionale della pena, con/senza la condizionale.

Bewährungsauflage f *jur* "condizioni f pl per ottenere il beneficio della condizionale".

Bewährungsfrist f *jur* (sospensione f) condizionale f.

Bewährungshelfer m (**Bewährungshelferin** f) *jur* "persona f che assiste e sorveglia un condannato durante la sospensione condizionale della pena".

Bewährungsprobe f prova f: **einer ~ ausgesetzt sein**, essere sottoposto a una prova.

Bewährungsstrafe f *jur* pena f con la condizionale: **zu einer ~ von zwei Jahren verurteilt werden**, essere condannato a due anni (di carcere) con la condizionale.

Bewährungszeit f **1** periodo m di prova **2** *jur* periodo m di sospensione condizionale della pena.

bewaldet adj {GEBIET, HÜGEL} boscoso, coperto di boschi.

Bewaldung <-, -en> f **1** (*das Bewalden*) imboschimento m **2** (*das Bewaldetsein*) boschi m pl: **ein Gebiet mit dichter/unterschiedlicher ~**, una zona con ⌊molti boschi⌋/[boschi di tipo diverso].

bewältigen <ohne ge-> tr **etw** ~ **1** (*meistern*) {HINDERNIS, PROBLEM, SCHWIERIGKEIT} superare *qc*; {ARBEIT} riuscire a terminare/finire *qc*; {AUFGABE} adempiere *a qc*, sbrigare *qc*; {STRECKE} compiere *qc*, coprire *qc*; {PORTION, SPEISE} finire (di mangiare) *qc* **2** (*seelisch verarbeiten*) {ERLEBNIS, KINDHEIT, VERGANGENHEIT} assimilare *qc*, elaborare *qc*, superare *qc*.

Bewältigung <-, -en> f <meist sing> {+ERLEBNIS, HINDERNIS, KINDHEIT, PROBLEM, VERGANGENHEIT} superamento m; {+PORTION, SPEISE} consumazione f; {+ARBEIT} disbrigo m; {+AUFGABE} adempimento m.

bewandert adj ~ (**in etw** dat) versato (*in qc*), esperto (*di qc*), ferrato (*in qc*), forte (*in qc*) *fam*: **er ist ⌊in dieser Materie⌋/[auf diesem Gebiet] sehr ~**, in ⌊questa materia⌋/[questo campo] è molto versato/ferrato.

Bewandtnis <-, -se> f: **mit jdm/etw hat es ⌊eine besondere⌋/[seine eigene] ~** *form*, qu/qc è un caso del tutto particolare; **mit jdm/etw hat es folgende ~** *form*, le cose stanno così (riguardo a qu/qc); **damit hat es folgende ~** *form*, la cosa/faccenda sta così; **was für eine ~ hat es mit jdm/etw?** *form*, come stanno le cose (riguardo a qu/qc)?; **was für eine ~ hat es damit?** *form*, come stanno le cose?

bewässern <ohne ge-> tr **etw** ~ {LAND, FELD} irrigare *qc*.

Bewässerung <-, -en> f irrigazione f.

Bewässerungsanlage f impianto m d'irrigazione.

Bewässerungskanal m canale m ⌊d'irrigazione⌋/[irrigatore].

Bewässerungssystem n sistema m d'irrigazione.

bewegen[1] <ohne ge-> **A** tr **1** (*die Lage oder Stellung von etw verändern*) **etw ~** muovere *qc*, spostare *qc*, smuovere *qc*: **die Beine ~**, muovere le gambe; **ein Möbelstück (von der Stelle) ~**, spostare un mobile (dal suo posto) **2** (*in Gang bringen*) **etw ~** muovere *qc*: **ein Rad ~**, (far) muovere una ruota; *tech* azionare *qc*, mettere *qc* in moto/movimento/azione, far funzionare *qc* **3** (*hin- und her-*) **etw ~** agitare *qc*, scuotere *qc*, muovere *qc*: **der Wind bewegt die Blätter**, il vento agita/muove le foglie **4** (*beschäftigen*) **jdn ~** {FRAGE, GEDANKE} (pre)occupare *qu*, impegnare *qu*; (*ergreifen*) {EREIGNIS, ERLEBNIS} commuovere *qu*, toccare *qu*: **seine Worte haben mich tief bewegt**, le sue parole mi hanno profondamente commosso (-a); (*erregen*) agitare *qu* **5** (*bewirken*) **wenig/etwas/viel ~**, smuovere poco/qualcosa/molto; **nichts ~**, non smuovere niente **B** rfl **1** (*Ort, Lage oder Haltung ändern*) **sich** ~ {BAUM, GEGENSTAND, PERSON, TIER} muoversi: **sich nicht von der Stelle ~**, non muoversi, restare sul posto; **sich schnell ~**, muoversi velocemente **2** (*kreisen*) **sich um etw** (akk) ~ muoversi *intorno a qc*, girare *intorno a qc*, ruotare *intorno a qc*: **die Erde bewegt sich um die Sonne**, la terra gira/ruota intorno al sole **3** (*sich körperlich betätigen*) **sich** ~ fare moto, muoversi, fare esercizio fisico: **du musst dich mehr ~**, devi fare più moto, devi muoverti di più **4** (*variieren*) **sich in etw** (dat)/**um etw** (akk) ~ {KOSTEN, PREISE IN EINEM BEREICH, PREISGEFÜGE} aggirarsi/oscillare ⌊*intorno a qc*⌋/[*tra qc e qc*]: **der Preis der Ware bewegt sich ⌊zwischen zehn und zwölf Euro⌋/[um zehn Euro]**, il prezzo del-

la merce ₍oscilla tra i dieci e i dodici euro₎/[si aggira intorno a dieci euro] **5** (*sich entwickeln*) **sich** ~ andare avanti, fare progressi, (s)muoversi: **es bewegt sich etwas**, qc si sta smuovendo, la situazione è in evoluzione; **in den Verhandlungen bewegt sich nichts**, le trattative stagnano/[sono ferme] **6** (*sich verhalten*) **sich** *irgendwie* ~ {FREI, SICHER, UNGEZWUNGEN} muoversi/comportarsi + *compl di modo* **7** (*verkehren*) **sich** *in*/*auf etw* (dat) ~ muoversi *in*/*su qc*, frequentare *qc*: **sich in bestimmten Kreisen** ~, frequentare certi ambienti • **sich frei** ~ **können**, avere libertà di movimento, potersi muovere liberamente.
bewegen② <*bewegt, bewog, bewogen*> tr *jdn* **zu etw** (dat) ~ {ZUM EINLENKEN, ZU EINER ANDEREN HALTUNG, ZUM NACHGEBEN} indurre *qu a qc*, persuadere *qu a fare qc*, spingere *qu a fare qc*: **jdn dazu** ~, **etw zu tun**, indurre qu a fare qc, persuadere qu a fare qc, spingere qu a fare qc; **was hat ihn wohl dazu bewogen, diese Entscheidung zu treffen?**, che cosa lo avrà indotto/spinto a prendere questa decisione?; **sich zu etw** (dat) ~ **lassen**, farsi persuadere a fare qc.
Beweggrund m ~ (*für etw* akk) motivo m (*di qc*), movente m (*di qc*).
beweglich adj **1** (*sich bewegen lassend*) {ELEMENT, GLIEDER} mobile, movibile: **die ~en Teile eines Motors**, le parti mobili/movibili di un motore; **der Teddybär hat ~e Arme und Beine**, l'orsacchiotto ha braccia e gambe mobili; **schwer** ~ **sein** (VERKLEMMTE SCHUBLADE, EINGEROSTETE TÜR}, muoversi (a fatica)/[appena] **2** (*transportierbar*) trasportabile; (*tragbar*) portatile **3** <*attr*> com *jur* mobile: **~e Güter**, beni mobili **4** (*gelenkig*) {MENSCH, TIER} flessuoso, agile **5** (*manövrierfähig*) {FAHRZEUG} manovrabile **6** (*flexibel*) {MENSCH} flessibile: **er ist geistig ~**, ha una mente vivace; {POLITIK} flessibile, elastico; {GEIST, VERSTAND} *auch* vivace **7** (*mobil*) flessibile: **sind Sie für diesen Job ~ genug?**, è disposto (-a) a spostarsi per questo lavoro? **8** *mech* articolato • **~e Feste**, feste mobili.
Beweglichkeit <-, *ohne pl*> f **1** {+GEGENSTAND} mobilità f **2** (*Gelenkigkeit*) flessuosità f, agilità f **3** (*Wendigkeit*) {+FAHRZEUG} manovrabilità f **4** (*geistige* ~) versatilità f, elasticità f; (*Flexibilität*) flessibilità f **5** (*Mobilität*) flessibilità f • **in seiner** ~ **(stark) eingeschränkt sein**, essere (molto) limitato nella mobilità.
bewegt adj **1** (*unruhig*) {SEE, WASSER} mosso, agitato **2** (*ereignisreich*) {JUGEND, ZEIT} movimentato, agitato, turbolento: **ein ~es Leben führen**, condurre una vita movimentata/turbolenta; **eine ~e Vergangenheit haben**, avere un passato turbolento/burrascoso **3** (*gerührt*) {STIMME, WORTE} commosso; (*innerlich*) ~ **sein**, essere (intimamente) commosso; **tief**/**zutiefst** ~ **sein**, essere profondamente commosso.
Bewegung <-, *-en*> f **1** (*das Bewegen eines Körperteils, das Sichbewegen*) movimento m; (*Fortbewegen*) trasporto m **2** (*Handbewegung*) gesto m: **bei der geringsten ~**, al minimo gesto **3** <*nur sing*> (*körperliche Betätigung*) moto m, movimento m, esercizio m fisico **4** <*nur sing*> (*Unruhe*) agitazione f; (*Ergriffenheit*) emozione f, commozione f **5** *bes. kunst pol* movimento m, corrente f: **eine künstlerische**/**politische** ~, un movimento artistico/politico **6** *phys tech* moto m: **beschleunigte** ~, moto accelerato; **gleichförmige** ~, moto uniforme • ~ **in etw** (akk) **bringen**, (s)muovere qc, sbloccare qc; **in** ~, in movimento/moto; **keine** ~!, fermo (là!); **nessuno si muova!**; **in** ~ **kommen**/**geraten**, smuoversi, sbloccarsi; {VOLK, VOLKSMASSEN} ribellarsi, agitarsi; **in etw** (akk) *kommt* ~, qc si smuove/sblocca; **es kommt** ~ **in die Verhandlungen**, le trattative si smuovono/sbloccano; **in** ~ **sein** {MENSCH}, essere in movimento; {FAHRZEUG}, essere in moto; **etw in** ~ **setzen** {FAHRZEUG}, mettere in moto qc, far funzionare qc, avviare qc; {ANLAGE, MECHANISMUS}, mettere in azione/funzione qc: **alles in** ~ **setzen**, fare di tutto, smuovere mare e monti *fam*; **einiges in** ~ **setzen**, darsi un gran daffare, attivare i propri canali; **sich in** ~ **setzen** {FAHRZEUG}, mettersi in moto; {MENSCHEN}, (*aufbrechen*) avviarsi; (*handeln*) muoversi, entrare in azione; **sich** (dat) ~ **verschaffen**, fare del moto, muoversi.
Bewegungsablauf <-(*e*)*s, Bewegungsabläufe*> m {+GYMNASTIKÜBUNG} successione f dei movimenti.
Bewegungsapparat m *anat* apparato m locomotore/motorio.
Bewegungsdrang <-(*e*)*s, ohne pl*> m bisogno m di movimento, voglia f enorme di muoversi: ~ **haben**/**verspüren**, ₍avere una voglia enorme₎/[sentire un forte bisogno] di muoversi.
Bewegungsenergie f *phys* energia f cinetica.
bewegungsfähig adj capace di muoversi.
Bewegungsfreiheit <-, *ohne pl*> f **1** {+KÖRPER} libertà f di movimento **2** (*Handlungsfreiheit*) libertà f di azione/manovra: **jds ~ einschränken**, limitare la libertà di azione di qu • ~ **haben**, avere libertà ₍d'azione₎/[di movimento].
Bewegungslehre f *phys* cinematica f.
bewegungslos A adj (*reglos*) {KÖRPER} immobile, immoto *lit*; (*unbewegt*) {WASSEROBERFLÄCHE} fermo B adv {LIEGEN, LIEGEN BLEIBEN, SITZEN, SITZEN BLEIBEN, STEHEN, STEHEN BLEIBEN, VERHARREN} immobile.
Bewegungslosigkeit <-, *ohne pl*> f {+KÖRPER, MENSCH} immobilità f.
Bewegungsmangel m {+MENSCH} mancanza f di moto/movimento.
Bewegungsmelder <-*s*, -> m rivelatore m di movimento (a infrarossi).
Bewegungsstörung f *med* disturbo m motorio.
Bewegungstherapeut m (*Bewegungstherapeutin* f) *med* cinesiterapista mf, chinesiterapista mf.
Bewegungstherapie f *med* cinesiterapia f, chinesiterapia f.
Bewegungstrieb m → **Bewegungsdrang**.
bewegungsunfähig A adj incapace di muoversi, immobilizzato B adv {DALIEGEN, LIEGEN BLEIBEN} immobilizzato (-a) • **jdn** ~ **machen**, immobilizzare qu.
beweihräuchern <*ohne ge*-> A tr **1** *relig* **etw** ~ incensare qc **2** *fam pej* (*über Gebühr loben*) **jdn**/**etw** ~ {AUTOR, WERK} incensare qu/qc B rfl *fam pej* **sich** (**selbst**) ~ (auto)incensarsi.
Beweihräucherung <-, *-en*> f *fam pej* {+AUTOR, WERK} incensamento m.
beweinen <*ohne ge*-> tr **jdn**/**etw** ~ {JDS TOD, TOTEN} piangere qu/qc; {VERLUST} dolersi *di qc*.
Beweis <*-es, -e*> m **1** *auch jur* ~ (*für etw* akk)/(*einer S.* gen) prova f (*di qc*): **als**/**zum** ~ **für meine Behauptung**, a riprova della mia affermazione; **einen** ~ **für etw** (akk) **antreten**, addurre una prova a dimostrazione di qc; **einen** ~ **entkräften**, confutare una prova; **den** ~ **für etw** (akk) **erbringen**/**führen**/**liefern** {FÜR EINE BEHAUPTUNG, FÜR DIE RICHTIGKEIT EINER S., FÜR EINE TAT, FÜR JDS SCHULD, UNSCHULD}, produrre/addurre/fornire la prova di qc; **indirekter** ~, prova critica/indiretta; **mangels ~en**, per mancanza di prove; **ein schlagender**/**schlüssiger**/**zwingender** ~, una prova schiacciante/concludente/irrefutabile; **ein sprechender** ~, una prova lampante/evidente **2** *math philos* dimostrazione f **3** (*~grund*) argomento m **4** *jur* → **Beweisstück 5** (*Zeichen*) ~ **für etw** (akk)/**einer S.** (gen) prova f *di qc*, testimonianza f *di qc*, segno m *di qc*, dimostrazione f *di qc*: **das ist ein** ~ **meiner Freundschaft**, questa è una dimostrazione della mia amicizia; **als**/**zum** ~ **meines Vertrauens**, ₍come prova₎/[a dimostrazione]/[in segno] della mia fiducia • **bis zum** ~ **des Gegenteils**, fino a prova contraria; **etw unter** ~ **stellen** {FÄHIGKEITEN}, dare prova di qc.
Beweisantritt m *jur* deduzione f di prove.
Beweisaufnahme f *jur* **1** (*Ermittlung der Beweise*) assunzione f delle prove **2** (*Verfahrensabschnitt*) istruzione f probatoria.
beweisbar adj {ANSCHULDIGUNG, BEHAUPTUNG, TATSACHE} provabile, dimostrabile.
Beweisbarkeit <-, *ohne pl*> f {+ANSCHULDIGUNG, BEHAUPTUNG, THEORIE} dimostrabilità f, provabilità f *rar*.
beweisen <*irr, ohne ge*-> tr **1** (*nachweisen*) (*jdm*) **etw** ~ provare qc (*a qu*), dimostrare qc (*a qu*) ~, dimostrare il contrario di qc; **jds Schuld**/**Unschuld** ~, provare/dimostrare la colpevolezza/l'innocenza di qu **2** (*zeigen*) (*jdm*) **etw** ~ dare prova *di qc* (*a qu*), (di)mostrare *qc* (*a qu*), manifestare *qc* (*a. qu*): **Mut** ~, mostrare/[dare prova di] coraggio; **er hat bewiesen, dass er ein echter Freund ist**, ha dimostrato di essere un vero amico **3** *math* **etw** ~ dimostrare *qc* • **was zu** ~ **war**, come volevasi dimostrare.
Beweiserhebung f *jur* istruzione f probatoria: **zur** ~, in via istruttoria.
Beweisführung f **1** argomentazione f, dimostrazione f **2** *jur* deduzione f della prova.
Beweiskraft <-, *ohne pl*> f {+AUSSAGE, INDIZIEN} forza f probatoria/probativa, valore m probatorio/probativo.
beweiskräftig adj {AUSSAGE, FAKTEN, INDIZIEN} probativo, probante, convincente: ~ **sein**, essere probativo/probante/convincente; *jur* {URKUNDE} probatorio.
Beweislast <-, *ohne pl*> f *jur* onere m della prova: **die** ~ **tragen**, avere l'onere della prova.
Beweismaterial <-*s, ohne pl*> n *jur* materiale m probatorio, prove f pl.
Beweismittel n *jur* prova f, mezzo m di prova.
Beweisnot <-, *ohne pl*> f *jur* mancanza f di prove: **in** ~ **sein**, non poter addurre prove.
Beweisstück n *jur* **1** (*gegenständliches Beweismittel*) reperto m, elemento m di prova **2** (*bes. Urkunde*) documento m probatorio **3** (*Tatwaffe*) corpo m del reato.
Beweisunterschlagung f *jur* sottrazione f di prove.
bewenden <*ohne ge*-> tr: **es bei**/**mit etw** (dat) ~ **lassen** (*sich mit etw begnügen*), accontentarsi di *qc* • **lassen wir es damit bewenden!** (*sprechen wir nicht weiter darüber!*), chiudiamo il discorso! *fam*, lasciamo perdere!
bewerben <*irr, ohne ge*-> A rfl **1** (*sich um eine Arbeit u. Ä. bemühen*) **sich** (*bei jdm*/**etw**) (*um etw* akk)/(*als etw* nom) ~ presentare/inoltrare/fare domanda (*a*/*presso qu*/*qc*) (*per qc*)/(*come qc*): **er hat sich als Informatiker bei einer Firma beworben**, ha fatto domanda d'assunzione come infor-

matico presso una ditta; **sie bewirbt sich um einen Studienplatz an der Münchner Universität**, fa domanda d'iscrizione all'università di Monaco; {BEI AUSSCHREIBUNGEN, WETTBEWERBEN} concorrere (*a qc*), aspirare (*a qc*); {UM EINEN PREIS} competere (*a qc*), aspirare (*a qc*); {UM MITGLIEDSCHAFT IN EINEM KLUB, VEREIN} fare domanda d'iscrizione/d'ammissione (*a qc*) **2** (*kandidieren*) **sich** (**um etw** akk)/(**als etw** nom) ~ candidarsi (*per qc*)/(*come qc*), presentare/porre la propria candidatura (*per qc*)/(*come qc*): **sie bewirbt sich ₁um das Amt einer₁/[als] Stadträtin**, si candida ₁per il posto di₁/[a] consigliere comunale, presenta la sua candidatura ₁per il posto di₁/[come]/[a] consigliere comunale **B** tr *com* **etw** ~ {PRODUKT} pubblicizzare *qc*, reclamizzare *qc*, fare propaganda *a qc*.

Bewerber m (**Bewerberin** f) **1** (*um Auftrag, Preis, Stelle, Titel*) aspirante mf, candidato (-a) m (f); (*bei Ausschreibung*) concorrente mf, candidato (-a) m (f) **2** *sport* concorrente mf, contendente mf, competitore (-trice) m (f) **3** (*Freier*) pretendente m, corteggiatore m.

Bewerberauswahl f selezione f dei candidati.

Bewerberin f → **Bewerber**.

Bewerbervorauswahl f <*meist* sing> ₁prima selezione f₁/[preselezione f] dei candidati.

Bewerbung f **1** (*das Sichbewerben*) ~ (**um etw** akk) {UM EINEN AUFTRAG, EINE STELLE} domanda f (*per qc*): **eine ~ ablehnen**, respingere/rifiutare una domanda (di assunzione/ammissione); **eine ~ berücksichtigen**, accogliere una domanda (di assunzione/ammissione); **die ~ um ein Stipendium einreichen**, presentare domanda per una borsa di studio (*per qc*) **2** (*Kandidatur*) ~ (**um etw** akk) candidatura f (*a qc*) **3** (*~sschreiben*) ~ (**um etw** akk) domanda f di impiego/assunzione: **eine ~ abfassen/schreiben**, redigere/scrivere una domanda di assunzione **4** *com* pubblicizzazione f, pubblicità f.

Bewerbungsbogen m → **Bewerbungsformular**.

Bewerbungsformular n modulo m di domanda.

Bewerbungsgespräch n colloquio m di assunzione.

Bewerbungsmappe f cartella f (con documenti per una domanda di assunzione).

Bewerbungsschreiben n domanda f di impiego/assunzione.

Bewerbungsunterlagen subst <*nur* pl> documenti m pl allegati alla domanda di assunzione.

Bewerbungsverfahren n procedura f/iter m di assunzione; (*bei Ausschreibung*) (procedura f di) concorso m.

bewerfen <*irr, ohne* ge-> **A** tr **1** (*auf jdn/etw werfen*) **jdn/etw mit etw** (dat) ~ {MIT FAULEN EIERN, EINEM SCHNEEBALL, TOMATEN} lanciare *qc* contro/*a qu*/*qc*: **jdn/etw mit Steinen ~**, lanciare sassi contro qu/qc, prendere a sassate qu/qc **2 bau etw mit etw** (dat) ~: **etw mit Mörtel ~** {FASSADE, HAUSWAND} intonacare *qc* **B** rfl **sich** (*gegenseitig*) **mit etw** (dat) ~ lanciarsi *qc* a vicenda ● **jdn/[jds Namen] mit Schmutz ~**, ₁gettare fango su qu₁/[infangare il nome di qu].

bewerkstelligen <*ohne* ge-> tr **etw** ~ realizzare *qc*, attuare *qc*, riuscire a fare *qc*: **ich weiß nicht, wie ich das ~ soll**, non so come fare.

bewerten <*ohne* ge-> tr **1** (*beurteilen*) **jdn/etw** ~ {BEWERBER, KANDIDATEN, KLAUSUR, MIT-ARBEITER, SCHÜLER} giudicare *qu*/*qc*, valutare *qu*/*qc*; (*benoten*) dare un voto *a qu*/*qc*: **der Lehrer bewertete die Übersetzung mit (der Note) drei**, l'insegnante ha dato un sette alla traduzione; **etw positiv/negativ ~**, giudicare qc positivamente/negativamente; **etw als einen Erfolg ~**, giudicare/valutare qc come un successo; *sport* classificare *qu*/*qc*; **jdn/etw nach etw** (dat) ~ {NACH KÖNNEN, LEISTUNG} giudicare qu/qc da/[*sulla base di*] qc; **jdn nach dem Äußeren ~**, giudicare qu dall'apparenza **2** (*den Wert schätzen*) **etw** (*mit etw* dat) ~ {BESITZ, OBJEKT, VERMÖGEN} valutare qc (*qc*), stimare qc (*qc*): **das Grundstück wurde mit 500 000 Euro bewertet**, il terreno fu valutato/stimato 500 000 euro ● **etw zu hoch ~**, sopravvalutare qc; **etw zu niedrig ~**, sottovalutare qc.

Bewertung f **1** (*Urteil*) {+BEWERBER, KANDIDAT, LEISTUNG, MITARBEITER} valutazione f, giudizio m; {+KLAUSUR, SCHÜLER} auch voto m **2** *sport* graduatoria f, classifica f **3** (*das Schätzen des Wertes*) stima f, valutazione f del prezzo/valore.

Bewertungskriterium n ~ (**für jdn/etw**) criterio m di valutazione (*di qu/qc*).

Bewertungsmaßstab m ~ (**für jdn/etw**) metro m di valutazione (*di qu/qc*).

Bewertungsrichtlinie f <*meist* pl> ~ (**für etw** akk) direttiva f per la valutazione (*di qc*).

Bewertungsskala f scala f di valutazione.

bewiesenermaßen adv come provato/dimostrato.

bewilligen <*ohne* ge-> tr **1** (*zugestehen*) (**jdm**) **etw** ~ {ARBEITSLOSENUNTERSTÜTZUNG, GELD, KREDIT, MITTEL, RABATT, SOZIALHILFE, STIPENDIUM, URLAUB} accordare *qc* (*a qu*), concedere *qc* (*a qu*); {ANTRAG, GESUCH} accogliere *qc*: **jdm einen Mitarbeiter ~**, concedere un collaboratore a qu **2** *adm parl* **etw** ~ {FIRMENLEITUNG PLANSTELLE; PARLAMENT ETAT, STEUERERHÖHUNG} approvare *qc*.

Bewilligung <-, -en> f **1** {+ARBEITSLOSENUNTERSTÜTZUNG, GELD, MITTEL, KREDIT, RABATT, SOZIALHILFE, STIPENDIUM, URLAUB} concessione f; {+ANTRAG} accettazione f **2** *adm parl* {+ETAT, PLANSTELLE, STEUERERHÖHUNG} approvazione f **3** (*schriftliche Genehmigung*) autorizzazione f (scritta) ● **behördliche ~ adm jur**, concessione.

bewirken <*ohne* ge-> tr **1** (*verursachen*) **etw** ~ {ÄNDERUNG, EINLENKEN, NACHGEBEN} causare *qc*, provocare *qc* **2** (*erreichen*) **etw** ~ raggiungere *qc*, ottenere *qc*: ~**, dass ...**, ottenere che ... konjv : **damit bewirkst du nur das Gegenteil**, in tal modo ottieni solo ₁il contrario₁/[l'effetto contrario].

bewirten <*ohne* ge-> tr **jdn** ~ ospitare *qu*, dare da mangiare e da bere *a qu*: **in diesem Restaurant wird man immer gut bewirtet**, in questo ristorante si mangia sempre bene; **jdn mit etw** (dat) ~ dare *a qu*, offrire *qc a qu*; **jdn mit Kaffee und Kuchen ~**, offrire a qu del caffè e del dolce ● **jdn fürstlich ~**, trattare qu come un principe.

bewirtschaften <*ohne* ge-> tr **1** (*betreiben*) **etw** ~ {BETRIEB} amministrare *qc*, dirigere *qc*; {BERGHÜTTE, GASTSTÄTTE, GUT, HOF} gestire *qc* **2** *ökon pol* (*staatlich kontrollieren*) **etw** ~ {DEVISEN, WOHNRAUM} disciplinare *qc*, regolamentare *qc*; (*rationieren*) {LEBENSMITTEL, WAREN} razionare *qc*, contingentare *qc* **3** *agr* **etw** ~ {FELD, LAND} coltivare *qc*, lavorare *qc*.

bewirtschaftet adj **1** (*geöffnet*) {GASTSTÄTTE, HOTEL} aperto **2** (*rationiert*) {WARE} razionato **3** *agr* {FELD, LAND} coltivato, lavorato.

Bewirtung <-, ohne pl> f **1** (*Aufnahme*) {+FREUNDE, GÄSTE} ospitalità f *a qu*, accoglienza f *a qu* **2** (*Bedienung in Hotel, Gaststätte*) servizio m, trattamento m **3** (*Speisen und Getränke*) mangiare m e bere m, vitto m; (*in Hotel und Gaststätte*) auch consumazione f.

bewog **1**. *und* **3**. *pers sing imperf von* bewegen②.

bewogen part perf *von* bewegen②.

bewohnbar adj abitabile.

bewohnen <*ohne* ge-> tr **1** (*wohnen*) **etw** ~ {HAUS, WOHNUNG, ZIMMER} abitare *in qc*, alloggiare *in qc*; (*in Anspruch nehmen*) occupare *qc* **2** *bot zoo* **etw** ~ abitare *qc*, popolare *qc*.

Bewohner <-s, -> m (**Bewohnerin** f) **1** {+GEBIET, LAND, STADT} abitante mf, residente mf **2** {+HAUS, WOHNUNG} abitante mf, inquilino (-a) m (f), locatario (-a) m (f), affittuario (-a) m (f) **3** (*Bürger*) cittadino (-a) m (f).

Bewohnerschaft <-, *ohne* pl> f *form* {+DORF, GEBIET, SIEDLUNG, STADT} abitanti m pl, popolazione f, residenti m pl; {+MIETSHAUS} abitanti m pl, inquilini m pl, affittuari m pl.

bewohnt adj {GEGEND, INSEL, LAND} abitato; {HAUS, WOHNUNG, ZIMMER} auch occupato.

bewölken <*ohne* ge-> rfl (*sich mit Wolken bedecken*): **es/[der Himmel] bewölkt sich**, il cielo si (r)annuvola.

bewölkt adj {HIMMEL, HORIZONT} nuvoloso, rannuvolato: **dicht ~**, molto nuvoloso.

Bewölkung <-, ohne pl> f **1** (*Vorgang*) annuvolamento m **2** (*Wolken*) nuvole f pl; *meteo* nuvolosità f: **aufgelockerte ~**, nuvolosità con schiarite; **leichte/starke ~**, leggera/forte nuvolosità; **wechselnde ~**, nuvolosità variabile; **zunehmende ~**, nuvolosità in aumento.

Bewölkungsauflockerung <-, -en> f *meteo* schiarita f.

Bewölkungszunahme f *meteo* aumento m della nuvolosità.

Bewuchs m vegetazione f, manto m verde.

Bewunderer <-s, -> m (**Bewunderin** f), **Bewundrer** <-s, -> m (**Bewundrerin** f) ammiratore (-trice) m (f): **sie ist eine Bewunderin moderner Kunst**, è un'ammiratrice dell'arte moderna.

bewundern <*ohne* ge-> tr **jdn/etw** (**wegen etw** gen *oder fam* dat) ~ {BILD, KÜNSTLER, MUSIK} ammirare *qu*/*qc* (*per qc*): **jdn glühend ~**, ammirare qu ardentemente; **ich bewundere sie wegen ihrer Ausdauer**, l'ammiro per la sua costanza; **etw (an jdm) ~**, ammirare *qc* (*di qu*); **an dieser Frau bewundert er vor allem die Intelligenz**, di questa donna ammira soprattutto l'intelligenza; ~**der Blick**, sguardo (pieno) di ammirazione.

bewundernswert adj ammirevole.

Bewunderung <-, ohne pl> f ammirazione f ● **jdn/etw ₁mit unverhohlener₁/[voller] ~ betrachten**, guardare qu/qc con aperta/grande ammirazione.

bewunderungswürdig adv → **bewundernswert**.

Bewundrerin f → **Bewunderer**.

bewusst (a.R. bewußt) **A** adj **1** <attr> (*überlegt*) {LEBEN} consapevole, cosciente; {MENSCH} conscio, consapevole **2** <präd> (*im Klaren*): **sich** (dat) **etw** (gen) ~ **sein**, aver coscienza di qc, essere consapevole/conscio di qc; **₁jd ist sich** (dat) **etw** (gen) ~₁/[**jdm ist etw** (nom) ~]**₁**, ₁qu è consapevole/conscio di qc₁/[qu ha coscienza di qc]; **ich bin mir der Gefahr ~₁**/[**mir ist die Gefahr ~**], sono consapevole/conscio (-a) del pericolo; **es ist mir**

wohl ~, dass ..., sono pienamente consapevole che ..., so bene che ...; **er ist sich dessen nicht ~**, non ne è consapevole **3** <präd> (*klar erkennend*): **sich** (dat) **etw** (gen) **~ werden**, rendersi conto di qc, realizzare qc, accorgersi di qc; ▵**jd wird sich** (gen) **~**▵/ [**jdm wird etw** (nom) **~**], qu si ▵rende conto▵/[accorge] di qc; ▵**sie wurde sich der schwierigen**▵/[**ihr wurde die schwierige**] **Lage ~**, si rese conto della difficile situazione; **es wurde mir plötzlich ~, dass ...**, improvvisamente mi resi conto che ... **4** <attr> (*überzeugt*) {ABLEHNUNG, ABSTINENZLER, EINSTELLUNG, NICHTRAUCHER} convinto: **ein ~er Katholik**, un cattolico convinto **5** <attr> (*absichtlich*) {HANDLUNG, TAT} intenzionale, voluto **6** <attr> (*bekannt, besagt*) in questione, di cui si è detto; (*gewiss*) certo: ▵**an dem**▵/[**am**] **~en Tag**, quel certo giorno **B** adv **1** (*überlegt*) consapevolmente, coscientemente: **~ leben**, vivere consapevolmente **2** (*absichtlich*) {UNTERLASSEN, VERHINDERN, ZERSTÖREN} di proposito, apposta, intenzionalmente: **etw ~ tun**, fare qc di proposito.

Bewusstheit (a.R. Bewußtheit) <-, *ohne* pl> *f* **1** (*Überlegtheit*) consapevolezza *f*, coscienza *f* **2** (*Vorsätzlichkeit*) intenzionalità *f*.

bewusstlos (a.R. bewußtlos) **A** adj {MENSCH} privo di sensi/conoscenza, svenuto; {VERFASSUNG, ZUSTAND} d'incoscienza: **~ werden**, perdere la conoscenza/i sensi, svenire **B** adv {ZUSAMMENBRECHEN} privo (-a) di sensi: **jdn ~ schlagen/prügeln**, picchiare qu fino a ridurlo in stato di incoscienza.

Bewusstlose (a.R. Bewußtlose) <dekl wie adj> *mf* persona *f* svenuta/[priva di sensi].

Bewusstlosigkeit (a.R. Bewußtlosigkeit) <-, *ohne* pl> *f* svenimento *m*, perdita *f* ▵dei sensi▵/[della conoscenza], deliquio *m* lit • (**etw**) **bis zur ~** (**tun**) *fam pej*, (fare qc) fino ▵allo sfinimento▵/[alla nausea]; **aus der ~ erwachen**, riaversi dallo svenimento; **in tiefer ~ liegen**, trovarsi in uno stato di profonda incoscienza.

bewusst|machen (a.R. bewußt machen) *rfl* **sich** (dat) **etw ~** → **machen**.

Bewusstmachung (a.R. Bewußtmachung) <-, *ohne* pl> *f* {+BESTIMMTER SACHVERHALTE, WERTE} presa *f* di coscienza.

Bewusstsein (a.R. Bewußtsein) <-s, *ohne* pl> *n* **1** (*bewusster Zustand*) conoscenza *f*, sensi *m* pl: **ohne ~**, senza/[privo di] conoscenza **2** *med philos psych* (*bewusste Wahrnehmung*) coscienza *f* **3** (*Wissen*) consapevolezza *f*: **in dem ~, dass ...**, nella consapevolezza ▵che ...▵/[di ... *inf*], consapevole/conscio ▵che ...▵/[di ... *inf*] **4** (*Überzeugung*) coscienza *f*: **politisches/soziales ~**, coscienza politica/sociale • **bei ~** (**sein**), (essere) cosciente/[in sé]; **jdn wieder zu ~ bringen**, far riprendere i sensi a qu, far rinvenire qu; **jdm etw ins ~ bringen**, rendere qu cosciente di qc; ▵**wieder zu**(**m**) **~ kommen**▵/[▵**das ~ wiedererlangen**], riprendere/riacquistare i sensi/conoscenza, tornare in sé; **etw kommt jdm zu**(**m**) **~**, qu si rende conto ▵di qc▵/[che ...]; **es kam mir zum ~**, me ne resi conto; **etw aus dem ~ verdrängen**, rimuovere qc dalla coscienza; **das ~ verlieren**, perdere ▵i sensi▵/[conoscenza], svenire; **bei vollem ~** (**sein**), (essere) ▵pienamente cosciente▵/[in sé]; **bei vollem ~ eine Operation mitmachen**, sottoporsi ad un'operazione senza anestesia (totale); **jdm etw ins ~ zurückrufen**, ricordare qc a qu, richiamare qc alla mente/memoria di qu; **sich** (dat) **etw ins ~ zurückrufen**, ricordarsi qc.

Bewusstseinsbildung (a.R. Bewußtseinsbildung) *f* formazione *f* della coscienza: **politische ~**, formazione di una coscienza politica.

bewusstseinserweiternd (a.R. bewußtseinserweiternd) adj {DROGE} psichedelico, allucinogeno; {MEDITATION} che amplia la coscienza.

Bewusstseinserweiterung (a.R. Bewußtseinserweiterung) *f psych* ampliamento *m* della coscienza.

Bewusstseinsspaltung (a.R. Bewußtseinsspaltung) *f med psych* sdoppiamento *m* della personalità, schizofrenia *f*.

Bewusstseinsstörung (a.R. Bewußtseinsstörung) *f med psych* turbamento *m* della coscienza.

Bewusstseinsstrom (a.R. Bewußtseinsstrom) *m lit* flusso *m* di coscienza.

Bewusstseinstrübung (a.R. Bewußtseinstrübung) *f psych* obnubilamento *m* (della coscienza).

bewusstseinsverändernd (a.R. bewußtseinsverändernd) adj {SUBSTANZEN} psicotropo.

Bewusstseinsveränderung (a.R. Bewußtseinsveränderung) *f* **1** (*Veränderung der Überzeugungen*) mutamento *m* delle proprie convinzioni: **eine ~ durchmachen**, vivere un cambiamento delle proprie convinzioni **2** *psych* alterazione *f* della personalità.

Bewusstseinswandel (a.R. Bewußtseinswandel) *m* cambio *m* di mentalità.

Bewusstwerdung (a.R. Bewußtwerdung) *f* presa *f* di coscienza.

bezahlbar adj abbordabile, accessibile.

bezahlen <ohne ge-> **A** *tr* **1** (*begleichen*) **etw ~** {FORDERUNG, GEBÜHR, MIETE, SCHULDEN} pagare *qc*; {RECHNUNG} *auch* regolare *qc*, saldare *qc* **2** (*büßen*) **etw** (**mit etw** dat) **~** pagare *qc* (con *qc*), scontare *qc* (con *qc*): **er hat seinen Leichtsinn mit dem Leben bezahlt**, ha pagato la sua leggerezza con la vita; **das wirst du mir ~!**, questa me la paghi! **3** (*entlohnen*) **jdn** (**für etw** akk) **~** pagare *qu* (per *qc*), retribuire *qu* (per *qc*) **4** (*finanzieren*) **jdm etw ~** pagare *qc* a *qu*, offrire *qc* a *qu*: **seine Eltern bezahlen ihm das Studium**, i suoi genitori ▵gli pagano gli▵/[lo mantengono agli] studi (universitari); **ich habe ihr das Abendessen im Restaurant bezahlt**, le ho offerto la cena al ristorante **B** *itr* pagare • (**etw**) (**in**) **bar ~**, pagare (*qc*) ▵in contanti▵/[cash]; **bitte ~!**/[**~ bitte!**], il conto, per favore!; **etw bitter ~ müssen**, dover pagare caro (-a) *qc*; **etw ist nicht** (**mehr**) **zu ~**, qc ha un prezzo inaccessibile, *qc* non è (più) accessibile; (**etw**) **teuer ~**, pagare ▵caro (-a)▵/[a caro prezzo] (*qc*).

Bezahlfernsehen *n fam* pay tv *f*.

bezahlt adj: **gut ~** {ANGESTELLTER, MITARBEITER}, ben pagato; {ARBEITSSTELLE, STELLUNG}, ben retribuito; **hoch ~** {MITARBEITER, STELLE}, ▵molto ben▵/[lautamente] rimunerato/pagato, superpagato *fam*; **schlecht ~** {PERSON}, malpagato; {ARBEIT, JOB} *auch*, mal retribuito/rimunerato • **jd bekommt/kriegt etw ~** *fam*, a qu viene pagato (-a)/offerto (-a) qc, a qu pagano qc; **sich** (**für jdn**) **~ machen**, valere la pena (per qu), convenire (a qu).

Bezahlung <-, -en> *f meist sing* **1** (*das Bezahlen*) {+BETRAG, MIETE, SCHULDEN} pagamento *m*; {+RECHNUNG} *auch* saldo *m*: **Lieferung nur gegen bare ~**, consegna solo dietro pagamento in contanti **2** (*Lohn*) retribuzione *f*, compenso *m*, rimunerazione *f*; (*Honorar*) onorario *m*: **nur gegen ~ arbeiten**, lavorare solo dietro compenso.

bezähmen <ohne ge-> *tr geh* **etw ~** {BEGIERDE, LEIDENSCHAFT, NEUGIERDE} domare *qc*, frenare *qc*; {DURST, HUNGER} controllare *qc*.

bezaubern <ohne ge-> *tr* **jdn** (**durch etw** akk) **~** {DURCH EINEN BLICK, EIN LÄCHELN} incantare *qu* (con *qc*), affascinare *qu* (con *qc*), ammaliare *qu* (con *qc*).

bezaubernd adj {BLICK, LÄCHELN} affascinante, incantevole, ammaliante: **du siehst** (**heute mal wieder**) **~ aus!**, (oggi) sei proprio un incanto!

bezeichnen <ohne ge-> **A** *tr* **1** (*benennen*) **jdn/etw mit etw** (dat) **~** denominare *qu/qc* con *qc*, chiamare *qu/qc* con *qc*: **mit dem Wort «Teenager» bezeichnet man einen Jugendlichen zwischen 13 und 19 Jahren**, con la parola «teenager» si designa/denomina un adolescente tra i 13 e i 19 anni; **jdn/etw als etw** (akk) **~** chiamare *qu/qc* *qc*, definire *qu/qc* *qc*, qualificare *qu/qc* come *qc*: **jemanden, der stiehlt, bezeichnet man als Dieb**, una persona che ruba si chiama/definisce ladro; **jdn als Dummkopf ~**, definire qu uno stupido; **jds Leistung als unzureichend ~**, definire/valutare insufficiente la prestazione di qu **2** (*bedeuten*) **etw ~** designare *qc*, significare *qc*, stare a indicare *qc*, stare *per qc*; *ling* denotare *qc*: **das Wort «Band» bezeichnet verschiedene Gegenstände**, la parola «Band» denota/designa svariati oggetti **3** (*genau beschreiben*) (**jdm**) **etw ~** indicare *qc* (a *qu*), descrivere *qc* (a *qu*): **jdm den Weg ~**, indicare la strada a qu **4** (*markieren*) **etw** (**mit etw** dat/**durch etw** akk) **~** (contras-)segnare *qc* (con *qc*); {MIT ZEICHEN} anche marcare *qc* (con *qc*) **B** *rfl* **sich als etw** (nom) **~** definirsi *qc*, chiamarsi *qc*: **sich als Freund ~**, definirsi un amico; (*fälschlicherweise*) spacciarsi/[farsi passare] per amico • **etw näher ~**, specificare *qc*.

bezeichnend adj (*für jdn/etw*) **~** significativo (di *qu/qc*), caratteristico (di *qu/qc*), tipico (di *qu/qc*), indicativo (di *qc*): **dieses Verhalten ist ~ für Anna**, questo comportamento è tipico di Anna.

bezeichnenderweise adv significativamente.

Bezeichnung *f* **1** (*Ausdruck, Name*) denominazione *f*, designazione *f*, nome *m* **2** (*Zeichen*) contrassegno *m*; (*Markierung*) marcatura *f*; *math mus auch* segno *m* **3** (*Charakterisierung*) qualifica *f* **4** (*Angabe*) indicazione *f*.

Bezeichnungslehre *f ling* onomasiologia *f*.

bezeigen <ohne ge-> *tr geh* (**jdm**) **etw ~** mostrare *qc* (a *qu*), manifestare *qc* (a *qu*), esprimere *qc* (a *qu*): **jdm seine Dankbarkeit ~**, esprimere a qu la propria riconoscenza; **Interesse ~**, mostrare interesse.

bezeugen <ohne ge-> *tr* **1** *auch jur* (*als Zeuge bestätigen*) **etw ~** testimoniare (su) *qc*: **etw unter Eid ~**, testimoniare qc sotto giuramento; **jds Unschuld ~**, testimoniare l'innocenza di qu; **die Wahrheit ~**, testimoniare il vero; **~, dass ...**, testimoniare che ... **2** (*belegen*) **etw ~** {UMSTAND, VERHALTEN, VORGEHEN} testimoniare qc, provare qc; {FUND, URKUNDE} documentare qc: **die Siedlung ist schon im 5. Jahrhundert bezeugt**, l'insediamento è documentato già nel V secolo; {WORT IN EINEM TEXT} attestare qc; **dieser Ausdruck ist in einer Schrift des 15. Jahrhunderts bezeugt**, quest'espressione è attestata in uno scritto del Quattrocento **3** *geh* (*bezeigen*) (**jdm**) **etw ~** mostrare *qc* (a *qu*), manifestare *qc* (a *qu*), esprimere *qc* (a *qu*).

bezichtigen <ohne ge-> *tr* **jdn** (**etw** gen) **~** accusare *qu* (di *qc*), incolpare *qu* (di *qc*): **jdn eines Verbrechens ~**, accusare qu di un crimine; **jdn ~, etw getan zu haben**, accusare/ incolpare qu di aver fatto qc.

beziehbar adj **1** (*bezugsfertig*) {WOHNUNG} pronto per abitarci **2** *com* {ARTIKEL, WAREN}

disponibile, acquistabile, in vendita. **beziehen**① <irr, ohne ge-> **A** tr **1** (*mit Bezug versehen*) *etw* (*mit etw* dat) ~ - {MIT STOFF} ricoprire *qc* (*di qc*), rivestire *qc* (*di qc*): **das Bett frisch/neu ~**, cambiare le lenzuola; {KOPFKISSEN} mettere una federa *a qc*; (*bespannen*) {SAITENINSTRUMENT} incordare *qc* **2** (*einziehen in*) *etw* ~ {HAUS, WOHNUNG} andare ad abitare *in qc*, entrare *in qc* **3** mil *etw* ~: **Posten/Wache** ~, montare la guardia; **Quartier** ~, acquartierarsi; **Stellung** ~, appostarsi, occupare una posizione **B** rfl: **der Himmel bezieht sich**, il cielo si copre/(r)annuvola • **zu etw** (dat) ⌊**einen (klaren) Standpunkt**⌋/[(**deutlich**) **Stellung**] ~, prendere (chiaramente) posizione riguardo a *qc*.
beziehen② <irr, ohne ge-> tr **1** com *etw* (*über/durch jdn, von jdm*) ~ {WARE} acquistare *qc* (*tramite/da qu*), comprare *qc* (*tramite/da qu*): **dieses Produkt ist nur über/durch den Fachhandel zu ~**, questo prodotto è disponibile/[in vendita] solo in negozi specializzati; **die Ware**⌊**von einer Firma**⌋/[**aus dem Ausland**] ~, acquistare la merce ⌊*da una ditta*⌋/[*all'estero*]; {ZEITSCHRIFT, ZEITUNG} essere abbonato *a qc* **2** (*Geld erhalten*) *etw* (*von jdm/aus etw* dat) ~ {ARBEITSLOSENGELD, EINKÜNFTE, GEHALT, LOHN, RENTE, SOZIALHILFE} percepire *qc* (*da qu/qc*), ricevere *qc* (*da qu/qc*): **vom Staat eine Rente** ~, percepire/ricevere una pensione statale; **aus Ersparnissen Einkünfte** ~, percepire una rendita dai risparmi **3** (*erhalten*) *etw* (*von jdm/aus etw* dat) ~ {INFORMATIONEN, KENNTNISSE, NACHRICHT, WISSEN} attingere *qc* (⌊*da qu/qc*⌋/[*a qc*]), ricavare *qc* (*da qu/qc*): **seine Informationen aus Büchern**⌋/[**von Fachleuten**] ~, attingere le proprie informazioni ⌊*dai libri*⌋/[*dagli esperti*] • **Prügel/Schläge** ~ fam, prenderle, buscarle *fam*.
beziehen③ <irr, ohne ge-> **A** tr (*in Verbindung bringen*) *etw auf jdn/etw* ~ rapportare *qc a qu/qc*, riferire *qc a qu/qc*: **die Mietpreise auf die Gehälter** ~, rapportare/commisurare gli affitti agli stipendi; *etw auf sich* ~, sentirsi chiamato (-a) in causa; **er bezieht jede Kritik auf sich**, si sente toccato/[chiamato in causa] da qualsiasi critica **B** rfl **1** (*betreffen*) *sich auf jdn/etw* ~ riguardare *qu/qc*, concernere *qu/qc*, riferirsi *a qu/qc*: **die Regelung bezieht sich nicht auf dich**, il regolamento non ti riguarda **2** (*verweisen auf*) *sich auf etw* (akk) ~ riferirsi *a qc*, alludere *a qc*, fare riferimento *a qc*: **sie bezieht sich auf die Diskussion von letzter Woche**, allude/[fa riferimento]/[si riferisce] alla discussione della settimana scorsa **3** (*sich berufen*) *sich auf jdn/etw* ~ richiamarsi *a qu/qc*, riferirsi *a qu/qc*, fare riferimento *a qu/qc*: **sich auf einen Fachmann** ~, richiamarsi/[fare riferimento] a un esperto • **wir ~ uns auf Ihr Schreiben vom ... form**, facciamo riferimento alla Sua lettera del ... *form*.

Beziȩher <-s, -> m (**Beziȩherin** f) **1** {+WARE} acquirente mf, compratore (-trice) m (f) **2** {+ZEITSCHRIFT, ZEITUNG} abbonato (-a) m (f) **3** {+LOHN, RENTE, SOZIALHILFE} percettore (-trice) m (f), beneficiario (-a) m (f), destinatario (-a) m (f).
Beziȩhung <-, -en> f **1** (*Verbindung*) ~ (**zwischen** *etw* dat **und** *etw* dat) rapporto m (*fra/tra qc e qc*), relazione f (*fra/tra qc e qc*): **etw in** ~ ⌊**mit etw** (dat) **bringen**⌋/[**zu etw** (dat) **setzen**], mettere qc in relazione con/a qc, collegare qc con/a qc; **zwei Dinge** ⌊**miteinander in** ~ **bringen**⌋/[**zueinander in** ~ **setzen**], mettere in relazione/[collegare] due cose; **etw steht in** ~ **zu etw** (dat), qc è in

relazione con qc; **zwischen diesen Ereignissen besteht keine** ~, fra questi avvenimenti non c'è nessun collegamento **2** <*meist* pl> (*Kontakt, Verhältnis*) ~ (**zu/mit jdm**) rapporto m (*con qu*), relazione f (*con qu*), contatto (*con qu*): **alle ~en zu jdm abbrechen**, troncare tutti i rapporti con qu; ⌊~ **zu jdm aufnehmen/anknüpfen**⌋/[**mit jdm in ~en treten**], ⌊entrare in rapporti/contatto con qu⌋/[stringere rapporti con qu]; **die diplomatischen ~en zu einem Land abbrechen**, rompere le relazioni diplomatiche con un paese; **diplomatische ~en zu einem Land aufnehmen/unterhalten**, allacciare/intrattenere relazioni diplomatiche con un paese; **enge/freundschaftliche** ~, rapporti stretti/[di amicizia]; **geschäftliche ~en**, rapporti ⌊d'affari⌋/[commerciali]; ⌊**gute ~en zu jdm haben/unterhalten**⌋/[**in guten ~en zu jdm stehen**] form, essere in buoni rapporti con qu; **gute nachbarschaftliche ~en haben/pflegen**, avere dei rapporti di buon vicinato **3** <*nur* pl> (*vorteilhafte Verbindungen*) relazioni f pl, appoggi m pl, conoscenze f pl, aderenze f pl, agganci m pl *fam*: (**gute**) **~en haben**, avere conoscenze influenti; **er hat die Stelle durch ~en bekommen**, ha ottenuto il posto grazie a degli appoggi **4** (*Liebesbeziehung*) ~ (**mit/zu jdm**) relazione f (amorosa) (*con qu*), rapporto m (amoroso) (*con qu*): **sexuelle/intime ~en mit/zu jdm haben**, avere rapporti sessuali/intimi con qu **5** (*Sinn für*): **keine** ~ **zu etw** (dat) **finden/haben**, non avere il senso di qc, non avere affinità con qc; **ich habe keine ~ zur modernen Kunst/Musik**, l'arte/la musica moderna non mi dice niente **6** (*Hinsicht*) riguardo m, aspetto m: **in dieser ~**, a questo proposito/riguardo; **in gewisser ~**, sotto un certo aspetto/[da un certo punto di vista]; **in jeder ~**, sotto ogni aspetto/[punto di vista]; **in mancher ~**, sotto alcuni aspetti • **mit ~ auf etw** (akk) form (*im Geschäftsbrief*), in riferimento a qc *form*; **seine ~en spielen lassen** meist iron, servirsi ⌊delle proprie conoscenze⌋/[dei propri appoggi].
beziȩhungsfähig adj {FRAU, MANN} capace di avere un rapporto di coppia; (*fähig, Kontakte mit anderen Menschen herzustellen*) {MITARBEITER} con capacità relazionali.
Beziȩhungskiste f *fam* rapporto m di coppia (con tutti i suoi problemi).
Beziȩhungskrise f crisi f di coppia.
beziȩhungslos **A** adj {FAMILIE, MENSCH} senza legami affettivi; {ELEMENTE, EREIGNISSE} scollegato **B** adv senza connessione (-i)/legame (i): **die einzelnen Kapitel des Buches folgen** ~ **aufeinander**, i singoli capitoli del libro si susseguono senza connessioni/legami.
Beziȩhungsproblem n <*meist* pl> *fam* problema m di coppia.
beziȩhungsreich adj {THEMA} ricco di associazioni/collegamenti.
Beziȩhungsstress (a.R. **Beziȩhungsstreß**) m *fam* problemi m pl/casini m pl *fam* di rapporto.
beziȩhungsunfähig adj incapace di avere un rapporto di coppia.
beziȩhungsweise konj (Abk bzw.) **1** (*im anderen Fall*) rispettivamente, o ... o: **zwei Kollegen aus München** ~ **aus Berlin**, due colleghi rispettivamente di Monaco e di Berlino; **seine alten Bücher hat er verkauft** ~ **verschenkt**, i suoi vecchi libri li ha o venduti o regalati **2** (*oder aber*) oppure: **ich werde im August** ~ **September in Urlaub fahren**, andrò in vacanza ad agosto o settembre **3** (*genauer gesagt*) o meglio, cioè, più precisamente, anzi: **sie ist eine Freun-**

din ~ **Bekannte von mir**, è una mia amica ⌊o meglio⌋/[più precisamente]/[anzi] una mia conoscente.
bezifferbar adj {SCHADEN, VERLUST} valutabile, stimabile, calcolabile.
bezịffern <ohne ge-> **A** tr **1** (*nummerieren*) *etw* ~ numerare *qc* **2** (*geh schätzen*) *etw mit etw* (dat)/**auf etw** (akk) ~ {GEWINN, SCHADEN, VERLUST, VERMÖGEN} valutare *qc* (*in*) *qc*, stimare *qc* (*in*) *qc*, calcolare *qc* (*in*) *qc*: **der Schaden wird auf eine Million Euro beziffert**, il danno è valutato (in) un milione di euro **B** rfl *geh* (*sich belaufen auf*) *sich auf etw* (akk) ~ {BESUCHER, GEWINN, SCHADEN, TEILNEHMER, VERLUST, VERMÖGEN, ZAHL} ammontare *a qc*, ascendere *a qc rar*.
Bezịfferung <-, -en> f **1** (*das Beziffern*) {+SCHADEN, VERLUST} valutazione f, calcolo m, stima f **2** (*Zahlzeichen*) cifre f pl: **die gesamte** ~ **ist falsch**, le cifre sono tutte sbagliate.
Bezịrk <-(e)s, -e> m **1** (*Gebiet*) zona f, regione f, territorio m **2** (*Vertretungsgebiet*) zona f **3** adm (*Verwaltungsbezirk*) distretto m, circoscrizione f, circondario m; (*Regierungsbezirk*) ≈ provincia f; *A CH* (*der Gemeinde übergeordnetes Verwaltungsgebiet*) distretto m **4** jur circoscrizione f (giudiziaria) **5** (*Stadtbezirk*) quartiere m, rione m **6** (*Bereich*) settore m, campo m, ambito m, sfera f.
Bezịrksamt n adm (sede f del) consiglio m di quartiere.
Bezịrksbürgermeister m (**Bezịrksbürgermeisterin** f) (*in Berlin*) presidente m del consiglio m di quartiere.
Bezịrksebene f adm (*Stadtbezirksebene*) livello m di quartiere; (*regional*) livello m ⌊di distretto⌋/[distrettuale]: **auf ~**, *Stadtbezirksebene*) a livello di quartiere; (*regional*) a livello ⌊di distretto⌋/[distrettuale].
Bezịrksgericht n jur *A CH ostdt* → **Amtsgericht**.
Bezịrksklasse f sport, **Bezịrksliga** f sport ≈ promozione f.
Bezịrksparlament n pol (*in Berlin*) consiglio m di quartiere.
Bezịrksregierung f *A CH* adm amministrazione f regionale, ≈ governo m provinciale.
Bezịrksrichter m (**Bezịrksrichterin** f) jur *A CH ostdt* → pretore m.
Bezịrksspital n bes. *CH* → **Kreiskrankenhaus**.
Bezịrksstadt f adm → **Kreisstadt**.
Bezịrksverordnete <dekl wie adj> mf (*in Berlin*) consigliere m di quartiere.
Bezịrksverordnetenversammlung f pol → **Bezirksparlament**.
bezịrzen <ohne ge-> tr *fam jdn* ~ ammaliare *qu*; (*umgarnen*) irretire *qu*.
bezogen **A** part perf von **beziehen** **B** adj **1** (*in Bezug auf*) ~ **auf jdn/etw** riferito *a qu/qc* **2** bank trassato.
Bezogene <dekl wie adj> mf bank trattario (-a) m (f), trassato (-a) m (f).
Bezug① <-(e)s, Bezüge> m **1** (*Überzug*) rivestimento m, guarnizione f; (*Hülle*) fodera f **2** (*Kissenbezug*) federa f; (*Bettbezug*) copripiumino m **3** mus {+SAITENINSTRUMENTE} incordatura f.
Bezug② <-(e)s, Bezüge> m **1** <*nur* sing> com {+WARE} acquisto m; {+ZEITUNG} abbonamento m **2** <*nur* sing> (*das Erhalten*) {+LOHN, RENTE, SOZIALHILFE} percezione f, riscossione f **3** <*nur* pl>, *A auch* <*sing*> (*Einkünfte*) entrate f pl, reddito m; (*Gehalt*) stipendio m; (*Lohn*) salario m, paga f • **bei** ~ ⌊**von etw** (dat)⌋/[**einer S. (gen)**] com, acquistando *qc*.

Bezug³ <-(e)s, Bezüge> m (*Verbindung, Zusammenhang*): **zu jdm/etw keinen ~ (mehr) haben** *fam*, non avere (più) affinità con qu/qc; **den ~ zu etw** (dat) **herstellen**, fare riferimento a qc, trovare/stabilire un collegamento con qc; **in ~ auf jdn/etw**, riguardo/quanto a qu/qc, per quel che riguarda/concerne qu/qc; **mit/unter ~ auf etw** (akk) *adm com*, in/con riferimento a qc, in relazione a qc; **auf etw** (akk) **~ nehmen** *adm com*, riferirsi a qc; **den ~ zur Wirklichkeit verlieren**, perdere il contatto con la realtà.

bezüglich A *adj* (*sich beziehend auf*) **~ auf etw** (akk) concernente qc B *präp + gen form* (*Abk von* bzgl.) per quanto riguarda, quanto a: **~ Ihrer Anfrage** *form*, riguardo alla Sua domanda/richiesta.

Bezugnahme <-, *ohne pl*> f: **mit/unter ~ auf jdn/etw** *form*, in riferimento/relazione a qu/qc.

Bezugsbedingungen *subst* <*nur pl*> *com* {+Zeitung} condizioni f pl di abbonamento; {+Waren} condizioni f pl d'acquisto.

bezugsberechtigt *adj* 1 *Versicherung* ~ (**für etw** akk) {Ehefrau, Person} beneficiario (*di qc*) 2 ~ (**für etw** akk) {für Rente} percettore (*di qc*).

bezugsfertig *adj* {Haus, Wohnung} pronto per abitarci.

Bezugsgröße f valore m di riferimento.

Bezugsperson f *psych soziol* figura f/persona f di riferimento.

Bezugspreis m *com* prezzo m d'acquisto.

Bezugspunkt m (*räumlich*) punto m di riferimento; (*Orientierungsbasis*) punto m di riferimento.

Bezugsquelle f *com* fonte f d'acquisto.

Bezugsrahmen m quadro m di riferimento.

Bezugsrecht n *jur* diritto m di opzione.

Bezugsschein m buono m d'acquisto.

Bezugssystem n sistema m di riferimento.

Bezugsvertrag m *jur* contratto m di somministrazione.

bezuschussen <*ohne* ge-> tr *form* etw ~ {Projekt, Vorhaben} sovvenzionare qc.

Bezuschussung <-, -en> f *form* sovvenzionamento m.

bezwecken <*ohne* ge-> tr 1 (*bewirken*): etwas ~, servire a qualcosa, raggiungere un certo scopo; **nichts ~**, non servire a niente, essere inutile; **was soll das ~**, a che cosa serve?, che scopo ha? 2 (*beabsichtigen*) **etw** (**mit etw** dat) ~ mirare *a qc* (*con qc*), proporsi qc (con qc), avere per scopo qc: **was bezweckst du damit?**, dove vuoi andare a parare?

bezweifeln <*ohne* ge-> tr etw ~ {Absicht, Aussage} dubitare *di qc*, mettere in dubbio qc: **es ist nicht zu ~, dass ...**, non c'è dubbio che ... *konjv*: **~, dass ...**, dubitare che ... *konjv*.

bezwingen <*irr, ohne* ge-> A tr 1 (*besiegen*) **jdn** ~ {Feind, Gegner} sconfiggere *qu*, battere *qu*, piegare *qu*; *sport* vincere *qu*, sconfiggere *qu*, battere *qu*; (*unterwerfen*) {Volk} sottomettere *qu*, assoggettare *qu*, soggiogare *qu*; (*Herr werden über*) trionfare *su qu* 2 (*bewältigen*) **etw** ~ {Schwierigkeit} superare *qc*, vincere *qc*; {Gefühl, Leidenschaft} dominare *qc*, reprimere *qc*; {Festung} espugnare *qc*; (*körperlich*) {Berg, Pass, Strecke} conquistare *qc* B *rfl* **sich** ~ dominarsi, controllarsi.

BGB <-(s), *ohne pl*> n *Abk von* Bürgerliches Gesetzbuch: ≈ C.C. (*Abk von* Codice Civile).

BGH <-(s), -> m *Abk von* Bundesgerichtshof: ≈ C.C. (*Abk von* Corte di Cassazione).

BGS <-, *ohne pl*> m *Abk von* Bundesgrenzschutz: "Polizia f Federale di Frontiera".

BH <-(s), -(s)> m *fam Abk von* Büstenhalter: reggiseno m.

Bhagwan, Bhagvan <-s, *ohne pl*> m *relig* Bagwan m.

Bhagwananhänger m (**Bhagwananhängerin** f) *relig* seguace mf del Bagwan.

Bhf. *Abk von* Bahnhof: staz. (*Abk von* stazione).

bi *adj* <präd> *slang* bisex, bisessuale: **bi sein**, essere bisex/bisessuale.

Biafra <-s, *ohne pl*> n *geog* Biafra m.

Bianca f (*Vorname*) Bianca.

Biathlet m (**Biathletin** f) *sport* biathleta mf.

Biathlon <-s, *ohne pl*> n *sport* biathlon m.

bibbern *itr fam* 1 (*zittern*) tremare, avere la tremarella *fam*; (**vor etw** dat) ~ {Vor Angst, Kälte} tremare (*da/per/di qc*) 2 (*Angst haben*) (**um etw** akk) ~ {um sein Leben} temere (*per qc*).

Bibel <-, -n> f 1 (*Heilige Schrift*): **die ~**, la Bibbia, la Sacra Scrittura; **die ~ auslegen**, interpretare la Bibbia, fare un'esegesi biblica 2 *oft iron* (*persönlich wichtiges Buch*) bibbia f, vangelo m, autorità f indiscussa: **jds ~ sein** {Roman, philosophische oder politische Schriften}, essere la bibbia di qu.

Bibelauslegung f interpretazione f della Bibbia, esegesi f biblica.

bibelfest *adj* ferrato in materia di Bibbia.

Bibelspruch m detto m biblico.

Bibelstelle f passo m della Bibbia.

Bibelübersetzung f traduzione f della Bibbia.

Biber <-s, -> m 1 *zoo* castoro m 2 (*Pelz*) (pelliccia f di) castoro m.

Biberbau m tana f del castoro.

Biberpelz m (pelliccia f di) castoro m.

Biberratte f *zoo* nutria f, castorino m.

Biberschwanz m 1 (*Schwanz des Tieres*) coda f di castoro 2 *bau* (*Dachziegel*) embrice m.

Bibliografie <-, -n> f bibliografia f: **eine ausgewählte ~**, una bibliografia essenziale; **eine kommentierte ~**, una bibliografia ragionata; **eine ~ zu Hermann Hesse erstellen**, compilare una bibliografia su Hermann Hesse.

bibliografieren <*ohne* ge-> A tr *etw* ~ 1 (*in der Bibliografie verzeichnen*) {Buch, Titel, Werk} includere qc nella bibliografia 2 (*Verfasser, Erscheinungsjahr etc. feststellen*) individuare i dati bibliografici *di qc*, fare la bibliografia *di qc* B *itr* cercare ⌐indicazioni bibliografiche⌐/[dettagli bibliografici], compilare la bibliografia: **chronologisch/systematisch ~**, compilare la bibliografia in ⌐ordine cronologico⌐/[modo sistematico].

bibliografisch *adj* <attr> {Angaben, Daten, Recherchen, Verzeichnis} bibliografico.

Bibliographie f → Bibliografie.

bibliographieren <*ohne* ge-> tr itr → bibliografieren.

bibliographisch *adj* → bibliografisch.

bibliophil *adj* {Mensch} bibliofilo; {Ausgabe} per bibliofili.

Bibliophile <*dekl wie adj*> mf bibliofilo (-a) m (f).

Bibliophilie <-, *ohne pl*> f bibliofilia f.

Bibliothek <-, -en> f 1 (*Büchersammlung*) biblioteca f: **eine große ~ besitzen**, possedere una ricca biblioteca 2 (*Raum, Gebäude*) biblioteca f ● **öffentliche ~**, biblioteca pubblica.

Bibliothekar <-s, -e> m (**Bibliothekarin** f) (*Beruf*) bibliotecario (-a) m (f); *univ* studente (-essa) m (f) di biblioteconomia.

bibliothekarisch *adj* {Aufgabe, Tätigkeit} di bibliotecario.

Bibliotheksausweis m tessera f/tesserino m per la biblioteca.

Bibliotheksbenutzer m (**Bibliotheksbenutzerin** f) utente mf della/[di una] biblioteca.

Bibliotheksdienst <-(e)s, *ohne pl*> m servizio m in biblioteca: **~ haben** {Bibliotheksangestellte, Student}, essere di turno in biblioteca.

Bibliotheksgebäude n (edificio m della) biblioteca f.

Bibliothekssaal m sala f di lettura.

Bibliothekswesen n biblioteconomia f.

Bibliothekswissenschaft f biblioteconomia f.

biblisch *adj* 1 (*aus der Bibel*) biblico: **die Biblische Geschichte**, la storia sacra 2 (*sehr hoch*): **er hat ein ~es Alter**, ha l'età di Matusalemme.

Bidet <-s, -s> n bidè m.

Bidonville <-s, -s> n {+Rio de Janeiro} bidonville f.

bieder *adj* 1 *pej* (*spießig*) {Mensch} conformista, filisteo *obs*, borghesuccio, piccolo borghese; {Geschmack, Gesinnung, Kleidung} conformista, convenzionale, da piccolo borghese, da borghesuccio 2 *obs* (*rechtschaffen*) {Gesinnung, Leben, Mensch} bravo, onesto, probo.

Biederkeit <-, *ohne pl*> f 1 *pej* (*Spießbürgerlichkeit*) conformismo m, mentalità f piccolo borghese 2 *obs* (*Rechtschaffenheit*) onestà f, probità f, bravura f.

Biedermann <-(e)s, -männer> m *pej* borghesuccio m, piccolo borghese m, filisteo m *obs*.

Biedermeier <-(s), *ohne pl*> n *kunst* (stile m) Biedermeier m: **dieser Stuhl ist typisch(es) ~**, questa sedia è un tipico esempio di Biedermeier.

Biedermeiermöbel *subst* <*nur pl*> mobili m pl (in stile) Biedermeier.

Biedermeierstil m *kunst* (stile m) Biedermeier: **ein Tisch im ~**, un tavolo in stile Biedermeier.

Biedermeierzeit f *kunst* periodo m (del) Biedermeier.

biegen <biegt, bog, gebogen> A tr <haben> 1 (*ver-*) **etw** ~ {Blech, Draht, Stange} piegare qc; (*krümmen*) (in)curvare qc: **mit gebogenem Rücken**, con la schiena curva; **etw irgendwohin** ~ {Körperteil, Leib} piegare qc + *compl di luogo*: **den Kopf nach hinten** ~, piegare la testa all'indietro; **den Zweig zur Seite** ~, piegare il ramo di lato; **etw gerade ~** {Draht}, raddrizzare qc 2 *tech* etw ~ centinare qc B *itr* <sein> 1 (*in eine bestimmte Richtung gehen oder fahren*) **in etw** (akk) ~ {Fußgänger in eine Straße, einen Weg} (s)voltare/girare *in qc*: **in eine Seitenstraße ~**, girare/voltare in una strada laterale; {Auto, Fahr-, Motorrad} auch curvare *in qc*; **um etw** (akk) ~ {Auto, Fußgänger, Fahrrad, Motorrad} girare qc, voltare qc; **um die Ecke ~**, girare l'angolo 2 (*eine Biegung in eine bestimmte Richtung machen*) **irgendwohin** ~ {Straße, Weg} (s)voltare/curvare + *compl di luogo*: **die Straße biegt nach links**, la strada volta/curva a sinistra C *rfl* {sich krümmen} **sich** ~ piegarsi, curvarsi, flettersi; (*sich verziehen*) deformarsi: **der Baum bog sich unter der Last des Schnees**, l'albero si piegò/curvò sotto il peso della neve ● **auf Biegen oder Brechen** *fam* (*um jeden Preis*), a tutti i costi, cascasse il mondo *fam*;

auf Biegen oder Brechen etw durchsetzen wollen *fam*, voler ottenere qc ⌊a tutti i costi⌋/ [costi quel che costi]; **es geht auf Biegen oder Brechen** *fam* (*es geht hart auf hart*), è una lotta all'ultimo sangue; **sich vor Lachen ~** *fam*, sbellicarsi dalle risate *fam*.

biegsam *adj* **1** (*leicht zu biegen*) {DRAHT, MATERIAL, ROHR, STAB} flessibile, pieghevole; {BUCHEINBAND, HOLZ} pieghevole; {GELENKE, KÖRPER} flessuoso **2** (*fügsam*) {CHARAKTER, MENSCH} malleabile, duttile, flessibile.

Biegung <-, *-en*> *f* **1** (*das Biegen*) piegamento m **2** (*Gebogensein*) piegatura f, curvatura f **3** (*Kurve*) {+STRAßE} curva f, svolta f; {+WASSERLAUF} ansa f, meandro m **4** (*Krümmung*) {+WIRBELSÄULE} incurvamento m ● **eine ~ machen** (STRAßE, WASSERLAUF, WEG), svoltare, curvare.

Biel <-*s*, *ohne pl*> *n geog* Bienne f.

Biene <-, *-n*> *f zoo* ape f; (*männliche ~*) fuco m, pecchione m: **die ~n schwärmen/summen**, le api sciamano/ronzano; **~n züchten**, allevare le api, dedicarsi all'apicoltura ● **emsig/fleißig wie eine ~ sein** *fam* (*bes. von Frauen*), essere laborioso come una formica, essere operoso come un'ape; **eine flotte/kesse ~** *fam obs*, un bel bocconcino *fam*, un pezzo di figliola *fam*.

bienenfleißig *adj* {FRAU, MÄDCHEN} operoso come un'ape, alacre.

Bienengift *n* apina f, veleno m delle api *fam*.

Bienenhaus *n* apiario m.

Bienenhonig m miele m d'api.

Bienenkönigin f ape f regina.

Bienenkorb m arnia f (di paglia), bugno m ● **hier geht es zu wie in einem ~**, (qui) sembra d'essere in un alveare.

Bienenschwarm m sciame m d'api.

Bienenstich m **1** (*Stich einer Biene*) puntura f d'ape **2** *gastr* "dolce m ripieno di crema e ricoperto di mandorle".

Bienenstock m arnia f, alveare m.

Bienenvolk n società f delle api.

Bienenwabe f favo m.

Bienenwachs n cera f d'api.

Bienenzucht f apicoltura f.

Bienenzüchter m (**Bienenzüchterin** f) apicoltore (-trice) m (f).

Biennale <-, *-n*> *f film kunst* biennale f.

Bier <-(*e*)*s*, *-e oder bei Mengenangabe* -> n birra f: **~ ausschenken/brauen**, vendere/fare la birra; **helles/dunkles ~**, birra chiara/scura; **ein kleines/großes ~**, una birra piccola/grande; **~ vom Fass**, birra alla spina; **einen Kasten/Träger** *süddt* ~, una cassa di birra; **gehen wir auf ein ~ in die Kneipe?** *fam*, andiamo a berci una birretta al bar? ● **das ist (nicht) mein/dein/... ~!** *fam*, (questi) (non) sono cavoli miei/tuoi/... ! *fam*, (questo) (non) è affar mio/tuo/...!

Bierbauch m *fam* buzzo m *fam*, trippa f *fam*: **einen ~ haben**, avere il buzzo/la trippa; **einen ~ kriegen**, mettere su trippa.

Bierbrauer m (**Bierbrauerin** f) birraio (-a) m (f).

Bierbrauerei f fabbrica f di birra, birrificio m.

Bierbrauerin f → **Bierbrauer**.

Bierchen <-*s*, -> n dim *von* Bier *fam* **1** (*gut schmeckendes Bier*) birretta f *fam* **2** (*ein Glas Bier*) bicchiere m di birra, birretta f *fam*.

Bierdeckel m sottobicchiere m.

Bierdose f lattina f di birra.

Bierernst m *fam scherz* serietà f eccessiva.

Bierfass (a.R. Bierfaß) n botte f/da di birra.

Bierfilz m → **Bierdeckel**.

Bierflasche f bottiglia f di birra.

Biergarten m birreria f all'aperto.

Bierglas n bicchiere m da birra.

Bierhefe f lievito m di birra.

Bierkasten m cassa f di birra.

Bierkeller m **1** (*Lager*) cantina f per la birra **2** (*Lokal*) birreria f.

Bierkrug m boccale m da birra.

Bierlaune f *fam*: ⌊in einer ~⌋/[aus einer ~ heraus], quasi per gioco; **in ~ sein**, essere molto allegro.

Bierleiche f *fam* "persona f talmente ubriaca (di birra) che non riesce più a camminare".

Bierruhe f *fam* sangue m freddo, calma f imperturbabile: **eine (regelrechte) ~ haben** *fam*, essere (davvero) imperturbabile.

Bierschinken m *gastr* "salume m con grossi pezzi di carne".

Biertrinker m (**Biertrinkerin** f) bevitore (-trice) m (f) di birra.

Bierzelt n birreria f sotto un tendone.

Biese <-, *-n*> f **1** (*Besatz*) passamano m **2** (*Fältchen*) nervatura f **3** (*Ziernaht*) {+SCHUH} costura f ornamentale.

Biest <-(*e*)*s*, *-er*> n *fam pej* **1** (*Tier*) bestia f, bestiaccia f *fam* **2** (*Mensch*) carogna f *fam* ● **ein süßes ~** *fam* (*verführerische junge Frau*), un bocconcino appetitoso *fam*.

biestig *adj fam pej* **1** (*gemein*) {MENSCH, REAKTION} meschino, vile **2** (*übel*) {KÄLTE, WETTER} bestiale, micidiale.

bieten <*bietet, bot, geboten*> Ⓐ tr **1** (*an~*) (*jdm*) **etw ~** {GELD, SONDERANGEBOT} offrire qc (*a qu*): **er hat 50 Euro für das Bild geboten**, ha offerto 50 euro per il quadro **2** (*geben*) (*jdm*) **etw ~** {ANLASS, ASYL, CHANCE, GELEGENHEIT, GEWÄHR, MÖGLICHKEIT, SCHUTZ, SICHERHEIT, UNTERKUNFT} dare qc (*a qu*), offrire qc (*a qu*) **3** (*aufweisen*) (*jdm*) **etw ~** {KOMFORT, LUXUS, QUALITÄT} offrire qc (*a qu*); {PROBLEM, SCHWIERIGKEIT, VORTEIL} (rap)presentare qc (*per qu*) **4** (*zeigen*) (*jdm*) **etw ~** {ANBLICK, BILD, SCHAUSPIEL} presentare qc (*a qu*), offrire qc (*a qu*); {NERVENKITZEL, SENSATIONEN} procurare qc (*a qu*); **etw ~** *film theat TV* {FILM, THEATERSTÜCK} presentare qc, dare qc **5** (*dulden*) **sich (dat) etw ~ lassen**, tollerare qc, sopportare qc; **sich (dat) etw nicht ~ lassen**, non tollerare/sopportare qc; **sich (dat) alles ~ lassen**, incassare tutto *fam* Ⓑ itr (*bes. bei Versteigerung*) **(für/auf etw akk) ~** fare un'offerta *per* qc; **wer bietet mehr?**, chi offre di più?; **höher ~ als jd**, fare un'offerta maggiore di qu Ⓒ rfl **1** (*sich an~*) **sich (jdm) ~** (*Chance, Gelegenheit, Lösung, Möglichkeit*) offrirsi (*a qu*), presentarsi (*a qu*), prospettarsi (*a qu*) **2** (*sich darbieten*) **sich jdm/etw ~** {ANBLICK, SCHAUSPIEL} presentarsi a qu/qc ● **allerhand/vieles/... zu ~ haben**, avere parecchio/molto/qualcosa/... da offrire; **nichts zu ~ haben**, non avere niente da offrire.

Bieter <-*s*, -> m (**Bieterin** f) offerente mf.

Bietungsgarantie f *ökon* bid bond m.

Bifokalbrille f occhiali m pl con lenti bifocali.

Bifokalglas n lente f bifocale.

Bigamie <-, *-n*> f *jur* bigamia f: **in ~ leben**, essere bigamo.

bigamisch *adj* → **bigamistisch**.

Bigamist <*-en*, *-en*> m (**Bigamistin** f) bigamo (-a) m (f).

bigamistisch *adj* bigamo.

Big Bang <-*s*, *-s*> m big bang m.

Big Business <-*s*, *ohne pl*> n **1** (*Welt der Großunternehmer*) mondo m ⌊dei grandi affari⌋/[del grande business] **2** (*gu-*tes Geschäft) buon/grosso affare m, bel business m *slang*.

bigott *adj* bigotto.

Bigotterie <-*s*, *-n*> f **1** (*nur sing*) (*Frömmelei*) bigottismo m, bigotteria f, bacchettoneria f **2** (*bigotte Handlung*) bigotteria f, bacchettoneria f.

Bikarbonat <-(*e*)*s*, *-e*> n *chem* bicarbonato m.

Bike <-*s*, *-s*> n (*Fahrrad*) bici f; (*Mountainbike*) mountain bike f; (*kleines Motorrad*) moto f.

Biker <-*s*, -> m (**Bikerin** f) (*Radfahrer*) ciclista mf; (*Mountainbiker*) mountainbiker mf; (*Motorradfahrer*) biker mf, motociclista mf.

Bikini <-*s*, *-s*> m bikini® m, due pezzi m.

bikonkav *adj opt* {LINSE} biconcavo.

bikonvex *adj opt* {LINSE} biconvesso.

bilabial *adj ling* {KONSONANT, LAUT} bilabiale.

Bilabial m *ling* (consonante f) bilabiale f.

Bilanz <-, *-en*> f **1** *com* bilancio m, stato m patrimoniale **2** *ökon* {+AUßENHANDEL} bilancia f **3** <*nur sing*> (*Fazit*) bilancio m, consuntivo m, valutazione f: **eine erfreuliche ~**, un bilancio soddisfacente; **eine erschütternde/traurige ~**, un ⌊bilancio sconvolgente⌋/[triste bilancio] ● **aktive/passive ~** *com*, bilancio attivo/passivo; **eine ~ aufstellen** *com*, fare/compilare un bilancio; **die ~ ist ausgeglichen** *com*, il bilancio è in parità; **die ~ frisieren** *com*, ritoccare/truccare il bilancio; **~ machen** *fam* (*seine finanziellen Mittel überprüfen*), controllare/verificare lo stato delle proprie finanze; **positive/negative ~**, bilancio positivo/negativo; **(die) ~ (aus etw dat) ziehen**, fare il bilancio (di qc), tirare le somme/fila (di qc).

Bilanzbuchhalter m (**Bilanzbuchhalterin** f) ragioniere (-a) m (f), contabile mf.

Bilanzbuchhaltung f *ökon* contabilità f di bilancio.

Bilanzfälschung f *jur* falso m in bilancio: **sich wegen ~ verantworten müssen**, rispondere di falso in bilancio.

bilanzieren <*ohne ge->* Ⓐ tr **1** *com ökon* **etw ~** {AKTIVA UND PASSIVA, EINNAHMEN UND AUSGABEN} mettere in bilancio qc, mettere qc in bilancio **2** (*Überblick geben*) **etw ~** fare il bilancio *di* qc, fare il punto *su* qc Ⓑ itr **1** *com ökon* (*eine Bilanz aufstellen*) fare/compilare il bilancio **2** (*sich ausgleichen*) essere in pareggio, bilanciarsi.

Bilanzierung <-, *-en*> f (*das Aufstellen einer Bilanz*) redazione f/revisione f del bilancio; (*das Eintragen in die Bilanz*) {+POSTEN} iscrizione f in bilancio.

Bilanzprüfer m (**Bilanzprüferin** f) revisore m dei conti.

Bilanzprüfung f certificazione f del bilancio, giudizio m sul bilancio (di esercizio).

Bilanzsumme f *ökon* totale m di bilancio.

bilateral *adj bes. pol* {GESPRÄCH, VERHANDLUNG, VERTRAG} bilaterale.

Bild <-(*e*)*s*, *-er*> n **1** immagine f; *film TV* immagine f **2** (*Fotografie*) fotografia f **3** *inform* immagine f **4** *bes. kunst* (*Gemälde*) dipinto m, quadro m, pittura f; (*Bildnis*) ritratto m; (*Abbildung*) illustrazione f, figura f **5** (*Spiegelbild*) immagine f **6** (*auf Spielkarten*) figura f; (*auf Münzen*) effigie f **7** (*Anblick*) vista f, immagine f, panorama m, scena f, spettacolo m: **diese Hochhäuser sind sicher keine Bereicherung für das ~ der Stadt**, questi grattacieli non arricchiscono certo il panorama della città; **ein hübsches/abscheuliches/seltsames/... ~ bieten** *form*, essere/offrire uno spettacolo grazioso/orribile/singolare/

... **8** *bes. lit* (*Sinnbild*) immagine f; (*Metapher*) metafora f **9** (*Götzenbild*) idolo m **10** (*Vorstellung*) idea f **11** *theat* quadro m ● **etw im ~ festhalten**, fissare qc in un'immagine; **ein ~ für (die) Götter (sein)** *fam scherz*, (essere) uno spettacolo unico/divertentissimo, (essere) una scena comicissima; **ein ~ des *Jammers* bieten** *geh*, offrire una scena desolante; **sich (dat) von jdm/etw ein ~ machen**, farsi un'idea di qu/qc; **sich (dat) von etw (dat) kein ~ machen**, non immaginarsi qc, non farsi un'idea di qc; **du machst dir kein ~ davon!**, non puoi immaginartelo!; **ein ~ von einem *Mädchen*/einer *Frau* (sein)**, (essere) una ragazza/donna straordinariamente bella; **(das ist) ein *schwaches ~!*** *fam* (*das ist eine miserable Leistung*), ma è una cosa pietosa! *fam*; **(über jdn/etw) im ~e sein**, essere informato (su qu)/[su/di qc]), vederci chiaro (in qc), essere al corrente (di qc); **jetzt bin ich im ~e**, adesso ci vedo chiaro; **jdn (über jdn/etw) ins ~ setzen**, informare qu (su qu/qc).

Bildarchiv n archivio m fotografico, fototeca f.

Bildatlas m atlante m illustrato.

Bildauflösung f *fot inform TV* definizione f/risoluzione f (dell'immagine).

Bildausfall m *TV* scomparsa f dell'immagine.

Bildausschnitt m *film* inquadratura f: **im oberen/unteren ~**, nella parte ₁superiore/alta₁/[inferiore/bassa] dell'inquadratura.

Bildband m volume m illustrato.

Bildbeilage f supplemento m illustrato.

Bildbericht m *journ* servizio m fotografico, fotoreportage m, fotocronaca f.

Bilddatei f *inform* file m immagine.

Bilddokument n foto(grafia) f/illustrazione f/quadro m di valore documentario.

bilden **A** tr **1** (*hervorbringen*) **etw ~** {BLÄSCHEN, ROST, RÖTUNG, SCHAUM, SCHWELLUNG} formare qc, fare qc; {HORMON, GALLEN-, NIERENSTEIN} produrre qc; *bot* {ABLEGER, BLATT, BLÜTE, KNOSPEN, TRIEBE, WURZEL} mettere qc, fare qc; *chem* {GAS, CHEMISCHE VERBINDUNG} formare qc **2** (*gestalten*) **etw (aus etw dat) ~** {FIGUR, MASKE} plasmare qc (*in qc*), modellare qc (*in qc*) **3** *gram* **etw (aus etw dat) ~** {SATZ, WORT} formare qc, comporre qc **4** *pol* (*zusammenstellen*) **etw ~** {AUSSCHUSS, KABINETT, KOMITEE, REGIERUNG} costituire qc, formare qc **5** *ökon* (*ansammeln*) **etw ~** {FONDS, ÜBERSCHUSS, VERMÖGEN} creare qc, costituire qc **6** (*darstellen*) **etw ~** {ARBEITSGRUPPE, GEMEINDE, LAND, STAAT, TEAM} creare qc, costituire qc, formare qc; {GEOMETRISCHE FIGUR, EIN GANZES} formare qc; {AUSNAHME, GEFAHR, HÖHEPUNKT, PROBLEM, REGEL} costituire qc, rappresentare qc **7** (*aus-, erziehen*) **jdn ~** educare qu, istruire qu; **etw ~** {CHARAKTER, GEIST, VERSTAND} formare qc, educare qc, plasmare qc **B** itr ~ {KONTAKTE, REISEN} essere istruttivo, istruire **C** rfl **1** (*entstehen*) **sich ~** {GAS, GIFT, CHEMISCHER STOFF, STOFFWECHSELPRODUKT} formarsi, svilupparsi; *bot* {ABLEGER, BLATT, BLÜTE, FRUCHT, KNOSPE, TRIEB} crescere, formarsi **2** (*sich Bildung verschaffen*) **sich ~** farsi una cultura, formarsi; (*lernen*) istruirsi **3** (*zu etw kommen*) **sich (dat) etw ~**: **sich eine Meinung (über jdn/etw) ~**, formarsi/farsi un'opinione (₁di qu₁/[su qc]); **sich ein Urteil (über jdn/etw) ~**, farsi un giudizio (₁di qu₁/[su qc]).

bildend adj **1** (*erzieherisch*) {VORTRAG, WERK} istruttivo, educativo, formativo: **der Besuch des Museums war außerordentlich ~**, la visita al museo è stata estremamente istruttiva; **allgemein ~** {SCHULE}, che dà una formazione generale **2** (*schöpferisch*) creativo ● **die ~en Künste**, le arti figurative.

Bilderbogen m foglio m illustrato.

Bilderbuch m libro m illustrato ● **... wie im ~**, ... da manuale, esemplare; **eine Flugzeuglandung wie im ~**, un atterraggio da manuale; **eine Landschaft wie im ~!**, un paesaggio che sembra dipinto.

Bilderbuchehe f matrimonio m ₁da manuale₁/[perfetto].

Bilderbuchkarriere f carriera f esemplare.

Bilderbuchwetter n tempo m ₁da favola₁/[meraviglioso].

Bildergeschichte f → **Bildgeschichte**.

Bilderrahmen m cornice f.

Bilderrätsel n rebus m.

Bilderschrift f scrittura f pittografica, pittografia f.

Bildersturm m *hist* iconoclastia f.

Bildfernsprecher m *form tel* videotelefono m.

Bildfläche f *film* schermo m ● (*plötzlich*) **auf der ~ erscheinen** *fam*, entrare (improvvisamente) in scena, apparire/comparire (improvvisamente); **von der ~ verschwinden** *fam*, scomparire (dalla scena), eclissarsi, volatilizzarsi *fam*.

Bildfolge f **1** *film TV* sequenza f **2** (*Reihe von Bildern*) successione f/sequenza f di immagini.

Bildfrequenz f *film TV* frequenza f d'immagine.

Bildgeschichte f fumetti m pl.

bildhaft **A** adj **1** *lit* (*metaphorisch*) {AUSDRUCK, SPRACHE, STIL} metaforico **2** (*anschaulich*) {BESCHREIBUNG} plastico **B** adv **1** (*mit Metaphern*) {SICH AUSDRÜCKEN, SPRECHEN} per metafore/immagini **2** (*anschaulich*) {BESCHREIBEN} con plasticità ● **das kann ich mir ~ vorstellen**, è come se lo vedessi.

Bildhauer <-s, -> m (**Bildhauerin** f) scultore (-trice) m (f).

Bildhauerei <-, ohne pl> f scultura f.

Bildhauerin f → **Bildhauer**.

bildhübsch adj bellissimo, stupendo.

Bildlaufleiste f *inform* barra f di scorrimento, scroll bar f.

bildlich **A** adj <attr> figurato, simbolico, metaforico: **~er Ausdruck**, espressione metaforica, metafora; **~e Darstellung**, rappresentazione figurata, raffigurazione **B** adv in senso figurato/metaforico, metaforicamente: **~ gesprochen**, parlando per metafore.

Bildlichkeit <-, ohne pl> f metaforicità f.

Bildmaterial n *bes. Verlag* materiale m illustrativo, illustrazioni f pl; (*Fotos*) materiale m fotografico, documentazione f fotografica.

Bildmischer <-s, -> m (**Bildmischerin** f) *TV* tecnico (-a) m (f) del missaggio/mixage.

Bildnis <-ses, -se> n *geh* **1** (*Porträt*) ritratto m **2** (*auf Münzen*) effigie f.

Bildplatte f videodisco m.

Bildplattenspieler m lettore m/riproduttore m di videodischi.

Bildpunkt m *inform* pixel m.

Bildqualität f **1** *film TV* qualità f dell'immagine **2** *fot* qualità f della stampa.

Bildredakteur m (**Bildredakteurin** f) *Verlag* iconografo (-a) m (f) (editoriale).

Bildreportage f documentario m/servizio m fotografico, fotocronaca f.

Bildröhre f *TV* cinescopio m, tubo m catodico.

Bildschärfe f *fot TV* definizione f/nitidezza f dell'immagine.

Bildschärferegler m *TV* regolatore m di sincronismo.

Bildschirm m **1** *TV* (tele)schermo m: **am/vor dem ~ sitzen** *fam*, stare (davanti) alla televisione, guardare la televisione **2** *inform* schermo m (video), video m, monitor m: **flimmerfreier/strahlungsarmer ~**, schermo ₁senza sfarfallamento₁/[a bassa emissione di radiazioni].

Bildschirmabstrahlung <-, ohne pl> f *inform* radiazioni f pl dello schermo.

Bildschirmarbeit f *inform* lavoro m al terminale.

Bildschirmarbeitsplatz m *inform* stazione f di lavoro, workstation f.

Bildschirmgeneration f *inform* generazione f di monitor: **eine neue ~ kommt auf den Markt**, una nuova generazione di monitor arriva sul mercato.

Bildschirmgerät n *inform* visualizzatore m, display m.

Bildschirmschoner m *inform* salvaschermo m, screen saver m.

Bildschirmseite f *inform* pagina f videotel.

Bildschirmtext m *TV* (Abk Btx) Videotex® m; (*in Italien*) Videotel® m.

Bildschirmzeitung f *TV* teletext m; (*in Italien*) televideo m.

bildschön adj bellissimo.

Bildstörung f *TV* disturbo m (dell'immagine).

Bildsuchlauf m avanzamento m rapido.

Bildtafel f *Verlag* tavola f.

Bildtelefon (a.R. Bildtelephon) n *tel* videotelefono m.

Bildtext m *Verlag* didascalia f, leg(g)enda f.

Bildung① <-, -en> f **1** <nur sing> (*Hervorbringen*) formazione f, produzione f; *bot* formazione f, crescita f, sviluppo m **2** <nur sing> *gram ling* (*das Bilden*) formazione f **3** <nur sing> *pol* {+AUSSCHUSS, KABINETT, REGIERUNG} costituzione f, formazione f **4** <nur sing> *ökon* {+FONDS, ÜBERSCHUSS, VERMÖGEN} creazione f, costituzione f **5** <nur sing> (*Herausbildung*) {+MEINUNG, THEORIE} formazione f, formarsi m **6** (*Gebilde*) formazione f, creazione f **7** *gram ling* (*gebildete form*) forma f.

Bildung② <-, ohne pl> f **1** (*Erziehung*) educazione f, formazione f; (*das Gebildetsein*) cultura f; (*Allgemeinbildung*) cultura f generale; (*Wissen*) istruzione f, conoscenze f pl, cognizioni f pl; (*Gelehrsamkeit*) erudizione f: **höhere ~**, istruzione/educazione superiore; **ein Mann mit/von ~**, un uomo colto/istruito/[di cultura]; **ohne ~**, incolto; **politische ~**, educazione politica **2** (*~sprozess*) educazione f, formazione f.

Bildungsangebot n offerta f didattica.

Bildungsauftrag m compito m formativo/educativo.

bildungsbeflissen adj assetato di cultura, avido di sapere.

Bildungsbürger m (**Bildungsbürgerin** f) borghese mf colto (-a).

Bildungsbürgertum n borghesia f colta.

Bildungschancen subst <nur pl> possibilità f pl/opportunità f pl d'istruzione.

Bildungseinrichtung f ente m culturale.

Bildungsgrad m **1** livello m culturale **2** (*Schulbildung*) livello m d'istruzione.

Bildungsgut <-s, ohne pl> n {+EINZELNER} bagaglio m culturale; {+GEMEINSCHAFT} patrimonio m culturale.

Bildungshunger m sete f di cultura.

Bildungsideal n ideale m di cultura.

Bildungslücke f lacuna f culturale.

Bildungsminister m (**Bildungsministerin** f) *pol* ministro m dell'istruzione.
Bildungsministerium n *pol* ministero m dell'istruzione.
Bildungsniveau n livello m culturale.
Bildungsnotstand m stato m d'emergenza nel campo della cultura e dell'istruzione.
Bildungspolitik f politica f ₍dell'educazione₎/[educativa].
Bildungspolitiker m (**Bildungspolitikerin** f) politico m che si occupa di cultura e istruzione.
bildungspolitisch adj {Maßnahmen} di politica educativa/[dell'educazione].
Bildungsreform f riforma f dell'istruzione.
Bildungsreise f viaggio m culturale/[d'istruzione]/[di studio].
Bildungsroman m *lit* romanzo m ₍di formazione₎/[educativo], Bildungsroman m.
bildungssprachlich adj della lingua colta; {Ausdruck, Wort} colto.
Bildungsstand m grado m di istruzione/cultura.
Bildungssystem n sistema m educativo/[dell'istruzione].
Bildungsurlaub m **1** vacanze f pl culturali, vacanza studio f **2** *industr* permesso m retribuito per aggiornamento: **jeder Arbeitnehmer hat das Recht auf bis zu drei Tage ~ pro Jahr**, ogni lavoratore ha diritto a un massimo di tre giorni annui per frequentare corsi di aggiornamento (professionale).
Bildungsweg m iter m scolastico ● **der zweite ~**, le (scuole) superiori serali; **er hat sein Abitur auf dem zweiten ~ gemacht**, ha conseguito la maturità frequentando le (scuole) superiori serali.
Bildungswesen <-(e)s, ohne pl> n sistema m educativo, istruzione f.
Bildunterschrift f *Verlag* didascalia f, leg(g)enda f.
Bildwiederholungsfrequenz f *inform TV* frequenza f (di refresh).
Bildwörterbuch n *Verlag* dizionario m illustrato/visuale.
Bilge <-, -n> f *naut* sentina f.
Bilharziose <-, -n> f *med* bilharziosi f, schistosomiasi f.
bilingual adj *form* {Kind} bilingue.
bilinguisch adj *form* {Text} bilingue.
Billard <-s, -e> n biliardo m: **~ spielen**, giocare a biliardo.
Billardkugel f bi(g)lia f, palla f da biliardo.
Billardspiel n gioco m del biliardo.
Billardstock m stecca f da/del biliardo.
Billardtisch m (tavolo m da) biliardo m.
Billeteur[①] <-s, -e> m (**Billetteuse** <-, -n> f) *CH obs* (*Schaffner*) bigliettaio (-a) m (f), controllore m.
Billeteur[②] <-s, -e> m (**Billeteurin** f) *A* (*Platzanweiser*) maschera f.
Billett <-(e)s, -s oder -e> n **1** *A* (*Briefchen*) biglietto m **2** *CH* (*Fahrkarte*) biglietto m; (*Eintrittskarte*) biglietto m d'ingresso.
Billiarde <-, -n> f quadrilione m.
billig adj **1** (*nicht teuer*) conveniente, a buon mercato, economico; {Preis, Tarif} modico, basso: **für ~ es Geld kaufen**, a/per due soldi/lire *fam*; **~er werden**, diminuire di prezzo **2** *pej* (*minderwertig*) {Kram, Ware, Zeug} scadente **3** *pej* (*primitiv*) {Ausrede, Masche, Trick} meschino; {Trost} magro **4** *obs* (*angemessen*) ragionevole, equo, giusto ● **~ abzugeben** (*in Annoncen*), occasione, ce-

desi a prezzo d'occasione; **~ (ein)kaufen**, acquistare a buon mercato, comprare bene/[a poco].
Billiganbieter m *industr* fornitore m di merci a buon mercato.
Billigangebot n offerta f speciale.
Billigcomputer m *pej* computer m economico.
billigen tr *etw* ~ approvare qc: **etw stillschweigend ~**, approvare tacitamente qc.
Billigflagge f *naut pej* bandiera f ombra/[di comodo].
Billigflieger m *aero* **1** (*Fluggesellschaft*) compagnia f low cost **2** (*Flugzeug*) aereo m di una compagnia low cost.
Billigflug m volo m economico/[a basso costo]/[low cost].
Billigfluglinie f compagnia f (aerea) ₍a basso costo₎/[low cost].
Billigjob m lavoro m sottopagato.
Billigkram m *fam* robaccia f.
Billiglohn m salario m (estremamente) basso, stipendio m da fame *fam*.
Billiglohnland, **Billigland** n *com* "paese m con bassi costi di produzione".
Billignummer f *tel* "prefisso m per effettuare telefonate a basso costo".
Billig-PC m → **Billigcomputer**.
Billigpreis m *com* prezzo m stracciato.
Billigprodukt n prodotto m a basso costo.
Billigtarif m tariffa f ridotta ● **zum ~** {Fliegen, Reisen, Telefonieren}, a tariffa ridotta; {Einkaufen}, a poco.
Billigung <-, ohne pl> f approvazione f, accettazione f: **jds ~ finden**, incontrare/riscuotere l'approvazione di qu.
Billigware f <meist pl> merce f economica.
Billion <-, -en> f bilione m.
bim bam interj din don!
Bimbam <-s, ohne pl> m: **(ach, du) heiliger ~!** *fam*, santo cielo! *fam*.
Bimbes <-, ohne pl> m oder n *region* denaro m, soldi m pl.
Bimbo <-s, -s> m *slang pej* (*Schwarzer*) negraccio m *pej*, muso m nero m *pej*.
Bimetall n *tech* bimetallo m.
Bimetallismus m *ökon* bimetallismo m.
Bimetallstreifen m *tech* → **Bimetall**.
bimmeln itr *fam* {Glocke} suonare; {Telefon} *auch* squillare.
Bims <-es, -e> m, **Bimsstein** m (pietra f) pomice f.
bin 1. pers sing präs *von* sein[②].
binär adj binario.
Binärcode, **Binärkode** m *inform* codice m binario.
Binärsystem n *inform math* sistema m binario.
Binärzahl f *inform* numero m binario.
Binärzeichen n *inform* carattere m binario.
Binärziffer f *inform* cifra f binaria.
Binde <-, -n> f **1** *med* benda f, fasciatura f: **elastische ~**, benda elastica; (*Schlinge*) cappio m; (*Monatsbinde*) assorbente m (igienico) **2** (*Band*) nastro m, fascia f; (*Armbinde*) fascia f, bracciale m; (*Augenbinde*) benda f ● **sich (dat) einen hinter die ~ gießen/kippen** *fam*, bersi/farsi un bicchierino *fam*.
Bindegewebe n *anat* tessuto m connettivo.
Bindegewebsmassage f massaggio m connettivale.
Bindegewebsschwäche <-, ohne pl> f *med* debolezza f del tessuto connettivo.
Bindeglied n anello m di congiunzione,

trait d'union m.
Bindehaut f *anat* congiuntiva f.
Bindehautentzündung f *med* congiuntivite f.
Bindemittel n **1** *industr* legante m **2** *gastr* legante f.
binden <bindet, band, gebunden> **A** tr **1** (*zusammen~*) *etw* ~ legare qc (insieme); (*durch Bündel*) riunire qc in fasci; {Besen, Bürste, Garbe} fare qc; (*durch Knoten*) {Krawatte, Schleife} annodare qc; {Schnürsenkel, Schuhe} allacciare qc: **Blumen zu einem Strauß ~**, fare/comporre un mazzo di fiori **2** (*fesseln*) **jdn/etw** (**an etw** akk) **~** {Mensch, Tier an einen Baum, Pfahl, Posten} legare qu/qc (a qc), incatenare qu/qc (a qc); **jdm etw ~** {Einem Gefangenen die Hände, Füße} legare qc a qu, incatenare qc a qu: **jdm die Hände auf den Rücken ~**, legare a qu le mani dietro la schiena; **ans Haus gebunden sein**, essere confinato in casa **3** (*befestigen*) **etw an etw** (dat) **~** {Boot an einen Pflock} legare qc a qc, attaccare qc a qc, fissare qc a qc; **etw um etw** (dat) **~** {Schal um den Hals, Tuch um den Kopf} legare qc a qc, mettere qc intorno a qc **4** (*zusammenhalten*) **etw** ~ *gastr* {Mehl, Stärke} legare qc: **eine Soße mit Mehl ~**, legare una salsa con della farina; *bau* connettere qc, legare qc **5** (*mit Einband versehen*) **etw** ~ {Buch, Zeitschrift} rilegare qc: **etw zum Binden geben** {Buch, Zeitschrift}, far rilegare qc; **das Album in Leder ~**, rilegare l'album in pelle **6** (*absorbieren*) **etw** ~ {Regen, Wasser Staub} assorbire qc; {Geldmittel} impegnare qc, vincolare qc **7** (*verpflichten*) **jdn** ~ {Versprechen, Vertrag} legare qu, vincolare qu: **jdn an einen Vertrag ~**, vincolare qu con un contratto; (*emotional ~*) **jdn an jdn/etw ~** {An eine Person, eine Stadt} legare qu a qu/qc; **nichts mehr bindet mich an** ₍diesen Ort₎/[diese Person], più niente mi lega a ₍questo luogo₎/[questa persona] **8** *ling mus* ~ {Akkorde, Töne} legare qc: **etw gebunden spielen** {Noten}, suonare qc legato (-a) **B** itr **1** (*verbindend sein*) legare: **ein Haustier bindet**, gli animali domestici legano **2** (*festhalten*): **gut ~** {Klebstoff, Zement}, avere una buona presa **C** rfl **1** (*sich emotional ~*) **sich** (**an jdn**) **~** {An eine Frau, einen Mann, Partner} legarsi (a qu), impegnarsi (con qu): **sie ist schon gebunden**, è già impegnata; **er will sich noch nicht endgültig ~**, non vuole ancora legarsi definitivamente **2** (*sich verpflichten*) **sich** (**an jdn/etw**) **~** {An eine Firma, einen Geschäftspartner} impegnarsi (con qu/in qc); **sich durch etw** (akk)/**mit etw** (dat) **~** {Durch ein Versprechen, eine Zusage, mit einem Eid} vincolarsi con qc **3** (*zusammen~*) **sich** (dat) **etw ~** {Schnürsenkel} allacciarsi qc: **sich die Krawatte ~**, farsi un nodo alla cravatta **4** (*sich etw um~*) **sich** (dat) **etw um etw** (akk) **~** legarsi qc intorno a qc, mettersi qc intorno a qc: **sich** (dat) **ein Tuch um den Hals ~**, mettersi un foulard al collo.
bindend adj impegnativo, vincolante: **~ sein**, essere vincolante, far testo; **~en Charakter haben** *jur* {Abkommen, Regelung, Vertrag}, ₍avere carattere₎/[essere di natura] vincolante.
Binder <-s, -> m **1** *obs* (*Schlips*) cravatta f **2** (*Bindemittel für Farben*) legante m.
Binde-s n *ling* esse f *oder* m di congiunzione.
Bindestrich m *gram* trattino m (corto), lineetta f.
Bindewort <-(e)s, Bindewörter> n *gram* congiunzione f.
Bindfaden m spago m ● **es regnet Bindfäden** *fam*, piove a dirotto.

Bindung <-, -en> f **1** (*Verbundenheit*) ~ (**an** jdn/etw/zu jdm/etw) legame m (*con qu/qc*), vincolo m (*con qu*), attaccamento m (*a qu/qc*): (**mit jdm**) **eine ~ eingehen**, stringere un legame (con qu), iniziare un rapporto (con qu) **2** (*Verpflichtung*) obbligo m, impegno m, vincolo m: **vertragliche ~**, vincolo/obbligo contrattuale **3** (*Skibindung*) attacchi m pl: **die ~ einstellen**, regolare gli attacchi **4** *chem phys* legame m **5** *text* armatura f.
Bindungsangst f *psych* paura f dei legami (affettivi).
bingo interj *fam*: (**alles**) ~!, (tutto) ok!
binnen präp + dat *oder* gen entro, fra, nello spazio di, nel giro di: **~ dieser Frist**, entro questa scadenza; **~ Jahresfrist**, entro la fine dell'anno; **~ kurzem**, fra poco/breve; **~ 48 Stunden**, entro 48 ore.
binnendeutsch adj {AUSDRUCK, WORT} usato in Germania; {DIALEKT, SPRACHE} parlato in Germania.
Binnenfischerei f pesca f in acqua dolce.
Binnengewässer n acque f pl interne.
Binnenhafen m porto m interno/fluviale.
Binnenhandel m *com* commercio m interno/nazionale.
Binnenland n interno m, entroterra m.
Binnenmarkt m *com* mercato m interno/nazionale: **Europäischer ~**, mercato unico europeo.
Binnenmeer n mare m interno.
Binnenreim m *poet* rima f interna, rimalmezzo f.
Binnenschifffahrt f navigazione f interna/fluviale.
Binnensee m lago m interno/chiuso.
Binnenverkehr m traffico m interno/nazionale.
Binom <-s, -e> n *math* binomio m.
binomisch adj *math* {AUSDRUCK, LEHRSATZ} binomio.
Binse <-, -n> f *bot* giunco m • **in die ~n gehen** *fam*, andare a monte *fam*/rotoli *fam*.
Binsenwahrheit f, **Binsenweisheit** f verità f lapalissiana/evidente.
bio adj *fam* bio(logico), di agricoltura biologica: **das ist alles bio!**, è tutto biologico/ecologico!
Bio <-, ohne pl> f *slang Schule* biologia f: **wen habt ihr in Bio?**, chi vi fa biologia? *fam*.
Bioabfall m → **Biomüll**.
bioaktiv adj *ökol* {WASCHMITTEL} biologico.
Bioarchitektur f bioarchitettura f.
Biobauer m (**Biobäuerin** f) bioagricoltore (-trice) m (f).
Biochemie f biochimica f.
Biochemiker m (**Biochemikerin** f) biochimico (-a) m (f).
biochemisch adj biochimico.
Biodiesel m biodiesel m.
Biodiversität <-, ohne pl> f biodiversità f.
biodynamisch adj *ökol* {ANBAUWEISE, LANDWIRTSCHAFT} biodinamico.
Bioenergetik <-, ohne pl> f *psych* bioenergetica f.
Bioenergie <-, -n> f bioenergia f.
Bioethik f bioetica f.
Biofeedback-Methode f *med* biofeedback m.
Biogas n biogas m.
Biogemüse n verdura f ˌ(di agricoltura) biologicaˌ/ˌproveniente da colture biologicheˌ, ortaggi m pl biologici.
Biogenese <-, ohne pl> f *biol* biogenesi f.
biogenetisch adj *biol* biogenetico.
Biograf <-en, -es> m (**Biografin** f) biografo

(-a) m (f).
Biografie <-, -n> f biografia f.
Biografin f → **Biograf**.
biografisch adj biografico.
Biograph m (**Biographin** f) → **Biograf**.
Biographie f → **Biografie**.
Biographin f → **Biograph**.
biographisch adj → **biografisch**.
Biohaus n casa f biologica/ecologica.
Bioindustrie f industria f di prodotti biologici.
Biojoghurt m *oder* A n yogurt m biologico.
Biokost f bioalimento m, alimento m biologico/biodinamico; (*Ernährung*) bioalimentazione f, alimentazione f biologica/biodinamica.
Biokraftstoff m biocarburante m.
Bioladen m negozio m di prodotti biologici/biodinamici.
Biolandwirtschaft f bioagricoltura f.
Biolebensmittel n alimento m biologico, bioalimento m.
Biologe <-n, -n> m (**Biologin** f) *wiss* biologo (-a) m (f); *univ* studente (-essa) m (f) di biologia: **studierte/diplomierte Biologin**, laureata/dottoressa in biologia; **promovierter ~**, dottore di ricerca in biologia.
Biologie <-, ohne pl> f **1** *wiss* biologia f: **allgemeine ~**, biologia generale **2** *Schule* biologia f: **sie hat in ~ eine zwei**, ha nove in biologia **3** *univ* biologia f: **einen Abschluss in ~ haben**, avere la laurea in biologia; **~ studieren**, studiare/fare *fam* biologia.
Biologiestudium n *univ* studi m pl di biologia: **ein abgeschlossenes ~**, la laurea in biologia.
Biologieunterricht m (*als Unterrichtsfach*) lezioni f pl di biologia; (*einzelne Unterrichtsstunde*) lezione f di biologia.
Biologievorlesung f *univ* (*eine Sitzung*) lezione f di biologia; (*gesamter Zyklus*) corso m di biologia: **eine ~ hören/besuchen**, ˌfrequentare un corsoˌ/ˌ[andare a lezione] di biologia.
Biologin f → **Biologe**.
biologisch adj biologico: **~ abbaubar**, biodegradabile.
biologisch-dynamisch adj → **biodynamisch**.
Biomasse <-, ohne pl> f *ökon* biomassa f.
Biomedizin f biomedicina f.
Biometrie <-, ohne pl> f *wiss*, **Biometrik** <-, ohne pl> f *wiss* biometria f.
biometrisch adj {DATEN, DATENERFASSUNG} biometrico.
Biomilch f latte m biologico/ˌproveniente da allevamenti biologiciˌ.
Biomüll m rifiuti m pl organici/biologici.
Bionik <-, ohne pl> f *wiss* bionica f.
Biophysik f biofisica f.
Bioprodukt n prodotto m biologico.
Biopsie <-, -n> f *med* biopsia f.
Biorestaurant n ristorante m biologico.
Biorhythmus m bioritmo m: **im/[nach dem] ~ leben**, vivere secondo il proprio bioritmo.
Biosphäre f biosfera f, ecosfera f.
Biotechnik f biotecnica f.
Biotechniker m (**Biotechnikerin** f) biotecnologo (-a) m (f).
biotechnisch adj biotecnologico.
Biotechnologie f biotecnologia f.
Bioterrorismus m bioterrorismo m.
Biotherapie f *med* bioterapia f.
biotisch adj biotico.

Biotonne f *ökol* cassonetto m/bidone m per i rifiuti organici.
Biotop <-s, -e> m *oder* n *ökol* biotopo m.
Biotreibstoff m → **Biokraftstoff**.
Biowaffe f <*meist* pl> arma f biologica
Biowaschmittel n *ökol* detersivo m biologico.
Biowissenschaft f <*meist* pl> scienza f biologica.
BIP <-, ohne pl> n *ökon Abk von* Bruttoinlandsprodukt: PIL m (*Abk von* Prodotto Interno Lordo).
bipolar adj bipolare • **~e Störung** *med psych*, disturbo bipolare, psicosi maniaco-depressiva.
Bipolarität <-, ohne pl> f bipolarismo m.
Birchermüesli <-s, -> n *CH*, **Birchermüsli** <-s, -> n *gastr* müsli m, muesli m.
Birgit, **Birgitta** f (*Vorname*) Brigita.
birgt 3. *pers sing präs von* bergen.
Birke <-, -n> f *bot* **1** (*Baum*) betulla f **2** (~*nholz*) (legno m di) betulla f.
Birkenholz n legno m di betulla.
Birkenstocksandale® f (sandalo m) Birkenstock® f.
Birkenstockschuh® m (scarpa f) Birkenstock® f.
Birkenwald m bosco m di betulle.
Birkhahn m *ornith* fagiano m di monte.
Birkhuhn n *ornith* fagiano m di monte (femmina).
Birma <-s, ohne pl> n *geog hist* Birmania f.
Birmane <-n, -n> m (**Birmanin** f) *hist* birmano (-a) m (f).
birmanisch adj *hist* birmano.
Birnbaum m *bot* **1** (*Baum*) pero m **2** (~*holz*) (legno m di) pero m: **Möbel aus ~**, mobili di pero.
Birne <-, -n> f **1** (*Frucht*) pera f **2** *el* lampadina f **3** *fam* zucca f *fam* • **eine weiche ~ haben** *fam*, avere la zucca vuota *fam*.
birnenförmig adj a (forma di) pera.
birst 2. *und* 3. *pers sing präs von* bersten.
bis A präp + akk **1** (*zeitlich und räumlich*) fino a, sino a: **bis jetzt**, finora, fino ad adesso/ora; **bis wann?**, fino a quando?; **bis Rom**, fino a Roma; **bis wo/wohin?**, fino a dove?; **bis Seite 20**, fino a pagina 20; **von ... bis ...**, da ... a...; **von Anfang bis Ende**, dal principio alla fine; **von 5 bis 6 (Uhr)**, dalle 5 alle 6; **von München bis Hamburg**, da Monaco ad Amburgo **2** (*nicht später als*) entro, per: **bis (spätestens) Sonntag muss die Arbeit fertig sein**, per/entro domenica (al più tardi) il lavoro deve essere finito **3** (*bei Alters-, Maß-, Mengen-, Temperaturangaben*) fino a: **Kinder bis 12 Jahre**, bambini fino a 12 anni **4** (*zeitlich: der Kasus richtet sich nach der folgenden Präposition*) {GEGEN, IN, NACH, VOR, ZU} fin, fino a: **ich bin bis gegen acht Uhr noch da**, sarò qui fin verso le otto; **bis vor einem Jahr**, fino a un anno fa; (*räumlich: der Kasus richtet sich nach der folgenden Präposition*) {AN, AUF, DURCH, HINTER, IN, NACH, ÜBER, UNTER, VOR, ZU} fin, fino a: **sie hat mich bis ˌin die Stadtˌ/ˌ[zum Arzt] begleitet**, l'ha accompagnata fino ˌin cittàˌ/ˌ[dal medico]; **wie weit ist es von hier bis nach Mailand?**, quanto c'è da qui (fino) a Milano? **5** (*bes. bei Alters-, Maß-, Mengen-, Temperaturangaben*): **bis zu** + dat fino a: **Jugendliche bis zu 18 Jahren**, giovani fino a 18 anni; **bis zu 20 l**, fino a 20 l; **bis zu(m) Ende**, fino ˌin fondoˌ/ˌ[alla fine]; **bis zur Erschöpfung**, fino all'esaurimento; (*innerhalb*) entro, per; **bis zum Monatsende muss das Haus beziehbar sein**, entro/per fine mese la casa deve essere pronta **6** **bis auf** + akk (*außer*) tranne, eccetto, salvo, fuor-

ché: **alle bis auf mich**, tutti tranne io; (*einschließlich*): **bis auf den letzten Tropfen austrinken**, bere fino all'ultima goccia **B** *konj* **1** (*beiordnend: zwischen zwei Zahlen einen ungefähren Wert ausdrückend*) da ... a ..., ... o ...: **drei bis vier Mal**, da tre a quattro volte, tre o quattro volte; **10 bis 14 Tage**, da(i) 10 a(i) 14 giorni; **14 bis 16 Jahre**, dai 14 ai 16 anni; **50 bis 60 Euro kosten**, costare dai 50 ai 60 euro; **das Wetter morgen: bewölkt bis bedeckt**, il tempo domani: da nuvoloso a coperto **2** (*unterordnend*) finché (non) ... *ind/konjv*, fino a che/quando, fintantoché, fino al momento in cui, fino a ... *inf*: **ich muss hier bleiben, bis er angerufen hat**, devo rimanere qui finché/[fino a che] (non) chiama; **sie arbeiteten, bis sie vor Müdigkeit umfielen**, lavorarono fino a crollare dalla stanchezza; **ich warte, bis du fertig bist**, aspetto che tu abbia finito; (*mit Verneinung im Hauptsatz: bevor nicht*) finché non ... *ind/konjv*, prima che ... *konjv*; **du darfst nicht aufstehen, bis du ganz gesund bist**, non devi alzarti finché/[fino a che]/[fino a quando] non sarai del tutto guarito (-a) ● **bis bald!**, a presto!; **bis dahin** (*bis dann*), a più tardi; (*in Buch, Film u. Ä.*), fin qui, fin là; **bis einschließlich ...**, fino a(l) ... compreso; **von früh bis spät**, dalla mattina alla sera; **bis gleich!**, a dopo!; **bis heute**, fino a oggi; **bis hier(her)**, fin qui; **bis jetzt noch nicht**, non ancora, ancora no, finora no; **bis später!**, a più tardi!, a dopo!; **bis auf weiteres**, fino a nuovo ordine, per il momento.

Bisam <-s, -e oder -s> m **1** (*Riechstoff*) muschio m **2** <*nur sing*> (*Fell*) pelliccia f di topo muschiato.

Bisamratte f *zoo* topo m muschiato.

Bischof <-s, *Bischöfe*> m *relig* (**Bischöfin** f) *relig* vescovo m.

bischöflich *adj relig* vescovile, episcopale.

Bischofsamt n *relig* episcopato m, vescovado m.

Bischofskonferenz f *relig* conferenza f episcopale.

Bischofsmütze f mitra f.

Bischofssitz m *relig* sede f vescovile, vescovado m.

Bischofsstab m pastorale m.

Bisexualität f *biol med* bisessualità f.

bisexuell *adj biol med* bisessuale: **ein Bisexueller/eine Bisexuelle**, un/una bisessuale.

bisher *adv* finora, fino ad adesso/ora; (*momentan*) per ora: ~ **noch nicht**, non ancora, ancora/finora no.

bisherig *adj* <*attr*> {AMTSTRÄGER} ex, precedente; **der ~e Außenminister ist jetzt Kanzler**, l'ex ministro degli esteri adesso è cancelliere; **ein Bericht über die ~en Fortschritte**, un rapporto sui progressi fatti/compiuti finora; **ihr ~es Leben ist sehr ruhig verlaufen**, finora la sua vita è stata molto tranquilla.

Biskaya <-, *ohne pl*> f *geog*: **die ~**, la Biscaglia; **der Golf von ~**, il golfo di Biscaglia.

Biskuit <-(e)s, -s oder -e> n oder m *gastr* "pasticcini m pl a base di pan di Spagna".

Biskuitkuchen m *gastr* pan m di Spagna.

Biskuitrolle f *gastr* "rotolo m di pan di Spagna ripieno di marmellata".

Biskuitteig m *gastr* (impasto m per il) pan m di Spagna.

bislang *adv* → **bisher**.

Bismarckhering m *gastr* "filetti m pl di aringa marinati".

Bison <-s, -s> m *zoo* bisonte m.

biss (a.R. **biß**) **1.** *und* **3. pers sing imperf von beißen**.

Biss (a.R. **Biß**) <*Bisses*, *Bisse*> m **1** (*das Beißen*) morso m **2** (~*wunde*) morsicatura f, morso m **3** *slang* (*engagierter Einsatz*) mordente m, grinta f, combattività f: ~ **haben**, avere grinta/mordente; **mit/ohne** ~ {ARBEITEN, FUẞBALL SPIELEN}, con/senza grinta; **der Mannschaft fehlt es eindeutig an** ~, è evidente che la squadra non ha grinta; (*intellektuell*) acutezza f, perspicacia f ● **Bohnen mit** ~, fagiolini cotti a puntino; **Spaghetti mit** ~, spaghetti al dente.

bisschen (a.R. **bißchen**) **A** <*inv*> *adj* (*etwas*): **ein** ~ ..., un poco di ..., un po' di ...; {BIER, SCHNAPS, WEIN} un dito di ... *fam*; {SALZ, PFEFFER} un pizzico di ... *fam*; **das** ~ ..., quel po' di ...; **mit dem** ~ **Geld**, con quel po' di soldi; **mit ein** ~ **Glück** ..., con un pizzico di fortuna ...; **ein klein(es)** ~ ..., un poch(ett)ino di ... *fam*; **ein ganz kleines** ~ ..., appena un pochino di ...; **noch ein ganz klein** ~ **Wein einschenken**, versare ancora un dito/una lacrima di vino; **kein/[nicht ein]** ~ ..., nemmeno/neanche un po' di ...; **ich habe kein** ~ **Zeit**, non ho neanche/nemmeno un po'/briciolo di tempo **B** *adv* (*etwas*): **ein** ~, un po'; **ein** ~ **wenig/viel**, un po' poco/troppo; **ein** ~ + *kompar* {BESSER, MEHR, SCHNELLER, SCHÖNER, TEURER, WENIGER} un po' + *kompar*; **kein** ~ + *kompar* {BESSER, MEHR} nemmeno/neanche un po' + *kompar* **C** n <*inv*> (*kleine Menge*): **ein** ~, un po'; (*Flüssigkeit*) un goccio/goccino; **das** ~, quel po'; **kein** ~, nemmeno/neanche un po' ● **ein klein** ~ *fam*, un pochino/pochettino; (**ach**) **du liebes** ~! *fam*, santo cielo! *fam*.

Bissen <-s, -> m **1** boccone m: **ein** ~ **Brot**, un boccone/morso di pane; (*Mundvoll*) boccata f **2** <*nur sing*> *fam* (*kleine Mahlzeit*) boccone m: **einen** ~ **essen**, mangiare un boccone, mangiare qualcosa sotto i denti ● **keinen** ~ **anrühren** *fam*, non toccare cibo; **ein fetter** ~ *fam* (*ein gutes Geschäft*), un affarone; **jdm keinen** ~ **gönnen** *fam*, invidiare qu da morire *fam*; **jdm bleibt der** ~ **im Hals(e) stecken** *fam*, qu rimane ˌsenza paroleˌ/[di stucco] *fam*; **keinen** ~ **hinunterbringen (können)** *fam*, non (riuscire a) mandar giù neanche un boccone *fam*; **ein leckerer** ~, una ghiottoneria/leccornia; **sich (dat) jeden** ~ **vom Mund(e) absparen** *fam*, togliersi il pane di bocca *fam*.

bissfest (a.R. **bißfest**) **A** *adj* {GEMÜSE, NUDELN} (cotto) al dente **B** *adv* {GAREN, KOCHEN} al dente.

bissig *adj* **1** (*zum Beißen neigend*) {HUND} mordace: **dieser Hund ist nicht** ~, questo cane non morde **2** (*sarkastisch*) {ANTWORT, BEMERKUNG} mordace, mordente, pungente, caustico ● (**Vorsicht,**) ~**er Hund!**, attenti al cane!

Bissigkeit <-, -en> f **1** <*nur sing*> {+HUND} mordacità f **2** (*Sarkasmus*) causticità f; (*Bemerkung*) mordacità f, causticità f.

Bisswunde (a.R. **Bißwunde**) f morsicatura f, morso m.

bist 2. pers sing präs von sein[2].

Bistro <-s, -s> n bistrot m.

Bistum <-s, *Bistümer*> n *relig* episcopato m; (*Diözese*) diocesi f.

bisweilen *adv geh* talvolta *geh*, a volte, di tanto in tanto.

Bit <-(s), -(s)> n *inform* bit m.

bitte *partik* **1** (*auffordernd*) prego, per favore: ~ ˌ**kommen Sie herein**ˌ/[**nehmen Sie Platz**]!, prego, si accomodi!; **Herr Ober,** ˌ~ **zahlen**ˌ/[**zahlen** ~]!, cameriere, il conto prego/[per favore]!; ~ **nach Ihnen!**, prego, dopo di Lei!; ~(, **bedienen Sie sich**), prego(, si serva)!; ~(, **Sie wünschen**)?, prego(, desidera)? **2** (*als Antwort auf "danke"*, "*Entschuldigung"* oder *eine Frage*) prego: **vielen Dank!** – ˌ**Bitte (sehr/schön)**ˌ/[**Nichts zu danken**]!, ˌmolte grazieˌ/[grazie tanto]! – Prego/[Non c'è di che]!; **danke für deine Hilfe!** – **Bitte**(, **gern geschehen**)!, grazie del tuo aiuto! – Prego(, ˌnon c'è di cheˌ/[di nulla]/[figurati])!; **Entschuldigung**(, **dass ich Sie angerempelt habe**)! – **Bitte**!, mi scusi (per la spinta)! – (Non è) niente!; **stört es Sie, wenn ich rauche?** – **Bitte**!, Le dà fastidio se fumo? – Prego! (faccia pure) **3** (*fragend, bittend*) per favore/piacere/cortesia: **wo ist** ~ **die Toilette**, **können Sie mir** ~ **sagen, wo die Toilette ist?**, dov'è il gabinetto, per favore/cortesia?, può dirmi per favore/cortesia dov'è il gabinetto?; **hilfst du mir,** ~?, mi aiuti, per piacere/favore? **4** (*ein Angebot annehmend*) (sì) grazie: **möchten Sie noch einen Kaffee?** – (**Ja**) ~!, vuole un altro caffè? – (Sì) grazie! **5** (*nachfragend*) prego?, come?: (**wie**) ~? **Ich habe dich nicht verstanden!**, prego/[come (hai detto)]? Non ho capito! **6** (*sarkastisch: nun gut*) fai pure!: come vuoi! ● **aber** ~!, ma certo!; **hier (entlang)** ~!, (di) qui/qua prego!; **ja** ~!, sì, prego; **ja,** ~? (*am Telefon*), pronto(, chi parla)?; (*an der Tür*), di ca, prego!, desidera?; **na** ~! *fam*, (ecco), hai/ha/... visto? *fam*; ~ **nicht!** (*anflehend*) no, per favore!; (*abwehrend*) *iron*, ma per piacere!, ˌmi facciaˌ/[fammi] il piacere/la cortesia!; ~ **schön/sehr!** (*hier bitte, beim Überreichen*), ecco!; (*etwas anbietend*), prego!; (*nach danke schön*), prego!; ~ **schön**(, **was darf es sein**)? *com*, prego (, desidera)?; **wie** ~? (*nachfragend*), prego!, come (ha/hai/... detto)?; (*erstaunt*), come?, che cosa?, scusa/scusi? *fam*; (*entrüstet*), come, prego?

Bitte <-, -n> f (*Wunsch*) preghiera f; (*Aufforderung, Anliegen*) domanda f, richiesta f: **dringende/inständige/flehentliche** ~, supplica ● **jdm eine** ~ **abschlagen**, rifiutare un favore a qu; **auf jds** ~ (**hin**), dietro/su richiesta di qu; ~ **um Auskunft**, richiesta d'informazioni; **eine** ~ **äußern**, esprimere una preghiera/richiesta; **jdm eine** ~ **erfüllen/gewähren**, esaudire/accogliere la preghiera/richiesta di qu; **eine** ~ **an jdn haben**, chiedere un favore a qu; **ich habe eine** ~ **an Sie**, vorrei chiederLe un favore, La pregherei di una cortesia.

bitten <*bittet, bat, gebeten*> **A** *tr* **1** (*fragen*) **jdn um etw** (akk) ~ {UM AUSKUNFT, GEDULD, GELD, HILFE, NACHSICHT, RAT, VERSTÄNDNIS, VERSTÄRKUNG} chiedere qc a qu: **jdn (darum)** ~, **etw zu tun**, chiedere a qu di fare qc **2** (*inständig* ~): **jdn (darum)** ~, **etw zu tun**, pregare qu di fare qc; **ich habe ihn gebeten, mir zu helfen**, l'ho pregato di aiutarmi **3** (*einladen*) **jdn in etw** (akk)/**auf etw** (akk)/**zu etw** (dat) ~ invitare qu + *compl di luogo*: **jdn auf ein Glas** (ˌ**ins Lokal**ˌ/[**zu sich dat**]) ~, invitare qu a bere un bicchiere (ˌin un localeˌ/[a casa]); **jdn** ˌ**auf die Terrasse**ˌ/[**in den Garten**]) ~, invitare qu in terrazza/giardino **4** (*bestellen*) **jdn irgendwohin**/**zu jdm** ~ {INS BÜRO, ZUM CHEF} (*far*) chiamare qu + *compl di luogo/da qu* **B** *itr* (*dringend wünschen*) (**bei jdm**) (**um etw** akk) ~ {UM GELD, GEDULD, HILFE, NACHSICHT} chiedere qc (a qu) ● **um betteln bitten**, chiedere e richiedere; **darf ich** ~? (*zum Tanz*), posso invitarLa a questo ballo?; **darf ich** (**Sie**) **um das Salz** ~?, per favore, mi passa il sale?; **wenn ich** ~ **darf** *form*, se Le dispiace *form*; **ich bitte** (**Sie**) **darum geh**, La prego; **jdn dringend/inständig/flehentlich** ~, implorare/supplicare/scongiurare qu; **ich bitte um Entschuldigung/Verzeihung**, Le chiedo scusa, La prego di scusarmi, scusi;

jdn um einen *Gefallen* ~, chiedere un favore a qu; *ich bitte dich/Sie!* (*verärgert*), ma per favore!; (**aber**) *ich bitte dich/Sie!* (*aber natürlich*), figurati/[si figuri]!, è un piacere!; (*leicht verärgert*), (ma) ti/La prego!, (ma) per favore!; **aber ich bitte dich, du glaubst doch wohl nicht im Ernst, dass ...?**, ma ti prego,/[per favore], non crederai mica sul serio che ...?; *jd lässt ~ form*, qu prega qd di entrare/accomodarsi; **ich lasse ~!**, faccia passare!; **sich ~ lassen**, farsi pregare; **ich muss doch (sehr) ~!**, mi sembra troppo!, questo è troppo!; **zu *Tisch* ~**, chiamare a tavola; **es *wird* gebeten, ... zum** (*als Hinweis*), si prega di ... *form*; **ums *Wort* ~**, chiedere la parola.

bitter A adj **1** (*herb*) {MANDELN, MEDIZIN, SPEISE} amaro: **~e Schokolade**, cioccolato fondente; **einen ~en (Nach)geschmack (im Mund) hinterlassen**, lasciare l'amaro in bocca **2** (*schmerzlich*) {ENTTÄUSCHUNG, ERFAHRUNG, LEHRE, VERLUST} amaro, doloroso; {REUE, TRÄNEN} amaro; {WAHRHEIT} doloroso, crudele: **~e Tränen weinen**, piangere amare lacrime **3** (*beißend*) {HOHN, IRONIE, SPOTT} crudele, pungente **4** (*verbittert*) {LACHEN, WORTE} amaro, amareggiato: **ein ~er Zug lag um ihren Mund**, aveva la bocca contratta in una smorfia amara; (*schwer erträglich*) {SCHICKSAL} duro; {LEID, UNRECHT} profondo; {NOT} estremo; (*sehr groß*) {NOTWENDIGKEIT} ineluttabile; {FEIND} acerrimo, mortale; {FROST, KÄLTE} pungente B adv **1** (*herb*): **~ schmecken**, avere un gusto/sapore amaro, essere amaro **2** (*sehr*) {BEREUEN} amaramente; {BÜSSEN} fino in fondo; {ENTBEHREN, VERMISSEN} da morire *fam* ● **etw ~ nötig haben**, avere assoluto/estremo bisogno di qc; **das ist ~**, è un boccone amaro; **jdn ~ machen**, amareggiare qu.

Bitter <-s, -> m *gastr* (*Likör*) amaro m.

bitterböse adj *fam* arrabbiatissimo, incavolato nero *fam euph*: **sie war ~**, era infuriata/[incavolata nera].

Bittere <*dekl wie adj*> m → **Bitter**.

bitterernst adj {MENSCH, MIENE} molto serio, serissimo; {SITUATION} *auch* grave, preoccupante, allarmante: **jdm ist es (mit etw dat) ~**, qu non scherza affatto (con qc) ● **es ~ meinen**, parlare sul serio; **etw ~ nehmen**, prendere molto sul serio qc.

bitterkalt adj {NACHT, TAG} molto freddo, freddissimo, gelido: **es ist ~**, fa un freddo cane *fam*/terribile.

Bitterkeit <-, *ohne pl*> f **1** (*Geschmack*) sapore m/gusto m amaro **2** (*Verbitterung*) {+MENSCH, WORTE} amarezza f: **ein Gefühl der ~ haben/empfinden**, provare (un senso di) amarezza.

bitterlich A adj (*etwas bitter*) amarognolo, asprigno B adv (*schmerzlich*) {BEREUEN, SCHLUCHZEN, WEINEN} amaramente: **~ frieren**, patire terribilmente il freddo.

Bittermandel f *gastr* mandorla f amara.

Bitternis <-, -se> f *lit* amarezza f.

bittersüß adj {DUFT, ERINNERUNG, GERUCH, MEDIZIN} dolceamaro.

Bittgang m *geh* questua f.

Bittgottesdienst m *relig* messa f supplicatoria.

Bittschrift f *obs* petizione f, istanza f, supplica f.

Bittsteller <-s, -> m (**Bittstellerin** f) postulante mf.

Bitumen <-s, - *oder* Bitumina> n *chem* bitume m.

bivalent adj *bes. chem* bivalente.

Biwak <-s, -s *oder* -e> n *bes. mil* bivacco m.

biwakieren <*ohne* ge-> itr **1** (*im Freien* übernachten) bivaccare, passare la notte al bivacco **2** (*notdürftig schlafen, leben*) **irgendwo ~** {ERDBEBENOPFER, FLÜCHTLINGE} bivaccare + *compl di luogo*.

bizarr adj (*absonderlich*) {FELSEN, FORM, GESTALT, LANDSCHAFT} bizzarro; (*wunderlich*) {EINFALL, GEDANKE} strambo, strano, stravagante; (*überspannt*) {IDEE, PERSON, VORSTELLUNG} eccentrico, stravagante.

Bizeps <-(es), -e> m *anat* bicipite m.

BKA <-, *ohne pl*> n Abk von Bundeskriminalamt: "Dipartimento m Federale Anticrimine".

blabla interj *fam pej* blablà! *fam pej*, bla bla! *fam pej*.

Blabla <-s, *ohne pl*> n *fam pej* blablà *fam pej*, bla bla m *fam pej*, chiacchiere f pl inutili *fam pej*: **ich kann sein ewiges ~ nicht mehr hören!**, non sopporto più il suo continuo blaterare!

Blackbox <-, -es> f *aero*, **Black Box** <- -, - -es> f *aero* scatola f nera.

Black Music <- -, *ohne pl*> f black music f.

Black-out, Blackout <-(s), -s> m **1** (*Gedächtnislücke*) vuoto m di memoria, blackout m, amnesia f: **einen Black-out haben**, andare in tilt *fam* **2** (*Ohnmacht*) perdita f dei sensi, collasso m **3** (*Stromausfall*) blackout m **4** *theat* oscuramento m (improvviso alla fine di una scena).

Black Power <- -, *ohne pl*> f black power m.

bladen *meist* inf itr <*sein*> → **inlinen**.

Blag <-s, -en> n *fam pej*, **Blage** <-, -n> f *fam pej* monello m, birichino m *fam*, birba f *fam*.

Blähbauch m *fam* pancia f gonfia/[piena d'aria].

blähen A tr **1** (*prall machen*) **etw ~** {WIND SEGEL, VORHÄNGE} gonfiare qc: **geblähter Bauch**, pancia gonfia/[piena d'aria] **2** *etw ~* {PERSON, TIER NASENFLÜGEL, NÜSTERN} gonfiare qc B itr (*blähend wirken*) provocare meteorismo/flatulenza C rfl **sich ~** {BALLON, BAUCH, GARDINE, SEGEL} gonfiarsi.

blähend A adj flatulento B adv: **~ wirken**, avere un effetto flatulento.

Blähung <-, -en> f *med* flatulenza f: **Hülsenfrüchte verursachen ~en**, i legumi provocano flatulenza.

blamabel <*attr* blamable(r, s)> adj vergognoso: **die ganze Geschichte/Sache ist wirklich sehr ~!**, tutta questa storia è veramente vergognosa!; **etw ~ finden** {SITUATION, VERHALTEN, VORFALL}, trovare qc vergognoso (-a).

Blamage <-, -n> f *geh* vergogna f, figuraccia f *fam*: **das war wirklich eine unglaubliche ~ für sie!**, ha fatto davvero una figuraccia incredibile! ● **so eine ~!** (*in Bezug auf eine Situation*), che vergogna!; (*in Bezug auf eine Person*), che figura!

blamieren <*ohne* ge-> A tr **jdn ~** far fare una figuraccia/[brutta figura] a qu, rendere ridicolo (-a) qu B rfl **sich ~** fare una figuraccia/[brutta figura], rendersi/coprirsi di ridicolo: **sich gewaltig ~**, fare una terribile figuraccia.

blanchieren <*ohne* ge-> tr *gastr* **etw ~** sbollentare qc, scottare qc.

blank A adj **1** (*glänzend*) {BODEN, KACHEL, KOCHGESCHIRR, METALL, SCHAFT, SCHUHE, STIEFEL} lucido, lustro, luccicante **2** *fam* (*abgescheuert*) {ÄRMEL, HOSENBODEN} liso, consunto, logoro; (*glatt*) {EIS, OBERFLÄCHE} liscio **3** (*sauber*) pulito **4** (*nackt*) {BODEN} nudo; *obs* (*gezogen*) {SCHWERT} sguainato **5** (*rein*) {EIFERSUCHT, GEWINNSUCHT, HASS, HOHN, NEID, UNSINN} puro **6** *poet* (*hell*) {AUGEN} lucente, luminoso: **es ist schon ~er Tag**, è già giorno pieno/fatto B adv a lucido: **etw ~ polieren/putzen/reiben**, tirare a lucido qc, lucidare qc, lustrare qc; {METALL} lucidare qc; {LEDER, SCHUHE} lustrare qc ● **~ sein** *fam*, essere al verde *fam*,/[in bolletta *fam*]/[senza una lira *fam*].

Blank <-s, -s> m *oder* n *inform* spazio m.

blanko adv {UNTERSCHREIBEN} in bianco.

Blankogiro n *bank*, **Blankoindossament** n *bank* {+SCHECK, WECHSEL} girata f in bianco.

Blankoscheck m *bank* assegno m in bianco ● **jdm einen ~ ausstellen**, emettere un assegno in bianco a favore di qu; (*uneingeschränkte Zusicherungen machen*), dare carta bianca a qu *fam*.

Blankounterschrift f firma f in bianco.

Blankovollmacht f procura f in bianco: **jdm ~ erteilen/geben**, conferire/dare una procura in bianco a qu.

blankpoliert adj → **polieren**.

Blankvers m *poet* verso m di cinque giambi (non rimato), blank verse m; (*im Italienischen*) endecasillabo m sciolto.

Bläschen <-s, -> n *dim von* Blase bollicina f, vescicola f.

Blase <-, -n> f **1** (*Luftblase*) bolla f; (*in zähflüssiger Masse*) pulica f **2** *med* (*vom Gehen, Arbeiten*) vescica f; (*von Verbrennung*) vescica f, bolla f, galla f; (*Fieberblase*) herpes m, erpete m **3** *anat* vescica f **4** (*Sprechblase*) fumetto m **5** *fam* (*Clique*) cricca f *fam*, combriccola f *fam*, banda f *fam* ● **sich (dat) die ~ erkälten/unterkühlen**, prendere la cistite; **sich (dat) ~n laufen**, camminare fino a farsi venire le vesciche ai piedi; **eine schwache ~ haben *fam***, essere di vescica debole; **~ werfen/ziehen** {FARBE, TEIG}, fare le bolle.

Blasebalg <-(e)s, Blasebälge> m soffietto m, mantice m.

blasen <*bläst, blies, geblasen*> A tr **1** (*durch Blasen formen*) **etw ~** {GLAS} soffiare qc **2** *mus* **etw ~** {BLASINSTRUMENT, MELODIE} suonare qc **3** (*in eine bestimmte Richtung ~*) **etw irgendwohin ~** {RAUCH INS GESICHT, SEIFENBLASEN IN DIE LUFT} soffiare qc + compl di luogo; **etw von etw (dat) ~** {KRÜMEL VOM TISCH} soffiare via qc da qc B itr **1** {MENSCH, STURM, WIND} soffiare; **irgendwohin ~** soffiare + *compl di luogo*: **ins Feuer ~**, soffiare sul/nel fuoco; **in die Suppe ~**, soffiare sulla minestra; **gegen die Fensterscheibe ~**, soffiare contro il vetro **2** *mus* (**auf etw** dat) ~ {AUF FLÖTE, GRASHALM, KAMM, TROMPETE} suonare (qc) C unpers *fam*: **es bläst** (*es windet*), tira vento ● **jdm einen ~** *vulg*, fare un pompino a qu *vulg*; **jdm was ~** *slang*, dirne quattro a qu *fam*, cantarla a qu *fam*.

Blasenbildung f (*in Farbe, auf Film, im Glas*) formazione f di bolle; *med* formazione f di vesciche.

Blasenentzündung f *med* cistite f: **eine ~ bekommen/kriegen**, prendersi/beccarsi *fam* la cistite.

Blasenkrebs m tumore m alla/della vescica.

Blasenspiegelung f *med* citoscopia f.

Blasensprung m *med* rottura f del sacco amniotico,/[delle acque *fam*].

Blasenstein m *med* calcolo m vescicale/[alla vescica].

Blasentee m *pharm* tisana f per/contro la cistite.

Bläser <-s, -> m (**Bläserin** f) **1** *mus* suonatore (-trice) m (f) (di strumento a fiato): **die ~, i fiati**; (*Blechblasinstrumente*) gli ottoni **2** *tech* (*Glasbläser*) soffiatore (-trice) m (f).

Bläserensemble n *mus* ensemble m di fiati/[strumenti a fiato).

Bläserquartett n *mus* quartetto m di fia-

ti/[strumenti a fiato].
blasiert adj geh pej snob • **sich ~ geben**, fare lo snob; **~ sprechen**, parlare con tono spocchioso.
Blasiertheit <-, ohne pl> f geh pej boria f, spocchia f, alterigia f.
blasig adj **1** (Blasen aufweisend) {FLÜSSIGKEIT, MASSE, TEIG} pieno di bolle **2** med {HAUT} vescicoso, bolloso.
Blasinstrument n strumento m a fiato; (Holzblasinstrument) strumento m a fiato in legno; (Blechblasinstrument) strumento m a fiato d'ottone.
Blaskapelle f banda f musicale di fiati/[strumenti a fiato].
Blasmusik f musica f bandistica.
Blasphemie <-, -n> f geh bestemmia f.
blasphemisch adj geh blasfemo.
Blasrohr n cerbottana f.
blass (a.R. blaß) <blasser oder rar blässer, blasseste oder rar blässeste> adj **1** (bleich) {GESICHTSFARBE, HAUT} pallido: (**vor etw dat**) **~ werden**, impallidire/[diventare/farsi pallido (-a)] (da/per/di qc); **vor Schrecken ~ werden**, impallidire dallo/[per lo] spavento **2** (hell) {FARBE, FARBTON, SCHRIFT} smorto, sbiadito **3** geh (matt) {LICHT, MOND} pallido **4** (schwach) {AHNUNG, ERINNERUNG, VORSTELLUNG} pallido, vago; {HOFFNUNG} tenue **5** (farblos) {AUSDRUCK, SCHILDERUNG, SPRACHE} incolore, scialbo, inespressivo.
Blässe <-, ohne pl> f **1** {+GESICHT, HAUT} pallore m, pallidezza f **2** {+FARBE} essere m smorto/sbiadito/scolorito **3** {+AUSDRUCK, SPRACHE} essere m incolore/scialbo, scialbore m lit.
Blässhuhn (a.R. Bläßhuhn) n ornith folaga f.
blässlich (a.R. bläßlich) adj {GESICHT, HAUT, MENSCH, TEINT} palliduccio.
bläst 2. und 3. pers sing präs von blasen.
Blatt <-(e)s, Blätter> n **1** bot foglia f: **Blätter bekommen/treiben**, mettere le foglie **2** (einzelnes ~ Papier) foglio m: **ein ~ Papier**, un foglio di carta; (Seite) pagina f; kunst stampa f **3** (Zeitung) giornale m **4** tech {+AXT, SÄGE, SCHERE} lama f; {+PROPELLER, RUDER} pala f; (Metallscheibe) lamina f **5** Karten carta f: **ein gutes ~ haben**, avere delle buone carte **6** gastr Jagd (Schulterblatt) spalla f • **das ~ hat sich gewendet** fam, la situazione è cambiata; **loses ~**, foglio sciolto/volante; **kein ~ vor den Mund nehmen**, non avere peli sulla lingua fam, parlare fuori dai denti fam, non mandarle a dire; **vom ~ singen/spielen**, cantare/suonare a prima vista; **das steht auf einem anderen ~**, è un'altra cosa, è un altro paio di maniche fam; **ein unbeschriebenes ~ sein** (unbekannt sein), essere uno sconosciuto; (unerfahren sein), essere inesperto/[un novellino]; **kein unbeschriebenes ~ sein** (Erfahrung haben), saperla lunga, non essere sprovveduto; (ein Krimineller sein), non avere la fedina immacolata.
Blättchen <-s, -> n dim von Blatt **1** bot fogliolina f **2** (Papier) foglietto m.
Blättermagen m zoo omaso m, centopelle m.
Blättern subst <nur pl> obs → **Pocken**.
blättern A itr **1** <haben> (in etw dat) ~ sfogliare qc: **in einem Buch ~**, sfogliare un libro **2** <haben> inform scrollare, scorrere sullo schermo **3** <sein> (ab~) {FARBE, FASSADE, PUTZ} sfaldarsi; {PFLANZE} perdere le foglie B tr <haben> (einzeln hinlegen) **etw auf etw** (akk) **~: Spielkarten/Geldscheine auf den Tisch ~**, mettere le carte/banconote una per una sul tavolo.
Blätterpilz m bot prataiolo m.

Blätterteig m gastr pasta f sfoglia.
Blätterteiggebäck n gastr pasticceria f di pasta sfoglia.
Blätterwald <-(e)s, ohne pl> m fam scherz: **es rauscht/raunt im ~** (die Presse widmet einer Sache viel Aufmerksamkeit), la notizia ha suscitato molto clamore nella stampa.
Blätterwerk <-s, ohne pl> n → **Blattwerk**.
Blattfeder f tech **1** molla f a balestra **2** (Einzelblattfeder) molla f a lamina.
Blattform f bot forma f delle foglie: **die ~ des Ahorns**, la forma delle foglie dell'acero.
blattförmig adj a forma di foglia, fogliaceo.
Blattgemüse n ortaggi m pl in foglia.
Blattgold n foglia f d'oro, oro m in foglia.
Blattgrün n clorofilla f.
Blattlaus f zoo pidocchio m delle piante m, afide m.
blattlos adj senza/[privo di] foglie.
Blattpflanze f bot pianta f verde.
Blattsalat m insalata f verde.
Blattspinat m spinaci m pl in foglia.
Blattwerk <-s, ohne pl> n **1** bot fogliame m **2** arch kunst fogliame m, ornamento m di foglie, foglie f pl ornamentali.
blau adj **1** (dunkelblau) blu; (meer-, mittelblau) azzurro; (hell-, himmelblau) celeste **2** (blutunterlaufen: vor Kälte, nach Schlägen) {HÄNDE} livido, bluastro; {GESICHT} auch paonazzo: **~es Auge**, occhio livido/pesto; **~er Fleck** med, livido; (blutleer) {LIPPEN} esangue, violaceo **3** <inv: nachgestellt> gastr (gekocht) al blu: **Forelle ~**, trota al blu **4** <meist präd> fam (betrunken) ubriaco • **~ anlaufen**, illividire, diventare/farsi livido (-a); **~ färben**, tingere di blu; **~ kariert** → **blaukariert**; **~ werden**, illividire; fam (betrunken werden), ubriacarsi.
Blau <-(s), - oder fam -s> n (Dunkelblau) blu m; (Mittelblau) azzurro m: **die Farbe ~**, il colore blu/azzurro; **in ~ gekleidet**, vestito di blu/azzurro.
blauäugig adj **1** (mittelblaue Augen habend) dagli occhi azzurri; (dunkelblaue Augen habend) dagli occhi blu: **~ sein**, avere gli occhi azzurri/blu **2** (naiv) ingenuo, credulone.
Blaubeere f bot mirtillo m.
blaublütig adj oft scherz oder iron di sangue blu.
Blaue① <-n, ohne pl> n: **eine Fahrt ins ~**, una gita senza meta; **ins ~ fahren**, partire senza meta • **das ~ vom Himmel (herunter)lügen** fam, spararle grosse fam, mentire spudoratamente; **das ~ vom Himmel (herunter) versprechen** fam, promettere ₁mari e monti₁/[la luna] fam; **ins ~ hinein reden**, parlare a vanvera.
Blaue② <dekl wie adj> m hist slang (Hundertmarkschein) centone m fam, banconota f/biglietto m da cento marchi.
Bläue <-, ohne pl> f geh (Mittelblau) (colore m) azzurro m; (Dunkelblau) (colore m) blu m.
Blaufelchen <-s, -> m fisch coregone m azzurro/[di Wartmann].
Blaufuchs m zoo volpe f azzurra.
blaugestreift adj → **gestreift**.
blaugrau adj grigiazzurro • **~ anlaufen**, diventare/farsi grigiazzurro (-a); **sich ~ färben**, tingersi di grigiazzurro.
blaugrün adj verd(e)azzurro.
Blauhai m fisch verdesca f, squalo m azzurro.
Blauhelm m <meist pl> pol casco m blu (dell'ONU).
Blaujacke f fam marinaio m.

blaukariert adj → **kariert**.
Blaukraut n süddt A (Rotkohl) cavolo m rosso.
bläulich adj bluastro, azzurrognolo.
Blaulicht <-s, ohne pl> n {+FEUERWEHR-, KRANKEN-, POLIZEIWAGEN} lampeggiatore m: **er wurde mit ~ ins Krankenhaus gebracht**, fu portato in ospedale a sirene spiegate.
blau|machen fam A itr far vacanza, non andare a lavorare; (nicht zur Schule gehen) fare forca (a scuola) fam, marinare la scuola B tr: **einen Tag ~**, far vacanza per un giorno; (nicht zur Schule gehen) fare forca per un giorno; **den Montag ~**, far vacanza il lunedì.
Blaumann m fam (blauer Monteuranzug) tuta f blu (da meccanico).
Blaumeise f ornith cinciarella f.
Blaupapier n carta f carbone/copiativa.
Blaupause f cianografica f.
blaurot adj purpureo.
Blausäure <-, ohne pl> f chem acido m cianidrico/prussico.
Blauschimmelkäse m gastr "formaggio m tipo gorgonzola".
blauschwarz adj ner(o)azzurro.
Blaustich m fot viraggio m azzurro.
blaustichig adj fot che vira all'azzurro.
Blaustift m matita f blu.
blau|streichen <irr> tr → **streichen**.
Blaustrumpf m pej obs bas-bleu f, "donna f letterata pedante e saccente".
Blautanne f bot abete m blu.
Blauwal m zoo balenottera f azzurra.
Blazer <-s, -> m blazer m, giacca f.
Blech <-(e)s, -e> n **1** (Material) latta f; (Weiß-) lamiera f stagnata, latta f bianca; {+AUTO} lamiera f **2** (Backblech) teglia f del forno **3** <nur sing> fam (Quatsch) sciocchezze f pl fam, stupidaggini f pl fam, scemenze f pl fam • **~ reden** fam/**verzapfen** fam, dire/macinare sciocchezze fam.
Blechbläser m mus suonatore m di strumento d'ottone.
Blechblasinstrument n mus **1** strumento m a fiato d'ottone **2** <nur pl> ottoni m pl.
Blechbüchse f, **Blechdose** f (für Konserven) barattolo m/scatoletta f di latta; (für Getränke) lattina f.
blechen fam A tr (bezahlen) **etw** (für etw akk) **~** sborsare fam qc (per qc), pagare qc (per qc) B itr (zahlen) sborsare quattrini fam.
blechern adj **1** <attr> (aus Blech) {DACH, GARAGENTOR} di lamiera; {EIMER, GESCHIRR} di latta **2** (metallisch klingend) {GERÄUSCH} metallico; {KLANG, STIMME} stridulo, metallico, fesso; (hohl) opaco.
Blechgeschirr n stoviglie f pl di latta.
Blechinstrument n → **Blechblasinstrument**.
Blechkanister m bidone m; (für Kraftstoff) tanica f.
Blechkiste f fam pej macinino m fam pej, carretta f fam pej, trabiccolo m fam pej.
Blechlawine f fam pej ₁serpentone m fam₁/[fila f interminabile] (di automezzi).
Blechmusik f **1** musica f per ottoni **2** pej musica f stonata.
Blechnapf m gamella f, gavetta f.
Blechsalat <-s, ohne pl> m fam "incidente m in cui un automezzo si riduce a un ammasso di lamiere": **da ist nur ~ übrig(geblieben), das Auto können Sie nur noch verschrotten**, della macchina non è rimasto che un groviglio di lamiere: l'unica cosa che può fare è rottamarla.

Blechschaden m autom danni m pl alla carrozzeria.
Blechschere f tech cesoie f pl (per lamiera).
Blechtrommel f tamburo m di latta ● **Die ~** lit (Roman von G. Grass), Il tamburo di latta.
blecken tr: **die Zähne ~** (TIER), digrignare i denti.
Blei <-(e)s, -e> n **1** <nur sing> (Metall) piombo m **2** (Lot) filo m a piombo, piombino m; naut scandaglio m **3** obs (Bleigeschoss) piombo m slang ● **~ gießen**, "versare il piombo nell'acqua fredda (seguendo una tradizione di Capodanno secondo la quale, dalle figure che il piombo fuso forma nell'acqua, si interpreta il futuro)"; **~ in den Gliedern/Knochen haben**, sentirsi le membra/ossa pesanti come il piombo/[rotte]/[a pezzi]; **wie ~ im Magen liegen** (auf den Magen drücken), essere un mattone sullo stomaco fam; (jdn bedrücken), pesare molto a qu; **schwer wie ~ sein**, pesare come il piombo.
Bleibe <-, ohne pl oder rar -n> f **1** (Zuflucht) rifugio m **2** (Unterkunft) alloggio m, dimora f: **eine neue ~ suchen, sich nach einer neuen ~ umsehen**, cercare un nuovo alloggio ● **ohne feste ~**, senza fissa dimora; **eine ~ haben**, avere dove stare; **keine ~ haben**, essere senza dimora.
bleiben <bleibt, blieb, geblieben> itr <sein> **1** (nicht gehen) (**bei jdm/in etw** (dat)/**irgendwo**) **~** restare (da qu/in qc/+ compl di luogo), rimanere (da qu/in qc/+ compl di luogo): **bei jdm über Nacht ~**, rimanere a dormire da qu, passare la notte da qu; **draußen ~**, restare fuori; **zu Hause ~**, restare a casa; **in Verbindung ~**, restare/rimanere in contatto; **~ Sie am Apparat!** tel, rimanga in linea! **2** (weiterhin sein) **~ + part perf** rimanere/restare + part perf: **geöffnet/geschlossen ~** (GESCHÄFT, LOKAL), rimanere aperto (-a)/chiuso (-a); **offen ~** (nicht geschlossen werden) {FENSTER, TÜR}, rimanere aperto (-a); **unbeantwortet ~**, rimanere senza risposta; **unvergessen ~**, rimanere/essere indimenticabile; **etw ~** {BEKANNTE, FREUNDE, KONKURRENTEN} rimanere qc, restare qc; **lass uns gute Freunde bleiben!**, rimaniamo/restiamo buoni amici!; **irgendwie ~** rimanere/restare **+ adj/[compl di modo]**; **er bleibt bei jeder Diskussion ruhig**, rimane calmo in tutte le discussioni; **das Wetter bleibt schön**, il tempo rimane/[si mantiene] bello; **wenn das Wetter so bleibt**, se il tempo si mantiene/[resta] così; **bleib gesund!**, stai bene! **3** <meist Vergangenheit> (hinkommen) **irgendwo ~** andare a finire + compl di luogo: **wo ist mein Hut geblieben?**, dov'è andato a finire il mio cappello? **4** (verharren) **bei etw** (dat) **~** {BEI SEINEM ENTSCHLUSS, SEINER ENTSCHEIDUNG} persistere in qc, non cambiare qc: **bei seiner Meinung/Ansicht/Überzeugung ~**, rimanere della propria idea/[del proprio parere]/[della propria convinzione]; **bei der Wahrheit ~**, attenersi alla verità; {BEI EINEM GETRÄNK} continuare a bere qc; {BEI EINEM PRODUKT} continuare a usare qc **5** (übrig ~): **es bleibt (jdm) etw** {HOFFNUNG, MÖGLICHKEIT, WAHL}, qc rimane (a qu): **es blieb mir keine andere Wahl**, non avevo/[mi restava] altra scelta; **es bleibt (jdm), etw zu tun**, (a qu) rimane/resta da fare qc: **es bleibt zu hoffen/wünschen/..., dass ...**, non resta che sperare/augurarsi/... che ...; **(jdm) übrig ~** (als Rest bleiben) avanzare (a qu), restare (a qu), rimanere (a qu); **mir sind nur zwanzig Euro übrig geblieben**, mi sono avanzati/restati/rimasti solo venti euro; **(das,) was übrig bleibt, frieren wir ein**, il resto lo congeliamo **6** euph (umkommen)

irgendwo ~ {IM FELDE, IM KRIEG, AUF SEE}, rimanerci fam/[rimanere secco (-a) fam] (+ compl di luogo) ● **das bleibt abzuwarten**, stiamo a vedere; dabei bleibt's/[es bleibt dabei]!, (siamo) intesi (-e)!; **~ wir dabei!**, restiamo (intesi (-e)) così!; **dabei ~, dass ...** (übereinkommen), rimanere intesi (-e) che ...; **ich bleibe dabei, dass ...** (ich beharre darauf), ribadisco/insisto che ..., rimango dell'idea che ...; **das bleibt dahingestellt**, rimane in sospeso/[aperto], resta da vedere; **für/unter sich ~ (wollen)**, (voler) rimanere tra sé; **gleich ~** {INFLATION, KURS, PREIS, TEMPERATUR}, rimanere immutato (-a)/invariato (-a)/costante; **das bleibt sich gleich** fam, è/fa lo stesso, è uguale, non cambia nulla kalt **~**, rimanere indifferente/impassibile; **hier bleibe ich nicht lange**, non voglio ammuffire qui fam; **etw ~ lassen** fam (unterlassen), lasciare stare qc; **lass das bleiben!**, smettila!; **wenn du keine Lust hast, kannst du es auch gleich ~ lassen!**, se non hai voglia (di farlo) ti consiglio di non cominciare nemmeno!; **etw (ganz) ~ lassen** (aufgeben), smettere qc (del tutto); **jdm bleibt nichts anderes/weiter übrig, als etw zu tun**, a qu non resta altro (da fare)/[rimane altra scelta] che fare qc; **es wird ihm nichts (anderes/weiter) übrig ~, als sich öffentlich zu entschuldigen**, non avrà altra scelta che scusarsi pubblicamente/[in pubblico]; **was bleibt mir/ihm denn anderes übrig?**, che altro posso/può fare?; **das bleibt unter uns!**, rimanga tra (di) noi!, acqua in bocca! fam; **wo bleibt er nur?**, dove sarà (andato a finire)?; **wo bleibst du so lange?**, dove sei andato (-a) a finire?; **wo bleibt mein Kaffee/...?**, e il mio caffè/...?; **sieh zu, wo du bleibst!** fam, arrangiati! fam.
bleibend adj durevole, duraturo, permanente: **~er Wert**, valore durevole; **gleich ~** {PREISSTEIGERUNGSRATE, TEMPERATUREN}, invariabile, costante, stabile; **sie begrüßte alle Gäste mit gleich ~er Freundlichkeit**, salutò tutti gli ospiti con immutata gentilezza; **mit gleich ~er Zuneigung**, con immutato affetto.
bleiben|lassen <irr, part perf bleibenlassen oder rar bleibengelassen> tr → **bleiben**.
Bleibenzin n benzina f con piombo.
Bleiberecht n jur diritto m di permanenza.
bleich adj **1** (blass) {GESICHT, MENSCH} pallido; {GESICHTSFARBE, HAUT} bianco: **~ (vor etw** dat) **werden**, impallidire/[diventare] farsi pallido (-a)] (da/di/per qc); **~ vor Wut/Zorn**, pallido dalla rabbia/collera **2** (fahl) smorto, smunto **3** geh (schier) {ENTSETZEN, GRAUEN} puro, mero.
bleichen A tr <haben> (aufhellen) **etw ~** {BLEICHMITTEL, MENSCH WÄSCHE} candeggiare qc; {FARBE} sbiancare qc; {HAARE} ossigenare qc; {SONNE HAARE} schiarire qc B <oder reg> itr <sein> (verblassen) {FARBIGER STOFF, TEPPICH, VORHANG} scolorirsi, sbiadire.
Bleichgesicht n **1** fam scherz (blasser Mensch) viso m pallido **2** oft scherz (Weißer) bianco m; (in der Indianersprache) viso m pallido.
Bleichmittel n chem candeggiante m, varec(c)hina f.
Bleichsucht f bot med clorosi f.
bleiern A adj **1** <attr> (aus Blei) di piombo **2** (grau wie Blei) {HIMMEL} plumbeo; {FARBE, GRAU} piombo **3** (schwer lastend) {FÜßE, MÜDIGKEIT, SCHLAF, SCHWERE} (pesante) come il piombo B adv {AUF JDM LASTEN, SICH AUF ETW LEGEN} come il piombo.
bleifrei autom A adj {BENZIN, KRAFTSTOFF} senza piombo, verde B adv: **~ fahren** {WAGEN}, andare a benzina senza piombo/

[verde]; {PERSON} mettere benzina senza piombo/[verde].
Bleifrei <-s, ohne pl> n benzina f senza piombo/[verde]; **~ tanken**, mettere benzina senza piombo/[verde].
Bleifreitankstelle f distributore m/[stazione f di servizio] con benzina senza piombo/[verde].
Bleifuß m fam: **mit ~ fahren**, andare a tutta birra fam, andare a tavoletta fam.
Bleigehalt m contenuto m di piombo.
bleihaltig adj piomboso; **etw ist (zu) ~** {LUFT, KRAFTSTOFF, TRINKWASSER}, qc contiene (troppo) piombo.
Bleikristall n cristallo m piombico/[al piombo].
Bleikugel f (Pistole) pallottola f; (Jagdgewehr) pallino m (di piombo).
Bleimantel m tech involucro m di piombo.
Bleisatz m typ composizione f a caldo.
bleischwer adj pesantissimo, pesante come il piombo.
Bleistift m matita f, lapis m.
Bleistiftabsatz m fam tacco m a spillo.
Bleistiftspitzer m temperamatite m, temperalapis m, appuntalapis m.
Bleistiftstummel m mozzicone m di matita.
Bleistiftzeichnung f disegno m a matita.
Bleivergiftung f med saturnismo m.
Bleiweiß n biacca f, cerussa f.
Blendbogen m arch arco m cieco.
Blende <-, -n> f **1** film fot (Öffnung) diaframma m; (Einstellungsposition) apertura f del diaframma **2** (Lichtschutz) schermo m (contro la luce); (im Auto) aletta f/visiera f parasole **3** arch opera f cieca/finta; (Türblende) porta f cieca/finta; (Fensterblende) finestra f cieca/finta **4** (Handarbeit) finta f, pattina f **5** (Mineral) blenda f.
blenden A tr **1** (blind machen) **jdn ~** accecare qu; (vorübergehend durch Licht) {AUTO, AUTOFAHRER, GRELLES LICHT, SCHEINWERFER} abbagliare qu, abbacinare qu, accecare qu **2** (betören) **jdn (mit etw** dat) **~** abbagliare qu (con qc), affascinare qu (con qc): **von jdm/etw wie geblendet sein**, essere/restare (come) abbagliato (-a) da qu/qc **3** <hinters Licht führen> **jdn** (durch etw akk) **~** abbagliare qu (con qc), abbacinare qu (con qc), illudere qu (con qc), ingannare qu (con qc): **sich ~ lassen**, lasciarsi abbagliare/ingannare B itr **1** (zu grell sein) {LICHT, SONNE} accecare, abbagliare **2** (hinters Licht führen) bluffare.
Blendenautomatik f fot diaframma m automatico.
blendend A adj **1** (grell) {LICHT, SONNE} accecante, abbagliante, abbacinante **2** fam (ausgezeichnet) {ERSCHEINUNG, MUSIKER, TALENT} brillante, formidabile, eccezionale; {LAUNE, STIMMUNG} ottimo; {SCHÖNHEIT} smagliante: **du siehst ~ aus**, stai benissimo, hai un ottimo aspetto B adv: **~ weiß** {WÄSCHE, ZÄHNE}, bianchissimo, candido; **sich ~ amüsieren**, divertirsi un monte fam/sacco fam; **sich ~ (mit jdm) verstehen**, essere pappa e ciccia (con qu) fam, andare molto d'accordo (con qu).
blendendweiß a.R. von blendend weiß → **blendend**.
Blendenöffnung f fot apertura f del diaframma.
Blender <-s, -> m (Blenderin f) pej bluffatore (-trice) m (f).
blendfrei adj **1** (entspiegelt) {BILDSCHIRM, GLAS} antiriflesso **2** {BELEUCHTUNG} anabba-

gliante.
Blendschutz m **1** *inform* schermo m antiriflesso/antiabbagliante **2** (*im Auto*) visiera f/aletta f parasole.
Blendschutzzaun m *autom* siepe f antiabbagliante.
Blendung <-, -en> f **1** (*das Geblendetwerden durch Licht*) abbagliamento m, abbacinamento m; (*das Blindmachen*) accecamento m **2** (*Betörung*) abbagliamento m, abbacinamento m **3** (*Täuschung*) illusione f, abbaglio m.
Blendwerk n *geh pej* fumo m negli occhi.
Blesse <-, -n> f {+PFERD} stella f/macchia f bianca.
Blesshuhn (a.R. Bleßhuhn) f → **Blässhuhn**.
Blessur <-, -en> f *geh* ferita f; **~en davontragen**, riportare ferite.
Blick <-(e)s, -e> m **1** (*nur sing*) (*Augenausdruck*) sguardo m **2** (*kurzer* ~) ~ (**auf jdn/etw/in etw** akk) occhiata f/sguardo m (*a qu/qc/in qc*); (*Überblick*) colpo m d'occhio **3** (*Augenrichtung*) sguardo m, occhi m pl: **den ~ heben/senken**, alzare/abbassare lo sguardo/gli occhi **4** (*Ausblick*) ~ (**auf etw** akk) vista f (*su qc*), veduta f (*su qc*): **mit ~ auf etw** (akk), con vista su qc; **ein herrlicher ~ über das Tal**, una splendida vista sulla valle **5** <*nur sing*> (*Urteilskraft*) ~ (**für jdn/etw**) occhio m (*per qu/qc*), capacità f di giudizio: **mit sicherem ~**, con occhio clinico/esperto ● **jds ~ ausweichen**, evitare lo sguardo di qu; **jds ~ begegnen**, incrociare lo sguardo di qu; **böser ~**, malocchio, iettatura; **den bösen ~ haben**, fare il malocchio, portare sfortuna/iella, essere uno (-a) iettatore (-trice); **jdn mit ~en durchbohren**, trafiggere/trapassare qu con lo sguardo; **auf den ersten ~** (*sofort*), a prima vista; **es war Liebe auf den ersten ~**, fu amore a prima vista, fu un colpo di fulmine; (*oberflächlich betrachtet*), a prima vista, a colpo d'occhio, al primo sguardo; **jds ~ erwidern**, ricambiare lo sguardo di qu; **jds ~ fällt auf jdn/etw**, lo sguardo di qu cade su qu/qc; **einen [guten]/[den richtigen] ~ für jdn/etw haben**, avere occhio/[buon occhio]/[l'occhio clinico] per qu/qc; **keinen ~ für jdn/etw haben** (*nicht beurteilen können*), non avere occhio per qu/qc; **den ~ auf jdn/etw heften** *geh*, piantare gli occhi addosso a qu/qc, fissare lo sguardo su qu/qc; **einen ~ hinter die Kulissen tun/werfen**, dare/gettare un'occhiata dietro (al)le quinte; **die ~e auf sich lenken/ziehen**, attirare gli sguardi su di sé; **mit ~ auf etw** (akk) {AUFS MEER, AUF DIE STRAßE}, prospiciente a qc; **mit einem~/[auf einen]** ~, con un solo sguardo; **seinen ~ auf etw** (akk) **richten**, volgere lo sguardo a qc; **einen ~ riskieren** *fam*, sbirciare, gettare un'occhiata furtiva; **seinen/den ~ für etw** (akk) **schärfen**, affinare la propria sensibilità per qc; **man sollte den ~ für die einfachen Dinge schärfen**, si dovrebbe imparare a cogliere/apprezzare il valore delle cose semplici; **den ~ schweifen lassen**, fare/lasciare scorrere lo sguardo; **wenn ~e töten könnten!** *fam euph*, se gli sguardi potessero uccidere! *fam euph*; **jdn/etw mit den/seinen ~en verschlingen/verzehren**, divorare/mangiarsi qu/qc con gli occhi; **~e (mit jdm) wechseln/tauschen**, scambiarsi degli sguardi (con qu); **einen ~ auf/in etw** (akk) **werfen/tun**, dare un'occhiata a/uno sguardo a/in qc; **jdn keines ~es würdigen** *geh*, non degnare di uno sguardo; **jdm verliebte ~e zuwerfen**, fare gli occhi dolci a qu; **jdm einen vernichtenden ~ zuwerfen**, fulminare qu con lo sguardo; (*erst*) **auf den zweiten ~**, (solo) a un esame più attento/accurato, (solo) guardando meglio.
blickdicht adj {STRUMPFHOSEN, STRÜMPFE} coprente.
blicken A itr **1** (*schauen*) **irgendwohin ~** guardare + *compl di luogo*: **in den Spiegel ~**, guardarsi allo specchio; **aus dem Fenster ~**, guardare dalla finestra; **blick mal einen Moment hierhin!**, guarda un attimo qua!; **nach unten ~**, guardare in basso; **jdm in die Augen ~**, guardare qu negli occhi; **auf jdn/etw/nach jdm/etw** ~ guardare *qu/qc*, gettare uno sguardo *a qu/qc*, volgere gli occhi *a qu/qc* **2** *geh* (*dreinschauen*) **irgendwie** ~ avere uno sguardo + *adj*: **freundlich/böse/streng** ~, avere uno sguardo gentile/cattivo/severo **3** (*hervorsehen*) **aus etw** (dat) ~ spuntare *qc*, intrav(ve)dersi (*da qc*); {PERSONEN, TIERE} sbucare (*da qc*); {KOPF, SONNE} far capolino B tr *slang* (*kapieren*) **etw ~** capire qc, afferrare *qc*: **ich blick das nicht!**, non lo capisco! ● **sich** {bei jdm}/[irgendwo}] ~ **lassen**, farsi vedere ({da qu}/[+ *compl di luogo*]), farsi vivo (-a) ({con qu}/[+ *compl di luogo*]); **lass dich mal wieder ~!**, fatti vedere/vivo (-a) qualche volta!; **lasst dich/[lasst euch]/... hier (bloß/nur) nicht mehr ~!**, non farti/fatevi/... più vedere qui/[da queste parti]!; **das lässt tief ~**, (questo) la dice lunga; **weit ~d** → **weitblickend**.
Blickfang m attrazione f, richiamo m: **als ~ dienen**, servire da richiamo.
Blickfeld n campo m visivo: **ins/[in jds] ~ geraten/kommen/rücken**, suscitare l'interesse (di qu)/risvegliare l'attenzione (di qu); **ins ~ (der Öffentlichkeit) rücken**, suscitare l'interesse (pubblico), risvegliare l'attenzione (pubblica); **aus dem/jds ~ verschwinden**, scomparire dal campo visivo (di qu); **er ist aus meinem ~ verschwunden**, l'ho perso di vista.
Blickkontakt m contatto m visivo.
Blickpunkt m **1** (*Zentrum*) **im ~ stehen**, essere alla ribalta; **im ~ (des Interesses/der Aufmerksamkeit) stehen**, essere al centro dell'interesse/dell'attenzione **2** (*Gesichtspunkt*) punto m di vista: **vom politischen/wirtschaftlichen/... ~ aus (betrachtet/gesehen)**, dal punto di vista politico/economico/...
Blickrichtung f direzione f dello sguardo: **in ~ (nach) Westen**, guardando a ovest.
Blickwinkel m angolazione f, angolatura f, visuale f: **aus/unter diesem ~**, da questa angolazione/angolatura/visuale.
blieb 1. *und* 3. *pers sing imperf von* bleiben.
blies 1. *und* 3. *pers sing imperf von* blasen.
blind A adj **1** (*nicht sehend*) cieco, non vedente: **linksseitig/[auf dem rechten Auge]/[von Geburt] ~ sein**, essere cieco {dall'occhio sinistro]/[dall'occhio destro]/[dalla nascita]; **auf einem Auge ~ sein**, essere guercio/cieco da un occhio; **~ geboren → blindgeboren 2** (*unkritisch*) {GEHORSAM, GLAUBE, VERTRAUEN} cieco, assoluto, totale: **~ für/[in Bezug auf] etw** (akk) **sein**, essere cieco davanti a qc, essere insensibile a qc; **~ {gegen etw (akk)}/[gegenüber etw (dat)] sein**, non riconoscere qc, non rendersi conto di qc **3** (*wahllos*) {SCHICKSAL, ZUFALL} cieco **4** (*verblendet*) {EIFERSUCHT, GEWALT, HASS, WUT, ZORN} cieco: **~ vor Wut/Zorn/Hass/Eifersucht/Leidenschaft**, cieco {di rabbia}/[d'ira]/[d'odio]/[dalla gelosia]/[dalla passione] **5** (*glanzlos*) {FENSTER, METALLFLÄCHE, SPIEGEL} appannato **6** (*vorgetäuscht, falsch*) simulato, finto, falso: **~er Alarm**, falso allarme; {KNOPFLOCH, TASCHE} finto; {NAHT} invisibile; *arch* cieco, finto B adv **1** (*wahllos*) alla cieca, sconsideratamente **2** (*ohne zu sehen*) alla cieca, senza vedere, a tentoni; (*ohne hinzusehen*) {KLAVIER SPIELEN, SCHREIBMASCHINE SCHREIBEN} senza guardare la tastiera **3** (*unkritisch*) {FOLGEN, GEHORCHEN, GLAUBEN, VERTRAUEN} ciecamente **4** (*ohne Ausgang/Tür*) senza sbocco/uscita ● **ich bin doch nicht ~!** *fam*, non sono mica cieco (-a)! *fam*; **bist du (denn) ~?** *fam*, sei cieco (-a)? *fam*, ma dove hai gli occhi? *fam*, non ci vedi? *fam*; **jdn ~ machen**, accecare qu; **jdn (für etw akk) ~ machen**, rendere qu cieco (-a)/insensibile (a qc); **~ werden**, perdere la vista, diventare cieco (-a); {FENSTER, METALLFLÄCHE, SPIEGEL} appannarsi.
Blindband m *Verlag* falso libro m.
Blinddarm m *anat* intestino m cieco; *fam* (*Wurmfortsatz*) appendice f.
Blinddarmentzündung f *med* appendicite f.
Blinddarmoperation f *med* appendicectomia f.
Blind Date <- -(s), --s> n appuntamento m al buio/[con uno sconosciuto].
Blinde <*dekl wie adj*> mf cieco (-a) m (f) ● **das sieht ja/doch ein ~r (mit dem Krückstock)!** *fam*, non ne vedrebbe anche un cieco! *fam*; **unter den ~n ist der Einäugige König** *prov*, in terra di ciechi ₗbeato chi ha un occhio⌡/[chi ha un occhio è re] *prov*, beati i monocoli in terra di ciechi *prov*.
Blindekuh f <*ohne art*> mosca f cieca: **~ spielen**, giocare a mosca cieca.
Blindenanstalt f, **Blindenheim** n istituto m per ciechi.
Blindenhund m cane m (guida) per ciechi.
Blindenschrift f (scrittura f) Braille m.
Blindenstock m bastone m (bianco) per ciechi.
blind|fliegen <*irr*> itr <*sein*> *aero* fare/eseguire un volo cieco/strumentale.
Blindflug m *aero* volo m cieco/strumentale.
Blindgänger[1] <-s, -> m *mil* proiettile m inesploso.
Blindgänger[2] <-s, -> m (**Blindgängerin** f) *slang* (*Versager*) fallito (-a) m (f), incapace mf, buono (-a) m (f) a nulla.
blindgeboren adj <*attr*> cieco dalla nascita, nato cieco.
blindgläubig adj credulone.
Blindheit <-, *ohne pl*> f **1** (*fehlendes Sehvermögen*) cecità f **2** (*Blendung*) cecità f, accecamento m, abbaglio m ● **(wie) mit ~ geschlagen sein**, essere ₗ(come) accecato (-a)⌡/[diventato (-a) cieco (-a)].
Blindlandung f *aero* atterraggio m cieco/strumentale.
blindlings adv **1** (*ohne Bedenken*) {JDM FOLGEN, GEHORCHEN, VERTRAUEN} ciecamente, a occhi chiusi **2** (*ohne nachzudenken*) {UM SICH SCHIEßEN, SCHLAGEN} alla cieca.
Blindschleiche <-, -n> f *zoo* orbettino m.
blind|schreiben <*irr*> itr scrivere ₗa macchina⌡/[al computer] senza guardare la tastiera.
blindwütig adj {MENSCH} accecato dall'ira, furente; {HASS, ZORN} cieco.
blinken A itr **1** (*funkeln*) {EDELSTEIN, LICHTER, SCHMUCKSTÜCK, STERNE} scintillare, rilucere; {POLIERTER GEGENSTAND} brillare **2** (*Blinkzeichen geben*) {BOJE, LEUCHTTURM} emettere/mandare segnali ottici/luminosi; *autom* {PERSON} mettere la freccia: **rechts/links ~**, mettere la freccia a destra/sinistra; **mit der Lichthupe ~**, lampeggiare con i fari B tr **etw ~** {NACHRICHT, SIGNAL, SOS} trasmettere *qc* mediante segnali luminosi ● **vor Sauberkeit ~ und blitzen** {KÜCHE,

Wohnung}, essere pulito e splendente.

Blinker <-s, -> m 1 *autom* lampeggiatore m, freccia f *fam*: **den ~ betätigen/setzen**, azionare il lampeggiatore, mettere la freccia *fam* 2 *Angeln* cucchiaino m.

Blinkerhebel m *autom* comando m dell'indicatore di direzione.

blinkern *itr* 1 *fam* (*blinzeln*): **mit den Augen ~**, socchiudere gli occhi 2 (*unruhig blinken*) lampeggiare.

Blinkfeuer n *naut* faro m (a luce) intermittente.

Blinkleuchte f *autom* lampeggiatore m, indicatore m di direzione, freccia f *fam* (di direzione).

Blinklicht n 1 (*bes. an Bahnübergang, Ampel*) segnale m/luce f intermittente 2 *fam* → **Blinkleuchte**.

Blinkzeichen n segnale m luminoso/ottico: **~ geben**, mandare segnali luminosi/ottici; **mit der Lichthupe ~ geben**, lampeggiare con i fari.

blinzeln *itr* socchiudere/strizzare gli occhi: ┌**ins Licht**┐/[**in die Sonne**] **~**, strizzare gli occhi guardando la luce/il sole; **vor Müdigkeit ~**, strizzare gli occhi per la stanchezza; **schelmisch ~**, ammiccare, fare l'occhiolino; **verschlafen ~**, strizzare gli occhi per il sonno.

Blitz <-es, -e> m 1 *meteo* (*~strahl*) lampo m, baleno m, folgore f, saetta f; (*~einschlag*) fulmine m; (*Lichtstrahl*) fascio m di luce 2 (*das Aufblitzen*) lampeggiare m, balenare m 3 *fot* flash m 4 *nur pl> lit* (*grelle Blicke*) lampi m pl ● **wie ein ~ einschlagen**, abbattersi come un fulmine: **die Nachricht schlug ein wie ein ~**, la notizia ┌suscitò grande scalpore┐/[fu una bomba]; **wie ein geölter ~** (**davonrasen/davonsausen**) *fam*, (scappare/[correre via]) come un lampo/una freccia; **vom ~ getroffen/erschlagen werden**, essere fulminato/[colpito da un fulmine]; **wie vom ~ getroffen/gerührt (sein)**, (essere/rimanere lì) come folgorato (-a)/fulminato (-a); **wie ein ~ aus heiterem** *Himmel*, come un fulmine a ciel sereno; **wie der ~ fam**, come un fulmine/lampo *fam*.

Blitzableiter m parafulmine m ● **jdn als ~ benutzen** *fam*, usare qu come parafulmine *fam*.

Blitzaktion f *mil* blitz m.

blitzartig A *adj* fulmineo, rapidissimo B *adv* con/a velocità fulminea, fulmineamente, come un lampo.

Blitzbesuch m visita f lampo.

blitzblank, blitzeblank *fam* A *adj* lucido (come uno specchio), pulitissimo, splendente B *adv* {ETW POLIEREN, PUTZEN} fino a farlo risplendere.

blitzen A *itr* 1 (*funkeln*) {AUGEN, BLICK, EDELSTEIN, METALL} sfavillare, scintillare, luccicare; (**vor etw dat**) ~ {AUGEN, BLICKE VOR FREUDE} sfavillare (*di qc*), scintillare (*di qc*), luccicare (*di qc*) 2 (*strahlen*) {GEBISS, ZÄHNE} essere splendente 3 *fam fot* fotografare con il flash, usare il flash 4 *slang* (*nackt in der Öffentlichkeit auftauchen*) correre nudo (-a) in pubblico (per protesta) B *tr* 1 *fam fot* **jdn/etw ~** fotografare qu/qc con il flash 2 *fam* (*bei Radarkontrolle*) **jdn ~** pizzicare qu *fam* con l'autovelox® C *unpers meteo* lampeggiare: **es blitzt**, lampeggia.

Blitzesschnelle f velocità f fulminea: **in/mit ~**, in un lampo/baleno/[batter d'occhio], veloce come un fulmine/lampo.

Blitzgerät n *fot* flash m.

blitzgescheit *adj fam* intelligentissimo, sveglissimo, brillante: **~ sein**, essere un cervellone/geniaccio.

Blitzgespräch n *tel obs* chiamata f interurbana urgente.

Blitzkarriere f carriera f lampo.

Blitzkrieg m *mil* guerra f lampo.

Blitzlicht n *fot* flash m: **mit ~ fotografieren**, fotografare con il flash.

Blitzlichtaufnahme f *fot* fotografia f scattata con il flash.

Blitzlichtbirne f *fot* lampadina f del flash.

Blitzlichtgerät n flash m, lampeggiatore m.

Blitzlichtgewitter n *fam* diluvio m di flash: **im ~ der Fotografen**, sotto i flash dei fotografi.

Blitzlichtwürfel m → **Blitzwürfel**.

Blitzreise f viaggio m lampo.

blitzsauber *adj fam* pulitissimo, lucido come uno specchio; *obs* {MÄDCHEN} splendido.

Blitzschlag m fulmine m.

blitzschnell A *adj* rapidissimo, fulmineo B *adv* {LAUFEN} come un lampo/fulmine: **~ reagieren**, avere una reazione fulminea.

Blitzstrahl m *geh* lampo m, baleno m, folgore f.

Blitzstreik m sciopero m lampo.

Blitztelegramm n telegramma m lampo.

Blitzumfrage f inchiesta f lampo: **eine ~ starten**, realizzare un'inchiesta lampo.

Blitzwürfel m *fot* flash m a cubo.

Blizzard <-s, -s> m *meteo* blizzard m, tempesta f/tormenta f di neve.

Block① <-(e)s, Blöcke> m 1 (*kompakter Brocken*) ~ (**aus/von etw** *dat*) {AUS EIS, GRANIT, MARMOR} blocco (*di qc*); (*Steinblock*) auch masso m, macigno m; (*Holzblock*) blocco m (di legno), ceppo m: **ein ~ Schokolade**, una tavoletta di cioccolata 2 *sport Volleyball* muro m; *Basketball* barriera f 3 *hist* (*Richtblock*) ceppo m (del patibolo) ● **im ~ kaufen** *com*, comprare in blocco.

Block② <-(e)s, Blöcke oder -s> m 1 (*Papierblock, Zeichenblock*) blocco m (di carta); (*Notizblock*) blocco m, taccuino m, bloc-notes m; (*Fahrkartenblock*) blocchetto m; (*Briefmarkenblock*) blocco m 2 (*Häuserblock*) isolato m, blocco m (di case); (*großes Mietshaus*) palazzo m, stabile m, condominio m: **einmal um den ~ gehen**, fare il giro dell'isolato 3 <-(e)s, Blöcke> *pol* blocco m 4 <-(e)s, -s> *Eisenb* blocco m 5 <-(e)s, Blöcke> *inform* blocco m.

Blockade <-, -n> f 1 (*Absperrung*) blocco m 2 *med* {+ENZYM, HORMON, ORGAN} blocco m 3 (*Denkhemmung*) blocco m (mentale): **ich habe gerade eine ~**, in questo momento ho un blocco; *psych* blocco m emotivo ● **die ~ aufheben**, togliere il blocco; **die ~ brechen**, forzare/rompere il blocco; **eine ~ über etw** (*akk*) **verhängen**, imporre il blocco su qc.

Blockadebrecher m chi rompe/forza il blocco.

Blockadehaltung <-, *ohne pl*> f ostruzionismo m.

Blockadepolitik <-, *ohne pl*> f politica f ┌di ostruzionismo┐/[ostruzionistica].

Blockadetaktik f tattica f ostruzionista.

Blockbildung f *pol* formazione f di blocchi.

Blockbuchstabe m lettera f (in) stampatello: **in ~n schreiben**, scrivere in/a stampatello.

blocken *sport* A *tr* 1 *Boxen* **etw ~** {EINEN ANGRIFF, SCHLAG} parare qc 2 (*bei Ballspielen*) (*sperren*) **jdn/etw ~** {SPIELER, BALL} stoppare qu/qc, fermare qu/qc B *tr Boxen* parare; *Volleyball* fare il muro, murare.

Blockflöte f *mus* flauto m ┌a becco┐/[dolce].

blockfrei *adj* <*attr*> *pol* {LÄNDER, STAATEN} non allineato, neutrale: **die Blockfreien**, i non allineati.

Blockfreiheit f *pol* non allineamento m.

Blockhaus n, **Blockhütte** f casa f/capanna f in legno.

blockieren <*ohne ge-*> A *tr* 1 (*unterbrechen*) **etw ~** {FAHRBAHN, VERKEHR} bloccare qc; {STROMZUFUHR} interrompere qc; {EINFAHRT, AUSFAHRT, ZUFAHRT, DURCHFAHRT, EINGANG, AUSGANG, STRASSE} sbarrare qc 2 (*hemmen*) **jdn ~** bloccare qu, inibire qu, paralizzare qu; (*völlig*) (**durch etw** *akk*) **blockiert sein** {DURCH DIE ANWESENHEIT VIELER LEUTE}, essere (completamente) bloccato da qc 3 (*sperren*) **etw ~** {BREMSE, BREMSKLÖTZE, RÄDER} bloccare qc: **blockiert sein** {BREMSE, GETRIEBE, LENKUNG, RAD}, essere bloccato 4 (*absperren*) **etw ~** {LAND, STAAT} isolare qc; {VERKEHRSWEGE} auch bloccare qc, chiudere qc 5 *pol* **etw ~** {GESETZ, REFORM, VERHANDLUNG} bloccare qc, ostacolare qc B *itr autom* (*nicht mehr funktionieren*) {BREMSEN, LENKUNG, RAD} bloccarsi, incepparsi.

Blockierer <-s, -> m (**Blockiererin** f) ostruzionista mf, boicottatore (-trice) m (f); *pol* ostruzionista mf: **der Atomtransport wurde von ~n stark behindert**, il trasporto del materiale nucleare è stato ostacolato da un gruppo di contestatori.

Blockpartei f *hist pol bes. ostdt* partito m di blocco.

Blockpolitik f *hist* politica f dei blocchi.

Blocksatz m *typ* composizione f a blocchetto.

Blockschokolade <-, *ohne pl*> f *gastr* cioccolato m fondente (da cucina).

Blockschrift f stampatello m.

Blockstaaten *subst <nur pl> hist* stati m pl ┌del blocco orientale┐/[dell'Est].

Blockstelle f *Eisenb* posto m di blocco.

Blockstunde f *Schule* lezione f di due ore.

Blockunterricht m *Schule* "lezioni f pl tematiche tenute in blocco".

blöd, blöde *adj* 1 *fam* (*dumm*) {GESICHT, GRINSEN} scemo, stupido; {MENSCH} auch imbecille *fam*, idiota, deficiente; {BEMERKUNG, FRAGE, GEREDE} sciocco, stupido: **so ein ~es Arschloch!** *vulg*, che stronzo! *vulg*; **~er Kerl**, stupido, scemo, imbecille; **du ~es Schwein!** *vulg*, stronzo! *vulg* 2 *fam* (*unangenehm*) {GEFÜHL, SITUATION} fastidioso, spiacevole, sgradevole; {ANGELEGENHEIT, SACHE} seccante, noioso; {WETTER} uggioso, brutto 3 *obs* (*schwachsinnig*) deficiente, demente ● **sich ~ anstellen**, essere imbranato; **zu ~!** *fam*, che noia/fastidio!

Blödelei <-, -en> f *fam* 1 <*nur sing*> (*das Blödeln*) dire m sciocchezze, fare m il pagliaccio 2 (*Albernheit*) sciocchezza f, idiozia f ● **Schluss mit der ~!**, adesso basta con le sciocchezze!

blödeln *itr fam* (*Unsinn reden*) dire sciocchezze; (*Unsinn machen*) scherzare, fare il pagliaccio, cazzeggiare *slang*.

blöderweise *adv fam* stupidamente, scioccamente.

Blödheit <-, -en> f 1 (*Dummheit*) sciocchezza f, scemenza f *fam*; (*blödes Verhalten*) auch comportamento m sciocco; (*alberne Bemerkung*) osservazione f stupida 2 *obs* (*Schwachsinn*) deficienza f, demenza f.

Blödian <-s, -e> m *fam*, **Blödmann** m *fam* scemo m, stupido m, imbecille m ● **du, ~!**, che imbecille!

Blödsinn <-s, *ohne pl*> m *fam pej* sciocchezza f, idiozia f, scemenza f *fam*, cretinata f, cavo-

lata f *fam*, fesseria f *fam*: **mach keinen ~!**, non fare sciocchezze/scemenze/cretinate!; **so ein ~!**, che idiozia! • **nur/[nichts als] ~ im** *Kopf* **haben** *fam*, ₍avere solo₎/[non avere altro che] sciocchezze per la testa *fam*; **~ reden/verzapfen** *fam*, dire sciocchezze/stupidaggini *fam*.

blödsinnig adj **1** *fam pej* (*idiotisch*) {IDEE, PLAN, VORSCHLAG} stupido, sciocco; ₍**so ein ~es Zeug/Gerede**₎/[**so etwas Blödsinniges**]!, che sciocchezze/stupidaggini/idiozie! **2** (*schwachsinnig*) deficiente, demente.

Blog <-s, -s> n oder m *inform* blog m.

bloggen itr *slang inform* avere/tenere un blog.

Blogger <-s, -> m (**Bloggerin** f) *inform* blogger mf.

blöken itr {SCHAF} belare; {RIND} muggire.

blond adj **1** {HAAR, MENSCH} biondo, (*blondhaarig*) dai capelli biondi: **sich** (dat) **die Haare ~ färben lassen**, tingersi i capelli di biondo, farsi ossigenare i capelli; **~ werden**, imbiondire **2** *fam* (*hellfarbig*) {TABAK} biondo.

Blond <-s, ohne pl> n biondo m.

Blonde <dekl wie adj> mf biondo (-a) m (f).

blondgefärbt adj → **gefärbt**.

blondgelockt adj → **gelockt**.

blondhaarig adj biondo, dai capelli biondi.

blondieren <ohne ge-> tr *etw* ~ {HAARE} ossigenare qc, tingere qc di biondo: **blondiertes Mädchen**, ragazza/bionda ossigenata.

Blondine <-, -n> f bionda f, biondina f.

bloß① adj **1** <meist attr> (*unbedeckt*) {FAUST, HAND} nudo; {ARM, BEIN, KOPF, SCHULTER} *auch scoperto*: **mit ~em Auge**, a occhio nudo; **auf der ~en Erde**, sulla nuda terra; **mit ~en Füssen**, a piedi nudi, scalzo; {DEGEN, SÄBEL, SCHWERT} sguainato **2** <attr> (*rein, nichts als*) {DUMMHEIT, NEID} puro; {ANBLICK} solo, semplice: **der ~e Gedanke**, il solo pensiero; **er kam mit dem ~en Schrecken davon**, se la cavò con un semplice spavento; **auf ~en Verdacht**, per mero sospetto.

bloß② adv *fam* (*nur*) solo, solamente, soltanto, semplicemente: **das macht er ~ aus Eifersucht**, lo fa solo/soltanto per gelosia; **nicht ~ ..., sondern auch ...**, non solo ..., ma anche ...

bloß③ partik **1** (*nur: drückt Ratlosigkeit aus oder in einer Frage an den Gesprächspartner*) ma: **was soll ich ~ mit ihr machen?**, ma che (cosa) devo fare con te?; **was ist denn ~ los?**, ma che diavolo/[cavolo *fam*] succede?; **wo sind ~ meine Schlüssel?**, dove sono finite le mie chiavi?; **was hast du ~?**, ma si può sapere che cos'hai? **2** (*nur: drückt Kritik, Vorwurf oder Unwillen aus*) ma: **was hast du denn ~ wieder angestellt?**, che cavolo hai combinato questa volta?; **wo bleibst du ~?**, ma dove (diavolo/[cavolo *fam*]) sei?; (*nur: drückt Bewunderung aus*) ma: **wie machst du das ~?**, ma come fai (a farlo)? **3** (*ermutigend oder tröstend*): **mach dir ~ keine Sorgen!**, non ti preoccupare! non stare a preoccuparti! **4** (*ja: drückt eine Drohung oder Warnung aus*): **lass mich ~ in Ruhe!**, fammi il (santo) piacere di lasciarmi in pace!; **pass ~ auf!**, stai attento (-a), mi raccomando!; **komm ~ nicht zu spät!**, vedi di non arrivare tardi!; **sei ~ freundlich zu ihm!**, bada di essere gentile con lui!; **sag ~ nicht, dass ...**, non mi dire che ...; **mach ~ keine Dummheiten**, non fare sciocchezze; **soll ich ihn mal fragen? – ~ nicht!**, glielo devo chiedere? – Meglio di no! **5** (*nur: in Wunschsätzen*) solo, soltanto, magari: **wenn ich ~ wüsste, ob ...**, se solo/soltanto sapessi se ..., magari sapessi

se...; **hätte ich das ~ nie gesagt!**, non l'avessi mai detto!; **wenn er ~ keine schlechte Note bekommt!**, spero solo che non prenda un brutto voto!

Blöße <-, -n> f **1** *geh* (*Unbedecktheit*) nudità f **2** (*Schwäche*) punto m debole • **jdm eine ~ bieten**, mostrare all'avversario il proprio punto debole; **sich** (dat) **eine ~ geben**, mostrare il proprio ₍punto debole₎/[tallone d'Achille].

bloß|legen tr **1** (*ausgraben*) *etw* ~ portare alla luce qc, scoprire qc **2** (*enthüllen*) *etw* ~ {HINTERGRÜNDE, VERBINDUNGEN} rivelare qc, svelare qc **•** *far luce su qc*.

bloß|liegen <irr> itr <haben oder süddt A CH sein> {BAUMWURZEL, KNOCHEN} essere scoperto.

bloß|stellen Ⓐ tr *jdn* ~ far fare una ₍brutta figura₎/[figuraccia] *a qu*, rendere ridicolo (-a) *qu* Ⓑ **sich** rfl ~ fare una ₍brutta figura₎/[figuraccia], rendersi ridicolo (-a).

Blouson <-(s), -s> m oder n blusotto m, giubbotto m.

blubbern itr *fam* **1** (*Blubbergeräusche machen*) {ABFLUSS, WASSER} gorgogliare, rumoreggiare **2** (*undeutlich sprechen*) borbottare, farfugliare: **undeutlich blubberte er (etwas) vor sich** (dat) **hin**, borbottava (qualcosa) tra sé e sé.

Bluechip <-s, -s> m, **Blue Chip** <- -s, - -s> m *Börse* blue chip m.

Bluejeans, **Blue Jeans** subst <nur pl> blue-jeans m pl.

Blues <-, -> m *mus* blues m; (*Tanz*) blues m • **den ~ haben** *slang*, essere giù di corda/morale.

Bluff <-s, -s> m *pej* bluff m: **das ist doch sicher nur ein ~!**, non è altro che un bluff!

bluffen *pej* Ⓐ itr bluffare: **der blufft doch nur!**, sta bluffando! Ⓑ tr *jdn* ~ imbrogliare *qu*, ingannare *qu*, farla in barba *a qu*: **sich nicht ~ lassen**, non farsi ingannare.

blühen Ⓐ itr **1** (*Blüten haben*) fiorire, essere in fiore: **rot/rosa/gelb ~**, avere/fare dei fiori rossi/rosa/gialli; **zum Blühen kommen**, cominciare a fiorire **2** (*florieren*) {GESCHÄFT, HANDEL} fiorire, prosperare **3** *fam* (*bevorstehen*) *jdm* ~ capitare *a qu*, accadere *a qu*: **wer weiß, was uns noch blüht!**, chissà che cosa ci capiterà/aspetta! Ⓑ unpers: **es blüht**, è il periodo della fioritura.

blühend adj **1** (*in Blüte stehend*) fiorito, in fiore, fiorente **2** (*prosperierend*) {GESCHÄFT, HANDEL} florido, fiorente, prosperoso **3** <meist attr> (*sehr gut oder groß*) {GESUNDHEIT} ottima, eccellente; {SCHÖNHEIT} splendente; {GESICHTSFARBE} roseo; {AUSSEHEN} florido **4** <meist attr> (*üppig*) {FANTASIE} fervido, fertile • **im ~en Alter**, nel fiore degli anni.

Blühet <-s, ohne pl> m *CH* fioritura f.

Blümchen <-s, -> n *bot text dim von* Blume fiorellino m.

Blümchenkaffee m *fam scherz* caffè m leggero leggero.

Blümchensex m *fam* effusioni f pl (amorose).

Blume <-, -n> f **1** *bot* (*Pflanze*) fiore m; (*Blüte*) fiore m: ₍welke/verwelkte₎/[getrocknete] **~n**, fiori ₍avvizziti/appassiti₎/[secchi]; **~n schneiden**, recidere i fiori; (*Topfblume*) pianta: **die ~n gießen**, annaffiare le piante f **2** (*Duftnote*) {+WEIN, WEINBRAND} bouquet m; (*Bierschaum*) schiuma f • **die blaue ~**, il fiore azzurro; **durch die ~**, metaforicamente, velatamente; **danke/[vielen Dank] für die ~n!** *fam iron*, grazie del complimento! *iron*; **jdm etw durch die ~ sagen**/[**zu verstehen geben**], dire/[far capire] qc ₍in

modo velato₎/[tra le righe].

Blumenbeet n aiuola f di fiori: **ein ~ anlegen**, realizzare/creare un'aiuola di fiori.

Blumenbinder m (**Blumenbinderin** f) *obs* → **Florist**.

Blumenerde f terriccio m per fiori.

Blumenfrau f fioraia f, fiorista f.

Blumengarten m giardino m (di fiori).

Blumengärtner m (**Blumengärtnerin** f) florivivaista mf.

Blumengeschäft n fioraio m, negozio m di fiori, fiorista m.

blumengeschmückt adj infiorato, adornato di fiori.

Blumenhändler m (**Blumenhändlerin** f) fioraio (-a) m (f), fiorista mf.

Blumenkasten m fioriera f.

Blumenkind n <meist pl> figlio (-a) m (f) dei fiori, hippy mf.

Blumenkohl <-s, ohne pl> m *bot* cavolfiore m.

Blumenkorso m sfilata f di ₍carri fioriti₎/[carrozze infiorate].

Blumenkranz m corona f/ghirlanda f di fiori.

Blumenkübel m vaso m.

Blumenladen m → **Blumengeschäft**.

Blumenmuster n disegno m/motivo m floreale.

Blumenrabatte f bordura f di fiori.

Blumenstand m bancarella f dei fiori.

Blumenständer m portafiori m, giardiniera f.

Blumenstock m pianta f in vaso.

Blumenstrauß m mazzo m di fiori.

Blumentopf m **1** (*Topf für eine Blume*) vaso m da fiori (per coltivare piante) **2** *fam* (*Topfpflanze*) pianta f in vaso • **mit etw** (dat) **keinen ~ gewinnen können** *fam*, non andare lontano con qc.

Blumenvase f vaso m (per fiori recisi): (*kleine ~*) portafiori m.

Blumenzucht f floricoltura f.

Blumenzwiebel f *bot* bulbo m.

blumig adj **1** (*wie Blumen duftend*) {DUFT, PARFÜM} fiorito **2** (*bouquetreich*) {WEIN} profumato **3** (*viele Floskeln enthaltend*) {SPRACHE, STIL} fiorito.

Blüschen <-s, -> n dim *von* Bluse camicetta f.

Bluse <-, -n> f **1** camicetta f, blusa f: **eine kurzärmelige/langärmelige ~**, una camicetta a maniche corte/lunghe **2** (*Kittelbluse*) camiciotto m • **jdm in die ~ fassen** *slang*, toccare le tette/poppe di/a qu *fam*; (**ganz schön) was in/unter der ~ haben** *slang*, avere le tette/poppe grosse *fam*.

Blut <-(e)s, ohne pl> n **1** sangue m: **etw mit ~ beflecken/beschmutzen**, macchiare/[sporcare/insudiciare] qc di sangue; **mit ~ getränkt** {KLEIDUNGSSTÜCK}, impregnato di sangue **2** (*Abstammung*) sangue m, stirpe f, razza f **3** (*Temperament*) sangue m, temperamento m, carattere m • **jdm ~ abzapfen** *fam*/**abnehmen** *med*, fare un prelievo (di sangue) a qu; **jdm gefriert/stockt/gerinnt/ erstarrt das ~ in den Adern**, ₍a qu si gela₎/ [qu si sente gelare/agghiacciare] il sangue (nelle vene); **jdm kocht das ~ in den Adern**, qu si sente ribollire/rimescolare il sangue; **englisches/italienisches/... ~ in den Adern haben**, avere sangue inglese/italiano/... nelle vene; **Alkohol im ~ haben**, avere alcol nel sangue; **etw mit seinem ~ besiegeln** (*für etw sterben müssen*), pagare qc on il sangue; **ruhig/kaltes ~ bewahren**, mantenere il sangue freddo, conservare la calma; **~ bildend**, em(at)opoietico; **bis aufs ~** {JDN QUÄ-

LEN, PEINIGEN), a morte; {JDN REIZEN}, oltre ogni limite; {KÄMPFEN}, fino all'ultimo sangue; **jdn bis aufs ~ aussaugen**, dissanguare qu, spremere qu come un limone; *blaues* ~ **(in den Adern haben)**, (avere) sangue blu (nelle vene); **das ~ *Christi* relig**, il sangue di Cristo; *etw im* ~ *ersticken geh*, soffocare qc nel sangue; **sein eigenes ~ für jdn/etw *geben*/vergießen** *geh*, dare/versare il proprio sangue per qu/qc; **(jdm) ins ~ *gehen* {M**USIK, RHYTHMUS}, entrare nel sangue (a qu); **jd hat ~ geleckt** *fam*, qu ci ha preso gusto *fam*; **etw wurde mit ~ geschrieben** {GESCHICHTE EINER FAMILIE, EINES VOLKES}, qc è scritto col sangue; **heißes/feuriges ~ haben**, avere il sangue caldo/bollente, avere un temperamento focoso; **an etw (dat) *klebt* ~** {AN JDS HÄNDEN}, qc gronda/[è sporco] di sangue; **jdm steigt/schießt das ~ in den *Kopf***, qu si sente salire/andare il sangue alla testa; **nach ~ *lechzen*/dürsten** *lit*, essere assetato di sangue; ⌊*etw liegt jdm im* ~ ⌋/[**jd hat etw im ~**], qu ce l'ha nel sangue; **böses ~ *machen*/schaffen/geben**, suscitare (il) malcontento; **~ *reinigend* → blutreinigend**; **(immer) *ruhig* ~!**, calma (e sangue freddo)!; **~ *spenden*** *med*, donare il sangue; **~ *spucken***, sputare sangue; **~ *stillend* → blutstillend**; **~ *vergießen***, spargere sangue; ⌊**es wurde ~ vergossen**⌋/[**es floss ~**], ci fu uno spargimento di sangue; **(viel) ~ *verlieren***, perdere (molto) sangue; **~ *ist dicker als Wasser***, il sangue non è acqua; **~ *und Wasser* schwitzen** *fam* (*große Angst haben*), sudare freddo, avere una paura matta *fam* (*sich sehr anstrengen*), sudare/sputare sangue, sudare sette camicie.

Blutabnahme *f med* prelievo *m* di sangue.
Blutader *f anat* vena *f*.
Blutalkohol, **Blutalkoholgehalt** *m* tasso *m* alco(o)lico (nel sangue), alco(o)lemia *f wiss*.
Blutalkoholspiegel *m* → **Blutalkohol**.
Blutandrang *m med* congestione *f*.
Blutapfelsine *f* → **Blutorange**.
blutarm *adj med* anemico.
Blutarmut *f med* anemia *f*.
Blutaustausch *m* ricambio *m* del sangue.
Blutbad <-s, ohne pl> *n* (*Massaker*) bagno *m* di sangue, strage *f*, massacro *m*, carneficina *f* ● **ein ~ (unter jdm) *anrichten***, fare una strage/un massacro (tra qu).
Blutbahn *f anat* via *f* ematica: **in die ~ *kommen***, entrare nel sangue.
Blutbank <-, -en> *f med* banca *f* del sangue, emoteca *f*.
blutbefleckt *adj* macchiato di sangue.
blutbeschmiert *adj* imbrattato di sangue.
Blutbild *n med* quadro *m* ematico; (*Untersuchung*) emocromo *m*, esame *m* emocromocitometrico.
blutbildend *adj* → **Blut**.
Blutbuche *f bot* faggio *m* rosso/sanguigno.
Blutderivat *n* emoderivato *m*.
Blutdoping *n sport* autoemotrasfusione *f*, doping *m* ematico (autologo).
Blutdruck <-(e)s, ohne pl> *m* pressione *f* sanguigna, tensione *f* arteriosa: **hoher ~**, ipertensione, pressione/tensione alta; **niedriger ~**, ipotensione, pressione/tensione bassa; **einen hohen/niedrigen ~ *haben***, essere un iperteso/ipoteso; ⌊**bei jdm den ~**⌋/[**jds ~**] **messen**, misurare la pressione a qu.
Blutdruckmesser <-s, -> *m* sfigmomanometro *m*.
blutdrucksenkend *med pharm* **A** *adj* {MEDIKAMENT, MITTEL} ipotensivo **B** *adv*: ~

wirken, avere un effetto ipotensivo.
blutdürstig *adj geh* {BESTIE, UNGEHEUER} sanguinario, assetato di sangue.
Blüte <-, -n> *f* **1** *bot* fiore *m*: **männliche/weibliche ~**, fiore maschile/femminile **2** <*nur sing*> (*das Blühen*, *~zeit*) fioritura *f* **3** <*nur sing*> *geh* (*Elite*) fiore *m*, crème *f* **4** <*nur sing*> *geh* (*geistige, kulturelle, künstlerische ~*) fioritura *f*, periodo *m* aureo/[di maggior splendore]; (*wirtschaftliche ~*) prosperità *f* **5** (*Stilblüte*) perla *f* (stilistica) **6** *fam* (*falscher Geldschein*) banconota *f* falsa ● **sich zur vollen ~ *entfalten*** {KULTUR}, raggiungere ⌊la massima prosperità⌋/[il massimo splendore]; **in der ~/ihrer/seiner *Jahre* (stehen)**, (essere) nel fiore degli anni; **in (hoher/voller) ~ *stehen*** {BAUM}, essere in fiore/[(piena) fioritura]; {HANDEL, IMPERIUM, KULTUR, KUNST, ZIVILISATION}, essere in (piena) fioritura/prosperità; **~n *treiben*** {BAUM, PFLANZE}, mettere i fiori; **merkwürdige/seltsame/üppige/wunderliche ~n *treiben*** {ANGST, MANIE, FANTASIE}, assumere delle strane forme.
Blutegel <-s, -> *m zoo* sanguisuga *f*, mignatta *f*.
bluten *itr* (*VERLETZUNG*, *WUNDE*) sanguinare: **meine Hand blutet**, mi sanguina la mano; **mir blutet das Herz**, mi sanguina il cuore; {BÄUME} colare, lacrimare; ***an*/*aus etw (dat) ~*** (*PERSON AUS DER NASE*) perdere sangue (*da qc*); **er blutet aus dem Mund**, perde sangue dalla bocca ● (**für etw akk**) (**schwer**/[**ganz schön**]) **~ müssen** *fam* (*blechen*), pagare un occhio/salato (-a) qc *fam*, dover sborsare/[tirare fuori] (un bel po') (per qc) *fam*.
Blütenblatt *n bot* petalo *m*.
Blütenhonig *m* miele *m* millefiori.
Blütenkelch *m bot* calice *m*.
Blütenknospe *f bot* gemma *f*, bocciolo *m*.
Blütenstand *m bot* infiorescenza *f*.
Blütenstaub *m bot* polline *m*.
Blutentnahme *f med* prelievo *m* di sangue: (**an jdm**) **eine ~ *vornehmen***, fare un prelievo (di sangue) a qu.
blütenweiß *adj* candido, bianchissimo.
Blütenzweig *m bot* ramo *m* fiorito.
Bluter <-s, -> *m* (**Bluterin** *f*) *med* emofiliaco (-a) *m* (*f*).
Bluterguss (a.R. Bluterguß) *m* ematoma *m*, ecchimosi *f*.
Bluterin *f* → **Bluter**.
Bluterkrankheit *f med* emofilia *f*.
Blütezeit *f* **1** (*Zeit des Blühens*) (periodo *m* di) fioritura *f* **2** (*Zeit hoher Blüte*) {+KULTUR, KUNST} periodo *m* aureo/[di massimo splendore].
Blutfarbstoff <-s, ohne pl> *m* emoglobina *f*.
Blutfaserstoff *m med* fibrina *f*.
Blutfett *n* <*meist pl*> *med* sostanza *f* grassa nel sangue, <*pl*> grassi *m pl* nel sangue, lipidi *m pl*.
Blutfleck *m* macchia *f* di sangue.
Blutgefäß *n anat* vaso *m* sanguigno.
Blutgerinnsel *n med* coagulo *m*, trombo *m*.
Blutgerinnung *f* coagulazione *f* del sangue.
Blutgruppe *f* gruppo *m* sanguigno: **welche ~ *haben Sie?***, qual è il Suo gruppo sanguigno?; **die ~ A *haben***, essere di gruppo sanguigno A; **jds ~ *bestimmen***, determinare/definire il gruppo sanguigno di qu.
Blutgruppenbestimmung *f med* determinazione *f* del gruppo sanguigno.
Bluthochdruck *m med* ipertensione *f*, pressione *f* alta: ⌊~ **haben**⌋/[**an ~ *leiden***],

soffrire di ipertensione/[pressione alta]; **Patienten mit ~**, pazienti ipertesi.
Bluthund *m* **1** *Jagd* bracco *m* **2** (*blutrünstiger Mensch*) sanguinario *m*.
Bluthusten *m med* sbocco *m* di sangue, emottisi *f wiss*.
blutig **A** *adj* **1** (*blutend*) {KÖRPERTEIL} sanguinante, sanguinolento; (*blutbefleckt*) {KLEIDUNGSSTÜCK, WÄSCHESTÜCK} macchiato di sangue **2** *gastr* al sangue **3** (*mit Blutvergießen verbunden*) {KAMPF, KONFLIKT, KRIEG, SCHLACHT} sanguinoso, cruento **4** <*attr*> *fam* (*völlig*): **~er *Anfänger***, un novellino; **das ist mein ~er *Ernst***, dico proprio sul serio **B** *adv* (*mit Blutvergießen*) {JDN SCHLAGEN} a sangue: **einen Aufstand ~ *niederschlagen***, soffocare una rivolta nel sangue.
blutjung *adj* giovanissimo.
Blutkonserve *f med* sacca *f* di sangue (per trasfusioni).
Blutkörperchen <-s, -> *n* <*meist pl*> *biol* globulo *m* (del sangue): **rotes ~**, globulo rosso, emazia, eritrocita; **weißes ~**, globulo bianco, leucocita.
Blutkörperchensenkungsgeschwindigkeit *f med* (Abk *BSG*) velocità *f* di sedimentazione *f* del sangue, VES.
Blutkrankheit *f med* malattia *f* ematica/[del sangue].
Blutkrebs *m med* leucemia *f*.
Blutkreislauf <-s, ohne pl> *m* circolazione *f* del sangue.
Blutlache *f* pozza *f* di sangue.
blutleer *adj* **1** (*mit zu geringer Blutzufuhr*) {GESICHT, KOPF, LIPPEN} esangue **2** (*ohne Lebendigkeit*) {BUCH, ROMAN} incolore; {CHARAKTER, MENSCH} scialbo, piatto; {STIL} esangue.
Blutorange *f bot* arancia *f* rossa, sanguinello *m*.
Blutplasma *n med* plasma *m* sanguigno.
Blutplättchen *n biol* piastrina *f*, trombocita *m*.
Blutprobe *f* prelievo *m* del sangue.
Blutrache <-, ohne pl> *f* vendetta *f* di sangue.
Blutrausch *m* delirio *m* omicida.
blutreinigend *adj* che depura il sangue.
blutrot *lit* **A** *adj* {HIMMEL, KLEIDUNGSSTÜCK, SONNE(NUNTERGANG)} rosso sangue, color sangue; {GUILLOTINE, RICHTBEIL} grondante di sangue **B** *adv*: **die *Sonne* färbte den *Abendhimmel* ~**, il sole tinse di rosso il cielo crepuscolare; **mit ~ *unterlaufenen* Augen**, con gli occhi iniettati di sangue.
blutrünstig *adj* {PERSON} sanguinario; (*grausam*) efferato, truculento; {FILM, GESCHICHTE, ROMAN} di sangue.
Blutsauger <-s, -> *m* **1** (*Blut saugendes Insekt*) insetto *m* ematofago **2** *pej* (*Ausbeuter*) sanguisuga *f fam*, sfruttatore *m*; (*Wucherer*) strozzino *m fam*, usuraio *m* **3** (*Vampir*) vampiro *m*.
Blutsbruder *m* fratello *m* di sangue.
Blutsbrüderschaft *f* fratellanza *f* di sangue: **~ *schließen***, stringere una fratellanza di sangue.
Blutschande <-, ohne pl> *f* incesto *m*.
Blutschuld <-, ohne pl> *f lit* assassinio *m*: (**eine**) **~ *auf sich laden***, macchiarsi di un assassinio.
Blutschwamm *m med* emangioma *m*.
Blutsenkung *f med* **1** eritrosedimentazione *f wiss*, sedimentazione *f* del sangue **2** (*Untersuchung*) VES *f* (Abk *von* Velocità di EritroSedimentazione): **eine ~ *machen***, fare una VES.
Blutserum *n med* siero *m* sanguigno.

Blutspende f *med* donazione f di sangue.
Blutspenden n donare m il sangue: **heute gehe ich zum ~**, oggi vado a donare il sangue.
Blutspender m (**Blutspenderin** f) donatore (-trice) m (f) di sangue.
Blutspucken n → **Bluthusten**.
Blutspur f traccia f di sangue.
blutstillend **A** adj {BANDAGE, MITTEL, STIFT} emostatico, antiemorragico **B** adv: **~ wirken**, avere un effetto emostatico/antiemorragico.
Blutstropfen m goccia f di sangue • **bis zum letzten ~**, fino all'ultima goccia di sangue.
Blutstuhl m *med* sangue m nelle feci.
Blutsturz <-es, ohne pl> m *med* emorragia f (da naso, bocca, ano o vagina).
blutsverwandt adj consanguineo.
Blutsverwandte <dekl wie adj> mf consanguineo (-a) m (f): **~r der Seitenlinie**, consanguineo in linea collaterale.
Blutsverwandtschaft f consanguineità f.
Bluttat f *geh* fatto m di sangue, assassinio m: **eine ~ begehen**, commettere un assassinio.
Bluttest m *med* test m ematico/[del sangue].
Bluttransfusion f *med* trasfusione f (di sangue): **(an jdm) eine ~ vornehmen**, praticare a qu una trasfusione (di sangue).
blutüberströmt adj grondante/lordo di sangue: **sein Gesicht war ~**, il suo viso era una maschera di sangue.
Blutübertragung f → **Bluttransfusion**.
Blutung <-, -en> f *med* emorragia f: **innere ~**, emorragia interna; (*Monatsblutung*) mestruazione f, mestruazioni f pl; **monatliche ~**, mestruazioni.
blutunterlaufen adj ecchimotico, livido; {AUGEN} iniettato di sangue.
Blutuntersuchung f *med* analisi f/esame m del sangue: **eine ~ (an jdm) vornehmen**, fare le analisi del sangue (a qu).
Blutvergießen <-s, ohne pl> n *geh* spargimento m di sangue.
Blutvergiftung f *med* setticemia f.
Blutverlust m perdita f ematica/[di sangue].
blutverschmiert adj imbrattato di sangue.
Blutwäsche f *med* lavaggio m del sangue.
Blutwurst f *gastr* sanguinaccio m.
Blutzirkulation f → **Blutkreislauf**.
Blutzoll <-(e)s, ohne pl> m *geh* tributo m di sangue.
Blutzucker m glicemia f.
Blutzuckerkurve f *med* curva f glicemica.
Blutzuckerspiegel m tasso m glicemico.
Blutzufuhr f *med* afflusso m di sangue.
BLZ f *bank Abk von* Bankleitzahl: CAB m (Abk von Codice di Avviamento Bancario).
b-Moll n *mus* si m bemolle minore.
BMW *Abk von* Bayerische Motoren Werke: BMW f (Fabbrica Bavarese Motori): **ein BMW** (*Wagen*), BMW f oder m; **eine BMW** (*Motorrad*), BMW f; **er hat sich einen BMW gekauft**, si è comprato una BMW.
BMX-Rad n mountain bike f.
BND <-(s), ohne pl> m *Abk von* Bundesnachrichtendienst: "Servizio m Federale di Informazione".
Bö <-, -en>, **Böe** <-, -n> f raffica f di vento, folata f.

Boa <-, -s> f **1** *zoo* boa m **2** (*Schal aus Federn oder Pelz*) boa m.
Boarding <-(s), ohne pl> n *aero* imbarco m, boarding m.
Boatpeople, Boat-People subst <nur pl> (*Bootsflüchtlinge*) boat people m pl.
Bob <-s, -s> m *sport* bob m.
Bobbahn f *sport* pista f da bob.
Bobfahrer m (**Bobfahrerin** f) bobbista mf.
Bobtail <-s, -s> m *zoo* bobtail m.
Boccia <-(s), ohne pl> n oder <-, ohne pl> f (gioco m delle) bocce f pl: **~ spielen**, giocare a bocce.
Bock① <-(e)s, Böcke> m **1** (*Ziegenbock*) caprone m, becco m **2** (*Schafsbock*) montone m, ariete m **3** (*Rehbock*) capriolo m (maschio) **4** (*Kaninchenbock*) coniglio m (maschio) • **alter ~** *fam*, vecchio mandrillo *fam*, vecchio porco *fam*; **den ~ zum Gärtner machen** *fam*, fare il lupo pecoraio *fam*, dare le pecore in guardia al lupo *fam*; **geiler ~** *slang*, mandrillo *fam*, porcone *fam*; **einen/ihren/seinen ~ haben** *fam*, fare il mulo *fam*; **die Böcke von den Schafen scheiden/trennen** *bibl*, separare il grano dalla pula; **einen (kapitalen) ~ schießen** *fam*, prendere {un (bel) granchio *fam*}/[una (clamorosa) cantonata *fam*]/[un (clamoroso) abbaglio] *fam*; **(ein) sturer ~ (sein)**, (essere un) mulo *fam*/testone *fam*.
Bock② <-(e)s, Böcke> m **1** *tech* (*Gestell*) cavalletto m, capra f; (*Sägebock*) trespolo m; (*für Auto*) ponte m elevatore idraulico **2** *sport* cavallina f **3** (*Kutschbock*) cassetta f, serpa f.
Bock③ <inv> m *slang* (*Lust*) **~ auf etw** *akk* voglia f (*di qc*) • **(einen) ~ auf etw (akk) haben** *slang*, avere voglia di qc; **hast du ~ auf ein Bier?**, {ti va}/[hai voglia di] una birra?; **keinen ~ auf etw (akk) haben** *slang*, non avere voglia di qc; **(einen) ~ haben, etw zu tun** *slang*, avere voglia di fare qc; **hast du ~, mit ins Kino zu gehen?**, {ti va}/[hai voglia di venire al cinema?]; **null ~ (auf etw akk) haben** *slang*, non avere nessuna/nessunissima voglia (di qc); **ich habe null ~ auf die Schule**, che palle andare a scuola! *slang*; **null ~ haben, etw zu tun** *slang*, non avere un cavolo di voglia di fare qc *slang*; **null ~ auf nichts (haben)** *slang*, non avere voglia di fare un cavolo *slang*/tubo *slang*.
Bock④ <-s, -> n oder m *gastr* → **Bockbier**.
bockbeinig adj *fam* testardo, cocciuto, caparbio.
Bockbier n *gastr* birra f forte.
bocken itr **1** (*störrisch sein*) {ESEL, PFERD} impuntarsi; (*sich aufbäumen*) impennarsi **2** *fam* (*trotzig sein*) {PERSON} incaponirsi *fam*, impuntarsi; {KIND} fare le bizze/i capricci **3** *fam* {AUTO, MOTOR} incepparsi, bloccarsi.
bockig adj *fam* testardo, cocciuto, caparbio: **ein ~es Kind**, un bambino bizzoso; **sei nicht so ~!**, non fare il mulo!, non essere così testone!
Bockkäfer m *zoo* cerambice m.
Bockleiter f scala f a libretto, scaleo m.
Bockmist m *slang pej* (*Unsinn*) sciocchezza f *fam*, cavolata f *fam*, cazzata f *vulg*: **~ machen/bauen**, fare delle cavolate mostruose.
Bocksbeutel m **1** (*Flasche*) bottiglia f panciuta, boccia f **2** <nur sing> *gastr* (*Frankenwein*) "vino m tipico della Franconia".
Bockshorn n: **jdn ins ~ jagen**, intimidire qu; **sich nicht ins ~ jagen lassen**, non lasciarsi intimidire.

Bockspringen <-s, ohne pl> n *sport* salto m della cavallina.
Bocksprung m **1** *sport* salto m della cavallina; (*Sprung über einen Menschen*) (gioco m della) cavallina f **2** (*ungelenkiger Sprung*) capriola f: **Bocksprünge machen/vollführen**, fare {delle capriole}/[dei salti].
Bockwurst f *gastr* würstel m (da lessare).
Boden <-s, Böden> m **1** (*Erdfläche*) suolo m, terreno m, terra f **2** (*Erdreich*) terra f; (*Acker*) terreno m coltivabile, terra f, campo m: **fruchtbarer ~**, terreno fertile **3** <nur sing> (*Grundbesitz*) proprietà f terriera/fondiaria, fondo m, terreno m, terreni m pl **4** <nur sing> (*Territorium*) territorio m, terra f: **auf französischem ~**, in territorio francese, in terra francese *geh* **5** (*Fuß~*) pavimento m; (*Teppichboden*) moquette f **6** (*Dachboden*) soffitta f; (*Heuboden*) fienile m **7** (*Grund*) {+KISTE, KOFFER, SCHRANK, KANAL, MEER} fondo m; {+KUCHEN, TORTE} *auch* base f **8** (*Grundlage*) base f: **auf dem ~ der Verfassung**, sul piano costituzionale • **jdm/etw den ~ bereiten**, preparare il terreno {a qu/qc}/[per qc]; **sich auf unsicherem/schwankendem ~ bewegen**, muoversi su di un terreno minato; **mit doppeltem ~** {KOFFER, SCHUBLADE}, a doppio fondo; {MORAL}, doppio; **auf fruchtbaren ~ fallen**, trovare terreno fertile; **zu ~ fallen/sinken** *geh*, cadere a terra; **auf festem ~**, sulla terra ferma; **festen/sicheren ~ unter den Füßen haben**, avere terreno solido di sotto i piedi; **den ~ unter den Füßen verlieren** (*keine sichere Grundlage mehr haben*), sentirsi mancare il terreno sotto i piedi; (*realitätsfremd werden*), perdere il contatto con la realtà; **jdm den ~ unter den Füßen wegziehen**, tagliare le gambe a qu; **zu ~ gehen** *Boxen*, andare al tappeto; **(an) ~ gewinnen**, guadagnare terreno; (*verlieren*) ~ **gutmachen/wettmachen** *fam*, recuperare (il) terreno (perduto); **jdm wird der ~ zu heiß (unter den Füßen)** *fam*/[jdm brennt der ~ unter den Füßen *fam*], a qu scotta il terreno sotto i piedi; **auf den ~ legen/stellen**, mettere a terra; **am ~ liegen**, giacere a terra; **aus dem ~ schießen** (*GEBÄUDE, SAAT, UNKRAUT*), spuntare; **jdn zu ~ schlagen/strecken** *geh*, stendere qu, sbattere qu a terra; *sport*, atterrare qu, mettere al tappeto qu; **zu ~ sehen/schauen**, abbassare gli occhi/lo sguardo, guardare in terra; **etw aus dem ~ stampfen** {GEBÄUDE, STADTTEIL}, creare qc dal nulla; **auf festem ~ stehen** (*Land betreten*), avere i piedi sulla terra (ferma); (*finanziell gesichert sein*), avere una solida posizione (economica); (*fundierte Argumente haben*), muoversi su un terreno sicuro; **auf dem ~ der Tatsachen bleiben**, attenersi ai fatti; **(an) ~ verlieren**, perdere terreno; **jd wäre am liebsten (vor Scham) im/[in den] ~ versunken**, qu avrebbe preferito sprofondare (dalla vergogna); **auf dem ~ der Wirklichkeit stehen**, avere i piedi per terra, basarsi sulla realtà; **(restlos) am ~ zerstört sein** *fam*, essere {a terra *fam*}/[sfinito *fam*].
Bodenabwehr <-, ohne pl> f *mil* difesa f contraerea.
Bodenanalyse f *geol* analisi f del terreno.
Bodenbearbeitung f *agr* lavorazione f del terreno.
Bodenbelag m (rivestimento m del) pavimento m.
Bodenbelastung <-, ohne pl> f inquinamento m del suolo.
Bodenbeschaffenheit f **1** *agr* conformazione f/morfologia f del terreno **2** {+SPORTPLATZ} condizioni f pl del terreno.
Boden-Boden-Rakete f *mil* missile m terra-terra.

Bodenerhebung f elevazione f del terreno.
Bodenerosion f geol erosione f del suolo.
Bodenertrag m reddito m fondiario.
Bodenfeuchtigkeit f umidità f del terreno.
Bodenfrost m gelata f.
bodengestützt adj mil {FLUGKÖRPER} lanciato da terra.
Bodenhaftung f 1 autom aderenza f al terreno: **eine gute/schlechte ~ haben** {AUTO}, avere/[non avere] una buona aderenza 2 (Realitätssinn) senso m della realtà.
Bodenhaltung f {+HÜHNER} allevamento m al suolo: **Hühner aus ~**, polli allevati al suolo.
Bodenheizung f riscaldamento m a pavimento.
Bodenhöhe f: **auf ~** {KABEL, LEISTE, LEITUNG}, a livello del suolo.
Bodenkammer f region mansarda f.
Bodenkontrolle f aero controllo m da terra.
Bodenkreditanstalt f bank banca f di credito agrario.
bodenlang adj {KLEID, ROCK} lungo fino ₍a₎ terra₍i₎/[ai piedi].
Bodenleger <-s, -> m (**Bodenlegerin** f) pavimentatore (-trice) m (f).
bodenlos adj 1 fam (unerhört) inaudito: **~e Frechheit**, insolenza inaudita 2 (sehr tief) {ABGRUND, TIEFE} abissale • **ins Bodenlose fallen** {AKTIEN-, BÖRSENKURS, NOTIERUNG}, precipitare.
Boden-Luft-Rakete f mil missile m terra-aria.
Bodennebel m nebbia f bassa.
Bodenpersonal n aero personale m ₍di₎ terra₍i₎/[non navigante].
Bodenprobe f campione m di terreno: **eine ~ entnehmen**, prelevare un campione di terreno.
Bodenreform f riforma f agraria.
Bodensatz <-es, ohne pl> m 1 chem residuo m, sedimento m 2 (in Fass) fondiglio m; (von Wein, Bier) deposito m, feccia f; (von Kaffee) fondi m pl 3 (Abschaum) {+GESELLSCHAFT} feccia f.
Bodenschätze subst <nur pl> min risorse f pl minerarie, ricchezze f pl del sottosuolo.
Bodensee m geog: **der ~**, il lago di Costanza; **Lindau am ~**, Lindau sul lago di Costanza.
Bodensicht f aero visibilità f al suolo.
Bodenspekulation f speculazione f fondiaria.
bodenständig adj 1 (der Heimat verbunden) {BEVÖLKERUNG, FAMILIE, MENSCH} autoctono, indigeno, locale 2 (typisch für eine Gegend) {BAUWEISE, KULTUR, TRACHT} locale, regionale, tradizionale; {KÜCHE} auch genuino, nostrale.
Bodenständigkeit <-, ohne pl> f legame m con la propria terra.
Bodenstation f aero stazione f di terra.
Bodenstreitkräfte subst <nur pl> mil, **Bodentruppen** subst <nur pl> mil truppe f pl di terra.
Bodenturnen n sport ginnastica f a terra.
Bodenwelle f 1 (zur Verkehrsberuhigung) dissuasore m di velocità, dosso m artificiale 2 radio tel onda f terrestre.
Bodo m (Vorname) Bodo.
Body <-s, -s> m body m.
Body-Bag <-, -s> f borsa f a tracolla.
Bodybuilder <-s, -> m (**Bodybuilderin** f) body builder m, culturista mf.
Bodybuilding <-s, ohne pl> n body building m, culturismo m: **~ machen**, praticare culturismo, fare body building.
Bodybuildinggerät n attrezzo m da culturismo.
Bodyguard <-s, -s> m guardia f del corpo.
Bodysuit <-(s), -s> m **~ Body**.
bog 1. und 3. pers sing imperf von biegen.
Bogen <-s, - oder Bögen> m 1 (gekrümmte Linie) curva f; {+FLUSS} ansa f; math arco m 2 (Papier) foglio m 3 arch arco m; {+BRÜCKE} arcata f: **ein gotischer/spitzer ~**, un arco gotico/ogivale; **ein romanischer ~**, un arco romanico; **ein runder ~**, un arco a tutto sesto 4 sport (Schusswaffe für Pfeile) arco m: **mit dem ~ schießen**, tirare con l'arco; (beim Skilaufen) voltata f 5 mus {+STREICHINSTRUMENTE} archetto m; (zwischen zwei Noten) legatura f • **in hohem ~**: **in hohem ~ hinausfliegen/[hinausgeworfen werden]**, essere buttato/sbattuto fuori fam; (entlassen werden) auch, essere licenziato; **der Ball flog in hohem ~ über die Mauer**, la palla volò alta sopra il muro; **einen ~ machen** {FLUSS, STRAßE}, curvare, descrivere una curva; **einen (großen) ~ um etw machen** fam (meiden), stare/tenersi alla larga da qu/qc, evitare qu/qc; **den ~ raushaben/rauskriegen** fam, aver capito il trucco fam; **einen ~ zwischen etw (dat) und etw (dat) schlagen**, tracciare un ponte tra qc e qc; **einen ~ um etw (akk) schlagen/machen** (Umweg), fare un (lungo) giro attorno a qc; **den ~ überspannen**, tirare troppo la corda, esagerare.
Bogenfenster n arch finestra f ad arco.
bogenförmig adj ad arco, a volta.
Bogenfries m arch kunst fregio m ad archi (tondi).
Bogenführung <-, ohne pl> f mus archeggio m.
Bogengang m arch arcata f, portico m.
Bogenlampe f 1 lampada f ad arco 2 slang Fußball pallonetto m.
Bogenpfeiler m arch pilastro m (di un arco).
Bogenschießen <-s, ohne pl> n sport tiro m con l'arco.
Bogenschütze m (**Bogenschützin** f) sport tiratore (-trice) m (f) d'arco; hist arciere m (f) m (f).
Bogensehne f sport corda f dell'arco.
Boheme <-, ohne pl> f geh bohème f.
Bohemien <-s, -s> m geh bohémien m.
Bohle <-, -n> f pancone m, tavolone m.
Böhme <-n, -n> m (**Böhmin** f) boemo (-a) m (f).
Böhmen <-s, ohne pl> n geog Boemia f.
Böhmerwald m geog: **der ~**, la Selva Boema.
Böhmin f → **Böhme**.
böhmisch adj geog boemo, di Boemia • **jdm kommt etw ~ vor** fam, a qu pare strano qc.
Bohne <-, -n> f 1 bot fagiolo m 2 (Kaffeebohne) chicco m • **blaue ~n** slang obs, pallottole; **dicke ~n**, fave; **grüne ~n**, fagiolini; **das kümmert mich nicht die ~!** fam, non me ne frega niente! fam, **nicht die ~!**, niente affatto!; **du hast wohl ₍ja₎/[hast du] ~n in den Ohren!** fam, hai le orecchie tappate? fam, **sei ₍sordo -a₎/[duro (-a) d'orecchi]?** auch; **rote ~n**, fagioli rossi, borlotti; **weiße ~n**, fagioli (bianchi), cannellini; **nicht die ~ wert sein** fam, non valere ₍un fico secco₎ fam/[un accidente fam].
Bohnenkaffee m 1 caffè m in chicchi 2 gastr (Getränk) (vero) caffè m.
Bohnenkraut n bot santoreggia f.
Bohnensalat m insalata f di fagiolini.
Bohnenstange f 1 tutore m per piante di fagioli 2 fam scherz spilungone (-a) m (f) fam, pertica f fam.
Bohnenstroh n: **dumm wie ~** fam, senza sale in zucca fam.
Bohnensuppe f gastr minestra f di fagioli.
Bohner <-s, -> m, **Bohnerbesen** m spazzolone m.
Bohnermaschine f (macchina f) lucidatrice f.
bohnern A tr (mit dem Bohner bearbeiten) **etw ~** {FUßBODEN} lustrare qc con la cera, passare la cera su qc B itr (den Bohner verwenden) dare/passare la cera: **bist du schon mit dem Bohnern fertig?**, hai finito di dare la cera?
Bohnerwachs n cera f per pavimenti.
bohren A tr 1 (eine Öffnung herstellen) **etw (in/durch etw** akk) **~** {BRUNNEN, TUNNEL} scavare qc (in qc): **ein Loch in etw** (akk) **~**, fare un foro in qc, forare qc 2 tech **etw ~** {BETON, GLAS, HOLZ, METALL} perforare qc, trapanare qc 3 (hineinstoßen) **etw in etw** (akk) **~** conficcare qc in qc, far penetrare qc in qc: **einen Nagel in die Wand ~**, piantare/conficcare un chiodo nel muro B itr 1 (stochern) **in etw** (dat) **~** {IN DER NASE, IM OHR} frugarsi qc: **mit dem Finger in der Nase ~**, mettersi/cacciarsi fam le dita nel naso 2 med (an/in etw dat) **~** trapanare (qc): **der Zahnarzt bohrt in/an dem kranken Zahn**, il dentista trapana il dente cariato 3 min (nach etw dat) **~** {NACH BODENSCHÄTZEN, ERDGAS, ERDÖL, MINERALWASSER, URAN} trivellare (in cerca di qc) 4 fam (hartnäckig fragen) martellare fam, insistere 5 (quälen) (**in jdm**) **~** {SELBSTZWEIFEL, ZWEIFEL} tormentare qu, rodere qu; {SCHMERZ} martellare qu: **hier im Zahn bohrt es!**, sento il dente che martella C rfl **sich in etw** (akk) **~** {BOHRMEIßEL, TRÜMMERTEIL, SPITZE WAFFE} INS ERDREICH, IN EINEN FELSEN, EIN KÖRPERTEIL} penetrare in qc, conficcarsi in qc, configgersi in qc; **sich durch etw** (akk) **~** {BOHRGERÄT, TUNNELARBEITER} DURCH ERDREICH, FELSEN, WAND} perforare qc.
bohrend adj <attr> {SCHMERZ} acuto, pungente, penetrante, martellante, pulsante; {FRAGEN} indagatore, insistente; {BLICK} penetrante, indagatore; {REUE, ZWEIFEL} tormentoso, che rode: **~en Hunger haben**, sentire i morsi della fame.
Bohrer <-s, -> m 1 fam (Schlagbohrmaschine) trapano m (elettrico) 2 (Handbohrer) trapano a mano 3 {+ZAHNARZT} trapano m da dentista 4 (Erdbohrer) trivella f, perforatrice f 5 (Arbeiter) perforatore m, trapanatore m.
Bohrinsel f tech piattaforma f galleggiante/petrolifera (per trivellazioni sottomarine), piattaforma f di estrazione.
Bohrloch n 1 min foro m (di trivellazione); (Erdöl) pozzo m petrolifero 2 (gebohrtes Loch) foro m (fatto col trapano).
Bohrmaschine f 1 trapano m (elettrico) 2 (Erdbohrer) trivella f, perforatrice f.
Bohrprobe f min carota f.
Bohrturm m torre f di trivellazione/perforazione.
Bohrung <-, -en> f 1 (das Bohren) trapanazione f, perforazione f 2 min **~ nach etw** (dat) {NACH BODENSCHÄTZEN, ERDÖL} trivellazione f (in cerca di qc); (Probebohrung) prospezione f 3 min (Bohrloch) foro m (di trivellazione) • **eine ~ niederbringen** min, eseguire una trivellazione.
böig adj {WETTER} ventoso, burrascoso; {WIND} a raffiche.

Boiler <-s, -> m el scalda(a)cqua m, scaldabagno m, boiler m: **den ~ anstellen**, accendere il boiler.

Boje <-, -n> f naut boa f, gavitello m.

Bolero <-s, -s> m **1** (mus (Tanz)) bolero m; (Musik) bolero m **2** (kurzes Jäckchen) bolero m.

Bolivianer <-s, -> m (**Bolivianerin** f) boliviano (-a) m (f).

bolivianisch adj boliviano.

Bolivien <-s, ohne pl> n geog Bolivia f.

Böller <-s, -> m mortaretto m, petardo m.

Böllerschuss (a.R. Böllerschuß) m colpo m di mortaretto.

Böllerwagen m norddt carretto m.

Bollwerk n **1** (Festung) baluardo m, bastione m **2** geh (Bastion) {+Frieden, Katholizismus} baluardo m, bastione m: **ein ~ gegen etw (akk) sein** {gegen das Barbarentum, den Kommunismus}, essere un baluardo contro qc.

Bolschewik <-en, -en oder -i> m (**Bolschewikin** f) → **Bolschewist**.

Bolschewismus <-, ohne pl> m pol bolscevismo m.

Bolschewist <-en, -en> m (**Bolschewistin** f) pol bolscevico (-a) m (f).

bolschewistisch adj pol bolscevico.

bolzen itr fam giocare a pallone; (ohne System Fußball spielen) tirare calci al pallone.

Bolzen <-s, -> m **1** tech (Metall- oder Holzstift zum Verbinden von Teilen) perno m; (mit Mutter) bullone m **2** (Geschoss der Armbrust) dardo m.

bolzengerade adj fam {Dastehen} dritto como un fuso/palo.

Bolzenschneider m tech tronchesi f pl a doppia leva.

Bolzplatz m campetto m di calcio.

Bombardement <-s, -s> n **1** mil bombardamento m **2** geh **~ von etw** (dat) {von Anfragen, Werbeschriften} bombardamento di qc; {von Fragen} auch raffica di qc, fuoco di fila di qc.

bombardieren <ohne ge-> tr **1** mil jdn/etw ~ {Bevölkerung, Stadt} bombardare qu/qc (con qc) **2** fam (bewerfen) **jdn/etw mit etw** (dat) ~ {mit faulen Eiern, Schneebällen, Tomaten} bersagliare qu/qc con qc **3** geh (überschütten) **jdn mit etw** (dat) ~ {mit Fragen, Vorwürfen, Werbeschriften} bombardare qu di qc, tempestare qu di qc.

Bombardierung <-, -en> f **1** mil bombardamento m **2** geh (Überhäufung) **~ mit etw** (dat) {mit Fragen, Vorwürfen, Werbeschriften} bombardamento di qc.

Bombast <-(e)s, ohne pl> m pej **1** (Redeschwulst) ampollosità f **2** (Pomp) pompa f.

bombastisch adj pej **1** (schwülstig) {Redestil} bombastico, ampolloso, ricco di orpelli **2** (pompös) pomposo: **einen ~en Aufwand (mit etw dat) treiben** {mit einem Fest, einer Hochzeit}, celebrare qc in pompa magna; (überladen) {Architektur, Palast} monumentale; {Stil} pompier.

Bombay <-s, ohne pl> n geog Bombay f.

Bombe <-, -n> f **1** mil bomba f: **die ~ euph** (die A-Bombe), l'atomica, la bomba atomica **2** slang sport cannonata f slang, stangata f slang • **(auf etw akk) ~n (ab)werfen**, sganciare bombe (su qc); **mit ~n belegen** mil, bombardare qc; **wie eine ~ einschlagen** fam {Nachricht, Neuigkeit}, arrivare/piombare come un fulmine, arrivare come una bomba; **die ~ ist geplatzt**, è scoppiata la bomba; **mit ~n und Granaten durchfallen** fam (bei einer Prüfung), essere (solennemente) stangato fam/bocciato fam; **die ~ platzen/hochgehen lassen** (eine heikle Nachricht verbreiten), far scoppiare la bomba; **eine ~ (aufs Tor) schießen** sport, tirare una cannonata (in direzione della porta).

Bombenalarm m allarme m antiaereo.

Bombenangriff m mil bombardamento m, incursione f aerea, attacco m aereo.

Bombenanschlag m, **Bombenattentat** n attentato m dinamitardo: **einen Bombenanschlag/ein Bombenattentat auf jdn/etw verüben**, commettere un attentato dinamitardo contro qu/qc.

Bombendrohung f minaccia f di un attentato (dinamitardo).

Bombenerfolg m fam successone m fam, successo m clamoroso/strepitoso.

Bombenexplosion f esplosione f/scoppio m di una bomba.

bombenfest A adj {Entscheidung, Entschluss} irrevocabile; {Vorhaben} fermissimo B adv {haften, halten, kleben, sitzen} perfettamente.

Bombengedächtnis n fam memoria f di ferro.

Bombengehalt m fam stipendio m fantastico.

Bombengeschäft n fam affare m d'oro fam, affarone m fam: **~e machen**, fare affari d'oro.

Bombengeschwader n mil squadriglia f di bombardieri.

Bombenhagel m pioggia f di bombe.

Bombenkrater m → **Bombentrichter**.

Bombenleger <-s, -> m (**Bombenlegerin** f) bombarolo (-a) m (f), dinamitardo (-a) m (f).

Bombennachricht f (notizia f) bomba f.

bombensicher A adj **1** mil {Bunker, Tunnel} a prova di bomba **2** fam {Gewinn, Plan, Tipp} sicurissimo, assolutamente sicuro, certissimo, più che certo; {Theorie} a prova di bomba B adv {lagern, unterbringen} al riparo dalle bombe • **eine ~e Sache sein**, non presentare il minimo rischio.

Bombensplitter m mil scheggia f di bomba.

Bombenstimmung f fam atmosfera f da sballo slang.

Bombenteppich m mil bombardamento m a tappeto: **etw mit einem ~ belegen**, bombardare a tappeto qc.

Bombenterror m (durch Bombardements) bombardamenti m pl; (durch Bombenanschläge) attentati m pl: **mit ~ drohen**, minacciare una serie di attentati.

Bombentrichter m cratere m scavato da una bomba.

Bomber <-s, -> m mil aereo m da bombardamento, bombardiere m.

Bomberjacke f bomber m (jacket m).

Bomberverband m mil → **Bombengeschwader**.

bombig adj fam {Mädchen, Sache, Stimmung, Typ} fantastico, eccezionale.

Bommel <-, -n> f oder <-s, -> m region (Pompon) pompon m.

Bon <-s, -s> m **1** (Kassenzettel) scontrino m **2** (Gutschein) buono m, coupon m.

Bonbon <-s, -s> m oder n **1** gastr caramella f, bonbon m **2** (etwas Besonderes) chicca f, m.

bonbonfarben adj, **bonbonfarbig** adj {Kleidungsstück} (color) caramella.

Bonbonniere, **Bonboniere** <-, -n> f **1** (Pralinenschachtel) confezione f/scatola f di cioccolatini **2** obs (Behälter aus Glas, Porzellan u. Ä. für Süßigkeiten) bomboniera f, confettiera f.

bonbonrosa <inv> adj rosa caramella.

Bond <-s, -s> m ökon bond m.

bongen tr fam (an der Kasse eingeben) **etw ~** fare lo scontrino per qc, battere qc • **(das ist) gebongt!** slang (abgemacht!), d'accordo!; **alles gebongt!** slang (alles klar!), tutto a posto!/[ok slang]!

Bonität <-, ohne pl> f ökon solvibilità f, standing m.

Bonmot <-s, -s> n geh motto m arguto, battuta f (di spirito), bon mot m.

Bonn <-s, ohne pl> n geog Bonn f.

Bonner① <inv> adj <attr> di Bonn.

Bonner② <-s, -> m (**Bonnerin** f) (in Bonn wohnend) abitante mf di Bonn; (aus Bonn stammend) originario (-a) m (f) di Bonn.

Bonsai <-(s), -s> m bot bonsai m.

Bonus <- oder -ses, - oder -se oder Boni> m **1** com premio m, bonus m **2** Versicherung "sconto m sul premio assicurativo" **3** sport abbuono m **4** univ (für Studienplatz) "condizioni f pl preferenziali di accesso al posto di studio".

Bonze <-n, -n> m **1** fam pej (Person in leitender Stellung) pezzo m ₍grosso fam₎/[da novanta fam], alto papavero m **2** <meist pl> fam (sehr reicher Mensch) riccone m **3** relig bonzo m.

Booking <-s, ohne pl> n **1** (Verpflichtung) {+Model} booking m, scritturazione f **2** (Buchung) booking m.

Booklet <-(s), -s> n **1** (Broschüre) opuscolo m **2** (in CD) booklet m.

Bookmark <-, -s> f oder <-s, -s> n inform bookmark m.

Boom <-s, -s> m ökon boom m; Börse auch rialzo m: **einen ~ erleben** {bestimmter Artikel, Branche, Reisen}, essere in pieno boom.

boomen itr {Börse, Branche} essere in pieno boom, prosperare, essere in grande crescita: **Fastfood boomt**, il fast food riscuote un grande successo.

Boot① <-(e)s, -e> n naut barca f, imbarcazione f; (Kahn) battello m, chiatta f; (großes ~) lancia f; (Segelboot) barca f a vela; (Ruderboot) barca f a remi; (Paddelboot) canotto m; (Schlauchboot mit Motor) gommone m; (Kanu) canoa f; (Beiboot) scialuppa f: **~ fahren**, andare in barca • **jdn (mit) ins ~ holen**, coinvolgere qu; **wir sitzen alle in einem**₍/[im gleichen] ~ fam, siamo tutti nella stessa barca; **das ~ ist voll** fam (an die Grenzen der Belastbarkeit gestoßen sein), la misura è colma.

Boot② <-s, -s> m <meist pl> stivaletto m.

booten tr inform: **den Computer ~**, fare il reboot, riavviare il sistema.

Bootsbau m costruzione f di barche.

Bootsbauer <-s, -> m (**Bootsbauerin** f) naut costruttore (-trice) m (f) di barche.

Bootsfahrt f gita f in barca.

Bootsflüchtling m <meist pl> immigrato (-a) m (f) arrivato (-a) su un barcone; <pl> boat people m pl.

Bootshaken m naut mezzomarinaro m.

Bootshaus n naut rimessa f per barche.

Bootslänge f sport lunghezza f (di barca).

Bootsmann <-(e)s, -leute> m **1** naut battelliere m, barcaiolo m **2** mil (Deckoffizier) ufficiale m di coperta.

Bootsmotor m motore m della barca.

Bootssteg m naut pontile m, passerella f.

Bootsverleih m noleggio m di barche.

Bootszubehör n oder rar m accessori m pl nautici.

Bor <-s, ohne pl> n chem boro m.

Bora <-, -s> f meteo bora f.

Borax <-(es), ohne pl> m chem borace m.

Bord① <-(e)s, ohne pl> m (Schiffsrand) bordo m • **an** ~ {+FLUGZEUG, SCHIFF}, a bordo; **etw an** ~ **bringen**, imbarcare qc, portare qc a bordo; **frei an** ~ **com**, franco a bordo; **an** ~ **gehen/kommen** {+AUTO, FLUGZEUG, RAUMSCHIFF, SCHIFF}, imbarcarsi, salire a bordo; **über** ~ **gehen/fallen**, cadere in mare; **von** ~ **gehen** {+FLUGZEUG, SCHIFF}, sbarcare, scendere a terra; **über** ~ **gespült werden**, essere inghiottito/travolto da un'onda; **jdn/etw an** ~ **nehmen**, imbarcare qu/qc, prendere a bordo qu/qc; **(Mann/Hund/Kind) über** ~!, (uomo/cane/bambino) in mare!; **jdn/etw über** ~ **werfen**, gettare in mare qu/qc; **etw über** ~ **werfen** fam {ANSCHAUUNGEN, GUTE VORSÄTZE, VORSICHT}, gettare/buttare a mare qc fam.

Bord② <-(e)s, -e> n (Wandbrett) mensola f.

Bord③ <-(e)s, -e> n CH (Rand) bordo m, orlo m, margine m; (Böschung) scarpata f.

Bordbuch n naut giornale m nautico/[di bordo/navigazione]; aero giornale m di rotta.

Bordcase <-, - oder -s> n oder m trolley m cabina.

Bordcomputer m computer m di bordo.

bordeaux <inv> adj bordeaux.

Bordeaux① <-, ohne pl> n geog Bordeaux f: **er kommt aus** ~, è ⌐di Bordeaux⌐/[bordolese].

Bordeaux② <-, -> m gastr bordeaux m.

bordeauxrot adj (rosso) bordeaux.

Bordeauxwein m bordeaux m.

Bordelektronik f tech elettronica f di bordo.

Bordell <-s, -e> n casino m, bordello m, casa f chiusa/[di tolleranza], postribolo m lit: **ins** ~ **gehen**, andare in un bordello.

Borderpreis m ökon prezzo m franco frontiera.

Bordfunk m aero naut radio m di bordo.

Bordfunker m (**Bordfunkerin** f) naut radiotelegrafista mf di bordo.

Bordinstrument n <meist pl> strumento m di bordo.

Bordkamera f aero telecamera f di/a bordo.

Bordkarte f aero carta f d'imbarco.

Bordmechaniker m (**Bordmechanikerin** f) tecnico m di bordo.

Bordpersonal n aero naut equipaggio m, personale m di bordo.

Bordrestaurant n 1 naut ristorante m di bordo 2 Eisenb → **Zugrestaurant**.

Bordstein m cordone m (del marciapiede), cordolo m • **den** ~ **mitnehmen** fam, urtare/sbattere (con la macchina) contro il marciapiede.

Bordsteinkante f spigolo m del marciapiede.

Bordtelefon (a.R. Bordtelephon) n naut telefono m a/di bordo; Eisenb telefono m sul treno.

Bordüre <-, -n> f text bordura f, guarnizione f.

Bordwache f naut marinaio m di guardia.

Bordwaffe f <meist pl> mil arma f di bordo.

Bordwand f naut murata f, fiancata f; aero fianco m; {+EISENBAHNWAGON, LKW} sponda f.

Borg <-(e)s, ohne pl> m: **auf** ~, a credito.

borgen A tr 1 (verleihen) **jdm etw** ~ prestare qc a qu, dare qc in prestito a qu 2 (sich ausleihen) **etw (von/bei jdm)** ~ farsi prestare qc (da qu) B rfl (sich ausleihen) **sich (dat) etw (von/bei jdm)** ~ farsi prestare qc (da qu) • **Borgen bringt Sorgen** prov, finché si è debitori si è nei dolori prov.

Boris m (Vorname) Boris.

Borke <-, -n> f norddt 1 bot corteccia f, scorza f 2 med (Kruste auf einer Wunde) crosta f.

Borkenkäfer m zoo bostrico m.

Born <-(e)s, -e> m 1 lit obs (Quelle) sorgente f 2 geh (Ursprung, Quelle) fonte f, origine f.

borniert adj pej {MENSCH} limitato, ottuso: ~ **e Ansichten haben**, essere di vedute limitate.

Borniertheit <-, ohne pl> f ottusità f, limitatezza f.

Borretsch, Boretsch <-(e)s, ohne pl> m bot borragine f.

Borsalbe f pharm unguento m all'acido borico.

Börse① <-, -n> f 1 ökon borsa f: **schwache/starke** ~, borsa debole/forte; ~ **im Aufwärtstrend/Abwärtstrend**, borsa in rialzo/ribasso; **die** ~ **schloss mit negativem Trend**, la borsa ha chiuso in ribasso 2 (Gebäude) borsa f • **an die** ~ **gehen**, entrare in borsa; **an der** ~ **gewinnen/investieren/verlieren**, vincere/investire/perdere in borsa; **an der** ~ **handeln**, trattare/negoziare in borsa; **an der** ~ **notiert werden**, essere quotato in borsa; **an der** ~ **spekulieren**, ⌐fare delle speculazioni⌐/[speculare]/[giocare] in borsa.

Börse② <-, -n> f obs (Geldbeutel) borsellino m, portamonete m.

Börsenaufsicht f commissione f di vigilanza sulla borsa, ≈ Commissione Nazionale per le Società e la Borsa (Abk CONSOB).

Börsenbeginn m apertura f della borsa.

Börsenbericht m listino m/bollettino m di borsa.

Börsenblatt n giornale m finanziario/borsistico.

Börsenentwicklung f andamento m ⌐dei titoli in⌐/[della] borsa, andamento m borsistico.

Börsengang m ingresso m/entrata f in borsa: **den** ~ **vorbereiten/wagen**, preparare/osare l'ingresso in borsa.

Börsengeschäft n operazione f/transazione f di borsa.

Börsenhändler m (**Börsenhändlerin** f) negoziatore (-trice) m (f).

Börsenindex m indice m di borsa.

Börsenkrach m crollo m in borsa, crac(k) m della borsa, crash m.

Börsenkurs m quotazione f/corso m di borsa.

Börsenmakler m (**Börsenmaklerin** f) agente mf di cambio/borsa, mediatore (-trice) m (f)/operatore (-trice) m (f) di borsa, broker m.

Börsenmarkt m mercato m finanziario/borsistico.

börsennotiert adj {GESELLSCHAFT} quotato in borsa.

Börsennotierung f → **Börsenkurs**.

Börsenpapier n <meist pl> titolo m quotato in borsa.

Börsenplatz m piazza f (borsistica).

Börsenring m recinto m alle grida.

Börsenschluss (a.R. Börsenschluß) <-schlusses, ohne pl> m chiusura f della borsa.

Börsenschwankung f oscillazione f ⌐dei corsi⌐/[delle quotazioni]: ~ **nach oben/unten**, oscillazione delle quotazioni verso l'alto/il basso.

Börsenspekulant m (**Börsenspekulantin** f) speculatore (-trice) m (f) di borsa.

Börsenspekulation f speculazione f ⌐in borsa⌐/[borsistica].

Börsensturz m crollo m della borsa, crash m, melt down m della borsa.

Börsentendenz f tendenza f della borsa.

Börsentipp (a.R. Börsentip) m fam "dritta f slang su un'operazione borsistica conveniente".

Börsentrend m → **Börsentendenz**.

Börsenzulassung f ökon ammissione f alla quotazione in borsa.

Börsianer <-s, -> m (**Börsianerin** f) fam 1 (Börsenmakler) agente mf di borsa/cambio 2 (Spekulant an der Börse) speculatore (-trice) m (f) di borsa.

Borste <-, -n> f 1 zoo {+SCHWEIN} setola f 2 {+BÜRSTE, PINSEL} setola f 3 fam scherz (Stoppelhaar) setola f scherz.

Borstentier n fam, **Borstenvieh** n fam scherz maiale m.

borstig adj {TIER} setoloso, irsuto; {PERSON} scontroso.

Borte <-, -n> f text passamano m; (Tresse) gallone m.

Borwasser n pharm acqua f borica.

bösartig adj 1 (tückisch) {BEMERKUNG, MENSCH} cattivo, malvagio, maligno; {TIER} feroce 2 med {GESCHWULST, KRANKHEIT, NEUBILDUNG, TUMOR} maligno.

Bösartigkeit <-, ohne pl> f 1 (Tücke) {+BEMERKUNG, MENSCH} cattiveria f, malvagità f, malignità f; {+TIER} ferocia f 2 med {+GESCHWULST, KRANKHEIT, NEUBILDUNG, TUMOR} natura f maligna.

Böschung <-, -en> f (Straßenböschung) scarpata f; (Flussböschung) argine m.

böse A adj 1 (übel wollend) {BEMERKUNG, GRINSEN, LÄCHELN, MENSCH, TAT} cattivo, maligno, malvagio; {DÄMON, GEIST, KRÄFTE} maligno; {FEE} cattivo 2 fam (unartig) {BENGEL, KIND} cattivo, maleducato 3 <attr> (unangenehm, übel) {ANGELEGENHEIT, ENTTÄUSCHUNG, REINFALL, SACHE, STURZ, TRAUM, UNFALL, ZEIT} brutto; {FEHLER} grave; {FOLGEN, KONSEQUENZEN} spiacevole, sgradevole 4 (verärgert) {GESICHT(SAUSDRUCK)} arrabbiato, irritato, adirato: ⌐**auf jdn**⌐/[**mit jdm**] ~ **sein**, essere arrabbiato con qu, avercela con qu fam; **sich (dat)/aufeinander** ~ **sein**, essere arrabbiato (l'uno (-a) con l'altro (-a)); ~ **werden**, arrabbiarsi, andare in collera, adirarsi 5 <attr> fam (schmerzend, entzündet) {FURUNKEL, PICKEL} infiammato; {AUGE, FINGER, ZAHN} auch malato; (schlimm) {KRANKHEIT, WUNDE} grave, brutto, pericoloso B adv 1 (übel wollend) con cattiveria, malvagiamente; (boshaft) malignamente 2 fam (sehr) {SICH IRREN, JDM MITSPIELEN, REINLEGEN, VERPRÜGELN, ZURICHTEN} molto, parecchio • ~ **ausgehen**, finire male; ~ **aussehen** {ENTZÜNDUNG, VERLETZUNG, WUNDE}, essere brutto, avere un brutto aspetto; **das/es sieht** ~ **(für jdn) aus**, qu se la vede brutta; **mit jdm/etw sieht es** ~ **aus**, ⌐a qu⌐/[per qc] va male; ~ **dran sein**, essere a mal partito, essere malridotto; **etw nicht** ~ **meinen**, dire qc senza cattiveria; ⌐**ich hab' es**⌐/[**es war**] **nicht** ~ **gemeint**, non l'ho detto con cattiveria; **sei (mir) nicht** ~, **aber** ..., ⌐non prendertela (a male)⌐/[non volermene], ma ...

Böse① <dekl wie adj> A m/f cattivo (-a) m (f): **die** ~**n**, i cattivi B m geh euph (Teufel): **der** ~, il Maligno, il demonio.

Böse② <dekl wie adj> n: **das** ~, il male • **sich ahnen**, avere dei brutti presentimenti; **nichts** ~**s ahnen**, non immaginare nulla di male; **jdm etwas** ~**s antun (wollen)**, (voler) far del male a qu; **sich (dat) bei etw (dat) nichts** ~**s denken**, pensare senza malizia; **erlöse uns von dem** ~**n!** bibl, liberaci dal male!; **im** ~**n**, malamente, in malo modo; **sich**

im ~n trennen, im ~n auseinandergehen, lasciarsi/separarsi ⌊malamente⌋/[in malo modo]; **~s im** ⌊**Sinn haben**⌋/[**Schilde führen**], tramare qc di malvagio.

Bösewicht <-(e)s, -er oder -e> m **1** fam scherz (Schlingel) briccone m fam, birbante m fam, furfante m **2** obs oder scherz (Schurke) malvagio m, cattivo m.

boshaft **A** adj {BEMERKUNG, GESICHTSAUSDRUCK, GRINSEN, LÄCHELN} cattivo, maligno, malvagio: **ein ~er Mensch**, una persona cattiva/maligna/malvagia **B** adv {GRINSEN, LÄCHELN} malignamente, con cattiveria.

Boshaftigkeit f **1** <nur sing> (Charakter) cattiveria f, malignità f **2** (Handlung) cattiveria f, malvagità f; (Bemerkung) osservazione f cattiva, malignità f ● **etw aus reiner ~ machen**, fare qc per pura malvagità/cattiveria.

Bosheit <-, -en> f malignità f; (Handlung) auch malvagità f, cattiveria f: **aus reiner/ lauter ~**, per pura malvagità.

Boskoop, Boskop <-s, ohne pl> m bot mela f asprigna.

Bosniake <-n, -n> m (**Bosniakin** f) → **Bosnier**.

Bosnien <-s, ohne pl> f geog Bosnia f.

Bosnien-Herzegowina <-s, ohne pl> n geog Bosnia-Erzegovina f.

Bosnier <-s, -> m (**Bosnierin** f) bosniaco (-a) m (f).

bosnisch adj bosniaco.

Bosporus <-, ohne pl> m geog: **der ~**, il Bosforo.

Boss (a.R. **Boß**) <-es, -e> m fam capo m, boss m slang, capoccia m fam.

Bossa nova <- -, - -s> m mus bossa nova f.

bosseln itr fam trafficare fam; **an etw** (dat) ~, trafficare intorno a qc, armeggiare intorno a qc..

Bossenquader m bau bugna f.

Bossenwerk n bau (muro m) bugnato m.

Bossing <-s, ohne pl> n "forte pressione f psicologica esercitata su un dipendente affinché dia le dimissioni".

böswillig **A** adj **1** {BEMERKUNG, PLAN} malevolo; {PERSON} auch malintenzionato **2** jur intenzionale: **in ~er Absicht**, intenzionalmente **B** adv **1** con malevolenza, in malafede **2** jur intenzionalmente.

Böswilligkeit <-, ohne pl> f malafede f, malevolenza f.

bot 1. und **3.** pers sing imperf von bieten.

Botanik <-, ohne pl> f botanica f.

Botaniker <-s, -> m (**Botanikerin** f) botanico (-a) m (f).

botanisch adj botanico.

botanisieren <ohne ge-> itr erborizzare, botanizzare rar.

Botanisiertrommel f bot vascolo m.

Bote <-n, -n> m (**Botin** f) **1** (Kurier) corriere m; {+GOTT, GOTTHEITEN, HERRSCHER} messaggero (-a) m (f); (Laufbursche) {+BÜRO, FIRMA, KANZLEI} fattorino (-a) m (f), messo m, galoppino (-a) m (f) scherz **2** region (Postbote) portalettere mf, postino (-a) m (f) **3** geh (Anzeichen) annunciatore (-trice) m (f), messaggero (-a) m (f) ● **durch ~n**, per corriere.

Botendienst m, **Botengang** m commissione f ● (**für jdn**) **einen ~ machen/erledigen**, fare/sbrigare una commissione (per qu).

Botin f → **Bote**.

Botox® <-, ohne pl> n med botulino m.

Botschaft① <-, -en> f **1** (Neuigkeit) ~ (**von jdm/etw/über jdn/etw**) {ANGENEHME, FREUDIGE, TRAURIGE, UNANGENEHME, WILLKOMMENE} notizia f (di/su qu/qc); (Mitteilung, Nachricht an jdn) ~ (**von jdm**) (**für/an jdn**) messaggio m (di qu) (per qu): **geheime ~**, messaggio segreto; **für jdn eine ~ hinterlassen**, lasciare un messaggio a/per qu; **jdm eine ~ überbringen**, portare un messaggio a qu; (offizielle Mitteilung) ~ (**für jdn**) (**von jdm**) comunicazione f (per qu) (di qu) **2** (Rede, ideologische Aussage) ~ (**an jdn**) {+PAPST, POLITIKER, PRÄSIDENT} messaggio m (a qu) ● **die Frohe ~** relig, la buona novella, il Vangelo.

Botschaft② <-, -en> f pol (Gesandtschaft, Gebäude) ambasciata f ● **die amerikanische/ deutsche/italienische ~**, l'ambasciata americana/tedesca/italiana.

Botschafter <-s, -> m (**Botschafterin** f) pol ambasciatore (-trice) m (f).

Botschafterebene f: **auf ~**, a livello di diplomatici.

Botschaftsflüchtling m "persona f che chiede asilo politico in un'ambasciata".

Botsuana <-s, ohne pl> n geog Botswana m.

Böttcher <-s, -> m (**Böttcherin** f) bottaio (-a) m (f).

Bottich <-(e)s, -e> m tinozza f, mastello m.

Botulismus <-, ohne pl> m med botulismo m.

Bouclé <-s, -s> n text (Garn) (filato m) bouclé m; (Wolle) lana f bouclé.

Bougainvillea <-, Bougainvilleen> f bot bugainvillea f.

Bougie <-, -s> f med bougie f, sonda f per dilatazione.

Bouillon <-, -s> f gastr brodo m, consommé m.

Bouillonwürfel m gastr dado m (di estratto) di carne.

Boule <-(s)> n oder <-, ohne pl> f → **Boccia**.

Boulette f → **Bulette**.

Boulevard <-s, -s> m boulevard m, viale m.

Boulevardblatt n fam journ giornale m scandalistico, tabloid m.

Boulevardpresse f fam journ stampa f scandalistica.

Boulevardtheater n theat "teatro m con repertorio leggero".

Boulevardzeitung f → **Boulevardblatt**.

bouncen itr inform irgendwohin ~ tornare + compl di luogo per problemi tecnici.

Bouquet <-s, -s> n bes. CH → **Bukett**.

Bourgeois <-, -> m geh borghese m.

Bourgeoisie <-, -n> f **1** geh (wohlhabendes Bürgertum) borghesia f **2** pol pej (im Marxismus) borghesia f.

Boutique <-, -n> f com boutique f.

Boutiquenbesitzer m (**Boutiquenbesitzerin** f) proprietario (-a) m (f) di una boutique.

Bovist <-(e)s, -e> m bot vescia f.

Bowle <-, -n> f **1** (Getränk) bowle f (miscela f di vini bianchi aromatizzati con frutta) **2** (Gefäß) recipiente m da bowle.

Bowling <-s, -s> n bowling m.

Bowlingbahn f sport **1** (Bahn) pista f da bowling **2** (Raum) sala f da bowling.

Bowlingkugel f boccia f da bowling.

Box <-, -en> f **1** (Pferdebox, Wagenbox) box m **2** sport box m **3** (Behälter) scatola f, cassetta f **4** <meist pl> (Lautsprecherbox) cassa f (acustica); fam (Musikbox) jukebox m **5** slang inform computer m.

boxen **A** itr sport boxare, tirare di boxe, praticare il pugilato; **gegen jdn ~** affrontare qu sul ring, sostenere un incontro di pugilato contro qu **B** tr (schlagen) **jdn ~** dare dei pugni a qu; **jdn irgendwohin ~** dare a qu un pugno/dei pugni in/a qc **C** rfl **1** fam (sich schlagen) **sich** (**mit jdm**) **~** fare a pugni (con qu) **2** (durch einen Weg bahnen) **sich irgendwohin ~** {NACH OBEN, NACH VORNE, DURCHS LEBEN} farsi largo + compl di luogo; {INS FREIE, ZUM AUSGANG} guadagnare qc.

Boxen <-s, ohne pl> n sport pugilato m, boxe f.

Boxenstopp m sport fermata f ai box, pit stop m.

Boxer① <-s, -> m **1** zoo boxer m **2** fam (Faustschlag) cazzotto m fam, pugno m.

Boxer② <-s, -> m (**Boxerin** f) sport boxeur m, pugile mf.

Boxermotor m mot motore m boxer/[a cilindri contrapposti].

Boxernase f naso m da pugile.

Boxershorts subst <nur pl> boxer m pl.

Boxhandschuh m sport guanto m da boxe, guantone m.

Boxkampf m sport **1** (Einzelkampf) incontro m di pugilato/boxe **2** (Boxen) pugilato m, boxe f.

Boxring m sport ring m, quadrato m.

Boxsport m sport pugilato m, boxe f.

Boy <-s, -s> m **1** (Hoteldiener) boy m, giovane fattorino m, groom m; (Liftboy) addetto m all'ascensore, lift m **2** slang (junger Kerl) ragazzo m.

Boyfriend <-(s), -s> m slang boyfriend m.

Boygroup <-, -s> f mus boyband f.

Boykott <-(e)s, -s oder -e> m **1** (politischer, wirtschaftlicher oder sozialer ~) boicottaggio m **2** (bewusstes Verhindern oder Ablehnen) {+PERSON, PLAN, INSTITUTION} boicottaggio m ● **zum ~ einer P./S.** (gen) **aufrufen**, invitare al boicottaggio di qu/qc; **über jdn/etw einen ~ verhängen, etw mit ~ belegen**, boicottare qu/qc.

Boykottaufruf m invito m al boicottaggio.

boykottieren <ohne ge-> tr **1** (mit einem Boykott belegen) **etw ~** {LAND, STAAT} boicottare qc **2** (verhindern, ablehnen) **jdn/etw ~** {ARBEIT, ARTIKEL, GESCHÄFT, HÄNDLER, PLAN, WARE} boicottare qu/qc.

Boykottierung <-, -en> f boicottaggio m.

Boykottmaßnahme f <meist pl> forma f di boicottaggio.

Bozen <-s, ohne pl> n geog Bolzano f: **die Gegend um ~**, il Bolzanino.

Bozner① <inv> adj <attr> bolzanino.

Bozner② <-s, -> m (**Boznerin** f) bolzanino (-a) m (f).

BR <-(s), ohne pl> m Abk von Bayerischer Rundfunk: "rete f radiotelevisiva regionale con sede a Monaco".

brabbeln fam **A** tr etw ~ borbottare qc, farfugliare qc **B** itr {BABY} ciangottare.

brach 1. und **3.** pers sing imperf von brechen.

Brache <-, -n> f agr **1** (brachliegendes Feld) maggese m **2** (Zeit, in der ein Feld brachliegt) "periodo m in cui un campo non viene seminato".

Brachfeld n agr → **Brachland**.

brachial geh **A** adj **1** (gewaltsam) {METHODE, VORGEHEN} brutale, violento; {GEWALT} bruto **2** anat brachiale **B** adv {DURCHGREIFEN, VORGEHEN} con ⌊la forza bruta⌋/[brutalità].

Brachialgewalt f geh forza f bruta: **~ anwenden**, usare la forza bruta.

Brachland n agr maggese m; (allgemein) terreno m incolto.

brach|legen tr etw ~ {ACKER, FELD} tenere qc a maggese.

brach|liegen <irr> <haben oder süddt A CH sein> **1** agr (unbebaut sein) {ANBAUFLÄCHE, FELD, LAND} stare a maggese **2** (ungenutzt

sein) {FÄHIGKEITEN, KENNTNISSE, TALENT, WISSEN} essere inutilizzato, non essere sfruttato.
brachte 1. *und* 3. *pers sing imperf von* bringen.
brächte 1. *und* 3. *pers sing konjv* II *von* bringen.
Brachvogel m *ornith* chiurlo m.
brackig *adj* {WASSER} salmastro.
Brackwasser n acqua f salmastra.
Brahmane <-n, -n> m *relig* bra(h)mano m.
brahmanisch *adj relig* bra(h)manico.
Brailleschrift <-, ohne pl> f (scrittura f) Braille m.
Braindrain, Brain-Drain <-s, ohne pl> m *oder* n fuga f dei cervelli.
Brainstorming <-s, ohne pl> n brainstorming m.
Braintrust, Brain-Trust <-(s), -s> m *ökon* brain trust m.
Branche <-, -n> f **1** (*com*) settore m, ramo m, branca f, comparto m: **die gesamte ~ konnte eine Umsatzsteigerung verzeichnen,** tutto il comparto ha registrato un aumento del fatturato **2** (*Fach-, Tätigkeitsbereich*) campo m, settore m: **die ~ wechseln,** cambiare settore.
Branchenbuch n → **Branchenverzeichnis**.
Branchenerfahrung f esperienza f ↓nel settore↓/[settoriale].
branchenfremd *adj* {MITARBEITER} estraneo al settore.
branchenführend *adj* capo settore.
Branchenführer m (**Branchenführerin** f) industria f/impresa f leader del settore.
Branchenkenntnis f conoscenza f del ramo/settore.
branchenüblich *adj* {AUFSCHLAG, GEHALT, LOHN} d'uso nel settore.
Branchenvertreter m rappresentante m del settore/ramo.
Branchenverzeichnis n *tel* pagine f pl gialle®.
Brand① <-(e)s, Brände> m **1** (*Feuersbrunst*) incendio m; (*Feuer*) fuoco m **2** (*das Brennen*) {+KERAMIK, PORZELLAN, ZIEGEL} cottura f **3** *fam* gran sete f *fam*, arsura f **4** *med* (*Gangrän*) cancrena f: **trockener/feuchter ~,** cancrena secca/umida **5** *agr bot* (*Getreidebrand*) carboni m pl, carbonchio m, golpe m ● **ein ~ bricht aus,** scoppia un incendio; **in ~ geraten** {HAUS, HOLZ, WALD}, prendere fuoco, incendiarsi; **einen ~ haben** *fam*, avere una sete terribile *fam*; **einen ~ legen,** appiccare il fuoco; **etw in ~ setzen/stecken,** incendiare qc, dare fuoco a qc; **in ~ stehen,** bruciare, essere in fiamme; **ein ~ wütet,** un incendio infuria.
Brand② <-s, -s> m *ökon* (*Marke*) brand m.
brandaktuell *adj fam* {BUCH, FRAGE, THEMA} di estrema attualità; {CD, MUSIKKASSETTE, SCHALLPLATTE, TITEL} di grido.
Brandanschlag m attentato m incendiario.
Brandblase f *med* vescica f da ustione.
Brandbombe f *mil* bomba f incendiaria.
Brandbrief m *fam* lettera f (di richiesta) urgente.
brandeilig *adj fam* urgentissimo, molto urgente: **es ~ haben,** avere una fretta del diavolo *fam*.
branden *itr* **1** (*sich brechen*) **an/gegen etw** (akk) **~** {FLUT, WELLEN AN DEN STRAND, GEGEN DIE FELSEN} infrangersi (*su/contro* qc) **2** (*tosen*) {APPLAUS} scrosciare.
Brandenburg <-s, ohne pl> n *geog*

1 (*Stadt*) (città f di) Brandeburgo f **2** (*Land*) (land m di) Brandeburgo m.
Brandenburger① <inv> *adj* <attr> brandeburghese: **das ~ Tor,** la porta di Brandeburgo.
Brandenburger② <-s, -> m (**Brandenburgerin** f) brandeburghese mf.
brandenburgisch *adj* brandeburghese ● **die Brandenburgischen Konzerte** *mus* (*Werk von J.S. Bach*), Concerti brandeburghesi.
Brandgefahr f pericolo m d'incendio.
brandgefährlich *adj* **1** *fam* (*gefährlich für die anderen*) {GEGNER} estremamente pericoloso; (*risikoreich*) estremamente rischioso **2** (*leicht brennbar*) {GAS, STOFF} altamente infiammabile.
Brandgeruch m puzzo m di bruciato.
brandheiß *adj fam* → **brandaktuell**.
Brandherd m focolaio m (d'incendio).
brandig *adj* **1** (*angebrannt*) {GERUCH, GESCHMACK} di bruciato/bruciaticcio **2** *med* cancrenoso **3** *agr bot* ingolpato ● **~ schmecken/riechen,** avere sapore/odore di bruciaticcio, sapere/odorare di bruciato; **~ werden** *med*, andare in cancrena; *agr bot*, ingolparsi.
Branding <-s, -s> n **1** *ökon* branding m **2** (*das Einbrennen in die Haut*) branding m.
Brandkatastrophe f incendio m di dimensioni catastrofiche.
Brandleger <-s, -> m (**Brandlegerin** f) A → **Brandstifter**.
Brandlegung f A → **Brandstiftung**.
Brandmal <-(e)s, -e oder rar Brandmäler> n *geh* **1** segno m di bruciatura; (*bei Tier*) marchio m a fuoco **2** (*Schandmal*) marchio m (d'infamia).
brandmarken *tr* **1** (*anprangern*) **jdn/etw** (als etw akk) **~** tacciare qu/qc (*di* qc), bollare qu/qc (*come* qc), stigmatizzare qu/qc: **jdn als Verräter ~,** tacciare qu di tradimento **2** (*mit Brandzeichen versehen*) **etw ~** {TIER} marchiare qc (a fuoco).
Brandmauer f muro m spartifuoco.
brandneu *adj fam* {AUTOMODELL, GERÄT} nuovo fiammante/[di zecca]; {MODISCHES KLEIDUNGSSTÜCK, MODE} di grido; {BUCH} fresco di stampa.
Brandopfer n **1** (*Opfer eines Brandes*) vittima f di un incendio **2** *relig* olocausto m.
Brandrede f discorso m incendiario, invettiva f.
Brandrodung f di(s)boscamento m/deforestazione f taglia e brucia.
Brandsalbe f *pharm* unguento m/pomata f contro le ustioni.
Brandschaden m danno m provocato da un incendio.
brandschatzen *tr hist* **etw ~** saccheggiare qc (minacciando l'incendio).
Brandschutz m protezione f anti(i)ncendio.
brandsicher *adj* a prova di incendio, ignifugo.
Brandsohle f {+SCHUH} tramezza f.
Brandstelle f **1** (*Ort des Brandes*) luogo m dell'incendio **2** (*verbrannte Stelle*) punto m bruciato.
Brandstifter m (**Brandstifterin** f) incendiario (-a) m (f).
Brandstiftung f incendio m ● **fahrlässige ~** *jur*, incendio colposo; **vorsätzliche ~** *jur*, incendio doloso.
Brandung <-, ohne pl> f frangente m, risacca f: **die tosende ~,** il fragore delle onde.
Brandursache f causa f dell'incendio: **die**

~ ist noch unklar, non si conoscono ancora le cause dell'incendio.
Brandwache f CH (*Feuerwehr*) pompieri m pl.
Brandwunde f ustione f.
Brandy <-s, -s> m brandy m.
Brandzeichen n {+TIER} marchio m a fuoco.
brannte 1. *und* 3. *pers sing imperf von* brennen.
Branntwein m *form* acquavite f.
Branntweinsteuer f imposta f sugli alcolici.
Brasilianer <-s, -> m (**Brasilianerin** f) brasiliano (-a) m (f).
brasilianisch *adj* brasiliano.
Brasilien <-s, ohne pl> n *geog* Brasile m: **in ~,** in Brasile.
Brasse <-, -n> f *fisch* (*Süßwasserbrasse*) abramide m; (*Meerbrasse*) sparide m.
brät 3. *pers sing präs von* braten.
Bratapfel m *gastr* mela f al forno.
braten <brät, briet, gebraten> **A** *tr gastr* **etw ~ 1** (*in der Pfanne garen*) {FISCH, FLEISCH, WURST} arrostire qc: **etw braun ~,** arrostire bene qc; (*im Fett garen*) **etw 2** (*im Ofen garen*) {BRATEN} (far) cuocere qc al/in forno **3** (*grillen*) fare qc ↓ai ferri↓/[alla griglia] **B** *itr* **1** *gastr* (*in der Pfanne, im Ofen garen*) {FISCH, FLEISCH} cuocere; (*im Fett*) friggere **2** *gastr* (*auf dem Grill*) arrostirsi **3** *fam* (*schmoren*): **in der Sonne ~,** arrostirsi/rosolarsi al sole *fam* **C** *rfl sich* (dat) **etw ~** {BRATEN, FISCH, FLEISCH, WURST} cuocersi qc, prepararsi qc.
Braten <-s, -> m *gastr* arrosto m ● **ein** *fetter* **~ (sein)** *fam*, (essere) un ↓affare d'oro↓/[affare ghiotto] *fam*; **kalter ~** *gastr*, arrosto freddo; **den ~ riechen/wittern** *fam* (*etw Vorteilhaftes*), avere sentore di qc *fam*, fiutare l'aria *fam*; (*etw Negatives*) *auch*, sentire odore/puzzo di bruciato *fam*.
Bratenduft m profumo m di arrosto.
Bratenfett n *gastr* grasso m dell'arrosto.
Bratensaft <-(e)s, ohne pl> m, **Bratensoße** f sugo m dell'arrosto.
Bratenwender <-s, -> m girarrosto m.
Bräter <-s, -> m brasiera f.
Bratfisch m *gastr* **1** (*zum Braten bestimmter Fisch*) pesce m da frittura **2** (*gebratener Fisch*) pesce m fritto.
Brathähnchen n *gastr* pollo m arrosto.
Brathendl <-s, -(n)> n *süddt* A *gastr* → **Brathähnchen**.
Brathering m *gastr* aringa f fritta.
Brathuhn n pollo m arrosto.
Brathühnchen n → **Brathähnchen**.
Bratkartoffeln *subst* <nur pl> patate f pl saltate in padella.
Bratkartoffelverhältnis n *fam scherz* "rapporto m in cui l'uomo è attratto più dai manicaretti di lei che non dal resto".
Bratling <-s, -e> m *gastr* polpetta f↓di verdura↓/[vegetariana].
Bratpfanne f padella f.
Bratröhre f *region* (*Backofen*) forno m.
Bratrost m griglia f, gratella f, graticola f.
Bratsche <-, -n> f *mus* viola f.
Bratscher <-s, -> m (**Bratscherin** f) *mus*, **Bratschist** <-en, -en> m (**Bratschistin** f) *mus* violista mf, suonatore (-trice) m (f) di viola.
Bratspieß m spiedo m.
Bratwurst f *gastr* **1** (*zum Braten bestimmte Wurst*) salsiccia f da arrostire **2** (*gebratene Wurst*) salsiccia f arrostita.
Brauch <-(e)s, Bräuche> m **1** (*alte Gewohn-*

heit) uso m, usanza f, costume m **2** *jur* usi m pl, consuetudini f pl ● **nach altem ~**, secondo le antiche usanze; **außer ~ kommen**, cadere in disuso; **~ sein**, essere uso/usanza; **das ist so ~**, questo è l'uso.

brauchbar adj **1** (*benutzbar*) {GEGENSTAND, GERÄT, PAPIER, KLEIDUNGSSTÜCK} utilizzabile, usabile; (*geeignet*) {GEGENSTAND, MATERIAL} adatto, indicato, appropriato **2** (*tauglich*) {MITARBEITER, SCHÜLER} bravo, abile, capace; (*passabel*) {VORSCHLAG} utile; {IDEE, LEISTUNG} buono.

brauchen① Vollverb tr **1** (*nötig haben*) **jdn** (*für etw* akk/*zu etw* dat) **~** {BEZUGSPERSON, FREUND, PARTNER} aver bisogno *di qu* (*per qc*): **jd braucht jdn** {ARZT, MECHANIKER, RATGEBER, RECHTSANWALT}, qu ˪ha bisogno˩/[abbisogna *geh*] di qu, a qu occorre qu; *etw* (*für etw* akk/*zu etw* dat) **~** {ENTSPANNUNG, ERHOLUNG, HILFE, RUHE, SCHLAF, URLAUB} aver bisogno *di qc* (*per fare qc*), abbisognare *geh di qc* (*per fare qc*): **jd braucht etw** {GEGENSTAND, GELD, WERKZEUG}, a qu occorre/serve qc; **das ist genau das, was ich brauche**, è proprio quello che mi occorre/serve, fa proprio al caso mio **2** (*an Zeit benötigen*) *etw* (*für etw* akk) **~** {ZEITSPANNE} impiegare *qc* (*a/per fare qc*), metterci *qc* (*a/per fare qc*), volerci *qc* (*a qu*) (*a/per fare qc*): **ich ˪brauche˩/[mi ci vuole] molto a fare questa traduzione**; **zu Fuß brauche ich bis zur Uni etwa eine halbe Stunde**, a piedi impiego circa (una) mezz'ora per andare all'università; **wie lange ~ Sie für die Reparatur?**, quanto tempo impiega/[Le ci vuole] per fare questa riparazione?, quanto tempo Le occorre/serve per questa riparazione? **3** (*erfordern*) *etw* **~** {PLATZ, ZEIT} richiedere *qc*: **diese Arbeit braucht Zeit**, ˪questo lavoro richiede˩/[per questo lavoro ci vuole] del tempo; **mit dir braucht man viel Geduld**, con te ci vuole molta pazienza **4** (*benutzen*) *etw* **~** impiegare *qc*, servirsi *di qc*, usare *qc*, adoperare *qc* **5** *fam* (*verbrauchen*) *etw* **~** {BENZIN, GAS, ÖL, STROM, WASSER} consumare *qc*; {GELD} spendere *qc* **6** *fam* (*nicht haben wollen*): **ich kann diese Leute jetzt nicht ~!**, adesso non voglio avere gente tra i piedi! *fam*; **ich kann gerade jetzt keinen Ärger ~!**, non voglio seccature proprio adesso!

brauchen② Hilfsverb (*müssen*): **ich brauche Ihnen nicht zu sagen, dass ...**, non devo dirLe che ..., è inutile che Le dica che ...; **du brauchst das nicht ständig zu wiederholen**, non c'è bisogno che tu lo ripeta in continuazione; **man braucht nur zu läuten, basta suonare; Sie ~ nur bei mir anzurufen, ich komme dann sofort**, basta che mi chiami e verrò subito; **Sie ~ es nur zu sagen**, deve solo dirlo, basta che (Lei) lo dica; **du brauchst gar nicht zu lachen**, non c'è niente da ridere; **es braucht nicht gleich zu sein**, non c'è particolare urgenza.

Brauchtum <-s, *rar* Bräuchtümer> n usanze f pl, usi m pl e costumi m pl.

Brauchwasser <-s, *ohne pl*> n acqua f per uso industriale.

Braue <-, -n> f *anat* (*Augenbraue*) sopracciglio m ● **die ~n hochziehen**, inarcare le sopracciglia; **die ~n runzeln**, aggrottare/corrugare le sopracciglia.

brauen A tr **1** *etw* **~** {BIER} fabbricare *qc*, fare *qc* **2** *fam* (*zubereiten*) (*jdm*) *etw* **~** {KAFFEE, TEE} preparare *qc* (*a qu*) B rfl *fam* (*sich zubereiten*) **sich** (dat) *etw* **~** prepararsi *qc*.

Brauer <-s, -> m (**Brauerin** f) birraio (-a) m (f).

Brauerei <-, -en> f fabbrica f di birra, birrificio m.

Brauerin f → **Brauer**.

Brauhaus n → **Brauerei**.

braun adj **1** {FARBE, FARBTON} bruno, marrone; {GEGENSTAND, KLEIDUNGSSTÜCK, STOFF} marrone; (*brünett*) {HAAR, HAARFARBE} bruno, moro; {AUGEN} marrone, scuro; (*dunkelhäutig*) moro, scuro; (*kastanien~*) {AUGEN, HAARE} castano; {PFERD} baio; (*~ gebrannt*) abbronzato **2** *hist pej* (*nationalsozialistisch*) nazista: **die Braunen** (*die Nazis*), le camicie brune ● **etw ~ färben** {HAARE}, tingere qc di bruno; {STOFF}, tingere qc di marrone; **~ werden**, abbronzarsi; **schnell ~ werden**, abbronzarsi facilmente.

Braun <-s, -> n {+AUGEN, GEGENSTAND, KLEIDUNGSSTÜCK} marrone m; {+HAARE, HAUT} bruno m, moro m; (*kastanienbraun*) {+AUGEN, HAARE} castano m.

braunäugig adj (*mit braunen Augen*) dagli occhi marrone; (*kastanienbraun*) dagli occhi castani: **sie ist ~**, ha gli occhi scuri/marrone/castani.

Braunbär m *zoo* orso m bruno.

Bräune <-, *ohne pl*> f tinta f bruna; (*Sonnenbräune*) abbronzatura f, tintarella f *fam*.

bräunen A tr **1** *jdn/etw* **~** {SONNE, UV-STRAHLER HAUT, PERSON} abbronzare *qu/qc* **2** *gastr etw* **~** {FLEISCH, ZWIEBEL} rosolare *qc*; {BUTTER} dorare *qc*: **gebräunte Butter**, burro dorato B itr **1** (*in der Sonne braun werden*) abbronzarsi; (*braun machen*) {SONNE, UV-STRAHLUNG} abbronzare **2** *gastr* {BRATEN, FISCH, GEFLÜGEL, ZWIEBEL} rosolarsi C rfl (*braun werden*) **sich ~** {GESICHT, HAUT, PERSON} abbronzarsi.

braungebrannt adj → **gebrannt**.

braunhaarig adj bruno, moro, dai capelli bruni; (*kastanienbraun*) castano, dai capelli castani.

Braunhemd n *hist* **1** (*nationalsozialistisches Parteihemd*) camicia f bruna **2** <*nur pl*> (*Nazis*) camicie f pl brune.

Braunkohle f lignite f.

Braunkohleabbau, **Braunkohlenabbau** m estrazione f di lignite.

Braunkohlebergwerk, **Braunkohlenbergwerk** n miniera f di lignite.

Braunkohlevorkommen, **Braunkohlenvorkommen** n giacimento m di lignite.

bräunlich adj brunastro.

Braunschweig <-s, *ohne pl*> n *geog* Brunswick f.

Bräunung <-, -en> f {+GESICHT, HAUT, KÖRPER} abbronzatura f.

Bräunungscreme, **Bräunungskrem**, **Bräunungskreme** f crema f abbronzante; (*Selbstbräunungscreme*) crema f autoabbronzante.

Bräunungsstudio n studio m/centro m di abbronzatura.

Brause <-, -n> f **1** *region* (*Dusche*) doccia f **2** (*~kopf*) {+GIEẞKANNE} cipolla f **3** *fam gastr* (*Limonade*) gassosa f; (*~pulver*) polverina f effervescente.

Brausekopf m **1** {+GIEẞKANNE} cipolla f **2** *obs* (*Hitzkopf*) testa f calda.

brausen itr **1** <*haben*> (*tosen*) {APPLAUS, BEIFALL, JUBEL} scrosciare; {BACH, FLUSS} rumoreggiare; {BRANDUNG, WIND, WOGEN} muggiare; {WIND} *auch* muggire *lit* **2** <*sein*> *fam* (*rasen*) **irgendwohin ~** {FAHRZEUG, PERSON} sfrecciare/correre + *compl di luogo*: **über die Autobahn ~**, andare a tutta birra in autostrada.

brausend adj {APPLAUS, BEIFALL, BRANDUNG, WOGEN} scrosciante, fragoroso; {WASSER} scrosciante.

Brausepulver n polverina f effervescente.

Brausetablette f *pharm* pastiglia f effervescente.

Braut <-, *Bräute*> f **1** (*am Hochzeitstag*) sposa f **2** *obs* (*Verlobte*) fidanzata f **3** *slang* (*junge Frau*) fichetta f *slang*: **eine heiße/scharfe ~**, una bella figa.

Brautausstattung f corredo m (della sposa).

Brautbukett n bouquet m della sposa.

Brauteltern subst <*nur pl*> genitori m pl della sposa.

Brautführer m accompagnatore m della sposa.

Bräutigam <-s, -e> m **1** (*am Hochzeitstag*) sposo m **2** *obs* (*Verlobter*) fidanzato m.

Brautjungfer f "damigella f d'onore della sposa".

Brautkleid n abito m/vestito m ˪da sposa˩/[nuziale].

Brautleute subst <*nur pl*> → **Brautpaar**.

Brautmutter f madre f della sposa.

Brautpaar n **1** (*coppia f di*) *sposi* m pl **2** *obs* (*Verlobte*) fidanzati m pl.

Brautschau f: ˪**auf ~ gehen**˩/[**~ halten**] *fam scherz*, cercare moglie.

Brautschleier m velo m ˪da sposa˩/[nuziale].

Brautstrauß m mazzolino m della sposa.

Brautvater m padre m della sposa.

Brautwerbung <-, *ohne pl*> f *obs* domanda f di matrimonio.

brav A adj **1** (*folgsam*) {HAUSTIER} obbediente; {JUNGE, KIND, MÄDCHEN} *auch* bravo, buono; **~ sein**, fare il bravo/la brava **2** (*bieder*) {FRISUR, KLEIDUNGSSTÜCK} a modino; {JUNGER MENSCH} per benino **3** <*attr*> (*rechtschaffen*) onesto, retto; {BEAMTER, BÜRGER} *auch* probo, dabbene B adv **1** (*folgsam*) {ESSEN, FOLGEN} senza fare storie **2** (*rechtschaffen*) onestamente, rettamente, probamente.

bravo interj bravo!

Bravoruf m grido m di entusiamo.

Bravour <-, *ohne pl*> f *geh* **1** (*Meisterschaft*) bravura f, brillantezza f, maestria f **2** (*Kühnheit*) audacia f, coraggio m ● **mit ~** (*meisterlich*), con bravura; (*mit Elan*), con verve/brio.

Bravourarie f *mus* pezzo m di bravura.

Bravourleistung f virtuosismo m.

bravourös A adj **1** (*meisterhaft*) {DARBIETUNG, LEISTUNG, TECHNIK} magistrale, brillante, virtuoso **2** (*kühn*) {BEISPIEL, EINSATZ, HALTUNG} audace, coraggioso, valoroso B adv **1** (*meisterhaft*) {LÖSEN} magistralmente, da maestro, brillantemente; {MEISTERN, TURNEN} *auch* virtuosamente **2** (*kühn*) {SICH EINSETZEN, KÄMPFEN, SICH VERHALTEN} coraggiosamente, audacemente; (*forsch*) con brio/verve.

Bravourstück n *geh* **1** (*Glanznummer*) pezzo m forte **2** *mus* pezzo m forte/[di bravura].

Bravur f → **Bravour**.

Bravurarie f → **Bravourarie**.

Bravurleistung f → **Bravourleistung**.

bravurös adj adv → **bravourös**.

Bravurstück n → **Bravourstück**.

BRD <-, *ohne pl*> f Abk *von* Bundesrepublik Deutschland: RFT f (Abk *von* Repubblica Federale Tedesca).

Break <-s, -s> m oder n **1** Tennis break m **2** mus assolo m breve.
Breakdance <-(s), ohne pl> m break dance f.
Breakdancer <-s, -> m (**Breakdancerin** f) chi balla la break dance.
breaken tr Tennis **jdn** ~ strappare il servizio a qu: **den Gegner** ~, strappare il servizio all'avversario.
Brechbohne f <meist pl> bot fagiolino m.
Brechdurchfall m med colerina f, diarrea f accompagnata da vomito.
Brecheisen n piede m di porco.
brechen <bricht, brach, gebrochen> **A** tr <haben> **1** (entzwei~) etw ~ {AST, BRETT, SCHOKOLADENTAFEL, STOCK} rompere qc, spezzare qc; {EIS} rompere qc; {BROT} spezzare qc; (in Stücke ~) frantumare qc **2** (nicht mehr einhalten) etw ~ {EID, GESETZ, WAFFENSTILLSTAND} violare qc; {ABMACHUNG, VERTRAG, SCHWEIGEN} rompere qc; {GELÖBNIS, GELÜBDE} infrangere qc; {VERSPRECHEN, SEIN WORT} non mantenere qc: **den Streik** ~, fare il crumiro, non prendere parte allo sciopero **3** (überwinden, beugen) etw ~ {TROTZ, UNGEHORSAM, WIDERSTAND} vincere qc; {JDS WILLEN} piegare qc; {REKORD} battere qc; {BLOCKADE} rompere qc **4** (abbauen) etw ~ {MARMOR, SCHIEFER, STEINE} cavare qc **5** (auseinander~) **jdm** etw ~ {ARM, BEIN, KNOCHEN} rompere qc a qu, spezzare qc a qu: **jdm das Herz** ~, spezzare il cuore a qu **6** (ablenken) etw ~ {LINSE, PRISMA LICHT} rifrangere qc; (abprallen lassen) {FELS, KLIPPE, RIFF, SANDBANK, WELLENBRECHER BRANDUNG, STRÖMUNG, WELLEN} rompere qc **7** geh (pflücken) etw ~ {BLUMEN, BLÜTE, OBST, ZWEIG} cogliere qc **8** (erbrechen) etw ~ vomitare qc, rimettere qc **B** itr **1** <sein> (zer~) {EIS} rompersi; {ACHSE, AST, BRETT} auch spezzarsi; {STOFF, TEPPICH} sfilacciarsi, lacerarsi: **mir bricht das Herz**, mi si spezza il cuore **2** <haben> (Verbindung beenden) **mit jdm/etw** ~ {MIT EINER GEWOHNHEIT, IDEOLOGIE, EINEM LASTER, EINER TRADITION, DER VERGANGENHEIT} rompere con qc; {MIT FREUND, KOLLEGE} rompere i ponti/rapporti con qu, chiudere con qu **3** <haben> (sich erbrechen) vomitare, rimettere **C** rfl **1** (sich am Knochen verletzen) sich (dat) etw ~ {ARM, BEIN, KNOCHEN, SCHULTER} fratturarsi qc, rompersi qc **2** (abgelenkt werden) sich (an etw dat) ~ {BRANDUNG, WELLEN} infrangersi contro/su qc; {LICHT, LICHTSTRAHL} rifrangersi su qc; {RUF, SCHALL} riecheggiare ● **zum Brechen₁/[~d] voll sein** fam {BUS, SAAL, STADION}, essere ₁pieno zeppo₁/[strapieno]/[pieno da scoppiare].
Brecher <-s, -> m **1** (Sturzwelle) cavallone m, frangente m **2** tech frantoio m.
Brechmittel n med emetico m ● **jd/etw ist ₁das reinste₁/[ein wahres/echtes] ~ (für jdn)** fam, qu/qc ₁fa schifo/senso₁/[fa venire il voltastomaco] fam (a qu).
Brechreiz m conato m di vomito.
Brechstange f piede m di porco.
Brechung <-, -en> f phys {+LICHT} rifrazione f; {+SCHALL, SCHALLWELLE} auch ripercussione f.
Brechungsebene f phys {+LICHT} piano m di rifrazione; {+SCHALL, SCHALLWELLE} auch piano m di ripercussione.
Brechungswinkel m phys {+LICHT} angolo m di rifrazione; {+SCHALL, SCHALLWELLE} auch angolo m di ripercussione.
Bredouille <-, ohne pl> f: **in der ~ sein/sitzen** fam, essere/trovarsi nei guai fam/pasticci fam; **in die ~ geraten/kommen**, finire/mettersi/cacciarsi nei guai fam/pasticci fam, inguaiarsi fam.

Bregenz <-, ohne pl> n geog Bregenza f.
Brei <-(e)s, -e> m **1** gastr (Speise) pappa f; (fester ~) pastone m; (Kartoffelbrei, Erbsenbrei) purè m, purea f; (bes. von Obst) passato m **2** (zähe Masse) poltiglia f ● **um den (heißen) ~ herumreden** fam, menare il can per l'aia; prenderla larga fam; **red nicht um den heißen ~ herum!**, vieni al sodo/dunque!; **jdm ums Maul schmieren** fam, arruffianarsi qu fam, leccare i piedi a qu fam, lisciare qu fam, fare una sviolinata a qu fam; **jdn zu ~ schlagen** fam, fare polpette di qu fam, ridurre qu in poltiglia.
breiig adj {KONSISTENZ, MASSE} papposo.
Breisgau <-, ohne pl> m geog Brisgovia f.
breit **A** adj **1** (ziemlich oder überdurchschnittlich ~) {BAND, BETT, FLUSS, SCHULTERN, STRAßE, TISCH} largo; (weit, ausgedehnt) ampio, vasto; (~ gebaut) grosso; {STOFF} alto; typ {BUCHSTABE, DRUCKSPALTE, SCHRIFT} largo; (bei Maßangaben): **wie ~ ist ...?**, quant'è largo ...?; **etw ist fünf Meter** ~, qc è largo cinque metri; **ein ein Meter ~er Tisch**, un tavolo largo un metro **2** <attr> (ausgedehnt) {BEKANNTENKREIS, PUBLIKUM} vasto, grande; {ANGEBOT} grande, ampio; {INTERESSEN} ampio; {ZUSTIMMUNG} largo: **die ~e Öffentlichkeit**, il grande pubblico; **die ~e Masse**, la massa **3** (gedehnt) {GRINSEN, LACHEN, LÄCHELN, SCHMUNZELN} sguaiato; {AUSSPRACHE} strascicato, largo; {DIALEKT} stretto **4** slang (betrunken) sbronzo; (unter Drogen) (stra)fatto slang **B** adv **1** (flach): etw ~ **drücken/fahren/pressen/schlagen/hämmern/treten/walzen**, schiacciare qc **2** (robust): ~ **gebaut**, di costituzione robusta **3** (gedehnt) {GRINSEN, LACHEN, LÄCHELN SCHMUNZELN} sguaiatamente **4** (weitschweifig) {BERICHTEN, ERZÄHLEN} diffusamente, ampiamente, dettagliatamente ● **etw ~er machen**, allargare qc; **~er werden**, allargarsi.
Breitband <inv> n inform banda f larga.
Breitbandantibiotikum n pharm antibiotico m a largo spettro.
Breitbandkabel n el cavo m a banda larga.
Breitbandnetz n inform rete f a banda larga.
Breitbandverbindung f inform connessione f a banda larga.
breitbeinig adj {GANG, STELLUNG} a gambe large ● **einen ~en Gang haben₁/[~ gehen]**, camminare a gambe larghe.
Breitbildfernseher m TV widescreen m.
Breite <-, -n> f **1** larghezza f; (bei Maßangaben): **der Teppich hat eine ~ von zwei Metern fünfzig**, il tappeto ₁è largo₁/[ha una larghezza di] due metri e mezzo; **eine Straße von fünf Meter** ~, una strada larga cinque metri; (Ausdehnung) ampiezza f, vastezza f, estensione f; (Breitseite) fianco m; {+STOFF} altezza f **2** (Ausgedehntheit) {+BEKANNTENKREIS, INTERESSEN, ZUSTIMMUNG} ampiezza f **3** (Gedehntheit) {+GRINSEN, LACHEN, LÄCHELN, SCHMUNZELN} sguaiataggine f **4** astr geog nördliche ~ (Abk n. Br.), latitudine nord **5** <nur pl> (Gebiet) parti f pl, zone f pl: **in unseren ~n**, dalle nostre parti, nelle nostre zone ● **in epischer ~**: etw in epischer ~ **schildern/erzählen**, descrivere/raccontare qc ₁fin nei minimi dettagli₁/[con dovizia di particolari]; **etw in aller ~ erklären**, spiegare qc per filo e per segno fam; **in die ~ gehen fam** (dick werden), mettere su ciccia fam, ingrassare; **der ~ nach**, in larghezza.
breiten **A** tr (aus~) **etw über jdn/etw** ~ {DECKE, PLANE, TUCH} (di)stendere qc su qu/qc **B** rfl geh (sich legen) **sich über etw** (akk)

~ {NACHT, NEBEL ÜBER FELDER, LAND} scendere su qc, calare su qc.
Breitenarbeit <-, ohne pl> f lavoro m su larga scala; sport formazione f di talenti su larga scala.
Breitengrad m geog grado m di latitudine.
Breitenkreis m geog parallelo m.
Breitensport m sport m di massa.
breitenwirksam **A** adj {INFORMATION, KAMPAGNE} efficace; {DEBATTE, DISKUSSION} pubblico **B** adv {EINSETZEN, UMSETZEN} in modo efficace.
Breitenwirkung f effetto m/impatto m sulla massa.
breitgefächert adj → **gefächert**.
breitkrempig adj {HUT} a tese larghe.
breit|machen rfl **1** (viel Platz beanspruchen) **sich** ~ occupare molto spazio, allargarsi: **mach dich doch nicht so breit!**, non ti allargare troppo!; (sich häuslich niederlassen) installarsi, piazzarsi **2** (sich ausbreiten) **sich** ~ {UNKRAUT} estendersi, propagarsi; {ANSICHT, UNART, VORURTEIL} diffondersi, propagarsi.
breitrandig adj {BRILLE} dalla montatura larga; {SCHWIMMBECKEN} dal bordo largo.
breit|schlagen <irr> tr fam (beschwatzen): **sich (von jdm) (zu etw dat) ~ lassen**, lasciarsi convincere/persuadere (da qu) (a fare qc).
breitschultrig, **breitschulterig** adj dalle spalle larghe.
Breitschwanz <-es, ohne pl> m Breitschwanz m, pelliccia f di agnellini persiani.
Breitseite f **1** naut {+SCHIFF} fiancata f; (Kanonenfeuer) auch bordata f **2** (scharfe Attacke) bordata f **3** {+GEBÄUDE, TISCH} fiancata f ● **eine ~ auf jdn abfeuern/abgeben**, tirare una bordata a qu; **jdn mit voller ~ erwischen** slang, dare una bella mazzata a qu fam; **die Scheidung hat ihn mit voller ~ erwischt**, il divorzio gli ha dato una terribile mazzata.
breitspurig adj Eisenb a scartamento largo.
breit|treten <irr> tr fam pej, **breit|walzen** tr fam pej **etw** ~ **1** (zu ausgiebig erörtern) {THEMA, WITZ} trattare qc diffusamente, raccontare qc nei minimi particolari **2** (ausplaudern) {GESCHICHTE, INTIME DETAILS, STORY} spifferare qc fam, spiattellare qc fam.
Breitwand f film schermo m panoramico/gigante.
Breitwandfilm m film film m/pellicola f ₁in cinemascope₁/[su schermo panoramico].
Bremen <-s, ohne pl> n geog **1** (Stadt) Brema f **2** (Bundesland) land m di Brema.
Bremer① <inv> adj <attr> di Brema ● **die ~ Stadtmusikanten** lit (Märchen der Brüder Grimm), I musicanti di Brema.
Bremer② <-s, -> m (**Bremerin** f) (in Bremen wohnend) abitante mf di Brema; (aus Bremen stammend) originario (-a) m (f) di Brema.
Bremsbacke f autom ganascia f/ceppo m (del freno).
Bremsbelag m autom Ferodo® m; (bei Scheibenbremse) pastiglia f del freni.
Bremsblockierschutz m autom sistema m antiblocco/antibloccaggio.
Bremse① <-, -n> f **1** tech (Vorrichtung: Pedal oder Hebel) freno m: **die ~ anziehen**, tirare il freno; **die ~ betätigen**, azionare il freno; **die ~n neu einstellen**, registrare/[mettere a punto] i freni; **die ~n quietschen**, i freni stridono **2** (Hemmnis) freno m, ostacolo m ● **auf die ~ treten/steigen** fam/**latschen** slang, frenare bruscamente.

Bremse② <-, -n> f zoo tafano m.
bremsen **A** itr **1** (*die Bremse betätigen*) frenare, fare una frenata: **scharf** ~, inchiodare *fam*, fare un'inchiodata *fam* **2** (*ab~*) {KRAFTFAHRZEUG} frenare; (*~d wirken*) {WIND} frenare **3** (*hinauszögern*) {PERSON} frenare **B** tr **1** (*ab~*) *etw* ~ {KRAFTFAHRZEUG} frenare *qc*, rallentare *qc* **2** (*verzögern*) *etw* ~ {ENTWICKLUNG, IMPORT} frenare *qc*, rallentare *qc*; (*dämpfen*) {BEGEISTERUNG, SPONTANEITÀ} frenare *qc*, contenere *qc*, moderare *qc* **3** *fam* (*zurückhalten*) *jdn* ~ frenare *qu*, trattenere *qu* • **jd ist nicht zu ~** *fam*, non si riesce a frenare *qu*; **ich kann/werd' mich ~!** *fam*, non ci penso nemmeno!, nemmeno per idea! *fam*.

Bremser <-s, -> m (**Bremserin** f) **1** Eisenb sport frenatore (-trice) m (f) **2** (*jd, der etw hinauszuzögern versucht*) ostruzionista mf: **die wahren ~ der Reform waren die Beamten**, i veri e propri ostruzionisti della riforma erano i funzionari (statali).

Bremsflüssigkeit f liquido m per freni.
Bremsgriff m (+FAHRRAD) leva f del freno.
Bremshebel m leva f del freno.
Bremsklappe f aero freno m aerodinamico.
Bremsklotz m autom ceppo m del freno.
Bremskraftverstärker m autom servofreno m.
Bremslicht n autom luce f di arresto, stop m *fam*.
Bremspedal n autom pedale m del freno.
Bremsrakete f (*Raumfahrt*) retrorazzo m.
Bremsscheibe f autom disco m del freno.
Bremsschlauch m autom tubazione f del freno.
Bremsspur f (segno m/traccia f di) frenata f.
Bremstrommel f autom tamburo m del freno.
Bremsung <-, -en> f frenata f, frenatura f.
Bremsvorrichtung f form dispositivo m di frenaggio.
Bremsweg m spazio m di frenata, distanza f di arresto.
brennbar adj (*verheizbar*) combustibile; (*entzündlich*) {ABFÄLLE, GIFTIGE STOFFE} infiammabile.
Brennelement n nukl combustibile m nucleare.
brennen <brennt, brannte, gebrannt> **A** itr **1** (*in Flammen stehen*) {GEBÄUDE, GEBIET, STADT} bruciare, essere in fiamme; (*WALD*) auch ardere **2** (*angezündet sein*) {FEUERZEUG, KAMIN, KERZE, PILOTFLAMME, STREICHHOLZ} essere acceso; {FEUER, GAS, HOLZ, KOHLE, ÖL} bruciare, ardere: **das Streichholz brennt nicht**₁/[**will nicht ~**], il fiammifero non si accende; **Benzin brennt leicht**, la benzina è facilmente infiammabile **3** *el* (*an sein*) {LAMPE, LICHT, OFEN} essere acceso: **etw brennt (erst), wenn ...**, qc si accende (solo) se ...; **es brennt noch Licht**, la luce è ancora accesa **4** (*schmerzen*) {AUGEN, KEHLE, VERLETZUNG, WUNDE} bruciare; (*FÜSSE*) auch frizzare; (**auf/in etw** dat) ~ (*SÄURE, SEIFE AUF DER HAUT, IN DEN AUGEN*) (far) bruciare *qc*; {SCHARFES GEWÜRZ AUF DER ZUNGE} pizzicare (*qc*), pungere *qc* **5** (*heiß sein*) {SONNE} scottare, bruciare **6** (*sinnen auf*) **auf etw** (akk) **~** {RACHE, VERGELTUNG} meditare *qc*, covare *qc*: **darauf ~, etw zu tun**, ardere dal desiderio di fare *qc*, non vedere l'ora di fare *qc* **7** (*ungeduldig sein*) **vor etw** (dat) **~** {VOR SEHNSUCHT} struggersi di *qc*; {VOR BEGIERDE, NEUGIERDE} auch ardere di *qc*: **vor Ungeduld ~**, ardere/fremere d'impazienza **8** inform *etw* ~ {CD, CD-ROM} masterizzare *qc* **B** unpers: **es brennt**, c'è un incendio; **es brennt!**, al fuoco! **C** tr **1** (*rösten*) *etw* ~ {KAFFEE(BOHNEN)} torrefare *qc*, tostare *qc*; {MANDELN} arrostire *qc* **2** (*destillieren*) *etw* ~ {SCHNAPS, WHISKY} distillare *qc* **3** (*härten*) *etw* ~ {KALK, KERAMIK, PORZELLAN, TON, ZIEGEL} cuocere *qc* **4** (*auf~*) *jdm/etw auf etw* (akk) ~ {MENSCH ODER TIER AUF FELL, HAUT, SCHULTERN} marchiare a fuoco *qc/qc su qc*; *etw auf/in etw* (akk) ~ {MUSTER, ZEICHEN} imprimere a fuoco *qc* su *qc*: **mit der Zigarette ein Loch in die Tischdecke ~**, fare un buco nella tovaglia con la sigaretta **D** rfl *fam* (*sich ver~*) **sich** (**an etw** dat) **~** bruciarsi (*con qc*), scottarsi (*con qc*) • **lichterloh ~**, essere un rogo; **wo brennt's (denn)?** *fam* (*was ist denn los?*), cos'è successo?

brennend **A** adj **1** (*in Flammen*) {HAUS, STADT, WALD} in fiamme; {HOLZ} che brucia/arde; {FEUER} auch acceso; {LICHT, ZIGARETTE} acceso **2** (*schmerzend*) {AUGE, FUSS, WUNDE} che brucia; {SCHMERZ} cocente **3** (*quälend*) {DURST} ardente, atroce; {HASS} che consuma/rode; {LEIDENSCHAFT, SEHNSUCHT} ardente **4** (*dringend*) {FRAGE, PROBLEM, WICHTIGKEIT} scottante; (*sehr groß*) {INTERESSE} vivo **B** adv *fam* (*sehr*) {SICH INTERESSIEREN} moltissimo, fortemente; {SICH ETW WÜNSCHEN} ardentemente: **ich wüsste ja ~ gern ...**, muoio dalla voglia di sapere ...; **neugierig sein**, essere curioso da morire.

Brenner① <-s, ohne pl> m geog: **der ~**, il Brennero.
Brenner② <-s, -> m **1** tech (*Gerät*) bruciatore m; (*Gasbrenner*) becco m (di) Bunsen **2** (*Kaffeebrenner*) tostacaffè m **3** inform (*CD-~*) masterizzatore m.
Brenner③ <-s, -> m (**Brennerin** f) **1** (*Schnapsbrenner*) distillatore (-trice) m (f) **2** (*Ziegelbrenner*) mattonaio m, fornaciaio (-a) m (f).
Brennerei <-, -en> f (*Schnapsbrennerei*) distilleria f.
Brennglas n opt lente f ustoria.
Brennholz <-es, ohne pl> n legna f (da ardere).
Brennkammer f aero camera f di combustione.
Brennmaterial n combustibile m.
Brennnessel, **Brenn-Nessel** f bot ortica f.
Brennofen m tech (*für Kalk, Ziegel, Keramik*) fornace f; (*für Töpferware*) auch forno m (di cottura).
Brennpunkt m **1** (*Mittelpunkt*) punto m focale/cruciale, fulcro m **2** geom opt fuoco m • **im ~**: **Genforschung im ~**, focus sulla ricerca genetica; **in den ~ (der Aufmerksamkeit/des Interesses) rücken** {FRAGE, PROBLEM}, imporsi all'attenzione; {PERSON}, venire/salire alla ribalta; **ein sozialer ~ (sein)**, (essere) una zona/un quartiere a rischio; **im ~ (des Interesses) stehen** {FRAGE, PROBLEM, PERSON}, essere al centro dell'interesse.
Brennschere f ferro m (arricciacapelli).
Brennspiegel m specchio m ustorio.
Brennspiritus m alcol m denaturato, spirito m (per accendere il fuoco).
Brennstab m nukl barra f di combustibile.
Brennstoff m tech combustibile m; aero auch carburante m.
Brennweite f fot opt distanza f focale.
brenzlig adj **1** *fam* (*bedenklich*) {PROBLEM, SACHE} scottante; {SITUATION} critico, preoccupante **2** (*angebrannt*) {GERUCH, GESCHMACK} di bruciaticcio • **es wird jdm zu ~** *fam*, a qu scotta il terreno sotto i piedi *fam*; **die Sache wird (mir) zu ~** *fam*, la faccenda comincia a puzzare *fam*, ora si balla *fam*.

Bresche <-, -n> f breccia f • **für jdn/etw eine ~ schlagen**, adoperarsi/impegnarsi per qu/qc; (**für jdn**) **in die ~ springen** (*jdn vertreten*), sostituire qu; (*jdn verteidigen*), prendere le parti di qu.
Breslau <-s, ohne pl> n geog Breslavia f.
Bretagne <-, ohne pl> f geog: **die ~**, la Bretagna.
Bretone <-n, -n> m (**Bretonin** f) bretone mf.
bretonisch adj bretone.
Brett <-(e)s, -er> n **1** (*Holzbrett*) asse f, tavola f; (*Regalbrett*) mensola f; (*Bücherbrett*) (ripiano m; (*Servierbrett*) vassoio m; (*Schneidebrett*) tagliere m; (*Essbrett*) piatto m di/in legno; (*Sprungbrett*) pedana f; (*Federsprungbrett*) trampolino m **2** (*Schachbrett*) scacchiera f; (*Damebrett*) damiera f **3** <nur pl> fam sport (*Skier*) sci m pl; (*Boxring*) ring m **4** <nur pl> theat fam palcoscenico m, scena f • **das ~ bohren, wo es am dünnsten ist** *fam*, scegliere la strada più facile; **ein ~ vor dem Kopf haben** *fam*, essere duro di comprendonio *fam*; **das schwarze/Schwarze ~**, la bacheca; **auf den ~ern stehen theat**, calcare le scene; *sport*, sciare; **die ~er, die die Welt bedeuten** *geh*, il palcoscenico m, le luci della ribalta.
Brettchen <-s, -> n dim von Brett (*zum Schneiden*) tagliere m.
Bretterboden m assito m, tavolato m.
Bretterbude f baracca f di legno.
brettern itr <sein> *fam* **1** (*schnell mit dem Auto fahren*) andare a tavoletta *fam*, sfrecciare *fam*, andare a tutta birra *fam* **2** (*schnell die Piste runterfahren*) sfrecciare in pista.
Bretterverschlag m baracca f/capanna f (fatta) di assi.
Bretterwand f assito m, tramezzo m di assi.
Bretterzaun m steccato m, staccionata f.
Brettspiel n gioco m da tavolo.
Brezel <-, -n> f → **Brezel**.
Brevier <-s, -e> n **1** (*Leitfaden*) breviario m, vademecum m **2** relig breviario m.
Breze <-, -n> f süddt → **Brezel**.
Brezel <-, -n> f oder A <-s, -> n gastr brezel m, bretzel m, ciambella f salata.
bricht 3. pers sing präs von **brechen**.
Bridge <-, ohne pl> n Karten bridge m: **eine Partie/Runde ~ spielen**, giocare una partita di bridge.
Bridgepartie f partita f di bridge.
Brie <-s, ohne pl> m gastr → **Briekäse**.
Brief <-(e)s, -e> m **1** post lettera f: **einen ~ adressieren/[frankieren/ freimachen]**₁mettere/scrivere l'indirizzo su/[affrancare] una lettera; **an wen ist der ~ adressiert?**, a chi è indirizzata la lettera?; **~e austragen/zustellen**, consegnare/recapitare lettere; **einen ~ einwerfen**, imbucare/impostare una lettera; **etw als ~ schicken** {BUCH, GESCHENK, ZEITSCHRIFT}, spedire qc per lettera; **einen ~ als/per Einschreiben schicken**, spedire una lettera per raccomandata; ₁**einen ~ an jdn**₁/[**jdm einen ~**] **schreiben**, scrivere una lettera a qu; **~e mit jdm wechseln**, essere in corrispondenza con qu **2** (*schriftliche Mitteilung*) lettera f, epistola f, missiva f *geh oder lit*; *bibl* epistola f **3** Börse prezzo/cambio lettera m • **anonymer ~**, lettera anonima; *blauer/Blauer* ~ *fam* (*Kündigungsschreiben*), lettera di licenziamento; *Schule*, "lettera f che informa i genitori che il loro figlio o la loro figlia rischia di ripetere l'anno"; **ein offener ~**, una lettera aperta; **jdm ~ und Siegel (auf etw** akk**) geben**, dare

a qu la propria parola (su qc); **darauf kann ich dir ~ und Siegel geben**, te lo posso assicurare al cento per cento.

Briefbeschwerer <-s, -> m fermacarte m.
Briefblock <-(e)s, -s> m blocco m di carta da lettere.
Briefbogen m foglio m di carta da lettere.
Briefbombe f lettera f bomba/esplosiva.
Briefchen <-s, -> n **1** dim von Brief letterina f, bigliettino m **2** (flaches Päckchen) {+NADELN, STREICHHÖLZER} cartina f; {+HEROIN, KOKAIN} auch bustina f.
Briefdrucksache f post stampe f pl.
briefen <meist inf oder part perf> tr jdn ~ informare qu: **~ Sie den neuen Mitarbeiter, bevor er in die Sitzung geht!**, dia qualche ragguaglio al nuovo collaboratore prima che vada in riunione!
Brieffreund m (**Brieffreundin** f) amico (-a) m (f) di penna.
Brieffreundschaft f amicizia f epistolare.
Briefgeheimnis <-ses, ohne pl> n jur segreto m epistolare.
Briefing <-s, -s> n briefing m.
Briefkarte f cartoncino m (con busta).
Briefkasten m **1** (Postbriefkasten) cassetta f ˌdelle lettereˌ/[postale], buca f delle lettere fam **2** (Hausbriefkasten) cassetta f ˌdelle lettereˌ/[della posta] **3** (Zeitungsrubrik) posta f dei lettori, lettere f pl al direttore • **elektronischer ~** inform, casella postale elettronica, mailbox; **lebender ~** pol, agente di collegamento; **den ~ leeren**, levare la posta; **der ~ wird dreimal täglich geleert**, la posta viene levata tre volte al giorno; **etw in den ~ stecken/werfen**, imbucare qc, impostare qc; **toter ~** pol, buca per lettere.
Briefkastenfirma f società f ˌdi comodoˌ/[fantasma].
Briefkastenleerung f post levata f della posta.
Briefkastenonkel m fam journ redattore m che risponde alle lettere dei lettori.
Briefkastenschlitz m (fessura f della) buca f delle lettere.
Briefkastentante f fam journ redattrice f che risponde alle lettere dei lettori.
Briefkontakt m contatto m epistolare: **in ~ stehen**, scriversi.
Briefkopf m intestazione f della lettera.
Briefkurs m Börse prezzo m/cambio m lettera: **die ~e**, i prezzi/cambi lettera.
Briefkuvert <-(e)s, -e oder -s> n → **Briefumschlag**.
brieflich A adj {KONTAKT, MITTEILUNG, VERBINDUNG} per lettera/corrispondenza, epistolare B adv {KONTAKTIEREN, MITTEILEN} per lettera/corrispondenza: **~ mit jdm verkehren**, essere in corrispondenza con qu; **seit unserem Streit verkehren wir nur noch ~ miteinander**, da quando abbiamo litigato ci sentiamo solo per lettera.
Briefmarke f francobollo m.
Briefmarkenalbum n album m filatelico/[di francobolli].
Briefmarkenautomat m distributore m automatico di francobolli.
Briefmarkenblock m emissione f speciale di francobolli.
Briefmarkenbogen m foglio m di francobolli.
Briefmarkenkunde <-, ohne pl> f filatelia f.
Briefmarkensammler m (**Briefmarkensammlerin** f) filatelista mf, collezionista mf di francobolli.

Briefmarkensammlung f collezione f di francobolli.
Brieföffner m tagliacarte m.
Briefpapier n carta f da lettere.
Briefpartner m (**Briefpartnerin** f) corrispondente mf epistolare.
Briefporto n post (Gebühr) tariffa f (postale per lettere); (aufgedruckt) affrancatura f.
Briefqualität f inform qualità f lettera.
Briefroman m lit romanzo m epistolare.
Briefschreiber m (**Briefschreiberin** f) persona f che scrive lettere: **ein fervido corrispondente; ich bin kein großer ~**, non amo molto scrivere lettere.
Briefsendung f post (spedizione f) lettere f pl.
Brieftasche f portafoglio m • **eine dicke ~ haben** fam, avere il portafoglio gonfio; **die/seine ~ zücken**, tirar fuori il portafoglio.
Brieftaube f ornith piccione m viaggiatore.
Briefträger m (**Briefträgerin** f) portalettere mf, postino (-a) m (f).
Briefumschlag m busta f (da lettere).
Briefwaage f pesalettere m.
Briefwahl f parl voto m per corrispondenza.
Briefwähler m (**Briefwählerin** f) elettore (-trice) m (f) che vota per corrispondenza.
Briefwechsel m **1** (Austausch von Briefen) corrispondenza f **2** lit (gesammelte Briefe) carteggio m, epistolario m: **eine Neuausgabe des ~s zwischen Brentano und A. von Arnim**, una nuova edizione ˌdel carteggioˌ/[della corrispondenza] fra Brentano e A. von Arnim • **mit jdm in ~ stehen, einen ~ mit jdm führen** form, essere in corrispondenza con qu.
Briekäse m gastr (formaggio m) brie m.
briet **1.** und **3.** pers sing imperf von braten.
Brigade <-, -n> f **1** mil brigata f **2** gastr (Küchenbrigade) squadra f di cuochi e assistenti di cucina **3** ostdt hist industr gruppo m/squadra f (di operai/lavoratori) • **die Roten ~n** pol hist, le Brigate Rosse.
Brigadegeneral m (**Brigadegeneralin** f) generale m di brigata.
Brigadier m (**Brigadierin** f) **1** mil comandante mf di/della brigata; hist auch colonnello m brigadiere **2** ostdt hist industr caposquadra f.
Brigg <-, -s> f naut brigantino m.
Brigitte f (Vorname) Brigida, Brigitta.
Brikett <-s, -s oder rar -e> n (gepresstes Formstück) bricchetta f; (Braunkohlenbrikett) auch mattonella f di carbone.
Brikole <-, -n> f (Billard) scozzata f.
brikolieren <ohne ge-> itr (Billard) scozzare.
brillant A adj {EINFALL, IDEE, LEISTUNG, REDE, REDNER, TÄNZER, TECHNIK, VORSCHLAG, VORTRAG} brillante, eccellente, ottimo; {GEIGER, PIANIST} auch virtuoso B adv {GEIGE, KLAVIER SPIELEN} in modo brillante, con virtuosismo: **jdm geht es ~**, qu se la passa magnificamente • **das war ja nicht gerade ~** iron, non è stato esattamente brillante!
Brillant <-en, -en> m **1** (geschliffener Diamant) brillante m **2** (~ring) (anello m con il) brillante m.
Brillantine <-, -n> f brillantina f: **sich (dat) ~ ins Haar schmieren**, mettersi la brillantina nei capelli.
Brillantkollier n collier m di brillanti.
Brillantring m (anello m con il) brillante m.
Brillantschliff m (taglio m a) brillante m.
Brillantschmuck m (gioielli m pl con)

brillanti m pl.
Brillanz <-, ohne pl> f **1** (meisterliche Art) {+BEITRAG, REDE, VORTRAG} brillantezza f; {+KÜNSTLERISCHE LEISTUNG} auch virtuosismo m **2** fot nitidezza f **3** (Wiedergabeschärfe) {+FARBE, TON} intensità f • **mit ~** {FORMULIEREN, VORTRAGEN}, brillantemente.
Brille <-, -n> f **1** opt (paio m di) occhiali m pl, lenti f pl; (Schutzbrille) occhiali m pl (di protezione); (Sonnenbrille) occhiali m pl (da sole): **eine ~ aufsetzen/tragen**, mettere/portare gli occhiali/le lenti; **die ~ abnehmen**, togliersi gli occhiali; **zwei ~n**, due paia di occhiali **2** (Toilettenbrille) sedile m: **die ~ hochklappen/(he)runterklappen**, alzare/abbassare il sedile; **setz dich in öffentlichen Toiletten nicht auf die ~!**, nei bagni pubblici non sederti sulla tazza! fam • **alles durch ˌseine eigeneˌ/[eine gefärbte] ~ betrachten/sehen**, vedere le cose a modo proprio, avere una visione soggettiva delle cose; **alles durch eine rosa(rote) ~ sehen**, vedere tutto roseo; **alles durch die schwarze ~ sehen**, vedere tutto nero.
Brillenbügel m stanghetta f degli occhiali.
Brillenetui n astuccio m per occhiali.
Brillenfassung f → **Brillengestell**.
Brillenfutteral n → **Brillenetui**.
Brillengestell n montatura f degli occhiali: **mein Brillengestell hat sich verbogen**, mi si è piegata la montatura degli occhiali; **sich (dat) ein neues ~ machen lassen**, farsi fare una montatura nuova agli occhiali.
Brillenglas n opt lente f da occhiali.
Brillenschlange f **1** zoo cobra m dagli occhiali **2** fam scherz meist pej donna f occhialuta fam scherz.
Brillenträger m (**Brillenträgerin** f) persona f con occhiali, quattrocchi mf fam: **~ sein**, portare gli occhiali.
brillieren <ohne ge-> itr geh (mit etw dat) **~ brillare** (per qc), farsi notare (per qc), emergere (per qc): **als ... ~** {ALS GEIGER, PIANIST, REDNER}, brillare come ..., farsi notare come brillante ..., essere un brillante ...
Brimborium <-s, ohne pl> n fam pej **1** (Drumherum) annessi m e connessi m pl, contorno m **2** (Aufheben) scalpore m, chiasso m • **viel ~ um etw (akk) machen**, fare tanto chiasso/rumore per qc.
bringen <bringt, brachte, gebracht> tr **1** (tragen) (jdm) etw ~, portare qc (a qu): **dem Chef die Unterlagen ~**, portare i documenti al capo; **etw irgendwohin ~** (weg~) portare/mettere qc + compl di luogo: **~ Sie die Briefe bitte gleich zur Post!**, La prego di portare immediatamente le lettere alla posta; **die Kisten ˌauf den Dachbodenˌ/[in den Keller] ~**, portare/mettere le casse in soffitta/cantina **2** (übergeben) **jdm etw ~**, portare qc a qu, consegnare qc a qu: **jdm ein Geschenk ~**, portare un regalo a qu **3** (liefern) **jdm etw ~** portare qc a qu, consegnare qc a qu: **können Sie mir das Gerät morgen schon ~?**, mi può portare/consegnare l'apparecchio già domani? **4** (servieren) **jdm etw ~** servire qc a qu, portare qc a qu: **~ Sie mir ein Bier!**, mi porti una birra!; **ich lasse mir noch einen Nachtisch ~**, mi faccio portare ancora un dessert **5** (mitteilen) **jdm etw ~** {INFORMATION, NACHRICHT, NEUES, NEUIGKEIT} portare qc (a qu), recare lit qc (a qu): **was bringst du mir denn für Schreckensnachrichten?**, ma che notizie catastrofiche mi porti?; **was ~ Sie mir denn heute Neues?**, quali novità mi porta oggi? **6** (befördern) **jdn/etw irgendwohin ~** portare qu/qc + compl di luogo: **das Auto in die Garage ~**, mettere la macchina in garage

7 (*begleiten*) **jdn irgendwohin ~** (ri)accompagnare/portare *qu + compl di luogo*: **jdn** ₍**zum Bahnhof**₎/[**nach Hause**] **~**, portare/accompagnare qu ₍alla stazione₎/[a casa]; **die Kinder ins Bett ~**, mettere/portare a letto i bambini **8** (*darbieten*) **etw ~** {FILM, VARIETÉNUMMER, VORFÜHRUNG} dare *qc*, presentare *qc*: **ab morgen ~ sie im Cinemax Filme aus den 50er Jahren**, da domani al Cinemax fanno una retrospettiva di film degli anni 50; {ARTIST, TÄNZERIN} eseguire *qc*, esibirsi *in qc*, presentare *qc* **9 radio TV etw ~** trasmettere *qc*: **was** ₍**bringt das zweite**₎/ [**~ sie im zweiten**] **Programm heute Abend?**, che cosa ₍c'è₎/[danno] stasera sul secondo (canale)?; **was ~ sie darüber im Radio/Fernsehen?**, che cosa dicono in proposito alla radio/televisione?; **es ist 20 Uhr, wir ~ Nachrichten**, sono le 20, trasmettiamo le notizie del giorno; **das Radio bringt immer dieselben Lieder**, alla radio danno sempre le stesse canzoni; **das Fernsehen bringt immer dieselben Filme**, la televisione passa/trasmette sempre gli stessi film **10** *theat* **etw ~** rappresentare *qc*, mettere in scena *qc* **11** (*veröffentlichen*) **etw ~** {JOURNALIST, VERLAG, VERLEGER} pubblicare *qc*; {ZEITUNG} *auch* riportare *qc*, dare *qc*: **was ~ die Zeitungen darüber?**, cosa riportano i giornali in merito? **12** (*bescheren*) (*jdm*) **etw ~** {REGEN, SONNE, STURM, BESSERES, SCHLECHTERES WETTER} portare *qc* (*a qu*); {GUTE, SCHLECHTE ERNTE} dare *qc* (*a qu*); {FREUDE, VORTEILE} procurare *qc* (*a qu*); {ÄRGER, KOMPLIKATIONEN, SORGEN} *auch* causare *qc* (*a qu*); {GLÜCK, UNGLÜCK} portare *qc* (*a qu*): **das bringt doch nur Probleme**, ₍causa solo₎/[non porta che] problemi; **mal sehen, was uns der Tag noch bringt!**, vediamo cosa altro ci riserva questa giornata! **13** (*versetzen*) **jdn irgendwohin ~** {INS GEFÄNGNIS} mandare/spedire *fam qu + compl di luogo*: {VOR GERICHT} portare *qu + compl di luogo*; **jdn in etw** (*akk*) **~** {IN BEDRÄNGNIS, GEFAHR, SCHWIERIGKEITEN, VERLEGENHEIT, IN EINEN BESTIMMTEN ZUSTAND} mettere *qu in qc*; **etw in etw** (*akk*) **~** {IN DIE GEWÜNSCHTE RICHTUNG, IN DIE UMLAUFBAHN} portare *qc in qc*; **etw in Gang ~** {MASCHINE, MOTOR}, mettere in moto *qc*; {GESPRÄCH, VERHANDLUNGEN} avviare *qc*; **etw in Ordnung ~**, mettere a posto *qc*; **jdn/ etw in Sicherheit ~**, mettere al sicuro/riparo *qu/qc*; **jdn** ₍**zur Verzweiflung**₎/[**zum Wahnsinn**] **~**, portare qu alla disperazione/ follia; far disperare/impazzire qu **14** (*berauben*) **jdn um etw** (*akk*) **~** {UM RUHE, SCHLAF, SEELENFRIEDEN} far perdere *qc a qu*: **die laute Musik hat mich um den Schlaf gebracht**, la musica alta non mi ha fatto dormire; **das bringt ihn noch um seine Stellung**, va a finire che perderà il lavoro; **jdn um den Verstand ~**, far perdere il senno a qu, far uscire di senno qu; {UM ERSPARNISSE, GELD} portare via *qc a qu*; **er hat sie um ihr ganzes Geld gebracht**, l'ha ripulita, le ha svuotato le tasche *fam* **15** (*lenken*) **etw auf jdn/etw ~** {DISKUSSION, GESPRÄCH} portare *qc su qu/qc* **16** (*jdn einfallen lassen*) **jdn auf etw** (*akk*) **~** {AUF EINEN GEDANKEN, EINE IDEE, AUF JDS NAMEN} far venire in mente *qc a qu*, suggerire *qc a qu* **17** (*ein~*) (*jdm*) **etw ~** (*DIVIDENDE*) rendere *qc* (*a qu*): {GELD, GEWINN} *auch* fruttare *qc* (*a qu*): **Zinsen ~**, fruttare/dare interessi; **wie viel würde dir dein altes Auto denn noch ~?** *fam*, quanto ti darebbero ancora per quel rottame di macchina? **18** *fam* (*bekommen*) **etw irgendwohin ~** - riuscire a mettere *qc + compl di luogo*: **ich bringe den Kinderwagen nicht ins Auto**, non riesco a mettere la carrozzina in macchina; **etw aus etw** (*dat*) **~** {KORKEN},

riuscire a levare/togliere/[tirar fuori] *qc da qc*; {FALTEN, FLECK} riuscire a ₍mandare via₎/ [togliere] *qc da qc*; **hilf mir mal schieben, allein bringe ich den Schrank nicht von der Stelle**, aiutami un po' a spingere, da solo (-a) non riesco a spostare l'armadio **19** (*bewegen*): **jdn dazu ~, etw zu tun**, portare/indurre qu a fare *qc*; **sie bringt mich noch dazu, dass ich ihr die Wohnung kündige**, alla fine mi costringerà a darle lo sfratto **20 + substantiviertes Verb** (*bewerkstelligen*): **jdn/etw zum ... ~** {ZUM LAUFEN, SCHWEIGEN, SINGEN, SPRECHEN}, riuscire a far fare *qc a qu/qc*; **die Mafia hat ihn zum Schweigen gebracht**, la mafia l'ha ridotto al silenzio; **jdn zum Lachen/Weinen ~**, far ridere/piangere qu; **etw zum Stehen ~** {AUTO, FLUGZEUG, MASCHINE, MOTOR}, riuscire a arrestare/fermare *qc* **21** (*erreichen*): **es auf etw** (*akk*) **~** {AUF 80 JAHRE, 200 STUNDENKILOMETER}, arrivare *a qc*, raggiungere *qc*; **er hat es auf ein stattliches Alter gebracht**, è arrivato a/[ha raggiunto] un'età rispettabile; **es zu etw** (*dat*) **~** {ZU ANSEHEN, RUHM, VERMÖGEN}, riuscire a farsi *qc*; **sie bringt runde 80 Kilo auf die Waage** *fam*, pesa la bellezza di 80 kili **22** *fam* (*erfolgreich werden*): **es zu etw** (*dat*) **~**, riuscire a diventare *qc*, arrivare a essere *qc*; **sie wird es noch zur Abteilungsleiterin ~**, riuscirà/arriverà a diventare caporeparto; **er hat es bis zum Direktor gebracht**, è arrivato a essere direttore; **es (im Leben) zu etwas ~**, fare strada, diventare qualcuno; **es (im Leben) zu nichts ~**, non arrivare a niente, rimanere un signor nessuno; **sie wird es noch weit ~ im Leben**, è una che arriverà lontano; **er hat es weit gebracht**, ha fatto tanta strada **23** *fam* (*leisten*) **etw ~** {GESCHWINDIGKEIT, LEISTUNG} fare *qc fam*: **jd bringt (eben) etw nicht**, qu non ce la fa a fare *qc*; **der Motor bringt's nicht mehr**, il motore non ce la fa più **24** *slang* (*machen*) **etw ~** fare *qc*, propinare *qc*: **Klöpse/Sachen ~**, combinarne delle belle • **jd bringt's (voll)** *slang*, qu è ₍forte *fam*₎/ [uno schianto *slang*]/[un mito *slang*]; **etw bringt's (voll)** *slang*, *qc* è forte *fam*/mitico *slang*/eccezionale; **das hat es voll gebracht** *slang*, ₍è stato₎ molto utile₎/[di grande aiuto]; **etw an sich** (*akk*) **~** *fam*, impadronirsi di *qc*, appropriarsi di *qc*; **etw wieder an sich** (*akk*) **~** *fam*, ricuperare *qc*, riprendersi *qc*; **es (noch) dahin**/[**so weit**] **~** *fam*, arrivare al punto che ...; **jdn dahin**/[**so weit**] **~, dass** ..., portare qu al punto che ...; **du bringst mich noch so weit, dass ich dir eine runterhaue!** *fam*, va a finire che le prendi! *fam*; **etw fertig ~** (*zum Abschluss bringen*) {ARBEIT}, portare a termine *qc*, concludere *qc*; **heute habe ich nichts fertig gebracht**, oggi non ho concluso *fam*/combinato *fam* nulla; **etw hinter sich** (*akk*) **~** {EINE ARBEIT, ETW UNANGENEHMES}, togliersi il pensiero di *qc fam*; **das kannst du nicht ~!** *fam*, non lo puoi fare!; **etw mit sich** (*dat*) **~** {AUSGABEN, PROBLEME, UNANNEHMLICHKEITEN}, comportare *qc*, implicare *qc*; **das bringt nichts** *fam*, **das bringt's nicht** *fam*, non serve a niente, è inutile; **es nicht über sich** (*akk*) **~, etw zu tun**, non ₍avere il coraggio₎/[sentirsela] di fare *qc*; **etw zustande**/**zuwege ~**, venire a capo di *qc*, riuscire a fare *qc*.

Bringschuld *f jur* debito *m* portabile.

brisant *adj* **1** *geh* (*Zündstoff enthaltend*) {DISKUSSION, PROBLEM, PUNKT} scottante, di scottante/estrema attualità; {SITUATION, THEMA} esplosivo **2** (*hochexplosiv*) {SPRENGSTOFF} dirompente.

Brisanz <-, *-en*> *f* **1** <*nur sing*> *geh* {+DISKUSSION, PROBLEM, THEMA} scottante attualità *f*, carica *f* dirompente: **die politische ~ eines**

Themas, la scottante attualità politica di un argomento **2** (*Explosivität*) {+SPRENGSTOFF} forza *f* dirompente.

Brise <-, *-n*> *f meteo* brezza *f*, venticello *m*: **eine ~ kommt auf**, si alza la brezza; **es weht eine frische/steife ~**, spira una ₍brezza fresca₎/[forte brezza].

Bristolkarton *m* (cartoncino *m*) bristol *m*.

Britannien <-s, *ohne pl*> *n* **1** *hist* Britannia *f* **2** *slang journ* (*Groß~*) Gran Bretagna *f*.

britannisch *adj hist* britannico, britannica.

Brite <-*n, -n*> *m* (**Britin** *f*) **1** *hist* britannico (-a) *m* (*f*) **2** (*Bewohner Großbritanniens und Nordirlands*) britannico (-a) *m* (*f*); (*Engländer*) inglese *mf*.

britisch *adj* britannico • **die Britischen Inseln** *geog*, le isole Britanniche.

Brixen <-s, *ohne pl*> *n geog* Bressanone *f*.

Bröckchen *n dim von* Brocken pezzetto *m*, pezzettino *m*.

bröckchenweise *adv* **1** (*in kleinen Stückchen*) {ABFALLEN} a pezzettini/pezzetti; {ESSEN, FÜTTERN} *auch* a bocconi **2** *fam* (*nach und nach*) {MITTEILEN, SAGEN} a pezzi e bocconi *fam*.

bröckelig *adj* **1** {GESTEIN, MAUER} sfaldabile, che si sgretola con facilità: **~ werden**, (cominciare a) sfaldarsi **2** {BROT, KONSISTENZ, KUCHEN} friabile.

bröckeln Ⓐ *tr* <*haben*> **etw** (**in etw** *akk*) **~** {BROT, BRÖTCHEN IN DIE MILCH, SUPPE} sbriciolare/sminuzzare *qc* (per metterlo *in qc*) Ⓑ *itr* **1** <*haben*> (*zerfallen*) {GESTEIN, MAUER} sgretolarsi, sfaldarsi; {BROT, KUCHEN} sbriciolarsi **2** <*sein*> (*abfallen*) **von**/**aus etw** (*dat*) **~** staccarsi *da qc*, sfaldarsi: **der Putz bröckelt von den Wänden**, l'intonaco si ₍stacca dalle pareti₎/[sfalda].

Brocken <-s, *-*> *m* **1** (*abgebrochenes Stück*) pezzo *m*, frammento *m*; zolla *f* (di terra); (*Steinbrocken*) blocco *m* (di pietra), masso *m*: **die dicksten ~ Fleisch**, i pezzi più grossi di carne; **ein paar ~ Brot**, qualche tozzo di pane **2** <*nur pl*> *fam* (*Bruchstücke*) {+GESPRÄCH} frammenti *m pl*, brandelli *m pl*: **(nur)** ₍**ein paar**₎/[**einige**] **~ Italienisch können/verstehen**, masticare/capire (solo) qualche parola d'italiano **3** *fam* (*massiger Mensch*) toro *m*, persona *f* tarchiata • **ein harter ~ (für jdn) sein** *fam* {SCHWIERIGE AUFGABE, PERSON, PROBLEM}, essere un osso duro (per qu) *fam*; {BELEIDIGUNG, ENTTÄUSCHUNG}, essere un boccone amaro (per qu) *fam*; **jdm** ₍**ein paar**₎/[**einige**] **~ hinwerfen** *fam*, jdn mit ein paar ~ **abspeisen** *fam*, liquidare qu con due battute; **jdm ~ an den Kopf werfen** *fam*, dirne quattro a qu *fam*; **die besten/fetten ~ aus der Suppe fischen** *fam*, prendere per sé i bocconi migliori; **jdm einen dicken/ fetten ~ (vor der Nase) wegschnappen** *fam*, soffiare un grosso affare a qu.

brockenweise *adv* a pezzetti.

brodeln Ⓐ *itr* **1** (*aufwallen*) {BREI, SUPPE, WASSER} (ri)bollire; {LAVA} ribollire **2** *lit* (*wallen*) *irgendwo* {DÄMPFE, NEBEL, NEBELSCHWADEN} fluttuare + *compl di luogo* **3** A *fam* → **trödeln** Ⓑ *unpers*: **es brodelt irgendwo** {IN DEN BETRIEBEN, IM LAND, UNTER DER BEVÖLKERUNG, DEN STUDENTEN}, c'è fermento + *compl di luogo*; **in jdm brodelt es** *fam*, qu si sente ribollire il sangue.

Brodem <-s, *ohne pl*> *m lit* (*Dunst*) mefite *f lit*, miasma *m*; (*Atem*) alito *m* fetido.

Broiler <-s, *-*> *m ostdt* (*Hähnchen*) pollo *m*.

Brokat <-(*e*)*s, -e*> *m text* broccato *m*.

Broker <-s, *-*> *m* (**Brokerin** *f*) Börse broker *m*, mediatore (-trice) *m* (*f*) di borsa, agente *mf* di cambio.

Brokkoli *subst* <*nur pl*> **1** *bot* broccolo *m*

2 *gastr* broccoli m pl.

Brom <-s, ohne pl> n *chem* bromo m.

Brombeere f *bot* **1** (*Frucht*) mora f **2** (*Strauch*) rovo m.

Brombeermarmelade f *gastr* marmellata f/confettura f di more.

Brombeerstrauch m *bot* rovo m.

bromhaltig adj bromato, che contiene bromo.

Bromsilber n *chem* bromuro m d'argento.

Bronche f → **Bronchie**.

bronchial adj <attr> *anat med* bronchiale.

Bronchialasthma n *med* asma f *oder* m bronchiale.

Bronchialkatarrh, **Bronchialkatarr** m *med* → **Bronchitis**.

Bronchialtee m tisana f per affezioni delle vie respiratorie.

Bronchie <-, -n> f <*meist pl*> *anat* bronco m • **es auf den ~n haben** *fam*, essere debole di bronchi.

Bronchitis <-, *Bronchitiden*> f *med* bronchite f.

Bronchoskopie <-, -n> f *med* broncoscopia f.

Brontosaurier <-s, -> m, **Brontosaurus** <-, *Brontosaurier*> m brontosauro m.

Bronze <-, -n> f **1** <*nur sing*> *metall* bronzo m **2** *geh kunst* (figura f/statua f/oggetto m di/in) bronzo m **3** (*Farbe*) (color m) bronzo m **4** <*nur sing*> *sport* (medaglia f di) bronzo m: **~ gewinnen**, vincere ⌊la medaglia di⌋/⌊il *fam*⌋ bronzo.

bronzefarben adj (di) color bronzo, bronzeo.

Bronzeguss (a.R. Bronzeguß) m fusione f/gettata f in bronzo.

Bronzemedaille f *sport* medaglia f di bronzo.

bronzen adj **1** (*aus Bronze*) di/in bronzo, bronzeo **2** (*bronzefarben*) bronzeo, (di) color bronzo.

Bronzezeit f età f del bronzo.

Brosame <-, -n> f <*meist pl*> *geh obs* briciola f (di pane).

Brosche <-, -n> f spilla f, fermaglio m.

broschieren <ohne ge-> tr *typ etw* ~ rilegare *qc* in brossura.

broschiert adj *typ* {Ausgabe, Buch} in brossura, brossurato.

Broschur <-, -en> f *typ* **1** <*nur sing*> (*das Zusammenheften*) (ri)legatura f in) brossura f; (*geleimte ~*) brossura f fresata **2** (*Druckschrift*) (opuscolo m in) brossura f.

Broschüre <-, -n> f **1** *typ* (opuscolo m in) brossura f **2** (*Informationsbroschüre*) opuscolo m, dépliant m, pieghevole m, brochure f.

Brösel <-s, -> m *oder süddt* A n **1** (*Krümel*) briciola f **2** <*nur pl*> (*Semmelmehl*) pane m grattugiato, pangrattato m.

bröselig, **bröslig** adj {Kuchen, Stein} che si sbriciola, friabile.

bröseln itr **1** (*krümeln*) {Keks, Kuchen} sbriciolarsi; {Gestein} sgretolarsi **2** {Mensch} fare le briciole.

Brot <-(e)s, -e> n **1** <*nur sing*> (*Nahrungsmittel*, *Tätigkeit*) pane m: **altes/frisches/knuspriges** ~, pane ⌊secco/vecchio/stantio⌋/⌊fresco⌋/⌊croccante⌋; ~ **backen**, fare il pane, panificare; **wir backen unser ~ selbst**, facciamo il pane ⌊da noi⌋/⌊in casa⌋; **ein Stück ~**, un pezzo/tozzo di pane; **ein Stück ~ verkaufen** *fig*, vendere qc per un pezzo/tozzo di pane; **boccone di pane 2** (*~laib*) pane m; (*länglich*) filone m, (*rund*) pagnotta f: **ein halbes/ganzes ~**, ⌊mezzo pane⌋/⌊un pane (intero)⌋ **3** (*~scheibe*) fetta f di pane: **ein ~ mit etw**

(*dat*), una fetta di pane con qc; **ein ~ mit Butter und Honig**, una fetta di pane con burro e miele • **ein belegtes ~**, una fetta di pane con qualcosa sopra; (*mit Käse, Wurst*), una fetta di pane col formaggio/salame; (*kleiner Imbiss für Partys*), una tartina; (*Sandwich*), un panino (imbottito), un sandwich; **jdn/etw brauchen**/[(so) nötig haben] **wie das tägliche ~**, avere bisogno di qu/qc come dell'aria (che si respira); *flüssiges ~ fam scherz*, birra; **das ist ein hartes/schweres ~** (*eine harte Arbeit*), è un lavoraccio/[lavoro duro]; (*ein mühevoller Gelderwerb*), (questo) è pane guadagnato col sudore della fronte, sono soldi sudati; *schwarzes ~*, pane nero; **das tägliche ~**, il pane quotidiano; **das ist mein**/[... täglich(es)] ~, questo è il mio/suo/... pane quotidiano; **unser tägliches ~ gib uns heute!** *relig*, dacci oggi il nostro pane quotidiano!; (*sich dat*) ~ **verdienen**, guadagnarsi ⌊il pane⌋/⌊da vivere⌋ (come qc); **sich** (*dat*) **sein ~ sauer verdienen** *fam*, guadagnarsi il pane col sudore della fronte; **jdn auf ~ und Wasser setzen**, mettere qu a pane e acqua; **wes ~ ich ess', des Lied ich sing'** *prov*, Francia o Spagna purché se magna *fam*, chi paga ha sempre ragione.

Brotaufstrich m *gastr* crema f spalmabile sul pane: **was willst du als ~?**, cosa vuoi sul pane?

Brotbelag m companatico m: **was willst du als ~?**, cosa vuoi sul pane?, con cosa lo vuoi il pane?

Brotbeutel m tascapane m.

Brotbüchse f scatola f per il panino/la merenda.

Brötchen <-s, -> n *dim von* Brot panino m • **belegtes ~**, panino imbottito, sandwich; **kleine(re) ~ backen**/[backen müssen] *fam*, accontentarsi/[doversi accontentare] di quel che passa il convento; **sich** (*dat*) **seine ~ verdienen** *fam*, guadagnarsi la pagnotta *fam*.

Brötchengeber m (**Brötchengeberin** f) *fam scherz* datore (-trice) m (f) di lavoro, padrone (-a) m (f) *fam pej*.

Broteinheit f (*Abk BE*) "unità f di misura dei carboidrati (nelle diete)", unità f pane.

Broterwerb m modo m di guadagnarsi da vivere, mestiere m che dà da vivere: **etw zum ~ betreiben**, fare qc per guadagnarsi da vivere.

Brotfabrik f panificio m, fabbrica f di pane.

Brotkasten m cassetta f ⌊per il pane⌋/[portapane].

Brotkorb m cestino m del pane • **jdm den ~ höher hängen** *fam*, tenere qu a stecchetto *fam*.

Brotkrume f **1** (*das Brotinnere*) mollica f (di pane) **2** (*Krümel*) briciola f (di pane).

Brotkruste f crosta f del pane.

Brotlaib m pane m; (*länglich*) filone m; (*rund*) pagnotta f.

brotlos adj *meist iron* **1** (*stellungslos*) senza lavoro, disoccupato: **~ sein**, essere ⌊senza lavoro⌋/[disoccupato]/[a spasso] *fam*; ~ **werden**, perdere il lavoro **2** (*nicht einträglich*) {Tätigkeit} che non dà da vivere: **eine ~e Kunst**, un'attività che non dà da vivere; **was, du willst Philosoph werden? Das ist doch eine ~e Kunst!**, come, vuoi fare il filosofo? Ma è un mestiere che non dà da vivere! • **jdn ~ machen**, gettare qu sul lastrico.

Brotmaschine f affettatrice f per il pane.

Brotmesser n coltello m ⌊per il⌋/[da] pane.

Brotpreis m prezzo m del pane.

Brotrinde f → **Brotkruste**.

Brotröster <-s, -> m (*Gerät*) tostapane m.

Brotscheibe f fetta f di pane.

Brotschneidemaschine f → **Brotmaschine**.

Brotschnitte f → **Brotscheibe**.

Brotsuppe f zuppa f di pane, pancotto m.

Brotteig m *gastr* pasta f per il pane.

Brotvermehrung f: **die wunderbare ~** *bibl*, la moltiplicazione dei pani.

Brotzeit f *süddt* **1** (*Pause*) pausa f/sosta f sul lavoro (per fare uno spuntino) **2** (*Essen*) merenda f, spuntino m • **~ machen**, fare merenda, merendare *rar*.

browsen itr *inform* navigare: **im Internet ~**, navigare in Internet.

Browser <-s, -> m *inform* browser m.

brr interj **1** (*Ausruf bei Kälte*) brr! **2** (*Befehl an Zugtiere*) eeh!

BRT *Abk von* Bruttoregistertonne: TSL (*Abk von* tonnellata di stazza lorda).

Bruch① <-(e)s, Brüche> m **1** (*das Auseinanderbrechen*) {+Achse, Damm, Rad, Rohr} rottura f **2** <*nur sing*> (*das Nichteinhalten*) {+Abmachung, Eid, Schwur, Vertrag} rottura f; {+Bestimmung, Gesetz, Vorschrift, Waffenstillstand} violazione f; {+Vertrauen} abuso m **3** <*nur sing*> (*das Abbrechen*) {+Beziehungen, Partner} rottura f, frattura f; (*Einschnitt*) {in einer Entwicklung, Partei, zwischen Personen} rottura f, frattura f: **der ~ mit etw** (*dat*) {mit dem Elternhaus, der Tradition, Vergangenheit, Wertvorstellungen}, la rottura con qc, il taglio con qc; **der endgültige ~ mit der Vergangenheit**, il taglio netto col passato **4** *med* (*Knochenbruch*) frattura f: **einfacher/komplizierter ~**, frattura semplice/complicata **5** *med* (*Eingeweidebruch*) ernia f: **eingeklemmter ~**, ernia strozzata; **jdn in einem ~ operieren**, operare qu d'ernia **6** (*~stelle*) frattura f **7** *math* frazione f **8** *com* (*zerbrochene Ware*) merce f danneggiata; {+Schokolade} scaglia f **9** (*Knick*) {+Papier} piega f; {+Kleidungsstück, Stoffbahn} *auch* grinza f **10** *geol* faglia f **11** *slang* (*Einbruch*) furto m • **einen ~ einrichten** *med*, ridurre una frattura; **etw zu ~ fahren** *fam* {Fahrzeug}, sfasciare qc, ridurre qc a un rottame; **zu ~ gehen** {Geschirr}, rompersi, andare in pezzi/frantumi, frantumarsi; **bei einem Umzug geht oft einiges zu ~**, durante i traslochi spesso si rompe qualcosa; **in die Brüche gehen** *fam* {Beziehung, Ehe}, fallire, naufragare; {Freundschaft} rompersi; **einen ~ haben** *med*, avere l'ernia; **sich** (*dat*) **einen ~ heben** *med*, farsi venire un'ernia da sforzo; **zwischen** ⌊jdm (*pl*)⌋/[jdm und jdm] **kommt es zum ~**, tra qu/[qu e qu] si arriva a una frattura/rottura; **sich** (*dat*) **einen ~ lachen** *fam*, sganasciarsi dalle/[per le] risa(te) *fam*, ridere a crepapelle *fam*; **~ machen** *aero slang*, fare un atterraggio di fortuna (danneggiando l'aereo); (*bei etw dat*) ~ **machen** *fam* {beim Aufräumen, Umzug}, rompere qc (durante qc).

Bruch② <-(s), Brüche> m *oder* n *norddt* (*Moor*) acquitrino m, terreno m acquitrinoso/paludoso.

Bruchband n *med* cinto m erniario.

Bruchbude f *fam pej* catapecchia f, tugurio m.

bruchfest adj infrangibile; *tech* resistente alla rottura, a prova di rottura.

brüchig adj **1** (*bröckelig*) {Gestein, Mauerwerk} friabile, sfaldabile; (*rissig*) {Leder, Pergament, Stoff} facile a lacerarsi **2** (*rau*) {Stimme} incrinato, fesso **3** (*ungefestigt*) {Machtstrukturen, Moralvorstellungen} fragile, indebolito.

Bruchlandung f *aero* atterraggio m di fortuna ● **eine ~ machen** *aero*, fare un atterraggio di fortuna (danneggiando l'aereo); (**mit etw** *dat*) **eine ~ machen** *fam* (*einen Misserfolg haben*), restare col culo per terra (con qc) *fam*

bruchrechnen *itr* fare ₁ i conti ₁/[operazioni] con le frazioni: **~ können**, saper fare le frazioni.

Bruchrechnen *n math* calcolo *m* con frazioni.

Bruchrechnung *f math* calcolo *m* con frazioni.

bruchsicher *adj* infrangibile, a prova di rottura.

Bruchstelle *f* {+GESCHIRRTEIL, MÖBELSTÜCK} punto *m* di rottura; {+KNOCHEN} punto *m* di frattura.

Bruchstrich *m math* linea *f* di frazione.

Bruchstück *n* **1** {+GESCHIRR, MÖBEL} frammento *m*, frantume *m* **2** {+ERZÄHLUNG, LIED, REDE} brano *m*, passo *m* **3** (*unvollendetes Werk*) opera *f* frammentaria, frammento *m* ● **etw nur noch in ~en erhalten** {URKUNDE, LITERARISCHES WERK}, di qc si sono conservati solo dei frammenti.

bruchstückhaft Ⓐ *adj* {BILD, TEXT, ÜBERLIEFERUNG} frammentario {BERICHT, DARSTELLUNG} frammentato, spezzettato Ⓑ *adv* {DARSTELLEN, SICH ERINNERN, ÜBERLIEFERN} frammentariamente, parzialmente: **etw ist nur ~ erhalten**, qc è conservato solo parzialmente, di qc ₁ si sono conservati ₁/[possediamo] solo dei frammenti; **etw nur ~ kennen**, conoscere qc solo parzialmente; **etw ~ mitbekommen**, percepire qc solo a frammenti.

Bruchteil *m* frazione *f*: **das deckt nur einen ~ der Kosten**, questo copre solo una minima parte dei costi; **es fehlte nur ein ~**, mancava solo una minima parte ● **im ~ eines Augenblicks/einer Sekunde**, in una frazione di secondo.

Bruchzahl *f math* frazione *f*, numero *m* frazionario.

Brücke <-s, -n> *f* **1** *bau* ponte *m*; (*Fußgängerbrücke*) passerella *f*; (*Autobahnbrücke, Eisenbahnbrücke*) cavalcavia *m* **2** *naut* (*Kommandobrücke*) ponte *m* di comando, plancia *f*; (*Landungsbrücke*) pontile *m*, imbarcadero *m* **3** *med* (*Zahnbrücke*) ponte *m* **4** (*kleiner Teppich*) passatoia *f* **5** *inform* (circuito *m* a) ponte *m* **6** *sport* ponte *m* ● **alle ~n hinter sich** (dat) **abbrechen** (*sich von allen bisherigen Bindungen lösen*), tagliare/rompere i ponti con tutti, tagliare i ponti col passato; (*sich keine Möglichkeit der Umkehr lassen*), bruciarsi i ponti alle spalle; **jdm ₁ goldene ~n ₁ /[eine goldene ~] bauen**, fare ponti d'oro a qu; **eine ~ machen, in die ~ gehen** *sport*, fare il ponte; **eine ~ über etw** (akk) **schlagen lit/bauen** {ÜBER EINEN FLUSS}, gettare/costruire un ponte sopra qc; **eine ~ zwischen jdm/etw schlagen** {ZWISCHEN MACHTBLÖCKEN, NATIONEN, VÖLKERN}, gettare un ponte tra qu/qc ● **Die ~ kunst.**, "importante gruppo *m* di artisti espressionisti tedeschi".

Brückenbau *m bau* **1** <nur sing> (*die Errichtung*) costruzione *f* di ponti **2** (*Brücke*) ponte *m*.

Brückenbogen *m bau* arcata *f* del ponte.

Brückengebühr *f* pedaggio *m* (di transito su un ponte); *hist* pontaggio *m*, pontatico *m*.

Brückengeländer *n bau* parapetto *m* del ponte.

Brückenkopf *m mil* testa *f* di ponte ● **einen ~ bilden/errichten**, creare/costituire una testa di ponte.

Brückenpfeiler *m bau* pilone *m* del ponte.

Brückenprogramm *n inform* programma *m* di transizione.

Brückenschlag *m bau* costruzione *f* di un ponte ● **ein ~ zwischen jdm/etw** (pl), un avvicinamento tra qu/qc.

Brückentag *m* giorno *m*/giornata *f* di ponte.

Brückenzoll *m hist* pontaggio *m*, pontatico *m*.

Bruder <-s, Brüder> *m* **1** (*Verwandter*) fratello *m*: **mein älterer/jüngerer ~**, il mio fratello maggiore/minore, il mio fratello più grande/piccolo; **sein/ihr ältester/jüngster ~**, il più grande/piccolo dei suoi fratelli; **mein leiblicher ~**, il mio fratello di sangue; **die Brüder Grimm**, i fratelli Grimm *scherz* (*Mitmensch*) fratello *m*, prossimo *m* **3** *relig* (*Ordensbruder*) frate(llo) *m*; (*vor Eigennamen*) Fra': **~ Johannes**, Fra' Giovanni; **liebe Brüder und Schwestern** (*liebe Gemeindemitglieder*), cari fratelli e sorelle **4** *fam pej* (*Kerl*) soggetto *m*, tipo *m fam*: **euch Brüder kenne ich!**, vi conosco i tipi/tipacci come voi! **der große ~**, il fratello maggiore; (*Überwachungsstaat*), il grande fratello; **lustiger ~**, **Lustig**, buontempone; **unter Brüdern** *fam*, tra amici; **ein warmer ~ slang pej**, un finocchio *fam*.

Brüderchen <-s, -> *n dim von* Bruder **1** (*kleiner Bruder*) fratellino *m* **2** (*als Anrede für einen jungen Mann*): **hör mal, ~!**, senti un po', ragazzo mio!

Bruderhand *f geh*: **jdm die ~ reichen**, stringere la mano a qu in segno di amicizia/riconciliazione.

Bruderherz *n scherz* fratellino *m*.

Bruderkrieg *m* guerra *f* fratricida.

Bruderkuss (a.R. Bruderkuß) *m* (*unter Genossen*) bacio *m* tra compagni; (*unter Mafiosi*) bacio *m* tra mafiosi.

Brüderlein <-s, -> *n lit* → **Brüderchen**.

brüderlich Ⓐ *adj* <attr> {FREUNDSCHAFT, LIEBE, VERBUNDENHEIT} fraterno Ⓑ *adv* {HELFEN} fraternamente, da fratello; {TEILEN, SICH VERTRAGEN} fraternamente, da buoni fratelli.

Brudermord *m* fratricidio *m*.

Brudermörder *m* (**Brudermörderin** *f*) fratricida *mf*.

Bruderschaft <-, -en> *f relig* confraternita *f*, congregazione *f*.

Brüderschaft <-, ohne pl> *f* fraternità *f*, fratellanza *f* ● **jdm die ~ anbieten**, proporre a qu di darsi del tu; **mit jdm ~ schließen**, fraternizzare con qu; **mit jdm ~ trinken**, bere insieme con qu per darsi del tu.

Brügge <-s, ohne pl> *n geog* Bruges *f*.

Brühe <-, -n> *f* **1** *gastr* (*Fleischbrühe*) brodo *m* (ristretto di carne), consommé *m*; (*Gemüsebrühe*) brodo *m* di verdura **2** *fam pej* (*Getränk*) brodaglia *f* **3** *fam pej* (*schmutzige Flüssigkeit*) acqua *f* sporca/lurida: **das Wasser des Sees ist eine trübe ~**, l'acqua del lago è una brodaglia torbida; **jdm läuft die ~ runter**, qu gronda di sudore.

brühen Ⓐ *tr* **etw ~ 1** (*zubereiten*) {KAFFEE, TEE} fare/preparare qc (con l'acqua bollente) **2** (*ab~*) {GEMÜSE, TOMATEN} sbollentare qc, immergere qc nell'acqua bollente Ⓑ *rfl*: **sich** (dat) **etw ~** {KAFFEE, TEE} farsi qc con l'acqua bollente.

brühheiß *adj* {GETRÄNK, SUPPE} bollente, che scotta/brucia: **~ sein**, essere bollente, scottare ● **etw ~ essen/trinken**, mangiare/bere qc che scotta/brucia.

brühwarm *fam* Ⓐ *adj* {NACHRICHT, NEUIGKEIT} dell'ultim'ora, fresco fresco, caldo caldo Ⓑ *adv*: **jd erzählt/trägt etw ~ weiter**, qu racconta/spiattella/riferisce qc fresco (-a) *fam*.

Brühwürfel *m gastr* dado *m* per/da brodo.

Brühwurst *f gastr* (*Wurst zum Kochen*) würstel *m* da cuocere (in acqua bollente); (*gekochte Wurst*) würstel *m* bollito.

Brüllaffe *m* **1** *zoo* scimmia *f* urlatrice, aluatta *f* **2** *fam pej* (*Schreihals*) strillone *m*, urlone *m fam*.

brüllen Ⓐ *itr* **1** (*schreien*) urlare: **brüll doch nicht so (laut)!**, non urlare così (forte)!; {KIND} *auch* strillare; {SÄUGLING} strillare; **vor etw** (dat) **~** {VOR LACHEN}, sbellicarsi da qc; {VOR SCHMERZEN, WUT} urlare di/da/per qc; **in ~des Gelächter ausbrechen**, scoppiare in una risata fragorosa **2** (*typische Laute von sich geben*) {AFFE} urlare, gridare; {RIND} muggire; {STIER} mugghiare; {LÖWE} ruggire; {ELEFANT} barrire Ⓑ *tr* (**jdm**) **etw** (**irgendwohin**) **~** {INS GESICHT, OHR} urlare qc (a qu + compl di luogo): **"raus!"**, **brüllte er**, rot vor Zorn, "fuori!" urlò, paonazzo dalla rabbia Ⓒ *rfl*: **sich heiser ~**, diventare roco (-a) a furia di urlare; **sich** (dat) **die Kehle aus dem Hals ~** *fam*, urlare a squarciagola ● **das ist ja zum Brüllen** *fam*, c'è da sbellicarsi dalle risate *fam*, c'è da morir dal ridere *fam*.

Brüller① <-s, -> *m fam* urlaccio *m*.

Brüller② *m* (**Brüllerin** *f*) *fam pej* strillone (-a) *m* (f) *fam*, urlone (-a) *m* (f).

Brummbär *m fam* **1** *Kindersprache* (*Teddybär*) orsetto *m*, orsacchiotto *m* **2** (*brummiger Mann*) brontolone *m fam*: **du alter ~!**, vecchio brontolone!

brummeln Ⓐ *tr fam* **etw ~**, mormorare qc, borbottare *qc*: **etw₁ vor sich hin₁/[in seinen Bart]** *fam* **~**, mormorare/borbottare qc fra sé e sé Ⓑ *itr fam* mormorare, borbottare.

brummen Ⓐ *tr* **1** (*mürrisch sagen*) **etw ~** {MENSCH} borbottare qc, bofonchiare qc: **etw in seinen Bart ~**, borbottare qc fra i denti **2** (*summen*): **etw** (vor sich hin) **~**, canticchiare a bocca chiusa Ⓑ *itr* **1** (*einen tiefen Laut von sich geben*) {BÄR} bramire; {INSEKT} ronzare; {FLUGZEUG, KREISEL} ronzare; {MOTOR} rombare **2** (*dumpf schmerzen*): **jdm brummt der Schädel auch/Kopf** (*vor geistiger Anstrengung, Müdigkeit*), a qu ronza la testa; (*vor Fieber, Kopfschmerzen, nach Alkoholgenuss*) qu ha la testa pesante **3** (*falsch singen*) essere stonato **4** *fam* (*in Haft sein*) essere/stare al fresco *fam*, essere in gattabuia *fam*, essere dietro le sbarre *fam* **5** (*murren*) (*vor sich hin*) **~**, borbottare (fra i denti), bofonchiare (fra i denti).

Brummer <-s, -> *m fam* **1** (*Insekt*) bestiaccia *f*; (*Schmeißfliege*) moscone *m*; (*Hummel*) bombo *m*: **ein riesengroßer ~ flog durchs Fenster herein**, dalla finestra entrò una specie di elicottero *fam* **2** (*Lastwagen*) bisonte *m fam*/bestione *m fam* della strada **3** (*großer, schwerer Mensch: Mann*) armadio *m fam*, bestione *m*, colosso *m*; (*Frau*) donnone *m*; (*Baby*) bambinone *m*: **ihr Baby wiegt fast neun Pfund, das ist so ein richtiger ~**, il suo bambino pesa quasi quattro kili e mezzo, è proprio un gigante.

Brummi <-s, -s> *m fam scherz* bisonte *m*/bestione *m* della strada *fam*.

brummig *adj fam* {MENSCH} brontolone, borbottone.

Brummkreisel *m fam* trottola *f* sonora.

Brummschädel *m fam*: **einen ~ haben** (bes. nach Alkoholgenuss), avere la testa pesante.

Brunch <-(e)s, -(e)s oder -(e)> *m* brunch *m*.

brunchen *itr* fare il brunch.

Bruneck <-s, ohne pl> *n geog* Brunico *f*.

brünett *adj* (*braunhaarig*) {HAARE, MENSCH} castano *m*, (*braunhäutig*) {MENSCH} bruno, moro.

Brünette ‹-, -n› f bruna f, mora f.

Brunft ‹-, Brünfte› f Jagd calore m, fregola f, foia f; (~zeit) periodo m della fregola: **in der ~ sein**, essere in calore/fregola.

brunftig adj {WILD} in calore/fregola.

Brunftplatz m Jagd luogo m dell'accoppiamento.

Brunftschrei m Jagd richiamo m dell'animale in calore; {+HIRSCH} bramito m.

Brunftzeit f Jagd periodo m del calore/della fregola.

Brunnen ‹-s, -› m **1** (Ziehbrunnen) pozzo m: **einen ~ bohren/graben**, scavare un pozzo; **Wasser am/vom ~ holen**, attingere l'acqua al/dal pozzo **2** arch (Springbrunnen, Brunnen) fontana f **3** (Heilquelle) (sorgente f di) acque f pl minerali • **artesischer ~** geol, pozzo artesiano; **den ~ (erst) zudecken, wenn das Kind hineingefallen ist**, chiudere la stalla quando i buoi sono fuggiti; **~ trinken**, fare la cura delle/passare le acque.

Brunnenanlage f **1** (Ziehbrunnen) pozzo m **2** (Zierbrunnen) fontana f.

Brunnenbauer ‹-s, -› m (**Brunnenbauerin** f) scavatore (-trice) m (f) di pozzi; {+ZIERBRUNNEN} costruttore (-trice) m (f) di fontane.

Brunnenbecken n {+SPRINGBRUNNEN} vasca f.

Brunnenfigur f kunst figura f/scultura f (decorativa) di una fontana.

Brunnenkresse f bot crescione m d'acqua.

Brunnenkur f med cura f delle acque: **eine ~ machen**, passare le acque.

Brunnenschacht m pozzo m.

Brunnenvergifter ‹-s, -› m (**Brunnenvergifterin** f) pej "chi semina zizzania".

Brunnenvergiftung f **1** (Wasservergiftung) inquinamento m dei pozzi **2** pej (Säen von Zwietracht) seminare m zizzania: **~ betreiben**, mettere/seminare zizzania.

Brunnenwasser n {+TRINKWASSERBRUNNEN} acqua f del pozzo; {+ZIERBRUNNEN} acque f pl minerali; {+QUELLE} acque f pl sorgive/minerali/[di fonte].

Bruno m (Vorname) Bruno.

Brunst ‹-, Brünste› f → **Brunft**.

brünstig adj **1** (in der Brunst befindlich) {WILD} in calore/fregola **2** scherz (sexuell begierig) {MENSCH} cupido, concupiscente lit, lubrico pej; {SCHREI} di piacere **3** obs → **inbrünstig**.

Brunstschrei m → **Brunftschrei**.

Brunstzeit f → **Brunftzeit**.

brüsk A adj {ANTWORT, ART, HANDBEWEGUNG, TON} brusco, sgarbato, rude B adv {SICH ABWENDEN} bruscamente; {ABFERTIGEN, SAGEN} rudemente, sgarbatamente.

brüskieren ‹ohne ge-› tr **jdn** ~ trattare male/bruscamente qu, urtare qu: **sich (von jdm) brüskiert fühlen**, sentirsi urtato (-a) (da qu).

Brüssel ‹-s, ohne pl› n geog Bruxelles f.

Brüsseler① ‹inv› adj ‹attr› di Bruxelles: **~ Spitzen**, pizzi di Bruxelles.

Brüsseler② ‹-s, -› m (**Brüsselerin** f) (in Brüssel wohnend) abitante mf di Bruxelles; (aus Brüssel stammend) originario (-a) m (f) di Bruxelles.

Brust ‹-, Brüste› f **1** ‹nur sing› anat petto m; (~korb) torace m: **die ~ herausdrücken**, spingere il petto/torace in fuori; **~ raus!**, petto in fuori! **2** anat (weibliche ~: als Ganzes) seno m, petto m; (einzeln) mammella f, seno m: **die linke/rechte ~**, la mammella/il seno sinistro/destro; **jdm die ~ abnehmen**, asportare una mammella a qu; **feste/schlaffe Brüste haben**, avere i seni sodi/cascanti **3** ‹nur sing› gastr petto m **4** fig (Herz, Seele) cuore m, petto m, seno m **5** ‹nur sing, ohne art› slang sport (~schwimmen) (nuoto m a) rana f • **jdm die ~ abhorchen** med, auscultare (il torace a) qu; **~ an ~** {KÄMPFEN, STEHEN}, corpo a corpo; **sich an jds ~ ausweinen**, piangere sulla spalla di qu; **eine behaarte ~**, un petto peloso/villoso; **jdn an die/seine ~ drücken/ziehen**, stringere qu al petto; **jdn von der ~ entwöhnen** {KIND, SÄUGLING}, togliere il seno a qu, svezzare qu; **jdm die ~ geben**, **jdn an die ~ legen** {(EINEM) KIND}, allattare qu (al seno), dare il seno a qu; **mit geschwellter ~**, pettoruto, impettito, tronfio; **es auf der ~ haben** fam (eine Bronchitis haben), avere la bronchite; (lungenkrank sein), avere la tubercolosi/tisi fam, essere tisico; **die ~ nehmen** {KIND, SÄUGLING}, prendere/succhiare il latte al seno; **nimmt dein Kind noch die ~?**, lo allatti ancora il tuo bambino?; **einen zur ~ nehmen** fam, attaccarsi alla bottiglia fam; **sich (dat) jdn zur ~ nehmen** fam, dire due parole a qu fam; **sich (dat) etw zur ~ nehmen** fam, confrontarsi con qc; **sich (dat) an die ~ schlagen**, battersi il petto; **schwach auf der ~ (sein)** fam scherz (körperlich), essere debole di petto; (kein Geld haben), essere a corto di quattrini/soldi fam; **in etw (dat) schwach auf der ~ sein** fam scherz, essere debole in qc; **aus voller ~ singen**, cantare a squarciagola; **sich in die ~ werfen**, vantarsi; **sich vor jdm in die ~ werfen**, gonfiare il petto davanti a qu.

Brustbein n anat sterno m.

Brustbeutel m borsellino m appeso al collo.

Brustbild n kunst ritratto m a mezzo busto; fot (ritratto f in) primo piano m.

Brustbreite f: **mit/um ~ siegen** sport, vincere di (stretta) misura.

Brüstchen n dim von Brust seno m piccolo, tettina f fam.

Brustdrüse f ghiandola f mammaria.

brüsten rfl pej **sich ~** darsi delle arie, vantarsi, pavoneggiarsi; **sich mit etw (dat) ~** vantarsi di qc.

Brustentzündung f med mastite f.

Brustfell n anat pleura f.

Brustfellentzündung f med pleurite f.

Brustflosse f zoo pinna f pettorale.

Brustgegend f (zona f del) petto m, zona f toracica: **in der ~ Schmerzen haben**, avere dei dolori al petto.

Brusthaar n **1** ‹meist pl› (einzelnes Haar) pelo m del petto **2** ‹nur sing› (Behaarung) peli m pl del petto.

Brusthöhle ‹-, ohne pl› f: **auf/in ~**, all'altezza del petto.

Brusthöhle f med cavità f toracica.

Brustkasten m fam → **Brustkorb**.

Brustkind n fam neonato (-a) m (f) allattato (-a) al seno.

Brustkorb m anat gabbia f/cassa f toracica, torace m.

Brustkrebs m med carcinoma m mammario wiss, cancro m/tumore m al seno: **~ haben**, avere un cancro/tumore al seno.

Brustkreuz n relig croce f pettorale.

Brustlage f posizione f prona/bocconi: **in ~ schwimmen**, nuotare a rana.

Brustmuskel m anat (muscolo m) pettorale m.

Brust-OP f med → **Brustoperation**.

Brustoperation f med operazione f al seno.

Brustpanzer m hist {+RÜSTUNG} pettorale m, piastrone m.

Brustplastik f med mastoplastica f.

Brustprothese f protesi f del seno.

Brustschutz m sport coprigiubbotto m; Fechten auch piastrone m.

Brustschwimmen n sport (stile m a) rana f.

Brustschwimmer m (**Brustschwimmerin** f) sport ranista mf, nuotatore (-trice) m (f) a rana.

Bruststimme f mus voce f di petto.

Bruststück n gastr {+GEFLÜGEL, WILD} (parte f del) petto m.

Brusttasche f (äußere) taschino m (sul petto); (innere) taschino m interno.

Brustton m mus nota f di petto • **im ~ Überzeugung**, con la massima convinzione.

Brustumfang m (circonferenza f del) petto m.

Brüstung ‹-, -en› f **1** (Brückenbrüstung) parapetto m, ringhiera f; (Balkon ~) balaustra(ta) f, parapetto m **2** (Fensterbrüstung) parapetto m.

Brustwarze f anat capezzolo m.

Brustwehr f mil parapetto m.

Brustweite f → **Brustumfang**.

Brustwirbel m anat vertebra f toracica.

Brut ‹-, -en› f **1** ‹nur sing› (das Brüten) cova(tura) f **2** (die Jungen) {+HÜHNER, VÖGEL} covata f, nidiata f; {+FISCHE} avannotti m pl; {+BIENEN} cacchioni m pl **3** ‹nur sing› pej (Gesindel) gentaglia f pej, ciurmaglia f pej, canaglia f pej.

brutal A adj **1** (roh) {FOLTER, MENSCH, MISSHANDLUNG, VORGEHEN} brutale; {GESICHT} da bruto: **eine ~e Fresse/Visage haben**, avere la faccia da delinquente; **ein ~er Kerl**, un bruto **2** fam (besonders groß, stark) {KOPFSCHMERZEN, UNGERECHTIGKEIT} bestiale fam; {FEHLER} auch madornale, marchiano **3** slang (großartig) {DISKO, KNEIPE} troppo giusto slang: **der Typ ist echt ~!**, il tizio è strafico! slang B adv **1** (roh) {FOLTERN, MISSHANDELN, QUÄLEN, SCHLAGEN, SICH VERHALTEN} brutalmente, barbaramente **2** (ohne Rücksicht) {AUSSPRECHEN, SAGEN} brutalmente, a brutto muso, a muso duro **3** fam (sehr) {VIEL, WENIG} incredibilmente: **das hat ~ wehgetan!**, mi ha fatto un male pazzesco!

brutalisieren ‹ohne ge-› tr **jdn ~** {GRAUSAMKEIT, KRIEG} abbrutire qu, incrudelire qu, trasformare qu in una bestia.

Brutalität ‹-, -en› f **1** ‹nur sing› (Rohheit) brutalità f, ferocia f **2** ‹nur sing› (Rücksichtslosigkeit) brutalità f, spietatezza f **3** (Gewalttat) brutalità f, bestialità f.

Brutapparat m zoo incubatrice f.

brüten A itr **1** {HUHN, VOGEL} covare **2** (grübeln) (**über etw** dat) **~** ÜBER EINER MATHEMATIKAUFGABE, EINEM ENTWURF, MANUSKRIPT, PLAN, VORHABEN} rimuginare (su qc), lambiccarsi il cervello (su qc), scervellarsi (su/intorno a qc) B tr **etw ~** {RACHE} meditare qc, covare qc; {VERRAT} meditare qc.

brütend adj ‹attr› {HITZE} soffocante, opprimente, canicolare, torrido: **bei ~er Hitze**, sotto la canicola • **~ heiß** fam {TAG}, canicolare, torrido; **es ist ~ heiß**, fa un caldo soffocante/infernale.

brütendheiß a.R. von brütend heiß → **brütend**.

Brüter ‹-s, -› m nukl phys: **schneller ~**, reattore m autofertilizzante veloce.

Bruthenne f zoo chioccia f.

Bruthitze f fam caldo m torrido, canicola f.

Brutkasten m med incubatrice f ● **hier ist
ιes heiß**⌐/**[eine Hitze] wie in einem ~** fam,
sembra di essere in un forno fam.
Brutpflege f zoo allevamento m della cova-
ta/nidiata.
Brutplatz m {+VÖGEL} luogo m di/della co-
va, covo m.
Brutreaktor m nukl phys reattore m auto-
fertilizzante.
Brutstätte f **1** (Nistplatz) luogo m di cova
2 geh pej (Herd) **~ einer S.** (gen) {DES LAS-
TERS, DES VERBRECHENS} covo m (di qc), foco-
laio m (di qc).
brutto adv **1** ökon (ohne Abzüge) lordo:
6000 Euro ~ verdienen, guadagnare 6000
euro lordi **2** (mit Verpackung) (Gewicht)
lordo.
Bruttoeinkommen n ökon reddito m
lordo.
Bruttogehalt n ökon stipendio m lordo.
Bruttogewicht n com peso m lordo.
Bruttogewinn m utile m lordo.
Bruttoinlandsprodukt n ökon (Abk
BIP) prodotto m interno lordo (Abk PIL).
Bruttolohn m ökon salario m lordo.
Bruttonationaleinkommen n ökon
prodotto m nazionale lordo.
Bruttopreis m prezzo m lordo.
Bruttoraumzahl f naut (Abk BRZ), **Brut-
toregistertonne** f naut obs (Abk BRT) ton-
nellata f di stazza lorda (Abk TSL).
Bruttosozialprodukt n obs ökon (Abk
BSP) → **Bruttonationaleinkommen**.
Bruttospeicherkapazität f inform ca-
pacità f di memoria non formattata.
Brutzeit f (periodo m di) incubazione f.
brutzeln **A** tr fam (jdm) etw ~ {STÜCK
FLEISCH, STEAK} friggere qc (a/per qu) **B** itr
(in etw dat) ~ {KOTELETT, STEAK IN DER PFAN-
NE} friggere (in qc), sfriggere (in qc), sfrigo-
lare (in qc) **C** rfl fam sich (dat) etw ~ frig-
gersi qc.
BRZ Abk von Bruttoraumzahl: TSL (Abk von
tonnellata stazza lorda).
BSE f biol Abk von engl bovine spongiform enze-
phalopathy: BSE (encefalopatia spongiforme
bovina).
BSE-Skandal <-s, ohne pl> m scandalo m
della mucca pazza.
BSG <-, ohne pl> f med Abk von Blutkörperchen-
senkungsgeschwindigkeit: VES f (Abk von velo-
cità di eritrosedimentazione).
bt inform Abk von Bit: b (Abk von bit).
BTA <-, -(s)> mf Abk von biologisch-technischer
Assistent(in): tecnico m di laboratorio biolo-
gico.
Btx Abk von Bildschirmtext: Videotex® m; (in
Italien) Videotel® m.
Btx-Nutzer m (**Btx-Nutzerin** f), **Btx-
-Teilnehmer** m (**Btx-Teilnehmerin** f)
utente mf videotel.
Btx-Terminal n terminale m videotel.
Bub <-en, -en> m süddt A CH ragazzo m, ragaz-
zetto m.
Bube <-n, -n> m Karten fante m.
Bubenstreich m ragazzata f, scherzo m
da ragazzo.
Bubi <-s, -s> m fam **1** (Kosenamen) ragazzino
m **2** pej (unreifer junger Mann) pivello m fam,
sbarbatello m fam.
Bubikopf m caschetto m: **sich** (dat) **einen
~ schneiden lassen**, farsi tagliare i capelli a
caschetto.
Buch <-(e)s, Bücher> n **1** (zum Lesen) libro m:
**ein langweiliges/mitreißendes/spannen-
des ~**, un libro noioso/[che coinvolge]/[av-
vincente]; **ein ~ drucken/herausgeben/**

**schreiben, stampare/pubblicare/scrivere
un libro 2** <meist pl> com jur registro m, libro
m: **die Bücher eines Betriebs führen**, tene-
re i libri di un'azienda **3** lit relig (Schrift) li-
bro m: **die Bücher Mose/[(des) Moses]**, il
Pentateuco **4** (Drehbuch) copione m, sceneg-
giatura f ● **das ~ der Bücher** geh, la Bibbia,
la Sacra Scrittura; **über etw** (akk) **~ führen**,
tenere l'inventario di qc; **ich führe über
meine Ein- und Ausgaben genau ~**, annoto
ogni entrata e ogni spesa; **(jdm) die Bücher
führen** com, tenere la contabilità (di qu);
über die Bücher gehen CH, fare i compiti;
sich mit etw (dat) **ins ~ der Geschichte ein-
tragen** geh, entrare negli annali per qc; **das
Goldene ~ (der Stadt)**, l'albo d'oro (della
città); **kein ~ in die Hand nehmen** fam, non
prendere mai in mano un libro; **wie ein ~ re-
den** fam (ohne Unterlass reden), parlare a get-
to continuo fam; **zu ~(e) schlagen** (ins Ge-
wicht fallen), avere il proprio peso; **(mit etw
dat) zu ~(e) schlagen** (jds Budget belasten),
incidere (per qc) sul budget; **ein schlaues ~
fam**, un libro (molto) informativo; **ein aufge-
schlagenes/offenes ~ für jdn sein
{MENSCH}**, essere un libro aperto per qu;
**(jdm)/[für jdn]) ein ~ mit sieben Siegeln
sein** geh, essere un enigma (per qu);
{MENSCH} auch, essere una sfinge (per qu);
über den Büchern sitzen, stare (curvo (-a)/
chino (-a)) sui libri; **wie es/er/sie im ~e
steht** fam (positiv), come si deve, coi fiocchi
fam; **er ist ein Lehrer, wie er im ~e steht**, è
un insegnante coi fiocchi; (Sache) auch, da
manuale; (negativ) **sie ist so dumm, wie es
im ~e steht**, è una cretina patentata/matri-
colata.
Buchausstattung f typ veste f grafica di
un libro; (Bebilderung) corredo m iconografi-
co di un libro.
Buchbesprechung f recensione f (di un
libro).
Buchbinder <-s, -> m (**Buchbinderin** f)
(ri)legatore (-trice) m (f) di libri.
Buchbinderei <-, -en> f **1** (Werkstatt) le-
gatoria f **2** <nur sing> (das Buchbinden) rilega-
tura f.
Buchbinderin f → **Buchbinder**.
Buchblock m corpo m del libro.
Buchclub m → **Buchklub**.
Buchdecke f (vordere ~) seconda f di co-
pertina; (hintere ~) terza f di copertina.
Buchdeckel m copertina f (di un libro).
Buchdruck <-(e)s, ohne pl> m typ stampa f
(tipografica), tipografia f.
Buchdrucker m (**Buchdruckerin** f) typ
tipografo (-a) m (f), stampatore (-trice) m
(f).
Buchdruckerei f typ **1** (Betrieb) tipogra-
fia f, stamperia f **2** <nur sing> (das Buchdru-
cken) tipografia f.
Buchdruckerin f → **Buchdrucker**.
Buchdruckerkunst <-, ohne pl> f typ arte
f tipografica.
Buche <-, -n> f **1** bot faggio m **2** <nur sing>
(~nholz) (legno m di) faggio m.
Buchecker <-, -n> f bot faggiola f.
Bucheinband m **1** (die Buchdeckel) co-
pertina f (di libro) **2** fam (Schutzhülle) copri-
libro m.
buchen tr **1** (vorbestellen) **etw (bei jdm)
~ {FAHRT, FLUG, HOTELZIMMER, REISE}** prenota-
re qc (presso qu), riservare qc (presso qu):
**würden Sie bitte zwei Plätze erster Klasse
für uns ~?**, ci può prenotare/riservare due
posti in prima classe, per favore?; (etw) **pri-
vat ~**, prenotare (qc) ιper conto proprio⌐/
[da solo (-a)]/[senza agenzia]; (etw) **online
~**, prenotare (qc) online **2** com (ver~) **etw ~**

**{BUCHHALTER BETRAG, ÜBERWEISUNG, ZAH-
LUNGSEINGANG}** contabilizzare qc, registrare
qc nel libro contabile; **{REGISTRIERKASSE}** re-
gistrare qc: **etw auf ein Konto ~**, accredita-
re qc su un conto **3** (sich zurechnen) **etw als
etw ~ {ALS ERFOLG, PLUS, SIEG}** valuta-
re qc (come) qc, considerare qc (come) qc:
etw als Erfolg ~, considerare qc un suc-
cesso.
Buchenholz n (legno m di) faggio m.
Buchenwald m **1** (Wald aus Buchen) fag-
geta f **2** D hist (im Nationalsozialismus) (cam-
po m di concentramento di) Buchenwald.
Bücherbord n, **Bücherbrett** n mensola f
per libri.
Bücherbus m bibliobus m, biblioteca f
viaggiante.
Bücherei <-, -en> f biblioteca f.
Bücherfreund m (**Bücherfreundin** f)
bibliofilo (-a) m (f), amante mf dei libri.
Bücherkunde f bibliologia f.
Büchernarr m (**Büchernärrin** f) scherz
bibliomane mf scherz, divoratore (-trice) m
(f) di libri scherz.
Bücherreff <-(e)s, -e> f cassa f per il tra-
sporto di libri.
Bücherregal n scaffale m (per libri).
Bücherrevisor m (**Bücherrevisorin** f)
→ **Buchprüfer**.
Büchersammlung f collezione f di libri
(große) biblioteca f.
Bücherschrank m libreria f, biblioteca f.
Büchersendung f **1** (Paket mit Büchern)
spedizione f di libri **2** post (Versendungsart)
"spedizione f a tariffa ridotta per libri".
Bücherverbrennung f rogo m di libri.
Bücherverzeichnis n bibliografia f.
Bücherwand f **1** (Wandregal) libreria f a
muro/parete **2** (Wand voller Bücher) parete f
piena di libri.
Bücherweisheit f pej cultura f libresca.
Bücherwurm m **1** zoo tarlo m dei libri
2 fam scherz (Bücherfreund) topo m di biblio-
teca fam.
Buchfink m ornith fringuello m.
Buchform f: **in ~ {ERSCHEINEN, HERAUSKOM-
MEN}**, sotto forma di libro.
Buchformat n formato m (di un libro).
Buchführung f com contabilità f; (im Mar-
ketingbereich, in einer Werbefirma) accounting
m: **einfache/doppelte ~**, contabilità a parti-
ta semplice/doppia.
Buchgeld n bank moneta f scritturale.
Buchgemeinschaft f club m del libro.
Buchgewerbe n editoria f.
Buchgewinn m com ökon utile m conta-
bile.
Buchhalter m (**Buchhalterin** f) contabi-
le mf, ragioniere (-a) m (f).
buchhalterisch adj {PFLICHTEN, TÄTIGKEIT}
di contabile; {ARBEIT, VORGANG} di contabili-
tà, contabile.
Buchhaltung f **1** (Rechnungsabteilung)
reparto m/ufficio m contabilità **2** (Buchfüh-
rung) contabilità f.
Buchhandel <-s, ohne pl> m commercio m
librario ● **im ~ erhältlich**, disponibile in li-
breria.
Buchhändler m (**Buchhändlerin** f) li-
braio (-a) m (f).
buchhändlerisch **A** adj {BERUF, KENNT-
NISSE, WISSEN} di libraio; {AUSBILDUNG, TÄTIG-
KEIT} da libraio **B** adv {SICH BETÄTIGEN, TÄTIG
SEIN} come libraio (-a).
Buchhandlung f libreria f: **~ und Anti-
quariat**, libreria moderna e d'antiquariato.
Buchhülle f coprilibro m.

Buchillustration f 1 (*das Illustrieren*) illustrazione f di libri 2 (*Ausstattung*) corredo m iconografico di un libro.
Buchklub m club m del libro.
Buchkritik f → **Buchbesprechung**.
Buchladen m *fam* → **Buchhandlung**.
Büchlein <-s, -> n dim *von* Buch librino m, libric(c)ino m.
Buchmacher m (**Buchmacherin** f) *Reitsport* allibratore (-trice) m (f), bookmaker m.
Buchmalerei <-, -en> f 1 (*nur sing*) (*Kunsthandwerk*) (arte f della) miniatura f (di codici) 2 (*Bild*) miniatura f: **mit ~en geschmückt/verziert**, miniato.
Buchmarkt m mercato m librario/[del libro].
Buchmesse f fiera f del libro ● **die Frankfurter ~**, la fiera del libro di Francoforte.
Buchpreis m prezzo m di un libro.
Buchpreisbindung f prezzo m imposto dei libri.
Buchprüfer m (**Buchprüferin** f) revisore (*rar* -a) m (f) dei conti.
Buchprüfung f revisione f contabile, verifica f dei conti.
Buchrücken m costola f/dorso m del libro.
Buchs <-es, -e> m *bot*, **Buchsbaum** f *bot* bosso m.
Buchsbaumhecke f siepe f di bosso.
Buchse <-, -n> f 1 *el* presa f, boccola f 2 *tech* (*Lagerbuchse*) boccola f; (*Laufbuchse*) manicotto m, camicia f.
Büchse① <-, -n> f 1 (*kleiner Behälter mit Deckel: aus Porzellan*) scatolina f; (*für Kekse*) scatola f 2 (*Konservenbüchse: für Gemüse, Suppen u. Ä.*) scatola f, barattolo m; (*für Fleisch und Fisch*) scatoletta f; (*für Flüssigkeiten und Getränke*) lattina f 3 (*Sammelbüchse*) bossolo m ● **die ~ der Pandora** *lit myth*, il vaso di Pandora.
Büchse② <-, -n> f (*Jagdgewehr*) fucile m, schioppo m.
Buchsendung f → **Büchersendung**.
Büchsenfleisch n carne f in scatola.
Büchsenmacher m (**Büchsenmacherin** f) armaiolo (-a) m (f), armiere m.
Büchsenmilch f latte m condensato (in lattina).
Büchsenöffner m apriscatole m.
Buchstabe <-ns oder rar -n, -n> m lettera f; (*Druckbuchstabe*) carattere m ● **fetter ~**, (carattere) grassetto/neretto; **in fetten ~n**, in grassetto/neretto; **nach dem ~n des Gesetzes**, a norma/termini di legge; **großer/kleiner ~**, (lettera) maiuscola/minuscola; **in ~n** (*Zahl*), in lettere; **am ~n kleben, sich an den ~n klammern/halten**, essere troppo attaccato alla lettera; **dem ~n nach**, alla lettera, letteralmente; **sich auf seine vier ~n setzen** *fam scherz*, mettersi a sedere, sedersi.
Buchstabenfolge f, *ohne pl> f {+ALPHABET}* ordine m delle lettere.
buchstabengetreu A adj {BEFOLGUNG, EINHALTUNG} letterale, puntuale B adv: **etw ~ befolgen** {ANWEISUNG, VORSCHRIFT}, seguire qc alla lettera.
Buchstabenkombination f combinazione f di lettere.
Buchstabenrätsel n anagramma m.
Buchstabenschloss (a.R. Buchstabenschloß) n serratura f a combinazione di lettere.
Buchstabenschlüssel m *inform* chiave f alfabetica.
Buchstabenschrift f scrittura f alfabetica.

Buchstabenumschaltung f *inform* commutazione f alfabetica.
Buchstabenwort <-(e)s, *Buchstabenwörter*> n acronimo m, sigla f.
buchstabieren <*ohne ge-*> A tr 1 (*Buchstabe um Buchstabe nennen*) **etw ~** {NAMEN, WORT} fare lo spelling di qc, compitare qc 2 (*mühsam entziffern*) **etw ~** {INSCHRIFT, TEXT, UNBEKANNTES WORT} compitare qc, leggere a stento qc B itr fare lo spelling.
buchstäblich A adj {AUSLEGUNG, BEFOLGUNG, EINHALTUNG EINER ANWEISUNG, EINES GESETZES} letterale: **im ~en Sinne**, in senso letterale B adv (*geradezu*) letteralmente.
Buchstütze f reggilibri m.
Bucht <-, -en> f 1 *geog* baia f; (*kleine ~*) insenatura f, cala f; (*im Meer*) *auch* seno m 2 *region* (*kleiner Schweinestall*) stabbiolo m, porcile m 3 (*Parkbucht*) posto m (per parcheggiare).
buchtenreich adj {KÜSTE} frastagliato, articolato, sinuoso.
Buchtitel m 1 (*Titel*) titolo m del libro 2 (*Buch*) titolo m.
Buchumschlag m sopraccoperta f.
Buchung <-, -en> f 1 (*Reservierung*) {+FAHRT, FLUG, HOTEL, REISE, ZIMMER} prenotazione f 2 *com* (*Verbuchung*) {+BETRAG, SCHECK} registrazione f, contabilizzazione f; (*Eintrag*) operazione f contabile, scrittura f (contabile).
Buchungsautomat m *el* elettrocontabile m.
Buchungsbeleg m *com* documento m contabile.
Buchungscomputer m computer m per le prenotazioni.
Buchungsfehler m 1 *com* errore m contabile 2 (*im Reisebüro*) errore m di prenotazione.
Buchungsgebühr f tassa f di prenotazione.
Buchungskarte f *tel* carta f di credito telefonica.
Buchungsmaschine f macchina f contabile: **elektronische ~**, elettrocontabile.
Buchungsnummer f numero m di prenotazione.
Buchungssystem n sistema m di prenotazione.
Buchungstag m 1 {+FLUG, REISE} giorno m della prenotazione 2 *com* giorno m di registrazione.
Buchverlag m editore m, casa f editrice.
Buchverleih m → **Leihbibliothek**.
Buchversand m 1 (*das Versenden*) spedizione f di libri 2 (*Versandhaus*) ditta f che vende libri per corrispondenza.
Buchweizen m grano m saraceno.
Buchwert m *com* valore m contabile.
Buchwesen <-s, *ohne pl*> n editoria f, settore m librario.
Buchwissen n *pej* cultura f libresca.
Buckel <-s, -> m 1 *fam med* (*Höcker*) gobba f, gibbosità f: **einen ~ haben**, essere gobbo 2 *fam* (*Rücken*) dorso m, schiena f 3 *fam* (*kleine Bergkuppe*) poggio m, poggetto m 4 *fam* (*kleine Wölbung auf der Straße*) gobba f, gobbo m; (*auf der Haut*) *auch* protuberanza f 5 (*Metallverzierung*) sbalzo m ● **einen breiten ~ haben** *fam* (*viel Kritik vertragen*), avere le spalle larghe *fam*; **einiges/viel auf dem ~ haben** *fam* (*viel erlebt haben*), averne viste di tutti i colori *fam*; **er hat schon 85 Jahre auf dem ~**, ha già 85 anni sulle spalle/[sul groppone]; **das Auto hat schon einige Jahre auf dem ~**, l'auto ha già qualche annetto; **schon viel/genug auf dem ~ haben** *fam*

(*viel am Hals haben*), avere già molto/abbastanza da fare; **den ~ für etw (akk) hinhalten (müssen)** *fam*, (dovere) addossarsi la responsabilità di qc; **(vor jdm) einen krummen ~ machen** *fam pej*, piegare/curvare la schiena (di fronte a qu); **einen ~ machen** {KATZE, MENSCH}, inarcare la schiena; **mach nicht so einen ~!**, non stare gobbo (-a)!; **du kannst mir den ~ runterrutschen!** *fam*, **rutsch mir (doch) den ~ runter!** *fam*, va' al diavolo! *fam*, va' a quel paese! *fam*; **den ~ voll Schulden haben** *fam*, essere indebitato fino al collo *fam*; **jdm den ~ vollhauen** *fam*, darle di santa ragione a qu *fam*; **den ~ vollkriegen** *fam*, buscarne *fam*, pigliare un fracco di legnate *fam*; **er hat ganz schön den ~ voll gekriegt**, ne ha buscate tante, ha pigliato un fracco di legnate.
buckeln A itr 1 (*einen Buckel machen*) {KATZE} inarcare il dorso; {PFERD} sgroppare 2 *pej* (*devot sein*) (*vor jdm*) ~ piegare/curvare la schiena (di fronte a qu), essere servile (*con qu*) B tr *fam* **etw ~** {LAST, SACK} mettersi qc sul dorso/[sulla schiena] ● **nach oben ~ und nach unten treten**, essere debole con i forti e forte con i deboli.
Buckelpiste f *fam sport* pista f tutta gobbe.
Buckelrind n *zoo* zebù m.
Buckelwal m *zoo* megattera f.
bücken rfl **sich (nach etw** dat) ~ piegarsi (*per raccogliere qc*), chinarsi (*per raccogliere qc*): **gebückt gehen**, camminare curvo (-a).
bucklig, **buckelig** adj *fam* 1 {GESTALT, MENSCH} gobbo: ~ **werden**, ingobbirsi 2 {PISTE, PFLASTER, STRAßE} gibboso, pieno di gobbe.
Bucklige, **Buckelige** <*dekl wie adj*> mf gobbo (-a) m (f).
Bückling <-s, -e> m 1 *gastr* aringa f affumicata 2 *fam scherz* (*Verbeugung*) inchino m, riverenza f ● **(vor jdm) einen ~ machen** *fam scherz*, fare un inchino/la riverenza (a qu).
Budapest <-s, *ohne pl*> n *geog* Budapest f.
Buddel <-, -n> f *fam*, **Buttel** <-, -n> f *fam* fiasco m: **eine ~ (voll) Rum**, un fiasco (pieno) di rum.
buddeln *fam* A itr (*irgendwo*) ~ {BAU-, STRAßENARBEITER} scavare/[fare delle buche *fam*] (+ *compl di luogo*); {KIND, TIER IN DER ERDE, IM SAND} fare una buca *fam*/[scavare] (+ *compl di luogo*); {HUND, WILDSCHWEIN} razzolare + *compl di luogo* B tr **etw ~** {GANG, LOCH} scavare qc; **etw aus etw** (dat) ~ {STEINE AUS DER ERDE} tirare fuori qc da qc.
Buddelsachen subst <*nur pl*> *fam*, **Buddelzeug** n *fam* secchiello, paletta e formine.
Buddha <-s, -s> m *relig* Budda m; *kunst* budda m.
Buddhismus <-, *ohne pl*> m *relig* buddismo m.
Buddhist <-en, -en> m (**Buddhistin** f) *relig* buddista mf.
buddhistisch adj *relig* buddista.
Buddyliste f *inform* buddy list f, lista f degli amici (di una chatline).
Bude <-, -n> f 1 (*Hütte aus Brettern*) baracca f 2 (*Verkaufsstand: Marktbude*) bancarella f, banco m, banchetto m; (*Würstchenbude*) chiosco m; (*Zeitungsbude*) edicola f, chiosco m; (*Schaubude*) baraccone m 3 *fam pej* (*Haus*) baracca f, catapecchia f, tugurio m; (*Zimmer*) sgabuzzino m, bugigattolo m, stanzino m 4 *fam* (*Studentenbude*) stanza f 5 *fam* (*Büro, Laden, Lokal*) baracca f ● **die ~ dichtmachen** *fam* (*ein Lokal schließen*), chiudere bottega *fam*; **jdm die ~ dichtmachen** *fam*, far chiudere la baracca a qu; **jdm die ~ einrennen/einlaufen** *fam*, assalire qu con continue

richieste; **die Leute rennen uns wegen dem neuen Videospiel die ~ ein** *fam*, la gente ci prende d'assalto per il nuovo videogioco; **jdm fällt die ~ auf den** *Kopf fam*, qu si sente in gabbia; **(jdm) die ~ auf den** *Kopf* **stellen** *fam*, mettere sottosopra la casa (di/a qu); **jdm auf die ~ rücken** *fam*, piombare in casa a qu *fam*; **eine sturmfreie ~ haben** *fam* {JUGENDLICHER, STUDENT}, "avere la casa libera (per far baldoria)" *fam*.

Budenbesitzer m (**Budenbesitzerin** f) proprietario (-a) m (f) di una bancarella/un banco.

Budget <-s, -s> n **1** *ökon* bilancio m, budget m; **ein ~ aufstellen**, stabilire un budget **2** *fam scherz* (*Finanzen*) budget m, finanze f pl.

Budgetberatung f *ökon pol* dibattito m sul bilancio.

budgetieren <ohne ge-> itr *com ökon* impostare/redigere un bilancio/budget.

Budgetierung <-, -en> f *com ökon* impostazione f di/del bilancio.

Budgetkürzung f *ökon* taglio m del/al bilancio, riduzione f del bilancio.

Büfett <-(e)s, -s oder -e> n **1** (*Anrichte*) credenza f, buffet m **2** (*Schanktisch*) banco m ● **kaltes ~**, buffet freddo.

Büfettdame f (*am Schanktisch*) barista f; (*am kalten Büfett*) cameriera f (che serve al buffet).

Büffel <-s, -> m *zoo* bufalo m.

Büffelei <-, -en> f *fam pej* sgobbare m.

Büffelherde f mandria f di bufali.

Büffelleder n (pelle f di) bufalo m.

Büffelmozzarella m *gastr* (mozzarella f di) bufala f.

büffeln *fam* **A** itr sgobbare **B** tr *etw ~* {FORMELN, VOKABELN} sgobbare *su qc fam*.

Buffet <-s, -s> n, **Büffet** <-s, -s> n **1** A CH → **Büfett** **2** *CH* (*Imbissstand*) chiosco m.

Buffo <-s, -s oder Buffi> m *mus* cantante m di opera buffa.

Bug[①] <-(e)s, -e> m **1** *naut* prua f, prora f **2** *aero* muso m ● **jdm eine vor den Bug knallen** *fam*, tirare una bordata a qu *fam*.

Bug[②] <-(e)s, Büge oder rar -e> m *gastr* (*Schulterteil*) spalla f.

Bug[③] <-s, -s> m *inform* errore m di programma, bug m, baco m *fam*.

Bügel <-s, -> m **1** (*Kleiderbügel*) gruccia f, appendiabiti m, stampella f **2** (*Griff*) {+HANDTASCHE} manico m; {+SÄGE} archetto m **3** (*Einfassung*) {+GELDBÖRSE, HANDTASCHE} cerniera f; (*am BH*) ferretto m **4** (*Brillenbügel*) stanghetta f **5** (*Steigbügel*) staffa f **6** *Ski* {+SCHLEPPLIFT} ancora f **7** (*Abzugsbügel*) {+GEWEHR} ponticello m **8** (*Stromabnehmer*) presa f di corrente ad archetto.

Bügelautomat m → **Bügelmaschine**.

Bügel-BH m reggiseno m a balconcino.

Bügelbrett n asse f da stiro.

Bügeleisen n ferro m da stiro.

Bügelfalte f piega f (dei pantaloni).

bügelfrei adj che non si stira.

Bügelmaschine f stiratrice f.

bügeln **A** itr *etw ~* stirare *qc*: **etw glatt ~** {STOFF, WÄSCHESTÜCK}, stirare bene qc; **das Bügeln**, la stiratura **B** itr stirare.

Bügelwäsche f biancheria f da stirare: **fertige ~**, biancheria stirata.

Bugfahrwerk n *aero* carrello m anteriore.

Buggy <-s, -s> m (*Kinderwagen*) passeggino m (pieghevole).

bugsieren <ohne ge-> tr **1** *naut* **etw irgendwohin ~** {SCHLEPPER SCHIFF} rimorchiare *qc + compl di luogo* **2** *fam* (*umständ-*

lich befördern) **etw irgendwohin ~** {KISTEN, MÖBELSTÜCK} spingere/trasportare *qc* con fatica/sforzo */+compl di luogo* **3** *fam* (*drängen*) **jdn irgendwohin ~** {UM DIE ECKE, INS FREIE, AUS DER TÜR, INS ZIMMER} spingere *qu + compl di luogo*: **jdn aus dem Zimmer ~**, spingere qu fuori dalla stanza; **jdn in einen Posten ~**, sistemare/piazzare qu in un posto (di lavoro).

Bugspriet <-(e)s, -e> m oder n *naut* (albero m di) bompresso m.

Bugwelle f *naut* onda f di prua.

buh interj (*Missfallen ausdrückend, bes. im Theater*) fuori!, fuori!

Buh <-s, -s> n *fam* → **Buhruf**.

buhen itr *fam* (ZUSCHAUER) "rumoreggiare in segno di disapprovazione", fischiare.

buhlen itr *geh pej* **um etw** (akk) **~** {UM ANERKENNUNG, JDS GUNST} accattivarsi *qc*, mendicare *qc*: **um die Gunst der Masse/Wählerschaft ~**, cercare di accattivarsi le simpatie [delle masse]/[dell'elettorato]; **um jdn ~** ingraziarsi *qu*, accattivarsi *qu*.

buhlerisch *geh* **A** adj (VERHALTEN) adulatorio **B** adv (SICH VERHALTEN) in modo adulatorio.

Buhmann m *fam* **1** *Kindersprache* (*böser Mann*) babau m *fam*, uomo m nero **2** (*Sündenbock*) capro m espiatorio: **jdn zum ~ machen**, fare di qu il capro espiatorio.

Buhne <-, -n> f pennello m.

Bühne <-, -n> f **1** *theat* (*Spielfläche*) scena f, palcoscenico m **2** (*Theater*) teatro m: **die Städtischen ~n**, il Teatro Comunale; **an/bei der ~ sein**, fare l'attore, calcare le scene; **das Stück wurde an vielen großen ~n aufgeführt**, la pièce è andata in scena in molti grandi teatri **3** (*Schauplatz*) scena f, teatro m: **die politische ~**, la scena politica; **oft spielen Frauen auf der politischen ~ noch eine unbedeutende Rolle**, sulla scena politica spesso le donne hanno solo un ruolo di comprimarie **4** (*Tribüne*) {+AULA, KONZERTSAAL} palco m **5** *tech* (*Hebebühne*) ponte m elevatore ● **von der ~ abtreten/verschwinden** *fam* (*aus dem Rampenlicht verschwinden*), uscire di scena; **etw für die ~ bearbeiten**, ridurre/adattare qc per il teatro; **etw auf die ~ bringen**, mettere in scena qc, portare sul palcoscenico qc; **etw über die ~ bringen** *fam*, portare [a termine]/[in fondo] qc; **über die ~ gehen** *fam* (*sich abspielen*), svolgersi, aver luogo; **alles ist glatt über die ~ gegangen**, è andato tutto liscio; (*aufgeführt werden*), andare in scena; **zur ~ gehen** (*Schauspieler werden*), calcare le scene, darsi al teatro; **hinter der ~**, dietro la scena/le quinte; **auf der ~ stehen** (*im Theater auftreten*), recitare.

Bühnenanweisung f *theat* didascalia f.

Bühnenarbeiter m (**Bühnenarbeiterin** f) operatore (-trice) m (f) scenico (-a).

Bühnenaussprache <-, ohne pl> f pronuncia f standard (del tedesco).

Bühnenausstattung f apparato m/allestimento m scenico.

Bühnenautor m (**Bühnenautorin** f) drammaturgo (-a) m (f), autore (-trice) m (f) teatrale.

Bühnenbearbeitung f adattamento m/riduzione f teatrale.

Bühnenbeleuchtung f illuminazione f scenica.

Bühnenbild n scenografia f, scena f, scenario m.

Bühnenbildner <-s, -> m (**Bühnenbildnerin** f) scenografo (-a) m (f).

Bühnendekoration f scenografia f.

Bühnenfassung f → **Bühnenbearbeitung**.

Bühnenmaler m (**Bühnenmalerin** f) pittore (-trice) m (f) scenografico (-a).

bühnenreif adj **1** {STÜCK} adatto per il teatro **2** *iron* (*theatralisch*) {AUFTRITT, SZENE} teatrale, da film.

Bühnenstück n opera f/lavoro m teatrale, pièce f.

Bühnentechniker m (**Bühnentechnikerin** f) tecnico (-a) m (f) di scena.

Bühnenvorhang m sipario m: **der ~ hebt/senkt sich**, si alza/abbassa il sipario.

Bühnenwerk n → **Bühnenstück**.

bühnenwirksam adj {STÜCK} che fa un'ottima riuscita sul palco.

Buhruf m rumorio m/grido m di disapprovazione, fischio m.

buk *obs* 1. und 3. pers sing imperf *von* backen.

Bukarest <-s, ohne pl> n *geog* Bucarest f.

Bukett <-s, -s oder -e> n **1** *geh* (*Blumenstrauß*) bouquet m, mazzo m di fiori **2** (*Aroma*) {+WEIN} bouquet m: **der Wein hat ein volles/rundes ~**, il vino ha un bouquet pieno.

Buklee n → **Bouclé**.

bukolisch adj *geh* {LANDSCHAFT, SZENERIE} bucolico.

Bulette <-, -n> f *region gastr* (*Frikadelle*) polpetta f ● **ran an die ~n!** *fam*, forza e coraggio! *fam*.

Bulgare <-n, -n> m (**Bulgarin** f) bulgaro (-a) m (f).

Bulgarien <-s, ohne pl> n *geog* Bulgaria f.

Bulgarin f → **Bulgare**.

bulgarisch adj bulgaro.

Bulgarisch n *-(s), ohne pl> n, **Bulgarische** <dekl wie adj> n bulgaro m; → *auch* **Deutsch, Deutsche**[②].

Bulimie <-, ohne pl> f *med* bulimia f: **~ haben**, **an ~ leiden**, soffrire di bulimia.

Bullauge n *naut* oblò m, occhio m di bue.

Bulldogge f *zoo* bulldog m.

Bulldozer <-s, -> m *tech* bulldozer m.

Bulle[①] <-n, -n> m **1** *zoo* (*Stier*) toro m; (*männliches Tier*) maschio m **2** *fam* (*starker Mann*) toro m *fam*, omaccione m **3** *slang pej* (*Polizist*) piedipiatti m *slang*, poliziotto m: **die ~n**, i piedipiatti *slang*, la pula *slang*; **die ~n kommen!**, arriva la pula!

Bulle[②] <-, -n> f *relig hist* bolla ● **die goldene ~** *hist*, la Bolla d'oro.

Bullenbeißer <-s, -> m **1** *zoo* bulldog m **2** *slang pej* (*bärbeißiger Mensch*) rospaccio m *fam*.

Bullenhitze f *fam* caldo m infernale/bestiale.

bullenstark adj *fam* forte come un toro.

Bullenwanne f *slang aut* furgone m della polizia/pula *slang*.

bullern itr *fam* **irgendwo ~** {FEUER IM KAMIN} crepitare/scoppiettare + *compl di luogo*.

Bulletin <-s, -s> n **1** (*Bericht*) {+REGIERUNG} bollettino (ufficiale) **2** *med* {+ARZT} bollettino m medico/sanitario **3** *wiss* bollettino m.

bullig adj *fam* **1** (*massig*) {KERL, MANN} taurino, tarchiato, massiccio **2** (*drückend*) {HITZE} infernale, bestiale.

Bullterrier m *zoo* bull terrier m.

bum interj (*Geräusch eines Schusses oder Schlages*) bum! ● **es macht bum!**, fa bum!

Bumerang <-s, -e oder -s> m **1** (*Wurfholz*) boomerang m, bumerang m **2** (*Eigentor*) boomerang m, bumerang m ● **sich als ~ erweisen**, [rivelarsi un]/[avere un effetto] boomerang.

Bumerangeffekt m effetto m boomerang/bumerang.

Bummel <-s, -> m fam giretto m, passeggiatina f: **einen ~ durch etw (akk) machen** {DURCH DIE STADT, DIE STRAßEN}, fare un giretto/una passeggiatina per qc; {DURCH DIE KNEIPEN, LOKALE} fare il giro di qc.

Bummelant <-en, -en> m (**Bummelantin** f) fam pej **1** (*Trödler*) perditempo mf, posapiano mf fam scherz **2** (*Faulenzer*) fannullone (-a) m (f), bighellone (-a) m (f), scioperato (-a) m (f).

Bummelei <-, ohne pl> f fam pej **1** (*Getrödel*) gingillo m, gingillarsi m; (*Langsamkeit*) lentezza f, flemma f **2** (*Faulenzerei*) poltroneria f fam, pigrizia f, infingardaggine f.

bummeln itr **1** <sein> (*umherschlendern*) bighellonare, gironzolare, girellare: ~ **gehen**, andare a zonzo **2** <haben> fam (*trödeln*) gingillarsi fam, baloccarsi fam, perdere tempo **3** <haben> fam (*faulenzen*) oziare, poltrire, battere la fiacca fam.

Bummelstreik m sciopero m bianco.

Bummelzug m fam (treno m) locale m.

Bummler <-s, -> m (**Bummlerin** f) fam **1** (*Spaziergänger*) persona f che passeggia: **~ in der Stadt**, gente a passeggio in città **2** pej (*Trödler*) posapiano m fam scherz, perditempo mf; (*Faulenzer*) fannullone (-a) m (f).

bums interj tonfete! • **es macht ~!**, fa tonfete!

bumsen A itr **1** <sein> fam (*prallen*) **gegen/an etw** (akk) ~ sbattere contro qc, urtare contro qc **2** <haben> vulg (*Geschlechtsverkehr haben*) chiavare vulg, trombare vulg, scopare vulg; **mit jdm** ~ chiavare/trombare/scopare con qu: **das Bumsen**, la chiavata vulg/scopata vulg B tr vulg **jdn** ~ chiavare qu vulg, trombare qu vulg, scopare qu vulg, fottere qu vulg: (**von jdm**) **gebumst werden** vulg, venir chiavato (da qu) vulg C unpers <haben> fam: **es hat gebumst** (*bei Autounfall*), che tonfo/botta!; **als er fiel, bumste es fürchterlich**, quando cadde si udì un tonfo terribile; **es bumst (gleich)!** (*es gibt gleich Schläge!*), ora ne buschi!

Bumslokal n fam pej localaccio m, locale m malfamato.

Bumsmusik f fam pej musicaccia f assordante.

bumsvoll adj slang {LOKAL, RAUM} pieno da scoppiare fam.

Bund① <-(e)s, Bünde> m **1** (*Bündnis*) unione f, alleanza f; (*Freundschaftsbund, Ehebund*) legame m, vincolo m; (*Pakt*) patto m **2** (*Schutzbündnis, Interessenbündnis*) lega f, associazione f **3** pol (*Gesamtstaat*) stato m federale; CH (*Eidgenossenschaft*) Confederazione f Elvetica **4** pol (*Staatenbund*) (con)federazione f; (*zu einem bestimmten Zweck*) coalizione f **5** fam (*~eswehr*): **der ~**, l'esercito, le forze armate; **beim ~ sein**, essere sotto la naia slang, fare il servizio militare; **zum ~ gehen**, andare sotto la naia slang, partire militare fam **6** (*an Hose, Kleid, Rock*) cintura f **7** mus {+ZUPFINSTRUMENT} tasto m • **den ~ der Ehe eingehen** geh, convolare a nozze geh, legarsi in matrimonio geh; **~ und Länder** parl, stato federale e Länder; **den ~ fürs Leben schließen** geh, convolare a nozze geh, legarsi in matrimonio geh; **einen ~ (mit jdm) schließen**, stringere un'alleanza (con qu); **mit jdm im ~ sein/stehen** (*als Verbündeter*), essere alleato con qu; (*als Komplize*), tenere bordone a qu fam; **der Steuerzahler**, ≈ Associazione dei Contribuenti Tedeschi; **~ für Umwelt und Naturschutz Deutschland**, "Associazione per la tutela dell'ambiente e della natura in Germania", ≈ Legambiente f.

Bund② <-(e)s, -e> n **1** {+HEU, STROH} fascio m; {+RADIESCHEN, SPARGEL} mazzo m **2** {+GARN} matassa f **3** {+HOLZ} fastello m; {+REISIG} fascina f.

BUND <-(e)s, ohne pl> m Abk von Bund für Umwelt und Naturschutz Deutschland: "Associazione f per la tutela dell'ambiente e della natura in Germania", ≈ Legambiente f.

Bündchen <-s, -> n dim von Bund (*Armbündchen*) polsino m; (*Halsbündchen*) colletto m.

Bündel <-s, -> n **1** {+HEU, STROH} fascio m, fastello m; {+REISIG} fascina f **2** (*Packen*) {+KLEIDUNG, WÄSCHE} fagotto m; {+BANKNOTEN} mazzetta f; {+BRIEFE, PAPIER} fascio m; {+AKTEN} auch incartamento m **3** (*eine Menge*) {+PROBLEME, SORGEN} fardello m; {+FRAGEN, VORSCHLÄGE} pacchetto m **4** opt (*Strahlenbündel*) fascio m; geom {+EBENEN, GERADEN} fascio m • **sein ~ schnüren/packen** fam scherz, far fagotto fam, levare le tende fam; **jeder hat sein ~ zu tragen**, ciascuno ha ₍la sua croce₎/[il suo fardello].

bündeln tr etw ~ {PAPIERE, ZEITUNGEN} legare qc (insieme); {BANKNOTEN} fare mazzette di qc; {GARBEN, STROH} affastellare qc; {RADIESCHEN, SPARGEL} fare mazzetti di qc.

Bundesagentur f agenzia f federale.

Bundesamt n ufficio m federale: **~ für Naturschutz**, Ufficio federale per la tutela della natura.

Bundesangestelltentarif m (Abk BAT) "scala f retributiva del pubblico impiego in Germania".

Bundesanleihe f ökon "prestito m obbligazionario dello Stato federale".

Bundesanstalt f ente m/istituto m/agenzia f federale.

Bundesanwalt m (**Bundesanwältin** f) **1** D procuratore (-trice) m (f) federale presso la Suprema Corte tedesca **2** CH pubblico ministero m federale.

Bundesanwaltschaft f D (*beim Bundesgerichtshof*) procura f federale presso la Suprema Corte tedesca.

Bundesarbeitsgericht n tribunale m federale del lavoro.

Bundesarchiv n archivio m di Stato.

Bundesausbildungsförderungsgesetz n (Abk BAFÖG, Bafög) "legge f per il sostegno dell'istruzione scolastica ed universitaria in Germania".

Bundesautobahn f D A autostrada f federale.

Bundesbahn <-, ohne pl> f D hist oder A CH ferrovie f pl dello Stato.

Bundesbank <-, ohne pl> f: **die deutsche ~**, la Banca Centrale Tedesca.

Bundesbeamte <dekl wie adj> m impiegato (-a) m (f) federale/statale.

Bundesbehörde f autorità f/ufficio m federale.

Bundesbruder m (*in einer Studentenverbindung*) confratello m.

Bundesbürger m (**Bundesbürgerin** f) cittadino (-a) m (f) tedesco (-a).

bundesdeutsch adj tedesco (occidentale hist).

Bundesdeutsche <dekl wie adj> mf pol cittadino (-a) m (f) tedesco (-a) (della Germania occidentale hist).

Bundesebene f: **auf ~**, a livello nazionale.

Bundesfinanzhof m Corte f federale delle Finanze, ≈ Commissione f Tributaria Centrale.

Bundesfinanzminister m (**Bundesfinanzministerin** f) pol ministro m delle finanze.

Bundesfinanzministerium n pol ministero m delle finanze.

Bundesforschungsinstitut n istituto m federale di ricerca.

Bundesgebiet n D territorio dello stato federale (tedesco).

Bundesgenosse m (**Bundesgenossin** f) obs alleato (-a) m (f).

Bundesgerichtshof <-s, ohne pl> m D (Abk BGH) ≈ Corte f di Cassazione.

Bundesgesetzblatt n ≈ gazzetta f ufficiale.

Bundesgesundheitsamt n ≈ Istituto m Superiore della Sanità.

Bundesgesundheitsminister m (**Bundesgesundheitsministerin** f) ministro m della Sanità.

Bundesgrenzschutz m D hist "Polizia f Federale di Frontiera".

Bundeshauptstadt f capitale f federale.

Bundeshaus <-es, ohne pl> n **1** D sede f del parlamento (federale) **2** CH Palazzo m federale.

Bundeshaushalt m ökon bilancio m federale.

Bundesheer <-(e)s, ohne pl> n A forze f pl armate.

Bundesinnenminister m (**Bundesinnenministerin** f) ministro m (federale) ₍dell'Interno₎/[degli Interni].

Bundesinnenministerium n ministero m (federale) dell'Interno/[degli Interni].

Bundeskabinett n gabinetto m federale, consiglio m dei ministri federali.

Bundeskanzler m (**Bundeskanzlerin** f) D A cancelliere m (federale); CH cancelliere m della Confederazione Elvetica.

Bundeskanzleramt n D A cancelleria f (federale): **das ~ lässt verlauten, dass ...**, la cancelleria comunica che ...

Bundeskartellamt n antitrust m tedesco.

Bundeskriminalamt n D polizia f federale tedesca.

Bundeslade f relig arca f dell'alleanza.

Bundesland n **1** D Land m, stato m federale, regione-stato f: **die alten und die neuen Bundesländer**, i vecchi e i nuovi länder **2** A stato m federato.

Bundesliga f D sport: (**Erste/1.**) **~**, serie f A, massima divisione f, Bundesliga f; **Zweite/2. ~**, serie B: **aus der ~ absteigen**, retrocedere in serie B; **in die ~ aufsteigen**, essere promosso in serie A; **aus der ~ rausfliegen** fam, volare fuori dalla serie A fam.

Bundesligaspiel n sport partita f/incontro m della serie A tedesca.

Bundesminister m (**Bundesministerin** f) D A ministro m (federale).

Bundesministerium n D A ministero m (federale).

Bundesnachrichtendienst <-(e)s, ohne pl> m (Abk BND) "Servizio m Federale di Informazione".

Bundespost <-, ohne pl> f: **die (Deutsche) ~** hist (Abk DBP), "le Poste Federali (tedesche)".

Bundespräsident m (**Bundespräsidentin** f) **1** D A presidente (rar -essa) m (f) della Repubblica Federale Tedesca **2** CH presidente (rar -essa) m (f) della Confederazione.

Bundespresseamt n ufficio m stampa del governo federale.

Bundesrat m **1** D A camera f alta, Bundesrat m **2** CH consiglio m federale.

Bundesregierung f governo m federale.

Bundesrepublik f repubblica f federale

● **die ~ Deutschland** (Abk BRD), la Repubblica Federale Tedesca (Abk RFT).
bundesrepublikanisch adj della Repubblica Federale (tedesca).
Bundesrichter m (**Bundesrichterin** f) giudice mf federale.
Bundesschatzbrief m ökon buono m del tesoro.
Bundessozialgericht n jur tribunale m sociale (federale).
Bundesstaat m **1** (Staatenbund) (con)federazione f (di stati) **2** (einzelner Staat) stato m federale.
Bundesstraße f D A strada f statale.
Bundestag <-s, ohne pl> m D camera f bassa/[dei deputati], Bundestag m, parlamento m (tedesco).
Bundestagsabgeordnete <dekl wie adj> mf deputato (rar -a) m (f).
Bundestagsdebatte f dibattito m ⌊in parlamento⌋/[al Bundestag].
Bundestagsfraktion f gruppo m parlamentare, frazione f del Bundestag: **Vorsitzender der ~ der Grünen**, capogruppo dei Verdi.
Bundestagsmitglied n membro m del Bundestag/parlamento.
Bundestagspräsident m (**Bundestagspräsidentin** f) presidente mf del Bundestag/[parlamento tedesco].
Bundestagssitzung f seduta f del parlamento.
Bundestagswahl f elezioni f pl politiche/[per il Bundestag/parlamento].
Bundestrainer m (**Bundestrainerin** f) D sport ⌊commissario m tecnico⌋/[coach m]/[CT m] (della nazionale tedesca).
Bundesumweltminister m (**Bundesumweltministerin** f) ministro m dell'ambiente.
Bundesumweltministerium n pol ministero m dell'ambiente.
Bundesverband m federazione f nazionale.
Bundesverdienstkreuz n croce f federale al merito.
Bundesverfassung f costituzione f federale.
Bundesverfassungsgericht <-(e)s, ohne pl> n D (Abk BVG) "Corte f Costituzionale Federale".
Bundesverfassungsrichter m (**Bundesverfassungsrichterin** f) giudice mf della Corte Costituzionale Federale.
Bundesversammlung <-, ohne pl> f D CH Assemblea f Federale.
Bundesverwaltungsgericht n D "Corte f Federale Amministrativa".
Bundesvorsitzende <dekl wie adj> mf presidente mf/presidentessa f nazionale.
Bundesvorstand m presidenza f nazionale.
Bundeswahlgesetz n pol legge f elettorale tedesca.
Bundeswehr <-, ohne pl> f D forze f pl armate tedesche: **bei der ~ sein**, fare il (servizio) militare.
Bundeswehrhochschule f "Accademia f Militare Tedesca".
Bundeswehrsoldat m soldato m delle forze armate tedesche.
bundesweit A adj {SUCHAKTION} sull'intero territorio federale B adv {FAHNDEN, GELTEN, SUCHEN} sull'intero territorio federale.
Bundeszentrale f: **~ für politische Bildung**, "archivio m federale che distribuisce gratis ai cittadini tedeschi materiale informativo di carattere politico".
Bundfalte f pince f.
Bundfaltenhose f pantaloni m pl con le pince.
Bundhose f pantaloni m pl alla zuava.
bündig A adj **1** (kurz und bestimmt) {ANTWORT, AUSKUNFT} conciso, stringato, succinto **2** (überzeugend) {BEWEIS} convincente, esauriente **3** (auf gleicher Ebene) allo stesso livello B adv (kurz und bestimmt) concisamente, stringatamente, in poche parole.
Bündner Fleisch <- -(e)s, ohne pl> n gastr bresaola f.
Bündnis <-ses, -se> n alleanza f, patto m, coalizione f: **einem ~ beitreten**, aderire a un'alleanza/un patto; **ein ~ eingehen/schließen**, stringere un patto/un'alleanza ● **~ für Arbeit** pol, Patto per il Lavoro; **~ 90/Die Grünen** pol hist, "alleanza tra i due partiti verdi in Germania".
Bündnisblock m pol blocco m (di paesi alleati).
bündnisfrei adj pol non allineato.
Bündnisgrüne <dekl wie adj> mf pol hist membro m del partito nato dall'alleanza tra i due partiti verdi: **die ~n**, i Verdi.
Bündnispartner m (**Bündnispartnerin** f) alleato (-a) m (f), partner mf.
Bündnissystem n pol sistema m di alleanze.
Bündnistreue f lealtà f verso l'alleanza.
Bundweite f text {+HOSE} vita f.
Bungalow <-s, -s> m bungalow m.
Bungee-Jumping <-s, ohne pl> n sport, **Bungeejumping** <-s, ohne pl> n sport bungee jumping m.
Bungee-Springen, **Bungeespringen** n → **Bungee-Jumping**.
Bunker <-s, -> m **1** mil bunker m, casamatta f, fortino m; (Luftschutzbunker) bunker m, rifugio m antiaereo: **in den ~ flüchten**, rifugiarsi nel bunker **2** (Lagerungsort) deposito m, silo m **3** Golf bunker m **4** mil slang (Gefängnis) gattabuia f fam scherz, galera f fam, carcere m.
bunkern A tr etw ~ **1** (in Bunkern lagern) {ERZ, KOHLE} stoccare qc, depositare qc; {GETREIDE} insilare qc **2** fam (horten) {LEBENSMITTEL} fare incetta di qc, razziare qc **3** slang (verstecken) {HEROIN, LSD} nascondere qc B itr naut fare il bunkeraggio, bunkerare.
Bunny <-s, -s> n coniglietta f.
Bunsenbrenner m becco m (di) Bunsen.
bunt A adj **1** (mehrfarbig) {BLUMENSTRAUß, KLEIDUNGSSTÜCK, STOFF} variopinto, multicolore; wiss policromo; (farbig) colorato, a colori **2** <attr> (ungeordnet) {MENGE} variopinto: **ein ~es Durcheinander**, una bella confusione; **in ~er Reihenfolge**, senza un ordine prestabilito/preciso; (vielfältig) {AUSWAHL, MISCHUNG, PROGRAMM} vario; **~er Abend** theat TV, serata di varietà; (Fest) serata con intrattenimenti vari; **~er Teller**, piatto con pietanze assortite B adv **1** (farbig) {BEMALEN} a colori; {SICH KLEIDEN} con colori sgargianti: **~ gemustert**, ⌊a motivi colorati⌋/[fantasia] **2** (ungeordnet) {DURCHEINANDER, VERSTREUT} alla rinfusa, disordinatamente; **es zu ~ treiben** fam, passare la misura/il segno; **jdm wird es zu ~ fam**, a qu scappa la pazienza fam; **das wird mir (doch) zu ~!**, ora mi scappa la pazienza! fam, questo è troppo!
buntbemalt adj → **bemalen**.
buntgefleckt adj → **gefleckt**.
buntgemischt adj → **gemischt**.
buntgestreift adj → **gestreift**.
Buntheit <-, ohne pl> f **1** (Farbigkeit) varietà f di colori, policromia f **2** (Vielgestaltigkeit) varietà f, molteplicità f.
Buntmetall n metallo m non ferroso.
Buntpapier n carta f colorata.
Buntsandstein m geol arenaria f variegata.
buntscheckig adj <attr> {KUH, PFERD} pezzato.
Buntspecht m ornith picchio m.
Buntstift m matita f colorata.
Buntwäsche f capi m pl colorati.
Bürde <-, -n> f geh **1** (Last) carico m **2** (Beschwernis) peso m, gravame m: **jdm eine ~ auferlegen**, addossare un peso/una responsabilità a qu; **jdm eine ~ abnehmen**, togliere/levare un peso/una responsabilità a qu ● **die ~ des Alters**, il peso della vecchiaia, il gravame degli anni; **die ~ des Amtes**, l'onere della carica; **eine schwere ~ tragen müssen**, avere una grossa croce da portare.
Bure <-n, -n> m (**Burin** f) boero (-a) m (f).
Bureau n CH → **Büro**.
Burg <-, -en> f **1** hist rocca(forte) f, fortezza f, castello m **2** (Strandburg) castello m di sabbia.
Bürge <-n, -n> m (**Bürgin** f) **1** garante mf, mallevadore (-drice) m (f) **2** jur ökon fideiussore mf, garante mf; {+WECHSEL} avallante mf: **einen ~n stellen**, farsi garantire da un fideiussore.
bürgen itr **1** jur (einstehen für) **für etw** (akk) **~** {FÜR KREDIT, SCHULDEN} garantire qc, farsi/rendersi garante di qc: **für einen Wechsel ~**, avallare una cambiale; **für jdn ~** prestare fideiussione per qu **2** (garantieren) **für etw** (akk) **~** {FÜR QUALITÄT, RICHTIGKEIT} garantire qc, rispondere di qc; **für jdn ~** garantire per qu: **und wer bürgt mir dafür, dass ...?**, e chi mi garantisce/[dà la garanzia] che ...?
Burgenland <-(e)s, ohne pl> n geog Burgenland m.
Bürger <-s, -> m (**Bürgerin** f) **1** (Staatsbürger; Städter) cittadino (-a) m (f): **Rechte und Pflichten der ~**, diritti e doveri dei cittadini **2** hist soziol borghese mf: **reiche/wohlhabende ~**, borghesi ricchi/benestanti ● **~ in Uniform** D, "soldato visto come modello di valori e ubbidienza civili".
Bürgerbeauftragte <dekl wie adj> mf pol difensore m civico, ombudsman m: **Europäischer ~**, mediatore europeo.
Bürgerbegehren n D parl richiesta f di referendum.
Bürgerbewegung f movimento m civico.
Bürgerentscheid m referendum m.
bürgerfern adj {POLITIKER} distante dai cittadini.
Bürgerforum n **1** (Bürgerinitiative) comitato m cittadino **2** (Diskussionsforum) forum m civico.
Bürgergeld n reddito m di cittadinanza.
Bürgerhaus n **1** (Gemeindezentrum) centro m civico **2** arch (Haus eines Bürgers) casa f/palazzo m borghese.
Bürgerin f → **Bürger**.
Bürgerinitiative f pol comitato m cittadino.
Bürgerkrieg m guerra f civile.
bürgerkriegsähnlich adj {KÄMPFE, ZUSTÄNDE} da guerra civile.
bürgerlich adj **1** jur {EHE, EHRENRECHTE} civile: **Bürgerliches Gesetzbuch** (Abk BGB), Codice Civile (tedesco); {PFLICHTEN} civico, del cittadino; **im ~en Leben**, nella vita civile; **mit ~em Namen**, al secolo **2** pol soziol bor-

ghese: **~e Parteien**, partiti laici; *pej* (da) piccolo borghese, (da) borghesuccio; **(zu) ~ sein**, essere (troppo) conservatore **3** (*häuslich*) {KÜCHE} casalinga, semplice • **gut – essen**, mangiare alla casalinga; **gut – kochen**, fare cucina casalinga.

Bürgerliche <dekl wie adj> mf *pol soziol* borghese mf.

Bürgerlichkeit <-, *ohne pl*> f mentalità f borghese, borghesismo m.

Bürgermeister m (**Bürgermeisterin** f) sindaco m, primo cittadino m; *D* borgomastro m • **Regierender ~ (von Berlin)**, borgomastro reggente (di Berlino).

Bürgermeisteramt n (*Funktion*) carica f di sindaco; (*Gebäude*) municipio m.

bürgernah adj {POLITIKER} vicino ai cittadini.

Bürgerpflicht f *jur* dovere m civico: **seine ~en erfüllen**, adempiere ai propri doveri di cittadino.

Bürgerrecht n <*meist pl*> diritto m civile: **jdm das ~/die ~e verleihen**, dare/concedere a qu i diritti civili.

Bürgerrechtler <-s, -> m (**Bürgerrechtlerin** f) attivista mf per i diritti civili.

Bürgerrechtsbewegung f movimento m per i diritti civili.

Bürgerschaft <-, *rar -en*> f **1** (*die Bürger*) cittadinanza f, cittadini m pl **2** (*Bürgervertretung in Hamburg und Bremen*) parlamento m cittadino.

Bürgerschaftswahl f elezione f del parlamento cittadino.

Bürgerschreck <-s, *ohne pl*> m spauracchio m per i benpensanti.

Bürgersinn <-s, *ohne pl*> m senso m civico, coscienza f civile.

Bürgersteig <-(e)s, -e> m marciapiede m.

Bürgertum <-s, *ohne pl*> n borghesia f: **das aufstrebende ~**, la borghesia emergente; **das liberale ~**, la borghesia liberale; **das ~ des 18. Jahrhunderts**, la borghesia del Settecento.

Burgfräulein n *hist* (*im Mittelalter*) figlia f del castellano.

Burgfrieden, **Burgfriede** m *parl* tregua f nel confronto parlamentare.

Burggraben m fosso m/fossato m del castello.

Burgherr m (**Burgherrin** f) castellano (-a) m (f).

Burghof m cortile m/corte f di un castello.

Bürgin f → **Bürge**.

Burgruine f fortezza f diroccata, ruderi m pl di una fortezza.

Bürgschaft <-, -*en*> f **1** *jur ökon* (*gegenüber Gläubigern*) fideiussione f, garanzia f **2** (*Sicherheit*) garanzia f, malleveria f **3** (*Haftungssumme*) importo m garantito • **gegen ~ (freilassen)**, (rilasciare) dietro cauzione; **(für jdn/etw) ~ leisten**, prestare garanzia/fideiussione (per qu/qc); **die ~ für jdn übernehmen**, prestare garanzia/fideiussione per qu.

Burgund <-(s), *ohne pl*> n *geog* Borgogna f.

Burgunder① m (*~wein*) borgogna m.

Burgunder② <-s, -> m (**Burgunderin** f) borgognone mf.

burgundisch adj borgognone • **die Burgundische Pforte** *geog*, la Porta di Borgogna.

Burgverlies n segreta f del castello.

Burgvogt m *hist* → **Burgherr**.

Burin f → **Bure**.

Burka <-, -s> f burqa m.

Burkina Faso <- -s, *ohne pl*> n *geog* Burkina Faso m.

burkinisch adj del Burkina Faso.

burlesk adj {FIGUR, THEATERSTÜCK} burlesco.

Burleske <-, -*n*> f *theat* farsa f, burlesque m.

Burma <-s, *ohne pl*> n *geog* → **Birma**.

burmesisch adj → **birmanisch**.

Burn-out, **Burnout** <-s, -s> n *med* burnout m.

Burnout-Syndrom, **Burn-out-Syndrom**, **Burnoutsyndrom** <-s, -*e*> n *med* sindrome f da burnout.

Büro <-s, -*s*> n **1** (*Gebäude, Raum*) ufficio m; (*Geschäftsstelle*) agenzia f **2** (*~personal*) ufficio m: **unser ~ arbeitet schnell und zuverlässig**, il nostro ufficio è veloce e affidabile • **im ~ arbeiten**, lavorare in ufficio; **ins ~ gehen**, andare in ufficio.

Büroangestellte <dekl wie adj> mf impiegato (-a) m (f) d'ufficio.

Büroarbeit f lavoro m d'ufficio.

Büroartikel m articolo m per ufficio; <pl> cancelleria f.

Büroautomation f automazione f d'ufficio, office automation f.

Bürobedarf m oggetti m pl/articoli m pl di cancelleria, materiale m per ufficio.

Bürocomputer m computer m dell'ufficio.

Büroeinrichtung f arredamento m da/dell'ufficio.

Bürofläche f spazio m per ufficio.

Bürogebäude n edificio m/palazzo m con uffici.

Bürogemeinschaft f studio m associato.

Bürohaus n palazzo m per uffici.

Bürohengst m *fam pej* impiegatuccio m.

Bürohilfe f addetto (-a) m (f) a mansioni d'ufficio.

Bürokauffrau f segretaria f d'azienda.

Bürokaufmann m segretario m d'azienda.

Büroklammer f clip m *oder* f, fermaglio m.

Bürokommunikationssystem n *inform* sistema m d'ufficio.

Bürokraft f aiuto m per l'ufficio • **~ gesucht**, cercasi aiuto per ufficio.

Bürokrat <-*en*, -*en*> m (**Bürokratin** f) *pej* burocrate mf.

Bürokratie <-, -*n*> f **1** (*Verwaltungsapparat*) burocrazia f, amministrazione f: **aufgeblähte ~**, burocrazia ipertrofica **2** (*Beamten*) burocrati m pl, funzionari m pl (statali) **3** <*nur sing*> (*bürokratische Mentalität*) burocratismo m, mentalità f burocratica.

Bürokratin f → **Bürokrat**.

bürokratisch adj **1** (*verwaltungsmäßig*) {ABWICKLUNG, VERFAHREN} burocratico **2** *pej* (*pedantisch*) burocratico, pedissequo • **~er Schlendrian**, cialtroneria degli uffici statali.

Bürokratisierung <-, -*en*> f burocratizzazione f.

Bürokratismus <-, *ohne pl*> m *pej* burocratismo m.

Büroleiter m (**Büroleiterin** f) capoufficio mf.

Büromaschine f macchina f per ufficio.

Büromaterial n → **Bürobedarf**.

Büromensch m *fam pej* impiegatuccio m.

Büromöbel subst <*nur pl*> mobili m pl per ufficio.

Büropersonal n personale m impiegatizio.

Büroraum m locale m/spazio m per ufficio.

Büroschluss (a.R. Büroschluß) <-es, *ohne pl*> m (*orario m di*) chiusura f dell'ufficio • **wir haben jetzt ~!**, ora l'ufficio chiude!

Bürostuhl m sedia f da ufficio.

Bürostunden subst <*nur pl*> orario m/ore f pl d'ufficio.

Bürotätigkeit f lavoro m in/di ufficio.

Bürotechnik f tecnologia f per ufficio.

Büroturm m edificio m a torre per uffici.

Bürozeit f <*meist pl*> orario m d'ufficio.

Burschchen <-s, -> n *dim von* Bursche **1** ragazzino m, giovinetto m **2** *scherz oder pej* (*kleiner Schelm*) monello m, bricconcello m: **freches ~**, bricconcello impertinente *fam*.

Bursche <-*n*, -*n*> m **1** (*junger Mann*) giovanotto m: **die jungen ~n**, i giovanotti **2** (*Laufbursche*) fattorino m, galoppino m **3** *fam pej* (*Kerl*) tipaccio m *fam*, soggetto m *fam*: **ein übler ~**, un tipo poco raccomandabile.

Burschenschaft <-, -*en*> f *univ* → **Studentenverbindung**.

burschikos adj **1** (*jungenhaft: von Mädchen*) {ART, BENEHMEN} scanzonato, da maschiaccio: **~es Mädchen**, ragazza che si comporta come un maschiaccio; **sei nicht so ~!**, non comportarti come un maschiaccio! **2** (*salopp*) {AUSDRUCKSWEISE, BEMERKUNG} disinvolto; {KLEIDUNG} casual.

Bürste <-, -*n*> f (*Haarbürste, Kleiderbürste, Massagebürste, Schuhbürste*) spazzola f; (*Klobürste*) scopino m (del gabinetto); (*Zahnbürste*) spazzolino m.

bürsten A tr **1** (*mit einer Bürste reinigen, glätten*) etw ~ {FELL, HAAR, KLEIDUNGSSTÜCK, SAMT, SCHUHE} spazzolare qc, dare una spazzolata a qc; {ZÄHNE} spazzolare qc; (*mit einer Bürste massieren*) {ZAHNFLEISCH} massaggiare qc con uno spazzolino; {KÖRPER(TEIL)} massaggiare qc con una spazzola **2** (*abbürsten*) **etw von etw** (dat) ~ {DRECK, FUSSELN} togliere qc con la spazzola B rfl **sich** (dat) **etw** ~ {HAARE} spazzolarsi qc; {KÖRPER(TEIL)} massaggiarsi qc con la spazzola.

Bürstenfrisur f, **Bürstenhaarschnitt**, **Bürstenschnitt** m taglio m/capelli m pl a spazzola.

Bürstenmassage f massaggio m a spazzola.

Bürstenschnitt m → **Bürstenfrisur**.

Bürzel <-s, -> m **1** *zoo* codrione m **2** *gastr* boccone m del prete.

Bus <-*ses*, -*se*> m (*auto*)bus m; (*Reisebus*) pullman m, corriera f; (*Schulbus*) scuolabus m.

Busbahnhof m autostazione f, stazione f dei pullman.

Busch <-(e)s, *Büsche*> m **1** (*Strauch*) arbusto m; (*Gebüsch*) cespuglio m **2** <*nur sing*> *geog* (*in den Tropen*) savana f **3** (*Strauß*) mazzo m; (*Federbusch*) ciuffo m, pennacchio m; (*Haarbusch*) ciocca f, ciuffo m • **mit etw** (dat) **hinter dem ~ halten** *fam*, tenere nascosto (-a) qc; **da ist (doch) (et)was im ~!** *fam*, qc bolle in pentola! *fam*, qui gatta ci cova! *fam*; **(bei jdm) auf den ~ klopfen** *fam*, tastare/sondare il terreno (presso qu); **sich in die Büsche schlagen** *fam*, darsi alla macchia *fam*, diventare uccel di bosco *fam*.

Buschbohne f *bot* fagiolo m nano.

Büschel <-s, -> n (*Haarbüschel*) ciuffo m, ciocca f; (*Strohbüschel*) fascio m; (*Grasbüschel*) *auch* ciuffo m; (*Strohbüschel, Heubüschel*) mannello m; (*von Blumen, Gemüse*) mazzo m.

büschelweise adv {HAARE, GRAS} a ciuffi; {GRAS, STROH} a fasci; {HEU, STROH} a mannelli.

Buschenschänke f *A*, **Buschenschenke** f *A* taverna f, osteria f.

buschig A adj **1** (*dicht gewachsen*) {AUGEN-

BRAUEN, BART} cespuglioso, folto; {FELL, HAARE} folto **2** (*mit Büschen bestanden*) cespuglioso, coperto di cespugli **3** (*ausladend*) {STAUDE, STRAUCH} cespuglioso **B** adv {WACHSEN} a cespugli.

Buschmann <-(e)s, -männer oder -leute> m boscimano m.

Buschmannfrau f boscimana f.

Buschmesser n coltello m da boscaglia, machete m.

Buschwerk n boscaglia f, cespugli m pl.

Buschwindröschen <-s, -> n *bot* silvia f, anemone m dei boschi.

Busen <-s, -> m **1** <*meist* sing> *anat* seno m, petto m: **ein fester/kleiner/üppiger ~**, un seno sodo/piccolo/abbondante **2** (*Oberteil des Kleides*) seno m: **sie versteckte ein Zettelchen im ~**, nascose un bigliettino in seno **3** (*Meeresbusen*) insenatura f, golfo m, seno m **4** *lit* (*Innerstes*) seno m, cuore m, petto m: **ein Geheimnis in seinem ~ bewahren**, custodire un segreto nel proprio cuore • **jdn an seinen ~ drücken** *fam*, stringere qu al seno; **am ~ der Natur** *geh scherz*, all'aria aperta.

busenfrei **A** adj a seno scoperto **B** adv a seno scoperto, in topless: **sich ~ sonnen**, prendere il sole in topless.

Busenfreund m (**Busenfreundin** f) **1** (*enger Freund*) amico (-a) m (f) ₋intimo (-a)₋/[del cuore] **2** *iron* (*Intimfeind*) nemico m giurato.

Busenstar m → **Busenwunder**.

Busenwunder n maggiorata f, tettona f *fam*.

Busfahrer m (**Busfahrerin** f) autista mf dell'autobus m; (*Reisebusfahrer*) autista mf ₋del pullman₋/[della corriera]; (*Schulbusfahrer*) autista mf dello scuolabus.

Bushaltestelle f fermata f dell'autobus.

Business (a.R. Busineß) <-, ohne pl> n **1** *pej* (*Geschäftemacherei*) business m **2** (*Geschäftsleben*) mondo m del business • **das ist (eben) ~!**, gli affari sono affari!

Business-Class, Businessclass <-, ohne pl> f *aero* business class f.

Buslinie f linea f d'autobus.

Busparkplatz m parcheggio m (riservato ai) bus.

Busreise f viaggio m in pullman.

Bussard <-s, -e> m *ornith* poiana f.

Buße <-, -n> f **1** <*nur* sing> *bes. relig* (*Bußauflage, Reue*) penitenza f; (*Sühne*) espiazione f **2** *jur* (*Geldbuße*) pena f/sanzione f pecuniaria, ammenda f • **jdn mit einer ~ belegen**, infliggere una pena/sanzione pecuniaria a qu; **~ tun**, far penitenza; **zur ~**, come penitenza.

büßen **A** tr *etw* (*mit etw* dat) **~** {SÜNDE, UNTAT, VERBRECHEN} espiare *qc* (*con qc*), scontare *qc* (*con qc*): **etw mit seinem Leben ~ müssen**, pagare qc con la propria vita **B** itr (*für etw* akk) **~** pagare (*per qc*), fare penitenza (*per qc*), pagare il fio (*per qc*), pagare caro (-a) *qc*: **für etw** (akk) **~ müssen**, dover pagare per qc • **das wirst/sollst du mir ~!**, (questa) me la paghi!

Büßer <-s, -> m (**Büßerin** f) penitente mf.

Büßergewand n cilicio m.

Büßerin f → **Büßer**.

Busserl, Bussel <-s, -(n)> n *süddt A fam* (*Küsschen*) bacino m, bacetto m • **mach ~!**, dammi un bacino/bacetto!

bußfertig adj *relig* {SÜNDER} contrito.

Bußgang m: **einen ~ antreten** *geh*, andare a Canossa *geh*.

Bußgebet n *relig* preghiera f di penitenza.

Bußgeld n *jur* multa f, contravvenzione f *fam*, sanzione f pecuniaria: **jdm mit einem ~ belegen**, multare qu; **~ bezahlen**, pagare una multa.

Bußgeldbescheid m notifica f di sanzione (pecuniaria).

Bußgeldkatalog m "tabella f delle sanzioni pecuniarie".

Bußgeldverfahren n *jur* procedimento m per infrazione amministrativa.

Bussi <-s, -s> n *süddt* → **Busserl**.

Buß- und Bettag m *relig* (*evangelischer Feiertag*) "giorno m di penitenza e di preghiera".

Büste <-, -n> f **1** *kunst* busto m **2** *geh obs* (*Busen*) petto m, seno m.

Büstenhalter m (Abk BH) reggiseno m, reggipetto m.

Bustier <-s, -s> n bustino m, corpetto m.

Busverbindung f collegamento m d'autobus.

Busverkehr m **1** servizio m di autobus **2** traffico m degli autobus.

Butan <-s, -e> n butano m.

Butangas <-es, ohne pl> n (gas m) butano m.

Butler <-s, -> m maggiordomo m.

Butt <-(e)s, -e> m *fisch* rombo m.

Bütt <-, -en> f *region* "podio m per i discorsi di carnevale" • **in die ~ steigen**, salire sul podio (per tenere un discorso di carnevale).

Bütte <-, -n> f **1** *region hist* (*Bade-, Waschzuber*) tinozza f, mastello m **2** (*bei Weinlese*) bigoncia f **3** (*bei Papierherstellung*) tino m.

Büttel <-s, -> m *pej* scagnozzo m, tirapiedi m.

Bütten <-s, ohne pl> n, **Büttenpapier** n carta f a mano.

Büttenrede f "discorso m che si tiene dal podio durante il carnevale".

Büttenredner m (**Büttenrednerin** f) "oratore (-trice) m (f) che tiene un discorso durante il carnevale".

Butter <-, ohne pl> f burro m: **braune/zerlassene ~**, burro dorato/fuso; **etw mit ~ bestreichen**, imburrare qc • **jdm nicht die ~ auf dem Brot gönnen** *fam*, invidiare a qu l'aria che respira *fam*; **jd lässt sich (von jdm) nicht die ~ vom Brot nehmen** *fam*, qu non si lascia posare la mosca sul naso *fam*, qu non si lascia pestare i piedi da nessuno *fam*; ₋**es ist alles in ~**₋/[alles (ist) in ~] *fam*, è tutto a posto; **wie ~ an der Sonne dahinschmelzen** {ERSPARNISSE, RÜCKLAGEN, VORRÄTE}, sciogliersi come neve al sole; **weich wie ~**, tenero come il burro.

Butterberg <-(e)s, ohne pl> m *fam scherz* montagna f di burro • **der ~ der EU**, la montagna di burro dell'UE.

Butterblume f *fam* ranuncolo m.

Butterbrot n pane m imburrato, pane m e burro m • **für ein ~ fam** {ARBEITEN, BEKOMMEN, KAUFEN, VERKAUFEN}, per un tozzo di pane *fam*; **jdm etw aufs ~ schmieren** *fam*, rinfacciare qc a qu *fam*.

Butterbrotpapier n carta f oleata.

Buttercreme f crema f al burro.

Butterdose f burriera f, portaburro m.

Butterfahrt f *fam* "viaggio m in nave per acquistare merci duty free".

Butterfass (a.R. Butterfaß) n zangola f.

Butterfly, Butterflystil <-s, ohne pl> m *sport* → **Schmetterlingsstil**.

Butterkäse m "formaggio m fresco, tenero e grasso".

Butterkeks m petit-beurre m, biscotto m al burro.

Butterkrem, Butterkreme f → **Buttercreme**.

Buttermilch f latticello m.

buttern **A** tr **1** (*mit Butter bestreichen*) *etw* **~** {BRÖTCHEN, TOAST} imburrare *qc* **2** *fam* (*investieren*) *etw in etw* (akk) **~** {GELD INS EIGENHEIM, DIE FIRMA} investire *qc in qc* **B** itr fare il burro.

Butterpilz n *bot* boleto m giallo.

butterweich adj **1** (*weich wie Butter*) {FLEISCH, FRUCHT} tenero come il burro **2** (*fast unmerklich*) {LANDUNG} morbidissimo.

Button① <-s, -s> m distintivo m (che rivela la fede politica, religiosa ecc. di chi lo indossa).

Button② <-s, -s> m **1** (*Plakette*) distintivo m **2** *inform* pulsante m.

Butzenscheibe f vetro m a tondi/occhi.

Büx <-, -en> f, **Buxe** <-, -n> f *norddt fam* calzoni m pl, pantaloni m pl.

Buyer <-s, -> m compratore m, acquirente m, buyer m *com*.

BVerfG <-, ohne pl> n Abk von Bundesverfassungsgericht: Corte Costituzionale Federale.

b. w. Abk von bitte wenden: v. r. (Abk von vedi retro).

B-Waffe f <*meist* pl> *mil* → **Biowaffe**.

BWL f Abk von Betriebswirtschaftslehre: economia f aziendale.

Bypass <-(es), Bypässe> m *med* bypass m: **jd bekommt einen ~**, a qu viene applicato/messo un bypass; **jdm einen ~ legen**, applicare/mettere un bypass a qu.

Bypassoperation f *med* operazione f di bypass.

Byte <-(s), -(s)> n *inform* byte m.

byzantinisch adj *hist* bizantino.

Byzanz <-', ohne pl> n *geog hist* Bisanzio f.

bzgl. Abk von bezüglich: per quanto riguarda, quanto a.

bzw. Abk von beziehungsweise: risp. (Abk von rispettivamente).

C, c

C① , c <-, - (fam -s)> n **1** (Buchstabe) C, c f oder m **2** mus do m • **C wie Cäsar**, c come Como; **C-Dur** mus, do maggiore; **das hohe C** mus, il do di petto; **c-Moll** mus, do minore; → auch **A, a**.
C② Abk von Celsius: C.
ca. Abk von circa: ca (Abk von circa).
Cabaret n → **Kabarett**.
Cabrio <-s, -s> n → **Kabrio**.
Cabriolet <-(s), -s> n → **Kabrio**.
Cache <-, -s> m inform (memoria f) cache f.
Cäcilia, Cäcilie f (Vorname) Cecilia.
CAD <-s, ohne pl> n inform Abk von engl computer-aided design (computerunterstütztes Konstruieren): CAD m (progettazione assistita da elaboratore).
Caddie <-s, -s> m Golf **1** (Mensch) caddie m **2** (Wagen) carrello m dei bastoni.
Cadmium <-s, ohne pl> n chem cadmio m.
Caesium n fachspr → **Zäsium**.
Café <-s, -s> n (Kaffeehaus) caffè m, bar m.
Café complet <- -, -s -s> n CH gastr "caffè m con latte, panini, burro e marmellata".
Cafeteria <-, -s oder Cafeterien> f caffetteria f, self-service m, tavola f calda.
cal Abk von (Gramm)kalorie: cal (Abk von piccola caloria).
Calcium <-s, ohne pl> n → **Kalzium**.
Callboy m ragazzo m squillo.
Call-by-Call <-s, ohne pl> n, **Call-by-Call-Verfahren** n tel "selezione f di una determinata compagnia telefonica tramite un prefisso".
Callcenter n, **Call-Center** n call center m.
Callcenteragent m (**Callcenteragentin** f), **Call-Center-Agent** m (**Call-Center-Agentin** f) operatore (-trice) m (f) di call center
Callgirl <-s, -s> n ragazza f squillo, call girl f.
Callgirlring m giro m di ragazze squillo.
Callingcard, Calling-Card <-, -s> f tel carta f telefonica internazionale (prepagata).
Calvinismus <-, ohne pl> m relig calvinismo m.
Calvinist <-en, -en> m (**Calvinistin** f) relig calvinista.
calvinistisch adj relig {KIRCHE} calvinista; {GESINNUNG, ORTHODOXIE} auch calvinistico.
CAM <-s, ohne pl> n inform Abk von engl computer-aided manufacturing (computerunterstütztes Fertigen): CAM f (produzione con l'ausilio del computer).
Camcorder <-s, -> m camcorder m.
Camembert <-s, -s> m gastr (Käse) camembert m.
Camilla f (Vorname) Camilla.
Camion <-s, -s> m CH camion m.
Camionneur <-s, -e> m CH spedizioniere m.

Camp <-s, -s> n **1** (Zeltlager) campeggio m, camping m **2** (Gefangenenlager) campo m di prigionia.
Campagne <-, -n> f → **Kampagne**.
campen itr (zelten) fare campeggio, campeggiare: **das Campen**, il campeggio, il camping.
Camper① <-s, -> m (**Camperin** f) campeggiatore (-trice) m (f).
Camper② <-s, -> m (Wohnmobil) camper m, autocaravan m.
Camping <-s, ohne pl> n campeggio m, camping m.
Campingausrüstung f equipaggiamento m/attrezzatura f da campeggio.
Campingbus m camper m, motorhome m.
Campingführer m guida f dei campeggi.
Campingplatz m campeggio m, camping m.
Campingstuhl m sedia f pieghevole/[da campeggio].
Campingzubehör n → **Campingausrüstung**.
Campus <-, -> m univ campus m.
Canaille f → **Kanaille**.
Canasta <-s, ohne pl> n (Karten) canasta f.
canceln tr etw ~ {BUCHUNG, FLUG, TERMIN, VERABREDUNG} cancellare qc.
Cannabis <-, ohne pl> m **1** bot (Hanf) canapa f **2** slang (Haschisch) fumo m slang.
Cannelloni subst <nur pl> gastr cannelloni m pl.
Cañon <-s, -s> m canyon m, cañon m.
Canossa <-(s), ohne pl> n → **Kanossa**.
Canossagang m → **Kanossagang**.
Canyoning <-s, ohne pl> n sport torrentismo m, canyoning m.
Cape <-s, -s> n mantella f, cappa f.
Cappuccino <-s, -s> m cappuccino m.
Car <-s, -s> m Abk von CH Autocar: pullman m.
Caravan <-s, -s> m autom **1** (Kombiwagen) familiare f, giardinetta® f, station wagon f **2** (Wohnwagen) roulotte f, caravan m.
Carl m (Vorname) → **Karl**.
Carola f (Vorname) Carola.
Caroline f (Vorname) Carolina.
Carotin n → **Karotin**.
Carpaccio <-s, -s> n oder m gastr carpaccio m.
Carport <-s, -s> m parcheggio m coperto.
Carsten m (Vorname) → **Karsten**.
Cartoon <-s, -s> m oder n **1** (Karikatur) vignetta f **2** (Comic) fumetti m pl.
Cartoonist <-en, -en> m (**Cartoonistin** f) fumettista mf.
Carving <-(s), ohne pl> n Ski (Fahrstil) carving m.
Carvingski, Carving-Ski, Carvingschi,

Carving-Schi m Ski carving m.
Casanova <-s, -s> m casanova m, donnaiolo m, dongiovanni m.
Cäsar① <-s, ohne pl> m hist Cesare.
Cäsar② <-en, -en> m hist (Titel) imperatore m, cesare m lit.
Cäsarenwahn, Cäsarenwahnsinn m delirio m di potere, megalomania f da dittatore.
CASE f inform Abk von engl computer aided software engineering (computerunterstütze Softwareentwicklung): CASE f (ingegneria del software assistita da elaboratore).
cash adv in contanti, cash: ~ **bezahlen**, pagare in contanti.
Cashewnuss (a.R. Cashewnuß) f (Frucht) anacardio m.
Cashflow <-s, -s> m ökon cash flow m, flusso m di cassa.
Cäsium n fachspr → **Zäsium**.
Cassette <-, -n> f → **Kassette**.
Cast <-s, ohne pl> n cast m.
casten tr jdn ~ selezionare qu (per un programma televisivo o per un film).
Casting <-(s), -s> n (für Filmrolle) casting m.
Castor® <-s, Castoren> m, **Castorbehälter** m container m per materiale radioattivo.
Catch <-, ohne pl> n sport (Abk von Catch-as-catch-can): catch m, lotta f libera all'americana.
catchen itr (gegen jdn) ~ lottare a catch (contro qu).
Catcher <-s, -> m (**Catcherin** f) lottatore (-trice) m (f) di catch.
Caterer <-s, -s> m (ditta f/servizio m di) catering m.
Catering <-(s), ohne pl> n catering m.
Catering-Service, Cateringservice m catering m.
Catwalk <-s, -s> m passerella f.
Cayennepfeffer m peperoncino m, pepe m¡di Caienna¡[rosso], pimento m rosso.
CB-Funk <-s, ohne pl> m banda f cittadina, CB m.
CB-Funker m (**CB-Funkerin** f) radioamatore (-trice) m (f).
cbm Abk von Kubikmeter: mc (Abk von metro cubo).
ccm Abk von Kubikzentimeter: cc (Abk von centimetro cubo).
CD <-, -s> f Abk von Compact Disc: CD m.
CD-Brenner m inform masterizzatore m.
CD-Cover n contenitore m del CD.
CD-Hülle f involucro m del CD.
CDI f Abk von Compact-Disc-Interactive: CDI m (Abk von Compact Disc Interattivo).
CD-Laufwerk n inform lettore m (di) CD, drive m per CD.

CD-Player <-s, -> m lettore m (di) CD.
CD-Rohling m CD m vergine.
CD-ROM <-, -s> f cd-rom m.
CD-ROM-Brenner m masterizzatore m cd-rom.
CD-ROM-Laufwerk n *inform* lettore m (di) cd-rom, drive m per cd-rom.
CD-Schrank m (mobiletto m) porta CD m.
CD-Spieler m → **CD-Player**.
CD-Ständer m porta CD m.
CD-Tasche f borsa f porta CD, custodia f (per) CD.
CDU <-, *ohne* pl> f *D pol* Abk *von* Christlich-Demokratische Union: "Unione f Cristiano-Democratica".
C-Dur n *mus* do m maggiore.
CD-Video n videodisco m.
CD-Videogerät n lettore m di videodisco.
CD-Wechsler <-s, -> m caricatore m CD.
Cedille <-, -n> f cediglia f.
Celli pl *von* Cello.
Cellist <-en, -en> m (**Cellistin** f) violoncellista mf.
Cello <-s, -s *oder* Celli> n *mus* violoncello m.
Cellophan® <-s, *ohne* pl> n cellofan m: **in ~ verpackt**, avvolto in cellofan, cellofanato.
Cellophanpapier n *fam* (pellicola f di) cellofan m.
Cellulite, **Cellulitis** f → **Zellulitis**.
Celluloid <-(s), *ohne* pl> n *fachspr chem* → **Zelluloid** 1.
Cellulose f *fachspr* → **Zellulose**.
Celsius subst <*ohne art, inv*> (Abk C) Celsius, grado m centigrado: **die Temperatur stieg auf 25 Grad ~**, la temperatura è salita a 25 gradi (centigradi).
Cembalo <-s, -s *oder* Cembali> n *mus* (clavi-)cembalo m.
Cent <-(s), -(s) *oder mit Zahlenangaben*> m **1** (*Untereinheit des Euro*) centesimo m, cent m **2** (*Untereinheit des Dollars*) cent m ● **auf den ~ genau**, al centesimo; **jeden ~** {WERT SEIN}, ogni centesimo; **jeden ~ (zweimal/dreimal) umdrehen** *fam*, badare al/[contare il] centesimo; **keinen ~** {KOSTEN, WERT SEIN}, neanche/nemmeno un centesimo; **ich habe keinen ~ mehr**, non ho più un centesimo/soldo *fam*; **ich habe dabei keinen einzigen ~ verdient**, non ci ho guadagnato nemmeno un centesimo; **keinen ~ mehr!**, neanche un centesimo in più!
Cerberus m → **Zerberus**.
Ces, **ces** <-, -> n *mus* do m bemolle: **Ces-Dur** → **Ces-Dur**; **ces-Moll**, do bemolle minore.
Ces-Dur n *mus* do m bemolle maggiore.
Ceylon <-s, *ohne* pl> n *geog hist* (l'isola f di) Ceylon: **auf/in ~**, a Ceylon.
Ceylonese <-n, -n> m (**Ceylonesin** f) *hist* → **Sri-Lanker**.
ceylonesisch adj *hist* → **singhalesisch**.
cf. Abk *von lat* confer (*vergleiche*): cfr. (Abk *von* confronta).
cg Abk *von* Zentigramm: cg (Abk *von* centigrammo).
CH *autom post* Abk *von lat* Confoederatio Helvetica (*Schweiz*): CH.
Cha-Cha-Cha <-(s), -s> m cha cha cha m.
Chalet <-s, -s> n *CH* chalet m.
Chamäleon <-s, -s> n *zoo* camaleonte m ● **ein ~ sein** *pej*, essere un camaleonte/[camaleontico].
Champ <-s, -s> m *fam sport* campione m.
Champagner <-s, -> m champagne m: **trockener ~**, champagne secco.
Champignon <-s, -s> m *bot* champignon m; (*Wiesenchampignon*) (fungo m) prataiolo m.

Champion <-s, -s> m (*Spitzensportler, Spitzenmannschaft*) campione m.
Chance <-, -n> f **1** (*günstige Möglichkeit*) occasione f (favorevole), opportunità f, possibilità f, chance f: **noch eine letzte ~ haben**, avere un'ultima chance **2** <*meist* pl> (*Aussicht*) chance f, prospettiva f, (buona) probabilità f, opportunità f pl: **dieser Rennfahrer hat keine ~n**, questo corridore non ha chance(s); **in der Industrie haben Frauen und Männer immer noch nicht die gleichen ~n**, tuttora nell'industria uomini e donne non hanno le stesse opportunità; **sehen Sie noch irgendwelche ~n, den Prozess zu gewinnen?**, (Lei) vede ancora una qualche probabilità di vincere il processo? ● **jdm eine (letzte) ~ geben**, dare una (ultima) chance/possibilità a qu; **(bei jdm) ~n haben** *fam* {BEI MÖGLICHEM PARTNER}, avere speranze con qu/*fam*, avere chance(s) con qu; **(gegen jdn) keine ~ haben**, non poter niente (contro qu); **gute ~n haben**, avere buone probabilità (di riuscita)/[buone chance(s)]/[buoni numeri]; **seine ~ nutzen/wahrnehmen**, cogliere/sfruttare l'occasione; **die ~n stehen gut/schlecht**, ci sono buone/scarse probabilità; **die ~n, dass er bei der Prüfung durchkommt, sind nicht schlecht**, ci sono non poche probabilità che superi l'esame; **wie stehen die ~n (, dass ...)?** *fam*, quante probabilità ci sono (che ...)?; **eine ~ vergeben/verspielen/vertun**, lasciarsi sfuggire un'occasione; **eine ~ verpassen**, perdere un'occasione.
Chancengleichheit f pari opportunità f pl, parità f di condizioni.
chancenlos adj {PARTEI, SPIELER} che non ha chance(s), destinato a perdere; {PLAN, PRODUKT} destinato a fallire/[non sfondare *fam*].
changieren itr <*ohne* ge-> (*schillern*) {FARBE, SEIDE} essere cangiante.
Chanson <-s, -s> n canzone f; {+LIEDERMACHER} *auch* canzone f/brano m d'autore; (*Schlager*) canzonetta f.
Chansonnier, **Chansonier** <-s, -s> m chansonnier m.
Chansonsänger m (**Chansonsängerin** f) cantautore (-trice) m (f); (*Schlagersänger*) canzonettista mf.
Chaos <-, *ohne* pl> n caos m, babele f *geh*: **hier herrscht ein heilloses ~!**, qui regna/c'è il caos totale!; **das Zimmer ist ein einziges ~!**, questa stanza è una babele/un casino *slang*!
Chaot <-en, -en> m (**Chaotin** f) *pej* **1** *fam* (*verworrener Mensch*) casinista mf *slang*, confusionario (-a) m (f), persona f caotica **2** *slang pol* anarchico (-a) m (f), estremista mf.
chaotisch adj {MENSCH, ZUSTÄNDE} caotico; {DURCHEINANDER} babelico.
Charakter <-s, -e> m **1** (*Wesen*) {GUT, SCHLECHT, ZUVERLÄSSIG} carattere m, indole f; (*Mensch*) carattere m: **einen guten ~ haben**, avere un buon carattere; **einen schwierigen ~ haben**, essere di carattere difficile, avere un caratterino/caratteraccio **2** (*Eigenart*) {+GESPRÄCH, LANDSCHAFT, GEBÄUDE} carattere m, natura f: **die Unterredung hatte vertraulichen ~**, il colloquio ebbe carattere riservato **3** *lit theat* (*Figur*) {+ROMAN, THEATERSTÜCK} carattere m, personaggio m ● **~ haben**, avere carattere, essere di carattere; **den ~ prägen/formen**, plasmare/forgiare il carattere; **(Mann/Frau) von ~**, (uomo/donna) di carattere.
Charakterdarsteller m (**Charakterdarstellerin** f) *theat* caratterista mf.

Charaktereigenschaft f qualità f (morale).
Charakterfehler m difetto m (caratteriale).
charakterfest adj {PERSON} dal carattere fermo, di carattere.
Charakterfestigkeit <-, *ohne* pl> f fermezza f di carattere.
charakterisieren <*ohne* ge-> tr **1** (*treffend schildern*) **jdn/etw** → (**als etw**) caratterizzare *qu/qc* (*come qc*), dipingere *qu/qc* (*come qc*) **2** (*kennzeichnen*) **etw** → caratterizzare *qc*, essere caratteristico *di qc*, (contrad)distinguere *qc*.
Charakterisierung <-, -en> f {+MENSCH, ROMANFIGUR} caratterizzazione f, profilo m.
Charakteristik <-, -en> f **1** (*treffende Schilderung*) caratterizzazione f, descrizione f (degli aspetti caratteristici); {+PERSON} profilo m, ritratto m **2** (*typische Eigenschaft*) caratteristica f, peculiarità f, tratto m caratteristico.
Charakteristikum <-s, Charakteristika> n *geh* caratteristica f, peculiarità f, tratto m caratteristico.
charakteristisch adj (*typisch*) ~ (**für jdn/etw**) caratteristico (*di qu/qc*), tipico (*di qu/qc*), peculiare *di qu/qc*: **~e Eigenschaft**, caratteristica.
charakterlich 🅐 adj <attr> {STÄRKE, QUALITÄTEN} morale; {MÄNGEL, MERKMAL, ZUG} caratteriale 🅑 adv: **sie ist ~ ganz und gar nicht sein Typ**, come carattere, (lei) non è il suo tipo; **~ unbeständig**, di carattere incostante.
charakterlos 🅐 adj {MENSCH, VERHALTEN} senza/[privo di] carattere: **~ sein**, mancare di/[non avere] carattere 🅑 adv {HANDELN, SICH VERHALTEN} da persona senza carattere.
Charakterlosigkeit <-, -en> f mancanza f di carattere.
Charakterologie <-, *ohne* pl> f *psych* caratterologia f.
Charakterrolle f *film theat* ruolo m/parte f di caratterista.
Charakterschauspieler m (**Charakterschauspielerin** f) → **Charakterdarsteller**.
Charakterschwäche f debolezza f di carattere.
Charakterstärke f forza f di carattere.
Charakterstudie f studio m caratteriale.
charaktervoll adj **1** (*anständig*) {VERHALTEN} di carattere, che rivela carattere **2** (*ausgeprägt*) {GESICHTSZÜGE, KINN, NASE, STIRN} caratteristico, marcato.
Charakterzug m tratto m caratteriale.
Chargébrief m *CH* lettera f raccomandata.
Charisma <-s, Charismen *oder* Charismata> n *geh* carisma m.
charismatisch adj {AUSSTRAHLUNG, FÜHRER, PERSÖNLICHKEIT} carismatico.
Charleston <-s, -s> m charleston m.
Charlotte f (*Vorname*) Carlotta.
charmant 🅐 adj Art {LÄCHELN, MENSCH, WESEN} affascinante, fascinoso 🅑 adv: **sie lächelt immer so ~**, ha sempre un sorriso così affascinante.
Charme <-s, *ohne* pl> m fascino m, charme m: **~ haben**, essere pieno di charme/fascino; **seinen ganzen ~ spielen lassen** *fam*, esercitare tutto il proprio fascino.
Charmeur <-s, -e> m charmeur m, uomo m affascinante/[di charme]/[di grande fascino].
Chart <-s, -s> m *oder* n grafico m, diagramma m; *Börse* chart m.

Charta <-, -s> f jur pol (Verfassungsurkunde) carta f costituzionale, statuto m: **die ~ der Vereinten Nationen**, la Carta delle Nazioni Unite.
Charter <-, -> f oder <-s, -s> m aero naut charter m • **~ fliegen**, prendere un (volo) charter; **mit/per ~**, con un (volo) charter.
Charterflug m volo m charter.
Charterflugzeug n (aereo m) charter m.
Chartergesellschaft f compagnia f charter.
Chartermaschine f → **Charterflugzeug**.
chartern tr (mieten) etw ~ {FLUGZEUG, SCHIFF} noleggiare qc, prendere a noleggio qc.
Charts subst <nur pl> hit-parade f • **in die ~ kommen**, entrare nella hit-parade; **ganz oben in den ~ sein**, essere in testa alla hit-parade.
Chassis <-, -> n **1** autom (Fahrgestell) (auto)telaio m, chassis m **2** el telaio m di apparecchio.
Chat <-s, -s> m slang inform chat f.
Chatforum, Chat-Forum n inform chat f.
Chatgroup f, **Chat-Group** <-, -s> f slang inform gruppo m di discussione.
Chatline f, **Chat-Line** <-, -s> f slang inform chatline f.
Chatraum, Chat-Raum m → **Chatroom**.
Chatroom m, **Chat-Room** <-s, -s> m slang inform chatroom f.
chatten itr slang inform chattare.
Chatter <-s, -> m (**Chatterin** f) inform slang chatter mf.
Chauffeur <-s, -e> m (**Chauffeurin** f) autista mf (personale), chauffeur m.
chauffieren <ohne ge-> tr obs jdn ~ scarrozzare qu fam, fare da autista a qu; (**irgendwohin**) ~ scarrozzare qu (+ compl di luogo) fam.
Chaussee <-, -n> f obs (Landstraße) stradone m, strada f maestra.
Chauvi <-s, -s> m slang maschilista m, fallocrate m geh, sessista m.
Chauvinismus <-, ohne pl> m pej pol sciovinismo m • **männlicher ~**, fallocrazia geh, maschilismo, sessismo.
Chauvinist <-en, -en> m (**Chauvinistin** f) pej **1** pol sciovinista mf **2** (männlicher ~) fallocrate m geh, maschilista m, sessista m.
chauvinistisch A adj pej **1** pol sciovinistico **2** (männlich ~) fallocratico geh, maschilista, sessista B adv pej: **im Freundeskreis äußert er sich oft ~**, tra amici fanno spesso discorsi fallocratici/maschilisti.
Check m CH → **Scheck**.
checken tr **1** (überprüfen) etw ~ {BELEUCHTUNG, BREMSEN, REIFEN, AUSWEISE, INSTRUMENTE, LISTEN} controllare qc (sistematicamente), verificare qc **2** slang (begreifen) etw ~ afferrare qc: **er checkt's einfach nicht!**, non ci arriva proprio! fam.
Check-in <-(s), -s> n aero (das Einchecken) check-in m.
Checkliste f **1** lista f di controllo, check list f **2** aero (Liste der Flugpassagiere) elenco m (dei) passeggeri.
Checkpoint <-s, -s> m mil posto m di controllo.
Check-up, Checkup <-s, -s> m oder n med (Generaluntersuchung) check-up m, controllo m medico generale.
Chef <-s, -s> m (**Chefin** f) {+FIRMA} principale m, capo (scherz -a) m (f), padrone (-a) m (f); {+BANDE, POLIZEI, REGIERUNG, STAAT, VERWALTUNG} capo m (f) • **den ~ heraushängen**, far pesare ₁i gradi₁/[di essere il capo]; **den ~ markieren/spielen**, fare il capetto/boss.
Chefarzt m (**Chefärztin** f) (medico m) primario m.
Chefetage f piani m pl alti.
Chefin f **1** → **Chef 2** fam (Frau des Chefs) moglie f del principale/capo.
Chefkoch m (**Chefköchin** f) capocuoco (-a) m (f), chef m.
Chefposten m posto m/poltrona f di dirigente.
Chefredakteur m (**Chefredakteurin** f) {+VERLAG, ZEITUNG} redattore (-trice) m (f) capo, caporedattore (-trice) m (f): **leitender ~ journ**, direttore m (di giornale).
Chefsache f questione f di competenza dei vertici: **~ sein**, essere una questione/un tema da trattare ai massimi livelli.
Chefsekretär m (**Chefsekretärin** f) **1** (Sekretär des Chefs) segretario (-a) m (f) di direzione **2** (Geschäftsführer, bes. einer Partei) segretario (-a) m (f) (di partito).
Chefsessel m **1** (Möbel) poltrona f ufficio **2** (Position): **auf dem ~ (sitzen)**, (essere) al comando.
Chefvisite f med visita f del primario.
Chemie <-, ohne pl> f **1** chimica f: **angewandte/anorganische/organische/physikalische ~**, chimica applicata/inorganica/organica/fisica **2** fam (Chemikalien) prodotti m pl chimici: **das schmeckt alles nach ~!**, sa tutto di sintetico! • **die ~ zwischen den beiden stimmt** fam (sie verstehen sich gut), fra i due c'è un buon feeling.
Chemiearbeiter m (**Chemiearbeiterin** f) lavoratore (-trice) m (f)/operaio (-a) m (f) chimico (-a).
Chemiedünger m concime m chimico.
Chemiefabrik f fabbrica f di prodotti chimici.
Chemiefaser f fibra f sintetica.
Chemieingenieur m (**Chemieingenieurin** f) ingegnere m chimico.
Chemiekonzern m (importante) gruppo m chimico.
Chemielaborant m (**Chemielaborantin** f) tecnico m di laboratorio chimico.
Chemiemüll m rifiuti m pl chimici.
Chemieunfall m incidente m chimico.
Chemiewaffe f <meist pl> arma f chimica.
Chemiewerk n stabilimento m chimico.
Chemikalie <-, -n> f <meist pl> prodotto m chimico.
Chemiker <-s, -> m (**Chemikerin** f) chimico (-a) m (f).
Cheminée <-s, -s> n CH camino m.
chemisch A adj <attr> {BEHANDLUNG, ERZEUGNIS, FORMEL, DÜNGER, KAMPFSTOFF, INDUSTRIE} chimico: **~e Reinigung**, lavaggio/pulitura a secco; (Geschäft) lavanderia a secco, lavasecco B adv: **die Schalen von Zitrusfrüchten sind alle ~ behandelt**, le scorze degli agrumi sono tutte trattate con sostanze chimiche; **die Wasserprobe muss ~ untersucht werden**, il campione idrico va sottoposto ad analisi chimiche; **~ reinigen**, lavare/pulire a secco.
Chemo <-, -s> f fam chemio f fam.
Chemotechnik <-, ohne pl> f ingegneria f chimica.
Chemotechniker m (**Chemotechnikerin** f) ingegnere (rar ingegnera) m (f) chimico (-a).
Chemotherapeutikum <-s, Chemotherapeutika> n (farmaco m) chemioterapico m.
chemotherapeutisch adj chemioterapico.
Chemotherapie <-, ohne pl> f med chemioterapia f: **sich einer ~ unterziehen**, sottoporsi a una chemioterapia.
Cheque m → **Scheck**.
CHF Abk von Schweizer Franken: CHF (franco svizzero).
Chiasmus <-, Chiasmen> m ling chiasmo m.
chic adj → **schick**.
Chicorée <-, ohne pl> f oder <-s, ohne pl> m insalata f belga.
Chiffon <-s, -s oder A -e> m text chiffon m.
Chiffre <-, -n> f **1** journ {+ANNONCE} numero m riferimento/rif: **Antworten unter der ~ ...**, nella risposta citare il rif. ... **2** (Geheimzeichen) codice m, cifra f **3** geh oder lit (Symbol) simbolo m, emblema m.
Chiffreanzeige f annuncio m con numero di riferimento.
chiffrieren <ohne ge-> tr (verschlüsseln) etw ~ {ANWEISUNG, TEXT, WORT, NACHRICHT} cifrare qc, tradurre in cifra qc: **chiffriert**, cifrato, in cifra.
Chiffrierschlüssel m cifrario m, chiave f.
Chile <-s, ohne pl> n geog Cile m.
Chilene, <-n, -n> m (**Chilenin** f) cileno (-a) m (f).
chilenisch adj cileno.
Chili <-s, ohne pl> m **1** bot (Pfefferschote) chili m, peperoncino m rosso **2** gastr (Pfeffersoße) chili m, salsa f al peperoncino rosso.
chillen itr slang rilassarsi.
Chimäre f → **Schimäre**.
China <-s, ohne pl> n geog Cina f.
Chinakohl m cavolo m cinese.
Chinarestaurant n ristorante m cinese.
Chinchilla① <-, -s> f zoo cincillà m, cincilla m.
Chinchilla② <-s, -s> n (Pelz) cincillà m, cincilla m.
Chinese <-n, -n> m (**Chinesin** f) cinese mf.
chinesisch adj cinese: **die Chinesische Mauer**, la Grande Muraglia, la Muraglia Cinese • **etw ist ~ für jdn** fam, qc è arabo per qu fam.
Chinesisch <-(s), ohne pl> n, **Chinesische** <dekl wie adj> n cinese m • **etw ist Chinesisch für jdn** fam, qc è arabo per qu fam; → auch **Deutsch**, **Deutsche**②.
Chinin <-s, ohne pl> n pharm chinino m.
Chip <-s, -s> m **1** inform chip m **2** (Spielmarke) gettone m **3** <meist pl> gastr (Kartoffelchip) patatine f pl.
Chipkarte f tesserino m magnetico: **~ der Krankenkasse**, tesserino sanitario.
Chiropraktik f chiropratica f.
Chiropraktiker m (**Chiropraktikerin** f) chiropratico (-a) m (f).
Chirurg <-en, -en> m (**Chirurgin** f) chirurgo (-a) m (f).
Chirurgie <-, -n> f (Gebiet, Abteilung) chirurgia f: **Facharzt für ~**, medico chirurgo; **kosmetische/plastische ~**, chirurgia estetica/plastica; **minimal invasive ~**, chirurgia mininvasiva.
Chirurgin f → **Chirurg**.
chirurgisch adj <attr> {EINGRIFF} chirurgico; {ABTEILUNG} di chirurgia; {AUSBILDUNG} da chirurgo.
Chlor <-s, ohne pl> n chem cloro m.
Chlorbleiche <-, -n> f chem candeggina f, varec(c)hina f.
chloren tr etw ~ {WASSER} clorurare qc, trattare qc con il cloro.
chlorfrei adj {PAPIER} ecologico; {WASSER} senza cloro.

chlorhaltig adj {WASSER} clorato, contenente cloro.
Chlorid <-(e)s, -e> n chem cloruro m.
Chloroform <-s, ohne pl> n cloroformio m, triclorometano m.
chloroformieren <ohne ge-> tr (mit Chloroform betäuben) **jdn** ~ cloroformizzare qu.
Chlorophyll <-s, ohne pl> n bot clorofilla f.
Chlorwasser n acqua f clorata/[di cloro].
Chlorwasserstoff m chem acido m cloridrico.
Choke <-s, -s> m autom valvola f dell'aria, starter m: **den ~ ziehen**, tirare l'aria/lo starter.
Cholera <-, ohne pl> f med colera m.
Choleraepidemie f epidemia f di colera.
Choleriker <-s, -> m (**Cholerikerin** f) pej collerico (-a) m (f), persona f collerica.
cholerisch adj pej {MENSCH, TEMPERAMENT} collerico, irascibile.
Cholesterin <-s, ohne pl> n colesterolo m, colesterina f rar.
Cholesterinspiegel m colesterolemia f wiss, livello m del colesterolo fam.
Chor① <-(e)s, Chöre> m mus theat coro m ● **im ~** {ANTWORTEN, RUFEN, SINGEN}, in coro.
Chor② <-(e)s, Chöre> m arch **1** (Altarraum) coro m, presbiterio m **2** (Chorempore) cantoria f.
Choral <-s, Choräle> m mus relig corale m: **gregorianischer ~**, canto gregoriano.
Choreograf <-en, -en> m (**Choreografin** f) coreografo (-a) m (f).
Choreografie <-, -n> f coreografia f.
Choreografin f → **Choreograf**.
choreografisch adj <attr> coreografico.
Choreograph m (**Choreographin** f) → **Choreograf**.
Choreographie f → **Choreografie**.
Choreographin f → **Choreograph**.
choreographisch adj → **choreografisch**.
Chorgesang m canto m corale.
Chorgestühl n kunst stalli m pl del coro.
Chorknabe m voce f bianca.
Chorleiter m (**Chorleiterin** f) maestro (-a) m (f) del coro.
Chorsänger m (**Chorsängerin** f) corista mf, cantore (-a) m (f).
Chose <-, -n> f fam **1** (Angelegenheit) cosa f fam, faccenda f **2** (Zeug): **die (ganze) ~**, (tutta) la roba fam.
Chr. Abk von Christus, Christi: C (Abk von Cristo): **600 v. Chr.**, 600 a.C.
Christ <-en, -en> m (**Christin** f) cristiano (-a) m (f).
Christa, Christel f (Vorname) → **Christiane**.
Christbaum m süddt A (Weihnachtsbaum) albero m di Natale.
Christbaumschmuck m süddt A "addobbi m pl per l'albero di Natale".
Christdemokrat m (**Christdemokratin** f) cristiano-democratico (-a) m (f); hist (in Italien) democristiano (-a) m (f).
christdemokratisch adj cristiano-democratico; hist (in Italien) democristiano.
Christenheit <-, ohne pl> f cristianità f, cristiani m pl.
Christentum <-s, ohne pl> n cristianesimo m: **jdn zum ~ bekehren**, convertire al cristianesimo.
Christenverfolgung f hist persecuzione f dei cristiani.
Christi gen von Christus ● **vor/nach ~ Geburt**, avanti/dopo Cristo; **~ Himmelfahrt**,

Ascensione.
Christian m (Vorname) Cristiano.
Christiane f (Vorname) Cristiana.
christianisieren <ohne ge-> tr **jdn/etw** ~ {ANDERSGLÄUBIGE, LAND} cristianizzare qu/qc, evangelizzare qu/qc.
Christianisierung <-, -en> f cristianizzazione f.
Christin f → **Christ**.
Christina, Christine f (Vorname) Cristina.
Christkind n Gesù Bambino m: **das ~ kommt**, viene ⌊Gesù Bambino⌋/[Babbo Natale].
Christkindlmarkt süddt A, **Christkindlesmarkt** süddt A, **Christkindsmarkt** süddt A → **Weihnachtsmarkt**.
christlich A adj <attr> {GLAUBE, TAUFE, ERZIEHUNG, LEBEN} cristiano B adv {AUFWACHSEN, HANDELN, LEBEN} cristianamente, da buon cristiano; {JDN ERZIEHEN} cristianamente, nella fede cristiana ● **nicht ~** {BEVÖLKERUNG, RELIGION}, non cristiano.
Christmesse, Christmette f relig messa f di Natale/mezzanotte.
Christnacht f notte f santa/[di Natale].
Christoph m (Vorname) Cristoforo.
Christopher m (Vorname) → **Christoph**.
Christophorus m (Vorname) Cristoforo ● **der hl. ~**, San Cristoforo.
Christrose f bot rosa f di Natale, elleboro m nero.
Christstollen m → **Stollen**②.
Christus <Christi, ohne pl> m form relig Cristo m: **vor/nach ~** (Abk v./n. Chr.), avanti/dopo Cristo (Abk a.C./d.C.).
Chrom <-s, ohne pl> n chem cromo m.
Chromatik <-, ohne pl> f **1** mus cromatismo m **2** opt cromatismo m.
Chromatin <-s, -e> n biol cromatina f.
chromatisch adj cromatico.
Chromosom <-s, -en> n biol cromosoma m.
Chromosomenmutation f biol mutazione f cromosomica.
Chromosomenpaar n biol coppia f di cromosomi.
Chromosomensatz m biol corredo m cromosomico.
Chromosomenzahl f biol numero m cromosomico.
Chromstahl m acciaio m cromato.
Chronik <-, -en> f cronaca f.
chronisch adj **1** med (anhaltend) {INFEKTION, LEIDEN} cronico: **~ kranke Menschen**, malati cronici **2** fam (ständig) {GELDMANGEL, ÜBEL} cronico.
Chronist <-en, -en> m (**Chronistin** f) cronista mf.
Chronologie <-, -n> f cronologia f.
chronologisch A adj {BERICHT, REIHENFOLGE} cronologico B adv {ORDNEN} cronologicamente; {BERICHTEN} auch in ordine cronologico.
Chronometer <-s, -> m oder n cronometro m.
Chrysantheme <-, -n> f bot crisantemo m.
Chur <-s, ohne pl> n geog Coira f.
Chuzpe <-, ohne pl> f slang pej faccia f ⌊tosta fam⌋/[di bronzo fam].
CIA <-, ohne pl> f oder m Abk von engl Central Intelligence Agency: CIA f.
ciao fam interj ciao!
Cineast <-en, -en> m (**Cineastin** f) geh **1** (Filmschaffender) cineasta mf **2** (Filmkritiker) critico m cinematografico **3** (Filmliebhaber) cinefilo m (f).
Cinemathek <-, -en> f → **Kinemathek**.

circa adv (Abk ca.) → **zirka**.
Circulus vitiosus <- -, Circuli vitiosi> m geh (Teufelskreis) circolo m vizioso.
Circus m → **Zirkus**.
Cis, cis <-, -> n mus do m diesis.
Cis-Dur n mus do m diesis maggiore.
cis-Moll n mus do m diesis minore.
Citrusfrucht f → **Zitrusfrucht**.
City <-s, -s> f (Innenstadt) centro m (della città); (Geschäftsviertel) city f, centro politico-finanziario (di una metropoli).
Citybike <-s, -s> n citybike f, bicicletta f da città.
Citylage f posizione f centrale: **Hotel/Wohnung in ~**, albergo/appartamento in centro/[posizione centrale].
citynah adj vicino al centro, centrale; (in Anzeigen) vicinanze centro.
CJK f med Abk von Creutzfeldt-Jakob-Krankheit: CJD (morbo di Creutzfeldt-Jakob).
cl Abk von Zentiliter: cl (Abk von centilitro).
Clan <-s, -s> m pej oder iron clan m.
Claqueur <-s, -e> m (**Claqueurin** f) clacchista mf, claqueur m.
Clarissa f (Vorname) Clarissa.
Claudia f (Vorname) Claudia.
Claus m (Vorname) → **Klaus**.
clean adj <präd> slang: **~ sein**, essere pulito slang, non farsi più slang.
Clearing <-s, -s> n ökon clearing m.
Clematis <-, -> f bot → **Klematis**.
Clemens m (Vorname) Clemente.
Clementine <-, -n> f → **Klementine**.
clever A adj fam **1** (aufgeweckt) {GESCHÄFTSMANN, KERL, TYP} sveglio, abile **2** pej (raffiniert) {PLAN, SCHACHZUG} furbo, astuto; {SCHWINDLER} auch scaltro B adv fam **1** (geschickt) {SICH ANSTELLEN, SICH AUS DER AFFÄRE ZIEHEN} abilmente, con destrezza **2** pej {SICH VERHALTEN, EINFÄDELN} furbamente, astutamente.
Cleverness (a.R. Cleverneß) <-, ohne pl> f **1** (Aufgewecktheit) prontezza f **2** pej (Raffinesse) furberia f, astuzia f.
Client <-s, -s> m inform client m.
Clinch <-(e)s, ohne pl> m **1** Boxen clinch m, corpo a corpo m **2** fam (Auseinandersetzung) bisticcio m, litigata f fam ● **mit jdm im ~ liegen** fam, essere ai ferri corti con qu fam, essere in rotta di collisione con qu.
Clip <-s, -s> m **1** (Klemme) {+FÜLLER, GELDBEUTEL, KUGELSCHREIBER} clip f **2** (Ohrclip) → **Klips 3** (Videoclip) (video)clip m.
Clipboard <-s, -s> n tavoletta f portablocco.
Clips m → **Klips**.
Clique <-, -n> f **1** (Freundeskreis) giro m fam/gruppo m di amici **2** pej cricca f, combriccola f, congrega f.
Cliquenwirtschaft <-, ohne pl> f fam pej clientelismo m, nepotismo m.
Clivia <-, Clivien> f bot clivia f.
Clochard <-s, -s> m barbone m, clochard m.
Clou <-s, -s> m fam **1** (Glanzpunkt) {+ABEND, SHOW, VERANSTALTUNG} clou m, punto m culminante, attrazione f principale **2** (Kernpunkt) {+GESCHICHTE} punto m saliente, nocciolo m ● **der ~ des Ganzen (ist/war/…)** fam, il bello (è/era/…) fam.
Clown <-s, -s> m clown m, pagliaccio m ● **den ~ spielen**, fare il pagliaccio.
Club usw. <-s, -s> m → **Klub** usw.
Cluster <-s, -(s)> m **1** phys cluster m **2** inform cluster m.
cm Abk von Zentimeter: cm (Abk von centimetro).
c-Moll n mus do m minore.

CNC *inform Abk von engl* computerized numerical control: CNC m (*controllo numerico computerizzato*).

Co. *Abk von frz* Compagnie (*Gesellschaft*): C.ia (*Abk von* compagnia).

Coach <-(s), -s> m **1** *sport* allenatore m; {+NATIONALMANNSCHAFT} *auch* commissario m tecnico **2** *ökon* (*Personaltrainer*) trainer m.

coachen A *tr* **1** *sport jdn/etw* ~ {MANNSCHAFT, SPORTLER} allenare *qu/qc* **2** (*jdn beraten*) *jdn* ~ fare coaching *a qu* B *itr* (*als Berater tätig sein*) fare coaching.

Coaching <-(s), *ohne pl*> n coaching m.

Cobalt n → **Kobalt**.

Coca <-(s), -s> n *oder* <-, -s> f *norddt fam* coca f *fam*.

Coca-Cola® <-(s), -s> n Coca-Cola® f.

Cockerspaniel <-s, -s> m *zoo* cocker m.

Cockpit <-s, -s> n **1** *aero* cabina f di pilotaggio **2** *autom* {+RENN-, SPORTWAGEN} abitacolo m.

Cocktail <-s, -s> m cocktail m.

Cocktailkleid n abito m da cocktail.

Cocktailparty f cocktail(-party) m.

Cocktailtomate f *bot* ciliegino m.

Code <-s, -s> m **1** (*System zur Verschlüsselung*) codice m **2** *inform* codice m **3** *ling* (*System von Zeichen*) codice m **4** *ling* (*in der Soziolinguistik: Ausdrucksweise einer gesellschaftlichen Schicht*) • **genetischer** ~ *biol*, codice genetico; **einen** ~ **knacken** *fam*, decifrare/decriptare un codice.

Codein <-s, *ohne pl*> n *pharm* → **Kodein**.

Codename m nome m in codice.

Codenummer f {+KREDITKARTE} codice m (personale) segreto, (codice m) PIN m.

Codewort n codice m, password f, parola f d'ordine/d'accesso.

Codex <-, *Codices*> m → **Kodex①, Kodex②**.

Codices pl *von* Codex.

codieren <*ohne ge-*> tr **1** (*verschlüsseln*) *etw* ~ {DATEN, FUNKSPRUCH, NACHRICHTEN} codificare *qc*, tradurre *qc* in codice **2** *inform* codificare *qc*.

Codierung <-, *-en*> f **1** (*Verschlüsselung*) {+DATEN, NACHRICHTEN} codifica f, codificazione f **2** *inform* codifica f, codificazione f.

Coffein n → **Koffein**.

Cognac® <-s, -s> m cognac m.

Coiffeur <-s, *-e*> m (**Coiffeuse** <-, *-n*> f) CH *oder geh* parrucchiere (-a) m (f).

Coitus <-, - *oder -se*> m → **Koitus**.

Cola <-, -(s)> f *fam* (*Coca-Cola*) coca f *fam*.

Collage <-, *-n*> f *kunst* collage m.

College <-(s), -s> n (*in Großbritannien: Privatschule mit Internat oder universitäre Institution*) college m; (*in den USA: Eingangsstufe der Universität*) college m.

Collie <-s, -s> m *zoo* (*schottischer Schäferhund*) collie m, pastore m scozzese.

Collier <-s, -s> n → **Kollier**.

Colorfilm m → **Farbfilm**.

Colt® <-s, -s> m colt f, rivoltella f, revolver m.

Combo <-, -s> f *mus* combo m, complessino m jazz.

Comeback, Come-back <-(s), -s> n {+KÜNSTLER, POLITIKER} rentrée f • **ein Come-back erleben**, ritornare alla ribalta; **ein/sein Come-back feiern**, celebrare la (propria) rentrée.

Comic <-s, -s> m <*meist pl*> fumetto m, comic m.

Comicfigur f personaggio m dei fumetti.

Comicheft n fumetto m.

Comicstrip <-s, -s> m striscia f (a fumetti).

Coming-out, Comingout <-(s), -s> n {+bes. HOMOSEXUELLE} dichiarazione f, coming out m.

Communiqué a.R. *von* Kommuniqué → **Kommuniqué**.

Compact Disc <- -, --s> f (Abk CD) compact disc m (Abk CD).

Compilation <-, -s> f raccolta f (di brani musicali), compilation f.

Compiler <-s, -> m *inform* (*programma m*) compilatore m.

Computer <-s, -> m computer m, elaboratore m/calcolatore m elettronico • (*etw*) **auf** ~ **umstellen**, computerizzare qc.

Computeranimation f *inform* animazione f realizzata con il computer, computer animation f.

computeranimiert adj animato al computer; ~**er Film**, cartone (animato) digitale.

Computerarbeitsplatz m stazione f di lavoro, workstation f.

Computerausdruck m stampato m (di computer).

Computerbild n immagine f elaborata al computer/[computerizzata].

Computerbranche f campo m/settore m informatico.

Computerdiagnostik f *med* diagnostica f computerizzata.

Computerfachfrau f informatica f.

Computerfachmann m informatico m, tecnico m del computer.

Computerfreak m *fam* appassionato m/patito m *fam* di computer.

computergesteuert A adj computerizzato B adv {EIN-, ABSCHALTEN, ERFOLGEN} tramite computer.

computergestützt adj → **computerunterstützt**.

Computergrafik f, **Computergraphik** f videografica f, computer graphics f, grafica f computerizzata.

Computerhersteller m produttore m di computer.

computerisieren <*ohne ge-*> tr *etw* ~ {BÜRO, DATEN, INFORMATIONEN} informatizzare qc, computerizzare qc.

Computerisierung <-, *-en*> f informatizzazione f, computerizzazione f.

Computerkriminalität f criminalità f informatica, computer crime m.

Computerlinguistik f linguistica f computazionale.

computern <*ohne ge-*> *itr fam* lavorare con/[maneggiare fam] il computer.

Computernetzwerk n rete f di calcolatori/computer.

Computerprogramm n *inform* programma m informatico.

Computersimulation f *inform* simulazione f al computer.

Computerspezialist m (**Computerspezialistin** f) tecnico m informatico.

Computerspiel n computer game m, videogioco m (eseguito al computer).

Computersprache f linguaggio m di programmazione.

Computertisch m scrivania f/mobile m portacomputer.

Computertomografie, Computertomographie f *med* (Abk CT) tomografia f assiale computerizzata (Abk TAC).

computerunterstützt adj assistito da elaboratore • ~**e Übersetzung**, traduzione assistita da elaboratore; ~**er Unterricht**, istruzione assistita da elaboratore.

Computervirus n *oder* m *inform* virus m (del computer).

Conférencier <-s, -s> m *geh oder obs* presentatore m, annunciatore m.

Confiserie f → **Konfiserie**.

Connection <-, -s> f aggancio m *fam*, contatto m: **gute ~s zu jdm/etw haben**, avere dei buoni agganci con qu/a qc.

Conny mf (*Vorname*) → **Konstanze, Konrad**.

Consulting <-s, *ohne pl*> n *bes. ökon* consulenza f (aziendale).

Consultingfirma f *ökon* impresa f di consulenza (aziendale).

Container <-s, -> m **1** *com* container m, contenitore m **2** (*Müllcontainer*) cassonetto m dei rifiuti **3** (*Wohncontainer*) container m.

Containerbahnhof m stazione f smistamento container.

Containerdorf n villaggio m di container.

Containerschiff n (nave f) portacontainer(s) f.

Containerterminal m *oder* n terminal m per container, deposito m (per) container.

Containment <-s, -s> n {+KERNKRAFTWERK} schermatura f.

Contenance <-, *ohne pl*> f *geh* contegno m.

Contergankind n *fam* bambino m focomelico.

contra adv präp → **kontra**.

Controller <-s, -> m (**Controllerin** f) *ökon* controller mf.

Controlling <-s, *ohne pl*> n *ökon* gestione f economica di un'impresa.

Cookie <-s, -s> m *oder* n *slang inform* cookie m.

cool adj *slang* **1** (*gelassen*) {ART, MENSCH} rilassato *fam*: **der Typ ist ganz schön ~!**, quel tipo è davvero cool! *fam* **2** (*sehr zusagend*) {JOB, MUSIK, TYP} ganzo *slang*, da sballo *slang*, figo *slang* **3** (*annehmbar*): **das ist ein ~er Preis**, è un buon prezzo.

Coolness <-, *ohne pl*> f *slang* rilassatezza f, tranquillità f.

Copilot m (**Copilotin** f) copilota mf.

Coproduktion f → **Koproduktion**.

Coprozessor <-s, *Coprozessoren*> m *inform* coprocessore m.

Copyright <-s, -s> n copyright m, diritto m d'autore.

Copyshop <-s, -s> m copisteria f.

coram publico adv *geh* pubblicamente, in pubblico.

Cord <-(e)s, -e *oder -s*> m → **Kord**.

Cordhose f → **Kordhose**.

Cordjeans subst <*nur pl*> → **Kordjeans**.

Cordsamt m → **Kordsamt**.

Corinna f (*Vorname*) Corinna.

Cornelia f (*Vorname*) Cornelia.

Cornelius m (*Vorname*) Cornelio.

Corner <-s, -> m A CH *sport* (*Eckball*) calcio m d'angolo, corner m.

Cornflakes subst <*nur pl*> cornflakes m pl, fiocchi m pl di granturco.

Cornichon <-s, -s> n <*meist pl*> cetriolino m.

Corpora pl *von* Corpus②.

Corps <-, -> n → **Korps**.

Corpsbruder m → **Korpsbruder**.

Corpsgeist m → **Korpsgeist**.

Corpsstudent m → **Korpsstudent**.

Corpus① <-, -se> m → **Korpus①**.

Corpus② <-, *Corpora*> n → **Korpus②**.

Corpus Delicti <- -, *Corpora* -> n *jur* corpo m del reato.

Cortison n → **Kortison**.

Cortisonbehandlung f → **Kortisonbehandlung**.

cos *math* Abk *von* Kosinus: cos (Abk *von* cose-

Costa Rica | Cyberspace

Costa Rica <- -s, ohne pl> n geog Costa Rica m oder f.
Costa-Ricaner <-s, -> m (**Costa-Ricanerin** f) costaricano (-a) m (f).
costa-ricanisch adj costaricano.
Couch <-, -s oder fam -en> f oder CH <-s, -es> m (Sofa) divano m; (beim Analytiker) lettino m.
Couchgarnitur f divano m e poltrone f pl, salotto m.
Couchtisch m tavolino m da salotto.
Couleur <-, ohne pl> f geh (Anschauung) colore m, tendenza f ● (**Politiker/Journalisten/...**) **verschiedener/jeder ~**, (politici/giornalisti/...) di vario/ogni colore/tendenza.
Count-down <-(s), -s> m oder n, **Countdown** conto m/conteggio m alla rovescia, countdown m.
Coup <-s, -s> m colpo m (da maestro) ● **das war sein größter ~**, è stato il suo colpo più brillante; **einen ~ (gegen jdn/etw) landen** fam, assestare un bel colpo (a qu/qc).
Coupé <-s, -s> n (Sportwagen) coupé m oder f.
Coupon <-s, -s> m → **Kupon**.
Courage <-, ohne pl> f fam coraggio m.
couragiert [A] adj coraggioso [B] adv {HANDELN, SICH VERHALTEN} con coraggio, coraggiosamente.
Cousin <-s, -s> m cugino m.
Cousine <-, -n> f → **Kusine**.
Cover <-s, -(s)> n **1** journ copertina f **2** (Plattenhülle) copertina f, custodia f.
Covergirl <-s, -s> n ragazza f copertina, cover girl f.
covern tr etw ~ {SONG} fare una cover di qc.
Coverversion f cover f.
Cowboy <-s, -s> m cowboy m.
Cowboystiefel m stivaletto m da cowboy.
Coyote m → **Kojote**.
CPU f inform Abk von engl Central Processing Unit (zentrale Verarbeitungseinheit): CPU f (unità centrale di elaboratore).
Crack① <-s, -s> m **1** fam (Spitzensportler) asso m, campione m **2** slang (Profi auf einem Gebiet) campione m.
Crack② <-(s), ohne pl> n (Droge) crack m.
Cracker <-s, -(s)> m <meist pl> cracker m.

Crash <-s, -s> m **1** (Zusammenstoß) scontro m, collisione f **2** Börse crash m, crollo m **3** inform crash m.
Crashkurs m corso m intensivo/[full immersion].
Crashtest m autom crash test m.
Credo <-s, -s> n → **Kredo**.
Creme <-, -s oder A CH -n> f **1** (Salbe) crema f; med auch pomata f **2** gastr (Süßspeise) crema f; (Tortenfüllung) crema f **3** <nur sing> geh oft iron (Elite) crème f geh, crema f, fior fiore m, élite f: **die ~ der Gesellschaft**, ₁la crème₁/[il fior fiore] della società.
Crème de la Crème <- - - -, ohne pl> f geh oft iron: **die Crème de la Crème**, ₁la crème₁/[il fior fiore] della società.
cremefarben adj (gelblich) (color) crema.
Cremetorte f torta f alla crema.
cremig [A] adj {PUDDING, SÜSSSPEISE} cremoso [B] adv {RÜHREN, SCHLAGEN} fino a rendere cremoso (-a).
Crêpe① <-, -s> f gastr crêpe f.
Crêpe② <-s, -s> m text → **Krepp**②.
Creutzfeldt-Jakob-Krankheit f med morbo m di Creutzfeldt-Jakob.
Crevette f → **Krevette**.
Crew <-, -s> f **1** naut aero equipaggio m **2** (Arbeitsgruppe) équipe f, squadra f.
Croissant <-(s), -s> n gastr cornetto m, croissant m.
Cromargan® <-s, ohne pl> n acciaio m inossidabile.
Cross <-, -> m Tennis cross m.
Croupier <-s, -s> m croupier m.
Crux <-, ohne pl> f geh: **das ist die ~ an der Sache** (Schwierigkeit), è (questo) il punto dolente; **mit jdm ist es eine ~, man hat seine ~ mit jdm** (Last), qu è una croce per qu.
C-Schlüssel m mus chiave f di do.
CSU <-, ohne pl> f D pol Abk von Christlich-Soziale Union: "Unione f Cristiano-Sociale" (partito politico bavarese).
c. t. Abk von lat cum tempore (mit akademischem Viertel): col quarto d'ora accademico.
CT f med Abk von Computertomographie: TAC f (Abk von Tomografia Assiale Computerizzata).
cum laude adv univ (bei der Doktorprüfung)

con lode.
Cunnilingus <-, Cunnilingi> m cunnilingio m.
Cup① <-s, -s> m sport **1** (Pokal) coppa f **2** (Pokalwettbewerb) coppa f.
Cup② <-s, -s> m (am BH) coppa f.
Curie <-, -> n phys curie m.
Curling <-s, ohne pl> n sport curling m.
Curriculum <-s, -a> n geh Schule univ (Lehrplan) curricolo m.
Curriculum Vitae <- -, Curricula Vitae> n geh obs (Lebenslauf) curriculum m (vitae), curricolo m.
Curry <-s, -s> m oder n gastr curry m.
Currysoße, **Currysauce** f gastr salsa f al curry.
Currywurst f gastr "salsiccia f con salsa al curry".
Cursor <-s, -s> m inform cursore m, puntatore m.
Cursorposition f inform posizione f del cursore.
Cursortaste f inform tasto m (del) cursore.
Cutaway, **Cut** <-s, -s> m tight m, giacca f a coda di rondine.
cutten tr itr film radio TV (etw) ~ {FILMSZENE, TONBANDAUFNAHME} montare qc.
Cutter <-s, -> m (**Cutterin** f) film radio TV montatore (-trice) m (f).
CVJM <-s, ohne pl> m Abk von Christlicher Verein Junger Menschen: "Associazione f Cristiana dei Giovani".
CVP f CH Abk von Christlich-demokratische Volkspartei: "Partito m Popolare Cristiano-Democratico".
C-Waffe f <meist pl> arma f chimica.
Cyanid n fachspr chem → **Zyanid**.
Cybercafé n slang inform cybercafé m, internet café m.
Cybernaut <-en, -en> m (**Cybernautin** f) slang inform cybernauta mf, cibernauta mf.
Cyberpunk m slang inform cyberpunk m.
Cybersex m slang inform cibersesso m, cybersex m.
Cyberslang m slang inform cyberlinguaggio m.
Cyberspace <-, ohne pl> m slang inform ciberspazio m, cyberspazio m.

D, d

D ① , d <-, - (*oder fam -s*)> n **1** (*Buchstabe*) D, d f *oder* m **2** *mus* re m • **D wie *Dora***, d come Domodossola; **D-*Dur mus***, re maggiore; **d-*Moll mus***, re minore; → *auch* **A, a**.

D ② *Abk von* Deutschland: D (*Germania*).

da **A** *adv* **1** (*örtlich: dort*) lì, là; ci, vi *geh*: **siehst du das Haus dort? Da wohnen meine Eltern**, la vedi quella casa? Ci/vi *geh* abitano i miei genitori; **schau mal, da links/rechts**, guarda là a sinistra/destra; **da draußen**, là fuori; **da drüben**, di là, da quella parte, laggiù; **da drinnen**, lì/là dentro; **da hinüber**, di là, laggiù; **da entlang**, per di lì/là; **da oben**, lassù, là sopra; **da unten**, laggiù, là sotto; **von da** (*Abstammung*), di lì/là; (*Richtung*) da lì/là; **da, wo ...**, là dove ...; (*hier*) qui, qua; ci, vi *geh*: **bleib da und hilf mir!**, rimani qui/qua ad aiutarmi!; **da ist/sind ...**, ₍c'è₎/₍ci sono₎ ...; **ist jemand da?**, c'è qualcuno?; **es ist niemand da**, non c'è nessuno; **ist die Post schon da?**, è già arrivata la posta? c'è già la posta?; **ich bin gleich wieder da**, torno subito **2** (*siehe da*) ecco: **da bin ich!**, eccomi (qua)!; **da ist er**, eccolo **3** *fam* (*demonstrativ: mit Subst oder Pron*): **die Frau da** (*nahe beim Sprecher*), questa donna (qui/qua); (*weiter entfernt vom Sprecher*) quella donna (lì/là); **der da** (*nahe beim Sprecher*), questo (qui/qua); (*weiter entfernt vom Sprecher*) quello (lì/là) **4** (*zeitlich: damals*) allora, in quel periodo, a quell'epoca: **von da an**, da allora (in poi), fin da allora; (*in jenem Moment*) allora, a quel punto, in quel momento; **da fing sie doch tatsächlich an zu lachen!**, a quel punto cominciò davvero a ridere!; **da sagte er plötzlich, dass ...**, e all'improvviso disse che ...; **ich ging gerade aus dem Haus, da klingelte das Telefon**, stavo uscendo di casa quando suonò il telefono; (*nun*) adesso, ora; **da siehst du, was du angerichtet hast!**, guarda un po' che cos'hai combinato!; (*daraufhin*) quindi, dopo di ché; **es regnete, da beschlossen wir, gleich nach Hause zu gehen**, pioveva e quindi decidemmo di andare subito a casa **5** *fam* (*in diesem Fall, dieser Lage*) allora, in quel/questo caso: **da kann man nichts machen**, non c'è niente da fare, non ci si può fare niente; (*in dieser Hinsicht*) **da bin ich ganz Ihrer Meinung!**, su questo (punto) sono perfettamente d'accordo con Lei!; (*oft unübersetzt*): **was gibt's denn da zu lachen?**, che cosa c'è da ridere? **6** (*folglich*) allora, quindi, dunque: **es war niemand im Zimmer, da bin ich einfach hineingegangen**, non c'era nessuno nella stanza, allora/quindi sono entrato (-a) **7** (*gesprächseinleitend*): **da fällt mir gerade ein ...**, mi sta venendo in mente ...; **da gibt es noch ein Problem ...**, c'è ancora un problema ... **B** *konj* **1** (*kausal: weil*) poiché, siccome, giacché, dal momento che, dato che: **da sie krank ist, kann sie nicht zur Arbeit gehen**, ₍siccome/poiché è₎/[essendo] malata, non può andare al lavoro **2** *geh* (*zeitlich: als*) quando, allorché *lit*: ₍in den Tagen₎/[zu der Zeit], da Bürgerkrieg herrschte, ₍nei giorni₎/[nel periodo] in cui infuriava la guerra civile; **jetzt/nun, da ...**, adesso/ora che ... • **da und da**, nel tal posto; **sie behauptet, da und da gewesen**, (lei) afferma che sei stato (-a) nel tal (e nel talaltro) posto; **da und dort**, **hier und da** (*örtlich*), qua e là; (*zeitlich: ab und zu*), ogni tanto, talvolta; **da haben wir's!** (**da haben wir die Bescherung!**) *fam iron*, ecco qua! *fam iron*, ci siamo! *fam iron*; (*endlich haben wir die Lösung!*) *fam*, (finalmente) ci siamo arrivati! *fam*; **da hast du's!** (*na bitte*), eccoti servito!, te l'avevo detto!; **hallo, du da!**, ehi, (tu,) ciao! *fam*; **he, Sie da!** *fam*, senta, scusi!; **da ... hin**: **die Karibik ist wunderschön, da müsst ihr auch mal hin!**, i Caraibi sono bellissimi, prima o poi dovete andarci anche voi!; **da dem so ist ...**, stando così le cose ..; **wer ist da?**, chi c'è?; (*an der Tür*), chi è?; **nichts da!** *fam* (*das kommt nicht in Frage*), neanche per sogno/idea! *fam*, niente da fare!, un corno! *fam*; **da nimm's, da (hast du)**, qua (prendi/tieni) *fam*; **sieh da!** *fam iron*, ma (tu) guarda!; (*ma*) guarda un po'!; *iron*, ma (tu) guarda!; **weg da!**, via di qua!, sciò! *fam*; (**halt**) **wer da?** *mil*, (fermo) chi va là?

d. Ä. *Abk von* der Ältere: il Vecchio.

DAAD <-, *ohne pl*> m *Abk von* Deutscher Akademischer Austauschdienst: "Servizio m Tedesco per gli Scambi Accademici".

dabei *adv* **1** (*örtlich: mitgegeben*): **ein kleines Häuschen mit einem Garten ~**, una casetta con giardino; **ist die Gebrauchsanweisung ~?**, le istruzioni (per l'uso) sono allegate?; (*in der Nähe*) vicino, accanto, nei pressi **2** (*gleichzeitig*) contemporaneamente, intanto, nello/allo stesso tempo: **er aß und arbeitete ~**, mangiava e intanto lavorava, mangiava lavorando; **sie sprach weiter und blätterte ~ in dem Buch**, continuava a parlare sfogliando/[mentre sfogliava] il libro **3** (*bei dieser Sache*) con/in questo, ci, vi *geh*: **ich verliere nichts ~**, non ci perdo nulla; **wir haben Sie ~ beobachtet, wie Sie Geld aus der Kasse nahmen!**, L'abbiamo vista prendere/[mentre prendeva] del denaro dalla cassa!; **er wollte helfen und wurde ~ selbst verletzt**, volle aiutare e, nel farlo, si ferì anche lui; **beschwere dich lieber nicht, es kommt ja doch nichts ~ heraus!**, è meglio se non protesti, tanto non serve a niente!; **4** *fam* (*außerdem*) inoltre, oltre a ciò, per di più, in più: **er ist schön und ~ noch reich**, è bello e per ₍di più₎/[giunta] ricco **5** *fam* (*doch*) nonostante ciò, dopotutto, tuttavia, (ep)pure, e pensare che ...: **ich bin zu spät gekommen, ~ habe ich mich so beeilt!**, ho fatto tardi e pensare che ho cercato di sbrigarmi! • **es bleibt ~!**, restiamo così!; **es bleibt ~, dass ...**, resta inteso/stabilito che ...; **ich bleibe ~, dass ...**, insisto nel dire che ...; **sich** (*dat*) **nichts ~ denken**, fare qc in buona fede; **was hast du dir ~ gedacht?**, ma cosa ti è ₍venuto in mente *fam*₎/[saltato in mente/testa *fam*]?; **nichts ~ finden**, non venderci nulla di male; **es ist nichts ~** (*es ist nicht schwer*), non è difficile!, che vuoi che sia! *fam*; (*es ist nicht schlimm*), non è grave; **was ist (denn) schon ~!** *fam*, che male c'è! *fam*; **das *Schöne* ~ ist, dass ...**, il bello è che ...

dabei|bleiben <irr> *itr* <*sein*> (**bei etw dat**) ~ {BEI EINER FIRMA} rimanere (*in qc*).

dabei|haben <irr> *itr* **etw** ~ {AUSWEIS, FÜHRERSCHEIN, GELD, KREDITKARTE} avere dietro/[con sé] *qc*; **jdn** ~ essere con *qu*; **er hatte seine Tochter dabei**, era con sua figlia.

dabei|sein *a.R. von* dabei sein → **sein** ②.

dabei|stehen <irr> *itr* **1** (*anwesend sein*) (**mit**) **~**, stare lì (in piedi), essere presente: **ich stand nahe ~, als der Unfall passierte**, ero vicino (-a) quando è successo l'incidente **2** (*geschrieben stehen*) essere scritto lì.

da|bleiben <irr> *itr* <*sein*> rimanere, restare, trattenersi: **sie bat ihn dazubleiben**, lo pregò di restare (con lei); **bleibst du über Nacht da?** (*bei mir*), rimani a dormire qua?; (*dort*) rimani a dormire là? • **dageblieben!**, fermo!

da capo *adv* **1** (*Zugabe*) bis!: **da capo rufen**, chiedere il bis **2** *mus* da capo, daccapo.

Dach <-(e)s, Dächer> n **1** *bau* {+GEBÄUDE} tetto m: **ein flaches/spitzes ~**, un tetto piano/[a punta]; **ein ~ decken**, coprire un tetto; **das ~ eines Hauses abdecken**, scoperchiare una casa; (*Schutzdach*) {+BUSHALTESTELLE} pensilina f, tettoia f **2** *autom* tetto m; {+KABRIO} tettuccio m, capˌotta f • **eins aufs ~ bekommen/kriegen** *fam* (*einen Schlag auf den Kopf bekommen*), prendere una botta in capo *fam*/testa *fam*; (*geschimpft werden*), prendersi una ₍lavata di capo *fam*₎/[strigliata *fam*]; **etw unter ~ und Fach bringen** {GESCHÄFT, VERTRAG}, condurre ₍in porto₎/[a buon fine] *qc*; **unter ~ und Fach sein**, essere sistemato/[a posto]; {GESETZ} essere stato varato; {VERTRAG} essere stato firmato; **jdm eins aufs ~ geben** *fam* (*einen Schlag auf den Kopf geben*), dare una botta in testa *qu fam*; (*jdn schimpfen*), dare una lavata di capˌo₎/[strigliata] a *qu fam*; **kein ~ über dem Kopf haben** *fam*, non avere un tetto sulla testa *fam*; **jdm aufs ~ steigen** *fam*, dare una ₍lavata di capo₎/[strigliata] a *qu fam*; **unter dem ~ von etw** (*dat*): **Friedensmissionen unter dem ~ der Uno**, missioni di pace sotto l'egida dell'ONU; **unterm ~** (**wohnen**), (abitare) ₍a tetto₎/[in una mansarda]; **das ...**

der Welt geog (*das Hochland von Pamir*), il tetto del mondo; **mit jdm unter einem ~ wohnen/leben**, abitare/vivere con qu sotto lo stesso tetto.

Dachbalken m *bau* trave f del tetto: **waagrechter ~**, catena f.

Dachboden m *arch* soffitta f, solaio m: **auf dem ~**, in soffitta.

Dachdecker <-s, -> m (**Dachdeckerin** f) *bau* (operaio (-a) m (f)) coprittetto mf ● **das kannst du halten wie ein ~!**, fallo come ti pare!

Dachfenster n *arch* abbaino m; (*Oberlicht*) lucernario m.

Dachfirst m *bau* comignolo m.

Dachgarten m giardino m pensile, terrazza-giardino f.

Dachgepäckträger m *autom* portabagagli m; (*für Skier*) portasci m; (*für Fahrräder*) portabiciclette m.

Dachgeschoss (a.R. Dachgeschoß), **Dachgeschoß** *A CH* n piano m sottotetto, soffitta f (abitabile).

Dachgesellschaft f *ökon* holding f, capogruppo f.

Dachkammer f soffitta f, mansarda f.

Dachkonstruktion f *bau* copertura f, tetto m.

Dachlawine f "caduta f di neve dai tetti".

Dachluke f abbaino m.

Dachorganisation f → **Dachverband**.

Dachpappe f guaina f catramata.

Dachrinne f grondaia f.

Dachs <-es, -e> m *zoo* tasso m ● **ein junger ~** *fam iron* (*Grünschnabel*), uno sbarbatello *fam iron*.

Dachsbau m tana f del tasso.

Dachschaden m *fam*: **einen ~ haben**, essere toccato *fam*/picchiato *fam*/picchiatello *fam*.

Dächsin f *zoo* femmina f del tasso, tasso m femmina.

Dachsparren m puntone m.

Dachstuhl m capriata f del tetto.

dachte 1. *und* 3. *pers sing imperf von* denken.

Dachterrasse f terrazza f sul tetto.

Dachverband m (con)federazione f.

Dachwohnung f attico m; (*Mansarde*) mansarda f.

Dachziegel m tegola f.

Dackel <-s, -> m *zoo* bassotto m.

Dadaismus <-, ohne pl> m *kunst* dadaismo m.

Dadaist <-en, -en> m (**Dadaistin** f) dadaista mf.

daddeln itr *fam bes. norddt* giocare ₍alle slot-machine₎/[ai videogiochi].

dadurch adv 1 (*örtlich*) per di qua/là, per/attraverso quel luogo: **hier gibt es nur einen Eingang, ~ müssen alle gehen**, qui esiste un solo ingresso, tutti devono passarci; **der Faden geht nicht ~!**, il filo non passa!; **du musst dich ~ zwängen, durch dieses kleine Loch in der Mauer**, devi infilarti qui, in questo buchetto nel muro 2 (*kausal: aus diesem Grund*) per questo motivo, per questa ragione, perciò 3 (*auf diese Weise*) così, in tal modo, con ciò ● **~ dass** ... (*weil*), per il fatto che ..., perché ..., poiché ...; (*oft mit Gerund übersetzt*): **er rettete sich ~, dass er aus dem Fenster sprang**, si salvò saltando dalla finestra.

Daemon <-s, -s> m *slang inform* daemon m.

DaF *Abk von* Deutsch als Fremdsprache: tedesco come lingua straniera.

dafür adv 1 (*für das*) per questo/ciò, ne: **warum ist er so böse? Er hat doch keinen Grund ~**, perché è così arrabbiato? Non ne ha motivo; (*oft auch unübersetzt*): **was wohl der Grund ~ sein mag?**, quale sarà il motivo? 2 (*zum Ersatz*) in cambio: **was bekomme ich ~?**, cosa ricevo in cambio?; **ich helfe dir bei den Hausaufgaben, ~ musst du abspülen**, ti aiuto a fare i compiti, in cambio dovrai lavare i piatti 3 (*stattdessen, zum Ausgleich*) invece, in compenso: **in Mathematik ist sie schlecht, ~ kann sie aber gut Klavier spielen**, in matematica va male, invece suona bene il pianoforte 4 (*für einen solchen*): **er ist kein Frauenheld, man könnte ihn aber ~ halten**, non è un donnaiolo, ma potrebbe ₍essere considerato tale₎/[sembrarlo] 5 (*in Verbindung mit Verben, Adj und Subst, s. auch dort*): **ich habe mich schlecht benommen und möchte mich ~ entschuldigen**, mi sono comportato (-a) male e vorrei scusarmene; **sie kann sich ~ nicht begeistern**, non riesce ad appassionarcisi ● **~, dass** (*wenn man bedenkt, dass* ...), considerando che, se si tien conto che ...; **~, dass das Kind erst drei Jahre ist, spricht es schon sehr gut**, considerando che il bambino ha solo tre anni parla già molto bene; (*weil*), per ... *inf*, perché/poiché ...; **er ist ~ bestraft worden, dass er frech war**, è stato punito perché era stato insolente; (*damit*), perché/affinché ... *konjv*: **ich bezahle Sie nicht ~, dass Sie nur rumstehen!**, non La pago certo perché se ne stia lì con le mani in mano!; **~ ich bin nicht zu haben**, non ci sto; **~ sein**, essere favorevole/[a favore]; (*bei Abstimmungen*), votare a favore; **~ oder dagegen sein**, essere pro o contro; **ich bin ~, dass** ..., sono favorevole ₍a che ... *konjv*₎/[a ... *inf*]/[a + *subst*]; **ich bin ~, dass er befördert wird**, sono favorevole alla sua promozione.

Dafürhalten <-s, ohne pl> n *geh*: **nach jds ~**, secondo il parere/giudizio di qu.

dafür|können <irr> tr → **können**².

dafür|sprechen <irr> itr → **sprechen**.

DAG <-, ohne pl> f *Abk von* Deutsche Angestellten-Gewerkschaft: "sindacato m tedesco degli impiegati".

dagegen A adv 1 (*örtlich: gegen etw*) {PRALLEN, STOßEN} contro: **er sah das Hindernis nicht und stieß ~**, non vide l'ostacolo e ci/vi *geh* sbatté contro; **die Tür war verschlossen, da pochte er ~**, la porta era chiusa, quindi bussò ~ 2 (*als Einwand, Ablehnung*) {PROTESTIEREN, STIMMEN} contro 3 (*als Gegenmaßnahme*): **nichts ~ machen/tun/unternehmen können**, non poterci fare niente; **ich kann nichts ~ machen**, non posso farci niente; **das hilft ~**, è un buon rimedio; **~ hilft nichts**, non c'è rimedio che tenga 4 (*verglichen damit*) in confronto: **du solltest mal einen Hurrikan sehen, ~ sind die hiesigen Stürme gar nichts!**, vedessi com'è un uragano! In confronto le nostre tempeste non sono proprio niente! 5 (*als Gegenwart*) in cambio, in compenso B konj (*jedoch*) al contrario, invece: **er ist fertig, sie ~ fängt erst an**, lui ha finito, lei invece ha appena incominciato ● **~ ist nichts einzuwenden**, non c'è che dire, non c'è niente da obiettare; **etwas ~ haben**, avere qc in contrario; **haben Sie etwas ~, wenn ich rauche?**, Le dispiace se fumo?; **nichts ~ haben**, non avere nulla in contrario; **sollen wir ins Kino gehen? – Ich hätte nichts ~**, andiamo al cinema? – Perché no?; **wenn Sie nichts ~ haben** ..., ₍non Le dispiace₎/[permette] ...; **~ sein**, essere contrario ₍a che ... *konjv*₎/[a ... *inf*], opporsi a + *subst*.

dagegen|halten <irr> tr 1 (*vergleichen*) **etw ~** {FÄLSCHUNG, KOPIE GEGEN ORIGINAL} contrapporre qc (*a qc*), confrontare qc (*con qc*): **um das Original von der Fälschung zu unterscheiden, muss man es ~**, per distinguere l'originale dal falso, bisogna confrontarli 2 (*einwenden*) **etw ~** {ARGUMENT} replicare *con qc*: **~, dass** ..., obiettare/controbattere che ...; **jdm etwas ~**, muovere un'obiezione a qu.

dagegen|setzen tr: **etwas ~**, muovere/sollevare un'obiezione; **nichts ~ können**, non poter obiettare/eccepire niente.

dagegen|sprechen <irr> itr → **sprechen**.

dagegen|stellen rfl sich ~ {GEGEN MAßNAHME, VORGEHEN} opporsi, opporre resistenza.

dagewesen a.R. *von* da gewesen A *part perf* → **sein**² B *adj* → **sein**².

Dagobert m (*Vorname*) Dagoberto.

da|haben <irr> tr *fam* 1 (*vorrätig haben*) **etw ~**, avere qc, disporre di qc; (*zur Hand haben*) avere qc a portata di mano 2 (*zu Besuch haben*) **jdn ~** {GAST} avere qu in visita: **wir haben gerade den Arzt da**, c'è il dottore (in casa).

daheim adv *süddt A CH* 1 (*zu Hause*) a casa: **bei jdm ~**, a casa di qu 2 (*in der Heimat*) in patria, a casa; *irgendwo* ~ **sein** {DA, DORT, HIER, IN EINER STADT, IN EINEM LAND} abitare + *compl di luogo*: **ich bin in München ~**, abito a Monaco ● **ich bin für niemanden ~** (*für niemanden zu sprechen*), non ci sono per nessuno; **wie geht's ~?** *fam* (*wie geht's der Familie?*), come va a casa? *fam*; **~ ist ~, casa**, dolce casa.

Daheim <-s, ohne pl> n *süddt A CH* casa f, focolare m domestico.

daheim|bleiben <irr> itr <sein> rimanere in/a casa.

daher A adv 1 (*von dort*) di/da lì, da quella parte: **ich komme gerade (von) ~**, sto venendo da lì; **von ~ haben wir nichts zu befürchten**, da quella parte non abbiamo niente da temere 2 (*aus diesem Grunde*) (**von**) **~** da ciò/questo: **~ kommen/rühren seine Probleme**, da ciò/questo scaturiscono i suoi problemi; **~ kommt es also, dass er so nervös ist**, ecco perché è tanto nervosa!; (**von**) **~ also der Lärm!**, ecco perché tutto quel chiasso! B konj (*deshalb*) perciò, per questo motivo.

dahergelaufen adj <attr> *fam pej*: **ein Dahergelaufener, eine Dahergelaufene**, uno (-a) qualunque/qualsiasi, un emerito sconosciuto, un'emerita sconosciuta; **jede(r) Dahergelaufene**, chiunque.

daher|kommen <irr> itr <sein> 1 (*näher kommen*) arrivare, avvicinarsi 2 (*herumlaufen*) *irgendwie* ~ {FEIN GEKLEIDET, SCHLAMPIG} andare in giro + *compl di modo*/+ *adj*: **wie kommst du denn daher?**, ma come vai in giro?

daher|reden *fam pej* A itr parlare a vanvera, cianciare *fam*: **dumm ~**, dire una sciocchezza dopo l'altra B tr **etw ~** sparare qc *fam*: **das war nur so dahergeredet!**, si fa tanto per dire!

dahin adv 1 (*an diesen Ort*) lì, là: **ich will nicht ~!**, da will ich nicht hin *fam*, non voglio andare lì/là, non voglio andarci; **es ist noch weit bis ~?**, ci vuole ancora molto fin là?; (*so weit*) a questo punto; **es kommt noch ~, dass** ..., si arriverà al punto di ... *inf*; **~ ist es (also schon) gekommen**, si è dunque giunti a questo punto, si è (dunque) arrivati a tanto 2 (*in dem Sinne, in die Richtung*) in tal senso: **etw ~ (gehend) interpretieren, dass** ..., interpretare qc nel senso di qc; **alle**

meine Bemühungen gehen ~, dass ..., tutti i miei sforzi mirano ₍a ... inf₎/₍a qc₎ **3** fam (kaputt) {VASE, KANNE} rotto; (verdorben) guasto **4** (vorbei, verloren): **ihr ganzes Geld ist ~**, ha perso tutti i soldi; **meine ganze Hoffnung ist ~**, ho perso ogni speranza ● **bis ~** (bis zu dem Ort), fin là/lì; (bis zu jenem Zeitpunkt: Vergangenheit und Zukunft), fino ad allora; (inzwischen), intanto, nel frattempo; **es ~ bringen, dass ...**, arrivare al punto ₍che ...₎/[di ...] inf; **jdn ~ bringen, dass ...**, indurre qu a ... inf; **~ und dorthin**, qua e là; **~ gehend**, in tal senso; **sich ~ gehend äußern**, esprimersi in tal senso; **er hat sich ~ gehend geäußert, dass er den Vorschlag befürwortet**, si è espresso in senso favorevole riguardo alla proposta; **wir sind ~ gehend verblieben, dass wir sie morgen treffen**, siamo rimasti (-e) che li/le incontriamo domani.

dahinab adv → **dorthinab**.
dahinauf adv → **dorthinauf**.
dahinaus adv → **dorthinaus**.
dahinein adv → **dorthinein**.
dahin|fliegen <irr> itr <sein> geh **1** (sich pfeilschnell bewegen) {ZUG} volare, sfrecciare **2** (eilends vergehen): **(nun so) ~** {ZEIT, TAGE, JAHRE}, volare (via), correre via.
dahingegen adv geh (jedoch) al contrario, invece.
dahin|gehen <irr> itr <sein> geh **1** (vergehen) {JAHRE, TAGE, ZEIT} passare: **schnell ~**, passare ₍in fretta₎/[alla svelta] **2** euph (sterben) trapassare lit, morire.
dahingehend adv → **dahin**.
dahingestellt adj: **etw ist/bleibt ~**, qc resta da stabilire; **das mag ~ bleiben**, (questo) resta ancora da vedere; **etw ~ sein lassen**, non entrare nel merito di qc.
dahin|plätschern itr <sein> **1** (plätschernd dahinfließen) {BACH} scorrere gorgogliando **2** (nicht in die Tiefe gehen) {GESPRÄCH} procedere in tono leggero.
dahin|raffen tr geh (sterben lassen) **jdn ~** {TOD} portare via qu; **viele Menschen ~** {KRANKHEIT, SEUCHE}, mietere molte vittime.
dahin|sagen tr (etw unüberlegt aussprechen): **etw (nur so) ~**, dire qc tanto per dire.
dahin|schleppen rfl **1** (sich mühsam fortbewegen) **sich ~** {HÄFTLING, VERWUNDETER IN KETTEN} trascinarsi; {VERKEHR} scorrere a fatica **2** (schleppend vorangehen) **sich ~** {VERHANDLUNGEN} protrarsi, trascinarsi.
dahin|siechen itr <sein> geh obs spegnersi lentamente geh, vegetare.
dahinten adv là dietro, laggiù: **~, am Ende der Straße, liegt ein kleiner Park**, laggiù in fondo alla strada, si trova un piccolo parco.
dahinter adv (hinter einem/einen Gegenstand, Ort u. Ä.) (lì/là) dietro ● **da ist etwas ~**, c'è sotto qualcosa, qui gatta ci cova fam; **da ist nichts ~**, non c'è niente sotto; **nichts ~ fam** (alles nur Angeberei), tanto fumo e poco arrosto fam, solo chiacchiere! fam.
dahinterher adj fam (bemüht): **~ sein, dass ...**, darsi da fare ₍affinché ... konjv₎/[per ... inf]; **sie ist immer ~**, ci sta sempre dietro fam.
dahinter|klemmen rfl fam **sich ~** darsi da fare, starci dietro fam: **da musst du dich aber gewaltig ~, damit du die Stelle bekommst!**, dovrai darti parecchio da fare per avere il posto!
dahinter|knien rfl fam **sich ~** darsi da fare.
dahinter|kommen <irr> itr <sein> scoprire qc: **~, dass/was/wie/warum ...**, scoprire che/che cosa/come/perché ...; **er ist sofort dahintergekommen**, ha mangiato subito la foglia fam, l'ha scoperto subito.
dahinter|stecken itr **1** (Urheber sein) esserci dietro/sotto: **wer wohl dahinter steckt?**, chi ci sarà dietro?; **sicher steckt da wieder meine Schwiegermutter dahinter**, sicuramente c'è di nuovo lo zampino di mia suocera fam **2** (Ursache sein) esserci sotto: **da/es steckt etwas dahinter**, (qui) gatta ci cova fam, (qui) c'è sotto qualcosa; **es/da steckt nichts dahinter** (da ist nichts faul dran), non c'è sotto nulla ● **da steckt (doch) nichts/[nicht viel] dahinter** (das ist nur Geschwätz), tanto fumo e poco arrosto fam, (sono) solo chiacchiere! fam.
dahinter|stehen <irr> itr <haben oder süddt A CH sein> **1** (unterstützen) sostenere qc, appoggiare qc: **wir stehen alle voll dahinter** (hinter dem Projekt), lo sosteniamo tutti pienamente (il progetto) **2** (zugrunde liegen) esserci sotto.
dahinter|steigen <irr> itr <sein>: **da steig ich nicht dahinter!**, non mi ci raccapezzo proprio!
dahinunter adv → **dorthinunter**.
dahin|vegetieren <ohne ge-> itr vegetare.
Dahlie <-, -n> f bot dalia f.
Daily Soap <- -, - -s> f slang TV soap (opera) f quotidiana, telenovela f quotidiana.
Daktylo <-, -s> f CH (Schreibkraft) dattilografa f.
da|lassen <irr> tr **1** (an Ort und Stelle lassen) **jdn/etw ~** lasciare qu/qc (qui/qua): **lass die Kinder ruhig da!**, lascia pure qui i bambini! **2** (irgendwo vergessen) **etw ~** dimenticare qc.
da|liegen <irr> itr <haben oder sein> **1** (hingestreckt liegen) {BEWUSSTLOSE, VERLETZTE} giacere lì/là, essere/stare lì/là disteso/sdraiato **2** (hingelegt sein) {GEGENSTAND} essere lì/là, trovarsi lì/là.
dalli adv fam (fix): **(nun) mach mal ~!** (jetzt aber fix!), sbrigati!, svelto (-a)!, presto!; **(jetzt) aber ~!**, spicciati/sbrigati, su!; **dalli, ~!**, presto, presto!
Dalmatien <-s, ohne pl> n geog Dalmazia f.
Dalmatiner <-s, -> m zoo dalmata m.
damalig adj <attr> (zu der Zeit vorhanden) di allora, di quel periodo, di quell'epoca: **in der ~en Zeit**, in quel periodo, a quell'epoca, in quei tempi.
damals adv **1** (zu jenem Zeitpunkt) allora, quella volta **2** (in jenem Zeitraum) allora, in quel periodo, a quell'epoca: **(schon) seit ~**, (fin) da allora.
Damast <-(e)s, -e> m text damasco m.
damasten adj <attr> geh (aus Damast) {STOFF, TISCHDECKE} damascato.
Dame <-, -n> f **1** geh (Frau) signora f: **womit kann ich dienen, meine ~?** form, posso esserLe utile, signora? **2** (~ntoilette): **~n, Signore**; **ich muss gerade mal für ~n** (FRAU, MÄDCHEN), devo andare alla toilette **3** (Begleiterin): **die Herren können ihre ~n mitbringen**, i signori possono portare le loro signore; (Tanzpartnerin) dama f; (Tischpartnerin) compagna f di tavolo **4** <nur pl> sport (~nmannschaft) donne f pl **5** (Spielkarte) donna f, regina f **6** (Schachfigur) regina f, donna f **7** <nur sing> (~spiel) dama f: **~ spielen**, giocare a dama ● **meine alte ~** fam scherz (meine Mutter), la mia vecchia fam scherz; **eine ältere ~**, una signora di una certa età; **die ~ des Hauses** (die Hausherrin), la padrona di casa; **meine (sehr verehrten) ~n und Herren!** form, (gentili) signore e signori!; **junge ~**, signorina; **die große ~ spielen**, atteggiarsi a gran dama, darsi arie di gran dama; **eine ~ von Welt** geh, una donna di mondo.
Damebrett n damiere m.
Damenbegleitung f: **in ~**, in compagnia femminile/[di una signora].
Damenbekanntschaft f (Bekannte) conoscenza f femminile: **eine ~ machen** form oder iron (eine Frau kennen lernen), ₍fare la conoscenza di₎/[conoscere] una donna.
Damenbekleidung f, **Damenoberbekleidung** f abbigliamento m per signora.
Damenbesuch m ospite f femminile: **~ haben**, avere un'ospite femminile.
Damenbinde f assorbente m (igienico) ● **bitte keine ~n in die Toilette werfen!**, non gettare assorbenti nel WC!
Damendoppel n sport doppio m femminile.
Dameneinzel n sport singolo m femminile.
Damenfahrrad n, **Damenrad** n bicicletta f da donna.
Damenfriseur m (negozio m di) parrucchiere m per signora.
Damengesellschaft f (gesellige Frauenrunde) riunione f femminile/[di donne] ● **in ~**, in compagnia femminile/[di una donna].
damenhaft adj (einer Dame gemäß) {AUFTRETEN, AUSSEHEN, KLEIDUNGSSTÜCK} da (vera) signora.
Damenmannschaft f squadra f femminile.
Damenmode f moda f femminile.
Damenoberbekleidung f → **Damenbekleidung**.
Damenrad n → **Damenfahrrad**.
Damensitz m: **im ~ reiten**, cavalcare all'amazzone.
Damentoilette f (WC für Damen) toilette f per signora.
Damenunterwäsche f biancheria f intima (da donna), intimo m donna.
Damenwahl f: **(jetzt ist) ~!**, ora scelgono le dame!
Damespiel n (gioco m della) dama f.
Damestein m pedina f.
Damhirsch m zoo daino m.
damisch süddt A fam Ⓐ adj **1** (dämlich) scemo fam, imbecille fam **2** <präd> (schwindelig): **jdm ist es ~**, a qu gira la testa, qu ha il capogiro; **jdm wird es ~ (im Kopf)**, a qu comincia a girare la testa Ⓑ adv (sehr) molto, terribilmente fam.
damit Ⓐ adv **1** (mit einem Gegenstand): **was soll ich ~?**, che cosa me ne faccio?, cosa devo fare?; **was will sie ~?**, cosa se ne fa?; **sie nahm das Fahrrad und fuhr ~ zum Bahnhof**, prese la bicicletta per andare alla stazione; **womit soll ich das essen, etwa ~, mit diesen Stäbchen?**, con che cosa devo mangiarlo, per caso con questi bastoncini? **2** (mit einer Angelegenheit): **was wollen Sie ~ sagen?**, come sarebbe a dire?; **das hat nichts ~ zu tun**, questo non c'entra; **~ ist alles gesagt**, non c'è altro da dire; **~ ist mir nicht gedient**, non mi serve a niente; **wie wäre es ~, wenn ...?**, cosa ne diresti/direbbe di ... inf/se ... konjv?; **~ hat es noch Zeit bis nächste Woche!**, per questo c'è tempo fino alla prossima settimana!; **meint er etwa mich ~?**, si riferisce forse a me?; **muss er denn immer wieder ~ ankommen?**, deve sempre ritornarci sopra?; **wie steht es ~?**, come stanno le cose? **3** (in Verbindung mit Verben und Adj, s. auch dort): **hör auf ~!**, piantala!, finiscila!, smettila!; **ich bin ~ einverstanden**, sono d'accordo (su questo) **4** (bei Befehlen): **Finger weg! Weg ~!**, giù le mani! Ho detto giù!; **her ~, das ist mein Geld!**,

dammi qua, questi soldi sono miei!; **heraus ~!** *fam* (*gib es her!*), tira fuori! *fam*; (*sage es endlich*) sputa il rospo! *fam*, su, parla!; **Schluss/genug ~!**, basta! **5** (*somit*) quindi, dunque, perciò, di conseguenza **B** *konj* (*bei unterschiedlichen Subjekten*) affinché ... *konjv*, perché ... *konjv*: **sie schrie laut, ~ er sie hören konnte**, urlò forte perché/affinché la potesse sentire; (*bei identischem Subjekt*) per ... *inf*; **er machte Überstunden, ~ er sich ein teures Auto kaufen konnte**, fece degli straordinari per potersi comprare un'auto costosa.

dämlich *adj fam pej* sciocco *fam*, imbecille *fam*: **frag doch nicht so ~!**, non fare delle domande così stupide! ● **jdm ~ kommen** *fam* (*sich jdm gegenüber dumm verhalten*), comportarsi da stupido (-a) con qu; **zu ~!**, che seccatura/disdetta!

Damm <-(e)s, Dämme> *m* **1** (*Deich*) argine *m* **2** (*Bahndamm, Straßendamm*) terrapieno *m* **3** *fig* (*Barriere*) argine *m*, diga f **4** *anat* perineo *m* ● **nicht (ganz) auf dem ~ sein** *fam* (*nicht (ganz) gesund sein*), non essere in forze *fam*/forma *fam*; **wieder auf dem ~ sein** *fam* (*wieder gesund sein*), essere di nuovo in forma *fam*.

Dammbruch *m* rottura f dell'argine.

dämmen *tr tech etw ~* {SCHALL, WÄRME} coibentare *qc*, isolare *qc*.

Dämmerlicht *n* (*nach Sonnenuntergang*) luce f crepuscolare, (*Halbdunkel*) penombra f, semioscurità f.

dämmern **A** *itr* **1** *geh*: **der Tag/Morgen dämmert**, (il giorno) albeggia; **der Abend dämmert**, imbrunisce **2** *fam* (*klar werden*) **jdm ~**: **nach und nach dämmerte ihm die Erinnerung**, pian piano affiorò in lui il ricordo ...; **jetzt dämmert es (bei) mir**, ora rimincio a capire/ricordarmi **3** (*dösen*) **vor sich hin ~** sonnecchiare *fam*, dormicchiare *fam*; (*nicht klar bei Bewusstsein sein*) vivere in stato di semincoscienza **B** *unpers* albeggiare, farsi giorno; imbrunire, farsi sera: **es dämmert** (*morgens*), albeggia, si fa giorno; (*abends*) imbrunisce, si fa sera ● **(na), dämmert es (dir) jetzt?** *fam* non ti si è accesa una lampadina? *fam*.

Dämmerschlaf *m* **1** (*Halbschlaf*) dormiveglia *m* **2** *med* sonno *m* crepuscolare.

Dämmerung <-, -en> f **1** (*Morgendämmerung*) crepuscolo *m*, alba f: **die ~ bricht an**, spunta l'alba **2** (*Abenddämmerung*) crepuscolo *m*, imbrunire *m*: **die ~ bricht an/herein**, cala il crepuscolo, comincia a imbrunire ● **in der ~** (*morgens*), all'alba; (*abends*), all'imbrunire.

Dämmerungsschalter *m* interruttore *m* crepuscolare.

Dämmerzustand *m* **1** (*Halbschlaf*) dormiveglia *m* **2** *med* (*Bewusstseinstrübung*) stato *m* crepuscolare.

Dämmmaterial, **Dämm-Material** *n* (*materiale m*) coibente *m*.

Dämmplatte f *bau* pannello *m* isolante.

dämmrig, dämmerig *adj* {BELEUCHTUNG, LICHT} crepuscolare, basso, tenue; {KERZENSCHEIN} fioco ● **es ist/wird ~** (*morgens*), albeggia, si fa giorno; (*abends*) imbrunisce, si fa sera.

Dammschnitt *m med* episiotomia f.

Dämmstoff *m bau* (*gegen Kälte*) isolante *m* termico, (*materiale m*) coibente *m*; (*gegen Schall*) isolante *m* acustico, (*materiale m*) insonorizzante *m*/coibente *m*.

Dämmung <-, -en> f coibentazione f, isolamento *m*.

Damoklesschwert *n geh* spada f di Damocle ● **wie ein ~ über jdm/[jds Haupt]**

hängen/schweben {FURCHT, GEFAHR}, essere una spada di Damocle per qu; **die Operation hing wie ein ~ über ihm/[seinem Haupt]**, l'operazione era una spada di Damocle sulla sua testa.

Dämon <-s, -en> *m* demone *m*.

dämonisch **A** *adj* **1** (*unheimlich*) {BLICK, LÄCHELN, NATUR} diabolico, luciferino **2** (*teuflisch*) {KRÄFTE, MÄCHTE} demoniaco **B** *adv* (*unheimlich*) {GRINSEN, LÄCHELN} diabolicamente.

dämonisieren <ohne ge-> *tr geh jdn/etw ~* demonizzare *qu/qc*.

Dampf <-(e)s, Dämpfe> *m* **1** (*Wasserdampf*) vapore *m* **2** <nur pl> *chem* (*Ausdünstung*) {+GIFTSTOFF, LÖSUNGSMITTEL} esalazioni f pl, vapori *m* pl ● ~ **ablassen**, emettere vapore; *fam* (*seinen Ärger abreagieren*), sfogarsi, scaricarsi *fam*; ~ **draufhaben** *fam* (*Schwung haben*), essere un vulcano *fam*; **jdm ~ machen** *fam* (*jdn drängen*), mettere fretta a qu *fam*; ~ **hinter etw (akk) machen/setzen** *fam* (*etw energisch betreiben*), sollecitare *qc*.

Dampfbad *n* bagno *m* turco/[di vapore].

Dampfboot *n naut* piroscafo *m*.

Dampfbügeleisen *n* ferro *m* (da stiro) a vapore.

Dampfdruck <-(e)s, -drücke> *m* pressione f del vapore.

dampfen *itr* **1** (*Dampf abgeben*) {BADEZIMMER} essere pieno di vapore; {BADEWASSER, KOCHTOPF} emanare vapore; {HEIßE SCHÜSSEL, SPEISE} fumare **2** (*sich unter Dampf fortbewegen*) *irgendwohin ~*: **der Zug dampft in den Bahnhof/[aus dem Bahnhof]**, il treno entra in stazione/[esce dalla stazione] sbuffando.

dämpfen *tr etw ~* **1** (*akustisch abschwächen*) {GERÄUSCH, SCHALL, TON} smorzare *qc*, attutire *qc*; {STIMME} abbassare *qc*: **mit gedämpfter Stimme**, con voce sommessa; **gedämpfte Geräusche**, rumori ovattati **2** (*mindern*) {AUFPRALL, STOß, WUCHT} ammortizzare *qc*, attutire *qc* **3** (*mäßigen*) {ÄRGER, BEGEISTERUNG, FREUDE, STIMMUNG, WUT} smorzare *qc*, moderare *qc*; {KONJUNKTUR} mettere un freno a *qc*; **jdn ~** frenare *qc* **4** *gastr* {GEMÜSE} cuocere *qc* a vapore **5** (*bügeln*) {KLEIDUNGSSTÜCK} stirare *qc* con un panno umido.

Dampfer <-s, -> *m* piroscafo *m*, (battello *m* a) vapore *m* ● **auf dem falschen ~ sein/sitzen** *fam*, essere fuori strada *fam*, avere sbagliato indirizzo *fam*.

Dämpfer <-s, -> *m mus* {+GEIGE, KLAVIER, SAXOPHON, TROMPETE} sordina f ● **jdm/etw einen ~ aufsetzen/geben** *fam*, smontare qu *fam*, smorzare *qc*; **einen ~ bekommen** *fam* {PERSON}, smontarsi *fam* {JDS BEGEISTERUNG, OPTIMISMUS}, essere smorzato; **er hat einen ~ bekommen**, per lui è stata una doccia fredda.

Dampferfahrt f viaggio *m* in piroscafo.

Dampferlinie f linea f di navigazione a vapore.

Dampfkessel *m* caldaia f a vapore.

Dampfkochtopf *m* pentola f a pressione.

Dampfkraft f *phys* forza f (motrice) del vapore.

Dampflokomotive f, **Dampflok** f locomotiva f a vapore.

Dampfmaschine f macchina f a vapore.

Dampfschiff *n* → **Dampfer**.

Dampfschifffahrt f navigazione f a vapore.

Dampfturbine f turbina f a vapore.

Dämpfung <-, -en> f **1** {+GERÄUSCH, SCHALL} smorzamento *m* **2** ~ **einer S.** (gen)

{+INFLATION, KONJUNKTUR, NACHFRAGE} freno *m* a *qc*.

Dampfventil *n* valvola f a vapore.

Dampfwalze f *bau* compressore *m* stradale a vapore.

Dampfwolke f nuvola f di vapore.

Damwild *n zoo* daini *m* pl.

danach *adv* **1** (*zeitlich: dann*) poi, quindi; (*später*) dopo, più tardi: **bald/gleich/lange ~**, poco (tempo)/[subito]/[molto tempo] dopo **2** (*Reihenfolge*) dopo, poi, quindi: **vorne liefen die Generale, ~ die Offiziere**, prima venivano i generali e dopo/quindi/dietro gli ufficiali; **zuerst esse ich die Nudeln, ~ das Fleisch**, prima mangio la pasta e poi/dopo la carne **3** (*in eine bestimmte Richtung: nach etw*): **sie sah ein interessantes Buch und griff ~**, vide un libro interessante e allungò la mano; **hinter ihm war etwas, aber er sah sich nicht ~ um**, dietro di lui c'era qualcosa ma non si voltò a guardare **4** (*dementsprechend: nach einer Information, einem Bericht*) in base a/[secondo] questo/ciò **5** (*hiernach: in Verbindung mit Subst, Verben und Adj, s. auch dort*): **sie ist eine Spitzensportlerin – Danach sieht sie gar nicht aus**, (lei) è un'atleta di primo piano – Non ne ha l'aria!; **das ist die Vorschrift, richten Sie sich ~!**, questa è la disposizione, si regoli di conseguenza!; **ich sehne mich so ~**, ne ho tanta nostalgia; ~ **habe ich nicht gefragt**, non è questo che ho chiesto; **ich habe im Augenblick kein Verlangen ~**, adesso non ne sento il bisogno ● **etw ist (auch) ~** *fam* (*etw ist entsprechend*): **er hat den Aufsatz in zehn Minuten geschrieben – Danach ist er auch!**, ha svolto il tema in dieci minuti – E si vede!; **jdm ist ~** *fam* (*jd hat Lust darauf*), si ha la sente *fam*, qu è in vena *fam* (di ...); **mir ist jetzt nicht ~**, adesso non ne ho voglia/[me la sento]; **ist (es) dir ~?**, ti va?

Dandy <-s, -s> *m* dandy *m*.

Däne <-n, -n> *m* (**Dänin** f) danese mf.

daneben *adv* **1** (*örtlich: neben jdm/jdn/etw*) {SICH BEFINDEN, LIEGEN, SITZEN, STEHEN; LEGEN, SCHIEBEN, SETZEN, STELLEN} (lì) accanto/vicino, di fianco: **auf dem Parkplatz steht ein Auto, ~ ein Motorrad**, nel parcheggio c'è una macchina, accanto un motorino; **im Haus ~**, nella casa accanto; **dicht ~**, vicinissimo, subito accanto **2** (*verglichen damit*) in confronto **3** (*außerdem*) inoltre, oltre a ciò; (*gleichzeitig*) allo/nello stesso tempo, contemporaneamente: **schreiben und ~ Musik hören**, scrivere ascoltando musica ● ~ **sein** (*verwirrt sein*) essere sfasato/scombussolato; (*falsch sein*) (**voll**) ~ **sein**, {VORHERSAGE} essere sbagliato in pieno, essere sballato *slang*; (*unangebracht sein*) {VERHALTEN} essere inopportuno/[fuori luogo]; **voll ~!**, (*total falsch!*) sbagliato in pieno, (*wie peinlich!*) che figuraccia!

daneben|benehmen <irr, ohne ge-> rfl *fam sich ~* comportarsi male.

daneben|gehen <irr> *itr* <sein> **1** (*das Ziel verfehlen*) {BALL, PFEIL, SCHLAG, SCHUSS} mancare il bersaglio **2** *fam* (*fehlschlagen*) {EXPERIMENT, PLAN, VERSUCH} andare storto (-a) *fam*; {PRÜFUNG} andare male ● **heute geht aber auch alles daneben!** *fam*, oggi va tutto per il verso sbagliato! *fam*.

daneben|greifen <irr> *itr* **1** (*an etw vorbeigreifen*) mancare (di poco) la presa; (*auf einem Klavier*) sbagliare tasto **2** *fam* (*falschliegen*) (**mit etw dat**) ~ {MIT EINER PROGNOSE, SCHÄTZUNG} sbagliare (*qc*).

daneben|hauen <haute daneben oder hieb daneben, danebengehauen> *itr* **1** (*nicht treffen*) sbagliare la mira **2** *fam* (*etw falsch machen, sich irren*) sbagliare: **voll ~**, di grosso₁/[in pieno], toppare *slang*, scazzare *slang*.

daneben|liegen <irr> itr *fam* (**mit etw** dat) ~ {MIT EINER BERECHNUNG, PROGNOSE, VERMUTUNG} sbagliare (*qc*).

daneben|schießen <irr> itr **1** (*am Ziel vorbeischießen*) mancare il bersaglio **2** *fam* (*sich irren*) (**mit etw** dat) ~ sbagliare (*qc*).

daneben|sein a.R. *von* daneben sein → **sein**②.

Dänemark <-s, ohne pl> n *geog* Danimarca f: **in/nach ~**, in Danimarca.

Daniel m (*Vorname*) Daniele.

Daniela, Daniele f (*Vorname*) Daniela.

Dänin f → **Däne**.

dänisch adj danese.

Dänisch <-(s), ohne pl> n, **Dänische** <*dekl wie adj*> n danese m.

dank präp + gen *oder* dat grazie a: **~ seiner Hilfe**, grazie al suo aiuto.

Dank <-(e)s, ohne pl> m ringraziamento m: **darf ich Ihnen meinen ~ aussprechen?**, posso esprimerLe i miei ringraziamenti?; **haben Sie vielen ~ für Ihre Hilfe!**, grazie tante del Suo aiuto! ● **als/zum ~ für etw** (akk), per ringraziare di qc; **besten/herzlichen/schönen/tausend/vielen** *fam* **~!**, mille/tante grazie, grazie infinite; (**das ist**) **der (ganze) ~ dafür ...**(, **dass** ...), bel ringraziamento (per ...); **mit** *herzlichem* **~**, con i più sinceri ringraziamenti *form*, con tante grazie; **mit** *herzlichem/bestem* **~ zurück**, ₁te lo₁/[glielo] restituisco con tante grazie; **jdm** (**für etw** akk) **sagen** *form*, ringraziare qu (di/per qc), porgere i propri ringraziamenti (per qc) *form*; **jdm ~ schulden** *form*, **jdm zu ~ verpflichtet sein** *form*, essere obbligato verso qu *form*.

dankbar **A** adj **1** (*dankend*) {MENSCH} grato, riconoscente, {BLICK, HÄNDEDRUCK} pieno di gratitudine/riconoscenza: **jdm** (**für etw** akk) **~ sein**, essere grato/riconoscente a qu (di/per qc) **2** (*lohnend*) {ARBEIT, AUFGABE} gratificante, di soddisfazione; {ROLLE} di sicuro effetto **3** (*beifallsfreudig*) {PUBLIKUM, ZUHÖRER} che apprezza **4** *fam* (*widerstandsfähig*) {PFLANZE, STOFF} resistente **B** adv {ANLÄCHELN, DIE HAND DRÜCKEN, LÄCHELN} con gratitudine/riconoscenza ● **sich** (**jdm gegenüber**) **~ erweisen/zeigen**, mostrarsi riconoscente/grato (nei confronti di qu); **ich wäre dir/Ihnen ~, wenn** ..., ti/Le sarei molto grato (-a)/riconoscente se ...

Dankbarkeit <-, ohne pl> f gratitudine f, riconoscenza f; **aus ~ für etw** (akk), in segno di riconoscenza per qc ● **jdm seine ~ (für etw** akk) **erweisen/zeigen**, mostrare la propria gratitudine/riconoscenza (di/per qc) a qu.

danke interj **~ für etw** akk) grazie (di/per qc) ● **~(, ja)!**, sì, grazie!; **~(, nein)!**, no, grazie!; **wie geht's? – Danke, gut**, come va? – Bene, grazie; **sonst geht's dir (wohl) ~!** *fam iron* (*bist du noch bei Trost?*), sei un po' tocco (-a)? *fam*; **~, gleichfalls!**, grazie, altrettanto!; **jdm** (**für etw** akk) **~/Danke sagen**, dire grazie a qu (per/di qc); **~ schön/sehr/vielmals!**, grazie (tanto)!, mille/tante grazie!

danken **A** itr (*Dank aussprechen*) (**jdm**) (**für etw** akk) **~** {FÜR EINLADUNG, GEFÄLLIGKEIT, GESCHENK, HILFE} ringraziare (qu) (di/per qc); **jdm** (**dafür**) **~, dass** ..., ringraziare qu per ... *inf*: **ich lasse ihr recht herzlich ~**, ringraziala/[la ringrazi] da parte mia **B** tr (*lohnen*) **jdm etw ~** ricompensare qu per/di qc, ripagare qu di qc ● **na, ich danke (bestens)!** *fam iron*, tante grazie(, nemmeno dipinto (-a))! *fam iron*; **nichts zu ~!**, non c'è di che!, di nulla/niente!

dankend adv {ANNEHMEN, ABLEHNEN} ringraziando: **ich nehme (es) ~ an**, (lo) accetto ringraziando; **Betrag ~ erhalten** *com*, somma ricevuta, per quietanza.

dankenswert adj {BEMÜHUNG, HILFE} degno di riconoscenza: **es ist wirklich ~, dass Sie mir helfen wollten ..., aber ..**, è molto apprezzabile che mi volesse aiutare ..., ma ...

Dankeschön <-s, ohne pl> n **1** (*Worte des Dankes*) grazie m **2** (*Aufmerksamkeit*) ringraziamento m: **als kleines ~**, un pensierino per ringraziarti/ringraziarLa.

Dankeswort n <*meist pl*> parola f di ringraziamento.

Danksagung <-, -en> f ringraziamento m.

Dankschreiben n biglietto m/lettera f di ringraziamento.

dann adv **1** (*später, danach*) dopo, poi, quindi: **noch eine Woche, ~ ist Weihnachten**, ancora una settimana, poi è Natale; **also, ~ bis gleich!**, allora a dopo!; **wenn ..., ~ ...**, quando ..., allora ... (*oft auch unübersetzt*); **wenn das gemacht ist, ~ kannst du gehen**, quando (questo) sarà fatto, (allora) potrai andare **2** (*zu dem Zeitpunkt*): **immer ~, wenn ich am Einschlafen bin, klingelt das Telefon**, ogni volta che sto per addormentarmi, squilla il telefono **3** (*außerdem*) poi, inoltre, per di più **4** (*in diesem Fall*) allora, in questo/quel caso: **~ ist ja alles in Ordnung!**, allora è tutto a posto!; **nur ~, wenn ...**, solo se ...; **erst ~, wenn ...**, solo quando ... ● **bis ~!** *fam*, a dopo/[più tardi]!; **~ (eben) nicht!**, e allora no!; **~ selbst ~ (nicht), wenn ..**, (ne)anche nel caso ₁in cui₁/[che] ...; **~ und ~**, il tal giorno; **und/was ~?**, e poi?; **~ und wann**, di quando in quando, di tanto in tanto; **wenn nicht er, wer ~?**, se non lui, allora chi?

dannen adv *obs*: **von ~ gehen/ziehen**, andarsene.

dantesk adj, **dantisch** adj dantesco.

Danzig <-s, ohne pl> n *geog* Danzica f.

daran, dran *fam* adv **1** (*räumlich: an etw*) {SICH ANLEHNEN, BEFESTIGEN, SICH KLAMMERN, KLEBEN, MACHEN, VORBEIGEHEN, VORBEIKOMMEN} ci, vi *geh*; a questo/ciò: **wenn du ~ vorbeikommst, ...**, se ci passi, ... **2** (*zeitlich*): **im Anschluss ~**, in seguito (a ciò); **erst fand ein Vortrag statt, ~ schloss sich eine Diskussion (an)**, prima ebbe luogo una conferenza, poi/[alla quale] seguì un dibattito; **~ knüpfte sich eine lange Aussprache**, ne seguì un lungo chiarimento **3** (*an dieser Sache: in Verbindung mit Subst, Adj und Verben, s. auch dort*) {SICH ERINNERN, LEIDEN, STERBEN, ARM, REICH; BEDARF, MANGEL} **ne**: **ich bin nicht ~ schuld**, non ne ho colpa; {ARBEITEN, DENKEN, GLAUBEN} **ci**: **es liegt mir viel/wenig ~**, ci tengo molto/poco; **~ kann man nichts ändern**, non ci si può fare nulla; **~ erkenne ich ihn**, lo riconosco da ciò; **ich bin nicht ~ interessiert**, non mi interessa **4 das Beste/Gute/Schöne ~ ist, dass ...**, la cosa migliore/buona/bella (di questo/ciò) è che ... ● **es ist etwas (Wahres) ~**, c'è qualcosa di vero (in questo); **es ist nichts ~** (*es ist nicht fundiert*), non c'è nulla di vero (in questo); (*es ist nichts Besonderes*), non è niente di speciale; **~ soll es nicht liegen**, non sarà questo il problema; **~ sein**, toccare a qu; **wer ist ~?**, a chi tocca?; **ich bin ~**, tocca a me; **nahe ~ sein, etw zu tun**, essere sul punto di fare qc, stare per fare qc, essere lì lì per fare qc *fam*; **ich bin nahe ~, den Titel zu erobern**, sto per conquistare il titolo; **ich war nahe ~ zu fallen**, ci mancava poco che (io) cadessi, stavo per cadere; **gut ~ tun, (etw) zu tun**, far bene a fare qc.

daran|gehen <irr> itr <*sein*>: **~, etw zu tun** accingersi *a fare qc*, apprestarsi *a fare qc*.

daran|machen rfl *fam* **sich ~ mettercisi** *fam*: **ich habe mich daran (an die Arbeit) gemacht**, mi ci sono messo (-a) (al lavoro); **sich ~, etw zu tun**, mettersi a fare qc *fam*.

daran|setzen **A** tr (*meist imperf*): **alles ~, etw zu tun**, mettercela tutta per fare qc, fare tutto il possibile per fare qc **B** rfl **sich ~ → daran|machen**.

darauf, drauf *fam* adv **1** (*räumlich: auf etw*) sopra (questo), su questo: **eine Torte mit sechs Kerzen ~**, una torta con sopra sei candeline; **in dem Zimmer stand ein Tisch, ~ lagen mehrere Fotos**, nella stanza c'era un tavolo su cui si trovavano diverse foto; **~ schlafen**, dormirci sopra **2** (*zeitlich: danach*) dopo: **am Tag ~**, il giorno dopo/seguente; **zwei Jahre ~**, due anni dopo/[più tardi]; **gleich ~**, subito dopo; **kurz ~**, poco (tempo) dopo, di lì a poco **3** (*infolgedessen*) perciò, quindi, così **4** (*als Reaktion auf etw*) {ANTWORTEN, REAGIEREN, TRINKEN; ANTWORT, REAKTION} a questo/ciò **5** (*auf etw: in Verbindung mit Subst, Adj und Verben, s. auch dort*) {ACHTEN, ANSPIELEN, ABZIELEN, SICH BESCHRÄNKEN, SICH VERLASSEN, SICH VORBEREITEN} **ci**: **~ achten**, badarci; **sich ~ verlassen**, contarci; **~ gebe ich nichts**, non ci do peso; {GESPANNT/NEUGIERIG/NEIDISCH/STOLZ SEIN, SICH FREUEN; ANSPRUCH, RECHT} **ne**: **stolz ~ sein**, esserne fiero; **ich freue mich schon ~!**, non (ne) vedo l'ora!; {BASIEREN, BEHARREN, BERUHEN, BESTEHEN, ZURÜCKKOMMEN} su questo/ciò; (*unübersetzt*): **das kommt ~ an**, dipende, **kommt es nicht an**, (questo) non importa; **~ steht Gefängnis**, è punibile con la reclusione; **wie kommst du ~?**, ma come ti viene in mente?

darauffolgend adj → **folgend**.

daraufhin adv **1** (*infolgedessen*) in conseguenza di ciò, in seguito a ciò: **er wurde bei einem Unfall verletzt und ~ ins Krankenhaus eingeliefert**, fu ferito in un incidente e in seguito a ciò ricoverato in ospedale **2** (*danach*) dopo, poi, quindi **3** (*unter diesem Gesichtspunkt*) sotto questo aspetto: **etw ~ prüfen/untersuchen, ob ...**, controllare che ... *konjv*.

darauf|legen tr → **drauf|legen** 1.

darauf|liegen <irr> itr <*haben oder süddt A CH sein*> {PERSON} essere (disteso/sdraiato) sopra, stare sopra, giacere sopra; {GEGENSTAND} esser(ci)/stare/trovarsi sopra.

darauf|setzen tr rfl → **drauf|setzen**.

darauf|sitzen <irr> itr <*haben oder süddt A CH sein*> → **drauf|sitzen**.

darauf|stehen <irr> itr <*haben oder süddt A CH sein*> → **drauf|stehen**.

darauf|stellen tr rfl → **drauf|stellen**.

daraus, draus *fam* adv **1** (*aus Gefäß oder Raum*) da ciò/qui, di lì: **kann man ~ trinken?**, si può bere da qui? **2** (*aus diesem Material*) {MACHEN, SCHNEIDEN, SCHNITZEN} da questo/ciò: **~ kann man ein Kleid nähen**, ₁con questo₁/[ci] si può fare un vestito **3** (*aus dieser Sache: in Verbindung mit Subst und Verben, s. auch dort*) {ENTNEHMEN, SICH ERGEBEN, ERSEHEN, FOLGEN, HERVORGEHEN} **ne**: **~ folgt/[ergibt sich], dass ...**, ne (con)segue che ...; **~ was ist ~ (aus dem Projekt) geworden?**, cosa ne è stato (del progetto)? ● **ich mache mir nichts ~** *fam* (*das ist mir egal*), non me ne importa nulla, me ne infischio *fam*; (*ich nehm's nicht schwer*), non me la prendo *fam*; **mach dir nichts ~!** *fam*, non prendertela!; **~ werde ich nicht klug/schlau** *fam*, non mi ci raccapezzo *fam*; **~ wird nichts!**, non se ne farà nulla!

darben itr geh (Mangel leiden) vivere di stenti; (hungern) stentare la vita/il pane.

dar|bieten <irr> **A** tr geh **1** (vorführen) (jdm) etw ~ {NUMMER, SCHAUSPIEL, VORFÜHRUNG} (rap)presentare qc (per qu); {GEDICHT, SCHAUSPIEL} recitare qc (per qu); {LIED, MUSIKSTÜCK} eseguire qc (per qu); {LEHRSTOFF} presentare qc (a qu) **2** (anbieten) jdm etw ~ {GETRÄNKE, SPEISE} offrire qc a qu; {HAND} porgere qc a qu, tendere qc a qu **B** rfl (sich bieten) sich ~ {ANBLICK, AUSSICHT, GELEGENHEIT, MÖGLICHKEIT} offrirsi, presentarsi.

Darbietung <-, -en> f (Vorführung) spettacolo m; {+SCHAUSPIEL} auch rappresentazione f, recita f; {+MUSIKSTÜCK} esecuzione f.

dar|bringen tr geh jdm etw ~ offrire qc a qu: ein Opfer ~, offrire un sacrificio.

Dardanellen subst <nur pl> geog: die ~, i Dardanelli.

darein, drein fam adv geh obs → hinein.

darein|finden <irr> rfl geh sich ~ rassegnarvisi: sich ~, etw zu tun, rassegnarsi a fare qc.

darf 1. und 3. pers sing präs von dürfen.

darin, drin fam adv **1** (örtlich: in diesem Raum oder Behälter) (qua/là) dentro, ci, vi geh: eine Schublade mit vielen Schallplatten ~, un cassetto con dentro molti dischi; wie viele Personen sind ~ versammelt?, quante persone sono riunite là dentro?, quante persone vi/ci sono riunite? **2** (in dem Punkt) in questo/ciò, su questo (punto): ~ war sie jedem überlegen, in questo era superiore a tutti; ~ sind sie sich einig, su questo sono d'accordo; ich stimme mit Ihnen ~ überein, dass ..., sono d'accordo con Lei (sul fatto) che ..; ~ ⌊haben Sie recht⌋/⌊irren Sie sich⌋, in/su questo/ciò ⌊ha ragione⌋/[sbaglia]; der Unterschied liegt ~, dass ..., la differenza consiste ⌊nel ... inf⌋/[nel fatto che ...] ● ~ inbegriffen, ivi compreso; ~ ist jd ganz groß fam, in questo qu è proprio forte fam.

dar|legen tr (jdm) etw ~ {ANSICHTEN, GRÜNDE, PLAN, THEORIE} esporre qc (a qu) (erklären) spiegare qc (a qu).

Darlegung <-, -en> f {+ANSICHTEN, GRÜNDE, PLAN, THEORIE} esposizione f; (Erklärung) spiegazione f.

Darlehen, Darlehn <-s, -> n ökon prestito m, mutuo m: ein ~ (in Höhe) von/über ..., un prestito/mutuo di ...; ein ~ aufnehmen, contrarre un prestito/mutuo; jdm ein ~ geben, concedere un prestito/mutuo a qu.

Darlehensgeber <-s, -> m (**Darlehensgeberin** f), **Darlehnsgeber** <-s, -> m (**Darlehnsgeberin** f) mutuante m.

Darlehensnehmer <-s, -> m (**Darlehensnehmerin** f), **Darlehnsnehmer** <-s, -> m (**Darlehnsnehmerin** f) mutuatario (-a) m (f).

Darlehensvertrag, Darlehnsvertrag m contratto m di prestito.

Darm <-(e)s, Därme> m **1** anat intestino m **2** (Wursthaut) budello m.

Darmausgang m anat ano m: künstlicher ~, ano preternaturale.

Darmbakterie f <meist pl> med batterio m intestinale.

Darmflora f anat flora f intestinale.

Darmgrippe f med influenza f intestinale.

Darminfektion f med infezione f intestinale.

Darmkrankheit f med malattia f intestinale.

Darmkrebs m med cancro m intestinale.

Darmsaite f {+STREICHINSTRUMENT, TENNISSCHLÄGER} corda f di minugia.

Darmspiegelung f med colonscopia f.

Darmspülung f clistere m, enteroclisi f.

Darmtätigkeit <-, ohne pl> f attività f ⌊dell'intestino⌋/[intestinale].

Darmträgheit f stitichezza f, costipazione f.

Darmverschluss (a.R. Darmverschluß) m med ileo m wiss, occlusione f/blocco m intestinale.

Darmvirus n oder m virus m intestinale.

dar|reichen tr geh → **dar|bieten** A 2.

darstellbar adj rappresentabile: leicht/schwer ~, facile/difficile da rappresentare; etw ist nicht ~, qc non si può rappresentare.

dar|stellen **A** tr **1** (wiedergeben) jdn/etw ~ {BILD, ZEICHNUNG Detail, LANDSCHAFT, MENSCHEN} rappresentare qu/qc: dieses Bild stellt ihn als König dar, questo quadro lo ritrae nelle vesti di re **2** theat jdn/etw ~ {EINE BESTIMMTE FIGUR, ROLLE} interpretare qu/qc; {STOFF, WERK} rappresentare qc **3** (beschreiben) etw ~ descrivere qc, illustrare qc **4** (bedeuten) etw ~ {BELASTUNG, FORTSCHRITT, VERBESSERUNG} rappresentare qc, costituire qc, essere qc: was soll das ~? fam, e che cosa sarebbe? **B** rfl **1** (sich erweisen als) sich als etw (nom)/irgendwie ~ {SITUATION, VORSCHLAG ALS SCHWIERIG} presentarsi qc/+ adj, rivelarsi qc/+ adj **2** (sich in Szene setzen) sich ~ mettersi in mostra; (sich hinstellen als) sich als etw (nom) ~ {ALS EXPERTE, KENNER} farsi passare per qc ● etwas ~ fam, far figura fam; nichts ~ fam, non far figura fam.

Darsteller <-s, -> m (**Darstellerin** f) theat film interprete mf.

darstellerisch adj <attr> {FÄHIGKEITEN, LEISTUNG, TALENT} interpretativo: eine glänzende ~e Leistung, una splendida interpretazione.

Darstellung <-, -en> f **1** (bildliche Wiedergabe) {+KÖRPER, LANDSCHAFT, MENSCH, SZENE} raffigurazione f, rappresentazione f: grafische ~, diagramma, grafico **2** theat (das Darstellen) {+ROLLE} interpretazione f; {+STOFF} rappresentazione f, recita f **3** (das Darstellen) {+EREIGNISSE, FAKTEN, VORGÄNGE} descrizione f, esposizione f; (Erzählung) narrazione f; (Bericht) relazione f **4** chem preparazione f.

Darstellungsmittel n kunst theat mezzo m espressivo.

Darstellungsweise f tipo m/modo m di rappresentazione.

darüber, drüber fam adv **1** (räumlich: darauf) -ci/vi (...) sopra: hänge deinen Mantel ruhig ~!, appendicelo pure sopra, il (tuo) cappotto! **2** (räumlich: höher als etw) {ANGEBRACHT SEIN, HÄNGEN, WOHNEN} al di sopra, qua/là sopra, (di) sopra: wir wohnen im Erdgeschoss, ~ wohnen Freunde von uns, noi abitiamo al pianterreno, (di) sopra abitano amici nostri **3** (über eine Angelegenheit: in Verbindung mit Substantiven, Adjektiven und Verben, s. auch dort) {SICH BEKLAGEN, DISKUTIEREN, SICH FREUEN, LACHEN, SPRECHEN, SICH WUNDERN} ne, di questo/ciò: sich ~ freuen, rallegrarsene, esserne contento; {LESEN, NACHDENKEN, SCHREIBEN} su questo/ciò; {SICH ÄRGERN, SICH STREITEN} per questo **4** (währenddessen) {EINSCHLAFEN, VERGEHEN, VERGESSEN, SPÄTER WERDEN} intanto, nel frattempo: die Übersetzung war sehr schwierig, ich habe lange ~ gesessen, la traduzione era molto difficile, ci sono stato (-a) sopra a lungo; das Fest dauerte sehr lange, ~ war es Morgen geworden, la festa durò molto, nel frattempo s'era fatto giorno **5** (mehr): er ist 50 Jahre alt oder etwas ~, ha 50 anni o poco più; Preise von 1000 Euro und ~, prezzi di 1000 euro e oltre; keinen Euro ~!, neanche un euro di più! ● es geht nichts ~, non c'è niente di meglio; ~ hinaus (außerdem), oltre a ciò, inoltre, per di più; ich bin ~ hinweg fam, non ci penso più, (è) acqua passata fam; ~ hinweggehen/hinwegsehen, passarci sopra.

darüber|fahren <irr> itr <sein oder haben> (mit etw dat) ~ {MIT HAND, TUCH} passarci sopra (con qc).

darüber|fallen <irr> itr <sein> (über etw akk) ~ {ÜBER EINEN STEIN} inciampare (in qc).

darüber|legen tr etw ~ {DECKE, TUCH} metter(ci) sopra qc: leg eine Plastikhülle darüber, mettici sopra un nylon.

darüber|liegen <irr> itr <haben oder süddt A CH sein> mit etw (dat) ~ {MIT EINEM ANGEBOT, EINER FORDERUNG, EINEM PREIS} tenersi più alto (-a) con qc, essere superiore (a qc): er lag mit seinem Angebot noch darüber, la sua offerta era ancora superiore.

darüber|machen rfl fam sich ~ mettercisi fam: ich werde mich sofort ~ (über eine Arbeit), mi ci metterò subito fam, mi metterò subito al lavoro; als das Abendessen auf den Tisch kam, machten sie sich sofort darüber, appena fu servita la cena, tutti si buttarono sul cibo fam.

darüber|schreiben <irr> tr etw (über etw akk) ~ scrivere sopra qc (a qc): eine Überschrift ~ (über einen Artikel), metterci un titolo.

darüber|stehen <irr> itr <haben oder süddt A CH auch sein> essere superiore: da steh ich doch darüber!, sono superiore a queste cose!

darum, drum fam adv **1** (deshalb) perciò, per questo **2** (um diese Angelegenheit: in Verbindung mit Substantiven, Adjektiven und Verben, s. auch dort) {BITTEN, BENEIDEN} ne, di questo: ich bitte dich ~, te ne prego; es handelt sich nicht ~, non si tratta di questo; es geht ~, dass ..., si tratta di ... inf, il problema è che ...; {STREITEN, KÄMPFEN, BESORGT SEIN} per questo/ciò **3** (räumlich) intorno/attorno (a ciò): ein Haus mit viel Grün ~, una casa con molto verde intorno/attorno ● eben ~, proprio/appunto per questo; nicht ~ herumkommen fam, non ⌊poter-ne fare a meno⌋/[poter fare altrimenti]; warum hast du das getan? – Darum! fam, perché l'hai fatto? – Perché sì! fam; (nur) ~ weil ..., (solo) perché ...

darunter, drunter fam adv **1** (unter dem Gegenstand) (di) sotto, qua/là sotto, sotto questo; (unter den Gegenstand) ci/vi geh (...) sotto: sie hob das Kissen hoch und legte das Nachthemd darunter, alzò il guanciale e ci mise sotto la camicia da notte **2** (niedriger als etw) {ANGEBRACHT SEIN, SICH BEFINDEN} al di sotto, qua/là sotto, (di) sotto: ich wohne im 1. Stock, ~ wohnen Freunde von mir, (io) abito al primo piano, (di) sotto abitano dei miei amici **3** (weniger): ich kann die Ware nicht ~ abgeben, non posso vendere la merce a/per meno; höchstens 20 Grad oder noch ~, al massimo 20 gradi o ancora meno **4** (unter diesen) fra/tra cui, tra questi: einige Länder der EU, ~ (auch/z. B.) Frankreich, alcuni paesi della UE, tra/fra cui (anche/p.es.) la Francia **5** (unter dieser Angelegenheit: in Verbindung mit Substantiven, Verben und Adjektiven, s. auch dort): ~ leiden, soffrirne; was verstehen Sie ~?, cosa intende (dire) con questo/ciò?; ~ kann ich mir nichts vorstellen, non riesco proprio a farmene un'idea ● ~ tut/macht es jd nicht fam (unter diesem Preis), qu non lo fa per meno fam; er isst immer zwei Teller Spag(h)etti, ~ tut er's nicht *fam*, mangia sempre due piatti di spaghetti, per meno non ci si mette neppure *fam*.

darunter|bleiben <irr> itr <sein> (**mit etw** dat) ~ (MIT EINEM ANGEBOT, EINER FORDERUNG, EINEM PREIS, EINER SCHÄTZUNG) tenersi più basso(-a) (*con qc*): **er blieb mit seinem Angebot noch darunter**, la sua offerta era ancora migliore.

darunter|fallen <irr> itr <sein> farne parte, rientrarci.

darunter|hängen **A** tr <haben> **etw** ~ appendere sotto *qc* **B** itr <haben oder süddt A CH sein> essere appeso sotto.

darunter|legen tr **etw** ~ (DECKE, LAKEN) metter(ci) sotto *qc*: **ich habe einen Teppich daruntergelegt**, ci ho messo sotto un tappeto.

darunter|liegen <irr> itr <haben oder süddt A CH sein> **1** (*unter etw liegen*) {PERSON} essere (disteso/sdraiato) sotto, stare sotto, giacere sotto; {GEGENSTAND} esser(ci)/trovarsi/stare sotto **2** (*niedriger sein*) (**mit etw** dat) ~ {MIT EINEM ANGEBOT, EINER FORDERUNG, EINEM PREIS, EINER SCHÄTZUNG} tenersi più basso(-a) (*con qc*): **sie lag mit ihrem Kostenvoranschlag noch darunter**, il suo preventivo era ancora più basso.

darunter|schreiben <irr> tr **etw** ~ scriver(ci) sotto *qc*: **eine Anmerkung** ~, aggiungere una nota in fondo.

darunter|setzen tr **etw** ~ metter(ci) sotto *qc*: **du musst noch deine Unterschrift** ~, devi ancora mettere la firma.

darunter|stellen tr **etw** ~ metter(ci) sotto *qc*: **einen Untersetzer** ~ (*unter einen Topf*), mettere un sottopentola.

Darwinismus <-, *ohne pl*> m darwinismo m.

das[1] best. art **1** nom sing n il, lo, l', la: **wie alt ist das Kind**, quanti anni ha il bambino?; **das Gespenst**, lo spettro; **das alte Rom**, l'antica Roma; **das Fenster geht auf den Garten**, la finestra dà sul giardino **2** akk sing n il, lo, l', la: **wer hat dir das Buch geschenkt?**, chi ti ha regalato il libro?; **stell das Fahrrad in die Garage!**, metti la bicicletta in garage!; (*in Verbindung mit präp*): **auf das Land fahren**, andare in campagna.

das[2] dem pron **1** (*substantivisch: mit unpers Verben und Hilfsverben*) questo, quello, codesto *lit oder tosk*, questa, quella, codesta *lit oder tosk*, ciò: **das ist mein Mann**, questo è mio marito; **das ist mein Haus**, ecco la mia casa; **das regnet schon den ganzen Tag**, è tutto il giorno che piove; **das ist nicht sehr nett von dir**, (questo) non è molto carino da parte tua; **was ist das?**, cos'è questo?; (*mit nachfolgendem Subj im pl*): **das sind/waren/...**, questi (-e), quelli (-e), codesti (-e) *lit oder tosk* sono/erano/...; **das sind meine Kinder**, ₁questi sono₁/[ecco] i miei figli **2** akk sing (*substantivisch*): **wie viel verdienst du denn jetzt? – Das werde ich dir gerade auf die Nase binden**, quanto guadagni ora? – E proprio a te lo dovrei dire?; **und das soll ich dir glauben**, e dovrei crederti? ● **auch das noch!**, ci mancava solo questo!

das[3] rel pron **1** nom sing n che: **das Kind, das weint**, il bambino che piange **2** akk sing n che: **das Geld, das du verdienst**, il denaro che guadagni; (*in Verbindung mit präp*): **das Problem, über das wir schon gesprochen haben**, il problema del quale abbiamo già parlato.

da|sein a.R. *von* da sein → **sein**[3].

Dasein <-s, *ohne pl*> n **1** (*Leben*) vita f, esistenza f: **sein ~ fristen**, tirare a campare *fam*; **ein kümmerliches ~ fristen/führen**, condurre una vita di stenti, fare una vita grama **2** (*Existenz*) esistenza f: **Verwandte, von deren ~ sie nichts wusste**, parenti della cui esistenza non sapeva niente **3** (*Anwesenheit*) presenza f.

Daseinsberechtigung f **1** {+DINGE} ragione f d'essere **2** {+PERSONEN} diritto m di esistere.

Daseinskampf m lotta f per la sopravvivenza.

da|sitzen <irr> itr <haben oder sein> **1** (*an einer Stelle sitzen*) star(sene) lì seduto (-a) **2** *fam* (*zurechtkommen müssen*) (**mit etw** dat/**ohne etw** akk) ~ {MIT ... KINDERN, MIT DEM GANZEN KREMPEL, OHNE HILFE, OHNE GELD} rimanere/ritrovarsi (*con/senza qc*): **ohne einen Pfennig/Cent** ~, rimanere/ritrovarsi senza un centesimo/una lira in tasca *fam*.

dasjenige nom *und* akk sing n *von* dem pron derjenige.

dass konj **1** (*mit Subjektsatz: die Tatsache, ~ ...*) (il fatto) che ... konjv: **~ dir nichts passiert ist, ist doch die Hauptsache!**, la cosa più importante è che non ti sia successo niente!; (*mit Objektsatz*) che ... ind/konjv: **ich glaube nicht, ~ sie krank ist**, non credo (che) sia malata; (*bei Subjektgleichheit*) di ... *inf*: **er glaubt, ~ er intelligent ist**, crede di essere intelligente; (*mit bestimmten Verben*) perché, se; **ich sehe nicht ein, ~ wir so viel arbeiten sollen!**, non vedo perché dobbiamo lavorare (così) tanto!; **ich verstehe nicht, ~ man ihn als Bewerber abgelehnt hat**, non capisco perché la sua candidatura sia stata respinta; **entschuldigen Sie, ~ ich Sie störe**, mi scusi se La disturbo **2** (*mit Attributsatz*): **ich bin mir dessen bewusst, ~ ich ein großes Risiko eingehe**, sono consapevole di correre un grande rischio; **ich helfe dir, aber nur unter der Bedingung, ~ du dich revanchierst**, ti aiuto ma solo a condizione che tu contraccambi (il favore) **3** (*mit Kausalsatz: weil*): **ich war böse, ~ er mich so behandelt hat**, ero arrabbiato (-a) perché mi aveva trattato (-a) in quel modo; **dadurch, ~ ...**, visto che, dato che, poiché; (*bei Subjektgleichheit oft mit Gerund zu übersetzen*): **dadurch, ~ ich so lange im Bett lag, fühle ich mich jetzt sehr schwach**, essendo stato (-a) a letto per tanto tempo, adesso mi sento molto debole **4** (*mit Konsekutivsatz*) che: **er war so aufgeregt, ~ er sich an nichts erinnerte**, era talmente agitato che non ricordava niente **5** (*mit Instrumentalsatz, meist mit Gerund übersetzt*): **sie bessert ihr Gehalt damit auf, ~ sie Nachhilfestunden gibt**, (lei) arrotonda lo stipendio dando ripetizioni **6** *geh* (*mit Wunschsatz: wenn*) che ... konjv: **sie nur glücklich werden!**, che siano felici! ● **~ du mir ja nicht ...!** *fam*, guai (a te) se ...! *fam*; **es sei denn, ~ ...**, a meno che ... konjv; **nicht, ~ ich wüsste!**, non che io sappia!

daß a.R. *von* dass → **dass**.

dasselbe nom *und* akk sing n *von* dem pron derselbe ● **immer ~**, sempre la ₁stessa solfa *fam*₁/[solita zuppa *fam*]; **das ist (genau) ~**, è esattamente lo stesso.

da|stehen <irr> itr <haben oder sein> **1** (*an einer Stelle stehen*) {GEGENSTAND} essere lì; {PERSON} *auch* star(sene) lì **2** *fam* (*erscheinen*) *irgendwie* ~ {ANDERS, BESSER, GLÄNZEND, GUT, SCHLECHT}, fare una figura; {ALS DUMMKOPF, LÜGNER, SCHWÄTZER} fare la figura *del/della/dello ...*; **er stand glänzend/[als Lügner] da**, fece ₁una splendida figura₁/[la figura del bugiardo]; **ohne Geld/Mittel** ~, ritrovarsi senza soldi/mezzi ● **allein ~** (*ohne Angehörige*), rimanere/essere solo; **wie angewachsen/angewurzelt** ~, restare di sasso/stucco; **gut ~** *fam*, essere messo bene *fam*; **na, wie stehe ich jetzt da?** *fam* (*wie toll bin ich?*), hai visto come sono bravo (-a) ?; (*jetzt bin ich aber blamiert!*), che figura (ci) faccio? *fam*.

DAT <-s, -s> n Abk *von engl* digital audiotape (*digitales Tonband*): DAT m (*audiocassetta digitale*).

Database f → **Datenbank**.

Datalink, Data-Link <-s, -s> m *inform* collegamento m dati.

Date <-(s), -s> n *fam* appuntamento m (amoroso): **ein ~ haben**, avere un appuntamento.

Datei <-, -en> f **1** archivio m dati **2** *inform* file m: **eine ~ anlegen**, creare un file; **eine ~ ein-/auspacken**, comprimere/decomprimere un file.

Dateianhang m *inform* allegato m.

Dateimanager m *inform* file m manager.

Dateiname m *inform* nome m del/di file.

Dateiverwaltung f *inform* gestione f dei file.

Dateiverwaltungsprogramm n *inform* programma m per la gestione dei file.

Daten[1] pl *von* Datum.

Daten[2] subst <nur pl> **1** *inform* dati m pl **2** (*technische Einzelheiten, Werte*) dati m pl, caratteristiche f pl **3** (*Angaben zur Person*) dati m pl (personali), generalità f pl ● **~ verarbeitend**, che elabora dati; **~ verarbeitende Stelle**, centro elaborazione dati.

Datenabruf m *inform* richiamo m dei dati.

Datenaufbereitung f *inform* elaborazione f (dei) dati.

Datenaufzeichnung f *inform* registrazione f (dei) dati.

Datenausgabe f *inform* emissione f dati.

Datenaustausch m *inform* scambio m (dei) dati.

Datenauswertung f *inform* valutazione f (dei) dati.

Datenautobahn f *inform* autostrada f informatica.

Datenbank <-, -en> f *inform* banca f dati.

Datenbasis f *inform* database m.

Datenbearbeitung f *inform* elaborazione f (dei) dati.

Datenbestand m *inform* database m.

Dateneingabe f immissione f/inserimento m dati.

Datenerfassung f acquisizione f/raccolta f (dei) dati.

Datenfernübertragung f *inform* (Abk DFÜ) teletrasmissione f (di) dati.

Datengeheimnis n segretezza f dei dati.

Datenhandschuh m *inform* data glove m, guanto m (per la realtà virtuale).

Datenklau m *inform* furto m di dati.

Datenkompression f *inform* compressione f (dei) dati.

Datenmissbrauch m (a.R. Datenmißbrauch) m uso m illecito dei dati.

Datenmüll m *inform* spazzatura f informatica.

Datennetz n rete f telematica.

Datenpaket n *inform* pacchetto m (di) dati.

Datenpool m → **Datenbank**.

Datenschutz m *inform* protezione f dei dati; *jur* tutela f della privacy.

Datenschutzbeauftragte <dekl wie adj> mf, **Datenschützer** m (**Datenschützerin** f) *fam* incaricato (-a) m (f) della privacy.

Datenschutzgesetz n *jur* legge f sulla privacy.

datenschutzrechtlich adj relativo alla

tutela dei dati.
Datensicherung f *inform* salvataggio m dei dati.
Datensichtgerät n *inform* visualizzatore m (dei dati), display m.
Datenspeicherung f *inform* memorizzazione f (dei) dati.
Datenträger m *inform* supporto m dati.
Datentransfer m → **Datenübertragung**.
Datentypist <-en, -en> m (**Datentypistin** f) tastierista mf.
Datenübertragung f *inform* trasmissione f (dei) dati.
Datenübertragungsrate f *inform* velocità f di trasmissione dati.
datenverarbeitend adj → **Daten**②.
Datenverarbeitung f *inform* (Abk DV) elaborazione f (dei) dati: **elektronische ~** (Abk EDV), elaborazione elettronica dei dati.
Datenverarbeitungsanlage f impianto m di elaborazione elettronica dei dati.
Datenverschlüsselung f *inform* criptaggio m dei dati.
Datenzentrale f, **Datenzentrum** n *inform* centro m dati.
datieren <ohne ge-> A tr 1 (*mit Datum versehen*) *etw ~* {BRIEF, KARTE} datare qc, mettere/apporre la data *a/su* qc; **etw im Voraus ~**, postdatare qc; **etw nachträglich ~**, retrodatare qc; **der Brief war auf den 10. Juni datiert worden**, la lettera portava la data del 10 giugno 2 (*zeitlich einordnen*) *etw* (**auf etw** akk) ~ {FUND, KUNSTWERK} datare qc (*a qc*) B itr 1 (*stammen*) **aus etw** (dat) ~ {FUND, KUNSTWERK AUS EPOCHE, JAHRHUNDERT} datare *di qc* 2 (*Datum tragen*) **von etw** (dat) ~ {BRIEF VON EINEM DATUM} portare la data *di qc* 3 (*bestehen*) **seit etw** (dat) ~ {BEKANNTSCHAFT, FREUNDSCHAFT, VERBINDUNG} risalire *a qc*.
Datierung <-, -en> f datazione f.
Dativ <-s, -e> m *gram* 1 (*dritter Kasus*) (caso m) dativo m: **im ~ stehen**, essere al dativo 2 (*Wort im ~*) dativo m.
Dativobjekt n *gram* complemento m di termine.
DAT-Kassette f cassetta f Dat.
dato adv: **bis ~**, fino a oggi.
Datscha <-, -s *oder* Datschen> f, **Datsche** <-, -n> f dacia f.
Dattel <-, -n> f *bot* dattero m.
Dattelpalme f *bot* palma f da datteri.
Datum <-s, *Daten*> n 1 (*kalendarische Zeitangabe*) data f: **welches ~ haben wir heute?**, quanti ne abbiamo oggi?; **alle Briefe sollten mit dem ~ versehen werden**, tutte le lettere andrebbero datate 2 (*Zeitpunkt*) data f: **älteren ~s** {SCHRIFTSTÜCK}, non recente; {FREUNDSCHAFT}, di vecchia data; **unter dem heutigen/gestrigen/morgigen ~**, in data odierna/[di ieri]/[di domani]; **jüngeren/ neueren ~s** {SCHRIFTSTÜCK}, (di data) recente; {FREUNDSCHAFT} *auch*, di fresca data; **~ des Poststempels**, data del timbro postale.
Datumstempel, Datumsstempel m datario m.
Daube <-, -n> f doga f.
Dauer <-, *ohne pl*> f 1 (*das Andauern*) {+ABWESENHEIT, ANWESENHEIT, AUFENTHALT, KRIEG, REISE} durata f 2 (*Zeitspanne*) periodo m, durata f: **für die ~ von fünf Jahren**, per la durata/un periodo di cinque anni 3 (*~haftigkeit*) durata f, durevolezza f ● **auf ~** {ANSTELLUNG, POSTEN}, a tempo indeterminato; **auf die ~**, a lungo andare, alla lunga; **für die ~ von ...** (*für den Zeitraum von ...*), della/[per la] durata di ...; **von ~ sein**, essere duraturo;

von kurzer/langer ~ sein, essere di breve/lunga durata.
Dauerarbeitslose <dekl wie adj> mf disoccupato (-a) m (f) cronico (-a).
Dauerarbeitsplatz m → **Dauerbeschäftigung**.
Dauerauftrag m *bank* ordine m permanente: **per ~**, per/tramite ordine permanente.
Dauerausstellung f mostra f permanente.
Dauerbelastung f 1 *bau* carico m permanente 2 (*Dauerstress*) stress m continuo.
Dauerbeschäftigung f *industr* impiego m/lavoro m continuativo/fisso.
Dauerbrenner m *fam* (*Film, Theaterstück*) classico m; (*Buch*) bestseller m; (*Thema*) argomento m ricorrente, tormentone m *fam*.
Dauergast m 1 (*häufiger Gast*) {+KNEIPE, NACHTLOKAL} cliente m fisso/assiduo, habitué m 2 (*längerer Gast in Hotel, Pension*) ospite m permanente ● **sich (bei jdm) als ~ einrichten** *fam*, piantare le tende (a casa di qu) *fam*.
dauerhaft adj 1 (*resistent*) {BESCHICHTUNG, MATERIAL} durevole, di durata, resistente; {FARBE} inalterabile 2 (*fortwährend*) {BEZIEHUNG, BÜNDNIS, FRIEDEN, PARTNERSCHAFT} duraturo, durevole, stabile; {EINRICHTUNG} permanente.
Dauerhaftigkeit <-, *ohne pl*> f 1 (*Resistenz*) {+BESCHICHTUNG, MATERIAL} durevolezza f, resistenza f; {+FARBE} inalterabilità f 2 (*Andauer*) {+BÜNDNIS, FRIEDEN} stabilità f; {+BEZIEHUNG, PARTNERSCHAFT} *auch* continuità f.
Dauerkarte f abbonamento m, tessera f.
Dauerkrise f crisi f (prolungata): **nach zwei Jahren ~**, dopo due anni di crisi profonda.
Dauerlauf m *sport* (*im Wettkampf*) corsa f di resistenza/fondo; (*Jogging*) jogging m, footing m; **einen ~ machen**, fare jogging/footing ● **im ~ *fam***, di corsa.
Dauerlösung f soluzione f definitiva: **das ist keine ~**, non si risolve il problema definitivamente.
Dauerlutscher m *gastr* lecca lecca m.
dauern① itr 1 (*an-*) ~ + **Zeitangabe** {EINE WEILE, LANGE, NICHT LANGE, EINE MINUTE, STUNDE, EINEN TAG} durare + *compl di tempo*: **die Verhandlungen haben eine Stunde gedauert**, le trattative ₁sono durate₁/[si sono protratte per] un'ora 2 (*Zeit benötigen*): **etw/es dauert + Zeitangabe** {LANGE, NICHT MEHR LANGE, ZU LANGE, NOCH} ci vuole + *compl di tempo*: **das wird nicht lange ~**, non ci vorrà molto; **es dauerte lange, bis er kam**, ci volle molto prima che venisse; **wie lange dauert es, bis Sie ...?**, quanto Le manca/[ci vuole] per/a ... *inf*?; **wie lange dauert es noch?**, quanto ci vuole ancora?; **warum dauert das Duschen bei ihr immer so lange?**, perché ci mette sempre tanto a fare la doccia? ● **das dauert aber!** *fam*, ma quanto ci vuole! *fam*.
dauern② tr *geh*: **jdn/etw dauert jdn** (*tut jdm leid*) qu prova dispiacere per qu/qc; (*erregt Mitleid*) qu prova compassione per qu/qc.
dauernd A adj <attr> 1 (*anhaltend*) {EINRICHTUNG, FRIEDEN} stabile, permanente; {AUSSTELLUNG, WOHNSITZ} permanente 2 (*ständig auftretend*) {ÄRGER, KLAGEN, PROBLEME, SORGEN} continuo, permanente B adv continuamente, costantemente.
Dauerparker <-s, -> m (**Dauerparkerin** f) "chi affitta un posto macchina in un parcheggio".
Dauerparkplatz m "posto m macchina

preso in affitto in un parcheggio".
Dauerregen m pioggia f incessante.
Dauerstress (a.R. Dauerstreß) m stress m continuo.
Dauerwelle f permanente f: **sich (dat) eine ~ machen lassen**, farsi fare la permanente.
Dauerwirkung f effetto m duraturo.
Dauerzustand m stato m/condizione f permanente ● **(bei jdm) zum ~ werden** *fam*, diventare una condizione permanente (per qu).
Däumchen <-s, -> n *dim von Daumen* pollicino m ● **(dasitzen und) ~ drehen** *fam*, girarsi i pollici *fam*.
Daumen <-s, -> m *anat* (dito m) pollice m ● **jdm den/die ~ drücken/halten** *fam*, incrociare le dita per qu *fam*; **ich drücke dir den/die ~!** *fam* – **Danke!**, in bocca al lupo! *fam* – **Crepi!** *fam*; **über den ~ gepeilt**, a occhio (e croce), grosso modo; **den ~ auf etw** (akk) ₁(**drauf**) **haben** *fam*₁/[**halten** *fam*], tenersi stretto (-a) qc; **einen grünen ~ haben** *scherz*, avere il pollice verde *scherz*; **(am) ~ lutschen** {KIND}, succhiarsi il pollice.
Daumenabdruck m impronta f del pollice.
daumenbreit adj {RAND, SPALT, TASTE} largo/[della larghezza di] un pollice.
Daumenbreite f larghezza f di un pollice ● **um ~**, di un capello.
Daumenindex m *typ* indice m a rubrica.
Daumenlutscher <-s, -> m (**Daumenlutscherin** f) bambino (-a) m (f) che si succhia il dito.
Daumenregister n → **Daumenindex**.
Daumenschraube f *hist* schiacciapollici m, serrapollici m ● **jdm ~n anlegen** *fam*, mettere qu alle strette *fam*, mettere qu con le spalle al muro *fam*.
Däumling <-s, -e> m 1 (*Schutzkappe für Daumen*) ditale m (per il pollice) 2 <*nur sing*> (*winzige Märchengestalt*): **der ~**, Pollicino.
Daune <-, -n> f piuma f.
Daunenbett n → **Daunendecke**.
Daunendecke f piumone® m; (*leichte ~*) piumino m.
Daunenfeder f piuma f.
Daunenjacke f piumino m.
Daunenkissen n guanciale m di piume.
Daunenmantel m piumino m (lungo).
daunenweich adj {MATERIAL, STOFF} soffice come una piuma.
David m (*Vorname*) Davide.
Davidstern, Davidsstern m stella f di Davide.
Daviscup <-(s), *ohne pl*> m, **Davispokal** m *sport* coppa f Davis.
davon adv 1 (*räumlich: entfernt von*) da qui/lì: **hier ist das Hotel, nicht weit ~ ist der Strand**, ecco l'albergo, non lontano (da qui) c'è la spiaggia; **da ist er auf dem Foto, rechts/links ~ ist seine Freundin**, eccolo in fotografia, a(lla sua) destra/sinistra c'è la sua ragazza; (*von Verkehrsweg*) {ABGEHEN, ABZWEIGEN} da lì; **eine kleine Straße geht links/rechts ~ ab**, da lì parte una stradina sulla sinistra/destra; (*von etw weg*) {SICH BEFREIEN, LOSKOMMEN} ne, di questo/ciò 2 (*dadurch*) {AUFWACHEN, KRANK/MÜDE WERDEN, STERBEN} per questo, a causa di questo: **~ ist er wach geworden**, si è svegliato a causa di questo 3 (*von dem Umstand: in Verbindung mit Subst und Verben, s. auch dort*) ne: **ich gehe ~ aus, dass die Angelegenheit erledigt ist**, do per scontato che la faccenda è chiusa; **wir sehen ~ ab, Ihnen die Unkosten zu berechnen**, rinunciamo a metterLe in conto le spe-

se; {ABHÄNGEN} da questo/ciò, dal fatto **4** (*aus einer Menge*) {ESSEN, NEHMEN, TRINKEN; DOPPELTE, HÄLFTE, PFUND, STÜCK, TEIL; EINS, ZWEI *etc.*} ne, di questo: **trink ~!**, bevine!; **geben Sie mir bitte das Doppelte ~!**, per favore, me ne dia il doppio!; **ich möchte bitte** ⌊**ein Stück**⌋/[**eins**] ~, ne vorrei ⌊un pezzo⌋/[uno] **5** (*darüber: in Verbindung mit Verben, s. auch dort*) {HABEN, HALTEN, HÖREN, SPRECHEN, VERSTEHEN, WISSEN} ne, di questo/ciò: **~ weiß ich nichts**, non ne so niente; **man hört nur wenig ~**, se ne sente parlare poco • *genug/Schluss ~!*, basta così!; **jd *hat* etwas ~**, qu ne trae un vantaggio; **was habe ich ~?** *fam*, cosa me ne viene? *fam*; **~ habe ich nichts** *fam*, non me ne viene niente *fam*; **das kommt ~!** *fam*, te lo dicevo (io)! *fam*; **das kommt ~, wenn ...**, ecco quel che succede se/quando ...

dav*o*n|eilen itr <*sein*> *geh* allontanarsi in fretta, sfrecciare via *fam*.

dav*o*n|fahren <*irr*> itr <*sein*> *geh* {PERSON} andare via, partire; {AUTO, BUS, ZUG} partire.

dav*o*n|fliegen <*irr*> itr <*sein*> *geh* {VOGEL} volare via.

dav*o*n|gehen <*irr*> itr <*sein*> *geh* andarsene, andare via.

dav*o*n|jagen A tr <*haben*> (*vertreiben*) **jdn/etw ~** {MENSCH, TIER} cacciare via qu/qc, scacciare qu/qc B itr <*sein*> **1** (*stürmisch davoneilen*) sfrecciare via *fam*, allontanarsi di gran carriera *fam* **2** (*schnell wegfahren, wegfliegen*) {DÜSENJÄGER, RENNWAGEN} sfrecciare via.

dav*o*n|kommen <*irr*> itr <*sein*> cavarsela, scamparla (bella), sfangar(se)la *fam*; (*mit etw* dat) ~ {MIT EINER GELDSTRAFE, DEM SCHRECKEN} cavarsela con qc; **mit einem blauen Auge**⌋/[**billig**] **~**, cavarsela a buon mercato *fam*; **mit heiler Haut ~**, salvare la pelle *fam*; **cavarsela per il rotto della cuffia** *fam*; **mit dem Leben ~**, salvarsi.

dav*o*n|laufen <*irr*> itr <*sein*> **1** (*weglaufen*) scappare (via), fuggire; {KIND, TIER} scappare **2** (*abhängen*) **jdm ~** seminare qu **3** *fam* (*verlassen*) **jdm ~** {EHEPARTNER} piantare qu *fam* **4** *fam* (*etw meiden*) (**vor etw** dat) **~** {VOR EINER AUSEINANDERSETZUNG, EINEM PROBLEM} sfuggire qc • **das ist zum Davonlaufen!** *fam* è una tragedia!

dav*o*n|machen rfl *fam* (*abhauen*) **sich ~** svignarsela *fam*, squagliarsela *fam*, defilarsi.

dav*o*n|schleichen <*irr*> rfl itr (*heimlich weggehen*) (**sich**) **~** andarsene ⌊alla chetichella⌋/[di soppiatto]/[quatto (-a) quatto (-a)].

dav*o*n|stehlen <*irr*> rfl *geh* → **davon|schleichen**.

dav*o*n|tragen <*irr*> tr **1** (*wegtragen*) **jdn/etw ~** {GEGENSTÄNDE, VERLETZTE} portare via qu/qc **2** *geh* (*erringen*) **etw ~** {PREIS} ottenere qc; {SIEG} anch riportare qc, conseguire qc **3** (*erleiden*) **etw ~** {SCHADEN, VERLETZUNG} riportare qc.

dav*o*r adv **1** (*räumlich: vor einer Sache*) davanti (a questo), dinanzi (a questo): **hinter dem Haus liegt ein Garten, ~ ein kleiner Platz**, dietro alla casa c'è un giardino, sul davanti una piazzetta; (*vor eine Sache*) (lì, là) davanti; **stell das Auto nicht in die Garage, sondern ~!**, non mettere l'auto in garage, mettila davanti! **2** (*zeitlich: vor einem bestimmten Zeitpunkt*) prima (di questo): **nächste Woche habe ich Urlaub, ~ muss ich aber noch ganz schön arbeiten**, la prossima settimana vado in ferie, ma prima ho ancora un bel po' da lavorare **3** (*vor: in Verbindung mit Subst und Verben, s. auch dort*) {BEWAHREN, FLIEHEN, FLÜCHTEN, SCHÜTZEN, WARNEN} da questo/ciò; {ANGST HABEN, SICH FÜRCHTEN} ne, di questo/ciò.

dav*o*r|liegen <*irr*> itr <*haben oder süddt A CH auch sein*> {PERSON} ⌊essere disteso⌋/[giacere] (lì/qui) davanti.

dav*o*r|stehen <*irr*> itr <*haben oder süddt A CH auch sein*> **1** (*vor etw stehen*) {PERSON} stare/essere (lì/qui) davanti **2** (*kurz vor einem Ereignis u. Ä. stehen*) essere ⌊vicino a⌋/[in prossimità di] qc: **entweder ist er schon in Rente oder er steht kurz davor**, o è già in pensione o ⌊c'è vicino⌋/[gli manca poco].

DAX® <-, *ohne pl*> m *Börse Abk von* Deutscher Aktienindex: indice m della borsa tedesca.

daz*u* adv **1** (*zu etw gehörend*): **der Topf ist hier, aber der Deckel ~ fehlt**, la pentola è qui, ma le manca il coperchio; (*etw begleitend*): **sie spielt Gitarre und singt ~**, suona la chitarra e allo stesso tempo canta; **~ trinkt man Bier**, con questo (piatto) si beve la birra **2** (*zu diesem Zweck*) {BEREIT, GEEIGNET} a questo/ciò; {FÄHIG} ne, di questo; {WIE GESCHAFFEN SEIN, DA SEIN} per questo; {LUST, ZEIT} ne, di questo/ciò: **ich habe keine Lust/Zeit ~**, non ne ho voglia/[il tempo] **3** (*dafür*) {ZU ALT, ZU DUMM, ZU JUNG, ZU KLEIN, ZU UNERFAHREN, ZU UNREIF} per questo **4** (*darüber, zu diesem Thema*) ne, di questo/ciò: **was sagen/meinen Sie ~?**, cosa ne dice?; **sich ~ äußern**, esprimersi al riguardo **5** (*außerdem*) inoltre, per di più, oltre a ciò: **noch ~**, per giunta, per di più • **~ kommt, dass ...**, a ciò si aggiunge che ..., inoltre ...; **endlich komme ich ~, etw zu tun**, finalmente ⌊arrivo a⌋/[trovo il tempo di] fare qc; **wie komme ich ~?** *fam* (*fällt mir gar nicht ein!*), perché dovrei?; **wie kommen Sie ~?** (*wie haben Sie das bekommen?*), come l'ha avuto?; (*wie haben Sie das erfahren?*), come lo sa?; (*was erlauben Sie sich?*), come si permette?; **wie konnte es nur ~ kommen?**, come è potuto succedere?

daz*u*|bekommen <*irr*> tr <*haben*> **etw ~** ricevere/avere qc in più/aggiunta.

daz*u*|geben <*irr*> tr (*dazutun*) **etw ~** {GEWÜRZ, MEHL, SALZ} aggiungere qc.

daz*u*|gehören itr (*eingeschlossen sein*) {PERSON} farne parte, appartenervi: **er ist in unsere Familie integriert und gehört einfach dazu**, è integrato nella nostra famiglia e ne fa parte a tutti gli effetti; **es hatten sich einige Personen eingeschlichen, die nicht dazugehörten**, si erano intrufolate alcune persone che non c'entravano per niente; {SACHE} essere incluso/compreso; **muss das Brot extra bezahlt werden oder gehört es dazu?**, il pane va pagato a parte o è incluso (nel prezzo)?; **ich beginne, Tennis zu spielen und schaffe mir alles an, was dazugehört**, comincio a giocare a tennis e mi procuro tutto quello che ci vuole • **es gehört etw dazu, etw zu tun**, ci vuole qc per fare qc; **es gehört schon einiges ~, etw zu tun**, ci vuole un gran coraggio per fare qc.

daz*u*gehörig adj <*attr*> rispettivo, relativo.

daz*u*|gesellen rfl sich (**zu jdm/etw**) ~ unirsi a qu/qc.

daz*u*|kommen <*irr*> itr <*sein*> **1** (*hinzukommen*) (*plötzlich*) sopravvenire, sopraggiungere; (*unangemeldet*) capitare, piombare *fam* **2** (*hinzugefügt werden*) {ZU KAUFENDER ARTIKEL, GEGENSTAND} aggiungersi a qc: **ich habe schon so viele Bücher und es kommen noch ständig welche dazu!**, ho già tanti libri e se ne aggiungono in continuazione altri!; **es kommt noch ein Kilo Tomaten dazu**, ⌊mi dia⌋/[vorrei] anche un kilo di pomodori! • **kommt noch etwas ~?** (*im Geschäft*), (desidera) altro?

daz*u*|lernen tr itr (*etw*) **~** {FERTIGKEIT, KENNTNIS} imparare (ancora) qc: **man kann immer (etwas) ~**, c'è sempre qualcosa da imparare.

daz*u*mal adv *obs*: (**anno**) **~** *scherz*, a quei tempi.

daz*u*|rechnen tr **etw ~** {BETRAG, KOSTEN, MEHRWERTSTEUER} aggiungere qc (al conto).

daz*u*|setzen A tr **1** (*zu jdm setzen*) **jdn ~** far sedere qu vicino a qu **2** (*dazuschreiben*) **etw ~** {GRUSS, NAMEN} aggiungere qc B rfl (*sich zu jdm setzen*) **sich ~**: **ist bei euch am Tisch noch Platz? – Ja, setz dich doch einfach dazu!**, c'è ancora posto al vostro tavolo? – Sì, dai, vieni a sederti qua con noi!

daz*u*|tun <*irr*> tr *fam* → **dazu|geben**.

Daz*u*tun n: **ohne mein ~**, senza il mio intervento.

daz*u*|verdienen <*ohne* ge-> A tr **etw ~** guadagnare qc ⌊in più⌋/[extra] B rfl **sich** (dat) **etw ~** guadagnarsi qc ⌊in più⌋/[extra].

daz*u*|zählen tr **etw** (**zu etw** dat) **~** sommare qc (a qc), aggiungere qc (a qc).

dazw*i*schen adv **1** (*räumlich: zwischen zwei Dinge(n)*) {SICH BEFINDEN, STEHEN, STELLEN, LIEGEN, LEGEN, HÄNGEN} in mezzo, tra/fra questi/quelli **2** (*darunter*) tra/fra questi/quelli: **ich habe die ersten Anträge durchgesehen, aber Ihrer war nicht ~**, ho dato un'occhiata alle prime domande, ma fra/tra quelle la Sua non c'era **3** (*zeitlich: zwischen zwei Ereignissen*): **es werden zwei Filme gezeigt, ~ ist eine kurze Pause**, danno due film, tra l'uno e l'altro c'è un breve intervallo.

dazw*i*schen|fahren <*irr*> itr <*sein*> **1** (*eingreifen*) intervenire, intromettersi, frapporsi **2** (*unterbrechen*) interrompere (qc), interloquire; **jdm ~** interrompere qu.

dazw*i*schen|funken itr *fam* **1** (*sich einmischen*) immischiarsi, intromettersi **2** (*unterbrechen*) interrompere (qc), interloquire; **jdm ~** interrompere qu.

dazw*i*schen|kommen <*irr*> itr <*sein*> (**jdm**) **~** {WICHTIGES EREIGNIS, ERKRANKUNG, HINDERNDER UMSTAND} accadere (a qu), capitare (a qu), sopravvenire: **mir ist etwas dazwischengekommen**, mi è capitato un imprevisto, ho avuto un contrattempo; **wenn nichts dazwischenkommt**, se tutto va bene, salvo imprevisti.

dazw*i*schen|reden itr (**jdm**) **~** interrompere (qu), interloquire.

dazw*i*schen|rufen <*irr*> itr interrompere gridando (qc).

dazw*i*schen|stehen <*irr*> itr <*haben oder süddt A CH sein*> **1** (*zwischen zweien stehen*) (*zwischen zwei Sachen*) essere/trovarsi in mezzo **2** (*unentschieden sein*) *irgendwie/mit etw* (dat) **~** {POLITISCH, MIT JDS MEINUNG, ÜBERZEUGUNG} trovarsi in mezzo + *compl di modo*/con qc, essere tra due fuochi *fam*.

dazw*i*schen|treten <*irr*> itr <*sein*> intervenire, frapporsi.

dB *phys Abk von* Dezibel: dB (*Abk von* decibel).

DB <-, *ohne pl*> f **1** *Abk von* Deutsche Bahn: "Ferrovie f pl Tedesche", ≈ FS f pl (*Abk von* Ferrovie dello Stato) **2** *hist Abk von* Deutsche Bundesbahn.

DBB <-, *ohne pl*> m *Abk von* Deutscher Beamtenbund: "Unione f dei Funzionari (Statali Tedeschi)".

DBP <-, *ohne pl*> f **1** *Abk von* Deutsche Post AG: "Poste f pl Tedesche", ≈ PT f pl (*Abk von* Poste e Telecomunicazioni) **2** *hist Abk von* Deutsche Bundespost **3** *Abk von* Deutsches Bundespatent: brevetto m tedesco.

DCC <-, -> f *Abk von engl* Digital Compact Cassette: DCC m *oder* f (*cassetta compatta digitale*).

DDR <-, ohne pl> f hist Abk von Deutsche Demokratische Republik: RDT f (Abk von Repubblica Democratica Tedesca): **die ehemalige/frühere DDR**, la ex RDT.

DDR-Bürger m (**DDR-Bürgerin** f) hist cittadino (-a) m (f) della RDT.

DDR-Zeit f: **zu DDR-Zeiten**, ᴸai tempi⌟/ [all'epoca] della RDT.

DDT® <-, ohne pl> n chem Abk von Dichlordiphenyltrichloräthan: DDT m (Abk von dicloro-difenil-tricloroetano).

D-Dur n mus re m maggiore.

Deadline <-, -s> f deadline m, termine m ultimo.

deaktivieren <ohne ge-> tr etw ~ disattivare qc.

Deal <-s, -s> m fam affare m, business m; (undurchsichtiges Geschäft) affare m dubbio: **mit jdm einen ~ machen**, fare un affare con qu; **einen guten/schlechten ~ machen**, fare un buon/cattivo affare.

dealen itr slang spacciare (droga) slang; **mit etw** (dat) ~ {MIT DROGEN} spacciare qc.

Dealer <-s, -> m (**Dealerin** f) slang spacciatore (-trice) m (f) (di droga).

Debakel <-s, -> n geh débâcle f geh, insuccesso m, batosta f fam • (**mit etw dat**) **ein ~ erleiden** {MIT EINEM PLAN, PROJEKT}, fare fiasco (in qc) fam, subire una batosta fam.

Debatte <-, -n> f **1** (Streitgespräch) discussione f, dibattito m **2** parl (Erörterung) {+GESETZ, REGIERUNGSERKLÄRUNG} dibattito m • **sich auf eine/keine ~ (über etw akk) einlassen**, mettersi/[non mettersi] a discutere di qc; **zur ~ stehen** {FRAGE, PUNKT, THEMA}, essere ᴸall'ordine del giorno⌟/[sul tappeto]; **das steht überhaupt nicht zur ~** (darum geht es nicht), non è questo il punto; **etw zur ~ stellen**, aprire un dibattito su qc, mettere qc sul tappeto.

debattieren <ohne ge-> **A** tr (erörtern) etw ~ {FRAGE, THEMA, VORSCHLAG} discutere (di/su) qc, dibattere qc **B** itr (reden) (**über etw** akk) ~ {ÜBER EINE FRAGE, EIN THEMA} discutere (con qu) (su/di qc), dibattere qc (con qu).

Debet <-s, -s> n bank debito m, passivo m.

debil adj med frenastenico wiss, debole di mente.

Debilität <-, ohne pl> f med frenastenia f wiss, debolezza f mentale.

Debüt <-s, -s> n {+AUTOR, KÜNSTLER, SPORTLER} debutto m, esordio m: **sein ~ als etw** (nom)/**mit etw** (dat) **geben**, debuttare/ esordire come/con qc.

Debütalbum n mus primo album m.

Debütant <-en, -en> m (**Debütantin** f) **1** (Anfänger) debuttante mf, esordiente mf **2** (in Gesellschaft) debuttante mf.

debütieren <ohne ge-> itr (**als etw** nom)/ (**mit etw** dat) ~ {AUTOR, KÜNSTLER, SPORTLER} debuttare (come qc/con qc), esordire (come qc/con qc).

dechiffrieren <ohne ge-> tr etw ~ {GEHEIMSCHRIFT, NACHRICHT} decifrare qc.

Deck <-(e)s, -s oder rar e-> n **1** naut (Dach des Schiffrumpfes, Oberdeck) coperta f, ponte m di coperta (**ein einzelne Schiffsebene**) ponte m **3** (im Bus) piano m superiore • **an ~ gehen** naut, andare in coperta; **unter ~ gehen** naut, scendere sotto coperta; **alle Mann an ~!** naut, tutti in coperta!

Deckadresse f indirizzo m di comodo/copertura.

Deckbett n piumino m.

Deckblatt n **1** bot brattea f **2** (äußeres Blatt) {+ZIGARRE} foglia f esterna **3** (Titelblatt) {+BÜCHER, HEFTE u. Ä.} frontespizio m;

(Blatt mit Berichtigungen) {+BÜCHER} errata corrige m, foglio m di rettifica.

Decke <-, -n> f **1** (Zimmerdecke) soffitto m; (tragendes Bauteil) solaio m **2** (Wolldecke) coperta f; (Federbett) piumino m **3** (Tischdecke) tovaglia f **4** (Straßendecke) manto m stradale **5** (Staubdecke) strato m; (Schneedecke) auch manto m, coltre f **6** autom (Reifendecke) copertone m • **an die ~ gehen** fam, perdere le staffe fam, uscire dai gangheri fam; **etw unter der ~ halten** fam, tenere nascosto qc; **jdm fällt die ~ auf den Kopf** fam (jd fühlt sich räumlich beengt), qu si sente in gabbia fam; (jd langweilt sich zu Hause), qu muore d'inedia fam; **(vor Freude) an die ~ springen** fam, fare salti di gioia; **(mit jdm) unter einer ~ stecken** fam, fare combutta con qu fam, fare una comunella (con qu) fam; **sich nach der ~ strecken (müssen)**, fare il passo secondo la gamba.

Deckel <-s, -> m **1** (Verschluss) {+EINMACHGLAS, JOGHURTBECHER, KISTE, KOFFER, KONSERVENDOSE, SCHACHTEL, TOPF} coperchio m **2** (Uhrdeckel) calotta f **3** (Buchdeckel) copertina f **4** fam scherz (Hut) cappello m • **jdm eins auf den ~ geben** fam, dare una lavata di capo a qu fam, fare un cicchetto a qu fam; **(von jdm) eins auf den ~ kriegen** fam/bekommen fam, prendersi ᴸuna lavata di capo⌟/[un cicchetto] (da qu) fam.

deckeln tr **1** fam (zurechtweisen) jdn ~ dare una bella strigliata a qu fam **2** (nach oben begrenzen) etw ~ {AUSGABEN, KOSTEN} limitare qc.

Deckelung <-, -en> f {AUSGABEN, KOSTEN} limitazione f, contenimento m; (Höchstgrenze) tetto m.

decken **A** tr **1** (breiten) etw **über jdn**/ **etw** ~ {FOLIE TUCH} stendere qc su qu/qc, coprire qu/qc di/con qc **2** etw (**mit etw** dat) ~ {DACH, HAUS MIT ZIEGELN} ricoprire qc (di/ con qc) **3** (zurechtmachen) etw ~ {TAFEL, TISCH} apparecchiare qc **4** (schützen) jdn/ etw ~ {KOMPLIZEN, TAT} coprire qu/qc, proteggere qu **5** mil (abschirmen) jdn ~ coprire qu, proteggere qu; sport marcare qu **6** com ökon (ab-~) etw ~ {KOSTEN, UNKOSTEN} coprire qc; {BEDARF, NACHFRAGE} auch soddisfare qc **7** bank dein (absichern) etw ~ {+DARLEHEN, DEFIZIT, SCHADEN, SCHECK, WECHSEL} coprire qc **8** zoo (begatten) etw ~ {KUH, STUTE} coprire qc; montare qc **B** itr **1** (über~) {+FARBE} coprire, essere coprente **2** (den Tisch ~) apparecchiare **C** rfl **1** (übereinstimmen) **sich ~** {ANSICHTEN, AUSSAGEN, INTERESSEN} coincidere, collimare **2** geom (gleich sein) {GEOMETRISCHE FIGUREN} essere congruente **3** (sich schützen) **sich ~** {BOXER} coprirsi • **es ist gedeckt**, è apparecchiato.

Deckenbeleuchtung f illuminazione f a soffitto.

Deckenfluter <-s, -> m lampada f a luce indiretta.

Deckengemälde n kunst dipinto f sul soffitto.

Deckenlampe f lampada f a soffitto, plafoniera f, plafonnier m.

Deckenmalerei f kunst affresco m della volta⌟/[del soffitto].

Deckfarbe f colore f coprente.

Deckhengst m zoo stallone m, cavallo m da monta.

Deckmantel m: **unter dem ~** ᴸeiner S. (gen)⌟/[**von etw** (dat)] {DER DEMOKRATIE, DER FREUNDSCHAFT}, sotto il manto di qc; **etw dient nur als ~**, qc serve solo da/come pretesto.

Deckname m nome m fittizio/falso, pseudonimo m; {+PARTISAN, TERRORIST} nome m di

battaglia; {+SPION} nome m di copertura.

Deckoffizier m ufficiale m di coperta.

Deckplatte f piastra f di copertura.

Deckung <-, -en> f **1** (Schutz vor Sicht oder Beschuss) copertura f; mil auch riparo m **2** sport (die Verteidiger) difesa f; {+GEGENSPIELER} marcatura f **3** sport (schützende Haltung beim Boxen, Fechten) guardia f **4** com ökon (Abdeckung) {+KOSTEN, UNKOSTEN} copertura f; {+BEDARF, NACHFRAGE} auch soddisfacimento m: **zur ~ der Kosten**, a copertura delle spese **5** bank ökon (Absicherung) {+DARLEHEN, DEFIZIT, SCHADEN, SCHECK, SCHULDEN, WECHSEL} copertura f • **etw zur ~ bringen** {AUSSAGEN, INTERESSEN}, far coincidere qc; **jdm ~ geben**, coprire qu; **in ~ gehen** mil, mettersi al coperto/riparo; **volle ~!** mil, al riparo!; **vorläufige ~ Versicherung**, nota di copertura, copertura provvisoria.

deckungsgleich adj **1** geom (kongruent) {GEOMETRISCHE FIGUREN} congruente **2** (übereinstimmend) {ANSICHTEN, AUSSAGEN, THEORIEN} coincidente.

Deckungssumme f Versicherung massimale m.

Deckweiß n bianco m coprente.

Decoder <-s, -> m TV inform decodificatore m, decoder m.

decodieren tr TV inform etw ~ {KODE, KODIERTE SIGNALE} decodificare qc.

Décolleté <-s, -s> n bes. CH → **Dekolletee**.

Deduktion <-, -en> f bes. philos deduzione f.

deduktiv adj deduttivo.

Deeskalation <-, -en> f de-escalation f.

de facto adv de facto.

De-facto-Anerkennung f jur riconoscimento m di fatto.

Defätismus <-, ohne pl> m geh pej disfattismo m.

Defätist <-en, -en> m (**Defätistin** f) geh pej disfattista mf.

defätistisch adj geh pej {PERSON} disfattista; {ANSICHT, HALTUNG} auch disfattistico.

defekt adj {GERÄT, MOTOR} difettoso, guasto.

Defekt <-(e)s, -e> m **1** tech (Schaden) {+GERÄT} guasto m; {+MOTOR} auch avaria f **2** med (körperlich oder geistig) difetto m, minorazione f.

defensiv **A** adj **1** (auf Abwehr bedacht) {MASSNAHMEN, TAKTIK} difensivo **2** (auf Sicherheit bedacht) {FAHRWEISE} prudente, non aggressivo; {SPIELWEISE} difensivo **B** adv **1** (auf Abwehr bedacht): **sich ~ verhalten**, stare sulla difensiva **2** (auf Sicherheit bedacht): ~ **fahren**, guidare con prudenza; ~ **spielen**, giocare in difesa.

Defensive <-, ohne pl> f **1** mil fig (Verteidigung) difensiva f **2** sport (Abwehr) difesa f • **sich in die ~ begeben** mil fig, **in die ~ gehen** mil fig, mettersi sulla difensiva; **in der ~ bleiben** mil fig, (man)tenersi sulla difensiva; **jdn in die ~ drängen** mil fig, costringere qu nell'angolo fam, mettere qu con le spalle al muro fam.

Defensivkrieg m mil guerra f difensiva.

Defensivspiel n sport gioco m difensivo.

Defibrillator <-s, -en> m med defibrillatore m.

Defilee <-s, -s> n sfilata f; (Modenschau) auch défilé m.

definierbar adj definibile.

definieren <ohne ge-> tr etw ~ **1** (genau erklären) {BEGRIFF, WORT} definire qc **2** (beschreiben) {FARBE, GERUCH, GESCHMACK} definire qc, descrivere qc.

Definition <-, -en> f {+BEGRIFF, WORT} defi-

nizione f: **(jdm) eine ~ von etw (dat) geben**, dare una definizione di qc (a qu).
definitiv A adj {Abmachung, Entscheidung, Erklärung} definitivo B adv definitivamente: **etw ~ abklären**, chiarire qc definitivamente/[una volta per tutte].
definitorisch adj definitorio.
Defizit <-s, -e> n **1** com ökon deficit m, disavanzo m: **ein ~ aufweisen**, registrare un deficit **2** (*Mangel*) **~ an etw** (dat) {an Liebe, Zärtlichkeit, Zuwendung} mancanza f/carenza f *di qc*: **ein ~ an Vitaminen**, un deficit vitaminico, una carenza vitaminica; **ein geistiges/kulturelles ~**, un deficit intellettivo/culturale.
defizitär adj ökon {Firma, Haushalt} deficitario.
Deflation <-, -en> f ökon deflazione f.
Defloration <-, -en> f med deflorazione f.
deflorieren <ohne ge-> tr **jdn** ~ {Frau, Mädchen} deflorare *qu*.
Deformation <-, -en> f **1** med (*Verunstaltung*) deformità f, deformazione f; {+Körperteil} deformazione f **2** phys deformazione f • **berufliche ~**, deformazione professionale.
deformieren <ohne ge-> tr **1** med (*verunstalten*) **etw** ~ {Fötus, Körper, Körperteil} deformare *qc*: **ein deformiertes Gesicht**, un viso sfigurato **2** phys (*verformen*) **etw** ~ {Fahrzeug, Gebäude, Material} deformare *qc* **3** (*negativ prägen*) **etw** ~ {jds Charakter, jds Geist} deformare *qc*.
defragmentieren <ohne ge-> tr inform **etw** ~ {Festplatte} deframmentare *qc*.
Defragmentierung <-, -en> f inform deframmentazione f.
Defroster <-s, -> m **1** autom (*Heizvorrichtung*) sbrinatore m; {+Windschutzscheibe} *auch* visiera f termica; {+Heckscheibe} *auch* lunotto m termico **2** autom (*Sprühmittel*) (liquido m) antigelo m **3** (*am Kühlschrank*) sbrinatore m.
deftig adj *fam* **1** (*nahrhaft*) {Kost, Mahlzeit} sostanzioso **2** (*derb*) {Humor} grossolano; {Witz} spinto, piccante.
Degen <-s, -> m **1** hist sport spada f: **den ~ ziehen**, sguainare la spada **2** <*nur sing*> *sport* → **Degenfechten**.
Degeneration <-, -en> f **1** geh (*Entartung*) {+Gesellschaft, Zivilisation} degenerazione f, decadenza f **2** biol med (*Verfall*) {+Gewebe, Zelle} degenerazione f.
Degenerationserscheinung f fenomeno m degenerativo.
degenerativ adj degenerativo.
degenerieren <ohne ge-> itr <*sein*> **1** (*entarten*) {Gesellschaft, Zivilisation} degenerare, decadere **2** biol med (*verfallen*) degenerare • **degeneriert** {Gesellschaft, Mensch, Zellen}, degenerato.
Degenfechten n sport (scherma f con la) spada f.
Degenfechter m (**Degenfechterin** f) sport spadista mf.
degradieren <ohne ge-> tr **jdn** (**zu etw** dat) ~ **1** mil {Offizier zu niedrigerem Dienstgrad} degradare *qu* (*a qc*) **2** geh pej (*herabwürdigen*) {Ehefrau zur Köchin, Schauspieler zum Statisten} degradare *qu* (*a qc*), declassare *qu* (*a qc*).
Degradierung <-, -en> f ~ (**zu etw** dat) **1** mil {zu einem niedrigeren Dienstgrad} degradazione f (*a qc*) **2** geh pej (*Herabwürdigung*) degradazione f (*a qc*), declassamento m (*a qc*).
degressiv adj *Steuer* {Abschreibung} a quote decrescenti.
Degustation <-, -en> f (*von Wein und Lebensmitteln*) degustazione f.

dehnbar adj **1** {Material, Stoff} elastico, estensibile; {Metall} duttile **2** (*nicht eindeutig*) {Begriff} elastico.
Dehnbarkeit <-, ohne pl> f **1** {+Material, Stoff} elasticità f, estensibilità f; {+Metall} duttilità f **2** (*Uneindeutigkeit*) {+Begriff} elasticità f.
dehnen A tr **etw** ~ **1** (*ausweiten*) {Gummizug an Hose, Rock} allargare *qc*; (*in die Länge ziehen*) {Gummi} tendere *qc*, allungare *qc*; (*strecken*) {Arme, Beine} stirare *qc* **2** ling {Laut, Silbe} allungare *qc* B rfl **sich ~ 1** (*sich weiten*) {Gummizug, Pullover} allargarsi **2** (*sich strecken*) {Mensch} stirarsi, stiracchiarsi **3** (*sich aus~*) {Zeit} protrarsi.
Dehnung <-, -en> f **1** (*das Ausweiten*) {+Gummizug an Hose, Rock} allargare m; {+Gummi} allungare m **2** ling {+Laut, Silbe} allungamento m.
Deich <-(e)s, -e> m argine m.
Deichbau m costruzione f di dighe/argini.
Deichbruch m rottura f di una diga/un argine.
Deichsel <-, -n> f {+Wagen, Handwagen, Kutsche} timone m.
deichseln tr *fam* **etw** ~ sistemare *qc fam*.
dein poss pron **1** (*adjektivisch*: wird im Ital. im Allg. in Verbindung mit dem Art verwendet*) tuo (-a): **wo ist ~ Gepäck?**, dove sono i tuoi bagagli?; **~ Haus**, la tua casa, casa tua; **~ Stift**, la tua penna; **einer ~er Freunde**, uno dei tuoi amici; **können wir mit ~em Wagen fahren?**, possiamo andare con la tua auto?; (*bei Verwandtschaftsbezeichnungen ohne Adj im sing ohne Art*): **~ Vater/Sohn**, tuo padre/figlio, **~e Mutter/Tochter**, tua madre/figlia, **~e Tanten/Nichten**, le tue zie/nipoti; (*in Verbindung mit einem Adj immer mit Art*): **~e arme Schwester**, la tua povera sorella, quella poveretta di tua sorella; (*bei Kosenamen im sing mit Art*): **~e Mutti/Mami**, la tua mamma; **~ Papa**, il tuo papà; **~e Oma**, (la) tua nonna; **~ Opa**, (il) tuo nonno; (*in Briefen klein- oder großgeschrieben*): **herzliche Grüße, dein/Dein Thomas**, cordiali saluti (tuo) Thomas **2** obs (*substantivisch*): **behalte, was ~ ist**, tieniti il tuo; **ich bin ~**, sono tuo (-a).
deine poss pron von **1** (*adjektivisch*) → **dein 2** (*substantivisch*) → **deiner**②.
deiner① pers pron gen *von du di te*: **ich werde ~ ewig gedenken**, mi ricorderò sempre di te, ti rammenterò sempre.
deiner②, **deine**, **deines** poss pron *von du* (*substantivisch*) **1** il tuo, la tua: **welches Buch willst du? Dein(e)s oder mein(e)s?**, quale libro vuoi? Il tuo o il mio?; **sind das meine Schlüssel oder deine?**, queste chiavi sono tue o mie? **2** <*nur pl*> (*Angehörige*): **die Deinen/deinen**, i tuoi (cari/familiari), la tua famiglia **3** <*nur sing*> (*deine Aufgabe*): **das Deine/deine**: **jetzt musst du aber das Deine/deine tun!**, adesso però devi fare (la tua parte)/[il tuo] **4** <*nur sing*> geh (*das dir Gehörige*): **das Deine/deine**, ciò che è tuo, i tuoi averi.
deinerseits adv da parte tua.
deines poss pron (*substantivisch*) → **deiner**②.
deinesgleichen <inv> pron *oft pej* i tuoi pari, uno m/gente f/quelli come te: **du und ~**, tu e i tuoi pari, tu e quelli come te; **von ~ hätte ich das nicht erwartet**, da uno come te non me lo sarei aspettato.
deinetwegen adv **1** (*wegen dir*) a causa tua: **sie haben den Termin ~ verschoben**, l'appuntamento è stato spostato a causa tua; (*negativ*) per colpa tua, per/a causa tua: **der Zwischenfall ist ~ passiert**, l'incidente si è verificato per colpa tua **2** (*dir zuliebe*) per te: **sie ist ~ nach Hamburg gezogen**, si è trasferita ad Amburgo per fare un piacere a te.
deinetwillen adv *obs*: **um ~**, per te, per amor tuo.
deinige poss pron <*nur mit best. art*> (*substantivisch*) **geh** *obs* → **deiner**②.
deins poss pron (*substantivisch*) → **deiner**②.
deinstallieren <ohne ge-> tr inform **etw** ~ {Programm, Software} disinstallare *qc*.
Déjà-vu-Erlebnis n psych déjà vu m.
de jure adv *jur* di iure, di diritto.
De-jure-Anerkennung f *jur* riconoscimento m di diritto.
Deka <-(-s), -> n A → **Dekagramm**.
Dekade <-, -n> f **1** (*zehn Tage*) decade f **2** (*zehn Jahre*) decennio m.
dekadent adj {Gesellschaftsschicht, Kultur, Kunstwerk, Stilrichtung} decadente • **das ist echt ~!**, è un lusso perverso/sfacciato!
Dekadenz <-, ohne pl> f **1** {+Gesellschaftsschicht, Kultur, Kunstwerk, Stilrichtung} decadenza f **2** *lit* → **Dekadenzdichtung**.
Dekadenzdichtung f *lit* decadentismo m.
Dekagramm n A decagrammo m, dieci grammi.
Dekalog <-(e)s, ohne pl> m *relig* decalogo m.
Dekan <-s, -e> m (**Dekanin** f) **1** <*nur m*> *relig* decano m **2** *univ* preside mf di facoltà.
Dekanat <-(e)s, -e> n **1** *relig* decanato m **2** *univ* presidenza f (di facoltà).
dekantieren <ohne ge-> tr **etw** ~ {Wein} decantare *qc*.
Deklamation <-, -en> f **1** geh (*Vortrag*) {+Dichtung} declamazione f **2** pej (*Leerformel*) declamazione f.
deklamieren <ohne ge-> tr itr (**etw**) ~ {Gedicht} declamare (*qc*).
Deklaration <-, -en> f **1** geh (*feierliche Erklärung*) {+Regierung, Staat} dichiarazione f, proclamazione f **2** (*Zollerklärung*) dichiarazione f doganale.
deklarieren <ohne ge-> tr **etw** ~ **1** geh (*feierlich erklären*) {Souveränität, Unabhängigkeit} dichiarare *qc*, proclamare *qc* **2** (*angeben*) {Einkünfte, zu verzollende Waren} dichiarare *qc*.
deklassieren <ohne ge-> tr **1** soziol **jdn** (**zu etw** dat) ~ {Facharbeiter zu Hilfsarbeiter} declassare *qu* (*a qc*) **2** (*weit übertreffen*) **jdn/etw** ~ {Bewerber, Produkt Mitbewerber, anderes Produkt} surclassare *qu/qc* **3** sport (*hoch besiegen*) **jdn** ~ {Mannschaft, Sportler Gegner, gegnerisches Team} surclassare *qu*, stracciare *qu fam*.
Deklination <-, -en> f gram declinazione f.
deklinieren <ohne ge-> tr gram **etw** ~ {Adjektiv, Artikel, Pronomen, Substantiv} declinare *qc*.
dekodieren <ohne ge-> tr TV inform → **decodieren**.
Dekolletee, **Dekolleté** <-s, -s> n geh scollatura f, décolleté m.
dekolletiert adj (*ausgeschnitten*) {Kleid} scollato, décolleté.
Dekompression f phys decompressione f.
Dekompressionskammer f phys camera f (di decompressione)/[iperbarica].
Dekontamination f *bes. mil* decontaminazione f.
dekontaminieren tr *bes. mil* **jdn/etw** ~ decontaminare *qu/qc*.
Dekor <-s, -s oder -e> m oder n **1** (*Muster*) (auf

Glas, Porzellan) decoro m, decorazione f **2** (*Ausstattung*) *film theat* arredamento m.
Dekorateur <-s, -e> m (**Dekorateurin** f) **1** {+INNENRÄUME} arredatore (-trice) m (f) **2** (*Schaufensterdekorateur*) vetrinista mf **3** *film theat* arredatore (-trice) m (f).
Dekoration <-, -en> f **1** <*nur sing*> (*das Ausschmücken*) {+RAUM} addobbare m; {+SCHAUFENSTER} allestimento m **2** (*Auslage*) {+SCHAUFENSTER} vetrina f **3** (*Schmuck*) {+INNENRAUM, SAAL, TAFEL} addobbo m, decorazione f **4** *film theat* arredamento m.
dekorativ adj (*schmückend*) {ELEMENT, MUSTER, SCHMUCK, WIRKUNG} decorativo, esornativo *lit*.
dekorieren <ohne ge-> tr **1** (*ausgestalten*) *etw* ~ {SCHAUFENSTER} allestire *qc*; {GEBÄUDE, RAUM} decorare *qc*, addobbare *qc* **2** (*auszeichnen*) *jdn* (*mit etw* ~ dat) ~ {MIT EINER AUSZEICHNUNG, EINER MEDAILLE, EINEM ORDEN} decorare *qu* (*con qc*), insignire *qu* (*di qc*).
Dekret <-(e)s, -e> n *adm* decreto m: **ein ~ erlassen**, emanare un decreto.
dekretieren <ohne ge-> tr *geh etw* ~ {MAẞNAHME} decretare *qc*.
Delegation <-, -en> f delegazione f.
Delegationschef m (**Delegationschefin** f), **Delegationsleiter** m (**Delegationsleiterin** f) capodelegazione mf.
delegieren <ohne ge-> tr *etw* (*an jdn*) ~ {AUFGABE, PFLICHT, VERANTWORTUNG} delegare *qc* (*a qu*).
Delegierte <*dekl wie adj*> mf delegato (-a) m (f).
delegitimieren <ohne ge-> tr *geh jdn/etw* ~ delegittimare *qu/qc*.
Delfin① <-s, -e> m *zoo* delfino m.
Delfin② <-s, *ohne pl*> n *sport* → **Delfinschwimmen**.
Delfinarium <-s, *Delfinarien*> n delfinario m.
Delfinschwimmen n *sport* (stile m a) delfino m.
delikat adj **1** (*lecker*) {GERICHT, WEIN} delicato, squisito, prelibato **2** *geh* (*heikel*) {ANGELEGENHEIT, ANLIEGEN, PROBLEM} delicato, scabroso, spinoso **3** *geh* (*behutsam*) {ART, MENSCH} delicato, discreto.
Delikatesse <-, -n> f **1** (*Leckerbissen*) leccornia f, ghiottoneria f **2** <*nur sing*> *geh* (*Zartgefühl*) delicatezza f, discrezione f, tatto m.
Delikatessengeschäft n negozio di ₁specialità gastronomiche₁/[delicatezze].
Delikt <-(e)s, -e> n *jur* delitto m; (*Straftat*) reato m ● **erfolgsqualifiziertes ~** *jur*, delitto preterintenzionale.
Deliktshaftung f *jur* responsabilità f extracontrattuale.
Delinquent <-en, -en> m (**Delinquentin** f) *geh* delinquente mf.
Delinquenz <-, *ohne pl*> f (*in der Fachsprache: Straffälligkeit*) delinquenza f.
Delirien pl *von* Delirium.
delirieren <ohne ge-> itr *med* delirare m.
Delirium <-s, *Delirien*> n *med* delirio m ● **~ tremens** *med*, delirium tremens.
deliziös *geh* 🅐 adj squisito, delizioso 🅑 adv: **~ duften/schmecken**, avere un odore/sapore squisito/delizioso.
Delkredere <-, -> *ökon* star del credere m.
Delle <-, -n> f *fam* (*am Auto*) ammaccatura f.
Delphin <-s, -e> m → **Delfin**①, **Delfin**②.
Delphinarium n → **Delfinarium**.
Delphinschwimmen n → **Delfinschwimmen**.
Delta① <-(s), -s> n (*griechischer Buchstabe*) delta m *oder* f.
Delta② <-s, -s *oder* Delten> n *geog* delta m.

Deltagleiter <-s, -> m *sport* deltaplano m, aquilone m.
Deltamündung f *geog* foce f a delta.
Deltastrahlen subst <*nur pl*> *phys nukl* raggi m pl delta.
dem① *best. art dat sing* m *und* n al, allo, all', alla: **bringen Sie dem Herrn ein Bier!**, portiu una birra al signore!; (*in Verbindung mit präp*) **wir fahren mit dem Auto**, andiamo in/[con la] macchina; **wir kommen aus dem Kino**, veniamo dal cinema; **er kommt aus dem Kongo**, viene dal Congo; **die Landung auf dem Mond**, lo sbarco sulla luna ● **wenn dem so ist**, se è così; **wie dem auch sei**, comunque sia.
dem② *dem pron dat sing* m *und* n questo (-a), quello (-a) (*adjektivisch*): **mit dem alten Auto kommst du nie bis nach Berlin**, con questa carcassa a Berlino non ci arrivi di certo; **in dem Betrieb arbeiten viele Ausländer**, in quella ditta lavorano molti stranieri; (*substantivisch*): **alle Teilnehmer haben das Programm inzwischen erhalten, außer Herrn Müller, dem muss ich es noch schicken**, nel frattempo tutti i partecipanti hanno ricevuto il programma, a parte il Signor Müller, a lui/cui devo ancora mandarlo; **und dem vertraust du?** *fam*, e ti fidi di quello?
dem③ *rel pron dat sing* m *und* n al/alla quale, a cui: **der Wissenschaftler, dem man den Nobelpreis verliehen hat**, lo scienziato ₁al quale₁/[a cui] è stato conferito il premio Nobel; (*in Verbindung mit präp*) **das Haus, in dem wir wohnen**, la casa nella quale abitiamo; **der junge Mann, mit dem sie seit einem Jahr verlobt ist**, il ragazzo con il quale è fidanzata da un anno.
Demagoge <-n, -n> m (**Demagogin** f) *pej* demagogo (-a) m (f).
Demagogie <-, -n> f *pej* demagogia f: **~ betreiben**, fare della demagogia.
Demagogin f *pej* → **Demagoge**.
demagogisch adj *pej* {AUFRUF, HETZE, REDE} demagogico.
Demarkationslinie f *pol mil* linea f di demarcazione.
demaskieren <ohne ge-> *geh* 🅐 tr *jdn* ~ smascherare *qu*: **jdn als Betrüger ~**, scoprire che qu è un imbroglione 🅑 *rfl* **sich ~ smascherarsi**; **sich als etw ~** (*nom*) {ALS LÜGNER, SCHURKE} rivelarsi *qc*.
dement adj *med* demente.
dementgegen adv invece, al contrario.
Dementi <-s, -s> n smentita f.
dementieren <ohne ge-> 🅐 tr *etw* ~ {AMTLICHE STELLE, REGIERUNG MELDUNG, NACHRICHT} smentire *qc* 🅑 *itr* smentire, dare una smentita.
dementsprechend 🅐 adv (*entsprechend*) {BEHANDELN, BEZAHLEN, SICH VERHALTEN} conformemente, corrispondentemente: **sich ~ äußern**, esprimersi/pronunciarsi in tal senso 🅑 adj {BEHANDLUNG, BEZAHLUNG, VERHALTEN} corrispondente, conforme: **eine ~e Bemerkung machen**, fare un'osservazione in tal senso.
Demenz <-, -en> f *med* demenza f: **senile ~**, demenza senile.
demgegenüber adv in confronto.
demgemäß adv adj → **dementsprechend**.
Demission <-, -en> f *geh pol* {+MINISTER, REGIERUNG} dimissioni f pl.
demjenigen dat sing von dem pron derjenige, dasjenige.
demnach adv quindi, dunque, perciò, per cui.
demnächst adv prossimamente, fra/tra poco.

Demo <-, -s> f *fam* manifestazione f, dimostrazione f.
demobilisieren <ohne ge-> tr *mil pol jdn/etw* ~ {TRUPPEN} smobilitare *qu/qc*.
Demobilisierung <-, -en> f smobilitazione f.
Demo-CD f *inform mus* cd m demo.
Demograf <-en, -en> m (**Demografin** f) demografo (-a) m (f).
Demografie <-, -n> f demografia f.
Demografin f → **Demograf**.
demografisch adj {DATEN, UNTERSUCHUNG} demografico.
Demograph m (**Demographin** f) → **Demograf**.
Demographie f → **Demografie**.
Demographin f → **Demograph**.
demographisch adj → **demografisch**.
Demokrat <-en, -en> m (**Demokratin** f) **1** *pol* democratico (-a) m (f) **2** *parl* (*Mitglied der Demokratischen Partei*) democratico (-a) m (f).
Demokratie <-, -n> f **1** *pol* (*Staatsform*) democrazia f; (*demokratisches Land*) democrazia f **2** <*nur sing*> (*demokratisches Prinzip*) democrazia f ● **parlamentarische ~**, democrazia parlamentare.
Demokratiebewegung f movimento m democratico.
Demokratin f → **Demokrat**.
demokratisch adj **1** *pol* {KRÄFTE, PARTEI, STAATSFORM, VERFASSUNG, WAHLEN} democratico **2** *parl* (*die Partei der Demokraten betreffend*) democratico.
demokratisieren <ohne ge-> tr *etw* ~ {LAND, PARTEI, SYSTEM} democratizzare *qc*.
Demokratisierung <-, -en> f {+LAND, PARTEI, SYSTEM} democratizzazione f.
demolieren <ohne ge-> tr *etw* ~ {DEMONSTRANT, ROWDY AUTO, EINRICHTUNG} sfasciare *qc*.
Demonstrant <-en, -en> m (**Demonstrantin** f) *pol* manifestante mf, dimostrante mf.
Demonstration <-, -en> f **1** *pol* (*Kundgebung*) ~ (**für/gegen etw** akk) manifestazione f (*per/contro qc*), dimostrazione f (*per/contro qc*) **2** *geh* (*Bekundung*) dimostrazione f, prova f: **zur ~ meiner guten Absichten**, a riprova/dimostrazione delle mie buone intenzioni **3** *geh* (*Darstellung*) dimostrazione f.
Demonstrationsmaterial n materiale m illustrativo.
Demonstrationsverbot n divieto m di manifestare.
Demonstrationszug m *pol* corteo m di manifestanti/dimostranti.
demonstrativ 🅐 adj **1** (*auffallend*) {DESINTERESSE, GELASSENHEIT} ostentato; {BEIFALL, PROTEST} eloquente **2** (*anschaulich*) {BEISPIEL} dimostrativo 🅑 adv (*als deutliches Zeichen*) {AUFSTEHEN, DEN RAUM VERLASSEN} in segno di protesta.
Demonstrativpronomen n *gram* pronome m dimostrativo.
demonstrieren <ohne ge-> 🅐 *itr pol* partecipare a una manifestazione/dimostrazione; **für/gegen jdn/etw** ~ manifestare per/contro *qu/qc*, dimostrare per/contro *qu/qc* 🅑 tr *geh* **1** (*vorführen*) *etw* ~ (di)mostrare *qc*, illustrare *qc* **2** (*bekunden*) *etw* ~ {ENTSCHLOSSENHEIT, STÄRKE} dare prova *di qc*, dimostrare *qc*.
Demontage f **1** (*das Abbrechen*) {+ANLAGE, FABRIK, GEBÄUDE} smantellamento m; (*das Zerlegen*) {+AUTO, FLUGZEUG, MASCHINE}

smontaggio m 2 *geh meist pej* (*Abbau*) {+SO-ZIALSTAAT} smantellamento m.

demontieren <ohne ge-> tr 1 (*abmontieren*) etw ~ {GERÄTETEIL, MASCHINE} smontare qc; {INDUSTRIEANLAGEN} smantellare qc 2 *geh meist pej* jdn/etw ~ {SOZIALSTAAT} smantellare qc; {GEGNER} screditare qu, demolire qc.

demoralisieren <ohne ge-> tr jdn ~ 1 (*entmutigen*) demoralizzare qu, scoraggiare qu 2 *geh* (*korrumpieren*) corrompere qu, depravare qu *geh*.

Demoskop <-en, -en> m (**Demoskopin** f) demoscopo (-a) m (f).

Demoskopie <-, *ohne pl*> f demoscopia f.

Demoskopin f → **Demoskop**.

demoskopisch adj {INSTITUT, UNTERSUCHUNG} demoscopico.

Demotape <-, -s> n *mus* demo m *oder* f.

Demotivation <-, -en> f demotivazione f.

demotivieren <ohne ge-> tr jdn ~ demotivare qu.

demotiviert adj *geh* demotivato.

Demoversion f *slang inform* demo f.

Demoware f *slang inform* software m dimostrativo, demo f.

demselben dat sing *von* dem pron derselbe, dasselbe.

Demut <-, *ohne pl*> f umiltà f.

demütig adj {BITTE, BLICK, MENSCH} umile.

demütigen <mit *oder* ohne ge-> A tr jdn ~ {BESIEGTEN, GEFANGENEN, VOLK} umiliare qu, mortificare qu B rfl sich (vor jdm) ~ umiliarsi/mortificarsi/abbassarsi (di fronte a qu).

demütigend adj umiliante.

Demütigung <-, -en> f umiliazione f, mortificazione f: jdm eine ~ zufügen *geh*, infliggere un'umiliazione a qu *geh*.

demzufolge adv quindi, dunque, di conseguenza, perciò.

den① best. art 1 akk sing m il, lo, l', la: rufen Sie bitte den ersten Kandidaten!, chiami il primo candidato, per favore!; den Onkel anrufen, chiamare lo zio; hast du den Artikel schon gelesen?, hai già letto l'articolo?; (*in Verbindung mit präp*) stell das Bier in den Kühlschrank!, metti la birra nel/in frigo!; der Kanzler reist diese Woche in den Iran, questa settimana il cancelliere parte per l'Iran 2 dat pl *von* der①, die①, das① ai, agli, alle: du hast es den Kindern versprochen, l'hai promesso ai bambini; haben Sie den Studenten/Schülerinnen gesagt, dass sie die Formulare ausfüllen sollen?, ha detto ₍agli studenti₎/[alle allieve] di compilare i moduli?; (*in Verbindung mit präp*) in den meisten Fällen, nella maggior parte dei casi; mit den Kindern spielen, giocare con i bambini; sie will ein Jahr in den USA bleiben, vuole rimanere un anno negli Stati Uniti.

den② dem pron akk sing m lo, l', la, quel, quello, quell', quella (*adjektivisch*): den Herrn habe ich hier noch nie gesehen, quel signore qui non l'ho mai visto prima; (*substantivisch*): es war ein wunderschöner Tag, den werde ich nie vergessen, è stata una bellissima giornata, non la dimenticherò mai; weißt du zufällig, wo Robert ist? – Den habe ich gerade rausgehen sehen *fam*, sai per caso dov'è Robert? – Io l'ho appena visto uscire; sie soll jetzt mit Thomas zusammen sein – Was, und den will sie heiraten? *pej*, dicono che sta con Thomas – Cosa, e vuol sposare quello lì? *pej*.

den③ rel pron akk sing m che: zieh doch den Mantel an, den ich dir geschenkt habe, mettiti il cappotto che ti ho regalato; (*zur genaueren Unterscheidung*) il/la quale: die Schwester Michaels, den wir schon lange kennen, ..., la sorella di Michael, il quale conosciamo da molto tempo, ...; (*in Verbindung mit präp*) das ist unser Nachbar, über den wir neulich gesprochen haben, questo è il nostro vicino ₍del quale₎/[di cui] abbiamo parlato di recente; sie hat einen wunderschönen Garten, um den sich jedoch leider niemand kümmert, ha un bellissimo giardino del quale purtroppo non si occupa nessuno.

denaturieren <ohne ge-> tr chem etw ~ {KONSERVIERUNGSSTOFF, RÖNTGENBESTRAHLUNG LEBENSMITTEL} denaturare qc: denaturierter Alkohol, alcool denaturato.

denen① dem pron dat pl *von* der②, die②, das② (*diesen*) a questi (-e), a quelli (-e), a loro: das sind alles Betrüger, ~ darfst du nicht glauben!, sono tutti degli imbroglioni, (a quelli) non gli devi credere! *fam*; (*mit präp*) questi (-e), quelli (-e): mit ~ hat man besser nichts zu tun!, con quelli/loro è meglio non avere niente a che fare!

denen② rel pron dat pl a cui, ai/alle quali: wie heißen diese Leute, ~ du dein Auto geliehen hast?, come si chiamano queste persone alle quali hai prestato la macchina?; das sind die Freunde, mit ~ ich im Urlaub war, ecco gli amici con ₍i quali₎/[cui] sono stato (-a) in vacanza.

Denglisch <-(s), *ohne pl*> n *meist pej* tedesco m infarcito di anglicismi.

Den Haag <- -s, *ohne pl*> n *geog* L'Aia f.

Denim <-s, -s> m *oder* n *text* denim m.

Denis, **Dennis** m (*Vorname*) Dennis.

Denise f (*Vorname*) Denise.

denjenigen akk sing *von* dem pron derjenige.

Denkansatz m impostazione f.

Denkanstoß m spunto m (di riflessione): jdm ₍einen ~₎/[Denkanstöße] geben/vermitteln, dare ₍uno spunto₎/[spunti] di riflessione a qu.

Denkaufgabe f rompicapo m.

denkbar A adj (*möglich*) {ANTWORT, AUSGANG, VARIANTE} possibile; (*vorstellbar*) pensabile, immaginabile, concepibile B adv (*sehr*) {SCHLECHT, GÜNSTIG} oltremodo; (*mit Superlativen*) il più ... possibile: auf die ~ einfachste Art, nel modo più semplice possibile.

denken <denkt, dachte, gedacht> A itr 1 (*den Verstand betätigen*) pensare; (*nach~*) riflettere, pensarci; *irgendwie* ~ {LANGSAM, SCHNELL, WEITER, IN DIE FALSCHE/RICHTIGE RICHTUNG, IN ANDEREN DIMENSIONEN} pensare + compl di modo (*einen bestimmten Gedankengang durchführen*) ragionare 2 (*meinen*) ~ ..., pensare ..., credere ..., ritenere ...; ~ (dass) ..., pensare/credere/ritenere che ...; konjv. ritenere di ... inf (*bei identischem Subjekt*); (*vermuten*) supporre, presumere: ich denke ja/nein, penso di sì/no 3 (*urteilen*) irgendwie (über jdn/etw, von jdm/etw) ~ pensare + compl di modo (di qu/qc): gut/schlecht von jdm/über jdn ~, pensare bene/male di qu; wie ~ Sie darüber?, che cosa ne pensa?; mit den Jahren begann er, anders zu ~, invecchiando cominciò a pensarla diversamente; ich möchte wissen, wie er darüber denkt, vorrei sapere come la pensa 4 (*eingestellt sein*) irgendwie ~ {GROSSZÜGIG, KLEINLICH} essere d'animo + adj; {SPIESSBÜRGERLICH, PRAKTISCH} avere una mentalità + adj: liberal ~, essere di idee liberali 5 (*sich erinnern*) an jdn/etw ~ pensare a qu/qc 6 (*nicht vergessen*) daran ~, etw zu tun/dass ... ricordarsi ₍di fare qc₎/[che ...]: denk daran, heute Nachmittag einzukaufen!, ricordati di fare la spesa oggi pomeriggio! 7 (*beabsichtigen*) daran ~, etw zu tun pensare *di fare qc*, avere l'intenzione *di fare qc*: ich denke daran, mich selbständig zu machen, penso di mettermi in proprio 8 (*im Sinn haben*) (nur) an jdn/etw ~ pensare (solo) a qu/qc: er denkt nur an ₍sich selbst₎/[das Geld], pensa solo ₍a se stesso₎/[ai soldi]; an jdn ~ {STÄNDIG, INTENSIV} pensare qu B tr (*sich vorstellen*) etw ~ {GEDANKEN} pensare qc: wenn ich nur wüsste, was du jetzt gerade denkst!, se solo sapessi (a) che stai pensando in questo momento! C rfl (*sich etw vorstellen*) sich (dat) etw ~ immaginarsi qc, pensare qc: das kann ich mir ~, me lo immagino; das kann ich mir nicht ~, mi sembra impossibile • denkste! *fam*, stai fresco! *fam*, un corno! *slang*; bei sich (dat) ~, pensare fra sé e sé; ich denke, also bin ich, cogito, ergo sum *geh*, penso, dunque sono; (gar) nicht daran ~, etw zu tun, non pensare minimamente di fare qc; ich denke (gar) nicht daran!, non ci penso nemmeno, non mi passa neanche per l'anticamera del cervello! *fam*; es ist nicht daran zu ~, neanche a pensarci; wenn ich bloß daran denke (, etw zu tun)!, al solo pensiero (di fare qc)!; ich darf gar nicht daran ~!, è meglio che non ci pensi!; (jdm) zu ~ geben, dare da pensare (a qu); das habe ich mir gedacht!, me l'aspettavo, c'era da immaginarselo *fam*; das hast du dir so gedacht! *fam*, ti sarebbe piaciuto! *fam*; wer hätte das gedacht?, chi l'avrebbe pensato/detto?; das hätte ich nicht von ihr gedacht, (questo) da lei non me lo sarei aspettato; laut ~, pensare ad alta voce; ich denke nicht, penso di no; sich (dat) nichts (Böses/weiter) dabei ~, fare qc in buona fede; ich denke schon, penso di sì; was denkst du dir eigentlich? *fam*, ma cosa credi? *fam*; wo ~ Sie hin!, ma no!, ma che dice!

Denken <-s, *ohne pl*> n 1 (*Denktätigkeit*) pensare m; (*Nachdenken*) riflettere m: bei diesem Lärm fällt mir das ~ schwer, con questo baccano mi riesce difficile pensare/riflettere; (*logisches ~, Gedankengang*) ragionamento m 2 (*Denkart*) {ABSTRAKT, ENGSTIRNIG, REAKTIONÄR} modo m di pensare, mentalità f 3 (*Gedanken(welt)*) pensiero m: das ~ Dantes/[des Mittelalters], il pensiero ₍di Dante₎/[del Medioevo] 4 (*Denkvermögen*) pensiero m, raziocinio m • abstraktes/begriffliches ~, pensiero astratto.

denkend adj: anders ~ → andersdenkend; klar ~, lucido, razionale, che ragiona.

Denker <-s, -> m (**Denkerin** f) pensatore (-trice) m (f), uomo m/donna f di pensiero.

Denkfabrik f fabbrica f/fucina f di cervelli, think tank m.

denkfaul adj mentalmente pigro.

Denkfehler m errore m logico: einen ~ begehen/machen, commettere/fare un errore logico.

Denkhilfe f aiuto m, suggerimento m.

Denkmal <-s, Denkmäler *oder rar* -e> n 1 (*Monument*) monumento m 2 (*Zeugnis*) monumento m • jdm ein ~ errichten/setzen, innalzare/erigere un monumento a qu; sich (dat) (selbst) (mit etw dat) ein ~ errichten/setzen, compiere un'impresa memorabile (con qc).

denkmalgeschützt adj {BAU, GEBÄUDE, HAUS} sotto tutela (dei beni culturali).

Denkmalpfleger m (**Denkmalpflegerin** f), **Denkmalpfleger** m (**Denkmalspflegerin** f) conservatore (-trice) m (f) dei beni architettonici.

Denkmalschutz, **Denkmalsschutz** m jur tutela f dei ˌbeni culturaliˌ/[dei monumenti]: **unter ~ stehen** {ALTSTADT, GEBÄUDE}, essere sotto la tutela dei beni culturali; (von bes. historischer Bedeutung) {GEBÄUDE(KOMPLEX)} essere monumento nazionale.

Denkmalschützer <-s, -> m (**Denkmalschützerin** f) operatore (-trice) m (f) di beni culturali.

Denkmalpflege, **Denkmalpflege** f "salvaguardia f e restauro m dei monumentiˌ", conservazione f dei monumenti.

Denkmodell n, **Denkmuster** n modello m concettuale.

Denkpause f pausa f di riflessione: **eine ~ einlegen**, fare una pausa di riflessione.

Denkprozess (a.R. Denkprozeß) m processo m mentale.

Denkschrift f memoriale m.

Denksport m ginnastica f mentale.

Denksportaufgabe f → **Denkaufgabe**.

Denkvermögen <-s, ohne pl> n capacità f pl intellettive: **logisches ~**, capacità logiche.

Denkweise f modo m di pensare, mentalità f, forma mentis f.

denkwürdig adj {EREIGNIS, TAG} memorabile.

Denkzettel m fam lezione f: **jdm einen ~ geben/verpassen**, dare ˌuna bella lezioneˌ famˌ/[un memento] a qu.

denn① konj **1** (weil) perché, poiché **2** (wenn nicht): **es sei ~, (dass)** …, tranne che … konjv, a meno che … konjv **3** geh (als) che: **mehr ~ je**, più che mai.

denn② partik fam **1** (in freundlich formulierten Fragen: meist unübersetzt): **wer war ~ alles da auf dem Fest?**, chi c'era alla festa?; **wie geht's dir ~?**, come stai? **2** (Erstaunen oder Zweifel ausdrückend): **hast du ~ so viel Geld?**, ma ce li hai tutti questi soldi? **3** (Ungeduld oder Vorwurf ausdrückend): ma, proprio: **was ist ~ jetzt schon wieder los?**, ma insomma, cosa c'è ancora?; **muss das ~ sein?**, (ma) è proprio necessario?; **wo bist du ~?**, ma dove (diavolo) sei? **4** (eine Erklärung fordernd) ma: **wo hast du ~ gesteckt?**, ma dove ti eri cacciato (-a)?; (unübersetzt): **was soll das ~?**, e questo, cosa vorrebbe dire? **5** (bei der Wiederholung oder Vertiefung einer Frage) (e) allora: **ich bin kein Fachmann – was bist du ~ (dann)?**, non sono un esperto – e allora cosa (sei)?; **so funktioniert das also? – Klar, wie sonst?**, allora è così che funziona? – Certo, e come sennò/altrimenti?; (mit Interrogativpronomen): **wann/was/wer/wo ~?**, quando/[che cosa]/[chi]/[dove] mai?; **wie ~?**, e/ma come?; **warum/weshalb/wieso ~?**, come mai?; **und warum/weshalb/wieso ~ nicht?**, e perché no? **6** (in rhetorischen Fragen): **wer kann sich das ~ heute noch leisten?**, e chi (mai) se lo può/potrebbe permettere oggi?; **was gibt's ~ da zu lachen?**, cosa ci sarà mai da ridere? **7** (in Ausrufesätzen): **ist das ~ heute nicht ein herrlicher Tag!**, ˌma guardaˌ/[hai visto] che splendida giornata!

Dennis m (Vorname) → **Denis**.

dennoch adv (trotzdem) tuttavia, ciononmeno, però; (am Satzende) lo stesso, ugualmente; **und ~, …**, eppure …

denselben A akk sing von **dem** pron derselbe B dat pl von **dem** pron derselbe, dieselbe, dasselbe.

dental adj **1** ling {LAUT} dentale **2** med (zahnmedizinisch) {BEHANDLUNG, CHIRURGIE} odontoiatrico.

Dental <-s, -e> m ling (consonante f) dentale f.

Dentallabor n laboratorio m odontotecnico.

Dentallaut m ling → **Dental**.

denuklearisieren <ohne ge-> tr **etw ~** {GEBIET} denuclearizzare qc.

Denunziant <-en, -en> m (**Denunziantin** f) pej delatore (-trice) m (f), spia f.

Denunziation <-, -en> f pej spiata f, delazione f.

denunzieren <ohne ge-> tr pej **jdn** (**bei jdm**) **~** {BEI DER POLIZEI} denunciare (segretamente) qu (a qu).

Deo <-s, -s> n fam, **Deodorant** <-s, -e oder -s> n deodorante m.

deodorierend A adj {SPRAY, WIRKUNG} deodorante B adv: **~ wirken**, avere un'azione deodorante.

Deoroller m deodorante m a sfera/biglia.

Deospray n oder m deodorante m spray.

Deostift m deodorante m stick.

Departement <-s, -s oder -e> n adm **1** (Verwaltungsbezirk, bes. in Frankreich) dipartimento m **2** CH dipartimento m, ≈ ministero m.

Dependance <-, -n> f **1** (Nebengebäude eines Hotels u. Ä.) dépendance f, dipendenza f **2** geh (Zweigstelle) filiale f, succursale f.

deplatziert, **deplaciert** (a.R. deplaziert) adj {BEMERKUNG, HINWEIS} inopportuno, fuori luogo: **ich bin/[fühle mich] hier ~**, sono/[mi sento] fuori posto qui.

Deponie <-, -n> f discarica f pubblica: **wilde ~**, discarica abusiva.

deponieren <ohne ge-> tr **etw bei jdm/irgendwo ~** {DOKUMENT, GELD, SCHMUCK BEI DER BANK, IM SAFE} depositare qc da qu/+ compl di luogo.

Deportation <-, -en> f {+POLITISCHER GEGNER, MINDERHEITEN} deportazione f.

deportieren <ohne ge-> tr **jdn ~** {POLITISCHER GEGNER, MINDERHEITEN} deportare qu.

Deportierte <dekl wie adj> mf deportato (-a) m (f).

Depositen subst <nur pl> bank depositi m pl.

Depot <-s, -s> n **1** (Lager) deposito m **2** (Sammelstelle für Busse, Züge u. Ä.) deposito m **3** bank deposito m.

Depotgebühr f <meist pl> bank diritto m di custodia titoli.

Depp <-en oder -s, -en oder -e> m süddt A CH fam pej demente m fam pej, imbecille m fam, cretino m fam, stupido m.

Depression <-, -en> f **1** psych depressione f **2** ökon (Wirtschaftskrise) depressione f, recessione f **3** meteo (Tiefdruckgebiet) depressione f **4** geog (Landsenke) depressione f.

depressiv psych A adj {PHASE, STIMMUNG, ZUSTAND} depressivo; {MENSCH} depresso B adv: **~ gestimmt sein**, essere d'umore depresso; **~ veranlagt sein**, essere predispostoˌ/[avere tendenza] alla depressione.

deprimieren <ohne ge-> tr **jdn ~** deprimere qu, abbattere qu; (entmutigen) scoraggiare qu.

deprimierend adj {AUSSICHTEN, NACHRICHT, SITUATION, WETTER} deprimente.

deprimiert adj {GESICHTSAUSDRUCK, MENSCH} depresso, abbattuto.

Deputation <-, -en> f obs deputazione f, delegazione f.

Deputierte <dekl wie adj> mf deputato (-a) m (f), delegato (-a) m (f).

der① best. art **1** nom sing m il, lo, l', la: **der Mann**, l'uomo; **der Junge**, il ragazzo; **der Student**, lo studente; **der Freund**, l'amico; **der Stuhl**, la sedia; **der Mond**, la luna; (vor geographischen Namen) **der Libanon**, il Libano; **der Schwarzwald**, la Foresta Nera; **der Bodensee**, il Lago di Costanza; (vor Personennamen) **der Tilo hat nach dir gefragt** fam, Tilo ha chiesto di te **2** gen sing von **die**① della, del, dell': **der Präsident der Europäischen Zentralbank**, il governatore della Banca Centrale Europea; **die Stellung der Frau in der Gesellschaft**, la posizione della donna nella società; **die mittelalterlichen Städte der Toskana**, le città medievali della Toscana; **die Strahlen der Sonne**, i raggi del sole; **die Villa der Familie Kaufmann**, la villa dei Kaufmann **3** dat sing von **die**① alla, al, all': **er erklärt der Schülerin den Gebrauch des Konjunktivs**, spiega all'alunna l'uso del congiuntivo; **könnten Sie bitte der Dame helfen?**, potrebbe aiutare la signora, per cortesia?; **Treibhausgase schaden der Umwelt**, i gas ad effetto serra danneggiano l'ambiente; (in Verbindung mit präp): **er trinkt aus der Flasche**, beve dalla bottiglia; **er lebt in der Türkei**, vive in Turchia; **meine Freundin kommt aus der Schweiz**, la mia amica viene dalla Svizzera; **in der Sonne liegen/sitzen**, stare al sole; **ich habe das in der Zeitung gelesen**, l'ho letto sul giornale; **mit der Bahn reisen**, viaggiare in treno; **in der Nacht**, di notte; **mitten in der Nacht**, nel cuore della notte; **die Filiale in der Verdistraße**, l'agenzia di via Verdi **4** gen pl von **der**①, **die**①, **das**① dei, degli, delle: **die Probleme der Jugendlichen**, i problemi dei giovani; **die Gleichberechtigung der Frauen**, la parità delle donne; **die Forderungen der Studenten**, le richieste degli studenti.

der② dem pron **1** nom sing m (adjektivisch): **fast alle haben die Prüfung bestanden, aber der Student ist durchgefallen**, quasi tutti (-e) hanno passato l'esame, ma questo studente è stato bocciato; (substantivisch): **eigentlich mag ich keinen Rotwein, aber der schmeckt wirklich gut**, in realtà il vino rosso non mi piace, ma questo è proprio buono **2** dat sing f von **die**① (a), quello (-a) (adjektivisch): **in der Kirche war ich noch nie**, in quella chiesa non ˌsono mai entrato (-a)ˌ/[ci sono mai stato (-a)]; **im Sommer kann ich keinen Urlaub nehmen, in der Jahreszeit gibt es bei uns am meisten zu tun**, non posso prendere le ferie in estate, perché da noi quella è la stagione in cui c'è più da fare; (substantivisch): **kennst du diese Frau da? – Ja, der gehört das Hotel** fam, conosci quella signora? – Sì, l'albergo ˌè suoˌ/[appartiene a lei]; **warum sprichst du nicht mehr mit deiner Kollegin? – Mit der will ich nichts mehr zu tun haben!** fam, perché non parli più con la tua collega? – Con quella non voglio averci più niente a che fare! fam.

der③ rel pron **1** nom sing m che: **der Tisch, der im Arbeitszimmer steht**, il tavolo che si trova nello studio; **der Mann, der uns angehalten hat**, …, l'uomo che ci ha fermato, … **2** dat sing f alla/al quale, a cui: **ist das die Touristin, der man die Kreditkarte gestohlen hat?**, è quella la turista ˌalla qualeˌ/[a cui] hanno rubato la carta di credito?; **eine wissenschaftliche Entdeckung, von der man sich viel verspricht**, una scoperta scientifica dalla quale ci si aspetta molto; → auch **welcher**.

derart adv **1** (vor adj: so): **~ …, dass …**, talmente/così …, che: **heute ist es ~ heiß, dass man ganz apathisch wird**, oggi è così caldo che si diventa completamente apatici **2** (bei Verben: in einer solchen Weise) talmente, così, a tal punto: **sie hat sich ~ (schlecht) benommen, dass es schon fast ein Skandal war**, si è comportata ˌtalmente maleˌ/[male a tal punto] da rasentare lo scandalo; (so sehr) talmente (tanto): **es hat ~ geregnet**,

dass ..., è piovuto talmente (tanto) che ...; **dein Verhalten ist ~, dass man völlig baff ist**, il tuo comportamento è tale da lasciare veramente di stucco.

derartig A adj tale, simile, siffatto, del genere: **~e Bemerkungen**, tali/simili/siffatte osservazioni, osservazioni del genere; **etwas Derartiges ist noch nie passiert**, non è mai successo niente ₍di simile₎/[del genere]; **Derartiges ist jetzt die neueste Mode**, cose del genere sono adesso l'ultima novità in fatto di moda B adv → **derart**.

derb A adj 1 (*grob*) {MANIEREN, SPASS, WITZ, WORTE} rozzo, grossolano; {PERSON} rozzo, grezzo 2 (*fest*) {LEDER, MATERIAL, SCHUHE, STOFF} robusto, resistente 3 (*kräftig*) {ESSEN, KOST} robusto, sostanzioso B adv {JDN ANFAHREN, JDM ANTWORTEN, JDN BEHANDELN} rudemente.

Derbheit <-, -en> f 1 <*nur sing*> (*Grobheit*) {+MANIEREN, PERSON, WITZ, WORTE} rozzezza f, grossolanità f 2 (*grobe Äußerung*) villania f.

Derby <-s, -s> n sport 1 (*Pferderennen*) derby m 2 Fußball (*Lokalderby*) derby m.

deregulieren <*ohne ge*-> tr *etw* ~ {ARBEITSMARKT} deregolamentare *qc*.

Deregulierung f ökon {+PREISE, VORSCHRIFTEN} deregulation f, deregolamentazione f.

dereinst adv geh un giorno, in avvenire/futuro.

deren① dem pron gen pl loro: **er sprach von den gemeinsamen Kollegen und ~ Arbeit**, (lui) parlava dei colleghi comuni e del loro lavoro.

deren② rel pron 1 gen sing f il, la cui (*nachgestellt*), della quale, di cui: **die Schauspielerin, ~ Namen mir jetzt nicht einfällt**, ..., l'attrice, ₍il cui nome₎/[il nome della quale] ora mi sfugge, ...; l'attrice, di cui ora mi sfugge il nome, ... 2 gen pl *von* die③, die③, das③ i/le cui, dei, delle quali (*nachgestellt*): **Eltern, ~ Kinder volljährig sind**, ..., genitori, ₍i cui figli₎/[i figli dei quali] hanno raggiunto la maggiore età, ...

derentwegen adv 1 (*sing*: *wegen welcher*) per cui/[la quale], a causa ₍di cui₎/[della quale]; **die Tochter, ~ sie die Wohnung gekauft haben**, ..., la figlia per cui/[la quale] hanno comprato la casa, ... 2 (*pl*: *wegen welchen*) per cui, a causa di cui: **alle Projekte, ~ sie sich jahrelang so abgerackert hatten**, ..., tutti i progetti per cui/[i quali] avevano sgobbato per anni ...

derentwillen adv: **um ~** (*sing*: *der zuliebe*), per cui, per il, la quale; (*pl*: *denen zuliebe*) per cui, per i, le quali.

derer dem pron gen pl: **~, die ..., di coloro che/[i/le quali] ..., di chi ...** (Verb im Sing), di quelli (-e) che ...; **das Leid ~, die in Kriegsgebieten leben**, ..., le sofferenze di ₍coloro che vivono₎/[chi vive] in zone di guerra.

dergestalt adv geh: **~ gekleidet, ging er zu dem Fest**, così vestito, andò alla festa; **~, dass ...**, in modo (tale) che ...

dergleichen <*inv*> dem pron (Abk dgl.) 1 <*attr*> (*adjektivisch*: *solche*) tale, simile, siffatto, del genere 2 (*substantivisch*: *Derartiges*) qualcosa ₍di simile₎/[del genere]: **ein interessanter Schmuck, ich habe noch nie/nichts ~ gesehen**, (sono) dei gioielli interessanti, non ho mai visto niente ₍di simile₎/[del genere] • **nicht ~ tun** *fam*, fare finta di niente; **und ~ (mehr)**, e simili, eccetera.

Derivat <-(e)s, -e> n 1 chem derivato m 2 *ling* derivato m.

derjenige, diejenige, dasjenige dem pron (*substantivisch*: *mit Relativsatz*) colui m, colei f, quello m, quella f; <*pl*> coloro mf, quelli m, quelle f: **diejenigen unter euch, die ...**, coloro/quelli tra (di) voi che ...; **welcher ...** *fam*, colui/quello che ... 2 *form* (*adjektivisch*: *mit Relativsatz*): **diejenigen Bewerber, die die schriftliche Prüfung bestanden haben**, ..., i/quei candidati che hanno superato la prova scritta ...

derlei <*inv*> dem pron → **dergleichen**.

dermaßen adv (*derart*) tanto, a tal punto: **~, dass ...**, talmente che ...:

Dermatitis <-, Dermatitiden> f med dermatite f.

Dermatologe <-n, -n> m (**Dermatologin** f) med dermatologo (-a) m (f).

Dermatologie <-, ohne pl> f med dermatologia f.

Dermatologin f → **Dermatologe**.

dermatologisch adj med dermatologico.

derselbe, dieselbe, dasselbe pron 1 (*ebender, ebendie, ebendas*) il medesimo, la medesima, lo stesso, la stessa; <*pl*> i medesimi, le medesime, gli stessi, le stesse: **die beiden Bilder stammen von demselben Maler**, i due quadri sono ₍dello stesso₎/[del medesimo] pittore; (*auch substantivisch*): **sie ist immer noch dieselbe**, è sempre la stessa; **das ist ein und dasselbe**, è (proprio) lo stesso, è la stessa identica/medesima cosa 2 *fam* (*der, die, das Gleiche*) lo stesso, la stessa; <*pl*> gli stessi, le stesse: **er hat dasselbe Auto wie du** *fam*, ha la macchina uguale alla tua, ha la tua stessa macchina.

derweil, derweilen adv intanto, nel frattempo.

Derwisch <-(e)s, -e> m relig derviscio m.

derzeit adv al/[in questo] momento, attualmente, (per) ora.

derzeitig adj <*attr*> {BEFINDEN, ERKENNTNISSE, LAGE, STAND} attuale: **nach dem ~en Recht**, secondo la legislazione vigente.

des① best. art gen sing m *und* n del, dello, dell', della: **das Alter des Kindes/Mannes**, l'età ₍del bambino₎/[dell'uomo]; **das Licht des Mondes**, la luce della luna; **die Rede des Staatsmannes**, il discorso dello statista; (*in Verbindung mit präp*): **trotz des schlechten Wetters**, nonostante il cattivo tempo; **während des Konzerts**, durante il concerto.

des② **, Des** <-, -> n *mus* re m bemolle.

Desaster <-s, -> n disastro m.

desavouieren <*ohne ge*-> tr geh 1 (*öffentlich bloßstellen*) **jdn/etw** ~ sconfessare qu/qc 2 (*nicht anerkennen*) **etw** ~ disconoscere qc.

desensibilisieren <*ohne ge*-> tr med **jdn** (**gegen etw** akk) ~ {GEGEN HAUSSTAUB, POLLEN} desensibilizzare qu (contro qc).

Desensibilisierung <-, -en> f med desensibilizzazione f.

Deserteur <-s, -e> m (**Deserteurin** f) mil disertore (-trice) m (f).

desertieren <*ohne ge*-> *itr* <*haben oder sein*> mil (**von etw** dat) ~ {VON DER EINHEIT, DER TRUPPE} disertare (da qc); **zum Feind**₎/[**zur anderen Seite**] ~, disertare passando ₍al nemico₎/[dall'altra parte].

Desertifikation <-, -en> f ökol desertificazione f.

desgleichen adv geh (Abk dgl.) altrettanto, così pure: **die Mieten sind sehr hoch, ~ die Immobilienpreise**, gli affitti sono molto alti, ₍così pure₎/[altrettanto] i prezzi degli immobili; **ich stimmte dagegen, und er tat ~**, io votai contro, lui ₍idem *fam*₎/[fece altrettanto].

deshalb adv perciò, per questo: **~ müssen Sie sich nicht gleich so aufregen!**, non dovrebbe prendersela così!; **eben ~**, proprio per questo; **also ~, ~ also**, ecco perché: **~, weil ...**, perché ...; per ... *inf*.

Desiderat <-(e)s, -e> n geh, **Desideratum** <-s, Desiderata> n geh: **etw ist ein ~**, qc è auspicabile; <*pl*> desiderata m pl.

Design <-s, -s> n {+KLEIDUNG} linea f; {+FASSADE} linee f pl; {+MÖBEL, SPORTWAGEN} design m, linea f.

designen A tr **etw** ~ progettare qc, creare qc B itr fare design.

Designer <-s, -> m (**Designerin** f) (*Modedesigner*) stilista mf; (*für Einrichtung, Möbel*) designer m.

Designerdroge f droga f sintetica.

Designerin f → **Designer**.

Designerklamotten subst <*nur pl*> *fam* abiti m pl/vestiti m pl griffati/firmati.

Designermöbel n <*meist pl*> mobile m di design.

Designermode f alta moda f, moda f firmata/griffata.

designiert adj <*attr*> {CHEF, MINISTER, NACHFOLGER} designato.

Desillusion <-, -en> f disillusione f, disincanto m.

desillusionieren <*ohne ge*-> tr geh **jdn** ~ {ERFAHRUNG, ERLEBNIS} disilludere qu, disingannare qu: **dieses negative Erlebnis war endgültig ~d für sie**, quell'esperienza negativa la disilluse definitivamente.

desillusioniert adj disilluso, disincantato.

Desillusionierung <-, -en> f {+MENSCH} disillusione f, disinganno m.

Desinfektion f {+HÄNDE, WUNDE} disinfezione f; {+ÄRZTEBESTECK} sterilizzazione f.

Desinfektionsmittel n chem disinfettante m.

desinfizieren <*ohne ge*-> tr **etw** ~ {HÄNDE, WUNDE} disinfettare qc; {ÄRZTEBESTECK} sterilizzare qc.

Desinformation f disinformazione f.

Desinformationskampagne f campagna f di disinformazione.

desinformiert adj disinformato.

Desintegration f geh {+BÜNDNIS, IMPERIUM} disgregazione f, disintegrazione f.

Desinteresse <-s, ohne pl> n ~ (**an jdm/etw** akk) disinteresse m (per qu/qc), disinteressamento m (per qu/qc): **sein ~ an jdm/etw zeigen/bekunden**, (di)mostrare il proprio disinteresse/disinteressamento per qu/qc.

desinteressiert adj {ZUHÖRER, ZUSCHAUER} indifferente, privo di interesse; {GESICHT, MIENE} annoiato; **an jdm/etw ~ sein**, non avere (alcun) interesse per qu/qc.

desjenigen gen sing *von* dem pron derjenige, dasjenige.

deskriptiv adj descrittivo.

Desktop <-s, -s> m inform desktop m.

Desktoppublishing, Desktop-Publishing <-(s), ohne pl> n inform desktop publishing m, editoria f elettronica.

des-Moll n mus re m bemolle minore.

desolat adj geh {ANBLICK} desolato, squallido; {LAGE, ZUSTAND} di desolazione.

Desorganisation <-, ohne pl> f geh disorganizzazione f.

desorganisiert adj geh disorganizzato.

desorientiert adj <*meist präd*> disorientato, smarrito, confuso.

Desorientierung f 1 (*Verwirrung*) disorientamento f, smarrimento m, confusione f 2 med (*Störung der Orientierungsfähigkeit*) disorientamento m.

Desoxyribonukleinsäure f *biochem* (Abk DNS) acido m desossiribonucleico (Abk DNA/ADN).

despektierlich *geh* **A** *adj* {AUSDRUCK, BEMERKUNG, GESTE} sprezzante **B** *adv* in modo sprezzante: **sich ~ äußern**, esprimersi in termini sprezzanti.

Desperado <-s, -s> m (*zu jeder Verzweiflungstat bereiter Abenteurer*) avventuriero m.

desperat *adj geh* {LAGE, ZUSTAND} disperato.

Despot <-en, -en> m (**Despotin** f) **1** (*Tyrann*) despota mf, tiranno (-a) m (f) **2** (*tyrannischer Mensch*) despota mf, tiranno (-a) m (f).

despotisch **A** *adj* {HERRSCHAFT, HERRSCHER} dispotico, tirannico **B** *adv* dispoticamente: **~ herrschen/regieren**, regnare ₁da despota₁/[dispoticamente].

desselben *gen sing von* dem *pron* derselbe, dasselbe.

dessen **A** *dem pron gen von* der②, das② (*sein, seiner, seine*) suo (-a); suoi, sue pl: **mein Freund und ~ Schwester**, il mio amico e sua sorella; **ich bin mir ~ bewusst**, ne sono consapevole, me ne rendo conto **B** *rel pron gen von* der③, das③ il, la, cui; il, le cui *pl*: **ist das der Mann, ~ Frau ...?**, è questo l'uomo la cui moglie ...?

dessentwillen *adv*: **um ~**, per cui.

dessenungeachtet *a.R. von* dessen ungeachtet → **ungeachtet**.

Dessert <-s, -s> n *gastr* dessert m, dolce m.

Dessertteller m piatto m da frutta/dolce.

Dessertwein m *gastr* vino m da dessert.

Dessin <-s, -s> n *text* {+KLEID, STOFF, VORHANG} motivo m, disegno m.

Dessous <-, -> n ‹*meist pl*› *geh* capo m di biancheria intima femminile; ‹pl› dessous m pl *geh*, biancheria f intima femminile.

destabilisieren ‹ohne ge-› *tr etw* ~ {POLITISCHE LAGE, STAAT} destabilizzare qc.

Destabilisierung f {+POLITISCHE LAGE, STAAT} destabilizzazione f.

Destillat <-(e)s, -e> n *chem* distillato m.

Destillation <-, -en> f *chem* distillazione f.

destillieren ‹ohne ge-› *tr chem etw* ~ {ALKOHOL, ERDÖL} distillare qc: **destilliertes Wasser**, acqua distillata.

Destillierkolben m *chem* storta f, matraccio m.

desto *konj* {BESSER, EHER, SCHLIMMER} tanto ..., tanto ...: **je ~ ..., ~ ...**, (quanto) più ..., (tanto) più; **je schneller ~ besser**, quanto più veloce, tanto meglio; **~ mehr**, tanto più.

destruktiv *adj* {HALTUNG, KRITIK, MENSCH} distruttivo.

Destruktivität <-, ohne pl> f distruttività f.

deswegen *adv* → **deshalb**.

Detail <-s, -s> n dettaglio m, particolare m • **in allen ~s** {BERICHTEN, ERZÄHLEN}, in tutti i dettagli, (fin) nei minimi particolari; **ins ~ gehen**, entrare nei dettagli/particolari; **im ~** {ERÖRTERN, VERBESSERN}, nei dettagli.

detailgetreu *adj* fedele nei dettagli.

Detailkenntnis f ‹*meist pl*› conoscenza f dettagliata.

detailliert **A** *adj* {ANGABEN, DARSTELLUNG, PLAN, VORSTELLUNG} dettagliato, particolareggiato **B** *adv* {BESCHREIBEN, ERKLÄREN} dettagliatamente, minuziosamente.

Detailtreue f fedeltà f nei dettagli.

Detektei <-, -en> f → **Detektivbüro**.

Detektiv <-s, -e> m (**Detektivin** f) **1** (*Privatdetektiv*) detective mf, investigatore (-trice) m (f) privato (-a) **2** (*Zivilfahnder*) investigatore (-trice) m (f), agente m investigativo.

Detektivbüro n agenzia f di investigazioni.

Detektivin f → **Detektiv**.

Detektivroman m *lit* giallo m, romanzo m poliziesco/giallo.

Detektor <-s, -en> m *tech* rivelatore m, detector m.

Determinante <-, -n> f *math* determinante m.

determinieren ‹ohne ge-› *tr geh etw* ~ {BEDINGUNG, FAKTOR ABLAUF, ENTWICKLUNG} determinare qc.

Determinismus <-, ohne pl> m *philos* determinismo m.

Detonation <-, -en> f detonazione f.

detonieren ‹ohne ge-› *itr* ‹*sein*› {BOMBE, SPRENGSTOFF} detonare.

deucht *obs* 3. pers sing präs *von* dünken.

Deus ex Machina <- -, ohne pl> m *geh* deus ex machina m.

Deut m *obs*: **sich keinen ~ um jdn/etw kümmern**, non occuparsi/curarsi minimamente di qu/qc; **um keinen ~** {ANDERS, BESSER, FREUNDLICHER, SCHLECHTER}, neppure un tantino/po'; **keinen/[nicht einen] ~ (von etw dat) verstehen**, non avere la più pallida idea (di qc) *fam*, non capire un'acca (di qc) *fam*; **keinen/[nicht einen] ~ wert sein**, non valere un soldo (bucato) *fam*, non valere un fico secco *fam*.

deuteln *itr geh an etw* (dat) ~ {AN SACHVERHALT, WORTEN} sottilizzare su qc, cavillare su qc, sofisticare su qc.

deuten **A** *tr* (*auslegen*) *etw* ~ {ERSCHEINUNG, GEDICHT, TRAUM} interpretare qc, spiegare qc; {ZUKUNFT} leggere (in) qc, prevedere qc **B** *itr* **1** (*zeigen*) (**mit etw dat**) **auf jdn/etw** ~ {MIT DEM FINGER, DER HAND} indicare qu/qc (con qc): **mit dem Finger auf jdn/etw zeigen** *auch*, additare qu/qc; **nach Süden₁/[in eine Richtung] zeigen**, indicare ₁il sud₁/[una direzione] **2** (*hinweisen*) **auf jdn/etw** ~ {UMSTÄNDE, VERHÄLTNISSE AUF EIN VERBRECHEN} far pensare a qc; {AUF EINEN UMSCHWUNG, WETTERWECHSEL} *auch* far presagire/supporre qc • **alles deutet darauf (hin), dass ...**, tutto fa supporre/pensare che ..; **etw falsch ~**, interpretare male qc, dare un'interpretazione errata di qc.

deutlich **A** *adj* **1** (*klar*) {KONTUREN, SKIZZE, ZEICHNUNG} chiaro, nitido; {AUSSPRACHE} *auch* comprensibile, articolato; {SCHRIFT} chiaro, leggibile (*gut zu erkennen*) {EINDRUCK, GEFÜHL} netto **2** (*eindeutig*) {ABSAGE, HINWEIS, STELLUNGNAHME, UNTERSCHEIDUNG} chiaro, netto **B** *adv* **1** (*klar*) {ERKENNBAR, ZU ERKENNEN, HÖRBAR, SICHTBAR, ZU UNTERSCHEIDEN} chiaramente, nettamente; {REDEN, SPRECHEN} in modo comprensibile; {SCHREIBEN} in modo leggibile **2** (*eindeutig*) {SICH AUSDRÜCKEN, SAGEN} chiaramente, con chiarezza **3** (*spürbar*) {ABNEHMEN, ZUNEHMEN} sensibilmente; {BESSER, SCHLECHTER} *auch* nettamente • **jdm etw ~ machen**, far capire qc a qu; **(etw) (klar und) ~ sagen**, dire chiaro e tondo/ netto; **etw wird (jdm) ~**: **jetzt wird mir langsam ~, warum ...**, adesso comincio a capire perché ...; **jd wird (sehr) ~**, qu parla senza peli sulla lingua *fam*; **muss ich (noch) ~er werden?**, forse non mi sono spiegato (-a)?

Deutlichkeit <-, -en> f **1** ‹*nur sing*› (*Klarheit*) {+AUSSPRACHE, BILD, SCHRIFT, ZEICHNUNG} chiarezza f; (*Verständlichkeit*) comprensibilità f, intelligibilità f **2** ‹*nur sing*› (*Eindeutigkeit*) {ANTWORT, ERKLÄRUNG, HINWEIS} chiarezza f; (*Ablehnung*) fermezza f; (*Offenheit*) franchezza f **3** ‹*nur pl*› (*deutliche Aussagen*) parole f pl chiare • **in/mit aller** ~ {(UNMISSVERSTÄNDLICH) SAGEN}, in tutta franchezza.

deutsch **A** *adj* **1** {GESCHICHTE, KULTUR, STAAT, VOLK} tedesco **2** *ling* {DIALEKT, SPRACHE, ÜBERSETZUNG, WÖRTERBUCH} tedesco; (*gotisch*) {SCHRIFT} gotico **3** *bes. hist* (*bes. bei Namen von Institutionen*) germanico: **Deutsches Historisches Institut**, Istituto Storico Germanico; (*~stämmig, ~sprachig*) {KULTUR, LITERATUR} germanico **4** *meist pej iron oder scherz* teutonico: **mit typisch ~er Pünktlichkeit**, con la tipica puntualità teutonica **B** *adv* {KOCHEN} alla (maniera) tedesca; {DENKEN, FÜHLEN} alla tedesca: **mit meinem italienischen Gast spreche ich nur ~**, con il mio ospite italiano parlo solo (in) tedesco • **~-italienisch**, italo-tedesco; **die ~-italienischen Beziehungen**, i rapporti italo-tedeschi; **~ mit jdm reden** *fam*, parlare chiaro con qu; **~ sprechend** → **deutschsprechend**.

Deutsch <-(s), ohne pl> n **1** (*ohne art*) (*die deutsche Sprache im Allg., als Unterrichtsfach*) tedesco m, lingua f tedesca; {LEHREN, LERNEN, STUDIEREN, UNTERRICHTEN, VERSTEHEN} il tedesco; {SPRECHEN} (il) tedesco: **sprichst du ~?**, parli (il) tedesco?; **~ können**, sapere il tedesco; **er hat in ~ eine Zwei**, ha otto in tedesco; **ein Lehrstuhl für ~**, una cattedra di lingua e letteratura tedesca **2** ‹*mit art*› (*eine Art oder Variante der deutschen Sprache*) tedesco m: **sie spricht ein akzentfreies ~**, parla tedesco senza nessun accento; **das ~** ₁von jdm₁/[einer P.] {LUTHERS, VON E.T.A. HOFFMANN}, il tedesco di qu; **das ~ des Mittelalters/der Klassik**, il tedesco/[la lingua tedesca] del Medioevo/Classicismo • **auf ~** {SICH UNTERHALTEN}, in tedesco; **wie heißt das auf ~?**, come si dice in tedesco?; **auf (gut) ~** *fam*, in soldoni *fam*, in parole povere *fam*; **~ sprechend** → **deutschsprechend**; **nicht (mehr) ~ verstehen** *fam*, fare orecchie da mercante *fam*; → *auch* **Deutsche**②.

deutsch-amerikanisch *adj* americano-tedesco.

Deutscharbeit f *Schule* compito m di tedesco.

deutsch-deutsch *adj* ‹*attr*› *pol hist* {BEZIEHUNGEN, GRENZE} intertedesco.

Deutsche① ‹*dekl wie adj*› mf tedesco (-a) m (f); *pej iron auch scherz* crucco (-a) m (f); **die ~n**, i tedeschi, il popolo tedesco; **sie ist ~**, (lei) è tedesca; **er ist ~r**, (lui) è tedesco.

Deutsche② ‹*dekl wie adj*› n ‹*sing, nur mit best. art*› **1** (*die deutsche Sprache*) tedesco m, lingua f tedesca: **das ~ ist schwer**, il tedesco è (una lingua) difficile; **die Schwierigkeiten des ~n**, le difficoltà del tedesco; **ein Buch** ₁aus dem ~n₁/[ins ~] **übersetzen**, tradurre un libro dal/in tedesco **2** (*die deutsche Wesensart*) carattere m tedesco, mentalità f tedesca, tedescheria f *pej oder scherz*.

Deutsche Demokratische Republik f (Abk DDR) *hist* Repubblica Democratica Tedesca f (Abk RDT).

Deutschenfeind m (**Deutschenfeindin** f) germanofobo (-a) m (f), tedescofobo (-a) m (f).

Deutschenfreund m (**Deutschenfreundin** f) germanofilo (-a) m (f), tedescofilo (-a) m (f).

Deutschenhass (a.R. Deutschenhaß) m odio m verso i tedeschi.

Deutschenhasser <-s, -> m (**Deutschenhasserin** f) germanofobo (-a) m (f), tedescofobo (-a) m (f).

Deutscher Aktienindex m *Börse* (Abk DAX®) indice m della borsa tedesca.

deutschfeindlich *adj* {HALTUNG, POLITIK}

antitedesco, germanofobo.
Deutschfeindlichkeit f germanofobia f.
deutschfreundlich adj {HALTUNG, POLITIK} tedescofilo, germanofilo.
Deutschfreundlichkeit f germanofilia f.
Deutschkenntnisse subst <nur pl> conoscenze f pl del tedesco.
Deutschland n geog (Abk D) Germania f: **das vereinte ~**, la Germania unificata; **in leben**, vivere in Germania; **nach ~ fahren**, andare in Germania.
Deutschlandlied n inno m nazionale tedesco.
Deutschlandreise f viaggio m in/[attraverso la] Germania.
deutschlandweit A adj {AKTION, STREIK, STUDIE} (a livello) nazionale B adv in tutta la Germania.
Deutschlehrer m (**Deutschlehrerin** f) Schule insegnante mf di tedesco.
Deutschschweiz f CH geog: **die ~**, la Svizzera tedesca.
Deutschschweizer m (**Deutschschweizerin** f) svizzero (-a) m (f) tedesco (-a).
deutschschweizerisch adj {AKZENT, BEVÖLKERUNG} svizzero tedesco.
deutschsprachig adj **1** (deutsch sprechend) {GEBIETE, LAND, TEIL} di lingua tedesca, germanofono, tedescofono; {BEVÖLKERUNG} auch (la (madre)lingua tedesca **2** (in deutscher Sprache verfasst) {AUSGABE, LITERATUR, ZEITUNG} in lingua tedesca; (in deutscher Sprache erfolgend) {UNTERRICHT} in lingua tedesca.
deutschsprechend adj → **deutschsprachig** 1.
deutschstämmig adj (von deutschen Vorfahren abstammend) {FAMILIE, MENSCH} di origine tedesca, oriundo tedesco.
Deutschstämmige <dekl wie adj> mf oriundo (-a) m (f) tedesco (-a), persona f di origine tedesca.
Deutschtum <-s, ohne pl> n oft pej essere m tedesco, germanicità f.
Deutschtümelei <-, -en> f pej "esaltazione f di ciò che è tedesco".
Deutschtürke m (**Deutschtürkin** f) "turco (-a) m (f) che è nato (-a) e vive in Germania".
deutschtürkisch adj turco-tedesco.
Deutschunterricht m insegnamento m del tedesco; (einzelne Stunden) lezioni f pl di tedesco.
Deutung <-, -en> f **1** (das Deuten) {+ERSCHEINUNG, HOROSKOP, TRAUM} interpretazione f: **die ~ der Handlinien**, chiromanzia, lettura della mano; **die ~ der Zukunft**, predire il futuro **2** lit (Interpretation) {+GEDICHT, TEXT} interpretazione f.
Deutungsversuch m tentativo m d'interpretazione.
Devise <-, -n> f massima f, motto m.
Devisen subst <nur pl> bank divisa f, valuta f estera.
Devisenbestimmung f <meist pl> disposizioni f pl/norme f pl valutarie.
Devisengeschäft n bank operazione f in valuta (estera).
Devisenhandel m bank commercio m valutario/[delle divise].
Devisenkurs m bank (corso m del) cambio m.
Devisenmarkt m bank mercato m valutario/[delle divise].

Devisenregelung f jur ökon regime m valutario.
Devisenschmuggel m contrabbando m di valuta.
Devisenvergehen n jur reato m valutario.
devot geh pej A adj {HALTUNG, PERSON, VERBEUGUNG} ossequioso, deferente, sommesso B adv ossequiosamente: **~ grüßen**, salutare ossequiosamente.
Devotionalien subst <nur pl> relig devozionali m pl, oggetti m pl di devozione.
Dextrose <-, ohne pl> f biol chem destrosio m.
Dezember <-(s), -> m dicembre m; → auch **September**.
dezent A adj **1** (unaufdringlich) {KLEIDUNG} discreto; {PARFÜM} delicato; {MUSIK} sommesso; {BELEUCHTUNG} discreto, soffuso; {FARBE} delicato **2** (zurückhaltend) {ANDEUTUNG, AUFTRETEN, HINWEIS, VERHALTEN} discreto; {PERSON} auch delicato; {LÄCHELN} sommesso, accennato, leggero B adv **1** (unaufdringlich) {SICH VERHALTEN} con discrezione; {SICH KLEIDEN} sobriamente **2** (zurückhaltend) {ANDEUTEN} appena; {LÄCHELN} auch leggermente.
dezentral adj {ENERGIE-, WASSERVERSORGUNG; SCHULSYSTEM} decentrato.
Dezentralisation <-, -en> f decentramento m, decentralizzazione f.
dezentralisieren <ohne ge-> tr etw ~ {VERSORGUNG, VERWALTUNG} decentrare qc, decentralizzare qc.
Dezentralisierung <-, -en> f → **Dezentralisation**.
Dezernat <-(e)s, -e> n adm dipartimento m, settore m operativo.
Dezernent <-en, -en> m (**Dezernentin** f) adm capodipartimento mf, caposezione mf.
Dezibel <-s, -> n phys (Abk dB) decibel m.
dezidiert adj geh {GEGNER, HALTUNG} fermo, deciso; {BEFÜRWORTER} convinto, acceso.
Dezigramm n (Abk dg) decigrammo m.
Deziliter m oder n (Abk dl) decilitro m.
dezimal adj {ZAHLENSYSTEM} decimale.
Dezimalbruch m math frazione f decimale.
Dezimalstelle f math decimale m, cifra f decimale: **auf zwei ~n genau**, esatto al centesimo.
Dezimalsystem <-s, ohne pl> n math sistema m metrico decimale.
Dezimalzahl f math numero m decimale.
Dezimeter m (Abk dm) decimetro m.
dezimieren <ohne ge-> tr jdn/etw ~ {HUNGERSNOT, KRIEG, SEUCHE BEVÖLKERUNG, TIERE, TRUPPEN} decimare qu/qc, falcidiare qu/qc.
DFB <-, ohne pl> m Abk von Deutscher Fußball-Bund: "Federazione f Tedesca del Calcio"; ≈ FEDERCALCIO f, FIGC f (Abk von Federazione Italiana Giuoco Calcio).
DFÜ <-, -s> f Abk von Datenfernübertragung: teletrasmissione f (di) dati.
DGB <-, ohne pl> m Abk von Deutscher Gewerkschaftsbund: "Federazione f dei Sindacati Tedeschi".
dgl. dem pron Abk von der-, desgleichen: e sim. (Abk von e simili).
d. Gr. Abk von der Große: il Grande.
d. h. Abk von das heißt: cioè, i.e. geh.
d. i. Abk von das ist: cioè.
Dia <-s, -s> n fot diapositiva f.
Diabetes <-, ohne pl> m med diabete m.
Diabetiker <-s, -> m (**Diabetikerin** f) med diabetico (-a) m (f).
Diabetikerkost f alimenti m pl per diabe-

tici.
Diabetrachter m visore m.
diabolisch geh A adj {PLAN} diabolico; {GRINSEN, LÄCHELN} auch satanico B adv diabolicamente, in modo diabolico: **~ grinsen/lächeln**, ghignare diabolicamente/satanicamente.
diachron adj ling diacronico: **die ~e Sprachwissenschaft**, la linguistica diacronica.
Diachronie <-, ohne pl> f ling diacronia f.
diachronisch adj ling diacronico.
Diadem <-s, -e> n diadema m.
Diagnose <-, -n> f med diagnosi f: **eine ~ stellen**, fare/formulare una diagnosi.
Diagnosezentrum n med centro m diagnostico.
Diagnostik <-, ohne pl> f med diagnostica f.
Diagnostiker <-s, -> m (**Diagnostikerin** f) med diagnosta mf.
diagnostisch adj med {METHODE, MITTEL, TEST} diagnostico.
diagnostizieren <ohne ge-> tr med (bei jdm) etw ~ {KRANKHEIT} diagnosticare qc (a qu).
diagonal A adj {GERADE, LINIE, STREIFEN} diagonale B adv: **~ verlaufende Linien**, linee disposte in diagonale; **ein Buch ~ lesen**, dare una scorsa ad un libro.
Diagonale <-, -n> f geom diagonale f.
Diagramm <-s, -e> n diagramma m.
Diakon <-s oder -en, -e(n)> m relig **1** (Geistlicher) {ANGLIKANISCHER, KATHOLISCHER, ORTHODOXER} diacono m **2** (Mitarbeiter, der soziale Dienste leistet) {EVANGELISCHER} diacono m.
Diakonie <-, ohne pl> f "servizio m assistenziale della chiesa protestante tedesca".
Diakonisse, Diakonissin <-, -n> f relig diaconessa f.
diakritisch adj ling {ZEICHEN} diacritico.
Dialekt <-(e)s, -e> m ling dialetto m.
dialektal adj ling {BESONDERHEIT, EINSCHLAG} dialettale.
Dialektausdruck m ling dialettalismo m, espressione f dialettale.
Dialektdichtung f ling poesia f dialettale.
Dialektforschung f ling dialettologia f.
Dialektik <-, ohne pl> f philos dialettica f.
dialektisch adj **1** philos {DENKEN, METHODE} dialettico **2** ling → **dialektal**.
Dialektologie <-, ohne pl> f ling dialettologia f.
Dialog <-(e)s, -e> m geh **1** (Zwiegespräch) dialogo m **2** (Gedankenaustausch) {ZWISCHEN POLITISCHEN PARTEIEN, VERHANDLUNGSPARTNERN} dialogo m, scambio m di opinioni **3** inform dialogo m ● **einen ~ (mit jdm) führen**, avere un dialogo con qu.
Dialogbereitschaft f disponibilità f al dialogo.
Dialogbetrieb m inform modo m interattivo/conversazionale.
Dialogfeld n inform finestra f di dialogo.
Dialogrechner m inform elaboratore m/computer m conversazionale.
Dialup, Dial-up <-s, ohne pl> n slang inform dial-up m.
Dialyse <-, -n> f med (emo)dialisi f.
Dialysepatient m (**Dialysepatientin** f) (emo)dializzato (-a) m (f): **~ sein**, essere in dialisi.
Dialysezentrum n med centro m di dialisi.
Diamant <-en, -en> m min diamante m: **einen ~en schleifen**, tagliare/sfaccettare un

diamante; **ein roher/ungeschliffener ~**, un diamante grezzo; **hart wie ein ~**, duro come il diamante.

diamạnten adj <attr> **1** (*mit Diamanten besetzt*) {SCHMUCKSTÜCK} di diamanti **2** (*wie Diamanten funkelnd*) {GLANZ} adamantino.

Diamạntring m anello m di diamanti.

Diamạntschleifer <-s, -> m (**Diamạntschleiferin** f) tagliatore (-trice) m (f) di diamanti.

Diamạntschliff m taglio m/sfaccettatura f del diamante.

diametrạl geh **A** adj {ANSICHTEN, AUFFASSUNGEN} opposto, antitetico **B** adv diametralmente: **~ entgegengesetzt**, diametralmente opposto.

Diạna f (*Vorname*) Diana.

Dianẹtte <-, -n> f infradito m.

Diaphrạgma <-s, *Diaphragmen*> n **1** anat med (*Zwerchfell*) diaframma m **2** (*Mittel zur Empfängnisverhütung*) diaframma m.

Diapositịv n fot diapositiva f.

Diaprojẹktor m fot diaproiettore m, proiettore m per diapositive.

Diarahmen m fot telaio m (per diapositive).

Diarrhö (a.R. Diarrhöe) <-, -n> f med diarrea f.

Diạspora <-, *ohne pl*> f diaspora f: **in der ~ leben**, vivere nella diaspora.

Diät <-, -en> f med dieta f, regime m (alimentare) ● (*strenge*) **~ halten**, essere a dieta (stretta), osservare/seguire un (rigido) regime (alimentare); **~ leben**, stare a dieta/regime; **eine ~ machen**, fare la dieta; **auf ~ sein** fam, essere a dieta/regime fam; **jdn auf ~ setzen** fam, mettere qu a dieta fam.

Diätassistẹnt m (**Diätassistẹntin** f) dietista mf.

Diätbier n gastr birra f dietetica.

Diäten subst <*nur pl*> parl indennità f parlamentare (giornaliera), diaria f parlamentare.

Diätẹtik <-, -en> f med dietetica f, dietologia f.

diätẹtisch adj dietetico.

Diathẹk <-, -en> f diateca f.

Diätkost f med alimentazione f dietetica.

Diätkur f med cura f dietetica.

Diätplan m programma m/piano m dietetico.

Diavortrag m "conferenza f con proiezione di diapositive".

dich A pers pron akk von du (*betont*) te: **der Chef hat ~ rufen lassen, und nicht deinen Kollegen**, il capo ha fatto chiamare te e non il tuo collega; (*mit präp*) te: **das ist für ~**, questo è per te; **dann fahre ich eben ohne ~ in Urlaub**, allora vado in ferie senza (di) te; (*unbetont*) ti: **ich kann ~ nicht hören**, non riesco a sentirti; **ich rufe später an**, ti chiamo più tardi **B** rfl pron akk von du ti: **hast du ~ gut amüsiert?**, ti sei divertito (-a)?

dicht A adj **1** (*eng beieinander*) {GEBÜSCH, HECKE, LAUB, WALD} fitto, folto; {BART, HAAR} folto; {MENSCHENMENGE} fitto, accalcato: **im ~en Gedränge/Gewühl**, nella mischia/calca; {NETZ} fitto; {REIHE} serrato; {VERKEHR} intenso **2** (*undurchdringlich*) {NEBEL, RAUCH} fitto, denso; {REGEN, SCHNEETREIBEN} fitto **3** (*undurchlässig*) {VERSCHLUSS} ermetico; {BEHÄLTER} a tenuta stagna; (*luft~*) a tenuta d'aria; {FENSTER, TÜR} che chiude bene; (*wasser~*) {BOOT, DACH, STOFF, SCHUH} impermeabile; <präd> {GRENZEN} chiuso: **der Wasserhahn ist nicht mehr ~**, il rubinetto perde **4** (*fest*) {GEWEBE, STOFF} fitto, a trama fitta **5** (*gedrängt*) {PROGRAMM, STIL} serrato, compatto **B** adv **1** (*örtlich: nahe*) vicinissimo: **~ am Fluss/[an der Straße]**, vicinissimo al fiume/[alla strada]; **~ am Haus/[an der Mauer]**, a ridosso della casa/[del muro]; **~ auffahren**, guidare incollato (-a) alla macchina che precede; **~ gefolgt von jdm/etw**, seguito a ruota da qu/qc; **~ neben/vor/hinter jdm stehen**, stare vicinissimo (-a) a qu; **~ hinter dem Gebäude**, proprio/subito dietro l'edificio; **sie blieben ~ beieinander**, rimasero vicini (-e) vicini (-e); **~ gedrängt** {MENSCHENMENGE}, assiepato, accalcato **2** (*zeitlich: nahe*): **der Winter steht ~ bevor**, l'inverno è prossimo/imminente/[alle porte] **3** (*stark*) {BESIEDELT, BEVÖLKERT} densamente; {BEPFLANZT} fittamente: **~ behaart** {PERSON}, peloso; {ARME, BEINE, BRUST} auch villoso; (*von Kopfhaar*) dalla capigliatura folta **4** (*undurchlässig*) {VERSCHLOSSEN} ermeticamente ● **nicht ganz ~ sein** slang, essere fuori (di testa) slang, dare i numeri fam; **~ (an ~) stehen** {MENSCHEN}, accalcarsi, assieparsi; {BÄUME, PFLANZEN}, esser fitto (fitto).

dịchtbehaart adj → **behaart**.

dịchtbesiedelt adj → **besiedelt**.

dịchtbevölkert adj → **bevölkert**.

dịchtbewölkt adj → **bewölkt**.

Dịchte <-, -n> f <*meist sing*> **1** (*dichte Beschaffenheit*) {+GEBÜSCH, WALD} fittezza f; {+BEVÖLKERUNG} densità f; {+VERKEHR} intensità f **2** (*Undurchdringlichkeit*) {+NEBEL, SCHNEETREIBEN} densità f, fittezza f **3** (*Undurchlässigkeit*) {+VERSCHLUSS} tenuta f stagna; (*Wasserundurchlässigkeit*) impermeabilità f **4** phys {+LUFT, WASSER} densità f.

dịchten① **A** tr (*literarisch schaffen*) etw ~ {EPOS, GEDICHT, VERS} comporre qc, scrivere qc: **Verse ~**, poetare **B** itr (*sich als Dichter betätigen*) comporre/scrivere versi/poesie.

dịchten② tr etw ~ **1** (*ab~*) {FUGEN} turare qc, tappare qc; {FASS, LECK} stagnare qc; {WASSERHAHN} mettere le guarnizioni a qc; {DACH} impermeabilizzare qc **2** naut calafatare qc.

Dịchter <-s, -> m (**Dịchterin** f) poeta (-essa) m (f); (*Schriftsteller*) scrittore (-trice) m (f), letterato (-a) m (f).

Dịchterfürst m (**Dịchterfürstin** f) geh sommo poeta m, somma poetessa f.

dịchterisch A adj <attr> poetico **B** adv {GESTALTEN, WIEDERGEBEN} poeticamente: **~ begabt sein**, avere vena poetica.

Dịchterlesung f "manifestazione f in cui un autore legge brani tratti dalle proprie opere".

dịchtgedrängt adj → **gedrängt**.

dịcht|halten <irr> itr slang tenere il becco chiuso fam/[la bocca chiusa fam]: **du musst aber ~!**, acqua in bocca!

Dịchtkunst <-, *ohne pl*> f poesia f, arte f poetica.

dịcht|machen fam **A** tr (*aufgeben*) etw ~ {BETRIEB, BUDE, GESCHÄFT, LADEN} chiudere qc; {FABRIK} auch chiudere i battenti fam **B** itr **1** (*den Verkauf einstellen*) chiudere **2** (*auf nichts mehr eingehen*) abbassare la saracinesca fam.

Dịchtung① <-, -en> f **1** <*nur sing*> lit (*literarisches Gesamtwerk*) letteratura f: **die ~ der deutschen Romantik**, la letteratura del Romanticismo tedesco; (*in Versform*) lirica f, poesia f **2** lit (*literarisches Werk*) dramatische ~, poema f drammatica; epische ~, poema epico; lyrische ~, lirica, poesia; **die ~en Goethes**, l'opera di Goethe ● **sinfonische ~**, poema sinfonico; **~ und Wahrheit** lit (*Werk Goethes*), poesia e verità; (*Erfundenes und Wahres*), finzione e verità.

Dịchtung② <-, -en> f tech guarnizione f (di tenuta); autom {+ZYLINDERKOPF} guarnizione f della testata.

Dịchtungsmasse f sigillante m.

Dịchtungsring m tech guarnizione f anulare.

Dịchtungsscheibe f → **Dichtungsring**.

dịck A adj **1** (*fett*) {ARME, BEINE, GESICHT, HALS} grasso, grosso; {MENSCH} auch pingue, corpulento; {ARSCH, BAUCH, HINTERN} grosso, pingue: **~er Bauch** auch, pancione m **2** (*nicht dünn, stark*) {BRETT, EISSCHICHT, MAUER, STOFF, TEPPICH, WAND} spesso; {BAUM, BUCH, FADEN, KABEL, SEIL, STAMM} grosso; (*oft nach Maßangaben*) **eine 60 cm ~e Mauer**, un muro spesso 60 cm; **das Brett ist fünf Zentimeter ~**, l'asse ha uno spessore di cinque centimetri **3** (*geschwollen*) {BACKE, BEINE, FINGER, KNIE} gonfio **4** (*~flüssig*) {FLÜSSIGKEIT, SOßE, SUPPE} denso, consistente **5** (*dicht*) {VERKEHR} intenso; {NEBEL} denso, fitto **6** fam (*beträchtlich*) {BELOHNUNG, GEHALT, GEWINN} lauto, ricco fam; {GESCHÄFT} vantaggioso: **~es Geschäft** auch, affarone; (*groß*) {BRIEFTASCHE, ZIGARRE} grosso; (*groß und teuer*) {LIMOUSINE, SCHLITTEN} grosso **7** fam (*groß*) {FEHLER} madornale, grossolano; {KOMPLIMENT, LOB} grande **8** fam (*eng*) {FREUNDSCHAFT} intimo, grande: **~e Freunde**, amici per la pelle fam, amiconi fam **B** adv **1** (*reichlich*): **schmier dir nicht immer die Butter so ~ aufs Brot**, non mettere sempre tanto burro sul pane! **2** (*warm*): **zieh dich ~er an!**, copriti di più! ● **Dick und Doof** film, Stanlio e Ollio; **~ und fett/rund (sein)**, (essere) bello grasso; **mit jdm durch ~ und dünn gehen**, dividere con qu gioie e dolori; **es ~(e) haben** slang (*viel Geld haben*), essere ricco sfondato fam; **jdn/etw ~(e) haben** fam (*jdn/etw satthaben*), essere stufo di qu/qc fam, averne le tasche piene fam; **es wird noch ~er kommen**, il peggio deve ancora venire; **~ machen** {FETTE SPEISEN, SÜßIGKEITEN}, (far) ingrassare; {KLEIDUNGSSTÜCK}, far apparire più grasso (-a); **~er werden** {MENSCH}, ingrassare, metter su kili fam.

dịckbauchig adj {FLASCHE, VASE} panciuto.

dịckbäuchig adj {PERSON} panciuto: **~ sein**, essere un pancione fam/trippone fam.

Dịckdarm m anat intestino m crasso, colon m.

Dịckdarmentzündung f med colite f.

Dịckdarmkrebs m med cancro m/tumore m del colon.

dịcke adj fam → **dick**.

Dịcke① <-, -n> f **1** (*Stärke*) {+BRETT, MAUER, STOFF, WAND} spessore m; {+BAUM, BUCH, FADEN, SEIL, STAMM} grossezza f; (*auch bei Maßangaben*): **die Wand hat 30 cm ~**, la parete ha uno spessore di 30 cm **2** (*dicke Beschaffenheit*) {+KÖRPERTEILE} grassezza f, grossezza f; {+MENSCH} auch corpulenza f, pinguedine f.

Dịcke② <dekl wie adj> mf fam ciccione (-a) m (f) fam, grassone (-a) m (f) fam.

Dịckerchen <-s, -> n fam cicciottello (-a) m (f) fam: **so ein süßes ~! dickes Baby**, che bel bambino paffutello!

dịckfellig adj fam pej di pelle dura fam, insensibile, coriaceo.

dịckflüssig adj {MASSE, ÖL, SOßE} denso.

Dịckhäuter <-s, -> m **1** zoo scherz pachiderma m **2** fam (*unsensibler Mensch*) pachiderma m, persona f insensibile.

Dịckicht <-(e)s, -e> n **1** (*dichtes Gebüsch*) boscaglia f; (*im Mittelmeerraum oft*) macchia f (mediterranea) **2** (*Gewirr*) {+BESTIMMUNGEN, PARAGRAPHEN} giungla f, groviglio m, in-

Dickkopf m fam testone (-a) m (f) fam, testardo (-a) m (f) ● **seinen ~ aufsetzen** fam, intestardirsi, incaponirsi; **(s)einen ~ haben** fam, avere la testa dura fam.

dickköpfig adj testardo, caparbio, cocciuto.

dickleibig adj geh pingue geh, corpulento, obeso.

dicklich adj 1 (etwas dick) {ARM, BEIN, GESICHT, MENSCH} grassoccio 2 (dickflüssig) {SAFT, SOßE} denso, consistente.

dick|machen tr → **dick**.

Dickmacher <-s, -> m fam: **ein ~ sein**, far ingrassare.

Dickmilch f gastr latte m cagliato.

Dickschädel m fam → **Dickkopf**.

Dickwanst m fam pej pancione (-a) m (f) fam, trippone (-a) m (f) fam.

Didaktik <-, ohne pl> f didattica f.

Didaktiker <-s, -> m (**Didaktikerin** f) 1 (Fachvertreter der Didaktik) esperto (-a) m (f)/ (studioso (-a) m (f)) di didattica 2 (jd, der didaktische Fähigkeiten hat) didatta mf: **ein guter ~ sein**, essere un buon insegnante.

didaktisch A adj {MODELL, SCHULUNG, THEORIE, WERK} didattico; (belehrend) {THEATER, GEDICHT} didascalico B adv didatticamente: **~ ausgebildet**, con (una) formazione didattica; **~ falsch/richtig sein**, essere didatticamente sbagliato/giusto.

die① best. art 1 nom sing f la, il, lo, l': **die rote Rose**, la rosa rossa; **die Freundin meiner Mutter kommt aus Frankfurt**, l'amica di mia madre viene da Francoforte; **heute scheint die Sonne**, oggi splende il sole; **die Nadel**, lo spillo 2 akk sing f la, l', lo, il: **ich kenne die Stadt gut**, conosco bene la città; **gibst du mir mal die Zeitung?**, mi dai un attimo il giornale?; (in Verbindung mit präp) **sie fährt in die Schweiz**, va in Svizzera; **setz dich auf die Couch!**, siediti sul divano! 3 nom pl von der①, die①, das① i, gli, le: **die Kinder spielen im Garten**, i bambini giocano in giardino; **die beiden Sessel kommen ins Wohnzimmer**, le due poltrone vanno messe nel soggiorno 4 akk pl von der①, die①, das① i, gli, le: **die Freundinnen einladen**, invitare le amiche; **er begrüßt die Gäste/Kollegen**, (lui) saluta gli ospiti/i colleghi.

die② dem pron 1 nom sing f questa, quella, codesta lit oder tosk, questo, quello, codesto lit oder tosk (adjektivisch): **die Tasche gefällt mir nun gar nicht**, questa borsa non mi piace proprio; (substantivisch): **hast du Brigitte gesehen? – Ja, die ist gerade weggegangen** fam, hai visto Brigitte? – Sì, è appena andata via 2 akk sing f questa, quella, codesta lit oder tosk, questo, quello, codesto lit oder tosk (adjektivisch): **kennst du die Frau?**, conosci quella donna?; (substantivisch): **Frau Berg? Nein, die kenne ich nicht** fam, la signora Berg? No, non la conosco 3 akk pl von der②, die②, das② questi (-e), quelli (-e), codesti (-e) lit oder tosk (adjektivisch): **für die Typen würde ich wahrhaftig keinen Finger rühren** fam, per quei tipacci non muoverei un dito; (substantivisch): **deine Freunde? Die würde ich nie um einen Gefallen bitten** fam pej, i tuoi amici? A quelli un favore non glielo chiederei mai!; **deinen Eltern geht es gut, um die brauchst du dir keine Sorgen zu machen**, i tuoi genitori stanno bene: non devi preoccuparti per loro.

die③ rel pron 1 nom sing f che: **sie sollten mit der Angestellten sprechen, die eben hinausgegangen ist**, dovrebbe parlare con l'impiegata che è appena uscita 2 akk sing f che: **darf ich Ihnen Frau X vorstellen, die ich vor einigen Tagen kennengelernt habe?**, posso presentarLe la signora X, che ho conosciuto alcuni giorni fa? 3 nom pl che: **die Deutschen, die in Florenz leben**, i tedeschi che vivono a Firenze 4 akk pl che, i/le quali: **hier ist eine Liste von Büchern, die ich gerne leihen würde**, ecco un elenco dei libri che mi piacerebbe leggere; **Kleider, für die ich viel bezahlt habe**, vestiti per i quali ho speso molto.

Dieb <-(e)s, -e> m (**Diebin** f) ladro (-a) m (f); (Einbrecher) scassinatore (-trice) m (f); **einen ~ auf frischer Tat ertappen**, cogliere un ladro in flagrante ● **haltet den ~!**, al ladro!; **(sich) wie ein ~ (davonstehlen)**, (andarsene) alla chetichella fam/[di soppiatto fam].

Diebesbande f pej banda f di ladri pej.

Diebesgut <-(e)s, ohne pl> n refurtiva f, bottino m.

diebisch A adj 1 <attr> (stehlend) {GESINDEL, PACK} di ladri 2 fam (heimlich) {FREUDE, VERGNÜGEN} maligno B adv: **sich ~ (über etw akk) freuen**, godere come un matto di qc fam.

Diebstahl <-(e)s, Diebstähle> m jur furto m: **einen ~ begehen**, commettere un furto ● **bewaffneter ~**, rapina a mano armata; **geistiger ~**, plagio; **schwerer ~**, furto aggravato.

Diebstahlversicherung f assicurazione f contro il furto.

diejenige nom und akk sing f von dem pron derjenige.

Diele <-, -n> f 1 arch (Hausflur) ingresso m 2 (Fußbodenbrett) tavola f.

dienen itr 1 (nützlich sein) etw (dat) ~ {KONTROLLE, MAßNAHME DEM FORTSCHRITT, DER SICHERHEIT} servire a qc, essere utile a qc 2 (verwendet werden) (jdm) **als etw** (nom) ~: **das Gebäude dient heute als Museum**, oggi l'edificio è adibito a/[viene utilizzato come] museo; **dieser Raum dient uns as Abstellkammer**, questo ambiente ci serve da ripostiglio; **dieser Hocker dient als Beistelltisch**, questo sgabello serve da tavolino; **als Vorwand/Vorbild/Warnung ~**, servire di/da/come pretesto/esempio/ammonimento 3 (bestimmt sein) **zu etw** (dat) ~ {MITTEL, VERHALTEN ZU JDS ERHEITERUNG, ZU EINEM ZWECK} servire a qc, servire a/per ... inf: **ich weiß wirklich nicht, wozu das ~ soll**, non so proprio a che cosa possa servire 4 (behilflich sein) jdm ~: **womit kann ich (Ihnen) ~?**, in che cosa posso servirLa/[esserLe utile]?; **in dieser Angelegenheit können wir Ihnen leider nicht ~**, purtroppo in questo non possiamo esserLe d'aiuto; (nützen): **damit ist mir nicht gedient**, non mi risolve nulla 5 mil (bei/in etw dat) ~ {BEI DER BUNDESWEHR, DER MARINE, IM HEER} servire in qc, prestare servizio in qc: **er hat ein Jahr bei der Bundeswehr gedient**, ha fatto un anno di servizio militare 6 obs (angestellt sein) bei jdm/etw ~ {BEI EINER FAMILIE} essere a servizio presso qu; {BEI EINER FIRMA} lavorare presso qu; (treue Dienste leisten) jdm/etw ~ {DEM KÖNIG, DER PARTEI, DEM STAAT} servire qu/qc.

Diener① <-s, -> m fam (Verbeugung) inchino m, riverenza f.

Diener② <-s, -> m (**Dienerin** f) 1 obs (Hausangestellter) domestico (-a) m (f), servitore (-trice) m (f) 2 obs 2 geh ~(in) einer P./S. (gen) {GOTTES, DES GESETZES, DES STAATES} servitore (-trice) m (f) di qu/qc.

Dienerschaft <-, ohne pl> f servitù f.

dienlich adj utile: **jdm/etw ~ sein**, essere utile a qu/qc.

Dienst <-(e)s, -e> m 1 <nur sing> (berufliche Tätigkeit, bes. eines Beamten) servizio m; (Schicht) turno m; {+ARZT, KRANKENSCHWESTER} servizio m; mil servizio m (militare) 2 (am Wochenende und nachts) {+KRANKENHAUSARZT, KRANKENSCHWESTER} servizio m di guardia; {+APOTHEKE} turno m 3 (Gefälligkeit) servizio m, piacere m, favore m ● **den ~ antreten**, ˌentrare inˌ/[prendere] servizio; **außer ~**, fuori servizio; (im Ruhestand, Abk a. D.), a riposo, in pensione; **jdn vom ~ beurlauben/suspendieren**, sospendere qu dal servizio; **diplomatischer/auswärtiger ~**, servizio diplomatico; **jdm einen guten/schlechten ~ erweisen/tun**, rendere un buon/pessimo servizio a qu; **zum ~ gehen**, andare al lavoro; **~ haben** {KRANKENHAUSARZT, KRANKENSCHWESTER}, essere di turno; (am Wochenende und nachts) {APOTHEKE}, essere di turno; {KRANKENHAUSARZT, KRANKENSCHWESTER}, essere di guardia; **~ habend** → **diensthabend**; **im ~ (sein)**, (essere) in/di servizio; **~ am Kunden** fam (kostenloser Service), servizio gratuito (per clienti); **jdm gute ~ leisten**, essere molto utile a qu; **der mittlere/gehobene/höhere ~** adm, "vari gradi di carriera nella Pubblica Amministrazione in Germania"; **öffentlicher ~**, servizio pubblico; **aus dem ~ (aus)scheiden**, lasciare il servizio; **~ ist ~, und Schnaps ist Schnaps** fam, prima il dovere, poi il piacere fam; **jdm zu ~en stehen/sein/form**, essere al servizio di qu form; **etw in ~ stellen** (etw in Betrieb nehmen) {ANLAGE, SCHIFF}, mettere in funzione qc; **sich in den ~ einer S.** (gen) **stellen** {DER MENSCHHEIT, WISSENSCHAFT}, mettersi al servizio di qc; **~ tuend** → **diensttuend**; **jdm den ~ versagen** {BEINE}, non reggere a qu; (der Arzt/Offizier) **vom ~**, (il medico) di turno, (l'ufficiale) di servizio/picchetto; **~ nach Vorschrift**, sciopero bianco.

Dienstag m martedì m; → auch **Freitag**.

Dienstagabend m: **(am) ~**, martedì sera, la sera(ta) di martedì; **(immer am ~)**, di/il martedì sera; **für ~**, per martedì sera, per la sera(ta) di martedì.

Dienstagmorgen m: **(am) ~**, martedì mattina, la mattina(ta) di martedì; **(immer am ~)**, di/il martedì mattina; **für ~**, per martedì mattina, per la mattina(ta) di martedì.

Dienstagnacht f martedì notte f.

dienstags adv di/il martedì.

Dienstalter n adm anzianità f di servizio.

Dienstälteste <dekl wie adj> mf jur il (la) più anziano (-a) m (f) (per anni di servizio).

Dienstaufsichtsbeschwerde f jur ricorso m gerarchico.

Dienstausweis m tesserino m di riconoscimento.

Dienstbarkeit f jur servitù f: **das Grundstück ist frei von jeglicher ~**, il terreno è libero da ogni servitù.

dienstbeflissen adj pej → **dienstifrig**.

Dienstbehörde f autorità f competente: **die oberste ~**, l'autorità superiore/suprema.

Dienstbote m (**Dienstbotin** f) obs domestico (-a) m (f).

Dienstboteneingang m ingresso m di servizio.

Diensteid m jur giuramento m (di un pubblico ufficiale).

Diensteifer m zelo m, solerzia f.

diensteifrig adj zelante, solerte.

dienstfertig adj servizievole.

dienstfrei adj {TAG, WOCHENENDE} libero (dal servizio); **~ haben**, non essere in servizio, essere libero; **sie hatte jeden zweiten Sonntag ~**, era libera una domenica su due.

Dienstgeber <-s, -> m (**Dienstgeberin** f) A → **Arbeitgeber**.
Dienstgeheimnis n segreto m d'ufficio.
Dienstgespräch n tel chiamata f/comunicazione f di servizio.
Dienstgrad m mil grado m (di servizio).
Dienstgradabzeichen n mil (distintivo m di) grado m.
diensthabend adj 1 {ARZT} di turno; (Notdienst) di guardia 2 mil {OFFIZIER} di servizio/picchetto.
Dienstherr m (**Dienstherrin** f) (vorgesetzte Dienstbehörde) autorità f preposta; (Arbeitgeber) superiore m, principale mf.
Dienstjahr n <meist pl> anno m di servizio.
Dienstleister <-s, -> m società f di servizi.
Dienstleistung f 1 (Tätigkeit) (prestazione f di) servizio m 2 <meist pl> ökon (~sgewerbe) servizi m pl.
Dienstleistungsabend m D com (früher) "giorno m di apertura prolungata dei negozi".
Dienstleistungsbereich m settore m dei servizi, (settore m) terziario m.
Dienstleistungsbetrieb m ökon società f di servizi, azienda f del terziario.
Dienstleistungsgesellschaft f società f di servizi.
Dienstleistungsgewerbe n ökon (settore m) terziario m, settore m dei servizi.
Dienstleistungsunternehmen n → **Dienstleistungsbetrieb**.
dienstlich A adj adm {ANGELEGENHEIT, GESPRÄCH, VORGANG} di servizio/ufficio; (amtlich) ufficiale; mil (offiziell) {BEFEHL} di servizio B adv {VERHINDERT SEIN, VERREISEN} per motivi di servizio.
Dienstmädchen n obs (collaboratrice f) domestica f.
Dienstnehmer <-s, -> m (**Dienstnehmerin** f) A → **Arbeitnehmer**.
Dienstpersonal n personale m di servizio.
Dienstreise f viaggio m (per motivi) di servizio: **auf ~ sein**, essere in viaggio di servizio.
Dienststelle f adm ufficio m: **ich werde mich bei Ihrer vorgesetzten ~ beschweren!**, protesterò con il Suo diretto superiore!
Dienststunden subst <nur pl> adm orario m d'ufficio.
diensttauglich adj mil abile/idoneo al servizio militare.
dienstuend adj {ARZT} di turno.
Dienstverhältnis n adm jur rapporto m di impiego/lavoro.
Dienstvorschrift f adm disposizioni f pl/regolamento m di servizio.
Dienstwaffe f arma f di ordinanza/servizio.
Dienstwagen m vettura f di servizio; (Firmenwagen) auto f della società.
Dienstweg m adm via f gerarchica, iter m burocratico: **auf dem ~**, per via gerarchica; **den ~ einhalten**, seguire la via gerarchica.
Dienstwohnung f adm alloggio m di servizio.
Dienstzeit f 1 adm (Amtsdauer) anni m pl di servizio; mil ferma f 2 (Arbeitszeit) orario m d'ufficio.
dies <inv> dem pron 1 (das (hier)) questo (-a): ~ **ist ...**, ecco ...; ~ **ist meine Tante!**, ecco/[questa è] mia zia!; ~ **alles gehört mir**, tutto questo è mio; ~ **und das**, questo e quello 2 <nur pl> (diese hier): ~ **sind ...**, ecco ..., questi (-e) sono ...
diesbezüglich form A adj (das betref-

fend) {ANGABE, ANTRAG, ERMITTLUNGEN} relativo, in merito B adv (darüber) {SICH ÄUSSERN, ANGABEN MACHEN} al riguardo, in merito.
diese dem pron → **dieser**.
Diesel <-s, -> m fam 1 (~motor) (motore m) diesel m 2 autom (Fahrzeug) diesel m 3 <nur sing> → **Dieselöl**.
dieselbe nom und akk sing f von dem pron derselbe.
Dieselkraftstoff m → **Dieselöl**.
Diesellok f, **Diesellokomotive** f Eisenb locomotiva f (a trazione) diesel.
Dieselmotor m motore m diesel.
Dieselöl n gasolio m.
dieser, diese, dieses dem pron questo (-a), questi (-e) pl: **dieses Jahr/diesen Monat/diese Woche**, quest'anno/questo mese/questa settimana; **in diesen Tagen habe ich viel zu tun**, in questi giorni ho molto da fare; **ist dieser Stuhl (hier) frei?**, è libera questa sedia?; **gehört dieser Schirm (da) Ihnen?**, È suo quell'ombrello?; **dieses und jenes**, questo e quello; **am 21. dieses Monats**, il 21 del corrente mese; **von diesem und jenem sprechen**, parlare del più e del meno.
diesig adj {TAG, WETTER} fosco, caliginoso: **es ist ~**, c'è foschia.
diesjährig adj <attr> {ERNTE, GEWINNER, WAHLEN} di quest'anno.
diesmal adv questa volta, stavolta fam • **für ~**, per questa volta.
diesseitig adj 1 {UFER} da questa parte, di qua: **am ~en Ufer des Flusses**, su questa riva del fiume 2 geh (irdisch) {EXISTENZ, LEBEN} terreno.
Diesseitigkeit <-, ohne pl> f geh carattere m terreno.
diesseits A präp + gen {DES FLUSSES, DER GRENZE, DES WALDES} al di qua di B adv ~ **von etw** (dat) da questa parte di qc.
Diesseits <-, ohne pl> n vita f terrena.
Dieter, Dietrich m (Vorname) Teodoro, Teodorico.
Dietrich <-s, -e> m grimaldello m.
diffamieren <ohne ge-> tr jdn/etw ~ {ARTIKEL, FEIND GEGNER ALS LÜGNER} diffamare qu, denigrare qu/qc: **eine ~de Äußerung**, un'affermazione diffamatoria.
Differential n → **Differenzial**.
Differentialgetriebe n → **Differenzialgetriebe**.
Differentialgleichung f → **Differenzialrechnung**.
Differentialrechnung f → **Differenzialrechnung**.
Differenz <-, -en> f 1 geh (Unterschied, v.a. zwischen Zahlen und Größen) differenza f, discrepanza f 2 com (~betrag) ammanco m 3 math (Ergebnis einer Subtraktion) differenza f 4 <meist pl> (Meinungsverschiedenheit) divergenza f, dissenso m, discrepanza f: ~ **en mit jdm haben**, avere delle divergenze con qu.
Differenzbetrag m com ammanco m.
Differenzial <-s, -e> n 1 mot (Hinterachsenantrieb) differenziale m 2 math differenziale m.
Differenzialgetriebe n mech differenziale m.
Differenzialgleichung f equazione f differenziale.
Differenzialrechnung f math calcolo m differenziale.
differenzieren <ohne ge-> geh A tr etw ~ {AUSSAGE, URTEIL} operare delle (sottili) distinzioni in qc; {ANGEBOT} differenziare qc,

diversificare qc B itr (feine Unterschiede machen) (**zwischen etw** dat **und etw** dat) ~ distinguere (tra qc e qc), operare delle (sottili) distinzioni (tra qc e qc): **bei deinen Urteilen differenzierst du nicht**, i tuoi giudizi mancano di sfumature.
differenziert adj geh {CHARAKTER} complesso; {METHODE} sofisticato; {URTEIL} variegato.
Differenziertheit <-, ohne pl> f geh 1 (Unterschiedlichkeit) diversità f 2 (Abgestuftsein) ricchezza f di sfumature/sfaccettature 3 (Vielschichtigkeit) complessità f, varietà f.
Differenzierung <-, -en> f geh (sottile) distinzione f, differenziazione f.
differieren <ohne ge-> itr geh (**in etw** dat) ~ {MEINUNGEN, ÜBERZEUGUNGEN IN EINEM PUNKT} differire (in qc), divergere (su qc); (**um etw** akk) ~ {PREISE, ZAHLEN UM BETRÄGE, WERTE} differire (di qc).
diffizil adj geh 1 (schwierig) {ANGELEGENHEIT, AUFGABE} difficile, delicato, spinoso 2 (kompliziert) {MENSCH} difficile 3 (hochpräzise) {METHODEN} sofisticato.
diffus A adj 1 (zerstreut) {BELEUCHTUNG, LICHT} diffuso 2 geh (unklar) {AUSDRUCKSWEISE, GEDANKEN} vago, confuso; {ANGST} indefinito B adv (unklar) confusamente: **sich ~ ausdrücken**, esprimersi farraginosamente/nebulosamente.
Digicam f → **Digitalkamera**.
digital adj tech {ANZEIGE, MESSGERÄT, UHR} digitale; {FOTO, FERNSEHEN, KAMERA, TECHNIK} digitale • **etw ~ darstellen**, digitalizzare qc.
Digitalanzeige f inform visualizzatore m/display m digitale.
Digitalaufnahme f registrazione f digitale.
Digitalfernsehen n TV televisione f digitale.
Digitalfoto n foto f digitale.
Digitalfotografie f 1 <nur sing> (Verfahren) fotografia f digitale 2 (Bild) foto(grafia) f digitale.
digitalisieren <ohne ge-> tr inform etw ~ {DATEN, INFORMATIONEN, SIGNALE} digitalizzare qc.
Digitalkamera f fotocamera f digitale, macchina f (fotografica) digitale.
Digitalphoto a.R. von Digitalfoto → **Digitalfoto**.
Digitalphotographie f → **Digitalfotografie**.
Digitalrechner m calcolatore m digitale.
Digitaltechnik f tecnologia f digitale.
Digitaluhr f orologio m digitale.
Diglossie <-, -n> f ling diglossia f.
Diktat <-(e)s, -e> n 1 Schule (Nachschrift) dettato m: **ein ~ schreiben**, fare un dettato 2 (Text für Stenotypistin) dettato m: **ein ~ auf den Computer übertragen**, riversare un dettato su computer; (das Diktieren) dettatura f; **ein ~ aufnehmen**, scrivere sotto dettatura 3 <meist sing> geh (Gebot) dettato m, dettami m pl: **das ~ der Vernunft**, il dettato/i dettami della ragione; **das ~ der Mode**, il diktat/i dettami della moda 4 <meist sing> pol diktat m.
Diktator <-s, -en> m (**Diktatorin** f) dittatore (-trice) m (f).
diktatorisch A adj {GEWALT, REGIME} dittatoriale B adv dittatorialmente, in modo dittatoriale: ~ **herrschen/regieren**, regnare/governare da dittatore.
Diktatur <-, -en> f pol dittatura f: **in/unter einer ~ leben**, vivere ₍sotto una dittatura₎ [in un regime dittatoriale] • **die ~ des Prole-**

tariats *pol hist*, la dittatura del proletariato.

diktieren <ohne ge-> tr (*jdm*) *etw* ~ **1** (*zur Niederschrift vorsprechen*) {BRIEF, TEXT} dettare *qc* (*a qu*) **2** *geh* (*vorschreiben*) {KONDITIONEN, PREISE} dettare *qc* (*a qu*), imporre *qc* (*a qu*) • **von etw** (dat) **diktiert sein** *geh* {DENKEN, HANDELN VON GEFÜHLEN, VERNUNFT}, essere dettato da *qc*.

Diktiergerät n dittafono m.

Diktion <-, -en> f *geh* dizione f.

Dilemma <-s, -s *oder* -ta> n *geh* dilemma m: **sich in einem ~ befinden/stecken**, dibattersi in un dilemma.

Dilettant <-en, -en> m (**Dilettantin** f) *geh* **1** *pej* (*Stümper*) dilettante mf **2** (*Amateur*) dilettante mf, amatore (-trice) m (f).

dilettantisch *pej* **A** adj (*stümperhaft*) {ARBEIT, VORGEHEN} dilettantesco, dilettantistico **B** adv in modo dilettantesco: **sich ~ verhalten**, comportarsi da dilettante.

Dilettantismus <-, *Dilettantismen*> m <*meist sing*> **1** (*Stümperhaftigkeit*) dilettantismo m **2** (*laienhafte Beschäftigung mit etw*) dilettantismo m.

Dill <-s, *ohne pl*> m *bot* aneto m.

Dimension <-, -en> f **1** *geh* <*nur pl*> (*Ausmaße, Größe*) {+FLÄCHE, GEBÄUDE, RAUM} dimensioni f pl **2** <*nur pl*> (*Umfang*) proporzioni f pl, dimensioni f pl: **andere/ungeahnte/verheerende/... ~en annehmen** {KATASTROPHE, PROBLEM, SKANDAL}, assumere proporzioni/dimensioni diverse/insospettate/disastrose/... **3** *geh* (*Bedeutung*) dimensione f: **dieses Problem hat auch eine politische ~**, questo problema ha anche una dimensione/valenza politica **4** *math phys* (*Ausdehnung*) {+FLÄCHE, KÖRPER} dimensione f.

Diminutiv <-s, -e> n *ling* diminutivo m.

Diminutivform f *gram* diminutivo m.

Dimission f → **Demission**.

dimmen tr *etw* ~ {LICHT} smorzare *qc*.

Dimmer <-s, -> m el dimmer m, variatore m di luce/luminosità.

DIN® <-, *ohne pl*> f *Abk von* Deutsche Industrie-Norm(en)/Deutsches Institut für Normung: "Norma f Industriale Tedesca" • **ein DIN-A4-Blatt**, un foglio (di) formato A4.

Diner <-s, -s> n *geh* (*festliches Abendessen*) cena f; (*festliches Mittagessen*) pranzo m.

DIN-Format n formato n (unificato) DIN.

Ding n **1** <-(e)s, -e> (*Sache*) cosa f; (*Gegenstand*) oggetto m: **seine persönlichen ~**, i suoi effetti personali **2** <-(e)s, -e> <*nur pl*> (*Angelegenheiten*) faccende f pl, cose f pl, questioni f pl, affari m pl: **es handelt sich um private ~**, si tratta di faccende private; **von politischen ~en versteht sie nicht viel**, non si intende molto di questioni politiche; **reden wir lieber von anderen ~en!**, parliamo d'altro!; (*Ereignis*) fatti m pl, cose f pl: **es haben sich sehr merkwürdige ~e ereignet**, sono accaduti (dei) fatti molto strani **3** <-s, -er> *fam oft pej* (*unbestimmtes Etwas, Zeug*) coso m *fam*, roba m *fam*, affare m *fam*: **was ist (denn) das für ein ~?**, ma che roba è? • **vor allen ~en**, (inn)anzitutto, soprattutto; **ein (krummes) ~ drehen** *slang* (*eine kriminelle Handlung begehen*), fare un colpo *slang*; **dummes ~** *fam*, sciocchina *fam*; **das ist ja (vielleicht) ein ~!** *fam* (*Ausruf der Verwunderung*), ma guarda(te) che roba! *fam*; **junges ~** *fam*, ragazzetta *fam*; **so wie die ~e liegen ...**, stando così le cose ...; **die ~e beim (rechten) Namen nennen**, chiamare le cose con il loro nome, dire pane al pane (e vino al vino) *fam*; **guter ~e sein** (*gute Laune haben*), essere di buonumore; **aller guten ~e sind drei**, non c'è due senza tre *fam*; **über den ~en stehen**, essere superiore a certe cose); **das ist ein ~**

der *Unmöglichkeit*!, roba da chiodi *fam*/matti *fam*!; **unverrichteter ~e (zurückkehren)**, tornare con le pive nel sacco; **das geht nicht mit rechten ~en zu**, (qui) c'è puzza di bruciato *fam*, (qui) gatta ci cova *fam*; **jedes ~ hat zwei Seiten** *prov*, ogni medaglia ha il suo rovescio *prov*; **gut ~ will Weile haben** *prov*, presto e bene non stanno insieme *prov*.

dingen <*dingte oder rar dang, gedungen oder rar gedingt*> tr *geh jdn* ~ {KILLER, MÖRDER} assoldare *qu*, prezzolare *qu*.

dingfest adj: **jdn ~ machen**, arrestare *qu*.

dinglich adj *jur* {RECHT} reale.

Dings <-, *ohne pl*> *fam* **A** n (*für Sache*) coso m *fam*, affare m *fam*, aggeggio m *fam*: **gib mir mal das ~ da!**, dammi quel coso/quell'affare là! **B** mf (*für Person*) tizio (-a) m (f) *fam*, tale mf *fam*: **der/die ~ - du weißt schon, wen ich meine**, quel/quella tale - ma tanto sai a chi mi riferisco, no?

Dingsbums <-, *ohne pl*> n m f *fam* → **Dings**.

Dingsda <-, *ohne pl*> n m f *fam* → **Dings**.

dinieren <*ohne ge-*> itr *geh* (*bei/mit jdm*) (*zu Abend essen*), cenare (*da/con qu*); (*zu Mittag essen*) pranzare (*da/con qu*).

Dinkel <-s, *ohne pl*> m *bot* spelta f, granfarro m; *gastr* farro m.

Dinner n → **Diner**.

Dinosaurier <-s, -> m *zoo* dinosauro m.

Diode <-, -n> f *el* diodo m.

Dioptrie <-, -n> f *opt* {+BRILLENGLAS} diottria f.

Dioxid <-s, -e> n *chem* biossido m, diossido m.

Dioxin <-s, -e> n *chem* diossina f.

Dioxyd n → **Dioxid**.

Diözese <-, -n> f *relig* diocesi f.

Diphtherie <-, -n> f *med* difterite f.

Diphthong <-s, -e> m *ling* dittongo m.

Diphthongierung <-, -en> f *ling* dittongazione f.

Dipl. *Abk von* Diplom *univ*: diploma m di laurea.

Dipl.-Ing. *Abk von* Diplomingenieur: Ing. (*Abk von* Ingegnere).

Dipl.-Kffr., **Dipl.-Kff** *Abk von* Diplomkauffrau: laureata f/dottoressa f in economia aziendale.

Dipl.-Kfm. *Abk von* Diplomkaufmann: laureato m/dottore m in economia aziendale.

Diplom <-s, -e> n (*Abk* Dipl) **1** *univ* (*Hochschulzeugnis*) diploma m di laurea **2** (*im Handwerksberuf*) diploma m **3** (*Ehrenurkunde*) attestato m di merito • **sein ~ (in etw dat) machen** *univ* {IN EINEM STUDIENFACH}, laurearsi (in *qc*), prendere la laurea (in *qc*).

Diplomand <-en, -en> m (**Diplomandin** f) laureando (-a) m (f).

Diplomarbeit f *univ* tesi f di laurea.

Diplomat <-en, -en> m (**Diplomatin** f) **1** *pol* diplomatico (*rar* -a) m (f) **2** *geh* (*geschickter Taktierer*) diplomatico (*rar* -a) m (f).

Diplomatenkoffer m (valigetta f) ventiquatt(')ore f, valigetta f executive.

Diplomatenlaufbahn f carriera f diplomatica.

Diplomatenpass (a.R. Diplomatenpaß) m passaporto m diplomatico.

Diplomatie <-, *ohne pl*> f **1** *pol* diplomazia f **2** *geh* (*taktisch geschicktes Verhalten*) diplomazia f, savoir-faire m.

Diplomatin f → **Diplomat**.

diplomatisch adj **1** <*attr*> *pol* {BEZIEHUNGEN, DIENST, KORPS, VERTRETUNG} diplomatico: **~e Beziehungen aufnehmen**, stabilire/allacciare relazioni diplomatiche **2** *geh* (*taktisch geschickt*) {VORGEHEN} diplomatico **B** adv **1** *pol*: **einen Staat ~ anerkennen**, ri-

conoscere ufficialmente uno Stato **2** (*taktisch geschickt*) diplomaticamente, con diplomazia: **~ antworten**, rispondere diplomaticamente/[con diplomazia].

diplomiert adj diplomato.

Diplomingenieur, **Diplom-Ingenieur** m (*Abk* Dipl.-Ing.) ingegnere m.

Diplomkauffrau, **Diplom-Kauffrau** f laureata f/dottoressa f in economia aziendale.

Diplomkaufmann, **Diplom-Kaufmann** m laureato m/dottore m in economia aziendale.

Diplomprüfung f *univ* "serie di esami che conclude alcuni corsi di studio nell'università tedesca".

Diplomstudiengang m "corso m di studi per il conseguimento della laurea in facoltà scientifiche e tecniche".

dir **A** pers *pron* dat *von* du (*betont*) a te: **das Fahrrad habe ich dir geschenkt und nicht deinem Bruder**, la bicicletta l'ho regalata a te e non a tuo fratello; (*unbetont*) ti: **hat dir der Film gefallen?**, ti è piaciuto il film?; (*mit präp*) te: **wir kommen heute Abend zu dir**, stasera veniamo da te; **ein Verwandter von dir**, un tuo parente **B** rfl *pers pron von* du ti: **wasch dir die Hände!**, lavati le mani!; **hast du dir ein neues Auto gekauft?**, ti sei comprato (-a) una macchina nuova?

direkt① **A** adj **1** <*attr*> *aero Eisenb* (*durchgehend*) {FLUG, VERBINDUNG} diretto **2** (*unmittelbar einfallend*) {BELEUCHTUNG, LICHT} diretto **3** (*ohne Vermittlung*) {BEZIEHUNG, VERBINDUNG} diretto, immediato; (*unmittelbar*) {VORGESETZTER} diretto, immediato **4** (*unverblümt*) {ANTWORT, FRAGE} diretto, esplicito; (*MENSCH*) *auch* schietto **5** *gram* {OBJEKT, REDE} diretto **B** adv **1** (*durchgehend*) {FAHREN, FLIEGEN} direttamente **2** *radio TV* (*live*) {AUSSTRAHLEN, ÜBERTRAGEN} in diretta **3** (*sofort*) {NACH HAUSE KOMMEN, JDM BESCHEID SAGEN} subito, immediatamente **4** (*ohne Vermittlung*) {BEKOMMEN, BEZIEHEN, FRAGEN} direttamente: **wenden Sie sich ~ an den Chef!**, si rivolga direttamente al capo! **5** (*mit präp*) {NEBEN, ÜBER, UNTER} proprio: **~ gegenüber**, proprio di fronte/[dirimpetto] **6** (*unverblümt*) {ANTWORTEN, FRAGEN} esplicitamente, chiaramente: **jdm etw ~ ins Gesicht sagen**, dire *qc* in faccia a *qu* • **kein ~er/keine ~e ...** *fam* (*ausgesprochen*) {ABFUHR, DROHUNG}, non (...) proprio/esattamente; **es war kein ~er Streit, aber ...**, non è stata proprio una lite, ma ...

direkt② *partik fam* **1** (*wirklich, geradezu*) proprio, davvero: **dieser Kurzurlaub war ~ erholsam!**, questa vacanza è stata proprio riposante!; **das ist mir ~ peinlich!**, sono davvero imbarazzato (-a)!, che figura! **2** *oft iron oder scherz* (*fast*) quasi: **das ist ja ~ lächerlich!**, (questo) rasenta il ridicolo! **3** (*Überraschung ausdrücken: sogar*) addirittura, una volta tanto: **heute war unser Chef ja ~ mal freundlich**, oggi il nostro capo è stato addirittura gentile.

Direktflug m volo m diretto.

Direktheit <-, -en> f **1** <*nur sing*> (*deutliche Formulierung*) {+AUSSAGE} (eccessiva) franchezza f **2** (*direkte Äußerung*) modi m pl espliciti, parole f pl esplicite.

Direktinvestitionsströme subst <*nur pl*> *ökon* flussi m pl degli investimenti diretti.

Direktion <-, -en> f **1** (*Leitung*) {+FIRMA, KRANKENHAUS} direzione f **2** (*Direktoren, Vorstand*) direzione f, dirigenza f **3** *fam* (*Büro des Direktors*) direzione f.

Direktionsassistent m (**Direktionsassistentin** f) assistente mf di direzione.

Direktionssekretärin f segretaria f di

direzione.
Direktive <-, -n> f geh direttiva f.
Direktmandat n pol "mandato m ottenuto in base ai voti di preferenza".
Direktmarketing <-(s), ohne pl> n ökon direct marketing m, marketing m diretto.
Direktor <-s, -en> m (**Direktorin** f) **1** adm industr {+ABTEILUNG, BEHÖRDE, FIRMA} direttore (-trice) m (f) **2** (von staatlicher höherer Schule) preside mf; (von Grundschule) direttore (-trice) m (f) ● **stellvertretender ~**, vicedirettore; (von staatlicher höherer Schule), vicepreside.
Direktorat <-(e)s, -e> n **1** geh (von staatlicher höherer Schule: Amt) presidenza f **2** (Dienstäume) presidenza f.
Direktorium <-s, Direktorien> n geh {+UNTERNEHMEN} comitato m direttivo, direzione f.
Direktsendung f → **Direktübertragung**.
Direktübertragung f radio TV (trasmissione f in) diretta f.
Direktverbindung f aero Eisenb collegamento m diretto.
Direktvermarktung f com ökon commercializzazione f/vendita f diretta.
Direktvertrieb m com distribuzione f/ vendita f diretta.
Direktwahl f tel teleselezione f.
Direktwerbung f pubblicità f diretta.
Direktzugriff m inform accesso m diretto.
Direktzugriffsspeicher m inform memoria f ad accesso diretto.
Direx <-, rar -e> m oder <-, rar -en> f slang Schule preside mf.
Dirigent <-en, -en> m (**Dirigentin** f) mus direttore (-trice) m (f) d'orchestra.
Dirigentenstab m mus bacchetta f.
Dirigentin f mus → **Dirigent**.
dirigieren <ohne ge-> A tr **1** mus jdn/etw ~ {AUFFÜHRUNG, KONZERT, ORCHESTER} dirigere qu/qc **2** (einweisen) jdn/etw irgendwohin ~: jdn in eine Parklücke ~, aiutare qu nelle manovre di parcheggio B itr mus dirigere.
Dirigismus <-, ohne pl> m ökon dirigismo m.
Dirk m (Vorname) → **Dietrich**.
Dirn <-, -en> f norddt (junges Mädchen) ragazzetta f.
Dirndl① <-s, -> n costume m/vestito m tirolese.
Dirndl② <-s, -n> n süddt A (junges Mädchen) ragazza f.
Dirndlkleid <-(e)s, -er> n → **Dirndl**①.
Dirne <-, -n> f obs **1** (junges Mädchen) ragazza f **2** (Prostituierte) prostituta f, donna f di malaffare obs, meretrice f lit.
Dis, dis <-, -> n mus re m diesis.
Disagio <-s, -s oder Disagien> n bank disagio m.
Discjockey m disc jockey m, d.j. m fam.
Discman® <-s, Discmen> m lettore m CD portatile.
Disco <-, -s> f fam discoteca f: **in die ~ gehen**, andare in discoteca.
Discomusik f disco-music f, musica f da discoteca.
Discount <-s, -s> m **1** → **Discounter**① **2** (Branche) discount m.
Discounter① <-s, -> m (Geschäft) discount m.
Discounter② <-s, -> m (Discounterin f) chi vende merce a prezzi ribassati.
Discountgeschäft n com discount m.
Discounthändler m (Discounthändlerin f) → **Discounter**②.

Discountladen m → **Discountgeschäft**.
Disharmonie f **1** mus (Missklang) disarmonia f, dissonanza f **2** geh (unharmonische Kombination) {+FARBEN, FORMEN, STILE} disarmonia f, dissonanza f **3** geh (Missstimmung) disarmonia f, discordanza f, dissapore m.
disharmonisch adj **1** mus disarmonico, dissonante **2** geh (nicht harmonierend) {FARBEN, FARBGESTALTUNG} disarmonico, dissonante **3** geh (voll Unstimmigkeit) {EHE} non armonioso; {ATMOSPHÄRE} teso.
Disken pl von Diskus.
Diskette <-, -n> f inform dischetto m, floppy disk m.
Diskettenlaufwerk n inform drive m.
Diskjockey m → **Discjockey**.
Disko <-, -s> f fam → **Disco**.
Diskografie, **Diskographie** f discografia f.
Diskomusik f → **Discomusik**.
Diskont <-s, -e> m **1** bank sconto m **2** → **Diskontsatz**.
diskontfähig adj bank jur scontabile.
Diskontsatz m bank tasso m di sconto.
Diskothek <-, -en> f discoteca f.
diskreditieren <ohne ge-> tr geh jdn/etw ~ {IDEOLOGIE, PARTEI} screditare qu/qc; {POLITIKER} auch gettare discredito su qu.
Diskrepanz <-, -en> f geh discrepanza f.
diskret A adj **1** (taktvoll) {MENSCH, VERHALTEN} discreto, delicato, riservato **2** (vertraulich) {ANGELEGENHEIT, GESPRÄCH} riservato, confidenziale B adv (mit Takt) {BEHANDELN, SICH VERHALTEN} con discrezione/delicatezza.
Diskretion <-, ohne pl> f geh discrezione f ● **strengste/äußerste ~ üben/wahren**, usare la massima discrezione; (**absolute**) **~ wird zugesichert**, si garantisce assoluta riservatezza.
diskriminieren <ohne ge-> tr geh **1** (benachteiligen) jdn/etw ~ {FRAUEN, MINDERHEITEN, SCHWARZE} discriminare qu/qc **2** (verleumden) jdn/etw ~ denigrare qu/qc, diffamare qu.
diskriminierend adj geh **1** (benachteiligend) {BEHANDLUNG} discriminatorio **2** (verleumdend) {ARTIKEL, ÄUSSERUNG} denigratorio.
Diskriminierung <-, -en> f **1** (Benachteiligung) {+FRAUEN, MINDERHEITEN, SCHWARZE} discriminazione f **2** (Verleumdung) denigrazione f, diffamazione f.
Diskurs <-es, -e> m geh **1** (Diskussion) discussione f, dibattito m **2** lit philos discorso m **3** ling discorso m.
diskursiv adj geh discorsivo.
Diskus <- oder -ses, Disken oder -se> m sport disco m.
Diskussion <-, -en> f **1** (meist öffentlicher Meinungsaustausch) discussione f, dibattito m **2** (Streitgespräch) discussione f, controversia f, contrasto m ● **sich mit jdm auf eine ~ einlassen**, intavolare una discussione con qu; **zur ~ stehen**, essere ⌊sul tappeto⌋/all'ordine del giorno]; **etw zur ~ stellen** {FRAGE, PROBLEM}, mettere qc sul tappeto, aprire un dibattito su qc.
Diskussionsbeitrag m intervento m.
Diskussionsforum n forum m di discussione.
Diskussionsleiter m (Diskussionsleiterin f) moderatore (-trice) m (f).
Diskussionsrunde f gruppo m di discussione.
Diskussionsstoff m materia f di discussione.

Diskussionsteilnehmer m (Diskussionsteilnehmerin f) partecipante mf alla discussione.
Diskuswerfen <-s, ohne pl> n sport (lancio m del) disco m.
Diskuswerfer m (Diskuswerferin f) sport lanciatore (-trice) m (f) del disco.
diskutabel <attr diskutable(r, s)> adj geh {ANGEBOT, VORSCHLAG} da valutare/considerare, che merita attenzione.
diskutieren <ohne ge-> A tr {etw ~ {PROBLEM, PUNKT, THEMA} discutere qc, dibattere qc B itr (über etw akk) ~ {ÜBER EINE FRAGE, EIN PROBLEM} discutere (su/di qc): **über Politik ~**, discutere di politica.
diskutiert adj: **viel ~** {ARTIKEL, BUCH, WERK}, di cui si discute molto.
dis-Moll n mus re m diesis minore.
disparat adj geh eterogeneo, disparato.
Dispens <-es, -e> m oder A <-, -en> f <meist sing> jur (bes. im Kirchenrecht) dispensa f (da impedimenti nel matrimonio).
dispensieren <ohne ge-> tr geh jdn von etw ~ (dat) ~ {VOM DIENST, UNTERRICHT} dispensare qu da qc, esonerare qu da qc.
Dispersion <-, -en> f chem phys dispersione f.
Display <-s, -s> n el display m, visualizzatore m.
Dispokredit m fam → **Dispositionskredit**.
disponibel <attr disponible(r, s)> adj geh {GELD, KAPITAL} disponibile.
disponieren <ohne ge-> itr geh **1** (verfügen) (frei) **über etw** (akk) ~ {ÜBER EIN BANKKONTO, GELD, ZEIT} disporre di qc **2** (vorausplanen) **irgendwie ~** {GUT, SCHLECHT, ANDERS} organizzarsi (+ compl di modo), predisporre qc (+ compl di modo): **er kann einfach nicht ~!**, non riesce proprio a organizzarsi!
Disposition <-, -en> f geh **1** (Verfügung): **etw zu seiner ~ haben** {FIRMENWAGEN, GELD}, avere qc a (propria) disposizione; (**jdm**) **zur ~ stehen**, essere a disposizione (di qu) **2** <meist pl> (Planung): **seine ~en ändern**, cambiare i propri programmi/piani; **seine ~en treffen**, fare i preparativi **3** med (Anlage) ~ (**zu etw** dat/**für etw** akk) predisposizione f (a qc).
Dispositionskredit m bank credito m allo scoperto.
dispositiv adj **1** adm dispositivo **2** jur {NORM} derogabile.
disproportioniert adj geh sproporzionato.
Disput <-(e)s, -e> m geh disputa f.
Disqualifikation <-, -en> f sport {+RENNFAHRER, SPORTLER} squalifica f.
disqualifizieren <ohne ge-> A tr sport (ausschließen) jdn ~ {SPORTLER} squalificare qu B rfl (sich als ungeeignet erweisen) **sich** (**durch etw** akk/**mit etw** dat) ~ squalificarsi (con qc), screditarsi (con qc).
Diss. Abk von Dissertation: tesi f di dottorato (di ricerca).
Dissens <-es, -e> m geh dissenso m.
Dissertation <-, -en> f univ (Abk Diss.) tesi f di dottorato (di ricerca): **an einer ~ arbeiten**, star lavorando a una tesi di dottorato.
Dissident <-en, -en> m (Dissidentin f) pol relig dissidente mf.
Dissonanz <-, -en> f **1** mus dissonanza f **2** <meist pl> geh (Meinungsverschiedenheit) dissonanza f.
Distanz <-, -en> f **1** (räumlicher Abstand) distanza f: **auf diese ~ kann ich die Schrift nicht lesen**, a/da questa distanza non riesco

a leggere la scritta **2** sport (*Strecke*) distanza f **3** ‹*nur sing*› geh (*Zurückhaltung*) distanze f pl, distanza f **4** (*zeitlicher Abstand*) distanza f (di tempo): **etw aus der ~ beurteilen**, giudicare qc a distanza di tempo; (*innerer Abstand*) distacco m; **zu jdm/etw ~ gewinnen**, riuscire a distaccarsi da qu/qc ● **auf ~ (zu jdm/etw) gehen**, prendere le distanze (da qu/qc); **~ halten/wahren**, tenersi a (debita) distanza, mantenere le distanze.

distanzieren ‹*ohne ge*-› **A** rfl (*abrücken*) **sich von jdm/etw ~** prendere le distanze da qu/qc, dissociarsi da qc **B** tr sport **jdn ~** distanziare qu, staccare qu.

distanziert geh **A** adj {MENSCH, VERHALTEN} distaccato, riservato; (*zugeknöpft*) abbottonato fam; **~ sein**, stare sulle sue; **~ wirken**, apparire distaccato (-a) **B** adv distaccatamente, con distacco: **sich ~ verhalten**, assumere un atteggiamento distaccato.

Distanzierung ‹-, -en› f presa f di distanza.

Distel ‹-, -n› f bot cardo m.

Distelfink m ornith cardellino m, capiroso m.

distinguiert adj geh {MENSCH} distinto, raffinato.

Distrikt ‹-(e)s, -e› m adm distretto m.

Disziplin[1] ‹-, ohne pl› f **1** auch mil (*Einhalten von Regeln*) disciplina f: **eiserne/strenge ~**, disciplina ferrea/severa **2** (*Selbstbeherrschung*) autodisciplina f, autocontrollo m, self-control m geh ● **~ halten** {AUSBILDER, LEHRER}, (man)tenere/[far rispettare] la disciplina; {SCHÜLER, SOLDATEN}, mantenere/osservare la disciplina; **~ üben**, osservare la disciplina.

Disziplin[2] ‹-, -en› f **1** sport (*Sportart*) disciplina f, specialità f **2** univ (*Wissenschaftsbereich*) disciplina f, materia f, branca f.

disziplinarisch adj {MAßNAHME, STRAFE} disciplinare ● **~ gegen jdn vorgehen** adm form, adottare provvedimenti disciplinari nei confronti di qu.

Disziplinarstrafe f **1** jur pena f/sanzione f disciplinare **2** sport sanzione f disciplinare ● **parlamentarische ~** pol, censura parlamentare.

Disziplinarverfahren n jur procedimento m disciplinare: **ein ~ eröffnen**, aprire un procedimento disciplinare.

disziplinieren ‹*ohne ge*-› tr **jdn/etw ~** disciplinare qu/qc.

diszipliniert geh **A** adj **1** (*Disziplin besitzend*) {KLASSE, SOLDAT, VERHALTEN} disciplinato **2** (*Selbstdisziplin besitzend*) {DAS ARBEITEN} disciplinato; {PERSON} auch controllato **B** adv {ARBEITEN, SICH VERHALTEN} disciplinatamente.

Diszipliniertheit ‹-, ohne pl› f disciplinatezza f rar.

disziplinlos pej **A** adj (*undiszipliniert*) {KLASSE, VERHALTEN} indisciplinato; {SOLDAT} auch insubordinato **B** adv indisciplinatamente, in modo indisciplinato: **sich ~ verhalten**, comportarsi indisciplinatamente.

Disziplinlosigkeit ‹-, -en› f **1** ‹*nur sing*› (*Mangel an Disziplin*) indisciplina f; {+SOLDATEN} insubordinazione f **2** (*undisziplinierte Handlung*) atto m di indisciplina, indisciplinatezza f.

dito adv (Abk do., dto.) com (*ebenfalls*) come/vedi sopra, idem; scherz anche: **im Sommer fahre ich am liebsten ans Meer – Dito!**, d'estate vado di preferenza al mare – Anch'io!

Diuretikum ‹-s, Diuretika› n med diuretico m.

diuretisch adj med diuretico.

Diva ‹-, -s oder Diven› f diva f, star f, stella f.

Divergenz ‹-, -en› f geh **1** (*das Auseinandergehen*) {+MEINUNGEN} divergenza f **2** ‹*nur pl*› (*Meinungsverschiedenheiten*): **~en (über etw akk/in etw dat)**, divergenze f pl (su/in qc).

divergieren ‹*ohne ge*-› itr {AUSSAGEN, MEINUNGEN} divergere, differire: **~de Standpunkte**, punti di vista divergenti.

diverse adj ‹*attr pl*› geh {DINGE, FRAGEN, MÖGLICHKEITEN, WEINE} diversi (-e), vari (-ie), svariati (-e) ● **Diverses** ‹*sing*› (*in Aufstellungen u. Ä.*), varie; {BESPRECHEN, EINKAUFEN, ERLEDIGEN}, varie cose.

Diversifikation ‹-, -en› f com diversificazione f.

Dividend ‹-en, -en› m math dividendo m.

Dividende ‹-, -n› f ökon dividendo m.

Dividendenausschüttung f ökon distribuzione f dei dividendi.

dividieren ‹*ohne ge*-› tr itr math (*etw*) (*durch etw* akk) **~** {EINE ZAHL DURCH EINE ANDERE} dividere (qc) per qc: **100 dividiert durch 5 ist/gibt 20**, 100 diviso (per) 5 fa 20.

Division[1] ‹-, -en› f math divisione f.

Division[2] ‹-, -en› f mil divisione f.

Divisionskommandeur m mil comandante m di divisione.

Divisionsstab m mil stato m maggiore di divisione.

Divisor ‹-s, -en› m math divisore m.

Diwan ‹-s, -e› m obs canapè m obs, divano m.

d. J. **1** Abk von dieses Jahres: c.a. (Abk von corrente anno) **2** Abk von der Jüngere: il Giovane.

DJ ‹-(s), -s› m Abk von Diskjockey: deejay mf.

DJane ‹-, -s› f dj f.

DJH ‹-, ohne pl› n Abk von Deutsches Jugendherbergswerk: "Associazione f tedesca Ostelli per la Gioventù", ≈ AIG f (Abk von Associazione Italiana (Ostelli) per la Gioventù).

Djihad m → **Dschihad**.

Dkfm Abk von Diplomkaufmann: laureato m/dottore m in economia aziendale.

DKP ‹-, ohne pl› f Abk von Deutsche Kommunistische Partei: "Partito m Comunista Tedesco".

dl Abk von Deziliter: dl (Abk von decilitro).

dm Abk von Dezimeter: dm (Abk von decimetro).

d. M. Abk von dieses Monats: c.m. (Abk von corrente mese).

DM ‹-, -› ‹*ohne art*› hist Abk von Deutsche Mark: DM.

D-Mark ‹-, ohne pl› f hist (Abk DM) marco m tedesco.

d-Moll n mus re m minore.

DNA[1] ‹-, ohne pl› f biochem Abk von Desoxyribonukleinsäure: DNA m (Abk von engl deoxyribonucleic acid), ADN m (Abk von acido desossiribonucleico).

DNA[2] ‹-, ohne pl› m Abk von Deutscher Normenausschuss: "Ente m di Unificazione Tedesco".

DNA-Analyse f (*in der Humangenetik*) analisi f del DNA.

DNA-Spur f (*in der Humangenetik*) traccia f di DNA.

DNA-Test m (*in der Humangenetik*) test m del DNA.

D-Netz n tel "rete f cellulare tedesca che gestisce i collegamenti europei".

DNS ‹-, ohne pl› f biochem → **DNA**[1].

do. Abk von dito: c.s. (Abk von come sopra).

Dobermann ‹-(e)s, -männer› m zoo dobermann m.

doch[1] konj (aber) ma, però.

doch[2] adv **1** (dennoch) ma, tuttavia, lo stesso: **das Kind ist noch klein und ~ schon sehr aufgeweckt**, il bambino è ancora piccolo, ma/[e tuttavia] già molto sveglio **2** (*je nach verneinten Frage- oder Befehlssätzen*) ma sì/certo, invece sì, come no: **hast du das nicht gewusst? – Doch!**, non lo sapevi? – Ma certo (che lo sapevo fam)!; **will er nicht mitmachen? – Doch, ~!**, non vuole partecipare? – Come no! ● **ja ~!**, ma sì!; **nicht ~!**, ma no!; **und ~**, eppure.

doch[3] partik **1** (bloß: in Wunschsätzen): **wenn sie ~ nur ginge!**, se solo se ne andasse!; **wenn er ~ käme!**, almeno/magari arrivasse! **2** (ermutigend): **tu's ~!**, e fallo, no!; **coraggio, fallo!**; (gleichgültig oder verärgert): **soll sie ~!**, che lo faccia!, lo faccia pure! **3** (auffordernd): **komm ~ bitte (mal)!**, su/dai, vieni, per favore!; **kommen Sie ~ herein!**, entri pure!; **du kommst ~ mit?**, vieni con noi, no/vero?; **sei ~ endlich ruhig!**, ma stai un po' zitto (-a)! **4** (*in rhetorischen Fragen oder bei Rückversicherung*): **du hilfst uns ~ beim Umzug?**, ci aiuterai a fare il trasloco, no/vero?; **du weißt ~, dass ...**, certo/[senz'altro] saprai che ...; **wie war ~ (gleich) Ihr Name?**, scusi, come ha detto che si chiama? **5** (zweifelnd): **du hast ~ deine Hausaufgaben gemacht?**, li hai fatti i compiti, vero?; (mit Verneinung) mica; **er wird ~ nicht (etwa) krank sein?**, non sarà mica malato? **6** (empört oder überrascht): **das ist ~ die Höhe!** fam, (ma) questo è davvero/proprio il colmo! fam; **das kann ~ nicht wahr sein!**, ma non è possibile! **7** (*eine Vermutung bestätigend*): **wir haben sie beim Klauen erwischt! – Also ~!**, l'abbiamo beccata a rubare! – visto (che avevo ragione)? **8** (entgegen den Vermutungen): **sie kam ~ noch**, alla fine è venuta; (eigentlich): **es war ~ ganz interessant**, ˌin fondoˌ/[tutto sommato] era abbastanza interessante ● **nicht ~!**, ma no!

Docht ‹-(e)s, -e› m stoppino m, lucignolo m.

Dock ‹-s, -s oder rar -e› n naut darsena f; (*Trockendock*) bacino m di carenaggio; (*Schwimmdock*) bacino m galleggiante.

Dockarbeiter m portuale m.

Doge ‹-n, -n› m hist doge m.

Dogge ‹-, -n› f zoo alano m: **deutsche ~**, alano tedesco.

Dogma ‹-s, Dogmen› n **1** relig dogma m **2** geh (*Lehre mit Anspruch auf Absolutheit*) dogma m ● **etw zum ~ erheben/machen**, elevare/innalzare qc a dogma.

Dogmatik ‹-, ohne pl› f geh dogmatica f.

Dogmatiker ‹-s, -› m (**Dogmatikerin** f) geh meist pej dogmatico (-a) m (f).

dogmatisch adj geh dogmatico.

Dogmatismus ‹-, Dogmatismen› m ‹*meist sing*› dogmatismo m.

Dogmen pl von **Dogma**.

Dohle ‹-, -n› f ornith taccola f.

Doktor ‹-s, -en› m (**Doktorin** f) (Abk Dr.) **1** fam med (*Arzt*) dottore (-essa) m (f) fam, medico m: **guten Tag, Frau/Herr ~!**, buon giorno, dottore/dottoressa!; **die Praxis des (Herrn) Doktor Maier**, lo studio/l'ambulatorio del dottor Maier; **zum ~ gehen** fam, andare dal dottore fam **2** univ (*Träger eines Doktortitels*) dottore (-essa) m (f) (di ricerca): **~ der Medizin** (Abk Dr. med.); **~ der Philosophie** (Abk Dr. phil.); **~ der Rechte** (Abk Dr. jur.), dottore m in medicina/filosofia/giurisprudenza ● **den/seinen ~ machen** fam, fare il dottorato di ricerca.

Doktorand ‹-en, -en› m (**Doktorandin** f) univ dottorando (-a) m (f).

Doktorarbeit f univ tesi f di dottorato (di ricerca): **eine ~ über etw** (akk) **schreiben**, svolgere una tesi di dottorato (di ricerca) su qc.

Doktorgrad m → **Doktortitel**.

Doktorin f → **Doktor**.
Doktorprüfung f esame m di dottorato (di ricerca).
Doktortitel m univ titolo m di dottore di ricerca.
Doktorvater m relatore m della tesi di dottorato (di ricerca).
Doktorwürde f → **Doktortitel**.
Doktrin <-, -en> f **1** geh (Lehre) dottrina f **2** pol (Grundsatz) {+DER NATO} dottrina f, principio m ispiratore.
doktrinär adj geh **1** (auf einer Doktrin beruhend) dottrinale **2** (geistig festgefahren) {ANSICHT, ARGUMENTATION} dottrinario; {PERSON} auch intransigente, dogmatico.
Doku <-, -s> f fam **1** → **Dokumentation 1 2** → **Dokumentarbericht 3** → **Dokumentarfilm**.
Dokudrama n TV docudramma m.
Dokument <-(e)s, -e> n **1** (amtliches Schriftstück) documento m **2** geh (Zeugnis) {+KRIEG, ZEITGESCHICHTE} documento m, testimonianza f.
Dokumentarbericht m servizio m documentario.
Dokumentarfilm m (film m) documentario m.
Dokumentarfilmer <-s, -> m (**Dokumentarfilmerin** f) documentarista mf.
dokumentarisch A adj (beweiskräftig) {AUSSAGEKRAFT, WERT} documentario B adv (mit Dokumenten) {BEWEISEN} con/producendo (dei) documenti: etw ~ belegen, documentare qc; ~ belegbar/beweisbar, documentabile.
Dokumentarist <-en, -en> m (**Dokumentaristin** f) → **Dokumentarfilmer**.
Dokumentartheater n lit theat dramma m documentario.
Dokumentation <-, -en> f **1** (Sammlung von Dokumenten) ~ (**über etw** akk/**zu etw** dat) documentazione f (su qc) **2** geh (Beweis) dimostrazione f, riprova f.
Dokumentationszentrum n centro m di documentazione.
Dokumentenmappe f (cartella f) portadocumenti m.
dokumentieren <ohne ge-> A tr **1** (beweisen) etw ~ {BEREITSCHAFT, WILLEN} dimostrare qc, (com)provare qc **2** (durch Dokumente belegen) {ANSPRUCH, AUSGABEN} documentare qc B rfl (sich zeigen) **sich in etw** (dat) ~ {GEDANKEN, GEFÜHLE IN EINEM WERK} manifestarsi (in qc), rivelarsi (in qc).
Dolce Vita <- -, ohne pl> n oder f dolce vita f.
Dolch <-(e)s, -e> m pugnale m: **kleiner** ~, stiletto; **großer** ~, daga.
Dolchstoß m pugnalata f, colpo m di pugnale • **~ (von hinten)** (heimtückischer Anschlag), pugnalata (alle spalle).
Dolde <-, -n> f bot ombrella f.
doll A adj norddt fam **1** (schlimm) {GEWITTER, LÄRM, SCHMERZEN} pazzesco fam, terribile fam, tremendo fam **2** (großartig) {WETTER} formidabile fam; {FILM} da sballo slang/favola fam **3** (unerhört): **das ist ja ~!**, cose dell'altro mondo! fam, (è) incredibile! B adv slang (sehr) {SICH FREUEN, WEHTUN} da morire fam; {REGNEN} come Dio la manda fam.
Dollar <-(s), -s> m ökon dollaro m.
Dollarkurs m ökon quotazione f/corso m del dollaro.
Dollarland n ökon "paese m dove il dollaro è moneta parallela".
Dollarzeichen n simbolo m del dollaro.
dolmetschen A itr fare l'interprete; (**für jdn**) ~ fare da interprete (a qu): **sie dolmetscht oft auf Messen**, spesso fa l'interprete alle fiere B tr **etw** ~ {GESPRÄCH, REDE} tradurre qc (a voce): **die Rede in der UNO wurde in mehrere Sprachen gedolmetscht**, il discorso all'ONU fu tradotto in varie lingue • **das Dolmetschen**, l'interpretariato.
Dolmetscher <-s, -> m (**Dolmetscherin** f) interprete mf.
Dolmetscherinstitut n → **Dolmetscherschule**.
Dolmetscherschule f scuola f (per) interpreti.
Dolomit <-s, -e> m **1** min dolomite f **2** geol dolomia f.
Dolomiten subst <nur pl>: **die** ~, le Dolomiti; **in die ~ fahren**, andare sulle Dolomiti.
Dom <-(e)s, -e> m arch duomo m, cattedrale f.
Domain <-, -s> f inform dominio m.
Domäne <-, -n> f **1** geh (Spezialgebiet) specialità f, sfera f di competenza: **seine ~ ist die romanische Kunst**, l'arte romanica è il suo ˪cavallo di battaglia˩/[forte fam] **2** hist (Staatsgut) demanio m (pubblico), beni m pl demaniali **3** inform dominio m.
Domchor m arch coro m del duomo.
Domherr m relig → **Domkapitular**.
dominant adj **1** geh (vorherrschend) {PERSON} dominante **2** biol {MERKMAL} dominante.
Dominante <-, -n> f mus (nota f) dominante f.
Dominanz <-, -en> f **1** geh (das Vorherrschen) {+PERSON} preminenza f; {+STAAT} predominio m, supremazia f; {+EIGENSCHAFTEN, FARBEN, GEFÜHLE} preponderanza f **2** biol dominanza f.
dominieren <ohne ge-> geh A itr **1** (vorherrschen) {MANNSCHAFT, PERSON} avere un ruolo dominante, dominare; **in etw** (dat) ~ {PERSON IN EINER GRUPPE} dominare in qc, primeggiare in qc; {MANNSCHAFT IN EINEM SPIEL} dominare qc **2** (überwiegen) (**in etw** dat) ~ {EIGENART, EINFLUSS, FARBGEBUNG} predominare (in qc), prevalere (in qc) B tr (beherrschen) **jdn/etw** ~ {GEGNER, PARTNER, POLITIK, SZENE} dominare qu/qc.
dominierend adj {FIGUR, ROLLE, STELLUNG} dominante, preminente.
Dominik m (Vorname) Domenico.
Dominikaner[①] <-s, -> m (**Dominikanerin** f) relig domenicano (-a) m (f).
Dominikaner[②] <-s, -> m (**Dominikanerin** f) (Einwohner der Dominikanischen Republik) dominicano (-a) m (f).
Dominikanerorden m relig ordine m domenicano.
Dominikanische Republik <-n -, ohne pl> f geog Repubblica f Dominicana, Santo Domingo f.
Dominique f (Vorname) Domenica.
Domino <-s, -s> n domino m.
Dominoeffekt m effetto m domino.
Dominostein m tessera f del domino.
Domizil <-s, -e> n geh oft iron oder scherz domicilio m, dimora f.
domizilieren <ohne ge-> tr bank **etw** ~ {WECHSEL} domiciliare qc.
Domizilierung <-, -en> f bank {+WECHSEL} domiciliazione f.
Domkapitel n relig capitolo m del duomo.
Domkapitular m relig canonico m.
Dompfaff <-en oder -s, -en> m ornith ciuffolotto m.
Dompteur <-s, -e> m (**Dompteuse** <-, -n> f) domatore (-trice) m (f).
Donau <-, ohne pl> f geog: **die** ~, il Danubio; **an der ~**, sul Danubio.
Donaumonarchie <-, ohne pl> f hist: **die** ~, la monarchia austroungarica.
Döner <-s, -> m **1** (Fladenbrot mit gebratenem Fleisch etc) kebab m **2** (Lokal) (ristorante m/locale m) kebab m.
Dönerkebab, Dönerkepab <-(s), -s> m → **Döner**.
Donner <-s, -> m <meist sing> tuono m: **der ~ kracht**, il tuono romba; **der ~ rollt/grollt**, il tuono rimbomba/brontola • **wie vom ~ gerührt (dastehen/sein)** fam, (rimanere) come fulminato (-a), rimanere di stucco.
Donnergrollen <-s, ohne pl> n geh rimbombo m/brontolio m del tuono.
donnern A unpers <haben> meteo tuonare: **es donnert**, tuona B itr **1** <haben> (krachen) {KANONEN} tuonare, rimbombare; {MOTOR} rombare **2** <haben> fam (brüllen) fare una sfuriata fam **3** <haben> fam (poltern) **an/gegen etw** (akk) ~ {GEGEN DAS TOR, AN DIE TÜR} picchiare a qc fam **4** <sein> (sich geräuschvoll fortbewegen) **irgendwohin** ~ {LASTER ÜBER DIE AUTOBAHN; ZUG DURCH DEN BAHNHOF} sferragliare + compl di luogo; {LAWINE INS TAL} precipitare fragorosamente + compl di luogo **5** <sein> fam (prallen) **gegen etw** (akk) ~ {FAHRER, FAHRZEUG GEGEN EINEN BAUM} schiantarsi contro qc fam C tr fam (schleudern) **etw irgendwohin** ~ {BÜCHER, SCHULMAPPE} schiaffare fam/sbattere fam qc + compl di luogo; {BALL} scagliare qc + compl di luogo.
donnernd adj {APPLAUS} fragoroso; {BRANDUNG} sciabordante.
Donnerrollen <-s, ohne pl> n → **Donnergrollen**.
Donnerschlag m tuono m • **jdn wie ein ~ treffen** fam {NACHRICHT}, essere per qu come un fulmine a ciel sereno fam.
Donnerstag m giovedì m; → auch **Freitag**.
Donnerstagabend m: **(am)** ~, giovedì sera, la sera(ta) di giovedì; **(immer am ~)**, di/il giovedì sera; **für** ~, per giovedì sera, per la sera(ta) di giovedì.
Donnerstagmorgen m: **(am)** ~, giovedì mattina, la mattina(ta) di giovedì; **(immer am ~)**, di/il giovedì mattina; **für** ~, per giovedì mattina, per la mattina(ta) di giovedì.
Donnerstagnacht f giovedì notte f.
donnerstags adv di/il giovedì; → auch **freitags**.
Donnerwetter n fam sfuriata f fam, scenata f fam: **das wird ein ~ geben!**, succederà un gran putiferio! • **~!** fam (anerkennend: alle Achtung!), perbacco! fam, però! fam, caspita! fam; **(zum) ~ (noch einmal)!** fam, accidenti! fam, accipicchia! fam, porca miseria! fam.
doof adj fam **1** (blöd) {KERL, TYP} scemo fam, imbecille fam, stupido; {IDEE, VORSCHLAG} stupido, cretino fam **2** (langweilig) {ABEND, FILM} noioso, barboso fam **3** (verflixt) maledetto, dannato • **so etwas Doofes!** fam, che seccatura! fam.
Doofheit <-, -en> f fam scemenza f, stupidità f, sciocchezza f.
Doofkopp <-s, -köppe> m region fam, **Doofmann** m fam scemo m fam, imbecille m fam.
Dopamin <-s, -e> n biochem dopamina f.
dopen A tr **jdn/etw** ~ {RENNPFERD} drogare qc; {MENSCH} auch dopare qu: **gedopt sein**, essere dopato B itr {SPORTLER} doparsi, drogarsi C rfl **sich** ~ {SPORTLER} doparsi, drogarsi.
Doping <-s, -s> n sport doping m.
Dopingfall m caso m di doping.

Dopingkontrolle f (controllo m) antidoping m.
Dopingmittel n (sostanza f) dopante m.
Dopingprobe f test m/esame m antidoping.
Dopingskandal m scandalo m doping.
Dopingsperre f *sport* squalifica f per doping.
Doppel <-s, -> n **1** (*Duplikat*) duplicato m, copia f **2** *sport Tennis Tischtennis* doppio m • **gemischtes ~**, doppio misto.
Doppelagent m (**Doppelagentin** f) doppiogiochista mf.
Doppelalbum n *mus* album m doppio.
Doppelbelastung f: **die ~ durch Beruf und Familie**, il doppio carico dovuto al lavoro e alla famiglia.
Doppelbeschäftigung f doppio lavoro m/impiego m.
Doppelbesteuerung f *ökon* doppia tassazione f/imposizione f.
Doppelbesteuerungsabkommen n *ökon* convenzione f sulla doppia imposizione fiscale.
Doppelbett n letto m ₍a due piazze₎/[matrimoniale].
Doppelbock <-s, -> n *gastr* birra f scura molto forte.
Doppel-CD f *mus* CD m doppio.
Doppeldecker <-s, -> m **1** *fam* (*Bus*) autobus m a due piani **2** *aero* biplano m.
doppeldeutig adj {ÄUSSERUNG, BEMERKUNG} ambiguo, equivoco.
Doppeldeutigkeit f ambiguità f, equivocità f.
Doppelehe f *jur* bigamia f.
Doppelfehler m **1** *sport Tennis* doppio fallo m **2** *Schule* doppio errore m.
Doppelfenster n doppia finestra f, controfinestra f.
Doppelfolge f *TV* doppio episodio m.
Doppelgänger <-s, -> m (**Doppelgängerin** f) sosia mf; *lit psych* (*zweites Ich*) doppio m.
Doppelhaus n villetta f bifamiliare (aperta su tre lati), casa f gemella.
Doppelhaushälfte f metà f di una ₍villetta bifamiliare₎/[casa gemella].
Doppelhaushalt m *ökon pol* biennio m finanziario.
Doppelkinn n doppio mento m, pappagorgia f.
Doppelklick m *inform* doppio clic m.
doppelklicken <part perf: **doppelgeklickt** oder **gedoppelklickt**> itr *inform* (**auf etw** akk) ~ cliccare due volte (su qc).
Doppelkonsonant m *ling* (consonante f) doppia f.
Doppelleben n doppia vita f: **ein ~ führen**, avere una doppia vita.
Doppelmoral f doppia morale f.
Doppelmord m *jur* duplice omicidio m: **einen ~ begehen/verüben** geh, commettere (un) duplice omicidio.
Doppelname m (*zweiteiliger Nachname*) cognome m doppio; (*zweiteiliger Vorname*) doppio nome m.
Doppelpack m confezione f da due: **Joghurt im ~**, una confezione di due yogurt; **Sieg im ~**, doppia vittoria f.
Doppelpass (a.R. Doppelpaß) m *sport Fußball* triangolazione f.
Doppelpunkt m *gram* due punti m pl.
Doppelrolle f *film theat* doppia parte f, doppione m, doppio m *slang*: **eine ~ spielen**, recitare (in) due ruoli.

Doppelseite f doppia pagina f.
doppelseitig adj *journ* {ANZEIGE} su due pagine, a doppia pagina.
Doppelsieg m doppia vittoria f.
Doppelsinn m {+WORT} doppio senso m; {+BEMERKUNG} auch doppio significato m, ambiguità f, equivocità f.
doppelsinnig adj a doppio senso, ambiguo, equivoco.
Doppelspiel n *pej* doppio gioco m: **ein ~ treiben**, fare il doppio gioco.
Doppelstecker m *el* spina f ₍doppia *fam*₎/[a due prese].
doppelstöckig adj **1** *arch* (*mit zwei Stockwerken*) {HAUS} di/a due piani **2** *autom* (*mit zwei Ebenen*) {BUS} a due piani.
Doppelstudium n doppia laurea f.
doppelt A adj **1** (*zwei*) {GEHALT, STAATSBÜRGERSCHAFT} doppio **2** (*zweifach*) {ANZAHL, GELD, GRÖSSE, MENGE, PREIS} doppio: **die ~e Menge**, il doppio; {COGNAC, WHISKY} doppio; **in ~er Ausfertigung**, in duplice copia; **~e Buchführung** *com* (contabilità f a) partita doppia f **3** (*verdoppelt*) {AUFWAND, MÜHE} doppio; {BEGEISTERUNG, EINSATZ} raddoppiato **4** (*heuchlerisch*) {MORAL, SPIEL} doppio B adv **1** (*vor adj: zweimal*): **~ so ... (wie ...)** {ALT, GROSS, LANG, SCHWER, TEUER}, il doppio (di ...): **sie ist ~ so groß wie ihr Bruder**, è alta il doppio di suo fratello **2** (*zweifach*) {PRÜFEN, BEZAHLEN} due volte: **~ sehen**, vederci doppio **3** (*umso mehr*) {AUFPASSEN, SICH FREUEN, VORSICHTIG SEIN} doppiamente • **~ und dreifach** *fam*: **ich muss ihm immer alles ~ und dreifach erklären**, devo sempre spiegargli tutto due, tre volte; **etw ~ haben** {BRIEFMARKE, BUCH}, avere un doppione/due copie di qc; **~ so viel**, due volte tanto; **~ so viel bezahlen**, pagare il doppio; **~ gemoppelt hält besser!** *prov*, meglio una volta di troppo che una di meno, la prudenza non è mai troppa *prov*.
Doppelte① <dekl wie adj> n (*Zweifache*): **das ~**, il doppio; **das ~ bezahlen**, pagare il doppio; **die Preise auf/um das ~ erhöhen**, raddoppiare i prezzi; **um das ~ teurer/größer**, caro/grande il doppio.
Doppelte② <dekl wie adj> m *fam* (*doppelter Schnaps*) grappino m *fam* doppio.
Doppeltür f controporta f.
Doppelung, Dopplung <-, -en> f raddoppiamento m.
Doppelverdiener m (**Doppelverdienerin** f) **1** (*Person mit zwei Einkommen*) persona f con due fonti di reddito **2** *nur pl* (*Paar mit zwei Einkommen*) coppia f con doppio reddito.
Doppelverglasung f doppi vetri m pl.
Doppelvokal m *ling* vocale f doppia.
Doppelzentner m quintale m.
Doppelzimmer n (*Zweibettzimmer*) camera f doppia/[a due letti]; (*mit Doppelbett*) (camera f) matrimoniale f.
doppelzüngig *pej* A adj {MENSCH} falso, dalla lingua biforcuta; {POLITIK} ambiguo; **~er Mensch** auch, lingua biforcuta B adv: **~ reden**, avere la lingua biforcuta.
Dopplereffekt, Doppler-Effekt m *phys* effetto m doppler.
Dorade <-, -n> f *fisch* orata f.
Dorf <-(e)s, Dörfer> n **1** villaggio m; (*Ortschaft*) paese m: **Leute vom ~**, gente di paese m (*die Dorfbewohner*) villaggio m, paese m • **das olympische ~** *sport*, il villaggio olimpico; **das sind für mich böhmische Dörfer** (*das ist mir völlig unverständlich*), non ci capisco un'acca *fam*, questo per me è arabo *fam*.
Dorfbewohner m (**Dorfbewohnerin** f)

abitante mf del paese.
Dorfjugend f gioventù f/giovani m pl del paese.
dörflich adj {SITTEN} paesano; {LEBEN} di paese; (*ländlich*) {MILIEU} rurale.
Dorfplatz m piazza f del/di paese.
Dorfschaft <-, -en> f *CH* villaggio m.
Dorfschule f scuola f di paese.
Dorftrottel m *fam* scemo m *fam* del villaggio.
Doris f (*Vorname*) Dora.
dorisch adj *arch kunst* {KAPITELL, SÄULE} dorico.
Dorn① <-(e)s, -en oder *fam* Dörner> m *bot* spina f • **jd/etw ist jdm ein ~ im Auge**, qu vede qu/qc come il fumo negli occhi.
Dorn② <-(e)s, -e> m **1** (*Metallstift an Schnalle*) ardiglione m **2** (*Werkzeug*) mandrino m.
Dornbusch m *bot* roveto m • **der brennende ~** *bibl*, roveto ardente.
Dornengestrüpp n roveto m.
Dornenkrone f *bibl* corona f di spine.
dornig adj {GESTRÜPP, HECKE} spinoso.
Dornröschen <-s, ohne pl> n *lit* (*Märchenfigur*) la Bella addormentata nel bosco.
Dornröschenschlaf m letargo m, lungo sonno m: **in einen ~ versinken**, cadere/andare in letargo; **aus seinem ~ erwachen**, svegliarsi da un lungo letargo.
Dorothea, Dorothee f (*Vorname*) Dorotea.
dörren A tr <haben> etw ~ {FISCH, OBST} essiccare qc, seccare qc B itr <sein> {FLEISCH, OBST} seccare, seccarsi.
Dörrfisch m pesce m essiccato/secco.
Dörrfleisch n carne f essiccata/secca.
Dörrobst n frutta f secca/essiccata.
Dörrpflaume f prugna f secca.
Dorsch <-(e)s, -e> m *fisch* merluzzo m.
dort adv (*da*) là, lì; ci, vi **geh ~ da** und ~, qua e là; **~ drüben**, di là, da quella parte; **~ hinten**, là dietro/[in fondo]; **~ oben**, lassù, là sopra; **~ unten**, laggiù, là sotto; **von ~** (*hinsichtlich Abstammung*), di là/lì; **ich komme gerade von ~**, vengo da lì/[quella parte]; **von ~ aus**, da lì/[quel punto].
dorther adv di là/lì: **ich bin/stamme ~**, sono di lì/[quelle parti]; **ich komme doch gerade (von) ~!**, vengo proprio da lì.
dorthin adv lì, là, ci: **ich will nicht ~**, non voglio andarci/[andare là]; **wie komme ich ~?**, come ci arrivo? • **bis ~**, fin lì/là.
dorthinab adv → **dorthinunter**.
dorthinauf adv lassù, là sopra.
dorthinaus adv là fuori; (*einen Weg weisend*) per di là • **bis ~** *fam* {FRECH, UNVERSCHÄMT, GEMEIN}, da non credere *fam*, oltre misura.
dorthinein adv là/lì dentro.
dorthinunter adv laggiù/[là sotto]; (*einen Weg weisend*) giù di là.
dortig adj <attr> {VERHÄLTNISSE} locale; {BEHÖRDE} auch del luogo.
DOS <-, ohne pl> n *inform* Abk *von engl Disk Operating System*: (sistema m operativo) DOS m.
DOSB <-, ohne pl> m Abk *von Deutscher Olympischer Sportbund*: "Federazione f Olimpica Tedesca dello Sport", ≈ CONI m (Abk *von Comitato Olimpico Nazionale Italiano*).
Dose <-, -n> f **1** (*kleiner Behälter mit Deckel*) (*aus Glas, Porzellan*) scatolina f; (*für Kekse*) scatola f; (*Konservendose*) (*für Gemüse, Suppen u. Ä.*) scatola f, barattolo m; (*für Fleisch, Fisch*) scatoletta f; (*für Flüssigkeiten und Getränke*) lattina f **2** *el* (*Steckdose*) presa f (di corrente) • **in ~n** *com* (*für Speisen*), in scatola; (*für Getränke*), in lattina.

Dosen pl von Dose und Dosis.
dösen itr fam **1** (im Halbschlaf sein) sonnecchiare, dormicchiare **2** (träumen) (**vor sich hin**) ~ sognare a occhi aperti, fantasticare.
Dosenbier n birra f in lattina.
Dosenmilch f latte m condensato.
Dosenöffner m apriscatole m.
Dosenpfand n → **Einwegpfand**.
Dosensuppe f minestra f in scatola.
dosieren <ohne ge-> tr etw (irgendwie) ~ {ARZNEIMITTEL, WASCHPULVER; REICHLICH, SPARSAM} dosare qc (+ compl di modo).
dosiert adj dosato: **hoch** ~ {MEDIKAMENT}, ad alto dosaggio; **wohl** ~ → **wohldosiert**.
Dosierung <-, -en> f **1** dosaggio m **2** med pharm (~sanleitung) posologia f.
dösig adj fam {BLICK, MENSCH} sonnolento, sonnacchioso.
Dosimeter <-s, -> n nukl phys dosimetro m.
Dosis <-, Dosen> f dose f.
Dossier <-s, -s> n dossier m, fascicolo m.
dotieren <ohne ge-> tr **1** (honorieren) **etw** (**mit etw** dat) ~ {POSITION, TÄTIGKEIT MIT EINEM BESTIMMTEN BETRAG, GEHALT} rimunerare qc (con qc), retribuire qc (con qc): **eine sehr gut dotierte Stellung**, un incarico molto ben retribuito **2** (ausstatten): **mit etw** (dat) **dotiert sein** {PREIS MIT GELDSUMME}, essere dotato di qc.
dotiert adj: **gut** ~ {POSITION, STELLE}, ben retribuito/rimunerato; **hoch** ~ {POSTEN, STELLE}, ben rimunerato/retribuito.
Dotter <-s, -> m oder n tuorlo m, rosso m d'uovo.
Dotterblume f bot farfaro m, calta f palustre.
doubeln film A tr jdn ~ {SÄNGER, SCHAUSPIELER} fare da controfigura a qu; **etw** ~ {SZENE} fare da controfigura in qc B itr (als Double arbeiten) fare la controfigura.
Double <-s, -s> n **1** film controfigura f **2** (Doppelgänger) sosia m, doppio m **3** sport accoppiata f.
Doublé <-s, -s> n → **Dublee**.
Douglasfichte, Douglastanne f bot abete m ₁di Douglas₁/[americano].
Dow-Jones-Index m Börse indice m Dow Jones.
down adj <präd> slang: ₁~ **sein**₁/[**sich ~ fühlen**], essere/sentirsi ₁giù (di corda) fam₁/[a terra fam].
Download <-s, -s> m slang inform download m.
downloaden <part perf: gedownloadet oder downgeloadet> tr slang inform **etw** ~ scaricare qc, fare il download di qc.
Downloadseite f inform pagina f (di) download.
Downsyndrom, Down-Syndrom <-s, ohne pl> n med sindrome f di Down.
Dozent <-en, -en> m (**Dozentin** f) **1** univ docente mf universitario (-a): **sie ist ~in an der Uni**, insegna all'università **2** (Lehrer an Volkshochschule, Kulturinstituten u. Ä.) docente mf, insegnante mf ● **~ für Englisch/Mathematik/...**, docente di inglese/matematica/...
Dozentur <-, -en> f geh univ docenza f.
dozieren <ohne ge-> itr **1** (lehren) **über etw** (akk) ~ {ÜBER EIN FACH, THEMA} insegnare qc **2** pej (belehren) pontificare, salire in cattedra: **in** ~**dem Ton**, in tono cattedratico.
dpa Abk von Deutsche Presse-Agentur: "agenzia f di stampa tedesca".
Dr. Abk von Doktor: Dr., Dott., Dott.ssa (Abk von Dottore, Dottoressa): **Dr. jur./med./phil./[rer. pol.]/...**, dottore (di ricerca) in giurisprudenza/medicina/lettere/[scienze politiche]/...

Drache <-n, -n> m myth drago m.
Drachen <-s, -> m **1** (Papierdrachen) aquilone m: **einen ~ steigen lassen**, far volare l'aquilone **2** sport deltaplano m, aquilone m **3** fam pej (zänkische Frau) megera f fam, arpia f fam: **das ist vielleicht ein ~!** fam, che megera! fam.
Drachenfliegen <-s, ohne pl> n sport deltaplano m.
Drachenflieger m (**Drachenfliegerin** f) sport deltaplanista mf.
Drachme <-, -n> f (griechische Währung) dracma f.
Dragee, Dragée <-s, -s> n gastr pharm confetto m.
Draht <-(e)s, Drähte> m filo m metallico; (Eisendraht) fil(o) m di ferro; **die Drähte der Telefonleitung/Stromleitung**, i fili del telefono/della corrente ● **zu jdm einen guten ~ haben** fam, essere in buoni rapporti con qu; **der heiße ~ pol**, linea calda, telefono rosso; **per** ~, via telegrafo, telegraficamente; (**schwer**) **auf ~ sein** fam, essere sveglio fam.
Drahtbürste f spazzola f metallica.
Drahtesel m fam scherz bici f fam.
Drahtgitter n graticola f.
drahtig adj {FIGUR, MANN} aitante.
drahtlos adj {TELEFON, TELEGRAFIE} senza fili: ~**es Telefon** auch, cordless.
Drahtseil n fune f metallica.
Drahtseilakt m **1** (im Zirkus) esercizio m/numero m di funambulismo **2** geh (gefährliches Manöver) impresa f azzardata, azzardo m.
Drahtseilbahn f funivia f; (auf Schienen) funicolare f.
Drahtzaun m rete f metallica/[di recinzione].
Drahtzieher <-s, -> m (**Drahtzieherin** f) mandante mf, regista mf occulto (-a): **der ~ sein**, reggere/tenere le fila, essere il burattinaio.
Drainage <-, -n> f → **Dränage**.
drainieren tr → **dränieren**.
drakonisch A adj {GESETZ, MASSNAHME, STRAFE, STRENGE} draconiano B adv draconianamente: ~ **bestrafen**, punire draconianamente.
drall adj {BUSEN, HINTERTEIL, MÄDCHEN} (bello) sodo.
Drall <-(e)s, -e> m **1** phys (Rotation) {+BALL, GESCHOSS, KUGEL} rotazione f, spin m **2** {+LAUF EINER FEUERWAFFE} rigatura f.
Dralon® <(-s), ohne pl> n text dralon m.
Drama <-s, Dramen> n **1** lit theat (Gattung) teatro m: **das moderne ~**, il teatro moderno **2** (Schauspiel) pezzo m teatrale, pièce f; (mit tragischem Ausgang) dramma m **3** (etwas Schlimmes) dramma m, tragedia f ● **ein ~ aus etw** (dat) **machen**, fare ₁un dramma di₁/[una tragedia per] qc.
Dramatik <-, ohne pl> f **1** lit theat dramma m **2** geh (Spannung) drammaticità f.
Dramatiker <-s, -> m (**Dramatikerin** f) lit drammaturgo (-a) m (f), autore (-trice) m (f) teatrale.
dramatisch A adj **1** (spannend) {BERICHT, FILM, MINUTEN, SITUATION} drammatico: ~ **werden**, farsi drammatico (-a) **2** <attr> lit {DICHTUNG, WERK} drammatico B adv {SCHILDERN, VERLAUFEN, SICH ZUSPITZEN} drammaticamente, in modo drammatico ● **es ~ machen** fam (übertreiben), farla drammatica fam.
dramatisieren <ohne ge-> **etw** ~ A tr **1** (übertrieben darstellen) {EREIGNIS} drammatizzare qc **2** (zu einem Drama verarbeiten) {ROMAN, STOFF} drammatizzare qc B itr drammatizzare.
Dramatisierung <-, -en> f drammatizzazione f.
Dramaturg <-en, -en> m (**Dramaturgin** f) **1** theat direttore (-trice) m (f) artistico (-a) **2** radio TV sceneggiatore (-trice) m (f).
Dramaturgie <-, -en> f **1** theat (Schauspielkunde) drammaturgia f **2** radio TV theat (Gestaltung eines Dramas, Films u. Ä.) sceneggiatura f, adattamento m.
Dramaturgin f → **Dramaturg**.
dramaturgisch adj **1** (die Schauspielkunde betreffend) drammaturgico **2** (die Bühnengestaltung betreffend) {GESCHICK, GESTALTUNG} drammatico.
Dramen pl von Drama.
dran adv fam → **daran** ● **an jdm ist etwas ~** fam, qu ha un certo non so che; **jd ist ~ fam** (jd ist an der Reihe), tocca a qu, è il turno di qu; (jd wird zur Verantwortung gezogen), qu ci va di mezzo fam; **wer ist ~?**, a chi tocca?; **du bist ~**, tocca a te, è il tuo turno; **an jdm ist nichts ~** fam, qu è pelle ed ossa; **an etw** (dat) **ist (et)was (Wahres)** ~ fam (AN EINER NACHRICHT, EINEM VERDACHT), c'è del vero in qc; **früh ~ sein** fam, essere in anticipo; **gut ~ sein** fam (gute (Lebens)bedingungen haben), passarsela bene fam; **schlecht ~ sein fam** (gesundheitlich), essere malconcio fam; (schlechte (Lebens)bedingungen haben), passarsela male fam; **spät ~ sein** fam, essere in ritardo; **man weiß nicht, wie man mit jdm ~ ist**, non si sa cosa aspettarsi da qu.
Dränage, Drainage <-, -n> f **1** (Entwässerungssystem) drenaggio m **2** med drenaggio m.
dran|bleiben <irr> itr <sein> fam **1** (am Ball bleiben) starci dietro fam, non mollare fam **2** tel (am Telefon bleiben) rimanere in linea.
drang 1. und 3. pers sing imperf von dringen.
Drang <-(e)s, Dränge> m **1** (innerer Antrieb) ~ (**nach etw** dat/, **etw zu tun**) {NACH BEWEGUNG, ERKENNTNIS} impulso m (di fare qc), stimolo m (a fare qc); {NACH FREIHEIT} anelito (di qc); {NACH RACHE} brama (di qc): **den ~ verspüren, etw zu tun**, sentire l'impulso di fare qc **2** (Harndrang) stimolo m (a orinare) **3** geh (Bedrängnis, Druck) {+EREIGNISSE, VERHÄLTNISSE} incalzare m, pressione f.
drän|geben <irr> tr **etw** ~ sacrificare qc.
dran|gehen <irr> itr fam → **daran|gehen**.
Drängelei <-, -en> f fam pej **1** pigia pigia m fam, ressa f, calca f **2** (Bettelei) insistenze f pl, richieste f pl insistenti: **mit seiner ~ kommt er immer ans Ziel**, picchia e ripicchia arriva sempre dove vuole.
drängeln fam A tr itr (drängen) (**jdn**) ~ insistere (con qu), martellare qu fam: **er hat so lange gedrängelt, bis ich nachgegeben habe**, mi ha martellato (-a) tanto che ho dovuto cedere B itr **1** (vordrängen) spingere, pigiare: **nun drängle doch nicht so!**, non spingere/pigiare così! **2** (dicht auffahren) {FAHRER AUF DER AUTOBAHN} stare addosso a qu, stare incollato (-a) alla targa C rfl (sich drängen) → **drängen** C 1.
drängen A tr **1** schiebend drücken) **jdn irgendwohin** ~ spingere qu + compl di luogo: **jdn** ₁**zum Ausgang**₁/[**zur Tür**] ~, spingere qu verso l'uscita/la porta; **jdn zur Seite** ~, spingere qu da parte; **jdn nach vorne/hinten/oben/unten** ~, spingere qu ₁(in) avanti₁/[indietro]/[in alto]/[in basso] **2** (antreiben) **jdn** (**zu etw** dat) ~ {ZU EINER ENTSCHEIDUNG, ZUM HANDELN} spingere qu a (fare) qc, sollecitare qu a (fare) qc; **jdn ~, etw zu**

tun, spingere/sollecitare qu a fare qc **B** itr **1** (*schiebend drücken*) (*irgendwohin*) ~ {ZUM AUSGANG, ZUR KASSE, NACH VORNE} spingere (+ *compl di luogo*) **2** (*fordern*) (**bei** *jdm*) **auf etw** (akk) ~ {AUF ANTWORT, ENTSCHEIDUNG} insistere (*con qu*) *per qc*, sollecitare *qc*; **zum Aufbruch** ~, insistere per partire **3** (*pressieren*): **die Zeit drängt**, il tempo stringe; **es drängt**, è urgente, c'è urgenza/fretta **C** rfl **1** (*sich schiebend und drückend irgendwohin bewegen*) **sich** *irgendwohin/irgendwo* ~ {MENSCHENMENGE, PERSONEN} spingersi, farsi largo: **sich nach vorne** ~, spingersi avanti; **sich zur Kasse** ~, raggiungere la cassa a furia di spintoni; **sich durch die Menschenmenge** ~, farsi largo/strada tra la calca/ressa; **sich in die U-Bahn** ~, infilarsi nella metropolitana a forza di gomitate; **sich am Eingang** ~, accalcarsi all'entrata **2** (*sich häufen*) {KONFERENZEN, TERMINE} accavallarsi.
Drängen <-s, ohne pl> n insistenza f, sollecitazione f, pressione f ● **auf jds** ~ (**hin**), su sollecitazione di qu.
drängend adj {FRAGE, PROBLEM} pressante, impellente, urgente, incalzante.
Drangsal <-, -e> f lit tormento m geh, tribolazione f lit.
drangsalieren <ohne ge-> tr *jdn* (*mit etw* dat) ~ {MIT FORDERUNGEN, FRAGEN} tormentare qu (*con qc*).
dran|halten <irr> rfl *fam* **sich** ~ spicciarsi *fam*, sbrigarsi.
dran|hängen tr *fam* **1** (*an etw hängen*) *etw* (*an etw* akk) ~ {BÜRSTE, EIMER AN EINEN HAKEN} attaccare *qc* (*a qc*), agganciare *qc* (*a qc*) *fam* **2** (*mehr aufwenden*) *etw* (*an etw* akk) ~ {EINIGE TAGE, EINE WOCHE AN EINEN URLAUB} attaccare *qc* (*a qc*) *fam*, allungare *qc* (*di qc*).
dränieren, drainieren <ohne ge-> tr *etw* ~ {ERDBODEN, SUMPF} drenare *qc*.
dran|kommen <irr> itr <sein> *fam* **1** (*erreichen können*) (**an etw** akk) ~ {AN BÜCHER IM REGAL, AN FRÜCHTE AN EINEM BAUM} arrivarci, arrivare a prendere *qc* **2** (*an die Reihe kommen*): **jd kommt dran**, tocca a qu, è il turno di qu; **ich komme dran**, tocca a me, è il mio turno; **wer kommt als nächster dran?**, a chi tocca ora?, chi è il prossimo? **3** *Schule* (*aufgerufen werden*) venir interrogato (-a) **4** (*zu bearbeiten sein*): **etw kommt dran**, tocca a qc; **beim Putzen kommt zuerst das Bad dran!**, a fare le pulizie si comincia dal bagno!
dran|kriegen tr *fam jdn* ~ fregare *qu fam*, darla a bere *a qu fam*, farla *a qu fam*.
dran|machen rfl *fam* → **daran|machen**.
dran|nehmen <irr> tr *fam* **1** *Schule jdn* ~ {LEHRER SCHÜLER} fare delle domande *a qu*, chiamare *qu* **2** (*behandeln*) {ARZT PATIENTEN} visitare *qu*.
dran|setzen tr *fam* → **daran|setzen**.
drapieren <ohne ge-> tr **1** (*schmücken*) *etw* (*mit etw* dat) ~ {RAUM MIT GIRLANDEN} addobbare *qc* (*con qc*), decorare *qc* (*con qc*) **2** (*effektvoll falten*) *etw* (*um etw* akk) ~ {STOFF UM EINEN KÖRPER, UM EIN MÖBELSTÜCK} drappeggiare *qc* (*intorno a qc*).
Drapierung <-, -en> f **1** (*das Schmücken*) {+RAUM} addobbo m, decorazione f **2** (*das effektvolle Falten*) {+STOFF} drappeggio m, panneggio m.
drastisch A adj **1** (*einschneidend*) {ÄNDERUNG, MASSNAHME} drastico **2** (*derb anschaulich*) {AUSDRUCKSWEISE} crudo, rude **B** adv (*einschneidend*) drasticamente, in modo drastico: ~ **kürzen**, ridurre drasticamente; ~ **vorgehen**, procedere senza mezze misure.
drauf adv *fam* → **darauf** ● ~ **und dran sein**,

etw zu tun *fam*, essere lì lì per fare *qc fam*, stare per fare *qc*.
drauf|bekommen <irr, ohne ge-> tr: **eins** ~ *fam* (*Schläge bekommen*), buscarne *fam*, buscarle *fam*; (*geschimpft werden*) prendersi una ramanzina *fam*.
drauf|drücken itr (*auf etw* akk) ~ {AUF EINEN KNOPF} premere (*qc*).
Draufgabe f **1** *com* caparra f confirmatoria **2** *A* → **Zugabe**.
Draufgänger <-s, -> m (**Draufgängerin** f) spericolato (-a) m (f), rompicollo mf *fam*, incosciente mf *fam*.
draufgängerisch adj {MENTALITÄT} spericolato, temerario; {TYP} *auch* incosciente.
Draufgängertum <-s, ohne pl> n temerarietà f, spavalderia f.
drauf|geben <irr> tr *etw* ~ aggiungere *qc*: **etwas Salbe** ~, mettere/spalmare (sopra) un po' di pomata ● **jdm eins** ~ (*jdm einen Schlag versetzen*), dare uno scappellotto a qu; (*jdn zurechtweisen*), fare una lavata di capo a qu *fam*; **noch eins** ~ *fam*, rincarare la dose.
drauf|gehen <irr> itr <sein> **1** (*Platz haben*) (**auf etw** akk) ~ {BUCH AUFS REGAL} starci (su qc), {ZEILE AUF EIN BLATT PAPIER} entrarci (*in qc*) **2** *slang* (*sterben*) (**bei/in etw** dat) ~ {IM KRIEG, BEI EINER OPERATION} rimanerci (*in qc*) *fam*, rimetterci la pelle (*in qc*) *fam*, lasciarci le penne (*in qc*) *fam* **3** *fam* (*verbraucht werden*): **mein ganzes Geld ist draufgegangen**, tutti i miei soldi si sono volatilizzati *fam*; **dabei geht viel Zeit drauf**, ci si perde molto tempo **4** *fam* (*kaputtgehen*) (**bei etw** dat) ~ {AUTO BEI EINEM UNFALL} scassarsi (*in qc*) *fam*, sfasciarsi (*in qc*) *fam*.
drauf|haben <irr> tr *fam* **1** (et)was/viel ~ (*etw beherrschen*), avere dei numeri *fam*; (**einen**) **marcia** ~, avere una marcia in più *fam* **2** (*von sich geben*) *etw* ~ {DUMME SPRÜCHE, WITZE} uscirsene con *qc*.
drauf|halten <irr> *fam* **1** tr (*auf etw drücken*) (**auf etw** ~ {FINGER} tenerci sopra *qc*; *etw* (*auf etw* akk) ~ {FINGER AUF EINEN KNOTEN} tenere *qc* su *qc* **B** itr (*auf jdn/etw zielen*) (**mit etw** dat) (*auf jdn/etw*) ~ {MIT EINER SCHUSSWAFFE} mirare (*con qc a qu/qc*), puntare *qc* (contro *qu*]/[*a qc di qu*]).
drauf|hauen <irr> itr *slang*: **einen** ~, fare casino *slang*.
drauf|kleben tr *etw* (*auf etw* akk) ~ incollarci sopra *qc* (*su qc*).
drauf|klicken itr *inform* **auf etw** (akk) ~ cliccare *su/sopra qc*.
drauf|kommen <irr> itr <sein> *fam* (*auf etw* akk) ~ arrivarci *a qc fam*.
drauf|kriegen tr *fam* → **drauf|bekommen**.
drauf|legen tr *fam* **1** (*auf etw legen*) (*auf etw* akk) ~ mettere *qc* (*su qc*) **2** (*zusätzlich geben*) *etw* ~ {(FEHLENDEN) GELDBETRAG} metterci *qc fam* **3** (*eine Einbuße erleiden*) (**bei etw** dat) ~ rimetterci (*in qc*) *fam*, perderci (*in qc*) *fam* ● **noch einen/eins** ~, rincarare la dose.
drauflos adv: (**nur**) **immer feste/munter** ~!, sotto!, forza!, avanti!
drauflos|fahren <irr> itr <sein> *fam* partire senza meta.
drauflos|reden itr *fam* parlare a vanvera/casaccio/sproposito.
drauflos|schießen <irr> itr *fam* sparare alla cieca/[all'impazzata]/[nel mucchio].
drauflos|schlagen <irr> itr *fam*: **blind** ~, picchiare alla cieca *fam*.
drauflos|schreiben <irr> itr *fam* (*incominciare a*) scrivere senza riflettere: **schreib einfach drauflos!**, scrivi quello che ti viene!

drauf|machen tr *fam* **etw auf etw** (akk) ~ {ETIKETT AUF EINE FLASCHE, PFLASTER AUF EINE WUNDE} attaccare *qc* (*su/a qc*) ● **einen** ~ *fam* (*ausgelassen feiern*), fare baldoria/bisboccia *fam*.
drauf|satteln tr *slang pol* **etw** (**auf etw** akk) ~ aggiungerci *qc* (*a qc*).
drauf|schlagen <irr> *fam* **A** itr (*hauen*) (**auf etw** akk) ~ battere (*su qc*) **B** tr (*erhöhen*) *etw* (**auf etw** akk) ~ {10% AUF DEN PREIS} caricare *qc* (*su qc*), fare un ricarico *di qc* (*su qc*).
drauf|schreiben <irr> tr *etw* (**auf etw** akk) ~ scrivere sopra *qc* (*su qc*).
drauf|sein a.R. *von* drauf sein ⇒ **sein**②.
drauf|setzen A tr (*setzen*) *jdn/etw* (**auf etw** akk) ~ mettere ₍*qu* (seduto (-a))₎/[*qc*] *su qc* **B** rfl (*sich setzen*) **sich** (**auf etw** akk) ~ {AUF EINE BANK, EIN SOFA, EINEN STUHL} mettersi (seduto (-a)) *su qc*; {AUF EIN PFERD} montare *qc* ● **noch eins/einen** ~ *slang*, rincarare la dose.
Draufsicht f proiezione f.
drauf|sitzen <irr> itr <haben oder süddt A CH sein> (**auf etw** akk) ~ {AUF EINER BANK, EINEM SOFA, EINEM STUHL} esserci/starci seduto (-a) sopra (*su qc*).
drauf|stehen <irr> itr <haben oder süddt A CH sein> *fam* (**auf etw** akk) ~ **1** (*sich befinden*) {PERSON} esserci/starci in piedi sopra (*su qc*); {GEGENSTAND} starci sopra (*su qc*) **2** {ANGABEN, AUFSCHRIFT AUF EINEM ETIKETT, EINER PACKUNG; NAME AUF EINER LISTE} esserci (scritto) sopra (*su qc*).
drauf|stellen A tr (*stellen*) *jdn/etw* (**auf etw** akk) ~ metterci *qu/qc* sopra (*su qc*) **B** rfl **sich** (**auf etw** akk) ~ mettercisi sopra in piedi (*su qc*).
drauf|stoßen <irr> **A** itr <sein> *fam* (*finden*) imbattersi *in qc*: **da bin ich zufällig draufgestoßen**, mi ci sono imbattuto (-a) per caso **B** tr <haben> (*jdn deutlich auf etw hinweisen*) *jdn* ~ mettere *qc* sotto il naso di *qu*: **verstehst du das wirklich nicht? Muss ich dich erst ~?**, davvero non lo capisci? Bisogna proprio che tu ci vada a sbattere *fam*?
drauf|stürzen rfl *fam* **sich** ~ buttarcisi sopra *fam*.
drauf|treten <irr> itr <haben oder süddt A CH sein> *fam* (**auf etw** akk) ~ {AUF DEN SCHWANZ EINES HUNDES, JDS ZEHEN} darci un pestone sopra (*a qc*).
drauf|tun <irr> tr *fam* **etw** (**auf etw** akk) ~ metterci *qc* sopra (*su qc*).
drauf|zahlen *fam* **A** tr (*drauflegen*) *etw* (**auf etw** akk) ~ {(FEHLENDES) GELD AUF EINEN BETRAG} aggiungere *qc* (*a qc*), metterci *qc fam* **B** itr (*eine Einbuße erleiden*) (**bei etw** dat) ~ rimetterci (*in qc*) *fam*, perderci (*in qc*) *fam*.
draus adv *fam* → **daraus** ● **es/da wird nichts** ~!, non se ne fa niente!
draus|bringen <irr> tr *süddt A fam jdn* ~ mettere in confusione *qu*.
draus|kommen <irr> itr <sein> *süddt A fam* andare in confusione.
draußen adv **1** (*im Freien*) ~ **bleiben**, rimanere fuori **2** (*weit entfernt*) fuori, lontano: ~ **auf dem Meer**, in (alto) mare, al largo ● **da** ~, là/lì fuori; **nach** ~ {GEHEN}, fuori; **von** ~ {KOMMEN}, da fuori.
drechseln A tr *etw* ~ {MÖBELTEIL} tornire *qc* **B** itr lavorare al tornio.
Drechsler <-s, -> m (**Drechslerin** f) tornitore (-trice) m (f).
Drechslerbank <-, Drechslerbänke> f tornio m.
Drechslerei <-, -en> f officina f del tornitore.

tore.

Dreck <-(e)s, ohne pl> m **1** (*Schmutz*) sudiciume m, sporcizia f, sporco m; (*Schlamm*) fango m, melma f **2** *slang pej* (*Schund*) boiata f *slang*, porcheria f *fam* **3** *fam* (*Kleinigkeit*) sciocchezza f *fam*, quisquilia f: **ich muss mich um jeden ~ selbst kümmern!**, di ogni sciocchezza devo occuparmene io! ● **das geht dich einen (feuchten) ~ an!** *slang*, che te ne frega! *slang*, fatti gli affaracci tuoi! *fam*; **jdn wie den letzten ~ behandeln** *slang*, trattare qu come ₁una pezza da piedi *fam*₁/[un cane *fam*]; **einen ~!** *slang* {VERSTEHEN, WERT SEIN, WISSEN}, un tubo! *slang*; **davon verstehst du einen ~!** *slang*, non ci capisci un tubo! *slang*; **aus dem gröbsten ~ heraus sein** *fam*, risalire la china *fam*; **sich einen ~ um jdn/etw kümmern/scheren** *fam*, fregarsene di qu/qc *slang*, infischiarsene di qu/qc *fam*; **kümmere dich um deinen eigenen ~!** *slang*, fatti i cavoli tuoi! *fam*; **~ machen**, sporcare; **mach (doch) deinen ~ allein!** *slang*, arrangiati! *fam*, attaccati (al tram)! *slang*; **der letzte ~ sein** *slang* {PERSON}, essere la feccia (dell'umanità) *fam*; {PRODUKT}, essere una boiata *slang*; **im ~ sitzen/stecken** *fam*, essere nei pasticci *fam*/casini *slang*; **~ am Stecken haben** *fam*, avere uno scheletro nell'armadio; **jdn/etw durch/in den ~ ziehen** *fam*, dire peste e corna di qu/qc *fam*.

dreckig adj *fam* **1** (*schmutzig*) {KLEIDUNGSSTÜCK, KÖRPERTEIL} sporco m, sudicio, lurido **2** *fam pej* (*unanständig*) {BEMERKUNG} volgare, triviale; {WITZ} sporco **3** *fam pej* (*gemein*) {SCHUFT, SCHWEIN, TYP} schifoso *fam* ● **jdm geht es ~ *fam***, qu sta da cani *slang*; (*finanziell*), qu è con l'acqua alla gola *fam*; **sich (an etw dat) ~ machen**, sporcarsi (con qc), insudiciarsi (con qc).

Dreckloch n porcile m *pej*.

Drecknest n *slang pej* postaccio m *fam*, fogna f *slang*.

Drecksarbeit, Dreckarbeit f *fam pej* lavoro m schifoso *fam*, lavoraccio m *fam*.

Drecksau f *vulg* (*ordinäre Person*) sporcaccione (-a) m (f) *fam*; (*gemeine Person*) stronzo (-a) m (f) *vulg*.

Dreckschleuder f *fam* **1** (*böses Mundwerk*) linguaccia f **2** (*stark verschmutzende Fabrik*) industria f molto inquinante **3** (*stark verschmutzendes Auto*) macchina f molto inquinante.

Dreckschwein n *vulg* → **Drecksau**.

Dreckskerl m *vulg* brutto bastardo m *vulg*, testa f di cazzo *vulg*.

Dreckspatz m *fam scherz* (*schmutziges Kind*) porcellino m *fam scherz*.

Dreckwetter, Dreckswetter n *fam pej* tempo m da cani *fam*, tempaccio m *fam*.

Dreh <-(e)s, -s oder -e> m *fam* (*Kunstgriff*) espediente m; (*Trick*) trucco m ● **den (richtigen) ~ heraushaben** *fam* (*kapiert haben, wie man etw am besten macht*), aver ₁trovato il verso giusto₁/[scoperto il trucco] *fam*; **auf/hinter den ~ kommen** *fam*, **den (richtigen) ~ herauskriegen** *fam*, scoprire il trucco *fam*; **auf den ~ wäre ich nie gekommen!**, non ci sarei mai arrivato (-a)! (**so**) **um ~ *fam*** (*oft mit Uhrzeit oder Zahlen: so in etwa*), suppergiù *fam*, giù di lì *fam*.

Dreharbeit f <*meist pl*> *film* riprese f pl: **bei den ~en sein**, effettuare le riprese di un film, girare; {SCHAUSPIELER}, essere/stare sul set.

Drehbank <-, *Drehbänke*> f *tech* tornio m.

drehbar adj {SESSEL, STUHL} girevole.

Drehbewegung f *phys* moto m rotatorio ● **eine ~ machen** {PERSON}, girarsi, voltarsi.

Drehbleistift m matita f automatica.

Drehbuch n *film* copione m, sceneggiatura f.

Drehbuchautor m (**Drehbuchautorin** f) *film* sceneggiatore (-trice) m (f).

Drehbühne f *theat* palcoscenico m girevole.

drehen A tr **1** (*herum~*) **etw** (*irgendwo*) **~** {SCHLÜSSEL IM SCHLOSS} girare qc (+ compl di luogo); {RAD} far girare qc **2** (*ver~*) **etw irgendwohin ~** {DREHKNOPF, GERÄT NACH LINKS, RECHTS; ARM, BEIN} girare qc + compl di luogo; {GESICHT, KOPF} auch voltare/volgere qc + compl di luogo **3** (*durch Drehen formen*) **etw ~** {ZIGARETTE} farsi qc, arrotolare qc; {PILLE} preparare qc **4** *film* (*aufnehmen*) **etw ~** {AUFNAHMEN, FILM} girare qc **5** *fam* (*stellen*) **etw irgendwie ~**: etw leise(r)/laut(er) ~ {FERNSEHER, RADIO}, abbassare/alzare (il volume di) qc; etw hoch/höher ~ {GAS, HEIZUNG}, alzare qc; etw klein(er) ~ {GAS, HEIZUNG}, abbassare qc **6** *slang* (*hinkriegen*) **etw ~** sistemare qc *fam*, aggiustare qc *fam*: **das hast du ja wieder mal raffiniert gedreht!**, anche questa volta hai trovato il sistema!; **es dreht immer alles so, wie er es braucht**, è abilissimo nel rigirare la frittata *fam* B itr **1** *film* (*Aufnahmen machen*) girare **2** (*wenden*) {FAHRER, WAGEN} (s)voltare; {SCHIFF} virare (di bordo); {WIND} girare **3** (*einstellen*) **an etw** (dat) **~** {AN EINEM KNOPF} girare qc; {AN DER HEIZUNG, AM RADIO} regolare qc C rfl **1** (*herum~*) **sich** (**um etw** akk) **~** {ERDE, PLANET UM STERNE} girare (*intorno a qc*), ruotare (*intorno a qc*): **sich um sich selbst ~**, girare su se stesso (-a) **2** (*sich um~*) **sich irgendwohin ~** {NACH LINKS, RECHTS, ZUR SEITE} girarsi/voltarsi + compl di luogo; {AUF DEN BAUCH, DEN RÜCKEN} mettersi + compl di luogo **3** (*etw betreffen*) **sich um etw** (akk) **~** {GESPRÄCH, UNTERHALTUNG UM EIN PROBLEM, THEMA} vertere su qc: **worum dreht es sich?**, di che cosa si tratta?; **darum dreht es sich nicht**, non si tratta di questo; **es dreht sich um etwas ganz anderes**, si tratta di tutt'altra cosa; **es dreht sich darum, ob ...**, si tratta di sapere/stabilire se ...; **es dreht sich um die Frage, ob ...**, la questione è che/se ...; **es dreht sich darum, dass ...**, il fatto/problema è che ... ● **alles dreht sich um jdn**, tutto ₁ruota intorno a qu₁/[si incentra su qu]; **alles drehte sich (nur) um sie**, tutto ruotava intorno a lei; **jdm dreht sich alles (im Kopf)**, a qu gira la testa, qu ha il capogiro/le vertigini; **wie man es auch dreht und wendet**, comunque lo/la si (ri)giri *fam*; **sich ~ und winden**, svicolare, fare l'anguilla *fam*.

Dreher <-s, -> m (**Dreherin** f) tornitore (-trice) m (f).

Drehknopf m manopola f.

Drehkreuz n tornello m, tornella f.

Drehmoment n *phys* momento m torcente.

Drehorgel f *mus* organino m/organetto m (di Barberia).

Drehort m *film* set m; (*im Freien*) luogo m delle riprese, location f: **am ~**, sul set.

Drehrestaurant n ristorante m girevole.

Drehschalter m interruttore m rotativo.

Drehscheibe f **1** (*Knotenpunkt*) {+DROGENHANDEL, GELDWÄSCHE} crocevia m **2** *Ei-senb* piattaforma f girevole **3** → **Töpferscheibe**.

Drehstrom m *el* corrente f trifase.

Drehstuhl m sedia f girevole.

Drehtür f porta f girevole.

Dreh- und Angelpunkt m (*zentraler Punkt*) fulcro m, perno m, cardine m; {+PROBLEM} chiave f di volta.

Drehung <-, -en> f (*Rotation*) (*um Achse*) {+SCHLITTSCHUHLÄUFERIN BEI PIROUETTE, ROULETTESCHEIBE} rotazione f, giro m; {+WAGEN BEIM SCHLEUDERN} auch testacoda m; (*im Kreis*) movimento m rotatorio; (*um anderen Körper*) rivoluzione f; **eine halbe ~ rechts/links**, un mezzo giro a destra/sinistra.

Drehwurm m: **einen/den ~ haben** *fam* (*sich schwindlig fühlen*), avere le vertigini; **jd kriegt einen/den ~ *fam***, a qu vengono le vertigini.

Drehzahl f *phys* numero m di giri.

Drehzahlmesser <-s, -> m *autom* tachimetro m, contagiri m.

drei zahladj **1** (*Zahl*) tre: **~ plus/und ~ ist/gibt/macht sechs**, tre più/e tre fa sei; **viele Grüße von uns ~en**, tanti saluti da noi tre **2** (*Uhrzeit*) **es ist ~ (Uhr)**, sono le tre; **es ist ~ viertel ~**, sono le tre meno un quarto, manca un quarto alle tre; (*nachmittags auch*) sono le quattordici e quarantacinque; **es ist kurz vor ~ (Uhr)**, ₁manca poco₁/[mancano pochi minuti] alle tre, sono quasi le tre; **um/gegen ~**, alle/[verso le] tre; (*nachmittags auch*) alle/[verso le] quindici **3** (*Alter*) tre anni: **zwei Kinder von ~ und sechs**, due bambini di tre e sei anni; **mit ~ Jahren**, a tre anni; **sie ist/wird ~**, (lei) ha/compie/fa tre anni **4** *sport* (*Punkt*) **tre**: **es steht ~ zu null**, siamo sul tre a zero ● **für ~** *fam* {ARBEITEN, ESSEN}, per tre: **nicht bis ~ zählen können** *fam*, non saper fare due più due; → auch **vier**.

Drei <-, -en> f **1** (*Zahl*) tre m **2** *fam* (*Transport*): **die ~** (*Bus-, Straßenbahnlinie*), il tre; (*U--Bahnlinie*) la linea tre **3** *fam sport*: **die ~**, il/la tre **4** *Schule* (*befriedigend*) ≈ sette m: **er hat in Mathe eine ~ geschrieben** *fam*, nel compito di matematica ha preso sette **5** (*Karten Würfel*) tre m: **eine ~ würfeln**, fare/tirare tre; → auch **Vier**.

Dreiachser m *autom* veicolo m a tre assi.

Dreiachteltakt m *mus* tempo m in tre ottavi.

dreiarmig adj {LEUCHTER} a tre bracci.

dreibändig adj {WERK} in tre volumi.

dreibeinig adj {STUHL, TISCH} a tre gambe.

Dreibettzimmer n camera f a tre letti.

dreiblättrig, dreiblätterig adj **1** *bot* {KLEE, TRIEB} trifogliato, a tre foglie; {BLUME, BLÜTE} a/con tre petali **2** *arch* trilobato.

Drei-D-Film, 3-D-Film m *film* (in) 3 D.

dreidimensional A adj {KÖRPER, RAUM} tridimensionale, a tre dimensioni; {EFFEKT, FILM, WIRKUNG} tridimensionale, stereoscopico B adv {DARSTELLEN, WIEDERGEBEN} in tre dimensioni.

Dreidimensionalität <-, ohne pl> f tridimensionalità f.

Dreieck n **1** triangolo m: **ein gleichschenkliges/rechtwinkliges ~**, un triangolo equilatero/rettangolo **2** (*Zeichendreieck*) squadra f.

dreieckig adj {FORM, GEGENSTAND} triangolare: **~ geformt** auch, a triangolo.

Dreiecksgeschäft n *ökon* operazione f triangolare.

Dreiecksgeschichte f → **Dreiecksverhältnis**.

Dreiecksverhältnis n: **ein ~**, il (classico) triangolo, un ménage à trois.

dreieinhalb <inv> zahladj **1** (*3,5*) tre e mezzo: **~ Kilometer/Meter**, tre kilometri/metri e mezzo; **~ Stunden**, tre ore e mezza **2** *fam* (*3500 Euro*) tremilacinquecento euro.

Dreieinigkeit f *relig* Trinità f.

Dreieinigkeitsfest n *relig* festa f della Santissima Trinità.

Dreier <-s, -> m **1** fam (Buslinie): der ~, il tre **2** fam (im Lotto) terno m **3** fam Schule: ein ~, ≈ un sette **4** fam (Sex zu dritt) triangolo m.

Dreierkonferenz f tel conversazione f a tre.

dreierlei <inv> zahladj **1** <attr> tre specie/tipi, tre ... differenti/diversi: **es gab ~ Brot**, c'erano tre tipi (differenti/diversi) di pane; **~ Möglichkeiten/Farben**, tre ₍diverse possibilità₎/[colori differenti] **2** (substantivisch: drei verschiedene Dinge) tre cose f pl (diverse).

Dreierreihe f: **eine ~ Polizisten**, una fila di tre poliziotti; **in ~n** {ANGEORDNET SEIN, SICH AUFSTELLEN} in fila per tre.

dreifach A adj **1** (dreimal so groß) {BETRAG, MENGE, PREIS} triplo, tre volte maggiore; **es kam die ~e Anzahl von Personen**, è venuto un numero di persone tre volte maggiore **2** (dreimal erfolgt) tre volte: **der ~e Weltmeister**, il tre volte campione del mondo **3** (dreimal erstellt) {KOPIE} triplice: **in ~er Ausfertigung**, in ₍triplice copia₎/[tre copie] B adv **1** (dreimal) {SAGEN, WIEDERHOLEN} tre volte **2** (in drei Exemplaren) {AUSFERTIGEN, VORHANDEN SEIN} in ₍tre copie₎/[triplice copia] {UNTERSCHREIBEN} tre volte; {FALTEN, ZUSAMMENLEGEN} in tre parti; → auch **vierfach**.

Dreifache <dekl wie adj> n: **das ~ (an etw dat)** {AN ALKOHOL, ESSEN}, il triplo (di qc): **das ~ bezahlen/verdienen**, pagare/guadagnare ₍tre volte tanto₎/[il triplo]; **sie verdient das ~ von ihm**, guadagna il triplo di lui, ha uno stipendio tre volte più alto del suo; **das ~ an Fläche**, una superficie tre volte più grande ● **um das ~**: **um das ~ steigen, sich um das ~ erhöhen** {MIETEN, PREISE} diventare tre volte più caro (-a), triplicarsi; **sich um das ~ vergrößern**, diventare tre volte più grande; **um das ~ höher**, tre volte più alto.

Dreifachsteckdose f el presa f (di corrente) tripla/[a tre].

Dreifachstecker m el spina f tripla fam.

Dreifaltigkeit <-, ohne pl> f relig → **Dreieinigkeit**.

Dreifarbendruck <-(e)s, -e> m typ **1** <nur sing> (Verfahren) tricromia f **2** (gedruckte Darstellung) (stampa f/immagine f in) tricromia f.

dreifarbig adj tricolore, a/di tre colori.

Dreifelderwirtschaft <-, ohne pl> f agr rotazione f colturale triennale.

Dreifuß m treppiede m.

Dreigangschaltung f cambio m a tre marce: **Fahrrad mit ~**, bicicletta a tre marce.

dreigeschossig A adj {GEBÄUDE} a/di tre piani: **~ sein**, avere tre piani B adv {BAUEN} a tre piani.

Dreigespann n **1** (Zugtiergespann) tiro m a tre **2** fam (Gruppe von drei Personen) triade f; pol troica f.

Dreigestirn n **1** astr costellazione f di tre stelle **2** (Gruppe von drei Personen) triade f **3** (im Kölner Karneval) "le tre figure (Prinz, Jungfrau e Bauer) simbolo del carnevale di Colonia".

dreihundert <inv> zahladj **1** (300) trecento: **~ Gramm Käse**, ₍tre etti₎/[trecento grammi] di formaggio; **die Kirche ist ~ Jahre alt**, la chiesa ha trecento anni **2** (Stundenkilometer) trecento kilometri orari/[all'ora]; → auch **vierhundert**.

Dreihundertjahrfeier f (celebrazione f del) terzo centenario m, tricentenario m.

dreihundertjährig adj <meist attr> **1** (300 Jahre alt) {BAUM, WALD} che ha₎/[di] trecento anni; **sein ~es Bestehen feiern** {DORF}, festeggiare ₍il terzo centenario₎/[i trecento anni (di vita)] **2** (300 Jahre dauernd) {REICH} di trecento anni; **nach ~er Herrschaft**, dopo un dominio durato ₍trecento anni₎/[tre secoli], dopo ₍trecento anni₎/[tre secoli] di dominio.

dreihundertster, dreihundertste, dreihundertstes adj **1** (an 300. Stelle) {BESUCHER} trecentesimo (-a) **2** (zum 300. Mal) trecentesimo (-a); → auch **vierhundertster**.

dreihunderttausend <inv> zahladj trecentomila.

dreijährig adj <meist attr> **1** (drei Jahre alt) {KIND, SOHN, TIER, TOCHTER} dell'(età) di tre anni **2** (drei Jahre lang) {AUFENTHALT} triennale, (della durata) di tre anni.

Dreijährige <dekl wie adj> mf bambino (-a) m (f) di tre anni.

Dreikampf m sport triathlon m.

dreikantig adj triangolare.

Dreikäsehoch <-s, -(s)> m fam scherz omino m fam/ragazzino m (alto un soldo di cacio) scherz.

Dreiklang m mus accordo m.

Dreikönig subst <nur sing, ohne art>, **Dreikönige** subst <nur pl, ohne art> → **Dreikönigsfest**.

Dreikönigsfest n relig Epifania f, befana f fam.

dreiköpfig adj <attr> **1** (aus 3 Personen bestehend) {DELEGATION, FAMILIE} composto di tre persone/componenti **2** (mit drei Köpfen) {UNGEHEUER} a tre teste.

Dreiländereck n geog punto m d'incontro tra tre paesi.

dreimal adv {ANFERTIGEN, KOPIEREN} tre volte: **~ so ... ** {LANGE, SCHNELL, TEUER}, tre volte tanto; **~ so viele Besucher wie im letzten Jahr**, il triplo di visitatori rispetto all'anno scorso; → auch **viermal**.

dreimalig adj <attr> {KANDIDAT, PRÄSIDENT} tre volte: **nach ~em Versuch**, dopo il terzo tentativo; **nach ~er Wiederholung**, alla terza volta; **der ~e Olympiasieger**, il tre volte campione olimpico.

Dreimaster <-s, -> m naut (barca f a) tre alberi m, trealberi m.

Dreimeilenzone f jur zona f delle tre miglia.

Dreimeterbrett n sport trampolino m di tre metri.

dreimonatig adj <attr> **1** (3 Monate alt) {KIND, TIER} di tre mesi **2** (3 Monate dauernd) {ARBEIT, AUFENTHALT} (della durata) di tre mesi; {ABONNEMENT, KURS} auch trimestrale: **nach ~em Warten erhielten wir eine Antwort**, dopo aver aspettato tre mesi abbiamo ricevuto una risposta; → auch **viermonatig**.

dreimonatlich A adj <attr> {ABRECHNUNG, KONTROLLE, UNTERSUCHUNG} effettuato ogni tre mesi, a cadenza trimestrale B adv {ABRECHNEN, ERSCHEINEN, STATTFINDEN, SICH TREFFEN} ogni tre mesi: **~ erscheinende Zeitschrift**, rivista trimestrale.

drein adv fam → **darein**.

drein|blicken itr irgendwie → {FINSTER, FRÖHLICH, TRAURIG} fare una/la faccia + adj.

drein|reden itr fam **1** (dazwischenreden) interloquire **2** (sich einmischen) jdm (bei/in etw dat) ~ {BEI EINER ENTSCHEIDUNG, IN EINER ANGELEGENHEIT} intromettersi (in qc di qu), metter bocca (in qc di qu) fam: **jdm ~**, auch, intromettersi/[metter bocca fam] nelle faccende di qu.

drein|schauen itr → **drein|blicken**.

Dreipfünder m (filone m di) pane m da un kilo e mezzo.

Dreiphasenstrom m el corrente f trifase.

Dreipunktsicherheitsgurt m autom "cintura f di sicurezza a tre punti di ancoraggio".

Dreirad n fam **1** (Kinderfahrrad) triciclo m **2** (Lieferwagen) furgoncino m a tre ruote, ape® f.

dreirädrig, dreiräderig adj {KINDERFAHRRAD} a/con tre ruote.

Dreisatz <-es, ohne pl> m math regola f del tre semplice.

dreischiffig adj bau {BASILIKA, KIRCHE} a tre navate.

dreiseitig adj **1** (drei Seiten umfassend) {BRIEF} di tre pagine **2** (drei Seiten habend) {GEOMETRISCHE FIGUR} trilatero.

dreispaltig A adj di/a tre colonne B adv su/a tre colonne.

Dreispitz <-es, -e> m hist tricorno m.

dreisprachig A adj {DOLMETSCHER} che parla/conosce tre lingue; {KONFERENZ, ÜBERSETZUNG} in tre lingue B adv: **~ aufwachsen**, crescere conoscendo/parlando tre lingue.

Dreisprung <-(e)s, ohne pl> m sport salto m triplo.

dreispurig adj {AUTOBAHN, STRAßE} a tre corsie.

dreißig zahladj **1** (Zahl) trenta **2** (Alter) trent'anni: **~ sein**, avere trent'anni; **~ werden**, compiere/[fare fam] trent'anni; **er wird etwa ~ sein**, avrà una trentina d'anni **3** (Stundenkilometer) trenta (km orari) **4** sport (Punkte) trenta; → auch **vierzig**.

Dreißig <-, -en> f trenta m; → auch **Vierzig**.

dreißiger <inv> adj <attr> **1** (Jahrzehnt von 1930-39): **die ~ Jahre**, gli anni Trenta; **in den ~ Jahren**, negli anni Trenta **2** (Wein aus dem Jahre 1930): **ein ~ Jahrgang**, un vino del 1930.

Dreißiger① <-s, -> m(f) **1** <nur pl> (Jahrzehnt 1930-39): **die ~**, gli anni Trenta **2** fam (Alter): **eine Frau/ein Mann in den ~n**, una donna/un uomo tra i trenta e i quarant'anni **3** (Wein aus dem Jahre 1930) vino m del 1930.

Dreißiger② <-s, -> m (**Dreißigerin** f) fam "persona f di età compresa tra 30 e 39 anni".

Dreißigerjahre, dreißiger Jahre, 30er Jahre, 30er-Jahre subst <nur pl>: **die ~**, gli anni Trenta.

dreißigfach adj **1** (dreißigmal so groß) trenta volte maggiore **2** (dreißigmal erstellt): **die Unterlagen in ~er Ausfertigung**, la documentazione in trenta copie **3** adv {KOPIEREN} trenta volte; {VERVIELFÄLTIGEN} in trenta copie; {ANFERTIGEN} auch in trenta esemplari; → auch **vierfach**.

Dreißigfache <dekl wie adj> n: **das ~ an Leistung**, un rendimento (di) trenta volte superiore; **etw um das ~ erhöhen**, aumentare qc di trenta volte.

dreißigjährig adj <meist attr> **1** (dreißig Jahre alt) {BAUM, TIER} che ha₎/[di] trent'anni; {MENSCH} auch trentenne; {STERBEN} trentenne, a trent'anni **2** (dreißig Jahre lang) {FRIEDE, VERTRAG} (della durata) di trent'anni; {OKKUPATION} auch trentennale ● **der Dreißigjährige Krieg** hist, la guerra dei Trent'anni.

Dreißigjährige <dekl wie adj> mf trentenne mf: **als ~(r)**, a trent'anni, trentenne.

dreißigprozentig adj {ERHÖHUNG, VERMINDERUNG} del trenta percento; {SCHNAPS} che ha trenta gradi.

dreißigst adv: **zu ~**, in trenta.

dreißigste zahladj → **dreißigster**.

Dreißigstel <-s, -> n: **ein ~ einer S. (gen)**₎/[**von etw (dat)**], un trentesimo di qc, la trentesima parte di qc.

dreißigster, dreißigste, dreißigstes zahladj <meist attr> **1** (Reihenfolge) {BESUCHER, TEILNEHMER} trentesimo (-a); {JAHR, STELLE, TAG} trentesimo (-a) **2** (zum 30. Mal) {AUFLAGE, GEBURTSTAG} trentesimo (-a): **den dreißigsten Todestag eines Schriftstellers feiern**, celebrare il trentennale/[trentesimo anniversario] della morte di uno scrittore **3** (Datum) trenta: **der dreißigste Januar/März/...**, il trenta gennaio/marzo/... **4** math trentesimo (-a): **der dreißigste Teil von etw** (dat), un trentesimo di qc, la trentesima parte di qc; → auch **vierter**.

dreist adj {FRAGE, VERHALTEN} insolente, {KERL} auch impudente, sfrontato, spavaldo.

dreistellig adj {ZAHL} di tre cifre: **ein ~es Einkommen**, un reddito compreso tra cento e mille euro.

Dreisternehotel n albergo m a tre stelle.

Dreistigkeit <-, -en> f **1** <nur sing> (dreiste Art) impudenza f, insolenza f, sfrontatezza f **2** (dreiste Handlung) impudenza f, insolenza f, sfrontatezza f ● **die ~ besitzen/haben, etw zu tun**, avere la ₁faccia (tosta)₁/[sfacciataggine] di fare qc.

dreistimmig mus A adj {CHOR, GESANG} a tre voci; {CHORLIED, KANON} per tre voci B adv {SINGEN} a tre voci.

dreistöckig A adj {GEBÄUDE} a/di tre piani: **~ sein**, avere tre piani B adv {BAUEN} a tre piani.

dreistündig adj (della durata) di tre ore.

dreistündlich A adj <attr> (effettuato) ogni tre ore: {APPELL, KONTROLLE} che si ripete ogni tre ore B adv {EINNEHMEN, ERFOLGEN} ogni tre ore: **~ fahren** {INTERCITY}, viaggiare ₁a intervalli di₁/[ogni] tre ore.

dreitägig adj {BESUCH, REISE, URLAUB} (della durata) di tre giorni: **mit ~er Verspätung**, con tre giorni di ritardo; **nach ~er Reise**, dopo ₁tre giorni di viaggio₁/[un viaggio durato/di tre giorni]; → auch **viertägig**.

dreitausend <inv> zahladj tremila: **ein ~ Mann starkes Heer**, un esercito composto da tremila uomini.

Dreitausender <-s, -> m (3000 m hoher Berg) vetta f/montagna f di/alta tremila metri; (zwischen 3000 und 4000 m) vetta f/montagna f tra i tremila e i quattromila metri.

dreitausendjährig adj **1** (dreitausend Jahre alt) {RUINE, STATUE} che ha tremila anni **2** (dreitausend Jahre lang) {ENTWICKLUNG, KULTUR, REICH} (della durata) di tremila anni.

dreiteilig adj **1** (aus drei Teilen) {ROMAN, SERIE} in tre pezzi; {FERNSEHSENDUNG} auch in tre puntate; {FILM} in tre episodi **2** (aus drei Stücken) {SERVICE, SET} di tre pezzi; {BESTECK} per tre (persone).

Dreitürer <-s, -> m fam aut modello m a tre porte.

dreitürig adj {AUTO, MODELL} a tre porte; {SCHRANK} a tre ante; **~ sein** {AUTO} avere tre porte; {SCHRANK} avere tre ante.

dreiundzwanzig <inv> zahladj ventitré.

dreiundzwanzigste zahladj → **dreiBigster**.

dreiviertel a.R. von drei viertel → **viertel**.

Dreiviertelärmel m manica f a tre quarti.

dreiviertellang adj {ÄRMEL, ROCK} a tre quarti: ₁eine ~e Jacke₁/[ein ~er Mantel], un tre quarti.

Dreiviertelliterflasche f bottiglia f da tre quarti di litro.

Dreiviertelmehrheit f maggioranza f dei tre quarti.

Dreiviertelstunde f fam tre quarti m pl d'ora: **in einer ~** {ABFAHREN} fra/tra tre quarti d'ora; (innerhalb) entro tre quarti d'ora: **nach einer ~**, dopo ₁tre quarti d'ora₁/[quarantacinque minuti]; **vor einer ~**, ₁tre quarti d'ora₁/[quarantacinque minuti] fa.

Dreivierteltakt <-(e)s, ohne pl> m mus tempo m/misura f/battuta f di tre quarti.

Dreiwegekatalysator m autom catalizzatore m a tre vie.

dreiwertig adj chem {ELEMENT} trivalente.

dreiwöchentlich A adj {KURS} che si svolge ogni tre settimane; **in ~em Abstand**, a intervalli di tre settimane B adv ogni tre settimane.

dreiwöchig adj <attr> {KURS, URLAUB} (della durata) di tre settimane.

Dreizack <-(e)s, -e> m tridente m.

dreizehn <inv> zahladj **1** (Zahl) tredici **2** (Alter) tredici anni: **mit ~**, a tredici anni tredici **3** (Uhrzeit) tredici: **es ist ~ Uhr**, sono le (ore) tredici **4** sport (Punkte) tredici ● **jetzt schlägt's (aber) ~!** fam, ora basta!; → auch **vierzehn**.

Dreizehn <-, -en> f **1** (Zahl) tredici m **2** fam (Transport) die ~, (Bus-, Straßenbahnlinie), il tredici; (U-Bahnlinie) la linea tredici **3** fam sport: **die ~**, il/la tredici.

dreizehneinhalb <inv> zahladj tredici e mezzo.

Dreizehner <-s, -> m fam (Buslinie): **der ~**, il tredici.

dreizehnfach A adj **1** (dreizehnmal so groß) {BETRAG, SUMME} tredici volte maggiore: **die ~e Vergrößerung eines Fotos**, una foto ingrandita tredici volte **2** (dreizehnmal erfolgt) tredici volte erfolgt) **3** (dreizehnmal erstellt): **in ~er Ausfertigung**, in tredici copie B adv {AUSFERTIGEN, VORHANDEN SEIN} in tredici copie.

dreizehnhundert <inv> zahladj milletrecento: **im Jahre ~**, nel(l'anno) milletrecento.

dreizehnjährig adj <meist attr> **1** (dreizehn Jahre alt) {HAUS, TIER} di/[che ha] tredici anni; {JUNGE, MÄDCHEN} auch tredicenne **2** (dreizehn Jahre lang) {FRIEDE, KRIEG} (della durata) di tredici anni.

dreizehnte zahladj → **dreizehnter**.

Dreizehnte <dekl wie adj> mf **1** (Datum) **der ~**, il tredici **2** (Reihenfolge) tredicesimo (-a) m (f) **3** (bei historischen Namen) **Ludwig XIII.** (gesprochen der Dreizehnte), Luigi XIII (gesprochen tredicesimo).

Dreizehntel n: **ein ~** ₁einer S. (gen)₁/[von etw (dat)], un tredicesimo di qc, la tredicesima parte di qc.

dreizehntens adv (in) tredicesimo (luogo).

dreizehnter, dreizehnte, dreizehntes zahladj <meist attr> **1** (Datum) tredici: **heute ist der dreizehnte Mai**, oggi è il tredici (di) maggio **2** (Jahreszahl) tredicesimo (-a): **das dreizehnte Jahrhundert**, il tredicesimo secolo, il Duecento **3** (Reihenfolge) tredicesimo (-a): **im dreizehnten Kapitel**, nel tredicesimo capitolo, nel capitolo tredici **4** (zum dreizehnten Mal) {AUFLAGE} tredicesimo (-a) **5** math tredicesimo (-a): **der dreizehnte Teil von etw** (dat), la tredicesima parte di qc, un tredicesimo di qc; → auch **vierter**.

dreizeilig adj {GEDICHT, STROPHE, MITTEILUNG} di tre righe.

Dreizimmerwohnung f appartamento m di tre vani, trilocale m.

Dresche <-, ohne pl> f fam botte f pl fam, bastonate f pl fam: **~ bekommen/kriegen**, buscarle fam.

dreschen <drischt, drosch, gedroschen> A tr agr etw ~ {GETREIDE, KORN} trebbiare qc B itr **1** agr trebbiare, battere **2** fam (schlagen, treten) **irgendwohin ~** {AN DIE TÜR} picchiare a qc; {AUF DIE TASTEN} pestare qc; {AUF DEN TISCH} battere il pugno su qc: **um sich ~**, dare botte da orbi fam C rfl fam (sich prügeln) **sich ~** picchiarsi, darsele fam.

Drescher <-s, -> m (**Drescherin** f) agr trebbiatore (-trice) m (f), battitore (-trice) m (f).

Dreschflegel m agr cor(r)eggiato m.

Dreschmaschine f agr trebbiatrice f, battitrice f.

Dresden <-s, ohne pl> n geog Dresda f.

Dresdener[1] <-s, -> m (**Dresdenerin** f), **Dresdner** m (**Dresdnerin** f) abitante mf di Dresda.

Dresdener[2], **Dresdner** <inv> adj di Dresda.

Dress (a.R. Dreß) <-es, -e> m sport divisa f.

dressieren <ohne ge-> tr (abrichten) **etw ~** {TIER} ammaestrare qc, addestrare qc; {PFERDE} scozzonare qc; **ein Tier darauf ~, etw zu tun**, ammaestrare/addestrare un animale a fare qc.

Dressing <-s, -s> n gastr condimento m (per insalata).

Dressman <-s, Dressmen> m indossatore m.

Dressur <-, -en> f **1** (das Dressieren) {+TIER} ammaestramento m, addestramento m; {+PFERDE} dressage m **2** sport (~reiten) dressage m.

Dressurpferd n cavallo m da dressage.

Dressurprüfung f sport prova f di dressage.

Dressurreiten n sport dressage m.

Dr. habil. univ Abk von habilitierter Doktor: "titolo m di chi ha acquisito l'abilitazione alla libera docenza universitaria".

Dr. h.c. univ Abk von Doktor honoris causa: dottore honoris causa.

dribbeln itr sport Fußball dribblare, andare in dribbling.

Dribbling <-s, -s> n Fußball dribbling m.

Drift <-, -en> f naut **1** (Strömung) corrente f di deriva **2** (Treiben) deriva f.

driften <sein> itr **1** naut (auf dem Wasser treiben) **irgendwo ~** {BOOT, TREIBGUT} andare alla deriva + compl di luogo; (abgetrieben werden) **~ essere trascinato + compl di luogo **2** (ab~) **irgendwohin ~** {ABGEORDNETER, PARTEI} NACH LINKS AUßEN slittare/sterzare + compl di luogo.

Drill <-(e)s, ohne pl> m **1** mil rigido addestramento m **2** pej (strenge Erziehung) educazione f rigida/[da caserma].

Drillbohrer m trapano m a spirale.

drillen tr **1** mil jdn (irgendwie) ~ {SOLDATEN BRUTAL, HART} addestrare qu (+ compl di modo) **2** (streng erziehen) jdn ~ {SCHÜLER} addestrare qu, far filare qu fam, mettere in riga qu fam; **jdn auf etw** (akk) **~** {AUF DAS AUSWENDIGLERNEN} addestrare qu a qc: **auf etw** (akk) **gedrillt sein** fam, essere addestrato a qc.

Drillich <-s, -e> m text fustagno m, tralicccio m.

Drilling[1] <-s, -e> m (Kind) gemello m trigemino: **~e**, gemelli trigemini; **sie hat ~e bekommen**, ha avuto tre gemelli.

Drilling[2] <-s, -e> m (Jagdgewehr) tripletta f, fucile m a tre canne.

Drillingsgeburt f parto m trigemino/trigemellare.

drin adv fam **1** (in einem Behälter) dentro, ci/vi geh: **in der Flasche ist noch was ~**, nella bottiglia c'è ancora qualcosina **2** (drinnen: in einem Raum) (qua/là) dentro: **er ist da ~, in der Toilette**, è là (dentro) in bagno;

(*im Haus*) dentro; → **darin**.
dringen <*dringt, drang, gedrungen*> itr **1** <*sein*> (*stoßen*) **durch etw** (akk) ~ {KUGEL DURCH BRUST} trapassare *qc*; {LICHT, SONNE DURCH NEBEL, WOLKEN} penetrare *attraverso qc*; **in etw** (akk) ~ {KUGEL IN DIE BRUST; SPLITTER INS AUGE} penetrare *in qc*, entrare *in qc*; {WASSER IN DEN KELLER} filtrare *in qc* **2** <*sein*> (*herkommen*) **aus etw** (dat) ~ {LÄRM AUS EINEM ZIMMER} provenire *da qc* **3** <*sein*> (*gelangen*) ˻**an etw** (akk)˼/[**zu jdm**] ~ {NACHRICHT, INFORMATIONEN} giungere *fino a qu*, trapelare: **an die Öffentlichkeit** ~, trapelare **4** <*haben*> (*etw fordern*) **auf etw** (akk) ~ {AUF EINE ANTWORT, ENTSCHEIDUNG, AUF MEHR GEHALT} insistere *su qc*, sollecitare *qc*: **auf Bezahlung** ~, sollecitare il pagamento; **darauf** ~, ˻**dass** ...˼/[**etw zu tun**], insistere ˻*perché* ... *konjv*₁˼/[*per* ... *inf*] **5** <*sein*> *geh* (*bedrängen*) (**mit etw** dat) **in jdn** ~ {MIT BITTEN, FRAGEN} pressare *qu* (*con qc*), assillare *qu* (*di/con qc*).
dringend ⒜ adj **1** (*eilig*) {ANGELEGENHEIT, BRIEF, GESPRÄCH} urgente; {BEDÜRFNIS, NOTWENDIGKEIT} *auch* stringente, impellente; *med* {FALL, OPERATION} urgente: **ein ~er Fall** *auch*, un'urgenza; **es**/**die Sache**] **ist (sehr)** ~, c'è (molta) urgenza, è (molto) urgente **2** (*nachdrücklich*) {APPELL, BITTE} pressante; {GRÜNDE} impellente; {VERDACHT} fondato, grave: **im ~en Verdacht stehen, etw getan zu haben**, essere fortemente sospettato di aver fatto *qc* ⒝ adv **1** (*eiligst*) {MIT JDM SPRECHEN MÜSSEN, VERREISEN MÜSSEN} urgentemente, con urgenza: **etw** ~ **benötigen/brauchen**, avere urgente bisogno di *qc* **2** (*nachdrücklich*) {BITTEN, RATEN} vivamente **3** (*unbedingt*) {NOTWENDIG} assolutamente.
dringlich adj → **dringend** A 1, 2, B 2.
Dringlichkeit <-, *ohne pl*> f {+ANGELEGENHEIT, PROBLEM} urgenza f.
Dringlichkeitsantrag m *parl* mozione f d'urgenza.
Drink <-s, -s> m drink m.
drinnen adv (*in einem Raum*) (qua/là) dentro, ci/vi *geh*: **ist sie da** ~ **(in dem Zimmer)?**, è là dentro (in quella stanza)?; (*im Haus*) dentro • ~ **und draußen**, dentro e fuori; **nach** ~ **(gehen)**, (andare) dentro; **von** ~, da dentro.
drin|sein a.R. *von* drin sein → **sein**®.
drin|stecken itr <*haben oder süddt A CH sein*> *fam* **in etw** (dat) ~ {ARBEIT, ENGAGEMENT, LIEBE IN EINEM PROJEKT} esserci *in qc fam*; {GELD} essere investito *in qc* • **da steckt man nicht drin** *fam*, chi lo può dire?, come si fa a saperlo?
drischt 3. pers sing präs *von* dreschen.
dritt adv: **zu** ~ {SEIN, SPIELEN}, in tre; {SPIEL} a tre: **Ehe zu** ~, ménage à trois.
drittältester, drittälteste, drittältestes adj {KIND, SOHN, TOCHTER} terzo (-a) (per età); {BEAMTER} terzo (-a) per/[in ordine di] anzianità.
dritte zahladj → **dritter**.
Dritte <*dekl wie adj*> mf **1** (*Reihenfolge*) terzo (-a): ~**r/~ sein/werden**, essere/arrivare piazzarsi terzo (-a); **im Weitsprung ist sie** ~ **geworden**, nel salto in lungo si è piazzata terza **2** (*der 3. Tag des Monats*) **der** ~, il tre; **heute ist der** ~, oggi è il tre; **am** ~-**(en Mai/nats)**, il tre di maggio **3** (*3. Monat des Jahres*) **der erste/zweite/...** ~, il primo/due/... (di) marzo **4** (*der 3. Herrscher des Namens*): **Heinrich III** ~ (*gesprochen der Dritte*), Enrico III (*gesprochen terzo*) **5** (*Unbeteiligter*) terzo m, terza f; **zi m pl**: **in Gegenwart** ~**r**, in presenza di terzi **6** *jur* terzo m. • **der** ~ **im Bunde (sein)**, (essere) il terzo del gruppo/della compagnia; **der lachende** ~, il terzo che gode,

wenn zwei sich *streiten*, freut sich der ~ *prov*, fra due litiganti il terzo gode *prov*; → *auch* **Vierte**.
Drittel <-s, -> n terzo m: **ein** ~ **der Bevölkerung**, un terzo della popolazione.
dritteln tr **etw** ~ dividere *qc* in tre (parti), tripartire *qc*.
drittens adv (in) terzo (luogo): **erstens** ..., **zweitens** ..., ~ ..., (in) primo (luogo) ..., (in) secondo (luogo) ..., (in) terzo (luogo) ...
dritter, dritte, drittes zahladj <*meist attr*> **1** (*Datum*) tre: **am dritten Mai**, il tre (di) maggio; **heute** ˻**ist der dritte**˼/[**haben wir den dritten**] **April**, oggi è il tre (di) aprile; **Frankfurt, den dritten Mai** (*in Briefen*), Francoforte, il/lì tre maggio; **Ihr Brief vom dritten Mai**, la Sua lettera del tre maggio; (*bei Antwort innerhalb des 3. Juni*) *auch* la Sua lettera del tre u. s. **2** (*Jahreszahl*) **das dritte Jahrhundert**, il terzo secolo **3** (*Reihenfolge*) terzo (-a): **das ist ihr drittes Kind**, è il suo terzo figlio; **im dritten Kapitel**, nel terzo capitolo, nel capitolo tre; **das dritte Gebot**, il terzo comandamento; **die dritte Klasse**, la terza (classe) elementare; **im dritten Stock**, al terzo piano; **im dritten Programm** *TV*, sul terzo canale, sulla terza rete, sul terzo *fam*; **die Dritte Welt**, il Terzo Mondo **4** (*zum dritten Mal*) {AUFLAGE, GEBURTSTAG} terzo (-a) **5** *math* terzo (-a): **der dritte Teil von etw** (dat), la terza parte di *qc*, un terzo di *qc* • **jede/jeder dritte** ... {FRAU, KANDIDAT, MANN}, un(o)/una ... su/ ogni tre; → *auch* **vierter**.
Dritte-Welt-Laden m *com* "negozio m che vende articoli del Terzo Mondo".
Dritte-Welt-Land n paese m del Terzo Mondo.
drittgrößter, drittgrößte, drittgrößtes adj {GEGENSTAND} terzo (-a) (per/[in ordine di] grandezza); {MENSCH} terzo (-a) (per/[in ordine di] altezza).
dritthöchster, dritthöchste, dritthöchstes adj **1** (*der Höhe nach*) {BERG, HAUS, TURM} terzo (-a) (per/[in ordine di] altezza) **2** (*dem Rang nach*) {POSITION, STELLUNG} terzo (-a) nella gerarchia; {BEAMTER, MINISTER, POLITIKER} terzo (-a) per importanza.
drittklassig adj *fam pej* {WARE, HOTEL} di terz'ordine, scadente.
Drittland n, **Drittstaat** m *pol* paese m terzo.
drittletzter, drittletzte, drittletztes adj: **der/die/das drittletzte** ..., ˻il terzultimo˼/[la terzultima].
Drittmittel subst <*nur pl*> finanziamenti m pl esterni.
Drittstaat m *pol* paese m terzo.
Drittwiderspruchsklage f *jur* (*bei der Zwangsvollstreckung*) opposizione f del terzo.
Drive <-s, -s> m **1** *geh* (*Antrieb*) spinta f **2** *geh* (*Schwung*) verve f **3** *sport* drive m.
Drive-in-Restaurant n drive-in m.
Dr. jur. *univ* Abk *von* Doktor der Rechte: "titolo m di chi ha conseguito un dottorato in giurisprudenza dopo la laurea".
DRK <-(s), *ohne pl*> n Abk *von* Deutsches Rotes Kreuz: "Croce Rossa Tedesca", ≈ C.R.I. f (*Abk von* Croce Rossa Italiana).
Dr. med. *univ* Abk *von* Doktor der Medizin: "titolo m di chi ha superato i tre esami di Stato in medicina e discusso la tesi di laurea".
droben adv *geh oder süddt A* lassù, in alto.
Droge <-, -n> f **1** (*Rauschgift*) droga f, (sostanza f) stupefacente m; *fig* (*Suchtmittel*) droga f **2** *pharm* (*Arzneistoff*) droga f (medicinale) • **harte/weiche ~n**, droghe pesanti/

leggere; ~**n nehmen**, drogarsi, farsi *slang*.
drogenabhängig adj tossicodipendente, tossicomane, drogato.
Drogenabhängige <*dekl wie adj*> mf tossicodipendente mf, tossicomane mf, tossico (-a) m (f) *slang*, drogato (-a) m (f).
Drogenabhängigkeit f tossicodipendenza f.
Drogenbekämpfung f lotta alla/[contro la] droga.
Drogenberatungsstelle f centro m/ servizio m tossicodipendenze, (*staatliche* ~ *in Italien*) ≈ SERT m.
Drogendealer m (**Drogendealerin** f) spacciatore (-trice) m (f) (di droga).
Drogenentzug m astinenza f da droga.
Drogenfahnder m (**Drogenfahnderin** f) agente mf della ˻squadra antidroga˼/[sezione narcotici].
Drogengeschäft n commercio m di/della droga.
Drogenhandel m traffico m di droga; (*internationaler* ~) narcotraffico m; (*direkt an den Verbraucher*) spaccio m di droga.
Drogenhändler m (**Drogenhändlerin** f) → **Drogendealer**.
Drogenkonsum m uso m di stupefacenti/droghe.
Drogenkriminalität f criminalità f legata alla droga.
Drogenkurier m corriere m della droga.
Drogenmissbrauch m (*a.R.* Drogenmißbrauch) m abuso m di droga/stupefacenti.
Drogenproblem n (*als Phänomen*) problema m (della) droga; **~e haben** *fam* (*drogenabhängig sein*), avere problemi di droga.
Drogensucht f → **Drogenabhängigkeit**.
drogensüchtig adj → **drogenabhängig**.
Drogensüchtige <*dekl wie adj*> mf → **Drogenabhängige**.
Drogenszene f mondo m/ambiente m/giro m *fam* della droga.
Drogentherapie f cura f/terapia f disintossicante/[di disintossicazione].
Drogentote <*dekl wie adj*> mf vittima f della droga, morto (-a) m (f) per droga.
Drogerie <-, -n> f "negozio m di prodotti parafarmaceutici, cosmetici e per la casa", drugstore m.
Drogeriemarkt m → **Drogerie**.
Drogist <-en, -en> m (**Drogistin** f) commesso (-a) m (f)/proprietario (-a) m (f) di drugstore.
Drohbrief m lettera f minatoria.
drohen itr **1** (*mit Gesten*) **jdm** (**mit etw** dat) ~ {MIT DER FAUST, DEM FINGER, DEM STOCK} minacciare *qu* (*con qc*) **2** (*moralisch*) **mit etw** (dat) ~ {MIT EINEM SKANDAL, EINEM STREIK} minacciare *qc*; **jdm** (**mit etw** dat) ~ {MIT DER KÜNDIGUNG, SCHEIDUNG, EINEM SKANDAL, EINER STRAFE} minacciare *qu di fare qc*: (**jdm**) ~, **etw zu tun**, minacciare (qu) di fare *qc* **3** (*bevorstehen*) {GEWITTER, KRIEG, STREIT} incombere: **ein Sturm/Gewitter droht**, minaccia tempesta/temporale; **jdm/etw** ~ {INFLATION EINEM LAND} minacciare *qu/qc*, incombere *su qu/qc*; {GEFAHR PERSON} *auch* sovrastare *qu*; {GEFÄNGNIS EINER PERSON} incombere *su qu*; {GEBÄUDE EINZUSTÜRZEN; BOMBE ZU EXPLODIEREN}, minacciare di fare *qc*; **es droht zu regnen**, minaccia di piovere.
drohend adj **1** {BLICK, GESTE, HALTUNG, WOLKEN} minaccioso **2** (*bevorstehen*) {GEFAHR, KONFLIKT, KRIEG} incombente, immi-

nente.
Drohkulisse f scenario m minaccioso.
Drohne <-, -n> f **1** zoo (männliche Biene) fuco m, pecchione m **2** fam pej (Schmarotzer) parassita m, scroccone m fam.
dröhnen itr **1** (dumpf klingen) {DONNER, MUSIK, STIMME} rimbombare, rintronare; {MOTOR} rombare **2** (dumpf vibrieren) {BODEN, ERDE, WAND} vibrare **3** (dumpf widerhallen) jdm ~ {KOPF, OHREN} rintronare a qu: **mir dröhnt der Kopf**, ho la testa tutta rintronata.
dröhnend adj {BEIFALL, GELÄCHTER} fragoroso; {LÄRM} rimbombante; {STIMME} auch stentoreo.
Drohung <-, -en> f minaccia f; (Einschüchterung) intimidazione f ● **~en ausstoßen**, proferire minacce; **leere ~en**, vane minacce; **eine offene ~**, un'aperta minaccia; **eine versteckte ~**, una minaccia velata.
drollig adj **1** (belustigend) {ART, GESCHICHTE} buffo, divertente **2** (niedlich) {KIND, TIER} carino, grazioso.
Dromedar <-s, -e> n zoo dromedario m.
Drops <-, -> m oder n <meist pl> gastr caramella f alla frutta, drop m: **saure ~**, caramelle al limone.
drosch **1.** und **3.** pers sing imperf von dreschen.
Droschke <-, -n> f **1** hist (Pferdedroschke) vettura f (pubblica) di piazza, fiacre m **2** obs (Taxi) autopubblica f obs.
Drossel① <-, -n> f ornith tordo m.
Drossel② <-, -n> f → Drosselventil.
drosseln tr **1** (kleiner stellen) etw ~ {HEIZUNG} abbassare qc; {MOTOR} strozzare qc **2** (verringern) etw ~ {EINFUHR, KOSTEN, PRODUKTION, TEMPO} ridurre qc, diminuire qc, limitare qc.
Drosselung <-, -en> f {+EINFUHR, KOSTEN, PRODUKTION, TEMPO} riduzione f, diminuzione f.
Drosselventil n tech valvola f di strozzamento; mot valvola f a farfalla.
Dr. phil. univ Abk von Doktor der Philosophie: "titolo m di chi ha conseguito un dottorato in una materia umanistica dopo la laurea".
drüben adv **1** (auf der anderen Seite) dall'altra parte, (al) di là; **da ~**, da quella parte, di là; **nach ~ (gehen/fahren)**, (andare) ₁da quella parte₁/[di là]; **von ~ (kommen)**, (venire) da là/[quella parte] **2** hist (der jeweils andere Teil Deutschlands vor der Wiedervereinigung) nell'altra Germania: **sie kommt von ~**, è dell'altra Germania.
drüber adv fam → darüber.
Druck① <-(e)s, Drücke> m **1** phys pressione f **2** <nur sing> (das Drücken): **ein ~ auf den Knopf genügt!**, basta premere il bottone!; **durch einen ~ auf die Taste …**, premendo il tasto … **3** <nur sing> (Zwang) pressione f **4** <nur sing> (drückendes Gefühl) peso m: **einen ~ im Kopf/Magen spüren**, sentirsi un peso ₁alla testa₁/[sullo stomaco] **5** slang (Rauschgiftspritze) pera f slang, buco m slang ● **~ auf jdn ausüben**, esercitare delle pressioni₁/[far pressione] su qu; **~ bekommen** fam/**kriegen** fam, essere messo sotto pressione fam; **~ hinter etw (akk) machen** fam {HINTER EINE ARBEIT}, fare pressione per qc; **in/im ~ sein** fam, **unter ~ stehen** fam, essere sotto pressione fam, essere pressato; **jdn unter ~ setzen**, mettere qu sotto pressione, pressare qu, marcare stretto (-a) qu slang.
Druck② <-(e)s, -e> m **1** <nur sing> typ (das Drucken) stampa f, impressione f rar **2** typ (Druckwerk) opera f a stampa; (ungebunden) stampato m; (Kunstdruck) stampa f, riproduzione f **3** <nur sing> typ (Art des Drucks) stampa f, impressione f rar: **großer ~** (Schriftzeichen), caratteri grandi **4** text (bedruckter Stoff) (tessuto m) stampato m ● **etw in (den) ~ geben**, dare alle stampe qc; **in ~ gehen**, andare in stampa; **im ~ sein**, essere in (corso di) stampa.

Druckabfall m phys caduta f di pressione.
Druckanstieg m phys aumento m di pressione.
Druckausgleich m phys compensazione f della pressione.
Druckbleistift m portamine m.
Druckbogen m typ foglio m di stampa.
Druckbuchstabe m (carattere m) stampatello m: **in ~n schreiben**, scrivere (in) stampatello.
Drückeberger <-s, -> m (Drückebergerin f) fam pej scansafatiche mf fam, lavativo (-a) m (f) fam, infingardo (-a) m (f); **mil** imboscato m.
Drückebergerei <-, ohne pl> f fam pej poltronaggine f.
Drückebergerin f → Drückeberger.
druckempfindlich adj sensibile (al tatto).
drucken A tr **1** typ (vervielfältigen) etw ~ {BUCH, ZEITUNG} stampare qc, imprimere qc rar: **etw neu ~**, ristampare qc; **etw ~ lassen**, dare alle stampe qc **2** (auf-) {BILDER, MUSTER AUF PAPIER, STOFF} stampare qc su qc B itr typ stampare.
drücken A tr **1** (pressen) etw ~ {KNOPF, TASTE} premere qc, schiacciare qc, pigiare qc; **etw aus etw** (dat) {CREME AUS DER TUBE} spremere qc da qc: **den Saft aus der Zitrone ~**, spremere il succo di un limone **2** (umarmen) jdn ~ stringere qu, abbracciare qu; **jdn an etw** (akk) {AN DIE BRUST, ANS HERZ} stringere qu a sé qu; **jdn die Hand ~**, stringere la mano a qu **3** (schieben, bewegen) jdn irgendwohin ~ {NACH LINKS, RECHTS, ZUR SEITE, NACH VORNE, ZUR TÜR} spingere qu + compl di luogo; **etw irgendwohin ~** {NASE AN DIE FENSTERSCHEIBE} schiacciare/premere qc contro qc; {GESICHT IN DIE KISSEN} affondare qc in qc **4** (ein Druckgefühl auslösen) jdn ~ {KLEIDUNG, SCHUH} stare stretto (-a) a qu **5** (herabsetzen) etw ~ {NIVEAU, NOTEN, REKORD} abbassare qc; {PREISE} auch ribassare qc **6** (deprimieren) jdn ~ {GEDANKEN, SORGEN} opprimere qu, angustiare qu, affliggere qu **7** fam (unter-) jdn ~ tenere sotto qu fam B itr **1** (pressen) **auf etw** akk) ~ {AUF EINEN KNOPF, EINE TASTE} premere qc, schiacciare qc, pigiare qc **2** (Druck hervorrufen) (irgendwo) ~ {KLEIDUNG, SCHUH VORNE, SEITLICH, AN EINER BESTIMMTEN STELLE} stringere (+ compl di luogo); {ESSEN IM MAGEN} pesare su qc **3** (negativ beeinträchtigen) **auf etw** (akk) ~: **dieses Wetter drückt ₁aufs Gemüt₁/[auf die Stimmung]**, questo tempo deprime; **es herrschte eine gedrückte Stimmung**, regnava un clima/un'atmosfera pesante **4** slang (sich Rauschgift spritzen) bucarsi slang, farsi (una pera) slang C rfl **1** (sich quetschen) **sich irgendwohin ~** {AN DIE HAUSWAND} schiacciarsi/appiattirsi contro qc; {IN DIE ECKE, INS GRAS} acquattarsi in qc **2** fam (sich entziehen) **sich ~** svignarsela fam, squagliarsela fam, defilarsi fam; **sich (vor etw** dat) **~** {VOR DER ARBEIT, DER VERANTWORTUNG} scansare qc fam, sottrarsi a qc: **sich um eine Zahlung/Entscheidung ~**, fare di tutto per non pagare/decidere.
drückend adj **1** (lastend) {BÜRDE, LAST, STEUERN, VERANTWORTUNG} gravoso, oneroso; {SORGEN} opprimente **2** meteo {HITZE, WET-

TER} opprimente, soffocante, asfissiante: **heute ist es ~ (heiß)**, oggi è molto afoso.
Drucker① <-s, -> m inform stampante f.
Drucker② <-s, -> m (Druckerin f) typ tipografo (-a) m (f), stampatore (-trice) m (f).
Drücker① <-s, -> m **1** (Türklinke) maniglia f **2** (Abzug) {+JAGDGEWEHR} grilletto m **3** el (Bedienungsknopf) pulsante m, bottone m ● **auf den letzten ~** fam, all'ultimo tuffo fam, in extremis; **am ~ sitzen** fam/**sein** fam, essere nella stanza dei bottoni.
Drücker② <-s, -> m (Drückerin f) fam venditore (-trice) m (f) porta a porta.
Druckerei <-, -en> f typ tipografia f, stamperia f.
Druckerin f → Drucker②.
Drückerin f → Drücker②.
Drückerkolonne f fam gruppo m organizzato di venditori porta a porta.
Druckerlaubnis f imprimatur m.
Druckerpresse f typ torchio m (per la stampa).
Druckerschnittstelle f inform interfaccia m stampante.
Druckerschwärze f inchiostro m da stampa.
Druckertreiber m inform driver m della stampante.
Druckerwarteschlange f inform coda f di stampa.
Druckfahne f typ bozza f (di stampa).
Druckfehler m typ refuso m, errore m di stampa.
druckfertig adj pronto per la stampa; (Anweisung an den Drucker) si stampi!
Druckgeschwindigkeit f inform velocità f di stampa.
Druckgeschwür n med piaga f da decubito.
Druckgrafik, **Druckgraphik** f grafica f; (Werk eines Künstlers) opera f grafica.
Druckkabine f aero cabina f pressurizzata.
Druckkammer f med phys camera f ₁di decompressione₁/[iperbarica].
Druckknopf m **1** (an Kleidung) (bottone m) automatico m **2** tech pulsante m.
Drucklegung <-, -en> f typ messa f in macchina.
Druckluft <-, ohne pl> f phys aria f compressa.
Druckmaschine f typ macchina f da stampa.
Druckmesser <-s, -> m tech manometro m.
Druckmittel n strumento m di pressione: **die Gewerkschaften setzen den Streik als ~ ein**, i sindacati usano l'arma dello sciopero.
Druckregler m tech regolatore m di pressione.
druckreif adj → druckfertig.
Drucksache f post stampe f pl: **etw als ~ (ver)schicken**, inviare qc come stampe.
Druckschrift f **1** typ (Schriftart) stampatello m: **in ~** {AUSFÜLLEN, SCHREIBEN}, in stampatello; **in ~ auszufüllen!**, da compilarsi in stampatello! **2** (nicht gebundenes Druckwerk) stampato m.
drucksen itr fam nicchiare.
Druckstelle f punto m di compressione.
Drucktype f typ carattere m tipografico.
Druckverband m med fasciatura f compressiva.
Druckverfahren n typ tecnica f tipografica/[di stampa].
Druckwelle f phys onda f d'urto.

Druckwerk n opera f stampata.

drum adv fam → **darum** • **das Drum und Dran** fam, gli annessi e connessi; **mit allem Drum und Dran** fam, con tutti i sacramenti fam/crismi fam; **ein Essen mit allem Drum und Dran**, una cena a regola d'arte; **sei's ~!**, pace! fam, amen! fam.

Drumherum <-s, ohne pl> n: **das (ganze) ~** fam, (tutti) gli annessi e connessi.

Drummer <-s, -> m (**Drummerin** f) mus batterista mf.

drumrum|kommen <irr> itr <sein> fam (**um etw** akk) ~ riuscire a evitare/scansare qc.

drumrum|reden itr fam girarci intorno fam.

drunten adv bes. süddt A laggiù.

drunter adv fam → **darunter** • **das Drunter und Drüber** fam, la confusione fam, il casino slang; **es/alles geht ~ und drüber** fam, è tutto sottosopra fam.

Drüse <-, -n> f anat ghiandola f.

Drüsenschwellung f med ingrossamento m ⌊delle ghiandole⌋/[ghiandolare].

DSB <-, ohne pl> m hist Abk von Deutscher Sportbund: "Federazione f Tedesca dello Sport" → **DOSB**.

Dschibuti <-s, ohne pl> n geog Gibuti m.

Dschihad <-, ohne pl> m jihad f.

Dschihadist <-en, -en> m (**Dschihadistin** f) jihadista mf.

dschihadistisch adj jihadista.

Dschungel <-s, -> m giungla f • **der ~ der Großstadt** geh, la giungla d'asfalto; **der ~ der Paragraphen** geh, la giungla/il groviglio delle leggi.

Dschunke <-, -n> f naut giunca f.

DSG <-, ohne pl> f Abk von Deutsche Schlafwagen- und Speisewagen-Gesellschaft: "Compagnia f Tedesca dei Vagoni Letto e Ristorante" **B** n Abk von Datenschutzgesetz: "Legge f sulla tutela dei dati personali".

DSL n → **ADSL**.

dt. Abk von deutsch: tedesco.

dto. Abk von dito: c.s. (Abk von come sopra).

DTP <-, ohne pl> n inform Abk von engl Desktop-Publishing: DTP m.

Dtzd. Abk von Dutzend: dozz. (Abk von dozzina).

du <deiner, dir, dich> pers pron 2. pers sing **1** (als betontes Subjekt) tu: **bist du es?**, sei tu?; **wenn ich du wäre**, ..., se (io) fossi in te, .../al tuo posto ...; (als Anrede in Briefen klein- oder großgeschrieben): **du/Du**, tu; (wenn unbetont, meist unübersetzt): **kannst du mir mal helfen?**, puoi darmi un attimo una mano? **2** (vertrauliche Anrede): **du, ich muss dich mal was fragen**, senti un po', devo chiederti una cosa; **du Ärmste!**, povera te!; **du Glücklicher!**, beato te! **3** fam (man) uno, si: **in solchen Fällen bist du machtlos!**, in casi del genere ⌊sei fam⌋/[uno è] impotente!, in simili casi si è impotenti! • **jdn mit du anreden, zu jdm du sagen**, dare del tu a qu; **sie sagen du zueinander**, si danno del tu; **mit jdm per du sein**, darsi del tu con qu.

d. U. Abk von der Unterzeichnete: il sottoscritto.

Du <-(s), -(s)> n tu m • **jdm das Du anbieten**, offrire il tu a qu, proporre a qu di darsi del tu.

dual adj geh duale. **~es System** (in der Abfallwirtschaft) ökol, "sistema m tedesco per il riciclaggio degli imballaggi".

Dualismus <-, Dualismen> m geh dualismo m.

Dualsystem n math sistema m di numerazione binaria.

Dubai <-s, ohne pl> n geog Dubai m.

Dübel <-s, -> m **1** tassello m **2** (Holzdübel) cavicchio m, caviglia f.

dübeln tr **etw ~** tassellare qc; **etw (an etw** akk) **~** {HAKEN, LAMPE AN DIE WAND} fissare qc a qc con un tassello.

dubios adj geh {ANGELEGENHEIT, GESCHÄFT, GESTALT} sospetto, equivoco, ambiguo.

Dublee <-s, -s> n metallo m placcato.

Dublette <-, -n> f **1** (doppeltes Exemplar) doppione m **2** (Edelsteinimitat) imitazione f.

Dublin <-s, ohne pl> n geog Dublino f.

ducken A rfl **1** (sich rasch bücken) **sich (irgendwohin) ~** {NACH LINKS, RECHTS, ZUR SEITE} piegarsi/chinarsi (+ compl di luogo): **sich vor einem Hieb ~**, schivare un colpo, far civetta fam; (niederkauern) accovacciarsi, rannicchiarsi **2** pej (sich unterwürfig zeigen) **sich ~** sottomettersi, piegare la fronte/il capo **B** tr pej (unterdrücken) **jdn ~** mettere sotto qu, piegare qu.

Duckmäuser <-s, -> m (**Duckmäuserin** f) fam pej yes(-)man m, scansabrighe mf fam, signorsì m.

duckmäuserisch adj {ART, VERHALTEN} vigliacco, da yes(-)man.

dudeln tr itr fam pej (**etw**) **~** {MENSCH LIED, MELODIE} strimpellare (qc), sonicchiare (qc).

Dudelsack m mus cornamusa f, zampogna f.

Dudelsackpfeifer m (**Dudelsackpfeiferin** f), **Dudelsackspieler** m (**Dudelsackspielerin** f) suonatore (-trice) m (f) di cornamusa, zampognaro (-a) m (f).

Duell <-s, -e> n **1** hist duello m, contesa f: **sich ein ~ liefern**, affrontarsi in un duello • **jdn zum ~ (heraus)fordern** hist, sfidare qu a duello. **2** sport (Wettkampf) duello m.

duellieren <ohne ge-> rfl **sich ~ duellare, battersi in duello; sich mit jdm ~** duellare con qu, battersi in duello con qu.

Duett <-(e)s, -e> n mus duetto m: **ein/im ~ singen**, cantare un duetto.

Duft <-(e)s, Düfte> m {+BLUME, ESSEN} profumo m; {+PARFÜM} fragranza f; {+KAFFEE} aroma m.

dufte adj region slang {TYP} mitico slang, favoloso fam.

duften A itr (**nach etw** dat) **~** {NACH JASMIN, LAVENDEL, VEILCHEN} profumare (di qc), odorare (di qc) **B** unpers: **es duftet**, ⌊c'è⌋/[si sente] un buon profumo; **es duftet gut/fein/...**, c'è un buon/piacevole/... profumo; **es duftet nach etw (dat)** {NACH ROSEN}, c'è profumo di qc.

duftend adj <attr> {BLUME, KRÄUTER} profumato, odoroso; {PARFÜM} aromatico; {BRATEN, KAFFEE} profumato.

duftig adj {HAAR, KLEID, SEIDE} vaporoso.

Duftkerze f candela f profumata.

Duftnote f {+PARFÜM} nota f.

Duftstoff m essenza f odorosa.

Duftwasser <-s, -wässer> n profumo m.

Duftwolke f nuvola f di profumo.

Dukaten <-s, -> m hist ducato m.

dulden A tr **1** (zulassen) **etw ~** {ANDERE MEINUNG, OPPOSITION, WIDERSPRUCH} ammettere qc, tollerare qc: ⌊**keinen Aufschub**⌋/[**keine Verzögerung**] **~** {PLAN, PROJEKT}, non ammettere alcun rinvio **2** bes. pol relig (tolerieren) **jdn ~** tollerare qu **B** itr (leiden) (**irgendwie**) **~** {KLAGLOS, STUMM} sopportare (+ compl di modo), soffrire (+ compl di modo).

Duldermiene f <meist sing> iron faccia f da martire • **eine ~ aufsetzen**, atteggiarsi a martire.

duldsam adj bes. pol relig tollerante; (nachsichtig) indulgente; **sich gegen(über) jdm/etw ~ zeigen**, mostrarsi tollerante nei confronti di qu/qc.

Duldsamkeit <-, ohne pl> f tolleranza f.

dumm <dümmer, dümmste> **A** adj **1** (geistig beschränkt) stupido, scemo fam, tonto fam, imbecille fam **2** (unklug) stupido, sciocco: **es wäre ~, etw zu tun**, sarebbe stupido fare qc; **wie kann man so ~ sein, das zu tun?**, come si può essere così stupidi da fare una cosa del genere? **3** (albern) {GEREDE, ZEUG} sciocco, insulso; {IDEE} scemo: **~es Zeug reden**, dire sciocchezze; **mach nicht so ein ~es Gesicht!** fam, non fare quella faccia da stupido (-a)! fam **4** (unangenehm) {GESCHICHTE, SACHE} spiacevole, seccante: **eine ~e Geschichte** auch, una brutta faccenda; **mir ist etwas Dummes passiert!**, ho fatto una sciocchezza **B** adv (blöd) {HANDELN, SICH VERHALTEN} da stupido (-a)/scemo (-a), stupidamente: **frag nicht so ~!**, non fare domande così stupide!; **sich ~ anstellen**, essere imbranato fam • **~ dastehen** (sich blamieren), fare una figuraccia fam; (in der Patsche sitzen), rimanere nelle/sulle secche fam; **etw ist/wird jdm zu ~**: **jetzt ist's/wird's mir aber zu ~!**, adesso basta, però!; **schließlich wurde es mir zu ~**, alla fine mi sono stufato (-a); **jdm ~ kommen** fam (unverschämt werden), essere sfacciato con qu; **sich ~ stellen** fam, fare ⌊il finto tonto fam⌋/[la finta tonta fam]/[l'indiano fam]; **jdn für ~ verkaufen (wollen)**, prendere qu per scemo (-a) fam/ fesso (-a) fam; **das ist (aber) zu ~!** fam, che peccato!

dummdreist adj insolente, sfrontato.

Dumme <dekl wie adj> mf fam stupido (-a) m (f), sciocco (-a) m (f), tonto (-a) m (f) • **(für etw** akk) **immer einen ~n finden** fam, (riuscire a) trovare sempre il pollo che ci casca fam; **(immer) der Dumme sein** fam, essere lo stupido di turno fam.

Dummejungenstreich m fam ragazzata f.

dümmer adj kompar von dumm.

Dummerchen <-s, -> n fam stupidello (-a) m (f) fam, sciocchino (-a) m (f) fam.

Dummerjan, Dummrian <-s, -e> m fam → **Dummkopf**.

dummerweise adv fam **1** (leider) purtroppo, sfortunatamente **2** (aus Dummheit) stupidamente.

Dummheit <-, -en> f **1** <nur sing> (Mangel an Intelligenz) stupidità f, imbecillità f **2** (unkluge Handlung oder Äußerung) stupidaggine f, sciocchezza f, scemenza f: **eine ~ machen/begehen**, fare una stupidaggine/sciocchezza/baggianata; **mach bloß keine ~en!**, non fare sciocchezze!

dumm|kommen <irr> itr <sein> → **dumm**.

Dummkopf m fam pej sciocco m, testa f di rapa fam.

dümmlich adj {GRINSEN, MENSCH} stupido, sciocco.

Dummschwätzer m (**Dummschwätzerin** f) chi parla a vanvera.

Dummy① <-s, -s> m autom (Attrappe bei Unfalltests) manichino m.

Dummy② <-s, -s> m **1** Verlag (Blindband) libro m finto/[d'arredamento] **2** (Demoband) (registrazione) demo f.

dumpf A adj **1** {GERÄUSCH, TON} cupo, sordo **2** (feucht-muffig) {LUFT, SCHWÜLE} pesante: **~er Geruch**, tanfo **3** (unbestimmt) {AHNUNG, ERINNERUNG, GEFÜHL} vago; {SCHMERZ} sordo **4** (stumpfsinnig) {GLEICHGÜLTIGKEIT} apatico; {ALLTAG} grigio; {ATMOSPHÄRE} di torpore **B** adv **1** (*muffig*) {RIECHEN, SCHMECKEN} di stantio **2** (*stumpfsinnig*) {GLOTZEN} apaticamente: **~ vor sich hin brüten**, covare pensieri cupi.

Dumpfheit <-, *ohne pl*> f **1** {+SCHALL} cupezza f **2** {+MENSCH} apatia f, torpore m.

Dumping <-s, *ohne pl*> n dumping m.

Dumpingpreis m com prezzo m stracciato *fam* ● **zu ~en** {ANBIETEN, VERSCHLEUDERN}, a prezzi stracciati.

Düne <-, *-n*> f duna f.

Dünenwanderung f passeggiata f fra le dune.

Dung <-(e)s, *ohne pl*> m letame m, concime m (animale).

Düngemittel n → **Dünger**.

düngen **A** tr *etw* (*mit etw* dat) ~ {ACKER, BLUMEN, PFLANZEN} concimare qc (con qc), fertilizzare qc (con qc) **B** itr **1** (*mit Dünger anreichern*) dare il concime: **organisch/chemisch** ~, dare del concime organico/chimico **2** (*als Dünger wirken*) *irgendwie* ~: **Stallmist düngt gut**, lo stallatico è un buon concime.

Dünger <-s, -> m concime m, fertilizzante m: **natürlicher/organischer/künstlicher** ~, concime biologico/organico/chimico.

dunkel <attr *dunkle(r, s)*> **A** adj **1** (*nicht hell*) {GASSE, HIMMEL, ZIMMER} buio, (o)scuro; {NACHT} *auch* fondo, tenebroso: **es wird ~**, si fa buio/notte; **im Dunkeln**, al buio **2** (*düster in der Farbe*) {AUGEN, BIER, FARBE, HAARE, HAUTFARBE, KLEIDUNG} scuro; {BROT} nero: **ein Dunkles** *fam*, una birra scura **3** (*tief*) {STIMME, VOKAL} scuro **4** (*unbestimmt*) {AHNUNG, ERINNERUNG, VERDACHT} vago **5** pej (*zwielichtig*) {GESCHÄFTE, GESTALT} losco, sospetto; {VERGANGENHEIT} oscuro, torbido **6** (*düster*) {JAHRE, KAPITEL, ZEIT} oscuro, buio **B** adv (*in düsterem Farbton*) {SICH KLEIDEN} di scuro: **sich ~ erinnern**, ricordarsi vagamente ● **im** (**über etw akk**) **im Dunkeln lassen**, tenere qu all'oscuro (di qc); **im Dunkeln liegen** (*ungewiss sein*) {ZUKUNFT}, essere incerto; **im Dunkeln tappen** {POLIZEI}, brancolare nel buio.

Dunkel <-s, *ohne pl*> n geh **1** (*Dunkelheit*) oscurità f, buio m **2** (*Undurchschaubarkeit*) tenebre f pl: **in ~ gehüllt sein** geh, essere avvolto nelle tenebre geh ● **im ~ der Vorzeit** geh, nella notte dei tempi geh.

Dünkel <-s, *ohne pl*> m *pej* boria f, spocchia f.

dunkelblau adj blu scuro: **ein ~er Rock**, una gonna blu scuro.

dunkelblond adj biondo scuro.

dunkelbraun adj marrone scuro.

dunkelgrün adj verde scuro.

dunkelhaarig adj {MENSCH} dai capelli scuri, scuro di capelli, bruno.

dünkelhaft adj pej {MENSCH, AUFTRETEN} borioso, spocchioso.

Dünkelhaftigkeit <-, *ohne pl*> f prosopopea f.

dunkelhäutig adj di carnagione scura, scuro di pelle, bruno.

Dunkelheit <-, *ohne pl*> f oscurità f, buio m: **in der ~**, al buio, nell'oscurità; **die ~ bricht herein** geh, scende/cade la notte geh; **bei einbrechender ~**, al calar della sera *poet*, sull'imbrunire.

Dunkelkammer f *fot* camera f oscura.

Dunkelmann m pej regista m occulto, burattinaio m.

dunkeln unpers: **es dunkelt** geh, si fa buio/notte.

dunkelrot adj rosso scuro: **eine ~e Bluse**, una camicetta rosso scuro.

Dunkelziffer f dati m pl sommersi, cifre f pl/dati m pl non ufficiali.

dünken unpers: **mich/mir dünkt, dass ...** geh obs, mi pare/sembra che ... konjv.

dünn adj **1** (*eine geringe Stärke aufweisend*) {BRETT, BUCH, DECKE, WAND} sottile; {AST, FADEN, SCHICHT} *auch* fine **2** (*mager*) {ARM, BEIN, FINGER, HALS} magro; {PERSON} *auch* esile, scarno; (*schlank*) snello **3** (*Getränk*) {KAFFEE, SUPPE, TEE} lungo, allungato **4** (*fein*) {BLUSE, SCHLEIER, STOFF} sottile, leggero, fine; {STRÜMPFE} *auch* velato; {LUFT} rarefatto **5** (*schwach*) {STIMME} fioco, esile **6** (*spärlich*) {BESIEDLUNG, HAARWUCHS} rado: **~es Haar**, capelli fini/sottili ● **~ werden**, assottigliarsi; (*abmagern*), dimagrire.

dünnbesiedelt adj → **besiedelt**.

dünnbevölkert adj → **bevölkert**.

Dünnbrettbohrer m slang pej scansafatiche mf *fam*: **ein ~ sein**, essere di spalla tonda *fam*.

Dünndarm m anat intestino m tenue.

Dünndruck m typ stampa f su carta India.

dünnflüssig adj {ÖL} fluido.

dünngesät adj → **gesät**.

dünnhäutig adj **1** (*mit dünner Haut*) dalla pelle sottile **2** (*sensibel*) sensibile.

dünn|machen rfl slang sich ~ tagliare la corda *fam*, svignarsela *fam*.

Dünnpfiff <-(e)s, *ohne pl*> m slang sciolta f *fam*, cacarella f *fam*.

Dünnsäure f chem acido m solforico.

Dünnsäureverklappung f scarico m di acido solforico (in mare).

Dünnschiss (a.R. **Dünnschiß**) m vulg → **Dünnpfiff**.

Dunst <-(e)s, **Dünste**> m **1** <*nur sing*> (*leichter Nebel*) foschia f, nebbiolina f, caligine f **2** (*Dampf*) vapore m **3** (*Ausdünstung*) ~ **von etw** dat) {VON ABGASEN} esalazioni f pl (di qc), fumi f pl (di qc); {VON KNOBLAUCH} puzzo m (di qc), lezzo (di qc) iron ● **keinen (blassen) ~ von etw** (dat) **haben** *fam*, non avere la più pallida idea di qc *fam*; **jdm blauen ~ vormachen** *fam*, dare a intendere a qu le lucciole per lanterne *fam*, far vedere a qu la luna nel pozzo *fam*.

Dunstabzugshaube f cappa f aspirante.

dünsten tr gastr *etw* ~ {GEMÜSE} saltare qc; {FLEISCH} stufare qc.

Dunstglocke f cappa f di smog.

dunstig adj **1** (*leicht neblig*) {WETTER, TAG} caliginoso, nebbioso: **heute ist es ~**, oggi c'è foschia **2** (*verräuchert*) {KNEIPE} fumoso, pieno di fumo.

Dunstkreis m geh orbita f, sfera f d'influenza.

Dunstschleier m velo m di foschia.

Dunstwolke f nube f di fumi/odori.

Duo <-s, -s> n **1** mus duo m **2** oft iron (*Paar*) duetto m, tandem m *fam* iron: **ihr zwei seid mir ein feines/sauberes Duo!** *fam* iron, ma che bella coppia! *fam* iron.

Duodezimalsystem <-s, *ohne pl*> n sistema m duodecimale.

Duopol <-s, *-e*> n ökon duopolio m.

düpieren <*ohne ge*-> tr *jdn* ~ **1** geh (*zum Narren halten*) farsi beffe di qu **2** geh (*jdn kränken*) urtare qu **3** sport {GEGNER} surclassare qu.

Duplex <-, *ohne pl*> n inform tel duplex m.

Duplikat <-(e)s, -*e*> n {+RECHNUNG, URKUNDE} duplicato m: **ein ~ anfordern/ausstellen**, richiedere/rilasciare un duplicato.

Dur <-, *ohne pl*> n mus modo m maggiore: **in C-Dur**, in do maggiore.

durch① präp + akk **1** (*räumlich: hindurch*) attraverso, per: **~ Italien reisen**, viaggiare per/attraverso l'Italia; **mitten ~ die Stadt**, attraverso il centro della città; **~ den Fluss schwimmen**, attraversare il fiume a nuoto; **quer ~ die Felder**, attraverso i campi; **~ das Fenster schauen**, guardare (fuori) dalla finestra; **~ die Hintertür hineingehen**, entrare dalla porta di servizio; **die Kugel drang ~ die Lunge**, la pallottola trapassò il polmone **2** (*zeitlich: während, nachgestellt*) {DEN WINTER, DAS LEBEN} durante, per: **das ganze Jahr ~**, (per/durante) tutto l'anno **3** (*mittels jdn*) per (mezzo di), tramite; (*mittels jdn*) *auch* attraverso, mediante: **~ einen Boten schicken**, mandare per fattorino; **eine Nachricht ~ das Radio erfahren**, apprendere una notizia ₁tramite/attraverso la radio₁/ [dalla radio]; (*mit Vermittlung, Hilfe von*) con l'aiuto di, grazie a; **etw ~ einen Freund bekommen**, ottenere qc tramite/[grazia a] un amico **4** (*modal: meist mit Gerund übersetzt*): **~ Drücken des Knopfes ...**, premendo il bottone ...; **~ ständiges Training ...**, allenandosi continuamente ..., con un continuo allenamento ... **5** (*kausal: aufgrund*) per: **Tod ~ Ersticken/Herzschlag**, morte per soffocamento/infarto; **~ einen Unfall**, in seguito a un incidente; **~ Zufall**, per caso **6** (*in Passivsätzen: von*): **da: das Haus wurde ~ Bomben zerstört**, la casa fu distrutta dalle bombe **7** math (*dividiert*) (*geteilt*) ~, per (diviso) per qc: **16 (geteilt) ~ 4**, 16 diviso (per) 4.

durch② adv *fam* (*mit Uhrzeit: vorbei*): **es ist schon zwei/drei/... Uhr ~**, sono già le due/tre ... passate ● **jdm ~ und ~ gehen** {SCHREI, SCHRECK}, penetrare a qu fin nelle viscere; **~ und ~ überzeugt**, assolutamente; {EHRLICH}, fino in fondo all'anima; {KATHOLISCH, NASS, VERLOGEN}, fino al midollo.

durch|ackern tr *fam etw* ~ {LEHRBUCH, UNTERLAGEN} sviscerare qc.

durch|arbeiten **A** tr *etw* ~ **1** (*genau studieren*) {BUCH, WERK} studiare a fondo qc **2** (*durchkneten*) {TEIG} lavorare ben bene qc **B** itr (*ohne Pause arbeiten*) lavorare senza interruzione, fare tutta una tirata *fam*: **die (ganze) Nacht ~**, passare la notte a lavorare **C** rfl **sich durch etw** (akk) ~ **1** (*bearbeiten*) {DURCH AKTEN, EIN BUCH} sudare su qc **2** (*sich durchschlagen*) {DURCH DAS DICKICHT, DIE MENSCHENMENGE} farsi largo/strada (*tra/in/attraverso qc*).

durch|atmen itr respirare profondamente ● **wieder tief ~ können** (*erleichtert sein*), tirare un sospiro di sollievo.

durchaus adv **1** (*ohne weiteres*) {MÖGLICH, VERSTÄNDLICH, DENKBAR} senz'altro **2** (*völlig*) perfettamente, completamente: **ich bin ~ Ihrer Meinung**, sono perfettamente d'accordo con Lei **3** (*unbedingt*) assolutamente, proprio: **wenn du das ~ willst**, se proprio vuoi; **das ist ~ nötig**, è assolutamente necessario **4** (*verstärkend in verneinten Sätzen*): **~ nicht**, non ... affatto, per niente; **ich bin ~ nicht müde**, non sono affatto/[per niente] stanco (-a); **~ kein**, ..., non ... assolutamente/affatto; **das ist ~ kein Witz ...**, non è affatto una barzelletta ...

durch|beißen <irr> **A** tr (*in zwei Teile beißen*) *etw* ~ {BONBON, BROT, FADEN} rompere/spezzare qc con i denti **B** rfl *fam* (*sich durchkämpfen*) **sich** (**durch etw** akk) ~ {DURCH HARTE ZEITEN} tenere duro *fam*.

durch|bekommen <irr, *ohne ge*-> tr *fam etw* ~ **1** (*durchsetzen*) {ÄNDERUNG, GESETZ, REFORM, VORSCHLAG} riuscire a far passare qc; {KANDIDATEN, PRÜFLING} riuscire a far passare qu **2** (*durch eine Kontrolle bringen*) {WARE} riuscire a far passare qc **3** (*in zwei Teile* *teilen*) riuscire a rompere/tagliare *qc*: **mit diesem Messer bekomme ich das Brot nicht durch**, con questo coltello non riesco a tagliare il pane.

durch|blättern <mit ge->, **durchblättern** <ohne ge-> tr *etw* ~ {BUCH, ZEITUNG} sfogliare *qc*, dare una scorsa a *qc*.

Durchblick <-(e)s, ohne pl> m: **den** (**vollen**) **~ haben** *fam*, capirci *fam*, vederci chiaro; **ihm fehlt der ~** *fam*, non ci capisce niente *fam*/arriva *fam*].

durch|blicken itr **1** *fam* (*etw kapieren*) capirci *fam*; (*bei/in etw* dat) ~ {IN EINEM FACH} capire (*di qc*); {BEI EINER SACHE} vederci chiaro (*in qc*) **2** (*hindurchsehen*) **durch etw** (akk) ~ {DURCH FERNGLAS, MIKROSKOP} guardare attraverso *qc* • *etw* ~ **lassen**, far trasparire *qc*; ~ **lassen, dass ...**, far capire/lasciare intendere] che ...

durch|bluten itr **1** *fam* (*durchsickern*) (*durch etw* akk) ~ {WUNDE DURCH DEN VERBAND} sanguinare (attraverso *qc*) **2** <sein> (*sich mit Blut vollsaugen*) impregnarsi/imbeversi di sangue: **der Verband ist völlig durchgeblutet**, la fasciatura è completamente intrisa/imbevuta di sangue.

durchblutet adj: **meine Beine sind schlecht ~**, ho dei disturbi di circolazione alle gambe.

Durchblutung f circolazione f del sangue.

Durchblutungsstörung f med disturbo m circolatorio/[di circolazione].

durch|bohren① **A** tr (*bohrend durchdringen*) **etw** ~ {BRETT, WAND} bucherellare *qc*; (*durch Bohren herstellen*) **etw** (*durch etw* akk) ~ {LOCH DURCH WAND} fare/praticare *qc* (*in qc*) **B** rfl (*durchdringen*) **sich** (**durch etw** akk) ~ {PFEIL, SPEER} penetrare (attraverso *qc*).

durchbohren② <ohne ge-> tr (*durchdringen*) **jdn/etw** ~ {KUGEL BRETT, BRUST, PERSON} traforare *qc*/*qu*/[*qc*], trapassare *qc* a *qu*/[*qc*]; (*mit Gegenstand durchdringen*) **jdn/etw** (*mit etw* dat) ~ {MIT EINEM DOLCH} trafiggere *qu*/*qc* (con *qc*).

durchbohrend adj {BLICKE} penetrante.

durch|boxen *fam* **A** tr (*durchsetzen*) **etw** ~ {BEFÖRDERUNG, GEHALTSERHÖHUNG} strappare *qc* *fam*; {PLAN, PROJEKT} far passare *qc* **B** rfl (*sich durchsetzen*) ~ **farsi strada combattendo**: **sich nach oben ~**, arrivare in alto.

durch|braten <irr> tr *gastr* **etw** ~ {FLEISCH} cuocere bene *qc*: **durchgebraten**, cotto bene.

durch|brechen① <irr> **A** tr <haben> **1** (*in zwei Teile brechen*) **etw** ~ {AST, BROT, SCHOKOLADE} rompere (in due) *qc*, spezzare (in due) *qc* **2** (*eine Öffnung brechen*) **etw** ~ {MAUER, WAND} sfondare *qc*; {FENSTER, TÜR} (far) aprire *qc* **B** itr <sein> **1** (*entzweibrechen*) {BRETT} rompersi, spaccarsi; {AST} anche spezzarsi; {KOFFER} sfondarsi **2** (*hervorkommen*) (**durch etw** akk) ~ {SONNE DURCH WOLKEN} spuntare (attraverso *qc*); {PFLANZE, ZAHN} spuntare (da *qc*) **3** (*sich zeigen*) {CHARAKTER, GEFÜHL} venire fuori, manifestarsi.

durchbrechen② <irr, ohne ge-> tr **etw** ~ **1** (*gewaltsam durchdringen*) {BLOCKADE, ABSPERRUNG} forzare *qc* **2** (*überwinden*) {FLUGZEUG SCHALLMAUER} sfondare *qc*.

durch|brennen <irr> itr **1** <sein> el {SICHERUNG} saltare, bruciarsi; {GLÜHBIRNE} fulminarsi, bruciarsi **2** <sein> *fam* (*ausreißen*) {KIND VON ZU HAUSE} scappare di casa, tagliare la corda *fam*; (*jdm*) (**mit jdm**) ~ {DEM (EHE)PARTNER MIT EINER/EINEM GELIEBTEN} scappare (con *qu*), prendere il volo (con *qu*)

fam; **mit etw** (dat) ~ {MIT GELD, KASSE} scappare con *qc*.

durch|bringen <irr> **A** tr **1** (*durchsetzen*) **etw** ~ {ÄNDERUNG, VORSCHLAG} far passare/accettare *qc*; **jdn** ~ {KANDIDATEN, PRÜFLING} far passare *qu* **2** (*retten*) **jdn** ~ {KRANKEN} salvare *qu* **3** (*ernähren*) **jdn** ~ {FRAU, KIND} mantenere *qu*, campare *qu* *fam*: **die Familie ~ auch**, mandare avanti la famiglia *fam* **4** (*verschwenden*) **etw** ~ {GELD, VERMÖGEN, ERBE} sperperare *qc*, dissipare *qc*, dilapidare *qc* **B** rfl (*seinen Lebensunterhalt bestreiten*) **sich** ~ tirare avanti *fam*, sbarcare il lunario *fam*.

durchbrochen adj traforato, a giorno.

Durchbruch m **1** (*entscheidender Erfolg*) affermazione f, successo m: **mit diesem Song gelang/glückte ihm der ~**, con quella canzone riuscì a sfondare *fam* **2** mil (*das Durchstoßen*) {+FRONT} sfondamento m **3** {+PFLANZE, ZAHN} spuntare m **4** med {+BLINDDARM} perforazione f • **zum ~ kommen** {IDEE}, affermarsi, prendere piede *fam*; **jdm/etw zum ~ verhelfen**, portare *qu*/*qc* al successo.

durch|checken tr *fam* **jdn** ~ {BEWERBER, PATIENTEN} esaminare (a fondo) *qu*: **sich ~ lassen** med, sottoporsi a/[farsi] un check-up; **etw** ~ {ANZEIGEN, LISTE} controllare *qc*.

durchdacht adj {ENTSCHEIDUNG, IDEE} (ben) ponderato, meditato; {PLAN} ben congegnato, elaborato: **wohl ~** → **wohldurchdacht**.

durch|deklinieren <ohne ge-> tr *fam* **etw** ~ {PROBLEM, PROGRAMM, THEMA} sviscerare *qc* in tutti i suoi aspetti, declinare *qc* in tutti i sensi.

durch|denken <irr>, **durchdenken** <irr, ohne ge-> tr **etw** ~ {PLAN, PROBLEM} vagliare *qc*; {ENTSCHEIDUNG, IDEE} anche ponderare bene *qc*, maturare *qc*.

durch|diskutieren tr **etw** ~ {PLAN, VORSCHLAG} discutere a fondo *qc*.

durch|drängen rfl **sich** (**durch etw** akk) ~ {DURCH MENSCHENMENGE} farsi largo/strada (a gomitate) (in/tra/attraverso *qc*).

durch|drehen A tr <haben> *gastr* (*zerkleinern*) {FLEISCH} tritare *qc*; {GEMÜSE, OBST} passare *qc* **B** itr **1** <haben oder sein> *fam* (*die Nerven verlieren*) perdere la testa *fam*, andare fuori di testa *slang* **2** <haben> (*sich auf der Stelle drehen*) {RÄDER, REIFEN} slittare, girare a vuoto.

durch|dringen① <irr> <sein> **1** (*durch etw dringen*) (**durch etw** akk) ~ {SONNE DURCH NEBEL, WOLKEN} fare capolino (tra *qc*), filtrare (attraverso *qc*); {FEUCHTIGKEIT, REGEN DURCH KLEIDUNG} penetrare (attraverso *qc*) **2** (*vordringen*) {GERÄUSCH, STIMME} arrivare; {GERÜCHT, NACHRICHT} trapelare: (**bis**) **zu jdm ~**, giungere a *qu* **3** (*sich durchsetzen*) **mit etw** (dat) ~ {MIT EINEM ANLIEGEN, PLAN, VORSCHLAG} riuscire a far passare *qc*.

durchdringen② <irr, ohne ge-> tr **1** (*durch etw dringen*) **etw** ~ {STRAHLEN MATERIAL} attraversare *qc*, penetrare attraverso *qc*; {LICHT DUNKELHEIT; SONNE WOLKENDECKE} squarciare *qc* **2** geh (*erfüllen*) **jdn** ~ {GEDANKE, GEFÜHL} pervadere *qu*, compenetrare *qu geh*.

durchdringend adj {WIND} pungente; {KÄLTE, GERUCH} anche penetrante; {BLICK, STIMME} penetrante, pungente; {SCHREI} lacerante; {SCHMERZ} lancinante.

durch|drücken tr **1** *fam* (*durchsetzen*) **etw** ~ {GESETZ, REFORMEN} far passare *qc*, imporre *qc*; {PLAN} far valere *qc*; {WILLEN} imporre *qc* **2** (*strecken*) **etw** ~ {ARME} stendere *qc*, allungare *qc*.

durchdrungen adj <präd> (*erfüllt*): **von etw** (dat) ~ **sein** {VON EINEM GEDANKEN, GEFÜHL}, essere pervaso/compenetrato *geh* da *qc*.

durch|dürfen <irr> itr *fam* (*irgendwo*) ~ poter passare (+ compl di luogo): **Sie dürfen hier nicht durch**, non può passare (per) di qua.

durcheinander A adj <präd> *fam* **1** (*nicht ordentlich*): ~ **sein** {ZIMMER, SCHREIBTISCH}, essere sottosopra/[in disordine]; {UNTERLAGEN} essere mescolato/[in disordine] **2** (*verwirrt*): ~ **sein**, essere nel pallone *fam*, essere scombussolato *fam* **B** adv alla rinfusa.

Durcheinander <-s, ohne pl> n **1** (*Unordnung*) disordine m, confusione f, caos m, casino m *slang* **2** (*Wirrwarr*) confusione f, caos m, scompiglio m, minestrone m *fam*: **es entsteht ein heilloses ~**, si crea il caos.

durcheinander|bringen <irr> tr **1** (*in Unordnung bringen*) **etw** ~ {BRIEFE, BÜCHER, UNTERLAGEN} mettere sottosopra/[in disordine] *qc*, scombinare *qc*, scompigliare *qc*: **alles ~**, mettere tutto in disordine **2** (*verwechseln*) **jdn/etw** ~ {BEGRIFFE, DATEN, NAMEN, PERSONEN} scambiare *qu*/*qc*, confondere *qu*/*qc* **3** (*verwirren*) **jdn** (**mit etw** dat) ~ (far) confondere *qu* (con *qc*), disorientare *qu* (con *qc*).

durcheinander|essen <irr> tr mangiare mescolando tutto: **alles Mögliche ~**, mangiare troppe cose tutte insieme.

durcheinander|gehen <irr> itr <sein> confondersi, scombinarsi: **da ist alles durcheinandergegangen**, c'è stata una gran confusione.

durcheinander|geraten <irr, ohne ge-> itr <sein> *fam* scombinarsi, andare sottosopra.

durcheinander|kommen <irr> itr <sein> **1** (*in Unordnung geraten*) {BLÄTTER, BRIEFE, UNTERLAGEN} mescolarsi, (fram)mischiarsi **2** (*in Verwirrung geraten*) confondersi, entrare nel pallone *fam*.

durcheinander|reden itr {PERSONEN} parlare tutti insieme.

durcheinander|trinken <irr> tr bere mescolando tutto.

durcheinander|werfen <irr> tr **1** (*umherwerfen*) **etw** ~ {KLEIDUNGSSTÜCKE, PAPIERE} mettere sottosopra *qc*, buttare all'aria *qc* **2** (*verwechseln*) **jdn/etw** ~ {BEGRIFFE, DATEN, NAMEN, PERSONEN} scambiare *qu*/*qc*, confondere *qu*/*qc*.

durch|exerzieren <ohne ge-> tr *fam* **etw** ~ {MÖGLICHKEITEN, VARIANTEN} vedere e rivedere *qc*: **das haben wir doch jetzt schon x-mal durchexerziert!**, l'abbiamo già sperimentato in tutte le salse! *fam*.

durch|fahren① <irr> itr <sein> **1** (*durch etw* (*hin*)*durchfahren*) **durch etw** (akk) ~ {DURCH EIN GEBIET, LAND, TUNNEL} attraversare *qc*, passare attraverso *qc* **2** (*nicht anhalten*) {FAHRER, WAGEN} passare senza fermarsi: **bei Rot ~**, passare col rosso; {ZUG} non effettuare fermate; (*nicht umsteigen*: **bei U-Bahn, Zug u. Ä.**) viaggiare senza cambiare; **mit diesem Zug können wir direkt bis Hamburg ~**, con questo treno possiamo andare direttamente fino ad Amburgo **3** (*ohne Unterbrechung fahren*) viaggiare senza interruzione: **die ganze Nacht ~**, viaggiare ininterrottamente (per) tutta la notte; **bis Stockholm ~**, andare diretto (-a) a Stoccolma.

durchfahren② <irr, ohne ge-> tr **1** (*fahrend durchqueren*) **etw** ~ {STRECKE} percorrere *qc*; {GEBIET, LAND} attraversare *qc* **2** (*überkommen*) **jdn** ~ {SCHRECK} assalire

qu, cogliere *qu*; {GEDANKE} balenare *a qu*.
Durchfahrt f **1** (*enge Stelle*) passaggio m; (*Toreinfahrt*) passo m carrabile **2** <*nur sing*> (*das Durchfahren*) transito m: **für Lkws ~ verboten!**, transito vietato agli autocarri! **3** <*nur sing*> (*Durchreise*) passaggio m: **auf der ~ sein**, essere di passaggio • **bitte (die) ~ frei halten!**, passo carrabile; **~ verboten!**, divieto di transito.
Durchfahrtsrecht n *jur* diritto m di passaggio.
Durchfahrtsstraße f strada f di transito.
Durchfall m **1** *med* (*Diarrhö*) diarrea f: **~ haben**, avere la diarrea **2** *fam* (*Misserfolg: bei einer Prüfung*) bocciatura f *fam*; *theat* fiasco m *fam*.
durch|fallen <*irr*> *itr* <*sein*> **1** (*durch etw akk*) **~** {STEIN DURCH EINEN ROST} cadere/cascare (*attraverso qc*) **2** *fam* (*nicht bestehen*) (*bei/in etw dat*) **~** {IN/BEI EINER PRÜFUNG} essere bocciato (*a qc*) *fam*; {BEI DEN WAHLEN} essere trombato (*a qc*) *fam*; (*bei jdm*) **~** *theat* {BEIM PUBLIKUM} fare fiasco (*presso qu*).
durch|feiern *itr fam* festeggiare ininterrottamente: **die ganze Nacht ~**, festeggiare fino all'alba, tirare mattina *fam*.
durch|finden <*irr*> *itr rfl* (**sich**) (*durch etw akk/in etw dat*) **~** {DURCH AKTENBERG, IN DURCHEINANDER} orientarsi (*in qc*); (*bes. in verneinten Sätzen*) raccapezzarsi (*in qc*).
durch|fliegen① <*irr*> *itr* <*sein*> **1** *aero* {FLUGZEUG, PASSAGIER} volare non stop **2** *fam* → **durch|fallen** 2.
durch|fliegen② <*irr*, *ohne* ge-> *tr* (*fliegend zurücklegen*) *etw* **~** percorrere *qc* (in volo).
durch|fließen① <*irr*> *itr* <*sein*> (*durch etw akk*) **~** {WASSER DURCH LEITUNG} scorrere *attraverso qc*.
durch|fließen② <*irr*, *ohne* ge-> *tr etw* **~ 1** {BACH, STROM LANDSCHAFT} scorrere *attraverso qc*, attraversare *qc* **2** *el* {STROM} percorrere *qc*.
durch|fluten <*ohne* ge-> *tr geh etw* **~** {LICHT, SONNE ZIMMER} inondare *qc*.
durchforschen <*ohne* ge-> *tr etw* **~ 1** (*durchstreifen*) *etw* **~** {*nach jdm/etw*} **~** {GEGEND, LAND} perlustrare/setacciare *qc* (in cerca di *qu/qc*) **2** (*durchsuchen*) *etw* **~** {*nach etw* dat} **~** {AKTEN, LITERATUR NACH HINWEISEN} sviscerare/[esaminare minuziosamente] *qc* (in cerca di *qc*).
durch|forsten <*ohne* ge-> *tr etw* **~** {WALD} ripulire *qc*; {AKTEN, ARCHIVE, KARTEI} spulciare *qc*.
durch|fragen *rfl* **sich ~** trovare la strada chiedendo; **sich** (*zu jdm/etw*) **~** chiedere in giro (*per trovare qu/qc*).
durch|fressen <*irr*> *rfl* **1** (*sich durch etw nagen*) **sich** (*durch etw akk*) **~** {ROST DURCH METALL} mangiare *qc*; {TIER DURCH HOLZ, KÄSE} *auch* rodere *qc*, *fam* pej (*oft auf Kosten anderer essen*) mangiare a ufo *fam*/sbafo *fam*.
Durchfuhr <-, -en> f {+WAREN} transito m.
durchführbar *adj* {PROJEKT, VORHABEN} realizzabile, fattibile; {MAßNAHMEN} attuabile.
durch|führen Ⓐ *tr* **1** (*ausführen*) *etw* **~** {ARBEIT} eseguire *qc*; {ÄNDERUNG, EXPERIMENT} *auch* effettuare *qc*; {REFORM} attuare *qc* **2** (*verwirklichen*) *etw* **~** {IDEE, PLAN, VORHABEN} realizzare *qc* **3** (*veranstalten*) *etw* **~** {KONFERENZ, KONZERT} organizzare *qc* **4** (*begleiten*) **jdn durch etw** (*akk*) **~** {DURCH EIN MUSEUM} guidare *qu per qc*, condurre *qu per qc* Ⓑ *itr* (*verlaufen*) **durch etw** (*akk*) **~** {STRAßE DURCH EIN GEBIET} passare *attraverso/per qc*.
Durchführung f **1** (*Verwirklichung*) {+AR-

BEIT, EXPERIMENT} esecuzione f, realizzazione f; {+IDEE, VORHABEN} realizzazione f {+MAß-NAHME} attuazione f **2** (*Veranstaltung*) {+KONFERENZ, KONZERT} organizzazione f • **zur ~ kommen/gelangen** *form* {GESETZ, MAßNAHME}, trovare applicazione.
Durchfuhrzoll m dazio m di transito.
durch|füttern *tr fam* **jdn ~** {KINDER} dar da mangiare *a qu*, mantenere *qu*: **sich von jdm ~ lassen**, farsi mantenere.
Durchgang m **1** (*Passage*) passaggio m **2** <*nur sing*> (*das Durchgehen*) passaggio m **3** <*nur sing*> *com* {+WAREN} transito m **4** (*Phase*) {+WAHL} turno m, tornata f: **im ersten ~**, al primo turno; *sport* (*bei Skirennen*) manche f • **~ verboten!, kein ~!**, divieto di passaggio.
durchgängig Ⓐ *adj* (*allgemein*) costante, continuo: **die ~e Meinung**, l'opinione generale/corrente Ⓑ *adv* continuamente, costantemente.
Durchgangsbahnhof m stazione f di transito.
Durchgangslager n campo m di transito/smistamento.
Durchgangsstraße f strada f di transito.
Durchgangsverkehr m traffico m di transito m.
Durchgangszimmer n stanza f di passaggio.
durch|geben <*irr*> *tr radio tel TV* (**jdm**) *etw* **~** {MELDUNG, NACHRICHT} comunicare *qc* (*a qu*), dare *qc* (*a qu*), trasmettere *qc* (*a qu*).
durchgefroren *adj* {MENSCH} gelato.
durch|gehen <*irr*> Ⓐ *itr* <*sein*> **1** (*durch etw akk*) **~** {DURCH EINE TÜR, EIN ZIMMER} passare (*per/da/attraverso qc*), attraversare *qc* **2** *aero* Eisenb {FLUG, ZUG} essere diretto **3** *fam* (*durchpassen*) (*durch etw akk*) **~** passare (*per/da/attraverso qc*): **der Schrank geht nicht durch die Tür** (*durch*), l'armadio non passa dalla porta **4** *fam* (*ohne Unterbrechung andauern*) **~** (**bis + Zeitangaben**) {FEST, PARTY, SITZUNG} andare avanti *fam*/continuare (senza interruzione) (*fino a + compl di tempo*): **die Party ging bis zum Morgen durch**, la festa andò avanti fino al mattino **5** *fam* (*weglaufen*) **jdm ~** {PFERD} prendere la mano *a qu*; (**jdm**) **mit jdm/etw ~** {MIT EINEM LIEBHABER, MIT DER KASSE} scappare *con qu/qc*, prendere il volo *con qu/qc fam*: **seine Frau ist mit einem Kollegen durchgegangen**, sua moglie è scappata con un collega **6** (*angenommen werden*) {AN-TRAG, GESETZ} passare, essere approvato **7** *fam* (*außer Kontrolle geraten*) **mit jdm ~**: **mein Temperament ging mit mir durch**, ho perso le staffe *fam*; **seine Nerven gingen mit ihm durch**, gli sono saltati i nervi *fam* Ⓑ *tr* <*haben oder sein*> (*durchsehen, -sprechen*) *etw* **~** {ARBEIT, DATEN, TEXT} rivedere *qc*, esaminare *qc* • (**jdm**) *etw* **~ lassen**, (lasciar) passare *qc a qu*, chiudere un occhio su *qc fam*.
durchgehend Ⓐ *adj* **1** *com* (*ÖFFNUNGS-ZEITEN*) continuato **2** *Eisenb* (*direkt*) {ZUG} diretto Ⓑ *adv* (*ständig*) ininterrottamente, continuamente • **~ geöffnet** *com*, (ad) orario continuato • **das Geschäft ist ~ geöffnet**, questo negozio fa/osserva orario continuato.
durchgeistigt *adj geh* spirituale.
durchgeknallt *adj slang* scoppiato *slang*/fuso *slang*.
durch|gießen <*irr*> *tr etw* (**durch etw** *akk*) **~** {TEE DURCH EIN SIEB} versare/filtrare *qc* (*attraverso qc*).
durch|greifen <*irr*> *itr* **1** (*durchfassen*) (**durch etw** *akk*) **~** {DURCH EIN GITTER, EINE

ÖFFNUNG, EINEN SPALT} allungare/[far passare] la mano *attraverso qc* **2** (*wirksam vorgehen*) {POLIZEI} intervenire (drasticamente): **hart/energisch ~**, intervenire duramente/energicamente.
durchgreifend *adj* {MAßNAHME} energico, drastico, radicale.
durch|halten <*irr*> Ⓐ *itr* (*standhalten*) tener duro *fam*, reggere Ⓑ *tr* **1** (*ertragen*) *etw* **~** {ÄRGER, STRESS} resistere *a qc*, reggere *qc* **2** (*weiterführen*) *etw* **~** {KAMPF, STREIK} portare avanti *qc*.
Durchhalteparole f parole f pl di incoraggiamento.
Durchhaltevermögen <-s, *ohne* pl> n capacità f di resistenza.
durch|hängen <*irr*> *itr fam* essere giù (di corda/tono) *fam*.
Durchhänger <-s, -> m: **einen ~ haben** *slang*, essere a terra *fam*, essere giù (di corda) *fam*.
durch|hauen <*irr oder fam reg*> *tr* **1** (*durch Schlagen zerteilen*) *etw* (**mit etw** *dat*) **~** {AST MIT EINEM BEIL} spaccare *qc* (*con qc*) **2** *fam* (*verprügeln*) **jdn ~** menare a dovere *qu fam*.
durch|helfen <*irr*> Ⓐ *itr* **jdm** (**durch etw** *akk*) **~ 1** {DURCH EINE ÖFFNUNG} aiutare *qu* a passare *da/attraverso qc* **2** {DURCH EINE KRISE, NOTLAGE} aiutare *qu* (a superare *qc*) Ⓑ *rfl* (*sich zu helfen wissen*) **sich ~** arrangiarsi *fam*, cavarsela da solo (-a) *fam*.
durch|hören *tr* **1** (*heraushören*) *etw* (**bei jdm**) **~** {ENTTÄUSCHUNG, UNSICHERHEIT} percepire *qc* (in *qu*), avvertire *qc* (in *qu*) **2** (*etw durch etw hören*) **etw** (**durch etw**) **~** {GE-RÄUSCH, MUSIK DURCH EINE WAND} sentire *qc* (*attraverso qc*).
durch|kämmen① *tr* (*gründlich kämmen*) *etw* **~** {HAAR} pettinare bene *qc*.
durch|kämmen② <*ohne* ge-> *tr* (*gründlich durchsuchen*) *etw* (**nach jdm/etw**) **~** {GE-BIET, WALD} rastrellare/setacciare *qc* (*alla ricerca di qu/qc*).
durch|kämpfen *rfl* **1** (*sich einen Weg bahnen*) **sich** (**durch etw** *akk*) **~** {DURCH DICKICHT, MENSCHENMENGE} farsi strada/largo (in/tra/*attraversoqc*) **2** (*sich durchsetzen*) **sich ~** farsi strada lottando.
durch|kauen *tr etw* **~ 1** (*gründlich kauen*) masticare bene *qc* **2** *fam* (*eingehend besprechen*) {PROBLEM, THEMA} sviscerare *qc*.
durch|klingen <*irr*> *itr* <*sein oder haben*> (**durch etw** *akk*) **~** {ÄRGER, TRAURIGKEIT} trasparire (*da qc*): **durch seine Worte klang eine leise Melancholie durch**, dalle sue parole traspariva una leggera nota di malinconia.
durch|kneten *tr etw* **~** {TEIG} impastare bene *qc*.
durch|kommen <*irr*> *itr* <*sein*> **1** (*durchdringen*) (**durch etw** *akk*) **~** {PERSON DURCH GEWÜHL, DICHTEN VERKEHR} (riuscire a) passare (*attraverso qc*) **2** (*durchfahren*) (**durch etw** *akk*) **~** {PERSON, AUTO, ZUG DURCH EINEN ORT} passare (*per/da qc*) **3** *fam tel* (riuscire a) prendere la linea **4** (*Erfolg haben*) (**bei jdm**) **mit etw** (*dat*) **~** {MIT AUS-FLÜCHTEN, LÜGEN} cavarsela (*con qc*) *fam*: **mit Englisch kommt man überall durch**, con l'inglese uno se la cava dappertutto **5** (*Prüfung bestehen*) (**bei/in etw** *dat*) **~** farcela (*in/a qc*) **6** *fam* (*überleben*) {PATIENT} salvare la buccia *fam*.
durch|können <*irr*> *itr fam* (**durch etw** *akk*) **~** {FAHRZEUG DURCH SCHMALE STRAßE, DURCHFAHRT} riuscire a passare (*da/per/attraverso qc*).
durchkreuzen <*ohne* ge-> *tr etw* **~** {PLÄ-

NE} intralciare qc, ostacolare qc; {ABSICHTEN} avversare qc; jds Pläne ~ auch, rompere le uova nel paniere a qu.

durch|kriegen tr fam → **durch|bekommen**.

Durchlass (a.R. Durchlaß) <-lasses, -lässe> m: jdm ~ gewähren/verschaffen, far/lasciare passare qu.

durch|lassen <irr> tr 1 (passieren lassen) jdn/etw ~ far/lasciar passare qu/qc 2 (durchdringen lassen) etw ~ {VORHANG LICHT; SCHUHE WASSER} far/lasciare passare qc.

durchlässig adj 1 (wasser~) {BODEN, SCHICHT} permeabile; {GEFÄß} non stagno; {SCHUHE} non impermeabile 2 (licht~) trasparente, diafano 3 (wandlungsfähig) {SYSTEM} permeabile, ricettivo; {GRENZE} permeabile.

Durchlaucht <-, -en> f obs (Titel und Anrede für Mitglieder des hohen Adels) Altezza f serenissima.

Durchlauf m 1 inform passaggio m (di elaborazione) 2 sport {+SKIRENNEN} manche f.

durch|laufen① <irr> Ⓐ itr <sein> 1 (durchqueren) (durch etw akk) ~ {DURCH PARK} correre attraverso qc, percorrere qc, (nur kurz) {DURCH AUSSTELLUNG, KAUFHAUS} passare per qc 2 (durch etw rinnen) {KAFFEE DURCH FILTER} passare (attraverso qc), colare (attraverso qc; {WASSER DURCH DECKE} filtrare (attraverso/da qc) Ⓑ tr <haben> etw ~ {SCHUHE, SOHLEN} sfondare qc.

durch|laufen② <irr, ohne ge-> tr 1 (laufend durchqueren) etw ~ (PARK, WALD) percorrere qc, attraversare (correndo) qc 2 sport (zurücklegen) etw ~ {STRECKE} percorrere qc, coprire qc 3 (absolvieren) etw ~ {STUDIUM, AUSBILDUNG} portare a termine qc {ABTEILUNGEN, PHASEN} passare per qc 4 (erfassen) jdn ~ {SCHAUDER} assalire qu; {ZITTERN} pervadere qu: **es durchlief ihn eiskalt**, si è sentito gelare; **es durchlief mich siedend heiß**, mi ha preso (-a) un colpo.

Durchlauferhitzer <-s, -> m tech scalda(a)cqua m istantaneo.

durch|lavieren <ohne ge-> rfl fam sich ~ barcamenarsi.

durch|leben tr etw ~ {SCHLIMME JAHRE, JUGEND, KINDHEIT, SCHÖNE STUNDEN} vivere qc: **eine große Angst** ~, prendersi/passare una bella/gran paura.

durch|lesen <irr> tr etw ~ {BRIEF, BUCH} leggere qc da cima a fondo.

durch|leuchten <ohne ge-> tr 1 med (röntgen) jdn ~ fare una radiografia a qu, fare una lastra a qu fam; (jdm) etw ~ fare (a qu) una radiografia a qc: **jdm die Lungen ~**, fare a qu una radiografia ai polmoni 2 (analysieren) etw ~ {FALL, PROBLEM} analizzare qc, esaminare qc.

Durchleuchtung <-, -en> f 1 med (das Röntgen) {+ORGAN} radiografia f 2 (Analyse) {+PROBLEM} analisi f, esame m.

durch|liegen <irr> tr etw ~ {MATRATZE} consumare qc a forza di dormirci sopra.

durch|löchern <ohne ge-> tr jdn/etw (mit etw dat) ~ {OPFER, WAND MIT KUGELN, SCHÜSSEN} crivellare qu/qc di qc; {FENSTERSCHEIBE MIT KIESELSTEINEN} sforacchiare qc (con qc); **eine völlig durchlöcherte Mauer**, un muro tutto bucherellato.

durch|lüften Ⓐ tr etw ~ {ZIMMER} aerare qc, arieggiare qc Ⓑ itr cambiare l'aria.

durch|machen Ⓐ tr etw ~ 1 (erdulden) {KRANKHEIT} (dover) sopportare qc; {SCHLIMME ZEIT} attraversare qc: **viel ~ fam**, passarne/vederne tante fam, patire molto 2 → **durchlaufen**② 3 Ⓑ itr fam 1 → **durch|ar-**

beiten B 2 → **durch|feiern**.

Durchmarsch m 1 auf dem ~ (durch etw akk) sein mil, essere in marcia (attraverso qc) 2 fam scherz (Durchfall): ~ haben, avere la cacarella f fam.

durch|marschieren <ohne ge-> itr <sein> (durch etw akk) ~ {SOLDATEN DURCH ORT} marciare (attraverso qc), attraversare (marciando) qc.

Durchmesser <-s, -> m 1 math diametro m 2 mil {+GEWEHRLAUF, KUGEL} calibro m.

durch|mischen tr etw ~ mescolare (bene) qc.

durch|mogeln rfl fam sich ~ cavarsela/barcamenarsi (facendo il furbo/la furba).

durch|müssen <irr> itr fam (durchgehen müssen) (durch etw akk) ~ {DURCH EINE MENSCHENMENGE, DEN TIEFEN SCHNEE} dover passare (per/attraverso qc).

durchnässt (a.R. durchnäßt) adj: völlig ~, bagnato fradicio.

durch|nehmen <irr> tr etw (in etw dat) ~ {STOFF, THEMA IM UNTERRICHT} trattare qc (a qc), spiegare qc (a qc).

durch|nummerieren (a.R. durchnumerieren) <ohne ge-> tr etw ~ {SEITEN} numerare qc da cima a fondo.

durch|organisieren <ohne ge-> tr etw ~ organizzare qc |fin nei minimi dettagli|/[alla perfezione]: **gut durchorganisiert sein**, essere organizzatissimo fam.

durch|pausen tr etw ~ {ZEICHNUNG, PLAN} ricalcare qc.

durch|probieren <ohne ge-> tr etw ~ {MÖGLICHKEITEN} tentare qc uno (-a) per uno (-a); {SPEISEN} assaggiare qc uno (-a) per uno (-a).

durch|prügeln tr fam jdn ~ dare un fracco di legnate a qu fam.

durchqueren <ohne ge-> tr etw ~ {GEBIET, FLUSS} attraversare qc.

durch|rasseln itr <sein> fam (durch etw akk/bei/in etw dat) ~ {KANDIDAT, SCHÜLER, STUDENT DURCH DIE PRÜFUNG, BEI DER PRÜFUNG, IM ABITUR} essere trombato fam/bocciato fam (a qc).

durch|rationalisieren <ohne ge-> tr etw ~ {BETRIEB, FIRMA} razionalizzare l'organizzazione di qc.

durch|rechnen tr etw ~ {ANGEBOT, KOSTEN} calcolare qc (nei dettagli).

durch|regnen unpers (durch etw akk) ~ {DURCHS DACH} piovere dentro (da qc).

Durchreiche <-, -n> f passavivande m.

durch|reichen tr (jdm) etw (durch etw akk) ~ {SPEISEN} passare/porgere qc (a qu) (da/attraverso qc).

Durchreise f passaggio m: **auf der ~ sein**, essere di passaggio.

durch|reisen① itr <sein> (auf der Reise durchqueren) passare, essere di passaggio; (durch etw akk) ~ passare (per/da qc).

durch|reisen② <ohne ge-> tr (durchfahren) etw ~ {GEGEND, LAND, WELT} percorrere qc, viaggiare per qc.

Durchreisende <dekl wie adj> mf viaggiatore (-trice) m (f) di passaggio; (am Flughafen, Zoll) passeggero (-a) m (f) in transito.

Durchreisevisum n adm visto m di transito.

durch|reißen <irr> Ⓐ tr <haben> etw (mitten/in der Mitte) ~ {BLATT PAPIER, FOTO} strappare qc, stracciare qc, lacerare qc Ⓑ itr <sein> {FADEN, SEIL} strapparsi.

durch|reiten① <irr> itr 1 <sein> (durch etw ~) (durch etw akk) ~ {DURCH EINEN BACH, EINEN FLUSS, EIN TAL} cavalcare (per qc) (a cavallo); {DURCH EIN TOR} passare (da qc) (a cavallo)

2 <sein> (ohne Unterbrechung reiten) cavalcare senza soste 3 <haben> (durch Reiten abnutzen) etw ~ {HOSE} consumare qc cavalcando.

durch|reiten② <irr, ohne ge-> tr (reitend durchqueren) etw ~ {WÄLDER, WIESEN} attraversare qc a cavallo, passare a cavallo per qc.

durch|ringen <irr> rfl sich zu etw (dat) ~ {ZU EINER ENTSCHEIDUNG, EINEM ENTSCHLUSS, EINER ÜBERZEUGUNG} giungere (con fatica) a qc: **sich dazu ~, etw zu tun**, risolversi a fare qc.

durch|rosten itr <sein> {METALLTEIL, KAROSSERIE} arruggginir(si) completamente, corrodersi.

durch|rufen <irr> itr fam chiamare (per telefono).

durch|rühren tr etw ~ {SUPPE, TEIG} rimestare qc, rimescolare qc.

durch|rutschen itr <sein> fam 1 (durch etw gleiten) scivolarci attraverso; **durch etw** (akk) ~ {DURCH EINE ÖFFNUNG} scivolare attraverso qc 2 (es schaffen) {DURCH EINE PRÜFUNG} farcela per il rotto della cuffia (a fare qc) 3 (unterlaufen) jdm ~ {FEHLER} scappare a qu.

durchs präp = durch das → **durch**①.

Durchsage f bes. radio TV comunicato m, annuncio m, avviso m.

durch|sagen tr radio TV etw ~ {MELDUNG, NACHRICHT} annunciare qc, comunicare qc, trasmettere qc.

durch|sägen tr etw ~ {AST, BRETT} segare qc in due.

durch|schalten itr zu jdm/irgendwohin ~ collegarsi con qu/qc a un posto: **wir sind durchgeschaltet nach Bonn**, siamo |collegati (-e)|/[in collegamento] con Bonn.

durchschaubar adj intuibile, afferrabile; {GESETZE, POLITIK, VERTRÄGE} trasparente: **leicht ~** {ABSICHTEN, PLAN} facilmente intuibile; **schwer ~** {ABSICHTEN, PLAN} difficilmente intuibile; **leicht ~** {PERSON, PERSÖNLICHKEIT} trasparente; **schwer ~** {PERSON, PERSÖNLICHKEIT} difficile da afferrare.

durch|schauen① itr durch etw (akk) ~ {DURCH EIN LOCH, EINE ÖFFNUNG} guardare attraverso qc.

durch|schauen② <ohne ge-> tr 1 (erkennen) etw ~ {JDS ABSICHTEN, MANÖVER, SPIEL} (riuscire a) capire/intuire qc; {LÜGEN} scoprire qc 2 (jds Absichten erkennen) jdn ~ indovinare le intenzioni di qu; (jds Wesen erkennen) sapere di che panni veste qu: **leicht/schwer zu ~ sein**, scoprirsi facilmente/difficilmente; **ich hab' dich durchschaut!**, ti conosco, mascherina!; **du bist durchschaut!**, ti ho smascherato (-a)!

durch|scheinen <irr> itr (durch etw akk) ~ {LICHT, SONNE DURCH DEN VORHANG} trasparire attraverso qc.

durchscheinend adj {GLAS, PAPIER} traslucido; {KLEIDUNG, VORHANG} semitrasparente; {GESICHT} diafano.

durch|scheuern tr etw ~ {ÄRMEL, JACKE} logorare qc, consumare qc: **die Hose an den Knien ~**, consumare i ginocchi dei pantaloni.

durch|schieben <irr> tr etw durch/unter etw (dat) ~ {DURCH EINEN SCHLITZ, UNTER DER TÜR} spingere qc attraverso/sotto qc.

durch|schimmern itr durch etw (akk) ~ {SONNE DURCH DEN ROLLLADEN} trasparire (attraverso qc), tralucere (attraverso qc).

durch|schlafen <irr> itr dormire senza mai svegliarsi: **zehn Stunden ~**, dormire dieci ore filate.

Durchschlag m 1 (Kopie) copia f carbone

2 (*Sieb*) colapasta m.
durch|schlagen① <irr> **A** tr <haben> **1** (*in zwei Teile schlagen*) **etw** ~ {BRETT} spaccare qc (in due) **2** (*durch etw schlagen*) **etw** (**durch etw** akk) ~ {NAGEL DURCH EIN BRETT} conficcare qc in qc, piantare qc (*in qc*) **B** itr **1** <sein> (*durchdringen*) (**durch etw** akk) ~ {NÄSSE DURCH WAND; FARBE DURCH PAPIER} penetrare (*attraverso qc*), passare *attraverso qc*; {GESCHOSS DURCH MAUER} *auch* sfondare qc **2** <sein> (*sich erneut zeigen*) {**bei**/**in jdm**} ~ {CHARAKTER, TEMPERAMENT, UNTUGEND} rivelarsi (*in qu*): **bei ihm schlägt der Vater durch**, in lui si rivede suo padre, è tutto suo padre **3** <sein> (*sich auswirken*) **auf etw** {ERHÖHTE STEUERN AUF DIE PREISE} ripercuotersi *su qc* **4** <sein> *el* {SICHERUNG} bruciarsi, fondersi **5** *fam* <haben> (*abführen*) {UNREIFES OBST} dare la sciolta *fam* **C** rfl **sich** ~ **1** *fam* (*sich durchbringen*) tirare avanti *fam*, campare *fam*, sbarcare il lunario **2** (*ans Ziel gelangen*) **sich** (**durch etw** akk) **irgendwohin** ~ {FLÜCHTLINGE, SOLDATEN DURCH FEINDLICHES GEBIET ZUR GRENZE, IN DIE HEIMAT} riuscire (faticosamente) a raggiungere qc (*attraverso qc*).
durchschlagen② <irr, ohne ge-> tr (*durchdringen*) **etw** ~ {GESCHOSS} perforare qc, sfondare qc.
durchschlagend *adj* **1** (*überwältigend*) {ERFOLG, SIEG} strepitoso; {WIRKUNG} decisivo, determinante **2** (*überzeugend*) {ARGUMENT} convincente; {BEWEIS} *auch* lampante.
Durchschlagpapier <-s, ohne pl> n **1** (*Papier für Durchschläge*) carta f vergatina **2** (*Kohlepapier*) carta f carbone.
Durchschlagskraft f **1** *mil* {+GESCHOSS} forza f di penetrazione **2** (*Wirksamkeit*) {+ARGUMENT} forza f di persuasione; {+BEWEIS} forza f probativa.
durch|schlängeln rfl **sich** (**durch etw** akk) ~ {FLUSS DURCH DAS TAL} serpeggiare *in qc*, scorrere serpeggiando (*attraverso qc*); {PERSON DURCH EINE MENSCHENMENGE} passare zigzagando *attraverso qc*.
durch|schleusen tr **1** *naut* **etw** ~ {SCHIFF} far passare qc attraverso una chiusa **2** (*durchschmuggeln*) **jdn**/**etw durch etw** (akk) ~ {FLÜCHTLINGE, WARE DURCH DIE GRENZE, DURCH EIN FEINDLICHES GEBIET} far passare di nascosto qu/qc attraverso qc **3** (*durch etw hindurchdirigieren*) **jdn**/**etw durch etw** (akk) ~ {EIN AUTO, EINEN BUS DURCH EINE ENGE STELLE} far passare qu/qc attraverso qc; {DURCH DEN VERKEHR} guidare qu/qc attraverso qc.
durch|schlüpfen itr <sein> (**durch**/**unter etw** akk) ~ {MENSCH, TIER DURCH EIN LOCH, UNTER DEM ZAUN} sgattaiolare/sguisciare attraverso/sotto qc.
durch|schmoren itr <sein> *fam* {LEITUNG, KABEL} bruciare.
durch|schmuggeln tr (**durch etw** akk) ~ {DROGEN DURCH DEN ZOLL} far passare qc di contrabbando (*attraverso qc*).
durch|schneiden① <irr> tr (*entzweischneiden*) **etw** ~ {BROT, FADEN} tagliare qc in due.
durchschneiden② <ohne ge-> tr **etw** ~ **1** (*entzweischneiden*) {BAND, SEIL} tagliare qc **2** (*durchziehen*) {KANAL STADT} attraversare qc **3** *geh* (*durchdringen*) {SCHREI LUFT} lacerare qc **4** *math* intersecare qc.
Durchschnitt m **1** (*Mittelwert*) {+PREISE, TEMPERATUREN} media f: **den ~ errechnen**, calcolare la media **2** (*Mehrheit*) {+AUTOFAHRER, BEVÖLKERUNG}, la maggioranza di qc ● **im ~**, in media, mediamente; **~ sein**, essere nella media; **guter ~ sein**, esse-

re ₍al di sopra della₎/[*superiore alla*] media; **über**/**unter dem ~ (liegen)**, (essere) sopra/sotto la media.
durchschnittlich **A** *adj* **1** (*EINKOMMEN, TEMPERATUREN*) medio **2** (*normal*) {LEISTUNG, SCHÜLER} medio; (*mittelmäßig*) mediocre **B** *adv* **1** (*im Durchschnitt*) mediamente, in media **2** (*normal*) {BEGABT, INTELLIGENT} mediamente; (*mäßig*) mediocremente.
Durchschnittsalter n età f media.
Durchschnittsbürger m (**Durchschnittsbürgerin** f) cittadino (-a) m (f) medio (-a).
Durchschnittseinkommen n reddito m medio.
Durchschnittsgeschwindigkeit f velocità f media.
Durchschnittsgesicht n faccia f ₍come tante₎/[banale].
Durchschnittsmensch m l'uomo m ₍della strada₎/[qualunque].
Durchschnittswert m **1** (*mittlerer Wert*) valore m medio **2** → **Durchschnitt** 1.
Durchschreibeblock <-(e)s, -blocks> m blocco m di carta autocopiante.
durchschreiten <irr> tr geh **etw** ~ {RAUM} attraversare qc (a passi misurati).
Durchschrift f copia f (carbone), duplicato m.
Durchschuss (a.R. *Durchschuß*) m **1** (*den Körper durchquerender Schuss*) colpo m perforante **2** *typ* (*Zeilenabstand*) interlinea f.
durch|schütteln tr **etw** ~ {DRINK, FLASCHE} agitare (ripetutamente) qc; {DECKE} scuotere (ripetutamente) qc; **jdn** ~ scuotere qu (a più riprese).
durch|schwimmen① <irr> itr <sein> (*durch etw durchschwimmen*) (**durch etw** akk) ~ {DURCH EINEN SEE} attraversare qc a nuoto; (**unter**/**zwischen etw** dat) ~ passare a nuoto (*sotto*/*tra qc*); **1 km ~**, nuotare per 1 km di fila.
durchschwimmen② <irr, ohne ge-> tr (*schwimmend durchqueren*) **etw** ~ {SEE} (at-)traversare qc a nuoto.
durch|schwitzen tr **etw** ~ {BLUSE, HEMD} inzuppare qc di sudore.
durch|sehen <irr> **A** tr **1** (*überfliegen*) **etw** ~ {ZEITUNG} scorrere qc, dare ₍un'occhiata₎/[una scorsa] a qc **2** (*genau prüfen*) **etw** ~ {PAPIERE, RECHNUNG} controllare qc, rivedere qc **B** itr (*hindurchblicken*) (**durch etw** akk) ~ {DURCH EIN FERNGLAS} guardare attraverso (qc).
durchsein a.R. *von* durch sein → **sein**②.
durch|setzen **A** tr (*verwirklichen*) **etw** ~ {WILLEN} imporre qc; {PLAN, VORSCHLAG} far accettare qc; {GESETZ} far approvare/passare qc: **seinen Kopf ~** *fam*, spuntarla *fam* **es ~, dass ...**, ottenere che ... *konjv* **B** rfl **1** (*sich behaupten*) **sich** (**bei jdm**) ~ imporsi (a qu), farsi valere (*con qu*), spuntarla *fam* (*con qu*); **sich gegen jdn** ~ {GEGEN EINEN ANDEREN KANDIDATEN, MITBEWERBER} avere la meglio *su qu fam*, spuntarla *su qu fam* **2** (*Gültigkeit erreichen*) **sich** ~ {IDEE, NEUHEIT} affermarsi; **sich irgendwo** ~ {PRODUKT AUF DEM MARKT} sfondare + *compl di luogo*.
durchsetzt *adj*: **mit**/**von jdm**/**etw** ~ (**sein**), {PARTEI VON EXTREMISTEN} (essere) infiltrato da qu; {WERBUNG MIT SLOGANS} (essere) infarcito *fam*.
Durchsetzungsvermögen n grinta f.
Durchsicht f {+ANTRÄGE, UNTERLAGEN} esame m, verifica f; {+RECHNUNGEN} *auch* revisione f; **bei ~ der Bücher ... com**, da un esame della contabilità ...; **hier ist die Post zur ~**, ecco la posta da guardare.

durchsichtig *adj* **1** (*transparent*) {PAPIER, STOFF} trasparente **2** (*durchschaubar*) {+MANÖVER, PLAN} palese, evidente.
Durchsichtigkeit <-, ohne pl> f **1** {+PAPIER, STOFF} trasparenza f **2** (*Durchschaubarkeit*) {+MANÖVER, PLAN} trasparenza f, evidenza f.
durch|sickern itr <sein> **1** (*in geringen Mengen durchdringen*) (**durch etw** akk) ~ {WASSER, BLUT} filtrare (*da qc*), stillare (*da qc*) **2** (*langsam bekannt werden*) {GEHEIMNIS, NACHRICHT} trapelare, filtrare: **es sickert durch, dass ...**, è trapelato che ...
durch|sieben tr **etw** ~ {MEHL} setacciare qc, passare al setaccio qc.
durch|spielen tr **etw** ~ {MÖGLICHKEITEN, VARIANTEN} prefigurarsi qc.
durch|sprechen <irr> tr **etw** (**mit jdm**) ~ {PLAN, PROBLEM} discutere (a fondo) qc (*con qu*).
durch|spülen tr **etw** ~ {WÄSCHE} sciacquare e risciacquare qc.
durch|starten itr <sein> **1** *aero* {PILOT} rimettersi in quota (dopo un mancato atterraggio), cabrare **2** (*mit dem Auto*) ripartire di scatto **3** (*mit Energie angehen*) lanciarsi, partire (alla grande *fam*).
durch|stechen① <irr> itr **mit etw** (dat) (**durch etw** akk) ~ {MIT NADEL DURCH STOFF} traforare qc (*con qc*), passare *con qc* (*attraverso qc*).
durchstechen② <irr, ohne ge-> tr (*mit Stich durchdringen*) **etw** (**mit etw** dat) ~ {STOFF MIT EINER NADEL, PAPIER MIT EINEM MESSER} perforare qc (*con qc*): **sich** (dat) **die Ohrläppchen ~ lassen**, farsi bucare gli orecchi *fam*.
durch|stecken tr (*durch etw stecken*) **etw** (**durch etw** akk) ~ {BRIEF DURCH EINEN SCHLITZ, FADEN DURCH EIN NADELÖHR} infilare qc (*in qc*).
durch|stehen <irr> tr **etw** ~ {SCHLIMME SITUATION, STRESS} reggere a qc; {UNANGENEHMES} sopportare qc.
durch|steigen <irr> itr **1** (*durchklettern*) (**durch etw** akk) ~ {DURCH EIN FENSTER} arrampicarsi (*attraverso qc*) **2** *slang* (*verstehen*) capirci *fam*, arrivarci *fam*; {**bei**/**in etw** dat} ~ {BEI EINER SACHE, IN EINEM FACH} capire (*di qc*); (*meist verneint*): **da steig' ich nicht durch!**, non ci capisco ₍niente *fam*₎/[un tubo *slang*]!
durch|stellen tr itr *tel*: (**ein Gespräch**) ~, passare la comunicazione/linea a qu.
durchstöbern <ohne ge-> tr *fam* → **durchwühlen**②.
Durchstoß m *mil* avanzata f.
durch|stoßen① <irr> **A** tr <haben> **1** → **durch|scheuern 2** (*hindurchstoßen*) **etw** (**durch etw** akk) ~ {PFAHL DURCH HOLZWAND} sfondare qc con qc **B** itr <sein> *bes. mil* (*vorstoßen*) (**bis zu etw** dat/**durch etw** akk) ~ {BIS ZUR GRENZE, DURCH FEINDLICHE LINIEN} penetrare/avanzare (*fino a qc*/*attraverso qc*).
durchstoßen② <irr, ohne ge-> tr (*durchbrechen*) **etw** ~ (**mit etw** dat) {MAUER} sfondare qc (*con qc*).
durch|streichen <irr> tr **etw** ~ {SATZ, WORT} cancellare qc, depennare qc.
durchstreifen <ohne ge-> tr **etw** ~ **1** *geh* (*durchwandern*) {UMGEBUNG, WALD, WIESEN} vagare (senza meta) *per qc*, vagabondare *per qc*; {TIER TERRITORIUM} percorrere qc **2** (*Kontrollgänge durchführen*) perlustrare qc.
durch|strömen① itr <sein> **durch etw** (akk) ~ {FLUSS DURCH EIN TAL} scorrere attraverso qc; {MENSCHENMASSEN DURCH EIN TOR} spingersi attraverso qc.

durchströmen② <ohne ge-> tr **1** (durch etwas fließen) etw ~ {FLUSS GEBIET} scorrere attraverso qc, attraversare qc **2** geh (erfüllen) jdn ~ {DANKBARKEIT, FREUDE, GLÜCK} pervadere qu.

durch|strukturieren <ohne ge-> tr etw ~ {ARBEIT, KOMPOSITION, PROJEKT, ROMAN} strutturare bene qc: **gut durchstrukturiert**, ben strutturato.

durch|studieren <ohne ge-> tr etw ~ studiare attentamente/[con attenzione] qc.

durch|stylen tr fam etw ~ {INNENARCHITEKT HAUS, MÖBEL} arredare qc perfettamente: **eine durchgestylte Frau**, una donna dal look perfetto.

durchsuchen <ohne ge-> tr **1** (suchend prüfen) etw ~ {SCHUBLADEN, TASCHEN, ZIMMER} rovistare (in), frugare (in) qc **2** (jdn/etw kontrollieren, um jdn/etw zu finden) **jdn/etw** (nach etw dat) ~ {POLIZEI HAUS, PERSON NACH WAFFEN} perquisire qu/qc (in cerca di qc); etw (nach jdm/etw) ~ {POLIZEI STADTVIERTEL} perlustrare qc (alla ricerca di qu/qc).

Durchsuchung <-, -en> f {+HAUS, MENSCHEN} perquisizione f; {+GEGEND, STADT} perlustrazione f: **polizeiliche ~**, perquisizione da parte della polizia.

Durchsuchungsbefehl m jur mandato m/ordine m di perquisizione.

durch|tanzen① **A** itr (ohne Unterlass tanzen) ballare ininterrottamente: **wir haben die ganze Nacht durchgetanzt**, abbiamo ballato tutta la notte **B** tr (abnutzen): **die Schuhe ~**, consumare le suole delle scarpe ballando.

durchtanzen② <ohne ge-> tr (mit Tanzen verbringen) etw ~ {NACHT, STUNDEN} passare qc a ballare: **eine Nacht ~**, passare la notte a ballare.

durch|tasten rfl sich ~ andare (a) tastoni/tentoni: **sich bis zur Lampe ~**, cercare la lampada a tastoni.

durch|telefonieren (a.R. durchtelephonieren) <ohne ge-> tr etw ~ {BERICHT, INFORMATION} comunicare/trasmettere qc per telefono/[telefonicamente]; **jdm etw ~** telefonare qc a qu.

durch|testen tr etw ~ {GERÄTE, MASCHINEN} controllare a fondo qc, testare qc.

durch|trainieren <meist part perf> tr: **ein durchtrainierter Sportler**, un atleta ben allenato.

durchtränken <ohne ge-, meist part perf> tr geh: **von/mit etw** (dat) **durchtränkt sein**, essere impregnato, intriso di qc; **ein von/mit Blut durchtränkter Verband**, una benda impregnata di sangue.

durch|trennen <mit ge->, **durchtrennen** <ohne ge-> tr etw ~ {NABELSCHNUR, NERV, SEHNE} tagliare qc in due.

durch|treten <irr> **A** tr <haben> **1** (bis zum Anschlag betätigen) etw ~ {BREMSE, GASPEDAL, HEBEL} premere/spingere/schiacciare a fondo qc **2** (abnutzen) {FUßBODEN, SCHUHE} consumare qc **B** itr <sein> (durch etw dringen) (durch etw akk) ~ {BLUT, GAS, LUFT, WASSER} fuor(i)uscire da qc, passare attraverso qc.

durchtrieben adj pej scaltro, astuto, furbo fam: **ein ~er Kerl fam**, un dritto(ne) fam.

Durchtriebenheit <-, ohne pl> f pej furberia f, astuzia f, scaltrezza f.

durchwachen <ohne ge-> tr vegliare, far nottata fam: **durchwachte Nächte**, notti in bianco.

durchwachsen adj **1** gastr {FLEISCH, SPECK} venato (di grasso) **2** <präd> fam scherz (mittelmäßig) {BETRIEBSKLIMA, STIMMUNG, WETTER} così così, altalenante: **wie war die Stimmung? – Durchwachsen**, che aria tirava? fam – Così così.

Durchwahl <-, ohne pl> f tel interno m, numero m diretto.

durch|wählen itr tel **1** (im Selbstwählferndienst wählen) chiamare in teleselezione: **man kann von Florenz nach Peking ~**, da Firenze è possibile raggiungere Pechino in teleselezione **2** (eine Nebenstelle anwählen) chiamare (direttamente) l'interno.

Durchwahlnummer f tel numero m (telefonico) diretto, interno m.

durchwandern <ohne ge-> tr etw ~ {GEGEND, LANDSCHAFT, STADT} attraversare a piedi qc.

durch|waschen <irr> tr fam etw ~ {KLEIDUNGSSTÜCKE, STRÜMPFE} dare una sciacquata/lavatina a qc.

durch|waten① itr <sein> (durch etw akk) ~ {DURCH EINEN BACH, FLUSS} passare a guado (qc).

durchwaten② <ohne ge->, tr etw ~ {FURT, WASSERLAUF} guadare qc, passare a guado qc.

durchweben <durchwebte oder geh durchwob, durchwebt oder geh durchwoben> tr etw mit etw (dat) ~ {STOFF MIT SILBERFÄDEN} intessere qc di qc: **mit etw** (dat) **durchwoben sein** lit {ERZÄHLUNG, GEDICHT MIT MOTIVEN, PATHOS}, essere intessuto di qc.

durchweg adv, **durchwegs** adv süddt A CH oder fam: **das wird ~ so gemacht**, solitamente/[di regola] si fa così; **die Schüler hatten ~ gute Noten**, tutti gli studenti avevano dei buoni voti.

durchwehen <ohne ge-> tr geh {WIND HAARE} accarezzare qc geh; {LUFTZUG ZIMMER} passare attraverso qc.

durch|weichen① itr <sein> (durch und durch nass werden) {PAPPKARTON u. Ä.} inzupparsi, infradiciarsi fam; {PERSON} bagnarsi completamente, infradiciarsi fam: **ich bin völlig durchgeweicht**, sono bagnato (-a) fradicio (-a).

durchweichen② <ohne ge-> tr (völlig weich machen) etw ~ inzuppare qc, infradiciare qc fam: **der Regen hat den Pappkarton durchweicht**, la pioggia ha infradiciato il cartone.

durch|wetzen tr etw ~ {ÄRMEL, HOSE, KRAGEN} consumare qc, logorare qc.

durch|winden① rfl sich ~ **durch etw** (akk) ~ {FLUSS DURCH TAL} snodarsi attraverso qc; {MENSCH DURCH SCHWIERIGE SITUATIONEN} destreggiarsi in qc.

durch|winken tr jdn ~ far passare qu (con un cenno della mano): **der Zöllner winkte uns an der Grenze durch**, il doganiere ci fece cenno di passare.

durch|wollen <irr> itr fam (durch etw akk) ~ {MENSCHEN DURCH EINE GRUPPE VON MENSCHEN, DURCH EINE STADT} voler passare (attraverso qc); **zwischen/unter etw** (dat) ~ voler passare tra/attraverso/[sotto] qc.

durch|wühlen① rfl fam (sich durcharbeiten) sich (durch etw akk) ~ {DURCH AKTENBERGE, MANUSKRIPTE} districarsi in qc, smaltire (con fatica) qc {DURCH Wühlen gelangen} sich (durch etw akk/unter etw dat) ~ {MAULWURF DURCH DIE ERDE, UNTER DEM ZAUN} passare (sotto/attraverso qc) scavando un cunicolo.

durchwühlen② <ohne ge-> tr (energisch durchstöbern) etw (nach etw dat) ~ {SCHRANK, SCHUBLADE NACH WERTSACHEN} rovistare qc (in cerca di qc), frugare qc (in cerca di qc).

durch|wurschteln, **durch|wursteln** rfl fam sich ~ arrangiarsi fam, tirare avanti fam.

durch|zählen tr etw ~ {BANKNOTEN, GELD, WÄSCHESTÜCKE} contare qc (pezzo per pezzo); **jdn ~** {SCHÜLER, TEILNEHMER} contare qu (uno (-a) per uno (-a)).

durchzechen② <ohne ge-> tr etw ~ {NACHT} trascorrere qc gozzovigliando.

durch|zechen② itr fam: **(die ganze Nacht) ~**, sbevazzare tutta la notte.

durch|ziehen① <irr> **A** tr **1** (hindurchziehen) etw (durch etw akk) ~ {FADEN, SEIL, SCHLAUCH DURCH NADELÖHR, ÖSEN, SCHLAUFEN} infilare qc (in qc), far passare qc attraverso qc **2** fam (zu Ende führen) etw ~ {ANGELEGENHEIT, VORHABEN, PROGRAMM} portare in fondo qc fam **B** itr <sein> (sich hindurchbewegen) **durch etw** (akk) ~ {TRUPPE DURCH GEBIET, STADT} attraversare qc marciando; {KARNEVALSZUG DURCH STADT} snodarsi per/attraverso qc **C** rfl (konsequent verwendet werden) sich **durch etw** (akk) ~ {MOTIV DURCH ROMAN} pervadere qc, percorrere qc.

durchziehen② <irr, ohne ge-> tr **1** (durchqueren) etw ~ {KARAWANE, MENSCH LAND, WÜSTE} percorrere qc, attraversare qc **2** (durch etw verlaufen) etw ~ {GRABEN, SCHLUCHT LAND, BERGKETTE} aprirsi un varco attraverso/in qc, passare per/attraverso qc; {FLUSS BERGKETTE, LAND} snodarsi lungo/in qc, percorrere qc.

durchzucken <ohne ge-> tr geh **1** (durch etw zucken) etw ~ {BLITZ HIMMEL, WOLKEN} squarciare qc **2** (durchdringen) **jdn ~** {EINFALL} balenare a qu; {SCHMERZ} assalire qu.

Durchzug <-(e)s, ohne pl> m **1** (Luftzug) corrente f d'aria **2** (das Durchziehen) ~ (durch etw akk) {+TRUPPEN DURCH EIN GEBIET} passaggio m (attraverso/per qc) • **auf ~ stellen/schalten** fam, fare orecchie da mercante fam.

dürfen① <darf, durfte, dürfen> Modalverb **1** (Erlaubnis haben): **etw tun ~**, poter fare qc, avere il permesso di fare qc; **darf ich ins Schwimmbad gehen?**, posso andare in piscina?; **hier darf man nicht rauchen**, (non si può)/(è vietato) fumare **2** <meist verneint> (moralisch berechtigt sein): **jd darf etw nicht tun**, qu non deve fare qc; **du darfst nicht fluchen**, non devi bestemmiare; **man darf Tiere nicht quälen**, gli animali non vanno maltrattati **3** <meist verneint> (Aufforderung, Empfehlung, Wunsch): **jd darf etw nicht tun**, qu non deve fare qc; **du darfst dich nicht so beeinflussen lassen**, non devi farti influenzare tanto; **du darfst mir das nicht übel nehmen**, non devi prendertela con me **4** (höfliche Fragen): **darf ich Ihnen helfen?**, posso aiutarLa?; **dürfte ich Sie etwas fragen?**, potrei farLe una domanda? **5** <nur im konjv II> (Wahrscheinlichkeit): **die Prüfung dürfte nicht so schwierig sein**, l'esame non dovrebbe essere tanto difficile; **er dürfte schon angekommen sein**, dovrebbe essere già arrivato • **es dürfte wohl das Beste sein, wenn …**, la cosa migliore sarebbe che … konjv: **wir freuen uns, Ihnen mitteilen zu ~**, siamo lieti di poterLe comunicare …; **Sie dürfen mir das ruhig glauben**, può credermi, mi creda.

dürfen② <darf, durfte, hat gedurft> Vollverb **A** itr **1** (Erlaubnis haben) potere, avere il permesso: **warum bist du nicht gekommen? – Ich habe nicht gedurft**, perché non sei venuto? – Non ho potuto, non mi hanno dato il permesso **2** (Bewegung anzeigend) **irgendwohin ~** poter andare + compl di luogo: **~ wir am Samstag auf das Fest?**, possiamo alla festa sabato?; **er hat nicht in die Disko gedurft**, non l'hanno fatto andare in discoteca **B** tr etw ~ poter fare

qc: **das darf er nicht**, non può farlo.
durfte 1. *und* 3. *pers sing imperf von* dürfen.
dürftig **A** adj 1 (*kärglich, ärmlich*) {KLEIDUNG, WOHNUNG} misero, povero; {ESSEN, VERPFLEGUNG} magro, parco, frugale 2 *pej* (*kümmerlich*) {KENNTNISSE} misero, scarso; {EINKOMMEN, GEHALT} *auch* magro 3 (*spärlich*) {HAARWUCHS, VEGETATION} rado, scarso **B** adv (*kümmerlich*): ~ **beleuchtet**, scarsamente illuminato; ~ **bekleidet**, vestito poveramente/miseramente.
Dürftigkeit <-, *ohne* pl> f {+ESSEN, VERPFLEGUNG} scarsità f, insufficienza f; {+KLEIDUNG, WOHNUNG} miseria f, povertà f.
dürr adj 1 (*trocken*) {AST, BODEN, LAUB} secco, arido, arso 2 (*mager*) {KÖRPER, MENSCH} magro, scarno.
Dürre <-, -n> f 1 (*Trockenperiode*) siccità f 2 (*Trockenheit*) {+BODEN} aridità f.
Dürreperiode f periodo m di siccità.
Dürreschaden m danno m causato dalla siccità.
Durst <-(e)s, *ohne* pl> m 1 sete f: **jd bekommt/kriegt ~ von etw** (dat), qc [fa venire]/[mette] sete a qu; ~ **haben**, avere sete; **auf etw** (akk) ~ **haben** {AUF EIN KÜHLES BIER}, avere voglia di bere qc; **den ~** (**mit etw dat**) **löschen/stillen**, spegnere/calmare/placare la sete (con qc), dissetarsi (con qc) 2 *poet* (*Verlangen*) ~ **nach etw** (dat) {NACH FREIHEIT, RACHE, RUHM} sete *di qc*, brama *di qc lit* • **hab' ich einen ~!** *fam*, che sete! *fam*; **ich kriege langsam ~**, mi sta venendo sete; **einen über den ~ trinken** *fam scherz*, alzare il gomito *fam scherz*.
dursten geh **A** itr soffrire/patire la sete **B** unpers: **jdn durstet, es durstet jdn**, qu è assetato.
dürsten **A** tr 1 unpers geh (*Durst haben*): **es dürstet jdn**, qu è assetato geh 2 *obs* (*inständig verlangen*): **es dürstet jdn nach etw** (dat) {NACH ANERKENNUNG, RACHE}, qu è assetato *di qc geh*, qu brama *qc lit* **B** itr (*heftiges Verlangen haben*) **nach etw** (dat) ~ (*VOLK NACH FREIHEIT*) essere assetato *di qc*, bramare *qc lit*.
durstig adj assetato: ~ **sein**, avere sete, essere assetato; ~ **machen** {ARBEIT, SPORT}, [far venir]/[mettere] sete.
durstlöschend, durststillend adj {GETRÄNK} dissetante.
Durststrecke f (*schwierige Zeit*) periodo m di magra/ristrettezze/[vacche magre].
Durtonleiter f *mus* scala f maggiore.
Duschbad n 1 (*Raum mit Dusche*) doccia f 2 (*Bad unter der Dusche*) doccia f: **ein ~ nehmen**, fare la doccia 3 (*Duschlotion*) docciaschiuma m *oder* f.
Dusche <-, -n> f 1 (*Apparatur*) doccia f 2 (*das Duschen*) doccia f: **eine ~ nehmen**, far(si) la doccia; **unter der ~ stehen**, star facendo la doccia • (**wie**) **eine kalte ~ (für jdn) sein** *fam* (*ernüchternd sein*), essere [una doccia fredda *fam*]/[delusione] (per qu).
duschen **A** tr (*abbrausen*) **jdn** ~ fare la doccia *a qu* **B** itr fare la doccia: **heiß/kalt ~**, fare la doccia calda/fredda **C** rfl **sich ~** farsi la doccia.
Duschgel n docciaschiuma f, gel-doccia m.
Duschhaube f cuffia f da doccia.
Duschkabine f cabina f/box m doccia.
Duschkopf m soffione m (doccia).
Duschraum m (sala f) docce f pl.
Duschvorhang m tenda f per doccia.
Duschwanne f piatto m doccia.
Düse <-, -n> f *mech* {+PUMPE, ROHRE, SCHLAUCH} ugello m; {+MOTOR} iniettore m; {+FLUGZEUG} reattore m.
Dusel <-s, *ohne* pl> m *fam* 1 (*Glück*) fortuna f sfacciata *fam*, culo m *slang*: ~ **haben**, avere [una gran fortuna *fam*]/[culo *slang*]; **da hatten wir großen ~**, ci è andata proprio [di lusso *slang*]/[alla grande *fam*]; **so ein ~!**, che fortuna/culo *slang*! 2 *region* (*Benommenheit*) intontimento m, stordimento m 3 *region* (*leichter Rausch*) leggera sbornia f.
düsen <sein> itr *fam* (*sich schnell bewegen*) *ir**gendwohin* ~: **über die Feiertage sind sie nach London gedüst**, durante le feste hanno fatto una puntatina/un salto a Londra.
Düsenantrieb m *aero* propulsione f a getto/reazione: **mit ~**, con motore a reazione; **mit doppeltem ~**, con bireattore.
Düsenflugzeug n *aero* aereo m a reazione, jet m, aviogetto m.
Düsenjäger m *mil* caccia m a reazione.
Düsentriebwerk n *tech* motore m a reazione/getto.
Dussel <-s, -> m *fam pej* (*Dummkopf*) scemo m *fam*, tonto m *fam*, grullo m *tosk fam*.
dusselig, dusslig (a.R. dußlig) *fam* **A** adj 1 (*dämlich*) scemo *fam*, sciocco, grullo *tosk fam* 2 *region* (*benommen*) imbambolato *fam* **B** adv (*dämlich*): **sich ~ anstellen**, essere imbranato *fam*.
düster adj 1 (*finster*) {HIMMEL, KORRIDOR, TAG} scuro, cupo, tetro 2 (*bedrückend*) {GESTALTEN, PROGNOSE, SZENARIO} fosco, tetro, deprimente 3 (*schwermütig*) {GEDANKEN, MIENE, STIMMUNG} tetro, cupo, malinconico.
Düsterheit, Düsterkeit <-, *ohne* pl> f 1 (*Dunkelheit*) {+HIMMEL} oscurità f, buio m 2 (*Schwermütigkeit*) malinconia f, cupezza f.
Dutt <-(e)s, -e *oder* -s> m *region* (*Haarknoten*) crocchia f *fam*; (*lockerer* ~) chignon m *geh*.
Dutyfreeshop, Duty-free-Shop <-s, -s> m duty-free m (shop m).
Dutzend <-s, -e> n 1 (*zwölf Stück*) dozzina f: **halbes ~**, mezza dozzina 2 <*nur* pl> *fam* (*jede Menge*) decine f pl, molti (-e) m (f) pl: **~e/dutzende von Menschen**, decine di persone • **etw im ~ kaufen**, comprare qc a dozzine; **~e/dutzende Mal(e)** → **dutzendmal**; **zu ~en/dutzenden**, a decine/dozzine.
dutzendfach *fam* **A** adj (*sehr häufig*) {ERMAHNUNGEN, HINWEISE} frequente, ripetuto, ricorrente **B** adv dozzine di volte.
Dutzendgesicht n *pej* (*Allerweltsgesicht*) faccia f banale/insignificante.
dutzendmal adv *fam* (*sehr oft*): **er hat (ein) ~ den gleichen Fehler gemacht**, ha fatto lo stesso errore per l'ennesima volta; **ich habe dir das schon (ein) ~ gesagt**, te l'ho già detto cento volte.
Dutzendware f *pej* roba f dozzinale.
dutzendweise adv 1 (*im Dutzend*) a dozzine: **Eier verkaufen wir nur ~**, le uova si vendono solo a dozzine 2 (*in großen Mengen*) in gran quantità, a decine/dozzine.
duzen **A** tr (*mit «Du» anreden*) **jdn** ~ dare del tu *a qu* **B** rfl **sich** (**mit jdm**) ~ darsi del tu (*con qu*).
Duzfreund <-(e)s, -e> m (**Duzfreundin** f) amico (-a) m (f) intimo (-a) (con cui ci si dà del tu): **wir sind alte ~e**, siamo amici di vecchia data.
DV <-, *ohne* pl> f *inform* Abk *von* Datenverarbeitung: ED f (Abk *von* elaborazione dati).
DVA <-, -> f *inform* Abk *von* Datenverarbeitungsanlage: "impianto m di elaborazione elettronica dei dati".
DVD <-, -s> f DVD m.
DVD-Brenner m masterizzatore m DVD.
DVD-Laufwerk n drive m per DVD.
DVD-Player m (lettore m di) DVD m.
DVD-Rekorder, DVD-Recorder m registratore m DVD, DVD recorder m.
DVD-Video n DVD video m.
DVM <-, *ohne* pl> m Abk *von* Deutscher Verband für Materialforschung und -prüfung: "associazione f tedesca prove materiali".
Dynamik <-, *ohne* pl> f 1 *phys* dinamica f 2 (*Triebkraft, Vitalität*) {+MITARBEITER} dinamismo m, slancio m; {+IDEE, IDEOLOGIE, ENTWICKLUNG} dinamicità f.
dynamisch adj 1 (*schwungvoll*) {MENSCH} dinamico, attivo 2 (*vorwärtsdrängend*) {POLITIK} dinamico, innovativo; {WACHSTUM} dinamico 3 (*regelmäßig angepasst*) {RENTEN, LEBENSVERSICHERUNG} dinamico, fluttuante.
dynamisieren <*ohne* ge-> tr *geh* (*regelmäßig anpassen*) **etw** ~ {LEBENSVERSICHERUNG, RENTEN} indicizzare *qc*.
Dynamisierung <-, -en> f (*das Dynamisieren*) {+LEBENSVERSICHERUNG, RENTE} indicizzazione f.
Dynamit <-s, *ohne* pl> n (*Sprengstoff*) dinamite f.
Dynamo <-s, -s> m *el* dinamo f.
Dynastie <-, -n> f 1 (*Herrscherhaus*) dinastia f, casata f 2 (*einflussreiche Familie*) dinastia f.
Dynode <-, -n> f *phys* dinodo m.
DZ m Abk *von* Doppelzentner: q m (Abk *von* quintale).
D-Zug m *Eisenb hist* (treno) espresso m. • [ein alter Mann]/[eine alte Frau] ist doch kein D-Zug *fam scherz*, non sono mica un razzo *fam scherz*.
D-Zug-Tempo n: im D-Zug-Tempo *fam scherz*, a velocità supersonica *fam*.

E, e

E[1]**, e** <-, - oder fam -s> n **1** (Buchstabe) E, e f oder m **2** mus mi m • **E-Dur** mus, mi maggiore; **E wie Emil**, e come Empoli; **e-Moll** mus, mi minore; → auch **A, a**.

E[2] **1** Eisenb hist Abk von Eilzug: ≈ D, Dir. (Abk von diretto) **2** Abk von Europastraße: E (itinerario europeo).

EAN-Code, EAN-Kode <-s, ohne pl> m Abk von Europäischer Artikelnummer-Code: "codifica f (a barre) europea dei prodotti".

easy <inv> adj fam facile.

Eau de Cologne <- -, Eaux - -> n oder rar f (Kölnischwasser) (acqua f di) Colonia f.

Ebbe <-, -n> f bassa marea f, riflusso m: **bei ~**, con la bassa marea; **es ist ~**, c'è bassa marea ● **~ und Flut**, alta e bassa marea, le maree; **bei jdm ist/herrscht ~** fam scherz (bei jdm herrscht Mangel an Geld), qu è ₍al verde fam₎/₍in bolletta fam₎.

ebd Abk von → ebenda.

eben[1] **A** adj **1** (flach) {GEGEND, LAND, LANDSCHAFT, STRAßE, WEG} piano, pianeggiante, uniforme: **auf ~er Strecke**, su un tratto piano **2** (flach gemacht) {PLATZ, STRAßE, WEG} livellato, spianato: **etw ~ machen**, spianare qc **3** (glatt) liscio, levigato; {MEER} piatto, calmo **B** adv (flach): **der Weg verläuft ~**, la strada ha un andamento pianeggiante.

eben[2] adv **1** (kurz zuvor) appena, poco fa, poc'anzi: **der Zug ist ~ (erst) abgefahren**, il treno è appena partito; **er war ~ noch hier**, era qui ₍poc'anzi₎/₍un attimo fa₎, c'era adesso fam **2** (gerade jetzt) in questo preciso momento, proprio adesso/ora (oft mit Gerund übersetzt): **~ kommt er**, sta arrivando **3** (gerade noch, mit Mühe und Not) appena, a malapena, a stento: **mit 500 Euro komme ich ~ noch aus**, con 500 euro ce la faccio appena/ [a malapena]; **er hat den Bus ~ noch erreicht**, ha preso l'autobus proprio per un pelo fam **4** (schnell) un attimo, un attimino fam: **darf ich ~ mal telefonieren?** fam, posso fare un attimo una telefonata? fam; **ich geh' ~ mal kurz weg**, vado e torno; **ich gehe ~ mal zur Bank**, faccio un salto in banca; **kannst du ~ mal vorbeikommen?**, puoi passare un attimo (da me)?

eben[3] partik **1** (Resignation: oft nicht übersetzt): **da kann man nichts machen, man wird ~ älter**, non c'è niente da fare, purtroppo si invecchia; **du kannst ihn nicht mehr ändern, er ist ~ so**, non riuscirai a cambiarlo, è fatto così **2** (bestätigend: genau) proprio, giusto, appunto: **~ dieses Buch habe ich gesucht**, stavo cercando proprio questo libro; **~ mit dir wollte ich sprechen**, proprio/giusto con te volevo parlare; **wir müssen jetzt aber anfangen – Ja, ~**, dobbiamo (in)cominciare – Sì, infatti/appunto **3** (Aufforderung, Schlussfolgerung) allora: **mein Au-**to **ist kaputt – Dann nimm ~ den Bus**, ho la macchina guasta – Allora prendi l'autobus **4** (abschwächende Verneinung): **nicht ~**, non ...poi; **sie war nicht ~ freundlich zu mir**, non è che sia stata poi tanto gentile con me; **eine Rente von 500 Euro ist nicht ~ viel**, 500 euro di pensione non sono poi ₍una gran cifra₎/[tanti] **5** (verstärkende Verneinung): **~ nicht**, no appunto; **er hat dir doch den Brief gegeben, oder? – Nein, ~ nicht**, ti ha dato la lettera, vero? – No, appunto (non me l'ha data).

Ebenbild n: **jds ~ sein**, essere il ritratto (vivente) di qu; **deine Tochter ist (ganz) das ~ ihres Vaters**, tua figlia è ₍il ritratto vivente di suo padre₎/[suo padre sputato fam].

ebenbürtig adj {KONKURRENT, PARTNERIN, VERHANDLUNGSPARTNER} uguale, pari: **jdm ~ sein**, essere all'altezza di qu; **jdm an etw (dat) ~ sein** {AN KRAFT, LEISTUNG, SCHÖNHEIT} ~, essere alla pari con qu quanto a qc, essere allo stesso livello di qu quanto a qc; **er war ihr künstlerisch ~**, dal punto di vista artistico ₍valeva quanto lei₎/[era alla sua altezza]; **sie waren einander nicht ~**, non erano ₍allo stesso livello₎/[alla pari].

Ebenbürtigkeit <-, ohne pl> f {+GEGNER, PARTNER, VERHANDLUNGSPARTNER} parità f, uguaglianza f.

ebenda adv (Abk ebd./ebda) **1** (genau dort) proprio lì/là **2** (bei Zitaten) ibidem geh.

ebendaher adv → ebendarum.

ebendahin adv proprio là: **~ fahren wir auch**, anche noi andiamo proprio là/[in quella direzione].

ebendarum adv appunto perciò, proprio per questo.

ebender, ebendie, ebendas dem pron proprio questo (-a)/quello (-a)/colui, -lei.

Ebene <-, -n> f **1** geog pianura f **2** geom phys piano m, superficie f: **schiefe ~**, piano inclinato **3** geh (Niveau) livello m, piano m, scala f: **auf nationaler/internationaler ~**, su scala nazionale/internazionale; **auf mittlerer/unterer ~**, a livello medio/inferiore; **auf gleicher ~**, sullo stesso piano, allo stesso livello; **auf die gleiche ~ stellen**, mettere sullo stesso piano; **auf wissenschaftlicher/politischer ~**, ₍a livello₎/[sul piano] scientifico/politico; **Verhandlungen auf höchster ~**, trattative ₍ad altissimo₎/[al massimo] livello **4** (Stockwerk) {+BANK, HOCHHAUS, KAUFHAUS} piano m ● **auf die schiefe ~ geraten/kommen** fam, prendere ₍una brutta piega fam₎/ [un brutto andazzo fam].

ebenerdig adj a livello del suolo {EINGANG, WOHNUNG} a pianterreno, al piano terra.

ebenfalls adv anche, pure: **sie war ~ anwesend**, c'era anche lei; **~ nicht**, neanche, neppure, nemmeno; **sie war ~ nicht anwe-**send, non c'era neanche/neppure lei; **ich wünsche Ihnen ein schönes Wochenende – Danke, ~**, Le auguro un buon fine settimana – Grazie, ₍anche a Lei₎/[altrettanto].

Ebenholz n bot (legno m di) ebano m: **Haare, schwarz wie ~**, capelli neri come la pece/il carbone/l'ebano lit.

Ebenmaß <-, ohne pl> n geh {+GESICHTSZÜGE} regolarità f, proporzioni f pl perfette.

ebenmäßig A adj {GESICHTSZÜGE, GESTALT, KÖRPER} proporzionato, regolare, armonioso **B** adv: **~ geformt/gewachsen**, proporzionato, regolare; **~ geformte Brüste**, seni (ben) proporzionati.

ebenso adv **1** (genauso) allo stesso modo, ugualmente, pure, anche: **wir sind dieser Meinung, unsere Lehrer denken ~ darüber**, noi siamo di questa opinione e i nostri insegnanti la pensano ₍allo stesso modo₎/ [come noi]; **meine Familie ist in finanziellen Schwierigkeiten – uns geht es ~**, la mia famiglia si trova in difficoltà finanziarie – anche noi abbiamo gli stessi problemi **2** (gleicher Grad im Komparativ): **~ + adj wie ...**: **sie ist ~ intelligent wie er**, lei è ₍(tanto) intelligente quanto lui₎/[(così) intelligente come lui]; **dieses Geschichtsbuch ist ~ lehrreich wie interessant**, questo libro di storia è tanto istruttivo quanto interessante ● **~ gern** altrettanto volentieri; **wir brauchen doch nicht ins Restaurant zu gehen, ich esse ~ gern zu Hause**, non c'è (mica) bisogno di andare al ristorante, io mangio volentieri anche a casa fam; **~ gut** benissimo, altrettanto bene; **ich hätte ~ gut zu Hause bleiben können**, sarei potuto (-a) rimanere benissimo (anche) a casa; **~ gut könnte man behaupten, ...**, con la stessa facilità si potrebbe affermare ...; **~ lang(e)** altrettanto a lungo, per altrettanto tempo; **ich war zwei Monate in London, ~ lang möchte ich jetzt in Berlin bleiben**, sono stato (-a) due mesi a Londra, altrettanto vorrei ora rimanere a Berlino; **~ oft** altrettanto spesso; **ich gehe zweimal im Monat ins Kino, und ~ oft gehe ich ins Theater**, due volte al mese vado al cinema ed altrettanto spesso a teatro; **~ oft wie ...** tanto spesso quanto ...; **ich sehe Richard ~ oft wie du**, vedo Riccardo quanto lo vedi tu; **~ sehr** altrettanto; **für Physik ist er sehr begabt, ~ sehr für Sprachen**, è molto portato per la fisica e altrettanto per le lingue; **er hat darunter ~ sehr gelitten wie du**, ne ha sofferto (tanto) quanto te; **~ viel** altrettanto; **er verdient als Angestellter etwa 3000 Euro, seine Frau verdient ~ viel**, come impiegato guadagna circa 3000 euro, sua moglie guadagna ₍altrettanto₎/[la stessa cifra]; **~ viel wie ...** tanto quanto ...; **er hat ~ viel Geld wie ich**, ha tanto denaro quanto me; **~ wenig** altrettanto poco; **heute hat er ~ wenig verkauft wie gestern**, oggi ha venduto (tanto) poco quanto ieri; **er weiß darüber ~ wenig wie ich**, ne sa quanto me.

ebensogern a.R. *von ebenso gern* → **ebenso**.

ebensogut a.R. *von ebenso gut* → **ebenso**.

ebensolange, **ebensolang** a.R. *von ebenso lang(e)* → **ebenso**.

ebensooft a.R. *von ebenso oft* → **ebenso**.

ebensosehr a.R. *von ebenso sehr* → **ebenso**.

ebensoviel a.R. *von ebenso viel* → **ebenso**.

ebensowenig a.R. *von ebenso wenig* → **ebenso**.

Eber <-s, -> m *zoo* cinghiale m, verro m.

Eberesche f *bot* sorbo m degli uccellatori.

Eberhard m (*Vorname*) Eberardo, Everardo.

ebnen tr *etw* ~ {FELD, PLATZ, STRAßE} spianare *qc*, livellare *qc*, appianare *qc* ● **jdm den Weg ~**, spianare la strada *a qu*.

Ebola-Virus n *oder* m *med* (virus m) Ebola m.

E-Book <-(s), -s> n e-book m.

EC <-s, -s> m **1** *Eisenb Abk von engl* EuroCity(-Zug): **EC** m (*ital: treno rapido in servizio internazionale*) **2** *bank Abk von* Euroscheck: **EC** m (*Abk von* eurochèque).

EC-Karte f *bank* carta f ec/eurocheque.

E-Cash n "pagamenti m pl effettuati tramite carte di credito e bancomat".

echauffieren <*ohne* ge-> rfl **sich** (*über etw* akk) **~** riscaldarsi (*per qc*).

Echo <-s, -s> n **1** (*Widerhall*) eco f *oder* m **2** (*Reaktion*) eco f *oder* m, risonanza f **3** *pej* (*Nachhall*): **jds ~ sein**, far l'eco di qu ● **ein starkes/breites ~ finden/haben**, suscitare/avere una forte risonanza/una vasta eco]; **der Rücktritt des Staatsanwalts hat ein breites ~ in der internationalen Presse gefunden**, le dimissioni del pubblico ministero hanno destato una vasta eco nella stampa internazionale; **die Theorien des Wissenschaftlers fanden wenig ~**, le teorie dello scienziato hanno suscitato poco interesse.

Echolot n **1** *naut* ecometro m, ecoscandaglio m **2** *aero* altimetro m.

Echse <-, -n> f *zoo* sauro m.

echt[①] **A** adj **1** (*nicht künstlich*) {EDELSTEINE, PERLEN, SILBER} vero; {GOLD} *auch* puro: **eine Kette aus ~em Gold**, una collana di oro puro; {LEBENSMITTEL} naturale, genuino; {BRÄUNUNG, HAAR, HAARFARBE} naturale, vero; **ist deine Haarfarbe ~?**, è il colore naturale dei tuoi capelli? **2** (*nicht gefälscht*) {GEMÄLDE, UNTERSCHRIFT, URKUNDE} autentico: **dieses Bild ist ein ~er Van Gogh**, questo quadro è un Van Gogh autentico; **der Fünfhunderteuroschein war nicht ~**, la banconota da 500 euro era falsa **3** (*aufrichtig*) {FREUDE, FREUNDSCHAFT, LEID, LIEBE, ZUNEIGUNG} vero, sincero: **er ist sein ~er Freund**, è un vero amico; **seine Freude über unseren Besuch war ~**, è stato veramente contento della nostra visita; **uns verbindet eine ~e Freundschaft**, ci lega una sincera amicizia **4** <attr> (*typisch*) tipico: **er ist ein ~er Berliner**, è il tipico berlinese **5** (*beständig*) {FARBEN} indelebile, resistente **6** (*wirklich*) vero, proprio: **das ist ein ~er Reinfall** *fam*, è una vera fregatura *fam*; **ein ~er Bruch** *math*, una frazione propria **B** adv (*typisch*) veramente, tipicamente: **das ist wieder mal ~ Frau**, è tipicamente femminile.

echt[②] partik *fam* davvero, proprio, sul serio: **er spielt ~ gut Tennis**, gioca proprio bene a tennis; **der Film ist ~ Spitze**, questo film è davvero il massimo *fam*; **meinst du das ~?**, (lo) dici sul serio?; **er hat sich einen Ferrari gekauft – Echt?**, si è comprato una Ferrari – Sul serio?

Echtheit <-, *ohne* pl> f **1** (*echte Beschaffenheit*) {+DOKUMENT, GELDSCHEIN, GEMÄLDE, UNTERSCHRIFT} autenticità f; {+EDELSTEIN} *auch* purezza f **2** (*Aufrichtigkeit*) {+GEFÜHL} schiettezza f; {+FREUNDSCHAFT, ZUNEIGUNG} *auch* sincerità f, genuinità f **3** (*Beständigkeit*) {+FARBEN} resistenza f.

Echtzeit f *inform* tempo m reale.

Echtzeitbetrieb <-(e)s, *ohne* pl> m *inform* elaborazione f in tempo reale.

Echtzeituhr f *inform* orologio m in tempo reale.

Eck <-(e)s, -en> n *süddt A* angolo m → **Ecke** ● **über Eck**, in (senso) diagonale, di traverso; **ein Tuch über Eck zusammenlegen**, piegare un foulard in (senso) diagonale.

EC-Karte f *bank* carta f ec/eurocheque.

Eckball m *sport Fußball* calcio m d'angolo, corner m, tiro m dalla bandierina *fam*; *Handball Wasserball* tiro m d'angolo ● **einen ~ geben**, assegnare il calcio d'angolo; **einen ~ schießen/treten**, battere il calcio d'angolo; **einen ~ direkt verwandeln** (*zu einem Tor nutzen*), trasformare un calcio d'angolo.

Eckbank f panca f d'angolo.

Eckchen <-s, -> n *dim von* Ecke angolino m, cantuccio m.

Eckdaten subst <*nur* pl> → **Eckwert**.

Ecke <-, -n> f **1** (*innerer/äußerer Winkel*) {+GARTEN, HAUS, WOHNUNG, ZIMMER} angolo m, canto m, cantone m: **eine gemütliche ~**, un angolo/cantuccio accogliente; {+BUCH, SCHRANK} angolo m **2** (*spitze Kante*) {+BUCH, MAUER, MÖBELSTÜCK, TISCH} spigolo m; {+KRAGEN} punta f; *geom* {+FLÄCHE, KÖRPER} vertice m, spigolo m **3** (*Winkel zweier Straßen*) angolo m, cantone m, cantonata f: **an der ~**, all'angolo **4** (*dreieckiges Stück Käse*) spicchio m **5** *fam* (*Gegend*) parti f pl, angolo m: **er kommt aus meiner ~**, è delle mie parti; **diese ~ Deutschlands ist sehr romantisch**, quest'angolo della Germania è molto romantico **6** *fam* (*Strecke*) pezzo m, tratto m: **bis Rom ist es noch eine ganze/ziemliche ~**, fino a Roma c'è ancora un bel pezzo (di strada) **7** *sport Fußball Boxen* angolo m ● **sich** (*dat*) **die ~n und Kanten abstoßen** *fam*, smussare gli spigoli *fam*/[le spigolosità] del proprio carattere; **um die ~ biegen/fahren**, girare/voltare l'angolo; **Bismarckstraße ~ Kaiserstraße**, Bismarckstraße angolo Kaiserstraße; **jdn um die ~ bringen** *fam euph*, far fuori qu *fam*, togliere di mezzo qu *fam*; **jdn in die ~ drängen**, mettere qu alle strette *fam*/[nell'angolo *fam*]; **es fehlt an allen ~n** (**und Enden**) *fam*, manca anche l'essenziale; **eine ganze ~ billiger/teurer**, di gran lunga più economico/caro; **der Vorschlag kommt aus der ~ der Emanzen** *fam*, la proposta arriva da ambienti femministi *fam*; **an allen ~n** (**und Enden**) **sparen** *fam*, risparmiare fino all'osso *fam*; **in der ~ stehen** (**zur Strafe**) {KIND}, essere in castigo; **etw in die ~ stellen**, mettere qc in un angolo/cantuccio; **eine ~ treten** *sport*, battere un calcio d'angolo; **mit jdm um sieben ~n verwandt sein** *fam*, essere imparentato con qu alla lontana, essere parente di qu per parte di Adamo *fam*; (**gleich**) **um die ~ wohnen**, abitare (subito) dietro l'angolo/[a due passi].

Ecker <-, -n> f *bot* faggina f, faggiola f.

Eckfahne f *sport* bandierina f dell'angolo/[del corner].

Eckfenster n *arch* finestra f d'angolo.

Eckhaus n *arch* edificio m/casa f d'angolo.

eckig adj **1** (*nicht rund*) {TISCH} angolare; {GESICHT, SKULPTUR} angoloso; ~**e Klammern**, parentesi quadre **2** (*schroff, unhöflich*) {CHARAKTER, WESEN} spigoloso; {BENEHMEN, VERHALTEN} rozzo, grossolano **3** (*ungelenk*) {BEWEGUNG, GANG} goffo, impacciato, maldestro.

Ecklohn m *industr* salario m di riferimento.

Eckpfeiler m **1** *arch* pilastro m d'angolo **2** (*wichtigste Stütze*) {+IDEOLOGIE, THEORIE} pilastro m, colonna f (portante).

Eckplatz m posto m d'angolo.

Eckpunkt m **1** *geom* vertice m **2** {+REFORM, THEORIE} punto m cardine.

Eckschrank m angoliera f, cantoniera f.

Eckstein m **1** *arch* pietra f angolare **2** (*Hauptstütze*) {+IDEOLOGIEN, THEORIEN} pietra f angolare, pilastro m **3** (*Markstein*) {+ENTWICKLUNG} pietra f miliare.

Eckstoß m *sport* → **Eckball**.

Eckstunde f *Schule* "prima o ultima ora f di lezione".

Eckwert m <*meist* pl> *ökon* valore m di riferimento.

Eckwurf m *sport Handball* angolo m.

Eckzahn m *anat* (dente m) canino m.

Eckzimmer n camera f d'angolo.

Eckzins m *bank* (*Zinssatz für Sparkonten*) tasso m base.

Ecofin-Rat m *ökon* (consiglio) Ecofin m.

E-Commerce <-, *ohne* pl> m e-commerce m, commercio m elettronico.

Economyklasse f *aero* classe f economica, economy class f.

Ecstasy <-(s), *ohne* pl> n <*meist ohne art*> ecstasy f.

Ecu, ECU <-(s), -(s)> m *oder* <-, -> f *ökon hist Abk von engl* European Currency Unit: ECU m, euroscudo m.

Ecuador <-s, *ohne* pl> n *geog* Ecuador m.

Ecuadorianer m (**Ecuadorianerin** f) ecuadoriano (-a) m (f), equadoregno (-a) m (f).

ecuadorianisch adj ecuadoriano, equadoregno.

Ed. *Abk von* Edition: ed (*Abk von* edizione).

Edamer <-s, -> m *gastr* (*Käse*) (formaggio m) Edam m.

Edda f (*Vorname*) Edda.

edel <*edler, edelste*> **A** adj **1** (*großherzig*) {GESINNUNG, MENSCH, TAT} nobile; {SPENDE, SPENDER} generoso **2** <*meist attr*> (*hochwertig*) {HÖLZER, WEIN} pregiato; {METALLE} nobile, prezioso; {SCHMUCK} prezioso; (*Tier*) {HUND} di razza; {PFERD} *auch* purosangue **3** (*harmonisch*) {PROFIL} distinto, aristocratico **4** <attr> *obs* (*adlig, vornehm*) {ABKUNFT, GESCHLECHT, RITTER} nobile, aristocratico **B** adv {DENKEN, HANDELN} disinteressatamente: **~ geformte Züge**, lineamenti aristocratici.

Edeldame f, **Edelfrau** f *hist* gentildonna f, nobildonna f.

Edelgas n *chem* gas m nobile.

Edelholz n legno m pregiato.

Edelkastanie f *bot* **1** (*Baum*) castagno m **2** (*Frucht*) castagna f.

Edelkitsch m *iron* kitsch m sofisticato.

Edelleute pl *von* Edelmann.

Edelmann <-(e)s, -leute> m *hist* nobile m, gentiluomo m.

Edelmetall n metallo m prezioso/nobile.

Edelmut <-s, *ohne* pl> m *geh* nobiltà f d'animo, magnanimità f.

edelmütig *geh* **A** adj {CHARAKTER, GESTE} magnanimo; {MENSCH} *auch* di animo nobile **B** adv {DENKEN, HANDELN} con magnanimità, nobilmente.

Edelnutte f fam prostituta f d'alto bordo iron.

Edelpilzkäse m gastr formaggio m erborinato.

Edelschnulze f fam iron: **dieser Film ist eine ~**, è un film strappalacrime/sdolcinato; **dieser Schlager ist eine ~**, è una canzonetta strappalacrime/mielosa.

Edelstahl m acciaio m inossidabile/inox: **ein Topf aus ~**, una pentola in acciaio inossidabile/[inox].

Edelstein m min pietra f preziosa; (geschliffener ~) gemma f: **in Gold gefasster ~**, pietra preziosa incastonata in oro.

Edeltanne f bot abete m bianco.

Edelweiß <-(es), -e> n bot stella f alpina, edelweiss m.

Eden <-s, ohne pl> n geh eden m, paradiso m terrestre.

Edgar m (Vorname) Edgardo.

edieren <ohne ge-> tr Verlag etw ~ {VERLAG WERK} pubblicare qc, editare qc rar.

Edikt <-(e)s, -e> n hist editto m: **ein ~ erlassen**, emanare un editto.

Edith f (Vorname) Edit(t)a, Edith.

editieren <ohne ge-> tr inform etw ~ {DATEI, TEXT} editare qc.

Edition <-, -en> f Verlag **1** (das Herausgeben) edizione f, pubblicazione f **2** (Ausgabe) edizione f **3** rar (Verlag) editore m.

Editor[1] <-s, -s> m inform editor m.

Editor[2] <-s, -en> m (**Editorin** f) geh editore m, casa f editrice.

Editorial <-(s), -s> n journ editoriale m, (articolo m di) fondo m.

Edmund m (Vorname) Edmondo.

Eduard m (Vorname) Edoardo.

EDV <-, ohne pl> f inform Abk von Elektronische Datenverarbeitung: EDP (Abk von engl Electronic Data Processing), EED (Abk von ital elaborazione elettronica dei dati).

EDV-Anlage f inform elaboratore m elettronico.

EDV-Branche f inform settore m dell'informatica/[informatico].

EDV-Fachfrau f informatica f.

EDV-Fachmann m informatico m, tecnico m del computer.

EDV-Kurs m corso m di informatica.

EDV-System n inform sistema m informatico.

EEA Abk von Einheitliche Europäische Akte: AUE (Abk von Atto Unico Europeo).

EEG <-s, -s> n med Abk von Elektroenzephalogramm: EEG m (Abk von elettroencefalogramma).

Efeu <-s, ohne pl> m bot edera f.

Effeff <-, ohne pl> n: **etw aus dem ~ beherrschen/können/wissen** fam, conoscere/sapere qc a menadito fam, sapere qc come il paternoster fam.

Effekt <-(e)s, -e> m **1** (Wirkung) effetto m: **der ~ seiner Bemühungen**, l'effetto dei suoi sforzi; **den ~ haben, dass ...**, avere come effetto che ..., fare sì che ..., sortire l'effetto di ... **2** (Überraschungseffekt) effetto m: **ein optischer/akustischer** ~, un effetto ottico/ acustico • **auf ~ ausgehen** pej, cercare l'effetto; **der ~ war gleich null**, il risultato è stato pari a zero.

Effekten subst <nur pl> Börse titoli m pl, valori m pl, effetti m pl.

Effektenbestand m Börse portafoglio m titoli.

Effektenbörse f Börse borsa f valori.

Effektenhandel m Börse commercio m di titoli.

Effektenkurs m Börse quotazione f dei titoli.

Effekthascherei <-, -en> f <meist sing> pej pura ricerca f dell'effetto: **das ist reine ~**, tanto fumo e poco arrosto fam.

effektiv A adj **1** (wirksam) {ZUSAMMENARBEIT} valido; {MAßNAHME} auch efficace **2** ökon (tatsächlich entstehend) {GEWINN, RENDITE, VERZINSUNG, ZINSEN} effettivo, reale, netto B adv **1** (wirksam) {ARBEITEN} in modo efficace, efficacemente: **wenig ~ arbeiten**, lavorare con scarso rendimento **2** (tatsächlich) {BETRAGEN, VERDIENEN} realmente, effettivamente **3** fam (eine Aussage verstärkend) effettivamente, in effetti: **ich habe heute ~ nichts getan**, effettivamente oggi non ho fatto niente.

Effektivität <-, ohne pl> f {+MAßNAHME, SCHUTZ} efficacia f.

effektvoll adj {KLEIDUNG, REDE} d'effetto; {FEUERWERK, VORFÜHRUNG} spettacolare.

effizient geh A adj {MENSCH, METHODE, PRODUKTIONSVERFAHREN} efficiente B adv {ARBEITEN, PRODUZIEREN} efficientemente, con efficienza.

Effizienz <-, -en> f geh {+ARBEIT, PRODUKTIONSVERFAHREN, ZUSAMMENARBEIT} efficienza f.

EFTA <-, ohne pl> f hist Abk von engl European Free Trade Association (Europäische Freihandelszone): EFTA (Associazione europea di libero scambio).

eG f com Abk von eingetragene Genossenschaft: cooperativa f registrata.

EG <-, ohne pl> f pol hist Abk von Europäische Gemeinschaft: C(E)E f (Abk von Comunità (Economica) Europea).

egal A adj <präd> fam **1** (gleichgültig) uguale, indifferente, lo stesso: **es ist ~, ob du heute arbeitest oder morgen**, è lo stesso se parti oggi o domani; **jdm ~ sein** {PERSON}, essere indifferente a qu; {SACHE} auch non importare a qu; **mir ist ganz ~, ob du auf diese Party gehst**, non m'importa proprio se vai alla festa **2** (mit interr pron): **~ was ich tue ...**, qualsiasi cosa io faccia ...; **~ wann ich komme ...**, in qualunque momento/[a qualunque ora] io venga ...; **~ wie ich es mache ...**, in qualunque modo lo faccia ...; **~ wo ich wohne ...**, ovunque/[in qualunque posto] (io) abiti ...; **~ was/wann/wie/wo**, non importa cosa/quando/come/dove B adv ostdt (ständig) sempre, continuamente: **sie ist eine von denen, die ~ jammern**, è una di quelle che si lamentano sempre • **das ist ~**, non importa, è lo stesso.

EG-Behörde f pol hist → **EU-Behörde**.

EG-Binnenmarkt m pol hist mercato m unico C(E)E.

EG-Bürger m (**EG-Bürgerin** f) hist cittadino m comunitario.

Egel <-s, -> m zoo sanguisuga f.

Egge <-, -n> f agr erpice m.

eggen A tr agr (mit der Egge bearbeiten) etw ~ {FELD} erpicare qc B itr agr (mit der Egge arbeiten) lavorare con l'erpice.

EG-Haushalt m ökon hist bilancio m della Comunità Europea.

EG-Kommission f pol hist commissione f C(E)E.

EG-Ministerrat m pol hist consiglio m dei ministri della C(E)E.

EG-Mitgliedsland n hist stato m membro della C(E)E.

Ego <-(s), -s> n psych ego m.

Egoismus <-, Egoismen> m egoismo m.

Egoist <-en, -en> m (**Egoistin** f) egoista mf.

egoistisch A adj {MENSCH} egoista; {GRÜNDE, INTERESSEN, VERHALTEN, ZWECKE} egoistico B adv {SICH BENEHMEN} egoisticamente, da egoista.

Egotrip <-s, -s> m fam: **auf dem ~ sein** fam, essere tutto (-a) preso (-a) da se stesso (-a).

Egozentrik <-, ohne pl> f egocentrismo m.

Egozentriker <-s, -> m (**Egozentrikerin** f) geh egocentrico (-a) m (f).

egozentrisch adj geh {ART, DENKWEISE, MENSCH} egocentrico.

eh[1] interj fam: **eh, wartet auf uns!**, ehi, aspettateci!; **eh, was macht ihr da?**, ehi, cosa state facendo?

eh[2] A adv süddt A fam tanto: **jetzt ist es eh zu spät**, tanto ormai è troppo tardi; **mir ist es eh egal**, tanto per me è lo stesso B konj → **ehe** • **seit eh und je**, da sempre, dacché mondo è mondo; **wie eh und je**, come sempre.

ehe konj **1** (bevor) prima che ... konjv, prima di ... inf/+ subst: **ehe ich es vergesse, ...**, prima che lo dimentichi ...; **ehe der Zug abfährt, ...**, prima della partenza del treno ...; **ehe ich unterschreibe, will ich es mir noch einmal überlegen**, prima di firmare voglio pensarci ancora un po' **2** (anstatt) piuttosto che ... inf: **ehe ich meine Eltern um Geld bitte, suche ich mir lieber eine Halbtagsstelle**, piuttosto che chiedere dei soldi ai miei genitori, preferisco cercarmi un lavoro part-time **3** (wenn): **ehe nicht ..., finché non ... ind**, fino a quando ... ind; **ehe die Kleine nicht einschläft, können wir nicht weggehen**, finché la piccola non si addormenta, non possiamo uscire.

Ehe <-, -n> f matrimonio m • **die Ehe brechen**, commettere adulterio; **(mit jdm) eine Ehe eingehen** geh/**schließen** geh (heiraten), contrarre matrimonio (con qu) geh, convolare a nozze (con qu) geh; **(Sohn, Tochter) aus erster/zweiter/... Ehe**, (figlio, figlia) di primo/secondo/... letto; **eine ... Ehe führen**: **sie führen eine gute/schlechte Ehe**, loro è un matrimonio che va bene/[non va bene]; **eine wilde Ehe führen** obs, convivere; **eine glückliche/unglückliche/zerrüttete Ehe**, un matrimonio felice/infelice/sfasciato; **kinderlose Ehe**, matrimonio senza figli; **eine Ehe scheiden**, sciogliere un matrimonio; **eine Ehe scheitert**, un matrimonio fallisce/naufraga; **eine Ehe schließen** (jdn trauen) {PRIESTER, STANDESBEAMTE}, celebrare un matrimonio; **Ehe ohne Trauschein**, convivenza, matrimonio di fatto; **jdm die Ehe versprechen**, fare una promessa di matrimonio a qu; **in zweiter Ehe**, in seconde nozze.

eheähnlich adj jur: **~e Gemeinschaft**, famiglia di fatto, convivenza more uxorio.

Eheanbahnungsinstitut n agenzia f matrimoniale.

Eheberater m (**Eheberaterin** f) consulente mf matrimoniale.

Eheberatung f **1** (das Beraten) consulenza f matrimoniale **2** (Stelle) consultorio m matrimoniale.

Ehebett n letto m matrimoniale.

ehebrechen itr <nur inf> obs commettere adulterio.

Ehebrecher <-s, -> m (**Ehebrecherin** f) obs adultero (-a) m (f).

ehebrecherisch adj obs {BEZIEHUNGEN, VERHÄLTNIS} adulterino.

Ehebruch m obs adulterio m: **~ begehen**, commettere adulterio.

ehedem adv obs una volta, un tempo: **wie ~**, come una volta.

Ehefrau f moglie f.

Ehegatte m **1** form (Ehemann) consorte m geh, coniuge m **2** <nur pl> jur (Eheleute) coniugi m pl.

Ehegattensplitting n *Steuer* "splitting m fiscale (fra coniugi)".

Ehegattin f *form* consorte f *geh*, coniuge f.

Eheglück n felicità f coniugale.

Ehehindernis n *jur* impedimento m matrimoniale.

Ehekrach m *fam* lite/baruffa f coniugale *fam*.

Ehekrise f crisi f matrimoniale/coniugale.

Eheleben <-s, ohne pl> n vita f coniugale/matrimoniale.

Eheleute subst <nur pl> *form* coniugi m pl, sposi m pl *scherz oder iron*: **die jungen ~**, la giovane coppia.

ehelich adj **1** <attr> (*die Ehe betreffend*) {HAUSSTAND, PFLICHTEN, WOHNSITZ, WOHNUNG} coniugale **2** (*in der Ehe geboren*) {KIND} legittimo; **nicht ~ jur**: **nicht ~es Kind**, figlio naturale/[nato fuori del matrimonio]; **nicht ~e Lebensgemeinschaft**, coppia di fatto, convivenza more uxorio.

ehelichen tr *obs oder scherz* (*heiraten*) **jdn ~ accasarsi** *obs oder scherz*, sposare qu.

ehelos adj: **~ bleiben** {FRAU}, rimanere nubile; {MANN} rimanere celibe.

Ehelosigkeit <-, ohne pl> f (*von Mann*) *auch relig* celibato m; (*von Frau*) condizione f di nubile, nubilato m *rar*.

ehemalig adj <attr> ex, di una volta: **mein ~er Chef**, il mio ex capo; **mein Ehemaliger** *scherz*, il mio ex *scherz*.

ehemals adv *obs* una volta, un tempo, in passato.

Ehemann m marito m.

Ehepaar n (coppia f di) coniugi m pl: **das ~ Müller**, i coniugi Müller; **ein frisch gebackenes ~**, gli sposini novelli *fam scherz*.

Ehepartner m (**Ehepartnerin** f) coniuge mf.

eher adv **1** (*kompar von bald*) (*früher*) prima: **morgen müssen wir ~ aufstehen, wenn wir den Zug nicht verpassen wollen**, domani dobbiamo alzarci prima se non vogliamo perdere il treno; **ich war ~ da als er**, sono arrivato (-a) prima di lui **2** *fam* (*lieber*) piuttosto: **~ verkaufe ich das Haus, als es ihm zu vererben**, la casa la vendo, piuttosto che lasciargliela in eredità **3** (*besser*) meglio: **~ heute als morgen**, meglio oggi che domani **4** (*mehr*) piuttosto: **Renates neue Wohnung ist ~ bescheiden**, il nuovo appartamento di Renata è piuttosto modesto • **nicht ~, als/bis ...**, non prima che ... *konjv*; **je ~, desto besser**, quanto prima, tanto meglio.

Eherecht <ohne pl> n *jur* diritto m matrimoniale.

Ehering m fede f, anello m matrimoniale/nuziale.

ehern adj **1** *geh* (*unbeugbar*) {GESETZ} ferreo; {WILLE} auch di ferro **2** *lit obs* (*aus Metall*) {RÜSTUNG, STANDBILD} di ferro, ferreo.

Ehescheidung f *jur* divorzio m.

Eheschließung f *adm* (celebrazione f del) matrimonio m (*standesamtliche ~*) auch matrimonio m con rito civile.

ehest adv *A* al più presto.

Ehestand <-(e)s, ohne pl> m *geh* stato m coniugale, matrimonio m: **in den ~ treten**, convolare a nozze *geh*.

ehester, eheste, ehestes A adj {TERMIN, ZEITPUNKT} primo (-a) ... possibile: **zum ehesten Termin**, quanto prima, il prima possibile B adv **1** (*am wahrscheinlichsten*): **am ehesten ist es möglich, dass Peter jetzt Jura studieren will**, la cosa più probabile è che ora Peter voglia studiare giurisprudenza **2** (*noch am liebsten*) tutt'al più, semmai: **sie hat nicht viel Lust auf die Uni zu gehen, am ehesten würde sie noch Sprachen studieren**, non ha molta voglia di andare all'università semmai vorrebbe studiare lingue **3** (*zuerst*) per primo, prima di tutti: **er ist am ehesten gekommen**, è arrivato per primo.

Ehevermittlung f **1** (*Tätigkeit*) mediazione f matrimoniale **2** (*Büro*) agenzia f matrimoniale.

Eheversprechen n *jur* promessa f di matrimonio.

Ehevertrag m *jur* contratto m matrimoniale.

Ehrabschneider m (**Ehrabschneiderin** f) *pej* denigratore (-trice) m (f), calunniatore (-trice) m (f).

ehrbar adj {MENSCH} rispettabile, onorato, onorevole; {BERUF} onorevole, onorato.

Ehre <-, -n> f **1** <nur sing> (*Ansehen*) onore m, prestigio m **2** (*Anerkennung*) onore m, onori m pl **3** <nur sing> (*Selbstachtung*) onore m, senso m dell'onore • **sich** (dat) **etw als/zur ~ anrechnen** *geh*, considerare qc un onore; **seine Ansicht/Worte/Meinung/... in allen ~n, aber ...**, sarà come dice lui, ma ..., con tutto il rispetto, ...; **mit jdm/etw ~ einlegen**, fare bella figura con qu, farsi onore in qc; **jdm die letzte ~ erweisen** *form*, porgere l'estremo saluto a qu *form*; **wir geben uns die ~, die Vermählung unserer Tochter bekannt zu geben** *form*, siamo lieti di partecipare le nozze di nostra figlia; **etw gereicht jdm zur ~** {TAT, VERHALTEN}, qc fa onore a qu; **~ sei Gott in der Höhe** *relig*, gloria a Dio nell'alto dei cieli; **(ich) habe die ~** süddt A *obs* (*Gruß*), riverisco *form obs*, i miei omaggi *form obs*; **mit wem habe ich die ~?** *obs oder iron*, con chi ho l'onore di parlare? *obs*; **etw in ~n halten**, conservare/custodire gelosamente qc; **jdn in ~n halten**, tenere/avere qu in considerazione/onore; **(das ist) zu viel der ~!** *iron*, troppo gentile, troppi complimenti; **es ist mir eine (große) ~ form**, è per me un (grande) onore *form*; **jdn in seiner ~ kränken/verletzen**, ferire qu nell'onore; **etw macht jdm ~/[wenig ~]**, qc fa onore/[poco onore] a qu; **jdm/etw (alle) ~ machen**, far onore a qu/qc; **dieser Wissenschaftler macht seinem Heimatland (alle) ~**, questo scienziato fa (grande) onore al suo paese; **militärische ~n**, onori militari; **was verschafft mir die ~?** *geh iron*, a cosa devo l'onore? *geh iron*; **der Wahrheit zu ~n**, a onor del vero; **zu jds ~n**, in onore di qu; **ein Empfang zu ~n des amerikanischen Präsidenten**, un ricevimento in onore del presidente americano.

ehren tr **1** (*achten*) **jdn ~** {ELTERN, ÄLTERE MENSCHEN} portare rispetto a qu, rispettare qu, onorare qu; **jds Andenken ~**, onorare la memoria di qu **2** (*würdigen*) **jdn** (*durch etw akk/mit etw dat*) **~** {DURCH EINE AUSZEICHNUNG, MIT EINER MEDAILLE} conferire qc a qu **3** (*Ehre machen*) **jdn ~** {ANGEBOT, BESUCH, VERTRAUEN}, fare onore a qu, onorare qu.

Ehrenamt n carica f onoraria/onorifica: **ein ~ bekleiden**, ricoprire una carica onoraria/onorifica.

ehrenamtlich A adj {MITARBEITER, MITGLIED, VORSITZENDER} onorario; {TÄTIGKEIT} auch onorifico B adv {AUSÜBEN, INNEHABEN} a titolo onorifico/onorario; **~ arbeiten**, fare volontariato.

Ehrenbürger m (**Ehrenbürgerin** f) cittadino (-a) m (f) onorario (-a).

Ehrenbürgerrecht n cittadinanza f onoraria.

Ehrendoktor m (**Ehrendoktorin** f) *univ* dottore m honoris causa.

Ehrengast m ospite mf d'onore.

ehrenhaft A adj {MENSCH} onesto, integro; {VERHALTEN} onesto, onorevole B adv {HANDELN, SICH VERHALTEN} onestamente, in maniera integerrima.

Ehrenhaftigkeit <-, ohne pl> f onorabilità f, onestà f.

ehrenhalber adv **1** (*als Ehrung*) honoris causa **2** (*ohne Bezahlung*) {ARBEITEN} a titolo onorario, per la gloria *fam iron*.

Ehrenkodex m codice m d'onore.

Ehrenlegion f legione f d'onore.

Ehrenloge f palco m reale.

Ehrenmal n monumento m commemorativo.

Ehrenmann m galantuomo m, uomo m d'onore/perbene.

Ehrenmitglied n socio m/membro m onorario.

Ehrenrechte subst <nur pl> *jur*: **die bürgerlichen ~**, i diritti civili.

Ehrenrettung f riabilitazione f: **zu meiner ~ muss ich sagen, dass ...**, a mia discolpa devo dire che ...

Ehrenrunde f **1** *sport* giro m d'onore: **eine ~ drehen**, compiere un giro d'onore **2** *fam scherz* (*Wiederholung einer Klasse*): **eine ~ drehen** *fam*/**laufen** *fam*, essere bocciato *fam*.

Ehrensache f questione f d'onore • **kommst du zu meiner Party? – ~!** *fam*, vieni alla mia festa? – Ci puoi contare! *fam*.

Ehrentag m gran giorno m.

Ehrentribüne f tribuna f d'onore/[delle autorità].

ehrenvoll adj {AUFTRAG, BEGRÄBNIS} onorevole.

Ehrenvorsitzende <dekl wie adj> mf presidente mf onorario (-a).

Ehrenwache f *mil* guardia f d'onore: **die ~ halten**, fare la guardia d'onore.

ehrenwert adj *geh* {BERUF, LEUTE} rispettabile.

Ehrenwort <-(e)s, ohne pl> n parola f (d'onore): **hilfst du mir morgen wirklich? – (Großes) ~!** *fam*, davvero mi aiuti domani? – Parola d'onore! *fam*; **jdm sein ~ geben**, dare a qu la propria parola (d'onore).

ehrerbietig *geh* A adj {GESTE, HALTUNG, VERBEUGUNG} deferente, rispettoso, ossequioso B adv {GRÜSSEN, SICH VERNEIGEN} con deferenza, ossequiosamente.

Ehrerbietung <-, ohne pl> f *geh* deferenza f, ossequio m: **jdm seine ~ bezeigen** *geh*, manifestare la propria deferenza a qu.

Ehrfurcht <-, ohne pl> f **1** (*Respekt*) **~ (vor jdm/etw)** profondo rispetto m (per qu/qc), riverenza f (per qu/qc) **2** *relig* venerazione f • **jdm ~ einflößen**, incutere profondo rispetto a qu; **aus ~ vor Gott**, per timor di Dio; **vor jdm/etw ~ haben**, avere/nutrire profondo rispetto per qu/qc; **sich vor jdm voller ~ verneigen**, fare le riverenze a qu.

ehrfürchtig, ehrfurchtsvoll A adj {BLICK, MIENE} rispettoso, riverente B adv {PLATZ MACHEN, ZUHÖREN} rispettosamente, con rispetto; {SICH VERNEIGEN} con riverenza.

Ehrgefühl <-s, ohne pl> n senso m dell'onore, amor m proprio • **kein ~ (im Leib) haben**, non avere (il) senso dell'onore; **jds ~ verletzen**, ferire qu nell'onore di qu.

Ehrgeiz <-es, ohne pl> m ambizione f • **keinen ~ haben**, essere privo di ambizioni; **krankhafter ~**, ambizione smisurata/insana.

ehrgeizig adj {MENSCH, PROJEKT, STREBEN, VORHABEN} ambizioso.

Ehrgeizling <-s, -e> m rampante m, arrivista m.

ehrlich **A** adj **1** (*aufrichtig*) {GEFÜHLE} sincero; {ANTWORT, FREUND, MENSCH} *auch* schietto, franco; {ABSICHTEN} onesto **2** (*ehrenhaft und verlässlich*) {FINDER} onesto; {MITARBEITER} *auch* fidato **B** adv **1** (*vorschriftsmäßig*) {SPIELEN, TEILEN, VERDIENEN} onestamente, lealmente **2** (*aufrichtig*) {GESTEHEN} sinceramente, francamente; {SAGEN} *auch* schiettamente **3** *fam* (*wirklich*) {ENTTÄUSCHT, ÜBERRASCHT} veramente, sinceramente; (*ganz bestimmt*): **ich hatte keine Zeit, ~** *fam*, non avevo tempo, veramente/[sul serio] ● **~ gesagt ...**, a dire il vero ..., per la verità ...; **es mit jdm ~ meinen**, essere onesto con qu, avere intenzioni oneste con qu; **um ~ zu sein ...**, per esser sincero ..., francamente ...; **~ währt am längsten** *prov*, l'onestà è la miglior moneta *prov*.

ehrlicherweise adv onestamente, sinceramente, in tutta franchezza.

Ehrlichkeit <-, ohne pl> f **1** (*Aufrichtigkeit*) {+ABSICHT, GEFÜHLE, MENSCH} sincerità f **2** (*Zuverlässigkeit*) {+FINDER, MITARBEITER} onestà f.

ehrlos **A** adj {MENSCH} disonesto; {VERHALTEN} *auch* disonorevole **B** adv {HANDELN, SICH VERHALTEN} disonestamente, in modo disonesto.

Ehrlosigkeit <-, ohne pl> f {+HANDELN, MENSCH, VERHALTEN} disonestà f.

Ehrung <-, -en> f **1** (*Ehrerweisung*) onorificenza f; **jdm ~en zuteilwerden lassen** *geh*, fare onore a qu **2** (*Akt der ~*) {+SIEGER} premiazione f **3** (*Feier*) cerimonia f in onore di qu/qc.

ehrwürdig adj **1** (*achtenswert*) {GREIS} venerando; {ALTER} *auch* venerabile *scherz* **2** *relig* (*in Anreden von Ordensgeistlichen: verehrungswürdig*) reverendo.

Ehrwürdigkeit f {+ALTER, GREIS} venerabilità f.

ei interj *fam* **1** (*oha!*) ma!: **ei freilich/gewiss**, ma certo; **ei wer kommt denn da?**, ma guarda chi si vede! *fam* **2** *Kindersprache* (*zärtlich sein*): **ei ei machen**, fare caro (-a) caro (-a); **mach der Mieze ei ei**, fai caro caro al gattino.

Ei <-(e)s, -er> n **1** *zoo* {+HÜHNER, REPTILIEN, VÖGEL} uovo m: **faule/frische/rohe Eier**, uova marce/fresche/crude; **ein Ei kochen**, cucinare un uovo; **hart(gekocht)es Ei**, uovo sodo; **weich(gekocht)es Ei** *gastr*, uovo à la coque **2** *biol* {+MENSCH} ovulo m: **das Ei wird befruchtet**, l'ovulo viene fecondato **3** <nur pl> *slang* (*Moneten*) grana f *slang*, quattrini m pl *fam*: **das kostet 300 Eier**, costa 300 sacchi **4** <nur pl> *slang* (*Hoden*) palle f pl *slang*, coglioni m pl *slang*: **jdm auf die Eier gehen**, rompere ₁i coglioni₁/[le palle] a qu *vulg* ● **jdn wie ein rohes Ei behandeln**, trattare qu con i guanti; **das ist ein dickes Ei!** *fam*, che grattacapo! *fam*/grana! *fam*; **ach, du dickes Ei!** (*überraschender Ausruf*), accidenti!, accipicchia!; **wie auf Eiern gehen** *fam*, camminare sulle uova *fam*; **wie aus dem Ei gepellt sein/aussehen** *fam*, essere tirato a nuovo; **sich/einander gleichen wie ein Ei dem anderen**, assomigliarsi come due gocce d'acqua; **das Ei des Kolumbus**, l'uovo di Colombo; **aus dem Ei kriechen/schlüpfen** {TIER}, uscire dal guscio; **sich um ungelegte Eier kümmern** *fam*, fasciarsi la testa prima di romperla *fam*; **Eier legen** {HENNE}, fare le uova; {REPTILIEN, VÖGEL} *auch*, deporre le uova; (*Bomben abwerfen*) *slang*, sganciare bombe *slang*; **Eier legend**, oviparo.

Eibe <-, -n> f *bot* tasso m.

Eichamt n *adm* ufficio m di (verifica di) pesi e misure.

Eiche <-, -n> f *bot* **1** (*Baum*) quercia f **2** (*~nholz*) (legno m di) quercia f.

Eichel <-, -n> f **1** *bot* ghianda f **2** *anat* glande m **3** <nur pl> *Karten* "colore m corrispondente a fiori nel gioco delle carte tedesche".

Eichelhäher <-s, -> m *ornith* ghiandaia f.

eichen① tr (*einstellen*) **etw ~** {GEWICHT, MAß, MESSGERÄT, WAAGE} tarare qc; {RÖHREN} calibrare qc; {GEFÄßE} stazzare qc.

eichen② adj {BALKEN, MÖBEL} (in legno m) di quercia.

Eichenbaum, **Eichbaum** m *geh obs* → **Eiche**.

Eichenlaub n *bot* fogliame m di quercia.

Eichgewicht n peso m campione.

Eichhörnchen n *zoo* scoiattolo m.

Eichkätzchen n *region zoo* → **Eichhörnchen**.

Eichmaß n misura f campione.

Eichstrich m tacca f di taratura.

Eichung <-, -en> f *adm* {+MESSGERÄT, WAAGE} taratura f; {+RÖHREN} calibratura f; {+GEFÄß} stazzatura f.

Eid <-(e)s, -e> m giuramento m ● **einen Eid ablegen/leisten/schwören** *jur*, prestare giuramento, giurare; **jdm einen Eid abnehmen** *jur*, ricevere un giuramento da qu; **etw unter Eid aussagen** *jur*, dichiarare/testimoniare qc sotto giuramento; **einen Eid brechen**, violare/tradire il giuramento; **falscher Eid**, falso giuramento, spergiuro; **einen Eid auf jdn/etw leisten** {AUF VERFASSUNG}, giurare su qc; **darauf könnte ich einen Eid schwören**, ci potrei giurare *fam*; **einen falschen Eid schwören**, giurare il falso, spergiurare; **unter Eid stehen** *jur*, essere sotto giuramento.

eidbrüchig adj: **~ werden**, venir meno a un giuramento.

Eidechse <-, -n> f *zoo* lucertola f.

Eidesformel f *jur* formula f di giuramento.

eidesstattlich adj: **eine ~e Erklärung abgeben**, fare una dichiarazione in luogo del giuramento.

Eidgenosse m (**Eidgenossin** f) cittadino (-a) m (f) elvetico (-a)/svizzero (-a): **die ~n**, gli Svizzeri.

Eidgenossenschaft f: **Schweizerische ~**, Confederazione f Elvetica.

eidgenössisch adj svizzero, elvetico.

Eidotter m → **Eigelb**.

Eierbecher m portauovo m.

Eierkocher m bolliuova m, cuociuova m.

Eierkopf m *fam pej* **1** (*Intellektueller*) testa f d'uovo *iron pej* **2** (*eiförmiger Kopf*) testa f a pera *fam iron*.

Eierkuchen m → **Eierpfannkuchen**.

eierlegend adj → **Ei**.

Eierlikör m liquore m all'uovo, Vov® m.

Eierlöffel m cucchiaino m per uova.

eiern itr *fam* **1** <haben> (*sich unregelmäßig drehen*) {RAD, SCHALLPLATTE} ballare *fam* **2** <sein> (*schwanken*) **irgendwohin ~** {BETRUNKENE} barcollare + *compl di luogo*.

Eiernudel f <meist pl> pasta f all'uovo.

Eierpfannkuchen m *gastr* crespella f, crêpe f.

Eierschale f guscio m d'uovo.

Eierschwamm m A CH *oder region*, **Eierschwammerl** <-s, -(n)> m *süddt* A gallinaccio m, galletto m *norditaI*.

Eierspeise f **1** (*Gericht mit Eiern*) piatto m a base di uova **2** A (*Rührei*) uovo m strapazzato.

Eierstecher <-s, -> m "utensile m con cui si fora il guscio dell'uovo perché questo non scoppi durante la bollitura".

Eierstock m <meist pl> *anat* ovaia f.

Eierstockentzündung f *med* infiammazione f delle ovaie, ovarite f *wiss*.

Eierstockkrebs m *med* tumore m alle/delle ovaie.

Eiertanz m *fam*: **einen (regelrechten) ~ (um etw akk) aufführen**, camminare in punta di piedi (per fare qc) *fam*.

Eieruhr f clessidra f per uova.

Eifer <-s, ohne pl> m zelo m, fervore m, entusiasmo m: **er ist immer mit (großem) ~ bei der Sache**, dimostra sempre molto entusiasmo ● **jds ~ ansporren/anstacheln**, spronare qu a impegnarsi; **im ~ des Gefechts** *fam*, nella foga (del momento); **in ~ geraten**, infervorarsi, scaldarsi *fam*; **mit missionarischem ~**, con dedizione missionaria; **blinder ~ schadet nur** *prov*, il troppo zelo nuoce.

Eiferer <-s, -> m (**Eiferin** f): **religiöser ~**, fanatico m religioso.

Eifersucht <-, ohne pl> f **~ (auf jdn)** gelosia f (*verso*/[*nei confronti di*] *qu*): **sie hat es nur aus ~ getan**, lo ha fatto solo per gelosia.

Eifersüchtelei <-, -en> f <meist pl> *pej* gelosia f (meschina): **hör endlich auf mit deinen ~en!**, finiscila con i tuoi attacchi di gelosia!

eifersüchtig adj geloso: **(auf jdn/etw) ~ sein**, essere geloso di qu/qc; **sehr ~ sein** {MANN}, essere un otello; **jdn ~ machen**, far ingelosire qu; **~ werden**, diventare geloso (-a), ingelosirsi.

eiförmig adj {KOPF} a forma d'uovo; {FRUCHT, GEGENSTAND, KOHLE} *auch* ovoidale.

eifrig **A** adj {LESER, SAMMLER, SUCHE} assiduo; {ANGESTELLTER, SCHÜLER} zelante **B** adv {ARBEITEN, LERNEN} con zelo, assiduamente: **sich ~ an etw (dat) beteiligen**, partecipare assiduamente a qc.

Eigelb n <-s, -e *oder bei Zahlenangabe ohne pl*> tuorlo m, rosso m d'uovo.

eigen adj **1** <meist attr> (*von jdm vertreten*) {ANSICHT, AUFFASSUNG} personale: **seine ~e Meinung**, la sua opinione personale; **das sind seine ~en Worte**, sono le sue testuali parole **2** <meist attr> (*jdm gehörig*) {AUTO, HAUS, WOHNUNG} proprio: **er besitzt kein ~es Haus**, non possiede una casa propria **3** (*separat*) {BAD, WC} indipendente; {EINGANG} *auch* separato: **Wohnung mit ~em Eingang zu vermieten**, affittasi appartamento con ingresso indipendente **4** (*typisch*) {EIGENSCHAFT: HUMOR, OPTIMISMUS} tipico, caratteristico; **jdm ~ sein**, essere proprio di qu: **mit dem ihm ~en Schwung**, con lo slancio che le è proprio **5** (*eigenartig*) {ART, REIZ, SCHÖNHEIT} particolare, strano: **die toskanische Landschaft hat einen ~en Reiz**, il paesaggio toscano ha un fascino particolare/[tutto suo]; **dein Freund ist sehr nett, aber ein bisschen ~**, il tuo amico è molto simpatico, ma un po' strano; **mir ist so ~ zu Mute**, mi sento così strano (-a) **6** *region* (*pingelig*): **in etw (dat) ~ sein**, essere difficile in qc ● **sich (dat) etw zu eigen machen** *geh* {WISSEN}, acquisire qc; {IDEEN}, appropriarsi di qc; **etw sein Eigen nennen** *geh*, possedere qc.

Eigenanteil m **1** quota f parte **2** (*bei Krankenversicherung*) "contributo m da versare per prestazioni mediche non coperte del tutto dall'assistenza sanitaria".

Eigenantrieb m: **mit ~**, ad autopropulsione.

Eigenart f **1** (*besonderer Wesenszug*) {+LANDSCHAFT, MENSCH, STADT} caratteristica f, peculiarità f, particolarità f: **die ~ haben, etw zu tun**, avere l'abitudine di fare qc **2** (*eigentümlicher Wesenszug*) stranezza f: **das gehört zu seinen ~en**, fa parte delle sue stranezze.

eigenartig A adj {DUFT, GEFÜHL, HUMOR, LAUT, MENSCH} strano, insolito; {AUSSEHEN, KLEIDUNG} *auch* particolare, caratteristico: **das ist aber ~!**, è proprio strano! B adv {SICH BENEHMEN, SICH KLEIDEN} in modo strano/insolito: **hier riecht es aber ~**, qui c'è uno strano odore.

Eigenbau <ohne pl> m *fam* **1** (*eigener Anbau*) {+GARTENFRÜCHTE} produzione f propria, prodotto m pl dell'orto: **garantiert ~!**, direttamente dall'orto! *fam* **2** (*eigene Konstruktion*) costruzione f fai da te: **der Stuhl ist Marke ~**, la sedia è fatta da me.

Eigenbedarf m {+MENSCH} (proprio) fabbisogno m: **zum/für den ~**, per uso personale/privato; **~ anmelden/[geltend machen]** *jur*, rivendicare l'uso (dell'appartamento) per bisogno personale, far valere delle esigenze familiari.

Eigenbericht m *journ* nostro servizio, dal nostro corrispondente.

Eigenblut n *med*: **viele Patienten lassen sich ~ abzapfen, um es dann im Falle eines operativen Eingriffs benutzen zu können**, molti pazienti si fanno prelevare il sangue, per poterlo poi utilizzare in caso di intervento chirurgico.

Eigenblutbehandlung f *med* autoemoterapia f.

Eigenbluttransfusion f *med* auto(emo)trasfusione f.

Eigenbrötelei <-, -en> f *fam* individualismo m eccessivo.

Eigenbrötler <-s, -> m (**Eigenbrötlerin** f) *fam* misantropo m, lupo m solitario.

Eigenbrötlerei <-, -en> f *fam* → **Eigenbrötelei**.

Eigenbrötlerin f → **Eigenbrötler**.

eigenbrötlerisch adj *fam* {VERHALTENSWEISE} solitario; {MENSCH} poco socievole: **~ sein**, non far razza con nessuno *fam*, far razza a sé *fam*.

Eigendynamik f {+KUNSTWERK, POLITIK} autonomia f: **~ entfalten/entwickeln**, acquistare una propria dinamica.

Eigenfinanzierung f *ökon* finanziamento m proprio: **in ~**, di tasca propria.

Eigengewicht n **1** *mech* {+LKW} tara f **2** *com* (*Nettogewicht*) peso m netto **3** *phys* (*spezifisches Gewicht*) peso m specifico.

eigenhändig A adj <attr> {UNTERSCHRIFT} autografo; {TESTAMENT} olografo B adv {GESCHRIEBEN, SCHREIBEN} di propria mano, di proprio pugno.

Eigenheim n casa f di proprietà.

Eigenheit <-, -en> f → **Eigenart**.

Eigeninitiative f iniziativa f: **etw in ~ betreiben**, gestire qc in proprio; **~n ergreifen**, prendere delle iniziative personali, fare di testa propria.

Eigenkapital n **1** *ökon* {+PERSON} capitale m personale **2** *com* {+FIRMA} capitale m proprio.

Eigenleben <-s, ohne pl> n vita f autonoma/propria: **ein ~ führen**, vivere in modo individualistico.

Eigenliebe f amor m di sé, narcisismo m.

Eigenlob n: **~ stinkt!** *fam*, chi si loda s'imbroda! *prov*.

eigenmächtig A adj {ENTSCHEIDUNG, VORGEHEN} arbitrario B adv {ANORDNEN, HANDELN} di propria iniziativa, arbitrariamente.

Eigenmächtigkeit <-, -en> f **1** <ohne pl> (*das Eigenmächtigsein*) arbitrarietà f **2** (*eigenmächtige Handlung*) azione f arbitraria.

Eigenname m nome m proprio.

Eigennutz <-es, ohne pl> m interesse m/tornaconto m (personale): **etw aus (reinem) ~ tun**, fare qc per interesse personale; **ohne (jeden) ~ handeln**, agire in modo (del tutto) disinteressato.

eigennützig A adj {MENSCH} interessato B adv {DENKEN} interessatamente; {HANDELN} *auch* per interesse: **sie denkt viel ~er als er**, è molto più interessata di lui.

Eigenproduktion f produzione f propria: **aus ~**, di produzione propria.

Eigenregie f: **in ~**, autonomamente, in modo autonomo.

eigens adv **1** (*extra*) appositamente, apposta **2** (*ausschließlich*) espressamente, esclusivamente: **das Geld ist ~ für den Bau der neuen Schule bestimmt**, i soldi sono destinati espressamente alla costruzione della nuova scuola.

Eigenschaft <-, -en> f **1** *chem phys* proprietà f: **dieses Thermalwasser hat heilende ~en**, l'acqua termale ha delle proprietà curative; {+GERÄT, PRODUKT} caratteristica f **2** {+MENSCH} qualità f, caratteristica f: **gute ~en**, pregi, qualità; **schlechte ~en**, difetti **3** (*Funktion*) qualità f, funzione f: **in meiner/seiner/... ~ als ...**, in qualità di ...; **in amtlicher ~**, in veste ufficiale.

Eigenschaftswort n aggettivo m (qualificativo).

Eigensinn <-s, ohne pl> m testardaggine f, caparbietà f, ostinazione f.

eigensinnig adj {MENSCH} testardo, caparbio, cocciuto; {VERHALTEN} ostinato, pervicace.

eigenstaatlich adj (*souverän*) che riguarda il proprio Stato, nazionale: **die Bosnier kämpfen um ihre ~e Existenz**, i bosniaci combattono/lottano per la propria indipendenza/sovranità.

Eigenstaatlichkeit <-, ohne pl> f {+VOLK} indipendenza f, sovranità f, autonomia f.

eigenständig adj {KULTUR, MENSCH, SPRACHE} autonomo, indipendente.

Eigenständigkeit <-, ohne pl> f {+KULTUR, SPRACHE, STAAT, VOLK} autonomia f, indipendenza f.

eigentlich① partik **1** (*in Wirklichkeit*) veramente, per la verità, in realtà: **~ wollte ich am Sonntag in die Berge fahren, aber ...**, per la verità domenica volevo andare in montagna, ma ...; **~ heißt sie Johanna, aber alle nennen sie Jo**, in realtà si chiama Johanna, ma tutti la chiamano Jo **2** (*genau genommen, im Grunde*) in fondo, veramente, in fin dei conti: **~ hast du recht**, in fondo/[tutto sommato] hai ragione; **~ war der Film nicht so schlecht**, in fondo il film non era tanto male; **~ müsste er schon da sein**, effettivamente dovrebbe già essere arrivato; **~ bin ich froh, dass ...**, in fondo sono contento (-a) che ... **3** (*Interesse zeigend*) ma: **wie geht es ~ deiner Mutter?**, ma tua madre come sta?; **wie heißt er ~?**, ma come si chiama?; **wie hast du es ~ erfahren?**, ma com'è che sei venuto (-a) a saperlo? **4** (*vorwurfsvoll*) ma, veramente: **deine Sekretärin könnte ~ etwas freundlicher sein**, veramente la tua segretaria potrebbe essere un po' più gentile; **was bildest du dir ~ ein?**, ma chi ti credi di essere?; **was willst du ~?**, ma si può sapere cosa vuoi? **5** (*einschränkende Aussage*): **macht es euch was aus, wenn auch meine Freundin mitkommt? – Eigentlich nicht, aber ...**, vi scoccia se viene anche la mia amica? – Non proprio, ma ..., insomma ...

eigentlich② adj <attr> **1** (*tatsächlich, wirklich*) {NAME, WESEN} vero; {ABSICHTEN} *auch* reale; {WERT} *auch* intrinseco; {ZWECK} effettivo **2** (*ursprünglich*) {BEDEUTUNG, BESITZER} originale: **im ~en Sinne**, in senso proprio.

Eigentor n *sport* autorete f, autogol(a)l m: **ein ~ schießen**, fare autogo(a)l; (*sich selbst schaden*) *fam auch* darsi la zappa sui piedi *fam*.

Eigentum <-s, ohne pl> n proprietà f, possedimento m: **er besitzt viel ~**, ha molte proprietà; **dieses Bürohaus ist mein ~**, questi uffici sono di mia proprietà; **staatliches ~**, proprietà statale/demaniale; **geistiges ~**, proprietà intellettuale; **in jds ~ übergehen**, diventare di proprietà di qu.

Eigentümer <-s, -> m (**Eigentümerin** f) *jur* proprietario (-a) m (f).

Eigentümerversammlung f riunione f di condominio.

eigentümlich A adj **1** (*merkwürdig*) {AUSSEHEN, KLEIDUNG, VERHALTEN} strano, bizzarro; {GERUCH, GESCHMACK} strano, particolare: **~ aussehen**, avere un aspetto strano/strambo **2** *geh* (*typisch*) *jdm* ~ {GEIZ, GROSSZÜGIGKEIT, SENSIBILITÄT} proprio *di qu*, peculiare *di qu*, caratteristico *di qu*: **mit der ihm ~en Gelassenheit**, con la calma che gli è propria B adv (*merkwürdig*) {SICH VERHALTEN} in modo strano, bizzarro: **~ riechen/schmecken**, avere uno strano odore/sapore.

Eigentümlichkeit <-, -en> f **1** (*Besonderheit*) {+MINERAL, PFLANZE, STOFF} particolarità f, caratteristica f, peculiarità f **2** (*Eigenheit*) {+MENSCH} caratteristica f **3** <ohne pl> (*Merkwürdigkeit*) {+AUSDRUCKSWEISE, GERUCH, MENSCH, VERHALTEN} stranezza f.

Eigentumsdelikt n *jur* reato m contro la proprietà.

Eigentumsrecht n *jur* diritto m di proprietà: **~ an etw (dat) haben**, avere la proprietà di qc.

Eigentumsübertragung f *jur* trasferimento m di proprietà.

Eigentumswohnung f appartamento m di proprietà.

eigenverantwortlich A adj {TÄTIGKEIT} di responsabilità; {HANDELN} responsabile B adv {ENTSCHEIDEN} in modo responsabile, responsabilmente.

Eigenverantwortung f responsabilità f propria.

Eigenverbrauch m consumo m personale.

Eigenverlag m: **im ~ veröffentlicht**, stampato in proprio.

eigenwillig adj **1** (*eigensinnig*) {MENSCH, VERHALTEN} ostinato, caparbio, testardo **2** (*unkonventionell*) {PERSÖNLICHKEIT} originale; {INTERPRETATION, STIL} *auch* estroso, personale.

eignen rfl **sich als etw** (nom)/**zu etw** (dat) **~** {PERSON} essere adatto/idoneo *a fare qc*: **er eignet sich nicht zum Lehrer**, non è adatto a fare l'insegnante; {SACHE} essere adatto/[prestarsi] *a qc*; **dieses Holz eignet sich nicht zur Herstellung von Möbeln**, questo legno non si presta alla costruzione di mobili; **sich für etw** (akk) **~** {SCHÜLER FÜR STUDIUM} avere attitudine *a/per qc*; {ANGESTELLTER FÜR AUFGABE} essere adatto *a/per qc*.

Eignung <-, ohne pl> f **~ für** (akk)/**zu etw** (dat) {ZU EINEM BERUF, FÜR EINE TÄTIGKEIT} attitudine f *a/per qc*.

Eignungsprüfung f, **Eignungstest** m test m attitudinale.

Eiland n *lit* isoletta f.

Eilbote m (**Eilbotin** f) *post* corriere m espresso, fattorino m degli espressi: **per/durch ~n**, per espresso.

Eilbrief m *post* (lettera f) espresso m: **als ~**, come (lettera) espresso.

Eile <-, ohne pl> f **1** (*Hast*) fretta f, furia f: **in ~ sein**, avere fretta; **etw in aller/großer ~ tun**, fare qc in fretta e furia; **jdn zur ~ antreiben**, mettere fretta a qu **2** (*Dringlichkeit*) urgenza f: **mit dem Brief hat es keine ~**, la lettera non è urgente; **es hat keine ~**, non è (una cosa) urgente, non c'è fretta; **nur keine ~!**, calma!, non c'è fretta! • **~ mit Weile!** *prov*, chi va piano va sano e va lontano *prov*.

Eileiter m *anat* tuba f ovarica, ovidotto m.

Eileiterschwangerschaft f *med* gravidanza f tubarica.

eilen A itr **1** <sein> (*schnell gehen*) *irgendwohin* ~ {ZUM BRIEFKASTEN, NACH HAUSE, IN DIE WOHNUNG, ZUM WAGEN} precipitarsi/[correre *fam*]/[andare di corsa *fam*] + compl di luogo: **jdm zu Hilfe ~**, accorrere in aiuto di qu, soccorrere qu **2** <haben> (*dringlich sein*) {ANTRAG, PAKET} essere urgente; {ANGELEGENHEIT} *auch* urgere: **eilt!**, urgente! B unpers: **es eilt**, è urgente; **jdm eilt es mit etw (dat)**, qc è urgente per qu.

eilends adv *obs* {ERLEDIGEN, KOMMEN} in fretta, di corsa.

eilfertig adj *geh* **1** (*voreilig*) {PERSON} precipitoso, avventato **2** (*beflissen*) {DIENSTBOTE, MITARBEITER} zelante, solerte, sollecito.

Eilfertigkeit <-, ohne pl> f *geh* **1** (*voreilige Art*) avventatezza f **2** (*beflissene Art*) zelo m, sollecitudine f.

Eilgut n merce f a grande velocità.

eilig A adj **1** (*rasch*) {GANG, SCHRITTE} frettoloso, affrettato: **nur nicht so ~!**, piano!, adagio! **2** (*dringend*) {ANGELEGENHEIT, ERLEDIGUNG} urgente B adv *fam* in fretta, frettolosamente • **es ~ haben**, aver fretta, andare di fretta *fam*/corsa *fam*.

Eilpost f *post* postacelere f.

Eilsendung f *post* spedizione f/invio m per espresso.

Eiltempo n: **im ~** *fam*, in fretta (e furia), di volata *fam*.

Eilzug m *Eisenb hist* (treno m) diretto m.

Eilzustellung f *post* consegna f espresso.

Eimer <-s, -> m secchio m. <-, ₍heißen Wassers₎/[heißes Wasser], un secchio di acqua calda • **es gießt wie mit/aus ~n** *fam*, piove a catinelle *fam*/dirotto; **im ~ sein** *fam* {AUTO, GERÄT}, essere ₍da buttare *fam*₎/[andato *fam*].

eimerweise adv **1** (*in Eimern*) a secchi **2** (*in großer Menge*) a secchi/secchiate.

ein①, **eine, ein** A zahladj **1** <dekl wie unbest art> (*Zahlenwert vor Subst*) uno (-a) m (f): **ein Prozent**, un(o) percento; **eine Stunde**, un'ora **der Film dauert nur eine Stunde**, il film dura solo un'ora; **ich habe nur einen Euro zwanzig**, ho solo un euro e venti; **sie hat nicht einen (einzigen) Tag gefehlt**, non è mancata un (solo) giorno; **wir sind einer Meinung**, siamo della stessa opinione; → *auch* **eins**① **2** <inv> (*Uhrzeit*): **es ist ein Uhr**, è l'una; (*unterstreicht der-/die-/dasselbe*): **an ein und demselben Tag**, (nel)lo stesso giorno; **in ein und derselben Stunde**, (nel)la stessa ora; **das ist ein und dasselbe**, è la stessissima/[stessa identica] cosa B unbest art **1** uno (-a) m: **ein Mann**, un uomo; **eine Frau**, una donna; **ein Kind**, un bambino; **er ist der Sohn eines Richters**, è figlio di un giudice; **nur ein Dante konnte so schreiben**, solo un Dante poteva scrivere in questo modo; **was für ein Auto ist das denn?**, che tipo di macchina è questa ?; **so eine Frechheit!**, che impertinenza!; **eine (gewisse) Frau Braun möchte Sie sprechen**, una (certa) signora Braun vorrebbe parlarLe **2** (*jeder: meist mit best. Art übersetzt*): **ein Piranha ist ein sehr gefräßiger Fisch**, il piranha è un pesce molto vorace **3** (*zu einer Gattung gehörig*) uno (-a): **mein Hund ist ein Pudel**, il mio cane è un barboncino; **das Bild ist ein (echter) Van Gogh**, questo quadro è un Van Gogh autentico • **ein für allemal**, una volta per tutte; **jds Ein und Alles sein**, essere tutto per qu.

ein② adv (*eingeschaltet: an Schaltern*) acceso: **ein/aus**, acceso/spento.

einachsig adj *tech* {ANHÄNGER, CAMPINGWAGEN} monoasse, ad un solo asse.

Einakter <-s, -> m *theat* atto m unico.

einander pron (*sich*) l'un l'altro (-a), reciprocamente, a vicenda, ci/vi/si: **~ helfen**, aiutarsi reciprocamente/[l'un l'altro (-a)]; **~ lieben**, amarsi, amarsi (l'un l'altro (-a)); **~ schaden**, nuocersi a vicenda; **wir gleichen ~**, ci (as)somigliamo; **zwei ~ widersprechende Tatsachen**, due realtà contrastanti.

ein|arbeiten A tr **1** (*mit etw vertraut machen*) **jdn (in etw** akk) ~ {IN NEUES AUFGABENGEBIET, IN EINE FIRMA} inserire qu in qc, avviare qu a qc **2** (*einfügen*) **etw (in etw** akk) ~ {FUTTER IN MANTEL, KAPITEL IN BUCH} inserire qc in qc **3** (*durch Mehrarbeit ausgleichen*) **etw ~** {RÜCKSTAND, ZEIT} recuperare qc B rfl (*sich mit etw vertraut machen*) **sich (in etw** akk) ~ {IN EIN NEUES AUFGABENGEBIET} far pratica (*in qc*), impratichirsi (*in qc*).

Einarbeitungszeit f *industr* periodo m di rodaggio.

einarmig adj {MENSCH} monco, con un braccio solo; {LEUCHTER} a un solo braccio.

ein|äschern tr **1** (*kremieren*) **jdn ~** {LEICHE} cremare qu **2** (*durch Feuer vernichten*) **etw ~** {GEBÄUDE, STADT} ridurre qc in cenere.

Einäscherung <-, -en> f cremazione f.

ein|atmen A tr **etw ~** {DÄMPFE, GAS, SCHLECHTE LUFT, STAUB} inspirare qc, aspirare qc B itr (*Luft holen*) inspirare: **tief ~**, inspirare profondamente.

einäugig adj monocolo, cieco da un occhio.

Einbahnstraße f (strada f a) senso m unico.

ein|balsamieren <ohne ge-> A tr **jdn ~** {LEICHE} imbalsamare qu B rfl *fam scherz* **sich (mit etw** dat) ~ {MIT CREME, DUFTWASSER, SALBE} fare il bagno in qc *fam scherz* • **du kannst dich ~ lassen** *fam scherz* (*du bist zu nichts zu gebrauchen*), vai a farti sotterrare *fam*/friggere *fam*.

Einbalsamierung <-, -en> f (*das Einbalsamieren*) {LEICHE} imbalsamazione f.

Einband <-(e)s, Einbände> m {+BUCH} copertina f; coperta f *rar*; {*Schutzumschlag*} sopraccoperta f.

einbändig adj {AUSGABE, WERK, WÖRTERBUCH} in un (solo) volume, monovolume.

Einbau m **1** <ohne pl> (*das Einbauen*) {+KÜCHE, SCHRANK} incassatura f, montaggio m; {+BREMSEN, MOTOR} montaggio m; {+BAD, HEIZUNG} *auch* installazione f **2** <meist pl> (*eingebautes Teil*) elemento m da incasso.

ein|bauen tr **etw (in etw** akk) ~ **1** {BACKOFEN, SCHRANK, WASCHMASCHINE} incassare qc (*in qc*); {GARDEROBE, KÜCHE} montare qc (*in qc*); {BREMSEN, MOTOR} montare qc (*in qc*); {GERÄTETEIL, HEIZUNG} installare qc (*in qc*) **2** (*einfügen*) {SATZ, ZITAT} inserire qc *in qc*.

Einbauküche f cucina f componibile.

Einbaum m piroga f.

Einbaumöbel subst <nur pl> mobili m pl componibili.

Einbauschrank m armadio m a muro.

Einbauteil n elemento m da incasso.

ein|behalten <irr, ohne ge-> tr **etw ~** {BEITRÄGE, SOZIALABGABEN, STEUERN} trattenere qc.

ein|berufen <irr, ohne ge-> tr **1** (*zusammentreten lassen*) **jdn/etw ~** {RATGEBER, SITZUNG} convocare qu/qc; {VERSAMMLUNG} *auch* indire qc **2** *mil* **jdn ~** {RESERVISTEN, WEHRPFLICHTIGE} chiamare qu alle armi, reclutare qu, arruolare qu.

Einberufene <dekl wie adj> mf *mil* recluta f.

Einberufung f **1** (*das Einberufen*) {+RAT, VERSAMMLUNG} convocazione f **2** *mil* (*~sbescheid*) chiamata f alle armi, arruolamento m, reclutamento m.

Einberufungsbefehl m *mil* cartolina f precetto.

ein|betonieren <ohne ge-> tr **etw in etw** (akk) ~ {HALTERUNG, PFEILER} ancorare qc a qc con il cemento.

ein|betten tr **etw in etw** (akk) ~ {KABEL INS MAUERWERK} posare qc in qc, collocare qc in qc: ₍**ins Grüne**₎/[**im Grünen**] **eingebettet**, ₍immerso nel₎/[circondato dal] verde.

Einbettzimmer n camera f singola/[a un letto].

ein|beulen A tr (**jdm**) **etw ~** {KOTFLÜGEL, WAGEN} ammaccare qc (*a qu*), acciaccare qc (*a qu*) B rfl sich ~ {BLECHDACH, KOTFLÜGEL} ammaccarsi.

ein|beziehen <irr, ohne ge-> tr (*einschließen*) **jdn (in etw** akk) (mit) ~ {IN EINE ARBEIT, PLANUNG} coinvolgere qu (*in qc*); **etw (in etw** akk) (mit) ~ {ARGUMENT, PUNKT, UMSTAND} includere qc (*in qc*), considerare qc (*in qc*).

Einbeziehung <-, ohne pl> f {+ARGUMENTE, PUNKTE, THEMEN} inclusione f, considerazione f: **unter ~ von etw (dat)** {VON BEWEISEN, GESICHTSPUNKTEN, TATSACHEN}, in considerazione di qc, includendo/considerando qc.

Einbezug m *CH* → **Einbeziehung**.

ein|biegen <irr> A itr <sein> (*die Richtung ändern*) **in etw** (akk) ~ {FAHRER, PASSANT, WAGEN IN EINE STRAßE, EINEN WEG} imboccare qc, prendere qc: **nach rechts/links ~**, (s)voltare/girare a destra/sinistra B tr <haben> *fam* (*in der Mitte biegen*) **etw ~** piegare qc in dentro, curvare qc: **das Brett ist durch das Gewicht der Bücher ganz eingebogen**, per il peso dei libri lo scaffale si è imbarcato.

ein|bilden rfl **1** (*bei sich denken*) **sich (dat) etw ~** credere qc, pretendere qc: **was bildest du dir eigentlich ein?** *fam*, ma cosa credi? *fam*; **er bildet sich ein, ein großer Wissenschaftler zu sein**, si crede un grande scienziato; **ich bilde mir nicht ein, die beste Lösung gefunden zu haben**, non mi illudo di aver trovato la migliore soluzione; **bilde dir nicht ein, dass ...**, non credere che ... konjv, non illuderti che ... konjv **2** (*sich etw einreden*) **sich (dat) etw (akk) ~**, immaginarsi qc, mettersi in testa qc *fam*: **es hat niemand an der Tür geklopft, das hast du dir nur eingebildet**, nessuno ha bussato alla porta, te lo sarai immaginato; **das bildest du dir sicher nur ein!**, è sicuramente solo frutto della tua immaginazione!, ma ₍l'hai₎/[avrai] sognato! *fam* **3** (*stolz sein*): **sich (dat) etwas/viel (auf etw** akk) ~ {AUF LEISTUNG, SCHÖNHEIT}, vantarsi (di qc), darsi delle arie (per qc): **sie bildet sich viel ein**, si crede chissà chi *fam*, è piena di sé *fam*, si montaà parecchio la testa *fam*; **worauf bildest du dir eigentlich etwas ein?**, ma di cosa ti vanti?; **darauf brauchst du dir nichts einzubilden**, ₍non ti montare la testa₎/[non darti del-

le arie *fam*] per ⌊quello⌋/[così poco] *fam*.
Einbildung f **1** <sing> (*Fantasie*) immaginazione f, fantasia f: **das ist reine ~**, sono tutte idee!; **das war keine ~**, non me lo sono mica sognato/immaginato **2** <nur pl> (*wahnhafte Ideen*) fissazioni f pl, manie f pl: **sie leidet unter ~en**, soffre di fissazioni **3** <nur sing> (*Arroganz*) presunzione f, boria f, spocchia f ● **~ ist auch eine Bildung!** *fam*, la presunzione è figlia dell'ignoranza (e madre della mal creanza) *prov*.
Einbildungskraft <-, *ohne pl*> f (forza f d') immaginazione f, fantasia f.
ein|binden <irr> tr **1** *Buchbinderei* **etw** (*in etw* akk) ~ {BUCH IN LEDER, LEINEN} (ri)legare qc (*in qc*) **2** (*bindend einhüllen*) **etw** ~ {ARM, BEIN} fasciare qc **3** (*einbeziehen*) **etw** (*in etw* akk) ~ {GEBIET, LAND IN EIN VERKEHRSNETZ} allacciare qc a qc, collegare qc con qc; **jdn** (*in etw* akk) ~ {EINZELGÄNGER IN EINE GRUPPE} integrare qu (*in qc*), inserire qu (*in qc*).
Einbindung <-, *ohne pl*> f {+GEBIET, ORT} allacciamento m, collegamento m; {+MENSCH} integrazione f, coinvolgimento m.
ein|bläuen tr *fam* **jdm etw** ~ inculcare qc a qu, cacciare qc in testa a qu.
ein|blenden A tr *bes. TV film* **etw** (*in etw* akk) ~ {BILDER, TEXT, UNTERTITEL} mandare qc in sovrimpressione (*in qc*); {GERÄUSCH, MUSIK} inserire qc in sottofondo (*in qc*); {TV radio* (*sich einschalten*) **sich** (*in etw* akk) ~ {IN EINE LAUFENDE SENDUNG} collegarsi (*con qc*), inserirsi (*in qc*).
Einblendung f *film TV radio* {+DURCHSAGE, WERBESPOT} inserimento m.
ein|bleuen a.R. *von* einbläuen → **ein|bläuen**.
Einblick m <meist sing> **1** (*erster kurzer Eindruck*) idea f, impressione f: **einen ~** (*in etw* akk) **gewinnen/bekommen** {IN EINE TÄTIGKEIT, VORGÄNGE}, farsi un'idea (di qc); **~ in etw** (*akk*) **haben** {IN DIE FIRMENPOLITIK, ZUSAMMENHÄNGE}, essere addentro a qc, sapere come funziona qc **2** *bes. adm* (*Lesen von Dokumenten*) visione f: **~ in die Akten nehmen**, prendere visione degli atti; **jdm ~ in etw** (*akk*) **gewähren** {IN DOKUMENTE, LISTEN, UNTERLAGEN}, permettere a qu di prendere visione di qc **3** (*Blick*) vista f.
ein|brechen <irr> **A** tr <haben> (*einreißen*) **etw** ~ {TÜR, WAND} sfondare qc, abbattere qc **B** itr **1** <sein> (*gewaltsam eindringen*) (*in etw* akk) ~ {DIEB IN DIE BANK; MENSCHENMENGE IN DAS REGIERUNGSGEBÄUDE} irrompere *in qc*, fare irruzione (*in qc*); {TRUPPEN IN EIN LAND} invadere qc; {FEIND IN DIE VERTEIDIGUNGSLINIE} sfondare qc **2** <haben> (*Einbruch verüben*) (*bei jdm*/*in etw* dat) ~ {DIEB IN EINE BANK, EIN GESCHÄFT, EIN HAUS} rubare (*da qu*/*in qc*) *fam*, commettere un furto con effrazione/scasso (*da qu*/*in qc*) *jur*: **bei mir hat man eingebrochen**, a casa mia c'è stato un furto, mi sono entrati i ladri in casa *fam* **3** <sein> (*einstürzen*) {STOLLEN, TUNNEL} crollare **4** <sein> (*plötzlich beginnen*) {DÄMMERUNG, DUNKELHEIT, NACHT} calare **5** <sein> *fam* (*Misserfolg haben*) (*mit etw* dat/*bei etw* dat) ~ {MIT EINEM PROJEKT} fare un buco nell'acqua (*con qc*) *fam*.
Einbrecher m (**Einbrecherin** f) scassinatore (-trice) m (f).
Einbrenn <-, -en> A f, **Einbrenne** <-, -n> f *süddt A gastr* "farina f che si fa mantecare con del burro per preparare salse o sughi".
ein|brennen <irr> tr **etw** ~ {ZEICHEN AUF KERAMIK} imprimere qc (a fuoco): **einem Tier ein Zeichen ~**, marchiare un animale (a fuoco).
Einbrennlackierung f verniciatura f a fuoco.
ein|bringen <irr> **A** tr **1** (*hineinschaffen*) **etw** ~ {ERNTE, HEU, KARTOFFELN u. Ä.} mettere al riparo qc, immagazzinare qc **2** *parl* (*vorschlagen*) **etw** ~ {ANTRAG, GESETZ} presentare qc **3** (*einfließen lassen*) **etw in etw** (akk) ~ {ANTEIL, GELD, KNOW-HOW, VERMÖGEN} mettere qc in qc **4** (*eintragen*) {jdm} **etw** ~ {VERHALTEN ANERKENNUNG, RUHM} fruttare qc a qu; {GESCHÄFT, PRODUKT, TRANSAKTION GELD, GEWINNE, NUTZEN} auch rendere qc (a qu) **5** (*investieren*) **etw** (*in etw* akk) ~ {SEINE ERFAHRUNG, KENNTNISSE} mettere qc al servizio di qc **B** rfl (*etw von sich einsetzen*) **sich** (*bei etw* dat/*in etw* akk) ~ impegnarsi molto (*in qc*): **sich in die Diskussion ~**, partecipare attivamente alla discussione.
ein|brocken tr *fam* (*Schwierigkeiten machen*): **jdm etw** (*Schönes/Unangenehmes*) ~, cacciare qu in un bel pasticcio *fam*, mettere qu in un bell'impiccio *fam*; **da hat er uns wieder was eingebrockt!**, ci ha combinato un altro bel guaio *fam*, ne ha combinata un'altra delle sue *fam*; **was man sich** (dat) **eingebrockt hat, muss man auch wieder auslöffeln** *fam*, chi rompe paga e i cocci sono suoi *prov*.
Einbruch m **1** (*Tat eines Einbrechers*) furto m; *jur* effrazione f, scasso m **2** (*das Eindringen*) {+WASSER} irruzione f, inondazione f; *meteo* {+KALTLUFT, POLARLUFT} arrivo m **3** (*Einsturz*) {+DECKE, STOLLEN, TUNNEL} crollo m **4** (*plötzlicher Rückgang*) {+PREIS} crollo m; {+KURS} auch scivolone m **5** *fam* (*Misserfolg*) scivolone m *fam*, smacco m *fam*: **einen ~ erleben**/*erfahren* {NUR SING} (*plötzlicher Beginn*) {+DÄMMERUNG, NACHT} calare m: **bei ~ der Dunkelheit**, al calar della notte **7** *mil* (*das Einbrechen*) sfondamento m.
Einbruchdiebstahl, **Einbruchsdiebstahl** m *jur* furto m con effrazione/scasso: **einen ~ verüben**/**begehen**, commettere un furto m con effrazione/scasso.
einbruchsicher, **einbruchssicher** adj {FENSTER, GEBÄUDE, TÜR} a prova di scasso.
ein|buchten tr *slang* **jdn** ~ {BETRUNKENE PERSON, STRAFTÄTER} mettere qu ⌊dentro *fam*⌋/[in galera *fam*]/[al fresco *fam*].
Einbuchtung <-, -en> f **1** (*Delle am Auto*) ammaccatura f **2** *geog* (*Bucht*) insenatura f.
ein|buddeln *fam* **A** tr (*vergraben*) **etw** ~ sotterrare qc **B** rfl (*sich einwühlen*) **sich** ~ sotterrarsi: **das Kind hat sich ganz in den Sand eingebuddelt**, il bambino si è completamente ricoperto di sabbia.
ein|bürgern A tr **1** *adm* (*eine Staatsangehörigkeit verleihen*) **jdn** ~ dare la cittadinanza a qu, naturalizzare qu: **er wurde in der**/**die Schweiz eingebürgert**, gli è stata concessa la cittadinanza svizzera, è stato naturalizzato svizzero **2** (*heimisch machen*) **etw** (*in etw* dat) ~ {+PFLANZE, TIER} acclimatare qc *in qc*; {BRAUCH, FREMDWORT, SITTE} adottare qc **B** rfl **1** (*heimisch werden*) **sich** ~ {BEGRIFF, FREMDWORT} diventare d'uso comune/corrente **2** (*zur Regel werden*) **sich** ~ diventare un'abitudine/usanza; {GEWOHNHEIT, MODE} prendere piede *fam*: **es hat sich in unserer Familie eingebürgert, dass wir sonntags immer ans Land fahren**, la nostra famiglia ha preso l'abitudine di andare in campagna la domenica.
Einbürgerung <-, -en> f **1** *adm* naturalizzazione f, concessione f della cittadinanza: **er hat seine ~ nach Deutschland beantragt**, ha chiesto la cittadinanza tedesca **2** (*das Einbürgern*) {+PFLANZE, TIER} naturalizzazione f, acclimatazione f; {+BEGRIFF, BRAUCH, FREMDWORT, SITTE} adozione f.
Einbuße f perdita f: **schwere (finanzielle) ~n erleiden**/**erfahren**, subire gravi perdite (finanziarie).
ein|büßen A tr (*verlieren*) **etw** ~ {FREIHEIT, GEHÖR, GELD, HAND, SEHKRAFT} perdere qc, rimetterci qc *fam*: **er hat sein Leben eingebüßt**, ha pagato con la vita **B** itr (*nachlassen*) **an etw** (dat) ~ {ARBEIT AN QUALITÄT} perdere di qc; {PROMINENTER MENSCH AN ANSEHEN} auch rimetterci di/in qc *fam*.
ein|checken A tr *aero* (*abfertigen*) **jdn**/**etw** ~ {PASSAGIERE, GEPÄCK} fare il check-in di qu/qc **B** itr (*sich abfertigen lassen*) {PASSAGIERE} passare il check-in.
ein|cremen A tr (*mit Creme einreiben*) **jdn** ~ spalmare la crema addosso a qu; **jdm etw** ~ {GESICHT, HAND, KÖRPER, RÜCKEN} spalmare/dare *fam* la crema su qc di qu: **ich creme ihm den Rücken ein**, gli spalmo la crema sulla schiena **B** rfl (*sich mit Creme einreiben*) **sich** (dat) **etw** ~ {HAUT, KÖRPERTEIL} spalmarsi qc ⌊con la⌋/[di] crema, spalmarsi/mettersi per *fam* la crema su qc.
ein|dämmen tr **etw** ~ (*Ausbreitung verhindern*) {DROGEN, KRIMINALITÄT} arginare il diffondersi di qc; {BRAND, EPIDEMIE} circoscrivere qc; {INFLATION} contenere qc, arginare qc; (*in Richtung lenken*) {WASSER, WILDBACH} arginare qc.
ein|dämmern itr <sein> *fam* appisolarsi *fam*, assopirsi.
Eindämmung f **1** (*das Begrenzen*) {+DROGENSUCHT, INFLATION, KRIMINALITÄT} contenimento m **2** (*das Eindämmen*) {+FLUSS, WASSER} arginamento m; {+EPIDEMIE} circoscrivere m.
ein|decken A tr **1** *fam* (*überhäufen*) **jdn** (*mit etw* dat) ~ {MIT ANGEBOTEN} sommergere qu di qc; {MIT ARBEIT} auch oberare qu di qc; {MIT FRAGEN} subissare qu di qc; {MIT GESCHENKEN} sommergere qu di qc, ricoprire qu di qc **2** geh (*decken*) **etw** ~ {BANKETT, TAFEL, TISCH} apparecchiare **B** rfl (*sich Vorräte beschaffen*) **sich** (*mit etw* dat) ~ {MIT GEMÜSE, KARTOFFELN, OBST, WEIN} rifornirsi (*di qc*), approvvigionarsi (*di qc*).
ein|deichen tr **etw** ~ {FLUSS, LAND, WATT} arginare qc, munire qc di argini.
ein|dellen tr *fam* (*jdm*) **etw** ~ {HUT} acciaccare qc (*a qu*); {AUTOTUR, BLECH, KOTFLÜGEL} auch ammaccare qc (*a qu*).
eindeutig A adj **1** (*unmissverständlich*) {ABSAGE, WEIGERUNG} chiaro, netto; {ANORDNUNG, ANTWORT, ERKLÄRUNG} auch inequivocabile: **seine Erklärung war nicht ~ genug**, la sua spiegazione non fu abbastanza chiara **2** (*unzweifelhaft*) {BEWEIS, SCHULD} evidente; {AUSSAGE} univoco; {UMSTAND} indubitato; {NIEDERLAGE, SIEG} chiaro, certo, netto **3** (*nicht mehrdeutig*) {AUSDRUCK, BEGRIFF} univoco **B** adv **1** (*unmissverständlich*) {ERKLÄREN} inequivocabilmente, chiaramente **2** (*klar*) {LESEN, ÜBERLEGEN SEIN} nettamente, chiaramente.
Eindeutigkeit <-, *ohne pl*> f **1** (*Unmissverständlichkeit*) {+ABSAGE, ABSICHT, ERKLÄRUNG, WEIGERUNG} chiarezza f; {+AUSDRUCK, BEGRIFF} univocità f **2** (*Unzweifelhaftigkeit*) {+BEWEIS, SIEG} certezza f, evidenza f; {+AUSSAGE} auch univocità f.
ein|deutschen tr **etw** ~ {FAMILIENNAME, FREMDWORT, SCHREIBUNG} germanizzare qc, tedeschizzare qc.
ein|dicken A tr <haben> *gastr* (*sämiger machen*) **etw** (*mit etw* dat) ~ {SOßE MIT MEHL}

addensare qc (con qc), ispessire qc (con qc) **B** itr <*sein*> (*zähflüssiger werden*) {FARBE, FLÜSSIGKEIT} diventare più denso (-a), ispessirsi.

eindimensional **A** adj unidimensionale **B** adv a una sola dimensione: ~ **denken**, ragionare a compartimenti stagni.

ein|dosen tr *etw* ~ {GEMÜSE, OBST} inscatolare *qc*, mettere in scatola *qc*.

ein|dösen itr *fam* appisolarsi *fam*, assopirsi.

ein|drehen **A** tr **1** (*einschrauben*) *etw* (*in etw* akk) ~ {GLÜHBIRNE, SCHRAUBE} avvitare *qc* (*in qc*) **2** (*auf Lockenwickler wickeln*): **jdm die Haare ~**, mettere i bigodini a qu **B** rfl (*auf Lockenwickler wickeln*): **sich** (dat) **die Haare ~**, mettersi i bigodini.

ein|dreschen <irr> itr *fam* **auf jdn** ~ riempire *qu* di botte *fam*.

ein|drillen tr *fam pej* **jdm etw** ~ {FERTIGKEITEN, KENNTNISSE} inculcare *qc a qu*.

ein|dringen <irr> itr <*sein*> **1** (*einbrechen*) **in etw** (akk) ~ {EINBRECHER IN EIN HAUS, EINE WOHNUNG} introdursi *in qc*; (*vordringen*) {IN DAS DICKICHT, EINEN GARTEN, DEN URWALD} penetrare *in qc*, inoltrarsi *in qc*, addentrarsi *in qc*; *mil* (ANGREIFER, PANZER) invadere *qc* **2** (*hineindringen*) (**in etw** akk) ~ {GESCHOSS, SPLITTER} penetrare *in qc*, entrare *in qc*; {MESSER, SCHNEIDE} *auch* conficcarsi *in qc*; {GAS, WASSER IN DEN KELLER, EINEN SCHACHT, EINEN TUNNEL} penetrare *in qc*, infiltrarsi *in qc* **3** (*sich vertiefen*) **in etw** (akk) ~ {IN EIN FACHGEBIET, EINE MATERIE, EINE THEORIE} approfondire *qc*, addentrarsi *in qc* **4** (*einsickern*) **in etw** (akk) ~ {FACH-, SLANGAUSDRÜCKE, FREMDWÖRTER IN DIE SPRACHE, DEN WORTSCHATZ} penetrare *in qc*, entrare *in qc* **5** (*bestürmen*) (**mit etw** dat) **auf jdn** ~ {MIT BITTEN, FRAGEN} tempestare *qu di qc*, assillare *qu* (*con qc*), subissare *qu di qc* **6** (*bedrohen*) (**mit etw** dat) **auf jdn** ~ {MIT EINEM MESSER} scagliarsi *contro qu* (*con qc*), minacciare *qu* (*con qc*).

eindringlich **A** adj (*nachdrücklich*) {REDE, WORTE} incisivo; {SCHILDERUNG} *auch* plastico; {BITTE, FORDERUNG} insistente **B** adv {NAHE LEGEN, WARNEN} insistentemente, in modo insistente; {BITTEN} *auch* vivamente; ~**st**, con grande insistenza.

Eindringlichkeit <-, *ohne pl*> f (*Nachdruck*) {+BITTE, FORDERUNG} insistenza f; {+REDE, WORTE} incisività f; {+SCHILDERUNG} *auch* plasticità f.

Eindringling <-s, -e> m intruso m.

Eindruck <-(e)s, Eindrücke> m **1** (*Wirkung von jdm/etw*) impressione f: **der Bewerber hat einen guten ~ hinterlassen**, il candidato ha fatto una buona impressione; **die Eindrücke der Reise**, le impressioni di viaggio; **nach dem ersten ~ zu urteilen**, a giudicare dalla prima impressione; **wenn ich nach dem ersten ~ gehen sollte ...**, se mi fidassi della prima impressione ... **2** (*eingedrückte Spur*) {+RÄDER, SCHUHE} impronta f ● **einen guten/schlechten ~ von jdm erhalten/gewinnen**, ricevere una buona/cattiva impressione di qu; **den ~ erwecken**, ₁als ob₁/[dass] ... *konjv*, dare l'impressione di ... *inf*; **sich des ~s nicht erwehren können, dass ...** *geh*, non potersi sottrarre alla sensazione che ... *konjv*; **den ~ haben, dass ...**, avere l'impressione/[la sensazione] che ... *konjv*; **einen guten/schlechten ~ (auf jdn) machen** (a qu); **auf jdn ~ machen**, impressionare qu, far colpo su qu *fam*; **deine Drohungen machen auf ihn nicht den geringsten ~**, le tue minacce non lo impressionano minimamente; **einen heiteren/nervösen/... ~ machen**,

sembrare/[dare l'impressione di essere] sereno/nervoso/...; (**bei jdm**) **~ schinden** *fam oft pej*, cercare di far colpo (su qu) *fam*; **unter dem ~ von etw stehen** {VON EINEM EREIGNIS, ERLEBNIS}, essere sotto l'effetto di qc.

ein|drücken tr **1** (*nach innen drücken*) *etw* ~ {WASSERMASSEN FENSTER, MAUER, TÜR} sfondare *qc*; {EINBRECHER FENSTERSCHEIBE} rompere *qc*, infrangere *qc*: **ein eingedrückter Kotflügel**, un parafango ammaccato **2** (*verletzen*) **jdm etw** ~ {NASE} schiacciare *qc a qu*; {SCHÄDEL} *auch* sfondare *qc a qu*.

eindrücklich adj CH → **eindrucksvoll**.

eindrucksvoll **A** adj {BESCHREIBUNG, VORFÜHRUNG} impressionante; {BAUWERK, MONUMENT} *auch* imponente **B** adv {SCHILDERN} efficacemente, in modo efficace.

ein|duseln itr → **ein|nicken**.

eine① *zahladj und unbest art* → **ein**①.

eine② *indef pron* → **einer**①.

ein|ebnen tr *etw* ~ **1** (*eben machen*) {BULLDOZER ERDWALL; FLUT DÜNE} spianare *qc*, livellare *qc* **2** (*ausgleichen*) {DIFFERENZEN, UNTERSCHIEDE} livellare *qc*.

Einehe f monogamia f ● **in ~ lebend** *auch jur*, monogamo.

eineiig adj {ZWILLINGE} monozigote, monozigotico, monovulare.

eineinhalb <inv> *zahladj* uno e mezzo: **~ Stunden**, un'ora e mezza.

Einelternfamilie f famiglia f monogenitore.

einem① *zahladj und unbest art* → **ein**①.

einem② *indef pron* → **einer**①.

einen① *zahladj und unbest art* → **ein**①.

einen② *indef pron* → **einer**①.

einen③ tr *geh* **jdn/etw** ~ {GEFAHR, IDEAL} unire qu/qc; {HERRSCHER, MENSCHEN LAND, STAMM, VOLK} *auch* unificare qu/qc.

ein|engen tr **1** (*beschränken*) **jdn in etw** (dat) ~ {IN SEINER BEWEGUNGSFREIHEIT, SEINER FREIHEIT, SEINEN RECHTEN} limitare *qc di qu*, condizionare *qc di qu*: **sich eingeengt fühlen**, sentirsi condizionato (-a) **2** (*drücken*) **jdn** ~ {KLEIDUNGSSTÜCK} stringere qu, stare stretto (-a) a qu **3** (*begrenzen*) **etw** (*auf etw* akk) ~ {BEDEUTUNG, BEGRIFF} limitare *qc* (a *qc*), restringere *qc* (a *qc*).

Einengung <-, -en> f *meist sing*> {+FREIHEIT, VERHANDLUNGSSPIELRAUM} limitazione f, restrizione f.

einer①, **eine**, **eines** *indef pron* **1** (*jemand*) uno, un, un', una: **das war einer von uns**, era uno di noi; **will eine von euch mitmachen?**, (qualc)una di voi vuole partecipare?; **die eine sagt Ja, die andere Nein**, una dice di sì, l'altra di no; **einer nach dem anderen**, uno dopo l'altro; **einer unserer Verwandten**, uno dei nostri parenti; **der Besuch eines dieser Herren**, la visita di uno di questi signori; **so eine(r) bist du also!**, sei proprio un bel tipo! **2** *fam* (*man*) (*Subjekt*) si, uno: **das soll einer wissen!**, e come si fa a saperlo! **3** (*Objekt*) ti *fam*: **es kann einem schon mal passieren, dass ...**, ti può capitare che ... ● **sieh mal einer an!**, ma guarda un po'!; **einer für alle und alle für einen**, uno per tutti, tutti per uno.

einer② *zahladj und unbest art* → **ein**①.

Einer <-s, -> m **1** *math* unità f **2** *sport* (*einsitziges Ruderboot*) singolo m.

einerlei <inv> adj <präd>: **jdm ~ sein**, essere ₁indifferente a/per₁/[uguale per] qu: **das ist mir völlig ~**, mi è del tutto indifferente, non mi tocca/tange *fam* minimamente; **es ist ihm ~, ob ...**, non gli importa se ...; **~, wie/wann/wo/...**, non importa come/quando/dove/...

Einerlei <-s, *ohne pl*> n monotonia f, tran tran m *fam*: **das ewige ~** *fam*, il solito tran tran.

einerseits adv: **~ ..., andererseits ...**, da ₁una parte₁/[un lato] ..., dall'altra/altro: **~ würde ich den Urlaub gerne am Meer verbringen, andererseits sind mir die Hotels dort zu teuer**, da una parte mi piacerebbe passare le vacanze al mare, dall'altra gli alberghi costano troppo.

Einerzimmer n CH → **Einzelzimmer**.

eines① *zahladj und unbest art* → **ein**①.

eines② *indef pron* → **einer**①, **eins**② A.

einesteils adv: **~ ..., ander(e)nteils ...** → **einerseits**.

Ein-Euro-Job, **Eineurojob** m "lavoro m socialmente utile e retribuito circa un euro all'ora per integrare il sussidio minimo di disoccupazione".

einfach① **A** adj **1** (*leicht*) {AUFGABE, FRAGE} facile, semplice: **das ist gar nicht so ~**, non è mica tanto facile/semplice *fam* **2** (*unkompliziert*) {KONSTRUKTION, MASCHINE} semplice, elementare **3** (*schlicht*) {KLEIDUNG} modesto, semplice; {MENSCH} *auch* alla buona; {ESSEN} semplice, frugale, alla buona **4** (*nicht doppelt*) {AUSFERTIGUNG, BUCHFÜHRUNG, KNOTEN} semplice: **~e Fahrkarte**, biglietto di sola andata **B** adv **1** (*leicht verständlich*) facilmente; {ERKLÄREN} in modo semplice **2** (*schlicht*) {SICH ANZIEHEN, KLEIDEN} in modo semplice, sobriamente **3** (*einmal*) {ZUSAMMENFALTEN, ZUSAMMENLEGEN} una sola volta ● **warum ~, wenn's auch umständlich/kompliziert geht** *fam scherz*, tanto per farla semplice *fam*; **sich** (dat) **etw zu ~ machen**, prendere sottogamba qc.

einfach② *partik* **1** (*ohne Probleme, ohne zu überlegen*; *in Aussagesätzen meist unübersetzt*): **sie ist ~ losgefahren, ohne auf die Ampel zu schauen**, è partita senza guardare il semaforo; **es klappt ~ nicht**, non funziona, non va; (*in Fragesätzen*) **e**: **warum hast du nicht ~ angerufen?**, e perché non hai telefonato?; (*in Ausrufesätzen*) **ma**: **es ist ~ nicht zu fassen!**, ma non è possibile!; **das ist ~ unglaublich!**, ma è incredibile!; (*in Aufforderungssätzen*): **doch ~ (mal)**, provare a ...; **ruf doch ~ mal an**, prova a telefonare; (*in Aufforderungssätzen mit konzessiver Nebenbedeutung*) pure; **komm doch ~ mal vorbei**, passa pure quando vuoi; **mein Füller ist kaputt – Dann nimm doch ~ meinen**, la mia penna è rotta – Prendi pure la mia **2** (*wirklich*) davvero, proprio, assolutamente: **der Film war ~ fantastisch!**, il film è stato davvero stupendo!; **das wäre ~ Spitze** *fam*, sarebbe davvero il massimo *fam*; **ich hab ~ die Nase voll!**, ne ho proprio abbastanza!; **ich verstehe dich ~ nicht**, davvero/proprio non ti capisco; **das ist ~ nicht machbar**, non è proprio fattibile **3** (*lediglich*): **~ nur (mal)**, semplicemente; **ich wollte ihm ~ nur helfen**, volevo semplicemente aiutarlo; **ich habe ~ nur (mal) gefragt**, ho semplicemente chiesto **4** (*auf eine leichte Art*): **~ (mal) so**, così; **wie bist du denn an die Stelle gekommen? – Ich hab' mich beworben, ~ so**, ma com'è che hai trovato il posto? – Mah, così, ho fatto la domanda; **er hat das ~ mal so gesagt**, lo ha detto così per dire.

Einfachheit <-, *ohne pl*> f **1** (*leichte Beschaffenheit*) {+AUFGABE, FRAGE} semplicità f, facilità f: **der ~ halber**, per semplificare **2** (*Unkompliziertheit*) {+ERKLÄRUNG, KONSTRUKTION, MASCHINE, THEORIE} semplicità f **3** (*Schlichtheit*) {+ESSEN} semplicità f, frugalità f; {+KLEIDUNG} semplicità, modestia f, sobrietà f.

ein|fädeln **A** tr **1** (*durch etw ziehen*) *etw*

(*in etw* akk) ~ {Faden, Garn} infilare *qc* (*in qc*): **eine Nadel ~**, infilare (il filo nel)l' ago **2** *fam* (*bewerkstelligen*) *etw* ~ {Geschäft} combinare *qc fam*; {Intrige} tramare *qc*, ordire *qc*: **das hast du mal wieder geschickt eingefädelt!**, anche questa volta l'hai pensata bene! **3** *sport Ski etw* ~ inforcare *qc* B *rfl autom* (*sich einordnen*) **sich** (*in etw* akk) ~ {In den Verkehrsstrom} (im)mettersi *in qc*: **sich in eine Kolonne ~**, incolonnarsi.

ein|fahren <irr> A tr *<haben>* **1** *agr* (*einbringen*) *etw* ~ {Ernte, Heu, Korn} mettere *qc* al riparo/coperto, riporre *qc* **2** *autom* (*an höhere Drehzahlen gewöhnen*) *etw* ~ {Neuen Wagen} rodare *qc* **3** *autom aero naut* (*einziehen*) *etw* ~ {Antenne, Fahrgestell, Periskop} ritrarre *qc* **4** (*kaputtfahren*) *etw* ~ {Mensch Mauer, Zaun, Tor} sfondare *qc* **5** *fam* (*erzielen*) *etw* ~ {Gutes Ergebnis, Gewinne, Rekord, Sieg} portare a casa *qc fam* {Schlechtes Ergebnis, Verluste} riportare *qc*: **die Nationalmannschaft hat einen hohen Sieg eingefahren**, la nazionale ha vinto alla grande *fam* B *itr <sein>* (*ankommen*) (*in etw* akk) ~ {Zug in den Bahnhof; Schiff in den Hafen} entrare (*in qc*); {Zug auf Gleis} arrivare (*a qc*) C *rfl* **1** *autom sich* ~ fare pratica di guida **2** *fam* (*Gewohnheit werden*): **Weihnachten verbringen wir immer mit Freunden, das hat sich bei uns so eingefahren**, il Natale lo passiamo sempre con amici, ormai è tradizione.

Einfahrt f *<nur sing> Eisenb* (*das Einfahren*) {+Zug} arrivo m: **der Zug hat ~ auf Gleis fünf**, il treno è in arrivo al binario cinque **2** (*Zufahrt*) entrata f, ingresso m, accesso m ● **~ freihalten!**, passo carrabile, lasciare libero il passaggio; **keine ~!**, vietato l'accesso!

Einfall m **1** (*Idee*) idea f, trovata f *fam*: **das war wirklich ein guter ~**, è stata davvero un'ottima trovata/pensata; **du hast manchmal Einfälle!**, ti vengono (in mente) certe idee!, ma che bell'alzata d'ingegno! *fam* **2** *mil* (*das Eindringen*) **~ in etw** (dat) {+Feinde, Truppen in Gebiet} invasione f *di qc* **3** *<nur sing> opt* {+Licht, Strahlen} incidenza f.

ein|fallen <irr> *itr <sein>* **1** (*in den Sinn kommen*) *jdm* ~ (*Ausrede*, *Lösung*) venire in mente *a qu*: **mir wird schon was ~**, mi verrà pure in mente qualcosa **2** (*in Erinnerung kommen*) *jdm* ~ {Name, Telefonnummer} venire in mente *a qu*: **im Moment fällt mir ihr Name nicht ein**, in questo momento ⌊mi sfugge⌋/[non mi ricordo] il suo nome; *jdm wieder* ~ {Name, Telefonnummer} (ri)tornare in mente *a qu*: **warte mal, das fällt mir gleich wieder ein!**, aspetta, ce l'ho sulla punta della lingua! **3** (*einstürzen*) {Schuppen} crollare; {Dach} *auch* sprofondare **4** (*eindringen*) **in etw** (akk) ~ {Armee, Feind, Truppen} invadere *qc* **5** (*hereinströmen*) (**in etw** akk) ~ {Sonnenlicht, Tageslicht in einen Raum} entrare (*in qc*) **6** (*einsetzen*) {Instrumente, Singstimmen} attaccare ● **das fällt mir gar nicht ein!** *fam*, non ci penso nemmeno! *fam*; **sich** (dat) **etwas ~ lassen**, farsi venire una buona idea; **was fällt dir eigentlich ein!** *fam*, cosa ti salta in mente? *fam*, ma come ti permetti? *fam*.

einfallslos adj {Architekt} povero di idee, privo di fantasia; {Entwurf} privo di fantasia, povero di spunti.

Einfallslosigkeit *<-, ohne pl>* f {+Architekt, Regisseur} povertà f di idee, mancanza f di fantasia.

einfallsreich A adj {Design, Entwurf} fantasioso, immaginoso; {Mensch} *auch* ingegnoso, pieno di idee B adv {Entwerfen, Gestalten} fantasiosamente, con fantasia/ingegno.

Einfallsreichtum *<-s, ohne pl>* m {+Mensch} ingegnosità f, ricchezza f d'idee.

Einfallswinkel m *opt* angolo m d'incidenza.

Einfalt *<-, ohne pl>* f *geh* **1** (*Naivität*) ingenuità f, semplicioneria f, dabbenaggine f **2** (*Gemütsreinheit*) semplicità f (d'animo), candore m *geh*.

einfältig adj **1** (*naiv*) ingenuo, semplice, candido **2** (*dümmlich*) sempliciotto *fam*, sciocco.

Einfältigkeit *<-, ohne pl>* f → **Einfalt**.

Einfaltspinsel m *fam pej* semplicione m *fam pej*, tontolone m *fam pej*.

Einfamilienhaus n casa f/villetta f unifamiliare.

ein|fangen <irr> A tr **1** (*wieder fangen*) *jdn/etw* (*wieder*) ~ {Geflohenen Häftling} catturare *qu/qc*, prendere *qu/qc*; {Ausgebrochenes Zootier} *auch* accalappiare *qc* **2** (*wiedergeben*) *etw* (*irgendwo*) ~ {Autor, Berichterstatter, Dichter Atmosphäre, Stimmung} captare *qc*/cogliere *qc* (+ *compl di luogo*) B *rfl fam* **1** (*sich holen*) **sich** (dat) *etw* ~ {Erkältung, Grippe, Schnupfen} buscarsi *qc fam*, beccarsi *qc fam*, prendersi *qc fam* **2** (*einstecken müssen*) **sich** (dat) *etw* ~ {Ohrfeige, Prügel} buscarsi *qc fam*, beccarsi *qc fam*, rimediare *qc fam*.

ein|färben tr *etw* ~ {Haar} tingere *qc*; {Stoff} *auch* colorare *qc*.

einfarbig A adj {Kleidungsstück, Tapete, Vorhang} in tinta unita, monocolore B adv {Streichen} di un (solo) colore.

ein|fassen tr *etw* (**mit etw** dat) ~ **1** (*umgeben*) {Beet, Grab mit Steinen, Stauden} cingere *qc con qc*, contornare *qc con qc*; {Garten, Grundstück mit Hecke, Zaun} (re)cingere *qc* (*con qc*), recintare *qc* (*con qc*); (*umsäumen*) {Kleid mit Borte} bordare *qc* (*di qc*): **eine Tischdecke mit Saum ~**, fare l'orlo alla tovaglia **2** (*fassen*) *etw* ~ (**in etw** akk) ~ {Edelstein in Gold} montare *qc* (*in qc*), incastonare *qc* (*in qc*).

Einfassung f {+Garten, Grundstück} recinzione f; {+Grab, Kleidungsstück} bordo m, bordura f; {+Edelstein} montatura f.

Einfelderwirtschaft f monocoltura f.

ein|fetten A tr *etw* (**mit etw** dat) ~ (*mit Fett bestreichen*) {Backform, Kuchenblech} ungere *qc* (*con/di qc*); (*mit Fett behandeln*) {Leder} ingrassare *qc* (*con qc*); {Motor} *auch* lubrificare *qc* (*con qc*): **die Haut des Kindes ~**, dare *fam*/spalmare la crema sulla pelle del bambino B *rfl* (*sich einkremen*) **sich ~** mettersi/darsi *fam* la crema; **sich** (dat) **etw ~** {Haut, Hände} mettersi/spalmarsi/darsi *fam* la crema *su qc*.

ein|finden <irr> *rfl* **1** (*sich treffen*) **sich** (*irgendwo*) ~ riunirsi (+ *compl di luogo*): **wir haben uns in der Hotelhalle eingefunden**, ci siamo riuniti (-e) nella hall dell'albergo **2** (*anwesend sein*) **sich** (**zu/bei etw** dat) ~ presentarsi (*a qc*) **bei der gestrigen Konferenz fanden sich nur wenige Fachleute ein**, alla conferenza di ieri si sono presentati solo pochi esperti.

ein|flechten <irr> tr **1** (*einfließen lassen*) *etw* (**in etw** akk) ~ {Anekdote, Zitat in eine Rede, ein Gespräch} inserire *qc in qc*, intessere *qc in qc* **2** (*hineinflechten*) *etw* (**in etw** akk) ~ {Bänder, Blumen, in die Haare} intrecciare *qc in qc*.

ein|flicken tr *fam* **1** (*einsetzen*) *etw irgendwo* ~ {Ein Stück Stoff am Hosenbein} applicare *qc* + *compl di luogo* **2** (*nachträglich einfügen*) *etw in etw* (akk) ~ {Wort in einen Text} infilare *qc in qc*.

ein|fliegen <irr> A tr **1** (*transportieren*) *jdn/etw* (*irgendwohin*) ~ {Munition, Nachschub, Truppen} aerotrasportare *qu/qc* + *compl di luogo*: **Lebensmittel und Medikamente wurden in die Kriegsgebiete eingeflogen**, le zone di guerra vennero rifornite di viveri e medicinali per via aerea **2** (*leistungsfähig machen*) *etw* ~ {Flugzeug} collaudare *qc* **3** (*erzielen*): **die Lufthansa hat einen erheblichen Verlust eingeflogen**, la Lufthansa ha volato in perdita B *itr <sein>* **1** (*hineinfliegen*) **in etw** (akk) ~ {Flugzeug in einen fremden Luftraum} entrare *in qc*, penetrare *in qc*, sconfinare *in qc*; (*unerlaubt*): **amerikanische Bomber sind in den irakischen Luftraum eingeflogen**, caccia americani hanno violato lo spazio aereo iracheno **2** (*angeflogen kommen*) *irgendwo(her)* ~: **sie sind eben aus Paris eingeflogen**, sono arrivati (-e) ora in volo da Parigi; **die Touristen sind in Frankfurt eingeflogen**, i turisti sono arrivati in volo a Francoforte.

ein|fließen <irr> *itr <sein>* **1** (*als Zuschuss gewährt werden*) **in etw** akk ~ {Gelder, Steuermittel, Zuschüsse in die Planung, ein Projekt} affluire *in qc*, finire *in qc* **2** (*hineinfließen*) **in etw** (akk) ~ {Abwasser in das Kanalsystem} riversarsi *in qc*, confluire *in qc* **3** *meteo* (*hineinströmen*) *irgendwohin* ~ {Kaltluft, Warmluft} affluire + *compl di luogo*: **Kaltluft fließt in/nach Italien ein**, un fronte di aria fredda si sposta verso l'Italia ● *etw* ~ **lassen** (*beiläufig erwähnen*), accennare a *qc*.

ein|flößen tr *jdm etw* ~ **1** (*langsam eingeben*) {Suppe, Tee} somministrare *qc a qu* ⌊sorso per sorso⌋/[a sorsi]; {Flüssige Arznei} *auch* instillare *qc a qu* **2** (*erwecken*) {Ehrfurcht} suscitare *qc in qu*, incutere *qc a qu*; {Vertrauen} *auch* infondere *qc in qu*, ispirare *qc a qu*; {Angst} incutere *qc a qu*.

Einflugschneise f *aero* corridoio m di avvicinamento.

Einfluss (a.R. Einfluß) m **1** (*Wirkung*) ~ (**auf jdn/etw**) {+Wetter} influenza f (*su qu/qc*); {+Mond} *auch* influsso m (*su qu/qc*); {+Person} influenza f (*su qu/qc*), ascendente m (*su qu/qc*); (*direkt, gezielt*) influsso m (*su qu/qc*): **der Papst übt großen Einfluss auf junge Menschen aus**, il papa esercita un grande ascendente sui giovani; **unter dem von Drogen stehen**, essere sotto l'effetto di sostanze stupefacenti **2** (*Ansehen*) influenza f, autorità f, ascendente m ● **einen guten/schlechten ~ auf jdn ausüben/haben**, avere/esercitare una buona/cattiva influenza su qu; **~ besitzen/haben**, essere influente, godere di una certa autorità; **seinen ~ geltend machen**, far sentire/valere la propria influenza/autorità; **auf etw** (akk) **~ nehmen** {Auf eine Angelegenheit, eine Entscheidung}, influire su qc; **unter jds ~ stehen**, subire l'influsso/l'influenza di qu.

Einflussbereich (a.R. Einflußbereich) m **1** *pol* sfera f/zona f d'influenza **2** *ökon* sfera f d'interessi.

Einflussnahme (a.R. Einflußnahme) *<-, ohne pl>* f ~ **auf jdn/etw** influenza f *su qu/qc*, influsso m *su qu/qc*.

einflussreich (a.R. einflußreich) adj {Freund, Organisation, Politiker} influente, potente: **ein ~er Mann**, un uomo che può molto.

ein|flüstern tr *jdm etw* ~ **1** (*leise sagen*) sussurrare *qc a qu*, bisbigliare *qc a qu*; (*vorsagen*) suggerire *qc a qu* **2** *fam* (*einreden*) {Gedanken, Verdacht, Vermutung} mettere in testa *qc a qu fam*.

ein|fordern tr *geh etw* ~ {Geld, Zahlung}

einförmig esigere qc, reclamare qc; {SCHULDEN} recuperare qc.

einförmig **A** adj (eintönig) {ARBEIT} monotono, ripetitivo; {LEBEN, TAG} piatto, monotono; {LANDSCHAFT} auch uniforme **B** adv (VERLAUFEN) uniformemente, in modo uniforme, con monotonia.

Einförmigkeit <-, ohne pl> f {+ARBEIT} monotonia f, ripetitività f; {+LEBEN, TAG} piattezza f, monotonia f; {+LANDSCHAFT} auch uniformità f.

ein|fressen <irr> rfl sich *in etw* (akk) ~ {ROST, SÄURE IN METALL} corrodere qc.

ein|frieden tr geh *etw* (*mit etw* dat) ~ {GARTEN, GRUNDSTÜCK} (re)cintare qc (con qc).

Einfriedung <-, -en> f geh **1** (das Einfrieden) {+GARTEN, GRUNDSTÜCK} recinzione f **2** (Umzäunung) recinto m, recinzione f.

ein|frieren <irr> **A** tr *etw* ~ **1** (durch Kälte haltbar machen) {FLEISCH, GEMÜSE, OBST} congelare qc; (tiefkühlen) surgelare qc **2** com ökon {GUTHABEN, KREDITE, LÖHNE, PREISE} congelare qc: **das Einfrieren der Gehälter**, il blocco dei salari **3** (nicht weiterführen) {DIPLOMATISCHE BEZIEHUNGEN, PLANUNG, PROJEKT} congelare qc **B** itr <sein> **1** (durch Kälte unbenutzbar werden) {SCHLOSS, WASSERLEITUNG} gelare, ghiacciare **2** (zu Eis werden) {BACH, SEE, TEICH} ghiacciare, gelare.

ein|fügen **A** tr (einsetzen) *etw* ~ (*in etw* akk) ~ {BAUTEILE, MASCHINENTEILE, STEINE} inserire qc in qc, incastrare qc in qc; {ANEKDOTE, BEMERKUNG, ZITAT} inserire qc in qc, intessere qc in qc **B** rfl **sich** (*in etw* akk) ~ **1** (sich anpassen) {IN EINE GEMEINSCHAFT, EIN INTERNATSLEBEN} inserirsi (*in qc*), integrarsi (*in qc*); {IN BESTEHENDE VERHÄLTNISSE} adeguarsi (*a qc*), adattarsi (*a qc*) **2** (hineinpassen) {FASSADE, HAUS IN STADTBILD, UMGEBUNG} inserirsi *in qc*, intonarsi *a qc*.

ein|fühlen rfl **sich** *in jdn* ~ immedesimarsi in qu, mettersi ₁nei panni₁/[al posto] di qu; **sich** *in etw* (akk) ~ {IN EINE ROLLE, EINE SITUATION} immedesimarsi *in qc*, calarsi *in qc*.

einfühlsam **A** adj {VERHALTEN, WORTE} comprensivo; {MENSCH} auch sensibile, empatico **B** adv {SICH VERHALTEN} in modo comprensivo; (VORGEHEN) con sensibilità.

Einfühlungsvermögen n empatia f, capacità f di immedesimazione.

Einfuhr <-, -en> f com **1** (das Importieren) importazione f **2** (der Import) importazione f.

Einfuhrartikel m com prodotto m/articolo m d'importazione.

Einfuhrbeschränkung f com ökon restrizione f delle importazioni.

Einfuhrbestimmung f com ökon norma f per l'importazione.

ein|führen **A** tr **1** com (importieren) *etw* ~ {DEVISEN, WAREN} importare qc; *etw* wieder ~ {WAREN} reimportare qc **2** (bekannt machen) *etw* (*irgendwo*) ~ {MODE} introdurre qc (+ compl di luogo); {ARTIKEL, MARKE} lanciare qc (+ compl di luogo); **jdn bei jdm/*irgendwo*** ~ {FREUND BEI DEN ELTERN} presentare qu a qu; {MÄDCHEN IN DIE GESELLSCHAFT} introdurre qu *in qc*; *etw* wieder ~ (wieder herstellen) {BRÄUCHE, FEIERTAGE, GESETZ, STEUER, VERBOT}, reintrodurre qc, introdurre di nuovo qc, ripristinare qc: **alte Brauchtümer wieder ~**, restaurare antiche usanze; **die Todesstrafe wieder ~**, reintrodurre la pena di morte **3** (in Gebrauch bringen) *etw* (*irgendwo*) ~ {GLEITENDE ARBEITSZEIT, SOMMERZEIT} introdurre qc (+ compl di luogo); {LEHRBUCH} auch adottare qc **4** (vertraut machen) **jdn** (*in etw* akk) ~ {SCHÜLER IN EIN FACH, EINE METHODE, EINE THEORIE} introdurre qu *a qc*, iniziare qu *a qc*; {PERSON IN EIN AMT} insediare qu (*in qc*); {IN EINE ARBEIT, EINE TÄTIGKEIT} avviare qu *a qc*, introdurre qu *a/in qc* **5** (hineinschieben) *etw* (*in etw* akk) ~ {KATHETER, PENIS, SCHLAUCH, SONDE} introdurre qc (*in qc*), infilare qc (*in qc*) **B** itr (*einleiten*) *in etw* (akk) ~ {BUCH, SEMINAR IN EIN FACHGEBIET, EIN STUDIUM} introdurre *in qc*, avviare *a qc* **C** rfl (*in Erscheinung treten*): **sich (gut) ~**, presentarsi (bene), fare (una) bella figura.

Einfuhrgenehmigung f com licenza f d'importazione.

Einfuhrland n com paese m importatore.

Einfuhrsperre f ökon blocco m/sospensione f delle importazioni.

Einführung <-, ohne pl> f **1** (das Einführen) {+GLEITENDE ARBEITSZEIT, SOMMERZEIT, TODESSTRAFE} introduzione f; {+LEHRBUCH} auch adozione f; {+ARTIKEL, MARKE, MODE} lancio m, introduzione f; {+MITARBEITER} presentazione f; {+OBERBÜRGERMEISTER} insediamento m; ~ (*in etw* akk) {IN EINE TÄTIGKEIT} avviamento m (*a qc*); {IN EIN AMT} insediamento m (*in qc*); {IN DIE FAMILIE} presentazione f (*a qc*); {DIE GESELLSCHAFT} introduzione f (*in qc*) **2** (Einleitung) ~ (*in etw* akk) introduzione f (*in qc*).

Einführungskurs m ~ (*in etw* akk) corso m introduttivo (*a qc*).

Einführungspreis m prezzo m di lancio.

Einfuhrverbot n com ökon divieto m d'importazione.

Einfuhrzoll m com ökon dazio m d'importazione.

ein|füllen tr *etw* (*in etw* akk) ~ {BENZIN, MEHL, ÖL, SALZ, SAND, WEIN} versare qc (*in qc*): **etw in Flaschen/Fässer ~**, imbottigliare/imbarilare qc.

Einfüllstutzen m autom bocchettone m d'immissione.

Eingabe f **1** adm (Petition) petizione f, domanda f: **eine ~ (an jdn) machen/einreichen**, presentare una petizione/domanda (a qu) **2** <meist pl> inform (einzugebende Daten) input m; <sing> (das Eingeben) input m, immissione f **3** (Verabreichung) {+MEDIKAMENT} somministrazione f.

Eingabegerät n inform dispositivo m di input/immissione.

Eingang m **1** (Zugang) ingresso m, entrata f: **kein ~**, vietato l'accesso; **unser Haus hat zwei Eingänge**, la nostra casa ha due entrate/ingressi **2** <meist pl> adm (eingetroffene Sendungen) arrivi m pl: **die Eingänge sortieren**, smistare gli arrivi **3** <nur sing> (Erhalt) ricevuta f, ricevimento m: **wir bestätigen den ~ Ihres Schreibens vom ...**, confermiamo ricevuta della Sua/Vostra (lettera) del ... **4** anat (Organöffnung) bocca f • *in etw* (akk) ~ *finden* {IN HÖHERE KREISE}, avere accesso a qc, essere ammesso a qc; {MOTIV, THEMA IN EIN WERK}, entrare in qc; {ELEKTRONIK IN DIE INDUSTRIE}, trovare applicazione in qc; ~ *freihalten*, lasciare libero il passo; **sich in etw** (akk) ~ *verschaffen*, procurarsi (l')accesso a qc.

eingängig **A** adj **1** (prägnant) {MELODIE, SLOGAN} orecchiabile **2** (leicht verständlich) {ERKLÄRUNG, THEORIE} facilmente comprensibile **B** adv (leicht verständlich) {ERKLÄREN, FORMULIEREN} in maniera comprensibile.

eingangs **A** adv all'inizio, inizialmente, al principio **B** präp + gen obs all'inizio di.

Eingangsbereich m zona f d'ingresso.

Eingangsbestätigung f com conferma f di ricevuta.

Eingangsdatum n data f di arrivo.

Eingangstür f porta f d'ingresso.

ein|geben <irr> tr **1** (verabreichen) **jdm** *etw* ~ {GIFT, MEDIKAMENT, FLÜSSIGE NAHRUNG} somministrare qc *a qu* **2** inform *etw* (*in etw* akk) ~ {CODEWORT, DATEN, INFORMATIONEN} immettere qc (*in qc*), inserire qc (*in qc*) **3** geh (inspirieren) **jdm** *etw* ~ {GEDANKEN, IDEE} ispirare qc *a qu*, suggerire qc *a qu*.

eingebildet adj **1** pej (hochmütig) {MENSCH} presuntuoso, borioso: **hier sind vielleicht alle ~!** fam, qui hanno tutti la puzza sotto il naso!; **auf etw** (akk) ~ **sein**, vantarsi di qc **2** (imaginär) {KRANKHEIT, SCHWANGERSCHAFT} immaginario; {GERÄUSCHE} auch irreale: **ein ~er Kranker**, un malato immaginario.

eingeboren adj {BEVÖLKERUNG} aborigeno, autoctono (-a), indigeno.

Eingeborene <dekl wie adj> mf aborigeno (-a) m (f), autoctono (-a) m (f), indigeno (-a) m (f).

Eingebung <-, -en> f ispirazione f.

eingedenk präp + gen geh memore di geh • *etw* (gen) ~ **sein/bleiben**, essere memore di qc.

eingefahren adj {DENKMUSTER, VERHALTENSWEISE} inveterato, radicato; {BEZIEHUNG} rodato.

eingefallen adj {GESICHT} smunto, emaciato; {WANGEN} incavato; (tiefliegend) {AUGEN} infossato.

eingefleischt adj <attr> **1** (überzeugt) {JUNGGESELLE} impenitente, incallito; {KOMMUNIST} irriducibile **2** (zur zweiten Natur geworden) {GEWOHNHEIT, UNART} inveterato; {VORURTEIL} radicato.

ein|gehen <irr> <sein> **A** tr **1** (sich einlassen) *etw* ~ {KOMPROMISS, WETTE} fare qc: **ich gehe jede Wette ein, dass ...**, scommetto che ...; {VERPFLICHTUNG} contrarre qc; **ein Risiko** ~, correre un rischio **2** jur (abschließen) *etw* (*mit jdm*) ~ {VERGLEICH, VERTRAG} concludere qc (con qu); {BÜNDNIS} stringere qc (con qu): **eine Ehe ~**, contrarre matrimonio; **Verbindlichkeiten** ~, assumere delle obbligazioni **B** itr **1** (Aufnahme finden) *in etw* (akk) ~ {WORT IN DEN WORTSCHATZ} entrare *in qc*; {BEGEBENHEIT, EREIGNIS IN DIE GESCHICHTE} auch passare *a qc* **2** (ankommen) (irgendwo) ~ {BESTELLUNG, BEWERBUNG, BRIEF, PAKET} giungere/arrivare (+ compl di luogo) **3** (gutgeschrieben werden) (**auf etw** dat) ~ {BETRAG, GUTSCHRIFT, SPENDE AUF DEM KONTO} essere accreditato (*su qc*) **4** fam (absterben) (**an etw** dat) ~ {PFLANZE AN EINER KRANKHEIT} morire (per qc); {TIER AN EINER KRANKHEIT} morire (di qc) **5** fam (kaputtgehen) {MENSCH} morire: **bei dieser Hitze geht man ja ein!** fam, fa un caldo da morire! **6** fam (Pleite gehen) {FIRMA} fallire, chiudere (i battenti) fam: **bei diesem Geschäft ist er ganz schön eingegangen**, con quest'affare ha fatto un tonfo clamoroso **7** (verständlich werden) **jdm** ~ entrare in testa a qu **8** (einlaufen) {KLEIDUNGSSTÜCK, STOFF} restringersi, ritirarsi **9** (sich beschäftigen) **auf jdn/*etw*** ~ {AUF EINE FRAGE, EIN KIND, EIN PROBLEM} interessarsi di qu/qc, occuparsi di qu/qc: **auf Einzelheiten** ~, scendere/entrare nei particolari; **auf etw nicht** ~, ignorare qc, sorvolare qc **10** (zustimmen) **auf etw** (akk) ~ {AUF EIN ANGEBOT} accettare qc; {AUF EINEN PLAN, EINEN VORSCHLAG} auch aderire a qc **11** (einfließen) **in etw** (akk) ~ {ARGUMENT, UNTERSUCHUNGSERGEBNIS IN EIN GUTACHTEN, EINE STELLUNGNAHME} entrare *in qc* • **auf jds Bitten** ~, soddisfare/accogliere le richieste di qu; **ohne näher darauf einzugehen ...**, senza scendere troppo nei particolari ...; **es will**

mir einfach nicht ~, dass ... *fam*, non mi vuole entrare in testa che ... *fam*.

eingehend **A** *adj* (*ausführlich*) {STUDIEN} approfondito, accurato; {BERICHT, UNTERSUCHUNGEN} *auch* minuzioso **B** *adv* {PRÜFEN, STUDIEREN, UNTERSUCHEN} a fondo, accuratamente, attentamente.

Eingemachte <*dekl wie adj*> *n* <*nur* sing> (*Obst in Gläsern*) conserva f (di frutta); (*Gemüse in Essig*) sottaceti m pl • **ans ~ gehen** *fam* (*an die Substanz gehen*), intaccare le riserve.

ein|gemeinden <*ohne* ge-> *tr* **adm** *etw* (*in etw* akk) ~ {ORTSCHAFT IN GROßSTADT} incorporare *qc in qc*.

Eingemeindung <-, -en> *f adm* {+ORTSCHAFT} incorporazione f in un comune.

eingenommen *adj* <*präd*>: **von jdm ~ sein**, essere affascinato da qu; **gegen jdn/ etw ~ sein**, essere prevenuto contro qu/qc; **von sich (dat) ~ sein** *pej*, essere presuntuoso/[pieno di sé].

eingerostet *adj* arrugginito.

eingeschlechtig *adj* <attr> *bot* {BLÜTEN} unisessuale.

eingeschnappt *adj* <*präd*>: **immer gleich ~ sein** *fam*, prendersela per ogni sciocchezza *fam*.

eingeschneit *adj*: **~ sein** {HAUS} essere coperto dalla neve; {PERSON} essere bloccato dalla neve.

eingeschrieben **A** *adj* 1 {MITGLIED} iscritto 2 *post* {BRIEF, SENDUNG} raccomandato **B** *adv post* {VERSCHICKEN, VERSENDEN} per raccomandata.

eingeschworen *adj* 1 (*einander verpflichtet*) {GEMEINSCHAFT} chiuso 2 <*präd*> (*festgelegt sein*): **auf etw** (akk) **~ sein** {AUF EIN DESIGN, EINE MARKE}, preferire *qc*, avere la fissa di *qc fam*; {AUF POLITIK} essere fissato con *qc*.

eingesessen *adj* {BEVÖLKERUNG, FAMILIE} indigeno, nativo, del luogo; {GESCHÄFT, LOKAL} storico.

eingespannt *adj* <*präd*> *fam*: **total ~ sein**, essere preso *fam*/occupato/impegnato.

eingespielt *adj* {MANNSCHAFT, TEAM} affiatato: **gut aufeinander ~ sein**, essere molto affiatati.

Eingeständnis *n* {+FEHLER, IRRTUM} ammissione f; {+SCHULD} *auch* confessione f.

ein|gestehen <*irr, ohne* ge-> **A** *tr* (*zugeben*) (*jdm*) *etw* ~ {FEHLER, VERSAGEN} ammettere *qc* (*con qu*), riconoscere *qc* (*davanti a qu*); {SCHULD} *auch* confessare *qc* (*a qu*) **B** *rfl* **sich** (dat) *etw* ~ ammettere *qc* (con se stesso): **sie wollte sich nicht ~, dass ...**, non voleva ammettere con se stessa che ...

eingestellt *adj* <*präd*> 1 (*gesinnt sein*): **... ~ sein**, essere di idee .../tendenze ...; **altmodisch ~ sein**, essere di idee antiquate; **wie ist er politisch ~?**, qual è il suo orientamento politico? 2 (*ausgerichtet sein*): **auf etw** (akk) **~ sein** {AUF EXPORT, TOURISMUS}, essere orientato verso *qc*; {AUF SITUATION} essere preparato a *qc*: **ich war auf euren Besuch nicht ~**, non mi aspettavo la vostra visita 3 (*gesinnt sein*): **gegen jdn ~ sein**, essere contro qu: **warum bist du so gegen deine Schwiegertochter ~?**, perché ce l'hai tanto con tua nuora? *fam*.

eingetragen *adj* {MITGLIED} iscritto; {VEREIN} registrato; **~es Warenzeichen**, marchio registrato/depositato.

Eingeweide <-s, -> *n* <*meist* pl> *anat* viscere f pl, budella f pl *fam*; *gastr* frattaglie f pl, interiora f pl.

Eingeweihte <*dekl wie adj*> mf iniziato (-a) m (f).

ein|gewöhnen <*ohne* ge-> *rfl* **sich** (*in etw* dat) ~ {IN EINE NEUE ARBEITSSTÄTTE, DIE UMGEBUNG} ambientarsi (*in qc*), abituarsi (*a qc*).

ein|gießen <*irr*> **A** *tr jdm etw* ~ {GETRÄNK IN EIN GLAS, EINE TASSE} versare *qc a qu*, mescere *qc a qu* **B** *rfl* **sich** (dat) *etw* ~ versarsi *qc*.

ein|gipsen *tr* 1 *med* (*jdm*) *etw* ~ {ARM, BEIN, FINGER} ingessare *qc* (*a qu*) 2 (*mit Gips befestigen*) *etw* (*in etw* akk) ~ {DÜBEL, HAKEN} fissare *qc* con il gesso (*in qc*).

eingleisig **A** *adj* {STRECKE} a binario unico **B** *adv* 1 *Eisenb* {FAHREN, VERKEHREN} su un (solo) binario 2 (*in einer Richtung*): **er denkt völlig ~**, ragiona a senso unico.

ein|gliedern **A** *tr* 1 (*erneut einfügen*) *jdn* (*in etw* akk) (**wieder**) ~ {BEHINDERTE IN DIE GEMEINSCHAFT, EHEMALIGE DROGENSÜCHTIGE ODER STRAFGEFANGENE, LANGZEITARBEITSLOSE INS BERUFSLEBEN, IN DIE GESELLSCHAFT} (re)inserire *qu* (*in qc*), (re)integrare *qu* (*in qc*) 2 *adm pol* (*einbeziehen*) *etw* (*in etw* akk) ~ {BEHÖRDE, GEBIET} incorporare *qc in qc* **B** *rfl* **sich** (*in etw* akk) ~ inserirsi (*in qc*), integrarsi (*in qc*): **er kann sich nicht in die Klassengemeinschaft ~**, non riesce ad inserirsi nella classe.

Eingliederung f 1 (*erneute Einfügung*) {+BEHINDERTE, EHEMALIGE STRAFGEFANGENE} inserimento m, integrazione f 2 *adm pol* (*Einbeziehung*) {+BEHÖRDE, TERRITORIUM, BESETZTES GEBIET} incorporamento m.

ein|graben **A** *tr* (*vergraben*) *etw* (*in etw* akk) ~ {BLUMENZWIEBEL IN BODEN} interrare *qc in qc*; {KADAVER, SCHATZ} sotterrare *qc* (*in qc*), seppellire *qc* (*in qc*) **B** *rfl* 1 (*sich verstecken*) **sich** (*in etw* dat) ~ {TIER IN DER ERDE, DEM SAND} nascondersi *sotto qc* 2 *mil* **sich ~** {SOLDAT, TRUPPE} scendere in trincea 3 (*durch Erosion eindringen*) **sich** *in etw* akk ~ {FLUSS IN DAS GESTEIN} scavare *qc* • **sich in jds Gedächtnis ~**, incidersi/imprimersi nella memoria di qu.

ein|gravieren <*ohne* ge-> *tr etw* (*in etw* akk) ~ {NAME, SPRUCH, ZAHL} incidere *qc in/su qc*.

ein|greifen <*irr*> *itr* 1 (*sich einschalten*) (*in etw* akk) ~ {ARZT, LEHRER IN DIE DISKUSSION} intervenire (*in qc*); {POLIZEI, MILITÄR} *auch* entrare in azione 2 (*beschneiden*) *in etw* (akk) ~ {GESETZ, MAßNAHME IN DIE RECHTE, IN DIE FREIHEIT} intaccare *qc*; {PERSON IN JDS PRIVATSPHÄRE} interferire in *qc* 3 *tech* *in etw* (akk) ~ {ZAHNRAD IN DAS GETRIEBE} ingranare (*in qc*).

Eingreiftruppe f *mil* unità f di intervento: **schnelle ~**, unità di intervento rapido.

ein|grenzen *tr* 1 (*umgeben*) *etw* ~ {HECKE, ZAUN GARTEN, GRUNDSTÜCK} delimitare *qc* 2 (*beschränken*) *etw* (*auf etw* akk) ~ {PROBLEM, THEMA} circoscrivere *qc* (*a qc*), limitare *qc* (*a qc*), delimitare *qc* (*a qc*).

Eingriff m 1 *med* operazione f: **sich einem operativen/chirurgischen ~ unterziehen**, sottoporsi ad un intervento chirurgico; **einen ~ vornehmen**, eseguire un intervento 2 (*Einmischung*) **~ in etw** (akk) {IN DIE PRIVATSPHÄRE} intromissione in *qc*, interferenza in *qc*; {IN DIE ENTSCHEIDUNGEN} *auch* ingerenza in *qc*; {IN DIE RECHTE} intaccare f *qc*.

ein|gruppieren <*ohne* ge-> *tr industr jdn* (*in etw* akk) ~ {IN EINEN GEHALTSTARIF, EINE LOHNGRUPPE} inquadrare *qu in qc*, classificare *qu in qc*.

Eingruppierung f inquadramento m, classificazione f.

ein|haken **A** *tr* (*befestigen*) *etw* (*irgendwo*) ~ {FENSTERLADEN, TÜR} agganciare *qc* (+ *compl di luogo*), fissare *qc* con un gancio (+ *compl di luogo*) **B** *itr fam* (*ansetzen*) (**bei** *etw* dat/**an** *etw* dat) ~ intervenire (*in qc*), intromettersi (*in qc*): **bei dem Wort «Kompromiss» hakte er sofort ein**, alla parola «compromesso» intervenne subito **C** *rfl* **sich** (**bei** *jdm*) ~ prendere a braccetto *qu*.

Einhalt <-(e)s, *ohne* pl> m: **jdm/etw ~ gebieten** *geh* {AKTIVITÄTEN, EINER SEUCHE, EINEM VERBRECHEN}, porre un freno *a qc*, porre/ mettere fine *a qc*, fermare *qu/qc*.

ein|halten <*irr*> **A** *tr etw* ~ 1 (*beachten*) {ARBEITSZEIT, TERMIN, VERABREDUNG, VERTRAG} rispettare *qc*; {ABMACHUNG, BEDINGUNGEN, REGELN, TEMPOLIMIT} *auch* osservare *qc*; {VERPFLICHTUNGEN} adempiere (*a*) *qc*: **eine Diät ~**, seguire/osservare una dieta 2 (*beibehalten*) {KURS} mantenere *qc* **B** *itr geh* (*aufhören*) (**mit** *etw* dat) ~ {MIT DEM LACHEN, DEN VORWÜRFEN} fermarsi, cessare di fare *qc*.

Einhaltung f 1 {+BEDINGUNGEN, TEMPOLIMIT, TERMIN, VORSCHRIFT} osservanza f, rispetto m; {+VERPFLICHTUNGEN} adempimento m 2 {+KURS} mantenimento m.

ein|hämmern **A** *tr fam* (*wiederholend einprägen*) *jdm etw* ~ {FORMELN, GRAMMATIKREGELN, VOKABELN} ficcare *qc* in testa *a qu fam* **B** *itr* 1 (*einschlagen*) **auf** *etw* (akk) ~ {AUF EINEN STEIN} dare/tirare delle martellate *a/su qc*; **auf** *jdn* ~ {BOXER} prendere a pugni *qu* 2 (*dröhnend einwirken*) **auf** *jdn* ~ {LÄRM, MUSIK} rompere i timpani *a qu*.

ein|handeln **A** *tr* (*eintauschen*) *etw* **gegen/für** *etw* (akk) ~ {ZIGARETTEN GEGEN/FÜR GELD} barattare *qc con qc*, scambiare *qc con qc* **B** *rfl fam* (*bekommen*) **sich** (dat) *etw* ~ {PROBLEME, UNANNEHMLICHKEITEN} cacciarsi *in qc fam*; {KRANKHEIT} beccarsi *qc fam*, buscarsi *qc fam*: **sich Ohrfeigen ~**, buscarsi *fam*/beccarsi *fam* dei bei ceffoni; **da hast du dir ja was Schönes eingehandelt!** *fam*, hai fatto proprio un bell'affare! *fam iron*.

ein|hängen **A** *tr* 1 (*einhaken*) *etw* ~ {FENSTER, LADEN, TÜR} incardinare *qc*, mettere *qc* sui cardini 2 *tel* (*auflegen*) *etw* ~ {HÖRER} riappendere *qc*, riattaccare *qc* **B** *itr tel* riattaccare **C** *rfl fam* **sich** (**bei** *jdm*) ~ prendere a braccetto *qu*.

ein|hauchen *tr geh jdm etw* ~ {LEBENSMUT} infondere *qc a qu*; {ZUVERSICHT} *auch* ispirare *qc a qu*.

ein|hauen <*haute ein oder hieb ein, eingehauen*> **A** *tr* 1 (*einschlagen*) *etw* ~ {FENSTERSCHEIBE} rompere *qc*; {TÜR} *auch* sfondare *qc*, abbattere *qc*; *jdm etw* ~ {KIEFER, NASE, SCHÄDEL, ZÄHNE} rompere *qc a qu*, spaccare *qc a qu* 2 (*einmeißeln*) *etw* (*in etw* akk) ~ {INSCHRIFT IN EINEN STEIN} incidere *qc in/su qc*, scolpire *qc su qc* **B** *itr fam* **auf jdn/etw** ~ picchiare *qu/qc*: **auf den Hund ~**, bastonare il cane.

ein|heften *tr* 1 (*in etw heften*) *etw* (*in etw* dat) ~ {KONTOAUSZÜGE, UNTERLAGEN} mettere *qc in qc*, raccogliere *qc in qc*: **Akten in einen Ordner ~**, mettere/inserire dei documenti in un raccoglitore 2 (*provisorisch einnähen*) *etw* ~ {ÄRMEL, FUTTER, REIßVERSCHLUSS} imbastire *qc*.

einheimisch *adj* 1 (*ortsansässig*) {BEVÖLKERUNG} indigeno, nativo 2 (*aus dem Land des Sprechers stammend*) {PRODUKT} nostrano, nostrale; {INDUSTRIE, MANNSCHAFT} locale 3 *bot zoo* (*natürlich vorkommend*) {FAUNA, FLORA} locale, indigeno.

Einheimische <*dekl wie adj*> mf nativo (-a) m (f), indigeno (-a) m (f): **die ~n** *auch*, i locali; **fragen Sie lieber einen ~n!**, è meglio chiedere a qualcuno del luogo/posto.

ein|heimsen *tr fam etw* ~ {APPLAUS} riscuotere *qc*, fare il pieno di *qc fam*; {LOR-

BEEREN} mietere *qc*; {ERFOLG} *auch* riscuotere *qc*, raccogliere *qc*; {GELD} intascare *qc fam*.

ein|heiraten itr *in etw* (akk) ~ {IN EIN ADELSGESCHLECHT, IN EINE FAMILIE, EINE FIRMA} entrare in *qc* sposandosi.

Einheit <-, -en> f **1** <ohne pl> (*Geschlossenheit*) {+LAND} unità f: **die deutsche ~**, l'unità tedesca **2** (*Maß~*) unità f **3** *mil* unità f **4** *tel* scatto m.

Einheitenzähler m *tel* contascatti m.

einheitlich A adj **1** (*gleich*) {FARBE, FARBTON} omogeneo, unito; {KLEIDUNG, REGELUNG} uniforme; {ANSICHTEN, MEINUNGEN} unitario **2** (*in sich geschlossen*) {GESTALTUNG, WERK} organico: **ein ~es Ganzes**, un insieme unitario B adv {HANDELN, VORGEHEN} in modo unitario, unitamente; {GESTALTEN} in modo omogeneo; {SICH KLEIDEN} in modo uniforme.

Einheitliche Europäische Akte f *pol* (Abk EEA) Atto m Unico Europeo (Abk AUE).

Einheitlichkeit <-, *ohne pl*> f **1** (*Gleichheit*) {+FARBE, FARBTON} omogeneità f, unitarietà f; {+KLEIDUNG, REGELUNG} uniformità f; {+ANSICHTEN, MEINUNGEN} unitarietà f **2** (*das In-sich-geschlossen-Sein*) {+GESTALTUNG, WERK} organicità f.

Einheitsgewerkschaft f sindacato m unitario.

Einheitspartei f *pol* partito m unico.

Einheitspreis m prezzo m unitario/unico.

Einheitsstaat m *pol* stato m unitario.

Einheitswährung f valuta f unica: **Europäische ~**, valuta unica europea.

Einheitswert m (*Steuerwert für Besitz*) valore m unitario.

ein|heizen itr **1** (*gründlich heizen*) accendere il riscaldamento, riscaldare a dovere qc: **sie stand immer sehr früh auf, um in der Küche einzuheizen**, si alzava sempre molto presto per riscaldare la cucina **2** *fam* (*die Meinung sagen*) *jdm* ~ dare una bella ripassata *a qu fam*.

einhellig A adj {ABLEHNUNG, EMPÖRUNG, URTEIL, ZUSTIMMUNG} unanime B adv all'unanimità, di comune accordo.

einher|gehen <irr> itr *geh mit etw* (dat) ~ {KRANKHEIT MIT FIEBER} essere accompagnato da *qc*: **einige Erkältungskrankheiten gehen mit Fieber einher**, alcuni tipi di raffreddore si presentano accompagnati da febbre.

einher|schreiten <irr> itr *geh* {KÖNIG(IN)} incedere con grazia.

einher|stolzieren <ohne ge-> itr camminare tutto (-a) tronfio (-a).

ein|holen tr **1** (*einziehen*) *etw* ~ {NETZ} tirare *qc*, recuperare *qc*; {FAHNE, SEGEL} ammainare *qc* **2** (*anfordern*) *etw* (*bei jdm*) ~ {GENEHMIGUNG, GUTACHTEN} (ri)chiedere *qc* (*a qu*); {ERLAUBNIS, RAT} chiedere *qc* (*a qu*): **Auskünfte (über jdn/etw) ~**, chiedere informazioni (*su qu/qc*); **sie will erst den Rat ihres Arztes ~**, vuole prima consultare il suo medico **3** (*erreichen*) *jdn/etw* ~ {VORAUSFAHRENDES FAHRZEUG, VORAUSLAUFENDEN MENSCHEN} raggiungere *qu/qc* **4** (*wettmachen*) *etw* ~ {VERSÄUMTES, ZEIT} recuperare *qc*.

Einholung <-, *ohne pl*> f {+GENEHMIGUNG, GUTACHTEN} richiesta f.

Einhorn n *astr myth* unicorno m, liocorno m.

ein|hüllen A tr *jdn/etw* (*in etw* akk) ~ {KOSTBAREN GEGENSTAND, GESCHENK, KRANKEN} avvolgere *qu/qc* in *qc*: **dichter Nebel hüllte die Berge ein**, una fitta nebbia ricopriva/avvolgeva le montagne B rfl *geh sich* (*in etw* akk) ~ {IN EINE DECKE} avvolgersi in *qc*.

einhundert zahladj → **hundert**.

einig adj <präd> **sich** (*über etw* akk) ~ **sein** {PERSONEN}, essere d'accordo (su qc), concordare/[essere concordi] (nel fare qc): **alle Konferenzteilnehmer sind sich (darüber) ~, dass die Emission von Kohlendioxid gedrosselt werden muss**, tutti i partecipanti alla conferenza concordano che l'emissione di biossido di carbonio debba essere ridotta; **die Richter waren sich (darüber) ~, den Angeklagten freizusprechen**, i giudici furono concordi nell'assolvere l'imputato; **sich (dat) mit jdm (über etw** akk) ~ **sein**, essere d'accordo con qu (su qc); **sich (dat) (mit jdm) über etw (akk) ~ werden**, mettersi d'accordo (con qu) su qc, accordarsi (con qu) su qc: **wir konnten uns über den Preis nicht ~ werden**, non siamo riusciti (-e) a metterci d'accordo sul prezzo.

einige indef pron → **einiger**.

ein|igeln rfl *sich* ~ **1** (*Schutzreaktion des Igels*) "l'avvoltolarsi dell'istrice e il drizzarsi dei suoi aculei" **2** (*sich zurückziehen*) chiudersi a riccio **3** (*sich zusammenrollen*) arrotolarsi.

einigemal a.R. *von* einige Mal → **Mal**①.

einigen A tr *etw* ~ {LÄNDER, STAATEN, VÖLKER} unire *qc*, unificare *qc* B rfl *sich* (*mit jdm*) (*auf etw* akk/*über etw* akk) ~ {ÜBER DIE POLITIK, DEN PREIS, DIE RICHTLINIEN} mettersi d'accordo (*con qu su/in qc*), accordarsi (*con qu su qc*): **wir sollten uns (darüber) ~, wie wir weiter vorgehen**, dovremmo metterci d'accordo su come procedere.

einiger, einige, einiges indef pron **1** <nur sing> (*adjektivisch: kleine Menge*) {GELD} un po' di, qualche: **ich hatte noch einiges (an) Geld**, avevo ancora qualche soldo; **mit einigem guten Willen wirst du es schon schaffen**, con un po' di buona volontà ce la farai; **dazu gehört schon** ₁einige Erfahrung₁/[einiger Mut], ci vuole ₁una certa esperienza₁/[un certo coraggio] **2** <nur sing> (*substantivisch: eine Menge*): **einiges**, diverse/alcune cose, non poco, un bel po'; **in unserem neuen Haus fehlt uns noch einiges**, nella nuova casa mancano ancora diverse cose; **sie erzählte uns einiges, was wir nicht wussten**, ci ha raccontato alcune/delle cose che non sapevamo; **der Umbau unseres Hauses wird uns einiges kosten**, la ristrutturazione della casa ci costerà ₁non poco₁/[un bel po'] **3** <nur pl> (*mehrere*) alcuni (-e), qualche: **einige von euch**, alcuni di voi; **dies sind einige seiner schönsten Bilder**, sono alcuni dei suoi quadri più belli; **es wird einige Probleme geben**, ci sarà qualche problema, ci saranno dei problemi; **vor einigen Tagen**, qualche giorno fa, alcuni giorni fa.

einigermaßen partik **1** (*ziemlich*) piuttosto, abbastanza: **sie war ~ überrascht, mich hier zu sehen**, era piuttosto sorpresa di vedermi qui; **mir geht es ~ (gut)**, sto abbastanza bene **2** (*leidlich*) così così: **wie geht es dir? – So ~**, come stai? – Così, così; **kannst du ~ singen?**, sai cantare un po'?, te la cavi a cantare?

einiges indef pron → **einiger**.

Einigkeit <-, *ohne pl*> f **1** (*Eintracht*) {+FAMILIE} concordia f; {+VÖLKER} unione f **2** (*Übereinstimmung*) unanimità f, consenso m ● **macht stark** *prov*, l'unione fa la forza *prov*.

Einigung <-, -en> f <meist sing> **1** *pol* {+STAATEN} unificazione f: **die ~ Europas**, l'unificazione europea **2** (*Vergleich*) intesa f, accordo m: **eine ~ (über etw** akk) **erzielen**, giungere ad un accordo (su qc), raggiungere un'intesa (su qc). **3** *jur* (*über den Inhalt eines Vertrags*) consenso m.

Einigungsvertrag m *pol* (*zwischen den beiden deutschen Staaten*) trattato m di unificazione.

ein|impfen tr **1** *fam* (*einprägen*) *jdm etw* ~ {ANSICHT, HASS, LIEBE} inculcare *qc a qu* **2** (*einspritzen*) *jdm etw* ~ {IMPFSTOFF} iniettare *qc a qu*, inoculare *qc a qu*.

ein|jagen tr: *jdm* Angst ~ *fam*, far *fam*/incutere paura a qu; *jdm* einen Schrecken ~ *fam*, spaventare qu.

einjährig adj <meist attr> **1** <attr> (*ein Jahr alt*) {KIND, TIER} di un anno **2** <attr> (*ein Jahr dauernd*) {AUFENTHALT, MIETVERTRAG} annuale, annuo, (della durata) di un anno **3** *bot* (*ein Jahr alt werdend*) {PFLANZE} annuo, annuale.

ein|kalkulieren <ohne ge-> tr **1** (*mit einrechnen*) *etw* ~ {KOSTEN} calcolare *qc*, mettere in conto *qc* **2** (*mit einbeziehen*) *etw* ~ {ERFOLG, RISIKO, SCHEITERN} calcolare *qc*, tenere conto di *qc*, fare i conti *con qc fam*.

Einkammersystem n *pol* sistema m unicamerale/monocamerale.

ein|kapseln rfl *sich* ~ isolarsi, segregarsi, chiudersi ₁nel proprio guscio *fam*₁/[in se stesso (-a)].

ein|kassieren <ohne ge-> tr **1** *etw* ~ (*bei jdm/von jdm*) ~ {AUSSENSTÄNDE, GELD} incassare *qc* (*da qu*), riscuotere *qc* (*da qu*), intascare *qc* (*da qu*) **2** *fam* (*klauen*) *etw* ~ intascare *qc fam*, grattare *qc fam*, mettersi in tasca *qc fam*, sgraffignare *qc fam*.

Einkauf m **1** (*Einkaufen*) compera f, acquisto m **2** <meist pl> (*eingekaufter Artikel*) acquisto m, spesa f **3** <nur sing> com (*Abteilung*) reparto m/settore m acquisti ● **Einkäufe machen/erledigen**, fare spese/acquisti.

ein|kaufen A tr **1** (*käuflich erwerben*) *etw* ~ {LEBENSMITTEL, VORRÄTE, WAREN} comp(e)rare *qc*, acquistare *qc* **2** *sport jdn* ~ {FUSSBALLSPIELER} acquistare *qu*, comprare *qu* B itr *com* fare la spesa: ~ **gehen**, andare a far la spesa C rfl *sich in etw* (akk) ~ {IN EINE FIRMA} diventare socio (-a) di *qc*, acquistare una quota *di qc*.

Einkäufer m (**Einkäuferin** f) *com* addetto m al settore/reparto acquisti.

Einkaufsbummel m *fam* giro m dei negozi *fam*, shopping m: **einen ~ machen**, fare ₁il giro dei negozi₁/[shopping].

Einkaufsleiter m (**Einkaufsleiterin** f) *com* direttore (-trice) m (f) del reparto/settore acquisti.

Einkaufsmeile f via f dello shopping.

Einkaufsmöglichkeit f possibilità f di fare acquisti: **hier gibt es gute ~en**, qui si ₁fanno buoni acquisti₁/[compra bene *fam*].

Einkaufspassage f galleria f (commerciale).

Einkaufspreis m *com* prezzo m d'acquisto: **zum ~**, al prezzo d'acquisto.

Einkaufsroller m carrellino m (per la spesa), borsa f carrello.

Einkaufstasche f sporta f, borsa f della/[per la] spesa.

Einkaufstüte f borsa f della spesa.

Einkaufswagen m carrello m da supermercato.

Einkaufszentrum n centro m commerciale, shopping center m.

Einkaufszettel m lista f della spesa.

Einkehr <-, *ohne pl*> f **1** (*Rast*) sosta f: **in etw** (dat) ~ **halten** {IN EINEM GASTHOF, EINER KNEIPE}, fare una sosta in *qc* **2** *geh* (*innere Besinnung*) raccoglimento m, meditazione f.

ein|kehren itr <sein> **1** *fam* (*Rast machen*) (*in etw* dat) ~ {IN EINEM AUSFLUGSLOKAL, EINEM BIERGARTEN} fermarsi (*in qc*), fare una sosta (*in qc*) **2** *geh* (*sich einstellen*) {FRIEDE, ORDNUNG, RUHE} tornare: **nach all den Aufregungen ist endlich wieder Ruhe eingekehrt**, dopo tutto la confusione è finalmente tornata la calma; {FRÜHLING, HERBST, SOMMER, WINTER} arrivare.

ein|keilen tr jdn/etw (mit etw dat) ~ incastrare qu/qc (con qc), stringere qu (con qc): **sie standen eingekeilt in der Menge**, erano bloccati (-e) in mezzo alla folla.

ein|kerben tr etw ~ {HOLZ} intaccare qc; etw (in etw akk) ~ {ZEICHEN INS HOLZ} incidere qc su qc.

Einkerbung <-, -en> f intaglio m, intaccatura f.

ein|kerkern tr hist jdn ~ incarcerare qu, imprigionare qu.

ein|kesseln tr mil jdn/etw ~ {ARMEE, SOLDATEN} accerchiare qu/qc, circondare qu/qc.

Einkesselung <-, -en> f mil {+ARMEE, SOLDATEN} accerchiamento m.

einklagbar adj jur {ANSPRUCH} rivendicabile (per vie legali).

ein|klagen tr jur etw ~ {ANSPRUCH} rivendicare qc (per vie legali).

ein|klammern tr etw ~ {FORMEL, SATZ, WORT} mettere qc fra parentesi.

Einklang m <meist sing> **1** mus unisono m **2** geh (Harmonie) armonia f, accordo m: **in/im ~ mit etw (dat) stehen** {WORTE MIT TATSÄCHLICHEM VERHALTEN}, concordare con qc; collimare con qc; **mit jdm in/im ~ stehen/sein**, essere in armonia con qu; **etw (mit etw dat/miteinander) in ~ bringen**, conciliare qc (con qc), armonizzare qc (con qc); **wir können unsere Ansichten nicht miteinander in ~ bringen**, non riusciamo a conciliare le nostre opinioni; **sich (mit jdm) in ~ (über etw akk) befinden**, concordare (con qu su qc).

ein|kleben tr etw (in etw akk) ~ {FOTO IN EIN ALBUM} incollare qc (in qc).

ein|kleiden A tr (mit Kleidung ausstatten) jdn ~ {KINDER} (ri)vestire qu; {REKRUTEN} auch dare la divisa a qu: **ich musste die Kinder ganz neu ~**, ho dovuto rifare il guardaroba ai bambini B rfl: **sich neu ~**, rifarsi il guardaroba.

ein|klemmen A tr **1** (quetschen) jdm etw ~ {FINGER, HAND} schiacciare qc a qu: **der Verletzte war zwischen den Sitzen eingeklemmt**, il ferito era (rimasto) intrappolato tra i sedili **2** (festdrücken) etw (in etw akk) ~ {HOLZ IN DEN SCHRAUBSTOCK} fermare/fissare qc in qc B rfl (sich quetschen) **sich (dat) etw ~** {FINGER, HAND} schiacciarsi qc.

ein|klicken rfl: **sich in eine (Web)seite ~**, collegarsi a un sito.

ein|klinken A tr **1** <haben> (mit der Klinke schließen) etw ~ {TÜR} chiudere qc (con uno scatto della maniglia) **2** <haben> (einrasten) etw (in etw akk) ~ {HALTESEIL, SICHERHEITSGURT} agganciare qc a qc B itr <sein> (einrasten) {TÜR} chiudersi (con uno scatto) C rfl <haben> fam (sich einschalten) **sich (in etw akk) ~** {IN EINE DEBATTE, DISKUSSION} inserirsi (in qc).

ein|knicken A tr <haben> (durch Knicken umbiegen) etw ~ {BLATT PAPIER, STREICHHOLZ, ZWEIG} piegare qc B itr <sein> (einen Knick bekommen) {BILD, BLATT PAPIER, FOTO, GRAS, HALME} piegarsi: **vor lauter Müdigkeit knickte er im/mit den Knien₁/[knickten ihm die Knie] ein**, gli si piegavano le ginocchia per la stanchezza; **ich bin mit dem Fuß eingeknickt**, (ho messo male) il piede e ho preso una storta fam C rfl sich (dat) etw ~ prendere una storta.

ein|knüppeln itr (mit etw dat) auf jdn ~ {POLIZEI AUF DEMONSTRANTEN} manganellare qu, prendere qu a manganellate; {SCHLÄGER MIT EINER HOLZLATTE, EINER STANGE} randellare qu (con qc).

ein|kochen A tr <haben> gastr etw ~ {MARMELADE} cuocere qc; {OBST} auch fare la conserva di qc B itr <sein> gastr {MARMELADE, MUS, SOßE} ispessirsi cuocendo, addensarsi.

ein|kommen <irr> itr geh adm um etw (akk) ~ {UM DIE ENTLASSUNG, DIE VERSETZUNG} presentare domanda di qc.

Einkommen <-s, -> n ökon reddito m, introito m: **festes ~**, reddito fisso; **steuerpflichtiges ~**, (reddito m) imponibile.

Einkommenseinbuße f <meist pl> diminuzione f del reddito.

Einkommensgefälle <-s, ohne pl> n ökon dislivello m dei redditi.

Einkommensgrenze f: **obere ~**, reddito massimo; **untere ~**, reddito minimo.

Einkommensgruppe f scaglione m/categoria f/fascia f di reddito.

einkommensschwach adj {BEVÖLKERUNGSSCHICHT, KREISE} a basso reddito.

einkommensstark adj ad alto reddito.

Einkommensteuer, Einkommenssteuer f ökon imposta f sul reddito.

Einkommensteuererklärung, Einkommenssteuererklärung f dichiarazione f/denuncia f dei redditi.

einkommensteuerpflichtig, einkommenssteuerpflichtig adj {PERSON} soggetto ad imposta sul reddito; {EINKÜNFTE} soggetto ad imposta.

ein|krachen itr <sein> fam {BRÜCKE, GERÜST, KONSTRUKTION} crollare.

ein|kreisen tr **1** (umschließen) jdn/etw ~ {PERSONEN VERBRECHER, WILD} accerchiare qu/qc; {TRUPPEN FEIND, STADT POLIZEI GEBÄUDE} auch circondare qu/qc **2** (mit Kreis markieren) etw ~ {DATUM, NAME, ZAHL} fare un cerchio intorno a qc **3** (eingrenzen) etw ~ {FRAGE, PROBLEM, THEMA} circoscrivere qc.

ein|kremen tr rfl → **ein|cremen**.

ein|kriegen rfl slang sich ~ darsi una calmata: **sich nicht ~ vor Lachen**, non riuscire a smettere di ridere; **nun krieg dich mal wieder ein!**, calmati!, sta' tranquillo (-a)!, rilassati!; **er hat sich überhaupt nicht mehr eingekriegt**, non riusciva proprio a calmarsi.

Einkünfte subst <nur pl> ökon entrate f pl, introiti m fpl.

ein|kuppeln itr autom innestare la frizione.

ein|laden¹ <irr> A tr **1** (zum Besuch auffordern) jdn (zu etw dat/zu jdm/in etw akk) ~ {ZUM GEBURTSTAG, IN JDS HAUS, ZU EINER PARTY} invitare qu (a qc/da qu): **sie hat mich zu sich eingeladen**, mi ha invitato a casa sua; **wir sind bei Freunden eingeladen**, siamo invitati (-e) da amici; **jdn auf ein Glas (Wein) ~**, invitare qu a bere un bicchiere (di vino) **2** (kostenlos teilnehmen lassen) **jdn auf etw (akk)/zu etw (dat) ~** {ZUM ESSEN, INS KINO} invitare qu a qc, offrire qc a qu: **darf ich dich auf ein Bier ~?**, posso invitarti a bere una birra?; **kommst du mit ins Kino? – Ich lade dich dazu ein**, vieni al cinema con me? – Ti invito io, sei mio (-a) ospite **3** CH (auffordern) jdn ~, etw zu tun invitare qu a fare qc **4** geh ~ {IDYLLISCHES PLÄTZCHEN ZUM BLEIBEN, VERWEILEN} invitare a (fare) qc, invogliare a (fare) qc.

ein|laden² <irr> tr etw (in etw akk) ~ {GELDSACK, KARTON, MÖBEL} caricare qc (in/su qc).

einladend A adj **1** (auffordernd) {GESTE} invitante; {BLICK, LÄCHELN} auch allettante **2** (appetitlich) {ESSEN} invitante, appetitoso: **dieses Lokal sieht alles andere als ~ aus**, questo locale ha un aspetto tutt'altro che invitante B adv {AUSLAGEN DEKORIEREN, TISCH DECKEN} in modo invitante.

Einladung f invito m: **auf ~ von jdm**, su invito di qu; **eine ~ zu etw (dat)**, un invito a qc; **einer ~ folgen/[Folge leisten]** geh, accettare un invito.

Einladungskarte f (biglietto m d')invito m.

Einlage <-, -n> f **1** (Anlage) inserto m, allegato m **2** <meist pl> bank (eingezahltes Geld) deposito m **3** jur ökon (angebrachte Sach- oder Geldleistung) conferimento m: **~n leisten/erbringen**, effettuare conferimenti **4** <meist pl> (Fußstütze in Schuhen) plantare m **5** med otturazione f provvisoria **6** (zur Versteifung in Kleidern) rinforzo m, sostegno m **7** theat (numero m) fuoriprogramma m, intermezzo m **8** gastr: **Suppe mit ~**, pastina in brodo.

ein|lagern A tr etw ~ {VERBRAUCHTE BRENNSTÄBE, GIFTMÜLL} stoccare qc; {KARTOFFELN, KOHLEN, OBST, VORRÄTE} auch immagazzinare qc B rfl (sich festsetzen) **sich in etw (akk) ~** {STOFFE, SUBSTANZEN IN GEWEBE} depositarsi in qc.

Einlagerung f **1** (das Einlagern) {+VERBRAUCHTE BRENNSTÄBE, GIFTMÜLL} stoccaggio m; {+HEIZÖL, KARTOFFELN, OBST} auch immagazzinamento m **2** min deposito m: **~en aus Kalk**, depositi calcarei.

ein|langen itr <sein> A → **ein|treffen**.

Einlass (a.R. Einlaß) <-es, Einlässe> m <meist sing> geh (Zutritt) accesso m, entrata f, ingresso m: **um ~ bitten**, chiedere di poter entrare; **jdm ~ (in etw akk) gewähren**, lasciare/far entrare qu (in qc), consentire a qu l'accesso (a/in qc); **sich (dat) ~ (in etw akk) verschaffen**, riuscire ad entrare in qc); **~ erst ab 11 Uhr**, apertura (alle) ore 11.00.

ein|lassen¹ <irr> A tr **1** (eintreten lassen) jdn ~ far/lasciar entrare/passare qu **2** (einströmen lassen) etw ~ {FENSTER, PERSON LICHT, LUFT, SONNE} far/lasciar entrare qc **3** (einlaufen lassen) etw (in etw akk) ~ {WASSER IN EIN BECKEN} riempire qc di qc **4** (einfügen) etw (in etw akk) ~ {MOSAIK IN DEN BODEN, DIE MAUER} incassare qc (in qc), inserire qc in qc; {EDELSTEIN IN EIN SCHMUCKSTÜCK} auch montare qc (su qc), incastonare qc (in qc) B rfl: **sich (dat) ein Bad ~**, prepararsi un bagno, riempire la vasca per fare un bagno.

ein|lassen² <irr> rfl **1** pej (Kontakt aufnehmen) **sich mit jdm ~** mettersi con qu fam, avere a che fare con qu fam: **lass dich bloß nicht mit diesem Betrüger ein!**, non ti mettere con quel truffatore! fam; (Liebesbeziehung anfangen) **sich mit jdm ~** mettersi con qu fam, (in)cominciare una storia con qu fam: **musstest du dich denn unbedingt mit diesem Mädchen ~?**, dovevi proprio mettergli con quella ragazza? **2** (auf etw eingehen) **sich auf etw (akk) ~** {AUF EIN ABENTEUER, ZWIELICHTIGE GESCHÄFTE, EINEN STREIT} invischiarsi in qc fam, impegolarsi in qc fam, impelagarsi in qc fam: **ich will mich auf keine Diskussion ~**, non voglio mettermi a discutere; **ich lasse mich auf keine Kompromisse ein**, non accetto compromessi **3** jur sich ~ costituirsi (in giudizio): **sich in den gesetzlichen Formen und Fristen ~**, costituirsi nei modi e termini di legge; **sich in der vorgeschriebenen Form ~**, costituirsi ritualmente.

einlässlich (a.R. einläßlich) adj CH → **ausführlich**.

Einlassung <-, -en> f jur (Zivilrecht) costituzione f in giudizio del convenuto.

Einlassventil (a.R. Einlaßventil) n mech

tech valvola f di aspirazione/ammissione.

Einlauf m **1** (*nur* sing) *sport* {+LÄUFER, PFERDE} ordine m d'arrivo **2** *med* clistere m.

ein|laufen <irr> **A** itr <haben> etw ~: **ich muss die Schuhe erst ~**, devo ancora abituare il piede alla scarpa **B** itr <sein> **1** (*schrumpfen*) {KLEIDUNGSSTÜCK, STOFF} restringersi, ritirarsi, rientrare **2** (*hineinströmen*) {BADEWASSER} entrare nella vasca **3** *geh* (*eintreffen*) (**bei jdm**) ~ {BESCHWERDEN, BESTELLUNGEN, BRIEFE} giungere (*a qu*), arrivare (*a qu*) **4** *sport* (*irgendwohin*) ~ {MANNSCHAFT INS STADION} entrare (+ *compl di luogo*); {SPORTLER AUFS SPIELFELD} *auch* scendere + *compl di luogo*; {IN DIE ZIELGERADE} arrivare (+ *compl di luogo*) **5** (*einfahren*) (**in etw** akk) ~ {SCHIFF IN HAFEN ZUG IN BAHNHOF} entrare *in qc*, arrivare (*in qc*) **C** rfl **1** *sport* **sich ~** scaldarsi correndo **2** (*Leistungsfähigkeit steigern*) {MASCHINE, MOTOR} fare il rodaggio.

ein|läuten tr etw ~ {GLOCKEN KIRCHLICHES FEST, SONNTAG} annunciare *qc*.

ein|leben rfl sich (**bei jdm/in etw** dat) ~ {IN EINER HAUSGEMEINSCHAFT, EINEM INTERNAT, EINER NEUEN STADT} ambientarsi (*da qu/in qc*), abituarsi (*a qu/qc*).

Einlegearbeit f *kunst* intarsio m.

ein|legen **A** tr **1** (*hineintun*) **etw** (**in etw** akk) ~ {EINLEGESOHLE IN DIE SCHUHE, CD IN DEN CD-SPIELER} mettere *qc* (*in qc*) **2** *autom* (*einschalten*) **etw** ~ {EINEN GANG} inserire *qc*, mettere *qc* **3** *gastr* **etw** (**in etw** akk) ~ {FLEISCH, HERINGE IN EINE MARINADE, EINE SOßE} marinare *qc*: **etw in Salz ~**, mettere *qc* sotto sale; **Gurken/Zwiebeln in Essig ~**, mettere ₍dei cetrioli₎/[delle cipolle] sott'aceto; **Kirschen/Zwetschen in Rum ~**, mettere delle ciliegie/susine sotto spirito **4** (*dazwischenschieben*) **etw** ~ {PAUSE, RUHETAG, SONDERSCHICHT} fare *qc*, inserire *qc* **5** (*einreichen*) **etw** (**bei jdm/gegen etw** akk) ~ {BESCHWERDE, PROTEST} presentare/inoltrare *qc* (*a/presso qu/per qc*); {VETO} porre *qc* (*a qu/contro qc*): **Berufung ~** *jur*, proporre/[ricorrere in] appello **6** *ökon* (*einzahlen*) **etw** (**in etw** akk) ~ {GELD} depositare *qc* (*in/su qc*); {GESELLSCHAFTER, INVESTOR ANTEIL, BETRAG IN EINEN FONDS, EINE GESELLSCHAFT} versare *qc* (*in/su qc*), depositare *qc* (*in/su qc*) **7** (*intarsieren*) **etw** (**mit etw** dat) ~ {HOLZ MIT ELFENBEIN} intarsiare *qc* (*di qc*) **B** rfl: **sich** (dat) **die Haare einlegen**, farsi la messa in piega ● **ein gutes Wort für jdn ~**, mettere una buona parola per qu.

Einlegesohle f soletta f.

ein|leiten tr **1** *adm geh* (*ergreifen*) **etw** ~ {MAßNAHMEN} prendere *qc*; *jur* {UNTERSUCHUNG} avviare *qc*; {VERFAHREN} aprire *qc*, istruire *qc jur*: **ein Verfahren gegen jdn ~**, procedere contro qu **2** *med* (*künstlich auslösen*) **etw** ~ {WEHEN} indurre *qc*: **künstlich eingeleitete Geburt**, parto pilotato **3** (*eröffnen*) **etw mit etw** dat ~ {FEST, VERANSTALTUNG MIT EINER ANSPRACHE, BEGRÜßUNG} cominciare *qc* con *qc*, iniziare *qc* con *qc*, dare inizio *a qc* con *qc*, aprire *qc* con *qc* **4** (*beginnen lassen*) **etw** ~ {NEUE KUNSTRICHTUNG, NEUES ZEITALTER} dare inizio *a qc*, inaugurare *qc* **5** (*einleitend kommentieren*) **etw** ~ {HERAUSGEBER, VORWORT BUCH} introdurre *qc* **6** (*hineinfließen lassen*) **etw in etw** akk ~ {ABWÄSSER, PRODUKTIONSRÜCKSTÄNDE IN EIN GEWÄSSER} introdurre *qc in qc*, immettere *qc in qc*.

einleitend **A** adj {BEMERKUNGEN, WORTE} introduttivo, preliminare, d'introduzione **B** adv {BEMERKEN, SAGEN} per cominciare, come introduzione.

Einleitung f **1** *adm* {+MAßNAHMEN} introduzione f; *jur* {+UNTERSUCHUNG} avvio m,

apertura f; *jur* {+VERFAHREN} apertura f, istruzione f *jur* **2** (*Vorwort*) {+BUCH} prefazione f, introduzione f **3** *ökol*: ~ **von etw** (dat) **in etw** (akk) {+ABWÄSSER, PRODUKTIONSRÜCKSTÄNDE IN DEN FLUSS, DEN SEE} immissione f *di qc in qc* **4** (*Eröffnung*) {+FEST, VERANSTALTUNG} apertura f, inizio m.

ein|lenken itr **1** <haben> (*nachgeben*) cedere, fare concessioni, far marcia indietro **2** <sein> (*einbiegen*) **in etw** (akk) ~ {AUTO IN DIE SEITENSTRAßE} svoltare *in qc*.

ein|lesen <irr> **A** tr *inform* **etw** ~ scannerizzare *qc*; **etw in etw** (akk) ~ {DATEN, INFORMATIONEN, TEXTE IN DEN COMPUTER} trasferire *qc in qc* **B** rfl **sich in etw** (akk) ~ {IN EIN BUCH, EIN FACHGEBIET, EIN GUTACHTEN} addentrarsi *in qc*.

ein|leuchten itr *jdm* ~ {ARGUMENT, AUSSAGE, GRUND} essere/apparire chiaro (-a)/evidente *a qu*: **das will mir nicht ~**, non riesco a capacitarmene, non mi persuade; **es leuchtet mir nicht ein, wieso ...**, non capisco perché/[per quale motivo] ...

einleuchtend **A** adj {ERKLÄRUNG} chiaro, comprensibile; {ARGUMENT, GRUND} evidente, plausibile **B** adv {ERKLÄREN} in modo chiaro/comprensibile; {BEGRÜNDEN} in modo evidente, plausibile.

ein|liefern tr *med* **1** (*stationär aufnehmen lassen*) *jdn* (**in etw** akk) ~ {PATIENTEN IN EINE KLINIK} ricoverare *qu* (*in qc*) **2** *jur* (*hineinbringen*) *jdn* (**in etw** akk) ~ {HÄFTLING IN EIN GEFÄNGNIS} tradurre *qu in qc* **3** *post* (*aufgeben*) **etw** ~ {BRIEF, PAKET, SENDUNG} consegnare *qc*.

Einlieferung f **1** *med* {+PATIENT} ricovero m **2** *jur* {+HÄFTLING} traduzione f **3** *post* {+BRIEF, PAKET, SENDUNG} consegna f.

Einlieferungsschein m *post* ricevuta f (postale).

ein|lochen tr *fam jdn* ~ mettere ₍dentro *qu fam*₎/[*qu* in gattabuia *fam*]/[*qu* sotto chiave *fam*].

ein|loggen rfl *slang inform* **sich in etw** (akk) ~ {IN EIN SYSTEM} fare il login *in qc*, collegarsi *a qc*, connettersi *a qc*, accedere *a qc*.

Einloggen <-s, *ohne* pl> n *slang inform* login m.

einlösbar adj {PFANDSCHEIN} riscattabile; {WECHSEL} pagabile, onorabile.

ein|lösen tr **1** *ökon* ~ {SCHECK} riscuotere *qc*, incassare *qc*; {WECHSEL} pagare *qc*, onorare *qc*: **die Bank hat den Scheck nicht eingelöst**, la banca non ha cambiato l'assegno **2** (*auslösen*) **etw** ~ {PFAND IM PFANDHAUS} riscattare *qc*, svincolare *qc*, disimpegnare *qc* **3** *geh* (*wahr machen*) **etw** ~ {VERSPRECHEN, WORT, ZUSAGE} mantenere *qc*, adempiere *qc*.

Einlösung f **1** *ökon* {+SCHECK} incasso m, riscossione f; {+WECHSEL} pagamento m, onorare m **2** (*Auslösung*) {+PFAND} riscatto m, svincolo m *qc* **3** (*das Wahrmachen*) {+VERSPRECHEN} adempimento m.

ein|löten tr **etw** ~ fissare *qc* con una saldatura, saldare *qc*.

ein|lullen tr **1** (*schläfrig machen*) *jdn* ~ {MONOTONES GERÄUSCH, EINSCHLÄFERNDE MUSIK} cullare *qu*, addormentare *qu* **2** (*arglos machen*) *jdn* (**mit etw** dat) ~ {MIT KOMPLIMENTEN, VERSPRECHUNGEN} cullare *qu con qc*, illudere *qu* (*con qc*).

ein|machen tr *gastr* **etw** ~ {GEMÜSE, OBST} mettere *qc* in conserva: **eingemachte Marmelade**, marmellata fatta in casa.

Einmachglas n vas(ett)o m per conserve (per barattoli).

Einmachring m guarnizione f di gomma (per barattoli).

einmal① adv **1** (*ein einziges Mal*) una volta:

ich habe ihn nur ~ gesehen, l'ho visto una sola volta **2** (*wieder*) ancora una/[un'altra] volta, di nuovo: **kannst du es mir noch ~ erklären?**, me lo puoi spiegare un'altra volta ? **3** (*zählend*) una volta: **ein- bis zweimal am Tag**, una o due volte al giorno; ~ **sagt sie dies, ein andermal das**, ₍una volta₎/[ora] dice così, ₍una volta₎/[ora] cosà **4** (*doppelt*) due volte tanto, il doppio: **er ist noch ~ so alt wie ich**, ha il doppio della mia età **5** *math* (*o*) per ...: ~ **fünf ist fünf**, un(o) per cinque fa cinque **6** (*früher, irgendwann*) una volta, prima, un tempo: **es war ~ ...**, c'era una volta ...; **seine Familie war ~ sehr reich**, un tempo la sua famiglia era molto ricca; **warst du schon ~ in Florenz?**, sei mai stato (-a) a Firenze? **7** (*irgendwann, später*) un giorno: **besuchen Sie mich doch ~!**, mi venga a trovare un giorno!; **es wird ihm noch ~ leidtun!**, un giorno se ne pentirà! **8** (*plötzlich*) **auf ~**, all'improvviso, di punto in bianco, tutto a un tratto; **auf ~ blieb mein Auto stehen**, improvvisamente la mia macchina si fermò **9** (*zur gleichen Zeit*): **auf ~**: **es kommt immer alles auf ~**, le cose vengono sempre tutte insieme; **ich kann nicht alles auf ~ machen**, non posso fare tutto insieme; **soll ich das alles auf ~ trinken?**, devo berlo tutto in una volta? ● **und nie wieder!**, è stata la prima e l'ultima volta!; ~ **ist keinmal** prov, uno non fa numero.

einmal② partik **1** (*verstärkende Aufforderung: meist unübersetzt*): **komm doch ~ her!**, dai, vieni qui!; **alle ~ herhören!**, ascoltate tutti!, state tutti a sentire! **2** (*unabänderliche Tatsache: meist unübersetzt*): (**nun**) ~ : **da kann man nichts machen, es ist nun ~ so**, non c'è niente da fare, lui è così; **man kann sich nun ~ nicht auf ihn verlassen**, non ci si può proprio fidare di lui **3** (*zuerst*): **erst ~**, prima: **wir wollen uns erst ~ die Stadt ansehen**, prima vogliamo visitare la città **4** (*verstärkende Verneinung*): **nicht ~**, neanche, neppure, nemmeno: **er kann nicht ~ richtig schreiben**, non sa neppure scrivere correttamente.

Einmaleins <-, *ohne* pl> n **1** *math*: **das kleine ~**, le tabelline; **das große ~**, la tavola pitagorica **2** (*Grundkenntnisse*) {+KAUFMANN, KOCH} abbicci m, rudimenti m pl.

einmalig **A** adj **1** (*nicht wiederkehrend*) {CHANCE, GELEGENHEIT} unico **2** (*nur einmal erforderlich*) {ANSCHAFFUNG, AUSGABE, ZAHLUNG} unico, solo: **nach ~er Überprüfung**, dopo una sola verifica **3** *fam* (*ausgezeichnet*) {ESSEN} eccezionale *fam*, straordinario; {FILM, KONZERT} *auch* mitico *slang* **B** adv {GUT, SCHÖN} straordinariamente, eccezionalmente.

Einmaligkeit <-, *ohne* pl> f unicità f.

Einmalspritze f *med* siringa f monouso/[usa e getta].

Einmalwindel f pannolone m monouso.

Einmannbetrieb m *com* ditta f individuale.

Einmannbus m *autom* autobus m senza bigliettaio.

Einmanngesellschaft f *ökon* società f individuale.

Einmarkstück n *hist* moneta f da un marco.

Einmarsch m **1** *mil* entrata f, invasione f **2** (*Einzug*) {+ATHLETEN, KARNEVALVEREIN} entrata f, ingresso m.

ein|marschieren <ohne ge-> itr <sein> **1** *mil* (**in etw** akk) ~ {ARMEE, TRUPPEN IN EIN GEBIET, EIN LAND} occupare *qc*, entrare *in qc*, invadere *qc* **2** (*einziehen*) (**in etw** akk) ~ {KARNEVALVEREIN IN DEN FESTSAAL, ATHLETEN IN DAS STADION} fare il proprio ingresso (*in qc*).

Einmaster <-s, -> m *naut* imbarcazione f a un albero.

ein|mauern tr **1** (*einlassen*) *etw* ~ (*in etw* akk) ~ {HAKEN, TRÄGER} murare *qc* (*in qc*) **2** (*ummauern*) *jdn/etw* (*in etw* akk) ~ {DOKUMENTE, LEICHE, SCHATZ} murare *qu/qc* (*in qc*).

ein|meißeln tr *etw* (*in etw* akk) ~ {INSCHRIFT, NAMEN IN EINE GEDENKTAFEL} scolpire *qc su/in qc*, incidere *qc su/in qc*.

Einmeterbrett n *sport* trampolino m da un metro.

ein|mieten rfl sich (*bei jdm/in etw* dat) ~ {BEI EINER FAMILIE, IN EINEM HAUS} prendere alloggio *presso qu/in qc*.

ein|mischen rfl sich (*in etw* akk) ~ {IN EINE AUSEINANDERSETZUNG, EIN GESPRÄCH, EINEN STREIT} immischiarsi (*in qc*), intromettersi (*in qc*): **misch dich nicht immer in alles ein!**, non t'impicciare sempre di tutto! *fam*.

Einmischung f intromissione f, ingerenza f, interferenza f.

einmonatig adj {FRIST, KURS, URLAUB} (della durata) di un mese.

einmonatlich adj {BERICHT, ZEITUNG} mensile.

ein|montieren <ohne ge-> tr *tech etw* ~ {SCHLOSS} montare *qc*; {AUTORADIO} *auch* installare *qc*.

einmotorig adj *aero* monomotore.

ein|motten tr **1** (*für längere Zeit unterbringen*) *etw* ~ {BOMBER, KRIEGSSCHIFF, MOTORRAD} accantonare *qc*, mettere in soffitta *qc* **2** (*lagern*) *etw* ~ {PELZMANTEL, WINTERKLEIDUNG} mettere *qc* sotto naftalina.

ein|mummeln, **ein|mummen** *fam* A tr *jdn* (*in etw* akk) ~ imbacuccare *qu in qc fam*, infagottare *qu in qc* B rfl sich ~ imbacuccarsi, intabarrarsi.

ein|münden itr <sein> **1** *autom* **in etw** (akk) ~ {STRAßE, WEG IN DIE AUTOBAHN, DIE HAUPTSTRAßE} sboccare *in qc*, immettersi *in qc* **2** *geog* **in etw** (akk) ~ {BACH, FLUSS IN DEN SEE, INS MEER} sboccare *in qc*, sfociare *in qc*, gettarsi *in qc*.

Einmündung f **1** *autom* {+STRAßE, WEG} sbocco m **2** (*Mündung*) {+KANAL, ROHR} sbocco m; {+FLUSS} *auch* foce f.

einmütig A adj {ABLEHNUNG, BESCHLUSS, ZUSTIMMUNG} unanime B adv {ABLEHNEN, BESCHLIEßEN, VERURTEILEN} all'unanimità, unanimemente, di comune accordo.

Einmütigkeit <-, ohne pl> f unanimità f.

Einnahme <-, -n> f **1** <meist pl> *com ökon* entrate f pl, introiti m pl; {+GESCHÄFT} *auch* incasso m; {+STEUERZAHLER} reddito m; {+FINANZAMT} riscossione f, esazione f: **~n und Ausgaben**, entrate e uscite **2** <nur sing> *med* {+MEDIKAMENT} assunzione f; {+MAHLZEITEN} consumare *qc* **3** <nur sing> *mil* {+STADT, STELLUNG} conquista f, presa f.

Einnahmequelle f fonte f di guadagno/reddito, cespite m *ökon*.

ein|nässen A tr *etw* ~ {BETT} fare (la) pipì *a qc*, bagnare *qc* B itr fare la pipì addosso: **das Kind nässt noch ein**, il bambino ₁bagna ancora il₁/[fa ancora la pipì a] letto C rfl sich ~ bagnarsi *fam*.

ein|nebeln A tr **1** (*mit Rauch o. Dampf einhüllen*) *jdn/etw* ~ avvolgere *qu/qc* in una cortina fumogena, annebbiare *qu/qc* **2** *mil jdn/etw* ~ nascondere *qu/qc* (con una cortina fumogena) B rfl *mil* sich ~ nascondersi (dietro una cortina fumogena).

ein|nehmen <irr> tr **1** (*einkassieren*) *etw* ~ {GELD, SUMME} incassare *qc*, riscuotere *qc*, introitare *qc adm*; {REGIERUNG, STAAT STEUERN} riscuotere *qc* **2** (*zu sich nehmen*) *etw* ~ {MAHLZEIT} consumare *qc*; {MEDIKAMENT} assumere *qc*, prendere *qc* **3** (*ausfüllen*) *etw* ~ {MÖBELSTÜCK ZIMMER} occupare *qc* **4** *geh*: **seinen Platz ~**, occupare il proprio posto **5** (*vertreten*) *etw* ~ {HALTUNG} assumere *qc* **6** (*innehaben*) *etw* ~ {POSITION, STELLUNG} occupare *qc*: **jds Stelle ~**, prendere il posto di qu, sostituirsi a qu **7** *sport etw* ~ {MANNSCHAFT, SPIELER RANG, TABELLENPLATZ} occupare *qc* **8** *mil etw* ~ {STADT, STELLUNG} conquistare *qc*, prendere *qc* ● **jdn** *für* **sich ~**, accattivarsi le simpatie di qu *fam*, conquistare qu; **jdn gegen sich ~**, inimicarsi qu.

einnehmend adj {LÄCHELN, VERHALTENSWEISE} che conquista, simpatico, accattivante; {ÄUßERES} affascinante, attraente.

ein|nicken itr <sein> *fam* appisolarsi *fam*, assopirsi.

ein|nisten rfl **1** *fam* (*sich niederlassen*) sich *irgendwo/bei jdm* ~ ₁mettere radici *fam*₁/[piazzarsi *fam*]/[installarsi *fam*] + *compl di luogo*/in casa di qu **2** (*sich festsetzen*) sich *irgendwo* ~ {VÖGEL} annidarsi/nidificare + *compl di luogo* **3** *med* (*einwachsen*) sich *irgendwo* ~ {EI IN DER GEBÄRMUTTER} impiantarsi + *compl di luogo*.

Einöde f luogo m deserto/isolato, landa f desolata.

ein|ölen A tr **1** *etw* ~ {FAHRRADKETTE, SCHARNIERE, TÜRSCHLOSS} oliare *qc*; {MOTOR} *auch* lubrificare *qc*, ingrassare *qc* **2** *jdn* (*mit etw* dat) ~ {MIT MANDELÖL, SONNENÖL} mettere *qc a qu* B rfl **1** sich ~ ungersi, darsi l'olio *fam* **2** sich (dat) *etw* (akk) ~ {HAUT, KÖRPERTEIL} darsi l'olio *su qc fam*.

ein|ordnen A tr **1** (*einsortieren*) *etw* (*in etw* akk) ~ {AKTEN, KARTEIKARTEN} sistemare *qc* (*in qc*), inserire *qc* (*in qc*); {BÜCHER, ZEITSCHRIFTEN} *auch* catalogare *qc*: **etw alphabetisch ~**, mettere *qc* in ordine alfabetico, ordinare *qc* alfabeticamente **2** (*klassifizieren*) *jdn/etw* {BEGRIFF, KUNSTWERK, SCHRIFTSTELLER} collocare *qu/qc*: **ich weiß nicht, wie ich ihn ~ soll**, non riesco ad inquadrarlo B rfl **1** (*sich einfügen*) sich (*in etw* akk) ~ {IN EINE GEMEINSCHAFT, EIN INTERNAT} inserirsi (*in qc*), integrarsi (*in qc*) **2** *autom* sich *irgendwo* ~ (im)mettersi/portarsi + *compl di luogo*: sich **rechts/links/[in der Mitte] ~**, (im)mettersi nella corsia di destra/sinistra/centro.

ein|packen A tr **1** (*verpacken*) *etw* (*in etw* akk) ~ {GESCHENK IN EINE FOLIE, IN PAPIER} impacchettare *qc* (*in qc*), avvolgere *qc in qc*: **etw in Papier ~**, incartare *qc*; {GRÖßERE GEGENSTÄNDE IN KARTON, STYROPOR} imballare *qc* (*in qc*); {KLEIDER IN DEN KOFFER} mettere *qc in qc* **2** *fam* (*einmummeln*) *jdn* (*in etw* akk) ~ {IN WARME KLEIDUNG} infagottare *qu in qc fam*, imbacuccare *qu* (*in qc*) *fam* **3** *inform etw* ~ {DATEI} comprimere *qc*, zippare *qc* B rfl *fam* sich (*in etw* akk) ~ {IN WARME KLEIDUNG} imbacuccarsi (*in qc*) *fam*, infagottarsi (*in qc*) *fam*: **pack dich warm ein!**, copriti bene! ● **~ können** *fam* (*keine Möglichkeit mehr haben*), chiudere bottega *fam*; **nach diesem Skandal kann er wirklich ~**, dopo questo scandalo può ₁fare le valigie *fam*₁/[dire addio a tutto *fam*].

ein|parken A itr *autom* (*in eine Parklücke fahren*) posteggiare: **Sie können hier links ~**, può parcheggiare (la macchina) qui a sinistra B tr (*durch Parken blockieren*) *jdn/etw* ~ {AUTO, PERSON} chiudere *qu/qc* con la macchina.

Einparteienregierung f *pol* (governo m) monocolore m.

Einparteiensystem n *pol* monopartitismo m.

ein|passen A tr *etw* (*in etw* akk) ~ {BRETT IN EINEN SCHRANK, EINBAUTEIL IN EINE ÖFFNUNG} incassare *qc in qc*, inserire *qc in qc* B rfl sich (*in etw* akk) ~ {IN EINE GEMEINSCHAFT, EIN TEAM} inserirsi (*in qc*), adattarsi (*a qc*).

ein|pauken tr *fam jdm etw* ~ {FORMELN, VOKABELN} ficcare *qc* in testa *a qu fam*.

ein|pendeln rfl sich (*auf etw* akk) ~ {PREISE, WECHSELKURSE} stabilizzarsi (*a qc*).

ein|pennen itr <sein> *slang* appisolarsi *fam*, addormentarsi.

Einpersonenhaushalt m *adm* nucleo m familiare composto di una sola persona, ménage m da single *scherz*.

Einpersonenstück n *theat* monologo m teatrale.

Einpfennigstück n *hist* moneta f/pezzo m da un pfennig.

ein|pferchen tr *etw* (*in etw* akk) ~ {TIERE IN ENGE BOXEN, STÄLLE} stabbiare *qc in qc*, stipare *qc in qc*; {MENSCHEN IN ENGE RÄUME} stipare *qu in qc*, accalcare *qu in qc*.

ein|pflanzen tr **1** *etw* (*in etw* akk) ~ {BLUME IN DEN BLUMENTOPF, BUSCH IN DEN GARTEN} piantare *qc* (*in qc*) **2** (*anerziehen*) *jdm etw* ~ {DISZIPLIN, ORDNUNGSLIEBE} inculcare *qc a qu* **3** *med* (*einsetzen*) (*jdm*) *etw* ~ {SCHRITTMACHER, SPENDERORGAN} impiantare *qc* (*a qu*).

Einphasenstrom m *el* corrente f monofase.

einphasig adj *el* monofase.

ein|pinseln tr *etw* (*mit etw* dat) ~ {BRATEN MIT ÖL, WUNDE MIT EINER LÖSUNG} spennellare *qc* (*con qc*).

ein|planen tr **1** (*berücksichtigen*) *etw* (*mit*) ~ {AUSGABEN, KOSTEN, VERZÖGERUNG} mettere in conto *qc*, prevedere *qc*, calcolare *qc*: **wir hatten deinen Besuch nicht eingeplant**, non ci aspettavamo la tua visita; **der Museumsbesuch war nicht eingeplant**, la visita al museo non era in programma **2** *arch etw* (*bei etw* dat) (*mit*) ~ {ZWEITES BAD, KINDERZIMMER} predisporre *qc* (*in qc*), prevedere *qc* (*in qc*).

ein|pökeln tr *gastr etw* ~ {FISCH, FLEISCH} mettere *qc* sotto sale.

ein|prägen A tr **1** (*einschärfen*) *jdm etw* ~ {VERHALTENSMAßREGEL, VORSCHRIFT} insegnare *qc a qu*, educare *qu a qc*: **jdm ~, etw zu tun**, raccomandare a qu di fare *qc* **2** (*in etw prägen*) *etw* ~ (*in etw* akk) ~ {INSCHRIFT, MUSTER, NAMEN} imprimere *qc in/su qc*, incidere *qc in/su qc* B rfl **1** (*sich etw einschärfen*) sich (dat) *etw* ~ {FORMEL, NAMEN, WORTE, ZAHLEN} memorizzare *qc*, fissarsi *qc* nella mente, incidere *qc* nella memoria **2** (*im Gedächtnis haften*) sich (dat) *jdm* ~ {BILD, ERINNERUNG, MELODIE, WORTE} imprimersi/scolpirsi nella mente *di qu*: **deine neue Telefonnummer prägt sich einem leicht ein**, il tuo nuovo numero di telefono si ricorda facilmente.

einprägsam adj {SLOGAN} incisivo, facile da ricordare; {MELODIE} *auch* orecchiabile.

ein|programmieren <ohne ge-> tr *inform etw* ~ {PROGRAMM} installare *qc*; {DATEN} inserire *qc*.

ein|prügeln A tr *fam jdm etw* ~ {BENEHMEN, ORDNUNG} insegnare *qc a qu* a forza di bastonate *fam*, inculcare *qc a qu* B itr *fam* **auf jdn** ~ picchiare *qu*, prendere a pugni *qu*: **mit einem Stock auf jdn ~**, bastonare *qu* (ripetutamente), legnare *qu*.

ein|pudern A tr (*jdm*) *etw* ~ {GESICHT, NASE} incipriare *qc a qu*; {KINDERHAUT} mettere il (boro)talco® *su qc di qu* B rfl sich (dat) *etw* ~ {NASE, STIRN, WANGEN} incipriarsi *qc*.

ein|quartieren <ohne ge-> **A** tr **1** (unterbringen) jdn irgendwo/bei jdm ~ alloggiare/sistemare fam/installare qu + compl di luogo/presso/da qu **2** mil jdn (irgendwo/bei jdm) ~ {Soldaten bei Bauern, in einer Stadt} acquartierare/alloggiare qu + compl di luogo/presso qu **B** rfl sich irgendwo/bei jdm ~ {bei Bekannten, in einem kleinen Hotel} prendere alloggio/[sistemarsi fam]/[installarsi] + compl di luogo/presso qu.

ein|quetschen tr → **ein|klemmen**.

ein|rahmen tr **1** (in Rahmen fassen) etw ~ {Druck, Foto, Urkunde} incorniciare qc, mettere qc in cornice **2** fam (umgeben) jdn/etw ~ {Fans Rockstar} attorniare qu/qc, circondare qu/qc: sanfte Hügel rahmen die mittelalterliche Stadt ein, dolci colline fanno da cornice alla/[incorniciano la] città medievale.

ein|rammen tr **1** (hineinstoßen) etw (in etw akk) ~ {Pfähle, Pfeiler ins Erdreich} (con)ficcare qc in qc **2** (niederstoßen) etw (mit etw dat) {Tür, Wand mit einem Balken} sfondare qc (con qc).

ein|rasten itr <sein> {Schloss, Verschluss} scattare, chiudersi con uno scatto; {Zahnrad} ingranare: etw ~ lassen, far scattare qc.

ein|räumen[1] tr **1** (in etwas räumen) etw (in etw akk) ~ {Geschirr, Wäsche in den Schrank, Möbel in das Zimmer} sistemare qc (in qc), disporre/collocare qc in qc **2** (füllen) etw ~ {Regal, Schrank} mettere a posto qc, sistemare qc.

ein|räumen[2] tr **1** (zugeben) etw ~ {Fehler, Irrtum} ammettere qc **2** (gewähren) jdm etw ~ {Kredit} concedere qc a qu; {Aufschub} auch accordare qc a qu **3** meist adm (zugestehen) jdm etw ~ {Freiheiten, Rechte} concedere qc a qu.

ein|rechnen tr **1** (mit einbeziehen) jdn/etw (mit) ~ {Gäste, Teilnehmer} calcolare qu/qc, tenere conto di qu/qc: es waren 20 Personen, die Gastgeber (mit) eingerechnet, erano 20 persone, padroni di casa inclusi/compresi **2** ökon (als inklusiv rechnen) etw (mit) ~ {Porto, Steuer} includere qc, mettere in conto qc: Bedienung (mit) eingerechnet, servizio compreso.

ein|reden A tr fam jdm etw ~ {Unsinn} far credere qc a qu, mettere in testa qc a fam **B** itr auf jdn ~ martellare qu (per convincerlo di qc), cercare di convincere qu **C** rfl fam sich (dat) etw ~ mettersi in testa qc fam: lass dir das doch nicht ~!, non farti mettere in testa certe idee! fam.

ein|reiben <irr> **A** tr **1** (eindringen lassen) etw (in etw akk) ~ {Öl, Salbe in die Haut} far penetrare qc (in qc), mettere/fare fam qc (su qc) (frizionando) **2** (in die Haut reiben) jdm etw ~: ich habe ihm den Rücken mit Alkohol eingerieben, gli ho massaggiato la schiena con l'alcol **B** rfl (sich in die Haut reiben) sich (dat) etw (mit etw dat) ~ {mit Salbe, Sonnenschutzöl} mettersi qc su qc.

ein|reichen tr adm etw ~ {Beschwerde} presentare qc; {Antrag, Bewerbung, Unterlagen} auch inoltrare qc: den Abschied ~, dare/presentare/rassegnare le dimissioni; Klage ~ jur, intentare/promuovere un'azione legale/giudiziaria, proporre domanda giudiziale; die Scheidung ~, chiedere il divorzio.

ein|reihen A tr **1** jdn/etw unter etw (akk) ~ {Künstler, Kunstwerk unter eine Stilrichtung} annoverare qu/qc fra qc, inserire qu/qc in qc **B** rfl sich (in etw akk) ~ inserirsi in qc: sich in eine Schlange ~, disporsi/mettersi in fila/coda, accodarsi.

Einreiher <-s, -> m (abito m) monopetto m.

Einreise f entrata f/ingresso m (in un paese straniero).

Einreiseerlaubnis f, **Einreisegenehmigung** f adm permesso m d'entrata.

ein|reisen itr <sein> (nach etw dat/in etw akk) ~ {nach Italien, in die Schweiz} entrare in qc.

Einreiseverweigerung f rifiuto m di concedere il visto d'ingresso.

Einreisevisum n visto m d'entrata/ingresso.

ein|reißen[1] <irr> **A** tr <haben> **1** (niederreißen) etw ~ {Barrikaden, altes Haus, Mauer} demolire qc, abbattere qc, buttar giù qc fam **2** (mit Riss versehen) etw ~ {Papier, Seite, Stoff} fare uno strappo in qc **B** itr <sein> (einen Riss bekommen) {Haut} lacerarsi; {Stoff, Papier} auch strapparsi **C** rfl <haben> sich (dat) etw ~ {Haut} lacerarsi qc; {Kleidungsstück} auch strapparsi qc: ich habe mir den Nagel eingerissen, mi sono spezzato (-a) l'unghia.

ein|reißen[2] <irr> itr fam (zur Gewohnheit werden) {Unsitte} attecchire, prendere piede fam, diffondersi: sonst reißt das noch ein!, va a finire che diventa un vizio!; das wollen wir gar nicht erst ~ lassen! fam, non vogliamo che diventi un'abitudine!

ein|renken A tr **1** med etw ~ {Arm, Bein, Gelenk} rimettere a posto qc fam; {Bruch} auch ridurre qc: der Arzt hat ihm den Arm wieder eingerenkt, il medico gli ha rimesso a posto il braccio (lussato) **2** fam (bereinigen) etw (wieder) ~ {Angelegenheit, gestörtes Verhältnis} accomodare qc, aggiustare qc, sistemare qc fam, (ri)mettere a posto qc **B** rfl fam sich wieder ~ {gestörte Beziehung} accomodarsi, aggiustarsi: das renkt sich alles schon wieder ein, tutto (ri)tornerà come prima/[si sistemerà].

ein|rennen <irr> rfl fam sich (dat) etw (an etw dat) ~ {Kopf, Nase, Stirn} (s)battere qc (contro qc).

ein|richten A tr **1** (möblieren) etw ~ {Haus, Wohnung, Zimmer} arredare qc; {Labor, Praxis, Werkstatt} attrezzare qc: etw antik/klassisch/modern ~, arredare qc in stile antico/classico/moderno; sie ist sehr modern eingerichtet, la sua casa è arredata con mobili moderni **2** (installieren) etw ~ {Partykeller, Spielzimmer} allestire qc; {Sauna} auch creare qc **3** (neu schaffen) etw ~ {Filiale} aprire qc, impiantare qc; {Beratungsstelle, Schule} auch fondare qc; {Lehrstuhl, Preis} istituire qc **4** bank etw ~ {Konto} auch aprire qc, accendere qc **5** (arrangieren): es (so) ~, dass ..., fare in modo che ... konjv/da ... inf: ich richte es so ein, dass wir schon heute Abend abreisen können, farò/[mi organizzerò] in modo che possiamo partire già stasera **6** med (jdm) etw ~ {gebrochenen Arm} rimettere a posto qc (a qu); {Bruch} auch ridurre qc (a qu) **7** (gestalten) etw ~ {Arbeit, Leben, Tagesablauf} organizzare qc, gestire qc **B** rfl **1** (sich möblieren): sich neu ~, cambiare arredamento; sich elegant/gemütlich/geschmackvoll/... ~, arredare la casa in modo elegante/accogliente/[con gusto]/...; sich häuslich ~ fam, sistemarsi/[mettere radici] in casa di qu fam **2** (sich einstellen) sich auf etw ~ {auf einen Aufenthalt, einen Besuch, eine Wartezeit} prepararsi a qc, organizzarsi per qc: darauf bin ich nicht eingerichtet, non sono preparato (-a) a questo; sich auf eine lange Wartezeit ~, prepararsi ad una lunga attesa; das kleine Bergdorf ist nicht auf Tourismus eingerichtet, il piccolo villaggio di montagna non è attrezzato per accogliere i turismo; (sich arrangieren): er verdient jetzt viel weniger, weiß sich aber einzurichten, adesso guadagna molto meno, ma sa arrangiarsi.

Einrichtung f **1** <nur sing> (das Einrichten) {Haus, Wohnung, Zimmer} arredamento m; {Labor, Praxis, Werkstatt} impianto m **2** (Ausstattung) (+Wohnung) arredamento m, mobili m pl; {Labor, Praxis, Werkstatt} attrezzatura f: sanitäre ~en, impianti igienici **3** (Institution) {karitative, kirchliche, kommunale, kulturelle} istituzione f: soziale ~en, servizi sociali; öffentliche ~en, servizio pubblico **4** (Gewohnheit) istituzione f, abitudine f **5** <nur sing> (Eröffnung) {+Institut, Kindergarten, Schule} apertura f, fondazione f; {+Lehrstuhl} istituzione f **6** <nur sing> bank {+Konto} apertura f, accensione f.

Einrichtungshaus n negozio m di arredamento.

ein|ritzen tr etw (in etw akk) ~ {Initialen, Namen in einen Baum, einen Fels} incidere qc in/su qc.

ein|rollen A tr <haben> etw ~ {Straßenkarte, Teppich} arrotolare qc, avvolgere qc: sich (dat) die Haare ~, mettersi i bigodini **B** itr <sein> (in etw akk) ~ {Zug in den Bahnhof} entrare in qc **C** rfl sich ~ {Igel} avvolgersi a palla; {Katze} aggomitolarsi, acciambellarsi.

ein|rosten itr <sein> **1** (rostig werden) {Schloss, Schraube} arrugginire, arrugginirsi **2** (ungelenkig werden) {Geist, Glieder, Sprachkenntnisse} arrugginirsi.

ein|rücken A tr <sein> **1** mil (in etw akk) ~ {Soldaten, Truppen in ein Land, eine Stadt} entrare in qc, far ingresso in qc **2** mil (eingezogen werden) {Soldat} essere chiamato alle armi **3** (zurückkehren) (in etw akk) (wieder) ~ {Feuerwehr, Truppen in die Kaserne, die Unterkünfte} rientrare (in qc), tornare (in qc) **B** tr <haben> **1** typ etw ~ {Absatz, Überschrift} far rientrare qc, arretrare qc **2** journ etw ~ {Anzeige, Nachricht} pubblicare qc.

ein|rühren tr etw (in etw akk) ~ {Farb-, Gipspulver in Wasser} spegnere qc (con qc); {Ei, Gewürz in die Suppe} aggiungere qc (a qc) (mescolando).

eins[1] zahladj **1** (Zahl) uno: ~ und/plus ~ ist/macht zwei, uno più uno fa due **2** (Uhrzeit) (l')una: es ist Punkt ~, è il tocco fam; es ist kurz vor ~, mancano pochi minuti/[manca poco] all'una, è quasi l'una; ich komme gegen/um ~, vengo verso l'una/[all'una]; (nachmittags) auch vengo le/[alle] tredici; mein Zug fährt um halb ~, il mio treno parte a mezzogiorno e mezzo/[alle dodici e trenta] **3** sport uno: unsere Mannschaft hat ~ zu null gewonnen, la nostra squadra ha vinto uno a zero ● ~ a fam, il meglio del meglio fam; die Nummer ~ sein, essere il numero uno; ~, zwei, drei fam (im Nu), in quattro e quatt'otto fam, in un batter d'occhio fam.

eins[2] **A** indef pron **n 1** (etwas) una cosa, qualcosa: ~ verstehe ich nicht, non capisco una cosa; ~ möchte ich euch noch sagen, c'è ancora una cosa che vorrei dirvi, vorrei dirvi ancora una cosa; ~ nach dem andern, una cosa alla volta/[per volta] **2** (ein Exemplar) uno (-a): mein Sohn hätte gern ein neues Fahrrad, zu seinem Geburtstag schenke ich ihm ~, a mio figlio piacerebbe una bicicletta nuova, per il suo compleanno gliene regalerò una **B** adj **1** (einig): mit jdm ~ sein, andare d'accordo/[intendersi] con qu; mit jdm ~ werden, mettersi d'accordo/[accordarsi] con qu; wir waren uns ~ darüber, dass ..., eravamo d'accordo/[intesi (-e)] che ... **2** *fam* (*egal*): **jdm ~ sein**, essere indifferente per/a qu; **das ist mir ~**, non m'importa, ˌper meˌ/[mi] è indifferente.

Eins <-, -en> f **1** (*Zahl*) (numero m) uno m: **eine arabische/römische ~**, un uno in cifre arabe/romane **2** f (*beste Schulnote*) ≈ nove m, dieci m, ottimo m; *univ* ≈ trenta m: **er hat eine ~ in Deutsch**, ha dieci in tedesco **3** *fam* (*Transport*): **die ~** (*Bus-, Straßenbahnlinie*), l'uno; (*U-Bahnlinie*) la linea uno; **die ~ hält hier nicht**, qui l'uno non ferma **4** *fam sport*: **die ~**, l'/la uno; **die ~** ˌ**liegt an der Spitze**ˌ/ [**macht das Rennen**], (*Rennwagen*) la uno ˌè in testaˌ/[conduce la gara]; (*Sportler, Rennpferd*) il numero uno ˌè in testaˌ/[sta facendo la gara] **5** *Würfel* uno m.

ein|sacken tr **1** (*in Säcke füllen*) *etw ~* {KARTOFFELN, KÖRNER, MEHL} insaccare *qc*, imballare *qc* **2** *fam* (*an sich bringen*) *etw ~* {GELD, GEWINN} intascare *qc fam*.

ein|säen tr *etw ~* {RASEN, WEIZEN} seminare *qc*.

ein|sagen *bes. süddt A* **A** *itr* (*bes. in der Schule: vorsagen*) *jdm ~* suggerire *a qu* **B** tr *jdm etw ~* suggerire *qc a qu*.

ein|salben **A** tr *jdn/etw ~* dare/mettere la crema *a qu/su qc* **B** *rfl* **sich** (*dat*) (*etw*) **~** darsi/mettersi la crema (*su qc*).

ein|salzen tr *gastr etw ~* {FISCH, FLEISCH} mettere *qc* sotto sale.

einsam **A** *adj* **1** (*verlassen*) {LEBEN} solitario; {MENSCH} solo **2** (*vereinzelt*) {BOOT, FELSEN, SCHWIMMER, STERN} solitario **3** (*abgeschieden*) {GEBIRGSDORF, HAUS, INSEL} appartato, isolato, sperduto **4** (*menschenleer*) {STRAND} deserto; {GEGEND, STRAßEN} *auch* disabitato **5** *fam* (*absolut*): **dieser Pianist ist wirklich ~e Klasse**, questo pianista è veramente DOC *fam*; **~e Spitze!** *fam*, è il top! *fam* **B** *adv* {LEBEN} in solitudine, in modo solitario/appartato: **~ liegen**, essere/trovarsi in posizione isolata.

Einsamkeit <-, ohne pl> f **1** (*Verlassenheit*) {+MENSCH} solitudine f: **in totaler ~ leben**, vivere ˌnella più completa solitudineˌ/[in totale isolamento] **2** (*einsame Gegend*) solitudine f, luogo m solitario, eremo m.

ein|sammeln tr **1** (*sich geben lassen*) *etw ~* {SPENDEN} raccogliere *qc*; {FORMULARE, PÄSSE, SCHULHEFTE} *auch* ritirare *qc* **2** (*aufsammeln*) *etw ~* {FRÜCHTE, LAUB} raccogliere *qc*; {VERSTREUTE GEGENSTÄNDE} *auch* raccattare *qc*.

ein|sargen tr *jdn ~* {LEICHE, TOTEN} mettere *qu* nella bara.

Einsatz m **1** (*Verwendung*) {+FEUERWEHR, HILFSWERK} impiego m; {+ARBEITSKRÄFTE, HÄFTLINGE, HELFER} *auch* utilizzo m: **der ~ von Computern**, l'impiego di computer **2** (*eingesetzte Leistung*) {+MITARBEITER} impegno m; {+SPIELER} *auch* prestazione f: **diese Arbeit fordert meinen ganzen ~**, questo lavoro richiede tutto il mio impegno **3** (*eingesetztes Geld*) puntata f, giocata f, posta f **4** (*Pfand*) deposito m, cauzione f: **für jede Flasche müssen Sie einen ~ von 50 Cent zahlen**, per ogni bottiglia si paga un deposito di 50 centesimi **5** *mil*: **~ von etw** (*dat*) {+ATOMWAFFEN, RAKETEN, TRUPPEN} impiego m *di qc*, uso m *di qc* **6** (*Aktion*) {+FEUERWEHR, POLIZEI} azione f, operazione f, intervento m; *mil auch* missione f **7** *mus* {+INSTRUMENT, MUSIKER, SÄNGER} attacco m: **der Dirigent gab den Bläsern den ~**, il direttore d'orchestra dette l'attacco ai fiati; *theat* entrata f • **zum ~ kommen/gelangen** {FEUERWEHR, POLIZEI}, entrare in azione, intervenire; {GAS, SCHLAGSTÖCKE, WASSERWERFER}, essere impiegato/ utilizzato; **im ~ sein** {SOLDAT}, essere in mis-

sione; {FEUERWEHR, POLIZEI}, essere impegnato; **unter ~ einer S.** (*gen*) {ALLER KRÄFTE}, con l'impiego di *qc*; **unter ~ seines Lebens**, ˌa rischio dellaˌ/[mettendo a repentaglio la] propria vita.

einsatzbereit *adj* **1** (*verfügbar*) {FREUND, HELFER} disponibile **2** (*einsetzbar*) {COMPUTER, LÖSCHFAHRZEUG} pronto per l'impiego/ uso; *mil* operativo.

Einsatzbereitschaft <-, ohne pl> f **1** (*Verfügbarkeit*) disponibilità f (a impegnarsi) **2** *mil* prontezza f operativa.

einsatzfähig *adj sport* (*aktionsfähig*): **der verletzte Fußballspieler ist noch nicht ~**, il calciatore infortunato non è ancora in grado di giocare; *mil*: **~e Truppen**, truppe pronte a entrare in azione.

Einsatzkommando n {+MILITÄR, POLIZEI} nucleo m/squadra f speciale d'intervento.

Einsatzwagen m **1** (*zusätzlicher Wagen*) {+BUS, STRAßENBAHN} vettura f supplementare **2** (*speziell eingesetztes Polizeifahrzeug*) (automezzo m) blindato m.

ein|saugen <saugte ein, hat eingesaugt> tr **1** (*absorbieren*) *etw ~* {MASCHINE, STAUBSAUGER} aspirare *qc* **2** <saugte oder sog ein, hat eingesaugt oder eingesogen> (*einatmen*) *etw ~* {DUFT, FRISCHE LUFT} inspirare *qc*.

ein|säumen tr *etw ~* **1** (*umgeben*) {BÄUME, BLUMEN} bordare *qc* **2** (*einen Saum machen*) {KLEID, ROCK} orlare *qc*, fare l'orlo *a qc*.

ein|scannen tr *etw ~* scannerizzare *qc*.

ein|schalen tr *bau etw ~* armare *qc*, montare le casseforme *di qc*.

ein|schalten **A** tr **1** (*in Betrieb setzen*) *etw ~* {KANAL, SENDER} sintonizzarsi *su qc*; {FERNSEHER, LICHT, RADIO} accendere *qc*; {ALARMANLAGE} *auch* inserire *qc*; {EINEN GANG (IM AUTO)} *auch* ingranare *qc*, inserire *qc*; {MOTOR} accendere *qc*, avviare *qc* **2** (*hinzuziehen*) *jdn* (**in etw** *akk*) **~** {ANWALT, POLIZEI, SACHVERSTÄNDIGEN IN DIE ERMITTLUNGEN, EINEN RECHTSSTREIT} far intervenire *qu* (*in qc*), interessare *qu* (*a qc*), coinvolgere *qu* (*in qc*) **B** *rfl radio TV* **1 sich** (**in etw** *akk*) **~** {MODERATOR IN EINE SENDUNG} collegarsi con *qc* **2** (*sich einmischen*) **sich ~** (**in etw** *akk*) **~** {IN EINE DISKUSSION} intervenire *in qc*.

Einschaltquote f *radio TV* indice m di ascolto, audience f.

Einschalung <-, -en> f *bau* armatura f, casseforme f *pl*.

ein|schärfen tr *jdm etw ~* {HÖFLICHKEIT, VERHALTENSMAßREGELN} raccomandare *qc a qu*; {VERBOTE} intimare *qc a qu*.

ein|schätzen tr **1** *jdn/etw irgendwie ~* {ARBEITSKOLLEGEN, LAGE, UMSTÄNDE, FALSCH, NEGATIV, POSITIV, RICHTIG} giudicare/valutare *qu/qc + compl di modo*: **ich habe ihn gleich richtig eingeschätzt**, l'ho subito inquadrato; *jdn* **hoch ~**, apprezzare/stimare molto *qu*; *jdn/etw* **zu hoch ~**, sopravvalutare *qu/ qc*; *jdn/etw* **zu niedrig ~**, sottovalutare *qu/ qc* **2** *Steuer*: *jdn ~* stimare l'imponibile di *qu*.

Einschätzung f **1** {+LAGE, UMSTÄNDE} valutazione f **2** {+EINKOMMEN} stima f.

ein|schenken **A** tr *jdm etw ~* {GETRÄNK} versare *qc a qu*, servire *qc da bere a qu*: **sich** (*dat*) *etw* **~ lassen**, farsi servire *qc da bere* **B** *itr* versare *da bere*: **darf ich noch mal ~?**, posso versarti ancora da bere? • *jdm ~* (*Meinung sagen*), dirne quattro a qu, cantarla chiara a qu; **dem habe ich ordentlich eingeschenkt**, gliel'ho cantata chiara.

ein|scheren *itr* rientrare: **auf die rechte Fahrspur ~**, reimmettersi nella corsia destra.

ein|schicken tr *etw* (**an etw** *akk*) **~** {BE-

WERBUNGSUNTERLAGEN, PRÜFUNGSARBEIT, TESTERGEBNIS} inviare *qc* (*a qu*), spedire *qc* (*a qu*): **Sie sollten Ihr Manuskript an einen Verlag ~**, dovrebbe inviare il Suo manoscritto a una casa editrice.

ein|schieben <irr> tr **1** (*in etw schieben*) *etw* (**in etw** *akk*) **~** {MAGNETKARTE IN DEN GELDAUTOMATEN} introdurre *qc in qc*, inserire *qc in qc*; {BACKBLECH, GRILLROST IN DEN BACKOFEN} introdurre *qc in qc*, infilare *qc in qc fam*: **Brot/Kuchen in den Backofen ~**, infornare il pane/dolce **2** (*zwischendurch drannehmen*) *jdn ~* {KANDIDATEN, PATIENTEN} inserire *qu*: **fragen Sie bitte den Arzt, ob er mich schnell ~ kann**, chieda per favore al dottore se fra una visita e l'altra trova un buco per me *fam* **3** (*zwischendurch einfügen*) *etw ~* {PAUSE, TERMIN, UNTERBRECHUNG} inserire *qc*: **einen Besuch in den Uffizien können wir noch in unser Programm ~**, una visita agli Uffizi potremmo ancora inserirla nel nostro programma.

ein|schießen <irr> **A** tr <haben> *etw* (**mit etw** *dat*) **~** {FENSTER MIT EINEM FUßBALL} rompere *qc* (*con qc*), fracassare *qc* (*con qc*) **B** *itr* <sein> **in etw** (*akk*) **~** {WASSER IN DEN FLUSS, DIE SCHLEUSE} gettarsi *in qc*, entrare *in qc* **C** *rfl* <haben> **1** (*durch Schießen treffsicher werden*) **sich ~** {SOLDAT} esercitarsi/addestrarsi al tiro **2** (*jdn heftig kritisieren*) **sich auf jdn ~** {PRESSE AUF EINEN POLITIKER} prendere di mira *qu*.

ein|schiffen **A** tr *jdn/etw ~* {PASSAGIERE, WAREN} imbarcare *qu/qc* **B** *rfl* **sich** (*irgendwo/irgendwohin*) **~** {IN EINEM HAFEN, EINER STADT; IN DIE USA, NACH AFRIKA} imbarcarsi (+ *compl di luogo*).

ein|schlafen <irr> *itr* <sein> **1** (*in Schlaf sinken*) addormentarsi, prendere sonno: **gestern Abend bin ich beim Lesen eingeschlafen**, ieri sera mi sono addormentato (-a) (mentre stavo) leggendo; **ich schlafe gleich im Stehen ein**, sto per addormentarmi in piedi **2** (*taub werden*) (*jdm*) **~** {ARM, BEIN} addormentarsi/informicolirsi *a qu fam*, intorpidirsi *a qu* **3** *euph* (*sterben*) spirare *geh*, spegnersi *euph*, morire **4** (*allmählich aufhören*) {BEZIEHUNG, FREUNDSCHAFT} raffreddarsi, esaurirsi.

ein|schläfern tr (*töten*): **ein Tier ~ (lassen)**, (far) sopprimere un animale (con un'iniezione letale).

einschläfernd *adj* **1** *med* {MITTEL} narcotico, soporifero **2** (*schläfrig machend*) {HITZE} che assopisce; {MUSIK, WASSERRAUSCHEN} che ˌfa venir sonnoˌ/[addormenta]; {BUCH, FILM} soporifero.

Einschlag m **1** (*das Einschlagen*) {+BLITZ} caduta f; {+BOMBE} impatto m, scoppio m **2** (*Schussloch*) {+GESCHOSS, GEWEHRKUGEL} punto m d'impatto **3** (*Beimischung*) impronta f, tratto m, caratteristica f: **Südtirol hat einen typisch österreichischen ~**, l'Alto Adige ha un'impronta tipicamente austriaca; **ihr Gesicht hat einen südländischen ~**, il suo viso ha dei tratti meridionali.

ein|schlagen <irr> **A** tr <haben> **1** (*in etw schlagen*) *etw* (**in etw** *akk*) **~** {NAGEL IN DIE WAND, PFAHL IN DIE ERDE} (con)ficcare *qc in qc*, piantare *qc* (*in qc*) **2** (*durch Schläge öffnen*) *etw ~* {TÜR} sfondare *qc*, buttare giù *qc fam*; {FENSTER} fracassare *qc*, rompere *qc* **3** (*zertrümmern*) *jdm etw ~* {KIEFER, KOPF, ZÄHNE} spaccare *qc a qu*, rompere *qc a qu* **4** (*einwickeln*) *etw* (**in etw** *akk*) **~** {BUCH IN (EIN) GESCHENKPAPIER, EINE HÜLLE} avvolgere *qc in qc* **5** (*wählen*) *etw ~* {RICHTUNG, WEG} imboccare *qc*, prendere *qc*: **die juristische Laufbahn ~**, intraprendere la carriera giuridica **6** *autom* (*das Lenkrad drehen*): **nach**

rechts/links ~, sterzare a destra/sinistra **B** itr **1** <haben oder sein> (in etw akk) ~ {GESCHOSS IN EIN HAUS} colpire qc, cadere su qc; {BLITZ} auch abbattersi su qc **2** <haben> (einprügeln) auf jdn/etw ~ picchiare/bastonare/colpire qu/qc (ripetutamente) **3** <haben oder sein> fam (durchschlagende Wirkung haben) {ARTIKEL, FILM, LIED} avere successo: **die Nachricht schlug wie eine Bombe ein**, la notizia fu una vera e propria bomba **4** <haben> unpers: **es hat bei uns eingeschlagen**, un fulmine è caduto sulla nostra casa **C** rfl <haben> (sich etw zertrümmern) sich (dat) etw ~ spaccarsi qc, rompersi qc: **beim Fallen hat sich das Kind einen Zahn eingeschlagen**, cadendo il bambino si è spaccato/rotto un dente.

ein|schlägig adj (zu einem bestimmten Bereich gehörig): **die ~en Bestimmungen**, le disposizioni in materia; **in allen ~en Geschäften können Sie diesen Artikel finden**, può trovare questo articolo in tutti i negozi specializzati; **die ~e Literatur**, la letteratura ₍sull'argomento₎/[specializzata]; **~ vorbestraft sein** jur, avere precedenti penali (per lo stesso reato).

ein|schleichen <irr> rfl sich (in etw akk) ~ **1** (heimlich eindringen) {DIEB, EINBRECHER INS HAUS} introdursi in qc, entrare furtivamente (in qc) **2** (unbemerkt auftreten) {DRUCKFEHLER IN EINEN TEXT} insinuarsi in qc: **es schleicht sich der Gedanke/Verdacht ein, dass ...**, s'insinua l'idea/il sospetto che ...; **sich in jds Gunst ~**, insinuarsi nelle grazie di qu.

ein|schleppen tr etw (irgendwo/irgendwohin) ~ {KRANKHEIT, VIRUS NACH ITALIEN, IN DIE SCHWEIZ} importare/introdurre qc (+ compl di luogo).

ein|schleusen tr jdn (irgendwo/irgendwohin) ~ {ASYLANTEN, ILLEGALE IMMIGRANTEN IN EIN LAND} far entrare clandestinamente qu (+ compl di luogo): **Agenten in die Mafia ~**, infiltrare la mafia con agenti.

ein|schließen <irr> **A** tr **1** (in einen Raum schließen) jdn (in etw dat/akk) ~ {IN EIN HAUS, EINE WOHNUNG} chiudere dentro qu; {HÄFTLING IN EINE ZELLE} rinchiudere qu in qc **2** (wegschließen) etw (in etw dat/akk) ~ {WERTGEGENSTÄNDE IN DEN TRESOR} rinchiudere qc in qc **3** (umgeben) jdn/etw ~ {MAUERN HOF, PARK} circondare qu/qc; mil {TRUPPEN FEIND, STADT} accerchiare qu/qc, circondare qu/qc **4** (inbegriffen sein): **(in etw dat) eingeschlossen sein** {BEDIENUNG, FRÜHSTÜCK, MUSEUMSBESUCH IM PREIS}, essere incluso/compreso/calcolato in qc **5** (einbegreifen) jdn/etw in etw (akk) (mit) ~ {INS GEBET, IN DIE KRITIK} includere qu/qc in qc **B** rfl sich (in etw dat/akk) ~ (rin)chiudersi in qc: **sie hat sich in ihrem Zimmer eingeschlossen**, si è chiusa (a chiave) in camera (sua).

einschließlich A präp + gen compreso, incluso: **~ Mehrwertsteuer**, IVA compresa/inclusa; **Sie erhalten unseren Artikel zu einem Preis von 50 Euro ~ Porto**, riceverà/riceverete il nostro articolo a un prezzo di 50 euro ₍incluse le₎/[comprensivo delle] spese di spedizione **B** adv incluso, compreso: **bis Sonntag ~**, fino a domenica compresa.

ein|schlummern itr <sein> geh → **ein|schlafen**.

Einschluss (a.R. Einschluß) m adm: **mit/unter ~ einer P./S.** (gen), **unter ~ von jdm/etw**, incluso/compreso qu/qc: **unter ~ aller europäischen Länder**, inclusi/includendo tutti i paesi europei.

ein|schmeicheln rfl pej sich (bei jdm) ~ (ac)cattivarsi le simpatie di qu, ingraziarsi qu, arruffianarsi (con qu) fam.

ein|schmeißen <irr> tr fam etw ~ {FENSTERSCHEIBE} rompere qc, frantumare qc.

ein|schmieren A tr **1** (einölen) etw ~ {ACHSE, MOTOR} lubrificare qc, ingrassare qc **2** fam (einreiben) jdm etw (mit etw dat) ~ {RÜCKEN MIT EINER SALBE, EINER SONNENCREME} dare fam/passare qc su qc di qu, impomatare qu (con qc) **B** rfl fam (sich beschmieren) sich (dat) ~ oliarsi, ungersi.

ein|schmuggeln A tr **1** (heimlich hineinschaffen) etw (in etw akk) ~ {DROGEN, FALSCHGELD} introdurre qc di contrabbando (in qc): **unverzollte Zigaretten ~**, introdurre sigarette di contrabbando **2** (einschleusen) jdn (in etw akk) ~ {AUSLÄNDISCHE ARBEITSKRÄFTE IN EIN LAND} far entrare illegalmente/clandestinamente qu in qc **B** rfl sich (in etw akk) ~ {REISENDER IN EIN FLUGZEUG, SCHIFF} introdursi clandestinamente in qc; {AGENT IN KRIMINELLE ORGANISATION} infiltrarsi in qc, introdursi in qc.

ein|schnappen itr <sein> **1** (ins Schloss fallen) {SCHLOSS, TÜR} chiudersi con uno scatto **2** fam (beleidigt sein) prendersela, offendersi, aversela a male fam: **bei der geringsten Kleinigkeit ist er gleich eingeschnappt**, se la prende per un nonnulla.

ein|schneiden <irr> **A** tr **1** (einen Schnitt in etw machen) etw ~ {PAPIER} intagliare qc, fare un taglio in qc; {BLUMENSTIEL} auch incidere qc **2** (in etw schneiden) etw in etw (akk) ~ {NAMEN, ZEICHEN IN EINE BAUMRINDE} incidere qc su/in qc **B** itr {HANDSCHELLEN, KLEIDUNGSSTÜCK} stringere: **die Handschellen schnitten ins Fleisch ein**, le manette gli/le laceravano la carne.

einschneidend adj {REFORM, VERÄNDERUNG} incisivo, decisivo, drastico: **eine ~e Veränderung** auch, un cambiamento radicale; **~e Maßnahmen**, misure drastiche.

ein|schneien itr: **eingeschneit sein**: {AUTO, HAUS}, essere coperto di neve; {PERSON} essere bloccato/isolato dalla neve.

Einschnitt m **1** (Schnitt) {IN DIE BAUCHDECKE, DIE HAUT} incisione f, taglio m **2** (Zäsur) {IN JDS LEBEN} taglio m netto, svolta f.

ein|schnüren tr etw ~ stringere qc: **der Kragen schnürt (mir) den Hals ein**, il colletto (mi) stringe la gola.

ein|schränken A tr **1** (reduzieren) etw ~ {ALKOHOLKONSUM, AUSGABEN, RAUCHEN} limitare qc, ridurre qc, diminuire qc **2** (beschränken) jdn in etw (dat) ~ {IN SEINER BEWEGUNGSFREIHEIT, SEINEN RECHTEN} limitare qc di qu: **in eingeschränkten Verhältnissen leben**, vivere in ristrettezze **B** rfl sich ~ limitarsi: **sich (in etw dat) ~ müssen** {IN DEN AUSGABEN}, (essere obbligato a) limitarsi (in qc).

Einschränkung <-, -en> f **1** (Beschränkung) {+RECHTE} limitazione f, restrizione f **2** (das Reduzieren) {+ALKOHOL, AUSGABEN} riduzione f, diminuzione f ● **~en machen müssen**, doversi limitare, dover fare economia; **mit/ohne ~**, con/senza riserva; **mit der ~, dass ...**, con la riserva che ...

ein|schrauben tr etw ~ {GLÜHBIRNE, SCHRAUBE} avvitare qc.

Einschreibebrief, Einschreibbrief m (lettera f) raccomandata f: **als ~**, per raccomandata.

ein|schreiben <irr> **A** tr **1** (eintragen) etw (in etw akk) ~ {ADRESSEN, AUSGABEN IN EIN HEFT, EIN NOTIZBUCH} scrivere qc (in qc), annotare qc (in qc) **2** post: **einen Brief ~ lassen**, fare una (lettera) raccomandata **B** rfl (sich eintragen) **sich (in etw akk/bei etw** dat) ~ {IN EINEN KURS, EINE SPRACHSCHULE, BEI EINEM VEREIN} iscriversi (a qc); {IN EINE LISTE} iscriversi (in qc): **sich an einer Universität ~**, iscriversi/immatricolarsi a un'università.

Einschreiben n post raccomandata f: **~ mit Rückschein**, (lettera) raccomandata con ricevuta di ritorno.

Einschreibung f iscrizione f; univ immatricolazione f.

ein|schreiten <irr> itr <sein> **gegen jdn/etw ~** {POLIZEI GEGEN DIE DEMONSTRANTEN} intervenire contro qu/qc; {BEHÖRDE GEGEN DIE UMWELTVERSCHMUTZUNG} prendere ₍delle misure₎/[dei provvedimenti] contro qu/qc: **gegen jdn gerichtlich ~**, procedere per vie legali contro qu.

Einschreiten <-s, ohne pl> n {+BEHÖRDE, POLIZEI} intervento m.

ein|schrumpfen itr <sein> **1** (trocken und runzlig werden) {FRÜCHTE} raggrinzirsi, ingrinzirsi; {BLUMEN} avvizzire; {WÄSCHESTÜCK} raggrinzirsi **2** (kleiner werden) {VORRÄTE} assottigliarsi; {WÄSCHESTÜCK} restringersi, accorciarsi.

Einschub m {+TEXT} aggiunta f, inserimento m.

ein|schüchtern tr jdn (mit etw dat/durch etw akk) ~ {DURCH DROHUNGEN} intimidire/intimorire qu (con qc); {MIT EINER WAFFE} minacciare qu (con qc): **sich nicht ~ lassen**, non farsi/lasciarsi intimidire/intimorire.

Einschüchterung <-, -en> f intimidazione f.

Einschüchterungsversuch m tentativo m di intimidazione.

ein|schulen tr jdn ~ {KIND} iscrivere qu alla prima elementare: **in Deutschland werden die Kinder mit sechs Jahren eingeschult**, in Germania i bambini cominciano a frequentare la scuola a sei anni.

Einschulung f inserimento m a scuola.

Einschuss (a.R. Einschuß) m **1** (Schussloch) foro m d'entrata di un proiettile **2** (Schusswunde) ferita f da arma da fuoco **3** (das Hineinschießen) {+RAKETE} messa f in orbita **4** text trama f.

ein|schweißen tr (versiegeln) etw ~ {NAHRUNGSMITTEL, TIEFKÜHLKOST} confezionare/mettere qc sottovuoto, sigillare qc; {BUCH} cellofanare qc.

Einschweißfolie f pellicola f per sigillare sottovuoto.

ein|schwören <irr> tr jdn auf etw (akk) ~ {FACHLEUTE, PARTEI AUF EINE PARTEILINIE, EIN PROJEKT} chiedere l'impegno di qu per qc, vincolare qu a qc.

ein|sehen <irr> tr etw ~ **1** (erkennen) {FEHLER, IRRTUM} riconoscere qc, ammettere qc: **er hat sein Unrecht eingesehen**, ha riconosciuto di aver torto **2** (verstehen) capire qc, rendersi conto di qc: **ich sehe ein, dass es so nicht weitergehen kann**, capisco/[mi rendo conto] che così non si possa/può fam andare avanti **3** adm (prüfen) {AKTEN, KORRESPONDENZ, UNTERLAGEN} prendere visione di qc adm, esaminare qc **4** (in etw hineinsehen) {GARTEN, HOF} guardare dentro qc.

Einsehen <-s, ohne pl> n geh: **mit jdm/für jdn ein/kein ~ haben**, avere/[non avere] comprensione per qu.

ein|seifen **A** tr **1** (mit Seife einreiben) jdn ~ insaponare qu; **jdm etw** ~ {KOPF, RÜCKEN} insaponare qc a qu **2** fam (betrügen) jdn ~ abbindolare qu fam, infinocchiare qu fam **B** rfl sich ~ insaponarsi.

einseitig A adj **1** (nur einen Partner betreffend) {LIEBE, ZUNEIGUNG} a senso unico fam, non corrisposto, unilaterale; jur pol {ERKLÄRUNG, KÜNDIGUNG} unilaterale: **~e Abrüs-**

tung, disarmo unilaterale **2** *med* (*eine Seite betreffend*) {Kopfschmerzen, Lähmung, Lungenentzündung} unilaterale, da un solo lato **3** (*beschränkt*) {Ausbildung, Studium} unilaterale, limitato; {Ernährung} incompleto, non equilibrato **4** (*voreingenommen*) {Auffassung, Bericht, Standpunkt} unilaterale, parziale, soggettivo **B** *adv* **1** (*auf einer Seite*) {Beschreiben, Bedrucken} da una sola parte, da/su un lato solo **2** (*beschränkt*) {sich ernähren} in modo incompleto, non equilibrato; {ausbilden} *auch* in modo limitato **3** (*parteiisch*) {beurteilen, darstellen, informieren} unilateralmente, soggettivamente, in modo parziale.

Einseitigkeit <-, *ohne pl*> *f* {+Bericht, Zeitung} unilateralità *f*, parzialità *f*; *jur* {Rechtsgeschäft} unilateralità *f*.

ein|senden <irr *oder* reg> *tr etw* (*an jdn/etw*) ~ {Manuskript, Untersuchungsprobe} inviare/spedire/[far pervenire] *qc* (*a qu/qc*); *adm* {Akten, Unterlagen} inoltrare *qc* (*a qu/qc*).

Einsendeschluss (a.R. Einsendeschluß) *m* termine *m* ultimo di spedizione.

Einser <-s, -> *m fam* (*Schulnote*) ≈ dieci *m*.

ein|setzen **A** *tr* **1** (*einfügen*) *etw* (*in etw* akk) ~ {Bestellnummer in ein Kästchen} inserire *qc in qc*; {Fensterscheibe, Metallstück, in eine alte Konstruktion} montare *qc* (*in qc*), mettere *qc in qc*, inserire *qc in qc*: **ein Wort in einen Satz** ~, completare la frase con una parola **2** (*einnähen*) *etw* (*in etw* akk) ~ {Ärmel in ein Kleidungsstück} attaccare *qc a qc*, inserire *qc in qc* **3** (*verwenden*) *etw* ~ {Einsatzwagen, Sonderzug} impiegare *qc* **4** (*in die Erde setzen*) *etw* ~ {Bäume, Pflanzen} piantare *qc* **5** (*ins Leben rufen*) *etw* ~ {Gremium, Komitee, Untersuchungsausschuss} istituire *qc*, nominare *qc* **6** (*ernennen*) **jdn als etw** (*etw*)/**zu etw** (*dat*) ~ {Als Bürgermeister, Minister} nominare *qu qc*; {Als Nachfolger, Stellvertreter} designare *qu come qc*; *jur* istituire *qu qc*: **der Vater hat seinen Sohn als Erben eingesetzt**, il padre ha istituito erede il figlio; **jdn** (*in etw* akk) **wieder** ~ {in ein Amt, eine Position} reinsediare *qu* (*in qc*), reintegrare *qu* (*in qc*) **7** (*zum Einsatz bringen*) **jdn** (*gegen jdn*) ~ {Freiwillige Helfer, Polizei, Truppen} impiegare *qu contro qu*; *etw* (*gegen jdn*) ~ {Schlagstöcke, Tränengas gegen die Demonstranten} adoperare/usare/impiegare/utilizzare *qc* (*contro qu*) **8** (*aufbieten*) *etw* ~ {Kraft} impiegare *qc*; {Ehre, Leben} rischiare *qc*, mettere a rischio/repentaglio *qc* **9** (*als Einsatz geben*) *etw* ~ {Geldbetrag, Jeton} puntare *qc* **B** *itr* **1** (*beginnen*) {Lärm, Regen, Sturm} (in)cominciare, iniziare; (*nach einer Unterbrechung*) riprendere; {Beschwerden, Husten} (in)cominciare, iniziare, entrare: **wieder ~** (*wiederanfangen*), ricominciare, riprendere; {Schmerzen} *auch*, ritornare: **das Fieber hat bei mir wieder eingesetzt**, mi ₍ha ripreso₎/[è tornata] la febbre; **sobald die Schmerzen wieder ~, geben Sie ihm eine Tablette**, appena ricominciano i dolori gli dia una pastiglia; **der Regen setzte wieder ein**, riprese a piovere **2** *mus* {Instrumente, Musiker, Orchester} attaccare **C** *rfl* **1** (*sich engagieren*) **sich** ~ impegnarsi, darsi da fare *fam* **2** (*sich verwenden für*) **sich für jdn/etw** ~ {für einen Bewerber, eine Reform} impegnarsi a favore di *qu/qc*, adoperarsi *per qu/qc*, darsi da fare *per qu/qc fam*.

Einsicht *f* **1** (*Erkenntnis*) cognizione *f*, conoscenza *f*; ~ **in etw** (akk), cognizione *f*/comprensione *f di qc*; ~ **in etw** (akk) **gewinnen**, acquisire la cognizione di *qc* **2** <*nur sing*> *adm* (*prüfende Durchsicht*) {in die Akten, die Unterlagen} visione *f*, esame *m*: **in etw** (akk) ~ **nehmen**, prendere visione di *qc* **3** <*nur sing*> (*Vernunft*) giudizio *m*, ragione *f*: **zur ~ kommen**, ravvedersi **4** (*das Einsehen*) ~ **in etw** (akk) {in den Garten, den Hof} vista *f di qc*.

einsichtig *adj* **1** (*verständlich*) {Argument, Erklärung, Grund} ragionevole, comprensibile **2** (*vernünftig*) {Mensch} ragionevole, comprensivo, giudizioso.

Einsichtnahme <-, -n> *f* → **Einsicht**.

ein|sickern *itr* <*sein*> **in etw** (akk) ~ {Regen in den Boden} infiltrarsi *in qc*, penetrare *in qc*.

Einsiedler *m* (**Einsiedlerin** *f*) eremita *mf*, anacoreta *m*.

einsilbig **A** *adj* **1** (*aus einer Silbe bestehend*) {Wort} monosillabico, monosillabo **2** (*wortkarg*) {Mensch} di poche parole, laconico **3** (*knapp*) {Antwort} laconico **B** *adv* (*knapp*): **er antwortet immer sehr ~**, risponde sempre a monosillabi.

ein|sinken <irr> *itr* <*sein*> (**in etw** dat/akk) ~ {Fahrzeug, Gegenstand, Mensch in dem/den Morast, Sand, Schnee} affondare (*in qc*), sprofondare (*in qc*): **in den/dem Schlamm ~**, impantanarsi.

ein|sitzen <irr> *itr* <*haben oder süddt A CH sein*> (**in etw** dat) ~ {Strafgefangener in einem Gefängnis} essere detenuto *in qc*.

ein|sortieren <*ohne* ge-> *tr etw in etw* (akk) ~ {Briefe, Schrauben in ein Fach} sistemare *qc* (*in qc*), collocare *qc in qc*; {Karteikarten in eine Kartei} inserire *qc in qc*.

einspaltig *adj journ* {Artikel, Text} a/su una colonna.

ein|spannen *tr* **1** *fam* (*heranziehen*) **jdn** (**zu etw** (dat)/**für etw** akk) ~ {für Hausarbeit} mettere *qu* a fare *qc*: **er spannt immer die anderen für sich ein**, fa sempre lavorare gli altri per sé (stesso); **in den Beruf eingespannt sein**, essere molto impegnato nel lavoro; **jdn für etw** (akk) ~ {für eigene Ziele, Zwecke}, utilizzare/usare *qu per* (*fare*) *qc* **2** (*in etw spannen*) *etw* **in etw** akk) ~ {Blatt Papier in die Schreibmaschine} mettere *qc in qc*, inserire *qc in qc* **3** *agr* (*ins Geschirr spannen*) *etw* ~ {Ochsen, Pferde} attaccare *qc*.

ein|sparen *tr* **1** (*ersparen*) *etw* ~ {Energie, Strom, Wasser} risparmiare *qc*, fare economia *di qc*, economizzare *su qc* **2** *ökon* (*kürzen*) *etw* ~ {Arbeitsstellen, Ausgaben, Kosten, Löhne} tagliare *qc fam*, ridurre *qc*.

Einsparung <-, -en> *f* **1** (*das Einsparen*) {+Energie, Strom, Wasser} risparmio *m* **2** *ökon* (*Kürzung*) {+Ausgaben, Kosten} taglio *m*, riduzione *f*.

ein|speichern *tr inform etw* (**in etw** dat/akk) {Daten, Programm in den Computer} immagazzinare *qc* (*in qc*), memorizzare *qc* (*su qc*).

ein|speisen *tr etw* (**in etw** akk) ~ **1** (*einleiten*) {Strom, Wasser ins Netz} immettere *qc in qc*, alimentare *qc con qc*, portare *qc in qc fam* **2** *inform* {Daten, Informationen, Text in einen Speicher} immagazzinare *qc* (*in qc*), memorizzare *qc* (*su qc*).

ein|sperren *tr* **1** (*einschließen*) **jdn**/*etw* (**in etw** dat/akk) {Kind, Tier in einem/einen Raum} (rin)chiudere *qu/qc in qc*) **2** *fam* (*inhaftieren*) **jdn** ~ mettere ₍al fresco₎/[in gattabuia] *qu fam*, imprigionare *qu*: **der gehört eingesperrt**, dovrebbe essere rinchiuso, è da rinchiudere *fam*.

ein|spielen **A** *tr* **1** *film* (*einbringen*) *etw* ~ {Film Geldsumme, Gewinn} incassare *qc*, fruttare *qc*: **der Film hat die Produktionskosten schon eingespielt**, il film ha già reso/coperto i costi di produzione **2** *mus etw* ~ {Musikinstrument} accordare *qc* **B** *rfl* **1** (*funktionssicher werden*) **sich** ~ {Arbeitsweise, Methode, Regelung} rodarsi, diventare automatico (-a) **2** (*sich aneinander gewöhnen*): **sich aufeinander** ~, affiatarsi, entrare in sintonia; **gut** (**aufeinander**) **eingespielt sein**, essere ben affiatati **3** *sport* **sich** ~ {Fußballer, Mannschaft} riscaldarsi • **das spielt sich alles noch ein**, la situazione si stabilizzerà, le cose si metteranno a posto.

einsprachig *adj* {Wörterbuch} monolingue.

ein|sprechen <irr> *itr* → **ein|reden**.

ein|sprengen *itr etw* ~ {Wäschestück} inumidire *qc*.

ein|springen <irr> *itr* <*sein*> *fam* (*aushelfen*) (**für jdn**) ~ dare una mano, (*vertreten*) {für einen Kollegen} sostituire *qu*, rimpiazzare *qu*.

Einspritzdüse *f tech* ugello *m* d'iniezione.

ein|spritzen **A** *tr* **1** *med* (*injizieren*) **jdm** *etw* ~ {Gift, Lösung, Präparat} iniettare *qc a qu*, inoculare *qc a qu* **2** *tech* (*hineinspritzen*) *etw* ~ {Düse, Motor Benzin, Diesel} iniettare *qc* **3** (*einsprengen*) *etw* ~ {Wäschestücke} inumidire *qc* **B** *rfl* **sich** (dat) *etw* ~ {Droge} iniettarsi *qc*.

Einspritzer <-s, -> *m tech* **1** (*Auto*) auto *f* con motore a iniezione **2** (*Motor*) iniettore *m*.

Einspritzmotor *m tech* motore *m* a iniezione.

Einspritzpumpe *f tech* pompa *f* d'iniezione.

Einspritzsystem *n tech* sistema *m* a iniezione.

Einspritzung <-, -en> *f tech* iniezione *f*.

Einspruch *m* **1** (*Protest*) protesta *f*, obiezione *f*: (**gegen etw** akk) ~ **erheben**, sollevare un'obiezione (*contro qc*), protestare (*contro qc*), fare un'eccezione (*contro qc*) **2** *jur* obiezione *f*; (*im Verwaltungsrecht*) (*ricorso m in*) opposizione *f*; (*im Prozessrecht*) opposizione *f*: ~ **einlegen** (*verbal*), fare (un')obiezione; **gegen Bußgeld ~ einlegen**, fare ricorso contro una sanzione; **gegen einen Strafbefehl ~ einlegen**, fare/proporre opposizione a un decreto di condanna; **gegen ein Urteil ~ einlegen**, fare/proporre opposizione a una sentenza • ~ **abgelehnt!** *jur*, obiezione respinta!; **einen ~ ablehnen** *jur*, respingere un'obiezione; (**gegen etw** akk) **erheben** *jur* {gegen die Art eines Verhörs}, fare obiezione contro *qc*; **dem ~ wird stattgegeben!** *jur*, obiezione accolta!

ein|sprühen *tr etw* (**mit etw** dat) ~ {Pflanze mit Schädlingsmittel} spruzzare *qc su qc*.

einspurig **A** *adj* {Straße, Straßenabschnitt} a ₍una corsia₎/[corsia unica]; {Eisenbahnstrecke} a binario unico **B** *adv* {befahrbar} su una (sola) corsia.

einst *adv geh* **1** (*früher*) una volta, un tempo, in passato **2** (*in Zukunft*) un giorno, in avvenire/futuro.

ein|stampfen *tr etw* ~ {unverkäufliche Bücher} mandare al macero *qc*.

Einstand[1] *m* (*Arbeitsanfang*): **seinen ~ geben**, festeggiare l'₍entrata in servizio₎/[inizio di un nuovo lavoro].

Einstand[2] *m Tennis* punteggio *m* pari, parità *f*.

ein|stauben **A** *itr* <*sein*> (*staubig werden*) impolverarsi, prendere la polvere *fam*: **das Auto benutze ich nie, es steht in der Garage und staubt ein**, la macchina non la uso mai, è ferma in garage a prendere la polvere **B** rfl <*haben*> (*mit Staub beschmutzen*) sich (dat) **etw** ~ {KLEIDUNG, SCHUHE} impolverarsi *qc*.

ein|stecken tr **1** (*mitnehmen*) **etw** ~ {AUSWEIS, GELD, SCHLÜSSEL} mettere in tasca *qc*, portarsi dietro *qc* **2** *fam post* (*einwerfen*) **etw** ~ {BRIEF, KARTE} imbucare *qc*, impostare *qc* **3** *fam* (*hinnehmen*) **etw** ~ (*müssen*) {PRÜGEL} (dover) incassare *qc*; {DEMÜTIGUNG, KRITIK} *auch* (dover) ingoiare/[mandar giù] *qc fam* **4** (*für sich behalten*) **etw** ~ {GELD, GEWINN} intascare *qc fam* **5** (*anschließen*) **etw** (*in etw* akk) ~ {STECKER IN EINE DOSE} inserire *qc* (*in qc*), introdurre *qc* (*in qc*); {SCHLÜSSEL INS SCHLOSS} *auch* infilare *qc in qc*.

ein|stehen <*irr*> itr <*haben oder süddt A CH sein*> **1** (*sich verbürgen*) **für** jdn/**etw** ~ garantire *per qu/qc* **2** (*aufkommen*) **für etw** (akk) ~ {FÜR SCHADEN, SCHULDEN} rispondere *di qc*.

ein|steigen <*irr*> itr <*sein*> **1** (*besteigen*) (*in etw* akk) ~ {INS AUTO, DEN BUS, DEN ZUG} salire (*su/in qc*), montare (*su/in qc*); {INS FLUGZEUG, INS SCHIFF} salire a bordo (*di qc*), imbarcarsi (*su qc*) **2** *fam* (*hineinklettern*) (*in etw* akk) ~ {IN EIN HAUS, EINE WOHNUNG} entrare di soppiatto (*in qc*) *fam* **3** *fam* (*sich beteiligen*) **in etw** (akk) ~ {IN EINE FIRMA} entrare *in qc*, diventare socio (-a) *di qc*; {IN EIN GESCHÄFT} mettersi *in qc* **4** (*sich engagieren*) **in etw** (akk) ~ {IN DIE POLITIK} entrare *in* qc, impegnarsi *in qc* • wieder ~ → **wieder|ein|steigen**.

einstellbar adj **1** (*verstellbar*) {AUTOSITZ, BÜROSTUHL, LENKRAD} regolabile **2** (*regulierbar*) {BELICHTUNGSZEIT, TEMPERATUR} regolabile.

ein|stellen **A** tr **1** (*anstellen*) jdn ~ {ARBEITSKRÄFTE} assumere *qu*, impiegare *qu* **2** (*mit etw aufhören*) **etw** ~ {ARBEIT, PRODUKTION} fermare *qc*; {ZAHLUNG} cessare *qc*; (*vorübergehend*) {ARBEIT, PRODUKTION, ZAHLUNG} sospendere *qc* **3** *mil* (*nicht mehr fortsetzen*) **etw** ~ {TRUPPEN FEUER} cessare *qc* **4** *jur* **etw** ~ {PROZESS, VERFAHREN} archiviare *qc* **5** (*regulieren*) **etw** ~ {LAUTSTÄRKE, SCHALTUHR, THERMOSTAT} regolare *qc*; {ENTFERNUNG} *auch* mettere a fuoco *qc*; {EINEN BESTIMMTEN KANAL, SENDER} sintonizzarsi *su qc*; **das Radio leiser/lauter ~**, abbassare/alzare il volume della radio; **ich habe den Wecker auf sieben Uhr eingestellt**, ho messo la sveglia alle sette **6** *tech* (*justieren*) **etw** ~ {BREMSEN} registrare *qc*; {MOTOR, VERGASER} mettere a punto *qc*; {ZÜNDUNG} mettere in fase *qc*; {BÜROSTUHL, LENKRAD, SCHEINWERFER} regolare *qc*: **den Autositz höher ~**, alzare lo schienale del sedile della macchina; **etw** (*auf etw* akk) ~ {AUF EINE BESTIMMTE KÖRPERGRÖSSE} adattare *qc a qc* **7** (*hineinstellen*) **etw** (*in etw* akk) ~ {AUTO IN DAS PARKHAUS} parcheggiare *qc* (*in qc*), mettere *qc in qc*; {BUCH INS REGAL} mettere/collocare/sistemare/riporre *qc su/in qc* **B** rfl **1** (*auftreten*) sich (dat) (*bei jdm* dat) ~ {BEDENKEN, ZWEIFEL} sorgere/nascere *a qu* **2** *med* sich (dat) (*bei jdm*) ~ {BESCHWERDEN, FIEBER, KOPFSCHMERZEN, WAHNZUSTÄNDE} manifestarsi (*in qu*), insorgere (*in qu*): **nach dem Eingriff stellten sich Komplikationen ein**, dopo l'intervento sono sopravvenute delle complicazioni **3** (*sich anpassen*) **sich auf jdn/etw** ~ {AUF EINEN NEUEN KOLLEGEN, EINE ANDERE SITUATION} adattarsi *a qu/qc*, adeguarsi *a qu/qc* **4** (*sich vorbereiten*) **sich auf etw** (akk) ~ {AUF EINEN BESUCH, EINE NEUE PRÜFUNG} prepararsi (mentalmente) *a qc* **5** *geh* (*sich einfinden*) **sich** (*irgendwo*) ~ {BESUCHER, GRATULANT} presentarsi/comparire (*+ compl di luogo*).

einstellig adj {ZAHL} di una (sola) cifra.

Einstellplatz m posto m macchina.

Einstellschraube f *tech* vite f di regolazione.

Einstellung① f **1** *industr* (*Anstellung*) {+ARBEITNEHMER, MITARBEITER} assunzione f **2** (*das Aufhören*) {+ARBEITEN, ZAHLUNGEN} cessazione f; (*vorübergehend*) sospensione f; {+FEINDSELIGKEITEN} cessazione f; *jur* {+VERFAHREN} archiviazione f **3** (*Regulierung*) {+ENTFERNUNG} messa f a fuoco **4** (*Justierung*) {+AUTOSITZ, BÜROSTUHL, LENKRAD, TEMPERATUR} regolazione f; {+MOTOR, VERGASER} messa f a punto; {+BREMSEN} registrazione f; {+ZÜNDUNG, ZÜNDZEITPUNKT} messa f in fase **5** *inform* impostazione f **6** *film* (*Szene*) inquadratura f.

Einstellung② f (*Gesinnung, Haltung*) {KRITISCHE, OPTIMISTISCHE, POSITIVE} atteggiamento m, spirito m, modo m di vedere; {RELIGIÖSE} spirito m: **eine typisch deutsche ~**, una mentalità tipicamente tedesca; **keine ~ zu etw** (dat) **haben**, non avere un parere/[un'opinione] in merito a qc.

Einstellungsgespräch n colloquio m di assunzione.

Einstellungsstopp m *industr* blocco m delle assunzioni.

Einstellungstermin m *industr* data f di assunzione.

Einstieg <-(e)s, -e> m **1** *rar <nur sing>* (*das Einsteigen*) - **in etw** (akk) {IN DIE BAHN, DEN BUS} salita f *in/su qc*: **beim ~ in das Auto**, salendo in macchina; **kein ~!**, vietato salire!; **~ vorn!**, salire davanti! **2** (*Tür zum Einsteigen*) {+BAHN, BUS} entrata f **3** (*Zugang*) - **in etw** (akk) {IN EINE MATERIE, EINE PROBLEMATIK} approccio m *a qc* **4** (*Aufnahme*) - **in etw** (akk) {IN DIE KERNENERGIE} adozione f *di qc*; {IN DIE MARKTWIRTSCHAFT} ingresso m *in qc* **5** - **in etw** (akk) {IN DIE BERGWAND} scalata f.

Einstiegsdroge f *pharm* droga f leggera.

Einstiegsgehalt n stipendio m d'ingresso/iniziale.

Einstiegshilfe f **1** (*in den Beruf, ein Fach*) aiuto m iniziale **2** (*für alte oder behinderte Menschen*) "ausilio m per persone per entrare o uscire dall'auto/[dalla vasca da bagno] ecc.".

einstig adj <attr> (*ehemalig*) {CHEF, SCHÜLER} ex; {GLANZ, KAISERREICH, PRACHT} di un tempo/[una volta].

ein|stimmen **A** tr **1** (*in Einklang bringen*) **etw** ~ {MUSIKINSTRUMENT} accordare *qc*, intonare *qc* **2** (*auf etw vorbereiten*) **jdn auf etw** (akk) ~ {PUBLIKUM AUF EIN KONZERT, EINEN THEATERABEND} preparare *qu a qc*, far entrare *qu* nello spirito di *qc* **B** itr **1** *mus* (*einfallen*) (*in etw* akk) ~ {CHOR} attaccare; {IN EIN LIED} intonare *qc*; {IN DEN CHOR} unirsi *a qc* **2** (*sich anschließen*) (*in etw* akk) ~ {INS GELÄCHTER} unirsi *a qc*; {IN DIE KRITIK} *auch* approvare *qc* **C** rfl **sich** (*auf etw* akk) ~ {AUF EINEN FESTLICHEN ANLASS} prepararsi (mentalmente) *a qc*, calarsi nell'atmosfera *di qc*.

einstimmig① *mus* **A** adj {LIED} a/per una sola voce, monodico **B** adv {KOMPONIEREN} per una sola voce; {SINGEN} a una sola voce, all'unisono.

einstimmig② **A** adj {BESCHLUSS, WAHL} concorde, unanime **B** adv {BESCHLIESSEN, WÄHLEN} all'unanimità, di comune accordo: **der Beschluss wurde ~ angenommen**, la decisione fu approvata all'unanimità.

Einstimmigkeit <-, ohne pl> f unanimità f, comune accordo m.

einstöckig adj {HAUS} di/a un (solo) piano.

ein|streichen <*irr*> tr **1** *fam* (*einheimsen*)

etw ~ {BETRAG, GEWINN} intascare *qc fam*, mettersi in tasca *qc fam* **2** (*bestreichen*) **etw** (*mit etw* dat) ~ {TAPETE MIT KLEISTER} cospargere *qc di qc*; {BLECH, HOLZVERKLEIDUNG, ZAUN} *auch* verniciare *qc* (*di/con qc*).

ein|streuen tr **1** (*einflechten*) **etw** (*in etw* akk) ~ {BEMERKUNG, ZITAT IN DIE DEBATTE, EINE REDE} costellare *qc di qc*, frammezzare *qc con qc* **2** (*ganz bestreuen*) **etw** (*mit etw* dat) ~ {BÜRGERSTEIG, TREPPE MIT ASCHE, STREUSALZ} cospargere *qc di qc*.

ein|strömen itr <*sein*> **1** *meteo* (*in etw strömen*) (**nach etw**) ~ {KALT-, WARMLUFT NACH DEUTSCHLAND} affluire (*in qc*), arrivare (*in qc*) **2** (*rasch hineindringen*) (*in etw* akk) ~ {GAS IN EINEN RAUM} penetrare *in qc*; {WASSER IN EINEN BEHÄLTER, EIN SCHIFF} *auch* riversarsi *in qc*; {MENSCHENMENGE IN EIN STADION} affluire *in qc*, riversarsi *in qc*, rovesciarsi *in qc*.

ein|studieren <ohne ge-> tr *mus theat* **etw** ~ {MUSIKSTÜCK, TANZ} provare *qc*, far le prove *di qc*; {ROLLE} studiare *qc*.

ein|stufen tr **1** *adm* (*eingruppieren*) **jdn in etw** (akk) ~ {IN EINE GEHALTSGRUPPE, EINE STEUERKLASSE} inquadrare *qu in qc*, classificare *qc in qc*; **jdn irgendwie** ~ {HÖHER, NIEDRIGER} inquadrare *qu in qc* **2** (*zuordnen*) **etw in etw** ~ {TEPPICH IN EINE GÜTEKLASSE} classificare *qc in qc*.

Einstufung <-, -en> f {+MITARBEITER} classificazione f; **~ in etw** (akk) {IN EINE GEHALTSKLASSE, EINEN TARIF} inquadramento m *in qc*: **die ~ in eine neue Gehaltsklasse vornehmen**, effettuare il passaggio in/a una nuova categoria retributiva.

Einstufungstest m test m di ammissione: **~ erforderlich!**, è obbligatorio il test di ammissione!

einstündig adj <attr> {PAUSE, REDE, VERSPÄTUNG} (della durata) di un'ora.

ein|stürmen itr <*sein*> **1** (*bestürmen*) (**mit etw** dat) **auf jdn** ~ {MIT BITTEN, FRAGEN} tempestare/bombardare *qu di qc*, assalire *qu con qc* **2** (*eindringen*) **auf jdn** ~ {EINDRÜCKE} assalire *qu*; {TERMINE, VERPFLICHTUNGEN} assillare *qu*.

Einsturz m {+GEBÄUDE} crollo m; {+MAUER} *auch* caduta f; {+DACH, DECKE} crollo m, sfondamento m: **etw zum ~ bringen**, causare/provocare il crollo di *qc*.

ein|stürzen itr <*sein*> **1** (*zusammenbrechen*) {GEBÄUDE, MAUER} crollare; {DACH, DECKE} *auch* sfondarsi **2** (*über jdn hereinbrechen*) **auf jdn** ~ {EREIGNISSE, DRAMATISCHE VERÄNDERUNGEN} abbattersi *su qu*, piombare addosso *a qu fam*.

Einsturzgefahr <-, ohne pl> f pericolo m di crollo.

einstweilen adv **1** (*vorläufig*) per ora, per il momento, temporaneamente **2** (*in der Zwischenzeit*) intanto, nel frattempo, frattanto.

einstweilig adj <attr> *adm jur* {SCHLIESSUNG, SPERRUNG} temporaneo; {ANORDNUNG} provvisorio: **~e Verfügung** *jur*, provvedimento d'urgenza.

eintägig adj <attr> {AUSFLUG, PAUSE} (della durata) di un giorno/una giornata.

Eintagsfliege f **1** *zoo* efemera f, mosca f effimera **2** *fam* (*kurzlebige Erscheinung*) ~: **seine Begeisterung für Tennis war nur eine ~**, il suo entusiasmo per il tennis non è stato altro che un fuoco di paglia; **die Kings waren eine ~**, i Kings sono passati come una meteora.

ein|tauchen **A** tr <*haben*> **etw** (*in etw* akk) ~ {PINSEL IN FARBE} intingere *qc in qc*, immergere *qc in qc*; {BROT IN DIE MILCH, DIE SUPPE} *auch* inzuppare *qc* **B** itr <*sein*> (*in etw* akk) ~ {SCHWIMMER INS WASSER} immergersi *in qc*, tuffarsi (*in qc*).

ein|tauschen tr (*tauschen*) **etw** (**gegen/für etw** akk) ~ {Devisen, Geld} cambiare *qc* (*con qc*); {Lebensmittel, Schwarzmarktware} *auch* barattare *qc* (*con qc*).

eintausend <inv> zahladj mille; → *auch* **tausend**.

ein|teilen **A** tr **1** (*sinnvoll aufteilen*) **etw** (**in etw** akk) ~ {Buch in mehrere Kapitel} (sud)dividere *qc in qc*, ripartire *qc in qc*; {Pflanzen in Unterarten} *auch* classificare *qc* (*in qc*) **2** (*für etw verpflichten*) **jdn zu etw** (dat)/**für etw** (akk) ~ {zu einer/für eine Arbeit} assegnare *qc a qu* **B** rfl **sich** (dat) **etw** ~ {Arbeit, Zeit} organizzarsi *qc*, gestirsi *qc*: **du musst dir dein Geld besser ~**, devi gestire meglio il tuo denaro; **ich habe mir die Arbeit so eingeteilt, dass ...**, mi sono organizzato (-a) il lavoro in modo che ...

einteilig adj {Badeanzug} intero, monopezzo.

Einteilung <-, -en> f **1** (*Aufteilung, Unterteilung*) ~ **in etw** (akk) {+Buch in Kapitel} divisione f *in qc*, suddivisione f *in qc* **2** (*Verteilung*) ripartizione f, distribuzione f **3** (*Klassifizierung*) ~ **in etw** (akk) {in Gruppen, Kategorien, Klassen} classificazione f *in qc* **4** (*Zuteilung*) ~ **zu etw** (dat)/**für etw** (akk) {zu/für einer Arbeit, einem Dienst} assegnazione f (*a qc*) **5** (*Arbeitseinteilung, Zeiteinteilung*) organizzazione f, gestione f: **du hast in deinem Tagesablauf keine ~** *fam*, non riesci a gestirti/organizzarti la giornata.

ein|tippen tr *inform* **etw** (**in etw** akk) ~ {Daten, Text in den Computer} immettere *qc* (*in qc*), inserire *qc* (*in qc*): **die Preise ~**, battere *fam* i prezzi.

eintönig **A** adj {Musik} monotono, monocorde *lit*; {Landschaft, Leben} *auch* uniforme, noioso; {Arbeit} monotono, noioso **B** adv {Ab-, Verlaufen} in modo monotono, monotonamente; {Vortragen} *auch* in modo noioso/monocorde.

Eintönigkeit <-, ohne pl> f {+Musik, Stimme} monotonia f; {+Arbeit, Landschaft} *auch* uniformità f; {+Leben} monotonia f, uniformità f, noia f.

Eintopf m *gastr* "piatto m unico a base di verdure, patate e carne".

Eintracht <-, ohne pl> f concordia f, armonia f.

einträchtig **A** adj {Atmosphäre, Stimmung} di armonia, pacifico **B** adv {Nebeneinandersitzen} in buona armonia, pacificamente, d'amore e d'accordo *fam*.

Eintrag <-(e)s, Einträge> m **1** *nur sing* (*das Eintragen*) registrazione f, iscrizione f **2** *adm* (*Vermerk*) nota f, comunicazione f: **ein ~ ins Klassenbuch**, una nota sul registro **3** (*im Wörterbuch*) voce f.

ein|tragen <irr> **A** tr **1** (*einschreiben*) **etw** (**in etw** akk oder rar dat/**auf etw** dat oder rar akk) ~ {Namen in eine/auf einer Liste} segnare *qc in qc*; {in ein Notizbuch} *auch* annotare *qc in/su qc*; {Namen der Schüler in ein Klassenbuch} registrare *qc in/su qc* **2** *adm* (*amtlich registrieren*) **jdn/etw in etw** (akk) ~ {Firma, Gesellschaft, Mitglied ins Handelsregister} iscrivere/registrare *qu/qc* (*in qc*): **etw ~ lassen** {Patent, Warenzeichen}, far registrare *qc*; **etw auf jds Namen ~**, intestare *qc a qu* **3** (*einbringen*) **jdm etw ~** {Vertragsabschluss Geld, Gewinn} fruttare/portare *qc a qu*: **dieses Geschäft trägt nichts ein**, quest'affare non rende; {Verhalten Kritik, Sympathie} fruttare *qc a qu* **B** rfl **sich** (**in etw** akk) ~ {in eine Liste} iscriversi *a/in qc*, segnarsi *in/su qc*.

einträglich adj {Geschäft} redditizio, frut-

tuoso, lucroso; {Arbeit} *auch* rimunerativo.

Eintragung <-, -en> f → **Eintrag**.

ein|treffen <irr> itr <sein> **1** (*ankommen*) (*irgendwo*) ~ {Autobus, Besuch, Zug} arrivare/giungere (+ *compl di luogo*) **2** (*sich bestätigen*) {Befürchtungen, Vermutungen} trovare conferma, rivelarsi fondato (-a); {Prophezeiung} avverarsi; {Vorhersage} *auch* verificarsi.

ein|treiben <irr> tr **etw** ~ {Geld, Steuern} riscuotere *qc*, esigere *qc*.

ein|treten <irr> **A** tr <sein> **1** (*betreten*) (**in etw** akk) ~ {ins Haus, in ein Zimmer} entrare *in qc* **2** (*beitreten*) (**in etw** akk) ~ {in die Armee, einen Betrieb, einen Orden} entrare *in qc*; {eine Partei, einen Verein} aderire *a qc* **3** (*aufnehmen*) **in etw** (akk) ~ {in die Gespräche, die Verhandlungen} aprire *qc*, iniziare *qc*, (in)cominciare *qc* **4** (*sich ereignen*) {Krise, Tod, Verschlechterung} sopraggiungere; {Schwierigkeiten} *auch* insorgere; {Besserung, Fall} verificarsi **5** (*in etw gelangen*) (**in etw** akk) ~ {Gas, Wasser} entrare *in qc*, penetrare *in qc* **6** (*einschwenken*) **in etw** (akk) ~ {Raumschiff in die Erdatmosphäre, die Umlaufbahn} entrare *in qc* **7** (*sich einsetzen*) **für jdn** ~ {für Freunde, Unterdrückte} prendere le parti *di qu*, schierarsi *con qu*, sostenere *qu*; **für etw** (akk) ~ {für jds Rechte} difendere *qc*, impegnarsi *per qc*, scendere in campo *per qc fam* **B** tr <haben> **etw** ~ {Fenster, Tür} sfondare *qc*, buttare giù *qc fam*.

ein|trichtern tr *fam* **jdm etw** ~ inculcare *qc a qu*, instillare *qc a qu*.

Eintritt m **1** (*das Betreten*) ~ **in etw** (akk) {in ein Zimmer, in den Weltraum} entrata f *in qc* **2** (*Beitritt*) ~ **in etw** (akk) {in einen Klub, eine Partei} iscrizione f *a qc*, adesione f *a qc* **3** (*~sgeld*) ingresso m, entrata f **4** (*Einlass*) ~ **zu etw** dat/**in etw** akk) {ins Museum, zu einer Veranstaltung} ingresso m (*a qc*), accesso m (*a qc*), entrata f (*a qc*) **5** (*Beginn*) {+Frühling, Winter} principio m, inizio m, ingresso m *geh*: **bei ~ der Dunkelheit**, sul far/calar della notte, all'imbrunire ● **~ frei**, ingresso libero, entrata libera; **~ der Rechtskraft** *jur*, passaggio in giudicato; **~ verboten**, ingresso vietato, vietato l'accesso.

Eintrittsgeld n (prezzo m del biglietto d')ingresso m, entrata f.

Eintrittskarte f biglietto m d'ingresso.

ein|trocknen itr <sein> {Blut, Farbe} seccarsi, asciugarsi; {Bach, Teich} prosciugarsi.

ein|trudeln itr *fam* {Besucher} arrivare alla spicciolata *fam*.

ein|tunken tr **etw** (**in etw** akk) ~ {Brot in die Suppe} inzuppare *qc in qc*.

ein|tüten tr **etw** ~ **1** (*in Tüten abpacken*) mettere *qc* in delle buste (di carta) **2** *slang* (*unter Dach und Fach bringen*) {Angelegenheit} sbrigare *qc fam*.

ein|üben tr **etw** ~ {Formeln, Regeln} studiare *qc*; *theat* {Rolle, Stück} provare *qc*.

ein|verleiben <ohne ge-> rfl **1** (*eingliedern*) **sich** (dat) **etw** ~ {Staat Gebiete} incorporare *qc*, annettere *qc*, inglobare *qc*; com {Unternehmen} incorporare *qc*, assorbire *qc* **2** *fam scherz* (*verzehren*) **sich** (dat) **etw** ~ {eine ganze Torte} papparsi *qc fam*, ingollare *qc fam*, ingurgitare *qc fam*.

Einvernahme <-, -n> f *bes.* A CH *jur* → **Vernehmung**.

ein|vernehmen <irr> tr *bes.* A CH *jur* → **vernehmen**.

Einvernehmen <-s, *ohne pl*> n *form* accordo m, intesa f, armonia f: **es besteht ein gutes ~ zwischen den beiden Kollegen**, c'è una buona intesa tra i due colleghi ● **in gegenseitigem/beiderseitigem ~** {Entschei-

den, Auseinandergehen}, di comune accordo, consensualmente; **in gutem/bestem ~** {Arbeiten, Leben}, in buona/perfetta armonia; **mit jdm in gutem ~ stehen**, essere in buoni rapporti con qu; **im ~ mit jdm** {Handeln}, d'accordo/intesa con qu.

einvernehmlich form **A** adj {Entscheidung} consensuale; {Regelung} stabilito di comune accordo **B** adv {Lösen, Regeln} di comune accordo.

einverstanden adj <präd>: (**mit etw/jdm**) ~ **sein**, essere d'accordo (su qc/con qu); **ich bin mit deinem Verhalten nicht ~**, non approvo il tuo comportamento; (**damit**) ~ **sein, dass ...**, essere d'accordo (sul fatto) che ...; **sich mit etw** (dat) ~ **erklären**, dichiararsi d'accordo su qc ● **~!**, d'accordo!, intesi!

Einverständnis n **1** (*Zustimmung*) approvazione f, consenso m, assenso m: **sein ~** (**zu etw** dat) **geben**, dare ⌊la propria approvazione⌋/[il proprio consenso/assenso] (a qc); **ohne mein ~**, senza il mio consenso **2** (*Übereinstimmung*) consenso m, accordo m, intesa f: **zwischen ihnen herrscht stillschweigendes ~**, fra loro esiste un tacito accordo ● **in gegenseitigem/beiderseitigem ~**, di comune accordo/intesa, consensualmente.

Einverständniserklärung f consenso m/assenso m scritto.

Einwaage <-, *ohne pl*> f com (*Reingewicht*) peso m netto.

ein|wachsen[①] <irr> itr <sein> {Zehennagel} incarnirsi, incarnire: **eingewachsen**, incarnito.

ein|wachsen[②] tr **etw** ~ incerare *qc*, dare la cera *a qc*: **den Fußboden ~**, ⌊dare la cera al⌋/[passare *fam* la cera sul] pavimento.

Einwahlknoten m *inform tel* punto m di accesso.

Einwahlnummer f *inform tel* numero m di connessione.

Einwand <-(e)s, Einwände> m obiezione f ● **einen ~** (**gegen etw** akk) **erheben/machen/vorbringen**, sollevare/fare/muovere un'obiezione (a qc).

Einwanderer m (**Einwanderin** f), **Einwandrer** m (**Einwandrerin** f) immigrante mf; (*Eingewanderter*) immigrato (-a) m (f).

Einwanderin f → **Einwanderer**.

ein|wandern itr <sein> (**in etw** akk/**nach etw**) ~ {in die USA, nach Australien} immigrare (*in qc*).

Einwanderung f ~ (**in etw** akk/**nach etw**) immigrazione f (*in qc*).

Einwanderungsland n paese m d'immigrazione.

Einwanderungspolitik f politica f dell'immigrazione.

einwandfrei **A** adj **1** (*tadellos*) {Qualität, Zustand} perfetto; {Ware} senza difetti; {Arbeit} impeccabile, irreprensibile; {Benehmen} *auch* ineccepibile, inappuntabile **2** (*eindeutig*) {Beweis} inoppugnabile, inconfutabile, lampante **B** adv **1** (*tadellos*) {Funktionieren} perfettamente; {Arbeiten, sich Benehmen} impeccabilmente, irreprensibilmente **2** (*eindeutig*) {Beweisen} in modo inoppugnabile, inconfutabilmente: **es steht ~ fest, dass ...**, è indiscutibile/incontestabile che ...

einwärts adv {Biegen, Drehen} in dentro.

ein|wechseln tr **1** (*wechseln*) **etw** (**in/gegen etw** akk) ~ {Euro in/gegen Dollar} cambiare *qc* (*in qc*) **2** *sport* **jdn** (**für jdn**) ~ sostituire *qu* (*con qu*).

ein|wecken tr *obs* → **ein|machen**.

Einwegflasche f vuoto m a perdere.

Einwegkamera f *fot* macchina f fotografica usa e getta.
Einwegpfand n cauzione f su lattine e bottiglie di plastica.
Einwegrasierer m rasoio m usa e getta.
Einwegspritze f siringa f monouso/[usa e getta].
Einwegverpackung f imballaggio m usa e getta.
ein|weichen tr *etw* (*in etw* akk) ~ {WÄSCHE IN DIE LAUGE} mettere a mollo qc (*in qc*); {BROT IN DIE SUPPE} inzuppare qc *in qc*; {LINSEN} mettere a bagno/rinvenire qc (*in qc*).
ein|weihen tr **1** (*eröffnen*) *etw* ~ {BETRIEB, GEBÄUDE} inaugurare qc **2** (*einführen*) *jdn* (*in etw* akk) ~ {IN EINE KUNST, EIN RITUAL} iniziare qu *a qc*; {IN EIN GEHEIMNIS} mettere qu a parte *di qc*; {IN EINEN PLAN} *auch* mettere qu al corrente (*di qc*): **er ist eingeweiht**, (lui) è al corrente.
Einweihung <-, -en> f **1** (*Eröffnung*) inaugurazione f **2** (*Einführung*) ~ **in etw** (akk) {IN EIN GEHEIMNIS} iniziazione f *a qc*.
ein|weisen <irr> tr *jdn* (*in etw* akk) ~ **1** (*unterbringen lassen*) {INS KRANKENHAUS} (far) ricoverare qu (*in qc*); {IN EINE PSYCHIATRISCHE KLINIK} (far) internare qu *in qc*; {INS GEFÄNGNIS} tradurre qu *in qc*; {IN EINE WOHNUNG} assegnare qc *a qu* **2** (*unterweisen*) {IN EINE NEUE ARBEIT, AUFGABE, TÄTIGKEIT} avviare qu *a qc*, istruire qu (*in qc*) **3** *autom*: **jdn in eine Parklücke** ~, dirigere qu nelle manovre di parcheggio.
Einweisung f **1** (*das Einweisen*) ~ (**in etw** akk) {INS KRANKENHAUS} ricovero m (*in qc*); {IN EINE PSYCHIATRISCHE KLINIK} internamento m (*in qc*): **seine ~ ins Gefängnis**, la sua traduzione in carcere **2** (*Unterweisung*) ~ (**in etw** akk) {IN NEUE AUFGABEN, EINE NEUE TÄTIGKEIT} avviamento m (*a qc*) **3** *autom* dirigere m.
ein|wenden <irr *oder* reg> tr **1** (*nichts dagegen haben*): **etwas/nichts einzuwenden haben**, ₁avere qualcosa ₁/[non avere niente] da obiettare/ridire/eccepire; **dagegen ist nichts einzuwenden** *fam*, non c'è nulla da ridire; **gegen diesen Vorschlag habe ich nichts einzuwenden**, non ho niente da eccepire su/circa questa proposta; **gegen ein Gläschen Wein hätte ich nichts einzuwenden** *fam*, non direi di no a un bicchierino di vino *fam* **2** *jur* (*im Zivilprozess*) *etw* ~ eccepire qc.
Einwendung f obiezione f; *jur* eccezione f.
ein|werben <irr> tr *etw* ~ {FÖRDERMITTEL, SPENDEN, SPONSORENGELDER} procacciare qc.
ein|werfen <irr> Ⓐ tr **1** (*einstecken*) *etw* (*in etw* akk) ~ {BRIEF IN DEN BRIEFKASTEN} imbucare qc (*in qc*), impostare qc (*in qc*); {GELD IN DEN AUTOMATEN} introdurre qc *in qc* **2** (*zertrümmern*) *etw* (*mit etw* dat) ~ {FENSTER MIT EINEM STEIN} frantumare qc (*con qc*) **3** (*dazwischen bemerken*) *etw* ~ fare una Bemerkung ~, intervenire (nella conversazione) con un'osservazione; **~, dass ...**, osservare che ... **4** *slang* (*einnehmen*) *etw* ~ prendere qc: **ich muss eine Tablette ~**, devo buttare giù una pastiglia Ⓑ itr *sport* rimettere (in gioco).
einwertig adj *chem* monovalente.
ein|wickeln tr **1** (*einpacken*) *etw* (*in etw* akk) ~ {GESCHENK IN EIN PAPIER} avvolgere qc *in qc*, incartare qc; (*einhüllen*) *jdn* (*in etw* akk) ~ {KIND IN EINE DECKE} avvolgere qu *in qc*, avviluppare qu *in qc* **2** *fam* (*geschickt überreden*) *jdn* ~ abbindolare qu *fam*.
ein|willigen itr (*in etw* akk) ~ {IN EIN ANGEBOT, EINEN VORSCHLAG} (ac)consentire (*a qc*), acconsdiscendere (*a qc*), accettare qc.
Einwilligung <-, -en> f ~ (**in etw** akk) con-

senso m (*a qc*), assenso m (*a qc*), approvazione f (*a qc*), benestare m (*a qc*) *adm*, beneplacito m *adm* (*a qc*) ● **seine ~ (zu etw dat) geben** {ZU EINEM PLAN}, dare il proprio consenso/assenso a qc.
ein|wirken itr **1** (*beeinflussen*) **auf jdn/etw** ~ influire *su qu/qc*, influenzare qu/qc **2** (*Wirkung entfalten*) *bes. med phys* **auf etw** (akk) ~ agire *su qc*, esercitare un'azione + *adj su qc* ● **etw ~ lassen** {SALBE, SÄURE}, far penetrare/agire qc.
Einwirkung f **1** (*Einfluss*) ~ (**auf jdn**) influsso m (*su qu*), influenza f (*su qu*) **2** *bes. med phys* (*Wirkung*) ~ (**auf etw** akk) azione f (*su qc*), effetto m (*su qc*) ● **unter (der) ~ von etw** (dat)/**einer S.** (gen) {VON DROGEN, EINES SCHLAFMITTELS}, sotto l'effetto/l'azione di qc.
Einwirkungsmöglichkeit f possibilità f d'intervenire.
einwöchentlich Ⓐ adj settimanale: **ein ~es Treffen**, un incontro settimanale Ⓑ adv settimanalmente, ogni settimana: **diese Zeitschrift erscheint ~**, questa rivista esce ogni settimana.
einwöchig adj {DAUER, PAUSE} (della durata) di una settimana.
Einwohner <-s, -> m (**Einwohnerin** f) abitante mf.
Einwohnermeldeamt n *adm* (ufficio m dell')anagrafe f.
Einwohnerschaft <-, *ohne pl*> f *form* cittadinanza f, popolazione f, abitanti m pl.
Einwohnerzahl f numero m degli abitanti, popolazione f.
Einwurf m **1** (*das Einwerfen*) {+BRIEFE} impostazione f; {+MÜNZE} introduzione f **2** (*Schlitz*) (*am Briefkasten*) buca f (delle lettere); (*Münzeinwurf*) fessura f **3** (*Bemerkung*) osservazione f, uscita f *fam* **4** *sport* (*Balleinwurf*) rimessa f (in gioco).
Einzahl f *gram* singolare m.
ein|zahlen tr *etw* (**auf etw** akk) ~ {GELDBETRAG AUF EIN KONTO} versare qc (*su qc*), effettuare un versamento *di qc* (*su qc*).
Einzahlung f **1** (*das Einzahlen*) versamento m **2** (*eingezahlter Betrag*) versamento m.
Einzahlungsbeleg m ricevuta f di versamento.
Einzahlungsformular n *adm post* bollettino m/modulo m di versamento; *bank* distinta f di versamento.
Einzahlungsschalter m *post* sportello m (per i) pagamenti.
Einzahlungsschein m **1** *bank* → **Einzahlungsbeleg 2** *CH* → **Zahlkarte**.
ein|zäunen tr *etw* ~ {GARTEN, GRUNDSTÜCK} recintare qc, recingere qc.
ein|zeichnen tr *etw* (**auf/in etw** dat/akk) ~ {ORT AUF/IN EINE/EINER KARTE} segnare qc *su qc*; {LINIE, KREIS} tracciare qc (*su qc*): **das Anwesen ist auf diesem Plan nicht eingezeichnet**, il podere non è segnato su questa pianta.
einzeilig adj {ÜBERSCHRIFT} ad una (sola) riga.
Einzel <-s, -> n *sport Tennis Tischtennis* singolare m, singolo m.
Einzelaktion f **1** (*Einzelleistung*) azione f/iniziativa f individuale **2** *sport* azione f individuale.
Einzelbett n letto m singolo.
Einzelblatteinzug m *tech* (*beim Drucker*) alimentazione f a foglio singolo m.
Einzelerscheinung f fenomeno m isolato.
Einzelfahrschein m biglietto m singolo.
Einzelfall m: **das ist kein ~**, non è un caso isolato; **im ~**, nel caso specifico.

Einzelgänger <-s, -> m (**Einzelgängerin** f) **1** (*Mensch*) lupo m solitario, solitario (-a) m (f), individualista mf **2** *zoo* animale m solitario.
Einzelhaft f *jur* segregazione f cellulare, isolamento m.
Einzelhandel m *com* commercio m al dettaglio/minuto.
Einzelhandelsgeschäft n *com* rivendita f.
Einzelhandelskauffrau f dettagliante mf (con diploma conseguito in un istituto professionale).
Einzelhandelskaufmann m dettagliante mf (con diploma conseguito in un istituto professionale).
Einzelhandelspreis m *com* prezzo m al dettaglio/minuto.
Einzelhändler m (**Einzelhändlerin** f) *com* dettagliante mf, commerciante mf/venditore (-trice) m (f) al dettaglio/minuto.
Einzelheit <-, -en> f particolare m, dettaglio m ● ₁**in allen ~en**₁/[**bis in die kleinsten ~en**] {ERZÄHLEN, SCHILDERN}, in tutti i particolari/dettagli ₁/[(fin) nei minimi particolari/dettagli]; (**nicht**) **auf ~en eingehen**, (non) entrare/scendere nei particolari; **sich in ~en verlieren**, perdersi nei particolari.
Einzelkabine f *naut* cabina f singola.
Einzelkind n figlio (-a) m (f) unico (-a).
Einzeller <-s, -> m *biol* organismo m unicellulare/monocellulare, protista m.
einzellig adj *biol* unicellulare, monocellulare.
einzeln① Ⓐ adj **1** <attr> (*jedes für sich betrachtet*) singolo: **die ~en Teile eines Services**, i singoli pezzi di un servizio (di piatti) **2** (*individuell*) {MENSCH} singolo: **der/die Einzelne**, l'individuo, il singolo; **jeder ~e Bürger**, ogni singolo cittadino; **jeder Einzelne von uns**, ognuno/ciascuno di noi **3** (*allein*(*stehend*)) {BAUM, GEBÄUDE} isolato **4** (*ohne Gegenstück*) solo, spaiato, scompagnato: **ein ~er Strumpf**, una calza sola Ⓑ adv **1** (*für sich betrachtet*) singolarmente, individualmente, ad uno (-a) ad uno (-a) **2** (*gesondert*) {AUFFÜHREN} separatamente **3** (*stückweise*) {KAUFEN, VERKAUFEN} singolarmente, uno (-a) per uno (-a) ● **vom Einzelnen zum Allgemeinen gehen**, passare dal particolare al generale; **bitte ~ eintreten!**, per favore, entrare uno alla volta!; **im Einzelnen** {BESPRECHEN, UNTERSUCHEN}, dettagliatamente, nei particolari.
einzeln② indef pron <*nur pl*> (*einige wenige*) {GEGENSTÄNDE, MENSCHEN} alcuni, qualche + *sing*, taluni: **~e Journalisten kamen zu dem Vortrag**, qualche giornalista sparuto venne alla conferenza **2** <*nur sing*> (*einige Details*): **Einzelnes** {BEMERKEN, HERVORHEBEN} alcune cose, qualche cosa: **Einzelnes kritisieren**, fare qualche critica (in) qua e (in) là.
Einzelperson f *form* individuo m, singolo m.
Einzelstück n pezzo m unico.
Einzelteil n singolo pezzo m, componente m: **etw in seine ~e zerlegen**, smontare qc.
Einzeltherapie f *psych* terapia f individuale.
Einzelunterricht m (*bes. in Sprachschule*) lezione f individuale.
Einzelzelle f *jur* cella f d'isolamento.
Einzelzimmer n (*in Hotel, Klinik*) camera f singola.
einziehbar adj **1** {ANTENNE, FAHRGESTELL} retrattile **2** {GELD} riscuotibile, esigibile.
ein|ziehen <irr> Ⓐ tr <*haben*> **1** (*einholen*) *etw* ~ {FAHNE, SEGEL} ammainare qc; {NETZ}

(ri)tirare *qc* **2** (*hineinziehen*) **etw** (***in etw*** akk) ~ {GUMMI IN DEN HOSENBUND} infilare *qc in qc*, far passare *qc in qc*: **den Faden in die Nadel ~**, infilare l'ago **3** (*zurückziehen*) **etw** ~ {FÜHLER} ritirare *qc*; {KRALLEN} ritrarre *qc*; {BAUCH} tirare in dentro *qc*: **den Kopf ~**, incassare la testa nelle spalle **4** (*einfahren*) **etw** ~ {ANTENNE, FAHRGESTELL} ritirare *qc*, far rientrare *qc* **5** (*einbauen*) **etw** ~ {BALKEN, WAND} inserire *qc* **6** (*einsaugen*) **etw** ~ {DUFT, LUFT, RAUCH} aspirare *qc* **7** *adm* (*kassieren*) **etw** ~ {GELDER, STEUERN} riscuotere *qc*, esigere *qc*, incassare *qc*; {SCHULDEN} ricuperare *qc* **8** *adm* (*aus dem Verkehr ziehen*) **etw** ~ {BANKNOTEN, MÜNZEN} ritirare *qc* dalla circolazione **9** *adm* (*beschlagnahmen*) **etw** ~ {VERMÖGEN, WARE} confiscare *qc*, sequestrare *qc*; {FÜHRERSCHEIN} ritirare *qc* **10** *mil* **jdn** ~ {REKRUTEN} arruolare *qu*, reclutare *qu*, coscrivere *qu* **11** (*einholen*): **Erkundigungen über jdn ~**, assumere/prendere informazioni su *qu* **B** *itr <sein>* **1** (*in etw ziehen*) (***in etw*** akk/*bei jdm*) ~ {IN EIN HAUS, EINE WOHNUNG} ˌandare ad abitare/stareˌ/[trasferirsi] *in qc*ˌ/[da/presso *qc*] **2** *mil pol sport* (*Einzug halten*) **in etw** (akk) ~ {MANNSCHAFT INS STADION; PARTEI INS PARLAMENT; TRUPPE IN EIN LAND} fare il proprio ingresso *in qc*, entrare *in qc* **3** (*einkehren*) {FRÜHLING, WINTER} arrivare, giungere, fare il proprio ingresso *geh* **4** (*eindringen*) (***in etw*** akk) ~ {KREM, LOTION IN DIE HAUT, BEIZE, FARBE INS HOLZ} penetrare *in qc*, essere/venire assorbito (-a) (*da qc*).

Einziehung f **1** *mil* coscrizione f, chiamata f alle armi, arruolamento m **2** *adm* (*Einzug*) {+GELDERN, STEUERN} esazione f, riscossione f; {+SCHULDEN} ricupero m **3** *adm* (*Beschlagnahmung*) confisca f, sequestro m; {+FÜHRERSCHEIN} ritiro m.

einzig **A** adj (*einmalig*) unico, solo: **sie war als Einzige informiert**, era l'unica/la sola ad essere informata; **das Einzige, was wir tun können**, l'unica/la sola cosa che possiamo fare; **er ist unser Einziger**, è il nostro unico figlio; **kein ~es Mal**, nemmeno/neanche una volta; **es war eine ~e Katastrophe** *fam*, è stato un disastro dall'inizio alla fine *fam* **2** *<präd>* (*~artig*) unico, singolare: **diese Pflanze ist ~ in ihrer Art**, questa pianta è unica nel suo genere **B** adv (*ausschließlich*) unicamente, soltanto: **das ist die ~ mögliche Lösung**, è l'unica *fam* (soluzione possibile); **das ~ Gute daran ist, dass ...**, l'unica cosa buona è che ... ● **~ und allein**, unicamente, soltanto.

einzigartig **A** adj (*einmalig*) unico (nel suo genere), singolare, straordinario: **das ist eine ~e Frechheit!**, è un'impudenza inaudita! **B** adv (*unerhört*) {INTERESSANT, SCHLECHT, SCHÖN} straordinariamente, incredibilmente eccezionalmente.

Einzigartigkeit <-, *ohne pl*> f {+EREIGNIS, LANDSCHAFT} unicità f, singolarità f.

Einzimmerwohnung f monolocale m, monocamera f.

Einzug m **1** (*das Einziehen*) ~ (***in etw*** akk) {IN HAUS, WOHNUNG} ingresso m (*in qc*), entrata f (*in qc*) **2** *mil pol sport* ~ **in etw** (akk) {IN EIN LAND, INS PARLAMENT, INS STADION} ingresso *in qc*, entrata *in qc* **3** (*das Kassieren*) {+BEITRAG, GEBÜHR} riscossione f, esazione f; {+SCHULDEN} ricupero m **4** *typ* rientro m, rientranza f ● **seinen ~ halten** {FRÜHLING, HERBST}, fare il proprio ingresso.

Einzugsbereich m → **Einzugsgebiet** 1.
Einzugsermächtigung f *bank* domiciliazione f bancaria.
Einzugsfeier f festa f d'inaugurazione (di una nuova casa).

Einzugsgebiet n **1** {+GROßSTADT} area f metropolitana; {+KLEINE STADT} area f urbana; {+FERNSEHEN, SCHULE, UNIVERSITÄT} bacino m d'utenza **2** *geog* {+FLUSS} bacino m idrografico.

Einzugsverfahren n *bank* (pagamento m mediante) domiciliazione f bancaria.

ein|zwängen tr **1** (*in etw pressen*) **etw** (***in etw*** akk) ~ {KLEID IN EINEN KOFFER} fare entrare a forza *qc in qc* **2** (*festlegen auf*) **jdn in etw** (akk) ~ {IN EIN REGELSYSTEM} costringere *qu in qc*: **wir standen eingezwängt in der U-Bahn**, stavamo pigiati (-e)/stipati (-e) come sardine nella metropolitana.

Einzylindermotor m *tech* motore m monocilindrico.

Eis <-es, -> n **1** *<nur sing>* (*gefrorenes Wasser*) ghiaccio m; (*Eisdecke*) (strato m di) ghiaccio m **2** *gastr* (*Speiseeis*) gelato m: **eine Portion Eis**, un gelato; **ein gemischtes Eis**, un gelato misto; (*Eiswürfel*) ghiaccio m; **ein Whisky mit Eis**, un whisky ˌcon ghiaccioˌ/[on the rocks] ● **das Eis brechen** (*die Stimmung auflockern*), rompere il ghiaccio *fam*; **zu Eis gefrieren/werden**, ghiacciarsi, diventare ghiaccio; **etw auf Eis legen** (*etw kühlstellen*), mettere *qc* in ghiaccio; *fam* (*etw zurückstellen*) {PROJEKT, VERHANDLUNGEN}, congelare *qc*; **Eis am Stiel** *gastr*, gelato da passeggio.

Eisbahn f *sport* pista f di pattinaggio (su ghiaccio).
Eisbär m *zoo* orso m bianco/polare.
Eisbecher m **1** (*Eis mit Früchten und Sahne*) coppa f di gelato **2** (*Pappbecher*) bicchierino m, coppetta f.
Eisbein n *gastr* stinco m di maiale less(at)o.
Eisberg m **1** *geog* iceberg m **2** *fam* (*kühler Mensch*) pezzo m di ghiaccio *fam*.
Eisbergsalat m lattuga f/insalata f iceberg.
Eisbeutel m borsa f del ghiaccio.
Eisbildung f *meteo* formazione f di ghiaccio.
Eisblume f *<meist pl>* arabesco m di ghiaccio (sui vetri delle finestre).
Eisbrecher m *naut* (nave f) rompighiaccio m.
Eiscafé n bar m gelateria.
Eischnee m *gastr* albume m montato a neve.
Eiscreme f *gastr* gelato m.
Eisdecke f strato m/coltre f di ghiaccio.
Eisdiele f gelateria f.
Eisen <-s, -> n **1** *min metall* ferro m **2** *med* ferro m **3** *geh* (*Hufeisen*) ferro m di cavallo ● **zwei/mehrere ~ im Feuer haben** *fam*, avere molte corde all'arco *fam*; **zum alten ~ gehören/zählen** *fam*, essere un ferro vecchio *fam*; **ein heißes ~**, una patata bollente *fam*, una questione/un argomento scottante; **~ verarbeitend** {INDUSTRIE}, siderurgico; **man muss das ~ schmieden, solange es heiß ist** *prov*, bisogna battere il ferro finché è caldo *prov*.

Eisenbahn f **1** *<nur sing>* (*Transportsystem*) ferrovia f **2** (*Zug*) treno m: **mit der ~ fahren**, andare/viaggiare in treno **3** (*Spielzeugeisenbahn*) trenino m ● **es ist (aller)höchste ~** *fam*, il tempo stringe *fam*.
Eisenbahnbrücke f ponte m ferroviario/[della ferrovia].
Eisenbahndirektion f direzione f delle ferrovie.
Eisenbahner <-s, -> m (**Eisenbahnerin** f) *fam* ferroviere (-a) m (f).
Eisenbahnfähre f (nave f) traghetto m ferroviario.
Eisenbahngesellschaft f compagnia f ferroviaria.
Eisenbahnknotenpunkt m nodo m ferroviario.
Eisenbahnlinie f linea f ferroviaria.
Eisenbahnnetz n rete f ferroviaria.
Eisenbahntunnel m galleria f/tunnel m ferroviaria.
Eisenbahnüberführung f sovrappassaggio m/viadotto m ferroviario, cavalcavia m.
Eisenbahnunglück n sciagura f ferroviaria.
Eisenbahnunterführung f sottopass(aggi)o m ferroviario.
Eisenbahnverkehr m traffico m ferroviario.
Eisenbahnwagen m (*für Personenbeförderung*) carrozza f/vettura f ferroviaria.
Eisenbahnwaggon, **Eisenbahnwagon** m (*bes. für Güter und Vieh*) vagone m ferroviario.
Eisenbeschlag m borchia f in ferro; (*bes. an Türen*) bandella f; *<nur pl>* ferratura f.
Eisendraht m fil(o) m di ferro.
Eisenerz n minerale m ˌdi ferroˌ/[ferrifero].
Eisengehalt m contenuto m di ferro.
Eisengießerei f *metall* fonderia f di ghisa.
Eisengitter n inferriata f.
eisenhaltig adj **1** *min* {ERZ, GESTEIN} ferrifero, ferroso **2** {WASSER} ferruginoso.
eisenhart adj {WILLE} ferreo, di ferro; {MATERIAL, PERSON} duro come il ferro, durissimo.
Eisenhut m: **Blauer ~** *bot*, aconito m, napello m.
Eisenhütte f, **Eisenhüttenwerk** n stabilimento m siderurgico, ferriera f.
Eisenlegierung f ferrolega f.
Eisenmangel m *med* carenza f di ferro.
Eisenoxid, **Eisenoxyd** n *chem* ossido m di ferro; (*zweiwertig*) ossido m ferroso; (*dreiwertig*) ossido m ferrico.
Eisenpräparat n preparato m di ferro.
Eisenstadt n *geog* Eisenstadt f.
Eisenstange f barra f/spranga f di ferro.
Eisenträger m *bau* trave f di/in ferro; (*Doppel-T-Träger*) longherina f.
Eisen- und Stahlindustrie f industria f siderurgica, siderurgia f.
eisenverarbeitend adj → **Eisen**.
Eisenverbindung f *chem* composto m di ferro.
Eisenware f *<meist pl>* ferramenta f pl.
Eisenwarenhandlung f (negozio m di) ferramenta f pl.
Eisenzeit <-, *ohne pl*> f civiltà f/età f del ferro.
eisern **A** adj **1** *<attr>* (*aus Eisen*) {GITTER, OFEN} di/in ferro **2** (*unnachgiebig*) {DISZIPLIN, ENERGIE, GESUNDHEIT} di ferro, ferreo; {WILLE} *auch* granitico: (**in etw** dat) ~ **sein/bleiben**, essere inflessibile/irremovibile (*in qc*) **3** *<attr>* (*unantastbar*): **~e Ration**, razione d'emergenza; *mil* razione di riserva **B** adv **1** (*unerschütterlich*) {SCHWEIGEN} ostinatamente, tenacemente; {SPAREN} fino all'osso *fam* **2** (*unnachgiebig*) {DURCHGREIFEN} con il pugno di ferro: **~ entschlossen sein**, essere fermamente deciso.
Eiseskälte f *geh* freddo m gelido/glaciale/polare.
Eisfach n freezer m.
eisfrei adj {STRAßE} libero dal ghiaccio.
eisgekühlt adj {BIER, COLA} ghiacciato.
Eisglätte f (*auf Fahrbahn*) "sottile strato m

di ghiaccio che rende difficile la circolazione veicolare".

Eisheiligen subst <nur pl, nur mit best. art>: **die (drei) ~** meteo, i Santi di Ghiaccio.

Eishockey n sport hockey m su ghiaccio.

eisig **A** adj **1** (sehr kalt) {KÄLTE, WASSER, WIND} glaciale, gelido **2** (abweisend) {BLICK, LÄCHELN, SCHWEIGEN} glaciale, gelido **B** adv (frostig) {EMPFANGEN} glacialmente, gelidamente.

Eiskaffee m gastr "caffè m freddo con gelato e panna", ≈ (gelato m) affogato m al caffè.

eiskalt **A** adj **1** (sehr kalt) {GETRÄNK, WASSER, WIND} gelato, ghiacciato, freddissimo; {FÜßE, HÄNDE} gelato, ghiacciato, di ghiaccio; **mir wurde es ~ bei diesem Anblick**, a quella vista mi sentii gelare (il sangue) **2** (abweisend) {BLICK, LÄCHELN} glaciale, gelido; (gefühllos) {MENSCH} freddo come il ghiaccio, (totalmente) insensibile; **~ sein**, essere di ghiaccio; (skrupellos) spietato **B** adv (rücksichtslos) {KALKULIEREN} con estrema freddezza; {HANDELN} auch con grande sangue freddo ● **davor hab' ich keinen Bammel, das mach ich ~!** fam, non ho per niente fifa, lo faccio senza batter ciglio! fam.

Eiskrem, **Eiskreme** f → **Eiscreme**.

Eiskübel m secchiello m del ghiaccio.

Eiskunstlauf m sport pattinaggio m di figura, pattinaggio m artistico su ghiaccio.

Eiskunstläufer m (**Eiskunstläuferin** f) sport pattinatore (-trice) m (f) (artistico (-a)) su ghiaccio.

Eislauf m sport pattinaggio m su ghiaccio.

eis|laufen <irr> itr <sein> pattinare sul ghiaccio.

Eisläufer m (**Eisläuferin** f) pattinatore (-trice) m (f) su ghiaccio.

Eismaschine f gelatiera f, sorbettiera f.

Eismeer n mare m polare ● **das Nördliche/Südliche ~** geog, il Mare Glaciale Artico/Antartico.

Eispickel m piccozza f.

Eisprung m ovulazione f.

Eisregen m meteo gelicidio m.

Eisrevue f sport spettacolo m di pattinaggio artistico su ghiaccio.

Eissalat m → **Eisbergsalat**.

Eisschmelze f disgelo m.

Eisschnelllauf, **Eisschnell-Lauf** m pattinaggio m di velocità su ghiaccio.

Eisschnellläufer m (**Eisschnellläuferin** f), **Eisschnell-Läufer** m (**Eisschnell-Läuferin** f) sport pattinatore (-trice) m (f) di velocità su ghiaccio.

Eisscholle f lastrone m di ghiaccio.

Eisschrank m obs ghiacciaia f obs.

Eissport m sport m pl invernali su ghiaccio.

Eisstadion n stadio m del ghiaccio.

Eisstockschießen n, **Eisschießen** n sport curling m.

Eistanz m sport pattinaggio m ritmico, danza f (su ghiaccio).

Eistee m gastr tè m freddo.

Eistorte f torta f gelato.

Eisverkäufer m (**Eisverkäuferin** f) gelataio (-a) m (f).

Eisvogel m ornith martin m pescatore.

Eiswürfel m cubetto m di ghiaccio.

Eiszapfen m ghiacciolo m.

Eiszeit f geol epoca f/età f glaciale, pleistocene m wiss.

eitel <attr eitle(r, s)> adj **1** (selbstgefällig) vanitoso, vanesio, vanaglorioso **2** geh obs (nichtig) {HOFFNUNG, WAHN} futile lit, vano; {GESCHWÄTZ} auch frivolo.

Eitelkeit <-, -en> f vanità f, vanagloria f.

Eiter <-s, ohne pl> m pus m.

Eiterbläschen n med pustoletta f.

Eiterherd m med focolaio m di pus.

eitern itr suppurare, formare/fare fam pus.

Eiterpickel m foruncoletto m, brufolo m fam.

eitrig, **eiterig** adj {ENTZÜNDUNG, GESCHWÜR} purulento.

Eiweiß <-es, -e> n **1** <-es, ohne pl> bianco m/ chiara f dell'uovo fam, albume m wiss **2** biol proteina f **3** chem albumina f ● **~ zu Schnee₁/₂ [schaumig] schlagen**, montare/ sbattere l'albume a neve.

eiweißarm adj {ERNÄHRUNG} ipoproteico, a basso contenuto proteico.

eiweißhaltig adj {NAHRUNG} proteico.

eiweißreich adj {ERNÄHRUNG} iperproteico, ad alto contenuto proteico.

Eizelle f biol ovulo m, cellula f uovo.

Ejaculatio praecox <- -, ohne pl> f med eiaculazione f precoce.

Ejakulation <-, -en> f eiaculazione f.

ejakulieren <ohne ge-> itr eiaculare.

EKD <-, ohne pl> f relig Abk von Evangelische Kirche in Deutschland: "Chiesa f Evangelica Tedesca".

Ekel[1] <-s, ohne pl> m **~** (**vor jdm/etw**) nausea f (di qc), disgusto m (di qc), schifo m (di qu/qc), ripugnanza f (per qc), ribrezzo m (di qc) ● **~ vor jdm/etw empfinden**, provare/ sentire ₁disgusto di qc₁/[schifo di qu/qc]; {VOR ESSEN} auch, sentire nausea di qc; **~ in jdm erregen**, ispirare disgusto a qu, suscitare ribrezzo a qu; **~ erregend** {ANBLICK}, schifoso, disgustoso, nauseante, rivoltante; {GERUCH, GESCHMACK} auch, stomachevole.

Ekel[2] <-s, -> n fam pej persona f odiosa: **du ~!, come sei odioso (-a)!** fam.

ekelerregend adj → **Ekel**[1].

ekelhaft **A** adj **1** (widerlich) schifoso, disgustoso, nauseante, ributtante **2** fam (unangenehm) {ARBEIT, WETTER} schifoso fam; {SCHMERZEN} terribile fam, micidiale fam; (unausstehlich) {MENSCH} odioso **B** adv **1** (widerlich): **~ schmecken**, ₁avere un sapore₁/[essere] schifoso/disgustoso/nauseante; **hier stinkt's ~!**, qui c'è un puzzo nauseante! fam **2** fam (unangenehm) {SICH BENEHMEN} in modo odioso/disgustoso: **heute ist es ~ kalt**, oggi fa un freddo cane fam/boia fam.

ekelig adj → **eklig**.

ekeln **A** tr jdn ● fare schifo/senso a qu, disgustare qu, nauseare qu, schifare qu: **Eiter ekelt sie**, il pus le fa senso **B** unpers: **jdn/ jdm ekelt (es) vor jdm/etw**, qu prova ₁disgusto/ribrezzo di qc₁/[schifo di qu/qc], qc disgusta/schifa qu; **es ekelt ihn/ihm vor Mäusen**, gli fanno schifo i topi **C** rfl **sich (vor jdm/etw) ~** essere/sentirsi disgustato (-a) (di qu/qc), provare schifo (di qu/qc): **ich ekle mich vor diesem Gestank**, sono nauseato (-a) da questo puzzo.

EKG, **Ekg** <-(s), -s> n med Abk von Elektrokardiogramm: ECG m (Abk von elettrocardiogramma).

Eklat <-s, -s> m geh scandalo m, scalpore m, clamore m ● **es kam zu einem ~**, è successo/scoppiato un putiferio; **einen ~ erregen/ verursachen**, suscitare/provocare uno scandalo, destare scalpore/sensazione.

eklatant adj **1** (offenkundig) {FEHLER, UNTERSCHIED, WIDERSPRUCH} eclatante, lampante; {BEISPIEL, FALL} auch clamoroso **2** (sensationell) {ERFOLG, SIEG} eclatante, sensazionale, clamoroso, strepitoso.

eklig **A** adj **1** (Ekel verursachend) {GERUCH, GESTANK} schifoso, disgustoso, nauseante, ri-

voltante: **das finde ich ~**, mi fa proprio schifo **2** fam (unangenehm) {PERSON} odioso **B** adv **1** (Ekel verursachend): **~ schmecken**, essere schifoso, fare schifo **2** (sehr) terribilmente ● **wie ~!**, che schifo!

Eklipse <-, -n> f astr eclissi f.

Ekstase <-, -n> f estasi f ● **in ~ geraten**, andare/cadere in estasi, estasiarsi; **jdn in ~ versetzen**, mandare qu in estasi, estasiare qu.

ekstatisch adj geh {BLICK, PERSON} estatico, estasiato.

Ekzem <-s, -e> n med eczema m.

Elan <-s, ohne pl> m geh slancio m, impeto m: **die Mannschaft hat keinen ~ mehr**, la squadra ha perso il suo smalto; **etw mit (großem) ~ tun**, fare qc con (grande) slancio.

elastisch adj **1** (dehnbar) {BINDE, FEDER, MATERIAL, STOFF} elastico **2** (spannkräftig) {MUSKELN} elastico; {GANG} auch molleggiato; {PERSON} agile; {KÖRPER} auch flessuoso **3** (anpassungsfähig) {POLITIK, SYSTEM} elastico, flessibile.

Elastizität <-, ohne pl> f **1** (Dehnbarkeit) {+MATERIAL, STOFF} elasticità f **2** (Spannkraft) {+MENSCH} agilità f; {+MUSKEL} elasticità f; {+KÖRPER} flessuosità f **3** (Anpassungsfähigkeit) elasticità f, flessibilità f.

Elba <-s, ohne pl> n geog (Isola f d')Elba f: **nach ~ fahren**, andare all'Elba.

Elbe <-, ohne pl> f geog: **die ~**, l'Elba f.

Elch <-(e)s, -e> m zoo alce m.

Elchtest m autom test m dell'alce.

Eldorado <-s, -s> n eldorado m, eden m.

Electronic Banking <- -(s), ohne pl> n bank inform **1** (Homebanking) home banking m **2** servizio m telematico.

Elefant <-en, -en> m zoo elefante m ● **sich wie ein ~ im Porzellanladen benehmen** fam, essere come un elefante in un negozio di porcellane fam.

Elefantenbaby n **1** zoo elefantino m **2** fam pej (robustes Kind o. Jugendlicher) ercolino m fam.

Elefantenbulle m zoo elefante m maschio, maschio m dell'elefante.

Elefantenhochzeit f slang ökon sodalizio m/fusione f tra colossi/giganti dell'economia.

Elefantenkuh f zoo elefantessa f.

Elefantenrüssel m zoo proboscide f.

elegant **A** adj **1** (geschmackvoll) elegante, chic **2** (gewandt) {AUSREDE, LÖSUNG} elegante **B** adv **1** (schick) {SICH KLEIDEN} elegantemente, con eleganza **2** (geschickt) {ETW LÖSEN, SICH AUS DER AFFÄRE ZIEHEN} elegantemente, con eleganza.

Eleganz <-, ohne pl> f **1** (Vornehmheit) eleganza f **2** (Gewandtheit) {+BEWEGUNG, STIL} eleganza f.

Elegie <-, -n> f lit elegia f.

elektrifizieren <ohne ge-> tr etw ~ {BAHNSTRECKE} elettrificare qc.

Elektrifizierung <-, ohne pl> f {+BAHNSTRECKE} elettrificazione f.

Elektrik <-, -en> f {+AUTO} impianto m elettrico.

Elektriker <-s, -> m (**Elektrikerin** f) elettricista mf, elettrotecnico (-a) m (f).

elektrisch **A** adj **1** (auf Elektrizität beruhend) {ENERGIE, SPANNUNG, STROM, WIDERSTAND} elettrico **2** (mit Strom betrieben) {HEIZUNG, LICHT, RASIERAPPARAT} elettrico **3** (Strom führend) {KABEL, LEITUNG} elettrico **B** adv {HEIZEN, KOCHEN} con l'energia elettrica; {RASIEREN} con il rasoio elettrico: **~ betrieben**, alimentato elettricamente.

Elẹktrische <-n, -n> f fam obs tram m, filovia f obs.
elektrisieren <ohne ge-> tr (begeistern) **jdn** ~ elettrizzare qu, galvanizzare qu: **er war wie elektrisiert von dieser Nachricht**, era (come) elettrizzato/galvanizzato da questa notizia.
Elektrizität <-, ohne pl> f **1** el energia f elettrica, elettricità f fam **2** phys elettricità f • **dynamische/statische** ~ phys, elettricità dinamica/statica.
Elektrizitätsgesellschaft f società f elettrica.
Elektrizitätswerk n centrale f elettrica.
Elektroantrieb m autom trazione f elettrica.
Elektroauto n auto f elettrica.
Elektrobus m autobus m elettrico.
Elektrochemie f chem elettrochimica f.
Elektrọde <-, -n> f el elettrodo m.
Elektroenzephalogramm n med (Abk EEG) elettroencefalogramma m (Abk EEG).
Elektrogerät n elettrodomestico m, apparecchio m elettrico.
Elektrogeschäft n negozio m di elettrodomestici.
Elektroherd m cucina f elettrica.
Elektroindustrie f industria f elettrotecnica.
Elektroingenieur m (**Elektroingenieurin** f) ingegnere (rar -a) m (f) elettrotecnico (-a).
Elektroinstallateur m (**Elektroinstallateurin** f) elettrotecnico (-a) m (f), elettricista mf.
Elektrokardiogramm n med (Abk EKG) elettrocardiogramma m (Abk ECG).
Elektrolokomotive f, **Elektrolok** f locomotore m, locomotrice f, locomotiva f elettrica.
Elektrolyse <-, -n> f chem phys elettrolisi f.
Elektrolyt <-s oder -en, -e oder -en> m chem phys elettrolito m.
elektrolytisch adj elettrolitico.
Elektromagnet m phys elettromagnete m, elettrocalamita f.
elektromagnetisch adj el elettromagnetico.
Elektromagnetismus m phys elettromagnetismo m.
Elektromechaniker m (**Elektromechanikerin** f) elettromeccanico m.
Elektrometer <-s, -> n elettrometro m.
Elektromobil n → **Elektroauto**.
Elektromotor m motore m elettrico, elettromotore m.
Elektron <-s, -en> n nukl phys elettrone m.
Elektronenblitz m fot lampo m elettronico, flash m.
Elektronenmikroskop n el opt microscopio m elettronico.
Elektronenrechner m calcolatore m/ elaboratore m elettronico.
Elektronenröhre f el tubo m elettronico.
Elektronenstrahl m phys fascio m/raggio m elettronico.
Elektronik <-, ohne pl> f **1** (Zweig der Elektrotechnik) elettronica f **2** (elektronische Teile) impianto m elettronico.
Elektronikhändler m negozio m di elettronica.
Elektronikindustrie f industria f elettronica.
Elektronikschrott m slang "apparecchi m pl elettronici e elettrodomestici m pl rotti o inutilizzabili che finiscono nella spazzatura".
elektrọnisch adj elettronico.
Elektrorasenmäher m tosaerba m elettrico.
Elektrorasierer <-s, -> m el rasoio m elettrico.
Elektroschock m med elettroshock m, elettrochoc m.
Elektroschockbehandlung f med elettroshockterapia f.
Elektrosmog m ökol elettrosmog m, inquinamento m elettromagnetico.
Elektrostatik f phys elettrostatica f.
Elektrotechnik f elettrotecnica f.
Elektrotechniker m (**Elektrotechnikerin** f) elettrotecnico (-a) m (f); (Ingenieur) ingegnere (rar -a) m (f) elettrotecnico (-a).
elektrotechnisch adj el elettrotecnico.
Elektrotherapie f med elettroterapia f.
Element <-(e)s, -e> n **1** bau elemento m, componente m **2** chem elemento m **3** geh (Komponente) elemento m, componente f **4** <nur pl> geh (Naturgewalten): **die vier ~e**, i quattro elementi **5** <nur pl> (Grundbegriffe) {+KUNST, WISSENSCHAFT} elementi m pl, rudimenti m pl • **das feuchte/nasse ~ geh**, il liquido elemento poet; **kriminelle/subversive/unerwünschte ~e… pej**, elementi/soggetti/individui criminali/sovversivi/indesiderati; **in seinem ~ sein**, essere nel proprio elemento/centro.
elementar adj **1** (grundlegend) {BEDÜRFNIS} elementare, fondamentale, primario; {REGEL} auch basilare **2** (anfängerhaft) {KENNTNISSE} elementare; {FEHLER} grossolano **3** (urwüchsig) {GEWALT, LEIDENSCHAFT, TRIEB} primordiale, primitivo.
Elementarbegriff m nozione f fondamentale, concetto m elementare/[di base].
Elementarkenntnisse subst <nur pl> cognizioni f pl/nozioni f pl elementari/basilari.
Elementarteilchen n nukl phys particella f elementare.
elend A adj **1** (armselig) {LEBEN} misero, miserabile, gramo, squallido; {BEHAUSUNG} misero, squallido, povero: **in ~en Verhältnissen leben**, vivere in condizioni miserabili/miserrime; **die Elenden dieser Welt**, i serabili del pianeta **2** fam (kränklich) {AUSSEHEN} malaticcio fam, deboluccio fam: **~ aussehen**, avere una brutta cera; **er ist in ~er Verfassung**, è ridotto proprio male fam; **mir ist ~ (zu Mute)**, sto da cani fam **3** pej (gemein) {BETRÜGER, SCHURKE} miserabile, infame, spregevole **4** <attr> fam (übermäßig) {HITZE, HUNGER} terribile fam, micidiale fam; {KÄLTE} auch cane fam **B** adv **1** (übel): **sich ~ fühlen**, sentirsi male; **jdm geht es ~**, qu sta male come un cane fam; **~ zu Grunde gehen**, perire miseramente **2** fam (sehr) {HEIß, KALT} terribilmente fam • **Die Elenden** lit (Roman von V. Hugo), I Miserabili.
Elend <-(e)s, ohne pl> n **1** (Not, Armut) miseria f, indigenza f, squallore m: **das ~ in den Flüchtlingslagern**, la miseria nei campi profughi; **im ~ leben**, vivere [nella miseria]/[nell'indigenza]; **ins ~ geraten**, cadere [in miseria]/[nell'indigenza] **2** (Leid) strazio m, desolazione f • **wie das leibhaftige ~ aussehen** fam, sembrare la morte in vacanza fam; **das heulende ~ haben** fam, avere il magone fam; **es ist ein ~ mit diesem Kind!** fam, è un disastro questo bambino! fam; **kann man das heulende ~ kriegen** fam, c'è da mettersi le mani nei capelli fam; **langes ~** fam, spilungone fam, perticone fam; **jdn ins ~ stürzen**, ridurre qu in miseria.
Elendsquartier n tugurio m, catapecchia f.
Elendsviertel n quartiere m povero, slum m, corea f.
Eleonọre f (Vorname) Eleonora.
elf <inv> zahladj **1** (Zahl) undici: **vor elf Tagen**, undici giorni fa; **nach/in elf Tagen**, dopo/fra undici giorni **2** (Uhrzeit) undici: **es ist elf (Uhr)**, sono le undici; **es ist halb elf**, sono le dieci e mezza; (abends) auch sono le ventidue e trenta **3** (Alter) undici anni: **das Kind ist/wird elf**, il bambino ha/[compie/fa] undici anni; **mit elf Jahren**, a undici anni **4** sport (Punkte) undici; → auch **vier**.
Elf① <-, -en> f **1** (Zahl) undici m **2** (Transport): **die Elf**, (Bus-, Straßenbahnlinie) l'undici; (U-Bahnlinie) la linea undici **3** sport (Fußballmannschaft) undici m, squadra f di calcio: **die deutsche Elf**, la nazionale tedesca; (Rennwagen) l'undici; (Sportler, Rennpferd) il numero undici.
Elf② <-en, -en> m myth elfo m, silfo m.
Elfe <-, -n> f myth silfide f.
elfeinhalb <inv> zahladj undici e mezzo: ~ **Kilometer/Meter**, undici kilometri/metri e mezzo.
Elfenbein n avorio m: **aus ~**, d'avorio, eburneo lit.
elfenbeinfarben adj color avorio, eburneo lit.
Elfenbeinküste f geog Costa f d'Avorio.
Elfenbeinturm m: **in einem ~ sitzen/leben** geh, chiudersi in una torre d'avorio.
Elfer <-s, -> m fam **1** (Buslinie): **der ~**, l'undici **2** sport (Elfmeter) rigore m; (Spieler mit Rückennummer elf) atleta m con il numero undici di pettorale.
elffach A adj **1** (elfmal so groß) {PREIS, SUMME} undici volte [più alto]/[maggiore] **2** (elfmal erfolgt) {WELTMEISTER} undici volte **3** (elfmal erstellt) {KOPIE} undici **B** adv {AUSFERTIGEN, VORHANDEN SEIN} in undici copie/esemplari; {UNTERSCHREIBEN} undici volte; → auch **vierfach**.
Elffache <dekl wie adj> n: **um das ~ steigen** {GEHALT, PREISE}, crescere/aumentare di undici volte; **um das ~ höher**, undici volte più alto.
elfgeschossig A adj {GEBÄUDE} di/a undici piani ~ **sein**, avere undici piani **B** adv {BAUEN} a undici piani.
elfhundert <inv> zahladj millecento: **im Jahre ~**, nel(l'anno) millecento.
elfjährig adj (meist attr) **1** (elf Jahre alt) {KIND} (dell'età) di undici anni, undicenne **2** (elf Jahre lang) (della durata) di undici anni.
Elfjährige <dekl wie adj> mf bambino (-a) m (f) di undici anni.
elfmal adv {ANFERTIGEN, KOPIEREN} undici volte: ~ **so hoch/lang/stark**, undici volte più alto/lungo/forte.
elfmalig adj {KANDIDAT} undici volte: **nach ~em Versuch**, dopo l'undicesimo tentativo.
Elfmeter <-s, -> m sport (calcio m/tiro m di) rigore m; **einen ~ schießen**, tirare/battere un (calcio di) rigore.
Elfmetermarke f, **Elfmeterpunkt** m sport dischetto m (del calcio di rigore).
Elfmeterschießen <-, ohne pl> n sport calci m pl di rigore, rigori m pl fam.
elfmonatig adj <attr> **1** (elf Monate alt) {SÄUGLING} di undici mesi **2** (elf Monate dauernd) {AUFENTHALT, REISE} (della durata) di undici mesi: **nach ~em Waffenstillstand**, dopo [undici mesi di tregua]/[una tregua durata/di undici mesi].
elfmonatlich A adj {KONTROLLE} effettuato ogni undici mesi **B** adv {SICH WIEDERHOLEN}

ogni undici mesi.
Elfriede f (*Vorname*) Elfrida.
elfseitig adj {LISTE, MANUSKRIPT} di undici pagine.
elfstöckig **A** adj {GEBÄUDE} di/a undici piani **B** adv {BAUEN} a undici piani.
elft adv: zu ~ {REISEN, SPIELEN}, in undici.
elftausend <inv> zahladj undicimila.
elfte zahladj → **elfter**.
Elfte <dekl wie adj> mf **1** (*11. Tag des Monats*): **der ~**, l'undici; **am ~n (des Monats)**, l'undici del mese **2** (*11. Monat des Jahres*): **der erste/zweite/… ~**, il primo/due/… (di) novembre **3** (*Reihenfolge*) undicesimo (-a) m (f); → *auch* **Vierte**.
Elftel <-s, -> n: **ein ~** ⌊einer S. (gen)⌋/[**von etw** (dat)], un undicesimo di qc, l'undicesima parte di qc.
elftens adv (in) undicesimo (luogo).
elfter, elfte, elftes zahladj <meist attr> **1** (*Datum*) undici: **am elften Mai**, l'undici (di) maggio **2** (*Jahreszahl*) undicesimo (-a): **das elfte Jahrhundert**, l'undicesimo secolo **3** (*Reihenfolge*) undicesimo (-a): **im elften Kapitel**, nell'undicesimo capitolo, nel capitolo undici **4** (*zum elften Male*) {AUFLAGE, GEBURTSTAG} undicesimo (-a) **5** *math* undicesimo (-a): **der elfte Teil von etw** (dat), l'undicesima parte di qc; → *auch* **vierter**.
Elfuhrzug m treno m delle undici
eliminieren <ohne ge-> tr **1** (*beseitigen*) **etw** ~ {FEHLER, PROBLEM} eliminare qc **2** *bes. sport* (*ausschalten*) **jdn** ~ {GEGNER, KONKURRENTEN} eliminare qu **3** *euph* (*töten*) **jdn** ~, eliminare qu *euph*, liquidare qu *euph*.
Elisabeth f (*Vorname*) Elisabetta.
Elision <-, -en> f *ling* elisione f.
elitär adj **1** (*die Elite betreffend*) elitario **2** *pej* (*arrogant*) {MENSCH, ZIRKEL} elitario, snob; {GEHABE} *auch* snobistico.
Elite <-, -n> f élite f, fior fiore m: **die akademische/sportliche ~** *auch*, il gotha accademico/[del mondo sportivo].
Elitebewusstsein (a.R. Elitebewußtsein) n, **Elitedenken** n elitarismo m.
Elitetruppe f *mil* truppa f scelta.
Eliteuniversität f università f d'eccellenza/d'élite.
Elixier <-s, -e> n elisir m.
El Kaida <-, *ohne pl*> f <meist ohne art> → **al-Qaida**.
Ellbogen <-s, -> m gomito m • **seine ~ gebrauchen**, sgomitare, farsi strada a forza di gomitate *fam*; **keine ~ haben**, non aver grinta *fam*, non sapersi imporre; **jdn mit dem ~ stoßen**, dare una gomitata a qu.
Ellbogenfreiheit f libertà f di movimento/d'azione.
Ellbogengesellschaft f *pej* "società f in cui vige una competizione selvaggia".
Elle <-, -n> f **1** *anat* ulna f, cubito m, braccio m **2** *hist* (*altes Längenmaß*) cubito m • **alles mit** ⌊**der gleichen**⌋/[**gleicher**] **~ messen**, giudicare tutto con lo stesso metro.
Ellen f (*Vorname*) Elena.
Ellenbogen m → **Ellbogen**.
ellenlang adj *fam* **1** (*sehr lang*) {BRIEF, REDE, ROMAN} kilometrico, lunghissimo: **ein ~er Brief/Roman** *auch*, una lettera/un romanzo fiume **2** *scherz* (*sehr groß*): **ein ~er Kerl**, un perticone *fam*, uno stangone *fam*.
Ellipse <-, -n> f **1** *geom* ellisse f **2** *ling* ellissi f.
elliptisch adj *geom* ellittico.
eloquent adj *geh* eloquente, facondo *lit*.
Eloquenz <-, *ohne pl*> f *geh* eloquenza f, facondia f *lit*.

Elsa, Else f (*Vorname*) Elsa.
El Salvador <- -s, *ohne pl*> n *geog* El Salvador m.
Elsass (a.R. Elsaß) <- *oder* -es, *ohne pl*> n *geog*: **das ~**, (l')Alsazia f.
Elsässer <-s, -> m (**Elsässerin** f) alsaziano (-a) m (f).
elsässisch adj alsaziano, dell'Alsazia.
Elsass-Lothringen (a.R. Elsaß-Lothringen) <-s, *ohne pl*> n *geog* Alsazia-Lorena f.
Elster <-, -n> f *ornith* gazza f • **diebische ~** *fam*, gazza ladra.
elterlich adj **1** (*von den Eltern kommend*) {FÜRSORGE, LIEBE, PFLICHTEN} dei genitori: **~e Autorität**, autorità f parentale; **~e Gewalt**, patria potestà, potestà dei genitori **2** (*den Eltern gehörend*) {HAUS} paterno, {VERMÖGEN} dei genitori.
Eltern subst <*nur pl*> genitori m pl • **dieser Einfall ist nicht von schlechten ~** *fam*, è una trovata niente male *fam*.
Elternabend m *Schule* incontro m fra genitori e insegnanti.
Elternbeirat m *Schule* rappresentanti m pl dei genitori.
Elternhaus n **1** (*Gebäude*) casa f paterna **2** (*Familie*) famiglia f: **aus einem bürgerlichen/guten ~ kommen/stammen**, essere di ⌊famiglia borghese⌋/[buona famiglia].
Elternliebe f amore m dei genitori.
elternlos **A** adj {KIND} orfano (di padre e di madre): **~ werden**, restare orfano (-a) **B** adv {AUFWACHSEN} senza genitori, orfano (-a).
Elternschaft <-, *ohne pl*> f *form* genitori m pl.
Elternsprechstunde f *Schule* ora m di ricevimento (a scuola).
Elternsprechtag m giorno m di ricevimento (a scuola).
Elternteil m genitore m (*rar lit oder scherz* -trice f).
Elternurlaub m congedo m di maternità/paternità.
Elvira f (*Vorname*) Elvira.
EM <-, - *oder fam* -s> f *Abk von* Europameisterschaft: campionato m europeo.
Email <-s, -s> n smalto m.
E-Mail f *oder bes. süddt A CH* n **1** (*elektronische Post*) posta f elettronica **2** (*Nachricht*) (e-)mail f: **jdm eine E-Mail schicken**, mandare ⌊un'e-mail⌋/[una mail] a qu.
E-Mail-Adresse f *inform tel* indirizzo ⌊e-mail⌋/[di posta elettronica].
E-Mail-Anschluss (a.R. E-Mail-Anschluß) m *inform tel* collegamento m con la posta elettronica.
emailen, e-mailen <part perf: geemailt> tr (*jdm*) **etw** ~ mandare/spedire qc (a qu) via e-mail.
Emaillack m vernice f a smalto.
Emaille <-, -n> f → **Email**.
emaillieren <ohne ge-> tr **etw** ~ smaltare qc: **emaillierter Schmuck**, gioielli smaltati.
E-Mail-Programm n *inform tel* programma f di posta elettronica.
Emanuel m (*Vorname*) Emanuele.
Emanze <-, -n> f *fam oft pej* femminista f, suffragetta f *scherz*.
Emanzipation <-, -en> f **1** (*die Gleichstellung der Frau*) emancipazione f femminile/[della donna] **2** (*Befreiung aus Abhängigkeit*) {+MINDERHEIT} emancipazione f, riscatto m.
Emanzipationsbewegung f movimento m emancipatorio.
emanzipatorisch adj emancipatore.
emanzipieren <ohne ge-> rfl **sich ~** {FRAU}

emanciparsi; {UNTERDRÜCKTER} *auch* riscattarsi.
emanzipiert adj emancipato.
Embargo <-s, -s> n embargo m: **ein ~ (über ein Land) verhängen**, decretare l'embargo (a un paese).
Emblem <-s, -e> n **1** (*Sinnbild*) emblema m **2** (*Hoheitszeichen*) emblema m.
emblematisch adj emblematico.
Embolie <-, -n> f *med* embolia f.
Embryo <-s, -s *oder* -nen> m *oder* **A** n *biol* embrione m.
Embryologie f *biol* embriologia f.
embryonal adj embrionale.
Embryonenschutz m *jur* tutela f dell'embrione.
emeritieren <ohne ge-> tr *univ* **jdn** ~ collocare qu a riposo: **ein emeritierter Professor**, un professore emerito.
Emigrant <-en, -en> m (**Emigrantin** f) **1** (*Auswanderer, bes. aus wirtschaftlichen Gründen*) emigrante mf, emigrato (-a) m (f) **2** *pol* fuor(i)uscito (-a) m (f), esule mf (per motivi politici).
Emigration <-, -en> f emigrazione f • **in die ~ gehen**, emigrare; **innere ~** *geh*, emigrazione interna; **in der ~ leben**, vivere in terra straniera.
emigrieren <ohne ge-> itr <sein> (*irgendwohin*) ~ {NACH KANADA, IN DIE USA} emigrare (+ *compl di luogo*).
Emil m (*Vorname*) Emilio.
eminent adj **1** *geh* (*herausragend*) {UNTERSCHIED} abissale: **~e Begabung**, ingegno eminente; **von ~er Bedeutung sein**, essere di massima/estrema importanza **2** (*äußerst*) {GEFÄHRLICH} altamente; {WICHTIG} estremamente.
Eminenz <-, -en> f *relig* eminenza f • **graue/Graue ~**, eminenza grigia; **Seine/Eure ~**, Sua Eminenza.
Emir <-s, -e> m emiro m.
Emirat <-(e)s, -e> n emirato m • **Vereinigte Arabische ~e** *geog*, Emirati Arabi Uniti.
Emission <-, -en> f **1** *ökol* {+ABGAS, SCHADSTOFFE} emissione f **2** *bank* (*Ausgabe*) {+WERTPAPIERE} emissione f **3** *CH radio* trasmissione f (radiofonica).
Emissionskurs m *bank* prezzo m di emissione.
emittieren <ohne ge-> tr **etw** ~ **1** *ökol* {SCHADSTOFFE} emettere qc, sprigionare qc **2** *bank* {WERTPAPIERE} emettere qc.
Emma f (*Vorname*) Emma.
Emmentaler <-s, -> m *gastr* emmental m.
Emoticon <-s, -s> n *inform* emoticon m, faccina f.
Emotion <-, -en> f emozione f.
emotional, emotionell **A** adj {MENSCH, REAKTION, TEMPERAMENT} emotivo **B** adv {REAGIEREN} emotivamente, in modo emotivo.
Emotionalität <-, *ohne pl*> f *geh* emozionalità f.
emotionsgeladen adj {DISKUSSION, STIMMUNG} carico/pregno di emozioni.
empfahl 1. *und* 3. *pers sing imperf von* **empfehlen**.
empfand 1. *und* 3. *pers sing imperf von* **empfinden**.
Empfang <-(e)s, *Empfänge*> m **1** <*nur sing*> *com* {+BRIEF, LIEFERUNG} ricevimento m **2** <*nur sing*> (*Begrüßung*) {+GAST} accoglienza f: **jdm einen freundlichen ~ bereiten**, riservare un'accoglienza cordiale a qu **3** (*festliche Veranstaltung*) ricevimento m **4** <*nur sing*> *radio TV* ricezione f **5** (*Hotelrezeption*) reception f • **bei ~ einer S.** (gen), ri-

cevendo qc; **den ~ (einer S.** gen) *bestätigen com*, accusare ricevuta (di qc); **einen ~ geben**, dare/offrire un ricevimento; **jdn in ~ nehmen**, accogliere qu; **etw in ~ nehmen**, prendere in consegna qc, ricevere qc; **bei/nach ~ (der Rechnung/Ware) zahlbar**, pagabile al/previo ricevimento (della fattura/merce).
empfangen <empfängt, empfing, empfangen> **A** tr **1** geh (erhalten) **etw** (**von jdm**) ~ {BRIEF, LIEFERUNG} ricevere qc (da qu) **2** (begrüßen) **jdn** ~ accogliere qu; {PRÄSIDENTEN, STAATSGAST} auch ricevere qu: **jdn freundlich** ~, accogliere qu calorosamente **3** radio TV {SENDER, SIGNAL} ricevere qc **B** tr itr geh (schwanger werden): **(ein Kind)** ~ {FRAU}, concepire (un figlio) geh.
Empfänger① <-s, -> m radio TV → **Empfangsgerät**.
Empfänger② <-s, -> m (**Empfängerin** f) **1** (Adressat) {+POSTSENDUNG, WARE} destinatario (-a) m (f), ricevente mf adm; {+SPENDE, ÜBERWEISUNG, ZAHLUNG} beneficiario (-a) m (f); {+SOZIALHILFE} percettore m **2** med {+BLUT, ORGAN} ricevente mf ● ~ **unbekannt post** (auf Briefen) destinatario sconosciuto; ~ **verzogen post** (auf Briefen) destinatario trasferito.
empfänglich adj **1** (zugänglich): **für etw** (akk) ~ **sein** {FÜR LOB, SCHMEICHELEIEN}, essere sensibile a qc **2** med (anfällig): **für etw** (akk) ~ **sein**, essere soggetto/predisposto/ricettivo a qc.
Empfängnis <-, ohne pl> f concepimento m, concezione f ● **die Unbefleckte ~ (Mariens/Marias)** relig, l'Immacolata Concezione.
empfängnisverhütend adj {PILLE, WIRKUNG} anticoncezionale, contraccettivo: ~**es Mittel**, anticoncezionale/contraccettivo.
Empfängnisverhütung f med contraccezione f.
Empfangsbescheinigung f, **Empfangsbestätigung** f com ricevuta f, quietanza f.
Empfangschef m (**Empfangschefin** f) (im Hotel) direttore (-trice) m (f), maître m d'hôtel.
Empfangsgerät n radio TV form apparecchio m ricevente, ricevitore m.
Empfangshalle f atrio; (im Hotel) hall f.
Empfangskomitee n comitato m d'onore.
Empfangsstation f stazione f ricevente.
Empfangszimmer n sala f di ricevimento.
empfängt 3. pers sing präs von empfangen.
empfehlen <empfiehlt, empfahl, empfohlen> **A** tr (**jdm**) **jdn/etw** ~ {ARZT, AUTOMECHANIKER} raccomandare qu/qc a qu, consigliare qu/qc a qu; {FILM, LOKAL, URLAUBSORT} auch suggerire qc a qu: **jdm ~, etw zu tun**, raccomandare/consigliare a qu di fare qc **B** rfl **1** geh oft scherz (sich verabschieden) **sich ~**, congedarsi, accomiatarsi **2** (sich vorschlagen) **sich** (**jdm**) (**als etw** nom) ~ {ALS MAKLER, MITARBEITER} proporsi/offrirsi come qc (a qu) **C** unpers: **es empfiehlt sich, etw zu tun**, conviene/[è consigliabile] fare qc ● **etw ist zu ~** {BUCH, HOTEL}, qc è da consigliare.
empfehlenswert adj **1** (lohnend) {HOTEL, LOKAL} raccomandabile, consigliabile; {AUSSTELLUNG, MUSEUM} da visitare; {BUCH} da leggere; {FILM} da vedere **2** (ratsam): **es ist ~, etw zu tun**, conviene/[è consigliabile] fare qc.
Empfehlung <-, -en> f **1** (Rat) consiglio m, raccomandazione f **2** (Fürsprache) raccomandazione f: **jdm eine ~ schreiben**, scrivere una lettera di referenze a qu **3** geh (Gruß)

ossequi m pl form, omaggi m pl form, rispetti m pl form ● **auf** ⌊jds ~⌋/[~ **von jdm**] (auf jds Rat hin), su/dietro consiglio di qu; (auf jds Fürsprache hin), su/dietro raccomandazione di qu; **mit den besten ~en** form, ossequiosamente form; **eine ~ haben**, essere raccomandato form; **meine ~ an Ihre Frau Mutter!** form, i miei omaggi form/rispetti form a Sua madre!
Empfehlungsschreiben n lettera f di raccomandazione/referenze.
empfiehlt 3. pers sing präs von empfehlen.
empfinden <empfindet, empfand, empfunden> tr **1** (fühlen) **etw** ~ {DURST, HUNGER} sentire qc; {SCHMERZEN, ZUNEIGUNG} auch provare qc; {ANGST, FREUDE} provare qc; {LUST} avere qc; {KÄLTE} auch sentire qc **2** (betrachten) **jdn/etw als etw** ~: jdn als Eindringling ~, sentire qu come ⌊un intruso⌋/[un'intrusa]; **jdn als unangenehm** ~, trovare sgradevole qu; **etw als Beleidigung** ~, prendere qc come un'offesa; **eine Bemerkung als unangebracht** ~, ritenere inopportuna/[fuori luogo] un'osservazione; **ich empfinde es als eine Erleichterung, dass ...**, mi dà (un senso di) sollievo (il fatto) che ... konjv ● **etwas/viel für jdn** ~, provare/[sentire qualcosa]/[molto] per qu; **nichts für jdn** ~, non provare niente per qu.
Empfinden <-s, ohne pl> n senso m, sensibilità f: **ein ~ für etw** (akk) **haben** {FÜR GERECHTIGKEIT}, avere il senso di qc; {FÜR KUNST} avere sensibilità per qc ● **meinem ~ nach, für mein ~**, secondo il mio modo di sentire.
empfindlich **A** adj **1** (leicht verletzbar) suscettibile; (über~) permaloso, ipersensibile; (reizbar) irritabile **2** (anfällig) {KIND} cagionevole, delicato; **gegen etw** (akk) ~ **sein** {GEGEN HITZE, SONNE}, essere sensibile a qc **3** (nicht resistent) {MATERIAL, PFLANZE, STOFF} delicato; {HAUT} auch sensibile **4** (stark, spürbar) {KÄLTE} pungente; {VERLUST} doloroso; {NIEDERLAGE} cocente, bruciante **5** tech {GERÄT} sensibile **B** adv **1** (hart): **diese Kritik hat ihn ~ getroffen**, questa critica l'ha punto/toccato sul vivo **2** (unangenehm): **es ist ~ kalt**, fa un freddo terribile **3** (getroffen): ~ (**auf etw** akk) **reagieren**, reagire con estrema suscettibilità (a qc).
Empfindlichkeit <-, -en> f **1** (leichte Reizbarkeit) suscettibilità f, irritabilità f; (Überempfindlichkeit) permalosità f, ipersensibilità f **2** <meist pl> (empfindliche Reaktion) suscettibilità f, reazione f eccessiva **3** <nur sing> (empfindliche Beschaffenheit) {+MATERIAL, STOFF} delicatezza f **4** <nur sing> med fot tech sensibilità f.
empfindsam adj **1** (feinfühlig) {SEELE, WESEN} sensibile, delicato; {MENSCH} sensibile, di animo delicato **2** lit (gefühlvoll) {GESCHICHTE} sentimentale.
Empfindsamkeit <-, ohne pl> f **1** (Feinfühligkeit) sensibilità f, delicatezza f (d'animo) **2** lit sentimentalismo m.
Empfindung <-, -en> f **1** (Wahrnehmung) sensazione f, percezione f; (Schmerzempfindlichkeit) sensibilità f **2** (Gefühl) sentimento m.
empfindungslos adj **1** (taub) {ARME, BEINE, FINGER} insensibile, privo di sensibilità **2** (gefühllos) {MENSCH} insensibile, privo di sentimenti, di pietra fam.
empfing 1. und 3. pers sing imperf von empfangen.
empfohlen part perf von empfehlen.
empfunden part perf von empfinden.
Emphase <-, -n> f geh enfasi f.
emphatisch adj geh enfatico.
Empire <-(s), ohne pl> n, **Empirestil** m kunst stile m impero.

empirisch adj geh empirico.
Empirismus <-, ohne pl> m philos empirismo m.
empor adv geh all'insù, verso l'alto.
emporarbeiten rfl geh **sich ~**, farsi una posizione, far carriera: **sie hat sich von der einfachen Sekretärin zur Direktionsassistentin emporgearbeitet**, ha fatto carriera: da semplice segretaria ad assistente del direttore; **sich wieder ~**, tornare a galla.
emporblicken itr geh (**zu jdm/etw**) ~ guardare in alto (verso qu/qc).
Empore <-, -n> f arch (in der Kirche) matroneo m; theat galleria f.
empören <ohne ge-> **A** tr **jdn** ~ indignare qu, sdegnare qu **B** rfl **1** (sich entrüsten) **sich** (**über jdn/etw**) ~ indignarsi/sdegnarsi (⌊con/contro qu⌋/[a/per qc]) **2** geh obs (sich auflehnen) **sich** (**gegen jdn/etw**) ~ levarsi (contro qu/qc) obs, sollevarsi (contro qu/qc), rivoltarsi (contro qu/qc).
empörend adj {BENEHMEN} vergognoso, scandaloso.
emporkommen <irr> itr <sein> geh **1** (vorankommen) fare carriera, fare strada **2** (an die Oberfläche kommen) venire a galla.
Emporkömmling <-s, -e> m pej arrivista mf, parvenu m.
emporragen itr geh torreggiare, ergersi: **aus dem Häusermeer** ~, svettare dalla distesa di tetti; **die Wolkenkratzer ragen zum Himmel empor**, i grattacieli si slanciano verso il cielo.
emporsteigen <irr> itr <sein> geh **1** (hochkommen) **in jdm** ~ {ANGST, BEDENKEN, ZWEIFEL} invadere qu, assalire qu, crescere dentro a qu **2** (aufsteigen) {NEBEL, RAUCH} alzarsi.
empört **A** adj ~ (**über jdn/etw**) indignato (contro qu/per qc), sdegnato (⌊con/contro qu⌋/[per qc]) **B** adv con indignazione/sdegno.
Empörung <-, -en> f **1** <nur sing> (Entrüstung) ~ **über jdn/etw** indignazione f (contro qu/qc), sdegno m (⌊con/contro qu⌋/[per qc]) **2** obs (Aufstand) ~ **gegen jdn/etw** ribellione f (a/contro qu/qc), rivolta f/sollevazione f (contro qu/qc) ● **über etw akk) in ~ geraten**, indignarsi (per qc), accendersi di sdegno (per qc).
emsig **A** adj **1** (fleißig) {AMEISE, BIENE} operoso; {ARBEITER} alacre, solerte **2** (unermüdlich) {ARBEIT, TÄTIGKEIT} assiduo **B** adv {ARBEITEN, LERNEN} alacremente.
Emsigkeit <-, ohne pl> f **1** (Fleiß) {+AMEISE, BIENE} operosità f; {+ARBEITER} alacrità f **2** (Unermüdlichkeit) assiduità f.
Emu <-s, -s> m ornith emù m, struzzo m australiano.
Emulsion <-, -en> f chem emulsione f.
en bloc adv {KAUFEN, VERKAUFEN} in blocco.
Endabrechnung f com ökon (bilancio m) consuntivo m.
Endausscheidung f sport finalissima f.
Endbahnhof m stazione f terminale.
Ende <-s, -n> n **1** (zeitlicher Abschluss) {+GESPRÄCH, VERHANDLUNGEN} fine f, termine m, conclusione f: ~ **der Durchsage/Vorstellung**, fine della comunicazione/rappresentazione; (bei Zeitangaben): ~ **Januar/Februar/...**, ⌊alla fine⌋/[agli ultimi] di gennaio/febbraio/...; ~ ⌊**der Woche**⌋/[**des Monats**]/[**des Jahres**], alla fine ⌊della settimana⌋/[del mese]/[dell'anno]; **am ~ des Winters**, sul finir(e) dell'inverno, a fine inverno; **der Sommer geht seinem ~ zu**, l'estate è agli sgoccioli **2** (Ausgang) {+FILM, ROMAN} fine f, finale m, epilogo m **3** (Endpunkt) fondo m, capo

Endeffekt m: **im ~** fam, alla fin fine, in fin dei conti.

endemisch adj med endemico.

enden itr **1** (nicht mehr weitergehen) *irgendwo* ~ {Weg dort, im Wald} finire/terminare + compl di luogo **2** (zu Ende gehen) *irgendwann* ~ {Konzert um Mitternacht} finire/terminare/concludersi + compl di tempo: **nicht ~ wollender Beifall**, applausi a non finire; (auslaufen) {Frist, Ultimatum} scadere + compl di tempo **3** ling (ausgehen) **auf etw** (akk)/**mit etw** (dat) ~ {Silbe, Wort} terminare in qc, finire in qc **4** <haben oder sein> fam (landen) *irgendwo* ~ {im Gefängnis} finire in qc: **vor Gericht ~**, finire in tribunale **5** (führen zu) **in/mit etw** ~! {Streit in, mit einer Prügelei} sfociare in qc, concludersi con qc: **das Festival endete mit einem modernen Ballett**, il festival si concluse con un balletto moderno ● **mal böse ~!**, finirà/{andrà a finire} male!; **der wird noch schlimm ~!**, farà una brutta fine!; **wie soll das noch ~!**, dove si andrà a finire?

Endergebnis n risultato m/esito m finale.

Endgerät n inform tel terminale m.

Endgeschwindigkeit f velocità f finale.

endgültig **A** adj definitivo **B** adv definitivamente.

Endhaltestelle f → **Endstation**.

Endivie <-, -n> f bot indivia f: **breitblättrige/glatte ~**, (indivia) scar(i)ola; **krause ~**, indivia riccia.

Endkampf m sport finale f.

Endlager n ökol deposito m di stoccaggio definitivo.

end|lagern <nur inf und part perf> tr ökol *etw* ~ stoccare qc definitivamente: **endgelagerter Atommüll**, scorie radioattive definitivamente stoccate.

Endlagerung f ökol stoccaggio m definitivo.

endlich **A** adv **1** (Ausruf nach langem Warten) finalmente, infine, alla fine: **~ bist du da!**, finalmente sei arrivato (-a)! **2** (Ungeduld ausdrückend) insomma, una buona volta: **hör doch ~ auf!**, insomma, la vuoi smettere!, smettila una buona volta! **3** (schließlich, am Ende) infine, alla fine, finalmente: **er hat ~ verstanden, worum es geht**, alla fine ha capito di che cosa si tratta **B** adj astr math philos (Universum, Zahl) finito ● **na, ~!** fam, era ora! fam, finalmente!

endlos **A** adj **1** (lange dauernd) {Ärger, Diskussionen} interminabile, infinito, a non finire **2** (sehr lang) {Autoschlange, Kolonne} interminabile **3** (unbegrenzt) {Weite} infinito; {Wüste} auch sconfinato, sterminato **B** adv: **das dauert ja ~ lange**, non finisce più; **die Verhandlungen ziehen sich ~ hin**, le trattative si protraggono/trascinano all'infinito.

Endlosigkeit <-, ohne pl> f **1** (endlose Dauer) durata f interminabile **2** (Grenzenlosigkeit) {Raum} sconfinatezza f, illimitatezza f.

Endlospapier n inform carta f a modulo continuo.

Endlösung f hist (im Nationalsozialismus): **die ~ (der Judenfrage)**, la soluzione finale.

endogen adj med psych {Depression, Stoff} endogeno.

endokrin adj med {Drüse} endocrino.

Endokrinologie f med endocrinologia f.

Endoskop <-s, -e> n med endoscopio m.

Endoskopie <-, -n> f med endoscopia f.

endoskopisch adj med endoscopico.

Endphase f fase f finale/conclusiva: **sich in der/seiner ~ befinden** {Projekt}, essere in dirittura d'arrivo fam.

Endprodukt n **1** industr prodotto m finito **2** (Ergebnis) prodotto m (finale), esito m.

Endpunkt m **1** {+Linie, Strecke} (punto m) estremo m, estremità f; {+Reise} punto m d'arrivo **2** fam (ausweglose Situation) punto m di non ritorno.

Endresultat n risultato m/esito m finale.

Endrunde f sport Handball Fußball girone m finale; Autorennen Leichtathletik ultimo giro m; Boxen ultima ripresa f, ultimo round m.

Endspiel n sport finale f; (von besonderer Bedeutung) finalissima f: **das ~ erreichen, ins ~ kommen**, entrare/arrivare in finale.

Endspurt m **1** sport sprint m/scatto m finale; Radsport volata f (finale) **2** (letzte Anstrengung, bes. bei Arbeit) stretta f finale.

Endstadium n med stadio m/fase f terminale, ultimo m stadio: **Krebs im ~**, un tumore all'ultimo stadio.

Endstation f **1** {+Bus, U-Bahn} capolinea m; {+U-Bahn, Zug} stazione f terminale **2** fam (letzte Lebensstation) capolinea m fam.

Endsumme f totale m, somma f (finale).

Endung <-, -en> f ling desinenza f.

Endverbraucher m (**Endverbraucherin** f) consumatore (-trice) m (f) (finale).

Endzeit f bes. relig tempo m dell'apocalisse.

Endzeitstimmung f catastrofismo m.

Endziel n {+Wanderung} meta f finale; {+Aktivitäten} obiettivo m finale, traguardo m.

Energetik f phys energetica f.

Energie <-, -n> f **1** phys energia f: **alternative ~**, energia alternativa **2** (Tatkraft) energia f, dinamismo m, vitalità f: **voller ~ sein/stecken**, essere pieno di energia ● **sich mit aller ~ für etw** (akk) **einsetzen**, impegnarsi con tutte le proprie energie in qc.

Energiebedarf m fabbisogno m energetico.

energiebewusst (a.R. energiebewußt) adj attento al risparmio energetico, sensibile alle questioni energetiche.

Energiebündel n: **ein ~ sein** fam, essere un vulcano fam/{concentrato di energia fam}.

Energieerzeugung f produzione f di energia.

Energiegewinnung f produzione f di energia.

Energiehaushalt m **1** ökol ökon bilancio m energetico **2** {+menschlicher Körper} metabolismo m energetico.

Energiekrise f ökol crisi f energetica.

Energielieferant m (**Energielieferantin** f) **1** (wer Energie liefert) fornitore (-trice) m (f) di energia **2** (Energiequelle) fonte f di energia.

energielos adj {Person} senza/{privo di} energia, fiacco.

Energiepolitik f politica f energetica.

Energiequelle f fonte f energetica.

Energiesparen n ökol risparmio m energetico.

Energiesparlampe f el lampadina f a basso consumo/{risparmio energetico}.

Energiesparmaßnahme f <meist pl> ökol misura f finalizzata al risparmio energetico.

Energiespender m: **ein ~ sein** {Fruchtzucker, Schokolade}, dare energia.

Energiesteuer f pol tassa f sull'energia.

Energieträger m fonte f energetica/{di energia}.

Energieumwandlung f trasformazione f energetica.

Energieverbrauch m ökol consumo m energetico.

Energieverlust m ökol dispersione f di energia.

Energieverschwendung f **1** ökol spreco m energetico **2** (von menschlicher Energie) spreco m di energie, fatica f sprecata fam.

Energieversorgung f ökol approvvigionamento m/fornitura f di energia.

Energiewirtschaft f industria f energetica.

Energiezufuhr f rifornimento m energetico.

energisch **A** adj **1** (tatkräftig) {Charakter, Mensch, Ton} energico, risoluto, deciso: **ein ~er Mensch** auch, una persona di polso fam **2** (nachdrücklich) {Maßnahmen} energico, incisivo; {Protest} auch forte: **~ werden**, fare la voce grossa, usare le maniere forti **B** adv (entschlossen) {durchgreifen, protestieren} energicamente, in modo energico: **~ handeln**, agire con polso fermo/{piglio energico/risoluto}.

Energydrink <-s, -s> m bevanda f energetica.

Enfant terrible <- -, -s -s> n geh enfant terrible m.

eng **A** adj **1** (schmal) {STRAßE, TAL, TOR} stretto, angusto geh **2** (eng anliegend) {SCHUHE} stretto; {KLEID} auch attillato, aderente: **der Rock ist mir zu eng**, la gonna mi va/sta (troppo) stretta **3** (beengt) {RAUM, WOHNUNG} stretto, angusto geh **4** (gedrängt) {UMARMUNG} stretto **5** (beschränkt) {MORALBEGRIFF} angusto, ottuso: **einen engen Gesichtskreis/Horizont haben**, essere di vedute ristrette, avere un orizzonte limitato; **in engen Verhältnissen leben**, vivere in ristrettezze **6** (intim) {BEZIEHUNG, FREUNDSCHAFT} stretto, intimo **7** (eingeschränkt) {PERSONENKREIS} ristretto: **im engsten Familienkreis** {ETW BESPRECHEN, FEIERN}, con i parenti più stretti; **im engeren Sinne**, in senso stretto; **in die engere Wahl kommen**, entrare in ballottaggio **B** adv **1** (knapp): **eng anliegen**, essere attillato; **eng sitzen**, andare/stare stretto (-a) **2** (dicht) {DRUCKEN, SCHREIBEN} fitto: **sie standen eng zusammengedrängt**, stavano molto stipati (-e)/accalcati (-e) **3** (nah): **sie sind eng befreundet**, sono ₂amici intimi₁/[amiche intime]; **mit jdm eng zusammenarbeiten**, lavorare in stretta collaborazione con qu ● **etw enger machen** {KLEID}, re)stringere qc; **es wird eng (für jdn)** fam, sarà dura (per qu) fam, si mette male (per qu) fam.

Engadin n CH geog: **das ~**, (l')Engadina f.

Engagement <-s, -s> n **1** geh (Einsatz) ~ **(für jdn/etw)** impegno m (per qu/qc): **politisches ~**, impegno politico **2** mus theat (Anstellung) scrittura f, ingaggio m: **er ist ohne festes ~**, non è scritturato stabilmente.

engagieren <ohne ge-> **A** tr (anstellen) **jdn ~** {PRIVATDETEKTIV, PRIVATLEHRER} assumere qu; mus theat scritturare qu, ingaggiare qu **B** rfl (sich einsetzen) **sich (für jdn/etw) ~** impegnarsi per qc, adoperarsi ₂per/in favore di qu₁/[per qc]: **sich politisch ~**, impegnarsi politicamente.

engagiert adj geh {LITERATUR, SCHRIFTSTELLER} impegnato, engagé geh: **sozial ~ sein**, essere impegnato nel (campo) sociale.

enganliegend adj → **anliegend**.

engbeschrieben adj → **beschrieben**.

Enge <-, ohne pl> f **1** {+STRAßE, TAL} strettezza f **2** (Beschränktheit) {+RAUM, WOHNUNG} (ri)strettezza f, angustia f geh; (geistig) auch ottusità f, limitatezza f ● **jdn in die ~ treiben**, mettere qu ₂alle strette fam₁/[alle corde fam]/[con le spalle al muro fam].

Engel <-s, -> m angelo m ● **du ahnungsloser ~!** fam, povero (-a) sprovveduto (-a)! fam; **die ~ im Himmel singen hören** fam, vedere le stelle fam; **der rettende ~**, il salvatore; **ein ~ sein** fam, essere un angelo fam/tesoro fam.

engelhaft adj angelico: **ein ~es Gesicht**, una faccia d'angelo.

Engelmacher m (**Engelmacherin** f) fam euph fabbricante mf di angeli euph, praticona f fam, mammana f südital fam.

Engelsburg f arch Castel m Sant'Angelo.

Engelsgeduld f: **eine ~ haben**, avere la pazienza di ₂un santo₁/[Giobbe].

Engelszungen subst <nur pl> (wie) mit ~ **reden**, usare tutta la forza persuasiva; **ich habe mit ~ auf ihn eingeredet**, ho cercato di convincerlo in tutti i modi.

Engerling <-s, -e> m zoo larva f di maggiolino.

engherzig adj pej (di animo) gretto/meschino.

Engherzigkeit <-, ohne pl> f pej grettezza f (d'animo), meschinità f (d'animo), piccineria f.

engl. adj Abk von englisch: inglese.

England <-s, ohne pl> n geog Inghilterra f.

Engländer① <-s, -> m tech chiave f inglese.

Engländer② <-s, -> m (**Engländerin** f) inglese mf.

englisch **A** adj {SPRACHE, VOLK} inglese: **auf ~e Art**, all'inglese **B** adv **1** (in englischer Sprache) {SICH UNTERHALTEN} in inglese: **ein ~ geschriebener Brief**, una lettera scritta in inglese; **neben mir saßen zwei ~ sprechende Mädchen**, accanto a me erano sedute due ragazze che parlavano in inglese **2** gastr {BRATEN} al sangue.

Englisch <-(s), ohne pl> n, **Englische** <dekl wie adj> n inglese m; **Englisch sprechend**, anglofono; → auch **Deutsch, Deutsche**②.

englischsprachig adj di lingua inglese, anglofono.

englischsprechend adj → **Englisch**.

engmaschig adj **1** {NETZ} fitto, a maglie fitte: **ein ~ gestrickter Pullover**, un maglione lavorato a maglia fitta **2** (dicht) {SPIONAGENETZ, VERKABELUNG} capillare.

Engpass (a.R. Engpaß) m **1** (verengte Fahrbahn) strettoia f, strozzatura f, stretta f **2** (bei der Versorgung) impasse f, difficoltà f: **im Betrieb besteht momentan ein ~ an Ersatzteilen**, in questo momento la ditta è a corto di pezzi di ricambio; **ein ~ in der Produktion**, una strozzatura nella produzione.

en gros adv com {EINKAUFEN} all'ingrosso.

Engroshandel m ökon commercio m all'ingrosso.

Engrospreis m prezzo m all'ingrosso.

engstirnig **A** adj pej (mit begrenztem Horizont) {ANSICHTEN} ristretto, meschino, gretto; {MENSCH} di mente ristretta, di vedute limitate, gretto, meschino, ottuso **B** adv {HANDELN} meschinamente, grettamente: **~ denken**, essere di idee ristrette.

Engstirnigkeit <-, ohne pl> f ristrettezza f di vedute, meschinità f, grettezza f.

engumschlungen adj → **umschlungen**.

Enjambement <-s, -s> n poet (Zeilensprung) enjambement m.

Enkel <-s, -> m (**Enkelin** f) **1** (Kind des Kindes) nipote mf (di nonno (-a)) **2** <nur pl> (Nachkommen) nipoti m pl, discendenti m pl, progenie f ● **die ~ (Stalins/...)** pol, i nipotini (di Stalin/...).

Enkelkind n nipote mf (di nonno (-a)).

Enkelsohn m geh nipote m (di nonno (-a)).

Enkeltochter f geh nipote f (di nonno (-a)).

Enklave <-, -n> f pol enclave f.

enorm **A** adj **1** (groß) {KRAFT, LEISTUNG, SCHWIERIGKEIT, SUMME} enorme **2** <präd> fam (großartig) fantastico fam, favoloso fam **B** adv fam (sehr): **die Preise sind ~ gestiegen**, i prezzi sono enormemente aumentati; **er ist ~ kräftig**, è straordinariamente robusto; **dieses Haus kostet ~ viel (Geld)** fam, questa casa costa un'enormità fam/un patrimonio fam.

en passant adv {ERWÄHNEN, SAGEN} en passant, di sfuggita, incidentalmente.

Enquetekommission f parl (zur Untersuchung bestimmter Themen) commissione f parlamentare.

Ensemble <-s, -s> n **1** mus ensemble m, complesso m; theat compagnia f **2** (Kleidung) completo m, ensemble m geh **3** geh (Gruppe): **das ~ von etw (dat pl)** {VON HÄUSERN}, l'insieme di qc.

entarten <ohne ge-> itr <sein> (**zu etw dat**) **~ degenerare** (in qc).

entartet adj {KUNST} degenerato.

Entartung <-, -en> f degenerazione f.

entbehren <ohne ge-> **A** tr **1** (ohne auskommen): **jdn/etw ~ können**, poter fare a meno di qu/qc, poter stare senza qu/qc; **der Betrieb kann zurzeit keinen Mitarbeiter ~**, attualmente l'azienda non può rinunciare nemmeno a un dipendente **2** geh (vermissen) **jdn/etw ~** sentire la mancanza di qu/qc **B** itr geh (ohne etw sein) **etw** (gen) ~ essere privo di qc, mancare di qc: **diese Argumentation entbehrt jeder Logik**, quest'argomentazione è priva di qualsiasi fondamento logico.

entbehrlich adj non indispensabile/necessario: **diese Art von Luxus ist durchaus ~**, di questo tipo di lusso si può benissimo fare a meno.

Entbehrung <-, -en> f <meist pl> (Verzicht) privazione f, rinuncia f: **~en auf sich nehmen**, fare dei sacrifici, imporsi delle privazioni.

entbehrungsreich adj geh {JAHRE, ZEIT} di stenti.

entbinden <irr, ohne ge-> **A** tr **1** (dispensieren) **jdn von etw** (dat) **~** {VON EINER PFLICHT} dispensare qc da qc, esonerare qu da qc, esimere qu da qc; {VON EINEM VERSPRECHEN} sciogliere qu da qc **2** med: **eine Frau (von einem Kind) ~**, far partorire una donna, assistere una donna durante il parto; **sie ist von einem Sohn entbunden worden**, ha partorito un maschio **B** itr med (gebären) {FRAU} partorire.

Entbindung f **1** (Dispensierung) ~ **von etw** (dat) {VON EINER PFLICHT} dispensa f (da qc), esenzione f (da qc); {VON EINEM VERSPRECHEN} scioglimento m (da qc) **2** med parto m.

Entbindungsklinik f clinica f ostetrica.

Entbindungspfleger m assistente m ostetrico.

Entbindungsstation f (reparto m) maternità f, ostetricia f.

entblättern <ohne ge-> **A** tr bot etw **~** sfogliare qc, levare/togliere le foglie a qc; {STURM BÄUME} spogliare qc **B** rfl sich ~ **1** bot sfogliarsi, perdere le foglie **2** scherz (sich ausziehen) spogliarsi: **die Schauspielerin entblätterte sich vor der Kamera**, l'attrice si spogliò davanti alla macchina da presa.

entblößen <ohne ge-> geh **A** tr etw ~ {ARM, OBERKÖRPER} denudare qc, scoprire qc **B** rfl **sich ~** denudarsi.

entblößt adj geh **1** (ausgezogen) scoperto, nudo: **mit ~em Haupt**, a capo scoperto **2** (beraubt) spogliato: **aller Mittel ~**, spogliato/privato di ogni mezzo.

entbrennen <irr, ohne ge-> itr <sein> geh **1** (ausbrechen) {KAMPF, KRIEG} scoppiare; {STREIT} auch accendersi **2** (Leidenschaft entfalten) **in etw (für jdn/zu jdm) ~** accendersi di qc (per qu), infiammarsi di qc (per qu): **er entbrannte in Liebe zu ihr** lit, si accese d'amore per lei lit.

Entbürokratisierung <-, -en> f sburocratizzazione f, semplificazione f burocratica.

entdecken <ohne ge-> tr **1** (Unbekanntes finden) **etw ~** {KONTINENT, VIRUS} scoprire qc; {RUINEN} auch rinvenire qc **2** (ausfindig machen) **jdn ~** {DIEB, TÄTER} scoprire qu, individuare qu, scovare qu; **etw ~** {DIE WAHRHEIT} scoprire qc; {NEUES LOKAL} auch scovare qc; {FEHLER, SCHATZ, VERSTECK} scoprire qc, trovare qc **3** (jds Talent ~) **jdn ~** {SÄNGER, SCHAUSPIELER} scoprire qu.

Entdecker <-s, -> m (**Entdeckerin** f) scopritore (-trice) m (f).

Entdeckung f **1** <nur sing> (das Entdecken

{+Kontinent, Talent, Virus} scoperta f; {+Versteck} auch ritrovamento m; {+Schatz} rinvenimento m, ritrovamento m **2** (*das Entdeckte*) scoperta f, ritrovamento m: **eine wissenschaftliche ~** *auch*, un ritrovato scientifico **3** (*Talent*) rivelazione f, scoperta f.

Entdeckungsreise f viaggio m di esplorazione ● **auf ~ gehen** *fam scherz*, andare in esplorazione.

Entdeckungstour f gita f esplorativa, escursione f: **auf ~ in Sizilien**, alla scoperta della Sicilia.

entdramatisieren <*ohne* ge-> tr *etw* ~ sdrammatizzare *qc*.

Ente① <-, -n> f **1** *ornith* anatra f, anitra f; (*weibliche ~*) femmina f dell'anatra, anatra f femmina **2** *gastr* → **Entenbraten 3** *fam autom* (*Citroën 2 CV*) due cavalli f **4** *med* pappagallo m ● **kalte ~**, "bevanda f a base di vino e spumante, con acqua minerale e limone"; **eine lahme ~ fam**, un polentone *fam*, un pappamolle *fam*.

Ente② <-, -n> f *fam* (*Zeitungsente*) bufala f *fam*, canard m *gef*.

entehren <*ohne* ge-> tr **1** (*entwürdigen*) *jdn/etw* ~ {Familie, Namen} disonorare *qu/qc*, infamare *qu/qc* **2** *obs* (*entjungfern*): **ein Mädchen ~**, disonorare *obs*/deflorare una ragazza.

enteignen <*ohne* ge-> tr *jur jdn* ~ {Grund-, Hausbesitzer} espropriare *qu*; *etw* ~ {Grundstück} espropriare *qc*.

Enteignung f *jur* esproprio m, espropriazione f.

enteilen <*ohne* ge-> itr <*sein*> *geh* fuggire via.

enteisen <*ohne* ge-> tr *etw* ~ {Autofenster, Kühltruhe} sbrinare *qc*.

Entenbraten m *gastr* arrosto m d'anatra, anatra f arrosto.

Entenbrust f *gastr* petto m d'anatra.

Entenei n uovo m d'anatra.

Entenküken n *ornith* anatroccolo m.

Entente <-, -n> f *pol* intesa f, entente f *geh*.

enterben <*ohne* ge-> tr *jur jdn* ~ diseredare *qu*.

Enterich <-s, -e> m *ornith* maschio m dell'anatra, anatra f maschio.

entern [A] tr <*haben*> (*kapern*) *etw* ~ {Piratenschiff} andare all'arrembaggio *di qc*; {Flugzeug} impadronirsi *di qc* [B] itr *naut* <*sein*> (*klettern*) arrampicarsi (all'arrembaggio).

Entertainer <-s, -> m (**Entertainerin** f) *theat TV* mattatore (-trice) m (f), intrattenitore (-trice) m (f), entertainer mf.

Enter-Taste f *inform* tasto m d'invio/Enter.

entfachen <*ohne* ge-> tr *geh etw* ~ **1** (*anzünden*) {Brand, Glut} attizzare *qc*; {Feuer} *auch* accendere *qc* **2** (*entfesseln*) {Hass, Leidenschaft} attizzare *qc*; {Krieg, Streit} scatenare *qc*, provocare *qc*.

entfahren <*irr, ohne* ge-> itr <*sein*> *jdm* ~ sfuggire/scappare (di bocca) *a qu*.

entfallen <*irr, ohne* ge-> itr <*sein*> **1** (*aus dem Gedächtnis*) *jdm* ~ {Adresse, Name} sfuggire *a qu*, uscire/scappare di mente *a qu*: **mir ist sein Name ~**, mi sfugge il suo nome **2** *geh* (*aus den Händen fallen*) *jdm* ~ sfuggire/scappare di mano *a qu* **3** *geh* (*wegfallen*) {Punkt} venire a cadere; {Veranstaltung} essere/venire annullato (-a), non avere luogo (Haltestelle) non venire più soppresso (-a) **4** (*jdm zustehen*) **auf** *jdn/etw* ~ {Anteil, Kosten} spettare *a qu/qc*, toccare *a qu/qc*, andare *a qu/qc*: **auf jeden von uns ~ 20 Euro**, a ognuno di noi spettano 20 euro ● **entfällt** *adm* (*auf Formularen*), non riempire.

entfalten <*ohne* ge-> [A] tr *geh etw* ~ **1** (*auseinanderfalten*) {Landkarte, Zeitung} spiegare *qc*, aprire *qc* **2** (*entwickeln*) {Fähigkeiten, Interessen, Kräfte, Talent} sviluppare *qc*; {Fantasie} dar prova *di qc*, (di)mostrare *qc*; {Aktivität, Tätigkeit} svolgere *qc*: **eine rege Tätigkeit ~**, lanciarsi in un'intensa attività **3** (*darlegen*) {Gedankengänge, Plan} elaborare *qc*, sviluppare *qc* [B] rfl *sich ~* **1** (*sich öffnen*) {Blüte, Knospe} (di)schiudersi, sbocciare, aprirsi **2** (*sich verwirklichen*) {Person} esprimersi, realizzarsi: **sich frei ~ können**, potersi esprimere liberamente; {Begabung} svilupparsi, maturare; {Persönlichkeit} *auch* formarsi, evolversi.

Entfaltung <-, *ohne* pl> f **1** (*das Aufgehen*) {+Blüte, Knospe} sboccio m, sbocciare m **2** (*Entwicklung*) {+Begabung, Persönlichkeit} realizzazione f, sviluppo m, espressione f; {+Aktivität, Tätigkeit} svolgimento m **3** (*Darstellung*) {+Gedankengang, Plan} elaborazione f, sviluppo m ● **etw zur ~ bringen**, (far) sviluppare/maturare *qc*; **zur ~ kommen/gelangen**, svilupparsi, esprimersi.

entfärben <*ohne* ge-> [A] tr *etw* ~ {Stoff} decolorare *qc*, scolorire *qc*, scolorare *qc* [B] rfl *sich ~* {Gesicht} scolorire, scolorirsi; {Laub, Stoff} *auch* stingere, stingersi, scolorarsi.

Entfärber <-s, -> m, **Entfärbungsmittel** n *chem* decolorante m.

entfernen <*ohne* ge-> [A] tr **1** (*wegnehmen, -tun*) *etw* (**aus/von** *etw* dat) ~ {Fleck aus der Jacke, Bild von der Wand} togliere *qc* (*da qc*); (*wegräumen*) {Schrank aus dem Zimmer} rimuovere *qc* (*da qc*) **2** *med* (*jdm*) *etw* ~ {Tumor} asportare *qc* (*a qu*); {Mandeln} *auch* togliere *qc* (*a qu*) **3** *adm* ~ *jdn* allontanare *qu*: **jdn von der Schule ~**, allontanare/espellere *qu* da(lla) scuola; **jdn aus dem Amt ~**, rimuovere *qu* (dal servizio), sollevare *qu* dall'incarico [B] rfl **1** (*weggehen, -fahren*) *sich* (**von/aus** *etw* dat) ~ {aus einer Stadt} allontanarsi (*da qc*); {vom Arbeitsplatz, aus dem Haus} *auch* assentarsi (*da qc*): **das Motorrad entfernte sich schnell**, la moto(cicletta) si allontanò velocemente **2** (*abweichen*) *sich* **von** *etw* (dat) ~ {von einem Thema} allontanarsi (*da qc*); {von der Wahrheit} *auch* (di)scostarsi *da qc* **3** (*sich entfremden*) *sich* **von** *jdm* ~ {von einem früheren Freund, einem Milieu} allontanarsi *da qu*, discostarsi *da qu*.

entfernt [A] adj **1** (*weitläufig*): **ein ~er Verwandter**, un lontano parente, un parente alla lontana; **er ist nur ein ~er Bekannter von mir**, lo conosco solo superficialmente **2** (*gering*) {Ähnlichkeit} lontano, vago: **nicht die ~este Ahnung/[den ~esten Verdacht] haben**, non avere la più pallida idea/[il minimo sospetto] **3** (*abgelegen*): **weit (von** etw dat) **~ sein/liegen** {See von der Stadt}, essere molto lontano/distante (da *qc*); **der Ort ist/liegt 20 km/[15 Minuten] (von hier) ~**, la località dista 20 km/[è a 15 minuti] (da qui) [B] adv (*nur vage*) {andeuten, sich erinnern} lontanamente, vagamente; (*nicht eng*): **sie sind (miteinander) ~ verwandt**, sono parenti alla lontana ● **nicht im Entferntesten**, neanche lontanamente/[per sogno] *fam*; **ich denke nicht im Entferntesten daran!**, non ci penso neanche lontanamente! *fam*; **weit davon ~ sein, etw zu tun**, essere ben lungi/lontano dal fare *qc*.

Entfernung <-, -en> f **1** (*Abstand; Strecke*) distanza f: **große ~en zurücklegen**, coprire grandi distanze **2** *med* {+Organ} asportazione f **3** *adm* (*das Entfernen*) (*von der Schule*) allontanamento m, espulsione f; (*aus dem Amt*) rimozione f, allontanamento m ● **auf eine ~ von ...**, a una distanza di ...; **auf diese ~**, a questa distanza; **auf große ~**, a grande distanza; **aus der ~**, da lontano; **in einiger ~ von etw** (dat), a una certa distanza da *qc*; **in einer ~ von etw** (dat), a una distanza di *qc*; **in gebührender ~ stehen**, stare/tenersi a debita distanza.

Entfernungsmesser <-s, -> m *fot* telemetro m.

Entfernungspauschale f rimborso m forfettario (delle spese a km per il tragitto casa-lavoro).

entfesseln <*ohne* ge-> tr *etw* ~ {Krieg, Streit} scatenare *qc*, provocare *qc*: **entfesselte Leidenschaften**, passioni sfrenate/scatenate; **die entfesselten Elemente**, la furia degli elementi.

Entfeuchtungsapparat m deumidificatore m.

entflammbar adj {Material, Stoff} infiammabile ● **leicht ~ sein** *fam*, essere facile alle cotte *fam*.

entflammen <*ohne* ge-> *geh* [A] tr <*haben*> **1** (*entfachen*) *etw* ~ {jds Hass, Leidenschaft, Zorn} accendere *qc*, scatenare *qc*, suscitare *qc* **2** (*begeistern*) *jdn für etw* (akk) ~ {für eine Idee, ein Ideal} appassionare *qu a qc*: **für etw** (akk) **entflammt sein**, ardere d'entusiasmo per *qc*; **für jdn entflammt sein**, essere cotto di *qu fam* [B] itr <*sein*> **1** (*entbrennen*) {alte Leidenschaft} riaccendersi; {Streit} scoppiare **2** (*sich begeistern*) *sich für etw* (akk) ~ {für ein Ideal, eine Idee} infiammarsi per *qc*, accendersi per *qc*.

entflechten <*irr, ohne* ge-> tr *etw* ~ **1** *ökon* {Konzern} scorporare *qc* **2** (*entwirren*) {Interessen} districare *qc*.

Entflechtung <-, -en> f *ökon* {+Kartell} decartellizzazione f.

entfliegen <*irr, ohne* ge-> itr <*sein*> *geh* {Vogel} volare via, prendere il volo.

entfliehen <*irr, ohne* ge-> itr <*sein*> *geh* **1** (*fliehen*) (**aus** *etw* dat) ~ {Häftling aus dem Gefängnis} fuggire (*da qc*), evadere (*da qc*) **2** *geh* (*entkommen*) *etw* (dat) ~ {der Großstadt} fuggire *da qc* **3** *geh* (*schnell vergehen*) {Zeit} fuggire *geh*, involarsi *geh*.

entfremden <*ohne* ge-> [A] tr **1** (*fremd machen*) *jdn jdm* ~ (e)straniare *qu da qu*, alienare *qu da qu*, allontanare *qu da qu* **2** (*zweck~*): **ein Gebäude seinem Zweck ~**, destinare un edificio ad un uso/uno scopo diverso da quello previsto [B] rfl (*sich innerlich entfernen*) *sich jdm/etw* ~ {der Familie} (e)straniarsi *da qu/qc*, alienarsi *da qu/qc*, disaffezionarsi (*d*)*a qu/qc*.

Entfremdung <-, *ohne* pl> f **1** (*innerliche Entfernung*) (e)straniamento m, alienazione f **2** *philos soziol* alienazione f, estraniazione f.

entfrosten <*ohne* ge-> tr *autom etw* ~ {Autofenster} sbrinare *qc*.

Entfroster <-s, -> m *autom* sbrinatore m.

entführen <*ohne* ge-> tr **1** (*kidnappen*) *jdn* ~ {Geisel, Kind} sequestrare *qu*, rapire *qu*; (*kapern*) *etw* ~ {Flugzeug} dirottare *qc* **2** *fam scherz* (*wegnehmen*) (*jdm*) *etw* ~ sgraffignare *qc a qu fam*, soffiare *qc a qu fam*: **wer hat meinen Kuli entführt?**, chi mi ha fregato la biro? *fam*.

Entführer m (**Entführerin** f) (*Kidnapper*) sequestratore (-trice) m (f), rapitore (-trice) m (f); *aero* (*Hijacker*) dirottatore (-trice) m (f).

Entführte <dekl wie adj> mf sequestrato (-a) m (f), rapito mf.

Entführung f (*das Kidnappen*) {+Geisel, Kind} sequestro m (di persona), rapimento m, ratto m *jur oder lit*; (*das Kapern*) {+Flug-

zeug} dirottamento m.
entgegen A adv geh (*in Richtung*) **etw** (dat) ~ {Neuen Erfahrungen, der Sonne} incontro *a qc*, verso *qc* B präp + dat contrariamente a, contro, in contrasto con: ~ **der Ankündigung**, contrariamente a quanto annunciato; ₁~ **unserem Rat**₁/[**unserem Rat** ~ **rar**] **nahm er einen hohen Kredit auf**, contrariamente a quanto gli avevamo consigliato ha contratto un mutuo elevato.
entgegen|bringen <irr> tr **1** (*bezeigen*) *jdm etw* ~ {Vertrauen} dimostrare *qc a qu*; {Freundschaft} nutrire *qc verso/per qc*; {Achtung, Zuneigung} *auch* portare *qc a qu* **2** (*zeigen*) *etw* (dat) *etw* ~ {einer Idee Interesse, Aufmerksamkeit} (di)mostrare *qc per qc*.
entgegen|eilen itr <sein> *geh jdm* ~ correre incontro *a qu*, precipitarsi incontro *a qu*.
entgegen|fahren <irr> itr <sein> *jdm* ~ andare/venire incontro *a qu* (con un mezzo): **er kam mir mit dem Motorrad entgegengefahren**, mi stava venendo incontro in/[con la] moto(cicletta).
entgegen|fiebern itr <sein> *etw* (dat) ~ vivere nella febbrile/spasmodica attesa *di qc*: **sie fiebert seiner Ankunft entgegen**, non vede l'ora che arrivi.
entgegen|gehen <irr> itr <sein> **1** (*in jds Richtung gehen*) *jdm* ~ andare incontro *a qu* **2** (*zu erwarten haben*) *etw* (dat) ~ {einer Gefahr, Schwierigkeiten} andare incontro *a qc*, dover affrontare *qc* **3** (*sich nähern*): **dem Ende** ~, volgere al termine, avvicinarsi alla fine.
entgegengesetzt adj **1** (*gegenüberliegend*) {Ende, Teil} opposto; (*umgekehrt*) **in die ~e Richtung fahren**, andare nella direzione opposta **2** (*gegensätzlich*) {Ansichten, Charaktere, Interessen} contrario, opposto, contrapposto: **~er Meinung sein**, essere di parere contrario; **seine Haltung ist meiner genau ~**, il suo atteggiamento è diametralmente opposto al mio.
entgegen|halten <irr> tr (*einwenden*) *jdm/etw etw* ~ obiettare *qc a qu/qc*, opporre *qc a qu/qc*: **jdm ~, dass ...**, obiettare che ...
entgegen|kommen <irr> itr <sein> **1** (*in jds Richtung kommen*) *jdm* ~ venire incontro *a qu*: **der Lkw kam ihm mit überhöhter Geschwindigkeit entgegen**, il camion gli andava incontro ad altissima velocità **2** (*Zugeständnisse machen*) *jdm/etw* ~ {einem Käufer, jds Forderungen, Wünschen} andare/venire incontro *a qu*, compiacere *a qu*: **sich auf halbem Weg ~**, venirsi *fam*/andarsi *fam* incontro **3** (*entsprechen*) *etw* (dat) ~ {Vorschlag jds Vorstellungen, Wünschen} (cor)rispondere *a qc*, conciliarsi bene con *qc*: **diese Lösung kommt mir sehr entgegen**, questa soluzione fa proprio al caso mio.
Entgegenkommen <-s, ohne pl> n **1** (*gefällige Haltung*) disponibilità f, compiacenza f **2** (*Zugeständnis*) compiacenza f.
entgegenkommend adj disponibile, compiacente, accomodante, (ac)condiscendente.
entgegen|laufen <irr> itr <sein> *jdm* ~ correre incontro *a qu*: **der Hund kam mir schwanzwedelnd entgegengelaufen**, il cane mi corse incontro scodinzolando.
entgegen|nehmen <irr> tr *etw* (**von** *jdm*) ~ {Brief, Ware} ricevere/prendere in consegna *qc* (*da qu*); {Geschenk, Glückwünsche} ricevere *qc* (*da qu*); {Bestellung} *auch* prendere *qc* (*da qu*).
entgegen|schlagen <irr> itr <sein> *jdm* ~ {Gestank, Hitzeschwall} investire *qu*; {Begeisterung, Jubel} travolgere *qu*; {Hass} *auch* abbattersi *su qu*.
entgegen|sehen <irr> itr **1** (*in jds Richtung sehen*) *jdm* ~ guardare verso *qu*, veder arrivare *qu* **2** *geh* (*erwarten*) *etw* (dat) (*irgendwie*) ~ {einem Ereignis mit Angst, Freude} ₁attendere/aspettare *qc*₁/[guardare *a qc*] (+ *compl di modo*); {einer Gefahr, dem Tod} *auch* guardare in faccia *a qc*.
entgegen|setzen <irr> tr **1** (*gegenüberstellen*) *etw* (dat) *etw* ~ {Illusionen, Träumen die Wirklichkeit} contrapporre *qc a qc*; {einer Aussage, Behauptung ein Gegenargument} opporre *qc a qc*: **seinen Vorwürfen konnte sie nichts ~ auch**, non poté controbattere i suoi rimproveri **2** (*sich zur Wehr setzen*) *jdm/etw etw* ~ {einer Forderung, einem Plan Widerstand} opporre *qc a qu/qc*.
entgegen|stehen <irr> itr <haben oder südd A CH sein> *etw* (dat) ~ {Hindernisse, Probleme der Verwirklichung eines Projekts} frapporsi *a qc*, essere d'intralcio *a qc* ● **dem steht nichts entgegen**, non c'è nulla in contrario.
entgegen|stellen rfl sich *jdm/etw* ~ {einer Maßnahme, der herrschenden Meinung} opporsi *a qu/qc*: **zahlreiche Hindernisse stellten sich ihm entgegen**, gli si pararono davanti numerosi ostacoli.
entgegen|treten <irr> itr <sein> **1** (*in den Weg treten*) *jdm* ~ {einem Angreifer, Gegner} farsi incontro *a qu*, fronteggiare *qu*, affrontare *qu*, muovere contro *qu* **2** (*sich zur Wehr setzen*) *etw* (dat) ~ {einer Forderung, Vorurteil} opporsi *a qc*; {einem Missbrauch, Unsitte} porre un freno *a qc*.
entgegen|wirken itr *etw* (dat) ~ {der Inflation, Korruption} contrastare *qc*, adottare delle misure contro *qc*.
entgegnen <ohne ge-> A tr (*jdm*) *etw* ~ {etwas, nichts} replicare *qc*: **auf diese Worte wusste ich nichts zu entgegnen**, a quelle parole non fui capace di replicare alcunché B itr (*jdm*) ~ replicare (*a qu*), ribattere: ... **entgegnete er/sie**, ... replicò/ribatté (lui/lei).
Entgegnung <-, -en> f replica f, risposta f.
entgehen <irr, ohne ge-> itr <sein> **1** (*entkommen*) *jdm* ~ {dem Feind, den Verfolgern} sfuggire *a qu* **2** (*entrinnen*) *etw* (dat) ~ {einem Attentat, einer Gefahr, dem Schicksal} sfuggire *a qc*, scampare *a qc*: **er ist dem Tod nur knapp entgangen**, è scampato alla morte per un pelo *fam* **3** (*nicht bemerkt werden*) *jdm* ~ {Fehler} sfuggire *a qu*: **dir entgeht aber auch gar nichts!** oft iron, ma non ti sfugge proprio niente! oft iron; **es ist mir nicht entgangen, dass ...**, non mi è sfuggito che ... **4** (*versäumen*) sich (dat) *etw* ~ lassen {Gelegenheit, Veranstaltung}, lasciarsi sfuggire *qc*: **ich lass mir nie ein Konzert von ihm ~**, non mi perdo mai un suo concerto; **lass dir diese Gelegenheit nicht ~!**, non ₁lasciarti sfuggire/scappare₁/[perdere] quest'occasione!
entgeistert A adj allibito, sbigottito; {Blick} attonito: **ich war völlig ~**, rimasi completamente interdetto (-a) B adv: **jdn ~ ansehen**, guardare *qu* sbalordito (-a)/[con occhi attoniti].
Entgelt <-(e)s, -e> n <meist sing> form **1** (*Lohn*) retribuzione f, rimunerazione f, compenso m; (*Entlohnung*) ricompensa f **2** (*Entschädigung*) indennità f, indennizzo m, risarcimento m **3** (*Gebühr*) contributo m ● **als/zum ~**, come/per ricompensa; **gegen (ein geringes) ~ (arbeiten)**, (lavorare) dietro (modico/modesto) compenso; **ohne ~**, gratuitamente, gratis, senza compenso.

entgelten <irr, ohne ge-> tr *geh jdm etw* ~ {jds Aufwand, Hilfe, Tätigkeit} ricompensare *qu di/per qc*, ripagare *qu di qc*.
entgiften <ohne ge-> tr *etw* ~ **1** ökol {Abgase} depurare *qc* **2** med {Körper, Organismus} disintossicare *qc*; {Blut} depurare *qc*.
Entgiftung <-, -en> f **1** ökol {+Abgase} depurazione f **2** med {+Körper} disintossicazione f; {+Blut} depurazione f.
entgleisen <ohne ge-> itr <sein> **1** Eisenb {Zug} deragliare, sviare *adm Eisenb* **2** (*taktlos sein*) toccare un tasto falso **3** (*aus der Bahn geworfen werden*) uscire ₁dal binario *fam*₁/[di carreggiata *fam*], sbandare.
Entgleisung <-, -en> f **1** Eisenb deragliamento m, sviamento m *adm Eisenb* **2** (*Taktlosigkeit*) passo m falso, caduta f di stile.
entgleiten <irr, ohne ge-> itr <sein> *geh jdm* ~ **1** (*aus den Händen gleiten*) scivolare *a qu*, sfuggire/scappare di mano *a qu* **2** (*verloren gehen*) {Kind den Eltern; Situation} sfuggire di mano *a qu*.
entgräten <ohne ge-> tr *etw* ~ {Fisch} diliscare *qc*, spinare *qc*.
enthaaren <ohne ge-> A tr ~ {Beine} depilare *qc* B rfl sich (dat) *etw* ~ {Beine} depilarsi *qc*.
Enthaarung <-, -en> f (d)epilazione f.
Enthaarungscreme, **Enthaarungskrem**, **Enthaarungskreme** f chem crema f (d)epilatoria.
enthalten① <irr, ohne ge-> tr *etw* ~ **1** (*in sich haben*) {Obst Vitamine} contenere *qc* **2** com (*umfassen*) {Preis Mehrwertsteuer} comprendere *qc*, includere *qc*: **in dem Zimmerpreis ist das Frühstück ~**, nel prezzo della camera è compresa/inclusa la (prima) colazione; **wie oft ist vier in sechzehn ~?**, quante volte sta il quattro nel sedici? **3** (*bergen*) {Buch interessante Thesen} contenere *qc*, racchiudere *qc*; {Museum wertvolle Werke} *auch* ospitare *qc*.
enthalten② <irr, ohne ge-> rfl **1** bes. pol (*nicht abstimmen*): **sich (der Stimme) ~**, astenersi (dal voto) **2** *geh* (*verzichten*) sich *etw* (gen) ~ {jeglichen Kommentars, jeder Kritik} astenersi *da qc*: **sich** ₁**des Lachens**₁/[einer Bemerkung] **nicht ~ können**, non ₁potersi trattenere dal₁/[poter fare a meno di] ridere/[fare un'osservazione]; **sich nicht ~ können, etw zu tun**, non potersi trattenere dal fare *qc*; {des Alkohols, Geschlechtsverkehrs, Rauchens} astenersi *da qc*.
enthaltsam A adj {Mensch} sobrio; {Leben} *auch* di astinenza: **im Essen und Trinken sehr ~ sein**, essere molto sobrio/parco nel cibo e nel bere; (*im Alkoholgenuss*) astemio; (*geschlechtlich*) continente, casto B adv: **~ leben**, fare vita di astinenza; (*geschlechtlich*) *auch* vivere castamente/[in castità].
Enthaltsamkeit <-, ohne pl> f (*Genügsamkeit*) sobrietà f; (*im Essen und Trinken*) *auch* frugalità f; (*im Alkoholgenuss*) astinenza f (dall'alcol); (*geschlechtlich*) astinenza f (sessuale), continenza f, castità f.
Enthaltung f bes. pol (*Stimmenthaltung*) astensione f.
enthärten <ohne ge-> tr chem *etw* ~ {Wasser} addolcire *qc*, dolcificare *qc*.
Enthärter <-s, -> m chem addolcitore m, dolcificatore m.
Enthärtung <-, -en> f chem dolcificazione f dell'acqua.
Enthärtungsmittel n chem → **Enthärter**.
enthaupten <ohne ge-> tr *jdn* ~ decapitare *qu*.
Enthauptung <-, -en> f decapitazione f.

enthäuten <ohne ge-> tr etw ~ {ZWIEBEL} sbucciare qc; pelare qc; {FISCH} spellare qc; levare la pelle a qc; {WILD} auch scuoiare qc, scorticare qc.

entheben <irr, ohne ge-> tr jdn etw (gen) ~ **1** adm (suspendieren) {SEINES AMTES} destituire qu da qc, sollevare qu da qc, deporre qu da qc **2** geh (entbinden) {ALLER VERPFLICHTUNGEN} esimere qu da qc, dispensare qu da qc, esonerare qu da qc.

Enthefter <-s, -> m levapunti m.

enthemmen <ohne ge-> **A** tr itr (von Hemmungen befreien) (jdn) ~ {ALKOHOL} disinibire (qu) **B** tr tech etw ~ {MASCHINE} sbloccare qc.

enthemmend A adj disinibitorio **B** adv: ~d wirken, disinibire.

enthemmt adj disinibito.

Enthemmung <-, ohne pl> f disinibizione f.

enthüllen <ohne ge-> tr **1** (von seiner Bedeckung befreien) etw ~ {DENKMAL, GESICHT} scoprire qc **2** (offenbaren) (jdm) etw ~ {GEHEIMNIS, HINTERGRÜNDE, PLAN} svelare qc (a qu), rivelare qc (a qu).

Enthüllung <-, -en> f **1** (das Aufdecken) {+AFFÄRE, SKANDAL} rivelazione f **2** «meist pl» (enthülltes Geheimnis) rivelazioni f pl **3** (das Enthüllen) {+DENKMAL} scoprimento m, inaugurazione f; {+GESICHT} scoprire m.

Enthusiasmus <-, ohne pl> m entusiasmo m: jds ~ dämpfen, smorzare l'entusiasmo di qu.

Enthusiast <-en, -en> m (**Enthusiastin** f) entusiasta mf.

enthusiastisch A adj {ANHÄNGER} entusiastico; {PUBLIKUM} entusiasta; {BEIFALL, LOB} entusiastico: ~ über etw (akk) sein, essere entusiasta di/per qc **B** adv {JDN APPLAUDIEREN, FEIERN} con entusiasmo.

entjungfern <ohne ge-> tr jdn ~ {FRAU, MÄDCHEN} deflorare qu, sverginare qu.

Entjungferung <-, -en> f {+FRAU, MÄDCHEN} deflorazione f.

entkalken <ohne ge-> tr etw ~ **1** (von Kalkablagerungen befreien) {KAFFEEMASCHINE, TOPF} togliere il calcare da qc **2** chem (enthärten) {WASSER} decalcificare qc.

Entkalker <-s, -> m chem sostanza f decalcificante, anticalcare m.

Entkalkung f **1** med {+KNOCHEN} decalcificazione f **2** (Befreiung von Kalkablagerungen) {+TOPF} eliminazione f del calcare **3** chem {+WASSER} decalcificazione f.

Entkalkungsmittel n chem → **Entkalker**.

entkernen <ohne ge-> tr {KIRSCHE, OLIVE, PFIRSICH} snocciolare qc; {APFEL, BIRNE, ORANGE, TRAUBEN} togliere i semi a qc.

entkleiden <ohne ge-> geh **A** tr **1** jdn ~ svestire qu, spogliare qu **2** (entheben) jdn etw (gen) ~ {SEINER AUTORITÄT, WÜRDE} spogliare qu di qc geh; {SEINES AMTES} destituire qu da qc **B** rfl sich ~ svestirsi, spogliarsi.

entkoffeiniert adj {KAFFEE} decaffeinato.

entkolonialisieren <ohne ge-> tr pol meist: **entkolonialisiert werden** {LAND, VOLK}, essere/venire decolonizzato (-a).

entkommen <irr, ohne ge-> itr <sein> (irgendwohin) ~ {INS AUSLAND} fuggire/scappare (+ compl di luogo), evadere (in qc); jdm ~ {AUS DEM GEFÄNGNIS} {DER POLIZEI, DEN VERFOLGERN} sfuggire a qu.

entkorken <ohne ge-> tr etw ~ {FLASCHE} stappare qc, sturare qc.

entkräften <ohne ge-> tr **1** (kraftlos machen) jdn ~ estenuare qu, spossare qu, stremare qu, sfinire qu: völlig entkräftet sein, essere stremato/[completamente privo di

forze] **2** (widerlegen) etw ~ {VERDACHT} demolire qc; {ARGUMENT, BEHAUPTUNG} confutare qc; jur {AUSSAGE, BEWEIS} invalidare qc, infirmare qc, inficiare qc.

Entkräftung <-, -en> f **1** (völlige Erschöpfung) estenuazione f, spossatezza f, sfinimento m **2** (Widerlegung) {+VERDACHT} demolizione f; {+ARGUMENT, BEHAUPTUNG} confutazione f; jur {+AUSSAGE, BEWEIS} invalidamento m.

entkrampfen <ohne ge-> **A** tr etw ~ **1** (lockern) {KÖRPER} rilassare qc; {MUSKELN} auch decontrarre qc, rilasciare qc **2** (entspannen): ⌊eine gespannte Lage⌋/[ein gespanntes Verhältnis] ~, allentare la tensione in una situazione/un rapporto **B** rfl sich ~ **1** (sich lockern) {PERSON} rilassarsi, distendersi; {MUSKELN} auch decontrarsi **2** (sich entspannen) {ATMOSPHÄRE, LAGE} farsi più disteso (-a).

entladen <irr, ohne ge-> **A** tr etw ~ **1** (die Ladung herausnehmen) {AUTO, KOFFERRAUM, SCHIFF} scaricare qc **2** el {AKKUMULATOR, BATTERIE} scaricare qc **3** (die Munition entfernen) {GEWEHR} scaricare qc **B** rfl **1** (zum Ausbruch kommen) sich ~ über jdm/etw) ~ {GEWITTER ÜBER DER STADT} scaricarsi su qu/qc, scatenarsi (su qu/qc) **2** el sich ~ {BATTERIE} scaricarsi **3** (ausbrechen) sich ~ (auf/über jdn) ~ {ZORN} scaricarsi su qu: seine Wut entlud sich über die Angestellten, ⌊si sfogò⌋/[sfogò la sua ira] sugli impiegati; sich (in etw dat) ~ {AGGRESSIONEN IN EINEM WUTAUSBRUCH} sfogare in qc.

Entladung f **1** (das Entladen) {+AUTO, SCHIFF} scaricare m **2** el {+AKKUMULATOR, BATTERIE} scarica f **3** (Gewitterentladung) scaricarsi m.

entlang A präp ~ einer S. (dat oder rar gen), etw ~ (akk oder rar dat) lungo qc: ⌊~ der Allee⌋/[die Allee ~] stehen viele Kastanienbäume, lungo il viale ci sono molti castagni **B** adv an etw (dat) ~ lungo qc: am Meer ~, lungo il mare • hier ~, per di qui/qua.

entlang|fahren <irr> <sein> **A** tr etw ~ {STRASSE} percorrere qc (con un veicolo), viaggiare/andare lungo/per qc **B** itr an etw (dat) ~ {AM FLUSS, UFER} costeggiare qc.

entlang|gehen <irr> <sein> **A** tr etw ~ {STRASSE, WEG} percorrere qc (a piedi), camminare/andare lungo qc **B** itr an etw (dat) ~ {AM FLUSS, UFER} costeggiare qc, camminare lungo qc.

entlarven <ohne ge-> **A** tr **1** (demaskieren) jdn ~ {SPION, TÄTER} smascherare qu: jdn als Betrüger ~, strappare la maschera a un truffatore **2** (aufdecken) etw ~ {BETRUG} smascherare qc, scoprire qc **B** rfl sich (selbst) ~ smascherarsi (da sé): sich als Verräter ~, rivelarsi un traditore.

entlassen <irr, ohne ge-> tr **1** (kündigen) jdn ~ {ARBEITNEHMER} licenziare qu; {BEAMTEN} destituire qu, sollevare qu dall'incarico **2** geh (verabschieden) jdn (irgendwie/mit etw dat) ~ licenziare geh/congedare geh/accomiatare geh qu (+ compl di modo/con qc) **3** (zu gehen gestatten) jdn (aus etw dat) ~ {PATIENTEN AUS DEM KRANKENHAUS} dimettere qu (da qc); {GEFANGENEN AUS DER HAFT} rilasciare qu, scarcerare qu: (aus etw dat) ~ werden {SOLDAT AUS DER ARMEE}, essere/venire congedato (-a).

Entlassung <-, -en> f **1** (durch Arbeitgeber) licenziamento m: fristlose ~, licenziamento ⌊senza preavviso⌋/[in tronco fam]; {+BEAMTER} destituzione f; (Kündigung durch Arbeitnehmer) dimissioni f pl; seine ~ einreichen, rassegnare/presentare le dimissioni **2** (aus etw dat) {+PATIENT AUS DEM KRANKENHAUS} dimissione f (da qc); {+GEFANGENER AUS

DER HAFT} rilascio m, scarcerazione f; mil congedo m.

Entlassungsgesuch n **1** {+MINISTER} (lettera f di) dimissioni f pl **2** jur richiesta f di scarcerazione f.

Entlassungsgrund m causa f/motivo m di licenziamento.

Entlassungsschein m **1** mil foglio m di congedo **2** med foglio m di dimissione.

Entlassungszeugnis n (diploma m di) licenza f.

entlasten <ohne ge-> tr **1** (von Arbeit o. Pflicht befreien) jdn ~ {CHEF, MITARBEITER} alleggerire (del lavoro) qu, sollevare qu (da una parte del lavoro): jdn von einer Verantwortung/Verpflichtung ~, sgravare qu da una responsabilità/un obbligo; (finanziell) {STEUERZAHLER} sgravare qu **2** (von einer Belastung befreien) etw ~ {GEWISSEN} sgravare qc, scaricare qc; {AUTO-, FLUGVERKEHR, STADTZENTRUM, TELEFONLEITUNGEN} decongestionare qc: die Umwelt ~, ridurre l'inquinamento ambientale **3** jur jdn ~ {ALIBI, AUSSAGE ANGEKLAGTEN} scagionare qu; {ZEUGE} auch deporre a discarico di qu, discolpare qu, discriminare qu jur ~ de Beweise, prove a discarico **4** bank: jds Konto um/für einen Betrag ~, accreditare un importo sul conto di qu **5** com jdn ~ {VORSTAND} approvare l'operato di qu.

Entlastung <-, -en> f **1** (das Entlasten) {+CHEF, MITARBEITER} alleggerimento m (del lavoro): finanzielle ~, sostegno economico; steuerliche ~, sgravio/alleggerimento fiscale; zur ~ des Gewissens, per alleggerirsi la coscienza; {+VERKEHR} decongestionamento m **2** jur discarico m, discolpa f/: zur ~ des Angeklagten ..., a discarico/sgravio dell'imputato ... **3** bank: die ~ eines Kontos, l'accreditamento sul conto **4** com {+GESCHÄFTSFÜHRUNG} approvazione f dell'operato.

Entlastungszeuge m (**Entlastungszeugin** f) testimone mf/teste mf a discarico.

entlaufen① <irr, ohne ge-> itr <sein> {HUND, KATZE} scappare.

entlaufen② adj {STRÄFLING} evaso, fuggitivo: Katze ~, è stato smarrito un gatto.

entlausen <ohne ge-> tr jdn/etw ~ spidocchiare qu/qc, disinfestare qc.

entledigen <ohne ge-> rfl **1** (loswerden) sich jds/etw ~ {EINER LAST, EINES VERFOLGERS} sbarazzarsi di qu/qc, liberarsi di qu/qc, disfarsi di qu/qc; {SEINER SCHULDEN} assolvere qc; euph (umbringen) {EINES MITWISSERS} sbarazzarsi di qu euph, liberarsi di qu euph, disfarsi di qu euph **2** (erledigen) sich etw (gen) ~ {EINER AUFGABE, EINES AUFTRAGS} assolvere qc, sbrigare qc **3** geh (ablegen) sich etw (gen) ~ {SEINER KLEIDER} spogliarsi di qc, togliersi qc.

entleeren <ohne ge-> tr etw ~ {ASCHENBECHER, EIMER} (s)vuotare qc; {HARNBLASE} svuotare qc: den Darm ~, evacuare (l'intestino).

entlegen adj **1** (abgelegen) {GEGEND, HAUS, ORT} appartato, fuori (di) mano, sperduto, isolato **2** (abseitig) {GEDANKE, THEMA} inusuale, inconsueto, sui generis.

entlehnen <ohne ge-> tr ling etw aus etw (dat) ~ {WORT AUS EINER ANDEREN SPRACHE} mutuare qc da qc, prendere in prestito qc da qc.

Entlehnung <-, -en> f ling **1** (das Entlehnen) {+WORT} prestito m, mutuare m **2** (Lehnwort) prestito m, calco m.

entleihen <irr, ohne ge-> tr etw (von jdm/aus etw) ~ {BUCH VON EINEM FREUND, AUS DER BIBLIOTHEK} prendere in prestito qc (⌊da qu⌋/[a/in qc]), farsi prestare qc (da qu/qc).

Entleiher <-s, -> m (**Entleiherin** f) form (bes. in Bibliothek) "chi usufruisce del prestito in una biblioteca".
Entleihung <-, -en> f prestito m.
entlocken <ohne ge-> tr **1** (herausholen) jdm etw ~ {GESTÄNDNIS, LÄCHELN, VERSPRECHEN} strappare qc a qu; {GEHEIMNIS} carpire qc a qu **2** scherz (etw aus etw hervorbringen) etw (dat) etw ~ {EINEM INSTRUMENT TÖNE} trarre qc da qc, cavare qc da qc fam scherz.
entlohnen <ohne ge-> tr, **entlöhnen** <ohne ge-> tr CH jdn (für etw akk) ~ (bezahlen) rimunerare qu (per qc), retribuire qu (per qc), pagare qu (per qc).
Entlohnung <-, -en> f, **Entlöhnung** <-, -en> f CH retribuzione f, rimunerazione f, paga f.
entlüften <ohne ge-> tr etw ~ **1** (von verbrauchter Luft befreien) {ZIMMER} aerare qc, arieggiare qc, ventilare qc **2** tech {BREMSLEITUNG, HEIZKÖRPER} disaerare qc, deaerare qc: **die Bremsen ~**, far uscire l'aria dai freni.
Entlüftung f **1** (das Entlüften) {+RAUM} aerazione f, ventilazione f **2** tech {+BREMSLEITUNG, HEIZKÖRPER} disaerazione f, deaerazione f.
Entlüftungsanlage f impianto m di aerazione/ventilazione f.
entmachten <ohne ge-> tr jdn ~ {POLITIKER} spodestare qu; {REGIERUNG} auch esautorare qu.
Entmachtung <-, -en> f {+POLITIKER} spodestare m qu; {+REGIERUNG} auch esautorazione f.
entmannen <ohne ge-> tr geh jdn ~ {TRIEBTÄTER} evirare qu, castrare qu.
entmilitarisieren <ohne ge-> tr etw ~ {LAND, ZONE} smilitarizzare qc.
Entmilitarisierung f {+LAND, ZONE} smilitarizzazione f.
entmündigen <ohne ge-> tr jur jdn ~ {GERICHT} interdire qu, dichiarare interdetto (-a) qu: **jdn wegen Geisteskrankheit ~ lassen**, far interdire qu per infermità mentale.
Entmündigung <-, -en> f jur interdizione f (giudiziale).
entmutigen <ohne ge-> tr jdn ~ {PESSIMISTISCHER MENSCH} scoraggiare qu; {MISSERFOLG} auch abbattere qu avvilire qu, sconfortare qu geh: **lass dich nicht ~!**, non abbatterti/lasciarti scoraggiare!
Entmutigung <-, -en> f scoraggiamento m, demoralizzazione f, avvilimento m, abbattimento m.
Entnahme <-, -n> f **1** med {+BLUT, GEWEBE} prelievo m **2** form bank {+GELD} prelevamento m, prelievo m • **bei/nach ~ von ...**, all'atto del prelievo di/[dopo aver prelevato] ...
entnazifizieren <ohne ge-> tr pol hist: **ein Parteimitglied ~**, indagare e giudicare un ex nazista; etw ~ {ÄMTER, BETRIEBE, BÜCHER} denazificare qc.
Entnazifizierung f pol hist denazificazione f.
entnehmen <irr, ohne ge-> tr **1** (herausnehmen) (aus) etw (dat) etw ~ {(AUS) DER BRIEFTASCHE, KASSE GELD} prendere qc da qc, estrarre qc da qc; {DER LITERATUR EIN ZITAT, EINER STATISTIK ZAHLEN} auch trarre qc da qc **2** med jdm etw ~ {BLUT-, GEWEBSPROBE} fare/effettuare un prelievo di qc a qu **3** (aus etw schließen) **etw aus etw** (dat) ~ desumere qc da qc, arguire qc da qc, dedurre qc da qc, evincere qc da qc: **daraus entnehme ich, dass ...**, ne desumo che ...; **Ihrem Schreiben/Bericht ~ wir, dass ...**, dalla Sua lettera/[dal Suo rapporto] apprendiamo che ...
entnerven <ohne ge-> tr jdn ~ {ÄRGER, LÄRM} snervare qu, sfibrare qu, sfinire qu fam: **~d** {STREITEREIEN, WARTEN}, snervante, logorante, sfibrante.
entnervt adj fam {MENSCH} snervato, con i nervi a pezzi fam.
Entomologie <-, ohne pl> f zoo entomologia f.
entpacken <ohne ge-> tr etw ~ {DATEI, DATEN} decomprimere qc, dezippare qc.
entpuppen <ohne ge-> rfl sich **als etw** (nom) ~ {ALS BETRÜGER, SCHWINDLER} rivelarsi qc.
entrahmen <ohne ge-> tr etw ~ {MILCH} scremare qc.
enträtseln <ohne ge-> tr etw ~ {GEHEIMNIS} risolvere qc, spiegare qc, chiarire qc; {SCHRIFT, TEXT} decifrare qc, decodificare qc, decrittare qc.
entrechten <ohne ge-> tr jdn ~ {MENSCH, VOLK} privare qu dei (propri) diritti.
Entrechtete <dekl wie adj> mf: **die ~n dieser Welt**, i diseredati di questa terra.
Entrechtung <-, -en> f privazione f dei diritti.
entreißen <irr, ohne ge-> tr **1** (wegreißen) jdm etw ~ {HANDTASCHE} strappare qc (di mano) a qu **2** geh (retten) jdm etw (dat) ~ {DEN FLAMMEN, DEM TODE} strappare qu a qc, sottrarre qu a qc.
entrichten <ohne ge-> tr bes. adm etw ~ {BEITRAG, GEBÜHR} pagare qc, corrispondere qc form; (auf ein Konto) versare qc.
entriegeln <ohne ge-> tr etw ~ levare/togliere il catenaccio/la spranga a qc.
entringen <irr, ohne ge-> tr geh jdm etw ~ {MESSER, PISTOLE} strappare di mano qc a qu.
entrinnen <irr, ohne ge-> itr <sein> geh jdm/etw ~ {DEN VERFOLGERN} sfuggire a qu; {EINER GEFAHR, DEM TODE} auch scampare a qc • **es gibt kein Entrinnen (für jdn)**, non c'è scampo (per qu).
entrollen <ohne ge-> tr etw ~ {FAHNE, SCHRIFTROLLE} srotolare qc, svolgere qc.
Entropie <-, -en> f phys entropia f.
entrosten <ohne ge-> tr etw ~ {BLECH} togliere la ruggine da qc.
entrückt adj geh {MENSCH} trasognato, assorto, rapito; {BLICK} assente: **der Wirklichkeit ~ sein**, essere avulso dalla realtà.
entrümpeln <ohne ge-> tr etw ~ {KELLER, SPEICHER} sgombrare qc, liberare qc (da cose vecchie), sbrattare qc.
entrüsten <ohne ge-> **A** rfl **sich über jdn/etw** ~ indignarsi/sdegnarsi con qu/[per qc], scandalizzarsi di/per qc **B** tr rar jdn ~ indignare qu, sdegnare qu, scandalizzare qu.
entrüstet **A** adj indignato, sdegnato, scandalizzato: **über jdn/etw ~ sein**, essere indignato/sdegnato con qu/per qc, essere scandalizzato di qc **B** adv con sdegno: **~ reagieren**, reagire sdegnato (-a)/[con sdegno].
Entrüstung f indignazione f, sdegno m • **voller ~** {ANTWORTEN, SAGEN}, con profondo sdegno.
entsaften <ohne ge-> tr {GEMÜSE, OBST} centrifugare qc.
Entsafter <-s, -> m centrifuga f (per frutta e verdura).
entsagen <ohne ge-> itr geh **1** (verzichten) etw (dat) ~ {DEM ALKOHOL, IRDISCHEN FREUDEN} rinunciare a qc: **der Welt ~**, rinunciare al/abbandonare il mondo **2** pol obs **dem Thron ~**, abdicare (al trono), rinunciare al trono.
Entsagung <-, -en> f geh abnegazione f geh, rinuncia f.
entsagungsvoll adj geh {LEBEN} fatto di/[segnato da] rinunce/sacrifici.
entsalzen <ohne ge-> tr etw ~ {MEERWASSER} dissalare qc, desalinizzare qc.
Entsalzung <-, -en> f tech {+MEERWASSER} dissalazione f, desalinizzazione f.
Entsalzungsanlage f tech impianto m di dissalazione, dissalatore m.
entschädigen <ohne ge-> tr **1** jur ökon jdn (für etw akk) ~ {FÜR EINEN SCHADEN, VERLUST} risarcire qu (di qc), bes. aus öffentlichem Interesse {FÜR EIN ENTEIGNETES GRUNDSTÜCK, KRIEGSSCHÄDEN} indennizzare qu (di qc) **2** ökon etw ~ {SCHADEN, VERLUST} risarcire qc **3** (im Ausgleich sein) **jdn für etw** (akk) ~ ripagare qu di qc, ricompensare qu di qc: **die Arbeit entschädigte sie für alle Entbehrungen**, il lavoro la ripagava di tutte le rinunce.
Entschädigung <-, -en> f **1** nur sing jur ökon (das Entschädigen) {+SCHADEN, VERLUST} risarcimento m; (bes. für Enteignung, Kriegsschäden) indennizzo m **2** ökon (Summe) indennità f, indennizzo m • **etw als ~ (für etw** akk) **erhalten**, ricevere qc a titolo di indennizzo/risarcimento per qc; **jdm eine ~ zahlen**, risarcire (i danni a) qu, corrispondere un indennizzo a qu.
Entschädigungsanspruch m diritto m al risarcimento (dei danni).
Entschädigungssumme f ökon indennità f, indennizzo m.
entschärfen <ohne ge-> tr etw ~ **1** (den Zünder entfernen) {BOMBE, MINE} disinnescare qc, disattivare qc **2** (die Schärfe nehmen) {DISKUSSION} smorzare i toni di qc; {KRISE, SOZIALE SPANNUNGEN} disinnescare qc.
Entscheid <-(e)s, -e> m form → **Entscheidung**.
entscheiden <irr, ohne ge-> **A** tr **1** (endgültig klären) etw ~ {FALL, STREIT} decidere qc; jur {RECHTSSTREIT} giudicare qc, decidere qc: **es ist noch nichts entschieden**, non c'è ancora nulla di deciso; (den Ausschlag geben) {JDS EINGREIFEN, FEHLER SCHLACHT, SPIEL} determinare l'esito di qc, essere decisivo per qc; **das Spiel ist entschieden**, la partita è chiusa **2** (gewinnen) **etw für sich ~**: **die Mannschaft entschied die Meisterschaft für sich**, la squadra si è aggiudicato la vittoria del campionato **B** itr decidere, prendere una decisione; **über etw** (akk) ~ {ÜBER EINEN ANTRAG} deliberare qc: **darüber habe ich nicht zu ~**, non spetta/sta a me decidere **C** rfl (eine Entscheidung treffen) **sich ~** decidersi: **ich kann mich nicht ~**, non riesco a decidermi; **sich (dazu) ~, etw zu tun**, decidersi/risolversi a fare qc; **sich für jdn/etw** ~ {FÜR EINEN BEWERBER, EINE LÖSUNG}, optare/decidersi per qu/qc, scegliere qu/qc; **sich gegen jdn/etw** ~, scartare qu/qc **D** unpers (sich herausstellen): **es entscheidet sich, ob/wann/wer/wie/...**, si decide se/quando/chi/come ...
entscheidend **A** adj (ausschlaggebend) {ARGUMENT, AUGENBLICK, FAKTOR, FEHLER} decisivo, determinante; {PUNKT} auch cruciale; {AUGENBLICK, PHASE} risolutivo, cruciale: **das Entscheidende dabei ist ...**, l'essenziale è che ... **B** adv {ZU ETW BEITRAGEN} in maniera decisiva, in modo determinante.
Entscheidung f **1** (Beschluss) decisione f; (bes. kollegiale, behördliche ~) risoluzione f, delibera(zione) f: **wie ist die ~ ausgefallen?**, che cosa è stato deciso? **2** jur (des Gerichts) decisione f; (der Geschworenen) verdetto m; (des Schiedsgerichts) lodo m • **zu einer ~ kommen/gelangen**, giungere a/[maturare] una decisione; **die ~ liegt bei jdm**, la decisione spetta a qu; **vor einer schwieri-**

gen ~ **stehen**, trovarsi davanti a una scelta difficile; **vor der ~ stehen, ob ...**, dover decidere se ...; **eine ~ treffen/fällen** *geh*, prendere una decisione.

Entsch<u>ei</u>dungsbefugnis f potere m decisionale.

Entsch<u>ei</u>dungsfreiheit f libertà f decisionale/[di decidere].

entsch<u>ei</u>dungsfreudig *adj* risoluto, determinato; *bes. pol* decisionista.

Entsch<u>ei</u>dungsschwäche f indecisione f, irresolutezza f.

Entsch<u>ei</u>dungsspiel n *sport* partita f decisiva, bella f *fam*.

Entsch<u>ei</u>dungsspielraum m potere m decisionale/discrezionale.

entsch<u>ie</u>den **A** *adj* **1** <attr> (*energisch*) deciso, determinato, risoluto; {Ton} deciso, perentorio, categorico; **ein ~er Gegner von etw (dat) sein**, essere un dichiarato/convinto/fermo oppositore di qc **2** (*eindeutig*) {Haltung} deciso, fermo; {Ablehnung} *auch* categorico, reciso, secco **B** *adv* {Ablehnen, Bestreiten, Handeln} categoricamente, risolutamente, fermamente: **das geht ~ zu weit**, (questo) è decisamente troppo.

Entsch<u>ie</u>denheit <-, *ohne pl*> f decisione f, risolutezza f, determinazione f ● **mit (aller) ~** {Ablehnen, Bestreiten, Verneinen}, categoricamente, recisamente, con (assoluta) fermezza.

entschl<u>a</u>cken <*ohne* ge-> *tr med etw ~* {Blut} depurare *qc*; {Körper} *auch* disintossicare *qc*.

Entschl<u>a</u>ckung <-, -en> f *med* {+Blut} depurazione f; {+Körper} *auch* disintossicazione f.

Entschl<u>a</u>ckungskur f cura f disintossicante/[di disintossicazione].

entschl<u>a</u>fen <*irr, ohne* ge-> *itr* <*sein*> *geh euph* (*sterben*) spirare *geh euph*, esalare l'ultimo respiro *geh euph*.

entschl<u>ei</u>ern <*ohne* ge-> *tr geh etw ~* {Geheimnis} svelare *qc*.

entschl<u>ie</u>ßen <*irr, ohne* ge-> *rfl* **sich ~** decidersi, prendere una decisione; **sich zu etw (dat) ~** decidersi/risolversi/determinarsi *a fare qc*: **er hat sich zu dem Kauf einer Wohnung entschlossen**, si è risolto/deciso a comprare un appartamento; **wozu hast du dich entschlossen?**, che cosa hai deciso di fare?, per che cosa ti sei deciso (-a)?; **sich (dazu) ~, etw zu tun**, decidersi/risolversi a fare *qc* ● **sich anders ~**, cambiare idea, decidere altrimenti.

Entschl<u>ie</u>ßung f *form rar* risoluzione f, decisione f ● **eine ~ annehmen** *bes. parl*, approvare una risoluzione.

entschl<u>o</u>ssen **A** *adj* {Handeln, Vorgehen} deciso, energico, risoluto; {Person} *auch* determinato **B** *adv* {Handeln, Vorgehen} con risolutezza/determinazione/decisione ● **zu allem ~ sein**, essere deciso/pronto a tutto; **fest ~ sein(, etw zu tun)**, essere fermamente deciso (a fare *qc*); **kurz ~**, senza esitare/indugio; **wild ~** *fam* (*sein*), (essere) assolutamente deciso.

Entschl<u>o</u>ssenheit <-, *ohne pl*> f risolutezza f, decisione f, determinazione f, {*Festigkeit*} energia f, fermezza f ● **mit wilder ~** *fam*, con estrema determinazione.

entschl<u>u</u>mmern <*ohne* ge-> *itr* <*sein*> **1** *geh euph* → **entschlafen 2** *geh obs* (*einschlafen*) addormentarsi.

entschl<u>ü</u>pfen <*ohne* ge-> *itr* <*sein*> **1** (*entkommen*) {Eidechse, Täter} scivolare via, sgusciare via; **jdm ~** sfuggire *a qu* **2** (*entfahren*) **jdm ~** {Bemerkung} sfuggire/scappare (di bocca) *a qu*.

Entschl<u>u</u>ss (a.R. Entschluß) m **1** (*Entscheidung*) risoluzione f, decisione f **2** (*Absicht*) proposito m, intenzione f: **ich habe den festen ~, das zu tun**, sono fermamente intenzionato (-a) a farlo ● **einen ~ fassen, zu einem ~ kommen**, prendere una risoluzione, maturare una decisione; **zu keinem ~ kommen**, non arrivare ad alcuna decisione.

entschl<u>ü</u>sseln <*ohne* ge-> *tr etw ~* {Code, Nachricht} decifrare *qc*, decodificare *qc*, decrittare *qc*.

Entschl<u>ü</u>sselung <-, -en> f decifrazione f, decifarmento m, decodifica(zione) f.

entschl<u>u</u>ssfreudig (a.R. entschlußfreudig) *adj* {Mensch} risoluto, determinato; *bes. pol* decisionista.

Entschl<u>u</u>sskraft (a.R. Entschlußkraft) <-, *ohne pl*> f determinazione f, risolutezza f, decisione f.

entsch<u>u</u>ldbar *adj* {Fehler, Verhalten} scusabile, giustificabile.

entsch<u>u</u>lden <*ohne* ge-> *tr etw ~* {Grundstück} svincolare *qc* da un'ipoteca: **den Staatshaushalt ~**, risanare il debito pubblico.

entsch<u>u</u>ldigen <*ohne* ge-> **A** *tr* **1** (*verzeihen*) *etw ~* scusare *qc*, perdonare *qc*: **bitte ~ Sie die Störung, aber ...**, scusi/perdoni il disturbo, ma ... **2** (*jds Fehlen erklären*) **jdn ~** {Eltern Schüler} fare la giustificazione *a qu*: **die Mutter entschuldigte ihren Sohn wegen Krankheit**, la madre fece la giustificazione al figlio per malattia; **gestern fehlten zwei Schüler unentschuldigt**, ieri due alunni erano assenti ingiustificati; **ich bitte, mich zu ~**, chiedo scusa (ma devo andare via) [non posso venire]) **3** (*rechtfertigen*) *etw ~* {Müdigkeit, Stresssituation Benehmen, Handeln} giustificare *qc*, essere una scusante *per qc*; **etw mit etw (dat) ~** {Verspätung mit einem Verkehrsstau} giustificare *qc con qc*: **sein Verhalten ist durch nichts zu ~**, il suo comportamento non ha alcuna scusante/giustificazione **B** *itr* (*verzeihen*) scusare: **entschuldige (bitte)!**, scusa(mi)!; **~ Sie (bitte)!** (*bei Bitte, Frage*), (mi) scusi!, chiedo scusa!; (*nach Anrempeln*) (mi) scusi!, pardon!; (*wenn jd den Weg versperrt*) (con) permesso!, chiedo scusa! **C** *rfl* **1** (*um Verzeihung bitten*) **sich (bei jdm) (für etw** *akk/wegen etw* gen *oder fam* dat) **~** {Für sein schlechtes Betragen, wegen seines schlechten Betragens} scusarsi (*con qu*) (*per/di qc*), chiedere/domandare scusa (*a qu*) (*per/di qc*): **er hat sich bei mir entschuldigt** *auch*, mi ha fatto/presentato/porto le sue scuse **2** (*seine Abwesenheit rechtfertigen*) **sich ~**: **ich darf mich ~, ich habe noch einen Termin**, sono spiacente di dovermene andare, ma ho ancora un appuntamento; **Herr Schmidt lässt sich ~, er ist leider verhindert**, il signor Schmidt si scusa, purtroppo è impossibilitato a venire.

entsch<u>u</u>ldigend *adj* {Geste, Worte} di scusa.

Entsch<u>u</u>ldigung <-, -en> f **1** *nur sing* (*Verzeihung*) scusa f: **ich bitte um ~, dass ich mich verspätet habe**, mi scuso [per il]/[del] ritardo **2** (*entschuldigende Worte*) scusa f: **eine ~ stammeln**, balbettare una scusa **3** (*Rechtfertigung*) scusa f, scusante f, giustificazione f: **dafür gibt es keine ~**, non ci sono scuse, non c'è scusa che tenga; **was haben Sie zu Ihrer ~ vorzubringen?**, che cosa può addurre a Sua giustificazione?; (*Vorwand*) scusa f, pretesto m **4** *Schule* (*~sschreiben*) giustificazione f ● **~!** (*Verzeihung!*), scusi/scusa!, chiedo scusa! ● **für etw (akk)**, a giustificazione f *di qc*; (**jdn**) (**wegen etw gen** *oder fam* dat) **um ~ bitten**, chiedere scusa (a qu) (per/di qc); **ich bitte vielmals um ~**, scusi tanto.

Entsch<u>u</u>ldigungsgrund m scusa f (valida), scusante f.

Entsch<u>u</u>ldigungsschreiben n lettera f di scusa/scuse; *Schule* giustificazione f.

Entsch<u>u</u>ldung <-, -en> f *ökon* liquidazione f dei debiti.

entsch<u>u</u>ppen <*ohne* ge-> *tr etw ~* {Fisch} squamare *qc*.

entschw<u>e</u>feln <*ohne* ge-> *tr tech etw ~* {Abgase} desolforare *qc*.

Entschw<u>e</u>felung <-, -en> f *tech* desolforazione f.

entschw<u>i</u>nden <*irr, ohne* ge-> *itr* <*sein*> *geh* **1** (*verschwinden*) svanire, scomparire **2** (*schnell vergehen*) {Tage, Wochen, Zeit} volare, fuggire *geh*.

entse<u>e</u>lt *adj lit* {Körper} esanime *geh*.

ents<u>e</u>nden <*irr oder reg, ohne* ge-> *tr geh* **1** *bes. pol* (*abordnen*) **jdn** (**zu etw** dat/**in etw** akk) **~** {Delegierte, Vertreter zu einem Parteitag, in eine Versammlung} inviare *qu* (*a qc*) **2** (*schicken*) **jdn** (**zu jdm**) **~** {Boten} inviare *qu* (*da qu*).

ents<u>e</u>tzen <*ohne* ge-> **A** *tr* (*in Schrecken versetzen*) **jdn ~** (far) inorridire *qu*, atterrire *qu*, destare raccapriccio *in qu*, spaventare *qu*: **der Anblick entsetzte mich**, a quella vista/scena inorridii; (*schockieren*) sioccare *qu* **B** *rfl* (*außer Fassung geraten*) **sich** (**über etw** akk) **~** {Über jds Verhalten} essere sciocato *per qc*, scandalizzarsi *per qc*: **sich über jdn ~** scandalizzarsi *per il comportamento di qu*; (*in Schrecken geraten*) **sich vor etw** (dat) **~** inorridire *a qc*.

Ents<u>e</u>tzen <-s, *ohne pl*> n orrore m, terrore m, raccapriccio m: **von ~ ergriffen/gepackt werden**, essere/venire colto (-a)/preso (-a) [dall'orrore]/[dal terrore] ● **zu meinem größten ~ ...**, con mio grande spavento ...

ents<u>e</u>tzlich **A** *adj* **1** (*schrecklich*) {Ereignis, Nachricht, Unfall} spaventoso m, orrendo, terribile, terrificante **2** <attr> *fam* (*unangenehm stark*) {Durst, Hunger, Kälte, Schmerzen} terribile *fam*, atroce *fam* **B** *adv fam* (*sehr*) {Heiß, Kalt} terribilmente *fam*, spaventosamente *fam* ● **wie ~!**, che orrore!

ents<u>e</u>tzt **A** *adj* {Blick, Mensch} inorridito: **über etw** (akk) **~ sein**, essere [sciocato (-a) per qc]/[scandalizzato (-a) per qc]; **über jdn ~ sein**, essere scandalizzato (-a) per il comportamento di qu **B** *adv* inorridito (-a) **jdn ~ anstarren**, guardare inorridito (-a) qu.

entse<u>u</u>chen <*ohne* ge-> *tr ökol etw ~* {Gebiet} decontaminare *qc*.

Entse<u>u</u>chung <-, *ohne pl*> f {+Gebiet} decontaminazione f.

ents<u>i</u>chern <*ohne* ge-> *tr etw ~* {Schusswaffe} togliere la sicura *a qc*.

ents<u>i</u>nnen <*irr, ohne* ge-> *rfl geh* **sich** (**jds/etw**) **~** rammentarsi *di qu/qc*, sovvenirsi *di qu/qc geh*, ricordarsi *di qu/qc* ● **wenn ich mich recht entsinne**, se ben (mi) ricordo, se la memoria non mi inganna.

ents<u>o</u>rgen <*ohne* ge-> *tr ökol etw ~* **1** (*wegschaffen*) {Abfälle, Müll} smaltire *qc* **2** (*von Müll befreien*) {Kernkraftwerk} smaltire le scorie radioattive *di qc*; {Stadt} smaltire i rifiuti *di qc*.

Ents<u>o</u>rgung <-, *ohne pl*> f *ökol* {+Abfälle, Müll} smaltimento m: **die ~ von Kernkraftwerken**, lo smaltimento di scorie radioattive.

Ents<u>o</u>rgungspark m: **nuklearer ~**, impianto di smaltimento per scorie radioattive.

entsp<u>a</u>nnen <*ohne* ge-> **A** *tr etw ~* **1** (*lockern*) {Körper, Muskeln, Nerven} distendere *qc*, rilassare *qc*, rilasciare *qc*: **diese Musik wirkt sehr ~d**, questa musica è molto rilassante **2** (*die Spannung beseitigen*) {ATMOSPHÄRE, LAGE, VERHÄLTNIS} rendere più disteso (-a) *qc* **B** rfl sich ~ **1** (*relaxen*) distendersi, rilassarsi **2** (*sich lockern*) {GESICHT, ZÜGE} rilassarsi, distendersi; {MUSKELN} *auch* rilasciarsi **3** (*die Spannung verlieren*) {BEZIEHUNGEN, LAGE} farsi più disteso (-a).

entspạnnt *adj* **1** (*entkrampft*) {PERSON} disteso, rilassato; {MUSKELN} *auch* rilasciato **2** (*spannungslos*) {BEZIEHUNGEN, LAGE} privo di tensioni.

Entspạnnung <-, *ohne pl*> f **1** (*innerliche Gelöstheit*) distensione f, rilassamento m, relax m: **nach der Arbeit sieht er zur ~ fern**, dopo il lavoro guarda la televisione per rilassarsi **2** (*Abbau von Spannungen*) {+STIMMUNG} distensione f; *bes. pol* disgelo m.

Entspạnnungspolitik f politica f ₗ di distensione ₗ/[distensiva].

Entspạnnungstechnik f tecnica f di rilassamento.

Entspạnnungsübung f esercizio m di rilassamento.

entspiegelt *adj* antiriflesso: **~e Brillengläser**, lenti antiriflesso.

entspịnnen <*irr, ohne ge*-> rfl *geh* **sich ~** {GESPRÄCH} nascere; {BEZIEHUNG, FREUNDSCHAFT} maturare lentamente.

entsprechen <*irr, ohne ge*-> *itr* ***etw*** (*dat*) ~ **1** (*gleichkommen*) {ARTIKEL DEN TATSACHEN; AUSSAGE DER WAHRHEIT; KOPIE DEM ORIGINAL} corrispondere *a qc*, essere conforme *a qc*: **jds Erwartungen ~**, (cor)rispondere alle aspettative di qu; **2 Euro ~ ungefähr 3 US-Dollar**, 2 euro equivalgono all'incirca a tre dollari **2** *geh* (*nachkommen*) {EINEM WUNSCH} rispondere a *qc*, soddisfare (*a*) *qc*; {EINEM ANTRAG, EINER BITTE} accogliere *qc* **3** (*genügen*) {BEWERBER DEN ANFORDERUNGEN} rispondere *a qc*, soddisfare (*a*) *qc*; {LEISTUNG DEM STANDARD} corrispondere *a qc*.

entsprechend① **A** *adj* **1** (*angemessen*) {BEZAHLUNG, ENTSCHÄDIGUNG} adeguato: **ein der Leistung ~es Gehalt**, una retribuzione commisurata/proporzionata alle prestazioni; {BENEHMEN, KLEIDUNG} adatto, adeguato: **in ~er Form**, nella forma dovuta; **jdm eine ~e Antwort geben**, rispondere a tono a qu **2** (*übereinstimmend*) corrispondente; (*gleichwertig*) equivalente; **man nehme Zucker oder ein ~es Süßmittel**, si usi zucchero o un dolcificante equivalente **3** (*zuständig*) {AMT, SACHBEARBEITER} competente, relativo **B** *adv* {JDN BEZAHLEN} adeguatamente; {SICH BENEHMEN, KLEIDEN} *auch* convenientemente, come si deve; {HANDELN} di conseguenza.

entsprechend② *präp* + *dat* (*gemäß*) ***etw*** (*dat*) ~/~ ***etw*** (*dat*) conformemente *a qc*, in conformità *a*/*di qc*: **den Regeln/dem Gesetz ~**, conformemente ₗ alle regole ₗ/[alla legge]; **ich habe deinen Wünschen ~ gehandelt**, ho agito secondo i tuoi desideri; **es geht jdm den Umständen ~**, va come va in questi casi.

Entsprechung <-, *-en*> f **1** (*Übereinstimmung*) corrispondenza f **2** (*Ähnlichkeit*) analogia f **3** (*Äquivalent*) equivalente m.

entsprịngen <*irr, ohne ge*-> *itr* <*sein*> **1** (*seine Quelle haben*) *irgendwo* ~ {FLUSS IM GEBIRGE} nascere *da qc*: **die Donau entspringt im Schwarzwald**, il Danubio nasce nella Foresta Nera **2** (*herrühren*) ***etw*** (*dat*) ~ {VERRÜCKTE IDEE EINER FANTASIE, EINER LAUNE} scaturire *da qc*, venire partorito (-a) *da qc*, essere frutto *di qc*.

entstạmmen <*ohne ge*-> *itr* <*meist präs und imperf*> ***etw*** (*dat*) ~ {EINEM MILIEU} provenire *da qc*; {EINER FAMILIE} *auch* discendere *da qc*; {BEGRIFF EINER FACHSPRACHE} venire *da qc*.

entstehen <*irr, ohne ge*-> *itr* <*sein*> **1** (*zu existieren beginnen*) {NEUE WÖRTER} nascere; {GEBÄUDE, STADTTEIL} *auch* sorgere: **aus dem Marmor entstand ein herrliches Kunstwerk**, dal marmo prese vita una superba opera d'arte **2** (*sich bilden*) formarsi **3** (*sich ergeben*) (**jdm/für jdn**) (**aus *etw* dat/durch *etw* akk**) ~ {KOSTEN AUS EINER ANSCHAFFUNG} derivare *da qc*: **durch die Umstrukturierung der Firma ~ erhebliche Nachteile für ihn**, la riorganizzazione della ditta comporta per lui notevoli svantaggi; **falls zusätzliche Kosten ~ ...**, per eventuali costi aggiuntivi ...; **mir ist daraus ein großer Schaden entstanden**, me ne è derivato un grosso danno **4** (*verursacht werden*) {FEUER} svilupparsi; {DISKUSSION, STREIT} nascere, scoppiare; {AUFREGUNG, UNRUHE} crearsi; {KRIEG, SCHADEN} essere causato/provocato *da qc*: **bei den Zuhörern entstand der Eindruck, dass ...**, tra gli ascoltatori si diffuse l'impressione che ... • **im Entstehen begriffen sein** *geh* {PROJEKT}, star nascendo, essere in fieri *geh*; {FIRMA} *auch*, essere in via di sviluppo.

Entstehung <-, *-en*> f **1** (*das Werden*) {+GEBÄUDE} nascita f; {+KUNSTWERK, MENSCHEN, WELT, WORT} *auch* genesi f, origine f **2** (*Bildung*) formazione f, sviluppo m **3** (*Verursachung*) {+AUFSTAND, BRAND, STREIT} causa f, origine f **4** *med* {+KRANKHEIT} insorgenza f.

Entstehungsgeschichte f {+MENSCHHEIT, KUNSTWERK} genesi f; {+STADT} *auch* (storia f del)le origini f pl.

Entstehungsort m {+WERK} luogo m d'origine.

entsteigen <*irr, ohne ge*-> *itr* <*sein*> *geh* ***etw*** (*dat*) ~ {EINEM FAHRZEUG} discendere *da qc* *geh*; {DEM BAD} uscire *da qc*.

entsteinen <*ohne ge*-> *tr* ***etw*** ~ {KIRSCHEN, PFLAUMEN} snocciolare *qc*, togliere il nocciolo *a qc*.

entstellen <*ohne ge*-> *tr* **1** (*verunstalten*) **jdn/*etw*** ~ {JDS GESICHT, KÖRPER} sfigurare *qu/qc*, deturpare *qu/qc*, deformare *qc*: **ein von Hass entstelltes Gesicht**, un viso sfigurato dall'odio **2** (*verzerrt wiedergeben*) ***etw*** ~ {TATSACHEN, VORFALL, WAHRHEIT} snaturare *qc*, alterare *qc*; {ÄUSSERUNG, SINN, WORTE} *auch* travisare *qc*, svisare *qc*.

Entstellung f **1** (*Verunstaltung*) sfigurazione f, deformazione f **2** (*Verzerrung*) {+SINN, TATSACHEN, WAHRHEIT} travisamento m, alterazione f.

entstören <*ohne ge*-> *tr* ***etw*** ~ {AUTO, ELEKTROGERÄT} schermare *qc*: **das Radio ~**, *auch*, eliminare i radiodisturbi; **das Telefon/die Leitung ~**, eliminare ₗ le interferenze ₗ/[i disturbi di ricezione], sopprimere l'eco.

Entstörung f *radio* eliminazione f di radiodisturbi; *tel* eliminazione f di interferenze, soppressione f d'eco; {+AUTO, ELEKTROGERÄT} schermatura f, schermaggio m.

entströmen <*ohne ge*-> *itr* *geh* <*sein*> ***etw*** (*dat*) ~ {GAS} fuor(i)uscire *da qc*, esalare *da qc*, sprigionarsi *da qc*; {FLÜSSIGKEIT, WASSER} *auch* uscire a fiotti *da qc*.

enttabuisieren <*ohne ge*-> *tr* *geh* ***etw*** ~ liberare *qc* da un tabù.

enttạrnen <*ohne ge*-> *tr* **jdn** ~ {AGENTEN} smascherare *qu*: **sie haben ihn als Spion enttarnt**, hanno scoperto che in realtà è una spia.

enttäuschen <*ohne ge*-> **A** *tr* **1** (*jds Erwartungen nicht erfüllen*) **jdn** ~ deludere *qu* **2** (*nicht erfüllen*) ***etw*** ~ {ERWARTUNGEN, HOFFNUNGEN, VERTRAUEN} deludere *qc* **B** *itr* {MANNSCHAFT, SPORTLER} essere deludente, deludere.

enttäuschend *adj* {FILM, LEISTUNG, SPIEL} deludente: **das Konzert war wirklich ~** *auch*, il concerto è stato una vera delusione.

enttäuscht *adj* {MENSCH} deluso; {BLICK, STIMME} *auch* da cui traspare (la) delusione: ₗ**von jdm/etw** ₗ/[**über jdn/etw**] **~ sein**, essere/rimanere deluso (-a) da qu/qc; **~ aussehen**, sembrare deluso (-a), avere l'aria delusa.

Enttäuschung f delusione f, disappunto m • **jdm eine ~ bereiten**, dare una delusione a qu, deludere qu; **eine ~ erleben**, provare/subire una delusione; **so eine ~!**, che delusione!

entthronen <*ohne ge*-> *tr* *geh* **jdn** ~ {HERRSCHER} detronizzare *qu*, deporre *qu* dal trono.

entvölkern <*ohne ge*-> **A** *tr* ***etw*** ~ {GEGEND, ORTSCHAFT} spopolare *qc* **B** rfl **sich ~** spopolarsi.

Entvölkerung <-, *ohne pl*> f spopolamento m.

entwạchsen <*irr, ohne ge*-> *itr* <*sein*> *geh* ***etw*** (*dat*) ~ {DER KATHOLISCHEN, SPIESSBÜRGERLICHEN ERZIEHUNG} emanciparsi *da qc*, svincolarsi *da qc*: **sie ist dem Kindesalter ~**, ormai non è più una bambina.

entwạffnen <*ohne ge*-> *tr* **jdn** ~ **1** (*die Waffe(n) nehmen*) {EINBRECHER, SOLDATEN} disarmare *qu* **2** (*freundlich stimmen*) disarmare *qu*: **ein ~des Lächeln**, un sorriso disarmante.

Entwạffnung <-, *ohne pl*> f {+ANGREIFER, SOLDAT} disarmo m.

Entwạldung <-, *ohne pl*> f deforestazione f, di(s)boscamento m.

entwạrnen <*ohne ge*-> *itr* dare il (segnale di) cessato allarme: **es wurde entwarnt**, fu dato il (segnale di) cessato allarme.

Entwạrnung f (segnale m di) cessato allarme m • **~ geben**, dare il segnale di cessato allarme.

entwạ̈ssern <*ohne ge*-> *tr* ***etw*** ~ **1** *agr* (*trockenlegen*) {BODEN, SUMPF} prosciugare *qc*, drenare *qc* **2** *med* {GEWEBE} drenare *qc* **3** *chem* disidratare *qc*.

Entwạ̈sserung <-, *-en*> f **1** *agr* prosciugamento m, drenaggio m **2** (*Kanalisation*) rete f fognaria **3** *med* drenaggio m **4** *chem* disidratazione f.

Entwạ̈sserungsgraben m *agr* fosso m di scolo, canale m di drenaggio.

ẹntweder *konj*: **~ ... oder ...**, o ... o(ppure) ...; **ich will ~ Italienisch oder Spanisch lernen**, voglio studiare o (l')italiano o(ppure) (lo) spagnolo • **~ oder!** *fam*, scegli!

Ẹntweder-oder <-, -> n *aut aut* m: **hier gibt es kein Entweder-oder!**, non c'è alternativa!

entweichen <*irr, ohne ge*-> *itr* <*sein*> (**aus *etw*** *dat*) ~ **1** *geh euph* (*fliehen*) {AUS DER HAFTANSTALT, AUS DER PSYCHIATRISCHEN KLINIK} fuggire (*da qc*), evadere (*da qc*) **2** (*ausströmen*) {GAS, LUFT} fuor(i)uscire (*da qc*), uscire (*da qc*), sprigionarsi (*da qc*).

entweihen <*ohne ge*-> *tr* ***etw*** ~ dissacrare *qc*, profanare *qc*.

Entweihung <-, *-en*> f dissacrazione f, profanazione f.

entwẹnden <*entwendete, entwendet*> *tr* *geh euph* (*stehlen*) ***etw*** ~ sottrarre *qc*, carpire *qc* *geh*, rubare *qc*; {*bes*. GEMÄLDE} trafugare *qc*: **Geld aus der Kasse ~**, sottrarre del denaro dalla cassa.

entwẹrfen <*irr, ohne ge*-> *tr* ***etw*** ~ **1** (*zeichnerisch gestalten*) {KLEID, MÖBEL-

STÜCK, MODELL) disegnare qc; {GEBÄUDE} progettare qc; {GEMÄLDE} abbozzare qc 2 (gedanklich gestalten) {PLAN} ideare qc, concepire qc; {REDE, VERTRAG} abbozzare qc: **ein Gesetz ~**, elaborare/[mettere a punto] un progetto di legge.

entwerten <ohne ge-> tr etw ~ **1** (ungültig machen) {BRIEFMARKE} annullare qc, obliterare qc; {FAHRSCHEIN} auch timbrare qc, convalidare qc; {EINTRITTSKARTE} strappare qc **2** (im Wert mindern) {ARBEIT} sminuire qc, deprezzare qc, svalorizzare qc; {ARGUMENT} invalidare qc **3** ökon {GELD} svalutare qc, deprezzare qc.

Entwerter <-s, -> m (macchina f) obliteratrice f.

Entwertung f **1** (das Entwerten) {+BRIEFMARKE} annullamento m, obliterazione f; {+FAHRSCHEIN} auch convalida f; {+EINTRITTSKARTE} strappare m **2** (Wertminderung) {+ARBEIT} sminuire m, deprezzamento m; {+ARGUMENT} invalidamento m **3** ökon {+GELD} svalutazione f, deprezzamento m.

entwickeln <ohne ge-> **A** tr etw ~ **1** (erfinden) {MODELL, PRODUKT, VERFAHREN} sviluppare qc; {AUTO, GERÄT, MODELL, PRODUKT} creare qc, realizzare qc **2** (entwerfen) {PLAN, THEORIE} sviluppare qc, concepire qc, elaborare qc **3** (entfalten) {ENERGIE, FÄHIGKEITEN, GEFÜHL, GESCHMACK, KRÄFTE, TALENT} sviluppare qc, dare prova di qc: **sie entwickelt bei der Arbeit viel Fantasie**, (di)mostra molta fantasia nel lavoro **4** (entstehen lassen) {DAMPF, GAS} sviluppare qc, produrre qc: **das Feuer entwickelte große Hitze**, il fuoco sviluppò un gran calore; **eine große Geschwindigkeit ~**, raggiungere una grande velocità **5** fot {FILM} sviluppare qc: **einen Film ~ lassen**, far sviluppare un rullino **B** rfl **1** (heranwachsen) sich ~ svilupparsi: **das Kind entwickelt sich gut**, il bambino cresce bene; **sich zu etw** (dat) **~**: **sie hat sich inzwischen zu einer jungen Dame entwickelt**, ormai è diventata una signorina; **die Pflanze hat sich zu einem schönen Baum entwickelt**, la pianta è cresciuta fino a diventare un bell'albero; **die Stadt soll sich zu einem Industriepol entwickeln**, la città è destinata a trasformarsi in un polo industriale **2** (aus etw hervorgehen) **sich aus etw** (dat) **~** nascere da qc **3** (vorankommen) **sich irgendwie ~** {PROJEKT, VERHANDLUNGEN} svilupparsi + compl di modo: **der Arbeitsmarkt entwickelt sich günstig**, il mercato del lavoro si sviluppa/evolve favorevolmente **4** (zivilisatorisch fortschreiten) svilupparsi, evolversi **5** bes. chem (entstehen) formarsi, svilupparsi.

entwickelt adj <attr>: **hoch ~** (weit fortgeschritten) {KULTUR, VOLK}, molto evoluto/progredito; tech (verfeinert) {ANLAGE, METHODE, VERFAHREN}, molto sviluppato, sofisticato; {TECHNIKEN} auch, molto avanzato; **höher ~** {GESELLSCHAFTSFORM, KULTUR, LAND, TECHNIK, WIRTSCHAFT}, più sviluppato/avanzato, progredito; **voll ~** → **vollentwickelt**.

Entwickler <-s, -> m fot rivelatore m, sviluppatore m.

Entwicklung <-, -en> f **1** (das Entwickeln) {+MODELL, PRODUKT, VERFAHREN} sviluppo m; {+AUTO, GERÄT, MODELL, PRODUKT} creazione f, realizzazione f **2** (das Entwerfen) {+PLAN, THEORIE} sviluppo m, concezione f, elaborazione f **3** (das EntSentfalten) {+GESELLSCHAFT} sviluppo m, evoluzione f; {+KÜNSTLER, PERSÖNLICHKEIT} auch maturazione f; (Fortschritt) {+STAAT, WIRTSCHAFT} sviluppo m **4** biol {+EMBRYO, MENSCHHEIT, TIERART} evoluzione f **5** fot sviluppo m **6** bes. chem (Entstehung) {+GAS, RAUCH} sviluppo m, formazione f ● **eine unerwartete ~ nehmen**, evolversi in modo inaspettato, prendere una piega imprevista fam; **(noch) in der ~ sein** {JUGENDLICHER}, essere (ancora) ˌnell'etàˌ/[nella fase] dello sviluppo; {MODELL}, essere (ancora) in fase di progettazione.

Entwicklungsdienst m (servizio m di) volontariato m per i paesi in via di sviluppo.

entwicklungsfähig adj **1** {KONZEPT, PLAN} (ulteriormente) sviluppabile **2** {KÜNSTLER, MITARBEITER} capace di svilupparsi/maturare; {LAND} suscettibile di sviluppo.

Entwicklungsgeschichte <-, ohne pl> f biol storia f dell'evoluzione.

Entwicklungshelfer m (**Entwicklungshelferin** f) pol operatore (-trice) m (f)/volontario (-a) m (f) della cooperazione f; (bes. im baulichen und wirtschaftlichen Bereich) tecnico (-a) m (f) per i paesi in via di sviluppo.

Entwicklungshilfe f pol cooperazione f, aiuto m ai paesi in via di sviluppo.

Entwicklungsjahre subst <nur pl> anni m pl dello sviluppo, pubertà f.

Entwicklungsland n pol paese m in via di sviluppo.

Entwicklungspolitik f politica f di/dello sviluppo.

Entwicklungspsychologe m (**Entwicklungspsychologin** f) psicologo (-a) m (f) dello sviluppo.

Entwicklungspsychologie f psych psicologia f dello sviluppo, psicologia f dell'età evolutiva.

Entwicklungspsychologin f → **Entwicklungspsychologe**.

Entwicklungsroman m lit romanzo m di formazione.

Entwicklungsstadium n fase f evolutiva, stadio m di sviluppo: **in diesem ~ ist das Geschlecht des Kindes noch nicht zu erkennen**, in questa fase (di sviluppo) è impossibile riconoscere il sesso del bambino.

Entwicklungsstufe f {+MENSCHHEIT, ZIVILISATION} stadio m/livello m evolutivo/[di sviluppo]: **auf einer hohen ~ stehen**, trovarsi ad un alto stadio evolutivo.

Entwicklungszentrum n tech wiss centro m di sviluppo.

entwinden <irr, ohne ge-> tr geh **jdm etw ~** {MESSER} strappare di mano qc a qu.

entwirren <ohne ge-> tr etw ~ **1** (auflösen) {KNOTEN} districare qc; {KNÄUEL} auch sbrogliare qc **2** (klären) {KOMPLIZIERTE SITUATION} districare qc, sbrogliare qc: **eine verzwickte Angelegenheit ~**, dipanare/sbrogliare la matassa fam.

entwischen <ohne ge-> itr <sein> fam (**aus etw** dat) ~ (HÄFTLING AUS DEM GEFÄNGNIS; TIER AUS DEM KÄFIG) scappare (da qc) fam: **der Polizei ~**, sfuggire alla polizia.

entwöhnen <ohne ge-> tr **1** (abstillen) **jdn ~** {SÄUGLING} svezzare qu, divezzare qu, slattare qu **2** (von einer Gewohnheit abbringen) **jdn etw** (gen) geh/**von etw** (dat) fam ~ {VON ALKOHOL, DROGEN} disabituare qu a qc, disassuefare qu da qc: **etw** (gen) **entwöhnt sein** {DER ARBEIT, DER ORDNUNG, DES RAUCHENS}, essere disabituato/disavvezzo a qc.

entwürdigend adj {BEHANDLUNG, ZUSTÄNDE} umiliante, mortificante, degradante.

Entwürdigung f umiliazione f, mortificazione f.

Entwurf m **1** arch bau {+GEBÄUDE} progetto m; kunst {+ZEICHNUNG} disegno m; {+BILD, STATUE} auch abbozzo m; (Skizze) bozzetto m, schizzo m; {+MODEMACHER} disegno m **2** (erste grobe Fassung) {+GESETZ, REDE, ROMAN, VERTRAG} abbozzo m, bozza f ● **einen ~ anfertigen/ausarbeiten**, preparare/elaborare un progetto.

entwurzeln <ohne ge-> tr **1** (aus dem Boden reißen) {+STURM BAUM} sradicare qc **2** (aus der gewohnten Umgebung reißen) **jdn ~** sradicare qu: **sich entwurzelt fühlen**, sentirsi sradicato (-a).

entzaubern <ohne ge-> tr geh **1** (von einem Zauber befreien) **jdn/etw ~** liberare qu/qc da un incantesimo **2** (jdm/etw den Glanz nehmen) **jdn/etw ~** smitizzare qu/qc **3** sport **jdn/etw ~** ridimensionare qu/qc.

entzerren <ohne ge-> tr etw ~ **1** (auseinanderziehen) {FERIENBEGINN} scaglionare qc; {VERKEHR} decongestionare qc **2** (zurechtrücken) {BILD, VORSTELLUNG} correggere qc, rettificare qc **3** fot raddrizzare le linee convergenti di qc **4** radio tel correggere la distorsione di qc.

entziehen <irr, ohne ge-> **A** tr **1** bes. adm (wegnehmen) **jdm etw ~** {GENEHMIGUNG, KONZESSION} revocare qc a qu, togliere qc a qu; {FÜHRERSCHEIN} ritirare qc a qu **2** (nicht mehr geben) **jdm etw ~** {FREUNDSCHAFT, HILFE, VERTRAUEN} non dare più qc a qu, rifiutare qc a qc, negare qc a qu **3** (entwöhnen) **jdm etw ~** {ALKOHOL, DROGEN, NIKOTIN} disintossicare qu da qc; fam **jdn ~** disintossicare qu **4** (entnehmen) **etw** (dat) **etw ~** {BAUM DEM BODEN NÄHRSTOFFE} trarre qc da qc **B** itr fam (eine Entziehungskur machen) fare una cura disintossicante, disintossicarsi **C** rfl **1** (sich frei machen, loslösen) **sich jdm/etw ~** {JDS GESELLSCHAFT, UMARMUNG, EINER VERPFLICHTUNG} sottrarsi a qu/qc: **sich der Strafverfolgung ~**, sottrarsi alla giustizia; **sich jds Blicken ~**, sottrarsi agli sguardi di qu **2** (außerhalb liegen) **sich etw** (dat) **~**: **das entzieht sich meiner Kenntnis** geh, questo non è a mia conoscenza geh; **sich jeder Kontrolle ~**, sfuggire ad ogni controllo.

Entziehung <-, ohne pl> f **1** bes. adm (Wegnahme) {+GENEHMIGUNG, KONZESSION} revoca f; {+FÜHRERSCHEIN} ritiro m **2** med → **Entziehungskur**.

Entziehungsanstalt f centro m di disintossicazione, comunità f di recupero.

Entziehungskur f cura f disintossicante/[di disintossicazione].

entziffern <ohne ge-> tr etw ~ **1** (mühsam lesen) {SCHRIFT, UNTERSCHRIFT} decifrare qc **2** (entschlüsseln) {GEHEIMSCHRIFT} decifrare qc, decodificare qc, decrittare qc ● **nicht zu ~**, indecifrabile.

Entzifferung <-, ohne pl> f **1** (das Entziffern) {+SCHRIFT, UNTERSCHRIFT} decifrazione f, decifrarmento m **2** (das Entschlüsseln) {+GEHEIMSCHRIFT} decifrazione f, decodificazione f, decrittazione f.

entzippen tr → **entpacken**.

entzücken <ohne ge-> tr **jdn ~** {ANBLICK, MUSIK} deliziare qu, incantare qu, affascinare qu.

Entzücken <-s, ohne pl> n geh (Begeisterung) entusiasmo m; (Freude) delizia f, gioia f ● **in ~ geraten**, andare in visibilio fam; **jdn in (helles) ~ versetzen**, mandare qu in visibilio fam; **zu meinem größten ~**, con mia grande delizia/gioia.

entzückend adj {GESCHENK} delizioso; {KIND, KLEID} auch incantevole: **das kleine Mädchen ist ja wirklich ~!**, questa bambina è veramente un incanto!

entzückt adj <präd>: **~** ˌ**über jdn/etw**ˌ/[**von jdm/etw**] **sein**, essere incantato da qu/qc: **er war ganz ~ von dem Gemälde**, rimase estasiato davanti a quel quadro ● **(von**

etw dat) **wenig ~ sein** *iron*, non essere molto entusiasta (di qc).

Entzug <-(e)s, *ohne pl*> m **1** *bes. adm* {+FÜHRERSCHEIN} ritiro m; {+GENEHMIGUNG} revoca f **2** *med* {+ALKOHOL, DROGEN, NIKOTIN} disintossicazione f, disassuefazione f **3** *fam med* → **Entziehungskur** ● **auf ~ sein** *slang*, star facendo una cura disintossicante.

Entzugserscheinung f <*meist pl*> *med* sintomo m da crisi di astinenza: **-en**, sindrome da astinenza *med*, crisi di astinenza.

entzündbar adj: (**leicht**) **~** {MATERIAL}, (altamente) infiammabile.

entzünden <*ohne ge->* A tr geh (*anzünden*) **etw ~** {FEUER, KERZE} accendere *qc*; {HEU, HOLZ} *auch* dar fuoco *a qc* B rfl **1** *med* **sich ~** {HALS, WUNDE} infiammarsi **2** (*in Brand geraten*) **sich ~** incendiarsi, prender fuoco **3** (*wegen etw entstehen*) **sich an etw** (dat) **~** {STREIT AN EINEM PUNKT} accendersi *su qc*.

entzündet adj infiammato.

entzündlich adj **1** *med* {PROZESS} infiammatorio, flogistico *wiss*: **leicht ~**, (facilmente) infiammabile; **die Mandeln sind leicht ~**, le tonsille s'infiammano facilmente **2** → **entzündbar**.

Entzündung f *med* infiammazione f, flogosi f *wiss* ● **akute/chronische ~**, infiammazione acuta/cronica.

entzündungshemmend *med* A adj anti(i)nfiammatorio, antiflogistico B adv: **~ wirken**, avere un'azione anti(i)nfiammatoria.

Entzündungsherd m *med* focolaio m (d'infezione).

entzwei adj <*präd*> *obs*: **~ sein** (*zerbrochen sein*) {GLAS, VASE}, essere ₌a pezzi₌/[rotto], (*zerrissen sein*) {FADEN, SEIL} essere strappato/rotto.

entzwei|brechen <*irr*> A itr <*sein*> (*zerbrechen*) {TELLER, VASE} spezzarsi, rompersi, andare in pezzi B tr <*haben*> (*zerbrechen*) **etw ~** {BROT, SCHOKOLADE} spezzare *qc*; {STOCK} spezzare/rompere (in due) *qc*.

entzweien <*ohne ge-> geh obs* A tr (*auseinanderbringen*) **jdn ~** {STREIT ALTE FREUNDE} dividere *qu*, separare *qu*, allontanare *qu* B rfl (*sich überwerfen*) **sich ~** {GESCHWISTER} distaccarsi; {ALTE FREUNDE} *auch* guastarsi; **sich mit jdm ~**, troncare i rapporti *con qu*, guastarsi *con qu*.

entzwei|gehen <*irr*> itr <*sein*> {GLAS, SCHÜSSEL} andare in pezzi, rompersi.

Enzephalogramm n *med* encefalogramma m.

Enzian <-s, -e> m **1** *bot* genziana f **2** *gastr* (*Branntwein*) acquavite f di genziana.

Enzyklika <-, *Enzykliken*> f *relig* enciclica f.

Enzyklopädie <-, -n> f enciclopedia f.

enzyklopädisch adj {WERK, WÖRTERBUCH} enciclopedico: **er hat eine ~e Bildung**, ha una cultura enciclopedica.

Enzym <-s, -e> n *biochem* enzima m.

Epen pl *von* Epos.

Epidemie <-, -n> f *med* epidemia f.

Epidemiologe <-n, -n> m (**Epidemiologin** f) *med* epidemiologo (-a) m (f).

Epidemiologie f *med* epidemiologia f.

Epidemiologin f → **Epidemiologe**.

epidemiologisch adj epidemiologico.

epidemisch adj epidemico.

Epigone <-n, -n> m *geh kunst lit* epigone m.

Epigramm n *lit* epigramma m.

Epik <-, *ohne pl*> f *lit* epica f.

Epilepsie <-, -n> f *med* epilessia f, morbo m comiziale, mal m caduco *obs*.

Epileptiker <-s, -> m (**Epileptikerin** f) *med*

epilettico (-a) m (f).

epileptisch adj {KRÄMPFE} epilettico; {ANFALL} *auch* di epilessia.

Epilog <-s, -e> m *lit* epilogo m.

episch adj **1** *lit* {GEDICHT} epico **2** *geh* (*endlos ausschmückend*): **etw in ~er Breite schildern**, descrivere *qc* con prolissità estrema.

Episkopat <-(e)s, -e> m *oder* n *relig* **1** <*nur sing*> (*Amt des Bischofs*) episcopato m **2** (*Gesamtheit der Bischöfe*) episcopato m.

Episode <-, -n> f episodio m.

Episodenfilm m film m a episodi.

Epistel <-, -n> f *relig* (*Lesung aus der Bibel*) epistola f.

Epitaph <-s, -e> n *geh* **1** (*Gedenktafel*) lapide f **2** (*Grabinschrift*) epitaffio m, epigrafe f.

Epizentrum n *geol* {+ERDBEBEN} epicentro m.

epochal adj {EREIGNIS} epocale ● **von ~er Bedeutung**, di importanza storica.

Epoche <-, -n> f epoca f ● **~ machen**, fare epoca, segnare una (nuova) epoca; **~ machend** → **epochemachend**.

epochemachend adj {ERFINDUNG, NEUERUNG} epocale, d'importanza storica.

Epos <-, *Epen*> n *lit* poema m epico, epos m *wiss*.

Equalizer <-s, -> m el equalizzatore m.

Equipe <-, -n> f *sport* équipe f, squadra f, team m.

er <*seiner, ihm, ihn*> pers pron 3. pers sing m **1** (*in bezug auf männliche Person: unbetont, meist nicht übersetzt*) lui, egli *geh*: **er ist ein sympathischer junger Mann**, (lui/egli) è un giovane simpatico; (*betont*) lui; **wer ist der Täter? – Er (ist es)!**, chi è stato? – (È stato) lui!; **sie ist 5 cm kleiner als er**, (lei) è di 5 cm più bassa di lui; **er selbst**, lui/egli *geh* stesso; **wenn ich er wäre ...**, se fossi in lui ...; **da ist er!**, eccolo! **2** (*in Bezug auf Sache oder männliches Tier: meist nicht übersetzt*) essa: **der neue Fernseher ist klasse, er hat auch einen eingebauten Videorekorder!**, il nuovo televisore è fantastico, ha anche il videoregistratore incorporato!; **bei den Kaiserpinguinen brütet nur er**, in una coppia di pinguini imperiali è il maschio a covare.

Er <-, -s> m *fam* (*männliche Person oder Tier*) maschio m, lui m: **ist es ein Er oder eine Sie?**, è un maschio o una femmina?

erachten <*ohne ge-> tr geh*: **etw als/für gut/nützlich/notwendig/... ~**, reputare/giudicare positivo (-a)/utile/necessario (-a)/... *qc*; **sie erachtet es als ihre Aufgabe, alten Menschen zu helfen**, reputa/ritiene suo compito aiutare le persone anziane.

Erachten <-s, *ohne pl*> n: **meines ~s** (Abk. m. E.); **nach meinem ~**, a mio avviso/parere/giudizio, secondo me.

erarbeiten <*ohne ge->* A tr (*erstellen*) **etw ~** {PLAN, VORSCHLAG} elaborare *qc* B rfl (*durch Arbeit erwerben*) **sich** (dat) **etw ~** {HAUS, VERMÖGEN} farsi *qc* col proprio lavoro: **er hat sich seine berufliche Position mühsam erarbeitet**, ha raggiunto la posizione che occupa lavorando duramente.

Erbanlage f carattere m ereditario, predisposizione f genetica.

erbarmen <*ohne ge-> geh* A tr (*in jdm Mitleid erregen*) **jdn ~** {NOT, UNGLÜCK} muovere a pietà *qu geh*, destare pietà *in qu*, impietosire *qu* B rfl **sich jds ~** {EINES BETTLERS} avere/nutrire pietà/misericordia *di qu*: **Herr, erbarme dich unser!** *relig*, Signore, abbi pietà di noi!

Erbarmen <-s, *ohne pl*> n pietà f, misericordia f ● **aus ~**, per misericordia/pietà; **mit jdm ~ haben**, aver misericordia/pietà di qu;

kein ~ kennen, non conoscere pietà; **ohne ~**, senza misericordia/pietà; **zum ~ fam**, da far pietà *fam*; **das ist zum ~!**, è pietoso!; **er sah zum ~ aus**, era ridotto ₌da far pietà₌/[in condizioni pietose].

erbarmenswert adj *geh* {ANBLICK, ZUSTAND} miserando *geh*, miserevole, miserabile, pietoso.

erbärmlich A adj **1** (*erbarmenswert*) {ANBLICK, ZUSTAND} pietoso, miserevole, miserabile: **~ aussehen**, essere ridotto in uno stato pietoso **2** *fam pej* (*unzulänglich*) {ERGEBNIS, LEISTUNG} misero, pietoso *fam* **3** *fam pej* (*gemein*) {KERL} miserabile, meschino **4** *fam* (*furchtbar*) {ANGST, HUNGER, KÄLTE} terribile *fam*, da morire *fam* B adv **1** (*gemein*) {SICH VERHALTEN} miseramente, meschinamente **2** *fam* (*sehr*) terribilmente *fam*: **wir haben ~ gefroren** *fam*, abbiamo patito un freddo boia *fam*.

Erbärmlichkeit <-, *ohne pl*> f **1** (*Jämmerlichkeit*) stato m pietoso/miserando, condizioni f pl pietose **2** (*Gemeinheit*) meschinità f, bassezza f, viltà f.

erbarmungslos adj spietato, impietoso, senza pietà.

erbauen① <*ohne ge-> tr* (*errichten*) **etw ~** costruire *qc*, edificare *qc*, erigere *qc*.

erbauen② <*ohne ge-> geh* A tr obs (*jds Gemüt wohl tun*) **jdn ~** {LEKTÜRE, PREDIGT} edificare *qu*: **von etw** (dat)/**über etw** (akk) **nicht (gerade) erbaut sein** *fam iron*, non essere (esattamente) entusiasta di *qc* B rfl **sich an etw** (dat) **~** {AN MUSIK, POESIE} ricrearsi *con qc*, godere *di qc*.

Erbauer <-s, -> m (**Erbauerin** f) **1** (*Architekt*) architetto (*rar* -a) m (f), costruttore (-trice) m (f) **2** (*Gründer*) fondatore (-trice) m (f).

erbaulich adj *geh* edificante ● **das ist nicht gerade ein ~er Anblick** *iron*, non è proprio uno spettacolo edificante/esaltante *iron*.

Erbauung <-, *ohne pl*> f (*Errichtung*) costruzione f, fabbricazione f ● **zur ~** (*zur inneren Bereicherung*) {LESEN, MUSIK HÖREN}, per ricrearsi.

erbberechtigt adj *jur* successibile *jur*, avente diritto all'eredità.

Erbbild n *biol* genotipo m.

Erbe① <-s, *ohne pl*> n **1** *jur* (*Erbschaft*) eredità f **2** (*Hinterlassenschaft*) eredità f, retaggio m ● **das ~ antreten** *jur*, adire *jur*/accettare l'eredità; **das ~ ausschlagen** *jur*, rinunciare all'eredità.

Erbe② <-n, -n> m (**Erbin** f) erede mf ● **direkter ~**, erede diretto; **jdn ₌als ~n einsetzen₌**/[**zum ~n machen**], istituire *qu*/nominare qu (proprio) erede; **gesetzlicher/rechtmäßiger ~**, erede legittimo; **leiblicher ~**, erede naturale.

erben A tr **1** (*Erbe erhalten*) **etw ~** (**von jdm**) ~ {HAUS, VERMÖGEN} ereditare *qc* (*da qu*), ricevere/avere *qc* in eredità (*da qu*) **2** (*als Erbanlage bekommen*) **etw von jdm ~** {DIE BLAUEN AUGEN, DIE MUSIKALITÄT VON DER MUTTER, DEM VATER} ereditare *qc di qu*, prendere *qc da qu fam* **3** *fam scherz* (*als Geschenk bekommen*) **etw bei/von jdm ~** {PULLI VOM ÄLTEREN BRUDER} ereditare *qc da qu fam scherz* B tr (*Erbe sein*) ereditare; (*nur mit Verben in der Vergangenheit o. Zukunft*) avere un'eredità.

Erbengemeinschaft f *jur* comunione f ereditaria.

erbetteln <*ohne ge->* A tr **1** (*durch Bitten*

erhalten) *etw* ~ {JDS ERLAUBNIS, ZUSTIMMUNG} mendicare *qc*, ottenere *qc* **2** (*durch Betteln bekommen*) (*jds*) *etw* ~ {ALMOSEN, BROT, GELD} mendicare *qc*, accattare *qc* **B** *rfl* (*durch Betteln bekommen*) **sich** (dat) *etw* ~ mendicare *qc*, accattare *qc*.

erbeuten <*ohne* ge-> *tr* ~ *etw* ~ {GELD, WAFFEN} far bottino/preda *di qc*, predare *qc*.

Erbfaktor *m biol* fattore *m* ereditario.

Erbfall *m jur* successione *f*: **im** ~, in caso di successione.

Erbfehler *m* difetto *m* ereditario, tara *f* (ereditaria).

Erbfeind *m* nemico *m* storico.

Erbfolge *f jur* successione *f*: **gesetzliche** ~, successione legittima.

Erbfolgekrieg *m hist* guerra *f* di successione.

Erbgut <-(e)s, *ohne pl*> *n biol* patrimonio *m* genetico/ereditario, idiotipo *m biol*.

erbgutschädigend *adj* dannoso/nocivo al patrimonio genetico.

erbieten <*irr, ohne* ge-> *rfl*: **sich** ~, **etw zu tun** *geh obs*, offrirsi di fare *qc*.

Erbin *f* → **Erbe**② • **reiche** ~, ereditiera.

Erbinformation *f biochem* informazione *f* genetica.

erbitten <*irr, ohne* ge-> *tr geh* **etw** (**von** *jdm*) ~ {HILFE, RAT} (ri)chiedere *qc* (*a qu*).

erbittern <*ohne* ge-> *tr jdn* ~ esacerbare l'animo *di qu*.

erbittert **A** *adj* **1** (*hartnäckig*) {KAMPF} accanito; {WIDERSTAND} strenuo; {FEIND} auch acerrimo **2** (*von Groll erfüllt*) **über jdn/etw** ~ **sein**, sentirsi l'animo esacerbato *a causa di qu/qc* **B** *adv* {KÄMPFEN} accanitamente, acerrimamente *geh*.

Erbitterung <-, *ohne pl*> *f* esacerbazione *f*, rancore *m*.

Erbkrankheit *f med* malattia *f* ereditaria.

erblassen <*ohne* ge-> *itr* <*sein*> *geh* (**vor** *etw* dat) ~ {VOR ANGST, SCHRECK, WUT} impallidire (*per qc*), sbiancare (in volto) (*per qc*).

Erblasser <-s, -> *m* (**Erblasserin** *f*) *jur* de cuius *m*, ereditando (-a) *m* (*f*), chi lascia l'eredità.

Erblast *f* eredità *f* scomoda/pesante.

erbleichen <*irr oder reg, ohne* ge-> *itr* <*sein*> geh → **erblassen**.

erblich *adj* **1** (*vererbbar*) {RECHTE, TITEL} ereditario, trasmissibile per successione **2** *biol* {KRANKHEIT} ereditario, genetico, trasmissibile geneticamente/ereditariamente • ~ **belastet sein**, essere geneticamente predisposto.

erblicken <*ohne* ge-> *tr geh* **1** (*plötzlich sehen*) **jdn**/**etw** ~ scorgere *qu/qc*, adocchiare *qu/qc* **2** (*erkennen*) **in jdm/etw etw** ~ {IN JDM EINEN GEGNER, VERBÜNDETEN, IN ETW EINE GEFAHR, EINEN VORTEIL} vedere *in qu/qc*, ravvisare *in qu/qc qu*.

erblinden <*ohne* ge-> *itr* <*sein*> diventare cieco (-a), perdere la vista: **auf einem Auge** ~, diventare cieco da un occhio.

Erblindung <-, -*en*> *f* perdita *f* della vista: **das kann zu**(**r**) ~ **führen**, (ciò) può portare alla cecità.

erblonden <*ohne* ge-> *itr* <*sein*> *fam scherz* {PERSON} farsi biondo (-a), imbiondirsi.

erblühen <*ohne* ge-> *itr* <*sein*> *geh* {BLUME, KNOSPE} fiorire, sbocciare, schiudersi.

Erbmasse *f jur* asse *m* ereditario, massa *f* ereditaria.

Erbmonarchie *f* monarchia *f* ereditaria.

Erbonkel *m fam scherz* zio *m* d'America *fam scherz*.

erbosen <*ohne* ge-> *geh* **A** *tr jdn* ~ far infuriare/incollerire *qu*: **über jdn/etw erbost sein**, essere adirato/incollerito con *qu/per qc* **B** *rfl* **sich** (**über jdn/etw**) ~ adirarsi (*con(tro) qu/per qc*), infuriarsi (*con qu/per qc*).

erbrechen <*irr, ohne* ge-> **A** *tr itr* (**etw**) ~ {MAGENINHALT} rimettere (*qc*), vomitare (*qc*), rigettare (*qc*) **B** *rfl* **sich** ~ rimettere, vomitare, rigettare • **sich zum Erbrechen tun** *fam pej*, fare *qc* fino alla nausea *fam*.

Erbrecht *n jur* diritto *m* delle successioni, diritto *m* successorio.

erbringen <*irr, ohne* ge-> *tr* **etw** ~ **1** (*aufbringen*) {SUMME} procurare *qc*, reperire *qc*: **im Studium hat sie gute Leistungen erbracht**, negli studi ha ottenuto/conseguito (dei) buoni risultati **2** (*einbringen*) {VERKAUF EINE GROSSE SUMME, VIEL} rendere *qc*, fruttare *qc* **3** (*ergeben*) {ERMITTLUNGEN NICHTS, VIEL} condurre *a qc*, portare *a qc*: {TEST GEWÜNSCHTEN ERGEBNISSE} dare *qc* **4** (*als Funktionsverb*): **den Beweis** (**für etw** akk) ~, fornire/produrre/addurre *jur* le prove (di *qc*).

Erbschaft <-, -*en*> *f* eredità *f*: **eine** ~ **machen**, entrare in un'eredità.

Erbschaftsangelegenheit *f* questione *f* di eredità.

Erbschaftsteuer, **Erbschaftssteuer** *f ökon* imposta *f*/tassa *f fam* di successione.

Erbschein *m jur* certificato *m* di eredità.

Erbschleicher <-s, -> *m* (**Erbschleicherin** *f*) *pej* cacciatore (-trice) *m* (*f*) *fam* di eredità.

Erbschleicherei <-, -*en*> *f* caccia *f* all'eredità, captazione *f jur*.

Erbschleicherin *f* → **Erbschleicher**.

Erbse <-, -*n*> *f* pisello *m*.

erbsengrün *adj* verde pisello: **ein** ~**er Stoff**, una stoffa verde pisello.

Erbsensuppe *f* minestra *f* di piselli.

Erbsenzähler <-s, -> *m fam pej*: **ein** ~ **sein**, far conti da speciale *fam*.

Erbstück *n* oggetto *m* ereditato: **der Ring ist ein** ~ **meiner Großmutter**, quest'anello l'ho avuto in eredità da mia nonna.

Erbsünde <-, *ohne pl*> *f relig* peccato *m* originale.

Erbtante *f fam scherz* zia *f* danarosa (da cui si presume di ereditare).

Erbteil *n oder jur m* **1** *jur* quota *f* ereditaria, parte *f* d'eredità **2** (*vererbte Anlage*) **das ist sein mütterliches/väterliches** ~, è una caratteristica ereditata dalla madre/dal padre.

Erdachse *f* asse *m* della terra/[terrestre].

erdacht *adj* {GESCHICHTE} inventato, immaginario.

Erdanziehung *f* gravitazione *f*/attrazione *f* terrestre.

Erdapfel *m süddt A* patata *f*.

Erdarbeiten *subst* <*nur pl*> *bau* lavori *m pl* di sterro.

Erdatmosphäre *f* atmosfera *f* terrestre.

Erdbahn *f astr* orbita *f* terrestre.

Erdball *m geh* globo *m* terracqueo *geh*.

Erdbeben *n* terremoto *m*, sisma *m*, sismo *m rar*.

Erdbebengebiet *n* zona *f*/area *f* sismica.

erdbebengefährdet *adj* sismico.

Erdbebenherd *m geol* ipocentro *m*.

Erdbebenopfer *n* terremotato (-a) *m* (*f*); (*Toter*) vittima *f* di un terremoto.

erdbebensicher *adj* antisismico.

Erdbebenwarte *f geol* osservatorio *m* sismico.

Erdbeere *f* (*Pflanze und Frucht*) fragola *f*.

erdbeerfarben *adj* color/rosso fragola: **ein** ~**er Rock**, una gonna rosso fragola.

Erdbeschleunigung *f phys* accelerazione *f* terrestre.

Erdbewohner *m* (**Erdbewohnerin** *f*) abitante *mf* della terra; (*im Gegensatz zum Marsbewohner etc.*) terrestre *mf*.

Erdboden *m* suolo *m*, terra *f* • **etw dem** ~ **gleichmachen**, radere al suolo *qc*; **wie vom** ~ **verschluckt**, come inghiottito dalla terra; **ich wäre am liebsten im** ~ **versunken** *fam*, sarei voluto (-a) sprofondare *fam*, avrei preferito sparire sotto terra *fam*.

Erde <-, -*n*> *f* **1** <*nur sing*> (*Welt*) **die** ~, la terra: **auf der ganzen** ~, in tutto il mondo; **auf** ~**n** *geh*, in terra **2** <*nur sing*> (*Erdboden*) terra *f*, suolo *m* **3** (*Bodenart*) terra *f*, terreno *m*: **feuchte/fette/fruchtbare/...** ~, terra umida/grassa/fertile/... **4** *el* (*Erdung*) terra *f*, massa *f* • **auf der** ~ **bleiben**, restare con i piedi per terra; **jdn unter die** ~ **bringen**, far morire *qu*, portare alla tomba *qu*; **du wirst mich noch unter die** ~ **bringen!** *fam*, di questo passo mi farai morire! *fam*; **auf die** ~ **fallen**, cadere a/in/per terra; {STERNSCHNUPPE}, cadere sulla terra; **seltene** ~**n chem**, terre rare; **über der** ~, sopra la terra; **unter der** ~, sotto terra, sottoterra.

erden *tr el etw* ~ mettere/collegare *qc* a terra/massa.

Erdenbürger *m* (**Erdenbürgerin** *f*) *geh* mortale *m rar f*, essere *m* umano • **ein neuer** (**kleiner**) ~ *scherz*, un neonato.

erdenken <*irr, ohne* ge-> *tr* **etw** ~ {GESCHICHTE} inventare *qc*, inventarsi *qc*; {PLAN} escogitare *qc*, architettare *qc*, congegnare *qc*.

erdenklich *adj* <*attr*> **jdm alles** ~ **Gute wünschen**, augurare a *qu* tutto il bene possibile/[di questo mondo]; **alles Erdenkliche tun**, fare tutto il possibile.

Erderwärmung *f* surriscaldamento *m* della terra.

erdfarben *adj* (color) terra.

Erdgas *n* gas *m* naturale, metano *m*.

Erdgeist *m myth* spirito *m* della terra.

Erdgeschichte <-, *ohne pl*> *f* storia *f* della terra, geologia *f*.

erdgeschichtlich *adj* <*attr*> geologico.

Erdgeschoss (a.R. Erdgeschoß), **Erdgeschoß** *A CH* *n* pianterreno *m*, piano *m* terra: **im** ~ {LIEGEN, WOHNEN}, al pianterreno.

Erdhalbkugel *f* emisfero *m* terrestre.

erdichten <*ohne* ge-> *tr geh* **etw** ~ {GESCHICHTE, LÜGENMÄRCHEN} inventare *qc*, inventarsi *qc*.

erdig **A** *adj* **1** (*an Erde erinnernd*) {GERUCH, GESCHMACK} di terra **2** (*voller Erde*) {HÄNDE, SCHUHE} terroso, sporco di terra **B** *adv* (*wie Erde*) {SCHMECKEN} di terra.

Erdinnere <*dekl wie adj*> *n* interno *m*/viscere *f pl geh* della terra.

Erdkarte *f* carta *f* (geografica) della terra, planisfero *m* terrestre.

Erdkruste *f geol* crosta *f* terrestre, litosfera *f wiss*.

Erdkugel *f* globo *m*/sfera *f* terrestre.

Erdkunde *f Schule* geografia *f*.

Erdmagnetismus *m* magnetismo *m* terrestre.

Erdmittelpunkt *m* centro *m* della terra.

Erdnuss (a.R. Erdnuß) *f* arachide *f*, nocciolina *f* (americana) *fam*.

Erdnussbutter (a.R. Erdnußbutter) *f* burro *m* di arachidi.

Erdoberfläche *f* superficie *f* terrestre.

Erdöl *n* petrolio *m* (greggio): ~ **exportie-**

rend {LAND}, esportatore di petrolio.
Erdölbohrung f trivellazione f (petrolifera); (*Erdölquelle*) pozzo m petrolifero.
erdolchen <ohne ge-> tr *geh jdn* ~ pugnalare *qu*.
erdölexportierend adj → **Erdöl**.
Erdölfeld n campo m petrolifero.
Erdölindustrie f industria f petrolifera.
Erdölleitung f oleodotto m, pipeline f.
Erdölraffinerie f raffineria f (di petrolio).
Erdölverarbeitung f lavorazione f del petrolio.
Erdölvorkommen n giacimento m petrolifero.
Erdreich n terra f, suolo m.
erdreisten <ohne ge-> rfl *geh*: **sich** ~, **etw zu tun**, avere l'ardire *geh*/la sfrontatezza/l'impudenza di fare qc.
erdrosseln <ohne ge-> tr *jdn* ~ strangolare *qu*, strozzare *qu*.
erdrücken <ohne ge-> tr **1** (*zu Tode drücken*) *jdn/etw* ~ {PERSON, TIER} schiacciare *qu/qc* **2** (*übermäßig belasten*) *jdn* ~ {ARBEIT, SCHULDEN, SCHULDGEFÜHLE} schiacciare *qu*, soffocare *qu*, opprimere *qu* **3** (*übermächtig sein*) *etw* ~ {WUCHTIGE GEBÄUDE STADTTEIL} soffocare *qu*; *fam jdn* ~ {AUTORITÄRER VATER SOHN, TOCHTER} asfissiare qu *fam*, soffocare qu *fam*, opprimere qu.
erdrückend adj {BEWEISE, ÜBERMACHT} schiacciante.
Erdrutsch m **1** *geol* frana f, smottamento m **2** (*politischer*) ~, terremoto m politico; (*einer Partei bei den Wahlen*) frana f elettorale.
Erdrutschsieg m *pol* schiacciante successo m elettorale.
Erdschatten m *astr* cono m d'ombra della terra.
Erdscholle f zolla f.
Erdstoß m scossa f tellurica/sismica.
Erdstrahlen subst <*nur pl*> (ir)radiazioni f pl terrestri
Erdteil m continente m ● **der Schwarze** ~ *geog*, il continente nero.
erdulden <ohne ge-> tr *etw* ~ {DEMÜTIGUNGEN, LEID, SCHMERZEN} sopportare qc, subire qc, patire qc.
Erdumdrehung f rotazione f terrestre/[della terra].
Erdumkreisung <-, -en> f *astr* moto m orbitale intorno alla terra.
Erdumlaufbahn f *astr* orbita f terrestre.
Erdumsegelung, **Erdumseglung** <-, -en> f circumnavigazione f della terra.
Erdung <-, -en> f el **1** <*nur sing*> (*das Erden*) {+ELEKTROGERÄT, STECKDOSE} messa f/collegamento m a terra/massa **2** (*Verbindung*) terra f, massa f.
Erdwärme f calore m terrestre.
ereifern <ohne ge-> rfl **sich** (**über etw** akk) ~ accalorarsi (*per qc*), (ri)scaldarsi (*per qc*), infervorarsi (*per qc*).
ereignen <ohne ge-> rfl **sich** ~ {ETWAS BESONDERES, MERKWÜRDIGE DINGE, UNFALL, UNGLÜCK, NICHTS WICHTIGES} accadere, avvenire, succedere, verificarsi.
Ereignis <-ses, -se> n avvenimento m, evento m, fatto m: **ein denkwürdiges/historisches** ~, un evento memorabile/storico; **die ~se überstürzten sich**, gli eventi precipitano ● **ein freudiges** ~ *euph* (*die Geburt eines Kindes*), un lieto evento.
ereignisreich adj {LEBEN, URLAUB, ZEIT} ricco/denso di avvenimenti/eventi, movimentato.
ereilen <ohne ge-> tr *geh jdn* ~ {NACHRICHT} pervenire *a* qu, raggiungere qu, giungere *a*

qu: **der Tod hat sie im Schlaf ereilt**, la morte l'ha sorpresa nel sonno.
Erektion <-, -en> f {+PENIS} erezione f.
Eremit <-en, -en> m eremita mf.
erfahren① <*irr, ohne ge->* ▲ tr **1** (*hören*) *etw* (*von jdm*)/(*durch jdn*/*etw*) ~ {GENAUERES, NÄHERES, NEUIGKEIT VON EINER/DURCH EINE FREUNDIN, DURCH DIE ZEITUNG} ₁(venire a) sapere,/[apprendere] *qc* (*da qu/qc*)/(*attraverso qu/qc*): **ich habe aus dem Brief** ~, **dass ...**, dalla lettera ₁ho saputo/appreso₂/[sono venuto (-a) a sapere] che ...; **wie**/[**von wem**] **hat er das** ~?, come/[da chi] l'ha saputo? **2** *geh* (*erleben*) *etw* ~ {FREUNDSCHAFT, GLÜCK, LIEBE} sperimentare *qc*, conoscere *qc*; {DEMÜTIGUNGEN} subire *qc*: **viel Leid** ~, soffrire molto **3** *form* (*als Funktionsverb*) *etw* ~ {REFORM ÄNDERUNGEN, EINSCHRÄNKUNGEN} subire *qc* ▐ itr **von etw** (dat) ~ {VON DER ANGELEGENHEIT, VON DEM VORHABEN} (venire a) sapere *di qc*, venire a conoscenza *di qc*: **ich habe erst heute davon** ~, l'ho saputo solo oggi.
erfahren② adj {ANWALT, ARZT, PILOT} esperto: (**in etw** dat/**auf einem Gebiet**) ~ **sein**, essere ₁esperto (in qc)₁/[pratico (di qc)].
Erfahrung <-, -en> f esperienza f; (*praktische* ~) pratica f: **eine Person mit viel** ~, una persona di/con molta esperienza ● **aus** (**eigener**) ~ (**sprechen/wissen**), (parlare/sapere) per esperienza (personale/diretta); **etw in** ~ **bringen**, (riuscire a) sapere qc; ~ (**in etw** dat) **haben**, avere esperienza (di/in qc), essere pratico (di qc); (**seine**) ~**en machen/sammeln**, fare/acquisire esperienza; **ich habe die** ~ **gemacht, dass ...**, ho avuto modo di constatare che ...; **gute/schlechte/... ~en** (**mit jdm/etw**) **machen**, trovarsi bene/male (con qu/qc); **durch/aus** ~ **wird man klug** *prov*, l'esperienza insegna.
Erfahrungsaustausch m scambio m di esperienze.
erfahrungsgemäß adv: **man weiß** ~, **si sa per esperienza**; ~ **ist es schwierig** ..., l'esperienza (ci) insegna che è difficile ...
Erfahrungsschatz m bagaglio m di esperienze.
Erfahrungswert m fatto m empirico.
erfassen <ohne ge-> tr **1** (*mitreißen*) *jdn/etw* ~ {AUTO, STRÖMUNG MENSCHEN, TIER} investire *qu/qc*, travolgere *qu/qc* **2** (*befallen*) *jdn* ~ {ANGST, EKEL, ENTSETZEN} cogliere qu, prendere *qu* **3** (*verstehen*) *etw* ~ {BEDEUTUNG, SACHVERHALT} afferrare *qc*, comprendere *qc*, capire *qc* **4** (*registrieren*) *jdn/etw* ~ rilevare *qc*, registrare *qu/qc*: **etw statistisch** ~, rilevare qc statisticamente **5** (*mit einbeziehen*) *jdn/etw* ~ includere *qu/qc*, comprendere *qu/qc* **6** *inform etw* ~ {DATEN, TEXT} acquisire *qc*.
Erfassung f **1** (*Registrierung*) registrazione f **2** *inform* {+DATEN, TEXT} acquisizione f.
erfinden <*irr, ohne ge->* tr **1** (*neu schaffen*) *etw* ~ {DEN BUCHDRUCK, MASCHINE, DAS RADIO, DAS TELEFON} inventare *qc* **2** (*erdichten*) *jdn/etw* ~ {FIGUR, GESCHICHTE, PERSON} inventar(si) *qu/qc*; (*AUSREDE*) *auch* fabbricare *qc* ● **frei erfunden sein** {GESCHICHTE}, essere inventato di sana pianta *fam*; {NAMEN, PERSONEN EINES FILMS, ROMANS}, essere puramente immaginario/fittizio.
Erfinder m (**Erfinderin** f) inventore (-trice) m (f).
Erfindergeist <-(e)s, *ohne pl*> m spirito m/ingegno m inventivo, inventiva f.
Erfinderin f → **Erfinder**.
erfinderisch adj {GEIST, KOPF} inventivo, ingegnoso; {MENSCH} dotato di grande inventiva, ricco d'inventiva.

Erfindung f **1** <*nur sing*> (*das Erfinden*) {+NEUES GERÄT, VERFAHREN} invenzione f **2** (*das Erfundene*) invenzione f **3** (*Lüge*) invenzione f: **das ist reine ~!**, è tutta un'invenzione!, è pura fantasia! ● **eine ~ machen**, inventare qc.
Erfindungsgabe f estro m inventivo, capacità f inventiva, invenzione f.
Erfindungsreichtum <-s, *ohne pl*> m inventiva f, ricchezza f d'ingegno.
Erfolg <-(e)s, -e> m **1** (*Gelingen*) {+INITIATIVE, VORHABEN} successo m, (buona) riuscita f; {+VERHANDLUNGEN} *auch* buon esito m; {+BUCH, FILM} successo m, fortuna f **2** (*Folge*): **mit dem ~, dass ...**, con il risultato/l'effetto che ... ● **von ~ begleitet/gekrönt** *geh* **sein**, essere coronato da(l) successo; (**mit etw dat**) ~ **haben**: **er hatte mit seiner Bewerbung** ~, la sua domanda fu accettata; **bei jdm** ~ **haben** (*Anklang finden*) {FRAU BEI MÄNNERN}, avere successo con qu; {SÄNGER, SONG BEIM PUBLIKUM}, riscuotere successo di pubblico; **großen** ~ **haben**, far furore *fam*, spopolare *fam*; *mit*/*ohne ~*: **ich habe mehrmals versucht, ihn zu erreichen, aber ohne** ~, ho provato varie volte a chiamarlo, ma senza successo/riuscirci; **jdm/etw zum** ~ **verhelfen**, contribuire al successo di qu/qc; ~ **versprechend**, promettente, che promette bene; **viel ~!**, buona fortuna!; **ein voller**/**durchschlagender** ~, un successone *fam*, un successo strepitoso.
erfolgen <ohne ge-> itr *form* <*sein*> **1** (*stattfinden*) {BEKANNTGABE} avvenire; {SIEGEREHRUNG} *auch* aver luogo; {ZAHLUNG} essere, venire effettuato (-a) **2** (*als Folge eintreten*) seguire.
erfolglos ▲ adj **1** (*ohne Erfolg*) {AUTOR, KÜNSTLER} che non riscuote successo **2** (*vergeblich*) {BEMÜHUNGEN} infruttuoso, inutile, vano ▐ adv senza successo.
Erfolglosigkeit <-, *ohne pl*> f **1** (*mangelnder Erfolg*) {+AUTOR, KÜNSTLER} insuccesso m **2** (*Vergeblichkeit*) {+BEMÜHUNGEN} inutilità f, vanità f.
erfolgreich ▲ adj **1** (*viele Erfolge habend*) {FILM, POLITIKER, ROMAN, SCHAUSPIELER} di successo **2** (*positive Ergebnisse zeigend*) {POLITIK} vincente; {UNTERNEHMEN} fortunato, riuscito; {VERSUCH} *auch* coronato da(l) successo: **eine ~e Laufbahn**, una brillante carriera, una carriera costellata di successi ▐ adv con successo.
Erfolgsaussicht f <*meist pl*> prospettiva f/probabilità f di successo/riuscita, chance f.
Erfolgsautor m (**Erfolgsautorin** f) autore (-trice) m (f) di successo.
Erfolgschance f <*meist pl*> → **Erfolgsaussicht**.
Erfolgsdenken n mentalità f improntata al(la logica del) successo.
Erfolgsdruck m ansia f da prestazione: **unter ~ stehen**, soffrire di ansia da prestazione, essere sotto pressione.
Erfolgserlebnis n esperienza f gratificante, gratificazione f.
Erfolgskontrolle f verifica f.
Erfolgsmeldung f buona/bella notizia f.
Erfolgsmensch m vincente mf, persona f di successo.
Erfolgsmodell n modello m vincente/[di successo].
Erfolgsrezept n formula f di successo.
Erfolgszwang m ansia f di riuscire: **unter ~ stehen**, essere tormentato dall'ansia di riuscire.
erfolgversprechend adj → **Erfolg**.

erforderlich adj {EINGREIFEN, MAßNAHME} necessario; {ALTER} richiesto: **die für die Verwirklichung des Projekts ~en Geldmittel**, i fondi occorrenti alla realizzazione del progetto; **es ist ~, dass ...**, occorre/[è necessario] che ... *konjv*; **(für etw akk) ~ sein**, (essere richiesto]/[occorrere]/[servire] (per qc); **für diese Stelle ist ein Universitätsabschluss ~**, per questo posto di lavoro [è richiesta]/[occorre] la laurea ● **etw ~ machen**, rendere necessario (-a) qc; *soweit ~*, in caso di bisogno, se necessario.

erfordern <ohne ge-> tr etw ~ {ARBEIT VIEL GELD, ZEIT} richiedere qc; {GEDULD, PRÄZISION} auch esigere qc.

Erfordernis <-ses, -se> n esigenza f, necessità f; {Voraussetzung} requisito m, condizione f.

erforschen <ohne ge-> tr 1 (durchstreifend untersuchen) etw ~ {GEBIET, LAND} esplorare qc 2 (ergründen) {GEHEIMNIS} indagare qc; {URSACHEN, ZUSAMMENHÄNGE} auch ricercare qc; {MEINUNG} sondare qc; {LAGE} studiare qc: **sein Gewissen ~**, farsi l'esame di coscienza.

Erforschung <-, -en> f 1 {+GEBIET, LAND} esplorazione f 2 {+URSACHEN, ZUSAMMENHÄNGE} indagine f, ricerca f; {+MEINUNG} sondaggio m; {+LAGE} studio m: **~ des Gewissens**, esame di coscienza.

erfragen <ohne ge-> tr etw (bei/von jdm) ~ {EINZELHEITEN BEI EINEM AMT, VON EINER PERSON} informarsi di/su qc (presso/da qu): [**den Namen von etw** (dat)]/[**den Weg**] **~**, chiedere [il nome di qc]/[la strada]; **zu ~ bei ...**, per informazioni rivolgersi a ...

erfreuen <ohne ge-> **A** tr (Freude bereiten) **jdn ~** {GESCHENK} rallegrare qu, far piacere a qu; {NACHRICHT} auch allietare qu **B** rfl 1 (Freude haben) **sich an etw** (dat) **~** {AN EINEM GESCHENK} rallegrarsi per qc; {AN KUNST, MUSIK} trovare piacere/diletto in qc 2 geh (genießen) **sich etw** (gen) **~** {GROßER BELIEBTHEIT, GUTER GESUNDHEIT} godere di qc.

erfreulich adj {ANBLICK} piacevole, gradevole; {NACHRICHT} auch gradito: **ich habe nichts Erfreuliches zu berichten**, non ho niente di piacevole da raccontare; **es ist ~, [dass ...]/[zu ...]**, fa piacere [che ... konjv]/[... inf].

erfreulicherweise adv 1 (zum Glück) fortunatamente, per fortuna 2 (mit Freude) con soddisfazione/piacere.

erfreut adj {GESICHT} lieto, contento: **(über etw akk) ~ sein**, essere lieto/contento (di qc), rallegrarsi (per qc); **ich bin darüber sehr erfreut**, me ne [rallegro molto]/[compiaccio] ● **sehr ~!** geh (angenehm!), molto lieto (-a)!

erfrieren <irr, ohne ge-> itr <sein> 1 (durch Frost sterben) {MENSCH, TIER} morire assiderato (-a) 2 (durch Frost absterben) **jdm ~** {FINGER, NASE, OHR, ZEHE} congelarsi a qu 3 (durch Frost eingehen) {BLUME, PFLANZE} gelare, gelarsi ● **Tod durch Erfrieren**, morte per assideramento.

Erfrierung <-, -en> f med assideramento m; <meist pl> (örtliche ~) congelamento m.

erfrischen <ohne ge-> **A** tr **jdn ~** 1 (abkühlen) {DUSCHE, GETRÄNK} rinfrescare qu 2 (beleben) {KAFFEE, RUHEPAUSE} ricreare qu; {MITTAGSSCHLAF} auch ristorare qu, ricaricare qu **B** rfl **sich ~** rinfrescarsi; (sich erholen) ristorarsi.

erfrischend adj 1 (abkühlend) {DUSCHE} rinfrescante, refrigerante; {GETRÄNK} auch dissetante 2 (aufmunternd) {HUMOR} brioso; {ART} che porta una ventata di freschezza.

Erfrischung <-, -en> f 1 <nur sing> (das Erfrischen) refrigerio m: **zur ~ geht er unter die Dusche**, per darsi una rinfrescata si fa una doccia 2 (Speise) spuntino m; (Getränk) bibita f: **~en**, rinfreschi.

Erfrischungsgetränk n bibita f.

Erfrischungsraum m buffet m, bar m, posto m di ristoro.

Erfrischungstuch n salvietta f rinfrescante/[(detergente) umidificata].

erfüllen <ohne ge-> **A** tr 1 (ausführen) **etw ~** {AUFGABE} adempiere (a) qc; {PFLICHT} auch compiere qc; {VERSPRECHEN} mantenere qc: **einen Auftrag ~** com, evadere un ordine, eseguire una commissione; {BITTE, FORDERUNG} esaudire (a) qc, soddisfare (a) qc; {WUNSCH} auch appagare qc: **Michael erfüllt mir jeden Wunsch**, Michael esaudisce ogni mio desiderio; {BEDINGUNG} soddisfare (a) qc; {VORAUSSETZUNG} auch rispondere a qc: **eine Funktion ~**, [assolvere]/[adempiere a] una funzione; **dieser Computer erfüllt seinen Zweck nicht mehr**, questo computer non è più adatto allo scopo 2 (anfüllen) **etw ~** {DUFT, GESTANK, RAUCH RAUM} riempire qc, pervadere qc 3 (durchdringen) **jdn ~** {EKEL, FREUDE, HASS} pervadere qu; **jdn mit etw ~** {MIT FREUDE, SORGE, STOLZ} riempire qu di qc, colmare qu di qc auch geh: **schon der Gedanke daran erfüllt mich mit Schaudern**, al solo pensiero rabbrividisco 4 (befriedigen) **jdn ~** {AUFGABE, BERUF} gratificare qu, appagare qu **B** rfl (sich bewahrheiten) **sich ~** {HOFFNUNG, WUNSCH} diventare realtà; {PROPHEZEIUNG} avverarsi, compiersi, adempiersi geh.

erfüllt adj {LEBEN} gratificante.

Erfüllung f 1 (Ausführung) {+AUFGABE, PFLICHT} adempimento m, compimento m; {+BITTE, FORDERUNG} soddisfazione f, soddisfacimento m; {+WUNSCH} auch appagamento m; {+HOFFNUNG} realizzazione f; {+VERSPRECHEN} mantenimento m 2 (innere Befriedigung) gratificazione f, appagamento m ● **in ~ gehen** (TRAUM, WUNSCH), avverarsi, realizzarsi.

ergänzen <ohne ge-> **A** tr 1 (vervollständigen) **etw** (durch etw akk) **~** {SAMMLUNG, VORRÄTE} completare qc (con qc), integrare qc (con qc) 2 (zusätzlich feststellen) **etw** (zu etw dat) **~** {ZU DIESER FRAGE, DIESEM PROBLEM} aggiungere qc (a qc) **B** rfl **sich/einander ~** completarsi (a vicenda), essere complementari.

Ergänzung <-, -en> f 1 <nur sing> (Vervollständigung) {+SAMMLUNG, VORRÄTE} completamento m, integrazione f 2 (zusätzliche Bemerkung) aggiunta f 3 gram complemento m; (in der Valenzgrammatik: obligatorisches Element) complemento m obbligatorio.

Ergänzungsabgabe f Steuer una tantum f, (imposta f) addizionale f.

Ergänzungsband m Verlag (volume m di) supplemento m.

ergattern <ohne ge-> tr fam etw ~ {EINTRITTSKARTE, SITZPLATZ} rimediare qc fam.

ergaunern <ohne ge-> tr rfl fam (sich dat) **etw ~** (Geld) arraffare qc fam; {VERMÖGEN} auch procurarsi qc illecitamente.

ergeben① <irr, ohne ge-> **A** tr etw ~ 1 (als Resultat haben) {NACHFORSCHUNGEN BEWEIS} fornire qc: **die Umfrage hat ~, dass ...**, [dal sondaggio è risultato]/[il sondaggio ha rivelato] che ... 2 (einbringen) rendere qc, fruttare qc 3 math fare qc, dare qc come risultato: **5 mal 5 ergibt 25**, 5 per 5 fa 25 **B** rfl 1 (folgen) **sich aus etw** (dat) **~** {NACHTEILE, VORTEILE AUS EINER NEUEN SITUATION} risultare da qc, derivare da qc, scaturire da qc auch geh: **daraus ergibt sich, dass ...**, ne (con)segue/risulta che ... 2 (sich herausstellen) **sich (aus etw** dat) **~** emergere (da qc), risultare (da qc): **es hat sich nichts Neues ~**, non è emerso niente di nuovo **C** unpers: **es hat sich so ~, dass ...**, è capitato che ...

ergeben② <irr, ohne ge-> rfl 1 **mil sich** (jdm) **~** arrendersi (a qu), capitolare (davanti a qu) 2 geh (sich fügen) **sich in etw** (akk) **~** {IN SEIN SCHICKSAL} arrendersi a qc, rassegnarsi a qc 3 geh (sich hingeben) **sich etw** (dat) **~** {EINER LEIDENSCHAFT} abbandonarsi a qc, cedere a qc: **sich dem Alkohol/der Spielsucht ~**, darsi al bere/gioco.

ergeben③ adj 1 (treu) {DIENER, UNTERTAN} devoto, fedele: **treu ~ obs** (Schlussformel in Briefen), devotissimo, affezionatissimo; **jdm treu ~ sein** geh, essere totalmente devoto a qu obs 2 (unterwürfig) **jdm ~** sottomesso a qu 3 geh (verfallen) **etw** (dat) **~** {DEM ALKOHOL, DER SPIELSUCHT} dedito a qc ● **Ihr (sehr) ~er, Ihre (sehr) ~e ...** form obs (Schlussformel in Briefen), il/la Suo (-a) devotissimo (-a) ... form obs.

Ergebenheit <-, ohne pl> f 1 (Hingabe) devozione f, fedeltà f, dedizione f 2 (Gefasstheit) rassegnazione f.

Ergebnis <-ses, -se> n 1 (Ausgang) {+VERHANDLUNGEN, WAHLEN} risultato m, esito m; {+BEMÜHUNGEN, NACHFORSCHUNGEN} auch frutto m 2 sport risultato m, esito m 3 math risultato m, prodotto m ● **gute ~se erzielen**, ottenere/conseguire buoni risultati; **zu keinem ~ führen**, non portare/condurre ad alcun risultato; **zu dem ~ kommen, dass ...**, arrivare/giungere alla conclusione che ...

ergebnislos adj {BEMÜHUNGEN, GESPRÄCHE} infruttuoso, senza (alcun) risultato, inefficace: **~ bleiben**, non sortire alcun esito/effetto.

ergehen <irr, ohne ge-> **A** itr <sein> 1 form (geschickt werden) **an jdn ~** {EINLADUNG} essere/venire spedito (-a) a qu: **an sie erging ein Ruf an die Universität Tübingen**, le fu offerta una cattedra all'università di Tubinga 2 (erlassen werden) {GESETZ} essere/venire emanato (-a); {ANORDNUNG} essere/venire diramato (-a)/emesso (-a) **B** rfl <haben> (sich auslassen) **sich in etw ~** {IN BESCHIMPFUNGEN} prorompere in qc geh, lasciarsi andare a qc; {IN LOBREDEN} profondersi in qc; {IN AUSFÜHRLICHEN SCHILDERUNGEN} dilungarsi in qc, diffondersi in qc: **sich in Vermutungen ~**, abbandonarsi a congetture **C** unpers <sein> (widerfahren): **jdm ergeht es irgendwie** {GUT, SCHLECHT, ÜBEL}, qu se la passa fam + compl di modo: **mir ist es genauso ergangen**, mi è successa la stessa cosa; **wie ist es dir ergangen?**, come ti è andata? fam ● **etw über sich ~ lassen**, tollerare qc, supportare qc (pazientemente).

ergiebig adj 1 (sparsam im Verbrauch) {KREME, WASCHMITTEL} che ha una buona resa 2 (fruchtbar) {DISKUSSION} proficuo, produttivo, fruttuoso; {THEMA} ricco di spunti 3 (einträglich) {GESCHÄFT} redditizio, lucrativo, lucroso, fruttuoso.

ergießen <irr, ohne ge-> rfl 1 (strömen) **sich in etw** (akk) **~** {FLUSS INS MEER} gettarsi in qc; **sich auf etw** (akk) **~** {MENSCHENMENGE AUF DIE STRAßEN} riversarsi in qc, rovesciarsi in qc 2 (hereinbrechen) **sich über jdn ~** {WORTSCHWALL} rovesciarsi su qu, riversarsi su qu.

erglühen <ohne ge-> itr <sein> geh (erröten) **(vor etw** dat) **~** {VOR ZORN} ardere geh (di qc).

ergo konj geh ergo geh scherz, dunque, quindi.

Ergometer n med ergometro m.

Ergonomie <-, ohne pl> f ökon ergonomia f.

ergonomisch adj ergonomico: ~e Tastatur, tastiera ergonomica.
Ergotherapeut m (**Ergotherapeutin** f) ergoterapista mf.
Ergotherapie f psych ergoterapia f.
ergötzen <ohne ge-> geh **A** tr auch iron (vergnügen) **jdn** ~ deliziare qu geh, dilettare qu geh, sollazzare qu geh oft iron oder scherz **B** rfl **sich an etw** (dat) ~ {AN EINER LEKTÜRE} provare diletto in qc, godere di qc.
ergrauen <ohne ge-> itr <sein> **1** (grau werden) {HAAR, MENSCH} ingrigire, incanutire: **ergraut**, ingrigito, incanutito **2** (alt werden) invecchiare.
ergreifen <irr, ohne ge-> tr **1** (fassen) **etw** ~ afferrare qc, prendere qc; **jdn an/bei etw** (dat) ~ {AM ARM, BEI DER HAND} afferrare qu per qc **2** (festnehmen) **jdn** ~ catturare qu, arrestare qu **3** (erfassen) {ANGST, PANIK, SEHNSUCHT, WUT} cogliere qu, prendere qu: **von Reue ergriffen werden**, essere/venire preso (-a)/assalito (-a) dai rimorsi **4** (bewegen) **jdn** ~ colpire qu, toccare qu, commuovere qu; (erschüttern) scuotere qu **5** (als Funktionsverb): **einen Beruf** ~, abbracciare una professione; **die Flucht** ~, darsi alla fuga; **die Gelegenheit** ~, cogliere l'occasione; **die Macht** ~, prendere il potere; **Maßnahmen** ~, prendere/adottare delle misure; **das Wort/die Initiative** ~, prendere la parola/l'iniziativa.
ergreifend adj {ABSCHIED, SZENE, WORTE} commovente, toccante.
Ergreifung <-, ohne pl> f (Festnahme) cattura f, arresto m.
ergriffen adj (gerührt) commosso: **ich bin von deiner Erzählung sehr** ~, sono molto toccato (-a) dal tuo racconto; (erschüttert) colpito.
Ergriffenheit <-, ohne pl> f (profonda) commozione f.
ergründen <ohne ge-> tr **etw** ~ {GEHEIMNIS, URSACHE} indagare qc, cercare di penetrare qc/conoscere qc; {SINN} auch sviscerare qc; {JDS ABSICHTEN} esplorare qc.
Erguss (a.R. **Erguß**) <-es, Ergüsse> m **1** med → **Bluterguss 2** (Samenerguss) eiaculazione f **3** geh oft iron (Gefühlserguss) effusione f; (Wortschwall) fiume m di parole.
erhaben adj **1** (feierlich stimmend) {AUGENBLICK} solenne; {ANBLICK, GEDANKEN} sublime; {GEFÜHL, STIL} auch elevato **2** kunst tech (erhöht) in rilievo **3** (überlegen): **über etw** (akk) ~ **sein** {ÜBER JEDEN VERDACHT, VERLEUMDUNG, ZWEIFEL}, essere superiore a₁/[al di sopra di] qc; **sich über jdn/etw** ~ **fühlen**, sentirsi ₁al di sopra di₁/[superiore a] qu/qc.
Erhabenheit <-, ohne pl> f **1** (feierliche Würde) {+ANBLICK, GEDANKEN} sublimità f; {+GEFÜHLE, STIL} auch elevatezza f **2** (Überlegenheit) superiorità f.
Erhalt <-(e)s, ohne pl> m form {+LIEFERUNG, WARE} ricevimento m, ricezione f • **den** ~ **von etw** (dat) **bestätigen** form, accusare ricevuta di qc form, confermare il ricevimento di qc; **zahlbar bei** ~ **einer S. coin** {DER RECHNUNG, WARE}, pagabile/[da pagarsi] al ricevimento di qc.
erhalten <irr, ohne ge-> **A** tr **1** (übergeben bekommen) **etw** (von jdm) ~ {BRIEF, GELD, GESCHENK, HONORAR} ricevere qc (da qu): **etw als Geschenk** ~, ricevere qc in regalo **2** (zugestanden bekommen) **etw** (von jdm) ~ {GENEHMIGUNG, STELLE, URLAUB} ottenere qc (da qu) **3** (erteilt bekommen) **etw** (von jdm) ~ {AUFTRAG, BEFEHL} ricevere qc (da qu); (mitgeteilt bekommen) {ANTWORT, NACHRICHT} ricevere qc, avere qc (da qu), apprendere qc (da qu) **4** (versetzt bekommen) **etw** (von jdm) ~ {OHRFEIGE, PRÜGEL, STRAFE, TADEL} ricevere qc (da qu), prendere qc (da qu) **5** (zugewiesen bekommen) **etw** ~ {PARTEI NEUEN NAMEN} prendere qc **6** (vermittelt bekommen) **etw** ~ {EINDRUCK} ricavare qc, avere qc **7** (bewahren) **etw** ~ {BAUWERK} conservare qc, salvaguardare qc; {NATUR} salvaguardare qc, preservare qc; {FRIEDEN} mantenere qc **8** (unterhalten) **jdn** ~ {DIE FAMILIE} mantenere qc, sostentare qc **B** rfl **1** (bestehen bleiben) **sich** ~ {BRAUCH, TRADITION} mantenersi, conservarsi **2** (sich bewahren) **sich** (dat) **etw** ~ {GUTE LAUNE, OPTIMISMUS} conservare (intatto (-a)) qc: **sich** (dat) **seine Gesundheit** ~, mantenersi in salute **3** (bleiben) **sich irgendwie** ~ {FIT, GESUND} (man)tenersi + compl di modo • ~ **bleiben**, rimanere intatto (-a); archäol, conservarsi; **gut/schlecht** ~ (GEBÄUDE), in buono/cattivo stato (di conservazione), conservato bene/male.
erhältlich adj **irgendwo/bei jdm** ~ ₁in vendita₁/[disponibile] presso qu/qc: **dieses Buch ist schwer** ~, questo libro è ₁difficile da trovare₁/[difficilmente reperibile].
Erhaltung <-, ohne pl> f **1** (Bewahrung) {+GEBÄUDE} conservazione f, preservazione f; {+FRIEDEN} auch mantenimento m; {+NATUR} salvaguardia f, preservazione f **2** (Versorgung) mantenimento m, sostentamento m.
Erhaltungszustand m {+BAU-, KUNSTWERK} stato m di conservazione.
erhängen <ohne ge-> **A** tr **jdn** ~ impiccare qu **B** rfl **sich** ~ impiccarsi • **Tod durch Erhängen**, morte per impiccagione.
erhärten <ohne ge-> **A** tr **etw** ~ {BEHAUPTUNG, VERDACHT} convalidare qc, avvalorare qc, rafforzare qc, corroborare qc **B** rfl **sich** ~ {THESE, VERDACHT} avvalorarsi, rafforzarsi.
erhaschen <ohne ge-> tr **1** (fangen) **jdn/etw** ~ acchiappare qu/qc, agguantare qu/qc **2** (kurz wahrnehmen) **etw** ~ {EINEN BLICK, EIN PAAR WORTE} afferrare qc.
erheben <irr, ohne ge-> **A** tr **1** (hochheben) **etw** ~ {GLAS} alzare qc: **die Hand zum Gruß** ~, alzare la mano in segno di saluto; **die Augen/den Blick zu jdm** ~, sollevare/alzare gli occhi/lo sguardo verso qu **2** ökon **etw** (auf etw akk) ~ {BEITRAG, STEUER} fissare qc per qc; {GEBÜHREN, STEUERN} imporre qc (su qc): **auf etw** (akk) **Steuern** ~ auch, assoggettare a imposta qc **3** (zum Ausdruck bringen) **etw** ~: **Anklage gegen jdn** ~, incriminare qu; **Anspruch auf etw** (akk) ~, rivendicare un diritto su qc; **Klage gegen jdn** ~, sporgere querela contro qu; **Protest gegen etw** (akk) ~, elevare una protesta contro qc; **ein Gejammer/Geschrei** ~, levare lamenti/grida geh; **die Stimme** ~, alzare la voce **4** (sammeln) **etw** ~ {DATEN} rilevare qc **5** (machen) **jdn/etw zu etw** (dat) ~ {ETW ZUM PRINZIP, SYSTEM} elevare qc a qc; {JDN ZUM KAISER, KARDINAL} elevare/innalzare qc al rango di qc: **jdn zum General** ~, elevare qu a generale **B** rfl **1** (aufstehen) **sich** (von etw dat) ~ {VOM BETT, STUHL} alzarsi (in piedi) (da qc), levarsi in piedi (da qc) **2** (emporragen) **sich** (über etw akk) ~ {TURM ÜBER DIE STADT} elevarsi (sopra qc), ergersi/innalzarsi + adj (sopra qc): **die Zypressen** ~ **sich zum Himmel**, i cipressi si slanciano/[svetano] verso il cielo **3** (hochsteigen): **sich** (in die Luft) ~ {FLUGZEUG, VOGEL}, alzarsi/levarsi in volo **4** (aufkommen) **sich** ~ {BRISE, WIND} alzarsi/levarsi **5** (sich auflehnen) **sich** (gegen jdn/etw) ~ sollevarsi (contro qu/qc), insorgere (contro qu/qc) **6** (entstehen): **es erhebt sich die Frage, ob/wie ...**, si pone la questione se/[di come] ... .
erhebend adj geh {GEFÜHL, MOMENT} edificante: **sein Zeugnis ist ja nicht gerade** ~!, la sua pagella non è proprio esaltante!
erheblich **A** adj {BELASTUNG, STÖRUNG, VERLUST, VERSPÄTUNG} rilevante, considerevole, notevole; {SCHADEN, SUMME, VORTEIL} auch consistente, cospicuo, ragguardevole; {UNTERSCHIED} sensibile, notevole, rilevante, considerevole; {NACHTEIL, VERLETZUNG} grave, serio: **von** ~**er Bedeutung sein**, essere di notevole importanza **B** adv **1** (beträchtlich) {BESCHÄDIGEN, VERLETZEN} gravemente, seriamente **2** (deutlich) {STEIGEN, SICH VERGRÖSSERN} notevolmente, considerevolmente, sensibilmente; {BESSER, SCHÖNER, TEURER} auch molto, di gran lunga.
Erhebung① <-, -en> f **1** (Umfrage) {+DATEN, ZAHLEN} rilevamento m, rilevazione f **2** adm {+ABGABEN, STEUERN} imposizione f **3** (Aufstand) sollevazione f, insurrezione f, sommossa f • ~**en über etw** (akk) **anstellen/durchführen/machen**, compiere/eseguire/fare ₁dei rilevamenti₁/[delle rilevazioni] su qc.
Erhebung② <-, -en> f **1** geog rilievo m: **die Marmolada ist die höchste** ~ **der Dolomiten**, la Marmolada è la montagna/vetta più alta delle Dolomiti **2** (Bodenerhebung) rialz(ament)o m, rilievo m, elevazione f.
Erhebungsbogen m questionario m (di rilevazione).
erheitern <ohne ge-> **A** tr **jdn** ~ divertire qu, mettere allegria a qu, rallegrare qu **B** rfl **sich** ~ {GESICHT} rasserenarsi, rischiararsi.
erheiternd adj divertente.
Erheiterung <-, ohne pl> f divertimento m, diletto m • **zur allgemeinen** ~, per il divertimento ₁di tutti₁/[generale].
erhellen <ohne ge-> **A** tr **etw** ~ **1** (hell machen) {LAMPE DUNKLEN RAUM} rischiarare qc, illuminare qc **2** (klären) fare luce su qc, chiarire qc **B** rfl **sich** ~ **1** (heller werden) {HIMMEL} rischiararsi, schiarirsi, illuminarsi **2** (fröhlicher werden) {GESICHT} rischiararsi, illuminarsi.
erhitzen <ohne ge-> **A** tr **1** (heiß machen) **etw** ~ {MILCH, WASSER} (ri)scaldare qc **2** (erregen) **jdn/etw** ~ {JDS FANTASIE, GEMÜTER} (ri)scaldare qu/qc, infiammare qu, infervorare qu **3** (zum Schwitzen bringen) **jdn** ~: **er war ganz erhitzt vom schnellen Laufen**, era tutto accaldato per la corsa **B** rfl **sich** ~ **1** (ins Schwitzen geraten) accaldarsi, scalmanarsi **2** (sich erregen) (ri)scaldarsi, infervorarsi, accalorarsi.
erhoffen <ohne ge-> tr rfl (**sich** dat) **etw** ~ ripromettersi qc, aspettarsi qc, sperare in qc: **was erhoffst du dir davon?**, che cosa speri di ottenere?; **leider hatte den Werbekampagne nicht den erhofften Erfolg**, purtroppo la campagna pubblicitaria non ha ottenuto il successo sperato.
erhöhen <ohne ge-> **A** tr **1** (höher machen) **etw** (um etw akk) ~ {MAUER UM EINEN METER} rialzare qc (di qc); {GEBÄUDE UM EIN STOCKWERK} auch (sopra)elevare qc (di qc) **2** (anheben) **etw** (um etw akk) ~ {BEITRÄGE, GEBÜHREN, LÖHNE, STEUERN UM VIER PROZENT} aumentare qc (di qc); {PREISE} auch alzare qc (di qc), rincarare qc (di qc), maggiorare qc (di qc); {ABSATZ, PRODUKTION} aumentare qc (di qc), incrementare qc (di qc); {WERT} accrescere qc (di qc), aumentare qc (di qc); **etw auf etw** (akk) ~ {MITGLIEDSBEITRAG AUF 50 EURO} portare qc a qc **3** (verstärken) **etw** ~ {AUFMERKSAMKEIT, SPANNUNG} accrescere qc, aumentare qc; {WIRKUNG} auch potenziare qc **4** mus **etw** ~ {NOTE} diesare qc **B** rfl (steigen) **sich** (um etw akk) ~ {STEUERN} aumentare (di qc); {PREISE} auch rincarare (di qc),

salire (*di qc*), crescere (*di qc*); {GEHÄLTER} aumentare (*di qc*), crescere (*di qc*); **sich auf etw** (akk) ~ salire *a qc*: **die Zahl der Arbeitslosen hat sich auf vier Millionen erhöht**, il numero dei disoccupati è salito a quattro milioni.

erhöht adj **1** med {PULS} accelerato: **einen ~en Blutdruck haben**, avere la pressione leggermente alta; **~e Temperatur haben**, avere ₍qualche linea di febbre *fam*₎/[una leggera alterazione *fam*] **2** (*gesteigert*) {AUFMERKSAMKEIT, INTERESSE} maggiore, accresciuto.

Erhöhung <-, -en> f **1** (*Steigerung*) {+KOSTEN, STEUERN} aumento m; {+LÖHNE} *auch* rialzo m; {+PREISE} aumento m, rincaro m, rialzo m, maggiorazione f; {+ABSATZ, PRODUKTION} incremento m **2** (*Verstärkung*) {+AUFMERKSAMKEIT, SPANNUNG} aumento m.

Erhöhungszeichen n *mus* diesis m.

erholen <ohne ge-> rfl **1** (*wieder zu Kräften kommen*) **sich** (*von etw* dat) ~ {VON EINER KRANKHEIT, OPERATION} ristabilirsi (*da qc*), rimettersi (*da qc*), riprendersi (*da qc*); {PFLANZEN} riprendere **2** (*sich ausruhen*) **sich** (*von etw* dat) ~ {VON EINER ARBEIT, VON STRESS} riposarsi (*da qc*); (*sich entspannen*) distendersi, rilassarsi **3** (*sich wieder fassen*) **sich von etw** (dat) ~ {VON EINEM SCHRECK, EINER ÜBERRASCHUNG} riaversi *da qc*, riprendersi *da qc* **4** com ökon **sich** ~ {AKTIEN, KURSE, WÄHRUNG} ricuperare; {BÖRSE, MARKT} essere in ripresa.

erholsam adj {URLAUB, ZEIT} riposante, rilassante; {TÄTIGKEIT} *auch* ricreativo, distensivo; {SCHLAF} ristoratore.

Erholung <-, ohne pl> f **1** (*von einer Krankheit*) ristabilimento m **2** (*Ruhe*) riposo m, relax m; (*Entspannung*) distensione f, rilassamento m: **er braucht dringend ein wenig ~**, ha assolutamente bisogno di un po' di riposo; **wir fahren zur ~ in die Schweiz**, andiamo in Svizzera per riposarci **3** com ökon {+AKTIEN, KURSE} ricupero m; {+BÖRSE, MARKT} ripresa f.

Erholungsaufenthalt m villeggiatura f.

erholungsbedürftig adj bisognoso di riposo.

Erholungsgebiet n "zona f verde per attività sportive e ricreative".

Erholungsort m località f di villeggiatura.

Erholungspause f break m, pausa f distensiva.

Erholungsurlaub m vacanza f di tutto riposo.

Erholungswert m {+ORT, STADT} qualità f della vita; {+GEBIET} qualità f ambientale.

Erholungszentrum n (*Ort*) luogo m di villeggiatura; (*Einrichtung*) centro m relax.

erhören <ohne ge-> tr *geh* **etw** ~ {JDS FLEHEN, GEBET} esaudire *qc* (*di qu*); **jdn** ~ esaudire le preghiere *di qu*.

erigieren <ohne ge-> itr {PENIS} drizzarsi, inturgidirsi.

Erika① f (*Vorname*) Erica.

Erika② <-, -s oder Eriken> f bot erica f.

erinnern <ohne ge-> **A** tr **jdn an etw** (akk) ~ {AN EINEN GEBURTSTAG, EIN TELEFONAT, EINEN TERMIN} ricordare *qc a qu*, rammentare *qc a qu*: **jdn daran ~, etw zu tun**, ricordare a qu di fare *qc*; **erinnere mich bitte daran, dass ich noch tanken muss**, per favore, ricordami di far(e) benzina; **dieser Film erinnert an den Ersten Weltkrieg**, questo film rievoca la prima guerra mondiale **B** tr itr (*ins Gedächtnis rufen*) (**jdn**) **an jdn/etw** ~ ricordare *qu/qc* (*a qu*), rammentare *qu/qc* (*a qu*) *geh*: **dieses Mädchen erinnert mich an eine ehemalige Studienfreundin**, questa ragazza mi ricorda/rammenta una mia ex compagna di università **C** rfl (*im Gedächtnis haben*) **sich an jdn/etw** ~ ricordarsi (*di*) *qu/qc*, rammentarsi *di qu/qc*: **wenn ich mich recht erinnere**, se ₍ricordo bene₎/[ho buona memoria]; **ich kann mich nicht (mehr daran) ~**, non riesco (più) a ricordarmene; **soviel/soweit ich mich ~ kann**, per/a quanto ricordo; **sich nur noch dunkel an jdn/etw ~**, ricordarsi solo vagamente di *qu/qc*.

Erinnerung <-, -en> f **1** <*nur sing*> (*Gedächtnis*) memoria f, ricordo m: **jdn/etw in guter/schlechter ~ haben/behalten**, avere/serbare un buon/cattivo ricordo di *qu/qc*; **jdm etw in ~ rufen**, richiamare *qc* alla mente *di qu*; **sich** (dat) **etw in ~ rufen**, farsi tornare in mente *qc*; **wenn mich die ~ nicht täuscht**, se la memoria non mi inganna/tradisce **2** (*im Gedächtnis vorhandener Eindruck*) ~ (**an jdn/etw**) ricordo m *di qu/qc*, reminiscenza f (*di qu/qc*): **ich habe nur eine schwache ~ an diese Person/Reise**, ho solo un pallido ricordo di ₍quella persona₎/[quel viaggio]; **alte ~en auffrischen/austauschen**, rivivere/rievocare (insieme) vecchi ricordi **3** → **Erinnerungsstück 4** <*nur pl*> *lit* (*Memoiren*) memorie f pl ● **zur/als ~ an jdn/etw** {AN DIE ELTERN, AN DIE KINDHEIT}, come ricordo di *qu/qc*; **zur ~ an jdn/etw** {AN DAS KRIEGSENDE, DIE GEFALLENEN SOLDATEN}, in memoria *di qu/qc*.

Erinnerungsfoto (a.R. Erinnerungsphoto) n foto f ricordo.

Erinnerungsstück n ricordo m, cimelio m; (*an eine Reise*) *auch* souvenir m.

Erinnerungsvermögen n memoria f, facoltà f mnemonica.

Erinnerungswert m valore m affettivo.

Eritrea <-s, ohne pl> n geog Eritrea f.

erkalten <ohne ge-> itr <*sein*> **1** (*abkühlen*) {LAVA} raffreddarsi **2** *geh* (*nachlassen*) {BEGEISTERUNG, LEIDENSCHAFT} raffreddarsi, spegnersi.

erkälten <ohne ge-> rfl (*eine Erkältung bekommen*) **sich** ~ raffreddarsi, prendere il raffreddore: **erkältet sein**, essere raffreddato, avere il raffreddore.

Erkältung <-, -en> f raffreddore m, infreddatura f: **eine ~ bekommen/kriegen** *fam*, prendere il raffreddore; **eine ~ haben**, avere il raffreddore, essere raffreddato.

Erkältungskrankheit f med malattia f da raffreddamento.

erkämpfen <ohne ge-> **A** tr (*mühsam erlangen*) **etw** ~ {LOHNERHÖHUNG} ottenere *qc* lottando; {FREIHEIT, STELLUNG} conquistare *qc*; *sport* {MEDAILLE, PLATZ, SIEG} *auch* guadagnarsi *qc* **B** rfl **sich** (dat) **etw** ~ {ERFOLG, STELLUNG} raggiungere *qc* lottando: **er hat sich seine Position mühsam ~ müssen**, ha dovuto lottare duramente per raggiungere questa posizione.

erkaufen <ohne ge-> tr rfl **1** (*durch Kauf erhalten*) (**sich** dat) **etw** ~ {EIN AMT, DIE FREIHEIT} comprarsi *qc*; {JDS SCHWEIGEN} comprare *qc* **2** (*durch Opfer erringen*) **etw** (**irgendwie/mit etw** dat) ~: **er hat sich seinen beruflichen Erfolg teuer erkauft**, ha pagato (a) caro (prezzo) il successo professionale.

erkennbar adj **1** (*sichtbar*) {DETAIL, SCHRIFT, ZEICHEN} riconoscibile: **mit bloßem Auge ~**, distinguibile a occhio nudo **2** (*wahrnehmbar*) {UNTERSCHIED} percettibile, distinguibile: **ohne ~en Grund**, senza ragione apparente.

erkennen <*irr*, ohne ge-> **A** tr **1** (*wahrnehmen*) **jdn/etw** ~ distinguere *qu/qc*, riconoscere *qu/qc*: **ich konnte ihn im Dunkeln nicht ~**, non riuscii a riconoscerlo al buio **2** (*identifizieren*) **jdn/etw** (**an etw** dat) ~ {KRANKHEIT AN SYMPTOMEN, MENSCHEN AN BEWEGUNGEN, AN DER STIMME} riconoscere *qu/qc* (*da qc*) **3** (*einsehen*) **etw** ~ {FEHLER, IRRTUM} riconoscere *qc*: **ich habe erkannt, dass ...**, ₍ho capito₎/[mi sono reso (-a) conto] che ...; **etw als** + adj ~: **er hat sein Verhalten als falsch erkannt**, ha riconosciuto che il suo comportamento era sbagliato **B** itr **1** *jur* **auf etw** ~ {AUF FREISPRUCH, TODESSTRAFE} emettere una sentenza *di qc*, decidere *qc*: **das Gericht erkannte auf ₍fünf Jahre Gefängnis₎/[lebenslänglich]**, la corte emise una condanna ₍a cinque anni di reclusione₎/[all'ergastolo] **2** *sport* **auf etw** ~ {SCHIEDSRICHTER AUF ELFMETER, FREISTOß} assegnare *qc*, concedere *qc*, dare *qc* *fam* **C** rfl **sich ~ conoscersi**: **erkenne dich selbst**, conosci te stesso. ● (**jdm**) **etw zu ~ geben**, far capire (a qu); **jdm zu ~ geben, dass ...**, fare capire a qu che ...; **sich zu ~ geben**, farsi riconoscere.

erkenntlich adj: **sich** (**jdm**) (**für etw** akk) ~ **zeigen** *geh*, mostrarsi riconoscente a/verso qu di/per qc.

Erkenntlichkeit <-, ohne pl> f *form* riconoscenza f, gratitudine f.

Erkenntnis <-, -se> f **1** <*meist pl*> (*Wissen*) conoscenza f: **nach den neuesten ~sen**, allo stato attuale delle conoscenze; **neue ~se gewinnen**, acquisire nuove conoscenze **2** <*nur sing*> *philos psych* (*das Erkennen*) conoscenza f, cognizione f ● **zu einer ~ kommen/gelangen**, giungere a una conclusione; **zu der ~ kommen/gelangen, dass ...**, convincersi che ..., giungere alla conclusione che ...

Erkenntnisstand <-(e)s, ohne pl> m *form* stato m delle conoscenze.

Erkenntnistheorie f *philos* gnoseologia f, teoria f della conoscenza.

Erkenntnisvermögen <-s, ohne pl> n capacità f conoscitiva/cognitiva.

Erkennungsdienst <-es, ohne pl> m (polizia f) scientifica f.

Erkennungsmarke f *mil* piastrina f di riconoscimento.

Erkennungsmelodie f *radio TV* sigla f (musicale), jingle m.

Erkennungszeichen n segno m di riconoscimento, contrassegno m.

Erker <-s, -> m *arch* bow-window m, balcone m chiuso finestrato.

erkiesen <erkiest, erkor, erkoren> tr *geh obs* **jdn/etw** (**zu etw** dat/**als etw** akk) ~ scegliere *qu/qc* (*come qc*), eleggere *qu a qc*.

erklärbar adj spiegabile: **sein Verhalten ist mir nicht ~**, non riesco a spiegarmi il suo comportamento.

erklären <ohne ge-> **A** tr **1** (*erläutern*) (**jdm**) **etw** ~ spiegare *qc* (*a qu*), dare delucidazioni (*a qu*) *su qc*: **etw ausführlich ~**, illustrare *qc*; **jdm ~, dass/warum ...**, spiegare a qu che/perché ... **2** (*verständlich machen*) **etw** ~ {VERKEHRSSTAU VERSPÄTUNG} spiegare *qc*: **das erklärt, warum ...**, ciò spiega perché ... **3** (*bekannt geben*) **etw** ~ dichiarare *qc*; {POLITIKER KANDIDATUR, RÜCKTRITT} annunciare *qc*: **sein Einverständnis ~**, dare il proprio consenso; **der amerikanische Diplomat erklärte die Sitzung für eröffnet**, il diplomatico americano dichiarò aperta la seduta **4** bes. adm **jdn für etw/zu etw** ~ {FÜR TOT, UNSCHULDIG, ZU MANN UND FRAU, ZUM NACHFOLGER} dichiarare *qu qc*; {JDN ZUM SIEGER} *auch* proclamare *qu qc*; **etw für** + adj ~ {FÜR GEFÄLSCHT}, dichiarare *qc*; **etw für** + adj: **etw für ungültig ~**, dichiarare nullo (-a) *qc*, annullare *qc*; *jur* dichiarare invalido (-a) *qc*, invalidare *qc*

B rfl **1** (*begründen*) **sich** (dat) **etw** ~ spiegarsi: **ich kann mir das einfach nicht** ~, non riesco proprio a spiegarmelo **2** (*sich aussprechen*) **sich irgendwie** ~: **sich bereit** ~, **etw zu tun**, dichiararsi pronto (-a)/disposto (-a) a fare qc; **sich einverstanden** ~, dichiararsi d'accordo; **sich mit jdm solidarisch** ~, dichiararsi solidale con qu; **sich für/gegen jdn/etw** ~, dichiararsi/pronunciarsi ˌa favore diˌ/[contro] qu/qc **3** (*in etw begründet sein*) **sich aus etw** (dat) ~ trovare la propria spiegazione *in qc*: **das erklärt sich von selbst**, (questo) si spiega da sé.

erklärend adj (WORTE) di spiegazione: **sie sagte** ~ ..., disse spiegando ...

erklärlich adj **1** (*erklärbar*) {GRUND, URSACHE} spiegabile **2** (*verständlich*) {FEHLER} comprensibile.

erklärt adj <attr> {ZIEL} dichiarato: **ein ~er Feind/Gegner einer S.** (gen), un nemico dichiarato *di qc*.

Erklärung f **1** (*das Erklären*) spiegazione f, delucidazione f: **dafür gibt es keine** ~, per questo (fatto) non c'è (alcuna) spiegazione; (*Kommentar*) commento m, illustrazione f **2** (*Bekanntgabe*) dichiarazione f • **eine** ~ (**zu etw** dat) **abgeben** *form*, rilasciare/fare una dichiarazione (in merito a qc); **eidesstattliche** ~ *jur*, dichiarazione ˌsotto giuramentoˌ/ [giurata]; **von jdm eine** ~ **fordern**, esigere/ pretendere una spiegazione da qu; **jdm eine** ~ (**für etw** akk) **geben**, dare/fornire spiegazioni (di qc) a qu.

erklimmen <erklimmt, erklomm, erklommen> tr geh etw ~ {GIPFEL} scalare qc.

erklingen <irr, ohne ge-> itr <sein> geh {MELODIE, STIMME} ris(u)onare: **es erklang eine Glocke**, si udirono rintocchi di campana; **es erklang eine Stimme**, si levò una voce.

erkor 1. und 3. pers sing imperf von erkiesen und erküren.

erkoren part perf von erkiesen.

erkranken <ohne ge-> itr <sein> (**an etw** dat) ~ {AN (EINER) GRIPPE, AN KREBS} ammalarsi (*di qc*), cadere ammalato (-a) (*di qc*): **an Grippe** ~, prendere l'influenza; **an etw** (dat) **erkrankt sein**, essere ˌammalato diˌ/ [affetto da] qc; **schwer erkrankt sein**, essere gravemente ammalato, aver contratto una grave malattia.

Erkrankung <-, -en> f malattia f, affezione f: ~en **des Magen-Darm-Traktes**, affezioni del tratto gastrointestinale.

erkunden <ohne ge-> tr **etw** ~ **1** (*auskundschaften*) {GELÄNDE} esplorare qc, sondare qc; *mil auch* perlustrare qc, riconoscere qc **2** (*in Erfahrung bringen*) {JDS ABSICHTEN, MEINUNG} sondare qc: **die Lage** ~, sondare il terreno.

erkundigen <ohne ge-> rfl **sich** (**bei jdm**) (**nach etw** dat) ~ informarsi (*di qc*) (*presso/da qu*), chiedere (*a qu*) informazioni (*su qc*): **sich nach jdm** ~, chiedere notizie di qu; **sich nach dem Weg** ~, chiedere la strada.

Erkundigung <-, -en> f informazione f, ragguaglio m: ~en (**über jdn/etw**) **einholen/einziehen** *form*, prendere/assumere informazioni (ˌsul conto di quˌ/[su qu/qc]).

Erkundung <-, -en> f esplorazione f; *mil auch* perlustrazione f, ricognizione f.

erküren <erkürt, erkürte oder rar erkor, erkürt oder rar erkoren> tr obs → **erkiesen**.

erlahmen <ohne ge-> itr <sein> **1** (*kraftlos werden*) {PERSON} infiacchirsi, afflosciarsi; {JDS KRÄFTE} affievolirsi, venire a mancare, scemare **2** geh (*nachlassen*) {EIFER} scemare; {INTERESSE} auch raffreddarsi.

erlangen <ohne ge-> tr **etw** ~ {BEDEUTUNG} acquistare qc; {BERÜHMTHEIT} auch raggiungere qc; {FREIHEIT, GENEHMIGUNG} ottenere qc; {GEWISSHEIT} acquisire qc.

Erlass (a.R. Erlaß) <-es, -e oder A Erlässe> m **1** adm (*Ministerialerlass*) ordinanza f (amministrativa interna), circolare f; (*Verfügung*) decreto m **2** <nur sing> (*das Befreien von etw*) {+HAFTSTRAFE} condono m; {+SCHULDEN} remissione f *jur* **3** (*das Verkünden*) {+GESETZ, URTEIL} emanazione f.

erlassen <irr, ohne ge-> tr **1** adm **etw** ~ {BEFEHL} emanare qc; *jur* {GESETZ, URTEIL} auch emettere qc **2** (*von etw befreien*) **jdm etw** ~ {GEBÜHREN, STEUER, ZOLL} esonerare *qu da qc*, esentare *qu da qc*; {SCHULDEN, SÜNDEN} rimettere *qc a qu*; {STRAFE} condonare *qc a qu*.

erlauben <ohne ge-> **A** tr **1** (*gestatten*) **jdm etw** ~ permettere *qc a qu*: **das erlaube ich dir nicht**, non te lo permetto/concedo; **jdm** ~, **etw zu tun**, permettere a qu di fare qc, dare a qu il permesso di fare qc, autorizzare qu a fare qc; **er erlaubt seinen Kindern zu viel**, dà/lascia troppa libertà ai suoi figli **2** (*ermöglichen*) (**jdm**) **etw** ~ {FINANZEN AUSGABE, VORSCHRIFTEN AUSNAHME} permettere *qc* (*a qu*), consentire *qc* (*a qu*): **wenn es das Wetter erlaubt**, se il tempo lo permette, tempo permettendo **B** rfl **1** (*sich gönnen*) **sich** (dat) **etw** ~ {EIN TEURES AUTO, EIN GUTES ESSEN, EINE GRÖßERE WOHNUNG} permettersi qc, concedersi il lusso *di qc* **2** (*sich herausnehmen*) **sich** (dat) **etw** ~ {FRECHHEITEN} permettersi *qc*; {FREIHEITEN} prendersi: **sich** (dat) ~, **etw zu tun**, prendersi la libertà di fare qc • (**na**) **erlaube**/[**erlauben Sie**] **mal!**, scusa/scusi un attimo! *fam*; ~ **Sie?** *form*, permette?, (è) permesso?, posso?; ~ **Sie, dass ich rauche?**, Le dispiace se fumo?, posso fumare?; **was erlaubst du dir** (**eigentlich**)?, (ma) come ti permetti?; **wenn Sie** ~, se (mi) permette; **wir** ~ **uns, Ihnen mitzuteilen ...** *form* (*in Briefen*), ci pregiamo comunicarLe ... *form*.

Erlaubnis <-, ohne pl> f permesso m; (*offizielle* ~) autorizzazione f • **behördliche** ~, concessione; (**jdn**) **um** ~ **bitten**/**fragen**(, **etw zu tun**), chiedere (a qu) il permesso (di fare qc); **jdm die** ~ (**zu etw** dat) **geben**/**erteilen** *form*, **jdm die** ~ **geben**/**erteilen**, **etw zu tun**, dare/concedere *form* a qu il permesso di fare qc, permettere a qu di fare qc.

erlaucht adj *geh obs oft iron* {GESELLSCHAFT, KREIS} egregio *geh iron*.

erläutern <ohne ge-> tr (**jdm**) **etw** ~ {PLAN, SACHVERHALT} spiegare *qc* (*a qu*), illustrare *qc* (*a qu*); {TEXT} auch interpretare *qc*, commentare *qc* (*a qu*).

erläuternd adj esplicativo, illustrativo.

Erläuterung f spiegazione f, illustrazione f, delucidazione f; (*Kommentar*) commento m, interpretazione f: (**jdm**) ~**en** (**zu etw** dat) **geben**, dare/fornire spiegazioni/delucidazioni/chiarimenti (a qu).

Erle <-, -n> f **1** bot ontano m, alno m **2** <nur sing> (*Holz*) (legno m di) ontano m/alno m.

erleben <ohne ge-> tr **1** (*erfahren*) **etw** ~ {SCHÖNE TAGE, GLÜCKLICHE ZEIT} vivere *qc*; {SCHÖNEN URLAUB} passare *qc*, trascorrere *qc*; {ÜBERRASCHUNG} avere *qc*; {ENTTÄUSCHUNG} auch provare *qc*; {LEID, SCHLIMME ZEITEN} conoscere *qc*; {MISSERFOLG} patire *qc*; {NIEDERLAGE} subire *qc*: **etw sehr intensiv** ~, vivere molto intensamente qc; **gestern habe ich etwas Aufregendes/Furchtbares erlebt!**, ieri ho fatto/avuto un'esperienza eccitante/ terribile!; **wir haben auch schon bessere Zeiten erlebt!**, abbiamo visto anche tempi migliori!; **ich möchte auch mal was** ~!, vorrei vedere anch'io un po' di mondo! **2** (*kennen lernen*) **jdn** ~ {REDNER, SÄNGER} sentire *qu*; {SCHAUSPIELER} vedere *qu*; **jdn irgendwie** ~ vedere *qu* + *adj*: **so nervös habe ich ihn noch nie erlebt!**, non l'ho mai visto così nervoso! **3** (*noch lebend erreichen*) **etw** ~ vivere tanto da vedere *qc*: **das möchte ich noch** ~, non voglio morire senza averlo visto • **hat man so was schon erlebt?** *fam*, si è mai vista/sentita una cosa simile?; **der/die kann was** ~! *fam*, lo/la sistemo io! *fam*; **das möchte ich mal** ~! *fam*, voglio proprio vedere! *fam*; **das muss man erlebt haben!** *fam*, bisogna esserci passati! *fam*; **er hat schon viel erlebt**, ne ha ˌviste di tutti i coloriˌ*fam*/ [passate tante *fam*].

Erlebensfall m *Versicherung*: **im** ~, in caso di sopravvivenza.

Erlebnis <-ses, -se> n {SCHÖNES, SCHRECKLICHES, TRAURIGES} esperienza f; (*aufregendes* ~) avventura f; *psych* vissuto m: **tief gehende** ~**se**, esperienze vissute intensamente; **die Reise war wirklich ein** ~!, il viaggio è stato veramente un'esperienza bellissima!

Erlebnisbad n acquapark m.

Erlebnispark m parco m dei divertimenti.

erlebt adj vissuto.

erledigen <ohne ge-> **A** tr **1** (*ausführen*) **etw** ~ {BESORGUNGEN, EINKÄUFE, POST} sbrigare *qc*; {ARBEIT, FORMALITÄTEN} auch compiere *qc*; {ANGELEGENHEIT} sbrigare *qc*, sistemare *qc*, liquidare *qc*; {AUFTRAG} eseguire *qc*: **ich muss noch etwas in der Stadt** ~, ho ancora qualcosa da sbrigare in centro **2** *fam* (*erschöpfen*) **jdn** ~ sfinire *qu fam*, spompare *qu fam* **3** *slang* (*ruinieren*) **jdn** ~ rovinare *qu slang*, sbarazzarsi *di qu slang*, far fuori *qu slang* **4** *slang* (*umbringen*) **jdn** ~ togliere di mezzo *qu slang* **B** rfl **sich** (**von selbst**) ~ sistemarsi (da sé), risolversi (da sé): **die Angelegenheit hat sich** (**von selbst**) **erledigt**, la questione si è sistemata da sé; **das hat sich erledigt**, è tutto sistemato • **wird erledigt!** *fam*, sarà fatto! *fam*.

erledigt adj <präd> **1** *fam* (*erschöpft*) cotto *fam*, sfinito *fam*, spompato *fam* **2** *slang* (*ruiniert*) fritto *fam*, spacciato *fam*, finito *fam* **3** *fam* (*beendet*): **für mich ist die Sache** ~!, per me la faccenda è chiusa! • **der/die ist für mich** ~! *fam*, per me (lui/lei) è morto (-a) e sepolto (-a)! *fam*.

Erledigung <-, -en> f <nur sing> (*Ausführung*) {+BESORGUNGEN, EINKÄUFE, GESCHÄFTE, POST} disbrigo m; {+ANGELEGENHEIT} auch sistemazione f; {+ARBEIT, FORMALITÄTEN} disbrigo m, compimento m; {+AUFTRAG} esecuzione f **2** (*Besorgung*) commissione f • ~**en machen**, fare delle commissioni.

erlegen <ohne ge-> tr **etw** ~ {TIER, WILD} abbattere qc.

erleichtern <ohne ge-> tr **1** (*einfacher machen*) (**jdm**) **etw** ~ {COMPUTER ARBEIT} facilitare *qc* (*a qu*), agevolare *qc* (*a qu*); (*erträglicher machen*) {SCHMERZEN} alleviare *qc* (*a qu*); {LEBEN} rendere più facile *qc* (*a qu*) **2** (*von einer Last befreien*): **sein Gewissen** ~, ˌtogliersi un peso dallaˌ/[scaricarsi la] coscienza; **sein Herz** ~, sgravarsi il cuore **3** (*beruhigen*) **jdn** ~ {NACHRICHT} sollevare *qu*, dare sollievo *a qu* **4** *fam scherz* (*bestehlen*) **jdn um etw** (akk) ~ {UM SEINE BRIEFTASCHE, UM 200 EURO} alleggerire *qu di qc fam scherz*, soffiare *qc a qu*.

erleichtert **A** adj {AUFATMEN} di sollievo, {GESICHTSAUSDRUCK} auch sollevato: ~ **sein**, essere sollevato; **sich** ~ **fühlen**, sentirsi sollevato (-a), provare sollievo **B** adv: ~ **aufatmen**, tirare un sospiro/respiro di sollievo, «**Gott sei Dank**», **sagte sie erleichtert**, «Grazie a Dio», disse sollevata.

Erleichterung <-, -en> f **1** (*Sache, die erleichtert*) facilitazione f, agevolazione f

2 ‹nur sing› (*Gefühl der ~*) sollievo m ● ~ **empfinden**, provare sollievo; *mit*/**voller** ~, con grande sollievo; **jdm** ~ **verschaffen**, dare/procurare sollievo a qu; **sich** ~ **verschaffen**, fare (la) pipì; **ich muss mir dringend** ~ **verschaffen**, devo urgentemente fare pipì; **zur** ~ **der Arbeit/Aufgabe/...**, per facilitare il lavoro/compito/...

erleiden ‹irr, ohne ge-› tr *etw* ~ **1** (*ertragen*) {Qualen, Schmerzen} patire *qc*, sopportare *qc*, soffrire *qc* **2** (*hinnehmen müssen*) {Niederlage, Schaden, Schock, Verlust} subire *qc*.

Erlenmeyerkolben m *chem* matraccio m di Erlenmeyer.

erlernen ‹ohne ge-› tr *etw* ~ {Beruf, Fremdsprache, Handwerk, Kunst} imparare *qc*, apprendere *qc*.

erlesen adj {Mahl} squisito, prelibato; {Wein} *auch* scelto, pregiato; {Kunstwerk} pregiato; {Geschmack} raffinato, squisito; {Publikum} raffinato, scelto.

erleuchten ‹ohne ge-› tr **1** (*erhellen*) *etw* ~ {Raum, Straße} illuminare *qc*: **hell erleuchtete Schaufenster**, vetrine illuminate a giorno **2** (*inspirieren*) **jdn** ~ illuminare *qu*.

Erleuchtung ‹-, -en› f illuminazione f, ispirazione f, intuizione f, folgorazione f *fam* ● **eine plötzliche** ~ **haben** *fam*, avere ₍un₎ lampo di genio *fam*₎/[una folgorazione *fam*].

erliegen ‹irr, ohne ge-› itr ‹sein› **1** *geh* (*zum Opfer fallen*) *etw* (dat) ~ {einer Krankheit, seinen Verletzungen} morire *in seguito a qc*: **er ist einem Herzinfarkt erlegen**, è stato stroncato da un infarto; **jdm** ~ {dem Feind} soccombere *a qu* **2** (*verfallen*) *etw* (dat) ~ {einer Versuchung} cedere *a qc*; {einem Irrtum, einer Täuschung} cadere *in qc* ● *etw* **zum Erliegen bringen** {Arbeiten, Verkehr}, paralizzare *qc*, provocare la paralisi di *qc*, bloccare *qc*; **zum Erliegen kommen** {Handel, Verkehr}, subire un arresto/una paralisi, bloccarsi.

erlischt 3. pers sing präs von erlöschen.

Erlkönig m *myth* re m degli elfi.

Erlös ‹-es, -e› m (*für wohltätige Zwecke*) ricavato m; (*bei einem Verkauf*) *auch* ricavo m, realizzo m.

erlosch 3. pers sing imperf von erlöschen.

erloschen adj {Vulkan} spento.

erlöschen ‹erlischt, erlosch, erloschen› itr ‹sein› **1** (*zu brennen aufhören*) {Feuer} estinguersi; {Kerze, Vulkan} *auch* spegnersi **2** *geh* (*vergehen*) {Gefühle, Hoffnung, Interesse, Leidenschaft, Liebe} spegnersi, svanire **3** *jur* (*zu bestehen aufhören*) {Mandat, Mitgliedschaft, Pass, Vertrag, Visum} scadere; {Anspruch, Schuldverhältnis} estinguersi; *ökon* {Konto, Schulden} essere/venire estinto (-a); {Firma} cessare l'attività **4** (*aussterben*) {Geschlecht, Name} estinguersi.

erlösen ‹ohne ge-› tr **1** (*befreien*) **jdn** (*aus etw* dat) ~ {aus der Gefangenschaft, aus einer Notlage} liberare *qu* (*da qc*); **jdn** (*von etw* dat) ~ {von seinen Leiden, Schmerzen} liberare *qu da qc* **2** *relig* **jdn** (*von etw* dat) ~ {von seinen Sünden} redimere *qu* (*da qc*): **erlöse uns von dem Bösen** *relig*, liberaci dal male **3** (*einnehmen*) *etw* (*aus etw* dat) ~ {Geld aus einem Verkauf} ricavare *qc* (*da qc*), realizzare *qc* (*da qc*).

Erlöser ‹-s, -› m *relig*: **der** ~, il Redentore.

Erlösung f **1** (*Erleichterung*) liberazione f **2** *relig* ~ (*von etw* dat) {von den Sünden} redenzione f (*da qc*).

ermächtigen ‹ohne ge-› tr **jdn** (**zu etw** dat) ~ **1** (*autorisieren*) {zum Betreten von etw, zu einer Kontrolle} autorizzare *qu a* (*fare*) *qc*: **jdn** (**dazu**) ~, **etw zu tun**, autorizzare *qu a fare qc*; **zu etw** (dat) **ermächtigt sein**, essere autorizzato a (fare) *qc* **2** *jur* (*eine Vollmacht erteilen*) delegare *qu a fare qc*.

Ermächtigung ‹-, -en› f **1** (*Autorisation*) autorizzazione f **2** *jur* (*Vollmacht*) delega f.

Ermächtigungsgesetz n *pol hist* legge f delega.

ermahnen ‹ohne ge-› tr **1** (*anhalten*) **jdn zu etw** (dat) ~ {zum Fleiß, zur Vorsicht} ammonire *qu a fare qc*, esortare *qu a* (*fare*) *qc*, incitare *qu a* (*fare*) *qc*: **jdn** ~, **etw** (**nicht**) **zu tun**, ammonire/esortare qu a (non) fare *qc* **2** (*zurechtweisen*) **jdn** (**wegen etw** gen *oder* dat *fam*) ~ ammonire *qu* (*per qc*), rimproverare *qu* (*per qc*), redarguire *qu* (*per qc*) *geh*.

Ermahnung f **1** (*Aufforderung*) esortazione f, incitamento m **2** (*Zurechtweisung*) ammonimento m, rimprovero m.

Ermangelung ‹-, ohne pl› f *geh*: **in** ~ **einer** S. (gen) *form*, in mancanza *di qc*: **in** ~ **eines Besseren**, in mancanza di meglio.

ermäßigen ‹ohne ge-› tr *etw* (**um etw** akk) ~ {Beitrag, Fahrkarte, Preis um fünf Euro, zehn Prozent} ridurre *qc* (*di qc*), ribassare *qc* (*di qc*), diminuire *qc* (*di qc*), scontare *qc* (*di qc*): **zu ermäßigten Preisen**, a prezzi scontati/ribassati.

Ermäßigung ‹-, -en› f {+Eintritt, Fahrkarte, Gebühr} riduzione f; {+Preis} *auch* sconto m, ribasso m ● ~ **haben**, avere ₍lo sconto₎/[la riduzione].

ermatten ‹ohne ge-› *geh* tr ‹haben› **jdn** ~ fiaccare *qu*, spossare *qu*, estenuare *qu*: **ermattet sein**, essere esausto/spossato tr itr ‹sein› {Mensch} infiacchirsi, spossarsi, estenuarsi; {jds Kräfte} affievolirsi.

ermessen ‹irr, ohne ge-› tr *etw* ~ **1** (*abschätzen*) {Bedeutung} valutare *qc*, giudicare *qc*; {Größe, Wert} *auch* misurare *qu*: **ich kann nicht** ~, **ob** ..., non posso valutare/giudicare se ...; **daraus lässt sich** ~, **wie groß der Schaden ist**, da ciò si può valutare l'entità del danno **2** (*erfassen*) comprendere *qc*.

Ermessen ‹-s, *ohne pl*› n **1** (*Beurteilung*): **in jds** ~ **liegen**, essere a discrezione di *qu*; **nach eigenem** ~ {entscheiden, urteilen}, a propria discrezione; **nach meinem/...** ~, a mio/... giudizio; **nach menschlichem** ~, a giudizio d'uomo; *etw* **in jds** ~ **stellen**, rimettere *qc* alla discrezione di *qu*, lasciare *qc* al giudizio di *qu*. **2** *jur* discrezionalità f.

Ermessensfrage f questione f discrezionale.

Ermessensspielraum m margini m pl discrezionali; *bes. jur* potere m discrezionale, discrezionalità f.

ermitteln ‹ohne ge-› *form* tr **1** (*herausfinden*) **jdn**/*etw* ~ {jds Adresse} rintracciare *qc*, scoprire *qc*, risalire *a qc*; {Mörder, Täter} *auch* individuare *qu*, identificare *qc*; {Versteck} scoprire *qc*, localizzare *qc*, individuare *qc*; {jds Identität} accertare *qc*: **können Sie** ~, **wie alt sie ist?**, riesce a scoprire quanti anni ha? **2** (*feststellen*) **jdn**/*etw* ~ {Gewinner, Sieger} individuare *qu*; {Gewinnlos} estrarre *qc* **3** *math* (*berechnen*) *etw* ~ {Summe, Wert} calcolare *qc*, determinare *qc* itr *jur* (**wegen etw** gen *oder fam* dat) (**gegen jdn**) ~ {Richter} indagare *qc*/[condurre indagini] (*su qu*) (*per qc*), inquisire (*qu*) (*per qc*); {Polizei} *auch* investigare *qc*: **in einem Fall** ~, indagare su un caso.

Ermittler ‹-s, -› m (**Ermittlerin** f) inquirente mf.

Ermittlung ‹-, -en› f **1** ‹*nur sing*› (*Feststellung*) {+Gewinner, Sieger} individuazione f **2** *jur* indagine f, inchiesta f, accertamento m pl; (*polizeiliche* ~) *auch* investigazione f ● **eine** ~/**en** (**über** *etw* akk) *anstellen*/*durchführen*, fare/compiere/svolgere indagini (su *qc*), indagare (su *qc*); **eine** ~ *einleiten*, aprire un'inchiesta; ~ **abschließen**, chiudere un'inchiesta (Abk GIP).

Ermittlungsausschuss (a.R. Ermittlungsausschuß) m commissione f ₍d'inchiesta₎/[inquirente].

Ermittlungsbehörde f autorità f inquirente.

Ermittlungsrichter m (**Ermittlungsrichterin** f) *jur* giudice mf per le indagini preliminari (Abk GIP).

Ermittlungsverfahren n *jur* indagini f pl preliminari ● **ein** ~ **gegen jdn** *einleiten* *jur*, avviare/aprire le indagini preliminari contro qu; **das** ~ (**gegen jdn**) *einstellen jur*, archiviare il procedimento contro qu.

ermöglichen ‹ohne ge-› tr **jdm** *etw* ~ {jds Eltern Reise, Studium} rendere possibile *qc a qu*: **jdm** ~, *etw* **zu tun**, permettere a qu di fare *qc*; *etw* ~ {milde Klima Gedeihen von Palmen; Friedensvertrag harmonisches Zusammenleben} permettere *qc*, consentire *qc*.

ermorden ‹ohne ge-› tr **jdn** ~ assassinare *qu*, uccidere *qu*.

Ermordete ‹dekl wie adj› mf vittima f, ucciso (-a) m (f).

Ermordung ‹-, -en› f assassinio m, uccisione f.

ermüden ‹ohne ge-› tr ‹haben› (*müde machen*) **jdn** ~ stancare *qu*, affaticare *qu* itr ‹sein› **1** (*müde werden*) stancarsi, affaticarsi **2** *tech* {Material} essere sottoposto a fatica.

ermüdend adj {Diskussion} stancante; {Arbeit} *auch* faticoso.

Ermüdung ‹-, *ohne pl*› f **1** (*das Ermüden*) {+Augen, Menschen} affaticamento m **2** *tech* {+Material} fatica f, affaticamento m.

Ermüdungserscheinung f sintomo m di affaticamento/stanchezza: ~ **en zeigen**, dare segni di stanchezza.

ermuntern ‹ohne ge-› tr **jdn** (**zu etw** dat) ~ {zur Arbeit, zum Sprechen} stimolare *qu* (*a fare qc*), invogliare *qu* (*a fare qc*); (*ermutigen*) incoraggiare *qu* (*a* (*fare*) *qc*).

Ermunterung ‹-, -en› f incoraggiamento m.

ermutigen ‹ohne ge-› tr **jdn** (**zu etw** dat) ~ {zum Weitermachen} incoraggiare *qu* (*a* (*fare*) *qc*).

ermutigend adj {Nachricht} incoraggiante; {Worte} *auch* di incoraggiamento.

Ermutigung ‹-, -en› f incoraggiamento m.

Erna f (*Vorname*) Erna.

ernähren ‹ohne ge-› tr **1** (*mit Nahrung versorgen*) **jdn**/*etw* ~ {Baby, Tier} nutrire *qu*/*qc*, alimentare *qu*/*qc*, dar(e) da mangiare a *qu*/*qc*: **jdn künstlich** ~, nutrire qu artificialmente **2** (*versorgen*) **jdn** ~ {Vater Familie} mantenere *qu*, sostentare *qu*; {Arbeit} mantenere *qu*, dar(e) da vivere a *qu fam* rfl **1** **sich von etw** ~ nutrirsi *di qc*, cibarsi *di qc*, alimentarsi *con qc*: **sich vegetarisch** ~, seguire un'alimentazione/una dieta vegetariana **2** (*sich versorgen*) **sich von etw** (dat) ~ {von einem Gehalt} mantenersi *con qc*, vivere *di qc*.

Ernährer ‹-s, -› m (**Ernährerin** f) sostegno m (della famiglia).

Ernährung ‹-, *ohne pl*› f **1** (*das Ernähren*) nutrizione f, alimentazione f: **schlechte/unzureichende** ~, malnutrizione f; **künstliche** ~, alimentazione artificiale **2** (*Nahrung*) alimentazione f: **abwechslungsreiche/fettarme/vitaminreiche** ~, alimentazione varia/

[povera di grassi]/[ricca di vitamine] **3** (*Versorgung*) {+Familie} mantenimento m, sostentamento m.

Ernährungsberater m (**Ernährungsberaterin** f) nutrizionista mf, alimentarista mf.

Ernährungsgewohnheit f <*meist* pl> abitudine f alimentare.

Ernährungsweise f regime m alimentare, alimentazione f.

Ernährungswissenschaft f scienza f dell'alimentazione.

Ernährungswissenschaftler m (**Ernährungswissenschaftlerin** f) nutrizionista mf, alimentarista mf.

ernannt **A** part perf *von* ernennen **B** adj: selbst ~, autonominato, {Herrscher}, autoproclamato.

ernennen <*irr, ohne* ge-> tr *jdn zu etw* (dat) ~ {zum Botschafter, Direktor, Minister} nominare *qu qc*, designare *qu come qc*; {zum Erben} istituire *qu qc*; **jdn zum Nachfolger** ~ ,|nominare qu,|/|designare qu come] (proprio) successore; **jdn** ~ {Ministerpräsidenten, Nachfolger, Vertreter} nominare *qu*; **wieder** ~ → **wieder|ernennen**.

Ernennung <-, -*en*> f ~ *zu etw* (dat) {zum Direktor, Minister} nomina f *a qc*, designazione f *a qc*.

Ernennungsurkunde f *adm* atto m di nomina.

erneuerbar adj **1** *biol* {Zellen} che si rigenera **2** *ökol* {Energie, Energiequellen} rinnovabile.

erneuern <*ohne* ge-> **A** tr *etw* ~ **1** (*renovieren*) {Dach, Leitungen} rinnovare *qc*, rimettere a nuovo *qc*, rifare *qc*; {Fassade, Gebäude} *auch* ristrutturare *qc*, restaurare *qc*, rimodernare *qc*; {Farbe} rifare *qc* **2** (*auswechseln*) {Bettwäsche, Handtücher, Motor, Öl, Reifen} cambiare *qc*; {Verband} *auch* rifare *qc* **3** *adm* {Pass, Vertrag} rinnovare *qc*, rifare *qc* **4** (*neu beleben*) {Beziehung, Freundschaft} ridare vigore *a qc* **B** rfl (*sich regenerieren*) **sich** ~ {Zellen} rinnovarsi, rigenerarsi.

Erneuerung f **1** (*Renovierung*) {+Dach, Leitungen} rifacimento m; {+Fassade, Gebäude} *auch* ristrutturazione f, restauro m, rimodernamento m **2** (*das Auswechseln*) {+Bettwäsche, Handtücher, Öl, Reifen, Verband} cambio m **3** *adm* (*Verlängerung*) {+Pass, Vertrag} rinnovo m **4** (*Wandel*) {politische, soziale} rinnovamento m.

erneut **A** adj <attr> (*nochmalig*) {Angebot, Versuch} rinnovato, nuovo: **mit ~er Kraft**, con rinnovata forza/energia **B** adv (*von neuem*) di nuovo, nuovamente.

erniedrigen <*ohne* ge-> **A** tr **1** (*demütigen*) **jdn** ~ umiliare *qu*, mortificare *qu*, avvilire *qu* **2** *mus etw* ~ {Note, Ton} abbassare *qc* **B** rfl **sich** (**vor jdm**) ~ umiliarsi (₁di fronte₁/[davanti] *a qu*); **sich zu etw** (dat) ~ abbassarsi/umiliarsi a fare *qc*.

Erniedrigung <-, -*en*> f umiliazione f, mortificazione f.

Erniedrigungszeichen n *mus* bemolle m.

ernst adj **1** (*schwerwiegend*) {Erkrankung, Gefahr, Lage, Problem, Zustand} serio, grave: **die Lage wird immer ~er**, la situazione si fa sempre più seria/critica; **es ist nichts Ernstes**, non è niente di grave/serio **2** (*Ernst zeigend*) {Mensch} serio: ~ **bleiben/werden**, restare/farsi serio (-a); **ein ~es Gesicht machen**, fare la faccia seria, assumere un'espressione seria; **in ~em Ton**, con/in tono serio/grave **3** (*mit ernstem Inhalt*) {Gespräch} serio; {Buch, Film} impegnato: **~e**

Musik, musica classica/seria **4** (*aufrichtig*): **~e Absichten haben**, avere intenzioni serie; **ich habe die ~e Absicht zu kündigen**, ho serie intenzioni di licenziarmi ● **es (mit jdm/etw)** ~ **meinen**, dire/fare sul serio (con qu/qc); **jdn/etw** ~ **nehmen**, prendere sul serio qu/qc; **es steht** ~ **um jdn**, qu è seriamente/gravemente (am)malato, qu è grave; **jetzt wird's** ~!, ora si fa sul serio!

Ernst① <-*es, ohne* pl> m **1** (*Ernsthaftigkeit*) {+Mensch, Worte} serietà f; {+Blick, Stimme} gravità f **2** (*Gefährlichkeit*) {+Lage, Situation} serietà f, gravità f ● *allen* **~es**, in tutta serietà; **glaubst du allen ~ es, dass ...?**, non crederai mica che ...?; *im* **~?**, sul serio?, (dici/dice) davvero?; **das ist mein (voller/völliger) ~**, dico proprio sul serio, non scherzo affatto; **ist das Ihr ~?, das ist (doch) nicht Ihr ~?**, non dirà/farà (mica) sul serio?; **es ist mir ~ damit!**, faccio sul serio!; **der ~ des Lebens**, il lato serio della vita; **(mit etw dat)** ~ **machen**, fare (qc) sul serio; **mit einer Drohung ~ machen**, fare seguire alle minacce i fatti; **mit tierischem ~** *fam pej*, con eccessiva serietà.

Ernst② m (*Vorname*) Ernesto.

Ernstfall m caso m di emergenza: **im ~**, in caso di emergenza.

ernstgemeint adj → **gemeint**.

ernsthaft **A** adj **1** (*ernst*) {Mensch} serio **2** (*mit ernstem Inhalt*) {Gespräch} serio **3** (*ernst gemeint*) {Angebot, Vorschlag} serio **4** (*bedenklich*) {Erkrankung, Verletzung} serio, grave **B** adv **1** (*wirklich*) {Annehmen, Glauben} sul serio, davvero **2** (*gravierend*) {Erkranken} seriamente, gravemente.

Ernsthaftigkeit <-, *ohne* pl> f {+Absicht, Bemühungen} serietà f.

ernstlich **A** adj <attr> {Bedrohung} serio, grave: **~e Bedenken gegen etw** (akk) **haben**, avere/nutrire seri/forti dubbi su qc **B** adv: ~ **böse werden**, arrabbiarsi sul serio; **jdn ~ ermahnen**, ammonire seriamente qu; **~ krank sein**, essere seriamente/gravemente (am)malato.

Ernte <-, -*n*> f **1** <*nur sing*> (*das Ernten*) raccolta f; (*Getreideernte*) *auch* mietitura f, messe f *lit*; (*Heuernte*) fienagione f; (*Weinernte*) vendemmia f **2** (*~ertrag*) raccolto m ● **die ~ einbringen**, mettere al riparo il raccolto.

Erntedankfest n *relig*, **Erntedanktag** m *relig* festa f di ringraziamento per il raccolto.

Erntehelfer m (**Erntehelferin** f) lavoratore (-trice) m (f) stagionale agricolo (-a).

ernten tr **1** *agr etw* ~ {Gemüse, Kartoffeln, Obst, Salat} raccogliere *qc*; {Getreide} *auch* mietere *qc*; {Trauben} vendemmiare *qc* **2** (*erzielen*) **etw** ~ {Dank, Kritik, Spott} raccogliere *qc*; {Beifall} *auch* mietere *qc*, riscuotere *qc*.

Ernteschaden m <*meist* pl> danni m pl al raccolto.

Erntezeit f periodo m/tempo m ₁di raccolta₁/[del raccolto].

ernüchtern <*ohne* ge-> tr *jdn* ~ **1** (*jdn nüchtern machen*) {Betrunkenen} far passare/smaltire la sbornia *a qu fam* **2** (*in die Realität zurückholen*) disilludere *qu*, disingannare *qu*, disincantare *qu*.

ernüchternd adj {Erlebnis} che disillude/disinganna: ~ **für jdn sein**, disillludere/disingannare qu.

Ernüchterung <-, -*en*> f **1** (*das Nüchternwerden*) diventare m sobrio **2** (*Rückkehr in die Realität*) disillusione f, disinganno m, disincanto m.

Eroberer <-*s*, ~> m (**Eroberin** f) conquistatore (-trice) m (f).

erobern <*ohne* ge-> tr **1** *mil etw* ~ {Gebiet,

Land, Stadt} conquistare *qc*; {Festung} *auch* espugnare *qc* **2** (*erringen*) **etw** ~ {Macht} conquistare *qc*; {Platz, Titel} conquistare *qc*, ottenere *qc*, conseguire *qc* **3** (*für sich einnehmen*) **jdn/etw** ~ {Frau, jds Herz} conquistare *qu/qc*; {jds Sympathien} *auch* (ac)cattivarsi *qc*.

Eroberung <-, -*en*> f **1** *mil* (*das Erobern*) {+Land, Stadt} conquista f; {+Festung} *auch* espugnazione f **2** *mil* (*erobertes Gebiet*) conquista f **3** *fam scherz* (*eroberte Person*) conquista f *fam scherz* ● **auf ~en ausgehen** *fam scherz*, andare a caccia *fam scherz*; **eine ~ machen** *fam*, fare una conquista *fam*.

Eroberungskrieg m *mil* guerra f di conquista.

eröffnen <*ohne* ge-> **A** tr **1** (*zugänglich machen*) **etw** ~ {Geschäft, Lokal, Praxis} aprire *qc*; {Ausstellung, Museum, U-Bahn} *auch* inaugurare *qc*; **etw wieder** ~ {Geschäft, Museum, Restaurant}, riaprire *qc*; **ein neu eröffnetes Lokal**, un locale appena aperto **2** (*beginnen*) **etw** ~ {Diskussion, Feier, Sitzung} aprire *qc*, dare inizio *a qc*, cominciare *qc*, iniziare *qc*; {Verhandlungen} *auch* avviare *qc*; {Saison} inaugurare *qc*, aprire *qc*, dare inizio a *qc* **3** *jur etw* ~ {Testament, Verfahren} aprire *qc* **4** *bank*: **ein Konto (bei einer Bank)** ~, aprire/accendere un conto (presso una banca) **5** *mil etw* ~ {das Feuer} aprire *qc* **6** *scherz* (*mitteilen*) **jdm etw** ~ rivelare *qc* a qu, mettere al corrente qu di qc **B** itr **1** (*zugänglich werden*) {Geschäft, Lokal, Praxis} aprire **2** *Börse irgendwie* ~ {ruhig, hektisch} aprire + *compl di modo* **C** rfl *sich jdm* ~ {ungeahnte Möglichkeiten, neue Wege} aprirsi *a qu*, prospettarsi *a qu*, presentarsi *a qu*.

Eröffnung f **1** (*das Eröffnen*) {+Geschäft, Lokal, Praxis} apertura f; {+Ausstellung, Museum, U-Bahn} *auch* inaugurazione f **2** (*Beginn*) {+Diskussion, Feier, Sitzung, Verhandlungen} apertura f, inizio f **3** *jur* {+Verfahren} apertura f **4** *bank* {+Konto} apertura f **5** *mil* {+Feuer} aprire f **6** (*Mitteilung*) rivelazione f, comunicazione f.

Eröffnungsansprache f → **Eröffnungsrede**.

Eröffnungsfeier f cerimonia f ₁di apertura₁/[inaugurale].

Eröffnungsrede f discorso m ₁di apertura₁/[inaugurale].

Eröffnungsspiel n *sport* partita f ₁di apertura₁/[inaugurale].

erogen adj {Zone} ero(to)geno.

erörtern <*ohne* ge-> tr *etw* ~ {Frage, Plan, Problem, Vorschlag} discutere *qc*, dibattere *qc*.

Erörterung <-, -*en*> f discussione f, dibattito m.

Eroscenter, **Eros-Center** <-*s*, -> n *euph* eros center m.

Erosion <-, -*en*> f *geol* erosione f.

Erotik <-, *ohne* pl> f erotismo m.

Erotika subst <*nur* pl> opere f pl letterarie di carattere erotico.

erotisch **A** adj erotico **B** adv in modo erotico: ~ **hauchen/lächeln/tanzen**, sussurrare/sorridere/ballare in modo erotico.

Erpel <-*s*, ~> m *ornith* (*Enterich*) maschio m dell'anatra, anatra f maschio.

erpicht adj: **auf etw** (akk) ~ **sein** *fam* {Auf Geld, Komplimente}, essere affamato/assetato di qc; {Auf Ordnung, Pünktlichkeit, Sauberkeit} essere un fanatico/fissato di qc *fam*; **er war sehr darauf ~, die Stelle zu bekommen** *fam*, smaniava per avere il posto *fam*.

erpressbar (a.R. **erpreßbar**) adj ricattabile.

erpressen <*ohne* ge-> tr **1** (*durch Drohung*

nötigen) *jdn* (*mit etw* dat) ~ ricattare *qu* (*con qc*) **2** (*mit Drohung erhalten*) **etw von jdm** ~ {GELD, INFORMATIONEN} estorcere *qc a qu*: **ein Geständnis von jdm** ~, strappare una confessione a qu.

Erpresser <-s, -> m (**Erpresserin** f) ricattatore (-trice) m (f).

Erpresserbrief m lettera f ricattatoria.

Erpresserin f → **Erpresser**.

erpresserisch adj {MITTEL, VERHALTEN} ricattatorio.

Erpressung <-, -en> f **1** {+PERSON} ricatto m **2** {+GELD, GESTÄNDNIS} estorsione f.

Erpressungsversuch m tentativo m di estorsione, tentata estorsione f.

erproben <ohne ge-> tr *etw* ~ {GERÄT, MEDIKAMENT, VERFAHREN} sperimentare *qc*, testare *qc*, provare *qc*: **ein Präparat an einem Patienten/Tier** ~, sperimentare/testare un farmaco su un paziente/animale; *tech* {AUTO-, FLUGZEUGMODELL} collaudare *qc* {JDS AUSDAUER, GESCHICK, KRÄFTE} mettere alla prova *qc*.

erprobt adj **1** (*erfahren*) {CHIRURG, PILOT, SOLDAT} collaudato, esperto **2** (*zuverlässig*) {METHODE, SYSTEM} collaudato, sperimentato, di provata efficacia.

Erprobung <-, -en> f sperimentazione f, prova f, test m; *tech* collaudo m.

erquicken <ohne ge-> geh obs **A** tr *jdn* ~ {GETRÄNK, SCHLAF} ristorare *qu* geh **B** rfl sich (*mit etw* dat/*durch etw* akk) ~ {MIT EINEM KÜHLEN GETRÄNK, DURCH EINEN MITTAGSSCHLAF} ristorarsi (con *qc*), ricrearsi (con *qc*).

erquickend adj geh obs {SCHLAF} ristoratore.

erquicklich adj geh obs oft iron {AUSSICHTEN, NACHRICHT} piacevole, confortante.

Errata subst <nur pl> typ Verlag errata corrige m oder rar f.

erraten <irr, ohne ge-> tr *etw* ~ {GEDANKEN, GEHEIMNIS, WUNSCH} indovinare *qc*; {ANTWORT} auch azzeccare *qc*: (**du hast's**) ~! fam, (ci hai) azzeccato! fam.

errechnen <ohne ge-> tr *etw* ~ {KURS, PREIS, WERT} calcolare *qc*.

erregbar adj {MENSCH} eccitabile, irritabile.

Erregbarkeit <-, ohne pl> f eccitabilità f, irritabilità f.

erregen <ohne ge-> **A** tr **1** (*in Erregung bringen*) *jdn* ~ {DISKUSSION, STREIT} irritare *qu* **2** (*sexuell* ~) *jdn* ~ eccitare *qu* **3** (*hervorrufen*) *etw* ~ {MISSFALLEN, UNWILLEN, ZORN} suscitare *qc*, provocare *qc*, causare *qc*; {VERDACHT} destare *qc*; {AUFMERKSAMKEIT, INTERESSE} auch suscitare *qc*; {NEID} provocare *qc*, destare *qc*, suscitare *qc*; {NEUGIERDE} auch stimolare *qc*, stuzzicare *qc*: **Aufsehen** ~, destare scalpore, fare sensazione; **Anstoß/Ärgernis** ~, suscitare/provocare/causare uno scandalo; **Mitleid** ~, fare/suscitare compassione, destare pietà **B** rfl **sich über jdn/etw** ~ scaldarsi per *qc*, arrabbiarsi con qu, irritarsi con *qu/per qc*.

Erreger <-s, -> m med agente m patogeno.

erregt **A** adj **1** (*aufgeregt*) {GEMÜTER, PERSON} eccitato, concitato **2** (*sexuell* ~) eccitato **3** (*hitzig*) {DEBATTE, DISKUSSION} concitato, inf(u)ocato, animato **B** adv con eccitazione: ~ **sprechen**, parlare concitato (-a)/concitatamente.

Erregung f **1** eccitazione f, concitazione f; (*Verärgerung*) irritazione f **2** (*sexuelle* ~) eccitazione f ● **öffentlichen Ärgernisses** jur, offesa alla pubblica decenza; **in** ~ **geraten**, scaldarsi; **jdn in** ~ **versetzen**, mettere in agitazione qu.

erreichbar adj **1** (*zugänglich*): (**irgendwie**) ~ **sein** {ORT, ZIEL ZU FUß, LEICHT, MIT DEM WAGEN}, essere raggiungibile (+ compl di modo/mezzo): **die Berghütte ist nur schwer** ~, il rifugio alpino è difficile da raggiungere **2** (*zu kontaktieren*): ~ **sein** {PERSON}, essere reperibile; **telefonisch unter der Nummer ...** ~ **sein**, essere reperibile (telefonicamente) al numero ...

erreichen <ohne ge-> tr **1** (*rechtzeitig hinkommen*) *etw* ~ {BUS, FLUGZEUG, U-BAHN, ZUG} riuscire a prendere *qc* **2** (*antreffen*) *jdn* ~ rintracciare *qu*, raggiungere *qu*: **Sie können mich tagsüber unter der Nummer 432** ~, durante il giorno mi può trovare/chiamare al (numero) 432; [contattare in ufficio]; {BRIEF, NACHRICHT} giungere *a qu*, arrivare *a qu*, raggiungere *qu* **3** (*eintreffen*) *etw* ~ {AMT, BAHNHOF, FLUGHAFEN} raggiungere *qc*, arrivare *a qc*, giungere *a qc*: **in wenigen Minuten** ~ **wir München**, tra pochi minuti arriveremo a Monaco; **das Ufer** ~, guadagnare la riva **4** (*erzielen*) *etw* ~ {ZIEL} raggiungere *qc*; {ZWECK} auch conseguire *qc*: **ein hohes Alter** ~, arrivare a,/[raggiungere] un'età avanzata; **eine Geschwindigkeit von ...** ~, raggiungere una velocità di ... **5** (*einholen*) *jdn* ~ raggiungere *qu* **6** (*durchsetzen*) *etw* (**bei jdm**) ~ ottenere *qc* (*da qu*): **du wirst bei ihr nichts** ~, non otterrai niente da lei **7** (*herankommen*) *etw* ~ {HOCH HÄNGENDE ÄPFEL, SCHRANKFACH} arrivare *a qc* ● **nichts erreicht haben**, non aver ottenuto niente.

erretten <ohne ge-> tr geh **1** (*befreien*) *jdn* **aus** *etw* (dat) ~ {AUS EINER GEFÄHRLICHEN LAGE, AUS DER NOT} salvare *qu da qc* **2** (*retten*) *jdn* **vor** *etw* (dat) ~ {VOR DEM ERTRINKEN} salvare *qu da qc*: **vor dem Tode** ~, strappare qu alla morte.

errichten <ohne ge-> tr **1** (*erbauen*) *etw* ~ {BRÜCKE, HAUS} costruire *qc*, edificare *qc*, fabbricare *qc*; {DENKMAL} erigere *qc* innalzare *qc*; {KIRCHE} auch costruire *qc*, edificare *qc* **2** (*aufstellen*) *etw* ~ {BARRIKADEN} innalzare *qc*, erigere *qc*; {ZELT} piantare *qc*, montare *qc* **3** (*begründen*) *etw* ~ {REICH, WIRTSCHAFTSIMPERIUM} fondare *qc*, creare *qc*; {DIKTATUR} instaurare *qc* **4** jur *etw* ~ {KAPITALGESELLSCHAFT} costituire *qc*; {NOTAR URKUNDE} rogare *qc*, redigere *qc*: **eine notarielle Urkunde** ~ jur, stipulare un rogito.

Errichtung f **1** (*Erbauung*) {+BRÜCKE, HAUS, KIRCHE} costruzione f, edificazione f; {+DENKMAL} erezione f **2** (*Begründung*) {+REICH, WIRTSCHAFTSIMPERIUM} fondazione f, creazione f; {+DIKTATUR} instaurazione f **3** jur {+KAPITALGESELLSCHAFT} costituzione f; {+NOTARIELLE URKUNDE} redazione f.

erringen <irr, ohne ge-> tr *etw* ~ **1** (*erkämpfen*) {MEISTERSCHAFT} vincere *qc*; {PREIS} auch ottenere *qc*, conseguire *qc*; {ERFOLG, SIEG} riportare *qc*, ottenere *qc*, conseguire *qc* **2** (*erlangen*) {JDS FREUNDSCHAFT, VERTRAUEN} guadagnarsi *qc*, conquistarsi *qc*.

erröten <ohne ge-> itr <sein> (**vor** *etw* dat) ~ {VOR SCHAM, VERLEGENHEIT} arrossire/avvampare (*di/da/per qc*) ● **jdn zum Erröten bringen**, far arrossire qu.

Errungenschaft <-, -en> f **1** (*bedeutende Leistung*) conquista f: **die neuesten** ~**en der Wissenschaft**, le più recenti conquiste della scienza **2** fam scherz (*Anschaffung*): **der Videorekorder ist meine neueste** ~!, il videoregistratore è il mio ultimo acquisto!

Ersatz <-es, ohne pl> m **1** (*Auswechslung*) sostituzione f: **als/zum** ~ **für jdn/etw**, in sostituzione di qu/qc **2** (*Entschädigung*) {+SCHADEN} risarcimento m, indennizzo m; {+KOSTEN} rimborso m **3** (~*stoff*) surrogato m,

succedaneo m **4** (~*mann*) sostituto (-a) m (f); *sport* riserva f, riservista mf: **wir brauchen einen** ~ **für den defekten Computer**/[**die kranke Sekretärin**], dobbiamo sostituire il computer guasto/[rimpiazzare la segretaria malata] ● **als** ~ **für jdn einspringen**, rimpiazzare qu, sostituire qu; **für etw** (akk) ~ **leisten** jur, versare un indennizzo/risarcimento per qc.

Ersatzanspruch <-(e)s, Ersatzansprüche> m jur diritto m al risarcimento.

Ersatzbank f *sport* panchina f: **auf der** ~ **sitzen**, essere in panchina.

Ersatzbefriedigung f *psych* compensazione f.

Ersatzdienst m *adm* servizio m civile.

Ersatzkasse f *adm* "assistenza f sanitaria alternativa alla cassa malattia generale".

Ersatzmann <-(e)s, -leute oder -männer> m **1** *allg.* sostituto m **2** *sport* → **Ersatzspieler**.

Ersatzmine f mina f di ricambio.

Ersatzreifen m ruota f/gomma f fam di scorta.

Ersatzspieler m (**Ersatzspielerin** f) *sport* riserva f, riservista mf.

Ersatzteil n *oder* m (pezzo m di) ricambio m.

Ersatzteillager n magazzino m ricambi.

ersatzweise adv ~ (**für etw** akk) in cambio/sostituzione (*di qc*).

ersaufen <irr, ohne ge-> itr <sein> slang affogare, annegare.

ersäufen <ohne ge-> tr **1** slang (*ertränken*) *jdn/etw* ~ {BABY, TIER} annegare *qu/qc*, affogare *qu/qc* **2** fam (*betäuben*) *etw* ~: **seinen Kummer im Alkohol** ~, annegare/affogare i propri dispiaceri nell'alcol.

erschaffen <irr, ohne ge-> tr geh *jdn/etw* ~ {GOTT MENSCHEN, WELT} creare *qu/qc*.

Erschaffung <-, ohne pl> f {+WELT} creazione f.

erschallen <erschallt, erscholl oder rar erschallte, erschollen oder rar erschallt> itr <sein> geh {STIMME} ris(u)onare, echeggiare; {GELÄCHTER} auch scoppiare.

erschaudern <ohne ge-> itr <sein> geh (**vor** *etw* dat) ~ {VOR ENTSETZEN, FURCHT, KÄLTE} rabbrividire (*di/per qc*).

erschauern <ohne ge-> itr <sein> geh (**vor** *etw* dat) ~ {VOR ANGST, ERREGUNG, GLÜCK} rabbrividire (*di/per qc*).

erscheinen <irr, ohne ge-> itr <sein> **1** (*sichtbar werden*) (**irgendwo**) ~ apparire/comparire (+ compl di luogo): **plötzlich erschien eine Insel am Horizont**, all'improvviso apparve un'isola all'orizzonte; **auf dem Bildschirm** ~ {SCHRIFT}, apparire sullo schermo; {PERSON} auch comparire sullo schermo **2** (*sich einfinden*) presentarsi, comparire: **sie ist heute nicht zur Arbeit erschienen**, oggi non si è presentata/[fatta vedere] al lavoro; **auf dem Fest erschien ein berühmter Schauspieler**, alla festa fece la sua comparsa un attore famoso; **vor Gericht** ~, comparire in tribunale/giudizio **3** (*veröffentlicht werden*) {BUCH, ZEITUNG} uscire, essere pubblicato: **soeben erschienen** (*von Buch*), ultima novità **4** (*als Vision*) *jdm* ~ {GEIST, GESPENST} apparire *a qu* **5** (*vorkommen*) *jdm irgendwie* ~ sembrare + adj *a qu*, parere + adj *a qu*: **es erscheint mir merkwürdig, dass ...**, mi sembra/pare strano che ... **6** (*wirken*) (*jdm*) **irgendwie** ~ {AUFGEREGT, RUHIG} sembrare/apparire + adj (*a qu*): **ich bemühte mich, gelassen zu** ~, mi sforzai di apparire rilassato (-a) ● **wieder**/**erscheinen**.

Erscheinen <-s, ohne pl> n **1** (*das Auftreten*)

apparizione f, comparsa f; (*auf der Bühne*) comparsa f; (*vor Gericht*) comparizione f: **ich danke Ihnen für Ihr zahlreiches ~**, Vi ringrazio di essere intervenuti così numerosi; **um rechtzeitiges ~ wird gebeten!**, si prega di essere puntuali! **2** (*Veröffentlichung*) {+BUCH} pubblicazione f, uscita f ● **sein/ihr ~ einstellen** {ZEITSCHRIFT, ZEITUNG}, sospendere le pubblicazioni.

Erscheinung <-, -en> f **1** (*Geistererscheinung*) apparizione f; (*Vision*) visione f **2** (*Phänomen*) fenomeno m, fatto m **3** (*Person*): **eine ...** ~ {ELEGANTE, INTERESSANTE, etc.}, una persona + *adj*; **sie ist eine auffallende ~**, è una persona/un tipo *fam* appariscente; **er ist eine stattliche ~**, è un uomo (dal fisico) prestante/aitante ● **äußere ~**, aspetto (esteriore), apparenza; **in ~ treten** {GEFÜHLE}, manifestarsi; {MERKMALE} *auch* apparire; {PERSONEN}, apparire, mostrarsi, presentarsi, farsi vedere *fam*.

Erscheinungsbild n **1** *biol* fenotipo m **2** (*Aussehen*) {+LANDSCHAFT, STADT} fisionomia f, aspetto m.

Erscheinungsdatum n {+BUCH} data f di pubblicazione.

Erscheinungsform f <*meist* pl> {+KRANKHEIT} manifestazione f, sintomatologia f.

Erscheinungsjahr n anno m di pubblicazione.

Erscheinungstermin m data f di pubblicazione.

erschießen <*irr, ohne* ge-> **A** tr *jdn* ~ uccidere *qu* (a colpi di arma da fuoco); (*hinrichten*) fucilare *qu*: **ein Tier ~**, abbattere/sopprimere un animale **B** rfl **sich ~** spararsi, uccidersi (con un colpo di arma da fuoco) ● *jdn* **standrechtlich ~** *mil*, passare per le armi *qu*, fucilare *qu* senza processo.

Erschießung <-, -en> f fucilazione f: **der Terrorist drohte mit ~ der Geiseln**, il terrorista minacciò di uccidere gli ostaggi ● **standrechtliche ~** *mil*, fucilazione secondo la legge marziale.

Erschießungskommando n *mil* plotone m d'esecuzione.

erschlaffen <*ohne* ge-> itr <*sein*> {GLIEDER, MUSKELN} afflosciarsi, divenire floscio (-a), flaccido (-a): **eine erschlaffte Haut**, una pelle (diventata) flaccida.

Erschlaffung <-, *ohne* pl> f afflosciamento m.

erschlagen[①] <*irr, ohne* ge-> tr **1** (*totschlagen*) *jdn* (**mit etw** dat) ~ ammazzare/uccidere *qu* (a colpi di *qc*): *jdn* **mit einer Axt/einem Stock ~**, ammazzare *qu* a ₁colpi d'ascia₁/[bastonate] **2** (*durch Umfallen töten*) *jdn* ~ {BAUM, EINSTÜRZENDES HAUS} ferire a morte *qu*: **vom Blitz ~ werden**, essere colpito dal fulmine, rimanere fulminato (-a) **3** (*überwältigen*) *jdn* ~ {INFORMATIONSFLUT} sopraffare *qu*, schiacciare *qu*, soffocare *qu*.

erschlagen[②] adj <*präd*> *fam*: **~ sein** *fam*, essere ₁sfinito *fam*₁/[distrutto *fam*]/[a pezzi *fam*].

erschleichen <*irr, ohne* ge-> rfl *pej* **sich** (dat) **etw ~** {POSTEN} ottenere *qc* con l'inganno/l'astuzia/la frode; {ERBSCHAFT} carpire *qc*; {JDS VERTRAUEN} accattivarsi *qc*; {JDS GUNST} insinuarsi in *qc*.

erschließen <*irr, ohne* ge-> tr **1** (*nutzbar machen*) **etw ~** {KÄUFER-, WÄHLERSCHICHT} conquistare *qc*; {MARKT} *auch* aprir(si) *qc*; {BODENSCHÄTZE, EINNAHMEQUELLE} sfruttare *qc* **2** (*zugänglich machen*) {+REISEGEBIET} rendere accessibile *qc*: **eine Gegend für den Tourismus ~**, sfruttare una regione a fini turistici; {BAUGEBIET, LAND} dotare *qc* di infrastrutture **3** (*folgern*) **etw aus etw** (dat) ~

dedurre *qc* da *qc*, desumere *qc* da *qc*: **die Bedeutung eines Worts aus dem Kontext ~**, dedurre il significato di una parola dal contesto.

Erschließung <-, *ohne* pl> f **1** (*Nutzbarmachung*) {+MARKT} conquista f, creazione f; {+BODENSCHÄTZE, EINNAHMEQUELLE} scoperta f **2** (*das Zugänglichmachen*) {+BAUGEBIET, LAND} dotazione f di infrastrutture.

erscholl 3. *pers sing imperf von* erschallen.

erschollen *part perf von* erschallen.

erschöpfen <*ohne* ge-> **A** tr **1** (*ermüden*) *jdn* ~ {ANSTRENGUNG, ARBEIT} esaurire *qu*, sfinire *qu*, spossare *qu*, stremare *qu*: **die Strapazen des Aufstiegs haben ihn erschöpft**, le fatiche della scalata lo hanno stremato **2** (*aufbrauchen*) **etw ~** {KRÄFTE} esaurire *qc*; {MITTEL, VORRÄTE} *auch* dare fondo a *qc* **B** rfl (*zu Ende gehen*) **sich ~** {FANTASIE, THEMA} esaurirsi; {GEDULD, INTERESSE} *auch* venire meno **2** (*sich beschränken auf*) **sich in etw** (dat) ~ {BILDUNG IN GEMEINPLÄTZEN} essere limitato a *qc*: **seine Hilfe erschöpft sich darin, ab und zu mal anzurufen**, tutto il suo aiuto si riduce a qualche saltuaria telefonata.

erschöpfend **A** adj (*ausführlich*) {BERICHT, SCHILDERUNG} esauriente; {BEHANDLUNG} *auch* completo; {ANTWORT} esaustivo **B** adv in modo esauriente: **ein Thema ~ behandeln**, esaurire/sviscerare un argomento, trattare un argomento in modo esauriente.

erschöpft adj **1** (*ermüdet*) esausto, sfinito, stremato: **sie ist völlig ~**, è ₁veramente esausta₁/[allo stremo (delle forze)] **2** (*aufgebraucht*) {KRÄFTE, MITTEL, VORRÄTE} esaurito, finito: **meine Geduld ist erschöpft!**, sto per perdere la pazienza!

Erschöpfung <-, *ohne* pl> f **1** (*große Müdigkeit*) sfinimento m, spossatezza f, esaurimento m **2** (*das Aufbrauchen*) {+KRÄFTE, MITTEL, VORRÄTE} esaurimento m.

Erschöpfungszustand m stato m di esaurimento.

erschossen adj <*präd*> *fam*: **~ sein**, essere ₁(completamente) sfinito *fam*₁/[a pezzi *fam*]/[sfiancato *fam*].

erschrak 1. *und* 3. *pers sing imperf von* erschrecken[②].

erschrecken[①] <*ohne* ge-> tr (*in Schrecken versetzen*) *jdn* ~ spaventare *qu*, far/mettere paura/spavento a *qu*, impaurire *qu*: **ich wollte dich nicht ~**, non volevo spaventarti.

erschrecken[②] <*ohne* ge-> **A** <*irr*> itr <*erschrickt, erschrak, erschrocken*> <*sein*> **1** (*einen Schrecken bekommen*) **vor** *jdm*/**etw** ~ spaventarsi (₁alla vista di *qu*₁/[per *qc*]): **erschrick nicht, wenn ...**, non spaventarti se ...; **er erschrak bei dem Gedanken, dass ...**, si spaventò al pensiero che ... *konjv*; **zu Tode ~**, spaventarsi a morte; **ich war zu Tode erschrocken**, ero terrorizzato (-a) **2** (*schockiert sein*) (**über etw** akk) ~ {ÜBER JDS AUSSEHEN, ZUSTAND} impressionarsi *per qc*, allarmarsi *per qc* **B** rfl <*irr oder reg*> <*erschreckte oder erschrickt, erschreckte oder erschrak, erschreckt oder erschrocken*> <*haben*> *fam* **sich** (**vor** *jdm*/**etw**) ~ spaventarsi/impaurirsi (₁alla vista di *qu*₁/[per *qc*]).

erschreckend adj {ANBLICK, AUSMAßE} spaventoso, terribile, tremendo, terrificante: **~ aussehen**, avere un aspetto spaventoso/ orribile.

erschrickt 3. *pers sing präs von* erschrecken[②].

erschrocken *part perf von* erschrecken[②].

erschüttern <*ohne* ge-> tr **1** (*ergreifen*) *jdn* ~ {NACHRICHT} scuotere *qu*, sconvolgere

qu, turbare *qu* **2** (*erzittern lassen*) **etw ~** {EXPLOSION HAUS} scuotere *qc*, far tremare/ vibrare *qc* **3** (*ins Wanken bringen*) **etw ~** {JDS GLAUBEN, VERTRAUEN} far vacillare *qc*; {GLAUBWÜRDIGKEIT} *auch* minare *qc*, incrinare *qc* ● **sich durch nichts ~ lassen**, non scuotersi mai per nulla.

erschütternd adj {NACHRICHT, SZENE} sconvolgente.

erschüttert adj {GESICHTSAUSDRUCK} sgomento, (profondamente) turbato; {MENSCH} *auch* scosso, sconvolto: **über etw** akk ~ **sein**, essere scosso/sgomento/sconvolto (per *qc*); **tief ~**, profondamente scosso/turbato, sconvolto.

Erschütterung <-, -en> f **1** (*erschütternde Bewegung*) {+HAUS} scossa f, vibrazione f **2** <*meist* sing> (*Ergriffenheit*) sconvolgimento m, sgomento m, profonda commozione f.

erschweren <*ohne* ge-> tr (*jdm*) **etw ~** {SCHNEEFÄLLE BERGUNGSARBEITEN} complicare *qc* (*a qu*), rendere più difficile *qc* (*a qu*), intralciare *qu in qc*; {PROBLEM AUFGABE, ARBEIT} *auch* rendere più gravoso (-a) *qc* (*a qu*): **unter erschwerten Bedingungen arbeiten**, lavorare in condizioni disagevoli.

erschwerend adj *jur* {UMSTAND} aggravante.

Erschwernis <-, -se> f (ulteriore) difficoltà f, (ulteriore) ostacolo m.

erschwindeln <*ohne* ge-> rfl **sich** (dat) **etw ~** {GELD, UNTERSCHRIFT} ottenere *qc* con l'inganno.

erschwinglich adj {PREIS} accessibile, abbordabile; {ANSCHAFFUNG, AUTO, URLAUB} alla portata di *qu*: **für jeden ~**, alla portata di tutti, per ₁tutti i portafogli *fam*₁/[tutte le tasche *fam*].

ersehen <*irr, ohne* ge-> tr *form* **etw aus etw** (dat) ~ evincere *qc da qc*, desumere *qc da qc*, dedurre *qc da qc*: **aus den Unterlagen ist zu ~, dass ...**, dai documenti si desume/vede che ...

ersehnen <*ohne* ge-> tr *geh* **etw ~** {DIE GEBURT EINES KINDES, JDS RÜCKKEHR} sospirare *qc*, desiderare ardentemente *qc*, agognare *qc geh*, anelare *qc geh*.

ersehnt adj {BABY, URLAUB, ZIEL} sospirato, agognato: **heiß ~** {ANKUNFT, GELEGENHEIT, RÜCKKEHR, TAG}, (tanto) agognato, sospirato.

ersetzen <*ohne* ge-> tr **1** (*auswechseln*) *jdn*/**etw** (**durch** *jdn*/**etw**) ~ sostituire/ rimpiazzare/cambiare *qu*/*qc* (*con qu*/*qc*) **2** (*erstatten*) (*jdm*) **etw ~** {UNKOSTEN} rimborsare *qc* (*a qu*), rifondere *qc* (*a qu*); {SCHADEN, VERLUST} risarcire ₁*qc* (*a qu*)₁/[*qu di qc*], rifondere *qc* (*a qu*) **3** (*an die Stelle von jdm*/*etw treten*) {+DAS ELTERNHAUS, DIE MUTTER} sostituirsi a *qu*/*qc*: **er ersetzt dem Kind den Vater**, fa da padre al bambino.

ersichtlich adj chiaro, evidente: **aus dem Brief ist ~, dass ...**, dalla lettera risulta/ emerge che ...; **ohne ~en Grund**, senza motivo apparente.

ersinnen <*irr, ohne* ge-> tr **geh etw ~** {PLAN} ideare *qc*, escogitare *qc*; {AUSREDE} inventare *qc*.

erspähen <*ohne* ge-> tr *geh jdn*/**etw** (*irgendwo*) ~ scorgere *qu*/*qc* (+ *compl di luogo*), individuare *qu*/*qc* (+ *compl di luogo*): **den Feind ~**, avvistare il nemico.

ersparen <*ohne* ge-> **A** tr (*verschonen*) *jdm* **etw ~** {ÄRGER, WARTEZEIT} risparmiare *qc a qu*, evitare *qc a qu* **B** rfl **sich** (dat) **etw ~ 1** (*von sich fern halten*) {ARBEIT, MÜHE} risparmiarsi *qc*, evitare *qc*, scansare *qc*: **diese Bemerkung hätte er sich ~ können!**, quest'osservazione ₁avrebbe potuto₁/[poteva *fam*] anche risparmisela! **2** (*zurücklegen*) {VERMÖGEN} mettere da parte *qc*, accumulare *qc*; {GELD} *auch* risparmiare *qc*; (*mit Ersparnissen erwerben*) {HAUS} acquistare *qc* con i propri risparmi ● **dem/der bleibt (aber) auch nichts erspart!** *fam*, non gli/le risparmiano proprio niente! *fam*.

Ersparnis <-, -se> f **1** <*nur sing*> (*Einsparung*) ~ **an etw** (dat) {AN KOSTEN} risparmio m *di qc*; {AN ZEIT} *auch* economia f *di qc* **2** <*meist pl*> (*erspartes Geld*) risparmio m <*meist pl*>, economia f <*meist pl*>.

ersprie**ßlich** adj geh (*nutzbringend*) {GESPRÄCH, ZUSAMMENARBEIT} proficuo *geh*, fruttuoso, profittevole *geh*; (*angenehm*) gradevole.

erst① adv **1** (*zu~*) prima, (inn)anzitutto: ~ **gehen wir eine Pizza essen und dann ins Kino!**, prima andiamo a mangiare una pizza e poi (andiamo) al cinema; **mach ~ (ein)mal deine Hausaufgaben fertig!**, prima finisci i compiti!; (*anfangs*) *auch* all'inizio, inizialmente, dapprima; **~ war sie einverstanden, dann änderte sie ihre Meinung aber**, prima/[all'inizio] era d'accordo, (ma) poi cambiò idea **2** (*nicht früher als, später als erwartet*) non prima di, solo, soltanto, non …che: **der nächste Zug geht ~ um 15 Uhr**, il prossimo treno ₁non parte prima delle₁/[parte solo alle] 15; **ich kann ~ morgen kommen**, non posso venire prima di domani; **er hat es ~ gestern erfahren**, l'ha saputo solo ieri; (*nicht länger zurückliegend als*) non più tardi di; **wir haben ihn gestern ~ gesehen**, l'abbiamo visto non più tardi di ieri **3** (*früher/weniger als erwartet*) solo, soltanto, appena: **es ist ~ 2 Uhr**, sono solo/appena le due; **es war ~ 17 Jahre alt**, aveva soltanto/appena 17 anni; **ich habe ~ die Hälfte der Arbeit gemacht**, ho fatto solo/appena la metà del lavoro ● **~ als …**, solo quando …; **eben/gerade ~**, appena, proprio in questo momento, or ora; **ich bin eben ~ angekommen**, sono appena arrivato (-a), sono arrivato (-a) (proprio) in questo momento; **~ jetzt**, soltanto adesso, solo ora; **~ vor kurzem**, solo ₁di recente₁/[poco (tempo) fa]; **~ wenn …**, solo quando/se …

erst② partik **1** (*verstärkend in Ausrufesätzen: noch mehr*): **ich hab' vielleicht zurzeit eine Menge Probleme! – Und ich ~!**, in questo momento ho davvero un sacco di problemi! – E io (allora)?!, Già, perché io …?!; **er ist schon ziemlich geizig, aber sein Bruder ~!**, lui è già parecchio tirchio, (ma) suo fratello poi! *fam* **2** (*verstärkend in Wunschsätzen*) solo: **wenn es (nur) ~ Sommer wäre!**, se solo fosse estate!; **hätte ich (bloß) ~ das Abitur hinter mir!**, se solo avessi già fatto l'esame di maturità! ● **das** *fange* **ich gar nicht ~ an!** *fam*, non comincio/[mi ci metto *fam*] nemmeno!; **jetzt ~ recht!**, ora più che mai! *fam*, ora a maggiore ragione!; **das wirst du jetzt ~ recht nicht kriegen!**, ora sì che non lo avrai! *fam*; **wenn ich ~ mal weg bin …**, una volta (che sarò) partito (-a) …

erstarken <*ohne ge*-> *itr geh* <*sein*> (*OPPOSITION, WIDERSTAND*) rafforzarsi; {GLAUBE, HOFFNUNG} *auch* fortificarsi *geh*, rinvigorirsi *geh*.

erstarren <*ohne ge*-> *itr* <*sein*> **1** (*fest werden*) {LAVA, ZEMENT} solidificarsi **2** (*wie gefroren sein*) **jdm in etw** (dat)/**auf etw** (dat) ~ {BLUT IN DEN ADERN} gelarsi *a qu in qc*; {LÄCHELN AUF DEN LIPPEN} gelarsi *a qu su qc* **3** (*steif werden*) (*vor etw* dat) ~ {FINGER, GLIEDER VOR KÄLTE} intirizzirsi *a qu* (da/per *qc*), irrigidirsi *a qu* (da/per *qc*), aggranchire *a qu* (da/per *qc*) **4** (*starr werden*) (**vor etw** dat) ~ {VOR ANGST, SCHRECK} impietrire (per *qc*), agghiacciare (per *qc*) **5** (*versteinern*) (**in etw** akk)/(**zu etw** dat) ~ {GESELLSCHAFT IN NORMEN, KUNST ZU FORMELN} fossilizzarsi (*in qc*), cristallizzarsi (*in qc*).

erstatten <*ohne ge*-> *tr* **1** (*ersetzen*) (**jdm**) **etw** ~ {AUSLAGEN, SPESEN, STEUERN} rimborsare *qc* (*a qu*), rifondere *qc* (*a qu*) **2** *jur* **etw** (**gegen jdn**) ~ {ANZEIGE GEGEN UNBEKANNT} sporgere *qc* (*contro qc*): (**gegen jdn**) (**wegen etw** gen *oder* fam dat) **Strafanzeige ~**, sporgere denuncia (contro qu) (per qc); (**bei jdm**) **Strafanzeige wegen etw** (gen *oder* fam dat) ~, denunciare qc (a qu); (**jdm**) **Bericht/Meldung** (**über etw** akk) ~, fare rapporto (a qu) (su qc).

Ersta**ttung** <-, -en> f {+AUSLAGEN, SPESEN, STEUERN, UNKOSTEN} rimborso m.

erstauf|führen *tr* <*nur inf und part perf*> **etw** ~ {BÜHNENSTÜCK, OPER} rappresentare/[mettere in scena] *qc* per la prima volta, dare la prima di *qc fam*; {FILM} proiettare *qc* per la prima volta.

Erstau**fführung** f *theat* prima f (rappresentazione f); *film* prima f (visione f/proiezione f); *mus* prima f (esecuzione f).

erstau**nen** <*ohne ge*-> **A** *tr* <*haben*> **jdn** ~ stupire *qu*, meravigliare *qu*, sorprendere *qu* **B** *itr geh* <*sein*> **über etw** (akk) ~ {ÜBER JDS KLEIDUNG, VERHALTEN} stupirsi *di qc*, rimanere stupefatto (-a) *di/per qc*.

Erstau**nen** <-s, *ohne pl*> n stupore m, meraviglia f, sorpresa f ● **in ~ geraten**, essere colto/preso da stupore; **zu meinem größten ~**, con mio sommo stupore; **jdn in ~ versetzen**, riempire qu di stupore.

erstau**nlich A** adj **1** (*Staunen erregend*) {ERFOLG, FORTSCHRITT, NACHRICHT} stupefacente, sorprendente: **es ist ~, dass/wie …**, è stupefacente che … konjv/come … **2** (*Bewunderung erregend*) stupefacente, sorprendente, eccezionale **B** adv (*überraschend*) {BILLIG, GUT, SCHNELL} sorprendentemente: **er ist ~ schnell**, è sorprendentemente veloce, la sua velocità è sorprendente.

erstau**nlicherweise** adv sorprendentemente, stranamente, strano a dirsi: **~ regnet es heute nicht**, stranamente oggi non piove.

erstau**nt A** adj {BLICK, GESICHT} stupito, meravigliato, attonito: (**über etw** akk) ~ **sein**, essere stupito/stupefatto (di/per qc); (**über jdn**) ~ **sein**, stupirsi (di qu) **B** adv <*ANSEHEN*> stupito (-a), stupefatto (-a), con stupore.

Erstau**sgabe** f {+BUCH} prima edizione f.

Erstau**sstrahlung** f *TV* prima f TV.

erstbeste adj → **erstbester**.

Erstbesteigung f {+BERG} prima scalata f/ascensione f.

erstbester, erstbeste, erstbestes adj <*attr*> **der/die/das Erstbeste**, il, la primo (-a) venuto (-a); **ich habe den Erstbesten um Hilfe gebeten**, ho chiesto aiuto alla prima persona che ho incontrato/trovato; **er nahm den erstbesten Flug**, prese il primo volo che gli capitò.

erste zahladj → **erster**.

Erste <*dekl wie adj*> mf **1** (*1. Tag des Monats*): **der ~**, il primo **2** (*1. Monat des Jahres*): **der erste/zweite/… ~**, il primo/due/… (di) gennaio **3** (*bei historischen Namen*): **Elisabeth I** (*gesprochen die Erste*), Elisabetta I (*gesprochen prima*) **4** (*Reihenfolge*) primo (-a) m (f): **wer ist der ~?**, chi è il primo?; **der ~ der Klasse**, il primo della classe ● **als ~r**, per primo; **er kommt als ~r dran**, è il primo; **sie kam als ~ durchs Ziel**, tagliò per prima il traguardo; **als ~s**, per prima cosa, in primo luogo; **das, was ~ …**, la prima cosa che …; (*bei Auktionen*): **10 000 Euro zum ~n, zum Zweiten, zum Dritten!**, 10 000 euro e uno, 10 000 e due, 10 000 e tre!; → *auch* **Vierte**.

erstechen <*irr, ohne ge*-> *tr* **jdn** (**mit etw** dat) ~ uccidere *qu* con un'arma bianca: **jdn mit einem Messer ~**, accoltellare a morte qu, uccidere qu a coltellate.

erstehen <*irr, ohne ge*-> **A** *tr* <*haben*> *fam* (*erwerben*) **etw** ~ comprare *qc*, acquistare *qc* **B** *itr* <*sein*> *geh* (*neu entstehen*) {ZERBOMBTE STADT} risorgere, rinascere.

Erste Hilfe, erste Hilfe <-*n* -, *ohne pl*> f pronto soccorso m ● **Erste Hilfe leisten**, prestare pronto soccorso.

Erste-Hilfe-Kurs m corso m di pronto soccorso.

erstei**gen** <*irr, ohne ge*-> *tr* **etw** ~ {BERG} scalare *qc*.

erstei**gern** <*ohne ge*-> *tr* **etw** ~ acquistare *qc* all'asta.

Erstei**gung** f {+BERG} scalata f, ascensione f.

Erste-Kla**sse-Abteil, Erster-Kl**a**sse-Abteil** n *Eisenb* (s)compartimento m di prima (classe).

erste**llen** <*ohne ge*-> *tr* **1** (*anfertigen*) **etw** ~ {GUTACHTEN, PROTOKOLL} stendere *qc*, redigere *qc*; {LISTE, STATISTIK} compilare *qc* **2** *adm* (*errichten*) **etw** ~ {GEBÄUDE} costruire *qc*, fabbricare *qc*, edificare *qc*.

Erste**llung** <-, *ohne pl*> f **1** (*Anfertigung*) {+GUTACHTEN, PROTOKOLL} stesura f; {+LISTE, STATISTIK} compilazione f **2** *adm* (*Errichtung*) {+GEBÄUDE} costruzione f, fabbricazione f.

erstens adv (in) primo (luogo), per prima cosa, (inn)anzitutto.

erster, erste, erstes zahladj <*meist attr*> **1** (*Datum*): **der erste Januar/Februar/…**, il primo (di) gennaio/febbraio/… **2** (*Jahreszahl*) primo: **im ersten Jahrhundert nach Christus**, nel primo secolo dopo Cristo **3** (*Reihenfolge*) primo (-a): **die** ₁**drei ersten**₁/[**ersten drei**] **Häuser der Straße**, le prime tre case della strada; **er geht in die erste Klasse**, frequenta la prima elementare; **erster Klasse fahren**, viaggiare in prima (classe); **in erster Linie**, in primo luogo; **im ersten Programm** *TV*, sul primo canale, sulla prima rete, sul primo *fam*; **an erster Stelle** (**stehen**), (essere) al primo posto; **im ersten Stock**, al primo piano **4** (*führend*) {HOTEL} primo (-a), migliore; {FIRMA} *auch* leader ● **der, die, das erste Beste** → **erstbester**; → *auch* **vierter**.

ersterer, erstere, ersteres adj: **der/die erstere …**, il primo, la prima …; **erstere Lösung**, la prima soluzione; **sie hat eine Wohnung in Deutschland und eine im Ausland, Erstere in Berlin, Letztere in Paris**, (lei) ha una casa in Germania e una all'estero, la prima (è) a Berlino, l'altra a Parigi.

Erstgeborene <*dekl wie adj*> mf primogenito (-a) m (f).

erstgenannt adj <*attr*> {GEGENSTAND, MENSCH} primo (menzionato).

ersticken <*ohne ge*-> **A** *tr* <*haben*> **1** (*durch Ersticken töten*) **jdn** ~ soffocare *qc*; (*mit Gas*) asfissiare *qu* **2** (*löschen*) **etw** ~ {FEUER, FLAMMEN} soffocare *qc* **3** (*unterdrücken*): **etw im Keim ~** {AUFRUHR, WIDERSTAND}, soffocare/stroncare qc sul nascere; **eine von Tränen erstickte Stimme**, una voce soffocata/strozzata dalle lacrime **B** *itr* <*sein*> **1** (*durch Ersticking sterben*) (**an etw** dat) ~ {AN EINER GRÄTE} soffocare/[morire soffocato (-a)] (*a causa di qc*); {AN AUSPUFFGASEN} asfissiare/[morire asfissiato (-a)] (*per qc*): **er ist erstickt**, è (morto) soffocato; **die Luft in dem Lokal war zum Ersticken**, in quel locale l'aria era soffocante/asfissiante **2** (*von etw er-*

drückt werden) **in** etw (dat) ~ {IN ARBEIT} essere sommerso *da qc*, affogare *fam in qc*: **Deutschlands Großstädte ~ im Verkehr**, le metropoli della Germania sono soffocate dal traffico.

Ersticken <-s, ohne pl> n, **Erstickung** <-, ohne pl> f soffocamento m; (*durch Gas*) asfissia f.

Erstickungsanfall m crisi f di soffocamento; (*durch Gas*) crisi f di asfissia.

Erstickungsgefahr f pericolo m/rischio m di soffocamento; (*durch Gas*) pericolo m/rischio m di asfissia.

Erstickungstod m morte f per soffocamento; (*durch Gas*) morte f per asfissia.

erstklassig adj {ESSEN, STOFF, WARE, WEIN} di prima qualità/scelta; {CHIRURG, FUßBALLSPIELER} di prim'ordine; {LOKAL, RESTAURANT} *auch* di prima categoria; {QUALITÄT} primo, ottimo.

Erstkommunion f *relig* prima comunione f.

Erstlagerung f *nukl* (*von Atommüll*) stoccaggio m iniziale.

Erstlingswerk n opera f prima, prima opera f.

erstmalig A adj {VERANSTALTUNG, VERSUCH} primo B adv *form* → **erstmals**.

erstmals adv per la prima volta.

erstrangig adj {PROBLEM} di primario interesse: **von ~er Bedeutung sein**, essere di primaria importanza.

erstreben <ohne ge-> tr *geh* etw ~ {ANSEHEN, MACHT, REICHTUM} aspirare *a qc*, ambire (*a*) *qc*, anelare *a qc geh*.

erstrebenswert adj {BERUF, ZIEL} desiderabile: **es ist ~, dass ...**, è auspicabile che ... *konjv*.

erstrecken <ohne ge-> rfl **1** (*sich ausdehnen*) **sich bis zu etw** (dat) ~ estendersi *fino a qc*: **das Grundstück erstreckt sich ⌊vom Stadtrand bis zum Wald⌋/⌊über viele Kilometer⌋**, il terreno si estende ⌊dalla periferia della città fino al bosco⌋/⌊per molti kilometri⌋ **2** (*dauern*) **sich auf/über etw** (akk) ~ {ARBEITEN, VERHANDLUNGEN AUF EINEN ZEITRAUM VON ZEHN JAHREN, ÜBER ZEHN JAHRE} protrarsi *per qc*, durare (*per*) *qc* **3** (*betreffen*) **sich auf jdn/etw** ~ {DISKUSSION AUSNAHMEFÄLLE, DETAILFRAGEN} toccare *qc*: **die neuen Bestimmungen ~ sich auch auf Ausländer**, le nuove disposizioni interessano anche gli stranieri.

Erstschlag m *mil nukl* primo colpo m nucleare.

Erstsemester n *univ* matricola f.

Erststimme f *D parl* "voto m nominale al candidato al Bundestag, distinto dal voto di lista".

Ersttagsbrief m *post* (*Briefmarken*) busta f primo giorno.

erstunken adj: **das ist ~ und erlogen**! *fam*, (questa) è una bugia bell'e buona! *fam*, è inventato di sana pianta! *fam*.

erstürmen <ohne ge-> tr etw ~ {FESTUNG, STADT} prendere d'assalto *qc*, espugnare *qc*.

Erstwähler m (**Erstwählerin** f) chi vota per la prima volta.

Erstzulassung f *autom* prima immatricolazione f.

ersuchen <ohne ge-> tr *form* (*bitten*) **jdn um etw** (akk) ~ {UM HILFE, UM EINEN TERMIN} chiedere *qc a qu*, pregare *qu di fare qc*: **Sie werden ersucht, als Zeuge aufzutreten**, è invitato (-a) a comparire come teste.

Ersuchen <-s, ohne pl> n *form* richiesta f, domanda f • **auf ~ einer P.** (gen), per/su domanda *di qu*, a/dietro/su richiesta *di qu*; **ein ~ an jdn** *richten*/**stellen** *form*, indirizza-

re/rivolgere una richiesta a qu.

ertappen <ohne ge-> A tr jdn (**bei etw** dat) ~ {BEIM ABSCHREIBEN, SCHWINDELN} sorprendere *qu a fare qc*: **jdn auf frischer Tat ~**, cogliere qu ⌊in flagrante⌋/[sul fatto], prendere qu con le mani nel sacco *fam*; **jdn dabei ~, wie ...**, sorprendere qu mentre ... B rfl **sich bei etw** (dat) ~ sorprendersi *a fare qc*: **ich habe mich dabei ertappt, wie ich an ihn dachte**, mi sono sorpreso (-a) a pensare a lui.

erteilen <ohne ge-> tr *form* (**jdm**) **etw** ~ {AUSKUNFT, WORT} dare *qc a qu*; {BEFEHL, UNTERRICHT} *auch* impartire *qc* (*a qu*); {ERLAUBNIS, GENEHMIGUNG} concedere *qc* (*a qu*), (accor)dare *qc* (*a qu*); {AUFTRAG, VOLLMACHT} conferire *qc* (*a qu*).

ertönen <ohne ge-> itr <sein> {MUSIK} risu(o)nare; {SCHUSS} echeggiare: **bei(m) Ertönen der Sirene**, al suono della sirena.

Ertrag <-(e)s, Erträge> m **1** *agr* raccolto m **2** (*Einnahme*) m {+TÄTIGKEIT} proventi m pl; {+GESCHÄFT, UNTERNEHMEN} *auch* profitto m; {+KAPITAL, VERMÖGEN} rendita f • **außerordentlicher ~** *jur*, sopravvenienza attiva; **gute/hohe Erträge bringen/abwerfen** {ARBEIT}, dare ⌊un buon profitto⌋/[buoni guadagni]; {GESCHÄFT, UNTERNEHMEN} *auch*, dare buoni utili; {KAPITALANLAGE}, dare un buon rendimento; **einen ~ erzielen**, realizzare un utile.

ertragen <irr, ohne ge-> tr etw ~ {KÄLTE, LEIDEN, SCHMERZEN, UNGEWISSHEIT} sopportare *qc*, tollerare *qc*: **jdn/etw nicht mehr ~ können**, non sopportare/tollerare/reggere *fam* più *qu/qc*; **ich kann diesen Typ einfach nicht mehr ~**! *fam*, non lo reggo proprio più, quel tizio! *fam* • **nicht zu ~ sein** {LÄRM, UNGEWISSHEIT}, essere insopportabile/intollerabile.

ertragfähig adj produttivo.

Ertragfähigkeit f produttività f.

erträglich adj **1** (*aushaltbar*) {HITZE, SCHMERZEN} sopportabile, tollerabile: **der Gestank ist schwer ~**!, questo puzzo è quasi insopportabile! **2** *fam* (*leidlich*) passabile *fam*.

ertragreich adj {ACKER} fruttuoso; {GESCHÄFT} *auch* lucrativo, redditizio.

ertränken <ohne ge-> A tr **1** (*ersäufen*) **jdn/etw** ~ {MENSCH, TIER} annegare *qu/qc*, affogare *qu/qc* **2** (*betäuben*) **etw** ~ : **seine Probleme im/in Alkohol ~**, annegare/affogare i propri problemi nell'alcol B rfl **sich** ~ annegarsi, affogarsi.

erträumen <ohne ge-> tr rfl (sich dat) **jdn/ etw** ~ {IDEALFRAU, LUXUSLIMOUSINE} sognar(si) *qu/qc* (a occhi aperti).

ertrinken <irr, ohne ge-> itr <sein> (**in etw** dat) ~ annegare/affogare/[morire annegato (-a)] (*in qc*).

Ertrinken <-s, ohne pl> n annegamento m, affogamento m.

ertüchtigen <ohne ge-> rfl *geh*: **sich körperlich/sportlich ~**, fare attività fisica/ sportiva.

Ertüchtigung <-, -en> f *geh*: **körperliche ~**, attività fisica, esercizio fisico.

erübrigen <ohne ge-> A rfl (*überflüssig sein*) **sich ~** {ERKLÄRUNG, KOMMENTAR} essere superfluo/inutile: **es erübrigt sich, näher darauf einzugehen**, ⌊è superfluo⌋/[non c'è bisogno di] entrare nei particolari B tr (*aufbringen*): **heute kann ich ein wenig Zeit ~**, oggi posso ritagliarmi un po' di tempo.

eruieren <ohne ge-> tr *form* etw ~ {SACHVERHALT} appurare *qc*, accertare *qc*: **können Sie bitte ~, wo die Dokumente aufbewahrt werden?**, per favore, potrebbe appurare/

scoprire dove vengono conservati i documenti?

Eruption <-, -en> f *geol* {+VULKAN} eruzione f.

Eruptivgestein n *geol* roccia f eruttiva.

erwachen <ohne ge-> itr <sein> *geh* **1** (*aufwachen*) (**aus etw** dat) ~ {AUS DER NARKOSE} risvegliarsi (*da qc*): **ich erwachte plötzlich aus dem Schlaf**, mi svegliai all'improvviso; **aus tiefem Schlaf ~**, risvegliarsi da un sonno profondo; **aus einer Ohnmacht ~**, rinvenire, riprendere conoscenza **2** (*in die Realität zurückkehren*) **aus etw** (dat) ~ {AUS EINER ILLUSION, DEN TRÄUMEN} risvegliarsi *da qc*; {AUS DER APATHIE, LETHARGIE} *auch* riscuotersi *da qc* **3** (*sich regen*) (**in jdm**) ~ {INTERESSE, LEIDENSCHAFT, NEUGIER, WUNSCH} risvegliarsi *in qu*, (ri)destarsi *in qu geh*.

Erwachen n risveglio m: **beim ~**, al risveglio • **ein böses ~**, *fig*, un brutto risveglio.

erwachsen① <irr, ohne ge-> itr <sein> *geh* (*hervorgehen*) **jdm** (**aus etw** dat) ~ {KOSTEN, NACHTEILE, PROBLEME, VORTEILE} derivare *a qu da qc*: **daraus ~ uns nur Unannehmlichkeiten**, ce ne derivano solo noie.

erwachsen② adj adulto: **~ sein**, essere adulto/grande *fam*/cresciuto *fam*.

Erwachsene <dekl wie adj> mf adulto (-a) m (f): **die ~n**, gli adulti/i grandi.

Erwachsenenbildung f formazione f degli adulti, formazione f permanente: **er arbeitet in der ~**, tiene corsi per adulti.

erwägen <erwägt, erwog, erwogen> tr **1** (*überlegen*) **etw** ~ {PLAN} riflettere *su qc*, meditare *su qc*; {ENTSCHEIDUNG} ponderare *qc*: **wir haben lange erwogen, was wir tun sollen**, abbiamo riflettuto/meditato a lungo sul da farsi **2** (*in Betracht ziehen*) **etw** ~ {ANGEBOT, MÖGLICHKEIT, VORSCHLAG} vagliare *qc*, considerare *qc*, esaminare *qc* (attentamente), valutare *qc*: **er erwägt, sich eine neue Arbeit zu suchen**, sta ⌊valutando se⌋/[pensando di] cercarsi un nuovo lavoro; **das Für und Wider einer S.** (gen) ~, soppesare il pro e il contro di qc.

Erwägung <-, -en> f considerazione f, riflessione f • **aus diesen/folgenden/... ~en** (**heraus**), in base ⌊a tali⌋/[alle seguenti]/... considerazioni; **etw in ~ ziehen**, prendere in considerazione qc.

erwähnen <ohne ge-> tr **jdn/etw** ~ {NAMEN, PERSON} menzionare *qu/qc*, fare menzione *di qu/qc*, citare *qu/qc*: **sie hat seinen Besuch nur kurz erwähnt**, ha solo accennato/[fatto cenno] alla sua visita; **jdn lobend ~**, citare qu con parole di lode; **ich vergaß zu ~, dass ...**, dimenticavo di dire che ...; **wie schon erwähnt, ...**, come già menzionato/ accennato ...

erwähnenswert adj {EREIGNIS} degno di menzione: **heute ist nichts Erwähnenswertes vorgefallen**, oggi non è accaduto niente di particolare/rilevante.

erwähnt A part perf *von* erwähnen B adj: **unten ~** {NAME, TITEL, ZITAT}, menzionato ⌊(qui) sotto⌋/[di seguito]/[più avanti], sottomenzionato; **oben ~**, summenzionato, soprammenzionato.

Erwähnung <-, -en> f menzione f • **finden** *form*, trovare menzione.

erwärmen <ohne ge-> A tr **1** (*warm machen*) **etw** ~ {WASSER} (ri)scaldare *qc*: **die Milch auf 50° ~**, portare il latte a 50° **2** (*begeistern*) **jdn für etw** (akk) ~ {FÜR EINE IDEE, EINEN PLAN} destare *in qu* entusiasmo *per qc*, appassionare *qu a qc* B rfl **1** (*warm werden*) {LUFT, WASSER} (ri)scaldarsi **2** (*sich begeistern*) **sich für jdn/etw** ~ prendere in simpatia *qu*, entusiasmarsi *per qc*, appassionarsi *a qc*.

erwarten <ohne ge-> **A** *tr* **1** (*warten auf*) **jdn/etw** ~ {BESUCH, BRIEF, GAST, NACHRICHT, POST, JDS RÜCKKEHR, TELEFONGESPRÄCH} aspettare *qu/qc*, attendere *qu/qc*, essere in attesa *di qu/qc* **2** (*rechnen mit*) **etw** ~ aspettarsi *qc*, mettere in conto *qc fam*: **das hätte ich nicht erwartet**, questa non me la sarei aspettata; **ich habe erwartet, dass die konservativen Parteien die Wahl gewinnen**, mi aspettavo che i partiti conservatori vincessero le elezioni; **wie erwartet** ..., come previsto ... **3** (*voraussetzen*) **etw von jdm** ~ {MEHR HILFE, GRÖßERES VERSTÄNDNIS} aspettarsi *qc da qu* **4** (*bekommen*): **ein Kind (von jdm)** ~, aspettare un figlio/bambino (da un jdm) **B** *rfl* (*sich versprechen*) **sich (dat) etw von jdm/etw** ~ {MEHR EINSATZ VON JDM} aspettarsi *qc da qu/qc*; {VIEL/WENIG VON EINEM PROJEKT} *auch* ripromettersi *qc da qu/qc* **es ist/steht** *form* **zu** ~, **dass** ..., si prevede che ... *konjv*; **etw kaum – können**, non vedere l'ora *di* ... *inf*/[*che* ... *konjv*]; **wir können den Sommerurlaub kaum** ~, non vediamo l'ora che arrivino le vacanze estive; **ich kann es kaum** ~, **dass er zurückkommt**, non vedo l'ora che (lui) (ri)torni; **das war** *to* ~!, c'era da aspettarselo!; **wider Erwarten**, contro ogni aspettativa.

Erwartung <-, -*en*> *f* **1** <*nur sing*> (*Zustand des Wartens*) attesa *f*: **in froher/gespannter** ~ **sein**, attendere con gioia/ansia **2** <*meist pl*> (*Hoffnung*) aspettativa *f pl*, attese *f pl*, speranze *f pl* ● **jds ~en entsprechen**, rispondere alle aspettative/attese *di qu*; **jds ~en enttäuschen**, deludere le aspettative/attese *di qu*; **jds ~en erfüllen**, soddisfare le aspettative/attese *di qu*; **in ~ einer S. (gen)** *form* {EINER ANTWORT, NACHRICHT}, in attesa *di qc*; **seine ~en zu hoch** *schrauben*, mirare troppo in alto; **seine ~en in jdn/etw setzen**, riporre le proprie speranze/aspettative in *qu/qc*; **alle ~en übertreffen**, superare/[essere superiore ad] ogni aspettativa.

Erwartungsdruck *m* ansia *f* di soddisfare le aspettative.

erwartungsgemäß *adv* come previsto.

Erwartungshaltung *f* aspettative *f pl*.

Erwartungshorizont *m* (livello *m* delle) aspettative *f pl*.

erwartungsvoll **A** *adj* {BLICK} speranzoso, impaziente (per l'attesa) **B** *adv* {JDN ANSEHEN} speranzoso (-a), speranzosamente.

erwecken <ohne ge-> *tr* **1** (*erregen*) (**in jdm**) **etw** ~ {ARGWOHN, BEFÜRCHTUNG, HOFFNUNG, ZWEIFEL} destare *qc* (*in qu*), suscitare *qc* (*in qu*); {NEID, NEUGIERDE} *auch* provocare *qc* (*in qu*); {VERTRAUEN} ispirare *qc* (*a qu*); **jds Mitleid** ~, far compassione a *qu*, destare la pietà *di qu*, impietosire *qu*; **den Anschein/Eindruck** ~, **dass/[als ob]** ..., dare l'impressione |*di* ... *inf*]/[*che* ... *konjv*]; **etw wieder** ~ {INTERESSE} risvegliare *qc*, ridestare *qc* **2** *geh* (*auferwecken*): **jdn** |**wieder zum Leben**]/[**vom Tode**] ~, risuscitare *qu*.

erwehren <ohne ge-> *rfl geh*: **sich jds/etw nicht/kaum – können** {DER ANGREIFER, DES ANSTURMS DER FANS}, non potersi difendere da *qu/qc*; **sich der Tränen/des Lachens nicht ~ können**, non poter trattenere le lacrime/il riso; **sich des Eindrucks nicht ~ können, dass** ..., non riuscire a sottrarsi all'impressione che ... *konjv*.

erweichen <ohne ge-> *tr* **1** (*weich machen*) **etw** ~ {WACHS} ammollire *qc*, ammorbidire *qc* **2** (*umstimmen*) **jdn** ~ intenerire *qu*, commuovere *qu*: **sich nicht ~ lassen**, non lasciarsi intenerire, rimanere duro (-a).

erweisen <*irr, ohne ge*-> **A** *tr* **1** (*beweisen*) **etw** ~ {JDS SCHULD, UNSCHULD} dimostrare *qc*, provare *qc*: **es ist erwiesen, dass** ..., è dimostrato/provato che ... **2** *form* (*entgegenbringen*) **jdm etw** ~ {VERTRAUEN} dimostrare *qc a qu*; {DANKBARKEIT} manifestare *qc a qu*, mostrare *qc a qu*; {ACHTUNG, RESPEKT} dimostrare *qc a qu*, manifestare *qc a qu*: **jdm seine Achtung** ~ *auch*, dare un attestato di stima a *qu*; {DIENST} rendere *qc a qu*; {EHRE} *auch* tributare *qc a qu*; {GEFALLEN, GUTES} fare *qc a qu* **B** *rfl* (*sich herausstellen*) **sich als etw** ~ {PERSON ALS ZUVERLÄSSIG, ALS WAHRER FREUND, NACHRICHT ALS FALSCH, EIN IRRTUM} dimostrarsi *qc*, rivelarsi *qc*; {ANGST ALS UNBEGRÜNDET, NACHRICHT ALS FALSCH} *auch* risultare *+ adj*: **der Film hat sich als echter Flop erwiesen**, il film si è rivelato/dimostrato un vero fiasco; **sich als wahr** ~, risultare vero (-a); **es hat sich erwiesen, dass** ..., è risultato che ...

erweiterbar *adj inform* espandibile, ampliabile.

erweitern <ohne ge-> **A** *tr* **1** (*verbreitern*) **etw** (**um etw** *akk*) ~ {DURCHFAHRT, STRAßE, TUNNEL} allargare *qc* (*di qc*), slargare *qc* (*di qc*); (*vergrößern*) {GESCHÄFT} ampliare *qc* (*di qc*), ingrandire *qc* (*di qc*); {FLUGHAFEN, PARKPLATZ} *auch* estendere *qc* (*di qc*) **2** (*ausdehnen*) **etw** ~ {BEKANNTENKREIS} ampliare *qc*; {KENNTNISSE, WISSEN} *auch* aumentare *qc*, accrescere *qc*; {HORIZONT} allargare *qc*; {SAMMLUNG} arricchire *qc*: **das Angebot** ~, ampliare il ventaglio/la gamma delle offerte; **einen Bruch** ~ *math*, moltiplicare il numeratore ed il denominatore di una frazione per uno stesso numero **B** *rfl sich* ~ **1** (*sich verbreitern*) {TUNNEL} allargarsi; {STRAßE} *auch* slargarsi **2** *med* (*weiter werden*) {GEFÄß, PUPILLE} dilatarsi.

Erweiterung <-, -*en*> *f* **1** (*Verbreiterung*) {+DURCHFAHRT, STRAßE} allargamento *m*; (*Vergrößerung*) {+FLUGHAFEN, PARKPLATZ} ampliamento *m*, ingrandimento *m* **2** *med* {+GEFÄß, PUPILLE} dilatazione *f* **3** *inform* espansione *f*.

Erweiterungskarte *f inform* scheda *f* di espansione.

Erwerb <-(*e*)*s*, -*e*> *m* **1** <*nur sing*> (*Kauf*) ~ **einer S.** (*gen*) {EINES HAUSES, WAGENS} acquisto *m di qc* **2** (*Verdienst*) guadagni *m pl*: **von seinem ~ leben**, vivere del proprio lavoro **3** *form* (*Beruf*) lavoro *m*, mestiere *m*, professione *f* ● **einem ~ nachgehen** *form*, esercitare una professione, fare un mestiere.

erwerben <*irr, ohne ge*-> **A** *tr* **1** (*kaufen*) **etw** ~ {AUTO, HAUS} acquistare *qc* **2** (*an sich bringen*) **etw** ~ {RECHT, TITEL} acquisire *qc*; {VERMÖGEN DURCH EINE ERBSCHAFT} *auch* entrare in possesso di *qc* **B** *tr rfl* (**sich dat**) **etw** ~ **1** (*erlangen*) {FERTIGKEITEN, KENNTNISSE} acquisire *qc* **2** (*gewinnen*) {JDS ANERKENNUNG, VERTRAUEN} acquistar(si) *qc*, guadagnar(si) *qc*.

Erwerbsarbeit *f* lavoro *m* retribuito.

erwerbsfähig *adj form* abile al lavoro: **in ~em Alter**, in età lavorativa.

Erwerbsleben *n* attività *f*/vita *f* professionale.

erwerbslos *adj form* disoccupato.

Erwerbslosigkeit <-, ohne pl> *f geh* (*Arbeitslosigkeit*) disoccupazione *f*.

Erwerbsquelle *f* fonte *f* di guadagno.

erwerbstätig *adj* {BEVÖLKERUNG} attivo.

Erwerbsunfähig *adj* inabile al lavoro.

Erwerbsunfähigkeit *f* inabilità *f* al lavoro.

Erwerbsunfähigkeitsrente *f* pensione *f* di invalidità.

Erwerbszweig *m* settore *m* (economico).

Erwerbung *f* **1** <*nur sing*> *geh* (*das Erwerben*) acquisizione *f* **2** (*erworbener Gegenstand*) acquisto *m*.

erwidern <ohne ge-> **A** *tr* **1** (*antworten*) (**jdm**) **etw** ~ rispondere *qc* (*a qu*); **etw auf etw** (*akk*) ~ replicare *qc a qc*: **auf meine Frage erwiderte er, dass** ..., alla mia domanda rispose che ... **2** (*zurückgeben*) **etw** ~ {BESUCH, BLICK, GRUß} ricambiare *qc*, contraccambiare *qc*, restituire *qc*; {LIEBE, ZÄRTLICHKEIT, ZUNEIGUNG} ricambiare *qc*, contraccambiare *qc*: **das Feuer** ~, rispondere al fuoco **B** *itr* (*antworten*) **auf etw** (*akk*) ~ replicare *a qc*, ribattere *a qc*, rispondere *a qc*.

Erwiderung <-, -*en*> *f* **1** (*Antwort*) replica *f*, risposta *f* **2** (*das Zurückgeben*) {+BESUCH, BLICK, GRUß} contraccambio *m*, ricambiare *m qc*; {+LIEBE, ZÄRTLICHKEIT, ZUNEIGUNG} contraccambio *m*, ricambiare *m qc* **3** *jur* (*im Zivilprozess*) memoria *f* di replica.

erwiesenermaßen *adv* come (è stato) dimostrato.

Erwin *m* (*Vorname*) Ervino.

erwirken <ohne ge-> *tr form bes. jur* **etw** ~ {JDS ENTLASSUNG, FREISPRUCH} ottenere *qc*.

erwirtschaften <ohne ge-> *tr ökon* **etw** ~ {GEWINNE} realizzare *qc*, conseguire *qc*; {VERLUSTE} registrare *qc*.

erwischen <ohne ge-> *tr fam* **1** (*ertappen*) **jdn** (**bei etw** *dat*) ~ {BEIM LÜGEN, STEHLEN} beccare *qu* [*mentre* ...]/[*a fare qc*] *fam*, sorprendere *qu* (*a fare qc*]/[*mentre fa qc*]): **sie haben ihn beim Klauen erwischt**, l'hanno beccato *fam*/bollato *fam* [*mentre rubava*]/[*a rubare*]; **lass dich (dabei) nicht** ~!, non farti(ci) beccare! *fam* **2** (*ergreifen*) **jdn/etw** ~ acciuffare *qu fam*, acchiappare *qc fam*: **fast wäre ihr das Glas heruntergefallen, sie hat's gerade noch erwischt**, il bicchiere stava per caderle di mano, l'ha ripreso al volo **3** (*gerade noch erreichen*) **etw** ~ {BUS, ZUG} (riuscire a) prendere *qc*; **jdn** ~ beccare *qu fam*, pescare *qu fam*: **er war schon am Weggehen, ich habe ihn gerade noch erwischt**, stava già uscendo, l'ho beccato sulla porta ● **ihn hat's erwischt** *fam* (*er ist verliebt*), s'è preso una (bella) cotta *fam*; (*er ist gestorben*), c'è rimasto *fam*; **die ganze Familie hatte schon Grippe, jetzt hat's ihn auch erwischt**, tutta la famiglia ha già avuto l'influenza, ora l'ha beccata anche lui *fam* ● **jdn kalt ~ fam**, cogliere *qu* alla sprovvista *fam*/[impreparato (-a)] *qu*, prendere *qu* in contropiede.

erwog 1. und 3. pers sing imperf von **erwägen**.

erwogen part perf von **erwägen**.

erworben adj med {HERZFEHLER, LEIDEN} acquisito.

erwünscht adj **1** (*gewünscht*) {WIRKUNG} desiderato, auspicato **2** (*willkommen*) {BESUCH, GELEGENHEIT} gradito: **er/[seine Anwesenheit] ist nicht** ~, (lui) non è persona gradita, la sua presenza non è gradita; **Englischkenntnisse** ~, (è) gradita la conoscenza dell'inglese.

erwürgen <ohne ge-> *tr* **jdn** ~ strozzare *qu*, strangolare *qu*.

Erz <-*es*, -*e*> *n min* minerale *m* metallico.

Erzader *f* filone *m* metallifero, vena *f* metallifera.

erzählen <ohne ge-> **A** *tr* **1** (*schildern*) (**jdm**) **etw** ~ {WITZ} raccontare *qc* (*a qu*); {GESCHICHTE, MÄRCHEN} *auch* narrare *qc* (*a qu*) *geh* **2** (*mitteilen*) (**jdm**) **etw** ~ raccontare *qc* (*a qu*): **sie haben uns alles erzählt**, ci hanno raccontato tutto; **erzähl mir, was geschehen ist**, raccontami cos'è successo; **mein Vater hat uns immer viel von seinen Eltern erzählt**, mio padre ci ha sempre parlato molto dei suoi genitori; **es wird erzählt, dass** ..., [si racconta/dice]/[corre voce] che ... *konjv*/*ind fam* **B** *itr* (**von etw** *dat*) ~ raccontare (*di qc*), narrare (*di qc*): **er kann sehr lebhaft ~**, sa narrare/raccontare con vivacità; **aus seiner Kindheit ~**, raccontare/narrare della propria infanzia; (*jdm*) ˌ**von jdm/etw**₁/[**über jdn/etw**] ~ parlare *di qu/qc* (*a qu*) ● **das kannst du** ˌeinem anderen₁/[jemand anderem] ~! *fam*, ma valla a raccontare ˌa qualcun altro₁/[altrove]! *fam*, a me la vieni a raccontare? *fam*; **mir kannst du viel ~!** *fam*, non me la ˌdai a bere *fam*₁/[raccontì giusta *fam*]!; **erzähl mir** *nichts*/[**keine Märchen**]! *fam*, non raccontarmi frottole! *fam*, ma a chi vuoi darla a intendere? *fam*; **wem** ˌ**erzählst du**₁/[**~ Sie**] **das!** *fam*, a chi lo dici/dice! *fam*; **dem** *werd'* **ich was ~!** *fam*, gliela farò vedere! *fam*, sta fresco (-a)! *fam*, mi sentirà! *fam*.

erzählend *adj* narrativo, {DICHTUNG} epico: **~e Literatur**, (letteratura f) narrativa f.

Erzähler m (**Erzählerin** f) **1** (*Geschichtenerzähler*) narratore (-trice) m (f) **2** *lit* (*Schriftsteller*) narratore (-trice) m (f); (*~figur im Werk*) narratore m, figura f narrante.

erzählerisch *adj* {STIL} narrativo.

Erzählung f **1** *lit* (*Geschichte*) racconto m, narrazione f, storia f; (*Novelle*) novella f **2** *<nur* sing*>* (*das Erzählen*) narrazione f, racconto m.

Erzbergwerk n miniera f (di minerali metalliferi).

Erzbischof m *relig* arcivescovo m.

erzbischöflich *adj <attr> relig* arcivescovile.

Erzbistum n *relig* arcivescovado m.

Erzdiözese f *relig* archidiocesi f, arcidiocesi f.

Erzengel m *relig* arcangelo m.

erzeugen *<ohne* ge-*> tr etw* ~ **1** (*herstellen*) {LANDWIRTSCHAFTLICHE PRODUKTE} produrre *qc*; {WAREN} *auch* fabbricare *qc* **2** (*hervorrufen*) {ANGST, SPANNUNG, UNBEHAGEN} creare *qc*, far nascere *qc*, generare *qc* **3** *el chem phys* {ENERGIE, GAS, STROM, WÄRME} generare *qc*, produrre *qc*.

Erzeuger *<-s, -> m* (**Erzeugerin** f) **1** *agr com* produttore (-trice) m (f) **2** *fam scherz* (*Vater*) genitore m *scherz*.

Erzeugerabfüllung f imbottigliamento m all'origine; (*auf Weinetikett*) imbottigliato all'origine.

Erzeugerland n *ökon* paese m produttore.

Erzeugerpreis m *ökon* prezzo m alla produzione.

Erzeugnis *<-ses, -se>* n **1** *com* prodotto m **2** *fig* (*Frucht der Arbeit*) creazione f, prodotto m.

Erzeugung f **1** *<meist* sing*> chem el phys* {+ENERGIE, STROM, WÄRME} generazione f, produzione f **2** *<meist* sing*>* (*Produktion*) {+LANDWIRTSCHAFTLICHE PRODUKTE} produzione f; {+WARE} *auch* fabbricazione f.

Erzfeind m (**Erzfeindin** f) nemico (-a) m (f) giurato (-a)/mortale.

Erzgebirge n *geog*: **das ~**, i Monti Metalliferi.

Erzherzog m (**Erzherzogin** f) arciduca (arciduchessa) m (f).

erziehbar *adj* educabile: **schwer ~** {JUGENDLICHE, SCHÜLER}, disadattato; **ein schwer ~es Kind**, un bambino difficile.

erziehen *<irr, ohne* ge-*> tr* **1** (*charakterlich formen*) *jdn* ~ educare *qu*: **jdn katholisch/streng ~**, educare *qu* ˌnella fede cattolica₁/[severamente], dare un'educazione cattolica/severa a *qu*; **jdn frei ~**, dare un'educazione libera a *qu* **2** (*anleiten*) **jdn zu etw** (dat) ~ {ZUR ORDNUNG, SELBSTÄNDIGKEIT, SPARSAMKEIT} educare *qu* a (*essere*) *qc*, abituare

qu a (*essere*) *qc*, insegnare *qc a qu*; {ZU SELBSTÄNDIGEN MENSCHEN} educare/abituare *qu a essere qc*.

erziehend *adj*: **allein ~** → **alleinerziehend**.

Erzieher *<-s, ->* m (**Erzieherin** f) **1** *allg*. educatore (-trice) m (f) **2** (*Lehrer*) istitutore (-trice) m (f); *obs* (*Hauslehrer*) precettore (-trice) m (f), istitutore (-trice) m (f).

erzieherisch *adj* {MAßNAHME, METHODE, PROBLEM} educativo, pedagogico.

Erziehung *<-, ohne pl>* f **1** *allg*. educazione f: **autoritäre/antiautoritäre ~**, educazione autoritaria/antiautoritaria; **eine gute ~ genossen haben**, aver ricevuto una buona educazione **2** (*Manieren*) (buona) educazione f ● **jd hat keine ~, jdm fehlt die ~**, *qu* è maleducato/[privo di educazione].

Erziehungsauftrag m compito m educativo.

erziehungsberechtigt *adj* che esercita la patria podestà.

Erziehungsberechtigte *<dekl wie adj> mf adm* "chi esercita la patria podestà".

Erziehungsgeld n *ökon* "sussidio m statale concesso durante il congedo dopo la nascita di un figlio".

Erziehungsheim n casa f/centro m di rieducazione.

Erziehungsjahr n "anno m di congedo dopo la nascita di un figlio".

Erziehungsmethode f metodo m educativo.

Erziehungsurlaub m "congedo m dopo la nascita di un figlio".

Erziehungswesen *<-s, ohne pl>* n istruzione f pubblica.

Erziehungswissenschaft f pedagogia f.

Erziehungswissenschaftler m (**Erziehungswissenschaftlerin** f) pedagogista mf.

erzielen *<ohne* ge-*> tr etw* ~ **1** (*erreichen*) {EINIGUNG, ERGEBNIS, KOMPROMISS} raggiungere *qc*, giungere *a qc*, addivenire *a qc geh*: **eine Einigung ~** *jur*, conciliare, trovare un accordo; {LÖSUNG} *auch* ottenere *qc*; {GEWINN} realizzare *qc*, ottenere *qc*; {ERFOLG} riscuotere *qc*, ottenere *qc*, raggiungere *qc* **2** *sport* {REKORD} stabilire *qc*; {TOR} segnare *qc*, fare *qc*.

erzittern *<ohne* ge-*> itr geh* {BODEN, HAUS} tremare, sussultare.

erzkonservativ *adj* ultraconservatore.

erzogen A *part perf von* erziehen B *adj*: **gut/schlecht ~ sein**, essere educato (bene)/male; **wohl ~** → **wohlerzogen**.

erzürnen *<ohne* ge-*> geh* A *tr jdn* ~ fare andare in collera *qu*, far adirare/incollerire *qu* B *rfl* **sich** (**über jdn/etw**) ~ adirarsi (*con/contro qu/per qc*), andare/montare in collera (*con/contro qu/per qc*).

Erzvorkommen n giacimento m metallifero.

erzwingen *<irr, ohne* ge-*> tr etw* (**von jdm**) ~ {GESTÄNDNIS, UNTERSCHRIFT} estorcere *qc a qu*: **ein erzwungenes Geständnis**, una confessione estorta; **eine Entscheidung von jdm ~**, forzare *qu* a prendere una decisione; **jds Zustimmung ~**, forzare *qu* a dare il proprio assenso.

es① *<seiner, ihm, es> pers pron* **1** *nom 3. pers sing* (*unbetont*) (*Mensch: meist nicht übersetzt*): **wann wurde euer Kind geboren? – Es wurde 1997 geboren**, quando è nato il/la vostro (-a) bambino (-a)? – È nato (-a) nel 1997; (*betont*) lui m, lei f; *geh oder form* egli m, ella f; (*unbetont*) (*Ding: meist nicht über-*

setzt): **wo ist mein Handtuch? – Es liegt im Bad**, dov'è il mio asciugamano? – È in bagno; (*betont*) esso (-a) m (f) *form rar* **2** *akk* (*Mensch und Ding*) lo m, la f, l' m, f: **habt ihr dieses Mädchen schon irgendwo gesehen? – Nein, wir sehen es heute zum ersten Mal**, avete già visto questa ragazza da qualche parte? – No, la vediamo oggi per la prima volta; **hast du das Ersatzteil gekauft? – Ja, ich habe es gekauft**, hai comprato il pezzo di ricambio? – Sì, l'ho comprato; **du sagst es!** *fam*, l'hai detto! *fam* **3** (*in unpersönlichen Ausdrücken: meist nicht übersetzt*): **es regnet/schneit**, piove/nevica; **es klopft**, bussano; **es freut mich, dass ...**, mi fa piacere che ...; **es gefällt mir**, mi piace; **wie** ˌ**geht es**₁/[**geht's**]**?**, come va?; **es gibt ...**, *<sing>*, c'è ...; *<pl>*, ci sono ...; **es ist nicht wahr/richtig, dass ...**, non è vero/esatto che ...; **konjv/ind fam**; **es ist zwei Uhr**, sono le due; **es sei denn, dass ...**, a meno che ... *konjv*, tranne che ... *konjv* **4** (*auf den vorangehenden Satzinhalt bezogen: das*) lo: **alle dachten daran, aber keiner sagte es**, tutti lo pensavano, ma nessuno lo disse; **wer ist da? – Ich bin es**, chi è? – Sono io **5** (*am Satzanfang, das Subjekt vorausnehmend*): **wer ist an der Tür? – Es** ˌ**ist eine Freundin**₁/[**sind Freundinnen**] **von dir**, chi c'è alla porta? – ˌÈ una tua amica₁/[Sono delle amiche tue]; **es waren viele Gäste da**, c'erano molti ospiti; **es meldete sich niemand**, non rispose nessuno; **es war einmal eine Prinzessin ...**, c'era una volta una principessa ...; **es lebe die Gerechtigkeit!**, (ev)viva la giustizia! **6** (*als Subjekt eines Passivsatzes o. einer Reflexivkonstruktion*) si: **es wurde viel geredet**, si fece un gran parlare; **es darf gelacht werden**, si può ridere; **auf dieser Insel lässt es sich gut aushalten!**, su quest'isola si sta/vive proprio bene!; **in diesen Schuhen läuft es sich bequem**, con queste scarpe si cammina bene **7** (*in festen Wendungen*): **ich bereue es**, me ne pento; **ich bin es gewöhnt**, ci sono abituato (-a); **es gut haben**, passarsela bene; **ich hab's!** *fam*, eureka!, ci sono! *fam*.

es② , **Es** *<-, ->* n *mus* mi m bemolle.

Es *<-, ->* n *psych* Es m, Id m.

ESA *<-, ohne pl>* f *Abk von engl* European Space Agency (*Europäische Weltraumorganisation*): ESA m (*Abk von* Ente Spaziale Europeo), ASE f (*Abk von* Agenzia Spaziale Europea).

Eschatologie *<-, ohne pl>* f *relig* escatologia f.

eschatologisch *adj* escatologico.

Esche *<-, -n>* f **1** *bot* frassino m **2** (*~nholz*) (legno m di) frassino m.

Escudo *<-(s), -(s)>* m *hist* (*portugiesische Währung*) escudo m.

Esel *<-s, ->* m (**Eselin** f) **1** *zoo* asino (-a) m (f), somaro (-a) m (f), ciuco (-a) m (f) *bes. tosk* **2** *fam pej* (*Dummkopf*): **ich ~!** *fam*, che somaro/asino che sono! *fam*; **du (alter) ~!** *fam*, pezzo d'asino! *fam* ● **störrisch wie ein ~ *fam***, cocciuto come un mulo *fam*.

Eselsbrücke f *fam* espediente m mnemonico: **jdm eine ~ bauen**, dare un aiutino a *qu fam*.

Eselsohr n **1** *fam* (*im Buch*) orecchia f **2** *zoo* orecchio m d'asino.

Eskalation *<-, -en>* f *geh* {+GEWALT} escalation f; {+KONFLIKT, KRIEG} *auch* inasprimento m.

eskalieren *<ohne* ge-*> itr <sein oder haben>* (**zu etw** dat) ~ {KONFLIKT, SPANNUNGEN ZU EINEM KRIEG} inasprirsi, sfociare *in qc*.

Eskapade *<-, -n>* f *geh* **1** (*leichtsinnige Tat*) scappata f, sbandata f *fam* **2** (*Seitensprung*) scappatella f, avventura f galante.

Eskimo <-(s), -(s)> m (**Eskimofrau** f) eschimese mf.

Eskorte <-, -n> f scorta f.

eskortieren <ohne ge-> tr jdn/etw = {Politiker, Wagen} scortare qu/qc, ₍fare la₎/[essere di] scorta a qu/qc.

Esoterik <-, ohne pl> f esoterismo m.

esoterisch adj esoterico.

Espe <-, -n> f bot (pioppo m) tremulo m.

Espenlaub n: **zittern wie ~** geh, tremare come una foglia.

Esperanto <-s, ohne pl> n ling esperanto m.

Espresso <-(s), -s oder Espressi> m (caffè m) espresso.

Espressomaschine f macchinetta f da caffè, caffettiera f, moca f fam; (in Gaststätten) macchina f da caffè (espresso).

Esprit <-s, ohne pl> m geh spirito m, esprit m.

Essay <-s, -s> m oder n lit saggio m.

Essayist <-en, -en> m (**Essayistin** f) saggista mf.

essbar (a.R. eßbar) adj {Beeren, Pilze} commestibile, mangereccio, edule geh: **ist noch was Essbares im Kühlschrank?** fam, c'è ancora qualcosa da mangiare in frigo? fam; **der Brei ist kaum ~!**, questa pappa è appena appena mangiabile!

Essbesteck (a.R. Eßbesteck) n posate f pl.

Ess-Brech-Sucht (a.R. Eß-Brech-Sucht) f med bulimia f (nervosa).

Esse <-, -n> f ostdt (Schornstein) ciminiera f.

essen <isst, aß, gegessen> **A** tr (verzehren) **etw ~** mangiare qc: **sie isst kein Schweinefleisch**, (lei) non mangia carne di maiale; **was gibt es heute zu ~?**, cosa c'è oggi da mangiare? **B** itr (speisen) mangiare: **er isst gerade**, (lui) sta mangiando; **kalt/warm ~**, ₍fare dei₎/[mangiare] pasti freddi/caldi; **in diesem Restaurant kann man sehr gut ~**, in questo ristorante si mangia benissimo; **mit Messer und Gabel ~**, mangiare con coltello e forchetta; **aus der Schüssel**/[vom Teller] **~**, mangiare ₍nella ciotola₎/[nel piatto]; **zu Mittag/Abend ~**, pranzare/cenare; **wir gehen gleich Mittag ~**, fra poco andiamo a pranzare/pranzo **C** rfl: **sich (an etw dat) satt ~**, mangiare (qc) a sazietà, saziarsi di qc • **~ gehen** (zum Essen gehen), andare a mangiare; (auswärts essen) mangiare fuori; (fuori ₍fam₎/[al ristorante]; **jdm zu ~ geben**, dare da mangiare a qu; **mein Kollege/... ist ~** fam, il mio collega/... è a mangiare fam; **den Teller leer ~**, vuotare il piatto.

Essen <-s, -> n **1** <nur sing> (Nahrungsaufnahme) mangiare m: **mit dem ~ anfangen**, cominciare a mangiare **2** (Nahrung) cibo m, mangiare m, vivanda f: **das ~ ist hier sehr gut**, qui si mangia molto bene **3** (Mahlzeit) pasto m; (Mittagessen) pranzo m, desinare m geh; (Abendessen) cena f; (Festessen) pranzo m (ufficiale): **(für jdn) ein ~ geben**, dare un pranzo (in onore di qu) **4** (Gericht) piatto m, pietanza f: **kaltes/warmes ~**, piatto freddo/caldo • **beim ~**, mangiando, a tavola; **jdn zum ~ einladen**, invitare qu a pranzo/cena; **(das) ~ kochen/machen** fam, preparare/far fam da mangiare; **nach dem ~**, dopo mangiato; (auf Beipackzetteln), dopo i pasti; **~ auf Rädern**, "servizio m che provvede alla preparazione e alla consegna a domicilio di pasti ad anziani e malati"; **~ und Trinken**, cibi e bevande.

Essenausgabe, **Eßenausgabe** f distribuzione f dei pasti.

Essensmarke, **Eßensmarke** f buono m pasto/mensa; ticket restaurant® m.

Essenszeit f ora f ₍di mangiare₎/[dei pasti]: **zur ~**, all'ora dei pasti.

essentiell adj → **essenziell**.

Essenz <-, -en> f **1** chem gastr pharm essenza f **2** <nur sing> geh (Wesen) essenza f.

essenziell adj geh essenziale.

Esser <-s, -> m (**Esserin** f) mangiatore (-trice) m (f) • **ein guter/starker ~ sein**, essere una buona forchetta fam.

Essgeschirr (a.R. Eßgeschirr) n servizio m (da tavola); mil gavetta f, gamella f.

Essgewohnheit (a.R. Eßgewohnheit) f <meist pl> abitudine f alimentare.

Essig <-s, -e> m aceto m: **Zwiebeln in ~ einlegen**, mettere le cipolle sott'aceto • **mit etw (dat) ist es ~** fam, qc è andato ₍a farsi friggere fam₎/[in fumo fam].

Essigessenz f essenza f d'aceto.

Essiggurke f cetriolino m sott'aceto.

essigsauer adj acetico: **~e Tonerde** pharm, acetato di alluminio.

Essigsäure f chem acido m acetico.

Esskastanie (a.R. Eßkastanie) f castagna f, marrone m.

Esskultur (a.R. Eßkultur) f cultura f culinaria/gastronomica.

Esslöffel (a.R. Eßlöffel) m cucchiaio m (da tavola): **ein ~ (voll von) Honig/Zucker/...**, un cucchiaio/una cucchiaiata di miele/zucchero/...

Esstisch (a.R. Eßtisch) m tavola f, tavolo m da pranzo.

Esswaren (a.R. Eßwaren) f pl subst <nur pl> commestibili m pl, generi m pl/prodotti m pl alimentari, viveri m pl.

Esszimmer (a.R. Eßzimmer) n sala f da pranzo.

Establishment <-s, -s> n establishment m, classe f dirigente.

Este <-n, -n> m (**Estin** f) estone mf.

Ester <-s, -> m chem estere m.

Esther f (Vorname) Ester.

Estin f → **Este**.

Estland n geog Estonia f.

estländisch adj, **estnisch** adj estone.

Estragon <-s, ohne pl> m dragoncello m, estragone m.

Estrich <-s, -e> m bau sottofondo m.

ESZB Abk von Europäisches System der Zentralbanken: SEBC (Abk von Sistema Europeo delle Banche Centrali).

Eszett <-, -> n (Buchstabe ß) "nome della lettera tedesca ß".

etablieren <ohne ge-> rfl geh **1** (sich festsetzen) **sich ~** = {Gruppe, Partei} affermarsi, consolidare la propria posizione, radicarsi nel tessuto sociale; **sich als etw (nom) ~** affermarsi come qc, farsi una posizione (come qc): **sich als Geschäftsmann ~**, ₍farsi un nome₎/[affermarsi] come uomo d'affari **2** (sich niederlassen) **sich irgendwo ~** stabilirsi/sistemarsi + compl di luogo: **sich in einer Stadt ~**, stabilirsi in una città; **sich im Internet ~**, creare un sito Internet, essere presente in Internet.

etabliert adj geh {Firma, Unternehmen} affermato; {Schicht} dell'establishment; {Partei} auch tradizionale, radicato nel tessuto sociale; {Ordnung} stabilito, costituito: **er gehört jetzt zu den Etablierten**, adesso fa parte dell'establishment.

Etablissement <-s, -s> n geh **1** (Lokal) esercizio m, locale m (pubblico) **2** euph (Bordell) casa f d'appuntamenti euph.

Etage <-, -n> f piano m: **in/auf der dritten ~ wohnen**, abitare al terzo piano.

Etagenbad n (im Hotel) bagno m al piano.

Etagenbett n letto m a castello.

Etagendusche f (im Hotel) doccia f al piano.

Etagenheizung f riscaldamento m autonomo (per un piano).

Etagenkellner m (**Etagenkellnerin** f) cameriere (-a) m (f) ai piani.

Etagenwohnung f appartamento m (in un casamento).

et al. Abk von et alii (und andere): et al (ed altri).

Etappe <-, -n> f **1** (Entwicklungsabschnitt) tappa f: **mehrere ~n durchlaufen**, passare attraverso vari stadi **2** bes. Radsport (Teilstrecke) tappa f: **eine ~ gewinnen**, vincere una tappa **3** mil (rückwärtiges Gebiet) retrovie f pl.

Etappensieg m Radsport vittoria f di tappa.

Etappensieger m (**Etappensiegerin** f) Radsport vincitore (-trice) m (f) di tappa.

etappenweise adv a tappe.

Etappenziel n primo traguardo m, obiettivo m parziale.

Etat <-s, -s> m **1** ökon pol (Staatshaushalt) bilancio m (preventivo), budget m **2** ökon pol (Mittel des Staatshaushalts) budget m **3** fam (finanzielle Mittel) budget m, finanze f pl.

etc. Abk von et cetera (und so weiter): ecc., etc. (Abk von eccetera, et cetera).

etepetete <inv> **A** adj <präd> fam: **~ sein** (geziert), essere lezioso/smorfioso; (bes. in Bezug auf Sauberkeit) essere schifiltoso/schizzinoso **B** adv leziosamente, con leziosità: **sie ₍benimmt sich₎/[lacht]/[spricht] ~**, (lei) ₍si comporta₎/[ride]/[parla] leziosamente.

Eternit® <-s, ohne pl> n oder m eternit® m.

Ethik <-, ohne pl oder rar -en> f geh etica f, (filosofia f) morale f.

Ethikkommission f commissione f di bioetica.

ethisch adj {Gründe, Werte} etico, morale.

ethnisch adj {Gruppe, Minderheit} etnico.

Ethnografie, **Ethnographie** <-, -n> f etnografia f.

Ethnologe <-n, -n> m (**Ethnologin** f) etnologo (-a) m (f).

Ethnologie <-, -n> f etnologia f.

Ethnologin f → **Ethnologe**.

ethnologisch adj etnologico.

Ethnolook m stile m etnico.

Ethos <-, ohne pl> n geh moralità f, etica f, principi morali m pl, ethos m wiss: **berufliches ~**, etica/deontologia professionale.

Etikett <-(e)s, -e(n) oder fam -s> n etichetta f, cartellino m • **jdn/etw mit einem ~ versehen**, affibbiare un'etichetta a qu/qc pej, etichettare qu/qc.

Etikette <-, -n> f **1** geh (feine Sitten) etichetta f, cerimoniale m **2** A CH → **Etikett** • **gegen die ~ verstoßen**, ₍venir meno₎/[contravvenire] all'etichetta; **die ~ wahren**, rispettare/osservare l'etichetta.

Etikettenschwindel m bes. pol mistificazione f: **sich als ~ herausstellen**, rivelarsi un bluff.

etikettieren <ohne ge-> tr **1** com **etw ~** = {Artikel, Flasche} etichettare qc, mettere/applicare un'etichetta a/su qu **2** (voreilig klassifizieren) **jdn/etw als etw (akk) ~** etichettare qu/qc come qc.

Etikettiermaschine f etichettatrice f.

etlicher, etliche, etliches indef pron **1** (adjektivisch) <attr> parecchio (-a): **er ist etliche Zeit verreist**, è stato in viaggio per ₍parecchio tempo₎/[un bel po' (di tempo)]; **ich habe etliche Male versucht, bei dir anzurufen**, ho provato parecchie/[non poche] volte a chiamarti 2 <*nur pl*> (*substantivisch*) parecchi (-ie): **etliche von den Gästen sagten ab**, parecchi degli invitati hanno disdetto 3 <*nur sing*> (*substantivisch*): **etliches**, parecchio; **sie ist um etliches jünger als ihr Mann**, (lei) è parecchio/alquanto/assai più giovane di suo marito; **ich habe etliches zu beanstanden**, ho da ridire su parecchie cose.

Etrusker <-s, -> m (**Etruskerin** f) *hist* etrusco (-a) m (f).

etruskisch adj *hist* etrusco.

Etsch <-, *ohne pl*> f *geog*: **die ~**, l'Adige m.

Etüde <-, -n> f *mus* studio m.

Etui <-s, -s> n astuccio m, custodia f; (*Brillenetui*) (astuccio m) portaocchiali m; (*Zigarettenetui*) (astuccio m) portasigarette m; (*für Füller*) (astuccio m) portapenne m.

etwa① adv 1 (*ungefähr*) circa, all'incirca, pressappoco: **vor ~ einer Stunde**, circa un'ora fa; **~ seit einem Monat**, da circa un mese; **so ~ habe ich mir das vorgestellt**, me l'ero immaginato pressappoco/[più o meno] così; **~ zwanzig/hundert**, una ventina/un centinaio; **sie haben ~ 1000 Euro für ein Fahrrad ausgegeben**, hanno speso qualcosa come 1000 euro per una bicicletta; **in ~** (*grob geschätzt*), grossomodo, suppergiù, all'incirca, più o meno; **ich bin in ~ der gleichen Meinung**, grossomodo, sono dello stesso parere 2 (*zum Beispiel*) per esempio, diciamo: **wir könnten essen gehen, ~ zum Chinesen**, potremmo andare a mangiare fuori, ¡per esempio¦/[diciamo] al ristorante cinese *fam*.

etwa② partik 1 (*Erstaunen ausdrückend: womöglich*) forse, per caso: **bist du ~ schon fertig?**, non avrai per caso già finito?; (*verneint: Bestätigung suchend*): **ist das ~ nicht wahr?**, non è forse vero?; **ihr kommt doch auch mit, oder ~ nicht?**, venite anche voi, non è vero?; **doch nicht ~ fam**, non ... mica *fam*; **das meinst du doch nicht ~ im Ernst?**, non lo dirai mica sul serio?; **er nimmt doch nicht ~ Drogen?**, non si drogherà mica? 2 (*in Imperativsätzen*): **denk nicht ~, dass du mich so behandeln kannst!**, non pensare/ credere di potermi trattare in questo modo!

etwaig adj <*attr*> {FRAGEN, KOSTEN, PROBLEME} eventuale, possibile.

etwas A indef pron 1 (*substantivisch*) qualcosa: **ich wollte noch ~ dazu sagen**, vorrei ancora dire qualcosa/[delle cose] in proposito; **ist ~ passiert?**, è successo qualcosa?; **möchtest du ~ zu trinken?**, vuoi qualcosa da bere?; **das ist immerhin ~**, è già qualcosa; **das ist ~ anderes**, (questa) è un'altra cosa, (questo) è diverso; **ausgerechnet heute musste so ~ passieren!**, proprio oggi doveva succedere una cosa del genere!; (*verneint o. mit «ohne» kombiniert*) niente; **er hat nie mehr ~ von ihr gehört**, non ha mai più saputo niente di lei; **ohne ~ zu sagen**, senza dire niente/alcunché 2 (*adjektivisch*) un po' di: **ich hätte gern noch ~ Brot**, vorrei/gradirei *geh* ancora un po' di pane; **es ist noch Fleisch da, möchtest du ~ davon?**, c'è ancora della carne, ne vuoi un po'?; (*vor substantivierten Adjektiven*) {INTERESSANTES, LANGWEILIGES, NETTES, NEUES} qualcosa di: **gestern ist ~ Seltsames passiert**, ieri è successo qualcosa di strano; **so ~ Dummes!** *fam*, maledizione! *fam*, che sfiga! *slang* B adv (*ein wenig*) un po': **Sie müssen leider noch ~ warten**, purtroppo dovrà aspettare ¡ancora un po'¦/[un altro pochino]; **heute ist es ~ kälter als gestern**, oggi fa ¡un po'¦/[leggermente] più freddo di ieri; **das Hemd ist ihm ~ zu groß**, la camicia gli sta ¡un po'¦/[leggermente] grande ● **es zu ~ bringen** *fam*, diventare qualcuno *fam*, fare strada *fam*; **~ gegen jdn haben** *fam*, avere qualcosa contro qu *fam*; **~ können** *fam*, sapere il fatto proprio, essere capace; **sie haben ~ miteinander** *fam*, fra di loro c'è qualcosa *fam*; **nein, so ~!** *fam*, ma guarda che roba! *fam*; **so ~ wie ...**, qualcosa come ..., una specie di ...; **dieser Fußballspieler ist so ~ wie ein Nationalheld**, questo calciatore è una specie di eroe nazionale.

Etwas <-, *ohne pl*> n qualcosa m: **ein winziges ~ fam** (*Kind*), una creaturina *fam*, un esserino *fam*; (*Tier*) una bestiolina *fam* ● **das gewisse ~ (haben)**, avere quel certo non so che.

Etymologie <-, -n> f *ling* etimologia f.

etymologisch adj *ling* etimologico.

EU <-, *ohne pl*> f Abk *von* Europäische Union: UE f (Abk *von* Unione Europea).

EU-Behörde f autorità f/agenzia f dell'Unione Europea.

EU-Beitritt m *pol* ingresso m nell'UE.

EU-Binnenmarkt m mercato m unico europeo.

EU-Bürger m (**EU-Bürgerin** f) cittadino (-a) m (f) comunitario (-a).

EU-Bürokrat m (**EU-Bürokratin** f) *pej* eurocrate mf, burocrate mf della UE.

euch A pers pron (*in Briefen klein- oder großgeschrieben*) 1 dat *von* ihr 2. pers pl (*unbetont*) vi: **ich wollte ~ sagen, dass ...**, ¡vi volevo dire¦/[volevo dirvi] che ...; **ihr habt ~ gestern einen Brief geschrieben**, vi abbiamo scritto una lettera ieri; **hat ~ der Film gefallen?**, vi è piaciuto il film?; (*betont*) a voi; **~ haben sie keine Einladung geschickt**, a voi non hanno mandato alcun invito; **ein Freund von ~**, un vostro amico; (*nach präp*) voi; **ich komme mit ~**, vengo con voi; (*in Verbindung mit anderen Pronomina*) ve; **ich habe das Buch gleich zu Ende gelesen, danach kann ich es ~ leihen**, ho quasi finito di leggere il libro, dopo ¡posso prestarvelo¦/[ve lo posso prestare]; **Peter hat eine neue Freundin, morgen will er sie ~ vorstellen**, Peter ha una nuova ragazza, domani ¡vuole presentarvela¦/[ve la vuole presentare]; **ich habe es ~ ja gleich gesagt!**, io ve l'ho detto subito! 2 akk *von* ihr 2. pers pl (*unbetont*) vi: **ich hole ~ um sechs Uhr ab**, vengo a prendervi¦/[vi vengo a prendere] alle sei; (*betont*) voi; **gerade ~ wollte ich anrufen**, proprio a voi volevo telefonare; (*nach präp*) voi; **das ist für ~**, questo è per voi; (*in Verbindung mit anderen Pronomina*) ve; **wann beginnt die Vorstellung? – Ich weiß nicht genau, aber ich lasse es ~ so schnell wie möglich wissen**, a che ora inizia lo spettacolo? – Esattamente non lo so, ma ve lo dirò al più presto B rfl pron 2. pers pl vi: **habt ihr ~ schon die Hände gewaschen?**, vi siete già lavati (-e) le mani? 2 akk *von* ihr 2. pers pl vi: **ihr habt ~ amüsiert**, vi siete divertiti (-e) 3 dat + akk *von* ihr 2. pers pl (*einander*) vi: **ihr helft ~ gegenseitig**, vi aiutate a vicenda.

Eucharistie <-, *ohne pl*> f *relig* eucaristia f.

euer A poss pron *von* ihr 2. pers pl (*adjektivisch: wird im Ital. im Allg. im Einklang mit dem Art verwendet*) vostro (-a) m(f): **habt ihr eu(e)ren Schlüssel verloren?**, avete perso la vostra chiave?; **~ Wagen wird gerade abgeschleppt**, stanno portando via la vostra macchina; **das ist doch nicht eu(e)re Schuld**, non è mica colpa vostra; (*bei Verwandtschaftsbezeichnungen ohne Adj im sing ohne Art*): **~ Vater/Sohn**, vostro padre/figlio; **eu(e)re Mutter/Tochter**, vostra madre/figlia; **eu(e)re Tanten/Nichten**, le vostre zie/nipoti; **eu(e)re Neffen/Vettern**, i vostri nipoti/cugini; (*in Verbindung mit einem Adj immer mit Art*): **eu(e)re arme Schwester**, la vostra povera sorella, quella poveretta di vostra sorella; (*bei Kosenamen im sing mit Art*): **eu(e)re Mami/Mutti**, la vostra mamma; **~ Papa**, il vostro papà; **eu(e)re Oma**, (la) vostra nonna; **~ Opa**, (il) vostro nonno; (*in Briefen klein- oder großgeschrieben*): **freundliche Grüße, eure/Eure Kathrin**, cordiali saluti vostra Kathrin; (*Anrede gegenüber hohen Würdenträgern*): **Eu(e)re Eminenz/Majestät**, Sua/Vostra Eminenza/Maestà B pers pron gen *von* ihr 2. pers pl di voi: **wir werden ~ gedenken**, ci ricorderemo di voi, vi rammenteremo.

euerer, euere, eueres, eurer, eure, eures poss pron *von* ihr 2. pers pl (*substantivisch*) 1 il vostro, la vostra, i vostri m pl, le vostre f pl: **ist das unser Geld oder eueres?**, questi soldi sono nostri o vostri?; **unser Hotel liegt genau neben euerem**, il nostro albergo si trova proprio accanto al vostro 2 <*nur pl*> (*Angehörige*): **die Eu(e)ren/eu(e)ren**, i vostri (cari/familiari), la vostra famiglia 3 <*nur sing*> (*eu(e)re Aufgabe*): **das Eu(e)re/eu(e)re**, il vostro (dovere); **ihr habt das Eu(e)re getan**, avete fatto il vostro¦/[la vostra parte] 4 *geh* (*das euch Gehörige*): **das Eu(e)re/eu(e)re**, il vostro, i vostri averi.

euerseits adv → **euerseits**.

euersgleichen <inv> indef pron → **euresgleichen**.

euertwegen adv → **euretwegen**.

euertwillen adv → **euretwillen**.

EU-Erweiterung f allargamento m (dell')UE.

EU-Führerschein m patente f europea.

Eugen m (*Vorname*) Eugenio.

Eugenik <-, *ohne pl*> f *med* eugenetica f, eugenica f.

eugenisch adj *med* eugenetico, eugenico.

EuGH m Abk *von* Europäischer Gerichtshof: CG-CE (Abk *von* Corte di Giustizia delle Comunità Europee).

EU-Gipfel m, **EU-Gipfeltreffen** n vertice m UE.

EU-Haushalt m bilancio m della UE.

Eukalyptus <-, - *oder* Eukalypten> m *bot* eucalipto m, eucalitto m.

Eukalyptusbonbon n *oder* m caramella f all'eucalipto.

EU-Kommissar m (**EU-Kommissarin** f) *pol* commissario m UE.

EU-Kommission f Commissione f (esecutiva) della UE.

Eule <-, -n> f *ornith* gufo m; (*Kauz*) civetta f ● **~n nach Athen tragen** *prov*, portare ¡nottole ad Atene *prov*¦/[vasi a Samo *prov*]/[acqua al mare *prov*].

Eulenspiegel m 1 *lit hist*: **Till ~** (*Narrenfigur im dt. Volksbuch des 16. Jh.*), Till Eulenspiegel 2 (*Hanswurst*) burlone m, buffone m.

Eulenspiegelei <-, -en> f tiro m burlone, beffa f.

EU-Minister m (**EU-Ministerin** f) *pol* ministro m UE.

EU-Ministerrat m Consiglio m dei ministri della UE.

EU-Mitgliedsland n paese m membro della UE.

EU-Norm f normativa f UE.

Eunuch <-en, -en> m eunuco m.

EU-Osterweiterung f allargamento m a est (dell'Unione Europea).

Euphemismus <-, Euphemismen> m *ling* eufemismo m.

euphemistisch adj *ling* {AUSDRUCK,

WORT} eufemistico.
Euphorie <-, -n> f euforia f.
euphorisch adj euforico.
Eurasien <-s, ohne pl> n geog Eurasia f.
Eurasier <-s, -> m (**Eurasierin** f) eurasiatico (-a) m (f), eurasiano (-a) m (f).
eurasisch adj eurasiatico, eurasiano.
Euratom f Abk von Europäische Atom(energie)gemeinschaft: EURATOM f, CEEA f (Abk von Comunità Europea dell'Energia Atomica).
eure poss pron → **eurer**②.
Eureka <-, ohne pl> f Abk von engl European Research Coordination Agency (*Europäische Forschungsinitiative*): Eureka f.
eurer① pers pron (gen von ihr) obs lit di voi: **wir werden ~ gedenken**, ci ricorderemo di voi.
eurer②, **eure**, **eures** poss pron (*substantivisch*) → **euerer**.
eurerseits adv da/per parte vostra, per quanto vi riguarda.
eures poss pron (*substantivisch*) → **euerer**.
euresgleichen <inv> indef pron oft pej un vostro pari, gente f/uno/quelli come voi; → auch **meinesgleichen**.
euretwegen adv 1 (*euch zuliebe*) per voi/ [amor vostro]: **das hat er ~ getan**, l'ha fatto per voi 2 (*wegen euch*) a causa vostra; (*negativ*) auch per colpa vostra: **wir sind ~ zu spät gekommen**, per colpa vostra siamo arrivati (-e) in ritardo.
euretwillen adv obs: **um ~**, per voi/[amor vostro].
eurige poss pron <nur mit best. art> (*substantivisch*) obs geh → **euerer**.
Euro <(-s), -s oder mit Zahlangaben -> m ökon euro m.
Eurocent m centesimo m (di euro).
Eurocheque m → **Euroscheck**.
Eurochequekarte, **Eurocheque-Karte** f → **Euroscheckkarte**.
Eurocity <-s, -s> m, **Eurocity-Zug**, **Eurocityzug** m (Abk EC) *Eisenb* (treno m) eurocity m (Abk EC).
Eurodollar m ökon eurodollaro m.
Eurokennzeichen n autom targa f (automobilistica) europea.
Eurokommunismus m pol eurocomunismo m.
Eurokorps n esercito m europeo.
Eurokrat <-en, -en> m (**Eurokratin** f) *slang journ* eurocrate mf.
Euroland n pol 1 (*einzelner Staat*) paese m dell'euro 2 (*die europäische Staatengruppe*) eurolandia f.
Euromünze f moneta f euro.
Euronorm f norma f europea/comunitaria.
Europa <-s, ohne pl> n Europa f.
Europaabgeordnete <dekl wie adj> mf deputato (rar -a) m (f), parlamentare mf europeo (-a), europarlamentare mf, eurodeputato (rar -a) m (f).
Europacup m → **Europapokal**.
Europäer <-s, -> m (**Europäerin** f) europeo (-a) m (f).
europäisch adj europeo.
europäisieren <ohne ge-> tr **jdn/etw** ~ {LÄNDER, VÖLKER} europeizzare qu/qc.
Europäisierung <-, -en> f europeizzazione f.
Europameister m (**Europameisterin** f) campione (-essa) m (f) ˌd'Europaˌ/[europeo (-a)].
Europameisterschaft f sport campionati m pl europei.
Europaparlament n parlamento m europeo, europarlamento m.
Europapokal m sport coppa f Europa: ~ **der Landesmeister**, Coppa dei campioni; ~ **der Pokalsieger**, Coppa delle coppe.
Europapolitik f politica f europea.
Europarat <-(e)s, ohne pl> m pol Consiglio m d'Europa (Abk CE).
Europarecht n jur diritto m europeo.
Europass (a.R. **Europaß**), **Europapass** (a.R. **Europapaß**) m passaporto m europeo.
Europastraße f (Abk E) autom Itinerario m europeo (Abk E).
Europawahl f parl elezioni f europee.
Euroscheck m bank eurochèque m.
Euroscheckkarte f bank carta f eurochèque.
Euroskeptiker m (**Euroskeptikerin** f) euroscettico (-a) m (f).
Eurostecker m spina f a norma CEE.
Eurotunnel m tunnel m (sotto il canale) della Manica, eurotunnel m.
Eurovision f TV eurovisione f.
Eurovisionssendung f TV trasmissione f in eurovisione.
Eurowährung f ökon eurovaluta f, eurodivisa f, euromoneta f.
Eurozone, **Euro-Zone** f eurozona f, zona f euro, eurolandia f oft scherz oder iron.
EU-Staat m Stato m della UE.
Euter <-s, -> n zoo mammella f.
Euthanasie <-, ohne pl> f 1 med eutanasia f 2 euph hist (*im Nationalsozialismus*) "eliminazione f di minorati fisici e/o mentali".
EU-Verordnung f regolamento m UE.
EU-Vertrag m trattato m sull'Unione Europea.
ev. adj Abk von evangelisch: protestante.
e. V., **E.V.** m Abk von eingetragener Verein: associazione f senza fini di lucro.
Eva f (*Vorname*) Eva.
Evakostüm, **Evaskostüm** n: **im ~** obs scherz, in costume evitico, nuda.
evakuieren <ohne ge-> tr **jdn/etw** ~ {PLATZ, STADION} sgomb(e)rare qc; {GEBIET, STADT} auch evacuare qc; {BEVÖLKERUNG, BEWOHNER} sfollare qu, sgomb(e)rare qu: **nach der Flutkatastrophe mussten Tausende evakuiert werden**, dopo le inondazioni migliaia di persone dovettero sfollare.
Evakuierung <-, -en> f {+GEBIET} evacuazione f, sgomb(e)ro m; {+BEVÖLKERUNG, BEWOHNER} sfollamento m, sgomb(e)ro m.
Evangelien pl von Evangelium.
evangelisch adj relig (*protestantisch*) {GLAUBE, PFARRER, RELIGION} protestante: ~ **sein**, essere protestante; **die ~e Kirche**, la Chiesa protestante/evangelica; **ein ~er Pastor**, un pastore.
evangelisch-lutherisch adj relig (Abk ev.-luth.) luterano.
Evangelist <-en, -en> m relig evangelista m.
Evangelium <-s, *Evangelien*> n 1 <nur sing> relig (*Heilsbotschaft Christi*) Vangelo m 2 relig (*Buch des Neuen Testaments*) Vangelo m 3 <nur sing> (*unanzweifelbare Wahrheit*) vangelo m.
Evelyn f (*Vorname*) Evelina.
Event <-s, -s> m oder n fam evento m: **das Konzert war der ~ des Jahres**, il concerto è stato l'evento dell'anno.
Eventualität <-, -en> f eventualità f: **für alle ~en gerüstet sein**, essere pronto a (fronteggiare) ogni eventualità/evenienza.
eventuell A adj eventuale B adv (Abk evtl.) eventualmente.

Evergreen <-s, -s> m *mus* evergreen m.
evident adj geh evidente.
ev.-luth. adj Abk von evangelisch-lutherisch: luterano.
Evolution <-, -en> f 1 biol evoluzione f 2 geh (*Entwicklung*) evoluzione f, evolversi m.
evolutiv adj geh evolutivo.
evtl. Abk von eventuell: eventualmente.
E-Werk n Abk von Elektrizitätswerk: centrale f elettrica.
EWG <-, ohne pl> f hist Abk von Europäische Wirtschaftsgemeinschaft: C.E.E. f hist (Abk von Comunità Economica Europea).
ewig A adj 1 (*immer während*) {LEBEN} eterno: ˌ**es Eis**ˌ/[**~er Schnee**], ghiacci/nevi perenni; **zum ~en Andenken**, a perenne/perpetua memoria; {DANKBARKEIT, FREUNDSCHAFT, LIEBE, TREUE} eterno; **seit ~en Zeiten** fam, da ˌun'eternità/ˌ[un secolo] fam 2 fam pej (*dauernd*) {GEJAMMER, KLAGEN} eterno fam, perenne fam, continuo, incessante: **diese ~en Streitereien gehen mir auf die Nerven!** fam, questi continui litigi mi urtano i nervi! fam B adv 1 (*für immer*) eternamente, in eterno: **ich werde dir ~ dankbar sein!** fam, ti sarò eternamente grato (-a)! fam 2 fam (*sehr lange*) {BRAUCHEN, DAUERN, WARTEN} un'eternità fam, un secolo fam: **der Film dauert ja ~!** fam, questo film dura un'eternità! fam; **bei dem Verkehr wird es ~ dauern, bis wir zu Hause sind**, con questo traffico ci vorrà un secolo per/ad arrivare a casa; **wir haben uns ja ~ nicht mehr gesehen!** fam, è un'eternità/un secolo che non ci vediamo! fam • **auf ~**, in eterno, per sempre, per (tutta) l'eternità; **es ist ~ schade, dass ...** fam, è un vero peccato che ... konjv.
Ewiggestrige <dekl wie adj> mf bes. pol nostalgico (-a) m (f), passatista mf.
Ewigkeit <-, rar -en> f eternità f, eterno m lit • **bis in alle ~**, in eterno, per sempre; **das dauert ja eine** (**halbe** scherz) **~!** fam, ci vuole un'eternità! fam; **in die ~ eingehen** geh euph, entrare nell'eternità; **seit** ˌ**einer ~** famˌ/[**~en**] fam, da un'eternità.
EWR <-, ohne pl> m Abk von Europäischer Wirtschaftsraum: SEE m (Abk von Spazio Economico Europeo).
EWS <-s, ohne pl> n Abk von Europäisches Währungssystem: SME m (Abk von Sistema Monetario Europeo).
EWU <-, ohne pl> f Abk von Europäische Währungsunion: UME f (Abk von Unione Monetaria Europea).
EWWU <-, ohne pl> f Abk von Europäische Wirtschafts- und Währungsunion: UEM f (Abk von Unione Economica e Monetaria).
Ex① <-, -> m fam (*früherer Freund oder Ehemann*) ex m.
Ex② <-, -> f fam (*frühere Freundin oder Ehefrau*) ex f.
exakt A adj {BERECHNUNG, BERICHT, PERSON} esatto, preciso B adv {ARBEITEN, BERECHNEN} esattamente, precisamente, con esattezza, con precisione • **~!**, esattamente!, precisamente!
Exaktheit <-, ohne pl> f esattezza f, precisione f.
exaltiert adj geh (*übersteigert*) {MENSCH} esaltato.
Examen <-s, - oder *Examina*> n univ esame m di laurea • **das ~ bestehen**, laurearsi, superare l'esame di laurea; **durch das ~ fallen** fam, essere bocciato all'esame di laurea fam; **~ machen**, sostenere l'esame di laurea, laurearsi; **das mündliche**/**schriftliche ~**, l'esame di laurea orale/scritto.
Examensangst f paura f degli esami.

Examenskandidat m (**Examenskandidatin** f) *univ* laureando (-a) m (f), candidato (-a) m (f) all'esame di laurea.

Examensnote f "voto m ottenuto all'esame di laurea".

Examina pl *von* Examen.

examinieren <*ohne ge*-> tr *geh* **jdn** (**in etw** dat/**über etw** akk) ~ esaminare qu (in qc).

Exegese <-, -n> f *geh* esegesi f.

Exekution <-, -en> f *form* esecuzione f (capitale).

Exekutionskommando n *form* plotone m d'esecuzione.

Exekutive <-, -n> f *jur* (potere m) esecutivo m.

Exempel <-s, -> n *geh* esempio m: **die Probe aufs ~ machen**, fare una prova ● **ein ~ (an jdm/mit etw dat) statuieren** (*exemplarisch bestrafen*), dare una punizione esemplare (a qu/con qc).

Exemplar <-s, -e> n **1** (*einzelnes Stück, Pflanze, Tier*) {+SAMMLUNG, SPEZIES} esemplare m; (*Buch, Heft, Zeitung*) *auch* copia f **2** (*Muster*) campione m, modello m.

exemplarisch **A** adj {FALL, STRAFE} esemplare: **~e Bedeutung erlangen**, acquistare un valore emblematico; **~ für etw** (akk) **sein**, essere emblematico di qc **B** adv {JDN BESTRAFEN} in modo/maniera esemplare, esemplarmente: **etw ~ erklären**, spiegare qc con un esempio, esemplificare qc.

exerzieren <*ohne ge*-> itr *mil* fare le esercitazioni.

Exerzierplatz m *mil* piazza f d'armi.

Exfrau f ex moglie f.

Exfreund m (**Exfreundin** f) ex ragazzo (-a) m (f)/fidanzato (-a) m (f).

Exhibitionismus <-, *ohne pl*> m esibizionismo m.

Exhibitionist <-en, -en> m (**Exhibitionistin** f) esibizionista mf.

exhibitionistisch adj *jur psych* esibizionista, esibizionistico: **~e Handlungen** *jur*, atti di esibizionismo.

exhumieren <*ohne ge*-> tr: **eine Leiche ~**, (ri)esumare una salma.

Exhumierung <-, -en> f {+LEICHE} (ri)esumazione f.

Exil <-s, -e> n esilio m ● **ins ~ gehen**, andare in esilio, esiliarsi; **im ~ leben**, vivere in esilio.

Exilliteratur f *lit* letteratura f dell'esilio.

Exilregierung f *pol* governo m in esilio.

existent adj *geh* esistente ● **für jdn nicht mehr ~ sein**, non esistere più per qu.

Existentialismus m → **Existenzialismus**.

Existentialist m (**Existentialistin** f) → **Existenzialist**.

existentialistisch adj → **existenzialistisch**.

existentiell adj → **existenziell**.

Existenz <-, -en> f **1** <*nur sing*> (*Dasein*) esistenza f **2** (*Lebensunterhalt*) mezzi m pl di sostentamento/sussistenza: **eine sichere/gesicherte ~ haben**, trovarsi in una situazione economica sicura **3** *fam pej* (*Gestalt*) figuro m *fam*, tipo m *fam*: **zweifelhafte ~en**, loschi figuri ● **sich** (dat) **eine ~ aufbauen**, farsi/costruirsi un avvenire, sistemarsi *fam*; **eine gescheiterte/verkrachte ~** *fam*, un fallito *fam*, una fallita *fam*.

Existenzangst f *geh* angoscia f esistenziale.

existenzbedrohend adj che minaccia l'esistenza (di qu/qc).

Existenzberechtigung <-, *ohne pl*> f {+INSTITUTION, ORGANISATION} ragion(e) f ⌞d'essere⌟/[d'esistere]; {+MENSCHEN} diritto m di esistere.

Existenzgründer m (**Existenzgründerin** f) "chi avvia un'attività imprenditoriale".

Existenzgrundlage f base f economica.

Existenzgründung f avviamento m di un'attività imprenditoriale, fondazione f di un'impresa, start up m.

Existenzialismus <-, *ohne pl*> m *philos* esistenzialismo m.

Existenzialist <-en, -en> m (**Existenzialistin** f) *philos* esistenzialista mf.

existenzialistisch adj {PHILOSOPH} esistenzialista; {LITERATUR, PHILOSOPHIE} *auch* esistenzialistico.

existenziell adj *geh* **1** (*lebenswichtig*) di importanza vitale: **von ~er Bedeutung sein**, essere di importanza vitale **2** *philos psych* (*die menschliche Existenz betreffend*) {ÄNGSTE, PROBLEME} esistenziale.

Existenzkampf m lotta f per l'esistenza.

Existenzminimum n minimo m vitale, reddito m minimo (per vivere): **am Rande des ~s leben**, vivere appena al di sopra della soglia di povertà.

existieren <*ohne ge*-> itr **1** (*vorhanden sein*) esistere, esserci **2** (*leben*): **von/mit etw** (dat) **~ können/müssen** {VON/MIT EINEM KLEINEN GEHALT}, poter/dover vivere/campare *fam* con qc.

Exitus <-, *ohne pl*> m *med* decesso m *adm*, morte f.

exklusiv **A** adj **1** (*elitär*) {GESELLSCHAFT, KREIS} esclusivo **2** (*anspruchsvoll*) {GESCHMACK, KLEIDUNG} distinto, raffinato, ricercato; {LOKAL} esclusivo, raffinato, di lusso **B** adv in modo esclusivo: **wir berichten ~ über dieses Ereignis**, riportiamo in esclusiva un servizio su questa vicenda.

Exklusivbericht m *journ TV* servizio m in esclusiva.

exklusive **A** präp + gen *com* (*ausschließlich*) escluso: **der Preis beträgt 540 Euro, ~ Mehrwertsteuer**, il prezzo è di 540 euro, ⌞IVA esclusa⌟/[più IVA] **B** adv *geh* (*nicht eingeschlossen*) escluso.

Exklusivinterview n *journ TV* intervista f in esclusiva.

Exklusivität <-, *ohne pl*> f *geh* **1** (*Abgeschlossenheit*) {+GESELLSCHAFT, KREIS} esclusività f **2** (*Erlesenheit*) {+GESCHMACK, KLEIDUNG} raffinatezza f, ricercatezza f; {+LOKAL} carattere m esclusivo, raffinatezza f.

Exklusivmeldung f *journ* notizia f in esclusiva.

Exklusivrecht n (diritto m di) esclusiva f, diritto m esclusivo.

Exklusivvertrag m *jur* patto m di esclusiva.

Exkommunikation f *relig* scomunica f.

exkommunizieren <*ohne ge*-> tr *relig* **jdn ~** scomunicare qu.

Exkrement <-(e)s, -e> n <*meist pl*> *geh* escremento m.

Exkurs <-es, -e> m *geh* excursus m, digressione f, divagazione f.

Exkursion <-, -en> f *geh* escursione f (a scopo di studio), gita f didattica.

Exlibris <-, -> n ex libris m.

Exmann m ex marito m.

Exmatrikulation <-, -en> f *univ* cancellazione f dalla matricola (universitaria).

exmatrikulieren <*ohne ge*-> *univ* **A** tr **jdn ~** cancellare qu dalla matricola (universitaria). **B** rfl **sich ~** farsi cancellare dalla matricola (universitaria).

Exodus <-, *ohne pl*> m **1** *bibl* esodo m **2** *geh* (*Auszug*) {+BEVÖLKERUNG} esodo m.

exogen adj *biol geol med psych* esogeno.

exorbitant adj *geh* {FORDERUNGEN, PREISE, ZINSEN} esorbitante; {ERFOLG} strepitoso.

Exorzismus m *relig* esorcismo m.

Exorzist <-en, -en> m (**Exorzistin** f) esorcista m.

exorzistisch adj esorcistico.

Exote <-n, -n>, **Exot** <-en, -en> m (**Exotin** f) **1** (*Mensch aus den Tropen*) nativo (-a) m (f) di un paese esotico; (*tropisches Tier*) animale m esotico; (*tropische Pflanze*) pianta f esotica **2** *fam* (*ausgefallener Mensch*) persona f stravagante/esotica, eccentrico (-a) m (f).

Exotik <-, *ohne pl*> f esotismo m.

exotisch adj **1** (*tropisch*) {FRUCHT, LAND, MENSCH, PFLANZE, TIER} esotico **2** *fam* (*ausgefallen*) {ANSICHTEN} eccentrico, stravagante, strambo; {MENSCH} *auch* bizzarro ● **das Exotische**, l'esotico.

Exotismus <-, *Exotismen*> m esotismo m.

Expander <-s, -> m *sport* estensore m.

expandieren <*ohne ge*-> itr *ökon* {FIRMA} espandersi: **ein stark ~der Konzern**, un gruppo (industriale) in forte espansione.

Expansion <-, -en> f *ökon pol* espansione f.

Expansionspolitik f *ökon pol* espansionismo m, politica f ⌞di espansione⌟/[espansionistica].

expansiv *ökon pol* **A** adj {POLITIK, UNTERNEHMEN} espansionistico **B** adv in modo espansionistico.

Expedition <-, -en> f **1** (*Forschungsreise*) spedizione f; (*Forschergruppe*) spedizione f **2** *com* ufficio m spedizioni.

Experiment <-(e)s, -e> n **1** (*Versuch*) esperimento m, esperienza f: **ein ~ durchführen/machen**, eseguire/effettuare/fare un esperimento; **~e** ⌞**an/mit Tieren**⌟/[**mit Menschen**]/[**mit Viren**] **machen**, fare esperimenti ⌞su animali⌟/[su persone]/[con dei virus] **2** (*riskantes Unternehmen*) avventura f, impresa f rischiosa.

experimentell **A** adj **1** (*auf Experimenten beruhend*) {METHODE, WISSENSCHAFT} sperimentale **2** (*nach neuen Formen suchend*) {LITERATUR, KINO, KUNST, MUSIK, THEATER} sperimentale **B** adv (*mit Experimenten*) {ERPROBEN, NACHWEISEN} in via sperimentale, sperimentalmente.

experimentieren <*ohne ge*-> itr (**mit jdm/etw, an etw** dat) ~ {MIT MENSCHEN, MIT/AN TIEREN} fare esperimenti (*su qu/qc*); {MIT BAKTERIEN, CHEMIKALIEN} fare esperimenti (*con qc*).

Experimentierfreude f voglia f di sperimentare.

Experte <-n, -n> m (**Expertin** f) ~, **Expertin** (**für etw** akk/**in etw** akk) {FÜR/IN STEUERPOLITIK, UMWELTTECHNOLOGIE} esperto (-a) m (f) (*di qc*); {IN/FÜR SICHERHEITSFRAGEN} esperto (-a) m (f) (*in qc*).

Expertenmeinung f parere m di esperti: **nach ~**, ⌞secondo il⌟/[stando al] parere degli esperti.

Expertenstab m équipe f/staff m/gruppo m di esperti, brain trust m.

Expertensystem n *inform* sistema m esperto.

Expertin f → **Experte**.

Expertise <-, -n> f **1** *kunst* expertise f, certificato m di autenticità **2** *jur ökon pol* perizia f.

explizit *geh* **A** adj esplicito **B** adv in modo esplicito, esplicitamente.

explodieren <ohne ge-> itr <sein> **1** (zerplatzen) {SPRENGKÖRPER, -STOFF} esplodere, deflagrare geh; {BOMBE} auch scoppiare; {AUTO, HAUS} esplodere, saltare in aria **2** (rasch steigen) {KOSTEN, KURSE, PREISE} impennarsi, registrare/subire una brusca impennata **3** fam (wütend werden) scoppiare fam, esplodere fam.

Explosion <-, -en> f **1** (das Detonieren) {+SPRENGKÖRPER, -STOFF} esplosione f, detonazione f, deflagrazione f; {+BOMBE} auch scoppio m **2** (rasche Steigerung) {+KURSE, PREISE} impennata f; {+KOSTEN} auch esplosione f • **etw zur ~ bringen** {SPRENGLADUNG}, far esplodere qc.

explosionsartig adj {GERÄUSCH} simile a un'esplosione; {ENTWICKLUNG, KOSTEN-, PREISSTEIGERUNG} fulmineo.

Explosionsgefahr f pericolo m d'esplosione.

explosionssicher adj antideflagrante, antiscoppio.

explosiv adj **1** (leicht explodierend) {GASGEMISCH, SPRENGSTOFF} esplosivo **2** (leicht erregbar) {TEMPERAMENT} esplosivo, irruente **3** (brisant) {SITUATION} esplosivo.

Exponat <-(e)s, -e> n kunst pezzo m in esposizione, oggetto m esposto.

Exponent① <-en, -en> m math esponente m.

Exponent② <-en, -en> m (**Exponentin** f) (wichtiger Vertreter) esponente mf.

exponieren <ohne ge-> rfl **sich ~** esporsi: **sich in exponierter Stellung befinden**, essere molto esposto.

Export <-(e)s, -e> m **1** (nur sing) (Ausfuhr) esportazione f, export m **2** (nur pl) (ausgeführte Waren) esportazioni f pl.

Exportabteilung f ufficio m esportazioni.

Exportartikel m articolo m d'esportazione.

Exporteur <-s, -e> m (**Exporteurin** f) esportatore (-trice) m (f).

Exportfirma f ditta f esportatrice.

Exportgeschäft n **1** com vendita f all'estero **2** → Exportfirma.

Exporthandel m commercio m con l'estero.

exportieren <ohne ge-> **A** tr (ausführen) **etw** (nach etw/in etw akk) ~ {KAFFEE NACH EUROPA, IN DIE INDUSTRIELÄNDER} esportare qc (in qc) **B** itr (nach etw/in etw akk) ~ esportare (in qc).

Exportkauffrau f com addetta f alle esportazioni.

Exportkaufmann m com addetto m alle esportazioni.

Exportland n paese m esportatore.

Exportschlager m com (grande/importante) prodotto m da esportazione: **ein ~ sein**, avere un grande successo all'estero.

Exportüberschuss (a.R. Exportüberschuß) m eccedenza f delle esportazioni (nella bilancia commerciale).

Exportware f merce f di esportazione.

Exposee, **Exposé** <-s, -s> n geh esposizione f; (Bericht) relazione f.

Express (a.R. Expreß) <-es, Expresszüge> m Eisenb hist ≈ espresso m. • **per ~ post**, per espresso.

Expressbrief (a.R. Expreßbrief) m (lettera f) espresso m.

Expressgut (a.R. Expreßgut) n Eisenb merce f a grande velocità.

Expressionismus <-, ohne pl> m kunst lit mus espressionismo m.

Expressionist <-en, -en> m (**Expressionistin** f) espressionista mf.

expressionistisch adj espressionista.

expressiv adj geh espressivo.

Expressivität <-, ohne pl> f geh espressività f.

exquisit adj geh {LOKAL} eccellente; {ESSEN, WEIN} auch squisito; {GESCHMACK} squisito, raffinato.

extern **A** adj {SCHÜLER} esterno **B** adv: **das Abitur ~ ablegen**, dare l'esame di maturità da privatista/esterno (-a).

extra <inv> **A** adj fam **1** (gesondert, separat) separato, a parte: **stecken Sie diesen Brief in einen ~ Umschlag!**, metta questa lettera in una busta separata/[a parte]! **2** (zusätzlich) extra: **auf Grund besonderer Leistungen erhielt er eine ~ Prämie**, per gli straordinari risultati (da lui) raggiunti ricevette un premio speciale **B** adv **1** (eigens) apposta, appositamente, espressamente: **wir haben das Fest ~ für dich veranstaltet**, abbiamo organizzato la festa apposta per te **2** (besonders) speciale, extra **3** (gesondert) a parte, separatamente: **die Getränke werden ~ berechnet**, le bevande vengono conteggiate ₍a parte₎/[separatamente] **4** (zusätzlich) in più, in aggiunta **5** fam (absichtlich) apposta, di proposito, appositamente: **ich habe es nicht ~ gemacht**, non l'ho fatto apposta/[di proposito].

Extra <-s, -s> n **1** (besonderes Zubehörteil) bes. autom extra m **2** (Zusatzleistung) extra m **3** <nur pl> (Zusatzkosten) extra m pl: **die ~s inbegriffen**, inclusi/compresi gli extra.

Extraausgabe f journ, **Extrablatt** n journ edizione f straordinaria/speciale.

Extraausstattung f optional m pl.

extrafein adj {ZUCKER} extrafino, sopraffino; {GEWEBE} finissimo.

Extraklasse f: **ein Sportler/Wagen/... der ~**, un atleta/un'automobile/... fuoriclasse.

extrakorporal adj med {BEFRUCHTUNG} extracorporeo.

Extrakt <-(e)s, -e> m oder n **1** med pharm estratto m **2** (Zusammenfassung) {+BUCH} estratto m.

Extranet <-s, ohne pl> n slang inform extranet m.

Extratour f fam pej: **sich immer ~en leisten**, fare sempre ₍di testa propria₎/[a modo proprio].

extrauterin adj med {BEFRUCHTUNG, SCHWANGERSCHAFT} extrauterino.

extravagant **A** adj stravagante **B** adv stravagantemente, in maniera stravagante: **sie kleidet sich ~**, lei si veste ₍in maniera stravagante₎/[stravagantemente].

Extravaganz <-, -en> f stravaganza f.

Extrawurst f fam: **jdm eine ~ braten**, riservare/usare un trattamento speciale a qu; **sie will immer eine ~ (gebraten haben)**, pretende/vuole sempre un trattamento speciale.

extrem **A** adj **1** (äußerst) {BELASTUNG, DRUCK, HITZE, KÄLTE} estremo; (krass) {BEISPIEL, FALL} estremo **2** (radikal) {ANSICHTEN, RICHTUNG} estremo, estremistico, radicale: **die ~e Rechte/Linke pol**, l'estrema destra/sinistra **B** adv (sehr) {HEISS, KALT, LEICHT, SCHWER} estremamente; {SICH ANSTRENGEN, SICH VERBESSERN} enormemente.

Extrem <-s, -e> n estremo m • **von einem ~ ins andere fallen**, passare da un estremo all'altro.

Extremfall m caso m estremo: **im ~**, nel peggiore dei casi, nella peggiore delle ipotesi, alle brutte fam.

Extremismus <-, rar Extremismen> m pol estremismo m.

Extremist <-en, -en> m (**Extremistin** f) pol estremista mf.

extremistisch adj pol {GRUPPEN} estremista; {AKTIVITÄTEN, TENDENZEN} auch estremistico.

Extremität f <meist pl> estremità f.

Extremsituation f situazione f limite.

Extremsport m, **Extremsportart** f sport m estremo.

Extremsportler m (**Extremsportlerin** f) "chi pratica uno sport estremo".

extrovertiert adj estroverso.

Extrovertiertheit <-, ohne pl> f estroversione f.

exzellent adj geh eccellente.

Exzellenz <-, -en> f (Titel, bes. als Anrede) eccellenza f.

Exzentriker <-s, -> m (**Exzentrikerin** f) eccentrico (-a) m (f).

exzentrisch adj geh eccentrico.

exzerpieren <ohne ge-> tr geh **etw** (**aus etw** dat) ~ (es)trarre brani da qc, eccerpire qc (da qc) geh rar: **Textstellen aus einem Werk ~**, stralciare/estrarre dei brani da un'opera.

Exzerpt <-(e)s, -e> n geh stralcio m, passo m/brano m; <pl> excerpta m pl geh.

Exzess (a.R. Exzeß) <-es, -e> m eccesso m • **etw bis zum ~ treiben**, spingere/portare qc all'eccesso.

exzessiv geh **A** adj eccessivo **B** adv in modo eccessivo.

Eyeliner <-s, -> m eyeliner m, matita f (per gli occhi).

EZB <-, ohne pl> f Abk von Europäische Zentralbank: BCE f (Abk von Banca Centrale Europea).

E-Zug m hist Abk von Eilzug: ≈ (treno m) diretto m.

F, f

F, f <-, - oder *fam* -s> n **1** (*Buchstabe*) F, f f *oder* m **2** *mus* fa m ● **F-***Dur mus*, fa maggiore; **F wie Friedrich**, f come Firenze; **f-***Moll mus*, fa minore; → *auch* **A, a**.

f. *Abk von* folgende (Seite): sg. (Abk *von* seguente).

F *Abk von* Fahrenheit: °F.

Fa. *Abk von* Firma: ditta f.

Fabel <-, -n> f **1** *lit* favola f **2** *fam* (*erfundene Geschichte*) favola f, frottola f, fandonia f.

fabelhaft adj {ANGEBOT, LEISTUNG, QUALITÄT} favoloso, fantastico, formidabile: **das ist ja ~!** *fam*, ma è fantastico! *fam*; **~ aussehen**, avere un aspetto fantastico.

Fabeltier n *myth* animale m fantastico/favoloso; (*Ungeheuer*) mostro m immaginario.

Fabelwelt f mondo m delle favole.

Fabelwesen n *myth* creatura f fantastica.

Fabian m (*Vorname*) Fabiano.

Fabrik <-, -en> f **1** (*Industriebetrieb*) fabbrica f, industria f, stabilimento m (industriale): **in der ~ arbeiten, in die ~ gehen** *fam*, lavorare in fabbrica **2** (*~gebäude*) stabilimento m, fabbrica f ● **ab/frei ~ com**, franco fabbrica.

Fabrikanlage f impianto m industriale.

Fabrikant <-en, -en> m (**Fabrikantin** f) **1** → **Fabrikbesitzer 2** (*Hersteller*) fabbricante mf, produttore (-trice) m (f).

Fabrikarbeiter m (**Fabrikarbeiterin** f) operaio (-a) m (f) (di fabbrica).

Fabrikat <-(e)s, -e> n **1** (*Produkt*) prodotto m, articolo m, manufatto m **2** (*Marke*): **der Wagen ist ein italienisches ~**, l'automobile è di fabbricazione italiana.

Fabrikation <-, -en> f {+GERÄT, PRODUKT} fabbricazione f, produzione f, manifattura f.

Fabrikationsfehler m difetto m di fabbricazione/fabbrica.

Fabrikbesitzer m (**Fabrikbesitzerin** f) proprietario (-a) m (f) di una fabbrica, industriale m.

Fabrikgelände n area f della fabbrica.

Fabrikhalle f capannone m (industriale).

fabrikneu adj nuovo di fabbrica.

fabrizieren <ohne ge-> tr *fam* etw ~ **1** *meist scherz* (*basteln*) fabbricarsi qc; (*schnell anfertigen*) {ARTIKEL, REDE} raffazzonare qc *fam* **2** (*anstellen*) combinare qc *fam*: **da hast du ja mal wieder was Schönes fabriziert!**, ne hai combinata un'altra delle tue! *fam*.

fabulieren <ohne ge-> tr itr (*etw*) ~ favoleggiare (*di qc*), inventare storie.

Facelifting <-s, -s> n **1** *med* lifting m (facciale), ritidectomia f *med* **2** (*Verschönerungsaktion*) operazione f di facciata.

Facette <-, -n> f **1** {+EDELSTEIN} faccetta f **2** (*Teilaspekt, Nuance*) sfaccettatura f.

Facettenauge n *zoo* occhio m composto.

facettenreich adj ricco di sfaccettature.

Fach① <-(e)s, Fächer> n {+BRIEFTASCHE, KOFFER, TASCHE} scomparto m; {+BÜCHERREGAL, SCHRANK} *auch* ripiano m; (*Schubfach*) cassetto m.

Fach② <-(e)s, Fächer> n (*Berufszweig*) mestiere m; (*Zweig*) ramo m; (*Gebiet*) campo m, settore m; *Schule* materia f; *univ auch* disciplina f; **das ist nicht mein ~**, non è il mio campo ● **vom ~ sein**, essere del mestiere; **sein ~ verstehen/beherrschen**, conoscere il proprio mestiere.

Fachabitur n "maturità f che abilita a frequentare istituti parauniversitari con laurea breve".

Facharbeiter m (**Facharbeiterin** f) *industr* operaio (-a) m (f) specializzato (-a)/qualificato (-a); <pl> *auch* manodopera f specializzata/qualificata.

Facharzt m (**Fachärztin** f) *med* specialista mf, medico m specialista: **~ für Kinderkrankheiten**, pediatra, specialista in malattie infantili; **~ für innere Krankheiten**, specialista di medicina interna, internista.

fachärztlich adj *med* {BEHANDLUNG, UNTERSUCHUNG} specialistico; {GUTACHTEN} di uno specialista.

Fachausbildung f specializzazione f.

Fachausdruck m termine m tecnico: **ein medizinischer/juristischer ~**, un termine medico/giuridico.

Fachbegriff m → **Fachausdruck**.

Fachberater m (**Fachberaterin** f) consulente mf.

Fachbereich m **1** *univ* facoltà f; (*Teilbereich einer Fakultät*) dipartimento m **2** → **Fachgebiet**.

Fachbereichsleiter m (**Fachbereichsleiterin** f) responsabile mf di settore.

Fachbibliothek f biblioteca f specializzata.

Fachblatt n rivista f (specializzata).

Fachbuch n testo m specialistico/tecnico.

Fachbuchverlag m → **Fachverlag**.

Fachchinesisch <-s, ohne pl> n *scherz* linguaggio m per gli addetti ai lavori: **ich verstehe das ~ der Informatiker nicht** non capisco il linguaggio astruso degli informatici.

Fächer <-s, -> m ventaglio m.

fächerübergreifend adj interdisciplinare, multidisciplinare.

Fachfrau f esperta f, specialista f.

fachfremd adj estraneo (a una materia/disciplina), non del ramo/settore.

Fachgebiet n campo m, ramo m, settore m; (*Sach-, Wissensgebiet*) materia f, disciplina f.

fachgerecht A adj {AUSFÜHRUNG, BEHANDLUNG} (fatto) a regola d'arte B adv {BEHANDELN, ERLEDIGEN} a regola d'arte.

Fachgeschäft n *com* negozio m/esercizio m specializzato.

Fachgespräch n discussione f tecnica.

Fachgruppe f gruppo m di lavoro/studi.

Fachhändler m (**Fachhändlerin** f) *com* rivenditore (-trice) m (f) specializzato (-a).

Fachhochschule f *D univ* "istituto m parauniversitario di qualificazione professionale con laurea breve".

Fachhochschulreife f → **Fachabitur**.

Fachidiot m (**Fachidiotin** f) *slang pej* "persona m esperta nel suo mestiere, ma priva di cultura generale".

Fachjargon m gergo m (tecnico).

Fachkenntnis f <meist pl> competenza f tecnica: **diese Arbeit setzt große ~se voraus**, questo lavoro richiede ⌜una grande competenza tecnica⌝/[molte conoscenze tecniche].

Fachkompetenz f competenza f tecnica/specialistica.

Fachkraft f specialista mf, tecnico (-a) m (f): **Fachkräfte**, personale qualificato/specializzato.

Fachkreis m <meist pl> cerchia f di esperti: **in ~en** tra gli esperti/[addetti ai lavori]; **in wirtschaftlichen ~en** in ambienti economici, tra gli esperti di economia.

fachkundig A adj {BERATUNG} competente; {PERSON} *auch* esperto B adv {BERATEN} da esperto (-a), con competenza.

Fachlehrer m (**Fachlehrerin** f) insegnante mf (di una materia).

Fachleute pl *von* **Fachmann**.

fachlich A adj {AUSBILDUNG} specialistico, professionale; {KENNTNISSE} tecnico, specifico: **die ~en Voraussetzungen erfüllen**, essere qualificato B adv (*beruflich*) {KOMPETENT, QUALIFIZIERT} professionalmente.

Fachliteratur f letteratura f specializzata/tecnica.

Fachmann <-(e)s, -leute *oder rar* -männer> m esperto m, specialista m, tecnico m.

fachmännisch A adj {RAT, URTEIL} tecnico, di un esperto; {ARBEIT} (fatto) a regola d'arte B adv {AUSFÜHREN} a regola d'arte; {BERATEN} da specialista.

Fachoberschule f istituto m tecnico.

Fachpresse f stampa f specializzata.

Fachreferent m (**Fachreferentin** f) responsabile mf (di un settore).

Fachrichtung f specializzazione f.

Fachschaft <-, -en> f *univ* "rappresentanti m pl/rappresentanza f degli studenti di una facoltà".

Fachschule f istituto m tecnico/professionale.

Fachsemester n *univ* semestre m accademico (frequentato in una certa disciplina).

fachsimpeln itr *fam* "intrattenersi fra colleghi su questioni inerenti la propria professione (annoiando i presenti)".

fachspezifisch adj specialistico, specifico (di una materia/disciplina).

Fachsprache f linguaggio m settoriale/tecnico; (*Fachjargon*) gergo m (tecnico).

fachsprachlich adj {TEXT, ÜBERSETZUNG} tecnico-specialistico.

Fachterminus m → **Fachausdruck**.

Fachtext m testo m tecnico/specialistico: **ein juristischer/wirtschaftlicher ~**, un testo giuridico/economico.

fachübergreifend adj → **fächerübergreifend**.

Fachverband m associazione f di categoria.

Fachverlag m casa f editrice specializzata.

Fachvermittlungsdienst m agenzia f che procura lavoro in un determinato settore professionale.

Fachvokabular n lessico m tecnico/specialistico.

Fachwelt f esperti m pl, specialisti m pl.

Fachwerk <*-(e)s, ohne pl*> n *arch* (travatura f a) traliccio m.

Fachwerkhaus n *arch* edificio m con travature a traliccio.

Fachwissen n → **Fachkenntnis**.

Fachwörterbuch n *ling* dizionario m tecnico/specialistico.

Fachzeitschrift f rivista f specializzata, periodico m specializzato.

Fackel <*-, -n*> f fiaccola f, torcia f.

fackeln itr *fam*: **nicht lange ~**, non tentennare/indugiare; **los, nicht lange gefackelt!**, avanti, datti una mossa! *fam*.

Fackelzug m fiaccolata f.

Factoring <*-s, ohne pl*> n *ökon* factoring m.

Factoryoutlet, **Factory-Outlet** <*-s, -s*> n outlet m.

fade, fad A adj 1 (*ohne Geschmack*) {ESSEN} insipido, sciapo, scipito 2 (*langweilig*) {FILM, MENSCH, PARTY, UNTERHALTUNG} insipido, scialbo, insulso, noioso B adv: **~ schmecken**, essere insipido, non sapere di niente *fam*.

Faden① <*-s, Fäden*> m 1 (*aus Baumwolle, Wolle*) filo m; {+MARIONETTE} filo m 2 zoo {+RAUPE, SPINNE} filo m 3 <*nur pl*> *med* punti m pl: **die Fäden ziehen**, togliere/levare i punti ● **die/alle Fäden (fest) in der Hand haben/halten**, tenere (in mano) le fila, manovrare i fili; **an einem (dünnen/seidenen) ~ hängen**, essere attaccato/appeso a un filo; **der rote ~**, il filo conduttore; **den ~ verlieren**, perdere il filo (del discorso); **Fäden ziehen** {KLEBSTOFF}, fare i fili; {KÄSE} auch filare.

Faden② <*-s, -*> m *naut* (*Längenmaß*) braccio m.

Fadenkreuz n *opt* reticolo m.

Fadennudeln subst <*nur pl*> *gastr* capellini m pl, capelli m pl d'angelo.

fadenscheinig adj *pej* {AUSREDE, VORWAND} debole, che mostra la corda.

Fadenwurm m *zoo* filaria f.

Fadheit <*-, ohne pl*> f 1 {+ESSEN} insipidezza f, scipitezza f 2 (*Langweiligkeit*) insulsaggine f, insipidezza f.

Fagott <*-(e)s, -e*> n *mus* fagotto m.

Fagottbläser m (**Fagottbläserin** f) *mus*, **Fagottist** <*-en, -en*> m (**Fagottistin** f) *form mus* fagottista mf.

fähig adj 1 (*tüchtig*) {MENSCH, MITARBEITER} capace, bravo, valente; (*begabt*) dotato 2 <*präd*> (*imstande*): **zu etw (dat) ~ sein** {ZU EINER ARBEIT, LEISTUNG}, essere capace/[in grado] di fare qc; (**dazu**) **~ sein, etw zu tun**, essere capace/[in grado] di fare qc ● **zu allem ~ sein** *fam pej*, essere capace di tutto.

Fähigkeit <*-, -en*> f 1 <*nur sing*> (*das Imstandesein*) ~ (**zu etw** dat) capacità f (*di fare qc*): **die ~ haben/besitzen, etw zu tun**, avere la capacità di fare qc 2 <*meist pl*> (*Begabung*) dote f, talento m, capacità f pl; (*geistig*) facoltà f; (*körperlich*) forza f, capacità f (fisica).

fahl adj *geh* {GESICHT, SONNE} smorto, pallido; {FARBE} auch sbiadito; {LICHT} fioco.

Fähnchen <*-s, ->* n 1 *dim von Fahne* bandierina f 2 *fam pej* (*billig wirkendes Kleid*) vestituccio m *pej*, straccetto m *pej* ● **sein ~ nach dem Wind drehen/hängen** *fam*, andare secondo il vento che tira *fam*, essere una banderuola al vento *fam*.

fahnden itr **nach jdm/etw ~** {NACH DEM TÄTER, DER TATWAFFE} ricercare qu/qc, dare la caccia a qu, cercare qc.

Fahnder <*-s, ->* m (**Fahnderin** f) investigatore (-trice) m (f), detective mf.

Fahndung <*-, -en*> f ~ (**nach jdm/etw**) ricerca f (*di qu/qc*), caccia f (*a qu*): **die ~ läuft**, sono in corso le ricerche; **die ~ nach dem Täter**, la ricerca del colpevole.

Fahndungsfoto n foto f segnaletica.

Fahndungsliste f *adm* elenco m dei ricercati: **auf der ~ stehen**, essere ricercato.

Fahndungsphoto a.R. von Fahndungsfoto → **Fahndungsfoto**.

Fahne <*-, -n*> f 1 (*Flagge, Banner*) bandiera f, vessillo m: **die ~n auf halbmast setzen**, mettere le bandiere a mezz'asta 2 *fam* (*Gestank nach Alkohol*) puzzo m *fam* di alcol: **eine ~ haben**, puzzare di alcol 3 *typ* (*Korrekturabzug*) bozza f (in colonna) ● **die weiße ~ hissen**, alzare la bandiera bianca; **etw auf seine ~ schreiben**, alzare la bandiera/il vessillo di qc; **mit fliegenden ~n zu jdm überlaufen**, passare a qu a bandiere spiegate.

Fahnenabzug m *typ* bozza f (in colonna).

Fahneneid m *mil* giuramento m di fedeltà (alla bandiera).

Fahnenflucht <*-, ohne pl*> f *mil* (*Desertion*) diserzione f: **~ begehen**, disertare.

fahnenflüchtig adj *mil* {SOLDAT} che diserta: **ein ~er Soldat** auch, un disertore; **~ werden**, disertare.

Fahnenmast m → **Fahnenstange**.

Fahnenstange f asta f della bandiera.

Fahnenträger m (**Fahnenträgerin** f) portabandiera mf.

Fähnrich <*-s, -e*> m 1 *mil* allievo m ufficiale 2 *hist* alfiere m.

Fahrausweis m 1 *form* (*Fahrkarte für Bus, Straßenbahn, U-Bahn, Zug*) biglietto m 2 *CH* (*Führerschein*) patente f (di guida).

Fahrausweisautomat m distributore m automatico di biglietti.

Fahrbahn f 1 (*Straße*) carreggiata f: **von der ~ abkommen**, ⌊uscire di⌋/[andare fuori] strada 2 (*Fahrspur*) corsia f ● **ein-/zwei-/dreispurige ~**, carreggiata a ⌊una corsia⌋/[due/tre corsie].

Fahrbahnmarkierung f *autom* segnaletica f orizzontale.

Fahrbahnverengung f *autom* restringimento m della corsia.

Fahrbahnwechsel m *autom* cambio m di corsia/carreggiata.

fahrbar adj {SERVIERTISCH, TEEWAGEN} dotato di ruote.

fahrbereit adj {WAGEN} in grado di circolare.

Fährbetrieb m servizio m di traghetto.

Fährboot n → **Fähre**.

Fahrdienstleiter m (**Fahrdienstleiterin** f) *Eisenb* capomovimento mf.

Fähre <*-, -n*> f *naut* traghetto m, ferry-boat m.

fahren <*fährt, fuhr, gefahren*> A itr <*sein*> 1 (*sich fortbewegen*) {PERSON} andare in macchina/auto: **ich bin gefahren**, sono andato (-a) in macchina; **gehen wir zu Fuß oder ~ wir?**, andiamo a piedi o in macchina?; **erster Klasse ~**, viaggiare in prima classe; **rückwärts ~**, a.R. von rückwärtsfahren → **rückwärts|fahren**; **rechts/links ~**, tenere la destra/sinistra; **geradeaus ~**, andare diritto; **120 (km/h) ~**, andare/guidare a 120 km orari; **mit etw** (dat) **~** {MIT DEM AUTO, BUS, SCHIFF, TAXI, ZUG} andare in/con qc, viaggiare in qc; {MIT AUFZUG} andare in qc; **irgendwohin ~** andare + compl di luogo; **mit dem Fahrrad zur Arbeit ~**, andare al lavoro in bicicletta; **durch eine Stadt ~**, attraversare una città; **über Mailand ~**, passare per/da Milano; **bis Bonn fährt man drei Stunden**, per andare a Bonn ci vogliono tre ore; **auf etw** (akk) **~** {AUF DIE AUTOBAHN} andare/viaggiare in qc; {AUF EINER STRAßE} andare per qc, viaggiare su qc; **gegen etw** (akk) **~** {GEGEN EINEN BAUM, EINE MAUER} andare a (s)battere contro qc 2 (*einen bestimmten Fahrstil haben*) **irgendwie ~** {GUT, RÜCKSICHTSLOS, SCHNELL, SICHER} andare + compl di modo, avere una guida + adj 3 (*sich fortbewegen*) {AUTO, BAHN, BUS, S-BAHN} andare, viaggiare, camminare *fam*, marciare; {FAHRRAD} andare: **mein Auto fährt nicht**, la mia macchina non va; **der Intercity fährt nach München**, l'Intercity va/[è diretto] a Monaco; **der Zug fährt mit einer Geschwindigkeit von 140 km/h**, il treno va/viaggia/cammina *fam* a una velocità di 140 km/h 4 (*ein Fahrzeug lenken*) guidare: **heute bin ich gefahren**, oggi ho guidato io; **kannst du fahren?**, sai guidare? 5 (*los~*) {BAHN, BUS} partire; {FAHRER} auch andarsene; {SCHIFF} salpare 6 (*verkehren*) {BAHN, BUS, FÄHRE, U-BAHN} circolare, andare, viaggiare: **heute ~ keine Busse**, oggi gli autobus non circolano/viaggiano; **die Busse ~ nur viermal am Tag**, gli autobus effettuano solo quattro corse giornaliere; **wie oft fährt die U-Bahn?**, ogni quanto passa la metropolitana?; **welche Linie fährt ins Zentrum?**, quale autobus va/porta in centro?; **nach Berlin ~ sonntags keine Züge**, la domenica non ci sono treni per Berlino 7 (*reisen*) **irgendwohin ~** {NACH FLORENZ, INS GEBIRGE, NACH ITALIEN, ANS MEER} andare/recarsi geh + compl di luogo 8 (*schießen*) **ein Gedanke fuhr mir durch den Kopf**, un'idea mi balenò (in mente); **der Schreck fuhr ihm ⌊in die⌋/[durch alle] Glieder**, lo spavento gli entrò nelle ossa 9 <*haben oder sein*> (*streichen*) (**mit etw** dat) **über/durch etw** (akk) **~** passare qc su qc: **sich** (dat) **mit der Hand über die Stirn ~**, passarsi la mano sulla fronte B tr 1 <*haben*> (*lenken*) **etw ~** {AUTO, BUS, MOTORRAD} guidare qc, portare qc, condurre qc; {ZUG} guidare qc; {RENNWAGEN} pilotare qc: **Fahrrad ~**, andare in bicicletta 2 <*haben*> (*besitzen*) **etw ~** {MERCEDES, PORSCHE} avere qc, possedere qc 3 <*haben*> (*verwenden*) **etw ~** {DIESEL, NORMALBENZIN, REIFEN} usare qc: **er fährt nur bleifrei**, usa solo benzina verde 4 <*haben*> (*befördern*) **jdn/etw irgendwohin ~** {LKW MÖBEL; KRANKENWAGEN, TAXI PERSON} portare qu/qc + compl di luogo: **das Auto in die Garage ~**, mettere la macchina in garage; **komm, ich fahre dich nach Hause**, vieni, ti porto/accompagno a casa 5 <*haben oder sein*> (*zurücklegen*) **etw ~** {STRAßE, STRECKE, 100 KM} percorrere qc 6 <*haben oder sein*> *sport* **etw ~** {RENNEN, RUNDE} fare qc C rfl 1 *unpers*: **es fährt sich irgendwie** {BEQUEMER, BESSER, GUT}, si viag-

gia + *compl di modo* **2** (*sich ~ lassen*) **sich irgendwie ~** {FAHRZEUG GUT, BESSER, SCHLECHT} guidarsi + *compl di modo* • **Sie ~ billiger dabei** *fam*, in questo modo spende (di) meno; ₍**bei etw** (dat)₎/**[mit jdm/etw] gut/schlecht ~**, trovarsi bene/male con qu/qc; **in jdn ~: was ist bloß in dich gefahren?**, ma che ti è preso *fam*?; **(jdm) etw kaputt ~** *fam* {AUTO, MOTORRAD}, sfasciare qc (a qu) *fam*, distruggere qc (a qu); **einen ~ lassen** *slang*, fare una scoreggia *vulg*.
Fahrenheit *subst* <inv, *ohne art*> (*Abk F*) Fahrenheit (Abk °F).
Fahrer <-s, -> m (**Fahrerin** f) **1** (*als Beruf*) conducente mf, autista mf **2** (*Autofahrer*) conducente mf, automobilista mf, guidatore (-trice) m (f); (*Motorradfahrer*) motociclista mf; *sport* (*Rennfahrer*) corridore m, pilota mf; (*Radfahrer*) ciclista m.
Fahrerairbag, Fahrer-Airbag <-s, -s> m airbag m dal lato del conducente.
Fahrerflucht f *jur* fuga f del conducente (dopo l'incidente stradale): **~ begehen**, fuggire dopo l'incidente stradale *jur*, essere un pirata della strada.
Fahrerin f → **Fahrer**.
Fahrerlaubnis f *form* patente f di guida.
Fahrersitz m *autom* posto m di guida.
Fahrgast m (*in Bus, Zug*) viaggiatore (-trice) m (f).
Fahrgefühl n: **dieses Auto vermittelt ein ganz neues ~** questa macchina ti fa scoprire un gusto della guida completamente nuovo.
Fahrgeld n prezzo m ₍del biglietto₎/[della corsa].
Fahrgemeinschaft f car pool m.
Fahrgeschwindigkeit f velocità f (di marcia).
Fahrgestell n **1** *autom* telaio m, châssis m **2** *aero* carrello m (di atterraggio).
fahrig *adj* **1** (*unruhig*) {BEWEGUNGEN} nervoso **2** (*zerstreut*) {MENSCH} distratto, svagato.
Fahrkarte f biglietto m: **eine ~ lösen/entwerten**, comprare/obliterare un biglietto.
Fahrkartenausgabe f → **Fahrkartenschalter**.
Fahrkartenautomat m distributore m automatico di biglietti.
Fahrkartenkontrolle f controllo m dei biglietti.
Fahrkartenschalter m biglietteria f.
Fahrkomfort m *autom* comfort m di guida.
Fahrkosten *subst* <*nur pl*> spese f pl di viaggio.
Fahrkostenzuschuss (a.R. Fahrkostenzuschuß) m indennità f di trasferta.
fahrlässig *adj* **1** (*leichtsinnig*) {MENSCH, VERHALTEN} negligente, sconsiderato **2** *jur* colposo: **~e Körperverletzung**, lesione personale colposa; **~e Tötung**, omicidio colposo.
Fahrlässigkeit <-, -en> f **1** (*Leichtsinn*) {+MENSCH, VERHALTEN} negligenza f, trascuratezza f **2** *jur* colpa f: **grobe ~**, colpa grave.
Fahrlehrer m (**Fahrlehrerin** f) istruttore (-trice) m (f)/maestro (-a) m (f) di guida.
Fährmann <-(e)s, -männer *oder* -leute> m barcaiolo m, traghettatore m.
Fahrnis <-, -se> f *jur* beni m pl mobili.
Fahrplan m **1** {+BUSSE, ZÜGE} orario m **2** *fam* (*Programm*) tabella f di marcia.
fahrplanmäßig A *adj* {ABFAHRT, ANKUNFT} puntuale, in orario: **Intercity 350 Rom-München, ~e Ankunft 16.30 Uhr ...**, Intercity 350 Roma-Monaco, (arrivo) previsto per le ore 16.30 ... B *adv* {ABFAHREN, ANKOMMEN} in orario, puntuale.

Fahrpraxis <-, *ohne pl*> f esperienza f/pratica f di guida.
Fahrpreis m prezzo m ₍del biglietto₎/[della corsa].
Fahrpreisermäßigung f riduzione f sul prezzo del biglietto.
Fahrprüfung f *adm* esame m di guida.
Fahrrad n bicicletta f, bici f *fam*: **(mit dem) ~ fahren**, andare in bicicletta/bici *fam*.
Fahrradfahrer m (**Fahrradfahrerin** f) ciclista mf.
fahrradfreundlich *adj* a misura dei ciclisti.
Fahrradhändler m (**Fahrradhändlerin** f) commerciante mf/rivenditore (-trice) m (f) di biciclette.
Fahrradhelm m casco m da bicicletta.
Fahrradkurier m Pony Express® m in bicicletta.
Fahrradsport m ciclismo m.
Fahrradständer m rastrelliera f per biciclette.
Fahrradweg m pista f ciclabile.
Fahrrinne f *naut* canale m navigabile.
Fahrschein m *form* → **Fahrkarte**.
Fahrscheinautomat m *form* → **Fahrkartenautomat**.
Fahrscheinblock m blocchetto m di biglietti.
Fahrscheinentwerter m (macchina f) obliteratrice f.
Fährschiff n (nave f) traghetto m, ferry-boat m.
Fahrschule f autoscuola f, scuolaguida f.
Fahrschüler m (**Fahrschülerin** f) allievo (-a) m (f) di una scuolaguida/un'autoscuola.
Fahrspur f corsia f: **ordne dich in die rechte ~ ein!**, portati nella corsia (di) destra!
Fahrstil m guida f.
Fahrstuhl m ascensore m: **mit dem ~ fahren**, andare in ascensore; **den ~ nehmen**, prendere l'ascensore; **im ~ stecken bleiben**, rimanere intrappolato (-a) nell'ascensore.
Fahrstuhlführer m (**Fahrstuhlführerin** f) ascensorista mf, lift m.
Fahrstunde f *autom* lezione f di guida.
Fahrt <-, -en> f **1** <*nur sing*> (*Fahren*) viaggio m, tragitto m: **nach zehn Stunden ~ waren wir endlich am Ziel**, dopo dieci ore di viaggio arrivammo finalmente a destinazione; **während der ~**, durante il tragitto/percorso **2** (*einzelne ~*) (*mit Bus, U-Bahn, Zug*) corsa f: **die Fahrkarte ist nur für eine ~ gültig**, il biglietto è valido per una corsa singola **3** <*nur sing*> (*Fahrgeschwindigkeit*) velocità f (di marcia): **in voller ~**, in piena corsa, a tutta velocità **4** (*Reise*) viaggio m: **eine ~ nach London machen**, fare un viaggio a Londra; **auf der ~ nach**, in viaggio per; **hattest du eine angenehme ~?**, hai fatto buon viaggio? **5** (*Ausflug*) gita f, escursione f; (*Rundfahrt*) giro m • **eine ~ ins Blaue**, una gita senza meta (prestabilita); **gute ~!**, buon viaggio!; **in ~ kommen/geraten fam** (*in Schwung kommen*), sciogliersi *fam*; (*wütend werden*), andare/montare su tutte le furie *fam*, imbufalirsi *fam*, scaldarsi; **in ~ sein** *fam* (*in Schwung sein*), essere in vena *fam*/forma; (*wütend sein*), essere fuori dai gangheri *fam*; **volle ~ voraus!** *naut*, avanti tutta!
fährt **3.** pers präs sing *von* fahren.
fahrtauglich *adj adm* {FAHRER} in grado di guidare.
Fährte <-, -n> f *Jagd* traccia f, pista f • **jdn auf die richtige ~ bringen**, mettere qu sulla pista giusta; **jdn auf eine falsche ~ locken**, depistare qu, mettere qu fuori strada; **auf** **der richtigen ~ sein**, essere su una buona pista; **auf der falschen ~ sein**, essere fuori strada.
Fahrtenbuch n *autom* (*für Kraftfahrer*) "libretto m di controllo in cui l'automobilista indisciplinato è tenuto ad annotare i viaggi fatti".
Fahrtenschreiber m *autom* cronotachigrafo m.
Fahrtkostenzuschuss (a.R. Fahrtkostenzuschuß) m → **Fahrkostenzuschuss**.
Fahrtrichtung f direzione f (di marcia): **die Züge in ~ Süden**, i treni diretti a sud; **die Autobahn ist in beiden ~en gesperrt**, l'autostrada è chiusa in entrambi i sensi di marcia.
Fahrtrichtungsanzeiger m *adm aut* (*Blinker*) indicatore m di direzione.
fahrtüchtig *adj* {FAHRER} in grado di guidare; {FAHRZEUG} in grado di circolare.
Fahrtüchtigkeit f {+FAHRER} capacità f di guidare; {+FAHRZEUG} idoneità f alla circolazione.
Fahrtwind m vento m contrario.
fahruntüchtig *adj* {FAHRER} incapace di guidare; {FAHRZEUG} che non può circolare.
Fahruntüchtigkeit f {+FAHRER} ₍non idoneità f₎/[inidoneità f] alla guida; {+FAHRZEUG} ₍non idoneità f₎/[inidoneità f] alla circolazione.
Fahrverbot n **1** *jur* (*meist vorübergehender Führerscheinentzug*) sospensione f della patente (di guida) **2** (*Durchfahrverbot*) divieto m di transito; (*wegen Smogs*) blocco m del traffico/della circolazione.
Fahrverhalten n comportamento m nel traffico.
Fahrwasser n *naut* (*Fahrrinne*) canale m navigabile • **in ein ... ~ geraten** {GEFÄHRLICHES, POLITISCHES}, scivolare su un terreno + *adj*; **in jds ~ schwimmen** *fam*/**segeln** *fam*, essere/andare a rimorchio di qu *fam*; **in seinem ~ sein** *fam*, essere/trovarsi nel suo centro *fam*.
Fahrweise f guida f.
Fahrwerk n **1** *aero* carrello m (di atterraggio) **2** *autom* → **Fahrgestell**.
Fahrzeit f durata f del percorso/tragitto.
Fahrzeug <-(e)s, -e> n veicolo m; (*Kraftfahrzeug*) autoveicolo m, automezzo m; (*Pkw*) (auto)vettura f; (*Wasserfahrzeug*) imbarcazione f.
Fahrzeugbrief m *D adm autom* ≈ certificato m di proprietà, (*früher*) foglio m complementare.
Fahrzeughalter m (**Fahrzeughalterin** f) *adm autom* proprietario (-a) m (f) di autovettura.
Fahrzeugnummer f *autom* (numero m di) targa f (di veicolo).
Fahrzeugpapiere *subst* <*nur pl*> *adm autom* documenti m pl di circolazione.
Fahrzeugschein m *D adm autom* ≈ libretto m/carta f di circolazione.
Faible <-s, -s> n *geh* debole m, penchant m *geh*: **ein ~ für jdn/etw haben**, avere un debole/penchant *geh* per qu/qc.
fair A *adj* (*gerecht*) {ANGEBOT, KAMPF, PERSON, SPIEL, VERHALTEN} leale, onesto, corretto B *adv* (*den Regeln gemäß*) {KÄMPFEN, SPIELEN, SICH VERHALTEN} lealmente, onestamente, correttamente.
Fairness (a.R. Fairneß) <-, *ohne pl*> f lealtà f, correttezza f; *bes. sport* fair play m.
Fairplay <-, *ohne pl*> n, **Fair Play** <-, *ohne pl*> n *bes. sport* fair play m.
fäkal *adj* fecale.
Fäkalien *subst* <*nur pl*> *bes. med* feci f pl,

escrementi m pl.

Fäkalsprache f linguaggio m volgare (infarcito di termini che si riferiscono alle feci).

Fake <-s, -s> n oder m **1** slang (Schwindel) imbroglio m **2** slang inform fake f.

Fakir <-s, -e> m fachiro m.

Faksimile <-s, -s> n facsimile m.

Fakt <-(e)s, -en oder -s> m oder n: **das ist ~** questo è un fatto; **~ ist, dass ...** fatto sta che ..., è un fatto che ..., sta di fatto che ...

Fakten pl von Faktum.

Faktenwissen n conoscenza f dei fatti/dati.

faktisch geh **A** adj (tatsächlich) {BEWEIS, NUTZEN} effettivo, reale **B** adv (in Wirklichkeit) di fatto, in realtà.

Faktor <-s, -en> m **1** (Umstand) fattore m **der ~ Arbeit** il fattore lavoro **2** math fattore m • **ein unsicherer ~ sein**, essere un fattore di incertezza.

Faktorenanalyse f (in der Statistik) analisi f fattoriale.

Faktotum <-s, -s oder Faktoten> n factotum m.

Faktum <-s, Fakten> n geh (Tatsache) fatto m.

fakturieren <ohne ge-> tr com (Waren berechnen) **etw ~** fatturare qc.

Fakultät <-, -en> f univ facoltà f: **die Juristische/Medizinische/Philosophische ~**, la facoltà di giurisprudenza/medicina/[lettere e filosofia] • **von der anderen ~ (sein)** fam scherz (homosexuell sein), essere dell'altra sponda fam scherz.

fakultativ adj geh facoltativo.

Falbe <-n, -n> m zoo baio m lupino.

Falke <-n, -n> m **1** ornith falco m **2** pol (Hardliner) falco m, intransigente m.

Falkenjagd f caccia f col falcone, falconeria f.

Falklandinseln subst <nur pl> geog: **die ~**, le (isole) Falkland, le Malvine.

Falkner <-s, -> m (**Falknerin** f) falconiere m.

Fall① <-(e)s, ohne pl> m **1** (das Fallen) {+GEGENSTAND, MENSCH} cadere m, caduta f **2** (Sturz) {+MENSCH} caduta f **3** (Untergang) {+FESTUNG, STADT} caduta f • **jdn zu ~ bringen** geh (hinstürzen lassen), far cadere qu; **jdn/etw zu ~ bringen** (absetzen lassen) {PRÄSIDENTEN, REGIERUNG}, rovesciare qu, far cadere qu/qc; (etw scheitern lassen) {GESETZ, PLAN}, silurare qc fam, bocciare qc fam; **der freie ~** phys, la caduta libera; **zu ~ kommen** geh (stürzen), cadere; (gestürzt werden) {ÜBER EINEN SKANDAL}, scivolare su qc fam.

Fall② <-(e)s, Fälle> m **1** (Angelegenheit) caso m, vicenda f, affaire m geh **2** jur (Beispiel) caso m **3** med (Patient) caso m **4** gram (Kasus) caso m: **in welchem ~ steht das Adjektiv?**, a quale caso è l'aggettivo? • **auf alle Fälle**, **auf jeden ~** (jedenfalls), in ogni caso, in tutti i casi, comunque; (unbedingt), assolutamente; **auf/für alle Fälle** (sicherheitshalber), per ogni eventualità/[sicurezza]; **im äußersten ~**, al limite; **in diesem/dem ~**, in questo caso; **im ~e eines Falles** fam, se proprio dovesse succedere; **für den Fall/[im ~e], dass ...**, nel caso [in cui]/[che] ... konjv, casomai ... konjv; **gesetzt den ~, dass ...**, poniamo (il caso) che ... konjv; **ein hoffnungsloser ~ fam scherz**, un caso disperato fam scherz; med, un caso disperato; **im ~e + gen**, in caso di; **in jedem ~**, comunque, in qualunque/ogni caso; **das ist (nicht) der ~**, non è/non è così, le cose (non) stanno così; **auf keinen ~**, in nessun caso; **klarer ~!** fam (natürlich), chiaro! fam; (nicht) jds ~ **sein** fam (jdm (nicht) zusagen), (non) fare al caso di/[per] qu fam; **das ist nicht mein ~**, (questo) non fa al

caso mio/[per me]; ((nicht) jds Typ sein), (non) essere il tipo di qu fam; **sie ist nicht mein ~**, non è il mio tipo; **im schlimmsten ~**, nella peggiore delle ipotesi, nel peggiore dei casi, tutt'al più; **von ~ zu ~**, caso per caso, secondo le circostanze/il caso; **das ist von ~ zu ~ verschieden**, (questo) varia da caso a caso; **im vorliegenden ~**, nella fattispecie.

Fallbeil n ghigliottina f.

Fallbeispiel n esempio m, caso m esemplare.

Fallbeschleunigung f phys accelerazione f di gravità.

Falle <-s, -n> f **1** (Fanggerät) trappola f: **~n legen/stellen**, mettere/tendere delle trappole **2** (List) trappola f, tranello m, trabocchetto m **3** slang (Bett) cuccia f fam **4** CH (Türklinke) maniglia f • **jdm in die ~ gehen**, cadere nella trappola tesa da qu; **in eine ~ gehen/geraten**, cadere in trappola/[un tranello]/[un trabocchetto]; **jdn in eine ~e locken**, attirare qu in una trappola/[un tranello]; **jdm eine ~ stellen**, tendere una trappola/[un tranello]/[un trabocchetto] a qu.

fallen <fällt, fiel, gefallen> itr <sein> **1** (hinab-, um-~) (**irgendwohin**) ~ {AUF DEN BODEN, INS WASSER} cadere/cascare fam (+ compl di luogo): **einen Teller ~ lassen**, lasciar cadere un piatto; **eine Masche ~ lassen**, perdere una maglia; **von etw** (dat) ~ cadere da qc; **zu Boden/[auf die Erde] ~**, cadere a/per/in terra; **aus etw** (dat) ~ {AUS DEM FENSTER} cadere fuori da qc **2** (niedergehen) {REGEN, SCHNEE} cadere; (Vorhang) calare, abbassarsi **3** (stolpern) **über etw** (akk) ~ cadere su qc, inciampare in qc **4** (sinken) {BAROMETER, DRUCK, HOCHWASSER, TEMPERATUR} calare, scendere, diminuire, abbassarsi; {PREISE} auch essere in ribasso; {AKTIEN, KURSE} essere in ribasso, scendere, calare **5** mil {SOLDAT IM KRIEG} cadere; (erobert werden) {FESTUNG, STADT} cadere, essere/venire preso (-a) **6** (treffen) **auf jdn** ~ {VERDACHT, WAHL} (ri)cadere su qu **7** (dringen) **auf/durch/in etw** (akk) ~ {LICHT, SONNE DURCHS FENSTER, INS ZIMMER} penetrare in/attraverso qc: **sein Blick fiel auf das Kind**, il suo sguardo si posò/[cadde] sul bambino; **ihr Blick fiel zufällig auf den Brief**, le cadde/cascò l'occhio sulla lettera **8** (stattfinden) **auf etw** (akk) ~ {FEST AUF EINEN BESTIMMTEN TAG} cadere di/in qc: **immer auf den gleichen Tag ~**, cadere sempre nello stesso giorno; **auf einen Sonntag ~**, cadere di domenica; (mit genauem Datum): **Ostern fällt dieses Jahr auf den 16. April**, quest'anno Pasqua cade il 16 aprile; **in etw** (akk) ~ {IN EINE BESTIMMTE ZEIT} cadere in qc **9** **jur** (zu~) **an jdn/etw** ~ {ERBSCHAFT, GELDSUMME} spettare a qu/qc, toccare a qu/qc; {GEBIET AN EINEN STAAT} toccare a qc, essere/venire assegnato (-a) a qc **10** (zu etw gehören) **unter/in etw** (akk) ~ {UNTER EIN GESETZ} essere contemplato da qc; {UNTER EINEN BEGRIFF, IN EINEN BEREICH, IN/UNTER EINE KATEGORIE} rientrare in qc **11** (ergehen) {BESCHLUSS, ENTSCHEIDUNG} essere/venire preso (-a); jur {URTEIL} essere/venire emesso (-a)/pronunciato (-a): **die Würfel sind gefallen**, il dado è tratto **12** (aufgehoben werden) {GRENZEN, TABU, VERBOT} cadere **13** sport {TOR} essere/venire segnato (-a): **es fielen während des ganzen Spiels nur zwei Tore**, durante l'intera partita furono segnati solo due go (a)l; (abgegeben werden) {SCHUSS} partire **14** (geäußert werden) {BEMERKUNG, NAME} essere/venire fatto (-a) • **jdn ~ lassen** (im Stich lassen) → **fallen|lassen**; **etw ~ lassen** (aufgeben; äußern) → **fallen|lassen**.

Fallen <-s, ohne pl> n **1** (das Hinabfallen) caduta f **2** (Abnahme) {+BAROMETER, DRUCK,

HOCHWASSER, TEMPERATUREN} calo m, diminuzione f, abbassamento m **3** ökon {+AKTIEN, KURSE} ribasso m, calo m; {PREISE} auch diminuzione f, abbassamento m.

fällen tr **etw** ~ **1** (umhauen) {BAUM} abbattere qc, tagliare qc **2** (ergehen lassen) {ENTSCHEIDUNG} prendere qc; jur {URTEIL} pronunciare qc, emettere qc **3** math {LOT} tracciare qc **4** chem precipitare qc.

fallen|lassen <irr, part perf fallenlassen oder fallengelassen> tr **1** (im Stich lassen) **jdn** ~ {MITARBEITER} scaricare qu **2** (aufgeben) **etw** ~ {ABSICHT, PROJEKT} abbandonare qc, rinunciare a qc; {VORSCHLAG} lasciar cadere qc **3** (äußern) **etw** ~ {ANDEUTUNG, BEMERKUNG} lasciar cadere qc, buttare lì qc fam: **er ließ kein Wort darüber fallen**, non ne fece parola.

Fallgeschwindigkeit f phys velocità f di caduta.

Fallgesetz n phys legge f sulla caduta libera.

Fallgrube f Jagd trabocchetto m.

Fallhöhe f phys altezza f di caduta.

fällig adj **1** ökon (zahlbar) {MIETE, RECHNUNG} pagabile, da pagare; {RATE, WECHSEL} che scade, in scadenza; {ZINSEN} maturato (-a); {KREDITE, SCHULD, STEUERN} esigibile **2** (notwendig) necessario: **die schon längst ~e Reform**, la tanto attesa/agognata riforma; **das war schon lange ~!** fam, era (l')ora! fam • **~ werden** {MIETE, RECHNUNG}, andar pagato (-a); {RATE, WECHSEL}, scadere; {ZINSEN}, maturare.

Fälligkeit <-, ohne pl> f ökon {+MIETE, RATE, RECHNUNG, WECHSEL} scadenza f; {+ZINSEN} maturazione f.

Fälligkeitsdatum n (data f di) scadenza f.

Fallobst n frutta f di casco.

Fall-out, Fallout <-s, -s> m nukl phys fallout m, ricaduta f radioattiva.

Fallrohr n bau doccione m.

Fallrückzieher m Fußball rovesciata f.

falls konj (wenn) nel caso che/[in cui] ... konjv, qualora geh ... konjv: **~ möglich/nötig**, se possibile/necessario.

Fallschirm m paracadute m: **mit dem ~ abspringen**, lanciarsi col paracadute; **etw mit dem ~ abwerfen**, paracadutare qc, lanciare qc col paracadute.

Fallschirmabsprung m lancio m col paracadute.

Fallschirmjäger m paracadutista m (militare).

Fallschirmspringen <-s, ohne pl> n paracadutismo m: **beim ~ ...**, lanciandosi col paracadute ...

Fallschirmspringer m (**Fallschirmspringerin** f) paracadutista mf.

Fallschirmtruppe f mil reparto m di paracadutisti.

Fallstrick m insidia f, trappola f.

Fallstudie f studio m di un caso tipo.

Fallsucht f → Epilepsie.

fällt 3. pers präs sing von fallen.

Falltür f trabocchetto m.

Fallwind m vento m catabatico.

falsch **A** adj **1** (nicht richtig, verkehrt) {DATUM, GEGENSTAND, UHRZEIT, ZUG} sbagliato **2** (nicht wahr, unzutreffend) {ANGABEN, AUSSAGE, INFORMATION, VERSPRECHUNG} falso, fasullo fam; (fehlerhaft) {ANTWORT, AUSSPRACHE, INFORMATION, INTERPRETATION} sbagliato, errato: **sich** (dat) **(von etw dat) ~e Vorstellungen machen**, farsi un'idea errata/sbagliata (di qc); **unter ~em Namen**, sotto falso nome **3** (nachgemacht, unecht) {ZÄHNE} finto; {PER-

LEN, STEIN} artificiale, falso; {BART, HAARE} posticcio **4** (*gefälscht*) {AUSWEIS, BANKNOTE, PASS} falso, falsificato, contraffatto; {KARTEN, WÜRFEL} truccato **5** *pej* (*unaufrichtig*) falso, insincero **6** (*ungünstig*) {AUGENBLICK} sbagliato; (*unangemessen*): **-e Bescheidenheit**, falsa modestia; **-er Stolz**, stupido orgoglio **B** *adv* (*nicht richtig*) {JDN ERZIEHEN, INFORMIEREN} in modo sbagliato; {ETW ANFANGEN, AUSSPRECHEN, ERKLÄREN, VERSTEHEN} male: **jdn ~ anfassen/behandeln**, prendere qu per il verso sbagliato *fam*, prendere qu di contropelo *fam*; **etw ~ herum halten** *fam* {BILD, BUCH}, tenere qc ₍al l'incontrario₎/[per il verso sbagliato]; **etw ~ machen**, sbagliare qc; **~ schreiben**, sbagliare nello scrivere; **~ spielen** *mus*, stonare; (*beim Kartenspiel*) barare; **meine Uhr geht ~**, il mio orologio va male • **an den Falschen/die Falsche geraten** *fam*, sbagliare indirizzo *fam*, cascare male.

Falschaussage *f jur* (reato m di) falso m, falsa testimonianza f.

Falschbeurkundung *f jur* falsità f, (reato m di) falso m, falso m in atto pubblico: (**mittelbare**) ~ falso ideologico, falsità ideologica.

fälschen *tr etw* ~ {AUSWEIS, GEMÄLDE, PASS} falsificare *qc*; {*bes*. BANKNOTEN, DOKUMENT, UNTERSCHRIFT} *auch* contraffare *qc*, {BEWEISE} inquinare *qc*, alterare *qc*.

Fälscher <-s, -> *m* (**Fälscherin** *f*) {+BANKNOTEN, GEMÄLDE} falsario (-a) m (f), falsificatore (-trice) m (f).

Falschfahrer *m* (**Falschfahrerin** *f*) "persona f che guida contromano in autostrada".

Falschgeld *n* denaro m falso.

Falschheit <-, *ohne pl*> *f* **1** (*das Falschsein*) {+AUSSAGE} falsità f **2** *pej* (*Unaufrichtigkeit*) falsità f.

fälschlich *adj* <*attr*> **1** (*irrtümlich*) {ANNAHME, GLAUBE} errato, erroneo **2** (*falsch*) {BEHAUPTUNG, VERDÄCHTIGUNG} falso.

fälschlicherweise *adv* **1** (*irrtümlicherweise*) {ANNEHMEN, GLAUBEN} erroneamente **2** (*zu Unrecht*) {BEHAUPTEN, VERDÄCHTIGEN} per sbaglio/errore.

Falschmeldung *f journ* falsa notizia f, bufala *f fam scherz*.

Falschmünzer <-s, -> *m* (**Falschmünzerin** *f*) *jur* falsario (-a) m (f), falsificatore (-trice) m (f) (di monete).

Falschparker <-s, -> *m* (**Falschparkerin** *f*) *adm jur* "chi parcheggia in spazi non consentiti".

falsch|spielen *itr Karten* barare, truffare al gioco.

Falschspieler *m* (**Falschspielerin** *f*) *Karten* baro (-a) m (f).

Fälschung <-, -*en*> *f* **1** <*nur sing*> (*das Fälschen*) {+BANKNOTEN, DOKUMENT, GEMÄLDE, PASS} falsificazione f; {+UNTERSCHRIFT} *auch* contraffazione f **2** (*gefälschte Sache*) falso m, falsificazione f, contraffazione f • **von Beweismitteln**, inquinamento/alterazione delle prove.

fälschungssicher *adj* non falsificabile, anticontraffazione.

Falsett <-(*e*)*s*, -*e*> *n mus* falsetto m: (**im**) ~ **singen**, cantare in falsetto.

faltbar *adj* pieghevole.

Faltblatt *n* dépliant m, pieghevole m.

Faltboot *n* canoa f smontabile.

Falte <-, -*n*> *f* **1** (*Knitterfalte*) {+PAPIER} piega f **2** (*Hautfalte*) ruga f, grinza f: **die Stirn in ~n legen/ziehen**, corrugare la fronte • **eine ~ bekommen** {PAPIER, STOFF}, fare una piega; **jd bekommt ~n**, a qu vengono (del)le rughe; **etw in ~n legen**, pieghettare qc; **~n werfen**

{KLEIDUNGSSTÜCK}, fare delle pieghe.

falten *tr etw* ~ {BRIEF, WÄSCHESTÜCK} (ri)piegare *qc*: **die Hände ~**, congiungere le mani; **die Stirn ~**, corrugare/increspare la fronte.

Faltengebirge *n geol* catena f montuosa ₍a pieghe₎/[per corrugamento].

faltenlos *adj* {GESICHT, HAUT} senza/[privo di] rughe; {ROCK} senza pieghe.

faltenreich *adj* {GESICHT} rugoso; {STOFF} a pieghe.

Faltenrock *m* gonna f a pieghe.

Faltenwurf *m* drappeggio m.

Falter <-s, -> *m zoo* farfalla f.

faltig *adj* **1** (*zerknittert*) {STOFF} spiegazzato, (s)gualcito **2** (*voller Falten*) {GESICHT, HAUT} rugoso.

Faltkarton *m* cartone m pieghevole.

Faltkinderwagen *m* passeggino m pieghevole.

Faltplaner <-s, -> *m* agenda f planning.

Faltprospekt *m* dépliant m, pieghevole m.

Faltstuhl *m* sedia f pieghevole.

Falz <-es, -e> *m* **1** *Buchbinderei* piega f **2** *tech* aggraffatura f **3** *bes. bau* scanalatura f.

falzen *tr etw* ~ **1** *Buchbinderei* {PAPIERBOGEN} piegare *qc* **2** *tech* {BLECHDOSE} aggraffare *qc* **3** *bes. bau* {HOLZ, STEIN} scanalare *qc*.

familiär *adj* **1** (*die Familie betreffend*) {GRÜNDE, PROBLEME, SORGEN} familiare, di famiglia: **aus ~en Gründen**, per motivi di famiglia **2** (*vertraut*) {ATMOSPHÄRE} familiare; {UMGANGSTON} *auch* confidenziale.

Familie <-, -*n*> *f* famiglia f: ~ **Schmitz**, la famiglia Schmitz; **kinderreiche ~**, famiglia numerosa; **~ haben**, avere famiglia; (*Verwandtschaft*) *bes. scherz* parentado m *fam* • **zur ~ gehören**, far parte della famiglia, essere di casa *fam*; **aus guter ~ (sein)**, (essere) di buona famiglia; **eine ~ gründen**, mettere su famiglia **in der ~ liegen** {VERANLAGUNG}, essere di famiglia; **das kommt in den besten ~n vor** *fam*, succede (anche) nelle migliori famiglie *fam*.

Familienalbum *n* album m di famiglia.

Familienangehörige <*dekl wie adj*> *mf* familiare *m oder rar* f.

Familienanschluss (a.R. Familienanschluß) *m* "inserimento m nella famiglia ospitante".

Familienberatung *f* **1** (*Beratungstätigkeit*) consulenza f familiare **2** → **Familienberatungsstelle**.

Familienberatungsstelle *f* consultorio m familiare.

Familienbesitz *m* proprietà f di famiglia.

Familienbetrieb *m* azienda f a conduzione familiare.

Familienfeier *f* festa f in/di famiglia.

familienfeindlich *adj* sfavorevole alle famiglie, che penalizza le famiglie.

Familienfest *n* → **Familienfeier**.

Familienförderung *f* sostegno m alle famiglie.

Familienfoto *n* foto f di famiglia.

familienfreundlich *adj* a favore delle famiglie.

familiengeführt *adj* {HOTEL, UNTERNEHMEN} a conduzione familiare.

Familiengrab *n*, **Familiengruft** *f* tomba f di famiglia.

Familienkreis <-*es*, -*e*> *m*: **im ~**, in seno alla famiglia, nella cerchia familiare; **die Trauung fand im engsten ~ statt**, il matrimonio è stato celebrato alla sola presenza dei familiari.

Familienleben *n* vita f ₍di famiglia₎/[fa-

miliare].

Familienmensch *m* persona f tutta casa e famiglia: **ein ~ sein** {MANN}, essere un buon padre di famiglia.

Familienminister *m* (**Familienministerin** *f*) ministro m della famiglia.

Familienministerium *n* ministero m della famiglia.

Familienmitglied *n* membro m della famiglia.

Familienname *m* cognome m.

Familienoberhaupt *n* capofamiglia mf.

Familienpackung *f com* confezione f/formato m famiglia.

Familienphoto a.R. *von* Familienfoto → **Familienfoto**.

Familienplanung *f* pianificazione f familiare.

Familienpolitik *f* politica f della famiglia.

Familienrecht *n jur* diritto m di famiglia.

Familiensinn *m* senso m della famiglia.

Familienstand <-(*e*)*s*, *ohne pl*> *m* stato m civile.

Familientherapie *f* terapia f familiare.

Familientragödie *f* tragedia f familiare.

Familientreffen *n* riunione f di famiglia.

Familienunternehmen *n* impresa f di famiglia.

Familienvater *m* padre m di famiglia.

Familienverhältnisse subst <*nur pl*> situazione f/ambiente m familiare.

Familienzusammenführung *f* ricongiungimento m familiare.

Familienzuwachs *m scherz*: ~ **bekommen** aspettare un erede *scherz*.

famos *adj fam obs* {IDEE, KERL} formidabile, fantastico.

Fan <-s, -s> *m bes. film mus* Fan (*von jdm/etw*) fan mf (*di qu/qc*), patito (-a) m (f) *fam di qu/qc*; (*bes*. Fußballfan) tifoso (-a) m (f) (*di qu/qc*).

Fanartikel *m* gadget m (per fan o tifosi).

Fanatiker <-s, -> *m* (**Fanatikerin** *f*) fanatico (-a) m (f), sfegatato (-a) m (f) *fam*.

fanatisch *adj* {ANHÄNGER, BEGEISTERUNG} fanatico; {HASS, MENSCH} *auch* sfegatato *fam*.

Fanatismus <-, *ohne pl*> *m* fanatismo m.

Fanclub *m* → **Fanklub**.

fand 1. *und* 3. *pers sing imperf von* finden.

Fanfare <-, -*n*> *f* **1** *mus* (*Instrument*) tromba f (senza valvole) **2** *autom* tromba f elettrica.

Fang ① <-(*e*)*s*, *ohne pl*> *m Jagd* **1** (*das Fangen*) {+TIER} cattura f, caccia f **2** (*Beute*) preda f; (*beim Fischen*) pesca f • (**mit jdm/etw**) **einen guten ~ machen** *fam*, fare un ₍buon affare₎/[bell'acquisto] (con qu/qc) *fam*.

Fang ② <-(*e*)*s*, **Fänge**> *m* **1** <*meist pl*> *zoo* (*Reißzahn*) {+RAUBWILD} zanna f; {+HUND} dente m canino **2** <*nur pl*> (*Krallen*) artigli m pl, grinfie f pl • **jdm in die Fänge geraten** *fam*, cadere/finire nelle/[tra le] grinfie di qu *fam*.

Fangarm *m* <*meist pl*> *zoo* tentacolo m.

Fangemeinde *f* tifoseria f.

fangen <*fängt, fing, gefangen*> **A** *tr* (*festnehmen*) *jdn* ~ {VERBRECHER} catturare *qu*, prendere *qu*, acchiappare *qu fam* **2** (*erjagen*) *etw* ~ {FISCHE KLEINERE, TIERE} prendere *qc*; {GRÖBERE TIERE} *auch* catturare *qc* **3** (*nach etw greifen*) *etw* ~ {BALL} prendere *qc*, acchiappare *qc* **B** *rfl* **1** (*das Gleichgewicht wiederfinden*) **sich ~**, rimettersi in equilibrio **2** *fam* (*sich fassen*) **sich ~**, riprendersi, riaversi: **er hat sich wieder gefangen**, si è ripreso **3** (*sich ver~*) **sich in etw** (dat) ~ {IN EINER FALLE} rimanere preso (-a) *in qc*; {IN EINEM NETZ} restare impigliato (-a) *in qc* **4** *fam* (*etw abbekommen*) sich (dat) *etw* ~ {EINE OHRFEIGE, EINEN SCHNUPFEN} beccarsi qc fam • **Fangen spielen**, giocare a (ac)chiapparello.

Fänger <-s, -> m *sport Baseball* ricevitore m, catcher m, prenditore m *rar*.

Fangfrage f domanda f (a) trabocchetto.

fangfrisch adj {FISCH} appena pescato.

Fangnetz n (*für Fische*) rete f (da pesca); (*für Wild*) rete f (da caccia).

Fango <-, ohne pl> m *med* fango m.

Fangobad n bagno m di fango, fangatura f.

Fangokur f (cura f di) fanghi m pl: **eine ~ machen** fare i fanghi.

Fangopackung f impacco m di fango.

Fangquote f *fisch* quota f di pescato consentito.

Fangriemen m (*an der Skibindung*) laccetto m/cinghietto m di sicurezza.

Fangschaltung f *tel* dispositivo m di intercettazione (telefonica).

Fangschiff n *naut* peschereccio m.

Fangschuss (a.R. Fangschuß) m *Jagd* colpo m di grazia.

fängt 3. pers sing präs *von* fangen.

Fangvorrichtung f *mech* dispositivo m d'arresto; (*an Aufzügen*) paracadute m, arresto m.

Fangzahn m *zoo* {+RAUBWILD} zanna f; {+HUND} dente m canino.

Fanklub m club m di fan(s); *sport* club m di tifosi.

Fanpost f lettere f pl dei fan(s).

Fantasie <-, -n> f **1** <nur sing> (*Einbildungskraft*) fantasia f, (forza f d')immaginazione f, (*Erfindungsgabe*) auch inventiva f: **eine blühende/rege/zügellose ~ haben**, avere una fantasia esuberante/fervida/sbrigliata; **eine schmutzige ~**, una fantasia morbosa/malata **2** <meist pl> (*Produkt der Fantasie*) fantasia f: **erotische ~n**, fantasie erotiche **3** <nur pl> (*Hirngespinste*) allucinazioni f pl, fantasie f pl, fantasticherie f pl **4** *mus* fantasia f • *jds* **keine Grenzen setzen**, non porre alcun limite all'immaginazione di qu; **seiner ~ freien Lauf lassen**, dare libero corso alla propria immaginazione.

fantasiearm adj → **fantasielos**.

fantasiebegabt adj → **fantasiereich**.

Fantasiegebilde n fantasticheria f, chimera f, frutto m [della fantasia]/[dell'immaginazione], fantasmagoria f.

fantasielos A adj {BUCH, INSZENIERUNG} [privo di]/[senza] fantasia; {PERSON} auch senza immaginazione: **~ sein**, non avere immaginazione B adv {AUFZIEHEN, GESTALTEN, EIN-, VERPACKEN} senza fantasia.

Fantasielosigkeit <-, ohne pl> f mancanza f di fantasia/immaginazione.

fantasiereich A adj ricco di fantasia/immaginazione; {INTELLIGENZ} auch inventivo: **~ sein**, avere molta fantasia/immaginazione, essere inventivo B adv {GESTALTEN, MALEN} con molta fantasia.

fantasieren <ohne ge-> itr **1** (*sich träumend vorstellen*) *von etw* (dat) ~ fantasticare *di/su qc*: **sie ~ immer noch davon, nach Neuseeland auszuwandern**, fantasticano ancora di emigrare in Nuova Zelanda **2** (*faseln*) vaneggiare, straparlare *fam*, farneticare, sragionare **3** *med* (*im Fieber*) delirare, vaneggiare, farneticare **4** *mus* improvvisare.

fantasievoll A adj {MENSCH} fantasioso, pieno di immaginazione/fantasia B adv {GESTALTEN, VERPACKEN} in modo fantasioso/colorito, con molta fantasia.

Fantasiewelt f mondo m della fantasia:

in einer ~ leben vivere nel mondo della fantasia.

Fantast <-en, -en> m (**Fantastin** f) *pej* sognatore (-trice) m (f), fantasticone (-a) m (f) *rar*: **ein politischer ~**, un utopista politico.

Fantasterei <-, -en> f *pej* fantasticheria f.

Fantastin f → **Fantast**.

fantastisch A adj **1** (*unwirklich*) {GEDANKENWELT, IDEE, VORSTELLUNG} fantastico, irreale **2** *fam* (*großartig*) {FILM, PLAN, TYP, VERHALTEN} fantastico, grandioso *fam*, formidabile **3** <attr> (*unglaublich*) {GESCHWINDIGKEIT, HÖHE, PREISE, TIEFE} fantastico, favoloso *fam*, incredibile, fenomenale B adv **1** (*großartig*) {FUNKTIONIEREN, PASSEN, SITZEN} in modo fantastico/straordinario, in maniera fantastica: **~ schmecken**, avere un sapore fantastico/magnifico **2** (*unglaublich*) {TANZEN, UNTERHALTEN} in modo incredibile, favolosamente, in maniera fantastica.

Fantasy <-, ohne pl> f *film lit* fantasy m.

Fantasyfilm m film m fantasy.

Fantasyliteratur f letteratura f fantasy.

Fantasyroman m romanzo m fantasy.

Fantasyserie f *TV* telefilm m di fantasia a puntate, serial m fantasy.

FAQ subst <nur pl> *inform Abk von engl* frequently asked questions: FAQ.

Faradaykäfig <-s, ohne pl> m, **Faraday--Käfig** <-s, ohne pl> m *phys* gabbia f di Faraday.

Farbaufnahme f fotografia f a colori.

Farbband <-(e)s, -bänder> n {+SCHREIBMASCHINE} nastro m.

Farbbildschirm m schermo m a colori.

Farbdruck, **Farbendruck** <-(e)s, -e> m stampa f a colori.

Farbdrucker m *inform* stampante f a colori.

Farbe <-, -n> f **1** *allg.* colore m **2** (*Gesichtsfarbe*) colorito m, colore m, incarnato m **3** (*Malfarbe, Anstreichfarbe*) tinta f, pittura f, vernice f, colore m: **auf etw (akk) eine ~ auftragen**, colorare qc **4** *typ* inchiostro m **5** <nur pl> (*Symbol*) {+LAND, VEREIN} colori m pl **6** *Karten* seme m, colore m • **etw in den schwärzesten ~n ausmalen/schildern**, dipingere/descrivere qc [a tinte fosche]/[nelle tinte più scure]; **~ bekennen** (müssen) *fam*, (dover) mettere le carte in tavola *fam*; **in ~**, a colori; **die ~ wechseln**, cambiare colore.

farbecht adj {STOFF} che non stinge; {FARBE} indelebile.

Färbemittel n → **Farbstoff**.

färben A tr *etw* ~ **1** (*eine bestimmte Farbe geben*) {HAAR} tingere qc; {KLEIDUNGSSTÜCK, STOFF} auch colorare qc **2** (*tendenziös darstellen*) {BERICHT} colorire qc, colorare qc B itr *fam* (*die Farbe verlieren*) stingere, scolorire C rfl **1** (*die Farbe ändern*) **sich** (*irgendwie*) ~ {HIMMEL blau; TOMATEN rot} tingersi *di qc*, colorarsi *di qc*: **sich blau/rot ~**, tingersi di blu/di rosso; **sich gelb ~** {BLÄTTER}, ingiallire **2 sich** (dat) *etw* ~ {DIE HAARE} tingersi qc: **sich die Haare rot/blond ~**, tingersi i capelli di rosso/biondo

farbenblind adj *med* daltonico.

Farbenblindheit f *med* daltonismo m.

farbenfreudig, **farbenfroh** adj {BILD, KLEID} dai colori vivaci/[gai e smaglianti].

Farbenpracht f *geh* tripudio m di colori.

farbenprächtig adj *geh* dagli splendidi colori.

Farbenspiel n gioco m di colori.

Färber <-s, -> m (**Färberin** f) tintore (-a) m (f).

Färberei <-, -en> f tintoria f.

Färberin f → **Färber**.

Farbfernsehen n *TV* televisione f a colori.

Farbfernseher m *fam*, **Farbfernsehgerät** n televisore m a colori.

Farbfilm m **1** pellicola f a colori **2** *film TV* film m a colori.

Farbfilter m *oder* n *fot opt* filtro m colorato.

Farbfoto n foto f a colori.

Farbfotografie f fotografia f a colori.

Farbgebung f coloritura f, colore m.

farbig adj **1** (*bunt*) {GLAS, LICHT, STOFF} colorato; (*lebhaft*) vivace; (*als Farbfoto*) {PASSBILD, POSTKARTE} a colori **2** <attr> (*nicht weiß*) {BEVÖLKERUNG, MENSCH} di colore **3** (*anschaulich*) {SCHILDERUNG} colorito, espressivo.

Farbige <dekl wie adj> mf uomo m (donna f) di colore.

Farbkasten, **Farbenkasten** m scatola f/cassetta f dei colori.

Farbkissen n cuscinetto m inchiostrato (per timbri).

Farbkopierer m fotocopiatrice f a colori.

Farblaserdrucker m *inform* stampante f laser a colori.

farblich A adj {NUANCEN, ZUSAMMENSTELLUNG} cromatico B adv: **etw ~ abstimmen**, armonizzare i colori di qc.

farblos adj **1** (*ohne Farbe*) {(NAGEL)LACK} incolore, neutro **2** (*langweilig*) {SCHILDERUNG} scialbo, monotono; {PERSON} scialbo, insignificante.

Farbmonitor m *inform* monitor m a colori.

Farbphoto a.R. *von* Farbfoto → **Farbfoto**.

Farbphotographie f → **Farbfotografie**.

Farbstich m *fot* dominante f di colore.

Farbstift m (*Holzstift*) matita f colorata; (*Filzstift*) pennarello m colorato.

Farbstoff m *chem* (sostanza f) colorante m: **natürliche/synthetische ~e**, coloranti naturali/sintetici.

Farbtintenstrahldrucker m *inform* stampante a getto d'inchiostro a colori.

Farbton m tonalità f (cromatica), tinta f, sfumatura f (di colore).

Färbung <-, -en> f **1** <nur sing> (*das Färben*) {+LEBENSMITTEL} colorazione f; {+TEXTILIEN} auch tintura f **2** (*Tönung*) {+HAUT} tonalità f; {+WASSER} colorazione f **3** (*Tendenz*) {POLITISCHE} coloritura f; {IRONISCHE} sfumatura f, colorazione f.

Farbzusammenstellung f accostamento m/abbinamento m di colori.

Farce <-, -n> f **1** *theat* farsa f **2** (*lächerliche Sache*) farsa f: **dies ist doch eine einzige ~!**, ma è tutta una farsa! **3** *gastr* farcia f.

Farm <-, -en> f **1** (*Bauernhof*) fattoria f **2** (*Geflügelfarm, Rinderfarm*) allevamento m di qc.

Farmer <-s, -> m (**Farmerin** f) (*Besitzer*) proprietario (-a) m (f) di fattoria; (*Verwalter*) fattore m, fattora/fattoressa f.

Farn <-s, -e> m *bot*, **Farnkraut** n *bot* felce f.

Färöer subst <nur pl> *geog*: **die ~**, le isole Føroyar/Føroyar.

Färse <-, -n> f *zoo* giovenca f.

Fasan <-(e)s, -e(n)> m *ornith* fagiano m.

Fasanerie <-, -n> f fagianiera f.

Faschierte <dekl wie adj> n A carne f macinata.

Fasching <-s, -e *oder* -s> m *bes. süddt* A carnevale m.

Faschingsball m veglione m di carnevale, ballo m in maschera.

Faschingsdienstag m *bes. süddt* A martedì m grasso.

Faschingskostüm n costume m di carnevale, maschera f.

Faschingsparty f festa f di carnevale.
Faschingsumzug m, **Faschingszug** m *bes. süddt A* sfilata f di carnevale, carri m pl allegorici.
Faschingszeit f (periodo m di) carnevale m.
Faschismus <-, *ohne pl*> m *pol* fascismo m.
Faschist <-en, -en> m (**Faschistin** f) fascista mf.
faschistisch adj {PARTEI, REGIME} fascista.
faschistoid adj fascistoide.
Faselei <-, -en> f *fam pej* ciance f pl *fam*, vaniloquio m.
faseln *fam* **A** itr (*Unsinn reden*) blaterare, farneticare **B** tr (*etw Unsinniges sagen*) **etw** ~ blaterare *qc fam*; **etw von etw** (dat) ~, blaterare/farneticare *qc di qc*.
Faser <-, -n> f **1** (*Textilfaser*) fibra f **2** *anat biol* fibra f.
faserig, **fasrig** adj {FLEISCH, GEWEBE, HOLZ, PAPIER} fibroso, filamentoso.
fasern itr {STOFF} sfilacciarsi.
Fashion-Item <-s, -s> n accessorio m.
Fasnacht f *süddt CH* → **Fastnacht**.
Fass (a.R. **Faß**) <-es, *Fässer*> n **1** (*großes* ~) botte f; (*kleines* ~) barile m: **etw in Fässer füllen**, imbottare *qc* **2** *industr* (*für Benzin*) fusto m **3** *fam* (*dicker Mensch*) botte f *fam* • **ein ~ ohne Boden (sein)**, (essere) un pozzo senza fondo *fam*; **das schlägt dem ~ den Boden aus!** *fam*, (questo) è il colmo! *fam*; **das ~ zum Überlaufen bringen** *fam*, essere la goccia che fa traboccare il vaso; **vom ~**: **Bier vom ~**, birra alla spina; **Wein vom ~**, vino sciolto/sfuso.
Fassade <-, -n> f **1** *arch* facciata f **2** (*äußerer Schein*) facciata f, apparenza f: **nur ~ sein**, essere solo/tutta apparenza.
Fassadenkletterer m (**Fassadenkletterin** f) ladro (-a) m (f) acrobata (che penetra negli appartamenti arrampicandosi lungo le facciate degli edifici).
Fassadenreinigung f pulizia f della facciata.
fassbar (a.R. faßbar) adj (*begreifbar*) comprensibile, concepibile: **leicht/schwer ~**, facilmente/difficilmente comprensibile; **nicht ~**, incomprensibile, inconcepibile; **kaum ~**, poco comprensibile.
Fassbier (a.R. Faßbier) n <*meist sing*> *gastr* birra f alla spina.
fassen[1] **A** tr **1** (*ergreifen*) **etw an/mit etw** (dat) ~ (AST MIT DEN HÄNDEN, MESSER AM GRIFF) afferrare *qc per/con qc*, agguantare *qc per/con qc*; **jdn an/bei etw** (dat) ~ {AM ARM, AN DEN HAAREN, BEI DER HAND} afferrare *qu per/con qc*, prendere *qu per qc* **2** (*festnehmen*) **jdn** ~ (TÄTER) catturare *qu*, prendere *qu*, acciuffare *qu fam* **B** itr **1** (*berühren*) **an/in etw** (akk) ~ (AN EIN HEISSES BÜGELEISEN, INS WASSER) toccare *qc*, mettere le mani *su/in qc* **2** (*greifen*) {REIFEN} fare presa; {ZAHNRAD} ingranare.
fassen[2] tr **1** (*aufnehmen*) **etw** ~ {BEHÄLTER 10 L WASSER} (poter) contenere *qc*, avere una capienza/capacità *di qc*; {STADION 50 000 ZUSCHAUER} *auch* (poter) accogliere *qc* **2** (*ein~*) **etw** ~ (**in etw** akk) ~ {EDELSTEINE} incastonare *qc in qc*, montare *qc in qc*; (*einrahmen*) incorniciare *qc*.
fassen[3] tr **1** <*meist verneint*> (*verstehen*) **etw** ~ afferrare *qc*, comprendere *qc*, capire *qc*, capacitarsi *di qc*: **ich kann es nicht ~**, stento [non riesco] a crederci; **das ist nicht zu ~!**, è incredibile/inconcepibile! **2** (*zu etw gelangen*) **etw** ~ {BESCHLUSS, ENTSCHLUSS} prendere *qc*: **keinen klaren Gedanken ~ können**, non riuscire a concentrarsi **3** (*ausdrücken*) **etw in etw** (akk) ~ {SEINE GEDANKEN, GEFÜHLE IN WORTE} tradurre *qc in qc*, esprimere *qc con qc* **B** rfl (*sich wieder beruhigen*) **sich** ~ riprendersi, calmarsi, riaversi • **sich kurz ~**, essere breve.
Fässer pl *von* Fass.
Fassette f → **Facette**.
Fassettenauge n → **Facettenauge**.
fassettenreich adj → **facettenreich**.
Fasson f {+KLEIDUNGSSTÜCK} foggia f, fattura f • **jeder nach seiner eigenen ~**, ognuno a suo modo; **aus der ~ geraten** *fam*, sformarsi *fam*, perdere la linea.
Fassonschnitt m (*klassische Herrenfrisur*) sfumatura f.
Fassung[1] <-, -en> f **1** (*Rahmen*) {+EDELSTEINE} incastonatura f, montatura f; (*Gestell*) {+BRILLE} montatura f **2** *el* {+GLÜHBIRNE} portalampada m, virola f.
Fassung[2] <-, -en> f (*Version*) {+FILM} versione f; {+ROMAN, TEXT, ÜBERSETZUNG} *auch* stesura f.
Fassung[3] <-, *ohne pl*> f (*Selbstbeherrschung*) calma f, autocontrollo m; (*Haltung*) contegno m, compostezza f • **die ~ bewahren**, mantenere il controllo (di sé)/[contegno]; **jdn aus der ~ bringen**, far perdere la calma/le staffe *fam* a qu, far uscire qu dai gangheri *fam*; **aus der ~ geraten**, scomporsi, perdere la calma/la bussola *fam*; **die ~ verlieren**, scomporsi, perdere la calma/la bussola *fam*.
fassungslos A adj esterrefatto, sbalordito, sbigottito, sconcertato **B** adv {ANSTARREN} esterrefatto (-a): **~ vor etw** (dat) **stehen**, rimanere esterrefatto (-a) di fronte a qc.
Fassungslosigkeit <-, *ohne pl*> f sconcerto m, sbalordimento m, sbigottimento m.
Fassungsvermögen <-s, *ohne pl*> n **1** (*Kapazität*) {+BEHÄLTER, STADION} capienza f, capacità f **2** (*geistige Auffassungsgabe*) capacità f pl intellettive, facoltà f intellettiva.
Fasswein (a.R. Faßwein) m vino m in botti.
fast adv **1** (*beinahe*) quasi, pressoché: **~ immer**, quasi sempre; **~ nie**, quasi mai; **~ nichts**, quasi niente; **ich habe ~ nichts gegessen**, non ho mangiato quasi niente; **es waren ~ (alles) nur Frauen**, erano quasi tutte donne **2** (*mit Verben im konjv II*) **~** per poco non ..., a momenti ... *fam*, poco mancò che (non)... konjv *geh*, stare per ... inf: **~ hätte ich's vergessen**, per poco non lo dimenticavo, stavo per dimenticarlo; **ich wäre ~ gefallen**, a momenti cadevo *fam*, stavo per cadere, poco mancò che non cadessi *geh*.
fasten itr **1** *relig* digiunare, osservare il digiuno **2** (*um abzunehmen*) fare una cura dimagrante, essere a dieta, digiunare *scherz*; (*zur Entgiftung*) fare una cura disintossicante
Fastenkur f (*zum Abmagern*) cura f/dieta f dimagrante; (*zur Entgiftung*) cura f disintossicante.
Fastenmonat m *relig* mese m di/del digiuno.
Fastentag m → **Fasttag**.
Fastenzeit f *relig* periodo m di digiuno; (*katholische ~*) quaresima f.
Fastfood <-(s), *ohne pl*>, **Fast Food** <-(s), *ohne pl*> n fast food m.
Fast-Food-Restaurant, **Fastfoodrestaurant** <-s, -s> n fast food m.
Fastnacht <-, *ohne pl*> f **1** (*Fasching*) carnevale m **2** (*~sdienstag*) martedì m grasso.
Fasttag m giorno m di dieta; *relig* giornata di digiuno.
Faszination <-, *ohne pl*> f fascino m: **eine besondere ~ auf jdn ausüben**, esercitare un fascino particolare su qu.
faszinieren <*ohne* ge-> tr **jdn (mit etw** dat) ~ affascinare *qu* (*con qc*): **an ihm fasziniert mich vor allem seine Intelligenz**, di lui mi affascina soprattutto l'intelligenza.
faszinierend adj {IDEE, LÄCHELN, MENSCH} affascinante: **ein ~er Anblick**, uno spettacolo affascinante.
fatal adj *geh* **1** (*verhängnisvoll*) {FEHLER, FOLGEN, IRRTUM} fatale. **2** (*peinlich*) {FAUXPAS, GEFÜHL, SITUATION} imbarazzante, increscioso.
Fatalismus <-, *ohne pl*> m *geh* fatalismo m.
Fatalist <-en, -en> m (**Fatalistin** f) fatalista mf.
fatalistisch adj fatalistico.
Fata Morgana <- -, - Morganen *oder* -s> f (*Trugbild*) miraggio m, fata f morgana.
Fatlaces subst <*nur pl*> lacci m pl larghi alle scarpe.
Fatzke <-n *oder* -s, -n *oder* -s> m *fam pej* bellimbusto m *fam*, damerino m.
fauchen itr **1** {KATZE, TIGER} soffiare **2** *fam* (*wütend sagen*) sibilare (fra i denti) *fam*.
faul[1] adj (*träge*) pigro, poltrone, infingardo *geh*: **stinkend ~ sein** *fam*, essere un pigrone/pelandrone.
faul[2] **A** adj **1** (*verdorben*) {EIER, FISCH, FLEISCH, GEMÜSE, OBST} marcio, putrido, guasto, fradicio; (*verrottet*) {ZAHN} marcio *fam*; {BLÄTTER, HOLZ, WASSER} *auch* marcio; (*faulig*) {GERUCH, GESCHMACK} di marcio **2** <*attr*> *fam pej* (*zweifelhaft*) {AUSREDE} magro, misero; {KOMPROMISS} all'acqua di rose *fam*: **~er Witz** *fam*, spirito di patate *fam*; **an der Sache ist was ~**, in questa faccenda c'è del marcio, questa faccenda puzza **B** adv (*verdorben*): **~ riechen/schmecken**, odorare/sapere di marcio • **nicht ~ ...** *fam* (*reaktionsschnell*), detto fatto ... *fam*.
Fäule <-, *ohne pl*> f *geh* → **Fäulnis**.
faulen itr <*sein oder haben*> {KADAVER, LEICHE} putrefarsi, imputridire; {EIER, FISCH, FLEISCH, GEMÜSE, OBST} marcire, guastarsi, andare a male; {ZAHN} marcire *fam*; {BLÄTTER, HOLZ, WASSER} *auch* imputridire.
faulenzen itr poltrire, grattarsi la pancia *fam*, oziare *geh*: **er verbringt seine Wochenenden mit Faulenzen**, passa i fine settimana a poltrire.
Faulenzer <-s, -> m (**Faulenzerin** f) *fam pej oder scherz* poltrone (-a) m (f), scioperato (-a) m (f), pelandrone (-a) m (f) *region*.
Faulenzerei <-, -en> f *fam pej* poltroneria f, scioperataggine f.
Faulenzerin f → **Faulenzer**.
Faulheit <-, *ohne pl*> f pigrizia f, poltronaggine f, infingardaggine f *geh*.
faulig A adj (*Wasser*) putrido, marcio; {GERUCH, GESCHMACK} di marcio **B** adv: **~ riechen/schmecken**, odorare/sapere di marcio.
Fäulnis <-, *ohne pl*> f {+KADAVER, LEICHNAM} putrefazione f; {+BLÄTTER, EIER, FISCH, FLEISCH, GEMÜSE, HOLZ, OBST, WASSER} *auch* marciume m, marcio m; **in ~ übergehen**, putrefarsi, imputridire, marcire.
Faulpelz m *fam pej* → **Faulenzer**.
Faultier n **1** *zoo* bradipo m, poltrone m **2** *fam* → **Faulenzer**.
Faun <-(e)s, -e> m *myth* fauno m.
Fauna <-, *Faunen*> f fauna f.
Faust <-, *Fäuste*> f pugno m • **wie die ~ aufs Auge passen** *fam* (*überhaupt nicht passen*), essere un pugno in un occhio; *iron* (*sehr gut passen*), essere come il cacio sui maccheroni; **wie die ~ aufs Auge zu etw** (dat) **passen ~**, fare a pugni con qc; **die (Hand zur) ~ ballen**, stringere il pugno; **auf eigene ~** *fam* {FAHREN, HANDELN, ETW MACHEN}, di propria

iniziativa; **mit** *eiserner* ~ (*mit Gewalt*) {RE-GIEREN}, con il pugno di ferro; **mit der ~ auf den** *Tisch* **schlagen**, battere il pugno sul tavolo.

Faustabwehr <-, ohne pl> f *Fußball* {+TOR-WART} intervento m di pugno.

Faustball <-(e)s, ohne pl> m *sport* palla f a pugno.

Fäustchen <-s, -> n *dim von* Faust pugnetto m • **sich** (dat) (**eins**) **ins ~ lachen** *fam*, ridersela sotto i baffi.

faustdick adj *fam* **1** → **faustgroß** **2** <attr> (*unerhört*) {LÜGE} colossale *fam*: **~ Lüge erzählen**, sparare delle balle colossali *fam*.

faustgroß adj {TUMOR} grosso come una mela.

Fausthandschuh m manopola f, muffola f.

Fäustling <-s, -e> m → **Fausthandschuh**.

Faustpfand n *jur obs* "pegno m mobiliare costituito con contratto".

Faustrecht <-(e)s, ohne pl> n legge f del più forte.

Faustregel f regola f generale.

Faustschlag m pugno m, cazzotto m *fam*.

Fauxpas <-, -> m *geh* gaffe f: **einen ~ begehen**, fare una gaffe.

favorisieren <ohne ge-> tr *geh jdn/etw* ~ favorire qu/qc.

favorisiert adj *sport* {MANNSCHAFT, SPIELER} favorito.

Favorit <-en, -en> m (**Favoritin** f) **1** (*Liebling*) favorito (-a) m (f), beniamino (-a) m (f), prediletto (-a) m (f) **2** *sport* favorito (-a) m (f).

Fax <-, -e> n **1** (*Fernkopie*) fax m **2** (*Gerät*) (tele)fax m: **etw per Fax schicken**, mandare qc via/per fax.

Faxabruf m fax on demand m.

Faxanschluss m, (a.R. Faxanschluß) m collegamento m fax.

Faxempfang m ricevimento m fax.

faxen Ⓐ tr *etw* (ˌ*an jdn*ˌ/[*jdm*]) ~ mandare qc (a qu) via/per fax, faxare qc (a qu) Ⓑ itr (*jdm*) ~ mandare un fax (a qu).

Faxen subst <nur pl> *fam* **1** (*Grimassen*) smorfie f pl, versacci m pl, boccacce f pl: ~ **machen/schneiden**, fare ˌdelle smorfieˌ/[delle boccacce] **2** (*Albernheiten*) buffonate f pl, pagliacciate f pl, (*Unsinn*) sciocchezze f pl, stupidaggini f pl • **die ~** ˌ**dick**(**e**) **haben**ˌ/[satthaben] *slang*, averne le tasche *fam*/scatole *slang* piene; *mach* **ja keine ~!** *fam* (*mach keine Dummheiten!*), non fare sciocchezze!; (*mach kein Theater!*), non fare storie!

Faxgerät n (tele)fax m.

Faxmodem <-s, -s> n *tel* fax modem m.

Faxnummer f numero m di fax.

Faxpapier n carta f per fax.

Faxsoftware f *inform* software m per fax.

Fayence <-, -n> f maiolica f.

Fazit <-s, -e oder -s> n (*Ergebnis*) risultato m (finale), esito m; (*Schlussfolgerung*) conclusione f, bilancio m • **das ~ aus etw** (dat) **ziehen**, tirare le somme di qc, fare il bilancio di qc.

FCKW <-(s), -(s)> m *chem Abk von* Fluorchlorkohlenwasserstoff: CFC m (*Abk von* clorofluorocarburo).

FCKW-frei adj senza CFC.

FDJ <-, ohne pl> f *ostdt hist Abk von* Freie Deutsche Jugend: "associazione f della ex RDT che raggruppava i giovani al di sopra dei 14 anni".

FDP, **F.D.P.** <-, ohne pl> f *pol* **1** *D Abk von* Freie Demokratische Partei: "partito m liberale democratico tedesco" **2** *CH Abk von* Freisinnig-Demokratische Partei: "partito m liberale svizzero".

F-Dur n *mus* fa m maggiore.

Feature <-s, -s> n oder <-, -s> f **1** *journ radio TV* ~ (*über etw* akk) servizio m (speciale) (su qc) **2** (*Merkmal*) caratteristica f.

Feber <-s, -> m *A* → **Februar**.

Februar <-(s), -e> m febbraio m; → *auch* **September**.

fechten <ficht, focht, gefochten> itr *sport* (**gegen** *jdn*) ~ tirare di scherma (contro qu); **mit dem Degen/Florett/Säbel ~**, tirare di spada/fioretto/sciabola; **einen Gang ~**, fare un assalto.

Fechten <-s, ohne pl> n → **Fechtsport**.

Fechter <-s, -> m (**Fechterin** f) schermidore (-a) m (f).

Fechtkunst <-, ohne pl> f *sport* scherma f.

Fechtmaske f *sport* maschera f (da scherma).

Fechtmeister m (**Fechtmeisterin** f) maestro (-a) m (f) di scherma.

Fechtsaal m sala f di scherma.

Fechtsport m scherma f.

Feder① <-, -n> f **1** (*Vogelfeder*) penna f; (*Flaumfeder, Bettfeder, Hutfeder*) piuma f **2** (*Schreibfeder*) pennino m: **das stammt aus seiner ~**, è di suo pugno • **in die ~n lassen** (**müssen**) *fam* (*Verluste machen*), lasciarci/rimetterci le penne *fam*; **noch in den ~n liegen** *fam scherz*, essere ancora sotto le coperte; **sich mit fremden ~n schmücken**, coprirsi/ [farsi bello (-a)] con le penne del pavone.

Feder② <-, -n> f *tech* molla f.

Federball m **1** (*Ball*) volano m **2** <nur sing> (*Spiel*) badminton, gioco m del volano m *obs*: ~ **spielen**, giocare a badminton.

Federbett n piumone m; (*leichtes* ~) piumino m.

Federbusch m **1** (*am Hut*) pennacchio m **2** *zoo* ciuffo m (di piume).

Federdecke f → **Federbett**.

Federfuchser <-s, -> m *fam pej* pignolo m *pej*, precisino m *fam pej*.

federführend adj *adm* responsabile.

Federführung f responsabilità f: **unter** *jds* ~, sotto la responsabilità/guida di qu.

Federgewicht n *sport* peso m piuma.

Federgewichtler <-s, -> m (**Federgewichtlerin** f) peso m piuma.

Federhalter m portapenne m.

Federkernmatratze f materasso m a molle.

Federkissen n guanciale m/cuscino m di piume.

Federkleid n *ornith* piumaggio m, piume f pl, penne f pl.

federleicht adj {PERSON, STOFF} leggero come una piuma, leggerissimo.

Federlesen n: **ohne langes/viel ~**, senza ˌtanti complimentiˌ/[tante cerimonie]; **nicht viel ~(s)** (**mit** *jdm/etw*) **machen**, non fare tanti complimenti (con qu/qc).

Federmäppchen <-s, -> n (*von Schülern*) (astuccio m) portapenne m.

federn Ⓐ tr *etw* ~ {AUTO, SOFA} molleggiare *qc*: **dieser Wagen ist gut gefedert**, questa macchina è ben molleggiata Ⓑ itr **1** {MATRATZE, SPRUNGBRETT} molleggiare, essere molleggiato **2** {TURNER} molleggiarsi.

federnd adj {GANG, SCHRITT} elastico, molleggiato.

Federung <-, -en> f {+BETT, SOFA} molleggio m; {+FAHRZEUG} sospensioni f pl.

Federvieh n *fam oft scherz* volatili m pl, pennuti m pl.

Federwaage f bilancia f a molla.

Federzeichnung f disegno m a penna.

Fee <-, -n> f fata f.

Feed-back, **Feedback** <-s, -s> n feed(-)back m, retroazione f.

Feeling <-s, ohne pl> n **1** *fam* (*Gefühl*) sensazione f **2** (*Einfühlungsvermögen*) feeling m: **sie hat ein ~ für solche Dinge**, ha un notevole intuito per queste cose **3** (*Stimmung*) atmosfera f.

Fegefeuer n *relig* purgatorio m: **ins ~ kommen**, andare in purgatorio.

fegen Ⓐ tr <haben> **1** *bes. norddt* (*kehren*) *etw* ~ spazzare *qc*, scopare *qc*: **den Boden ~**, spazzare il pavimento; **etw irgendwohin ~** {SCHMUTZ IN DIE ECKE, UNTER DEN SCHRANK} spazzare *qc* + *compl di luogo* **2** *fam* (*fortschieben*) *etw von etw* (dat) ~ {PAPIER VOM TISCH} spazzare via *qc* da *qc* Ⓑ itr **1** <haben> passare la scopa, scopare, spazzare **2** <sein> *fam* (*sausen*) **irgendwohin ~** {STURM, WIND DURCHS LAND} turbinare/infuriare + *compl di luogo*; {PERSON DURCHS ZIMMER} saettare *fam*/sfrecciare *fam* + *compl di luogo*.

Feger <-s, -> m **1** *scherz* (*wildes Kind*) monello m **2** *slang* (*attraktive Frau*) **die ist ja ein heißer ~!** che schianto di donna!

Fehde <-, -n> f *geh* faida f: **mit** *jdm* **in ~ liegen**, essere in lotta con qu.

Fehdehandschuh m: **den ~ aufnehmen** *geh*, raccogliere la sfida; *jdm* **den ~ hinwerfen** *geh* (*jdn herausfordern*), lanciare la sfida a qu.

fehl adj: **~ am Platz(e)** (sein) {PERSON}, (essere) fuori posto {BEMERKUNG, VERHALTEN} (essere) inopportuno/[fuori luogo]: **ich fühle mich hier ~ am Platz(e)**, qui mi sento fuori posto.

Fehl m: **ohne ~** (**und Tadel**) *geh obs*, senza nei.

Fehlalarm m falso allarme m.

Fehlanzeige f: **~!** *fam*, negativo!, niente!, nulla!

fehlbar adj <meist präd> *geh obs* {MENSCH} fallibile *lit*.

Fehlbesetzung f **1** (*Person*) "persona f sbagliata nel posto sbagliato"; {+STELLE} assegnazione f sbagliata **2** *film theat* (*Person*) interprete mf inadeguato (-a); {+ROLLE} assegnazione f sbagliata.

Fehlbetrag m **1** *com* (*in der Kasse*) ammanco m **2** *ökon* (*Defizit*) deficit m, disavanzo m; **mit einem ~ schließen**, chiudere in perdita.

Fehlbildung f *med* malformazione f.

Fehldiagnose f diagnosi f errata/sbagliata.

Fehldisposition f errore m (nel predisporre qc).

Fehleinschätzung f errore m di valutazione, valutazione f errata.

fehlen Ⓐ itr **1** (*nicht vorhanden sein*) (*jdm*) ~ mancare (a qu): **in dem Buch fehlt eine Seite**, a questo libro manca una pagina; **an meiner Jacke fehlt ein Knopf**, alla mia giacca manca un bottone **mir fehlt einfach die Zeit zum Lesen**, ˌmi mancaˌ/[non ho] proprio (il) tempo per/di leggere **2** (*abwesend sein*) essere assente, mancare: **gestern fehlten im Englischkurs viele Studenten**, ieri al corso d'inglese mancavano molti studenti **3** *fam* (*vermisst werden*) *jdm* ~ mancare *a qu*: **du fehlst mir sehr**, mi manchi molto, sento molto la tua mancanza Ⓑ unpers (*mangeln*) mancare, scarseggiare: **es fehlt an etw** (dat) {AN GELD, MITTELN, PERSONAL}, qc manca; **es fehlt jdm an etw** (dat), qu manca/[è privo] di qc; **es fehlt mir an Er-**

fahrung, manco di esperienza ● **es (jdm) an nichts ~ lassen**, non far mancare nulla (a qu); **das hat gerade noch gefehlt!**, ci mancava anche/pure questa!; **es fehlte nicht viel, und ... konjv II**, poco ci mancò che ... konjv, per poco non ... ind; **es fehlte nicht viel, und er hätte verloren**, poco ci mancava/mancò che perdesse, per poco non perse; **fehlt dir (et)was?** - **Mir fehlt nichts**, che cos'hai? - Sto bene, non ho niente; **wo fehlt's denn?**, (che) cosa c'è (che non va)?

Fehlentscheidung f decisione f sbagliata.

Fehlentwicklung f disfunzione f: **um ~en vorzubeugen**, per prevenire sviluppi negativi.

Fehler <-s, -> m **1** (*Irrtum*) errore m, sbaglio m; **grober ~**, strafalcione, sfondone *fam*; (*bes. moralisch*) fallo m; **es war ein ~ von mir/dir/...**, **das zu tun**, farlo è stato un errore da parte mia/tua/...; **es ist mein/dein/... ~**, è colpa mia/tua/... **2** (*Verstoß gegen Regeln*) *sport* fallo m; *gram ling inform math* errore m **3** (*Charakterfehler, körperlicher ~*) difetto m; (*menschliche Schwäche*) *auch* vizio m; **jeder hat (seine) ~**, nessuno è perfetto, a tutti i poeti manca un verso **4** (*Mangel*) (*an Arbeit, Ware*) difetto m; (*leichter ~*) pecca f, imperfezione f ● **auf ~ erkennen** *sport* {SCHIEDSRICHTER}, fischiare un fallo; **einen ~ machen/begehen**, fare/commettere un errore/uno sbaglio; *null* ~, nessun errore; **jdm unterläuft ein ~**, qu incorre in un errore/uno sbaglio; **durch ~ wird man klug** *prov*, sbagliando s'impara *prov*.

fehleranfällig adj soggetto a errori.

Fehleranzeige f *inform* → **Fehlermeldung**.

fehlerfrei adj → **fehlerlos**.

fehlerhaft adj **1** (*mangelhaft*) {ARBEIT} imperfetto; (AUSSPRACHE, ÜBERSETZUNG) scorretto, errato **2** *com* {WARE} difettoso **3** (*unrichtig*) {MESSUNG, RECHNUNG} errato, sbagliato.

Fehlerkorrekturprogramm n *inform* programma m di debugging.

fehlerlos adj **1** (*ohne Fehler*) {ARBEIT} senza pecche, perfetto; {AUSSPRACHE, ÜBERSETZUNG} *auch* corretto, senza/[privo di] errori **2** (*ohne Mängel*) {MATERIAL, WARE} perfetto, senza/[privo di] difetti.

Fehlermeldung f *inform* messaggio m d'errore.

Fehlerquelle f fonte f di errori.

Fehlerquote f percentuale f di errori.

Fehlfarbe f *Karten* scarto m.

Fehlfunktion f malfunzionamento m; *med* disfunzione f.

Fehlgeburt f aborto m spontaneo.

fehl|gehen <irr> itr <sein> *geh* **1** (*sich irren*) errare *geh*, andare errato (-a), sbagliare: **ich gehe wohl nicht fehl in der Annahme, dass ...**, probabilmente non vado errato (-a) nel supporre che ... **2** (*sich verlaufen*) sbagliare strada **3** (*das Ziel verfehlen*) {KUGEL, SCHUSS} mancare il bersaglio.

Fehlgriff m mossa f/scelta f sbagliata, sbaglio m, passo m falso.

Fehlinformation f informazione f sbagliata.

Fehlinterpretation f interpretazione f errata/sbagliata.

Fehlinvestition f *bes. ökon* investimento m fallimentare.

Fehlkalkulation f errore m di calcolo, calcolo m sbagliato.

Fehlkauf m acquisto m sbagliato.

Fehlkonstruktion f: **eine ~ sein** {AUTO, BRÜCKE, HOCHHAUS}, essere progettato male;

{STUHL, TISCH} essere nato male *fam*.

Fehlleistung f errore m ● **freudsche/Freud'sche ~** *psych* lapsus freudiano.

Fehlpass (a.R. Fehlpaß) m *sport* passaggio m sbagliato.

Fehlplanung f programmazione f sbagliata.

Fehlprognose f pronostico m sbagliato, previsione f sbagliata.

Fehlschlag m **1** (*Misserfolg*) insuccesso m, fiasco m **2** (*beim Ballspiel*) tiro m a vuoto.

fehl|schlagen <irr> itr <sein> (*misslingen*) {BEMÜHUNGEN, VERSUCH} fallire, far fiasco, andare a vuoto.

Fehlschluss (a.R. Fehlschluß) m conclusione f/deduzione f sbagliata/errata.

Fehlstart m **1** *sport* falsa partenza f **2** *aero* mancato decollo m.

Fehltritt m *geh* (*Verfehlung*) passo m falso, fallo m: **einen ~ begehen**, fare un passo falso.

Fehlurteil n **1** *jur* sentenza f erronea **2** (*falsche Beurteilung*) giudizio m errato/sbagliato.

Fehlverhalten n comportamento m sbagliato: **auf menschliches ~ zurückzuführen sein** essere riconducibile a un errore umano.

Fehlzündung f *autom* accensione f difettosa/mancata.

Feier <-, -n> f **1** (*Festlichkeit*) festa f; (*bes. offizielle ~*) cerimonia f **2** (*feierliche Handlung*) {+ABENDMAHL, KOMMUNION} celebrazione f: **die ~ seines 100. Geburtstags**, i festeggiamenti per i suoi cento anni ● **zur ~ des Tages** *meist scherz*, per celebrare (degnamente) questa giornata.

Feierabend m **1** (*Arbeitsschluss*) fine f del lavoro: **ich habe,/[für mich ist]** *fam* **~**, faccio festa *fam*, stacco *fam* **2** (*abendliche Freizeit*) serata f (dopo il lavoro) ● **am/nach ~**, dopo il lavoro; **jetzt ist aber ~!** *fam*, adesso basta! *fam*; **~ machen**, smontare, staccare *fam*, far festa *fam scherz*; **schönen ~!**, buona serata!

Feierabendverkehr m traffico m intenso del rientro dal lavoro.

feierlich A adj **1** (*festlich*) {ANLASS, AUGENBLICK, REDE, STIMMUNG} solenne **2** (*nachdrücklich*) {BETEUERUNG, EID} solenne, ufficiale B adv **1** (*festlich*) {JDN BEGRÜßEN} solennemente: **etw ~ begehen**, celebrare qc **2** (*nachdrücklich*) {ERKLÄREN, VERSPRECHEN} solennemente, ufficialmente ● **das ist ja nicht mehr ~!** *fam*, (questo) è davvero troppo!

Feierlichkeit <-, -en> f **1** <*nur sing*> (*Eigenschaft*) {+ANLASS, AUGENBLICK} solennità f; (*Ernst*) gravità f **2** (*Handlung*) celebrazione f; <*pl*> festività f pl.

feiern A tr **1** (*veranstalten*) **etw ~** {HOCHZEIT} celebrare qc; {ABSCHIED, EXAMEN, GEBURTSTAG, SIEG} *auch* festeggiare qc: **ein Fest/eine Party ~**, dare una festa/festicciola **2** (*ehren*) **jdn ~** {HELDEN, SIEGER} festeggiare qu, acclamare qu B itr far festa, festeggiare.

Feierstunde f cerimonia f (commemorativa), commemorazione f.

Feiertag m (giorno m di) festa f, giorno m festivo: **gesetzlicher ~**, festività ufficiale; **kirchlicher ~**, festa religiosa, festività ● **schöne ~e!**, buone feste!

feig, feige adj **1** (PERSON, TAT) vigliacco, vile, codardo **2** (*gemein*) {MORD, VERBRECHER} infame, ignobile.

Feige <-, -n> f *bot* **1** (*Frucht*) fico m **2** (*Baum*) (albero m di) fico m.

Feigenbaum m *bot* (albero m di) fico m.

Feigenblatt n **1** *bot* foglia f di fico **2** (*Tarnung*) copertura f: **als ~ für etw (akk) dienen**, servire da paravento/copertura per qc.

Feigenkaktus m *bot* fico m d'India.

Feigheit <-, *ohne pl*> f vigliaccheria f, viltà f, codardia f.

Feigling <-s, -e> m *pej* vigliacco (-a) m (f), vile mf, codardo (-a) m (f).

Feile <-, -n> f lima f.

feilen A tr **etw ~** limare qc B itr (*stilistisch verbessern*) **an etw** (dat) **~** {AN EINEM MANUSKRIPT, AN VERSEN} limare qc, rifinire qc C rfl sich (dat) **etw ~** limarsi qc: **sich (dat) die (Finger)nägel ~**, limarsi le unghie.

feilschen itr (*mit jdm*) (*um etw* akk) **~** {UM DEN PREIS} mercanteggiare (*con qu*) (*su/per qc*), contrattare (su qc), tirare (su qc) *fam*.

fein A adj **1** (*dünn*) {FADEN, HAAR, PAPIER} sottile, fine; (*zart*) {GESICHT, HÄNDE} fine, aggraziato **2** (*nicht grob*) {ZUCKER} raffinato; {MEHL} setacciato fine; {SAND, STAUB} fine **3** (*scharf*) {GEHÖR, NASE} fine, acuto: **ein ~es Gespür/Empfinden für etw** (akk) **haben**, avere una spiccata sensibilità per qc **4** (*erlesen*) {GERICHT, WEIN} squisito; {GESCHMACK, MANIEREN} *auch* raffinato; {QUALITÄT, WEIN} scelto, pregiato **5** (*vornehm*) {DAME, HERR} distinto, raffinato **6** (*subtil*) {UNTERSCHIEDE} sottile; {HUMOR, IRONIE} *auch* fine **7** *fam* (*anständig*) bravo: **du bist ein ~er Kerl!**, sei una persona d'oro!; **du hast vielleicht ~e Freunde!** *fam iron*, ma che razza di amici (hai)! **8** *fam* (*erfreulich*) formidabile, ottimo: **das ist aber ~!**, è eccezionale! B adv **1** *Kindersprache* (*vor adj und adv*): **sei ~ artig/brav!** *fam*, fa' il bravo/la brava! *fam* **2** *fam* (*sehr*) molto **3** (*dünn*) {HACKEN, MAHLEN} finemente ● **~(, dass du auch mitkommst)!**, che bello(, che vieni anche tu)!; **~ (he)rausseln** *fam*, passarsela bene; **das Feinste vom Feinsten** (*das Allerbeste*), il meglio del meglio, il non plus ultra.

Feinabstimmung f **1** *radio TV* sintonizzazione f ottimale **2** *sport* (*optimales Zusammenspiel*) affiatamento m: **in der Mannschaft fehlt noch die ~** la squadra manca ancora di sintonia.

Feinarbeit f ritocco m.

Feind <-(e)s, -e> m (**Feindin** f) **1** *auch mil* nemico (-a) m (f); (*Gegner*) avversario (-a) m (f), antagonista mf **2** **~(in) einer S.** (gen)/**von etw** (dat) {VON ALKOHOL, DEMOKRATIE, DES FORTSCHRITTS} nemico (-a) m (f) di qc ● **sich** (dat) **jdn zum ~ machen**, inimicarsi qu, farsi nemico (-a) qu.

Feindbild n nemico m immaginario, fantomatico nemico m: **~er aufbauen**, creare nemici immaginari; **~er abbauen**, superare ostilità preconcette.

Feindin f → **Feind**.

feindlich A adj **1** *mil* {ANGRIFF, LAND, TRUPPEN} nemico **2** (*feindselig*) {HALTUNG} ostile B adv (*feindselig*) in modo ostile: **jdm ~ gesinnt sein**, essere ostile a qu; **jdm/etw ~ gegenüberstehen**, assumere/tenere un atteggiamento ostile verso qu.

Feindschaft <-, -en> f inimicizia f, ostilità f.

feindselig adj {BLICK, HALTUNG} ostile.

Feindseligkeit <-, -en> f **1** <*nur sing*> (*feindselige Haltung*) ostilità f **2** <*nur pl*> *geh mil* (*Kampfhandlungen*) ostilità f pl.

Feineinstellung f *mech* regolazione f/registrazione f precisa, microregolazione f.

feinfühlig adj {MENSCH} sensibile, delicato.

Feinfühligkeit <-, *ohne pl*> f sensibilità f.

Feingefühl <-s, *ohne pl*> n sensibilità f, delicatezza f (d'animo); (*Takt*) tatto m: **es mangelt ihm an ~**, manca di sensibilità.

f

Feingehalt m {+MÜNZE} titolo m.
Feingold n oro m fino/puro.
Feinheit <-, -en> f **1** <nur sing> (*Zartheit*) {+GESICHT, HAAR, HÄNDE, STOFF} finezza f; {+FADEN, PAPIER} *auch* sottigliezza f **2** <nur sing> (*Feinkörnigkeit*) {+MEHL, SAND, ZUCKER} finezza f **3** <nur sing> (*Schärfe*) {+GEHÖR, GERUCHSSINN} finezza f, acutezza f **4** <nur sing> (*Vornehmheit*) distinzione f, raffinatezza f **5** <meist pl> (*Nuance*) finezza f, sottigliezza f, sfumatura f.
Feinkost <-, ohne pl> f specialità f pl gastronomiche.
Feinkostgeschäft n negozio m di specialità gastronomiche.
fein|machen rfl **sich ~** → **machen**.
feinmaschig adj {NETZ, PULLOVER} a maglia stretta.
Feinmechanik <-, ohne pl> f meccanica f di precisione.
Feinmechaniker m (**Feinmechanikerin** f) meccanico (-a) m (f) di precisione.
Feinschmecker <-s, -> m (**Feinschmeckerin** f) buongustaio (-a) m (f), palato m fine, gourmet m.
Feinsilber n argento m fino/puro.
feinsinnig adj *geh* {KUNSTWERK, MENSCH} raffinato, squisito.
Feinstaub m polveri m pl sottili.
Feinstrumpfhose f collant m.
Feinwäsche f (capi m pl) delicati m pl.
Feinwaschmittel n detersivo m per (capi) delicati.
feist adj *pej* grasso.
feixen itr *fam* (sog)ghignare.
Feld <-(e)s, -er> n **1** (*Acker*) campo m; (*unbebautes, weites Land*) *auch* campagna f: **auf freiem ~**, in aperta campagna **2** (*abgeteilte Fläche*) (*auf Spielbrett*) casella f, casa f; {+FORMULAR} (ri)quadro m, spazio m **3** <nur sing> (*Wissensgebiet*) campo m, settore m **4** *sport* (*Spielfeld*) campo m (da gioco) **5** *inform phys* campo m **6** <nur sing> *obs* (*Schlachtfeld*) campo m di battaglia: **ins ~ ziehen**, andare in guerra **7** <nur sing> *sport* (*Gruppe*) {+LÄUFER, RADRENNFAHRER} plotone m, gruppo m: **das ~ hinter sich lassen**, lasciarsi alle spalle il gruppo. • **das ~ *behaupten***, tenere il campo; **(gegen jdn/etw) etw ins ~ *führen* geh** {ARGUMENTE, GRÜNDE}, mettere in campo qc (contro qu/qc); **das ~ *räumen***, abbandonare il campo; **jdm das ~ *überlassen***, cedere il campo a qu; **das ist ein *weites* ~**, è un campo molto vasto; **für/gegen jdn/etw zu ~e *ziehen* geh**, scendere in campo ⌊a favore di⌋/[contro] qu/qc.
Feldarbeit f lavoro m agricolo/[dei campi].
Feldartillerie f *mil* artiglieria f da campagna.
Feldarzt m *mil* medico m militare distaccato al fronte.
Feldbett n **1** *mil* branda f, lettino m da campo **2** (*tragbare Liege*) brandina f pieghevole.
Feldblume f fiore m di campo.
Feldflasche f *mil* borraccia f.
Feldforschung f *wiss* ricerca f sul campo.
Feldfrucht f <meist pl> prodotto m dei campi.
Feldhase m *zoo* lepre f comune.
Feldherr m *hist* condottiero m, stratega m, generale m.
Feldjäger m (**Feldjägerin** f) *D mil* **1** <nur pl> polizia f militare **2** (*Soldat*) membro m della polizia militare.
Feldküche f *mil* cucina f da campo.
Feldlager n *mil* accampamento m militare.
Feldlazarett n *mil* ospedale m da campo.
Feldmarschall m *mil hist* feldmaresciallo m.
Feldmaus f topo m campagnolo.
Feldpost f *mil* posta f militare.
Feldsalat <-s, ohne pl> m valerianella f, valeriana f.
Feldspat m *min* feldspato m.
Feldstärke f *phys* intensità f di/del campo.
Feldstecher <-s, -> m binocolo m.
Feld-Wald-und-Wiesen-Doktor m *fam pej* medico m da ⌊strapazzo *fam*⌋/[quattro soldi *fam*].
Feldwebel <-s, -> m *D mil* ≈ maresciallo m.
Feldweg m viottolo m, sentiero m di campagna.
Feldzug m **1** *mil* campagna f militare, spedizione f **2** (*Kampagne*) campagna f • **einen ~ gegen etw (akk) führen**, condurre una crociata/campagna contro qc.
Felge <-, -n> f *tech* cerchione m.
Felgenbremse f freno m a pattino.
Felix m (*Vorname*) Felice.
Felizitas f (*Vorname*) Felicita.
Fell <-(e)s, -e> n **1** <meist sing> (*Tierhaar*) pelo m, pelame m; (*Pferdefell*) mantello m; (*Schafsfell, Ziegenfell*) vello m; (*Pelz*) pelliccia f **2** (*abgezogene Tierhaut*) pelle f: **einem Hasen das ~ abziehen**, spellare/scuoiare una lepre; **ein ~ gerben**, conciare una pelle • **jdm *schwimmen* alle/die ~e davon/weg** *fam*, qu vede sfumare tutte le sue speranze; **ein *dickes* ~: ein dickes ~ haben** *fam*, avere la pelle dura, (saper) incassare; **sich (dat) ein dickes ~ anschaffen/zulegen** *fam*, **ein dickes ~ kriegen** *fam*, abituarsi a incassare; **jdm das ~ *gerben*** *fam*, conciare qu per le feste *fam*; **jdm das ~ über die *Ohren* ziehen** *fam*, farla in barba a qu.
Fellatio <-, ohne pl> f fellatio f.
Felljacke f giacca f/giaccone m di pelliccia; (*aus Lammfell*) giaccone m di montone, shearling m.
Fellmantel m (cappotto di) pelliccia f.
Fellmütze f copricapo m di pelliccia.
Fels <-en, -en> m **1** (*Gestein*) roccia f **2** *geh* → **Felsen** • **ein ~ in der Brandung**, saldo come una roccia.
Felsblock m masso m, macigno m.
Felsbrocken m → **Felsblock**.
Felsen <-s, -> m roccia f; (*~hang, ~wand*) rupe f; (*im oder am Meer*) scoglio m.
felsenfest **A** adj {MEINUNG, ÜBERZEUGUNG} fermo; {ENTSCHLUSS} *auch* irrevocabile; {GLAUBE} fermo, incrollabile **B** adv {AN ETW GLAUBEN, VON ETW ÜBERZEUGT SEIN} fermamente.
Felsengebirge n montagne f pl rocciose.
Felsenriff n scogliera f.
Felsenschlucht, **Felsschlucht** f gola f, orrido m.
Felsgestein n roccia f.
Felshang m rupe f.
felsig adj {GEGEND} roccioso; {KÜSTE} *auch* scoglioso, ricco di scogli.
Felsklettern n *sport* roccia f.
Felsmalerei f *archäol* pittura f rupestre.
Felsmassiv <-s, -e> n massiccio m roccioso.
Felsspalte f crepaccio m.
Felsvorsprung m spuntone m (di roccia).
Felswand f parete f (rocciosa/[di roccia]).
Feme <-, -n> f *hist* feme f.
Femegericht n *hist* → **Feme**.
feminin adj **1** *gram* femminile **2** *geh* (*fraulich*) femminile **3** (*weibisch*) {MANN} effeminato, femmineo *lit*.
Femininum <-s, Feminina> n *gram* **1** (*Substantiv*) sostantivo m femminile **2** <nur sing> (*Geschlecht*) (genere m) femminile m.
Feminismus <-, ohne pl> m femminismo m.
Feminist <-en, -en> m (**Feministin** f) femminista mf.
feministisch adj femminista.
Femme fatale <- -, -s -s> f femme fatale f.
Fenchel <-s, ohne pl> m *bot* finocchio m.
Fencheltee m infuso m/tisana f di finocchio.
Fenster <-s, -> n **1** finestra f: **zum ~ hinausschauen**, guardare fuori dalla finestra; **das ~ geht auf den Garten**, la finestra dà sul giardino **2** (*Autofenster, Eisenbahnfenster*) finestrino m **3** *inform* finestra f • **weg vom ~ sein** *fam*, essere tagliato fuori, essere fuori gioco.
Fensterbank <-, Fensterbänke> f davanzale m.
Fensterbrett n mensola f della/[sotto la] finestra.
Fensterbriefumschlag m busta f con/a finestra.
Fensterflügel m battente m della finestra.
Fensterglas n vetro m per finestre.
Fensterheber m *autom* alzacristallo m: **elektrischer ~**, alzacristallo elettrico.
Fensterkreuz n "croce f costituita dal montante e dalla traversa di una finestra".
Fensterkurbel f *autom* (manovella f) alzacristallo m.
Fensterladen m persiana f, imposta f.
Fensterleder n pelle f di daino (per vetri).
Fensternische f vano m della finestra.
Fensterplatz m (*in Bus, Flugzeug, Zug*) posto m (a sedere) (vicino) al finestrino.
Fensterputzer <-s, -> m (**Fensterputzerin** f) lavavetri mf.
Fensterrahmen m cornice f della finestra; (*Fensterstock*) telaio m della finestra.
Fensterscheibe f vetro m (della finestra).
Fenstersims m *oder* n → **Fensterbank**.
Fensterstock m telaio m finestra.
Fenstersturz m **1** <pl -e oder Fensterstürze> *arch* architrave f **2** <pl Fensterstürze> (*Sturz aus einem Fenster*) caduta f dalla finestra • **Prager ~** *hist*, la defenestrazione di Praga.
Fenstertechnik f *inform* divisione f in finestre.
Ferdinand m (*Vorname*) Fernando, Ferdinando.
Ferien subst <nur pl> **1** *Schule* vacanze f pl; *jur parl* ferie f pl: **~ haben, in ~ sein** *Schule*, essere in vacanza **2** (*Urlaub*) ferie f pl, vacanza f, vacanze f pl: **in die ~ fahren/gehen**, andare in ferie/vacanza; **~ machen**, fare le vacanze/ferie; **wir machen dieses Jahr ~ am Meer**, quest'anno passiamo le vacanze al mare • **die großen ~** *Schule*, le vacanze estive.
Ferienarbeit f → **Ferienjob**.
Feriendorf n villaggio m turistico/[(per) vacanze].
Feriengebiet n regione f/zona f (a vocazione) turistica.
Ferienhaus n casa f per (le) vacanze.
Ferieninsel f isola f per (le) vacanze.
Ferienjob m "lavoretto m che si fa durante le vacanze".
Ferienkolonie f colonia f.
Ferienkurs m corso m estivo.
Ferienlager n campo m (di) vacanze.
Ferienordnung f calendario m scolastico.
Ferienort m località f turistica/[di villeg-

giatura].

Ferienpläne subst <*nur pl*> programmi m pl per le vacanze: **wie sind eure ~ für diesen Sommer?**, quali programmi avete per le vacanze estive?

Ferienreise f viaggio m turistico.

Ferientag m giorno m di vacanza.

Ferienwohnung f casa f (per le) vacanze.

Ferienzeit f periodo m di vacanza, vacanze f pl.

Ferkel <-s, -> n **1** *zoo* porcellino m, maialino m **2** *fam pej* (*unsauberer Mensch*) porcellone m *fam pej*, sudicione m *fam pej* **3** *fam pej* (*obszöner Mensch*) (s)porcaccione m *fam pej*, porco m *fam pej*.

Ferkelei <-, -en> f *fam* porcheria f.

ferkeln itr **1** *zoo* (SAU) figliare **2** *fam pej* (*Dreck machen*) insudiciare *fam*, sporcare.

Ferment <-(e)s, -e> n *obs* fermento m.

Fermentation <-, -en> f fermentazione f.

fern① adj **1** (*räumlich*) {GEGEND, LAND} lontano: **~ von jdm/etw**, lontano/distante da qu/qc; **etw von ~ beobachten**, osservare qc da lontano **2** (*zeitlich: in der Vergangenheit*) {TAG, ZEIT} remoto, lontano, distante; (*in der Zukunft*) lontano, distante: **in ~er Zukunft**, in un lontano avvenire; **der Tag ist nicht mehr ~, an dem ...**, non è lontano il giorno in cui ...; **in nicht allzu ~er Zeit**, tra non molto (tempo) • **von ~ betrachtet**, visto da una certa distanza.

fern② präp + dat *geh* {DER HEIMAT, DER STADT} lontano da.

fernab *geh* **A** adv lontano, distante: **~ liegen** trovarsi/essere lontano **B** präp + gen lontano da.

Fernabfrage f *tel* {+ANRUFBEANTWORTER} ascolto m a distanza.

Fernamt n *tel obs* centralino m per comunicazioni interurbane.

Fernauslöser m *fot* scatto m a distanza.

fernbedienbar adj telecomandato, munito di telecomando.

Fernbedienung f {+CD-PLAYER, FERNSEHER} telecomando m.

fern|bleiben <*irr*> itr <*sein*> *geh* **etw** (dat) **~** {EINER KONFERENZ, DEM UNTERRICHT} essere assente (*a qc*), mancare (*a qc*); {DER ARBEIT, DER HEIMAT} essere assente (*da qc*), mancare (*da qc*); **einer Veranstaltung ~ auch**, non partecipare/andare a una manifestazione.

Fernblick m vista f, panorama m.

Ferne <-, *ohne pl*> f **1** (*Entfernung*) lontananza f, distanza f: **etw aus der ~ beobachten**, osservare qc da lontano; **das liegt noch in weiter ~**, è ancora di là da venire **2** *geh* (*ferne Länder*) paesi m pl lontani: **in die ~ reisen**, viaggiare in paesi lontani • **in der ~**, in lontananza; (*in der Fremde*), in luoghi lontani.

Fernempfang m telericezione f.

ferner① **A** adj <*kompar von fern*> più lontano, più distante **B** adv *geh* (*künftig*): **auch ~**, (anche) in seguito/avvenire; **wir werden uns auch ~ an diese Firma wenden**, (anche in futuro) continueremo a rivolgerci a questa ditta.

ferner② konj *geh* (*außerdem*) inoltre, in più, per di più • **unter "~ liefen" (kommen/rangieren)** *fam*, essere in coda *fam*.

Fernfahrer m (**Fernfahrerin** f) camionista mf, conducente mf di TIR.

Ferngas n gas m di città.

ferngelenkt adj → **ferngesteuert**.

Ferngespräch n *tel* (comunicazione f/chiamata f/telefonata f) interurbana f.

ferngesteuert adj {FLUGKÖRPER, RAKETE} teleguidato; {MODELLFLUGZEUG, -AUTO} telecomandato].

Fernglas n binocolo m.

fern|halten <*irr*> **A** tr **jdn/etw (von jdm/etw)** ~ tenere qu/qc lontano (-a) (*da qu/qc*) **B** rfl **sich von jdm/etw ~** stare alla larga *da qu/qc fam*.

Fernheizung f teleriscaldamento m.

Fernkopie f → **Telefax**.

Fernkurs, **Fernkursus** m corso m per corrispondenza.

Fernlaster m, **Fernlastwagen** m, **Fernlastzug** m fam autotreno m.

Fernleihe f prestito m interbibliotecario.

fern|lenken tr → **fern|steuern**.

Fernlenkung f → **Fernsteuerung**.

Fernlicht <-(e)s, *ohne pl*> n *autom* (fari m pl) abbaglianti m pl: **das ~ einschalten**, accendere gli abbaglianti; **mit ~ fahren**, viaggiare ad/[con gli] abbaglianti accesi.

fern|liegen <*irr*> itr: **etw liegt jdm fern** *geh*, qc è lungi da qu *geh*; **diese Absicht/dieser Gedanke liegt mir fern**, lungi da me una simile intenzione/un simile pensiero; **es liegt jdm fern, etw zu tun**, qu è (ben) lungi dal fare qc.

Fernmeldeamt n *tel* ufficio m (delle) telecomunicazioni.

Fernmeldesatellit m satellite m per telecomunicazioni.

Fernmeldetechnik <-, *ohne pl*> f tecnica f delle telecomunicazioni.

Fernmeldeturm m torre f radioemittente.

Fernmeldewesen n telecomunicazioni f pl.

fernmündlich *form* **A** adj telefonico **B** adv telefonicamente, per telefono.

Fernost m <*ohne art*>: **aus/in/nach ~**, dall'/in/in Estremo Oriente.

fernöstlich adj dell'Estremo Oriente.

Fernreise f viaggio m verso mete lontane.

Fernrohr n **1** (*Fernglas*) cannocchiale m **2** (*Teleskop*) telescopio m.

Fernruf m *form* **1** (*Telefonnummer*) numero m telefonico **2** (*Telefongespräch*) conversazione f telefonica, telefonata f.

Fernschreiben n telex m.

Fernschreiber m (*Apparat*) telescrivente f.

Fernschreibnetz n rete f telex.

Fernsehansager m (**Fernsehansagerin** f) annunciatore (-trice) m (f) televisivo (-a), mezzobusto m.

Fernsehansprache f discorso m alla televisione.

Fernsehanstalt f ente m televisivo, azienda f televisiva.

Fernsehantenne f antenna f televisiva.

Fernsehapparat m *form* apparecchio m televisivo *form*, televisore m.

Fernsehaufnahme f ripresa f televisiva.

Fernsehbericht m servizio m televisivo.

Fernsehbild n <*meist pl*> immagine f televisiva.

Fernsehdebatte f dibattito m televisivo/[alla televisione].

Fernsehduell n duello m televisivo.

fern|sehen <*irr*> itr guardare la televisione/tele *fam*.

Fernsehen <-s, *ohne pl*> n **1** televisione f: **einen Film im ~ sehen**, vedere un film alla televisione; **etw im ~ übertragen**, trasmettere qc per/alla televisione, teletrasmettere qc; **heute Abend kommt ein Krimi im ~**, stasera c'è/[danno] un (film) giallo alla televisione **2** (*Fernsehanstalten*) televisione f, reti f pl televisive: **beim ~ arbeiten/sein**, lavorare alla televisione; **öffentliches/privates ~**, televisione pubblica/privata • **digitales ~**, televisione digitale; **interaktives ~**, televisione interattiva

Fernseher m *fam* (*Gerät*) tele f *fam*, tivù f *fam*, televisione f *fam*: **ständig vor dem ~ sitzen**, stare incollato (-a) alla tele(visione) *fam*, essere teledipendente.

Fernsehfilm m telefilm m, film m televisivo.

Fernsehgebühren subst <*nur pl*> canone m televisivo.

Fernsehgerät n *form* → **Fernsehapparat**.

Fernsehinterview n intervista f televisiva.

Fernsehjournalist m (**Fernsehjournalistin** f) giornalista mf televisivo (-a).

Fernsehkamera f telecamera f.

Fernsehkanal m canale m televisivo.

Fernsehnachrichten subst <*nur pl*> telegiornale m, tigì m *fam*.

Fernsehprogramm n **1** (*Kanal*) canale m televisivo **2** (*Programm der Sendungen*) programma m televisivo **3** → **Fernsehzeitschrift**.

Fernsehrechte subst <*nur pl*> diritti m pl televisivi.

Fernsehreporter m (**Fernsehreporterin** f) reporter mf televisivo (-a).

Fernsehsatellit m satellite m televisivo/TV.

Fernsehschirm m schermo m (televisivo).

Fernsehsender m stazione f/emittente f televisiva.

Fernsehsendung f trasmissione f televisiva.

Fernsehserie f serial m, sceneggiato m.

Fernsehspiel n teledramma m.

Fernsehstudio n studio m televisivo.

Fernsehtechnik f tecnica f televisiva.

Fernsehtechniker m (**Fernsehtechnikerin** f) tecnico m della televisione.

Fernsehteilnehmer m (**Fernsehteilnehmerin** f) teleabbonato (-a) m (f), teleutente mf.

Fernsehturm m torre f della televisione.

Fernsehübertragung f trasmissione f televisiva.

Fernsehübertragungsrechte subst <*nur pl*> *jur* diritti m pl televisivi.

Fernsehwerbung f pubblicità f televisiva.

Fernsehzeitschrift f guida f (ai programmi) TV.

Fernsehzuschauer m (**Fernsehzuschauerin** f) telespettatore (-trice) m (f).

Fernsicht f visibilità f: **heute ist/[hat man] gute/schlechte ~**, oggi c'è [una buona]/[scarsa] visibilità.

Fernsprechamt n centralino m (telefonico).

Fernsprechanlage f impianto m telefonico.

Fernsprechansagedienst m *tel* servizi m pl (telefonici) automatici (per informazioni).

Fernsprechapparat m → **Fernsprecher**.

Fernsprechauftragsdienst m *tel* servizi m pl (telefonici) automatici (per telegrammi, sveglia ecc.).

Fernsprechauskunft f informazioni f pl elenco abbonati.

Fernsprechbuch n elenco m (degli abbonati al telefono.

Fernsprecher m *form* apparecchio m telefonico *form*, telefono m: **öffentlicher ~**, apparecchio telefonico pubblico.

Fernsprechgebühren subst <nur pl> tariffe f pl telefoniche.

Fernsprechgeheimnis n segreto m telefonico.

Fernsprechnetz n rete f telefonica.

Fernsprechteilnehmer m (**Fernsprechteilnehmerin** f) abbonato (-a) m (f) al telefono.

Fernsprechverkehr m traffico m telefonico.

Fernsprechvermittlung f centralino m (telefonico).

Fernsprechzelle f *form* cabina f telefonica.

Fernsprechzentrale f centrale f telefonica.

fern|stehen <irr> itr *geh* **jdm/etw ~** essere distante *da qu*, essere estraneo *a qc*.

fern|steuern tr **etw ~** {FLUGZEUG, RAKETE} teleguidare *qc*; {MODELLFLUGZEUG, -AUTO} telecomandare *qc*.

Fernsteuerung f {+FLUGZEUG, RAKETE} teleguida f; {+MODELLFLUGZEUG, -AUTO} telecomando m.

Fernstraße f strada f di grande comunicazione.

Fernstudium n corsi m pl per corrispondenza.

Fernuniversität f università f per corrispondenza, corsi m pl aperti.

Fernverkehr m 1 (*Eisenbahn- und Fahrzeugfernverkehr*) traffico m a lunga percorrenza: **an Sonn- und Feiertagen sind die Autobahnen für den ~ gesperrt**, la domenica e i giorni festivi la circolazione in autostrada è vietata ai mezzi pesanti 2 *tel* traffico m interurbano.

Fernverkehrsstraße f → **Fernstraße**.

Fernwärme f teleriscaldamento m.

Fernweh n nostalgia f di paesi lontani.

Fernwirkung f effetto m a distanza.

Ferse <-, -n> f 1 *anat* calcagno m, tallone m 2 (*Schuhferse, Strumpfferse*) calcagno m, tallone m: **sich an jds ~ heften**, **sich jdm an die ~n hängen**, mettersi alle calcagna di qu; **jdm (dicht) auf den ~n sein/bleiben**, stare alle calcagna di qu, tallonare qu.

Fersenautomatik f *Ski* attacco m posteriore.

Fersenbein n *anat* calcagno m, tallone m.

Fersengeld n: **~ geben** *fam scherz*, alzare i tacchi *fam scherz*, mostrare/voltare le calcagna *fam scherz*.

fertig A adj 1 (*beendet*) {ARBEIT, BAU} finito, terminato, ultimato; (*vollendet*) compiuto, concluso; (*zubereitet*) {ESSEN} pronto: **ich bin ~**, ho finito; **er wird gleich ~**, sta finendo 2 (*bereit*) **~ (zu etw dat)** pronto (*per qc*): **bist du ~?**, sei pronto (-a)?; **zur Abreise ~ sein**, essere pronto per la partenza/[a partire] 3 (*ausgereift*) {KÜNSTLER, MENSCH} maturo; {ARZT, JURIST} qualificato 4 *fam* (*erschöpft*) cotto *fam*, sfinito *fam*, fatto *fam* 5 <präd> *fam* (*verblüfft*) **~ sein**, rimanere (di stucco) *fam*; **da bin ich aber ~!**, rimango! *fam* B adv (*zu Ende*): **~ essen/lesen/...**, finire di mangiare/leggere/...; **etw ~ machen**, terminare qc, concludere qc ● **~! fam**, basta! *fam*, chiuso! *fam*; **du bleibst zu Hause und ~! fam**, rimani a casa e chiuso! *fam*; **damit wären wir ~!**, ecco fatto! *fam*; **halb ~** → **halbfertig**; **mit etw (dat) ~ sein**, etw **~ haben** {MIT DER ARBEIT}, aver finito qc/[di fare qc]; **mit jdm ~ sein**, aver rotto *fam*/chiuso

fam con qu; **mit dir bin ich endgültig ~!** *fam*, con te ho rotto/chiuso definitivamente *fam*; **~ werden** *slang* (*einen Orgasmus haben*) venire *slang*; **mit etw (dat) ~ werden** (*beenden*), (riuscire a) finire/terminare qc; *fam* (*etw bewältigen*), (riuscire a) digerire *fam*/metabolizzare qc, mandar giù qc *fam*; **sieh zu, wie du damit ~ wirst**, arrangiati! *fam*; **mit jdm ~ werden**, tenere testa a qu *fam*; **ohne jdn/etw ~ werden**, fare a meno di qu/qc.

Fertigbau <-(e)s, -ten> m 1 → **Fertigbauweise** 2 (*Gebäude*) (edificio m) prefabbricato m.

Fertigbauweise f prefabbricazione f.

fertig|bekommen <irr> tr 1 (*zu Ende bringen*) → **bekommen**① 2 (*etw schaffen*) → **fertig|bringen** 2.

fertig|bringen <irr> tr 1 (*zu Ende bringen*) → **bringen** 2 (*etw schaffen*): **es ~**, **etw zu tun**, riuscire a fare qc; **wir müssen es ~**, **dieses Problem zu lösen**, dobbiamo riuscire/farcela a risolvere questo problema; **es fertig ~**, **etw zu tun**/[**und ...**] *fam* (*so frech oder skrupellos sein*), essere capace di fare qc; **sie bringt es doch glatt fertig und versetzt uns wieder** *iron*, sarebbe capace di bidonarci un'altra volta; **es nicht ~**, **etw zu tun** (*nicht den Mut haben*), non riuscire a fare qc; **ich bringe es nicht fertig, ihm die Wahrheit zu sagen**, non ~ riesco /[ce la faccio] a dirgli la verità.

fertigen tr *form* **etw ~** fabbricare qc, produrre qc: **diese Firma lässt im Ausland ~**, questa ditta fa produrre all'estero.

Fertigfabrikat n prodotto m finito.

Fertiggericht n piatto m pronto, (piatto m) precotto m.

Fertighaus n casa f prefabbricata, prefabbricato m.

Fertigkeit <-, -en> f 1 <nur sing> (*Geschicklichkeit*) abilità f, bravura f 2 <nur pl> (*Kenntnisse*) cognizioni f pl; (*Fähigkeiten*) capacità f pl.

fertig|kriegen tr → **kriegen**.

fertig|machen A tr 1 (*zu Ende machen*) → **machen** 2 *fam* (*zermürben*) **jdn ~** {ARBEIT, PROBLEM} sfinire qu, distruggere qu 3 *fam* (*besiegen*) {GEGNER} distruggere qu, annientare qu, stracciare qu 4 *fam* (*psychisch quälen*) distruggere qu, fare a pezzi qu *fam*.

Fertigprodukt n prodotto m finito.

fertig|stellen tr → **stellen**.

Fertigstellung f ultimazione f, completamento m.

Fertigteil n elemento m prefabbricato.

Fertigung <-, *ohne pl*> f (*Herstellung*) {+PRODUKT} fabbricazione f; {+ARTIKEL} produzione f; {+KLEIDER} confezione f; **die automatisierte ~**, la produzione automatizzata.

Fertigungskosten subst <nur pl> industr costi m pl di produzione.

Fertigungsstraße f *industr* linea f di produzione/lavorazione.

Fertigungstechnik f *industr* tecnologia f della produzione.

Fertigware f → **Fertigprodukt**.

fertig|werden <irr> itr <sein> → **fertig**.

Fes, fes <-, -> n *mus* fa m bemolle.

fesch adj *süddt A fam* 1 (*schick*) {MÄDCHEN} elegante; {KLEID} carino 2 (*flott*) in gamba *fam*.

Fessel① <-, -n> f <meist pl> 1 (*Kette*) catena f; <pl> *auch* ceppi m pl *hist* 2 (*Bindung*) vincolo m, legame m: **die ~n der Ehe**, il vincolo del matrimonio; (*Einschränkung*) obbligo m; (*Behinderung*) pastoia f ● **die ~n abwerfen geh/sprengen geh**, spezzare le catene, rompere i ceppi *geh*; **jdm ~n anlegen**, **jdn in ~n le-**

gen *geh*, mettere qu in catene/ceppi *geh*.

Fessel② <-, -n> f 1 *anat* caviglia f 2 {+PFERD} pastoia f.

Fesselballon m pallone m frenato.

fesseln tr 1 (*mit Fesseln binden*) **jdn** (**mit etw** dat) **~** legare qu (*con qc*); **jdm etw** ~ {FÜßE, HÄNDE} legare qc a qu: **jdn an Händen und Füßen ~**, legare a qu mani e piedi; **jdn an etw (akk) ~** {AN EINEN BAUM} legare qu a qc 2 (*festhalten*) **jdn ~** inchiodare qu *fam*: **durch die Krankheit war er vier Wochen ans Bett gefesselt**, la malattia lo costrinse/inchiodò *fam* a letto per quattro settimane 3 (*faszinieren*) **jdn ~** {BUCH, FILM} avvincere qu; {ANBLICK} affascinare qu; **jds Aufmerksamkeit ~**, calamitare l'attenzione di qu.

fesselnd adj 1 (*spannend*) {BUCH, FILM} avvincente, appassionante 2 (*faszinierend*) {ANBLICK, MENSCH} affascinante.

fest A adj 1 (*nicht flüssig*) {NAHRUNG, STOFF} solido 2 (*widerstandsfähig*) {FADEN, GEWEBE, SCHUHE, STRICK} forte, robusto; {HOLZ} compatto 3 (*nicht lose*) {KNOTEN, VERBAND} stretto 4 (*sicher*) {ABSICHT, ENTSCHLUSS} fermo: **eine ~e Zusage**, una promessa sonne; (*unerschütterlich*) {CHARAKTER, PRINZIPIEN} saldo 5 (*ständig*) {ANSTELLUNG, ARBEITSPLATZ, WOHNSITZ} fisso, stabile; {GEWOHNHEITEN} radicato, inveterato; {KUNDEN} fisso, abituale: **~er Freund, ~e Freundin** *fam*, ragazzo (-a) fisso (-a) *fam*; (*fix*) {EINKOMMEN, KOSTEN, PREISE} fisso 6 (*kräftig*) {HÄNDEDRUCK} vigoroso, energico; (*bestimmt*) {BLICK, STIMME} fermo 7 *bank* {GELD} vincolato B adv 1 (*kräftig*) {JDN VERPRÜGELN} sodo; {JDN UMARMEN} stretto (-a), forte 2 (*nicht locker*) {ETW VERBINDEN} stretto (-a): **den Wasserhahn ~ zudrehen**, chiudere bene il rubinetto; **die Tür ~ schließen**, chiudere bene la porta 3 (*unerschütterlich*) {AN ETW GLAUBEN, ÜBERZEUGT SEIN} fermamente; {ETW VERSPRECHEN} solennemente: **sich (dat) ~ vornehmen, etw zu tun**, avere il fermo proposito di fare qc; **~ verankerte Prinzipien**, principi saldamente radicati 4 (*dauernd*) {JDN ANSTELLEN} stabilmente: **er ist ~ angestellt**, è impiegato (in pianta) stabile 5 (*intensiv*) {ARBEITEN} sodo; {SCHLAFEN} *auch* profondamente; {FEIERN} come si deve.

Fest <-(e)s, -e> n festa f: **ein ~ feiern**, celebrare una festa; **ein ~ geben/veranstalten**, fare/dare/organizzare una festa ● **bewegliche/unbewegliche ~e**, feste mobili/fisse; **frohes ~!**, buone feste!; **man muss die ~e feiern, wie sie fallen** *prov*, bisogna far la festa quando cade il santo *prov*.

Festakt m cerimonia f.

festangestellt adj → **angestellt**.

fest|beißen <irr> rfl 1 (*sich verbeißen*) **sich (in etw** dat) **~** {TIER} azzannare qc 2 *fam* (*sich auf etw versteifen*): **sich an etw (dat) ~** {AN EINEM PROBLEM} fissarsi su qc *fam*.

Festbeleuchtung f illuminazione f a festa, luminaria f.

fest|binden <irr> tr **jdn/etw (an etw** dat) **~** legare qu/qc saldamente/strettamente (*a qc*).

fest|bleiben <irr> itr <sein> essere irremovibile, tenere duro.

fest|drehen tr **etw ~** {DECKEL} chiudere (bene) qc; {SCHRAUBE} avvitare (bene) qc, stringere (forte) qc.

fest|drücken tr **etw ~** pigiare forte qc; **etw irgendwo ~** {BLUMENZWIEBEL IN DER ERDE} pigiare forte qc *in qc*.

Festessen n banchetto m, pranzo m di gala.

fest|fahren <irr> A itr <sein> 1 (*stecken*

bleiben) {FAHRZEUG} rimanere bloccato (-a) **2** *fam* (*nicht weiterkommen*) arenarsi: **die Verhandlungen sind festgefahren** *auch*, le trattative sono ₍in una situazione di stallo₎/ [a un punto morto] **B** *rfl* <*haben*> **1** (*stecken bleiben*) **sich** ~ {FAHRER, FAHRZEUG} rimanere bloccato (-a): **sich im Schlamm** ~ *auch*, impantanarsi **2** *fam* (*nicht weiterkommen*) **sich** (**in**/**mit etw** dat) ~ {MIT ARBEIT} arenarsi (*su qc*) *fam*, impantanarsi (*in qc*) *fam* **3 sich** (**an etw** dat) ~ {VERHANDLUNGEN AN EINEM PUNKT} arenarsi (*su qc*), incagliarsi (*su qc*).

fest|fressen <*irr*> *rfl* **1** (*in etw eindringen und es blockieren*) **sich** (*irgendwo*) ~ {KOLBEN IM ZYLINDER} grippare **2** (*festsetzen*) **sich in jdm** ~ {GEDANKE} radicarsi *in qu*.

festgefahren *adj* {MEINUNG} cristallizzato.
Festgeld *n bank* deposito *m* vincolato.
festgesetzt *adj* fissato, stabilito: **zur ~en Zeit**, all'ora fissata.

fest|gurten **A** *tr* **jdn**/**etw** (*irgendwo*) ~ {KIND AUF DEM SITZ} legare *qu* con la cintura (+ *compl di luogo*); {PULLOVER AUF DEM RUCKSACK} fermare *qc* con un laccio (+ *compl di luogo*) **B** *rfl* **sich** ~ allacciarsi la cintura di sicurezza.

Festhalle f → **Festsaal**.

fest|halten <*irr*> **A** *tr* **1** (*nicht loslassen*) **jdn** (**an etw** dat) ~ {AM ARM, ÄRMEL} trattenere *qu* (*per qc*), tenere fermo (-a) *qu* (*per qc*); **etw** ~ {HANDTASCHE} tener stretto (-a) *qc*: **etw mit den Händen** ~, tenere/reggere *qc* con le mani **2** (*gefangen halten*) **jdn** ~ trattenere *qu* **3** (*fixieren*): **jdn im Bild** ~, immortalare *qu*; **eine Szene mit der Kamera** ~, riprendere una scena con la telecamera; (*schriftlich*) annotare *qc* **B** *itr* **an etw** (dat) ~ {AN EINEM BRAUCH, EINEM PRINZIP, EINER TRADITION} restare fedele *a qc*; {EINER MEINUNG, EINER ÜBERZEUGUNG} rimanere di *qc*; **hartnäckig an etw** (dat) ~, persistere in *qc* **C** *rfl* **sich** (**an jdm/etw**) ~ tenersi (*a qu/qc*), reggersi (*a qu/qc*) ● **halt dich fest**[, **ich muss dir was erzählen**]! *fam*, reggiti/tieniti forte[, ti devo raccontare una cosa]! *fam*; **ich möchte ~, dass …**, vorrei ribadire che …

fest|hängen *itr* <*haben oder süddt A CH sein*> **1** (*hängen bleiben*) **irgendwo** ~ {PERSON IM GESTRÜPP} rimanere impigliato (-a) + *compl di luogo* **2** (*stecken bleiben*) (*irgendwo*) ~ {AUTO IM SCHLAMM, SCHNEE} essere rimasto (-a) bloccato (-a) (+ *compl di luogo*).

festigen **A** *tr* **etw** ~ {FREUNDSCHAFT, HERRSCHAFT, MACHT} consolidare *qc*, rafforzare *qc*, rinsaldare *qc*: **ein gefestigter Charakter**, un carattere saldo **B** *rfl* **sich** ~ {FREUNDSCHAFT, HERRSCHAFT, MACHT} consolidarsi, rafforzarsi, rinsaldarsi; {GESUNDHEIT, WÄHRUNG} stabilizzarsi.

Festiger <*-s, ->* *m* (*Haarfestiger*) fissatore *m* (per capelli).

Festigkeit <*-, ohne pl>* *f* **1** (*Widerstandsfähigkeit*) {+MATERIAL} solidità *f*, resistenza *f*, saldezza *f* **2** *ökon pol* (*Stabilität*) stabilità *f* **3** (*Standhaftigkeit*) {+FREUNDSCHAFT} solidità *f*, saldezza *f*; {+CHARAKTER} *auch* fermezza *f* **4** (*Entschlossenheit*) risolutezza *f*.

Festigung <*-, ohne pl>* *f* {+FREUNDSCHAFT, HERRSCHAFT, MACHT} consolidamento *m*, rafforzamento *m*; *ökon* {+WÄHRUNG} stabilizzazione *f*.

Festival <*-s, -s>* *n oder CH* festival *m*.

fest|klammern *rfl* **sich** (**an jdm**/**etw**) ~ aggrapparsi (*a qu/qc*), abbarbicarsi (*a qu/qc*).

fest|kleben **A** *tr* <*haben*> **etw** (**an etw** dat) ~ {ETIKETTE, PLAKAT} incollare *qc* (*a/su qc*), attaccare *qc* (*a/su qc*) **B** *itr* <*sein*> (**an etw** dat) ~ essere incollato/attaccato (*a/su qc*).

fest|klemmen *tr* **etw** ~ fermare *qc* con delle graffe; **etw mit etw** (dat) ~ fermare *qc con qc*.

fest|klopfen *tr fam* **etw** ~ definire *qc*.

Festkomma <*-s, ohne pl>* *n inform* virgola f fissa.

Festland <*-(e)s, ohne pl>* *n* **1** (*nicht Meer*) terraferma *f* **2** (*nicht Insel*) continente *m*.

Festlandssockel *m geol* piattaforma *f* continentale.

fest|legen **A** *tr* **1** (*festsetzen*) **etw** ~ {PREIS, TERMIN} fissare *qc*, stabilire *qc*; {PROGRAMM, THEMA} *auch* definire *qc*: **es wird festgelegt, dass …**, si stabilisce che … **2** *ökon* **etw** ~ {GELD} vincolare *qc*; {KAPITAL} immobilizzare *qc* **3** (*verpflichten*) **jdn auf etw** (akk) ~ {AUF EINE ZUSAGE} vincolare/impegnare *qu* a mantenere *qc*; {AUF EINE BEHAUPTUNG} inchiodare *qu* a *qc fam*: **ich will mich nicht ~ lassen**, non voglio impegnarmi **B** *rfl* (*sich binden*) **sich** (**auf etw** akk) ~ impegnarsi (*a fare qc*).

Festlegung <*-, -en>* *f* **1** {+PREIS} fissazione *f*; {+PROGRAMM, THEMA} definizione *f*; {+TERMIN} fissazione *f* **2** *ökon* {+GELD} investimento *m* vincolato; {+KAPITAL} immobilizzazione *f*.

festlich **A** *adj* **1** (*feierlich*) {STIMMUNG, TAG} di festa, solenne **2** (*glanzvoll*) {KLEIDUNG, SCHMUCK} per le grandi occasioni; {BELEUCHTUNG} a festa **B** *adv* {GEKLEIDET, ETW SCHMÜCKEN} a festa ● **etw** ~ **begehen**, festeggiare *qc*.

Festlichkeit <*-, -en>* *f* **1** <*nur sing*> (*festliche Stimmung*) {+AUGENBLICK, TAG} solennità *f* **2** (*Feier*) festività *f*, festa *f*.

fest|liegen <*irr*> *itr* <*haben oder süddt A CH sein*> **1** (*bestimmt, festgesetzt sein*) {PREIS, PROGRAMM} essere stabilito; {DATUM, TERMIN} *auch* essere fissato **2** *ökon* {GELD} essere vincolato; {KAPITAL} essere immobilizzato **3** *naut* {SCHIFF} essere arenato/incagliato.

fest|machen *tr* **1** (*befestigen*) **etw** (**an etw** dat) ~ fermare *qc a qc*, fissare *qc a qc*, assicurare *qc a qc*: **ein Poster an der Wand** ~, attaccare un manifesto alla/sulla parete; (*festbinden*) legare *qc a qc* **2** *fam* (*vereinbaren*) **etw** ~ {GESCHÄFT} combinare *qc fam*; {TERMIN} fissare *qc* **3** (*auf etw zurückführen*) **etw an etw** (dat) ~ ricondurre *qc a qc* **4** *naut* **etw** ~ ormeggiare *qc*.

Festmahl *n* → **Festessen**.

Festmeter *m oder n* (*Abk fm*) metro *m* cubo.

fest|nageln *tr* **1 etw** (**an etw** dat) ~ inchiodare *qc* (*a qc*), fissare con (dei) chiodi *qc* (*a qc*) **2** *fam* (*festlegen*) **jdn** (**auf etw** akk) ~ {AUF EINE BEHAUPTUNG, EIN VERSPRECHEN} inchiodare *qu in qc fam*.

Festnahme <*-, -n>* *f* arresto *m*; (*Gefangennahme*) cattura *f*: **vorläufige ~**, fermo.

fest|nehmen <*irr*> *tr* (*verhaften*) **jdn** ~ arrestare *qu*, fermare *qu*; (*gefangen nehmen*) catturare *qu*.

Festnetz *n tel* rete *f* fissa.

Festnetzanschluss (a.R. Festnetzanschluß) *m tel* allacciamento *m* alla rete fissa.

Festnetztelefon (a.R. Festnetztelephon) *n tel* (telefono *m*) fisso *m*.

Festplatte *f inform* disco *m* rigido/fisso, hard disk *m*.

Festplattenkapazität *f inform* capacità *f* dell'hard disk.

Festplattenlaufwerk *n inform* drive *m* del disco rigido.

Festplatz *m* "piazza *f* che ospita una festa folcloristica".

Festpreis *m* prezzo *m* fisso; (*behördlich festgelegter Preis*) prezzo *m* calmierato.

Festrede *f* discorso *m* solenne.

Festredner *m* (**Festrednerin** *f*) oratore (-trice) *m* (f) ufficiale.

fest|rennen <*irr*> *rfl fam* **sich in etw** (dat) ~ fissarsi *in qc*.

Festsaal *m* sala *f* (per ricevimenti), salone *m*.

fest|saugen <*saugt fest, saugte fest oder sog fest, festgesaugt oder festgesogen*> *rfl* **sich an etw** (dat) ~ {BLUTSAUGER, ZECKE AN JDS ARM, BEIN} attaccarsi *a qc* (succhiando).

fest|schnallen **A** *tr* **jdn**/**etw** (*irgendwo*) ~ {KIND AUF DEM SITZ} legare *qu* con la cintura (+ *compl di luogo*); {PULLOVER AUF DEM RUCKSACK} fermare *qc* con un laccio (+ *compl di luogo*) **B** *rfl* **sich** ~ allacciarsi la cintura di sicurezza.

fest|schrauben *tr* **etw** ~ {HALTERUNG} avvitare *qc*; {SCHRAUBE} fissare *qc*.

fest|schreiben <*irr*> *tr* **etw** ~ {VEREINBARUNG} mettere *qc* per iscritto: **etw gesetzlich** ~, stabilire *qc* per legge.

Festschrift *f* scritti *m pl* commemorativi.

fest|setzen **A** *tr* **1** (*festlegen*) **etw** (**auf etw** akk) ~ {TAG} fissare *qc* (*per qc*); {PREIS, WERT} *auch* stabilire *qc* (*in qc*), fissare *qc* (*in qc*): **den Wert einer Immobilie auf 500 000 Euro** ~, stabilire/fissare il prezzo di un immobile in 500 000 euro **2** (*gefangen nehmen*) **jdn** ~ arrestare *qu*, imprigionare *qu* **B** *rfl* **1** (*sich ablagern*) **sich irgendwo** ~ {SCHMUTZ, STAUB} depositarsi + *compl di luogo* **2** (*haften bleiben*) **sich in jdm** ~ {GEDANKE} radicarsi *in qu*.

Festsetzung <*-, -en>* *f* {+PREIS, WERT} fissazione *f*.

fest|sitzen <*irr*> *itr* **1** (*haften*) {NAGEL, SCHRAUBE, VERSCHLUSS} reggere, tenere; {SCHMUTZ} restare attaccato (-a) **2** (*nicht von der Stelle kommen*) {FAHRZEUG, PERSON} essere bloccato; {SCHIFF} essere arenato/incagliato.

Festspeicher *m inform* disco *m* fisso, hard disk *m*.

Festspiele *subst* <*nur pl>* festival *m*: **Bayreuther**/**Salzburger** ~ *mus*, festival di Bayreuth/Salisburgo.

Festspielhaus *n* sede *f* del festival.

fest|stecken **A** *tr* <*haben*> (*mit Nadeln befestigen*) **etw** ~ {SAUM} fissare *qc*; {HAARE, PERÜCKE} *auch* fermare *qc* **B** *itr* <*sein*> (*nicht weiterkommen*) essere incastrato/bloccato.

fest|stehen <*irr*> *itr* **1** (*festgelegt sein*) {TERMIN} essere fissato; {DATUM, PROGRAMM} *auch* essere stabilito **2** (*unumstößlich sein*) {ENTSCHLUSS} essere certo; {MEINUNG} essere definitivo **3** *unpers* (*sicher sein*) essere certo/sicuro: ₍**es steht fest**₎/[**fest steht**], **dass …**, è certo/sicuro che …, è assodato *fam* che …; **eins steht fest**, una cosa è certa.

feststehend *adj* <*attr*> {BRAUCH} invalso; {REGEL} fisso; **~e Redewendung**, frase/espressione idiomatica, locuzione.

feststellbar *adj* **1** (*herauszufinden*) accertabile, verificabile **2** *tech* regolabile.

fest|stellen *tr* **1** (*deutlich sagen*) **etw** ~ osservare *qc*, rilevare *qc* **2** (*ermitteln*) **etw** ~ {GRUND, URSACHE} accertare *qc*, stabilire *qc*, individuare *qc*; {SACHVERHALT, SCHADEN} accertare *qc*, constatare *qc*; {SCHULD, UNSCHULD} *auch* stabilire *qc*: **jds Personalien** ~, accertare le generalità di qu; **wir müssen** ~, **ob …**, dobbiamo verificare se … **3** (*bemerken*) **etw** (**an jdm**/**etw**) ~ {UNTERSCHIED, VERÄNDERUNG} constatare *qc* (*in qu*/*qc*), rendersi conto *di qc*, osservare *qc* (*in qu*/*qc*); {MÄNGEL, UNREGELMÄßIGKEITEN} rilevare *qc* (*in qc*), riscontrare *qc* (*in qc*); (**bei jdm**) **etw** ~ {KRANKHEIT, TUMOR} diagnosticare *qc* (*a qu*), trovare *qc* (*a qu*) *fam*: **ich muss leider ~, dass ...**, devo purtroppo constatare che ... **4** *tech* (*arretieren*) **etw ~** {Arbeitsplatte, Stuhllehne} bloccare *qc*, fermare *qc*.

Feststelltaste f (tasto m) fissamaiuscole m.

Feststellung f **1** (*Bemerkung*) constatazione f, osservazione f, considerazione f **2** <*nur sing*> *auch jur* (*Ermittlung*) {+Personalien, Sachverhalt} accertamento m; *bes. com* verifica f **3** (*Wahrnehmung*) osservazione f, constatazione f ● **zu der ~ kommen/gelangen, dass ...**, arrivare/giungere alla conclusione che ...; **die ~ machen, dass ... form**, constatare che ...

Feststellungsklage f *jur* azione f di accertamento.

Feststimmung f atmosfera f/aria f di festa.

Festtafel f tavola f imbandita.

Festtag m giorno m di festa; *relig* (giornata f/giorno m di) festa f.

Festung <*-, -en*> f *hist* fortezza f, forte m, piazzaforte f.

festverzinslich adj *bank* {Wertpapiere} a tasso/reddito fisso.

Festwiese f area f dove si tiene una festa.

Festzelt n padiglione m.

fest|ziehen <irr> tr **etw ~** {Gurt, Knoten} stringere *qc*.

Festzins m *bank* interesse m fisso.

Festzinssatz m *bank* tasso m/saggio m d'interesse fisso.

Festzug m corteo m.

Fete <*-, -n*> f *fam* (*Party*) festicciola f, festa f: **eine ~ machen/feiern**, fare una festicciola/festa.

Fetisch <*-(e)s, -e*> m feticcio m.
Fetischismus <*-, ohne pl*> m feticismo m.
Fetischist m (**Fetischistin** f) feticista mf.
fetischistisch adj feticista, feticistico.

fett adj **1** (*~haltig*) {Essen, Fleisch, Käse} grasso; (*überfettet*) {Haar, Haut} grasso, unto **2** (*dick*) {Mensch, Tier} grasso, grosso **3** (*üppig*) {Boden} fertile, ricco; *fam* {Gewinn} grasso *fam*, lauto **4** *typ* (*in*) neretto/grassetto **5** *slang* (*sehr gut*) figo *slang*, mitico *slang* ● **~ drucken**, stampare in neretto/grassetto; **~ essen**, mangiare molti grassi; **sich ~ essen**, fare una scorpacciata *fam*, rimpinzarsi *fam*; **~ kochen**, cucinare con molti grassi; **~ werden**, ingrassare, diventare grasso (-a).

Fett <*-(e)s, -e*> n **1** <*nur sing*> (*~gewebe*) grasso m, adipe m *wiss* **2** *gastr* grasso m: **etw in schwimmendem ~ braten**, friggere *qc* con molto grasso **3** *chem* lipide m ● **sein ~ abbekommen** *fam*/**abkriegen** *fam*, prendersi una bella strigliata *fam*; **~ ansetzen** {Mensch}, ingrassare, mettere su ciccia *fam*; **pflanzliches/tierisches ~**, grasso vegetale/animale; **der hat sein ~ weg** *fam*, ha avuto il fatto suo *fam*.

fettarm A adj {Milch} magro; {Essen} povero di grassi B adv {Essen} pochi grassi; {kochen} con pochi grassi.

Fettauge n occhio m (del brodo) *fam*.

Fettbauch m *fam pej* **1** (*fetter Bauch*) pancione m *fam*, trippone m *fam*, buzzone m *fam* **2** (*fetter Mann*) pancione m *fam*, trippone m *fam*, buzzone m *fam*.

Fettdruck m *typ* neretto m, grassetto m.

fetten itr {Haar, Haut} secernere grasso; {Creme} ungere *fam*: **meine Haare ~ schnell**, mi si ungono facilmente i capelli.

Fettflecken m, **Fettfleck** m macchia f di grasso/unto.

fettgedruckt adj → **gedruckt**.

Fettgehalt m contenuto m di grassi.

Fettgewebe n tessuto m adiposo, adipe m *wiss*.

fetthaltig adj grasso, che contiene grassi; {Gewebe} adiposo.

Fetthenne f *bot* sedo m.

fettig adj **1** (*fetthaltig*) grasso **2** (*mit Fett beschmiert*) unto, untuoso.

Fettleber f *med* fegato m grasso, steatosi f epatica *wiss*.

fettleibig adj *geh* pingue *geh*, grasso; *med* obeso.

Fettleibigkeit <*-, ohne pl*> f *geh* pinguedine f *geh*; *med* obesità f.

Fettnäpfchen <*-s, -*> n: (**bei jdm**) **ins ~ treten** *fam scherz*, fare una gaffe (con *qu*) *fam*.

Fettpolster n *fam* cuscinetto m di grasso, pannicolo m adiposo *med*; *fam* (*an der Hüfte*) *auch* maniglia f dell'amore *fam scherz*.

Fettsack m *slang pej* grassone m *fam*, palla f di lardo *fam*.

Fettsäure f acido m grasso: **gesättigte/ungesättigte ~n**, acidi grassi saturi/insaturi.

Fettschicht f strato m di grasso.

Fettstift m stick m emolliente (per le labbra).

Fettsucht <*-, ohne pl*> f *med* obesità f.

Fettwanst m *pej* → **Fettbauch**.

fetzen A tr <*haben*> (*herunterreißen*) **etw ~** (*von etw* dat) ~ buttare giù *qc* (*da qc*) B itr **1** <*sein*> *fam* (*rasen*) **irgendwohin ~** fiondarsi *fam*/catapultarsi *fam* + *compl di luogo* **2** <*haben*> *slang* (*mitreißen*) {Musik} essere da schianto *slang*/sballo *slang* C rfl <*haben*> *fam* (*sich heftig streiten*) **sich ~** sbranarsi *fam*.

Fetzen <*-s, -*> m **1** (*abgerissenes Stück*) {+Papier} pezzetto m; {+Haut, Stoff} brandello m; (*zerschlissener Stoff*) straccio m **2** (*kleiner Ausschnitt*) {+Gespräch, Musik} frammento m **3** *fam* (*billiges Kleid*) straccio m, cencio m ● **(streiten/...,) dass die ~ fliegen** *fam*, (litigare) fino a far volare i piatti *fam*; **etw in ~ reißen**, fare a brandelli/pezzetti *qc*.

fetzig adj *fam*, da schianto *slang*/sballo *slang*.

feucht adj umido; (*angefeuchtet*) inumidito, umettato; **~ werden**, diventare umido (-a), inumidirsi.

Feuchtbiotop n *ökol* biotopo m umido.

feuchtfröhlich adj *fam scherz* {Abend, Fest} sull'allegrotto andante *fam*.

feuchtheiß adj {Klima} caldo umido.

Feuchtigkeit <*-, ohne pl*> f umidità f.

Feuchtigkeitscreme, **Feuchtigkeitskrem**, **Feuchtigkeitskreme** f crema f idratante.

Feuchtigkeitslotion f lozione f idratante.

Feuchtigkeitsmesser <*-s, -*> m igrometro m.

feuchtigkeitsspendend adj idratante.

feuchtkalt adj {Klima, Luft} freddo umido: **ein ~es Wetter**, un freddo umido.

feuchtwarm adj {Klima, Luft} caldo umido.

feudal A adj **1** *hist* feudale **2** *fam* (*prächtig*) {Essen} luculliano m; {Wohnung, Restaurant} di lusso, lussuoso; {Wohngegend} signorile B adv *fam* (*vornehm*) lussuosamente, da gran signore: **wir waren gestern ganz ~ essen** *fam*, ieri siamo andati (-e) a mangiare in un posto da signori *fam*.

Feudalherr m *hist* feudatario m, signore m feudale.

Feudalherrschaft f *hist* → **Feudalismus**.

Feudalismus <*-, ohne pl*> m *hist* feudalesimo m.

Feuer <*-s, ->* n **1** fuoco m: **das ~ anmachen**, accendere il fuoco **2** <*nur sing*> (*Brand*) fuoco m, incendio m, fiamme f pl: **~ (an etw** akk**) legen**, appiccare il fuoco (*a qc*); **das ~ löschen**, spegnere/domare l'incendio/le fiamme; **~!** (*Hilferuf bei Brand*), al fuoco! **3** <*nur sing*> *mil* fuoco m, tiro m: **das ~ eröffnen/einstellen**, aprire/cessare il fuoco; **etw unter ~ nehmen**, mettere *qc* sotto tiro; **~!** (*Schießbefehl*), fuoco! **4** <*nur sing*> (*Temperament*) {+Frau, Jugend, Leidenschaft} fuoco m, ardore m **5** <*nur sing*> *geh* (*Glanz*) {+Augen, Diamant} fuoco m ● **haben Sie ~?**, ₍ha da₎/[mi fa] accendere?; **jdm ~ geben**, dare ₍del fuoco₎/[da accendere] a *qu*; **~ fangen** (*in Brand geraten*), prendere fuoco, incendiarsi; (*sich begeistern*), prendere fuoco, infiammarsi, entusiasmarsi; **~ und Flamme (für jdn/etw) sein**, accendersi d'entusiasmo (per *qu*/*qc*); **für jdn durchs ~ gehen**, gettarsi nel fuoco per *qu*; **zwischen zwei ~ geraten**, trovarsi tra ₍due fuochi₎/[l'incudine e il martello]; **~ hemmend → feuerhemmend**; **jdm ~ unterm Hintern** *fam*/**Arsch** *slang* **machen**, mettere il fuoco al culo di *qu* *slang*; **das olympische ~** *sport*, il fuoco olimpico; **~ speiend** {Drache, Vulkan}, che sputa/vomita fuoco; **mit dem ~ spielen**, scherzare col fuoco; **wie ~ und Wasser sein** {Personen}, essere come l'acqua e il fuoco *fam*; {Dinge}, fare a pugni *fam*.

Feueralarm m allarme m antincendio.

Feueranzünder m cubetto m/tavoletta f accendifuoco.

Feuerbefehl m *mil* ordine m di aprire il fuoco.

feuerbeständig adj {Tresor} antifiamma; {Stahltür} *auch* tagliafuoco; {Baumaterial} refrattario; {Anzug} antifiamma, non infiammabile.

Feuerbestattung f cremazione f.

Feuereifer m fervore m, foga f, ardore m: **etw mit (wahrem) ~ tun**, fare *qc* con (tutto l') ardore.

Feuereinstellung f *mil* cessate m il fuoco.

feuerfest adj {Geschirr, Glas} pirofilo; {Baumaterial} refrattario.

Feuergasse f "via f d'accesso per i vigili del fuoco".

Feuergefahr f pericolo m d'incendio.

feuergefährlich adj {Flüssigkeit} (facilmente) infiammabile.

Feuergefecht n scontro m a fuoco.

Feuerhaken m attizzatoio m.

feuerhemmend adj {Anstrich, Farbe} ignifugo.

Feuerland n *geog* Terra f del Fuoco.

Feuerländer <*-s, -*> m (**Feuerländerin** f) fueghino (-a) m (f).

Feuerleiter f **1** (*an großen Gebäuden*) scala f antincendio/[di sicurezza] **2** → **Feuerwehrleiter**.

Feuerlöscher <*-s, -*> m estintore m.

Feuerlöschzug m colonna f/squadra f di autopompe.

Feuermal <*-(e)s, -e oder Feuermäler*> n voglia f di vino.

Feuermelder <*-s, -*> m segnalatore m d'incendio, (*auf Autobahn*) colonnina f antincendio.

feuern A itr (*schießen*) **(auf jdn/etw) ~** far fuoco (*su qu*/*qc*), sparare (*su qu a qu*/*[a qc]*) B tr **1** *fam* (*werfen*) **etw irgendwohin ~** {Buch, Schultasche in die Ecke, an die Wand} scaraventare *fam*/sbattere *fam qc* + *compl di luogo* **2** *fam* (*entlassen*) **jdn ~** buttare fuori *qu fam*, mandare a spasso *qu fam*, licenziare *qu* in tronco.

Feuerpause f *mil* cessate il fuoco m, tregua f.

Feuerprobe f: **die ~ bestehen**, superare la prova del fuoco.

Feuerqualle f *zoo* medusa f urticante.

feuerrot adj {Auto, Haar, Mantel} rosso fuoco/fiammante: **~ werden**, diventare rosso (-a) (come il) fuoco.

Feuersalamander m *zoo* salamandra f pezzata/[giallo-nera].

Feuersbrunst f *geh* incendio m, conflagrazione f *geh*.

Feuerschaden m danno m causato dal fuoco.

Feuerschlucker m (**Feuerschluckerin** f) mangiafuoco mf.

Feuerschutz m protezione f antincendio • **jdm ~ geben**, coprire qu.

Feuerschutzbestimmungen subst <nur pl> *adm* norme f pl/disposizioni f pl antincendio.

Feuerschutztür f porta f tagliafuoco.

feuersicher adj a prova di fuoco.

feuerspeiend adj → **Feuer**.

Feuerspritze f pompa f antincendio.

Feuerstein m **1** (*Zündstein*) pietra f focaia **2** *geol* selce f.

Feuerstuhl m *fam* moto f di grossa cilindrata.

Feuertaufe f battesimo m del fuoco.

Feuerteufel m *fam* piromane m.

Feuertreppe f scala f antincendio.

Feuertür f → **Feuerschutztür**.

Feuerung <-, -en> f **1** <nur sing> (*Brennmaterial*) combustibile m **2** (*~sanlage*) impianto m di combustione.

Feuerversicherung f assicurazione f contro l'incendio.

Feuerwache f stazione f dei ₗvigili del fuocoⱼ/[pompieri].

Feuerwaffe f arma f da fuoco.

Feuerwehr <-, -en> f (corpo m dei) vigili m pl del fuoco, pompieri m pl • **wie die ~ fahren** *fam*, andare a ₗrotta di collo *fam*ⱼ/[tutta birra *fam*].

Feuerwehrauto n autopompa f, carro m/camion m dei pompieri.

Feuerwehrfrau f vigile f del fuoco.

Feuerwehrhaus n caserma f dei vigili del fuoco.

Feuerwehrleiter f scala f aerea/[dei pompieri].

Feuerwehrleute subst <nur pl> pompieri m pl, vigili m pl del fuoco.

Feuerwehrmann <-(e)s, -männer oder -leute> m pompiere m, vigile m del fuoco.

Feuerwehrschlauch m manichetta f antincendio.

Feuerwerk n fuochi m pl d'artificio, spettacolo m pirotecnico.

Feuerwerker <-s, -> m (**Feuerwerkerin** f) pirotecnico (-a) m (f).

Feuerwerkskörper m razzo m pirotecnico.

Feuerzangenbowle f "bevanda f calda a base di vino rosso, rum, succo di frutta e zucchero".

Feuerzeug <-(e)s, -e> n accendino m, accendisigari m.

Feuilleton <-s, -s> n *journ* **1** (*Zeitungsteil*) pagina f della cultura, terza pagina f **2** (*Zeitungsartikel*) articolo m ₗdella pagina culturaleⱼ/[di terza (pagina)].

Feuilletonist <-en, -en> m (**Feuilletonistin** f) redattore (-trice) m (f) della ₗpagina culturaleⱼ/[terza pagina].

feurig adj **1** (*temperamentvoll*) {Pferd, Temperament} focoso; {Blick, Liebhaber} *auch* appassionato; {Rede} acceso, di fuoco **2** *geh* (*feuerrot*) {Abendsonne, Himmel} fiammeggiante, rosso fuoco.

ff. Abk *von* folgende (Seiten): ss (Abk *von* seguenti).

FH <-, -s> f *D univ Abk von* Fachhochschule: "istituto m parauniversitario di qualificazione professionale con laurea breve".

Fiaker <-s, -> m A **1** (*Droschke*) fiacre m **2** (*Kutscher*) vetturino m.

Fiasko <-s, -s> n *fam* fiasco m *fam*, insuccesso m, fallimento m: **ein ~ (mit etw dat) erleben/erleiden**, fare fiasco (con qc) *fam*; **in einem ~ enden**, finire con un fiasco.

Fibel <-, -n> f **1** *obs* (*Lesebuch*) abbecedario m *obs*, sillabario m *obs* **2** (*Lehrbuch*) manuale m, guida f.

Fiber <-, -n> f fibra f.

Fibrom <-s, -e> n *med* fibroma m.

ficht 3. pers sing präs *von* fechten.

Fichte <-, -n> f **1** *bot* abete m rosso **2** <nur sing> (*~nholz*) (legno m di) abete m rosso.

Fichtenwald m bosco m/foresta f di abeti rossi.

Fichtenzapfen m pigna f di abete rosso.

ficken **A** tr *vulg jdn* ~ scopare *qu vulg*, fottere *qu vulg* **B** itr *vulg* (*mit jdm*) ~ scopare (con qu) *vulg*, chiavare (con qu) *vulg*.

Fiction <-, ohne pl> f *lit* narrativa f, fiction f.

Ficus <-, Fici> m *bot* ficus m.

Fideikommiss (a.R. Fideikommiß) <-es, -e> n *jur* fedecommesso m.

fidel adj *fam* pimpante *fam*.

Fidschi <-s, ohne pl> n *geog* (*Stato dell'Oceania*) Figi.

Fidschiinseln, Fidschi-Inseln subst <nur pl> *geog* (isole f pl) Figi f pl.

Fieber <-s, rar -> n **1** *med* febbre f: **jd bekommt ~**, a qu viene la febbre; (39°) ~ **haben**, avere la febbre (a 39°); **hohes ~ haben**, avere la febbre alta; **leichtes ~**, febbriciattola; **~ messen**, misurare la febbre **2** *geh* (*Besessenheit*) febbre f, frenesia f.

Fieberanfall m accesso m febbrile/[di febbre].

Fieberblase f bolla f di febbre.

Fieberfantasie f <meist pl> farneticamento m/vaneggiamento m (da febbre).

fieberfrei adj senza febbre, sfebbrato.

fieberhaft **A** adj (*hektisch*) {Aktivität, Suche} febbrile, frenetico: **in ~er Eile**, con una fretta spasmodica **B** adv {Arbeiten, Suchen} febbrilmente, freneticamente.

Fieberkurve f diagramma f della febbre.

Fiebermittel n antifebbrile m, antipiretico m, febbrifugo m.

fiebern itr **1** (*Fieber haben*) avere la febbre, essere febbricitante **2** (*aufgeregt sein*) **vor etw (dat) ~** {vor Aufregung, Ungeduld} friggere *di qc fam*, scalpitare *per qc fam* **3** *geh* (*nach etw verlangen*) **nach etw (dat) ~** bramare *qc*, agognare *qc*.

Fieberphantasie f → **Fieberfantasie**.

fiebersenkend adj {Mittel} antifebbrile, antipiretico, febbrifugo.

Fieberthermometer n termometro m (clinico).

Fieberwahn m delirio m febbrile.

fiebrig, fiebericht adj **1** *med* {Mensch} febbricitante; {Stirn} caldo (per la febbre): **eine ~e Erkältung**, raffreddore accompagnato da febbre **2** → **fieberhaft**.

Fiedel <-, -n> f *fam scherz* oder *pej* violino m.

fiedeln itr *fam scherz* oder *pej obs* strimpellare/grattare il violino *fam scherz*.

fiel 1. und 3. pers sing imperf *von* fallen.

fies adj *fam pej* **1** (*gemein*) {Art, Charakter} cattivo, meschino **2** (*widerlich*) {Arbeit, Kerl, Typ} schifoso *fam*, ripugnante, rivoltante; {Geruch} *auch* stomachevole, ributtante *fam*: **ein ~er Kerl** *auch*, una carogna.

Fiesling <-s, -e> m essere m immondo.

Fifa, FIFA <-, ohne pl> f *sport Abk von frz* Fédération Internationale de Football Association (*Internationaler Fußballverband*): FIFA f (*Federazione internazionale del calcio*).

fifty-fifty adv *fam*: **(mit jdm) fifty-fifty machen**, fare fifty-fifty (con qu).

Fight <-s, -s> m *sport* combattimento m.

fighten itr *sport* combattere.

Fighter <-s, -> m (*Kämpfernatur*) persona f combattiva.

Figur <-, -en> f **1** (*Gestalt*) figura f, linea f, personale m, fisico m: **eine schlanke/zierliche ~**, una figura snella/aggraziata, un personale slanciato/aggraziato; **sie hat eine gute ~**, ha un bel fisico/personale; **auf seine ~ achten (müssen)**, (dover) badare alla linea **2** (*Persönlichkeit*) figura f, personaggio m **3** *film lit* personaggio m, figura f **4** (*Nachbildung*) figura f **5** *Schach* (*Spielfigur*) pezzo m **6** *slang oft pej* (*Typ*) figuro m *fam*, ceffo m *fam pej*, tipo m *fam pej* **7** *sport* figura f **8** *geom* figura f • **eine gute ~ abgeben/machen**, fare ₗbella figuraⱼ/[un figurone *fam*]; **eine schlechte ~ abgeben/machen**, fare una ₗbrutta figuraⱼ/[figuraccia *fam*].

figurativ **A** adj (*übertragen*) {Bedeutung, Gebrauch} figurato **B** adv {Verwenden} in senso figurato.

figurbetont adj aderente, attillato.

figürlich **A** adj **1** (*die Statur betreffend*) {Probleme} di linea **2** *kunst* figurativo **3** (*übertragen*) figurato **B** adv **1** *kunst* {Darstellen} figurativamente **2** (*übertragen*) in senso figurato.

Fiktion <-, -en> f **1** *geh* (*etw Erdachtes*) finzione f **2** *philos* ipotesi f.

fiktiv adj *geh* fittizio, immaginario.

File <-s, -s> n *inform* file m.

Filet <-s, -s> n filetto m.

Filetbraten m filetto m arrosto.

filetieren <ohne ge-> tr *gastr etw* ~ {Fisch, Fleisch} sfilettare *qc*.

Filetsteak n bistecca f di filetto.

Filiale <-, -n> f {+Geschäft} filiale f, succursale f; {+Bank, Versicherung} *auch* agenzia f.

Filialleiter m (**Filialleiterin** f) {+Geschäft} gestore (rar -trice) m (f) di filiale; {+Bank, Versicherung} direttore (-trice) m (f) di filiale.

filigran adj {Arbeit, Ornamentik} in filigrana.

Filigranarbeit f *auch fig* filigrana f.

Filipina <-, -s> f (*Einwohnerin*) filippina f.

Filipino① <-s, -s> m (*Einwohner*) → **Philippiner**.

Filipino② <-, ohne pl> n (*Sprache*) filippino m.

Film <-(e)s, -e> m **1** *fot* pellicola f, rullino m: **einen neuen ~ einlegen**, cambiare la pellicola/il rullino; **einen ~ entwickeln**, sviluppare un rullino **2** *film* TV film m, pellicola f: **einen ~ drehen**, girare un film; **in einen ~ gehen**, andare ₗa vedere un filmⱼ/[al cinema]; **welcher ~ läuft im Odeon?**, che film danno all'Odeon?; **einen ~ vorführen**, proiettare un film **3** <nur sing> (*~branche*) cinema m, cinematografia f: **sie ist/arbeitet beim ~**, fa (del) cinema; **zum ~ gehen**, esordire nel cinema **4** (*dünne Schicht*) pellicola f, film m, strato m sottile • **bei jdm ist der ~ gerissen** *fam scherz* (*jd erinnert sich nicht mehr*), qu ha un ₍blackout *fam*₎/[vuoto di memoria].

F̠ilmamateur m (**F̠ilmamateurin** f) cineamatore (-trice) m (f), cinedilettante mf.

F̠ilmarchiv n cineteca f.

F̠ilmatelier n studio m cinematografico.

F̠ilmaufnahme f ripresa f (cinematografica).

F̠ilmbranche f (mondo m del) cinema m.

F̠ilmemacher m (**F̠ilmemacherin** f) cineasta mf, film-maker mf.

f̠ilmen **A** tr *jdn/etw* ~ filmare *qu/qc*, riprendere *qu/qc* **B** itr girare un film.

F̠ilmfestival n festival m ₍del cinema₎/[cinematografico].

F̠ilmfestspiele subst <nur pl> → **Filmfestival**.

F̠ilmgesellschaft f casa f di produzione cinematografica.

F̠ilmindustrie f industria f cinematografica.

f̠ilmisch adj {Leistung, Mittel} filmico, cinematografico.

F̠ilmkamera f cinepresa f, macchina f da presa.

F̠ilmkassette f caricatore m.

F̠ilmkomponist m (**F̠ilmkomponistin** f) compositore (-trice) m (f) di colonne sonore.

F̠ilmkritik f 1 (*Rezension*) recensione f/critica f cinematografica 2 (*Gesamtheit der Filmkritiker*) critica f cinematografica.

F̠ilmkritiker m (**F̠ilmkritikerin** f) critico (-a) m (f) cinematografico (-a).

F̠ilmkulisse f set m cinematografico.

F̠ilmkunst f cinematografia f, arte f cinematografica.

F̠ilmmuseum n museo m del cinema.

F̠ilmmusik f colonna f sonora.

F̠ilmpreis m premio m cinematografico.

F̠ilmpremiere f prima f (di un film).

F̠ilmprobe f provino m.

F̠ilmproduktion f produzione f cinematografica.

F̠ilmproduzent m (**F̠ilmproduzentin** f) produttore (-trice) m (f) cinematografico (-a), producer mf.

F̠ilmprojektor m proiettore m cinematografico.

F̠ilmregisseur m (**F̠ilmregisseurin** f) regista mf (cinematografico (-a)).

F̠ilmreportage f reportage m cinematografico; *TV* filmato m.

F̠ilmriss (a.R. Filmriß) m *fam*: **einen ~ haben** avere un blackout.

F̠ilmrolle f 1 (*Part*) parte f, ruolo m (in un film) 2 (*Spule*) pellicola f (su bobina).

F̠ilmschaffende <dekl wie adj> mf professionista mf del cinema.

F̠ilmschauspieler m (**F̠ilmschauspielerin** f) attore (-trice) m (f) ₍cinematografico (-a)₎/[di cinema].

F̠ilmstar m divo (-a) m (f) del cinema/[grande schermo], star f.

F̠ilmstudio n studio m cinematografico.

F̠ilmszene f *film TV* scena f di un film.

F̠ilmtheater n *geh* cinematografo m *geh*.

F̠ilmverleih m (casa f di) distribuzione f cinematografica.

F̠ilmvorführgerät n *form* → **Filmprojektor**.

F̠ilmvorführung f proiezione f cinematografica.

F̠ilmvorschau f presentazione f (di un film), trailer m.

F̠ilmwelt f cinelandia f, mondo m/ambiente m del cinema.

F̠ilmwirtschaft f industria f cinematografica.

F̠ilmzensur f censura f cinematografica.

F̠ilter① <-s, -> m *oder* n 1 *fot opt tech* filtro m 2 <nur m> (*Kaffeefilter, Teefilter, Zigarettenfilter*) filtro m.

F̠ilter② <-s, -> m *inform* programma m di conversione.

F̠iltereinsatz m *mot* cartuccia f del filtro.

F̠ilterkaffee m caffè m tedesco (passato al filtro).

F̠iltermundstück n bocchino m con filtro.

f̠iltern tr *etw* ~ filtrare *qc*, passare al filtro *qc*.

F̠ilterpapier n carta f da filtro.

F̠ilterpatrone f cartuccia f filtro.

F̠iltertüte f filtro m di carta.

F̠ilterzigarette f sigaretta f con filtro.

f̠iltrieren <ohne ge-> tr *bes. tech etw* ~ filtrare *qc*.

F̠ilz <-es, ohne pl> m 1 (*Gewebe*) feltro m 2 (*Gewirr*) {+Haar, Pflanzen} viluppo m, groviglio m, intreccio m 3 *pej pol* clientelismo m *pej*.

f̠ilzen **A** itr {Wolle} infeltrire, infeltrirsi **B** tr *fam* (*durchsuchen*) *jdn/etw* ~ frugare *qu/qc fam*, perquisire *qu/qc*.

F̠ilzhut m (cappello m di) feltro m.

f̠ilzig adj 1 (*verfilzt*) {Wolle} infeltrito 2 (*wie Filz*) feltrato.

F̠ilzlaus f *zoo* pidocchio m del pube, piattola f.

F̠ilzpantoffel m <meist pl> pantofola f di feltro.

F̠ilzschreiber m, **Filzstift** m pennarello m.

F̠immel <-s, -> m *fam* pallino m *fam*, fissa f *fam*, mania f *fam*: **einen ~ (für etw akk) haben**, avere il pallino (di qc); **den ~ haben, etw zu tun**, avere la fissa/la mania di fare qc; **das ständige Telefonieren ist ein richtiger ~ von ihm**, ha il pallino/la mania del telefono.

F̠inale <-s, -oder sport Finals> n 1 *sport* finale f 2 *mus* finale m.

F̠inalist <-en, -en> m (**F̠inalistin** f) *sport* finalista mf.

F̠inalsatz m *gram* (proposizione f) finale f.

F̠inanz <-, ohne pl> f 1 (*Geldwesen*) finanza f 2 (*~welt*) finanza f, mondo m finanziario.

F̠inanzabteilung f ufficio m finanziario.

F̠inanzamt n ufficio m delle imposte; (*mit größerer Kontrollfunktion und Entscheidungsgewalt*) ≈ intendenza f di finanza.

F̠inanzausgleich m *D pol* perequazione f finanziaria (tra la federazione, i Länder e i comuni).

F̠inanzausschuss (a.R. Finanzausschuß) m *parl* commisione f finanze.

F̠inanzbeamte <dekl wie adj> m (**F̠inanzbeamtin** f) impiegato (-a) m (f) di un ufficio finanziario, funzionario (-a) m (f) delle imposte.

F̠inanzbehörde f autorità f finanziaria.

F̠inanzberater m (**F̠inanzberaterin** f) consulente mf finanziario (-a).

F̠inanzchef m (**F̠inanzchefin** f) direttore m finanziario.

F̠inanzen subst <nur pl> finanze f pl: **die ~ aufbessern** *fam*, rimpinguare le proprie finanze *fam*.

F̠inanzexperte m (**F̠inanzexpertin** f) esperto (-a) m (f) ₍finanziario (-a)₎/[di finanza].

F̠inanzgericht n commissione f tributaria di primo grado.

F̠inanzhoheit f sovranità f fiscale.

f̠inanziell **A** adj finanziario **B** adv {abhängig sein} finanziariamente, economicamente, dal punto di vista finanziario/economico: **jdn ~ unterstützen**, dare un aiuto/sostegno finanziario/economico a qu.

F̠inanzier <-s, -s> m *geh* finanziatore m.

finanzierbar adj finanziabile.

finanz̠ieren <ohne ge-> tr *etw* ~ finanziare qc: **die Eltern haben ihm das ganze Studium finanziert**, i genitori ₍gli hanno pagato tutti gli₎/[l'hanno mantenuto agli] studi.

Finanz̠ierung f finanziamento m: **die ~ des Projekts ist noch nicht gesichert**, non sappiamo ancora come sarà finanziato il progetto.

Finanz̠ierungsdefizit n *ökon* disavanzo m finanziario.

Finanz̠ierungsform f *ökon* forma f di finanziamento.

Finanz̠ierungsgesellschaft f (società f) finanziaria f.

Finanz̠ierungshilfe f aiuto m economico.

Finanz̠ierungsmittel subst <nur pl> fondi m pl (di finanziamento).

Finanz̠ierungsplan m progetto m/piano m di finanziamento.

F̠inanzinstitut n istituto m finanziario.

F̠inanzjahr n anno m/esercizio m finanziario.

f̠inanzkräftig adj {Unternehmen} finanziariamente solido; {Freund, Verwandter} con notevoli mezzi finanziari.

F̠inanzkrise f crisi f finanziaria.

F̠inanzlage f situazione f finanziaria, condizioni f pl finanziarie.

F̠inanzmanagement n *ökon* amministrazione f/gestione f finanziaria.

F̠inanzmarkt m mercato m finanziario.

F̠inanzmetropole f capitale f della finanza.

F̠inanzminister m (**F̠inanzministerin** f) ministro m delle finanze.

F̠inanzministerium n ministero m delle finanze.

F̠inanzplanung f pianificazione f finanziaria.

F̠inanzplatz m piazza f finanziaria.

F̠inanzpolitik f politica f finanziaria.

f̠inanzschwach adj finanziariamente debole.

F̠inanzspritze f *slang ökon* iniezione f di denaro, aiuto m economico: **das Unternehmen braucht dringend eine ~**, questa impresa ha urgente bisogno di ossigeno.

f̠inanzstark adj → **finanzkräftig**.

F̠inanzverwaltung f amministrazione f finanziaria.

F̠inanzvorstand m direzione f finanziaria.

F̠inanzwelt f *ökon* mondo m della finanza.

F̠inanzwesen n *ökon* sistema m finanziario, finanze f pl.

F̠inanzwirtschaft f scienza f delle finanze, economia f finanziaria.

F̠inanzwissenschaft f scienza f delle finanze.

F̠indelkind n *obs* trovatello (-a) m (f).

f̠inden <findet, fand, gefunden> **A** tr 1 (*entdecken*) *jdn/etw* ~ {verlegtes Geld, weggelaufenes Kind, verlorenen Schlüssel, Täter} trovare *qu/qc*: **nicht zu ~ sein** {Sache}, essere introvabile; {Person} auch essere irreperibile; **etw an jdm/etw** ~ trovare qc in qu/qc: **ich weiß überhaupt nicht, was du an diesem Mann findest**, non so proprio che cosa ci trovi in quell'uomo **2** (auf etw kommen) **etw** ~ {ANTWORT, AUSWEG, FEHLER, GRUND, URSACHE} trovare qc; {KOMPROMISS, LÖSUNG} auch arrivare a qc **3** (bekommen) **jdn/etw** ~ {ARBEIT, GUTE FREUNDE, DEN RICHTIGEN PARTNER, EINE NEUE WOHNUNG} trovare qu/qc **4** (beurteilen) **jdn irgendwie** ~ {DUMM, NETT, SYMPATHISCH} trovare/considerare qu + adj; **etw irgendwie** ~ {BUCH SPANNEND, FILM LANGWEILIG} trovare qc + adj: **ich finde diese Entscheidung richtig**, trovo che questa decisione sia giusta; **es irgendwie** ~, **dass** ... {GUT, UNERHÖRT, UNMÖGLICH etc.}, trovare + adj che ... konjv: **das finde ich nicht nett von dir**, non lo trovo gentile da parte tua **5** (erhalten) **etw** ~ {ERHOLUNG, HILFE, RUHE, TROST, UNTERSTÜTZUNG} trovare qc; (als Funktionsverb): **Anklang** ~, riscuotere consensi; **Anwendung** ~, trovare applicazione, essere/venire applicato (-a) **B** itr tr (meinen): ~, **dass** ..., trovare/pensare/ritenere che ... konjv: **das** ~ **wir auch**, anche noi la pensiamo così **C** itr **irgendwohin** ~ trovare la strada di qc: **nach Hause** ~, trovare la strada di casa; **du findest leicht zu uns**, non avrai difficoltà a trovare casa nostra; **zu sich selbst** ~, (ri)trovare se stesso (-a), ritrovarsi **D** rfl **1** (wieder auftauchen) **sich** ~ {VERLORENER GEGENSTAND} (ri)trovarsi **2** geh (sich fügen) **sich in etw** (akk) ~ {IN SEINE LAGE, SEIN SCHICKSAL} rassegnarsi a qc, accettare qc • **nichts dabei** ~(₁wenn ...₁/[etw zu tun]), non trovarci nulla di male (₁se ...₁/[a fare qc]); **das wird sich schon** ~ **fam**, la cosa si sistemerà fam/aggiusterà fam; **es fand sich, dass** ... geh, risultò/[si scoprì] che ...; **es fand sich niemand, der** ..., non si trovò nessuno che ... konjv.

Finder <-s, -> m (**Finderin** f) ritrovatore (-trice) m (f).

Finderlohn m ricompensa f (a chi riconsegna un oggetto smarrito).

findig adj **1** (einfallsreich) ingegnoso **2** (gewitzt) astuto, scaltro.

Findigkeit <-, ohne pl> f **1** (Einfallsreichtum) ingegnosità f **2** (Gewitztheit) astuzia f, scaltrezza f.

Findling① <-s, -e> m (Findelkind) trovatello m.

Findling② <-s, -e> m geol masso m erratico.

Finesse <-, -n> f geh **1** ‹meist pl› (Ausstattungsdetails) raffinatezze f pl: **mit allen ~n**, con tutte le raffinatezze; **ein Auto mit allen ~n**, un'auto con tutti gli optional **2** ‹meist pl› (Trick) trucchi m pl, finezze f pl.

fing 1. und 3. pers sing imperf von **fangen**.

Finger <-s, -> m dito m: **kleiner** ~, (dito) mignolo. • **etw an den (fünf)** ~**n abzählen können**, contare qc sulle dita di una mano fam; **das** ₁**kannst du dir**₁/[kann er sich]/... **fam**, è chiaro come due più due fa(nn) quattro fam; **etw mit spitzen ~n anfassen**, prendere qc con la punta delle dita; **jdn in die** ~ **bekommen** fam/**kriegen** fam: **wenn ich den noch mal in die** ~ **kriege!** fam, se mi capita a tiro un'altra volta! fam; ~ **breit → Fingerbreit**; **an jedem** ~ **eine(n)/zehn haben** fam {FRAU}, avere uno stuolo di spasimanti; {MANN}, avere molte donne per le mani fam; **überall seine** ~ **drin haben** slang, avere le mani dappertutto fam; **jdm auf die** ~ **klopfen** fam, dare una bacchettata sulle dita fam; **die** ~ **von etw lassen** fam, lasciare stare/perdere qc fam; **lass die** ~ **davon!**, stanne alla larga!; **sich (dat) die/[alle zehn]** ~ **nach etw** (dat) **lecken** fam, morire dalla voglia di avere qc fam, leccarsi le dita per qc fam; **etw mit dem kleinen** ~ **machen** fam, fare qc con ₁la mano sinistra fam₁/[una sola mano fam]; **keinen** ~ **krumm machen**₁/[rühren], non muovere un dito fam; **lange** ~ **machen** fam, avere le mani lunghe fam; **sich (dat) etw aus den** ~**n saugen** fam, inventare qc di sana pianta fam; **sich (dat) (mit etw dat) nicht die** ~ **schmutzig machen** fam, non sporcarsi le mani (con qc) fam; **jdm auf die** ~ **sehen/schauen** fam, tener d'occhio qu, stare alle costole di qu fam; **(bei etw dat) die** ~ **im Spiel haben** fam pej, avere le mani in pasta fam pej; **da hat doch sicher wieder der Peter seine** ~ **im Spiel** fam, senz'altro in questa faccenda c'è di nuovo lo zampino di Peter fam; **sich (dat) die** ~ **verbrennen**, scottarsi le dita; (Schaden erleiden), rimanere scottato (-a); ~ **weg!** fam, giù le mani! fam; **jdn um den (kleinen)** ~ **wickeln (können)** fam, rigirare qu fam; **den** ~ **auf die Wunde legen**, mettere il dito sulla piaga; **mit dem** ~ **auf jdn zeigen**, additare qu; (anprangern), puntare il dito/l'indice contro qu; **wenn man ihm den kleinen** ~ **gibt, nimmt er gleich die ganze Hand** prov, gli dai un dito e ti prende la mano prov.

Fingerabdruck m impronta f digitale: **jds Fingerabdrücke nehmen**, prendere le impronte digitali a/di qu; **genetischer** ~ biol, impronta genetica.

fingerbreit adj → **fingerdick**.

Fingerbreit <inv> m dito m: **das Kleid um einen** ~ **kürzen**, accorciare la gonna di un dito • **keinen** ~ {NACHGEBEN, WEICHEN}, (neanche) di un millimetro; **keinen** ~ **nachgeben** auch, non mollare di un pollice fam.

fingerdick A adj {STRICK} grosso (quanto/come) un dito; {SCHEIBE} spesso (quanto/come) un dito **B** adv: **auf diesem Regal liegt der Staub** ~, su questo scaffale c'è un dito di polvere.

fingerfertig adj dalle dita agili/svelte.

Fingerfertigkeit <-, ohne pl> f agilità f delle dita, manualità f; mus agilità f delle dita.

Fingerglied n anat falange f.

Fingerhut m **1** (zum Nähen) ditale m **2** bot digitale f • **ein** ~ **(voll)**, un dito.

Fingerkuppe f anat → **Fingerspitze**.

Fingerling <-s, -e> m **1** med ditale m **2** (am Handschuh) dito m.

fingern fam **A** itr (mit den Fingern spielen) **an etw** (dat) ~ gingillarsi con qc fam **B** tr (hervorholen) **etw aus etw** (dat) ~ {GELD AUS DER TASCHE} tirare fuori qc da qc.

Fingernagel m unghia f: **Fingernägel kauen**, **an den Fingernägeln kauen**, mangiarsi le unghie; **sich (dat) die Fingernägel lackieren**, mettersi/darsi fam lo smalto alle unghie.

Fingerspitze f anat punta f del dito.

Fingerspitzengefühl n ~ (**für etw** akk) (spiccata) sensibilità f (per qc), tatto m (in qc), delicatezza f (in qc).

Fingersprache f linguaggio m dei sordomuti, dattilologia f.

Fingerübung f ‹meist pl› mus esercizio m per le dita.

Fingerzeig <-(e)s, -e> m indicazione f, cenno m: **jdm einen** ~ **geben**, dare un'indicazione a qu • **ein** ~ **des Schicksals**, un segno del destino.

fingieren ‹ohne ge-› tr **etw** ~ simulare qc; {QUITTUNG, RECHNUNG} emettere qc finto (-a).

Finish① <-s, -s> n sport finish m, finale m; (bes. Radsport) volata f (finale).

Finish② <-s, -s> n tech rifinitura f.

Fink <-en, -en> m ornith fringuello m.

Finne① <-, -n> f **1** zoo {+BANDWURM} cisticerco m **2** med pustola.

Finne② <-, -n> f zoo {+HAI, WAL} pinna f dorsale.

Finne③ <-n, -n> m (**Finnin** f) finlandese mf.

finnisch adj finlandese.

Finnisch <-(s), ohne pl> n, **Finnische** <dekl wie adj> n finlandese m; → auch **Deutsch**, **Deutsche**②.

Finnland n geog Finlandia f.

Finnlandisierung f slang pol finlandizzazione f.

finnougrisch, finnugrisch adj {SPRACHEN} ugro-finnico.

Finnwal m zoo balenottera f comune.

finster adj **1** (dunkel) {GASSE, WALD} tetro, cupo: **das ~e Mittelalter**, l'oscuro Medioevo; ~**e Nacht** auch, notte fonda/tenebrosa **2** (verdrossen) {MENSCH} cupo, tetro; {BLICK, MIENE} auch truce, torvo **3** (zwielichtig) {GESTALT, TYP} ambiguo, sinistro, losco **4** (unheimlich) {GEDANKEN, PLÄNE} sinistro, tenebroso.

Finsternis <-, -se> f **1** ‹nur sing› geh (Dunkelheit) oscurità f; auch fig tenebre f pl **2** astr eclissi f.

Finte <-, -n> f **1** geh (Täuschung) finta f, stratagemma m, finzione f: **jdn durch eine** ~ **täuschen**, ingannare qu con una finta **2** sport finta f.

Firewall <-, -s> f oder <-s, -s> m inform firewall m.

Firlefanz <-es, ohne pl> m fam obs **1** (unnötiges Zeug) fronzoli m pl, orpelli m pl **2** (Quatsch) sciocchezze f pl, castronerie f pl fam.

firm adj <präd>: **in etw** (dat) ~ **sein**, essere ferrato/bravo fam in qc.

Firma <-, **Firmen**> f (Abk Fa.) **1** (Betrieb) ditta f, azienda f **2** com (Name) ragione f sociale.

Firmament <-(e)s, ohne pl> n poet firmamento m.

firmen tr relig **jdn** ~ cresimare qu.

Firmen pl von **Firma**.

Firmenbezeichnung f ragione f sociale.

Firmenchef m (**Firmenchefin** f) direttore (-trice) m (f) d'azienda.

firmeneigen adj (di proprietà) della ditta.

Firmengründer m (**Firmengründerin** f) fondatore (-trice) m (f) di un'azienda.

Firmengründung f costituzione f/fondazione f di un'azienda.

Firmengruppe f gruppo m aziendale.

Firmeninhaber m (**Firmeninhaberin** f) titolare mf di una ditta.

Firmenleitung f direzione f aziendale/ [dell'azienda].

Firmenlogo n logo m di una ditta.

Firmenname m nome m ₁della ditta₁/ [dell'azienda].

Firmenschild n insegna f commerciale.

Firmenstempel m timbro m della ditta.

Firmenwagen m macchina f della ditta.

Firmenzeichen n marchio m di fabbrica.

firmieren ‹ohne ge-› itr com: **das Unternehmen firmiert** ₁**als etw (nom)**₁/[**mit/unter dem Namen** ...], la ragione sociale della ditta è ...

Firmling <-s, -e> m relig cresimando (-a) m (f).

Firmpate m (**Firmpatin** f) relig padrino m, madrina f (di cresima).

Firmung <-, -en> f relig cresima f.

Firmware <-, ohne pl> f inform firmware m.

Firn <-(e)s, -e> m (Schnee) firn m.

Firnis <-ses, -se> m vernice f (protettiva).

firnissen tr etw ~ verniciare qc.

First <-(e)s, -e> m (Dachfirst) (linea f di) colmo m, sommità f del tetto.

Fis, fis <-, -> n mus fa m diesis.

Fisch <-(e)s, -e> m **1** zoo gastr pesce m **2** <nur pl> astr Pesci m pl **3** (jemand der im Zeichen des Fisches geboren ist) (segno m dei) Pesci m pl: **er/sie ist (ein)** ~, è (del segno) dei Pesci ● **weder** ~ **noch** *Fleisch* **sein** fam, non essere né carne né pesce fam; **ein großer/dicker** ~ fam, un pesce grosso fam; **ein kleiner** ~ fam, un pesce piccolo fam; **das sind kleine** ~**e (für jdn)** fam, (queste) sono bazzecole (per qu) fam; **stumm wie ein** ~ **(sein)**, (essere) muto come un pesce fam; ~ **verarbeitend** {INDUSTRIE}, di lavorazione del pesce; **munter wie ein** ~ **im** *Wasser* **sein** fam, essere vispo come un grillo fam.

Fischadler m ornith falco m pescatore.

fischarm adj povero di pesce: ~**e** *Gewässer*, acque povere di pesce.

Fischauge n fot (obiettivo m a) occhio m di pesce.

Fischbein <-(e)s, ohne pl> n osso m di balena.

Fischbestand m patrimonio m ittico.

Fischbesteck n posate f pl da pesce.

Fischdampfer m naut motopeschereccio m.

fischen A itr pescare: ~ **gehen**, andare a pesca(re); **das Fischen**, la pesca **B** tr **1** (fangen) etw ~ pescare qc **2** fam (herausholen) jdn/etw aus etw (dat) ~ {KIND AUS DEM WASSER, MÜNZE AUS DEM BRUNNEN} ripescare qu/qc da qc.

Fischer <-s, -> m (**Fischerin** f) pescatore (-trice) m (f).

Fischerboot n barca f da pesca.

Fischerdorf n villaggio m di pescatori.

Fischerei <-, ohne pl> f pesca f.

Fischereihafen m porto m ˌdi pescaˌ/[peschereccio].

Fischerin f → **Fischer**.

Fischfang m pesca f: **auf** ~ **gehen**, andare a pesca.

Fischfangflotte f naut naviglio m peschereccio.

Fischfanggebiet n zona f di pesca.

Fischfutter n mangime m per (i) pesci.

Fischgeschäft n pescheria f, pescivendolo m.

Fischgräte f lisca f, spina f (di pesce).

Fischgrätenmuster n disegno m a spina di pesce.

Fischgrund m <meist pl> zona f pescosa.

Fischhändler m (**Fischhändlerin** f) pescivendolo (-a) m (f), pesciaiolo (-a) m (f).

Fischkonserve f pesce m in scatola/conserva, scatoletta f di pesce.

Fischkutter m naut peschereccio m.

Fischlaich m fregolo m, uova f pl (deposte) di pesce.

Fischmarkt m mercato m ˌdel pesceˌ/[ittico].

Fischmehl n farina f di pesce.

Fischnetz n rete f da pesca.

Fischotter m zoo lontra f.

fischreich adj pescoso, ricco di pesce.

Fischreichtum m pescosità f.

Fischreiher m ornith airone m cinerino.

Fischreuse f nassa f.

Fischrogen m uova f pl di pesce.

Fischschwarm m b(r)anco m di pesci.

Fischstäbchen n <meist pl> gastr bastoncino m di pesce®.

Fischsterben n moria m di pesci.

Fischsuppe f zuppa f di pesce.

Fischteich m (zur Zucht) vivaio m; (zur Zier) vasca f dei pesci.

fischverarbeitend adj → **Fisch**.

Fischvergiftung f intossicazione f/avvelenamento m da pesce, ittismo m wiss.

Fischzucht f piscicoltura f, ittiocoltura f.

Fischzug m pescata f, retata f ● **einen guten** ~ **machen**, fare un buon affare.

Fisimatenten subst <nur pl> fam **1** (Umstände) storie f pl fam, complimenti m pl: **mach keine** ~!, non fare (tante) storie! **2** (Albernheiten) sciocchezze f pl, fesserie f pl fam.

fiskalisch adj fiscale.

Fiskus <-, rar Fisken oder -se> m fam fisco m.

Fisole <-, -n> f A (grüne Bohne) fagiolino m.

Fistel <-, -n> f med fistola f.

fisteln itr parlare in falsetto.

Fistelstimme f (voce f di) falsetto m.

fit adj <präd>: **fit sein**, essere in forma; **in etw** (dat) **fit sein** fam, essere una forza fam/un portento in qc; **sich fit halten**, (man)tenersi in forma.

Fitness (a.R. Fitneß) <-, ohne pl> f forma f fisica, fitness f oder m.

Fitnesscenter (a.R. Fitneßcenter) <-s, -> n centro m (di) fitness, palestra f.

Fitnessgerät (a.R. Fitneßgerät) n attrezzo m fitness/ginnico.

Fitnessstudio (a.R. Fitneßstudio) n → **Fitnesscenter**.

Fitnesstraining (a.R. Fitneßtraining) n fitness m oder f.

Fittich <-(e)s, -e> m lit ala f ● **jdn unter seine** ~**e nehmen** fam scherz, prendere qu sotto le proprie ali.

fix A adj **1** (fest) {BETRAG, GEHALT, KOSTEN} fisso **2** fam (flink) {MENSCH} svelto, veloce; (gewandt) sveglio, in gamba fam **B** adv (flink) {ARBEITEN} alla svelta, speditamente ● **fix!** fam, presto!, svelto (-a)!; **fix und fertig sein** {SACHE}, bell'e pronto; **fix und fertig** fam/**foxi** slang **sein** {PERSON}, (körperlich) essere fuso fam/cotto fam; (seelisch) avere i nervi a pezzi fam; **jdn fix und fertig machen** {PERSON}, fare a pezzi qu fam, ridurre a uno straccio qu fam; **diese Hitze macht mich fix und fertig!**, questo caldo mi sfianca/sfinisce!; **mach fix!** fam, spicciati! fam, datti una mossa! fam.

Fixa pl von Fixum.

fixen itr slang bucarsi slang, farsi slang.

Fixer <-s, -> m (**Fixerin** f) slang tossico (-a) m (f), drogato (-a) m (f) slang, eroinomane mf.

Fixerstube f narcosala f, stanza f del buco fam.

Fixierbad n bagno m fissatore/[di fissaggio].

fixieren <ohne ge-> tr **1** adm (festlegen) etw ~ fissare qc, stabilire qc: **etw schriftlich** ~, mettere per iscritto qc **2** (anstarren) jdn/etw ~ fissare qu/qc, guardare fisso (-a) qu/qc **3** psych (emotional festgelegt): **auf jdn/etw fixiert sein**, avere una fissazione per qu/qc fam **4** fot **etw** ~ fissare qc.

Fixierung <-, ohne pl> f **1** adm (Festlegung) stabilire m, fissare m, definizione f **2** psych (Ausrichtung) ~ **auf jdn/etw** fissazione f per qu/qc **3** fot fissaggio m.

Fixing <-s, -s> n Börse fixing m, quotazione f.

Fixkosten subst <nur pl> spese f pl fisse.

Fixpunkt m punto m fisso.

Fixstern m astr stella f fissa.

Fixum <-s, Fixa> n fisso m.

Fjord <-(e)s, -e> m fiordo m.

FKK <inv> Abk von Freikörperkultur: nudismo m, naturismo m: **FKK machen**, praticare il nudismo.

FKK-Anhänger m (**FKK-Anhängerin** f) nudista mf, naturista mf.

FKK-Strand m spiaggia f per/[riservata ai] nudisti.

flach A adj **1** (eben) {GELÄNDE, LAND} pianeggiante: ~**es Land** auch, pianura; (platt) {BUSEN} piatto; **mit der** ~**en Hand**, con il palmo della mano; {SCHLAGEN} con la mano aperta; (nicht hoch) {ABSATZ, GEBÄUDE, HÜGEL, SCHUHE} basso; (nicht steil) {KÜSTE} piatto; {HANG} dolce **2** (nicht tief) {GEWÄSSER} basso; {TELLER} piano **3** (nichts sagend) {GESPRÄCH} piatto, scialbo, insulso **B** adv {ATMEN} in modo regolare: **die Küste fällt** ~ **ab**, la costa digrada dolcemente; **sich** ~ **hinlegen**, sdraiarsi.

Flachbildfernseher m televisore m a schermo piatto.

Flachbildschirm m inform TV schermo m piatto.

Flachdach n tetto m piano.

Flachdruck <-(e)s, -e> m typ planografia f, stampa f piana.

Fläche <-, -n> f **1** (Gebiet) superficie f, area f **2** (flache Außenseite) {+GEGENSTAND} superficie f; {+QUADER, WÜRFEL} faccia f **3** geom area f, superficie f.

Flacheisen n **1** metall barra f piatta **2** (Werkzeug) scalpello m a lama piatta, sgorbia f piatta.

Flächenausdehnung f estensione f in superficie.

Flächenbrand m incendio m di vaste dimensioni ● **sich zu einem** ~ **ausweiten** {FEUER}, spargersi/allargarsi a macchia d'olio; {AUFSTAND, PROTEST} auch, dilagare.

flächendeckend adj {VERSORGUNG} capillare; {BOMBARDIERUNG, ERMITTLUNGEN} a tappeto.

flächengleich adj geom equivalente.

Flächeninhalt m geom area f, superficie f.

Flächenmaß n misura f di superficie.

Flächennutzungsplan m adm bau piano m regolatore.

Flächentarifvertrag m industr contratto m collettivo (d'area).

flach|fallen <irr> itr fam andare ˌa monte famˌ/[in fumo fam].

Flachglas n vetro m in lastre.

Flachhang m pendio m dolce.

Flachheit <-, -en> f **1** {+LAND} conformazione f pianeggiante **2** (Geistlosigkeit) piattezza f, insulsaggine f, banalità f.

Flachküste f costa f piatta.

Flachland <-(e)s, ohne pl> n pianura f, piana f.

flach|legen A tr fam jdn ~ {BOXER GEGNER} stendere qu **B** rfl **sich** ~ distendersi, sdraiarsi.

flach|liegen <irr> itr <haben oder süddt A CH sein> fam essere a letto malato.

Flachmann m fam scherz fiaschetta f (della grappa).

Flachrelief n kunst bassorilievo m.

Flachs① <-es, ohne pl> m bot text lino m.

Flachs② <-es, ohne pl> m fam (Neckerei) scherzi m pl, burle f pl ● ~ **machen** fam, scherzare, burlare, celiare; **(jetzt mal) ganz ohne** ~ fam, scherzi a parte fam.

flachsblond adj {HAAR} biondo paglierino.

flachsen itr fam scherzare, burlare, celiare; **mit jdm** ~, ˌprendersi in giroˌ/[canzonarsi] a vicenda.

Flachzange f pinze f pl/tenaglie f pl a pun-

te piatte.
flackern itr {KERZE, LICHT} tremolare, vacillare; {FEUER, FLAMME} auch guizzare; {AUGEN} lampeggiare.
Fladen <-s, -> m **1** gastr focaccia f **2** (Kuhfladen) sterco m di vacca.
Flagge <-, -n> f bandiera f: **die ~ hissen/einholen**, issare/ammainare la bandiera ● **die italienische/... ~ führen, unter italienischer/... ~ segeln**, battere bandiera italiana/...; **unter falscher ~ segeln** fam, vivere sotto ˻falso nome˼/[mentite spoglie]; **die ~ streichen** geh (sich geschlagen geben), alzare bandiera bianca, gettare la spugna fam; **unter deutscher/... ~**, battente bandiera tedesca/...; **~ zeigen**, uscire allo scoperto fam, mettere le carte in tavola fam.
flaggen itr: **das Rathaus hat geflaggt**, il municipio ha inalberato la bandiera.
Flaggenmast m asta f della bandiera.
Flaggensignal n segnale m/segnalazione f con le bandierine.
Flaggschiff n **1** naut (nave f) ammiraglia f **2** (Vorzeigeexemplar) fiore m all'occhiello.
flagrant adj geh {VERSTOß} lampante, evidente; {WIDERSPRUCH} auch flagrante.
Flagshipstore, Flagship-Store <-s, -s> m slang "grande magazzino m dall'architettura moderna che vende molti articoli firmati".
Flair <-s, ohne pl> n oder rar m geh atmosfera f, aria f, aura f geh.
Flak <-, -(s)> f mil hist Abk von Flug(zeug)abwehrkanone **1** (Kanone) cannone m antiaereo **2** (Einheit) (artiglieria f) contraerea f.
Flakon <-s, -s> n oder m geh flacone m, boccetta f.
flambieren <ohne ge-> tr etw ~ cucinare/preparare qc alla fiamma: **flambiert**, flambé.
Flame <-n, -n> m (Flamin oder Flämin f) fiammingo (-a) m (f).
Flamingo <-s, -s> m ornith fiammingo m, fenicottero m.
flämisch adj fiammingo.
Flämisch <-(s), ohne pl> n, **Flämische** <dekl wie adj> n fiammingo m; → auch **Deutsch**, **Deutsche**②.
Flamme <-, -n> f **1** {+FEUER, KERZE} fiamma f; {+BRAND} auch vampa f **2** (am Herd) fornello m, fuoco m **3** <nur pl> geh: **die ~n der Liebe/Leidenschaft**, le fiamme/vampe geh ˻dell'amore˼/[della passione] **4** fam obs (Angebetete) fiamma f: **eine alte ~ von mir**, una mia vecchia fiamma fam ● **in ~n aufgehen**, bruciare, andare in fiamme; **etw auf großer/kleiner ~ kochen** gastr, cuocere qc a fuoco vivo/lento; **in (hellen) ~n stehen**, essere in fiamme, ardere.
flammend adj **1** (leuchtend) {ROT} fiammante; {AUGEN} fiammeggiante **2** (begeisternd) {REDE} infiammato, infuocato.
Flammenmeer n geh mare m di fiamme.
Flammenschutz m parafiamma m.
Flammenwerfer <-s, -> m lanciafiamme m.
Flandern <-s, ohne pl> n geog Fiandra f, Fiandre f pl.
flandrisch adj delle Fiandre, fiammingo.
Flanell <-s, -e> m flanella f.
Flanellanzug m vestito m (maschile) di flanella.
Flanellkostüm n tailleur m di flanella.
Flanellrock m gonna f di flanella.
Flanellschlafanzug m pigiama m di flanella.
flanieren <ohne ge-> itr <haben oder sein> passeggiare.
Flaniermeile f fam via f ˻del passeggio˼/[dello struscio fam region].

Flanke <-, -n> f **1** anat {+TIER} fianco m **2** mil fianco m, lato m **3** sport Turnen volteggio m di fianco **4** sport Fußball traversone m, cross m: **eine ~ schlagen**, eseguire un traversone/cross.
flanken itr Fußball crossare, eseguire un cross/traversone.
Flankenball m Fußball → **Flanke**.
Flankenschutz m mil copertura f/protezione f dei fianchi.
flankieren <ohne ge-> tr (seitlich stehen) **jdn ~** fiancheggiare qu, stare di fianco a qu; **etw ~** fiancheggiare qc.
flankierend adj {MAßNAHMEN} di sostegno.
Flansch <-(e)s, -e> m mech flangia f.
flapsig adj fam {ART, BEMERKUNGEN, TYP} scanzonato.
Fläschchen <-s, -> n dim von Flasche bottiglietta f, bottiglina f; (für Kleinkind) biberon m, poppatoio m.
Fläschchenwärmer m scaldabiberon m.
Flasche <-, -n> f **1** bottiglia f: **eine ~ Bier/Wein**, una bottiglia di birra/vino; (Saugflasche) biberon m, poppatoio m; **einem Kind die ~ geben**, allattare un bambino con il biberon **2** fam pej (Versager) frana f fam, schiappa f fam, brocco m fam: **(du) ~!**, sei una frana! ● **etw in ~n füllen**, imbottigliare qc, infiascare qc; **zur ~ greifen** fam, darsi al bere fam; **in ~n**, in bottiglia, imbottigliato; **aus der ~ trinken**, bere dalla bottiglia.
Flaschenbier n birra f in bottiglia.
Flaschengärung f fermentazione f in bottiglia.
Flaschengestell n cantinetta f, portabottiglie m.
flaschengrün adj verde bottiglia.
Flaschenhals m **1** collo m della bottiglia **2** (Engpass) strettoia f, strozzatura f, collo m di bottiglia.
Flaschenkind n bambino m allattato con il biberon.
Flaschenkürbis m bot zucca f a fiasco.
Flaschennahrung f alimentazione f con il biberon.
Flaschenöffner m apribottiglie m.
Flaschenpfand n deposito m/cauzione f per il vuoto.
Flaschenpost f messaggio m in bottiglia.
Flaschentomate f pomodoro m San Marzano.
Flaschenwein m vino m imbottigliato/[in bottiglia].
Flaschenzug m paranco m; naut taglia f.
Flaschner <-s, -> m süddt CH → **Klempner**.
Flash <-s, -s> m film flashback m.
Flashback, Flash-back <-(s), -s> m oder n lit film (Rückblende) flashback m.
flatterhaft adj volubile, mutevole: **~ sein**, sfarfallare, essere una piuma al vento fam.
Flatterhaftigkeit <-, ohne pl> f volubilità f, mutevolezza f.
Flattermann m fam scherz pollo m arrosto.
flattern itr **1** <haben> (mit den Flügeln schlagen) {VOGEL} svolazzare **2** <haben> (vom Wind bewegt werden) {FAHNE, GARDINEN} sventolare; {HAARE} svolazzare **3** <sein> **irgendwo(hin) ~** svolazzare + compl di luogo **4** <haben> {HERZ} palpitare; {AUGENLIDER} tremolare **5** fam <sein> (zugestellt werden) **jdm irgendwohin ~** {BRIEF, RECHNUNG INS HAUS} arrivare fra capo e collo (a qu) fam.
Flattersatz m typ composizione f a bandiera.
flau adj **1** <präd> (leicht übel): **jdm ist ~, jd**

fühlt sich ~, qu ha un po' di nausea; **mir wird ~**, sto per sentirmi male; **mir ist ganz ~ im Magen**, ho un gran languore di stomaco **2** (schwach) {WIND} debole, leggero **3** fam (fad) {STIMMUNG} moscio fam **4** <meist präd> ökon (schlecht) {BÖRSE, GESCHÄFT, MARKT} stagnante, fiacco.
Flaum <-(e)s, ohne pl> m **1** (~federn) piume f pl **2** (~haare) peluria f, lanugine f **3** bot lanugine f.
Flaumfeder f piuma f (minuta).
flaumig adj **1** (aus, mit Flaum) {GEFIEDER} lanuginoso, coperto di lanugine **2** (flaumweich) morbido/soffice come una piuma, piumoso rar.
Flausch <-(e)s, -e> m text ratina f.
flauschig adj {BETTWÄSCHE, PULLOVER} soffice, morbido.
Flause <-, -n> f <meist pl> fam **1** (Unsinn) idea f bizzarra, stranezza f **2** (Ausflucht) fandonia f fam, frottola f fam ● **nur ~n im Kopf haben** fam, avere i grilli per la testa fam.
Flaute <-, -n> f **1** meteo bonaccia f, calma f di vento **2** ökon (periodo m di) ristagno m.
Flechte <-, -n> f **1** bot lichene m **2** med lichen m **3** geh (Zopf) treccia f.
flechten <flicht, flocht, geflochten> tr etw ~ {GIRLANDE, KORB, KRANZ, MATTE} intrecciare qc, intessere qc: **einen Zopf ~**, fare una treccia; **das Haar zu einem Zopf ~**, intrecciare i capelli; **Blumen zu einem Kranz ~**, intrecciare una corona di fiori.
Flechtwerk n (lavoro m d')intreccio m.
Fleck <-(e)s, -e oder -en> m **1** (Farbfleck, Hautfleck, Schmutzfleck) macchia f, chiazza f: **einen ~ aus der Tischdecke entfernen**, ˻togliere una macchia dalla˼/[smacchiare la] tovaglia **2** (Ort, Stelle) luogo m, posto m: **ein schöner ~ (Erde)**, un ˻bel posticino˼/[bell'angolino] **3** region (Flicken) pezza f, toppa f ● **blauer ~**, livido; **der blinde ~** anat, la macchia cieca; **(mit etw dat) nicht vom ~ kommen** fam, segnare il passo fam, non andare avanti (con qc); **sich nicht vom ~ rühren** fam, non muoversi di un pollice/passo; **einen ~ auf der (weißen) Weste haben**, non avere la coscienza immacolata.
Flecken <-s, -> m **1** (Farbflecken, Hautflecken, Schmutzflecken) macchia f, chiazza f **2** obs (Dorf) borgo m **3** region (Flicken) pezza f, toppa f.
Fleckenentferner <-s, -> m smacchiatore m.
fleckenlos adj senza macchie, immacolato.
Fleckenmittel n → **Fleckenentferner**.
Fleckenwasser n smacchiatore m liquido.
Fleckfieber n med, **Flecktyphus** m med tifo m esantematico.
fleckig adj **1** (schmutzig) {TISCHTUCH} macchiato, impataccato fam **2** (mit Flecken bedeckt) {GESICHT, HAUT} macchiato, chiazzato; {TIERFELL} pezzato, maculato.
Fledermaus f zoo pipistrello m.
Fleece <-, ohne pl> n text pile m.
Flegel <-s, -> m fam pej maleducato m, villano m, zotico(ne) m fam, cafone m, buzzurro m fam.
Flegelei <-, -en> f villania f, cafonata f fam.
flegelhaft **A** adj {KERL} maleducato m, villano, zotico fam, cafone; {BENEHMEN} maleducato m, cafonesco, villano **B** adv in modo maleducato/villano: **sich ~ benehmen**, comportarsi da villano (-a).
Flegeljahre subst <nur pl> pubertà f, età f ingrata: **in den ~n sein**, essere nell'età in-

grata.

flegeln rfl *fam* sich (*auf/in etw* akk) ~ {IN EINEN SESSEL, AUFS SOFA} stravaccarsi *in qc fam*, spaparanzarsi *in qc fam*.

flehen itr *geh* (*bei jdm*) (*um etw* akk) ~ {UM GNADE, VERGEBUNG} supplicare *qu* (*di fare qc*), implorare *qc*/[*qu* (*di fare qc*)]: **ich habe bei ihm um Hilfe gefleht**, l'ho scongiurato/supplicato di aiutarmi; **zu Gott ~**, supplicare/implorare Dio.

Flehen <-s, *ohne pl*> n *geh* supplica f, implorazione f *geh*.

flehentlich *geh* **A** *adj* {BLICK, STIMME} supplichevole *geh*, implorante **B** *adv*: **jdn ~ bitten**, pregare qu supplichevolmente/[in tono supplice].

Fleisch <-(e)s, *ohne pl*> n **1** *anat gastr zoo* carne f: **mageres/fettes ~**, carne magra/grassa; **rohes/gebratenes ~**, carne cruda/arrosto; **gekochtes ~**, carne bollita/lessa **2** (*Fruchtfleisch, Gemüsefleisch*) polpa f • (**Menschen/...**) **aus ~ und Blut**, (uomini/...) in carne e ossa; **mein/dein/sein/... eigenes ~ und Blut** *geh obs*, sangue del mio/tuo/suo/... sangue *geh obs*; **jdm in ~ und Blut übergehen**, entrare nel sangue a qu; **vom ~ fallen** *fam*, ridursi pelle e ossa *fam*; **~ fressend** {PFLANZE, TIER}, carnivoro; **sich ins eigene ~ schneiden** *fam*, darsi la zappa sui piedi *fam*.

Fleischbeschau f **1** *adm* ispezione f delle carni macellate **2** *fam scherz*: **die Männer am Strand gingen auf ~**, sulla spiaggia gli uomini spogliavano con gli occhi le bagnanti.

Fleischbrühe f **1** (*Bouillon*) brodo m di carne, consommé m *geh* **2** (*Suppenextrakt*) estratto m di carne per brodo.

Fleischer <-s, -> m (**Fleischerin** f) macellaio (-a) m (f).

Fleischerei <-, -en> f macelleria f.

Fleischerin f → **Fleischer**.

Fleischermesser n coltello m da macellaio.

Fleischeslust <-, *rar* -lüste> f piacere m carnale/[della carne], appetito m carnale.

Fleischextrakt m estratto m di carne.

fleischfarben *adj* color carne, incarnato.

fleischfressend *adj* → **Fleisch**.

Fleischfresser <-s, -> m *zoo* carnivoro m; *scherz* (*Mensch*) carnivoro m.

Fleischhauer m (**Fleischhauerin** f) A → **Fleischer**.

fleischig *adj* **1** (*dick*) {GESICHT, HÄNDE} carnoso; {LIPPEN} *auch* tumido **2** *bot* {BLATT, PFLANZE} carnoso; {PFIRSICH, TOMATE} *auch* polposo.

Fleischklopfer m batticarne m.

Fleischklößchen <-s, -> n *gastr* polpetta f (di carne).

Fleischkonserve f carne f in scatola/conserva, scatoletta f di carne.

fleischlich *adj* <*attr*> *geh obs* {BEGIERDE, LÜSTE} carnale.

fleischlos **A** *adj* {ERNÄHRUNG, KOST} senza carne; (*vegetarisch*) vegetariano **B** *adv* {ESSEN, KOCHEN} senza carne; (*vegetarisch*) vegetariano.

Fleischpastete f *gastr* pasticcio m di carne.

Fleischsalat m *gastr* "insalata f di würstel tagliati a striscioline con cetrioli e maionese".

Fleischspieß m spiedino m di carne.

Fleischtomate f pomodoro m da insalata.

Fleischvergiftung f intossicazione f/avvelenamento m da carne.

Fleischware f <*meist pl*> carne f, carni f pl.

Fleischwolf m tritacarne m • **jdn durch den ~ drehen** *fam*, mettere sotto torchio qu *fam*.

Fleischwunde f ferita f nella carne viva.

Fleischwurst f *gastr* "tipo di salsiccia f spesso confezionata a forma di anello".

Fleiß <-es, *ohne pl*> m diligenza f, applicazione f, operosità f • **mit ~**, apposta, deliberatamente; **ohne ~ kein Preis** *prov*, chi non semina non raccoglie *prov*.

Fleißarbeit f lavoro m da certosino.

fleißig **A** *adj* **1** (*ARBEIT*) diligente; {MENSCH} *auch* operoso, laborioso; {SCHÜLER} diligente, studioso **2** *fam* (*eifrig*) {KINOGÄNGER} assiduo **B** *adv* **1** (*ARBEITEN*) diligentemente, con diligenza **2** *fam* (*eifrig*) regolarmente.

flektieren <*ohne* ge-> *tr gram* **etw ~** {VERB} coniugare qc, flettere qc; {ADJEKTIV, SUBSTANTIV} declinare qc, flettere qc; **ein stark/schwach flektiertes Adjektiv**, un aggettivo a declinazione forte/debole.

flennen itr *fam* piagnucolare *fam*, frignare *fam*.

fletschen tr: **die Zähne ~** {HUND, LÖWE}, digrignare i denti.

fleucht *geh* → **kreucht**.

flexibel <*attr* flexible(r, s)> *adj* **1** (*anpassungsfähig*) {HALTUNG, POLITIK} flessibile, elastico; {MENSCH} adattabile **2** (*nicht fest*) {ALTERSGRENZE, LADENSCHLUSS} flessibile; {ARBEITSZEIT} *auch* flessibile **3** (*elastisch*) {MATERIAL} flessibile, elastico.

flexibilisieren <*ohne* ge-> tr **etw ~** {ARBEITSMARKT, ARBEITSZEITEN} flessibilizzare qc.

Flexibilisierung <-, -en> f {+ALTERSGRENZE, ARBEITSZEIT} flessibilizzazione f.

Flexibilität <-, *ohne pl*> f **1** (*Anpassungsfähigkeit*) {+HALTUNG, POLITIK} flessibilità f, elasticità f; {+MENSCH} *auch* adattabilità f **2** (*Elastizität*) {+MATERIAL} flessibilità f, elasticità f.

Flexion <-, -en> f *gram* {+VERB} coniugazione f, flessione f; {+ADJEKTIV, SUBSTANTIV} declinazione f, flessione f.

flicht 3. pers sing präs *von* flechten.

flicken tr (*ausbessern*) **etw ~** {FAHRRADSCHLAUCH, HOSE, LOCH, SCHUHE} rattoppare qc, rappezzare qc; (*stopfen*) rammendare qc.

Flicken <-s, -> m (*für Fahrradschlauch, Kleidung und Stoff*) toppa f, rattoppo m, pezza f.

Flickwerk <-s, *ohne pl*> m *pej* abborracciatura f *pej*, raffazzonamento m *pej*.

Flickwort <-(e)s, Flickwörter> n particella f espletiva, riempitivo m; (*in Gedichten*) zeppa f.

Flickzeug <-(e)s, -e> n **1** (*für Fahrradschlauch*) kit m per riparazioni di forature **2** (*für Kleidung*) kit m per rammendi.

Flieder <-s, -> m lillà m, lilla m.

fliederfarben *adj* (color)lilla/lillà, gridellino.

Fliege <-, -n> f **1** *zoo* mosca f **2** (*Krawatte*) papillon m, (cravatta f a) farfalla f, farfallino m • **zwei ~n mit einer Klappe schlagen** *fam*, prendere due piccioni con una fava *fam*; **die/'ne** *slang* **~ machen** *fam*, tagliare la corda *fam*, alzare i tacchi *fam*; **mach 'ne ~!**, sparisci! *fam*, togliti dai piedi! *fam*; **wie die ~n sterben** *fam*, morire come (le) mosche *fam*; **keiner ~ etwas zuleide tun (können)**, non far male a una mosca *fam*.

fliegen <fliegt, flog, geflogen> **A** itr <*sein*> **1** (*in der Luft*) {INSEKT, VOGEL} volare; {FLUGZEUG, JET, RAKETE, RAUMFÄHRE} volare: **wann fliegt die nächste Maschine nach Paris?**, quando parte il prossimo volo per Parigi? **2** (*mit Flugzeug*) (*irgendwohin*) ~ {PASSAGIER} andare in aereo + *compl di luogo*; {PILOT, BEKANNTER POLITIKER, STEWARDESS} volare + *compl di luogo*: **er fliegt morgen nach Hamburg**, domani va in aereo ad Amburgo, domani prende l'aereo per Amburgo; **ich fliege nicht gern**, non mi piace volare; **wann fliegst du?**, quando parte il tuo aereo/volo?; **fliegst du oder fährst du mit dem Auto?**, vai in aereo o in macchina?; **wie lange fliegt man denn nach Rom?**, quante ore di volo (ci) sono per Roma?; **über ein Gebiet ~**, sorvolare una zona **3** (*geworfen werden*) **irgendwohin ~** {BALL, SCHNEEBALL, STEIN DURCHS FENSTER, DURCH DIE LUFT} volare *fam*/[essere/venire scagliato (-a)/scaraventato (-a)] + *compl di luogo*: **der Stein flog durchs Fenster**, il sasso sfondò la finestra; **der Schneeball flog ihr an den Kopf**, la palla di neve le arrivò dritta in testa; **die Zeitungen sind in den Papierkorb geflogen**, i giornali sono volati/finiti nel cestino; **in die Luft ~** *fam* (*explodieren*), saltare in aria *fam* **4** (*wehen*): (im Winde) ~ {FAHNE}, sventolare; {HAARE} svolazzare **5** *fam* (*sich eilen*) volare *fam*, correre: **in jds Arme ~**, gettarsi/volare tra le braccia di qu **6** *fam* (*hinausgeworfen werden*) (**von/aus etw** dat) ~ {VON DER SCHULE} essere/venir espulso (-a); {AUS DER FIRMA} essere/venire cacciato (-a) *fam*/[licenziato (-a)]/[buttato (-a) fuori *fam*]: **durch die Prüfung ~**, essere bocciato (all'esame) *fam* **7** *fam* (*fallen*) **von etw** (dat) ~ volare *fam*/cascare *fam da qc*: vom Mofa*fam*/[von einer Leiter] ~, fare un volo *fam* dal motorino/[da una scala]; **irgendwohin ~** {AUF DEN BODEN, INS WASSER} cascare *fam* + *compl di luogo* **8** *fam* (*begeistert sein*) **auf jdn/etw ~** andare matto (-a) *per qu/qc fam* **B** tr **1** <*haben*> (*steuern*) **etw ~** {FLUGZEUG, JET, MASCHINE} pilotare qc, guidare qc **2** <*haben*> (*befördern*) **jdn/etw irgendwohin ~** {PASSAGIERE} portare qu in aereo + *compl di luogo*; {GÜTER, TOTE, VERLETZTE} trasportare qu/qc in aereo + *compl di luogo* <*sein oder haben*> (*mit dem Flugzeug zurücklegen*) **etw ~**: **die Strecke Rom-Paris ~**, volare sulla tratta Roma-Parigi • **hoch/tief ~** {VOGEL}, volare alto/basso; {FLUGZEUG} *auch*, volare ad alta/[a bassa] quota.

fliegend *adj* <*attr*> **1** (*sich durch die Luft bewegend*) ~e Untertasse, disco volante **2** (*lose*) {BLÄTTER} sciolto, volante **3** (*ohne festen Verkaufsstand*): ~**er Händler**, (venditore) ambulante.

Fliegenfänger <-s, -> m carta f moschicida.

Fliegengewicht n *sport* peso m mosca.

Fliegengewichtler <-s, -> m (**Fliegengewichtlerin** f) (peso m) mosca m.

Fliegengitter n zanzariera f.

Fliegenklappe f, **Fliegenklatsche** <-, -n> f acchiappamosche m, pigliamosche m.

Fliegenpilz m *bot* ovolaccio m, ovolo m malefico.

Flieger① <-s, -> m *fam* (*Flugzeug*) aereo m, aeroplano m.

Flieger② <-s, -> m (**Fliegerin** f) **1** pilota mf, aviatore (-trice) m (f) **2** *mil* aviere m **3** *sport Radsport* velocista mf.

Fliegeralarm m allarme m aereo: ~ **geben**, dare l'allarme aereo.

Fliegerangriff m attacco m aereo.

Fliegerbombe f *mil* bomba f lanciata da un aereo.

Fliegerhorst m *mil* campo m d'aviazione militare.

Fliegerin f → **Flieger**②.

fliehen <flieht, floh, geflohen> **A** itr <*sein*>

fliehend adj {KINN, STIRN} sfuggente.
Fliehkraft f phys forza f centrifuga.
Fliese <-, -n> f piastrella f, mattonella f: etw mit ~n auslegen, piastrellare qc; ~n legen, mettere le piastrelle.
fliesen tr etw ~ {BAD, WAND} piastrellare qc: **gefliest**, piastrellato.
Fliesenleger <-s, -> m (**Fliesenlegerin** f) piastrellista mf, piastrellaio (-a) m (f).
Fließband <-(e)s, Fließbänder> n catena f di montaggio • **am ~ arbeiten/stehen** fam, lavorare alla catena di montaggio.
Fließbandarbeit f lavoro m alla catena di montaggio.
Fließbandfertigung f lavorazione f a catena.
fließen <fließt, floss, geflossen> itr <sein> 1 (strömen) (**irgendwohin**) ~ {FLUSS, WASSER} (s)correre + compl di luogo; {BLUT, SCHWEIß} auch colare + compl di luogo: **in diesem Krieg ist viel Blut geflossen**, in questa guerra è stato versato/sparso molto sangue; **von/aus etw** (dat) ~ fuori(i)uscire da qc: **der Schweiß floss mir von der Stirn**, il sudore mi colava dalla fronte; **aus der Wunde floss viel Blut**, dalla ferita sgorgava copioso il sangue; (münden) **in etw** (akk) ~ {FLUSS INS MEER} sboccare in qc, sfociare in qc, gettarsi in qc 2 (sich gleichförmig bewegen) {VERKEHR} scorrere, essere scorrevole; {STROM} passare 3 (eingehen) {KREDITE, MITTEL} affluire: **in dieses Projekt sind viele Gelder geflossen**, in questo progetto sono finiti fiumi di denaro; **die Informationen flossen nur spärlich**, erano filtrate solo scarse informazioni.
fließend A adj 1 {WASSER} corrente: **Zimmer mit ~em Wasser**, camera con acqua corrente; {REDE, VORTRAG} fluido, scorrevole; **er spricht ein ~es Deutsch**, parla ˌil tedesco correnteˈmente/[un tedesco fluente] 2 (unscharf) {GRENZEN, ÜBERGANG} sfocato, labile, indefinito B adv {SPRECHEN} correntemente, fluidamente: **~ Italienisch sprechen**, parlare correntemente italiano; {EIN GEDICHT AUFSAGEN, LESEN} scorrevolmente.
Fließheck n autom portellone m inclinato.
Fließkomma n inform virgola f mobile.
Fließpapier n carta f assorbente.
flimmerfrei adj inform TV {BILDSCHIRM} senza sfarfallio.
Flimmerkiste f fam scherz oder pej tele f fam, tivù f fam.
flimmern itr 1 film TV sfarfallare; {BILD} ballare: **über den Bildschirm** ~ {FILM}, passare in tivù fam 2 (funkeln) {WASSER} scintillare, luccicare; {STERNE} auch tremolare 3 (sich unruhig bewegen) {LUFT VOR HITZE} tremolare; {HERZ} fibrillare: **es flimmert mir vor den Augen**, mi trema la vista.
flink adj 1 (schnell) {MENSCH} svelto, lesto, scattante: **ein ~es Mundwerk haben** fam, avere la lingua sciolta fam 2 (geschickt) {BEWEGUNG, HÄNDE} agile.
Flinte <-, -n> f obs fucile m, schioppo m fam • **die ~ ins Korn werfen** fam, gettare la spugna fam.
Flipchart, Flip-Chart <-s, -s> n blocco m a fogli mobili.
Flipflop, Flip-Flop® <-s, -s> m <meist pl> infradito m (di plastica).
Flipper <-s, -> m flipper m.

flippern itr giocare a flipper.
flippig adj fam 1 (modisch) {KLAMOTTEN} trendy 2 (flott u. ausgefallen) {TYP} eccentrico.
Flirt <-s, -s> m flirt m.
flirten itr (**mit jdm**) ~ fare il filo (a qu) fam.
Flittchen <-s, -> n fam pej puttanella f fam, sgualdrinella f fam.
Flitter <-s, -> m 1 (Pailletten) lustrini m pl, paillettes f pl 2 <nur sing> pej (Tand) fronzoli m pl, orpelli m pl.
Flitterwochen subst <nur pl> luna f di miele: **in den ~ sein**, essere in luna di miele.
flitzen itr <sein> fam (**irgendwohin**) ~ correre come un razzo fam (+ compl di luogo): **über die Autobahn** ~, sfrecciare fam sull'autostrada.
Flitzer <-s, -> m fam (schnelles Auto) piccolo bolide m.
floaten itr ökon {WÄHRUNG} fluttuare.
Floating <-s, ohne pl> n ökon fluttuazione f, floating m.
flocht 1. und 3. pers sing imperf von flechten.
Flocke <-, -n> f 1 (Schaumflocke, Schneeflocke, Wollflocke) fiocco m 2 <meist pl> (Getreideflocke) fiocco m.
flockig adj {SCHNEE, WOLLE} fioccoso.
flog 1. und 3. pers sing imperf von fliegen.
floh 1. und 3. pers sing imperf von fliehen.
Floh <-(e)s, Flöhe> m 1 zoo pulce f 2 <nur pl> slang (Geld) grana f slang, quattrini m pl fam • **die Flöhe husten hören** fam iron, vedere fantasmi dappertutto fam; **jdm einen ~ ins Ohr setzen** fam, mettere un'idea (strampalata) in testa a qu.
Flohmarkt m mercato m delle pulci.
Floor <-s, -s> m slang (Tanzfläche) pista f da ballo.
Floorburner <-s, -> m slang hit m, canzone f di successo.
Flop <-s, -s> m fam fiasco m fam, flop m, fallimento m.
floppen itr fam fare flop fam.
Floppy Disk, Floppy Disc <- -, -s> f inform dischetto m, floppy disk m.
Flor① <-(e)s, -e> m geh (Blütenpracht) profusione f di fiori.
Flor② <-s, -e oder rar Flöre> m 1 text (Stoff) velo m 2 {+PLÜSCH, SAMT, TEPPICH} pelo m.
Flora <-, Floren> f flora f.
Florentiner① <-s, -> m 1 (Hut) cappello m di paglia di Firenze 2 gastr fiorentina f (biscotto ricoperto di mandorle caramellate).
Florentiner② <inv> adj <attr> fiorentino, di Firenze.
Florentiner③ <-s, -> m (**Florentinerin** f) fiorentino (-a) m (f).
florentinisch adj fiorentino, di Firenze.
Florenz <-' oder obs -ens, ohne pl> n geog Firenze f.
Florett <-(e)s, -e> n 1 (Stoßwaffe) fioretto m 2 <nur sing> sport → **Florettfechten**.
Florettfechten n sport fioretto m.
Florian m (Vorname) Floriano.
florieren <ohne ge-> itr {HANDEL, KUNST, WIRTSCHAFT} prosperare, fiorire: **eine ~de Arztpraxis**, uno studio medico florido.
Florist <-en, -en> m (**Floristin** f) 1 (Blumenzüchter) floricoltore (-trice) m (f) 2 (Blumenhändler) fioraio (-a) m (f).
Floskel <-, -n> f frase f fatta/retorica/vuota: **eine abgedroschene ~**, una frase trita e ritrita fam.
floss (a.R. floß) 1. und 3. pers sing imperf von fließen.
Floß <-es, Flöße> n zattera f.
Flosse <-, -n> f 1 zoo pinna f 2 sport pinna

f 3 aero (Höhenflosse) deriva f; (Seitenflosse) stabilizzatore m orizzontale 4 slang meist scherz (Hand) zampa f fam 5 <meist pl> slang meist scherz (Füße) fetta f fam.
flößen A tr etw ~ {BAUMSTÄMME} fare fluitare qc B itr (**mit einem Floß fahren**) navigare su zattere.
Flößer <-s, -> m (**Flößerin** f) zatteriere (-a) m (f).
Flöte <-, -n> f flauto m: **spielen, auf der ~ blasen**, suonare il flauto.
flöten A itr 1 mus suonare il flauto 2 (trillern) {VOGEL} trillare, zufolare 3 fam scherz (süßlich sprechen) parlare con voce flautata/suadente B tr mus etw ~ {LIED} eseguire qc al flauto • ~ **gehen** fam (verloren gehen) {ZEIT}, andare perduto (-a); {GELD} auch, volatilizzarsi fam, andare in fumo fam; (kaputtgehen), andare in pezzi fam.
flöten|gehen a.R. von flöten gehen → **flöten**.
Flötenspieler m (**Flötenspielerin** f) suonatore (-trice) m (f) di flauto, flautista mf.
Flötenton m: **jdm die Flötentöne beibringen** fam, insegnare la creanza a qu fam.
Flötist <-en, -en> m (**Flötistin** f) flautista mf.
flott① A adj 1 (schnell) {ARBEITER} svelto, veloce; {BEDIENUNG} rapido: **ein ~es Tempo fahren**, andare forte 2 (schick) {FRISUR, KLEID} chic, carino fam; {FRAU, TYP} che ha sprint slang/brio/verve 3 (schwungvoll) {MUSIK} brioso 4 (unbeschwert): **ein ~es Leben führen**, fare la bella vita fam B adv 1 (schnell) {FAHREN} velocemente; {ARBEITEN} auch speditamente, di buona lena: **mach mal ein bisschen ~!** fam, spicciati! fam, muoviti! fam 2 (schick) {SICH ANZIEHEN} in modo chic.
flott② adj <präd>: (**wieder**) ~ **sein** {SCHIFF}, essere/venire disincagliato (-a); fam {AUTO} essere/venire rimesso (-a) in sesto fam.
flott|bekommen <irr> tr etw (**wieder**) ~ {SCHIFF} (riuscire a) disincagliare qc, rimettere in mare qc fam; {AUTO} (riuscire a) rimettere in sesto qc fam.
Flotte <-, -n> f 1 mil naut flotta f 2 aero flotta f (aerea).
Flottenstützpunkt m base f navale.
Flottille <-, -n> f mil naut flottiglia f.
flott|kriegen tr → **flott|bekommen**.
flott|machen tr etw ~ {SCHIFF} disincagliare qc; {AUTO}, rimettere in sesto fam/strada fam qc.
Flöz <-es, -e> n min filone m.
Fluch <-(e)s, Flüche> m 1 (Schimpfwort) bestemmia f, imprecazione f: **einen ~ ausstoßen**, tirare una bestemmia, scagliare un'imprecazione, mandare un moccolo fam 2 (Verwünschung) maledizione f, anatema m 3 (Unheil) maledizione f: **ein ~ lastet auf diesem Haus**, su questa casa pesa una maledizione.
fluchen itr (**über jdn/etw, auf etw** akk) ~ imprecare (contro qu/qc), bestemmiare, tirare bestemmie/moccoli fam: **wild ~**, bestemmiare come un turco/carrettiere fam.
Flucht① <-, -en> f 1 (Fliehen) ~ (**vor jdm/aus etw** dat) fuga f (di fronte a qu/qc, da qc); {AUS DEM GEFÄNGNIS} auch evasione f (da qc) 2 (Ausweichen) ~ (**in etw** akk) {IN DEN ALKOHOL, IN DIE KRANKHEIT} fuga f (in qc); ~ (**aus/vor etw** dat) (VOR DER VERANTWORTUNG, WIRKLICHKEIT) fuga f (da qc); {AUS DER WIRKLICHKEIT} evasione f (da qc) • **die ~ nach Ägypten** bibl, la fuga in Egitto; **die ~ ergreifen** qc, ˌdarsi alla ˌ/[prendere la] fuga; **jdn in die ~ schlagen**, mettere in fuga qu; **auf der ~ sein**, essere in fuga; **jdm zur ~ verhelfen**, aiutare qu nella fuga; **die ~ nach vorn (antreten)**, (tentare) la fuga in avanti.

Flucht② <-, -en> f **1** arch (Häuserflucht) fila f, serie f **2** (Zimmerflucht) fuga f.
fluchtartig adv precipitosamente, in fretta e furia fam.
Fluchtauto n auto f usata per la fuga.
flüchten Ⓐ itr <sein> (fliehen) (vor jdm/etw) (irgendwohin) ~ fuggire/scappare/[darsi alla fuga] (davanti a qu/qc) (+ compl di luogo): ins Ausland ~, riparare/fuggire all'estero Ⓑ rfl **1** (Schutz suchen) sich irgendwohin/zu jdm ~ rifugiarsi/[cercare scampo] + compl di luogo/presso qu **2** (Halt suchen) sich in etw (akk) ~ (IN ALKOHOL, ARBEIT, AUSREDEN) rifugiarsi in qc.
Fluchtfahrzeug n → **Fluchtauto**.
Fluchtgefahr f pericolo m di fuga; (aus dem Gefängnis) pericolo m di evasione.
Fluchthelfer m (**Fluchthelferin** f) complice mf nella fuga.
Fluchthilfe f jur complicità f nella fuga; ~ leisten, aiutare (qu) a fuggire.
flüchtig Ⓐ adj **1** (fliehend) {VERBRECHER} latitante, in fuga, fuggito: ~ sein, essere latitante **2** (schnell vergehend) {BLICK, GRUSS, KUSS} fugace, (s)fuggevole; {AUGENBLICK} fuggente; {BESUCH} rapido **3** (oberflächlich) {ARBEITSWEISE, LEKTÜRE} superficiale; {EINDRUCK} vago: sie ist nur eine ~e Bekannte von mir, la conosco solo superficialmente **4** chem volatile Ⓑ adv **1** (kurz) {ETW ANSEHEN, BERÜHREN, GRÜSSEN, LESEN} di sfuggita **2** (oberflächlich) {ARBEITEN, JDN KENNEN, ETW LESEN} superficialmente; {ERWÄHNEN} en passant: etw ~ lesen auch, scorrere qc • nicht ~ → **nichtflüchtig**.
Flüchtige <dekl wie adj> mf fuggiasco (-a) m (f), fuggitivo (-a) m (f); (Verbrecher) latitante mf.
Flüchtigkeit <-, ohne pl> f **1** (Kürze) {+BERÜHRUNG, BLICK} rapidità f, brevità f **2** (Vergänglichkeit) {+AUGENBLICK} fugacità f **3** (Oberflächlichkeit) {+ARBEITSWEISE, BEKANNTSCHAFT, LEKTÜRE} superficialità f **4** chem volatilità f.
Flüchtigkeitsfehler m svista f, disattenzione f.
Flüchtling <-s, -e> m profugo (-a) m (f), rifugiato (-a) m (f), fuggiasco (-a) m (f).
Flüchtlingsheim n centro m (per) profughi.
Flüchtlingshilfe f aiuto m ai profughi.
Flüchtlingshilfswerk n ente m di assistenza ai profughi.
Flüchtlingslager n campo m profughi.
Flüchtlingsstrom m ondata f di profughi.
Fluchtpunkt m geom punto m di fuga.
Fluchtversuch m tentativo m di fuga; (aus dem Gefängnis) tentativo m di evasione, tentata evasione f.
Fluchtwagen m → **Fluchtauto**.
Fluchtweg m **1** {+FLÜCHTLING, HÄFTLING} via f di fuga **2** (in Firmen, Schulen etc.) via f di fuga.
Flug <-(e)s, Flüge> m **1** <nur sing> (das Fliegen) {+BALL, FLUGZEUG, VOGEL} volo m: den Ball im ~ treffen, colpire la palla al volo **2** aero volo m, viaggio m aereo: einen ~ nach London buchen, prenotare un volo per Londra; der erste ~ zum Mond, il primo volo dalla terra alla luna • (wie) im ~(e) vergehen, volare (via), passare in un volo; die Zeit verging (wie) im ~(e), il tempo ₁è volato via₁/[è passato in un lampo].
Flugabwehr f (difesa f) contraerea f.
Flugabwehrkanone f cannone m antiaereo/contraereo.
Flugabwehrrakete f missile m antiaereo/contraereo.

Flugangst f paura f di volare, aerofobia f wiss.
Flugbahn f aero rotta f, traiettoria f di volo; astr mil traiettoria f.
Flugball m Tennis (Volley) volée f.
Flugbegleiter m (**Flugbegleiterin** f) assistente mf di volo.
Flugblatt n volantino m.
Flugblattaktion f volantinaggio m.
Flugboot n idrovolante m a scafo.
Flugdatenschreiber m → **Flugschreiber**.
Flugdauer f durata f del volo.
Flugdrachen m **1** zoo drago m volante **2** (Spieldrachen) aquilone m.
Flügel <-s, -> m **1** aero ornith ala f **2** arch (seitlicher Teil) {+GEBÄUDE} ala f; (Türflügel) battente m; (Fensterflügel) auch imposta f, anta f; (Altarflügel) sportello m, anta f (di trittico) **3** sport ala f; mil auch fianco m **4** (Ventilatorflügel, Windmühlenflügel) pala f, ala f **5** anat (Lungenflügel) lobo m polmonare; (Nasenflügel) aletta f/pinna f nasale **6** pol ala f, corrente f **7** mus pianoforte m a coda: auf dem ~ spielen, suonare al/il pianoforte a coda • jdm die ~ beschneiden/stutzen, tarpare le ali a qu; die ~ hängen lassen fam, sentirsi cadere le braccia fam; mit den ~n schlagen {VOGEL}, (s)battere le ali.
Flügelaltar m kunst trittico m.
Flügelkampf m <meist pl> pol lotta f tra correnti/fazioni.
flügellahm adj {VOGEL} con le ali ferite.
Flügelmutter f dado m ₁ad alette₁/[a farfalla], galletto m.
Flügelschlag m colpo m d'ala, batter m d'ali.
Flügelschraube f vite f ad alette.
Flügelstürmer m (**Flügelstürmerin** f) ala f.
Flügeltür f porta f a battenti.
flugfähig adj in grado di volare.
Fluggast m passeggero m (d'aereo).
flügge adj <präd> **1** ~ sein {VOGEL}, essere in grado di volare **2** fam (selbständig): ~ werden, mettere le ali fam, spiccare il volo fam.
Fluggeschwindigkeit f velocità f di crociera.
Fluggesellschaft f compagnia f aerea.
Flughafen m aeroporto m, scalo m aereo: auf dem ~, all'aeroporto.
Flughafenbus m navetta f (per l')aeroporto.
Flughafengebühr f <meist pl> tassa f aeroportuale.
Flughafenzubringerdienst m servizio m navetta da e per l'aeroporto.
Flughöhe f quota f/altezza f di volo.
Flughörnchen n zoo scoiattolo m volante, glaucomio m wiss.
Flugingenieur m (**Flugingenieurin** f) ingegnere m aeronautico.
Flugkapitän m comandante m (di aereo), primo pilota m.
Flugkörper m veicolo m spaziale.
Fluglärm m ökol rumore m prodotto dagli aerei.
Fluglehrer m (**Fluglehrerin** f) istruttore (-trice) m (f) di volo, pilota mf istruttore (-trice).
Fluglinie f linea f aerea, aviolinea f.
Fluglotse m controllore m di volo, uomo m radar fam.
Flugnummer f numero m di volo.
Flugobjekt n **1** unbekanntes ~ (Abk Ufo,

UFO), ufo m **2** (Flugkörper) veicolo m spaziale.
Flugpersonal n personale m ₁di volo₁/[aeronavigante].
Flugplan m orario m dei voli.
Flugplatz m **1** (Flugfeld) campo m d'aviazione, aerodromo m **2** (Flughafen) aeroporto m.
Flugreise f viaggio m (in) aereo.
Flugreisende <dekl wie adj> mf → **Fluggast**.
Flugroute f rotta f (aerea).
flugs adv obs a spron battuto geh obs, di volata fam.
Flugsand m sabbie f pl mobili.
Flugsaurier m zoo hist pterodattilo m: die ~ gli Pterosauri.
Flugschein m **1** (von Pilot) brevetto m di pilota **2** (von Passagier) biglietto m aereo.
Flugschneise f corridoio m aereo.
Flugschreiber m registratore m (dei dati) di volo, scatola f nera.
Flugschrift f → **Flugblatt**.
Flugshow f esibizione f aerea.
Flugsicherheit <-, ohne pl> f sicurezza f nei cieli.
Flugsicherung <-, ohne pl> f controllo m del traffico aereo.
Flugsimulator m tech simulatore m di volo.
Flugsteig m aero uscita f, gate m.
Flugstrecke f tratta f aerea.
Flugticket n biglietto m aereo.
Flugverbindung f collegamento m aereo.
Flugverbot n divieto m di volo.
Flugverkehr m traffico m aereo.
Flugwesen n aviazione f, aeronautica f.
Flugzeit f durata f del volo.
Flugzeug <-(e)s, -e> n aereo m, aeroplano m, velivolo m, aeromobile m: einmotoriges/zweimotoriges/... ~, (aereo) monomotore/bimotore/...; im/[mit dem] ~ fliegen, andare/viaggiare in aereo; das ~ startet/landet, l'aereo decolla/atterra; ein ~ steuern, pilotare un aereo.
Flugzeugabsturz m incidente m aereo.
Flugzeugbau <-(e)s, ohne pl> m ingegneria f aeronautica.
Flugzeugbauer m costruttore m aeronautico/[di aerei].
Flugzeugbesatzung f equipaggio m di un aereo.
Flugzeugentführer m (**Flugzeugentführerin** f) dirottatore (-trice) m (f) (di un aereo), pirata mf dell'aria.
Flugzeugentführung f dirottamento m aereo.
Flugzeughalle f hangar m, aviorimessa f.
Flugzeugindustrie f industria f aeronautica.
Flugzeugkatastrophe f disastro m aereo.
Flugzeugmodell n modello m d'aereo, aeromodello m.
Flugzeugträger m (nave f) portaerei f: auf einem ~ landen, appontare.
Flugzeugtyp m tipo m/modello m d'aereo.
Flugzeugunglück n disastro m aereo, sciagura f aerea.
Fluktuation <-, -en> f geh {+ARBEITSLOSE} fluttuazione f; {+PREISE} auch oscillazione f.
fluktuieren <ohne ge-> itr geh (schwanken) {ZAHL DER ARBEITSLOSEN} oscillare; {PREISE} auch fluttuare.

Flunder <-, -n> f *fisch* platessa f, passera f di mare • **platt wie eine ~ sein** *fam*, rimanere di stucco *fam*.

Flunkerei <-, -en> f *fam* frottola f, fandonia f, balla f *fam*.

flunkern *itr fam* raccontare frottole/balle *fam*, sparare fandonie *fam*.

Flunsch <-, -e> m *f oder* <-(e)s, -e> m *fam* broncio m: **eine(n) ~ ziehen**, fare/mettere il broncio *fam*.

Fluor <-s, *ohne* pl> n fluoro m.

Fluorchlorkohlenwasserstoff m *chem* (Abk FCKW) clorofluorocarburo m (Abk CFC).

Fluoreszenz <-, *ohne* pl> f fluorescenza f.

fluoreszieren <*ohne* ge-> *itr* essere fluorescente.

fluoreszierend *adj* fluorescente.

Fluorkohlenwasserstoff m *chem* fluorocarburo m.

Flur① <-, -en> f **1** *adm* "terreno m agricolo di un comune" **2** *obs* (*freies Land*) aperta campagna f, campi m pl • **allein auf weiter ~ sein/stehen** (*räumlich*), non avere anima viva intorno; (*mit einer Meinung*), trovarsi isolato (-a).

Flur② <-(e)s, -e> m (*Hauseingang*) ingresso m; (*Korridor*) corridoio m; (*Treppenflur*) pianerottolo m.

Flurbereinigung f *adm* ricomposizione f fondiaria.

Flurkarte f *adm* mappale m, mappa f catastale.

Flurschaden m *agr* danno m alle colture.

Fluss (a.R. Fluß) <-es, Flüsse> m **1** (*Gewässer*) fiume m: **am ~**, sul fiume **2** <*nur sing*> (*das Fließen*) {+REDE, VERKEHR} flusso m; {+EREIGNISSE} scorrere m • **etw (wieder) in ~ bringen** {GESPRÄCH, VERHANDLUNGEN}, (ri)avviare qc, (ri)dare il via a qc; **in ~ kommen/geraten** {GESPRÄCH, VERHANDLUNG}, prendere il via, avere inizio; **im ~ sein** {DINGE}, essere ₁in evoluzione₁/[fluido].

flussabwärts (a.R. flußabwärts), **flussab** (a.R. flußab) *adv* seguendo la corrente, a valle: **~ fahren**, seguire la corrente.

Flussarm (a.R. Flußarm) m braccio m/ramo m di fiume.

flussaufwärts (a.R. flußaufwärts), **flussauf** (a.R. flußauf) *adv* controcorrente, a monte: **~ fahren**, risalire il fiume.

Flussbarsch (a.R. Flußbarsch) m *fisch* persico m reale.

Flussbett (a.R. Flußbett) n letto m di fiume, alveo m.

Flussdiagramm (a.R. Flußdiagramm) n *inform* diagramma m di flusso, flow chart m.

Flussfisch (a.R. Flußfisch) m pesce m ₁di fiume₁/[d'acqua dolce].

flüssig A *adj* **1** (*nicht fest*) {NAHRUNG} liquido; (*geschmolzen*) {HONIG, METALL, WACHS} liquido: **etw ~ machen**, liquefare qc, sciogliere qc; **~ werden**, liquefarsi, sciogliersi; **in ~em Zustand** *phys*, allo stato liquido **2** (*fließend*) {VERKEHR} scorrevole; {STIL} *auch* fluido, fluente **3** *ökon* {GELD} liquido: **~e Mittel**, liquidità; **ich bin im Moment nicht ~** *fam*, al momento sono a secco *fam* B *adv* (*fließend*) {LESEN, SPRECHEN} scorrevolmente, correntemente.

Flüssiggas n gas m liquido.

Flüssigkeit <-, -en> f **1** (*flüssiger Stoff*) liquido m: **man sollte mindestens zwei Liter ~ pro Tag zu sich nehmen**, si dovrebbe assumere almeno due litri di liquidi al giorno **2** *phys* liquido m **3** <*nur sing*> {+REDE, STIL} fluidità f, scorrevolezza f.

Flüssigkleber m collante m liquido, colla f liquida.

Flüssigkristall m *phys* cristallo m liquido.

Flüssigkristallanzeige f (Abk LCD) visualizzatore m/display m a cristalli liquidi (Abk LCD).

Flüssigkristallbildschirm m schermo m a cristalli liquidi.

flüssig|machen *tr* → **machen**.

Flüssigseife f sapone m liquido.

Flüssigsprengstoff m esplosivo m liquido.

Flüssigwaschmittel n detersivo m liquido.

Flusskrebs (a.R. Flußkrebs) m *zoo* gambero m di fiume.

Flusslauf (a.R. Flußlauf) m corso m del fiume.

Flussmündung (a.R. Flußmündung) f foce f.

Flusspferd (a.R. Flußpferd) n *zoo* ippopotamo m.

Flussregulierung (a.R. Flußregulierung) f regimazione f, regolazione f del corso di un fiume.

Flussschiff, **Fluss-Schiff** (a.R. Flußschiff) n nave f fluviale.

Flussschifffahrt (a.R. Flußschiffahrt) f navigazione f fluviale.

Flussspat, **Fluss-Spat** (a.R. Flußspat) m *min* fluorite f, spato m fluoro.

Flussufer (a.R. Flußufer) n riva f/sponda f del fiume.

flüstern A *itr* bisbigliare, sussurrare, mormorare: **sie ~ immer miteinander**, stanno sempre a pissi pissi *fam* B *tr etw ~* bisbigliare qc, sussurrare qc, mormorare qc: **jdm etw ins Ohr ~**, bisbigliare qc nell'orecchio a qu • **das kann ich dir/euch ~!** *fam*, te/ve lo garantisco! *fam*, stanne certo (-a)/statene certi (-e)! *fam*; **dem/der werd' ich was ~!** *fam*, ora mi sente! *fam*.

Flüsterpropaganda f passaparola m, tamtam m.

Flüsterton m: **im ~**, bisbigliando, sussurrando; **im ~ sprechen**, bisbigliare, sussurrare, parlare sottovoce.

Flüstertüte f *fam scherz* megafono m.

Flut <-, -en> f **1** <*nur sing*> (*Gezeitenstand*) alta marea f, flusso m; (*ansteigender Wasserstand*) marea f montante: **bei ~**, con l'alta marea; **es ist ~**, c'è alta marea; **die ~ kommt**, arriva l'alta marea; **die ~ geht zurück**, la marea si abbassa **2** <*nur pl*> (*Wassermassen*) acque f pl, flutti m pl: **sich in die ~en stürzen** *scherz*, buttarsi in acqua *fam* **3** (*Menge*) **~ von jdm/etw** {VON SCHIMPFWÖRTERN, TRÄNEN} torrente m/diluvio m/fiume m *di qc*; {VON LEUTEN} fiumana f/marea f *di qu*; {VON ANRUFEN, BRIEFE, PROTESTEN} valanga f *di qc*.

fluten A *itr* <*sein*> *geh* (*strömen*) **irgendwohin ~** {WASSER IN DEN KELLER} riversarsi *in qc*, affluire *in qc*; {MENSCHENMENGE IN DEN SAAL, SONNENLICHT IN DAS ZIMMER; VERKEHR DURCH DIE STADT} inondare qc, riversarsi *in qc* B *tr* <*haben*> *naut etw ~* {SCHLEUSENKAMMER} riempire qc.

Fluthilfe f aiuti m pl alle vittime di alluvioni o maremoti.

Flutkatastrophe f inondazione f/alluvione f catastrofica.

Flutlicht <-(e)s, *ohne* pl> n luce f a largo fascio luminoso, riflettore m.

Flutlichtanlage f impianto m di illuminazione (per stadi e sim.).

Flutopfer n vittima f di un'alluvione o di un maremoto.

flutschen A *itr* <*sein*> *fam* (*rutschen*): **(aus der Hand) ~**, scivolare (di mano), sfuggire di mano B *unpers* <*haben*> *fam* (*funktionieren*) andare/filare liscio (-a) *fam*: **heute flutscht aber alles**, oggi va/fila tutto liscio.

Flutwelle f **1** onda f di (alta) marea **2** (*bei Seebeben*) onda f anomala, tsunami m.

Flyer <-s, -> m *slang* volantino m (pubblicitario), flyer m.

fm Abk *von* Festmeter: m③ (*metro cubo*).

FM *phys* Abk *von* Frequenzmodulation: FM (*modulazione di frequenza*).

f-Moll n *mus* fa m minore.

fob com Abk *von engl* free on board (*frei an Bord*): Fob (*franco a bordo*).

Fobpreis m *com* prezzo m Fob.

focht 1. *und* **3.** pers sing imperf *von* fechten.

Fock <-, -en> f *naut* trinchetto m.

Föderalismus <-, *ohne* pl> m *pol* federalismo m.

Föderalist <-en, -en> m (**Föderalistin** f) federalista mf.

föderalistisch *adj* federalistico.

Föderation <-, -en> f (*von Organisationen, Staaten*) federazione f, confederazione f.

föderativ *adj* federativo.

fohlen *itr* {STUTE} figliare.

Fohlen <-s, -> n (*von Pferd*) puledro (-a) m (f); (*Stutenfohlen*) *auch* cavallina f; (*von Esel*) asinello m.

Föhn <-(e)s, -e> m **1** *meteo* föhn m **2** (*Haartrockner*) asciugacapelli m, fon m; → *auch* **Fön**®.

föhnen A *tr* (*jdm*) *etw ~* {HAARE} asciugare qc (*a qu*) ₁con il₁/[a] fon B *rfl* **sich** (**dat**) *etw ~* {HAARE} asciugarsi qc ₁con il₁/[a] fon • **Waschen und Föhnen**, lavaggio e (messa in) piega.

Föhnfestiger m fissatore m per acconciature a fon.

Föhnfrisur f acconciatura f a fon.

föhnig *adj* {WETTER} dominato dal föhn: **es ist ~**, c'è föhn.

Föhre <-, -n> f *region* (*Kiefer*) pino m silvestre.

Fokus <-, -se> m **1** *opt* fuoco m **2** *med* focus m **3** *ling* focus m **4** (*Mittelpunkt*) punto m focale.

fokussieren <*ohne* ge-> A *tr etw ~* **1** *fot opt* mettere a fuoco qc, focalizzare qc **2** (*sein Interesse auf etw richten*) mettere a fuoco qc, inquadrare (bene) qc B *rfl* (*sich auf jdn/etw konzentrieren*) **sich auf jdn/etw ~** concentrarsi *su qu/qc*.

Fokussierung <-, -en> f **1** *fot opt* messa a fuoco, focalizzazione f **2** (*besondere Konzentration auf jdn/etw*) **~** (**auf jdn/etw**) concentrazione f dell'interesse (*su qu/qc*), focalizzazione f (*su qu/qc*).

Folder <-s, -> m dépliant m, pieghevole m.

Folge <-, -n> f **1** (*Auswirkung*) {+HANDLUNG, TAT} conseguenza f; {+KRANKHEIT} postumo m: **die ~n der Wirtschaftskrise**, gli effetti/i postumi della crisi economica; **schlimme/verheerende ~n haben**, avere delle conseguenze gravi/disastrose; **etw zur ~ haben**, avere ₁come conseguenza₁/[per effetto] qc; **das Erdbeben hatte schwere Verwüstungen zur ~**, il terremoto causò/provocò gravi devastazioni; **zur ~ haben, dass ...**, avere come conseguenza che ...; **er starb den ~n des Unfalls**, morì in seguito all'incidente; (*Nachspiel*) seguito m; **Ihr Verhalten wird ~n haben**, il Suo comportamento avrà serie conseguenze; **ohne ~ bleiben**, non avere (alcun) seguito **2** (*Abfolge*) {+BILDER, EINDRÜCKE, TÖNE, ZAHLEN} successione f, serie f: **in rascher/schneller ~**, in rapida successione; (*Reihenfolge*) ordine m; **in alphabeti-**

scher/chronologischer ~, in ordine alfabetico/cronologico, alfabeticamente/cronologicamente; **inform** {+BEFEHLE} sequenza f **3** radio TV (von Sendung) puntata f, episodio m; (von Zeitschrift: Nummer) numero m • **in der ~**, in seguito, successivamente, in futuro; **etw** (dat) ~ **leisten form** {EINEM BEFEHL, RAT}, seguire qc; {EINER EINLADUNG}, accettare qc; **die ~n für etw (akk)** ˌ**tragen (müssen)**ˌ/[**auf sich nehmen**], assumersi la responsabilità di qc; **die ~n** ˌ**von etw (dat)**ˌ/[**einer S. (gen)**] **tragen**, subire le conseguenze di qc, fare le spese di qc fam.

Folgeerscheinung f {+KRANKHEIT} postumi m pl; {+WIRTSCHAFTSKRISE} auch ripercussione f.

Folgelasten subst <nur pl> ökon costi m pl successivi.

folgen① itr <sein> **1** (nachgehen, nachfahren) **jdm/etw** ~ seguire qu/qc, andare dietro a qu/qc fam: **jdm auf Schritt und Tritt ~**, seguire qu passo passo fam **2** (als Nächstes kommen) **etw** (dat)/**auf etw** (akk) ~ seguire a qc, venire dopo qc: **dem/[auf den] milden Herbst folgte ein strenger Winter**, all'autunno mite seguì un inverno rigido; **es folgt ...**, segue ...; **aufeinander ~** susseguirsi, succedersi, venire (l')uno (-a) dopo l'altro (-a), essere (l')uno (-a) di seguito all'altro (-a); **die beiden Ausstellungen ~ unmittelbar aufeinander**, le due mostre si svolgono una di seguito all'altra; **ihre beiden Söhne folgten unmittelbar aufeinander**, i (loro/suoi) due figli nacquero (l')uno subito dopo l'altro **3** (jds Platz einnehmen) **auf jdn ~** succedere a qu **4** (verstehen): **jdm (nicht) ~ können**, (non) riuscire a seguire qu; **jds Erklärungen/Gedanken (nicht) ~ können**, (non) riuscire a seguire le spiegazioni/i ragionamenti di qu **5** (resultieren) **aus etw** (dat) ~ risultare da qc, conseguire da qc: **daraus folgt, dass ...**, ne consegue che ... • **wie folgt**, come segue.

folgen② itr **1** <haben> (gehorchen) **jdm ~** ubbidire a qu **2** <sein> (sich richten nach) **etw** (dat) ~ {JDS BEFEHL, RAT} seguire qc; {DER MODE} auch andare dietro a qc; {SEINEM GEFÜHL, GEWISSEN, INNEREN} ubbidire a qc, seguire qc.

folgend adj **1** (darauf-~): ˌ**im ~en Jahr**ˌ/[**am ~en Tag**], l'anno/il giorno seguente/successivo/dopo **2** (dies(e, r)) seguente: **mit ~en Worten**, con le seguenti parole; **Folgendes**, quanto segue, la cosa seguente; **er schreibt Folgendes**, ecco ciò che scrive; **ich wollte dir Folgendes sagen**, vorrei dirti questo • **aufeinander ~** {EREIGNISSE}, successivo, susseguente, consecutivo; {TAGE, WOCHEN}, di seguito, di fila, consecutivo **zwei kurz aufeinander ~e Unfälle**, due incidenti in rapida successione; **darauf ~** (nächste) {JAHR, MONAT, NACHT, WOCHE}, seguente, successivo; **am darauf ~en Tag**, il giorno seguente/successivo/dopo; {FRAGE, KONFERENZ}, successivo {WAGEN}, che segue; **im Folgenden**, in seguito.

folgendermaßen adv nel modo seguente, come segue: **die Dinge stehen ~ ...**, le cose stanno così/[in questo modo]: ...

folgenlos adj senza conseguenze/ripercussioni: **~ bleiben**, non avere (alcun) seguito.

folgenreich adj ricco/carico di conseguenze.

folgenschwer adj con gravi conseguenze, gravido di conseguenze geh.

folgerichtig adj {DENKEN, ENTSCHEIDUNG} coerente, logico; {HANDELN} conseguente.

Folgerichtigkeit f coerenza f, logicità f, consequenzialità f, conseguenza f.

folgern **A** tr **etw** (aus etw dat) ~ dedurre qc (da qc), arguire qc (da qc), desumere qc (da qc) **B** itr **aus etw** dat) ~, **dass ...** dedurre/arguire/desumere/concludere (da qc) che ...: **daraus folgere ich, dass ...**, da ciò deduco/arguisco che ...

Folgerung <-, -en> f ~ (**aus etw** dat) deduzione f (da qc), conclusione f (da qc): **~en aus etw** (dat) **ziehen**, trarre delle conclusioni da qc.

Folgesatz m gram (proposizione f) consecutiva f.

Folgeschaden m <meist pl> danno m che si manifesta in un secondo tempo: **die Folgeschäden des Krieges**, i danni conseguenti alla guerra.

Folgezeit f: **in der ~**, successivamente, in seguito.

folglich adv di conseguenza, quindi, perciò.

folgsam adj ubbidiente, docile.

Folgsamkeit <-, ohne pl> f ubbidienza f, docilità f.

Foliant <-en, -en> m (volume m) in (-) folio m.

Folie <-, -n> f **1** (im Haushalt) pellicola f (di plastica): **etw in ~ verpacken**, avvolgere qc nella pellicola; **industr** foglio m di plastica; **etw in ~ einschweißen**, confezionare qc sottovuoto; (für Projektor) lucido m, trasparente m **2** metall lamina f, foglia f • **in der ~** gastr {FISCH}, al cartoccio.

Folienschreiber m pennarello m per lucidi.

Folio <-s, -s oder Folien>, **Folioformat** n (formato m) in folio m.

Folklore <-, ohne pl> f folclore m.

folkloristisch adj folcloristico.

Folksänger m (**Folksängerin** f) cantante mf folk.

Folksong m canzone f folk.

Follikel <-s, -> m anat follicolo m ovarico/[di Graaf].

Follikelsprung m ovulazione f, rottura f del follicolo.

Folsäure f acido m folico.

Folter <-, -n> f <nur sing> (Misshandlung) tortura f **2** fam (Qual) tortura f, supplizio m, tormento m • **jdn auf die ~ spannen** fam, far stare qu sulle spine fam, tenere qu sulla corda fam.

Folterbank f hist cavalletto m.

Folterinstrument n strumento m di tortura.

Folterkammer f hist camera f di tortura.

foltern tr **1** (misshandeln) **jdn ~** torturare qu, sottoporre a tortura qu **2** geh (quälen) **jdn ~** torturare qu, tormentare qu.

Folterung <-, -en> f tortura f.

Folterwerkzeug n → **Folterinstrument**.

Fon n → **Phon**.

Fön® m → **Föhn** 2.

Fond <-s, -s> m **1** autom retro m, parte f posteriore **2** gastr (Fleischsaft) fondo m di cottura.

Fonds <-, -> m **1** (Geldmittel) fondo m, stanziamento m: **öffentliche ~**, fondi pubblici **2** ökon (Investmentfonds) fondo m comune di investimento **3** geh (Grundstock) bagaglio m.

Fondue <-s, -s> n oder <-, -s> f fonduta f; (Fleischfondue) fondue f bourguignonne.

Fonem n → **Phonem**.

Fonematik f → **Phonematik**.

fönen a.R. von föhnen → **föhnen**.

Fonetik f → **Phonetik**.

Fonetiker m (**Fonetikerin** f) → **Phonetiker**.

fonetisch adj → **phonetisch**.

Fonograf m → **Phonograph**.

Fonografie f tech → **Phonographie**.

Fonologie f → **Phonologie**.

fonologisch adj → **phonologisch**.

Fonotechnik f → **Phonotechnik**.

Fonotypist m (**Fonotypistin** f) → **Phonotypist**.

Fonstärke f → **Phonstärke**.

Fontäne <-, -n> f **1** (Wasserstrahl) zampillo m **2** (Springbrunnen) fontana f a zampillo/getto.

Football <-(s), ohne pl> m sport football m (americano).

foppen tr fam **jdn ~** sfottere qu slang, canzonare qu, prendere in giro qu.

Fora pl von Forum① 3.

forcieren <-, -> tr geh **etw ~** {ANGELEGENHEIT, ENTWICKLUNG} forzare qc; {ANSTRENGUNGEN} aumentare qc: **eine Sache ~**, forzare i tempi; **die Produktion ~**, accelerare i tempi di produzione; **das (Arbeits)tempo ~**, aumentare i ritmi di lavoro; **das Tempo ~** (die Fahrt-, Laufgeschwindigkeit), accelerare.

forciert adj geh {HÖFLICHKEIT, LÄCHELN} forzato.

Förderband <-(e)s, Förderbänder> n nastro m trasportatore.

Förderer <-s, -> m (**Förderin** f) (durch Engagement) promotore (-trice) m (f), fautore (-trice) m (f); ökon sport (durch Geld) sponsorizzatore (-trice) m (f), sponsor mf; bes. kunst mecenate mf.

Förderkorb m min gabbia f d'estrazione.

Förderkurs m Schule corso m di recupero/sostegno.

Förderleistung f min produzione f (di una miniera).

förderlich adj geh (jdm/etw) ~ giovevole (a qu/qc), che giova (a qu/qc): **eine der Gesundheit ~e Ernährung**, un tipo di alimentazione che giova alla salute; **der Krebsbekämpfung ~e Studien**, ricerche utili alla lotta contro il cancro.

Fördermittel subst <nur pl> fondi m pl, contributi m pl.

fordern tr **1** (verlangen) **etw** (von jdm) ~ {EINEN HOHEN PREIS} (ri)chiedere qc (a qu), pretendere (qc da qu); {EINE ERKLÄRUNG, GEHORSAM, RESPEKT} auch esigere qc (da qu): **von jdm Rechenschaft ~**, chiedere ragione/conto a qu di qc; **(von jdm) ~, dass ...**, esigere/pretendere che jd... **konjv 2** (Anspruch erheben auf) {GEWERKSCHAFT LOHNERHÖHUNGEN} rivendicare qc; **sein Recht ~**, rivendicare i propri diritti; **Gerechtigkeit ~**, reclamare giustizia **3** (nötig sein) **etw** (von jdm) ~ {ARBEIT EINSATZ} richiedere qc (da parte di qu), esigere qc (da qu) **4** (Leistung verlangen) **jdn ~** impegnare qu: **ich bin beruflich stark gefordert**, il mio lavoro richiede un forte impegno; **die Spieler wurden sehr gefordert**, i giocatori dovettero dare il massimo fam; **jdn zum Duell ~**, sfidare qu a duello **5** (kosten): **viele Opfer ~** {EPIDEMIE, ERDBEBEN}, fare/mietere molte vittime.

fördern① tr **1** (unterstützen) **etw ~** {INITIATIVE} promuovere qc, favorire qc; {ENTWICKLUNG, HANDEL, KUNST, PROJEKT, WACHSTUM} auch dare impulso a qc; {INVESTITION, PRODUKTION, TOURISMUS} incentivare qc, incrementare qc; {JDS TALENT} valorizzare qc; (mit Geld) **jdn/etw ~** {PROJEKT, STIPENDIATEN, STUDENTEN} finanziare qu/qc; {KÜNSTLER, SPORTLER} sponsorizzare qu/qc; {PROJEKT} auch sovvenzionare qc **2** (stärken) **etw ~** {FRIEDEN, VÖLKERVERSTÄNDIGUNG} promuovere qc **3** (anregen) **etw ~** {KREISLAUF, VERDAUUNG} stimolare qc, favorire qc.

fördern② tr min **etw ~** estrarre qc.

Förderprogramm n programma m di sostegno.

Förderschacht m *min* pozzo m d'estrazione.

Förderstufe f *Schule* → **Orientierungsstufe**.

Förderturm m *min* torre f/castelletto m d'estrazione.

Forderung <-, -en> f **1** (*Verlangen*) ~ (**nach etw** dat)/(**an jdn**) richiesta f (*di qc*) (*a qu*); {+GEWERKSCHAFT} *auch* rivendicazione f (*di qc*); (*Anspruch*) pretesa f (*di qc*) (*nei confronti di qu*) **2 com** ~ (**an jdn**) credito m (*verso qu*) ● **bevorrechtigte** ~ *jur,* credito privilegiato; **nicht bevorrechtigte** ~ *jur,* credito chirografario; **eine** ~ **einklagen** *jur,* rivendicare un credito (per vie legali); **eine** ~ **eintreiben** *jur,* riscuotere/esigere un credito; **eine** ~ (**nach etw** dat) **erheben**, avanzare una richiesta (di qc); **eine** ~ **erfüllen**, accogliere/soddisfare una richiesta; **eine** ~ **geltend machen**, accampare una pretesa; ~**en an/gegen jdn haben com**, essere in credito verso qu; ~**en (an jdn) stellen**, fare/avanzare delle richieste (a qu).

Förderung① <-, -en> f **1** (*Unterstützung*) {+HANDEL, INITIATIVE, KUNST, PROJEKT} promozione f, sostegno m; {+TALENT} valorizzazione f; (*mit Geld*) finanziamento m; (*bes. staatlich oder von größeren Unternehmen*) sovvenzionamento m; {+KONJUNKTUR, PRODUKTION, TOURISMUS} incentivazione f **2** (*Stärkung*) {+FRIEDEN, VÖLKERVERSTÄNDIGUNG} promuovere m qc **3** (*Anregung*) {+KREISLAUF, VERDAUUNG} stimolazione f ● ~ **der Prostitution** *jur,* favoreggiamento della prostituzione, lenocinio.

Förderung② <-, -en> f *min* estrazione f.

Förderungskatalog m catalogo m di richieste.

Förderungsmittel subst <nur pl> → **Fördermittel**.

Förderverein m associazione f di sostegno.

Förderwagen m carrello m da miniera.

Forelle <-, -n> f *fisch* trota f: ~ **blau**, trota lessa/[al blu].

Foren pl *von* Forum.

forensisch adj *jur* forense.

Form <-, -en> f **1** (*Gestalt*) forma f, foggia f: **in** ~ **eines Dreiecks**, a forma di triangolo; **Kekse in** ~ **von Herzen**, biscotti a forma di cuore; **eine Medizin in** ~ **von Tropfen**, un medicinale in gocce; **Niederschläge in** ~ **von Hagel**, precipitazioni sotto forma di grandine **2** *bes. gram lit med* (*Darstellungsform, Erscheinungsweise*) forma f: **unterschiedliche** ~**en von Demokratie**, forme/modelli differenti di democrazia **3** <nur pl> (*Körperformen*) forme f pl: **die weiblichen** ~**en**, le forme femminili **4** <meist pl> (*Manieren*) forme f pl, etichetta f, convenienze f pl **5** <nur sing> *bes. sport* forma f (fisica): **außer** ~ **sein**, essere fuori forma/tono; (**gut/glänzend**) **in** ~ **sein**, essere in (buona/splendida) forma; **schlecht in** ~ **sein**, essere ˻in cattiva˼/[giù di] forma; **nicht in** ~ **sein**, non essere in forma **6** *gastr* stampo m; *tech* anche forma f. ● **in aller** ~(**en**) *annehmen*, prendere forma/corpo; **gefährliche** ~**en** *annehmen*, prendere una piega pericolosa; **beunruhigende/unangenehme/...** ~**en** *annehmen*, assumere aspetti inquietanti/sgradevoli/...; **etw** (**in**) ~ **geben**, dare forma a qc; **aus der** ~ **geraten**, **seine** ~ **verlieren**, perdere la forma, deformarsi; **die** ~ **verletzen**, contravvenire alla forma; **die** ~ **wahren** geh, salvare le forme/apparenze; **der** ~ **wegen/halber**, per una questione di forma.

formal **A** adj **1** (*nicht inhaltlich*) formale **2** *bes. jur* (*die Regeln betreffend*) {FEHLER, GRUND} di forma, formale **B** adv **1** (*der Gestalt nach*) formalmente **2** (*nur den Vorschriften nach*) formalmente, in teoria, sulla carta: ~ **richtig**, giusto nella forma.

Formaldehyd <-s, ohne pl> m *chem* formaldeide f, aldeide f formica.

Formalie <-, -n> f <meist pl> formalità f.

Formalin <-s, ohne pl> n *chem* formalina f.

Formalismus <-, Formalismen> m *geh* formalismo m.

Formalität <-, -en> f **1** (*Formsache*) formalità f **2** adm (*Vorschrift*) formalità f pl, modalità f pl: **die** ~**en erledigen**, sbrigare le formalità.

formaliter adv *geh* formalmente, nella forma.

Format <-(e)s, -e> n **1** (*Bildformat, Buchformat, Filmformat etc.*) formato m: **ein Blatt im DIN A4-Format**, un foglio formato A4 **2** <nur sing> (*Bedeutung*) (*von Mensch*) statura f (morale), levatura f: **ein Mann von** ~, un uomo di grande statura morale; **ein Sportler von internationalem** ~, un atleta di caratura internazionale; **sie hat** ~, (lei) ha carattere; **geistiges/politisches/...** ~ **haben**, avere ~ spessore intellettuale/politico/... **3** <nur sing> (*Niveau*) {+AUFFÜHRUNG, FILM} spessore m, consistenza f: **eine Darbietung von überragendem** ~, una rappresentazione di eccellente qualità/livello **4** → **Sendeformat**.

formatieren <ohne ge-> tr *inform* etw ~ {DISKETTE, SEITE} formattare qc.

Formatierung <-, -en> f *inform* formattazione f.

Formation <-, -en> f **1** (*Gruppierung*) formazione f; *bes. mil pol sport auch* schieramento m **2** <nur sing> (*das Herausbilden*) formazione f **3** *geol* formazione f ● **in geschlossener** ~ *mil*, in formazione serrata.

formbar adj {CHARAKTER, KIND} plasmabile, malleabile, duttile; {MATERIAL} *auch* formabile.

formbedürftig adj *jur* {RECHTSGESCHÄFT} formale.

formbeständig adj {MATERIAL} indeformabile.

Formblatt n *adm* modulo m.

Formel <-, -n> f **1** *chem math phys* formula f **2** (*Wortlaut*) formula f **3** *pej* (*Floskel*) formula f: **leere** ~**n**, formule vuote, frasi fatte ● **etw auf eine** (**einfache/knappe/kurze**) ~ **bringen**, ridurre qc a formula; **eine gemeinsame** ~ **finden**, trovare una formula comune.

Formel-1-Pilot m (**Formel-1-Pilotin** f) *sport* pilota mf di formula 1.

Formel-1-Rennen n gara f/competizione f di Formula 1.

Formel-1-Wagen m *sport* automobile f di Formula 1.

formelhaft adj {AUSDRUCK, SPRACHE} stereotip(at)o, convenzionale.

formell **A** adj **1** (*offiziell*) {ERKLÄRUNG} formale, ufficiale **2** (*förmlich*) {BEGRÜSSUNG, BENEHMEN} formale, cerimonioso; {PERSON} *auch* formalista: **er ist immer sehr** ~, è sempre molto formale **B** adv **1** (*offiziell*) {ERKLÄREN} formalmente, ufficialmente **2** (*nur den Vorschriften nach*) formalmente.

formen tr **1** (*modellieren*) etw ~ {TON, WACHS} modellare qc, plasmare qc, formare qc; **etw** (**aus etw** dat) ~ {FIGUR, GEFÄSS AUS TON, WACHS} modellare qc (in qc) **2** (*prägen*) **jdn/etw** ~ {CHARAKTER, PERSON} formare qu/qc, plasmare qu/qc, forgiare qu/qc ● **wohl geformt** → **wohlgeformt**.

Formenlehre f **1** *ling* morfologia f **2** *mus*

teoria f della forma musicale.

formenreich adj ricco di forme, multiforme.

Formfehler m errore m di forma; *jur* vizio m di forma.

Formgestaltung f design m.

formieren <ohne ge-> **A** rfl **1** (*sich ordnen*) sich ~ *mil* schierarsi, mettersi in formazione; **sich zu etw** (dat) ~ {STUDENTEN ZU EINEM PROTESTMARSCH} formare qc: **die Tänzer formierten sich zu einem Halbkreis**, i ballerini si disposero in semicerchio **2** (*sich bilden*) **sich** ~ {PARTEI, WIDERSTAND} formarsi, costituirsi, organizzarsi **B** tr **1** (*bilden*) etw ~ {GRUPPE, KOMMISSION} formare qc, costituire qc **2** (*aufstellen*) jdn ~ {MANNSCHAFT, PERSONEN}, schierare qu, disporre qu.

Formierung <-, -en> f formazione f.

förmlich① adj **1** (*offiziell*) {ENTSCHULDIGUNG, ERKLÄRUNG} formale, ufficiale **2** (*steif*) {PERSON} formale, cerimonioso; {BEGRÜSSUNG, TON} *auch* convenzionale: **ein** ~**er Mensch** *auch*, un formalista; **sie ist immer sehr** ~, fa sempre tanti convenevoli.

förmlich② partik (*buchstäblich*) letteralmente.

Förmlichkeit <-, -en> f **1** (*förmliche Art*) formalismo m **2** <nur pl> (*förmliche Handlung*) formalità f pl, cerimonie f pl, convenevoli m pl: **ohne** ~**en**, senza cerimonie.

formlos adj **1** (*unförmig*) {MASSE} informe, amorfo **2** (*zwanglos*) {BEGRÜSSUNG} informale, senza cerimonie; {PERSON} disinvolto, spigliato **3** *adm* {ANTRAG} in carta semplice.

Formsache <-, ohne pl> f: **das ist eine reine** ~, è una pura formalità.

Formtief n *sport*: **sich in einem** ~ **befinden**, essere giù di forma.

Formular <-s, -e> n modulo m, formulario m: **ein** ~ **ausfüllen**, riempire/compilare un modulo.

Formularvorschub m *inform* avanzamento m modulo.

formulieren <ohne ge-> tr etw ~ {ANTRAG, BRIEF, FRAGE, GEDANKEN} formulare qc: **etw genau/gut/geschickt/...** ~, esprimere/formulare qc esattamente/bene/abilmente.

Formulierung <-, -en> f **1** <nur sing> (*das Formulieren*) formulazione f; {+THEORIE} *auch* enunciazione f **2** (*Ausdruck*) formulazione f, espressione f.

Formung <-, ohne pl> f **1** (*das Formen*) {+CHARAKTER} formazione f **2** (*Formgebung*) {+FIGUR, MÖBELSTÜCK} modellatura f.

formvollendet adj {MÖBELSTÜCK, STATUE} dalle forme/linee perfette, sagomato alla perfezione; {GEDICHT, MUSIKSTÜCK} perfettamente compiuto.

forsch **A** adj {AUFTRETEN, MENSCH, TONFALL} risoluto, deciso, energico **B** adv in modo risoluto/deciso/energico: ~ **auftreten**, avere un piglio deciso/risoluto.

forschen itr **1** (*suchen*) **nach jdm/etw** ~ {NACH EINEM MENSCHEN, SCHATZ} cercare qu/qc; {NACH EINER VERLORENEN BRIEFTASCHE, DEM TÄTER, EINEM VERMISSTEN} ricercare qu/qc; {NACH DEN URSACHEN} *auch* indagare qc, investigare qc **2** (*wissenschaftlich* ~) **auf etw** dat/**über etw** akk ~ {WISSENSCHAFTLER AUF EINEM GEBIET, ÜBER EINE PERSON, EIN THEMA} fare/svolgere ˻una ricerca˼/[delle ricerche] (*in/su qc*), condurre ˻degli studi˼/[delle ricerche] (*in/su qc*), ricercare *rar*.

forschend **A** adj <attr> {BLICK} indagatore **B** adv: **jdn** ~ **ansehen**, scrutare qu, squadrare qu.

Forscher <-s, -> m (**Forscherin** f) ricercatore (-trice) m (f); (*Gelehrter*) studioso (-a) m (f).

Forschung <-, -en> f **1** <nur sing> (die forschende Wissenschaft) ricerca f (scientifica) **2** (Untersuchung) ricerca f • **-en betreiben**, condurre delle ricerche; ~ **und Entwicklung**, ricerca e sviluppo; ~ **und Lehre**, ricerca e insegnamento.

Forschungsabteilung f reparto m ricerca e sviluppo.

Forschungsauftrag m incarico m di ricerca.

Forschungsbeitrag m contributo m per la ricerca.

Forschungsbericht m relazione f (finale) su(i risultati di) una ricerca.

Forschungseinrichtung f ente m di ricerca.

Forschungsergebnis n esito m di (una) ricerca.

Forschungsgebiet n campo m di ricerca.

Forschungsgelder subst <nur pl> fondi m pl di ricerca.

Forschungsgemeinschaft f gruppo m di ricerca.

Forschungsinstitut n istituto m di ricerca.

Forschungslabor n laboratorio m di ricerca.

Forschungsmittel subst <nur pl> fondi m pl destinati alla ricerca.

Forschungsprogramm n programma m di ricerca.

Forschungsprojekt n progetto m di ricerca.

Forschungsreise f viaggio m di esplorazione, spedizione f scientifica.

Forschungssatellit m satellite m scientifico/[per ricerche].

Forschungssemester n (von Uniprofessor) semestre m di congedo (per motivi di ricerca), ≈ anno m sabbatico.

Forschungsstation f stazione f di ricerche.

Forschungsstipendium n borsa f di studio per una ricerca.

Forschungsteam n gruppo m di ricerca.

Forschungsvorhaben n → **Forschungsprojekt**.

Forschungszentrum n centro m di ricerca.

Forst <-(e)s, -e(n)> m foresta f (sorvegliata e sfruttata economicamente).

Forstamt n adm ufficio m forestale.

Forstarbeiter m (**Forstarbeiterin** f) lavoratore (-trice) m (f) forestale.

Forstbeamte <dekl wie adj> m (**Forstbeamtin** f) guardia f forestale.

Förster <-s, -> m (**Försterin** f) guardaboschi mf.

Forstfrevel m reato m forestale.

Forsthaus n casa f del guardaboschi.

Forstrevier n distretto m forestale.

Forstwirt m (**Forstwirtin** f) selvicoltore (-trice) m (f).

Forstwirtschaft f selvicoltura f.

Forstwissenschaft f scienze f pl forestali.

Forstwissenschaftler m (**Forstwissenschaftlerin** f) laureato (-a) m (f) in scienze forestali.

Forsythie <-, -n> f bot forsythia f.

fort adv fam (weg): ~ **sein** {SACHE}, essere sparito fam; **er ist** ~ (verreist), è via fam; **meine Freunde sind schon** ~?, sono già andati via i tuoi amici? • ~ **(mit dir)**! fam, aria! fam; **(nur)** ~ **von hier**!, (andiamo) via di qui!; **in einem** ~ obs, senza posa geh, ininterrotta-mente; **und so** ~, e così via, e via di seguito.

Fort <-s, -s> n mil forte m: **kleines** ~, fortino, fortilizio.

fortan adv d'ora in avanti/poi; (bei einer Erzählung etc. in der Vergangenheit) da allora in avanti/poi.

Fortbestand <-(e)s, ohne pl> m {+INSTITUTION, STAAT} esistenza f (futura); {+TIERART} sopravvivenza f.

fort|bestehen <irr, ohne ge-> itr {INSTITUTION, STAAT} continuare ad esistere; {VERHÄLTNISSE} perdurare.

fort|bewegen <ohne ge-> A tr etw ~ {MÖBELSTÜCK} spostare qc, rimuovere qc B rfl sich (irgendwie) ~ {TIER} muoversi (+ compl di modo); {PERSON} auch spostarsi (+ compl di modo): **der Zug bewegte sich langsam fort**, il treno avanzava/procedeva lentamente.

Fortbewegung <-, ohne pl> f locomozione f.

Fortbewegungsmittel n mezzo m di locomozione/trasporto.

fort|bilden rfl sich (in etw dat) ~ perfezionarsi (in qc), aggiornarsi (in qc).

Fortbildung <-, ohne pl> f aggiornamento m, perfezionamento m.

Fortbildungskurs m corso m di aggiornamento/perfezionamento.

Fortbildungslehrgang m corso m di aggiornamento.

Fortbildungsseminar n seminario m di aggiornamento/perfezionamento.

fort|bleiben itr → **weg|bleiben**.

fort|bringen <irr> tr → **weg|bringen**.

Fortdauer f {+WETTER, ZUSTAND} perdurare m.

fort|dauern itr obs perdurare, persistere.

fort|dürfen <irr> itr → **weg|dürfen**.

fort|entwickeln <ohne ge-> A tr etw ~ {AUTO, MASCHINE, MODELL} perfezionare qc B rfl sich ~ svilupparsi/evolversi (ulteriormente).

Fortentwicklung <-, ohne pl> f {+AUTO, MASCHINE, MODELL} perfezionamento m; {+MENSCH, TIER} evoluzione f.

fort|fahren <irr> A itr **1** <sein> (wegfahren) partire, andarsene, andare via **2** <haben oder sein> (weitermachen) **mit etw** ~ (dat) seguitare qc, continuare qc, proseguire (in) qc: **in seiner Rede** ~, continuare il discorso; ~, **etw zu tun**, seguitare/continuare a fare qc: «**wie ich schon sagte ...**», **fuhr er fort**, «come stavo dicendo ...», proseguì B tr <haben> (wegbringen) **jdn/etw** ~, portare via qu/qc.

fort|fallen <irr> itr → **weg|fallen**.

fort|fliegen <irr> itr <sein> volare via.

fort|führen tr **1** (fortsetzen) **etw** ~ continuare qc, proseguire (in) qc **2** (wegführen) **jdn** ~ condurre via qu.

Fortführung f {+FIRMA, WERK} continuazione f.

Fortgang <-(e)s, ohne pl> m **1** (Weggang) partenza f, dipartita f lit **2** (Verlauf) andamento m, sviluppo m • **seinen** ~ **nehmen** geh obs, continuare, proseguire.

fort|gehen <irr> itr <sein> **1** (weggehen) andarsene, andare via **2** (andauern) continuare.

fortgeschritten adj **1** (später) {ALTER, STADIUM} avanzato: **eine Krankheit im** ~**en Stadium**, una malattia allo stadio avanzato; **zu** ~**er Stunde**, a tarda ora, tardi **2** (höher entwickelt) {KULTUR, LAND} progredito, avanzato, evoluto **3** präd Schule univ: **(in etw dat)** ~ **sein**, essere di/ad un livello avanzato (in qc).

Fortgeschrittene <dekl wie adj> mf studente mf di livello avanzato: **Kurs für Fortgeschrittene**, corso superiore/avanzato.

fortgesetzt A adj <attr> {BETRUG} continuato, reiterato; {STÖRUNG} ripetuto, reiterato B adv continuamente, in continuazione.

fort|jagen tr itr → **weg|jagen**.

fort|kommen <irr> itr <sein> **1** fam (wegkommen) (riuscire ad) andar via; (weggebracht werden) essere portato via **2** (abhanden kommen) sparire **3** (vorwärtskommen) avanzare; (beruflich) progredire, far carriera • **machen Sie, dass Sie** ~!, fam, si tolga di torno! fam.

Fortkommen <-s, ohne pl> n **1** (Weiterkommen) avanzare m; (Laufbahn) carriera f **2** (Lebensunterhalt) sostentamento m.

fort|können <irr> itr → **weg|können**.

fort|lassen <irr> tr → **weg|lassen**.

fort|laufen <irr> itr <sein> **1** (weglaufen) correre via; (entlaufen) scappare **2** (sich fortsetzen) susseguirsi, succedersi.

fortlaufend A adj (aufeinander folgend) {ZAHLUNG} continuativo; (durchgehend) {NUMMERIERUNG} progressivo B adv (aufeinander folgend) {ERSCHEINEN} periodicamente, (in Serie) {NUMMERIEREN} progressivamente.

fort|leben itr geh (in jdm/etw) ~ {PERSON IN EINEM WERK} sopravvivere in qu/qc.

fort|müssen <irr> itr → **weg|müssen**.

fort|pflanzen rfl sich ~ **1** biol {MENSCH, PFLANZE, TIER} riprodursi; {PFLANZE} auch propagarsi **2** phys {LICHT, SCHALL, WELLEN} propagarsi.

Fortpflanzung <-, ohne pl> f {+MENSCH, TIER} riproduzione f.

fortpflanzungsfähig adj {MENSCH} in grado di procreare: **im** ~**en Alter sein**, essere in età feconda; {TIER} capace di riprodursi.

Fortpflanzungsfähigkeit f {+MENSCH} capacità f di procreare; {+TIER} capacità f riproduttiva.

Fortpflanzungsmedizin f med medicina f della riproduzione.

Fortpflanzungsorgan n form organo m riproduttivo/[di riproduzione].

Fortpflanzungstrieb m istinto m di riproduzione.

fort|räumen tr → **weg|räumen**.

fort|reißen <irr> tr **jdn/etw (mit sich)** ~ {FLUSS} trascinare via qu/qc.

fort|rennen <irr> itr → **weg|rennen**.

fort|schaffen tr → **weg|schaffen**.

fort|scheren rfl fam: **scher dich**↓/[**schert euch**] **fort**!, smamma/smammate! fam.

fort|schicken tr → **weg|schicken**.

fort|schreiten <irr> itr <sein> geh {KRANKHEIT, UMWELTZERSTÖRUNG} avanzare, andare avanti; {ARBEIT} progredire, procedere; {WISSENSCHAFT} progredire, essere in (continua) evoluzione.

fortschreitend adj {BÜROKRATISIERUNG, TECHNISIERUNG} progressivo, che avanza: **mit** ~**em Alter**, col passare degli anni.

Fortschritt m progresso m • ~**e erzielen**, fare progressi; ~ **machen** {MEDIZIN, TECHNIK}, progredire; **(gute)** ~**e (in etw dat) machen** {PERSON}, fare (grandi) progressi/[passi avanti] fam (in qc).

fortschrittlich A adj {EINSTELLUNG, IDEEN, MENSCH} progressista; {METHODE, WISSENSCHAFT} innovativo B adv: ~ **denken**/[**eingestellt sein**], essere di ↑idee progressiste↓/[orientamento progressista].

Fortschrittlichkeit <-, ohne pl> f {+MENSCH} progressismo m; {+METHODE} carattere m innovativo: **die** ~ **seiner Denkwei-**

se, il suo spirito progressista.
fortschrittsfeindlich *adj* oscurantista, ostile al progresso.
Fortschrittsfeindlichkeit <-, *ohne pl*> f oscurantismo m.
Fortschrittsglaube m fede f nel progresso.
fort|setzen **A** *tr etw* ~ {REDE, REISE, WEG} continuare *qc*, proseguire *qc*; (*nach Unterbrechungen*) *auch* riprendere *qc*: **fortgesetzt werden** {FILM, ROMAN}, continuare **B** *rfl* **sich bis etw** ~ (*zeitlich*) {DISKUSSIONEN, VERHANDLUNGEN BIS IN DEN SPÄTEN ABEND} protrarsi/prolungarsi *fino a qc*; (*räumlich*) {BERGKETTE BIS ZUM MEER} continuare/spingersi *fino a qc* ● **wird fortgesetzt**, continua.
Fortsetzung <-, *-en*> f **1** <*nur sing*> (*das Fortsetzen*) {+DISKUSSIONEN, REISEN, VERHANDLUNGEN} continuazione f, prosecuzione f, proseguimento m; (*nach Unterbrechungen*) *auch* ripresa f **2** (*Folge*) {+FERNSEHFILM, ROMAN} puntata f, seguito m: **die 15./nächste** ~, la 15ª/prossima puntata; **die ~ folgt im nächsten Heft**, il seguito al prossimo numero ● ~ *folgt*, continua; *in* ~**en**, a puntate.
Fortsetzungsroman m romanzo m ˌa puntateˌ/[d'appendice *obs*], feuilleton m.
fort|stehlen <irr> *rfl* **sich** ~ andarsene ˌalla cheticheˌ/[di soppiatto].
fort|treiben <irr> *tr itr* → **weg|treiben**.
fortwährend **A** *adj* <*attr*> {ANRUFE, ÄRGER} continuo, incessante **B** *adv* {JDN STÖREN} continuamente, incessantemente.
fort|wollen *itr* → **weg|wollen**.
fort|zahlen *tr etw* ~ {LOHN} continuare a pagare *qc*.
fort|ziehen <irr> *tr itr* → **weg|ziehen**.
Forum① <-s, Foren> n **1** (*Personenkreis*) consesso m di esperti **2** (*öffentliche Diskussion*) forum f, dibattito m **3** <*Foren oder Fora*> *hist* foro m ● **das** ~ **Romanum** *hist*, il foro romano.
Forum② <-s, Foren> n *inform* forum m, news group m.
Forumsdiskussion f forum m, dibattito m.
forwarden *tr inform etw* ~ inoltrare *qc* (a un altro utente).
fossil *adj* **1** (*versteinert*) fossile, fossilizzato **2** (*aus der geologischen Vergangenheit stammend*) {BRENNSTOFFE} fossile.
Fossil <-s, -ien> n *geol* fossile m.
Föten pl *von* Fötus.
Foto① <-s, -s> n (*~grafie*) foto(grafia) f: **ein** ~ (**von jdm/etw**) **machen/schießen** *fam*, fare/scattare una foto (a qu/di qc).
Foto② <-s, -s> m *fam* (*~gerät*) macchina f fotografica.
Fotoalbum n album m di foto(grafie).
Fotoamateur m (**Fotoamateurin** f) fotoamatore (-trice) m (f).
Fotoapparat m macchina f fotografica, apparecchio m fotografico *form* ● **digitaler** ~, macchina fotografica digitale.
Fotoatelier n studio m fotografico.
Fotoausrüstung f attrezzatura f fotografica, equipaggiamento m fotografico.
Fotoausstellung f mostra f fotografica.
Fotochemie f fotochimica f.
Fotoeffekt m *phys* fotoeffetto m.
fotoelektrisch *adj* fotoelettronico.
Fotoelektrizität f *el* fotoelettricità f.
Fotoelektron n *el* fotoelettrone m.
Fotofinish n fotofinish m.
fotogen *adj* fotogenico.
Fotogeschäft n negozio m di articoli fotografici, fotografo m *fam*.

Fotograf <-en, -en> m (**Fotografin** f) fotografo (-a) m (f).
Fotografie <-, *-n*> f **1** <*nur sing*> (*Verfahren*) fotografia f, tecnica f fotografica **2** (*Bild*) fotografia f.
fotografieren <ohne ge-> **A** *tr jdn/etw* ~ fotografare *qu/qc*: **sich ~ lassen**, farsi fotografare **B** *itr* fare delle foto(grafie): **er fotografiert gut**, è un bravo fotografo.
Fotografin f → **Fotograf**.
fotografisch *adj* fotografico.
Fotohandy n cellulare m con fotocamera.
Fotokopie f fotocopia f.
fotokopieren <ohne ge-> *tr etw* ~ fotocopiare *qc*, fare una fotocopia *di qc*.
Fotokopiergerät <-(e)s, -e> n *form* fotocopiatrice f.
Fotolabor n laboratorio m fotografico.
Fotometer m *phys* fotometro m.
Fotometrie f *phys* fotometria f.
Fotomodell n fotomodello (-a) m (f).
Fotomontage f fotomontaggio m.
Foton <-s, *-en*> n *phys* fotone m.
Fotopapier n carta f fotografica.
Fotoreportage f reportage m fotografico, fotoreportage m, fotocronaca f.
Fotoreporter m (**Fotoreporterin** f) fotoreporter mf, fotocronista mf.
Fotosafari f safari m fotografico, fotosafari m.
Fotosatz m *typ* fotocomposizione f.
Fotoshooting <-s, -s> n sessione f fotografica.
Fotosphäre <-, *ohne pl*> f *astr* fotosfera f.
Fotosynthese <-, *ohne pl*> f *biol* fotosintesi f.
Fototasche f borsa f per il corredo fotografico.
Fotothek f fototeca f.
Fototherapie f *med* fototerapia f.
Fotovoltaik f *el* conversione f fotovoltaica.
fotovoltaisch *adj el* fotovoltaico.
Fotozelle f cellula f fotoelettrica.
Fötus <- *oder -ses*, Föten *oder -se*> m feto m.
Fotze <-, *-n*> f *vulg* **1** (*Scheide*) fica f *vulg* **2** (*Nutte*) troia f *vulg*, puttana f *vulg* ● **halt die ~!** *vulg*, chiudi il becco! *fam*.
foul *sport* **A** *adj*: **das war vielleicht ~ !**, ma che fallo! **B** *adv*: **~ spielen**, fare un gioco falloso.
Foul <-s, -s> n *sport* fallo m (intenzionale): **ein ~ begehen**, commettere ˌfalloˌ/[un'irregolarità].
foulen *sport* **A** *tr jdn* ~ commettere fallo ˌai danni diˌ/[su *fam*] *qu* **B** *itr* commettere ˌfalloˌ/[un'irregolarità].
Foxterrier m *zoo* fox terrier m.
Foxtrott <- *oder -s*> m foxtrot m.
Foyer <-s, -s> n *bes. theat* ridotto m, foyer m.
Fr. *Abk von* Frau: sig.ra (**Abk** *von* signora).
Fracht <-, *-en*> f **1** (*Ladung*) carico m **2** → **Frachtkosten**.
Frachtbrief m *com* (*für Transport auf dem Landweg*) lettera f di vettura; *naut* (*Konnossement*) polizza f di carico.
Frachter <-s, -> m nave f da carico, cargo m.
Frachtflugzeug n aereo m da carico, cargo m.
frachtfrei *adj* franco di porto.
Frachtführer m vettore m.
Frachtgut n merce f (viaggiante) ● **etw als ~ schicken** *Eisenb*, spedire qc a piccola velocità.
Frachtkosten *subst* <*nur pl*> porto m, spese f pl di trasporto/spedizione; *aero naut* nolo m.

Frachtraum m carico m utile; *aero naut* stiva f.
Frachtschein m → **Frachtbrief**.
Frachtschiff n → **Frachter**.
Frachtverkehr m movimento m/traffico m (di) merci.
Frack <-(e)s, Fräcke *oder -s*> m frac m, marsina f.
Fracksausen n: **~ bekommen/kriegen** *fam* cominciare ad avere strizza *fam*/fifa *fam*.
Frage <-, *-n*> f **1** (*zu beantwortende Äußerung*) domanda f: **eine ~ beantworten**, rispondere a una domanda; **ich habe eine ~ an Sie**, avrei una domanda da farLe; **eine ~ zu etw** (dat), una domanda su qc; *gram* (*proposizione f*) interrogativa f **2** (*Problem, Angelegenheit*) questione f, problema m: **das ist (nur) eine ~ des Geldes/des Geschmacks/der Zeit ...**, è (solo) questione di denaro/gusti/tempo ...; **die deutsche ~**, la questione tedesca ● **das ist eine** *andere* **~**, (questo) è un altro discorso; **eine ~ bejahen/verneinen**, rispondere affermativamente/negativamente a una domanda; **jdn mit ~en bestürmen**, tempestare qu di domande; *dumme ~!*, che domanda sciocca!; **in ~ kommen** → **infrage**; **das** *ist* (eben/[noch sehr]) **die ~**, (questo) è ancora tutto da vedere *fam*; **das** *ist* **die große ~**, è questa la grande incognita; *ohne* ~, senza dubbio, indubbiamente; **eine** *rhetorische* **~**, una domanda retorica; **außer ~ stehen/sein** *geh*, essere fuori dubbio/discussione; **etw in ~ stellen** → **infrage**; **es** *stellt* **sich die ~ ...**, si tratta di vedere se ...; **eine ~ an jdn stellen/richten**, porre/rivolgere/fare una domanda a qu; *was für eine ~!*, che domande!
Fragebogen n questionario m.
fragen **A** *itr* (*eine Frage stellen*) domandare, chiedere: «**kommst du heute zum Essen?**» **fragte sie**, «vieni a mangiare oggi?» mi chiese; **er fragt immer sehr überlegt**, fa sempre delle domande molto ponderate **B** *tr itr* **1** (*sich erkundigen*) (*jdn*) **nach jdm ~** chiedere *di qu* (*a qu*), domandare *di qu* (*a qu*): **er fragt immer nach dir**, chiede sempre (notizie) di te; **hat jemand nach mir gefragt?** (*wollte mich jd sprechen*), mi ha cercato (-a) qualcuno? **2** (*jdn*) **nach etw** (dat) ~ {NACH DER ADRESSE, DEN DETAILS, DEM PREIS, DER ZEIT} chiedere *qc* (*a qu*), domandare *qc* (*a qu*); {NACH DEN URSACHEN} indagare *qc*: **jdn nach dem Weg ~**, domandare la strada a qu; **jdn um Rat/Erlaubnis ~**, chiedere (un) consiglio/il permesso a qu; **ich habe ihn nach seinen Absichten gefragt**, gli ho chiesto quali intenzioni aveva/avesse **C** *tr* (*jdn*) **etw ~** domandare *qc* (*a qu*), chiedere *qc* (*a qu*): **darf ich etwas ~?**, posso fare una domanda?; **jdn ~ →** domandare *a qu*, chiedere *a qu*: **hast du sie gefragt?**, gliel'hai chiesto?; (*betont*) hai chiesto a lei?; **ich fragte ihn, ob er Zeit habe**, gli chiesi se aveva/avesse tempo **D** *rfl* (*sich überlegen*): **sich ~, ob/wie/warum/wo ...**, domandarsi/chiedersi se/come/perché/dove ...; **das habe ich mich auch schon gefragt**, me lo sono chiesto anch'io **E** *unpers*: **es fragt sich, ob ...**, ˌsi tratta diˌ/[resta da] vedere se ... ● **nicht danach ~**, **ob/warum/wie/...**, non essere interessato al se/perché/come ...; **frag nicht so** *dumm/blöd!* *fam*, non fare domande così stupide!; **da fragst du** *noch?*, e me lo domandi?; **da fragst du mich** *zu* **viel!** *fam*, mi chiedi (davvero) troppo!
fragend **A** *adj* {BLICK, TON} interrogativo **B** *adv*: **jdn ~ ansehen**, guardare qu con aria interrogativa.
Fragenkatalog m elenco m di domande,

questionario m.

Fragenkomplex m, **Fragenkreis** m problematica f.

Fragepronomen n *gram* pronome m interrogativo.

Fragerei <-, -en> f *pej* domande f pl insistenti.

Fragesatz m *gram* (proposizione f) interrogativa f.

Fragestellung f 1 (*Formulierung*) formulazione f della domanda 2 (*Frage, Problem*) problematica f.

Fragestunde f *parl* "ora f stabilita per le interrogazioni parlamentari".

Frage-und-Antwort-Spiel n quiz m.

Fragewort <-(e)s, -wörter> n *gram* → **Interrogativpronomen**.

Fragezeichen n punto m interrogativo • *dasitzen/dastehen wie ein ~ fam*, parere un punto interrogativo *fam*; **etw mit einem (dicken/großen) ~ versehen**, prendere qc con beneficio d'inventario.

fragil adj *geh* fragile.

Fragilität <-, ohne pl> f *geh* fragilità.

fraglich adj 1 <attr> (*in Frage kommend*) in questione/oggetto: **die ~e Person**, la persona in questione 2 (*ungewiss*) {ANGELEGENHEIT, UNTERNEHMEN} dubbio, incerto: **es ist ~, ob ...**, è incerto se ...

fraglos adv indubbiamente, senza dubbio.

Fragment <-(e)s, -e> n frammento m.

fragmentarisch **A** adj frammentario **B** adv frammentariamente, in modo frammentario: **das Werk ist nur ~ erhalten**, si conservano solo frammenti dell'opera.

Fragmentierung <-, -en> f *inform* frammentazione f.

fragwürdig adj {GESCHÄFT, LOKAL} sospetto; {METHODEN} discutibile.

Fraktion <-, -en> f 1 *parl* gruppo m parlamentare 2 (*Sondergruppe*) fazione f, corrente f.

Fraktionschef m (**Fraktionschefin** f) → **Fraktionsvorsitzende**.

Fraktionsführer m (**Fraktionsführerin** f) → **Fraktionsvorsitzende**.

fraktionslos adj {ABGEORDNETER} indipendente.

Fraktionssitzung f *pol* riunione f di un gruppo parlamentare.

Fraktionssprecher m (**Fraktionssprecherin** f) portavoce mf del gruppo parlamentare.

Fraktionsvorsitzende <dekl wie adj> mf capogruppo mf parlamentare.

Fraktionszwang m *parl* disciplina f di partito.

Fraktur① <-, -en> f *med* frattura f.

Fraktur② <-, ohne pl> f *typ* scrittura f gotica, gotico m • **mit jdm ~ reden** *fam*, cantarle chiare a qu *fam*.

Franc <-, -s> m *ökon hist* (*Währung*) franco m.

Franchise <-, ohne pl> n *ökon* franchising m, affiliazione f commerciale.

Franchisegeber <-s, -> m (**Franchisegeberin** f) *ökon* affiliante mf.

Franchisenehmer <-s, -> m (**Franchisenehmerin** f) *ökon* affiliato (-a) m (f), franchisee mf.

Franchisevertrag m *jur ökon* contratto m di franchising.

Franchising <-s, ohne pl> n *ökon* franchising m, affiliazione f commerciale.

Francium <-s, ohne pl> n *chem* francio m.

frank adv: **~ und frei**, chiaro e tondo *fam*, francamente.

Frank m (*Vorname*) Franco.

Franke <-n, -n> m (**Fränkin** f) 1 francone mf 2 *hist* franco (-a) m (f).

Franken① <-s, ohne pl> n *geog* Franconia f.

Franken② <-s, -> m ökon (*Währung*): (**Schweizer**) ~, franco svizzero.

Frankfurt <-s, ohne pl> n Francoforte f: **~ am Main**, Francoforte sul Meno; **~ an der Oder**, Francoforte sull'Oder.

Frankfurter① **A** <inv> adj <attr> di Francoforte **B** <-, -> f *gastr* frankfurter m, salsiccia f di Francoforte • **~ Buchmesse**, fiera del libro a Francoforte.

Frankfurter② <-s, -> m (**Frankfurterin** f) abitante mf di Francoforte.

frankieren <ohne ge-> tr *etw* ~ {BRIEF} affrancare qc.

Frankiermaschine f affrancatrice f.

Frankierung <-, ohne pl> f affrancatura f.

Fränkin f → **Franke**.

fränkisch adj 1 francone, della Franconia: **das Fränkisch(e)**, il (dialetto) francone; **Fränkisch sprechen**, parlare il dialetto francone. 2 *hist* franco.

franko adv *com obs* franco di porto.

frankofon adj *geh* → **französischsprachig**.

Frankokanadier m (**Frankokanadierin** f) franco-canadese mf.

frankophil adj *geh* francofilo.

Frankophilie <-, ohne pl> f *geh* francofilia f.

frankophob adj *geh* francofobo.

Frankophobie f *geh* francofobia f.

frankophon adj *geh* → **französischsprachig**.

Frankreich <-s, ohne pl> n *geog* Francia f.

Franse <-, -n> f 1 (*an Decke, Vorhang u. Ä.*) frangia f 2 <nur pl> (*Pony*) frangetta f, frangia f.

fransig adj 1 (*mit Fransen*) sfrangiato, a frange 2 (*ausgefranst*) sfilacciato, sfrangiato.

Franz m *-' oder -ens> m* (*Vorname*) Francesco.

Franziska f (*Vorname*) Francesca.

Franziskaner <-s, -> m (**Franziskanerin** f) *relig* (frate m) francescano m, (suora f) francescana f.

Franziskanerorden m *relig* ordine m dei francescani.

Franzose① <-n, -n> m *tech* chiave f inglese.

Franzose② <-n, -n> m (**Französin** f) francese mf.

französisch **A** adj francese: **~es Bett**, letto ad una piazza e mezzo; **die ~e Schweiz**, la Svizzera francese **B** adv {KOCHEN} alla francese: **sich ~ unterhalten**, conversare/parlare in francese.

Französisch <-(s), ohne pl> n, **Französische** <dekl wie adj> n francese m; → *auch* **Deutsch, Deutsche** • **sich auf Französisch empfehlen/verabschieden** *fam*, filarsela all'inglese *fam*.

französischsprachig adj francofono, di lingua francese.

frappant adj *geh*, **frappierend** adj *geh* {ÄHNLICHKEIT} sorprendente, stupefacente.

Frappee, **Frappé** <-s, -s> n *gastr* frappè m.

Fräse <-, -n> f *tech* fresatrice f.

fräsen tr *etw* ~ fresare qc.

Fräser <-s, -> m *tech* (*Werkzeug*) fresa f.

Fräsmaschine f → **Fräse**.

fraß 1. und 3. pers sing imperf von fressen.

Fraß <-es, ohne pl> m *fam pej* (*schlechtes Essen*) porcheria f *fam pej*, schifezza f *fam pej*, pastone m *fam pej*.

Fratz <-es, -e> m *fam* 1 **ein süßer/niedlicher ~**, un angioletto *fam* 2 *süddt* A *pej* (*ungezogenes Kind*) bambino (-a) m (f) *fam*.

peste f *fam*.

Fratze <-, -n> f 1 *fam* (*Grimasse*) smorfia f, boccaccia f 2 (*hässliches Gesicht*) grinta f, grugno m • **~n schneiden**, fare le smorfie/boccacce.

frau <inv> indef pron *oft scherz* (*ausdrücklich auf Frauen bezogen*) si, uno: **~ trägt in dieser Saison Bermudas**, in questa stagione si/[le donne] portano i bermuda.

Frau <-, -en> f (*Abk* Fr.) 1 (*weibliche Person*) donna f: **~ Schmidt ist gerade nicht da**, in questo momento la signora Schmidt non c'è 2 (*Ehefrau*) moglie f: **meine/Ihre ~**, mia/Sua moglie; **Ihre ~ Gemahlin** *geh*, la Sua consorte *geh*, la Sua signora; **meine geschiedene ~**, la mia ex moglie 3 (*Anrede*) signora f: **Guten Tag, ~ Braun!**, buongiorno, Signora Braun!; (*in Briefen*): **sehr geehrte ~ Maier**, gentile signora Maier • **~ *Direktor* (Müller)**, la direttrice (Müller); **~ *Doktor*/*Professor* (Fischer)**, la dottoressa/professoressa (Fischer); (*Anrede*), dottoressa/professoressa (Fischer); **gnädige ~ *obs***, gentile signora; **die ~ des Hauses**, la padrona di casa; **jdn zur ~ nehmen**, prendere qu in moglie.

Frauchen <-s, -> n *fam* (*von Hund, Katze etc.*) padrona f.

Frauenarbeit f lavoro m femminile.

Frauenarzt m (**Frauenärztin** f) ginecologo (-a) m (f).

Frauenbeauftragte <dekl wie adj> mf responsabile mf per le pari opportunità.

Frauenberuf m mestiere m/professione f (tipicamente) femminile.

Frauenbewegung f movimento m femminista/[delle donne].

Frauenbuch n libro m per donne.

frauenfeindlich adj misogino.

Frauenfeindlichkeit <-, ohne pl> f misoginia f.

Frauenfrage f questione f femminile.

Frauenhasser m misogino m.

Frauenhaus <-es, *Frauenhäuser*> n casa f per donne maltrattate.

Frauenheilkunde f ginecologia f.

Frauenheld m donnaiolo m, dongiovanni m.

Frauenklinik f clinica f ginecologica.

Frauenleiden n malattia f femminile/[delle donne].

Frauenpolitik f politica f per le donne.

Frauenquote f quote f pl rosa, quota f femminile/[di donne].

Frauenrechtler <-s, -> m (**Frauenrechtlerin** f) femminista mf.

Frauenschuh <-s, ohne pl> m *bot* pianella f della Madonna, scarpetta f di Venere.

Frauentyp m tipo m di donna.

Frauenwahlrecht n suffragio m femminile, diritto m di voto alle donne.

Frauenzeitschrift f rivista f/periodico m femminile.

Frauenzentrum n consultorio m per donne.

Frauenzimmer n *fam pej* donnicciola f *fam pej*.

Fräulein <-s, -> n (*Abk* Frl.) 1 (*unverheiratete weibliche Person*) signorina f: **~ Schulze arbeitet schon lange bei uns**, la signorina Schulze lavora con noi da molto tempo; *obs* (*Anrede: heute meist durch Frau ersetzt*) signorina; **wie geht's Ihnen, ~ Koch?**, come sta, signorina Koch? 2 (*im Restaurant: Bedienung*) signorina f, cameriera f: **~, bitte zahlen!**, signorina, il conto per favore! • **gnädiges ~ *obs***, gentile signorina; **Ihr ~ *Tochter*** *geh*, Sua figlia.

fraulich adj femminile.
Fraulichkeit <-, ohne pl> f femminilità f.
frdl. Abk von freundlich: gent. (Abk von gentile).
Freak <-s, -s> m fam **1** (unangepasster Mensch) fricchettone (-a) m (f) slang, freak mf slang **2** (Fan) patito (-a) m (f), fissato (-a) m (f) fam.
freakig adj slang flippato slang, schizzato slang.
frech **A** adj **1** (unverschämt) {ANTWORT, KERL} sfacciato, sfrontato, impertinente, insolente **2** (herausfordernd) {BIKINI, KLEID} audace, osé **B** adv (unverschämt) {ANTWORTEN} sfacciatamente, sfrontatamente, con insolenza.
Frechdachs m fam faccia f tosta fam, sfacciato (-a) m (f); (Kind) auch discolo m.
Frechheit <-, -en> f (freche Art, Äußerung oder Handlung) sfacciataggine f, sfrontatezza f, insolenza f, impertinenza f ● **die ~ besitzen/haben, etw zu tun**, avere la sfacciataggine/il coraggio fam di fare qc; **so eine ~!**, che sfacciataggine!
Freeclimber <-s, -> m (**Freeclimberin** f), **Free Climber** <- -s, - -> m (**Free Climberin** f) sport free climber mf.
Freeclimbing <-s, ohne pl> n, **Free Climbing** <- -s, ohne pl> n sport free climbing m, arrampicata f libera.
Freesie <-, -n> f bot fresia f.
Freestyle <-s, ohne pl> m, **Free Style** <- -s, ohne pl> m sport freestyle m.
Free TV, Free-TV <-(s), ohne pl> n televisione f senza canone.
Freeware <-, -(s)> f inform freeware m, software m gratuito.
Fregatte <-, -n> f **1** naut fregata f **2** (aufgetakelte Frau) "albero di Natale".
Fregattenkapitän m naut capitano m di fregata.
frei **A** adj **1** (nicht unterdrückt) {LAND, MEINUNG, MENSCH} libero, in libertà: **jdn auf ~en Fuß setzen**, mettere qu in libertà **2** (nicht gebunden) {BERUF} libero; {FOTOGRAF, JOURNALIST, SCHRIFTSTELLER} free-lance, indipendente; **~er Mitarbeiter**, collaboratore esterno; (unabhängig) libero, indipendente; **ein ~es Leben führen**, fare/condurre una vita indipendente/autonoma; **(die) ~e Wahl haben**, avere libera scelta; **~e Wahlen**, libere elezioni; (nicht wörtlich) {ÜBERSETZUNG} libero **3** (ohne Hilfsmittel) {REDE, VORTRAG} (tenuto) a braccio **4** (befreit) **~ von etw** (dat) {VON SORGEN, VERPFLICHTUNGEN, VORURTEILEN} libero da qc; {VON FEHLERN, MÄNGELN} privo di qc, senza qc; {VON ABGABEN} esente da qc **5** (verfügbar) {STUNDE, TAG, ZEIT} libero: **~er Tag**, giornata libera/di ferie]; **morgen ist ~** (von der Arbeit), domani è vacanza; Schule auch domani non c'è scuola; **morgen Vormittag hat er ~**, domani ha mattina(ta) libera; **ich habe erst um 3 Uhr ~**, prima delle 3 non sono libero **6** (zu mieten) {HOTELZIMMER} libero: **haben Sie noch ein Zimmer ~?**, ha ancora una camera libera?; (nicht besetzt) {PLATZ, TISCH, TOILETTE} libero; **Verzeihung, ist der Stuhl noch ~?**, mi scusi, è ancora libera questa sedia?; {ARBEITSPLATZ} vacante **7** (offen) {LAND} aperto: **auf ~er Strecke**, in aperta campagna; **unter ~em Himmel**, all'aperto **8** (unbedeckt) scoperto, nudo **9** (kostenlos) {EIN-, ZUTRITT} gratuito, gratis: **Eintritt ~!**, ingresso libero! **10** (ungezwungen) {ANSICHTEN} libero, liberale; {BENEHMEN, TON} libero, disinvolto, disinibito: **~e Liebe**, libero amore **11** ökon {MARKT, WIRTSCHAFT} libero: **~e Marktwirtschaft**, libera economia di mercato **B** adv com franco: **wir liefern ~ Haus**, consegn(i)amo franco domicilio ● **~ ab ...: der Film ist ~ (für Jugendliche) ab 16 Jahren**, il film è vietato ai minori di 16 anni; **ich bin so ~!** form, scusi se mi permetto; **~ lassen** (nicht beschreiben), lasciare in bianco; (etw) **~ machen** {TISCH, WEG}, liberare (qc), sgombrare (qc); **sich ~ machen** (ausziehen), spogliarsi, svestirsi: **sich von etw** (dat) **~ machen** {VON EINER IDEE, EINEM VORURTEIL}, liberarsi da qc; **~ nach Schiller/[einer Erzählung von Böll]**, liberamente tratto da Schiller/[un racconto di Böll]; **(sich dat) ~ nehmen**, prendersi [una vacanza]/[delle ferie]; **morgen hat er sich ~ genommen**, domani si è preso un giorno libero/[di vacanza]; **~ und offen**, apertamente, a cuore aperto; **~ stehen** Fußball, essere smarcato; **~ werden** chem phys {ENERGIE}, liberarsi.
Freiaktie f ökon azione f gratuita.
Freibad n piscina f all'aperto.
frei|bekommen <irr, ohne ge-> **A** tr (befreien) **jdn ~** {ENTFÜHRTEN, GEISEL} ottenere la liberazione di qu **B** itr (Urlaub oder Ferien bekommen) {SCHÜLER} avere una vacanza (di qc); {ANGESTELLTER} auch ottenere un permesso (di qc): **kann ich heute Nachmittag zwei Stunden ~?**, potrei avere due ore di permesso oggi pomeriggio?
Freiberufler <-s, -> m (**Freiberuflerin** f) libero (-a) professionista mf.
freiberuflich **A** adj {PRAXIS, TÄTIGKEIT} di libero professionista **B** adv: **~ arbeiten/[tätig sein]**, esercitare la libera professione, fare il libero professionista.
Freibetrag m Steuer quota f [di abbattimento]/[(del reddito) esente da imposta].
Freibeuter <-s, -> m hist filibustiere m, pirata m, corsaro m.
Freibier n birra f (distribuita) gratis.
freibleibend com **A** adj non impegnativo/vincolante **B** adv senza impegno.
Freibrief m: **jdm einen ~ (für etw akk) ausstellen/geben**, dare carta bianca a qu (per (fare) qc); **kein ~ für etw** (akk) **sein**, non essere una buona ragione per fare qc.
Freiburg <-s, ohne pl> n geog (Stadt in Deutschland und der Schweiz) Friburgo f.
Freidenker m (**Freidenkerin** f) libero (-a) pensatore (-trice) m (f).
Freie <dekl wie adj> n <nur sing> **im ~n**, all'aperto; **im ~n schlafen**, dormire all'addiaccio/aperto; **im ~n spielen**, giocare all'aria aperta; **jdn ins ~ befördern**, buttare fuori qu fam.
Freier <-s, -> m **1** obs (Bewerber) pretendente m, spasimante m **2** slang (Kunde einer Prostituierten) cliente m.
Freiersfüße subst <nur pl>: **auf ~n wandeln/gehen** scherz, dar la caccia a una moglie fam scherz.
Freiexemplar n copia f omaggio/gratuita.
Freifahrt f viaggio m gratuito.
freifinanziert adj {WOHNUNGSBAU} finanziato privatamente.
Freifrau f (niedriger Adelstitel) baronessa f.
Freigabe f {+BESCHLAGNAHMTE GEGENSTÄNDE} dissequestro m, restituzione f; {+LÖHNE, +MIETEN} auch liberalizzazione f; {+GEISELN} rilascio m, liberazione f.
Freigänger <-s, -> m (**Freigängerin** f) jur detenuto (-a) m (f) in regime di semilibertà.
frei|geben <irr> **A** tr **1** geh (freilassen) **jdn ~** {GEISEL} rilasciare qu, (ri)mettere in libertà qu; {FUSSBALLSPIELER, PARTNER} lasciare libero (-a) qu **2** (nicht mehr sperren, blockieren) **etw ~** {PREISE} sbloccare qc; {MIETEN} auch liberalizzare qc: **eine Straße für den Verkehr ~**, aprire una strada al traffico; **einen Film für Jugendliche ~**, autorizzare la proiezione di un film ai minori; **etw zum Verkauf ~**, autorizzare la vendita di qc **B** itr **jdm ~** dare a qu un permesso (di qc): **mein Chef hat mir heute zwei Stunden freigegeben**, oggi il capo mi ha dato due ore di permesso.
freigebig adj {MENSCH} generoso, liberale: **sehr ~**, munifico; **mit etw** (dat) **sehr ~ sein**, non lesinare qc, essere prodigo di qc.
Freigebigkeit <-, ohne pl> f generosità f, liberalità f: **große ~**, munificenza f.
Freigehege n area f recintata per animali (spesso all'interno di uno zoo).
Freigeist m libero pensatore m, spirito m libero.
Freigelassene <dekl wie adj> mf hist liberto (-a) m (f).
Freigepäck n aero bagaglio m in franchigia.
Freigrenze f Steuer reddito m esente da imposte.
frei|haben <irr> itr (bei Arbeit) essere libero, non lavorare; Schule non aver scuola, essere in vacanza: **morgen haben wir die letzte Stunde frei**, domani non c'è lezione all'ultima ora.
Freihafen m porto m franco.
frei|halten <irr> **A** tr **1** (nicht versperren) **etw ~** {EINFAHRT, TOR} lasciare libero (-a)/sgombro (-a) qc **2** (reservieren) **etw ~** {PLATZ} tenere qc **3** (jds Zeche bezahlen) pagare a qu, offrire a qu **B** rfl (von Verpflichtung u. Ä.) **sich ~** tenersi libero (-a).
Freihandel m ökon libero scambio m, liberismo m.
Freihandelszone f zona f di libero scambio.
freihändig adv: **~ Rad fahren**, andare in bicicletta senza mani.
Frei-Haus-Lieferung f consegna f franco domicilio.
Freiheit <-, -en> f **1** <nur sing> (Freisein, Unabhängigkeit) libertà f: **jdm/[ein Tier] seiner ~ berauben**, privare qu/[un animale] della libertà; **jdm die ~ schenken**, concedere la libertà a qu; **jdn/[ein Tier] in ~ setzen**, mettere qu/[un animale] in libertà **2** <meist pl> (Vorrecht) libertà f ● **dichterische ~**, licenza poetica; **~, Gleichheit, Brüderlichkeit**, libertà, uguaglianza, fraternità; **sich** (dat) **zu viele ~en herausnehmen**, prendersi troppe libertà; **jdm volle ~ geben**, lasciare a qu piena libertà; **sich** (dat) **die ~ nehmen, etw zu tun**, prendersi la libertà di fare qc; **persönliche ~**, libertà personale/individuale.
freiheitlich adj **1** pol {STAAT, VERFASSUNG} liberale **2** {EINSTELLUNG, GESINNUNG} liberale, libertario.
Freiheitsberaubung <-, -en> f jur privazione f della libertà personale.
Freiheitsdrang m brama f/istinto m di libertà.
Freiheitsentzug m jur → **Freiheitsstrafe**.
Freiheitskampf m lotta f per la libertà; (eines Volkes) auch lotta f per l'indipendenza.
Freiheitskrieg m **1** guerra f [d'indipendenza]/[di liberazione] **2** <nur pl> hist (Befreiungskriege) guerre f pl d'indipendenza.
Freiheitsliebe f amore m della libertà.
Freiheitsstatue f: **die (amerikanische) ~**, la statua della Libertà.
Freiheitsstrafe f jur pena f detentiva: **zu einer ~ von zehn Jahren verurteilt werden**, venire condannato (-a) [ad una pena detentiva di dieci anni]/[a dieci anni di reclusione]; **lebenslange/lebenslängliche ~**,

ergastolo.
freiheraus adv (*direkt*) papale papale *fam*, francamente.
Freiherr m (*niedriger Adelstitel*) barone m.
Freikarte f biglietto m gratuito.
frei|kaufen tr *jdn* ~ {GEISEL, SPION} pagare il riscatto *per qu*, riscattare *qu*.
Freiklettern n → **Freeclimbing**.
frei|kommen <irr> itr <*sein*> tornare in libertà.
Freikörperkultur <-, *ohne pl*> f (*Abk* FKK) nudismo m, naturismo m.
Freilandgemüse n ortaggi m pl coltivati in campo aperto.
Freilandhaltung f allevamento m all'aperto.
Freilandhuhn n pollo m ₍allevato all'aperto₎/ruspante].
frei|lassen <irr, part perf *freigelassen*> tr *jdn/etw* ~ {HÄFTLING, TIER} (ri)mettere in libertà *qu/qc*, liberare *qu/qc*; {ENTFÜHRTEN, GEFANGENEN} *auch* rilasciare *qu*.
Freilassung <-, -*en*> f {+ENTFÜHRTER, GEFANGENER} liberazione f, rilascio m.
Freilauf m *tech* (*bes. bei Fahrrädern*) ruota f libera.
freilaufend adj → **laufend**.
freilebend adj → **lebend**.
frei|legen tr *etw* ~ {RUINEN} (ri)portare alla luce *qc*, dissotterrare *qc*; {LEITUNGEN, ROHRE} mettere a nudo *qc*; {ORGAN} scoprire *qc*.
Freileitung f linea f aerea.
freilich adv **1** (*allerdings*) certo, sì, è vero che ...: **man muss ~ berücksichtigen, dass** ..., certo, bisogna considerare che ...; **das ist ~ ein Problem, aber wir werden schon eine Lösung finden**, è ₍vero che₎/[sì] un problema, ma troveremo senz'altro una soluzione; (*einschränkend*) però, tuttavia; **sie arbeitet gut, ~ müsste sie ein wenig schneller werden**, lavora bene, però dovrebbe essere un po' più veloce **2** *süddt fam* (*natürlich*) certo, certamente, naturalmente: **aber ~!**, ma certo!, hai voglia! *fam*; **(ja) ~!**, sì certo!, come no! *fam*.
Freilichtbühne f teatro m all'aperto.
Freilichtkino n cinema m all'aperto, arena f estiva.
Freilichttheater n → **Freilichtbühne**.
Freilos n biglietto m di lotteria gratuito.
Freiluftkonzert n concerto m ₍all'aperto₎/[open-air].
frei|machen tr rfl → **frei, machen**.
Freimaurer m massone m, franco muratore m.
Freimaurerei <-, *ohne pl*> f massoneria f.
freimaurerisch adj massonico, muratorio *lit*.
Freimaurerloge f loggia f massonica.
Freimut <-(*e*)*s, ohne pl*> m → **Freimütigkeit**.
freimütig **A** adj {BEKENNTNIS, MENSCH, WESEN} franco, aperto, sincero **B** adv {ETW BEKENNEN} francamente, apertamente, sinceramente.
Freimütigkeit <-, *ohne pl*> f franchezza f, schiettezza f, sincerità f.
frei|nehmen <irr> tr → **frei**.
Freiraum m spazio m: **sich (dat) einen ~ schaffen**, crearsi/ritagliarsi uno spazio; **jdm nicht genügend ~ lassen**, non lasciare sufficiente libertà a qu.

freischaffend adj *meist* <attr> {ARCHITEKT} che lavora in proprio; {FOTOGRAF, JOURNALIST, SCHRIFTSTELLER} *auch* free-lance; {KÜNSTLER} indipendente.
Freischaffende <dekl wie adj> mf (*von Architekt*) libero (-a) professionista mf; (*von Fotograf, Journalist, Schriftsteller*) *auch* free-lance mf; (*von Künstler*) indipendente mf; (*als Steuerzahler*) autonomo (-a) m (f).
Freischärler <-*s*, -> m (**Freischärlerin** f) guerrigliero (-a) m (f).
frei|schießen <irr> rfl: **sich (dat) den (Flucht)weg ~** aprirsi una via (di fuga) sparando.
frei|schwimmen <irr> rfl *fam* **sich ~** camminare con le proprie gambe *fam*, spiccare il volo.
Freischwimmer m (**Freischwimmerin** f) *sport* "chi ha superato il primo esame di nuoto".
frei|setzen tr *etw* ~ **1** *chem phys* {ENERGIE, SAUERSTOFF} liberare *qc* **2** (*entfesseln*) {EMOTIONEN} scatenare *qc*; {KRÄFTE} liberare *qc*, sprigionare *qc*.
frei|spielen rfl *sport* **sich ~** liberarsi, smarcarsi.
Freisprechanlage f *tel* vivavoce m.
Freisprecheinrichtung f vivavoce m.
frei|sprechen <irr> tr *jur jdn* (*von etw dat*) ~ assolvere *qu* (*da qc*), prosciogliere *qu* (*da qc*).
Freisprechmodus m *tel* modalità f/opzione f vivavoce.
Freispruch m *jur* assoluzione f, proscioglimento m: **auf ~ erkennen**, emettere una sentenza di assoluzione; **auf ~ plädieren**, chiedere l'assoluzione.
Freistaat m *pol obs* repubblica f • **der ~ Bayern/Sachsen**, lo Stato libero di Baviera/ Sassonia.
frei|stehen <irr> itr <*haben oder süddt A CH sein*> **1** (*überlassen sein*): **es steht jdm frei, etw zu tun**, qu è libero/padrone *fam* di fare *qc*; **es steht Ihnen frei zu kommen**, (Lei) è libero (-a) di venire, sta a Lei decidere se (vuole) venire **2** (*leerstehen*) {MIETWOHNUNG} essere vuoto/sfitto/libero.
frei|stellen tr **1** (*überlassen*) **jdm etw ~** {ENTSCHEIDUNG} rimettere *qc a qu*, lasciare *qc a qu*: **ich stelle dir frei, an der Besprechung teilzunehmen**, lascio decidere a te se partecipare alla riunione; **es ist Ihnen freigestellt, wann Sie Urlaub nehmen**, sta a Lei decidere quando prendere le ferie **2** (*beurlauben*) *jdn* ~ accordare un congedo *a qu*; (*befreien*) *jdn von etw* (*dat*) ~ {VOM UNTERRICHT, WEHRDIENST} esonerare *qu da qc*, dispensare *qu da qc*.
Freistil <-(*e*)*s, ohne pl*> m *sport* **1** → **Freistilschwimmen 2** → **Freistilringen**.
Freistilringen n *sport* lotta f libera.
Freistilschwimmen n *sport* stile m libero.
Freistoß m *sport* (*calcio m di*) punizione f • **einen ~ ausführen**, battere una punizione; *direkter* ~, punizione diretta/[di prima]; *indirekter* ~, punizione indiretta/[di seconda].
Freistunde f **1** *Schule* ora f ₍in cui non c'è lezione₎/[di buco *fam*] **2** *inform tel* ora f gratuita.
Freitag m venerdì m: **am ~**, venerdì; **letzten/vorigen ~**, venerdì scorso; **nächsten ~**, venerdì prossimo; **jeden ~**, ogni venerdì, tutti i venerdì; **~ früh**, venerdì mattina; **hast du ~ Zeit, mir zu helfen?**, hai tempo per aiutarmi venerdì?; **heute ist ~, der 11. November**, oggi è venerdì undici novembre; **eines ~s**, un venerdì; **die Nacht von ~ auf Samstag**, la notte ₍dal venerdì al sabato₎/[tra venerdì e sabato]; **den ganzen ~ (über)**, tutto (il) venerdì; **in ₍acht Tagen₎/[einer Woche] ~**, venerdì a otto; **vor 14 Tagen ~**, venerdì di due settimane fa.

Freitagabend (a.R. Freitag abend) m: **(am) ~**, venerdì sera, la sera(ta) di venerdì; **(immer am ~)**, di/il venerdì sera; **für ~**, per venerdì sera, per la sera(ta) di venerdì.
Freitagmorgen (a.R. Freitag morgen) m: **(am) ~**, venerdì mattina, la mattina(ta) di venerdì; **(immer am ~)**, di/il venerdì mattina; **für ~**, per venerdì mattina, per la mattina(ta) di venerdì.
Freitagnacht (a.R. Freitag nacht) f venerdì notte f: **sie kommen ~ zurück**, tornano venerdì notte; **der Unfall ist ~ passiert**, l'incidente è avvenuto nella notte tra venerdì e sabato.
freitags adv di/il venerdì: **~ vormittags/ nachmittags/abends/nachts**, il/di venerdì mattina/pomeriggio/sera/notte.
Freitod m *geh euph* suicidio m • **den ~ wählen**, scegliere il suicidio.
freitragend adj *bau* autoportante: **~er Balken**, trave a sbalzo, cantilever; **~e Brücke**, ponte a sbalzo, cantilever *aero* {FLÜGEL} a sbalzo.
Freitreppe f scalinata f (esterna).
Freiübung f *sport* esercizio m a corpo libero.
Freiumschlag m busta f con affrancatura preparata.
Freiwild n: **~ (für jdn) sein**, essere una preda facile (per qu).
freiwillig **A** adj **1** (*aus eigenem Antrieb*) {DIENST, HELFER} volontario; {ENTSCHLUSS, VERZICHT} *auch* spontaneo **2** (*freigestellt*) {TEILNAHME, VERSICHERUNG} facoltativo **B** adv (*aus eigenem Antrieb*) {ETW MACHEN, TUN} volontariamente; {VERZICHTEN, ZURÜCKTRETEN} *auch* spontaneamente: **ich habe es ~ gemacht**, l'ho fatto di mia spontanea volontà; **sich ~ melden**, andare/offrirsi volontario (-a); **sich ~ verpflichten** *mil*, arruolarsi volontario (-a); **sich ~ versichern**, fare/stipulare un'assicurazione facoltativa.
Freiwillige <dekl wie adj> mf volontario (-a) m (f).
Freiwilligkeit <-, *ohne pl*> f {+ENTSCHEIDUNG, HANDLUNG, VERZICHT} spontaneità f, volontarietà f.
Freizeichen n *tel* segnale m di libero.
Freizeit f tempo m libero.
Freizeitaktivität f → **Freizeitbeschäftigung**.
Freizeitangebot n offerta f per il tempo libero.
Freizeitausgleich m (*für Überstunden*) riposo m compensativo del lavoro straordinario.
Freizeitbekleidung f abbigliamento m per il tempo libero.
Freizeitbeschäftigung f passatempo m, hobby m.
Freizeitgesellschaft f società f del tempo libero.
Freizeitgestaltung f organizzazione f/ gestione f del tempo libero.
Freizeitindustrie f industria f del tempo libero.
Freizeitkleidung f abbigliamento m sportivo/casual, casual m.
Freizeitpark m parco m (di) divertimenti.
Freizeitwert m: **München hat einen hohen ~**, Monaco offre una vasta scelta di attività per il tempo libero.
Freizeitzentrum n centro m ricreativo.
freizügig **A** adj **1** (*großzügig*) elastico, libero **2** (*moralisch locker*) {BUCH, FILM} osé, licenzioso; {ERZIEHUNG, MENSCH} permissivo; {MORAL} rilassato, elastico **B** adv: **~ mit Geld umgehen**, spendere allegramente; **etw ~**

handhaben, gestire qc in modo elastico.
Freizügigkeit <-, ohne pl> f **1** (*Permissivität*) {+ERZIEHUNG, MENSCH} permissività f; (*moralisch*) licenziosità f **2** *jur* libertà f di circolazione.
fremd adj **1** (*ausländisch*) {LAND, SPRACHE} straniero; {SITTEN} forestiero; {WÄHRUNG} estero **2** (*anderen gehörend*) {AUTO, BETT, HAUS} altrui, d'altri: **sich in ~e Angelegenheiten mischen**, immischiarsi ˌin faccende altruiˌ/[nelle faccende degli altri]; **~es Eigentum**, proprietà ˌdi terziˌ/[altrui] **3** (*unbekannt*) {GEFÜHL, GESICHT} sconosciuto; {LAND, PERSON, STADT, UMGEBUNG, WELT} *auch* estraneo, ignoto: **jdm ~ sein** {PERSON}, essere sconosciuto a qu; {VERHALTEN} essere estraneo a qu **4** (*ungewohnt*) strano **5** <präd>: **irgendwo ~ sein**, non essere pratico di qc: **er ist in** ˌ**dieser Stadt**ˌ/[**Berlin**] **~**, non è pratico di ˌquesta cittàˌ/[Berlino]; **ich bin ~ hier**, non sono del posto ● **sich ~ fühlen**, sentirsi un estraneo/un'estranea; **jdm ~ werden**, diventare estraneo (-a) a qu; **sich** (dat)/**einander ~ werden**, diventare estranei (-e) (l'uno (-a) all'altro (-a)).
fremdartig adj strano, insolito; (*exotisch*) {PFLANZE, TIER} esotico.
Fremdartigkeit <-, ohne pl> f stranezza f; (*exotische Art*) esoticità f.
Fremdaufwendungen subst <nur pl> spese f pl straordinarie.
Fremdbeschaffung f *industr* outsourcing m.
Fremdbesitz m *jur* detenzione f ● **unmittelbarer ~** *jur* detenzione qualificata.
fremdbestimmt adj condizionato.
Fremdbestimmung f condizionamento m.
Fremde① <-, ohne pl> f *geh* (*nicht Heimat*): **die ~**, l'estero; **in der ~ leben**, vivere ˌall'esteroˌ/[in un paese straniero].
Fremde② <dekl wie adj> mf **1** (*Unbekannter*) estraneo (-a) m (f), sconosciuto (-a) m (f) **2** (*kein Einheimischer*) straniero (-a) m (f), forestiero (-a) m (f).
fremdeln itr {KIND} essere timido, fare il vergognoso *fam*.
fremdenfeindlich adj xenofobo.
Fremdenfeindlichkeit f xenofobia f, esterofobia f.
Fremdenführer m (**Fremdenführerin** f) guida f turistica, cicerone m.
Fremdenhass (a.R. Fremdenhaß) m xenofobia f.
Fremdenlegion <-, ohne pl> f *mil* legione f straniera.
Fremdenlegionär m legionario m, soldato m della legione straniera.
Fremdenverkehr m turismo m.
Fremdenverkehrsamt n ente m del/[per il] turismo.
Fremdenverkehrsbüro n ufficio m (di) informazioni turistiche.
Fremdenverkehrsverein m azienda f di promozione turistica (Abk APT); (*in kleineren Orten*) pro loco f.
Fremdenverkehrszentrum n centro m turistico, località f turistica.
Fremdenzimmer n **1** (*Gästezimmer*) camera f degli ospiti **2** (*in einem Gasthaus*) camera f da affittare.
Fremdfinanzierung f *ökon* finanziamento m esterno.
fremd|gehen <irr> itr <sein> *fam* fare una scappatella *fam*: **seine Frau geht ständig fremd**, sua moglie gli mette le corna in continuazione *fam*.
Fremdherrschaft <-, ohne pl> f *pol* domi-

nio m straniero.
Fremdkapital n *ökon* capitale m di terzi.
Fremdkörper m **1** *biol med* corpo m estraneo **2** (*störendes Element*) elemento m estraneo, pugno m in un occhio *fam* ● **sich als ~ fühlen** {PERSON}, sentirsi ˌun estraneo/un'estraneaˌ/[un intruso/un'intrusa].
fremdländisch adj {AKZENT} straniero, forestiero; {FRÜCHTE, PFLANZEN} esotico.
Fremdling <-s, -e> m *geh obs* forestiero (-a) m (f), straniero (-a) m (f).
Fremdsprache f lingua f straniera: **~n studieren/unterrichten**, studiare/insegnare lingue (straniere).
Fremdsprachenkorrespondent m (**Fremdsprachenkorrespondentin** f) corrispondente mf in lingue estere.
Fremdsprachensekretär m (**Fremdsprachensekretärin** f) → **Fremdsprachenkorrespondent**.
Fremdsprachenunterricht m insegnamento m delle lingue (straniere): **~ geben/erteilen** *geh*, dare/impartire lezioni di lingue straniere.
fremdsprachig adj {BEVÖLKERUNG} di lingua straniera; (*in einer fremden Sprache*) {LITERATUR, SENDUNG, UNTERRICHT} in lingua straniera.
fremdsprachlich adj (*eine fremde Sprache betreffend*) {UNTERRICHT} di lingua straniera.
Fremdverschulden n *jur* responsabilità f/colpa f di terzi.
Fremdwährung f *ökon* valuta f estera.
Fremdwort <-(e)s, Fremdwörter> n *ling* parola f straniera, forestierismo m ● **für jdn ein ~ sein** {ANSTAND, HÖFLICHKEIT}, non esistere nel vocabolario di qu.
Fremdwörterbuch n *ling* dizionario m delle parole straniere.
frenetisch *geh* **A** adj {BEIFALL, JUBEL} frenetico **B** adv {APPLAUDIEREN} freneticamente.
frequentieren ohne ge-> tr *geh etw ~* {LOKAL, MUSEUM} frequentare qc.
Frequenz <-, -en> f **1** *phys radio* frequenza f **2** (*Besucherzustrom*) affluenza f **3** <nur sing> *geh auch ling* (*Häufigkeit*) frequenza f.
Frequenzbereich m *radio* gamma f/banda f di frequenze.
Frequenzmodulation <-, ohne pl> f *radio* (Abk FM), modulazione f di frequenza (Abk FM).
Frequenzwörterbuch n *ling* dizionario m delle frequenze.
Freske <-, Fresken> f → **Fresko**.
Fresko <-s, Fresken> n *kunst* affresco m.
Freskomalerei f pittura f a fresco, affresco m.
Fressalien subst <nur pl> *fam scherz* cibarie f pl *scherz*, viveri m pl.
Fresse <-, -n> f *vulg* **1** (*Mund*) becco m *fam* **2** (*Gesicht*) muso m *slang*, grugno m *slang* ● **eine große ~ haben** *slang*, essere un fanfarone *fam*; **halt die ~!** *vulg*, chiudi il becco! *fam*; **(ach) du meine ~!** *slang*, porco mondo! *vulg*, porcaccia miseria *vulg*; **jdm die ~ polieren** *vulg*, **jdm eins in die ~ hauen** *vulg*, rompere/spaccare il muso/grugno a qu *slang*.
fressen <frisst, fraß, gefressen> **A** itr **1** {TIER} mangiare **2** *slang pej* (*viel essen*) {MENSCH} abbuffarsi *fam*, mangiare a crepapelle *fam*; (*unappetitlich essen*) mangiare come un maiale *fam* **3 an etw** (dat) **~** {ROST, SÄURE} (*unappetitlich essen*) mangiare qc *fam*, corrodere qc **B** tr **1 etw ~** {TIER} mangiare qc; {bes. RAUBTIER} divorare qc **2** *slang pej* (*essen*) *etw* **~** papparsi qc *fam*, divorare qc **3** *fam* (*verbrauchen*) *etw* **~** {GERÄT STROM} consumare qc; {AUTO BENZIN, ÖL} *auch* bere qc *fam*; {PROJEKT JDS}

GELD} mangiarsi qc *fam*, fagocitare qc **4** *geh* (*zehren*) **an/in jdm ~** {HASS, NEID} divorare qu, rodere qu, logorare qu **C** rfl (*in/durch etw dringen*) **sich in/durch etw ~** (akk) ~ {BOHRER IN DIE WAND} penetrare *in* qc; {ROST, SÄURE INS METALL} *auch* corrodere qc ● **er sah mich an, als ob er mich ~ wollte**, mi guardò come se volesse mangiarmi; **jdn zum Fressen gern haben** *fam*, volere un bene dell'anima a qu *fam*; **etw kahl ~** {BAUM, PFLANZE}, divorare tutte le foglie di qc; **zum Fressen sein** {BABY, KIND}, essere da (mangiare a) morsi *fam*.
Fressen <-s, ohne pl> n **1** *fam* (*Futter*) cibo m/mangiare m (per animali) **2** *vulg* (*schlechtes Essen*) sbobba f *slang* ● **ein gefundenes ~ für jdn sein** *fam*, essere un ghiotto boccone per qu *fam*; **das war ein gefundenes ~ für mich**, è stata per me una vera manna (dal cielo) *fam*.
Fresser <-s, -> m (**Fresserin** f) *slang* mangione (-a) m (f) *fam*, pappone (-a) m (f) *fam*, fogna f *pej slang*.
Fresserei <-, -en> f *slang* scorpacciata f *fam*, abbuffata f *fam*.
Fresserin f → **Fresser**.
Fressgier (a.R. Freßgier) f ingordigia f, voracità f.
Fressnapf (a.R. Freßnapf) m ciotola f (per animali domestici).
Fresssack, Fress-Sack (a.R. Freßsack) m *slang pej* fogna f *slang*.
Fresssucht, Fress-Sucht (a.R. Freßsucht) f bulimia f.
Frettchen <-s, -> n *zoo* furetto m.
Freude <-, -n> f **1** <nur sing> (*Gefühl des Frohseins*) ~ (*über etw* akk) {ÜBER EIN GESCHENK, EINE NACHRICHT} gioia f (*per qc*), contentezza f (*per qc*); (*Gefallen*) piacere m, diletto m: **~ an etw** (dat) **haben** {AN FEINEM ESSEN, KUNST, MUSIK}, provare piacere/diletto in qc; **am Leben haben**, godersi la vita **2** <nur pl> (*Vergnügungen*): **die ~n einer S.** (gen) {DES LEBENS, DER LIEBE}, le gioie (di qc), le delizie (di qc); **die kleinen ~n des Alltags**, le piccole gioie della vita quotidiana ● **da kommt ~ auf!** *auch iron*, che gioia! *auch iron*; **außer sich vor ~ sein**, **vor ~ ausflippen** *slang*/**ausrasten** *slang*, essere fuori di sé dalla gioia, essere pazzo di gioia, non stare più in sé dalla gioia; **vor ~ an die Decke springen** *fam*, fare salti di gioia *fam*; **zu meiner großen ~**, con mio grande piacere; **Freud und Leid**, gioie e dolori; **Freud und Leid mit jdm teilen**, dividere gioie e dolori con qc; **in Freud und Leid zusammenhalten**, essere uniti (-e) nella buona e nella cattiva sorte; **jdm eine ~ machen/bereiten**, far evivere/contento (-a) qu; **etw macht jdm ~**, qc fa piacere a qu; **mit ~n**, con piacere; **etw vor ~ an der Sache tun**, fare qc per il piacere di farlo; **jds (ganze/einzige) ~ sein**, essere la gioia/delizia di qu; **jdm die ~ verderben**, rovinare/guastare la festa a qu; **vor ~ weinen**, piangere di/[per la] gioia; **geteilte ~ ist doppelte ~** *prov*, gioia condivisa doppia gioia *prov*.
Freudenbotschaft f lieta novella f.
Freudenfeuer n *fig* esplosione f di gioia.
Freudenhaus n *euph obs* casa f di piacere *euph obs*, casa f di tolleranza *euph obs*, bordello m.
Freudenmädchen n *euph obs* donnina f allegra *euph obs*, donna f di mondo/piacere *euph obs*.
Freudenrausch m → **Freudentaumel**.
Freudenschrei m grido m ˌdi gioiaˌ/[gioioso].
Freudensprung m salto m di gioia: **einen ~ machen** fare i salti di gioia.

Freudentag m giorno m di gioia.
Freudentanz m: einen ~ aufführen/vollführen, fare salti di gioia.
Freudentaumel m esplosione f di gioia: in einen (wahren) ~ geraten, cadere in delirio.
freudestrahlend adj <attr> {GESICHT} raggiante (di gioia).
Freudianer <-s, -> m (**Freudianerin** f) freudiano (-a) m (f).
freudig **A** adj **1** (voller Freude) {BLICK} gioioso; {BEGRÜßUNG} auch festoso **2** (beglückend) {EREIGNIS, NACHRICHT} lieto, gioioso: **eine ~e Überraschung**, una bella sorpresa **B** adv {JDN BEGRÜßEN} gioiosamente, festosamente: **~ überrascht sein**, essere/rimanere piacevolmente sorpreso (-a).
freudlos adj {DASEIN} infelice, privo di gioia, triste, grigio.
Freudlosigkeit <-, ohne pl> f tristezza f, infelicità f, grigiore m.
freudsch, **Freud'sch** adj freudiano: **~e Fehlleistung** psych, lapsus freudiano.
freuen **A** rfl **1** (voller Freude sein) **sich (über etw** akk**) ~** essere contento/lieto **geh** di qc, rallegrarsi per qc, gioire di/per qc: **ich freue mich ₁für dich₁/[mit dir], dass du die Prüfung bestanden hast**, ₁sono contento (-a)₁/[mi rallegro] che tu abbia superato l'esame; **ich würde mich ~, wenn ...**, avrei piacere che ... konjv; **er freut sich wie ein Kind**, gioisce come un bambino; **sich seines Lebens ~**, godersi la vita **2** (freudig erwarten) **sich auf jdn/etw ~** aspettare con gioia qu/qc: **wir ~ uns schon sehr auf die Sommerferien**, non vediamo l'ora che arrivino le vacanze estive; **ich freue mich schon (darauf), dich wieder zu sehen**, non vedo l'ora di incontrarti **B** tr (erfreuen) **jdn ~** {GESCHENK, NACHRICHT} fare piacere a qu **C** unpers: **es freut jdn, dass ...**, fa piacere a qu che ... konjv; **es freut mich zu hören, dass ...**, mi ₁fa piacere₁/[rallegra] sentire che ... • **sich zu früh ~**, cantare vittoria troppo presto; **freut mich (sehr)!** fam, (molto) piacere!, (molto) lieto (-a) (di conoscerLa)!; **es hat mich gefreut, Sie kennen zu lernen**, è stato un piacere conoscerLa.
Freund <-(e)s, -e> m (**Freundin** f) **1** (Kamerad) amico (-a) m (f): **ein guter ~ von mir**, un mio buon/caro amico; **sie sind dicke/enge ~e** fam, sono amici per la pelle fam; **Sabine ist meine beste ~in**, Sabine è la mia amica del cuore **2** fam (intimer ~) ragazzo (-a) m (f) fam, fidanzato (-a) m (f): **darf ich Ihnen meine ~in vorstellen?**, Le presento la mia ragazza/fidanzata; **sie hat zurzeit keinen festen ~**, in questo momento non ha un ragazzo (fisso) **3** (Anhänger): **ein/kein ~ von etw** (dat)**/einer S.** (gen) **sein** {VON BLUMEN, DISKOTHEKEN, DER KUNST, MUSIK}, essere/[non essere] amante di qc, amare/[non amare] qc • **falscher ~ ling**, falso amico; **~ und Feind** (jedermann), tutti, chiunque; **~e gewinnen**, trovare amici; **mein lieber ~!** iron, caro mio! fam iron; **du bist mir ein feiner/schöner/toller ~!** fam iron, sei proprio un bell'amico! fam iron; **unter ~en**, fra amici.
Freundchen <-s, -> n dim von Freund fam (als Anrede: scherzhaft bis drohend): **~!**, caro mio! fam.
Freundeskreis m cerchia f/giro m fam di amici: **sie hat einen großen ~**, ha molti amici; **etw im engen ~ feiern**, festeggiare qc con pochi intimi.
Freund-Feind-Denken n soziol "forma f mentis che divide il mondo esclusivamente in buoni e cattivi".
Freundin f → Freund.
freundlich **A** adj **1** (liebenswürdig) {BEGRÜßUNG} gentile, cortese, amichevole; {ART, MENSCH} auch affabile, garbato; {GESICHT} gentile: **~ (zu jdm) sein**, essere gentile (con qu); **das ist sehr ~ von Ihnen**, è molto gentile da parte Sua; **wären Sie so ~, mir zu helfen!**, ₁abbia la cortesia di₁/[sia così gentile da] aiutarmi! **2** (heiter) {AMBIENTE, WOHNUNG} accogliente; {WETTER} sereno; {LANDSCHAFT} ridente **3** ökon {TENDENZ} al rialzo, positivo **B** adv {JDN BEHANDELN, BITTEN, GRÜßEN} gentilmente, con garbo, cortesemente • **bitte recht ~!** (beim Fotografieren), sorridere, prego!
freundlicherweise adv gentilmente, cortesemente.
Freundlichkeit <-, -en> f **1** <nur sing> (liebenswürdige Art) gentilezza f, cortesia f, affabilità f **2** (freundliche Bemerkung) gentilezza f **3** obs (liebenswürdige Handlung) gentilezza f, favore m, piacere m.
Freundschaft <-, -en> f amicizia f: **etw aus ~ tun**, fare qc per amicizia • **ich sage es dir in aller ~**, te lo dico in tutta amicizia; **jdm die ~ kündigen**, rompere l'amicizia con qu; **(mit jdm) ~ schließen**, stringere/fare amicizia (con qu).
freundschaftlich **A** adj {BEZIEHUNGEN, GEFÜHLE, VERHÄLTNIS} d'amicizia: **in einem ~en Verhältnis zu jdm stehen**, essere in rapporti d'amicizia con qu; {RAT} da amico (-a); {ABKOMMEN, ART} amichevole **B** adv {JDN BEGRÜßEN, BEHANDELN} amichevolmente: **jdm ~ gesinnt/zugetan sein**, nutrire sentimenti d'amicizia per qu; **jdm ~ verbunden sein**, essere legato a qu da vincoli d'amicizia.
Freundschaftsbande subst <nur pl> geh legami m pl/vincoli m pl geh d'amicizia.
Freundschaftsdienst m favore m da amico: **jdm einen ~ erweisen**, fare un gran/grosso favore a qu.
Freundschaftspreis m prezzo m ₁di favore₁/[da amico]: **ich mach dir einen ~**, ti faccio un prezzo di favore, ti tratto da amico (-a).
Freundschaftsspiel n sport (partita f/incontro m) amichevole f.
Freundschaftsvertrag m pol patto m d'amicizia.
Frevel <-s, -> m geh **1** relig **~ (an etw** dat**/gegen etw** akk**)** {GEGEN GOTT, AN DER NATUR} sacrilegio m (contro qc), empietà f (contro qc) geh **2** fig (Schande) sacrilegio m; (Verbrechen) delitto m (contro qc) • **einen ~ begehen**, ₁commettere un₁/[fare] sacrilegio.
frevelhaft adj geh {TAT} sacrilego, empio.
freveln itr geh obs bes. relig **an etw** (dat) **~** commettere un sacrilegio contro qc: **gegen das Gesetz ~**, violare la legge.
Frevler <-s, -> m (**Frevlerin** f) geh bes. relig sacrilego (-a) m (f), empio (-a) m (f).
Friaul <-s, ohne pl> n geog Friuli m.
Friaul-Julisch Venetien <- -s, ohne pl> n geog Friuli-Venezia Giulia m.
Frieda f (Vorname) Frida.
Friede <-ns, -n> m geh obs → **Frieden** • **~ sei mit euch!** relig, la pace sia con voi!
Frieden <-s, -> m **1** <nur sing> (nicht Krieg) pace f **~** (Friedensvertrag) (trattato m di) pace f: **den ~ unterzeichnen**, firmare la pace **3** <nur sing> (Harmonie) pace f (Ruhe) pace f, quiete f, tranquillità f: **der soziale ~**, la pace sociale; **der häusliche ~**, la quiete domestica. • **keinen ~ geben** fam, non dare pace fam; **jdn (mit etw dat) in ~ lassen** fam, lasciare in pace qu (con qc) fam; **lass mich in ~!**, lasciami in pace! fam; **in ~ leben**, vivere in pace; **um des lieben ~s willen** fam, per amor(e) di pace fam; **(er/sie) ruhe in ~!** relig, riposi in pace; **(mit jdm) ~ schließen**, concludere form/fare fam la pace (con qu); **~ stiften (zwischen ...)**, mettere pace (tra ...); **dem ~ nicht trauen** fam, non fidarsi (delle apparenze); **der Westfälische ~** hist, la pace di Vestfalia.

Friedensaktivist m (**Friedensaktivistin** f) attivista mf per la pace, pacifista mf.
Friedensbedingungen subst <nur pl> pol condizioni f pl di pace.
friedensbewegt adj pacifista.
Friedensbewegung f movimento m pacifista/[per la pace].
Friedensbruch m violazione f della pace.
Friedensdemonstration f manifestazione f/corteo m per la pace.
Friedensgespräch n <meist pl> bes. pol colloquio m di pace: **~e führen**, condurre dei colloqui di pace.
Friedensinitiative f iniziativa f di pace.
Friedenskonferenz f pol conferenza f per la pace.
Friedensmarsch m marcia f ₁per la₁/[della] pace.
Friedensmission f pol missione f di pace.
Friedensnobelpreis m premio m Nobel per la pace.
Friedenspfeife f calumet m della pace • **mit jdm die ~ rauchen** fam scherz, fumare il calumet della pace con qu fam scherz.
Friedensplan m pol piano m di pace.
Friedenspolitik f politica f di pace.
Friedensprozess (a.R. Friedensprozeß) m processo m di pace.
Friedensrichter m (**Friedensrichterin** f) jur giudice mf di pace.
Friedensschluss (a.R. Friedensschluß) m pol conclusione f della pace.
friedensstiftend adj pacificatore.
Friedensstifter <-s, -> m (**Friedensstifterin** f) pacificatore (-trice) m (f).
Friedenstruppe f pol forza f di pace: **die ~n der UNO**, le forze di pace dell'ONU.
Friedensverhandlung f <meist pl> pol trattativa f/negoziato m di pace.
Friedensvertrag m pol trattato m di pace.
Friedenszeit f tempo m di pace: **in ~en**, in tempi di pace.
Friederike f (Vorname) Federica.
friedfertig adj {CHARAKTER, MENSCH} pacifico, quieto.
Friedfertigkeit f {+MENSCH} carattere m pacifico: **aus ~**, per amor(e) di pace fam.
Friedhof m cimitero m, camposanto m: **auf den ~ gehen**, andare al cimitero.
friedlich **A** adj **1** (gewaltlos) {DEMONSTRATION, LÖSUNG} pacifico: **~e Koexistenz**, coesistenza pacifica; **~e Beilegung des Streits**, composizione amichevole della lite **2** (friedfertig) {MENSCH, TIER} pacifico: **nun sei doch endlich ~!** fam, sta' buonino (-a)! fam **3** geh (ruhig) {GEGEND} quieto, tranquillo, calmo **B** adv (gewaltlos) {DEMONSTRIEREN} pacificamente, in modo pacifico.
friedliebend adj {MENSCH} pacifico, amante della pace.
Friedrich m (Vorname) Federico • **~ der Große** hist, Federico il Grande.
frieren <friert, fror, gefroren> **A** itr **1** <haben> (sich kalt fühlen) **(an etw** dat**) ~** {AN DEN FÜßEN, HÄNDEN} aver freddo (a qc) **2** <sein> (ge~) {BODEN, WASSER} gelare **B** unpers <haben> **1** (Frost haben) gelare: **es friert, gela**; **heute Nacht hat es gefroren**, stanotte è/ha gelato **2** fam (sich kalt fühlen): **jdn friert (es)**, qu ha freddo; **jdn friert es an etw**

Fries <-es, -e> m arch fregio m.
Friese <-n, -n> m (**Friesin** f) frisone mf.
friesisch adj frisone.
Friesland n geog Frisia f.
frigide, frigid adj psych frigido.
Frigidität <-, ohne pl> f psych frigidità f.
Frikadelle <-, -n> f gastr polpetta f.
Frikassee <-s, -s> n gastr fricassea f.
Frisbee® <-, -s> n frisbee® m.
Frisbeescheibe f frisbee® m.
frisch A adj 1 (noch nicht alt) {BROT, BUTTER, FLEISCH, GEMÜSE, MILCH, OBST} fresco 2 fam (noch nicht angezogen oder benutzt) {HANDTUCH, HEMD} pulito: ~e Wäsche anziehen, indossare biancheria pulita; {BLATT PAPIER} bianco 3 (feucht) {ANSTRICH, FARBE} fresco 4 (gesund) {AUSSEHEN, GESICHTSFARBE} fresco, florido 5 (unverbraucht) {KRÄFTE} fresco: ~en Mut fassen, riprendere coraggio 6 (kühl) {BRISE, LUFT, WIND} fresco B adv (gerade erst) {GEPFLÜCKT, GEWASCHEN, VERHEIRATET} di fresco, appena: das Bett ~ beziehen, cambiare le lenzuola/[la biancheria del letto] • immer – drauflos! fam, su, coraggio!; etw ~ halten, tenere qc in fresco; sich ~ machen, rinfrescarsi; ~ und munter sein, essere vivo e vegeto; ~ gewagt ist halb gewonnen prov, chi ben comincia è a metà dell'op(e)ra prov.
Frische <-, ohne pl> f 1 {+BROT, BUTTER, FLEISCH, GEMÜSE, MILCH, OBST} freschezza f 2 (Kühle) fresco m, frescura f 3 (Munterkeit) vivacità f, vigore m • in alter ~ fam, come sempre.
Frischfleisch n carne f fresca.
frischgebacken adj → **gebacken**.
Frischgemüse n verdura f fresca.
frischgestrichen adj → **gestrichen**.
Frischhaltebeutel m "sacchetto m di plastica per la conservazione di alimenti".
Frischhaltebox f borsa f termica.
Frischhaltedatum n (von Lebensmitteln) data f di scadenza.
Frischhaltefolie f pellicola f trasparente (per alimenti).
Frischhaltepackung f confezione f sottovuoto.
Frischkäse m gastr formaggio m fresco.
Frischling <-s, -e> m Jagd cinghialetto m.
Frischluft <-, ohne pl> f aria f fresca.
Frischmilch f latte m fresco.
frischvermählt adj → **vermählt**.
frischweg adv senza esitare.
Frischzellenkur f, **Frischzellentherapie** f med citoterapia f, terapia f cellulare.
Friseur <-s, -e> m (**Friseurin** f) parrucchiere (-a) m (f); (für Herren) auch barbiere m; zum ~ gehen, andare dal parrucchiere.
Friseursalon m → **Frisiersalon**.
Friseuse <-, -n> f fam parrucchiera f.
frisieren <ohne ge-> A tr 1 (kämmen) jdn ~ pettinare qu, acconciare qu; {HAAR, HAARE, KOPF} pettinare qc a qu, acconciare qc a qu: heute bist du aber gut frisiert!, oggi i capelli ti stanno proprio bene! fam 2 fam (fälschen) etw ~ {BILANZ, STATISTIK} truccare qc fam, manipolare qc 3 fam (tunen) etw ~ {AUTO, MOFA, MOTOR} truccare qc fam B rfl (sich kämmen) sich ~ pettinarsi, acconciarsi; sich (dat) etw ~ pettinarsi qc, acconciarsi qc.
Frisierhaube f casco m da parrucchiere.
Frisierkommode f (tavolino m da) toilette f.

Frisiersalon m negozio m/salone m südital di parrucchiere.
Frisierspiegel m specchio m da toilette.
Frisierstab m (ferro m) arricciacapelli m.
Frisiertisch m to(e)letta f, toilette f.
Frisierumhang m mantellina f da toilette.
Frisör <-s, -e> m (**Frisörin** f) → **Friseur**.
Frisörsalon m → **Frisiersalon**.
Frisöse <-, -n> f fam → **Friseuse**.
frisst (a.R. frißt) 3. pers sing präs von fressen.
Frist <-, -en> f 1 (festgelegte Zeitspanne) termine m, scadenza f: die ~ läuft am 12. September ab, il termine scade il 12 settembre; nach Ablauf der ~, dopo la scadenza del termine, a termine scaduto; zur festgesetzten ~, entro il termine stabilito; innerhalb einer ~ von 10 Tagen, entro dieci giorni; die ~ um eine Woche verlängern, prorogare il termine di una settimana; einen Monat ~ haben, avere un mese di tempo 2 com ökon (Aufschub) proroga f, dilazione f 3 jur (Zeitraum) termine m: gesetzliche ~, termine giudiziario; innerhalb der gesetzlichen ~, nei termini previsti dalla legge; richterliche ~, termine giudiziario 4 jur (Zeit bis zu einem Stichtag) preavviso m: einmonatige ~, preavviso di un mese. • eine ~ einhalten, rispettare una scadenza; eine ~ festlegen/setzen, stabilire/fissare un termine/una scadenza; innerhalb kürzester ~ form, entro brevissimo tempo, a brevissima scadenza.
Fristablauf m scadenza f: nach ~ dopo la scadenza.
fristen tr: ein kümmerliches Dasein/Leben ~ geh, stentare la vita, vivacchiare fam.
Fristenregelung f D jur " legge f che prevede l'impunibilità dell'interruzione di gravidanza entro le prime dodici settimane".
fristgemäß, **fristgerecht** A adj {BEZAHLUNG, ENTLASSUNG, KÜNDIGUNG, LIEFERUNG} entro il termine convenuto B adv {BEZAHLEN, ENTLASSEN, KÜNDIGEN, LIEFERN} entro il termine convenuto.
fristlos A adj {ENTLASSUNG, KÜNDIGUNG} in tronco, senza preavviso B adv {ENTLASSEN, KÜNDIGEN} in tronco, senza preavviso.
Fristverlängerung f proroga f.
Frisur <-, -en> f pettinatura f, acconciatura f.
Friteuse a.R. von Fritteuse → **Fritteuse**.
fritieren a.R. von frittieren → **frittieren**.
Fritten subst <nur pl> bes. norddt fam patate f pl fritte.
Fritteuse <-, -n> f friggitrice f.
frittieren <ohne ge-> tr gastr etw ~ {FISCH, KARTOFFELN} friggere qc.
Fritz m (Vorname) → **Friedrich**.
frivol adj 1 (schlüpfrig) {BEMERKUNGEN} audace, licenzioso, osé; {WITZ} spinto, piccante 2 (leichtfertig) frivolo, leggero.
Frivolität <-, -en> f 1 <nur sing> (Schlüpfrigkeit) {+BEMERKUNG, WITZ} audacia f, licenziosità f 2 <nur sing> (Leichtfertigkeit) frivolezza f, leggerezza f 3 (schlüpfrige Bemerkung) indecenza f.
Frl. Abk von Fräulein: sig.na (Abk von signorina).
froh adj 1 (erfreut) {GESICHT, MENSCH} lieto, contento, ~ über etw (akk)/um etw (akk) süddt CH sein, essere contento/lieto di qc; ich bin ~ (darüber), dass ..., sono contento (-a)/lieto (-a) che ... konjv 2 (erfreulich) {BOTSCHAFT, NACHRICHT} lieto, piacevole 3 (bei Glückwünschen): ~e Ostern/Weihnachten!, buona Pasqua!/buon Natale!; ~e Festtage/Feiertage!, buone feste!
frohgelaunt, **frohgestimmt** adj → **gelaunt**, **gestimmt**.

fröhlich adj {FEST, GESELLSCHAFT, STIMMUNG} allegro, gaio; {GESICHT, MENSCH, WESEN} auch lieto, giocondo geh.
Fröhlichkeit <-, ohne pl> f allegria f, gaiezza f.
frohlocken <ohne ge-> itr geh obs (über etw akk) ~ 1 (Schadenfreude zeigen) {ÜBER JDS MISSERFOLG} gioire (di qc), esultare (di qc) 2 (jubeln) giubilare, gioire (di qc), esultare (di/per qc).
Frohnatur f (fröhlicher Mensch) c(u)orcontento mf, allegrone (-a) m (f) fam.
Frohsinn <-(e)s, ohne pl> m gaiezza f, letizia f.
fromm <frömmer, frömmste> adj 1 relig {MENSCH} pio, devoto, religioso; {GEBET, INSTITUTION, WERK} pio: eine ~e Lüge iron, una bugia pietosa 2 (gehorsam) {PFERD} docile, mansueto.
Frömmelei <-, -en> f pej bigotteria f pej, bacchettonia f pej.
frömmeln itr pej fare il bigotto fam pej/bacchettone fam pej, ostentare devozione geh pej.
Frömmigkeit <-, ohne pl> f pietà f, devozione f, religiosità f.
Frömmler <-s, -> m (**Frömmlerin** f) pej bigotto (-a) m (f) pej, bacchettone (-a) m (f) pej, baciapile mf pej.
Fron <-, -en> f, **Fronarbeit** f 1 geh (mühselige Arbeit) corvée f, faticaccia f fam 2 hist corvée f, corvata f.
Frondienst m → **Fron** 2.
frönen itr geh etw (dat) ~ {LASTER, LEIDENSCHAFT} indulgere a qc, abbandonarsi a qc.
Fronleichnam <-(e)s, ohne pl> <ohne art> m relig Corpus Domini m: an ~, il giorno del Corpus Domini.
Fronleichnamsfest n relig festa f del Corpus Domini.
Fronleichnamsprozession f relig processione f del Corpus Domini.
Front <-, -en> f 1 (Vorderseite) {+GEBÄUDE} facciata f, fronte f, {+WAGEN} parte f anteriore, muso m fam: hintere/rückwärtige ~, facciata posteriore 2 mil (Kriegslinie, -gebiet) fronte m: an die ~ gehen, andare al/[partire per il] fronte 3 pol fronte m 4 meteo fronte m • die ~ abschreiten mil, passare in rassegna le truppe; auf breiter ~ (angreifen) bes. mil, (attaccare) su largo/ampio fronte; in ~ gehen/liegen sport, passare/essere in testa; zwischen die ~en geraten, ritrovarsi tra due fuochi; gegen jdn/etw ~ machen, far fronte comune/[muro] contro qu/qc; klare ~en schaffen, mettere le cose in chiaro; in vorderster ~ stehen bes. mil, essere in prima linea; die ~en verhärten sich, i fronti si inaspriscono; die ~en wechseln, fare un voltafaccia.
frontal A adj <attr> {ANGRIFF, ZUSAMMENSTOSS} frontale B adv {ANGREIFEN, DARSTELLEN, ZUSAMMENSTOSSEN} frontalmente.
Frontalangriff m bes. mil attacco m frontale.
Frontalzusammenstoß m autom scontro m frontale.
Frontantrieb m autom trazione f anteriore: ein Wagen mit ~, un'automobile a trazione anteriore.
Frontsoldat m (**Frontsoldatin** f) mil soldato (-essa) m (f) di prima linea.
Frontspoiler m autom alettone m/spoiler m anteriore.
Fronturlaub m mil licenza f (dal fronte).
fror 1. und 3. pers sing imperf von frieren.
Frosch <-(e)s, Frösche> m rana f, ranocchio m fam • einen ~ im Hals/[in der Kehle]

haben *fam*, essere rauco; **sei kein ~!** *fam*, non fare la femminuccia! *fam*.

Froschauge n: **~n haben** *fam*, avere gli occhi bovini *fam*.

Froschlaich m *zoo* uova f pl di rana.

Froschmann m (*Taucher*) uomo m rana, sommozzatore m.

Froschperspektive f (prospettiva f da) sottinsù m: **etw aus der ~ betrachten/fotografieren**, guardare/fotografare qc di sottinsù ● **etw aus der ~ sehen/betrachten/...** *fam*, non vedere oltre il proprio naso *fam*, avere una visione limitata di qc.

Froschschenkel m *gastr* coscia f di rana.

Frost <-(e)s, Fröste> m gelo m; (~**einbruch**) gelata f; **es herrscht eisiger/klirrender ~**, c'è un gelo tremendo; **heute Nacht hatten wir ~**, stanotte ha gelato; **der ~ hat die ersten Knospen beschädigt**, una gelata/il gelo ha danneggiato i primi boccioli.

Frostbeule f *med* gelone m.

frösteln A *itr* (*vor etw dat*) **~** {VOR ANGST, KÄLTE} rabbrividire (*per/di/da qc*), avere i brividi (*per qc*) B *unpers*: **es fröstelt jdn**, **jdn fröstelt**, qu rabbrividisce (per il freddo), qu ha brividi (di freddo); **mich fröstelt**, ho i brividi.

frostempfindlich adj sensibile al gelo.

frostfrei adj senza gelo.

Frostgefahr f *meteo* pericolo m di gelo.

frostig adj **1** (*eiskalt*) {WETTER, WIND} gelido, glaciale **2** *geh* (*eisig*) {ATMOSPHÄRE, BEGRÜSSUNG, LÄCHELN, MENSCH} gelido, glaciale.

Frostschaden m danno m causato dal gelo.

Frostschutzmittel n *autom* antigelo m, anticongelante m.

Frottee, **Frotté** <-(s), -s> n *oder* m *text* spugna f.

Frotteetuch, **Frottétuch** n, **Frotteehandtuch**, **Frottéhandtuch** n asciugamano m di spugna.

frottieren <ohne ge-> A *tr* **jdn/etw** (*mit etw dat*) **~** {HAUT, RÜCKEN} asciugare qu/qc frizionando (*con qc*) B *rfl* **sich** (*mit etw dat*) **~** asciugarsi frizionando (*con qc*).

frotzeln *itr fam* (**über jdn/etw**) **~** ironizzare (*su qu/qc*), fare battute (*su qu/qc*) *fam*.

Frucht <-, Früchte> f **1** *bot* frutto m **2** *geh* (*Ergebnis*) frutto m, risultato m ● **kandierte Früchte** *gastr*, canditi, frutta candita; **Früchte tragen** {OBSTBAUM}, fruttare, portare frutti; (*Nutzen bringen*), fruttare, dare (buoni) frutti.

fruchtbar adj **1** (*ertragreich*) {ERDE, LAND} fertile, fecondo, fruttuoso, fruttifero **2** (*sich rasch fortpflanzend*) {TIER} prolifico, fertile, fecondo: **Mäuse sind sehr ~**, i topi sono molto prolifici; **die ~en Tage (im Menstruationszyklus)**, i giorni fecondi (del ciclo mestruale) **3** (*produktiv*) {AUTOR, KÜNSTLER} prolifico, fecondo, fertile **4** (*nutzbringend*) {GESPRÄCH, ZUSAMMENARBEIT} fruttuoso, fecondo, fertile.

Fruchtbarkeit <-, ohne pl> f **1** (*Ertragreichtum*) {+ERDE, LAND} fertilità f, fecondità f **2** (*Vermehrungsfähigkeit*) {+MENSCH, TIER} fertilità f, fecondità f; (*rasche Fortpflanzung*) {+TIER} prolificità f.

Fruchtblase f *anat* sacco m amniotico.

Früchtchen <-s, -> n *fam* (*ungezogenes Kind oder Jugendlicher*) soggetto m *fam*: **du bist mir ein sauberes ~!** *fam iron*, sei un bel tipo! *fam iron*.

Fruchteis n gelato m alla/di frutta.

fruchten *itr* <*meist verneint*>: **nichts ~** {ERMAHNUNG, RATSCHLAG}, non fruttare niente; **meine Bemühungen haben nichts ge-**

fruchtet, i miei sforzi non sono serviti a nulla.

Früchtetee m tisana f/infuso m alla frutta.

Fruchtfleisch n polpa f (del frutto).

fruchtig A adj {WEIN} fruttato: **ein ~er Geschmack**, un sapore di frutta B adv: **~ schmecken**, sapere di frutta.

Fruchtjogurt, **Fruchtjoghurt** m *oder* bes. A n yog(h)urt m alla/di frutta.

Fruchtknoten m *bot* ovario m.

fruchtlos adj {BEMÜHUNGEN, VERSUCH} infruttuoso, inutile, vano.

Fruchtnektar m nettare m di frutta.

Fruchtpresse f spremifrutta m.

Fruchtsaft m succo m di frutta; (*frisch gepresster ~*) spremuta f.

Fruchtstand m *bot* infruttescenza f.

Fruchtwasser n liquido m amniotico.

Fruchtwasseruntersuchung f *med* amniocentesi f.

Fruchtwechsel m *agr* rotazione f/avvicendamento m delle colture.

Fruchtyoghurt a.R. *von* Fruchtjogurt → **Fruchtjogurt**.

Fruchtzucker m *chem* fruttosio m.

Fructose f → **Fruktose**.

frugal adj *geh* {MAHL} frugale, sobrio.

früh A adj **1** (*nicht spät*) primo, presto: **am ~en Morgen**, di prima mattina, al mattino presto; **am ~en Nachmittag**, nel primo pomeriggio; **zu ~er Stunde**, di mattino presto, di buonora; **die ~e Jugend/Kindheit**, la prima giovinezza/infanzia; **in den ~en fünfziger Jahren**, nei primi anni cinquanta **2** (*vorzeitig*) {TOD, WINTER} precoce, prematuro **3** (*vor der Saison gereift*) {GEMÜSE, KARTOFFELN, OBST} primaticcio **4** (*am Anfang stehend*) {WERK} giovanile, primo, degli esordi: **der ~e Schiller**, lo Schiller degli esordi; **ein ~er Van Gogh**, un Van Gogh prima maniera B adv **1** (*frühzeitig*) {ERFAHREN, ERKENNEN} presto; {STERBEN} prematuramente, precocemente; {AUFBRECHEN, AUFSTEHEN, ESSEN, ZU BETT GEHEN} presto, di buonora **2** (*am Morgen*): **heute ~**, stamattina, stamani; **gestern/Montag ~**, ieri/lunedì mattina; **morgen ~**, domani mattina, domattina *fam* ● **allzu ~**, troppo presto; **kommt bitte nicht allzu ~!**, per favore, non venite troppo presto!; **von ~ bis spät**, dalla mattina alla sera; **von ~ auf**, fin da piccolo (-a)/bambino (-a); **zu ~**, troppo presto, in anticipo; **es ist noch zu ~**, è ancora troppo presto; **du bist zu ~ gekommen**, sei arrivato (-a) troppo presto/[in anticipo]; **er ist zehn Minuten zu ~ gekommen**, è arrivato con dieci minuti di anticipo.

Frühaufsteher <-s, -> m (**Frühaufsteherin** f) mattiniero (-a) m (f): **(ein) ~ sein**, essere mattiniero.

Frühbeet n letto m caldo.

Frühbuchung f prenotazione f con largo anticipo.

frühchristlich adj paleocristiano.

Frühdiagnose f *med* diagnosi f precoce.

Frühdienst m primo turno m, turno m della mattina: **~ haben**, fare il turno della mattina.

Frühe <-, ohne pl> f: **in der ~**, il/al mattino, di mattina; **in aller ~**, di buon mattino, all'alba.

früher <kompar *von* früh> A adj **1** (*vergangen*) {JAHRE, JAHRHUNDERTE} passato: **in ~en Zeiten**, in tempi passati, nel passato; **die ~en Generationen**, le generazioni passate; **in einer ~en Fassung der Rede**, in una precedente stesura del discorso **2** (*ehemalig*) {BESITZER, FREUND, KOLLEGE, MINISTER} ex: **meine ~e Freundin**, la mia ex (ragazza/fi-

danzata); (*vorherig*) precedente; **der ~e Wohnungsbesitzer**, il precedente/[l'ex] proprietario di casa **3** (*eher*): **ich nehme einen ~en Zug**, prendo un treno prima B adv **1** (*eher*) prima: **morgen muss er ~ aufstehen**, domani si dovrà alzare prima **2** (*damals*) prima, una volta, un tempo: **es ist alles noch genau wie ~**, è rimasto tutto esattamente come una volta; **~ habe ich jeden Tag Tennis gespielt**, una volta/[un tempo] giocavo a tennis tutti i giorni ● **je ~, desto besser**, prima è, meglio è; **~ oder später**, prima o poi, presto o tardi; **von ~**: **ich kenne ihn noch von ~**, lo conosco da prima; **er erzählte von ~**, raccontò dei tempi andati.

Früherkennung f *med* diagnosi f precoce.

früheste adj → **frühester**.

frühestens adv non prima di, al più presto: **wir können ~ in zehn Tagen liefern**, consegneremo non prima di dieci giorni; **sie kommt ~ um fünf Uhr**, sarà qui al più presto alle/[non prima delle] cinque; **wann können Sie ~ anfangen?**, qual è il primo momento utile in cui può cominciare?

frühester, **früheste**, **frühestes** <superl *von* früh> adj: **die frühesten Zeugnisse eines Volkes**, le testimonianze più antiche di un popolo; **in frühester Kindheit**, nella primissima infanzia, in tenerissima età; **er nimmt das früheste Flugzeug**, prende il primo aereo della mattina.

frühestmöglich adj <attr>: **der ~e Termin**, la prima data possibile; **etw zum ~en Zeitpunkt erledigen**, sbrigare qc quanto prima/[prima possibile].

Frühgeborene <dekl *wie* adj> mf bambino (-a) m (f)/nato (-a) m (f) prematuro (-a).

Frühgeburt f **1** *med* (*Vorgang*) parto m prematuro **2** (*Kind*) (neonato m) prematuro m.

Frühgemüse n primizie f pl.

Frühgeschichte <-, ohne pl> f **1** protostoria f **2** (*Anfänge*) {+IMPRESSIONISMUS, KOMMUNISMUS} esordi m pl, albori m pl, inizi m pl.

frühgeschichtlich adj protostorico.

Frühgotik f *kunst* primo gotico m.

frühgotisch adj *kunst* del primo gotico.

Frühherbst m inizio m dell'autunno, autunno m incipiente: **im ~**, a inizio autunno.

Frühjahr n primavera f: **im (späten) ~**, in/a (tarda) primavera, a primavera (avanzata).

Frühjahrskollektion f collezione f primavera.

Frühjahrsmüdigkeit f stanchezza f primaverile.

Frühjahrsputz m pulizie f pl di primavera/Pasqua.

Frühkartoffel f <meist pl> patata f novella/primaticcia.

Frühling <-s, -e> m primavera f: **im ~**, in/a primavera; **es wird ~**, la primavera è alle porte ● **seinen zweiten ~ erleben** *scherz*, vivere una seconda giovinezza *scherz*.

Frühlingsgefühl n "sensazione f di allegria trasmessa dall'arrivo della primavera" ● **~e haben/bekommen** *fam scherz*, essere innamorato (in età matura).

frühlingshaft adj primaverile.

Frühlingsrolle f *gastr* involtino m primavera.

frühmorgens adv di buon mattino, di buonora.

Frühobst n frutta f primaticcia.

frühpensionieren a.R. *von* früh pensionieren → **pensionieren**.

Frühpensionierung f prepensionamen-

to m, pensionamento m anticipato.

frühreif adj {KIND} precoce: **~es Mädchen**, ninfetta, lolita.

Frührentner m (**Frührentnerin** f) prepensionato (-a) m (f), baby pensionato (-a) m (f).

Frühschicht f **1** (*Arbeit*) primo turno m, turno m della mattina **2** (*Mannschaft*) operai m pl del primo turno.

Frühschoppen m "bevutella f mattutina in compagnia di amici".

Frühsommer m inizio m dell'estate, estate f incipiente: **im ~**, a inizio estate.

Frühsport m ginnastica f mattutina.

Frühstadium n {+KRANKHEIT} stadio m iniziale, primo stadio m.

Frühstart m *sport* falsa partenza f.

Frühstück n (prima) colazione f: **was isst du zum ~?**, cosa mangi a/per colazione?; **möchten Sie Kaffee oder Tee zum ~?**, gradisce/prende caffè o tè a colazione?; **um 9 Uhr ist ~**, la colazione è alle nove; **Übernachtung mit/ohne ~**, pernottamento con/senza colazione ● **~ machen**, preparare la (prima) colazione; **zweites ~**, spuntino di metà mattina(ta).

frühstücken A itr fare la (prima) colazione: **ich bin beim Frühstücken**, sto facendo colazione **B** tr *etw* **~** {BROT, MARMELADE} mangiare qc per/a colazione.

Frühstücksbüfett n (*im Hotel*) buffet m della prima colazione.

Frühstücksfernsehen n "trasmissioni f pl televisive in prima mattinata".

Frühstückspause f pausa f/break m per la prima colazione.

Frühsymptom n *med* sintomo m precoce, prodromo m *wiss*.

frühverrenten a.R. *von* früh verrenten → **verrenten**.

Frühwarnsystem n *mil* sistema m di preallarme.

Frühwerk n {+KÜNSTLER, MUSIKER, SCHRIFTSTELLER} opera f giovanile/[del primo periodo].

frühzeitig A adj **1** (*rechtzeitig*) {INFORMATION, OPERATION} tempestivo **2** (*vorzeitig*) {TOD, WINTER} prematuro, precoce **B** adv **1** (*rechtzeitig*) {AUFSTEHEN, KOMMEN} per tempo, presto; {INFORMIEREN, OPERIEREN} tempestivamente, per tempo **2** (*vorzeitig*) {ERGRAUEN} precocemente, prematuramente.

Fruktose <-, ohne pl> f fruttosio m.

Frust <-(e)s, ohne pl> m *fam* frustrazione f.

frusten tr *fam jdn* **~** frustrare qu.

Frustration <-, -en> f frustrazione f.

frustrieren <ohne ge-> tr *jdn* **~** frustrare qu: **~d**, frustrante.

frz. Abk *von* französisch: francese.

FTP <-, ohne pl> n *inform* Abk *von engl* File Transfer Protocol: FTP m.

FTP-Server m *inform* server m FTP.

Fuchs <-es, *Füchse*> m (**Füchsin** f) **1** *zoo* volpe f, ₍volpe f femmina₎/[femmina f della volpe] **2** (*Pelz*) (pelliccia f di) volpe f **3** *zoo* (*Pferd*) sauro m ● *alter*/*schlauer* **~** *fam*, volpone *fam*, vecchia volpe *fam*; **(wohnen/leben)** …/₍die Füchse₎/[**~ und Hase**] **gute Nacht sagen** *scherz* (abitare/vivere) … in un posto da lupi *fam scherz*; **schlau wie ein ~**, furbo come una volpe.

Fuchsbau <-(e)s, -e> m tana f di volpe.

fuchsen tr *fam jdn* **~** far arrabbiare qu.

Fuchsie <-, -n> f *bot* fucsia f.

fuchsig adj **1** (*fuchsrot*) {HAAR} rossiccio, fulvo **2** <präd> *fam* (*wütend*): **~ sein**, essere incavolato *fam*; **~ werden**, incavolarsi *fam*; **jdn ~ machen**, far incavolare qu *fam*.

Füchsin f → **Fuchs**.

Fuchsjagd f caccia f alla volpe.

Fuchspelz m pelliccia f di volpe.

Fuchsschwanz m **1** *zoo* coda f di volpe **2** *tech* (*Säge*) saracco m, segaccio m.

fuchsteufelswild adj *fam* imbestialito *fam*, incavolato nero *fam*, furibondo: **~ sein**, avere un diavolo per capello; **~ werden**, andare/montare su tutte le furie *fam*, imbestialirsi *fam*.

Fuchtel <-, -n> f: **jdn unter der ~ haben** *fam*, far rigare diritto (-a) qu *fam*; **unter jds ~ stehen** *fam*, essere comandato a bacchetta da qu *fam*.

fuchteln itr *fam*: **mit den Armen ~**, agitare le braccia, sbracciarsi.

fuffzig zahladj region → **fünfzig**.

Fuffziger <-s, -> m *region* (*50 Cent*) moneta f da cinquanta centesimi; (*50 Euro*) biglietto m da cinquanta euro ● **ein falscher ~** *fam*, essere un fintone *fam*.

Fug <-(e)s, ohne pl> m: **mit Fug und Recht** *geh* {BEHAUPTEN, GLAUBEN}, a buon diritto.

Fuge① <-, -n> f **1** (*Ritze zwischen Fliesen*) fuga f **2** *bau* giunto m ● **aus den ~n gehen/geraten** {EHE, WELT}, scardinarsi, disgregarsi, scompaginarsi.

Fuge② <-, -n> f *mus* fuga f.

fügen A tr (*setzen*) *etw* **an**/**auf** *etw* (akk) **~** {STEIN AN/AUF STEIN} ammassare qc su qc, disporre/collocare qc accanto/su qc; {SATZ AN SATZ, WORT AN WORT} aggiungere qc a qc; *etw* **in** *etw* (akk) **~** {STEIN IN EINE MAUER, EIN MOSAIK, WORT IN EINEN SATZ} inserire qc in qc **B** rfl **1** (*sich unterordnen*) **sich** (*jdm*/*etw*) **~** piegarsi ₍alla volontà di qu₎/[a qc]; **sich jdm ~** auch accondiscendere al volere di qu **2** (*sich dareinfinden*) **sich in** *etw* (akk) **~** {IN SEIN SCHICKSAL} rassegnarsi a qc, arrendersi a qc **3** (*passen*) **sich in** *etw* (akk) **~** {MÖBEL IN EIN ZIMMER} inserirsi (bene) in qc, intonarsi a qc **C** unpers *geh* (*zufällig geschehen*): **es fügt sich, dass ...**, si dà il caso che ... *konjv*.

fugenlos adj senza giunture; {FUßBODEN} senza fughe.

fügsam adj *geh* docile, arrendevole, accondiscendente.

Fügsamkeit <-, ohne pl> f *geh* docilità f, arrendevolezza f.

Fügung <-, -en> f **1** (*Bestimmung*) decreto m *lit*, coincidenza f: **eine ~ Gottes**/[**des Schicksals**], un decreto ₍di Dio₎/[della Provvidenza]; **(durch) eine glückliche/seltsame ~**, (per) una fortunata/strana coincidenza **2** *gram* (*Wortgruppe*) costrutto m.

fühlbar adj **1** (*merklich*) {FORTSCHRITT, UNTERSCHIED} sensibile, tangibile; {ERLEICHTERUNG} visibile **2** (*tastbar*) palpabile, percepibile al tatto.

fühlen A tr **1** (*empfinden*) *etw* **~** {KÄLTE, WÄRME} sentire qc; {HASS, LIEBE, VERACHTUNG} auch provare qc; {SCHMERZ, UNBEHAGEN} avvertire qc, provare qc: **Mitleid mit jdm ~**, provare pena per qu; **ich fühle, wie meine Kräfte schwinden**, mi sento mancare le forze, sento che le forze mi abbandonano **2** (*ertasten*) *etw* **~** palpare qc, tastare qc: **fühl mal, wie weich der Stoff ist!**, senti un po' com'è morbida questa stoffa!; **jds**/[**jdm den**] **Puls ~**, tastare/sentire il polso di/a qu **B** itr **1** (*empfinden*) **mit jdm ~** essere vicino a qu **ich fühle mit dir**, ti sono vicino (-a) **2** (*tasten*) **nach** *etw* (dat) **~** {NACH DEM GELD, DEM SCHLÜSSEL} cercare qc ₍a tastoni₎/[tastando] **C** rfl **1** (*in einer bestimmten Verfassung sein*) **sich irgendwie ~** {BESSER, GUT, SCHLECHT, SCHLECHTER} sentirsi + *compl di modo*: **sich (nicht) wohl ~**, (non) sentirsi a stare bene; {ALLEIN, BEDROHT, BELEIDIGT, GESUND, KRANK} sentirsi + *adj*; **sie fühlt sich hier fremd**, si sente un'estranea qui; **sich schuldig ~**, sentirsi ₍in colpa₎/[colpevole]; **sich für jdn/etw verantwortlich ~**, sentirsi responsabile di qu/qc; **wie fühlst du dich?**, come stai?, come ti senti? **2** (*sich betrachten*) **sich als etw** (nom) **~** {ALS CHEF, HELD} sentirsi qc, credersi qc ● **die/der fühlt sich aber!** *fam*, guarda che arie!; **zart ~d** → **zartfühlend**.

Fühler <-s, -> m *zoo* {+INSEKT} antenna f; {+SCHNECKE} corno m ● **die/seine ~ ausstrecken** *fam*, tastare/sondare il terreno.

Fühlung <-, ohne pl> f contatto m ● **mit jdm ~ aufnehmen**, prendere contatto con qu; **mit jdm in ~ bleiben**/**stehen**, restare/essere in contatto con qu.

Fühlungnahme <-, ohne pl> f presa f di contatto.

fuhr 1. und **3.** pers sing imperf *von* fahren.

Fuhre <-, -n> f **1** (*Ladung*) carico m: **eine ~ Holz/Kohle**, un carico di legna/carbone; (*eines Lkw*) camionata f; (*eines Karren*) carrata f **2** (*Taxifahrt*) corsa f.

führen A tr **1** (*geleiten*) *jdn*/*etw* (*irgendwohin*) **~** {EINEN BLINDEN, EIN KIND, EIN TIER} guidare/condurre/portare qu (+ *compl di luogo*): **einen Blinden über die Straße ~**, aiutare un non vedente ad attraversare la strada; **den Hund an der Leine ~**, portare il cane al guinzaglio; **jdn zum Erfolg ~**, condurre qu al successo; **jdn durch ein Museum/eine Stadt ~**, guidare qu alla visita di un museo/una città; **jds Hand ~**, guidare la mano di qu; **durch die Sendung ~**, condurre (una trasmissione televisiva); **folgen Sie mir, ich führe Sie!**, mi segua, Le faccio strada! **2** (*leiten*) *etw* **~** {GESCHÄFT, HOTEL, RESTAURANT} dirigere qc, gestire qc; {BETRIEB} auch condurre qc, guidare qc: **die Geschäfte ~**, gestire/condurre gli affari; {EXPEDITION, GRUPPE} guidare qc, condurre qc; *mil* {ARMEE, TRUPPEN} guidare qc, comandare qc; **den Haushalt ~**, dirigere la casa **3** (*pädagogisch leiten*) *jdn* **~** {LEHRER SCHÜLER} guidare qu **4** (*heranbringen*) *etw* **zu** *etw* (dat) **~** {GLAS, TASSE ZUM MUND(E), HAND ZUR STIRN} portare qc a qc **5** *adm* (*steuern*) *etw* **~** {AUTO} condurre qc, guidare qc, portare qc *fam*; {FLUGZEUG} pilotare qc; {KRAN, ZUG} manovrare qc **6** *form* (*tragen*) *etw* **~** {NAMEN, TITEL} portare qc **7** (*transportieren*) *etw* **~** {FLUSS EIS, GERÖLL} (tras)portare qc: **der Fluss führt Hochwasser**, il fiume è in piena; **der Zug führt einen Speisewagen**, il treno è provvisto di carrozza-ristorante **8** *form* (*bei sich haben*) *etw* **bei/mit sich** (dat) **~** {GEPÄCK, PAPIERE, WAREN} portare/avere con sé qc **9** *com* (*anbieten*) *etw* **~** {ARTIKEL} tenere qc, trattare qc **10** (*aus-, durch-*) *etw* **~** {PROZESS} intentare qc; {VERHANDLUNGEN} condurre qc: **ein Gespräch mit jdm ~**, avere una conversazione con qu; **ein Ferngespräch ~**, fare una chiamata interurbana; **etw zu Ende ~**, portare/condurre qc a termine/compimento **11** (*leben*) *etw* **~** {EINE HARMONISCHE EHE, EIN SCHÖNES LEBEN} condurre qc **B** itr **1** (*an erster Stelle stehen*) essere in testa, condurre; *sport* auch essere in vantaggio: **das Unternehmen führt in der Elektroindustrie**, questa impresa ha un ruolo trainante/leader nell'industria elettronica; **unsere Mannschaft führt drei zu null**, la nostra squadra conduce per tre (reti) a zero **2** (*verlaufen, hin-*) *irgendwohin* **~** {AUTOBAHN, BAHNLINIE, STRAßE, WEG} ANS MEER, NACH SÜDEN, INS ZENTRUM} portare/condurre + *compl di luogo*: **durch den Wald/ein Gebiet ~**, ₍passare per₎/[attraversare] la foresta/una regione; **über den Fluss ~**, passare sopra il fiume **3** (*als Ergebnis ha-*

ben) zu etw (dat) ~ portare *a qc*: **das führt zu nichts** *fam*, (questo) non porta a niente; **meine Bemühungen haben zu nichts geführt**, i miei sforzi non sono valsi a niente ● **was führt Sie zu mir?** *form*, a cosa devo la Sua visita?; **das würde zu weit ~**, questo porterebbe troppo lontano; **wohin soll das (noch) ~?**, dove andremo a finire? **C** *rfl form* (*sich benehmen*) **sich** (**irgendwie**) **~** portarsi *form*/comportarsi + *compl di modo* ● **was führt Sie zu mir?** *form*, a cosa devo la Sua visita?; **das würde zu weit ~**, questo porterebbe troppo lontano; **wohin soll das (noch) ~?**, dove andremo a finire?

führend adj **1** (*tonangebend*) {ROLLE} trainante, di spicco, di primo piano; {PERSÖNLICHKEIT} *auch* eminente: **ein ~es Unternehmen**, un'azienda leader; **die ~e Partei**, il partito guida **2** (*beste*) {HOTEL} (il) migliore, primo; {GESCHÄFT} *auch* (il) più rinomato/conosciuto **3** *sport* in testa/vantaggio.

Führer① <-s, -> m (*Reiseführer*) guida f: **einen ~ von Berlin kaufen**, comprare una guida di Berlino.

Führer② <-s, -> m (**Führerin** f) **1** (*Oberhaupt*) {NATION, VOLK} guida f: **geistiger ~**, guida spirituale; **religiöser ~**, capo religioso; *bes. pol* {+BEWEGUNG, ORGANISATION, PARTEI, SEKTE} capo m, leader mf; *mil* condottiero m, duce m **2** (*Geschäftsführer*) dirigente mf, direttore (-trice) m (f) **3** (*Fremdenführer*) guida f (turistica), cicerone m *scherz* **4** CH *oder adm* (*von Auto*) autista mf, conducente mf; (*von öffentlichen Verkehrsmitteln*) *auch* conduttore (-trice) m (f); (*von Lokomotive*) macchinista mf. ● **der ~ hist** (*Adolf Hitler*), il Führer.

Führerausweis m CH → **Führerschein**.

Führerflucht f CH → **Fahrerflucht**.

Führerhaus n {+LKW} cabina f di guida; {+KRAN} cabina f di manovra.

Führerin f → **Führer**②.

Führerkult m culto m del capo; *hist* (*im Nationalsozialismus*) culto m del Führer.

führerlos adj **1** {VOLK} senza guida **2** *adm* {FAHRZEUG} senza conducente.

Führerschein m *autom* patente f (di guida): **jdm den ~ entziehen**, ritirare la patente a qu; **seinen ~ machen**, prendere la patente.

Führerscheinentzug m ritiro m della patente (di guida).

Führerscheinprüfung f esame m di guida.

Führerstand m *Eisenb* cabina f del macchinista.

Fuhrleute pl *von* Fuhrmann.

Fuhrmann <-(e)s, -leute *oder rar* -männer> m **1** *hist* (*Lenker*) vetturale m, carrettiere m **2** <nur sing> *astr*: **der ~**, (l')Auriga, (il) Cocchiere.

Fuhrpark m parco m macchine/vetture, autoparco m.

Führung <-, -en> f **1** <nur sing> (*das Leiten*) {+BEWEGUNG, SEKTE} guida f; {+ORGANISATION, PARTEI} *auch* direzione f; {+BETRIEB, UNTERNEHMEN} direzione f, gestione f; *bes. pol ökon* leadership f; *mil* comando m **2** <nur sing> (*die Führungskräfte*) {+BEWEGUNG, FIRMA, ORGANISATION} direzione f, gruppo m dirigente {+PARTEI, GEWERKSCHAFT} *auch* direttivo m, dirigenti m pl; {+SEKTE} capo m, comandanti m pl **3** (*Besichtigung*) **~ durch etw** akk {DURCH DAS MUSEUM, DURCH DIE STADT} visita f guidata (*a qc*) **4** <nur sing> (*führende Position*) primo posto m; *sport* prima posizione f, comando m **5** <nur sing> (*Lenkung von Fahrzeugen*) guida f **6** <nur sing> *jur Schule* (*Benehmen*) condotta f: **wegen guter ~ vorzeitig entlassen werden** *jur*, beneficiare di una riduzione della pena per buona condotta **7** <nur sing> (*das Tragen*) {+NAMEN, TITEL} portare m *qc*, uso m ● **in ~ gehen, die ~ übernehmen** *sport*, passare in testa; **in ~ liegen**

{LÄUFER, RENNFAHRER, RENNPFERD}, essere in testa/[al comando]; {SPORTVEREIN}, essere in testa (alla classifica), condurre; **unter jds ~**, sotto la guida/direzione di qu.

Führungsaufgabe f mansione f direttiva.

Führungsaufsicht f *jur* libertà f vigilata: **unter ~ Stehender**, persona sottoposta alla libertà vigilata.

Führungsebene f livello m dirigenziale.

Führungseigenschaft f <meist pl> qualità f dirigenziale, capacità f manageriale: **~en besitzen**, possedere qualità dirigenziali/[capacità manageriali].

Führungsetage f piani m pl alti.

Führungskraft f dirigente mf; <pl> quadri m pl (dirigenti).

Führungsposition f **1** (*in einem Unternehmen*) posizione f/ruolo m dirigenziale **2** (*in einer Tabelle oder Rangliste*) primato m, posizione f di comando.

Führungsposten m posto m di dirigente.

Führungsqualität f <meist pl> → **Führungseigenschaft**.

Führungsrolle f ruolo m guida/trainante/[di primo piano]: (**in etw** dat) **eine ~ spielen**, svolgere/avere un ruolo di primo piano (in qc).

Führungsschicht f classe f dirigente.

Führungsschiene f *tech* rotaia f di guida.

Führungsschwäche f mancanza f di polso: *pol* guida f/leadership f debole.

Führungsspitze f vertice m.

Führungsstab m **1** *mil* stato m maggiore **2** *industr* staff m dirigenziale, dirigenza f.

Führungsstil m gestione f (del personale).

Führungstor n, **Führungstreffer** m *sport* gol m del vantaggio.

Führungswechsel m cambio m al vertice.

Führungszeugnis n *adm* certificato m di buona condotta ● **polizeiliches ~**, estratto del casellario giudiziario.

Fuhrunternehmen n impresa f di spedizioni/trasporti.

Fuhrwerk n carro m.

Fülle <-, ohne pl> f **1** (*Menge*) **~ von etw** (dat pl)/**+ einer S.** (gen pl) {VON EINDRÜCKEN, ERFAHRUNGEN, IDEEN} (gran) quantità f *di qc*, infinità f *di qc*, mare m *fam di qc* **2** (*Körperfülle*) corpulenza f **3** (*volle Kraft*) {+KLANG, STIMME} pienezza f; {+HAAR} volume m ● **in ~**, in abbondanza/[gran quantità], a iosa *geh*/bizzeffe *fam*.

füllen **A** tr **1** (*vollmachen*) **etw** (**mit etw** dat) **~** {FLASCHE, LOCH} riempire *qc* (*di qc*) **2** *gastr* **etw** (**mit etw** dat) **~** farcire *qc* (*di/con qc*) **3** (*ein~*) **etw in etw** (akk) **~** {KAFFEE, MEHL, ZUCKER in einen BEHÄLTER, SAFT in EINE FLASCHE} versare *qc in qc*: **Wein in Flaschen ~**, imbottigliare/infiascare il vino; **etw in einen Sack**/{SÄCKE} **~**, insaccare *qc* **4** (*mit einer Füllung versehen*) **etw ~** {ZAHN} otturare *qc*, piombare *qc* **5** (*aus~*) **etw ~** {BÜCHER REGAL; GESCHICHTEN BÄNDE} riempire *qc* **B** rfl (*voll werden*) **sich** (**mit etw** dat) **~** {BADEWANNE MIT WASSER} riempirsi (*di qc*): **sich mit Menschen/Zuschauern ~** {SAAL, THEATER}, riempirsi di persone/spettatori.

Füllen n *obs* → **Fohlen**.

Füller <-s, -> m (penna f) stilografica f.

Füllfederhalter m penna f stilografica.

Füllgewicht n **1** *com* peso m netto **2** {+WASCHMASCHINE} capienza f, carico m massimo.

Füllhorn n *myth* cornucopia f, corno m dell'abbondanza.

füllig adj **1** (*rundlich*) {BUSEN, FIGUR} pienotto; {PERSON} *auch* grassoccio **2** (*voluminös*) {HAAR} voluminoso.

Füllsel <-s, -> n **1** (*ausfüllendes Material*) riempitivo m **2** (*als Wort*) riempitivo m **3** *gastr* ripieno m.

Fulltimejob, **Fulltime-Job** m lavoro m full-time/[a tempo pieno].

Füllung <-, -en> f **1** *gastr* {+BRATEN, TORTE} ripieno m, farcia f; {+PRALINE} ripieno m **2** (*ausfüllendes Material*) {+KISSEN, MATRATZE} imbottitura m **3** {+ZAHN} otturazione f, piombatura f **4** (*Türfüllung*) pannello m.

Füllwort n *ling* riempitivo m, intercalare m.

fulminant adj *geh* {IDEE, VORSCHLAG} brillante; {ERFOLG, SIEG} strepitoso, clamoroso; {BEGABUNG} grandioso.

Fummel <-s, -> m *fam* vestituccio m *fam*.

fummeln itr *fam* **1** (*hantieren*) **an etw** (dat) **~** armeggiare *a qc fam*, trafficare *a qc fam* **2** (*sexuell berühren*) (**mit jdm**) **~** pomiciare (*con qu*), brancicare *qu*.

Fummler <-s, -> m (**Fummlerin** f) *fam* palpatore (-trice) m (f), molestatore (-trice) m (f): **ein ~ sein**, fare la manomorta *fam*.

Fund <-(e)s, -e> m **1** <nur sing> (*das Finden*) ritrovamento m, rinvenimento m; *archäol auch* scoperta f **2** (*~stück*) oggetto m ritrovato; *archäol* reperto m ● **einen ~ machen** *geh*, fare una scoperta.

Fundament <-(e)s, -e> n **1** *bau* fondamenta f pl: **ein ~ gießen/legen**, gettare/porre le fondamenta **2** (*geistige Grundlage*) base f, fondamenti m pl ● **das ~ zu etw** (dat) **legen**/**[für etw** (akk) **schaffen**], gettare le basi di qc, porre i fondamenti di qc.

fundamental adj {ERKENNTNIS, IRRTUM, UNTERSCHIED} fondamentale.

Fundamentalismus <-, ohne pl> m *pol relig* fondamentalismo m.

Fundamentalist <-en, -en> m (**Fundamentalistin** f) *pol relig* fondamentalista mf.

fundamentalistisch adj {EINSTELLUNG} da fondamentalista, fondamentalistico

Fundamt n *bes. A* → **Fundbüro**.

Fundbüro n *adm* ufficio m oggetti smarriti/rinvenuti.

Fundgrube f **~** (**für etw** akk) miniera f (*di qc*), fonte f inesauribile *di qc*.

Fundi <-s, -s> m *slang fam* o "militante mf dell'ala radicale dei Verdi (tedeschi)".

fundiert adj **1** (*eine gesicherte Grundlage aufweisend*) {ANALYSE, AUSSAGE} fondato; {KRITIK} *auch* motivato: **ein ~es Wissen haben**, avere una solida cultura; **wissenschaftlich ~ sein**, avere fondamenti scientifici **2** (*finanzkräftig*) {UNTERNEHMEN} solido.

fündig adj: **~ werden** *min*, scoprire un giacimento; (*etw finden*) (riuscire a) reperire qc.

Fundort m luogo m del ritrovamento.

Fundsache f oggetto m ritrovato.

Fundus <-, -> m **1** (*Bestand*) **~ an/von etw** (dat pl) {AN/VON ERFAHRUNGEN, KENNTNISSEN} bagaglio m *di qc*, patrimonio m *di qc* **2** *theat* apparato m scenico.

fünf zahladj **1** (*Zahl*) cinque **2** (*Uhrzeit*) cinque: **es ist ~ (Uhr)**, sono le cinque; **halb ~**, le quattro e mezza; (*nachmittags*) *auch* le sedici e trenta **3** (*Alter*) cinque anni **4** *sport* (*Punkte*) cinque ● **~(e) gerade sein lassen** *fam*, non guardare/andare troppo per il sottile *fam*, chiudere un occhio *fam*; **es ist ~ vor zwölf**, non c'è più un minuto da perdere; → *auch* **vier**.

Fünf <-, -en> f **1** (*Zahl*) cinque m **2** *fam* (*Transport*): **die ~** (**Bus-, Straßenbahnlinie**), il cinque (U-Bahn-Linie) la linea cinque **3** fam sport: **die ~**, il/la cinque **4** D Schule (mangelhaft) ≈ cinque m **5** Karten Würfel cinque m; → auch **Vier**.

Fünfakter <-s, -> m lit pièce f in cinque atti.

fünfbändig adj {AUSGABE, WERK} in cinque volumi.

Fünfeck n pentagono m.

fünfeckig adj pentagonale.

fünfeinhalb <inv> zahladj **1** (5,5) cinque e mezzo: **~ Kilometer**, cinque kilometri e mezzo; **~ Stunden**, cinque ore e mezza **2** fam (5500 Euro) cinquemilacinquecento euro.

Fünfer <-s, -> m fam **1** süddt A CH → **Fünf 2** hist (Fünfpfennigstück) moneta f da cinque pfennig **3** (im Lotto) cinquina f.

fünffach A adj **1** (fünfmal so groß) {BETRAG, MENGE, PREIS, SUMME} quintuplo, cinque volte maggiore **2** (fünfmal erfolgt) cinque volte: **der ~e Weltmeister**, il cinque volte campione del mondo; **in ~er Vergrößerung**, ingrandito cinque volte tanto **3** (fünfmal erstellt) {KOPIE} quintuplice: **in ~er Ausfertigung**, in copia, in quintuplice copia adm B adv {AUSFERTIGEN} in ↓cinque copie↓/[quintuplice copiaȷ; {UNTERSCHREIBEN} cinque volte; {FALTEN, ZUSAMMENLEGEN} in cinque; → auch **vierfach**, **Vierfache**.

Fünffache <dekl wie adj> n: **das ~** (an etw dat), il quintuplo (di qc); **das ~ bezahlen/verdienen**, pagare/guadagnare ↓cinque volte tanto↓/[il quintuplo]; → auch **vierfach**, **Vierfache**.

Fünfganggetriebe n autom cambio m a cinque marce.

fünfgeschossig A adj {GEBÄUDE} di/a cinque piani; **~ sein**, avere cinque piani B {BAUEN} a cinque piani.

fünfhundert <inv> zahladj **1** (Zahl) cinquecento **2** (Stundenkilometer) cinquecento kilometri orari/[all'ora].

Fünfhunderter <-s, -> m fam biglietto m da cinquecento euro.

Fünfhundertjahrfeier f (celebrazione f del) quinto centenario m.

fünfhundertjährig adj <meist attr> **1** (500 Jahre alt) {BAUM, WALD} ↓che ha↓/[di] cinquecento anni: **sein/ihr ~es Bestehen feiern** {DORF, STADT}, festeggiare ↓il quinto centenario↓/[i cinquecento anni (di vita)] **2** (500 Jahre dauernd) {REICH} di cinquecento anni.

Fünfhundertmarkschein m hist biglietto m/banconota f da cinquecento marchi.

fünfhundertster, fünfhundertste, fünfhundertstes adj **1** (an 500. Stelle) {BESUCHER, KUNDE} cinquecentesimo (-a) **2** (zum 500. Mal) cinquecentesimo (-a): **den fünfhundertsten Geburtstag eines Musikers feiern**, celebrare il quinto centenario della nascita di un musicista.

fünfhunderttausend <inv> zahladj cinquecentomila.

Fünfjahresplan m ökon pol piano m quinquennale.

fünfjährig adj <meist attr> **1** (fünf Jahre alt) {AUTO, BAUM, TIER} (dell'età) di cinque anni; {KIND} auch cinquenne: **~ sein**, avere cinque anni, essere cinque anni **2** (fünf Jahre lang) {AMTSZEIT} quinquennale, (della durata) di cinque anni.

Fünfjährige <dekl wie adj> mf bambino (-a) m (f) di cinque anni: **sie konnte schon als ~ lesen**, a cinque anni sapeva già leggere.

Fünfkampf m sport pentat(h)lon m.

fünfköpfig adj <attr> **1** {FAMILIE, GRUPPE} di cinque persone/componenti **2** (mit fünf Köpfen) {UNGEHEUER} a cinque teste.

Fünfling <-s, -e> m neonato (-a) m (f) nato (-a) da parto di cinque gemelli: **~e**, cinque gemelli.

Fünflingsgeburt f parto m di cinque gemelli.

fünfmal adv {ANFERTIGEN, KOPIEREN} cinque volte: **~ monatlich**, cinque volte al mese; **~ so viel verdienen (wie vorher)**, guadagnare cinque volte di più (di prima); **~ so hoch**, cinque volte più alto.

fünfmalig adj {KANDIDAT, OLYMPIASIEGER, PRÄSIDENT} cinque volte: **nach ~em Versuch**, dopo il quinto tentativo.

Fünfmarkstück n hist moneta f da cinque marchi.

fünfmonatig adj <attr> **1** (fünf Monate alt) di cinque mesi **2** (fünf Monate dauernd) {AUFENTHALT, REISE} (della durata) di cinque mesi.

fünfmonatlich A adj {ABRECHNUNG, KONTROLLE, UNTERSUCHUNG} (effettuato) ogni cinque mesi B adv {ABRECHNEN, ERSCHEINEN, SICH WIEDERHOLEN} ogni cinque mesi.

Fünfpfennigstück n hist moneta f da cinque pfennig.

fünfprozentig adj {ERHÖHUNG, VERMINDERUNG} del cinque percento.

Fünfprozentklausel f pol soglia f di sbarramento del cinque per cento.

fünfseitig adj {BRIEF, LISTE, MANUSKRIPT} di cinque pagine.

fünfsprachig adj {DOLMETSCHER, ÜBERSETZER} che parla/conosce cinque lingue; {KONFERENZ, WÖRTERBUCH} in cinque lingue.

fünfstellig adj {BETRAG, SUMME} a cinque cifre: **ein ~es Einkommen**, un reddito compreso tra diecimila e centomila euro.

Fünfsternehotel n albergo m a cinque stelle.

fünfstöckig A adj {GEBÄUDE} di/a cinque piani B adv {BAUEN} a cinque piani.

fünfstufig adj {LEITER, TREPPE} di/a cinque gradini.

fünfstündig adj {FILM} (della durata) di cinque ore.

fünfstündlich A adj <attr> ogni cinque ore; {APPELL, KONTROLLE} che si ripete ogni cinque ore B adv {EINNEHMEN, ERFOLGEN} ogni cinque ore: **~ fahren** {ZUG}, viaggiare ↓a intervalli di↓/[ogni] cinque ore.

fünft adv: **zu ~** {SEIN, SPIELEN}, in cinque.

Fünftagewoche f settimana f corta.

fünftägig adj <attr> {AUFENTHALT, BESUCH, FAHRT} (della durata) di cinque giorni: **mit ~er Verspätung**, con cinque giorni di ritardo.

fünftausend <inv> zahladj cinquemila.

Fünftausender <-s, -> m (5000 m hoher Berg) vetta f/montagna f di/alta cinquemila metri; (zwischen 5000 und 6000 m) vetta f/montagna f tra i cinquemila e i seimila metri.

fünftausendjährig adj <meist attr> **1** (fünftausend Jahre alt) {RUINE, STATUE} che ha cinquemila anni **2** (fünftausend Jahre lang) {KULTUR, REICH} (della durata) di cinquemila anni.

fünfte zahladj → **fünfter**.

Fünfte <dekl wie adj> mf **1** (5. Tag des Monat): **der ~**, il cinque; **heute ist der ~**, oggi è il cinque; **am ~n (des Monats)**, il cinque del mese **2** (5. Monats des Jahres): **der erste/zweite/... ~**, il primo/due/... (di) maggio **3** (bei historischen Namen): **Heinrich V** (gesprochen der Fünfte), Enrico V (gesprochen quinto) **4** (Reihenfolge) quinto (-a) m (f) • **~r/~ sein/werden** sport, essere/arrivare/piazzarsi quinto (-a); → auch **Vierte**.

Fünfteiler <-s, -> m film film m in cinque episodi; TV auch film m in cinque puntate.

fünfteilig adj **1** (aus fünf Teilen) {AUSGABE, ROMAN} in cinque parti; {FERNSEHSENDUNG} auch in cinque puntate/episodi; {FILM} in cinque episodi/puntate **2** (aus fünf Stücken) {SATZ, SERVICE} di cinque pezzi.

Fünftel <-s, -> n oder CH m: **ein ~** ↓einer S. (gen)↓/[von etw (dat)], un quinto di qc, la quinta parte di qc.

fünftens adv (in) quinto (luogo); → auch **viertens**.

fünfter, fünfte, fünftes zahladj <meist attr> **1** (Datum) cinque: **der fünfte Januar/Februar/...**, il cinque (di) gennaio/febbraio/... **2** (Jahreszahl) quinto (-a) **3** (Reihenfolge) quinto (-a): **jeder fünfte ...** {FRAU, MANN}, un(o)/una ... ogni/su cinque **4** (zum fünften Mal) {AUFLAGE, GEBURTSTAG} quinto (-a) **5** math quinto (-a): **der fünfte Teil (von etw dat)**, un quinto (di qc), la quinta parte di qc; → auch **vierter**.

fünftgrößter, fünftgrößte, fünftgrößtes adj {MENSCH} quinto (-a) per altezza; {FLUSS, LAND, STADT} quinto (-a) per grandezza.

fünftletzter, fünftletzte, fünftletztes adj: **der/die/das fünftletzte ...**, il quintultimo/la quintultima.

Fünftonner m autom camion m che pesa cinque tonnellate.

Fünftürer <-s, -> m fam autom modello m a cinque porte.

fünftürig adj {AUTO} a cinque porte; {SCHRANK} a cinque ante.

Fünfuhrzug m treno m delle cinque.

Fünfunddreißigstundenwoche f settimana f di trentacinque ore.

fünfundzwanzig <inv> zahladj venticinque • **mit ~ (Jahren)**, a venticinque anni.

Fünfvierteltakt m mus tempo m/misura f/battuta f di cinque quarti.

fünfwöchentlich A adj <attr> {KURS} che si svolge ogni cinque settimane B adv ogni cinque settimane.

fünfwöchig adj <attr> {KURS, URLAUB} (della durata) di cinque settimane.

fünfzehn <inv> zahladj **1** (Zahl) quindici **2** (Uhrzeit) quindici **3** (Alter) quindici anni: **mit ~ (Jahren)**, a quindici anni **4** sport (Punkte) quindici; → auch **vier**.

Fünfzehn <-, -en> f **1** (Zahl) quindici m **2** fam (Transport): **die ~**, (Bus-, Straßenbahnlinie) il quindici; (U-Bahnlinie) la linea quindici **3** fam sport: **die ~**, il/la quindici; → auch **Vier**.

fünfzehneinhalb <inv> zahladj quindici e mezzo; → auch **viereinhalb**.

Fünfzehner <-s, -> m fam (Buslinie): **der ~**, il quindici.

fünfzehnfach A adj **1** (fünfzehnmal so groß) {BETRAG, SUMME} quindici volte maggiore **2** (fünfzehnmal erfolgt) quindici volte **3** (fünfzehnmal erstellt): **in ~er Ausfertigung**, in quindici copie B adv {AUSFERTIGEN, VORHANDEN SEIN}, in quindici copie; → auch **vierfach**.

fünfzehnhundert <inv> zahladj millecinquecento.

fünfzehnjährig adj <meist attr> **1** (fünfzehn Jahre alt) {HAUS, TIER} di/[che ha] quindici anni; {JUNGE, MÄDCHEN} auch quindicenne **2** (fünfzehn Jahr lang) {FRIEDE, KRIEG} (della durata) di quindici anni.

Fünfzehnjährige <dekl wie adj> mf ragazzo (-a) m (f) di quindici anni; → auch **Vierjährige**.

fünfzehnt adv: **zu ~**, in quindici.

fünfzehntägig adj <attr> di quindici

giorni.

fünfzehntäglich A adj <attr> ogni quindici giorni, bimensile B adv ogni quindici giorni.

fünfzehnte zahladj → **fünfzehnter**.

Fünfzehnte <dekl wie adj> mf **1** (Datum) quindici m: **heute ist der ~**, oggi è il quindici **2** (Reihenfolge) quindicesimo (-a) m (f) **3** (bei historischen Namen): Ludwig XV (gesprochen der Fünfzehnte), Luigi XV (gesprochen quindicesimo); → auch **Vierzehnte**.

Fünfzehntel n: **ein ~ einer S.** (gen)/[von etw (dat)] un quindicesimo di qc, la quindicesima parte di qc.

fünfzehntens adv (in) quindicesimo (luogo).

fünfzehnter, fünfzehnte, fünfzehntes zahladj <meist attr> **1** (Datum) quindici **2** (Jahreszahl) quindicesimo (-a): **das fünfzehnte Jahrhundert**, il quindicesimo secolo, il Quattrocento **3** (Reihenfolge) quindicesimo (-a) **4** (zum fünfzehnten Mal) {AUFLAGE, GEBURTSTAG, JAHRESTAG} quindicesimo (-a) **5** math quindicesimo (-a): **der fünfzehnte Teil von etw** (dat), un quindicesimo (di qc), la quindicesima parte di qc; → auch **vierter**.

fünfzeilig adj {MITTEILUNG, TEXT} di cinque righe; {GEDICHT, STROPHE} di cinque versi.

fünfzig <inv> zahladj **1** (Zahl) cinquanta **2** (Alter) cinquanta: **er/sie ist etwa ~**, è sui cinquanta/[sulla cinquantina] **3** (Stundenkilometer) cinquanta (km orari) **4** sport (Punkte) cinquanta; → auch **vierzig**.

Fünfzig <-, -en> f (Zahl) cinquanta m; → auch **Vierzig**.

fünfziger <inv> adj <attr> **1** (Jahrzehnt von 1950-59): **die ~ Jahre**, gli anni cinquanta **2** (Wein aus dem Jahre 1950): **ein ~ Jahrgang**, un vino del 1950 **3** (den Wert habend) {GLÜHBIRNE} da cinquanta watt.

Fünfziger① <-s, -> m fam **1** <nur pl> (Jahrzehnt 1950-59): **die ~**, gli anni Cinquanta **2** <nur pl> fam (Alter): **eine Frau/ein Mann in den ~n**, una donna/un uomo tra i cinquanta e i sessant'anni **3** (Wein aus dem Jahre 1950) vino m del 1950 **4** (50 Cent) moneta f da cinquanta centesimi; (50 Euro) biglietto m da cinquanta euro.

Fünfziger② <-s, -> m (**Fünfzigerin** f) fam "uomo m/donna f di età compresa tra 50 e 59 anni".

Fünfzigerjahre, **fünfziger Jahre**, **50er Jahre**, **50er-Jahre** subst <nur pl> (Jahrzehnt von 50-59): **die ~**, gli anni Cinquanta.

fünfzigfach A adj **1** (fünfzigmal so groß) cinquanta volte maggiore **2** (fünfzigmal erstellt) cinquanta volte: **in ~er Ausfertigung**, in cinquanta copie {KOPIEREN} B adv {KOPIEREN} cinquanta volte; {VERVIELFÄLTIGEN} in cinquanta copie; {ANFERTIGEN} auch in cinquanta esemplari; → auch **vierfach**.

Fünfzigfache <dekl wie adj> n: **das ~ an Leistung**, un rendimento (di) cinquanta volte superiore; **etw um das ~ erhöhen**, aumentare qc di cinquanta volte.

fünfzigjährig A adj <meist attr> **1** (50 Jahre alt) {BAUM, TIER} che ha/[di] cinquant'anni; {MENSCH} auch cinquantenne: **~ sterben**, morire cinquantenne/[a cinquant'anni] **2** (50 Jahre lang) {FRIEDE, VERTRAG} (della durata) di cinquant'anni; {OKKUPATION} auch cinquantennale.

Fünfzigjährige <dekl wie adj> mf cinquantenne mf.

fünfzigmal adv cinquanta volte; → auch **viermal**.

Fünfzigmarkschein m hist banconota f/biglietto m da cinquanta marchi.

Fünfzigpfennigstück n hist moneta f da cinquanta pfennig.

fünfzigst adv: **zu ~**, in cinquanta.

fünfzigste zahladj → **fünfzigster**.

Fünfzigstel <-s, -> n: **ein ~ einer S.** (gen)/[von etw (dat)], un cinquantesimo di qc, una cinquantesima parte di qc.

fünfzigster, fünfzigste, fünfzigstes zahladj <meist attr> **1** (Reihenfolge) {BESUCHER, TEILNEHMER} cinquantesimo (-a) **2** (zum 50. Mal) {AUFLAGE, GEBURTSTAG} cinquantesimo (-a) **3** math cinquantesimo (-a); → auch **vierter**.

Fünfzimmerwohnung f appartamento m/abitazione f di cinque stanze/vani.

fungieren <ohne ge-> itr **als etw** (nom) = {PERSON ALS BABYSITTER; STOCK ALS KRÜCKE} fungere da qc.

Fungizid <-(e)s, -e> n fungicida m.

Funk <-s, ohne pl> m **1** radio f **2** → **Funkgerät 3** (Rundfunk) radio(diffusione) f: **~ und Fernsehen**, (la) radio e (la) televisione ● **etw über/per ~ übertragen**, trasmettere qc via/per radio, radiotrasmettere qc.

Funkamateur m (**Funkamateurin** f) radioamatore (-trice) m (f).

Funkausstellung f esposizione f di radiotecnica.

Funke <-ns, -n> m **1** (glühendes Teilchen) scintilla f, favilla f: **die ~n sprühen**, le scintille sprizzano; **~n sprühen**, mandare/fare scintille, scintillare **2** (Anstoß) = **einer S.** (gen) {DES AUFRUHRS, DER REBELLION} scintilla f di qc, favilla f di qc **3** (ein bisschen): **ein ~ einer S.** (gen), un barlume di qc, un briciolo di qc: **es gibt noch einen ~n Hoffnung**, c'è ancora un barlume di speranza ● **keinen ~n Anstand (im Leibe) haben**, non avere un briciolo di educazione; **keinen ~n Verstand haben**, non avere un briciolo di cervello; **der zündende ~** (der auslösende Faktor), la scintilla.

funkeln itr **1** (glitzern) {BRILLANT, GLAS, STERNE} scintillare, luccicare, brillare, sfavillare **2** (blitzen) (**vor etw** dat) ~ {AUGEN VOR FREUDE, ZORN} scintillare (di qc), sfavillare (di qc).

funkelnagelneu adj fam nuovo fiammante fam/[di zecca fam].

funken A tr (per Funk senden) **etw ~** {ANWEISUNG, NACHRICHT} radiotrasmettere qc, trasmettere per/via radio qc B itr **1** (senden) trasmettere per/via radio: **um Hilfe ~**, chiedere aiuto via radio **2** (Funken sprühen) mandare scintille C unpers fam **1** (verstehen): **bei jdm funkt es**, qu ci arriva fam/[capisce]; **na, hat es bei dir endlich gefunkt?**, ti si è finalmente accesa una lampadina? fam, ci sei arrivato (-a) finalmente? fam **2** (sich verlieben): **bei/zwischen den beiden hat es gefunkt** fam, tra i due è scoccata la scintilla fam.

Funken m → **Funke**.

funkentstört adj {RADIOAPPARAT, WASCHMASCHINE} schermato (da radiodisturbi).

Funker <-s, -> m (**Funkerin** f) radiotelegrafista mf, marconista mf.

Funkfeuer n aero naut radiofaro m.

Funkgerät n ricetrasmittente f, radiotelefono m (kleines tragbares) walkie-talkie m.

Funkhaus n stazione f radio(trasmittente); (Gebäude) studi m pl radiofonici/[della radio].

Funkkolleg n radio univ corso m radiofonico.

Funkloch n tel zona f senza campo: **ich bin/stecke gerade in einem ~**, non ho campo.

Funkmast m ripetitore m.

Funknavigation f aero naut radionavigazione f.

Funknetz n rete f radio(fonica).

Funksignal n segnale m radio.

Funksprechgerät n → **Funkgerät**.

Funksprechverkehr m radiotelefonia f.

Funkspruch m radiomessaggio m, messaggio m radio.

Funkstation f stazione f radio.

Funkstille f **1** (Unterbrechung des Funkverkehrs) silenzio m radio **2** (Sendepause im Rundfunk) intervallo m nelle trasmissioni radio ● **zwischen den beiden herrscht ~** fam, tra i due è sceso il gelo fam.

Funkstörung f radiodisturbo m.

Funkstreife f volante f.

Funkstreifenwagen m obs autoradio f/radiomobile f della polizia.

Funktaxi n radiotaxi m, radiotassì m.

Funktechnik f radiotecnica f.

Funktelefon m (a.R. Funktelephon) n **1** radiotelefono m **2** (schnurlos) cordless m, telefono m senza fili.

Funktion <-, -en> f **1** (Zweck) {+ANLAGE, GEGENSTAND} funzione f: **eine bestimmte/wichtige/... ~ haben**, avere una funzione precisa/importante/...; **seine ~ (als jd/etw) erfüllen**, assolvere/adempiere alla funzione (di qu/qc); **die ~ eines/einer ... erfüllen**, avere la funzione di qc **2** (Aufgabe, Stellung) funzioni f pl, mansioni f pl, carica f: **eine leitende ~ haben**, avere funzioni/mansioni direttive; **eine beratende ~ haben**, avere una funzione consultiva; **die ~ des Präsidenten innehaben**, ricoprire la carica di presidente; **in seiner ~ als ...**, nella sua veste di ... **3** <nur sing> (das Funktionieren) {+MASCHINE} funzionamento m; {+ORGAN} funzionalità f **4** math funzione f ● **außer ~ sein** {FAHRSTUHL, SEILBAHN}, essere fuori servizio; **etw außer ~ setzen** form, mettere fuori uso qc; **in ~ treten** form, entrare in funzione.

funktional A adj (zweckbestimmt) {BAUWEISE, KRITERIEN, PRINZIPIEN} funzionale B adv (zweckbestimmt) {EINRICHTEN, GESTALTEN} funzionalmente, in modo funzionale.

Funktionär <-s, -e> m (**Funktionärin** f) **1** {+GEWERKSCHAFT, PARTEI, SPORTVERBAND} funzionario (-a) m (f) **2** CH (Beamter) funzionario (-a) m (f) (statale).

funktionell A adj **1** med {ERKRANKUNG, STÖRUNG} funzionale **2** → **funktional** B adv → **funktional**.

funktionieren <ohne ge-> itr **1** (ordnungsgemäß arbeiten) {ANLAGE, GERÄT, MASCHINE} funzionare **2** (problemlos verlaufen) {ORGANISATION} funzionare, procedere bene.

Funktionsbild n profilo m professionale.

funktionsfähig adj {GERÄT, MOTOR} funzionante.

Funktionsleiste f inform barra f degli strumenti.

Funktionsstörung f med {+ORGAN} disturbo m funzionale, disfunzione f.

Funktionstaste f inform tasto m funzione.

funktionstüchtig adj → **funktionsfähig**.

Funktionsverb n ling "verbo m ormai svuotato del suo significato originario ed il cui attuale valore semantico è determinato dal sostantivo a cui si trova abbinato".

Funktionsweise f funzionamento m, modo m di funzionare.

Funkturm m radio tel torre f della radio.

Funkverbindung f collegamento m/ponte m radio: **mit jdm in ~ stehen**, essere in

contatto radio con qu.
Funkverkehr m radiocomunicazioni f pl.
Funkwagen m autoradio f, radiomobile f.
Funsport m sport m che si pratica per puro diletto.
Funzel <-, -n> f fam luce f fioca.
für präp + akk **1** (*zum Nutzen von*) per: **die Blumen sind für dich**, i fiori sono per te; (*zugunsten von*) auch in favore di; **für die Erdbebenopfer spenden**, fare un'offerta ₍per i₎/[in favore dei] terremotati; **für etw (akk) sein**, essere a favore di qc; **das spricht für ihn**, ciò depone a suo favore **2** (*zeitlich*) per: **er fährt für eine Woche ans Meer**, va al mare per una settimana; **die Hochzeit ist für den Sommer geplant**, il matrimonio è previsto per l'estate; **für heute haben wir genug gearbeitet**, per oggi abbiamo lavorato abbastanza **3** (*kausal: wegen*) per: **sie wurde für ihren Leichtsinn bestraft**, fu punita per la sua leggerezza; **sich für etw (akk) entschuldigen**, scusarsi di/per qc **4** (*Preis oder Wert anzeigend*) per: **ich habe das Fahrrad für 100 Euro bekommen**, ho preso fam la bicicletta per 100 euro **5** (*in Bezug auf*) per; quanto a: **ich für meine Person ...**, ₍quanto a₎/[per] me ...; **für mich genügt es**, per me basta **6** (*im Vergleich zu*) per: **für einen Ausländer spricht er gut Deutsch**, per essere straniero parla bene tedesco **7** fam (*gegen*) per, contro: **ein Medikament für Husten**, un farmaco per/contro la tosse **8** (*anstelle von*) al posto di, invece di: **er sprach für seinen Kollegen**, parlò lui ₍per il₎/[al posto del] collega; (*im Austausch*) in cambio di: **ich habe ihm ein Buch für das Bild gegeben**, gli ho dato un libro in cambio del quadro **9** (*mit bestimmten Verben*): **sich für jdn/etw einsetzen**, impegnarsi per qu/qc; **ich halte ihn für ein Genie**, lo ritengo/considero un genio; **das halte ich für richtig**, mi sembra giusto **10** (*Aufeinanderfolge*): **Schritt für Schritt**, passo (dopo) passo; **Tag für Tag**, giorno per giorno ● **für sich**: **das hat was für sich**, non è niente male fam; **jeder für sich**, ognuno per ₍conto suo₎/[sé]; **für sich leben**, vivere ritirato (-a); **er will für sich sein**, vuole stare ₍da solo₎/[per conto suo].
Für <-, -> n: **das Für und (das) Wider**, il pro e il contro.
Fürbitte f intercessione f; (*an Gott*) invocazione f ● (**bei jdm**) **~ für jdn einlegen**, intercedere per qu (presso qu).
Furche <-, -n> f **1** (*Ackerfurche*) solco m: **eine ~ ziehen**, tracciare un solco **2** geh (*Gesichtsfurche*) solco m geh, ruga f.
furchen tr geh etw **~ 1** (*mit Furchen versehen*) {BODEN, WASSER} solcare qc **2** (*in Falten legen*) {STIRN} corrugare qc.
Furcht <-, ohne pl> f (*Angst vor Bedrohung*) timore m; (*Angst*) paura f ● **aus ~ vor jdm/etw**, per timore/paura di qu/qc; **jdm ~ einflößen**, jdn in ~ versetzen, incutere timore a qu, fare/mettere paura a qu; **~ erregend** {ANBLICK}, pauroso, spaventoso, spaventevole; {BLICK}, che incute timore/paura; **~ vor jdm/etw haben**, avere timore di qu/qc; **zwischen ~ und** *Hoffnung* **schweben**, oscillare tra speranza e timore.
furchtbar **A** adj **1** (*schrecklich*) {ERLEBNIS, UNGLÜCK} terribile, tremendo, spaventoso, pauroso **2** fam (*groß, unangenehm*) {DURST, HITZE, HUNGER, KÄLTE, VERKEHR} terribile fam, tremendo fam **B** adv fam (*sehr*) terribilmente fam, tremendamente fam: **es ist ~ heiß**, fa un caldo terribile/pazzesco; **das ist ~ einfach**, è la cosa più semplice del mondo, è un gioco da ragazzi fam; **das ist ~ nett von Ihnen**, è veramente molto gentile da parte Sua.

fürchten **A** tr (*sich ängstigen vor*) **jdn/etw ~** temere qu/qc, aver paura di qu/qc, paventare qc lit: **er fürchtet, zu spät zu kommen**, teme di essere in ritardo; **~, dass ...**, temere che ... konjv **B** itr (*sich Sorgen machen*) **um/für geh jdn/etw ~** temere per qu/qc, essere/stare in apprensione per qu/qc: **um jds Leben ~**, temere per la vita di qu **C** rfl (*Angst haben vor*) **sich (vor jdm/etw) ~** avere paura (di qu/qc), temere qu/qc ● **jdn das Fürchten lehren**, insegnare a qu che cosa vuol dire aver paura.
fürchterlich adj → **furchtbar**.
furchterregend adj → **Furcht**.
furchtlos adj {BLICK, HALTUNG} intrepido; {MENSCH} auch impavido, senza paura.
Furchtlosigkeit <-, ohne pl> f intrepidezza f.
furchtsam adj geh pauroso, timoroso: **ein ~er Blick**, uno sguardo ₍pieno di timore₎/[pauroso].
Furchtsamkeit <-, ohne pl> f geh (*furchtsame Art*) indole f timorosa.
füreinander adv (*einer für den anderen*) {DA SEIN, LEBEN, ZEIT HABEN} l'uno (-a) per l'altro (-a): **Zuneigung ~ empfinden**, provare un affetto reciproco.
Furie <-, -n> f **1** myth furia f **2** pej (*wütende Frau*) furia f ● **wie von ~n gejagt/gehetzt**, come se avesse(ro) visto il diavolo fam; **wie eine ~**, come una furia/un ossesso.
Furnier <-s, -e> n (foglio m per) impiallacciatura f.
furnieren <ohne ge-> tr etw **~** impiallacciare qc: **mit Nussbaumholz furniert**, impiallacciato in noce.
Furore <-, ohne pl> f oder <-s, ohne pl> n: **~ machen**, far furore fam, furoreggiare; **für ~ sorgen**, destare scalpore, far chiasso fam.
fürs präp = für das = **für**.
Fürsorge <-, ohne pl> f **1** (*Betreuung*) cure f pl, premure f pl **2** fam (*Sozialhilfe*) assistenza f (sociale): **öffentliche ~**, assistenza pubblica **3** fam (*Sozialamt*) previdenza f sociale, ente m previdenziale ● **von der ~ leben**, vivere dei sussidi statali.
Fürsorgeamt n obs → **Sozialamt**.
Fürsorgepflicht f jur "obbligo m di garantire la sicurezza personale del lavoratore".
Fürsorger <-s, -> m (**Fürsorgerin** f) obs → **Sozialarbeiter**.
fürsorglich adj premuroso, sollecito.
Fürsprache f intercessione f: **auf jds ~**, per intercessione di qu; (**bei jdm**) **~ für jdn einlegen**, intercedere per qu (presso qu).
Fürsprech <-s, -e> m CH jur avvocato (-essa) m (f) legale.
Fürsprecher m (**Fürsprecherin** f) **1** intercessore m, interceditrice f rar **2** → **Fürsprech**.
Fürst <-en, -en> m (**Fürstin** f) **1** (*Adliger*) principe (-essa) m (f) **2** (*Herrscher*) principe (-essa) m (f), sovrano (-a) m (f), regnante mf ● **leben wie ein ~** fam, far vita da principe fam, vivere/stare come un re/papa fam.
Fürstengeschlecht n, **Fürstenhaus** n stirpe f/famiglia f principesca, casato m principesco.
Fürstentum <-s, *Fürstentümer*> n principato m ● **das ~ Liechtenstein/Monaco**, il Principato ₍del Liechtenstein₎/[di Monaco].
Fürstin f → **Fürst**.
fürstlich **A** adj **1** (*den Fürsten betreffend*) principesco **2** (*prächtig*) {ESSEN} luculliano, da re; {BELOHNUNG, GEHALT} da favola fam **B** adv {LEBEN} da nababbo; {SPEISEN} lucullianamente; **jdn ~ bewirten**, trattare qu da re.

Furt <-, -en> f guado m.
Furunkel <-s, -> m oder n med foruncolo m.
fürwahr adv geh obs davvero, veramente.
Fürwort <-(e)s, Fürwörter> n gram pronome m.
Furz <-es, Fürze> m vulg peto m vulg, scoreggia f vulg ● **einen ~ lassen** vulg, scoreggiare vulg.
furzen itr vulg scoreggiare vulg, fare un peto vulg.
Fusel <-s, -> m fam pej acquavite f di qualità scadente.
Fusion <-, -en> f **1** com {+UNTERNEHMEN} fusione f **2** nukl phys {+ATOMKERN} fusione f.
fusionieren <ohne ge-> itr com (**zu etw** dat) **~** {MEHRERE UNTERNEHMEN} fondersi (*in* qc); **mit etw** (dat) **~** {EINE FIRMA MIT EINER ANDEREN} fondersi *con* qc.
Fusionierung <-, -en> f ökon fusione f.
Fusionskontrollorgan n organo m di controllo per le fusioni.
Fusionsreaktor m nukl reattore m a fusione.
Fuß <-es, Füße> m **1** anat piede m; zoo auch zampa f **2** süddt A CH (*Bein*) gamba f **3** (*tragender Teil*) {+GLAS, SCHRANK, STUHL, TISCH} piede m; {+SÄULE} auch zoccolo m; {+LAMPE} base f **4** (*unterer Teil*) piede m: **am Fuße des Berges**, ai piedi della montagna; **am Fuß des Bettes**, ai piedi del letto; **am Fuß der Seite**, a piè di pagina, in calce **5** poet (*Versfuß*) piede m ● **mit dem linken Fuß zuerst aufgestanden sein** fam → **Bein**; **bei Fuß!** (*Kommando für den Hund*), qui!; **Füße bekommen** fam {BRIEFTASCHE}, sparire fam; (**plötzlich**) **kalte Füße bekommen** fam/**kriegen** fam, farsi prendere dalla strizza fam; **Fuß breit** → **Fußbreit**; **jdn auf dem falschen Fuß erwischen** fam (*bei jdm ins Fettnäpfchen treten*), fare una gaffe con qu (*wenn jd nicht vorbereitet ist*) prendere qu in contropiede; **immer (wieder) auf die Füße fallen** fam, cadere sempre in piedi fam; (**festen**) **Fuß fassen** {PERSON IN NEUER UMGEBUNG}, ambientarsi/[mettere radici] {MENTALITÄT, MODE}, prendere piede, attecchire, radicarsi in qc; **jdm auf dem Fuße folgen**, seguire ₍la ruota₎/[passo passo] qu; **auf freiem Fuß**, a piede libero; **zu Fuß gehen/kommen**, andare/venire a piedi; **mit einem Fuß im** *Grab* **stehen** → **Bein**; **kalte Füße haben**, avere i piedi freddi; **sich** (dat) **kalte Füße holen** fam, restare a piedi; **jdm zu Füßen liegen**, essere ai piedi di qu; **alle Männer lagen ihr zu Füßen**, aveva tutti gli uomini ai suoi piedi; **auf großem Fuß(e) leben**, fare (una) vita da gran signore, vivere alla grande; **wie eingeschlafene Füße schmecken** slang, non sapere neanche di acqua calda; **gut/schlecht zu Fuß sein**, avere/[non avere] le gambe buone, essere/[non essere] un buon camminatore; **jdn auf freien Fuß setzen** jur, (ri)mettere qu in libertà; **auf eigenen Füßen stehen**, camminare con le proprie gambe; **mit jdm auf gutem Fuß stehen**, essere in buoni rapporti con qu; **auf schwachen/tönernen Füßen stehen**, avere basi poco solide; **stehenden Fußes**, seduta stante; **über seine eigenen Füße stolpern**, essere imbranato; **jdn/etw mit Füßen treten**, mettere qu/qc sotto i piedi, calpestare qu/qc; (**irgendwo**) **einen Fuß in der** *Tür* **haben** fam, avere un piede dentro la porta (in qc) fam; avere un'entratura a/presso qu; **sich** (dat) **die Füße vertreten**, sgranchirsi le gambe fam; **jdm etw vor die Füße werfen/schmeißen** fam, gettare/buttare qc in faccia a qu; **sich jdm zu Füßen werfen**, gettarsi ai piedi di qu.
Fußabdruck m impronta f del piede.
Fußabstreifer <-s, -> m, **Fußabtreter** <-s,

→ m zerbino m, st(u)oino m.
Fußangel f tagliola f.
Fußbad n pediluvio m.
Fußball m **1** (*Spiel*) (gioco m del) calcio m **2** (*Ball*) pallone m (da calcio) • ~ **spielen**, giocare a calcio/pallone *fam*.
Fußballer <-s, -> m (**Fußballerin** f) *fam* calciatore (-trice) m (f).
Fußballeuropameisterschaft f *sport* campionato m europeo di calcio, europei m pl *fam* di calcio.
Fußballfan m tifoso m di calcio.
Fußballländerspiel, **Fußball-Länderspiel** n *sport* partita f (di calcio) internazionale.
Fußballmannschaft f squadra f di calcio.
Fußballmeister m campione m (di calcio): **Bayern München ist Deutscher ~**, il Bayern di Monaco ha vinto il campionato (tedesco).
Fußballmeisterschaft f campionato m di calcio.
Fußballplatz m campo m di calcio: **auf den ~ gehen** andare a giocare a calcio.
Fußballprofi m calciatore m professionista.
Fußballrowdy m ultrà m, hooligan m.
Fußballschuh m <*meist pl*> *sport* scarpetta f da calcio.
Fußballspiel n partita f di calcio.
Fußballspieler m (**Fußballspielerin** f) calciatore (-trice) m (f), giocatore (-trice) m (f) di calcio.
Fußballstadion n *sport* stadio m di calcio.
Fußballtoto m *oder* n totocalcio m: **~ spielen**, giocare al totocalcio.
Fußballtrainer m *sport* allenatore m di calcio, mister m *slang*; {+NATIONALMANNSCHAFT} *auch* commissario m tecnico (*Abk* CT).
Fußballverband m federazione f ₁del calcio₁/[calcistica].
Fußballverein m *sport* società f calcistica.
Fußballweltmeisterschaft f *sport* campionato m mondiale di calcio, mondiali m pl *fam* di calcio.
Fußbank <-, *Fußbänke*> f poggiapiedi m.
Fußbett n suoletta f (anatomica): **Schuhe mit ~** scarpe anatomiche.
Fußboden m pavimento m.
Fußbodenbelag m rivestimento m del pavimento.
Fußbodenheizung f riscaldamento m a pavimento.
Fußbreit <-, -> m: **um jeden ~ Boden kämpfen**, contendersi la terra palmo a palmo; **keinen ~ weichen**, non cedere di un passo.
Fußbremse f *autom* freno m a pedale.

Fussel <-, -n> f *oder* <-s, -(n)> m *fam* peluzzo m *fam*.
fusselig adj *fam* {STOFF} pieno di peluzzi.
fusseln itr {PULLOVER, TEPPICH} spelare.
fußen itr **auf etw** (dat) ~ basarsi/fondarsi/poggiare *su qc*.
Fußende n {+BETT} piedi m pl (del letto).
Fußgänger <-s, -> m (**Fußgängerin** f) pedone mf.
Fußgängerbrücke f ponte m pedonale.
Fußgängerstreifen m CH → **Fußgängerübergang**.
Fußgängerübergang m, **Fußgängerüberweg** m passaggio m pedonale, strisce f pl (pedonali), zebre f pl.
Fußgängerzone f zona f/isola f pedonale.
Fußgelenk n *anat* articolazione f del piede; (*Knöchel*) caviglia f.
Fußkettchen n cavigliera f.
Fußknöchel m *anat* malleolo m.
Fußleiste f battiscopa m, zoccolo m.
fusslig (a.R. fußlig) adj → **fusselig**.
Füßling <-s, -e> m **1** (*nur Ferse und Zehen bedeckende Socke*) fantasmino m **2** (*im Tauchsport*) calzare m.
Fußmarsch m camminata f; *bes. mil* marcia f.
Fußmatte f **1** (*vor der Tür*) st(u)oino m, zerbino m **2** (*im Bad*) tappetino m.
Fußnagel m unghia f del piede: **sich (dat) die Fußnägel schneiden**, tagliarsi le unghie dei piedi.
Fußnote f nota f ₁in calce₁/[a piè di pagina].
Fußpfad m sentiero m.
Fußpflege f pedicure m.
Fußpfleger m (**Fußpflegerin** f) pedicure mf, callista mf *fam*: **medizinischer ~**, podologo.
Fußpilz m *med* micosi f del piede; (*Athletenfuß*) piede m d'atleta.
Fußraste f (*an Mofas u Motorrädern*) poggiapiedi m.
Fußreflexzonenmassage f *med* riflessologia f plantare.
Fußschalter m **1** {+NÄHMASCHINE} comando m a pedale **2** {+STEHLAMPE} interruttore m a pedale.
Fußsohle f *anat* pianta f del piede.
Fußspitze f *anat* punta f del piede.
Fußspur f impronta f/orma f (del piede); (*schmutzige ~*) pedata f.
Fußstapfe <-, -n> f, **Fußstapfen** <-s, -> m orma f (del piede) • **in jds ~ treten**, seguire le orme di qu.
Fußtritt m (*Stoß*) calcio m, pedata f • **jdm einen ~ geben/versetzen**, dare/assestare un calcio/una pedata a qu.
Fußvolk n **1** *fam pej* (*Subalterne*) gregari m pl **2** *mil hist* fanteria f.
Fußwaschung f *relig* lavanda f dei piedi.
Fußweg m **1** (*Pfad*) sentiero m, viottolo m **2** (*Bürgersteig*) marciapiede m **3** (*Entfernung*) cammino m: **bis zu uns sind es nur 5 Minuten ~**, fino a casa nostra sono solo 5 minuti a piedi; **eine Stunde ~ entfernt**, a un'ora di cammino.
futsch adj <präd> *fam* **1** (*verschwunden*) {GELD} sparito *fam* **2** (*kaputt*) {AUTO} scassato *fam*, rotto.
Futter① <-s, *ohne pl*> n (*Fressen*) foraggio m, pastura f; (*für kleinere Haustiere*) mangime m; (*für Vögel*) becchime m.
Futter② <-s, -> n **1** (*Innenstoff*) {+MANTEL, TASCHE} fodera f **2** {+BRIEFUMSCHLAG} interno m **3** *tech* (*Spannfutter*) mandrino m.
Futteral <-s, -e> n astuccio m; {+BRILLE, SCHIRM} *auch* custodia f.
Futterkrippe f mangiatoia f, greppia f • **an der ~ sitzen** *fam*, stare/mangiare alla greppia *fam*.
Futtermittel n foraggio m, mangime m.
futtern *fam scherz* **A** itr rimpinzarsi *fam*, abbuffarsi *fam* **B** tr **etw** ~ pappare qc *fam*, rimpinzarsi di qc *fam*.
füttern① tr **1** (*zu essen geben*) jdn ~ {BABYS, KRANKE} imboccare qu **2** (*zu fressen geben*) *a qc*; {TIER} dare da mangiare *a qc*; {PFERDE, RINDER} *auch* foraggiare qc **3** *inform* (*versorgen*) etw (*mit etw* dat) ~ {COMPUTER MIT DATEN, INFORMATIONEN} foraggiare qc (con qc) • **Füttern verboten!** (*im Zoo*), vietato dare cibo agli animali!
füttern② tr *text* etw (*mit etw* dat) ~ foderare qc (di qc), rivestire qc (di qc).
Futternapf m ciotola f (per animali domestici).
Futterneid m **1** {+TIERE} invidia f del cibo altrui **2** *fam* (*Neid auf den Erfolg anderer*) invidia f (del successo altrui).
Futterpflanze f pianta f foraggiera.
Futterrübe f *bot* barbabietola f da foraggio.
Futterstoff m *text* foderame m, fodera f.
Futtertrog m trogolo m.
Fütterung <-, -en> f: **die ~ der Eisbären beginnt um 10.30 Uhr**, il pasto degli orsi polari inizia alle 10,30.
Futur <-s, *rar* -e> n *ling* futuro m.
Futurismus <-, *ohne pl*> m *kunst lit* futurismo m.
Futurist <-en, -en> m (**Futuristin** f) *kunst lit* futurista mf.
futuristisch adj futurista.
Futurologe <-n, -n> m (**Futurologin** f) futurologo (-a) m (f).
Futurologie <-, *ohne pl*> f futurologia f.
Futurologin f → **Futurologe**.
futurologisch adj futurologico.

G, g

G, g <-, - oder fam -s> n **1** (*Buchstabe*) G, g f oder m **2** *mus* sol m ● **G-*Dur* mus**, sol maggiore; **G wie *Gustav***, g come Genova; **g-*Moll* mus**, sol minore; → auch **A, a**.

g *Abk von* Gramm: g (*Abk von* grammo).

gab 1. *und* **3. pers sing imperf** *von* geben.

Gabardine <-s, -> m *oder* <-, -> f *text* gabardina f.

Gabe <-, -n> f **1** *geh* (*Geschenk*) dono m *geh*, presente m, regalo m, offerta f: **um eine milde ~ bitten**, chiedere l'elemosina/la carità; **eine ~ Gottes**, un dono di Dio **2** *geh oder iron* (*Begabung*) dono m, dote f, talento m: **er hat die große ~, alle Leute in Verlegenheit zu bringen** *iron*, ha il grande dono di mettere tutti in imbarazzo *iron* **3** <*nur sing*> *med* (*das Verabreichen*) somministrazione f **4** *CH* (*Preis*) premio m.

gäbe① **1.** *und* **3. pers sing konjv II** *von* geben ● **ich gäbe was/viel/[wer weiß was] d(a)rum, wenn ich jetzt einen Monat Urlaub machen könnte!**, darei chissà cosa per poter fare un mese di vacanze adesso!

gäbe② *adj* → **gang**.

Gabel <-, -n> f **1** (*Ess~*) forchetta f: **eine ~ voll Nudeln**, una forchettata di pasta **2** (*Astgabel, Fahrradgabel, Telefongabel*) forcella f **3** (*Heugabel, Mistgabel*) forcone m, forca f.

gabeln *rfl* **sich ~** {*STRAßE, WEG*} biforcarsi; {*AST, STAMM*} *auch* ramificarsi.

Gabelstapler <-s, -> m *tech* carrello m elevatore m (a forca), muletto m.

Gabelung <-, -en> f {+AST, FLUSS} biforcazione f; {+STRAßE} *auch* bivio m.

Gabentisch m "tavolo m su cui si dispongono i regali a Natale o per il compleanno".

Gabi f (*Vorname*) → **Gabriele**.

Gabriele, **Gabriela** f (*Vorname*) Gabriella.

Gabun <-s, ohne pl> n *geog* Gabon m.

G 8 f *pol* G8 m.

G-8-Staat m *pol* Stato m facente parte del G8.

gackern *itr* **1** {HENNE} schiamazzare, far coccodè *fam* **2** *fam* (*kichernd schwatzen*) {JUNGE LEUTE, MÄDCHEN} starnazzare *scherz*, schiamazzare *scherz*.

gaffen *itr pej* guardare a bocca aperta, stare a guardare: **was hast du da zu ~?**, cosa hai da guardare tanto?

Gaffer <-s, -> m (**Gafferin** f) *pej* curioso (-a) m (f), curiosone (-a) m (f) *fam*.

Gag <-s, -s> m **1** *film theat* gag f, battuta f; (*Werbegag*) trovata f pubblicitaria **2** (*Besonderheit*) trovata f **3** *fam* (*Unvorhergesehenes*): **der Gag war, dass sie für alle bezahlen musste**, il bello fu che dovette pagare per tutti.

gaga <*inv*> *adj slang* (*verrückt*) fuori di testa *slang*, (*absurd*) assurdo.

Gage <-, -n> f *theat film* cachet m, compenso m.

gähnen *itr* **1** (*den Mund vor Müdigkeit weit öffnen*) sbadigliare **2** *geh* (*sich auftun*) {ABGRUND, SCHLUCHT} spalancarsi, aprirsi ● **zum Gähnen langweilig sein** *fam* {FILM, KONZERT, REDE}, essere ⌞noioso da morire⌟/[una pizza *fam*]/[palloso *slang*].

gähnend **A** *adj* <*attr*> *geh* {ABGRUND} profondo, abissale: **im Kino herrschte ~e Leere**, il cinema era deserto **B** *adv*: **~ wünschte er mir eine gute Nacht**, sbadigliando mi augurò la buona notte.

GAL <-, *ohne pl*> f *pol hist Abk von* Grüne Alternative Liste: "lista f alternativa dei verdi nella Germania degli anni Ottanta".

Gala <-, -s> f **1** <*nur sing*> (*festliche Robe*) gala f: **in ~ erscheinen**, presentarsi in gala; **sich in ~ werfen/schmeißen** *fam scherz*, mettersi in ghingheri *fam* **2** (*~abend*) serata f di gala.

Galaabend m serata f di gala.

Galadiner n pranzo m di gala.

Galaempfang m ricevimento m di gala.

galaktisch *adj* **1** *astr* galattico **2** <*meist präd*> *slang* (*super*) {KLEIDUNG, WOHNUNG} eccezionale *fam*, favoloso.

Galaktose <-, -n> f *chem* galattosio m.

galant **A** *adj* {ABENTEUER, DICHTUNG} galante; {HERR} *auch* cavalleresco, cortese **B** *adv* {GRÜßEN, SICH VERBEUGEN} in modo galante, con galanteria, galantemente.

Galanterie <-, -n> f **1** <*nur sing*> (*Benehmen*) galanteria f **2** (*Kompliment*) galanteria f, complimento m/frase f galante.

Galapagosinseln *subst* <*nur pl*> *geog*: **die ~**, le (isole) Galapagos.

Galauniform f *mil* alta uniforme f, uniforme f ⌞di gala⌟/[da cerimonia].

Galavorstellung f *theat* spettacolo m di gala.

Galaxie <-, -n> f *astr* galassia f.

Galaxis <-, ohne pl> f *astr* via f lattea.

Galeere <-, -n> f *hist* galea f, galera f.

Galeerensklave m *hist* galeotto m.

Galeerensträfling m *hist* galeotto m.

Galeone <-, -n> f *naut* galeone m.

Galerie① <-, -n> f **1** *arch* galleria f **2** *theat obs* (*Rang*) loggione m, galleria f, piccionaia f *fam*.

Galerie② f **1** (*Schlossgalerie, Gemäldegalerie*) galleria f **2** (*Kunsthandlung*) galleria f (d'arte) **3** *fam* (*Menge*) serie f, collezione f: **zu Hause habe ich eine ganze ~ von Kristallvasen**, a casa ho tutta una serie/collezione f di vasi di cristallo.

Galerist <-en, -en> m (**Galeristin** f) gallerista mf.

Galgen <-s, -> m **1** (*zur Hinrichtung*) forca f, patibolo m **2** *film TV* giraffa f ● **jdn an den ~**

bringen *hist*, mandare qu ⌞sulla forca⌟/[al patibolo]; **an den ~ kommen** *hist*, finire ⌞sulla forca⌟/[sul patibolo].

Galgenfrist <-, *ohne pl*> f *fam* ultima proroga f, ultima dilazione f: **jdm noch eine ~ geben/gewähren**, dare/concedere a qu ⌞un'ultima proroga⌟/[un ultimo rinvio].

Galgenhumor m umorismo m nero.

Galgenstrick m *obs* → **Galgenvogel**.

Galgenvogel m *obs fam pej* pendaglio m da forca, avanzo m di galera *fam pej*.

Galicien <-s, *ohne pl*> n *geog* (*in Spanien*) Galizia f.

Galiläa <-s, *ohne pl*> n *geog hist* Galilea f.

Galiläer <-s, -> m (**Galiläerin** f) *hist* galileo (-a) m (f), abitante mf della Galilea.

Galionsfigur f **1** *naut* polena f **2** (*Repräsentationsfigur*) personaggio m di spicco/punta, bandiera f.

gälisch *adj* **1** (*keltisch*) {CLAN, FOLKLORE, VOLKSTRACHT} gaelico **2** *ling* gaelico m: **das Gälisch(e)**, il gaelico.

Galizien <-s, *ohne pl*> n *geog* (*in Polen und der Ukraine*) Galizia f.

Gallapfel m *bot* (noce f di) galla f, cecidio m.

Galle <-, -n> f *anat* (*Organ*) cistifellea f, colecisti f **2** <*nur sing*> (*Gallenflüssigkeit*) bile f, fiele m ● **bitter wie ~**, amaro come il fiele; **jdm ⌞läuft die ~ über⌟/[kommt die ~ hoch]** *fam*, qu ⌞ha un travaso di⌟/[crepa dalla] bile *fam*, qu si sente scoppiare il fegato *fam*.

gallenbitter *adj* **1** (*äußerst bitter*) {ARZNEI, GESCHMACK} amaro come il fiele, amarissimo **2** (*beißend*) {HUMOR, SARKASMUS} acido, pieno di fiele.

Gallenblase f *anat* cistifellea f, colecisti f, vescichetta f biliare.

Gallengang m *anat* coledoco m.

Gallengrieß m *med* sabbia f delle vie biliari.

Gallenkolik f *med* colica f biliare.

Gallenleiden n *med* affezione f (della vescichetta) biliare.

Gallenstein m *med* calcolo m biliare.

Gallenweg m <*meist pl*> *anat* via f biliare.

Gallert <-(e)s, *ohne pl*> n *gastr* gelatina f.

gallertartig *adj* {MASSE, PUDDING} gelatinoso.

Gallerte <-, *ohne pl*> f → **Gallert**.

Gallien <-s, *ohne pl*> n *hist geog* Gallia f.

Gallier <-s, -> m (**Gallierin** f) *hist* gallo m, abitante mf della Gallia.

gallig **A** *adj* **1** (*boshaft*) {ÄUßERUNG, BEMERKUNG} acido, sarcastico, velenoso **2** (*sehr bitter*) {GESCHMACK} amaro come il fiele, amarissimo **B** *adv*: **das schmeckt ~**, è amaro come il fiele.

Gallone <-, -n> f gallone m.

Galopp <-s, ohne pl> m galoppo m: **im ~**, al galoppo; **gestreckter ~**, galoppo serrato; **in gestrecktem ~**, di gran carriera, a gran galoppo; **im ~ reiten**, andare al galoppo, galoppare, fare una galoppata.

galoppieren <ohne ge-> itr **1** <haben oder sein> (im Galopp reiten) galoppare, andare al galoppo **2** <sein> {irgendwohin ~ ÜBER DIE FELDER, DURCH DEN ORT} galoppare + compl di luogo.

galoppierend adj **1** {PFERD, REITER} al galoppo **2** (schnell ansteigend) {INFLATION} galoppante **3** med galoppante, fulminante.

Galopprennen n corsa f al galoppo.

galt 1. und 3. pers sing imperf von gelten.

galvanisch adj el {ELEMENT, STROM} galvanico.

galvanisieren <ohne ge-> tr el etw ~ {BLECH, EISEN} galvanizzare qc.

Galvanometer <-s, -> n tech galvanometro m.

Galvanoskop <-(e)s, -e> n el galvanoscopio m.

Gamasche <-, -n> f hist ghetta f, uosa f; (hohe ~) gambale m.

Gambe <-, -n> f mus viola f da gamba.

Gambia <-s, ohne pl> n geog Gambia m.

Gameboy® <-(s), -s> m (videogioco m) gameboy® m.

Gameshow f TV spettacolo m televisivo con giochi o quiz, gameshow m.

Gammastrahlen subst <nur pl> phys raggi m pl gamma.

gammelig adj fam **1** (verdorben) {LEBENSMITTEL} andato a male fam; {OBST} auch marcio **2** bes. pej (unordentlich) {AUSSEHEN, KLEIDUNG} trasandato, sciatto.

gammeln itr fam **1** (herumtrödeln) ciondolare fam, gingillarsi, cincischiare fam, cazzeggiare slang **2** pej (keiner festen Arbeit nachgehen) non fare un cavolo (dalla mattina alla sera) fam, vivere alla giornata; (bes. in den 60er Jahren) fare il capellone fam **3** (verderben) {LEBENSMITTEL} andare a male; {OBST} marcire.

Gammler <-s, -> m **Gammlerin** f fam oft pej **1** (Nichtstuer) fannullone (-a) m (f), perditempo mf **2** (bes. in den 60er Jahren) capellone (-a) m (f), hippie mf, hippy mf.

Gams <-, -(en)> m oder n oder f A CH süddt und Jagd → **Gämse**.

Gamsbart m pennacchio m di peli di camoscio.

Gamsbock, **Gämsbock** m zoo camoscio m (maschio).

Gämse <-, -n> f zoo camoscio m, camozza f nordital.

gang adj: **~ und gäbe sein**, essere uso corrente/[all'ordine del giorno]/[del tutto normale].

Gang① <-(e)s, Gänge> m **1** <nur sing> (~art) andatura f, passo m, modo m di camminare: **einen leichten ~ haben**, avere un passo leggero/[un'andatura leggera]; **seinen ~ verlangsamen**, rallentare il passo **2** fam (Besorgung) commissione f, faccenda f: **ich muss noch einige Gänge erledigen**, devo sbrigare ancora delle commissioni/faccende **3** <nur sing> (das Gehen): **auf dem ~ zum Friseur habe ich Thomas getroffen**, andando dal parrucchiere ho incontrato Thomas; **der ~ zur Bushaltestelle dauert nur zehn Minuten**, la fermata dell'autobus è a soli dieci minuti di cammino/strada; **wir machten einen ~ durch den Park**, abbiamo fatto una passeggiata attraverso il parco; **machen wir einen ~ durch die Innenstadt?**, facciamo un giro in centro? **4** <nur sing> (Ablauf) corso m, andamento m: **der ~ der Ereignisse**, il corso degli eventi/avvenimenti; **der ~ der Geschäfte**, l'andamento degli affari **5** <nur sing> tech (Bewegung) {+APPARATUR, MASCHINE} moto m, movimento m, funzionamento m **6** tech {+AUTO, FAHRRAD} marcia f: **den ersten ~ einlegen**, innestare/ingranare la prima marcia, mettere la prima fam; **in einen anderen ~ schalten**, cambiare marcia; **in den zweiten ~ schalten**, mettere la seconda fam; **den ~ (he)rausnehmen**, mettere in folle, disinnestare la marcia • **jdn auf seinem letzten ~ begleiten** geh euph, accompagnare qu durante il suo ultimo viaggio euph; **etw in ~ bringen/setzen** {MASCHINE, MOTOR}, avviare qc, mettere in moto qc; {VERHANDLUNGEN}, avviare qc, dare avvio a qc: **seinen (gewohnten) ~ gehen**, seguire il proprio corso, procedere regolarmente; **etw in ~ halten** {MOTOREN}, tenere acceso (-a) qc; {GESPRÄCH}, tenere in piedi qc, mantenere vivo (-a) qc; **den ~ nach Kanossa tun/antreten**, andare a Canossa; **in ~ kommen** {ARBEITEN, PLANUNG}, avviarsi, iniziare, prendere il via fam; {PERSON}, mettersi in moto fam: **ich komme heute nicht so richtig in ~**/[die Gänge], oggi non riesco a ingranare fam/carburare fam; **einen schweren ~ tun (müssen)**/[vor sich (dat)] haben, (dover) affrontare un compito ingrato; **im ~e**/[in ~] sein (im Ablauf begriffen), essere in corso; **die Verhandlungen sind noch im ~e**, le trattative sono ancora in corso; (heimlich vorbereitet werden), essere in atto; **da scheint eine Verschwörung im ~e zu sein**, sembra che si stia preparando un complotto; **da ist doch was im ~e!** fam, qualcosa bolle in pentola! fam, gatta ci cova! fam; **in vollem (~e) sein**, essere in pieno corso; **einen ~ zulegen** fam, accelerare.

Gang② <-(e)s, Gänge> m **1** (Hausflur) corridoio m, andito m **2** (offener Durchgang) passaggio m; (in Eisenbahnwagen, im Flugzeug) corridoio m; (im Krankenhaus, Theater oder Kino) auch corsia f **3** (unterirdischer ~) galleria f, passaggio m.

Gang③ <-(e)s, Gänge> m gastr portata f, piatto m: **die Mahlzeit bestand aus vier Gängen**, il pasto era composto da/[di] quattro portate; **der erste/zweite ~**, il primo/secondo.

Gang④ <-, -s> f slang gang m slang, banda f.

Gangart f **1** (Art des Gehens) {+PFERD} andatura f; {+MENSCH} auch passo m, modo m di camminare: **eine schnellere ~ anschlagen/einlegen**, prendere un'andatura più rapida, accelerare il passo; (schneller arbeiten) accelerare il ritmo **2** (Verhaltensweise) modo m di fare, maniere f pl • **eine härtere ~ anschlagen**, adottare una linea più dura.

gangbar adj **1** (zu begehen) {BRÜCKE, WEG} praticabile, percorribile, agibile **2** (brauchbar) {LÖSUNG, METHODE} praticabile, applicabile.

Gängelband n pej: **jdn am ~ führen/haben/halten** fam {EHEPARTNER, ELTERN}, tenere qu al guinzaglio fam.

gängeln tr fam pej jdn ~ tenere qu al guinzaglio: **sich von jdm ~ lassen**, farsi comandare a bacchetta da qu fam.

Ganges <-, ohne pl> m geog Gange m.

gängig adj **1** (gebräuchlich) {BRAUCH, PRAXIS} corrente, comune; {MEINUNG} auch diffuso; {METHODE} diffuso, usato **2** (gut verkäuflich) {ARTIKEL, GRÖSSE, MARKE} molto richiesto/[che si vende meglio] **3** (in Umlauf befindlich) {MÜNZE} in corso, corrente.

Ganglion <-s, Ganglien> n <meist pl> anat ganglio m.

Gangrän <-, -en> f oder <-s, -e> n med gangrena f, cancrena f.

Gangschaltung f {+AUTO, FAHRRAD} cambio m.

Gangster <-s, -> m fam gangster m, malvivente m, delinquente m.

Gangstermethode f <meist pl> pej metodo m da gangster/[mafioso].

Gangway <-, -s> f aero naut passerella f.

Ganove <-n, -n> m (Ganovin f) fam furfante mf, manigoldo (-a) m (f), gaglioffo (-a) m (f).

Gans <-, Gänse> f **1** zoo oca f **2** gastr oca f arrosto, arrosto m d'oca • **blöde/dumme ~** fam pej (Schimpfwort für eine Frau), oca fam pej, scema pej.

Gänseblümchen <-s, -> n bot margheritina f fam, pratolina f, bellide f bot.

Gänsebraten m gastr oca f arrosto, arrosto m d'oca.

Gänsebrust f gastr petto m d'oca.

Gänsefeder f piuma f/penna f d'oca.

Gänsefüßchen <-s, -> n <meist pl> fam virgoletta f: **etw in ~ setzen**, mettere qc tra virgolette, virgolettare qc.

Gänsehaut <-, ohne pl> f pelle f d'oca: **vor lauter Kälte habe ich eine ~ bekommen/gekriegt** fam, ho la pelle d'oca per il freddo.

Gänseklein <-s, ohne pl> n gastr rigaglie f pl d'oca.

Gänseleberpastete f gastr pâté m di fegato d'oca.

Gänsemarsch m fam: **im ~ gehen**, camminare in fila indiana.

Gänserich <-s, -e> m maschio m dell'oca, oca f maschio.

Gänseschmalz n gastr strutto m/grasso m d'oca.

Gant <-, -en> f CH (Versteigerung) asta f.

Ganter <-, -> m norddt → **Gänserich**.

ganz① **A** adj **1** <attr> (gesamt) {GARTEN, GELD, WAHRHEIT, ZEIT} tutto; {FAMILIE} auch intero: **die ~e Welt**, il mondo intero, tutto il mondo; **er hat mich die ~e Zeit angesehen**, mi ha osservato tutto il tempo/[continuamente]; **ich habe den ~en Tag auf dich gewartet**, ti ho aspettato (-a) (per) tutto il giorno; **wer hat den ~en Kuchen gegessen?**, chi ha mangiato tutto il dolce?; **ich habe die ~e Suppe gegessen**, ho mangiato tutta quanta la minestra; **wirf den ~en Mist in den Müll!** fam, butta tutta questa robaccia nella spazzatura! fam; **den ~en Sommer (über)**, (durante/per) tutta l'estate/[l'intera estate]; (vor geographischen Namen) tutto; **in ~ Deutschland**, in tutta la Germania; **in ~ Europa**, in tutta (l')Europa; **~ München war zu dem Konzert der drei berühmten Tenöre gekommen**, tutta Monaco era andata al concerto dei tre famosi tenori; **die ~e Schweiz**, tutta la Svizzera **2** fam (vor Mengenangaben verstärkend: ziemlich viel): **er hat eine ~e Menge**/[einen ~en Haufen] **Schallplatten**, ha parecchi/[un bel po' di] dischi **3** <pl attr> fam (alle) {BONBONS, HÄUSER, KEKSE} tutti: **meine ~en Möbel**, tutti i miei mobili; **die ~en Leute**, tutta la gente **4** <attr> fam (vor Kardinalzahl: nicht mehr als) solo, soltanto, solamente: **~e drei Zigaretten sind mir übrig geblieben**, mi sono rimaste solo tre/[tre misere] sigarette; (nicht weniger als) interi; **ich war ~e drei Wochen am Meer**, sono stato (-a) ben tre settimane al mare; **er hat ~e zehn Kilo abgenommen**, è dimagrito di ben dieci kili **5** <attr> (ungeteilt) {DREHUNG, RUNDE} completo, intero; {ZAHL} intero; **eine ~e Note** mus, una semibreve, un intero **B** adv **1** (betont: verstärkend vor adj) molto: **sie ist ~ jung**, è giovanissima/[assai/molto giovane]; **sie war ~ blass geworden**, era diventata pallidissima/[tutta pallida]; **wie war das Rock-Konzert? - Ganz toll!**, com'è stato il concerto rock? - Fantastico!; **ich habe dir etwas ~ Schönes mitgebracht**, ti ho portato una cosa bellissima **2** (*unbetont: ziemlich*) abbastanza: **wie geht es dir? - Ganz gut**, come stai? - ₍Abbastanza bene₎/[Non c'è male]/[Discretamente]/[Benino]; **wie ist Karins neuer Freund? - Na ja, ~ nett**, com'è il nuovo ragazzo di Karin? - Insomma, abbastanza simpatico; **wie war euer Urlaub? - Ganz schön**, come sono andate le vacanze? - ₍Abbastanza bene₎/[Benino] **3** (*völlig*) completamente, del tutto: **das überzeugt mich nicht ~**, non mi convince ₍del tutto₎/[fino in fondo]; **hast du die Jacke in die Reinigung gebracht? - Nein, das habe ich ~ vergessen**, hai portato la giacca in lavanderia? - No, l'ho completamente dimenticato; **ich bin ~ Ihrer Meinung**, la penso esattamente come Lei, sono perfettamente d'accordo con Lei; **ich bin ~ und gar einverstanden**, sono ₍del tutto₎/[assolutamente] d'accordo; **das hat er ~ und gar vergessen**, l'ha completamente/totalmente dimenticato; **du hast ~ Recht**, hai perfettamente ragione; **das ist mir ~ egal**, mi è ₍del tutto₎/[completamente] indifferente; **jetzt muss er ~ von vorn anfangen**, ora deve incominciare tutto daccapo; **lies es mir bitte ~ vor!**, leggimelo ₍per intero₎/[tutto], per favore!; **ich möchte das Buch ~ zu Ende lesen**, voglio finire di leggere questo libro, voglio leggere questo libro fino ₍in fondo₎/[alla fine]; **er ist ~ sein Vater**, è tutto suo padre **4** (*verstärkend vor Lokaladverbien*): **ich wohne ~ oben**, abito proprio in cima; **das neue Lied von Tina Turner ist ~ oben in der Hitparade**, la nuova canzone di Tina Turner è in testa ₍alle classifiche₎/[alla hit-parade]; **er sitzt ~ hinten in der Klasse**, siede in fondo in fondo all'aula **5** *fam* (*ziemlich*) **~ schön +** *adj* parecchio/abbastanza + *adj*: **er ist ~ schön frech/unverschämt**, è parecchio sfacciato, ha una bella/gran faccia tosta *fam*; **es ist ~ schön kalt**, fa parecchio freddo, fa proprio un gran freddo ● **~ allein**, solo (-a) soletto (-a), tutto (-a) solo (-a); **~ bestimmt!**, certo che sì!; **~ und gar**, del tutto, completamente, assolutamente; **~ und gar nicht**, nient'affatto, per niente, non ... assolutamente; **~ gewiss**, certamente, sicuramente, di sicuro; **~ gleich, was passiert...**, qualunque/qualsiasi cosa succeda ...; **~ gleich, wie viel es kostet**, non importa quanto costa, qualunque prezzo abbia; **etw wieder ~ machen** *fam*, sistemare qc, aggiustare qc, mettere a posto qc *fam*, riparare qc; **~ richtig!**, esatto!, giusto!; **~ wie Sie meinen/wünschen/...**, come crede/desidera/...

ganz② *adj* <präd> *fam* (*unbeschädigt*) {GESCHIRR, GLAS, PORZELLAN} intero, intatto, integro: **die Torte ist noch ~**, la torta è ancora tutta intera.

Ganze <dekl wie adj> *n* <nur sing> **1** (*Ungeteiltes*) insieme *m*: **als ~s**, nell'insieme; **in diesem Stadtviertel fügen sich alte und moderne Gebäude zu einem harmonischen ~n**, in questo quartiere edifici vecchi e moderni formano un insieme armonico **2** (*alles zusammen*): **das ~**, il tutto, tutto quanto/ciò; **das ~ ist sehr unerfreulich**, ₍tutto il tutto₎/[tutta la faccenda *fam*] è proprio spiacevole ● **aufs ~ gehen** *fam*, giocare/rischiare il tutto per tutto; **hier geht es ums ~**, qui ci giochiamo tutto, o la va o la spacca *fam*; **im ~n (insgesamt)**, in tutto; **im ~n (gesehen)**, tutto sommato, nell'insieme; **was soll das ~?**, che senso ha tutto questo?

Ganzheit <-, *ohne pl*> *f geh*: **in seiner/ihrer ~**, nella sua interezza/totalità/globalità.

ganzheitlich **A** *adj* {BETRACHTUNGSWEISE} complessivo, globale **B** *adv* {BETRACHTEN} complessivamente, globalmente.

Ganzheitsmedizin *f med* medicina *f* olistica.

Ganzheitsmethode *f Schule* globalismo *m*, metodo *m* globale.

ganzjährig **A** *adj* <attr> {KURS, SEMINAR} che dura tutto l'anno, annuale **B** *adv*: **die Kuranlagen sind ~ geöffnet**, gli impianti termali sono aperti tutto l'anno.

Ganzleinen *n* **1** (*reines Leinen*) puro lino *m* **2** (*Bucheinband*): **in ~ gebunden**, rilegato in tutta tela.

gänzlich **A** *adj* <attr> {FEHLEN, MANGEL} totale, completo **B** *adv* {FEHLEN, MANGELN, VERGESSEN} completamente, del tutto, totalmente.

ganzseitig *adj* {ANZEIGE, ARTIKEL} a tutta pagina, di una pagina.

ganztägig **A** *adj* {ARBEIT, STELLE} a tempo pieno, full time; {AUSFLUG} di un giorno, di un'intera giornata **B** *adv* {ARBEITEN, BESCHÄFTIGT SEIN} a tempo pieno, full time; {GEÖFFNET SEIN} tutto il giorno, l'intera giornata.

ganztags *adv*: **~ arbeiten**, lavorare ₍a tempo pieno₎/[full time]; **~ geöffnet**, aperto ₍l'intera giornata₎/[tutto il giorno].

Ganztagsarbeit *f* lavoro *m*/impiego *m* ₍a tempo pieno₎/[full time], full time *m*.

Ganztagsbetreuung, **Ganztagesbetreuung** *f* assistenza *f* (ai bambini) che copre tutta la giornata.

Ganztagsjob *m fam* lavoro *m*/occupazione *f* a tempo pieno, full time job *m*.

Ganztagsschule *f* (scuola *f* a) tempo *m* pieno.

Ganztagsstelle *f* → **Ganztagsarbeit**.

Ganzton *m mus* tono *m* intero.

gar① *adv* **1** (*verstärkende Verneinung: überhaupt*): **gar nicht/kein**, non ... affatto/assolutamente, per niente; **ich habe gar keine Lust, ins Kino zu gehen**, non ho affatto/nessuna/[per niente] voglia di andare al cinema; **du hast gar keinen Fehler gemacht**, non hai fatto proprio nessun errore; **gar nichts**, nulla, niente; **der versteht gar nichts**, non capisce proprio nulla/niente/[un tubo *fam*]; **sie weiß gar nichts**, non sa niente di niente; **wer von euch hat an dem Kurs teilgenommen? - Gar keiner**, chi di voi ha partecipato al corso? - Assolutamente nessuno; **auf gar keinen Fall**, in nessun(issimo) caso; **ich bin gar nicht müde**, non sono affatto/assolutamente stanco (-a); **bist du mir böse? - Nein, gar nicht**, sei arrabbiato (-a) con me? - Nient'affatto; **es war gar niemand da**, non c'era ₍proprio nessuno₎/[anima viva]; **gar nicht schlecht/übel**, niente/mica *fam* male **2** (*sogar*) addirittura, persino: **Ihr Sohn sollte zweimal pro Woche Nachhilfestunden nehmen, wenn nicht gar dreimal**, Suo figlio dovrebbe andare a ripetizione due volte, se non addirittura tre volte la settimana.

gar② *partik* **1** <meist verneint> (*unbetont: verstärkend vor (rhetorischen) Fragen*): **du hast doch nicht gar an dem Streik teilgenommen?**, non ₍hai mica *fam*₎/[mi dire che hai *fam*] partecipato allo sciopero?; **ist er gar schon zurückgekommen?**, è forse già tornato? **2** (*unbetont: wirklich*) veramente, davvero: **er hat gar geglaubt, das Problem gelöst zu haben**, credeva davvero di aver risolto il problema **3** (*unbetont: erst*): **seine Mutter ist schon unsympathisch, aber gar sein Vater!**, già sua madre è antipatica, ₍per non parlare di₎/[ma vedessi] suo padre! **4** (*betont*): **gar zu/so: ich hätte gar zu gern noch ein paar Tage am Meer verbracht**, ₍avrei dato chissà cosa per₎/[mi sarebbe piaciuto troppo] passare ancora qualche giorno al mare.

gar③ *adj gastr* <meist präd> {FLEISCH, GEMÜSE, KARTOFFELN} (ben) cotto, pronto: **das Gemüse ist gar gekocht**, la verdura è cotta (₍al punto giusto₎/[a puntino]).

Garage <-, *-n*> *f* (auto)rimessa *f*, garage *m*: (*kleine ~*) box *m*: **den Wagen in die ~ stellen/fahren**, mettere/portare la macchina in garage.

Garant <-*en*, *-en*> *m* (**Garantin** *f*) garante *mf*.

Garantie <-, *-n*> *f* **1** (*handelsübliche Zusicherung*) garanzia *f*: **~ auf etw (akk) geben**, dare una garanzia per qc; **unsere Fernsehgeräte haben alle zwei Jahre ~**, tutti i nostri televisori ₍hanno una garanzia di₎/[sono garantiti (per)] due anni; **geht diese Reparatur noch auf ~?**, questa riparazione è ancora ₍coperta dalla₎/[in] garanzia?; **die ~ (auf etw akk)/(für etw akk) ist abgelaufen**, la garanzia di qc è scaduta **2** (*Gewähr, Sicherheit*) garanzia *f*: **eine gute Berufsausbildung ist nicht unbedingt eine ~ für einen Arbeitsplatz**, una buona formazione professionale non ₍è necessariamente una garanzia per₎/[garantisce per forza] un posto di lavoro; **die ~ für etw (akk) übernehmen**, garantire di qc, farsi garante di qc; **ich gebe Ihnen die ~ darauf, dass ...** (*ich versichere Ihnen*), Le garantisco che ...; **glaubst du, ich bekomme die Stelle? - Dafür kann ich dir keine ~ geben**, credi che mi diano il posto? - Non ₍posso garantirtelo₎/[posso dartene la garanzia] **3** <meist pl> (*Bürgschaft*) garanzia *f*: **die Bank verlangt ~n**, la banca esige/pretende delle garanzie ● **unter ~: unter ~ hat sie wieder den Zug verpasst**, ₍ci scommetterei che₎/[garantito che]/[di sicuro] ha di nuovo perso il treno.

Garantieanspruch *m* diritto *m* alla garanzia.

Garantiefonds *m ökon* fondo *m* protetto.

Garantiefrist *f* → **Garantiezeit**.

Garantieleistung *f* **1** <nur sing> (*das Leisten von Garantie*) garanzia *f* **2** (*einzelne Leistung*) prestazione *f* in garanzia.

garantieren <ohne ge-> **A** *tr* (*jdm*) *etw* **~ 1** (*gewährleisten*) {GESETZ, PERSON, VERFASSUNG, VERTRAGSKLAUSEL} garantire qc (*a qu*) **2** (*zusichern*) garantire qc (*a qu*), assicurare qc *a qu*: **und wer garantiert mir, dass Sie diese Summe zurückzahlen?**, e chi mi garantisce/[dà la garanzia] che Lei mi restituisca questa somma? **B** *itr* **für etw** (akk) **~** garantire per qc, farsi garante di qc.

garantiert *adv fam* sicuramente, certamente, di sicuro: **ich komme ~ zu deiner Fete**, vengo alla tua festa, garantito!; **~ frisch**, freschezza garantita.

Garantieschein *m* (certificato *m* di) garanzia *f*.

Garantiezeit *f* periodo *m* di garanzia.

Garantin *f* → **Garant**.

Garaus *m fam*: **jdm den ~ machen**, far fuori qu *fam*, fare la pelle a qu *fam*, ammazzare qu; **einem Tier den ~ machen**, uccidere un animale; **etw** (dat) **den ~ machen**, farla finita con qc.

Garbe① <-, *-n*> *f* (*Getreidebündel*) covone *m*.

Garbe② <-, *-n*> *f* (*Serie von Schüssen*) raffica *f*.

Gardasee *m geog* lago *m* di Garda.

Garde <-, *-n*> *f* guardia *f* ● **(noch) (einer) von der alten ~ (sein)**, (essere) (ancora) della vecchia guardia; **die königliche ~**, la guardia reale; **die** *Schweizer* **~**, a.R. *von* Schweizergarde → **Schweizergarde**.

Gardenie <-, -n> f bot gardenia f.

Garderobe <-, -n> f **1** <nur sing> (*Kleidung*) guardaroba m *oder rar* f, vestiti m pl, vestiario m: **sie hat eine sehr elegante ~**, ha un guardaroba molto elegante; **für ~ übernimmt die Direktion keine Haftung**, la direzione non risponde del guardaroba, per il guardaroba la direzione declina ogni responsabilità **2** (*Ablegestelle für Mäntel*) guardaroba m *oder rar* f: **Sie können Ihren Mantel an der ~ abgeben**, può lasciare/depositare il Suo cappotto al guardaroba; **die ~ kostet 1 Euro**, il guardaroba costa 1 euro **3** *theat* (*Ankleideraum*) camerino m **4** (*~nhaken*) attaccapanni m.

Garderobenfrau f guardarobiera f, guardarobière f.

Garderobenmarke f contromarca f/ scontrino m del guardaroba.

Garderobenständer m attaccapanni m.

Gardine <-, -n> f tenda f, tendina f: **die ~n auf-/zuziehen**, aprire/chiudere le tende • **hinter schwedischen ~n sitzen** *fam*, essere dietro le sbarre *fam*, vedere il cielo a scacchi *fam*, essere in gattabuia *fam*.

Gardinenleiste f riloga f, guida f.

Gardinenpredigt f *fam*: **jdm eine ~ halten**, fare una ramanzina *fam*/un predicozzo *fam*/un sermone a qu.

Gardinenstange f asta f della tenda/tendina; (*zum Aufziehen*) tirante m.

Gardist <-en, -en> m mil (soldato m della) guardia f.

garen A tr *etw* ~ {FLEISCH, KARTOFFELN} cuocere qc (a fuoco lento) B itr cuocere (a fuoco lento).

gären <gärt, gärte oder gor, gegärt oder gegoren> A itr **1** <haben oder sein> (*sauer werden*) {BIER, ESSIG, SAFT, WEIN} fermentare; {SAUERTEIG} *auch* lievitare, essere in fermento: **der Wein gärt**, il vino sta ribollendo/fermentando **2** <sein> (*zu etw übergehen*) **zu etw** (dat) ~ {WEIN ZU ESSIG} diventare qc **3** <haben> (*brodeln*) **in jdm** ~ {GEFÜHLE, HASS, REBELLION, WUT} fermentare *in qu*, ribollire *in qu* B unpers: **im Volke gärt es**, il popolo è in fermento/subbuglio.

Garn <-(e)s, -e> n filato m, filo m: **Wolle zu ~ spinnen**, filare la lana; **mit ~ aus Seide sticken**, ricamare con un/(il) filo di seta; **unser Betrieb exportiert nur ~e aus Baumwolle und Seide**, la nostra azienda esporta solamente filati di cotone e seta • **jdm ins ~ gehen** obs, cadere nella rete di qu; **(s)ein ~ spinnen**, raccontare frottole *fam*.

Garnele <-, -n> f zoo gamberetto m (di mare).

garni adj: **Hotel ~**, (hotel) garni.

garnieren <ohne ge-> tr *gastr* **etw** (*mit etw* dat) ~ {BRATEN, WURSTPLATTE MIT PETERSILIE, KUCHEN, TORTE MIT SAHNETUPFER} guarnire qc (*con* qc).

Garnierung <-, -en> f **1** <nur sing> (*das Garnieren*) guarnire m **2** (*garnierende Zutaten*) guarnizione f, decorazione f.

Garnison <-, -en> f mil **1** (*Standort*) guarnigione f, presidio m: **in ~ liegen**, stare/essere di guarnigione/presidio **2** (*Truppen*) guarnigione f.

Garnitur <-, -en> f (*zusammengehörige Teile*) (*Bettwäsche, Handtücher, Unterwäsche*) coordinato m, parure f; (*Tischwäsche*) *auch* set m; (*Sportgarnitur*) completo m; (*Couch, Möbel*) coordinato m; (*Knöpfe*) serie f, assortimento m; (*Schreibtischgarnitur*) set m/completo m (da scrivania) • **die** *erste/zweite/dritte* ~

fam: **er ist ein Politiker der ersten ~** *fam*, è un personaggio politico di prim'ordine; **dieser Sportler ist nur zweite ~**, questo è un atleta di serie B; **er gehört zur dritten ~** *pej*, è di terza categoria, è scadente.

Garnknäuel m *oder* n gomitolo m di filo.

Garnrolle f rocchetto m di filo.

Garnspule f spola f/bobina f di filo.

garstig obs A adj **1** (*hässlich*) {HEXE} orribile, schifoso **2** (*unangenehm*) {GERUCH} sgradevole, schifoso *fam*; {WETTER} brutto, uggioso **3** (*ungezogen*) {KIND} cattivo B adv (*ungezogen*) {SICH BENEHMEN} da maleducato (-a).

Gärstoff m fermento m.

Garten <-s, Gärten> m (*Ziergarten*) giardino m; (*Nutzgarten*) orto m; (*Obstgarten*) frutteto m: **im ~ arbeiten**, lavorare in giardino, fare (il) giardinaggio • *botanischer* ~, orto/giardino botanico; **der ~ Eden**, il giardino dell'eden; *zoologischer* ~ *adm*, giardino zoologico.

Gartenanlage f giardino m pubblico, giardini m pl.

Gartenarbeit f (lavoro m di) giardinaggio m.

Gartenarchitekt m (**Gartenarchitektin** f) architetto m dei giardini.

Gartenarchitektur <-, ohne pl> f architettura f dei giardini.

Gartenbank f panchina f da giardino.

Gartenbau <-(e)s, ohne pl> m (*von Ziergärten*) giardinaggio m; (*von Nutzgärten*) orticoltura f.

Gartenbauausstellung f esposizione f di ortofloricoltura.

Gartenbaubetrieb m azienda f di ortofloricoltura.

Gartencenter n garden center m.

Gartenfest n festa f in giardino/all'aperto, garden-party m.

Gartengerät n <meist pl> attrezzo m da giardino.

Gartenhaus n **1** (*Geräteschuppen*) rimessa f **2** (*kleines Haus im Garten*) casetta f in giardino.

Gartenlaube f **1** (*offene ~*) pergola f, pergolato m, bersò m **2** (*Häuschen*) gazebo m, chiosco m da giardino.

Gartenlokal n caffè m/ristorante m con giardino, locale m pubblico all'aperto.

Gartenmesser n roncola f.

Gartenmöbel n <pl> mobili m pl da giardino.

Gartenschau f esposizione f di floricoltura, mostra f di fiori e (di) piante.

Gartenschere f cesoie f pl da giardinaggio, forbici f pl da giardiniere.

Gartenschlauch m sistola f (per annaffiare), tubo m d'irrigazione.

Gartenzaun m (*aus Holz*) staccionata f/ steccato m/palizzata f del giardino; (*aus Draht*) recinzione f metallica.

Gartenzwerg m nanetto m per ornamento di giardini.

Gärtner <-s, -> m (**Gärtnerin** f) giardiniere (-a) m (f); (*Gemüsegärtner*) orticoltore (-trice) m (f).

Gärtnerei <-, -en> f **1** (*Unternehmen*) (*für Blumen und Pflanzen*) azienda f di floricoltura; (*mit Baumschule*) vivaio m; (*für Obst oder Gemüse*) azienda f di ortofrutticoltura **2** (*Gartenarbeit*) giardinaggio m.

Gärtnerin f → **Gärtner**.

gärtnerisch adj <attr> **1** (*als Gärtner*) {AUSBILDUNG} di/da giardiniere; {KENNTNISSE} di giardinaggio **2** (*den Gartenbau betreffend*)

~**er Betrieb**, azienda f di ortofloricoltura.

gärtnern itr fare (del) giardinaggio, lavorare in giardino.

Gärung <-, -en> f **1** (*alkoholische ~ von Bier, Saft, Trauben*) fermentazione f **2** fig fermento m, subbuglio m.

Gärungsprozess (a.R. Gärungsprozeß) m processo m di fermentazione.

Gas <-es, -e> n **1** (*luftförmiger Stoff*) gas m: **brennbares/flüssiges/giftiges Gas**, gas combustibile/ liquido/ [venefico/ tossico]; **Ausströmen/Austreten von Gas**, fuoriuscita/fuga di gas **2** <nur sing> (*Haushaltsgas*) gas m: **das Gas anmachen** *fam*/**andrehen/anzünden**, aprire/accendere il gas; **das Gas ausmachen** *fam*/**ausdrehen/abstellen**, chiudere *fam*/spegnere il gas; **es riecht nach Gas**, c'è odore/puzzo di gas **3** <nur sing> *fam* (*Gasherd*) gas m: **vergiss nicht, den Topf vom Gas zu nehmen, wenn du weggehst**, non dimenticarti di togliere la pentola dal gas quando esci *fam*; **etw aufs Gas stellen**, mettere qc (a cuocere) sul gas *fam* **4** <nur sing> *fam* (*Gaspedal*) gas m *fam*, acceleratore m: **Gas geben**, dare gas, accelerare; **aufs Gas treten** *fam*, pigiare sull'acceleratore; **Gas wegnehmen**, togliere/levare il gas, rallentare.

Gasableser m (**Gasableserin** f) letturista mf del gas, uomo m del gas *fam*.

Gasanschluss (a.R. Gasanschluß) m allacciamento m (alla rete) di gas.

Gasanzünder m accendigas m.

Gasbackofen m forno m a gas.

Gasbrenner m bruciatore m a gas.

Gasdichte <-, ohne pl> f densità f del gas.

Gasexplosion f esplosione f di gas.

Gasfernleitung f gasdotto m.

Gasfeuerzeug n accendino m a gas.

Gasflasche f bombola f del/di gas.

gasförmig adj {STOFFE} gassoso, aeriforme.

Gasgemisch n miscela f/miscuglio m di gas.

Gasgeruch m odore m di gas.

Gashahn m rubinetto m del gas • **den ~ aufdrehen** *fam euph*, suicidarsi col gas.

Gasheizung f riscaldamento m a gas.

Gasherd m cucina f a gas.

Gaskammer f *hist* (*im Nationalsozialismus*) camera f a gas.

Gaskocher m fornello m a gas.

Gaslampe f lampada f a gas.

Gasleitung f conduttura f del gas.

Gasmann m *fam* → **Gasableser**.

Gasmaske f maschera f antigas.

Gasmotor m motore m a gas.

Gasofen m stufa f a gas.

Gasolin <-s, ohne pl> n *chem* gasolina f.

Gaspedal n pedale m dell'acceleratore/ [del gas].

Gaspistole f pistola f a gas.

Gasrechnung f bolletta f del gas.

Gasrohr n tubo m del gas.

Gässchen (a.R. Gäßchen) <-s, -> n dim *von* Gasse vicoletto m, viuzza f, chiasso m.

Gasse <-, -n> f **1** (*schmale Straße*) viuzza f, vicolo m **2** (*schmaler Durchgang*) passaggio m: **sich** (dat) **eine ~ durch die Menge bahnen**, aprirsi un varco attraverso/tra la folla **3** *A süddt* (*Straße*) strada f, stradina f: **das Zimmer liegt an der ~**, la camera dà sulla strada • **über die ~** *A CH*, da asporto/[portar via].

Gassenhauer <-s, -> m *fam* canzonetta f in voga/[molto gettonata], canzone f da oste-

ria.
Gassenjunge m ragazzo m di strada, ragazzaccio m.
Gassi *fam*: **(mit dem Hund) ~ gehen**, portare fuori il cane.
Gast <-(e)s, Gäste> m **1** (*ins Haus eingeladene Person*) ospite mf, invitato (-a) m (f): **für dieses Wochenende erwarten wir Gäste**, attendiamo ospiti per questo fine settimana; **heute Abend haben wir Gäste**, stasera abbiamo ospiti/invitati; **die Gäste verabschieden sich**, gli ospiti/invitati si congedarono; **bei uns bist du immer ein willkommener ~**, a casa nostra sei sempre il benvenuto/la benvenuta; **sie ist ein seltener ~**, la si vede poco *fam*; **ein gern gesehener ~**, un ospite gradito **2** (*zu etwas Eingeladener*) ospite mf, invitato (-a) m (f): **betrachten Sie sich als mein ~! geh**, si consideri mio (-a) ospite; **heute Abend bist du mal mein ~, du kannst bestellen, was du willst**, stasera ₍ti invito io₎/[sei mio (-a) ospite], ordina pure quello che vuoi; (*bei einem großen Essen*) convitato (-a) m (f), commensale mf **3** (*Besucher*) {+LAND} ospite mf; {+HOTEL} *auch* cliente mf; {+LOKAL} cliente mf, avventore (-trice) m (f): **er ist ständiger ~ im Spielkasino**, è un ₍assiduo/abituale frequentatore₎/[habitué] del casinò **4** (~*künstler*) ospite mf; (*in einem Film*) guest star mf; (*in einem Fernsehstudio*) ospite mf (d'onore) **5** *sport* ospiti m pl ● **jdn zu ~ bitten** *geh*, invitare qu; **jdn zu ~ haben**, ospitare qu, avere ospite qu; **bei jdm zu ~ sein**, essere ospite di qu.
Gastarbeiter m (**Gastarbeiterin** f) lavoratore (-trice) m (f) straniero (-a).
Gastdozent m (**Gastdozentin** f) docente mf ospite.
Gästebett n letto m per gli ospiti.
Gästebuch n libro m degli ospiti; (*im Hotel*) registro m ₍degli ospiti₎/[dei clienti].
Gästehandtuch n asciugamano m per gli ospiti.
Gästehaus n casa f per gli ospiti, foresteria f.
Gästezimmer n camera f/stanza f degli/ [per gli] ospiti.
Gastfamilie f famiglia f ospitante/ospite.
gastfreundlich A adj {FAMILIE, MENSCH} ospitale B adv {AUFNEHMEN} in modo ospitale.
Gastfreundlichkeit <-, *ohne* pl> f, **Gastfreundschaft** <-, *ohne* pl> f ospitalità f: **jdm Gastfreundschaft gewähren**, offrire ospitalità a qu; **jds Gastfreundschaft in Anspruch nehmen**, approfittare dell'ospitalità di qu.
Gastgeber m (**Gastgeberin** f) **1** (*jemand, der Gäste bewirtet*) ospite mf, ospitante mf, padrone (-a) m (f) di casa **2** <*nur* m, *meist* pl> *sport* squadra f ospitante/[di casa] ● ₍den ~₎/[die ~in] **spielen**, fare gli onori di casa.
Gastgeschenk n dono m/regalo m dell'ospite.
Gasthaus n, **Gasthof** m (*zum Essen und Trinken*) trattoria f, osteria f; (*mit Unterkunft*) locanda f.
Gasthörer m (**Gasthörerin** f) *univ* (studente (-essa) m (f)) uditore (-trice) m (f).
gastieren <*ohne* ge-> itr **irgendwo ~ 1** (*als Gast auftreten*) {BALLETTTRUPPE, BAND, SÄNGER} esibirsi (come ospite) + *compl di luogo*; {THEATERGRUPPE} recitare (come ospite) + *compl di luogo* **2** *sport* giocare in trasferta + *compl di luogo*: **nächstes Samstag gastiert die Mannschaft in Frankfurt**, sabato prossimo la squadra gioca (in trasferta) a Francoforte.
Gastland n paese m ospitante/ospite.
gastlich *geh* A adj {HAUS} ospitale B adv {EMPFANGEN} in maniera ospitale.
Gastlichkeit <-, *ohne* pl> f ospitalità f.
Gastmahl n banchetto m, convito m; (*in der Antike*) simposio m.
Gastmannschaft f *sport* squadra f ospite/[in trasferta].
Gastod m morte f per gas: **den ~ sterben**, morire asfissiato (-a) dal gas.
Gastpflanze f *bot* pianta f parassita.
Gastprofessor m (**Gastprofessorin** f) *univ* visiting professor mf.
Gastprofessur f *univ*: **eine ~ haben**, essere visiting professor.
Gastrecht <-(e)s, *ohne* pl> n (diritto m di) ospitalità f: **jdm ~ gewähren**, dare ospitalità a qu, ospitare qu; **das ~ missbrauchen**, abusare ₍del diritto di ospitalità₎/[dell'ospitalità].
Gastredner m (**Gastrednerin** f) oratore (-trice) m (f) ospite.
gastrisch adj *med* gastrico.
Gastritis <-, *Gastritiden*> f *med* gastrite f.
Gastroenteritis <-s, *Gastroenteritiden*> f *med* gastroenterite f.
gastrointestinal adj *med* gastrointestinale, gastroenterico.
Gastrolle f {+KÜNSTLER, SCHAUSPIELER} partecipazione f straordinaria.
Gastronom <-en, -en> m (**Gastronomin** f) *geh* gastronomo (-a) m (f).
Gastronomie <-, *ohne* pl> f **1** (*Gaststättengewerbe*) ristorazione f **2** (*Kochkunst*) gastronomia f.
Gastronomin f → **Gastronom**.
gastronomisch adj **1** (*das Gaststättengewerbe betreffend*) {BETRIEB} della ristorazione **2** (*die Kochkunst betreffend*) {SPEZIALITÄT} gastronomico.
Gastroskopie <-, -n> f *med* gastroscopia f.
Gastschüler m (**Gastschülerin** f) studente (-essa) m (f) che partecipa a uno scambio.
Gastspiel n **1** (*Auftreten als Gast*) spettacolo m di una compagnia ospite **2** *sport* (*Auswärtsspiel*) trasferta f, partita f fuori casa ● (*irgendwo*) **nur ein kurzes ~ geben** *fam*, fare solo una breve/fugace apparizione (+ *compl di luogo*), fare toccata e fuga (+ *compl di luogo*) *fam*.
Gastspielreise f tournée f.
Gaststätte f trattoria f; (*gehoben*) ristorante m.
Gaststättengewerbe n (industria f della) ristorazione f.
Gaststube f sala f di una trattoria/osteria/locanda.
Gastvorlesung f *univ* lezione f di un docente ospite.
Gastwirt m (**Gastwirtin** f) ristoratore (-trice) m (f), oste (-essa) m (f), trattore (-trice) m (f).
Gastwirtschaft f → **Gaststätte**.
Gasuhr f *fam* → **Gaszähler**.
Gasverbrauch m consumo m di gas.
Gasvergiftung f avvelenamento m/intossicazione f da gas.
Gasversorgung f (*vom Gaswerk*) erogazione f del gas; (*vom Gesichtspunkt des Verbrauchers aus*) approvvigionamento m di gas: **die ~ ist vorübergehend unterbrochen**, l'erogazione del gas è temporaneamente sospesa; **die ~ ist in diesen Gebieten nicht gesichert**, in queste zone non è assicurato l'approvvigionamento di gas.
Gaswerk n centrale f del gas.
Gaszähler m contatore m del gas.
Gate <-s, -s> n *aero* → **Flugsteig**.
Gateway <-s, -s> n *inform* gateway m.
GATT <-, *ohne* pl> n Abk *von engl* General Agreement on Tariffs and Trade: GATT m (*Accordo m generale sulle tariffe e sul commercio*).
Gatte <-n, -n> m *geh oder obs* coniuge m *geh*, consorte m *geh oder form*, marito m.
Gatter <-s, -> n **1** (*Lattenzaun*) recinto m, steccato m, recinzione f **2** (*Holz- oder Eisentor*) cancello m.
Gattin f *geh oder obs* consorte f *geh oder form*, coniuge f *geh*, sposa f, moglie f.
Gattung <-, -en> f **1** *biol zoo* genere m **2** *kunst lit mus* genere m **3** (*Art*) genere m, specie f.
Gattungsbegriff m concetto m (generico); *lit* genere m.
Gattungsname m **1** *ling* (*Appellativ*) nome m/appellativo m comune **2** *bot zoo* nome m del genere.
Gau <-(e)s, -e> m **1** *obs* (*Bezirk*) territorio m, regione f **2** *hist* (*im Nationalsozialismus*) "distretto m organizzativo/amministrativo del partito nazista durante il Terzo Reich".
GAU <-(s), -s> m <*meist sing*> Abk *von* größter anzunehmender Unfall: "massimo incidente m ipotizzabile (in una centrale nucleare)" ● **bei Omas Geburtstag gab es den größten Gau** *slang*, al compleanno della nonna è successo un patatrac *fam*/il finimondo.
Gauck-Behörde f *hist* "ente m che, dopo la caduta del muro, ha curato la gestione degli archivi della Stasi".
Gaudi <-, *ohne* pl> f *süddt A fam* spasso m, divertimento m ● **sich** (dat) **eine ~ daraus machen, etw zu tun**, divertirsi a fare qc; **das war vielleicht eine ~!**, che spasso!
gaukeln itr <*sein*> *lit* svolazzare.
Gaukler <-s, -> m (**Gauklerin** f) *obs* (*Jahrmarktkünstler*) saltimbanco (-a) m (f).
Gaul <-(e)s, Gäule> m *pej* **1** (*schlechtes Pferd*) brocco m *pej*, ronzino m **2** *süddt fam* (*Pferd*) cavallo m ● **jdm geht der ~ durch** *fam*, qu perde le staffe *fam*; **einem geschenkten ~ schaut man nicht ins Maul** *prov*, a caval donato non si guarda in bocca *prov*.
Gauleiter m *hist* (*im Nationalsozialismus*) "governatore m di un distretto durante il Terzo Reich".
Gaullismus <-, *ohne* pl> m gollismo m, gaullismo m.
Gaullist <-en, -en> m (**Gaullistin** f) gollista mf, gaullista mf.
Gaumen <-s, -> m **1** *anat* palato m: **der harte/weiche ~**, il palato duro/molle **2** *geh* (*Geschmacksorgan*) palato m: **einen feinen/verwöhnten ~ haben**, avere il palato fine; **den ~ kitzeln**, stuzzicare il palato.
Gaumenkitzel m *geh* leccornia f/delizia f (per il palato).
Gaumenlaut m suono m palatale, palatale f.
Gaumensegel n *anat* palato m molle, velo m pendulo/palatino, velopendulo m.
Gaumenspalte f *med* palatoschisi f *wiss*, gola f lupina *fam*.
Gaumenzäpfchen n *anat* ugola f.
Gauner <-s, -> m (**Gaunerin** f) *fam* **1** (*Betrüger*) imbroglione (-a) m (f), furfante mf **2** *fam* (*durchtriebener Mensch*) furfante mf, furbacchione (-a) m (f), malandrino (-a) m (f), manigoldo (-a) m (f).
Gaunerbande f banda f di imbroglioni/ truffatori.
Gaunerei <-, -en> f *fam* **1** (*Betrügerei*) truffa f, imbroglio m, furfanteria f **2** (*durchtriebene Sache*) furfanteria f, furbata f *fam*.
Gaunerin f → **Gauner**.

Gaunersprache f gergo m della malavita.
Gavotte <-, -n> f mus gavotta f.
gay <inv> adj slang gay, omosessuale.
Gay <-(s), -s> m slang gay m, omosessuale m, omo m slang.
Gazastreifen m geog striscia f di Gaza.
Gaze <-, -n> f garza f.
Gazelle <-, -n> f gazzella f.
Gazette <-, -n> f obs gazzetta f.
GB **1** Abk von Great Britain (Großbritannien): GB (Regno Unito di Gran Bretagna e Irlanda del Nord) **2** Abk von Gigabyte: GB.
GBl. n Abk von Gesetzblatt: ≈ G.U. (Abk von Gazzetta Ufficiale).
G-Dur n mus sol m maggiore.
geachtet adj {BÜRGER} rispettato, stimato.
Geächtete <dekl wie adj> mf proscritto (-a) m (f).
Geächze <-s, ohne pl> n pej lamenti m pl, gemiti m pl.
geädert adj {HOLZ, MARMOR} venato, marezzato.
geartet adj: **gut/schlecht/freundlich ~ sein**, essere di indole buona/cattiva/gentile; **anders ~** {PROBLEME, SCHWIERIGKEITEN}, di ⌐altro tipo⌐/[altra natura], di ⌐natura diversa⌐/[carattere diverso]; **er ist ganz anders ~**, è (fatto) di tutt'altra pasta fam; **besonders ~e Umweltbedingungen**, condizioni ambientali di carattere particolare.
Geäst <-(e)s, ohne pl> n rami m pl, ramificazione f.
geb. Abk von geboren(e): nato (-a).
Gebäck <-(e)s, ohne pl> n (süß) pasticceria f (secca), biscotti m pl; (mit Creme oder Obst) pasticcini m pl; (Teilchen) paste f pl; (salzig) salatini m pl.
gebacken **A** part perf von backen **B** adj: **frisch ~** {BROT}, appena sfornato; fam scherz {EHEMANN} novello; {ARZT} auch alle prime armi; **frisch ~es Ehepaar**, sposi novelli; **selbst ~es Brot**, pane ⌐cotto/fatto in casa⌐/[casalingo]; **der Kuchen ist selbst ~**, il dolce è fatto in casa • **etw ~ bekommen** slang: **ich bekomme heute gar nichts ~**, oggi non riesco proprio a combinare niente; **kriegst du das bis morgen ~?**, ce la fai entro domani?
Gebäckstück n pasta f.
Gebälk <-(e)s, ohne pl> n travatura f, travi f pl; arch archäol trabeazione f • **es knistert/kracht im ~**, la barca fa acqua da tutte le parti.
Geballer <-s, ohne pl> n fam (ripetuti) colpi m pl/spari m pl.
geballt adj {FAUST} serrato, chiuso; {ENERGIE, LADUNG} concentrato.
gebannt adj: **jdn wie ~ anstarren**, fissare qu come ipnotizzato (-a); **jdm wie ~ zuhören**, ascoltare qu incantato (-a)/stregato (-a).
gebar 1. und 3. pers sing imperf von gebären.
Gebärde <-, -n> f gesto m: **eine missbilligende/ungeduldige ~ machen**, fare un gesto di disapprovazione/impazienza.
gebärden <ohne ge-> rfl **geh sich irgendwie ~** {UNMANIERLICH, UNVERNÜNFTIG} condursi geh/portarsi geh/comportarsi + compl di modo: **sie gebärdet sich wie eine Wahnsinnige**, si comporta ⌐come una⌐/[da] pazza; **er gebärdet sich wie wild**, si comporta come un forsennato.
Gebärdensprache <-, ohne pl> f linguaggio m mimico-gestuale; (der Gehörlosen) lingua f dei segni.
Gebaren <-s, ohne pl> n geh comportamento m, atteggiamento m.
gebären <gebärt oder obs gebiert, gebar, geboren> **A** tr: **ein Kind ~ geh**, partorire/[dare alla luce]/[mettere al mondo] un bambino; **jdm ein Kind ~ geh**, dare un figlio a qu **B** itr partorire.
Gebärende f: spät ~ → Spätgebärende.
gebärfähig adj: **in ~em Alter**, in età fertile/feconda.
Gebärmutter f anat utero m.
Gebärmutterhals m anat collo m dell'utero.
Gebärmutterhalskrebs m med cancro m al collo dell'utero.
Gebärmutterkrebs m med cancro m all'utero.
Gebärmuttermund m anat bocca f dell'utero.
Gebärmutterschleimhaut f anat endometrio m.
Gebärmuttersenkung f med isteroptosi f wiss, metroptosi f wiss, abbassamento m dell'utero.
Gebärmuttervorfall m med prolasso m uterino/[dell'utero].
gebastelt adj: **selbst ~**, fatto a mano, fatto col/[con la tecnica del] bricolage.
gebauchpinselt adj fam scherz: **sich ~ fühlen**, sentirsi lusingato (-a).
Gebäude <-s, -> n **1** (größeres ~) edificio m, costruzione f, (Wohnhaus) palazzo m, stabile m **2** fig (Gefüge) castello m di qc.
Gebäudekomplex m complesso m edilizio/[di edifici]; (von großen Gebäuden) complesso m di fabbricati.
Gebäudereinigung f **1** (das Reinigen) pulizia f di immobili **2** (Betrieb) impresa f di pulizie.
gebaut adj: **gut ~ sein** {MENSCH}, essere fatto bene fam, avere un bel fisico; **kräftig ~ sein**, essere di costituzione robusta; **sie hat einen ebenmäßig ~en Körper**, ha un corpo ben proporzionato • **so wie du ~ bist, ... fam**, visto come sei fatto (-a) ... fam, conoscendoti ...
Gebeine subst <nur pl> geh resti m pl mortali, ossa f pl.
Gebell <-(e)s, ohne pl>, **Gebelle** <-s, ohne pl> n latrato m, abbaiare m.
geben <gibt, gab, gegeben> **A** tr **1** (reichen) **jdm etw ~** {EIN GLAS MILCH, DIE HAND, DEN HUT, DAS SALZ, DIE ZEITUNG} dare qc a qu, porgere qc a qu geh: **Karten ~**, dare/distribuire le carte **2** (verleihen) **jdm etw ~** {ERFOLG, HOFFNUNG, KRAFT, MUT, ZUVERSICHT} dare qc a qu; {PREIS, TITEL} auch conferire qc a qu **3** (schenken) **jdm etw ~** {GELD, LIEBE, RING} dare qc a qu, donare qc a qu **4** (verkaufen) **jdm etw ~** dare qc a qu, vendere qc a qu: **darf ich Ihnen sonst noch was ~?**, desidera qualcos'altro?, Le serve altro? **5** (telefonisch verbinden) **jdm jdn/etw ~** passare qu/qc a qu: **können Sie mir bitte Frau Meier ~?**, può passarmi la signora Meier, per favore? **6** (bringen) **etw zu ~ (dat)/in etw (akk) ~** {HOSE, KLEID IN DIE REINIGUNG} portare qc in qc: **ich muss den Fernseher ⌐in die⌐/[zur] Reparatur ~**, devo portare il televisore a riparare; {KLEIDER ZUR SCHMUTZIGEN WÄSCHE} mettere qc in qc **7** (versetzen) **jdm etw ~** {SCHLÄGE} auch dare qc a qu; {OHRFEIGE} auch mollare qc a qu: **jdm einen Tritt (in den Hintern) ~**, dare a qu un calcio (nel sedere) **8** (gewähren) **(jdm) etw ~** {AUDIENZ} dare qc (a qu): **jdm ein Interview ~**, concedere un'intervista a qu, farsi intervistare da qu; **eine Pressekonferenz ~**, tenere una conferenza stampa **9** (stellen) **jdm etw ~** {AUFGABE, THEMA} dare qc a qu **10** (veranstalten) **etw ~** {EMPFANG, GROßES ESSEN, PARTY} dare qc **11** (zugestehen) **(jdm) etw ~** {DARLEHEN, GEHALTSERHÖHUNG} dare qc (a qu); {KREDIT, NACHLASS, SKONTO} fare qc (a qu): **jdm eine Chance ~**, dare/concedere un'opportunità a qu **12** (verabreichen) **jdm etw ~** {MEDIZIN} dare qc a qu **13** (erzeugen) **etw ~** {BAUMFRÜCHTE; KUH MILCH} dare qc **14** fam (unterrichten) **etw ~** {DEUTSCH, ENGLISCH, GESCHICHTE} insegnare qc: **Nachhilfe in Deutsch ~**, dare ⌐lezioni private⌐/[ripetizioni] di tedesco, impartire lezioni di tedesco **15** (erteilen) **jdm etw ~** {BEFEHL, GENEHMIGUNG, RATSCHLAG} dare qc a qu: **jdm seine Einwilligung (zu etw dat) ~**, dare a qu il proprio consenso (per/a qc); **jdm einen Auftrag ~**, dare/affidare un incarico a qu **16** <meist Passiv> (darbieten): **etw wird gegeben**, danno qc; **im Kino wird gerade der neue Wenders-Film gegeben**, al cinema in questo momento c'è (in programma) il nuovo film di Wenders **17** (beimessen): **wenig/viel/nichts auf etw (akk) ~** {AUF KLEIDER, SCHMUCK}, dare poca/molta/nessuna importanza a qc, attribuire poco/molto/nessun valore a qc, tenerci poco/molto/[per niente] a qc fam; **sie gibt viel auf ihr Aussehen**, tiene molto al suo aspetto; **ich gebe nichts auf ihre Meinung**, non m'importa niente del suo parere; **auf seine Reden darfst du nicht viel ~!**, non far caso ai suoi discorsi! fam **18** (verhängen) **(jdm) etw ~** {SCHIEDSRICHTER ELFMETER, FREISTOß, VERWARNUNG} dare qc (a qu) **19** fam (unterbringen) **jdn/etw in etw (akk) ~** {HUND IN EIN TIERHEIM} mettere qu/qc in qc; {KIND IN EIN INTERNAT} auch mandare qu/qc in qc **20** fam (irgendwohin tun) **etw in etw (akk) ~** {KUCHEN IN DEN BACKOFEN} mettere qc in qc; **etw zu etw (dat) ~** {BACKPULVER, EIER, MILCH ZUM TEIG} auch aggiungere qc a qc **21** (zum Ergebnis haben): **fünf mal fünf gibt 25**, cinque per cinque fa 25; **Rotwein gibt leicht Flecken** fam, il vino rosso macchia facilmente; **das gibt keinen Sinn**, non ha senso **22** (bezahlen) **(jdm) etw für etw (akk) ~** dare/pagare qc (a qu) per qc: **für mein altes Fahrrad hat er mir 50 Euro gegeben**, per la mia vecchia bicicletta mi ha dato 50 euro **23** (sagen): **etw von sich (dat) ~**, dire qc; **er gibt nur Unsinn von sich**, dice solo sciocchezze, spara solo cavolate fam; **keinen Laut/Ton von sich (dat) ~**, non dire una parola, non fiatare **24** (als Funktionsverb): **jdm eine Antwort ~**, dare una risposta a qu, rispondere a qu; **jdm Bescheid ~**, informare qu, mettere al corrente qu; **jdm einen Kuss ~**, dare un bacio a qu, baciare qu; **jdm ein Versprechen ~**, fare una promessa a qu, promettere qc a qu; **jdm die Schuld ~**, dare la colpa a qu, incolpare qu; **jdm einen Stoß ~**, dare una spinta a qu, spingere qu **B** itr **1** Karten: **wer gibt?**, chi dà/distribuisce? **2** sport (Aufschlag haben) servire, battere **C** unpers **1** (gereicht werden): **zum Abendessen gibt es Fisch**, per cena c'è pesce; **beim Italiener um die Ecke gibt's gute Nudeln**, nella trattoria italiana all'angolo fanno della buona pasta **2** (existieren): **in diesem See gibt es viele Fische**, in questo lago ci sono molti pesci; **er ist der beste Rennfahrer, den es je gegeben hat**, (lui) è il miglior corridore automobilistico che sia mai esistito; **was gibt's Neues?**, cosa c'è di nuovo?, che novità ci sono? **3** (in der Bedeutung von "kann man" oder "muss man"): **es gibt etw zu + inf**: **in Florenz gibt es viel zu sehen**, a Firenze c'è molto da vedere; **bevor die Gäste kommen, gibt es noch viel zu tun**, prima che arrivino gli ospiti c'è ancora molto da fare **4** (eintreten): **es gibt bald Regen**, pioverà presto, verrà presto a piovere, presto avremo pioggia; **das**

wird Ärger/Probleme ~, saranno guai 5 (*angeboten werden*): was gibt es im Fernsehen/Kino/Theater?, che cosa danno ₁alla TV₁/[al cinema]/[a teatro]?; ab morgen gibt's im Theater ein Stück von Heiner Müller, da domani a teatro è in programma/cartellone una pièce di Heiner Müller **D** rfl 1 (*langsam aufhören*) sich ~ {NERVOSITÄT, TROTZALTER} passare, finire; {SCHMERZEN} *auch* calmarsi, placarsi 2 (*sich finden*) sich ~: alles weitere wird sich ~, e poi si vedrà 3 (*sich benehmen*) sich *irgendwie* ~ {GELASSEN, HEITER, RUHIG} mostrarsi + *compl di modo*: er gibt sich ganz cool, fa il distaccato; obwohl sie große Sorgen hatte, gab sie sich ganz heiter, sebbene avesse delle grosse preoccupazioni, si mostrava serena • was es sich *alles* gibt! *fam*, ma guarda che roba! *fam*; *etw bekannt* ~, comunicare qc, notificare qc, annunciare qc; bekannt ~, dass ..., comunicare/annunciare che ...; ein Wahlergebnis bekannt ~, annunciare i risultati elettorali; ihre Vermählung geben bekannt ..., partecipano il loro matrimonio ...; *das* gibt's (doch/[ja gar]) nicht!, non è possibile!, non esiste! *fam*, roba da non credere! *fam*, cose dell'altro mondo!; das hat es ja noch nie gegeben! *fam*, mai viste cose del genere!; das wird sich schon (wieder) ~, passerà anche questa!; jdm zu *denken* ~, dare da pensare a qu; sich zu *erkennen* ~, farsi riconoscere; es jdm ~ *fam* (*verprügeln*), darle a qu *fam*, suonarle a qu *fam*, picchiare qu; (*jdm die Meinung sagen*): dem werde ich es ~! *fam*, glielo farò vedere io *fam*, gliele suonerò chiare *fam*; dem habe ich's aber (ordentlich/tüchtig) gegeben! *fam*, gli ho risposto per le rime *fam*, l'ho sistemato io *fam*; *frei* ~ → *frei*|geben; sich *geschlagen* ~, darsi per vinto (-a), sich (dat) etw ~ *lassen*, farsi dare qc; da gibt's (gar) nichts! *fam* (*keine Widerrede*), è fuori discussione!; um acht Uhr haben die Kinder im Bett zu sein, da gibt's nichts, alle otto i bambini devono essere a letto, ₁punto e basta₁/[su questo non ci piove *fam*]/[su questo non si discute]; (*das steht außer Frage*): wenn sie kann, dann hilft sie mir, da gibt's nichts!, se può mi aiuta, non c'è che dire *fam*; gibt's dich auch *noch*?, toh, ma guarda chi si rivede!, chi non muore si rivede!; jdm *Recht* ~, dare ragione a qu; *so* was gibt es bei uns nicht! *fam*, da noi non esiste!; das kann ich dir/euch/... *schriftlich* ~! *fam*, te/ve/... lo garantisco/assicuro io! *fam*; jdm etw zu *verstehen* ~, far capire qc a qu; wenn du jetzt nicht lieb bist, dann gibt's *was*! *fam*, se non fai ₁il bravo₁/[la brava] le prendi *fam*/[ne buschi *fam*]; was gibt das? (*was wird das, wenn es fertig ist?*), cosa sarebbe?; was gibt's? *fam*, cosa c'è? *fam*; was gibt's denn da zu lachen/meckern/weinen?, che cosa c'è da ridere/brontolare/piangere?; was soll/wird das noch ~?, chissà come andrà a finire?

Geberland n paese m che dà aiuti economici.

Geberlaune f: in ~ sein, ₁essere in vena₁/[avere un attacco] di generosità *fam*.

Gebet <-(e)s, -e> n *relig* preghiera f, orazione f: ein ~ *sprechen*, dire/recitare una preghiera; sein ~ *verrichten*, recitare le preghiere, dire le orazioni; die Hände zum ~ *falten*, giungere le mani in preghiera • jdn ins ~ *nehmen fam*, dire due paroline a qu *fam*.

Gebetbuch n libro m delle preghiere.

gebeten part perf *von* bitten.

Gebetshaus n *relig* centro m/casa f di preghiera.

Gebetsmühle f mulino m/cilindro m di preghiera.

Gebetsriemen m (*in der jüdischen Religion*) filatterio m.

Gebetsteppich m (*im Islam*) tappeto m da preghiera.

gebeugt **A** adj {RÜCKEN, SCHULTERN} curvo, curvato, ricurvo; {KOPF} chino; {KNIE} piegato: **von der Last der Jahre** ~ **sein**, essere curvato dal peso degli anni **B** adv {SITZEN, STEHEN} curvo (-a).

gebiert geh 3. pers sing präs *von* gebären.

Gebiet <-(e)s, -e> n 1 (*Fläche*) zona f, area f: **städtisches** ~, zona/area urbana; **ein sumpfiges** ~, una zona paludosa; (*Region*) regione f; **unterentwickelte** ~e, regioni sottosviluppate 2 *adm pol* territorio m: **das** ~ **der Schweiz**, il territorio della Svizzera 3 *fig* (*Bereich*) campo m, materia f, settore m: **auf wirtschaftlichem/wissenschaftlichem** ~, in/nel campo economico/scientifico; **in materia economica/scientifica; auf dem** ~ **der Technik/Genetik arbeiten**, lavorare ₁in campo tecnico₁/[nel campo della genetica]; **er ist auf vielen** ~**en gut bewandert**, è molto pratico in diversi campi/settori 4 *meteo* area f: **ein** ~ **hohen/tiefen Luftdrucks**, un'area di alta/bassa pressione.

gebieten <*irr, ohne ge*> **A** tr *geh* 1 (*befehlen*) (*jdm*) *etw* ~ imporre qc (*a qu*), ordinare qc (*a qu*), intimare qc (*a qu*): **Ruhe/Schweigen** ~, imporre il silenzio 2 (*erfordern*) *etw* ~ esigere qc: **die politische Situation gebietet eine sofortige Entscheidung**, la situazione politica esige una decisione immediata; **meine Ehrlichkeit gebietet mir, die Wahrheit zu sagen**, la mia onestà mi impone di dire il vero **B** itr *geh* (*herrschen*) **über** *jdn*/*etw* ~ {ÜBER UNTERGEBENE} comandare qu/qc; {ÜBER EIN LAND, VOLK} regnare su/in qc, governare qu/qc.

Gebieter <-s, -> m (**Gebieterin** f) *geh obs* padrone (-a) m (f), signore (-a) m (f).

gebieterisch *geh* **A** adj {AUFTRETEN, STIMME, TON} imperioso **B** adv {AUFTRETEN} in modo imperioso, imperiosamente.

Gebietsanspruch m *pol* rivendicazione f territoriale: **Gebietsansprüche (gegen** *jdn*) **geltend machen**, rivendicare (dei) diritti territoriali (nei confronti di qu).

Gebietshoheit f sovranità f territoriale.

Gebietskörperschaft f *jur* ente m locale.

Gebietsreform f riforma f territoriale.

Gebietsvertrag m <*meist* pl> *industr* contratto m d'area.

gebietsweise adv *meteo* localmente.

Gebilde <-s, -> n 1 (*Ding*) struttura f 2 (*Phantasiegebilde*) creazione f, prodotto m: **Hexen und Zwerge sind** ~ **der Phantasie**, streghe e nani sono frutti/prodotti della fantasia 3 (*Konstruktion*) costruzione f.

gebildet adj {MENSCH} colto, istruito: **er ist vielseitig** ~, possiede/ha una vasta cultura.

Gebildete <*dekl wie adj*> mf persona f istruita/colta, istruito (-a) m (f).

Gebimmel <-s, *ohne* pl> n *fam* scampanellio m.

Gebinde <-s, -> n *geh* (*Blumengebinde*) composizione f floreale; (*Strauß*) mazzo m, bouquet m; (*Kranz*) ghirlanda f.

Gebirge <-s, -> n montagna f, montagne f pl, monti m pl: **im** ~ **Urlaub machen**, fare le vacanze in montagna; **bei schönem Wetter sieht man von hier aus das** ~, col bel tempo da qui si vedono i monti/le montagne.

gebirgig adj {GEGEND, LAND, LANDSCHAFT}

montuoso, montagnoso.

Gebirgsbach m (*Sturzbach*) torrente m di montagna; (*Bächlein*) ruscello m di montagna.

Gebirgsbahn f ferrovia f di montagna.

Gebirgsdorf n villaggio m/paese m ₁di montagna₁/[montano].

Gebirgsjäger m *mil* alpino m.

Gebirgskarte f carta f orografica.

Gebirgskette f catena f montuosa.

Gebirgslandschaft f paesaggio m ₁di montagna₁/[montano].

Gebirgsluft f aria f di montagna.

Gebirgsmassiv n massiccio m montuoso.

Gebirgspass (a.R. Gebirgspaß) m passo m, valico m.

Gebirgsrücken m crinale m.

Gebirgssee m lago m ₁di montagna₁/[montano].

Gebirgsstraße f strada f di montagna.

Gebirgstal n valle f/vallata f di montagna.

Gebirgszug m → **Gebirgskette**.

Gebiss (a.R. Gebiß) <-es, -e> n 1 (*natürliches* ~) dentatura f, denti m pl: **ein gesundes** ~ **haben**, avere (i) denti sani 2 (*künstliches* ~) dentiera f, protesi f dentaria: **ein** ~ **tragen**, portare la dentiera 3 (*von Zaumzeug*) morso m.

Gebissabdruck (a.R. Gebißabdruck) m impronta f dei denti.

gebissen part perf *von* beißen.

Gebissträger (a.R. Gebißträger) m (**Gebissträgerin** f) persona f che porta la dentiera.

Gebläse <-s, -> n *tech* macchina f soffiante, ventilatore m.

geblasen part perf *von* blasen.

geblichen part perf *von* bleichen.

geblieben part perf *von* bleiben.

geblümt adj {GESCHIRR, KLEIDUNGSSTÜCK, STOFF, TAPETE} a fiori, fiorato: ~**es Papier**, carta a fiorami.

Geblüt <-(e)s, *ohne* pl> n *geh* sangue m, famiglia f: **von edlem** ~, di sangue nobile.

gebogen **A** part perf *von* biegen **B** adj {SCHNABEL} (ri)curvo; {NASE} *auch* aquilino.

gebongt adj: (ist) ~! *fam* (*ist abgemacht*), d'accordo!; **alles gebongt!** *slang* (*alles klar!*), tutto ₁a posto₁/[ok *slang*].

geboren **A** part perf *von* gebären **B** adj 1 (*als* jd ~) nato: **sie ist eine** ~**e Semmler**, ₁da ragazza fa₁/[il suo cognome da ragazza è] Semmler; **Frau Anna Berg, ~e Weiß**, la signora Anna Berg, nata Weiß; **was ist sie für eine Geborene?**, com'è il suo cognome da ragazza? 2 (*gebürtig*) nato, nativo: **er ist in Frankfurt** ~, è ₁nato a₁/[nativo di] Francoforte; **sie ist (eine)** ~**e Berlinerin**, è berlinese di nascita; ~ **sein/werden**, essere nato, **wo bist du** ~?, dove sei nato (-a)?; **tot** ~ {KIND}, nato morto 3 adj (*ideal*) nato: **sie ist die** ~**e Lehrerin**, è un'insegnante nata; **er ist der** ~**e Mathematiker**, ha la matematica nel sangue *fam* • **für etw (akk)/zu etw (dat)** ~ **sein**, essere nato per (fare) qc, avere una spiccata predisposizione per qc; **dazu/dafür muss man** ~ **sein**, bisogna essere nato (-a) per (fare) questo *fam*.

geborgen **A** part perf *von* bergen **B** adj: **sich (bei** *jdm*) ~ **fühlen**, sentirsi protetto (-a) (con qu).

Geborgenheit <-, *ohne* pl> f sicurezza f affettiva, sentirsi m protetto (-a).

geborsten part perf *von* bersten.

Gebot① <-(e)s, -e> n 1 *geh* (*Anweisung*) ordine m: **ein** ~ **beachten/befolgen**, rispettare/seguire un ordine 2 (*moralisches Erforder-*

nis) precetto *m*, dettame *m*: **das ~ des Anstandes erfordert, dass ...**, la buona educazione vuole/impone che ...; **konjv**; **ein ~ der Nächstenliebe**, un dovere dettato dalla carità; **das ~ der Vernunft**, i dettami della ragione; **das ~ der Stunde**, l'imperativo dell'ora **3** *relig* comandamento *m*: **die Zehn ~e** *bibl*, i dieci comandamenti.

Gebot② <-(e)s, -e> *n* (*bei Auktion*) offerta *f*.

geboten **A** *part perf von* **bieten** **B** *part perf von* gebieten **C** *adj geh* **1** (*notwendig*) {RESPEKT, UMSICHT} necessario, del caso: **die ~en Maßnahmen müssen ergriffen werden**, devono essere adottate le misure del caso **2** (*angezeigt*): **Vorsicht ist ~**, la prudenza è d'obbligo.

Gebotsschild *n* cartello *m* stradale con segnale d'obbligo.

Gebr. *Abk von* Gebrüder: F.lli (**Abk** *von* fratelli).

gebracht *part perf von* bringen.

gebrannt **A** *part perf von* brennen **B** *adj* <*meist attr*> {MANDELN, NÜSSE} tostato: **braun ~** {HAUT, PERSON}, abbronzato.

gebraten *part perf von* braten.

Gebräu <-(e)s, -e> *n fam pej* brodaglia *f pej*, intruglio *m pej*.

Gebrauch *m* **1** <*nur sing*> (*Anwendung*) uso *m*, impiego *m* **2** <*nur pl*> *obs* (*Brauch*) usanze *f pl*, costumi *m pl*, usi *m pl* ● **außer ~**, fuori uso; **außer ~ kommen**, cadere in disuso; **etw in/im ~ haben**, adoperare qc, servirsi di qc, usare qc; **von etw (dat) ~ machen**, fare uso di qc, usare qc; **nach/vor ~** {ANWÄRMEN, UMRÜHREN}, dopo/prima dell'uso; **etw in ~ nehmen**, (cominciare ad) usare/adoperare qc; **sparsam im ~ sein** {AUTO}, consumare poco; {ELEKTROGERÄT}, essere a basso consumo; **vor ~ schütteln**, agitare prima dell'uso; **in/im ~ sein**, essere in uso; **etw unentgeltlich zum ~ überlassen** *jur*, concedere in comodato qc.

gebrauchen <*ohne ge->* tr **1** (*verwenden*) **etw ~** {FREMDWORT, GEWALT, SEIFE, WASCHMITTEL} usare *qc*; {GERÄT, WERKZEUG} *auch* utilizzare *qc*, adoperare *qc*; {LIST} servirsi *di qc*, adottare *qc* **2** *fam* (*nützlich finden*) **jdn/etw ~ können**: **ich kann die Gehaltserhöhung gut ~**, questo aumento di stipendio mi ⌊fa proprio comodo⌋/[capita a fagiolo *fam*]/[serve proprio]; **ich kann dich heute nicht ~**, oggi non ⌊ho bisogno di te⌋/[mi servi]; **nimm deinen Computer wieder mit, ich kann ihn nicht ~**, riprenditi il tuo computer, non ⌊so che farmene⌋/[mi serve]; **ich könnte einen Wintermantel ~**, ⌊avrei bisogno di⌋/[mi servirebbe]/[mi farebbe comodo] un cappotto ● **noch** *gut* **zu ~ sein**, essere ancora utilizzabile; **sich zu etw (dat) nicht ~ lassen**, non prestarsi a qc; **nicht** *mehr* **zu ~ sein** {GERÄT, HAUSHALTSGEGENSTAND}, essere (diventato) inutilizzabile/inservibile; **zu nichts zu ~ sein** *fam pej* {GEGENSTAND}, non servire a nulla, essere inutile; {PERSON}, non essere buono a nulla, essere un incapace; **jdn** *zu* **etw (dat) ~** (*missbrauchen*), approfittare di qu per qc, servirsi di qu per qc.

gebräuchlich *adj* {VERFAHREN} usato, in uso; {AUSDRUCK, REDENSART} *auch* corrente; {NAME} comune, usato, corrente ● **nicht** *mehr* **~ sein**, non essere più ⌊in uso⌋/[usato].

Gebrauchsanleitung *f*, **Gebrauchsanweisung** *f* istruzioni *f pl* per l'uso.

Gebrauchsartikel *m* articolo *m* di consumo; <*pl> auch* generi *m pl* di consumo.

gebrauchsfähig *adj* funzionante.

gebrauchsfertig *adj* {ERZEUGNIS, PRODUKT} pronto per l'uso.

Gebrauchsgegenstand *m* oggetto *m* d'uso comune.

Gebrauchsgrafik *f* graphic design *m*.

Gebrauchsgrafiker *m* (**Gebrauchsgrafikerin** *f*) grafico (-a) *m* (*f*).

Gebrauchsgraphik *f* → **Gebrauchsgrafik**.

Gebrauchsgraphiker *m* (**Gebrauchsgraphikerin** *f*) → **Gebrauchsgrafiker**.

Gebrauchsgut *n* <*meist pl*> bene *m* di consumo.

Gebrauchskunst *f* arte *f* di consumo.

Gebrauchslyrik *f lit* poesia *f* d'uso.

Gebrauchswert *m* valore *m* d'uso.

gebraucht **A** *adj* **1** (*nicht neu*) {AUTO} usato, di seconda mano; {KLEIDER} *auch* smesso: **viel ~** {BEGRIFF, REDEWENDUNG}, molto usato, che ricorre spesso, di uso ricorrente **2** (*nicht frisch*) {HANDTÜCHER, WÄSCHE} sporco, usato **B** *adv* {ERWERBEN, KAUFEN} usato, di seconda mano.

Gebrauchtmarkt *m* mercato *m* dell'usato.

Gebrauchtwagen *m* automobile *f*/macchina *f fam* usata/[di seconda mano].

Gebrauchtwarenhandlung *f* negozio *m* che vende articoli di seconda mano.

gebrechen <*irr, ohne ge->* unpers *obs*: **es gebricht jdm an etw (dat)** {AN AUSDAUER, ENERGIE, SELBSTVERTRAUEN}, qu difetta di qc *geh*, qu manca di qc: **es gebricht ihm an Mut**, manca di coraggio, gli manca il coraggio.

Gebrechen <-*s*, -> *n* **1** *geh* (*gesundheitlicher Schaden*) acciacco *m*, malanno *m*, infermità *f*: **ein körperliches ~ haben**, avere un'infermità fisica; **die ~ des Alters**, gli acciacchi/le magagne della vecchiaia **2** **A** (*Defekt*): **ein technisches ~**, un difetto tecnico.

gebrechlich *adj* (*altersschwach*) decrepito, cadente.

Gebrechlichkeit <-, *ohne pl> f* decrepitezza *f*.

gebrochen **A** *part perf von* brechen **B** *adj* **1** (*völlig niedergedrückt*) {MENSCH} affranto, distrutto; {STIMME} rotto, spezzato: **mit ~em Herzen**, col cuore infranto/spezzato **2** (*fehlerhaft*) {DEUTSCH, ENGLISCH} stentato: **~ Deutsch sprechen**, parlare tedesco stentatamente **C** *adv*: **eine Sprache (nur) ~ sprechen**, parlare una lingua (soltanto) ⌊in modo stentato⌋/[stentatamente].

Gebrüder *subst <nur pl>* (*Abk Gebr.*) *com obs* fratelli *m pl*: **~ Müller**, fratelli Müller.

Gebrüll <-(e)s, ohne pl>, **Gebrülle** <-s, ohne pl> *n* {+MENSCH} grida *f pl*, urla *f pl*; {+WILDES TIER} muggito *m*; {+RIND} muggito *m*.

Gebrumm <-(e)s, ohne pl>, **Gebrumme** <-s, ohne pl> *n* {BÄR, MENSCH} brontolio *m*; {GROßES INSEKT, MOTOR} ronzio *m*.

gebückt **A** *adj* {HALTUNG} curvo, chino **B** *adv* {GEHEN, STEHEN} curvo (-a), chino (-a).

Gebühr <-, -en> *f <meist pl>* (*für Dienstleistungen*) tassa *f*: (*Telefongebühr*) tariffa *f* telefonica; (*Fernsehgebühr, Rundfunkgebühr*) canone *m*; (*Straßenbenutzungsgebühr*) pedaggio *m*; (*Einschreibungsgebühr*) quota *f*; (*Vermittlungsgebühr*) provvigione *f*, commissione *f*; (*Honorar*) onorario *m*, competenze *f pl*; (*Bearbeitungsgebühr*) diritto *m* ● **eine ~ bezahlen/entrichten**, pagare una tassa; **~ bezahlt Empfänger**, tassa a carico del destinatario; **eine ~** (**auf etw akk**) **erheben**, imporre una tassa (su qc); **nach ~ geh**, a dovere, adeguatamente; **über ~ geh**, più del dovuto, oltre misura.

gebühren <*ohne ge->* geh **A** *itr* **jdm ~** {ACHTUNG, ANERKENNUNG} spettare *a qu*, essere dovuto *a qu*: **ihm gebührt unser ganzer Respekt**, merita tutto il nostro rispetto **B** *unpers*: **benehmt euch, wie es sich gebührt**, comportatevi come si deve/conviene; **es gebührt sich nicht, in Strandkleidung in die Kirche zu gehen**, non è decente/decoroso entrare in chiesa in abbigliamento da spiaggia.

Gebührenanzeiger *m tel* → **Gebührenzähler**.

gebührend **A** *adj* <*attr*> {EHRE} dovuto, adeguato; {ANERKENNUNG, REVERENZ} *auch* debito **B** *adv* {EHREN, LOBEN} come si deve, debitamente.

Gebühreneinheit *f tel* scatto *m*.

Gebührenerhöhung *f post univ* aumento *m* delle tasse; *tel* aumento *m* del canone.

Gebührenerlass (a.R. Gebührenerlaß) *m* (*bei Dienstleistung*) esenzione *f* dalle tasse; *post auch* franchigia *f*.

Gebührenermäßigung *f post univ* riduzione *f* delle tasse.

gebührenfrei **A** *adj* {ANRUF, ANSAGE} gratuito; {BEHÖRDLICHE DIENSTLEISTUNG} esentasse, esente da tasse: **~e Beförderung** (*von Brief, Paket*), spedizione in franchigia **B** *adv* gratuitamente, gratis.

Gebührenmarke *f adm* marca *f* da bollo.

Gebührenordnung *f adm* tariffario *m*.

gebührenpflichtig *adj adm* {PARKPLATZ} a pagamento; {AUTOBAHN, BRÜCKE, STRAßE} *auch* (soggetto) a pedaggio; {BEHÖRDLICHE DIENSTLEISTUNG} soggetto a tassa, tassabile: **~e Verwarnung**, contravvenzione, multa *fam*.

Gebührenzähler *m tel* contatore *m* del telefono, contascatti *m*.

gebührlich *adj obs* → **gebührend**.

gebunden **A** *part perf von* binden **B** *adj* **1** (*festgelegt*) {PREISE} controllato; {KAPITAL} vincolato **2** (*verpflichtet*): (**an etw akk**) **~ sein**, essere legato/vincolato *a qc* **3** {BUCH} rilegato ● **anderweitig ~ sein**, avere altri impegni; **familiär ~ sein**, avere degli impegni familiari; **vertraglich ~ sein**, essere legato/vincolato da un contratto; **zeitlich ~ sein**, avere dei vincoli di tempo.

Geburt <-, -en> *f* **1** (*von Lebewesen*) nascita *f*: **bei der ~ ihres ersten Kindes war sie erst 20 Jahre alt**, alla nascita del (suo) primo figlio aveva soltanto vent'anni; (*Entbindung*) parto *m* **2** (*Abstammung*) origine *f*: **sie ist von ~ Deutsche**, è tedesca di nascita, è di origine tedesca **3** (*Anfang*) nascita *f*: **die ~ eines neuen Zeitalters**, la nascita/l'inizio di una nuova era ● **sanfte ~**, parto dolce; **das war eine schwere ~** *fig*, è stato un parto laborioso/difficile; **von ~ an**, fin/sin dalla nascita; **er ist von ~ an blind**, è cieco dalla nascita, è nato cieco.

Geburtenbeschränkung *f* limitazione *f* delle nascite.

Geburtendefizit *n* saldo *m* naturale negativo *adm*, deficit *m* demografico.

Geburtenkontrolle *f* controllo *m* delle nascite.

Geburtenrate *f* → **Geburtenziffer**.

Geburtenregelung *f* → **Geburtenkontrolle**.

Geburtenrückgang *m* diminuzione *f*/calo *m* delle nascite, denatalità *f*.

geburtenschwach *adj adm* {JAHRGANG} ⌊con un basso tasso di⌋/[a bassa] natalità.

geburtenstark *adj adm* {JAHRGANG} ⌊con un alto/forte tasso di⌋/[ad alta] natalità.

Geburtenüberschuss (a.R. Geburtenüberschuß) *m* eccedenza *f* delle nascite sui decessi.

Geburtenziffer f (indice m/tasso m/quoziente m di) natalità f.

Geburtenzuwachs m aumento m delle nascite.

gebürtig adj <meist attr> nativo, oriundo, originario: **er ist ~er Berliner**, è nativo/originario di Berlino, è berlinese di nascita/origine, è oriundo berlinese; **aus Leipzig ~**, nativo/originario di Lipsia.

Geburtsanzeige f 1 (Bekanntgabe) (Karte) partecipazione f di nascita; (in Zeitung) annuncio m di nascita 2 (Anzeige beim Standesamt) dichiarazione f/denuncia f di nascita.

Geburtsdatum n data f di nascita.

Geburtseinleitung f med induzione f del parto.

Geburtsfehler m difetto m congenito/[di nascita].

Geburtshaus n 1 (Haus, in dem jd geboren ist) casa f natale 2 (Zentrum für Geburtshilfe) "centro m di assistenza al parto naturale".

Geburtshelfer m (**Geburtshelferin** f) (Arzt, Ärztin) ostetrico (-a) m (f), medico m ostetrico; (Hebamme) ostetrica f, levatrice f.

Geburtshilfe <-, ohne pl> f med ostetricia f: **jdm ~ leisten**, assistere qu durante il parto.

Geburtsjahr n anno m di nascita.

Geburtslage f presentazione f.

Geburtsland n paese m ₓdi nascita₎/[natale]/[natio].

Geburtsmal n voglia f.

Geburtsname m cognome m.

Geburtsort m luogo m di nascita.

Geburtsstadt f città f natale/[di nascita].

Geburtsstation f med (reparto m) ostetricia f/maternità f fam.

Geburtstag m 1 (Tag der Geburt) data f di nascita 2 (Fest) compleanno m: ₓherzlichen Glückwunsch₎/[alles Gute] **zum ~!**, tanti auguri di buon compleanno!; **meine Tochter hat morgen ~**, domani ₓè il compleanno di mia figlia₎/[mia figlia compie gli anni]; **zum ~ wünsche ich mir ein neues Fahrrad**, per il mio compleanno vorrei (che mi regalassero) una bicicletta nuova; **an meinem ~ möchte ich essen gehen**, ₓnel giorno del₎/[per il] mio compleanno vorrei andare a mangiare fuori • **seinen ~ feiern**, festeggiare il proprio compleanno; **jdm zum ~ gratulieren**, ₓfare a qu gli auguri di₎/[augurare a qu] buon compleanno; **ein runder ~**, un compleanno importante.

Geburtstagsfeier f festa f di compleanno.

Geburtstagsgeschenk n regalo m/dono m di compleanno.

Geburtstagskarte f biglietto m d'auguri per il compleanno.

Geburtstagskind n scherz festeggiato (-a) m (f) (che compie gli anni).

Geburtstagsparty f → **Geburtstagsfeier**.

Geburtstagstorte f torta f di compleanno.

Geburtstermin m data f presunta del parto: **wann ist der ~?**, per quando è previsto il parto?; quando finisci/finisce il tempo? fam.

Geburtsurkunde f adm atto m/certificato m di nascita.

Geburtsvorbereitungskurs m corso m preparto/[di preparazione al parto].

Geburtszange f med forcipe m.

Gebüsch <-(e)s, -e> n <meist sing> cespugli m pl.

Geck <-en, -en> m 1 pej (Dandy) dandy m, damerino m, bellimbusto m 2 region (Fastnachtsnarr) burlone m, buffone m.

Gecko <-s, -s> m zoo geco m, tarantola f, stellione m.

gedacht A part perf von denken B part perf von gedenken C adj {LINIE} immaginario, fittizio • **für jdn/etw (als etw) ~ sein**, essere pensato (come qc) per qu/qc; **diese Kette war als Weihnachtsgeschenk für meine Tochter ~**, questa collana era pensata come regalo di Natale per mia figlia.

Gedächtnis <-ses, -se> n <meist sing> 1 (Erinnerungsvermögen) memoria f: **mein ~ ₓlässt nach₎/[wird schlechter]**, la mia memoria ₓviene meno₎/[perde colpi fam]; **wenn mein ~ mich nicht ₓim Stich lässt₎/[trügt]**, ..., se la memoria non mi tradisce/inganna, ...; **kein ~ für etw (akk) haben** {FÜR NAMEN, PERSONEN}, non avere memoria per qc 2 geh (Andenken) ricordo m, memoria f • **etw im ~ behalten**, tenere a mente qc, ricordare qc; **sich (dat) etw ins ~ einprägen**, fissar(si) qc nella memoria, memorizzare qc; **ein gutes/schlechtes ~ haben**, avere buona/cattiva memoria; **ein kurzes ~ haben**, avere la memoria corta; **jds ~ nachhelfen** auch iron, rinfrescare la memoria a qu; **ein ~ wie ein Sieb haben** fam, essere uno (-a) smemorato (-a), avere molti vuoti di memoria, non ricordarsi dal naso alla bocca fam; **jdn/etw aus dem ~ streichen**, cancellare qu/qc dalla memoria; **sein ~ verlieren**, perdere la memoria; **etw aus dem ~ zitieren**, citare qc a memoria; **zum ~ an jdn/etw/einer P.** (gen), in ricordo/memoria di qu/qc; **sich (dat) etw ins ~ zurückrufen**, richiamare qc alla memoria/mente, farsi tornare in mente qc.

Gedächtnisfeier f → **Gedenkfeier**.

Gedächtnishilfe f espediente m/aiuto m mnemonico.

Gedächtnislücke f vuoto m di memoria, amnesia f.

Gedächtnisschwund m perdita f della memoria, amnesia f totale: **an ~ leiden**, soffrire di amnesia, perdere la memoria fam iron, avere un'amnesia.

Gedächtnisstörung f disturbo m della memoria.

Gedächtnisstütze f → **Gedächtnishilfe**.

Gedächtnisübung f esercizio m mnemonico/[per la memoria].

Gedächtnisverlust m perdita f della memoria.

gedämpft adj 1 gastr {GEMÜSE} cotto al vapore 2 (abgeschwächt) {MUSIK} smorzato; {GERÄUSCH} auch ovattato, attenuato, attutito; {FARBE} smorzato; {LICHT} auch soffuso: **mit ~er Stimme**, con voce sommessa 3 (gebremst) {FREUDE} contenuto; {STIMMUNG} moscio fam; {OPTIMISMUS} cauto.

Gedanke <-ns, -n> m 1 (Überlegung) pensiero m, idea f: **ein interessanter/vernünftiger ~**, un pensiero/un'idea interessante/ragionevole 2 (Einfall) idea f: **mir kommt ein ~**, ₓmi viene₎/[ho] un'idea; **wie bist du bloß auf den ~ gekommen, es etwas zu tun?**, ma come ti sarà ₓvenuta l'idea₎/[saltato in mente] di fare una cosa del genere? 3 <nur pl> (Denkvorgang) pensiero m, ragionamento m: **in ~n vertieft/versunken sein**, essere immerso/assorto nei propri pensieri; **ich kann deinen ~n nicht folgen**, non riesco a seguire il tuo ragionamento 4 (Vorstellung) ~ (an jdn/etw) pensiero m di qu/qc: **der bloße ~ an die Abreise macht sie nervös**, il solo pensiero di dover partire la rende nervosa 5 (Begriff) concetto m: **der ~ des vereinten Europas**, il concetto di Europa unita 6 <nur pl> (Meinung) idee f pl, opinioni f pl: **über etw (akk) ~n austauschen**, avere uno scambio di idee/opinioni su qc • **sich mit dem ~n anfreunden**/[vertraut machen], **dass ...**, abituarsi all'idea di + inf/che ..., entrare nell'ordine di idee che ...; **jdn auf den ~n bringen, dass ...**, indurre qu a pensare che ..., fare pensare a qu che ...; **jdn auf andere ~n bringen**, distrarre qu; **keinen klaren ~n fassen können**, non potersi concentrare, non riuscire a concentrarsi; **über etw (akk) seine eigenen ~n haben**, avere le proprie idee/opinioni su qc; **(ganz) in ~n sein**, essere distratto/sovrappensiero; **in ~n bei jdm sein**, essere vicino a qu col pensiero; **in ~n bin ich bei dir**, ti sono vicino (-a) col pensiero; **in jds ~n sein**, essere nei pensieri di qu; **kein ~ (daran)!** fam, neanche per sogno fam/idea fam!, non se ne parla nemmeno! fam; **auf dumme ~n kommen** fam, farsi venire delle strane idee; **auf andere ~n kommen**, distrarsi, svagarsi; **heute Abend gehe ich ins Kino, ich muss mal auf andere ~n kommen**, stasera vado al cinema, devo distrarmi un po'; **jd kommt auf einen ~n**, qu ha un idea, a qu viene un'idea; **(jds) ~n lesen**/**erraten (können)**, (saper) leggere nel pensiero (di qu); **sich (dat) (über jdn/etw) ~n machen (sich sorgen)**, preoccuparsi (di/per qu/qc), stare in pensiero (per qu), darsi pensiero (per qu/qc); (länger nachdenken), riflettere a lungo (su qu/qc); **sich (dat) seine ~n (über jdn/etw) machen (sich eine Meinung bilden)**, farsi un'idea/opinione (di qu/qc); **seinen ~n nachhängen**, sich seinen ~n überlassen, abbandonarsi ai propri pensieri; ₓmit dem ~n spielen₎/umgehen₎/[sich mit dem ~n tragen], **etw zu tun**, accarezzare l'idea di fare qc, avere una mezza idea di fare qc fam; **einen ~n in die Tat umsetzen**, mettere in pratica un'idea; **wo bist du mit deinen ~n?** fam, dove hai la testa? fam; **seine ~n woanders haben**, avere la testa/mente altrove.

Gedankenarbeit <-, ohne pl> f lavoro m intellettuale/[di testa fam].

Gedankenarmut f → **Ideenarmut**.

Gedankenaustausch m scambio m di idee/vedute.

Gedankenblitz m fam lampo m di genio, alzata f d'ingegno fam.

Gedankenfreiheit <-, ohne pl> f libertà f di pensiero.

Gedankengang m ragionamento m: **ich kann deinem ~ nicht folgen**, non riesco a seguire il tuo ragionamento.

Gedankengebäude n geh costruzione f concettuale/intellettuale.

Gedankengut <-s, ohne pl> n patrimonio m ideologico.

Gedankenlesen n capacità f di leggere nel pensiero.

gedankenlos A adj {MENSCH} distratto; {HANDLUNG, VORGEHEN} sconsiderato, inconsulto B adv {HANDELN} sconsideratamente: **etw ~ sagen**, dire qc senza riflettere; **etw ~ tun**, fare qc sovrappensiero; **das war sehr ~ von dir, sie vor den anderen zu kritisieren**, è stata una grande leggerezza da parte tua criticarla di fronte agli altri.

Gedankenlosigkeit <-, -en> f 1 <nur sing> (Zerstreutheit) disattenzione f, sbadataggine f, sconsideratezza f: **aus ~**, per distrazione 2 (unüberlegte Handlung) disattenzione f, sbadataggine f.

gedankenreich adj ricco di idee/concetti.

Gedankenreichtum m richezza f di idee.

Gedạnkenschnelle f: **in/mit ~**, in un batter d'occhio, in men che non si dica.
Gedạnkensprung m salto m nel ragionamento: **Gedankensprünge machen**, saltare di palo in frasca *fam*.
Gedạnkenstrich m lineetta f/trattino m ⌊di sospensione⌋/[lungo].
Gedạnkenübertragung f telepatia f, trasmissione f del pensiero.
gedạnkenverloren, **gedankenversunken** Ⓐ adj (BLICK) assente, distratto; {MENSCH} *auch* assorto nei propri pensieri ~ **sein**, essere soprappensiero, avere la testa ⌊nelle nuvole⌋/[sulla luna] Ⓑ adv {JDN ANBLICKEN} soprappensiero, con aria assente, distrattamente.
gedạnkenvoll adj **1** (*nachdenklich*) pensieroso, assorto nei propri pensieri **2** → **gedankenreich**.
Gedạnkenwelt f pensiero m, filosofia f.
gedạnklich Ⓐ adj <attr> {ANSTRENGUNG, LEISTUNG} mentale, intellettuale; {AUFBAU, INHALT} concettuale: **das steht in keinem ~en Zusammenhang**, non c'è nessun nesso concettuale Ⓑ adv {ERFASSEN, NACHVOLLZIEHEN} mentalmente, concettualmente, dal punto di vista concettuale.
Gedạ̈rm <-(e)s, -e>, **Gedạ̈rme** <-s, -> n *rar* (*Eingeweide*) viscere f pl, budella f pl; (*Darm*) intestino m.
Gedẹck <-(e)s, -e> n *geh* **1** (*Tischgedeck*) coperto m: **leg bitte noch ein ~ auf!**, aggiungi un ⌊posto a tavola⌋/[coperto], per favore; **warum hast du fünf ~e aufgelegt?**, perché hai apparecchiato per cinque? **2** (*Tagesmenü*) menu m.
gedẹckt adj **1** (*gedämpft*) {FARBEN} neutro **2** {SCHECK} coperto **3** {TISCH} apparecchiato: **ein weiß ~er Tisch**, una tavola con tovaglia e servizio bianchi.
Gedẹih m *geh*: **auf ~ und Verderb** {ZUSAMMENHALTEN}, nella buona e nella cattiva sorte; **jdm auf ~ und Verderb ausgeliefert sein**, essere completamente ⌊in balia⌋/[alla mercé] di qu.
gedeihen <gedeiht, gedieh, gediehen> itr <sein> **1** (*sich gut entwickeln*) {KIND} crescere (bene), venir su bene; {PFLANZE} *auch* prosperare: **in unserem Garten gedeiht nichts, er hat zu wenig Sonne**, nel nostro giardino non cresce niente, c'è troppo poco sole; **ihre Kinder sind prächtig gediehen**, i suoi figli sono venuti su ⌊molto bene⌋/[magnificamente] **2** (*voranschreiten*) {PLÄNE} procedere (bene), andare avanti bene, fare progressi: **wie weit sind die Verhandlungen gediehen?**, a che punto sono le trattative?; **die Sache ist so weit gediehen, dass ...**, la cosa è giunta al punto che ...; **seit einiger Zeit ~ in unserer Stadt künstlerische Initiativen**, da un po' di tempo nella nostra città prosperano le iniziative artistiche.
Gedeihen <-s, *ohne* pl> n {+KIND} crescita f; {+FIRMA, PFLANZE, WIRTSCHAFT} *auch* prosperare m; {+PLÄNE} riuscita f.
gedeihlich adj *geh* {ZUSAMMENARBEIT} proficuo, fruttuoso.
gedẹnken <*irr, ohne* ge-> Ⓐ tr (*beabsichtigen*) **etw zu tun** ~ intendere/[avere il proposito di] fare qc Ⓑ itr *geh* (*feierlich*) ~ **jds/etw** ~ {+GEFALLENEN, KRIEGSOPFER, TOTEN} commemorare qu/qc, ricordare qu/qc.
Gedẹnken <-s, *ohne* pl> n *geh* memoria f ● **jdn in gutem ~ behalten**, serbare un buon ricordo di qu; **in stillem ~** (**an jdn**) in memoria di qu; **zum/im ~ an jdn/etw**, in/alla memoria di qu/qc.
Gedẹnkfeier f commemorazione f, festa f commemorativa.

Gedẹnkmarke f *post* francobollo m commemorativo.
Gedẹnkminute f minuto m di silenzio, raccoglimento: **eine ~ einlegen**, osservare un minuto di silenzio.
Gedẹnkmünze f moneta f commemorativa.
Gedẹnkrede f discorso m commemorativo.
Gedẹnkstätte f monumento m commemorativo, sacrario m, memorial m.
Gedẹnkstein m lapide f commemorativa.
Gedẹnktafel f lapide f/targa f commemorativa.
Gedẹnktag m giorno m ⌊di commemorazione⌋/[commemorativo], giornata f ⌊di commemorazione⌋/[commemorativa].
Gedẹnkveranstaltung f commemorazione f, cerimonia f commemorativa.
Gedịcht <-(e)s, -e> n poesia f: **die Loreley ist ein bekanntes ~ von Heinrich Heine**, la Loreley è una famosa poesia di Heinrich Heine; (*Heldengedicht*) poema m; **die ~e von Homer und Virgil**, i poemi di Omero e Virgilio ● **ein ~ aufsagen**, dire/recitare una poesia; **etw ist ein ~** *fam* {HOTEL, KLEID, URLAUB}, qc è una favola *fam*/un sogno *fam*/una meraviglia *fam*; {KUCHEN, TORTE}, qc è un poema *fam*/una squisitezza; **ein ~ auswendig lernen**, imparare una poesia a memoria; **ein ~ schreiben/verfassen**, scrivere/comporre una poesia.
Gedịchtband m volume m/raccolta f di poesie.
Gedịchtform f forma f poetica: **in ~**, in versi/poesia.
Gedịchtinterpretation f interpretazione f di una poesia.
Gedịchtsammlung f raccolta f di poesie, antologia f poetica.
gediegen adj **1** (*rein*) {METALLE} puro; {GOLD, SILBER} *auch* massiccio **2** (*sorgfältig*) {VERARBEITUNG} (ac)curato **3** (*solide*) {MÖBELSTÜCK} solido, robusto **4** (*gründlich*) {AUSBILDUNG, KENNTNISSE} solido.
Gediegenheit <-, *ohne* pl> f **1** (*Reinheit*) purezza f **2** (*Sorgfältigkeit*) accuratezza f **3** (*Solidität*) {+GEGENSTAND, MATERIAL} solidità f, robustezza f.
gedieh 1. und 3. pers sing imperf von gedeihen.
gediehen part perf von gedeihen.
gedient adj *mil* congedato, in congedo.
Gedöns <-es, *ohne* pl> n *norddt fam pej*: **mach doch nicht so ein ~ (darum)!**, non fare tante storie!
Gedrạ̈nge <-s, *ohne* pl> n calca f, folla f, ressa f *fam*: **sich (dat) einen Weg durch das ~ bahnen**, farsi largo nella calca/folla, fendere la calca; **am Büfett herrschte ein großes ~**, al buffet c'era una gran ressa ● **mit etw (dat) ins ~ geraten/kommen**, essere sotto pressione (per qc).
Gedrạ̈ngel <-s, *ohne* pl> n pigia pigia f *fam*, ressa f *fam*, calca f.
gedrạ̈ngt Ⓐ adj (*gerafft*) {STIL, ÜBERSICHT} conciso, stringato, succinto Ⓑ adv (*dicht beieinander*): **~ voll**, pieno zeppo *fam*; **der Saal war ~ voll**, la sala era affollatissima; **dicht ~** {MENSCHENMENGE, PUBLIKUM}, assiepato, accalcato, stipato; **dicht ~ beisammenstehen**, stare appiccicati (-e) *fam*/pigiati (-e) *fam*.
gedrẹht adj: **selbst ~** {ZIGARETTE}, rollato da sé.
Gedrö̈hne <-(e)s, *ohne* pl> n *fam* rimbombo m, frastuono m.
gedrọschen part perf von dreschen.
gedrụckt adj: **wie ~ aussehen** {SCHRIFT},

sembrare stampato; **fett ~**, (stampato in) neretto/grassetto; **klein ~** {GESCHÄFTSBEDINGUNGEN}, (stampato) a caratteri piccoli ● **wie ~ lügen** *fam*, mentire spudoratamente/sfacciatamente.
gedrụ̈ckt adj {MENSCH} abbattuto, depresso, demoralizzato, avvilito: **in ~er Stimmung sein**, essere giù (di corda *fam*/morale), sentirsi depresso (-a).
Gedrụ̈cktheit <-, *ohne* pl> f abbattimento m, avvilimento m.
gedrụngen Ⓐ part perf von dringen Ⓑ adj {KÖRPERBAU, MENSCH} tarchiato, tozzo.
Gedụdel <-s, *ohne* pl> n *fam pej* nenia f.
Gedụld <-, *ohne* pl> f pazienza f: **du wirst noch ein wenig ~ haben müssen**, dovrai ⌊avere ancora un po' di pazienza⌋/[pazientare ancora un po']; **ich würde gerne etwas sticken, aber leider habe ich keine ~ dafür**, mi piacerebbe fare un piccolo ricamo, ma purtroppo non ho pazienza; **meine ~ ist langsam erschöpft**, la mia pazienza ⌊ha un limite⌋/[è agli sgoccioli *fam*]/[è arrivata al limite] ● **jdn um ~ bitten**, pregare qu di avere pazienza; **etw mit ~ ertragen**, sopportare qc ⌊con pazienza⌋/[pazientemente]; **~ haben**, avere pazienza, pazientare; **hab ~!**, porta/abbi pazienza!; **wenig/viel ~ (mit jdm/etw) haben**, avere poca/molta pazienza (con qu/qc), essere poco/molto paziente (con qu/qc); **keine ~ (mit jdm/etw) haben**, non avere pazienza (con qu/qc); **die ~ verlieren**, perdere la pazienza; **sich mit ~ wappnen**, armarsi di pazienza.
gedulden <*ohne* ge-> rfl **sich ~** pazientare, aver/portare pazienza.
geduldig Ⓐ adj {MENSCH} paziente: **mit jdm ~ sein**, essere paziente con qu Ⓑ adv {ERTRAGEN, HINNEHMEN} pazientemente, con pazienza.
Gedụldsfaden <-s, *ohne* pl> m: **jdm reißt der ~** *fam*, ⌊a qu scappa⌋/[qu perde] la pazienza.
Gedụldsprobe f: **jdn auf eine harte ~ stellen**, mettere a dura prova la pazienza di qu.
Gedụldsspiel n **1** (*Spiel*) gioco m di pazienza **2** *fig* esercizio m di pazienza.
gedụngen part perf von dingen.
gedụnsen adj {GESICHT} gonfio.
gedụrft part perf von dürfen.
geẹhrt adj **1** (*Anrede in Brief*) gentile: **sehr ~er Herr Roth!**, gentile/egregio *form* signor Roth!; **sehr ~e Frau Braun!**, gentile signora Braun!; **sehr ~e Damen und Herren!**, gentili signore e signori!; (*im Brief an Firma*) spettabile ditta!; **sehr ~er Herr Professor Schmidt!**, stimatissimo professor Schmidt! **geh 2** (*geschmeichelt*) onorato: **sich ~ fühlen**, sentirsi onorato (-a).
geeignet adj **1** {MENSCH} adatto, idoneo: **als etw/für etw (akk)/zu etw (dat) ~ sein**, essere adatto a/per qc, essere idoneo a qc; **sie ist für diese Stelle nicht ~**, non è adatta a/per questo posto; **zum/als Lehrer ist er nicht ~**, non è adatto/idoneo ⌊a fare l'insegnante⌋/[all'insegnamento]/[a insegnare] **2** (*zweckmäßig*) adatto, appropriato, opportuno: **treffen Sie die ~en Maßnahmen!**, prenda i provvedimenti appropriati/opportuni/[del caso]!; **dieses Buch ist für Jugendliche nicht ~**, non è un libro indicato per i ragazzi; **im ~en Moment**, nel/al momento adatto/opportuno; **diese Wohnung ist für mich nicht ~**, questa casa non fa per me *fam*.
Geest <-, *ohne* pl> f "terreno m arido lungo le coste del Mar del Nord".
gefächert adj: **breit ~** {ANGEBOT}, diversifi-

cato.

Gefahr <-, -en> f pericolo m, rischio m: **die ~ + gen/von etw** (dat pl) {EINES ERDBEBENS, KRIEGES}, il pericolo/rischio di qc: **im Winter sind die Berge voller ~en**, in inverno le montagne sono piene di insidie; **in ~ sein, sich in ~ befinden**, essere/trovarsi in pericolo • **eine ~ abwenden/bannen**, scongiurare un pericolo; **auf die ~ hin, dass ...**, a costo/rischio di + inf; **außer ~ sein**, essere fuori pericolo; **sich einer ~ aussetzen, sich in ~ begeben**, esporsi a un pericolo; **bei ~**, in caso di pericolo; **es besteht die ~, dass ...**, c'è il pericolo/il rischio che ...; **es besteht keine ~**, non c'è (nessun/alcun) pericolo; **jdn in ~ bringen**, mettere in pericolo qu; **etw in ~ bringen**, mettere ₁in pericolo₁/[a repentaglio] qc; **jdm droht keine ~**, qu non ha nulla da temere, per qu non c'è nessun pericolo; **auf eigene ~**, a proprio rischio e pericolo; **in ~ geraten/kommen**, trovarsi in pericolo; **~ laufen, etw zu tun**, ₁correre il rischio₁/[rischiare] di fare qc; **in ~ schweben** geh, essere in pericolo; **~ im Verzug**, pericolo in vista; **wer sich in ~ begibt, kommt darin um** prov, chi ama il pericolo, perirà in esso.

gefährden <ohne ge-> tr **jdn/etw** ~ {PERSON, PFLANZE, TIER} mettere in pericolo qu/qc; {LEBEN} auch mettere a repentaglio qc, mettere a rischio qc; {ERFOLG} compromettere qc; {FRIEDEN, RUF, STELLUNG} auch mettere a rischio qc, mettere a repentaglio qc: **Rauchen gefährdet die Gesundheit**, il fumo ₁nuoce alla₁/[danneggia la] salute.

gefährdet adj {PFLANZENART, TIERART, UMWELT} in pericolo, minacciato; {PATIENT} a rischio.

Gefährdung <-, ohne pl> f pericolo m, minaccia f.

Gefährdungshaftung f jur (im Zivilrecht) responsabilità f oggettiva.

gefahren part perf von fahren.

Gefahrenbereich m zona f ₁a rischio₁/[di pericolo]/[pericoloso].

Gefahrenherd m focolaio m di pericoli.

Gefahrenmoment n fattore m di rischio/pericolo.

Gefahrenquelle f fonte f di pericoli/rischi.

Gefahrenstelle f punto m pericoloso.

Gefahrenzone f zona f pericolosa/[a rischio].

Gefahrenzulage f indennità f di rischio.

Gefahrgut n materiale m pericoloso, merce f pericolosa.

Gefahrguttransport m trasporto m di materiale pericoloso.

gefährlich A adj **1** (mit Gefahr verbunden) {KURVE, VERBRECHER} pericoloso; {EINGRIFF, LEBEN, PLAN} auch rischioso **2** (bedrohlich) {KRANKHEIT} serio, grave B adv **1** (riskant) {FAHREN, LEBEN} in modo pericoloso, pericolosamente **2** (bedrohlich) {ERKRANKEN} gravemente, seriamente • **jdm ~ werden können** scherz: **er könnte mir ~ werden** (ich könnte mich in ihn verlieben) scherz, potrei perdere la testa per lui.

Gefährlichkeit <-, ohne pl> f **1** (das Riskantsein) {+KURVE, SITUATION} pericolosità f **2** (Bedrohlichkeit) {+VERBRECHER, WAFFE} pericolosità f; {+KRANKHEIT} gravità f.

gefahrlos adj senza/[privo di] pericoli/rischi.

Gefährt <-(e)s, -e> n obs scherz carretta f fam, trabiccolo m fam scherz.

Gefährte <-n, -n> m compagno (-a) m (f).

Gefährtin f geh → **Gefährte**.

gefahrvoll adj geh pieno/irto geh di pericoli, pericoloso, rischioso.

Gefälle <-s, -> n <meist sing> **1** (Neigung) pendenza f: **die Straße hat ein starkes ~**, la strada ₁ha una forte pendenza₁/[è in forte discesa]; **ein ~ von 4%**, una pendenza del 4% **2** (Höhenunterschied) dislivello m **3** (Unterschied) dislivello m, divario m, disparità f: **das soziale/wirtschaftliche ~**, il dislivello sociale/economico.

gefallen① <irr, ohne ge-> A itr **jdm ~** {BILD, FILM, KLEID, MÄDCHEN, WAGEN} piacere a qu, garbare a qu: **das Konzert gestern Abend hat mir sehr gut ~**, il concerto di ieri sera mi è piaciuto moltissimo; **mir gefällt seine neue Freundin gar nicht**, la sua nuova ragazza non mi ₁piace affatto₁/[va a genio]; **ich verstehe einfach nicht, was ihm an ihr gefällt**, non riesco a capire che cosa trovi in lei; **er ist ein Typ, der gefällt**, è un tipo che piace; **wie gefällt es dir hier?**, come ti trovi qui?, ti piace qui?; **es gefällt ihm, die anderen auf den Arm zu nehmen**, si diverte a prendere in giro gli altri; **du gefällst mir heute aber gar nicht** (du siehst schlecht aus), hai proprio una brutta cera oggi, oggi non mi piaci per niente fam; **sie tut, was ihr gefällt**, fa quello che le piace B rfl **sich** (dat) **in etw** (dat) **~** compiacersi di qc • **das gefällt mir gar nicht** (passt mir nicht), (la cosa) non mi piace per niente; (ist verdächtig), questa cosa mi piace poco; **das könnte dir so ~!** fam, ti piacerebbe, eh?!; **sich** (dat) **etw ~ lassen**, sopportare qc; **der lässt sich aber auch alles ~!**, quello ingoia proprio tutto! fam; **du darfst dir nicht alles ~ lassen** fam, non accettare tutto, non essere così accomodante; **das lasse ich mir schon eher ~**, questo mi piace già di più, così va già meglio; **das will mir nicht so recht ~**, non è che mi convinca poi tanto.

gefallen② A part perf von **fallen** B part perf von **gefallen**.

Gefallen① <-s, -> m (Freundschaftsdienst) piacere m, favore m, cortesia f, gentilezza f • **jdn um einen ~ bitten**, chiedere un favore/piacere/una cortesia a qu; **jdm einen ~ tun/erweisen** geh, fare un piacere/favore a qu, rendere un servizio a qu; **kannst du mir einen ~ tun und die Zeitung holen?**, ₁puoi farmi il piacere/favore di₁/[ti dispiacerebbe] portarmi il giornale?; **tu mir bloß den ~ und lass mich endlich in Ruhe!** fam, fammi il santo piacere di lasciarmi in pace, una buona volta!

Gefallen② <-s, ohne pl> n (Freude) piacere m, diletto m • **an etw** (dat) **~ finden/haben**, trovare piacere a/nel fare qc, provare gusto a/nel fare qc: **er hat viel ~ an der Gartenarbeit**, gli piace molto il giardinaggio, trova gran diletto nei lavori di giardinaggio geh; **ich glaube, du hast an ihm ~ gefunden**, mi sa tanto che lui ti piace.

Gefallene <dekl wie adj> mf caduto (-a) m (f): **die ~n der zwei Weltkriege**, i caduti delle due guerre mondiali.

Gefallenendenkmal n monumento m ai caduti.

gefällig adj **1** (angenehm) {ÄUßERES} piacevole, piacente **2** (hilfsbereit) compiacente, disponibile: **sich jdm ~ erweisen/zeigen**, (di)mostrarsi disponibile nei confronti di qu; **kann ich Ihnen ~ sein?**, posso esserLe utile? **3** (gewünscht): **sonst noch was ~?** com, desidera qualcos'altro?, serve altro? fam: **ein Glas Wein ~?**, ₁desidera₁/[Le va] un bicchiere di vino?

Gefälligkeit <-, -en> f **1** (Freundschaftsdienst) piacere m, favore m, cortesia f, gentilezza f **2** <nur sing> (Hilfsbereitschaft) compiacenza f, disponibilità f • **aus (reiner) ~**, per (pura) compiacenza; **jdn um eine ~ bitten**, chiedere un piacere/favore/una cortesia a qu; **jdm eine ~ erweisen**, fare una gentilezza/cortesia a qu.

Gefälligkeitswechsel m bank cambiale f di comodo/favore.

gefälligst partik fam (vor Anweisungen und Forderungen: drückt Ungeduld, Ärger aus) per piacere/cortesia: **sei ~ still!**, fammi il piacere di stare zitto (-a)! fam; **lassen Sie mich ~ ausreden!**, mi faccia finire, per cortesia!, La prego di non interrompermi!

Gefällstrecke f tratto m di strada in forte pendenza/discesa.

gefangen A part perf von **fangen** B adj (gefesselt): **von jdm/etw ~ sein**, essere affascinato/preso da qu/qc.

Gefangene <dekl wie adj> mf **1** (Strafgefangene) detenuto (-a) m (f), carcerato (-a) m (f), recluso (-a) m (f) **2** mil (Kriegsgefangene) prigioniero (-a) m (f).

Gefangenenaustausch m scambio m di prigionieri.

Gefangenenbefreiung f liberazione f di prigionieri.

Gefangenenfürsorge f assistenza f ai detenuti.

Gefangenenhilfsorganisation f organizzazione f che lotta per i diritti dei detenuti.

Gefangenenlager n campo m di prigionia/[concentramento per prigionieri di guerra].

gefangen|halten a.R. von gefangen halten → **halten**.

Gefangennahme <-, -n> f cattura f.

gefangen|nehmen a.R. von gefangen nehmen → **nehmen**.

Gefangenschaft <-, ohne pl> f **1** mil (Kriegsgefangenschaft) prigionia f: **in ~ geraten/kommen**, cadere prigioniero (-a); **gegen Ende des Krieges kam er in russische ~**, verso la fine della guerra ₁cadde prigioniero dei₁/[fu fatto prigioniero dai] russi; **jdn aus der ~ entlassen**, rilasciare qu dalla prigionia **2** (von Tieren) cattività f.

Gefängnis <-ses, -se> n **1** (Ort) prigione f, carcere m, galera f fam **2** <nur sing> (~strafe) carcere m, prigione f, reclusione f: **ein Jahr ~ bekommen**, ha avuto/preso due anni di galera fam • **aus dem ~ ausbrechen**, scappare ₁dalla prigione₁/[dal carcere]; **jdn ins ~ bringen**, mandare qu in prigione; **ins ~ kommen**, finire in prigione, andare in galera fam; **im ~ sitzen/sein**, essere in prigione/galera fam; **jdn ins ~ stecken** fam/**werfen** fam, mettere/sbattere fam qu in prigione/galera fam; **jdn zu einem Jahr ~ verurteilen**, condannare qu ad un anno di reclusione.

Gefängnisaufseher m (**Gefängnisaufseherin** f) guardia f carceraria, agente mf di custodia, operatore (-trice) m (f) carcerario (-a) form, secondino m form.

Gefängnisdirektor m (**Gefängnisdirektorin** f) direttore (-trice) m (f) di un carcere/penitenziario.

Gefängnishof m cortile m (di prigione).

Gefängnisinsasse m (**Gefängnisinsassin** f) carcerato (-a) m (f), detenuto (-a) m (f), recluso (-a) m (f).

Gefängnisstrafe f pena f detentiva, reclusione f: **jdn zu einer ~ von vier Jahren verurteilen**, condannare qu a quattro anni di reclusione.

Gefängniswärter m (**Gefängniswärterin** f) → **Gefängnisaufseher**.

Gefängniszelle f cella f (carceraria).
gefärbt adj tinto: **blau/rot/... ~**, tinto di blu/rosso/...; **blond/schwarz ~e Haare**, capelli tinti di biondo/nero.
Gefasel <-s, ohne pl> n pej discorsi m pl a vanvera, ciance f pl: **das ständige ~ geht mir auf die Nerven!**, questo continuo farneticare mi dà ai/sui nervi!
Gefäß <-es, -e> n **1** (*Behälter*) recipiente m, vaso m **2** <meist pl> anat vaso m.
Gefäßchirurg m (**Gefäßchirurgin** f) chirurgo (*rar* -a) m (f) vascolare.
Gefäßchirurgie f med chirurgia f vascolare.
gefäßerweiternd med **A** adj {MITTEL, PRÄPARAT, WIRKUNG} vasodilatatore **B** adv: **Alkohol wirkt ~**, l'alcol ₍ha un effetto f₎/[agisce da] vasodilatatore.
Gefäßerweiterung f med vasodilatazione f, dilatazione f vascolare/[dei vasi].
Gefäßkrankheit f med malattia f vascolare, angiopatia f med.
gefasst (a.R. **gefaßt**) adj **1** (*beherrscht*) {MENSCH} controllato, compassato **2** (*ausgedrückt*): **kurz ~** {BERICHT, MELDUNG}, conciso, sintetico **3** (*vorbereitet*): **auf etw (akk) ~ sein**, essere preparato a qc, aspettarsi qc; **ich war darauf nicht ~**, non me l'aspettavo; **auf das Schlimmste ~ sein**, aspettarsi il peggio **4** (*sich seelisch einstellen*): **sich auf etw (akk) ~ machen** {AUF ÄRGER, EINE STANDPAUKE}, aspettarsi qc, prepararsi a qc; **der Chef möchte dich sprechen, mach dich auf etwas ~!**, il capo vuole parlarti, preparati al peggio!; **wenn du mir das Geld nicht bis morgen zurückgibst, dann kannst du dich auf was ~ machen**, se non mi restituisci i soldi entro domani, ₍imparerai a conoscermi₎/[ne vedrai delle belle] *fam*.
Gefasstheit (a.R. **Gefaßtheit**) <-, ohne pl> f compostezza f, contegno m, compassatezza f.
gefäßverengend med **A** adj {MITTEL, PRÄPARAT, WIRKSTOFF} vasocostrittore **B** adv: **~ wirken** {MITTEL, PRÄPARAT}, avere un effetto vasocostrittore.
Gefäßverengung f med vasocostrizione f.
Gefäßverschluss (a.R. **Gefäßverschluß**) m med obliterazione f/occlusione f vascolare.
Gefäßwand f anat parete f vascolare.
Gefecht <-(e)s, -e> n **1** (*Kampf*) combattimento m **2** (*Zusammenstoß*) scontro m **3** fig (*Wortgefecht*) scontro m ● **etw ins ~ führen** geh {ARGUMENT}, mettere in campo qc; **jdn außer ~ setzen** (*kampf- oder handlungsunfähig machen*), mettere fuori combattimento qu.
Gefechtsausbildung f addestramento m al combattimento.
gefechtsbereit adj {PANZER, TRUPPEN} pronto per il combattimento: **etw ~ machen**, preparare qc per il combattimento.
Gefechtsbereitschaft f mil stato m d'allarme/allerta.
gefechtsklar adj naut → **gefechtsbereit**.
Gefechtskopf m mil testata f esplosiva, ogiva f.
Gefechtspause f pausa f nel combattimento.
Gefechtsstand m mil sede f/posto m di comando tattico.
Gefechtszone f zona f di combattimento.
gefedert adj molleggiato: **gut ~ sein**, essere ben molleggiato.
gefehlt adj: **weit ~!**, sbagliato ₍in pieno₎/[di grosso]!

gefeiert adj {KÜNSTLER, SÄNGER} acclamato, osannato.
gefeit adj geh: **gegen etw (akk) ~ sein**, essere vaccinato contro qc, essere immune da qc.
gefestigt adj {TRADITION} consolidato; {CHARAKTER, PERSÖNLICHKEIT} saldo, fermo.
Gefiedel <-s, ohne pl> n fam pej strimpellio m di violino.
Gefieder <-s, -> n piumaggio m.
gefiedert adj **1** bot {BLATT} pennato **2** (*mit Federn*) piumato, pennuto, pennato.
gefiel 1. und 3. pers sing imperf von gefallen.
Gefilde <-s, -> n <meist pl> geh oder lit contrada f lit, paese m: **heimatliche ~** scherz, paese natale; **in südlichen ~n weilen**, soggiornare nelle terre del Sud.
gefinkelt adj A {MENSCH} astuto, scaltro, furbo.
Geflecht <-(e)s, -e> n **1** (*Flechtwerk*) intreccio m, intrecciatura f; (*aus Stroh*) impagliatura f; (*aus Rohr*) canniccio m; (*aus Zweigen*) graticcio m **2** (*Gewirr*) intreccio m, groviglio m.
gefleckt adj {HAUT} macchiato, chiazzato: **bunt ~**, macchiato, screziato, chiazzato; {KUH, PFERD}, pezzato; **rot ~**, macchiato di rosso; {FELL} maculato, pezzato.
Geflimmer <-s, ohne pl> n **1** TV sfarfallio m **2** (*dauerndes Flimmern*) (*von Licht, Luft*) tremolio m.
geflissentlich adv geh {IGNORIEREN, ÜBERSEHEN} deliberatamente geh, intenzionalmente, di proposito, volutamente, apposta.
geflochten part perf von flechten.
geflogen part perf von fliegen.
geflohen part perf von fliehen.
geflossen part perf von fließen.
Geflügel <-s, ohne pl> n pollame m.
Geflügelfarm f allevamento m di pollame, stabilimento m avicolo, azienda f avicola.
Geflügelpest f med (influenza f) aviaria f.
Geflügelsalat m gastr insalata f di pollo.
Geflügelschere f trinciapollo m.
geflügelt adj alato.
Geflügelzucht f avicoltura f.
Geflunker <-s, ohne pl> n fam pej frottole f pl fam, favole f pl: **hör doch auf mit deinem ständigen ~!**, smettila di raccontare sempre favole!
Geflüster <-s, ohne pl> n bisbiglio m, sussurrio m.
gefochten part perf von fechten.
Gefolge <-s, rar -> n **1** (*Begleitung einer Persönlichkeit*) seguito m: **im ~ des Kanzlers sein**, ₍far parte del₎/[essere al] seguito del cancelliere **2** (*Trauergeleit*) corteo m funebre ● **etw im ~ haben** form, avere per/come conseguenza qc, provocare qc, comportare qc; **im ~ + gen/von etw (dat pl)** ₍in seguito a₎/[a seguito di] qc.
Gefolgschaft <-, -en> f **1** (*Anhängerschaft*) {+PARTEI, SEKTE} seguito m, seguaci m pl **2** <nur sing> obs (*Gehorsam*) fedeltà f, ubbidienza f ● **jdm die ~ verweigern**, rifiutarsi di seguire qu.
Gefolgsmann <-(e)s, -leute oder -männer> m seguace m: **seine Gefolgsleute um sich scharen**, circondarsi dei propri seguaci.
gefragt adj **1** (*begehrt*) {KÜNSTLER, MODEL, SÄNGER} richiesto **2** com (*verlangt*) {ARTIKEL, PRODUKT} richiesto, ricercato.
gefräßig adj pej {TIER} vorace; {MENSCH} auch ingordo.
Gefräßigkeit <-, ohne pl> f pej {+TIER} voracità f; {+MENSCH} auch ingordigia f.

Gefreite <dekl wie adj> mf mil caporale m.
gefressen part perf von fressen ● **jdn ~ haben** fam, non poter vedere fam/soffrire qu fam; **etw ~ haben** fam, non sopportare qc; **etw (endlich) gefressen haben** fam, aver (finalmente) capito qc; **jetzt hat er's endlich ~!** fam, finalmente gli è entrato in testa! fam.
Gefrieranlage f impianto m di congelamento.
Gefrierbeutel m sacchetto m per congelare.
Gefrierchirurgie f med → **Kryochirurgie**.
gefrieren <irr, ohne ge-> itr <sein> {BODEN, ERDE, WASSER} gelare, ghiacciare: **das Lächeln gefror ihr auf den Lippen**, il sorriso le si gelò sulle labbra; **vor Schreck gefror mir das Blut in den Adern**, mi sentii gelare il sangue nelle vene per lo spavento.
Gefrierfach n freezer m, scomparto m del ghiaccio.
Gefrierfleisch n gastr carne f congelata.
Gefriergemüse n gastr verdura f congelata.
gefriergetrocknet adj {KAFFEE, LEBENSMITTEL} liofilizzato.
Gefrierkette f industr catena f del freddo.
Gefrierkost f (prodotti m pl/cibi m pl) surgelati m pl.
Gefrierpunkt m punto m di congelamento: **auf/über/unter dem ~**, al/[sopra il]/[sotto il] punto di congelamento.
Gefrierschrank m → **Gefriertruhe**.
Gefrierschutzmittel n antigelo m, anticongelante m.
Gefriertruhe f congelatore m.
gefroren A part perf von frieren **B** part perf von gefrieren **C** adj: **hart ~** {BODEN, ERDE}, ghiacciato.
Gefuchtel <-s, ohne pl> n pej gesticolio m: **das ~ mit etw (dat)** {MIT DEN HÄNDEN, DEM MESSER}, l'agitare qc.
Gefüge <-s, -> n geh {+GEBÄUDE, ORGANISATION, UNTERNEHMEN} struttura f; {+STAAT} auch compagine f; gram ling costruzione f.
gefügig adj pej {MITARBEITER, UNTERGEBENER} remissivo, sottomesso, docile; {CHARAKTER} docile, duttile: **(sich dat) jdn ~ machen**, piegare qu alla propria volontà.
Gefügigkeit <-, ohne pl> f pej {+CHARAKTER} docilità f, duttilità f; {+MITARBEITER} remissività f, docilità f.
Gefühl <-(e)s, -e> n **1** <nur sing> (*Sinneswahrnehmung*) sensazione f, sensibilità f: **das ~ für warm und kalt**, la sensibilità al caldo e al freddo; **kein ~ mehr in den Beinen/Fingern/Händen haben**, non avere più sensibilità alle gambe/dita/mani; **ein ~ + gen/von etw (dat)** {DER/VON KÄLTE, NÄSSE}, una sensazione di qc **2** (*seelische Empfindung*) sentimento m, emozione f, sensazione f: **ein Mensch ohne jedes ~**, un uomo senza sentimento, un insensibile; **seine ~e beherrschen/verbergen/verdrängen/zeigen**, dominare/nascondere/reprimere/mostrare ₍i propri sentimenti₎/[le proprie emozioni]; **es ist ein beklemmendes/beruhigendes ~ zu wissen, dass ...**, dà un senso di angoscia/tranquillità sapere che ...; **ein ~ der Angst/Einsamkeit/Leere**, una sensazione/un senso di paura/solitudine/vuoto; **ein ~ der Dankbarkeit/des Hasses**, un sentimento/senso di gratitudine/odio; **ich habe das ~ zu ersticken**, ₍ho la sensazione di₎/[mi sento] soffocare **3** <nur sing> (*Ahnung*) sensazione f, impressione f, presentimento m: **ich habe das ~, beobachtet zu werden**, ho la sensazione/l'impressione di essere osservato (-a);

ein ungutes ~ (bei etw dat) haben, avere ⌊una brutta sensazione⌋/[un brutto presentimento] (riguardo a qc); **ich habe das dumpfe ~, dass .../als ob ... konjv**, ho ⌊la strana/vaga sensazione⌋/[il presentimento] che ... *konjv*; **ich habe das ~, dass er uns nicht mag**, ho l'impressione che non gli piacciamo **4** *<nur sing>* (*Gespür*) senso m, sensibilità f: **ein ~ für etw (akk) haben** {FÜR FARBEN, FORMEN}, avere sensibilità per qc; **ein ~ für Sprachen haben**, avere sensibilità linguistica/[per le lingue]; **ein sicheres ~ für etw (akk) haben** {MENSCH, TIER}, avere un fiuto sicuro per qc; **dem ~ nach könnte es Seide sein**, al tatto si direbbe seta; **dafür braucht man ein gewisses ~**, ci vuole una certa sensibilità; **das ist eine Frage des ~s**, è questione di sensibilità/feeling; **ich kann mich auf mein ~ verlassen**, posso fidarmi del mio fiuto/intuito/istinto; **das Wetter wird schlechter, ich habe es im ~**, il tempo ⌊sta peggiorando⌋/[andrà a peggiorare], me lo sento • **jds ~e *erwidern***, ricambiare i sentimenti di qu; **mit *gemischten* ~en**, con sentimenti contrastanti; **das ist das *höchste* der ~** *fam*, è il massimo (raggiungibile); **ich werde das ~ nicht *los*, dass sie uns etwas verschweigt**, più forte di me, ma ho la sensazione che ci nasconda qualcosa; **so ein komisches/mulmiges ~ im *Magen*/Bauch haben** *fam*, avere una strana sensazione; **mit ~**, con sentimento; **jds ~e *verletzen***, ferire i sentimenti di qu; **das ist ein ~ wie *Weihnachten*!** *fam scherz*, sembra di toccare il cielo con un dito! *fam*; **tu deinen ~en keinen *Zwang* an!** *fam scherz*, non fare complimenti!

gefühllos **A** adj **1** (*ohne Sinneswahrnehmung*) {ARME, BEINE, FINGER, HAND} insensibile, intorpidito **2** (*hartherzig*) {MENSCH} insensibile, arido, privo di sentimenti, senza cuore **B** adv {BEHANDELN} con insensibilità; {ZUSEHEN} senza provare la minima emozione.

Gefühllosigkeit <-, *ohne pl*> f **1** (*Taubheit*) insensibilità f **2** (*Hartherzigkeit*) insensibilità f, aridità f, durezza f di cuore.

Gefühlsanwandlung f momento m di dolcezza/tenerezza.

Gefühlsarmut f povertà f di sentimenti.

Gefühlsausbruch m sfogo m.

gefühlsbetont adj {MENSCH} emotivo; (*sentimental*) sentimentale: **eine ~e Rede**, un discorso carico/pieno di emozioni.

Gefühlsduselei <-, *-en*> f <*meist sing*> *fam pej* sentimentalismo m, romanticheria f.

gefühlsecht adj {KONDOM} ultrasensibile.

Gefühlshaushalt <-*(e)s, ohne pl*> m equilibrio m affettivo.

gefühlskalt adj **1** (*frigide*) frigido, freddo **2** (*gefühllos*) {MENSCH} freddo, insensibile, di ghiaccio.

Gefühlskälte f **1** (*Frigidität*) frigidità f **2** (*Gefühllosigkeit*) freddezza f, insensibilità f.

Gefühlsleben <-*s, ohne pl*> m vita f sentimentale/emotiva/affettiva.

gefühlsmäßig **A** adj {REAKTION} emotivo, istintivo: **eine ~e Entscheidung**, una decisione dettata dal sentimento **B** adv {BETRACHTEN, REAGIEREN} emotivamente: **~ handeln**, agire secondo l'istinto, seguire il proprio istinto; **rein ~ würde ich sagen, dass ...**, istintivamente, direi che ...

Gefühlsmensch m emotivo (-a) m (f), persona f emotiva; (*sentimentaler Mensch*) sentimentale mf.

Gefühlsregung f emozione f.

Gefühlssache f: **etw ist (reine) ~**, qc è questione d'istinto; **warum findest du ihn denn so unsympathisch? - Das ist reine ~**, perché mai ti è tanto antipatico? - E' una questione ⌊puramente epidermica⌋/[di pelle].

gefühlvoll **A** adj **1** (*empfindsam*) {MENSCH} (molto) sensibile, pieno/ricco di sentimento **2** *oft pej* (*mit Gefühl*) {GEDICHT, GEIGENSPIEL, VERS} pieno/ricco di sentimento; *pej* sentimentale **B** adv (*mit Gefühl*) {SINGEN, VORTRAGEN} con (molto) sentimento.

gefüllt adj **1** *gastr* {HUHN, TEIGTASCHEN, TOMATEN} farcito, ripieno **2** (*voll*) {BRIEFTASCHE} pieno; {GLAS} *auch* colmo.

gefunden part perf *von* finden.

gefüttert adj {KLEIDUNGSSTÜCK} foderato.

Gegacker <-*s, ohne pl*> n **1** *fam* (*Gekicher*) starnazzio m *scherz* **2** (*das Gackern der Hühner*) schiamazzo m (di polli).

gegangen part perf *von* gehen • **gegangen werden** *fam scherz*, essere licenziato; **er ist gegangen worden**, gli hanno dato il benservito *fam*, lo hanno messo alla porta *fam*.

gegeben **A** part perf *von* geben **B** adj **1** <attr> (*passend*) {BEWERBER, KANDIDAT} adatto, idoneo: **zu ~er Zeit, zum ~en Zeitpunkt**, a tempo debito, al momento opportuno **2** <attr> (*vorhanden*) {TATSACHE}, un dato di fatto; **unter den ~en Umständen ist es besser, wenn wir abreisen**, date le circostanze è meglio che/se partiamo **3** *math* (*bekannt*) {ZAHL} dato • **etw als ~ hinnehmen**, accettare qc come un dato di fatto; **jdm ist etw nicht ~** {RÜCKSICHT, TAKTGEFÜHL}, qu non ha il dono di qc; **etw als ~ voraussetzen** {KENNTNISSE, WISSEN}, dare per scontato (-a) qc.

gegebenenfalls adv all'occorrenza, eventualmente, in caso.

Gegebenheit <-*, -en*> f <*meist pl*> circostanza f, realtà f: **die politischen/sozialen/wirtschaftlichen ~en**, le condizioni politiche/sociali/economiche.

gegen **A** präp + akk **1** (*lokal: an*) contro, a: **sich ~ die Mauer/Wand lehnen**, appoggiarsi ⌊al muro⌋/[alla parete]; **~ die Tür klopfen**, bussare alla porta; **~ etw stoßen/schlagen**, urtare/battere contro qc; **etw ~ das Licht halten**, tenere qc controluce **2** (*lokal in Richtung von*) verso: **die Pflanzen ~ das Licht drehen**, girare le piante verso la luce **3** (*für, zum Schutz vor*) per, contro: **ein neues Medikament ~ Magenschmerzen**, una nuova medicina per/contro il mal di stomaco; **Zitronensaft ist ein gutes Mittel ~ Mückenstiche**, il succo di limone è un ottimo rimedio contro le punture di zanzara; **Kinder sollten ~ Masern geimpft werden**, i bambini dovrebbero essere vaccinati contro il morbillo **4** (*im Austausch für*): **Lieferungen ins Ausland nur ~ Vorauszahlung**, consegne all'estero solo dietro/contro pagamento anticipato; **Antibiotika gibt es nur ~ Rezept**, gli antibiotici si danno solo su/con ricetta; **Euro ~ Dollar umtauschen**, cambiare euro in dollari; **~ Nachnahme**, contrassegno; **tauschen wir doch unsere Briefmarken - Meine ~ deine!**, scambiamoci i francobolli - I miei in cambio dei tuoi! **5** *fig* (*wider*) contro: **~ den Strom/die Strömung schwimmen**, nuotare controcorrente; **~ jegliche Vernunft (sein)**, (andare) contro tutte le regole ⌊del buonsenso⌋/[della logica]; **etw ~ jds Willen tun**, fare qc contro la volontà di qu; **das ist ~ unsere Abmachungen**, è in contrasto con i nostri accordi; **der Kampf ~ den Hunger in der Welt**, la lotta contro la fame nel mondo; **sind Sie ~ Diebstahl versichert?**, è assicurato (-a) contro il furto? **6** *meist sport*: **heute spielt Deutschland ~ Italien**, oggi gioca la Germania contro l'Italia; **ich wette zehn ~ eins**, scommetto dieci contro/a uno **7** (*ablehnend*): **~ jdn sein**, essere contro qu; **~ etw (akk) sein** essere contro/[contrario a] qc **8** (*temporal*) verso: **~ Abend/[Ende des Monats]**, verso sera/[la fine del mese] **9** (*im Vergleich zu*) in confronto a, rispetto a, in paragone a: **~ ihn bist du doch eine Niete!**, rispetto/paragonato (-a) a lui sei proprio una nullità/frana! **B** adv *fam* (*bei Zahlenangaben: ungefähr*) circa, pressappoco, più o meno, all'incirca: **in den Kurs hatten sich ~ 80 Personen eingeschrieben**, al corso si erano iscritte circa 80 persone.

Gegenangebot n controfferta f.

Gegenangriff m contrattacco m, controffensiva f.

Gegenantrag m *meist pol* controproposta f.

Gegenanzeige f *med* (*bei Medikamenten*) controindicazione f.

Gegenargument n obiezione f, argomento m contro.

Gegenbefehl m contrordine m.

Gegenbehauptung f affermazione f contraria: **eine ~ aufstellen**, sostenere il contrario.

Gegenbeispiel n controesempio m, esempio m contrario.

Gegenbesuch m: **(bei) jdm einen ~ abstatten/machen**, contraccambiare/restituire una visita a qu.

Gegenbewegung f *pol* movimento m di opposizione.

Gegenbeweis m controprova f, prova f contraria: **(jdm) den ~ erbringen/liefern**, provare il contrario (a qu), controprovare qc (a qu).

gegen|buchen tr *com* **etw ~** registrare qc in contropartita.

Gegenbuchung f *com* registrazione f in contropartita.

gegen|checken **A** itr fare un (ulteriore) controllo **B** tr **etw ~** (ri)controllare qc.

Gegend <-*, -en*> f **1** (*Gebiet*) zona f, regione f, area f: **eine gebirgige/flache ~**, una zona montuosa/pianeggiante **2** (*Wohngegend*) quartiere m **3** (*nähere Umgebung*) zona f, vicinanze f pl, paraggi m pl: **du wohnst hier in der ~**, abita qui ⌊in zona⌋/[nei paraggi]; **sie wohnt in der ~ vom Bahnhof**, abita ⌊dalle parti⌋/[nella zona] della stazione; **in der ~ um Nürnberg**, ⌊nei pressi⌋/[nelle vicinanze]/[nei dintorni] di Norimberga **4** *anat* (*Bereich*) regione f: **in der ~ des Magens**, nella regione dello stomaco **5** (*Richtung*) direzione f **6** *fam* (*bei Zeit- und Mengenangaben*): **der Preis für ein Hotelzimmer liegt in der ~ um 100 Euro**, il prezzo di una camera d'albergo si aggira sui/[intorno ai] 100 euro **7** *<nur sing> fam* (*Bewohner*) quartiere m, abitanti m pl della zona • **durch die ~ gehen/laufen**, andare in giro, gironzolare, girellare; **wir sind ein bisschen durch die ~ gefahren**, abbiamo fatto un giretto in macchina; **die ~ unsicher *machen*** *fam* {JUGENDBANDE}, infestare la zona.

Gegendarstellung f (*bes. in den Medien*) smentita f, rettifica f.

Gegendemonstration f contromanifestazione f.

Gegendienst m: **jdm einen ~ erweisen**, contraccambiare un favore a qu.

gegeneinander adv (l')uno (-a) contro l'altro (-a), l'un l'altro (-a): **er hatte sie ~ aufgehetzt**, li/le aveva aizzati (-e)/messi (-e) gli uni/le une contro gli altri/le altre; **etw ~ haben**, avere un'antipatia ⌊l'uno (-a) per/verso l'altro (-a)⌋/[reciproca]; **Gefangene ~ austauschen**, scambiare prigionieri.

Gegeneinander <-s, ohne pl> n contrapposizione f.

gegeneinander|halten <irr> tr *etw* ~ {BILDER, FOTOS, PLÄNE, VORSCHLÄGE} confrontare qc, paragonare qc, mettere a confronto qc.

gegeneinander|prallen itr <*sein*> {FAHRZEUGE, MENSCHEN} scontrarsi, urtar(si), cozzar(si).

gegeneinander|stehen <irr> itr <*haben oder süddt A CH sein*> {AUSSAGEN, BEHAUPTUNGEN} essere contrastante/[in contrasto].

gegeneinander|stoßen <irr> itr <*sein*> {FAHRZEUGE} scontrarsi, cozzar(si).

Gegenfahrbahn f carreggiata f/corsia f opposta: **auf die ~ geraten**, finire nella corsia opposta.

Gegenfinanzierung f copertura f finanziaria.

Gegenforderung f controrichiesta f.

Gegenfrage f controdomanda f: **etw mit einer ~ beantworten**, rispondere a qc con un'altra domanda.

Gegengewalt f risposta f violenta: **die Spirale von Gewalt und ~**, l'escalation della violenza.

Gegengewicht n contrappeso m: **ein ~ zu etw** (dat) **sein**, controbilanciare qc, fare da contrappeso a qc.

Gegengift n antidoto m, contravveleno m.

Gegenkandidat m (**Gegenkandidatin** f) candidato (-a) m (f) rivale, sfidante mf; *pol* candidato (-a) m (f) dell'opposizione: **einen ~en aufstellen**, presentare il proprio candidato; **einen ~en zu jdm aufstellen**, opporre a qu il proprio candidato.

Gegenklage f *jur* (*Widerklage*) domanda f riconvenzionale: **gegen jdn ~ erheben** *jur*, proporre domanda riconvenzionale nei confronti di qu.

Gegenkläger m (**Gegenklägerin** f) *jur* (*Beklagter, der Widerklage erhebt*) convenuto (-a) m (f) che propone domanda riconvenzionale.

gegenläufig adj {BEWEGUNG, TENDENZ} contrario; {ENTWICKLUNG} *auch* in controtendenza.

Gegenleistung f contropartita f; *jur ökon* controprestazione f: **als ~ für etw** (akk), in contropartita/contraccambio di qc; **etw als ~ verlangen**, chiedere qc in/come contropartita; **wenn du dir von ihm helfen lässt, dann erwartet er von dir eine ~**, se ti fai aiutare da lui, si aspetterà che gli contraccambi il favore.

gegen|lenken itr → **gegen|steuern**.

gegen|lesen <irr> tr *etw* ~ {ENTWURF, MANUSKRIPT} rileggere/rivedere qc (scritto da un'altra persona).

Gegenlicht <-s, ohne pl> n controluce f: **bei ~**, in controluce.

Gegenlichtaufnahme f fotografia f/ripresa f in controluce.

Gegenliebe f amore m ricambiato/corrisposto: **(bei jdm) auf keine ~ stoßen**, non trovare il consenso di qu, non incontrare il favore/le simpatie di qu; **mit seinen Vorschlägen stieß er bei der Geschäftsleitung auf wenig ~**, le sue proposte non sono state accolte con molto favore dalla direzione.

Gegenmaßnahme f contromisura f; (*vorbeugend*) misura f preventiva; (*Vergeltung*) rappresaglia f: **~n ergreifen/treffen**, adottare delle contromisure.

Gegenmittel n rimedio m, antidoto m; (*gegen Gift*) antidoto m: **gegen diese Krankheit hat man noch kein ~ gefunden**, per questa malattia non hanno ancora trovato una cura.

Gegenoffensive f → **Gegenangriff**.

Gegenpapst m *hist* antipapa m.

Gegenpartei f **1** *pol* partito m avversario **2** *jur* controparte f, parte f avversaria/avversa **3** *sport* squadra f avversaria, avversari m pl • **die ~ ergreifen**, prendere le difese della controparte, fare l'amico del giaguaro *fam*.

Gegenpol m polo m opposto.

Gegenprobe f *math* controprova f; {+ABSTIMMUNG} *auch* verifica f.

Gegenreaktion f controreazione f: **eine ~ hervorrufen**, provocare una controreazione.

Gegenrede f <*meist* sing> **1** (*Erwiderung*) replica f, risposta f **2** (*Einwand*) obiezione f.

Gegenreformation f *hist* Controriforma f.

Gegenregierung f *pol* (*im Exil*) governo m fantasma.

Gegenrevolution f controrivoluzione f.

Gegenrichtung f direzione f opposta: **in ~ fahren**, viaggiare/andare/guidare controsenso/contromano.

Gegensatz m **1** (*Kontrast*) contrasto m: **eure Meinungen stehen in krassem/starkem ~ zueinander**, le vostre opinioni sono in stridente/forte contrasto/opposizione tra (di) loro; **unüberbrückbare Gegensätze**, contrasti insuperabili/insanabili/insormontabili **2** (*im Unterschied zu*): **im ~ zu etw** (dat), a differenza di qc, contrariamente a qc; **im ~ zu dem, was man sagt, ist sie sehr zuverlässig**, contrariamente a ciò che si dice è molto affidabile; **im ~ zu ihm ist sie noch sehr jung**, a differenza di lui lei è ancora molto giovane **3** (*Gegenteil*) opposto m, contrario m: **arm ist der ~ von reich**, povero è l'opposto di ricco • **Gegensätze ziehen sich an**, gli opposti si attraggono.

gegensätzlich A adj {MEINUNG, STANDPUNKT} opposto, contrastante, contrario, antitetico: **~e Ideen**, idee contrastanti/[in antitesi tra loro] B adv {BEURTEILEN} in modo opposto/contrario.

Gegensätzlichkeit <-, -en> f {+ANSICHTEN, STANDPUNKT} incompatibilità f • **bei aller ~** (*trotz aller Unterschiede*), malgrado tutte le diversità/[tutti i contrasti].

Gegensatzpaar n due antipodi m pl/opposti m pl, coppia f di opposti.

Gegenschlag m *mil oder fig* contrattacco m, contromanovra f: **zum ~ ausholen**, passare/lanciarsi al contrattacco.

Gegenseite f **1** (*gegenüberliegende Seite*) {+STRAßE} parte f opposta, lato m opposto **2** *pol* (*gegnerische Partei*) opposizione f **3** *jur* controparte f, parte f avversaria/avversa.

gegenseitig A adj {ACHTUNG, BESCHULDIGUNGEN, HASS, TOLERANZ} reciproco; {HILFE, INTERESSE} *auch* mutuo: **sie haben sich in ~em Einvernehmen getrennt**, si sono separati di reciproco/comune accordo B adv {SICH BESCHULDIGEN, SICH HELFEN} a vicenda, reciprocamente, l'un l'altro (-a), vicendevolmente.

Gegenseitigkeit <-, ohne pl> f reciprocità f: **auf ~ beruhen** {ABNEIGUNG, SYMPATHIE}, essere reciproco.

Gegensinn m: **im ~ mech** (*in entgegengesetzter Richtung*), in senso contrario/inverso, all'inverso.

Gegenspieler m (**Gegenspielerin** f) **1** *sport* avversario (-a) m (f) **2** *fig* (*Widersacher*) antagonista mf, avversario m (f).

Gegenspionage f controspionaggio m.

Gegensprechanlage f citofono m.

Gegenstand m **1** (*Ding*) oggetto m: **ein leichter/runder/schwerer ~**, un oggetto leggero/rotondo/pesante; **Gegenstände des täglichen/persönlichen Gebrauchs**, oggetti di uso quotidiano/personale; **persönliche Gegenstände**, effetti personali; **ein ~ aus Holz/Plastik**, un oggetto m di/in legno/plastica **2** <*meist* sing> (*Thema*) {+ABHANDLUNG, DISKUSSION, GESPRÄCH} soggetto m, materia f, argomento m, oggetto m, tema m: **etw zum ~ haben** {ARTIKEL, KONFERENZ}, avere per oggetto qc; *jur* oggetto m **~ des Vertrags**, oggetto del contratto **3** <*meist* sing> (*Ziel*) {+AUFMERKSAMKEIT, BEWUNDERUNG, HASS, KRITIK, LIEBE} oggetto m **4** *jur* (*Rechtsobjekt*) bene m: **körperliche Gegenstände**, beni materiali/corporali; **unkörperliche Gegenstände**, beni immateriali/incorporali • **sich zum ~ des Gespötts machen** *geh* {MENSCH}, diventare oggetto di scherno.

gegenständlich A adj {DARSTELLUNG, KUNST, MALEREI} figurativo B adv {DARSTELLEN, MALEN} in modo figurativo.

gegenstandslos adj **1** (*unbegründet*) {ANSCHULDIGUNG, VERDÄCHTIGUNG, VORWURF} infondato, insussistente, immotivato, inconsistente **2** (*hinfällig*) {MAHNUNG} nullo **3** {KUNST} non figurativo, astratto.

gegen|steuern itr **1** (*in eine andere Richtung lenken*) controsterzare **2** (*etw bremsen*) **etw** (dat) **~** contrastare qc, avversare qc: **mit dieser Maßnahme will der Staat dem Entstehen von weiteren Sekten ~**, con questo provvedimento lo Stato vuole contrastare la nascita di nuove sette religiose.

Gegenstimme f **1** *parl* voto m contrario/sfavorevole, no m **2** (*gegenteilige Meinung*) opinione f contraria, parere m contrario.

Gegenstoß m **1** *mil* (*Gegenangriff*) contrattacco m **2** (*Gegenschlag*) contraccolpo m.

Gegenströmung f controcorrente f.

Gegenstück n **1** (*Pendant*) pendant m: **das ~ zu etw** (dat) **sein**, essere il pendant di qc **2** (*Gegenteil*) opposto m, contrario m.

Gegenteil n <*meist* sing> contrario m, opposto m: **das ~ von alt ist jung**, il contrario/l'antonimo di vecchio è giovane; **sie ist genau das ~ ihrer Schwester**, è tutto l'opposto/il contrario/[l'esatto contrario] di sua sorella; **warum tust du immer das ~ von dem, was ich dir sage?**, perché fai sempre il contrario di quello che ti dico?; **die Situation hat sich ins ~ verkehrt**, la situazione si è capovolta • **(mit etw dat) das (genaue) ~ bewirken**, ottenere (esattamente) il risultato inverso/[l'effetto contrario] (con qc); **(ganz) im ~!** (*keineswegs*), al contrario!, tutt'altro!, anzi!; **macht es dir was aus, wenn ich sie zu deiner Party einlade? - Nein, ganz im ~!** *fam*, ti dispiace se la invito alla tua festa? - No, al contrario/[tutt'altro]!; **sich vom ~ überzeugen**, convincersi del contrario; **ins ~ umschlagen** {STIMMUNG}, cambiare di colpo.

gegenteilig adj {ANSICHT, BEHAUPTUNG, MEINUNG} contrario, opposto: **im ~en Fall**, in caso contrario; **wenn ich nichts Gegenteiliges höre, sehen wir uns um fünf**, se non c'è/[sento] nulla in contrario, ci vediamo alle cinque.

Gegentendenz f controtendenza f.

Gegentor n, **Gegentreffer** m *sport* gol m/rete f dell'avversario • **ein Gegentor einstecken**, subire/prendere *fam* un gol/una rete; **ein Gegentor erzielen** (*zum Gleichstand*), fare il gol del pareggio.

gegenüber A präp + dat **1** (*lokal*) di fronte a, di faccia a, davanti a, dirimpetto a: **dem Rathaus ~/[dem Rathaus ~] befindet sich das Sportzentrum**, di fronte a/[dirimpetto] al municipio si trova il centro sportivo; **bei der Konferenz saß ich mitten meinem Chef ~**, durante la conferenza ero seduto (-a) dirimpetto/[di faccia]/[di fronte] al mio capo **2** (*im Vergleich mit*) in confronto a, paragonato a, rispetto a, a confronto di: **dem vergangenen Jahr ist die Inflation um 1% gesunken**, rispetto all'anno scorso l'inflazione è scesa dell'1% **3** (*in Bezug auf*) nei confronti/riguardi di, verso: **den Ausländern ~ sind sie sehr misstrauisch**, sono molto diffidenti nei confronti degli stranieri; **mir ~ war er immer sehr höflich**, ˌcon meˌ/[verso di me]/[nei miei confronti] è stato sempre molto gentile **B** adv (*auf der anderen Seite*) di fronte, dirimpetto: **sie wohnt direkt/genau ~**, (lei) abita proprio ˌdi fronteˌ/[dirimpetto].

Gegenüber <-s, -> n **1** (*gegenüberstehender/-sitzender Mensch*) persona f che sta/siede di fronte; (*gegenüberwohnender Mensch*) dirimpettaio (-a) m (f) **2** (*Gesprächspartner*) interlocutore (-trice) m (f).

gegenüber|liegen <irr> **A** itr **jdm/etw ~** essere/trovarsi di fronte/faccia a qu/qc: **die Kirche liegt dem Friedhof gegenüber**, la chiesa si trova di fronte al cimitero **B** rfl **sich** (dat pl) **~** {SOLDATEN, TRUPPEN} trovarsi faccia a faccia.

gegenüberliegend adj <attr> {GEBÄUDE, GRUNDSTÜCK} di fronte, di faccia, dirimpetto.

gegenüber|sitzen <irr> **A** itr **jdm ~** ˌessere/star seduto (-a)ˌ/[sedere] ˌdi fronteˌ/faccia]/[dirimpetto] a qu **B** rfl **sich** (dat pl)/**einander** geh **~** ˌessere/stare seduti (-e)ˌ/[sedere] ˌl'uno (-a) di fronte all'altro (-a)ˌ/[faccia a faccia].

gegenüber|stehen <irr> itr **1** (*zugewandt stehen*) **jdm/etw ~** essere/stare/trovarsi di fronte/faccia *a qu/qc* **2** (*mit etw konfrontiert werden*) **etw** (dat) **~** {EINEM PROBLEM, EINER SCHWIERIGKEIT} trovarsi di fronte *a qc*, dover affrontare *qc* **3** (*eingestellt sein*) **jdm/etw irgendwie ~** essere/[avere un atteggiamento] + *adj* nei confronti di qu/qc: **seinen Vorschlägen stehen die Kollegen skeptisch/misstrauisch gegenüber**, i colleghi sono molto scettici/diffidenti nei confronti delle sue proposte; **Fremden stehen die Einheimischen sehr feindlich gegenüber**, la popolazione locale ha un atteggiamento molto ostile ˌnei confronti deiˌ/[verso i] forestieri; **etw** (dat) **gleichgültig ~**, essere indifferente a qc **B** rfl **sich** (dat pl) **1** (*zugewandt sein*) star(e) di fronte (l'uno (-a) all'altro (-a)): **sie standen sich lange gegenüber, ohne ein Wort zu sagen**, stettero a lungo l'uno di fronte all'altro (-a) senza dire una parola **2** (*zum Spiel/Kampf bereitstehen*) {SPORTMANNSCHAFT, TRUPPEN} confrontarsi, affrontarsi, trovarsi di fronte, fronteggiarsi **3** (*auf der anderen Seite*) {GEBÄUDE, HÄUSER} stare/trovarsi l'uno (-a) ˌdi fronteˌ/[dirimpetto] all'altro (-a) **4** (*aufeinandertreffen*) {ANSICHTEN, MEINUNGEN, STANDPUNKTE} essere a confronto.

gegenüber|stellen tr **1** (*räumlich*) **etw etw** (dat) **~** mettere qc di fronte *a qc* **2** *bes. jur* (*konfrontieren*) **jdn jdm ~** mettere *qu* a confronto *con qu* **3** (*vergleichen*) **etw** (**einander**) **~** {AUSSAGEN, VORSCHLÄGE} mettere qc a confronto, confrontare qc, paragonare qc: **verschiedene Meinungen ~**, mettere a confronto opinioni diverse; **zwei Beispiele ~**, contrapporre due esempi.

Gegenüberstellung f *auch jur* confronto m.

gegenüber|treten <irr> itr <sein> **1** (*vor jdm erscheinen*) **jdm ~** comparire davanti a qu **2** (*jdm/etw gegenüber auftreten*) **jdm/**

etw ~ {EINER GEFAHR, EINEM GEGNER} affrontare qu/qc, guardare in faccia qu/qc: **jdm/ etw mutig ~**, affrontare qu/qc coraggiosamente/[con coraggio].

Gegenverkehr m **1** (*entgegenkommender Verkehr*) traffico m in senso opposto/contrario **2** (*Verkehr in beiden Richtungen*) doppio senso m (di circolazione).

Gegenvorschlag m controproposta f: **einen ~ machen**, fare una controproposta.

Gegenwart <-, ohne pl> f **1** (*Anwesenheit*) presenza f: **in meiner ~**, in mia presenza; **er hat den Vertrag in ~ des Notars unterzeichnet**, ha firmato il contratto in presenza del notaio; **in ~ der Kinder solltet ihr nicht über diese Angelegenheit sprechen**, in presenza dei bambini non dovreste parlare di questa faccenda **2** (*jetzige Zeit*) presente m, oggi m: **in der ~ leben**, vivere nel presente; **die Kunst/Literatur/Musik der ~**, l'arte/la letteratura/la musica contemporanea **3** *gram* presente m.

gegenwärtig **A** adj **1** (*derzeitig*) attuale, del momento; {LAGE, SITUATION, UMSTÄNDE} *auch* presente **2** *obs* (*anwesend*) presente: **bei einer Konferenz/Versammlung ~ sein**, ˌessere presenteˌ/[assistere] a una conferenza/assemblea **3** (*lebendig*): **in etw** (dat) **~ sein** {EREIGNISSE, GESCHICHTE, VERGANGENHEIT}, essere presente in qc **B** adv (*derzeitig*) attualmente, al momento/presente • **etw ~ haben** geh (*sich erinnern*), aver presente qc, ricordarsi di qc; **etw** (dat) **etw ~ halten** geh, tenere presente qc.

gegenwartsbezogen adj {FILM, ROMAN} di grande attualità; {MENSCH} al passo con i tempi.

Gegenwartsform f *gram* (forma f) presente m.

gegenwartsfremd adj {LITERATUR} che non ha attinenza col presente, anacronistico; {MENSCH} che non è al passo con i tempi.

Gegenwartskunst f arte f contemporanea.

Gegenwartsliteratur f letteratura f contemporanea.

gegenwartsnah, **gegenwartsnahe** **A** adj {FILM, PROBLEM, ROMAN} di grande attualità, (molto) attuale **B** adv {DENKEN, SCHREIBEN} con un occhio al presente/[mondo contemporaneo].

Gegenwartssprache f lingua f attuale/ moderna/odierna.

Gegenwehr <-, ohne pl> f resistenza f • **(keine) ~ leisten**, (non) fare/opporre resistenza; **bei der Verhaftung leisteten die Diebe keine ~**, al momento dell'arresto i ladri non opposero resistenza.

Gegenwert m controvalore m, equivalente m.

Gegenwind m vento m contrario: **wegen des starken ~(e)s verlor der Slalomläufer kostbare Sekunden**, a causa del vento contrario lo slalomista perse secondi preziosi.

gegen|zeichnen tr **etw ~** {DOKUMENT, VERTRAG} controfirmare qc.

Gegenzeichnung <-, ohne pl> f controfirma f.

Gegenzug m **1** (*Reaktion*) contromossa f, contromanovra f: **ein taktischer ~ der Oppositionspartei**, una contromossa dell'opposizione; **den ~ vorbereiten**, preparare la contromossa; **im ~ zu etw** (dat), in risposta a qc **2** (*Gegenangriff*) contrattacco m; *Fußball auch* contropiede m **3** (*Brettspiel*) contromossa f **4** *Eisenb* treno m in direzione opposta.

gegessen part perf *von* essen • **das/[die Sache] ist für mich ~** *fam*, la faccenda è

chiusa; **es wird nichts so heiß ~, wie es gekocht wird** *prov*, il diavolo non è brutto come lo si dipinge *prov*.

geglichen part perf *von* gleichen.

geglitten part perf *von* gleiten.

geglommen part perf *von* glimmen.

geglückt adj {COUP, SCHACHZUG, ÜBERRASCHUNG} riuscito.

Gegner <-s, -> m (**Gegnerin** f) **1** (*Widersacher*) avversario (-a) m (f), antagonista mf, oppositore (-trice) m (f), rivale mf: **ein zäher ~**, un oppositore/avversario accanito; **ein politischer ~**, un avversario politico; **die ~ der Steuerreform**, gli oppositori della riforma fiscale; **ein ~ von Kompromissen**, un nemico dei compromessi; **er ist ein ~ der Todesstrafe**, è contro la pena capitale **2** *sport* avversario (-a) m (f), antagonista mf, rivale mf **3** *jur* parte f avversaria/avversa, controparte f • **einen ~ besiegen/schlagen**, sconfiggere/battere un avversario/nemico; **sich** (dat) **jdn zum ~ machen**, farsi nemico (-a) qu; **ein unversöhnlicher ~**, un nemico implacabile.

gegnerisch adj <attr> **1** *mil* {ANGRIFF, ARMEE, TRUPPEN} nemico **2** *sport* {MANNSCHAFT, SPIELER} avversario, rivale **3** *jur* {ANWALT} della ˌparte avversaˌ/[controparte] **4** (*den Widersacher betreffend*) {PARTEI, POLITIKER} avversario, di opposizione, rivale.

Gegnerschaft <-, -en> f **1** <meist sing> (*gegnerische Einstellung*) opposizione f: **eine ~ gegen etw** (akk), un'opposizione a qc **2** (*Rivalität*) rivalità f **3** <nur sing> (*die Gegner*) avversari pl m, oppositori m pl, nemici m pl: **die ~ der Regierung**, i nemici/gli oppositori del governo.

gegolten part perf *von* gelten.

gegoren part perf *von* gären.

gegossen part perf *von* gießen.

gegraben part perf *von* graben.

gegriffen **A** part perf *von* greifen **B** adj: **zu hoch ~ sein** {SUMME, ZAHL}, essere esagerato; **zu niedrig ~ sein**, essere troppo basso.

gegrillt adj {FLEISCH} alla griglia.

Gegröle <-s, ohne pl> n *fam pej* schiamazzi m pl.

Gehabe <-s, ohne pl> n *pej* smancerie f pl, affettazione f.

gehabt part perf *von* haben • **(alles) wie ~**, (tutto) come al solito.

Gehackte <dekl wie adj> n *gastr* carne f macinata/tritata, macinato m: **ich hätte gern ein halbes Pfund ~s**, vorrei 250 g di carne macinata.

Gehalt[1] <-(e)s, Gehälter> n *oder* **A** m {+ANGESTELLTEN} stipendio m, retribuzione f: **das ~ aufbessern**, arrotondare lo stipendio; **ein festes ~ bekommen/beziehen**, prendere/ percepire uno stipendio fisso; **sie bezieht ein monatliches ~ von 5000 Euro brutto**, percepisce uno stipendio mensile lordo di 5000 euro; **die Erhöhung der Gehälter**, l'aumento ˌdegli stipendiˌ/[salariale].

Gehalt[2] <-(e)s, -e> m <meist sing> **1** (*Anteil*) contenuto m: **der ~ an etw** (dat) {AN ALKOHOL}, la percentuale di qc, il contenuto di qc; {AN EDELMETALL} il titolo di qc; {AN EISEN} il contenuto di qc, il tenore di qc **2** *fig* (*gedanklicher Inhalt*) contenuto m; (*innerer Wert*) valore m intrinseco.

gehalten **A** part perf *von* halten **B** adj *form* (*verpflichtet*) **~ sein, etw zu tun**, essere tenuto/obbligato a fare qc.

gehaltlos adj **1** (*nährstoffarm*) {KOST, LEBENS-, NAHRUNGSMITTEL} senza/[privo di] valore nutritivo, povero **2** *fig* (*inhaltslos*) {BUCH, FILM, ROMAN} senza/[privo di] spessore/contenuto, vuoto.

Gehaltsabrechnung f busta f paga.

Gehaltsanspruch m **1** (*Recht*) diritto m allo stipendio **2** <*meist pl*> (*Forderung*) richiesta f di stipendio /[economica]: **höhere Gehaltsansprüche geltend machen**, rivendicare un aumento salariale/[di stipendio].

Gehaltsempfänger m (**Gehaltsempfängerin** f) stipendiato (-a) m (f).

Gehaltserhöhung f aumento m dello/di stipendio /[della retribuzione]: **eine ~ von 200 Euro**, un aumento di stipendio di 200 euro; **die Gewerkschaften fordern eine siebenprozentige ~**, i sindacati rivendicano aumenti salariali del 7%.

Gehaltsforderung f richiesta f di stipendio /[economica].

Gehaltsfortzahlung f: **~ im Krankheitsfall**, stipendio garantito in caso di malattia.

Gehaltsgruppe f fascia f/categoria f retributiva.

Gehaltskonto n "conto m corrente sul quale viene accreditato lo stipendio".

Gehaltskürzung f riduzione f/decurtazione f dello/di stipendio.

Gehaltsstufe f → **Gehaltsgruppe**.

Gehaltsverhandlung f <*meist pl*> trattativa f per lo stipendio.

Gehaltsvorrückung f A → **Gehaltserhöhung**.

Gehaltsvorstellung f <*meist pl*>: **wie sind Ihre ~en?**, quali sarebbero le Sue richieste economiche?

Gehaltswunsch m → **Gehaltsvorstellung**.

Gehaltszahlung f pagamento m/corresponsione f *geh* dello stipendio.

Gehaltszulage f supplemento m di stipendio.

gehaltvoll adj **1** (*nährstoffreich*) {KOST, LEBENSMITTEL} nutriente, sostanzioso; {WEIN} corposo **2** (*reich an Gedanken*) {FILM, ROMAN} di grande spessore, ricco di contenuto.

Gehämmer <-s, *ohne pl*> n martellio m, martellare m.

gehandikapt, **gehandicapt** adj <präd>: (**durch etw akk**) **~ sein** {SPORTLER DURCH VERLETZUNG}, essere handicappato (da qc).

gehangen part perf *von* hängen.

geharnischt adj {BESCHWERDEBRIEF, PROTEST} virulento, duro.

gehässig A adj {MENSCH} maligno, malevolo; {AUSDRUCK, BEMERKUNG} *auch* velenoso B adv {VON JDM REDEN} malignamente, in modo maligno/malevolo, con malignità/malevolenza.

Gehässigkeit <-, -*en*> f **1** <*nur sing*> (*Boshaftigkeit*) malignità f, malevolenza f, velenosità f **2** <*meist pl*> (*gehässige Äußerung*) malignità f, cattiveria f.

gehauen part perf *von* hauen.

gehäuft A adj **1** (*hochgefüllt*) {Ess-, TEELÖFFEL} (ri)colmo **2** (*häufig*) {AUFTRETEN, VORKOMMEN} frequente, ripetuto: **das ~e Auftreten einer Krankheit**, la ripetuta comparsa di una malattia B adv {AUFTRETEN, SICH EREIGNEN} frequentemente: **auf dieser Straße ereignen sich ~ Unfälle**, su questa strada si verificano frequentemente degli incidenti.

Gehäuse <-s, -> n **1** (*feste Hülle*) {+COMPUTER} case m; {+FERNSEHER, KAMERA, RADIO, STEREO} scatola f; {+UHR} cassa f; {+MOTOR} alloggiamento m **2** (*Schneckengehäuse*) guscio m **3** (*Kerngehäuse*) {+APFEL, BIRNE} torsolo m.

gehbehindert adj {PERSON} minorato nell'uso delle gambe: **~ sein**, avere delle difficoltà di deambulazione; **durch seinen Skiunfall ist er jetzt leicht ~**, a causa di un incidente di sci ora è leggermente impedito nel camminare.

geheftet adj **1** (*provisorisch genäht*) imbastito **2** *typ* in brossura.

Gehege <-s, -> n **1** (*Zoogehege*) recinto m **2** (*Wildgehege*) riserva f/bandita f di caccia ● **jdm ins ~ kommen** *fam*, intralciare i piani di qu, rompere le uova nel paniere a qu.

gehegt adj: **lang ~** {PLAN, VORHABEN, WUNSCH}, a lungo /[lungamente] vagheggiato/accarezzato.

geheiligt adj {RECHT, -STÄTTE, TRADITION} sacro.

geheim A adj **1** {EXPERIMENT, TREFFEN, WAHL, ZAHLENKOMBINATION} segreto; {AUSGANG, GANG} *auch* nascosto; {ABSICHT} segreto, recondito; {GEDANKEN, WUNSCH} *auch* riposto: **ein ~er Hinweis**, una soffiata; **~e Abstimmung**, votazione a scrutinio segreto; **Geheime Staatspolizei** *hist* (*im Nationalsozialismus*), polizia segreta di stato, GESTAPO **2** <*meist attr*> (*mysteriös*) {FÄHIGKEITEN, KRÄFTE} misterioso B adv {ABSTIMMEN} in segreto; {SICH VERABREDEN} *auch* segretamente, di nascosto ● *im* **Geheimen** (*heimlich*), in segreto, di nascosto, segretamente; (*im Innersten*) in cuor suo; **streng ~!** (*von Dokument, Nachricht*), segretissimo!, top secret!

Geheimabkommen n trattato m/patto m/accordo m segreto.

Geheimagent m (**Geheimagentin** f) agente mf segreto (-a), zero zero sette m *fam*, 007 m *fam*.

Geheimbund m società f/associazione f segreta.

Geheimcode m codice m segreto.

Geheimdienst m *pol* servizi m pl segreti.

Geheimdokument n documento m segreto.

Geheimfach n (*z. B. im Schreibtisch*) scomparto m segreto.

Geheimfavorit m (**Geheimfavoritin** f) *bes. sport* outsider mf.

Geheimgang m passaggio m segreto.

geheim|halten a.R. *von* geheim halten → **halten**.

Geheimhaltung f segretezza f, riservatezza f: **unter strengster/strikter ~**, con la massima segretezza.

Geheimkode m → **Geheimcode**.

Geheimnis <-ses, -se> n **1** (*etw, was geheim bleiben soll*) segreto m: **keine ~se vor jdm haben**, non avere segreti per qu; **du kannst es ihm ruhig erzählen, wir haben keine ~se voreinander**, raccontaglielo pure, non ci sono segreti tra (di) noi **2** <*meist pl*> (*Rätsel*) segreto m, mistero m, arcano m: **aus etw** (dat) **kein ~ machen**, non fare mistero di qc ● **jdm ein ~ anvertrauen/offenbaren/verraten**, confidare/rivelare/svelare un segreto a qu; **ein ~ aufdecken**, far luce su un mistero; **ein ~ bewahren**, mantenere un segreto; **in die ~se der Chemie/Physik/... eingeweiht werden**, essere iniziato ai segreti/misteri della chimica/fisica/...; **das ~ des Erfolgs**, il segreto del successo; **ein ~ hüten**, custodire un segreto; **ein ~ lüften**, svelare un arcano; **ein offenes ~**, il segreto di Pulcinella.

Geheimniskrämer <-s, -> m (**Geheimniskrämerin** f) *fam pej* → **Geheimnistuer**.

Geheimniskrämerei <-, -*en*> f *fam pej* → **Geheimnistuerei**.

Geheimnisträger m (**Geheimnisträgerin** f) detentore (-trice) m (f) di un segreto (di Stato).

Geheimnistuer m (**Geheimnistuerin** f) *fam pej* persona f misteriosa, chi fa il misterioso/la misteriosa.

Geheimnistuerei <-, -*en*> f *fam pej* fare m misterioso.

geheimnisumwittert adj *geh* avvolto nel mistero.

Geheimnisverrat m (*Dienstgeheimnis*) violazione f del segreto d'ufficio; (*Staatsgeheimnis*) divulgazione f di un segreto di Stato.

geheimnisvoll A adj (MORD, VERSCHWINDEN) misterioso B adv {LÄCHELN} in modo misterioso: **~ tun**, fare il misterioso/la misteriosa.

Geheimnummer f {+TELEFONANSCHLUSS} numero m telefonico riservato; {+SCHECKKARTE} codice m personale segreto, PIN m; {+SAFE} combinazione f (segreta): **ein Bankkonto mit ~**, un conto cifrato.

Geheimpolizei f polizia f segreta.

Geheimpolizist m (**Geheimpolizistin** f) agente mf della polizia segreta.

Geheimrat m *hist* consigliere m segreto.

Geheimratsecken subst <*nur pl*> *fam scherz* stempiatura f: **~ bekommen**, stempiarsi.

Geheimrezept n ricetta f/formula f segreta.

Geheimschrift f scrittura f in codice /[cifrata].

Geheimsender m emittente f clandestina.

Geheimtipp (a.R. **Geheimtip**) m dritta f *slang*, suggerimento m: **heute zeige ich dir ein Restaurant ... das ist ein absoluter ~!**, oggi ti faccio vedere un posticino per mangiare, lo conosceno in pochi ...

Geheimtür f porta f segreta.

Geheimwaffe f *mil* arma f segreta.

Geheimwissenschaft f scienza f occulta.

Geheimzahl f {+SCHECKKARTE} codice m personale segreto, PIN m.

Geheiß <-es, *ohne pl*> n: **auf jds ~ obs**, per ordine di qu.

geheißen part perf *von* heißen.

gehemmt A adj {BENEHMEN} inibito; {MENSCH} *auch* complessato: **sich ~ fühlen**, essere/sentirsi a disagio B adv {SICH BENEHMEN} da inibito (-a)/complessato (-a): **benimm dich nicht so ~!**, sii un po' più sciolto (-a)! *fam*/disinvolto (-a)!

gehen <*geht, ging, gegangen*> <*sein*> A itr **1** (*sich zu Fuß fortbewegen*) andare (a piedi), camminare: **langsam ~**, andare/camminare adagio/piano/lento (-a)/lentamente; **schnell ~**, andare/camminare svelto (-a)/veloce/velocemente/speditamente; **auf und ab ~**, andare su e giù /[avanti e indietro]; **auf den Fußspitzen ~**, camminare in punta di piedi; **Sie immer geradeaus!**, vada sempre diritto!; **im Sommer gehe ich gern barfuß**, in estate mi piace camminare scalzo (-a); **soll ich dich mitnehmen? – Nein danke, ich gehe lieber (zu Fuß)**, vuoi un passaggio? – No, grazie, preferisco andare a piedi; **wie lange geht man bis zum Bahnhof?**, quanto tempo ci vuole per andare a piedi alla stazione ?; **wie lange geht man da?**, quanto ci si mette a piedi? **2** (*etw regelmäßig besuchen*) **irgendwohin ~** {AUFS GYMNASIUM, IN DEN KINDERGARTEN, IN DIE/ZUR KIRCHE, AUF DIE UNIVERSITÄT} andare + *compl di luogo*: **sie geht noch zur Schule**, va ancora a scuola **3** (*sich zu einem Zweck irgendwohin begeben*) **irgendwohin ~** {ZUM BÄCKER, IN DIE BIBLIOTHEK, ZUM FRISEUR, AUF DIE JAGD, ZUM METZGER, ZUR/AUF DIE POST, INS THEATER} andare + *compl di luogo*: ⌊auf Reisen⌋/[in Urlaub] ~, ⌊mettersi in viaggio⌋/[andare in vacanza/ferie]; **sie will ins Kloster** ~, vuole ⌊diventare monaca⌋/[entrare in convento]; **ins/zu Bett** ~, andare a letto; ⌊**zum Arzt**⌋/[**nach Hause**] ~, andare ⌊dal medico⌋/[a casa]; **ich gehe zu meinem Freund**, vado dal/[a trovare il] mio amico; **etw tun** ~ {EINKAUFEN, ESSEN, SCHLAFEN, SCHWIMMEN, TANZEN}, andare a fare qc **4** (*weg*~) andare via, andarsene: **in fünf Minuten muss ich** ~, fra cinque minuti devo andarmene; ~ **wir?**, andiamo?; **sie ist grußlos gegangen**, ⌊è andata via⌋/[se n'è andata] senza salutare **5** (*tätig werden*) **in etw** (akk) ~ {IN DIE ARMEE, GEWERKSCHAFT, DIE INDUSTRIE, EINE ORGANISATION, DIE POLITIK} entrare *in qc*; {IN DIE COMPUTERBRANCHE, DEN STAATSDIENST, DIE STADTVERWALTUNG} (andare a) lavorare *in qc*; **sie will zum Film/Theater** ~, vuole fare/[entrare nel mondo] del cinema/teatro; ⌊**an die Arbeit**⌋/[**ans Werk**] ~, mettersi ⌊al lavoro⌋/[all'opera] **6** (*zum Arbeiten/Leben woanders hinziehen*) **irgendwohin** ~ {INS AUSLAND, NACH ITALIEN, IN DIE U. S. A.} andare (a vivere) + *compl di luogo*: **nach dem Studium ist sie nach England gegangen**, dopo la laurea ⌊è andata⌋/[si è trasferita] in Inghilterra **7** (*nach Fahrplan*) **irgendwann** ~ partire + *compl di tempo*: **der Bus/Zug geht in fünf Minuten**, l'autobus/il treno parte fra cinque minuti; **wann geht dein Flugzeug?**, a che ora parte il tuo aereo?; **irgendwohin** ~ andare + *compl di luogo*: **dieser IC geht nur bis Frankfurt**, questo intercity ⌊va solo fino⌋/[si ferma] a Francoforte; **geht der Zug nach München?**, va a Monaco questo treno?; **der Zug geht über Mainz**, il treno passa per Magonza **8** (*den Arbeitsplatz aufgeben*) andarsene: **zwei meiner Kolleginnen** ~ **Ende des nächsten Monats**, due mie colleghe se ne andranno alla fine del prossimo mese; **der Minister musste** ~, il ministro dovette andarsene **9** (*das Arbeitsleben beenden*): ⌊**in Pension/Rente**⌋/[**in den Ruhestand**] ~, andare in pensione **10** (*in eine bestimmte Richtung zeigen*) **auf etw** (akk) ~ {BALKON, FENSTER, ZIMMER AUF DEN GARTEN, DAS MEER, DIE STRASSE} dare *su qc*: **die Küche geht nach Norden**, la cucina è orientata a nord **11** (*führen*) **irgendwohin** ~ {STRASSE, WEG AUFS LAND, ANS MEER, AN DEN SEE} andare/portare + *compl di luogo*: **wohin geht dieser Weg?**, dove va/porta questa stradina?; **die Straße geht geradeaus**, la strada va diritto; **über etw** (akk) ~ {STRASSE ÜBER DEN FLUSS} attraversare *qc* **12** (*funktionieren*) {BREMSEN, LICHT} funzionare; {GERÄT, MASCHINE, UHR} andare, funzionare **13** (*in bestimmter Weise verlaufen*) **irgendwie** ~ andare + *compl di modo*: **die Geschäfte** ~ **gut/schlecht**, gli affari vanno bene/male; **die Prüfung ist gut gegangen**, l'esame è andato bene; **warum benutzt du nicht den Computer? Das geht ganz leicht**, perché non usi il computer? E' molto facile; **alles geht nach Plan**, tutto va secondo i piani **14** (*sich verkaufen*): (**gut/schlecht**) ~, andare (bene/male) *fam*; **italienische Produkte** ~ **derzeit sehr gut**, al momento i prodotti italiani ⌊si vendono⌋/[vanno *fam*] molto bene; **ein gut** ~**er Artikel**, un articolo che va *fam*/tira *slang* molto **15** *fam* (*ein Liebesverhältnis mit jdm haben*) **mit jdm** ~ stare *con qu*, uscire *con qu*; **sie** ~ **schon zwei Jahre zusammen/miteinander**, sono già due anni che stanno insieme **16** (*ertönen*) {GLOCKE, KLINGEL, WECKER} suonare; {TELEFON} *auch* squillare **17** (*einen bestimmten Zustand erreichen*): **sie geht auf die Vierzig**, (lei) va per/verso i quaranta; **der Kongress geht zu Ende**, il

congresso sta per finire **18** (*hineinpassen*) **in etw** (akk) ~ entrare *in qc*: **die Schuhe** ~ **nicht mehr in den Koffer**, le scarpe non entrano più nella valigia; **in das neue Stadion** ~ **etwa 100 000 Menschen**, nel nuovo stadio entrano circa 100 000 persone; **durch etw** (akk) ~ {MÖBELSTÜCK DURCH DAS FENSTER, DIE TÜR} passare *per qc*; **wenn du weiterhin so viel isst, dann gehst du nicht mehr durch die Tür**, se continui a mangiare così non passerai più dalla porta **19** (*reichen*) {JDM} **bis an etw** (akk)/**zu etw** (dat) ~ arrivare *a qc*: **hier geht ihm einem das Wasser gleich bis** ⌊**an die**⌋/[**zu den**] **Knien**, qui l'acqua ti arriva subito al ginocchio; **der Rock geht (ihr) bis an die Knöchel**, la gonna le arriva alla caviglia; **sein Grundstück geht von hier bis zum Waldrand**, il suo terreno va da qui al margine del bosco **20** (*sich belaufen*) **in etw** (akk) ~: **der Schaden geht in die Millionen**, è un danno di milioni di euro **21** *fam* (*sich kleiden*): **in Schwarz** ~, vestirsi di nero; **in Trauer** ~, vestire a lutto; **in Zivil** ~, essere in borghese; **man geht nicht mehr mit Hut**, il cappello non va/[si porta] più; **als etw** ~ (*verkleidet sein*) vestirsi *da qc* **22** (*treffen*) **irgendwohin** ~ {BALL INS TOR; SPLITTER INS AUGE} entrare *in qc* **23** (*adressiert sein*) **irgendwohin** ~ {BRIEF NACH BERLIN} andare/[essere diretto] + *compl di luogo*; **an jdn** ~ {AN KUNDEN, VERWANDTE} essere indirizzato *a qu* **24** (*gerichtet sein*) **gegen jdn/etw** ~ {GEGEN AUSLÄNDER} essere contro *qu/qc*; {MASSNAHME GEGEN JDS INTERESSEN, PRINZIPIEN} *auch* andare contro *qc* **25** (*weitergegeben werden*): **die Meldung/Nachricht ging durch die Presse**, la notizia fu diffusa da tutta la stampa, la notizia ⌊fu pubblicata⌋/[apparve] su tutti i giornali; **die Neuigkeit ging von Mund zu Mund**, la notizia passò di bocca in bocca **26** (*aufgehen*) {HEFETEIG} crescere, lievitare **27** (*andauern*) andare avanti: **dieser Lärm macht mich verrückt, das geht schon den ganzen Morgen so**, questo rumore mi fa impazzire, è tutta la mattina che va avanti così; **die Verhandlungen** ~ **schon drei Tage**, le trattative vanno avanti già da tre giorni **28** (*in etwas enthalten sein*): **wie oft geht 5 in 20?**, quante volte sta il 5 nel 20? **29** (*möglich sein*): **Sonntag geht bei mir gut**, da, ho habe ich nichts vor, domenica mi va proprio bene, non ho niente in programma **30** (*unerlaubt anfassen*) **an etw** (akk) ~ toccare *qc*, avvicinarsi *a qc*: **geht (mir) bloß nicht an den Kuchen!**, non (mi) toccate il dolce!; **sag deinem Bruder, er soll nicht an meine Stereoanlage** ~, di' a tuo fratello di non toccare il mio stereo; **da muss jemand an meinen Schrank gegangen sein**, qualcuno deve aver frugato nel mio armadio **31** (*sich nach jdm/etw richten*) **nach jdm/etw** ~: **sie glaubt, es geht alles nach ihrem Kopf/Wunsch**, crede che vada tutto come vuole lei; **nach der Wettervorhersage kann man auch nicht mehr** ~, non ci si può più fidare neanche delle previsioni meteorologiche; **wenn es nach mir ginge** ..., se dipendesse da me ... **32** (*urteilen*): **er geht nur nach dem Äußeren**, giudica solo dalle apparenze **33** (*wehen*) {WIND} soffiare, tirare: **am Abend geht immer ein schönes Lüftchen**, la sera tira/[c'è] sempre un bel venticello **34** (*bewegt werden*): **ich habe die Tür** ~ **hören**, ho sentito ⌊aprire la porta⌋/[la porta aprirsi] **35** *fam* (*noch akzeptabel sein*): **soll ich den Brief mit der Maschine schreiben? - Nein, der geht schon so**, devo battere la lettera a macchina? - No, va bene così; **die mündliche Prüfung geht ja noch, aber die schriftliche ist einfach ungenügend**, l'esame orale ⌊può ancora andare *fam*⌋/pas-

sare⌋/[ancora ancora *fam*], ma lo scritto è proprio insufficiente **36** (*zufallen*) **an jdn/etw** ~ {ERBE, VERMÖGEN AN EINE HILFSORGANISATION, DIE KIRCHE, DIE NACHKOMMEN} andare *a qu/qc* **37** (*bezahlt werden*): **die nächste Runde geht auf mich** *fam*, il prossimo giro lo pago io *fam*; **auf wessen Rechnung geht das Abendessen?**, chi è che paga la cena? **38** (*übersteigen*) **über etw** (akk) ~ {ÜBER JDS KRÄFTE} superare *qc*; {ÜBER JDS MÖGLICHKEITEN} *auch* andare oltre *qc* **39** (*als Funktionsverb*): **in Erfüllung** ~, esaudirsi, realizzarsi; **mein Wunsch ist in Erfüllung gegangen**, il mio desiderio è stato esaudito; **zu Bruch** ~, rompersi, andare in pezzi; **in Druck** ~, andare in stampa; **in Führung** ~, passare ⌊in testa⌋/[al comando]; **(jdm) aufs Gemüt** ~, deprimere (qu); **an Land** ~, scendere a terra; **in die Luft** ~ {MINE}, esplodere; {HAUS} saltare in aria; (*wütend werden*) {PERSON} esplodere **B tr etw** ~ {STRASSE, UMWEG, WEG} prendere *qc*: **kannst du ein Stück mit mir** ~?, puoi accompagnarmi per un pezzo? **C** *unpers* **1** (*sich befinden*): **wie geht es dir? - Danke**, ⌊**es geht mir**⌋/[**mir geht's**]) **gut!**, come stai? - (Sto) bene, grazie!; **wie geht's? -** ⌊**Ganz gut**⌋/[**Geht schon**] *fam*, come va? - ⌊Abbastanza bene⌋/[Insomma] **2** (*ergehen*): **jdm geht es irgendwie**: **ich bin um diese Zeit immer müde – Mir geht's genauso**, a quest'ora sono sempre stanco (-a) – Anch'io; **ich vergesse immer zu tanken – Mir geht's ähnlich**, mi dimentico sempre di fare benzina – Capita spesso anche a me **3** (*werden*): **es geht auf/gegen Mitternacht**, è quasi mezzanotte **4** (*sich um etw handeln*): **es geht um etw** (akk), si tratta di qc, si parla di qc; **worum geht es?**, di che cosa si tratta?; **bei unserem Treffen geht es um den Binnenmarkt**, al nostro incontro si parlerà del mercato interno; **es geht um viel Geld**, sono in gioco/ballo *fam* molti soldi **5** (*wichtig sein*): **jdm geht es um etw** (akk), a qu importa/interessa (fare) qc; **es geht uns darum, sie von der Qualität unserer Produkte zu überzeugen**, ci preme/interessa molto convincerli della qualità dei nostri prodotti; **es geht ihm doch nur ums Geld**, a lui importano solo i soldi **6** (*führen*): **es geht irgendwohin**: **wohin geht's denn im Urlaub?**, dove vai/andate/va in vacanza?; **ich sehe, du packst die Koffer, wohin soll's denn ~?** *fam*, vedo che stai facendo le valigie, dove vai?; **es geht nach unten** (*im Fahrstuhl*), stiamo scendendo, si scende; **jetzt geht's wieder nach Hause**, ora si torna a casa **7** (*laufen*): **in neuen Schuhen geht es sich nicht gut**, non si cammina bene con le scarpe nuove ● **ach, geh (doch)!**, ma va' là!; **es geht nicht *anders***, non si può fare diversamente/altrimenti; **wenn es (gar) nicht *anders* geht**, se proprio ⌊non si può farne a meno⌋/[non c'è alternativa], se è proprio indispensabile; **auf geht's!**, suvvia!, andiamo!; **bei jdm *aus* und ein** ~, essere di casa da qu; **besser** ~: **es geht jdm besser, jdm/etw geht es besser**, qu sta meglio, qc va meglio; **es geht ihm besser**, (lui) sta meglio; **es geht der Firma besser**, la ditta va meglio; **sonst geht's dir noch *danke?*** *slang*, ma vi sei bevuto (-a) il cervello? *slang*; **das geht nicht**, non è possibile; **geh doch!**, va, su per!; **drunter und drüber** ~ *fam*: **hier geht alles drunter und drüber**, qui c'è ⌊una gran confusione⌋/[un gran marasma]; **ins *Einzelne* ~**, entrare nei dettagli/particolari; *gut* ~ (*sich gut entwickeln*), andare bene; **die ganze Sache ist gut gegangen**, è andato tutto bene; **wenn das (mal) gut geht**, speriamo (che) vada tutto bene; (*wohlauf sein*): **jdm geht es gut**, qu sta/[si sente] bene; **es ist ihm in der** letzten Zeit nicht besonders gut gegangen, ultimamente ₍non è stato molto bene₎/ [è stato poco bene]; {GESCHÄFT}, andare bene; {ARTIKEL} *auch*, vendersi bene; (*klappen*): **hoffentlich geht es mit den beiden gut**, speriamo che tra loro (due) vada tutto bene; **das konnte ja nicht gut ~**, non poteva funzionare; **lass es dir gut ~!** *fam*, stammi bene!; **sonst geht's dir gut?** *fam iron*, ma ti senti bene? *fam iron*, ci sei o ci fai? *fam iron*, **es sich (dat) gut ~ lassen**, passarsela bene; **heute lasse ich es mir mal gut ~**, oggi me la godo; **so gut es geht**, il meglio possibile, al meglio; **in sich ~** (*sein Gewissen prüfen*), farsi un esame di coscienza; **sich ~ lassen** (*sich nicht beherrschen*), lasciarsi andare, perdere il controllo di se stesso (-a); (*nachlässig sein*), lasciarsi andare, trascurarsi, essere trasandato; (*sich entspannen*), rilassarsi, lasciarsi andare; **jdn ~ lassen**, lasciar stare/[in pace] qu; **bei der geht nichts fam**, (lei/quella) non ci sta! *fam*; **mit der/dem geht nichts** (*kann man nichts unternehmen*), con lei/lui non si può mai fare niente; **nichts geht mehr** (*bei Roulette*), rien ne va plus; **es geht nichts über ein gutes Glas Wein**, non c'è niente di meglio di un buon bicchiere di vino; **schlecht ~**: **es geht jdm schlecht** (*jdm ist körperlich oder seelisch unwohl*), qu sta male; (*jd ist krank*) *auch*, qu è malato; **es geht ihm schon lange schlecht**, sta male da tempo; **bring bloß den Wagen heil zurück, sonst geht's dir schlecht!**, riporta la macchina come te l'ho data, altrimenti guai a te!; (*jd ist finanziell in Krise*), a qu vanno male gli affari; **der Firma geht es schlecht**, la ditta va male; **wo sie/er geht und steht**, ovunque (si trovi), dappertutto; **wie geht's, wie steht's?**, come vanno le cose?; **von jdm ~ euph** (*sterben*), lasciare qu *euph*; **er/sie ist (für immer) von uns gegangen**, ci ha lasciati (per sempre) *euph*, se n'è andato (-a) per sempre; *vor sich ~*, succedere; **was geht hier vor sich?**, (che) cosa succede/[sta succedendo] qui?; **das geht zu weit**, questo è troppo; **so weit ~, etw zu tun**, arrivare al punto di fare qc; **wie geht's denn so?**, che si dice? *fam*, che mi racconti? *fam*, come te la passi?

Gehen <-s, *ohne pl*> n **1** (*Zu-Fuß-~*): **in seinem Alter fällt ihm das ~ schwer**, alla sua età gli riesce difficile camminare; **bei schnellerem ~**, allungando il passo **2** *sport* marcia f, podismo m.

gehend *adj*: **gut ~** {GASTHAUS, GESCHÄFT, PRAXIS, RESTAURANT}, ben avviato; **richtig ~** (*genau anzeigend*) {BAROMETER, UHR, WAAGE}, esatto, preciso; **weit ~ → weitgehend**.

Gehenkte <*dekl wie adj*> mf impiccato (-a) m (f).

gehen|lassen <*irr*, part perf *gehenlassen oder rar gehengelassen*> tr rfl **→ gehen**.

Geher <-s, -> m (**Geherin** f) *sport* podista mf, marciatore (-trice) m (f).

gehetzt *adj* {AUSSEHEN, MENSCH} stressato.

geheuer *adj* **1** <präd> (*unheimlich*): **jdm nicht (ganz) ~ sein**: **ich gehe diesen Weg nie, der ist mir nicht ganz ~**, non prendo mai questa strada, mi fa/mette un po' di paura; **dieser Mensch ist mir nicht ganz ~**, è un personaggio che non mi convince, questo tipo mi sembra un po' strano; **jdm ist nicht ganz ~ bei etw (dat)**: **so ganz ~ ist mir bei dieser Arbeit nicht**, questo lavoro non mi sconfinfera *fam* **2** (*verdächtig*): **seine Geschäfte sind mir nicht ganz ~**, i suoi affari mi sembrano piuttosto sospetti; **diese Sache ist mir nicht ~, das kommt mir ~ vor**, questa faccenda ₍non mi torna₎/[mi puzza] *fam*.

Geheule <-s, *ohne pl*>, **Geheul** <-(e)s, *ohne pl*> n *fam pej* (*bes. von Kindern*) piagnisteo m.

Gehfehler m difetto m di deambulazione.

Gehfrei <-s, -> m *oder* n girello m.

Gehhilfe f sostegno m per la deambulazione.

Gehilfe <-n, -n> m (**Gehilfin** f) **1** (*nach der Lehre*): **kaufmännischer ~**, assistente commerciale; (*im Handwerk*) lavorante mf **2** (*Komplize*) complice mf **3** *geh* (*Helfer*) aiuto m, assistente mf, aiutante mf.

Gehirn <-(e)s, -e> n **1** *anat* cervello m, encefalo m *wiss* **2** *fam* (*Verstand*) cervello m, testa f *fam* • **sein ~ anstrengen**, spremersi le meningi *fam*/il cervello, far lavorare il cervello.

Gehirnakrobatik f *fam scherz* acrobazie f pl mentali.

Gehirnblutung f *med* emorragia f cerebrale.

Gehirnchirurg m (**Gehirnchirurgin** f) **→ Neurochirurg**.

Gehirnchirurgie f *med* **→ Neurochirurgie**.

Gehirnentzündung f *med* encefalite f.

Gehirnerschütterung f commozione f cerebrale.

Gehirnhaut f *anat* meninge f.

Gehirnhautentzündung f *med* meningite f.

Gehirnkasten m *fam scherz* zucca f *fam scherz*, meninge f *fam*, cervello m.

Gehirnoperation f operazione f al cervello.

Gehirnrinde f *anat* corteccia f cerebrale.

Gehirnschlag m *med* ictus m, colpo m apoplettico, apoplessia f cerebrale *wiss*.

Gehirnschmalz n *fam scherz* materia f grigia *scherz*.

Gehirntumor m tumore m al cervello.

Gehirnwäsche f lavaggio m del cervello: **eine ~ mit jdm machen, jdn einer ~ unterziehen**, fare il lavaggio del cervello a qu, sottoporre qu al lavaggio del cervello.

Gehirnzelle f *anat* cellula f cerebrale.

gehoben **A** part perf *von* heben **B** *adj* <*meist attr*> **1** (*gewählt*) {AUSDRUCKSWEISE} forbito, elevato, aulico **2** (*anspruchsvoll*) {GESCHMACK} sofisticato, raffinato, ricercato **3** (*höher*) {POSITION, STELLUNG} di un certo livello, elevato: **im ~en Dienst tätig sein** {BEAMTER}, essere un impiegato (statale) di concetto **4** (*froh*) {STIMMUNG} allegro, brioso, gioioso.

Gehöft <-(e)s, -e> n fattoria f, masseria f, podere m.

geholfen part perf *von* helfen.

Gehölz <-es, -e> n *geh* **1** (*kleiner Wald*) boschetto m **2** <*nur pl*> (*Holzgewächse*) boscaglia f.

Geholze <-s, *ohne pl*> n **→ Holzerei**.

Gehör <-(e)s, *ohne pl*> n **1** (*~sinn*) udito m: **ein feines/gutes ~ haben**, avere ₍l'udito fine₎/[un buon udito] **2** *mus* orecchio m • **absolutes ~ mus**, orecchio assoluto; **jdm um ~ bitten** *geh*, chiedere l'attenzione di qu; **(bei jdm) (mit etw dat) ~ finden** *geh*, trovare ascolto (con qc) (presso qu); **kein gutes ~ haben**, non sentirci bene, avere l'udito debole; **(kein) ~ für etw (akk) haben**, (non) avere orecchio (per qc); **jdm zu ~ kommen**, arrivare/giungere all'orecchio di qu; **jdm ~ schenken**, ₍prestare orecchio/attenzione₎/ [dare ascolto] a qu; **nach dem ~ singen/spielen**, cantare/suonare a orecchio; **das ~ verlieren**, perdere l'udito; **sich (dat) ~ verschaffen**, farsi ascoltare.

gehorchen <*ohne ge-*> *itr* **1** (*folgen*) (*jdm*) ~ ubbidire (a qu/qc), obbedire (a qu/qc); **jdm nicht ~**, disubbidire a qu; **ihre Kinder ~ überhaupt nicht**, i suoi figli non ubbidiscono/[danno retta]; **jdm blind ~**, ubbidire ciecamente a qu; **jdm aufs Wort ~**, ubbidire a qu senza fiatare **2** <*meist verneint*> (*reagieren*) *jdm* ~ {ARME, BEINE} rispondere a qu; {MASCHINE, WAGEN} rispondere (ai comandi di qu).

gehören <*ohne ge-*> **A** *itr* **1** (*jds Eigentum sein*) *jdm* ~ {BUCH, GRUNDSTÜCK, HAUS, WOHNUNG} appartenere a qu, essere di qu: **das gehört mir**, questo è mio; **können Sie uns sagen, wem dieses Schloss gehört?**, sa dirci ₍di chi è₎/[a chi appartiene] questo castello? **2** (*Teil sein von*) **zu etw** (dat) ~ {AUFGABE, TÄTIGKEIT ZU JDS AUFGABENBEREICH} fare parte di qc: **das gehört nicht zu meinen Pflichten**, questo non ₍fa parte dei₎/[rientra nei] miei doveri: **gehört zu der Hose denn kein Gürtel?**, non hanno una cintura questi pantaloni?; **zu jeder Wohnung gehört eine Garage**, ogni appartamento dispone di un garage **3** (*Mitglied sein*) **zu etw** (dat) ~ {ZU EINER FAMILIE, ZUM FREUNDESKREIS, EINER ORGANISATION} appartenere a qc, fare parte di qc: **Deutschland gehört zur Europäischen Union**, la Germania ₍fa parte₎/[è membro] dell'Unione Europea **4** (*den richtigen Platz haben*) *irgendwohin* ~: **das Moped gehört in die Garage und nicht in den Hausengang**, il motorino va messo nel garage e non nell'androne; **Kinder ~ um diese Zeit ins Bett**, a quest'ora i bambini dovrebbero essere a letto **5** (*nötig sein*) **zu etw** (dat) ~: **es gehört viel Geduld dazu, in einer Grundschulklasse zu unterrichten**, ci vuole molta pazienza per insegnare alle (scuole) elementari; **dazu gehört Mut**, ₍ci vuole₎/[bisogna avere] coraggio; **zu diesem Anzug ~ ein Paar schwarze Schuhe**, con questo completo ti ci vorrebbero/voglionо delle scarpe nere **6** (*zugewandt sein*) *jdm* ~ {HERZ, LIEBE} appartenere a qu: **ihm gehört meine ganze Sympathie**, ₍a lui va₎/[lui ha] tutta la mia simpatia; **die ganze Woche arbeite ich bis spät abends, aber der Sonntag gehört meiner Familie**, tutta la settimana lavoro fino a tardi, ma la domenica ₍spetta alla₎/[è tutta per la] *fam* famiglia **7** *süddt fam* (*muss ... werden*): **der gehört eingesperrt**, dovrebbero rinchiuderlo, quello andrebbe rinchiuso; **die Misshandlung von Tieren gehört angezeigt**, il maltrattamento degli animali dovrebbe essere denunciato; **dem gehört eine saftige Ohrfeige!**, gli ci vorrebbe un ₍bello schiaffo₎/[sonoro ceffone]! **B** *rfl*: **sich ~**: **nimm die Ellbogen vom Tisch! Das gehört sich nicht!**, togli i gomiti dal tavolo! Non sta bene!; **dieses Benehmen gehört sich nicht für ein junges Mädchen**, questo comportamento non si confà/addice/conviene a una signorina.

Gehörfehler m difetto m ₍dell'udito₎/[uditivo].

Gehörgang m *anat* meato m/condotto m uditivo.

gehörig **A** *adj* **1** <*attr*> *fam* (*beträchtlich*): **ich habe ihm eine ~e Tracht Prügel verpasst**, gli ho dato un sacco di legnate *fam*; **er verdient eine ~e Abreibung**, (si) merita una bella ripassata *fam*; **er bekam einen ~en Schrecken**, ha preso un bello spavento; **eine ~e Portion Mut**, un gran/bel coraggio; **einen ~en Respekt vor jdm haben**, avere un sacrosanto rispetto per qu **2** *geh* (*gehörend*): **die zum Haus ~e Garage**, il garage di pertinenza della casa; **die zu Griechenland ~en Inseln**, le isole appartenenti alla Grecia **B** *adv fam* **1** (*gebührend*) {SICH ENTSCHULDIGEN} a dovere, doverosamente, debitamente, come si deve **2** *fam* (*gründlich*) {AUSSCHIMPFEN, VERPRÜGELN} ben bene *fam*: **da hast du dich aber ~ getäuscht**, ti sei sbagliato (-a) ₗdi grosso *fam*ⱼ/[alla grande *fam*]; **jdn ~ verprügeln**, suonarle a qu, picchiare qu ₗa dovereⱼ/[di santa ragione]; **jdm ~ die Meinung sagen**, dirne quattro a qu.

gehörlos *adj* non udente, sordo.

Gehörlose <*dekl wie adj*> *mf* non udente *mf*, sordo (-a) *m* (f).

Gehörlosigkeit <-, *ohne pl*> f sordità f.

Gehörn <-(*e*)s, -e> n {+TIER} corna f pl.

Gehörnerv m *anat* nervo m acustico.

gehörnt *adj* **1** (*mit Hörnern*) {TIER} cornuto, provvisto di corna **2** *fam obs* (*betrogen*) {EHEMANN} cornuto *fam*.

gehorsam **A** *adj* **1** (*folgsam*) {SOHN, TOCHTER} ubbidiente, obbediente; {KIND} *auch* docile: (**jdm gegenüber**) **~ sein**, ubbidire (a qu), obbedire (a qu) **2** *obs* (*untergeben*) {SOLDAT} ubbidiente, obbediente; {DIENER, UNTERGEBENER} *auch* ossequente **B** *adv* {ETW AUSFÜHREN, FOLGEN, ETW TUN} con ubbidienza/obbedienza, ubbidientemente.

Gehorsam <-s, *ohne pl*> m ubbidienza f, obbedienza f • **blinder ~**, ubbidienza/obbedienza cieca; **unbedingten ~ von jdm fordern**, chiedere/pretendere/esigere ubbidienza/obbedienza assoluta da qu; **sich** (dat) **~ verschaffen**, farsi ubbidire/obbedire; **den ~ verweigern**, rifiutarsi di ubbidire/obbedire, ribellarsi.

Gehorsamsverweigerung <-, *ohne pl*> f *jur* rifiuto m d'ubbidienza/obbedienza; *jur mil* insubordinazione f.

Gehörschaden m *med* difetto m ₗdell'uditoⱼ/[uditivo].

Gehörsinn <-s, *ohne pl*> m (senso m dell')udito m.

Gehrock m *obs* finanziera f, redingote f.

Gehsteig <-(*e*)s, -e> m → **Bürgersteig**.

Gehtnichtmehr n *fam*: **bis zum ~: wir haben die Vokabeln bis zum ~ wiederholt, aber er kann sie immer noch nicht**, abbiamo ripetuto i vocaboli fino alla nausea, ma ancora non li sa.

gehupft *adj süddt A*: **das ist ~ wie gesprungen** *fam*, se non è zuppa è pan bagnato *fam*.

Gehweg m **1** → **Bürgersteig 2** → **Fußweg**.

Geier <-s, -> m **1** *ornith* avvoltoio m **2** *pej* (*habgieriger Mensch*) avvoltoio m • **hol's der ~!** *fam*, al diavolo!; **weiß der ~!** *slang*, lo sa il diavolo! *fam*, che diavolo ne so! *fam*.

Geifer <-s, *ohne pl*> m bava m.

geifern *itr* **1** (*sabbern*) {TIER} sbavare **2** *pej* (*Gehässigkeiten verbreiten*) (**gegen jdn**) **~ fare la bava** *fam*, sputare veleno (*contro qu*) *fam*, vomitare ingiurie (*addosso a qu*) *fam*.

Geige <-, -n> f *mus* violino m: **~/[auf der ~] spielen**, suonare il violino • **die erste ~ spielen** (*im Orchester*), essere il primo violino; *fig*, dare il la *fam*, essere il numero uno; **die zweite ~ spielen** *fam*, avere/giocare un ruolo di secondo piano.

geigen **A** *tr fam etw* **~** {LIED, MELODIE} suonare *qc* al violino **B** *itr* (*Geige spielen*) suonare il violino; (*beruflich*) essere violinista.

Geigenbauer <-s, -> m (**Geigenbauerin** f) liutaio (-a) *m* (f).

Geigenbogen m archetto m del violino.

Geigenkasten m custodia f del violino.

Geiger <-s, -> m (**Geigerin** f) violinista *mf*.

Geigerzähler m *phys* contatore m (di) Geiger.

geil *adj* **1** *fam meist pej* (*lüstern*) {BLICK} lussurioso, libidinoso, lascivo; {MENSCH} *auch* arrapato *slang*, allupato *slang*: **er war total ~ auf sie**, era arrapato da lei *slang*, lei l'arrapava *slang*, sbavava per lei *slang* **2** *slang* (*toll*) {AUTO, GRUPPE, MUSIK} fico *slang*, fantastico: **er ist ein ~er Typ**, è un fico *slang* • **das ist echt ~!** *slang*, è davvero una figata! *slang*; **die neue CD von Madonna ist echt ~**, il nuovo cd di Madonna è davvero ₗmitico *slang*ⱼ/[una figata *slang*]/[forte]; **jdn ~ machen**, arrapare qu *slang*, eccitare qu; **auf etw** (akk) **sein** {AUF ERFOLG}, sbavare per qc *fam*.

Geilheit <-, *ohne pl*> f *fam* libidine f, lussuria f, lascivia f, arrapamento m *slang*.

Geisel <-, -n> f ostaggio m • **jdn als/zur ~ nehmen**, prendere in ostaggio qu; (**jdn**) **~n stellen**, dare degli ostaggi a qu.

Geiselbefreiung f liberazione f degli ostaggi.

Geiseldrama n dramma m degli ostaggi.

Geiselgangster m *pej* sequestratore m, "persona f che tiene in ostaggio qu".

Geiselhaft f prigionia f di un ostaggio.

Geiselnahme <-, -n> f presa f in ostaggio (di qu).

Geiselnehmer <-s, -> m (**Geiselnehmerin** f) "persona f che prende in ostaggio qu", sequestratore (-trice) m (f).

Geisha <-, -s> f geisha f, gheiscia f.

Geiß <-, -en> f *süddt A CH zoo* capra f.

Geißbart m **1** *bot* spirea f **2** (*Spitzbart*) pizzo m, barba f a punta.

Geißblatt n *bot* caprifoglio m, madreselva f, abbracciabosco m.

Geißbock m *A CH süddt zoo* → **Ziegenbock**.

Geißel <-, -n> f **1** *geh* (*Plage*) flagello m, piaga f **2** *hist* (*Stabriemen*) flagello m **3** *süddt A CH* (*Peitsche*) frusta f **4** *biol* flagello m.

geißeln **A** *tr* **1** *hist* (*mit Geißel schlagen*) *jdn* **~** {SKLAVEN} flagellare qu, fustigare qu **2** *geh* (*quälen*) *jdn* **~** {KRIEG, PEST} flagellare qu **3** *geh* (*anprangern*) *etw* **~** {MISSSTÄNDE, SITTENVERFALL} flagellare *qc*, fustigare *qc*, stigmatizzare *qc* **B** *rfl sich* **~** flagellarsi, sottoporsi alla flagellazione, frustarsi.

Geißeltierchen n *zoo* flagellati m pl.

Geißelung <-, -en> f **1** *hist* (*das Geißeln*) {+MENSCH} flagellazione f **2** (*Tadel*) {+MISSSTAND} stigmatizzazione f, condanna f.

Geist① <-(*e*)s, -er> m **1** (*körperloses Wesen*) spirito m, genio m: **böse ~er beschwören**, esorcizzare gli spiriti maligni/[del male]; **von ~ern besessen sein**, essere posseduto dagli spiriti; **die ~er der Hölle**, gli spiriti infernali; **Feen sind gute ~er**, le fate sono spiriti del bene; **der böse ~**, lo spirito/il genio del male, il demonio **2** (*Gespenst*) spirito m, fantasma m, spettro m: **du wirst doch nicht an ~er glauben?**, non crederai mica ₗai fantasmiⱼ/[agli spettri]?; **nach Mitternacht gehen die ~er im Schloss um**, dopo mezzanotte nel castello si aggirano i fantasmi/gli spiriti **3** (*Denker, Genie*) spirito m, ingegno m, mente f: **ein genialer ~**, una mente geniale; **Gadamer ist einer der größten ~er des heutigen Deutschland(s)**, Gadamer è uno dei più brillanti ingegni della Germania odierna • **ein dienstbarer ~** *fam*, uno schiavetto *fam scherz*; **der Heilige ~** *relig*, lo Spirito Santo; **wes ~es Kind jemand ist** *geh*, come la pensa qu; **wenn man mit ihm spricht, weiß man sofort, wes ~es Kind er ist**, parlando con lui si capisce subito ₗcome la pensaⱼ/[la sua forma mentis]; **daran/hier scheiden sich die ~er**, qui le opinioni divergono; **an dieser Frage scheiden sich die ~er**, la questione divide gli animi; **ein unruhiger ~**, uno spirito inquieto; **von allen guten ~ern verlassen sein** *fam*, essere uscito di senno.

Geist② <-(*e*)s, *ohne pl*> m **1** (*Gesinnung*) spirito m, genio m: **der ~ der Epoche/Zeit**, lo spirito ₗdell'epocaⱼ/[del tempo] **2** (*Verstand*) ingegno m, mente f, intelletto m: **einen scharfen/wachen ~ haben**, avere una mente acuta/sveglia; **der geniale ~ Goethes**, il genio di Goethe **3** (*Intellekt, Witz*) spirito m: **er ist ein Mann von ~**, è un uomo di spirito **4** *philos* spirito m **5** (*Vorstellung*): **nach ihren kleinen Fernseherfolgen sah sie sich im ~e schon als Filmstar**, dopo i suoi modesti successi televisivi si vedeva/immaginava già ₗnel firmamentoⱼ/[come stella] del cinema • **seinen ~ aufgeben** *euph* (*sterben*), rendere l'anima a Dio; *fam scherz* (*nicht mehr funktionieren*) {GERÄT, MASCHINE}, andare a farsi benedire *fam*; **mein Moped hat seinen ~ aufgegeben** *fam scherz*, il mio motorino ha esalato l'ultimo respiro *scherz*; **der ~ ist willig, aber das Fleisch ist schwach**, lo spirito è forte, ma la carne è debole; **jdm auf den ~ gehen** *fam*, ₗdare suiⱼ/[far venire i] nervi a qu; **in jds ~e handeln**, agire/operare secondo la volontà di qu; **seinen ~ sprühen lassen**, fare dello spirito, essere brillante.

Geisterbahn f galleria f degli orrori.

Geisterbeschwörung f **1** evocazione f degli spiriti; (*spiritistische Sitzung*) seduta f spiritica **2** (*Heraufbeschwörung*) evocare m i fantasmi.

Geisterfahrer m (**Geisterfahrerin** f) automobilista *mf* che viaggia/guida contromano.

Geisterglaube m credere m agli spiriti.

geisterhaft *adj* {ERSCHEINUNG, GESTALT} spettrale, da fantasma, fantomatico; (*übernatürlich*) soprannaturale.

Geisterhand f: **wie durch/von ~**, come per magia/incanto.

geistern **A** *itr* **1** <*sein*> (*herumgehen*) **durch etw ~** (akk) ~ {DURCH DEN GARTEN, DAS HAUS} aggirarsi/vagare come un fantasma/uno spettro *per qc* **2** <*sein*> (*umgehen*): **durch jds Kopf ~** {GEDANKE, IDEE, VORSTELLUNG}, frullare/passare per la testa a qu; **der Gedanke geistert durch die Köpfe (der Leute)**, il pensiero occupa la testa della gente **B** *unpers* <*haben*> (*spuken*): **im Schloss geistert es**, nel castello ₗci sonoⱼ/[si aggirano] gli spiriti/i fantasmi.

Geisterseher m (**Geisterseherin** f) visionario (-a) m (f).

Geisterstadt f città f fantasma.

Geisterstunde <-, *ohne pl*> f ora f ₗdegli spiritiⱼ/[dei fantasmi].

geistesabwesend **A** *adj* (*nicht bei der Sache*) {MENSCH} assente (con la mente/il pensiero), distratto, svagato; (*nachdenklich*) assorto (nei propri pensieri): **du siehst so ~ aus**, hai l'aria così assente **B** *adv* distrattamente.

Geistesabwesenheit <-, *ohne pl*> f essere m assente (con la mente), svagatezza f.

Geistesarbeiter m (**Geistesarbeiterin** f) lavoratore (-trice) m (f) intellettuale.

Geistesblitz m lampo m di genio, alzata f d'ingegno.

Geistesgegenwart f presenza f/prontezza f di spirito: **die ~ haben, etw zu tun**, avere la prontezza di spirito di fare qc; **durch seine ~ konnte ein Brand vermieden werden**, grazie alla sua presenza di spirito si è potuto evitare un incendio.

geistesgegenwärtig **A** *adj* {MENSCH} dotato di presenza di spirito **B** *adv* con prontezza di spirito.

Geistesgeschichte <-, *ohne pl*> f storia f ₗdel pensieroⱼ/[delle idee].

geistesgestört adj med {Mensch} squilibrato, affetto da disturbi mentali.

Geistesgestörte ‹dekl wie adj› mf squilibrato (-a) m (f), disturbato (-a) m (f) (mentale).

Geistesgröße f 1 ‹nur sing› (*Genialität*) genialità f 2 (*Mensch*) genio m.

Geisteshaltung f mentalità f, habitus m mentale, forma mentis f.

geisteskrank adj {Mensch} malato di mente: ~ **sein**, essere malato di mente, soffrire di una malattia mentale • **du bist wohl ~?** fam scherz, ma ti manca qualche rotella? fam, sei fuori di testa? fam.

Geisteskranke ‹dekl wie adj› mf med malato (-a) m (f) di mente.

Geisteskrankheit f med malattia f/infermità f mentale.

Geistesschwäche f deficienza f mentale.

Geistesstörung f disturbo m/turba f mentale.

geistesverwandt adj spiritualmente affine: **mit jdm ~ sein**, avere delle affinità spirituali/intellettuali con qu.

Geisteswissenschaft f ‹meist pl› (*als Lehrfach*) disciplina f umanistica; ‹pl› *auch* lettere f pl; (*Humanwissenschaft*) scienza f umana.

Geisteswissenschaftler m (**Geisteswissenschaftlerin** f) studioso (-a) m (f) di lettere; (*Student*) studente (-essa) m (f) di lettere; (*Humanwissenschaftler*) studioso (-a) m (f) di scienze umane.

geisteswissenschaftlich adj {Fach, Studien} umanistico; {Fakultät} di lettere; (*humanwissenschaftlich*) di scienze umane.

Geisteszustand m stato m mentale: **jdn auf seinen ~ untersuchen** med, esaminare lo stato mentale di qu, sottoporre qu ad un esame psichiatrico; **du solltest dich mal auf deinen ~ untersuchen lassen!** fam, credo che dovresti farti vedere da uno strizzacervelli! fam.

Geistheiler m (**Geistheilerin** f) guaritore (-trice) m (f).

geistig A adj ‹attr› 1 (*verstandesmäßig*) {Fähigkeiten, Kräfte} mentale; {Arbeit, Beschäftigung, Interessen} intellettuale: **ein ~er Mensch**, una persona con interessi culturali; **~e Verwandtschaft**, affinità intellettuali; **~es Eigentum**, proprietà intellettuale; **er war das ~e Oberhaupt der Sekte**, era il capo spirituale della setta 2 (*unkörperlich*) {Existenz, Werte, Wesen} spirituale B adv 1 (*verstandesmäßig*) intellettualmente: **~ arbeiten**, fare un lavoro intellettuale; **~ weggetreten sein** fam, essere partito fam; **jdm ~ überlegen sein**, essere intellettualmente superiore a qu; **mit jdm ~ verwandt sein**, avere affinità intellettuali/intellettuali con qu 2 med mentalmente: **~ behindert sein**, essere un ritardato/handicappato/minorato mentale.

geistlich A adj ‹attr› 1 (*religiös*) {Lied, Musik, Spiel} sacro, religioso: **ein ~er Herr**, un uomo di chiesa, un ecclesiastico 2 (*den Glauben betreffend*) {Beistand, Macht} spirituale; {Amt, Orden} ecclesiastico: **~er Vater**, padre spirituale; **der ~e Stand**, il clero; **die ~e Weihe**, l'ordinazione, l'ordine B adv {Beistehen} spiritualmente.

Geistliche ‹dekl wie adj› mf ecclesiastico m, religioso (-a) m (f).

Geistlichkeit ‹-, ohne pl› f clero m, ecclesiastici m pl.

geistlos adj {Bemerkung, Mensch, Witz} banale, insipido, insulso.

Geistlosigkeit ‹-, -en› f {+Bemerkung, Mensch, Witz} scipitaggine f, insulsaggine f, banalità f.

geistreich adj 1 (*einfallsreich*) {Autor} ingegnoso, geniale, ricco d'ingegno 2 (*witzig*) {Bemerkung} spiritoso, di spirito; {Mensch} *auch* brillante 3 *iron* (*dumm*) {Bemerkung} spiritoso *iron*, stupido • **sich ~ unterhalten können**, saper conversare in modo brillante.

geisttötend adj pej {Arbeit, Beschäftigung} che rincretinisce/rimbecillisce, noioso, monotono, tedioso.

geistvoll adj {Äußerung, Bemerkung, Mensch} arguto.

Geiz ‹-es, ohne pl› m pej avarizia f.

geizen itr **mit etw** (dat) ~ {Mit Essen, Mit jedem Tropfen Wein} lesinare *su qc*; {Mit Geld, Mit jedem Cent} lesinare *qc*; {Mit Lob, Zuspruch} *auch* essere parco/avaro *di qc*.

Geizhals m fam pej avaraccio m pej, spilorcio m fam, taccagno m fam, tirchione m fam, pitocco m fam.

geizig adj {Mensch} avaro.

Geizkragen m fam pej → **Geizhals**.

Gejammer ‹-s, ohne pl› n pej lagna f fam, lamentele f pl, lamenti m pl.

Gejohle ‹-s, ohne pl› n fam pej {+Fußballfans} urla f pl.

gekannt part perf von **kennen**.

gekauft A part perf von **kaufen** B adj: **viel ~** {Wagen}, molto venduto, vendutissimo; {Buch, Produkt} *auch*, che va a ruba fam.

Gekeife ‹-s, ohne pl› n pej strilli m pl.

Gekicher ‹-s, ohne pl› n fam pej (*bes. von jungen Mädchen*) risatine f pl, ridacchiare m.

Gekläffe ‹-s, ohne pl›, **Gekläff** ‹-(e)s, ohne pl› n fam pej {+Hund} abbaio m.

Geklapper ‹-s, ohne pl› n fam pej {+Auspuff, Fensterläden} sbatacchio m; {+Absätze, Schreibmaschine} ticchettio m.

Geklatsche ‹-s, ohne pl› n pej 1 (*wiederholter Beifall*) battimani m pl 2 fam (*Tratscherei*) chiacchiericcio m, pettegolezzi m pl, pettegolio m.

gekleidet adj: **irgendwie ~ sein** {Dezent, Modisch, Schick, Teuer}, essere vestito + *compl di modo*: **gut ~** {Mann, Frau}, vestito bene; **sie ist immer sehr gut ~**, veste sempre molto bene; **elegant ~ sein**, essere vestito/vestita/ elegante/[con eleganza]; **schwarz/weiß ~/[in Schwarz/Weiß] ~ sein**, vestire di nero/bianco.

Geklimper ‹-s, ohne pl› n fam pej {+Klavier, Saiteninstrument} strimpellio m fam.

Geklingel ‹-s, ohne pl› n fam pej scampanellio m.

Geklirre ‹-s, ohne pl›, **Geklirr** ‹-(e)s, ohne pl› n fam pej {+Geschirr, Gläser} tintinnio m.

geklommen part perf von **klimmen**.

Geklön ‹-(e)s, ohne pl› n, **Geklöne** ‹-s, ohne pl› n norddt fam chiacchierata f.

geklont adj clonato.

geklungen part perf von **klingen**.

Geknatter ‹-s, ohne pl› n fam pej {+Motorrad} scoppiettio m.

geknickt adj fam abbacchiato fam, abbattuto, mogio: **~ sein**, essere giù fam (di tono/morale/corda); **sie macht einen ~en Eindruck**, sembra (essere) giù di corda.

gekniffen part perf von **kneifen**.

Geknister ‹-s, ohne pl› n {+Papier} fruscio m; {+Feuer} crepitio m.

gekocht adj: **hart ~** {Ei}, sodo.

gekommen part perf von **kommen**.

gekonnt A part perf von **können** B adj (*meisterhaft*) {Darbietung, Reparatur} ben fatto, tecnicamente perfetto, riuscito; {Schlag} *auch* da maestro; {Gesprächsführung, Rede} abile, magistrale C adv {Reparieren} abilmente; {Schach spielen} magistralmente: **etw ~ machen**, fare qc magistralmente/[con maestria].

gekörnt adj granulato, granuloso, in granuli.

Gekrächze ‹-s, ohne pl› n fam pej {+Krähen, Raben} gracchio m, gracchiamento m.

Gekrakel ‹-s, ohne pl› n fam pej scarabocchi m pl.

Gekreuzigte ‹dekl wie adj› m relig (*Christus*) crocifisso m.

Gekritzel ‹-s, ohne pl› n fam pej sgorbio m, frego m, scarabocchi m pl: **lass das ~!**, smettila di fare freghi!

gekrochen part perf von **kriechen**.

Gekröse ‹-s, ohne pl› n 1 anat mesentere m 2 gastr (*Innereien, bes. vom Kalb*) frattaglie f pl.

gekrümmt adj {Linie} curvo, {Haltung} ricurvo.

gekünstelt A adj {Sprache, Stil} affettato; {Benehmen, Verhalten} *auch* caricato, svenevole, innaturale: **mit ~er Freundlichkeit/Heiterkeit**, con gentilezza/allegria affettata B adv {Lachen, Sprechen} in modo affettato, con affettazione; {Sich benehmen} *auch* in modo artefatto.

Gel ‹-s, -e› n gel m.

Gelaber ‹-s, ohne pl›, **Gelabere** ‹-s, ohne pl› n fam pej (*ständiges Gerede*) blablà m fam, (*continue*) chiacchiere f pl, ciance f pl; (*dummes Gerede*) baggianate f pl fam: **hör auf mit dem ~!**, smettila di blaterare! pej.

Gelächter ‹-s, -› n ‹meist sing› risata f, risa f pl: **höhnisches ~**, risa(ta) di scherno; **dröhnendes/schallendes ~**, una sonora/fragorosa risata • **in (lautes) ~ ausbrechen**, scoppiare in una risata/[a ridere]; **jdn/sich dem ~ aussetzen/preisgeben**, rendere qu/[rendersi] ridicolo (-a), mettere qu/[mettersi] in ludibrio.

gelackmeiert adj fam scherz: **sich ~ fühlen**, sentirsi fregato (-a) fam/imbrogliato (-a).

Gelackmeierte ‹dekl wie adj› mf fam scherz truffato (-a) m (f): **und wir sind die ~!**, e noi ci siamo fatti fregare!

geladen A part perf von **laden** B adj 1 fam (*wütend*): **~ sein**, essere furioso/furibondo (incavolato) nero fam 2 (*mit Munition*) {Gewehr} carico. • **schwer ~ haben** fam, aver fatto il pieno fam, essere ubriaco fradicio.

Gelage ‹-s, -› n gozzoviglia f, bagordi m pl, bisboccia f.

gelagert adj: **der Fall ist etwas anders/[ähnlich] ~**, questo caso si presenta in modo leggermente diverso/[presenta analogie]; **gleich ~** {Fall, Problem}, analogo, simile, paragonabile.

gelähmt adj {Arm, Bein} paralizzato; {Mensch} *auch* paralitico: **ganzseitig ~**, tetraplegico; **halbseitig ~**, emiplegico.

Gelähmte ‹dekl wie adj› mf paralitico (-a) m (f).

Gelände ‹-s, -› n 1 (*freies Land*) terreno m: **bergiges/ebenes/hügeliges ~**, terreno montuoso/pianeggiante/collinoso; **das ~ durchkämmen/erkunden**, perlustrare/esplorare il terreno 2 (*Grundstück*) terreno m, area f, zona f: **das ~ der Schule**, l'area della scuola; **unbebautes ~**, area/zona non edificata.

Geländeaufnahme f geol rilevamento m topografico.

Geländefahrrad, **Geländerad** n mountain bike f, rampichino m fam.

Geländefahrzeug n → **Geländewa-**

gen.

geländegängig adj adatto ai percorsi fuoristrada: **ein ~es Fahrzeug**, un fuoristrada.

Geländelauf m sport corsa f campestre, cross-country m.

Geländer <-s, -> n (Treppengeländer) ringhiera f; (Balkongeländer) parapetto m; (Brüstung) balaustra f.

Geländerad n → **Geländefahrrad**.

Geländeritt m cavalcata f in campagna, cross-country m.

gelandet adj aero (auf der Anzeigetafel am Flughafen) atterrato.

Geländeübung f mil esercitazione f sul campo, manovra f.

Geländewagen m (veicolo m/macchina f) fuoristrada m.

gelang 1. und 3. pers sing imperf von gelingen.

gelangen <ohne ge-> itr <sein> **1** (erreichen) irgendwohin ~ {BRIEF, PAKET AN EINEN BESTIMMUNGSORT} giungere/arrivare + compl di luogo; {MENSCH AUF DIE ANDERE SEITE, ANS UFER} auch raggiungere qc: **nach einer ermüdenden Reise sind wir endlich ans Ziel gelangt**, dopo un viaggio faticoso ₍siamo finalmente arrivati (-e) a destinazione₎/[abbiamo finalmente raggiunto la meta]; **an die Öffentlichkeit ~** {MELDUNG, SKANDAL}, diventare di dominio pubblico; **in jds Besitz ~**, entrare in possesso di qu; **in jds Hände ~**, giungere nelle mani di qu; **an die Macht ~**, ₍raggiungere il₎/[arrivare al] potere **2** (einen Zustand erreichen) **zu etw** (dat) ~ arrivare a qc, raggiungere qc: **zu Ehre und Ruhm ~**, raggiungere fama e onori; **zum Erfolg ~**, arrivare/giungere al successo; **sie sind mit ihrem Geschäftspartner zu einer Einigung gelangt**, sono addivenuti (-e)/giunti (-e) a un accordo con il loro socio in affari; **in kurzer Zeit sind sie zu großem Reichtum gelangt**, in poco tempo hanno accumulato enorme ricchezze **3** (sich eine Meinung bilden) **zu etw** (dat) ~ {ZU DER ANSICHT, DER SCHLUSSFOLGERUNG} giungere a qc, arrivare a qc: **wir sind zu der Erkenntnis/Überzeugung gelangt, dass ...**, ₍ci siamo convinti (-e)₎/[siamo giunti (-e) alla convinzione] che ... **4** fam (zur Passivumschreibung): **zur Aufführung ~** {THEATERSTÜCK}, essere/venire rappresentato (-a); **zur Durchführung ~**, essere/venire realizzato (-a), trovare attuazione; **zum Einsatz ~**, trovare impiego, venire impiegato (-a).

gelangweilt A adj {BLICK, MENSCH} annoiato B adv {DASITZEN, ZUHÖREN} con aria/espressione annoiata.

gelassen A part perf von lassen B adj {MENSCH} pacato, tranquillo, calmo: **~ bleiben**, rimanere calmo (-a), non scomporsi C adv con pacatezza, tranquillamente: **etw ~ hinnehmen**, prendere qc con filosofia.

Gelassenheit <-, ohne pl> f pacatezza f, placidità f.

Gelatine <-, ohne pl> f gelatina f.

gelaufen part perf von laufen.

geläufig adj {AUSDRUCK, BEZEICHNUNG, NAME, REDENSART} corrente, comune: **jdm ~ sein**, essere familiare a qu; **dieses Wort ist mir nicht ~**, non conosco questa parola.

Geläufigkeit <-, ohne pl> f familiarità f.

gelaunt A adj: **gut/wohl geh ~** {FRAU, KOLLEGE} di buonumore, allegro; **gut ~ sein**, essere di ₍luna buona₎/[buonumore]; **schlecht ~ sein**, avere la luna (storta)/[di traverso]), avere le paturnie fam, essere di cattivo umore; **froh ~ geh**, di umore allegro; **übel ~** {MENSCH}, (che è) di ₍cattivo umore₎/[malumore], che ha la luna storta fam B adv: **gut ~** {ARBEITEN, AUFSTEHEN}, di buonumore.

Geläut <-es, -e> n **1** (Glocken einer Kirche) campane f pl (di una chiesa) **2** <ohne pl> → **Geläute**.

Geläute <-s, ohne pl> n (Glockengeläute) scampanio m; (Schellengeläute) scampanellio m.

gelb A adj giallo: **~ werden**, diventare giallo (-a), ingiallire B adv: **ein Kleid ~ färben**, tingere un vestito di giallo.

Gelb <-(s), - oder fam -s> n <meist sing> **1** (Farbe) giallo m: **ein blasses/helles/kräftiges ~**, un giallo pallido/chiaro/carico **2** (Verkehrsampel) giallo m: **bei ~ über die Ampel fahren/gehen**, passare col giallo fam; **die Ampel springt/stand auf ~**, il semaforo diventa/era giallo.

Gelbe <dekl wie adj> n: **nicht (gerade) das ~ vom Ei sein** fam, non essere (proprio) il ₍non plus ultra₎/[massimo].

Gelbfieber <-s, ohne pl> n med febbre f gialla.

Gelbfilter m oder n fot filtro m giallo.

gelbgrün adj giallo-verde.

Gelbkörper m anat corpo m luteo.

Gelbkörperhormon n med progesterone m.

gelblich adj {GESICHTSFARBE} giallastro, giallognolo; {FARBE, LICHT} auch gialliccio.

Gelbsucht <-, ohne pl> f med ittero m wiss, itterizia f.

gelbsüchtig adj med {MENSCH} itterico.

Gelbwurz <-, ohne pl> f, **Gelbwurzel** f bot curcuma f.

Geld <-(e)s, -er> n **1** <nur sing> (Zahlungsmittel) denaro m, soldi m pl, quattrini m pl fam: **bares/flüssiges ~**, denaro contante/liquido; **großes ~**, banconote f pl; **kleines ~**, monete, spiccioli; **schmutziges ~**, denaro sporco; **schmutziges ~ waschen**, riciclare il denaro sporco; **viel/einen Haufen/eine Stange ~ verdienen**, guadagnare molto/[fior di quattrini fam]/[un sacco di soldi fam]/[dei bei biglietoni slang]; **viel/einen Haufen/eine Stange ~ kosten**, costare molto/[un occhio della testa fam]/[un patrimonio fam] **2** <meist pl> (Mittel) fondi m pl, denaro m: **öffentliche ~er**, fondi pubblici, denaro pubblico; **die Unterschlagung/Veruntreuung von ~ern**, appropriazione indebita di fondi • **es aufs ~ abgesehen haben**, mirare/tirare fam ai soldi; **~ (vom Konto) abheben**, prelevare del denaro (dal conto corrente); **~ anlegen/ausgeben**, investire/spendere denaro; **sein ~ arbeiten lassen**, far fruttare i propri soldi; **mit seinem ~ (gerade) auskommen**, sbarcare (a malapena) il lunario; **jdm ~ auslegen**, anticipare qc ₍del denaro₎/[dei soldi] a qu; **~ auf**₍**der Bank**₎/[**dem Konto**] **haben**, avere denaro ₍in banca₎/[sul conto]; **nicht mit ~ zu bezahlen sein** {MENSCH}, essere impagabile; {JDS HILFE} auch, non avere prezzo; **jdm ~ borgen/leihen**, prestare ₍del denaro₎/[dei soldi] a qu; **viel ~ einbringen** {GESCHÄFT}, fruttare/rendere molto; **~ einkassieren/einnehmen**, incassare denaro; **~ einstreichen** pej, intascare denaro; **~ (auf das Konto) einzahlen**, versare del denaro (sul conto); **etw für teures ~ erwerben/kaufen**, acquistare/comprare qc ad un prezzo alto; **das ~ aus dem Fenster hinauswerfen/-schmeißen** fam, buttare il denaro/i soldi dalla finestra; **jdm rinnt das ~ durch die Finger**, qu ha le mani bucate; **ins ~ gehen/laufen**, diventare caro (-a)/costoso (-a); **kein ~ bei sich** (dat) **haben**, non aver soldi con sé; **~ wie Heu haben** fam, avere un mucchio di soldi/quattrini fam, avere soldi a palate fam; **zu ~ kommen**, arricchirsi, diventare ricco (-a); **~ lockermachen: mach mal ein bisschen ~ locker!** fam, sgancia/[tira fuori] un po' di soldi! fam; **etw zu ~ machen**, vendere qc; **das große ~ machen** fam, fare quattrini/soldi; **~ scheffeln** fam, fare soldi a palate fam; **im ~ schwimmen** fam, nuotare/navigare nell'oro; **aufs ~ sehen** {PERSON}, essere attaccato ai soldi, badare (molto) ai soldi; **nicht aufs ~ sehen**, non badare a spese; **auf dem/seinem ~ sitzen fam**, essere attaccato ai soldi, essere tirchio/pidocchioso fam; **um ~ spielen**, giocare a soldi; **~ in etw** (akk) **stecken**, investire denaro/soldi in qc; **vor ~ stinken** fam pej, essere pieno di soldi fam; **jdm das ~ aus der Tasche ziehen** fam, spennare qu, spillare denaro a qu fam, pelare qu fam; **mit ~ nicht umgehen können**, non ₍saper amministrare₎/[saperci fare con] i soldi, essere uno spendaccione; **falsches ~ in Umlauf bringen**, mettere in circolazione denaro falso, spacciare banconote false; **das ~ verjubeln** fam/**verprassen/verpulvern** fam/**verschleudern**, sperperare/sprecare/scialacquare/dissipare i soldi/il denaro; **~ wechseln/umtauschen**, cambiare del denaro; **etw nicht für ~ und gute Worte tun**, fam: **das tue ich nicht für ~ und gute Worte**, non lo farei per ₍tutto l'oro del₎/[nulla al] mondo; **~ macht nicht glücklich, aber es beruhigt** prov, i soldi non fanno la felicità, ma nemmeno la miseria scherz; **regiert die Welt** prov, il denaro è il re del mondo prov; **~ stinkt nicht** prov, pecunia non olet prov, i soldi non hanno odore.

Geldadel m aristocrazia f del denaro.

Geldangelegenheit f questione f di denaro.

Geldanlage f investimento m finanziario/[di denaro/fondi].

Geldanleihe f prestito m.

Geldautomat m sportello m automatico, Bancomat® m.

Geldbetrag m importo m, somma f (di denaro).

Geldbeutel m portafoglio m; (für Münzen) borsellino m, portamonete m • **einen dicken ~ haben** fam, avere il portafoglio gonfio; **tief in den ~ greifen** fam, tirar fuori molto denaro fam.

Geldbörse f geh → **Geldbeutel** • **elektronische ~**, portafoglio elettronico.

Geldbuße f jur (für Ordnungswidrigkeiten) pena f sanzione f pecuniaria, ammenda f.

Geldeinlage f deposito m (in denaro).

Geldentwertung f svalutazione f, deprezzamento m; (Inflation) inflazione f.

Gelderwerb m: **etw zu seinem ~ machen**, fare di qc una fonte di guadagno; **einem ~ nachgehen**, guadagnarsi da vivere.

Geldfrage f questione f di denaro/soldi, problema m economico.

Geldgeber m (**Geldgeberin** f) finanziatore (-trice) m (f), sponsor mf.

Geldgeschäft n operazione f finanziaria.

Geldgier f pej avidità f/sete f/cupidigia f di denaro.

geldgierig adj pej avido di denaro.

Geldhahn m: **jdm den ~ abdrehen/zudrehen** fam, tagliare i fondi/viveri a qu, chiudere il rubinetto (a qu) fam.

Geldheirat f pej matrimonio m d'interesse.

Geldherrschaft f plutocrazia f.

Geldinstitut n istituto m finanziario/[di credito].

Geldkarte f carta f di credito.

Geldknappheit f scarsità f/penuria f di

denaro.

Geldkurs m corso m/cambio m delle valute.

Geldleistung f <meist pl> adm prestazione f in denaro.

geldlich A adj {ANGELEGENHEIT} economico, di denaro B adv economicamente, dal punto di vista economico.

Geldmangel <-s, ohne pl> m mancanza f di denaro.

Geldmarkt m mercato m monetario.

Geldmarktfonds m bank ökon fondo m monetario.

Geldmarktkonto n bank conto m liquidità.

Geldmenge f ökon circolazione f monetaria.

Geldmittel subst <nur pl> mezzi m pl economici; (öffentliche ~) fondi m pl (pubblici): **über große ~ verfügen**, disporre di notevoli mezzi.

Geldnot f mancanza f di denaro: **in ~ sein**, trovarsi in difficoltà economiche.

Geldpolitik <-, ohne pl> f politica f monetaria.

Geldquelle f risorsa f finanziaria; (Verdienstquelle) fonte f di guadagno.

Geldrolle f rotolino m di carta per monete.

Geldschein m banconota f, biglietto m (di banca), pezzo m fam.

Geldscheißer m: **ich habe doch keinen ~!** fam, i soldi non li stampo mica! fam.

Geldschrank m cassaforte f, forziere m: **einen ~ aufbrechen/(auf)knacken** fam, scassinare una cassaforte.

Geldschuld f debito m (in denaro)/[economico].

Geldsorgen subst <nur pl> preoccupazioni f pl economiche, problemi m pl economici.

Geldspende f offerta f in denaro.

Geldspielautomat m slot machine f, macchina f mangiasoldi.

Geldstrafe f pena f pecuniaria, ammenda f (für Ordnungswidrigkeiten) multa f, contravvenzione f fam. ● **jdn mit einer ~ belegen**, multare qu; **jdn zu einer ~ verurteilen**, condannare qu al pagamento di un'ammenda.

Geldstück n moneta f, pezzo m.

Geldsumme f somma f (di denaro).

Geldtransport m trasporto m di denaro.

Geldtransporter m furgone m portavalori.

Geldumlauf m → **Geldmenge**.

Geldumtausch m cambio m di valuta.

Geldverkehr <-s, ohne pl> m transazioni f pl/operazoni f pl finanziarie.

Geldverlegenheit <-, ohne pl> f difficoltà f economica: **in ~ sein**, essere (a corto di denaro fam)/[in difficoltà economiche].

Geldverschwendung f spreco m di denaro.

Geldwaschanlage f slang impresa f per il riciclaggio del/di denaro sporco.

Geldwäsche f fam riciclaggio m di denaro sporco.

Geldwäscher m, (**Geldwäscherin** f) riciclatore (-trice) m (f) di denaro sporco.

Geldwechsel m cambio m di valuta; (Stelle) ufficio m di cambio.

Geldwechsler <-s, -> m cambiamonete m.

Geldwert m valore m monetario; (Kaufkraft) potere m d'acquisto.

Geldzuwendung f <meist pl> aiuto m economico.

geleast adj {LKW, WAGEN} a leasing.

geleckt adj 1 (übertrieben korrekt) {FRAU,

MANN, STIL} rileccato 2 (sehr sauber) {BODEN, ZIMMER} pulitissimo: **bei dir sieht es aus wie ~!** fam, casa tua sembra uno specchio! fam.

Gelee <-s, -s> n oder m (Fruchtgelee, Fleischgelee) gelatina f.

Gelée royale <- -, ohne pl> n pappa f reale.

Gelege <-s, -> n {+REPTILIEN, VÖGEL} covata f, nidiata f.

gelegen A part perf von liegen B adj <meist präd> 1 (günstig) {STUNDE, ZEITPUNKT} comodo, opportuno 2 (auf etw gehen) situato: **das Zimmer ist nach Süden ~**, la camera è situata a sud ● **jdm ist an etw (dat) ~ geh: mir ist daran ~, dass ...**, (ci tengo)/[mi preme] che ...; **konjv: es ist mir nicht viel daran ~**, non (mi importa)/[ci tengo] molto; **hoch ~** {ORT, SKIHÜTTE}, situato (in alto)/[ad un'altitudine elevata]; **jdm sehr ~ kommen: die Rückzahlung kommt mir sehr ~**, questo rimborso (mi fa molto comodo)/[capita proprio a proposito/fagiolo]/[arriva al momento giusto]; **das kommt mir sehr ~**, (questo) mi torna molto comodo; **du kommst mir gerade ~!** iron, capiti proprio nel momento meno opportuno!, hai scelto proprio un bel momento per venire!

Gelegenheit <-, -en> f 1 (günstiger Moment) occasione f: **eine einmalige/günstige ~**, un'occasione unica/vantaggiosa; **du solltest deinen Chef bei der nächsten ~ um eine Gehaltserhöhung bitten**, alla prima/prossima occasione dovresti chiedere al tuo capo un aumento di stipendio 2 (Möglichkeit) occasione f, possibilità f, opportunità f, modo m: **bitte geben Sie mir die ~, mich bei ihr zu entschuldigen**, per favore, mi dia la possibilità di scusarmi con lei; **solltest du die ~ dazu haben, dann schau dir die Ausstellung über Leonardo da Vinci an**, se ti dovesse capitare l'occasione, vai a vedere la mostra su Leonardo da Vinci; **ich habe nicht oft die ~, Deutsch zu sprechen**, non ho molte occasioni/opportunità di parlare (il) tedesco; **ich hatte noch keine ~, sie zu informieren**, non ho ancora avuto modo di informarla 3 (Anlass) occasione f, circostanza f: **ein Kleid für alle ~en**, un abito adatto a tutte le occasioni 4 (günstiges Angebot) occasione f ● **bei ~**, all'occasione; **könntest du bei ~ mein Wörterbuch zurückbringen?**, (all'occasione)/(quando ti capita) potresti riportarmi il mio vocabolario?; **wenn sich die ~ bietet/ergibt, ...**, se/quando si presenta/dà l'occasione ..., se/quando capita l'occasione ...; **sich (dat) keine ~ entgehen lassen**, non lasciarsi sfuggire/scappare alcuna opportunità; **die ~ ergreifen**, cogliere l'occasione; **bei der ersten/nächsten ~**, alla prima/prossima occasione; **eine gute ~**, una buona occasione; **(die) ~ haben**, etw zu tun, avere occasione/modo/agio di fare qc; **eine ~ nutzen**, sfruttare un'occasione, approfittare di un'opportunità; **die ~ beim Schopf(e) fassen/packen**, cogliere/afferrare l'occasione al volo, prendere la palla al balzo fam; **eine ~ verpassen**, perdere un'occasione/opportunità; **~ macht Diebe** prov, l'occasione fa l'uomo ladro prov.

Gelegenheitsarbeit f lavoro m occasionale/saltuario.

Gelegenheitsarbeiter m (**Gelegenheitsarbeiterin** f) lavoratore (-trice) m (f) occasionale.

Gelegenheitsdieb m ladro m occasionale.

Gelegenheitskauf m (acquisto m d') occasione f.

Gelegenheitsraucher m (**Gelegenheitsraucherin** f) fumatore (-trice) m (f) occasionale.

Gelegenheitstrinker m (**Gelegenheitstrinkerin** f) bevitore (-trice) m (f) occasionale.

gelegentlich A adj {NIEDERSCHLÄGE} occasionale; {BESUCHE} auch saltuario B adv {ANRUFEN, VON SICH HÖREN LASSEN} ogni tanto, di tanto in tanto, qualche volta; {RAUCHEN, TRINKEN} auch in certe occasioni: **wir sehen uns ~**, ci vediamo occasionalmente; **gib mir das Buch ~ zurück**, restituiscimi il libro quando capita/[si presenta] l'occasione.

gelehrig adj {KIND, SCHÜLER, TIER} che apprende facilmente.

Gelehrigkeit <-, ohne pl> f facilità f di apprendimento, buona disponibilità f all'apprendimento.

gelehrsam adj → **gelehrig**.

Gelehrsamkeit <-, ohne pl> f geh → **Gelehrtheit**.

gelehrt A adj 1 (wissenschaftlich gebildet) dotto, erudito: **einen ~en Eindruck machen**, avere l'aria erudita; **er ist ein ~es Haus** fam scherz, è un pozzo di scienza fam 2 (wissenschaftlich) {ABHANDLUNG} scientifico B adv fam (schwer verständlich): **sie drückt sich immer so ~ aus** iron oder pej, si esprime sempre in modo (poco comprensibile)/[astruso].

Gelehrte <dekl wie adj> mf erudito (-a) m (f), dotto (-a) m (f); (Wissenschaftler) studioso (-a) m (f), scienziato (-a) m (f).

Gelehrtheit <-, ohne pl> f erudizione f, sapere m, dottrina f.

Geleise <-s, -> n A CH → **Gleis**.

Geleit <-(e)s, ohne pl> n 1 (Begleitung) accompagnamento m; bes. mil (zum Schutz) scorta f 2 geh (Vorwort) introduzione f, presentazione f ● **jdm das ~ geben**, scortare qu; **jdm das letzte ~ geben** geh, dare a qu l'estremo saluto, accompagnare qu all'ultima/estrema dimora euph; **jdm freies/sicheres ~ gewähren** mil, concedere a qu un salvacondotto.

geleiten <ohne ge-> tr geh jdn (irgendwohin) ~ accompagnare/scortare qu (+ compl di luogo).

Geleitschutz m scorta f; naut scorta f navale ● **jdm ~ geben**, scortare qu.

Geleitwort n geh presentazione f.

Gelenk <-(e)s, -e> n 1 anat giuntura f, articolazione f 2 tech giunto m, snodo m.

Gelenkbus m bus m autosnodato.

Gelenkentzündung f med artrite f.

Gelenkfahrzeug n veicolo m/mezzo m articolato.

gelenkig adj {MENSCH} agile, flessuoso.

Gelenkigkeit <-, ohne pl> f {+MENSCH} agilità f, flessuosità f.

Gelenkkapsel f anat capsula f articolare.

Gelenkknorpel m anat cartilagine f articolare.

Gelenkkopf m, **Gelenkkugel** f anat condilo m.

Gelenkpfanne f anat glene f, glena f.

Gelenkplastik f med artroplastica f.

Gelenkrheumatismus m med reumatismo m articolare.

Gelenkschmerz m <meist pl> dolore m articolare.

Gelenkschmiere f anat sinovia f.

Gelenkwelle f tech albero m di trasmissione.

gelernt adj <attr> {ARBEITER} qualificato: **sie ist ~e Friseurin**, ha fatto la scuola per parrucchieri ● **~ ist ~**, la classe non è acqua!; **das will ~ sein**, bisogna (saperlo fare)/[essere del mestiere]/[averlo imparato].

gelesen A part perf von lesen B adj: **viel ~** {AUTOR(IN), BUCH}, molto letto, straletto.

Gelichter <-s, ohne pl> n pej gentaglia f pej, marmaglia f pej.

geliebt adj {MENSCH} amato, diletto lit: **heiß ~** {SPIELZEUG}, amatissimo; {KIND} auch, diletto.

Geliebte <dekl wie adj> mf **1** (Liebhaber(in)) amante mf: **einen ~n haben**, avere un amante; **sich (dat) eine ~ anschaffen**, prendersi/farsi fam un'amante **2** obs (Anrede) amato (-a) m (f), amore m.

geliefert adj fam: **~ sein**, essere ˌspacciato famˌ/[rovinato]/[fottuto slang]/[del gatto slang]/[fritto fam].

geliehen part perf von leihen.

gelieren <ohne ge-> itr gelatinizzarsi.

gelinde, gelind adj **1** geh obs (mäßig) {KLIMA} mite, temperato, dolce **2** geh obs (nicht stark) {REGEN} leggero; {SCHMERZ} auch lieve **3** (nicht streng) {STRAFE} blando, lieve **4** fam (groß) {WUT} terribile • **gelinde gesagt**, a dir poco.

gelingen <gelingt, gelang, gelungen> <sein> A itr (jdm) ~ {BRATEN, EXPERIMENT, PLAN, UNTERNEHMEN} riuscire (a qu): **einigen Gefangenen ist die Flucht gelungen**, alcuni prigionieri sono riusciti a fuggire; **der Kuchen ist mir diesmal richtig gut gelungen**, questa volta il dolce mi è riuscito/venuto proprio bene B unpers: **es gelingt jdm, etw zu tun**, qu riesce a fare qc, a qu riesce (di) fare qc; **es gelang mir nicht, sie zu erreichen**, non ˌsono riuscito (-a) aˌ/[mi è riuscito (di)] rintracciarla.

Gelingen <-s, ohne pl> n geh riuscita f, successo m, buon esito m: **zum (guten) ~ einer S. (gen) beitragen**, contribuire alla buona riuscita di qc • **auf ein gutes ~!**, al successo!

gelitten part perf von leiden.

gell① adj geh → **gellend**.

gell②, **gelle** partik süddt fam: **das war ein schöner Film, ~?**, era un bel film, vero?; **damit hättest du nicht gerechnet, ~?**, non te l'aspettavi, eh? fam.

gellen itr {RUF, SCHREI, STIMME} risuonare stridulo (-a) • **mir ~ noch immer die Ohren von dem Geschrei**, mi rintronano ancora le orecchie dalle urla.

gellend A adj {RUF, SCHREI} stridulo, acuto, penetrante B adv {SCHREIEN} con voce stridula.

geloben <ohne ge-> geh A tr (jdm) etw ~ {EWIGE TREUE} giurare qc (a qu); {BESSERUNG} promettere qc (a qu): **etw feierlich ~**, promettere solennemente qc; **die Offiziere gelobten, dem Vaterland zu dienen**, gli ufficiali giurarono di servire la patria B rfl **sich (dat) etw ~** ripromettersi qc, giurare a se stesso (-a) qc.

Gelöbnis <-ses, -se> n geh **1** (Versprechen) promessa f (solenne) **2** relig voto m: **ein ~ ablegen**, fare un voto **3** mil giuramento m.

gelobt adj: **das Gelobte Land**, la terra promessa.

gelocht adj forato.

gelockt adj {HAAR} riccio, riccioluto, ricciuto: **blond ~** {MENSCH}, dai riccioli biondi; {HAAR}, biondo riccio.

gelogen part perf von lügen.

gelöst A part perf von lösen B adj {ATMOSPHÄRE, STIMMUNG} rilassato, disteso: **einen ~en Eindruck machen**, sembrare rilassato (-a), avere l'aria rilassata.

Gelöstheit f rilassatezza f.

Gelse <-, -n> f A (Stechmücke) zanzara f.

gelt partik süddt A fam → **gell**②.

gelten <gilt, galt, gegolten> A itr **1** (gültig sein) {AUSWEIS, FAHRKARTE, PASS} essere valido: **der Personalausweis gilt fünf Jahre**, la carta d'identità ˌè validaˌ (per)ˌ/[ha una validità di] cinque anni; **das Halteverbot gilt nur an Wochentagen**, il divieto di sosta vale solo nei giorni feriali; {REGEL, VORSCHRIFT} valere; {GESETZ} essere in vigore, vigere; {BANKNOTE, GELD} essere valido/[in corso]: **diese Münze gilt nicht mehr**, questa moneta ˌè fuori corsoˌ/[non è più valida]; **für jdn/etw ~** valere per qu/qc, riguardare qu/qc, interessare qu/qc; **diese Vorschriften ~ nur für Bürger von Nicht-EU-Staaten**, queste norme ˌvalgono solo per gliˌ/[si applicano solo agli] extracomunitari **2** (bestimmt sein für) **jdm/etw ~** {ATTENTAT, SCHUSS} essere diretto contro qu/qc; {APPLAUS} essere rivolto a qc; **die Kritik galt dir**, la critica era rivolta a te **3** geh (auf etw ausgerichtet sein) **etw** (dat) **~** {AUFMERKSAMKEIT, INTERESSE} essere concentrato su qc; **all(e) seine Bemühungen galten der Befreiung von Kriegsgefangenen**, tutti i suoi sforzi erano (ri)volti alla liberazione dei prigionieri di guerra **4** (gehalten werden) **als etw** (nom) **~** essere considerato/ritenuto qc, passare per qc: **er gilt als überzeugter Kommunist**, ˌè consideratoˌ/[passa per] un comunista convinto; **es gilt als sicher, dass sich die Notenbankchefs im nächsten Monat noch einmal treffen**, si dà per certo che i governatori delle banche centrali si incontreranno di nuovo il prossimo mese; **dieser Stadtteil gilt als verrufen**, questo quartiere è considerato malfamato B tr **etw ~**: **deine Meinung gilt nichts**, la tua opinione non conta nulla; **was gilt die Wette?**, quanto scommettiamo? C unpers **1** geh: **es gilt, etw zu tun**, si tratta di fare qc, bisogna fare qc, è necessario fare qc; **es gilt, Ruhe zu bewahren**, è necessario mantenere la calma **2** obs (gehen um): **es gilt das Leben**, ne va della vita • **bei jdm viel/wenig ~**, essere considerato molto/poco da qu, avere molto/poco peso presso qu, essere tenuto in ˌgran/poco contoˌ/[grande/scarsa considerazione] da qu; **das gilt nicht!** fam, (questo) non vale!; **dasselbe gilt für ...**, lo stesso vale per ...; **das gilt auch für dich!**, questo vale anche per te; **etw ~ lassen** {ANTWORT, EINWAND}, accettare qc, far passare qc fam.

geltend adj {BESTIMMUNG, GESETZ} vigente, in vigore; {PREISE} corrente; {MEINUNG} auch invalso • **etw ~ machen** {ANSPRUCH, RECHT}, far valere qc.

Geltendmachung f form: **eine gerichtliche ~**, un'azione giudiziaria per ˌfar valereˌ/[rivendicare] i propri diritti.

Geltung <-, ohne pl> f geh **1** (Gültigkeit) validità f; jur vigenza f: **diese Vorschrift hat immer noch ~**, questa norma è ancora in vigore **2** (Ansehen) autorevolezza f, prestigio m, considerazione f; {+AUTOR, KÜNSTLER} notorietà f, celebrità f • **~ besitzen/haben** {PERSON}, avere ˌuna certa autorevolezzaˌ/[un certo peso]; **etw zur ~ bringen**, mettere/porre in risalto/evidenza qc, valorizzare qc; **das dunkle Kleid bringt deine blonden Haare gut zur ~**, il vestito scuro sottolinea/[mette molto in evidenza/risalto]/[valorizza] i tuoi capelli biondi; **~ haben** (gültig sein), essere valido/[in vigore]; **zur ~ kommen**, risaltare; **stell die Blumen auf den Tisch, hier kommen sie gut zur ~!**, metti i fiori sul tavolo, è quella la loro collocazione ideale!; **an ~ verlieren**, perdere di importanza/peso; **sich** (dat) **~ verschaffen**, farsi valere/rispettare.

Geltungsbedürfnis <-ses, ohne pl> n bisogno m di ˌmettersi in luce/mostraˌ/[farsi notare].

geltungsbedürftig adj {PERSON} che ha bisogno di ˌmettersi in luce/evidenza/mostraˌ/[farsi notare].

Geltungsbereich m {+FAHRKARTE} zona f di validità; {+GESETZ} campo m/ambito m di applicazione.

Geltungsdauer f (periodo m di) validità f.

Geltungssucht <-, ohne pl> f smania f di mettersi in luce/mostra/[primo piano].

Geltungstrieb m → **Geltungsbedürfnis**.

Gelübde <-s, -> n geh voto m: **das ~ der Armut/Keuschheit**, il voto di povertà/castità • **ein ~ ablegen/leisten**, fare un voto; **das ~ ablegen** relig, prendere i voti.

gelungen A part perf von gelingen B adj **1** (geglückt) {ABEND, ÜBERRASCHUNG, VERANSTALTUNG} riuscito: **gut ~** {FEST, PARTY}, ben riuscito **2** (gut geraten) {BRATEN, KUCHEN} ben riuscito, venuto bene **3** (witzig) buffo, comico, da ridere.

Gelüste <-s, -> n, **Gelüst** <-(e)s, -e> n <meist pl> geh voglia f, desiderio m; **~ auf etw** (akk)/**nach etw** (dat) **haben** {AUF EIS, SCHOKOLADE}, avere voglia di qc.

gelüsten <ohne ge-> unpers geh oder scherz: **jdn gelüstet es** ˌnach etw (dat)ˌ/[danach, etw zu tun], qu ha voglia di qc, qu ha (una gran) voglia di fare qc.

GEMA <-, ohne pl> f Abk von Gesellschaft für musikalische Aufführungs- und mechanische Vervielfältigungsrechte: "società per i diritti di riproduzione meccanica e di esecuzione delle opere musicali".

gemach adv obs → **gemächlich**.

Gemach <-(e)s, Gemächer> n geh oder lit camera f, stanza f • **sich in seine Gemächer zurückziehen** scherz, ritirarsi ˌnel proprio appartamentoˌ/[nelle proprie stanze] scherz.

gemächlich A adj (langsam) lento B adv (langsam) adagio, pian piano, con calma/comodo.

gemacht adj **1** (geschaffen sein): **für etw** (akk) **~ sein**, essere fatto per qc **2** (erfolgreich): **ein ~er Mann sein**, essere un uomo arrivato • (ist) **~!** (einverstanden), d'accordo!, affare fatto! **selbst ~** {KUCHEN, MARMELADE}, fatto in casa, casalingo; {GESCHENK}, fatto a mano; {PULLOVER}, fatto a mano.

Gemahl <-(e)s, -e> m (Gemahlin f) <meist sing> geh consorte mf: **wie geht es Ihrer Frau ~in?**, come sta la Sua signora?

gemahlen A part perf von mahlen B adj: **grob ~** {KAFFEE}, macinato grosso.

gemahnen <ohne ge-> tr itr (jdn) **an etw** (akk) **~** ricordare qc a qu, rammentare qc a qu, richiamare qc alla memoria di qu.

Gemälde <-s, -> n dipinto m, quadro m, pittura f; (Tafelgemälde) tavola f; (Leinwandgemälde) tela f: **ein ~ von Dürer**, un dipinto di Dürer; **ein ~ anfertigen**, dipingere/fare fam un quadro.

Gemäldeausstellung f mostra f/esposizione f di pittura.

Gemäldegalerie f pinacoteca f, galleria f.

Gemäldesammlung f collezione f di dipinti/quadri.

gemasert adj {HOLZ} marezzato; {MARMOR} auch venato.

gemäß① präp + dat geh **1** (entsprechend) secondo: **Ihrem Wunsch ~**ˌ/[~ Ihrem Wunsch], secondo i Suoi desideri, come desidera **2** bes. jur (laut) ai sensi di, a norma di; bes. adm in conformità a, conformemente

a: ~ **den bestehenden Bestimmungen**, in conformità alle vigenti disposizioni.
gemäß② adj: **jdm/etw ~ (sein)**, (essere) consono/conforme a qu/qc; **dieser Lebensstandard ist seiner gesellschaftlichen Stellung ~**, questo tenore di vita è consono alla sua posizione sociale.
gemäßigt adj {Parteiflügel, Politiker} moderato; {Alkoholkonsum, Geschwindigkeit} auch contenuto; {Klima} temperato, mite.
Gemäuer <-s, -> n: **ein altes ~**, un edificio diroccato; **ein verfallenes ~**, un rudere.
Gemauschel <-s, ohne pl> n fam pej intrallazzi m pl.
Gemecker, **Gemeckere** <-s, ohne pl> n **1** {+Ziege} belato m, belare m **2** fam pej (Nörgeln) brontolio m, continue critiche f pl: **immer dieses ~, nie bist du mit irgendwas zufrieden**, sempre a lagnarti, mai che tu fossi/sia contento (-a).
gemein① A adj **1** (niederträchtig) {Verräter} vile; {Kerl, Tat} auch abietto, malvagio; {Verleumdung} infame; {Lüge} auch vile; {Worte} malvagio: **warum musstest du das meinen Freunden erzählen? Das war ~**, perché l'hai raccontato ai miei amici? Che cattiveria! **2** (abstoßend) {Gesichtszüge, Lachen} grossolano, volgare **3** (ordinär) {Witz} volgare, indecente, di cattivo gusto **4** (einfach) {Mann} comune; {Soldat} semplice B adv **1** (niederträchtig) {Behandeln} in modo vile/malvagio, vilmente, malvagiamente **2** fam (sehr): **der Koffer ist ~ schwer**, la valigia è terribilmente pesante.
gemein② adj: **etw mit jdm/etw ~ haben**, avere qc in comune con qu/qc; **jdm/etw ~ sein: uns ist das Interesse zur Musik ~**, ci accomuna l'interesse per la musica.
Gemeinbesitz m proprietà f collettiva.
Gemeinde <-s, -n> f **1** (Kommune) comune m: **eine ländliche ~ mit nur 3000 Einwohnern**, un comune rurale/[di campagna] di soli 3000 abitanti **2** (Einwohner einer ~) abitanti m pl di un comune **3** (~verwaltung) comune m, municipio m: **auf die₁/[zur] ~ gehen**, andare in comune, recarsi in municipio **4** (Pfarrgemeinde) parrocchia f; (Glaubensgemeinschaft) comunità f: **die katholische ~**, la comunità cattolica **5** (Gläubige bei der Messe) fedeli m pl: **liebe ~!**, cari fratelli! **6** (Anhängerschaft) {+Autor, Künstler} cerchia f, entourage m: **die wissenschaftliche ~**, la comunità scientifica.
Gemeindeabgabe f <meist pl> imposta f/tributo m comunale.
Gemeindeammann m CH sindaco m.
Gemeindebann m CH territorio m comunale.
Gemeindebeamte <dekl wie adj> m (**Gemeindebeamtin** f) impiegato (-a) m (f) comunale/municipale.
Gemeindebezirk m adm **1** D territorio m comunale **2** A "ognuna delle unità amministrative in cui si divide il comune di Vienna".
gemeindeeigen adj di proprietà del comune, comunale, municipale.
Gemeindefinanzen subst <nur pl> finanze f pl comunali.
Gemeindehaus n **1** (Rathaus) casa f comunale, municipio m **2** (Pfarrgemeindehaus) casa f parrocchiale.
Gemeindehaushalt m bilancio m comunale.
Gemeindehelfer m (**Gemeindehelferin** f) diacono (-essa) m (f).
Gemeindekindergarten m asilo m comunale/municipale.

Gemeindemitglied n relig parrocchiano (-a) m (f).
Gemeindeordnung f adm regolamento m comunale.
Gemeinderat m adm **1** (Verwaltung einer Gemeinde) consiglio m comunale **2** (Mitglieds des ~s) consigliere m comunale.
Gemeinderätin f adm consigliera f comunale.
Gemeindeschwester f infermiera f a domicilio (alle dipendenze del comune).
Gemeindesteuer f <meist pl> → **Gemeindeabgabe**.
Gemeindeversammlung f **1** bes. CH assemblea f municipale/comunale **2** relig assemblea f parrocchiale.
Gemeindeverwaltung f amministrazione f comunale, municipio m.
Gemeindevorstand m **1** (Verwaltungsgremium) giunta f comunale **2** (Bürgermeister) sindaco m.
Gemeindewahl f elezioni f pl comunali/municipali.
Gemeindezentrum n centro m socioculturale (del comune).
Gemeineigentum n ökon pol proprietà f pubblica/collettiva.
gemeingefährlich adj che costituisce un pericolo pubblico; {Irrer, Krimineller, Verbrecher} socialmente pericoloso: **~er Mensch**, pericolo pubblico.
Gemeingefährlichkeit f pericolosità f sociale.
Gemeingut n bene m comune; (kulturell) patrimonio m comune.
Gemeinheit <-, -en> f **1** <nur sing> (gemeine Art) viltà f, malvagità f, bassezza f, meschinità f **2** (gemeine Handlung) malvagità f, viltà f, cattiveria f, bassezza f: **ihm traue ich jede ~ zu!**, da lui c'è da aspettarsi qualsiasi cattiveria/vigliaccata/carognata slang! **3** fam (Pech) scalogna f fam, iella f fam, sfortuna f ● **jdm ~en an den Kopf werfen**, vomitare cattiverie/meschinità addosso a qu.
gemeinhin adv comunemente, generalmente, in generale: **es wird ~ angenommen, dass ...**, è opinione comune/corrente₁/[si è soliti pensare] che ... konjv.
Gemeinkosten subst <nur pl> ökon spese f pl generali.
Gemeinnutz m interesse m collettivo.
gemeinnützig adj {Einrichtung, Institution, Organisation} di pubblica utilità, di interesse collettivo; {Verein} senza scopo di lucro, no profit.
Gemeinplatz m pej luogo m comune.
gemeinsam A adj **1** (mehreren gehörend) {Bekannter, Freund, Interesse} comune; {Grundstück, Haus, Terrasse, Wohnung} in comune: **wir haben eine ~e Kasse**, facciamo cassa comune fam **2** (von mehreren unternommen): **mit jdm eine ~e Reise machen**, fare un viaggio insieme a/con qu; **eine ~e Erklärung abgeben** form, rilasciare un comunicato congiunto form; **mit jdm ~e Sache machen**, far causa comune con qu; **der Gemeinsame Markt**, il Mercato Comune B adv {Besprechen, Lösen} insieme: **etw ~ verwalten**, amministrare qc collettivamente; **mit den Freunden arbeiten**, lavorare insieme con gli amici; **der Wagen gehört den beiden Brüdern ~**, l'automobile è in comune fra i due fratelli, l'automobile appartiene a tutti e due i fratelli ● **etw mit jdm/etw ~ haben**, avere qc in comune con qu/qc; **die deutsche und die englische Romantik haben viel ~**, il romanticismo tedesco e quello inglese hanno molti punti in comune.

Gemeinsamkeit <-, -en> f **1** (gemeinsame Eigenschaft) affinità f, punto m comune: **zwischen Österreichern und Deutschen gibt es viele ~en**, gli austriaci e i tedeschi hanno molte cose in comune, ci sono molte affinità fra austriaci e tedeschi **2** <nur sing> (Übereinstimmung) sintonia f, unione f.
Gemeinschaft <-, -en> f **1** (Personengruppe) comunità f: **er wurde in eine ~ für Drogensüchtige aufgenommen**, è stato accolto in una comunità per tossicodipendenti **2** (Bündnis) comunità f: **kirchliche ~**, comunità religiosa; **die eheliche ~**, l'unione coniugale **3** <nur sing> (Verbundenheit) comunione f, unione f **4** (Allgemeinheit) collettività f, comunità f: **im Interesse der ~ handeln**, agire nell'interesse della comunità/collettività ● **Europäische ~ für Atomenergie**, Comunità Europea dell'Energia Atomica; **eheähnliche ~** jur, convivenza more uxorio, famiglia di fatto; **einer ~ beitreten**, entrare in una comunità; **die Europäische ~**, la Comunità Europea; **etw in ~ mit jdm tun**, fare qc in collaborazione con qu; **die ~ der Heiligen**, la comunione dei Santi; **mit jdm in häuslicher ~ leben**, convivere con qu; **~ Unabhängiger Staaten** (Abk GUS), Comunità degli Stati Indipendenti (Abk CSI).
gemeinschaftlich adj → **gemeinsam**.
Gemeinschaftsantenne f antenna f condominiale/centralizzata.
Gemeinschaftsarbeit f lavoro m collettivo, cooperazione f, collaborazione f: **etw in ~ mit jdm durchführen**, realizzare qc in collaborazione con qu.
Gemeinschaftsgefühl n, **Gemeinschaftsgeist** m spirito m comunitario.
Gemeinschaftsküche f **1** (Kantine) mensa f **2** (gemeinsame Kochgelegenheit) cucina f comune.
Gemeinschaftskunde f Schule "materia f comprendente educazione civica, storia e geografia".
Gemeinschaftsleben <-s, ohne pl> n vita f comunitaria.
Gemeinschaftspraxis f med poliambulatorio m; (Privatpraxis) studio m medico associato.
Gemeinschaftsproduktion f coproduzione f.
Gemeinschaftsprojekt n progetto m comune.
Gemeinschaftsraum m (in Betrieb oder Schule) sala f di ricreazione; (in Wohngebäuden) spazio m in comune, ambiente m comune.
Gemeinschaftsrecht n jur: (Europäisches) ~, diritto comunitario.
Gemeinschaftsschule f scuola f interconfessionale.
Gemeinschaftssinn m senso m civico/[della comunità].
Gemeinschaftsverpflegung f mensa f collettiva.
Gemeinsinn <-(e)s, ohne pl> m senso m civico, civismo m.
Gemeinsprache <-, ohne pl> f ling lingua f comune.
gemeint adj: **ernst ~** {Angebot, Vorschlag}, serio; **gut ~** {Rat}, a fin di bene; **wohl ~** → **wohlgemeint**.
gemeinverständlich A adj di facile comprensione, alla portata di tutti B adv: **sich ~ ausdrücken**, esprimersi in modo comprensibile.
Gemeinwesen n collettività f.
Gemeinwohl n bene m comune, interesse m generale: **etw dient dem ~**, qc è nell'inte-

Gemenge <-s, -> n **1** (*Gemisch*) miscuglio m, mescolanza f, misto m: **ein ~ ₍aus etw (dat)₎/[von etw (dat)]** {AUS STOFFEN, ZUTATEN}, un miscuglio di qc **2** *fig* (*Gewühl*) **~ von etw** (dat pl) {VON LEUTEN, SPRACHEN} miscuglio m *di qc* **3** (*Durcheinander*) folla f, mischia f: **sich ins ~ mischen**, mescolarsi alla folla • **mit jdm ins ~ kommen/geraten** *obs*, venire alle mani con qu *fam*.

gemessen A part perf *von* messen **B** adj {AUFTRETEN, BENEHMEN} compassato; {HÖFLICHKEIT} riservato; {BEWEGUNG, SCHRITTE, WORTE} misurato: **jdm in ~em Abstand folgen**, seguire qu a dovuta/debita distanza **C** adv {SPRECHEN} in modo compassato, con termini misurati.

Gemetzel <-s, -> n *pej* carneficina f, massacro m: **ein sinnloses ~**, una strage assurda.

gemieden part perf *von* meiden.

Gemisch <-(e)s, -e> n **1** (*Mischung*) miscuglio m, misto m: **ein ~ aus Kalk und Sand**, un misto di calce e sabbia; **ein ~ verschiedener Kaffeesorten**, una miscela di diversi tipi di caffè; **ein ~ von Farben**, un misto di colori; **ein ~ von Sprachen**, un miscuglio di lingue; **dieses ~ aus Bier und Himbeersaft ist einfach ekelhaft**, quest'intruglio di birra e succo di lamponi è veramente disgustoso **2** (*Treibstoff*) miscela f: **viele Mopeds fahren (mit) ~**, la maggior parte dei motorini va a miscela.

gemischt adj misto, mescolato, mischiato: **ein ~ Salat**, un'insalata mista; **~ Farben**, colori mescolati; **mit Wasser ~er Wein**, vino ₍mischiato con acqua₎/[annacquato]; **wie war das Wetter? – Gemischt**, com'era il tempo? – Insomma/[Così così]; **ich sah ihm mit ~en Gefühlen zu**, lo stetti a guardare con sentimenti contrastanti; (*männlich und weiblich*) {CHOR, DOPPEL, KLASSE} misto; **bunt ~** {KONFEKT, PRALINENSORTIMENT}, assortito; (*vielfältig*) {PROGRAMM}, vario.

gemischtsprachig adj {GEBIET, LAND} mistilingue.

Gemischtwaren subst <nur pl> generi m pl vari.

Gemischtwarenhandlung f, **Gemischtwarenladen** m emporio m.

Gemme <-, -n> f cammeo m.

gemocht part perf *von* mögen.

gemolken part perf *von* melken.

gemoppelt adj: **doppelt ~** *fam* (*sprachlich*), pleonastico • **doppelt ~ hält besser** *fam*, meglio una volta di troppo che una in meno.

Gemsbock a.R. *von* Gämsbock → **Gamsbock**.

Gemse a.R. *von* Gämse → **Gämse**.

Gemunkel <-s, ohne pl> n *fam* mormorazioni f pl, dicerie f pl, voci f pl.

Gemurmel <-s, ohne pl> n mormorio m.

Gemüse <-s, -> n verdura f, ortaggi m pl: **frisches/rohes ~**, verdura fresca/cruda; **~ anbauen**, coltivare ortaggi; **~ putzen**, pulire la verdura; **Fleisch mit Kartoffeln und ~**, carne con contorno di patate e verdura • **junges ~** *fam scherz*, gioventù f, ragazzini.

Gemüseanbau <-s, ohne pl> m (*Gemüsebau*) orticoltura f.

Gemüsebeet n "pezzo m di terreno coltivato a ortaggi".

Gemüsebrühe f brodo m vegetale.

Gemüseeintopf m "piatto m unico con vari tipi di verdura".

Gemüsefach n scomparto m/cassetto m della frutta e della verdura (nel frigorifero).

Gemüsegarten m orto m • **quer durch den ~** *fam scherz*, un fritto misto *fam*, un pot-pourri, di tutto un po'.

Gemüsegärtner m (**Gemüsegärtnerin** f) orticoltore (-trice) m (f), ortolano (-a) m (f).

Gemüsehändler m (**Gemüsehändlerin** f) ortolano (-a) m (f), erbivendolo (-a) m (f), verduraio (-a) m (f) *norditaliano*.

Gemüseladen m negozio m di verdura.

Gemüsesaft m succo m di verdura; (*frisch gepresst*) spremuta f di verdura.

Gemüsesuppe f minestra f di verdura; (*dickflüssig*) minestrone m.

Gemüsezwiebel f cipolla f gialla.

gemusst (a.R. gemußt) part perf *von* müssen.

gemustert adj {STOFF, TAPETE} a disegni, fantasia: **ein ~er Vorhang**, una tenda fantasia; **klein ~** {KLEID, STOFF}, a disegni piccoli.

Gemüt <-(e)s, -er> n **1** <meist sing> (*Gesamtheit der Gefühle*) animo m, indole f, natura f: **ein freundliches/heiteres ~**, un'indole gentile/serena, un animo gentile/sereno; **meine kleine Tochter hat ein sonniges ~**, la mia bambina ha un carattere/una natura solare; **sie hat ein ängstliches ~**, è paurosa di natura; **das rührt ans ~**, arriva ₍all'anima₎/[nel profondo] **2** (*Mensch*) animo m: **die Nachricht über das Attentat erschütterte die Gemüter**, la notizia dell'attentato scosse gli animi • **die erhitzten Gemüter beruhigen**, calmare i bollenti spiriti; (*viel*) **~ besitzen/haben/zeigen**, avere un animo sensibile; **die G~er erregen/erhitzen**, infiammare gli animi/spiriti; **sich (dat) etw zu ~e führen** *scherz* {BUCH}, godersi qc; {GLAS SEKT, WEIN} *auch*, gustarsi qc, concedersi il lusso di qc; **du solltest dir meinen Rat zu ~e führen!**, dovresti seguire il mio consiglio!; **fürs ~ sein** *fam scherz*: **dieser Film ist etwas fürs ~**, questo film fa bene all'anima; **heiteren ~es**, con animo sereno; **jdm aufs ~ schlagen**, sich jdm aufs ~ legen {NACHRICHT, WETTER}, abbattere qu, deprimere qu, buttare giù qu *fam*; **ein schlichtes ~** *euph*, un'anima candida *euph*, un ingenuo/un'ingenua; **du hast vielleicht ein sonniges ~** *iron*, ma che cosa credi?, che credulone (-a) che sei!

gemütlich A adj **1** (*behaglich*) {LOKAL, WOHNUNG} accogliente; {COUCH, SESSEL} comodo, confortevole; {ATMOSPHÄRE} accogliente, intimo, caldo: **hier ist es so richtig ~**, ₍si sta₎/[ci si sente] proprio bene qui; **mach es dir ~!**, mettiti ₍comodo (-a)₎/[a tuo agio]!, fai come se fossi a casa tua! **2** (*zwanglos gesellig*) {BEISAMMENSEIN, STIMMUNG, TREFFEN} simpatico, piacevole, gradevole: **gehen wir jetzt zum ~en Teil des Abends über!**, passiamo ora alla parte piacevole della serata! **3** (*in aller Ruhe*) {SPAZIERGANG} tranquillo: **wir wollen uns heute mal einen ~en Abend machen**, oggi vogliamo passare una seratina tranquilla **4** (*freundlich*) {MENSCH} gentile, affabile, gioviale, alla mano **B** adv **1** (*behaglich*) {EINRICHTEN} confortevolmente, in modo comodo/confortevole: **deine neue Wohnung gefällt mir gut, du hast sie richtig ~ eingerichtet**, mi piace molto la tua nuova casa, l'hai arredata in modo davvero accogliente **2** (*gemächlich*): **wir sind ~ spazieren gegangen**, abbiamo fatto una bella passeggiata **3** (*zwanglos*) {PLAUDERN, SICH UNTERHALTEN} piacevolmente, gradevolmente.

Gemütlichkeit <-, ohne pl> f **1** (*behagliche Atmosphäre*) {+LOKAL, WOHNUNG} calore m, intimità f, atmosfera f accogliente **2** (*Ruhe*) quiete f, tranquillità f, calma f • **in aller ~ fam**, con/in tutta calma; **da hört (sich) doch/aber die ~ auf!** *fam*, questo è davvero troppo!, adesso basta!

gemütsarm adj (dal cuore) arido.

Gemütsart f indole f, carattere m, temperamento m.

Gemütsbewegung f emozione f.

gemütskrank adj (*schwermütig*) malinconico; (*depressiv*) depresso.

Gemütskranke <dekl wie adj> mf depresso (-a) m (f), persona f depressa.

Gemütskrankheit f malattia f ₍dell'anima₎/[della psiche].

Gemütslage f stato m d'animo.

Gemütsleben <-s, ohne pl> n vita f affettiva.

Gemütsmensch m bonaccione (-a) m (f) *fam* • **du bist vielleicht ein ~!** *fam iron*, sei proprio un bel tipo! *fam*, ma stai scherzando?!

Gemütsregung f → **Gemütsbewegung**.

Gemütsruhe f calma f, tranquillità f; (*negativ*) flemma f: **in aller ~**, con/in tutta calma; **deine ~ möchte ich haben** *iron*, vorrei avere i tuoi nervi!

Gemütsverfassung f stato m/disposizione f d'animo, umore m.

Gemütszustand m → **Gemütsverfassung**.

gemütvoll adj {MENSCH} pieno di sentimento.

gen präp + akk *obs lit* verso, in direzione di: **sie zogen gen Westen**, andarono verso ovest.

Gen <-s, -e> n <meist pl> biol gene m: **mutiertes Gen**, gene mutato.

Genanalyse f analisi f genetica.

genannt A part perf *von* nennen **B** adj: **oben ~**, suddetto, sopraddetto *rar*; *com*, in oggetto; **so ~**, cosiddetto; **das so ~e Ozonloch**, il cosiddetto buco dell'ozono; **sein so ~er bester Freund** *iron*, ₍il suo cosiddetto₎/[quello che dovrebbe essere il suo] miglior amico; **unten ~ form**, indicato (qui) sotto, sottoindicato; **viel ~** {NAME}, molto noto, sulla bocca di tutti, arcinoto; {KANDIDAT, POLITIKER}, molto nominato, menzionato spesso, di cui si fa/sente spesso il nome; **ein in letzter Zeit viel ~er Name**, un nome che negli ultimi tempi ₍si sente fare spesso₎/[è sulla bocca di tutti].

genas 1. und 3. pers sing imperf *von* genesen.

genau A adj **1** (*exakt*) {BEDEUTUNG, DATUM, MASS, ÜBERSETZUNG, UHRZEIT, WAAGE} esatto, preciso: **Genaues weiß man nicht**, non si sa nulla di preciso; **sie ist ~ wie ihr Vater**, è identica/precisa a suo padre **2** (*sorgfältig*) {BERICHT, BESCHREIBUNG} preciso, minuzioso, esatto; {ARBEIT} preciso, minuzioso, accurato, scrupoloso; {UNTERSUCHUNG} *auch* esatto **3** (*gewissenhaft*) {MENSCH} preciso, scrupoloso, meticoloso: **(in etw dat) sehr ~ sein**, essere molto preciso in qc; **peinlich ~ sein**, essere pignolo/pedante/precisino *fam* **B** adv **1** (*exakt, präzise*) esattamente, precisamente: **sich ~ an etw (akk) halten**, attenersi scrupolosamente a qc; **meine Uhr geht ~**, il mio orologio è preciso/esatto; **etw ~estens ausrechnen**, calcolare qc con la massima precisione/esattezza **2** (*vor Maß-, Zeit- und Entfernungsangaben*): **er wohnt ~ gegenüber unserer Schule**, abita esattamente/proprio di fronte alla nostra scuola; **davor/dahinter**, proprio davanti/dietro; **es ist ~ acht Uhr**, sono le otto esatte/precise/[in punto]; **~ zwei Jahre wohne ich jetzt in Mainz**, sono ₍esattamente due anni₎/[due anni esatti] che abito a Magonza; **von hier bis ins Zentrum sind es ~ drei Kilometer**, da qui al centro (ci) sono esattamente tre kilometri **3** (*sehr gut*) {KENNEN} molto bene, benissimo, perfettamente; {WISSEN} *auch* di preciso, con precisione: **sich ~ an etw (akk) erinnern**, ricordarsi perfettamente di qc; **die Turnschuhe passen mir ~**, le scarpe da ginnastica ₍mi vanno a pennello₎/[calzano perfettamente] **4** (*gründlich, sorgfältig*) {BERICHTEN, BESCHREIBEN} esattamente, minuziosamente, con precisione; {UNTERSUCHEN} con precisione, a fondo, accuratamente: **etw ~estens untersuchen**, esaminare qc minuziosamente; **könntest du dich etwas ~er ausdrücken?**, potresti essere un po' più preciso (-a)?; **sich (dat) etw ~ überlegen**, riflettere bene su qc **5** (*eben, gerade*) proprio, esattamente, precisamente: **du kommst mir ~**, capiti proprio a proposito; **das ist es, was ich sagen wollte**, proprio/precisamente/esattamente quello volevo dire, era proprio questo che volevo dire; **das ist ~ dasselbe**, è proprio/esattamente/precisamente la stessa cosa; **er hätte uns lieber vorher anrufen sollen! - Genau!**, avrebbe fatto meglio a chiamarci prima! - Esatto/[Proprio così!] • **~er gesagt**, più precisamente, per l'esattezza/la precisione; **es mit etw (dat) ~ nehmen** {MIT DEN VORSCHRIFTEN}, prendere alla lettera qc, rispettare scrupolosamente qc; {MIT DER ARBEIT}, essere preciso in qc; **es mit etw (dat) nicht so ~ nehmen** {MIT DER ORDNUNG, DER PÜNKTLICHKEIT}, non badare molto a qc, non tenerci a qc; {MIT DEN VORSCHRIFTEN}, non prendere troppo alla lettera qc; **du solltest es nicht immer so ~ nehmen!**, non è il caso che tu vada/guardi tanto per il sottile!

genaugenommen a.R. *von* genau genommen → **genommen**.

Genauigkeit <-, *ohne* pl> f **1** (*Exaktheit*) {+MESSUNG, UHR, WAAGE} precisione f, esattezza f **2** (*Sorgfalt*) {+ARBEIT, UNTERSUCHUNG} precisione f, accuratezza f **3** (*Gewissenhaftigkeit*) {+PERSON} precisione f, scrupolosità f: **peinliche ~**, meticolosità, pedanteria.

genauso adv: **es ist ~ gekommen, wie ich es mir erwartet habe**, è andata esattamente come mi aspettavo io; **mir geht es ganz ~**, per me è esattamente la stessa cosa, anche a me succede lo stesso, la stessa cosa vale anche per me; **~ gut** → **ebenso**; **~ wie**, tanto ... quanto; **deine Tochter ist ~ alt wie meine**, tua figlia ha ₍tanti anni quanti la₎/[esattamente l'età della] mia; **deine Meinung gilt ~ wie meine**, la tua opinione vale quanto la mia; **das gilt ~ für dich**, altrettanto dicasi per te.

genausogut a.R. *von* genauso gut → **genauso**.

Genbank f *bot agr* banca f genetica/[dei geni].

Gendarm <-en, -en> m *A CH* gendarme m, ≈ carabiniere m.

Gendarmerie <-, -n> f *A CH* gendarmeria f.

Gendatenbank, Gen-Datenbank f *biol* banca f dei dati genetici.

Gendefekt m *biol med* difetto m genetico.

Genealoge <-n, -n> m (**Genealogin** f) genealogista mf, studioso (-a) m (f) di genealogia.

Genealogie <-, *ohne* pl> f genealogia f.

Genealogin f → **Genealoge**.

genealogisch adj genealogico.

genehm adj *geh* jdm ~ sein *a qu*: **unser Besuch war ihm sehr ~**, la nostra visita gli è stata molto gradita; **wenn es Ihnen ~ ist**, se Le accomoda, se non Le scomoda.

genehmigen <*ohne* ge-> A tr **etw** ~ {BEHÖRDE AUSBAU, BAU, BAUPLAN} approvare qc; {ANTRAG} accogliere qc, accettare qc; {DEMONSTRATION, LOKALERÖFFNUNG, VERÖFFENTLICHUNG} autorizzare qc; {URLAUB} concedere qc, accordare qc: **etw amtlich/behördlich ~**, autorizzare qc ufficialmente/[in via ufficiale] B rfl *fam scherz* **sich (dat) etw ~** {EIN GLAS WEIN, EIN PAAR NEUE SCHUHE} concedersi/permettersi (il lusso di) qc • **genehmigt!** (*auf Antrag*), approvato!; **sich (dat) einen ~ fam scherz**, farsi un bicchierino *fam*.

Genehmigung <-, -en> f **1** {+DEMONSTRATION, LOKALERÖFFNUNG, VERÖFFENTLICHUNG} autorizzazione f, permesso m; {+ÄNDERUNG, ANTRAG} approvazione f; (*Baugenehmigung*) concessione f (edilizia); **eine ~ für etw (akk) einholen**, (ri)chiedere il nullaosta/l'autorizzazione/il permesso per qc; **endlich wurde ihm die ~ zum Umbau des Hauses erteilt**, finalmente gli è stato concesso il permesso per la ristrutturazione della casa; **mit freundlicher ~ des Autors**, per gentile concessione dell'autore **2** (*Berechtigungsschein*) permesso m, autorizzazione f: **Sie brauchen eine ~, um mit dem Wagen in die Innenstadt fahren zu dürfen**, Le serve un permesso per poter entrare in centro con la macchina; **gehen Sie auf die Gemeinde und holen Sie eine ~ ein!**, vada in comune e richieda il permesso/l'autorizzazione!

Genehmigungspflicht f obbligo m di autorizzazione; (*von Bauarbeiten*) obbligo m di approvazione.

genehmigungspflichtig adj soggetto ad autorizzazione; {BAUARBEITEN} soggetto ad approvazione.

geneigt adj **1** (*abfallend*) {FLÄCHE} inclinato **2** (*gebeugt*) {KOPF} chino, chinato, basso **3** <*meist präd*> *geh* (*wohlgesonnen*): **jdm ~ sein**, essere bendisposto nei confronti di qu, avere un'inclinazione per qu **4** <*präd*> *geh* (*bereit sein*): **~ sein, etw zu tun**, essere propenso/incline a fare qc.

Genera pl *von* Genus.

General <-s, -e *oder* Generäle> m generale m: **Herr ~** (*in der Anrede*), Signor Generale.

Generalamnestie f amnistia f generale.

Generalbass (a.R. Generalbaß) m *mus* (*bes. im 17. und 18 Jh.*) basso m continuo.

Generalbevollmächtigte <*dekl wie adj*> mf *com* persona f che ha la procura generale, procuratore (-trice) m (f).

Generalbundesanwalt m (**Generalbundesanwältin** f) *D jur* (*beim Bundesgerichtshof*) ≈ procuratore (-trice) m (f) generale (presso la Suprema Corte federale).

Generaldirektion f direzione f generale.

Generaldirektor m (**Generaldirektorin** f) direttore (-trice) m (f) generale.

Generalfeldmarschall m *hist* generale m feldmaresciallo.

Generalgouverneur m governatore m generale.

Generalinspekteur m *D mil* ≈ capo di Stato Maggiore della Difesa.

Generalintendant m (**Generalintendantin** f) *theat* soprintendente mf, sovrintendente mf.

generalisieren <*ohne* ge-> tr itr *geh* (*etw*) **~** generalizzare (qc).

Generalisierung f generalizzazione f.

Generalität <-, *rar* -en> f *mil* generali m pl.

Generalkonsul m (**Generalkonsulin** f) console m generale.

Generalkonsulat n consolato m generale.

Generalkonsulin f → **Generalkonsul**.

Generalleutnant m *mil* ≈ generale m di divisione.

Generalmajor m *mil* ≈ generale m di brigata.

Generalprobe f prova f generale.

generalrevidieren <*ohne* ge-> tr *CH* → **generalüberholen**.

Generalsekretär m (**Generalsekretärin** f) segretario (-a) m (f) generale.

Generalstaatsanwalt m (**Generalstaatsanwältin** f) (*am Oberlandesgericht*) procuratore (-trice) m (f) generale (presso la Corte d'Appello).

Generalstab m *mil* stato m maggiore.

Generalstreik m sciopero m generale.

generalüberholen <*ohne* ge-> tr *nur inf und part perf*> : **vor der Abfahrt sollten wir den Wagen ~ lassen**, prima della partenza dovremmo far revisionare la macchina; **etw wird generalüberholt**, qc viene sottoposto (-a) a una revisione generale; **auf unserer Beautyfarm können Sie sich ~ lassen** *fam*, nella nostra beauty farm potete farvi rimettere a nuovo *fam*.

Generalüberholung f {+AUTO, FLUGZEUG} revisione f generale: **ich könnte eine ~ gebrauchen** *fam*, avrei proprio bisogno di darmi una restaurata *fam*.

Generalversammlung f assemblea f generale: **eine ~ einberufen**, indire/convocare un'assemblea generale.

Generalvertreter m (**Generalvertreterin** f) *com* rappresentante mf/agente mf esclusivo (-a)/unico (-a).

Generalvertretung f *com* (rappresentanza f) esclusiva f.

Generalvollmacht f *jur* procura f generale.

Generation <-, -en> f generazione f: **die neuen ~en**, le nuove generazioni/leve; **die heutige ~**, la generazione₎/[i giovani] di oggi; **etw von ~ zu ~ überliefern**, tramandare qc di generazione in generazione; **seit ~en**, da generazioni; **die ältere ~**, la terza età, gli anziani; **eine ganze ~ ist mit den Liedern der Beatles aufgewachsen**, un'intera generazione è cresciuta con le canzoni dei Beatles; **vor dem Familienfest waren vier ~en versammelt**, alla festa di famiglia erano riunite quattro generazioni; **diese Firma gehört meiner Familie schon seit sechs ~en**, quest'azienda appartiene alla mia famiglia ormai da sei generazioni; **Weltraumschiff der ersten ~**, navicella spaziale della prima generazione.

Generationenvertrag m patto m generazionale, "sistema m in base al quale le generazioni produttive garantiscono, con il loro lavoro, il pagamento dell'indennità pensionistica a chi non lavora più".

Generationskonflikt m conflitto m generazionale.

Generationswechsel m **1** (*Ablösung von Generationen*) ricambio m generazionale **2** *biol* metagenesi f.

generativ adj **1** *biol* riproduttivo **2** *ling* generativo: **~e Grammatik**, grammatica generativa.

Generator <-s, -en> m *tech* generatore m.

generell A adj {ENTSCHEIDUNG, MEINUNG, PROBLEM} generale: **eine ~e Abneigung gegen etw (akk) haben**, avere una generica avversione contro qc B adv {ABLEHNEN, VERURTEILEN} in generale, generalmente.

generieren <*ohne* ge-> tr *etw* ~ {COMPUTER BILD, ZEICHNUNG} produrre qc, generare qc realizzare qc, creare qc.

Generikum <-s, *Generika*> n *pharm* medicinale m generico.

generös adj *geh* {GESCHENK} generoso; {CHARAKTER} *auch* magnanimo.

Genese <-, -n> f *geh* {+KRANKHEIT} genesi f; {+KUNSTWERK} genesi f, nascita f.

genesen <genest, genas, genesen> itr <sein> geh (**von etw** dat) ~ {VON EINER KRANKHEIT} guarire (da qc), ristabilirsi (da qc), rimettersi (da qc): ~ **sein**, essere guarito/[uscito dalla convalescenza]; **nach seinem Unfall ist er wieder vollkommen ~**, dopo l'incidente si è completamente ristabilito.

Genesende <dekl wie adj> mf convalescente mf.

Genesis <-, ohne pl> f relig genesi f.

Genesung <-, ohne pl> f geh <meist sing> convalescenza f: **auf dem Wege der ~ sein**, essere in ⌊via di guarigione⌋/[convalescenza]; **ich wünsche Ihnen eine baldige ~**, Le auguro una pronta guarigione.

Genetik <-, ohne pl> f genetica f.

Genetiker <-s, -> m (**Genetikerin** f) genetista mf.

genetisch A adj {FORSCHUNG, KRANKHEIT, MANIPULATION, URSACHE} genetico; {EXPERIMENT} di genetica: **~e Beratung**, consulenza genetica; **~er Code**, codice genetico B adv geneticamente: **~ veränderte Organismen** (Abk GVO), organismi geneticamente modificati (Abk OGM), organismi transgenici.

Genezareth <-s, ohne pl> m bibl geog: **der See (von)** ~, il lago di Gen(n)esaret.

Genf <-, ohne pl> n geog Ginevra f.

Genfer① <inv> adj <attr> di Ginevra, ginevrino: **der ~ See**, il lago Lemano/[di Ginevra]; **~ Konventionen** pol, Convenzioni di Ginevra.

Genfer② <-s, -> m (**Genferin** f) ginevrino (-a) m (f), abitante mf di Ginevra; (aus Genf stammend) originario (-a) m (f) di Ginevra.

Genfood <-s, -s> n (cibi m pl) OGM m pl, cibi m pl transgenici.

Genforscher m (**Genforscherin** f) genetista mf.

Genforschung f ricerca f genetica.

genial A adj {ERFINDER, WISSENSCHAFTLER} geniale; {EINFALL, IDEE, PLAN} auch ingegnoso: **Leonardo da Vinci war ein ~er Mensch**, Leonardo da Vinci fu un uomo di genio B adv {MACHEN, PLANEN} in modo geniale.

Genialität <-, ohne pl> f {+EINFALL, IDEE, PLAN} genialità f; {+MENSCH} auch genio m.

Genick <-(e)s, -e> n nuca f, collo m fam • **sich** (dat) **das ~ brechen**, rompersi ⌊il collo fam⌋/[l'osso del collo fam]; **wenn du weiterhin so schnell fährst, wirst du dir früher oder später das ~ brechen**, se continui ad andare così veloce, prima o poi ti romperai l'osso del collo; **jdm/etw das ~ brechen** fam: **die hohen Schulden haben seiner Firma das ~ gebrochen**, gli ingenti debiti hanno dato il colpo di grazia alla sua azienda; **ein steifes ~ haben** fam, avere il torcicollo.

Genickschuss (a.R. Genickschuß) m colpo m alla nuca.

Genickstarre <-, ohne pl> f rigidità f ⌊della nuca⌋/[nucale].

Genie <-s, -s> n **1** (Mensch) genio m: **Mozart war ein musikalisches ~**, Mozart era un genio della musica **2** <nur sing> (Fähigkeit) genio m • **ein verkanntes ~**, un genio incompreso.

Genien pl von Genius.

genieren <ohne ge-> rfl: **sich ~**, sentirsi ⌊imbarazzato (-a)⌋/[in imbarazzo], vergognarsi; **in diesem Minirock geniere ich mich**, con questa minigonna mi sento in imbarazzo; **sich ~, etw zu tun**, vergognarsi a fare qc; **sie geniert sich, in der Öffentlichkeit zu sprechen**, si vergogna/[sente in imbarazzo] a parlare in pubblico; **sich vor jdm ~**, sentirsi imbarazzato in presenza di qu, vergognarsi di fronte a qu • sog- gezione di qu; **sich für etw** (akk) **~**, vergognarsi di qc, imbarazzarsi di qc.

genießbar adj {SPEISEN} mangiabile, commestibile, mangereccio; {GETRÄNKE} bevibile • **jd ist nicht ~** fam, qu è insopportabile.

genießen <genießt, genoss, genossen> tr **etw ~ 1** (auskosten) {RUHE, SONNE, STILLE} godere qc, godersi qc; {GUTES ESSEN, DIE FREUDEN DES LEBENS, EIN GLAS WEIN} godersi qc, gustare qc, assaporare qc: **das Leben ist kurz, genießt es** (in vollen Zügen)!, la vita è breve, godetevela (appieno)!; **dieses Jahr habe ich den Urlaub so richtig genossen**, quest'anno le vacanze me le sono proprio godute; **um Weißwein richtig zu ~, sollte man ihn kalt trinken**, per gustare veramente il vino bianco, lo si dovrebbe bere freddo; **ich genieße es, am Wochenende lesen zu können**, che bellezza potermi dedicare alla lettura nel fine settimana **2** (besitzen) {ACHTUNG, ANSEHEN, WERTSCHÄTZUNG} godere di qc, godere qc: **er genießt das volle Vertrauen seiner Vorgesetzten**, gode della piena fiducia dei suoi superiori **3** geh (erfahren) {AUSBILDUNG, ERZIEHUNG} ricevere qc • **nicht zu ~ sein** {BIER, KAFFEE, WEIN}, essere imbevibile; {SPEISEN}, essere immangiabile; **sie ist heute nicht zu ~** fam, oggi ⌊è insopportabile⌋/[non la si regge fam].

Genießer <-s, -> m (**Genießerin** f) {+ALLER GUTEN DINGE} gaudente mf, epicureo (-a) m (f); (Feinschmecker) buongustaio (-a) m (f), gourmet m • **ein stiller ~ sein**, godersela in silenzio.

genießerisch A adj {BLICK, GESICHTSAUSDRUCK} di piacere; {LEBEN, MENSCH} godereccio B adv {ESSEN, RAUCHEN} con/di gusto.

Geniestreich m iron colpo m di genio, idea f geniale.

Genietruppe f CH mil genio m pionieri.

Genitalbereich m zona f genitale.

Genitalien subst <nur pl> (organi m pl) genitali m pl.

Genitiv <-s, -e> m ling (caso m) genitivo m: **die Präposition «statt» regiert den ~**, la preposizione «statt» regge il genitivo; **im ~ stehen**, essere al genitivo.

Genitivobjekt n gram complemento m al genitivo.

Genius <-, Genien> m geh genio m.

Genkartierung <-, -en> f biol mappatura f genetica.

Genklonierung f clonazione f genica.

Genlebensmittel subst <nur pl> cibi m pl transgenici/[geneticamente modificati].

Genmais m mais m OGM/transgenico.

Genmanipulation f manipolazione f genetica.

genmanipuliert adj geneticamente manipolato.

Genmutation f mutazione f genetica.

Genom <-s, -e> n biol genoma m.

Genomanalyse biol f analisi f genomica.

Genomforschung f biol ricerca f genomica.

Genomik <-, ohne pl> f biol genomica f.

genommen A part perf von nehmen B adv: **genau ~**, a rigore di termini/logica, a rigore; **streng ~**, a rigor di termini, a stretto rigore; **streng ~ dürfte ich Ihnen das gar nicht genehmigen**, a voler essere rigorosi non glielo dovrei permettere.

genormt adj {MAßE} standardizzato, unificato.

genoss (a.R. genoß) **1.** und **3.** pers sing imperf von genießen.

Genosse <-n, -n> m (**Genossin** f) **1** pol (Gewerkschaftsgenosse, Parteigenosse) compagno (-a) m (f) **2** ostdt hist (als Anrede) compagno (-a) m (f) **3** obs (Gefährte) camerata mf, compagno (-a) m (f).

genossen part perf von genießen.

Genossenschaft <-, -en> f cooperativa f, consorzio m • **landwirtschaftliche ~**, cooperativa agricola, consorzio agrario; **sich zu einer ~ zusammenschließen**, organizzarsi/costituirsi in cooperativa, consorziarsi.

Genossenschaftler <-s, -> m (**Genossenschaftlerin** f), **Genossenschafter** <-s, -> m (**Genossenschafterin** f) socio (-a) m (f)/membro m di una cooperativa, cooperatore (-trice) m (f).

genossenschaftlich A adj {UNTERNEHMEN} cooperativistico, cooperativo, consorziale, consortile B adv {SICH ORGANISIEREN, SICH ZUSAMMENSCHLIEßEN} in cooperativa/consorzio.

Genossenschaftsbank f banca f cooperativa.

Genossin f → Genosse.

genötigt adj <präd>: **~ sein, etw zu tun**, essere costretto a fare qc; **sich ~ sehen, etw zu tun**, vedersi/sentirsi costretto (-a) a fare qc.

Genotyp m biol genotipo m.

Genozid <-(e)s, -e oder -ien> m oder n geh **~ (an jdm)** genocidio m (di qu).

Genre <-s, -s> n geh {+KUNST, LITERATUR, MUSIK} genere m • **nicht jds ~ sein**, non essere il genere di qu.

Genrebild n quadro m di genere.

Genremalerei f pittura f di genere.

Gensoja f oder n soia f OGM/transgenica.

Gentechnik f → Gentechnologie.

Gentechniker m (**Gentechnikerin** f) ingegnere m genetico, esperto (-a) m (f) di ingegneria genetica.

gentechnikfrei adj OGM-free, non OGM.

gentechnisch A adj {MANIPULATION, VERÄNDERUNG} genetico; {METHODEN, VERSUCHE} di ingegneria genetica: **~e Marker**, marcatore genico B adv {VERÄNDERN} geneticamente: **~ veränderte Organismen**, organismi geneticamente modificati (Abk OGM).

Gentechnologie <-, ohne pl> f biol ingegneria f genetica: **rote und grüne ~**, ingegneria genetica rossa e verde.

Gentest m test m genetico.

Gentherapie f terapia f genetica.

Gentleman <-s, Gentlemen> m gentleman m, gentiluomo m.

Gentleman's Agreement, Gentlemen's Agreement <- -, - -s> n gentlemen's agreement m.

Gentransfer m biol transfer m genetico.

Genua <-s, ohne pl> n geog Genova f.

Genueser <-s, -> m (**Genuesin** f) genovese mf.

genug adv **1** (ausreichend) abbastanza, a sufficienza, sufficientemente: **in den Ländern der Dritten Welt haben viele Menschen nicht ~ zu essen**, nei paesi del terzo mondo molte persone non hanno ⌊abbastanza da mangiare⌋/[da mangiare a sufficienza]; **vor der Abfahrt des Zuges haben wir noch ⌊~ Zeit⌋/[Zeit ~]**, prima della partenza del treno abbiamo ancora abbastanza tempo per andare a mangiare qualcosa; **er ist nicht gut ~, um das Tennisspiel zu gewinnen**, non è sufficientemente bravo per vincere l'incontro di tennis **2** (nach Adjektiv) abbastanza: **das Bier ist nicht kalt ~, stell es wieder in den Kühlschrank!**, la birra non è abbastanza fredda, rimettila in frigorifero!; **die Wohnung hat nur zwei Zimmer, aber für uns ist sie groß ~**, l'appartamento ha solo due stanze, ma per noi è sufficientemente grande; **was immer du ihr auch schenkst, nichts ist ihr gut ~**, qualunque cosa le (si) regali, non è mai contenta **3** *geh* (*es reicht mit etw*) **~ einer S.** (gen) basta *con qc*: **~ der vielen Worte!/Versprechungen!**, basta con le parole!/promesse! ● (*von etw dat*) **nie ~ ₁bekommen können₁/[kriegen *fam*]**, non averne mai abbastanza di qc, non accontentarsi mai; **er kann nie ~ bekommen**, non ₁gli basta mai₁/[si accontenta mai di qc]; **~ damit!**, basta!; **~ (von jdm/etw) haben** *fam* {VON JDS GEMECKER, VERSPRECHUNGEN}, averne abbastanza di qu/qc; **jetzt habe ich aber ~ (davon)!**, ora ne ho abbastanza!, non ne posso più!, ne ho le tasche piene! *fam*; **ich habe ~ von dir!**, ne ho abbastanza di te!, sono stufo (-a) di te!; **jetzt ist's aber ~!**, adesso basta!; **mehr als ~ sein**, essere più che sufficiente; **sich (dat) selbst ~ sein**, bastare a se stesso (-a); **als ob das noch nicht ~ wäre!**, come se non bastasse!

Genüge <-, *ohne pl*> f: **zur ~** *pej*, a sufficienza, abbastanza; **ihre Probleme kenne ich jetzt zur ~**, i suoi problemi, ormai li conosco a sufficienza; **etw** (*dat*) **~ tun** *geh* {JDS BITTEN, FORDERUNGEN}, soddisfare qc.

genügen <*ohne* ge-> itr **1** (*ausreichen*) (**jdm**) **~** bastare *a qu*, essere sufficiente (*per/a qu*): **das genügt (mir)!**, (mi) basta così!; **mir ~ ein paar Tage Urlaub, und ich bin wieder fit**, mi bastano pochi giorni di vacanze e sono di nuovo in forma; **ich habe dir zwei Kilo Obst mitgebracht. Genügt (dir) das?**, ti ho portato due kili di frutta. Ti basta(no)?; **jdm für etw** (akk)/**zu etw** (dat) **~** bastare *a qu per qc*; **für eine Jacke ~ zwei Meter Stoff nicht**, per una giacca due metri di stoffa non ti bastano; **zum Frühstücken ~ mir fünf Minuten**, per fare colazione mi bastano cinque minuti; **es genügt fürs Erste**, per ora/adesso/[il momento] basta; **es genügt vollkommen/vollauf**, è più che sufficiente **2** (*gerecht werden*) **etw** (dat) **~** {DEN ANFORDERUNGEN, ANSPRÜCHEN} corrispondere *a qc*, soddisfare *qc*; {DEN PFLICHTEN} assolvere (*a*) *qc*.

genügend A adj <inv> sufficiente, abbastanza, a sufficienza: **habt ihr noch ~ Tee?**, avete ancora abbastanza tè?; **er verfügt nicht über ~ Erfahrung**, non ₁dispone di sufficiente₁/[ha abbastanza] esperienza; **ich habe nicht ~ Geld, um im Ausland studieren zu können**, non ho denaro a sufficienza per poter studiare all'estero B adv sufficientemente, abbastanza, a sufficienza: **hast du dich ~ vorbereitet?**, ti sei ₁sufficientemente preparato (-a)₁/[preparato (-a) abbastanza]?

genügsam A adj {MENSCH} di poche pretese, poco esigente, frugale: **im Essen und Trinken ist er sehr ~**, nel mangiare e nel bere è molto parco/frugale B adv {SICH ERNÄHREN} in modo frugale: **er lebt sehr ~**, vive con poco, gli basta poco per vivere.

Genügsamkeit <-, *ohne pl*> f {+MENSCH} frugalità f.

Genugtuung <-, *ohne pl*> f **1** (*Befriedigung*) soddisfazione f, compiacimento m: **ich sehe mit großer ~, dass du deine Arbeit sehr ernst nimmst**, vedo con grande soddisfazione che prendi molto sul serio il tuo lavoro; **es ist mir eine große ~, Ihnen den Gewinner des Filmpreises bekannt zu geben**, è con immenso piacere che Vi comunico il vincitore del premio cinematografico; **~ über etw** (akk) **empfinden**, provare soddisfazione per qc **2** *geh* (*Wiedergutmachung*) soddisfazione f, riparazione f ● (*von jdm*) **~ erhalten**, ottenere/ricevere soddisfazione/ riparazione (da qu); **von jdm für etw** (akk) **~ fordern**, ₁chiedere a qu₁/[esigere/pretendere da qu] la riparazione di qc; **~ für etw** (akk) **leisten**, dare/concedere la riparazione di qc, riparare a qc.

Genus <-, *Genera*> n *ling* genere m.

Genuss (a.R. Genuß) <-es, Genüsse> m **1** <*nur sing*> *geh* (*Verzehr*) {VON ALKOHOL, DROGEN} consumo m: **nach dem ~ von gebratenem Fisch wurde ihr schlecht**, dopo aver mangiato del pesce fritto si sentì male **2** (*Vergnügen*) godimento m, piacere m, delizia f: **etw mit ~ essen/trinken**, mangiare/bere qc con gusto; **klassische Musik zu hören ist für mich ein wahrer ~**, è per me un vero godimento/piacere ascoltare la musica classica ● **in den ₁(einer S. (gen)₁/[von etw (dat)) kommen** {EINER RENTE, VON VERGÜNSTIGUNGEN}, beneficiare di qc, ottenere il godimento di qc.

genüsslich (a.R. genüßlich) A adj {BLICK, LÄCHELN} voluttuoso: **ein ~es Gefühl**, una sensazione di voluttà B adv {RAUCHEN} voluttuosamente, con/di gusto.

Genussmensch (a.R. Genußmensch) m gaudente mf, epicureo (-a) m (f), edonista m.

Genussmittel (a.R. Genußmittel) n genere m voluttuario.

Genusssucht, Genuss-Sucht (a.R. Genußsucht) <-, *ohne pl*> f ricerca f sfrenata del piacere, edonismo m.

genusssüchtig, genuss-süchtig (a.R. genußsüchtig) adj {MENSCH} avido di piaceri, godereccio, edonistico: **~ sein**, pensare solo al piacere.

genussvoll (a.R. genußvoll) A adj piacevole B adv con piacere; (*in sinnlich-erotischer Hinsicht*) voluttuosamente, con voluttà.

Geodäsie <-, *ohne pl*> f *wiss* geodesia f.

Geodät <-en, -en> m (**Geodätin** f) geodeta mf.

geodätisch adj geodetico.

Geodreieck m *fam* (*geometrisches Dreieck*) squadra f.

geöffnet adj <präd> {BIBLIOTHEK, MUSEUM, SCHWIMMBAD} aperto.

Geograf <-en, -en> m (**Geografin** f) geografo (-a) m (f).

Geografie <-, *ohne pl*> f geografia f.

Geografin f → **Geograf**.

geografisch A adj <attr> {EXKURSION, KARTE} geografico; {UNTERRICHT} di geografia B adv geograficamente, dal punto di vista geografico.

Geograph <-en, -en> m (**Geographin** f) → **Geograf**.

Geographie <-, *ohne pl*> f → **Geografie**.

Geographin f → **Geograph**.

geographisch adj adv → **geografisch**.

Geologe <-n, -n> m (**Geologin** f) geologo (-a) m (f).

Geologie <-, *ohne pl*> f geologia f.

Geologin f → **Geologe**.

geologisch A adj <attr> geologico; {STUDIUM} di geologia B adv geologicamente, dal punto di vista geologico.

Geometrie <-, -n> f *math* geometria f.

geometrisch adj {BERECHNUNGEN, FORMEN} geometrico.

Geomorphologie f *wiss* geomorfologia f.

Geophysik f geofisica f.

Geopolitik f geopolitica f.

geopolitisch adj <attr> geopolitico.

geordnet adj {LEBEN} ordinato: **in ~en Verhältnissen leben**, vivere in una situazione regolare; **wohl ~** geh → **wohlgeordnet**.

Georg m (*Vorname*) Giorgio.

Georgien <-s, *ohne pl*> n *geog* (*Republik in Transkaukasien*) Georgia f.

Georgier m (**Georgierin** f) georgiano (-a) m (f).

georgisch adj georgiano.

Geosphäre <-, *ohne pl*> f geosfera f.

Geothermie <-, *ohne pl*> f *wiss* geotermia f.

Geothermik f *wiss* geotermica f.

geothermisch adj geotermico.

geozentrisch adj geocentrico.

Gepäck <-(e)s, *ohne pl*> n bagaglio m, bagagli m pl: **sie reist immer mit viel ~**, viaggia sempre con molti bagagli; **sein ~ aufgeben**, consegnare il proprio bagaglio; **das ~ verstauen**, sistemare i bagagli.

Gepäckabfertigung f **1** <*nur sing*> (*Vorgang*) spedizione f bagagli **2** (*Flughafenschalter*) sportello m accettazione bagagli, check-in m.

Gepäckablage f (*ripiano m*) portabagagli m.

Gepäckanhänger m cartellino m per bagagli.

Gepäckannahme f accettazione f bagagli.

Gepäckaufbewahrung f (*Schalter*) deposito m bagagli.

Gepäckaufgabe f consegna f/spedizione f bagagli.

Gepäckaufkleber m etichetta f adesiva per bagagli.

Gepäckausgabe f (ri)consegna f bagagli.

Gepäckkarren m (*Karren zum Verladen von Gepäck*) carrello m portabagagli.

Gepäckkontrolle f (*am Flughafen, Zoll*) controllo m (dei) bagagli.

Gepäcknetz n *obs* rete f portabagagli.

Gepäckschein m scontrino m del deposito bagagli.

Gepäckschließfach n armadietto m (per deposito m bagagli).

Gepäckstück n bagaglio m, collo m.

Gepäckträger[1] m {+FAHRRAD, MOTORRAD} portapacchi m.

Gepäckträger[2] m (**Gepäckträgerin** f) facchino (-a) m (f), portabagagli m.

Gepäckversicherung f assicurazione f (sui) bagagli.

Gepäckwagen m (*Eisenbahnwagen für Gepäck*) bagagliaio m.

Gepard <-s, -e> m *zoo* ghepardo m.

gepfeffert adj **1** (*mit Pfeffer bestreut*) {STEAK} pepato **2** *fam* (*überaus hoch*) {MIETE, PREISE, RECHNUNG} salato *fam*, pepato *fam* **3** *fam* (*unanständig*) {BEMERKUNG, WITZ} piccante, pepato.

gepfiffen part perf *von* pfeifen.

gepflegt A adj **1** (*nicht vernachlässigt*) {ÄUßERES, HÄNDE, MENSCH} curato; {GARTEN} *auch* ben tenuto: **die Frau macht einen ~en Eindruck**, è una signora di bella presenza **2** (*kultiviert*) {STIL} scelto, ricercato, raffinato; {AUSDRUCKSWEISE} *auch* forbito; {ATMOSPHÄRE, UNTERHALTUNG} raffinato, sofisticato **3** (*erstklassig*) {RESTAURANT} raffinato, ricercato, curato; {KÜCHE} *auch* scelto, {WEIN} di qualità, pregiato: **ein sehr ~es Hotel**, un albergo molto curato B adv **1** (*gehoben*) {SICH AUSDRÜCKEN} in modo forbito/ricercato **2** (*erstklassig*) {SICH KLEIDEN} con cura, in maniera accurata: **zu meinem Geburtstag will ich ~ essen gehen** *fam*, per il mio compleanno voglio andare a mangiare come Dio comanda *fam*.

Gepflogenheit <-, -en> f <*meist pl*> *geh* (*Gewohnheit*) consuetudine f, abitudine f, usan-

za f: **das entspricht nicht unseren ~en**, non è nostra abitudine; **nach den örtlichen ~en**, secondo le consuetudini/usanze del luogo.
Geplänkel <-s, -> n scaramuccia f, schermaglia f.
Geplapper <-s, ohne pl> n fam oder pej chiachiericcio m, cicaleccio m; (von Kind) cicalio m.
Geplärre <-s, ohne pl>, **Geplärr** <-(e)s, ohne pl> n fam pej {KIND} strilli m pl; {RADIO} strilli m pl.
Geplätscher <-s, ohne pl> n {+WASSER} gorgoglio m; fam {+UNTERHALTUNG} mormorio m.
Geplauder <-s, ohne pl> n piacevole chiacchierata f: **der Abend verging bei angenehmem ~**, abbiamo trascorso la serata conversando piacevolmente.
gepolstert adj imbottito: **weich ~ sein**, avere un'imbottitura morbida.
Gepolter <-s, ohne pl> n 1 (polternder Lärm) strepitio m, fracasso m 2 (lautes Schimpfen) sbraitio m.
Gepräge <-s, ohne pl> n geh impronta f, carattere m.
Geprassel <-s, ohne pl> n {+FEUER} crepitio m; {+REGEN} scroscio m.
gepriesen A part perf von **preisen** B adj: **viel ~**, tanto decantato/lodato, molto elogiato.
geprüft adj: **eine staatlich ~e Dolmetscherin**, un'interprete abilitata; **ein ~er Krankenpfleger**, un infermiere professionale; **eine ~e Kosmetikerin**, un'estetista diplomata.
gepunktet adj 1 {LINIE} punteggiato 2 {KLEID, STOFF} a pois/pallini.
Gequake <-s, ohne pl> n fam gracidio m.
gequält A adj {LÄCHELN} (s)forzato B adv {LÄCHELN} (s)forzatamente, in modo (s)forzato.
Gequassel <-s, ohne pl> n fam pej ciance f pl, ciarle f pl, chiacchiere f pl.
Gequatsche n fam pej → **Gequassel**.
gequollen part perf von **quellen**.
gerade① adv 1 (kurz vorher) appena: **als sie zurückkam, war er ~ gegangen**, quando lei ritornò (lui) era appena andato via; **~ vor zehn Minuten**, appena dieci minuti fa; **er hat es ~ erst erfahren**, l'ha appena saputo, l'ha saputo or ora 2 (genau) proprio, giusto: **er kam ~ zur rechten Zeit**, arrivò giusto in tempo; **sie wohnt ~ gegenüber der Schule**, abita proprio/giusto di fronte alla scuola; **das ist ~ umgekehrt**, è proprio/esattamente il contrario 3 (jetzt, in diesem Moment) adesso, in questo momento, ora: **kannst du mir mal helfen? - Tut mir leid, ich kann ~ nicht**, mi puoi aiutare un attimo? - Mi dispiace, ora/adesso/[in questo momento] non posso; (bei ~ ablaufender Handlung: mit Gerundium übersetzt): **wir essen ~**, stiamo mangiando; **was machst du ~?**, (che) cosa stai facendo?; (bei Gleichzeitigkeit): **ich duschte ~, als das Telefon klingelte**, stavo facendo la doccia quando è squillato il telefono 4 (im Begriff sein, etwas zu tun): **ich wollte dich ~ anrufen**, stavo (giusto/proprio) per telefonarti; **wir wollten ~ zu Tisch gehen**, stavamo per metterci a tavola.
gerade② partik 1 (ausgerechnet, speziell) proprio: **~ jetzt musstest du krank werden**, proprio ora dovevi (andare ad) ammalarti; **~ bei kleinen Kindern braucht man viel Geduld**, è proprio che i bambini piccoli che bisogna avere molta pazienza; **bezahl bitte die Rechnung! - Aber warum ~ ich?**, paga il conto, per favore! - Ma perché proprio io? 2 (bei Verneinung): **sie ist nicht ~ schön**, non è propriamente una bellezza!; **das ist nicht ~ billig**, non è che sia proprio economico, non è particolarmente economico; **er war nicht ~ nett mit ihr**, non è che (lui) sia stato proprio carino con lei 3 (knapp) giusto: **er hat die Prüfung ~ noch (so) geschafft**, ce l'ha fatta appena appena/[a pelo] a passare l'esame fam; **sie wird ~ (mal) 18 sein**, avrà giusto/[sì e no] 18 anni 4 iron (drückt Verärgerung aus): **der hat mir ~ noch gefehlt!**, mi ci mancava solo/giusto lui!; **du kommst mir ~ recht!**, capiti proprio ⌊nel momento giusto⌋/[a proposito]!; **das fehlte ~ noch!**, ci mancava solo questo!, non ci mancava che questo!; **~ weil, ...**, proprio perché ... ● **jetzt ~!** fam, ora più che mai!; **jetzt ~ nicht!** fam (erst recht nicht), ora meno che mai!

gerade③ A adj 1 (nicht krumm/schräg) {BEINE, STRASSE, WEG} diritto: **eine ~ Linie**, una linea retta; **eine ~ Strecke**, un rettilineo 2 (nicht ungerade) {NUMMER, ZAHL} pari 3 (aufrecht) {HALTUNG} eretto, diritto 4 (aufrichtig) {MENSCH} diritto, retto 5 (genau) {GEGENTEIL} esatto B adv 1 (nicht krumm/schräg) {SCHNEIDEN, SCHREIBEN, WACHSEN} diritto: **sitz ~ bei Tisch!**, stai diritto (-a) a tavola!; **die Straße verläuft ~**, la strada corre diritta; **hängt das Poster ~?**, è (appeso) diritto il poster? 2 (aufrichtig): **~ seine Meinung sagen**, dire apertamente la propria opinione.
Gerade <-n, -n> f 1 math (linea f) retta f 2 Boxen diretto m 3 sport (Teil einer Rennstrecke) rettilineo m, dirittura f.
geradeaus adv diritto: **immer ~!**, sempre diritto!
gerade|biegen <irr> tr 1 (in gerade Form biegen) → **biegen** 2 fam (in Ordnung bringen) **etw (wieder) ~ aggiustare** qc, sistemare qc, accomodare qc.
gerade|halten a.R. von **gerade halten** → **halten**.
geradeheraus adv fam francamente, chiaro e tondo fam: **seine Meinung ~ sagen**, dire apertamente la propria opinione.
gerädert adj fam: **vollkommen ~ sein**, essere ⌊fuso fam⌋/[spompato fam]/[a pezzi fam]/[sfinito], **sich wie ~ fühlen**, sentirsi ⌊cotto (-a) fam⌋/[a pezzi fam]/[distrutto (-a)].
gerade|sitzen a.R. von **gerade sitzen** → **sitzen**.
geradeso adv → **ebenso**.
geradesogut a.R. von **geradeso gut** → **geradeso**.
geradesoviel a.R. von **geradeso viel** → **geradeso**.
gerade|stehen <irr> itr <haben oder süddt A CH sein> 1 (aufrecht stehen) a.R. von **gerade stehen** → **stehen** 2 (die Verantwortung tragen) **für etw (akk) ~ rispondere** di qc, assumersi/prendersi la responsabilità di qc; **für jdn ~ rispondere** al posto di qu.
geradewegs adv 1 (ohne Umweg) direttamente: **nach der Schule ist sie ~ nach Hause gegangen**, dopo la scuola è andata diritta a casa 2 (ohne Umschweife) {AUF ETW ZU SPRECHEN KOMMEN} direttamente, senza preamboli.
geradezu partik addirittura, veramente: **das ist eine ~ einmalige Gelegenheit**, è un'occasione veramente unica; **das ist ~ lächerlich!**, (questo) è letteralmente ridicolo!; **er erzählte mir eine ~ unglaubliche Geschichte**, mi raccontò una storia a dir poco incredibile.
geradlinig A adj 1 (in gerader Richtung verlaufend) rettilineo 2 (aufrichtig) diritto, retto B adv {VERLAUFEN} in linea retta, in modo rettilineo.
gerammelt adv: **~ voll** fam, pieno zeppo fam, strapieno fam.
gerändert adj: **schwarz ~** {KARTE}, con il bordo nero; {AUGEN}, cerchiato (di nero).
Gerangel <-s, ohne pl> n fam 1 (Balgerei) zuffa f, baruffa f 2 fig pej (Kampf) rissa f: **das ~ um etw (akk)** {UM DEN ARBEITSPLATZ, UM EINE HÖHERE POSITION}, le risse per qc.
Geranie <-, -n> f bot geranio m.
gerann 1. und 3. pers sing imperf von **gerinnen**.
gerannt part perf von **rennen**.
Gerant <-en, -en> m (**Gerantin** f) CH (Gastwirt) ristoratore (-trice) m (f): **ich möchte mit dem ~en sprechen**, vorrei parlare con il padrone.
gerät 3. pers sing präs von **geraten**.
Gerät <-(e)s, -e> n 1 (Werkzeug zur Ausübung einer (handwerklichen) Tätigkeit) arnese m, utensile m: **die ~e des Schreiners**, gli arnesi/attrezzi/utensili/strumenti del falegname; **landwirtschaftliche ~e**, attrezzi agricoli; (bes. Messgerät) strumento m; **feinmechanische ~e**, strumenti di alta precisione; **optische ~e**, strumenti ottici; (Küchengerät) utensile m da cucina 2 <meist pl> (Turngerät) attrezzo m 3 (elektrischer Apparat) apparecchio m: **dieses ~ ist leicht zu bedienen**, questo apparecchio è facile da usare; **kannst du bitte das ~ ausschalten?** radio TV, puoi spegnere la radio/tivù fam? 4 <nur sing> (Ausrüstung) attrezzatura f, equipaggiamento m.
geraten① <irr, ohne ge-> itr <sein> 1 (zufällig gelangen) **irgendwohin ~** {AUF DIE FALSCHE FAHRBAHN, IN EINEN GRABEN, AN DIE LEITPLANKE} capitare/[(andare a) finire] + compl di luogo fam 2 (in einen unangenehmen Zustand kommen) **in etw (akk) ~** {IN EINE SCHWIERIGE SITUATION} finire in qc, (ri)trovarsi in qc: **in eine Falle ~**, cadere in una trappola; **in Gefangenschaft ~**, cadere prigioniero (-a); **in schlechte Gesellschaft ~**, finire in un brutto ambiente/giro; **unter einen Lastwagen/Zug ~**, finire sotto un camion/treno; **sie sind in Not ~**, ⌊si sono (ri)trovati (-e)⌋/[sono venuti (-e) a trovarsi] in una situazione di emergenza; **in die Schlagzeilen ~**, finire in prima pagina; **in einen Stau ~**, (ri)trovarsi/finire/incappare in un ingorgo stradale; **in einen Sturm ~**, essere sorpreso/colto da una tempesta 3 (erfüllt werden von) **in etw (akk) ~** {IN ANGST, BEGEISTERUNG, FURCHT, PANIK, ZWEIFEL} essere preso da qc, essere colto da qc 4 (zu tun bekommen) **an jdn/etw ~** imbattersi in qu/qc: **wie ist er bloß an diese Frau ~?**, come ha fatto a imbattersi in quella donna?; **an den Falschen ~** (die falsche Person gewählt haben), cascar male con qu, incappare nella persona sbagliata; **wenn du Geld von mir willst, bist du an den Falschen ~!**, se vuoi dei soldi da me, hai sbagliato indirizzo! fam; **in die Hände eines Halsabschneiders ~**, capitare/finire/cadere nelle mani di uno strozzino 5 (gelingen, ausfallen) **jdm irgendwie ~** {BRATEN, KUCHEN GUT, SCHLECHT} riuscire + compl di modo (a qu): **die Obsttorte ist dir wirklich gut ~**, il dolce alla frutta ⌊ti è venuto⌋/[è riuscito] proprio bene; **der Pullover ist ein bisschen zu lang ~**, il maglione ti è venuto un po' troppo lungo; **deine Kinder sind sehr gut ~**, i tuoi figli sono ⌊venuti su⌋/[cresciuti] proprio bene 6 (arten) **nach jdm ~** assomigliare a qu, aver preso da qu fam: **meine Tochter ist ganz nach mir ~**, mia figlia ha preso tutta da me 7 (als Funktionsverb): **in Bewegung ~**, incominciare a muoversi, mettersi

in moto; **in Brand ~**, prendere fuoco, incendiarsi; **ins Grübeln ~**, mettersi/cominciare a rimuginare; **in Schulden ~**, indebitarsi; **in Verdacht ~**, essere/venire sospettato (-a); **er ist in den Verdacht ~, öffentliche Gelder unterschlagen zu haben**, è sospettato di appropriazione indebita di denaro pubblico; **in Vergessenheit ~**, cadere ˌnel dimenticatoioˌ/[nell'oblio]; **in Wut ~**, andare in collera, infuriarsi; *(mit substantiviertem Verb)*: **ins Schwanken ~**, cominciare a tentennare/esitare; **ins Schwärmen ~**, entusiasmarsi; **ins Stocken ~** {VERKEHR}, rallentare, subire dei rallentamenti; {REDNER} interromperesi • **außer sich (akk oder dat) ~**, perdere le staffe *fam*, uscire di senno; **wohl ~ → wohlgeraten**.

geraten[2] A *part perf von* raten B *adj geh*: **etw für ~ halten**, ritenere opportuno (-a) qc; **~ sein**, essere indicato/consigliabile; **es (er)scheint ~, etw zu tun**, pare opportuno fare qc.

Geräteraum *m sport* locale *m* per gli attrezzi.

Geräteschuppen *m* capanno *m* per gli attrezzi.

Geräteturnen *n* (ginnastica *f*) attrezzistica *f*, ginnastica *f* ˌcon gliˌ/[sugli]/[agli] attrezzi.

Geratewohl *n fam*: **aufs ~**, a caso, a casaccio *fam*.

Gerätschaft <-, -en> *f* <*meist pl*> attrezzo *m*, arnese *m*.

Geratter <-s, *ohne pl*> *n fam pej* {+MASCHINENPISTOLE} crepitio *m*; {+MOTOR} scoppiettio *m*; {+STRASSENBAHN, ZUG} sferragliamento *m*.

geräuchert *adj* {HERING, LACHS, SCHINKEN, SPECK} affumicato.

Geräucherte <*dekl wie adj*> *n* <*nur sing*> carne *f* affumicata.

geraum *adj* <*attr*> *geh*: **er ließ mich eine ~e Weile warten**, mi fece aspettare un bel po'; **seit ~er Zeit**, da parecchio tempo; **vor ~er Zeit**, parecchio tempo fa; **nach ~er Zeit**, dopo lungo tempo.

geräumig *adj* {HAUS, WOHNUNG} spazioso, vasto, ampio; {KOFFERRAUM, SCHRANK} spazioso, capiente.

Geräumigkeit <-, *ohne pl*> *f* {+HAUS, WOHNUNG} spaziosità *f*, ampiezza *f*; {+KOFFERRAUM, SCHRANK} spaziosità *f*, capienza *f*.

Geräusch <-(e)s, -e> *n* rumore *m*: **ein unangenehmes ~**, un rumore fastidioso; **beim leisesten ~**, al minimo rumore.

geräuscharm *adj* silenzioso; {CD, KASSETTE} low noise.

Geräuschdämmung *f* isolamento *m* acustico, insonorizzazione *f*.

geräuschempfindlich *adj* sensibile al rumore.

Geräuschkulisse <-, *ohne pl*> *f film radio* fondo *m*/sottofondo *m* sonoro; (*Hintergrundgeräusche*) rumori *m pl* di (sotto)fondo.

geräuschlos A *adj* {MECHANISMUS} silenzioso B *adv* {ETW ÖFFNEN} silenziosamente, senza far rumore.

Geräuschpegel *m* livello *m* del rumore.

geräuschvoll A *adj* rumoroso B *adv* rumorosamente, in modo rumoroso; **geht das nicht weniger ~?**, non è possibile fare un po' meno rumore?

Geräusper <-s, *ohne pl*> *n* raschio *m*.

gerben *tr etw ~* conciare qc.

Gerber <-s, -> *m* (**Gerberin** *f*) conciatore (-trice) *m* (*f*).

Gerbera <-, -(s)> *f bot* gerbera *f*.

Gerberei <-, -en> *f* conceria *f*.

Gerberin *f* → **Gerber**.

Gerbsäure *f chem* acido *m* tannico, tannino *m*.

Gerd *m* (*Vorname*) → **Gerhard**.

Gerda *f* (*Vorname*) Gerarda.

gerecht A *adj* **1** (*rechtgemäß*) {BENOTUNG, STRAFE} giusto, equo: **ein ~es Urteil**, una sentenza giusta; **es ist einfach nicht ~, dass er immer eine bessere Note bekommt als ich**, non è affatto giusto che (lui) prenda sempre voti più alti di me **2** (*niemanden bevorteilung*) {LEHRER, RICHTER, VATER, VERTEILUNG} giusto, equo: **~ gegen jdn sein**, essere giusto nei confronti di qu **3** (*berechtigt*) {ANSPRUCH, FORDERUNG, ZORN} giustificato, legittimo **4** (*verdient*) {GEHALT, LOHN, VERDIENST} giusto, equo, meritato **5** <*präd*> (*angemessen beurteilen*): **jdm/etw ~ werden**, rendere giustizia a qu/qc **6** <*präd*> (*gewachsen sein*): **etw (dat) ~ werden** {EINER AUFGABE} essere all'altezza di qc; {EINER ANFORDERUNG} *auch* rispondere a qc, soddisfare qc B *adv* {BESTRAFEN} in modo giusto; {BEURTEILEN} *auch* con equità: **jdn ~ behandeln**, trattare qu con giustizia; **etw ~ teilen**, dividere qc equamente/[in modo equo].

gerechterweise *adv* per amor di giustizia.

gerechtfertigt *adj* giustificato.

Gerechtigkeit <-, *ohne pl*> *f* **1** (*das Gerechtsein*) {+LEHRER, RICHTER, URTEIL} giustizia *f* **2** (*der Justiz*) giustizia *f* **3** (*gerechte Handlung*) giustizia *f* **4** (*Legitimität*) {+ANSPRUCH, ZORN} legittimità *f* • **das ist ausgleichende ~**, (questa) è la giusta rivincita; **jdn der ~ ausliefern**, consegnare/assicurare qu alla giustizia; **~ erfahren**, ottenere giustizia; **~ fordern**, chiedere giustizia; **die ~ nimmt ihren Lauf**, la giustizia segue il suo corso; **~ üben/[walten lassen]**, fare giustizia; **sich (dat) ~ verschaffen**, farsi giustizia; **jdm ~ widerfahren/[zuteilwerden] lassen**, rendere giustizia a qu.

Gerechtigkeitsgefühl <-s, *ohne pl*> *n* senso *m* della/di giustizia: **ein ausgeprägtes ~ besitzen**, avere un marcato/un forte/uno spiccato senso della giustizia.

Gerechtigkeitsliebe *f* amore *m* per la giustizia.

gerechtigkeitsliebend *adj* {MENSCH} amante della giustizia, che ama la giustizia.

Gerechtigkeitssinn <-(e)s, *ohne pl*> *m* → **Gerechtigkeitsgefühl**.

Gerede <-s, *ohne pl*> *n fam* **1** (*Geschwätz*) chiacchiere *f pl*: **unnötiges ~**, discorsi inutili **2** (*Klatsch*) pettegolezzi *m pl*, dicerie *f pl* • **jdn ins ~ bringen** {PERSON}, (s)pettegolare su qu, mettere in giro delle voci su qu; {SKANDAL}, rovinare la reputazione a qu; **ins ~ kommen**, dar luogo/adito a pettegolezzi.

geregelt *adj* {ARBEITSZEITEN, MAHLZEITEN} regolare; {LEBEN} *auch* regolato: **keiner ~en Arbeit nachgehen**, non avere un lavoro fisso.

gereichen <*ohne ge-*> *itr geh*: **jdm zur Ehre ~**, deporre in onore di qu *geh*, far(e) onore a qu; **jdm zum Nutzen/Vorteil ~**, tornare a vantaggio di qu; **jdm zum Nachteil/Schaden ~**, tornare a svantaggio di qu.

gereift *adj* {MENSCH, PERSÖNLICHKEIT} maturo.

gereist *adj*: **viel ~** {FRAU, MANN}, che ha ˌviaggiato moltoˌ/[visto il mondo]; **weit ~**, che ha viaggiato molto; **eine weit ~e Frau**, una donna che ha viaggiato molto.

gereizt A *adj* {TON} irritato, alterato; {MENSCH} *auch* nervoso, teso; {ATMOSPHÄRE, STIMMUNG} di grande nervosismo, teso: **ich bin heute sehr ~**, oggi sono molto nervoso (-a)/irritato (-a)/teso (-a) B *adv* {ANTWORTEN, REAGIEREN} in modo irritato/nervoso, con irritazione/nervosismo.

Gereiztheit <-, *ohne pl*> *f* irritazione *f*, nervosismo *m*.

Gerhard *m* (*Vorname*) Gerardo.

Geriater <-s, -> *m* (**Geriaterin** *f*) *med* geriatra *mf*.

Geriatrie <-, *ohne pl*> *f med* geriatria *f*, gerontoiatria *f*.

geriatrisch *adj* geriatrico.

Gericht[1] <-(e)s, -e> *n* **1** <*meist sing*> *jur* (*Behörde*) tribunale *m*, autorità *f* giudiziaria **2** (*Gebäude*) tribunale *m*, palazzo *m* di giustizia: **aufs/ins ~ gehen**, andare in tribunale **3** <*nur sing*> (*die Richter*) giudici *m pl*, corte *f* • **vor ~ aussagen**, deporre/testimoniare in giudizio/tribunale; **das ~ zieht sich zur Beratung zurück**, la corte si ritira per deliberare; **jdn vor ~ bringen** *fam*, trascinare qu in tribunale *fam*; **vor ~ erscheinen**, comparire ˌin giudizioˌ/[davanti al giudice], presentarsi in tribunale *fam*; **das ~ spricht jdn frei**, la corte assolve qu; **mit jdm hart/scharf ins ~ gehen** (*kritisieren*), criticare aspramente qu; (*bestrafen*), punire severamente qu; **mit etw (dat) vor ~ gehen** *fam*, portare qc in tribunale *fam*; **das höchste/oberste ~**, la corte suprema, il tribunale supremo; **Hohes ~!** (*Anrede*), signori della corte!; **das Jüngste ~**, il giudizio universale; (*wegen etw geh oder fam dat*) **vor ~ kommen** *fam*, essere/venire citato (-a) in tribunale (per qc), essere/venire chiamato (-a) in giudizio (per qc), essere/venire condotto (-a)/tradotto (-a) in giudizio (per qc); **jdn vor ~ laden**, citare qu in tribunale, chiamare qu in giudizio; **über jdn zu ~ sitzen**, giudicare qu, fare il processo a qu; **vor ~ stehen**, essere sotto processo; **sich dem ~ stellen**, consegnarsi alla giustizia; **das ~ vertagt sich**, la seduta della corte viene aggiornata; **jdn vor ~ vertreten**, rappresentare/difendere qu in tribunale; **zuständiges ~**, foro competente.

Gericht[2] <-(e)s, -e> *n gastr* piatto *m*, portata *f*.

gerichtlich A *adj* **1** (*vom Gericht durchgeführt*) {BESCHLUSS, UNTERSUCHUNG, URTEIL, VERORDNUNG} giudiziario, del tribunale; (*vor dem Gericht*) {VERFAHREN} giudiziario, legale, giudiziario **2** (*zum Gericht gehörend*) {BESTIMMUNG, MEDIZIN, PSYCHOLOGIE} legale B *adv*: **jdn ~ belangen**, citare qu in giudizio; **gegen jdn ~ klagen**, muovere causa a qu, intentare causa a/contro qu; **~ vorgehen**, procedere legalmente, adire le vie legali.

Gerichtsakte *f* atto *m* giudiziario.

Gerichtsarzt *m* (**Gerichtsärztin** *f*) → **Gerichtsmediziner**.

Gerichtsbarkeit <-, *ohne pl*> *f* **1** (*Ausübung der Rechtsprechung*) giurisdizione *f* **2** <*nur sing*> (*Befugnis zur Rechtsprechung*) competenza *f* giudiziaria.

Gerichtsbeschluss (a.R. Gerichtsbeschluß) *m* delibera *f* del tribunale.

Gerichtsdiener *m* usciere *m* del tribunale.

Gerichtsferien *subst* <*nur pl*> ferie *f pl* dei tribunali.

Gerichtsgebäude *n* palazzo *m* di giustizia.

Gerichtshof *m* corte *f* (di giustizia) • **der Europäische ~** (Abk EuGH), la Corte di Giustizia delle Comunità Europee (Abk CGCE); **der Internationale ~**, la Corte internazionale di giustizia; **~ für Menschenrechte** *pol*, Corte Europea per i Diritti dell'Uomo; **der Oberste ~**, la suprema Corte di giustizia.

Gerichtskanzlei *f* cancelleria *f* del tribunale.

Gerichtskosten subst <nur pl> spese f pl giudiziarie.
Gerichtsmedizin f medicina f legale.
Gerichtsmediziner m (**Gerichtsmedizinerin** f) medico m legale.
gerichtsmedizinisch **A** adj {GUTACHTEN, UNTERSUCHUNG} medico-legale **B** adv: jdn ~ untersuchen, sottoporre qu a una visita medico-legale.
gerichtsnotorisch adj <präd> jur: ~ sein {VORSTRAFEN}, essere noto alla corte.
Gerichtsort m sede f del/di tribunale.
Gerichtssaal m aula f ˪delle udienze˩/[del tribunale].
Gerichtsschreiber m (**Gerichtsschreiberin** f) CH cancelliere m di tribunale.
Gerichtsstand m <meist sing> jur foro m competente.
Gerichtstermin m (data f dell')udienza f: einen ~ haben, doversi presentare ˪in tribunale˩/[all'udienza]; {ANWALT, RICHTER}, ˪avere un'˩/[essere in] udienza.
Gerichtsurteil n sentenza f giudiziaria/[del tribunale].
Gerichtsverfahren n procedimento m giudiziario: ein ~ gegen jdn einleiten, intentare un procedimento contro qu.
Gerichtsverhandlung f dibattimento m (giudiziario), udienza f.
Gerichtsvollzieher <-s, -> m (**Gerichtsvollzieherin** f) ufficiale m giudiziario.
Gerichtsweg m via f legale: gegen jdn auf dem ~ vorgehen, adire le vie legali contro qu.
gerieben **A** part perf von reiben **B** adj fam {BURSCHE} scaltro, furbo, astuto.
geriet 1. und 3. pers sing imperf von geraten.
gering **A** adj **1** (nicht sehr groß/hoch) {GEBÜHR, STEUERN, TEMPERATUR} basso; {GEHALT, LOHN, PREISE} auch modesto; {KOSTEN} basso, modesto, esiguo; {VERSPÄTUNG, VERZÖGERUNG} piccolo, leggero, lieve; {BETRAG, SUMME} esiguo, modesto, piccolo: eine ~ Menge, una piccola quantità; er folgte uns in ~em Abstand, ci seguì a breve distanza; von ~er Dauer sein, essere di breve durata; ein Erdbeben von ~er Stärke, un terremoto di lieve intensità **2** (unbedeutend) {AUSSICHTEN, CHANCEN, MÖGLICHKEITEN} poco, scarso; {SCHADEN} irrilevante, di lieve entità, trascurabile: ein ~er Unterschied, una differenza minima, una lieve differenza **3** (nicht sehr intensiv) {ANSTRENGUNG, MÜHE} minimo: nicht die ~ste Lust haben, etw zu tun, non avere la benché minima voglia di fare qc **4** geh (minderwertig, niedrig) {QUALITÄT} scadente, scarso; {HERKUNFT} umile: ein Gegenstand von ~em Wert, un oggetto di poco valore, un oggettuccio **B** adv: ~ von jdm denken/sprechen, pensare/parlare male di qu ● kein Geringerer als ..., niente(di)meno che ...; nicht das Geringste, assolutamente nulla/niente; er bekommt von mir nicht das Geringste, non avrà assolutamente nulla da me, non gli darò un bel niente; nicht im Geringsten, per niente/nulla, non ... minimamente; das stört mich nicht im Geringsten, non mi disturba minimamente.
gering|achten tr → **achten**.
geringelt adj {SOCKEN} a righe orizzontali.
geringfügig **A** adj {ÄNDERUNG, UNTERSCHIED} insignificante, di poco conto, trascurabile, irrilevante; {VERBESSERUNG, VERSCHLECHTERUNG} lieve, minimo; {ANLASS} futile; {VERLETZUNG} leggero, lieve, di lieve entità: ein ~es Vergehen, un'infrazione di modesta rilevanza **B** adv {ÄNDERN} leggermente.
Geringfügigkeit <-, -en> f **1** <nur sing> (Bedeutungslosigkeit) {+ANLASS} futilità f; {+VERBESSERUNG, VERSCHLECHTERUNG} lievità f; {+VERLETZUNG} auch non gravità f; {+VERGEHEN} irrilevanza f: ein Verfahren wegen ~ einstellen jur, archiviare un procedimento per irrilevanza penale del fatto **2** (Lappalie) inezia f, minuzia f, piccolezza f.
gering|schätzen tr ~ **schätzen**②.
geringschätzig **A** adj {BEMERKUNG, BLICK} sprezzante, sdegnoso **B** adv {SICH ÄUßERN, SPRECHEN} in modo sprezzante/sdegnoso, con sdegno: jdn ~ behandeln, trattare qu ˪in modo˩/[con fare] sprezzante.
Geringschätzung <-, ohne pl> f disistima f, spregio m; (Verachtung) disprezzo m.
geringstenfalls adv geh nel peggiore dei casi.
geringwertig adj rar di poco/scarso valore.
gerinnen <irr, ohne ge-> itr <sein> {BLUT} coagulare, coagularsi, rapprendersi; {MILCH} cagliare; {MAYONNAISE} rapprendersi, impazzire fam.
Gerinnsel <-s, -> n (Blutgerinnsel) coagulo m, grumo m (di sangue), embolo m med.
Gerinnung <-, ohne pl> f {+BLUT} coagulazione f; {+MILCH} cagliatura f.
gerinnungsfördernd adj med coagulante.
gerinnungshemmend adj med anticoagulante.
Gerinnungshemmer m med anticoagulante m.
Gerinnungsmittel n med coagulante m.
Gerippe <-s, -> n **1** (Skelett) scheletro m; {+TOTES TIER} auch carcassa f **2** fam (sehr magerer Mensch) scheletro m **3** (innere Struktur) {+GEBÄUDE} ossatura f; {+FLUGZEUG, SCHIFF} scheletro m **4** fig (Grundplan) {+ARTIKEL, AUFSATZ, DRAMA, KOMÖDIE, ROMAN} ossatura f, scheletro m, intelaiatura f ● zum wandelnden ~ abmagern fam, diventare un cadavere ambulante fam, ridursi pelle e ossa.
gerippt adj {PULLOVER, STOFF, STRICKWESTE} a coste/costine.
gerissen **A** part perf von reißen **B** adj fam {BETRÜGER, GESCHÄFTSMANN, KERL} scaltro, furbo, astuto.
Gerissenheit <-, ohne pl> f fam furbizia f, scaltrezza f, astuzia f.
geritten part perf von reiten.
geritzt adj: die Sache ist ~! fam, affare fatto! fam.
Germ <-(e)s, ohne pl> m oder süddt A <-, ohne pl> f lievito m (di birra).
Germane <-n, -n> m (**Germanin** f) germano (-a) m (f): die ~n, i Germani.
Germania <-, ohne pl> f myth (Symbolfigur) Germania f.
Germanien <-s, ohne pl> n hist Germania f.
Germanin f → **Germane**.
germanisch adj hist germanico: das Germanisch(e), il germanico.
Germanismus <-, Germanismen> m ling germanismo m.
Germanist <-en, -en> m (**Germanistin** f) **1** (Wissenschaftler) germanista mf **2** (Student) studente (-essa) m (f) di germanistica.
Germanistik <-, ohne pl> f germanistica f: er lehrt ~, insegna/[è docente di] germanistica; sie studiert ~, studia germanistica/[lingua e letteratura tedesca].
Germanistin f → **Germanist**.
germanistisch adj {INSTITUT} germanico, di germanistica; {STUDIUM} di germanistica/[lingua e letteratura tedesca].
germanophil adj germanofilo.

Germanophile <dekl wie adj> mf germanofilo (-a) m (f).
Germanophilie <-, ohne pl> f germanofilia f.
gern, gerne <lieber, am liebsten> adv **1** (mit Freuden) volentieri, con piacere: ich helfe dir ~, ti aiuto volentieri/[con piacere]; er macht seine Arbeit ~, gli piace il suo lavoro; er schwimmt ~, gli piace nuotare; ich gehe ~ tanzen, mi piace andare a ballare; er sieht es nicht ~, wenn ich meine Freundinnen einlade, non vede di buon occhio che inviti le mie amiche **2** (ohne weiteres) pure, senz'altro: du kannst es ihm ~ sagen, diglielo pure; das glaube ich ~, lo credo bene, non stento a crederlo; du kannst ~ bei uns übernachten, puoi senz'altro dormire da noi **3** fam (gewöhnlich, oft) facilmente: im Teppichboden siedeln sich ~ Ungeziefer an, è facile che nella moquette si annidino dei parassiti **4** (mögen): jdn ~ haben, voler bene a qu; sich (pl) ~ haben, volersi bene **5** (höfliche Äußerung eines Wunsches): ich hätte ~ ein Glas Sekt, vorrei/gradirei un bicchiere di spumante; ich möchte/würde ~ an dem Ausflug teilnehmen, vorrei/[mi piacerebbe] partecipare alla gita; den Film hätte ich ~ gesehen, avrei visto volentieri quel film, mi sarebbe piaciuto vedere quel film ● aber ~! (Antwort auf eine höfliche Bitte), volentieri!, ma certo!, come no!; allzu ~: ich würde ihn allzu ~ mal kennen lernen!, ˪vorrei tanto˩/[mi farebbe tanto piacere] conoscerlo!; ich helfe Ihnen nur allzu ~!, L'aiuto più che volentieri!; sie isst allzu ~ Süßes, le piacciono troppo i dolci; er hat das nicht allzu ~ getan, non l'ha fatto troppo volentieri; jd kann jdn (mal) ~ haben fam iron: du kannst mich mal ~ haben!, vai a ˪quel paese fam˩/[farti friggere fam]!; herzlich ~, ben volentieri, di tutto cuore.
Gernegroß <-, -e> m fam pallone m gonfiato fam, spaccone m fam, ammazzasette m.
gerngesehen adj → **gesehen**.
gerochen part perf von riechen.
Geröll <-(e)s, -e> n detriti m pl.
geronnen **A** part perf von rinnen **B** part perf von gerinnen.
Gerontologe <-n, -n> m (**Gerontologin** f) gerontologo (-a) m (f).
Gerontologie <-, ohne pl> f gerontologia f.
Gerontologin f → **Gerontologe**.
geröstet adj {KARTOFFELN} arrosto; {KAFFEE, MANDELN} tostato; {BROT, BROTWÜRFEL} abbrustolito.
gerötet adj {AUGEN} arrossato.
Gerste <-, ohne pl> f orzo m.
Gerstenkorn n **1** bot chicco m d'orzo **2** med orzaiolo m.
Gerstensaft m fam scherz birra f.
Gerte <-, -n> f (Stock) verga f; (Reitgerte) frustino m, scudiscio m ● schlank wie eine ~ sein: dieses Mädchen ist schlank wie una ~, questa ragazza è esile come un giunco.
gertenschlank adj {FRAU, MÄDCHEN} esile come un giunco.
Gertrud f (Vorname) Geltrude, Gertrude.
Geruch <-(e)s, Gerüche> m **1** (Sinneseindruck) odore m: ein beißender/süßlicher ~, un odore acre/dolciastro; ein schlechter/strenger ~, un cattivo/forte odore; ein muffiger ~, un odore di muffa/chiuso **2** <nur sing> (~ssinn) olfatto m, odorato m: einen sehr feinen ~ haben, avere buon naso fam **3** fig (Ruf) fama f: im ~ einer S. (gen) stehen, essere in odore di qc; im ~ der Heiligkeit stehen geh, essere in odore di santità lit.
geruchlos adj {GAS} inodore, senza/[privo di] odore.

Geruchsbelästigung, Ger**u**chbelästigung f fastidio m dovuto a cattivo odore.
geruchsempfindlich, ger**u**chempfindlich adj {MENSCH} sensibile agli odori.
Geruchsempfindung, Ger**u**chempfindung f (senso m dell') olfatto m, odorato m.
Geruchsnerv, Ger**u**chnerv m nervo m dell'olfatto/[olfattivo].
geruchsneutral adj → **geruchlos.**
Geruchssinn <-(e)s, ohne pl> m {+MENSCH, TIER} (senso m dell') olfatto m, odorato m.
Geruchsstoff, Ger**u**chstoff m <meist pl> sostanza m odorosa.
Geruchsstörung, Ger**u**chstörung f disturbo m olfattivo.
Geruchsvermögen, Ger**u**chvermögen n → **Geruchssinn.**
Gerücht <-(e)s, -e> n voce f, diceria f: **es geht/kursiert das ~, dass ...,** corre voce che ... konjv; **das sind doch alles nur ~e!,** sono solo voci di corridoio!; **das halte ich für ein ~** fam, secondo me è una chiacchiera • **ein ~ in Umlauf bringen/setzen**/[verbreiten], spargere una voce; **ein ~ in die Welt setzen,** mettere in giro una voce.
Gerüchteküche f fam pej: **in der ~ brodelt es bereits,** e già si scatenano i pettegolezzi.
gerüchtweise adv per sentito dire.
gerufen A part perf von rufen B adj: **du kommst mir wie ~,** capiti proprio a proposito!
geruhen <ohne ge-> itr iron: **~, etw zu tun,** compiacersi di fare qc, degnarsi di fare qc.
gerühmt adj: **viel ~,** tanto decantato/lodato, molto elogiato.
geruhsam A adj tranquillo, calmo: **ich wünsche Ihnen einen ~en Abend,** Le auguro una serata tranquilla B adv con calma: **sonntags will ich ganz ~ frühstücken,** la domenica voglio fare colazione in santa pace.
Gerümpel <-s, ohne pl> n pej ciarpame m, cianfrusaglie f pl, robaccia f.
Gerundium <-s, Gerundien> n ling gerundio m.
Gerundiv <-s, -e> n, **Gerundivum** <-s, Gerundiva> n gerundivo m.
gerungen part perf von ringen.
Gerüst <-(e)s, -e> n 1 (Baugerüst) impalcatura f, ponteggio m 2 (Grundplan) {+ARTIKEL, AUFSATZ} struttura f, intelaiatura f, ossatura f, scheletro m.
Gerüstbau <-s, ohne pl> m 1 (Aufbau eines Gerüstes) montaggio m di un ponteggio/un'impalcatura 2 (Firma) impresa f di montaggio ponteggi.
Gerüstbauer m (**Gerüstbauerin** f) ponteggiatore (-trice) m (f), pontatore (-trice) m (f), pontista mf, pontaiolo (-a) m (f).
ges, Ges <-, -> n mus sol m bemolle.
Gesalbte <dekl wie adj> m relig hist unto m.
gesalzen adj fam 1 (sehr hoch) {PREIS, RECHNUNG} salato fam 2 (grob, unfreundlich) {BRIEF} durissimo fam.
gesammelt adj 1 {WERKE} completo 2 (konzentriert): **unsere ~en Kräfte,** tutte le nostre forze.
gesamt adj <attr> intero, tutto: **die ~e Familie,** l'intera famiglia, tutta la famiglia, la famiglia al completo; **die ~e Lehrerschaft,** tutto il corpo insegnante; **der ~e Betrag,** l'importo totale; **der ~e Schaden beläuft sich auf etwa 7000 Euro,** il danno totale/complessivo ammonta a circa 7000 euro.
Gesamtansicht f {+GEBÄUDE} veduta f generale/[d'insieme].
Gesamtarbeitsvertrag m CH contratto m collettivo di lavoro.
Gesamtauflage f {+BUCH} tiratura f complessiva.
Gesamtausgabe f edizione f integrale.
Gesamtbetrag m (importo m) totale m, importo m globale, ammontare m complessivo.
Gesamtbild n quadro m generale/completo/globale/[d'insieme].
gesamtdeutsch adj hist: **die ~en Beziehungen,** i rapporti fra le due Germanie/[intertedeschi].
Gesamteindruck m impressione f generale/[d'insieme].
Gesamtergebnis n risultato m globale/complessivo.
gesamteuropäisch adj paneuropeo.
Gesamtgewicht n {+FAHRZEUG} peso m complessivo/totale: **zulässiges ~,** peso complessivo consentito.
gesamthaft adv CH complessivamente.
Gesamthaftung f jur solidarietà f • **aktive/passive ~** jur, solidarietà attiva/passiva.
Gesamtheit <-, ohne pl> f insieme m, totalità f, complesso m: **die ~ der Bürger,** l'insieme/la totalità dei cittadini; **ein Problem in seiner ~ betrachten,** considerare un problema nella sua totalità/[nel suo insieme].
Gesamthochschule f "modello m riformato di università in cui le singole facoltà sono riunite amministrativamente".
Gesamtkatalog m catalogo m generale.
Gesamtklassement n sport classifica f generale.
Gesamtkonzept n progetto m generale/globale.
Gesamtlösung f soluzione f globale/generale/complessiva.
Gesamtnote f voto m complessivo.
Gesamtpreis m prezzo m totale/complessivo/globale.
Gesamtschaden m danno m complessivo/globale/totale.
Gesamtschuld f jur debito m/obbligazione f solidale.
Gesamtschuldner m (**Gesamtschuldnerin** f) jur debitore (-trice) m (f) in solido.
Gesamtschule f scuola f media unificata: **integrierte ~,** "scuola f media inferiore e superiore unificata con indirizzi diversi".
Gesamtsieger m (**Gesamtsiegerin** f) vincitore (-trice) m (f) finale/assoluto (-a).
Gesamtspeicher m inform memoria f totale.
Gesamtstrafe f pena f complessiva.
Gesamtsumme f totale m, somma f/importo m totale.
Gesamtübersicht f vista f d'insieme, visione f generale, panorama m complessivo/generale; (tabellenartig) prospetto m generale.
Gesamtunterricht m Schule insegnamento m interdisciplinare.
Gesamtverantwortung f responsabilità f generale/globale/complessiva: **die ~ (für etw akk) übernehmen,** assumersi l'intera responsabilità (di qc).
Gesamtvermögen n patrimonio m complessivo.
Gesamtwerk n opera f completa; lit **opera omnia** f.
Gesamtwert m valore m complessivo/totale/globale: **im ~ von ...,** per un valore complessivo di ...
Gesamtwertung f sport classifica f/graduatoria f generale.
Gesamtzahl f totale m.
gesandt part perf von senden.
Gesandte <dekl wie adj> mf pol ministro m plenipotenziario: **päpstlicher ~r,** nunzio apostolico.
Gesandtschaft <-, -en> f 1 (diplomatische Vertretung) legazione f 2 (Haus der ~) sede f della legazione.
Gesang <-(e)s, Gesänge> m 1 <nur sing> (das Singen) {+PERSON, VOGEL} canto m 2 (Lied) canto m: **geistliche Gesänge,** canti religiosi; **gregorianischer ~,** canto gregoriano 3 <nur sing> (Fach) canto m: **sie lehrt/studiert ~,** insegna/studia canto 4 lit (Versabschnitt) canto m.
Gesangbuch n (Liederbuch) libro m dei canti; relig innario m.
gesanglich adj {BEGABUNG, FÄHIGKEITEN} canoro, vocale.
Gesangsbuch n A → **Gesangbuch.**
Gesangskunst f arte f del canto.
Gesangslehrer m (**Gesangslehrerin** f), **Gesanglehrer** m (**Gesanglehrerin** f) maestro (-a) m (f)/insegnante mf di canto.
Gesangsschule, Gesangschule f scuola f di canto.
Gesangsstück, Gesangstück n brano m cantato/[di canto].
Gesangsstunde, Gesangstunde f lezione f di canto.
Gesangsunterricht, Gesangunterricht m lezioni f pl di canto.
Gesangverein, Gesangverein m società f corale.
Gesäß <-es, -e> n geh posteriore m, deretano m, sedere m.
Gesäßbacke f natica f.
Gesäßmuskel m <meist pl> gluteo m.
Gesäßtasche f tasca f posteriore (dei pantaloni).
gesät adj: **dünn ~ sein** {GUTE BÜCHER, TREUE FREUNDE}, scarseggiare, essere una merce rara.
gesättigt adj 1 (satt) sazio 2 chem saturo 3 ökon {MARKT} saturo.
Gesäusel <-s, ohne pl> n 1 {+WIND} sussurrio m, mormorio m; {+BLÄTTER} lieve stormire m, fruscio m 2 meist iron (einschmeichelndes Reden) parole f pl melliflue/sdolcinate.
Geschädigte <dekl wie adj> mf danneggiato (-a) m (f), parte f lesa jur.
geschaffen A part perf von schaffen B adj <präd>: **für etw (akk)/zu etw (dat) wie ~ sein,** essere fatto (apposta) per qc; {PERSON} auch essere predestinato a qc, essere tagliato per qc.
geschafft adj <präd>: **~ sein** fam, essere sfinito/fuso fam/cotto fam/spompato fam; **das wäre ~!,** questa è fatta!
Geschäft <-(e)s, -e> n 1 (Laden) negozio m, esercizio m commerciale; (bes. kleines oder Lebensmittelgeschäft) bottega f: **donnerstags sind die ~e bis 21 Uhr geöffnet,** il/di giovedì i negozi rimangono aperti fino alle (ore) 21; **ein ~ eröffnen/übernehmen,** aprire/rilevare un negozio 2 (kaufmännischer Betrieb) ditta f, azienda f: **ein ~ führen/leiten,** dirigere un'azienda 3 (Handel) affare m: **die ~e gehen gut/schlecht,** gli affari vanno bene/male; **das ~ blüht,** gli affari prosperano; **das ~ mit etw (dat)** {MIT COMPUTERN, NATURKOST}, il commercio di qc 4 <nur sing> (Profit) affare m: **mit dem Kauf dieses Hauses hast du ein gutes ~ gemacht,** acquistando questa casa hai fatto un buon affare 5 (Angelegenheit) affari m pl: **dringende ~e,** affari urgenti 6 (Aufgabe) incarico m, compito m, fac-

cenda f: **ein undankbares ~**, un compito ingrato; **er versteht sein ~**, sa il fatto suo, conosce il suo mestiere **7** fam (Büro) ufficio m, lavoro m: **ich gehe heute nicht ins ~**, oggi non vado ⌊in ufficio⌋/[al lavoro], oggi non vado a lavorare ● **(mit jdm) ein ~ abschließen/tätigen** form, concludere un affare (con qu); **das ~ mit der Angst**, fare leva sulle paure della gente; **aus einem ~ aussteigen** fam, mollare un affare fam; **in ein ~ einsteigen** fam, entrare in un affare; **für jdn das ~ führen**, gestire gli affari di/[per conto di] qu; **ein gutes/schlechtes ~ gemacht haben**, aver fatto un buon/cattivo affare; **~ ist ~**, gli affari sono affari; **mit jdm ins ~ kommen**, entrare in rapporti d'affari con qu; **mit jdm ein ~ machen**, fare un affare con qu; **~ mit jdm/etw machen**, fare affari con qu/qc; **dunkle ~e machen/treiben**, fare affari loschi; **ein großes/kleines ~ machen/verrichten** fam euph, fare (la) popò fam/pipì fam; **sein ~ verstehen** fam scherz oder iron, saperci fare fam.

Geschäftemacher m (**Geschäftemacherin** f) pej affarista mf, faccendiere (-a) m (f).

Geschäftemacherei <-, -en> f pej affarismo m.

geschäften <ohne ge-> itr CH fare affari; **mit jdm ~** fare affari con qu.

geschäftig adj {MENSCH} affaccendato, indaffarato: **es herrschte ein ~es Treiben**, erano tutti molto affaccendati, c'era un gran movimento.

Geschäftigkeit <-, ohne pl> f affaccendamento m.

geschäftlich **A** adj **1** (das Geschäft betreffend) {GESPRÄCH, GRÜNDE, VERABREDUNG} d'affari, di lavoro; {BEZIEHUNGEN, KONTAKTE} auch commerciale; {VERPFLICHTUNGEN} professionale: **über ~e Dinge sprechen**, parlare d'affari; **eine ~e Verabredung haben**, avere un appuntamento di lavoro; **bitte, sprechen wir nicht über Geschäftliches!**, per favore, non parliamo di affari/lavoro! **2** (unpersönlich) {TON} professionale, formale **B** adv per affari: **morgen habe ich ~ in München zu tun**, domani ho un impegno di lavoro a Monaco; **ich muss ~ nach Frankfurt** fam, devo andare a Francoforte per ⌊motivi di lavoro⌋/[affari]; **~ verhindert sein**, essere impedito per ⌊ragioni d'affari⌋/[motivi/impegni di lavoro]; **~ verreist sein**, essere in viaggio di affari.

Geschäftsabschluss (a.R. Geschäftsabschluß) m conclusione f di un affare: **ich habe mehrere Geschäftsabschlüsse getätigt**, ho concluso diversi affari.

Geschäftsaufgabe f, **Geschäftsauflösung** f cessazione f di esercizio/[attività (commerciale)].

Geschäftsbedingungen subst <nur pl> jur ökon condizioni f pl (del contratto): **allgemeine ~** (Abk AGB), condizioni generali di contratto.

Geschäftsbereich m (sfera f/ambito m di) competenza f: **Minister ohne ~**, ministro senza portafoglio.

Geschäftsbericht m rendiconto m di gestione.

Geschäftsbeziehung f <meist pl> relazione f/rapporto m commerciale.

Geschäftsbrief m lettera f commerciale/[d'affari].

Geschäftsbuch n libro m contabile.

Geschäftseröffnung f apertura f/inaugurazione f di un negozio; avviamento m di un'attività.

Geschäftsessen n pranzo m/cena f di affari/lavoro.

geschäftsfähig adj jur capace di agire; **unbeschränkt ~ sein**, avere la piena capacità d'agire.

Geschäftsfähigkeit <-, ohne pl> f jur capacità f d'agire.

Geschäftsfrau f **1** (Geschäftsinhaberin) negoziante f, commerciante f, titolare f di un negozio **2** (Geschäfte betreibend) donna f d'affari.

Geschäftsfreund m (**Geschäftsfreundin** f) amico (-a) m (f) d'affari/[di lavoro].

geschäftsführend adj <attr> **1** (leitend): **~er Direktor** {+UNTERNEHMEN}, direttore amministrativo; {+INSTITUT}, direttore; **~er Gesellschafter**, socio amministratore; **~er Angestellter**, dirigente; **~e Position**, posto da dirigente **2** (amtierend) {VORSITZENDE} in carica; {REGIERUNG} ad interim.

Geschäftsführer m (**Geschäftsführerin** f) {+BAR, BETRIEB, GESCHÄFT, KAUFHAUS, KINO, RESTAURANT} gestore (-trice) m (f), gerente mf; {+GMBH} amministratore (-trice) m (f); {+PARTEI, VEREIN} segretario (-a) m (f) ● **alleiniger ~**, amministratore unico, **parlamentarischer ~**, ≈ segretario m del gruppo parlamentare.

Geschäftsführung f **1** <nur sing> (Leitung) {+BAR, GESCHÄFT, RESTAURANT} gestione f; {+UNTERNEHMEN} auch direzione f, amministrazione f **2** (Personen) dirigenza f, dirigenti m pl ● **ohne Auftrag** jur, gestione d'affari.

Geschäftsgang m **1** <nur sing> (Gang der Geschäfte) andamento m degli affari **2** <nur sing> (Dienstweg) procedure f pl (amministrative/burocratiche), iter m burocratico **3** (Besorgung) commissione f.

Geschäftsgebaren <-s, ohne pl> n conduzione f/gestione f degli affari.

Geschäftshaus n **1** (Firma) ditta f/azienda f commerciale **2** (Gebäude) edificio m (ad uso) commerciale.

Geschäftsinhaber m (**Geschäftsinhaberin** f) {+LADEN} titolare mf/proprietario (-a) m (f) di un negozio; {+FIRMA} titolare mf/proprietario (-a) m (f) di una ditta.

Geschäftsinteresse n interessi m pl economici.

Geschäftsjahr n com (anno m d') esercizio m, esercizio m sociale jur: **laufendes ~**, esercizio corrente.

Geschäftskontakt m <meist pl> contatto m commerciale/[d'affari].

Geschäftskosten subst <nur pl>: **auf ~ spese** della ditta/dell'azienda; **das geht alles auf ~**, è tutto a carico della ditta/casa.

Geschäftslage f **1** (wirtschaftliche Situation) situazione f commerciale, andamento m degli affari **2** (Lage) posizione f commerciale: **Schuhladen in bester ~ zu verkaufen**, vendesi negozio di scarpe in ottima posizione commerciale.

Geschäftsleben n affari m pl: **sich aus dem ~ zurückziehen**, ritirarsi dagli affari.

Geschäftsleitung f → **Geschäftsführung**.

Geschäftsleute pl von Geschäftsmann.

Geschäftsliste f CH ordine m del giorno.

Geschäftsmann <-(e)s, -leute oder rar -männer> m **1** (Geschäftsinhaber) commerciante m, negoziante m, titolare m di un negozio **2** (Geschäfte betreibend) uomo m d'affari.

geschäftsmäßig adj **1** (geschäftlich) secondo la prassi/l'uso commerciale **2** (sachlich) {TON} professionale, formale, impersonale.

Geschäftsordnung f regolamento m interno.

Geschäftspartner m (**Geschäftspartnerin** f) **1** (Handelspartner) partner mf commerciale **2** (Beteiligter) socio (-a) m (f)/partner mf (in affari).

Geschäftspolitik f politica f gestionale/[di gestione].

Geschäftsraum m <meist pl> locale m/fondo m commerciale.

Geschäftsreise f viaggio m d'affari: **auf ~ gehen/sein**, andare/essere in viaggio d'affari.

geschäftsschädigend adj {AKTION, VERHALTEN} che pregiudica/compromette gli affari.

Geschäftsschluss (a.R. Geschäftsschluß) <-es, ohne pl> m orario m di chiusura (di negozi e uffici): **nach ~**, dopo la chiusura; **freitags haben wir um 15.30 ~**, il venerdì i nostri uffici chiudono alle 15.30.

Geschäftssinn <-(e)s, ohne pl> m senso m degli affari: **~ besitzen/haben**, avere ⌊il senso degli⌋/[fiuto per gli] affari fam.

Geschäftsstelle f <meist sing> **1** (Büro) ufficio m, agenzia f **2** jur {+GERICHT} cancelleria f.

Geschäftsstraße f via f commerciale, strada f con tanti negozi.

Geschäftsstunden subst <nur pl> ore f pl/orario m d'ufficio.

Geschäftsteilhaber m (**Geschäftsteilhaberin** f) socio (-a) m (f) in/d'affari.

Geschäftsträger m (**Geschäftsträgerin** f) pol incaricato (-a) m (f) d'affari.

geschäftstüchtig adj {MENSCH} abile/versato negli affari.

geschäftsunfähig adj jur incapace di agire.

Geschäftsunfähigkeit f jur incapacità f di agire.

Geschäftsverbindung f rapporto m d'affari, relazioni f pl commerciali: **mit jdm in ~ stehen/treten**, essere/entrare in rapporti d'affari con qu.

Geschäftsviertel n zona f/quartiere m commerciale.

Geschäftswagen m auto(mobile) f ⌊di servizio⌋/[della ditta].

Geschäftswelt <-, ohne pl> f mondo m degli affari.

Geschäftswert m ökon avviamento m.

Geschäftszeit f {+BÜRO} ore f pl/orario m d'ufficio; {+LADEN} orario m d'apertura.

Geschäftszweig m ramo m/branca f (di attività); (Wirtschaftszweig) settore m commerciale.

geschah 3. pers sing imperf von geschehen.

geschätzt adj {MENSCH} apprezzato, stimato: **Ihr ~es Schreiben** obs, la Vostra pregiata lettera form; **hoch ~**, molto stimato, stimatissimo.

Geschaukel <-s, ohne pl> n {+BUS, STRAßENBAHN, ZUG} dondolio m.

gescheckt adj {PFERD, RIND} pezzato, macchiato.

geschehen <geschieht, geschah, geschehen> itr <sein> **1** (sich ereignen) {UNFALL, UNGLÜCK, WUNDER} succedere, accadere **2** (getan werden) (**mit jdm/etw**) **~**: **was geschieht mit den Ausländern, die keine Aufenthaltsgenehmigung haben?**, che ⌊cosa succede agli⌋/[fine fanno fam gli] stranieri senza permesso di soggiorno?; **es muss etwas ~**, bisogna fare qualcosa; **was soll damit ~?**, che bisogna farne?, cosa ne facciamo? **3** (widerfahren) **jdm ~** succedere a qu, capitare a qu, accadere a qu: **ist ihm etwas ~?**, gli è successo qualcosa?; **du brauchst keine Angst zu haben, es wird dir nichts ~**, non devi aver paura, non ti succederà nulla; **ihr ist ein Unrecht ~**, (lei) ha subito un'ingiustizia **4** (*erdulden*): **etw ~ lassen**, permettere qc; **alles mit sich (dat) ~ lassen**, non opporre resistenza; **er war so betrunken, dass er alles mit sich ~ ließ**, era talmente ubriaco che non oppose nessuna resistenza ● **als ob nichts ~ wäre**, come se niente fosse; **Danke! - (Bitte,) gern(e) ~!**, Grazie! - Prego, non c'è di che,ı/[di niente]!; **was immer auch ~ mag**ı/[**geschieht**], qualunque cosa accada, succeda quel che succeda; **das geschieht ihm/ihr recht!** *fam*, gli/le sta bene!; **das geschieht dir (ganz) recht!**, ti sta bene! *fam*, ben ti sta! *fam*; **es ist um ihn ~** (*er ist unsterblich verliebt*), si è innamorato perdutamente; (*er ist erledigt*), è perduto; **jd weiß nicht, wie ihm geschieht**, qu non si rende conto di cosa gli sta succedendo.

Geschehen <-s, ohne pl> n *geh* avvenimento m, eventi m pl: **das politische ~**, gli avvenimenti politici; **das ~ des Tages** (*in den Nachrichten*), i fatti/gli avvenimenti del giorno.

Geschehnis <-ses, -se> n *geh* avvenimento m, accadimento m *lit*.

gescheit adj **1** (*klug*) {ÄUßERUNG, IDEE, VORSCHLAG} intelligente, assennato; {MENSCH} *auch* sveglio **2** *fam* (*vernünftig*) ragionevole, saggio: **es wäre ~er, vorher mit ihm zu sprechen**, sarebbe più saggio parlargli prima; **kauf endlich mal einen ~en Wein!**, e deciditi a comprare un vino decente! *fam*; **lass dir ein ~es Stück Torte geben!**, fatti dare un bel pezzo di torta!; **der hat doch noch nie was Gescheites gemacht**, quello non ha mai combinato un granché *fam* ● **nicht recht/ganz ~ sein fam**: **du bist (wohl) nicht recht/ganz ~!**, ti sei bevuto (-a) il cervello! *fam*, ma sei matto (-a)?; **aus etw (dat) nicht ~ werden**: **ich werde nicht ~ daraus**, non mi ci raccapezzo *fam*, non riesco a capirci niente.

Geschenk <-(e)s, -e> n regalo m, dono m, presente m *geh oder form*; (*Weihnachtsgeschenk*) strenna f *geh*: **ein kleines ~**, un pensiero/pensierino *fam*; **hast du schon ein ~ für deine Schwester gekauft?**, hai già comprato un regalo per tua sorella? ● **ein ~ des Himmels**, una manna dal cielo; **dieser Lottogewinn ist ein wahres ~ des Himmels**, questa vincita al lotto è una vera manna dal cielo; **jdm ein ~ machen**, fare un regalo/dono a qu; **jdm etw zum ~ machen**, regalare qc a qu, dare qc in regalo/dono a qu; **kleine ~e erhalten die Freundschaft** *prov*, l'amicizia è fatta di piccoli gesti.

Geschenkartikel m articolo m da regalo.
Geschenkband m (libro m) strenna f.
Geschenkgutschein m buono m (per un) regalo.
Geschenkidee f idea f (per un) regalo.
Geschenkkorb m cesto m regalo.
Geschenkpackung f confezione f regalo.
Geschenkpaket n pacco m dono.
Geschenkpapier n carta f da regalo.
geschenkt adj: **das ist ja geschenkt!** (*das ist sehr billig*), è regalato!

Geschichte <-, -n> f **1** <*nur sing*> storia f: **die ~ Deutschlands**, la storia della Germania; **die ~ der Menschheit**, la storia dell'umanità; **die ~ der Musik**, la storia della musica; **Alte/Mittlere/Neue ~**, storia antica/medievale/moderna; **die deutsche Wiedervereinigung gehört bereits der ~ an**, la riunificazione tedesca appartiene già alla storia; **in die ~ eingehen**, passare alla storia **2** <*nur sing*> *Schule univ* storia f: **in ~ war ich immer gut**, a storia sono sempre andato (-a) bene; **nach dem Abitur möchte sie ~ studieren**, dopo la maturità vuole fare/studiare storia; **er ist Professor für ~**, è professore (universitario) di storia **3** (*Erzählung*) storia f, racconto m: **eine kurze ~**, una storiella; **eine spannende/unterhaltsame ~**, una storia/un racconto avvincente/divertente; **sie hat schon mehrere ~n für Kinder geschrieben**, ha già scritto diversi racconti per bambini; **als meine Kinder klein waren, habe ich ihnen jeden Abend eine ~ erzählt**, quando i miei figli erano piccoli gli raccontavo ogni sera una storia **4** *fam* (*Angelegenheit*) storia f, faccenda f, affare m: **ich will in diese ~ nicht hineingezogen werden**, non voglio essere coinvolto (-a) in questa storia/faccenda; **die ganze ~ wird dich eine schöne Stange Geld kosten**, tutta questa faccenda ti costerà un bel po' di soldi; **eine schlimme ~**, un brutto affare, una brutta storia/faccenda ● **das sind alte ~n**, sono storie vecchie, è acqua passata; **alte ~n (wieder) aufwärmen**, rivangare vecchie storie; **es ist immer dieselbe/[die gleiche] ~!** *fam*, è sempre la stessa/solita storia! *fam*; **die ganze ~ fam: die ganze ~ ist sehr verzwickt**, tutta questa faccenda è molto complicata; **mach keine (langen) ~n!** *fam* (*hab dich nicht so!*), non fare (tante) storie! *fam*, non farla tanto lunga! *fam*; **mach mir bloß keine ~n!** *fam* (*tu nichts Dummes!*), non mi combinare guai! *fam*, non fare sciocchezze! *fam*; **~ machen**: **jd hat ~ gemacht**, qu ha scritto importanti pagine di storia; **etw hat ~ gemacht** {BUCH, FILM}, qc ha fatto storia; **was machst du denn für ~n?** *fam*, ma che stai combinando? *fam*; **schöne ~n!**: **von dir hört man ja schöne ~n!**, sul tuo conto se ne sentono delle belle!; **~ schreiben**, scrivere una pagina di storia.

Geschichtenbuch n libro m di racconti/storie.
Geschichtenerzähler m (**Geschichtenerzählerin** f) narratore (-trice) m (f) (di storie).
geschichtlich A adj {ENTWICKLUNG, EPOCHE, EREIGNIS, GESTALT} storico B adv {BEDEUTSAM, FOLGENREICH} storicamente, dal punto di vista storico: **bin ich nicht sehr bewandert**, non sono molto ferrato (-a) in storia, non mi intendo molto di storia.
Geschichtsatlas m atlante m storico.
Geschichtsauffassung f concezione f storica.
Geschichtsbewusstsein (a.R. Geschichtsbewußtsein) n coscienza f storica.
Geschichtsbuch n libro m di storia.
Geschichtsepoche f epoca f storica.
Geschichtsfälschung f (*falsche Darstellung*) mistificazione f (della storia); (*falsch dargestelltes Ereignis*) falso m storico.
Geschichtsforscher m (**Geschichtsforscherin** f) storico (-a) m (f), studioso (-a) m (f) di storia.
Geschichtsforschung f ricerca f storica.
Geschichtslehrer m (**Geschichtslehrerin** f) *Schule* insegnante mf/professore (-essa) m (f) di storia.
geschichtslos adj {DASEIN, MENSCH} senza storia; {VOLK} *auch* senza passato.
Geschichtsphilosophie f filosofia f della storia.
Geschichtsschreiber m (**Geschichtsschreiberin** f) storiografo (-a) m (f).
Geschichtsschreibung <-, ohne pl> f storiografia f.
Geschichtsstunde f *Schule* lezione f/ora f di storia.
geschichtsträchtig adj *geh* carico/pregno *geh* di storia.
Geschichtswissenschaft f storia f.
Geschichtszahl f data f (storica).
Geschick① <-(e)s, -e> n *geh* **1** (*Schicksal*) destino m, sorte f **2** <*meist pl*> (*Angelegenheiten*) sorti f pl: **die ~e eines Landes**, le sorti di un paese.
Geschick② <-(e)s, ohne pl> n (*Begabung*) attitudine f: **~ für etw (akk)/zu etw (dat) haben**, avere attitudine per qc; **mit Kindern hast du einfach kein ~**, non ci sai proprio fare con i bambini.
Geschicklichkeit <-, ohne pl> f destrezza f, abilità f, bravura f; (*im Bewegen*) agilità f: **mit viel ~ kletterte er über die Mauer**, con molta agilità scavalcò il muro.
Geschicklichkeitsspiel n gioco m di abilità.
geschickt A adj **1** (*gewandt, versiert*) {HANDWERKER} abile, versato, capace: **er ist handwerklich sehr ~**, è molto bravo nei lavori manuali **2** (*diplomatisch*) {POLITIKER, VERHANDLUNGSFÜHRUNG} abile, accorto, sapiente B adv **1** (*gewandt*) {VORGEHEN} abilmente, con abilità/destrezza/perizia: **~ mit etw (dat) umgehen**, maneggiare qc con destrezza **2** (*diplomatisch*) {AGIEREN, VERTEIDIGEN, VORGEHEN} con abilità, abilmente, sapientemente: **das hast du wieder mal sehr ~ eingefädelt!**, l'hai pensata bene anche questa volta!
Geschicktheit <-, ohne pl> f abilità f, destrezza f.
geschieden A part perf *von* scheiden B adj divorziato: **~ sein**, essere divorziato.
Geschiedene <dekl wie adj> mf divorziato (-a) m (f).
geschieht 3. pers sing präs *von* geschehen.
geschienen part perf *von* scheinen.
Geschirr① <-(e)s, ohne pl> n **1** (*Haushaltsgefäße*) stoviglie f pl, piatti m pl: **das ~ (ab)spülen/abwaschen**, lavare/fare *fam* i piatti, rigovernare (i piatti); **das ~ abtrocknen**, asciugare i piatti; **feuerfestes ~**, stoviglie e vasellame pirofili; **irdenes ~**, stoviglie di terracotta **2** (*Service*) servizio m (da tavola), vasellame m: **meine Mutter hat mir ~ für 12 Personen geschenkt**, mia madre mi ha regalato un servizio da/per dodici; **das gute ~**, il servizio buono; **silbernes ~**, vasellame d'argento.
Geschirr② <-(e)s, -e> n (*Pferdegeschirr*) finimenti m pl, bardatura f: **einem Pferd das ~ anlegen**, bardare un cavallo ● **sich ins ~ legen** {PFERD}, tirare forte; *fam* (*angestrengt arbeiten*) lavorare sodo, mettersi sotto *fam*.
Geschirrschrank m credenza f.
Geschirrspüler m *fam*, **Geschirrspülmaschine** f lavastoviglie f, lavapiatti f *fam*.
Geschirrspülmittel n detersivo m per stoviglie.
Geschirrtuch n canovaccio m, asciughino m *fam*.
Geschiss (a.R. Geschiß) <-es, ohne pl> n *fam*: **ein großes**ı/[**viel**] **~ um etw (akk) machen**, fare tante storie per qc *fam*, farla tanto lunga per qc *fam*.
geschissen part perf *von* scheißen.
geschlafen part perf *von* schlafen.
geschlagen A part perf *von* schlagen B adj <attr> **1** (*ganz*): **eine ~e Stunde**, un'ora d'orologio, un'ora intera, un'ora buona **2** (*gebrochen*): **ein (vom Schicksal) ~er Mann**, un uomo distrutto ● **sich ~ geben**, darsi per vin-

Geschlecht <-(e)s, -er> n **1** <nur sing> biol sesso m: **ein Kind männlichen ~s**, un maschietto **2** geh (Sippe) famiglia f, stirpe f, casato m: **aus adligem ~**, di famiglia nobile, di nobile casato, d'alto lignaggio **3** <nur sing> (Geschlechtsteile) (organi m pl) genitali m pl, sesso m **4** (Gattung, Art) genere m, specie f: **das menschliche ~**, il genere umano, la specie umana **5** <meist pl> (Generation) generazione f: **die kommenden ~er**, le future generazioni **6** gram genere m ● **beiderlei ~s**, di entrambi/ambo i sessi; (bes. in Zeitungsanzeigen), ambosessi; **das dritte ~ fam**, il terzo sesso, gli omosessuali; **das männliche/weibliche ~**, il sesso maschile/femminile; **das schöne/zarte ~ fam scherz**, il bel/gentil sesso; **das schwache ~ fam scherz**, il sesso debole; **das starke ~ fam scherz**, il sesso forte.

Geschlechterkampf m lotta f tra i sessi.

geschlechtlich A adj <attr> **1** (sexuell) {LUST, TRIEBE} sessuale **2** biol (ENTWICKLUNG, REIFUNG) sessuale; (FORTPFLANZUNG) auch sessuato B adv **1** (sexuell): **mit jdm ~ verkehren**, avere rapporti sessuali con qu **2** biol: **sich ~ fortpflanzen**, riprodursi (tramite cellule sessuali).

geschlechtlos adj biol asessuato, senza sesso.

Geschlechtsakt m atto m sessuale/venereo, coito m; (bei Tieren) accoppiamento m.

Geschlechtsapparat m apparato m genitale.

Geschlechtsbestimmung f determinazione f del sesso.

Geschlechtschromosom n cromosoma m del sesso.

Geschlechtsdrüse f ghiandola f sessuale, gonade f wiss.

Geschlechtsgenosse m (**Geschlechtsgenossin** f) persona f/individuo m dello stesso sesso.

Geschlechtshormon n ormone m sessuale.

geschlechtskrank adj med {MENSCH} affetto da malattia venerea.

Geschlechtskranke <dekl wie adj> mf persona f affetta da malattia venerea.

Geschlechtskrankheit f med malattia f venerea: **eine ~ haben**, essere affetto da una malattia venerea.

Geschlechtsleben <-s, ohne pl> n vita f sessuale.

geschlechtslos adj → **geschlechtlos**.

Geschlechtsmerkmal n carattere m sessuale: **primäre/sekundäre ~e**, caratteri sessuali primari/secondari.

Geschlechtsorgan n anat organo m genitale/sessuale: **äußere/innere ~e**, organi sessuali esterni/interni.

Geschlechtspartner m (**Geschlechtspartnerin** f) partner mf (sessuale).

geschlechtsreif adj {LEBEWESEN} sessualmente maturo.

Geschlechtsreife f maturità f sessuale.

Geschlechtsrolle f soziol ruolo m sessuale, sesso m.

geschlechtsspezifisch adj specifico/tipico di un sesso: **dieses Verhalten ist ~ typisch für Frauen**, questo comportamento è tipicamente femminile; (typisch für weibliche Tiere) questo comportamento è tipico della femmina; (typisch für Männer) questo comportamento è tipicamente maschile; (typisch für männliche Tiere) questo comportamento è tipico del maschio.

Geschlechtsteil n organo m genitale.

Geschlechtstrieb m istinto m sessuale.

Geschlechtsumwandlung f **1** (natürliche ~) mutazione f genetica **2** (~ durch Eingriff) {+MENSCH} cambiamento m di sesso.

Geschlechtsverkehr <-s, ohne pl> m rapporti m pl sessuali, sesso m: **mit jdm ~ haben**, avere rapporti sessuali con qu, fare sesso con qu fam.

Geschlechtswort <-(e)s, Geschlechtswörter> n gram articolo m: **bestimmtes/unbestimmtes ~**, articolo determinativo/indeterminativo.

geschlichen part perf von schleichen.

geschliffen A part perf von schleifen B adj {MANIEREN} raffinato, fine, distinto; {AUSDRUCKSWEISE, STIL} forbito.

geschlossen A part perf von schließen B adj **1** (nicht geöffnet) {BIBLIOTHEK, GESCHÄFT} chiuso **2** (gemeinsam) {FRONT, REIHE, WIDERSTAND} compatto **3** (zusammenhängend) {SCHNEE-, WOLKENDECKE} compatto, fitto: **~e Ortschaft**, centro abitato **4** <attr> (nicht öffentlich) {CLUB, KREIS} privato, esclusivo, solo per soci: **~e Gesellschaft**, ricevimento privato; **die ~e Abteilung der Psychiatrie**, il reparto chiuso di psichiatria **5** ling {VOKAL} chiuso C adv (gemeinsam) {PROTESTIEREN, VORGEHEN} in modo unanime: **~ für etw (akk) stimmen**, votare in blocco per qc; **~ hinter jdm stehen**, sostenere compatti (-e) qu, fare blocco intorno a qu.

Geschlossenheit <-, ohne pl> f {+AUFTRETEN, FRONT} compattezza f, unità f.

geschlungen part perf von schlingen.

Geschmack <-(e)s, Geschmäcke oder scherz Geschmäcker> m **1** <nur sing> (~ssinn) sapore m, gusto m: **ein bitterer/süßer ~**, un sapore/gusto amaro/dolce; **einen bitteren ~ im Mund haben**, avere un sapore amaro in bocca; **die Suppe hat einen faden ~**, la minestra è insipida; **der Fisch hat einen seltsamen ~**, il pesce ha un sapore strano; **mild im ~** (in der Werbung), dal sapore/gusto delicato **2** (ästhetisches Empfinden) gusto m: **sie hat ihre Wohnung mit viel ~ eingerichtet**, ha arredato il suo appartamento con molto gusto; **wir haben den gleichen ~**, abbiamo gli stessi gusti; **das ist eine Frage des ~s**, è questione di gusti; **der ~ des 19. Jahrhunderts**, il gusto dell'Ottocento **3** geh (Anstand): **gegen den guten ~ verstoßen** {VERHALTEN, WITZ}, essere di cattivo gusto; {PERSON} mancare di tatto ● ╷**an etw (dat) ~ finden**╵/ [etw (dat) ~ **abgewinnen**], trovarci gusto a fare qc; **für meinen/unseren/... ~ fam**, per i miei/nostri/... gusti fam; **einen guten ~ haben** {SPEISEN, WEINE}, avere un buon sapore; {PERSON}, avere buon gusto; **je nach ~**, secondo i gusti; **das ist nicht jedermanns ~**, non piace a tutti; **auf den ~ kommen**, prenderci gusto; **das ist nach meinem ~**, è di mio gusto; **das war ein Urlaub ganz nach meinem ~**, sono state delle vacanze proprio come ╷dico io╵/[piaccione a me]; **jds ~ treffen**, incontrare il gusto di qu; **die Geschmäcker sind verschieden fam**, ognuno ha i suoi gusti; **über ~ lässt sich streiten prov**, tutti i gusti sono gusti prov, sui gusti non si discute, de gustibus non est disputandum prov.

geschmacklos A adj <attr> **1** (ohne Geschmack) {GIFT} insaporo; {SPEISE, ZUTAT} auch privo di gusto; (fade) insipido **2** (schlechten Geschmack beweisend) {EINRICHTUNG, KLEIDUNG} di cattivo gusto **3** (taktlos) {BEMERKUNG, WITZ} di cattivo gusto B adv: **sich ~ anziehen/kleiden**, non avere gusto nel vestire; **ein ~ eingerichtetes Zimmer**, una camera arredata senza alcun gusto.

Geschmacklosigkeit <-, -en> f **1** <nur sing> mancanza f di gusto **2** (Taktlosigkeit): **deine Unterstellungen sind eine wahre ~, le tue insinuazioni sono veramente di cattivo gusto; **deine ~en werde ich mir nicht länger gefallen lassen**, non sono più disposto (-a) a tollerare le tue volgarità.

Geschmacksfrage f → **Geschmackssache**.

Geschmacksnerv m anat nervo m glossofaringeo.

geschmacksneutral adj insaporo.

Geschmacksrichtung f **1** (bestimmte Modetendenz) gusto m, stile m **2** (Richtung eines Geschmacks) gusto m: **Eis in allen ~en**, gelati di tutti i gusti; **das ist nicht meine ~ fam**, non è il mio genere fam.

Geschmackssache, **Geschmackssache** f: **das ist reine ~**, è questione di gusti.

Geschmackssinn <-(e)s, ohne pl> m (senso m del) gusto m.

Geschmacksstoff m sostanza f aromatica, aroma m.

Geschmacksverirrung <-, -en> f pej perversione m/imbarbarimento m del gusto: **du leidest wohl an ~? fam**, ma che gusti hai? fam, hai proprio dei gusti barbari! fam.

Geschmacksverstärker m esaltatore m di sapidità.

geschmackvoll A adj {KLEIDUNGSSTÜCK, MOBILIAR} di (buon) gusto B adv {SICH EINRICHTEN, SICH KLEIDEN} con (buon) gusto.

Geschmeide <-s, -> n geh obs monili m pl, gioie f pl.

geschmeidig A adj **1** (weich) {HAUT, LEDER, TEIG} morbido; {HAAR} auch soffice **2** (biegsam) {GANG, KÖRPER} elastico, flessuoso B adv (biegsam) {SICH BEWEGEN} con scioltezza, agilmente.

Geschmeidigkeit <-, ohne pl> f **1** (Schmiegsamkeit) {+FELL, HAAR, HAUT, LEDER} morbidezza f **2** (Biegsamkeit) {+BEWEGUNG, KÖRPER} elasticità f, flessuosità f, scioltezza f.

Geschmiere <-s, ohne pl>, **Geschmier** <-(e)s, ohne pl> n pej fam **1** (Unleserliches) scarabocchi m pl, sgorbio m **2** (qualitativ Schlechtes: von Gemälde, Text) sgorbio m.

geschmiert adj: **wie ~ (laufen/gehen)** fam, (andare/filare) liscio come l'olio.

geschmissen part perf von schmeißen.

geschmolzen part perf von schmelzen.

geschmort adj {FLEISCH, GEMÜSE} stufato.

Geschmuse <-s, ohne pl>, **Geschmus** <-es, ohne pl> n fam sbaciucchiamento m, coccole f pl.

Geschnatter <-s, ohne pl> n {+GÄNSE} schiamazzo m; {+MÄDCHEN} cicaleccio m.

Geschnetzelte <dekl wie adj> n süddt A CH gastr spezzatino m (piccolo).

geschniegelt adj fam meist pej {ÄUSSERES, MENSCH} lisciato, azzimato ● **~ und gebügelt/gestriegelt**, in ghingheri, tirato a lucido, tutto azzimato.

geschnitten A part perf von schneiden B adj: **kurz ~** {HAAR}, (tagliato) corto ● **da hast du dich aber gewaltig ~! region fam**, ti sbagli ╷di grosso╵/[alla grande fam]!

geschoben part perf von schieben.

gescholten part perf von schelten.

Geschöpf <-(e)s, -e> n **1** (Lebewesen) creatura f, essere m vivente **2** (Produkt) creazione f, frutto m: **das ~ eines Dichters**, la creazione di un poeta ● **ein undankbares ~**, un essere ingrato.

geschoren A part perf von scheren B adj: **kahl ~** {MENSCH, KOPF, SCHÄDEL}, raso/rapato fam a zero; {HUND, PFERD, SCHAF}, tosato.

Geschoss① (a.R. **Geschoß**), **Geschoß** süddt A CH <-es, -e> n proiettile m; (Kugel) pal-

lottola f: **von einem ~ getroffen werden**, essere colpito da un proiettile.
Geschoss② (a.R. Geschoß), **Geschoß** *süddt A CH* <-es, -e> n (*Stockwerk*) piano m: **in den unteren ~en sind nur Büroräume**, ai piani inferiori ci sono solo uffici.
Geschossbahn (a.R. Geschoßbahn), **Geschoßbahn** *süddt A CH* f *mil* traiettoria f.
geschossen part perf *von* schießen.
geschraubt A adj 1 (*mit Schrauben befestigt*) avvitato 2 *pej* {REDEWEISE, SPRACHE, STIL} artificioso, manierato, affettato B adv {SICH AUSDRÜCKEN, SPRECHEN} in modo artificioso/affettato: **das klingt so ~** {BRIEFSTIL}, mi sembra un po' artificioso.
Geschrei <-s, ohne pl> n 1 *pej* (*dauerndes Schreien*) grida f pl, urli m pl 2 *fam pej* (*Lamentieren*) rumore m, chiasso m • **viel ~ um etw (akk) machen** *fam*, fare ˌmolto rumoreˌ/[un gran cancan] *fam per qc*; **viel ~ um nichts**, molto rumore per nulla.
geschrieben A part perf *von* schreiben B adj: **selbst ~**, autografo.
geschrien (a.R. geschrieen) part perf *von* schreien.
geschritten part perf *von* schreiten.
geschult adj {INTELLEKT} allenato; {OHR, STIMME} educato; **er ist politisch ~**, ha una formazione politica.
geschunden part perf *von* schinden.
Geschütz <-es, -e> n pezzo m d'artiglieria, cannone m; <pl> artiglieria f • **(gegen jdn) schweres ~ auffahren** fam, ˌandare giù/[andarci] pesante con qu *fam*; **ein schweres ~**, un pezzo di artiglieria pesante.
Geschützfeuer n fuoco m d'artiglieria.
geschützt adj 1 (*abgeschirmt*) {ECKE, HAUSSEITE, SITZECKE} riparato, protetto 2 (*unter Naturschutz stehend*) {PFLANZE, TIER} protetto.
Geschwader <-s, -> n *naut* squadra f; *aero* squadriglia f, stormo m.
Geschwafel <-s, ohne pl> n *fam pej* ciance f pl, chiacchiere f pl, blablà m.
Geschwätz <-es, ohne pl> n *pej fam* 1 (*dummes Gerede*) chiacchiere f pl, ciance f pl 2 (*Klatsch*) pettegolezzi m pl.
geschwätzig adj *pej* 1 (*vielredend*) chiacchierone, logorroico 2 (*klatschsüchtig*) chiacchierone.
Geschwätzigkeit <-, ohne pl> f *pej* logorrea f.
geschweift adj {TISCHBEINE} arcuato, (ri)curvo: **~ Klammern**, parentesi graffe.
geschweige konj **~ (denn) (, dass) ...** tanto meno ..., meno che mai ...: **nach der langen Krankheit kann er noch nicht aufstehen, ~ (denn) arbeiten**, dopo la lunga malattia non riesce ancora ad alzarsi, figuriamoci (poi) a lavorare.
geschwiegen part perf *von* schweigen.
geschwind *süddt* A adj {BEWEGUNG, SCHRITT} veloce, rapido, svelto B adv {ARBEITEN, DAVONLAUFEN} velocemente.
Geschwindigkeit <-, -en> f 1 (*Tempo*) velocità f: **mit einer ~ von 100 Stundenkilometern**, a una velocità di 100 km orari; **mit hoher ~**, ad alta velocità; **er wurde wegen überhöhter ~ angehalten**, è stato fermato per eccesso di velocità 2 (*Schnelligkeit*) {+COMPUTER, DATENVERARBEITUNG} rapidità f, velocità f • **mit affenartiger ~** *fam*, a una velocità pazzesca/supersonica; **mit atemraubender ~** fam, a una velocità impressionante; **die ~ beibehalten**, mantenere la velocità; **die ~ erhöhen/steigern**, aumentare la velocità; **die ~ herabsetzen/verringern**, ridurre/diminuire la velocità.

Geschwindigkeitsbegrenzung f, **Geschwindigkeitsbeschränkung** f *adm* limite m di velocità.
Geschwindigkeitskontrolle f controllo m di/della velocità.
Geschwindigkeitsüberschreitung f eccesso m di velocità.
Geschwister subst <nur pl> fratelli m pl e sorelle f pl: **ich habe drei ~**, ho tre fratelli.
geschwisterlich A adj {LIEBE, VERBUNDENHEIT} fraterno B adv {TEILEN} fraternamente.
Geschwisterliebe f amore m fraterno.
Geschwisterpaar n fratello m e sorella f.
geschwitzt adj: **nass ~** {GESICHT, HEMD}, bagnato di sudore; **nass ~ sein** {PERSON}, essere in un bagno di sudore, essere bagnato/madido di sudore.
geschwollen A part perf *von* schwellen B adj 1 *med* {BACKE} gonfio; {MANDELN} auch ingrossato 2 *pej* (*geschraubt*) {AUSDRUCKSWEISE, STIL} gonfio, ampolloso, magniloquente, tronfio C adv *pej* (*geschraubt*) {REDEN} ampollosamente, in modo ampolloso.
geschwommen part perf *von* schwimmen.
geschworen A part perf *von* schwören B adj <attr>: **ein ~er Feind/Gegner**, un nemico giurato/dichiarato.
Geschworene <dekl wie adj> mf 1 *obs* (*Schöffe*) giudice m popolare 2 (*bes. in den USA*) giurato (-a) m (f), membro m della giuria.
Geschworenenbank f *jur* {+SCHÖFFE} banco m dei giudici popolari; (*in den USA*) banco m dei giurati.
Geschwulst <-, Geschwülste> f *med* (*Tumor*) tumore m; (*Anschwellung*) gonfiore m, tumefazione f.
geschwunden part perf *von* schwinden.
geschwungen A part perf *von* schwingen B adj {AUGENBRAUEN} arcuato, curvo.
Geschwür <-(e)s, -e> n *med* ulcera f.
Ges-Dur n *mus* sol m bemolle maggiore.
gesegnet adj 1 *relig* benedetto 2 (*bei Glückwünschen*): **~e Mahlzeit!** obs, buon appetito!; **wir wünschen Ihnen ein ~es Weihnachtsfest!**, Le/Vi auguriamo Buon Natale! • **mit jdm ~ sein** *fam iron*: **mit dem Mann ist sie aber ~!**, con quell'uomo è proprio sistemata! **mit etw (dat) nicht (gerade) ~ sein** *fam*: **er ist nicht gerade mit Gesundheit ~**, non è che scoppi proprio di salute *fam*; **sie sind nicht gerade mit Reichtümern ~**, non nuotano/navigano proprio nell'oro.
gesehen part perf *von* sehen • **gern ~** {GÄSTE}, benvisto, gradito; **(bei jdm) (immer) gern ~ sein**, essere (sempre) ˌil benvenutoˌ/[la benvenuta] (*da qu*); **im Großen und Ganzen ~**, tutto sommato; **hat man so was schon ~!**, non si è mai vista una cosa simile!; **lange nicht ~!** *fam*, è da molto/[un pezzo fam] che non ci vediamo! fam; **das muss man ~ haben!**, bisogna averlo visto con i propri occhi; **so ~ ...**, visto/considerato così ..., da questo punto di vista..., sotto quest'aspetto...
Geseiere, **Geseier** <-s, ohne pl> n *pej fam* 1 (*Gejammer*) lagna f fam, lamentele f pl 2 (*Geschwafel*) ciance f pl, blabla m.
Geselle <-n, -n> m (**Gesellin** f) 1 (*Handwerksgeselle*) lavorante mf, "artigiano (-a) m (f) che ha superato la fase dell'apprendistato" 2 *obs* (*Kerl*) tipo m: **ein lustiger ~**, un buontempone fam, un compagnone.
gesellen <ohne ge-> rfl 1 (*sich jdm anschließen*) **sich zu jdm ~** unirsi *a qu*, accompagnarsi *a/con qu* geh 2 (*hinzukommen*) **sich zu etw (dat) ~** aggiungersi *a qc*: **zu seinen**

beruflichen Problemen **~ sich nun auch noch finanzielle Schwierigkeiten**, ai suoi problemi di lavoro si aggiungono ora anche le difficoltà finanziarie.
Gesellenbrief m *D* "diploma m di artigiano qualificato".
Gesellenprüfung f *D* "esame m al termine dell'apprendistato da artigiano".
Gesellenstück n *D* "saggio m di fine apprendistato".
gesellig A adj 1 (*in Gesellschaft stattfindend*) {BEISAMMENSEIN} fra amici; {ABEND} auch in compagnia: **eine ~e Runde**, un'allegra brigata 2 (*umgänglich*) {MENSCH, TYP} socievole: **~ sein**, essere socievole/[di compagnia], stare volentieri in compagnia; **eine ~e Natur haben**, avere un'indole socievole B adv: **~ zusammensitzen**, stare ˌin compagniaˌ/[fra amici].
Geselligkeit <-, -en> f 1 <nur sing> (*gesellige Art*) {+MENSCH} socievolezza f 2 <nur sing> (*geselliges Leben*) compagnia f: **ich liebe die ~**, mi piace la/[stare in] compagnia 3 (*geselliges Beisammensein*) incontro m/ritrovo m fra amici.
Gesellin f → Geselle.
Gesellschaft <-, -en> f 1 <meist sing> soziol società f: **die bürgerliche/klassenlose/menschliche ~**, la società borghese/[senza classi]/[umana]; **die Rolle der Frau in der ~**, il ruolo della donna nella società 2 <meist sing> (*Kreis von Menschen*) compagnia f: **eine fröhliche/langweilige ~**, una compagnia allegra/noiosa; **eine ˌbunt zusammengewürfelteˌ/[gemischte] ~** (*Publikum*), un pubblico eterogeneo/composito; (*Gruppe*) un'accozzaglia di gente *fam pej* 3 (*Oberschicht*) società f: **die feine/gute/vornehme ~**, l'alta/la buona società, il bel mondo 4 <nur sing> (*Umgang*) compagnia f: **in jds ~**, in compagnia di qu; **auf deine ~ kann ich verzichten**, posso fare a meno della tua compagnia 5 (*Fest*) ricevimento m: **eine ~ geben**, dare un ricevimento 6 (*Vereinigung*) società f, associazione f: **eine literarische ~**, un'associazione letteraria 7 *jur ökon* (Abk Ges.) società f (Abk Soc.). • **eine ~ mit jdm aufmachen** *fam*/**gründen** ökon, ˌmettersi inˌ/[fondare una] società con qu; **sich in guter ~ befinden**, trovarsi/essere in buona compagnia; **da befindest du dich in guter ~!** *iron*, non sei l'unico (-a)!; **die ehrenwerte ~**, l'onorata società, la mafia; **jdn in die ~ einführen**, introdurre qu in società; **in die ~ eingeführt werden**, essere introdotto/presentato in società; **eingetragene ~** ökon, società registrata; **zur ~ gehören**, appartenere all'alta società; **in schlechte ~ geraten**, (cominciare a) frequentare cattive compagnie, finire in un brutto giro *fam*; **geschlossene ~** (*im Restaurant*), ricevimento privato, riunione privata; **~ mit beschränkter Haftung** ökon, società a responsabilità limitata; **jdm ~ leisten**, fare/tenere compagnia a qu; **~ des bürgerlichen Rechts**, società semplice.
Gesellschafter <-s, -> m (**Gesellschafterin** f) 1 (*Unterhalter*): **ein guter ~ sein**, essere un compagnone *fam* 2 ökon (*Partner*) socio (-a) m (f) • **beschränkt haftender ~**, socio ˌlimitatamente responsabileˌ/[a responsabilità limitata]; **stiller ~**, socio occulto; **unbeschränkt haftender ~**, socio ˌillimitatamente responsabileˌ/[a responsabilità illimitata].
Gesellschafteranteil m *jur ökon* quota f sociale.
Gesellschafterin f 1 → Gesellschaftsdame 2 → Gesellschafter 2.
Gesellschafterversammlung f assemblea f dei soci.

gesellschaftlich A adj <attr> **1** (*sozial*) {Missstand, Schicht, Stellung, Verhältnisse} sociale **2** (*die höhere Gesellschaft betreffend*) {Verpflichtungen} mondano, di società B adv (*in besseren Kreisen*) {sich sicher bewegen, sich unmöglich machen} in società.

Gesellschaftsabend m serata f mondana.

Gesellschaftsanzug m abito m da sera.

Gesellschaftsdame f *obs* dama f di compagnia.

gesellschaftsfähig adj {Aussehen} presentabile; {Verhalten} (socialmente) dignitoso/decoroso.

Gesellschaftsform f **1** (*Gesellschaftsordnung*) forma f sociale **2** com (*Unternehmensform*) forma f/struttura f societaria.

Gesellschaftsgründung f *ökon* costituzione f di (una) società.

Gesellschaftskapital n *ökon* capitale m sociale.

Gesellschaftsklasse f classe f sociale.

Gesellschaftsklatsch m pettegolezzi m pl mondani/[di società]; (*bes. in Zeitungen*) cronaca f rosa/mondana.

Gesellschaftskritik f critica f sociale.

gesellschaftskritisch adj {Analyse} di critica sociale.

Gesellschaftslehre f **1** *Schule* educazione f civica **2** (*Soziologie*) sociologia f.

Gesellschaftsordnung f ordinamento m sociale/[della società].

Gesellschaftspolitik f politica f sociale.

Gesellschaftsrecht n *jur* diritto m societario.

Gesellschaftsroman m romanzo m sociale.

Gesellschaftsschicht f strato m sociale.

Gesellschaftsspiel n gioco m di società.

Gesellschaftsstruktur f struttura f sociale.

Gesellschaftssystem n sistema m sociale.

Gesellschaftstanz m liscio m, ballo m di società/sala.

gesellschaftsverändernd adj riformatore, che cambia/trasforma la società.

Gesellschaftsvertrag m **1** *philos pol* contratto m sociale **2** *jur ökon* contratto m ₗdi società₊/[sociale], statuto m.

Gesellschaftswissenschaft f <*meist* pl> scienza f sociale.

gesellschaftswissenschaftlich adj di scienze sociali.

gesessen part perf *von* sitzen.

Gesetz <-es, -e> n **1** *jur* legge f: **im Namen des ~es**, in nome della legge; **kraft des ~es**, in forza della legge; **nach dem ~** (*gesetzlich*), ₗsecondo la₊/[per] legge; (*gemäß dem ~*), ₗa norma di₊/[ai sensi della] legge; **das ~ über den Schwangerschaftsabbruch**, la legge ₗsull'aborto₊/[sull'interruzione volontaria della gravidanza] **2** *phys ökon* legge f **3** <*meist* pl> (*Prinzip*) legge f, regola f, norma f ● **das ~ von Angebot und Nachfrage**, la legge della domanda e dell'offerta; **ein ~ anwenden**, applicare una legge; **ein ~ aufheben/[außer Kraft setzen]**, abrogare/abolire una legge; **ein ~ beraten**, discutere una legge; **das ~ brechen/übertreten/verletzen**, infrangere/trasgredire/violare la legge; **das ~ des Dschungels**, la legge della giungla; **ein ~ durchbringen**, far passare una legge; **ein ~ (im Parlament) einbringen**, presentare una legge (in parlamento); **ein ~ einhalten**, osservare/rispettare una legge; **ein ~ erlassen**, emettere/emanare una legge; **ein ~ promulgare** una legge; **vor dem ~ sind alle gleich**, la legge è uguale per tutti; **mit dem ~ in Konflikt geraten**, entrare in conflitto con la legge; **ein ~ tritt in/außer Kraft**, una legge ₗentra in₊/[cessa di avere] vigore; **laut ~**, ₗa norma di₊/[ai sensi della] legge; **das ~ der Schwerkraft** *phys*, la legge di gravità; **nach dem ~ der Serie**, secondo il calcolo delle probabilità; **das ~ des Stärkeren**, la legge del più forte; **ein ~ umgehen**, eludere una legge; **ein ungeschriebenes ~**, una legge non scritta; **ein ~ verabschieden**, varare/approvare una legge; **gegen ein ~ verstoßen**, contravvenire a una legge.

Gesetzblatt n (Abk GBl.) ≈ Gazzetta f Ufficiale (Abk G.U.).

Gesetzbuch n *jur* codice m (Abk C., cod.) ● **Bürgerliches ~** (Abk BGB), codice civile (tedesco).

Gesetzentwurf m progetto m di legge; {Länder, Parlamentarier} proposta f di legge; {Regierung} disegno m di legge: **einen ~ einbringen**, presentare una proposta/un disegno di legge.

Gesetzesbrecher m (**Gesetzesbrecherin** f) trasgressore m, chi infrange/viola la legge.

Gesetzeshüter m (**Gesetzeshüterin** f) *oft iron oder scherz* (*Polizist*) tutore m ₗdella legge₊/[dell'ordine].

Gesetzesinitiative f *jur pol* iniziativa f legislativa.

Gesetzeskraft <-, ohne pl> f *jur* forza f di legge, valore m di legge: **Rechtsakte mit ~**, atti con valore di legge.

Gesetzesnovelle f *jur* novella f.

Gesetzespaket n *pol* pacchetto m di leggi: **ein ~ schnüren** *slang pol*, preparare un pacchetto di leggi.

Gesetzessammlung f *jur* raccolta f di leggi.

Gesetzestext m testo m di legge.

gesetzestreu A adj ossequente alle leggi B adv {handeln} in ossequio alle leggi.

Gesetzestreue f osservanza f della legge.

Gesetzesvorbehalt m *jur* riserva f di legge.

Gesetzesvorlage f → **Gesetzentwurf**.

Gesetzeswidrigkeit f → **Gesetzwidrigkeit**.

gesetzgebend adj <attr> {Gewalt, Versammlung} legislativo: **das ~e Organ**, l'organo legislativo.

Gesetzgeber <-s, ohne pl> m legislatore m.

Gesetzgebung <-, ohne pl> f legislazione f, legislatura f.

gesetzlich A adj <attr> {Bestimmungen, Regelungen} di legge, legale: **~er Erbe**, erede legittimo; **~er Feiertag**, festività ufficiale; **~e Maßnahme**, provvedimento di legge; **~er Vertreter**, rappresentante legale; **auf ~em Weg(e)**, per via legale B adv {anerkennen, festlegen, regeln, verpflichtet sein} per legge, legalmente: **~ geschützt** {Warenzeichen}, depositato.

Gesetzlichkeit <-, ohne pl> f {+Bestimmungen, Regelungen} legalità f: **die ~ einer Maßnahme**, la legalità di un provvedimento.

gesetzlos adj senza legge; {Zustände} di anarchia; {Mensch} anarchico.

Gesetzlosigkeit <-, ohne pl> f anarchia f, assenza f di leggi.

gesetzmäßig A adj **1** (*gesetzlich*) {Bestimmung, Verhältnisse} conforme alla legge, legale; (*rechtmäßig*) {Besitzer, Eigentümer, Herrscher} legittimo **2** (*einem Naturgesetz folgend*) {Entwicklung} naturale B adv (*einem Naturgesetz folgend*) {ablaufen, sich vollziehen} naturalmente, secondo natura.

Gesetzmäßigkeit <-, -en> f **1** <*nur* sing> *jur* legalità f; legittimità f **2** {+Entwicklung, Prozess} regolarità f; <pl> principi m pl, leggi f pl.

gesetzt adj <attr> **1** (*ruhig und besonnen*) {Mensch} posato: **ein Herr im ~en Alter**, un signore di età matura **2** (*formuliert*): **wohl ~** → **wohlgesetzt**.

Gesetztheit <-, ohne pl> f posatezza f.

gesetzwidrig adj {Aktion, Einsatz, Vorgehen} illegale, contrario alla legge, illecito.

Gesetzwidrigkeit f illegalità f.

ges. gesch. Abk *von* gesetzlich geschützt → **gesetzlich**.

gesichert adj {Einkommen, Verhältnisse} sicuro; {Existenz, Zukunft} *auch* assicurato.

Gesicht① <-(e)s, -er> n **1** (*Antlitz*) viso m, faccia f, volto m *lit*: **ein schönes ~**, un bel viso/volto *lit*; **ein hässliches ~**, una faccia brutta; **ein schmales/rundliches ~**, un viso affilato/tondo; **ein vertrautes ~**, un viso familiare/noto **2** (*Erscheinungsbild*) {+Landschaft, Stadt} volto m, fisionomia f, aspetto m ● **jdm etw vom ~ ablesen**, leggere qc ₗin faccia a qu₊/[sul volto di qu] *lit*; **ein anderes ~ bekommen** {Sache}, assumere ₗun altro aspetto₊/[un'altra fisionomia], apparire sotto un'altra luce; **jdn/etw zu ~ bekommen/kriegen** *fam*, riuscire a vedere qu (in faccia), riuscire a vedere qc; **jdm (wie) aus dem ~ geschnitten sein**, essere il ritratto di qu, essere tale e quale a qu, essere qu spiccicato (-a) *tosk*; **jdm zu ~ kommen**, capitare sotto gli occhi di qu; **jdm ins ~ lachen**, ridere in faccia a qu; **jdm ins ~ lügen**, mentire spudoratamente a qu; **ein ~ machen**: **ein beleidigtes/böses/finsteres ~ machen** *fam*, fare la faccia offesa/cattiva/scura; **ein fröhliches ~ machen**, avere un'aria/un'espressione allegra; **ein trauriges ~ machen**, ₗfare la faccia₊/[avere l'aria] triste; **du machst vielleicht ein ~!** *fam*, ma che faccia fai? *fam*, hai una faccia!? *fam*; **ein neues/unbekanntes ~**, una faccia nuova/sconosciuta; **ein ~ zum Reinhauen/Reinschlagen haben** *slang*, avere una faccia da schiaffi *fam*; **jdm etw ins ~ sagen**, dire qc ₗin faccia₊/[sul viso] a qu; **~er schneiden**, fare le smorfie/le boccacce/i versacci; **etw ins ~ sehen** {der Gefahr, den Tatsachen}, guardare in faccia qc; **jdm nicht mehr ins ~ sehen/schauen/blicken können**, non poter più guardare in faccia qu; **jdm ins ~ springen** *fam*, saltare agli occhi a qu; **ich könnte ihm/ihr (vor Wut) ins ~ springen**, l'avrei preso (-a) per il collo (dalla rabbia) *fam*; **jdm steht etw ins ~ geschrieben**, qu ha scritto/stampato in faccia qc; **über das ganze ~ strahlen**, avere il volto raggiante, illuminarsi in volto; **ein ~ wie drei Tage Regenwetter machen** *fam*, fare una faccia da funerale *fam*; **das ~ verlieren**, perdere la faccia; **das/sein ~ verziehen**, fare una brutta smorfia; **das ~ wahren**, salvare la faccia *fam*; **sein wahres ~ zeigen**, mostrare il suo vero volto; **ein langes ~ ziehen/machen**, fare il viso lungo, fare la faccia lunga *fam*, fare il muso lungo *fam*; **zwei ~er haben**, avere due facce.

Gesicht② <-(e)s, -e> n *geh* visione f: **~e haben**, avere delle visioni ● **ein zweites ~ haben**, avere qualche facoltà paranormale.

Gesichtsausdruck m espressione f del viso/volto, aria f.

Gesichtscreme f crema f per il viso.

Gesichtserkennung f identificazione f (biometrica) facciale.

Gesichtsfarbe f colorito m: **eine gesunde ~ haben**, avere ₗun bel colorito₊/[un colorito sano)/[una bella cera]; **eine ungesunde ~ haben**, avere ⌊una brutta cera⌋/[un brutto colore].

Gesichtsfeld <-(e)s, ohne pl> n campo m visivo.

Gesichtshälfte f metà f del viso: **die rechte/linke ~**, la parte destra/sinistra del viso.

Gesichtskontrolle f *fam oft scherz* (*bes. vor Lokalen*) "controllo m dell'aspetto fisico degli avventori, effettuato dai buttafuori all'esterno dei locali per decidere chi può entrare e chi no".

Gesichtskreis m <*meist sing*> *geh* **1** (*Gesichtsfeld*) vista f: **jdn aus dem ~ verlieren**, perdere qu di vista **2** (*geistiger Horizont*) orizzonte m: **seinen ~ erweitern**, allargare il proprio orizzonte.

Gesichtskrem, **Gesichtskreme** f → **Gesichtscreme**.

Gesichtslähmung f paralisi f facciale.

gesichtslos adj anonimo, privo di personalità.

Gesichtsmaske f **1** (*kosmetisches Präparat*) maschera f di bellezza **2** (*Verkleidung*) maschera f.

Gesichtsmilch f latte m detergente (per il viso).

Gesichtsmuskel m *anat* muscolo m facciale.

Gesichtsnerv m *anat* nervo m facciale.

Gesichtsoperation f *med* operazione f al viso.

Gesichtspartie f parte f del viso.

Gesichtspflege f cura f del viso.

Gesichtsplastik f *med* plastica f facciale.

Gesichtspunkt m punto m di vista, aspetto m, ottica f, profilo m: **unter diesem ~**, da/sotto questo punto di vista, sotto ⌊quest'aspetto⌋/[questo profilo], in quest'ottica; **vom juristischen ~ aus**, dal punto di vista giuridico; **etw unter einem bestimmten ~ betrachten**, considerare qc ⌊da un certo punto di vista⌋/[sotto un certo aspetto/profilo].

Gesichtsverlust m: **jd fürchtet den ~**, qu teme di perdere la faccia.

Gesichtswasser n lozione f/tonico m per il viso.

Gesichtswinkel m **1** (*Winkel, von dem aus man etw betrachtet*) angolo m visuale **2** (*Gesichtspunkt*) punto m di vista, angolazione f, visuale f.

Gesichtszug m <*meist pl*> lineamento m, tratto m (del viso); <pl> *auch* fattezze f pl, sembianze f pl *lit*: **scharfe Gesichtszüge haben**, avere dei tratti marcati ● **jdm entgleisen sämtliche Gesichtszüge** *slang*, qu cambia completamente faccia.

Gesims <-es, -e> n *arch* cornicione m, cornice f.

Gesinde <-s, -> n *obs* servitù f.

Gesindel <-s, ohne pl> n *pej* gentaglia f, marmaglia f, ciurmaglia f, canaglia f *lit*.

gesinnt adj disposto, intenzionato: **jdm freundlich/wohlwollend ~ sein**, essere bendisposto/benintenzionato verso qu; **jdm übel ~ sein**, essere maldisposto/malintenzionato verso qu; **ein demokratisch/liberal ~er Politiker**, un politico di ⌊idee democratiche/liberali⌋/[orientamento democratico/liberale]; **ein friedlich ~er Mensch**, un uomo di indole pacifica; **anders ~** {MENSCH}, di altra opinione, di idee diverse; **ich bin anders ~ als du**, io la penso diversamente da te, io sono di diverso parere; **jdm feindlich ~ sein**, nutrire sentimenti ostili ⌊nei confronti di⌋/[verso] qu, essere ostile a qu; **gleich ~** {MENSCH}, di idee e interessi affini; **gleich** **~ sein**, essere in sintonia, pensarla allo stesso modo.

Gesinnung <-, -en> f idee f pl, convinzioni f pl, opinioni f pl: **eine demokratische/liberale ~ haben**, essere di idee/convinzioni democratiche/liberali; **eine edle ~**, un animo nobile; **niederträchtige ~**, bassezza d'animo; **eine christliche ~**, sentimenti cristiani; **seine moralische ~**, i suoi principi morali; **politische ~**, idee politiche, fede politica, credo politico; **seine politische ~ ändern/wechseln**, mutare il proprio orientamento politico.

Gesinnungsgenosse m (**Gesinnungsgenossin** f) *bes. pol* compagno (-a) m (f) di fede (politica).

gesinnungslos adj *pej* senza principi (morali), amorale.

Gesinnungstäter m (**Gesinnungstäterin** f) "persona f che infrange la legge per convinzioni ideologiche o politiche".

Gesinnungswandel m, **Gesinnungswechsel** m voltafaccia m, (improvviso) cambiamento m ⌊d'opinione⌋/[di idee].

gesittet **A** adj {BENEHMEN} civile; {MENSCH} *auch* (ben)educato, per bene, di buoni costumi **B** adv {SICH BENEHMEN, SICH VERHALTEN} civilmente, educatamente, in modo civile/educato.

Gesocks <-(es), ohne pl> n *fam pej* marmaglia f, ciurmaglia f.

Gesöff <-(e)s, -e> n *fam meist pej* intruglio m, brodaglia f *fam*, beverone m *fam*; (*bes. Kaffee*) ciofeca f *fam*.

gesoffen part perf *von* saufen.

gesogen part perf *von* saugen.

gesondert **A** adj {ABRECHNUNG, AUSLIEFERUNG, VERSAND, ZUSTELLUNG} separato, a parte **B** adv {ABRECHNEN, BESPRECHEN, VERSENDEN, ZUKOMMEN LASSEN} separatamente, a parte: **die Rechnung wird Ihnen ~ zugeschickt**, la fattura Vi sarà spedita a parte.

gesonnen **A** part perf *von* sinnen **B** adj: (nicht) **~ sein, etw zu tun**, (non) essere disposto a fare qc, (non) avere l'intenzione di fare qc; **ich bin nicht ~, die Anzeige zurückzuziehen**, non ho nessuna intenzione di ritirare la denuncia; **jdm feindlich ~ sein**, nutrire sentimenti ostili ⌊nei confronti di⌋/[verso] qu; **jdm freundlich ~ sein**, essere bendisposto/benintenzionato verso qu.

gesotten part perf *von* sieden.

gespalten adj **1** *med*: **eine ~e Oberlippe**, un labbro leporino; **~er Gaumen**, palatoschisi **2** *psych* {SEELE} scisso: **~es Bewusstsein**, personalità dissociata, schizofrenia.

Gespann <-(e)s, -e> n **1** (*Zugtiere*) tiro m **2** (*Wagen mit Zugtieren*) carro m; (*Kutsche*) carrozza f **3** *fam* (*Paar*) coppia f: **ein sonderbares ~**, una strana coppia; **Herr Müller und sein Kollege sind im Berufsleben das ideale ~**, il signor Müller e il suo collega sono un'accoppiata vincente sul lavoro.

gespannt **A** adj **1** (*konflikttrchtig*) {BEZIEHUNGEN, LAGE, VERHÄLTNISSE} teso, conflittuale: **mit meinen Schwiegereltern habe ich ein sehr ~es Verhältnis**, i rapporti con i miei suoceri sono molto tesi **2** (*sehr erwartungsvoll*) ansioso, curioso: **da bin ich aber ~!**, sono proprio curioso (-a)!; **ich bin ~ auf deinen Freund**, sono curioso (-a)/impaziente di conoscere il tuo amico; **ich bin mal ~, was er erzählt**, ⌊sono proprio curioso (-a) di sapere⌋/[voglio proprio vedere] cosa racconta; **ich bin ~, ob er die Stelle bekommen hat**, sono ansioso (-a) di sapere se ha avuto il posto **B** adv (*erwartungsvoll*) {VERFOLGEN, ZUHÖREN} con attenzione/curiosità, attentamente ● **hoch ~** {ERWARTUNGEN}, molto ele- vato.

Gespenst <-(e)s, -er> n **1** (*Geist*) spettro m, fantasma m, spirito m: **in diesem alten Schloss gehen ~er um**, in questo vecchio castello si aggirano dei fantasmi **2** *geh* (*drohende Gefahr*) **~ einer S.** (gen) {EINER HUNGERSNOT, DES KRIEGS, EINER SEUCHE} spettro m *di qc*, minaccia f *di qc* ● **wie ein ~ aussehen** *fam*, sembrare un fantasma/uno spauracchio *fam*; **(nicht) an ~er glauben**, (non) credere ai fantasmi; **~er sehen** *fam*, vedere fantasmi dappertutto, avere timori infondati.

Gespenstergeschichte f storia f di spettri/fantasmi.

Gespensterglaube m credere m ⌊agli spiriti/spettri⌋/[ai fantasmi].

gespensterhaft adj {ERSCHEINUNG} spettrale.

Gespensterschiff n nave f fantasma.

gespenstig, **gespenstisch** adj {ORT, STILLE} spettrale, sinistro: **~ aussehen** {HAUS, ORT}, avere un aspetto sinistro.

gespieen a.R. *von* gespien → **speien**.

Gespiele <-n, -n> m (**Gespielin** f) *obs* compagno (-a) m (f) di giochi; (*Jugendfreund*) compagno (-a) m (f) d'infanzia.

Gespielin f **1** → **Gespiele 2** (*Mätresse*) amante f, mantenuta f, favorita f.

gespielt adj {DESINTERESSE, INTERESSE, MITLEID, TEILNAHME} finto, simulato.

gespien part perf *von* speien.

Gespinst <-(e)s, -e> n filato m, tela f.

gesponnen part perf *von* spinnen.

gespornt adj ~ **gestiefelt**.

Gespött <-(e)s, ohne pl> n beffa f, scherno m; (*Gegenstand des Spottes*) zimbello m ● **sich zum ~ der *Leute* machen**, **zum ~ der Leute werden**, diventare lo zimbello/scherno di tutti; **jdn zum ~ machen**, mettere alla berlina qu; **sein ~ mit jdm treiben**, farsi beffe/scherno di qu.

Gespräch <-(e)s, -e> n **1** (*lockere Unterhaltung*) conversazione f: **ein anregendes ~**, una conversazione stimolante; (*förmliches* ~) colloquio m; **ein vertrauliches ~**, un colloquio confidenziale; **er hat mich um ein ~ unter vier Augen gebeten**, mi ha chiesto un colloquio a quatt'occhi **2** (*Vorstellungsgespräch*) colloquio m **3** <*nur pl*> *bes. pol* colloqui m pl: **die ~e zwischen den Notenbankchefs werden am Montag wieder aufgenommen**, i colloqui tra i governatori delle banche centrali riprenderanno lunedì **4** <*nur sing*> (*Gesprächsthema*) argomento m: **zum ~ des Tages werden**, diventare l'argomento del giorno **5** (*Telefonat*) telefonata f, chiamata f, comunicazione f: **ein dienstliches/privates ~**, una telefonata/comunicazione ⌊di servizio⌋/[privata]; **ein dringendes ~**, una telefonata/chiamata urgente; **sie führt stundenlange ~e**, fa delle telefonate kilometriche *fam* ● **mit jdm ein ~ anfangen**, attaccare discorso con qu *fam*, mettersi a parlare con qu; **mit jdm ein ~ anknüpfen**, iniziare una conversazione con qu, mettersi a conversare con qu; **sich an einem ~ beteiligen**, partecipare ad una conversazione; **mit jdm im ~ bleiben**, rimanere in contatto con qu, mantenere i contatti con qu; **das ~ auf jdn/etw bringen**, ⌊far cadere⌋/[portare] il discorso/la conversazione su qu/qc; **mit jdm ein ~ führen** (*eine lockere Unterhaltung*), conversare con qu, fare conversazione con qu; (*förmlich*) ⌊avere un⌋/[essere/stare a] colloquio con qu; **ein langes ~ mit jdm (über etw akk) führen**, avere una lunga conversazione con qu (su qc); **jd/etw ist im ~** {VORSCHLAG}, qc è in discussione; {BEWERBER}, si parla di qu, è stato fatto il nome di qu; **mit jdm ins ~ kommen**, cominciare a parlare con qu; (*geschäftlich*), entrare in contatto con qu, avviare una trattativa con qu; **sich in ein ~ mischen**, intromettersi in una conversazione; **in ein ~ vertieft sein**, essere impegnato in una conversazione; **jdn in ein ~ verwickeln**, coinvolgere qu in una conversazione.

gesprächig adj {Mensch} loquace: **jdn ~ machen** {Schnaps, Wein}, sciogliere la lingua a qu, rendere loquace qu.

Gesprächigkeit <-, *ohne pl*> f loquacità f, parlantina f.

gesprächsbereit adj disponibile/aperto/pronto al dialogo.

Gesprächsbereitschaft f disponibilità f/apertura f al dialogo.

Gesprächsdauer f **1** (*Dauer einer Unterredung*) durata f di un colloquio **2** *tel* durata f di una chiamata/telefonata/[conversazione telefonica].

Gesprächseinheit f *tel* → **Gebühreneinheit**.

Gesprächsfaden m filo m [del discorso]/[della conversazione]: **den ~ abreißen lassen**, interrompere/troncare le trattative; **den ~ nicht abreißen lassen** {+Unterhaltung}, mantenere viva la conversazione; {+Verhandlungen} portare avanti le trattative.

Gesprächsfetzen m frammento m/brandello m di conversazione/discorso.

Gesprächsform f <*meist* sing> forma f di dialogo.

Gesprächsgegenstand m oggetto m/argomento m/tema m della conversazione.

Gesprächsnotiz f appunto m preso durante un colloquio.

Gesprächspartner m (**Gesprächspartnerin** f) interlocutore (-trice) m (f).

Gesprächsrunde f **1** (*Round-Table-Gespräch*) tavola f rotonda **2** (*Reihe von Gesprächen*) serie f di incontri/colloqui.

Gesprächsstoff m materia f/argomenti m pl (di conversazione/discussione): **~ liefern**, fornire argomenti di discussione; **wir haben immer ~**, abbiamo sempre di che parlare.

Gesprächsteilnehmer m (**Gesprächsteilnehmerin** f) partecipante mf (a una conversazione/discussione).

Gesprächstermin m appuntamento m per un colloquio.

Gesprächsthema n argomento m/tema m della conversazione.

Gesprächstherapie f *psych* terapia f della parola.

gespreizt **A** adj **1** {Beine} divaricato, largo **2** *pej* (*gekünstelt*) {Stil} affettato, artificioso, ampolloso **B** adv {Reden} in modo affettato/ampolloso, artificiosamente.

gesprenkelt adj {Federn, Stoff, Vogeleier} screziato, macchiettato.

Gespritzte <*dekl wie adj*> m *süddt A* "vino m bianco con acqua minerale frizzante".

gesprochen **A** part perf *von* sprechen **B** adj {Sprache} parlato: **~es Deutsch**, tedesco colloquiale/parlato.

gesprossen part perf *von* sprießen.

gesprungen part perf *von* springen.

Gespür <-s, *ohne pl*> n (*Instinkt*) fiuto m: **ein feines/sicheres ~ für etw (akk) haben**, avere un [buon fiuto]/[fiuto infallibile] per qc; (*Gefühl*) sensibilità f; **er hat kein ~ für Feinheiten**, non ha sensibilità per le sfumature.

Gestade <-s, -> n <*meist pl*> *lit* lido m *lit*, sponda f.

Gestagen <-s, -e> n *anat chem* progestinico

m, gestageno m.

Gestalt <-, -en> f **1** (*Wuchs*) statura f, corporatura f, figura f: **von mittlerer ~ sein**, essere di statura media; **sie ist sehr zierlich von ~**, è di corporatura molto esile; **eine schlanke ~**, una figura/silhouette snella **2** (*unbekannte Person*) figura f, figuro m *pej*: **verdächtige ~en**, figure losche, figuri loschi; **eine armselige ~**, un essere/individuo miserabile; **eine traurige ~**, una triste figura **3** <*meist* sing> (*Form*) forma f: **der Mond hat die ~ einer Kugel**, la luna ha la forma di una sfera **4** (*Persönlichkeit*) personaggio m, figura f: **die bedeutenden ~en der Geschichte**, i grandi personaggi della storia **5** (*Romanfigur*) figura f, personaggio m • (*feste*) **~ annehmen**/**gewinnen** {Plan, Vorstellung}, prendere forma/corpo/consistenza, concretizzarsi; **etw** (dat) **~ geben**/**verleihen**, dare forma/corpo a qc; **einem Text literarische ~ verleihen**, dare una veste letteraria a un testo; **in ~ einer P.** (gen)/**von jdm**, nella persona/figura di qu, nelle sembianze di qu: **er erschien mir im Traum in ~ eines Geistes**, mi è apparso in sogno nelle sembianze di un fantasma; **in ~ einer S.** (gen)/**von etw** (dat), in/sotto forma di qc; **Hilfe in ~ von Lebensmitteln**, aiuti sotto forma di viveri; **sich in seiner wahren ~ zeigen**, mostrare la propria vera natura.

gestalten <*ohne* ge-> **A** tr *etw irgendwie* **~ 1** (*einrichten*) {Büro, Laden, Wohnbereich, Wohnung anders, gemütlich, wohnlich} sistemare qc + compl di modo, dare un aspetto + *adj* a qc, arredare qc + compl di modo **2** (*eine Form geben*) dare *a* qc una forma/un aspetto + *adj*: **wir wollen unseren Garten etwas natürlicher ~**, vogliamo dare un aspetto più naturale al nostro giardino; **der Architekt hat das Museum modern gestaltet**, l'architetto ha dato un'impronta moderna al museo; {Schaufenster künstlerisch} allestire qc + compl di modo; **etw lebendig ~**, vivacizzare qc **3** (*organisieren*) {Reise, Urlaub} rendere qc + *adj*; {Freizeit, Programm} organizzare qc + compl di modo: **den Unterricht interessant ~**, rendere interessante la lezione; **von nun an möchte ich mein Leben so angenehm wie möglich ~**, d'ora in poi vorrei organizzarmi la vita nel modo più piacevole possibile **B** rfl **sich irgendwie ~** {Arbeit, Gespräche, Verhandlungen langwierig, schwierig} rivelarsi + *adj*, risultare + *adj*, presentarsi + *adj*: **der Urlaub gestaltete sich anders, als wir erwartet hatten**, la vacanza prese una piega diversa rispetto alle nostre aspettative; **wie wird sich diese Beziehung wohl ~?**, come si (pre)annuncia/prospetta questo rapporto?

Gestalter m (**Gestalterin** f) {+Film, Kunstwerk} creatore (-trice) m (f), ideatore (-trice) m (f).

gestalterisch adj *meist* <*attr*> {Begabung, Fähigkeiten, Talent} artistico, creativo.

Gestaltpsychologie f *psych* Gestalt f, psicologia f della forma/Gestalt, gestaltismo m.

Gestaltung <-, -en> f **1** (*das Einrichten*) {+Garten} sistemazione f; {+Laden, Wohnung} *auch* arredamento m; {+Schaufenster} allestimento m **2** (*das Organisieren*) {+Freizeit, Leben, Programm} organizzazione f **3** (*das Anlegen, die Konstruktion*) {+Anbau} realizzazione f; {+Fassade} *auch* disegno m.

Gestaltungskompetenz f capacità f/competenza f progettuale.

Gestaltungsspielraum m margine m di azione, spazio m di manovra.

Gestaltungswille m, **Gestaltungswillen** m volontà f progettuale.

Gestammel <-s, *ohne pl*> n balbettio m.

gestand 1. und 3. pers sing imperf von gestehen.

gestanden **A** part perf *von* stehen **B** part perf *von* gestehen **C** adj <*attr*> **1** *süddt A* (*erfahren*): **ein ~er Mann**, un uomo navigato **2** *CH* (*ziemlich alt*) {Mensch} di una certa età • **offen ~**, francamente, in tutta franchezza.

geständig adj {Angeklagter, Täter, Verbrecher} confesso: **~ sein**, essere reo confesso.

Geständnis <-ses, -se> n confessione f • **(vor jdm) ein volles ~ ablegen**, rendere piena confessione (dinanzi/davanti a qu); **er hat ein ~ abgelegt**, ha confessato; **jdm ein ~ machen** (*jdm etw gestehen*), fare una confessione a qu, confessare qc a qu; **ein ~ widerrufen**, ritrattare una confessione.

Gestänge <-s, -> n {+Bett, Zelt} telaio m; *mech* tiranteria f.

Gestank <-(e)s, *ohne pl*> m puzzo m, cattivo odore m; (*starker* ~) fetore m, lezzo m.

Gestapo <-s, *ohne pl*> f *hist* (*im Nationalsozialismus*) Abk *von* Geheime Staatspolizei: Gestapo f.

gestatten <*ohne* ge-> **A** tr geh **1** (*erlauben*) (*jdm*) **etw ~** permettere qc (*a* qu), concedere qc (*a* qu), consentire qc (*a* qu): **bei den Prüfungen ist die Benutzung von Wörterbüchern nicht gestattet**, durante gli esami non è permesso/consentito l'uso dei vocabolari; **~ Sie (mir), dass ich rauche?**, permette che fumi?; **Unbefugten ist das Betreten der Baustelle nicht gestattet**, l'accesso al cantiere è vietato ai non addetti (ai lavori); **es ist nicht gestattet, in den Grünanlagen Fußball zu spielen**, non è permesso giocare a pallone nelle aree/zone verdi; **~ (Sie), dass ...** (*höfliche Frage*), permetta che ...; **~ Sie mir eine Frage**, mi consenta/permetta una domanda; **~ Sie mir, Sie zu korrigieren**, mi consenta di correggerLa **2** (*möglich machen*) (*jdm*) **etw ~** {Einkommen, Finanzlage Reisen, Urlaub} permettere qc (*a* qu), consentire qc (*a* qu): **jdm nicht ~, etw zu tun**, non permettere/consentire a qu di fare qc; **wenn die Umstände es ~**, se le circostanze lo consentono/permettono **B** rfl **1** (*sich die Freiheit nehmen*): **sich** (dat) **~, etw zu tun**, permettersi qc; **ich gestatte mir, Ihnen unsere neuen Produkte vorzustellen**, mi permetto di presentarLe i nostri nuovi prodotti **2** (*sich etw erlauben*): **sich** (dat) **etw ~** permettersi qc, concedersi qc: **ich gestatte mir eine kleine Ruhepause**, mi concedo una piccola pausa.

Geste <-, -n> f **1** (*Gebärde*) gesto m: **eine ärgerliche/drohende/ungeduldige ~**, un gesto [di rabbia]/[minaccioso]/[di impazienza]; **sich mit ~n verständlich machen**, [farsi capire]/[spiegarsi] a gesti **2** (*Handlung*) gesto m: **es war eine sehr nette ~, mir zu meinem Geburtstag ein Telegramm zu schicken**, è stato un gesto carino mandarmi un telegramma per il mio compleanno.

Gesteck <-(e)s, -e> n composizione f [di fiori]/[floreale].

gesteckt adv *fam*: **~ voll** {Bahn, Bus}, pieno zeppo, strapieno.

gestehen <*irr*, *ohne* ge-> **A** tr **1** (*zugeben*) **etw ~** {Diebstahl, Komplizenschaft, Verbrechen} confessare qc, ammettere qc: **der Angeklagte hat alles gestanden**, l'imputato ha confessato tutto; **er hat seine Schuld gestanden**, ha ammesso la sua colpa; **er gesteht, an dem Banküberfall beteiligt gewesen zu sein**, confessa/ammette di aver partecipato alla rapina in banca **2** (*offenbaren*) **jdm etw ~** {Seitensprung, Untreue} confessare qc a qu; {Seine Liebe} dichiarare *qc* a *qu* **B** *itr* {ANGEKLAGTE, TÄTER} confessare.

Gestehungskosten *subst* <*nur pl*> *ökon* costi m pl di produzione.

Gestein <-(e)s, -e> n roccia f.

Gesteinsart f tipo m di roccia.

Gesteinsformation f formazione f (rocciosa).

Gesteinskunde f petrografia f, petrologia f.

Gesteinsprobe f campione m di roccia.

Gesteinsschicht f *geol* strato m roccioso.

Gestell <-(e)s, -e> n **1** (*Bretterregal*) scaffale m, scansia f **2** (*Rahmen*) {+BETT} telaio m; {+BRILLE} montatura f; {+TISCH} supporto m **3** (*Fotostativ*) cavalletto m **4** *fam scherz*: **ein langes ~**, uno (-a) spilungone (-a) *fam*, una stanga *fam*, una pertica *fam*.

gestellt *adj* **1** (*nicht natürlich*) {AUFNAHME, FOTO} troppo studiato/costruito: **~ wirken** {FOTO, SZENE}, sembrare innaturale/artificiale **2** (*situiert*): (**finanziell**) **gut ~ sein**, avere una buona situazione economica; (**finanziell**) **schlecht ~ sein**, essere in una difficile situazione economica **3** (*ohne Hilfe*): **auf sich (selbst) ~ sein**, ₍poter contare₎/[fare conto] solo su se stesso (-a).

gestelzt **A** *adj* {AUSDRUCKSWEISE, STIL} artificioso, affettato **B** *adv* {REDEN} in modo affettato/artificioso.

gestern *adv* ieri: **~ früh/Morgen**, ieri mattina; **~ Nachmittag/Abend**, ieri pomeriggio/sera; **~ vor acht Tagen**, ieri a otto; **Bilder von ~**, immagini ₍di ieri₎/[di una volta] ● **nicht von ~ sein** *fam*: **ich bin doch nicht von ~**, non sono mica nato (-a) ieri *fam*; **der/die ist von ~**, quello (-a) è un po' antiquato (-a)/sorpassato (-a).

Gestern <-, *ohne pl*> n ieri m, passato m: **das ~ und das Heute**, ieri e oggi, il passato e il presente.

gestiefelt *adj*: **~ und gespornt**, pronto (per partire).

gestiegen *part perf von* steigen.

Gestik <-> f gestualità f, gesti m pl.

gestikulieren <*ohne ge->* *itr* gesticolare: **wild ~**, smanacciare *fam*.

gestimmt *adj*: **gut/schlecht ~ sein**, essere di buon/cattivo umore; **sie ist immer heiter ~**, è sempre di umore allegro/[serena]; **melancholisch/traurig ~ sein**, essere malinconico/triste; **froh ~ geh**, di umore allegro.

Gestirn <-(e)s, -e> n *geh* (*Himmelskörper*) astro m, corpo m celeste; (*Sternbild*) costellazione f.

gestoben *part perf von* stieben.

gestochen **A** *part perf von* stechen **B** *adj* {HANDSCHRIFT} preciso, chiaro **C** *adv*: **scharfe Fotos**, fotografie nitidissime; **wie ~ schreiben**, avere una (calli)grafia impeccabile.

gestohlen **A** *part perf von* stehlen **B** *adj*: **du kannst mir ~ bleiben!** *fam*, vai ₍a quel paese *fam*₎/[al diavolo *fam*]!

Gestöhne <-s, *ohne pl*>, **Gestöhn** <-(e)s, *ohne pl*> n gemiti m pl/lamenti m pl/sospiri m pl continui.

gestorben *part perf von* sterben ● **~ sein** *fam* {REISEPLÄNE, PROJEKT}, essere andato in fumo; **für jdn ~ sein** *fam* {PERSON}, essere (come) morto per qu.

gestört *adj* <*meist präd*> **1** *radio tel TV* {EMPFANG, ÜBERTRAGUNG} disturbato **2** (*nicht normal*) {KIND} caratteriale, disturbato; {FAMILIE} problematico: **ein ~es Verhältnis zu jdm/etw haben**, avere un rapporto difficile/problematico/disturbato con qu/qc; **ein ~es**

Gefühlsleben haben, avere una vita emotiva disturbata/problematica **3** *fam* (*verrückt*) {IDEE} assurdo, strampalato; {MENSCH, TYP} *auch* suonato *fam* ● **geistig ~ sein**, avere dei disturbi psichici, essere uno squilibrato.

gestoßen *part perf von* stoßen.

Gestotter <-s, *ohne pl*> n balbettio m.

Gesträuch <-(e)s, -e> n arbusti m pl.

gestrauchelt *adj fam* sbandato.

gestreckt *adj*: **lang ~** {GEBÄUDE}, che si sviluppa in lunghezza.

gestreift *adj* {KLEIDUNGSSTÜCK} a strisce; (*mit feinen Streifen*) a righe, rigato: **blau/grau ~**, a strisce/righe blu/grigie; **ein blau-weiß ~es Hemd**, una camicia a righe bianche e blu; **bunt ~**, variegato; **längs ~**, a strisce/righe verticali; **quer ~** {JALOUSIE, PULLOVER}, a righe orizzontali.

gestreng *adj obs* {HERR, RICHTER} severo, duro.

gestresst (a.R. gestreßt) *adj* stressato.

gestrichelt *adj* {LINIE} tratteggiato.

gestrichen **A** *part perf von* streichen **B** *adj* {ESS-, TEELÖFFEL} raso, pieno: **ein ~er Esslöffel Mehl**, un cucchiaio raso di farina ● **frisch ~!**, vernice fresca!; **~ voll** {BIERGLAS, KRUG}, raso, colmo, pieno.

gestrickt *adj*: **selbst ~** {PULLOVER}, fatto/lavorato a mano.

gestrig *adj* <*attr*> **1** (*vom vorangehenden Tag*) {GESPRÄCH, KONFERENZ, ZEITUNG} di ieri: **der ~e Abend**, la serata di ieri; **am ~en Tage**, nella giornata di ieri **2** *geh* (*altmodisch*) {ANSICHTEN, MEINUNGEN} antiquato, sorpassato, anacronistico ● **die ewig Gestrigen**, i soliti passatisti/nostalgici.

gestritten *part perf von* streiten.

Gestrüpp <-(e)s, -e> n **1** (*Strauchwerk*) sterpaglia f; (*bes. im Mittelmeergebiet*) macchia f **2** (*undurchsichtiger Wirrwarr*) {+GESETZE, PARAGRAPHEN, VERORDNUNGEN} groviglio m, viluppo m, intrico m.

Gestühl <-(e)s, -e> n {+KIRCHE} banchi m pl; {+SAAL} sedie f pl; {+CHOR} sc(r)anni m pl, stalli m pl.

gestunken *part perf von* stinken.

Gestüt <-(e)s, -e> n allevamento m di cavalli, scuderia f.

gestylt *adj*: **modisch ~**, all'ultima moda; **perfekt ~ sein**, avere un look perfetto.

Gesuch <-(e)s, -e> n domanda f, richiesta f, istanza f *jur* ● **ein ~ ablehnen**, respingere una domanda/richiesta; **ein ~ befürworten/bewilligen**, appoggiare/accogliere una domanda/richiesta; **ein ~ einreichen**, presentare/inoltrare/fare una domanda/richiesta.

gesucht **A** *adj* **1** <*meist präd*> (*begehrt*) {ANTIQUITÄT, SELTENE BÜCHER} ricercato, richiesto **2** (*gewählt*) {WORTE} ricercato, forbito **B** *adv* {SICH AUSDRÜCKEN} in modo ricercato/forbito.

Gesumme <-s, *ohne pl*>, **Gesumm** <-(e)s, *ohne pl*> n {+INSEKTEN} ronzio m.

gesund <*gesünder oder rar -er, gesündeste oder rar -este*> **A** *adj* **1** (*nicht krank*) {HAARE, HERZ, LUNGE, MENSCH, ZÄHNE} sano: **~ sein** {MENSCH}, essere sano/[in buona salute]; **wieder ~ werden**, ristabilirsi, rimettersi (in salute), guarire, tornare in salute; **du wirst bald wieder ~ werden**, guarirai presto; **sie ist noch nicht ~**, non è ancora guarita, non si è ancora rimessa; **~ bleiben Sie ~!**, (mi) stia bene! **2** (*gut für die Gesundheit*) {ERNÄHRUNG, LEBENSWEISE} sano, igienico *rar*; {LUFT, KLIMA} *auch* salubre, salutare; {SCHLAF} salutare **3** (*von Gesundheit zeugend*) {AUSSEHEN, GE-

SICHTSFARBE} sano **4** (*gut gehend*) {BETRIEB, FIRMA, UNTERNEHMEN, WIRTSCHAFT} sano, in buona salute **5** (*vernünftig*) {ANSICHTEN, EGOISMUS, EINSTELLUNG, PRINZIPIEN} sano **B** *adv*: **sich ~ ernähren**, mangiare sano, seguire un'alimentazione sana; **~ leben**, condurre una vita sana ● **sonst bist du ~?** *iron fam*, ma il cervello ti funziona? *fam*; **für jdn ganz ~ sein**, far bene a qu, essere salutare per qu; **es ist ganz ~ für ihn, mal ein bisschen allein zu sein**, gli fa(rà) bene stare un po' da solo; **das hält ~**, (questa) è tutta salute!; **jdn ~ machen**, guarire qu; **~ und munter**, vivo e vegeto, in piena forma; **jdn ~ pflegen**, curare qu fino alla guarigione; **jdn ~ schreiben** a.R. *von* gesundschreiben → **gesund|schreiben**; **nicht ganz ~ sein**: **du bist wohl nicht ganz ~?** *fam*, ma tu non sei tutto (-a) sano (-a)!; **~ und wohlbehalten**, sano e salvo.

gesund|beten *tr jdn* ~ guarire qu con le preghiere.

Gesundbeten n tentata guarigione f (di malati) con le preghiere.

Gesundbeter m (**Gesundbeterin** f) "chi cerca di guarire i malati con le preghiere", guaritore (-trice) m (f).

Gesundbeterei <-, *ohne pl*> f tentata guarigione f (di malati) con le preghiere.

Gesundbeterin f → **Gesundbeter**.

Gesundbrunnen m *geh* **1** (*Heilquelle*) fonte f d'acqua minerale **2** (*Energiespender*) toccasana m, fonte f di energia.

Gesunde <*dekl wie adj*> mf sano (-a) m (f), persona f sana.

gesunden <*ohne ge->* *itr* <*sein*> *geh* **1** (*genesen*) ricuperare/riacquistare la salute, guarire **2** (*sich erholen*) {WIRTSCHAFT} riprendersi.

Gesundheit <-, *ohne pl*> f **1** (*seelisches, körperliches Wohlbefinden*) salute f: **eine angegriffene ~ haben**, avere una salute precaria; **meine Großmutter ist schon 85 Jahre alt, aber ₍immer noch bei₎/[sie erfreut sich] bester ~**, mia nonna ha già 85 anni, ma ₍è sempre in₎/[gode (di)] ottima salute; **Rauchen schadet der ~**, il fumo ₍nuoce alla₎/[danneggia la] salute; **was macht die ~?**, come va la salute? **2** (*~szustand*) (stato m di) salute f ● **~!** (*wenn jd niest*), salute!; **auf deine/Ihre ~!** (*zum Wohl*), alla tua/Sua salute!; **eine eiserne/robuste ~ haben**, avere una salute ₍di ferro₎/[robusta]; **mit der ~ Raubbau/Schindluder treiben**, scherzare con la propria salute; **seine ~ ruinieren** *fam*, rovinarsi la salute; **eine schwache ~ haben**, essere cagionevole/delicato (di salute); **die ~ selbst sein**, essere il ritratto della salute; **seine ~ aufs Spiel setzen**, rimetterci la salute; **vor ~ strotzen**, scoppiare di salute *fam*, sprizzare salute da tutti i pori *fam*, avere salute da vendere *fam*; **auf jds ~ trinken/anstoßen**, bere/brindare alla salute di qu.

gesundheitlich *adj* {PROBLEME, ZUSTAND} di salute; {SCHÄDEN} alla salute: **aus ~en Gründen**, per ragioni/motivi di salute ● **wie geht es Ihnen ~?**, come ₍sta di₎/[va la] salute?

Gesundheitsamt n ufficio m d'igiene.

Gesundheitsapostel m *iron* salutista mf (convinto (-a)), maniaco (-a) m (f) della salute *fam*.

Gesundheitsattest n certificato m medico (di buona salute); (*als Voraussetzung für Leistungssport*) certificato m di sana e robusta costituzione fisica.

Gesundheitsbehörde f autorità f sanitaria: **örtliche ~** (*in Italien*), azienda sanitaria locale (*Abk* ASL).

gesundheitsbewusst (a.R. gesundheitsbewußt} **A** adj {ERNÄHRUNG} salutistico; {MENSCH} *auch* attento alla salute **B** adv {SICH ERNÄHREN} con un occhio alla salute.

Gesundheitsdienst m servizio m sanitario: **öffentlicher ~**, autorità sanitarie pubbliche, istituzioni sanitarie pubbliche; **nationaler ~**, servizio sanitario nazionale.

Gesundheitsfanatiker m (**Gesundheitsfanatikerin** f) salutista mf sfegatato (-a).

gesundheitsfördernd adj salutare, salubre.

gesundheitsgefährdend adj {ABGASE, ZIGARETTEN} nocivo/dannoso alla/[per la] salute.

gesundheitshalber adv {IN RENTE GEHEN, ZURÜCKTRETEN} per motivi/ragioni di salute.

Gesundheitsministerium n ministero m della sanità (pubblica).

Gesundheitspflege f igiene f.

Gesundheitspolitik f politica f sanitaria.

Gesundheitsreform f *fam* riforma f sanitaria/[del sistema sanitario].

Gesundheitsrisiko n rischio m per la salute.

gesundheitsschädigend, gesundheitsschädlich adj {ABGASE, RAUCHEN, CHEMISCHE STOFFE} nocivo/dannoso alla salute: **Farb- und Konservierungsstoffe sind ~**, coloranti e conservanti nuociono/[fanno male] alla salute.

Gesundheitsvorsorge f prevenzione f sanitaria.

Gesundheitswesen <-s, ohne pl> n sanità f (pubblica), sistema m sanitario.

Gesundheitszeugnis n certificato m medico (di buona salute); (*als Voraussetzung für Leistungssport*) certificato m di sana e robusta costituzione fisica.

Gesundheitszustand <-(e)s, ohne pl> m stato m/condizioni f pl di salute: **schlechter ~**, condizioni di salute precarie; **in schlechtem ~ sein**, essere in cattive condizioni di salute.

gesund|machen tr → **gesund**.

gesund|schreiben tr *jdn* ~ {ARZT PATIENTEN} dichiarare qu guarito (-a).

gesund|schrumpfen *fam* **A** tr *etw* ~ {FIRMA, LANDWIRTSCHAFT} risanare qc (ridimensionando) **B** rfl **sich ~** {FINANZEN, WIRTSCHAFT} risanarsi (ridimensionando).

gesund|stoßen <irr> rfl *fam* **sich (an etw dat) ~** {BETRIEB, FIRMA, UNTERNEHMEN AN GROßPROJEKTEN} rimettersi in sesto (con qc), rimpinguarsi (con qc) *fam*.

Gesundung <-, ohne pl> f **1** (*Genesung*) guarigione f **2** ökon {+STAATSFINANZEN, WIRTSCHAFT} risanamento m.

gesungen part perf *von* singen.

gesunken part perf *von* sinken.

getan part perf *von* tun • **~ ist ~**, quel che è fatto è fatto, cosa fatta capo ha *prov*.

geteilt adj {ANSICHTEN, MEINUNGEN} contrastante, divergente.

Getier <-s, ohne pl> n animali m pl, bestie f pl.

getigert adj {FELL, KATZE} tigrato.

getönt adj {BRILLENGLÄSER, HAARE} colorato.

Getöse <-s, ohne pl> n {+FALLENDE GEGENSTÄNDE, VERKEHR} frastuono m, fracasso m; {+WASSERFALL, WELLEN} fragore m.

getragen **A** part perf *von* tragen **B** adj **1** (*verhalten*) {MELODIE, MUSIK} solenne; {TEMPO} sostenuto **2** (*bereits benutzt*) {BLUSE, HEMD, HOSE} usato.

Getrampel <-s, ohne pl> n (*anhaltendes Trampeln*) scalpiccio m, calpestio m; {+FANS} battere m i piedi.

Getränk <-(e)s, -e> n bevanda f; (*Cola, Limonade*) bibita f: **heiße/warme ~e**, bevande calde; **~e sind im Preis nicht inbegriffen**, le bevande non sono incluse nel prezzo; **alkoholfreie ~e**, bibite analcoliche, analcolici; **alkoholische ~e**, alcolici.

Getränkeautomat m distributore m automatico di bevande.

Getränkedose f lattina f (di bibita).

Getränkekarte f lista f delle bevande.

Getränkemarkt m "supermercato m specializzato nella vendita di bevande".

Getränkesteuer f tassa f sugli alcolici.

Getrappel <-s, ohne pl> n {+HUFE, PFERDE} scalpitio m.

Getratsche <-s, ohne pl> n *pej* pettegolezzi m pl, chiacchiere f pl.

getrauen <ohne ge-> rfl: **sich ~, etw zu tun**, osare/[avere il coraggio di] fare qc; **sie getraute sich nicht, ihren Lehrer um Rat zu bitten**, non aveva il coraggio di chiedere consiglio al suo insegnante; **warum bittest du sie nicht um eine Verabredung? - Ich getraue mich nicht**, perché non le chiedi un appuntamento? - Non ┐ne ho il coraggio┘/ [oso farlo]; **keiner getraute sich aus dem Haus**, nessuno osava uscire di casa.

Getreide <-s, -> n cereali m pl; (*Korn*) grani m pl: **~ anbauen**, coltivare cereali.

Getreideanbau <-s, ohne pl> m cerealicoltura f, coltivazione f dei cereali.

Getreideart f (tipo m di) cereale m.

Getreideausfuhr f esportazione f di cereali.

Getreideeinfuhr f importazione f di cereali.

Getreideernte f **1** (*das Ernten*) mietitura f **2** (*geerntetes Getreide*) raccolto m.

Getreideexport m → **Getreideausfuhr**.

Getreidefeld n campo m di cereali.

Getreideflocken subst <nur pl> fiocchi m pl di cereali.

Getreidehandel m commercio m di cereali.

Getreideimport m → **Getreideeinfuhr**.

Getreidekorn n chicco m/granello m (di cereali).

Getreideland n **1** (*Land*) paese m cerealicolo/[produttore di cereali] **2** <nur sing> (*Getreidefelder*) campi m pl di cereali.

Getreidemarkt m mercato m dei cereali.

Getreidemühle f mulino m per cereali.

Getreidepflanze f (pianta f di) cereale m.

Getreideprodukt n prodotto m cereale.

Getreidesilo m oder n silo m per cereali.

Getreidespeicher m granaio m.

Getreidevorrat m riserva f di cereali.

Getreidewirtschaft f economia f cerealicola.

getrennt **A** adj {HAUSHALT, RECHNUNG, SCHLAFZIMMER} separato: **~e Kasse führen**, fare cassa separata, tenere i conti separati **B** adv {BERECHNEN} separatamente, a parte; {ZAHLEN} separatamente, alla romana *fam*: **sie leben ~**, sono separati; **dieses Wort schreibt man ~**, questa parola si scrive staccata.

Getrenntschreibung f grafia f staccata (di una parola): **~ oder Zusammenschreibung?**, due parole o una?

Getrenntveranlagung f *Steuer* tassazione f individuale (dei coniugi).

getreten part perf *von* treten.

getreu① **A** adj **1** *obs* (*treu*) {DIENER} fedele, devoto, fido *lit* **2** *geh* (*genau entsprechend*) {BEFOLGUNG, WIEDERGABE} fedele **B** adv fedelmente.

getreu② präp + dat *geh* conformemente a.

Getriebe <-s, -> n **1** *tech* meccanismo m; (*Zahnrad*) ingranaggio m; (*Rädergetriebe*) rotismo m **2** *mot* (*Wechselgetriebe*) cambio m (di velocità): **automatisches ~**, cambio automatico **3** *fig* (*lebhaftes Treiben*) viavai m, movimento m; (*Hektik*) frenesia f.

getrieben part perf *von* treiben.

Getriebeöl n olio m del cambio.

Getriebeschaden m problema m al cambio.

getroffen **A** part perf *von* treffen **B** part perf *von* triefen **C** adj: **~!**, (*genau!*) indovinato!, azzeccato!; (*ins Ziel*) toccato! • **sich von etw (dat) ~ fühlen**, sentirsi ferito (-a) da qc; **es mit jdm/etw gut/schlecht ~ haben**, essere capitato bene/male con qu/qc, avere fortuna/sfortuna con qu/qc; **(auf einem Foto/Porträt) gut/schlecht ~ sein**, essere venuto bene/male (su una foto/un ritratto).

getrogen part perf *von* trügen.

Getrommel <-s, ohne pl> n tambureggiamento m, tambureggiare m; {+FINGER} tamburellare m.

getrost adv **1** (*ruhig*) pure, tranquillamente: **du kannst ~ gehen!**, vai pure! **2** (*in ruhiger Gewissheit*) {DER ZUKUNFT ENTGEGENSEHEN} con fiducia, fiduciosamente.

getrunken part perf *von* trinken.

Getto <-s, -s> n **1** *pej* (*abgeschlossenes Viertel*) ghetto m **2** *hist* {+JUDEN} ghetto m.

Gettoblaster <-s, -> m radioregistratore m di grandi dimensioni.

gettoisieren <ohne ge-> tr *geh pej jdn ~* ghettizzare qu.

Getue <-s, ohne pl> n *fam pej* (*Wichtigtuerei*) arie f pl; (*Geziertheit*) smancerie f pl, smorfie f pl, vezzi m pl: **die mit ihrem vornehmen ~!** *fam*, quella con le sue arie da gran signora!; *fam*; **hör endlich auf mit diesem albernen ~!**, smettila con queste smancerie! • **viel ~ um jdn/etw machen**, fare un sacco di storie per qu/qc *fam*; **du machst vielleicht ein ~ um deinen Mann!**, ma quante storie fai per tuo marito! *fam*.

Getümmel <-s, ohne pl> n trambusto m, baraonda f: **bei dieser Hitze ist in den Schwimmbädern immer ein schönes ~**, con questo caldo c'è sempre un bel trambusto/ [una gran baraonda] in piscina • **sich ins ~ stürzen**, buttarsi nella mischia.

getüpfelt adj macchiettato, picchiettato, a piccoli pois.

getupft adj {BLUSE, KLEID, KRAWATTE} a pois, a pallini: **weiß ~**, a pois bianchi.

Getuschel <-s, ohne pl> n *fam oft pej* bisbiglio m, sussurrio m, mormorio m.

geübt adj {FAHRER, REDNER} esperto; {AUGE, OHR} *auch* allenato: **in etw (dat) ~ sein** {IM MALEN, SCHREIBEN}, avere la mano allenata a qc.

Geübtheit <-, ohne pl> f esperienza f, pratica f, allenamento m.

GEW f Abk *von* Gewerkschaft Erziehung und Wissenschaft: "sindacato m degli insegnanti".

Gewächs <-es, -e> n **1** (*Pflanze*) pianta f, vegetale m **2** (*Tabak-, Weinsorte*) prodotto m: **dieser Rotwein ist eigenes ~**, questo vino rosso è di produzione propria **3** *med* (*Geschwulst*) tumore m.

gewachsen **A** part perf *von* wachsen **B** adj: **jdm/etw ~ sein**, essere all'altezza di qu/qc; **er ist der Situation nicht ~**, non è all'altezza della situazione; **sie ist den Anfor-**

derungen durch Familie und Beruf nicht ~, non è in grado di affrontare gli impegni legati alla famiglia e al lavoro; **klein** ~ {MENSCH}, di bassa/piccola statura.

Gewächshaus n serra f.

Gewąckel <-s, ohne pl> n fam {+STUHL, TISCH} traballio m, traballare m.

gewągt adj **1** (kühn) {THEORIE} ardito, audace; {BEHAUPTUNG} auch arrischiato, azzardato; (gefährlich) {KUNSTSTÜCK, UNTERNEHMEN} rischioso, audace **2** (freizügig) {BIKINI, DEKOLLETÉ, KLEID} audace, provocante, osé; {BEMERKUNG, FILM, WITZ} spinto, osé.

gewählt **A** adj {AUSDRUCKSWEISE, SPRACHE} scelto, ricercato, raffinato **B** adv {SICH AUSDRÜCKEN} in modo ricercato/raffinato.

gewąhr adj geh: {JDN/ETW/JDS/ETW ~ werden}, accorgersi di qu/qc: **plötzlich wurde ich ihn/seiner ~**, all'improvviso mi accorsi di lui; **eine/einer Gefahr ~ werden**, avvertire un pericolo; **seinen Fehler/seines Fehlers ~ werden**, rendersi conto del proprio errore; **einen Geruch/eines Geruches ~ werden**, percepire un odore.

Gewąhr <-, ohne pl> f geh garanzia f: **ohne ~** (ohne Garantie), senza garanzia; **Preisangaben ohne ~**, i prezzi indicati ˻possono subire˼/[sono soggetti a] variazioni; **für etw** (akk) ~ **leisten/übernehmen**, garantire qc, rispondere di qc; **die Direktion übernimmt keine ~**, la direzione ˻declina ogni˼/[non si assume alcuna] responsabilità.

gewähren <ohne ge-> tr **jdm etw** ~ **1** (einräumen) {KREDIT, RABATT, SKONTO} accordare qc a qu, concedere qc a qu, fare qc a qu fam **2** (zuteilwerden lassen) {OBDACH, SCHUTZ} dare qc a qu; {ASYL} auch concedere qc a qu; {TROST} recare qc a qu, dare qc a qu; {PRIVILEGIEN} accordare qc a qu, concedere qc a qu **3** (erfüllen) {BITTE, WUNSCH} esaudire qc a qu, soddisfare qc a qu ● **jdn ~ lassen**, lasciar fare qu.

gewährleisten <ohne ge-> tr (jdm) **etw** ~ {PÜNKTLICHE LIEFERUNG, RECHT, RÜCKZAHLUNG} garantire qc (a qu), assicurare qc (a qu).

Gewährleistung f **1** (das Sicherstellen) {+ORDNUNG, RUHE} garanzia f: **zur ~ der Sicherheit**, per garantire la sicurezza **2 com jur** (Mängelhaftung) garanzia f, responsabilità f per i vizi di qc **3** CH (Genehmigung von kantonalen Verfassungen) ratifica f.

Gewąhrsam <-s, ohne pl> m geh **1** (Obhut) custodia f **2** (Haft) arresto m, detenzione f ● **sich in (polizeilichem) ~ befinden**, **in (polizeilichem) ~ sein**, essere in (stato di) arresto; **etw in ~ geben** {DOKUMENTE, WERTGEGENSTAND}, dare/affidare qc in custodia; **jdn in (polizeilichen) ~ nehmen** (jdn festnehmen), arrestare qu.

Gewąhrsmann <-(e)s, -männer oder -leute> m informatore m.

Gewährung <-, -en> f {+STAATSBÜRGERSCHAFT} concessione f; {+BITTE} soddisfazione f, esaudimento m rar.

Gewąlt <-, -en> f **1** (Machtbefugnis) potere m, potestà f: **die vollziehende/gesetzgebende/rechtsprechende ~**, il potere esecutivo/legislativo/giudiziario; **die elterliche ~**, la potestà dei genitori, la patria potestà obs; **die geistliche ~**, il potere spirituale; **die göttliche ~**, la potestà divina; **die väterliche ~**, l'autorità paterna **2** <nur sing> (gewaltsames Vorgehen) violenza f, forza f: **brutale/rohe ~**, forza bruta; **etw mit ~ erzwingen**, ottenere qc con la violenza; **heutzutage wird im Kino zu viel ~ gezeigt**, oggigiorno c'è troppa violenza al cinema **3** <nur sing> (körperliche Kraft) forza f: **man musste die Tür mit ~ öffnen**, hanno dovuto ˻forzare la porta˼/[aprire la porta con la forza] **4** <nur sing> (Heftigkeit) forza f, violenza f, furia f: **die ~ eines Erdbebens/Gewitters**, la violenza di un terremoto/temporale; **die ~ eines Sturms**, la furia di una tempesta ● **mit aller ~ fam** (unbedingt), a tutti i costi, per forza; **erst wolltest du das Motorrad mit aller ~ haben und jetzt verstaubt es in der Garage**, prima volevi avere la moto a tutti i costi e ora prende la polvere in garage; **jdm ~ antun geh euph** (jdn vergewaltigen), violentare qu, usare violenza a qu, brutalizzare qu; **etw (dat) ~ antun** {DER WAHRHEIT}, stravolgere qc; **sich (dat) ~ antun geh euph**, suicidarsi; **~ anwenden** {+POLIZEI}, ˻usare la˼/[ricorrere alla] forza; {+TERRORISTEN}, ricorrere/[fare ricorso] alla violenza; **jdn/etw in seine ~ bekommen/bringen**, impadronirsi di qu/qc, avere qu in proprio potere; **die drei ~en pol**, i tre poteri; **die fünfte ~** (Fernsehen, Radio), il quinto potere; **in jds ~ geraten**, cadere/finire in mano a/di qu; **keine ~ über jdn haben**, non avere potere su qu; **sich in der ~ haben**, controllarsi, dominarsi, avere il controllo di sé, essere padrone di se stesso (-a); **höhere ~**, (caso di) forza maggiore; **über Leben und Tod**, potere di vita e di morte; **mit ~** (heftig), con violenza; (gewaltsam), con l'uso della forza; **die Polizei konnte die Demonstranten nur mit ~ zurückhalten**, la polizia ha potuto respingere i manifestanti solo con l'uso della forza; fam (unbedingt), a tutti i costi; **in diesem Restaurant isst man sehr schlecht, aber du wolltest ja mit ~ hierher**, in questo ristorante si mangia proprio male, ma tu sei voluto (-a) venire qui per forza; **die ~ an sich (akk) reißen**, impadronirsi del potere; **mit sanfter ~**, con dolce/amorevole violenza; **(bei jdm) sanfte ~ ausüben**, fare dolce violenza a qu, avere il pugno di ferro in un guanto di velluto; **in jds ~ stehen/sein**, essere in potere di qu, essere sotto il controllo di qu; **die ~ über etw (akk) verlieren** {ÜBER DEN WAGEN}, perdere il controllo di qc; **die vierte ~** (Presse), il quarto potere; **sich der ~ widersetzen**, opporsi alla forza/violenza; **~ geht vor Recht** prov, contro la forza ragion non vale prov.

Gewąltakt m **1** (gewaltsame Handlung) atto m di violenza **2** (Kraftakt) tour de force m.

Gewąltandrohung f minaccia f di ricorrere alla violenza.

Gewąltanwendung f {+POLIZEI} uso m della forza; {+TERRORISTEN} uso m della violenza.

gewaltbejahend adj favorevole all'uso della forza.

Gewąltdelikt n bes. jur crimine m violento.

Gewąlteinwirkung f uso m della forza: **unter ~**, ricorrendo/[facendo ricorso] alla forza.

Gewąltenteilung f pol divisione f dei poteri.

gewaltfrei adj → gewaltlos.

Gewąltherrschaft <-, ohne pl> f dispotismo m, dittatura f, tirannia f, regime m dittatoriale.

Gewąltherrscher m (**Gewąltherrscherin** f) tiranno (-a) m (f), despota mf, dittatore (-trice) m (f).

gewąltig **A** adj **1** (stark) {ERUPTION, EXPLOSION, HITZE, ORKAN} forte, violento **2** (beeindruckend) {EINDRUCK} enorme; {BAUM, GEBIRGE} auch gigantesco; {STIMME} possente, potente; {BAU, GEBÄUDE, MENSCHENMENGE, WERK} enorme, immenso, imponente **3** (sehr groß) {FORTSCHRITT, LAST, VERÄNDERUNG, VERBESSERUNG} grande, enorme: **ein ~er Irrtum**, un grosso sbaglio, un errore colossale fam; **das ist ein ~er Unterschied**, c'è una grossa/bella differenza, c'è una differenza enorme/abissale **B** adv fam (zur Verstärkung von Verben) {SICH ÄNDERN, AUFPASSEN, SICH ÜBERSCHÄTZEN} enormemente, molto: **wenn du glaubst, dass ich dir jetzt wieder Geld leihe, dann hast du dich aber ~ geirrt**, se credi che io ti presti di nuovo dei soldi, ti sbagli di grosso fam.

gewąltlos **A** adj {AKTION, DEMONSTRATION, WIDERSTAND} non violento **B** adv {DEMONSTRIEREN, VERLAUFEN} in modo non violento.

Gewąltlosigkeit <-, ohne pl> f non violenza f.

Gewąltmarsch m fam marcia f forzata, tour de force m.

Gewąltmaßnahme f misura f drastica.

Gewąltopfer n vittima f di atti di violenza.

gewąltsam **A** adj {ENDE, METHODEN, TOD} violento: **ein ~es Öffnen kann den Mechanismus beschädigen**, un'apertura forzata può danneggiare il meccanismo **B** adv {JDN FESTHALTEN, VERTREIBEN} con la forza: **Fenster und Türen wurden ~ geöffnet**, le porte e le finestre sono state forzate.

Gewąlttat f atto m di violenza: **einer ~ zum Opfer fallen**, cadere vittima di un crimine.

Gewąlttäter m (**Gewąlttäterin** f) criminale mf.

gewąlttätig adj {DEMONSTRATION} violento; {MENSCH} auch brutale: **~ werden**, diventare violento (-a), usare la violenza.

Gewąlttätigkeit f **1** <nur sing> (Eigenschaft) violenza f, brutalità f **2** (Tat) atto m di violenza.

Gewąltverbrechen n crimine m (efferato).

Gewąltverbrecher m (**Gewąltverbrecherin** f) (feroce) criminale mf.

gewaltverherrlichend adj che esalta la violenza.

Gewąltverherrlichung f esaltazione f della violenza.

Gewąltverzicht m pol rinuncia f all'uso ˻della forza˼/[delle armi].

Gewąltverzichtsabkommen n pol accordo m di rinuncia all'uso ˻della forza˼/[delle armi].

Gewąltverzichtserklärung f dichiarazione f di rinuncia all'uso ˻della forza˼/[delle armi].

Gewạnd <-(e)s, Gewänder> n **1** geh (langer Überwurf) veste f: **seidene Gewänder**, vesti di seta; **geistliche Gewänder**, vesti ecclesiastiche **2** CH (Kleidung) vestiti m pl **3** <nur sing> (Aufmachung) {+BUCH, KATALOG, ZEITUNG} veste f.

Gewände <-s, -> n arch kunst strombatura f.

gewạndt① part perf von wenden.

gewạndt② **A** adj {AUFTRETEN, AUSDRUCKSWEISE, BENEHMEN} disinvolto: **sie ist sehr ~**, si sa muovere; {BEWEGUNG} agile; {REDNER, TÄNZER, VERHANDLUNGSFÜHRER} abile **B** adv {SICH AUSDRÜCKEN, BENEHMEN} in modo disinvolto/spigliato, con disinvoltura/spigliatezza; {SICH AUS DER AFFÄRE ZIEHEN} abilmente, in modo abile.

Gewạndtheit <-, ohne pl> f (Geschicktheit) {+AUFTRETEN, AUSDRUCKSWEISE} disinvoltura f, spigliatezza f; {+BEWEGUNG} agilità f; {+REDNER, VERHANDLUNGSFÜHRER} abilità f.

gewạnn 1. und 3. pers sing imperf von gewinnen.

gewärtig adj <präd> geh obs: **sich (dat) etw (gen) ~ sein**, attendersi qc, aspettarsi qc, mettere in conto qc: **Sie müssen sich der Tatsache ~ sein, dass die Firma früher**

oder später schließen muss, deve ₍essere consapevole del fatto₎/[entrare nell'ordine di idee] che prima o poi l'azienda dovrà chiudere; **du musst dir dessen ~ sein, dass er sein Versprechen nicht halten wird**, devi aspettarti che non manterrà la parola.

Gewäsch <-(e)s, ohne pl> n fam pej ciance f pl, chiacchiere f pl, blablà m.

gewaschen part perf von **waschen**.

Gewässer <-s, -> n acqua f, acque f pl: **der Main und der Rhein sind verschmutzte ~**, il Reno e il Meno sono dei corsi d'acqua inquinati; **fließendes/stehendes ~**, acque correnti/stagnanti.

Gewässerschutz m tutela f delle acque.

Gewässerverschmutzung f inquinamento m ₍delle acque₎/[idrico].

Gewebe <-s, -> n **1** (Stoff) tessuto m, stoffa f: **ein synthetisches ~**, un tessuto sintetico **2** biol med tessuto m: **menschliches/tierisches ~**, tessuto umano/animale; **die Verpflanzung von ~**, il trapianto di tessuto **3** (Netz) **von etw** (dat pl) {von Lügen} ordito m di qc.

Gewebebank f banca f dei tessuti.

Gewebeentnahme f prelievo m di un campione di tessuto.

Gewebeflüssigkeit f → **Gewebsflüssigkeit**.

Gewebelehre f med istologia f med.

Gewebeprobe f campione m di tessuto: **eine ~ entnehmen**, prelevare un campione di tessuto, eseguire ₍una biopsia₎/[un esame istologico].

Gewebetransplantation f trapianto m di tessuto.

Gewebsflüssigkeit f anat linfa f.

Gewebstransplantation f, **Gewebsverpflanzung** f → **Gewebetransplantation**.

Gewehr <-(e)s, -e> n fucile m: **das ~ anlegen/laden**, puntare/caricare il fucile ● **~ ab!** mil, pied'arm! mil; **~ bei Fuß stehen** mil, stare con l'arma al piede; fam (bereit sein), essere pronto; **präsentiert das ~!** mil, presentat'arm! mil.

Gewehrkolben m calcio m del fucile.

Gewehrkugel f palla f di fucile, pallottola f.

Gewehrlauf m canna f del fucile.

Gewehrmündung f bocca f del fucile.

Gewehrschuss (a.R. Gewehrschuß) m colpo m di fucile.

Geweih <-(e)s, -e> n {+Elch, Hirsch, Rentier} corna f pl: **das ~ abwerfen**, cambiare le corna.

geweint adj: **rot ~** {Augen, Gesicht}, rosso, arrossato dal pianto.

Gewerbe <-s, -> n **1** (selbstständige Berufstätigkeit) mestiere m, attività f, lavoro m: **ein ~ ausüben/betreiben**, esercitare un mestiere **2** (kleiner Betrieb) ditta f, azienda f, industria f, attività f commerciale; (handwerkliches ~) attività f artigianale **3** CH (Bauernhof) fattoria f, azienda f agricola ● **das horizontale ~** fam scherz, **das älteste ~ der Welt** euph scherz (Prostitution), il mestiere più antico del mondo euph.

Gewerbeamt n → **Gewerbeaufsichtsamt**.

Gewerbeaufsicht f ≈ Ispettorato del lavoro.

Gewerbeaufsichtsamt n ispettorato m del lavoro.

Gewerbebetrieb m (Fabrik) (piccola o media) industria f, impresa f/azienda f artigiana; (Werkstatt) laboratorio m artigiano; (Geschäft) impresa f commerciale.

Gewerbeerlaubnis f → **Gewerbezulassung**.

Gewerbefläche f area f (ad uso) commerciale.

Gewerbefreiheit f libertà f professionale.

Gewerbegebiet n zona f industriale.

Gewerbelehrer m (**Gewerbelehrerin** f) insegnante mf di istituto professionale.

Gewerbeordnung f "codice m del commercio, dell'industria e dell'artigianato".

Gewerbepark m parco m industriale.

Gewerberecht n diritto m aziendale.

Gewerbeschein m adm licenza f d'esercizio.

Gewerbeschule f istituto m professionale.

Gewerbesteuer f "imposta f comunale sul reddito d'impresa"; ≈ Imposta f Comunale per l'esercizio di Imprese, Arti e Professioni (Abk ICIAP).

Gewerbetreibende <dekl wie adj> mf (Fabrikinhaber) (piccolo (-a)) industriale mf; (Handwerker) artigiano (-a) m (f); (Kaufmann, -frau) esercente mf.

Gewerbezulassung f adm jur licenza f.

Gewerbezweig m ramo m (d'attività).

gewerblich A adj {Bedarf, Nutzung, Tätigkeit} (Industrie) industriale; (Handwerk) artigianale; (Handel) commerciale B adv: **Räume ~ nutzen**, destinare dei locali ad uso industriale o commerciale; **sie ist seit Jahren in dieser Branche ~ tätig**, sono anni che svolge un'attività imprenditoriale in questo campo.

gewerbsmäßig adj {Tätigkeit} professionale; {Dieb, Schwindler} di professione/mestiere; **~e Unzucht** adm, esercizio della prostituzione.

Gewerkschaft <-, -en> f sindacato m: **die ~ der Angestellten/Metallarbeiter**, il sindacato ₍degli impiegati₎/[dei metalmeccanici]; **in eine ~ eintreten**, iscriversi a un sindacato.

Gewerkschaftler <-s, -> m (**Gewerkschaftlerin** f), **Gewerkschafter** <-s, -> m (**Gewerkschafterin** f) **1** (Mitglied) iscritto (-a) m (f) al sindacato **2** (Funktionär) sindacalista mf.

gewerkschaftlich A adj {Arbeit, Tätigkeit} sindacale B adv: **~ organisiert sein**, essere organizzato in sindacato; **~ tätig sein**, essere attivo/impegnato nel sindacato.

Gewerkschaftsbeitrag m contributo m sindacale.

Gewerkschaftsbewegung f movimento m sindacale.

Gewerkschaftsboss (a.R. Gewerkschaftsboß) m meist pej leader m sindacale.

Gewerkschaftsbund <-(e)s, Gewerkschaftsbünde> m confederazione f sindacale.

Gewerkschaftsführer m (**Gewerkschaftsführerin** f) dirigente mf/leader mf sindacale.

Gewerkschaftsfunktionär m (**Gewerkschaftsfunktionärin** f) funzionario (-a) m (f) del sindacato.

Gewerkschaftsmitglied n iscritto (-a) m (f) al sindacato.

Gewerkschaftssekretär m (**Gewerkschaftssekretärin** f) (alto) funzionario (-a) m (f) del sindacato.

Gewerkschaftssitzung f riunione f sindacale.

Gewerkschaftsverband m → **Gewerkschaftsbund**.

Gewerkschaftsvorsitzende <dekl wie adj> mf segretario m del sindacato.

gewesen A part perf von **sein** B adj <attr> ex: **eine ~e Schauspielerin**, un'ex attrice ● **da ~** → **sein**②.

gewichen part perf von **weichen**.

Gewicht <-(e)s, -e> n **1** <nur sing> (gewogene Schwere) {+Fahrzeug, Gegenstand, Person} peso m: **ein großes ~ haben**, pesare molto; **zulässiges ~**, peso consentito; **das Neugeborene hatte ein ~ von vier Kilogramm**, il neonato pesava quattro kilogrammi **2** <nur sing> phys peso m: **das spezifische ~**, il peso specifico **3** <nur sing> (Bedeutung) peso m, importanza f **4** <meist pl> (Metallstücke zum Wiegen) pesi m **5** <meist pl> sport peso m: **~e heben**, sollevare pesi ● **großes/geringes ~ haben**, avere ₍molto/(un) gran₎/[poco] peso, pesare molto/poco, avere molta/poca importanza; **~ haben** {Argument, Meinung}, avere peso/importanza; **seine Stimme hat entscheidendes ~**, il suo voto ha un peso decisivo/determinante; **ins ~ fallen** {Beobachtung, Umstand, Zeugenaussage}, avere ₍molto peso₎/[molta importanza], essere importante; **auf etw** (akk) **~ legen**, etw (dat) **~ beimessen** {auf Kleidung, Manieren, Umstand}, dare peso/importanza a qc; **etw nach ~ verkaufen**, vendere qc a peso; **von ~ sein**, avere peso, pesare; **das ist von einigem ~** {Argument, Einfluss}, ha un certo peso; **sein ganzes ~ (für jdn/etw) in die Waagschale werfen**, usare/[far valere] ₍tutta la propria influenza₎/[tutto il proprio prestigio] (per qu/qc).

gewichten <ohne ge-> tr geh **etw ~** soppesare qc: **etw anders/neu ~**, dare un peso diverso a qc, valutare qc diversamente.

Gewichtheben <-s, ohne pl> n sport sollevamento m pesi, pesistica f.

Gewichtheber m (**Gewichtheberin** f) sport pesista mf, sollevatore (-trice) m (f) di pesi.

gewichtig adj **1** geh (bedeutend) {Argument, Grund, Problem} di un certo peso, importante; {Mann, Persönlichkeit} auch autorevole, di prestigio **2** scherz (korpulent) {Person} grosso, corpacciuto.

Gewichtsabnahme f calo m/diminuzione f di peso.

Gewichtsangabe f indicazione f del peso.

Gewichtseinheit f unità f di peso.

Gewichtsklasse f sport categoria f di peso.

Gewichtskontrolle f controllo m del peso.

Gewichtsproblem n <meist pl> problema m di peso.

Gewichtsverlagerung f **1** (Verlagerung des Körpergewichts) spostamento m del peso **2** (Verlagerung der Bedeutung) spostamento m (del baricentro).

Gewichtsverlust m perdita f di peso.

Gewichtszunahme f aumento m di peso.

Gewichtung <-, -en> f valutazione f: **eine andere ~ der Dinge**, una diversa valutazione delle cose.

gewieft fam A adj {Bursche, Geschäftsmann, Taktiker} furbo, scaltro: **ein ~er Typ**, un dritto fam B adv {Vorgehen} in modo scaltro, con furbizia.

Gewieher <-s, ohne pl> n **1** (ständiges Wiehern) {+Pferde} nitriti m pl **2** fam (Gelächter) risata f grassa.

gewiesen part perf von **weisen**.

gewillt adj <präd>: **(nicht) ~ sein, etw zu tun**, (non) essere disposto/intenzionato a fare qc.

Gewimmel <-s, ohne pl> n {+INSEKTEN, MENSCHEN} brulichio m, formicolio m.

Gewimmer <-s, ohne pl> n {+SÄUGLING} vagiti m pl; {+SCHWERVERLETZTE} gemiti m pl.

Gewinde <-s, -> n tech filettatura f, filetto m.

Gewindebohrer m maschio m (per filettatura).

Gewindegang m tech spira f (di filettatura).

Gewinn <-(e)s, -e> m **1** (*Ertrag*) guadagno m, utile m, profitto m: **er konnte das Haus mit ~ verkaufen**, è riuscito a vendere la casa realizzando un buon profitto/utile; **einen ~ von 15% erzielen**, realizzare un guadagno/utile del 15% **2** (*Preis*) vincita f, premio m **3** <nur sing> (*Bereicherung*) guadagno m, arricchimento m ● **etw mit ~ abschließen** {GESCHÄFTSJAHR}, chiudere qc con un utile/ [in attivo]; **abwerfen com** {FIRMA, GESCHÄFT}, rendere, fruttare, dare un profitto/ utile; **~e ausschütten ökon**, corrispondere gli utili; **ausgeschüttete ~e ökon**, utili distribuiti; **am ~ beteiligt sein ökon**, partecipare agli utili; **~ bringen**, dare un utile, rendere; **~ bringend → gewinnbringend**; **einbehaltene ~e ökon**, utili a risparmio; **entgangener ~ jur**, lucro cessante; **hohe ~e erzielen**, ottenere alti profitti, realizzare grossi guadagni; **aus etw** (dat) **~ schlagen**, trarre profitto da qc, realizzare un guadagno/utile da qc; **in allem seinen eigenen ~ suchen**, cercare sempre il proprio tornaconto; **~ und Verlust**, profitti e perdite.

Gewinnanteil m ökon quota f di partecipazione agli utili, quota f di utile.

Gewinnausfall m jur lucro m cessante.

Gewinnausschüttung f ökon distribuzione f/ripartizione f degli utili.

Gewinnaussichten subst <nur pl> (an der Börse) prospettive f pl di guadagno/utile.

Gewinnbeteiligung f ökon partecipazione f agli utili.

gewinnbringend adj {GELDANLAGE, GESCHÄFT, SPEKULATION, VERKAUF} redditizio, lucrativo, lucroso; {TÄTIGKEIT} auch rimunerativo.

Gewinnchance f (*im Lotto*) probabilità f di vincita.

gewinnen <gewinnt, gewann, gewonnen> **A** tr **1** (*als Gewinn erhalten*) **etw ~** {GELD} vincere qc; {MEDAILLE, PRÄMIE, PREIS} auch ottenere qc, guadagnarsi qc: **sie hat eine Million Euro im Lotto gewonnen**, ha vinto un milione di euro al lotto **2** (*für sich entscheiden*) **etw ~** {KRIEG, MEISTERSCHAFT, POKAL, PROZESS, RENNEN, SPIEL, WETTKAMPF} vincere qc: **eine Wette ~**, vincere una scommessa **3** (*durch Anstrengungen bekommen*) **etw ~** {JDS FREUNDSCHAFT, GUNST, LIEBE} guadagnarsi qc, guadagnare qc, conquistare qc: **jds Herz ~**, conquistare il cuore di qu; **jds Vertrauen ~**, guadagnarsi la fiducia di qu; **Zeit ~**, guadagnare tempo **4** (*als Funktionsverb*) **den Eindruck ~, dass ...**, ricavare l'impressione che ...; **Abstand [zu jdm]/[von etw** (dat)**] ~**, acquistare (un certo) distacco rispetto a qu/qc; **Klarheit über etw** (akk) **~**, chiarirsi le idee su qc; **die Einsicht ~, dass ...**, maturare la convinzione che ... **5** (*zu etw überreden*) **jdn für etw** (akk) **~** {FÜR DIE PARTEI, EINEN PLAN, EIN VORHABEN} (riuscire a) coinvolgere *qu in qc*: **jdn für eine Initiative ~**, ottenere l'adesione di qu a un'iniziativa; **jdn als Kunden ~**, acquisire qu fra i propri clienti; **jdn als Freund ~**, conquistare l'amicizia di qu; **jdn für sich ~** (*für die eigene Sache*), conquistare qu alla propria causa; (*jds Wohlwollen ~*) accattivarsi/conquistarsi le simpatie di qu

6 (*erzeugen*) **etw** (*aus etw* dat) **~** {ERZ, GOLD, KOHLE, METALL} estrarre *qc* (*da qc*); {WEIN AUS TRAUBEN} ricavare *qc* (*da qc*) **7** (*profitieren*) **nichts/[nicht viel] bei etw** (dat) **~**, non guadagnarci nulla/molto in qc **B** itr **1** (*siegen*) (**in etw** dat) **~** {IN DER LOTTERIE, IM ZAHLENLOTTO} vincere (*a qc*): **wer hat denn bei der Meisterschaft gewonnen?**, chi ha vinto il campionato? **2** (*Gewinn bringen*) {LOS, ZAHLEN} vincere **3** (*zunehmen*) **an etw** (dat) **~** {AN INNERER REIFE, WEISHEIT} acquisire *qc*; {AN SICHERHEIT} auch acquistare (*in*) *qc*; {AN MACHT} acquistare *qc*: **er hat an Einfluss gewonnen**, è diventato più influente **4** (*besser wirken*) **durch etw** (akk) **~** {DURCH EINE ANDERE FRISUR, KLEIDUNG, TAPETE} guadagnarci *con qc* ● **sich für etw** (akk) **~ lassen**, farsi coinvolgere *in qc*: **jdn/etw lieb ~**, affezionarsi *a qu/qc*; **er hat den Ort und seine Bewohner lieb gewonnen**, si è affezionato ai paese e ai suoi abitanti.

gewinnend adj {LÄCHELN} accattivante; {ÄUSSERES} attraente.

Gewinner <-s, -> m (**Gewinnerin** f) vincitore (-trice) m (f).

Gewinnerstraße f fam sport: **auf der ~ sein**, avere la vittoria in pugno.

Gewinnerwartung f ökon utile m atteso, prospettiva f/aspettative f pl di utile.

Gewinnklasse f (categoria f dei) vincitori m pl.

Gewinnlos n biglietto m/numero m vincente.

Gewinnmarge f margine m di guadagno/ profitto.

Gewinnmaximierung f ökon massimizzazione f [degli utili]/[dei profitti].

Gewinnnummer, **Gewinn-Nummer** f (*Losnummer*) numero m vincente.

Gewinnsatz m sport Tennis set m vinto: **mit drei Gewinnsätzen spielen**, giocare al meglio dei cinque set.

Gewinnspanne f com margine m di utile/ profitto/guadagno.

Gewinnstreben n ricerca f del profitto/ guadagno.

Gewinnsucht f <meist sing> avidità f/brama f di guadagno/profitto.

gewinnsüchtig adj <präd> {MENSCH, UNTERNEHMER} avido di guadagno/profitto.

gewinnträchtig adj {BETEILIGUNG, KAUF} che promette un gran(de) guadagno.

Gewinn- und Verlustrechnung f com conto m profitti e perdite.

Gewinnung <-, -en> f min estrazione f.

Gewinnwarnung f ökon profit warning m: **eine ~ herausgeben**, lanciare un profit warning.

Gewinnzahl f <meist pl> numero m vincente: **die ~en im Mittwochslotto sind: ...**, i numeri vincenti del lotto del mercoledì sono: ...

Gewinnzone f soglia f di redditività ● **in der ~ sein**, essere in attivo; **in die ~ zurückkehren**, tornare in attivo.

Gewinsel <-s, ohne pl> n {+MENSCH} mugolio m; {+HUND} auch guaiti m pl, uggiolìo m.

Gewirr <-(e)s, -e> m pl> n, **Gewirre** <-s, ohne pl> n **1** (*wirre Fäden o.Ä.*) groviglio m, garbuglio m **2** (*wirre Unordnung*) **~ von etw** (dat) groviglio m (*di qc*): **ein ~ von Gassen**, un labirinto/groviglio di viuzze; **ein ~ von Stimmen**, [un brusio]/[una confusione] di voci; **ein ~ von Gedanken**, un groviglio di pensieri.

gewiss (a.R. **gewiß**) **A** adj **1** <attr> (*nicht näher bestimmbar*) certo: **ein ~er Thomas möchte Sie gern sprechen**, un certo/tale Thomas vorrebbe parlarLe; **von einem ~en**

Alter an sollte man mehr auf seine Gesundheit achten, a partire da una certa età si dovrebbe stare più attenti alla propria salute; **fahren Sie in einem ~en Abstand hinter ihm her!**, lo segua a una certa distanza!; **er hat so ein ~es Etwas**, ha un certo non so che; **in einem ~en Sinne hat sie ja recht**, in un certo senso ha anche ragione; **eine ~e Ähnlichkeit**, una certa somiglianza **2** <präd> (*sicher*): **sich** (dat) **jds/etw ~ sein** {SEINER EHRLICHKEIT, IHRER LIEBE, DES SIEGES}, essere sicuro/certo di qc; **er ist sich seiner Sache ganz ~**, è sicuro del fatto suo; **etw für ~ halten**, dare qc per certo (-a)/scontato (-a); **jdm ~ sein: die Erbschaft ist uns ~**, l'eredità è sicuramente nostra; **eins ist ~, nie wieder werde ich ihm Geld leihen**, una cosa è certa, non gli presterò mai più dei soldi; **so viel ist ~**, questo è poco ma sicuro **3** (*nichts Genaues*): **etwas/nichts Gewisses**, qualcosa/[niente/nulla] di certo/sicuro **B** adv (*sicher*) certamente, sicuramente, di sicuro/certo: **ich komme ~ zu deiner Party**, vengo di sicuro alla tua festa; **kannst du mir mal helfen? - Aber ~!**, puoi „darmi una mano₁/[aiutarmi]? - Ma certo!; **ganz ~**, senza dubbio; **~ nicht**, certamente no, no di certo.

Gewissen <-s, ohne pl> n coscienza f ● **sein ~ erforschen**, fare un esame di coscienza; **sein/[sich** (dat)**] das] ~ erleichtern**, togliersi un peso dalla coscienza, alleggerirsi la coscienza; **etw mit gutem ~ tun**, fare qc secondo/[in tutta] coscienza; **ein gutes/reines ~ haben**, avere/sentirsi la coscienza [pulita/ tranquilla]/[a posto]; **jdn/etw auf dem ~ haben**, avere qu/qc sulla coscienza; **nach bestem ~ handeln**, agire secondo coscienza; **jdn quält das ~**, a qu rimorde la coscienza; **jdm ins ~ reden**, appellarsi alla coscienza di qu; **etw ruhigen ~s tun**, fare qc con la coscienza tranquilla; **ein schlechtes ~ haben**, avere/sentirsi la coscienza sporca, non essere a posto con la coscienza, avere una cattiva coscienza; **jds ~ wachrütteln**, scuotere la coscienza di qu; **ein gutes ~ ist ein sanftes Ruhekissen** prov, si dorme meglio con la coscienza a posto.

gewissenhaft A adj {UNTERSUCHUNG} meticoloso, scrupoloso; {ARBEIT, MITARBEITER} coscienzioso **B** adv {AUSFÜHREN, DURCHFÜHREN, PRÜFEN} scrupolosamente, meticolosamente.

Gewissenhaftigkeit <-, ohne pl> f {+AUSFÜHRUNG, UNTERSUCHUNG} scrupolosità f, meticolosità f; {+MENSCH} coscienziosità f.

gewissenlos A adj {BETRÜGER, ENTFÜHRER, GANGSTER} senza scrupoli, privo di scrupoli: **~ sein**, essere senza/[privo di] scrupoli, avere il/c pelo sullo stomaco **B** adv {HANDELN, VORGEHEN} senza coscienza/scrupoli.

Gewissenlosigkeit <-, ohne pl> f **1** (*Skrupellosigkeit*) {+MENSCH} mancanza f di coscienza/scrupoli, incoscienza f **2** (*skrupellose Handlung*) atto m incosciente/sconsiderato.

Gewissensbisse subst <nur pl> rimorsi m pl (di coscienza), scrupoli m pl di coscienza: (**wegen etw gen** oder fam dat) **~ haben**, avere rimorsi (di coscienza) (per qc); **sich** (dat) **(über etw akk/wegen etw gen** oder fam dat**) ~ machen**, farsi scrupoli (di qc), farsi problemi (per qc) fam.

Gewissensentscheidung f caso m di coscienza.

Gewissenserforschung f <meist sing> esame m di coscienza.

Gewissensfrage f <meist sing> questione f/problema m/caso m di coscienza.

Gewissensfreiheit <-, ohne pl> f libertà f di coscienza.

Gewissensgrund m <meist pl> motivo m di coscienza: **etw aus Gewissensgründen ablehnen**, rifiutare/[non accettare] qc per motivi di coscienza.

Gewissenskonflikt m conflitto m di coscienza: **in einen ~ geraten**, entrare in conflitto con la propria coscienza.

Gewissensnot f conflitto m di coscienza: **in ~ sein**, essere in conflitto con la propria coscienza; **aus ~**, per motivi di coscienza.

gewissermaßen adv in certo qual modo, per così dire, in un certo senso.

Gewissheit (a.R. Gewißheit) <-, -en> f certezza f • **~ (über etw akk) bekommen/erlangen**, acquisire/maturare la certezza (di qc); **jdm die ~ geben, dass ...**, dare a qu la certezza che ...; **etw reift zur ~ geh** {VERDACHT, VERMUTUNG}, qc ₌sta diventando₌/[si sta facendo] certezza; **sich (dat) ~ über etw (akk) verschaffen**, accertarsi di qc; **zur ~ werden**, diventare certezza.

Gewitter <-s, -> n **1** meteo temporale m, manifestazioni f pl temporalesche meteo: **ein heftiges ~ ging über den Alpen nieder**, un violento temporale si è abbattuto sulle Alpi; **es gibt heute noch ein ~**, oggi minaccia temporale **2** fam (am Ausbruch), burrasca f, bufera f • **das ~ zieht ab**, il temporale si allontana; **ein ~ entlädt sich**, ₌si scatena₌/[scoppia] un temporale; **ein ~ liegt in der Luft**, c'è aria di temporale; **ein ~ ₌braut sich zusammen₌/[zieht auf]**, ₌si prepara₌/[è in arrivo] un temporale.

Gewitterfront f meteo fronte m temporalesco.

Gewitterhimmel m meteo cielo m temporalesco.

gewittern <ohne ge-> unpers: **es gewittert** (kurz vor dem Ausbruch), sta per scoppiare un temporale; (während des Gewitters) c'è un temporale (in corso).

Gewitterneigung <-, ohne pl> f tendenza f a temporali/[manifestazioni temporalesche].

Gewitterregen m rovescio m, scrosci m pl (d'acqua), precipitazioni m pl temporalesche/[a carattere temporalesco] meteo.

Gewitterschauer m → **Gewitterregen**.

Gewitterstimmung f **1** (Stimmung vor dem Gewitter) aria f di tempesta/temporale **2** (schlechte Stimmung) aria f di tempesta, maretta f.

Gewittersturm m meteo tempesta f.

Gewitterwand f ammasso m di nuvoloni temporaleschi.

Gewitterwolke f meteo nuvola f temporalesca.

gewittrig, **gewitterig** adj meteo {NIEDERSCHLÄGE, REGENSCHAUER} temporalesco; {SCHWÜLE} da temporale.

gewitzt adj {GESCHÄFTSMANN} scaltro, furbo, astuto.

Gewitztheit <-, ohne pl> f scaltrezza f, furbizia f, astuzia f.

gewoben part perf von **weben**.

gewogen① part perf von **wiegen**①.

gewogen② adj <präd> geh: **jdm ~ sein, sich jdm ~ zeigen**, essere/mostrarsi bendisposto (-a) ₌nei confronti di₌/[verso] qu.

gewöhnen <ohne ge-> **A** tr **jdn/etw an etw** (akk) **~** {AN HAUSORDNUNG, SAUBERKEIT} abituare qu/qc a qc, avvezzare qu/qc a qc: **die Kinder daran ~, selbständig zu sein**, abituare i figli a essere autonomi; **das bin ich gewöhnt** fam, ci sono abituato (-a), ci ho fatto l'abitudine/il callo fam **B** rfl **sich an jdn/etw ~** abituarsi a qu/qc, fare l'abitudi-

ne a qu/qc, avvezzarsi a qc: **in Deutschland isst man sehr früh zu Abend, aber inzwischen habe ich mich daran gewöhnt**, in Germania si cena molto presto, ma ormai mi ci sono abituato (-a); **man gewöhnt sich an alles**, ci si abitua a tutto; **sich daran ~, etw zu tun**, ₌abituarsi a₌/[prendere l'abitudine di] fare qc.

Gewohnheit <-, -en> f abitudine f, consuetudine f: **eine alte/gute/schlechte ~**, una vecchia/buona/cattiva abitudine; **etw aus (reiner) ~ tun**, fare qc per (pura) abitudine; **die Macht der ~**, la forza dell'abitudine; **die ~ haben, etw zu tun**, avere l'abitudine/la consuetudine di fare qc; **unser wöchentliches Treffen ist zur lieben ~ geworden**, i nostri incontri settimanali sono diventati una piacevole abitudine; **ich habe es mir zur ~ gemacht, jeden Tag eine Stunde spazieren gehen**, ₌ho preso l'abitudine di₌/[è diventata mia abitudine] fare ogni giorno una passeggiata di un'ora • **seine ~en ändern**, cambiare le proprie abitudini; **jdm zur ~ werden** {FRÜH AUFSTEHEN, FAMILIENFESTE, SPORT TREIBEN}, diventare un'abitudine/una consuetudine per qu.

gewohnheitsmäßig A adj <attr> {HANDLUNG} abitudinario, consuetudinario: **er ist ein ~er Lügner**, è un bugiardo inveterato/incallito **B** adv {AUSFÜHREN, VERRICHTEN} come ₌di consueto₌/[d'abitudine].

Gewohnheitsmensch m abitudinario (-a) m (f), consuetudinario (-a) m (f).

Gewohnheitsrecht n jur (im Einzelfall) consuetudine f; (als Rechtssystem) diritto m consuetudinario.

Gewohnheitstäter m (Gewohnheitstäterin f) jur delinquente mf abituale.

Gewohnheitstier n fam scherz: **der Mensch ist ein ~**, l'uomo è ₌un animale abitudinario₌/[schiavo delle proprie abitudini].

Gewohnheitstrinker m (Gewohnheitstrinkerin f) bevitore (-trice) m (f) abituale/incallito (-a).

Gewohnheitsverbrecher m (Gewohnheitsverbrecherin f) delinquente mf abituale.

gewöhnlich A adj **1** (üblich) {BESCHÄFTIGUNG, TÄTIGKEIT} solito, usuale, abituale: **wir sehen uns zur ~en Zeit**, ci vediamo alla solita ora **2** (durchschnittlich, normal) {WOCHENTAG} normale: **ein ganz ~er Arbeitstag**, un giorno di lavoro come un altro **3** obs pej (primitiv) {BENEHMEN} volgare; {MENSCH} auch ordinario **B** adv **1** (üblicherweise) di solito, di consueto, abitualmente, solitamente: **(für) ~**, di solito, solitamente; **~ kommt er nie vor neun Uhr**, di solito non arriva mai prima delle nove; **wie ~**, come ₌al solito₌/[d'abitudine]/[di consueto] **2** obs pej {SICH ANZIEHEN, AUSDRÜCKEN} in modo ordinario/volgare.

Gewöhnlichkeit <-, ohne pl> f **1** (+ARBEITSTAG) normalità f **2** obs pej (+BENEHMEN, MENSCH) volgarità f.

gewohnt adj <meist attr> {STUNDE, ZEIT} solito, consueto f; {BESCHÄFTIGUNG, VERHALTEN} auch abituale; {UMGEBUNG} familiare: **etw ~ sein**, essere abituato a qc; **~ sein, etw zu tun**, essere abituato a fare qc, avere l'abitudine di fare qc, essere solito fare qc; **ich bin (es) ~, früh aufstehen zu müssen**, sono abituato (-a) a dovermi alzare presto.

gewohntermaßen adv come ₌al solito₌/[di consueto].

Gewöhnung <-, ohne pl> f • **an etw** (akk) {AN ALKOHOL, DROGEN, MEDIKAMENTE} assuefazione f a qc; {AN UMGEBUNG} inserimento in qc: **~ an ein anderes Klima**, acclimatamen-

to • **das ist (alles) ~**, **das ist eine Frage/Sache der ~**, è (solo) questione d'abitudine.

Gewöhnungssache f questione f d'abitudine.

Gewölbe <-s, -> n arch **1** (gewölbte Decke) volta f **2** (gewölbter Raum) scantinato m con soffitto a volta.

Gewölbebogen m arch arco m a/di volta.

Gewölbepfeiler m arch piedritto m della volta.

gewölbt adj {DECKE} a volte; {RAUM} con il soffitto a volta.

gewollt A part perf von **wollen B** adj {BENEHMEN, FRÖHLICHKEIT} forzato, innaturale **C** adv {FRÖHLICH, JUGENDLICH, LÄSSIG} volutamente, in modo innaturale/forzato, forzatamente.

gewonnen A part perf von **gewinnen B** adj {BETRAG IM LOTTO} vinto • **damit ist nicht viel ~**, non è un gran guadagno; **wie ~, so zerronnen** prov, tanti presi, tanti spesi prov.

geworben part perf von **werben**.

geworden part perf von **werden**.

geworfen part perf von **werfen**.

gewrungen part perf von **wringen**.

Gewühl <-(e)s, ohne pl> n **1** (Gedränge) mischia f: **bei Beginn des Sommerschlussverkaufes ist immer ein großes ~ in der Stadt**, all'inizio dei saldi estivi c'è sempre una gran(de) confusione in centro **2** pej (anhaltendes Kramen) rovistio m: **hör auf mit dem ~ in den Schubladen!**, smettila di rovistare continuamente nei cassetti! • **sich ins ~ stürzen**, buttarsi/gettarsi nella mischia.

gewunden A part perf von **winden B** adj **1** (sich hin und her windend) {FLUSS, FLUSSLAUF, WEG} sinuoso, serpeggiante, tortuoso **2** (umständlich) {AUSDRUCKSWEISE, ERKLÄRUNG} contorto, tortuoso.

gewunken part perf von **winken**.

Gewürm <-(e)s, ohne pl> n vermi m pl, vermicaio m.

Gewürz <-es, -e> n (Substanz) spezia f, droga f: **ein exotisches/scharfes ~**, una spezia esotica/piccante.

Gewürzbord n portaspezie m.

Gewürzessig m gastr aceto m balsamico.

Gewürzgurke f gastr cetriolo m sottaceto.

Gewürzkraut n gastr erba f aromatica.

Gewürzkuchen m gastr "dolce m fatto con miele, noci, chiodi di garofano ed altre spezie".

Gewürzmischung f gastr spezie f pl miste.

Gewürznelke f gastr chiodo m di garofano.

Gewürzpaprika m paprica f, paprika f.

Gewürzpflanze f pianta f aromatica.

Gewürzregal n, **Gewürzständer** m portaspezie m.

gewürzt adj {SPEISEN} speziato, condito, aromatizzato: **stark ~**, piccante.

gewusst (a.R. gewußt) part perf von **wissen** • **~ wie/wo!** fam, basta sapere come/dove!

Geysir <-s, -e> m geol geyser m.

gez. Abk von gezeichnet: f.to (Abk von firmato).

gezackt adj {FELS} frastagliato; {SCHNEIDE} seghettato; {BLATT} dentellato.

gezähnt adj {BLATT, BRIEFMARKE} dentellato.

Gezänk <-(e)s, ohne pl> n pej, **Gezanke** <-s, ohne pl> n pej litigi m pl, alterchi m pl, bisticci m pl, battibecchi m pl.

gezeichnet adj: **von etw** (dat) **~ sein** {VON ANSTRENGUNGEN, EINER KRANKHEIT, SORGEN}, essere segnato da qc.

Gezeiten subst <nur pl> maree f pl.

Gezeitenenergie f energia f delle maree.
Gezeitenkraftwerk n tech centrale f mareomotrice.
Gezeitenstrom m corrente f delle maree.
Gezeitentafel f tabella f delle maree.
Gezeitenwechsel m alternanza f delle maree.
Gezeter <-s, ohne pl> n fam strilli m pl, urli m pl, grida f pl.
geziehen part perf von zeihen.
gezielt A adj {BOMBENABWURF, EINGRIFF, FRAGE, SCHUSS, VORSORGE} mirato; {FORSCHUNG, HILFE, MAßNAHME} auch finalizzato B adv {VORGEHEN} sistematicamente; {HELFEN, PLANEN} in modo mirato.
geziemen <ohne ge-> rfl geh sich (für jdn) ~ addirsi a qu, confarsi a qu: **für ein Mädchen geziemt sich das nicht,** non si addice a una ragazza; **ein Wort des Dankes geziemt sich,** una parola di ringraziamento è ₁d'obbligo₁/[d'uopo obs].
geziemend adj geh obs {ACHTUNG, HÖFLICHKEIT, RÜCKSICHT} dovuto, che si conviene: **mit ~em Respekt,** con il dovuto rispetto.
geziert A adj {BENEHMEN} lezioso, affettato; {AUSDRUCKSWEISE, STIL} auch leccato, manierato; {MÄDCHEN} lezioso, svenevole B adv {SICH AUSDRÜCKEN, BENEHMEN} in modo lezioso/affettato.
gezogen A part perf von ziehen B adj: **lang ~** {LAUT, SCHREI}, prolungato; **selbst ~** {GEMÜSE}, del proprio orto, coltivato da sé.
Gezwitscher <-s, ohne pl> n {+VÖGEL} cinguettio m.
gezwungen A part perf von zwingen B adj {BENEHMEN, LÄCHELN} (s)forzato, innaturale; {ATMOSPHÄRE} di generale imbarazzo C adv {LACHEN, LÄCHELN} (s)forzatamente, in modo innaturale: **die Gäste benehmen sich irgendwie ~,** gli ospiti sembrano piuttosto ingessati.
gezwungenermaßen adv forzatamente, per forza, volente o nolente: **ich muss ~ zu Fuß gehen,** devo per forza andare a piedi.
ggf. Abk von gegebenenfalls: eventualmente, casomai.
Ghana <-s, ohne pl> n geog Ghana m.
Ghetto <-s, -s> n → Getto.
Ghettoblaster m → Gettoblaster.
ghettoisieren tr → gettoisieren.
Ghostwriter <-s, -> m ghost writer m, negro m scherz, scrittore m fantasma.
GHz n phys Abk von Gigahertz: Ghz m.
Gibbon <-s, -s> m zoo gibbone m.
Gibraltar <-s, ohne pl> n geog Gibilterra f.
gibt 3. pers sing präs von geben.
Gicht <-, ohne pl> f med gotta f; (bes. am Fuß) podagra f.
Gichtanfall m med attacco m gottoso/[di gotta].
Gichtknoten m med tofo m.
gichtkrank adj {MENSCH} gottoso, ₁malato di₁/[affetto da] gotta.
Gichtkranke <dekl wie adj> mf malato (-a) m (f) di gotta, gottoso (-a) m (f).
Giebel <-s, -> m arch timpano m, frontone m; (bes. gotisch) cuspide f, pignone m.
Giebeldach n arch tetto m a capanna/[due falde/spioventi].
Giebelfenster n arch **1** (Fenster im Giebel) finestra f del frontone **2** (Fenster mit Giebel) finestra f timpanata/[con timpano].
Giebelhaus n arch casa f con tetto a capanna/[due falde/spioventi].
Giebelseite f arch lato m con frontone.

Giebelwand f muro m con frontone.
Giebelzimmer n arch mansarda f, sottotetto m.
Gier <-, ohne pl> f ~ (**nach etw** dat) {NACH SPEISEN} avidità f (di qc), ingordigia f (di qc); {NACH EINFLUSS, GELD, GOLD, MACHT, RUHM} avidità f (di qc), brama f (di qc), cupidigia f (di qc), bramosia f di qc lit; (sexuelle ~) concupiscenza f.
gieren itr **nach etw** (dat) ~ {NACH EINFLUSS, MACHT} essere avido di qc, avere brama di qc, bramare qc lit; {NACH SÜßIGKEITEN} avere una voglia matta di qc fam.
gierig A adj {MENSCH} avido, bramoso; {BLICK} auch cupido lit; (sexuell) concupiscente; **auf etw** (akk)/**nach etw** (dat) ~ **sein** {NACH GELD, MACHT}, essere avido/cupido lit/ ingordo/bramoso di qc: **sie ist ganz ~ auf Eis,** va matta per il gelato B adv {ESSEN, TRINKEN} avidamente, con avidità/ingordigia.
Gießbach m torrente m.
gießen <gießt, goss, gegossen> A tr **1** (bewässern) etw ~ {BLUMEN, GARTEN, PFLANZEN} annaffiare qc, bagnare qc **2** (schütten) **etw irgendwohin** ~ {MILCH, KAFFEE, TEE IN EINE TASSE, SOßE ÜBER DEN BRATEN} versare qc + compl di luogo: (jdm) **etw voll** ~ {GLAS, TASSE}, riempire qc (a qu) fino all'orlo **3** (verschütten) **etw irgendwohin** ~ {KAFFEE AUF DIE TISCHDECKE, TINTE AUF/ÜBER DAS HEFT} versare/rovesciare qc + compl di luogo **4** (durch Schmelzen in Form bringen) **etw** ~ {METALL} colare qc; {GIPS, WACHS} gettare qc; {GLOCKE, STATUE} auch fondere qc: **eine Büste in Bronze** ~, gettare/fondere un busto in bronzo B itr (Wasser geben) annaffiare: **im Sommer muss man oft** ~, in estate bisogna annaffiare spesso C unpers fam: **es gießt,** piove a dirotto/catinelle, diluvia.
Gießer <-s, -> m (**Gießerin** f) fonditore (-trice) m (f).
Gießerei <-, -en> f fonderia f.
Gießereiarbeiter m (**Gießereiarbeiterin** f) fonditore (-trice) m (f).
Gießereibetrieb m → Gießerei.
Gießerin f → Gießer.
Gießform f forma f da fusione, stampo m.
Gießkanne f annaffiatoio m.
Gießkannenprinzip <-s, ohne pl> n: (etw) **nach dem** ~ (**vergeben/verteilen**) {ÖFFENTLICHE MITTEL, ZUSCHÜSSE}, (distribuire qc) a pioggia.
Gift <-(e)s, -e> n **1** (giftige Substanz) veleno m: **ein tödliches** ~, un veleno letale/mortale; ~ **nehmen** (sich mit Gift umbringen), ingerire veleno, avvelenarsi, suicidarsi con il veleno **2** pej (Boshheit) veleno m ● ~ **und Galle speien/spucken** fam, sputare veleno/bile; **jdm** ~ **geben,** avvelenare qc, uccidere qu con il veleno; **darauf** ₁**kannst du**₁/[**können Sie**] ~ **nehmen** fam, puoi/può starne certo (-a), ci puoi/può scommettere fam/giurare fam; **das** (**reinste**) ~ **für jdn/etw sein** fam: **fette Speisen sind** ~ **für seine Leber,** **das reinste** ~, i cibi grassi sono veleno per il suo fegato; **Stress ist** ~ **für seine Gesundheit,** lo stress è veleno per la sua salute; **sein** ~ **versprit zen,** schizzare veleno.
Giftbecher m hist calice m avvelenato.
Giftdrüse f zoo ghiandola f velenifera.
giften fam A tr jdn ~ {BEFÖRDERUNG EINES KOLLEGEN, BEVORZUGUNG ANDERER, ERFOLG} far invipire/invelenire qu B itr sputare veleno.
Giftgas n chem gas m tossico.
giftgrün adj verde bandiera.
gifthaltig adj {PFLANZE, SAMENKAPSEL} velenoso.

giftig A adj **1** (Gift enthaltend) {PFLANZE, PILZ, SCHLANGE, SPINNE} velenoso **2** (gesundheitsschädlich) {CHEMIKALIE, DÄMPFE, GAS, SUBSTANZ} tossico, venefico **3** fam (boshaft) {BEMERKUNG, BLICK} velenoso, pieno di veleno; {UNTERSTELLUNGEN} auch venefico: ~ **werden,** invipirirsi, invelenirsi **4** (grell) {FARBE} chiassoso B adv fam pej (boshaft) {ANTWORTEN} in modo velenoso/pungente.
Giftküche f fam scherz **1** (Labor) fabbrica f di veleni fam scherz **2** pej (Gerüchteküche) nido m di vipere.
Giftmischer m (**Giftmischerin** f) **1** fam pej (mit böser Absicht) avvelenatore (-trice) m (f) **2** fam scherz (bes. Apotheker) propinaveleni mf.
Giftmord m omicidio m per avvelenamento, veneficio m lit.
Giftmörder m (**Giftmörderin** f) avvelenatore (-trice) m (f).
Giftmüll m rifiuti m pl tossici.
Giftmülldeponie f discarica f per rifiuti tossici.
Giftnudel f fam pej (gehässige Frau) vipera f, serpe f velenosa.
Giftpfeil m freccia f avvelenata.
Giftpflanze f bot pianta f velenosa.
Giftpilz m fungo m velenoso.
Giftschlange f zoo serpente m velenoso.
Giftschrank m armadietto m dei veleni.
Giftstachel m {+SKORPION} pungiglione m velenoso.
Giftstoff m sostanza f tossica, tossina f wiss.
Giftwolke f nube f tossica.
Giftzahn m zoo dente m velenifero ● **jdm den** ~ **ziehen** fam, limare le unghie a qu, rendere inoffensivo (-a) qu.
Giftzwerg m fam pej nanerottolo m cattivo/malefico.
Gig <-s, -s> m slang mus ingaggio m di un musicista per un unico spettacolo.
Gigabyte n inform (Abk GB) gigabyte m (Abk GB).
Gigahertz n phys (Abk GHz) gigahertz m (Abk GHz).
Gigant <-en, -en> m (**Gigantin** f) geh **1** (Riese) gigante (-essa) m (f), colosso m **2** (wer/was durch große Leistung oder Größe beeindruckt) gigante m, colosso m: **im Bereich der Massenmedien ist er ein** ~, è un gigante/colosso dei mass media; **der Krieg der ~en,** lo scontro tra titani.
gigantisch adj **1** (ungeheuer) {AUSGABEN, ERFOLG} enorme; {ANSTRENGUNG} auch ciclopico, titanico, immane; {FEHLER} gigantesco, colossale, madornale **2** (äußerst gut) {LEISTUNG} fenomenale.
Gigantomanie f geh gigantismo m.
Gigawatt n el gigawatt m.
Gigerl <-s, -(n)> m oder n A fam → Geck.
Gigolo <-s, -s> m gigolo m.
gilben itr geh obs (PAPIER, WÄSCHE) ingiallire.
Gilde <-, -n> f hist gilda f, corporazione f.
gilt 3. pers sing präs von gelten.
Gimpel <-s, -> m **1** zoo (Dompfaff) ciuffolotto m **2** fam pej (einfältiger Mensch) merlo m, tordo m.
Gin <-s, -s> m gin m: **Gin Tonic,** gin tonic.
ging 1. und 3. pers sing imperf von gehen.
Ginkgo, Ginko <-s, -s> m bot ginkgo m.
Ginseng <-s, -s> m bot ginseng m.
Ginster <-s, ohne pl> m bot ginestra f.
Gipfel <-s, -> m **1** (Bergspitze) cima f, vetta f, picco m: **den** ~ **erreichen,** raggiungere la

vetta, arrivare in cima **2** (*Höhepunkt*) {+KARRIERE, MACHT} apice m; {+ERFOLG, GLÜCK, RUHM} *auch* culmine m, apogeo m **3** *pol* (*Gipfelkonferenz*) vertice m, summit m: **der europäische ~ findet im Mai in Florenz statt**, il vertice europeo si svolgerà a maggio a Firenze ● *das* **ist (doch) der ~! *fam*,** (questo) è (proprio) il colmo! *fam*; **der ~ der *Frechheit*,** il colmo dell'insolenza *fam*.

Gipfelgespräch n riunione f/incontro m al vertice.

Gipfelkonferenz f *pol* (conferenza f/riunione f/incontro m al) vertice m, summit m.

Gipfelkreuz n croce f di vetta.

gipfeln itr *geh in etw* (dat) ~ {DEMONSTRATION, STREIK IN AUSEINANDERSETZUNGEN; VORTRAG IN EINER FORDERUNG} culminare *in qc*.

Gipfelpunkt m **1** (*das Äußerste*) {+LEISTUNG, SCHAFFEN} punto m culminante, apice m, culmine m **2** (*höchster Punkt*) {+FLUGBAHN} punto m più alto.

Gipfelstürmer m (**Gipfelstürmerin** f) rampante m.

Gipfeltreffen n *pol* (incontro m al) vertice m, summit m.

Gips <-es, ohne pl> m **1** (*Mineral*) gesso m **2** (*Pulver*) gesso m: **den ~ anrühren**, impastare il gesso; **ein Büste aus ~**, un busto di gesso **3** (*~verband*) gesso m, ingessatura f: **den Fuß in ~ legen**, ingessare il piede; **er hat den Fuß in ~**, ha il piede ingessato.

Gipsabdruck m, **Gipsabguss** (a.R. Gipsabguß) m calco m in gesso.

Gipsarm m *fam* braccio m ingessato.

Gipsbein n *fam* gamba f ingessata.

Gipsbüste f busto m in gesso.

gipsen tr **1** (*mit Gips reparieren*) *etw* ~ {BLUMENTOPF, BODENPLATTE, LOCH, RISS} stuccare *qc* **2** *fam* (*in Gips legen*) *jdn/etw* ~ ingessare *qu/qc*.

Gipser <-s, -> m (**Gipserin**) stuccatore (-trice) m (f).

Gipsfigur f (figura f in) gesso m.

Gipskorsett n *med* busto m di gesso.

Gipskrawatte f *med* collare m di gesso.

Gipsverband m ingessatura f: **einen ~ anlegen/abnehmen**, mettere/togliere il gesso.

Giraffe <-, -n> f *zoo* giraffa f.

Girant <-en, -en> m (**Girantin** f) *bank jur* girante m.

Girat <-en, -en> m *bank jur*, **Giratar** <-s, -e> m *bank jur* giratario (-a) mf.

girieren <*ohne ge*-> tr *bank jur etw* ~ {SCHECK, WECHSEL} girare *qc*: **ein girierter Scheck**, un assegno girato.

Girl <-s, -s> n *fam* **1** (*junges Mädchen*) ragazza f **2** (*Tänzerin*) girl f, ballerina f.

Girlande <-, -n> f ghirlanda f; (*aus Papier*) festone m.

Girlie <-s, -s> n ragazza f sbarazzina.

Giro <-s, -s> n *bank* **1** (*bargeldloser Zahlungsverkehr*) giroconto m **2** (*Indossament*) girata f.

Girobank f banca f che svolge prevalentemente operazioni di giroconto.

Girogeschäft n *bank* (operazione f di) bancogiro m.

Girokonto n *bank* conto m corrente: **das Gehalt wird am 28. des Monats auf mein ~ überwiesen**, lo stipendio viene accreditato sul mio conto corrente il 28 del mese.

Giroverkehr m movimento m pl di conto corrente.

gis, Gis <-, -> n *mus* sol m diesis.

Gischt <-(e)s, rar -e> m *oder* <-, rar -en> f schiuma f, spuma f.

Gisela f (*Vorname*) Gisella.

gis-Moll n *mus* sol m diesis minore.

Gitarre <-, -n> f *mus* chitarra f: **sie kann sehr gut ~ spielen**, suona molto bene la chitarra; **jdn auf der ~ begleiten**, accompagnare qu alla/[con la] chitarra.

Gitarrenspieler m (**Gitarrenspielerin** f) chitarrista mf.

Gitarrist m (**Gitarristin** f) chitarrista mf.

Gitter <-s, -> n **1** (*Absperrung*) {+FENSTER, TÜREN} inferriata f, grata f; {+GARTEN} cancellata f, {+BETT, LAUFSTALL} sponda f; {+BEICHTSTUHL} grata f; (*Drahtgitter*) reticolato m, reticolo m **2** (*Schutzgitter*) {+HEIZKÖRPER} griglia f (di protezione) **3** *chem math phys* reticolo m ● **jdn hinter ~ bringen**, mettere qu dietro le sbarre *fam*/[al fresco *fam*]; **hinter ~ kommen** *fam*, finire dietro le sbarre *fam*/[al fresco *fam*]; **hinter ~ sitzen**, essere dietro le sbarre *fam*, stare al fresco *fam*, vedere il sole a scacchi *fam*.

Gitterbett n lettino m a/con sponde.

Gitterfenster n finestra f con inferriata.

Gittermast m el traliccio m.

Gitterrost m (*an Kellerfenstern, Schächten*) grata f, inferriata f, griglia f; (*an Öfen*) graticola m, gratella f, griglia f.

Gitterstab m sbarra f (di inferriata).

Gittertür f cancello m.

Gitterzaun m (*aus Holz*) staccionata f.

Glace <-, -n> f *CH* gelato m.

Glaceehandschuh m → **Glacéhandschuh**.

Glaceeleder n → **Glacéleder**.

Glacéhandschuh m <*meist* pl> guanto m di pelle lucida/[glacé] ● **jdn mit ~en anfassen** *fam*, trattare qu con i guanti di velluto.

Glacéleder n pelle f lucida/glacé.

glacieren <*ohne ge*-> tr *etw* ~ {FLEISCH} mettere *qc* in gelatina, glassare *qc*.

Gladiator <-s, -en> m *hist* gladiatore m.

Gladiole <-, -n> f *bot* gladiolo m.

Glamour <-s, ohne pl> m *oder* n glamour m.

Glamourgirl n (*Filmschönheit*) vamp f; (*Reklameschönheit*) pin-up (girl) f.

Glanz <-es, ohne pl> m **1** (*das Glänzen*) {+AUGEN, DIAMANTEN, GLAS, GOLD, HAARE, KRISTALL, POLIERTE OBERFLÄCHE, PERLEN, SEIDE} splendore m, brillantezza f, lucentezza f; {+MOND, STERNE} *auch* fulgore m *lit*; **die Weingläser haben ihren ~ verloren**, i bicchieri da vino hanno perso la loro brillantezza **2** (*herrliche Pracht*) {+FEST, PALAST} splendore m: **die Hochzeit meiner Schwester wurde mit großem ~ gefeiert**, le nozze di mia sorella sono state festeggiate in grande stile ● **mit ~ und *Gloria* bestehen**: **eine Prüfung mit ~ und Gloria bestehen**, superare brillantemente un esame; **er ist mit ~ und Gloria durchgefallen bei der** *iron*, è stato sonoramente bocciato all'esame; **mit ~ und Gloria untergehen** *fam*, prendere una bella batosta *fam*; **welch ~ in meiner Hütte!** *fam iron*, quale/[ma che] onore!

Glanzabzug m *fot* fotografia f su carta lucida.

glänzen itr **1** (*leuchten*) {HAARE, MOND, STERNE} brillare, splendere, rilucere *lit*; {SCHUHE, SEIDE} luccicare; {METALL, WASSER} *auch* scintillare, splendere; {AUGEN VOR FIEBER, TRAURIGKEIT} luccicare; {VOR FREUDE} *auch* brillare, splendere: **meine Nase glänzt**, hai il naso lucido **2** (*hervorstechen*) **durch** *etw* (akk) ~ {DURCH GEIST, INTELLIGENZ} brillare *per qc*, distinguersi *per qc* ● **vor jdm ~ wollen**, voler fare bella figura davanti a qu.

glänzend A adj **1** (*Glanz habend*) {HAARE, WASSEROBERFLÄCHE} lucente, splendente; (*vor Freude*) {AUGEN} splendente; (*vor Fieber, Traurigkeit*) luccicante, lustro; {SCHUHE, STOFF} lucido; {METALL} luccicante, lucente, splendente **2** (*hervorragend*) {EINFALL, IDEE} splendido, brillante: **er ist ein ~er Redner**, è un brillante oratore B adv (MITEINANDER AUSKOMMEN, SICH VERSTEHEN) splendidamente, magnificamente: **mir geht es ~**, sto splendidamente/magnificamente; **wir haben uns ~ amüsiert**, ci siamo divertiti (-e) immensamente.

Glanzidee f *fam oft iron*: **das war vielleicht 'ne ~!**, è stata proprio un'idea magnifica/brillante *fam iron*/[una splendida idea *iron*]!

Glanzlack m vernice f lucida.

Glanzleder n pelle f lucida.

Glanzleistung f **1** (*hervorragende Leistung*) brillante performance f, splendido exploit m, splendida prestazione f **2** *iron* (*schlechte Leistung*) capolavoro m *iron*.

Glanzlicht n: *etw* (dat) ein ~/~er **aufsetzen**: **der Auftritt der drei Tenöre setzte dem Festival noch ein besonderes ~ auf**, l'esibizione dei tre tenori dette un tocco/lustro particolare al festival.

glanzlos adj **1** (*matt*) {AUGEN} spento, smorto; {FARBEN} *auch* opaco; {HAAR} senza lucentezza, privo di luminosità; {STOFF, OBERFLÄCHE} opaco **2** (*einfallslos*) {REDE} senza smalto; {AUFTRITT} opaco, senza verve.

Glanznummer f **1** clou m, attrazione f principale. **2** → **Glanzrolle**.

Glanzpapier n carta f lucida; (*bei Zeitungen*) *auch* (carta f) patinata f.

Glanzrolle f {+SCHAUSPIELER} cavallo m di battaglia.

Glanzstück n **1** (*Meisterwerk*) {+AUTOR, KÜNSTLER} capolavoro m; {+AUSSTELLUNG, SAMMLUNG} pezzo m forte/[più pregiato] **2** *iron* capolavoro m *iron*.

glanzvoll adj {DARSTELLUNG, FEST, VORFÜHRUNG} splendido, brillante, magnifico.

Glanzzeit f apogeo m, periodo m di massimo splendore/[d'oro].

Glas <-es, Gläser *oder bei Maßangabe* -> n **1** <*nur sing*> (*Material*) vetro m: **~ blasen/schleifen**, soffiare/molare il vetro; **kugelsicheres/unzerbrechliches ~**, vetro antiproiettile/infrangibile; **das ~ ist gesprungen**, il vetro si è spaccato; **aus ~**, di vetro **2** (*Trinkglas*) bicchiere m: **die Gläser klirren**, i bicchieri tintinnano **3** (*Flüssigkeitsmenge*) bicchiere m: **darf ich Ihnen ein ~ Wein einschenken?**, posso versarLe un bicchiere di vino?; **er hat schon fünf ~/Gläser Bier getrunken**, ha già bevuto cinque bicchieri di birra **4** <*meist* pl> (*Brillenglas*) lente f: **ich brauche neue Gläser für meine Brille**, ho bisogno di nuove lenti per i miei occhiali **5** (*Fernglas, Opernglas*) binocolo m **6** (*~behälter*) barattolo m, vasetto m: **bring mir bitte ein ~ Marmelade mit!**, portami per favore un vasetto di marmellata! ● **mit den Gläsern anstoßen**, brindare, fare un brindisi; **ein ~ über den *Durst* getrunken haben** *fam*, aver bevuto qualche bicchierino di troppo, aver alzato troppo il gomito; **zu tief ins ~ gucken** *fam*/**schauen**, alzare troppo il gomito; **Vorsicht ~!**, fragile!

Glasauge n occhio m di vetro/[artificiale].

Glasbaustein m *bau* blocco m in vetro cemento.

Glasbehälter m contenitore m di vetro.

Glasbläser m (**Glasbläserin** f) soffiatore (-trice) m (f) (di vetro), vetraio (-a) m (f).

Glasbläserei <-, -en> f **1** <*nur sing*> (*Handwerk*) soffiatura f (del vetro) **2** (*Betrieb*) ve-

treria f.
Glasbläserin f → **Glasbläser**.
Gläschen <-s, -> n dim von Glas **1** (kleines Trinkglas) bicchierino m; (kleines Gefäß aus Glas) vasetto m: **ich kaufe Joghurt lieber im ~**, lo yogurt preferisco comprarlo in vasetto **2** (Getränk) {+LIKÖR, SCHNAPS} bicchierino m.
Glascontainer m contenitore m per il vetro (usato); (glockenförmig) campana f per la raccolta del vetro.
Glaser <-s, -> m (**Glaserin** f) vetraio (-a) m (f) • **ist dein Vater ~?** fam iron, non sei mica trasparente! fam, sei bello (-a) ma non trasparente! slang.
Glaserei <-, -en> f vetreria f.
Glaserin f → **Glaser**.
gläsern adj <attr> **1** (aus Glas) {FIGUR, GEBRAUCHSGEGENSTAND} di vetro **2** (transparent) {POLITIKER, VERWALTUNG} trasparente **3** (starr) {BLICK} vitreo.
Glasfaser f <meist pl> fibra f di vetro: **optische ~n**, fibre ottiche.
Glasfaserkabel n cavo m in fibra ottica.
Glasfasernetz n rete f di fibre ottiche.
Glasfenster n vetrata f.
Glasfiber <-, ohne pl> f → **Glasfaser**.
Glasfiberkabel n cavo m in fibra ottica.
Glasfiberstab m sport asta f in fibra di vetro.
Glasflasche f bottiglia f di vetro.
Glasgefäß n recipiente m di vetro.
Glasglocke f campana f di vetro • **wie unter einer ~ leben**, vivere sotto una campana di vetro.
glashart adj **1** (sehr hart) {MATERIAL} durissimo, duro come il cristallo **2** sport {AUFSCHLAG, SCHUSS} potente, fortissimo.
Glashaus n (Treibhaus) serra f • **wer (selbst) im ~ sitzt, soll nicht mit Steinen werfen** prov, chi ha la testa di vetro, non faccia a sassi prov, chi ha tegoli di vetro non tiri sassi al vicino prov tosk rar.
Glashütte f industr fabbrica f del vetro, vetreria f.
glasieren <ohne ge-> tr etw ~ **1** industr {FLIESEN, KACHELN, KERAMIK} invetriare qc, smaltare qc **2** gastr {GEBÄCK, KUCHEN} glassare qc.
glasig adj **1** (starr) {AUGEN, BLICK} vitreo **2** gastr (durchsichtig) {ZWIEBELN} imbiondito.
Glaskasten m vetrina f.
Glaskeramik f vetroceramica f.
Glaskeramikkochfeld n piano m di cottura in vetroceramica.
glasklar [A] adj **1** (völlig klar) {LUFT} limpidissimo, terso, trasparente; {WASSER} auch cristallino **2** (ganz deutlich) {AUSSAGE, FORMULIERUNG} chiarissimo, più che evidente [B] adv {SICH FÜR ETW AUSSPRECHEN} in modo chiarissimo.
Glaskugel f **1** (Schmuckkugel) palla f/sfera f di vetro **2** (Murmel) biglia f.
Glasmalerei f **1** <nur sing> (Kunst) pittura f su vetro/[vetraria], vetrocromia f **2** (Bild) vetro m dipinto.
Glasnost <-, ohne pl> f pol glasnost f, trasparenza f.
Glasnudel f <meist pl> spaghetto m di riso.
Glaspalast m **1** fam palazzo m di vetro **2** pol (UNO-Hauptgebäude) Palazzo m di vetro.
Glaspapier n carta f vetrata.
Glasperle f perla f di vetro.
Glasplatte f lastra f di vetro.
Glasröhre f tubo m di vetro.
Glasscheibe f **1** (dünne Glasplatte) lastra f di vetro **2** (Fensterscheibe) vetro m.

Glasscherbe f coccio m/pezzo m/frammento m di vetro, vetro m.
Glasschleifer m (**Glasschleiferin** f) molatore (-trice) m (f) di vetro.
Glasschneider m tagliavetro m.
Glasschüssel f (klein) scodella f/ciotola f di vetro; (für Salat) insalatiera f.
Glassplitter m scheggia f di vetro.
Glastisch m tavolo m di vetro.
Glastür f **1** (Eingangstür) (porta f) vetrata f, porta f a vetri **2** (Schranktür) anta f di vetro.
Glasur <-, -en> f **1** tech (Überzug) vetrina f, smalto m (vitreo) **2** gastr glassa f.
Glaswand f vetrata f.
Glasware f <meist pl> oggetti m pl in vetro, vetrame m.
Glaswolle f lana f di vetro.
glatt[①] <-er/glätter, -este/glätteste> [A] adj **1** (eben) {HAUT, PAPIER, SEIDE, WASSEROBERFLÄCHE} liscio; {FLÄCHE, OBERFLÄCHE, STEIN} auch levigato **2** (nicht lockig) {FELL, HAAR} liscio **3** (schlüpfrig) {FUSSBODEN, FAHRBAHN} scivoloso, sdrucciolevole; (vereist) {STRASSE} ghiacciato: **hier ist es ~**, qui si scivola **4** <attr> (komplikationslos) {ABLAUF, LANDUNG} perfetto, senza complicazioni/difficoltà/problemi **5** <attr> fam (eindeutig) {KNOCHENBRUCH} semplice **6** <attr> fam (eindeutig) {LÜGE, PROVOKATION, UNSINN} bell'e buono fam: **das ist ~er Betrug**, è un imbroglio bell'e buono **6** (entschieden) {ABSAGE, WEIGERUNG} netto, categorico: **ein ~es Nein**, un no categorico **7** (exakt): **ein ~er Betrag**, una cifra tonda; **der Kurzurlaub hat mich ~e 1000 Euro gekostet**, questa vacanzina mi è costata 1000 euro tondi tondi fam; **in Latein hat er eine ~e Eins** fam, in latino ha un dieci pieno **8** pej (schmierig) {MENSCH, TYP} scivoloso, viscido [B] adv **1** fam (problemlos): ~ **ablaufen/verlaufen**, andare liscio (-a) fam; **die Landung ist ~ vonstattengegangen**, l'atterraggio è andato liscio/[avvenuto senza problemi] **2** fam (eindeutig) {BETRÜGEN, LEUGNEN} apertamente: **das ist ~ gelogen**, è una bugia bell'e buona **3** (entschieden) {ABLEHNEN} categoricamente, decisamente, in modo netto • ~ **links/rechts stricken**, lavorare (a maglia) a rovescio/diritto.
glatt[②] partik fam (einfach): **das habe ich ~ vergessen**, l'ho completamente dimenticato; **sie hat es ~ geglaubt**, se l'è proprio bevuta fam.
glatt|bügeln tr → **bügeln**.
Glätte <-, ohne pl> f **1** (Ebenheit) {FLÄCHE, OBERFLÄCHE} levigatezza f, liscezza f rar **2** (Schlüpfrigkeit) {+FUSSBODEN, STRASSE} scivolosità f: **bei dieser ~ auf den Straßen sollte du lieber nicht hinausgehen**, faresti meglio a non uscire con queste strade ghiacciate.
Glatteis <-es, ohne pl> n (strato m di) ghiaccio m, vetrato m meteo, vetrone m meteo, ghiaccidio m meteo: **bei ~ vorsichtig fahren**, in caso di ghiaccio guidare con prudenza • **sich aufs ~ begeben** fam, avventurarsi su un terreno minato/infido; **jdn aufs ~ führen** fam, mettere nel sacco qu fam, raggirare qu; **Vorsicht ~!**, attenzione, strada ghiacciata!
Glatteisbildung f formazione f di ghiaccio (sul fondo stradale).
Glatteisgefahr f pericolo m di strada ghiacciata.
glätten [A] tr **1** (glattmachen) etw ~ {HAARE} lisciare qc; {KLEIDERFALTEN, STIRN} spianare qc; {BANKNOTE, ZETTEL} stendere qc, spiegare qc; {STOFF} auch stirare qc **2** (besänftigen) etw ~ {JDS WUT, ZORN} placare qc, calmare qc, acquietare qc **3** CH (bügeln) etw ~

{KLEIDER, WÄSCHE} stirare qc [B] rfl **sich ~ 1** (glatt werden) {GESICHT, STIRN} distendersi **2** (sich legen) {ERREGUNG, MEER, WELLEN, WUT, ZORN} calmarsi, placarsi: **die Wogen haben sich geglättet** fig, le acque si sono calmate fig.
glatt|gehen <irr> tr <sein> fam andare/filare liscio (-a) fam, andar bene: **wenn alles glattgeht, ...**, se tutto va bene ...
glatt|hobeln tr → **hobeln**.
glatt|kämmen tr → **kämmen**.
glatt|machen tr etw ~ **1** (glätten) → **machen 2** fam (in Ordnung bringen) sistemare qc, mettere a posto qc **3** fam (bezahlen) saldare qc, regolare qc, liquidare qc.
glatt|polieren <ohne ge-> tr → **polieren**.
glattrasiert adj → **rasiert**.
glatt|schleifen <irr> tr → **schleifen**①.
glatt|streichen <irr> tr → **streichen**.
glattweg adv fam **1** (entschieden) {ETW ABLEHNEN} in modo deciso, con decisione, senza esitare, categoricamente **2** (eindeutig): **er hat alles ~ erfunden**, ha inventato tutto di sana pianta; **das ist ~ gelogen**, è una bugia bell'e buona.
Glatze <-, -n> f **1** (ohne Haare) testa f calva, pelata f scherz **2** (kahle Stelle auf dem Kopf) calvizie f, chierica f fam scherz • **eine ~ bekommen**, diventare calvo (-a); **eine ~ haben**, essere calvo/pelato fam; **sich (dat) eine ~ schneiden lassen**, farsi rapare a zero.
Glatzenbildung f calvizie f, alopecia f wiss.
Glatzkopf m **1** (kahler Kopf) testa f calva/rapata fam, pelata f fam scherz, rapa f fam scherz **2** fam pej (Mann mit Glatze) (uomo m) calvo m/pelato m fam scherz.
glatzköpfig adj {MENSCH} calvo, pelato fam scherz, rapato fam scherz.
Glaube <-ns, ohne pl> m **1** relig (Konfession) fede f, religione f, confessione f: **der christliche/islamische/jüdische/orthodoxe ~**, la fede/religione cristiana/islamica/ebraica/ortodossa; **evangelischen/katholischen ~ns sein**, essere di fede/confessione protestante/cattolica; **der ~ an Gott**, la fede in Dio; **er hat nie den ~n an Gott verloren**, non ha mai perso la fede in Dio; **der ~ der antiken Völker an die Naturkräfte**, le credenze dei popoli antichi nelle forze della natura; **jdn zu einem anderen ~n bekehren**, convertire qu a un'altra religione; **sie hat sich zum christlichen ~n bekehrt**, si è convertita al cristianesimo; **er hat seinen ~n wieder gefunden**, ha ritrovato la fede; **seinen ~n bekennen**, professare la propria fede, fare atto di fede **2** (Überzeugung) convinzione f: **an seinem ~n festhalten**, rimanere saldo (-a)/fermo (-a) nelle proprie convinzioni; **ich ¡habe den festen ~n¡/[bin des festen ~ns], dass ...**, è mia ferma convinzione¡/[sono fermamente convinto (-a)] che ... • (bei jdm) ~ n **finden**, trovare credito (presso qu); **seine Aussage hat beim Staatsanwalt keinen ~n gefunden**, la sua testimonianza non ha convinto il pubblico ministero; **in gutem ~n handeln**, agire in buona fede; **im ~n, dass ...**, credendo/[nella convinzione] che ...; **jdn in dem ~n lassen, dass ...**, lasciar credere a qu che ...; **er glaubt noch immer, dass ich mit ihm in Urlaub fahre - Dann lass ihn doch in dem ~n!**, è tuttora convinto che io vada in vacanza con lui - E tu lasciaglielo credere!; **(dat) ~n schenken** {JDS WORTEN}, prestare fede¡/[dare credito] a qc; **den ~n an jdn/etw verlieren**, perdere la fiducia in qu/qc, non credere più in qu/qc; **sich in dem ~n wiegen, dass ...**, cullarsi nella convinzione

che ... *konjv*; **der ~ versetzt Berge** *prov*, la fede smuove le montagne *prov*.

glauben A *tr* **1** (*meinen*) **etw ~** credere *qc*: **ich glaube, dass er in Berlin studieren will**, credo che voglia fare/frequentare l'università a Berlino; **ich glaube, dass wir mit einer halben Stunde Verspätung ankommen**, credo che arriveremo con mezz'ora di ritardo; **er glaubt sich zu erinnern, dass ...**, crede/[gli sembra] di ricordare che ... *konjv*; **er glaubte, ihn schon einmal gesehen zu haben**, credeva di averlo già visto prima **2** (*für wahr halten*) (*jdm*) **etw ~** credere *a qc* (*di qu*): **sie glaubte ihm jedes Wort**, credeva (a) ogni sua parola; **ich glaube kein einziges Wort**, non credo (a) una sola parola; **ich glaube dir aufs Wort**, ti credo sulla parola; **ich kann es nicht ~!**, non posso crederlo!/crederci!, non ci posso credere! **er glaubt alles**, crede (a) tutto **3** (*annehmen*) **jdn irgendwo ~** credere *qu + compl di luogo*: **ich glaubte dich in Deutschland**, ₗti credevo₁/[credevo che tu fossi] in Germania B *itr* **1** (*vertrauen*) **an jdn ~** credere *in qu*, avere fiducia *in qu*: **mein Freund ist der Einzige, der an mich glaubt**, il mio ragazzo è l'unico che crede/[ha fiducia] in me; **an die Gerechtigkeit/Zukunft ~**, credere/[avere fiducia] ₗnella giustizia₁/[nel domani]; *jdm/etw* **~** credere *a qu/qc*; **man glaubt mir nicht**, non mi si crede, non sono creduto (-a); **Sie mir!**, mi creda!; **du darfst den Zeitungen nicht ~**, non devi credere ai giornali **2** (*für wahr halten*) **etw** (*dat*) **~** {AUSSAGE, BETEUERUNGEN} credere *a qc*, dare credito *a qc* **3** (*für möglich halten*) **an etw** (*akk*) **~** {AN GESPENSTER, WUNDER} credere *a qc*: **er erzählt immer von einem Gespenst im Schloss, aber ich glaube nicht daran**, racconta sempre di un fantasma nel castello, ma io non ci credo **4** *relig* **an jdn/etw ~** {AN GOTT, DEN HEILIGEN GEIST, DIE REINKARNATION} credere *in qu/qc* C *rfl* **sich irgendwie ~**: **sich ₗim Recht₁/[in Sicherheit] ~**, credersi ₗnel giusto₁/[al sicuro]; **sich unbeobachtet ~**, credersi inosservato (-a) • **wenn man ihm/ihr/... ~ darf**, a sentir lui/lei/...; **das ist ja nicht/kaum zu ~!**, è incredibile!, da non crederci!; *dran ~* **müssen** *fam* (*sterben müssen*), rimetterci la pelle *fam*; (*betroffen sein*), andarci di mezzo *fam*; **der Chef war sehr schlechter Laune, und da kein anderer da war, habe ich dran ~ müssen**, il capo era di pessimo umore, e siccome non c'era nessun altro ci sono andato (-a) di mezzo io; **das glaube ich gern!**, lo credo bene!; **ich glaube ja/schon**, credo di sì; **jdn ~ machen wollen, dass ...**, voler far credere a qu che ..., voler dare a bere/intendere a qu che ...; **ob du es glaubst oder nicht** *fam*, che tu ci creda o no; **wer's glaubt, wird selig!** *fam scherz*, beato chi ci crede!

Glauben <-s, *ohne pl*> *m* → **Glaube**.

Glaubensbekenntnis *n* **1** *relig* (*Konfession*) professione *f* di fede, confessione *f* **2** <*nur sing*> (*Gebet*) credo *m*: **das ~ sprechen**, recitare il credo **3** (*Ansichten*) credo *m*: **das politische ~**, il credo politico.

Glaubensfrage *f* questione *f* di fede.

Glaubensfreiheit *f* libertà *f* religiosa/[di culto].

Glaubensgemeinschaft *f* comunità *f* religiosa.

Glaubenskrieg *m* guerra *f* di religione.

Glaubenskrieger *m* (**Glaubenskriegerin** *f*) combattente *mf* della fede.

Glaubenslehre *f* dottrina *f* religiosa.

Glaubensstreit *m* disputa *f*/controversia *f* religiosa.

Glaubensverfolgung *f* persecuzione *f* religiosa.

Glaubenszweifel *m* <*meist pl*> dubbio *m* religioso/[in materia di fede].

glaubhaft A *adj* {ALIBI, ARGUMENT, AUSREDE, ERKLÄRUNG, DARSTELLUNG} convincente, credibile; {BERICHT, NACHRICHT, QUELLE, ZEUGE} attendibile, credibile: **diese Geschichte ist nicht sehr ~**, questa storia è poco credibile B *adv* {AUSSAGEN, BERICHTEN, DARSTELLEN} in modo credibile/convincente: **jdm etw ~ machen**, convincere qu di qc; **das klingt nicht sehr ~** {GESCHICHTE}, non sembra molto attendibile; {ENTSCHULDIGUNG} non sembra molto convincente.

Glaubhaftigkeit <-, *ohne pl*> *f* {+ALIBI, AUSREDE, AUSSAGE, INFORMATIONEN} attendibilità *f*, credibilità *f*.

gläubig *adj* **1** *relig* credente, religioso: **ein ~er Katholik**, un cattolico credente **2** (*vertrauensvoll*) devoto.

Gläubige <*dekl wie adj*> *mf* *relig* fedele *mf*, credente *mf*.

Gläubiger <-s, -> *m* (**Gläubigerin** *f*) creditore (-trice) *m* (*f*): **die ~ abfinden**, tacitare i creditori • **bisheriger ~** (*bei der Abtretung*), cedente; **neuer ~** (*bei der Abtretung*), cessionario.

Gläubigerland *n*, **Gläubigerstaat** *m* paese *m*/stato *m* creditore.

glaublich *adj*: **das/es ist kaum ~**, incredibile, da non credere.

glaubwürdig *adj* {MENSCH} credibile, attendibile, affidabile.

Glaubwürdigkeit <-, *ohne pl*> *f* credibilità *f*, attendibilità *f*: **an ~ verlieren**, perdere credibilità.

Glaukom <-s, -e> *n med* glaucoma *m*.

glazial *adj geol* glaciale.

Glazial <-s, -e> *n geol*, **Glazialzeit** *f geol* epoca *f* glaciale.

Glaziologie <-, *ohne pl*> *f wiss* glaciologia *f*.

gleich① A *adj* **1** (*identisch, übereinstimmend*) uguale, stesso, medesimo: **~er Lohn für alle**, lo stesso stipendio per tutti; **sie sind sich in vielem ~**, in molte cose sono uguali/identici; **die Erbschaft wurde in drei ~e Teile geteilt**, l'eredità è stata divisa in tre parti uguali; **alle Menschen sind ~**, tutti gli uomini sono uguali; **sie haben die ~en Ziele**, hanno ₗi medesimi₁/[gli stessi] obiettivi; **wir sind am ~en Tag geboren**, siamo nati (-e) (nel)lo stesso giorno; **in ~er Weise**, allo stesso modo, ugualmente; **zu ~er Zeit**, nello stesso tempo; **im ~en Augenblick**, nello stesso momento; **du hast die ~en Augen wie dein Bruder**, hai gli ₗocchi uguali a₁/[stessi occhi di] tuo fratello; **sie haben exakt die ~e Frisur**, hanno la stessa identica pettinatura; **ich bin der ~en Meinung wie du**, sono del tuo stesso parere; **das Gleiche gilt auch für euch**, lo stesso vale anche per voi **2** (*unverändert*): **obwohl schon viele Jahre vergangen sind, ist er der Gleiche geblieben**, anche se sono passati molti anni lui è rimasto ₗlo stesso₁/[uguale]; **in diesem Geschäft wird man immer mit der ~en Freundlichkeit bedient**, in questo negozio ti servono sempre con la stessa gentilezza **3** *math* uguale: **zehn minus vier (ist) ~ sechs**, dieci meno quattro è uguale a sei **4** <*attr*> *fam* (*derselbe*) stesso, medesimo: **unsere Kinder besuchen die ~e Schule**, i nostri figli frequentano la stessa/medesima scuola; **warum ziehst du denn immer die ~en Schuhe an? Du hast doch so viele**, perché ti metti sempre le stesse scarpe? Ne hai così tante **5** (*egal*): **jdm ~ sein**, essere uguale/indifferente per qu, non importare a qu: **ihr ist es (ganz) ~, was die Leute über sie reden**, le è indifferente quello che dice la gente, non gliene importa/frega *fam* niente di quel che dice la gente; **es ist mir ~**, per me ₗè uguale/indifferente₁/[fa/è lo stesso]; **es ist mir völlig ~**, per me è ₗperfettamente uguale₁/[la stessa identica cosa] *fam*, per me è del tutto indifferente, non mi importa proprio niente; **er/sie ist mir ~**, mi è indifferente; **es ist ~, ob er kommt**, che venga o no ₗpoco importa₁/[è la stessa cosa *fam*]; **~ wann/wer/was/...**, non importa quando/chi/[che cosa]/...; **ganz ~, wer heute kommt, ich bin für niemanden zu sprechen**, ₗnon importa chi viene₁/[chiunque venga] oggi, non ci sono per nessuno B *adv* **1** (*auf ~e Weise*) {BEHANDELN} allo stesso modo, in modo uguale: **sie sind ~ gekleidet**, sono vestiti (-e) uguali **2** (*ebenso*) uguale: **sie sind ~ groß**, sono alti (-e) uguali, hanno la stessa altezza; **sie sind ~ alt**, hanno la stessa età, sono coetanei (-e) **3** (*in Kürze, sofort*) subito: **der Ober kommt ~**, il cameriere arriva subito; **sie wird ~ kommen**, sarà qui a momenti, sta per arrivare; **wir fahren ~ nach dem Frühstück los**, si parte subito dopo colazione; **der Film geht ~ los**, il film sta per iniziare; **er war mir ~ zu Anfang unsympathisch**, mi è rimasto antipatico fin dal principio; **bring ihm die Bücher ~ heute zurück!**, riportagli i libri oggi stesso!; **es ist ~ acht Uhr**, sono quasi le otto, manca poco alle otto **4** (*vor Ortsangaben: unmittelbar*) subito: **hinter dem Haus ist ein kleiner Gemüsegarten**, subito dietro la casa c'è un orticello; **sehen Sie dieses Haus hier an der Ecke? Gleich nebenan wohne ich**, vede questa casa qui all'angolo? Subito accanto ci abito io • **~!**, un momento!; **~ als ...**, appena ...; **~ als er sie sah, verliebte er sich in sie**, appena la vide se ne innamorò; **bis ~!**, a tra poco!; **das dachte ich mir ~**, c'era da immaginarselo, lo sospettavo; **~ danach/darauf**, subito dopo; **das kommt/läuft aufs Gleiche hinaus** *fam*, fa lo stesso, è la stessa identica cosa; **~ lautend** {FORMULIEREN}, negli stessi termini; **Gleiches mit Gleichem vergelten**, rendere pan per focaccia *fam*, rendere la pariglia; **Gleich und Gleich gesellt sich gern** *prov*, Dio li fa e poi li accoppia *prov*.

gleich② *partik* **1** (*nochmal fragend: meist unübersetzt*): **wie war doch ~ Ihr Name?**, come ha detto che si chiama? **2** (*unterstreicht Ärger oder Unmut*): **habe ich das nicht ~ gesagt!**, l'avevo detto io!; **fünf Tage Urlaub sind einfach zu wenig. Dann können wir auch ~ zu Hause bleiben!**, cinque giorni di ferie sono davvero pochi. Tanto vale che restiamo a casa! **3** (*vor Mengenangaben*): **sie hat sich ~ drei Paar Schuhe gekauft**, ha comprato tre paia di scarpe in ₗuna sola volta₁/[un colpo solo].

gleich③ *präp + dat geh* (*genauso wie*: *oft nachgestellt*): **einem Schmetterling ~**/[~ einem Schmetterling], come una farfalla.

gleichaltrig *adj* {FREUND, MITSCHÜLER} coetaneo, della stessa età.

gleichartig *adj* {FALL, PROBLEM, SCHWIERIGKEIT} analogo, simile, affine, dello stesso tipo.

gleichauf *sport* A *adj*: **~ sein** {MANNSCHAFT, SPIELER}, essere (alla) pari; (*bei Punktewertung*) avere lo stesso punteggio, essere a pari merito; {LÄUFER} essere ₗfianco a fianco₁/[alla pari] B *adv*: **~ liegen** {MANNSCHAFT, SPIELER}, essere (alla) pari; (*bei Punktewertung*) avere lo stesso punteggio, essere a pari merito; {LÄUFER} essere ₗfianco a fianco₁/[alla pari].

gleichbedeutend *adj* {WÖRTER} sinonimo: **~ mit etw** (*dat*) **sein**, essere equivalente a qc, essere sinonimo di qc, equivalere a qc.

Gleichbehandlung f parità f di trattamento, pari trattamento m, trattamento m paritario, par condicio f: **die Frauen bestehen auf ~ mit ihren männlichen Kollegen**, le donne chiedono un trattamento pari a quello dei loro colleghi.

gleichberechtigt adj **1** (*mit den gleichen Rechten*) {FRAU, GESCHÄFTSPARTNER, MANN} con pari diritti: **in unserem Betrieb sind alle Mitarbeiter ~**, nella nostra azienda tutti i dipendenti hanno gli stessi diritti; **Mann und Frau sind ~**, l'uomo e la donna hanno pari diritti **2** (*mit dem gleichen Stellenwert*) {LÖSUNG, VORSCHLAG} ugualmente valido.

Gleichberechtigung <-, *ohne pl*> f parità f/equiparazione f dei diritti: **die ~ der Frau**, la parità della donna.

gleich|bleiben a.R. *von* gleich bleiben → **bleiben**.

gleichbleibend adj → **bleibend**.

gleichen <gleicht, glich, geglichen> **A** itr **jdm/etw** (**in etw** dat) ~ (r)assomigliare a qu/qc (*in qc*), essere somigliante *a qu/qc* (*in qc*): **sie gleicht in allem ihrer Mutter**, assomiglia in tutto e per tutto a sua madre; **das gleicht einem Wunder!**, ha del miracoloso! **B** rfl **sich** (dat)/**einander** ~ {MENSCHEN, SITUATIONEN, UMSTÄNDE} (r)assomigliarsi: **sie ~ sich/einander wie ein Ei dem anderen**, **sie ~ einander aufs Haar**, si assomigliano come due gocce d'acqua; **wie sich die Bilder ~!**, come si assomigliano certe situazioni!

gleichentags adv *CH* lo stesso giorno.

gleichermaßen adv, **gleicherweise** adv allo stesso modo, nella stessa misura, ugualmente, in misura uguale: **von ihren Schülern und Kollegen wird sie ~ geschätzt**, è apprezzata tanto dai suoi allievi quanto dai suoi colleghi.

gleichfalls adv altrettanto: **schönes Wochenende! - Danke, ~!**, buon fine settimana! - Grazie, altrettanto!; **wir weisen Sie ~ darauf hin, dass ... com**, Vi facciamo parimenti notare che ...

gleichfarbig adj dello stesso colore.

gleichförmig A adj {BEWEGUNG, VERLAUF} regolare; {AUFBAU, STRUKTUR} *auch* uniforme; (*eintönig*) {ARBEIT} monotono, sempre uguale *fam* **B** adv {SICH BEWEGEN, VERLAUFEN} in modo regolare, con regolarità; {AUFGEBAUT SEIN} in modo uniforme; (*eintönig*) {VERLAUFEN} in modo monotono.

Gleichförmigkeit <-, *ohne pl*> f {+BEWEGUNG} uniformità f, regolarità f; {+ARBEIT} monotonia f.

gleichgelagert adj → **gelagert**.

gleichgeschlechtig adj {PFLANZE, TIER, ZWILLINGE} dello stesso sesso.

gleichgeschlechtlich adj **1** (*homosexuell*) {LIEBE, PARTNER} omosessuale **2** (*gleichgeschlechtig*) dello stesso sesso ● **~ veranlagt sein**, avere tendenze omosessuali.

gleichgesinnt adj → **gesinnt**.

gleichgestellt adj paritario, dello stesso livello: **rechtlich ~**, legalmente equiparato.

Gleichgewicht <-(e)s, *ohne pl*> n **1** (*Stabilität*) equilibrio m **2** (*innere Ausgeglichenheit*) equilibrio m: **sie lässt sich nie aus dem ~ bringen**, non si scompone mai ● **sein inneres ~ bewahren**, conservare il proprio equilibrio interiore; **etw (wieder) ins ~ bringen**, (ri)equilibrare qc; **jdn aus dem ~ bringen**, sconvolgere qu; **sein inneres ~ finden**, trovare il proprio equilibrio interiore; **etw im ~ halten** {EINNAHMEN UND AUSGABEN}, bilanciare qc, equilibrare qc; **sich im ~ halten** {EINNAHMEN UND AUSGABEN}, bilanciarsi; **aus dem ~ kommen, das ~ verlieren** (*das körperliche ~ verlieren*), perdere l'equilibrio; (*das seelische ~ verlieren*), perdere il proprio equilibrio (interiore); **militärisches ~**, equilibrio militare; **ökologisches ~**, equilibrio ecologico; **das ~ des Schreckens**, l'equilibrio del terrore; **seelisches ~**, equilibrio interiore/spirituale; **im ~ sein**, stare in equilibrio; **stabiles ~**, equilibrio stabile; **das ~ stören**, alterare l'equilibrio.

gleichgewichtig adj {VERHÄLTNIS} equilibrato.

Gleichgewichtsorgan n organo m dell'equilibrio.

Gleichgewichtssinn m senso m dell'equilibrio.

Gleichgewichtsstörung f <*meist pl*> alterazione f/disturbo m dell'equilibrio: **~en haben**, avere dei disturbi dell'equilibrio.

gleichgültig A adj **1** (*uninteressiert*) {SCHÜLER, ZUHÖRER} indifferente; {AUSDRUCK, GESICHT} *auch* apatico: **jdm/etw gegenüber ~ sein**, essere indifferente a/verso qu/qc **2** (*belanglos*) {ANGELEGENHEIT} insignificante **3** (*egal*) indifferente: **das ist mir vollkommen ~**, per me è del tutto indifferente, non me ne importa un bel niente *fam*; **es ist mir ~, ob/warum/wer/wo/...**, non m'importa se/perché/chi/dove/...; **~, was geschieht, ...**, qualunque/qualsiasi cosa succeda, ...; **ihm ist immer alles ~**, è proprio un menefreghista **B** adv {ETW TUN, SICH VERHALTEN} con indifferenza, in modo indifferente: **sich ~ geben**, mostrarsi indifferente; **bisher hat er sich uns gegenüber sehr ~ gezeigt**, finora ha mostrato molta indifferenza nei nostri confronti ● **den Gleichgültigen/die Gleichgültige spielen**, fare l'indifferente.

Gleichgültigkeit <-, *ohne pl*> f ~ (*jdm/etw gegenüber*) indifferenza f (*verso qu/qc*), disinteresse m (*per qu/qc*): **~ an den Tag legen**, ostentare indifferenza/noncuranza.

Gleichheit <-, *ohne pl*> f **1** (*Übereinstimmung*) {+IDEEN} concordanza f, consonanza f; {+ANSICHTEN, MEINUNGEN} *auch* identità f, uguaglianza f **2** (*gleiche Rechte*) uguaglianza f, eguaglianza f: **die ~ von Mann und Frau**, la parità tra uomo e donna.

Gleichheitsgrundsatz m, **Gleichheitsprinzip** n principio m di uguaglianza.

Gleichheitszeichen n *math* segno m d'uguaglianza, (segno m d')uguale m.

Gleichklang m **1** *mus* consonanza f **2** (*Harmonie*) consonanza f, sintonia f, armonia f.

gleich|kommen <*irr*> itr <*sein*> **1** (*die gleiche Leistung erreichen*) **jdm** (**in/an etw** dat) ~ uguagliare *qu* (*in qc*), eguagliare *qu* (*in qc*), essere pari *a qu* (*in qc*) **2** (*entsprechen*) **etw** (dat) ~ {AUSSAGE, BEMERKUNG} equivalere *a qc*, corrispondere *a qc*: **deine Fragen kommen einem Verhör gleich**, le tue domande hanno l'aria di un interrogatorio.

gleichlautend adj → **lautend**.

gleich|machen tr **1** (*angleichen*) **etw** (pl) ~ livellare qc, uniformare qc: **wir müssen versuchen, die Arbeitsbedingungen für alle gleichzumachen**, dobbiamo tentare di uniformare le condizioni di lavoro; **jdn** (pl) ~ {MENSCHEN} rendere uguale *qu* **2** (*einebnen*): **etw dem Erdboden ~**, radere al suolo qc.

Gleichmacherei <-, *ohne pl*> f *pej* livellamento m: **politische ~**, livellamento politico.

Gleichmaß n **1** (*Ebenmaß*) {+GESICHTSZÜGE, PROPORTIONEN} armonia f **2** (*Gleichförmigkeit*) {+LEBEN} uniformità f.

gleichmäßig A adj **1** (*gleich bleibend*) {GESCHWINDIGKEIT, HERZSCHLAG, PULS, SCHRITTE} regolare; {VERTEILUNG} uniforme; {RHYTHMUS} *auch* costante **2** (*ebenmäßig*) {GESICHTSZÜGE} regolare, armonico **B** adv **1** (*regelmäßig*) {ATMEN, SCHLAGEN} in modo regolare, regolarmente: **den Rasen ~ schneiden**, pareggiare l'erba, tagliare l'erba pari/[in modo uniforme] **2** (*in gleicher Stärke*) {VERTEILEN} in modo equo, equamente, in parti uguali: **die Gesichtscreme ~ auftragen**, stendere/spalmare la crema in modo uniforme.

Gleichmäßigkeit <-, *ohne pl*> f **1** {+ATMUNG, HERZSCHLAG, PULS} regolarità f **2** {+GESICHTSZÜGE} armonia f, regolarità f.

Gleichmut <-(e)s, *ohne pl*> m imperturbabilità f, impassibilità f ● **etw voller ~ über sich ergehen lassen**, sopportare qc con stoicismo.

gleichmütig A adj {AUSDRUCK, GESICHT} impassibile, imperturbabile **B** adv: **etw ~ hinnehmen**, prendere qc con filosofia; **sich** (dat) **etw ~ anhören**, ascoltare qc (con aria) impassibile.

Gleichmütigkeit f → **Gleichmut**.

gleichnamig adj **1** (*mit dem gleichen Namen*) omonimo: **Film nach dem ~en Roman von ...**, film tratto dall'omonimo romanzo di ... **2** *math* con uguale denominatore.

Gleichnis <-ses, -se> n parabola f: **das ~ vom verlorenen Sohn**, la parabola del figliol prodigo; **in ~sen reden**, parlare per parabole/allegorie; *lit* similitudine f.

gleichrangig adj {AUTOR, KÜNSTLER} della stessa/[di pari] importanza; {PROBLEME} *auch* di pari peso, {STELLUNG} paritario.

gleichsam adv *geh obs* per così dire, in certo qual modo: **~ als ob ... konjv II**, come se ... *konjv*.

gleich|schalten tr *pol pej* **etw** ~ {GEWERKSCHAFT, PARTEIEN, PRESSE, RUNDFUNK} normalizzare qc: **in der DDR war die Presse gleichgeschaltet worden**, nella RDT la stampa era irreggimentata.

Gleichschaltung <-, *ohne pl*> f *pol pej* {+GEWERKSCHAFT, MEDIEN} normalizzazione f.

gleichschenklig, **gleichschenkelig** adj *math* isoscele.

Gleichschritt <-(e)s, *ohne pl*> m *meist mil* passo m (cadenzato): **im ~ marschieren**, marciare al passo; **im ~, marsch!**, passo, marsc'!

gleich|sehen <*irr*> itr **1** (*ähnlich sehen*) **jdm** ~ (ras)somigliare *a qu* **2** *fam* (*typisch sein*) **jdm** ~ {BENEHMEN, VERHALTEN} essere tipico *di qu*: **das sieht ihm gleich**, è da lui, è tipico suo ● **etwas/nichts ~**, fare/[non fare] figura.

gleichseitig adj *math* {DREIECK} equilatero.

gleich|setzen tr **etw mit etw** (dat) ~ (*vergleichen*) mettere qc sullo stesso piano *di qc*, paragonare qc con qc; (*als gleich betrachten*) identificare qc con qc.

Gleichstand <-(e)s, *ohne pl*> m *sport* pareggio m, parità f: **mit diesem Tor konnte die Mannschaft den ~ erzielen**, con questo gol la squadra ha potuto raggiungere il pareggio.

gleich|stellen tr **jdn/etw** (**mit**) **jdm/etw** ~ {ANGESTELLTE DEN BEAMTEN, FRAUEN DEN MÄNNERN} mettere *qu* allo stesso livello *di qu*, equiparare *qu/qc a qu/qc*: **eine Privatschule mit einer staatlichen Schule ~**, parificare una scuola privata.

Gleichstellung <-, *ohne pl*> f equiparazione f, parificazione f: **die ~ der Arbeiter mit den Angestellten**, l'equiparazione degli operai agli impiegati.

Gleichstellungsbeauftragte <*dekl wie adj*> mf *pol* responsabile mf per le pari opportunità.

Gleichstrom m el corrente f continua.

gleich|tun <irr> tr: **es jdm ~**, uguagliare qu; **es jdm ~ wollen**, voler uguagliare/emulare qu; **es jdm ⌊in etw (dat)⌋/[an etw (dat)] ~**, uguagliare qu in qc.

Gleichung <-, -en> f equazione f: **eine ~ mit einer/mehreren Unbekannten**, un'equazione a ⌊un'incognita⌋/[più incognite]; **eine ~ auflösen**, risolvere un'equazione; **die ~ geht nicht auf**, l'equazione non è risolvibile.

gleichviel adv obs comunque: **~, ob/wie/wo/…**, poco importa se/come/dove/…

gleichwertig adj {GEGNER, PARTNER, SPIELER} di ugual valore, sullo stesso piano; {STUDIENABSCHLUSS} equipollente; {ARTIKEL, GEGENSTAND} dello stesso valore, equivalente.

Gleichwertigkeit <-, ohne pl> f {+ARTIKEL, GEGENSTAND} equivalenza f; {+STUDIENABSCHLUSS} equipollenza f; {+ARMEE, GEGNER} parità f di forze.

gleichwinklig, gleichwinkelig adj math equiangolo.

gleichwohl adv obs tuttavia, ciononostante, nondimeno.

gleichzeitig A adj <attr> contemporaneo, simultaneo; {EREIGNISSE} auch concomitante: **Arbeiten und ~es Radiohören schadet der Konzentration**, lavorare ascoltando contemporaneamente la radio compromette la concentrazione B adv 1 (zur gleichen Zeit) contemporaneamente, nello stesso tempo: **die beiden Rennfahrer sind ~ losgefahren**, i due corridori sono partiti ⌊nello stesso istante⌋/[contemporaneamente]/[insieme]; **die Rede wird ~ in fünf Sprachen übersetzt**, il discorso verrà tradotto simultaneamente in cinque lingue 2 (ebenso) al tempo stesso, nel contempo.

Gleichzeitigkeit <-, ohne pl> f contemporaneità f; {+HANDLUNGEN} simultaneità f; {+EREIGNISSE, VORGÄNGE} auch concomitanza f.

gleich|ziehen <irr> itr 1 sport **mit jdm ~** raggiungere qu 2 (auf dieselbe Stufe kommen) **mit jdm/etw (in etw dat) ~** raggiungere qu/qc in qc, arrivare allo stesso livello di qu/qc in qc: **Afrika wird noch lange brauchen, bis es mit den europäischen Ländern ~ kann**, l'Africa avrà ancora bisogno di molto tempo per poter competere con i paesi europei.

Gleis <-es, -e> n binario m: **der Zug aus Berlin fährt auf ~ 10 ein**, il treno da Berlino arriva al binario 10; **auf welchem ~ fährt der Intercity ab?**, da quale binario parte l'intercity? ● **Betreten der ~e verboten!**, vietato attraversare i binari!; **sich in ausgefahrenen ~en bewegen** pej, muoversi sui soliti binari; **etw wieder ins (rechte) ~ bringen**, rimettere qc in carreggiata, rimettere a posto qc; **aus dem ~ geraten/[geworfen werden]/[kommen]**, uscire ⌊dai binari⌋/[di carreggiata], essere sbalestrato; (stärker) essere ⌊allo sbando⌋/[alla deriva]; **wieder ins rechte ~ kommen**, rientrare ⌊nei binari⌋/[in carreggiata]; **etw auf ein totes ~ schieben**, mettere qc ⌊in soffitta⌋/[nel cassetto]; **auf ein totes ~ geschoben werden**, finire su un binario morto; **jdn auf ein totes ~ schieben**, mettere da parte qu; **totes ~**, binario morto.

Gleisanlage f binari m pl.

Gleisanschluss (a.R. Gleisanschluß) m raccordo m ferroviario.

Gleisarbeiten subst <nur pl> lavori m pl sui binari.

gleißend adj geh {LICHT} abbagliante.

Gleitboot n naut idroscivolante m.

gleiten <gleitet, glitt, geglitten> itr <sein> 1 (sich mühelos bewegen, schweben) irgendwohin ~ {VOGEL DURCH DEN HIMMEL} volare/librarsi + compl di luogo; {WOLKEN ÜBER DEN HIMMEL} fluttuare + compl di luogo; {BOOT ÜBER DAS WASSER} planare/scivolare + compl di luogo; {SEGELFLUGZEUG ÜBER DAS WASSER} librarsi + compl di luogo; {TÄNZER ÜBER DAS PARKETT} scivolare + compl di luogo: **der neue Zug gleitet schnell über die Schienen**, il nuovo treno corre veloce sui binari 2 (rutschen) irgendwohin ~ {ZU BODEN, VOM PFERD} scivolare + compl di luogo: **er ließ sich langsam ins Wasser ~**, si lasciò scivolare lentamente nell'acqua 3 geh (langsam bewegen) **über etw** (akk) ~ {BLICK} scorrere su qc: **sie ließ ihre Hand über die Haare ~**, fece scorrere la mano sui capelli; **seinen Blick über etw** (akk) ~ **lassen**, lasciar scorrere lo sguardo su qc 4 (ent~): **jdm aus der Hand ~**, scivolare di mano a qu.

gleitend A adj {ÜBERGANG} graduale; ökon {DURCHSCHNITT} mobile: **~e Arbeitszeit**, orario flessibile B adv gradualmente.

Gleiter <-s, -> m aero aliante m.

Gleitflug m volo m planato/librato: **im ~ niedergehen**, scendere a volo planato, atterrare planando.

Gleitflugzeug n → **Gleiter**.

Gleitmittel n tech lubrificante m; med lubrificante m.

Gleitschiene f guida f.

Gleitschirm m sport parapendio m.

Gleitschirmfliegen n sport parapendio m.

Gleitschirmflieger m (**Gleitschirmfliegerin** f) praticante mf di parapendio.

Gleitschutz n autom dispositivo m antisdrucciolevole/antiscivolo.

Gleitzeit <-, ohne pl> f fam 1 (gleitende Arbeitszeit) orario m (di lavoro) flessibile: **~ haben**, avere l'orario flessibile 2 (frei zu wählende Stunden) fascia f di orario flessibile.

Glencheck <-(s), -s> m text (Stoffmuster) principe m di Galles.

Gletscher <-s, -> m ghiacciaio m.

Gletscherbach m torrente m glaciale.

Gletscherbildung f formazione f dei ghiacciai.

Gletscherbrand m eritema m solare (provocato dall'esposizione al sole su un ghiacciaio).

Gletscherbrille f occhiali m pl protettivi da ghiacciaio.

Gletschereis n ghiaccio m dei ghiacciai.

Gletscherforscher m (**Gletscherforscherin** f) glaciologo (-a) m (f).

Gletscherkunde <-, ohne pl> f glaciologia f.

Gletscherskifahren n sport sci m estivo (sui ghiacciai).

Gletscherspalte f crepaccio m.

Gletscherstirn f geol fronte f del ghiacciaio.

Gletschertor n geol porta f/bocca f del ghiacciaio.

Gletschertour f escursione f sul ghiacciaio.

Gletscherwasser n acqua f dei ghiacciai.

Gletscherzunge f lingua f del ghiacciaio.

Glibber <-s, ohne pl> m norddt fam viscidume m pej, materia f/sostanza f gelatinosa.

glibberig, glibbrig adj norddt fam {MASSE, ZEUG} viscido, gelatinoso.

glich 1. und 3. pers sing imperf von gleichen.

Glied① <-(e)s, -er> n 1 anat (Körperteil) arto m, <pl> auch membra m pl: **heute tun mir alle ~er weh**, oggi mi fanno male tutte le membra; **sie zitterte an allen ~ern**, tremava tutta/[da capo a piedi] 2 anat (Fingerglied, Zehenglied) falange f 3 (Penis) membro m (virile/maschile): **männliches ~**, membro virile/maschile ● **seine ~er recken/strecken**, stirarsi le membra; **kein ~ mehr rühren können**, non riuscire più a muoversi, non poter più alzare un dito; **etw steckt/sitzt jdm (noch) in den/allen ~ern** {SCHRECK}, qu si sente (ancora) qc addosso.

Glied② <-(e)s, -er> n 1 (Kettenglied) maglia f, anello m 2 fig (einzelnes Element einer Kette) elemento m, anello m: **das fehlende ~ in der menschlichen Entwicklung**, l'anello mancante nell'evoluzione della specie umana 3 (Teil eines Ganzen) parte f, elemento m, membro m: **das ~ einer Gleichung**, il membro di un'equazione 4 (Reihe einer angetretenen Mannschaft) fila f, riga f: **aus dem ~ treten**, uscire dai ranghi; **ins ~ zurücktreten**, rimettersi in riga, rientrare nei ranghi 5 obs (Generation) generazione f: **bis ins zehnte ~**, fino alla decima generazione.

Gliederfüßer <-s, -> m zoo artropode m.

gliedern A tr **etw (in etw** akk) ~ {AUFSATZ, BERICHT, ERZÄHLUNG, ROMAN IN KAPITEL} strutturare qc (in qc), suddividere qc in qc, articolare qc in qc: **eine gut gegliederte Erzählung**, un racconto ben articolato/strutturato; **eine hierarchisch gegliederte Gruppe**, un gruppo organizzato gerarchicamente B rfl **sich in etw** (akk) ~ (sud)dividersi in qc, articolarsi in qc.

Gliederpuppe f (Spielzeug) bambola f snodata; (für Schaufenster, als Modell) manichino m.

Gliederschmerz m <meist pl> dolore m alle ossa: **~en haben**, avere male alle ossa.

Gliedertier n zoo articolato m obs.

Gliederung <-, -en> f 1 (Aufbau) {+ROMAN} articolazione f, strutturazione f, struttura f; (Schema in Punkten) {+AUFSATZ, REDE, REFERAT} scaletta f 2 (Struktur) {+BAUWERK} struttura f; {+FIRMA} auch organizzazione f, strutturazione f, assetto m.

Gliedmaße <-, -n> f <meist pl> arto m; <pl> membra f pl, arti m pl.

Gliedsatz m ling frase f secondaria.

Gliedstaat m pol stato m membro.

glimmen <glimmt, glimmte oder geh glomm, geglimmt oder geh geglommen> itr {ASCHE, FEUER, HOLZKOHLE} ardere (senza fiamma); {FEUER UNTER DER ASCHE} covare; {ZIGARETTE} essere acceso; {GLÜHWÜRMCHEN} luccicare.

Glimmer <-s, -> m min mica f.

Glimmstängel (a.R. Glimmstengel) m fam cicca f fam.

glimpflich adv 1 (ohne schlimmere Folgen): **~ davonkommen**, cavarsela ⌊a buon mercato fam⌋/[con poco fam]; **das ist noch einmal ~ ausgegangen**, questa volta ⌊è finita⌋/[è andata a finir] bene 2 (mild) {MIT JDM UMGEHEN, VERFAHREN} con riguardo/delicatezza.

glitschen itr fam: **jdm aus der Hand ~** {SEIFE}, scivolare di mano a qu.

glitschig adj fam {FISCH, KRÖTE} viscido, scivoloso; {STRASSE, WEG} sdrucciolevole, scivoloso.

glitt 1. und 3. pers sing imperf von gleiten.

glitzern itr {DIAMANTEN, WASSER} scintillare, luccicare: **die Sterne ~**, le stelle brillano.

global A adj geh 1 (weltweit) {ABRÜSTUNG, ATOMKRIEG, KONFLIKT} mondiale; {MARKT, WIRTSCHAFT} globale 2 (umfassend) {KENNTNISSE, WISSEN} vasto 3 (allgemein) {ERKLÄRUNG, VORSTELLUNG} generale, generico B adv (allgemein, pauschal) {BEHANDELN} in modo generico, genericamente: **~ gesehen**

würde ich sagen …, visto globalmente/[nell'insieme] direi …
globalisieren *<ohne ge-> tr* **etw** ~ globalizzare qc.
Globalisierung *<-, ohne pl>* f globalizzazione f.
Globalisierungsgegner m (**Globalisierungsgegnerin** f) (attivista mf) no global mf.
Globalstrategie f strategia f globale.
Globen pl *geh von* Globus.
Globetrotter *<-s, ->* m (**Globetrotterin** f) giramondo mf, globe-trotter mf.
Globus *<- oder -ses, -se oder geh Globen>* m **1** *fam* (*Erdball*) pianeta m, globo m: **auf unserem ~**, sul nostro pianeta **2** (*Modell des Erdballs*) globo m, mappamondo m.
Glöckchen *<-s, ->* n dim *von* Glocke campanella f, campanellino m.
Glocke *<-, -n>* f **1** (*hohler Gegenstand aus Metall*) campana f: **die ~n läuten/ertönen**, le campane (ri)suonano; **eine ~ aus Bronze**, una campana di bronzo; **die ~ schlägt sechs Uhr**, là campana suona le sei; **die ~n läuten zur Messe**, le campane suonano a messa **2** *obs* (*Klingel*) campanello m: **die ~ läuten**, suonare il campanello **3** (*Signal*) campana f: **die ~ läutet Alarm**, la campana suona l'allarme **4** (*Blüte*) fiore m a campana **5** (*Käseglocke, Kuchenglocke*) campana f, coprivivande m **6** (*Dunstglocke*) cappa f ● **wissen, was die ~ geschlagen hat**, capire che la situazione è seria; **etw an die große ~ hängen** *fam*, strombazzare/sbandierare qc ai quattro venti *fam*, mettere in piazza qc *fam*.
Glockenbalken m *tech* cicogna f.
Glockenblume f *bot* campanula f, campanella f.
glockenförmig adj {VASE} a (forma di) campana, campaniforme; {BLUMENBLÜTE} auch campanulato.
Glockengeläut, **Glockengeläute** n scampanio m: **unter ~**, al suono delle campane.
Glockengießer m (**Glockengießerin** f) fonditore (-trice) m (f) di campane.
glockenhell adj {LACHEN} argentino; {STIMME} auch cristallino.
Glockenklang m suono m della campana: **süße Glockenklänge**, dolci rintocchi di campane.
glockenrein adj → **glockenhell**.
Glockenrock m gonna f scampanata/[a campana].
Glockenschlag m (rin)tocco m della campana ● ⌞**auf den**⌟/[**mit dem**] **~ kommen**, spaccare il minuto, arrivare puntualissimo (-a).
Glockenschwengel m batacchio m, battaglio m.
Glockenspiel n (*Musikinstrument*) campanelli m pl; (*in Kirch- oder Stadtturm*) carillon m.
Glockenstuhl m ceppo m/mozzo m della campana.
Glockenturm m campanile m, torre f campanaria.
Glockenweihe f benedizione f della campana.
Glockenzug m corda f della campana.
glockig adj {ROCK} a campana, scampanato.
Glöckner m (**Glöcknerin** f) *hist* campanaro (-a) m (f) ● **Der ~ von Notre-Dame** *film lit*, Il gobbo di Notre-Dame.
glomm **3. pers sing imperf** *von* glimmen.
Gloria *<-s, -s>* n **1** *<nur sing>* (*Ruhm*) gloria f **2** *relig* gloria m: **das ~ singen**, intonare il gloria.
Glorie *<-, -n>* *geh* f **1** (*Ruhm*) {+HERRSCHER, REICH} gloria f **2** (*Heiligenschein*) aureola f, nimbo m.
Glorienschein m → **Heiligenschein**.
glorifizieren *<ohne ge-> tr geh* **jdn/etw** ~ glorificare qu/qc.
Glorifizierung *<-, -en>* f, **Glorifikation** *<-, -en>* f glorificazione f.
Gloriole *<-, -n>* f *geh* → **Heiligenschein**.
glorios adj *fam* **1** *fam iron* (*äußerst dumm*) {AKTION, EINFALL, GEDANKE} grandioso *iron*, magnifico *iron*, brillante *iron* **2** (*ruhmreich*) {SIEG, VERGANGENHEIT} glorioso.
glorreich adj *meist* <attr> → **glorios**.
Glossar *<-s, -e>* n glossario m.
Glosse *<-, -n>* f **1** (*kritisch-ironischer Kommentar*) *journ* corsivo m; *radio TV* commento m polemico **2** (*spöttische Bemerkung*) osservazione f ironica, commento m ironico **3** *ling lit* (*Erläuterung*) glossa f, chiosa f.
Glossenschreiber m (**Glossenschreiberin** f) corsivista mf.
glossieren *<ohne ge-> tr* **etw** ~ commentare polemicamente qc: **er glossiert die politischen Tagesereignisse für eine Lokalzeitung**, scrive corsivi di attualità politica per (conto di) un giornale locale.
Glotzauge n *<meist pl> fam* occhio m bovino ● **jd bekommt/kriegt/macht ~n**, a qu escono gli occhi dalle orbite *fam*.
Glotze *<-, -n>* f *<meist sing> fam pej* (*Fernsehgerät*) tivù f *fam*, tele f *fam*: **er sitzt/hängt immer vor der ~**, ⌞è sempre appiccicato⌟/[sta sempre davanti] alla tivù.
glotzen *itr fam pej* **1** (*starr auf jdn/etw schauen*) sgranare/strabuzzare gli occhi: **wenn sie in ihrem Minirock durchs Büro läuft, stehen alle Kollegen da und ~**, quando (lei) gira per l'ufficio in minigonna, tutti i colleghi ⌞la spogliano con⌟/[si finiscono] gli occhi; **glotz doch nicht so dämlich!**, smettila di fissarmi come un cretino/una cretina!; **was hast du denn zu ~?**, che cos'hai da guardare? **2** (*fernsehen*) guardare la tivù/tele.
Glubschauge n *norddt fam* → **Glotzauge**.
Glück *<-(e)s, ohne pl>* n **1** (*günstige Fügung*) fortuna f: **da hast du noch mal ~ gehabt!**, hai avuto una bella fortuna!, ti è andata bene!; **du hattest ganz schön ~, dass du deinen Geldbeutel wiedergefunden hast**, ⌞hai avuto una bella fortuna⌟/[sei stato (-a) proprio fortunato (-a)] a ritrovare il portafoglio; **wenn du ~ hast, erreichst du den Zug noch**, se sei fortunato (-a) riesci a prendere il treno; **ein unglaubliches/unverschämtes ~ haben**, avere una fortuna incredibile/sfacciata; **~ ⌞in der Liebe⌟/[im Spiel] haben**, avere fortuna ⌞in amore⌟/[al gioco]; **ein ~, dass du ihr nichts Genaueres erzählt hast**, meno male che non le hai raccontato nulla di più preciso; **wirf eine Münze in den Brunnen, das soll ~ bringen!**, butta una moneta nella fontana, dicono che porta fortuna! **2** (*Freude und Zufriedenheit*) felicità f, gioia f: **vor ~ strahlen**, essere raggiante di felicità **3** (*Fortuna*) fortuna f ● **eheliches/häusliches ~**, felicità coniugale/domestica; **ein ~!** *fam*, per fortuna!, meno male!; **sein ~ mit Füßen treten**, dare un calcio alla fortuna; **jds ganzes ~ sein**, essere la gioia/felicità di qu; **das hat mir gerade noch zu meinem ~ gefehlt!** *fam*, ci mancava anche questa!; **das ~ gepachtet haben**, essere abbonato alla fortuna; **etw auf gut ~ tun**, andare alla ventura, fare qc a casaccio; **bei jdm kein ~ haben**, non avere fortuna/successo con qu; **mit deinen dummen Komplimenten wirst du bei ihr kein ~ haben!**, non la conquisterai certo con queste smancerie!; **jdm lacht das ~, jdm ist das ~ hold**, la fortuna arride/[è propriazia] *geh* a qu; **sein ~ machen** *obs*, far fortuna, avere successo; ~ **muss der Mensch haben!** *fam*, è tutta questione di fortuna!, ci vuol fortuna!; **dem ~ ein wenig nachhelfen**, aiutare la fortuna; **sein ~ probieren/versuchen**, tentare la fortuna/sorte; **von ~ sagen können, dass …**, potersi dire fortunato (-a) che …; **im Spiel, Pech in der Liebe**, fortuna al gioco, sfortunato in amore; **sein ~ suchen**, cercar/[andar in cerca di] fortuna; ~ **im Unglück haben**, aver fortuna nella sfortuna, essere fortunato nella sfortuna; **sich (dat) sein ~ verscherzen** *fam*, giocarsi/[gettare al vento] un'occasione; **mehr ~ als Verstand haben**, avere più culo che anima *fam*; **~ im Neuen Jahr!**, buon anno!, felice anno nuovo!; **viel ~ bei der Prüfung!**, ⌞in bocca al lupo⌟/[auguri] per l'esame!; **noch nichts von seinem ~ wissen/ahnen** *iron*: **er weiß noch nichts von seinem ~**, non sa che cosa lo aspetta; **jdm zu etw (dat) ~ wünschen** {ZUM GEBURTSTAG, ZU EINEM JUBILÄUM}, fare gli auguri a qu per qc; **ich wünsche dir viel ~!**, ti auguro buona fortuna!; **zum ~**, per fortuna, fortunatamente, meno male; **jdn zu seinem ~ zwingen**, obbligare qu a fare qc per il proprio bene; **~ und Glas, wie leicht bricht das!** *prov*, la fortuna è ballerina; **jeder ist seines ~es Schmied** *prov*, ognuno è artefice della propria fortuna *prov*, faber est suae quisque fortunae *prov*.
Glucke *<-, -n>* f **1** (*brütende Henne*) chioccia f **2** *fam* (*besorgte Mutter*) chioccia f.
glücken *itr <sein>* **1** (*gelingen*) (*jdm*) ~ {COUP, FLUCHT, ÜBERRASCHUNG, VERSUCH} riuscire (*a qu*): **das Experiment schien geglückt zu sein**, l'esperimento sembrava riuscito, sembrava che l'esperimento fosse riuscito; **es ist mir nicht geglückt, mich mit ihm in Verbindung zu setzen**, non sono riuscito (-a) a mettermi in contatto con lui **2** (*gut werden*) (*jdm*) ~ {BRATEN, FOTO, KUCHEN} riuscire (bene) (*a qu*): **die Geburtstagstorte ist dir wirklich gut geglückt**, la torta di compleanno ti è venuta/riuscita proprio bene.
gluckern *itr* **1** *<haben>* {BACH, MAGEN, WASSER} gorgogliare **2** *<sein>* **irgendwohin** {WASSER IN DAS ABFLUSSROHR} scorrere gorgogliando + *compl di luogo*.
glücklich A adj **1** <attr> (*vom Glück gesegnet*) {GEWINNER, MANNSCHAFT, SIEGER} fortunato **2** (*erfreulich, günstig*) {ANFANG, NACHRICHT} buono; {NACHRICHT} *auch* lieto: **ein ~es Ende**, un lieto fine; {AUSGANG, LAGE, ZEITPUNKT} felice; {UMSTAND, ZUFALL} fortunato: **das war kein sehr ~er Einfall**, non è stata un'idea molto felice; **lasst uns auf ein ~es Gelingen anstoßen**, brindiamo alla buona riuscita!; **~e Reise!**, buon viaggio! **3** (*froh und zufrieden*) {EHEPAAR, FAMILIE, GESICHTSAUSDRUCK} felice: **seitdem er mit ihr verheiratet ist, ist er ein ~er Mensch**, da quando è sposato con lei è un uomo felice; **ich bin sehr ~ (darüber)**, ⌞Sie vor meiner Abreise getroffen zu haben⌟/[dass ich Sie vor meiner Abreise getroffen habe], sono molto felice di averLa incontrata prima della mia partenza; **ich bin nicht sehr ~ (darüber), dass meine Tochter schon heiraten will**, non sono molto contento (-a) che mia figlia voglia già sposarsi; **er will mich morgen besuchen, aber ich bin nicht sehr ~ darüber**, domani vuole venirmi a trovare, ma la cosa non mi fa molto piacere; **ein ~es neues**

Jahr!, felice anno nuovo!; **ich bin grenzenlos/unsagbar ~**, sono felicissimo (-a) /[felice come una Pasqua] B *adv* **1** (*erfreulich, günstig*): **~ enden**, finire bene/[in bellezza] concludersi felicemente **2** (*froh, zufrieden*) {VERHEIRATET SEIN} felicemente • **jdn ~ machen**, rendere/fare felice qu; **sich ~ schätzen**, ritenersi fortunato (-a).
glücklicherweise *adv* fortunatamente, per fortuna.
glücklos *adj* {VERSUCH} sfortunato {MENSCH} *auch* senza fortuna, scalognato *fam*, sventurato *lit*.
Glücksache f → **Glückssache**.
Glücksbringer <-s, -> m (*Gegenstand oder Person*) portafortuna m.
glückselig *adj* {MENSCH} felicissimo, beato.
Glückseligkeit <-, *ohne pl*> f felicità f, beatitudine f.
glucksen *itr* **1** (*gluckern*) {WASSER} gorgogliare **2** (*unterdrückt lachen*) ridacchiare.
Glücksfall m caso m fortunato, fortunata coincidenza f, colpo m di fortuna *fam*.
Glücksgefühl n senso m di felicità.
Glücksgöttin f *myth* dea f della fortuna, (dea f) Fortuna f, dea f bendata.
Glückskind n fortunato (-a) m (f), fortunello m *fam scherz*; **er ist ein echtes ~**, è nato con la camicia.
Glücksklee m quadrifoglio m.
Glückspfennig m monetina f portafortuna.
Glückspilz m *fam* → **Glückskind**.
Glücksrad n ruota f della fortuna.
Glücksritter m *meist pej* avventuriero m.
Glückssache f: **das ist (reine) ~**, è (solo/ [una semplice]) questione di fortuna.
Glücksschwein, **Glücksschweinchen** n porcellino m/maialino m portafortuna.
Glücksspiel n gioco m d'azzardo.
Glücksspieler m (**Glücksspielerin** f) giocatore (-trice) m (f) d'azzardo.
Glücksstern m buona stella f: **sie ist unter einem ~ geboren**, è nata sotto una buona stella.
Glückssträhne f momento m/periodo m fortunato/[di fortuna]: **er hat derzeit eine ~**, sta attraversando un periodo fortunato.
Glückstag m giorno m fortunato.
glückstrahlend A *adj* raggiante di gioia/felicità B *adv* {JDN ANSEHEN, ETW ERZÄHLEN} raggiante di gioia.
Glückstreffer m colpo m di fortuna.
Glückszahl f numero m fortunato.
Glückwunsch m (*zum Geburtstag*) auguri m pl; (*zur Geburt, Hochzeit*) *auch* felicitazioni f pl *form*, rallegramenti m pl *form*; (*zur Beförderung, zum Examen*) congratulazioni m pl, complimenti m pl, rallegramenti m pl *form*: **herzlichen ~ zum Geburtstag!**, (tanti/cari/affettuosi auguri di) buon compleanno!; **herzlichen ~ zur bestandenen Prüfung!**, congratulazioni/complimenti per l'esame!; **mit den besten/herzlichsten Glückwünschen!**, con i migliori/[più fervidi *geh*] auguri!; **jdm Glückwünsche aussprechen**, fare gli auguri a qu, porgere i propri auguri a qu *form*.
Glückwunschkarte f cartolina f/biglietto m d'auguri.
Glückwunschtelegramm n telegramma m d'auguri.
Glucose <-, *ohne pl*> f *chem* → **Glukose**.
Glühbirne f lampadina f: **eine ~ mit 80 Watt**, una lampadina da 80 watt.
glühen *itr* **1** (*rot vor Hitze sein*) {HERDPLATTE, METALL} essere incandescente/rovente; {HOLZ, KOHLE} essere ardente, ardere; {ZIGA-

RETTE} essere acceso: **etw zum Glühen bringen** {EISEN}, arroventare qc **2** *fig* (*sehr heiß sein*) {FIEBERNDER KRANKER} bruciare, scottare; {GESICHT, STIRN, WANGEN} *auch* essere infuocato **3** *geh* (*leidenschaftlich erregt sein*) **vor etw** (dat) ~ {VOR BEGEISTERUNG, EIFER, VERLANGEN} ardere di qc; {VOR LEIDENSCHAFT} *auch* bruciare di qc: **vor Erregung ~**, infiammarsi, infervorarsi.
glühend A *adj* **1** (*rot vor Hitze*) {EISEN, STAHL} incandescente, rovente, arroventato; {HOLZ, KOHLE} ardente; {ZIGARETTE} acceso: **~e Hitze**, calura; **unter der ~en Sonne**, sotto il sole rovente; **rot ~** {EISEN, HERDPLATTE}, arroventato, incandescente; **weiß ~ metall**, al calor bianco, incandescente **2** (*sehr heiß*) {STIRN, WANGEN} bollente, infuocato, ardente **3** (*leidenschaftlich*) {HASS, LIEBE} ardente; {LEIDENSCHAFT} *auch* rovente; {LIEBHABER} focoso B *adv* {LIEBEN} ardentemente, con ardore, {BENEIDEN} da morire *fam*; **~ heiß**, cocente, rovente; **die Suppe ist ~ heiß**, la minestra è bollente.
glühendheiß a.R. *von* glühend heiß → **glühend**.
Glühfaden m filamento m incandescente.
Glühlampe f → **Glühbirne**.
Glühwein <-s, *ohne pl*> m vin m brûlé.
Glühwürmchen <-s, -> n *fam zoo* lucciola f.
Glukose <-, -n> f *chem* glucosio m.
Glupschauge n *norddt fam* → **Glotzauge**.
Glut <-, -en> f **1** <*meist sing*> (*glühende Masse*) {+HOLZ, KOHLE} brace f; {+ZIGARETTE} cenere f incandescente **2** <*nur sing*> (*sehr große Hitze*) calura f, gran caldo m **3** <*nur sing*> *geh* (*Leidenschaftlichkeit*) {+GEFÜHL, LIEBHABER} ardore m.
Glutamat <-(e)s, -e> n *chem* glutammato m.
Glutamin <-s, -e> n *chem* glutammina f.
Glutaminsäure f *chem* acido m glutammico.
Gluten <-s, -> n glutine m.
glutenfrei *adj* senza glutine.
Gluthitze f calura f, canicola f, caldo m torrido.
glutrot *adj* {ABENDSONNE, SONNENUNTERGANG} rosso fuoco.
Glykol <-s, -e> n *chem* glicol(e) m.
Glyzerin <-s, *ohne pl*> n *chem* glicerina f.
Glyzinie <-, -n> f *bot* glicine m.
GmbH <-, -s> f *Abk von* Gesellschaft mit beschränkter Haftung: S.r.l. (*Abk von* Società a responsabilità limitata).
g-Moll n *mus* sol m minore.
Gnade <-, -n> f **1** <*nur sing*> (*Gunst*) grazia f, favore m: **von jds ~ abhängen**, dipendere dalla magnanimità di qu **2** <*nur sing*> (*Milde, Nachsicht*) pietà f, misericordia f, clemenza f: **jdn um ~ bitten** {GEFANGENER}, chiedere clemenza/pietà a qu, domandare grazia a qu; **um ~ flehen**, implorare clemenza/pietà; **jdm ~ gewähren**, concedere la grazia a qu **3** <*nur sing*> (*göttliche ~*) grazia f: **Gott um ~ bitten**, invocare la misericordia di Dio **4** *iron* (*Güte*) grazia f: **die ~ haben, etw zu tun**, avere la grazia/bontà di fare qc *iron* **~!**, pietà!; **vor jds Augen ~ finden**, trovare pietà da qu; **etw aus ~ und Barmherzigkeit tun**, fare qc per misericordia; **Euer ~n** *hist*, Vostra Grazia; **von Gottes ~n**, per grazia divina; **Euer ~n**, senza pietà/misericordia; **vor Recht ergehen lassen**, far prevalere la clemenza.
gnaden *itr*: **gnade dir/uns Gott!**, che Dio ti/ci assista!; **wenn du mir das Geld nicht bis morgen zurückzahlst, dann gnade dir**

Gott, se non mi restituisci i soldi entro domani, raccomandati a Dio!
Gnadenakt m atto m di clemenza; *jur* grazia f.
Gnadenbrot <-(e)s, *ohne pl*> n: **jdm/etw das ~ geben/gewähren** {EINEM ALTEN MENSCHEN, ALTEN PFERD}, mantenere qu/qc (per riconoscenza).
Gnadenfrist <-, *ohne pl*> f giorni m pl/periodo m/termine m di grazia, proroga f: **jdm eine ~ geben/gewähren**, concedere a qu una proroga.
Gnadengesuch n *adm* domanda f di grazia: **ein ~ (bei jdm) einreichen**, **ein ~ an jdn richten**, inoltrare domanda di grazia presso/a qu; **das ~ wurde abgelehnt**, la domanda di grazia è stata respinta.
gnadenlos A *adj* {RICHTER} senza pietà; {TYRANN, VERBRECHER} *auch* spietato B *adv* {UMBRINGEN, GEGEN JDN VORGEHEN} spietatamente, in modo spietato, senza pietà.
Gnadenschuss <-es, *ohne pl*> m colpo m di grazia: **einem (verletzten) Tier den ~ geben**, dare il colpo di grazia a un animale (ferito).
Gnadenstoß m → **Gnadenschuss**.
Gnadenweg <-(e)s, *ohne pl*> m *jur* ricorso m alla grazia.
gnädig A *adj* **1** *meist iron* (*herablassend*) {LÄCHELN, MIENE} di sufficienza: **er war so ~, uns endlich eine Gehaltserhöhung zu gewähren**, ci ha fatto la somma grazia di concederci finalmente un aumento di stipendio *iron*; **er war so ~**, **uns zum Bahnhof zu bringen**, si è degnato di accompagnarci alla stazione; **danke, (einfach) zu ~!**, grazie, troppa grazia! **2** *relig* misericordioso: **Gott ist ~**, Dio è misericordioso; **Gott sei dir ~!**, che Dio ti aiuti! **3** (*Nachsicht zeigend*) {MENSCH, RICHTER} indulgente, clemente **4** *obs* (*verehrt*) gentile: **~es Fräulein**, gentile signorina; **~e Frau**, gentile signora; **~er Herr**, gentile signore B *adv* **1** *meist iron* (*herablassend*) {LÄCHELN} con sufficienza **2** (*milde, nachsichtig*) {URTEILEN} con clemenza/indulgenza, in modo clemente: **es ist ~ abgegangen**, è andata bene.
Gneis <-es, -e> m *geol* gneis m.
Gnom <-en, -en> m **1** (*Sagenfigur*) gnomo m **2** (*sehr kleiner Mensch*) nano m.
Gnostik <-, *ohne pl*> f *philos relig* gnosticismo m.
Gnostiker <-s, -> m (**Gnostikerin** f) *philos relig* gnostico (-a) m (f).
gnostisch *adj* *philos relig* {LEHRE, WISSEN} gnostico.
Gnu <-s, -s> n *zoo* gnu m.
Goal <-s, -s> n A CH *sport* gol m, rete f.
Goalkeeper, **Goalmann** m A CH *sport* portiere m.
Gobelin <-s, -s> m arazzo m, gobelin m.
Go-cart a.R. *von* Gokart → **Gokart**.
Gockel m *süddt* A (*Hahn*) gallo m.
Goethegesellschaft, **Goethe-Gesellschaft** f società f goethiana.
Goetheinstitut, **Goethe-Institut** n Istituto m di Lingua e Cultura germanica, Goethe m *fam*.
Goethejahrbuch, **Goethe-Jahrbuch** n almanacco m goethiano.
goethesch, **Goethe'sch** *adj* goethiano.
Goethezeit f, **Goethezeitalter** n epoca f di Goethe.
goethisch *adj* → **goethesch**.
Gokart <-(s), -s> m **1** *sport* go-kart m **2** (*Kinderauto*) automobilina f a pedali.
Golanhöhen subst <*nur pl*> alture f pl del

Golan.

Gold <-(e)s, ohne pl> n **1** (*Edelmetall*) oro m: **echtes/massives/reines** ~, oro vero/massiccio/puro; **~ waschen**, lavare l'oro; **einen Edelstein in ~ fassen**, incastonare/legare una pietra preziosa in oro; **~ suchen**, cercare l'oro **2** *fam* (*Goldmedaille*) oro m *fam*, medaglia f d'oro: **olympisches ~**, oro olimpico; **dreimal ~ für den deutschen Athleten**, tre ori per l'atleta tedesco *fam* **3** (*Schmuckstücke*) ori m pl, oggetti m pl d'oro, oreficeria f • **nicht mit ~ aufzuwiegen/[zu bezahlen] sein, ~ wert sein**, valere tant'oro quanto pesa, non avere prezzo; *aus ~*; *flüssiges ~*, oro nero, petrolio; *~ gewinnen*, vincere l'oro *fam*; **nach ~ graben**, cercare l'oro; **~ holen** *fam sport*: **der Sportler hat für Deutschland zweimal ~ geholt**, l'atleta ha vinto due ˻medaglie d'oro˼/[ori *fam*] per la Germania; *in ~*, in oro; **75 Millionen Euro in ~**, 75 milioni di euro in oro; **~ in der Kehle haben**, avere un'ugola d'oro; **schwarzes ~** (*Erdöl*), oro nero, petrolio; (*Kohle*), carbone; **~/~es wert sein**, valere un tesoro; **dein Rat war wirklich ~ wert**, il tuo ˻consiglio è stato preziosissimo˼/[è stato un consiglio d'oro]; **es ist nicht alles ~, was glänzt** *prov*, non è tutto oro quel che luccica/(ri)luce *prov*.

Goldader f vena f/filone m d'oro.
Goldammer <-, -n> f *oder fachspr* <-s, -n> m *ornith* zigolo m giallo.
Goldbarren m lingotto m d'oro.
Goldbarsch m *fisch* scorpena f bastarda.
Goldbestand m riserva f aurea.
goldbestickt adj {BORTE, KISSEN, UNIFORM} ricamato in oro.
goldblond adj (*Haar*) biondo/color oro, d'oro; {MENSCH} dai capelli ˻biondo/color oro˼/[d'oro].
Goldbrasse f *fisch* orata f.
Golddeckung f *ökon* copertura f aurea.
golden A adj **1** <attr> (*aus Gold*) {ARMBAND, BRILLE, RING, SCHALE, UHR} d'oro **2** (*goldfarbig*) {ABENDSONNE, GLANZ, HAAR, STERNE} dorato, color oro **3** (*gütig*) {HERZ} d'oro **4** (*Lebensweisheit ausdrückend*): **die ~e Mitte**, der ~e Mittelweg, il giusto mezzo, la giusta via di mezzo; **eine ~e Regel**, una regola d'oro B adv {FUNKELN, GLÄNZEN} come l'oro: **~ schimmern**, mandare dei riflessi dorati • **Goldener Bär** *film*, Orso d'Oro; **Goldener Löwe** *film*, Leone d'Oro; **Goldene Palme** *film*, Palma d'Oro.
Goldesel m **1** *lit* (*im Märchen der Brüder Grimm*) asino m d'oro **2** *fam* (*Geldquelle*) gallina f dalle uova d'oro • **ich hab' doch keinen ~!** *fam*, non sono mica il pozzo di San Patrizio! *fam*.
Goldfaden m filo m d'oro.
goldfarben, goldfarbig adj {HAARE, STOFF} color oro, dorato.
Goldfasan m *ornith* fagiano m dorato.
Goldfisch m *fisch* pesciolino m rosso.
Goldfüllung f {+ZAHN} otturazione f in oro.
Goldgehalt m titolo m dell'oro.
goldgelb A adj {BLUSE, HAAR, SONNE} giallo oro; *gastr* dorato B adv: **etw ~ überbacken**, (far) dorare qc in forno.
Goldgier f sete f/brama f d'oro.
Goldgräber <-s, -> m (**Goldgräberin** f) cercatore (-trice) m (f) d'oro.
Goldgrube f **1** *fam* (*einträgliches Unternehmen*) miniera f d'oro: **dieses Geschäft ist eine wahre ~**, questo negozio è una vera miniera d'oro **2** *obs* (*Goldmine*) miniera f d'oro.
goldhaltig adj {GESTEIN} aurifero.
Goldhamster m *zoo* criceto m dorato.

goldig adj *fam* **1** (*niedlich*) {BABY, KIND, PUPPE, TEDDYBÄR} carino, bellino **2** <präd> (*rührend nett*): **es ist wirklich ~ von dir, dass du mir beim Hausputz hilfst**, sei proprio carino (-a) ad aiutarmi nelle pulizie di casa; **du bist aber ~!** *iron*, ma come sei gentile! *iron*.
Goldjunge m **1** (*Kind, das man besonders lieb hat*) tesoro m di ragazzo, ragazzo m d'oro: **du bist mein ~**, sei il mio tesoro **2** *sport* (*Goldmedaillengewinner*) medaglia f d'oro.
Goldkette f collana f d'oro.
Goldklumpen m pepita f d'oro.
Goldkrone f (*auf dem Zahn*) capsula f (dentaria) d'oro.
Goldlack m *bot* violacciocca f gialla.
Goldlegierung f lega f d'oro.
Goldmark f *hist* marco m d'oro.
Goldmedaille f medaglia f d'oro: **er gewann die ~ im Hochsprung**, ha vinto la medaglia d'oro nel salto in alto.
Goldmedaillengewinner m (**Goldmedaillengewinnerin** f) *sport* (vincitore (-trice) m (f) della/[di una]) medaglia f d'oro.
Goldmine f miniera f d'oro.
Goldmünze f moneta f d'oro.
Goldpapier n carta f dorata.
Goldplombe f → **Goldfüllung**.
Goldpreis m prezzo m dell'oro.
Goldrahmen m cornice f dorata.
Goldrand m {+TASSE, TELLER} bordo m dorato; {+BRILLE} montatura f in oro.
Goldrausch m febbre f dell'oro.
Goldregen m **1** *bot* maggiociondolo m, citiso m **2** (*Feuerwerkskörper*) pioggia f di stelle **3** (*nicht erwarteter Geldsegen*) pioggia f d'oro.
Goldreserve f riserva f aurea.
goldrichtig adj <meist präd> *fam* **1** (*völlig richtig*) {EINFALL, ENTSCHEIDUNG} giustissimo, più che giusto **2** (*in Ordnung*) {KOLLEGE, MITARBEITER} in gamba, a posto *fam*.
Goldring m anello m d'oro.
Goldschatz m **1** (*Schatz aus goldenen Gegenständen*) tesoro m (in oro) **2** *fam* (*Kosewort*) tesoro m: **danke, dass du mir diesen Gefallen getan hast. Du bist ein richtiger ~**, grazie per avermi fatto questo favore, sei un vero tesoro.
Goldschmied m (**Goldschmiedin** f) orafo (-a) m (f), orefice mf.
Goldschmiedearbeit f lavoro m d'oreficeria, manufatto m orafo.
Goldschmiedekunst f arte f orafa, oreficeria f.
Goldschmiedewerkstatt f laboratorio m (di) orafo, oreficeria f.
Goldschmuck <-(e)s, ohne pl> m gioielli m pl in oro.
Goldschnitt m taglio m dorato: **Buch mit ~**, libro con taglio dorato.
Goldstaub m polvere f d'oro.
Goldstickerei f ricamo m in oro.
Goldstück n **1** *hist* (*Goldmünze*) moneta f d'oro **2** *scherz* (*Goldschatz*) tesoro m.
Goldsucher m (**Goldsucherin** f) → **Goldgräber**.
goldumrandet adj {con il}/[dal] bordo dorato/[d'oro], bordato d'oro.
Goldwaage f bilancia f/bilancina f dell'orafo • ˻jedes Wort˼/[alles] auf die ~ legen (*sich vorsichtig ausdrücken*), pesare ogni parola, pesare tutto con ˻la bilancia dell'orafo˼/[il bilancino]; (*überempfindlich sein*), prendere tutto alla lettera.
Goldwährung f valuta f aurea.

Goldware f <meist pl> ori m pl, oreficeria f.
Goldwäscher m (**Goldwäscherin** f) lavatore (-trice) m (f) d'oro.
Goldzahn m dente m d'oro.
Golem <-s, ohne pl> m *myth* golem m.
Golf① <-(e)s, -e> m *geog* golfo m • **der ~ von Biskaya**, il golfo di Biscaglia; **der ~ von Neapel**, il golfo di Napoli.
Golf② <-s, ohne pl> n *sport* golf m: **~ spielen**, giocare a golf.
Golfball m palla f da golf.
Golfer <-s, -> m (**Golferin** f) → **Golfspieler**.
Golfkrieg m guerra f del Golfo.
Golfplatz m *sport* campo m da golf.
Golfschläger m *sport* mazza f/bastone m da golf.
Golfspieler m (**Golfspielerin** f) *sport* giocatore (-trice) m (f) di golf, golfista mf.
Golfstaat m <meist pl> stato m del Golfo.
Golfstrom m *geog* corrente f del Golfo.
Golftasche f sacca f da golf.
Golfturnier n *sport* torneo m/gara f di golf.
Golfwagen m carrello m (da golf); (*elektrischer ~*) cart m.
Golgatha <-s, ohne pl> n *bibl geog* Golgota m.
Goliath <-s, -s> m **1** <nur sing> *bibl* Golia m **2** *fam* (*riesiger Mensch*) gigante m.
Gondel <-, -n> f **1** (*Boot in Venedig*) gondola f **2** (*Kabine*) {+SEILBAHN} cabina f **3** (*Korb am Ballon*) navicella f.
Gondelbahn f (*Seilbahn*) funivia f; (*Kabinen-Umlaufbahn*) *CH* cabinovia f.
gondeln <sein> itr *fam* **irgendwohin ~: jetzt ~ wir schon einige Stunden durch die Gegend und haben das Restaurant noch immer nicht gefunden**, stiamo girando (in macchina) da ore e ore e ancora non abbiamo trovato il ristorante.
Gondoliere <-s, Gondolieri> m gondoliere m.
Gong <-s, -s> m **1** (*Scheibe aus Metall*) gong m **2** (*Signal*) gong m **3** (*Musikinstrument*) gong m.
gongen unpers: **es gongt**, il gong sta suonando.
gönnen A tr **1** (*gern zugestehen*) **jdm etw ~** {ERFOLG, ERHOLUNG, RUHE, URLAUB, VERGNÜGEN} compiacersi di/per qc di qu, rallegrarsi di/per qc di qu: **ich gönne ihm den Erfolg**, mi compiaccio per il suo successo; **es sei ihm gegönnt!**, che se la goda!; **ich gönne es ihr, dass sie endlich den richtigen Mann gefunden hat**, ˻sono contento (-a)˼/[mi rallegro] che abbia finalmente trovato l'uomo giusto; **der Chef hat ihn mal so richtig angeschrien, das gönne ich ihm** *iron*, il capo gli ha dato una bella strigliata, gli sta proprio bene **2** (*missgönnen*) **jdm etw nicht ~**, invidiare qc a qu; **er gönnt ihm den Erfolg nicht**, è invidioso del suo successo B rfl **sich (dat) etw ~**, concedersi qc: **wir wollen uns heute Abend mal eine gute Flasche Sekt ~**, stasera ci concediamo il lusso di una bella bottiglia di spumante; **du solltest dir einen kurzen Urlaub ~**, dovresti concederti/regalarti una breve vacanza.
Gönner <-s, -> m (**Gönnerin** f) (*Wohltäter*) benefattore (-trice) m (f); {+KÜNSTLER} mecenate mf.
gönnerhaft *pej* A adj di sufficienza/sussiego: **er lächelte mir mit ~er Miene zu**, mi sorrise con aria di sufficienza/degnazione B adv {LÄCHELN, NICKEN} con sufficienza/sussiego.
Gönnerin f → **Gönner**.
Gönnerlaune f: **ich gebe Champagner für alle aus, ich bin heute in ~**, offro champagne a tutti, oggi sono in vena di spendere.

Gönnermiene <-, ohne pl> f aria f di sufficienza/sussiego/degnazione.

Gonokokkus <-, Gonokokken> m <meist pl> biol gonococco m.

Gonorrhö (a.R. Gonorrhöe) <-, -en> f med gonorrea f, blenorragia f.

Goodwill <-s, ohne pl> m **1** ökon goodwill m **2** (Wohlwollen) buona volontà f.

gor 3. pers sing imperf von gären.

Gör <-(e)s, -en> n bes. norddt fam pej **1** (kleines Kind) mocciosom, marmocchio m **2** (freches Mädchen) mocciosa f, ragazzetta f sfacciata.

gordisch adj {KNOTEN} gordiano.

Göre <-s, -n> f → **Gör**.

Goretex® <-, ohne pl> n Gore-Tex® m.

Gorilla <-s, -s> m **1** zoo gorilla m **2** fam pej (Leibwächter) gorilla m.

Gosch <-, -en>, **Gosche** <-, -n>, **Goschen** <-, -> f slang pej becco m fam, boccaccia f fam; **halt die ~!**, chiudi il becco /[quella boccaccia]!

Gospel <-s, -s> n oder m mus relig gospel m.

Gospelsänger m (**Gospelsängerin** f) cantante mf gospel.

Gospelsong m mus relig → **Gospel**.

goss (a.R. goß) **1.** und **3.** pers sing imperf von gießen.

Gosse <-, -n> f **1** obs (Straßenrinne) cunetta f, canaletto m di scolo **2** (niedrige Gesellschaftsschicht) bassifondi m pl: jds Namen durch die ~ ziehen, trascinare il nome di qu nel fango ● in der ~ aufwachsen, crescere nei bassifondi /[sulla strada] fam; in der ~ enden/landen, finire nel fango /[sulla strada] fam; aus der ~ kommen/stammen, venire dai bassifondi /[dalla strada] fam.

Gote <-n, -n> m (**Gotin** f) hist goto (-a) m (f).

Gotik <-, ohne pl> f arch kunst (stile m) gotico m, arte f gotica.

Gotin f hist → **Gote**.

gotisch adj **1** hist {KÖNIG, REICH, SPRACHE} gotico **2** arch kunst {DOM, FENSTER, GEWÖLBE} (in stile) gotico.

Gotisch n gotico m: **das Gotisch(e)**, il gotico.

Gott <-(e)s, Götter> m **1** <nur sing> (das höchste Wesen) Dio m: **der liebe ~**, il buon Dio; **an ~ glauben**, credere in Dio **2** (ein ~) dio m, divinità f: **die germanischen/griechischen/römischen Götter**, gli dei germanici/greci/romani, le divinità germaniche/greche/romane ● **~ der Allmächtige**, Dio/Iddio onnipotente; **~ behüte/bewahre!**, Dio ce ne guardi/[scampi e liberi]!; **behüt dich ~!** süddt A obs, che Dio ti protegga!; **steh mir bei!** fam, che Dio mi assista!; **~ sei Dank!** fam, grazie a Dio!, meno male!; **wie ~ in Frankreich leben**, stare come un papa fam; **gebe ~, dass ...**, volesse Iddio/[il cielo] che ...; Dio voglia che ...; **~ sei gelobt!**, Dio sia lodato!; **wie ~ ihn/sie geschaffen hat** fam, come mamma/Dio l'ha fatto (-a); **~ sei's getrommelt und gepfiffen** fam scherz, se Dio vuole!, grazie al cielo!, deo gratias!; **gnade dir ~!**, raccomandati a Dio!; **von ~es Gnaden** hist, per grazia divina; **großer ~!** fam (entsetzt, überrascht), Dio mio!; **grüß ~!** süddt A fam, salve!, buongiorno!; **so wahr mir ~ helfe!** (am Schluss eines Schwurs), com'è vero Iddio! fam; **mit ~es Hilfe**, con l'aiuto di Dio; **wie ein junger ~: er spielt Tennis wie ein junger ~** fam, gioca a tennis come un dio fam /[divinamente]; **leider ~es**, purtroppo, disgraziatamente; **(ach) du lieber ~!** fam, accidenti!, madonna!, oddio!, o signore!; **etw um ~es Lohn tun**, fare qc per la gloria fam scherz /[gratis et amore Dei scherz]; **den**

lieben ~ einen guten Mann sein lassen fam, tirare a campare; **mein ~!** fam (empört, ungeduldig), Dio mio!, mio Dio!, Dio buono!; **im Namen ~es**, in nome di Dio; **in ~es Namen** fam (meinetwegen), se proprio deve essere, se è proprio necessario; (anflehend), ti/vi scongiuro; **o ~!** fam (entsetzt), o Dio!, oddio!, Dio mio!; **bei ~ schwören**, giurare su fam /[davanti a] Dio; **~ segne dich!**, (che) Dio ti benedica!; **~ sei mit dir!** obs, (che) Dio sia con te!; **~ hab ihn/sie selig** fam, che Dio l'abbia in gloria!; **vergelt's ~!** süddt A fam (danke), Dio te/ve ne /[gliene] renda merito!; **(ganz und gar) von ~ verlassen sein** fam: **du bist wohl ganz und gar von ~ verlassen!**, ma ti è partito il cervello? fam; **weiß ~** fam (wirklich), davvero; **der Wagen hat weiß ~ nicht viel gekostet**, la macchina non è davvero costata molto; **(wer weiß)**, Dio solo lo sa, solo Dio sa; **weiß ~, wo das ganze Geld geblieben ist**, lo sa Iddio dove sono finiti tutti i soldi; **Götter in Weiß** fam oft pej, i medici; (Chefärzte), primari; (Ärzte), camici bianchi; **über ~ und die Welt reden** fam, parlare di tutto e di tutti; **~ und die Welt kennen** fam, conoscere mezzo mondo /[tutti]; **so ~ will** fam, se Dio vorrà, facendo le corna fam; **um ~es willen!** fam (bitte), per l'amor di Dio /[del cielo]!; (o je), per carità!; **das wissen die Götter!** fam, Dio solo lo sa!, lo sa Iddio!; **~ ist mein Zeuge**, Dio mi è testimone; **hilf dir selbst, so hilft dir ~** prov, aiutati che Dio t'aiuta prov; **~es Mühlen mahlen langsam** prov, i mulini di Dio macinano adagio, ma tanto più amare sono le semole prov; Dio non paga il sabato prov.

Gotterbarmen n: **zum ~** fam: **das Kind weint zum ~**, il bambino piange da spezzare il cuore; **das Schulorchester spielt zum ~**, l'orchestra scolastica suona in modo pietoso /[da far pena/piangere].

gotterbärmlich A adj **1** (Mitleid erregend) {LEBEN, ZUSTAND} pietoso, miserevole **2** fam (sehr stark) {ANGST, HITZE, HUNGER} terribile, tremendo B adv **1** (Mitleid erregend) {SCHREIEN, WEINEN} da spezzare il cuore **2** fam (sehr stark) {SCHIMPFEN} in modo terribile, orribilmente; (LÜGEN) spudoratamente: **~ frieren**, avere un freddo tremendo/cane fam; **sich ~ schämen**, vergognarsi come un ladro.

Götterbild n idolo m.

Götterbote m messaggero m degli dei.

Götterdämmerung f crepuscolo m degli dei.

Göttergatte m (**Göttergattin** f) fam scherz maritino m, mogliettina f, marito m adorato, moglie f adorata.

gottergeben A adj {MENSCH} rassegnato B adv {ETW HINNEHMEN} con rassegnazione.

Götterspeise f <meist sing> gastr (Süßspeise) gelatina f di frutta o di menta.

Gottesacker m lit camposanto m, cimitero m.

Gottesanbeterin f zoo mantide f religiosa.

Gottesdienst m messa f, funzione f religiosa: **einen ~ abhalten**, celebrare una funzione religiosa, dire messa; **zum ~ gehen**, andare a messa.

Gottesfurcht f obs timor m di Dio.

gottesfürchtig adj obs {MENSCH} timorato di Dio.

Gotteshaus n geh casa f di Dio /[del Signore], chiesa f.

Gotteslästerer m (**Gotteslästerin** f) bestemmiatore (-trice) m (f), blasfemo (-a) m (f).

gotteslästerlich adj {BUCH, REDEN} sacrilego, blasfemo, empio.

Gotteslästerung <-, -en> f blasfemia f lit, sacrilegio m, bestemmia f.

Gottesmutter <-, ohne pl> f relig (Maria) Madonna f, madre f di Dio.

Gottessohn <-(e)s, ohne pl> m relig figlio m di Dio, Gesù Cristo m.

Gottesurteil n hist giudizio m di Dio /[divino].

Gottfried m (Vorname) Goffredo.

gottgefällig geh A adj {MENSCH} devoto, pio B adv {LEBEN} con devozione, piamente.

Gottheit <-, -en> f divinità f, dio m.

Göttin f dea f, divinità f.

Göttingen <-s, ohne pl> n geog Gottinga f.

göttlich A adj **1** (Gott eigen, zugehörend) {EINGEBUNG, GNADE, MILDE, WEISHEIT} divino **2** (einem Gott gebührend) {ANBETUNG, VEREHRUNG} divino **3** geh (herrlich) {GESICHTSZÜGE, MUSIK, STIMME} divino **4** fam scherz (köstlich) divino: **dieser Wein ist einfach ~**, questo vino è semplicemente divino B adv {SINGEN, KLAVIER SPIELEN} divinamente, in modo divino, da dio fam.

gottlob adv grazie a Dio.

gottlos adj **1** (Gott leugnend) {PHILOSOPHIE} ateo, ateistico **2** (Gott nicht achtend) {GESINNUNG, LEBEN, MENSCH} empio, irreligioso.

Gottlosigkeit <-, -en> f (Gottesleugnung) ateismo m; (ohne Gottesachtung) empietà f, irreligiosità f.

gottserbärmlich adj → **gotterbärmlich**.

Gottvater <-s, ohne pl> m relig Dio m padre, Padre m eterno.

gottverdammt adj <meist attr> fam {BETRÜGER} (stra)maledetto, dannato.

gottvergessen adj fam pej {ORT} dimenticato da Dio.

gottverlassen adj fam pej {DORF, GEGEND} sperduto, dimenticato da Dio, abbandonato, desolato.

Gottvertrauen n fiducia f/fede f in Dio.

gottvoll adj fam {ANBLICK} buffissimo, divertentissimo.

Götze <-n, -n> m <meist pl> pej **1** (was als Gott verehrt wird) idolo m: **~ anbeten**, adorare gli idoli; **heidnische ~n**, idoli pagani **2** (was übertrieben wichtig genommen wird) idolo m, feticcio m: **Geld und schnelle Autos sind die ~n der modernen Gesellschaft**, i soldi e le macchine veloci sono gli idoli/i feticci della società moderna.

Götzendienst m idolatria f.

Gouache <-, -n> f kunst (Bild, Technik) gouache f, pittura f a guazzo.

Gouda <-s, -s> m, **Goudakäse** m gastr (formaggio m) gouda m.

Gourmand <-s, -s> m buona forchetta f fam, ghiottone (-a) m (f), golosone (-a) m (f) fam.

Gourmet <-s, -s> m gourmet m, buongustaio (-a) m (f).

goutieren <ohne ge-> tr geh etw ~, gustare qc, apprezzare qc.

Gouvernante <-, -n> f hist governante f, istitutrice f.

Gouverneur <-s, -e> m **1** (Chef eines Bundesstaates in den USA) governatore m **2** hist (Chef einer Kolonie) governatore m.

GPS <-, -> n tech Abk von Global Positioning System: GPS m.

GPS-Gerät n tech (navigatore m) GPS m, navigatore m satellitare.

Grab <-(e)s, Gräber> n tomba f, tumulo m lit; (bes. von berühmten Personen) sepolcro m: **ein ~ pflegen**, prendersi cura di una tomba; **jdm Blumen aufs ~ legen**, mettere dei fiori sulla tomba di qu • **ein ~ ausheben**, scavare una fossa; **er/sie/das bringt mich noch ins ~** *fam oft scherz*, mi porterà alla tomba, mi farà morire *fam*; **sich (dat) sein (eigenes) ~ graben/schaufeln**, scavarsi la fossa (con le proprie mani); **das *Heilige* ~**, il Santo Sepolcro; **etw mit ins ~ nehmen** {GEHEIMNIS}, portare qc (con sé) nella tomba; **ein ~ schänden**, profanare una tomba; **schweigen/[verschwiegen sein] wie ein ~ fam**, essere (muto come) una tomba *fam*; **jdn zu ~e tragen** *geh*, accompagnare qu all'ultima dimora *geh*; **sich im ~e umdrehen** *fam*, rivoltarsi/rigirarsi nella tomba; **er würde sich im ~ umdrehen, wenn er wüsste, dass ...**, si rivolterebbe nella tomba se sapesse che ...

Grabbeigabe f <*meist pl*> corredo m funebre.

Grabdenkmal n monumento m funebre.

graben <*gräbt, grub, gegraben*> **A** *tr* **1** (*durch Graben herstellen*) **etw ~** {GRAB, LOCH, STOLLEN, TUNNEL} scavare qc **2** *geh* (*eindringen lassen*) **etw in etw** (akk) **~** {FINGERNÄGEL, KRALLEN IN JDS FLEISCH, HAUT; ZÄHNE IN DEN APFEL} piantare qc in qc, conficcare qc in qc, affondare qc in qc **B** *itr* **1** (*Erde ausheben*) scavare, vangare **2** (*durch Graben suchen*) **nach etw** (dat) **~** {NACH ERZ, ARCHÄOLOGISCHEN FUNDEN, GOLD, EINEM SCHATZ, NACH SILBER} scavare alla ricerca di qc **C** *rfl* **sich** (dat) **in etw** (akk) **~** {KRALLEN, ZÄHNE IN FLEISCH, HAUT} conficcarsi in qc, piantarsi in qc; {STIEFEL IN SCHLAMM} affondare in qc, sprofondare in qc; **der Maulwurf gräbt sich in die Erde**, la talpa si scava un buco nella terra; **sich jdm ins Gedächtnis ~** *geh* {EREIGNIS, NAME}, imprimersi a qu nella memoria/mente.

Graben <*-s, Gräben*> m **1** (*Wassergraben, Festungsgraben*) fossato m, fosso m: **Gräben zur Bewässerung anlegen**, scavare dei fossi per l'irrigazione; **einen ~ ausheben**, scavare un fossato; *sport* fosso m **2** *mil* trincea f **3** *geol* fossa f **4** *fig* (*Kluft*) divario m, fossato m.

Grabenkampf m lotta f di trincea.

Grabenkrieg m guerra f di trincea.

Gräberfeld n cimitero m; *archäol* necropoli f.

Gräberfund m <*meist pl*> reperto m funerario.

Grabesdunkel <*-s, ohne pl*> n buio m sepolcrale.

Grabeskälte f gelo m di morte.

Grabesstille f *geh* silenzio m ₍di tomba₎/[sepolcrale].

Grabesstimme f voce f ₍d'oltretomba₎/[sepolcrale]: **mit ~** {ETW SAGEN, VERKÜNDEN}, con voce d'oltretomba.

Grabgesang m canto m funebre.

Grabgewölbe f cripta f.

Grabhügel m tumulo m.

Grabinschrift f iscrizione f funeraria/tombale; (*lobend-feierliche ~*) epitaffio m.

Grabkammer f *archäol* camera f sepolcrale/funeraria.

Grablicht n lampada f perpetua; (*Kerze*) lumino m (del cimitero).

Grabmal <*-(e)s, Grabmäler oder geh -e*> n monumento m sepolcrale/funebre, sepolcro m monumentale: **das ~ Theoderichs**, il mausoleo di Teodorico • **das ~ des Unbekannten Soldaten**, il monumento al Milite Ignoto.

Grabnische f loculo m.

Grabpflege f cura f ₍di una tomba₎/[delle tombe].

Grabplatte f (*als Grababschluss*) lastra f tombale, pietra f sepolcrale; (*Gedenktafel*) lapide f (sepolcrale/commemorativa).

Grabrede f orazione f/elogio m funebre.

Grabschänder m (**Grabschänderin** f) profanatore (-trice) m (f) di tombe.

Grabschändung f profanazione f di tombe: **~ begehen**, profanare/violare le tombe.

grabschen *tr itr* → **grapschen**.

Grabschmuck m addobbo m tombale.

Grabschrift f → **Grabinschrift**.

Grabstätte f *geh* (luogo m di) sepoltura f, sepolcro m *geh*.

Grabstein m pietra f tombale, lapide f.

gräbt 3. pers sing präs *von* graben.

Grabtuch n sudario m, lenzuolo m funebre/mortuario: **das ~ Christi**, la Sacra Sindone.

Grabung <*-, -en*> f scavo m: **archäologische ~en**, scavi archeologici.

Gracht <*-, -en*> f (*in niederländischen Städten*) canale m (navigabile).

grad. *D Abk von* graduiert: con laurea breve.

Grad <*-(e)s, -e oder bei Maßangaben* -> m **1** (*Temperatur*) grado m: **drei ~ Celsius**, tre gradi centigradi; **sechs ~ unter null**, ₍sechs ~ minus₎/[minus sechs ~], sei gradi sotto zero, meno sei (gradi); **sechs ~ über null**, ₍sechs ~ plus₎/[plus sechs ~], sei gradi sopra (lo) zero, più sei (gradi); **wie viel ~ hat es?**, quanti gradi sono?; **Höchsttemperaturen bei 25 ~**, ₍temperatura massima₎/[la massima] intorno ai 25 gradi; **gestern zeigte das Thermometer 30 ~ im Schatten**, ieri il termometro segnava 30 gradi all'ombra; **Wasser kocht bei 100 ~**, l'acqua bolle a 100 gradi; **das Kind hatte 40 ~ Fieber**, il bambino aveva ₍40 (gradi) di febbre₎/[la febbre a 40 *fam*]; **das Wasser war 30 ~ erhitzen**, portare l'acqua a 30 gradi **2** (*Maßeinheit bei Winkel*) grado m: **ein Winkel von 90 ~**, un angolo di 90 gradi **3** *geog* grado m: **auf dem 30. ~ nördlicher Breite liegen**, trovarsi a 30 gradi di latitudine nord; **auf dem 48. ~ östlicher Länge**, a 48 gradi di longitudine est **4** (*Stärke einer Eigenschaft*) grado m: **das Wasser des Sees weist einen hohen ~ von/an Verschmutzung auf**, l'acqua del lago presenta un alto tasso di inquinamento; **einen hohen ~ der/an Reinheit erreichen**, raggiungere un alto grado di purezza; **Verbrennungen ersten/zweiten/dritten ~es**, ustioni di primo/secondo/terzo grado; **sie ist eine Verwandte dritten ~es**, è una parente di terzo grado **5** *math* grado m: **eine Gleichung dritten ~es**, un'equazione di terzo grado **6** (*Rang*) grado m: **der ~ eines Offiziers**, il grado di ufficiale; **akademischer ~**, titolo accademico; **der ~ eines Doktors der Philosophie**, il titolo di dottore in filosofia • **um (hundert)achtzig ~ fam** {SICH ÄNDERN}, completamente, radicalmente; **sie hat sich um hundertachtzig ~ geändert/gedreht**, è cambiata completamente; **bis zu einem gewissen ~(e)** {NACHVOLLZIEHEN, RECHT HABEN, ÜBEREINSTIMMEN}, fino a un certo punto; **in höchstem ~e**, al massimo grado, estremamente; **das ist mir in höchstem ~(e) unangenehm**, sono oltremodo imbarazzato (-a) *form*; **in hohem ~**, fortemente, in massima parte.

grade adv *fam* → **gerade**①.

Gradeinteilung f graduazione f.

Gradient <*-en, -en*> m *wiss* gradiente m.

gradlinig adj → **geradlinig**.

Gradmesser <*-s, ->* m *geh* **~ für etw** (akk) {FÜR EINE LEISTUNG, QUALITÄT} indice m *di qc*: **die steigende Inflation ist der ~ für die wirtschaftlichen Probleme eines Staates**, l'inflazione crescente è l'indice/il termometro dei problemi economici di uno stato.

graduell adj *geh* **1** (*dem Grad nach*) {UNTERSCHIED} minimo **2** (*gradweise*) {ÜBERGANG, VERÄNDERUNG} graduale, per gradi.

graduiert adj *univ* **1** (*mit akademischem Titel*) in possesso di un titolo accademico **2** *D* (*Abk* grad.) (*mit Abschluss einer Fachhochschule*) {BETRIEBSWIRT, INGENIEUR} con laurea breve.

Graduierte <*dekl wie adj*> mf **1** "chi è in possesso di un titolo accademico" **2** *D* "chi è in possesso di una laurea breve".

Graduiertenkolleg n *univ* "gruppo m universitario di studio su progetti specifici, composto da dottorandi".

gradweise adv gradualmente, per gradi.

Graf① m → **Graph**①.

Graf② n → **Graph**②.

Graf③ <*-en, -en*> m (**Gräfin** f) conte m, contessa f • **sich wie ~ Rotz aufführen** *fam* (*angeben*), atteggiarsi a padreterno.

Grafem n → **Graphem**.

Grafenstand m rango m di conte.

Grafentitel m titolo m di conte, contea f.

Graffiti subst <*nur pl*> graffiti m pl.

Grafie <*-, -en*> f grafia f.

Grafik <*-, -en*> f **1** <*nur sing*> (*die Technik*) grafica f, arti f pl grafiche **2** (*grafische Darstellung*) opera f grafica; (*grafisches Gesamtwerk eines Künstlers*) grafica f **3** (*Schaubild*) grafico m.

Grafikauflösung f *inform* risoluzione f grafica.

Grafikbildschirm m *inform* schermo m grafico.

Grafikdrucker m *inform* stampante f grafica.

Grafiker m (**Grafikerin** f) (*Techniker, Zeichner*) grafico (-a) m (f); (*Künstler*) artista mf dedito (-a) all'arte grafica.

grafikfähig adj *inform* {DRUCKER} grafico.

Grafikkarte f *inform* scheda f grafica.

Grafikmodus m *inform* modo m grafico.

Grafikprogramm n *inform* programma m di grafica.

Grafiktablett n *inform* tavoletta f grafica.

Gräfin f → **Graf**③.

grafisch **A** adj <*attr*> **1** (*zur Grafik gehörend*) {KUNST, WERK} grafico: **~es Gewerbe**, industria grafica **2** (*durch Grafik*) {DARSTELLUNG, SCHAUBILD} grafico **B** adv {DARSTELLEN, ERLÄUTERN} graficamente.

Grafit <*-(e)s, -e*> m <*meist sing*> grafite f, piombaggine f.

gräflich adj {BESITZ, SCHLOSS, WAPPEN} comitale.

Grafologe <*-n, -n*> m (**Grafologin** f) grafologo (-a) m (f).

Grafologie <*-, ohne pl*> f grafologia f.

Grafologin f → **Grafologe**.

grafologisch **A** adj <*attr*> {GUTACHTEN, TEST} grafologico **B** adv {PRÜFEN, UNTERSUCHEN} grafologicamente.

Grafschaft <*-, -en*> f **1** *hist* contea f **2** (*Verwaltungsbezirk in Großbritannien und USA*) contea f.

Grahambrot n *gastr* "pane m integrale al frumento".

Gral <*-s, ohne pl*> m *lit* Graal m: **der Heilige ~**, il Santo Graal.

gram adj <*präd*>: **jdm ~ sein** *geh obs*, serbare rancore a qu.

Gram <*-e(s), ohne pl*> m *geh* afflizione f *geh*, cruccio m, pena f, dispiacere m.

grämen **A** *tr* **jdn ~** addolorare *qu*, rattristare *qu*, affliggere *qu*: **es grämt sie sehr, nicht zu der Hochzeit ihrer Nichte fahren zu können**, le duole molto non poter andare al matrimonio di sua nipote **B** *geh* *rfl* **sich**

(*über etw* akk)/(*um jdn*) ~ crucciarsi (*per qc/qu*), affliggersi (*per qc/qu*), darsi cruccio (*per qc/qu*): **sich zu Tode ~** (*sich sehr ~*), consumarsi di dolore; (*vor Gram sterben*) morire di dolore.
gramerfüllt adj geh {MENSCH} afflitto, crucciato, addolorato.
Gramm <-s, -e oder bei Maßangaben -> n (Abk g) **1** (*Gewichtseinheit*) grammo m (Abk g): **geben Sie mir bitte 100 ~ Salami**, mi dia un etto di salame, per favore **2** *phys* grammo m.
Grammatik <-, -en> f **1** <*meist* sing> (*Sprachlehre*) grammatica f: **er beherrscht die deutsche ~ sehr gut**, ha un'ottima padronanza della grammatica tedesca **2** (*Buch*) grammatica f: **um besser Deutsch lernen zu können, sollten Sie sich eine gute ~ kaufen**, per poter studiare meglio il tedesco dovreste comprarsi una buona grammatica.
grammatikalisch adj → **grammatisch**.
Grammatikregel f regola f grammaticale.
grammatisch A adj {FEHLER, REGEL} grammaticale, di grammatica B adv {FALSCH, RICHTIG} grammaticalmente, dal punto di vista grammaticale.
Grammel <-, -n> f <*meist* pl> *südd A* → **Griebe**.
Grammofon®, **Grammophon®** <-s, -e> n *hist* grammofono m.
gramnegativ adj *biol pharm* {BAKTERIEN} gram-negativo.
grampositiv adj *biol pharm* {BAKTERIEN} gram-positivo.
gramvoll adj → **gramerfüllt**.
Granat <-(e)s, -e oder A -en, -en> m *min* granato m.
Granatapfel m *bot* melagrana f, (mela f) granata f.
Granatapfelbaum m *bot* melograno m, (melo m) granato m.
Granate <-, -n> f *mil* granata f; (*Handgranate*) bomba f a mano: **eine ~ detonieren**, una granata esplode; **jdn/etw mit ~n beschießen**, lanciare granate contro qu/qc.
Granatfeuer n *mil* fuoco m delle granate.
Granatsplitter m scheggia f di granata.
Granatwerfer <-s, -> m *mil* mortaio m.
Grandhotel n albergo m di lusso.
grandios adj {ANBLICK, ERFOLG, IDEE} grandioso, fenomenale.
Grand Prix <- -, - -> m *sport* grand prix m, gran premio m.
Granit <-s, -e> m <*meist* sing> granito m • **bei jdm (mit etw dat) auf ~ beißen**, scontrarsi/cozzare contro un muro opposto da qu (con qc).
Granitblock m blocco m di granito.
graniten adj **1** (*aus Granit*) di granito, granitico **2** *geh* (*hart und fest*) {CHARAKTER} granitico.
Granne <-, -n> f *bot* arista f, resta f.
granteln itr *südd A fam pej* brontolare, fare il criticone/la criticona.
grantig adj *südd A fam pej* {MENSCH} scorbutico; {GESICHT} imbronciato: **~ sein**, essere di malumore/[di umore] nero *fam*].
Granulat <-(e)s, -e> n granulato m.
granulieren <*ohne* ge-> tr etw ~ {PRÄPARAT, SUBSTANZ} granulare qc, ridurre qc in granuli: **in granulierter Form**, in forma granulare.
granulös adj granuloso.
Grapefruit <-, -s> f pompelmo m.
Grapefruitsaft m succo m di pompelmo; (*frisch gepresst*) spremuta f di pompelmo.

Graph ① <-en, -en> m *math* grafico m.
Graph ② <-s, -e> n *ling* grafo m.
Graphem <-s, -e> n *ling* grafema m.
Graphie f → **Grafie**.
Graphik <-, -en> f → **Grafik**.
Graphikauflösung f → **Grafikauflösung**.
Graphikbildschirm m → **Grafikbildschirm**.
Graphikdrucker m → **Grafikdrucker**.
Graphiker <-s, -> m (**Graphikerin** f) → **Grafiker**.
graphikfähig adj → **grafikfähig**.
Graphikkarte f → **Grafikkarte**.
Graphikmodus m → **Grafikmodus**.
Graphikprogramm n → **Grafikprogramm**.
Graphiktablett n → **Grafiktablett**.
graphisch adj → **grafisch**.
Graphit <-(e)s, -e> m <*meist* sing> → **Grafit**.
Graphologe <-n, -n> m (**Graphologin** f) → **Grafologe**.
Graphologie <-, *ohne* pl> f → **Grafologie**.
Graphologin f → **Graphologe**.
graphologisch adj adv → **grafologisch**.
grapschen *fam* A tr etw ~ agguantare qc, arraffare qc *fam*, afferrare qc: **er grapschte alles, was auf dem Tisch lag**, ha arraffato tutto quello che c'era sul tavolo B itr **1** (*betatschen*) allungare le mani *fam*, fare la manomorta *fam* **2** (*nach etw greifen*) **nach etw** (dat) ~ {NACH EINEM BUCH, EINEM STÜCK SEIFE} agguantare qc, afferrare qc C rfl **sich** (dat) **jdn/etw ~** agguantare qu/qc, arraffare qc, afferrare qu/qc.
Grapscher m (**Grapscherin** f) → **Fummler**.
Gras <-es, Gräser> n **1** <*nur* sing> (*~decke*) erba f: **hohes/niedriges ~**, erba alta/bassa; **das ~ mähen**, tagliare l'erba; **sich ins ~ legen**, sdraiarsi/stendersi sull'erba; **im ~ liegen**, stare sdraiato (-a)/disteso (-a)) sull'erba; **barfuß durch/über das ~ gehen/laufen**, camminare a piedi nudi sull'erba **2** <*meist* pl> (*Graspflanze*) graminacea f **3** <*nur* sing> *slang* (*Marihuana*) erba f *fam* • **ins ~ beißen** *slang euph*, andare a ingrassare i cavoli *slang*, tirare le cuoia *slang*; **wo der hinhaut, wächst kein ~ mehr** *fam*, dove passa lui non cresce più l'erba *fam*; (*bei vernichtender Kritik*), (quando qu fa qc) sono dolori! *fam*; **das ~ wachsen hören** *fam iron* (*feine Antennen haben*), stare con le antenne dritte *fam*; (*zu viel hineindeuten*), avere le allucinazioni *fam*; **über etw** (akk) **wächst ~** *fam*, qc cade nel dimenticatoio; **darüber ist längst ~ gewachsen**, è acqua passata *fam*; **über etw** (akk) **~ wachsen lassen** *fam*, far cadere qc nel dimenticatoio.
Grasbahn f *sport* pista f erbosa, circuito m erboso.
Grasbahnrennen n *sport* corsa f/gara f motociclistica su circuito erboso.
grasbewachsen adj {BODEN, FELD, FLÄCHE} erboso, (ri)coperto di erba.
Grasbüschel n ciuffo m d'erba.
Grasdecke f manto m/tappeto m erboso.
grasen itr {KUH, PFERD, SCHAF, ZIEGE} pascolare.
Grasfrosch m *zoo* rana f rossa/temporaria.
grasgrün adj {BLUSE, INSEKT, TUCH} verde erba.
Grashalm m filo m d'erba.
Grashüpfer <-s, -> m *fam zoo* cavalletta f.
Grasland <-(e)s, *ohne* pl> n pascolo m, prato m.

Graslilie f *bot* anterico m: **Astlose ~**, giglio San Bernardo.
Grasmücke f *ornith* silvia f.
Grasnarbe f → **Grasdecke**.
Graspflanze f *bot* graminacea f.
Grass <-, *ohne* pl> n *slang* (*Marihuana*) erba f *slang*.
Grassamen m <*meist* pl> sementi f pl [da prato]/[per tappeto erboso].
grassieren <*ohne* ge-> itr **1** (*sich verbreiten*) {GRIPPE} dilagare; {SEUCHE} auch imperversare **2** (*um sich greifen*) {MISSSTAND, UNSITTE} dilagare, diffondersi.
grässlich (a.R. gräßlich) A adj **1** (*grauenhaft*) {ANBLICK, UNFALL, VERBRECHEN} orrendo, spaventoso, orribile, tremendo **2** *fam* (*furchtbar*) {MENSCH, WETTER} terribile, orribile, tremendo; {GESCHMACK} disgustoso, terribile, orribile; {SCHMERZEN} atroce, terribile, tremendo B adv *fam* (*zur Verstärkung vor Adjektiven*) tremendamente, terribilmente: **~ langweilig**, tremendamente noioso; **es ist ~ kalt**, fa un freddo terribile.
Grässlichkeit (a.R. Gräßlichkeit) <-, -en> f {+BLUTBAD, VERBRECHEN} atrocità f, orrore m, mostruosità f.
Grassteppe f prateria f.
Grat <-(e)s, -e> m **1** (*Berggrat*) crinale m, cresta f **2** (*Dachgrat*) colmo m **3** (*scharfkantiger Rand*) spigolo m • **sich auf einem schmalen ~ bewegen**, camminare sul filo del rasoio, muoversi su un terreno minato.
Gräte <-, -n> f lisca f, spina f di pesce • **sich** (dat) **die ~n brechen** *slang*, rompersi le ossa *fam*; **jdm alle ~n im Leib brechen** *slang*, rompere tutte le ossa a qu *fam*.
grätenlos adj senza lische.
Gratifikation <-, -en> f gratifica f.
gratinieren <*ohne* ge-> tr *gastr* etw ~ {AUFLAUF, FISCH, ZWIEBELSUPPE} gratinare qc: **gratiniert**, gratinato, al gratin.
gratis A adj <präd> gratis, gratuito: **das Bier ist heute für alle ~**, oggi birra gratis per tutti B adv gratis, gratuitamente.
Gratisaktie f *ökon* azione f gratuita.
Gratisbeilage f {+ZEITUNG} supplemento m gratuito.
Gratisexemplar n {+BUCH, ZEITUNG} copia f (in) omaggio, esemplare m gratuito.
Gratisprobe f {+REINIGUNGSMITTEL, WASCHPULVER} campione m gratuito.
Gratisvorstellung f spettacolo m gratuito.
Grätsche <-, -n> f *sport* divaricata f: **in die ~ gehen, eine ~ machen**, fare la divaricata.
grätschen tr *sport* etw ~ {BEINE} divaricare qc: **mit gegrätschten Beinen über das Pferd springen** *sport*, saltare il cavallo a gambe divaricate.
Grätschsprung m salto m a gambe divaricate.
Grätschstellung f posizione f a gambe divaricate.
Gratulant <-en, -en> m (**Gratulantin** f) (*zur Beförderung, zum Examen, Jubiläum, Sieg*) persona f che [si congratula]/[porge le proprie felicitazioni]; (*zum Geburtstag, zur Hochzeit*) persona f che fa gli auguri.
Gratulation <-, -en> f (*zur Beförderung, zum Examen, Jubiläum, Sieg*) congratulazioni f pl, felicitazioni f pl *form*, rallegramenti m pl *form*; (*zum Geburtstag, zur Hochzeit*) auguri m pl: **Verwandte und Freunde kamen zur ~**, parenti e amici sono venuti a fare gli auguri; **~ zur Beförderung!**, congratulazioni/rallegramenti/complimenti per la promozione!; **meine ~!**, (le mie) congratulazioni!
gratulieren <*ohne* ge-> itr (**jdm**) (**zu etw**

dat) ~ {ZUR BEFÖRDERUNG, ZUM EXAMEN, JUBILÄUM, SIEG} congratularsi (*con qu per qc*), complimentarsi (*con qu per qc*), rallegrarsi (*con qu per qc*) *form*: **jdm zum Geburtstag ~**, fare a qu gli auguri di buon compleanno, augurare buon compleanno a qu; **gratuliere!** *fam*, auguri!, (le mie) congratulazioni!; **ich gratuliere Ihnen herzlich zur Hochzeit**, le mie più sincere felicitazioni per il Suo matrimonio; **sie gratulierten dem Kandidaten zu seinem Wahlsieg**, si congratularono/complimentarono con il candidato per la sua vittoria elettorale; **ich möchte dir noch nachträglich ~**, anche se con un po' di ritardo vorrei farti tanti auguri; **zu solchen Kindern kann man Ihnen nur ~!** *fam*, complimenti per i suoi figli! ● **sich** (*dat*) **zu jdm/etw ~ können** *fam scherz*: **zu so einer Schwiegertochter können Sie sich ~**, può ritenersi fortunato (-a) ad avere una nuora così!

Gratwanderung f **1** (*Wanderung auf dem Grat*) percorso m in cresta **2** (*heikle Situation*): **sich auf einer ~ befinden**, camminare sul filo del rasoio, muoversi su un terreno minato.

grau adj **1** (*Farbe*) grigio: **ich habe schon die ersten ~en Haare**, ho già i primi capelli bianchi; **~e Haare bekommen, ~ werden**, incanutire, divenire canuto (-a); **sie hat ~e Augen**, ha gli occhi grigi; **der Himmel ist ~**, il cielo è grigio **2** (*trostlos*) {ALLTAG, LEBEN, WIRKLICHKEIT} grigio: **dem ~en Alltag entfliehen**, evadere dal grigiore quotidiano **3** <attr> (*weit entfernt*): **in ~er Vorzeit**, nella notte dei tempi, in tempi remoti; **in ~er Zukunft**, in un futuro lontano **4** (*fahl*) {GESICHTSFARBE} pallido, spento: **im Gesicht ~ werden**, diventare pallido (-a) in volto **5** (*an der Grenze der Legalität*) {GESCHÄFT, MARKT, WIRTSCHAFT} ai margini della legalità ● **~ in ~** (**sein**) {HIMMEL, WETTER}, (essere) ₁grigio (grigio)₁/[sul grigio andante] *slang*; (*aussichtslos*), essere nero/[senza speranza]; **alles ~ in ~ malen/sehen**, vedere tutto nero/grigio, dipingere tutto a tinte fosche.

Grau <-(s), - oder *fam* -s> n **1** (*graue Farbe*) grigio m: **sich in ~ kleiden**, vestir(si) di grigio **2** (*Trostlosigkeit*) {+ALLTAG, LEBEN} grigiore m, monotonia f.

grauäugig adj {MENSCH} dagli/[con gli] occhi grigi: **sie ist ~**, ha gli occhi grigi.

Graubart m *fam* uomo m con la barba grigia.

graubärtig adj {MANN} dalla/[con la] barba grigia: **schon mit 45 Jahren war er ~**, a 45 anni aveva già la barba grigia.

graublau adj grigiazzurro, grigio azzurro.

Graubrot n *gastr region* "pane m nero di segale e frumento".

Graubünden <-s, ohne pl> n *geog* Grigioni m pl.

Graubündner m (**Graubündnerin** f) (*in Graubünden lebend*) abitante mf dei Grigioni; (*aus Graubünden stammend*) originario (-a) (f) dei Grigioni.

Gräuel <-s, -> m <meist pl> *geh* orrore m, atrocità f: **die ~ des Krieges**, gli orrori della guerra ● **jdm ein ~ sein** (GESCHIRRSPÜLEN, LANGE REISE}, essere un incubo per qu; **es ist mir ein ~**, **heute Abend noch den langen Weg zurücklegen zu müssen**, mi angoscia l'idea di dover fare tutta quella strada stasera; **Sabines neuer Freund ist mir ein ~**, il nuovo ragazzo di Sabine mi ripugna.

Gräuelgeschichte f, **Gräuelmärchen** n storia f raccapricciante/macabra/orripilante.

Gräuelszene f scena f raccapricciante/

orripilante.

Gräueltat f *pej* efferatezza f, atrocità f, orrore m: **~en verüben**, compiere/commettere delle efferatezze/atrocità.

grauen① itr *geh*: **der Morgen/Tag graut**, albeggia, spunta l'alba; **der Abend graut**, imbrunisce.

grauen② A rfl **sich** (*vor etw* dat) ~ {VOR EINER OPERATION, DER PRÜFUNG} avere il terrore di qc, avere paura (*di qc*): **sie graut sich davor, eine neue Arbeit beginnen zu müssen**, la spaventa l'idea di dover cominciare un nuovo lavoro B unpers: **jdm/jdn graut** (**es**) (*vor jdm/etw*), qu ha il terrore di qu/qc, qu ha paura di qu/qc, qu/qc spaventa qu; **mir/mich graut** (**es**) **vor dem Alleinsein**, la solitudine mi spaventa/[fa paura], ho il terrore della solitudine.

Grauen <-s, -> n **1** <nur sing> (*Entsetzen*) ~ (**vor jdm/etw**) terrore m (*di qu/qc*), orrore m (*di qu/qc*), paura f (*di qu/qc*): **von ~ gepackt sein**, essere preso/colto/assalito dal terrore; **sie war von eisigem ~ erfasst**, sentì agghiacciare (per il terrore); **ein Bild des ~s bieten** {ÜBERFLUTETES GEBIET, KRIEGSSCHAUPLATZ, UNFALLSTELLE}, offrire uno spettacolo terrificante/agghiacciante **2** (*grauenhaftes Ereignis*) orrore m: **die ~ des Krieges im ehemaligen Jugoslawien**, gli orrori della guerra nella ex Jugoslavia ● **~ erregend** → **grauenerregend**.

grauenerregend adj {ANBLICK, SZENE} orribile, raccapricciante, che suscita/desta orrore, terrificante, agghiacciante.

grauenhaft, grauenvoll A adj **1** (*entsetzlich*) {ERDBEBEN, ÜBERSCHWEMMUNG, UNFALL} orribile, spaventoso, terribile; {VERBRECHEN} *auch* mostruoso **2** *fam* (*sehr stark*) {HITZE, KÄLTE, SCHMERZEN} orribile, tremendo, terribile: **ich habe eine ~e Angst**, ho una paura tremenda *fam* **3** *fam* (*sehr schlecht*) {SPIEL, WETTER} orrendo, terribile, orribile B adv **1** (*entsetzlich*) {QUÄLEN} terribilmente, orrendamente, in modo mostruoso/orribile, orribilmente; {SCHMERZEN, WEHTUN} terribilmente, tremendamente: **das tut ~ weh**, fa un male cane *fam* **2** *fam* (*verstärkend*) terribilmente *fam*: **ein ~ langweiliger Film**, un film terribilmente noioso.

Graufuchs m *zoo* volpe f grigia.

Graugans f *ornith* oca f selvatica/cenerina.

graugestreift adj → **gestreift**.

graugrün adj {AUGEN} grigioverde.

grauhaarig adj {MANN} dai/[con i] capelli grigi.

graulen *fam* A tr (*hinausekeln*) **jdn aus etw** (dat) ~ far andare via *qu da qc*, cacciare *qu da qc*: **sie versuchte, mich mit allen Mitteln aus dem Haus zu ~**, cerca con tutti i mezzi di ₁farmi andare via da₁/[cacciarmi di] casa B rfl (*Angst haben*) **sich vor jdm/etw ~** avere paura *di qu/qc*, temere *qu/qc* C unpers: **jdm/jdn grault** (**es**) (*vor jdm/etw*), qu ha paura di qu/qc, qu/qc spaventa qu; **mir/mich grault** (**es**) **vor der langen Reise**, questo lungo viaggio mi spaventa; **allein bei dem Gedanken daran grault es mir/mich**, il solo pensiero mi ₁fa inorridire₁/[spaventa].

gräulich adj **1** (*ins Graue spielend*) grigiastro **2** (*scheußlich*) orribile, tremendo.

graumeliert adj → **meliert**.

Graupe <-, -n> f <meist pl> orzo m (mondato).

Graupel <-, -n> f <meist pl> *meteo* gragnola f.

Graupelregen m *meteo* pioggia f mista a grandine.

Graupelschauer m *meteo* (rovescio m di) gragnola f *meteo*, grandinata f.

Graupensuppe f *gastr* minestra f d'orzo.

Graus <-es, ohne pl> m *fam obs*: **etw ist jdm ein ~**, qc è ₁un incubo per₁/[l'incubo di] qu; **es ist** (**schon**) **ein ~ mit ihm/ihr!**, è un bel guaio con lui/lei!; **o ~!, che paura!, o Dio!**

grausam A adj **1** (*kaltblütig*) {MENSCH} crudele, spietato, feroce: **~ zu jdm**₁/[gegenüber jdm] **sein**, essere crudele con/[nei confronti di] qu **2** (*brutal*) {BARBAREI, BEHANDLUNG, FOLTER, RACHE} crudele, terribile, atroce; {VERBRECHEN} *auch* spietato, feroce, efferato **3** (*furchtbar*) {GESCHICK, LOS, SCHICKSAL} crudele, terribile; {ENTTÄUSCHUNG, SCHMERZEN} atroce, terribile **4** *fam* (*unangenehm*) {KÄLTE} terribile; {HITZE} *auch* atroce B adv **1** (*brutal*) {BESTRAFEN, FOLTERN, MISSHANDELN, QUÄLEN, SICH RÄCHEN} crudelmente, in modo crudele/atroce, con crudeltà **2** (*verstärkend*): **sich ~ langweilen**, annoiarsi ₁a morte₁/[terribilmente]; **~ frieren**, avere un freddo tremendo *fam*/*cane fam*.

Grausamkeit <-, -en> f **1** <nur sing> (*Kaltblütigkeit*) {+MENSCH} crudeltà f, ferocia f, spietatezza f, efferatezza f **2** <nur sing> (*grausame Art*) {+FOLTER, HINRICHTUNGSART} crudeltà f, atrocità f; {+MORD, VERBRECHEN} *auch* ferocia f, efferatezza f **3** <meist pl> (*grausame Tat*) crudeltà f, atrocità f, efferatezza f ● **seelische ~**, crudeltà psicologica.

Grauschimmel m *zoo* leardo m, cavallo m storno.

Grauschleier m: **einen ~ haben** {WÄSCHE}, avere un alone grigio.

grausen A rfl **sich** (*vor jdm/etw*) ~ provare orrore/raccapriccio (*per qu/qc*): **ich grause mich vor Spinnen**, i ragni mi fanno rabbrividire/inorridire B unpers: **jdm/jdn graust** (**es**) (*vor jdm/etw*), qu/qc fa inorridire qu; **vor diesem Kerl graust** (**es**) **mir/mich**, quel tipo mi fa inorridire/[accapponare la pelle].

Grausen <-s, ohne pl> n orrore m ● **jdm kommt das kalte ~** *fam*: **mir kommt das kalte ~, wenn ich daran denke, wie viel Arbeit im Büro auf mich wartet**, al solo pensiero di tutto il lavoro che mi aspetta in ufficio mi ₁sento rabbrividire₁/[vengono i brividi]; **das große/kalte ~ kriegen** *fam*, rabbrividire (d'orrore); **hört endlich auf mit euren Gespenstergeschichten, da kann man ja das große ~ kriegen**, la volete smettere una buona volta con queste storie di fantasmi? Fanno venire la pelle d'oca.

grausig A adj **1** (*grauenvoll, entsetzlich*) {ANBLICK, ENTDECKUNG} orribile, raccapricciante; {VERBRECHEN} *auch* orrendo, atroce, feroce **2** *fam* (*furchtbar*) {HUSTEN, KÄLTE} terribile, tremendo B adv *fam* (*verstärkend*: *überaus*): **sie hat sich ~ erkältet**, ha preso un fortissimo raffreddore; **hier riecht es ja ~**, qui c'è un odore disgustoso/terribile.

Grauspecht m *ornith* picchio m cinerino.

Graustufe f *inform TV* tonalità f di grigio.

Grauzone f ambito m ai margini della legalità: **in einer ~ operieren**, muoversi ai margini della legalità.

Graveur <-s, -e> m (**Graveurin** f) incisore m.

Gravieranstalt f laboratorio m d'incisione.

Gravierarbeit f **1** (*das Gravieren*) lavoro m d'incisione **2** (*gravierter Gegenstand*) incisione f.

gravieren <ohne ge-> tr **1** (*mit einer Gravur versehen*) **etw ~** {BESTECK, MEDAILLON, RING} incidere qc **2** (*ein~*) **etw in etw** (akk) ~ {INITIALEN, NAMEN, ORNAMENT, SCHRIFT IN GLAS, METALL} incidere qc *su/in qc*.

gravierend adj *geh* {FEHLER, IRRTUM, VERLUST} grave; {PROBLEM} serio.

Gravierung <-, -en> f **1** (*das Gravieren*) lavoro m d'incisione **2** (*Eingraviertes*) incisione f.

Gravis <-, -> m *ling* accento m grave.

Gravitation <-, *ohne pl*> f *phys* gravitazione f.

Gravitationsfeld n *phys* campo m gravitazionale.

Gravitationsgesetz n *phys* legge f di gravitazione universale.

Gravitationskraft f *phys* forza f gravitazionale.

gravitätisch A *adj* {ERNST, MIENE} grave, solenne B *adv* {EINHERGEHEN, SCHREITEN} gravemente, solennemente.

Gravur <-, -en> f incisione f.

Graz <-' *oder obs Grazens, ohne pl*> n *geog* Graz f.

Grazie ① <-, *ohne pl*> f (*Anmut*) {+TÄNZERIN} grazia f, leggiadria f ● **sich mit ~ aus der Affäre ziehen**, togliersi molto elegantemente dai pasticci; **sich mit ~ bewegen**, muoversi con grazia/garbo.

Grazie ② <-, -n> f *scherz oder iron* (*junges Mädchen*) graziosa fanciulla f ● **die drei ~n** *myth*, le tre Grazie; **und hier kommen die drei ~n** *fam scherz*, ecco che arrivano le tre grazie.

grazil *adj geh* {MÄDCHEN} gracile.

graziös A *adj* {BEWEGUNG, GESICHT} grazioso, leggiadro, aggraziato: **sie ist sehr ~**, è molto graziosa B *adv* {SICH BEWEGEN} con grazia/garbo, in modo aggraziato.

Gräzismus <-, *Gräzismen*> m *ling* grecismo m.

Gräzist <-en, -en> m (**Gräzistin** f) grecista mf; (*Kulturforscher*) ellenista mf.

Gräzistik <-, *ohne pl*> f *ling* lingua f e letteratura f greca antica/classica.

Gräzistin f → **Gräzist**.

Greenhorn <-s, -s> n novellino m.

Greenwicher <inv> *adj*: **~ Zeit**, ora di Greenwich.

Gregor m (*Vorname*) Gregorio.

gregorianisch *adj* gregoriano: **~er Gesang**, canto gregoriano.

Greif <-(e)s *oder* -en, -e *oder* -en> m *myth*: **der** (**Vogel**) **~**, il grifone.

Greifarm m *tech* braccio m prensile.

Greifbagger m *tech* escavatore m a benna mordente.

greifbar *adj* **1** <präd> (*verfügbar*) {ARTIKEL, ERSATZTEIL, GELD} disponibile: **ich hätte gerne mit meinem Vorgesetzten gesprochen, aber er war im Moment nicht ~**, avrei voluto parlare con il mio superiore, ma al momento non era reperibile **2** (*konkret*) {BEWEIS, ERFOLG, VORTEIL} tangibile, concreto: **seine Pläne nahmen ~e Formen an**, i suoi progetti ₁si stavano concretizzando₁/[stavano assumendo forma concreta] ● **etw ~ haben**, **etw in ~er Nähe haben** {DOKUMENTE, GEGENSTAND, UNTERLAGEN}, avere qc a portata di mano; **~ nahe sein**, essere vicinissimo; **die Berge sind ~ nahe**, le montagne sono così vicine che sembra di toccarle *fam*; **in ~e Nähe rücken** {TERMIN}, avvicinarsi; **die Wahlen sind in ~e Nähe gerückt**, le elezioni sono dietro l'angolo; **der Sieg ist für Bayern München in ~e Nähe gerückt**, il Bayern Monaco è ormai a un passo dalla vittoria.

greifen <greift, griff, gegriffen> A *tr* **1** *fam* (*nehmen*) **etw** (**mit etw** *dat*) ~ {MESSER, STEIN, MIT DER HAND, DER ZANGE} prendere qc (con qc) (con qc) **2** (*fangen*) **jdn/etw ~** {DIEB, EINBRECHER, ENTLAUFENES TIER} prendere qu/qc, acciuffare qu/qc, acciuffare qu B *itr* **1** *geh* (*etw in bestimmter Absicht ergreifen*) **zu etw** (*dat*) ~ {ZU EINEM BUCH, ZUM HAMMER, ZUR ZIGARETTE} prendere qc: **er greift gern zur Flasche**, gli piace bere, si attacca spesso e volentieri alla bottiglia; **zur Feder ~**, prendere (in mano) la penna; **zur Pistole ~**, afferrare la pistola; **in meiner Freizeit greife ich gern zum Pinsel**, nel tempo libero mi piace dipingere **2** *meist pej* (*einsetzen*) **zu etw** (*dat*) ~ {ZU DUBIOSEN METHODEN, UNFAIREN MITTELN} ricorrere *a qc*, fare ₁uso *di qc*₁/[ricorso *a qc*] **3** (*etw ergreifen*) **nach etw** (*dat*) ~ (*allungare la mano per*) prendere/afferrare *qc*: **er griff nach seinem Hut**, prese/afferrò il cappello; **das Kind griff weinend nach der Hand der Mutter**, piangendo il bambino afferrò la mano della madre; **nach der Macht ~**, cercare di prendere il potere **4** (*die Hand ausstrecken, fassen*) **irgendwohin ~**: **der Dieb griff in die Tasche der alten Dame**, il ladro mise/infilò la mano nella borsa dell'anziana signora; **wenn Sie sich diesen Wagen kaufen wollen, müssen Sie aber tief in die Geldbörse/Tasche ~**, se vuole acquistare questa automobile deve ₁tirare fuori molti soldi₁/[scucire parecchio] *fam* **5** (*sich ausbreiten*) **um sich ~** {BRAND, EPIDEMIE, SEUCHE}, propagarsi/espandersi a macchia d'olio **6** (*ein Instrument spielen*) **in die Saiten ~**, pizzicare le corde; **in die Tasten ~**, suonare il pianoforte **7** (*festen Griff haben*) {RAD} fare presa, aderire; {ZAHNRAD} ingranare **8** (*wirksam werden*) {GESETZ, METHODEN} essere efficace, avere successo C *rfl fam* (*sich etw nehmen*) **sich** (*dat*) **etw ~** {EIN GUTES BUCH, EIN STÜCK KUCHEN, EINE TASSE KAFFEE, DIE ZEITUNG} prendersi *qc*, pigliarsi *qc fam* ● **zum Greifen nah(e) sein**, essere vicinissimo.

greifend *adj*: **weit ~** {IDEEN}, di ampio respiro; {PLÄNE, VERÄNDERUNGEN}, di ampia portata; **tief ~** {DISKUSSION, GEDANKEN} profondo, che va in profondità; {VERÄNDERUNG} profondo, radicale.

Greifer <-s, -> m *tech* benna f mordente.

Greifvogel m *ornith* (uccello m) rapace m.

Greifzange f *tech* pinza f.

greinen *itr fam pej* **1** (*weinen*) piagnucolare, frignare **2** (*jammern*) lamentarsi, lagnarsi.

greis *adj meist* <attr> *geh* (molto) anziano/vecchio.

Greis <-es, -e> m (**Greisin** f) anziano (-a) m (f), vecchio (-a) m (f) *lit*, vegliardo (-a) m (f) *lit*.

Greisenalter n senilità f, età f senile *lit*, vecchiaia f.

greisenhaft *adj* {ÄUßERES, ERSCHEINUNGSBILD} senile.

Greisenstimme f voce f senile.

Greisin f → **Greis**.

Greißler <-s, -> m A bottegaio m *fam*, alimentarista m.

grell A *adj* **1** (*sehr hell*) {BELEUCHTUNG, LAMPE, SCHEINWERFER, SONNE} abbagliante, accecante; {LICHT} *auch* violento **2** (*schrill*) {SCHREI, STIMME, TON} stridulo, acuto **3** (*sehr intensiv*) {GELB, GRÜN, ORANGE} squillante, chiassoso: **ein ~es Rot**, un rosso sgargiante B *adv* **1** (*schrill*): **~ klingen/tönen**, avere un suono stridulo/acuto **2** (*sehr hell*): **~ leuchten**, mandare una luce abbagliante.

grellbeleuchtet *adj* → **beleuchtet**.

Grelle <-, *ohne pl*> f **1** (*blendende Helligkeit*) {+LAMPE, NEONRÖHRE} luce f accecante/abbagliante; {+SCHEINWERFER, SONNE} *auch* bagliore m **2** (*Schrillheit*) {+SCHREI, STIMME, TON} acutezza f **3** (*große Intensität*) {+GRÜN, ROT} violenza f.

grellgelb A *adj* {AUTO, BLUSE, PULLOVER} giallo squillante/chiassoso B *adv* {ANMALEN, LACKIEREN} con/di un giallo squillante/chiassoso.

Grellheit <-, *ohne pl*> f → **Grelle**.

grellrot A *adj* {MUND, LIPPENSTIFT} rosso sgargiante/chiassoso B *adv* {ANMALEN, LACKIEREN, SCHMINKEN} di/con un rosso sgargiante/chiassoso.

Gremienarbeit f lavoro m di una commissione/un comitato.

Gremium <-s, *Gremien*> n commissione f, comitato m: **ein ~ bilden**, formare/istituire una commissione; **in einem ~ mitwirken**, far parte di una commissione/un comitato.

Grenada <-s, *ohne pl*> n *geog* Grenada f.

Grenzabfertigung f disbrigo m/espletamento m delle formalità doganali.

Grenzbahnhof m stazione f (ferroviaria) di frontiera/confine.

Grenzbaum m sbarra f (di confine).

Grenzbeamte m <dekl wie adj> m (**Grenzbeamtin** f) doganiere m; (*in Italien*) *auch* (agente mf della) guardia f di finanza.

Grenzbefestigung f installazioni f pl di difesa dei confini.

Grenzbehörde f <meist pl> autorità f di frontiera.

Grenzbelastung f *tech* {+KONSTRUKTION} carico m limite; {+MATERIAL} carico m massimo.

Grenzbereich m **1** (*Umkreis der Grenze*) area f/zona f di confine/frontiera **2** (*Bereich zwischen zwei Fachgebieten*) (area f di) confine m: **ein Thema, das im ~ zwischen Literatur und Psychologie liegt**, un argomento al confine tra letteratura e psicologia **3** (*äußerste Grenze*): **im ~ liegen** {WERT} essere al limite.

Grenzbewohner m (**Grenzbewohnerin** f) abitante mf di una zona di confine/frontiera.

Grenzbezirk m distretto m di frontiera.

Grenze <-, -n> f **1** (*Landesgrenze*) confine m, frontiera f: **geographische/politische ~n**, confini geografici/politici; **die ~ befestigen**, **rendere sicuri i confini**; **die ~ erreichen**, raggiungere la frontiera/il confine; **über die ~ fahren/gehen**, passare il confine/la frontiera, andare oltre confine; **die ~ verläuft durch den See**, il confine passa attraverso il lago; **an der ~ zwischen Deutschland und der Schweiz**, ₁al confine₁/[alla frontiera] tra (la) Germania e (la) Svizzera **2** (*private Trennlinie*) {+FLURSTÜCK, GRUNDSTÜCK} confine m, limite m **3** (*natürliche Abgrenzung*) confine m: **die Oder bildet eine natürliche ~ zwischen Deutschland und Polen**, l'Oder costituisce un confine naturale tra la Germania e la Polonia **4** (*Abgrenzung*) confine m: **die ~ zwischen ₁Leben und Tod₁/[Kunst und Kitsch]**, il confine tra ₁la vita e la morte₁/[l'arte e il kitsch]; **die ~ zwischen Gut und Böse**, il confine fra il bene e il male **5** <meist pl> (*äußerstes Maß*) limite m: **alles hat seine ~n**, tutto/[ogni cosa] ha un limite, c'è un limite a tutto; **auch meine Geduld hat ~n**, anche la mia pazienza ha un limite; **die ~ einer S.** (gen) {DES ERLAUBTEN, MACHBAREN, THEORETISCH DENKBAREN}, il limite di qc; **die ~ des Möglichen überschreiten** *geh*, oltrepassare/superare il limite, andare oltre ● **jdm/etw sind (enge) ~n gesetzt**: **in diesem Fall sind meinen Möglichkeiten enge ~n gesetzt**, in questo caso le mie possibilità sono molto limitate; **seiner Großzügigkeit sind keine ~n gesetzt**, la sua generosità non ha limiti; **die grüne/Grüne ~** (*nicht bewachtes Grenzgebiet*), zona di confine/frontiera non controllata; **über die grüne ~ gehen**, immigrare/[passare il confine] clandestinamente; **sich in ~n halten** scherz (nicht übermäßig groß sein) {BEGEISTERUNG, FREUDE, KOSTENSTEIGERUNG}, essere contenuto; **seine Freude über den unerwarteten Besuch der Verwandten hielt sich in ~n**, non è che abbia fatto salti di gioia per la visita inaspettata dei parenti; **seine schulischen Leistungen halten sich in ~n**, non è che il suo rendimento scolastico sia proprio il massimo; **keine ~n kennen** {BEGEISTERUNG, JUBEL}, non avere/conoscere limiti; **ihr Ehrgeiz kennt keine ~n**, la sua ambizione non ha limiti [è smodata]; **seine ~n kennen**, conoscere i propri limiti; **die nasse ~** (Grenzfluss), il fiume di confine; **die oberste ~**, il limite massimo; {KOSTEN, STEUERN} il tetto (massimo); **die ~n öffnen/schließen**, aprire/chiudere le frontiere; **die ~ passieren/überschreiten**, passare/varcare il confine/la frontiera; **wir haben die italienische ~ am Brenner passiert**, abbiamo passato il confine italiano/la frontiera italiana al Brennero; **feindliche Truppen haben die ~ nach Bosnien überschritten**, truppe nemiche hanno sconfinato in Bosnia; **jdm/etw ~n setzen**, porre dei limiti a qu/qc; **sich (dat) ~n setzen**, darsi/porsi dei limiti.

grenzen itr **an etw** (akk) **~ 1** (angrenzen) {GRUNDSTÜCK, LAND} confinare con qc: **im Westen grenzt Deutschland an Frankreich**, a ovest la Germania confina con la Francia; **unser Garten grenzt an den meines Onkels**, il nostro giardino confina con quello di mio zio **2** (beinahe sein) {AUFRUF, AUSSAGE, FORDERUNG AN DUMMHEIT, ERPRESSUNG, FRECHHEIT, ANS LÄCHERLICHE} rasentare qc, sfiorare qc: **das grenzt an ein Wunder**, questo ha del miracoloso.

grenzenlos A adj **1** (unbegrenzt) {EBENE, FLÄCHE, LAND, WEITE} sconfinato, senza confini, immenso, sterminato; {UNIVERSUM} auch smisurato **2** (bedingungslos) {FREIHEIT, VERTRAUEN} illimitato, sconfinato, senza limiti; {LIEBE} smisurato, sconfinato, senza limiti **3** (maßlos) {ANGST, DUMMHEIT, EINSAMKEIT, EKEL, LEID, VERACHTUNG} immenso; {EHRGEIZ, HASS} auch smisurato, senza limiti: **sie hat eine ~e Geduld**, la sua pazienza non ha limiti B adv **1** (uneingeschränkt) {BEGEISTERT SEIN} immensamente; {BEWUNDERN} smisuratamente: **jdn ~ lieben**, avere un amore sconfinato per qu **2** (maßlos) {HASSEN} smisuratamente, in modo smisurato; {EITEL, NAIV, VERTRAUENSSELIG} immensamente: **sie ist ~ dumm**, la sua stupidità non ha limiti; **nicht ~ Zeit haben**, non avere tempo all'infinito.

Grenzenlosigkeit f, ohne pl> f **1** (ungeheure Weite) {+AUSDEHNUNG, EBENE, FLÄCHE, LAND} immensità f, illimitatezza f; {+HIMMEL, UNIVERSUM} auch infinità f **2** (Maßlosigkeit) {+DUMMHEIT, LEID} immensità f; {+EHRGEIZ, HASS} auch smisuratezza f.

Grenzer <-s, -> m (**Grenzerin** f) fam **1** (Grenzposten) doganiere m; (in Italien) auch guardia f di finanza **2** (Grenzbewohner) abitante mf di una zona di frontiera.

Grenzerfahrung f esperienza f estrema/al limite.

Grenzfall m caso m limite.

Grenzfluss (a.R. Grenzfluß) m fiume m di confine.

Grenzgänger <-s, -> m (**Grenzgängerin** f) frontaliere (-a) m (f) ● **illegaler ~**, immigrato clandestino.

Grenzgebiet n **1** (an einer Landesgrenze liegendes Gebiet) zona f di confine/frontiera **2** (zu mehreren Disziplinen gehörendes Sachgebiet) materia f interdisciplinare.

Grenzgewässer n acque f pl di confine.

Grenzkonflikt m pol conflitto m di confine.

Grenzkontrolle f controllo m alla frontiera.

Grenzland n **1** (Land an der Grenze) paese m confinante/confinario **2** (Grenzgebiet) regione f/zona f di frontiera/confine.

Grenzlinie f **1** obs (Grenze) linea f di confine/frontiera **2** sport (Linie des Spielfelds) limite m (del campo).

grenznah adj {BEVÖLKERUNG} confinario; {BEREICH, DORF, GEBIET} (situato) vicino al confine/alla frontiera.

Grenzpolizei f polizia f di frontiera/confine/[confinaria].

Grenzposten m guardia f di confine/frontiera/[confinaria].

Grenzschutz m **1** (Sicherung der Grenze) protezione f/difesa f del confine/[della frontiera] **2** fam (Bundesgrenzschutz) guardie f pl confinarie, polizia f di confine.

Grenzsicherungsanlage f mil struttura f pl a difesa dei confini.

Grenzsituation f geh situazione f limite.

Grenzstadt f città f di frontiera/confine.

Grenzstein m pietra f/cippo m di confine/[confinario].

Grenzstreit m, **Grenzstreitigkeit** f controversia f per i/[sui] confini.

Grenzübergang m **1** (Ort) valico m di frontiera **2** (Überschreiten einer Grenze) passaggio m/attraversamento m del confine.

grenzüberschreitend adj <attr> geh adm {HANDEL, VERKEHR} transnazionale, transfrontaliero.

Grenzüberschreitung f **1** (Überschreitung einer Staatsgrenze) attraversamento m del confine/[della frontiera] **2** (Überschreitung einer Kompetenz) sconfinamento m; (einer Rechtsgrenze) trasgressione f, eccesso m.

Grenzverkehr m traffico m di frontiera/confine.

Grenzverlauf m tracciato m di confine.

Grenzverletzung f violazione f di confine.

Grenzwert m **1** (äußerster Wert, der nicht überschritten werden darf) {+LUFTVERSCHMUTZUNG, OZONGEHALT, RADIOAKTIVITÄT} valore m limite **2** math limite m.

grenzwertig adj al limite.

Grenzzwischenfall m incidente m di frontiera/confine.

Gretchenfrage <-, ohne pl> f domanda f fatidica: **jdm die ~ stellen**, fare/porre a qu la domanda fatidica/[da cento punti] fam.

Gretchenfrisur f "trecce f pl raccolte a corona intorno alla testa".

Greuel a.R. von Gräuel → **Gräuel**.

Greuelgeschichte a.R. von Gräuelgeschichte → **Gräuelgeschichte**.

Greuelmärchen a.R. von Gräuelmärchen → **Gräuelgeschichte**.

Greuelszene a.R. von Gräuelszene → **Gräuelszene**.

Greueltat a.R. von Gräueltat → **Gräueltat**.

greulich a.R. von gräulich → **gräulich 2**.

Griebe <-, -n> f <meist pl> gastr cicciolo m.

Griebenschmalz n gastr strutto m con ciccioli.

Grieche <-n, -n> m (**Griechin** f) greco (-a) m (f).

Griechenland n geog Grecia f.

Griechin f → **Grieche**.

griechisch adj {ALPHABET, BÜRGER, GESCHICHTE, KULTUR, LITERATUR, TEMPEL, VASE} greco.

Griechisch <-(s), ohne pl> n, **Griechische** <dekl wie adj> n <nur sing> greco m, lingua f greca: **sie unterrichtet Griechisch an einem humanistischen Gymnasium**, insegna greco in un liceo classico; **morgen haben wir zwei Stunden ~**, domani abbiamo due ore di greco; **aus dem Griechischen ins Deutsche übersetzen**, tradurre dal greco in tedesco; → auch **Deutsch**, **Deutsche**②.

griechisch-orthodox A adj {KIRCHE, MÖNCH, RITUS} greco-ortodosso B adv: **griechisch-orthodox heiraten**, sposarsi con il rito greco-ortodosso.

griechisch-römisch adj sport: **Ringen im griechisch-römischen Stil**, lotta greco-romana.

grienen itr norddt fam → **grinsen**.

Griesgram <-(e)s, -e> m pej musone m fam, scorbutico m.

griesgrämig adj {MENSCH} scorbutico, scontroso: **warum machst du denn so ein ~es Gesicht?**, perché sei così ingrugnato (-a)? fam.

Grieß <-es, ohne pl> m gastr semolino m.

Grießbrei m gastr semolino m.

Grießkloß m gastr gnocco m di semolino (per minestra).

Grießpudding m gastr budino m di semolino.

Grießsuppe f gastr minestra f di semolino.

griff 1. und 3. pers sing imperf von greifen.

Griff① <-(e)s, -e> m **1** (das Greifen) **~ in etw** (akk): **beim ~ in die Manteltasche merkte sie, dass man ihr die Geldbörse gestohlen hatte**, infilando/mettendo la mano nella tasca del cappotto si accorse che le era stato rubato il portafoglio **2** (Handgriff) presa f: **mit wenigen geübten ~en brachte er das Motorrad wieder in Gang**, con pochi abili gesti riuscì a far ripartire la moto; **das Geschirr kannst du mir überlassen, das mache ich mit einem ~**, i piatti li puoi lasciare a me, li faccio in quattr'e quattr'otto/[un baleno]; sport (im Judo, Ringen) presa f **3** (das Zurückgreifen) **~ zu etw** (dat) {ZU ILLEGALEN METHODEN, UNLAUTEREN MITTELN} ricorso m a qc; {ZU DROGEN} uso m di qc: **der ~ zu Beruhigungstabletten/[zur Flasche] ist für sie zur Gewohnheit geworden**, l'uso di tranquillanti/[attaccarsi alla bottiglia] per lei è diventata un'abitudine **4** mus (Fingerstellung) diteggiatura f; fam (Akkord) accordo m **5** (Gewebebeschaffenheit) tatto m, tocco m: **dieser Wollstoff hat einen weichen ~**, questa lana è morbida al tatto ● **einen ~ ansetzen** sport, fare una presa; **etw in den ~ bekommen/kriegen** fam, venire a capo di qc; **mit eisernem ~**, con il pugno di ferro; **mit jdm/etw einen guten ~ getan haben**, aver fatto un bel colpo fam/[buon acquisto fam] con qu/qc; **jdn/etw im ~ haben** {GEGNER, LAGE, SITUATION}, avere in pugno/mano qu/qc, avere sotto controllo qu/qc; **einen ~ in die Kasse tun** fam (Geld stehlen), rubare dei soldi dalla cassa.

Griff② <-(e)s, -e> m **1** (Klinke) {+FENSTER, TÜR} maniglia f **2** (Knauf) pomo m **3** (Haltegriff) {+AKTENTASCHE, KOFFER, MESSER, SCHIRM, STOCK} manico m; {+DEGEN, REVOLVER} impugnatura f.

griffbereit adj {DOKUMENT, JACKE, MANTEL, WAFFE} a portata di mano ● **etw ~ haben**, avere qc a portata di mano; **etw ~ neben sich legen**, mettere qc a portata di mano; **etw ~ liegen**, essere/stare/trovarsi a portata di mano.

Griffbrett n mus {+SAITENINSTRUMENT} tastiera f (di strumenti a corda).

Griffel <-s, -> m **1** (Schreibstift für Schiefertafeln) gessetto m **2** bot stilo m **3** <meist pl>

fam (*Finger*) dito *m*: **nimm deine ~ da weg!**, leva/via le zampe!

griffig *adj* **1** (*handlich*) {BOHRMASCHINE, HAMMER} maneggevole **2** (*gut greifend*) {REIFEN} che ha una buona aderenza **3** (*Widerstand bietend*) {BODEN, FAHRBAHN, SCHNEE, UNTERGRUND} che ha una buona aderenza **4** (*eingängig*) {AUSDRUCK, FORMULIERUNG, SCHLAGWORT} di facile presa **5** (*fest gewebt*) {STOFF} resistente.

Griffloch *n mus* foro *m* (di strumenti da fiato).

Grill <-s, -s> *m* **1** (*Gerät zum Rösten von Fleisch, Fisch*) griglia f, grill m; (*Holzkohlengrill*) barbecue m: **Steak vom ~**, bistecca ⌊alla griglia/brace⌋/[ai ferri] **2** (*~rost*) griglia f, graticola f, gratella f **3** (*Kühlergrill*) griglia f (del radiatore).

Grille <-, -n> f **1** *zoo* grillo *m*: **die ~n zirpen**, i grilli fanno cri cri **2** *obs* (*Laune*) capriccio m, grilli m pl • **jdm die ~n austreiben** *fam*, togliere a qu i grilli dal capo fam; **nichts als ~n im Kopf haben**, avere solamente grilli per la testa *fam*.

grillen A *tr etw ~* {FISCH, FLEISCH, WÜRSTCHEN} grigliare *qc*, arrostire *qc*, cuocere *qc* ⌊sulla griglia⌋/[sul grill], fare *qc* ai ferri B *itr* fare un barbecue/una grigliata: **wenn das Wetter schön bleibt, wollen wir am Wochenende im Garten ~**, se il tempo resta bello, questo fine settimana vogliamo fare un barbecue in giardino.

Grillfisch *m gastr* pesce *m* alla griglia.

Grillgerät *n* grill *m*; (*Holzkohlengrill*) barbecue *m*.

Grillgericht *n gastr* grigliata f.

Grillhähnchen *n gastr* pollo *m* alla griglia.

Grillkohle f carbone *m* per barbecue; (*in kleinen Stücken*) carbonella f.

Grillparty f (party *m* con) barbecue *m*.

Grillplatz *m* piazzola f per grigliate/barbecue.

Grillrestaurant *n* grillroom m, grill m.

Grillrost *n* griglia f, gratella f, graticola f, grill m.

Grillspieß *m* **1** *gastr* spiedo m/spiedino m (di carne alla griglia) **2** (*Grillutensil*) spiedo m.

Grillwürstchen *n* salsiccia f ⌊alla griglia⌋/[ai ferri].

Grimasse <-, -n> f (*aus Ekel, Leid*) smorfia f; (*aus Spaß*) *auch* boccaccia f, versaccio m: **(alberne) ~n machen/schneiden/ziehen**, fare ⌊le boccacce/smorfie⌋/[i versacci].

Grimassenschneider *m* (**Grimassenschneiderin** f) chi fa versacci/smorfie/boccacce.

Grimm <-(e)s, ohne pl> *m geh obs* (*Zorn*) furore m; (*verhaltene Wut*) acredine f. livore m: **voller ~ auf jdn sein**, nutrire un forte astio verso qu.

grimmig A *adj* **1** (*zornig*) {BLICK} pieno di astio, livido; {MENSCH, STIMME} astioso: **ein ~es Gesicht machen**, fare la faccia truce **2** *geh* (*Furcht erregend*) {LÖWE} feroce **3** (*sehr groß*) {FROST, HUNGER, KÄLTE, WINTER} atroce, terribile B *adv*: **~ dreinschauen**, fare la faccia truce.

Grind <-(e)s, -e> *m* **1** *fam* tigna f **2** (*Schorf*) crosta f.

grinsen *itr* ghignare: **er grinste höhnisch**, sogghignava.

Grinsen <-s, ohne pl> *n* ghigno *m*: **ein schadenfrohes ~**, un ghigno perfido.

grippal *adj* <attr> *geh* (*ERKRANKUNG, INFEKT*) influenzale.

Grippe <-, ohne pl> f **1** *med* (*Viruskrankheit*) influenza f, grippe f: **sich gegen ~ impfen lassen**, ⌊farsi vaccinare⌋/[vaccinarsi] contro l'influenza **2** *fam* (*Erkältung*) influenza f, raffreddore m • **mit ~ im Bett liegen**, stare a letto con l'influenza; **die/eine ~ haben**, avere l'influenza, essere influenzato.

Grippeepidemie f epidemia f influenzale/[d'influenza].

Grippeimpfstoff *m med* vaccino *m* antinfluenzale/[contro l'influenza].

Grippeimpfung f *med* → **Grippeschutzimpfung**.

Grippemittel *n* antinfluenzale *m*.

Grippeschutzimpfung f *med* vaccinazione f antinfluenzale/[contro l'influenza].

Grippevirus *n oder m* virus *m* ⌊dell'influenza⌋/[influenzale].

Grippewelle f ondata f d'influenza.

Grips <-es, ohne pl> *m fam* cervello *m*, testa f • **seinen ~ anstrengen**, spremersi le meningi; **nicht viel ~ (im Kopf) haben**, non avere molto sale in zucca *fam*.

Grislibär (a.R. **Grislybär**), **Grizzlybär** *m zoo* grizzly *m*.

groß <*größer, größte*> A *adj* **1** (*nicht fein*) {KIES, SAND} grosso; {ZUCKER} non raffinato: **den größten Schmutz habe ich schon weggeputzt**, ho, già tolto il grosso *fam* **2** (*rau*) {LEINEN} grezzo, ruvido **3** (*derb*) {GESICHT, GESICHTSZÜGE, HÄNDE} grossolano, rozzo; {SPAß, WORTE} grossolano, pesante, villano **4** *pej* (*barsch, unhöflich*) {AUFTRETEN, BENEHMEN, MANIEREN} grezzo, rozzo, rude, grossolano; {MENSCH} *auch* zotico: **eine ~e Antwort**, una risposta sgarbata; **sei doch nicht so ~!**, non essere così rude! **5** <*meist attr*> (*schlimm*) {FAHRLÄSSIGKEIT, IRRTUM, VERSTOß} grave; {LÜGE} grosso; {FEHLER} *auch* grossolano, madornale, macroscopico: **~e Beleidigung**, offesa pesante **6** <*attr*> (*ungefähr*) {ERKLÄRUNG, ÜBERBLICK, UMRISSE} approssimativo, sommario: **etw in ~en Zügen beschreiben**, descrivere *qc* ⌊a grandi capi⌋/[a grandi linee] B *adv* **1** (*nicht fein*): **Mandeln ~ hacken**, tagliare le mandorle a pezzetti **2** (*in etwa*) {ERKLÄREN, UMREIßEN} per sommi capi, sommariamente, a grandi linee, approssimativamente: **~ gerechnet/geschätzt**, grossomodo, all'incirca **3** (*barsch, unhöflich*) {ANTWORTEN, REAGIEREN} in malo modo, in modo rozzo/brusco **4** (*unsanft*) {ANFASSEN, BEHANDELN} in modo rude, rudemente • **das Gröbste**, il grosso *fam*; **jdn ~ anfahren**, sgridare qu duramente; **~ fahrlässig handeln** *jur*, agire con colpa grave; **aus dem Gröbsten heraus sein** *fam*, aver passato/superato il peggio/[momento critico]; **mit drei Jahren sind die Kinder schon aus dem Gröbsten heraus** *fam*, a tre anni i bambini sono già abbastanza autonomi; **jdm ~ kommen** *fam*, trattare qu in modo offensivo; **~ gegen jdn werden**, cominciare ⌊ad offendere⌋/[a trattare male] qu.

grobfaserig, **grobfasrig** *adj* {HOLZ} di fibra grossa.

grobgemahlen *adj* → **gemahlen**.

Grobheit <-, -en> f **1** <*nur sing*> (*ungeschliffene Art*) {+MENSCH} grossolanità f, rozzezza f, villania f *geh*: **er ist bekannt für seine ~**, è noto per la sua rozzezza **2** <*meist pl*> (*grobe Äußerung*) insulto m, offesa f pesante: **jdm ~en an den Kopf werfen**, prendere qu a pesci in faccia *fam*.

Grobian <-(e)s, -e> *m fam pej* buzzurro *m fam*, villano m, zotico m.

grobknochig *adj* {MENSCH} dall'ossatura grossa, dalle ossa grosse.

grobkörnig *adj* **1** {SAND} di grana grossa, grosso **2** *fot* {FILM} a grana grossa.

gröblich *geh* A *adj* <attr> {MISSACHTUNG, VERSTOß} grave B *adv* {MISSACHTEN, VERLETZEN} gravemente, in modo grave: **jdn ~ beleidigen/kränken**, offendere qu in modo grave/pesante.

grobmaschig A *adj* {NETZ} a maglie larghe; {PULLOVER} a maglia rada B *adv* {HÄKELN, STRICKEN} a maglia rada: **~ gestrickt** {PULLOVER}, lavorato a maglia rada.

grobschlächtig *adj pej* {KERL, MENSCH} grossolano, rozzo, di grana grossa.

Gröden <-s, ohne pl> *n geog* Gardena f.

Grödner <inv> *adj*: **~ Tal**, Val Gardena.

Grog <-s, -s> *m gastr* grog *m*.

groggy *adj* <*präd*> **1** *Boxen* groggy **2** *fam* (*erschöpft*) a pezzi *fam*, sfinito.

grölen *fam* A *tr etw ~* {PAROLEN, SPRUCH} gridare/urlare *qc* a squarciagola; {LIED} cantare *qc* a squarciagola B *itr* {BETRUNKENE, FUßBALLFANS} urlare, vociare *fam*, schiamazzare.

Groll <-s, ohne pl> *m geh* rancore m, astio m, risentimento m, ruggine f • **einen ~ auf jdn haben**, provare risentimento nei confronti di qu, portare astio a qu; **~ gegen jdn hegen**, serbare rancore a qu, nutrire astio verso qu.

grollen① *itr geh* (**mit**) (*jdm* (**wegen etw** gen *oder fam dat*) ~) serbare rancore *a qu* (per qc), portare astio *a qu* (per qc).

grollen② *itr* {DONNER} rimbombare, brontolare: **das Grollen des Donners**, il rombo/brontolio del tuono.

Grönland *n geog* Groenlandia f.

Grönländer <-s, -> *m* (**Grönländerin** f) groenlandese mf.

grönländisch *adj* groenlandese.

Grönlandwal *m zoo* balena f franca/boreale.

Gros <-, ohne pl> *n* grosso *m*: **das ~ des Heeres/der Touristen**, il grosso ⌊dell'esercito⌋/[dei turisti].

Groschen <-s, -> *m* **1** A *hist* (*1/100 Schilling*) Groschen *m* **2** D *fam hist* (*zehn Pfennig*) moneta f da dieci Pfennig **3** <*nur pl*> *fam* (*wenig Geld*) quattrini m pl, soldi m pl, spiccioli m pl • **endlich ist der ~ (bei ihm) gefallen** *fam*, finalmente c'è arrivato *fam*,/[l'ha capita]; **das kostet dich keinen ~**, non ti costa una lira/un centesimo; **sich (dat) ein paar ~ verdienen**, guadagnarsi qualche soldo; **diese paar ~ habe ich mir hart verdienen müssen**, queste due lire me le sono dovute sudare.

Groschenblatt *n pej* giornalaccio *m pej* da quattro soldi.

Groschenheft *n pej* romanzetto *m* da quattro soldi.

Groschenroman *m pej* romanzetto *m* da quattro soldi.

groß <*größer, größte*> A *adj* **1** (*Fläche, Höhe oder Umfang angebend*) {AUGEN, BERG, BLATT, FENSTER, FORMAT, MUND, TOPF, UMSCHLAG} grande; {AUTO, BAUM, BETRIEB, BUCH, NASE, TIER} *auch* grosso; {FELDER, GEBIET} grande, esteso, vasto: **seine Familie besitzt ~e Ländereien in Ostdeutschland**, la sua famiglia possiede vasti appezzamenti di terra nella Germania dell'Est; **wir verkaufen auch ~e Größen**, vendiamo anche misure grandi **2** (*geräumig*) {ABSTELLRAUM, LAGER, SAAL} grande: **das Zimmer ist sehr ~**, la stanza è molto grande/spaziosa; **hast du keinen größeren Koffer?**, non hai una valigia più grande/capiente? **3** (*in der Länge ausgedehnt*) {LEITER, SCHRITTE} lungo, grande: **eine ~e Entfernung**, una grande distanza **4** (*nach Maßangaben*) **: ein drei Hektar ~es Grundstück**, un terreno di tre ettari; **eine 150 m² ~e Wohnung**, un appartamento di

150 m²; **die Bücherwand ist vier mal drei Meter ~**, la libreria ₍è (grande)₎/[misura] quattro metri per tre **5 com** (*Verpackungsgrößen*) {FLASCHE, GLAS, PACKUNG, TUBE} grande: **ein ~es Bier, bitte!**, una birra grande, per favore! **6** (*hochgewachsen*) {MENSCH} grande, alto: **für ihr Alter ist die Kleine schon sehr ~**, la bambina è già molto grande/alta per la sua età; **wie ~ du geworden bist!**, come ti sei fatto (-a) grande!, come sei cresciuto (-a)!; **wie ~ bist du?**, quanto sei alto (-a)? **7** <*meist* attr> *fam* (*älter*): **mein ~er Bruder ist fünf Jahre älter als ich**, il mio fratello maggiore ha cinque anni più di me; **ich habe zwei ~e Schwestern**, ho due sorelle più grandi; **die Kleinen müssen schon um acht ins Bett, aber die Großen dürfen länger aufbleiben**, alle otto i piccoli devono essere già a letto, ma i più grandicelli possono rimanere alzati un po' di più; **unser Großer**, il nostro figlio maggiore; **unsere Große**, la nostra figlia maggiore **8** *fam* (*erwachsen*) grande, adulto: **wenn ich ~ bin, will ich Rennfahrer werden**, da grande voglio fare il pilota automobilistico; **die Großen haben immer was zu meckern**, i grandi hanno sempre da ridire; **unsere Kinder sind schon ~**, i nostri figli sono già grandi **9** <*meist* attr> (*zeitlich ausgedehnt*): **die ~en Ferien** *Schule*, le vacanze estive; **die ~e Pause** *theat*, l'intervallo; **Schule auch** la ricreazione; **ein ~er Zeitraum**, un lungo periodo; **er kam mit ~er Verspätung an**, arrivò con notevole ritardo **10** (*mit beträchtlicher Anzahl von Personen, Tieren*) {ORCHESTER} grande; {FAMILIE} *auch* numeroso; {DORF, HERDE} grosso: **Berlin ist eine ~e Stadt**, Berlino è una grande città; **ein ~es Heer**, un grosso esercito; **eine ~e Menge**, una gran/grossa quantità **11** (*hoch*) {BETRAG, GEHALTSERHÖHUNG, VERLUST} grosso; {GEWINN, KOSTEN} *auch* grande; {VERMÖGEN} grande: **~e Banknoten** *~es Geld*, banconote di grosso taglio; {GESCHWINDIGKEIT} grande, alto, elevato **12** (*bedeutend*) {DICHTER, EREIGNIS, ERFINDUNG, STAATSMANN} gran(de): **er war ein ~er Meister der Malerei**, è stato un grande maestro della pittura; **ein ~er Schauspieler**, un grande/grosso *fam* attore; **Marlene Dietrich war die ~e Dame des deutschen Films**, Marlene Dietrich è stata la signora del cinema tedesco; **die ~e Dame spielen**, atteggiarsi a gran signora/dama; **Friedrich der Große**, Federico il Grande; **Karl der Große**, Carlo Magno **13** (*mächtig*) {HANDELSHAUS, KONZERN, UNTERNEHMEN} grosso, grande **14** (*erheblich*) {MISSERFOLG, NACHFRAGE} gran(de); {ERFOLG} *auch* notevole **15** (*folgenreich*) {FEHLER, IRRTUM} grande, grosso **16** (*beträchtlich*) {ENTTÄUSCHUNG, FREUDE, FURCHT, HUNGER, LEID, WUT} grande: **du redest einen ~en Unsinn**, stai dicendo un sacco di sciocchezze; **ich habe ~e Angst**, ho una gran paura; **~en Durst/Hunger haben**, avere una gran sete/fame; **zu unserer größten Freude**, con nostro sommo piacere **17** (*heftig, stark*) {APPLAUS, LÄRM, UNRUHE} grande; {LAUTSTÄRKE} alto **18** <attr> (*aufwendig*) {EMPFANG, FEIER, PARTY} grande **19** (*großmütig*) {HERZ} grande, generoso **20** *fam* (*außerordentlich*) {DUMMKOPF, DUSSEL, ESEL} grande **B** *adv fam* **1** (*besonders*): **nicht ~ auf jdn achten**, non fare molto caso a qu; **sich nicht ~ um jdn kümmern**, non occuparsi molto di qu; **wir haben nicht ~ darüber diskutiert**, non ne abbiamo discusso poi tanto **2** (*grob*): ₍etw al in ~en Zügen schildern₎/[etw ~ umreißen], descrivere qc a grandi linee **3** (*aufwendig*) {FEIERN} in grande stile, alla grande: **heute Abend gehen wir ~ aus**, stasera ci trattiamo da signori **4** (*zur Verstärkung bei rhetorischen Fragen*): **was soll schon ~ passiert sein?**, che vuoi che sia successo?; **was soll man da ~ machen/sagen?** *fam*, c'è poco da fare/dire ● **jdn ~ anschauen/ansehen**, guardare qu con tanto d'occhi *fam*; **~ daherreden** *fam*, dirne tante *fam*, spararle grosse *fam*; **etw (auf) ~ drehen/schalten/stellen** {FLAMME, GAS, HEIZUNG}, alzare qc, mettere qc al massimo; **etw ~ und breit erzählen**, raccontare qc per filo e per segno; **etw ganz ~ finden**, trovare favoloso (-a) qc; **im Großen und Ganzen**, nell'insieme, nel complesso, tutto sommato; **gleich ~ sein** {GRUNDSTÜCKE, PAKETE}, essere della stessa grandezza, essere grandi uguale, avere le stesse dimensioni; {PERSONEN}, avere la stessa altezza, essere alti (-e) uguale; **Groß und Klein**, grandi e piccoli/piccini; **Großes leisten**, fare grandi cose; **~ machen** *fam Kindersprache*, fare la popò *fam*/cacca *fam*; **mit etw (dat) ~ rauskommen** *fam*, avere un successone con qc *fam*.

Großabnehmer m (**Großabnehmerin** f) compratore (-trice) m (f) all'ingrosso.

Großaktionär m (**Großaktionärin** f) grande azionista mf.

Großalarm m allarme m generale: **~ auslösen/geben**, ₍far scattare₎/[dare] l'allarme generale.

großangelegt adj → angelegt.

Großangriff m attacco m massiccio/[in grande stile], offensiva f massiccia.

großartig A adj **1** (*prächtig*) {ANLAGE, BAUWERK, NATURSCHÖNHEIT} grandioso, magnifico **2** (*ausgezeichnet*) {EINFALL, IDEE, LEISTUNG, VORSCHLAG} grandioso, favoloso, fenomenale, geniale; {WETTER} fantastico, favoloso **3** (*wundervoll*) {MENSCH} fantastico, eccezionale: **von hier aus genießt man eine ~e Aussicht**, da qui si gode una vista fantastica **B** adv {ETW DARSTELLEN, FUßBALL/TENNIS SPIELEN} in modo fantastico/favoloso, magnificamente: **das alte Radio funktioniert jetzt ~**, la vecchia radio ora funziona a meraviglia; **dieser Likör schmeckt wirklich ~**, questo liquore ha un sapore veramente eccezionale ● **na ~!** *iron*, magnifico! *iron*, fantastico! *iron*; **na ~, jetzt können wir alles noch mal machen!**, magnifico, ora dobbiamo ricominciare daccapo!; **~ tun/auftreten**, fare ₍il magnifico/la magnifica₎/[il grandioso/la grandiosa]; **das ist wirklich ~!**, è davvero magnifico!

Großartigkeit <-, *ohne pl*> f {+BAUWERK, NATURSCHÖNHEIT, PARK} grandiosità f, magnificenza f.

Großaufnahme f **1** *film TV* primissimo piano m **2** *fot* macrofotografia f.

Großauftrag m grossa ordinazione f, grosso ordine m.

Großbank f grande/grossa *fam* banca f.

Großbaustelle f grande cantiere m.

Großbetrieb m *industr* grande azienda f; *agr* grande azienda f agricola.

Großbild n *fot* gigantografia f.

Großbildkamera f *fot* macchina f fotografica a lastre.

Großbildschirm m maxischermo m.

Großbrand m grande incendio m, incendio m di vaste proporzioni.

Großbritannien <-s, *ohne pl*> n *geog* Gran Bretagna f.

großbritannisch adj *geog* della Gran Bretagna, britannico.

Großbuchstabe m (lettera f) maiuscola f.

Großbürgertum n alta borghesia f.

großdeutsch adj *hist* (*im 19. Jh.*) della grande Germania **2** (*im Nationalsozialismus*) della grande Germania, pangermanistico.

Großdeutschland n *hist* (*im Nationalsozialismus*) la grande Germania.

Größe <-, -n> f **1** (*Fläche, Umfang*) {+FLÄCHE, GEFÄß, HAUS, KISTE, PLATZ, SCHÜSSEL, ZIMMER} grandezza f, misura f, dimensioni f pl: **die ~ eines Grundstücks messen**, misurare la grandezza/l'estensione di un fondo; **unser Wohnzimmer hat eine ~ von 35 m²**, il nostro soggiorno è di 35 m²; **Glasbehälter in allen ~n**, contenitori in vetro di tutte le misure/grandezze/dimensioni; **die ~ einer Schachtel**, la grandezza/misura di una scatola **2** (*Höhe, Länge*) {+BAUM, KIRCHTURM} altezza f, grandezza f; {+STATUE} *auch* dimensioni f pl **3** (*Konfektionsgröße*) {+BLUSE, HEMD, HOSE, KLEID} taglia f, misura f; {+HANDSCHUHE, SCHUHE} numero m, misura f: **Schuhe in allen ~n**, scarpe di tutte le misure; **dieses Kleid haben wir nur noch in ~ 40**, di questo vestito è rimasta solo la quaranta; **welche ~ hast du?**, che misura/taglia porti? **4** (*Körpergröße*) altezza f, statura f: **von mittlerer ~ sein**, essere di statura media **5** *math phys* (*Wert*) grandezza f: **die unbekannte ~**, l'incognita **6** <*meist* sing> (*Menge oder Wert von etw*) {+BETRAG, PROVISION, SUMME} ammontare m, entità f **7** <*nur sing*> (*Bedeutsamkeit*) {+AUTOR, KÜNSTLER, SCHAUSPIELER, WERK} grandezza f, importanza f **8** <*meist* sing> (*Zahl von Menschen oder Tieren*) {+FAMILIE, GRUPPE, HERDE} dimensioni f pl **9** <*meist* sing> (*Charaktergröße*) grandezza f: **seelische ~**, grandezza d'animo; **die moralische ~ einer Person**, la statura morale di una persona **10** (*berühmte Persönlichkeit*) celebrità f, personalità f: **die ~n der Wissenschaft**, i grandi (personaggi) della scienza; **auf diesem Gebiet ist er eine wahre ~**, in questo campo è una vera autorità **11** <*meist* sing> (*Stärke*) {+FREUDE, HASS, LIEBE} intensità f **12** <*meist* sing> (*Tragweite*) {+ERDBEBEN, KATASTROPHE} entità f.

Großeinkauf m acquisto m all'ingrosso; {+FAMILIE} grande spesa f.

Großeinsatz m {+FEUERWEHR, POLIZEI} intervento m/operazione f in grande stile; {+TRUPPEN} grande spiegamento m.

großelterlich adj *meist* <attr> {GARTEN, HAUS, VERMÖGEN} dei nonni.

Großeltern subst <*nur pl*> nonni m pl: **die ~ mütterlicherseits/väterlicherseits**, i nonni materni/paterni.

Großenkel m (**Großenkelin** f) pronipote mf (di bisnonno (-a)).

Größenordnung f ordine m di grandezza: **ein Monatsgehalt in der ~ von 5000 Euro**, uno stipendio nell'ordine dei 5000 euro.

großenteils adv in gran parte.

Größenunterschied m **1** (*zwischen Autos, Häusern*) differenza f di dimensioni **2** (*Unterschied im Wuchs*) differenza f di altezza.

Größenverhältnis n **1** (*Maßstab*) scala f: **ein Modell des neuen Einkaufszentrums im ~ eins zu 300**, un modello del nuovo centro commerciale in scala uno a 300; **in europäischen ~sen denken**, pensare in termini di Europa unita **2** (*Proportion*) proporzione f.

Größenwahn, **Größenwahnsinn** m *pej* mania f di grandezza, megalomania f: **an ~ leiden**, soffrire di megalomania, avere mania di grandezza.

größenwahnsinnig adj *pej* {MENSCH} megalomane: **~ sein**, essere megalomane, avere mania di grandezza.

größer kompar *von* groß.

Großfahndung f ricerca f a tappeto, battuta f (a vasto raggio): **die ~ der Polizei**

nach den Attentätern, la caccia della polizia agli attentatori.

Großfamilie f grande famiglia f, famiglia f estesa *soziol*.

großflächig adj 1 (*sich über eine große Fläche erstreckend*) {BRAND, FEUER, VERWÜSTUNG} di vaste proporzioni/dimensioni 2 (*eine große Fläche aufweisend*) {FENSTER} ampio; {GARTEN} *auch* vasto.

Großformat n {+BUCH, FOTO} formato m grande.

großformatig adj {BUCH, KALENDER} di formato grande; **ein ~es Foto**, *auch* una gigantografia.

Großfürst m (**Großfürstin** f) *hist* granduca (granduchessa) m (f).

Großgemeinde f *adm* "comune m nato dalla fusione di comuni più piccoli".

Großglockner <-s, ohne pl> m *geog* Grossglockner m.

Großgrundbesitz m latifondo m.

Großgrundbesitzer m (**Großgrundbesitzerin** f) latifondista mf, proprietario (-a) m (f) terriero (-a).

Großhandel m *com* commercio m all'ingrosso, **etw im ~ kaufen**, comprare all'ingrosso.

Großhandelskaufmann m commerciante m all'ingrosso, grossista m.

Großhandelspreis m prezzo m all'ingrosso.

Großhandelsverband m associazione f/federazione f dei grossisti/[commercianti all'ingrosso].

Großhändler m (**Großhändlerin** f) grossista mf, commerciante mf all'ingrosso.

Großhandlung f *com* (negozio m all')ingrosso m.

großherzig adj *geh* {GESINNUNG, GESTE, MENSCH, TAT} magnanimo; {SPENDE} generoso.

Großherzigkeit <-, ohne pl> f *geh* magnanimità f, generosità f.

Großherzog m (**Großherzogin** f) granduca (granduchessa) m (f).

Großherzogtum n granducato m.

Großhirn n *anat* cervello m.

Großhirnrinde f *anat* corteccia f cerebrale.

Großindustrielle <dekl wie adj> mf grande/grosso (-a) f *am* industriale mf, magnate m, capitano m d'industria.

Großinquisitor m *hist* grande inquisitore m.

Grossist <-en, -en> m (**Grossistin** f) → **Großhändler**.

großjährig adj *obs* → **volljährig**.

Großkampftag m giornata f campale.

Großkanzlei f grande studio m associato di avvocati.

Großkapitalist m (**Großkapitalistin** f) grande capitalista mf.

großkariert adj → **kariert**.

Großkaufmann m → **Großhändler**.

Großkind n *CH* → **Enkelkind**.

Großkino n (cinema m) multisala f.

Großklima n *meteo* macroclima m.

großkotzig *fam pej* [A] adj {ART, GEBAREN} da smargiasso/gradasso: **~er Mensch**, gradasso [B] adv: **~ daherreden**, fare del discorsi da spaccone.

Großküche f 1 {+FIRMA, KASERNE, SCHULE} mensa f 2 (*eigenes Unternehmen*) impresa f di ristorazione.

Großkundgebung f {+GEWERKSCHAFT} grande manifestazione f.

Großmacht f *pol* grande potenza f, superpotenza f.

Großmachtpolitik f politica f delle grandi potenze.

Großmama f *fam* → **Großmutter**.

Großmarkt m *com* mercato m all'ingrosso.

Großmast m *naut* {+SEGELSCHIFF} albero m maestro.

Großmaul n <meist sing> *fam pej* spaccone m, fanfarone m.

großmäulig adj *fam pej*: **~er Mensch**, spaccone, fanfarone m.

großmehrheitlich adj *CH* a grande maggioranza.

Großmeister m 1 (*internationaler Schachmeister*) campione m mondiale di scacchi 2 (*Vorsitzender einer Großloge in der Freimaurerei*) gran maestro m 3 (*Oberer eines Ritterordens*) gran maestro m.

Großmut <-, ohne pl> f magnanimità f, generosità f.

großmütig adj magnanimo, generoso: **~ (gegen jdn) sein**, essere magnanimo (con qu).

Großmutter f nonna f: **jds ~ mütterlicherseits/väterlicherseits**, la nonna materna/paterna di qu; **~ werden**, diventare nonna ● **das kannst du deiner ~ erzählen!** *fam* (*das glaube ich dir nicht*), sì, mio nonno! *fam*, raccontala a qualcun altro!, ma a chi la vuoi dare a bere? *fam*.

großmütterlich adj <attr> 1 (*der Großmutter gehörend*) {BESITZ, GARTEN, HAUS, VERMÖGEN} della nonna 2 (*in der Art einer Großmutter*) {FÜRSORGE, LIEBE, ZUWENDUNG} da nonna.

Großneffe m pronipote m (di prozio (-a)).

Großnichte f pronipote f (di prozio (-a)).

Großonkel m 1 (*Bruder der Großmutter oder des Großvaters*) prozio m 2 (*Ehemann der Großtante*) prozio m.

Großpackung f confezione f famiglia.

Großpapa m *fam* → **Großvater**.

Großprojekt n progetto m ₍su grande scala₎/[di grande respiro], megaprogetto m *fam*.

Großputz m → **Großreinemachen**.

Großrat m (**Großrätin** f) *CH* membro m del parlamento cantonale.

Großraum m area f metropolitana: **der ~ Frankfurt**, l'area metropolitana di Francoforte.

Großraumabteil n *Eisenb* carrozza f (a) salone.

Großraumbüro n ufficio m open space.

Großraumflugzeug n aereo m a fusoliera larga.

großräumig [A] adj 1 (*mit viel Platz*) {HAUS, WAGEN} spazioso, ampio 2 (*große Flächen betreffend*) {BRAND} su una vasta area; {DÜNGUNG} *auch* a tappeto [B] adv: **~ angelegte Grünflächen**, ampie/vaste zone verdi.

Großraumwagen m 1 (*durch Gelenke verbundene Straßenbahnwagen*) tram m snodato 2 *Eisenb* → **Großraumabteil**.

Großrechner m elaboratore m centrale.

Großreinemachen, Großreinmachen <-s, ohne pl> n *fam* grandi pulizie f pl, pulizie f pl di primavera *fam*.

groß|schreiben tr *etw* ~ 1 (*mit großem Anfangsbuchstaben schreiben*) scrivere maiuscolo qc 2 (*Bedeutung beimessen*) dare particolare importanza *a* qc; **etw wird bei jdm großgeschrieben**, {KOOPERATION, KUNDENDIENST}, (qu) tiene molto a qc, qu dà particolare importanza a qc; {PÜNKTLICHKEIT, SAUBERKEIT} *auch* qc è sacro per qu.

Großschreibung f *gram* grafia f con iniziale maiuscola.

Großsegel n *naut* vela f maestra.

großspurig [A] adj *pej* {ART, AUFTRETEN, BENEHMEN} borioso, presuntuoso [B] adv *pej*: **~ auftreten**, darsi delle arie, fare il borioso/presuntuoso; **~ reden**, boriarsi.

Großstadt f grande città f, metropoli f.

Großstädter m (**Großstädterin** f) abitante mf di una metropoli/[grande città].

großstädtisch adj {ATMOSPHÄRE, VERKEHR} della grande città, della metropoli, metropolitano.

Großstadtmensch m "persona f abituata a vivere nella metropoli", animale m metropolitano.

Großstadtverkehr m traffico m ₍della grande città₎/[metropolitano].

Großtanker m superpetroliera f.

Großtante f 1 (*Schwester des Großvaters oder der Großmutter*) prozia f 2 (*Ehefrau des Großonkels*) prozia f.

Großteil m 1 (*ein großer Teil*) {+ABITURIENTEN, ARBEITSLOSEN, SCHULABGÄNGER} gran parte f: **ein ~ der Schüler nimmt an den Nachmittagskursen teil**, gran parte degli studenti partecipa ai corsi pomeridiani 2 (*der überwiegende Teil*) la maggior parte: **den ~ der Möbel haben wir bereits verkauft**, la maggior parte dei mobili l'abbiamo già venduta ● **zum ~**, in buona/gran/larga parte.

größtenteils adv (*auf Subjekt/Objekt im Singular bezogen*) in massima parte: **das haben wir ~ ihm zu verdanken**, lo dobbiamo in massima parte a lui; (*auf Subjekt/Objekt im Plural bezogen*) *auch* per la maggior parte; **diese Zitate stammen ~ von Nietzsche**, queste citazioni sono tratte ₍in massima₎/[per la maggior] parte da Nietzsche.

größtmöglich adj <attr> {DISKRETION, KOMFORT} massimo: **die ~e Sicherheit**, la massima sicurezza possibile.

großtuerisch adj *pej* {VERHALTEN} da sbruffone/spaccone: **~er Mensch**, esibizionista.

groß|tun <irr> *pej* [A] itr (*mit etw dat*) ~ vantarsi (*di qc*), darsi delle arie (*per qc*): **er tut mit seinen Beziehungen groß**, si vanta delle sue conoscenze [B] rfl **sich** (*mit etw dat*) ~ vantarsi (*di qc*), darsi delle arie (*per qc*).

Großunternehmen n grande impresa f.

Großunternehmer m (**Großunternehmerin** f) grande imprenditore (-trice) m (f).

Großvater m nonno m: **~ mütterlicherseits/väterlicherseits**, nonno materno/paterno; **~ werden**, diventare nonno.

großväterlich adj <meist attr> 1 (*dem Großvater gehörend*) {BESITZ, GARTEN, HAUS, VERMÖGEN} del nonno 2 (*in der Art eines Großvaters*) {FÜRSORGE, LIEBE, NACHSICHT} da nonno.

Großveranstaltung f {+GEWERKSCHAFT, PARTEI} grande manifestazione f.

Großverdiener m (**Großverdienerin** f) chi ₍ha un reddito alto₎/[guadagna molto].

Großvieh n bestiame m grande/grosso.

Großwetterlage f *meteo* situazione f meteorologica generale ● **die politische ~**, il clima politico generale.

Großwild n selvaggina f grossa.

Großwildjagd f caccia f grossa: **auf ~ gehen**, andare a caccia grossa.

Großwörterbuch n dizionario m/vocabolario m di grande formato.

groß|ziehen <irr> tr *jdn/etw* ~ {KIND,

TIER} allevare *qu/qc*, crescere *qu/qc*, tirare su *qu/qc fam*.

großzügig **A** adj **1** (*generös*) {GESCHENK, SPENDE, TRINKGELD} generoso; {MENSCH} *auch* magnanimo: **mit seinen Freunden ist er sehr ~**, è generoso con i suoi amici; **bei der Notengebung ist unser Lehrer ~**, il nostro insegnante è di manica larga *fam*; **den Großzügigen spielen**, fare il generoso **2** (*tolerant*) {MENSCH} di larghe vedute, tollerante, liberale **3** (*weiträumig*) {ANLAGE, PARK, WOHNUNG} spazioso, ampio **B** adv **1** (*generös*) {UNTERSTÜTZEN} in modo generoso, con generosità **2** (*tolerant*) {ÜBER ETW HINWEGSEHEN, VERZEIHEN} con magnanimità, generosamente **3** (*weiträumig*): **ein ~ angelegtes Wohngebiet**, una zona residenziale con grandi spazi.

Großzügigkeit <-, ohne pl> f **1** (*Generosität*) {+MENSCH} generosità f, magnanimità f **2** (*Weiträumigkeit*) {+ANLAGE, BAUWERK} spaziosità f.

grotesk adj {BEHAUPTUNG, SITUATION} grottesco; {AUFMACHUNG, ERSCHEINUNG} *auch* bizzarro ● **ans Groteske grenzen**, rasentare il grottesco.

Groteske <-, -n> f **1** *kunst* (*ornamentales Motiv*) grottesca f **2** *lit* grottesco m.

Grotte <-, -n> f grotta f.

grottenschlecht adj *slang* orribile *fam*: **etw ist ~**, qc fa schifo *fam*/[è una schifezza *fam*].

Groupie <-s, -s> n *slang* fan f/ammiratrice f (di cantante).

grub 1. *und* **3. pers sing imperf** *von* graben.

Grübchen <-s, -> n fossetta f.

Grube <-, -n> f **1** (*größeres Erdloch*) fossa f: **eine ~ ausheben/graben**, scavare una fossa **2** (*Bergwerk*) miniera f: **in die ~ einfahren**, scendere nella miniera; (*offene ~*) cava f ● **wer andern eine ~ gräbt, fällt selbst hinein** *prov*, chi la fa l'aspetti *prov*.

Grübelei <-, -en> f rimuginio m, rimuginare m, arrovellamento m, lambiccamento m.

grübeln *itr* (*über etw* dat/akk) **~** {ÜBER EINER/EINE FRAGE, EINEM/EIN PROBLEM} rimuginare (*su qc*), arrovellarsi (*su qc*), ruminare *qc*, lambiccarsi (*su qc*): **vor sich hin ~**, rimuginare tra sé e sé ● **ins Grübeln geraten/kommen**, cominciare/mettersi a rimuginare.

Grubenarbeit f lavoro m in miniera.

Grubenarbeiter m (**Grubenarbeiterin** f) minatore (-trice) m (f).

Grubenbeleuchtung f illuminazione f in miniera.

Grubenbetrieb m *min* impianti m pl sotterranei.

Grubenbrand m incendio m in miniera.

Grubenexplosion f esplosione f in miniera.

Grubenförderung f *min* estrazione f mineraria.

Grubengas n grisou m, grisù m, metano m.

Grubenlampe f lampada f da minatore.

Grubenunglück n sciagura f/disgrazia f mineraria/[in miniera].

Grübler <-s, -> m (**Grüblerin** f) almanaccone (-a) m (f), "chi sta sempre a rimuginare".

grüblerisch adj {MENSCH} che rimugina, almanaca.

grüezi interj *CH* buongiorno, ciao *fam*, salve *fam*.

Gruft <-, Grüfte> f **1** (*Krypta*) cripta f **2** (*Grab*) tomba f.

Grufti <-s, -s> m *slang* **1** (*alter Mensch*) matusa mf, mummia f *slang* **2** (*schwarz gekleideter Jugendlicher*) dark mf.

grün adj **1** (*Farbe des Chlorophylls*) {AUGEN, BLATT, FARBE, GRAS, HOLZ, LICHT, SALAT, WIESE} verde: **~ werden** {BÄUME}, diventare verde, inverdirsi; **die Ampel ist ~**, il semaforo è verde; **die ~e Welle** (*bei Ampeln*), l'onda verde **2** *pol* {ABGEORDNETER} verde; {POLITIK} *auch* ecologista: **die Grünen**, i verdi, il partito dei verdi **3** (*unreif*) {ÄPFEL, BIRNEN, KIRSCHEN} acerbo; {BANANEN, TOMATEN} *auch* verde **4** *pej oder iron* (*unerfahren*) {JUNGE} inesperto, acerbo: **ein ~er Junge** *auch*, un pivellino, uno sbarbatello ● **sich ~ und blau ärgern** *fam*, diventare verde dalla rabbia *fam*; **jdn ~ und blau schlagen** *fam*, bastonare qu di santa ragione *fam*, fare qu nero (di botte) *fam*; **sich (**dat**) nicht ~ sein** *fam* {ZWEI PERSONEN}, non potersi vedere/soffrire, non sopportarsi *fam*; **jdm nicht ~ sein** *fam*, stare sull'anima a qu *fam*; **~ wählen**, votare i verdi.

Grün <-(s), - oder *fam* -s> n **1** (*grüne Farbe*) (colore m) verde m: **ein dunkles/helles/sattes ~**, un verde scuro/chiaro/carico; **die Ampel steht auf ~**, il semaforo è verde; **bei ~ über die Ampel fahren**, passare col verde **2** <nur sing> (~*flächen*) (area f) verde m: **Freiburg ist eine Stadt mit viel ~**, Friburgo è una città con ₗmolti spazi verdiⱼ/[molto verde]; {+GOLFPLATZ} green m **3** <nur sing> (*Pflanzen*) verde m: **binden Sie mir zu den Tulpen auch ein bisschen ~!**, mi metta anche un po' di verde insieme ai tulipani **4** (*Kartenspiel*) "colore m corrispondente a picche nel gioco delle carte tedesche" ● **das ist dasselbe in ~** *fam*, se non è zuppa, è pan bagnato *fam*, è esattamente la stessa cosa.

Grünalge f alga f verde.

grün-alternativ adj *pol*: **eine grün-alternative Partei**, un partito verde e alternativo.

Grünanlage f <meist pl> giardino m (pubblico), (zona f/spazio m) verde m.

grünäugig adj {MENSCH, TIER} dagli/con gli occhi verdi: **~ sein**, avere gli occhi verdi.

grünblau adj verde azzurro.

Grund① <-(e)s, Gründe> m **1** (*Beweggrund*) motivo m, ragione f: **aus familiären/privaten Gründen**, per ₗmotivi di famigliaⱼ/[ragioni personali]; **aus beruflichen/dienstlichen Gründen**, per motivi/ragioni di lavoro/servizio; **es gibt keinen ~, sich (**dat**) Sorgen zu machen**, non c'è motivo/ragione di preoccuparsi; **es besteht nicht der geringste ~ zur Aufregung**, non c'è il benché minimo motivo di agitarsi; **der Minister ist aus gesundheitlichen Gründen zurückgetreten**, il ministro si è dimesso per motivi/ragioni di salute; **aus welchem ~ haben sie sich denn getrennt?**, per quale motivo/ragione si sono separati/lasciati?; **ich kenne den ~ für seine Entlassung nicht**, non conosco la causa del suo licenziamento; **warum spricht er denn nicht mehr mit ihm? – Sie wird ihre guten Gründe dafür haben**, come mai non gli parla più? – Avrà i suoi buoni motivi; **allen ~ haben, etw zu tun**, avere ₗtutte le proprie ragioniⱼ/[i propri motivi] per fare qc; **keinen ~ haben, etw zu tun**, non avere motivo di fare qc ● **~ zu der Annahme haben, dass ...**, avere motivo di supporre che ...; **auf ~ einer S.** (gen)/**von etw** (dat) → **aufgrund**; **aus dem einfachen ~, weil ...**, per il semplice motivo che ...; **aus diesem ~**, per questo motivo, per questa ragione, perciò; **ein ~ zum Feiern**, un motivo per festeggiare; **jdm zu etw** (dat) **~ geben**, dare a qu motivo di ... *inf*; **er hat mir ~ zur Eifersucht gegeben**, mi ha dato motivo di essere gelosa; **im ~e** (genommen), in fondo, in sostanza, in fin dei conti, sostanzialmente; **das ist kein ~ zum Lachen**, c'è poco da ridere; **oh-**

ne ~, senza motivo; **jdn ohne ~ verleumden**, diffamare qu ₗsenza motivoⱼ/[immotivatamente]; **triftiger ~**, motivo fondato/plausibile; **aus unerfindlichen Gründen**, per inspiegabili motivi, inspiegabilmente; **zwingender ~**, ragione stringente.

Grund② <-(e)s, Gründe> m **1** <nur sing> (*Erdoberfläche*) suolo m, terreno m: **felsiger/sumpfiger ~**, terreno roccioso/paludoso **2** (~*besitz*) proprietà f fondiaria, fondo m, terreno m: **eigenen ~ haben**, possedere ₗdelle terreⱼ/[dei terreni]; **einen ~ besitzen**, possedere un fondo **3** <nur sing> *obs* (*Erdreich*) terra f, terreno m: **lehmiger ~**, terreno argilloso **4** <nur sing> (*Boden eines Gewässers*) fondo m: **seichter ~**, fondale basso; **hier hat man keinen ~**, qui non si tocca; **in der Nähe des Ufers hat man noch ~**, **unter den Füßen**, vicino alla riva si tocca ancora (il fondo); **der Schatz liegt auf dem ~(e) des Meeres**, il tesoro giace in fondo al mare **5** <nur sing> (*Boden*) {+BECHER, GLAS, TASSE} fondo m **6** <nur sing> (*Hintergrund*) (s)fondo m: **rote Blumen auf weißem ~**, fiori rossi su fondo bianco **7** <nur sing> (~*lage*) fondamento m, base f: **den ~ zu etw** (dat) **legen** {ZU EINER THEORIE, EINER WISSENSCHAFT}, gettare le basi di qc ● **auf eigenem ~ und Boden**, in casa propria; **sich in ~ und Boden schämen** *fam*, vergognarsi come un ladro *fam*, morire di vergogna; **etw in ~ und Boden wirtschaften**, mandare ₗin rovinaⱼ/[a rotoli] qc; **jdn in ~ und Boden reden**, sfinire qu con le chiacchiere; **etw** (dat) **auf den ~ gehen**, andare a fondo di qc; **im ~e ihres/seines Herzens**, ₗnel profondo delⱼ/[in fondo al] suo cuore; **auf ~ laufen** {SCHIFF}, incagliarsi, arenarsi; **von ~ auf**, radicalmente, da cima a fondo; **das soll von ~ auf geändert werden**, deve essere cambiato da cima a fondo; **die Situation hat sich von ~ auf geändert**, la situazione è cambiata radicalmente.

Grundakkord m *mus* accordo m fondamentale.

grundanständig adj {MENSCH} veramente perbene, integerrimo, pulito.

Grundanstrich m colore m di fondo, prima mano f *fam*.

Grundausbildung f *mil* addestramento m delle reclute, ≈ CAR m: **die ~ machen**, fare il CAR.

Grundausstattung f equipaggiamento m di base.

Grundbaustein m particella f elementare.

Grundbedeutung f **1** significato m fondamentale **2** *ling* significato m originario/primitivo.

Grundbedingung f condizione f ₗdi fondoⱼ/[essenziale].

Grundbedürfnis n <meist pl> bisogno m fondamentale/primario.

Grundbegriff m **1** (*elementarer Begriff*) concetto m fondamentale **2** <meist pl> (*Basiswissen*) {+MATHEMATIK, SPRACHE} concetti m pl basilari, basi f pl, rudimenti m pl.

Grundbesitz m proprietà f terriera/fondiaria, fondo m.

Grundbesitzer m (**Grundbesitzerin** f) proprietario (-a) m (f) terriero (-a)/fondiario (-a).

Grundbestandteil m componente f fondamentale/base, elemento m costitutivo.

Grundbuch n *adm* catasto m, registro m fondiario: **etw ins ~ eintragen lassen**, registrare qc al catasto.

Grundbuchamt n *adm* (ufficio m del) catasto m.

Grundbuchauszug m *jur* estratto m di

mappa (catastale). **Grundbucheintragung** f *jur* accatastamento m, iscrizione f al catasto. **Grunddienstbarkeit** f *jur* servitù f prediale. **grundehrlich** adj {MENSCH} onestissimo, di grande onestà. **Grundeigentum** n → **Grundbesitz**. **Grundeigentümer** m (**Grundeigentümerin** f) → **Grundbesitzer**. **gründen** A tr 1 (*neu schaffen*) *etw* ~ {STADT} fondare *qc*; {BETRIEB, FIRMA, PARTEI, UNTERNEHMEN} *auch* costituire *qc*; {KOMITEE, LEHRSTUHL, ORDEN} istituire *qc*: **eine Familie ~**, fondare una/mettere su *fam* famiglia 2 (*mit etw untermauern*) *etw auf etw* (akk) ~ {ANNAHME, FREISPRUCH, VERDACHT, AUF EIN ARGUMENT, AUF AUSSAGEN} basare *qc su qc*, fondare *qc su qc* B itr (*sich auf etw stützen*) *auf etw* (dat) ~ {ANKLAGE, THEORIE, VERDACHT AUF ERFAHRUNG, EINEM HINWEIS, AUF VERMUTUNGEN} basarsi *su qc*, fondarsi *su qc*, poggiare *su qc* C rfl **sich** *auf etw* (akk) ~ basarsi *su qc*, fondarsi *su qc*.
Gründer <-s, -> m (**Gründerin** f) {+BETRIEB, PARTEI, STADT, UNIVERSITÄT} fondatore (-trice) m (f); {+ORDEN} *auch* istitutore (-trice) m (f).
Gründerjahre subst <*nur pl*> *D hist* "periodo m di sviluppo economico-industriale del II Reich (1871-1900)".
Grunderwerb m *adm* acquisto m di terreni.
Grunderwerbsteuer, **Grunderwerbssteuer** f *adm* imposta f sull'acquisto di terreni.
Gründerzeit <-, *ohne pl*> f → **Gründerjahre**.
grundfalsch adj {ANNAHME, EINSTELLUNG, VERHALTEN} profondamente sbagliato, sbagliatissimo, sbagliato alla base.
Grundfarbe f 1 *phys* colore m fondamentale 2 (*Untergrundfarbe*) (colore m di) fondo m.
Grundfehler m errore m di fondo; {+THEORIE} vizio m di fondo.
Grundfesten subst <*nur pl*> **an den ~ einer S.** (gen) **rütteln** *geh* {DER DEMOKRATIE, MONARCHIE, DES STAATES}, scuotere le fondamenta di qc *etw* **in seinen ~ erschüttern**, scuotere qc nelle fondamenta.
Grundfläche f *geom* (superficie f della) base f.
Grundform f 1 (*Hauptform*) {+ORNAMENT, STILELEMENT} forma f fondamentale/base 2 (*ursprüngliche Form*) forma f elementare/originaria 3 *gram* infinito m.
Grundfreibetrag m *Steuer* abbattimento m alla base.
Grundgebühr f (*bei Rechnungen*) tassa f/quota f fissa; (*im Taxi*) importo m fisso, base f fissa.
Grundgedanke m concetto m/idea f fondamentale/[di fondo].
Grundgehalt n stipendio m base.
Grundgesetz n 1 (*Grundprinzip*) legge f fondamentale 2 *jur pol* <*nur sing*> (*Verfassung der BRD*) costituzione f (della RFT).
grundgesetzwidrig adj {BESTIMMUNG, PRAXIS} anticostituzionale.
Grundhaltung f atteggiamento m/posizione f di fondo: **die ~ gegenüber etw** (dat), l'atteggiamento m nei confronti di/[verso] qc.
grundhässlich (a.R. grundhäßlich) adj {MENSCH, TIER} bruttissimo, orripilante, orrendo.
Grundherr m *hist* signore m (feudale).
grundieren <*ohne* ge-> tr *etw* (*mit etw*

dat) ~ {AUTO, ROHR MIT ROSTSCHUTZMITTEL} dare uno strato (*di qc*) *a qc*, dare una prima mano (*di qc*) *a qc*; {LEINWAND} *auch* preparare *qc*.
Grundierfarbe f fondo m.
Grundierung <-, *-en*> f 1 <*nur sing*> (*das Grundieren*) (stesura f della) prima mano f 2 (*erster Anstrich*) prima mano f, mano f di fondo; {+BILD} imprimitura f; (*bei Make-up*) base f.
Grundkapital n *ökon* capitale m sociale.
Grundkenntnis f <*meist pl*> conoscenza f basilare/elementare, nozione f di base.
Grundkurs m corso m di base/[elementare].
Grundlage f fondamento m, base f: **feste/solide ~n**, basi solide; **gesetzliche ~n**, basi legali; **sittliche ~n**, fondamenti morali; **die ~n des Rechts**, i fondamenti del diritto; **~n des öffentlichen Rechts**, istituzioni di diritto pubblico ● *auf der* ~ einer S. (gen)/[von etw (dat)], sulla base di qc; **jeder/jegliche ~ entbehren** (ANSCHULDIGUNG, BEHAUPTUNG), essere privo di ogni fondamento, non avere (nessun) fondamento; **die ~n für etw** (akk) **legen/schaffen**, porre/creare le basi per qc; *etw* **auf eine neue ~ stellen**, porre qc su nuove basi.
Grundlagenforschung f ricerca f di base/[fondamentale/pura].
Grundlagenvertrag m *D hist* "trattato m del 1972 che regolava i rapporti tra la RFT e la RDT".
Grundlagenwerk n opera f fondamentale/[di riferimento].
grundlegend A adj 1 (*wesentlich*) {UNTERSCHIED, VORAUSSETZUNG} basilare, fondamentale; {ERKENNTNIS} *auch* di importanza fondamentale/capitale 2 (*völlig*) {ÄNDERUNG, UMGESTALTUNG} radicale B adv (*von Grund auf*) {ÄNDERN, SICH VERÄNDERN} radicalmente, completamente: *etw* **ist ~ falsch**, qc è profondamente sbagliato.
gründlich A adj 1 (*gewissenhaft*) {ARBEIT, AUSARBEITUNG, VORBEREITUNG} scrupoloso, accurato, preciso; {RECHERCHE, UNTERSUCHUNGEN} approfondito; {MENSCH} scrupoloso, coscienzioso, preciso 2 (*umfassend*) {AUSBILDUNG, BILDUNG} solido; {KENNTNISSE} profondo B adv 1 *fam* (*total*) {SICH IRREN, SICH TÄUSCHEN} di grosso *fam*: **er hat sich ~ blamiert** *fam*, ha fatto una bella figuraccia *fam* 2 (*gewissenhaft*) {ARBEITEN} accuratamente, scrupolosamente, con scrupolo; {RECHERCHIEREN, UNTERSUCHEN} a fondo: *etw* **~ reinigen**, pulire qc a fondo; **du solltest erst einmal ~ darüber nachdenken**, prima dovresti pensarci ben bene/[rifletterci bene].
Gründlichkeit <-, *ohne pl*> f {+ARBEIT, PLANUNG, RECHERCHE, VORGEHEN} scrupolosità f, accuratezza f, precisione f.
Grundlinie f 1 *math* (linea f della) base f 2 *sport* linea f di fondo.
Grundlinienspiel n *Tennis* gioco m da fondo campo.
Grundlohn m *industr* salario m/paga f base.
grundlos A adj {MISSTRAUEN} ingiustificato, immotivato; {BESCHULDIGUNG, VORWURF} *auch* infondato, senza fondamento B adv {BESCHULDIGEN, VERDÄCHTIGEN} infondatamente; {LACHEN, VERLEUMDEN} senza motivo/ragione.
Grundmauer f <*meist pl*> muro m di fondazione; <*pl*> fondamenta f pl.
Grundnahrungsmittel n alimento m (di) base.
Gründonnerstag m *relig* giovedì m santo.

Grundordnung f ordinamento m.
Grundpfeiler m 1 *bau* {+BAUWERK, BRÜCKE} pilastro m di fondazione 2 (*wesentliches Element*) {+STAATSWESEN} pilastro m, colonna f portante.
Grundrechenart f, **Grundrechnungsart** f *math* operazione f aritmetica fondamentale: **die vier ~en**, le quattro operazioni fondamentali.
Grundrecht n 1 (*in der Verfassung festgelegt*) diritto m fondamentale 2 (*Menschenrecht*) diritto m fondamentale.
Grundregel f regola f fondamentale.
Grundrente f 1 (*Mindestrente*) pensione f minima 2 (*aus dem Eigentum an Grund und Boden bezogenes Einkommen*) rendita f fondiaria.
Grundriss (a.R. Grundriß) m 1 *bau* pianta f 2 *math* proiezione f orizzontale 3 (*Abriss*) {+FACHGEBIET, SACHGEBIET} compendio m, sintesi f 4 (*kurz gefasstes Lehrbuch*) compendio m, manuale m: **~e der Philosophie**, lineamenti di filosofia.
Grundsatz m 1 (*feste Regel*) principio m, massima f: **moralische/religiöse Grundsätze**, principi morali/religiosi 2 (*allgemein anerkanntes Prinzip*) principio m: **demokratische/wissenschaftliche Grundsätze**, principi democratici/scientifici; **die Grundsätze eines Rechtsstaates**, i principi di uno stato di diritto ● **von seinen Grundsätzen nicht abgehen**, non venir meno/[derogare] ai propri principi; **an seinen Grundsätzen festhalten**, rimanere fedele/attaccato (-a) ai propri principi; **sich** (dat) *etw* **zum ~ machen**, darsi la regola di fare qc; **es sich** (dat) **zum ~ machen**, *etw zu tun*: **ich habe es mir zum ~ gemacht, regelmäßig Sport zu treiben**, per me è diventata una norma praticare regolarmente sport.
Grundsatzdebatte f dibattito m di fondo.
Grundsatzdiskussion f discussione f di fondo.
Grundsatzerklärung f dichiarazione f di principio.
Grundsatzfrage f questione f di principio.
grundsätzlich A adj 1 <*meist attr*> (*gewichtig*) {BEDENKEN, ZWEIFEL} di fondo, serio; {ENTSCHEIDUNG, FRAGE, PROBLEM} di fondo, fondamentale, basilare: **ein ~er Unterschied**, una differenza sostanziale/[di fondo] 2 (*prinzipiell*) {BEREITSCHAFT, EINVERSTÄNDNIS} di principio/massima B adv 1 (*einen Grundsatz betreffend*): **~ zu etw** (dat) **Stellung nehmen**, prendere una posizione di massima su qc 2 (*prinzipiell*) {ABLEHNEN, DAGEGEN SEIN} per principio: **ich trinke ~ keinen Alkohol**, non bevo alcol per principio; **ich bin ~ gegen Tierversuche**, per principio sono contro gli esperimenti sugli animali; **Rauchen ist in öffentlichen Gebäuden ~ verboten**, è severamente vietato fumare nei locali pubblici 3 (*eigentlich*) in linea di massima/principio, fondamentalmente, sostanzialmente: **ich habe ~ nichts gegen ihn, aber manchmal geht er einem doch auf die Nerven**, in linea di massima non ho nulla contro di lui, ma qualche volta rompe proprio le scatole *fam*; **~ bin ich damit einverstanden, aber ...**, in linea di massima/principio sono d'accordo ma ...
Grundsatzpapier n documento m programmatico.
Grundsatzprogramm n linee f pl programmatiche.
Grundsatzurteil n *jur* sentenza f di riferimento/principio.

Grundschrift f typ caratteri m pl di base.
Grundschuld f bank jur debito m fondiario, garanzia f reale costituita su un bene immobile.
Grundschule f D scuola f elementare/primaria.
Grundschüler m (**Grundschülerin** f) D alunno (-a) m (f) di scuola elementare.
Grundschullehrer m (**Grundschullehrerin** f) D maestro (-a) m (f) (elementare), insegnante mf di scuola elementare.
Grundschulunterricht m D insegnamento m (alla scuola) elementare.
Grundstein m prima pietra f ● **den ~ ⌊für etw (akk)⌋/[zu etw (dat)] legen** (zu einem Gebäude), posare la prima pietra di qc; fig gettare le basi/di qc; **der ~ zu etw (dat) sein**: **die Übernahme des Geschäfts war der ~ ihres neuen Lebens als Unternehmerin**, rilevare il negozio è stato l'inizio della sua nuova vita da imprenditrice.
Grundsteinlegung <-, -en> f posa f della prima pietra.
Grundstellung f 1 sport posizione f ⌊di partenza⌋/[iniziale] 2 mus posizione f fondamentale 3 Schach posizione f iniziale/[di partenza].
Grundsteuer f imposta f fondiaria comunale.
Grundstock m nucleo m fondamentale: **den ~ ⌊für etw (akk)⌋/[zu etw (dat)] bilden**, costituire la base di qc.
Grundstoff m 1 chem (Element) elemento m 2 industr (Rohstoff) materia f prima.
Grundstoffindustrie f industria f delle materie prime.
Grundstück n appezzamento m (di terra), terreno m, fondo m.
Grundstücksbelastung f jur ipoteca f su un terreno.
Grundstückseigentümer m (**Grundstückseigentümerin** f) proprietario (-a) m (f) di un fondo/terreno/appezzamento.
Grundstücksmakler m (**Grundstücksmaklerin** f) agente mf immobiliare.
Grundstücksnießbrauch m jur usufrutto m di un (bene) immobile.
Grundstückspreis m prezzo m di un terreno.
Grundstücks- und Immobilienfirma f agenzia f immobiliare.
Grundstücks- und Immobilienmakler m (**Grundstücks- und Immobilienmaklerin** f) agente mf immobiliare.
Grundstudium n univ "primo ciclo m degli studi universitari", ≈ biennio m.
Grundstufe f {+Grundschule} secondo ciclo m, "terzo e quarto anno m della scuola elementare"; {+Kurs} livello m elementare.
Grundtendenz f tendenza f/orientamento m di base/fondo.
Grundton m 1 (mus) (nota f) fondamentale f, tonica f 2 (Grundfarbe) colore m di fondo.
Grundübel n male m di fondo.
Gründung <-, -en> f 1 (Neuschaffung) {+Bank, Betrieb, Firma, Partei, Unternehmen} fondazione f, costituzione f, creazione f: **die ~ einer Familie**, fondare una famiglia; **die ~ einer Gesellschaft**, la costituzione di una società 2 bau costruzione f, erezione f.
Gründünger m ökol concime m organico/naturale.
Gründungsakt m atto m costitutivo.
Gründungsausschuss f (a.R. Gründungsausschuß) m comitato m fondatore.
Gründungsfeier f festa f/cerimonia f di fondazione.
Gründungsjahr n anno m di/della fondazione.
Gründungskapital n capitale m iniziale.
Gründungsmitglied n socio m fondatore.
Gründungstag m giorno m di/della fondazione.
Gründungsurkunde f atto m costitutivo.
Gründungsversammlung f assemblea f costitutiva.
Gründungsvertrag m jur atto m costitutivo.
grundverkehrt adj {Einstellung} sbagliatissimo, profondamente sbagliato.
Grundvermögen n jur patrimonio m immobiliare, beni m pl immobili.
grundverschieden adj {Ansicht, Einstellung} diversissimo, profondamente diverso.
Grundvoraussetzung f condizione f di fondo/partenza.
Grundwasser <-s, ohne pl> n acqua f freatica/[del sottosuolo], falda f acquifera: **auf ~ stoßen**, trovare una falda acquifera.
Grundwasserabsenkung f abbassamento m del livello freatico.
Grundwasserspiegel m livello m freatico/[della falda freatica].
Grundwehrdienst m mil servizio m militare obbligatorio: **den ~ leisten**, prestare il servizio militare obbligatorio.
Grundwert m valore m fondamentale/[di fondo].
Grundwissen n nozioni f pl di base, conoscenze f pl rudimentali/elementari.
Grundwort n ling parola f base (di parole composte), determinato m ling.
Grundwortschatz m ling lessico m/vocabolario m ⌊di base⌋/[fondamentale].
Grundzahl f math 1 (Kardinalzahl) numero m cardinale 2 (Basis) base f.
Grundzins m hist censo m fondiario.
Grundzug m <meist pl> {+Geschichte, Literatur} tratto m/linea f fondamentale: **etw in seinen Grundzügen erläutern**, spiegare/illustrare i tratti fondamentali di qc.
Grüne① <dekl wie adj> mf pol appartenente mf al movimento dei verdi, verde mf, ecologista mf ● **die ~n** pol, i verdi; (die Polizei), la polizia.
Grüne② <dekl wie adj> n 1 (Schmuckreisig) verde m 2 (Gemüse und Salat) verdura f: **du solltest mehr ~s essen**, dovresti mangiare più verdure 3 (Grünfutter) foraggio m fresco 4 (Natur) verde m, natura f, campagna f: **einen Ausflug ins ~ machen** fam, fare una gita in campagna; **im ~n**, nel verde; **wir haben uns ein Haus im ~n gekauft**, abbiamo comprato una casa in campagna.
grünen geh Ⓐ itr {Bäume, Büsche, Feld, Wald, Wiesen} verdeggiare, inverdire: **die ~den Wiesen**, i prati verdeggianti Ⓑ unpers: **auf dem Land grünt es**, la campagna inverdisce; **überall grünt es**, ovunque spunta il verde.
Grünenabgeordnete mf pol parlamentare mf/deputato (-a) m (f) dei Verdi.
Grünenfraktion f pol gruppo m parlamentare dei Verdi.
Grünfink m ornith verdone m verde.
Grünfläche f area f/zona f/spazio m verde.
Grünfutter n 1 (Viehfutter) foraggio m fresco 2 scherz (Rohkost, Salat) verdure f pl crude.

Grunge <-, ohne pl> m 1 mus grunge m 2 (Moderichtung) moda f grunge 3 (Kleidung) abbigliamento m grunge.
Grüngürtel m cintura f verde (intorno a un centro abitato).
Grünkern m farro m (colto immaturo ancora verde).
Grünkohl m cavolo m nero.
Grünland n agr pascoli m pl.
grünlich adj {Farbton, Schattierung} verdastro, verdognolo.
Grünpflanze f pianta f verde (ornamentale).
Grünschnabel m fam oft pej sbarbatello m fam, pivello m fam.
Grünspan <-(e)s, ohne pl> m verderame m: **mit ~ überzogen sein**, essere coperto di verderame.
Grünspecht m ornith picchio m verde.
Grünstreifen m (Mittelstreifen) spartitraffico m verde; (Seitenstreifen) bordo m (stradale) verde.
grunzen Ⓐ itr 1 {Schwein, Wildschwein} grugnire 2 fam (undeutlich sprechen) {Person} grugnire fam Ⓑ tr **etw ~** grugnire qc fam.
Grünzeug <-s, ohne pl> n fam 1 (frisches Gemüse oder Salat) verdura f cruda 2 (Würzkräuter) odori m pl.
Grüppchen n dim von Gruppe gruppetto m.
Gruppe <-, -n> f 1 (Anzahl von Dingen, Personen, Tieren) **~ einer P./S.** (gen pl)/**von jdm/etw** (dat pl) gruppo m di qu/qc: **eine ~ (von) Touristen**, un gruppo di turisti; **eine ~ Häuser**/[von Häusern], un gruppo di case; **eine ~ von Arbeitern**, una squadra di operai; **eine ~ diskutierender Studenten**, un gruppo di studenti intenti a discutere 2 (Kreis von Gleichgesinnten) gruppo m, squadra f: **eine außerparlamentarische ~**, un gruppo extraparlamentare; **radikale ~n**, gruppi radicali; **unsere ~ kümmert sich um behinderte Kinder**, il nostro gruppo si occupa di bambini handicappati; **wir arbeiten in ~n**, lavoriamo in gruppi 3 (Kategorie) gruppo m, categoria f, classe f: **die ~ der schwachen/starken Verben**, la classe dei verbi deboli/forti 4 sport squadra f, gruppo m 5 mil plotone m ● **etw in ~n aufteilen**, suddividere qc in gruppi; **etw nach ~n ordnen**, ordinare qc in/per gruppi.
Gruppenabend m riunione f serale (di un gruppo).
Gruppenarbeit <-, ohne pl> f Schule lavoro m di gruppo; industr lavoro m di squadra; (im Büro) auch lavoro m di team.
Gruppenausstellung f (mostra f) collettiva f.
Gruppenbild n foto(grafia) f di gruppo.
Gruppendynamik f psych dinamica f di gruppo.
gruppendynamisch adj della dinamica di gruppo.
Gruppenfahrkarte f biglietto m cumulativo.
Gruppenfoto n → **Gruppenbild**.
Gruppenführer m (**Gruppenführerin** f) 1 {+Arbeitsgruppe, Jugendgruppe} capogruppo mf, caposquadra mf 2 mil caposquadra m.
Gruppenleiter m (**Gruppenleiterin** f) capogruppo mf.
Gruppenphoto a.R. von Gruppenfoto → **Gruppenfoto**.
Gruppenreise f viaggio m in comitiva.
Gruppensex m amore m di gruppo, orgia f, ammucchiata f fam.

Gruppensieg m *sport* vittoria f nel proprio gruppo/girone.
Gruppentherapie f *psych* terapia f di gruppo.
Gruppenunterricht m **1** (*Unterricht in einer Gruppe*) lezione f collettiva **2** (*Unterricht für in Gruppen arbeitende Schüler*) lezione f in gruppi.
Gruppenvergewaltigung f stupro m collettivo.
gruppenweise adv {BETRETEN, DISKUTIEREN} a gruppi.
gruppieren <ohne ge-> **A** tr *jdn/etw um etw* (akk)/*vor etw* (dat) ~ raggruppare qu/qc intorno/davanti a qc: **Stühle um den Tisch ~**, disporre un gruppo di sedie intorno al tavolo **B** rfl *sich irgendwo ~* {FUSSBALLSPIELER VOR DEM TOR; ZUSCHAUER VOR DER BÜHNE, UM DEN SÄNGER} raggrupparsi/radunarsi/raccogliersi + compl di luogo; **sich irgendwie ~**: sich neu/anders ~, formare gruppi nuovi/diversi.
Gruppierung <-, -en> f **1** (*Aufstellung*) {+BÄNKE, STÜHLE} disposizione f a gruppi, gruppo m **2** *bes. pol* (*Gruppe*) raggruppamento m, gruppo m.
Gruselfilm m *film TV* film m ₍dell'orrore₎/[del terrore/brivido].
Gruselgeschichte f racconto m ₍dell'orrore₎/[del terrore/brivido].
gruselig adj {DUNKELHEIT, ERLEBNIS, FILM, GESCHICHTE} da far venire i brividi, terrificante, spaventoso: **jdm wird ~ zumute**, qu rabbrividisce, a qu ₍vengono i brividi₎/[viene la pelle d'oca].
gruseln **A** unpers: *jdn/jdm gruselt es* (*vor jdm/etw*), a qu vengono i brividi (alla vista di qu/qc), qu rabbrividisce (alla vista di qu/qc); **mich gruselt es, wenn ich nur daran denke**, ₍mi vengono₎/[ho] i brividi solo a pensarci **B** rfl *sich* (*vor jdm/etw*) ~ rabbrividire (*alla vista di qu/qc*).
Gruß <-es, *Grüße*> m **1** (*Geste*) saluto m **2** (*übermittelte Begrüßungsworte*) saluto m: ₍(einen) schönen ~₎/[liebe Grüße] an deine Mutter, ₍un caro saluto₎/[cari saluti] a tua madre; **ich soll dir schöne Grüße von Klaus sagen**, Klaus ti manda tanti saluti, ti porto i saluti (da parte) di Klaus • **Grüße aus Berlin/...** (*Grußformel auf Ansichtskarten*), saluti da Berlino/...; **jdm Grüße** (**von jdm**) *ausrichten/bestellen/überbringen/übermitteln*, porgere/portare a qu i saluti (di qu); **bestellen Sie ihm meine herzlichsten Grüße**, gli porga i miei più cordiali saluti; **mit** ₍**bestem ~**₎/[**besten Grüßen**], con i migliori saluti; **der Deutsche ~ hist** (*der Hitlergruß*), il saluto nazista; **jdm einen ~ entbieten** geh obs, porgere un saluto a qu; **einen ~ erwidern**, contraccambiare/ricambiare i saluti; **mit** *freundlichen* **Grüßen** (*Grußformel am Schluss eines Geschäftsbriefes*), distinti/cordiali saluti; **schönen ~ vom** *Getriebe* fam scherz, che bella grattata! fam scherz; **herzliche Grüße Eure Anna** (*Grußformel am Schluss eines Privatbriefes*), affettuosi fam/cordiali saluti, vostra Anna; **~ und** *Kuss* fam (*Grußformel am Schluss eines Privatbriefes*), saluti e baci; **ohne ~**, senza saluto/salutare; **jdm Grüße** *schicken***/senden**, mandare i saluti a qu; **viele Grüße**, molti/tanti saluti; **zum ~**, in segno di saluto.
Grußadresse f messaggio m di saluto.
Grußbotschaft f → **Grußadresse**.
grüßen **A** tr **1** (*begrüßen*) *jdn* ~ salutare qu: **sie grüßt mich nicht mehr**, non mi saluta più, non mi ha tolto il saluto **2** (*als Grußformel*) *jdn von jdm* ~ salutare qu da parte di qu, portare i saluti di qu a qu: **grüß** ₍**deinen Bruder von mir**₎/[**mir deinen Bruder**]**!**, saluta tuo fratello da parte mia!, salutami tuo fratello!; **ich treffe mich heute Abend mit Gabi. - Dann ~ Sie sie von mir!**, stasera ho un appuntamento con Gabi. - Allora ₍me la saluti₎/[la saluti da parte mia!] **B** itr (*einen Gruß sagen*) salutare: **freundlich ~**, salutare cortesemente; **flüchtig ~**, accennare un saluto; **~d verließ er das Büro**, salutando lasciò l'ufficio **C** rfl *sich* ~ salutarsi: **sie ~ sich nicht mehr**, non si salutano più • **grüß** *dich*! fam (*Begrüßungsformel, wenn man jdn duzt*), salve!; **grüß** *Gott*! süddt fam, salve!, buon giorno!; **~** *lassen*: Freud lässt ~!, (qui) ₍si sente₎/[c'è lo zampino di] Freud!; **hohe Arbeitslosigkeit im Osten - Die Wiedervereinigung lässt ~!**, un alto tasso di disoccupazione all'est - Ecco gli effetti della riunificazione!; **jdn ~** *lassen*, mandare i saluti a qu; **meine Eltern lassen dich ~**, i miei genitori ti mandano tanti saluti, ti porto i saluti dei miei genitori.
Grußformel f formula f di saluto.
grußlos adv senza salutare: **~ weggehen**, andare via senza salutare.
Grußwort <-(e)s, -e> n (breve) discorso m di saluto/benvenuto: **ein ~ an jdn richten**, rivolgere un saluto a qu, dare il benvenuto a qu.
Grütze <-, -n> f **1** (*Brei aus Getreidekörnern*) (pappa f di) tritello m **2** fam obs (*Verstand*) cervello m • **~ im** *Kopf* haben fam obs, avere sale in zucca; **er hat nicht viel ~** (**im** *Kopf*), non ha molto sale in zucca, è una zucca vuota fam; **rote ~** gastr, "dolce m gelatinoso a base di frutti di bosco".
Gruyère <-s, ohne pl> m gastr gruviera m oder f, groviera m oder f, gruyère m.
G-Saite f mus corda f del sol.
G-Schlüssel m mus chiave f di sol/violino.
G 7 f pol G7 m.
G-7-Staat m pol Stato m facente parte del G7.
GSM n Abk *von engl* Global System for Mobile Communication: GSM m (*sistema mondiale per la comunicazione con telefonia mobile su 900 MHz*).
Guadeloupe <-s, ohne pl> n geog Guadalupa f.
Guajave <-, -n> f (*Frucht*) guaiava f, guava f.
Guano <-s, ohne pl> m ökol guano m.
Guatemala <-s, ohne pl> n geog Guatemala m.
Guatemalteke <-n, -n> m (**Guatemaltekin** f) guatemalteco (-a) m (f).
guatemaltekisch adj guatemalteco.
Guave <-, -n> f bot guaiava f, guava f.
gucken fam **A** itr **1** (*sehen*) *irgendwohin* ~ {AUS DEM FENSTER, DURCHS SCHLÜSSELLOCH, ÜBER DIE SCHULTER, IN DEN SPIEGEL} guardare + compl di luogo: **darf ich mal in Ihre Zeitung ~?**, posso dare una sbirciatina al Suo giornale?; *irgendwie* ~: **finster ~**, fare la faccia truce; **traurig ~**, avere un'aria triste; **was guckst du denn so dumm?**, che cos'hai da guardare? fam; **sie guckte verständnislos**, guardava incredula; **guck mal!**, guarda un po'! **2** (*herausragen*) *aus etw* (dat) ~ {BRIEF, ZEITUNG AUS DEM BRIEFKASTEN, DER TASCHE} spuntare da qc, sbucare da qc; {SONNE AUS DEN WOLKEN} *auch* fare capolino tra qc **B** tr (*ansehen*) *etw* ~ {EINEN FILM, KRIMI} guardare qc.
Guckkasten m fam scherz tivù f.
Guckkastenbühne f theat palcoscenico m con boccascena.
Guckloch n spioncino m.
Guerilla① <-, -s> f **1** (*~krieg*) guerriglia f **2** (*Gruppe von Guerillakämpfern*) banda f di guerriglieri.
Guerilla② <-(s), -s> m <meist pl> guerrigliero m.
Guerillakämpfer m (**Guerillakämpferin** f) guerrigliero (-a) m (f).
Guerillakrieg m guerriglia f.
Guerillaorganisation f organizzazione f guerrigliera/[di guerriglieri].
Gugelhupf, **Gugelhopf** <-(e)s, -e> m *süddt A CH gastr* "dolce m tipico con uvetta di forma simile al pandoro".
Güggeli <-s, -> n CH pollo m allo spiedo.
Guillotine <-, -n> f hist ghigliottina f: **auf die ~ kommen**, essere mandato alla ghigliottina.
guillotinieren <ohne ge-> tr hist *jdn* ~ ghigliottinare qu.
Guinea <-s, ohne pl> n geog Guinea f.
Gulasch <-(e)s, -e oder -s> m oder A n gastr gulasch m.
Gulaschkanone f mil fam scherz cucina f da campo.
Gulaschsuppe f gastr zuppa f di gulasch.
Gulden <-s, -> m **1** (*niederländische Währungseinheit*) fiorino m olandese **2** hist (*vom 14. bis 19. Jh. im Deutschen Reich verbreitete Goldmünze*) fiorino m.
gülden adj lit aureo.
Gülle <-, ohne pl> f liquame m, colaticcio m.
Gülleaufbereitung f trattamento m dei liquami.
Gully <-s, -s> m oder n tombino m, pozzetto m (fognario).
Gullydeckel m tombino m, chiusino m.
Gullyplatte f → **Gullydeckel**.
gültig adj **1** (*gesetzlich anerkannt*) {AUSWEIS, EINTRITTS-, FAHRKARTE, REISEPASS, REISE-} valido: **Ihre Monatskarte ist nur noch bis morgen ~**, il Suo abbonamento mensile ₍è valido solo fino a₎/[scade] domani; **das Fünfmarkstück ist nicht mehr ~**, la moneta da cinque marchi ₍non è più valida₎/[è fuori corso]; **diese Eintritts-/Fahrkarte ist für zwei Personen ~**, questo biglietto è valevole per due persone; **etw für ~ erklären**, attestare la validità di qc; **allgemein ~** {MENSCHENRECHTE}, universale; {VORSCHRIFTEN}, generale **2** jur {NORM, RECHTSGESCHÄFT} valido; (*in Kraft*) {BESTIMMUNG, GESETZ, VORSCHRIFT} in vigore, vigente: **~ werden** {BESTIMMUNG, GESETZ, VORSCHRIFT}, entrare in vigore **3** <präd> (*Geltung habend*) {KINOPROGRAMM, THEATERPROGRAMM, VERANSTALTUNGSKALENDER} valido; {FAHRPLAN} *auch* in vigore: **ab ... ~ sein**, essere ₍valido a decorrere₎/[in vigore] dal ... **4** (*verbindlich*) {LEHRSATZ, LOSUNG, MAXIME} valido.
Gültigkeit <-, ohne pl> f **1** (*Geltung*) {+AUSWEIS, EINTRITTS-, FAHR-, MONATSKARTE, REISEPASS} validità f: **~ haben**, avere validità, essere valido **2** jur (*gesetzliche Wirksamkeit*) {+NORM, RECHTSGESCHÄFT} validità f; {+BESTIMMUNG, GESETZ, VORSCHRIFT} vigenza f **3** (*das Gültigsein*) {+MAXIME, PRINZIPIEN} validità f.
Gültigkeitsdauer f (periodo m di) validità f; {+GESETZ} vigenza f.
Gültigkeitserklärung f jur convalida f, convalidazione f rar.
Gummi <-s, -s> m oder n **1** <nur sing> (*Material*) gomma f **2** fam (*Radiergummi*) gomma f per cancellare **3** fam (*~band*) elastico m fam **4** fam (*Kondom*) guanto m slang, preservativo m.
Gummiball m (*klein*) palla f di gomma; (*groß: Fußball, Handball, Volleyball*) pallone m di gomma.

Gummiband <-(e)s, *Grummibänder*> n (nastro m) elastico m.
Gummibärchen n *gastr* "caramella f gommosa a forma di orsetto".
Gummibaum m **1** (*Kautschukbaum*) albero m della gomma **2** (*Zimmerpflanze*) ficus m.
Gummiboot n gommone m.
Gummidichtung f guarnizione f di gomma.
gummieren <*ohne ge*-> tr *etw* ~ {Aufkleber, Briefmarke, Etikette} gommare *qc*.
gummiert adj {Aufkleber, Etikette} gommato.
Gummierung f {+Aufkleber, Briefmarke, Etiketten} gommatura f.
Gummigeschoss (a.R. Gummigeschoß), **Gummigeschoß** *südd A CH* n proiettile m di gomma.
Gummihandschuh m guanto m di gomma.
Gummiknüppel m sfollagente m, manganello m (rivestito di gomma).
Gummimatte f tappetino m di gomma.
Gummiparagraf, **Gummiparagraph** m *fam* articolo m/paragrafo m elastico *fam*.
Gummipuppe f bambola f di gomma.
Gummireifen m gomma f *fam*, pneumatico m.
Gummiring m anello m di gomma.
Gummischlauch m tubo m di gomma.
Gummischuh m <*meist* pl> scarpa f di gomma.
Gummischürze f grembiule m di gomma.
Gummisohle f suola f di gomma.
Gummistiefel m <*meist* pl> stivale m di gomma.
Gummistrumpf m calza f elastica.
Gummitier n animaletto m di gomma.
Gummizelle f (*in Irrenanstalt*) cella f imbottita.
Gummizug m elastico m.
Gunst <-, *ohne pl*> f *geh* **1** (*Wohlwollen*) favore m, benevolenza f: **er genießt die ~ des Präsidenten**, gode ₍della benevolenza₎/[il favore] del presidente; **sich um die ~ des Publikums bemühen**, cercare di guadagnarsi il favore/le simpatie del pubblico **2** (*Vergünstigung*) favore m: **jdn um eine ~ bitten**, chiedere un favore a qu ● **die ~ des Augenblicks/der Stunde nutzen**, sfruttare il momento favorevole, approfittare del momento propizio; **jds ~ erringen**, conquistarsi la benevolenza di qu, ottenere/riscuotere il favore di qu; **jdm eine ~ erweisen**, accordare un favore a qu; **jdm eine ~ gewähren**, concedere un favore a qu; **jds ~ gewinnen**, guadagnarsi il favore di qu, accattivarsi la benevolenza di qu; ₍**in jds**₎/[**bei jdm in**] **~ stehen**, essere nelle grazie di qu; **jds ~ verlieren**, perdere il favore di qu; **sich (dat) jds ~ verscherzen**, giocarsi il favore di qu; **zu jds ~en**, a favore di qu; **zu jds ~en aussagen**, testimoniare a favore di qu; → *auch* **zugunsten**.
Gunstbeweis m, **Gunstbezeigung** f segno m di benevolenza.
günstig A adj **1** (*zeitlich passend*) {Augenblick, Moment} favorevole, propizio **2** (*begünstigend*) {Gelegenheit, Klima, Umstand, Verhältnisse, Wetter} favorevole, propizio, {Bedingungen} vantaggioso, favorevole, {Preis, Wechselkurs} vantaggioso, conveniente: **das ist ein sehr ~es Angebot**, è un'offerta molto vantaggiosa; **das ist ein ~es Foto von dir**, sei venuto (-a) bene in questa foto B adv: **die Sterne stehen ~**, gli astri sono favorevoli; **die Chancen stehen für ihn ~**, ha buone probabilità; **hier kann man ~ einkaufen**, qui si compra bene; **im Großhandel bekommt man alles 15% ~er**, all'ingrosso costa tutto il 15% in meno ● **jdm ~ gesinnt sein**, essere bendisposto verso qu; **das trifft sich ~**, capita a proposito, che (bella) combinazione!

günstigenfalls, **günstigstenfalls** adv nella migliore delle ipotesi, nel migliore dei casi.
Günstling <-s, -e> m *pej* favorito m, protetto m: **er ist der ~ des Kanzlers**, è il favorito del cancelliere.
Günstlingswirtschaft f *pej* (politica f di) favoritismo m, nepotismo m, sistema m delle raccomandazioni.
Gurgel <-, -n> f gola f, gargarozzo m *fam* ● **jdm die ~ durchschneiden**, tagliare la gola a qu, sgozzare qu; **jdn an/bei der ~ packen**, prendere qu per la gola, afferrare qu alla gola; **jdm an die ~ springen** *fam*: **ich wäre ihm am liebsten an die ~ gesprungen**, l'avrei strozzato.
Gurgelmittel n collutorio m.
gurgeln itr **1** (*den Rachen spülen*) (*mit etw dat*) ~ {mit Kamille, Mundwasser, Salbeitee} fare i gargarismi (*con qc*): **zweimal täglich ~**, fare i gargarismi due volte al giorno **2** (*gluckern*) {ablaufende Flüssigkeit} gorgogliare.
Gurgelwasser n *pharm* → **Gurgelmittel**.
Gürkchen <-s, -> n *dim von* Gurke *gastr* cetriolino m.
Gurke <-, -n> f **1** (*Gemüsepflanze*) cetriolo m **2** (*Frucht*) cetriolo m: **eingelegte/saure ~n**, cetrioli(ni) sott'aceto **3** *fam scherz* (*große Nase*) nasone m *fam*, nappa f *fam*.
Gurkenhobel m utensile m per affettare i cetrioli.
Gurkensalat m *gastr* insalata f di cetrioli (crudi).
gurren itr {Taube} tubare.
Gurt <-(e)s, -e> m **1** (*Riemen*) cintura f, cinghia f **2** (*Sicherheitsgurt*) {+Auto, Flugzeug} cintura f (di sicurezza): **den ~ anschnallen**, allacciare la cintura **3** (*breiter Gürtel*) {+Uniform} cinturone m **4** (*Sattelgurt*) sottopancia m **5** *mil* (*Patronengurt eines Maschinengewehrs*) nastro m di mitragliatrice.
Gurtband n gros-grain m.
Gürtel <-s, -> m **1** (*festes Band aus Leder oder Stoff*) cintura f, cinghia f, cintola f: **ein breiter/schmaler ~**, una cintura alta/bassa; **den ~ der Hose enger machen/schnallen**, stringere la cintola dei pantaloni **2** (*Zone*) cintura f ● **den ~ enger schnallen** *fam*, stringere/tirare la cinghia.
Gürtellinie <-, *ohne pl*> f cintola f, cintura f ● **unterhalb der ~ sein** {Anspielung, Bemerkung, Witz}, essere a sfondo sessuale.
gürtellos adj {Kleid} senza cintura.
Gürtelreifen m (pneumatico m) cinturato m.
Gürtelrose <-, *ohne pl*> f *med* herpes m zoster *med*, fuoco m ₍di Sant'Antonio *fam*₎/[sacro] *fam*.
Gürtelschnalle f fibbia f della cintura.
Gürteltasche f marsupio m.
Gürteltier n *zoo* armadillo m.
Gurtmuffel m *autom* "chi rifiuta di allacciarsi la cintura di sicurezza in automobile".
Gurtpflicht f *autom* obbligo m di allacciare la cintura di sicurezza: **es besteht ~**, c'è l'obbligo della cintura di sicurezza.
Gurtstraffer m *autom* pretensionatore m.
Guru <-s, -s> m **1** (*religiöser Lehrer im Hinduismus oder Buddhismus*) guru m **2** *fam scherz* oder *pej* (*Vorbild*) guru m.
GUS f *geog* Abk *von* Gemeinschaft Unabhängiger Staaten: CSI f (Abk *von* Comunità di Stati Indipendenti).
Guss (a.R. Guß) <*Gusses, Güsse*> m **1** (*Wasserstrahl*) getto m: **ein ~ Wasser**, un getto d'acqua **2** *fam* (*Regenguss*) acquazzone m, rovescio m, scroscio m **3** (*das Gießen*) (*von Metall*) colata f, gettata f; {+Glocke} fusione f: **der ~ einer Bronzestatue**, la fusione di una statua di bronzo **4** (*Erzeugnis*) pezzo m fuso, getto m **5** *gastr* (*Schokoladenguss, Zuckerguss*) glassa f ● **aus ~** (*aus ~eisen*), di ghisa; **(wie) aus einem ~**, in un unico pezzo; (*homogen*) {Konzept, Leistung, Qualität, Reform} omogeneo, organico; **kalte Güsse** (*bei Kuranwendungen*), affusioni fredde, doccia fredda.
Gussbeton (a.R. Gußbeton) m calcestruzzo m colato.
Gusseisen (a.R. Gußeisen) n ghisa f.
gusseisern (a.R. gußeisern) adj {Pfanne, Topf} di ghisa.
Gussform (a.R. Gußform) f forma f/stampo m per fonderia/fusione.
Gussregen (a.R. Gußregen) m acquazzone f, rovescio m/scroscio m di pioggia.
Gussstahl, **Guss-Stahl** (a.R. Gußstahl) m acciaio m fuso.
Gustav m (*Vorname*) Gustavo.
Gusto <-s, *ohne pl*> m: **nach eigenem ~** (*nach Geschmack*), secondo i propri gusti; (*nach Belieben*) a piacimento.
gut A <*besser, beste*> adj **1** (*bestimmten Ansprüchen entsprechend*) {Essen, Lokal, Restaurant, Wein} buono: **ein gutes Buch, ein guter Film** *auch*, un bel libro, un bel film; **er spricht ein sehr gutes Deutsch**, parla un ottimo tedesco; **einen guten Geschmack haben**, avere buon gusto **2** (*gut funktionierend*) {Augen, Gehör} buono: **für sein Alter hat er noch ein gutes Gedächtnis**, per la sua età ha ancora una buona memoria **3** (*fachlich qualifiziert*) {Anwalt, Architekt, Arzt, Friseur, Lehrer, Schreiner} buono, bravo **4** (*pflichtbewusst*) {Eltern, Schüler, Student} buono, bravo: **sie ist sehr gut in der Schule**, è molto brava a scuola **5** <*präd*> *fam* (*genießbar*) buono, fresco: **ist das Fleisch noch gut?**, è ancora buona la carne? **6** (*sittlich gut, rechtschaffen*) {Christ, Katholik, Tat} buono: **für eine gute Sache kämpfen**, lottare per una buona/giusta causa **7** <*meist attr*> (*tadellos*) {Benehmen, Charakter, Manieren, Ruf} buono: **sie ist aus gutem Hause**, è di buona famiglia **8** <*attr*> (*lieb*) {Freund, Freundin} buono: **das ist ein guter Bekannter von mir**, lo conosco bene **9** <*attr*> (*gutherzig*) {Frau, Mann} bravo, buono: **eine gute Seele**, un'anima buona; **er ist ein guter Mensch**, è una brava persona; **hören Sie, guter Mann!** *iron*, senta, brav'uomo! **10** *fam* (*brav*) {Hund, Junge, Kind} bravo **11** (*angenehm*) {Nachricht, Reise} buono: **gutes Wetter**, bel tempo; **heute ist das Wetter gut**, oggi il tempo è buono/bello; **hatten Sie eine gute Reise?**, ha fatto buon viaggio?; **einen guten Eindruck machen**, fare una buona impressione **12** (*günstig*) {Angebot, Aussicht, Gelegenheit, Preis} buono, vantaggioso **13** <*attr*> (*bei höflichem Gruß oder Wunsch*): **guten Tag!**, buon giorno!; ₍**guten Abend**₎/[**gute Nacht**]!, buonasera/buonanotte!; **guten Appetit!**, buon appetito!; **gute Fahrt/Reise!**, buon viaggio!; **gute Unterhaltung!**, buon divertimento!; **gute Besserung!**, buona guarigione! **14** (*förderlich, heilsam*) {Medikament, Mittel, Tee} buono: **Zitronensaft ist ein gutes Mittel gegen Halsschmerzen**, la spremuta di limone è un buon rimedio contro/per il mal di gola; **gut**

für jdn/etw sein, fare bene a qu/qc; **ruh dich mal aus! Das ist gut für deine Gesundheit**, riposati un po'! Ti fa bene (alla salute) **15** (*für feierliche Anlässe bestimmt*) buono: **das gute Kleid anziehen**, mettersi il vestito buono; **die gute Stube**, il salotto buono **16** (*lobenswert*) {ARBEIT, BEWERTUNG, LEISTUNG, NOTE, ZEUGNIS} buono **17** (*reichlich, ertragreich*) {APPETIT, ERNTE, JAHR} buono **18** <attr> (*reichlich bemessen*) buono: **ich habe eine gute Stunde gewartet**, ho aspettato un'ora buona; **noch gute 20 km**, ancora 20 km buoni **19** (*zweitbeste Schulnote in D*) ≈ otto, buono; **sehr gut** (*beste Schulnote in D*), ≈ nove, ottimo ▣ *<besser, am besten>* adv **1** (*nicht schlecht*) {SICH BENEHMEN, HÖREN, SCHLAFEN, SPRECHEN, TANZEN} bene: **sie kann gut kochen**, cucina bene **2** (*leicht*) {SICH ERINNERN} bene: **dieser Artikel ist gut zu verkaufen**, questo articolo si vende bene; {SICH ETW MERKEN} facilmente; **er lernt gut**, apprende facilmente/[con facilità] **3** (*angenehm*): **der Wein schmeckt gut**, il vino ha un buon sapore; **das Bier schmeckt mir sehr gut**, la birra mi piace molto; **hier riecht es aber gut**, che buon odorino/profumino c'è qui!; **das Parfum riecht gut**, questo profumo mi piace **4** (*mindestens*): **das kostet mich gut drei Tage Arbeit**, mi costa ben tre giorni di lavoro; **gut die Hälfte der Arbeit ist gemacht**, una buona metà del lavoro è fatta ● *also gut! fam*, e va bene!, d'accordo!; **bei jdm gut angeschrieben sein** *fam*, essere nelle grazie di qu; *pass gut auf!*, stai ben attento (-a)!; *gut aussehen* (*gesund*), avere un bell'aspetto, avere una bella cera; (*hübsch*), essere carino; **in diesem Kleid siehst du wirklich gut aus**, questo vestito ti sta proprio bene; **du bist** (*vielleicht*) **gut!** *fam iron*, ma stai scherzando!; *Gut und Böse philos relig*, il bene e il male; **jenseits von gut und böse** *fam*, al di là del bene e del male; (**und**) **damit gut!** *fam*, e poi basta!; *gut drauf sein fam*, sentirsi/essere in forma/vena/palla *slang*; *gut gehen* → **gehen**; *gut gemacht!*, bravo (-a), bravi (-e)!, ben fatto!; *gut und gern(e)*, (*bestimmt*) tranquillamente; (*mindestens*) per lo meno; ⌊**es gut haben**⌋/[**gut dran sein**]: **du hast es gut!**, tu sì che ⌊sei fortunato (-a)!⌋/[**te la passi bene**], beato (-a) te! *fam*; **es ist gut, dass ...**, meno male che ..., per fortuna ...; **jdm ist nicht gut**, qu non ⌊si sente⌋/[**sta**] bene; *etw* ⌊*kann*⌋ *gut sein*]/[**ist gut möglich**], qc è possibilissimo; **das ist gut möglich**, può benissimo essere; **es kann gut sein, dass ...**, può darsi benissimo che ...; *konjv*; ⌊*kannst* du⌋/[*können Sie*] **so gut sein und mir helfen?**, saresti/sarebbe così gentile da aiutarmi?; *mach's gut! fam*, stammi bene!; **es gut mit jdm meinen**: **ich meine es doch nur gut mit dir!**, lo dico/faccio per il tuo bene!; *so gut wie möglich*, nel miglior modo possibile; **ich habe das Dach so gut wie möglich repariert**, ho riparato il tetto come meglio potevo; **na gut!** (*meinetwegen*), e va be'!; ⌊*du hast*⌋/[*Sie haben*] *gut reden*, parli/parla bene, hai/ha un bel dire; **das ist ja alles gut und schön, aber ...**, va tutto bene ma ...; *schon gut!*, va bene!; *sei*/[*seien Sie*] *so gut und ...*, abbi/abbia la cortesia di ... *inf*; *sich* (dat) *für etw* (akk) *zu gut sein*, non abbassarsi a qc; *es* (*mit etw dat*) *gut sein lassen*, lasciar perdere (qc); **jdm wieder gut sein**, aver fatto pace con qu; *so gut wie ...*, praticamente, quasi, pressoché; **ich habe so gut wie nichts getan**, non ho fatto ⌊**nulla o quasi**⌋/[**praticamente/quasi niente**]; **ich bin so gut wie pleite**, sono praticamente al verde; *so gut wie sicher*: **das Darlehen ist uns so gut wie sicher**, il mutuo è praticamente nostro, è praticamente sicuro che avremo il mutuo; *gut so!*, bene così; (*es genügt*), basta così!; *sich mit jdm gut stellen*, cercare di entrare in buoni rapporti con qu; *gut* (*daran*) *tun*, *etw zu tun*, fare bene a fare qc; *du würdest gut daran tun zu verschwinden*, faresti bene a sparire; *sich* (dat) *gut vorkommen pej*, credersi bravo (-a); *wer weiß, wofür/wozu das* (**noch**) *gut ist fam*, non si sa mai, potrebbe ancora servire; *gut werden* {BILD, FOTO, PROJEKT, VORHABEN}, venire/riuscire bene; **die Bilder sind sehr gut geworden**, le foto sono venute/riuscite bene; *wieder gut werden* (*sich wieder einrenken*), sistemarsi, aggiustarsi, tornare a posto; *alles wird* (**wieder**) *gut* (*werden*), tutto si ⌊rimetterà a posto⌋/[sistemerà]; *wofür/wozu soll das gut sein?*, che senso ha? a che pro?

Gut① *<-(e)s, Güter>* n **1** (*Besitz*) bene m, avere m: **bewegliche/unbewegliche Güter**, beni mobili/immobili; **wertbeständige Güter**, beni di) rifugio; **mein ganzes Hab und Gut**, tutti i miei averi **2** *geh* (*Wert*) bene m: **das höchste Gut**, il bene supremo/[più prezioso]; **geistige/irdische/materielle Güter**, beni spirituali/terreni/materiali **3** *<meist pl>* (*Waren*) merce f: **sperrige/verderbliche Güter**, merci ingombranti/deteriorabili; **Güter befördern/transportieren**, trasportare merci ● **unrecht Gut gedeihet nicht** *prov*, la farina del diavolo va (tutta) in crusca *prov*.

Gut② n (*Landgut*) podere m, proprietà f terriera; (*großes Gut*) tenuta f; (*landwirtschaftlicher Betrieb*) fattoria f: **ein Gut verwalten**, amministrare un podere.

Gutachten *<-s, ->* n perizia f: **ein ärztliches/juristisches/psychiatrisches ~**, una perizia medica/legale/psichiatrica; **ein gerichtsärztliches ~**, una perizia medico-legale; *lit* (*über ein Buch*) valutazione f; *bes. univ* (*über die Qualifikation einer Person*) (lettera f di) presentazione f ● **ein ~ anfordern**, richiedere una perizia; **ein ~ erstellen**, eseguire una perizia.

Gutachter *<-s, ->* m (**Gutachterin** f) perito (-a) m (f), esperto (-a) m (f): **ein gerichtlich bestellter ~**, un perito nominato dal tribunale.

gutartig adj **1** (*nicht aggressiv*) {MENSCH} mansueto; {TIER} *auch* docile **2** *med* {GESCHWULST, TUMOR} benigno.

Gutartigkeit *<-, ohne pl>* f **1** {+MENSCH} mansuetudine f; {+TIER} *auch* docilità f **2** *med* {+GESCHWULST, TUMOR} natura f/forma f benigna, benignità f.

gutaussehend adj → **aussehend**.

gutbetucht adj *fam* {FAMILIE} benestante; *auch* → **betucht**.

gutbezahlt adj → **bezahlt**.

gutbürgerlich adj **1** *oft pej* (*solide*) {FAMILIE} bene, borghese **2** (*einfach*) {ESSEN} semplice, casalingo, casereccio: **~e Küche**, cucina casalinga.

gutdotiert adj → **dotiert**.

Gutdünken *<-s, ohne pl>* n discrezione f, arbitrio m: **nach jds ~**, a discrezione di qu.

Gute① *<dekl wie adj>* mf: **mein ~r, meine ~**, (mio) caro, (mia) cara; **die ~n und die Bösen** (z. B. in Büchern, Filmen), i buoni e i cattivi.

Gute② *<dekl wie adj>* n **1** (*gute Seite*) lato m buono: **das ~ an der ganzen Sache ist ...**, il lato buono/positivo di tutta questa faccenda è ...; **das ~ daran ist, dass ...**, ⌊il lato positivo⌋/[**la cosa buona**] è che ... **2** (*gute Taten*) bene m: **etwas ~s tun**, fare del bene ● **alles ~!** (*für das Leben*), tante (buone) cose!; **alles ~ zu etw** (dat): **alles ~ zum Geburtstag!**, (tanti auguri di) buon compleanno!; **alles ~**

zum Examen!, rallegramenti/complimenti per la laurea!; **uns steht nichts ~s bevor**, non ci aspetta nulla di buono; **Gutes mit Bösem vergelten**, rendere male per bene; **im Guten wie im Bösen**, nel bene e nel male; **etw im Guten wie im Bösen versuchen**, provarci in tutti i modi; **etwas Gutes**, qualcosa di buono; **etw hat sein Gutes**, qc ha anche ⌊**dei lati**⌋/[**degli aspetti**] positivi; **im Guten** {SICH TRENNEN}, rimanendo amici; {JDM ETW SAGEN}, da amico; **das ~ im Menschen**, la bontà umana; **nichts Gutes**, niente/nulla di buono; **von jdm Gutes sagen**, parlare bene di qu; **des Guten zu viel**: **das ist des Guten zu viel!**, questo è (decisamente) troppo!; **des Guten zu viel tun**, strafare, esagerare; **nichts Gutes versprechen**/**verheißen**, non promettere nulla/niente di buono; **sich zum Guten wenden**, prendere una buona piega, volgere al meglio; **jdm alles ~ wünschen** (*zu einem bestimmten Ereignis*), fare tanti auguri a qu; (*für die Zukunft*), augurare ogni bene a qu; **es hat alles sein Gutes**, non tutto il male vien per nuocere *prov*.

Güte *<-, ohne pl>* f **1** (*milde Einstellung*) {+GOTT, MENSCH} bontà f: **hätten Sie bitte die ~, mir ein Taxi zu rufen?**, sarebbe così gentile/cortese da chiamarmi un taxi? **2** *obs* (*Qualität*) {+WARE} qualità f: **Ware erster ~**, merce di prima qualità ● **in aller ~**, con le buone *fam*; **(ach) du meine/liebe ~!** *fam*, Dio mio!, santo cielo!

Gütegrad m, **Güteklasse** f classe f, categoria f.

Gütekontrolle f controllo m di qualità.

Gutenachtgebet n preghiera f della buonanotte.

Gutenachtgeschichte f "storia f che si racconta ai bambini per farli addormentare".

Gutenachtkuss (a.R. Gutenachtkuß) m bacio m della buonanotte.

Gutenachtlied n ninnananna f.

Güterabfertigung f **1** *<nur sing>* (*Vorgang*) spedizione f merci **2** (*Stelle*) ufficio m (spedizione) merci.

Güterbahnhof m scalo m merci.

Güterbeförderung f trasporto m (di) merci.

Güterfernverkehr m trasporto m merci a grande/lunga distanza.

Gütergemeinschaft f *jur* comunione f dei beni: **die Eheleute leben in ~**, fra i coniugi vige il regime della comunione dei beni.

Güternahverkehr m trasporto m di merci a breve distanza.

Güterstand m *jur* regime m patrimoniale dei coniugi.

Gütertransport m → **Güterbeförderung**.

Gütertrennung f *jur* {+EHELEUTE} (regime m della) separazione f dei beni.

Güterverkehr m traffico m di merci.

Güterwagen m vagone m merci.

Güterzug m treno m merci.

Gütesiegel n sigillo m di qualità.

Gütezeichen n *com* marchio m di qualità.

gut|gehen *<irr>* itr *<sein>* → **gehen**.

gutgehend adj → **gehend**.

gutgekleidet adj → **gekleidet**.

gutgelaunt adj adv → **gelaunt**.

gutgelungen adj → **gelungen**.

gutgemeint adj → **gemeint**.

gutgläubig adj {PERSON} in buona fede; (*leichtgläubig*) ingenuo.

Gutgläubigkeit *<-, ohne pl>* f buonafede f,

ingenuità f: **jds ~ ausnutzen**, approfittare della buonafede di qu.

gut|haben <irr> tr *etw bei jdm* ~ {BETRAG} essere in credito *di qc verso qu*, avanzare *qc da qu*: **du hast noch ein Abendessen bei mir gut**, ti devo ancora una cena.

Guthaben <-s, -> n **1** bank (*Einlage*) deposito m; (*Überwiegen der Gutschriften*) saldo m attivo/creditore **2** (*Geldforderung*) credito m: **du hast bei mir noch ein ~ von 200 Euro**, ti devo ancora 200 euro.

Guthabenkarte f carta f prepagata; *tel* scheda f prepagata (per telefoni cellulari).

Guthabenzins m <*meist* pl> *bank* tasso m creditore.

gut|heißen <irr> tr *geh etw* ~ {BENEHMEN, METHODEN, VERHALTEN} approvare *qc*.

gutherzig adj {MENSCH} buono, di buon cuore: **sie ist so ~, dass ...**, è così buona che ...

Gutherzigkeit <-, ohne pl> f bontà f d'animo.

gütig adj {MENSCH} benevolo, buono: **ein ~es Schicksal**, una sorte benigna; **gegenüber jdm**/[**zu jdm**]/[**gegen jdn**] ~ **sein**, mostrarsi benevolo (-a) ͺnei confronti diͺ/ [verso] qu; **würden Sie so ~ sein zu ... geh**, mi farebbe la cortesia di ... *inf*, sarebbe così gentile da ... *inf* • **danke, zu ~!** *fam iron*, grazie, troppo buono (-a)! *iron*.

gutinformiert adj → **informiert**.

gütlich A adj {BEILEGUNG, EINIGUNG, LÖSUNG, VERSTÄNDIGUNG} amichevole B adv {ETW BEILEGEN, SICH EINIGEN, ETW REGELN} amichevolmente: **wir haben uns ~ geeinigt**, ci siamo messi (-e) d'accordo amichevolmente/[in via amichevole] • **sich an etw** (dat) ~ **tun** *form obs* (*mit Behagen essen und trinken*), gustarsi qc.

gut|machen tr **1** (*in Ordnung bringen*) *etw* ~ {FEHLER, SCHADEN} riparare *a qc*, rimediare *a qc*; {UNRECHT} riparare *a qc*; *etw* **wieder** ~ {FEHLER, UNRECHT}, riparare *qc*, rimediare *a qc*; {SCHADEN, VERLUST} *auch* risarcire qc: **nicht wieder gutzumachende Fehler**, errori irreparabili/irrimediabili; **sie hat viel an ihren Kindern gutzumachen**, deve farsi perdonare molte cose dai suoi figli

2 (*entgelten*) *etw* ~ {ENTGEGENKOMMEN, GEFALLEN, GROSSZÜGIGKEIT, HILFE} ricambiare *qc*: **das kann ich gar nicht wieder ~**, non potrò mai ricambiare.

Gutmensch m *iron* oder *pej* idealista mf (ingenuo (-a)).

Gutmenschentum n *iron* oder *pej* idealismo m (ingenuo).

gutmütig adj bonario, buono, di buon cuore: **ein ~er Mensch**, un bonaccione *fam*.

Gutmütigkeit <-, ohne pl> f bonarietà f, bontà f, bonomia f.

gutnachbarlich adj <attr> {BEZIEHUNGEN} di buon vicinato.

Gutsbesitzer m (**Gutsbesitzerin** f) proprietario (-a) m (f)/padrone (-a) m (f) di un podere.

Gutschein m *com* buono m.

gut|schreiben <irr> tr (*jdm*) *etw* ~ {BANK BETRAG, ZINSEN} accreditare *qc a qu*.

Gutschrift f **1** <nur sing> bank (*Vorgang*) accredito m, accreditamento m **2** (*Quittung*) ricevuta f di accredito **3** bank (*gutgeschriebener Betrag*) somma f accreditata, nota f di accredito.

Gutschriftsanzeige f *com* nota f di accredito.

Gutshaus n casa f/villa f padronale.

Gutsherr m (**Gutsherrin** f) *obs* → **Gutsbesitzer**.

Gutshof m podere m, fattoria f.

gutsituiert adj → **situiert**.

gut|stehen <irr> itr <*haben oder süddt A CH sein*> → **stehen**.

Gutsverwalter m (**Gutsverwalterin** f) fattore (-essa) m (f), amministratore (-trice) m (f) di un podere.

gut|tun <irr> itr (*jdm*) ~ {AUSSPANNEN, BAD, URLAUB, TRÖSTENDE WORTE} far bene (*a qu*): **giovare** (*a qu*): **die Schlammbäder haben mir sehr gutgetan**, i fanghi mi hanno ͺfatto molto beneͺ/[giovato molto]; *etw* (dat) **nicht** ~ {BONBONS, ZUCKER DEN ZÄHNEN}, non far bene a qc.

guttural adj {LAUT, STIMME} gutturale.

Guttural <-s, -e> m *ling*, **Gutturallaut** m *ling* (suono m) gutturale f.

gutunterrichtet adj → **unterrichten**.

gutverdienend adj → **verdienen**.

gutwillig A adj {MENSCH} di buona volontà, volenteroso B adv spontaneamente: **jdm ~ folgen**, seguire qu di buon grado.

Guyana <-s, ohne pl> n *geog* Guyana f.

GVO <-s, -s> m Abk *von* genetisch veränderter Organismus: OGM (Abk *von* organismo geneticamente modificato).

gymnasial adj <attr> {UNTERRICHT} del liceo, liceale: **der ~e Abschluss**, il diploma di liceo, la licenza liceale.

Gymnasiallehrer m (**Gymnasiallehrerin** f), **Gymnasialprofessor** m (**Gymnasialprofessorin** f) insegnante mf/professore (-essa) m (f) di liceo.

Gymnasiast <-en, -en> m (**Gymnasiastin** f) (studente (-essa) m (f)) liceale mf.

Gymnasium <-s, Gymnasien> n liceo m: **nächstes Jahr geht mein Sohn aufs** ~, l'anno prossimo mio figlio andrà al liceo • **humanistisches/ [mathematisch-naturwissenschaftliches]/[neusprachliches]** ~, liceo classico/scientifico/linguistico; **musisches** ~, liceo a indirizzo musicale e artistico.

Gymnastik <-, ohne pl> f *sport* ginnastica f: ~ **machen/treiben**, fare ginnastica.

Gymnastikanzug m tuta f da ginnastica.

Gymnastikkurs m corso m di ginnastica.

Gymnastiklehrer m (**Gymnastiklehrerin** f) insegnante mf di ginnastica.

Gymnastikübung f esercizio m di ginnastica.

Gymnastikunterricht m (*in der Schule*) lezione f di ginnastica.

gymnastisch adj *sport* {TRAINING} ginnico; {ÜBUNG} *auch* di ginnastica.

Gynäkologe <-n, -n> m (**Gynäkologin** f) *med* ginecologo (-a) m (f).

Gynäkologie <-, ohne pl> f *med* ginecologia f.

Gynäkologin f → **Gynäkologe**.

gynäkologisch adj {EINGRIFF, UNTERSUCHUNG} ginecologico; {ABTEILUNG, STATION} *auch* di ginecologia.

Gyroskop <-s, -e> n giroscopio m.

H, h

H, h <-, - oder fam -s> n **1** (Buchstabe) H, h f oder m **2** mus si m ● **H-Dur** mus, si maggiore; **H wie Heinrich**, h come hotel, la h di hotel fam; **h-Moll** mus, si minore; → auch **A, a**.

h Abk von hora (Stunde): h (Abk von hora) (ora); <hochgestellt>: (Uhr): 2ʰ, ore due.

ha ① Abk von Hektar: ha (Abk von ettaro).

ha ② interj (erstaunt, voller Genugtuung) ah!, ha!, **ha, ich fasse es nicht!**, ah, non ci credo!; **ha! Der wird noch sein blaues Wunder erleben!**, ha! Ne vedrà delle belle!

hä interj (fragend) eeh?; (schadenfroh) ah!

Haager <inv> adj dell'Aia: ~ **Tribunal**, il Tribunale dell'Aia.

Haar <-(e)s, -e> n **1** (einzelnes Kopfhaar) capello m **2** (alle Kopfhaare): **das Haar/die Haare** i capelli; **kurze ~e haben**, avere i capelli corti; ₍das ~₎/[die ~e] **lang tragen**, portare i capelli lunghi; ₍schönes ~₎/[schöne ~e] **haben**, avere di bei capelli, avere una bella capigliatura; **jdm fallen die ~e aus**, qu perde/[sta perdendo] i capelli, a qu cadono i capelli; **sich (dat) die ~e schneiden/wachsen lassen**, farsi tagliare/crescere i capelli; **sich (dat) die ~e waschen**, lavarsi i capelli, farsi uno shampoo fam **3** (von Bart, am Körper, bei Pflanze, Tier) pelo m ● **da stehen einem ja die ~e zu Berge!** iron, cose da pazzi! iron; **~ breit** → **Haarbreit**; **sich (dat) aufs ~ gleichen**, assomigliarsi come due gocce d'acqua; **sich (dat) in die ~e geraten/kriegen** fam, prendersi per i capelli, accapigliarsi; **an den ~en herbeigezogen sein** fam, essere tirato per i capelli fam; **jdm die ~e vom Kopf fressen**, riempirsi la pancia a spese di qu fam; **jdm kein ~ krümmen** fam, non torcere un capello a qu; **an jdm kein gutes ~ lassen**, fare il pelo e il contropelo a qu; **~e lassen müssen**, uscirne con le ossa rotte; **sich (ständig) in den ~en liegen**, (continuare a) litigare; **sich (dat) (vor etw dat) die ~e (aus)raufen** fam {VOR RATLOSIGKEIT, WUT}, mettersi le mani nei capelli (da/per qc); **immer ein ~ in der Suppe finden**, cercare/trovare sempre il pelo nell'uovo; **um ein ~**, per un pelo; **um ein ~ hätte ich das Flugzeug/die Maschine verpasst**, per un pelo non ho perso l'aereo, c'è mancato un pelo che perdessi l'aereo; **sich (dat) wegen** ₍jds willen₎/[jdm/etw fam] **keine grauen ~e wachsen lassen**, non prendersela troppo per qu/qc, non farsi venire l'esaurimento per qu/qc fam; **~e auf den Zähnen haben**, essere un attaccabrighe fam.

Haaranalyse f med analisi f tricologica/[del capello].

Haaransatz m attaccatura f dei capelli.

Haarausfall m caduta f dei capelli, alopecia f wiss.

Haarband n nastro m per capelli.

Haarbreit n: ₍nicht (um) ein₎/[(um) kein] **~ von seiner Meinung abweichen**, non spostarsi neanche di un capello.

Haarbürste f spazzola f per capelli.

haaren itr {HUND, KATZE} perdere il pelo.

Haarentferner m, **Haarentfernungsmittel** n crema f depilatoria.

Haarersatz m (Perücke) parrucca f; (Toupet) toupet m.

Haaresbreite f: **um ~** {VERFEHLEN}, per un pelo, di/per un soffio.

Haarfarbe f colore m dei capelli.

Haarfestiger m fissatore m per capelli.

Haarfollikel m follicolo m pilifero.

Haargarn n text filato m di crine.

Haargefäß n anat (vaso m) capillare m.

haargenau fam Ⓐ adj esattissimo; {BESCHREIBUNG, SCHILDERUNG} auch minuzioso Ⓑ adv in modo esatto/preciso; **etw ~ erzählen**, raccontare qc per filo e per segno fam; **etw ~ kennen**, conoscere qc benissimo/[per filo e per segno fam]; **das stimmt ~!**, è proprio così!

Haargummi m oder n elastico m per capelli.

haarig adj **1** (behaart) peloso **2** fam {ANGELEGENHEIT, SACHE} spinoso fam, delicato; (schlimm) brutto.

Haarklammer f molletta f per capelli, beccuccio m.

haarklein adv fam {BESCHREIBEN, WEITERERZÄHLEN} per filo e per segno fam.

Haarklemme f → **Haarklammer**.

Haarknoten m chignon m, crocchia f.

Haarkranz m **1** (Halbglatze) chierica f **2** (Steckfrisur) crocchia f, chignon m.

Haarkur f trattamento m rinforzante per capelli, maschera f per capelli.

Haarlack m → **Haarspray**.

haarlos adj (auf dem Kopf) senza capelli, calvo, pelato fam; (am Körper) senza peli, glabro lit.

Haarnadel f forcina f.

Haarnadelkurve f curva f a gomito; (im Gebirge) tornante m.

Haarnetz n retina f (per capelli).

Haarpflege f cura f dei capelli.

Haarpracht f chioma f/capigliatura f lunga e folta.

Haarreif m cerchietto m.

Haarriss (a.R. Haarriß) m metall cricca f; bau microfessura f.

haarscharf fam Ⓐ adj {AUFNAHME, BEOBACHTUNG} esattissimo, molto preciso Ⓑ adv **1** (sehr genau) con la massima precisione, {KALKULIEREN} al pelo/centesimo **2** (knapp): **~ einer Verhaftung entgehen**, sfiorare l'arresto, sfuggire all'arresto per un soffio; **der Schuss ging ~ an ihm vorbei**, il colpo lo ha mancato per un pelo/[poco]; **der Schuss ging ~ am Ziel vorbei**, per ₍un pelo₎/[poco] il colpo ha fallito il bersaglio; **lass mich mal ~ überlegen** fam, fammi fare bene i conti fam; **das musst du dir mal ~ überlegen** fam, devi pensarci su bene fam.

Haarschnitt m taglio m di capelli.

Haarspalterei <-, -en> f <meist pl> sottigliezza f, lambiccamento m fam; **~en betreiben**, spaccare il capello in quattro, (star lì a) far cavilli, perdersi in sottigliezze.

haarspalterisch adj {PROSA} arzigogolato, lambiccato fam; {ARGUMENTATION} cavilloso.

Haarspange f fermaglio m per capelli.

Haarspitze f punta f del capello.

Haarspray n oder m lacca f per capelli.

Haarsträhne f ciocca f di capelli.

haarsträubend adj {GESCHICHTE} ₍che fa₎/[da far] rizzare i capelli, orripilante, raccapricciante.

Haarteil n toupet m, posticcio m.

Haartransplantation f trapianto m di capelli.

Haartrockner <-s, -> m asciugacapelli m, fon m.

Haarwäsche f lavaggio m dei capelli; (beim Friseur) shampoo m.

Haarwaschmittel n shampoo m.

Haarwasser n lozione f per capelli.

Haarwild n selvaggina f di pelo.

Haarwuchs m **1** (Vorgang: von Kopfhaar) crescita f dei capelli; (von Körperhaar) crescita f dei peli **2** (Zustand: beim Menschen) capigliatura f: **einen spärlichen ~ haben**, avere una capigliatura rada; (bei Tieren) pelo m.

Haarwuchsmittel n lozione f anticaduta (capelli).

Haarwurzel f radice f dei capelli.

Hab n: **mein (ganzes) Hab und Gut**, tutti i miei averi.

Habachtstellung, **Hab-Acht-Stellung**, **Habtachtstellung**, **Habt-Acht-Stellung** f A: **in ~ sein**, stare sull'attenti, stare sul chi va là.

Habe <-, ohne pl> f geh averi m pl, beni m pl: **bewegliche ~**, beni mobili; **persönliche ~**, beni personali.

Habeas-Corpus-Akte f jur hist habeas corpus m.

haben ① <hat, hatte> Hilfsverb **1** (zur Bildung des Perfekts und des Plusquamperfekts) **~ + part perf** avere/essere + part perf: **wir haben gegessen**, abbiamo mangiato; **es hat geschneit**, ha/è nevicato; **das Geld hat nicht gereicht**, i soldi non sono bastati; **er hat sich geschämt**, si è vergognato; **ich habe sie gesehen**, l'avevo vista **2** (zur Bildung des Futur II) **werden + part perf + ~**: **bald wird sie alles vergessen haben**, presto avrà dimenticato tutto; (zum Ausdruck einer Vermutung): **er wird den Schlüssel verloren haben**, avrà

haben | Hafnium

perso la chiave **3** (*zur Bildung des Konjunktiv Plusquamperfekt*) avere, essere: **du hättest mich anrufen sollen**, avresti dovuto chiamarmi; **hätten sie nicht früher kommen können?**, non sarebbero potuti (-e) venire prima?; (*in Konditionalsätzen*) **wenn ich gekonnt hätte, hätte ich dir geholfen**, se avessi potuto, ti avrei aiutato.

haben② ‹*hat, hatte, gehabt*› Vollverb tr **1** (*besitzen*) **jdn/etw** ~ avere *qu/qc*: **ich habe einen neuen Computer**, ho un computer nuovo; **ich habe keine Geschwister**, non ho fratelli; **er hat die Masern**, ha la varicella; **ich habe eine Idee!**, ho un'idea!; **die Augen hat Lukas von seiner Mutter**, Lukas ha gli occhi di sua madre; **wie hast du?**, che hai?; **etw ~ wollen**, desiderare qc, volere avere qc *fam*; **jdn/etw bei sich** (dat) **~**, avere con sé qu/qc; **ich hätte gern einen Hund**, vorrei un cane **2** ‹**1.** *pers pl*› (*bei Zeitangaben*): **heute ~ wir den 10. Juni**, oggi è il 10 giugno; **wir ~ jetzt Winter**, siamo in inverno; **wir ~ heute schlechtes Wetter**, oggi il tempo è brutto **3** *fam* (*nicht ertragen*): **etw nicht ~ können**, non sopportare qc **4** (*erledigt haben*): **etw hinter sich** (dat) **~** {PRÜFUNG, SCHULE}, avere ormai fatto qc; **den Stress hast du nun hinter dir**, lo stress ormai è passato; **das hast du nun hinter dir**, questo ormai è passato, questa ormai è passata *fam*; **etw vor sich** (dat) **~** {ARBEIT, LEBEN, REISE}, avere davanti qc **5** *fam* (*Schmerzen haben*): **es irgendwo ~**, avere (il) mal di + *subst*, avere problemi di + *subst*; **es im Hals ~**, avere (il) mal di gola; **es am Magen ~**, avere problemi di stomaco **6** *meist pej*: **etw an sich** (dat) **~** {ART, BENEHMEN, TON}, avere di ...; **er hat so ein unhöfliches Benehmen an sich**, ha del maleducato **7** (*verfügbar sein*): **noch zu ~ sein** *fam* {GRUNDSTÜCK, HAUS}, essere in vendita; {FRAU, MANN} essere ancora libero; **für etw** (akk) **zu ~ sein**, starci a/per qc; **dafür bin ich immer zu ~**, a questo non dico mai di no *fam* **8** (*unterstützt werden*): **jdn** (bei etw dat) **für sich ~**, avere qu dalla propria parte (in qc) **9** (*müssen*): **zu + inf ~**, aver da + *inf*: **ich habe zu tun**, ho da fare; **er hat hier nichts zu sagen**, lui qui non ha niente da dire; **das hat nichts zu sagen**, (*irrelevant sein*), non vuol dire niente, non ha alcuna importanza ● **es mit etw** (dat) **auf sich** (dat) **~**, significare qc; **was hat es damit auf sich?**, che cosa significa?; **da ~ wir's!** (*das war ja abzusehen*), eccoci! *iron*; **(et)was dagegen ~**, avere qualcosa in contrario; **nichts dagegen ~**, non aver nulla in contrario; **das hast du nun davon!**, ⌐ecco cosa⌐/[questo è quello che] ci hai guadagnato!; **was habe ich** (denn) **davon?**, che vantaggio ne ho⌐/[mi porta]? *fam*, cosa ci guadagno?; **hast du's?, haste es?** *fam*, ci sei? *fam*; *frei* ~ → **frei|haben**; **(et)was für sich ~**, avere i propri ˪lati positivi˩/[vantaggi]; **(et)was gegen jdn/etw ~**, avercela con qu/qc *fam*; **das werden wir gleich ~**, lo sistemeremo subito; **es gut ~**, passarsela bene *fam*; **du hast es gut, du hast Ferien!**, beato (-a) te che vai in vacanza!; **jdn hinter sich haben** (*von jdm unterstützt werden*), essere appoggiato da qu; **ich hab's!** *fam*, ci sono!, ho capito! *fam*; **jetzt hab ich's!** *fam*, adesso sì che ci sono (arrivato (-a))! *fam*; **es in sich ~**, essere un (vero) grattacapo *fam*; **wir haben's ja!** *fam*, tanto siamo ricchi (-e)!; **jdn/etw lieb ~** {MENSCHEN, TIER}, volere bene a qu/qc; **ich habe dich lieb**, ti voglio bene; **er hat sie nicht mehr lieb**, non le vuole più bene; **sich/einander lieb ~**, volersi bene; **sie haben sich lieb**, si vogliono bene; **mit jdm (et)was ~** *fam*, avere una storia con qu, intendersela con qu *pej*; **es mit etw** (dat) **~** *fam* (*Probleme, Schmerzen haben*) {MIT DEM MAGEN}, avere problemi di qc; (*von etw begeistert sein*), avere il pallino di qc *fam*; **mit der Musik hat er's (aber)!**, la musica è (proprio) il suo chiodo fisso!; **die beiden ~ (et)was miteinander/zusammen**, quei due hanno una storia, quei due se la intendono *pej*; **sich ~ fam** (*sich zieren*), fare il prezioso/la preziosa; (*übertrieben reagieren*), essere esagerato; **und damit hat sich's!** *fam*, e chiuso! *fam*, e buonanotte al secchio! *fam*; **hab dich doch nicht so!**, non prendertela così!, non avertene a male!; **von jdm (et)was ~**, godersi qu, godere della compagnia di qu *geh*; **von jdm nichts (mehr) ~**, non vedere (più) qu *fam*; **seitdem du so viel arbeitest, habe ich nichts mehr von dir**, dacché lavori così tanto, non ti vedo più; **von** (dat) **(et)was ~**, godersi qc; **von** (dat) **nichts ~**, non godersi qc; **ich will von meinem Urlaub auch etwas ~**, le ferie voglio godermele almeno un po'; **das hast du nun von deiner Gutmütigkeit!**, ecco quel che succede a essere troppo buoni!; **jd hat was an jdm**, qu è importante per qu; **erst nachdem sie ihn verlassen hatte, merkte sie, was sie an ihm gehabt hatte**, soltanto dopo averlo lasciato, si accorse quanto era stato importante per lei; **wie hätten Sie's denn gerne?** (*wie wäre es Ihnen recht?*), come le piacerebbe?; (*auf eine konkrete Auswahl bezogen*) cosa/quale le piacerebbe?

Haben ‹-s, ohne pl› n avere m, credito m: **im ~ sein**, essere in credito.

Habenichts ‹-(-es), -e› m poveraccio m, spiantato m, nullatenente m.

Habenseite f *bank* colonna f dell'avere.

Habenzins m *bank* interesse m attivo/creditore.

Habgier f avidità f, cupidigia f.

habgierig adj avido.

habhaft adj **jds ~ werden** *geh* {+EINES MÖRDERS, TÄTERS}, mettere le mani su qu, catturare qu; **etw** (gen) **~ werden** *geh*, entrare in possesso di qc, impadronirsi di qc.

Habicht ‹-s, -e› m *ornith* astore m.

habil *univ Abk von* habilitatus: abilitato alla libera docenza: **sie ist Dr. jur. ~**, è abilitata alla libera docenza in giurisprudenza.

Habil ‹-, ohne pl› f *slang univ* **1** Abk von Habilitation: abilitazione alla libera docenza **2** Abk von Habilitationsschrift: dissertazione f per l'abilitazione alla libera docenza.

Habilitand ‹-en, -en› m (**Habilitandin** f) *univ* candidato (-a) m (f) che sta scrivendo la dissertazione per l'abilitazione alla libera docenza.

Habilitation f *D univ* abilitazione f alla libera docenza.

Habilitationsschrift f *univ* dissertazione f per l'abilitazione alla libera docenza.

habilitieren ‹ohne ge-› itr rfl (sich) (**bei jdm irgendwo**) **~** {BEI PROFESSOR X AN DER UNI HEIDELBERG} conseguire la libera docenza (con qu/+ compl di luogo).

Habitat ‹-s, -e› n **1** *biol* habitat m **2** (*Unterwasserstation*) osservatorio m sottomarino.

habituell adj abituale.

Habitus ‹-, ohne pl› m *geh* **1** (*Erscheinungsbild*) aspetto m, habitus m: **äußerer ~**, aspetto esteriore **2** *biol* abito m, habitus m ● **geistiger ~**, abito mentale, forma mentis *geh*.

Habsburg ‹-s, ohne pl› n *hist* Asburgo: **das Haus ~**, la dinastia degli Asburgo.

Habsburger① ‹inv› adj ‹attr› asburgico: **die ~ Monarchie**, la monarchia asburgica.

Habsburger② ‹-s, -› m (**Habsburgerin** f) *hist* Asburgo: **die ~**, gli Asburgo.

Habseligkeiten subst ‹nur pl› *obs* averi m pl, carabattole f pl *fam*; **seine wenigen ~**, (quel)le poche cose che possiede.

Habsucht f *pej* → **Habgier**.

habsüchtig adj *pej* → **habgierig**.

hach interj (*Ausruf der Überraschung*) oh!: **~, ist das komisch!**, oh, che buffo!

Hachse ‹-, -n› f **1** *zoo* stinco m **2** *slang* gamba f.

Hackbeil n accetta f.

Hackbraten m polpettone m.

Hackbrett n tagliere m.

Hacke① ‹-, -n› f *norddt* (*Ferse*) tallone m, calcagno m; (*Absatz*) tacco m ● **sich** (dat) **die ~n nach etw** (dat) **ablaufen** *fam*, girare dappertutto per trovare qc; **einen im ~ haben** *norddt fam*, essere ubriaco fradicio.

Hacke② ‹-, -n› f (*Picke*) zappa f.

hackedicht adj *slang* sbronzo.

hacken A tr **etw ~** {BEET, BODEN, ERDE} zappare qc; {HOLZ} spaccare qc, tagliare qc; {PETERSILIE, ZWIEBELN} tritare qc: **etw klein ~** {HOLZ}, spaccare qc (in piccoli pezzi); {FLEISCH, GEMÜSE, PETERSILIE, ZWIEBEL}, tritare qc B itr **1** (*picken*) **nach jdm/etw ~** {TIER} beccare qu/qc **2** *inform* entrare abusivamente nei sistemi informatici altrui **3** *slang sport* giocare in modo scorretto.

Hacker ‹-s, -› m (**Hackerin** f) **1** *inform* hacker mf, pirata m informatico **2** *slang sport* giocatore (-trice) m (f) scorretto (-a).

Hackfleisch n carne f macinata ● **aus jdm ~ machen** *fam*, fare polpette di qu *fam*.

Hackfleischbällchen n *gastr* polpetta f.

Hackordnung f **1** {+HÜHNER, VÖGEL} ordine m gerarchico, gerarchia f **2** (*Machtstruktur*) gerarchia f.

Häcksel ‹-s, ohne pl› n *oder* m *agr* pagliata f.

Hacksteak n (h)amburger m, bistecca f svizzera.

hadern itr *geh*: **mit seinem Schicksal ~**, non darsi pace, prendersela con il destino.

Hades ‹-, ohne pl› m *myth*: **der ~**, l'Ade.

Hafen ‹-s, Häfen› m porto m: **einen ~ anlaufen, toccare un porto; aus einem ~ auslaufen**, uscire da un porto; **in den ~ einlaufen**, entrare in porto; **im ~ von Genua liegen**, essere ancorato nel porto di Genova ● **(mit jdm) in den ~ der Ehe einlaufen** *scherz*, convolare a giuste nozze (con qu), approdare al matrimonio.

Hafenamt n capitaneria f di porto, autorità f portuale.

Hafenanlagen subst ‹nur pl› opere f pl/strutture f pl portuali.

Hafenarbeiter m (**Hafenarbeiterin** f) portuale mf, lavoratore (-trice) m (f) del porto.

Hafenbecken n darsena f, bacino m del porto.

Hafeneinfahrt f imboccatura f/entrata f del porto.

Hafengebühr f diritto m/tassa f d'ancoraggio.

Hafengelände n zona f portuale.

Hafenpolizei f polizia f portuale.

Hafenrundfahrt f giro m turistico del porto.

Hafenstadt f città f portuale/[di porto].

Hafenviertel n quartiere m del porto.

Hafer ‹-s, ohne pl› m avena f ● **dich sticht wohl der ~!** *fam*, ma sei impazzito *-a*! *fam*.

Haferflocken subst ‹nur pl› fiocchi m pl d'avena.

Haferschleim m pappetta f di fiocchi d'avena.

Haff ‹-(e)s, -e *oder* -s› n *geog* haff m.

Haflinger ‹-s, -› m *zoo* avelignese m.

Hafnium ‹-s, ohne pl› n *chem* afnio m.

Haft <-, ohne pl> f 1 (*Verhaftung*) arresto m 2 (*Zeit im Gefängnis*) detenzione f, reclusione f • **sich irgendwo in ~** *befinden*, essere detenuto + compl di luogo; **jdn aus der ~ entlassen**, rilasciare qu, rimettere in libertà qu; **lebenslängliche ~**, detenzione a vita; **jdn in ~ nehmen**, arrestare qu; **irgendwo in ~ sein**, essere detenuto + compl di luogo; **jdn zu ... Jahren ~ verurteilen**, condannare qu a ... anni di detenzione.

Haftanstalt f penitenziario m, prigione f, carcere m.

Haftaussetzung f *jur* sospensione f temporanea della pena.

haftbar adj ~ (*für etw akk*) responsabile (*di qc*); **für etw (akk) ~ sein** (*im Zivilrecht*), essere civilmente responsabile di qc; **jdn für etw ~ machen**, considerare/ritenere qu responsabile di qc; **persönlich ~ sein**, essere personalmente responsabile.

Haftbedingungen subst <nur pl> condizioni f pl di detenzione: **unmenschliche ~**, condizioni di detenzione disumane.

Haftbefehl m *jur* mandato m di cattura; (*früher, heute nur noch im allgemeinen Sprachgebrauch*) ordinanza f di custodia cautelare: **(einen) ~ gegen jdn erlassen**, emettere un mandato di cattura nei confronti di qu.

Haftdauer f durata f della pena.

haften① itr 1 (*festkleben*) **an etw** (dat) ~ aderire *a qc*, rimanere attaccato (-a) *a qc* fam: **diese Reifen ~ auf nassem Untergrund nur schlecht**, queste gomme non hanno una buona tenuta su fondo bagnato 2 geh (*gerichtet sein*) **auf jdm/etw** ~ {BLICKE} essere fisso *su qu/qc*; (*jdn begleiten*) **an jdm ~** {MAKEL} seguire *qu* • **an etw** (dat) **~ bleiben**, aderire *a qc*, rimanere attaccato (-a) *a qc*; **im Gedächtnis ~ bleiben**, restare impresso (-a) (nella memoria).

haften② itr **für jdn/etw** ~ 1 (*bürgen*) garantire *per qu/qc* 2 (*verantwortlich sein*) rispondere *di qu/qc*: **Eltern ~ für ihre Kinder**, i genitori rispondono dei loro figli.

haften|bleiben <irr> itr <sein> 1 a.R. von haften bleiben → **haften**① 2 (*im Gedächtnis*) → **haften**①.

haftend① adj (*festklebend*) {ETIKETT, MATERIAL} adesivo: **gut ~e Reifen**, pneumatici che hanno una buona aderenza.

haftend② adj *jur* responsabile: **persönlich ~er Gesellschafter**, socio a responsabilità illimitata; (*in einer Kommanditgesellschaft*) socio accomandatario.

Haftentlassene <dekl wie adj> mf ex detenuto (-a) m (f).

Haftentlassung f scarcerazione f.

haftfähig adj <präd> *jur*: **~ sein**, essere passibile di pena detentiva.

Häftling <-s, -e> m detenuto (-a) m (f), recluso (-a) m (f).

Haftnotiz f post-it® m.

Haftpflicht f ~ (*für etw akk*) responsabilità f civile (*di/per qc*).

haftpflichtig adj responsabile: **~ sein** *jur* (*im Zivilrecht*), essere civilmente responsabile di qc.

haftpflichtversichert adj assicurato per responsabilità civile (verso terzi).

Haftpflichtversicherung f assicurazione f di responsabilità civile (verso terzi).

Haftpsychose f *psych* psicosi f da detenzione.

Haftrichter m (**Haftrichterin** f) ≈ giudice mf delle indagini preliminari (*Abk* GIP), gip mf *fam*.

Haftschale f <meist pl> opt lente f a contatto.

Haftstrafe f pena f detentiva/[di detenzione]: **eine ~ verbüßen**, scontare una pena.

haftunfähig adj <präd> *jur*: **~ sein**, non essere passibile di pena detentiva.

Haftung① <-, -en> f <meist sing> 1 (*Verantwortlichkeit*) ~ (*für etw* akk) responsabilità f (civile) (*di qc*) 2 ökon (*Bürgschaft*) ~ (*für jdn/etw*) garanzia f (*per qu/qc*) • **Gesellschaft mit** *beschränkter* **~** (*Abk* GmbH), società a responsabilità limitata (*Abk* s.r.l.); **für etw (akk) die ~ übernehmen**, assumersi la responsabilità di qc; **die ~ dafür übernehmen, dass ...**, garantire che ....; **für eventuelle Schäden wird keine ~ übernommen**, si declina ogni responsabilità per eventuali danni.

Haftung② <-, ohne pl> f (*Kontakt*) ~ (**an etw** dat) aderenza f (*a qc*); {+REIFEN} tenuta f di strada.

Haftungsausschluss (a.R. Haftungsausschluß) m *jur* esclusione f della responsabilità.

Hafturlaub m *jur* permesso m premio.

Hagebutte <-, -n> f frutto m di rosa canina, cinorrodo m.

Hagebuttentee m infuso m/tisana f di rosa canina.

Hagel <-s, ohne pl> m 1 meteo grandine f 2 (*Menge*) ~ **von etw** (dat) {VON PROTESTEN, VORWÜRFEN} marea f/grandine f *di qc*.

Hagelkorn n chicco m di grandine.

hageln unpers 1 meteo grandinare: **es hagelt**, grandina 2 (*über jdn hereinbrechen*) **es hagelt etw**, piove qc; **es hagelte Vorwürfe**, piovvero rimproveri.

Hagelschaden m danno m causato dalla grandine.

Hagelschauer m grandinata f.

Hagelschlag m tempesta f di grandine.

hager adj {ARM, GESICHT} scarno.

Hagestolz <-es, -e> m obs oder lit scapolone m impenitente.

Hagiografie, **Hagiographie** <-, -n> f *relig* agiografia f.

ha ha interj (*lachend*) auch iron ah, ah!

hahaha interj → **ha ha**.

Häher <-s, -> m ornith ghiandaia f.

Hahn① <-(e)s, Hähne> m ornith gallo m • (**der**) **~ im Korb sein** *fam*, fare il gallo nel pollaio *fam*; **danach** *kräht* **kein ~**, non gliene importa niente a nessuno *fam*.

Hahn② <-(e)s, Hähne> m 1 tech rubinetto m: **den ~ auf-/zudrehen**, aprire/chiudere il rubinetto; **der ~** *tropft*, il rubinetto gocciola 2 (*von Schusswaffen*) grilletto m • **jdm den ~ zudrehen** *fam*, tagliare i viveri a qu.

Hähnchen <-s, -> n gastr 1 (*kleiner Hahn*) galletto m 2 (*Brathähnchen*) pollo m (arrosto).

Hahnenfuß m *bot* ranuncolo m.

Hahnenkamm m 1 zoo cresta f (di gallo) 2 *fam bot* cresta f di gallo 3 *fam* (*Haartolle*) banana f *fam*.

Hahnenkampf m combattimento f di galli.

Hahnenschrei m: **beim ersten ~**, al primo canto del gallo.

Hahnentritt m biol germe m dell'uovo.

Hahnentrittmuster n text pied-de-poule m.

Hahnrei <-s, -e> m obs cornuto m, becco m *fam*.

Hai <-(e)s, -e>, **Haifisch** m *fisch* pescecane m, squalo m.

Hain <-(e)s, -e> m poet boschetto m.

Hairstylist <-en, -en> m (**Hairstylistin** f) hairstylist mf.

Haiti <-s, ohne pl> n geog Haiti f.

Haitianer <-s, -> m (**Haitianerin** f) haitiano (-a) m (f).

haitianisch adj haitiano.

Häkchen <-s, -> n fam ling pipa f, pipetta f • **was ein ~ werden will, krümmt sich beizeiten** *prov*, il buon giorno si conosce dal mattino *prov*.

häkeln tr **etw ~** fare qc all'uncinetto: **eine gehäkelte Decke**, una coperta (fatta) all'uncinetto.

Häkelnadel f uncinetto m.

haken 🇦 tr 1 (*mit Haken befestigen*) **etw an/in etw** (akk) ~ agganciare qc a qc 2 sport **jdn ~** fare lo sgambetto *a qu* 🇧 itr rimanere agganciato (-a), esserci bloccato.

Haken <-s, -> m 1 tech gancio m; (*kleiner ~*) uncino m; (*für Kleider*) attaccapanni m; {+ANGEL} amo m 2 (*graphisches Zeichen*) irgendwo einen ~ machen, spuntare qc; **auf einer Liste hinter jedem Namen einen ~ machen**, spuntare tutti i nomi di una lista 3 Boxen gancio m, crochet m • **einen ~ haben**: **die Sache hat einen ~**, c'è un inconveniente, c'è un problemino *fam*; **etw vom ~ nehmen**, staccare qc; **einen ~ schlagen**, fare uno scarto.

hakenförmig adj uncinato, a forma di uncino.

Hakenkreuz n (*bes. als Symbol der nationalsozialistischen Partei*) croce f uncinata, svastica f.

Hakennase f naso m adunco.

halb 🇦 adj <attr> 1 (*die Hälfte von etw*) mezzo: **auf** ⌊**-er Strecke**⌋/[**-em Weg**], a metà strada; **ein ~es Jahr**, sei mesi; **ein Liter Wasser**, mezzo litro di acqua; **mit ~er Stimme**, a mezza voce; **die ~e Strecke geht es bergauf**, la metà del percorso è in salita; **jede/alle** *fam* **~e Stunde fährt ein Zug nach Stuttgart**, ogni mezz'ora parte/[c'è] un treno per Stoccarda; **etw zum ~en Preis verkaufen**, vendere qc a metà prezzo 2 <inv> (*bei geographischen Namen*) mezzo: **Rom war auf den Beinen**, mezza Roma si era mobilitata 3 *mus*: **eine ~ Note**, un semitono 🇧 adv 1 (*zur Hälfte, teilweise*) mezzo 2 (*zur Hälfte, in der Mitte*) a metà 3 (*bei Uhrzeiten*) e mezzo/mezza *fam*: **um ~ drei**, alle due e mezzo/mezza; **es ist gleich ~**, è quasi la mezza 4 (*bei Proportionalangaben*): ~ **so +** *adj* **wie ...**: **meine Wohnung ist nur ~ so groß wie deine**, il mio appartamento è solo la metà del tuo; **der rote Pullover ist nur ~ so teuer wie der grüne**, il maglione rosso costa soltanto la metà di quello verde; **meine Tasche ist nur ~ so schwer wie deine**, la mia borsa pesa soltanto la metà della tua; **er ist nur ~ so sicher wie er aussieht**, è molto meno sicuro di quanto sembra/sembri; **sein neuer Film ist nicht ~ so gut wie sein letzter**, il suo nuovo film vale soltanto la metà dell'ultimo; **das ist ~ so schlimm/wild** *fam*, non è poi così grave, non è la fine del mondo *fam* • **... ~ ..., mezzo ... mezzo ...; ~ und ~** (*zu gleichen Teilen*), (per) metà ... per metà ...; **~** *lachend***, ~** *weinend*, tra il riso e il pianto; **~ Mensch, ~ Tier sein** *myth*, essere (per) metà uomo, (per) metà animale; **nichts Halbes und nichts** *Ganzes* **sein** (*weder das eine noch das andere sein*), non essere né cotto né crudo; (*noch nicht fertig sein*), essere ancora a metà; **etw ~** *öffnen* {TÜR}, socchiudere qc; **ich habe mich ~** *totgelacht* *fam*, sono quasi morto (-a) dal ridere *fam*; **etw nur ~ *tun***, fare qc a metà; **~** *verhungert* **sein**, essere mezzo (-a) morto (-a) di fame; **jdm etw ~ *versprechen***, fare una mezza promessa a qu; **das ist nur die ~e** *Wahrheit*, ciò è vero soltanto per metà; **auf ~em** *Wege* **stehen bleiben**, fermarsi a metà strada; **nur ~ zuhören**, non ascoltare tanto bene, ascoltare distrattamente.

halbamtlich A *adj* ufficioso B *adv* a titolo ufficioso, in via ufficiosa.

halbautomatisch *adj* semiautomatico.

Halbbildung f *pej* pseudocultura f.

halbbitter *adj* {SCHOKOLADE} fondente (con almeno 50% di cacao).

Halbblut <-(e)s, ohne pl> n **1** *zoo* (*Pferd*) mezzosangue m **2** *obs oder pej* (*Mensch*) mezzosangue mf.

Halbblüter <-s, -> m *zoo* mezzosangue m.

Halbblütige <dekl wie adj> mf (*Mensch*) mezzosangue mf.

Halbbruder m fratellastro m; (*väterlicherseits*) fratello m consanguineo; (*mütterlicherseits*) fratello m uterino.

Halbdunkel n penombra f, chiaroscuro m: **im ~**, in/nella penombra.

Halbe A <-n, -n oder mit Zahlen -e> f oder n (*Bier*) birra f grande (da mezzo litro) B <-n, -n> m (*halber Liter von alkoholischen Getränk*) mezzo litro m (di bevanda alcolica).

Halbedelstein m pietra f dura.

halbe-halbe *adv*: (**mit jdm**) **halbe-halbe machen** fare ₍a metà₎/[fifty-fifty] (con qu).

halber *präp + gen* (*nachgestellt*) *geh obs* per, per motivi di: **der Einfachheit ~**, per semplificare; **der Form ~**, per una questione di forma; **der Ordnung ~** *fam*, per (amor di) correttezza *fam*; **der Vollständigkeit ~**, per completezza.

Halbfabrikat n *industr* (prodotto m) semilavorato m.

halbfertig *adj* {GEBÄUDE, HAUS} (ancora) in costruzione; {ARBEIT} lasciato/finito a metà.

Halbfertigprodukt n → **Halbfabrikat**.

halbfett *adj* **1** *gastr* {KÄSE} semigrasso **2** *typ* {SCHRIFT, ZEICHEN} in grassetto: **etw ~ drucken**, stampare/mettere *fam* qc in grassetto.

Halbfinale n *sport* semifinale f.

halbgebildet *adj pej* pseudocolto.

Halbgeschwister *subst* <nur pl> fratellastri m pl (e sorellastre f pl).

Halbgott m semidio m: **die Halbgötter in Weiß** *iron*, i camici bianchi; (*Chirurgen*) i camici verdi.

Halbheit <-, -en> f mezze misure f pl: **sich nicht mit ~en zufriedengeben** (*nichts unvollendet lassen*), non fare le cose a metà.

halbherzig *adj* {MAßNAHMEN} tiepido, debole; {UNTERSTÜTZUNG} poco convinto; {LÖSUNG} di compromesso.

halbhoch *adj* di media altezza.

halbieren <ohne ge-> *tr etw* **~ 1** (*teilen*) dividere qc in due, fare/dividere qc a metà **2** (*reduzieren*) dimezzare qc.

Halbierung <-, -en> f dimezzamento m, bipartizione f; *math* bisezione f.

Halbinsel f penisola f.

Halbjahr n semestre m.

halbjährig *adj* {KIND} (dell'età) di sei mesi; {KURS, PRAKTIKUM} di sei mesi, semestrale.

halbjährlich A *adj* {ZAHLUNG} semestrale B *adj* ogni sei mesi, semestralmente.

Halbkreis m semicerchio m: **sich im ~ aufstellen**, disporsi a semicerchio.

Halbkugel f **1** *math* semisfera f, mezza sfera f m **2** *geog* emisfero m: **nördliche/südliche ~**, emisfero boreale/australe; **die Länder der westlichen ~**, i paesi dell'emisfero occidentale.

halblang A *adj* {HAARE} di media lunghezza: **~e Ärmel**, mezze maniche B *adv*: **die**

Haare ~ tragen, portare i capelli a media lunghezza ● (**nun**) **mach** (**aber/mal**) **~!** *fam*, non esagerare!

halblaut A *adj*: **mit ~er Stimme**, a mezza voce, sottovoce B *adv* {SPRECHEN} a mezza voce, sottovoce.

Halbleinen n mezzatela f.

Halbleinenband m volume m in mezzatela.

Halbleiter m *el* semiconduttore m.

Halbleitertechnik f *el* tecnologia f dei semiconduttori.

halblinks *adv* → **links**.

halbmast *adv*: (**auf**) **~**, a mezz'asta; **die Fahnen** (**auf**) **~ setzen**, alzare le bandiere a mezz'asta.

Halbmesser <-s, -> m raggio m.

Halbmetall n semimetallo m.

Halbmond m mezzaluna f: **wir haben ~**, c'è la mezzaluna ● **der** *Rote* **~**, la Mezzaluna Rossa; **der** *türkische* **~**, la mezzaluna turca.

halbnackt *adj* → **nackt**.

halboffen *adj* → **offen**.

Halbpension f mezza pensione f.

halbrechts *adv* → **rechts**.

halbrund *adj* semicircolare, a semicerchio.

Halbschatten m penombra f: **im ~**, in/nella penombra.

Halbschlaf m dormiveglia m: **noch im ~ sein** *fam*, essere nel dormiveglia, stare ancora dormendo *fam*.

Halbschuh m scarpa f (a collo basso).

Halbschwergewicht n *sport* peso m medio-massimo.

Halbschwergewichtler m (**Halbschwergewichtlerin** f) *sport* peso m mediomassimo.

Halbschwester f sorellastra f.

Halbseide f *text* mezzaseta f.

halbseiden *adj* **1** (*aus Halbseide*) {KLEID} di mezzaseta **2** (*unseriös*) {LOKAL, METHODEN, MILIEU, TYP} poco raccomandabile.

halbseitig A *adj* **1** (*über eine halbe Seite*) {ANZEIGE, DRUCK, TEXT} di mezza pagina **2** *med*: **~e Lähmung** (*am ganzen Körper*), emiplegia, emiparesi B *adv* **1** (*über eine halbe Seite*) {DRUCKEN} su mezza pagina **2** *med*: **~ gelähmt sein**, essere emiplegico; **links/rechts ~ gelähmt sein**, essere paralizzato dalla parte sinistra/destra.

Halbstarke <dekl wie adj> mf teppista mf, bullo m *fam*.

halbstündig *adj* {GESPRÄCH, PAUSE} (della durata) di mezz'ora, di trenta minuti.

halbstündlich *adv* ogni mezz'ora, ogni trenta minuti.

halbtags *adv* {ARBEITEN} a mezza giornata, part-time.

Halbtagsarbeit f, **Halbtagsbeschäftigung** f lavoro m/occupazione f ₍a mezza giornata₎/[part-time].

Halbtagskraft f lavoratore (-trice) m (f) ₍a mezza giornata₎/[part-time].

Halbtagsschule f scuola m a orario normale (mattutino).

Halbtagsstelle f impiego m/posto m/lavoro m a mezza giornata₎/[part-time], part-time m.

Halbton <-(e)s, Halbtöne> m *mus* semitono m: **etw um einen ~ erhöhen/erniedrigen**, alzare/abbassare qc di un semitono.

halbtot *adj* → **tot**.

Halbtotale <-, -n> f *film* campo m medio.

halbtrocken *adj* {SEKT, WEIN} semisecco, demi-sec.

halbverhungert *adj* → **verhungert**.

Halbvokal m *ling* semivocale f.

halbvoll *adj* → **voll**.

halbwach *adj* → **wach**.

Halbwahrheit f mezza verità f.

Halbwaise f (*ohne Mutter*) orfano (-a) m (f) di madre; (*ohne Vater*) orfano (-a) m (f) di padre.

halbwegs *adv fam*: **~ durchblicken**, capire grosso modo; **das ist mir jetzt so ~ klar!**, questo l'ho più o meno capito!; **nur ~ von etw** (*dat*) **überzeugt sein**, non essere (poi) tanto convinto di qc; **sich ~ wohl fühlen**, stare abbastanza bene; **~ zufrieden sein**, non lamentarsi, essere abbastanza contento; **... zumindest ~**, ... almeno un po'.

Halbwelt f demi-monde m.

Halbwertszeit, **Halbwertzeit** f *phys* tempo m di dimezzamento.

Halbwissen n → **Halbbildung**.

halbwüchsig *adj* adolescente.

Halbwüchsige <dekl wie adj> mf adolescente mf.

Halbzeit f *sport* Fußball tempo m; (*Pause*) intervallo m: **erste ~**, primo tempo; **zweite ~**, ripresa, secondo tempo; **das Tor fiel in der zweiten ~**, il gol fu segnato nella ripresa; **zur ~ steht es noch eins zu eins**, dopo il primo tempo sono ancora uno a uno.

Halbzeitpfiff m *sport* fischio m della fine del primo tempo.

Halde <-, -n> f (*aus Kies*) ghiaione m; (*aus Abfall, Müll, Schutt*) discarica f.

half 1. *und* **3. pers sing imperf** *von* helfen.

Halfpipe <-, -s> f *sport* halfpipe f.

Hälfte <-, -n> f **1** (*der halbe Teil*) **~ einer P./S.** (*gen*)/**von etw** (*dat*) metà f (*di qu/qc*): **ich habe nur die ~ des Apfels gegessen**, ho mangiato solo metà della mela; **in der ersten ~ des Jahrhunderts**, nella prima metà del secolo; **die ~ von sechs ist drei**, la metà di sei è tre; **jdm die ~ von etw** (*dat*) **geben**, dare a qu la metà di qc; **die kleinere/größere ~** *fam*, la parte più piccola/grande; **um die ~ billiger sein**, costare la metà; **etw ist um die ~ teurer geworden**, qc è aumentato del 50%; **etw zur ~ bezahlen**, pagare qc a metà; **die Kosten werden je zur ~ vom Arbeitgeber und Arbeitnehmer bezahlt**, le spese sono sostenute per metà dal datore di lavoro, per metà dal lavoratore; **beide beteiligen sich zur ~ daran** *com*, entrambi vi partecipano ₍per il₎/[al] 50%; **bis zur ~ im Wasser stehen**, essere in acqua per metà **2** *sport* Fußball metà campo f: **gegnerische ~**, metà campo avversaria ● **meine bessere ~** *scherz* (*Ehepartner(in)*), la mia dolce metà.

Halfter <-s, -> m *oder* n **1** cavezza f; (*Zaumzeug*) briglia f **2** (*Pistolentasche*) fondina f.

Hall <-s, ohne pl> m *geh* {+SCHRITTE, TRITTE} rimbombo m, eco f *oder* m.

Halle <-, -n> f {+BAHNHOF} atrio m; {+FABRIK, LAGER} capannone m; {+FLUGZEUG} aviorimessa f, hangar m; {+HOTEL} hall f; {+MESSE} padiglione m; *sport* palestra f.

halleluja *interj* alleluia!

hallen *itr* {RAUM, SAAL} fare eco; **irgendwo ~** {SCHREI, SCHRITTE, STIMMEN} rimbombare/risuonare + *compl di luogo*, riecheggiare + *compl di luogo lit*.

Hallenbad n piscina f coperta.

Hallenfußball m *sport* calcetto m (al coperto).

Hallenschwimmbad n → **Hallenbad**.

Hallensport m sport m da palestra.

Hallenturnen n *sport* ginnastica f da palestra.

Hallig <-, -en> f *geol* "isola f alluvionale nel mare del Nord".

hallo *interj* **1** *fam* (*Begrüßung*) ciao!, salve!:

~, wie geht's?, ciao, come va? **2** (*am Telefon*) pronto! **3** (*Zuruf*) ehi!, senta!, ohé! *südital fam:* **~, Sie haben Ihren Schirm vergessen!**, senta Signore/Signora, ha dimenticato l'ombrello!

Hallo <-s, -s> n fam grida f pl di gioia.

Hallodri <-s, -(s)> m süddt A fam farfallino m fam.

Halloween <-(s), -s> n Halloween m.

Halluzination <-, -en> f allucinazione f: **~en haben**, avere delle allucinazioni.

halluzinogen adj {PFLANZEN, PILZE, STOFFE} allucinogeno.

Halluzinogen <-s, -e> n med allucinogeno m.

Halm <-(e)s, -e> m gambo m, stelo m; {+GETREIDE} fuscello m; {+GRAS} filo m d'erba • **das Getreide auf dem ~ verkaufen**, vendere il grano prima della mietitura.

Halma <-s, ohne pl> n (gioco m dell') alma f.

Halogen <-s, -e> n chem alogeno m.

Halogenlampe f, **Halogenleuchte** f (lampada f) alogena f.

Halogenscheinwerfer m riflettore m alogeno, {+AUTO} auch faro m alogeno.

Halogenstrahler m faretto m alogeno.

Hals <-es, Hälse> m **1** anat (*Körperteil*) collo m: **einen langen/dicken/schmalen ~ haben**, avere il collo lungo/grosso/sottile; **sich** (dat) **einen Schal um den ~ legen/wickeln**, mettersi una sciarpa al collo; **jdn am ~ packen**, prendere qu per il collo **2** anat (*Rachenraum*) gola f: **einen entzündeten/trockenen ~ haben**, avere la gola infiammata/ secca **3** {+FLASCHE, VASE} collo m **4** arch {+SÄULE} collo m **5** mus {+GEIGE, GITARRE} manico m; {+NOTE} collo m • **jd steckt bis zum/[an den]/[über den] ~ in** *Arbeit*, qu ha il lavoro che gli esce dagli occhi fam, qu è pieno di lavoro; **bleib mir damit bloß vom ~!** fam, stammi alla larga con queste cose! fam; **sich** (dat) **den ~ brechen** (*sich wehtun*), rompersi il/[l'osso del] collo; (*scheitern*), rimetterci l'osso del collo fam; **einer Flasche den ~ brechen** fam, tirare il collo ad una bottiglia; **jdm um den ~ fallen**, gettare/buttare le braccia al collo di qu; **jd kriegt/bekommt etw in den falschen ~** fam, qc va di traverso a qu fam, qu fraintende qc; **(schon) genug am ~ haben**, avere già abbastanza a cui pensare; **jdn/etw am/[auf dem] ~ haben** slang, avere qu/qc sulle spalle, avere qu/qc sul collo fam; (*verfolgt werden*), avere qu/qc alle costole fam; **jdm zum ~ heraushängen** fam, uscire dagli occhi a qu fam; **das hängt mir zum ~ heraus** fam, ne ho fin sopra i capelli fam, mi esce dagli occhi fam; **jdm jdn auf den ~ hetzen**, mettere qu alle costole di qu; **~ über Kopf**: **sich ~ über Kopf in eine Sache stürzen**, buttarsi a capofitto/ pesce in un'impresa; **~ über Kopf abreisen**, partire in fretta e in furia; **er hat sich ~ über Kopf verliebt**, (per lui) è stato il classico colpo di fulmine; **einen langen ~ machen**, allungare il collo; **sich** (dat) **jdn/etw vom ~ schaffen** fam, levarsi di dosso qu/qc, liberarsi di qu/qc; (**wegen etw gen oder fam dat**) **einen ~ schieben** fam, tenere il muso (per qc); **bis zum/[an den]/[über den] ~ in** *Schulden* **stecken**, essere nei debiti/[indebitato] fino al collo fam, affogare nei debiti; **bis zum/[an den]/[über den] ~ in** *Schwierigkeiten* **stecken**, avere l'acqua al collo fam/[alla gola fam]; **einen steifen ~ haben**, avere il torcicollo; **jdm/etw den ~ umdrehen** fam, torcere il collo a qu/qc; **aus vollem ~(e) singen**, cantare a squarciagola; **den ~ nicht vollkriegen/[voll genug kriegen] können** fam, non averne mai abbastanza, essere insaziabile; **sich jdm an den ~**

werfen/schmeißen fam, gettarsi al collo di qu.

Halsabschneider m (**Halsabschneiderin** f) fam (*Wucherer*) strozzino (-a) m (f), cravattaio (-a) m (f) fam.

Halsband <-(e)s, Halsbänder> n **1** (*Schmuck*) collarino m **2** {+HUND, KATZE} collare m.

halsbrecherisch A adj pericoloso; (*tollkühn*) {FAHRWEISE, KLETTERTOUR} spericolato B adv a rotta di collo, in maniera spericolata.

Halsentzündung f infiammazione f alla gola.

halsfern adj {KRAGEN} a ciambella.

Halskette f collana f.

Hals-Nasen-Ohren-Arzt m (**Hals-Nasen-Ohren-Ärztin** f) (Abk HNO) otorinolaringoiatra mf, otorino m fam.

Halsschlagader f anat carotide f.

Halsschmerz m <meist pl> mal m di gola: **~en haben**, avere (il) mal di gola.

halsstarrig A adj ostinato, testardo, caparbio B adv con ostinazione, testardamente.

Halsstarrigkeit <-, ohne pl> f ostinazione f, testardaggine f, caparbietà f.

Halstuch n foulard m, fazzoletto m (da collo).

Hals- und Beinbruch interj fam in bocca al lupo!, in culo alla balena! vulg

Halsweh <-s, ohne pl> n fam → **Halsschmerz**.

Halswirbel m anat vertebra f cervicale.

halt① interj **1** (*stehen bleiben*) alt!, fermo (là)!: **~! wer da?** mil, chi va là?, altolà! **2** (*genug*) basta! **3** (*Moment mal*) un momento!, aspetta!

halt② partik süddt fam **1** (*Resignation ausdrückend, meist unübersetzt*): **da kann man nichts machen**, non c'è niente da fare (è così): **das ist ~ so**, è così (e basta) **2** (*verstärkt eine Aufforderung*) allora: **dann mach's ~ nicht, wenn's dir so schwerfällt!**, e allora non farlo, se ti pesa tanto; **dann nimm ~ die Straßenbahn, wenn du keine Lust hast, zu Fuß zu gehen**, e allora prendi il tram, se non hai voglia di andare a piedi.

Halt① <-(e)s, -e oder -s> m (*Stopp*) fermata f, sosta f • **~ machen** (*nicht mehr weitergehen*), fermarsi; **vor jdm/etw nicht ~ machen** (*nicht zurückschrecken*), non arrestarsi/fermarsi di fronte a qu/qc; **vor nichts (und niemandem) ~ machen**, non fermarsi nemmeno di fronte alla morte; **vor niemandem ~ machen**, non guardare in faccia a nessuno; **ohne ~** Eisenb, senza fermate intermedie.

Halt② <-(e)s, ohne pl> m **1** (*Griff: für Hände*) sostegno m, appiglio m; (*Stand: für Füße*) appoggio m (per i piedi): **den ~ verlieren**, perdere l'equilibrio; **diese Sandalen bieten den Füßen überhaupt keinen ~**, questi sandali non sostengono bene i piedi **2** (*moralische Stütze*) appoggio m, sostegno m • **jdm einen ~ geben**, essere di sostegno a qu, sostenere qu; **innerer/moralischer ~**, appoggio morale; **jdm ein ~ sein**, essere un punto d'appoggio/[di riferimento per qu; **jeden ~ verlieren**, non avere più punti di riferimento.

hält 3. pers sing präs von halten.

haltbar adj **1** (*konserviert*) {LEBENSMITTEL} conservabile: **lange ~**, a lunga conservazione; **Lebensmittel ~ machen**, conservare alimenti; **mindestens ~ bis ...** (*auf Lebensmittelpackungen*), da consumare preferibilmente entro il ... **2** (*beständig*) {SCHUHE, STOFF} resistente; {FARBEN} indelebile; {BEZIEHUNG, VERBINDUNG} durevole, duraturo **3** (*stichhaltig*) {ARGUMENT, THEORIE, THESE} valido, sostenibile.

Haltbarkeit <-, ohne pl> f **1** gastr {+LEBENSMITTEL} durata f, conservabilità f **2** (*Beständigkeit*) {+SCHUHE, STOFF} resistenza f; {+FARBEN} indelebilità f; {+BAUMATERIAL} durevolezza f; {+BEZIEHUNG, VERBINDUNG} durata f **3** (*Stichhaltigkeit*) {+ARGUMENT, THEORIE, THESE} validità f, sostenibilità f.

Haltbarkeitsdatum n {+LEBENSMITTEL} data f di scadenza.

halten <hält, hielt, gehalten> A tr **1** (*etw ergreifen und nicht loslassen*) (*jdm*) (*jdn*)/**etw** (*irgendwo/irgendwohin*) ~ tenere qu/qc (a qu) (+ compl di luogo): **etw in der Hand ~**, tenere in mano qc; **jdn an/bei der Hand ~**, tenere qu per mano; **das Kind im Arm/[in den Armen] ~**, tenere il bambino in braccio; **jdn in den Armen ~**, stringere qu fra le braccia, abbracciare qu; **halt mir mal bitte die Tasche!**, tienimi fam/reggimi la borsa per favore!; **die Hand ins Wasser ~**, tenere/ mettere la mano in acqua; **den Schirm über den Kopf ~**, tenere l'ombrello sopra la testa **2** (*stützen*) **etw ~** {HAKEN BILD; PFEILER BRÜCKE; SCHRAUBEN REGALBRETT} sostenere qc, (sor)reggere qc; **etw ~ lassen**, fare su qc fam **3** (*stattfinden lassen*) **etw ~** {REDE, UNTERRICHT, VORLESUNG, VORTRAG} fare qc, tenere qc fam: **eine Predigt ~** relig, fare una predica; **den Gottesdienst ~** relig, dire/celebrare la messa **4** (*bei etw bleiben*) **etw ~** {FREUNDSCHAFT, FRIEDEN, RICHTUNG, VERSPRECHEN, ZUSAGE} mantenere qc; {KONTAKT} (man)tenere qc: **Diät ~**, seguire/fare una dieta, essere a dieta; **den Kurs halten** naut, tenere la rotta; **das Tempo ~** fig, mantenere il ritmo, starci dietro fam; **sein Wort ~**, mantenere la parola data **5** (*nicht aufgeben*) **etw ~** {BETRIEB, GESCHÄFT} mandare/portare avanti qc; {VORSPRUNG} mantenere qc, conservare qc; {REKORD} detenere qc; mil (*erfolgreich verteidigen*) {STELLUNG} difendere qc: **etw (nicht) ~ können** {THEORIE, THESE}, (non) poter sostenere/difendere qc; **nicht zu ~ sein** {THEORIE, THESE}, non essere sostenibile **6** (*haben*) **etw ~** {HAUSTIER} tenere qc; {FAHRZEUG} possedere qc **7** sport (*bei Ballspielen*) **etw ~** {BALL, ELFMETER, SCHUSS} parare qc: **der Schuss war nicht zu ~**, il tiro era imparabile; (*nicht abgeben*) {BALL} controllare qc **8** (*nicht freisetzen*) **etw ~** {ISOLIERSCHICHT WÄRME, VENTIL ÜBERDRUCK} mantenere qc; {BLÄHUNG, URIN} trattenere qc **9** mus **etw ~** {RHYTHMUS} mantenere qc: **den Ton ~**, tenere una nota; **(richtig singen o spielen)** essere in tono; **den Ton nicht ~**, non tenere una nota; (*falsch singen o spielen*) essere fuori tono; **den Takt ~**, andare a tempo **10** (*als jdn/etw betrachten*) **jdn/etw für etw** (akk) ~ considerare qu/qc qc, pensare/credere che qu/ qc è qc fam; (*irrtümlich*) prendere qu/qc per qu/qc: **ich halte ihn für einen Betrüger**, lo considero un truffatore; **wofür ~ Sie mich eigentlich?**, per chi mi prende?; **jdn/etw für + adj ~** {FÜR DUMM, FÄHIG, INTELLIGENT, NEBENSÄCHLICH, NOTWENDIG, RICHTIG, SINNLOS, ÜBERFLÜSSIG, WICHTIG} ritenere/considerare/ reputare geh qu/qc + adj; (*in Zeiten der Veganheit*) credere qu/qc + adj; (*bei ungefähren Altersangaben*) dare qc a qu: **ich halte das für überflüssig**, lo ritengo superfluo; **ich hätte sie für intelligenter gehalten**, l'avrei creduta/[la facevo] più intelligente; **ich halte es für das Beste, wenn du jetzt gehst**, penso che la cosa migliore per te ora sia (quella di) andartene, penso che ora sia meglio che tu ne vada; **ich halte ihr für 20 ~**, dare 20 anni a qu **11** (*in einer bestimmten Weise beschaffen sein*) **etw irgendwie ~** {BAD, ZIMMER IN BESTIMMTER FARBE} fare qc + adj: **ich möchte das Zimmer ganz in Blau ~**, la stanza la vorrei fare tutta sull'azzurro; **ir-**

gendwie gehalten sein {BAD IN WEIß; KÜCHE IN HOLZ}, essere + adj; der Vortrag war sehr allgemein gehalten, la conferenza era ₗpiuttosto generica₎/[di tenore piuttosto generico] 12 (in einer bestimmten Lage o Zustand) etw irgendwie ~ {AUGEN GESCHLOSSEN, KOPF GESENKT, HOCH} tenere qc + compl di modo; {BODEN, KLEIDUNG, WOHNUNG SAUBER} auch mantenere qc + compl di modo: etw frisch/warm ~, tenere qcₗal fresco₎/[in caldo]; (jdm) etw offen ~ {TÜR}, tenere (aperto (-a)) qc (a qu); die Augen offen ~ (auf der Hut sein), tenere gli occhi (ben) aperti, stare all'occhio fam 13 (mit jdm umgehen) jdn irgendwie ~ trattare qu + compl di modo: jdn streng ~, trattare qu severamente/[con severità] 14 (zum Bleiben veranlassen, nicht gehen lassen) jdn (irgendwo) ~ {MITARBEITER IN DER FIRMA} trattenere qu (+ compl di luogo): was hält dich hier denn noch?, cosa ti trattiene ancora?; jd ist nicht zu ~, non può essere fermato?; keiner kann ihn ~, nessuno lo può fermare; der ist einfach nicht zu ~!, e chi lo ferma? fam 15 (von jdm/etw denken) etw von jdm/etw ~ pensare qc di qu/qc, considerare/ritenere/credere/reputare geh qu/qc qc: jd hält viel (dat) (überhaupt) nichts, qc non convince (affatto) qu; jd hält von jdm (überhaupt) nichts ~, qu non ha (la minima) stima di qu; von dieser Sache halte ich nichts fam, questa cosa non mi convince fam; von jdm wenig ~, avere scarsa considerazione di qu; von jdm viel ~, avere una grande stima/considerazione di qu; was ~ Sie davon?, che ne pensa?, come Le sembra?; was hältst du von ihm?, che ne pensi di lui?, come ti sembra (lui)?; was hältst du davon, übers Wochenende wegzufahren?, che ne pensi di andare via per il weekend?; von Höflichkeit hält er nicht viel, non è un campione di cortesia fam 16 (eine Beziehung haben): meist pej: es mit jdm ~, farsela fam/intendersela fam con qu 17 (sich nach jdm richten): es mit jdm ~, der/die immer sagt(e) ..., seguire il consiglio di qu che dice(va) sempre ...; attenersi all'insegnamento di qu che dice(va) sempre ...; stare a quello che dice(va) qu, e cioè che .... 18 (sich verhalten): es mit etw (dat) ~, fare con qc, regolarsi con qc: wie hältst du es mit dem Geld?, come fai/[ti regoli] con i soldi? B itr 1 (ergreifen und nicht mehr loslassen) tenere: hier, halt mal! fam, ecco/toh' fam, tieni (un attimo)! fam 2 (stehen bleiben) fermarsi; (mit Auto) auch sostare: etw zum Halten bringen, fermare qc; Halten verboten!, divieto di sosta! 3 (andauern) {BEZIEHUNG, EHE, FREUNDSCHAFT, KONTAKT} durare 4 (haltbar sein) {FRÜCHTE, KONSERVE, LEBENSMITTEL} conservarsi; {SCHUHE} essere resistente/robusto; {WETTER} mantenersi; (nicht kaputtgehen) {HAKEN, KNOTEN, NAHT, SEIL} tenere; (nach erfolgter Reparatur) starci fam: etw hält lange (man kann es lange verwenden), qc dura a lungo 5 (jdm ist etw wichtig) auf etw (akk) ~ {AUF ORDNUNG, SAUBERKEIT} tenere a qc 6 (jdm beistehen) zu jdm ~ stare/tenere dalla parte di qu 7 sport (bei Ballspielen) {TORMANN} parare: der neue Tormann hat gut gehalten, il nuovo portiere ha parato bene 8 adm (müssen): gehalten sein, etw zu tun, essere tenuto a fare qc C rfl 1 (eine bestimmte Körperhaltung einnehmen) sich irgendwie ~ (man)tenersi/stare + compl di modo: sich gerade ~, stare su d(i)ritto (-a) 2 (sich irgendwo befinden) sich irgendwo ~ {ABSEITS, IN DER MITTE, NEBEN JDM/ETW} tenersi + compl di luogo; (eine bestimmte Richtung verfolgen) sich irgendwohin ~ {WEITER NÖRDLICH, NACH SÜDEN} orientarsi + compl di luogo: sich rechts/links ~, mantenere la destra/sinistra 3 (in bestimm-

tem Zustand bestehen bleiben) sich (irgendwie) ~ {GERUCH, PARFUM, WETTER} mantenersi (+ compl di modo); {AKTIENKURSE, PREISE} tenere (+ compl di modo); (haltbar sein) {BLUMEN, FRÜCHTE, LEBENSMITTEL} GUT, LANGE conservarsi (+ compl di modo): etw hält sich nicht/schlecht {LEBENSMITTEL}, qc non si mantiene/[conserva bene]; jd hält sich gut fam scherz (sieht noch gut aus), qu si conserva/mantiene bene fam scherz 4 (sich behaupten) sich ~ mantenere la propria posizione, star su fam: sich (in einer Prüfung) gut/wacker ~, difendersi bene (durante un esame) 5 (etw von sich annehmen) sich für etw (akk) ~ credersi/ritenersi/considerarsi/reputarsi geh qc, credere di essere qc; sich für + adj ~ {FÜR INTELLIGENT, SCHÖN, WICHTIG} credersi/ritenersi + adj, creder(si) di essere + adj 6 (besitzen) sich (dat) jdn/etw ~ {CHAUFFEUR, KINDERMÄDCHEN} avere qu/qc; {HAUSTIER} auch tenere qc fam; {GELIEBTE(N)} tenersi qu fam 7 (sich nach etw richten) sich an etw (akk) ~ {AN EINE ANWEISUNG, BESTIMMUNG, EIN GESETZ, DIE REGELN, DEN TEXT, DIE VEREINBARUNG, DIE VORSCHRIFT} attenersi a qc 8 (auf jdn zurückgreifen) sich an jdn ~ appoggiarsi a qu, fare affidamento su qu; (sich an jdn wenden) ricorrere a qu • an sich ~, trattenersi, controllarsi, dominarsi; auf sich ~, tenere alla propria persona, tenersi fam; frei ~ ~ frei₁halten A 1,2; sich frei ~ ~ frei₁halten; jdn gefangen ~, tenere prigioniero (-a) qu; ein Tier gefangen ~, tenere un animale in cattività; (bannen) {ERZÄHLUNG, REDE}, avvincere qu, rapire qu; etw geheim ~ {INFORMATIONEN}, tenere segreto (-a) qc, mantenere la segretezza su qc; etw (vor jdm) geheim ~ {AFFÄRE, AUFENTHALTSORT, SKANDAL}, tenere segreto (-a)/nascosto (-a) qc (a qu); eine Nachricht vor jdm geheim ~, tenere una notizia a qu; etw vor der Öffentlichkeit geheim ~ {MELDUNG, NACHRICHT}, non divulgare qc; etw gerade ~ {KOPF, SCHULTERN, TABLETT}, tenere diritto (-a) qc: das kannst du ~, wie du willst, puoi fare quello che vuoi/[ti pare], regolati come ti pare e piace, fa' come meglio credi; sich nicht mehr ~ können ~ {VOR FREUDE, NEUGIERDE, UNGEDULD}, non star (più) nei propri panni fam, non star (più) nella pelle fam; (vor Wut, Zorn), non vederci più fam; sich vor Lachen/Wut nicht mehr ~ können, non poterne più ₗdal ridere₎/[dalla rabbia]; etw sauber ~ (rein ~) {BAD, KÜCHE, WOHNUNG, ZIMMER}, tenere pulito (-a) qc; ökol (reinerhalten) {LUFT, SEE, WALD, WASSERLAUF}, tenere pulito (-a) qc; sich (dat) jdn warm ~, tenersi buono (-a) qu fam.

Haltepunkt m → **Haltestelle**.

Halter① <-s, -> m → **Halterung**.

Halter② <-s, -> m (**Halterin** f) adm {+KRAFTFAHRZEUG} proprietario (-a) m (f), intestatario (-a) m (f); {+TIER} padrone (-a) m (f).

Halterung <-, -en> f sostegno m, supporto m.

Haltestelle f {+BUS, METRO, S-BAHN, STRAßENBAHN, U-BAHN} fermata f: **an der ~ auf den Bus warten**, aspettare l'autobus alla fermata.

Halteverbot n divieto m di sosta: **eingeschränktes ~**, sosta limitata/regolamentata; **im ~ stehen**, essere in ₗdivieto di sosta₎/[sosta vietata].

Halteverbotsschild n cartello m di ₗdivieto di sosta₎/[sosta vietata].

haltlos adj 1 (unbegründet) {ANSCHULDIGUNG, BEHAUPTUNG, VORWURF} infondato; {(HYPO)THESE} inconsistente, privo di ogni fondamento, ingiustificato 2 (labil) {CHARAKTER, PERSON} instabile, labile: **~ sein** (₁ohne innere moralische Stütze₎), non avere equili-

brio (interiore), non avere dei punti di riferimento precisi; **~ werden** (den inneren Halt verlieren), perdere ogni equilibrio (interiore).

Haltlosigkeit <-, ohne pl> f 1 (Labilität) {+CHARAKTER, PERSON} instabilità f (psicologica), labilità f 2 (Unbegründetheit) {+BEHAUPTUNG} insostenibilità f, infondatezza f; {+ANSCHULDIGUNG} auch inconsistenza f; {+BETRACHTUNG, VORWURF} gratuità f.

halt₁machen itr → **Halt**①.

Haltung <-, -en> f 1 <meist sing> (Körperstellung) portamento m: **eine gute/schlechte ~ haben**, avere una buona/cattiva postura; **eine aufrechte ~ einnehmen**, assumere una posizione eretta, tenere il busto eretto; **eine bequeme ~ einnehmen**, mettersi in una posizione comoda 2 (innere Einstellung) ~ (gegenüber/zu jdm/etw) atteggiamento m (ₗnei confronti di₎/[di fronte a]/[verso] qu/qc), posizione f (nei confronti di qu/qc); {MORALISCH, POLITISCH, RELIGIÖS, SITTLICH} posizione f (nei confronti di qu/qc); (das aus der inneren Einstellung resultierende Benehmen) atteggiamento m (ₗnei confronti di₎/[di fronte a]/[verso] qu/qc), comportamento m (ₗnei confronti di₎/[di fronte a] qu/qc): **in etw (dat) eine mutige/entschlossene ~ zeigen**, (di)mostrarsi coraggioso (-a)/deciso (-a) in qc 3 <nur sing> (innere Fassung) contegno m, controllo m: **die ~ bewahren/verlieren**, mantenere/perdere il controllo di se stesso 4 <nur sing> agr (Aufzucht) ~ **einer S.** gen/**von etw** dat) {VON RINDERN, SCHWEINEN} allevamento m (di qc): **die ~ von Haustieren**, il tenere animali domestici/[in casa] 5 mil: **stramme ~**, posizione d'attenti; **(stramme) ~ annehmen**, mettersi sull'attenti.

Haltungsfehler m med difetto m/vizio m di postura.

Haltungsschaden m med (deformazione f dello scheletro dovuta a un) difetto m di postura.

Halunke <-n, -n> m 1 (Gauner) mascalzone m, farabutto m, furfante m 2 scherz briccone m fam, birbante m fam.

Hamamelis <-, ohne pl> f bot amamelide f.

Hämatologe <-n, -n> m (**Hämatologin** f) med ematologo (-a) m (f).

Hämatologie <-, ohne pl> f med ematologia f.

Hämatologin f → **Hämatologe**.

Hämatom <-s, -e> n med ematoma m.

Hamburg <-s, ohne pl> n geog 1 (Stadt) Amburgo f 2 (Bundesland) land m di Amburgo.

Hamburger① <inv> adj <attr> di Amburgo: **der ~ Hafen**, il porto di Amburgo.

Hamburger② <-s, -> m gastr hamburger m, svizzera f.

Hamburger③ <-s, -> m (**Hamburgerin** f) amburghese mf.

hamburgisch adj <präd> amburghese, di Amburgo.

Häme <-, ohne pl> f geh malignità f; (Hinterhältigkeit) perfidia f.

hämisch A adj 1 (schadenfroh) maligno 2 (hinterhältig) perfido, infido: **ein ~es Gesicht machen**, ghignare B adv: **~ grinsen**, ghignare; **sich ~ über etw (akk) freuen**, provare un piacere perfido per qc.

Hammel <-s, - oder Hämmel> m 1 zoo montone m, castrato m 2 (Hammelfleisch) (carne f di) montone/castrato m 3 fam (Dummkopf) babbeo m; (grober Mensch) cafone m fam, zotico m.

Hammelbeine subst <nur pl>: **jdm die ~ lang ziehen** fam, tirare le orecchie a qu.

Hammelbraten m arrosto m di montone, montone m arrosto.

Hammelfleisch n carne f di montone/castrato.

Hammelherde f **1** *zoo* branco m/mandria f di montoni **2** *fam pej* (*unkritische Menschenmenge*) branco m di pecore.

Hammelkeule f cosciotto m di montone.

Hammelkotelett n costoletta f di montone.

Hammelrücken m sella f di montone.

Hammelsprung m *parl hist* votazione f per divisione.

Hammer <-s, Hämmer> m **1** (*Werkzeug*) martello m **2** (*Werkzeugmaschine*) maglio m **3** *slang* (*Unverschämtheit*): sich (dat) **einen ~ leisten**, farla/combinarla grossa *fam*; **einen ~ haben** (*nicht ganz bei Verstand sein*), essere picchiato *fam*/picchiatello *fam* **4** *mus* {+KLAVIER} martelletto m **5** *Leichtathletik* martello m; *Fußball* cannonata *fam* **6** *anat* {+OHR} martello m ● **etw unter den ~ bringen**, mettere qc all'asta; **das ist ja ein ~!** (*etw ist eine große Unverschämtheit*), questa è davvero grossa! *fam*; (*etw ist toll oder gut*), che sballo, ragazzi! *slang*; (è) geniale! *fam*; **unter den ~ kommen**, essere messo all'asta; **~ und Sichel pol**, falce e martello; **~ und Zirkel im Ährenkranz** *hist* (*Symbol in der DDR*), il martello e il compasso nella corona di spighe.

hammerhart adj *fam*: **das ist ja ~!** (*das ist super!*), che forte!; (*das ist beschissen!*) è dura/durissima!

hämmern **A** tr *etw* ~ {BLECH, SILBER, ZINN} battere qc, lavorare qc col/al martello **B** tr **1** (*mit dem Hammer arbeiten*) martellare **2** (*regelmäßig klopfen*) {HERZ, PULS} battere forte; (*irgendwo/irgendwohin*) ~ {HAGELKÖRNER AUF DACH} battere/picchiare (+ *compl di luogo*): **eine Schreibmaschine hämmerte im Nebenzimmer**, dalla stanza attigua proveniva/[si sentiva] il ticchettio di una macchina da scrivere; **mit der Faust an die Tür ~**, picchiare alla porta, battere i pugni contro la porta; **auf dem Klavier ~** *pej scherz*, zappare, pestare il pianoforte *pej scherz*.

Hammerwerfen <-s, ohne pl> n *sport* lancio m del martello.

Hammerwerfer m *sport* martellista m, lanciatore m di martello.

Hammerzehe f *med* dito m del piede a martello.

Hammondorgel f *mus* organo m Hammond.

Hämoglobin <-s, ohne pl> n *med* emoglobina f.

Hämorrhoiden, Hämorriden subst <nur pl> *med* emorroidi f pl.

Hampelmann m **1** (*Spielzeug*) burattino m snodabile **2** *fam pej* (*charakterlose Person*) burattino m, marionetta f.

Hamster <-s, -> m *zoo* criceto m.

Hamsterbacke f <meist pl> *fam* guanciotta f piena.

Hamsterkauf m <meist pl> accaparramento m.

hamstern **A** tr *etw* ~ incettare qc, fare incetta di qc, accaparrare qc **B** itr darsi all'accaparramento.

Hand <-, Hände> f **1** *anat* mano f: **kalte/warme Hände haben**, avere le mani fredde/calde; **eine ruhige/sichere ~ haben**, avere la mano tranquilla/sicura; **sich mit beiden Händen an etw (dat) festhalten**, tenersi/reggersi (a qc) con tutte e due le mani; **jdm etw in die ~ drücken** *fam*, mettere qc in mano a qu; **~ in ~ gehen** {VERLIEBTE}, camminare mano nella mano, camminare tenendosi per mano; **die ~ zur Faust ballen**, chiudere la mano a pugno, stringere il pugno; **keine ~**

mehr frei haben, non avere più una mano libera; **an den Händen frieren**, avere freddo alle mani; **etw in der ~ haben/halten**, avere/tenere in mano qc; **in die Hände klatschen**, battere le mani; **etw aus der ~ legen**, posare qc, mettere giù qc *fam*, deporre qc *geh*; **etw von ~ nähen**, cucire qc a mano; **jdn an/bei der ~ nehmen/halten**, prendere/tenere qu per mano; **etw zur ~ nehmen** *geh*, prendere in mano qc; **sich (dat) die Hände reiben**, fregarsi le mani; **jdm aus der ~ rutschen**, scivolare di mano a qu; **etw mit der ~ schreiben**, scrivere qc a mano; **der Brief ist mit der ~/[von obs] ~ geschrieben**, la lettera è scritta a mano; **etw von ~ stricken/sticken/häkeln**, lavorare a mano qc; **die Hände in die Tasche stecken**, mettere le mani in tasca; **sich an der ~ verletzen**, farsi male alla mano; **sich (dat) die Hände waschen**, lavarsi le mani; **jdm etw aus der ~ schlagen**, far cadere qc di mano a qu **2** *Fußball* fallo m di mano: **absichtliche ~**, fallo di mano volontario/intenzionale; **angeschossene ~**, fallo di mano involontario; **~!**, mano!; **auf ~ entscheiden** {SCHIEDSRICHTER}, ravvisare un fallo di mano; **~ pfeifen** {SCHIEDSRICHTER}, fischiare un fallo di mano ● **sich etw an zwei Händen abzählen können** *fam*, contarsi sulle dita di una mano; **jdn an der ~ haben** *fam* (*jdn kennen*), conoscere qu *fam*; **~ anhand**; **um jds ~ anhalten** *geh obs*, chiedere la mano di qu; **an/bei etw (dat) ~ mit anlegen**, dare una mano a/in qc, mettere mano a qc; **von seiner Hände Arbeit leben** *geh*, vivere del proprio lavoro; **jdm etw in die Hände arbeiten**, fare il gioco di qu/qc; **die ~ aufhalten**, tenere la mano aperta; (*betteln*), stendere la mano; **die ~ vor (den) Augen nicht sehen können**, non vedere più in là del proprio naso *fam*; **jdm rutscht die ~ aus**, a qu scappa la mano *fam*; **die ~ nach etw (dat) ausstrecken**, tendere/allungare la mano per prendere qc; (*sich etw aneignen*), mettere le mani su qc *fam*; **bar auf die ~**, in contanti, sull'unghia *fam*; **jd bekommt/kriegt etw in die Hände**, (*zufällig*), qc capita tra le mani a qu; (*nach Bemühungen*) qu riesce a mettere le mani su qc; **etw bei ~ haben** {GEGENSTAND}, avere sottomano qc; {AUSREDE, ENTSCHULDIGUNG}, avere qc a portata di mano; **~ breit** → **Handbreit**; **~ drauf!**, promesso!; **jdm die ~ drücken** *fam* (*ihn grüßen*), stringere la mano a qu; **aus erster/zweiter ~**, di prima/seconda mano; **jdm in die Hände fallen**, capitare sottomano a qu; (*in die Falle gehen, gefasst werden*), cadere in mano a/[nelle mani di] qu; **in festen Händen sein** (*eine Bindung haben*) {FRAU, MANN}, essere impegnato; **seine ~ für jdn/etw ins Feuer legen**, mettere la mano sul fuoco per qu/qc; **freie ~**: **freie ~ bei/in etw (dat) haben**, avere mano libera in qc; **jdm freie ~ lassen**, dare carta bianca a qu; **jdm aus der ~ fressen** {TIER}, mangiare dalla mano di qu; (*jdm gehorchen*), essere succube di qu; **weder ~ noch Fuß haben**, non avere né capo né coda *fam*; **mit Händen und Füßen**: **jdm etw mit Händen und Füßen erklären**, spiegare qc a qu in tutti i modi possibili (e immaginabili); **mit Händen und Füßen reden** *fam*, parlare gesticolando; **sich mit Händen und Füßen dagegen sträuben/wehren, dass ...**, difendersi con le unghie e con i denti per non ... *inf*; **jdm die ~ drauf geben**, promettere qc in mano a qu; **jdm etw bar auf die ~ geben** {GELD, SUMME}, dare qc in contanti a qu; **jdm die ~ geben/schütteln** (*jdn grüßen*), dare la mano a qu; **sie gaben sich die ~**, si diedero la mano; **jdm etw an die ~ geben**, mettere qc a disposizione di qu; **etw aus der ~ geben** {GEGENSTAND}, prestare qc; {MACHT} cedere qc; **jdm sind die Hände**

gebunden, qu ha le mani legate; **etw gegen jdn in der ~ haben**, avere in mano qc contro qu; **jdm** ₍**an die**₎/**[zur]** ~ **gehen**, dare una mano a qu; **durch jds** ~/**Hände gehen**, passare per le mani di qu; **mit etw (dat)** ~ **in** ~ **gehen** (*sich gleichzeitig ereignen o. vorkommen*), andare di pari passo con qc; **jdm irgendwie von der** ~ **gehen** {HAUSARBEIT LEICHT, MÜHELOS}, riuscire + *adj*/*compl di modo* a qu; **von ~ zu ~ gehen** (*den Besitzer wechseln*), passare di mano in mano; **mit/bei etw (dat) eine glückliche** ~ **haben**, avere la mano felice in qc; **mit Händen zu greifen sein**, essere palpabile; **in guten/schlechten Händen sein**, essere in buone/cattive mani; **~ aufs Herz!**, siamo sinceri (-e)!; **die Hände über dem Kopf zusammenschlagen**, alzare le braccia al cielo, mettersi le mani nei capelli *fam*; **Hände hoch!**, mani in alto!; *in der* **~**: **jdn in der ~ haben**, avere in mano/pugno qu; **jd hat etw in der ~**, qu ha in mano qc; (*jd kann über etw entscheiden*), qc è nelle mani di qu, qc dipende da qu; **sich in der ~ haben**, controllarsi; **von langer ~ vorbereiten/planen**, preparare/progettare da lungo tempo; **mit leeren Händen**, a mani vuote; **mit leeren Händen dastehen**, essere rimasto a mani vuote; **~ an sich legen** *geh*, togliersi la vita *geh*, suicidarsi; **letzte ~ an etw (akk) legen**, dare l'ultima mano/[gli ultimi ritocchi] a qc; **jdm aus der ~ lesen**, leggere la mano a qu; **(klar) auf der ~ liegen**, essere evidente, essere ovvio, essere chiaro come la luce del sole; **zwei linke Hände haben**, essere imbranato *fam*/maldestro; **das machst du doch mit der linken ~!** *fam*, ma dai, lo fai a occhi chiusi!; **linker/rechter ~** *geh*, sulla/a sinistra/destra; **eine lockere ~ haben** (*handgreiflich sein*), avere le mani lunghe *fam*, essere svelto di mano; **von der ~ in den Mund leben**, vivere alla giornata; **etw in die ~ nehmen** {ANGELEGENHEIT, GEGENSTAND, SITUATION}, prendere in mano qc; **jdm etw aus der ~ nehmen**, levare/togliere qc di mano a qu; {AUFGABENBEREICH, FALL}, sottrarre qc a qu, levare/togliere qc a qu *fam*; **die öffentliche ~**, la mano pubblica; **jds rechte ~**, la mano destra di qu; (*Mitarbeiter*), il braccio destro di qu; **jdm die** ~ ₍**zum Gruß**₎/**[zur Versöhnung] reichen** *geh*, porgere la mano a qu (in segno di saluto/riconciliazione) *geh*; **die beiden können sich die** ~ **reichen** (*sie sind sich ähnlich*), quei/quelle due possono darsi la mano, quei/quelle due sono della stessa pasta *fam*/risma *fam*; **die Hände ringen**, torcersi le mani; **sich (dat) die Hände schmutzig machen**, sporcarsi le mani; (*etw Illegales tun*) sporcarsi le mani; **(mit etw dat) schnell/gleich bei der ~ sein**, avere subito pronto (-a) qc; **die Hände in den Schoss legen**, stare con le mani in mano; **seine ~ im Spiel haben** *pej*, avere le mani in pasta *fam*, averci messo lo zampino *fam*; **jdm etw in die Hände spielen** {INFOS, AKTEN}, passare qc sottobanco a qu; **jdn auf Händen tragen** (*jdn sehr schätzen*), tenere/portare qu in palmo di mano; **alle/beide Hände voll zu tun haben**, essere molto indaffarato/affaccendato, avere molto da fare; **in andere Hände übergehen/kommen** (*den Besitzer wechseln*), passare in altre mani; **seine Hände in Unschuld waschen**, lavarsene le mani; *unter der* **~**, sottomano, sottobanco; {INFOS WEITERGEBEN} sottobanco; (*ERFAHREN*) in via ufficiosa; **etw unter der ~ verkaufen**, vendere qc sottobanco/sottomano; **eine ~ voll + subst** {+BONBONS, NÜSSE, PRALINEN}, manciata f *di qc*, pugno m *di qc*; {+DEMONSTRANTEN, MENSCHEN}, pugno m *di qu*; {+BESUCHER} *auch* manipolo m *di qu*; **mit vollen Händen**, a piene mani; **von ~ zu ~**, di mano in mano; **Hände weg!**, giù le mani!; **etw ist**

nicht von der ~ zu weisen, qc non è da scartare, non si può non tenere conto di qc; **es lässt sich nicht von der ~ weisen, dass ...**, non si può negare che ... *konjv*; **jdm unter den Händen zerrinnen: das Geld zerrinnt ihr unter den Händen**, ha le mani bucate; **zu Händen von ...** (Abk z. H., z. Hd.), all'attenzione di ... (Abk all'att. (ne)); **eine ~ wäscht die andere** *prov*, una mano lava l'altra *prov*.

Handarbeit f **1** (*Tätigkeit*) lavoro m manuale/artigianale **2** (*Produkt*) lavoro m (fatto) a mano, lavorazione f a mano **3** (*Nadelarbeit*) lavori m pl femminili **4** *D* (*Schulfach*) (*Grundschule*) "attività f pl manuali e pratiche"; (*Mittelstufe*) "educazione f tecnica".

handarbeiten <part perf *gehandarbeitet*> itr lavorare a mano.

Handaufleger <-s, -> m (**Handauflegerin** f) pranoterapeuta mf.

Handauflegung f imposizione f delle mani; (*als Therapie*) pranoterapia f.

Handausgabe f edizione f minore/ridotta.

Handball m *sport* pallamano f.

Handballer <-s, -> m (**Handballerin** f) *fam*, **Handballspieler** m (**Handballspielerin** f) giocatore (-trice) m (f) di pallamano.

Handbesen m → **Handfeger**.

handbetrieben adj azionato manualmente/[a mano].

Handbewegung f movimento m della/[con la] mano, gesto m.

Handbibliothek f volumi m pl di consultazione.

Handbreit <-, -> f palmo m: **den Rock eine ~ verlängern müssen**, allungare la gonna di ₁un palmo₁/[quattro dita].

Handbremse f freno m a mano: **die ~ ziehen**, tirare il freno a mano.

Handbuch n manuale m.

Händchen n manina f ● **für etw** (akk) **ein~ [nicht gerade ein] ~ haben** *fam* {FÜR DEN UMGANG MIT KINDERN}, saperci/[non saperci] fare con qu/qc; **~ halten** *fam* {VERLIEBTE}, tenersi dolcemente/teneramente per mano; **~ haltend**, mano nella mano.

händchenhaltend adj → **Händchen**.

Handcreme f crema f per le mani.

Händedruck <-(e)s, *Händedrücke*> m stretta f di mano.

Handel① <-s, ohne pl> m **1** (*Wirtschaftszweig*) (settore m del) commercio m: **Vertreter aus ~ und Industrie**, rappresentanti del commercio e dell'industria **2** (*Geschäftsverkehr, Warenaustausch*) ~ (**mit etw** dat) {MIT GEBRAUCHTWAGEN} commercio m (di qc); (*gesetzeswidrig, illegal*) traffico m (di qc); **~** (**mit jdm**) {MIT MENSCHEN, SKLAVEN} tratta f *di qu*: **der illegale ~ mit Rauschgift**, il traffico di stupefacenti; **der ~ mit etw** (dat) **blüht**, fiorisce il commercio di qc; **der ~ mit etw** (dat) **geht zurück**, la vendita di qc diminuisce, diminuiscono le vendite di qc; **der ~ mit etw** (dat) **stagniert**, la vendita/il mercato di qc è in stagnazione; **der freie ~ mit/von etw** (dat) (*zollfrei*), il libero scambio di qc **3** (*einzelnes Geschäft*) affare m, transazione f, operazione f: **einen ~ mit jdm abschließen**, concludere un affare con qu **4** *Börse* ~ (**mit etw** dat) {MIT ROHSTOFFEN, WAREN, WERTPAPIEREN} scambio m (di qc): **der nachbörsliche ~**, il dopoborsa ● **etw in den ~ bringen**, mettere in commercio/vendita qc, introdurre qc sul mercato, lanciare qc; **der elektronische ~** *inform*, commercio elettronico, e-commerce; **fairer ~**, commercio equo (e solidale); **im ~ sein**, essere in commercio/vendita; **nicht (mehr) im ~ sein**, essere (or mai) fuori commercio, non essere (più) in commercio; **etw ist im ~ nicht erhältlich**, qc è fuori commercio, qc non è reperibile sul mercato; **mit jdm/etw ~ treiben**, avere degli scambi (commerciali) con qu/qc, avere relazioni commerciali con qu/qc; **etw aus dem ~ ziehen**, ritirare qc dal mercato.

Handel② <-s, *Händel*> m <meist pl> *geh obs* lite f, baruffa f: **mit jdm Händel suchen**, cercare di attaccare lite con qu.

handeln① **A** itr **1** (*Geschäftsbeziehungen haben, Handel treiben*) **mit jdm/etw** ~ {STAAT MIT ANDEREM STAAT; FIRMA, UNTERNEHMEN MIT AUSLÄNDISCHEN FIRMEN, GESCHÄFTSPARTNERN} avere degli scambi (commerciali) con qu/qc: **an der Börse ~**, operare in borsa **2** com (*bestimmte Waren anbieten*) **mit etw** (dat) ~ {MIT ANTIQUITÄTEN, KAFFEE, SÜDFRÜCHTEN, WEIN} commerciare in qc; (*illegale Geschäfte machen*) {MIT RAUSCHGIFT, WAFFEN} trafficare qc **3** (*feilschen*) (**mit jdm**) ~ contrattare, mercanteggiare, tirare sul prezzo **con qu** *fam*; **mit jdm** (**um etw** akk) ~ {UM BESSEREN, NIEDRIGEREN PREIS} trattare con qu su qc: **jd lässt mit sich** (dat) ~, con qu si può discutere sul prezzo **B** tr **1** <meist Passiv> *Börse* **etw irgendwo/irgendwie** ~ {BILLIGER, TEURER} trattare qc + compl di luogo/modo, scambiare qc + compl di luogo/modo: **nur einige Waren werden auf den Terminmärkten gehandelt**, solo alcune merci sono trattate/scambiate sui mercati a termine; **Kaffee wird momentan zu einem niedrigen Preis gehandelt**, attualmente il caffè ₁è scambiato₁/[si scambia] a un prezzo piuttosto basso; **an der Börse/Wertpapierbörse/Warenbörse gehandelt werden** {AKTIEN, EDELSTEINE, ROHSTOFFE, WERTPAPIERE}, essere scambiato in borsa/[alla borsa valori/merci] **2** *fam* (*im Gespräch sein*) **jdn/etw als etw** (akk) ~ dare qu/qc (come) qc: **er wird bereits als der neue Redaktionsleiter gehandelt**, lo danno già (come) nuovo caporedattore.

handeln② **A** itr **1** (*agieren, verfahren*) (**irgendwie**) ~ agire (+ compl di modo), operare + compl di modo; **an jdm/etw** (**irgendwie**) ~ comportarsi + compl di modo verso qu/qc: **spontan ~**, agire spontaneamente, avere una reazione immediata; **verantwortungslos ~**, agire/comportarsi da irresponsabile; **übereilt ~**, agire precipitosamente, precipitare le cose *fam*/gli eventi *geh*; **unvorsichtig ~**, essere imprudente, agire imprudentemente, fare poca attenzione *fam*; **vorschnell ~**, agire prematuramente; **als Freund ~**, agire/comportarsi da amico; **aus Bosheit/Neid/Überzeugung ~**, agire per cattiveria/invidia/convinzione **2** (*zum Inhalt haben*) **über etw** (akk)/**von etw** (dat) ~ {ARTIKEL, BUCH, FILM, TEXT} trattare di qc, avere per argomento qc **B** rfl unpers: **es handelt sich um jdn/etw**, si tratta di qu/qc; (**bei jdm/etw**) **handelt es sich um jdn/etw**, qu/qc, qu/qc rappresenta qu/qc; **es handelt sich darum, ₁dass ...₁/[zu ... inf]** (*es geht darum*), si tratta di ... inf; **es handelt sich darum festzustellen, ob er unschuldig ist oder nicht**, si tratta di stabilire se è/sia *geh* innocente o no/meno; **es kann sich nur noch um Minuten/Stunden/... ~**, ormai è solo questione di minuti/ore/...

händeln tr *fam* **etw** ~ gestire qc *fam*, giostrarsi in qc *fam*: **ich weiß nicht, wie ich's ~ soll** *fam scherz*, non so come fare.

Handeln① <-s, ohne pl> n **1** (*Feilschen*) ~ (**um etw** akk) {UM BESSEREN PREIS} contrattazione f (su qc), mercanteggiamento m (su qc) **2** (*Handel treiben*) ~ (**mit/in etw** dat) {MIT ROHSTOFFEN, WAREN} scambio m (di qc); {MIT GEBRAUCHTWAGEN, PELZEN, TIEREN} commercio m (di qc); (*illegal, gesetzeswidrig*) traffico m (di qc).

Handeln② <-s, ohne pl> n **1** (*Verhalten*) (modo m di) agire m *geh*, comportamento m: **sittliches ~**, condotta morale **2** (*Tätigwerden*) azione f: **rasches ~ ist gefragt**, si rende necessaria un'azione veloce, occorre agire con prontezza.

handelnd adj in azione: **die ~en Figuren** {+DRAMA, KOMÖDIE}, i personaggi in azione.

Handelsabkommen n trattato m/accordo m commerciale.

Handelsakademie f *A* "scuola f media superiore a indirizzo commerciale".

Handelsartikel m articolo m (commerciale), merce f (di scambio).

Handelsbank <-, -en> f banca f ₁di commercio₁/[commerciale], merchant bank f.

Handelsbeziehung f <meist pl> relazione f/rapporto m commerciale.

Handelsbilanz f **1** {+UNTERNEHMEN} bilancio m commerciale **2** {+STAAT} bilancia f commerciale ● **aktive/passive ~**, bilancia attiva/passiva; **ausgeglichene ~**, bilancia in pareggio.

handelseinig adj, **handelseins** adj: **mit jdm über etw** (akk) ~ **werden**, accordarsi con qu (su qc).

Handelsembargo n embargo m (economico/commerciale).

Handelsflagge f bandiera f della marina mercantile.

Handelsflotte f flotta f mercantile.

Handelsfreiheit <-, ohne pl> f libertà f di commercio, libero commercio m.

Handelsgericht n tribunale m commerciale.

Handelsgesellschaft f società f commerciale: **offene ~** (Abk OHG), società in nome collettivo.

Handelsgesetz n legge f commerciale.

Handelsgesetzbuch <-(e)s, ohne pl> n *D* (Abk HGB) codice m di commercio.

Handelsgut n → **Handelsware**.

Handelshafen m porto m mercantile.

Handelskammer f camera f di commercio.

Handelskette f catena f di negozi.

Handelsklasse f categoria f.

Handelskompanie f *hist* compagnia f (privilegiata/concessionaria/[a carta]).

Handelskorrespondenz f corrispondenza f commerciale.

Handelskrieg m ~ (**zwischen jdm/etw** dat) guerra f economica (tra qu/qc).

Handelsmacht f potenza f commerciale.

Handelsmakler m (**Handelsmaklerin** f) broker mf.

Handelsmarine f marina f mercantile.

Handelsmarke f marchio m di commercio.

Handelsmesse f fiera f commerciale.

Handelsmission f missione f commerciale.

Handelsnation f nazione f a vocazione commerciale.

Handelsniederlassung f filiale f commerciale.

Handelspartner m (**Handelspartnerin** f) partner mf commerciale/economico (-a).

Handelsplatz m centro m di scambi commerciali.

Handelspolitik f politica f commerciale.

Handelsrecht n *jur* diritto m commerciale.

Handelsregister n registro m delle società/[imprese commerciali].

Handelsreisende <dekl wie adj> mf commesso m viaggiatore, piazzista mf.
Handelssanktion f sanzione f commerciale.
Handelsschiff n (nave f) mercantile m.
Handelsschranke f <meist pl> restrizione f commerciale: **der Abbau von ~n**, l'abbattimento delle barriere commerciali, l'abolizione delle restrizioni commerciali.
Handelsschule f "scuola f media superiore a indirizzo commerciale di una durata variabile dai due ai tre anni".
Handelsspanne <-, -en> f com margine m di utile.
Handelsstadt f città f a vocazione commerciale.
Handelsstraße f hist via f del commercio.
handelsüblich adj (PREIS) corrente, praticato comunemente; {GRÖSSE, VERPACKUNG} comune, d'uso) commerciale.
Händelsucht f geh obs litigiosità f.
händelsüchtig adj geh obs litigioso.
Handelsvertrag m contratto m commerciale.
Handelsvertreter m (**Handelsvertreterin** f) rappresentante mf, agente mf commerciale, salesman m, saleswoman f.
Handelsvertretung f rappresentanza f commerciale.
Handelsvolumen n ökon volume m degli scambi.
Handelsware f articolo m commerciale, merce f (di scambio).
Handelsweg m via f commerciale.
Handelszentrum n (Ort, Stadt) centro m commerciale.
Handelszweig m ramo m/settore m di/del commercio.
Handeltreibende <dekl wie adj> mf commerciante mf.
händeringend **A** adj <attr> disperato **B** adv {SUCHEN} disperatamente ● **jdn ~ um etw (akk) bitten**, implorare qu di fare qc; **etw ~ brauchen/benötigen**, avere un bisogno urgente di qc.
Händeschütteln <-s, ohne pl> n stretta f di mano, darsi m la mano.
Händetrockner <-s, -> m asciugatore m.
Händewaschen <-s, ohne pl> n lavarsi m le mani: **nach dem ~**, dopo essersi lavato le mani.
Handfeger <-s, -> m scopetta f.
Handfertigkeit f abilità f manuale.
handfest adj {BEWEIS} valido, convincente, attendibile; {SKANDAL} grande; {KRACH, STREIT} furibondo; {LÜGE} grosso, solenne fam; {MAHLZEIT} sostanzioso, consistente; {PRÜGELEI, SCHLÄGEREI} grande; {BÄUERIN, BERGARBEITER} robusto ● **etw Handfestes essen**, mangiare qc di sostanzioso/consistente.
Handfeuerwaffe f arma f da fuoco portatile.
Handfläche f palma f della mano: **mit den ~n nach oben**, con le palme delle mani rivolte verso l'alto.
handgearbeitet adj lavorato/fatto a mano.
Handgebrauch m uso m quotidiano.
handgefertigt adj → **handgearbeitet**.
handgeknüpft adj {TEPPICH} annodato a mano.
Handgeld n "denaro m pagato a dirigenti d'azienda alla conclusione del contratto"; sport "denaro m pagato da una squadra direttamente al giocatore per il suo acquisto".
Handgelenk n (articolazione f del) polso m ● **etw aus dem ~** ₗ(heraus) **machen** fam₁/[**schütteln** fam] (etw ohne Mühe tun), fare qc ₗcon estrema facilità₁/[senza nemmeno accorgersene]/[a(d) occhi chiusi]; **das kann ich jetzt auch nicht aus dem ~ schütteln!** iron scherz (ich kann etw nicht herbeiholen), non posso mica inventarmelo/[farlo piovere dal cielo]! fam.
handgemacht adj fatto a mano.
handgemalt adj dipinto a mano.
handgemein adj geh: (miteinander) ~ **werden**, venire alle vie di fatto.
Handgemenge n tafferuglio m, rissa f, zuffa f: **es kam zu einem ~**, finì in una rissa.
handgenäht adj cucito a mano.
Handgepäck n bagaglio m a mano.
handgeschöpft adj {PAPIER} (fabbricato) a mano.
handgeschrieben adj (BRIEF, LEBENSLAUF) scritto a mano; {TESTAMENT} auch olografo.
handgestrickt adj fatto a mano.
handgewebt adj {STOFF} tessuto a mano.
Handgranate f bomba f a mano.
handgreiflich adj **1** (offensichtlich) {BEWEIS} tangibile **2** (gewalttätig) {AUSEINANDERSETZUNG, STREIT} violento; {PERSON} manesco: (miteinander) ~ **werden**, venire alle mani, passare alle vie di fatto; (gegen jdn) ~ **werden**, dare addosso a qu fam, avventarsi contro qu, aggredire qu ● **jdm etw ~ vor Augen führen** (deutlich zeigen), mostrare concretamente qc a qu.
Handgriff m **1** (Bewegung) movimento m (della mano): **bei dieser Arbeit muss jeder ~ sitzen**, in questo lavoro ogni passaggio deve essere rispettato al millesimo **2** (Griff zum Anfassen, Festhalten, Tragen) {+BOHRMASCHINE, GERÄT, KAMERA} impugnatura f; {+HAUSHALTSGERÄT, SCHRANKTÜR, STAUBSAUGER} maniglia f; {+KANNE} manico m; {+FAHRRADLENKER, SKISTOCK} manopola f; (in runder Form) {+MÖBEL, SCHRANKTÜR, SCHUBLADE} pomello m ● **etw mit einem ~ erledigen** (schnell und mühelos), fare qc in ₗquattro e quatt'otto fam₁/[un baleno]/[un fiat/amen obs]; **ein falscher ~**, un movimento sbagliato, una mossa sbagliata; **keinen ~ tun**, non alzare un dito fam.
handhabbar adj maneggevole.
Handhabe <-, -n> f: **jd hat keine ~, etw zu tun** (nicht erlaubt sein), a qu la legge non permette di fare qc, qu non ha nessuna/alcuna possibilità di fare qc; **(k)eine ~ gegen jdn/etw haben** ((k)einen rechtlichen Grund haben), (non) avere appigli (giuridici) per agire contro qu/qc.
handhaben tr **etw ~ 1** (bedienen) usare qc, maneggiare qc; {GERÄT} far funzionare qc, usare qc: **etw ist leicht/schwer zu ~**, qc è facile/difficile da usare, l'uso di qc è facile/complicato, qc è di facile/difficile uso geh **2** (in die Praxis umsetzen) {GESETZ, REGELUNG, VORSCHRIFT} applicare qc: **so haben wir das immer gehandhabt**, abbiamo sempre fatto così fam; **wir ~ das so, dass …**, la nostra prassi prevede che …; **wie wird das gehandhabt?** (wie wird das gewöhnlich geregelt?), qual è la procedura corrente/abituale?, qual è la prassi seguita?.
Handhabung <-, -en> f **1** (Bedienung) maneggio m, uso m; {+GERÄT} funzionamento m, uso m: **sichere ~**, sicurezza f d'impiego **2** (praktische Umsetzung) {+GESETZ, REGELUNG, VORSCHRIFT} applicazione f.
Handheld <-s, -s> m oder n inform palmare m.
Handicap <-s, -s> n → **Handikap**.
handicapen tr → **handikapen**.

Handikap <-s, -s> n **1** sport handicap m **2** (Nachteil) svantaggio m, handicap m; (Behinderung) ostacolo m, handicap m ● **ein ~ für jdn sein**, essere un handicap per qu; (ein Nachteil sein) auch penalizzare qu; (eine Behinderung sein), essere un handicap/ostacolo per qu.
handikapen tr **jdn/etw ~ 1** sport handicappare qu/qc, dare un handicap a qu/qc **2** (benachteiligen) penalizzare qu/qc, handicappare qu/qc; (behindern) ostacolare qu/qc, handicappare qu/qc: **durch etw (akk) gehandikapt sein** (benachteiligt), essere penalizzato da qc; (behindert) essere ostacolato da qc.
Handkante f bordo m della mano.
Handkarren m carretto m a mano.
Handkoffer m valigetta f.
Handkrem, **Handkreme** f → **Handcreme**.
Handkuss (a.R. Handkuß) m baciamano m: **jdm einen ~ geben**, baciare la mano a qu, fare il baciamano a qu ● **etw mit ~ machen** fam (sehr gern machen), fare qc con gran(de) piacere.
Handlanger <-s, -> m (**Handlangerin** f) **1** (Gehilfe) tirapiedi m, scagnozzo (-a) m (f) **2** (Hilfsarbeiter) manovale m.
Handlangerdienst m <meist pl>: **jdm ~e leisten** pej, reggere la corda a qu, tenere mano/bordone a qu.
Handlauf m (+GELÄNDER) corrimano m.
Händler <-s, -> m (**Händlerin** f) ~(in) (in etw dat) commerciante mf (di/in qc); Börse operatore (-trice) m (f) (di qc) ● **fliegender ~**, (venditore (-trice)) ambulante.
Handlesekunst f chiromanzia f.
handlich adj (AUTO, MIXER, LEXIKON) maneggevole.
Handlichkeit <-, ohne pl> f maneggevolezza f.
Handling <-s, ohne pl> n **1** (Gebrauch) uso m **2** (Management) gestione f.
Handlinie f linea f della mano: **aus jds ~n lesen**, leggere la mano a qu.
Handlung <-, -en> f **1** (Tat) azione f: **feierliche ~**, cerimonia; **kriegerische ~**, azione/operazione di guerra; **symbolische ~**, atto simbolico; **für seine ~en müssen …**, dover rispondere delle proprie azioni **2** jur {GESETZLICH, UNGESETZLICH} atto m: **strafbare ~**, reato; **unerlaubte ~**, atto/fatto illecito **3** film lit theat {+DRAMA, KOMÖDIE} azione f; {+FILM, NOVELLE, ROMAN} auch trama f, intreccio m, plot m: **die Einheit der ~**, l'unità d'azione; **die ~ des Romans ist mir zu kompliziert**, l'azione del romanzo è troppo complicata per me.
Handlungsablauf m svolgimento m dell'azione.
Handlungsbedarf m necessità f di intervenire/agire: **keinen ~ sehen**, non vedere/avere nessuna ragione per intervenire/agire; **es besteht kein ~**, non c'è ₗnessuna ragione₁/[nessun motivo] per intervenire, non sussiste nessuna/alcuna necessità d'intervento.
Handlungsbevollmächtigte <dekl wie adj> mf jur institore m.
handlungsfähig adj {MEHRHEIT, PARLAMENT} capace d'agire.
Handlungsfähigkeit f capacità f d'agire: **nicht über die nötige ~ verfügen**, essere nell'incapacità d'agire.
Handlungsfreiheit <-, ohne pl> f libertà f d'azione.
Handlungskompetenz f → **Handlungsfähigkeit**.

Handlungsmuster n schema m/modello m di comportamento.

Handlungsreisende <dekl wie adj> mf com commesso (-a) m (f) viaggiatore (-trice), piazzista mf.

Handlungsspielraum m spazio m/margine m di manovra.

handlungsunfähig adj incapace d'agire.

Handlungsvollmacht f jur procura f commerciale.

Handlungsweise f modo m d'agire.

Handmixer m frullatore m elettrico a mano.

Handmühle f macinino m.

Hand-out, Handout <-s, -s> n materiale m informativo.

Handpflege f cura f delle mani.

Handreichung f aiuto m, sostegno m.

Handrücken m dorso m della mano.

Handsäge f sega f a mano.

Handsatz m composizione f (tipografica) a mano.

Handscanner m scanner m manuale.

Handschelle f <meist pl> manetta f: **jdm ~n anlegen**, mettere le manette a qu, ammanettare qu.

Handschlag m stretta f di mano: **sich durch/mit/per ~ begrüßen**, salutarsi con una stretta di mano; **etw durch ~ besiegeln** {GESCHÄFT, VERTRAGSABSCHLUSS}, suggellare qc con una stretta di mano ● **keinen ~ tun** fam, non alzare/muovere un dito fam.

Handschreiben n lettera f autografa.

Handschrift f **1** (eigenhändige Schrift) scrittura f, calligrafia f **2** (Charakteristik) mano f, stile m: **in Barcelona tragen ganze Viertel die ~ Gaudís**, interi quartieri di Barcellona portano l'impronta di Gaudí **3** (handgeschriebener Originaltext aus der Zeit vor dem Buchdruck) codice m (autografo), manoscritto m (autografo) ● **eine kräftige ~ haben** fam (hart zuschlagen), avere la mano pesante fam.

Handschriftendeutung f grafologia f.

Handschriftenkunde f paleografia f.

Handschriftenprobe f esame m calligrafico, prova f calligrafica.

handschriftlich A adj **1** geh (handgeschrieben) {BRIEF, MITTEILUNG} scritto a mano, autografo **2** (bezogen auf die Zeit vor dem Buchdruck) {QUELLE, TEXT} autografo, manoscritto B adv (von Hand) {EINFÜGEN, KORRIGIEREN} a mano; **einen Brief ~ beantworten**, rispondere con una lettera scritta a mano; **~ überliefert sein** (durch Handschriften), risultare/essere tramandato dai codici manoscritti.

Handschuh m guanto m: **ein Paar ~e**, un paio di guanti ● **den ~ aufnehmen** geh, raccogliere il guanto, accettare la sfida; **jdm den ~ vor die Füße werfen** geh↓/[hinwerfen]/[ins Gesicht werfen/schleudern geh], gettare il guanto a qu.

Handschuhfach n autom cassetto m portaoggetti.

Handshake <-s, -s> m inform handshake m.

handsigniert adj bes. kunst firmato.

Handspiegel m specchietto m (a mano).

Handspiel n sport fallo m di mano.

Handstand m verticale f (sulle mani): **einen ~ machen**, fare la verticale; **im ~**, nella verticale.

Handstreich m mil colpo m di mano: **etw im/[in einem]/[durch] ~ erobern**, conquistare qc con un colpo di mano.

Handtasche f borsetta f.

Handtaschenraub m scippo m, borseggio m.

Handtaschenräuber m (**Handtaschenräuberin** f) scippatore (-trice) m (f), borseggiatore (-trice) m (f).

Handteller m palma f della mano.

Handtuch n asciugamano m ● **das ~ werfen** fam, gettare la spugna fam.

Handtuchautomat m, **Handtuchspender** m distributore m di salviette/asciugamani.

Handtuchhalter m portasciugamani m.

Handumdrehen <-s, ohne pl> n: **im ~**, in un batter d'occhio, in quattro e quatt'otto fam, in un (batti)baleno.

handverlesen adj **1** (von Hand verlesen) {FRÜCHTE, NÜSSE, OLIVEN} raccolto a mano **2** (sorgfältig ausgewählt) scelto/selezionato accuratamente/[con cura].

Handvoll <-, -> f → **Hand**.

Handwagen m carretto m a mano.

handwarm A adj tiepido, a temperatura media B adv: **etw ~ waschen**, lavare qc ₍a temperatura media₎/[in acqua tiepida].

Handwäsche f bucato m a mano; (Waschvorgang) auch lavaggio m a mano: **Waschmittel für ~**, detersivo per il lavaggio/bucato a mano.

Handwerk n **1** (Berufsstand, Tätigkeit) artigianato m **2** (Beruf) mestiere m: **ein ~ ausüben**, esercitare/praticare un mestiere; **ein ~ erlernen**, imparare un mestiere ● **jdm das ~ legen**, mettere/porre fine ₍ai maneggi/raggiri₎/[alle malefatte] di qu; **jdm ins ~ pfuschen** (sich auf dem Gebiet eines anderen betätigen), invadere il campo altrui; (sich einmischen), mettere il becco in qc fam, metterci il becco fam; **sein ~ verstehen**, conoscere il proprio mestiere; **~ hat goldenen Boden** prov, chi ha arte, ha parte prov.

Handwerker <-s, -> m (**Handwerkerin** f) **1** (jd, der ein Handwerk ausübt) artigiano (-a) m (f) **2** fam (Arbeiter, bes. für Reparaturen) operaio (-a) m (f): **die ~ im Haus haben**, avere gli operai in casa; **einen ~ rufen/suchen**, chiamare/cercare un operaio.

handwerklich A adj <attr> {GESCHICK, KÖNNEN} manuale; {PRODUKTION} artigianale B adv {ARBEITEN} artigianalmente; {BEGABT, GESCHICKT} manualmente.

Handwerksberuf m mestiere m, lavoro m di artigiano.

Handwerksbetrieb m azienda f artigiana.

Handwerkskammer f camera f dell'artigianato.

Handwerksmeister m maestro m, mastro m.

Handwerksrolle f D albo m degli artigiani.

Handwerkszeug n arnesi m pl/utensili m pl (dell'artigiano).

Handwurzel f anat carpo m.

Handy <-(s), -s> n (telefono m) cellulare m/portatile m, telefonino m fam: **mein ~ funktioniert mit Karte**, il mio cellulare è a scheda; **jdn am/[auf dem] ~ anrufen**, chiamare qu al/sul cellulare.

Handybenutzer m → **Handynutzer**.

Handybesitzer m (**Handybesitzerin** f) ₍proprietario (-a) m (f)₎/[possessore m] di (un) cellulare.

Handykamera f fotocamera f del cellulare.

Handynummer f tel numero m di cellulare/telefonino m.

Handynutzer m (**Handynutzerin** f) utente mf di cellulare/telefonino fam.

handzahm adj docile.

Handzeichen n **1** (Bewegung) gesto m/segno m della mano: **er gab mir durch ~ zu verstehen, dass ich halten solle**, con la mano mi fece cenno di fermarmi **2** (Melden) alzata f di mano: **durch ~ abstimmen**, votare per alzata di mano.

Handzeichnung f disegno m a mano libera.

Handzettel m volantino m.

hanebüchen adj geh obs inaudito, incredibile, scandaloso.

Hanf <-(e)s, ohne pl> m canapa f.

Hänfling <-s, -e> m ornith fanello m.

Hang① <-(e)s, Hänge> m geog {+BERG, HÜGEL} pendio f, pendio m, declivio m: **ein Haus am ~**, una casa in collina; (Seite eines Berges, einer Bergkette) versante m.

Hang② <-(e)s, ohne pl> m meist pej ~ **zu etw** (dat) {ZUR EIFERSUCHT, VERSCHWENDUNG} tendenza f a qc; {ZUR GROSSZÜGIGKEIT, ZUM SPIEL} auch inclinazione f a qc: **einen ~ zu etw** (dat) **haben** {ZUM BÖSEN, SPIEL}, essere incline a qc; **einen ~ zur Eifersucht haben**, essere portato alla gelosia; **einen ~ zum Geld haben**, essere attaccato ai soldi fam; **einen ~ zur Übertreibung haben**, tendere/[essere portato] a esagerare.

Hang③ <-(e)s, Hänge> m sport sospensione f.

Hangabfahrt f discesa f.

hangabwärts adv in discesa.

Hangar <-s, -s> m hangar m, aviorimessa f.

Hängearsch m vulg culo m basso fam/cascante fam.

Hängebauch m fam pancione m fam, trippone m fam.

Hängeboden m soppalco m: **einen ~ (irgendwo) einziehen**, fare un soppalco (in qc), soppalcare qc.

Hängebrücke f ponte m sospeso.

Hängebusen m seno m cascante.

Hängegleiter m sport deltaplano m.

Hängelampe f lampada f da soffitto.

Hängematte f amaca f: **eine ~ zwischen zwei Bäume spannen**, appendere un'amaca fra due alberi, attaccare un'amaca a due alberi.

hangen itr CH → **hängen**② ● **mit Hangen und Bangen** geh (mit Angst und Sorge), col cuore in gola, col fiato sospeso.

hängen① <hängt, hängte, gehängt> A tr **1** (mit Haken, Nagel, Seil senkrecht an einem Gegenstand befestigen) **etw an etw** (akk) ~ {BILD AN WAND, HANDTUCH, MANTEL AN HAKEN}, appendere qc a qc, attaccare qc a qc fam **2** (mit Seil waagerecht an einen Gegenstand befestigen) **etw an etw** (akk) ~ {AUTO AN EIN ANDERES AUTO, HUND AN DIE LEINE} legare qc a qc, attaccare qc a qc fam; {DEN ANHÄNGER, DEN WOHNWAGEN AN EINEN PKW, EISENBAHNWAGGON AN DIE LOKOMOTIVE} agganciare qc a qc, attaccare qc a qc fam **3** (befestigen) **etw irgendwohin ~** {KLEID AN EINEN BÜGEL, IN DEN SCHRANK, LAMPE ÜBER DEN TISCH} appendere/attaccare qc + compl di luogo fam; {WÄSCHE AUF DIE LEINE} stendere qc su qc: **das Bild über die Couch ~**, appendere il quadro sopra il divano; **die Hose über den Stuhl ~** (hinlegen), mettere i pantaloni sulla sedia **4** fam (baumeln lassen) **etw irgendwohin ~** {ARM, BEIN, FÜSSE, HAND, KOPF INS WASSER} mettere/[far penzolare] qc + compl di luogo: **den Kopf aus dem Fenster ~**, mettere/tenere la testa fuori dalla finestra **5** (henken) **jdn ~ impiccare qu: Tod durch Hängen**, morte per impiccagione; **jdn zum Tod durch Hängen verurteilen**, condannare qu all'impiccagione; **man ließ ihn ~**, fu impiccato, lo fecero impiccare fam B rfl **1** (sich an etw fest-

halten) sich **an etw** (akk) ~ {AN EINEN AST, EINEN BAUM, EIN SEIL} attaccarsi *a qc* **2** (*anziehen*) **sich** (dat) **etw irgendwohin** ~ mettersi *qc + compl di luogo*: **sich** (dat) **einen Schal um den Hals** ~, mettersi una sciarpa al collo **3** (*lange verweilen*) **sich irgendwohin** ~ attaccarsi *a qc + compl di luogo*: **sich ans Telefon** ~ *fam* (*lange telefonieren*), attaccarsi al telefono.

hängen② *itr* ‹hängt, hing, gehangen› **1** (*so befestigt sein, dass der untere Teil nicht den Boden berührt*) {BÜCHERREGAL, LAMPE, SCHRÄNKCHEN} essere appeso; essere attaccato *fam*: **ich habe das Bild ~ lassen**, ho lasciato appeso il quadro; **das Poster soll ~ bleiben**, il poster deve rimanere appeso **2** (*mit Haken, Nagel, Seil senkrecht an einem bestimmten Gegenstand befestigt sein*) **an etw** (dat) ~ {BILD AN DER WAND; ARTIST AN EINEM SEIL, TRAPEZ; MANTEL AN DEM HAKEN; TURNER AN DEM BARREN} essere attaccato *a qc fam*; {FRÜCHTE AN DEM BAUM} essere appeso *a qc*, pendere *da qc geh*; {SPINNWEBEN AN DER DECKE} penzolare *da qc*, pendere *da qc geh*: **an der Decke** ~, essere appeso al soffitto, pendere dal soffitto; **am Galgen** ~, pendere dalla forca **3** (*etw ist mit etw angefüllt oder beladen*): **voller etw** (nom/gen pl) ~, essere pieno di qc: **der Baum hängt voller reifer Äpfel**, l'albero è carico/pieno *fam* di mele mature; **die Wand hängt voller Bilder**, la parete è tappezzata di quadri; **sein Schrank hängt voller Anzüge**, il suo armadio è pieno di vestiti **4** (*mit Seil waagrecht an einem bestimmten Gegenstand befestigt sein*) **an etw** (dat) ~ {AUTO AN ANDEREM AUTO; HUND AN DER LEINE} essere legato *a qc*, essere attaccato *a qc fam*; {EISENBAHNWAGON AN EINER LOKOMOTIVE; ANHÄNGER, WOHNWAGEN AN EINEM PKW} essere agganciato *a qc*, essere attaccato *a qc fam* **5** (*befestigt sein*) **irgendwo** ~ {KLEID AUF EINEM BÜGEL, IN DEM SCHRANK; LAMPE ÜBER DEM TISCH} essere appeso *+ compl di luogo fam*; (*haften, kleben*) {DRECK, SCHLAMM AN DER KLEIDUNG, DEN SCHUHEN} essere attaccato/appiccicato *a qc*; {WÄSCHE AUF DER LEINE} essere steso *su qc*: **das Bild hängt über der Couch**, il quadro è appeso sopra il divano; **in der Luft** ~, essere/restare sospeso nel vuoto; **der Ball/Drachen hängt in den Zweigen**, il pallone/l'aquilone ₍andato a finire₎/[rimasto impigliato] fra i rami; **die Hose hängt über dem Stuhl** ~, i pantaloni sono (stesi) sulla sedia **6** (*in einer bestimmten Weise befestigt sein*) **irgendwie** ~ {ZU HOCH, ZU TIEF} essere *+ compl di modo*: **das Bild hängt gerade/verkehrt herum**, il quadro è diritto/capovolto/[a rovescio]; **das Bild hängt verkehrt** (*am falschen Platz*), il quadro è attaccato nel posto sbagliato **7** (*sich in eine bestimmte Richtung neigen*) (**irgendwie**) ~ pendere (*+ compl di modo*): **nach links/rechts** ~, pendere a sinistra/destra; **nach einer Seite** ~, pendere da una parte; **das Bild/Regal hängt schief**, ₍il quadro₎/[lo scaffale] pende [è storto/inclinato] **8** (*schwer und schlaff nach unten fallen*) **irgendwo/irgendwohin** ~: **jdm** ~ **die Haare ins Gesicht**, i capelli ₍coprono la faccia₎/[ricadono sul viso] a qu; **die schneebedeckten Äste der Tannen ~ bis an den Boden**, i rami degli abeti, carichi di neve, toccano il suolo; **jdm ~ die Kleider am Leib** (*sie sind zu groß*), i vestiti ballano addosso a qu; ₍**im Sessel**₎/[**auf der Couch**] ~ (*kraftlos darauf sitzen*), essere sprofondato ₍in poltrona₎/[sul divano]; **der Boxer hängt in den Seilen**, il pugile è alle corde; **die Arme/Beine ~ lassen**, tenere le braccia/gambe (a) ciondoloni; **den Kopf ~ lassen**, tenere la testa bassa (*beim Gehen*), camminare a testa bassa; **die Schultern ~ lassen**, lasciar cadere le

spalle in avanti, incurvare le spalle; **den Schwanz ~ lassen** {HUND}, abbassare la coda, tenere la coda bassa **9** (*in der Luft schweben*) **irgendwo** ~: **der Mond hing über dem Meer** *lit*, la luna era alta sul mare; **der Nebel hing über dem Tal** *geh*, la nebbia invadeva la valle; **ein scharfer Geruch hing im Raum**, un odore acre riempiva la stanza; **der Geruch hängt in den Kleidern** *fam*, l'odore è penetrato/entrato nei vestiti **10** *tech* (*nicht weiterlaufen*) {BAND} essersi inceppato; {SCHALLPLATTE} auch essersi incantato **11** *fam* (*lange irgendwo oder bleiben*) **irgendwo** ~ {AM COMPUTER, TELEFON} esser(si) attaccato *a qc fam*: **vor dem Fernseher** ~, stare incollato (-a) al televisore **12** (*eine enge emotionale Bindung haben*) **an jdm** ~ {AN DEN KINDERN, DER MUTTER, DEM VATER} essere affezionato *a qu/qc*, essere attaccato *a qu fam*; **aneinander** ~ {GESCHWISTER, KINDER, VERWANDTE} essere ₍attaccato (-a)₎/[affezionato (-a)] (l')uno (-a) all'altro (-a), essere ₍attaccati (-e)₎/[affezionati (-e)] fra (di) loro; **an etw** (dat) ~ {AN EINEM ALTEN AUTO, ALTEN SCHREIBTISCH, AN ALTEN SPIELSACHEN, DEM TEDDYBÄR} esser(si) affezionato *a qc*: **am Geld** ~ *pej*, essere attaccato al denaro/[ai soldi] **13** *fam* (*an jdm/etw liegen*) **an jdm/etw** ~ dipendere *da qu/qc*: **es hängt jetzt alles an ihm**, ora dipende tutto da lui **14** *fam* (*blockiert sein*) (**an jdm/etw**) ~: **die Verhandlungen hängt's** *fam* (*irgendwie geht's nicht weiter*), c'è qualcosa che non va/funziona; **woran/wo hängt's denn?** *fam*, cosa c'è che non va? *fam* **15** *geh* (*von jdm/etw eingenommen sein*) **an jdm** ~: **seine Blicke hingen an ihr**, non le toglieva gli occhi di dosso *fam*, il suo sguardo era fisso su di lei; **an etw** (dat) ~ pendere *da qc*: **die Zuhörer hingen an ihren Lippen**, gli ascoltatori pendevano dalle sue labbra **16** *Schule* **in etw** dat ~ {IN ENGLISCH, MATHEMATIK} essere debole *in etw* ~ **bleiben** → **hängen|bleiben**; **den Kopf ~ lassen** (*traurig sein*), essere giù di morale/corda, buttarsi giù; **etw** (**irgendwo**) ~ **lassen** (*nicht abnehmen o. mitnehmen*), lasciare qc (*+ compl di luogo*); (*vergessen*) auch dimenticare qc (*+ compl di luogo*); **jdn ~ lassen** *fam* (*im Stich lassen*) → **hängen|lassen**; **sich ~ lassen** → **hängen|lassen**; **mein Magen hängt in den Kniekehlen!** *fam*, ho un tale buco nello stomaco! *fam*; **mit Hängen und Würgen fam** (*mit Mühe*), a stento, a malapena; (*gerade noch rechtzeitig*), per il rotto della cuffia *fam*.

hängen|bleiben ‹irr› *itr* ‹sein› **1** a.R. *von* hängen bleiben → **hängen**② **1 2** *fam Schule* (*nicht versetzt werden*) essere bocciato: **er ist schon zweimal hängengeblieben**, è stato₍/[ho] bocciato già due volte **3** (*haften bleiben*) (**an etw** dat) ~ {DRECK, SCHLAMM, SCHMUTZ, SCHNEE AN DEN SCHUHEN, DEN STIEFELN; BILD AM NAGEL, AN DER WAND; TAPETE AM UNTERGRUND, AN DEM BAUM} rimanere attaccato (-a) *a qc* **4** (*sich verfangen*) (**mit etw** dat) (**an etw** dat) ~ {MIT DEM ÄRMEL, DER HOSE, DEM KLEID AN EINEM AST, EINEM DRAHT, EINEM NAGEL, EINEM STRAUCH} restare/rimanere attaccato (-a) *a qc* (*con qc*), impigliarsi *in qc* (*con qc*) **5** *fam* (*in Erinnerung bleiben*) **von etw** (dat) **bei jdm** ~ {ETWAS, NICHTS, VIEL VON EINER STADTBESICHTIGUNG, EINEM THEATERSTÜCK, DEM UNTERRICHTSSTOFF} rimanere *a qu*: **viel ist von dem Vortrag bei mir nicht hängengeblieben**, della conferenza non mi è rimasto (in mente) un granché **6** *fam* (*sich festsetzen*) **an jdm** ~ {RUF, VERDACHT} rimanere addosso *a qu fam* **7** *fam* (*sich länger aufhalten*) (**irgendwo**) ~ fermarsi/incantarsi (*+ compl di luogo*) **8** *fam* (*erledigt werden müssen*) **an jdm** ~ toccare *a qu*: **an mir bleibt's wieder mal hängen!**, tocca/[è toccata] di nuovo a me!; **alles bleibt an mir**

hängen, devo fare tutto io! ● **etwas bleibt immer ~!** *prov*, ma il dubbio rimane!, qualcosa rimane sempre!

hängend *adj* pendente, sospeso ● **die Hängenden Gärten von Babylon**, i giardini pensili di Babilonia.

hängen|lassen ‹irr, part perf hängenlassen oder hängengelassen› **A** *tr* **1** (*nicht abnehmen oder mitnehmen; vergessen*) a.R. *von* hängen lassen → **hängen**② **2** *fam* (*im Stich lassen*) **jdn** ~ piantare in asso *qu* **B** *rfl* **sich** ~ buttarsi giù *fam*, lasciarsi andare.

Hängeohr n {+HASE, KANINCHEN} orecchio m cascante.

Hängepartie f **1** *Schach* partita f/situazione f di stallo **2** (*Hin u. Her*) tiremmolla m; (*blockierte Situation*) situazione f di stallo.

Hänger ‹-s, -› m vestito m/cappotto m a sacco.

Hängeschrank m pensile m; (*kleinerer Größe*) (armadietto m/mobiletto m) pensile m.

Hängeschulter f ‹meist pl› spalla f cadente/cascante.

hängig *adj* CH **1** *jur* pendente **2** (*unerledigt*) {FRAGE, PROBLEM} in sospeso.

Hanglage f posizione f sul pendio: **in ~**, sul pendio; **ein Haus in bester ~**, una casa in ottima posizione collinare.

Hang-over, Hangover ‹-s, ohne pl› m → **Kater**②.

Hanna, Hanne f (*Vorname*) Gianna.

Hannover ‹-s, ohne pl› n *geog* Hannover f.

Hannoveraner① ‹-s, -› m (*Rassepferd*) (cavallo m di) Hannover m.

Hannoveraner② ‹-s, -› m (**Hannoveranerin** f) (*in Hannover lebend*) abitante mf di Hannover; (*aus Hannover kommend*) originario (-a) m (f) di Hannover.

hannoversch *adj* ‹attr› di Hannover.

Hans ‹-', ohne pl› m (*Vorname*) Gianni ● **der blanke ~** *norddt* (*die Nordsee*), il Mare del Nord in burrasca; **~ im Glück**, persona nata con la camicia; **~ Guckindieluft**, svagatello, persona che va in giro con il naso per aria.

Hansa ‹-, ohne pl› f → **Hanse**.

Hansaplast® ‹-(e)s, ohne pl› n cerotto m.

Hänschen ‹-s, -› m (*Vorname*) Gianni ● **was ~ nicht lernt, lernt Hans nimmermehr** *prov*, chi a venti non l'ha, a trenta non fa *prov*.

Hansdampf ‹-(e)s, -e› m: **ein ~ in allen Gassen sein** *fam scherz*, essere un (-a) faccendone (-a).

Hanse ‹-, ohne pl› f *hist* Hansa f, lega f anseatica.

Hanseat m (**Hanseatin** f) **1** *fam* abitante mf di una delle città anseatiche **2** *hist* commerciante mf dell'Hansa.

hanseatisch *adj* anseatico.

Hänsel ‹-s, -(n)› m *fam pej* bamboccio m *pej* ● **es waren nur ein Paar ~ da**, c'erano solo quattro gatti.

Hänsel ‹-s, ohne pl› dim *von* Hans: **~ und Gretel**, Hansel e Gretel.

Hänselei ‹-, -en› f presa f in giro, canzonatura f.

hänseln *tr jdn* ~ prendere in giro *qu*, canzonare *qu*.

Hansestadt f (Abk H) città f anseatica: **~ Hamburg** (Abk HH), città anseatica di Amburgo.

Hanswurst ‹-(e)s, -e oder scherz Hanswürste› m **1** *theat* "maschera f comica del teatro tedesco" **2** *pej* (*dummer Mensch*) buffone m, pagliaccio m.

Hantel ‹-, -n› f *sport* **1** (*beim Gewichtheben, Konditionstraining*) manubrio m **2** (*beim Wasserski*) bilancino m.

hantieren <ohne ge-> itr **1** (handhaben) **mit etw** (dat) ~ {MIT EINEM GERÄT, WERKZEUG} maneggiare qc: **das Hantieren mit etw** (dat), il maneggio di qc, l'uso di qc **2** (sich zu schaffen machen) (irgendwo) ~ {AM HERD, IN DER KÜCHE} ˌdarsi da fareˌ/[affaccendarsi]/[armeggiare] + compl di luogo.

hapern unpers fam **1** (fehlen) mancare, scarseggiare: **es hapert an jdm/etw** {AN ZUVERLÄSSIGEN ARBEITSKRÄFTEN, AUFTRÄGEN, GELD}, qu/qc manca, qu/qc scarseggia **2** (nicht funktionieren) non andare, non funzionare: **es hapert mit etw** (dat) {MIT ENERGIEVERSORGUNG}, ci sono ⌊delle⌋ difficoltà con qc **3** Schule: **es hapert bei jdm in/mit etw** (dat) {IN MATHEMATIK, MIT DER AUSSPRACHE, RECHTSCHREIBUNG}, qu zoppica in qc fam, qu ha delle difficoltà con/in qc fam; **in Deutsch hapert es noch bei ihm**, zoppica in tedesco; **mit der Pünktlichkeit hapert es bei ihm**, fa fatica a essere puntuale ● **woran hapert es?**, dov'è l'intoppo?, cosa c'è che non va?

Häppchen <-s, -> n dim von Happen boccone m, bocconcino m: **noch ein ~ essen**, mangiare un altro boccone; **ein Paar ~ zum Aperitif vorbereiten**, preparare qualche stuzzichino per l'aperitivo.

häppchenweise adv fam **1** (Häppchen für Häppchen) boccone per boccone **2** (nach und nach) a/in piccole dosi: **jdm etw ~ klarmachen**, far capire qc a quˌa/in piccole dosiˌ/ [a poco a poco].

Happen <-s, -> m fam boccone m: **ein ganz besonders leckerer ~**, un bocconcino particolarmente appetitoso; **ich habe noch keinen ~ gegessen** (noch nichts gegessen), non ho ancora toccato cibo ● **ein fetter ~**, un affarone fam.

Happening <-s, -s> n happening m: **ein ~ veranstalten**, organizzare un happening.

happig adj fam: ~**e Preise** (hohe Preise), prezzi proibitivi; **die Mieten sind ja ganz schön ~!**, sono affitti da capogiro!; **das ist ganz schön ~!** (übertrieben), è davvero un po' eccessivo!

happy adj <präd fam>: ~ **sein**, gongolare; **ganz/total ~ sein**, essere tutto (-a) pimpante fam; **ich bin jetzt richtig ~!**, sono veramente contento (-a)!

Happyend, **Happy End** <-(s), -s> n lieto fine m, happy end m: **ein Film mit ~**, un film a lieto fine.

Happy Hour <-, -s> f happy hour f.

Haptik <-, ohne pl> f psych percezione f aptica.

haptisch adj psych aptico.

Harakiri <-(s), -s> n harakiri m, karakiri m: ~ **begehen**, fare (l')harakiri.

Hardcopy <-, Hardcopies> f, **Hard Copy** <-, - Copies> f inform hard copy f, hardcopy f.

Hardcore <-s, -s> m (Film) film mˌhard-coreˌ/[a luci rosse]; (Heft, Zeitschrift) rivista f hard-core.

Hardcorefilm m, **Hardcoreporno** m film m hard-core.

Hardcover <-s, -s> n (Buch) hardcover m, libro m con copertina rigida.

Harddisk, **Hard Disk**, **Harddisc**, **Hard Disc** <-, - -s> f inform hard disk m, disco rigido m.

Harddrink, **Hard Drink** <-s, - -s> m superalcolico m.

Hardliner <-s, -> m (**Hardlinerin** f) rappresentante mf della linea dura; bes. pol falco m.

Hardrock, **Hard Rock** <- -(s), ohne pl> m mus hard rock m.

Hardtop <-s, -s> n oder m autom hardtop m.

Hardware <-, -s> f inform hardware m.

Harem <-s, -s> m harem m.

Haremsdame f donna f dell'harem.

Haremswächter m guardiano m dell'harem.

Häresie <-, -n> f relig eresia f.

Häretiker <-s, -> m (**Häretikerin** f) relig eretico (-a) m (f).

häretisch adj eretico.

Harfe <-, -n> f mus arpa f: **(auf der) ~ spielen**, suonare l'arpa.

Harfenist <-en, -en> m (**Harfenistin** f) mus arpista m.

Harke <-, -n> f rastrello m.

harken tr etw ~ {BEET, BLÄTTER, GARTEN, LAUB} rastrellare qc.

Harlekin <-s, -e> m arlecchino m.

härmen rfl geh sich ~ addolorarsi, affliggersi.

harmlos A adj **1** (ungefährlich, nicht schädlich) {ARZNEIMITTEL, BEHANDLUNG, PRÄPARAT, SCHERZ} innocuo: **er ~er Mensch**, una persona innocua; **der Hund ist völlig ~, du brauchst keine Angst zu haben**, il cane non è pericoloso, non devi aver paura **2** (arglos, unschuldig) {FRAGE} innocente, ingenuo, semplice; (friedlich) tranquillo B adv **1** (ungefährlich): ~ **verlaufen** {KRANKHEIT}, risolversi senza complicazioni, avere un decorso tranquillo; ~ **beginnen**, iniziare molto tranquillamente **2** (arglos) {FRAGEN} ingenuamente.

Harmlosigkeit <-, ohne pl> f **1** (Ungefährlichkeit) {+ARZNEIMITTEL, BEHANDLUNG, PRÄPARAT} innocuità f **2** (Arglosigkeit) {+FRAGE, VERHALTEN} innocenza f, ingenuità f.

Harmonie <-, -n> f ~ **einer S.** (gen pl)/**von etw** dat **und etw** dat) armonia f di qc (e qc): ~ **der Farben/Klänge**, armonia dei colori/suoni; ~ **von Körper und Geist**, l'armonia del corpo e dello spirito; **mit jdm in ~ leben**, vivere in armonia con qu.

Harmonielehre f mus armonia f.

harmonieren <ohne ge-> itr **1** ~ **essere** in armonia **2** (zu etw passen) **mit etw** (dat) (irgendwie) ~ {GRAU MIT ROSA} armonizzarsi con qc (+ compl di modo), accordarsi a/ con qc (+ compl di modo), intonarsi a qc (+ compl di modo), sposarsi con qc (+ compl di modo) **mit jdm** ~ {MIT DEN ARBEITSKOLLEGEN, DEM EHEPARTNER, DEN TEAMMITGLIEDERN} andare d'accordo con qu; **mit jdm gut ~**, avere un buon accordo con qu; **mit jdm schlecht ~**, non avere un buon accordo con qu, non andare d'accordo con qu.

Harmonik <-, ohne pl> f mus armonia f.

Harmonika <-, -s oder Harmoniken> f mus armonica f.

harmonisch A adj **1** mus {DREIKLANG, KLANG, MELODIE} armonico **2** (wohlproportioniert) {AUFBAU, FORM, GESTALT} armonioso, armonico **3** (einträchtig): **eine ~e Ehe führen**, condurre un matrimonio felice **4** math phys armonico B adv **1** mus armonicamente **2** (einträchtig): ~ **verlaufen** {GESPRÄCHE, TREFFEN, VERHANDLUNGEN}, svolgersi in un clima sereno (e tranquillo); **mit jdm ~ zusammenleben**, (con)vivere in armonia con qu, vivere in buona armonia con qu.

harmonisieren <ohne ge-> tr etw ~ **1** mus armonizzare qc **2** (aufeinander abstimmen) {BESTIMMUNGEN, GESETZE, RICHTLINIEN, PREISE} armonizzare qc.

Harmonisierung <-, -en> f **1** mus armonizzazione f **2** ökon {+BESTIMMUNGEN, GESETZE, PREISE, RICHTLINIEN} armonizzazione f.

Harmonium <-s, -s oder Harmonien> n mus armonium m.

Harn <-(e)s, -e> m urina f, orina f: ~ **lassen** geh, orinare, urinare.

Harnblase f anat vescica f (urinaria).

Harndrang m med stimolo m della minzione.

harnen itr obs orinare.

Harnflasche f orinale m, pappagallo m fam.

Harngrieß m med → **Harnsand**.

Harnisch <-(e)s, -e> m hist armatura f ● **jdn in ~ bringen**, far uscire dai gangheri qu fam; **in ~ geraten**, uscire dai gangheri fam, andare/montare in bestia fam, perdere le staffe fam.

Harnleiter m anat uretere m.

Harnorgan n <meist pl> anat organo m urinario.

Harnprobe f med campione m d'urina.

Harnröhre f anat uretra f.

Harnsand m med renella f.

Harnsäure f acido m urico.

Harnstein m med calcolo m delle vie urinarie.

Harnstoff m med chem urea f.

harntreibend med chem A adj diuretico B adv: ~ **wirken** {ARZNEIMITTEL, SUBSTANZ}, avere un effetto diuretico.

Harnvergiftung f med uremia f.

Harnwege subst <nur pl> vie f pl urinarie.

Harnwegsinfektion f med infezione f delle vie urinarie.

Harpune <-, -n> f arpione m, fiocina f.

harpunieren <ohne ge-> tr etw ~ {WAL} arpionare qc, colpire qc con la fiocina.

harren itr geh obs **jds/etw**, **auf jdn/etw** ~ aspettare qu/qc (con ansia), attendere qu/qc (con ansia).

harsch adj **1** (verkrustet) {SCHNEE} gelato, ghiacciato **2** (schroff) {TADEL, ZURECHTWEISUNG} brusco.

Harsch <-es, ohne pl> m neve f ghiacciata.

hart[①] A <härter, härteste> adj **1** (nicht weich) {BANK, BETT, BLEISTIFT, GESTEIN, HOLZ, SCHALE} duro; {EI} sodo; {BROT} duro, raffermo **2** (schwer zu ertragen) {ARBEIT, KINDHEIT, LEBEN, PROBE, SCHICKSAL} duro, difficile: ~**er Schlag** (Schicksalsschlag), brutto colpo, batosta fam; **eine ~e Wahrheit**, una verità dura; **das war eine ~e Zeit**, è stato un periodo duro/difficile; ~**e Zeiten**, tempi duri; ~ **für jdn sein**, essere duro/dura fam per qu **3** (heftig) {AUFPRALL, SCHLAG, STOß, ZUSAMMENSTOß} violento; {ANSCHULDIGUNG, VORWURF} duro, pesante; {GEGENSATZ} violento, aspro **4** (streng, grausam) {GESETZ, MAßNAHME, STRAFE, URTEIL, WORTE} severo, duro: **ein ~es Herz**, un cuore duro; ~ **bleiben**, essere inflessibile/irremovibile, non cedere; **jdn ~ machen** {ENTBEHRUNGEN, ENTTÄUSCHUNGEN, SCHICKSAL}, indurire qu, rendere duro (-a) qu; ~ **gegen jdn sein**, essere duro con qu; **es klingt ~, aber es ist so** (es hört sich grausam an), purtroppo a dirlo sembra dura, ma è così **5** ökon {DEVISEN, WÄHRUNG} forte **6** chem Wasser duro **7** (extrem) {WINTER} duro; {PORNOGRAPHIE} hard-core; {stark} {DRINK} forte; {DROGE} pesante **8** slang: **das ist echt ~!** (ist super), che sballo! slang; **das ist beschissen**) che cacchio! vulg B <härter, am härtesten> adv **1** (nicht weich) {FALLEN} sul duro: **die Erde ist ~ gefroren**, il terreno/suolo è gelato/ ghiacciato **2** (schwer) {ARBEITEN} sodo: **es kommt mich ~ an**, etw zu tun geh, mi costa molto fare qc; **jdn ~ treffen**, colpire qu duramente **3** (heftig) {ZUSCHLAGEN} duramente, forte, fortemente: ~ **aneinandergeraten**, scontrarsi duramente **4** (streng) {BESTRAFEN, BEURTEILEN, KRITISIEREN} duramente, severamente: **jdn ~ anfassen/anpacken**, trattare qu duramente; ~ **durchgreifen**, intervenire energicamente ● ~ **drauf sein** slang, essere tosto *fam*/cazzuto *slang*; **wenn es ~ auf ~ geht/kommt, ...**, se le cose si mettono male ...

hart② *adv* - **an etw** (dat) al limite *di qc*: ~ **an der Grenze der Legalität sein**, essere al limite della legalità; ~ **an etw** (dat) **grenzen** {AN BETRUG, WUCHER}, sfiorare qc, rasentare qc *geh*.

Härte <-, -n> *f* **1** (*Eigenschaft eines Körpers*) {+BLEISTIFT, DIAMANT} durezza *f*; {+EISEN, METALL, STAHL} tempra *f* **2** <*nur sing*> (*Schwere*) {+HERZ, PROBE, WAHRHEIT, WINTER, WORTE} durezza *f*; {+ANSCHULDIGUNG, VORWURF} gravità *f*; {+AUFPRALL, SCHLAG, STOß, ZUSAMMENSTOß} violenza *f*; {+AUSEINANDERSETZUNG, GEGENSATZ} *auch* asprezza *f*; {+LEBEN} avversità *f*, disgrazia *f*; {+SCHICKSAL} crudeltà *f* **3** <*nur sing*> (*Strenge*) = (**in etw** dat) {+CHARAKTER, PERSON} durezza *f* (*in qc*); {+DISZIPLIN, GESETZ, MAßNAHME, STRAFE, URTEIL} severità *f*: **mit äußerster ~ gegen jdn/etw vorgehen**, intervenire contro qu/qc con estrema durezza/severità; **jdn mit rücksichtsloser ~ verfolgen**, accanirsi contro qu (inseguendolo), inseguire qu con accanimento; **jdn mit grausamer ~ bestrafen**, punire qu con la massima severità **4** <*nur sing*> (*Ausdauer*) ~ (**in etw** dat) resistenza *f* (*in qc*) **5** (*soziale Ungerechtigkeit*): **soziale ~**, ingiustizia sociale **6** <*nur sing*> ökon {+DEVISEN, WÄHRUNG} forza *f*, stabilità *f* **7** *chem* {+WASSER} durezza *f* **8** *slang*: **das ist die totale ~!** (*das ist super*), è una favola *slang*, è uno schianto *slang*; (*das ist beschissen*) è una cagata! *slang*; **das ist echt die ~, wie du dich gestern aufgeführt hast!**, il tuo comportamento di ieri è stato il massimo della stronzaggine! *slang*.

Härtefall *m adm jur* situazione *f*/condizione *f* di disagio sociale: **jd ist ein ~**, qu è un caso sociale; **im ~, in Härtefällen**, in casi estremi/[di estrema necessità]/[particolarmente gravi].

Härtefonds *m* fondo *m* per l'assistenza sociale.

Härtegrad *m* grado *m* di durezza.

härten *tr* **etw** - indurire qc; {STAHL} temperare qc.

härter *kompar von* hart.

Härteskala *f* scala *f* di Mohs, scala *f* delle durezze.

Härtetest *m* **1** *tech* test *m* di durezza **2** (*Probe*) prova *f* di forza • **den ~ bestehen**, superare la prova.

Hartfaserplatte *f* asse *f* di truciolato.

hartgefroren *adj* → **gefroren**.

hartgekocht *adj* → **gekocht**.

Hartgeld *n* moneta *f* metallica.

hartgesotten *adj fam* **1** (*ohne Skrupel*) {GESCHÄFTSMANN, MANAGER} spregiudicato **2** (*unbelehrbar*) inguaribile, incallito.

Hartgummi *m oder n* ebanite *f*, gomma *f* vulcanizzata.

hartherzig *adj* ~ **zu jdm/etw** spietato (*con qu/qc*), duro (di cuore) (*con qu/qc*): ~ **sein**, essere spietato/[duro (di cuore)], avere il cuore duro.

Hartherzigkeit <-, *rar -en*> *f* ~ (**jdm/etw gegenüber**) durezza *f* di cuore (*con qu/qc*), insensibilità *f* (*nei confronti di qu/di fronte a qc*).

Hartholz *n* legno *m* duro.

Hartkäse *m gastr* formaggio *m* a pasta dura.

hartleibig *adj* **1** *med obs* stitico, costipato **2** (*stur*) testardo; (*hartnäckig*) ostinato.

Hartleibigkeit <-, *ohne pl*> *f* **1** *med obs* stitichezza *f*, costipazione *f* **2** (*Eigensinn*) testardaggine *f*; (*Sturheit*) ostinatezza *f*.

hart|machen *tr* → **hart**①.

Hartmetall *n* metallo *m* duro.

hartnäckig A *adj* **1** (*eigensinnig*) ~ (**in etw** dat) {VERHALTEN, WEIGERUNG} testardo (*in qc*), caparbio (*in qc*), ostinato (*in qc*) **2** (*andauernd*) {BITTE, FORDERUNG} ostinato, insistente; {HUSTEN, KRANKHEIT} persistente: **ein ~es Übel**, un male duro a morire **3** (*verbissen*) {KAMPF} accanito, agguerrito; {VERFOLGER, WIDERSTAND} accanito, tenace B *adv* **1** (*unnachgiebig*) {BITTEN, FORDERN, SICH WEIGERN} ostinatamente, con ostinazione; **etw ~ behaupten**, ostinarsi a affermare qc; ~ **auf etw** (dat) **bestehen** {AUF EINER ANSICHT, MEINUNG}, ostinarsi in/su qc; ~ **darauf bestehen, etw zu tun**, ostinarsi a fare qc; ~ **auf seinem Recht bestehen, etw zu tun**, difendere tenacemente il proprio diritto di fare qc; **sich ~ halten** (*AUFFASSUNG, GERÜCHT, VORSTELLUNG*), resistere (tenacemente); ~ **leugnen/schweigen**, ostinarsi a negare/tacere (*zäh*) {KÄMPFEN} tenacemente: ~ **Widerstand leisten**, opporre una resistenza tenace, resistere tenacemente.

Hartnäckigkeit <-, *ohne pl*> *f* **1** (*Eigensinn*) ~ (**in etw** dat) {IN EINER FRAGE, EINEM PROBLEM} testardaggine *f* (*in qc*), ostinazione *f* (*in qc*), caparbietà *f* (*in qc*); {IN EINEM KAMPF} accanimento *m* (*in qc*) **2** (*Andauern*) {+BITTE, FORDERUNG} insistenza *f*; {+KRANKHEIT} persistenza *f* **3** (*Ausdauer*) ~ (**in etw** dat) resistenza *f* (*in qc*), tenacia *f* (*in qc*).

Hartplatz *m sport* campo *m* di terra battuta.

Hartriegel *m bot* corniolo *m*.

Hartschalenkoffer *m* valigia *f* rigida, samsonite® *f*.

hartumkämpft *adj* → **umkämpft**.

Härtung <-, -en> *f* **1** *industr* indurimento *m*; {+STAHL} tempra *f* **2** *chem* idrogenazione *f*.

Hartweizen *m* grano *m* duro.

Hartweizengrieß *m* semola *f* di grano duro.

Hartwurst *f* "salame *m* stagionato tipo milanese".

Hartz-IV *n*: **Hartz-IV bekommen**, ricevere un sussidio di disoccupazione.

Hartz-IV-Empfänger *m* (**Hartz-IV--Empfängerin** *f*) "chi percepisce un sussidio di disoccupazione".

Harz① <-es, -e> *n* {+BAUM} resina *f*.

Harz② <-es, *ohne pl*> *m geog* Selva *f* Ercinia, Harz *m*.

harzen A *itr* **1** *bot* {KIEFER, TANNE} produrre/[fare la *fam*] resina **2** *CH fam* {VERHANDLUNGEN} andare per le lunghe, trascinarsi: **es harzt mit etw** (dat), qc va per le lunghe, qc si trascina B *tr* **etw** ~ {KIEFER, TANNE} resinare qc, sottoporre qc a resinatura: **geharzter Wein**, (vino) resinato.

Harzer *m gastr*: ~ **Käse/Roller**, "formaggio *m* magro a base di latte acido originariamente prodotto nella regione dell'Harz".

harzig *adj* {GERUCH, SUBSTANZ} resinoso; (*harzhaltig*) *auch* resinaceo.

Hasardeur <-s, -e> *m* (**Hasardeuse** *f*) temerario (-a) *m* (*f*).

Hasardspiel *n* **1** (*Spiel*) gioco *m* d'azzardo **2** (*waghalsiges Handeln*) impresa *f* azzardata.

Hasch <-s, *ohne pl*> *n fam* hashish *m*.

Haschee <-s, -s> *n gastr* "piatto *m* di carne macinata in salsa piccante".

haschen① *geh obs* A *tr* (*fangen*) **jdn/etw** ~ acciuffare qu/qc, acchiappare qu/qc B *itr* **1** (*ergreifen*) **nach jdm/etw** ~ cercare di acciuffare/prendere qu/qc **2** (*auf etw abzielen*) **nach etw** (dat) ~ {NACH EFFEKT, ERFOLG} aspirare a qc, mirare a qc: **nach Beifall ~**, cercare il plauso generale.

haschen② *itr fam* (*Haschisch rauchen*) fumare l'hashish, farsi una canna *fam*/uno spinello *fam*.

Häschen <-s, -> *n dim von* Hase **1** *zoo* leprotto *m*; (*junges Kaninchen*) coniglietto *m* **2** *fam* (*Kosename*) tesoruccio *m*, pulcino *m*.

Hascher *m* (**Hascherin** *f*) fumatore (-trice) *m* (*f*) di hashish.

Häscher <-s, -> *m geh obs* sbirro *m*, scherano *m obs*, sgherro *m obs*; (*der tötet*) sicario *m*.

Hascherl <-s, -n> *n süddt A fam* piccolo (-a) *m* (*f*): **armes ~!**, povero (-a) piccolo (-a) *m* (*f*).

haschieren <*ohne* ge-> *tr* **etw** ~ {FLEISCH} triturare qc, macinare qc.

Haschisch <-s -(s), *ohne pl*> *n oder m* hashish *m*: ~ **rauchen**, fumare hashish/[uno spinello *fam*].

Haschmich *m*: **einen ~ haben** *slang*, essere un po' tocco.

Hase <-n, -n> *m* (**Häsin** *f*) **1** *zoo* lepre *f* (maschio), lepre *f* femmina, femmina *f* della lepre: **der ~ hoppelt**, la lepre saltella **2** *region* (*Kaninchen*) coniglio *m* (maschio), coniglio *m* femmina, femmina *f* del coniglio **3** *gastr*: **falscher ~**, polpettone • **ein** *alter* ~ **sein** *fam* (*Erfahrung haben*), essere una vecchia volpe *fam*; **da liegt der ~ im** *Pfeffer***!** *fam*, qui casca l'asino! *fam*, qui ti ci voglio!; **wissen, wie der ~ läuft** *fam*, vedere che piega prendono le cose *fam*, sapere come vanno/girano le cose *fam*.

Hasel① <-, -n> *f bot* (*Strauch*) nocciolo *m*.

Hasel② <-s, -> *m fisch* leucisco *m*.

Haselkätzchen *n bot* amento *m* di nocciolo, gattino *m*.

Haselmaus *f zoo* moscardino *m*, nocciolino *m*, topo *m* delle nocciole.

Haselnuss (a.R. Haselnuß) *f bot* nocciola *f*.

Haselstrauch *m bot* nocciolo *m*.

Haselzweig *m* ramo *m* di nocciolo.

Hasenbraten *m* arrosto *m* di lepre, lepre *f* arrosto; (*mit Stallhasen*) arrosto *m* di coniglio, coniglio *m* arrosto.

Hasenfuß *m* **1** *zoo* zampetto *m* di lepre **2** *fam obs* (*Feigling*) vigliacco *m*, coniglio *m*.

hasenfüßig *adj pej* vigliacco, codardo.

Hasenherz *n* → **Hasenfuß**.

hasenherzig *adj* → **hasenfüßig**.

Hasenjagd *f* caccia *f* alla lepre.

Hasenklein *n gastr* frattaglie *f pl* della lepre.

Hasenpfeffer *m gastr* lepre *f* in salmì.

Hasenscharte *f fam med* labbro *m* leporino.

Häsin *f* → **Hase**.

Haspel <-, -n> *f oder rar* <-s, -> *m* **1** *text* aspo *m*, aspa *f*, (an)naspo *m* **2** *min* (*Förderwinde*) argano *m*.

haspeln A *tr text* **etw** ~ {FADEN, GARN} annaspare qc B *itr fam* (*hastig sprechen*) mangiarsi le parole.

Hass (a.R. Haß) <*Hasses, ohne pl*> *m* **1** (*Gegenteil von Liebe*) ~ (**gegen jdn/etw**) odio *m* (*contro qu/nei confronti di qu/per qc*): **blinder/glühender/tödlicher/wilder ~**, odio cieco/implacabile/mortale/feroce; **blind vor ~ sein**, essere accecato dall'odio; ᴠᴏɴ ~ **erfüllt**/[**voller ~**] **sein**, essere pieno di odio; **einen (abgrund)tiefen ~ gegen jdn/etw empfinden/hegen**, nutrire/covare un odio profondo ᴄᴏɴᴛʀᴏ qu/[per qc]; **etw aus ~ tun**, fare qc per/[spinto dall']odio; **jds ~ auf sich ziehen**, sich [dat] **jds ~ zuziehen**, venire in odio a qu, attirarsi [tirarsi addosso] l'odio di qu **2** *fam* (*Zorn*) ~ (**auf jdn/ etw**) collera *f* (*con qu/qc*): **einen ~ auf jdn haben/schieben** *fam* (*wütend über jdn sein*), avercela a morte con qu *fam*; **einen ~ auf**

hassen etw (akk) haben (*etw überhaupt nicht mögen*), avere in odio qc; **einen ~ auf jdn kriegen**, prendere in odio qu.

hassen A tr 1 (*nicht lieben*) **jdn/etw ~** odiare qu/qc, avere qu/qc in odio 2 *fam* (*nicht mögen*) **etw ~** detestare qc: **jd hasst es, etw zu tun**, qu odia fare qc, qu detesta fare qc B rfl **sich ~** odiarsi.

hasserfüllt (a.R. haßerfüllt) adj {BLICK, GEDANKE} pieno d'odio; **~e Worte**, parole di odio.

Hassgefühl (a.R. Haßgefühl) n sentimento m di odio.

hässlich (a.R. häßlich) A adj 1 (*unschön*) brutto; (*abstoßend*) orribile, ripugnante; ~ **aussehen**, essere brutto, avere un brutto aspetto 2 (*gemein, böse*) cattivo: **~ zu jdm sein**, essere cattivo con qu; **von jdm ~ sein**, essere cattiva da parte di qu, es ist ~, zu ... *inf*, è brutto ... *inf* B adv 1 (*unschön*) **etw ist ~ anzuschauen** *geh*, qc è brutto a vedersi 2 *fam* (*gemein, unflätig*) male: **~ über jdn reden**, parlar male di qu, sparlare di qu; **sich ~ mit jdm/[jdm gegenüber] benehmen**, comportarsi male con/[nei confronti di] qu.

Hässlichkeit (a.R. Häßlichkeit) <-, -en> f 1 (*mangelnde Schönheit*) bruttezza f 2 {+GESINNUNG} cattiveria f.

Hassliebe (a.R. Haßliebe) f ~ (zu jdm/[für jdn]) amore-odio m (*per qu*).

Hasstirade (a.R. Haßtirade) f ~ (gegen jdn/etw) sparata f (*contro qu/qc*).

hassverzerrt (a.R. haßverzerrt) adj {GESICHT} sfigurato/stravolto dall'odio.

hast 2. pers sing präs *von* haben.

Hast <-, *ohne pl*> f 1 (*Eile*) fretta f, furia f 2 (*Überstürzung*) precipitazione f • **in großer ~**, con grande/[in gran] fretta: **ohne ~**, senza fretta, con calma; **voller ~**, in tutta fretta; **in wilder ~**, in fretta e furia.

haste Abk *von* du hast: **~ was, biste was** *fam*, si è ciò che si ha; **~ was kannste** (*so schnell wie möglich*), in men che non si dica.

hasten itr <sein> geh obs (*irgendwohin*) ~ correre/precipitarsi (+ compl di luogo).

hastig *geh* A adj 1 (*eilig*) {AUFBRUCH, GANG, SCHRITTE} affrettato; {BEWEGUNG, BLICK} frettoloso 2 (*überstürzt*) {ABREISE} precipitoso B adv 1 (*eilig*) in fretta 2 (*voreilig, überstürzt*) precipitosamente, in fretta e in furia.

hat 3. pers sing präs *von* haben.

Hätschelkind n oft pej cocco m (di mamma).

hätscheln tr 1 (*liebkosen*) **jdn ~** {GELIEBTE(N), KIND} coccolare qu 2 (*darüber nachdenken*) **etw ~** {IDEE, PLAN} (ac)carezzare qc.

hatschi interj ecci(ù)!, etciù!: **~ machen** *Kindersprache*, fare ecci(ù)!/etciù!

hatte 3. pers sing imperf *von* haben.

Hattrick <-s, -s> m *sport Fußball* tripletta f (*segnata nello stesso tempo*).

Hatz <-, -en> f 1 (*Jagd*) (**auf etw** akk) caccia f {+AUF HASE, WILDSCHWEIN} caccia f (a qc) 2 (*Verfolgung*) ~ (**auf jdn/etw**) {AUF GUTE PLÄTZE} caccia f (a qu/qc).

Haube <-, -n> f 1 (*Kopfbedeckung*) {+KRANKENSCHWESTER, NONNE} cuffia f 2 (*Abdeckung für Kaffeekanne*) cappuccio m; (*für Teekanne*) copriteiera m 3 {+VOGEL} ciuffo m 4 *autom* {+MOTOR} cofano m 5 (*Gerät fürs Haaretrocknen*) casco m (asciugacapelli): **unter der ~ sitzen**, essere sotto il casco • **jdn unter die ~ bringen** *obs* {MÄDCHEN}, dar marito a qu; **unter die ~ kommen** *obs*, maritarsi *obs*, sposarsi; **unter der ~ sein** *obs scherz*, essere sposata.

Haubenlerche f *ornith* cappellaccia f, allodola f cappelluta.

Haubenmeise f *ornith* cincia f dal ciuffo.

Haubentaucher m *ornith* svasso m.

Haubitze <-, -n> f *mil* obice m • **voll wie 'ne ~ sein** *fam*, essere cotto come un embrice *fam*.

Hauch <-(e)s, rar -e> m *geh* 1 (*Atem*) fiato m, alito m 2 *poet* (*Luftzug*) soffio m/alito m di vento, afflato m 3 (*geringe Menge*) tocco m, velo m: **ein ~ Rouge/Puder**, un tocco/velo di fard/cipria; **ein ~ Parfum**, un tocco di profumo 4 (*Anflug*) **~ einer S.** (gen)/**von etw** (dat) {VON TRAURIGKEIT, SCHWERMUT} ombra f di qc: **der ~ eines Lächelns**, l'ombra di un sorriso 5 (*Duft*) **~ von etw** (dat) {VON MANDELÖL, ROSENDUFT} profumo m di qc, fragranza f di qc 6 (*Flair*) **~ von etw** (dat) {VON ORIENT, SÜDSEE, WEIHNACHTEN} aria f di qc, atmosfera f +.

hauchdünn A adj {STOFF, STRÜMPFE} sottilissimo, leggerissimo, velatissimo: **eine ~e Schicht von etw** (dat), un velo di qc B adv: **etw ~ auftragen** {CREME, SALBE}, stendere un leggerissimo strato/[velo] di qc; **etw ~ schneiden** {SCHINKEN}, tagliare qc molto sottile.

hauchen A itr (*mit Atem*) (*irgendwohin*) ~ alitare (+ compl di luogo) B tr 1 (*kaum hörbar aussprechen*) **etw ~** sussurrare qc (a fior di labbra): «**Nein, jetzt nicht**», **hauchte sie**, «No, non adesso» sussurrò 2 (*kaum berühren*) **etw irgendwohin ~**: **jdm einen Kuss auf die Stirn ~**, sfiorare con un bacio la fronte di qu.

hauchfein adj {STRÜMPFE, STRUMPFHOSEN} sottilissimo, velatissimo.

hauchzart adj {FLEISCH, GEMÜSE} tenerissimo; {GEWEBE, STOFF, WOLLE} leggerissimo, sottilissimo, finissimo.

Haudegen m 1 *obs* spadaccino m provetto 2 (*Draufgänger*) scapestrato m.

Haue <-, -n> f 1 <*nur sing*> *Kindersprache* (*Schläge*) botte f pl: **~ bekommen**, prenderle *fam*, buscarle *fam* 2 *süddt A* (*Hacke*) zappa f.

hauen <*haut, haute oder hieb, gehauen*> A tr <haben> 1 <haute> *fam* (*schlagen*) **jdn ~** battere qu, picchiare qu; (*mit Stock*) bastonare qu; (*mit Peitsche*) frustare qu 2 <haute> **etw ~** {ERZ} abbattere qc; {BÄUME} auch tagliare qc; {HOLZ} spaccare qc 3 <haute oder hieb> (*in etw hineinschlagen*) **etw in etw** (akk) **~** {NAGEL IN DIE WAND} piantare qc in qc, conficcare qc in qc; {LOCH IN DAS EIS, DIE WAND} fare qc in qc; {FIGUR, RELIEF, STUFEN IN DEN FELS, DEN GRANIT, DEN MARMOR, DEN STEIN} scolpire qc in qc 4 <haute oder hieb> *fam* (*daraufschlagen*) **jdm etw irgendwohin ~** {FAUST, GEGENSTAND, KNÜPPEL AUF DEN KOPF} picchiare qc + compl di luogo a qu 5 <haute> *slang* (*hintun*) **etw irgendwohin ~** {SACHEN, TASCHE IN DEN SCHRANK} sbattere/schiaffare qc + compl di luogo B itr 1 <haute; haben> (*prügeln*) picchiare, menare *fam* 2 <haute oder hieb; haben> (*schlagen*) **mit etw** (dat) **auf/gegen etw** (akk) **~** {MIT DEM STOCK GEGEN DIE WAND, MIT DEM SCHLAGSTOCK AUF DIE TROMMEL} battere qc con qc: **mit dem Kopf gegen die Wand ~**, battere la testa contro il muro; **mit der Faust an die Tür ~**, battere con il pugno alla porta; **mit der Faust auf den Tisch ~**, battere il pugno sul tavolo; **mit dem Schläger auf den Boden ~**, battere la racchetta per terra; **jdm mit etw** (dat) **irgendwohin ~** {MIT DEM STOCK AUF DIE FINGER} picchiare qu con qc + compl di luogo; **jdm mit der Faust ins Gesicht ~**, dare a qu un pugno in faccia; (*mit etw* dat) **nach jdm ~** {MIT DEM STOCK} (cercare di) picchiare/colpire qu (con qc) 3 <haute; sein> *fam* (*sich anstoßen*) **mit etw** (dat) **irgendwohin ~** {MIT DEM KNIE GEGEN DAS TISCHBEIN, DEN STUHL, MIT DEM KOPF GEGEN DIE TÜR, WAND} picchiare con qc contro qc C rfl <haute; haben> *fam* **sich ~** 1 (*sich prügeln*) {KINDER} picchiarsi, darsele *fam* 2 (*sich werfen*) **sich irgendwohin ~** {AUF DAS BETT, DAS SOFA} buttarsi *fam*/schiaffarsi *fam* + compl di luogo: **sich in den Sessel ~**, buttarsi sulla poltrona • **etw kurz und klein ~**, spaccare/sfasciare tutto; **etw in Stücke ~**, fare a pezzi qc; **wie wild um sich ~**, menar colpi a destra e a manca/[da tutte le parti].

Hauer① <-s, -> m 1 *zoo* zanna f 2 <*nur pl*> *fam scherz* dentoni m pl *fam*.

Hauer② <-s, -> m *min* minatore m.

Häufchen <-s, -> n *dim von* Haufen: **wie ein ~ Elend aussehen** *fam*, sembrare la morte in vacanza; **(s)ein ~ machen** *euph*, farla *fam*.

häufeln tr **etw ~** {ERDE, KARTOFFELN, SPARGEL} rincalzare qc.

Haufen <-s, -> m, **Haufe** <-ns, -n> m *rar* ~, **Haufe** (+ subst/[einer S.] gen) 1 (*Anhäufung*) {DRECK, SCHUTT} mucchio m (*di qc*); (*Stapel*) pila f (*di qc*); (*bes. mit Holz*) catasta f (*di qc*): **etw auf einen ~ werfen/legen**, ammucchiare qc 2 *fam* (*Menge*) sacco m (*di qc*), montagna f (*di qc*): **einen ~ Arbeit haben**, avere un sacco di lavoro; **einen ~ Geld ausgeben**, spendere un sacco/mucchio di soldi; **ein neugieriger ~ Passanten**, un sacco di passanti curiosi • **jdn über den ~ fahren** *fam*, stendere a terra qu (con un veicolo), mettere sotto qu; **einen (großen/kleinen) ~ machen** *fam*, farla *fam*; **jdn über den ~ rennen** *fam*, stendere a terra qu, travolgere qu; **jdn über den ~ schießen/knallen** *fam*, stendere a terra qu (con un'arma da fuoco); **etw über den ~ werfen** (*nicht zustande kommen lassen*), mandare a monte qc; (*verwerfen*), buttare all'aria qc.

häufen A tr **etw ~** ammucchiare qc, accumulare qc, ammassare qc: **ein gehäufter Esslöffel Mehl**, un cucchiaio pieno/colmo di farina B rfl (*mehr werden*) **sich ~** {BESCHWERDEN, KLAGEN} accumularsi, aumentare, moltiplicarsi: **diese Vorfälle ~ sich in letzter Zeit**, ultimamente questi casi sono in aumento; **sich** (dat) **etw irgendwohin ~** {ESSEN AUF TELLER} ammonticchiarsi qc + compl di luogo.

haufenweise adv 1 (*in Haufen*) a mucchi 2 (*sehr viel*) a bizzeffe/iosa: **~ Geld haben/verdienen**, avere/guadagnare soldi a palate *fam*.

Haufenwolke f cumulo m.

häufig A adj 1 (*mehrmalig*) {AUSEINANDERSETZUNGEN, BESUCHE, REGENFÄLLE, REISEN} frequente 2 (*weit verbreitet*) {ANSICHT, MEINUNG} diffuso B adv {GESCHEHEN, MACHEN, TUN} di frequente, con frequenza, frequentemente: **etw ~ einnehmen** {ARZNEIMITTEL, MEDIKAMENTE}, fare (un) uso frequente di qc; **das ist ~ der Fall**, succede di frequente/[spesso]; **er fehlt ~**, manca di frequente/[spesso]; **sich ~ sehen**, vedersi di frequente/[spesso].

Häufigkeit <-, *rar* -en> f frequenza f: **mit abnehmender ~**, con frequenza minore; **mit zunehmender ~**, con (una) frequenza sempre maggiore; **je nach ~**, a seconda della frequenza.

Häufung <-, -en> f (**einer S.** gen/**von etw** dat) 1 (*Ansammlung*) accumulamento m (*di qc*) 2 (*Vermehrung*) {VON BESCHWERDEN, KLAGEN, KORRUPTIONSFÄLLEN, KRANKHEITEN} aumento m (continuo) (*di qc*).

Haupt <-(e)s, Häupter> n *geh* 1 (*Kopf*) capo m 2 (*Leiter*) {+FAMILIE, KIRCHE, STAAT} capo m • **entblößten ~es, mit bloßem ~**, a capo scoperto; **erhobenen ~es, mit erhobenem ~**, a testa alta; *gekröntes ~ geh*, testa coronata; *gesenkten ~es, mit gesenktem ~*, a capo chino, a testa bassa; *zu Häupten einer S.* (gen) *geh* {+BAHRE, BETT}, a capo di qc.

Hauptabnehmer m (**H**auptabnehmerin f) cliente mf principale.

Hauptaktionär m (**H**auptaktionärin f) azionista mf principale.

Hauptakzent m {+SATZ, WORT} accento m principale; *der ~ liegt auf der ersten Silbe*, l'accento principale cade sulla prima sillaba • *den ~ auf etw* (akk) *legen*, porre l'accento su qc; *der ~ liegt auf etw* (dat), l'accento è (posto) su qc.

Hauptaltar m altar(e) m maggiore.

hauptamtlich **A** adj {MITARBEITER, TÄTIGKEIT} a tempo pieno **B** adv a tempo pieno; ~ (als etw nom) tätig sein, lavorare a tempo pieno (come qc).

Hauptangeklagte <dekl wie adj> mf principale imputato (-a) m (f), imputato (-a) m (f) numero uno.

Hauptanschluss (a.R. Hauptanschluß) m linea f principale.

Hauptanteil m {+ARBEIT, KOSTEN} maggior parte f, parte f ₁più grossa₁/[consistente], grosso m fam.

Hauptarbeit f (*größter Teil*) grosso m fam; (*wichtigster Teil*) parte f ₁più importante₁/[principale].

Hauptaufgabe f compito m principale.

Hauptaugenmerk n: *sein ~ auf etw* (akk) *richten*, puntare la propria attenzione specialmente su qc.

Hauptausgang m uscita f principale.

Hauptbahnhof m (Abk Hbf.) stazione f centrale (Abk staz. c.le).

Hauptbedingung f condizione f essenziale/principale.

Hauptberuf m professione f principale.

hauptberuflich **A** adj come professione principale: *etw als ~e Tätigkeit ausüben*, esercitare qc come professione principale **B** adv come professione principale: *~ ist er Lehrer*, come professione principale fa l'insegnante, la sua professione principale è quella di insegnante.

Hauptbestandteil m elemento m/componente f/parte f essenziale.

Hauptbuch n com libro m mastro.

Hauptdarsteller m (**H**auptdarstellerin f) film theat protagonista mf, interprete mf principale.

Hauptdeck n naut ponte m principale.

Haupteingang m entrata f/ingresso m principale.

Haupteinnahmequelle f principale fonte f di reddito.

Hauptesländge f geh obs: *jdn um ~ überragen*, superare qc di una testa.

Hauptfach n univ Schule materia f principale: *etw als/im ~ studieren* {DEUTSCH, GERMANISTIK, ITALIENISCH, ROMANISTIK}, avere qc come materia principale.

Hauptfeldwebel m mil maresciallo m capo.

Hauptfigur f protagonista m, personaggio m principale/centrale.

Hauptgang m 1 gastr portata f/piatto m principale 2 arch corridoio m principale.

Hauptgebäude n edificio m principale.

Hauptgefreite <dekl wie adj> m caporale m maggiore, caporalmaggiore m.

Hauptgericht n piatto m principale/forte, secondo m (piatto m).

Hauptgeschäftsstelle f (*von Bank*) sede f centrale; (*von Versicherung*) agenzia f generale.

Hauptgeschäftszeit f ora f/ore f pl di punta: *während/zur ~*, ₁durante le₁/[nelle] ore di punta, ₁durante l'ora₁/[nell'ora] di punta.

Hauptgewicht n importanza f principale • *das ~ auf etw* (akk) *legen*, dare a qc la massima importanza, dare peso/importanza soprattutto a qc; *das ~ liegt auf etw* (dat), la massima importanza risiede in qc, qc riveste la massima importanza.

Hauptgewinn m ~ (*bei etw* dat) {BEI DER LOTTERIE} primo premio m (*di qc*): *den ~ machen fam*, prendere/[mettersi in tasca *fam*] il primo premio.

Hauptgrund m motivo m/ragione f principale.

Hhaupthahn m (*von Gas, Wasser*) rubinetto m centrale; (*für größere Leitungen*) valvola f centrale.

Hauptinteresse n ~ (*an etw* dat) principale/maggiore interesse m (*a/in qc*).

Hauptkasse f cassa f centrale.

Hauptlast f peso m principale/maggiore.

Hauptleitung f 1 (*Rohr*) conduttura f principale 2 el tel linea f principale.

Häuptling <-s, -e> m capo m (di una tribù), capotribù m.

häuptlings adv obs a testa in giù.

Hauptmahlzeit f pasto m principale.

Hauptmann <-(e)s, -leute> m 1 mil capitano m 2 {+RÄUBERBANDE} capo m, capobanda m.

Hauptmasse f {+DEMONSTRANTEN, FERIENGÄSTE, FLÜCHTLINGE, MENSCHEN} maggior parte f, grosso m fam, gran massa f.

Hauptmenü n inform menu m principale.

Hauptmerkmal n caratteristica f principale/fondamentale/dominante.

Hauptmieter m (**H**auptmieterin f) affittuario (-a) m (f) principale.

Hauptmotiv n 1 (*Ursache*) ragione f/motivo m principale 2 mus {+MELODIE, SATZ} tema m dominante 3 kunst {+BILD} motivo m dominante.

Hauptnahrung f alimento m principale.

Hauptnenner m denominatore m comune.

Hauptniederlassung f sede f centrale.

Hauptperson f 1 film theat protagonista mf, personaggio m principale 2 (*wichtigste Person*): *die ~ sein*, essere il/al centro dell'attenzione.

Hauptportal n {+DOM, KIRCHE} portale m principale/centrale.

Hauptpost f, **H**auptpostamt n posta f/[ufficio m postale] centrale.

Hauptprobe f ultima prova f prima della prova generale.

Hauptproblem n problema m fondamentale/principale/maggiore.

Hauptpunkt m punto m principale/essenziale.

Hauptquartier n mil quartier(e) m generale.

Hauptquelle f fonte f principale.

Hauptredner m (**H**auptrednerin f) oratore (-trice) m (f) principale.

Hauptreisezeit f periodo m ₁delle grandi partenze₁/[di maggior traffico vacanziero]: *zur ~*, in piena stagione (turistica).

Hauptrolle f 1 film theat parte f del protagonista, ruolo m/parte f principale: (*in etw* dat) *die ~ spielen* {IN EINEM FILM, EINEM THEATERSTÜCK}, interpretare il ruolo/la parte principale in qc 2 (*wichtigste Rolle*) ruolo m/parte f principale: *jd spielt* (*bei etw* dat) *die ~* (*Mittelpunkt sein*) {PERSON BEI EINEM FEST, EINER FETE, EINEM PARTY}, qu ha/gioca la parte principale (a qc); *sie will immer die ~ spielen*, ha smanie di protagonismo; *etw spielt* (*bei etw* dat) *die ~* (*ist von größter Wichtigkeit*) {GELD, PRESTIGE}, qc gioca/riveste un ruolo primario/[di primo piano] (in qc).

Hauptsache f cosa f principale, essenziale m: *in der ~* (*im Wesentlichen*), in sostanza, (*im Allgemeinen*) in generale; *das ist die ~*, è questa la cosa più importante; *in der ~ geht es darum, festzustellen, ob ...*, principalmente si tratta di stabilire se ...; *zur ~ kommen*, venire al ₁punto centrale₁/[nocciolo della questione]/[dunque fam]; *die ~ dabei ist, dass ...*, la cosa più importante è che ...; *die ~ dabei ist, zu ... inf*, tutto sta nel ... inf; *~, es geht dir gut*, la cosa principale/[più importante] è che tu stia bene.

hauptsächlich **A** adj (*wichtig*) {ANLIEGEN, FRAGE, PROBLEM, PUNKT} principale, fondamentale; (*wesentlich*) essenziale, sostanziale **B** adv specialmente, principalmente, soprattutto: *~ an etw* (dat) *interessiert sein*, essere interessato prevalentemente/[in prevalenza] a qc; *~ darauf achten, dass ...*, badare/guardare innanzitutto che ... konjv.

Hauptsaison f alta stagione f: *während/in der ~*, in alta stagione; *wir haben jetzt ~*, siamo in alta stagione.

Hauptsatz m 1 gram proposizione f principale 2 mus tema m principale 3 (*Grundsatz*) {+WISSENSCHAFT} principio m.

Hauptschalter m 1 el interruttore m generale 2 {+AMT, BANK} sportello m principale.

Hauptschiff n arch navata f centrale.

Hauptschlagader f anat aorta f.

Hauptschlüssel m passe-partout m.

Hauptschulabschluss (a.R. Hauptschulabschluß) m ≈ diploma m di licenza f media.

Hauptschuld f ~ (*an etw* dat) colpa f maggiore (*in qc*): *die ~ an etw* (dat) *tragen*, essere il/la principale responsabile di qc; *ihn trifft die ~*, la colpa maggiore ricade su di lui.

Hauptschuldige <dekl wie adj> mf maggior colpevole mf; jur colpevole m.

Hauptschule f D "scuola f secondaria (dalla quinta alla nona o decima classe)"; ≈ scuola f ₁secondaria inferiore₁/[media fam] (della durata di tre anni).

Hauptschüler m (**H**auptschülerin f) alunno (-a) m (f) ₁di scuola media₁/[della scuola secondaria inferiore].

Hauptschullehrer m (**H**auptschullehrerin f) D ≈ insegnante mf/professore (-essa) m (f) di scuola media.

Hauptseminar n D univ "corso m universitario destinato agli studenti di livello avanzato".

Hauptsendezeit f ora f/orario m ₁del massimo ascolto₁/[di punta *fam*], peak time m.

Hauptsicherung f el interruttore m di sicurezza.

Hauptsitz m sede f principale.

Hauptsorge f principale/massima preoccupazione f, più grosso pensiero m *fam*.

Hauptspeicher m inform memoria f principale.

Hauptstadt f capitale f: *die italienische ~*, la capitale italiana.

Hauptstädter m (**H**auptstädterin f) abitante mf della capitale.

hauptstädtisch adj <attr> {ATMOSPHÄRE, FLAIR} di capitale.

Hauptstraße f 1 (*Geschäftsstraße*) corso m 2 (*Durchgangsstraße*) strada f principale.

Hauptstrecke f linea f/tratta f principale.
Hauptstudium n univ "secondo ciclo m degli studi universitari".
Haupttäter m (**Haupttäterin** f) autore (-trice) m (f) principale del/[di un] crimine.
Haupttätigkeit f principale attività f.
Hauptteil m **1** (*größter Teil*) {+ARBEIT} parte f principale, maggior parte f **2** {+AUFSATZ, ESSAY, TEXT} parte f principale, corpo m.
Hauptthema n **1** {+DISKUSSION} argomento m/tema m principale **2** *mus* tema m principale.
Haupttton m **1** *mus* nota f principale **2** → **Hauptakzent**.
Haupttreffer m ~ (*bei etw* dat) primo premio m (*a qc*): **den ~ landen** *fam*, azzeccare il primo premio *fam*.
Hauptunterschied m differenza f fondamentale/essenziale; (*wichtigster Unterschied*) principale differenza f: **der ~ liegt in etw** (dat) (**begründet**), la ₍differenza fondamentale/essenziale₎/[principale differenza] è costituita da qc; **der ~ liegt darin, dass ...**, la ₍differenza fondamentale/essenziale₎/[principale differenza] risiede nel fatto che ...
Hauptursache f ~ (*für etw* akk) causa f principale (*di/per qc*).
Hauptverantwortliche <dekl wie adj> mf ~ (*für etw* akk) principale/massimo (-a) responsabile mf (*di/per qc*).
Hauptverdiener <-s, -> m (**Hauptverdienerin** f) {+FAMILIE} chi percepisce il maggior guadagno, chi ha il maggior reddito.
Hauptverfahren n *jur* (*im Strafprozess*) giudizio m, processo m: **gegen jdn das ~ eröffnen**, rinviare qu a giudizio ● **Eröffnung des ~s** *jur*, rinvio a giudizio (di un imputato).
Hauptverhandlung f *jur* dibattimento m, udienza f dibattimentale.
Hauptverkehrsstraße f arteria f di grande scorrimento, strada f principale *fam*.
Hauptverkehrszeit f ora f/ore f pl di punta: **während/zur ~**, durante l'ora/le ore di punta.
Hauptversammlung f {+AKTIENGESELLSCHAFT} assemblea f generale: **die ordentliche ~ einberufen**, convocare l'assemblea generale ordinaria; **eine außerordentliche ~ einberufen**, convocare l'assemblea generale straordinaria.
Hauptverwaltung f amministrazione f centrale.
Hauptwache f centrale f di polizia.
Hauptwaschgang m fase f principale di lavaggio: **etw nur im ~ waschen**, lavare qc senza prelavaggio.
Hauptwerk n opera f principale, capolavoro m.
Hauptwohnsitz m *D* residenza f.
Hauptwort <-(e)s, Hauptwörter> n sostantivo m.
Hauptzeuge m (**Hauptzeugin** f) teste mf principale, principale testimone mf.
Hauptziel n obiettivo m principale; (*Zweck*) *auch* scopo m principale.
hau ruck interj oh issa!
Hauruckverfahren n: **im ~**, in fretta e furia.
Haus <-es, Häuser> n **1** *arch* (*zum Wohnen*) casa f; (*Gebäude*) edificio m, caseggiato m: **das elterliche ~**, la casa paterna; **jdn nach ~e bringen**, accompagnare a casa qu; **tun Sie (ganz), als ob Sie zu ~e wären**, faccia come se fosse a casa Sua; **aus dem ~ gehen**, uscire di casa; **nach ~e**, a casa; **nach ~e gehen**, andare a casa; **kommen Sie gut nach ~e!**, buon viaggio (di ritorno/rientro)!; **zu ~e**

bleiben, rimanere/restare a/in casa; **zu ~e sein**, essere a/in casa; **bei jdm zu ~e sein**, essere ₍a casa di qu₎/[da qu]; **bei uns zu ~e**, da noi, a casa nostra **2** *theat* sala f, teatro m: **kleines/großes ~**, ridotto/[sala grande]; **das ~ ist voll**, lo spettacolo è esaurito/pieno, c'è il tutto esaurito *fam*; **vor vollem ~ spielen**, recitare ₍davanti ad un teatro pieno₎/[con il tutto esaurito *fam*] **3** (*sämtliche Personen eines Wohnhauses*) condominio m, palazzo m; (*sämtliche Personen einer Wohnung*) inquilini m pl; (*sämtliche Angestellten einer Firma*) dipendenti m pl **4** (*Familie*) famiglia f: **die Dame/der Herr des ~es**, la padrona/il padrone di casa; **ein Freund des ~es**, un amico di famiglia; **ein Sohn/eine Tochter aus gutem ~(e)**, un(a) figlio/a di buona famiglia; (*Herrschergeschlecht*) dinastia f, casato m; **das ~ Habsburg**, la dinastia asburgica/[degli Asburgo] **5** *com* domicilio m: **frei ~**, franco domicilio; **jdm etw ins ~ liefern**, consegnare qc a qu a domicilio **6** (*Firma, Hotel*) casa f: **das Hotel ist das erste ~ am Platze**, quell'albergo è il migliore ₍della città₎/[del luogo]; **eine Spezialität des ~es**, una specialità della casa **7** *pol* (*Parlament*) camera f **8** *astr* casa f: **Uran steht im fünften ~**, Uranio è/[si trova] nella quinta casa **9** *zoo* {+SCHNECKE} guscio m, casetta f **10** *fam scherz* (*Person*) tipo m: **ein fideles ~**, un allegrone *fam*; **hallo, Werner/Gabi, (du) altes ~!**, ciao Werner/Gabi, vecchio (-a) mio (-a)! *fam* ● **aus dem ~ sein** {KINDER}, essere ormai uscito di casa; **jdm das ~ einlaufen/einrennen** (*jdn bedrängen*), tallonare qu, stare alle costole a qu *fam*, non dare pace a qu; **das europäische ~**, la casa europea; **jdn ans ~ fesseln** {KINDER, KRANKHEIT}, costringere qu a stare a/in casa; **jdm das ~ führen**, tenere/[mandare avanti] la casa a qu; **zum ~ gehören**, essere di casa; **sich (ganz) wie ₍zu ~e₎/[zuhause A CH] fühlen**, sentirsi come a casa propria; **fühl dich ganz wie ₍zu ~e₎/[zuhause A CH]**, fa come se fossi a casa tua; **ein großes ~ führen**, avere/ricevere molti ospiti; **(mit etw dat) ~ halten** → **haushalten**; **das ~ des Herrn** *relig*, la casa del Signore; **~ und Hof**, tutti i propri beni; **das ~ hüten müssen**, dover restar a/in casa; **in etw** (dat) **zu ~e sein**, essere versato in qc; **ein Hund kommt mir nicht ins ~!**, non voglio cani in casa!; **ein offenes ~ für jdn haben**, avere una porta aperta per qu; **sie haben immer ein offenes ~ für alle**, la loro casa è aperta a tutti; **jdn nach ~e schicken**, mandare a casa qu; **jdm ins ~ schneien/[geschneit kommen]** *fam* {VERWANDTE}, piovere in casa a qu *fam*; **jdm ins ~ stehen** {LOTTOGEWINN}, prospettarsi a qu; **jdm das ~ verbieten**, proibire a qu di ₍entrare in₎/[frequentare la propria] casa; **von ~ aus** (*von der Familie her*), di casa, di famiglia; *fam* (*seinem Wesen nach*), per natura; (*ursprünglich*), originariamente; **sie ist von ~ aus wohlhabend**, è di famiglia benestante; **er ist von ~ aus ein friedliebender Mensch**, è per natura una persona pacifica; **eigentlich ist er von ~ aus Lehrer, jetzt arbeitet er als Journalist**, originariamente faceva l'insegnante, ora lavora come giornalista; **von ~ zu ~ wandern/ziehen**, andare di casa in casa; **das Weiße ~** *pol*, la Casa Bianca; **(mit jdm) ~ an ~ wohnen**, abitare porta a porta (con qu); **noch zu ~(e) wohnen**, abitare ancora con i genitori; **zu ~e ist es doch immer noch am schönsten!**, la casa mia sia per piccina che tu sia, sei sempre una badia! *prov*; **in Rom zu ~ sein** (*dort wohnen*), abitare a Roma; **wo sind Sie zu ~?** (*wo wohnen Sie?*), dove sta di casa?

Hausangestellte <dekl wie adj> mf domestico (-a) m (f), colf f *fam*.

Hausantenne f antenna f di casa.
Hausanzug m tuta f da casa.
Hausapotheke f armadietto m dei medicinali.
Hausarbeit f **1** (*im Haushalt*) lavori m pl domestici/[di casa], faccende f pl (domestiche) **2** *Schule* compito m/compiti m pl (a casa); *univ* (*Referat*) tesina f.
Hausarrest m **1** *jur* arresti m pl domiciliari: **unter ~ stehen**, essere agli arresti domiciliari; **jdn unter ~ stellen**, mettere qu agli arresti domiciliari **2** *obs* (*als Strafe für Kinder*) divieto m di uscire di casa.
Hausarzt m (**Hausärztin** f) medico m di famiglia/base *adm*.
Hausaufgabe f <meist pl> compito m (a casa): **~n machen müssen**, dover fare i compiti; **warum hast du deine ~n nicht gemacht?**, perché non hai fatto i compiti?
hausbacken adj **1** *pej* (*bieder*) {KLEIDUNG} dozzinale: **ein ~es Mädchen**, una ragazza tutta casa e chiesa *fam*; **das ist mir zu ~!** (*zu langweilig und zu bieder*), mi sa di muffa *fam*, è ammuffito; **~ aussehen**, avere un aspetto scialbo; (*von Frau*) *pej auch* sembrare una grigia maestrina *fam* **2** *obs* (*zu Hause hergestellt*) {BROT, KUCHEN} casalingo, fatto in casa.
Hausbank f banca f ₍d'appoggio₎/[di fiducia].
Hausbar f bar m; (*Möbelstück*) mobile m bar.
Hausbau m costruzione f della casa.
Hausbesetzer <-s, -> m (**Hausbesetzerin** f) occupante mf abusivo (-a) di edifici.
Hausbesetzung f occupazione f abusiva di edifici.
Hausbesitzer m (**Hausbesitzerin** f) proprietario (-a) m (f) di (una) casa, padrone (-a) m (f) di (una) casa.
Hausbesorger m (**Hausbesorgerin** f) *A* → **Hausmeister**.
Hausbesuch m {+ARZT} visita f ₍a casa₎/[domiciliare].
Hausbewohner m (**Hausbewohnerin** f) inquilino (-a) m (f).
Hausboot n casa battello f.
Hausbriefkasten m cassetta f della posta.
Hausbuch n *ostdt hist* "registro m degli inquilini di un condominio".
Häuschen <-s, - *oder scherz* Häuserchen> n **1** (*kleines Haus*) casetta f, casina f **2** *süddt fam* (*Toilette*) posticino m *fam* **3** *CH* (*Karo auf Papier*) quadretto m ● **jdn ganz aus dem ~ bringen** *fam* (*vor Ärger*), far uscire qu dai gangheri; (*vor Freude*), mandare in visibilio qu; **total/ganz aus dem ~ sein** *fam* (*vor Ärger*), essere fuori dai gangheri; (*vor Freude*), non star più ₍nella pelle₎/[nei propri panni].
Hausdame f governante f; (*Gesellschafterin*) dama f di compagnia.
Hausdetektiv m (**Hausdetektivin** f) vigilante mf (in servizio all'interno di un grande magazzino).
Hausdiener m (**Hausdienerin** f) domestico (-a) m (f).
Hausdrachen m *fam pej* (*Frau*) arpia f, diavolo m in casa; (*Ehefrau*) *auch* santippe f.
Hausdurchsuchung f *jur bes. A CH* perquisizione f domiciliare.
hauseigen adj privato: **die Firma hat einen ~en Tennisplatz**, la ditta ha un proprio campo da tennis.
Hauseigentümer m (**Hauseigentümerin** f) *geh adm* → **Hausbesitzer**.
Hauseinfahrt f passo m carraio/carrabile.

Hauseingang m entrata f (di casa); (als Tor) portone m (di casa).

hausen itr pej *irgendwo ~* **1** (wohnen) alloggiare/abitare (in condizioni disagiate) + compl di luogo **2** (wüten) imperversare/infuriare + compl di luogo.

Häuserblock <-(e)s, -s> m isolato m, caseggiato m.

Häuserfront f facciate f pl.

Häusermeer n mare m di case.

Häuserreihe f, **Häuserzeile** f fila f di case.

Hausflur m **1** {+WOHNUNG} corridoio m; (Vorraum) ingresso m **2** (Treppenhaus) scale f pl, scalinata f.

Hausfrau f **1** (verheiratete Frau, die nicht berufstätig ist) casalinga f, donna f di casa, massaia f **2** süddt A (Zimmerwirtin) padrona f di casa, affittacamere f.

Hausfrauenart f gastr: **nach/auf ~**, alla casalinga.

hausfraulich adj da casalinga.

Hausfreund m (**Hausfreundin** f) **1** amico (-a) m (f) di famiglia **2** *nur m> scherz* (Liebhaber) amico m euph, amante m.

Hausfrieden m pace f/quiete f domestica; (bei Mietshaus) pace f/quiete f del condominio: **den ~ stören**, disturbare.

Hausfriedensbruch m jur violazione f di domicilio: **~ begehen**, commettere una violazione di domicilio.

Hausgang m süddt A CH → **Hausflur**.

Hausgans f oca f domestica.

Hausgast m {+HOTEL, PENSION} ospite mf (della casa).

Hausgebrauch m uso m domestico: **für den ~**, per uso domestico, per la casa ● **für den ~ reicht's** scherz (für meine durchschnittlichen Ansprüche genügt das), a me basta, per quello che ne devo fare ... fam.

Hausgeburt f parto m in casa.

hausgemacht adj {BROT, WURST} fatto in casa, casereccio, casalingo; {ARBEITSLOSIGKEIT, INFLATION} attribuibile a fattori interni geh.

Hausgemeinschaft f (alle Mieter eines Mietshauses) condomini m pl.

Hausgenosse m (**Hausgenossin** f) membro m della famiglia/casa: **ein ~ sein**, far parte della famiglia/casa.

Hausglocke f obs campanello m di casa.

Hausgott m <meist pl> myth divinità f ₍della casa₎/[domestica].

Haushalt <-(e)s, -e> m **1** (Hausgemeinschaft) casa f, ménage m: **den ~ auflösen**, disfarsi di tutto l'arredamento della casa, svuotare la casa fam **2** (Hausarbeit) (governo m della) casa f: **jds ~ führen, jdm den ~ führen**, accudire alla casa di qu, mandare avanti la casa di qu; **im ~ helfen** {EHEMANN, KINDER}, aiutare in casa **3** adm nucleo m familiare: **die privaten ~e**, le famiglie **4** ökon bilancio m: **über den ~ beraten**, discutere il bilancio (dello stato); **den ~ für das Jahr 1997 beschließen/verabschieden** parl, approvare/votare il bilancio per il 1997.

haushalten <haushaltet, haushaltete, gehaushaltet; meist im inf>, **Haus halten** <irr: hält Haus, hielt Haus, Haus gehalten, meist im inf> itr (**mit etw** dat) ~ fare economia (di qc), risparmiare (qc): **mit dem Geld besser ~ müssen**, dover gestire meglio i soldi; **mit seinen Kräften ~**, risparmiare le proprie forze.

Haushälterin f governante f.

Haushaltsartikel, **Haushaltartikel** m <meist pl> articolo m per la casa.

Haushaltsauflösung f disfarsi m di tutto l'arredamento e le suppellettili della casa.

Haushaltsausschuss (a.R. Haushaltsausschuß) m parl commissione f (del) bilancio.

Haushaltsbuch n libro m delle spese (di casa).

Haushaltsdebatte f parl discussione f del bilancio pubblico.

Haushaltsdefizit n parl deficit m di bilancio, disavanzo m pubblico.

Haushaltsführung f governo m della casa, ménage m.

Haushaltsgeld, **Haushaltgeld** n denaro m per le spese di casa.

Haushaltsgerät, **Haushaltgerät** n elettrodomestico m.

Haushaltsgesetz n (legge f) finanziaria f.

Haushaltshilfe f collaboratrice f domestica, colf f fam.

Haushaltsjahr n anno m/esercizio m finanziario.

Haushaltsloch n fam buco m fam nel bilancio.

Haushaltsmittel subst <nur pl> fondi m pl, stanziamenti m pl: **~ bereitstellen**, stanziare fondi.

Haushaltspackung f confezione f famiglia.

Haushaltsplan m bilancio m preventivo: **den ~ aufstellen/vorlegen**, redigere/presentare il bilancio preventivo.

Haushaltspolitik f politica f finanziaria/[del bilancio].

haushaltsüblich adj per uso famiglia: **Abgabe der Ware nur in ~en Mengen**, vendita delle merci solo per uso famiglia.

Haushaltsware f <meist pl> casalinghi m pl, articolo m per la casa.

Haushaltswarengeschäft n negozio m di casalinghi.

Haushaltung f **1** (Hauswirtschaft) economia f domestica **2** (Wirtschaftsführung) gestione f economica **3** geh (Haushalt) casa f.

Hausherr m (**Hausherrin** f) padrone (-a) m (f) di casa.

haushoch **A** adj {MAUER} altissimo, enorme; {NIEDERLAGE, SIEG} netto **B** adv fam (überragend): **~ gewinnen**, vincere alla grande, riportare una brillante vittoria; **jdn ~ schlagen**, infliggere una ₍dura sconfitta₎/[sconfitta clamorosa] a qu; **jdm ~ überlegen sein**, superare qu di parecchio, essere di gran lunga superiore a qu; **~ verlieren**, straperdere fam, perdere in modo clamoroso, subire una sconfitta clamorosa.

Haushuhn n ornith gallina f domestica.

hausieren <ohne ge-> itr: **mit etw** (dat) ~ **gehen** (verkaufen wollen), vendere qc di casa in casa; (überall erzählen) {MIT GESCHICHTE, PROBLEM} andare a raccontare ₍in giro₎/[a tutti] qc; {MIT IDEEN, INFORMATIONEN} (andare a) spifferare qc.

Hausierer <-s, -> m (**Hausiererin** f) venditore (-trice) m (f) ₍porta a porta₎/[ambulante].

hausintern adj {ANGELEGENHEIT, INFORMATION, MITTEILUNG} interno.

Hausjacke f giacca f da camera.

Hausjurist m (**Hausjuristin** f) {+FIRMA} (proprio) legale mf, legale mf di fiducia.

Hauskaninchen n zoo coniglio m.

Hauskapelle[1] f relig cappella f privata.

Hauskapelle[2] f mus orchestra f/orchestrina f privata.

Hauskatze f zoo gatto m domestico.

Hauskauf m acquisto m di una casa: **beim ~/Häuserkauf sollte man darauf achten, dass ...**, quando si ₍acquista una casa₎/[acquistano delle case] si dovrebbe fare attenzione a ...

Hauskleid n vestito m da casa.

Hauslehrer m (**Hauslehrerin** f) hist precettore (-trice) m (f), maestro (-a) m (f) privato (-a), istitutore (-trice) m (f).

häuslich adj **1** (das Zuhause betreffend) {FRIEDEN, GLÜCK, HARMONIE} domestico, della casa; {ANGELEGENHEITEN, ARBEITEN, PFLICHTEN} domestico, di casa: **die ~en Verhältnisse**, la situazione ₍in casa₎/[familiare]; **der ~e Herd**, il focolare domestico **2** (das Zuhause liebend) {FRAU, MÄDCHEN} a cui piace stare in casa ● **sich bei jdm ~ einrichten/niederlassen** fam, piantare le tende in casa di qu fam.

Häuslichkeit <-, ohne pl> f **1** (Liebe zum Zuhause) amore m per la casa **2** (Familienleben) vita f familiare.

Hausmacherart f: **nach ~** gastr, casereccio, casalingo, della casa; **Senf nach ~**, senape casereccia/[fatta in casa].

Hausmacht f **1** hist territori m pl di una dinastia **2** (Einflussmöglichkeiten) appoggi m pl (politici).

Hausmädchen n donna f di servizio, domestica f.

Hausmann m casalingo m.

Hausmannskost f cucina f casalinga/casereccia.

Hausmarke f **1** (Markenprodukt) prodotto m di marca **2** (Hauswein) vino m della casa **3** fam (von jdm bevorzugtes Produkt) marca f preferita.

Hausmeister m (**Hausmeisterin** f) **1** {+MIETSHAUS} custode mf (di un immobile); Schule bidello (-a) m (f) **2** CH (Eigentümer) padrone (-a) m (f) di casa.

Hausmitteilung f comunicazione f interna.

Hausmittel n rimedio m casalingo: **ein altes ~**, un rimedio della nonna.

Hausmüll m rifiuti m pl domestici.

Hausmusik f "nei paesi di cultura tedesca, esecuzione di musica classica in ambiente domestico", Hausmusik f.

Hausmütterchen n pej donna f tutta casa e famiglia.

Hausnotruf m servizio m (di) emergenza (per anziani ecc.).

Hausnummer f numero m ₍di casa₎/[civico] adm: **wie ist Ihre ~?**, qual è il Suo numero ₍di casa₎/[civico]?

Hausordnung f (für Mietshaus) regolamento m del condominio; (für Anstalten, Betriebe) regolamento m interno.

Hausputz m pulizia f della casa, pulizie f pl: **einen ~ machen**, fare le pulizie.

Hausrat m beni m pl mobili facenti parte dell'abitazione; (Geschirr u.Ä.) suppellettili f pl, masserizie f pl.

Hausratversicherung f "assicurazione f sui beni mobili facenti parte dell'abitazione".

Hausrecht n jur diritto m del proprietario: **das ~ verletzen**, violare il domicilio.

Hausschlüssel m chiave f di casa.

Hausschuh m <meist pl> pantofola f, ciabatta f.

Hausschwein n zoo maiale m domestico.

Hausse <-, -n> f ökon (mercato m al) rialzo m: **auf/[à la] ~ spekulieren**, giocare al rialzo.

Haussegen m: **bei uns hängt der ~ schief** fam scherz, in casa (nostra) ₍c'è₎/[tira] aria di tempesta, in casa (nostra) c'è maretta *region*.

Haussemarkt m *Börse* mercato m al rialzo.

Haussier <-s, -s> m *Börse* rialzista m, bull m.

Hausstand m casa f, famiglia f: **einen (eigenen) ~ gründen**, metter(e) su casa.

Haussuchung <-, -en> f *jur* perquisizione f domiciliare.

Haustechnik f impianti m pl di casa.

Haustelefon (a.R. Haustelephon) n telefono m interno.

Haustier n animale m domestico.

Haustür f porta f di casa • **zuerst vor seiner eigenen ~ kehren** *fam*, guardare prima se stesso (-a), guardarsi (prima) allo specchio, guardare prima in casa propria; **vor der ~ stehen** {UNEINGELADENE FREUNDE, VERWANDTE}, capitare in casa; **direkt vor der ~ sein** (*sehr nahe*), essere/trovarsi proprio sotto casa.

Haustürgeschäft n *com* (vendita f) porta a porta m.

Haustyrann m *fam pej* padre padrone m, tiranno m.

Hausverbot n "divieto m di accedere a un edificio": **jdm ~ erteilen**, vietare a qu l'accesso a un edificio.

Hausverwalter m (**Hausverwalterin** f) amministratore (-trice) m (f) della casa; {+MIETSHAUS} amministratore (-trice) m (f) del condominio.

Hausverwaltung f {+MIETSHAUS} amministrazione f condominiale.

Hauswand f muro m di casa.

Hauswirt m (**Hauswirtin** f) padrone (-a) m (f) di casa, affittacamere mf.

Hauswirtschaft f economia f domestica.

Hauszelt n (tenda f) canadese f.

Hauszins m *CH* affitto m.

Haut <-, *Häute*> f **1** *anat* {+MENSCH} pelle f, cute f *wiss*; {+TIER} pelle f: **eine fette/trockene/unreine ~ haben**, avere la pelle grassa/secca/impura; **sich (dat) die ~ aufreißen/abschürfen**, escoriarsi/scorticarsi la pelle; **einem Tier die ~ abziehen**, spellare un animale **2** (*Schale*) {+FRUCHT, OBST} buccia f, scorza f; {+MANDELKERN, NUSSKERN} pellicina f; (*im Ei*) pellicina f; {+WURST} pelle f **3** (*Schicht*) pellicola f, velo m; {+MILCH} pellicola f; {+SCHIFF} fasciame m; {+FLUGZEUG} rivestimento m **4** <*nur pl*> *industr* pellami m pl • **eine anständige/ehrliche ~ sein**, essere un onest'uomo; **mit heiler ~ davonkommen** (*unverletzt*), salvare la pelle; (*ungestraft*), passarla liscia *fam*, farla franca *fam*; **aus der ~ fahren**, uscire dai gangheri *fam*, andare in bestia *fam*; **unter die ~ gehen** {BERICHT, FILM}, toccare profondamente; **eine gute ~**, una pasta d'uomo; **mit ~ und Haaren** *fam*, completamente, tutto quanto; **sich etw (dat) mit ~ und Haaren verschreiben**, dedicarsi a qc anima e corpo; **nicht aus seiner ~ herauskönnen** *fam*, non si può essere diversi da quello che si è, non si può forzare la propria natura; **ich kann auch nicht aus meiner ~ heraus!**, è più forte di me, non ₁ci posso fare niente₁/[mi posso cambiare]!; **nur noch ~ und Knochen sein** *fam*, essere ridotto pelle ed ossa; **sich auf die faule ~ legen**, mettersi con la pancia ₁all'aria₁/[al sole], **auf der faulen ~ liegen/sitzen**, stare/starsene con la pancia ₁all'aria₁/[al sole]; **für jdn/etw seine ~ zu Markte tragen** (*sehr viel riskieren*), mettere a rischio la propria pelle/vita per qu/qc; **pej** (*als Bardame, Prostituierte arbeiten*), vendersi per qu/qc; **nass bis auf die ~**, bagnato fino ₁all'osso₁/[al midollo]; **seine eigene ~ retten**, salvare la pelle; **ich möchte nicht in seiner ~ stecken**, non vorrei es-

sere nei suoi panni; **seine ~ so teuer wie möglich verkaufen**, vendere cara la pelle; **sich seiner ~ wehren**, difendersi; **jd fühlt sich**₁/[jdm ist] **nicht wohl in seiner ~** *fam*, qu non si sente a proprio agio.

Hautabschürfung f escoriazione f.

Hautarzt m (**Hautärztin** f) dermatologo (-a) m (f).

Hautatmung f respirazione f cutanea.

Hautausschlag m sfogo m *fam*, eruzione f cutanea *wiss*, esantema m *wiss*.

Häutchen <-s, -> n dim *von* Haut **1** (*Überzug*) pellicina f **2** (*auf Flüssigkeit*) velo m, pellicola f **3** *anat* membrana f; (*Nagelhäutchen*) pellicina f *fam*, pipita f *fam* **4** *bot* buccia f.

Hautcreme f crema f per la pelle.

Haute Couture <- -, *ohne pl*> f alta moda f, haute couture f.

häuten A tr *etw* ~ {HASE} spellare *qc*, scorticare *qc*; *industr* (*Lederwaren*) scuoiare *qc* **B** rfl **sich ~** {TIER} spellarsi, cambiare pelle; {EIDECHSE, SCHLANGE} gettare la spoglia.

hauteng A *adj* {BLUSE, HOSE, JEANS, ROCK} attillato, aderente **B** *adv*: **~ anliegen**, essere (molto) attillato/aderente.

Hautevolee <-, *ohne pl*> f *geh obs* alta società f.

Hautfarbe f colore m della pelle, carnagione f; {+GESICHT} colorito m, incarnato m.

hautfarben *adj* color carne.

Hautfetzen m lembo m di pelle.

hautfreundlich *adj* {LOTION, SHAMPOO, STOFF} dermoprotettivo, che non irrita la pelle *fam*.

Hautgrieß m *med* milio m.

Hautjucken n prurito m, pizzicore m *fam*.

Hautklinik f clinica f dermatologica; (*Abteilung*) reparto m di dermatologia, dermatologia f *fam*.

Hautkontakt m contatto m epidermico/fisico.

Hautkrankheit f malattia f della pelle, dermatosi f *wiss*, dermatopatia f *wiss*.

Hautkrebs <-es, -e> m cancro m della pelle, melanoma m *wiss*.

Hautkrem, **Hautkreme** f → **Hautcreme**.

hautnah A *adj* **1** (*ganz nah*) {KONTAKT} epidermico, stretto; *sport* {DECKUNG} a uomo **2** (*lebensecht*) {DARSTELLUNG, SCHILDERUNG, SZENE} immediato, vivo **B** *adv*: **~ darstellen**, rappresentare qc dal vivo; **etw ~ miterleben**, vivere qc ₁in prima persona₁/[da vicino]; **etw ~ schildern**, descrivere qc con toccante realismo.

Hautpflege f cura f della pelle.

Hautpilz m *med* dermatomicosi f.

Hautplastik f *med* dermatoplastica f.

Hautsalbe f pomata f per la pelle.

Hautschere f tronchesina f, forbicina f *fam*.

hautschonend *adj* → **hautfreundlich**.

Hauttransplantation f *med* dermatoplastica f, trapianto m cutaneo, plastica f cutanea.

Hauttyp m tipo m di pelle, fototipo m: **je nach ~**, a secondo del tipo di pelle.

Häutung <-, -en> f *zoo* muta f; (*bes. von Schlangen*) getto m della spoglia.

Hautunreinheit f <*meist pl*> impurità f della pelle.

Havanna① <-s, *ohne pl*> f *geog* L'Avana f.

Havanna② <-, -s> f (*Zigarre*) avana m.

Havanna③ <-, *ohne pl*> m (*Tabak*) avana m.

Havarie <-, -n> f **1** *naut* avaria f: **große/kleine ~**, avaria generale/particolare; **eine ~ haben**, essere in avaria; **das Schiff liegt**

mit ~ im Hafen von Genua, la nave si trova ₁nel porto di Genova con un'avaria₁/[in avaria nel porto di Genova] **2** *ostdt* (*technischer Schaden*) danno m, guasto m, difetto m **3** *A* (*Autounfall*) incidente m (stradale).

havarieren <*ohne* ge-> itr **1** *naut aero* {FLUGZEUG, SCHIFF} avere/subire un'avaria **2** *A* (*verunglücken*) avere un incidente (stradale).

havariert *adj* **1** {SCHIFF} in avaria **2** *A* (*verunglückt*) {AUTO} incidentato.

Havarist m *naut* nave f in avaria.

Hawaii <-s, *ohne pl*> n *geog* (*Bundesstaat*) (Stato m delle) Hawaii f pl; (*Inselgruppe*) le (isole) Hawaii.

Hawaiianer m (**Hawaiianerin** f) hawaiano (-a) m (f).

hawaiisch *adj* hawaiano.

Haxe <-, -n> f *süddt* → **Hachse**.

Hbf. *Abk von* Hauptbahnhof: Staz. C.le (*Abk von* stazione centrale).

H-Bombe f bomba f H/[all'idrogeno].

h. c. *Abk von* honoris causa: h. c..

HD 1 *inform Abk von engl* Harddisk, Hard Disk: HD (disco rigido) **2** *inform Abk von engl* Highdensity, High Density: HD (alta densità).

HDTV <-s, *ohne pl*> n *TV Abk von engl* Highdefinition Television, High Definition Television: HD (televisione ad alta definizione).

H-Dur n *mus* si m maggiore.

he *interj* **1** (*um Aufmerksamkeit zu erregen*) eh!, ehi!: **he, Sie da, können Sie nicht lesen?**, ehi, Lei, ma non sa leggere? **2** (*drückt Ablehnung oder Empörung aus*) eh!, ehi!: **he, was erlauben Sie sich eigentlich?!**, eh(i), ma come si permette?! **3** (*zur Verstärkung einer Frage*) eh!, ehi!: **he, wo wart ihr denn so lange?**, ehi, ma dove siete stati (-e) per tutto questo tempo?.

Header <-s, -> m *inform* header m.

Headhunter <-s, -> m (**Headhunterin** f) *industr* head-hunter m, cacciatore (-trice) m (f) di teste.

Headline <-, -s> f headline m.

Hearing <-(s), -s> n *pol* hearing m.

heavy *adj* <*präd*> *slang* **1** (*schwierig*) tosto *slang*, duro: **die Prüfung war wirklich ~**, l'esame è stato proprio tosto **2** (*super*): **Madonna ist echt ~!**, Madonna è davvero una forza/un mito.

Heavy Metal <- -(s), *ohne pl*> n *mus* heavy metal m.

Hebamme <-, -n> f levatrice f, ostetrica f.

Hebebühne f ponte m elevatore.

Hebel <-s, -> m leva f: **einen ~ bedienen/betätigen**, azionare una leva • (*irgendwo*) **den ~ ansetzen**, fare leva su qc; **alle ~ in Bewegung setzen**, (s)muovere ₁cielo e terra₁/[mari e monti]; **am längeren ~ sein/sitzen**, avere il coltello dalla parte del manico, essere in (posizione di) vantaggio.

Hebelarm m braccio m della leva.

Hebelgesetz n *phys* principio m di leva.

Hebelgriff m *Judo Ringen* chiave f.

Hebelwirkung f *ökon* leverage m, effetto leva m.

heben <*hebt, hob, gehoben*> **A** tr **1** (*nach oben bewegen*) **jdn/etw ~** {GEGENSTAND, KÖRPERTEIL, PERSON} alzare *qu/qc*, sollevare *qu/qc geh* **2** (*hochnehmen und woanders hinsetzen*) **jdn/etw irgendwohin ~** alzare/sollevare *qu/qc* e metterlo + *compl di luogo*: **die Tür aus den Angeln ~**, scardinare la porta; **jdn aus dem Sattel ~**, sbalzare di sella qu **3** (*bergen*) **etw ~** {LEICHE, SCHIFF, WRACK} recuperare *qc*; {SCHATZ} dissotterrare *qc*, portare alla luce *qc* **4** (*steigern, verbessern*) {NIVEAU} alzare *qc*; {ANSEHEN, WOHLSTAND} accrescere *qc*; {LEBENSSTANDARD} migliorare *qc*, elevare *qc*: **die Stimmung ~**, ₍tirare su₎/[rialzare] il morale **5 süddt** (*festhalten*) **jdn/etw ~** tenere *qu/qc* **B** rfl **sich ~ 1** (*sich nach oben bewegen*) {VORHANG} alzarsi, sollevarsi; {WASSERSPIEGEL} salire **2** (*sich steigern*) {NIVEAU*}* salire; {LEBENSSTANDARD} migliorare; {ANSEHEN, WOHLSTAND} crescere, aumentare • **einen ~** *fam*, bere/farsi *fam* un bicchierino.

Heber <-*s*, -> *m* chem pipetta f.

Hebewerk *n* impianto m di sollevamento.

Hebräer <-*s*, -> *m* (**Hebräerin** f) *hist* ebreo (-a) m (f).

hebräisch *adj* {LITERATUR, SCHRIFT, SPRACHE} ebraico.

Hebräisch <-(*s*), *ohne pl*> *n*, **Hebräische** <*dekl wie adj*> *n* ebraico m, lingua ebraica; → *auch* **Deutsch**, **Deutsche**②.

Hebraist *m* (**Hebraistin** f) ebraista mf, ebraicista mf *rar*.

Hebraistik f studio m della lingua e della civiltà ebraiche.

Hebriden *subst* <*nur pl*> *geog* (*isole* f *pl*) Ebridi f pl.

Hebung <-, -*en*> f **1** sollevamento m, innalzamento m **2** {+SCHIFF, WRACK} recupero m **3** {+SCHATZ} ritrovamento m **4** (*Steigern*) {+NIVEAU, WOHLSTAND} incremento m, aumento m, crescita f; {+ANSEHEN, LEBENSSTANDARD} miglioramento m **5** *geol* elevazione f **6** *poet* arsi f.

Hechel <-, -*n*> f *text* pettine m.

hecheln① *itr* **1** *zoo* {HUND} ansimare **2** *fam pej* (*tratschen*) (*über jdn*) **~** spettegolare (*di qu*).

hecheln② *tr text etw* **~** {HANF, JUTE} pettinare *qc*.

Hecht <-(*e*)*s*, -*e*> *m fisch* luccio m • **ein toller ~ sein** *fam*, essere un gran ₍bel fusto *fam*₎/[fighettone] *slang*.

hechten *itr* (*irgendwohin*) **~** (*beim Schwimmsport*) tuffarsi (+ *compl di luogo*); (*beim Geräteturnen*) eseguire la planche (+ *compl di luogo*).

Hechtrolle f *sport* (*beim Geräteturnen*) tuffo m con capovolta.

Hechtsprung *m sport* (*beim Schwimmsport*) tuffo m carpiato; (*beim Geräteturnen*) planche f.

Heck <-(*e*)*s*, -*e oder* -*s*> *n* **1** *autom* portellone m **2** *naut* poppa f **3** *aero* coda f.

Heckantrieb *m autom* trazione f posteriore: **mit ~**, a trazione posteriore.

Hecke <-, -*n*> f siepe f: **eine ~ um das Haus anlegen**, piantare una siepe intorno alla casa; **die ~ schneiden/stutzen**, tagliare/potare la siepe.

Heckenrose f *bot* rosa f canina/[di macchia].

Heckenschere f cesoie f pl (per siepi).

Heckenschütze *m* (**Heckenschützin** f) franco (-a) tiratore (-trice) m (f).

Heckfenster *n* finestrino m posteriore.

Heckflagge f bandiera f di poppa.

Heckklappe f *autom* portellone m posteriore.

hecklastig *adj* {AUTO} troppo pesante nella parte posteriore.

Heckmeck <-*s*, *ohne pl*> *m fam* (*Umstände*) storie f pl; (*Gerede*) chiacchiere f pl: **mach jetzt keinen ~ und komm endlich!**, non farla tanto lunga, e sbrigati!

Heckmotor *m mot* motore m posteriore.

Heckscheibe f *autom* lunotto m: **heizbare ~**, lunotto termico.

Heckscheibenheizung f *autom* lunotto m termico.

Heckscheibenwischer *m autom* tergi-lunotto m.

Heckspoiler *m autom* spoiler m, alettone m.

Hecktür f *autom* {+KOMBI-, LIEFERWAGEN} portiera f posteriore.

heda *interj* ehi!

Hedgegeschäft *n ökon* hedging m.

Hedonismus *m* edonismo m.

hedonistisch *adj* {EINSTELLUNG, MENSCH} edonistico.

Hedwig f (*Vorname*) Edvige.

Heer <-(*e*)*s*, -*e*> *n* **1** *mil* esercito m: **stehendes ~**, esercito permanente; **im ~ dienen**, prestare servizio nell'esercito **2** (*Menge*) esercito m: **ein ganzes ~ von etw** (*dat*) {VON FLIEGEN, STECKMÜCKEN}, un esercito di qc.

Heeresbericht *m* bollettino m di guerra.

Heeresbestand *m* <*meist pl*> scorta f militare.

Heeresleitung f comando m supremo dell'esercito.

Heerführer *m* generale m d'armata; *hist* condottiero m.

Heerlager *n* campo m/accampamento m militare.

Heerschar f <*meist pl*> esercito m, legione f • **die himmlischen ~en** *relig*, le legioni celesti.

Heerstraße f *hist* strada f militare.

Heerwesen *n* esercito m.

Hefe <-, -*n*> f **1** *gastr* lievito m: **~ zum Backen**, lievito di birra; **die ~ zum Backen ansetzen, die ~ anrühren**, preparare il lievito per l'impasto **2** (*treibende Kraft*) lievito m, fermento m • **die ~ (des Volkes)** *pej*, la feccia.

Hefekloß *m gastr* gnocco m preparato con il lievito • **aufgehen wie ein ~** *fam scherz*, sformarsi, diventare una botte *fam*.

Hefekranz *m gastr* "tipo di ciambella f di pasta lievitata".

Hefekuchen, **Hefenapfkuchen** *m gastr* "dolce m di pasta lievitata".

Hefepilz *m* (*einzelliger Pilz*) lievito m.

Hefeteig *m* pasta f lievitata.

Hefeteilchen *n gastr* "dolcetto m di pasta lievitata".

Heft① <-(*e*)*s*, -*e*> *n* **1** {+SCHÜLER} quaderno m; (*für Notizen*) taccuino m **2** (*Publikumszeitschrift*) rivista f **3** (*dünnes Buch*) libretto m, libriccino m **4** (*einzelne Nummer einer Fachzeitschrift*) (*Abk* H.) fascicolo m (*Abk* fasc.).

Heft② <-(*e*)*s*, -*e*> *n* (*Griff*) {+DOLCH, MESSER, SÄGE} manico m, impugnatura f • **das ~ (fest) in der Hand haben/behalten** *geh*, avere/tenere il bastone del comando; **das ~ aus der Hand geben** *geh*, lasciare le redini; **jdm das ~ aus der Hand nehmen**, togliere lo scettro a qu; **das ~ in die Hand nehmen**, prendere le redini.

Heftchen *n* **1** *dim* (*kleines Heft*) quadernino m, quadernetto m **2** (*Comic*) fumetti m pl **3** (*mit Fahrscheinen*) blocchetto m, carnet m.

heften A *tr* **1** (*befestigen*) *etw* **an** *etw* (*akk*) **~** {NOTIZ, ZETTEL AN DAS SCHWARZE BRETT, DIE PINNWAND, ORDEN AN DIE BRUST} attaccare *qc* a *qc*, fissare *qc* a *qc*; (*mit Heftklammern*) spillare *qc* a *qc*; (*mit Stecknadeln, Reißzwecken*) appuntare *qc* a *qc* **2** (*beim Nähen*) *etw* **~** imbastire *qc* **3** (*beim Buchbinden*) *etw* **~** rilegare *qc* **4** (*festhängen*) *etw* **auf jdn/etw ~** appuntare *qc* su *qu/qc*: **den Blick auf jdn/etw ~**, fissare lo sguardo su *qu/qc* **B** rfl **sich auf jdn/etw ~** {AUGEN, BLICK} appuntarsi *su qu/qc*: **sich an jds Fersen ~**, stare alle calcagna di qu.

Hefter <-*s*, -> *m* **1** (*kleine Heftmaschine*) cucitrice f, pinzatrice f, spillatrice f **2** (*Schnell-hefter*) raccoglitore m, classificatore m.

Heftfaden *m* filo m per imbastire.

heftig A *adj* {AUFPRALL, ERDBEBEN, GEWITTER, HASS, KAMPF, KOPFSCHMERZEN, SCHLAG, STURM} violento; {REAKTION} *auch* forte; {TON, TONFALL} aspro; {DISKUSSION, KONTROVERSE, WORTE} *auch* violento; {KÄLTE} intenso; {VERLANGEN, WUNSCH} ardente; {LEIDENSCHAFT, LIEBE, SEHNSUCHT} *auch* intenso; {OPPOSITION, WIDERSTAND} tenace; {REGEN, WEINEN} dirotto; {SCHMERZ} acuto, atroce: **~ werden**, infiammarsi, riscaldarsi **B** *adv* {AUFPRALLEN, SCHLAGEN, ZUSCHLAGEN} violentemente, con violenza: **~ reagieren**, avere una reazione forte/violenta; **es wurde ~ diskutiert**, ci fu una violenta/un'aspra discussione; **etw ~ dementieren**, smentire qc con forza; **sie liebten sich ~**, si amarono ₍con trasporto₎/[appassionatamente].

Heftigkeit <-, -*en*> f {+AUFPRALL, ERDBEBEN, GEWITTER, HASS, KAMPF, KOPFSCHMERZEN, SCHLAG, STURM} violenza f; {+REAKTION} *auch* impetuosità f; {+TON, TONFALL} asprezza f; {+DISKUSSION, KONTROVERSE, WORTE} *auch* violenza f; {+KÄLTE} intensità f; {+LEIDENSCHAFT, LIEBE, SEHNSUCHT} *auch* ardore m; {+SCHMERZ} atrocità f; {+VERLANGEN, WUNSCH} ardore m.

Heftklammer f **1** (*für Hefter*) punto m metallico, graffetta f **2** (*Büroklammer*) fermaglio m, clip m, graffetta f, grappetta f.

Heftmaschine f pinzatrice f, cucitrice f, spillatrice f, graffatrice f.

Heftpflaster *n* cerotto m: **ein ~ auflegen**, applicare/mettere *fam* un cerotto.

Heftstich *m* punto m d'imbastitura.

Heftzange f spillatrice f.

Heftzwecke f puntina f da disegno.

Hege <-, *ohne pl*> f (*im Forstwesen*) conservazione f.

hegelianisch *adj* {EINSTELLUNG} hegeliano, d'ispirazione hegeliana.

hegelsch, **Hegel'sch** *adj* {PHILOSOPHIE} hegeliano, di Hegel.

hegemonial *adj* egemonico.

Hegemonialanspruch *m pol* egemonismo m.

Hegemonialmacht f potenza f egemonica/egemone.

Hegemonie <-, -*n*> f {+STAAT KULTURELL, POLITISCH, WIRTSCHAFTLICH} egemonia f, supremazia f.

hegemonisch *adj* egemonico.

hegen *tr etw* **~ 1** (*pflegen*) {WILD} prendersi cura di *qc*; {PFLANZEN} curare *qc* **2** (*empfinden*) {GEFÜHLE, HOFFNUNG, VERDACHT, ZWEIFEL} nutrire *qc*, avere *qc*; {GROLL, HASS} nutrire *qc*, serbare *qc* • **etw ~ und pflegen**, avere una gran cura di *qc*; **jdn ~ und pflegen**, circondare qu di attenzioni.

Hehl <-(*e*)*s*, *ohne pl*> *n oder m*: **kein(en) ~ aus etw** (*dat*) **machen** {AUS SEINER ANTIPATHIE, UNLUST}, non fare mistero di qc; **er macht keinen ~ daraus**, non ne fa mistero.

Hehler <-*s*, -> *m* (**Hehlerin** f) *jur* ricettatore (-trice) m (f).

Hehlerei <-, -*en*> f *jur* ricettazione f.

Hehlerin f → **Hehler**.

hehr *adj lit* {ABSICHT, GRUNDSATZ, IDEAL} augusto, sublime, venerabile; {ANBLICK} sublime, maestoso.

Heia <-, *rar* -(*s*)> f *Kindersprache* nanna f; (*Bett*) lettino m: **in die ~ gehen**, andare a (fare la) nanna; **heia machen**, fare la nanna.

Heide① <-, -*n*> f **1** *bot* erica f **2** (*Land*) brughiera f • **die Lüneburger ~** *geog*, la Landa di Lüneburg.

Heide② <-*n*, -*n*> *m* (**Heidin** f) *relig* pagano (-a) m (f).

Heidekraut n bot erica f.
Heideland n brughiera f.
Heidelbeere f bot (*Pflanze*) mirtillo m; (*Frucht*) mirtillo m nero.
Heidelberg <-s, ohne pl> n geog Aidelberga f.
Heidenangst f fam fifa f fam, strizza f fam, paura f matta: **eine ~ vor jdm/etw haben**, avere una ˌpaura mattaˌ/[fifa tremenda] di qu/qc.
Heidenarbeit f fam faticaccia f, lavoro m enorme, lavorone m: **das ist eine ~**, è ˌuna faticacciaˌ/[un lavoro enorme].
Heidengeld n fam sacco m di soldi: **ein ~ kosten**, costare ˌun occhio della testaˌ/[l'ira di Dio].
Heidenlärm m fam fracasso m infernale, rumore m spaventoso, baccano m.
Heidenrespekt m fam **~ (vor jdm/etw)** dannato rispetto m fam (di qu/qc).
Heidenspaß m fam divertimento m pazzesco: **einen ~ an etw (dat) haben**, divertirsi da matti con/[a fare] qc.
Heidentum <-s, ohne pl> n paganesimo m.
Heidin f → **Heide**②.
heidnisch A adj {ALTAR, BRAUCH, GOTTHEIT, KULT} pagano B adv {DENKEN, HANDELN} da pagano (-a).
Heidschnucke <-, -n> f zoo montone m della landa di Lüneburg.
Heike f (*Vorname*) → **Henrike**.
heikel <attr heikle(r, s)> adj 1 {ANGELEGENHEIT, PUNKT, SACHE, SITUATION} scabroso, spinoso; {FRAGE, THEMA} delicato 2 region (*PERSON*) schizzinoso, difficile, schifiltoso.
Heiko m (*Vorname*) → **Heinrich**.
heil A adj 1 (*unversehrt*) {PERSON} indenne, sano e salvo, illeso 2 bes. norddt (*ganz*) {GEGENSTAND*} intatto, intero, buono fam B adv: **~ ankommen**, arrivare sano (-a) e salvo (-a); **etw ~ überstehen** {UNFALL}, uscire indenne/illeso (-a) da qc; **wieder ~ zurückkommen**, ritornare sano (-a) e salvo (-a).
Heil <-(e)s, ohne pl> n 1 relig salvezza f 2 (*Wohlergehen*) **~ (in etw dat)** {IM ALKOHOL, IN DER ARBEIT, IN EINFACHEN LEBEN} salvezza f (in qc): **sein ~ in etw (dat) suchen**, rifugiarsi in qc; **sein ~ in der Flucht suchen**, cercare scampo ˌnella fugaˌ/[dandosi alla fuga]/[fuggendo] 3 interj (*Gruß*): **~! dem Kaiser/König!**, viva l'imperatore/il re! ● **~ bringend**, salutare, benefico; **~ Hitler!** hist "saluto m ufficiale nazista, pronunciato tendendo verso l'alto il braccio destro con la mano distesa"; **Petri ~!** (*Gruß unter Anglern*), buona pesca!
Heiland <-(e)s, -e> m relig: **der/unser ~**, il (nostro) Salvatore, il (nostro) Redentore.
Heilanstalt f obs 1 (*Sanatorium*) casa f di cura/salute obs; (*für Lungenkranke*) sanatorio m 2 (*Anstalt für Nervenkrankheiten*) manicomio m pej obs.
Heilbad n 1 (*Bad*) bagno m termale 2 (*Ort*) stabilimento m/località f termale, terme f pl.
heilbar adj {KRANKHEIT, TUMOR} guaribile, curabile.
Heilbarkeit <-, ohne pl> f curabilità f.
Heilbehandlung f trattamento m terapeutico, cura f fam.
Heilberuf m (*Arzt*) professione f medica; (*nichtärztliche Berufe*) professione f paramedica e infermieristica.
heilbringend adj → **Heil**.
Heilbutt <-(e)s, -e> m fisch ippoglosso m, halibut m.
heilen A tr <haben> **jdn (von etw dat) ~** {ARZT PATIENTEN VON DEN BESCHWERDEN, EINER KRANKHEIT, EINEM LEIDEN, EINER SUCHT} guarire qu da qc; **etw ~** guarire qc B itr <sein> {ENTZÜNDUNG, PICKEL, WUNDE} guarire ● **davon bin ich geheilt!** fam, non ci casco più!
heilend adj {KRAFT, WIRKUNG} curativo, terapeutico.
Heiler <-s, -> m (**Heilerin** f) guaritore (-trice) m (f).
Heilerde f argilla f curativa.
Heilerfolg m esito m positivo della cura.
Heilfasten n digiuno m terapeutico.
heilfroh adj <meist präd> fam più che contento, contentissimo: **wir können ~ sein, dass ...**, possiamo ringraziareˌ/[ringraziamo] il cielo che ...
Heilgymnastik f → **Krankengymnastik**.
heilig adj 1 relig myth (*zur Gottheit gehörig*) {FLUSS, HAIN, ORT, STÄTTE} sacro: **das ~e Feuer** hist (*Antike*), il fuoco sacro; **eine ~e Schrift**, un testo sacro 2 relig (*verehrungswürdig, mit Heiligkeit ausgestattet*) {EUCHARISTIE, KOMMUNION, KREUZ, MESSE, SAKRAMENT, TAUFE} santo: **der ~e Abend**, la vigilia di Natale; **das ~e Abendmahl**, l'Ultima Cena 3 relig (*katholisch: vor Namen der Heiliggesprochenen*) (Abk hl.) santo (Abk sing S. oder s., pl SS. o ss.), san (*vor männlichen Namen mit Konsonant im Anlaut*): **die ~e Judith**, Santa Giuditta; **der ~e Joseph**, San Giuseppe; **der ~e Antonius**, Sant'Antonio; **die ~en Johannes und Paulus**, i Santi Giovanni e Paolo 4 geh (*ernst und aufrichtig*) solenne 5 (*ehrfürchtig*) {SCHEU} religioso; {STILLE} sacro 6 (*unverletzlich*) {PFLICHT, RECHT} sacro, sacrosanto: **die Familie ist mir ~!**, la famiglia per me è sacra!; **ich schwöre bei allem, was mir ~ ist, dass ...**, giuro su tutto quello che ho di più caro che ...; **jdm nichts ~ sein**, non ha rispetto di niente; **es ist deine ~e Pflicht**, è il tuo sacrosanto dovere.
Heiligabend m vigilia f di Natale: **morgen ist ~**, domani è la vigilia di Natale; **am ~ kommt immer die ganze Familie zum Essen**, (per) la vigilia di Natale viene sempre tutta la famiglia a mangiare.
Heilige① <dekl wie adj> mf santo (-a) m (f) ● **bei allen ~n!** interj fam, santo cielo!, santi numi! obs; **nicht gerade ein ~r sein** fam, non essere uno stinco di santo.
Heilige② <dekl wie adj> n sacro m.
heiligen tr **etw ~** 1 (*heilighalten*) {FEIERTAG, SONNTAG} santificare qc: **den Namen Gottes ~**, santificare il nome di Dio; **geheiligt werde dein Name**, sia santificato il tuo nome 2 (*weihen*) {KIRCHE, ORT, STÄTTE} consacrare qc 3 (*rechtfertigen*) giustificare qc: **der Zweck heiligt die Mittel**, il fine giustifica i mezzi.
Heiligenbild n relig immagine f sacra.
Heiligenbildchen n relig santino m, immaginetta f fam.
Heiligenfigur f (*Statue*) statua f di un santo/una santa; (*Bild*) figura f/immagine f di un santo/una santa.
Heiligenschein m aureola f, nimbo m ● **jdn mit einem ~ umgeben**, mettere qu sul piedestallo; **sich mit einem ~ umgeben**, mettersi l'aureola fam, crearsi un'aureola di bontà.
Heiligenschrein m relig reliquiario m.
Heiligenverehrung f relig venerazione f dei santi.
heilig|halten <irr> tr **etw ~** {ANDENKEN} venerare qc; {BRAUCH} osservare qc (religiosamente); {SONNTAG} auch santificare qc.
Heiligkeit <-, ohne pl> f relig {+PERSON} santità f; {+EHE, SACHE, SAKRAMENT} carattere m sacro, sacralità f; (*Unverletzlichkeit*) auch inviolabilità f ● **Eure ~** (*Anrede*), Vostra Santità (Abk V.S.); **Seine ~** (Abk S. H.) (*Titel*), Sua Santità (Abk SS).
heiligmachend adj relig (*katholisch*): **~e Gnade**, grazia santificante.
heilig|sprechen <irr> tr relig **jdn ~** canonizzare qu, santificare qu.
Heiligsprechung <-, -en> f relig canonizzazione f, santificazione f.
Heiligtum <-s, Heiligtümer> n relig luogo m sacro, santuario m ● **für jdn ein ~ sein**, essere sacro per qu.
Heilklima n clima m terapeutico.
Heilkraft f virtù f terapeutica, potere m curativo.
heilkräftig adj {PFLANZE, QUELLE} che possiede virtù terapeutiche/curative, curativo.
Heilkraut n erba f medicinale/officinale.
Heilkunde f medicina f, scienza f medica.
heillos A adj (*Unordnung*) terribile, tremendo: **in deinem Zimmer herrscht ein ~es Durcheinander**, nella tua stanza ˌc'è un disordine terribileˌ/[è tutto sottosopra] B adv: **etw ist ~ durcheinandergeraten**, qc è tutto/completamente in disordine; **~ verschuldet sein**, essere terribilmente indebitato, avere dei debiti enormi; **mit jdm ~ zerstritten sein**, aver litigato a morte (con qu).
Heilmittel n **~ (gegen etw akk)** rimedio m (contro qc), farmaco m (contro qc), medicina f (contro qc).
Heilpflanze f pianta f medicinale/officinale.
Heilpflaster n cerotto m medicato.
Heilpraktiker m (**Heilpraktikerin** f) naturopata mf.
Heilquelle f sorgente f termale, terme f pl fam.
heilsam adj 1 obs (*heilend*) curativo, salutare, salubre 2 (*nützlich*) {ERFAHRUNG, LEHRE, SCHOCK, STRAFE} utile, salutare.
Heilsarmee f Esercito m della Salvezza.
Heilsbotschaft f messaggio m di salvezza.
Heilschlaf m sonno m curativo/terapeutico; (*als Therapie*) cura f del sonno.
Heilsgeschichte f storia f della salvezza.
Heilung <-, -en> f <meist sing> 1 (*Heilen*) {+KRANKE, KRANKHEIT} cura f 2 (*Gesundwerden*) guarigione f.
Heilungsprozess (a.R. Heilungsprozeß) m (processo m di) guarigione f.
Heilverfahren n 1 (*Behandlungsmethode*) metodo m di cura, terapia f 2 D adm "misure f pl curative atte a mantenere o a ristabilire la capacità di lavoro".
Heilwasser n acqua f terapeutica.
Heilwirkung f effetto m curativo/terapeutico.
Heilzweck m: **zu ~en**, a(i) fini terapeutici/curativi.
heim adv a casa; (*ins Heimatland*) auch in patria.
Heim <-(e)s, -e> n 1 geh (*Zuhause*) casa f, magione f lit: **der Wunsch nach einem eigenen ~** (*nach einem eigenen Haus*), il desiderio di avere una casa propria 2 (*öffentliche Einrichtung*) istituto m; (*Erziehungsstätte*) istituto m di rieducazione; (*für ältere Menschen*) casa f di riposo, pensionato m, ricovero m fam, ospizio m fam pej; (*für Kinder*) brefotrofio m; (*für Waisen*) orfanotrofio m; (*für Asylanten oder Obdachlose*) centro m di accoglienza: **nach dem Tod seiner Eltern ist der Junge in ein ~ gekommen**, dopo la morte dei genitori, il ragazzino è finito in un istituto ● **im ~ aufwachsen** {KIND}, crescere in un istituto; **in ein ~ eingewiesen werden**, essere affidato a un istituto.

Heimarbeit f lavoro m a domicilio: **etw in ~ machen**, fare qc a domicilio; **~ machen**, ₍fare lavori₎/[lavorare] a domicilio.

Heimarbeiter m (**Heimarbeiterin** f) lavoratore (-trice) m (f) a domicilio.

Heimat <-, rar -en> f **1** (im Allgemeinen) patria f; (Ort) città f/paese m natale, luogo m natio poet: **jdm zur zweiten ~ werden**, diventare la seconda patria di qu; **fern der ~**, lontano dalla patria; **in meiner ~**, al mio paese fam **2 bot zoo** {+Tier-, Pflanzenart} patria f, territorio m ₍di diffusione₎/[d'origine].

Heimatadresse f, **Heimatanschrift** f indirizzo m di casa.

Heimatdichter m (**Heimatdichterin** f) poeta (-essa) m (f) regionale.

Heimatdorf n paese m natale/natio lit.

Heimatfilm m heimatfilm m, film m a sfondo regionale e sentimental-patriottico.

Heimathafen m porto m d'immatricolazione.

Heimatkunde f D obs "materia f di studio della realtà locale e regionale".

Heimatland n terra f natale, patria f.

heimatlich adj **1** (zur Heimat gehörend) natale, natio lit, patrio lit, della patria, del proprio paese: **~en Boden betreten**, toccare il suolo natale/natio lit **2** (an die Heimat erinnernd) {Düfte, Klänge} familiare, che ricorda il proprio paese.

Heimatliebe f amor m patrio/[di patria].

heimatlos adj {Mensch} senza patria; (staatenlos) apolide.

Heimatlose <dekl wie adj> mf senzapatria mf, persona f senza patria; (Staatenlose) apolide mf.

Heimatmuseum n museo m regionale.

Heimatort m luogo m natale/natio lit.

Heimatrecht n diritto m di domicilio.

Heimatroman m lit romanzo m a sfondo regionale e patriottico.

Heimatschein m CH (certificato m di) cittadinanza f.

Heimatstadt f città f natale.

heimatvertrieben adj profugo; → auch **Heimatvertriebene**.

Heimatvertriebene <dekl wie adj> mf hist "profugo (-a) m (f) espulso (-a) dopo il 1945 dagli ex territori tedeschi a est della linea Oder-Neiße".

heim|begeben <irr, ohne ge-> rfl geh **sich ~ recarsi** geh/tornare a casa.

heim|begleiten <ohne ge-> tr jdn ~ accompagnare a casa qu.

heim|bringen <irr> tr jdn ~ portare fam/accompagnare a casa qu.

Heimchen <-s, -> n zoo grillo m ₍del focolare₎/[domestico] ● **ein ~ am Herd sein** fam pej (Nur-Hausfrau), essere una donna tutta casa e famiglia.

Heimcomputer m obs (home) computer m.

heim|dürfen <irr> itr potere ir/[avere il permesso di] andare a casa.

heimelig adj familiare, caldo: **sich ₍bei jdm₎/[irgendwo] (schon ganz) ~ fühlen**, sentirsi ₍a casa₎/[come a casa propria] ₍da qu₎/[+ compl di luogo].

Heimerzieher m (**Heimerzieherin** f) educatore (-trice) m (f) di/in un istituto.

Heimerziehung f educazione f in istituto.

heim|fahren <irr> **A** tr <haben> jdn ~ accompagnare/portare qu a casa (in macchina). **B** itr <sein> andare a casa (con un veicolo).

Heimfahrt f **1** (Fahrt nach Hause) viaggio m verso casa, ritorno m a casa **2** (Rückfahrt) viaggio m di ritorno: **auf der ~**, durante il viaggio di ritorno, al ritorno fam, (ri)tornando a casa; **auf der ~ sein**, essere di ritorno.

heim|finden <irr> itr trovare la via ₍del ritorno₎/[di casa].

heim|fliegen <irr> itr <sein> tornare a casa (in aereo).

heim|führen tr jdn ~ **1** (nach Hause bringen) {Behinderten, Kranken} accompagnare qu a casa **2** geh obs (heiraten) impalmare qu lit **3** geh (nach Hause ziehen) {Sehnsucht, Sorge} fare tornare qu a casa.

Heimgang m geh euph (Tod) decesso m, trapasso m lit.

Heimgegangene <dekl wie adj> mf geh euph (Verstorbene) defunto (-a) m (f), trapassato (-a) m (f) lit.

heim|gehen <irr> itr <sein> **1** (nach Hause gehen) andare a casa **2** geh euph (sterben) passare a miglior vita.

heimgeschädigt adj {Jugendliche, Kind} segnato dalla vita in istituto.

heim|holen tr jdn ~ **1** (nach Hause holen) fare (ri)tornare (a casa) qu; (in die Heimat holen) {Gefangene} far ritornare (in patria) qu **2** geh euph (sterben) {Gott} chiamare a sé qu.

Heimindustrie f industria f domestica.

heimisch adj **1** (örtlich) {Industrie} locale, del posto; {Bevölkerung, Produkte} auch indigeno **2** (vertraut) abituale, familiare: **sich ₍bei jdm₎/[irgendwo] ~ fühlen**, sentirsi come a casa propria ₍da qu₎/[+ compl di luogo]; **irgendwo ~ sein** (Pflanze, Tier), vivere + compl di luogo; **irgendwo ~ werden**, ambientarsi/acclimatarsi + compl di luogo; **in etw (dat) ~ sein** {in einem Fachgebiet, einer Sprache}, essere pratico di qc, essere addentro a qc.

Heimkehr <-, ohne pl> f ritorno m a casa; (in die Heimat) auch ritorno m in patria: **bei seiner/ihrer ~**, al (suo) ritorno.

heim|kehren itr <sein> **1** (nach Hause kommen) rincasare, rientrare, tornare a casa **2** (in die Heimat zurückgehen) (**aus/von etw** dat) **~** {aus der Gefangenschaft} tornare a casa (da qc), tornare in patria (da qc): **aus der Emigration ~**, tornare in patria, rimpatriare.

Heimkehrer <-s, -> m (**Heimkehrerin** f) (aus Krieg, Exil) reduce mf; (aus Emigration) rimpatriato (-a) m (f).

Heimkind n bambino (-a) m (f) cresciuto in un istituto.

Heimkino n **1** home cinema m **2** fam scherz (Fernsehen) tele f.

heim|kommen <irr> itr <sein> rincasare, tornare a casa.

heim|können <irr> itr potere andare/(ri)tornare a casa, potere rincasare.

heim|lassen <irr> tr jdn/etw ~ lasciare andare/(ri)tornare a casa qu/qc.

heim|laufen <irr> itr <sein> correre a casa, (ri)tornare/andare a casa correndo; (heimgehen) andare/(ri)tornare a casa a piedi.

Heimleiter m (**Heimleiterin** f) direttore (-trice) m (f) di un istituto.

Heimleitung f direzione f di un istituto.

heim|leuchten itr fam obs: **jdm ~**, dirne quattro a qu.

heimlich **A** adj **1** (geheim, verborgen) {Abmachung, Konferenz, Liebe, Treffen, Verhandlungen} segreto; {Gedanken, Wünsche} auch recondito, riposto, nascosto **2** (unmerklich und schnell) {Blick, Zeichen} furtivo **3** (geheim und illegal) {Handel} clandestino **B** adv **1** (geheim) {sich entfernen, kommen,** mitteilen, weggehen} in segreto, segretamente, di nascosto: **sich ~ davonschleichen**, andarsene ₍di soppiatto₎/[alla chetichella] **2** (unmerklich und schnell) {Anblicken} furtivamente **3** (geheim und illegal) {Schmuggeln} clandestinamente, in modo clandestino ● **~, still und leise**, quatto (-a) quatto (-a).

Heimlichkeit <-, -en> f **1** <nur sing> segretezza f: **in aller ~**, in tutta segretezza; **in aller ~ weggehen**, andarsene di nascosto **2** (Geheimnis) segreto m: **bitte keine ~en!**, niente segreti! **3** (Stille) quiete f, solitudine f ● **~en vor jdm haben**, nascondere qc a qu.

Heimlichtuer m (**Heimlichtuerin** f) tipo (-a) m (f) misterioso (-a), misterioso (-a) m (f): **ein ~ sein**, fare il misterioso.

Heimlichtuerei <-, rar -en> f fare m misterioso.

Heimlichtuerin f → **Heimlichtuer**.

heimlich|tun <irr> itr fare ₍il misterioso₎/[la misteriosa].

Heimmannschaft f squadra f ospitante/[di casa fam].

heim|müssen <irr> itr dover andare a casa.

Heimniederlage f sport sconfitta f ₍in casa₎/[casalinga]: **eine ~ erleiden**, riportare/subire una sconfitta ₍in casa₎/[casalinga].

Heimordnung f regolamento m interno.

Heimorgel f mus organo m elettronico.

Heimplatz m (in Erziehungsstätte) posto m in un istituto (di educazione); (für ältere Menschen) posto m in una casa di riposo; (für Kinder) posto m in brefotrofio; (für Waisen) posto m in orfanotrofio.

Heimrecht <-s, ohne pl> n sport Fußball Handball diritto m di giocare in casa.

Heimreise f viaggio m ₍di ritorno₎/[verso casa], rientro m: **auf der ~**, al ritorno; **auf der ~ sein**, essere di ritorno; **die ~ antreten**, partire/[mettersi in viaggio] verso casa, affrontare il viaggio di ritorno.

heim|reisen itr <sein> tornare a casa, ripartire per casa.

heim|rennen <irr> itr <sein> correre a casa.

heim|schicken tr **1** (nach Hause) jdn ~ mandare a casa qu **2** (in die Heimat) (far) rimpatriare qu.

Heimseite f → **Homepage**.

Heimsieg m sport vittoria f ₍in casa₎/[casalinga].

Heimspiel n sport partita f giocata in casa, incontro m ₍in casa₎/[casalingo].

Heimstatt <-, ohne pl> f geh rifugio m, patria f: **jdm zur ~ werden**, diventare un rifugio per qu; **(irgendwo) eine ~ finden**, trovare una patria/un rifugio (+ compl di luogo).

Heimstätte f → **Heimstatt**.

heim|suchen tr jdn/etw ~ {Dürre, Katastrophe, Überschwemmung} colpire qu/qc, funestare qu/qc geh; {Krankheit} affliggere qu/qc, colpire qu/qc; {Albträume, Wahnvorstellungen} perseguitare qu, ossessionare qu.

Heimsuchung <-, -en> f **1** (Unglück) (individuell) (dura) prova f; (kollektiv) flagello m **2** <nur sing> relig (katholisch): **die ~ Mariä/Mariens**, la Visitazione ₍di Maria₎/[della Vergine].

heim|tragen <irr> tr jdn/etw ~ portare a casa qu/qc.

Heimtrainer m → **Hometrainer**.

heim|trauen rfl: **sich (nicht) ~**, (non) avere il coraggio di andare/(ri)tornare a casa.

Heimtücke <-, ohne pl> f **1** (Hinterlist) perfidia f **2** fig {+Fieber, Krankheit} insidia f,

heimtückisch **A** adj {MENSCH} subdolo, perfido, falso; {KRANKHEIT} insidioso, maligno: **~er Mord**, assassinio a tradimento **B** adv subdolamente, in modo subdolo: **die Krankheit verläuft ~**, è una malattia insidiosa; **jdn ~ ermorden**, assassinare qu a tradimento.

Heimvorteil m sport vantaggio m ⌞del fattore campo⌟/[di giocare in casa].

heimwärts adv verso casa.

Heimweg m ritorno m a casa: **auf dem ~**, al ritorno, ritornando a casa; **sich auf den ~ machen**, mettersi sulla via del ritorno; (zu Fuß) auch incamminarsi verso casa.

Heimweh <-s, ohne pl> n ~ (**nach jdm/etw**) nostalgia f (di qu/qc) ~ **haben**, avere nostalgia, soffrire di nostalgia; **jd bekommt ~**, a qu viene la nostalgia.

Heimwerker <-s, -> m (**Heimwerkerin** f) appassionato (-a) m (f) del fai da te.

Heimwerkermarkt m centro m bricolage.

Heimwesen n CH (Anwesen, Hausstand) podere m, tenuta f, proprietà f fondiaria.

heim|wollen <irr> itr volere andare/(ri)tornare a casa, volere rientrare.

heim|zahlen tr **jdm etw ~** far pagare qc a qu fam: **das zahl ich ihm heim!**, questa gliela faccio pagare (cara)!

heim|ziehen <irr> **A** itr <sein> (ri)tornare a casa **B** unpers <haben> geh far venire la nostalgia di casa: **es zieht mich heim**, ho nostalgia di casa.

heimzu, heimzus adv region al ritorno, andando/(ri)tornando a casa.

Heini <-s, -s> m fam pej tizio m fam, tipo m.

Heinrich m (Vorname) Enrico, Arrigo ● **~ der Heilige** hist, Enrico il Santo; **~ der Löwe** hist, Enrico il Leone.

Heinz m (Vorname) Enzo.

Heinzelmännchen n "folletto m che sbriga il lavoro degli uomini durante la loro assenza": **~ spielen** (heimlich helfen), dare una mano di nascosto.

Heirat <-, -en> f matrimonio m: **eine standesgemäße ~**, un matrimonio adeguato al proprio rango; **eine ~ stiften**, combinare un matrimonio; **eine ~ aus Liebe/Vernunft gründen**, un matrimonio ⌞d'amore⌟/[di convenienza].

heiraten **A** tr **jdn ~ sposare** qu **B** itr {FRAU} sposarsi, maritarsi; {MANN} sposarsi, ammogliarsi: **sie hat nach Italien geheiratet**, ha trovato marito in Italia; **sie hat aus Liebe geheiratet**, si è sposata per amore; **jung/spät ~**, sposarsi giovane/tardi; **gut ~** fam, trovare un buon partito fam; **reich ~**, fare un buon matrimonio, sposare ⌞un uomo ricco⌟/[una donna ricca]; **zum zweiten Mal ~**, risposarsi, sposarsi ⌞un'altra volta⌟/[per la seconda volta]; **sie denkt nicht ans Heiraten**, non pensa ⌞al matrimonio⌟/[a sposarsi].

Heiratsabsicht f <meist pl> intenzione f di sposarsi.

Heiratsannonce f annuncio m matrimoniale: **eine ~ aufgeben**, mettere un annuncio matrimoniale.

Heiratsantrag m proposta f (di matrimonio): **jdm einen ~ machen**, fare una proposta di matrimonio a qu.

Heiratsanzeige f **1** (Mitteilung) partecipazione f di matrimonio **2** (in Zeitung) annuncio m matrimoniale.

Heiratserlaubnis f autorizzazione f al matrimonio.

heiratsfähig adj in età da prendere moglie/marito: **im ~en Alter sein**, avere l'età per sposarsi.

Heiratskandidat m (**Heiratskandidatin** f) scherz pretendente mf.

heiratslustig adj scherz che ha voglia di sposarsi.

Heiratsmarkt m **1** (Heiratsannoncen) annunci m pl matrimoniali **2** (Veranstaltung für Singles) incontro m/festa f per single.

Heiratsmuffel <-s, -> m scapolo m impenitente.

Heiratsschwindel m truffa f con promessa di matrimonio.

Heiratsschwindler m (**Heiratsschwindlerin** f) corteggiatore (-trice) m (f) a caccia di dote.

Heiratsurkunde f atto m di matrimonio, (als Auszug) certificato m di matrimonio.

Heiratsvermittler m (**Heiratsvermittlerin** f) agente mf matrimoniale.

Heiratsvermittlung f agenzia f matrimoniale.

Heiratsversprechen n promessa f di matrimonio.

heischen tr **1** geh (verlangen) **etw ~** {ANERKENNUNG, MITLEID} esigere qc **2** obs (erbitten) **etw ~** {HILFE} chiedere qc.

heiser **A** adj {LAUT, STIMME} roco, rauco: **~ sein** {PERSON}, essere senza voce, avere la voce bassa/roca; **~ werden** {STIMME}, arrochire, diventare rauco (-a) **B** adv: **sich ~ schreien**, gridare tanto da restare senza voce; **sich ~ singen**, cantare fino a perdere la voce.

Heiserkeit <-, rar -en> f raucedine f.

heiß **A** adj **1** (von hoher Temperatur) {BAD, BÜGELEISEN, LUFT, TAG} molto caldo, caldissimo; {KAFFEE, TEE} auch bollente; {SONNE} cocente, che scotta; {FLÜSSIGKEIT, SUPPE, WASSER} che scotta: **Vorsicht, das Wasser ist ~!**, attenzione, (che) l'acqua scotta!; **~es Klima**, clima torrido; **~e Quelle**, sorgente di acqua calda; **er hat eine ganz ~e Stirn**, gli scotta la fronte; **die Sonne ist ~**, il sole scotta/brucia; **draußen ist es ~**, fuori fa un gran caldo, fuori c'è un caldo micidiale fam; **heute ist es drückend ~**, oggi c'è una calura/un'afa terribile, oggi è una giornata torrida, oggi fa un caldo micidiale fam/bestiale slang; **mir ist ~**, ho molto caldo; **etw ~ machen** {ESSEN}, (ri)scaldare qc; **mir wird ~** (ich beginne zu schwitzen), incomincio a sentire caldo, mi sta venendo un gran caldo; **siedend ~**, bollente **2** fam (heikel) {THEMA} scottante, che scotta **3** (heftig) {AUSEINANDERSETZUNG, STREIT} acceso; {DEBATTE, DISKUSSION, KAMPF} auch accanito; {BEGEHREN, LIEBE, VERLANGEN, WUNSCH} ardente **4** (viel versprechend): **~er Favorit**, superfavorito; **~e Spur**, traccia/pista calda; **~er Tipp**, suggerimento prezioso, dritta slang **5** (aus illegalen Geschäften stammend) {GELD, STOFF, WARE} che scotta **6** fam (paarungsbereit) {HUND, KATZE, TIER} in calore/estro **7** slang (großartig, schön) {MASCHINE, SCHLITTEN} da favola fam; {ANLAGE, CD} libidinoso slang; {PERSON} **~er Typ**, figo; **ist das ~!**, che schianto! slang; **etw ~ finden** slang, trovare qc forte/libidinoso (-a) slang **B** adv: (heftig): **jdn/etw ~ begehren**, desiderare ardentemente qu/qc; **jdn/etw ~ und innig lieben**, amare appassionatamente qu/qc ● **beim Fußballspiel ging es ~ her** fam, la partita di calcio è stata accesissima! slang; **auf der Geburtstagsfeier ging es ~ her**, alla festa di compleanno ne hanno combinate di cotte e di crude fam; **jdn ~ machen** a.R. von heißmachen → **heiß|machen**; **jdn auf etw (akk) ~ machen** slang a.R. von heißmachen → **heiß|machen**; **(ganz) ~ auf jdn sein** slang (jdn sexuell begehren), sbavare dietro a qu slang; **er ist ganz ~ auf sie**, lo tira/arrapa da morire slang; **(ganz) ~ auf etw (akk) sein** slang (neugierig sein) {AUF INFORMATIONEN, NACHRICHTEN}, bruciare dalla curiosità/voglia di sapere qc; **jdm fällt siedend ~ ein, dass ...**, a qu viene in mente di colpo, che ...; **kurz vor der Grenze fiel ihr siedend ~ ein, dass sie ihren Pass zu Hause vergessen hatte**, poco prima della frontiera le venne in mente di colpo che aveva dimenticato il passaporto a casa; **allmählich wird's ihm hier zu ~** fam, der Boden wird ihm allmählich zu ~ **unter den Füßen** fam (es wird ihm zu gefährlich), comincia a sentirsi scottare la terra sotto i piedi.

heißblütig adj {CHARAKTER} focoso, impetuoso.

heißen <heißt, hieß, geheißen> **A** itr **1** (einen Namen haben) ~ **irgendwie/+ Name** chiamarsi + .../nome: **ich heiße Maria**, mi chiamo Maria; **wie heißt er denn?**, ma come si chiama?; **wie ~ Sie?**, come si chiama; **wie heißt sie denn mit Nachnamen/Vornamen?**, ma come ⌞si chiama⌟/[fa fam] di cognome/nome?; **«Der Butt»**, il titolo del libro è «Il rombo»; **nach jdm/etw ~** {NACH DER GROßMUTTER, DEM GROßVATER} portare il nome di qu/qc, chiamarsi come qu/qc **2** (lauten): **wie heißt das auf Deutsch?**, come si dice in tedesco?; **wie heißt «Kreide» auf Italienisch?**, come si dice «Kreide» in italiano?; **«drei» heißt auf Italienisch «tre»**, in italiano «drei» si dice «tre»; **sein Motto heißt ...**, il suo slogan è ... **3** (eine bestimmte Bedeutung haben) significare, voler dire: **das soll nicht ~, dass ...**, ciò non significa che ...; **das will nichts ~**, non vuol dire niente; **das will schon etwas ~!**, vorrà pur dire qualcosa!; **das heißt, ...** (Abk d.h., ...) (mit anderen Worten), (e) cioè..., vale a dire ...; (einschränkend) o meglio, s'intende; **das Arzneimittel ist aus dem Handel gezogen worden, das heißt nichts anderes, als dass es zu viele Nebenwirkungen hatte**, il medicinale è stato ritirato dal mercato, il che vuol dire che presentava troppi effetti collaterali **B** tr geh oder obs **1** (bezeichnen) **jdn etw ~** {JDN EINEN FREUND} considerare qu (come) qc: **jdn einen Lügner ~**, dare del bugiardo a qu **2** (einen Namen geben) **jdn/etw ~** (irgendwie) ~ dare il nome di qu/qc a qu/qc: **sie hießen das Schiff «Armada»**, chiamarono la nave «Armada» **3** (befehlen): **jdn ... inf**, ordinare a qu di ... inf **C** unpers: **es heißt, dass ...**, si dice che ... ind/konjv, corre voce che ... ind/konjv; **im Katalog hieß es, die Jacke sei aus reiner Wolle**, nel catalogo dicevano/[c'era scritto] che la giacca è di pura lana; **bei Marx heißt es, dass ...**, Marx dice che ..., secondo Marx ...; **wie heißt es noch (so schön) bei Dante?**, com'è che dice Dante?; **hier heißt es schnell handeln**, qui si deve agire subito, qui ci vuole un'azione immediata ● **was soll das ~?** (was willst du damit sagen?), che discorso è questo?, come sarebbe a dire?

heißersehnt adj → **ersehnt**.

heißgeliebt adj → **geliebt**.

Heißhunger m (**auf etw akk**) voglia f (matta) di (mangiare) qc: **einen ~ haben**, avere una fame da lupi.

heißhungrig adj affamato, famelico: **~ auf etw (akk) sein**, avere una voglia matta di (mangiare) qc.

heiß|laufen a.R. von heiß laufen → **laufen**.

Heißluft f aria f calda.

Heißluftballon m mongolfiera f, pallone m ad aria calda.

Heißluftbehandlung f med termotera-

pia f, **forni** m pl fam: **eine ~ machen**, fare i forni fam.

Heißluftgerät n **1** tech aerotermo m, termoventilatore m **2** med forno m.

Heißluftheizung f riscaldamento m ad aria calda.

Heißluftherd m forno m ad aria calda.

heiß|machen tr **1** (erhitzen) **etw ~ →heiß 2** vulg (sexuell erregen) **jdn ~** arrapare qu slang **3** slang (neugierig machen) **jdn auf etw** (akk) **~** incuriosire qu da morire.

Heißmangel f mangano m a caldo.

heißumkämpft adj → **umkämpft**.

heißumstritten adj → **umstritten**.

Heißwasserbereiter <-s, -> m scaldaacqua m.

Heißwasserspeicher m caldaia f dell'acqua; (fürs Bad) scaldabagno m, boiler m.

heiter adj {BLICK} sereno; {MENSCH} auch ilare, gaio; {ABEND} piacevole; {ABENDGESELLSCHAFT} lieto; {MELODIE, MUSIK, THEATERSTÜCK} allegro, piacevole: **ein ~es Gemüt haben**, essere (di animo) sereno; **in ~er Stimmung**, di buonumore; (etwas angetrunken) allegro; **jdn ~ stimmen** geh, rallegrare qu, mettere allegria a qu; **aus ~em Himmel** (unerwartet), a ciel sereno; **~ bis wolkig sein** {WETTER}, essere da sereno a poco nuvoloso ● **das ist ja ~!** iron, sono contento (-a)!, c'è da stare allegri!, andiamo bene!; **das kann ja ~ werden!** fam iron, ne vedremo delle belle!, ci sarà da divertirsi!

Heiterkeit <-, ohne pl> f **1** (Ausgeglichenheit) serenità f **2** (Fröhlichkeit) allegria f, gaiezza f; (Ausgelassenheit) ilarità f: **allgemeine ~ erregen/auslösen**, destare/suscitare l'ilarità generale.

Heiterkeitsausbruch m scoppio m/accesso m d'ilarità.

Heiterkeitserfolg m: **einen ~ erzielen**, scatenare l'ilarità generale.

Heizanlage f impianto m di riscaldamento.

heizbar adj {GARAGE, RAUM, ZIMMER} riscaldabile; {HECKSCHEIBE} termico.

Heizdecke f termocoperta f, coperta f elettrica fam.

heizen A tr **etw ~ 1** (erwärmen) {WOHNUNG, ZIMMER} (ri)scaldare qc: **die Wohnung war gut/schlecht geheizt**, in casa c'era un bel caldo/faceva freddo; **das/im Bad ist nicht geheizt**, il bagno non è riscaldato, in bagno non è acceso il riscaldamento, (bei Ofen) in bagno non è accesa la stufa **2** (etw verbrennen) {HOLZ, KOHLE} usare qc, (ri)scaldare a/con qc **B** itr **1** (erwärmen: bei Heizung) accendere il riscaldamento, (bei Ofen) accendere la stufa: **erst ab Oktober wird geheizt**, il riscaldamento viene acceso soltanto ad ottobre; (bei Ofen) accendiamo la stufa a ottobre; (**mit etw** dat) ~ {MIT GAS, KOHLE, ÖL} (ri)scaldare (a/con qc); **der Ofen heizt nicht richtig**, la stufa non (ri)scalda bene; **elektrisch ~**, avere il riscaldamento elettrico **2** <sein> fam (schnell fahren) {DURCH DIE GEGEND} **~**, andare a tavoletta fam **C** rfl **sich irgendwie ~** {HAUS, ZIMMER} (ri)scaldarsi + compl di modo: **das Zimmer heizt sich schlecht** (wird schlecht warm), questa camera si (ri)scalda male.

Heizer <-s, -> m (**Heizerin** f) fochista mf.

Heizfläche f superficie f irradiante.

Heizgas n gas m combustibile.

Heizgerät n stufetta f elettrica.

Heizkessel m caldaia f del riscaldamento.

Heizkissen n termoforo m, cuscino m elettrico fam.

Heizkörper m termosifone m, radiatore m, calorifero m.

Heizkosten subst <nur pl> spese f pl di/[per il] riscaldamento.

Heizkostenpauschale f forfait m per il riscaldamento.

Heizkraftwerk n tech centrale f termoelettrica.

Heizlüfter <-s, -> m termoventilatore m.

Heizmaterial n combustibile m.

Heizofen m stufa/stufetta f fam elettrica.

Heizöl n olio m combustibile, gasolio m.

Heizperiode f periodo m di riscaldamento.

Heizplatte f (zum Kochen) piastra f elettrica.

Heizrohr n tubo m del riscaldamento.

Heizsonne f radiatore m parabolico.

Heizstrahler m radiatore m.

Heizung <-, -en> f **1** (Anlage) impianto m di riscaldamento: **die ~ an-/abstellen**, accendere/spegnere il riscaldamento **2** (Heizkörper) termosifone m, radiatore m, calorifero m: **etw zum Trocknen auf die ~ legen**, mettere qc ad asciugare sul calorifero/termosifone **3** <nur sing> (Heizen) {+RAUM, WOHNUNG} riscaldamento m.

Heizungskeller m locale m caldaia (in cantina).

Heizungsmonteur m installatore m/tecnico m di degli impianti di riscaldamento.

Heizungsrohr n → **Heizrohr**.

Heizwert m potere m calorifico.

Hektar <-s, -e oder bei Maßangaben -> n oder m (Abk ha) ettaro m.

Hektik <-, ohne pl> f **1** (Betriebsamkeit) attività f/agitazione f febbrile, frenesia f: **die ~ der Großstadt/[des modernen Lebens]**, il ritmo frenetico della grande città/[vita moderna] **2** fam (übertriebene Eile) fretta f: **in der ~**, nella fretta; **vor der Abreise herrscht immer die totale ~**, prima della partenza c'è sempre una grande agitazione; **die totale ~ verbreiten**, mettere una terribile agitazione; **was soll denn diese ganze ~?** (warum so eilig?), ma come mai tutta questa fretta?; **mach doch nicht so 'ne ~!**, calmati!; (**es besteht überhaupt) kein Grund zur ~!**, (non c'è) nessun motivo di agitarsi!

Hektiker <-s, -> m (**Hektikerin** f) persona f frenetica.

hektisch A adj {ATMOSPHÄRE, BETRIEBSAMKEIT} febbrile, frenetico; {MENSCH} frenetico, nervoso; {LEBEN} frenetico, convulso: **~ werden**, diventare frenetico (-a), entrare in fibrillazione fam **B** adv **1** (hastig und nervös): **~ reagieren**, reagire in modo concitato; **etw ~ tun**, fare qc freneticamente/[con frenesia] **2** med obs {FIEBER, RÖTE} etico.

Hektograf <-en, -en> m ciclostile m.

Hektografie <-, -n> f obs ciclostilato m.

hektografieren <ohne ge-> tr **etw ~** ciclostilare qc.

Hektogramm <-(e)s, -e oder mit Mengenangaben -> n (Abk hg) ettogrammo m (Abk hg).

Hektograph m → **Hektograf**.

Hektographie f → **Hektografie**.

hektographieren <ohne ge-> tr → **hektografieren**.

Hektoliter n oder m (Abk hl) ettolitro m (Abk hl).

Hektometer <-s, -> n oder m (Abk hm) ettometro m (Abk hm).

helau interj region "grido m carnevalesco in segno di saluto o di entusiasmo, a Magonza e dintorni".

Held <-en, -en> m (**Heldin** f) **1** eroe m, eroina f: **als ~ sterben**, morire da eroe **2** film lit theat eroe m, eroina f, protagonista mf **3** fam scherz (Könner) campione (-essa) m (f): **in etw** (dat) **kein ~ sein** {IN MATHEMATIK, PHYSIK}, essere un bel campione in qc iron ● **der Arbeit** ostdt hist, eroe del lavoro; **sich als ~ aufspielen**, atteggiarsi a eroe; **den ~en spielen**, fare l'eroe; **der ~ des Tages** sein, essere l'eroe del giorno/momento.

Heldendarsteller m (**Heldendarstellerin** f) eroe m, eroina f.

Heldendichtung f lit poesia f epica.

Heldenepos n lit epopea f.

Heldengedicht n poema m epico/eroico.

heldenhaft A adj {ENTSCHLUSS, KAMPF, TAT, VERHALTEN} eroico **B** adv {KÄMPFEN, VERHALTEN, SICH VERTEIDIGEN, SICH WEHREN} da eroe, eroicamente, con eroismo.

Heldenlied n lit canto m epico, carme m eroico.

Heldenmut m eroico coraggio m, eroismo m.

heldenmütig adj → **heldenhaft**.

Heldensage f lit leggenda f epica, saga f.

Heldenstück n scherz (unüberlegte Tat) prodezza f iron.

Heldentat f **1** (heldenhaftes Tun) impresa f/azione f eroica, gesta f pl lit **2** iron prodezza f: **wahre ~en vollbringen**, compiere prodezze.

Heldentenor m mus tenore m drammatico.

Heldentod m geh morte f eroica/[da eroe]: **den ~ sterben**, morire sul campo di battaglia; (im Krieg) morire in guerra.

Heldentum <-s, ohne pl> n eroismo m.

Heldin f → **Held**.

Helene f (Vorname) Elena.

helfen <hilft, half, geholfen> **A** itr **1** (Hilfe leisten) **jdm** (**bei etw** dat) **~** aiutare qu (a fare qc); (behilflich sein) auch essere d'aiuto a qu, dare una mano a qu (a fare qc): **er hat mir beim Umzug geholfen**, mi ha aiutato/[dato una mano] a fare il trasloco; **ich habe ihr beim Auspacken (der Koffer) geholfen**, l'ho aiutata/[le ho dato una mano] a disfare le valigie; **kann ich dir irgendwie ~?**, posso esserti utile in qualche modo?; **er hilft mir nie im Haushalt**, in casa non mi dà mai un piccolo/[il benché minimo geh] aiuto; **jdm aus dem/[in den] Mantel ~**, aiutare qu a togliersi/mettersi il cappotto; **jdm über die Straße ~**, aiutare qu ad attraversare la strada **2** (nützen) (**jdm**) ~ aiutare (qu), giovare (a qu), essere d'aiuto (a qu): **das hilft mir wenig, damit ist mir wenig geholfen**, ciò non mi aiuta molto/[è molto d'aiuto]; **all dein Weinen hilft nicht** geh, tutto il tuo piangere non serve a niente/[ti giova per nulla]; **da hilft kein Jammern**, ogni lamento è inutile, è inutile lamentarsi fam **3** (von etw befreien) **jdm aus etw** (dat) **~** {AUS EINER SCHWIERIGEN LAGE, EINER NOTLAGE} aiutare qu a tirarsi fuori/[uscire] da qc: **er hat mir aus der Klemme geholfen**, mi ha aiutato a tirarmi fuori dai guai **4** med (heilsam sein) (**jdm**) (**bei etw** dat/**gegen etw** akk) ~ {ARZNEIMITTEL BEI ERKÄLTUNG, KOPFSCHMERZEN, ZAHNSCHMERZEN} essere un buon rimedio (a/contro qc), essere efficace (contro qc), fare bene (a qc) fam: **Honig hilft bei Husten**, il miele fa bene alla/[quando si ha la] tosse; **trink das, es hilft dir sicher**, bevilo che ti farà bene **B** unpers servire: **es hilft jdm**, serve a qu; **es hilft alles nichts**, è inutile, non c'è niente da fare; **es half alles nichts**, fu tutto inutile, non ci fu niente da fare; **was hilft's, wenn ...?**, a che serve [...inf]/[se ...]? **C** rfl sich ~ aiutarsi: **sich gegenseitig ~**, aiutarsi a vicenda/[l'un l'altro

(-a)] • **ich** *kann* **mir nicht ~, (aber)** ..., ₍non posso farci niente₎/[è più forte di me], ma ...; **jdm ist** *nicht* **zu ~**, qu non cambierà mai; **jdm ist** *nicht* **mehr zu ~** {EINEM UNHEILBAR KRANKEN}, non si può fare più niente per qu; **dir/euch werd ich ~!** *fam*, te/ve lo farò vedere io! *fam*, ti/vi sistemerò io! *fam*; **sich (dat) zu ~** *wissen*, sapersi arrangiare, sapersela cavare/sbrigare; **sich (dat) nicht mehr zu ~** *wissen*, non saper più cosa fare; **hilf dir selbst, so hilft dir Gott** *prov*, aiutati, che il ciel t'aiuta *prov*; chi si aiuta, Dio l'aiuta *prov*.

Helfer <-s, -> m (**Helferin** f) **1** (*Gehilfe*) aiutante mf, aiuto m; (*bei Unfällen*) soccorritore (-trice) m (f) **2** (*Mittäter*) complice mf • **ehrenamtlicher ~**, volontario; **freiwilliger ~**, volontario; **ein ~ in der** *Not*, un amico nel bisogno.

Helfershelfer m *pej* complice m, compare m *fam*.

Helfersyndrom n *psych* sindrome f del buon samaritano.

Helferzelle f *biol* cellula f help.

Helga f (*Vorname*) Elga.

Helgoland n *geog* Helgoland f.

Helikopter <-s, -> m elicottero m.

Heliotherapie f elioterapia f.

heliozentrisch adj eliocentrico: **~es Weltbild**, sistema eliocentrico, eliocentrismo.

Heliport <-s, -s> m eliporto m, eliscalo m.

Heliskiing, **Heli-Skiing** <-(s), ohne pl> n eliskì m.

Helium <-s, ohne pl> n *chem* elio m.

hell A adj **1** (*nicht dunkel*) {BIER, FARBE, FEUER, HAUTFARBE, LICHT} chiaro; {HAAR} *auch* biondo; {TABAK} biondo **2** (*nicht tief*) {STIMME} chiaro, limpido, cristallino; {KLANG, TON, VOKAL} chiaro: **eine ~es Lachen** una risata argentina **3** (*voller Licht*) {AMBIENTE, ZIMMER} luminoso, pieno di luce; (*beleuchtet*) illuminato: **es ist schon ~(er Tag)**, è già pieno giorno; **im Sommer bleibt es lange ~**, in estate c'è luce fino a tardi; **es wird (schon) ~ (der Tag bricht an)**, si fa giorno **4** *fam* (*intelligent, schlau*) sveglio: **ein ~er Kopf**, un tipo sveglio; **der ist nicht gerade der Hellste!**, non è dei più svegli/vispi! **5** (*groß, stark*): **jd hat seine ~e Freude an jdm/etw**, qu/qc riempie di gioia qu/qc fam; **in ~en Scharen**, a frotte, in massa; **in ~e Verzweiflung ausbrechen** *scherz*, cadere nella più completa disperazione; **das ist doch der ~e Wahnsinn!**, ma è pura follia! B adv **1** (*im Zusammenhang mit Licht*): **~ brennen** {KERZE, LEUCHTER}, diffondere una luce chiara, illuminare bene; (*irgendwo*) **~ leuchten** {STERNE AM HIMMEL}, brillare (+ compl di luogo); **~ scheinen** {MOND}, diffondere una luce chiara **2** (*im Zusammenhang mit Tönen*): **~ klingen**, avere un suono limpido **3** (*im Zusammenhang mit Farben*): **~ gekleidet sein**, essere vestito di chiaro; **etw ~ tönen** {HAAR}, schiarire qc, imbiondire qc • **von etw (dat) ~ begeistert sein**, essere veramente entusiasta di qc.

Hellas <-, ohne pl> n *geog hist* Ellade f.

hellauf adv: **~ begeistert sein** *auch iron*, essere molto entusiasta di qc.

hellblau adj azzurro chiaro, celeste.

hellblond adj biondo chiaro: **ein ~es Mädchen**, una biondina, una ragazza dai capelli biondo chiaro.

hellbraun adj marrone chiaro, marroncino; {HAARE} castano chiaro.

Helldunkel n chiaroscuro m.

helle adj *region* sveglio, vispo: **der ist nicht besonders ~!**, non è particolarmente sve-

glio!

Helle① <-, ohne pl> f *geh* (*helle Lichtquelle*) luminosità f, chiarore m.

Helle② <dekl wie adj> n (*Bier*) *fam* birra f chiara: **zwei ~, bitte!**, due birre chiare, per favore!

Hellebarde <-, -n> f *hist* alabarda f.

Hellene <-n, -n> m (**Hellenin** f) elleno (-a) m (f).

hellenisch adj {WELT} ellenico: **die ~e Kultur**, la civiltà ellenica/elladica.

Hellenismus <-, ohne pl> m ellenismo m.

Hellenist <-en, -en> m (**Hellenistin** f) ellenista mf.

hellenistisch adj {DICHTER, PERIODE} ellenistico.

Heller m **1** *hist* (*Münze*) Heller m **2** *fam* (*Geld*) quattrino m, soldo m • **keinen/[nicht einen] (roten) ~ mehr** *haben*, non avere il becco di un quattrino *fam*; **keinen/[nicht einen] (roten) ~** *wert* **sein**, non valere un soldo bucato *fam*; **etw** ₍**auf ~ und Pfennig**₎/[**bis auf den letzten ~**] *zurückzahlen*, ripagare qc fino all'ultimo centesimo.

hellgelb adj giallo chiaro, giallino *fam*.

hellgrau adj grigio chiaro.

hellgrün adj verde chiaro, verd(ol)ino *fam*.

hellhäutig adj di carnagione chiara, ₍che ha la₎/[di] pelle chiara *fam*.

hellhörig adj {MENSCH} di udito fine, di orecchio fino; {WOHNUNG} non ben insonorizzato, in cui si sente tutto *fam* • **jdn ~ machen**, mettere una pulce nell'orecchio a qu; **~ werden** (*Verdacht schöpfen*), (d)rizzare le orecchie: **als sie davon sprach, wurde ich ~**, quando ne parlò, drizzai le orecchie.

hellicht a.R. *von* hellicht → **helllicht**.

Helligkeit f <-, -en> **1** <*nur sing*> (*Lichtstärke*) intensità f luminosa; {+HIMMEL} chiarezza f, luce f; {+BILDSCHIRM, FERNSEHER, LAMPE} luminosità f **2** *astr* {+STERN} luminosità f.

Helligkeitsregler m *tech* regolatore m di luminosità.

Helligkeitsstufe f grado m/livello m di luminosità.

helllicht, **hell-licht** adj: **am ~en Tage**, in pieno giorno; **der Mord geschah am ~en Tag**, l'omicidio avvenne in pieno giorno.

Hellmuth m → **Helmut**.

hellrot adj rosso chiaro.

hellsehen itr <*nur inf*> avere il dono della chiaroveggenza, prevedere il futuro: **ich kann doch nicht ~!**, non sono mica indovino (-a)!; **du kannst wohl ~!**, ma sai leggere nel pensiero?

Hellseher m (**Hellseherin** f) chiaroveggente mf.

hellseherisch A adj <attr> {BEGABUNG} della chiaroveggenza; {FÄHIGKEIT} da veggente B adv: **~ begabt sein**, avere il dono della chiaroveggenza.

hellsichtig adj **1** (*scharfsinnig*) perspicace, acuto **2** (*weit blickend*) previdente.

hellwach adj sveglissimo.

Helm <-(e)s, -e> m **1** *mil* elmo m, elmetto m **2** (*Schutzhelm*) {+BERGMANN} elmetto m; {+ARBEITER, MOTORRADFAHRER} casco m **3** *arch* cupola f.

Helmbusch m pennacchio m.

Helmpflicht f (*für Motorradfahrer*) obbligo m del/[di portare il] casco.

Helmschmuck m cimiero m.

Helmut m (*Vorname*) Helmut.

Helpfunktion f *inform* help m.

Helsinki <-s, ohne pl> n *geog* Helsinki f.

Helvetier <-s, -> m (**Helvetierin** f) *geog hist* elvetico (-a) m (f).

helvetisch adj *geog hist* elvetico.

Helvetismus <-, *Helvetismen*> m *ling* elvetismo m.

hem interj **1** (*drückt Zweifel aus*) hem!: **hem, vielleicht war das doch ein Fehler von mir**, hem, forse ho sbagliato **2** (*um Aufmerksamkeit zu erregen*) hem!: **hem, kann ich euch einen Moment stören?**, hem, posso disturbarvi un istante?.

Hemd <-(e)s, -en> n camicia f (da uomo): **in ~ und Krawatte erscheinen**, presentarsi ₍in cravatta₎/[incravattato]; **~ und Krawatte tragen**, portare la cravatta • **jdn bis aufs (letzte) ~ ausziehen/ausplündern** *fam*, pelare qu *fam*, spennare qu *fam*; **im ~ dastehen**, essere/restare/rimanere in brache di tela *fam*, ridursi in (maniche di) camicia; **ein halbes ~** (*Angeber*) una mezza calzetta *fam*; (*schmächtiger Mann*) una mezza cartuccia *fam*; **sein letztes ~ für jdn/etw hergeben**, dare/levarsi anche la camicia per qu/qc; **sich (dat) ins ~ machen fam** (*Angst haben*), farsela addosso/sotto *fam*; **mach dir nicht ins ~!** *fam*, non fartela addosso! *fam*; **nass bis aufs ~ sein**, essere bagnato fradicio/[fino alle ossa]; **jdm ist das ~ näher als der Rock**, il primo prossimo è se stesso; **alles bis aufs ~ verlieren**, ridursi in maniche di camicia, rimettercisi anche la camicia; **jdn/etw wechseln wie das ~** {SEINE ANSICHTEN, FREUNDINNEN}, cambiare qu/qc come si cambia la camicia.

Hemdbluse f (*sportlich geschnittene Bluse*) camicia f (da donna); (*weite und längere Bluse*) camicione m.

Hemdblusenkleid n chemisier m.

Hemdchen <-s, -> n canottiera f (da donna o da bambino).

hemdsärmelig, **hemdsärmlig** A adj **1** (*in Hemdsärmeln*) in maniche di camicia **2** *fam* (*salopp*) (*Ausdrucksweise*) troppo disinvolto; (*BEMERKUNG*) sbracato *fam* B adv: **~ herumlaufen**, girare in maniche di camicia.

Hemisphäre f **1** *geog* emisfero m **2** *med* emisfero m • **nördliche/südliche ~** *geog*, emisfero boreale/australe.

hemmen tr **1** (*einschüchtern*) **jdn ~** {JDS ERWARTUNGSHALTUNG, GEGENWART, NÄHE} inibire qu, condizionare qu, mettere soggezione a qu; (*jdn innerlich blockieren*) {DIE EIGENE ANGST, UNSICHERHEIT} bloccare qu **2** (*behindern*) **jdn/etw in etw (dat) ~** {EINE PFLANZE IM WACHSTUM} ostacolare qc (*in qc*); {EINEN JUGENDLICHEN, EIN KIND IN SEINER ENTWICKLUNG} *auch* condizionare qu *in qc* **3** (*bremsen*) **etw ~** {DEN LAUF EINES FLUSSES} intralciare qc, ostacolare qc; {DEN FORTSCHRITT, DAS WIRTSCHAFTSWACHSTUM} frenare qc, rallentare qc, ritardare qc.

hemmend A adj {EINFLUSS, WIRKUNG} inibitorio B adv: **sich ~ auf etw (akk) auswirken**, avere un effetto inibitorio su qc.

Hemmnis <-ses, -se> n ostacolo m, impedimento m, freno m.

Hemmschuh m **1** *tech* calzatoia f, tacco m **2** *fam* (*Hemmnis*) intralcio m, ostacolo m: **ein ~ für etw (akk) sein**, essere di intralcio a qc.

Hemmschwelle f soglia f di inibizione: **eine ~ überwinden**, superare una barriera psicologica.

Hemmung <-, -en> f **1** *med psych* {+GEISTIGE/KÖRPERLICHE ENTWICKLUNG, SEXUALTRIEB, KÖRPERLICHES WACHSTUM} inibizione f: **unter ~en leiden** *med psych*, soffrire di inibizioni **2** <*nur pl*> *fam* (*Unsicherheit*) complessi m pl, insicurezze f pl: **voller ~en sein** (*Komplexe haben*), essere pieno di complessi **3** *fam* <*meist pl*> (*moralische Bedenken*) scrupolo m: **er hatte ~en, bei ihr zu Hause anzurufen**, si faceva scrupolo di/a chiamarla a casa; **keine ~en haben** (*rücksichtslos sein*), non avere scrupoli **4** (*Verlangsamung*) ~ (**einer S.** gen) {+WIRTSCHAFTLICHE ENTWICKLUNG, FORTSCHRITT} rallentamento m (*di qc*); (*Verhinderung*) ostacolo m (*a qc*) ● **~en haben** {PATIENT}, avere delle inibizioni; *fam* (*unsicher und verschüchtert sein*), essere complessato *fam*; **nur keine ~en!**, niente scrupoli!; **~ der Verjährung** *jur*, sospensione della prescrizione.

hẹmmungslos Ⓐ adj **1** (*zügellos*) {BEGIERDE, VERLANGEN} sfrenato **2** (*rücksichtslos*) {VORGEHEN} senza scrupoli Ⓑ adv {AUSBEUTEN, WEINEN} senza ritegno.

Hẹmmungslosigkeit <-, ohne pl> f **1** (*Zügellosigkeit*) sfrenatezza f **2** (*Rücksichtslosigkeit*) mancanza f di ritegno.

Hendekasyllabus <-, *Hendekasyllaben oder Hendekasyllabi*> m *poet* endecasillabo m.

Hẹndl <-s, -(n)> n *südd A* pollo m arrosto.

Hẹngst <-(e)s, -e> m **1** *zoo* (*beim Pferd*) stallone m; (*beim Esel, Kamel, Zebra*) maschio m **2** *fam scherz oder pej* (*Mann mit ausgeprägtem Sexualleben*) stallone m.

Hẹnkel <-s, -> m {+KORB, TASCHE, TASSE} manico m: **etw am ~ fassen**, prendere qc per il manico.

Hẹnkelmann <-(e)s, -männer> m *fam* gavetta f.

hẹnken tr *obs jdn ~* impiccare qu.

Hẹnker <-s, -> m **1** (*Scharfrichter*) boia m, carnefice m **2** *fam obs* (*meist in Ausrufen*) diavolo m ● **fahren wie ein ~** *fam*, guidare come un matto; **scher dich zum ~!** *fam*, va' ₎al diavolo!/[all'inferno]!; **zum ~!** *fam*, per tutti i diavoli!, al diavolo!

Hẹnkersmahl n, **Hẹnkersmahlzeit** f **1** ultimo pasto m del condannato a morte **2** *fig* pranzo m d'addio.

Hẹnna <-, ohne pl> f *oder* <-(s), ohne pl> n henné m, henna f: **sich** (dat) **die Haare mit ~ färben**, farsi l'henné.

hẹnnarot adj rosso henné.

Hẹnne <-, -n> f *zoo* gallina f ● **was war zuerst, die ~ oder das Ei?**, c'era prima l'uovo o la gallina?

Henriẹtte f (*Vorname*) Enrichetta.

Henrike f (*Vorname*) Enrica.

Hẹnry <-, -> n *phys* henry m.

Heparin <-s, ohne pl> n *chem med* eparina f.

Hepatitis <-, *rar Hepatitiden*> f *med* epatite f: **~ A/B/C**, epatite A/B/C.

Heptagon <-s, -e> n ettagono m, eptagono m.

her adv **1** (*örtlich: in Richtung des Sprechenden*) **von irgendwo her** da + *compl di luogo*: **das Auto kam von links her**, l'automobile è arrivata da(lla) sinistra; **vom Dach her regnet es rein**, entra l'acqua piovana dal tetto, piove dal tetto *fam* **2** (*zeitlich*) **von irgendwann her** da + *compl di tempo*, fin da + *compl di tempo*: **das ist schon lange her**, è già (da) un pezzo *fam*, è già passato molto tempo; **es ist ein Jahr her, dass sie geheiratet haben**, è un anno che si sono sposati, è passato un anno da quando si sono sposati; **wie lange ist es her, dass ...?**, da quanto tempo ... ?, quanto tempo è che ...? *fam*; **ich kenne ihn von der Studienzeit her**, lo conosco dai tempi dell'università, lo conosco da quando studiavo all'università **3** *fam* (*betreffend*) **von etw** (dat) **her** per, per quanto/[quel che] riguarda qc: **vom Wetter her gesehen, war der Urlaub ein voller Erfolg**, ₎quanto al₎/[per quanto/quel che riguarda il] tempo, le ferie sono pienamente riuscite; **vom Gehalt her ist die Stelle nicht uninteressant**, per quanto/quel che riguarda lo stipendio, il posto non è da scartare ● **her damit!** *fam*, da'/date qua! *fam*, dammi/datemi qua!; **Geld her!** *fam*, fuori i soldi! *fam*.

herạb adv (*örtlich: meist in Richtung des Sprechenden*) giù, in basso.

herạb|blicken itr → **herunter|sehen**.

herạb|fallen <irr> itr → **herunter|fallen**.

herạb|fließen <irr> itr <sein> scorrere (in) giù.

herạb|hängen <irr> itr <haben oder südd A CH sein> (**von etw** dat) ~ pendere giù (*da qc*), penzolare (*da qc*).

herạb|lassen <irr> Ⓐ tr **etw ~** {VORHANG} abbassare *qc*; **etw** (**von etw** dat) ~ {KORB, SEIL VOM BALKON, FENSTER} calare *qc* (*da qc*) *geh*, far scendere *qc* (*da qc*) Ⓑ rfl **1 sich** (*irgendwo/irgendwie*) ~ {BERGSTEIGER, HÖHLENFORSCHER AN EINEM SEIL} calarsi giù (+ *compl di luogo/modo*) **2** *iron* (*sich zu etw bequemen*) **sich zu etw** (dat) ~ abbassarsi a *qc*: **sich** (**dazu**) ~, **etw zu tun** {ZU GRÜSSEN, DIE HAND ZU GEBEN}, abbassarsi a fare qc, degnarsi di fare qc.

herạblassend Ⓐ adj {MANIER, TON} supponente, di sufficienza Ⓑ adv: **jdn ~ behandeln**, trattare qu con sufficienza; **sich ~ benehmen/geben**, comportarsi con supponenza.

Herạblassung <-, ohne pl> f sufficienza f, supponenza f.

herạb|sehen <irr> itr → **herunter|sehen**.

herạb|setzen tr **1** (*senken*) **etw ~** {GEBÜHREN, STEUERN, STRAFE} diminuire *qc*, ridurre *qc*; {KOSTEN, PREIS} abbassare *qc*: **die Geschwindigkeit ~**, decelerare, ridurre la velocità **2** (*schmälern*) **jdn/etw ~** {LEISTUNGEN, WERT} sminuire *qu/qc*; {PERSON} *auch* (di)screditare *qu*.

Herạbsetzung <-, ohne pl> f **1** (*Senkung*) {+ALTERSGRENZE, PREIS, STEUER} riduzione f, diminuzione f, ribasso m: **~ der Geschwindigkeit**, decelerazione, riduzione della velocità **2** (*Herabwürdigung*) {+LEISTUNG, VERDIENST} discredito m, svalutazione f.

herạb|steigen <irr> itr <sein> (**von etw** dat) {VOM BERG, DACH} (di)scendere (*da qc*); {VOM PFERD} smontare (*da qc*), scendere (*da qc*).

herạb|stoßen tr → **herunter|stoßen**.

herạb|stürzen Ⓐ itr <sein> (**von etw** dat) ~ precipitare *da qc* Ⓑ rfl <haben> **sich von etw** (dat) ~ lanciarsi (giù) *da qc*, buttarsi giù *da qc*.

herạb|werfen tr → **herunter|werfen**.

herạb|würdigen tr **jdn/etw ~** {LEISTUNGEN, WERT} sminuire *qu/qc*; {PERSON} *auch* (di)screditare *qu*.

Herạbwürdigung f {+LEISTUNG, VERDIENST} discredito m, svalutazione f.

Herạldik <-, ohne pl> f araldica f.

herạldisch adj araldico.

herạn adv vicino, avanti: **näher ~**, più vicino/[in qua]; **rechts/links ~**, a destra/sinistra ● **nur/immer ~!**, avanti, avanti!

herạn|arbeiten rfl **sich** (**an etw** akk) ~ **1** (*sich nähern*) avvicinarsi a fatica (*a qc*), farsi strada (*verso qc*) **2** (*sich in etw vertiefen*) {AN DEN KERN DES PROBLEMS} avvicinarsi *a qc*, addentrarsi *in qc*.

herạn|bilden tr **jdn ~** {FACHKRÄFTE, WISSENSCHAFTLER} formare *qu*.

Herạnbildung f (*von Fachkräften*) formazione f.

herạn|bringen <irr> tr **1 geh etw** (**an jdn/etw**) ~ portare *qc* vicino (*a qu/qc*) *fam* **2** *fam* (*vertraut machen*) **jdn an etw** (akk) ~ {AN EINE NEUE AUFGABE, SITUATION} avvicinare *qu*/

accostare *qu a qc*, far(e) conoscere *qc a qu*; **etw an jdn ~** {THEORIE} far(e) conoscere *qc a qu*; {VORSTELLUNG} *auch* trasmettere *qc a qu*.

herạn|fahren <irr> itr <sein> (**an jdn/etw**) ~ {AUTOFAHRER AN DEN BÜRGERSTEIG} accostarsi/avvicinarsi *a qu/qc* (con un veicolo): **fahren Sie bitte heran!**, accosti, per favore!

herạn|führen Ⓐ tr **1** (*nähern*) **jdn/etw an etw** (akk) ~ {AN DEN ALTAR, DAS REDNERPULT} condurre *geh*/portare *qu/qc* ₎vicino a₎/[*verso*] *qu/qc*; {FERNGLAS, OPERNGLAS AN DIE AUGEN} avvicinare *qc a qc*, accostare *qc a qc* **2** (*einweisen*) **jdn an etw** (akk) ~ {AN EIN PROBLEM} porre *qu di fronte a qc*; {AN EINE NEUE ARBEIT, AUFGABE} avviare *qu a qc*, iniziare *qu a qc* Ⓑ itr **an etw** (akk) ~ {WEG AN DEN FLUSS, DAS HAUS, DAS UFER} portare/condurre *verso*/[*vicino a*] *qc*, arrivare *fino a qc*.

Herạnführung f ~ **einer P./S.** (gen) **an etw** (akk) {+MITARBEITER AN EINE NEUE ARBEIT, AUFGABE} avviamento *di qu a qc*: **die ~ der osteuropäischen Staaten an die Europäische Union**, l'avvicinamento degli stati dell'Europa orientale all'Unione europea.

herạn|gehen <irr> itr <sein> **1** (*sich nähern*) **an jdn/etw** ~ avvicinarsi/accostarsi *a qu/qc*, andare *verso qu/qc*: **bis auf fünf Meter an das Haus ~**, avvicinarsi alla casa fermandosi a cinque metri di distanza; **dicht an jdn/etw ~**, ₎andare vicinissimo (-a)₎/[avvicinarsi molto] *a qu/qc* **2** (*sich mit etw auseinandersetzen*) **irgendwie an etw** (akk) ~ {GELASSEN, OPTIMISTISCH AN EIN PROBLEM, EINE SITUATION} affrontare *qc* + *compl di modo*, accostarsi/avvicinarsi *a qc* + *compl di modo*; {DIFFERENZIERT AN EIN THEMA} *auch* abbordare *qc* + *compl di modo*: **kommt darauf an, wie man an die Sache herangeht!** *fam*, dipende da come si affronta la cosa! **3** (*beginnen*) **an etw** (akk) ~ {AN DIE ARBEIT} mettersi *a qc*: **~, etw zu tun**, mettersi a fare qc, accingersi a fare qc; **ich muss endlich mal ~, meine Koffer auszupacken**, è ora che disfi le valigie; **da muss ich jetzt endlich ~!** (*ich muss endlich damit anfangen*), è ora che mi metta sotto! *fam*, devo mettermici sotto!

herạn|holen tr **1** *fot* **jdn/etw** (*näher*) ~ catturare *qc*, mettere a fuoco *qc* **2** *tel*: **einen Anruf ~**, prendere una chiamata (su un altro interno).

herạn|kommen <irr> itr <sein> **1** (*sich nähern*) **an jdn/etw** ~ avvicinarsi *a qu/qc*: **ganz nah an jdn ~**, venire molto vicino *a qu/qc*, avvicinarsi molto *a qu/qc* **2** (*erreichen*) (**an jdn/etw**) ~ {AN EINE HOHE SCHRANKKANTE} arrivare *a qu/qc*: **es ist zu hoch, ich komme nicht heran**, è troppo alto, non ci arrivo! **3** *fam* (*mit jdm in Kontakt treten können*) **an jdn ~** {AN EINE FRAU, EINEN MANN, EINE HOCH GESTELLTE PERSÖNLICHKEIT} riuscire ad avvicinare/accostare *qu*; {POLIZEI AN DEN TÄTER} riuscire a mettere le mani *su qu*: **man kann nicht an ihn ~** (*er ist abweisend*), è inavvicinabile; (*er ist nicht zu erreichen*) è introvabile/irreperibile; **nichts an sich ~ lassen**, non farsi sfiorare da niente; **die Dinge (langsam) an sich ~ lassen**, stare a veder come vanno le cose **4** (*bekommen können*) **an etw** (akk) ~ {AN DIE INFORMATIONEN, NACHRICHTEN} riuscire a procurarsi *qc*; {AN DIE WARE} *auch* riuscire a mettere le mani *su qc*: **ich komme an das Geld vorerst nicht heran**, per il momento ₎i soldi non li posso toccare *fam*₎/[non posso disporre dei soldi] **5** (*es jdm gleichtun*) **an jdn ~** riuscire a raggiungere/uguagliare *qu*; **an etw** (akk) ~ {AN JDS FÄHIGKEIT, SCHNELLIGKEIT} riuscire a uguagliare *qu in qc*: **du kannst dich noch so**

anstrengen, an sie kommst du einfach nicht heran!, puoi ₁sforzarti quanto₁/[fare tutti gli sforzi che] vuoi, non sarai mai alla sua altezza; **was ihre Zuverlässigkeit betrifft, so kommt er nicht an sie heran**, ₁in fatto di₁/[quanto ad] affidabilità lui non riuscira mai a uguagliarla.

heran|können itr (*an etw* akk) ~ potersi avvicinare (*a qc*).

heran|lassen <irr> tr *jdn/etw* (*an etw* akk) ~ lasciare avvicinare *qu/qc* (*a qc*); (*willentlich*) fare avvicinare *qu/qc*; **nichts an sich ~**, non farsi toccare da niente; **niemanden/keinen an sich ~**, ₁non lasciarsi avvicinare da₁/[non dare confidenza a] nessuno.

heran|machen rfl *fam* **1** (*mit etw beginnen*) **sich *an etw*** (akk) ~ {AN EINE ARBEIT} metter(e) mano *a qc*, mettersi a *qc* **2** (*in Kontakt treten wollen*) **sich *an jdn*** ~ {AN EINE FRAU, EINEN JUNGEN, EIN MÄDCHEN, EINEN MANN} abbordare *qu fam* **3** (*sich aneignen wollen*) **sich *an etw*** (akk) ~ {AN JDS GELD} mettere le mani *su qc*.

heran|müssen <irr> itr *fam* **1** (*sich nähern müssen*) (*an etw* akk) ~ {PERSON} doversi avvicinare (*a qc*); {GEGENSTAND} dover essere avvicinato (-a) (*a qc*), dover essere ₁posto (-a)₁/[messo (-a)] più vicino (-a) (*a qc*) **2** (*mitarbeiten müssen*) mettersi sotto *fam*: **alle müssen heran!** (*alle müssen etw tun*), tutti devono dare una mano **3** (*mit etw beginnen müssen*) (*an etw* akk) ~ {AN DIE ARBEIT} dover mettersi *a qc*: **jetzt muss ich aber endlich mal an die Übersetzung heran!**, è ora che ₁inizi con₁/[mi metta a fare] *fam* la traduzione!

heran|nahen itr <sein> *geh* {GEFAHR, KATASTROPHE, UNWETTER} (stare per) avvicinarsi, essere in arrivo *fam*.

heran|nehmen <irr> tr *fam jdn* ~ mettere sotto *qu fam*: **jdn hart ~**, mettere sotto qu di brutto *fam*.

heran|reichen itr **1 *an etw*** (akk) ~ arrivare *a qc* **2** (*gleichkommen*) ***an jdn/etw*** ~ uguagliare *qu/qc*, reggere il confronto *con qu/qc*: **er reicht an ihn/sie einfach nicht heran!**, non gli/le lega neanche le scarpe.

heran|reifen itr *geh* **1** {FRÜCHTE} maturare **2** (*sich entwickeln*) (***zu etw*** dat) ~ {JUGENDLICHER, KIND ZU EINEM KÜNSTLER, MANN} diventare *qc* **3** (*sich konkretisieren*) (***in etw*** dat) ~ {ENTSCHEIDUNG, PLAN, VORHABEN} maturare (*in qu*).

heran|rücken A itr <sein> (*an jdn/etw*) ~ avvicinarsi (*a qu/qc*), accostarsi (*a qu/qc*): (**mit dem Stuhl**) **näher an jdn ~**, avvicinarsi di più a qu (con la sedia); (*bei Zeitangaben*): **das Weihnachtsfest rückt heran**, si avvicina il Natale B tr <haben> *etw* (*zu jdm/etw*) ~ {STUHL} avvicinare *qc* (*a qu/qc*): **den Tisch zu sich** (dat) **~**, tirare il tavolo verso di sé.

heran|schaffen tr *jdn/etw* ~ {GELD, KUNDEN, PROVIANT} procurare *qu/qc*, procacciare *qu/qc*; {BAUMATERIAL} portare *qc*.

heran|schleichen <irr> rfl **sich** (*an jdn/etw*) ~ avvicinarsi di nascosto/soppiatto (*a qu/qc*).

heran|tasten rfl **1** (*sich tastend vorwärtsbewegen*) **sich *an jdn/etw*** ~ avvicinarsi a tastoni/tentoni *a qu/qc* **2** (*sich mit etw beschäftigen*) **sich *an etw*** (akk) ~ {AN EINE FRAGE, EIN PROBLEM, EIN THEMA} abbordare *qc*, affrontare (cautamente) *qc*.

heran|tragen <irr> tr *geh* **1** (*herbeitragen*) ***jdn/etw an etw*** (akk) ~ portare *qu/qc verso*/[vicino a] *qc* **2** (*sich mit etw an jdn wenden*) ***etw an jdn*** ~ {ANLIEGEN, BEDENKEN} rivolgersi *a qu con qc*, sottoporre *qc a qu*; {WUNSCH} esprimere/manifestare *qc a qu*.

heran|trauen rfl *fam* **sich** (***an jdn***) ~ {MANN AN EINE FRAU} osare avvicinare *qu*, osare avvicinarsi (*a qu*).

heran|treten <irr> itr <sein> *geh* **1** (*sich nähern*) (***an jdn/etw***) ~ {AN JDS BETT, DEN PATIENTEN; BRAUTLEUTE AN DEN ALTAR} avvicinarsi (*a qu/qc*), accostarsi (*a qu/qc*) **2** (*konfrontieren*) ***an jdn*** ~ {FRAGEN, PROBLEME} presentarsi *a qu*; {ZWEIFEL} porsi *a qu* **3** (*sich wenden an*) ***mit etw*** (dat) ***an jdn*** ~ {MIT EINEM ANLIEGEN, EINER FRAGE} auch rivolgersi *a qu con qc*; {MIT EINEM WUNSCH} esprimere/manifestare *qc a qu*: **mit einer Bitte an jdn ~**, rivolgersi a qu per chiedergli un favore.

heran|wachsen <irr> itr <sein> {KIND} crescere, diventare grande *fam*; ***zu jdm*** ~ {MÄDCHEN ZUR FRAU; JUNGE ZUM MANN} diventare *qc*, farsi *qc*: **die ~de Generation**, la generazione che viene su ora *fam*.

Heranwachsende <dekl wie adj> mf adolescente mf; *jur* (*Person zwischen 18 und 21 Jahren*) "persona f di età compresa tra 18 e 21 anni".

heran|wagen rfl **1** **sich** (***an jdn/etw***) ~ {KIND AN DAS TIER} osare avvicinarsi (*a qu/qc*) **2** (*sich einer neuen Aufgabe stellen*) **sich *an etw*** (akk) ~ {AN EINE NEUE AUFGABE, EIN PROBLEM, EINE SACHE} avere il coraggio di affrontare *qc*; {AN EIN RISKANTES GESCHÄFT, EIN GEFÄHRLICHES UNTERNEHMEN} avventurarsi in *qc*, arrischiarsi *in qc*.

heran|winken <irr> tr *jdn* ~ {POLIZIST AUTOFAHRER} fare cenno *a qu* di avvicinarsi: **er winkte mich zu sich** (dat) **heran**, mi fece cenno di avvicinarmi a lui, mi chiamò facendomi cenno di avvicinarmi.

heran|wollen itr (***an etw*** akk) ~ volersi avvicinare (*a qc*).

heran|ziehen <irr> A tr <haben> **1** (*näher holen*) *etw* (***zu jdm/etw***) ~ {HOCKER, STUHL} avvicinare *qc* (*a qu/qc*), tirare *qc verso qu/qc*; *etw zu sich* (dat) ~ avvicinare *qc* tirandolo, tirare *qc* verso di sé **2** (*einsetzen*) ***jdn/etw*** (₁*zu etw* dat₁/[*für etw* akk]) ~ {ARBEITSKRÄFTE FÜR SPEZIELLE AUFGABEN} impiegare *qu/qc* (*per/in qc*); {ARZT FÜR EINE DIAGNOSE} consultare *qu/qc* (*per qc*), chiamare *qu/qc per qc fam*: **zur Lösung des Problems wurden Experten aus aller Welt herangezogen**, per risolvere il problema sono stati consultati esperti provenienti da tutto il mondo; **die Krankenkassen können die Versicherten jetzt zu den Krankenhauskosten mit ~**, ora le casse mutue possono far contribuire gli assicurati al pagamento delle spese ospedaliere **3** (*geltend machen*) *etw* ~ {BESTIMMUNG, PARAGRAPHEN} citare *qc*; {QUELLE} consultare *qc*: **ein Zitat ~**, ricorrere a una citazione **4** *fam* (*ausbilden*) *jdn* ~ {NACHFOLGER} tirarsi su *qu fam* **5** *fam* (*zum Wachsen bringen*) *etw* ~ {PFLANZE} tirare su *qc fam*, coltivare *qc*; {TIER} tirare su *qc fam*, allevare *qc* B itr <sein> *geh* (*näher ziehen*) {GEWITTER, HEER, TRUPPEN} avvicinarsi, essere in arrivo.

herauf A adv (*in Richtung des Sprechenden*) su, **von** (**dort**) **unten ~**, da (là/lì) sotto; **~ und herunter**, su e giù; **schnell, hier ~!**, presto, su ₁di qui₁/[per di qua]! B präp *etw* ~ su per *qc*: **den Berg ~**, su per la montagna; **die Treppe ~**, su per le scale.

herauf|arbeiten rfl → **hoch|arbeiten**.

herauf|bemühen <ohne ge-> A tr (*in Richtung des Sprechenden*) *jdn* ~ pregare *qu* di salire/[venire su]; (*in negativem Sinn*) scomodare *qu* facendolo salire: **danke, aber Sie hätten sich nicht ~ müssen**, grazie, ma non si sarebbe dovuto (-a) scomodare (a salire) B rfl **sich** ~ (essere così gentile da) salire; (*in negativem Sinn*) scomodarsi a salire.

herauf|beschwören <irr, ohne ge-> tr **1** (*wachrufen*) *etw* (*in jdm*) ~ {ERINNERUNG} evocare *qc* (*in qu*) **2** *fam* (*verursachen*) *etw* ~ {KRACH, STREIT} provocare *qc*, suscitare *qc*.

herauf|bewegen rfl (*in Richtung des Sprechenden*) **sich ~** salire.

herauf|bitten <irr> tr (*in Richtung des Sprechenden*) *jdn* ~ pregare *qu* di salire/[venire su].

herauf|blicken itr → **herauf|sehen**.

herauf|bringen <irr> tr (*in Richtung des Sprechenden*) *etw* (*zu jdm*) ~ portare su *qc* (*a qu*).

herauf|dürfen <irr> itr (*in Richtung des Sprechenden*) {FAHRZEUG, PERSON} poter salire; {GEGENSTAND} poter(e) essere portato su.

herauf|fahren <irr> itr <sein> (*in Richtung des Sprechenden*) {FAHRSTUHL, FAHRZEUG, PERSON} salire/venire su: ₁**den Berg**₁/[**zum dritten Stock**] ~, salire (su) ₁per la montagna₁/[al terzo piano].

herauf|führen A tr (*in Richtung des Sprechenden*) *jdn* (*zu jdm*) ~ condurre/[accompagnare su] *qu* (*da qu*); **jdn den steilen Weg ~**, accompagnare qu su per la salita B itr (***zu jdm/etw***) ~ {TREPPE ZUM BÜRO; WEG ZUM SCHLOSS} condurre/portare (su) *da qu/a qu*, salire *da qu/a qc*.

herauf|helfen <irr> itr (*in Richtung des Sprechenden*) *jdm* ~ aiutare *qu* a salire/[venire su]: **jdm die Treppen ~**, aiutare qu a salire/[venire su per] le scale.

herauf|holen tr *etw* ~ portare su *qc*: **die Weinflaschen aus dem Keller ~**, portare su le bottiglie di vino dalla cantina.

herauf|klettern itr <sein> (*in Richtung des Sprechenden*) arrampicarsi (su).

herauf|kommen <irr> itr <sein> (*in Richtung des Sprechenden*) (*zu jdm*) ~ salire (*da qu*), venire su (*da qu*): ₁**die Treppe**₁/[**in den dritten Stock**] ~, salire ₁le scale₁/[al terzo piano], venire su ₁per le scale₁/[al terzo piano].

herauf|können itr (*in Richtung des Sprechenden*) (*zu jdm*) ~ poter salire/[venire su] (*da qu*): ₁**die Treppe**₁/[**in den dritten Stock**] ~, poter(e) salire ₁le scale₁/[al terzo piano], poter(e) venire su ₁per le scale₁/[al terzo piano].

herauf|lassen <irr> tr (*in Richtung des Sprechenden*) *jdn/etw* (*auf etw* akk) ~ lasciare salire/[venire su] *qu/qc* (*su qc*); (*willentlich*) fare salire/[venire su] *qu/qc* (*su qc*).

herauf|laufen <irr> itr <sein> (*in Richtung des Sprechenden*) salire, venire su: ₁**die Treppe**₁/[**in den dritten Stock**] ~, salire/venire su ₁per le scale₁/[al terzo piano].

herauf|müssen itr (*in Richtung des Sprechenden*) (*irgendwohin*) ~ {FAHRZEUG, PERSON} dover(e) salire (+ *compl di luogo*); {GEGENSTAND} dovere essere messo + *compl di luogo*.

herauf|reichen A tr (*in Richtung des Sprechenden*: *jdm etw geben*) *jdm etw* ~ porgere *qc a qu gen*, passare *qc a qu* B itr (*sich ausdehnen*) *bis irgendwohin* ~ arrivare fino a *qc*: **bis hierher ~**, arrivare fino qui; (*bis nach hier oben*) arrivare fin quassù.

herauf|rennen <irr> itr <sein> correre su, salire (su) di corsa: **heraufgerannt kommen**, arrivare/venire su correndo/[di corsa].

herauf|rufen <irr> tr (*in Richtung des Sprechenden*) *jdn/etw* ~ {MUTTER KIND} fare venire su *qu/qc*, chiamare *qu/qc*.

herauf|schaffen tr *fam* (*in Richtung des Sprechenden*) *jdn/etw* ~ portare su *qu/qc*,

trascinare su *qu/qc*.
herauf|schauen itr *süddt* → **herauf|sehen**.
herauf|schleppen tr *fam* (*in Richtung des Sprechenden*) *jdn/etw* ~ trascinare su *qu/qc*: **die Truhe ⌊auf den Dachboden⌋/[in den zweiten Stock]** ~, trascinare il baule ⌊su in solaio⌋/[al secondo piano].
herauf|sehen <*irr*> itr (*in Richtung des Sprechenden*) (**zu** *jdm/etw*) ~ guardare ⌊in su⌋/[verso l'alto] (*verso qu/qc*), alzare lo sguardo (*in su/qc*) *geh*.
herauf|setzen tr *etw* ~ {MIETE, PREIS, ZINSEN} aumentare *qc*; *etw* **auf** *etw* (*akk*) ~ {HÖCHSTALTER, MINDESTALTER AUF 35 JAHRE} portare *qc* a *qc*.
herauf|springen <*irr*> itr <*sein*> (*in Richtung des Sprechenden*) (**auf** *etw* akk) ~ saltare su (*qc*).
herauf|steigen <*irr*> itr <*sein*> **1** (*in Richtung des Sprechenden*) (**zu** *jdm/etw*) ~ salire/[venire su] (*da qu/qc*): **die Leiter** ~, salire (sul)la scala **2** *poet* (*entstehen*) {NEBEL} salire.
herauf|tragen <*irr*> tr (*in Richtung des Sprechenden*) *jdn/etw* (*irgendwohin*) ~ portare su *qu/qc* (+ *compl di luogo*): **jdn/etw ⌊die Treppe⌋/[in den vierten Stock]** ~, portare qu/qc ⌊per le scale⌋/[al quarto piano].
herauf|wollen itr (*in Richtung des Sprechenden*) voler(e) salire/[venire su *fam*].
herauf|zerren tr *jdn/etw* ~ trascinare su *qu/qc*: **jdn/etw ⌊die Treppe⌋/[in den dritten Stock]** ~, trascinare qu/qc su ⌊per le scale⌋/[fino al terzo piano].
herauf|ziehen <*irr*> **A** tr <*haben*> *jdn/etw* ~ tirare su *qu/qc* **B** itr <*sein*> *geh* {GEWITTER, UNWETTER, WOLKEN} avvicinarsi, essere in arrivo.
heraus *adv* fuori: **von innen** ~, dal di dentro; **aus** *etw* (dat) ~ (*örtlich*), da *qc*; (*kausal*), spinto da *qc*, per *qc*; **etw aus einer Notlage** ~ **tun**, fare *qc* ⌊spinto dal bisogno⌋/[costretto dalla necessità]; **dieser Wunsch entstand aus der Gewissheit** ~, **dass ...**, il desiderio è nato ⌊dalla certezza⌋/[perché ero certo (-a)] che ... *konjv* • **damit!** *fam*, da'/date qua!, fuori!; ~ **mit der Sprache!** *fam*, dai, parla!; **sputa l'osso!** *fam*.
heraus|arbeiten **A** tr **1** *kunst etw* (*aus etw*) ~ {TEXT AUS EINEM STEIN} scolpire *qc* (*in qc*); {BÜSTE, GESICHTSZÜGE AUS EINEM MARMORBLOCK} *auch* tirare fuori *qc da qc* **2** (*hervorheben*) *etw* ~ {GESICHTSPUNKT, KERN, PROBLEM} enucleare *qc*, sviscerare *qc*; {UNTERSCHIEDE} evidenziare *qc*, mettere/porre in evidenza *qc* **B** rfl sich (*aus etw* dat) ~ {PERSON, TIER AUS DEM GESTRÜPP, GRABEN, SCHLAMM} liberarsi a fatica *da qc*, tirarsi fuori a fatica *da qc fam*.
Herausarbeitung f {+GESICHTSPUNKT, KERN, PROBLEM} enucleazione f, svisceramento m; {+UNTERSCHIEDE} evidenziamento m.
heraus|bekommen <*irr, ohne ge*> tr **1** (*entfernen*) *etw* (**mit** *etw* dat) (*aus etw* dat) ~ {DRECK, FLECK MIT SEIFE, WASSER AUS DER HOSE} riuscire a togliere/levare *qc* (*da qc*) (*con qc*); {SPLITTER MIT DER PINZETTE AUS DEM FINGER} *auch* riuscire a ⌊tirare fuori⌋/[estrarre] *qc* (*da qc*) (*con qc*) **2** (*herausfinden*) *etw* ~ {RÄTSEL, RECHENAUFGABE} riuscire a risolvere *qc*; {GEHEIMNIS, NAMEN} riuscire a scoprire *qc* **3** (*erfahren*) *etw* (**aus** *jdm*) ~ riuscire a scoprire *qc* (*da qu*), cavare *qc* a *qu*: **hast du (et)was** ~?, sei riuscito (-a) a scoprire qualcosa?; **aus ihm bekommt man nichts heraus**, non gli si cava una parola di bocca *fam* **4** (*Wechselgeld bekommen*) *etw* ~ ricevere *qc* di resto: **ich bekomme drei Euro heraus**, ⌊devo avere⌋/[mi spettano] tre euro di resto; **Sie bekommen noch 10 Euro heraus**, Le ⌊devo dare⌋/[spettano] ancora 10 euro di resto.
heraus|bemühen <*ohne ge*> **A** tr (*in Richtung des Sprechenden*) *jdn* ~ pregare *qu* di uscire/[venire fuori]; (*in negativem Sinn*) scomodare *qu* (facendolo uscire) **B** rfl sich ~ (essere così gentile da) uscire; (*in negativem Sinn*) scomodarsi a uscire.
heraus|bilden rfl sich (*aus etw* dat) ~ {ENGE BEZIEHUNG, ZUSAMMENARBEIT AUS EINER ZUFÄLLIGEN BEGEGNUNG} (venire a) stabilirsi (*da qc*), svilupparsi (*da qc*), (venire a) crearsi (*da qc*).
Herausbildung <-, *ohne pl*> f {+SUBSTANZ} formazione f, produzione f; {+FÄHIGKEIT} sviluppo m; {+BEZIEHUNG IM ANFANGSSTADIUM} *auch* nascita f: **die** ~ **einer bilateralen Zusammenarbeit**, la nascita/lo sviluppo di una collaborazione bilaterale; **die** ~ **einer politischen Mehrheit**, la formazione di una maggioranza politica.
heraus|bitten <*irr*> tr *jdn* ~ pregare *qu* di uscire/[venire fuori *fam*].
heraus|blicken itr (*aus etw* dat) ~ (*in Richtung des Sprechenden*) guardare fuori (*da qc*).
heraus|boxen tr → **heraus|pauken**.
heraus|brechen <*irr*> **A** tr <*haben*> *etw* (*aus etw* dat) ~ {EDELSTEIN, KRISTALL AUS DEM FELSEN, GESTEIN, STEIN AUS EINER MAUER} cavare *qc* (*da qc*), staccare *qc* (*da qc*) **B** itr <*sein*> *aus jdm* ~: **es brach aus ihr heraus**, è scoppiata; **die ganze unterdrückte Wut brach aus ihm heraus**, ha sfogato tutta la sua rabbia repressa; **die ganze unterdrückte Wut brach aus ihm heraus**, tutta la sua rabbia repressa è esplosa.
heraus|bringen <*irr*> tr **1** (*nach draußen bringen*) *etw* (*aus etw* dat/*irgendwohin*) ~ (*in Richtung des Sprechenden*) {AUS DEM GEBÄUDE, ZIMMER IN DEN GARTEN} portare fuori *qc* (*da qc*/+ *compl di luogo*) **2** *fam etw* ~ {ARTIKEL, WARE} lanciare *qc* (sul mercato), uscire *con qc fam*; {BUCH, CD, ZEITSCHRIFT} pubblicare *qc*, far uscire *qc fam*; {OPER, THEATERSTÜCK} mettere in scena *qc*: **jdn/etw (ganz) groß** ~ {FILM, SÄNGER, SCHAUSPIELER}, fare una grande pubblicità a *qc*, pubblicizzare alla grande *qu/qc fam*; **die Nachricht wurde in allen Zeitungen groß herausgebracht**, intorno alla notizia c'è stato un gran battage su tutti i giornali, tutti i giornali hanno dato ampio spazio alla notizia *geh* **3** *fam* (*in Erfahrung bringen*) *etw* (*aus jdm*) ~ venire a sapere *qc* (*da qu*), riuscire a scoprire *qc*: **kein Wort** ~, non riuscire a proferire/spiccicare parola; **aus jdm ⌊keinen Ton⌋/[kein Wort]** ~, non riuscire a cavare una parola di bocca a qu; **wie hast du das herausgebracht?**, come l'hai scoperto? **4** *fam* (*als Lösung bekommen*) *etw* ~ ottenere *qc*: **was hast du (als Lösung) herausgebracht?**, che risultato hai ottenuto? **5** *fam* (*entfernen*) *etw* (*aus etw* dat) ~ {FLECK AUS DEM STOFF} (riuscire a) togliere/levare *qc* (*da qc*), (riuscire a) far venir via *qc* (*da qc*) *fam*.
heraus|drehen tr *etw* (*aus etw* dat) ~ estrarre/togliere *qc* (*da qc*) girando, {GLÜHBIRNE AUS DER FASSUNG, SCHRAUBE AUS DER WAND} svitare *qc* (*da qc*).
heraus|dringen <*irr*> itr <*sein*> *aus etw* (dat) ~ provenire *da qc*; {KLAVIERKLANG, MUSIK AUS DEM KONZERTSAAL; SCHREIE AUS DEM GEBÄUDE} levarsi *da qc*.
heraus|drücken tr **1** *etw* (*aus etw* dat) ~ {ZAHNPASTA AUS DER TUBE} far uscire *qc* (*da qc*) spremendo, spremere fuori *qc* (*da qc*) **2** (*vorwölben*) *etw* ~ {BAUCH, BRUST} spingere in fuori *qc*.
heraus|dürfen itr (*aus etw* dat) ~ {AUS EINEM GEBÄUDE, HAUS} potere uscire (*da qc*).
heraus|fahren <*irr*> **A** tr <*haben*> *etw* (*aus etw* dat) ~ {FAHRZEUG AUS DER GARAGE} tirare *fam*/portare fuori *qc* (*da qc*) **B** itr <*sein*> (*nach draußen fahren*) (*aus etw* dat) ~ {FAHRZEUG AUS EINER EINFAHRT, EINEM WEG} uscire (*da qc*), venire fuori (*da qc*) *fam*: **beim Herausfahren**, uscendo **2** (*versehentlich sagen*) *jdm* ~ {FLUCH, NAMEN, WORT} scappare a *qu* dalla bocca, sfuggire a *qu*.
heraus|fallen <*irr*> itr <*sein*> (*aus etw* dat) ~ **1** {GELDBEUTEL AUS DER TASCHE} cadere/cascare fuori (*da qc*) **2** *fam* (*ausgesondert werden*) {BEWERBER} venire eliminato (-a) (*a/da qc*), venire trombato (-a) (*a qc*) *fam* **3** (*nicht hineinpassen*) {VERHALTEN AUS DER NORM} non rientrare *in qc*.
heraus|filtern tr **1** (*durch Filtern entnehmen*) *etw* (*aus etw* dat) ~ {KALK, VERUNREINIGUNGEN} filtrare *qc* (*da qc*), eliminare *qc* filtrando *qc* **2** (*als brauchbar aussondern*) *jdn/etw* (*aus jdm/etw*) ~ {BEWERBER, INFORMATIONEN, KANDIDATEN, MELDUNGEN} filtrare *qu/qc* (*tra qu/qc*), selezionare *qu/qc* (*fra qu/qc*), scegliere *qu/qc* (*fra qu/qc*).
Herausfilterung f **1** *chem* ~ (*aus etw* dat) {+KALK, VERUNREINIGUNGEN AUS EINEM GEMISCH} filtrazione f (*da qc*) **2** (*Auswahl*) ~ (*aus jdm/etw*) {+KANDIDATEN AUS DEN BEWERBERN; +WICHTIGE INFORMATIONEN AUS DEN MELDUNGEN} selezione f (*fra qu/qc*), scelta f (*fra qu/qc*).
heraus|finden <*irr*> **A** tr **1** (*entdecken*) *etw* ~ {FEHLER} trovare *qc*; {GRUND, URSACHE} *auch* scoprire *qc*: **jd findet heraus, dass/ob/wann ...**, qu scopre che/se/quando ... **2** (*erkennen*) *jdn/etw* (*irgendwo*) ~ {PERSON IN DER MENGE, UNTER MEHREREN PERSONEN} riuscire a trovare *qu/qc* (+ *compl di luogo*) **B** itr (*aus etw* dat) ~ {AUS EINEM GEBÄUDE, IRRGARTEN, LABYRINTH} trovare l'uscita (*di qc*).
heraus|fischen *fam* **A** tr *etw* (*aus etw* dat) ~ {SONDERANGEBOT AUS DEM WÜHLTISCH} pescar (fuori) *qc* (*da qc*) **B** rfl sich *jdn/etw* (*irgendwo*) ~ {DAS GRÖßTE STÜCK KUCHEN, DEN BESTEN TÄNZER UNTER DEN ANWESENDEN} scegliersi/prendersi/pescarsi *fam qu/qc* (+ *compl di luogo*).
heraus|fliegen <*irr*> itr <*sein*> (*aus etw* dat) ~ **1** (*nach draußen fliegen*) {VOGEL AUS DEM KÄFIG, NEST} volare fuori (*da qc*) **2** *fam* (*herausfallen*) {GELDBEUTEL AUS DER TASCHE} cadere/cascare fuori (*da qc*) **3** *fam* (*gekündigt werden*) {ANGESTELLTE AUS DER FIRMA} essere buttato fuori *da qc fam*; (*ausscheiden*) {KANDIDAT AUS EINEM WETTBEWERB} essere eliminato (*a/da qc*), essere trombato (*a qc*) *fam*.
Herausforderer <-s, -> m (**Herausforderin**, Herausforderin f) sfidante mf: **sich seinem** ~ **stellen**, raccogliere/accettare la sfida.
Herausforderin f → **Herausforderer**.
heraus|fordern **A** tr **1** *auch sport jdn* ~ sfidare *qu*: **jdn zum Titelkampf** ~, sfidare il campione in carica; **jdn zum Duell** ~, sfidare qu a duello **2** (*reizen*) *jdn* ~ provocare *qu* **3** (*heraufbeschwören*) *etw* ~ {HEFTIGE REAKTION, STREIT} provocare *qc*; **jdn zu** *etw* (dat) ~ {ZUR KRITIK, REBELLION, ZUM PROTEST, WIDERSPRUCH} spingere *qu* a (fare) *qc*: **die neue Regelung fordert den Protest/die Kritik der Experten geradezu heraus**, il nuovo regolamento non può che scatenare le proteste/le critiche degli esperti; **eine Gefahr** ~,

sfidare il pericolo; **sein Schicksal ~**, tentare il destino, sfidare/tentare la sorte ▐B▌ *itr* **zu etw** (dat) **~** {ZUR KRITIK, ZUM WIDERSPRUCH} provocare *qc*.

her|aus|fordernd ▐A▌ *adj* {BENEHMEN, FRAGE, TON} di sfida, provocatorio; {BLICK} di sfida, provocante ▐B▌ *adv*: **jdn ~ anschauen**, guardare qu con aria di sfida.

Her|aus|forderung *f* **1** (*Aufforderung zum Kampf*) *auch sport* ~ (**zu etw** dat) {ZUM TITELKAMPF} sfida *f* (*per qc*): **~ zum Duell**, sfida a duello; **die ~ annehmen/ablehnen**, accettare/rifiutare la sfida; **sich den ~en der Zukunft stellen**, confrontarsi con le sfide del futuro **2** (*Provokation*) provocazione *f*.

her|aus|fühlen *tr* **etw** (**aus etw** dat) ~ {TRAUER, VERZWEIFLUNG AUS JDS VERHALTEN, WORTEN} sentire *qc* (*in qc*), avvertire *qc* (*in qc*), percepire *qc* (*in qc*), intuire *qc* (*da qc*).

her|aus|führen ▐A▌ *tr* **1** (*herausbegleiten*) **jdn/etw** (**aus etw** dat) ~ {BESUCHER AUS DEM GEBÄUDE, GEFANGENEN AUS DER ZELLE} condurre/accompagnare *qu/qc* fuori (*da qc*) **2** (*überwinden helfen*) **jdn/etw** (**aus etw** dat) ~ {KRANKEN AUS DER KRISE, LAND, WIRTSCHAFT AUS DER REZESSION} aiutare *qu/qc* a uscire *da qc* ▐B▌ *itr* ~ {WEG AUS EINEM LABYRINTH, EINER SACKGASSE} condurre/portare *fam* fuori *da qc*.

Her|aus|gabe <-, -n> *f* **1** (*Rückgabe*) {+DOKUMENTE, UNTERLAGEN, BESCHLAGNAHMTE WARE} restituzione *f*, rilascio *m* **2** *Verlag* (*Veröffentlichung*) {+BUCH, WERK, ZEITSCHRIFT} pubblicazione *f*; (*Edition*) edizione *f*, cura *f* ● **Klage auf ~** *jur*, azione di restituzione.

her|aus|geben <irr> ▐A▌ *tr* **1** (*herausreichen*) **etw** ~ passare fuori *qc fam*, passare *qc* (verso l'esterno), porgere *qc* **2** (*zurückgeben*) **etw** (**an jdn**) ~ {GEPFÄNDETE GEGENSTÄNDE, BESCHLAGNAHMTE WARE} restituire *qc* a *qu*, rendere *qc* a *qu*, riconsegnare *qc* a *qu*; **jdn** ~ {GEFANGENEN} rilasciare *qu*, liberare *qu* **3** (*beim Bezahlen*) **jdm etw** ~ dare *qc* a *qu* di resto, dare indietro *qc* a *qu fam*: **jdm das Wechselgeld ~**, dare il resto a qu; **jdm drei Euro ~**, dare a qu tre euro di resto, dare indietro tre euro a qu *fam* **4** *Verlag* (*veröffentlichen*) **etw** ~ {BUCH, WERK} pubblicare *qc*; (*edieren*) {BUCH, REIHE, WERK} curare l'edizione *di qc* ▐B▌ *itr* **1** (*Wechselgeld geben*) **jdm** ~ dare il resto *a qu*; **jdm falsch/[nicht richtig] ~**, sbagliare/sbagliarsi a dare il resto a qu; **jdm zu viel ~**, dare troppo di resto a qu; **ich kann Ihnen leider nicht ~**, purtroppo non posso darLe il resto; **jdm auf etw** (akk) ~ {AUF EINEN HUNDERTEUROSCHEIN} cambiare *qc* (*a qu*); **können Sie mir auf 100 Euro ~?**, può darmi il resto a 100 euro? *fam* **2** *fam* (**jdm**) ~ (*entsprechend antworten*) rispondere ˪per le rime˩/[a tono] (*a qu*).

Her|aus|geber *m* (**Her|aus|geberin** *f*) (Abk Hg., Hrsg.) **1** (+BUCH} curatore (-trice) *m* (*f*): **er ist der deutsche ~ der Gramsci-Gesamtausgabe**, è il curatore tedesco dell'opera omnia di Gramsci **2** (*Verleger*) editore (-trice) *m* (*f*); (+ZEITUNG} direttore (-trice) *m* (*f*).

her|aus|gegeben ▐A▌ *part perf von* herausgeben ▐B▌ *adj*: **~ von jdm/etw**, (*vom Verlag*) edito da *qc*; (*vom Herausgeber*) a cura di qu.

her|aus|gehen <irr> *itr* <sein> (**aus etw** dat) ~ **1** (*nach draußen gehen*) {AUS EINEM GEBÄUDE} uscire (fuori) (*da qc*): **beim Herausgehen**, uscendo **2** *fam* (*sich entfernen lassen*) {NAGEL AUS DER WAND} venir fuori (*da qc*), uscire (*da qc*); {FLECK AUS DEM ROCK} andare/venire via (*da qc*) *fam*, togliersi (*da qc*) ● **aus sich** (dat) **~** (*sich frei äußern*), aprirsi, sbottonarsi *fam*.

her|aus|greifen <irr> ▐A▌ *tr* **jdn/etw** ~ scegliere *qu/qc*, prendere *qu/qc*: **nur um ein Beispiel herauszugreifen**, tanto per fare/citare un esempio; **er griff einfach ein paar Schüler aus der Klasse heraus**, prese a caso alcuni allievi della classe ▐B▌ *rfl* **sich jdn/etw** (**aus etw** dat) ~ scegliersi *qu/qc* (*a caso*) (*fra qu*).

her|aus|gucken *itr fam* (**aus etw** dat) ~ **1** (*herausschauen*) guardare fuori (*da qc*): ˪aus dem˩/[zum] **Fenster ~**, guardare fuori dalla finestra **2** (*sichtbar sein*) {HEMD AUS DER HOSE} spuntare (fuori) *da qc*.

her|aus|haben <irr> *tr* **1** (*entfernt haben*) **etw** (**aus etw** dat) ~ {FLECK AUS DER HOSE, NAGEL AUS DER WAND} aver tolto/levato *qc* (*da qc*) **2** (*hinausgewiesen haben*) **jdn** ~ aver(e) allontanato *qu*, essersi sbarazzato *di qu*; **jdn** (**aus etw** dat) ~ aver(e) allontanato *qu* (*da qc*), aver buttato fuori *qu* (*da qc*) *fam*: **er wollte die Mieter aus der Wohnung ~, deshalb hat er die Miete erhöht**, voleva sbarazzarsi degli inquilini, per questo ha aumentato l'affitto **3** (*begriffen haben*) **etw** ~ {RÄTSEL, RECHENAUFGABE} essere riuscito a risolvere *qc*, aver(e) risolto *qc*; {NAMEN} aver(e) scoperto *qc*; {TRICK} *auch* aver(e) capito *qc*; {LÖSUNG, URSACHE} aver(e) trovato *qc*.

her|aus|halten <irr> ▐A▌ *tr* **1** **etw** (**aus etw** dat) ~ {GEGENSTAND, HAND, KOPF AUS DEM FAHRENDEN ZUG} tenere fuori *qc* (*da qc*) **2** (*keinen Zutritt gewähren*) **jdn/etw** (**aus etw** dat) ~ {HUND, KATZE AUS DEM HAUS} tenere fuori *qu/qc* (*da qc*), non far entrare *qu/qc* (*in qc*) **3** (*nicht miteinbeziehen*) **jdn/etw** (**aus etw** dat) ~ tenere fuori *qu/qc* (*da qc*) ▐B▌ *rfl* **sich** (**aus etw** dat) ~ {AUS EINEM KONFLIKT, STREIT, EINER SACHE} non immischiarsi (*in qc*), tenersi fuori (*da qc*), stare alla larga (*da qc*): **es ist besser, wenn du dich da heraushältst**, è meglio che te ne non t'immischi, è meglio che te ne stia/stai *fam* alla larga.

her|aus|hängen ▐A▌ *tr* <haben> **1** (*nach draußen hängen*) **etw** ~ appendere/mettere *fam* fuori *qc*: **die Wäsche ~**, stendere i panni/il bucato all'aperto **2** *fam* (*hervorkehren*): **etw ~ (lassen)** {DEN CHEF, DIREKTOR}, fare pesare di entere *qc*; {DEN MACHO} atteggiarsi a *qc* ▐B▌ *itr* <irr, haben oder südd A CH sein> **etw** (dat) ~ {FAHNEN AUS DEM FENSTER} essere esposto fuori (*da qc*); {HEMD AUS DER HOSE} uscire (fuori) *da qc*.

her|aus|hauen *tr* **1** **etw** (**aus etw** dat) ~ {STEIN AUS DEM FELSEN, DER MAUER} cavare/staccare *qc* (*da qc*) (picchiando); {FIGUR AUS DEM MARMORBLOCK} scolpire/ricavare *qc* da *qc*, scolpire *qc* (*in qc*) **2** *fam* (*aus einer Schwierigkeit helfen*) **jdn** (**aus etw** dat) ~ tirare fuori *qu* (*da qc*) *fam*.

her|aus|heben <irr> ▐A▌ *tr* **1** **etw** ~ ˪tirare fuori˩/[togliere] *qc* (sollevandolo) **2** (*betonen*) {ASPEKT, GESICHTSPUNKT} evidenziare *qc*, mettere in evidenza/risalto *qc*, dare risalto a *qc* ▐B▌ *rfl* **sich** (**durch etw** akk) ~ {PERSON} distinguersi (*per qc*), spiccare *per qc*, emergere (*per qc*).

her|aus|helfen <irr> *itr* **jdm** (**aus etw** dat) ~ {EINEM FAHRGAST AUS DEM AUTO, DEM ZUG} aiutare *qu* a scendere (*da qc*); {AUS DER JACKE, DEM MANTEL} aiutare *qu* a togliersi/levarsi *qc*; {AUS EINER SCHWIERIGEN SITUATION} aiutare *qu* a ˪uscire da˩/[superare] *qc*: **jdm aus einem finanziellen Engpass ~**, aiutare qu a superare una stretta economica.

her|aus|holen *tr* **1** **jdn/etw** (**aus etw** dat) ~ {MÖBEL, SACHEN AUS DEM BÜRO, EINEM ZIMMER} (tras)portare fuori *qu/qc* (*da qc*); {GEPÄCK, KISTE AUS DEM KOFFERRAUM, PERSON AUS EINEM AUTO, DEM BRENNENDEN HAUS, DEN TRÜMMERN, BÜCHER AUS DEM SCHRANK} tirare fuori *qu/qc* (*da qc*) **2** *fam* (*als Aussage bekommen*) **etw** (**aus jdm**) ~ {GEHEIMNIS, WAHRHEIT} far dire *qc* a *qu*, tirare fuori *qc* a *qu*, strappare *qc* a *qu* **3** *fam* (*verdienen*) **etw** (**bei jdm/etw**) ~ {BEI DEN GESCHÄFT, DEN VERHANDLUNGEN} strappare *qc* (*da qu/in qc*) *fam* **4** *fam sport* (*erzielen*) **etw** ~ {LÄUFER GUTES ERGEBNIS} ottenere *qc*, raggiungere *qc*; {EIN PAAR SEKUNDEN} guadagnare *qc*; {SIEG, EINEN GUTEN PLATZ} raggiungere *qc*.

her|aus|hören *tr* **etw** (**aus etw** dat) ~ **1** (*bemerken*) {JDS STIMME AUS DEM CHOR, DER MENGE} (potere) distinguere/sentire *fam qc* (*in qc*) **2** (*erkennen*) {ÄRGER, MISSBILLIGUNG, WUT AUS JDS STIMME, WORTEN} sentire *qc* (*in qc*), percepire *qc* (*in qc*), avvertire *qc* (*in qc*), intuire *qc* (*in qc*).

her|aus|kehren *tr* **jdn** ~ {DEN CHEF, DEN VÄTERLICHEN FREUND} far vedere di essere *qu*; **etw** ~ {BILDUNG, ÜBERLEGENHEIT, WISSEN} sfoggiare *qc*, sbandierare *qc*, ostentare *qc*.

her|aus|klamüsern <ohne ge-> *tr* → **aus|klamüsern**.

her|aus|klettern *itr* (**aus etw** dat) ~ uscire (fuori) *da qc* (arrampicandosi).

her|aus|klingeln *tr* **jdn** (*irgendwann*) ~: **jdn nachts/[mitten in der Nacht] aus dem Bett ~** (*jdn nachts aus dem Bett klingeln*), chiamare qu in piena notte, buttare giù *fam* qu dal letto telefonandogli in piena notte; (*jdn nachts aufsuchen und an der Tür klingeln*) suonare alla porta di qu in piena notte, buttare giù *fam* qu dal letto suonandogli in piena notte.

her|aus|kommen <irr> *itr* <sein> **1** (*nach draußen kommen*) (**aus etw** dat) ~ {PERSON AUS DEM HAUS, ZIMMER; RAUCH AUS DEM SCHORNSTEIN; WASSER AUS DEM WASSERHAHN} uscire *da qc*, venire fuori *da qc fam*; {BLUT AUS EINER WUNDE} *auch* fuor(i)uscire *da qc* **2** (*überwinden*) **aus etw** ~ {AUS DEN SCHULDEN, DEN SCHWIERIGKEITEN, EINER UNHALTBAREN SITUATION, DEN SORGEN} uscire *da qc*: **wie komme ich jetzt aus der Sache wieder heraus?**, e adesso come faccio ˪ad uscirne˩/[a venirne fuori]? **3** (*aufhören*): **aus etw** (dat) **nicht/kaum mehr ~**, non finire/smetterla *fam* più di fare *qc*; **aus dem Erzählen/Lachen/Weinen nicht mehr ~**, non finire/finirla *fam* più di raccontare/ridere/piangere; **aus dem Staunen nicht mehr ~**, non riaversi/riprendersi più dallo stupore **4** (*in Umlauf kommen*) (*irgendwo*) ~ {NEUES MODELL, NEUE VERSION AUF DEM MARKT} uscire (+ *compl di luogo*); {NEUES BUCH, NEUE ZEITSCHRIFT} *auch* essere/venire pubblicato (-a) (+ *compl di luogo*): **die Reihe kommt bei Zanichelli in Bologna heraus**, la collana è/viene pubblicata a Bologna dalla Zanichelli; **mit etw** (dat) ~ {FIRMA MIT NEUER PRODUKTLINIE, PRODUKTPALETTE} lanciare *qc*, uscire con *qc fam* **5** (*eingeführt werden*) (*irgendwo*) ~ {GESETZ, VERORDNUNG IN EINEM LAND} uscire (+ *compl di luogo*) **6** *fam* (*bekannt werden*) {BETRUG, SCHWINDEL, WAHRHEIT} venire fuori, venire a galla, saltare fuori *fam*: **und was machen wir, wenn die Sache herauskommt?**, e che facciamo se la cosa viene a galla?, e che facciamo se la cosa viene/salta fuori *fam*? **7** (*als Ergebnis haben*) **bei etw** (dat) ~: **bei der ganzen Aktion ist nichts herausgekommen**, tutta l'iniziativa non è servita a niente; **es kommt nichts dabei heraus**, da bei kommt nichts heraus, non se ne ricava nulla; **was, glaubst du, soll dabei schon ~?** (*was soll sich dabei ergeben?*), ˪che vuoi˩/[cosa credi] che ne venga fuori? **8** (*zur Sprache bringen*) **mit etw** (dat) ~ {MIT EINEM ANLIEGEN, VORSCHLAG, WUNSCH} uscirsene *con qc fam*, saltare fuori *con qc fam* **9** (*etw nicht mehr können*) **aus etw** (dat) ~ non avere più la mano *per qc*: **aus der Übung ~**, perdere l'esercizio; **aus dem Training ~**, essere fuori allenamento; **aus dem Rhythmus/Takt ~** (*nicht halten können*), perdere il ritmo/tempo **10 Karten** (**mit etw dat**) **~** – iniziare/aprire il gioco (*con qc*): **mit einem Ass ~**, uscire d'asso *fam* **11** (*zur Geltung kommen*) {FARBE, MUSTER} risaltare ● **aus etw** (dat) **~** (*ablegen können*) {AUS DEM OPERATIONSKITTEL, DER UNIFORM}, riuscire a togliersi qc; **das kommt** ⌞**aufs** *Gleiche*⌟/[**auf eins/dasselbe**] **heraus**, è/fa lo stesso, il risultato è sempre quello, è la stessa cosa; **ganz groß ~** {KÜNSTLER, SÄNGER}, avere un gran successo, spopolare.

heraus|können itr **1** (**aus etw** dat) **~** {AUS EINEM GEBÄUDE, HAUS} potere/[riuscire ad] uscire (fuori) (*da qc*) **2** {AUS EINER SCHWIERIGEN LAGE} potere uscire *da qc* **2 Karten** (*ablegen können*) poter scartare.

heraus|kriechen <irr> itr <sein> (**aus etw** dat) **~** {TIER AUS DEM BAU, VERSCHLAG} uscire (strisciando) (*da qc*), strisciare/scivolare fuori (*da qc*).

heraus|kriegen tr *fam* → **heraus|bekommen**.

heraus|kristallisieren <ohne ge-> **A** tr **1** *chem* **etw ~** ottenere qc sotto forma cristallina **2** (*herausarbeiten*) **etw** (**aus etw** dat) **~** {DIE HAUPTTHESEN AUS EINER DOKTORARBEIT} enucleare qc (*da qc*) **B** rfl **sich ~ 1** *chem* cristallizzarsi **2** (*sich erweisen*, *entstehen*) {BILD DER LAGE} (venire a) delinearsi.

heraus|lassen <irr> tr **jdn/etw** (**aus etw** dat) **~** {AUS DEM HAUS} lasciare uscire (fuori) *qu/qc* (*da qc*); (*willentlich*) far uscire (fuori) *qu/qc* (*da qc*).

heraus|laufen <irr> itr <sein> (**aus etw** dat) **~ 1** (*herausgehen*) {AUS DEM HAUS} uscire (correndo) (*da qc*) **2** (*herausfließen*) {FLÜSSIGKEIT AUS DEM BEHÄLTER} uscire *da qc*; {BLUT AUS DER WUNDE} *auch* fuor(i)uscire *da qc* **3** *sport* **etw ~** {EINE GUTE ZEIT} ottenere qc, conseguire qc.

heraus|legen tr (**jdm**) **etw ~** {PAPIERE, UNTERLAGEN, WÄSCHE} preparare qc (*a qu*), tirare fuori qc (*a qu*) *fam*.

heraus|lesen <irr> tr **etw** (**aus etw** dat) **~** {MISSGUNST, VERZWEIFLUNG AUS JDS WORTEN} avvertire qc (*in qc*), percepire qc (*in qc*), notare qc (*in qc*).

heraus|locken tr **1** (*zum Hervorkommen bewegen*) **jdn/etw** (**aus etw** dat) **~** {BEUTE, TIER AUS DEM BAU} attirare fuori *qu/qc* (*da qc*), snidare *qu/qc* (*da qc*) **2** (*entlocken*) **etw** (**aus jdm**) **~** {GEHEIMNIS} carpire qc a *qu geh*, strappare qc *a qu*.

heraus|lügen <irr> rfl **sich** (**aus etw** dat) **~** difendersi (*da qc*) a furia di bugie.

heraus|machen *fam* **A** tr **etw** (**aus etw** dat) **~** {FLECK AUS DER HOSE, TEXTPASSAGE AUS DEM MANUSKRIPT} togliere qc (*da qc*), levare qc (*da qc*) **B** rfl **sich ~ 1** (*sich entwickeln*) {PERSON} crescere/[venir(e) su] bene: **sie hat sich prächtig herausgemacht**, si è fatta uno schianto *fam* **2** (*sich erholen*) rimettersi.

heraus|müssen itr **1** (*entfernt werden*) (**aus etw** dat) **~** dover uscire (fuori) *da qc* : {TEXTPASSAGE AUS DEM MANUSKRIPT} dover(e) essere tolto *da qc*: **die Szene muss da heraus** *film TV*, quella scena va tolta/tagliata **2** (*aufstehen*) (dover) alzarsi: **seit ich Kinder habe, muss ich jeden Morgen früh heraus**, da quando ho i bambini devo alzarmi presto tutte le mattine ● **es muss heraus** *fam* (*es muss gesagt werden*), (questo) va detto!

heraus|nehmbar adj {INNENTEIL} estraibile.

heraus|nehmen <irr> tr **A 1** (*aus dem Inneren holen*) **etw** (**aus etw** dat) **~** {GEGENSTAND AUS DER KISTE, DEM SCHRANK} prendere qc (*da qc*), tirare fuori qc (*da qc*) *fam* **2** (*operativ entfernen*) **jdm etw ~** {BLINDDARM, MANDELN} asportare qc/togliere qc *a qu* **3** (*entfernen*) **jdn aus etw** (dat) **~** {AUS DEM INTERNAT, DER SCHULE} togliere qu *da qc* **B** rfl **sich** (dat) (**jdm gegenüber**) **etw ~** permettersi qc (*nei confronti di qu*): **sich das Recht ~**, **etw zu tun**, arrogarsi il diritto di fare qc; **sich** (dat) **zu viele Freiheiten** (**jdm gegenüber**) **~**, prendersi ⌞troppe libertà⌟/[troppa confidenza] (con qu); **sich** (dat) (**jdm gegenüber**) **zu viel ~**, permettersi troppo (con qu).

heraus|pauken tr *fam* **jdn ~** trarre d'impaccio *qu*, tirare fuori dalle peste *qu fam*.

heraus|picken tr **etw** (**aus etw** dat) **~**, scegliere qc (*da qc*); {DIE BESTEN STÜCKE AUS DEM ESSEN} piluccare qc (*da qc*).

heraus|platzen itr *fam* **1** (*loslachen*) scoppiare a ridere *fam*, prorompere in una fragorosa risata *geh* **2** (*überraschend mitteilen*) (**mit etw** dat) **~** {MIT EINER BEMERKUNG, FRAGE, NACHRICHT} uscirsene con qc *fam*, venire/saltare fuori con qc.

heraus|pressen tr **1 etw** (**aus etw** dat) **~** {SAFT AUS DER ZITRONE} spremere (fuori) qc (*da qc*) **2** (*jdn zu etw zwingen*) **etw** (**aus jdm**) **~** {GESTÄNDNIS} estorcere qc (*a qu*).

heraus|putzen **A** tr **jdn/etw ~** {MUTTER KIND} fare bello (-a) *qu*, agghindare *qu*; {BÜRGER DORF, STRAßE} addobbare qc **B** rfl **sich ~** farsi bello (-a), agghindarsi.

heraus|quellen <irr> itr <sein> *geh* (**aus etw** dat) **~** {BLUT AUS DER WUNDE} uscire *da qc fam*; {WASSER AUS DER ERDE} *auch* sgorgare *da qc*.

heraus|ragen itr *geh* **1** (*hervorstehen*) (**aus etw** dat) **~** sporgere (*da qc*); (*weit in die Höhe*) (**über etw** dat) **~** ergersi *su qc*, svettare *su qc* **2** (*besser sein*) (**über jdn** pl/**aus etw** dat) **~** {PERSON AUS DER MENGE; WISSENSCHAFTLER ÜBER ANDERE WISSENSCHAFTLER} distinguersi (*fra qu/qc*), emergere (*fra qu/qc*).

herausragend adj {AUTOR, KÜNSTLER, PERSÖNLICHKEIT, SCHRIFTSTELLER} eccellente, di spicco, eccezionale: **eine Entdeckung von ~er Bedeutung**, una scoperta di eccezionale/straordinaria importanza.

heraus|reden rfl *fam* **sich ~** accampare scuse/pretesti, trovare delle scuse: **versuchen, sich** ⌞**mit etw** (dat)⌟/[**auf etw** (akk)] **~**, cercare di difendersi/cavarsela *fam* con la scusa di qc; **sie hat sich auf ihre schlechte Gesundheit herausgeredet**, ha trovato la scusa della salute cagionevole; **zuerst wollte er sich aus der Sache ~, aber dann ...**, prima ha cercato di difendersi accampando delle scuse, ma poi ...

heraus|reißen <irr> **A** tr **1 etw** (**aus etw** dat) **~** {SEITE AUS DEM BUCH} strappare qc (*da qc*) **2 jdn** (**aus etw** dat) **~** {PERSON AUS DER ARBEIT, DEN GEDANKEN, DEN TRÄUMEN} strappare *qu a qc*; {PERSON AUS DER GEWOHNTEN UMGEBUNG} *auch* sradicare *qu da qc*: **jdn aus dem Schlaf ~**, buttare qu giù dal letto **3** *fam* (*retten*) **jdn ~** {AUSSAGE ANGEKLAGTEN} salvare *qu*, tirare fuori *qu* (dai guai) *fam* **4** *fam* (*wettmachen*) **etw ~** salvare qc **B** rfl **sich** (dat) **etw ~** {HAARE} strapparsi qc.

heraus|rennen <irr> itr <sein> (**aus etw** dat) **~** {AUS DEM HAUS} correre fuori (*da qc*): **herausgerannt kommen**, uscire correndo/[di corsa].

heraus|rinnen <irr> itr <sein> *geh* (**aus etw** dat) **~** {BLUT, WASSER} scorrere *da qc*.

heraus|rücken **A** tr <haben> **1** (*verschieben*) **etw** (**irgendwohin**) **~** {MÖBEL, STUHL} mettere fuori qc (+ compl di luogo) **2** *fam* (*aushändigen*) **etw ~** {BEUTE, GEGENSTAND} mollare qc *fam*; {GELD} tirare fuori qc *fam*, sganciare qc *fam*: **1000 Euro ~**, sganciare/sborsare 1000 euro; **etw wieder ~**, dare indietro qc, restituire qc **B** itr <sein> *fam* **mit etw** (dat) **~** {MIT DEM GELD, TAUSEND EURO} tirare fuori qc *fam*, sganciare qc *fam*, mollare qc *fam*; {MIT EINEM PLAN, VORSCHLAG, WUNSCH} uscirsene con qc.

heraus|rufen <irr> tr **1 etw** (**irgendwo**) **~** (*in Richtung des Sprechenden*) gridare qc (+ *compl di luogo*): **etw** ⌞**aus dem Wagenfenster**⌟/[**zur Tür**]/[**aus dem/zum Fenster**] **~**, gridare qc (fuori) ⌞dal finestrino⌟/[dalla porta]/[dalla finestra] **2** (*bitten herzukommen*) **jdn** (**aus etw** dat) **~** {AUS DEM OPERATIONSSAAL, DER SITZUNG, DEM STUDIO} far uscire *qu* (*da qc*): **die Sopranistin wurde viermal herausgerufen** *theat*, il soprano ha avuto quattro chiamate.

heraus|rutschen itr <sein> **1** (**aus etw** dat) **~** {GEGENSTAND AUS DER TASCHE} scivolare (fuori) (*da qc*) **2** (*ungewollt entschlüpfen*) **jdm ~** {BEMERKUNG, WORT} scappare (di bocca) *a qu*, sfuggire *a qu*: **das ist mir** ⌞**gerade so**⌟/[**aus Versehen**] **herausgerutscht!**, mi è scappato!

heraus|schaffen tr (*in Richtung des Sprechenden*) **etw** (**aus etw** dat) (**irgendwohin**) **~** portare qc fuori (*da qc*) (+ *compl di luogo*).

heraus|schälen **A** itr **etw** (**mit etw** dat) **~** estrarre qc (*con qc*), togliere qc (*con qc*) **B** rfl (*sich herausstellen*) **sich** (**aus etw** dat) **~** {BILD, PROBLEM, PUNKT} (venire a) delinearsi (*da qc*); (*seine Kleider ablegen*) liberarsi dei vestiti, togliersi i vestiti.

heraus|schauen itr → **heraus|gucken**.

heraus|schieben <irr> tr **etw** (**aus etw** dat) **~** spingere fuori qc (*da qc*).

heraus|schinden <irr> tr *fam* **etw** (**bei etw** dat) **~** {GELD, VORTEIL, ZEIT BEI VERHANDLUNGEN} strappare qc (*da qc*).

heraus|schlagen <irr> **A** tr <haben> **1** (*entfernen*) **etw ~** {WAND} abbattere qc, buttare giù qc; **etw** (**aus etw** dat) **~** {STEIN AUS DER MAUER} cavare qc (*da qc*) (picchiando) **2** *fam* (*gewinnen*) **etw** (**bei etw** dat) **~** {MEHR GELD BEI VERHANDLUNGEN} strappare qc (*da qc*) **B** itr <sein> **aus/zu etw** (dat) **~** {FLAMMEN ZUM DACH} divampare *da qc*, uscire (fuori) *da qc fam*.

heraus|schleichen <irr> rfl **sich** (**aus etw** dat) **~** sgusciare fuori (*da qc*), scivolare fuori (*da qc*), uscire di soppiatto (*da qc*), sgattaiolare fuori (*da qc*).

heraus|schmecken tr **etw** (**aus etw** dat) **~** {KNOBLAUCH, PAPRIKA AUS DEM ESSEN} sentire il sapore/gusto di qc (*in qc*).

heraus|schmeißen tr *fam* → **heraus|werfen**.

heraus|schmuggeln tr **etw** (**aus etw** dat) **~** {WAFFEN AUS EINEM LAND} portare fuori *fam* di contrabbando qc *fam*; **jdn/etw** (**aus etw** dat) **~** {PERSONEN} far uscire clandestinamente *qu/qc* (*da qc*); {INFORMATIONEN} far uscire qc (di nascosto) (*da qc*).

heraus|schneiden <irr> tr **1 etw** (**aus etw** dat) **~** {ARTIKEL, BILD AUS EINER ZEITSCHRIFT} ritagliare qc (*da qc*); {PASSUS AUS EINER AUFNAHME, SZENE AUS EINEM FILM} tagliare qc (*da qc*) **2** *fam med* (**jdm**) **etw ~** {GESCHWULST, TUMOR} togliere qc (*a qu*), asportare qc (*a qu*) *fam*.

heraus|schrauben tr **etw** (**aus etw** dat) **~** {GLÜHBIRNE AUS DER FASSUNG} svitare qc (*da qc*).

heraus|schreiben <irr> rfl **sich** (dat) **etw ~** {TEXTSTELLE} scriversi qc, segnarsi qc, appuntarsi qc, prendere nota *di qc*, annotarsi qc.

heraus|schreien <irr> tr **etw ~** {ANGST, VERZWEIFLUNG, WUT} gridare qc.

heraus|sein a.R. *von* heraus sein → **sein**②.
heraus|springen <irr> itr <sein> **1** (*aus etw* dat) ~ {AUS DEM FENSTER} saltare fuori (*da qc*); **aus dem fahrenden Zug ~**, saltare giù dal treno in corsa **2** *fam* (*als Gewinn entstehen*) **bei etw** (dat) ~ venire fuori *da qc*, saltare fuori *da qc*: **wie viel springt bei dem Geschäft für mich heraus?**, quanto me ne viene in tasca da questo affare? *fam*; **für mich springt nicht viel heraus**, non è che ci guadagni (un) granché.
heraus|spritzen itr <sein> (*aus etw* dat) ~ schizzare/sprizzare (fuori) (*da qc*).
heraus|sprudeln itr → **hervor|sprudeln**.
heraus|stechen <irr> itr (FARBE, MUSTER, TITEL) risaltare, spiccare; {PERSÖNLICHKEIT, SCHÜLER} emergere.
heraus|stehen <irr> itr <haben oder süddt A CH sein> (*aus etw* dat) ~ sporgere (*da qc*).
heraus|steigen <irr> itr <sein> (*aus etw* dat) ~ uscire (*da qc*), venire fuori (*da qc*) *fam*; {AUS DEM AUTO, DEM BUS, DER U-BAHN, DEM ZUG} scendere (*da qc*).
heraus|stellen A tr **1** (*nach draußen stellen*) *etw* (*irgendwohin*) ~ (*in Richtung des Sprechenden*) {MÖBEL AUS DEM ZIMMER, IN DEN GARTEN} mettere fuori *qc* (+ *compl di luogo*) **2** (*hervorheben*) *etw* ~ {JDS EIGENSCHAFTEN, ERFOLGE, VERDIENSTE} sottolineare *qc*, mettere in risalto/luce *qc*; {EINZELHEIT} *auch* evidenziare *qc*: **etw klar und deutlich** ~, mettere *qc* bene in chiaro, chiarire *qc* B rfl **1** (*sich ergeben*) **sich** (**bei etw** dat) ~ risultare (*da qc*), venire/saltare fuori (*da qc*) *fam*: **... und jetzt stellt sich endlich heraus, dass ...**, e adesso finalmente ₍si viene a sapere₎/[viene/salta fuori *fam*] che ...; **es hat sich herausgestellt, dass ...**, è risultato che ..., è venuto/saltato fuori *fam* che ...; **bei den Untersuchungen hat sich herausgestellt, dass ...**, dagli accertamenti è risultato/emerso che ..., gli accertamenti hanno evidenziato che ...; **es hat sich noch nicht herausgestellt, ob/wer ...**, non è ancora stato accertato/stabilito, se/chi ... *konjv*; **es wird sich ..., wer Recht hat**, si scoprirà/vedrà *fam* chi ha ragione; **das wird sich noch** ~, questo è ancora da vedere; **wann wird sich das ~?**, quando lo ₍si saprà₎/[sapremo]? **2** (*sich zeigen*) **sich als etw** (nom)/*irgendwie* ~ {MITTEILUNG ALS FALSCH} rivelarsi *qc*/+ *adj*: **die ganze Aktion hat sich als totaler Bluff herausgestellt**, l'intera impresa si è rivelata un bluff clamoroso/colossale; **der Verdacht hat sich als richtig herausgestellt**, il sospetto si è rivelato esatto.
heraus|stoßen <irr> itr *jdn/etw* (*aus etw* dat) ~ spingere fuori *qu/qc* (*da qc*).
heraus|strecken <irr> tr *etw* (*irgendwohin*) ~ (*in Richtung des Sprechenden*) {ARM, KOPF AUS DEM WASSER} sporgere/mettere *qc* fuori *da qc*: **den Kopf zur Tür ~**, affacciarsi (con la testa) alla porta, fare capolino alla porta; **den Kopf zum Fenster ~**, affacciarsi alla finestra.
heraus|streichen <irr> tr **1** (*wegstreichen*) *etw* (*aus etw* dat) ~ {SZENE AUS DEM FILM, TEXTSTELLE AUS DEM MANUSKRIPT} cancellare *qc* (*da qc*) **2** (*hervorheben*) *etw* ~ {GUTE EIGENSCHAFTEN, ERFOLGE, TATEN} vantare *qc*, elogiare *qc*; {SEINE EIGENEN TATEN} vantarsi di *qc*.
heraus|strömen itr <sein> (*aus etw* dat) ~ **1** (*entweichen*) {GAS, LUFT, WASSER} fuor(i)uscire (*da qc*) **2** (*in großer Anzahl herauskommen*) {MENSCHENMENGE, PERSONEN AUS DEM THEATER} affluire (*da qc*), sciamare (fuori) *da qc geh*; {PERSONEN} *auch* uscire in massa (*da qc*).

heraus|stürzen itr <sein> (*aus etw* dat) ~ (*in Richtung des Sprechenden*) {PERSON AUS DEM ZIMMER} precipitarsi fuori (*da qc*): **aus dem₁/[zum] Fenster ~**, precipitarsi dalla finestra.
heraus|suchen A tr **1** (*auswählen*) *etw* (*für jdn*/*etw*) ~ {GESCHENK FÜR DEN VATER} scegliere *qc* (*per qu*) **2** (*schauen, wo etw ist*) *etw* (*irgendwo*) ~ {AKTE AUS DEM STAPEL, ARTIKEL AUS DER ZEITUNG, ÜBERSETZUNG, ZITAT AUS DEM WÖRTERBUCH} (andare a) cercare *qc* (+ *compl di luogo*) B rfl sich (dat) *jdn/etw* ~ (andare a) scegliere/scegliersi *qu/qc*: **such dir was Schönes heraus**, scegli qualcosa di bello; **das kannst du dir selber ~**, lo puoi scegliere tu, puoi sceglierttelo tu.
heraus|tragen <irr> tr *etw* (*aus etw* dat) ~ portare fuori *qc* (*da qc*).
heraus|trennen tr *etw* (*aus etw* dat) ~ {COUPON AUS EINEM KATALOG, EINER SEITE} staccare *qc* (*da qc*).
heraus|treten <irr> itr <sein> geh (*aus etw* dat) ~ (*in Richtung des Sprechenden*) {AUS DEM HAUS} uscire/[venire fuori *fam*] (*da qc*): **ein Mann trat aus der Menge heraus**, dalla folla si fece avanti un uomo, un uomo uscì dalla folla.
heraus|tun <irr> tr *fam etw* (*aus etw* dat) ~ **1** (*herausnehmen*) {GEPÄCK AUS DEM KOFFERRAUM, MANTEL AUS VOLLEM KOFFER, DER REISETASCHE, WÄSCHE AUS DER SCHUBLADE} tirare fuori *qc* (*da qc*); {AUTO AUS DER GARAGE, MÖBEL AUS DEM ZIMMER} portare fuori *qc* (*da qc*) **2** (*nicht nehmen*) {SATZ, TEXTPASSAGE AUS DEM MANUSKRIPT} togliere *qc* (*da qc*), tagliare *qc* (*da qc*).
heraus|wachsen <irr> itr <sein> **1** *biol bot* {BLATT, FINGERNAGEL, TRIEB} crescere **2** (*nicht mehr passen*) **aus etw** (dat) ~ {PERSON AUS DER HOSE, DEM ROCK} crescere tanto da non stare più in *qc*.
heraus|wagen rfl sich (*aus etw* dat) ~ osare/[avere il coraggio di] uscire (*da qc*), arrischiarsi a uscire *fam* (*da qc*).
heraus|waschen <irr> tr *etw* (*aus etw* dat) ~ {DRECK, FLECK AUS DER HOSE} lavare via *qc* (*da qc*), togliere *qc* (*da qc*).
heraus|werfen <irr> tr *etw* (*aus etw* dat) ~ (*in Richtung des Sprechenden*) {GEGENSTAND AUS DEM FENSTER} gettare/buttare *fam* fuori *qc* (*da qc*).
heraus|winden <irr> rfl sich (*aus etw* dat) ~ **1** (*sich mühsam befreien*) {TIER AUS EINEM LOCH, EINER ENGEN ÖFFNUNG} sgusciare (fuori) (*da qc*); {PERSON AUS EINEM ENGEN KLEID} svincolarsi (*da qc*), liberarsi a fatica *da qc* **2** (*zurechtkommen*) {PERSON AUS EINER PEINLICHEN, UNANGENEHMEN SITUATION} districarsi (*da qc*), trarsi d'impaccio (*da qc*) *geh*, tirarsi fuori *da qc fam*.
heraus|winken <irr> tr *jdn/etw* ~ (*aus etw* dat) ~ {ZOLLBEAMTER WAGEN} far segno a *qu/qc* di uscire da una colonna; {WAGEN AUS EINER PARKLÜCKE} aiutare *qu/qc* a ₍fare manovra₎/[uscire da *qc*].
heraus|wollen itr (*aus etw* dat) ~ (*in Richtung des Sprechenden*) {PERSON AUS DEM GEFÄNGNIS; TIER AUS DEM KÄFIG} volere uscire (*da qc*) • **mit etw** (dat) **nicht recht ~** {MIT EINEM ANLIEGEN, DER WAHRHEIT}, non voler tirare fuori *qc fam*, non volersi sbilanciare dicendo *qc*.
heraus|zerren tr *jdn/etw* (*aus etw* dat) ~ {AUS DEM BRENNENDEN HAUS} trascinare fuori *qu/qc* (*da qc*).
herausziehbar adj estraibile.
heraus|ziehen <irr> A tr <haben> *jdn/etw* (*aus etw* dat) ~ tirare fuori *qu/qc* (*da qc*); {PISTOLE AUS DER HOSENTASCHE, STECKER AUS DER STECKDOSE} *auch* estrarre *qc* (*da qc*);

{ZAHN} tirare *qc fam*, estrarre *qc*: **die Schublade ~**, aprire il cassetto B itr <sein> (*in Richtung des Sprechenden*: umsiedeln) trasferirsi: **von der Stadt aufs Land ~**, trasferirsi dalla città in campagna, lasciare la città per andare ₍ad abitare₎/[a vivere] in campagna.
herb A adj **1** (*scharf-würzig*) {GESCHMACK} aspro; {GERUCH} *auch* acre; {WEIN} secco **2** (*schmerzlich*) {ENTTÄUSCHUNG} amaro, cocente; {SCHICKSAL} duro, amaro; {VERLUST} doloroso **3** (*streng*) {CHARAKTER, GESICHT, SCHÖNHEIT, ZÜGE} austero; {KRITIK, WORTE} aspro, duro; {PERSON}, avere modi aspri. B adv: ~ **duften, riechen**, avere un odore aspro; ~ **schmecken**, avere un sapore aspro; ~ **enttäuscht werden**, subire un'amara delusione.
Herbarium <-s, *Herbarien*> n erbario m.
herbei adv *geh* qui, qua.
herbei|eilen itr <sein> *geh* accorrere: **er eilte rasch herbei, um den Verletzten zu helfen**, accorse immediatamente in soccorso dei feriti.
herbei|führen tr *etw* ~ **1** (*etw Positives bewirken*) {EINIGUNG, KOMPROMISS} raggiungere *qc*, addivenire a *qc geh*; {VERÄNDERUNG, WENDE} portare a *qc*, condurre a *qc*: **eine Entscheidung ~** {PERSON}, giungere/arrivare a una decisione; {JDS EINGREIFEN, VERHALTEN} portare a una decisione **2** (*etw Negatives bewirken*) {TOD, UNFALL} causare *qc*, provocare *qc*.
herbei|holen tr *geh* → **her|holen**.
herbei|lassen <irr> rfl *geh* **sich zu etw** (dat) ~ {ZU EINEM KOMPROMISS} scendere a *qc*: **sich ~, etw zu tun**, degnarsi di fare *qc*.
herbei|reden tr ~ {PROBLEME, UNGLÜCK} far nascere *qc* a forza/furia di parlarne: **ein Unglück ~**, fare l'uccello del malaugurio.
herbei|rufen <irr> tr *geh* → **her|rufen**.
herbei|schaffen tr *geh* → **her|schaffen**.
herbei|sehnen tr *jdn* ~ ₍desiderare (ardentemente)₎/[bramare] (la presenza di) *qu*; *etw* ~ desiderare ardentemente *qc*, bramare *qc*.
herbei|strömen itr <sein> {BESUCHER, PUBLIKUM} affluire.
herbei|stürzen itr <sein> → **herbei|eilen**.
herbei|winken tr *geh* → **her|winken**.
her|bekommen <irr, ohne ge-> tr *fam jdn/ etw* ~ {ARTIKEL, MITARBEITER} (andare a) trovare *qu/qc*: **wo soll ich denn das ~?**, e dove lo vado a trovare/pescare? *fam*.
her|bemühen <ohne ge-> A tr *jdn* ~ scomodare *qu*, far venire *qu*, chiedere a *qu* di venire B rfl **sich** (**zu jdm**) ~ incomodarsi/scomodarsi a venire (*da qu*).
her|beordern tr → **her|bestellen**.
Herberge <-, -n> f *obs* **1** *meist sing* (*Unterkunft*) alloggio m **2** (*Gasthaus*) locanda f.
Herbergsvater m (**Herbergsmutter** f) "gestore (-trice) m (f) di un ostello della gioventù".
Herbert m (*Vorname*) Eriberto, Ariberto.
her|bestellen <ohne ge-> tr *jdn/etw* (**zu jdm**) ~ {SCHÜLER ZUM DIREKTOR, TAXI ZUM KRANKEN} convocare *qu* (*da qu*), far venire *qu/qc* qua/qui (*da qu*).
her|beten tr *etw* ~ snocciolare *qc*, dire/recitare *qc* macchinalmente.
Herbheit f **1** (*Herbsein*) {+GERUCH, GESCHMACK} asprezza f; {+WEIN} gusto m secco **2** (*Schmerzlichkeit*) {+ENTTÄUSCHUNG} amarezza f; {+SCHICKSAL} *auch* durezza f; {+VERLUST} dolorosità f **3** (*Strenge*) {+GESICHT, SCHÖNHEIT, ZÜGE} austerità f; {+CHARAKTER,

auch asprezza f; {+KRITIK, WORTE} asprezza f, durezza f..

her|bitten <irr> tr jdn ~ pregare qu di venire (qua/qui).

Herbizid <-(e)s, -e> n erbicida m.

her|blicken itr → **her|sehen**.

her|bringen <irr> tr *fam* (jdm) jdn/etw ~ portare qu/qc qui/qua (a qu): jdn/etw ~ **lassen**, far(e) portare qua/qui qu/qc.

Herbst <-(e)s, -e> m autunno m: **im ~**, in autunno, d'autunno ● **der ~ des Lebens**, l'autunno della vita.

Herbstanfang m inizio m/principio m dell'autunno.

Herbstblume f fiore m autunnale/[d'autunno].

herbsten unpers: **es herbstet**, diventa/[si fa] autunno, arriva l'autunno.

Herbstfarben subst <nur pl> colori m pl autunnali/[dell'autunno].

Herbstferien subst <nur pl> vacanze f pl/ ferie f pl scolastiche autunnali.

Herbstkollektion f collezione f autunnale.

Herbstlaub n fogliame m autunnale, foglie f pl d'autunno.

herbstlich **A** adj {FARBEN, JAHRESZEIT, WETTER} autunnale: **es wird ~**, arriva l'autunno **B** adv: **sich ~ färben**, assumere i colori dell'autunno.

Herbstmonat m mese m autunnale.

Herbstnebel m nebbia f/bruma f *lit* autunnale.

Herbstsonne f sole m autunnale/[d'autunno].

Herbsttag m giorno m/giornata f d'autunno.

Herbstwetter n tempo m autunnale/ [d'autunno].

Herbstzeitlose <-, -n> f *bot* colchico m (autunnale), freddolina f, zafferano m bastardo.

Herculaneum <-s, ohne pl> n *geog* Ercolano f.

Herd <-(e)s, -e> m **1** (*Kochherd*) cucina f; (*Elektrogerät*) cucina f elettrica, fornelli m pl elettrici; (*mit Gas betrieben*) cucina f/fornelli m pl a gas: **den ~ anzünden/anmachen** *fam*, accendere i fornelli/il gas; **den Topf auf den ~ stellen**, mettere la pentola sul fuoco, mettere su la pentola *fam*; **den Topf vom ~ nehmen**, togliere la pentola dal fuoco; **gerade das Essen auf dem ~ haben**, avere il mangiare sul fuoco *fam*; **den ganzen Morgen am ~ stehen** (*den ganzen Morgen kochen*), stare tutta la mattina ai fornelli **2** (*Ausgangspunkt, Entstehungsort*) {+AUFRUHR, SEUCHE} focolaio m ● **an heimischen/häuslichen ~**, fra le mura domestiche; **eigener ~ ist Goldes wert** *prov*, casa mia, casa mia, per piccina che tu sia, tu mi sembri una badia *prov*.

Herde <-, -n> f **1** *zoo* ~ (*einer S.* gen pl) {+BÜFFEL, RINDER} mandria f (*di qc*); {+ELEFANTEN} branco m (*di qc*); {+SCHAFE, ZIEGEN} gregge m (*di qc*): **in ~n leben**, vivere in mandrie/branchi/greggi; **die ~ hüten** {SCHAFHIRT}, pascere/pascolare il gregge **2** *pej* (*Gruppe willenloser Menschen*) gregge m, branco m **3** *relig* (*das Gottesvolk*) gregge m ● **der ~ folgen** *pej*, seguire il gregge/branco; **in der ~ mitlaufen** *pej*, mettersi nel branco.

Herdenmensch m *pej* (*unselbstständiger Mensch*) pecorone (-a) m (f).

Herdentier n **1** *zoo* animale m gregario **2** *pej* (*unselbstständiger Mensch*) pecorone (-a) m (f).

Herdentrieb m gregarismo m, istinto m gregario.

Herdplatte f {+ELEKTROHERD} piastra f della cucina elettrica; {+KOHLEHERD} piastra f della cucina economica.

her|dürfen <irr> itr (**zu jdm**) ~ poter(e)/ [avere il permesso di] venire qua/qui (*da qu*).

her|eilen itr <sein> *lit* → **herbei|eilen**.

herein adv dentro: **hier ~, bitte!**, per di qua!; (*oft in elliptischen Sätzen*): **immer nur ~!**, entrate, entrate pure!; **los, schnell** [ZUR TÜR]/[ZUM FENSTER] ~!, presto, entra/entrate dalla porta/finestra! ● **~!** (*Erlaubnis, den Raum zu betreten*), avanti!

herein|begleiten itr (*in Richtung des Sprechenden*) jdn ~ accompagnare dentro qu.

herein|bekommen <irr, ohne ge-> tr *etw* ~ **1** *com* arrivare: **jd bekommt etw (irgendwo) herein** {ARTIKEL, ERSATZTEIL, WARE INS WARENLAGER}, qc arriva a qu (+ *compl di luogo*) **2** *radio TV* {PROGRAMM, SENDER} (riuscire a) ricevere/prendere *fam qc*.

herein|bemühen <ohne ge-> **A** tr (*in Richtung des Sprechenden*) jdn ~ far entrare qu, fare accomodare (dentro) qu, chiedere a qu di entrare/[venire dentro]; (*in negativem Sinn*) scomodare qu (facendolo entrare) **B** rfl **sich ~** accomodarsi (dentro), (essere così gentile da) entrare; (*in negativem Sinn*) scomodarsi a entrare.

herein|bitten <irr> tr jdn ~ far entrare qu.

herein|blicken itr → **herein|sehen**.

herein|brechen <irr> itr <sein> **1** (*sich ergießen*) **über jdn/etw** ~ {FLUT, WASSER, WELLEN} investire qu/qc, riversarsi *su qu/qc* **2** *geh* (*sich plötzlich ereignen*) **über jdn/etw** ~ {KATASTROPHE, KRIEG, UNGLÜCK} abbattersi *su qu/qc*, colpire qu/qc **3** *lit* {NACHT} calare: **der Abend bricht herein**, scende la sera.

herein|bringen <irr> tr jdn/etw (**in etw** akk) ~ {GEGENSTAND, KRANKEN} portare dentro qu/qc (*a qc*): **etw mit ~**, portarli dentro qc.

herein|drängen itr (*in Richtung des Sprechenden*) spingere per entrare: **die Menge drängte zur Tür herein**, la folla [premeva all'ingresso]/[si accalcava alla porta].

herein|dringen <irr> itr <sein> (*in Richtung des Sprechenden*) penetrare.

herein|dürfen <irr> itr (*in Richtung des Sprechenden*) (**in etw** akk/**zu jdm**) ~ potere entrare (*in qc/da qu*) ● **wir dürfen hier nicht herein** (*auf Schildern: auf Hunde bezogen*), noi non possiamo entrare.

Hereinfall m → **Reinfall**.

herein|fallen <irr> itr <sein> **1** (*nach innen fallen: in Richtung des Sprechenden*) (**in etw** akk) ~ {GEGENSTAND IN EINE KISTE; PERSON IN EINE GRUBE} cadere/cascare dentro (*qc*); {LICHT IN DAS ZIMMER} entrare *in qc* **2** *fam* (*betrogen werden*) cascarci *fam*; **auf jdn/etw** ~ farsi imbrogliare *da qu/qc*, lasciarsi abbindolare *da qu/qc*, farsi raggirare *da qu/qc*, farsi fregare *da qu/qc fam*: **auf den Betrug/ Schwindel ~**, farsi imbrogliare/bidonare *slang*/fregare *fam*; **darauf fällt jeder herein**, ci cascano tutti; **jdn ~ lassen**, imbrogliare qu, fregare qu *fam* **3** (*eine schlechte Wahl treffen*) (**mit jdm/etw**) ~ {MIT EINEM GERÄT, KLEIDUNGSSTÜCK, MITARBEITER} prendere/ prendersi una fregatura *da qu/con qc fam*: **hereingefallen sein**, essere rimasto imbrogliato/fregato *fam*.

herein|fliegen <irr> itr <sein> (*in Richtung des Sprechenden*) (**in etw** akk) ~ {BALL, VOGEL INS ZIMMER} volare dentro (*a qc*): **zum Fenster ~**, volare dentro dalla finestra.

herein|führen **A** tr (*in Richtung des Sprechenden*) jdn/etw (**in etw** akk/**zu jdm**) ~ condurre qu/qc geh in qc/da qu **B** itr (**in etw** akk) ~ {PFAD, STRAßE, WEG IN DEN GARTEN, HOF} portare/condurre *geh* in/dentro *qc*.

herein|geben <irr> tr (*in Richtung des Sprechenden*) **jdm etw** ~ passare *qc a qu*.

herein|gleiten <irr> itr (*in Richtung des Sprechenden*) (**in etw** akk) ~ scivolare/sgusciare dentro (*qc*).

herein|holen tr **1** (*ins Zimmer, Haus holen*) jdn ~ (*in Richtung des Sprechenden*) {BESUCHER, BEWERBER, PRÜFUNGSKANDIDATEN} far entrare/passare/accomodare qu; **etw ~** {GEGENSTAND} portare dentro qc **2** *fam* (*erarbeiten*) **etw** ~ {GEWINN, HOHEN UMSATZ} realizzare qc.

herein|kommen <irr> itr <sein> **1** (*in Richtung des Sprechenden*) (**in etw** akk/**zu jdm**) ~ {PERSON} entrare (*in qc/da qu*), venire dentro (*a qc/da qu*) *fam*: **zur Tür ~**, entrare dalla porta; **wie bist du hier hereingekommen?**, come hai fatto a entrare? **2** (*gelangen*) (**in etw** akk) ~ {MELDUNG, NACHRICHT IN DIE STUDIOS; NEUE WARE INS WARENLAGER} arrivare (*in qc*); {GELD} *auch* entrare (*in qc*): **es muss endlich wieder Geld ~!**, bisogna che ricomincino a entrare i quattrini!

herein|können <irr> itr (*in Richtung des Sprechenden*) (**in etw** akk/**zu jdm**) ~ {PERSON IN EIN ZIMMER} poter(e) entrare (*in qc/da qu*): [ZUR TÜR]/[ZUM FENSTER] ~, poter entrare dalla porta/finestra.

herein|kriechen <irr> itr <sein> (*in Richtung des Sprechenden*) (**in etw** akk) ~ {TIER} strisciare dentro (*a qc*).

herein|kriegen tr → **herein|bekommen**.

herein|lassen <irr> tr (*in Richtung des Sprechenden*) **jdn/etw** (**in etw** akk/**zu jdm**) ~ lasciare entrare/[venire dentro] qu/qc (*in qc/da qu*); (*willentlich*) fare entrare/[venire dentro] qu/qc (*in qc/da qu*).

herein|laufen <irr> itr <sein> (*in Richtung des Sprechenden*) (**in etw** akk) ~ entrare (*in qc*); {WASSER} penetrare (*in qc*), entrare (*in qc*) *fam*: **in etw** (akk) **hereingelaufen kommen**, entrare in qc.

herein|legen tr **1** (*ins Innere legen*) **etw** (**in etw** akk) ~ {WÄSCHE IN DEN SCHRANK} mettere dentro qc (*qc*) **2** *fam* (*betrügen*) **jdn ~** imbrogliare qu, fregare qu *fam*, turlupinare qu: **der hat uns alle ganz schön hereingelegt!**, ci ha imbrogliati (-e)/fregati (-e) tutti (-e)!; **ich lasse mich doch von der nicht ~!**, mica mi faccio imbrogliare/fregare da quella! **3** (*für jdn vorbereiten*) **etw** ~ (*irgendwo*) ~ {AKTEN, UNTERLAGEN IN DAS BÜRO, AUF DEN SCHREIBTISCH} portare qui/qua qc (+ *compl di luogo*).

herein|müssen itr (*in Richtung des Sprechenden*) (**in etw** akk) ~ {FAHRZEUG, PERSON} dover(e) entrare (*in qc*); {GEGENSTAND} dover(e) essere messo *in qc*.

herein|nehmen <irr> tr **etw** ~ includere qc: **können wir den Beitrag noch mit ~?**, riusciamo a includere anche questo articolo/pezzo?

herein|platzen itr <sein> *fam* **bei jdm ~** {VERWANDTE} piombare *da qu*; (**mit etw** dat) (*irgendwo*) ~ {MIT EINER NACHRICHT} piombare + *compl di luogo* (*con qc*).

herein|regnen unpers (**in etw** akk) ~ piovere dentro (*qc*): **es regnet zum Dach herein**, [piove dentro]/[entra l'acqua] dal tetto.

herein|reißen <irr> tr **1** (*verwickeln*) **jdn in etw** (akk) (**mit**) ~ {IN EINEN PROZESS, SKANDAL} invischiare qu in qc, trascinare qu in qc **2** (*finanziell belasten*) **jdn** ~ {ANSCHAFFUNG, AUSGABE, URLAUB} rovinare qu: **das neue Auto hat mich hereingerissen**, l'acquisto della macchina nuova ha fatto un buco nelle mie finanze.

herein|reiten <irr> **A** itr <sein> (in Richtung des Sprechenden) (in etw akk) ~ {PERSON IN DEN HOF} entrare ₍a cavallo₎/[cavalcando] (in qc); {PFERD IN DIE MANEGE} entrare (in qc); **durch das Tor ~**, entrare dal portone **B** tr <haben> **jdn** (in etw akk) ~ invischiare qu in qc, trascinare qu in qc.

herein|rennen <irr> **A** itr <sein> (in Richtung des Sprechenden) (in etw akk) ~ correre dentro (qc); (etw betreten) entrare di corsa (in qc): **zur Tür hereingerannt kommen**, entrare per la porta correndo **B** tr <haben> **jdn** ~ mettere qu nei guai, invischiare qu.

herein|rufen <irr> tr **1** (in Richtung des Sprechenden; jdn auffordern hereinzukommen) **jdn/etw** ~ chiamare dentro qu/qc fam, far accomodare/passare qu **2** (etw sagen): **etw zum Fenster ~**, dire/gridare qc dalla finestra (verso l'interno).

herein|schaffen tr (in Richtung des Sprechenden) **jdn** (in etw akk) ~ portare a fatica qu dentro (qc); **etw** (in etw akk) ~ {TRUHE INS ZIMMER} (tras)portare/mettere a fatica qc dentro (qc).

herein|schauen itr → **herein|sehen**.

herein|scheinen <irr> itr (in Richtung des Sprechenden) (in etw akk) ~ entrare in qc: **die Sonne scheint zum Fenster herein**, il sole entra dalla finestra.

herein|schicken tr (in Richtung des Sprechenden) **jdn** ~ mandare dentro qu, far entrare/accomodare qu.

herein|schieben <irr> tr (in Richtung des Sprechenden) **etw** (in etw akk) ~ spingere qc dentro (qc).

herein|schleichen <irr> rfl (in Richtung des Sprechenden) **sich** (in etw akk) ~ entrare di soppiatto/nascosto (in qc), sgusciare dentro (qc), infilarsi dentro (qc): **sich** ₍**zum Fenster**₎/[**durch den Keller**] ~, entrare di soppiatto/nascosto dalla finestra/cantina.

herein|schmuggeln tr **jdn** (**irgendwo**) ~ {AUSWANDERER, FLÜCHTLINGE} far(e) entrare clandestinamente qu (+ compl di luogo); **etw** (**irgendwo**) ~ {RAUSCHGIFT, WAFFEN} ₍far(e) entrare₎/[portare dentro] fam di contrabbando qc (+ compl di luogo).

herein|schneien A unpers (in Richtung des Sprechenden) (in etw akk) ~ {IN DIE HÜTTE} nevicare dentro (qc); **B** itr (bei jdm) ~ {UNERWARTETER BESUCH, VERWANDTE} capitare all'improvviso (da qu), piombare ₍in casa di qu₎/[da qu].

herein|sehen <irr> itr (in Richtung des Sprechenden) (in etw akk) ~ guardare dentro (qc): **zum Fenster ~**, guardare dentro dalla finestra.

herein|sollen itr (in Richtung des Sprechenden) (in etw akk) ~ {FAHRZEUG, PERSON IN DEN HOF, DAS ZIMMER} dover entrare (in qc); {GEGENSTAND IN DAS ZIMMER} dover esser(e) messo in qc.

herein|spazieren <ohne ge-> itr <sein> fam (in Richtung des Sprechenden) entrare: **einfach so hereinspaziert kommen**, entrare come niente fosse; **immer nur hereinspaziert, meine Herrschaften!**, avanti, avanti, signori miei!

herein|stehlen rfl obs → **herein|schleichen**.

herein|steigen <irr> itr <sein> (in Richtung des Sprechenden) (in etw akk) ~ entrare (in qc) (arrampicandosi): **die Diebe sind durchs/zum Fenster hereingestiegen**, i ladri sono entrati dalla finestra.

herein|stellen tr **etw** (in etw akk/zu jdm) ~ (in Richtung des Sprechenden) {GEGENSTAND, MÖBEL INS ZIMMER} mettere/portare qua/qui qc (in etw akk).

herein|stoßen <irr> tr (in Richtung des Sprechenden) **jdn/etw** (in etw akk) ~ {INS ZIMMER} spingere dentro qu (a qc).

herein|strecken tr <etw> ~ infilare/mettere dentro qc: **den Kopf zur Tür ~**, affacciarsi alla porta, fare capolino alla porta.

herein|strömen itr <sein> (in etw akk) ~ (in Richtung des Sprechenden) **1** (sich verbreiten) {GAS, LUFT INS ZIMMER} penetrare in qc **2** (zahlreich kommen) {PERSONEN INS THEATER} entrare in massa (in qc), affluire in qc.

herein|stürmen itr <sein> (in Richtung des Sprechenden) precipitarsi (dentro).

herein|stürzen itr <sein> (in Richtung des Sprechenden) (in etw akk) ~ {PERSON INS ZIMMER} precipitarsi in qc, entrare precipitosamente (in qc); {POLIZEI} fare irruzione (in qc).

herein|tragen <irr> tr (in Richtung des Sprechenden) **jdn/etw** (in etw akk/zu jdm) ~ portare (qua/qui) dentro qu/qc (a qc/da qu).

herein|trauen rfl fam → **herein|wagen**.

herein|treten <irr> itr <sein> geh (in Richtung des Sprechenden) (in etw akk) ~ entrare (in qc).

herein|tropfen itr (in etw akk) ~ {WASSER INS ZIMMER} gocciolare dentro (qc).

herein|wagen rfl (in Richtung des Sprechenden) **sich** (in etw akk/zu jdm) ~ osare [avere il coraggio di]/[arrischiarsi a] entrare (in qc/da qu): **seit dem Krach wagt die sich hier nicht mehr herein!**, da quando c'è stato il litigio, non ₍osa più₎/[ha più il coraggio di] ₍non si azzarda più a₎ mettere piede qui dentro!; **der soll sich hier noch einmal ~!**, che non si azzardi più a mettere piede qui dentro!

herein|werfen <irr> tr (in Richtung des Sprechenden) **etw** (in etw akk/zu jdm) ~ gettare dentro qc (a qc/da qu), buttare dentro qc (a qc/da qu).

herein|winken <irr> tr (in Richtung des Sprechenden) **jdn/etw** ~ fare cenno (con la mano) a qu/qc di entrare.

herein|wollen itr (in Richtung des Sprechenden) (in etw akk/zu jdm) ~ voler entrare (in qc/da qu).

herein|zerren tr (in Richtung des Sprechenden) **jdn/etw** (in etw akk) ~ trascinare dentro qu/qc (a qc).

herein|ziehen <irr> tr (in Richtung des Sprechenden) tr **jdn/etw** (in etw akk) ~ tirare dentro qu/qc (in qc).

her|fahren A <irr> tr <haben> **jdn** ~ portare/accompagnare qua/qui qu (con un veicolo); **etw** ~ portare/trasportare qua/qui qc (con un veicolo) **B** itr <sein> venire qua/qui (con un veicolo): **das Auto fuhr hinter mir/[dem Lastwagen] her**, la macchina ₍mi seguiva₎/[seguiva il camion], la macchina viaggiava dietro ₍di me₎/[il camion]; **das Auto fuhr neben mir/[dem Lastwagen] her**, la macchina viaggiava ₍affiancata a me₎/[accanto al camion]; **das Auto fuhr vor mir/[dem Lastwagen] her**, la macchina ₍mi precedeva₎/[precedeva il camion], la macchina viaggiava davanti ₍a me₎/[al camion].

Herfahrt f andata f: **auf/während der ~**, durante il viaggio d'andata, all'andata.

her|fallen <irr> itr <sein> **1** (angreifen) (mit etw dat) **über jdn** ~ {TÄTER MIT EINER WAFFE ÜBER DAS OPFER} gettarsi/scagliarsi/avventarsi contro/su qu (con qc), piombare/saltare addosso a qu (con qc) **2** (bestürmen) **mit etw** (dat) **über jdn** ~ {JOURNALISTEN, PRESSE MIT FRAGEN ÜBER DEN POLITIKER, SCHAUSPIELER} assalire qu di qc: **(mit Kritik) über jdn ~**, sparare a zero su qu, criticare ferocemente qu **3** fam (sich daranmachen) **über etw** (akk) ~ {GÄSTE ÜBER DAS KALTE BUFFET, ₍DAS ESSEN} gettarsi su qc, buttarsi su qc; {KIND ÜBER DIE GESCHENKE} auch tuffarsi in qc scherz.

her|finden <irr> itr (riuscire a) trovare la strada (per venire qua/qui): **habt ihr gut hergefunden?**, è stato facile trovare la strada (per venire qui)?

her|führen tr **jdn** ~ accompagnare/portare/condurre geh qua/qui qu: **was führt Sie her?**, qual buon vento? geh.

Hergang m **1** (Verlauf) {+EREIGNISSE} dinamica f: **den ~ des Unfalls/der Tat schildern**, descrivere la dinamica ₍dell'incidente₎/[del reato] **2** (Einzelheiten) particolari m pl.

her|geben <irr> **A** tr fam **1** (geben, aushändigen) **etw** ~ dare (qua/qui) qc: **gib den Ball her!** (mir geben), dammi (qua/qui) la palla! **2** (weggeben, verschenken) **etw** ~ dare via qc: **etw wieder ~ (müssen)**, (dover(e)) restituire/rendere qc **3** (erbringen): **viel/etwas/nichts ~**: **das Buch gibt inhaltlich nicht viel her**, il libro non offre ₍molti spunti₎/[molto] a livello di contenuto fam; **das Thema gibt viel/etwas her**, l'argomento offre ₍molti spunti₎/[qualche spunto] **B** rfl **sich für etw** (akk)/**zu etw** (dat) ~ prestarsi a qc.

hergebracht adj → **althergebracht**.

her|gehen <irr> **A** itr <sein> **1** irgendwo ~ camminare + compl di luogo: **der Mann ging hinter mir/[dem Auto] her**, l'uomo ₍mi seguiva₎/[seguiva la macchina], l'uomo ₍mi veniva dietro₎/[andava dietro/appresso alla macchina]; **geh hinter ihm her!**, vagli dietro!; **der Mann ging neben mir her**, l'uomo ₍camminava al mio fianco₎/[mi camminava accanto]; **der Mann ging neben dem Auto her**, l'uomo camminava a fianco della macchina; **der Mann ging vor mir/[dem Auto] her**, l'uomo ₍mi precedeva₎/[precedeva la macchina], l'uomo camminava davanti ₍a me₎/[alla macchina] **2** fam (kurzum tun) prendere: **weißt du, was er gemacht hat? Er ist einfach hergegangen und hat alles weggeworfen!**, sai che (cosa) ha fatto? Ha preso e ha buttato via tutto! **B** unpers fam **irgendwie ~**: **hier geht es laut her**, qui c'è un gran baccano fam; **bei dem Gespräch ging es heiß her**, la discussione è stata infuocata.

hergeholt adj: **weit ~ sein** {BEISPIEL}, essere tirato per i capelli fam.

hergelaufen A part perf von **her|laufen B** adj pej senz'arte né parte: **und diesen ~en Typ willst du heiraten?**, e vorresti sposare quel signor nessuno?

her|haben tr fam **etw** ~ aver(e) preso qc: **wo hast du das her?** (einen Gegenstand), dove l'hai preso?, chi te l'ha dato?; (einen Ausdruck, ein Wort) dove l'hai sentito?

her|halten <irr> **A** tr fam **etw** (zu jdm) ~ porgere/tendere geh qc (verso qu) **B** itr fam **als etw** (nom) (**für etw** akk) ~ ÜBERFÜLLTE AUTOBAHN ALS ENTSCHULDIGUNG FÜR DIE VERSPÄTUNG} fungere da qc (per qc), servire da qc (per qc), essere addotto come qc (per qc) **geh**: **als etw** (nom) ~ (**müssen**) (als etw dienen) {PERSON ALS SÜNDENBOCK}, (dover(e)) fare da qc fam; **für jdn** ~ **müssen** {FÜR EINEN KOLLEGEN}, dover pagare per gli errori di qu.

her|holen tr fam **jdn/etw** ~ (in Richtung des Sprechenden) {GEGENSTAND, PERSON} andare a prendere qu/qc (e portarlo qua/qui), portare qua/qui qu/qc **2** (etw herbekommen) **etw** ~ {GELD, MITTEL} andare a prendere qc: **wo soll ich denn das ~?**, e dove ₍vado a prenderlo₎/[lo vado a prendere]/[lo trovo]?

her|hören itr fam ascoltare: **alle mal ~!**, ascoltate tutti!, udite, udite! scherz.

Hering <-s, -e> m **1** zoo aringa f **2** pej (sehr

schlanker Mann) chiodo m **3** (*Zeltpflock*) picchetto m • **dünn wie ein ~ sein** *fam scherz,* essere (secco/magro come) un chiodo/una lanterna/un'aringa, essere secco/magro come un uscio; *geräucherter/grüner/marinierter ~ gastr,* aringa affumicata/fresca/marinata; *wie die ~e* (*sehr eng zusammen*), come le acciughe/sardine; **wir standen im Zug wie die ~e,** in treno eravamo stipati come le acciughe/sardine.

Heringsfang m pesca f delle aringhe.
Heringsfilet n filetto m d'aringa.
Heringssalat m insalata f d'aringhe.
Herisau <-s, *ohne pl*> n *geog* Herisau f.
her|jagen A tr *jdn/etw* (*vor sich* dat) ~ {GEFANGENEN} inseguire *qu;* {TIER} *auch* cacciare *qc* B *itr fam* **hinter jdm/etw** ~ {POLIZEI HINTER DEN BANKRÄUBERN; TIER HINTER DER BEUTE} inseguire *qu/qc,* dare la caccia *a qu/qc;* {PERSON HINTER DEM ERFOLG, GLÜCK} inseguire *qc,* correre dietro *a qc fam.*
her|kommen <*irr*> *itr* <*sein*> **1** (*in Richtung des Sprechenden kommen*) venire qua/qui *fam,* avvicinarsi: **komm doch mal her!,** vieni qua/qui un attimo!; **wo kommst du denn her?,** ma da dove sbuchi/spunti? **2** (*abstammen*) *irgendwo* ~ venire *da qc:* **wo kommt er/sie her?,** di dov'è?, da dove viene? **3** *fam* (*hergenommen werden können*) *irgendwo* ~ arrivare *da qc:* **wo soll denn das Geld dafür ~?,** e i soldi da dove arriverebbero?
herkömmlich adj {ART, AUFFASSUNG, METHODE, VERFAHREN} classico, tradizionale.
her|kriegen tr *fam* → **her|bekommen.**
Herkules <-, *ohne pl*> m **1** *myth* (*Vorname*) Ercole **2** <-, -se> (*sehr starker Mann*) ercole m.
Herkulesarbeit f fatica f d'Ercole.
herkulisch adj *geh* {KRÄFTE} erculeo.
Herkunft <-, *rar* Herkünfte> f **1** (*Abstammung*) origine f, discendenza f: **er ist seiner ~ nach Engländer,** è di origine inglese; **von niederer ~ sein** *obs,* essere di umili origini; **bürgerlicher ~ sein,** essere d'estrazione borghese; **soziale ~,** estrazione sociale **2** (*Ursprung*) {+WORT} origine f; {+WARE} *auch* provenienza f.
Herkunftsbescheinigung f *com* certificato m d'origine.
Herkunftsbezeichnung f {+WARE} denominazione f d'origine: **mit kontrollierter ~** {WEIN}, doc.
Herkunftsland n **1** (*Abstammungsland*) {+PERSON} paese m d'origine **2** *com* {+WARE} paese m di provenienza.
Herkunftszertifikat n *com* certificato m d'origine.
her|lassen <*irr*> tr *jdn/etw* (*zu jdm*) ~ lasciar(e) venire *qu/qc* (*da qu*).
her|laufen <*irr*> *itr* <*sein*> **1 zu jdm** ~ venire *verso qu;* (*rennen*) correre *verso qu:* **der Mann lief hinter mir/[dem Auto] her,** l'uomo ₁mi seguiva₁/[seguiva la macchina] (correndo), l'uomo ₁mi correva dietro₁/[correva dietro/appresso alla macchina]; **der Mann lief neben mir/[dem Auto] her,** l'uomo correva ₁al mio fianco₁/[a fianco della macchina]; **der Mann lief vor mir/[dem Auto] her,** l'uomo ₁mi precedeva₁/[precedeva la macchina] (correndo), l'uomo correva davanti ₁a me₁/[alla macchina] **2** → **her|gehen** *1* **3** (*sich interessieren*) **hinter jdm ~** {MANN HINTER EINER FRAU} correre dietro a qu.
her|leiten A tr **1** (*ableiten*) **etw aus/von etw** (dat) ~ {MATHEMATISCHE FORMEL} dedurre *qc* (*da qc*), ricavare *qc* (*da qc*); {WORT AUS DEM ARABISCHEN} far derivare *qc* (*da qc*) **2** *geh* (*an diesen Ort leiten*) **jdn** ~ condurre qua/qui *qu* B rfl **sich** (**aus/von etw** dat) ~ derivare/[trarre origine] (*da qc*).

Herleitung <-, -en> f ~ (**aus/von etw** dat) {+MATHEMATISCHE FORMEL} deduzione f (*da qc*); {+WORT AUS DEM ARABISCHEN} derivazione f (*da qc*).
her|machen A *itr* (*einen bestimmten Eindruck machen*): **viel ~** {PERSON}, far ₁bella figura₁/[un figurone *fam*]; {GESCHENK} far figura; **etwas ~,** fare una certa figura; **wenig/[nicht viel] ~** {GESCHENK, PERSON}, non fare una gran figura; **nichts ~** {PERSON}, non presentarsi bene; {GESCHENK} non fare figura B rfl **1** (*gierig essen*) **sich über etw** (akk) ~ {ÜBER DAS KALTE BUFFET, DAS ESSEN} buttarsi *su qc,* gettarsi *su qc;* (*herfallen*) **sich über jdn ~** gettarsi/scagliarsi *su/addosso a qu* **3** (*in Angriff nehmen*) **sich über etw** (akk) ~ {ÜBER DIE ARBEIT} buttarsi (a capofitto) *in qc* • **viel/nichts von sich ~,** sapersi/[non sapersi] vendere.
Hermann m (*Vorname*) Ermanno.
Hermaphrodit <-en, -en> m *biol med* ermafrodito m.
Hermelin <-s, -e> A n (*Tier*) ermellino m B m (*Pelz*) (pelliccia f d')ermellino m.
Hermeneutik <-, *ohne pl*> f *wiss* ermeneutica f.
hermeneutisch adj *wiss* {METHODE} ermeneutico.
hermetisch A adj **1** (*dicht verschlossen*) {VERSCHLUSS} ermetico **2** *lit* {GEDICHT} ermetico B adv {ABRIEGELN, VERSCHLIEßEN} ermeticamente.
Hermetismus <-, *ohne pl*> m *lit* ermetismo m.
her|müssen *itr fam* {PERSON} dover venire qua/qui; {GEGENSTAND} dovere essere portato qua/qui: **da muss ein Fachmann her!,** (qui) ci vuole un esperto!
hernach adv *region obs* dopo, poi, più tardi.
her|nehmen <*irr*> A tr **1** (*beschaffen*) **etw irgendwo ~** {GEDULD, KRAFT} trovare *qc + compl di luogo;* {GELD} *auch* (andare a) prendere *qc* (+ *compl di luogo*) **2** *region* (*tadeln*) **jdn ~** dare una strapazzata *a qu fam,* dare una bella lavata di capo *a qu fam,* dirne quattro *a qu* **3** *region* (*fordern*) **jdn ~** {KRANKHEIT PATIENTEN} strapazzare *qu;* {TRAINER MANNSCHAFT} *auch* mettere *qu* sotto torchio B rfl (*tadeln*) **sich** (dat) **jdn ~** strapazzare *qu,* mettere *qu* sotto torchio • **wo ~ und nicht stehlen?,** dove vuoi che ₁(io) prenda₁/[prendiamo] i soldi?
hernieder adv *lit obs* (*herab*): **Gott blickt auf die Menschen ~,** da lassù Dio ci guarda; **~ kommen,** scendere; **die Augen ~ schlagen,** abbassare gli occhi.
hernieder|gehen <*irr*> *itr* <*sein*> *geh* {REGEN} scendere, venire giù.
Herodes <-', *ohne pl*> m *bibl* (*Vorname*) Erode.
Heroin① <-s, *ohne pl*> n (*Rauschgift*) eroina f, ero f *slang.*
Heroin② f *theat* (*Heldin*) eroina f.
Heroine <-, -n> f *theat* (*Heldin*) eroina f.
heroinsüchtig adj eroinomane, dipendente dall'eroina.
heroisch *geh* A adj {SCHLACHT, TAT} eroico B adv {KÄMPFEN, SICH VERTEIDIGEN} eroicamente, da eroe; con eroismo.
Heroismus <-, *ohne pl*> m *geh* eroismo m.
Herold <-(e)s, -e> m **1** *hist* (*Bote eines Fürsten*) araldo m **2** (*Vorbote*) messaggero m: **die ~e eines anbrechenden Zeitalters,** i messaggeri di una nuova era.
Herpes <-s, *rar -etes*> m *med* herpes m, erpete m.
Herpesvirus n *oder* m *med* virus m dell'herpes.

her|pfeifen <*irr*> *itr fam* **hinter jdm ~** {MANN HINTER EINER FRAU} fischiare *dietro a qu.*
Herr <-(e)n, -en> m (*Abk* Hr.) **1** (*allgemein für männliche Person*) signore m: **ein älterer/freundlicher ~,** un signore anziano/gentile; **die ~en erwarten Sie bereits,** i signori La/Li stanno già aspettando; **und wie geht es dem ~n Gemahl?** *obs,* e come sta il Suo gentile consorte?; **sie erschien in Begleitung zweier ~en,** apparve/arrivò ₁in compagnia di₁/[accompagnata da] due signori; **der ~ Doktor/Professor ist nicht da,** il dottore/professore non c'è **2** (*vor Eigennamen*) signor m; (*vor Anrede*) signore m: **was wünscht der ~?,** il signore desidera?; **haben die ~en schon gewählt?,** i signori hanno già scelto?; **guten Tag, ~ Müller!,** buon giorno, signor Müller; **guten Abend, ~ Professor!,** buona sera, professore!; **auf Wiedersehen, ~ ₁Dr. Weiß₁/[Direktor]!,** arrivederLa, ₁dottor Weiß₁/[signor direttore]!; **~ Ober, bitte die Rechnung!,** cameriere, il conto per favore! **3** (*Besitzer*) {+HUND} padrone m **4** *relig:* **der ~,** il Signore, Iddio; **~ Jesus Christus,** il Signore Gesù Cristo **5** (*beim Tanz*) cavaliere m **6** *hist* (*adliger Herrscher*) **~ über jdn/etw** {ÜBER EIN VOLK} signore m (*di qu/qc*); {ÜBER EIN LAND} *auch* padrone m (*di qu/qc*): **über jdn/etw ~ sein,** essere signore/padrone di qu/qc, dominare qu/qc; **jdn zum ~n über etw** (akk) **machen,** fare qu signore di qc **7** <*meist im gen pl*> *sport:* **der ~en,** maschile; **Slalom der ~en,** slalom maschile • **mein Alter ~** *scherz* (*mein Vater*), il (mio) vecchio; **sehr geehrte ~en!** (*im Brief*), egregi signori!; **der ~ im Hause sein** (*befehlen können*), comandare; **der ~ des Hauses** (*der Gastgeber*), il padrone di casa; **~ der Lage sein,** essere padrone della situazione, avere in mano la situazione; **aus aller ~en Länder geh,** da ogni dove *geh*/parte; **~ über Leben und Tod sein,** essere padrone di vita e di morte; **aber mein ~!** (*empört*), (ma) signore!; **(aber) meine ~en!,** (ma) signori!; **die ~en der Schöpfung** *fam scherz,* i signori uomini *scherz;* **sein eigener ~ sein,** non dipendere da nessuno; **nicht mehr ~ seiner Sinne sein,** non essere più padrone di sé; **den großen ~en spielen/markieren** *fam,* ₁fare il₁/[atteggiarsi a] gran signore; ₁**jds/etw₁/[über jdn/etw] ~ werden** {EINER SITUATION, ÜBER EINE SITUATION}, avere sotto controllo qc; {EINER PERSON, ÜBER EINE PERSON}, avere ragione di qu; **niemand kann zwei ~en dienen** *prov,* non si possono servire due padroni *prov;* **wie der ~ so's Gescherr** *prov,* tal padrone, tal servitore *prov.*
Herrchen <-s, -> n {+HUND} padrone m • **~ machen** *fam,* ergersi/alzarsi sulle zampe posteriori.
Herrenartikel m <*meist pl*> articolo m da uomo.
Herrenausstatter <-s, -> m (*Geschäft*) negozio m d'abbigliamento maschile.
Herrenbegleitung f accompagnatore m, compagnia f maschile: **in ~ sein** {FRAU}, essere in compagnia maschile/[di un uomo], avere un accompagnatore.
Herrenbekanntschaft f conoscenza f maschile.
Herrenbekleidung f abbigliamento m/vestiario m maschile/[da uomo].
Herrenbesuch m visita f maschile/[di un uomo]/[di uomini]: **~ empfangen,** ricevere visite maschili.
Herrendoppel n *sport* doppio m maschile.
Herreneinzel n *sport* singolo m/singolare m maschile.

Herrenfahrrad n bicicletta f da uomo.
Herrenfriseur m (**Herrenfriseurin** f) parrucchiere (-a) m (f) per/da uomo, barbiere m fam.
Herrengesellschaft f 1 (gesellige Runde von Herren) compagnia f di soli uomini 2 → **Herrenbegleitung**.
Herrenhandschuh m guanto m da uomo.
Herrenhaus n casa f padronale.
Herrenhemd n camicia f da uomo.
Herrenleben n vita f da signore: **ein ~ führen**, fare una vita da signore.
herrenlos adj 1 {GEGENSTAND} senza proprietario, abbandonato; {TIER} randagio 2 jur: **~es Gut**, res nullius.
Herrenmagazin n rivista f ₍per uomini₎/[maschile].
Herrenmannschaft f squadra f maschile.
Herrenmantel m cappotto m da uomo.
Herrenmode f moda f maschile.
Herrenrasse f (im rassistischen u bes. nationalsozialistischen Sprachgebrauch) razza f superiore.
Herrensalon m salone m di parrucchiere da/per uomo.
Herrensattel m sella f da uomo.
Herrenschneider m (**Herrenschneiderin** f) sarto (-a) m (f) da uomo.
Herrenschuh m scarpa f da uomo.
Herrensitz m 1 villa f padronale 2 sport (Reiten) posizione f a cavalcioni: **im ~ reiten**, montare a cavalcioni.
Herrensocke f <meist pl> calzino m.
Herrentasche f borsello m.
Herrentoilette f toilette f/gabinetto m fam per uomini.
Herrenuhr f orologio m da uomo.
Herrenunterwäsche f biancheria f/intimo m maschile/[da uomo].
Herrenwinker <-s, -> m fam scherz tirabaci m.
Herrenwitz m barzelletta f spinta.
Herrgott A m fam: **der ~**, il Signore B interj süddt A fam Dio santo!: **- noch mal!**, per Dio!, accidenti!
Herrgottsfrühe <-, ohne pl> f süddt A fam: **in aller ~**, di buonora, di buon mattino **in aller ~ aus dem Haus gehen müssen**, dover uscire di casa ₍di buonora₎/[all'alba].
her|richten A tr 1 (vorbereiten) (**jdm/ für jdn**) **etw** ~ {BETT, ESSEN, WOHNUNG, ZIMMER DEN GÄSTEN/FÜR DIE GÄSTE} preparare qc (a qu) 2 (instand setzen) **etw** ~ {DACH} sistemare qc, accomodare qc, riparare qc, aggiustare qc; **etw wieder** ~ {HAUS, WOHNUNG} rimettere a posto qc B rfl süddt A (sich zurechtmachen) **sich** ~, sistemarsi.
Herrin f 1 hist (adlige Herrscherin oder Ehefrau des Herrn) ~ (**über jdn/etw**) {ÜBER EIN VOLK} signora f (di qu/qc); {LAND} auch padrona f (di qu/qc) 2 (Gastgeberin) padrona f (di casa).
herrisch A adj {GEBAREN, TON} imperioso, autoritario; {CHARAKTER, PERSON} dispotico, prepotente: **ein ~es Auftreten**, un'aria ₍da padrone₎/[prepotente] B adv {FORDERN} imperiosamente: **~ auftreten**, farla da padrone, fare il prepotente.
herrje, **herrjemine** interj fam Dio mio!, santo cielo!, santiddio!
herrlich A adj 1 (großartig) {AUTO, BILD, FERIEN, GARTEN, KLEID, TAG, WETTER} magnifico, splendido; {ESSEN} squisito, eccellente: **es gibt nichts Herrlicheres als am Strand in der Sonne zu liegen**, non c'è niente di meglio che starsene sdraiati (-e) sulla spiaggia a prendere il sole 2 iron: **das sind ja ~e Aussichten!**, c'è da stare allegri! iron, che prospettiva fantastica! iron; **das ist ja ~!**, ma che bellezza! iron B adv: **sich ~ amüsieren**, divertirsi un mondo fam, spassarsela fam; **~ schmecken**, essere squisito, avere un sapore delizioso.
Herrlichkeit <-, -en> f 1 <nur sing> (erhabene Schönheit) {+NATUR, SONNENUNTERGANG} splendore m, magnificenza f, meraviglia f: **die ~ Gottes**, la gloria di Dio 2 <meist pl> (etwas Herrliches) {+KUNST} splendore m, meraviglia f, bellezza f: **die ~en des Lebens** (die Annehmlichkeiten), le delizie/i piaceri della vita • **die ~ wird nicht lange dauern** fam, la pacchia/cuccagna non durerà a lungo; **ist das die ganze ~?** (ist das alles?), (è) tutto qui?
Herrschaft <-, -en> f 1 <nur sing> (Macht, Machtbereich) ~ (**über jdn/etw**) dominio m (su qu/qc), signoria f hist (su qu/qc): **unter jds ~**, sotto il dominio di qu; **unter französischer ~ stehen**, essere sotto il dominio/la dominazione francese 2 <nur sing> (Befehlsgewalt) ~ (**über jdn/etw**) potere m/autorità f (su qu/qc): **die ~ antreten/ausüben**, assumere/esercitare il potere; **sich der ~ bemächtigen**, impadronirsi del potere; **zur ~ gelangen**, arrivare/giungere al potere; **die ~ usurpieren**, usurpare il potere 3 <nur sing> (Herrschergewalt) ~ (**über jdn/etw**) sovranità f (su qu/qc): **die ~ des Volkes**, la sovranità popolare 4 <nur sing> (Kontrolle) ~ (**über etw** akk) controllo m (di/su qc): **die ~ über das Motorrad verlieren**, perdere il controllo della moto 5 <nur pl> geh (die anwesenden Damen und Herren) signori m pl: **was wünschen die ~en?**, i signori desiderano? 6 obs (Dienstleute) padroni m pl, signori m pl: **die ~en sind leider nicht zu Hause**, i signori non sono in casa • **(noch mal)!** interj, per Dio!; **meine Alten ~en** scherz (meine Eltern), i miei vecchi/vecchietti scherz; **meine ~en!** (Anrede für die anwesenden Damen und Herren), signore e signori!
herrschaftlich adj 1 (großzügig ausgestattet) {HAUS} signorile; {VILLA} sontuoso 2 hist (zur Herrschaft gehörend) {ANWESEN, SCHLOSS} signorile.
Herrschaftsanspruch m rivendicazione f territoriale.
Herrschaftsbereich m dominio m, sovranità f: **in jds ~ liegen**, essere sotto il dominio di qu.
Herrschaftsform f forma f di dominio/ potere; (politisches System eines Landes) sistema m di potere.
Herrschaftsstruktur f <meist pl> struttura f di potere.
herrschen itr 1 (regieren) (**über jdn/ etw** akk/**in etw** dat) ~ {FÜRST, KAISER, KÖNIG ÜBER EIN LAND, IN EINEM LAND} regnare (su qu/qc/in qc), dominare (qu/qc/in qc): **Karl der Große herrschte über ein riesiges Land**, Carlo Magno regnava su un immenso impero 2 (vorhanden sein) **irgendwo** ~ esserci + compl di luogo; {KRANKHEIT} infuriare/imperversare + compl di luogo; {ANGST, ORDNUNG, SCHWEIGEN, STILLE, UNGEWISSHEIT} regnare + compl di luogo: **überall herrschte Not und Armut**, dappertutto/ovunque regnavano miseria e povertà; **es herrschte Totenstille**, c'era un silenzio di tomba; **im Land herrscht jetzt wieder Ruhe/Frieden**, nel paese ₍è tornata₎/[regna nuovamente] la calma/pace; **in Wirtschaftskreisen herrscht immer noch die Meinung/Ansicht, dass ...**, negli ambienti economici è tuttora opinione dominante che ...; **es herrscht immer noch Unklarheit darüber, ob ...**, permane tuttora incertezza su ...

herrschend adj 1 pol {DYNASTIE} regnante, imperante; {KLASSE} dominante; {PARTEI} al potere 2 (aktuell) {MEINUNG} corrente, in valso; {BRAUCH} vigente, {KORRUPTION} imperante: **unter den ~en Bedingungen**, alle condizioni attuali; **nach der ~en Meinung**, secondo l'opinione corrente; **die ~e Lage, die ~en Verhältnisse**, la situazione del momento, l'attuale situazione 3 jur {GESETZGEBUNG, RECHT} vigente, in vigore.
Herrschende <dekl wie adj> mf <meist pl> detentore (-trice) m (f) del potere; (Monarch) regnante mf.
Herrscher <-s, -> m (**Herrscherin** f) 1 (Landesherr) ~ (**in**) (di qu/qc) {ÜBER EIN LAND, VOLK} sovrano (-a) m (f) (di qu/qc), signore (-a) m (f) hist (di qu/qc); (Monarch) regnante mf (di qu/qc): **absolutistischer ~**, sovrano assoluto 2 (Gebieter) dominatore (-trice) m (f).
Herrschergeschlecht n, **Herrscherhaus** n dinastia f/casata f regnante.
Herrscherin f → **Herrscher**.
Herrschernatur f indole f dominatrice.
Herrschsucht f {+PERSON} avidità f/brama f di potere/dominio.
herrschsüchtig adj {PERSON} avido/bramoso di potere/dominio; {ART, BENEHMEN, CHARAKTER} dispotico.
her|rufen <irr> tr 1 jdn/etw ~ chiamare (qui/qua) qc/qu: **jdn/etw wieder** ~, richiamare qu/qc 2 (nachrufen) **etw hinter jdm** ~ gridare dietro qc a qu fam.
her|rühren itr geh **von etw** (dat) ~ {FEINDSCHAFT, STREIT} trarre origine da qc, provenire da qc: **seine Probleme rühren noch von damals her**, i suoi problemi hanno origine in quel periodo.
her|sagen tr **etw** ~ {GEDICHT} recitare qc.
her|schaffen tr fam jdn/etw ~ {GEFANGENE, GEGENSTAND} portare qua/qui qu/qc.
her|schauen itr (in Richtung des Sprechenden) (**zu jdm**) ~ {ZU MIR, UNS} guardare (verso qu) • **da schau her!** süddt A fam, ma guarda un po'!
her|schicken tr jdn (**zu jdm**) ~ mandare qui/qua qu (da qu): **jdn hinter jdm** ~, mandare qu dietro a qu; **etw hinter jdm** ~ {BRIEFSENDUNG, LIEFERUNG, PAKET}, spedire qc al nuovo indirizzo di qu.
her|schieben <irr> tr **etw vor sich** (dat) ~ 1 (herziehen) {KINDERWAGEN} spingere qc 2 (hinauszögern) {ENTSCHEIDUNG} (continuare a) rimandare qc.
her|schleichen <irr> A itr fam scherz (langsam gehen oder fahren) **vor jdm/etw** ~ {AUTO(FAHRER)} VOR EINEM ANDEREN AUTO(FAHRER)} andare come una lumaca davanti a qu/qc; **hinter jdm/etw** ~ {AUTO(FAHRER) HINTER EINEM ANDEREN AUTO(FAHRER)} seguire qu/qc a passo di lumaca B rfl **sich** ~ arrivare ₍di soppiatto₎/[alla chetichella].
her|schwimmen <irr> itr <sein> fam **hinter jdm/etw** ~ seguire qu ₍a nuoto₎/[nuotando]); **vor jdm/etw** ~ {PERSON, TIER} precedere qu/qc ₍a nuoto₎/[nuotando]); {GEGENSTAND} galleggiare davanti a qu/qc.
her|sehen <irr> itr (**zu jdm/etw**) ~ {ZU MIR, UNS} guardare (qui/qua) (verso qu/qc).
her|sein a.R. von her sein → **sein**[2].
her|stammen itr **irgendwo** ~: **wo stammt er her?**, di dov'è?; **wo stammt das ganze Geld her?**, da dove (pro)viene tutto questo denaro?
her|stellen A tr 1 (platzieren) fam **etw** (**irgendwohin**) ~ mettere qc qui/qua (+ compl di luogo) 2 (serienmäßig produzieren) **etw** ~ {FIRMA, UNTERNEHMEN MASCHINEN} produrre qc, fabbricare qc: **etw billig ~**, produr-

re qc a basso costo; **etw** ˌ**von Hand**ˌ/[**maschinell**] ~, fabbricare/fare *fam* qc a mano/macchina **3** (*ins Leben rufen*) {BEZIEHUNG} stabilire qc; {KONTAKT} *auch* creare qc: **etw** (**irgendwo**) **wieder** ~ {FRIEDEN IN EINEM LAND}, ristabilire qc (+ *compl di luogo*); **gesundheitlich wieder hergestellt sein** (*wieder gesund sein*), essersi ristabilito/rimesso **B** *rfl region fam* **sich** ~ mettersi (di) qui/qua.

Hersteller <-s, -> m (**Herstellerin** f) **1** (*Produzent*) fabbricante mf, produttore (-trice) m (f) **2** *Verlag* tecnico m della produzione.

Herstellercode m *com* codice m del produttore.

Herstellerfirma f *industr* ditta f ˌdi produzioneˌ/[produttrice].

Herstellerkode m → **Herstellercode**.

Herstellung f **1** *com* {+GÜTER, WAREN} fabbricazione f, produzione f **2** (*Zustandebringen*) {+BEZIEHUNGEN, GESCHÄFTSVERBINDUNG, KONTAKT} stabilire m qc; (*Aufnehmen*) avvio m, creazione f **3** *Verlag* ufficio m tecnico.

Herstellungsfehler m difetto m di fabbricazione.

Herstellungskosten subst <*nur pl*> costi m pl di produzione.

Herstellungsland n paese m produttore.

Herstellungsverfahren n processo m di fabbricazione.

Herta f (*Vorname*) Erta.

her|tragen <irr> tr *fam* **jdn**/**etw** ~ portare qua/qui qu/qc; **etw hinter jdm** ~ seguire qu portando/reggendo qc.

her|trauen *rfl* (*in Richtung des Sprechenden*) **sich** (**zu jdm**) ~ {ZU MIR, UNS} osare/[avere il coraggio di] ˌavvicinarsi (a qu)ˌ/[venire (qua/qui)].

Hertz <-, -> n *phys* (Abk Hz) hertz m.

herüber adv: **los, zu uns ~!**, su, ˌdi quaˌ/[da questa parte]!; **wie lange dauert die Überfahrt von der Insel ~ aufs Festland?**, quanto dura la traversata dall'isola (fin qui) alla terraferma?; **~ und hinüber**, da una parte all'altra; **bis hier ~**, fin qui.

herüber|bemühen tr *rfl* → **her|bemühen**.

herüber|bitten <irr> tr (*in Richtung des Sprechenden*) **jdn** (**zu sich** dat) ~ {ZU MIR, UNS} pregare qu di venire (qua/qui) (da qu).

herüber|blicken itr → **herüber|sehen**.

herüber|bringen <irr> tr *fam* (*jdm*) **jdn**/**etw** ~ portare qui/qua qu/qc (a/da qu).

herüber|dürfen <irr> itr poter(e) venire qua/qui.

herüber|fahren <irr> itr <*sein*> venire qua/qui (con un veicolo); (**über etw** akk) ~ {ÜBER EINE BRÜCKE, EINEN FLUSS} attraversare qc (con un veicolo).

herüber|geben <irr> tr (*in Richtung des Sprechenden: geben, aushändigen*) **jdm etw** ~ {MIR, UNS} dare qc a qu, passare qc a qu.

herüber|holen tr **jdn**/**etw** ~ andare a prendere qu/qc (e portarlo/portarla qua/qui).

herüber|kommen <irr> itr <*sein*> **1** (*von einem anderen Ort hierherkommen*) venire di qua; (**zu jdm**) {ZU MIR, UNS} venire qua/qui (da qu) **2** *fam* (*besuchen*) (**zu jdm**) ~ passare (da qu) *fam*, venire a trovare qu: **komm doch einfach mal herüber!**, fa un salto da me/noi!, passa a trovarmi/trovarci!

herüber|lassen <irr> tr **1** (*von einem anderen Ort hierher gehen lassen*) **jdn**/**etw** ~ lasciar(e) venire (di) qua/qui qu/qc; (*an einer Grenze*) lasciar(e) passare qu/qc; (*willentlich*) far(e) qua/qui qu/qc; (*an ei-*

ner Grenze) far(e) passare qu **2** (*jdm darüber helfen*) **jdn** (**über etw** akk) ~ {ÜBER EINE MAUER, EINEN ZAUN} far passare qu sopra qc.

herüber|laufen <irr> itr <*sein*> venire qua/qui.

herüber|reichen **A** tr → **herüber|geben** **B** itr **bis zu jdm**/**etw** ~ {LEINE, SCHNUR ZU MIR, UNS} arrivare fino a qu/qc/fin qua/qui; **über etw** (akk) ~ passare sopra qc.

herüber|schauen itr **1** → **herüber|sehen** **2** *fam* (*besuchen*) (**zu jdm**) ~, passare (da qu): **schau mal zu uns herüber!**, fa un salto da noi!

herüber|schicken tr **jdn**/**etw** ~ {BRIEF, MITARBEITER} mandare qua/qui qu/qc.

herüber|schwimmen <irr> itr <*sein*> venire qua/qui nuotando, attraversare (qc) a nuoto, venire (a nuoto) da questa parte.

herüber|sehen <irr> itr (*in Richtung des Sprechenden*) **zu jdm** ~ {ZU MIR, UNS} guardare/[rivolgere lo sguardo] ˌverso qu/qcˌ/[da questa parte]: **er sah lange zu mir herüber**, guardò a lungo verso di me.

Herübersetzung f versione f.

herüber|springen <irr> itr <*sein*> (**über etw** akk) ~ {ÜBER EINE MAUER, EINEN ZAUN} saltare da questa parte (di qc).

herüber|stellen tr **etw** ~ mettere (di) qua/qui qc, mettere qc da questa parte.

herüber|wachsen <irr> itr <*sein*> (**bis irgendwohin**) ~ {ZWEIGE BIS IN UNSEREN GARTEN} crescere fino ad arrivare + *compl di luogo*.

herüber|werfen <irr> tr **etw** ~ gettare/buttare *fam* ˌqua/quiˌ qc/[qc da questa parte].

herüber|wollen itr (*von einem anderen Ort hierherkommen wollen*) voler(e) venire ˌquaˌ/quiˌ/[da questa parte]; **über etw** (akk) ~ voler(e) venire da questa parte di qc; {ÜBER EINEN FLUSS} *auch* voler(e) attraversare qc; {ÜBER EINE MAUER, EINEN ZAUN} voler(e) venire da questa parte di qc, voler(e) scavalcare qc.

herüber|ziehen <irr> tr **1** **etw** ~ (**über etw** akk) ~ (*von einem anderen Ort hierher ziehen*) {SEIL} tirare qc di/in qua; {KISTE} *auch* trascinare qc (di/in qua/qui): **jdm den Stuhl** ~, avvicinare una sedia a qu **2** *fam* (*in Richtung des Sprechenden*: **den Wohnort wechseln**) trasferirsi qua/qui: **sie sind von Frankfurt nach München herübergezogen**, da Francoforte si sono trasferiti (-e) qua/qui a Monaco • **jdn** (**zu sich** dat) ~ (*jdn beeinflussen*), tirare qu dalla propria parte.

herum adv **1** (*in kreisförmiger Anordnung: rings*) **um jdn**/**etw** ~ intorno/attorno a qu/qc: **um das Haus** ~, intorno/attorno alla casa; **im Kreis** ~ **sitzen**, essere seduti (-e) in cerchio/tondo; **um den Sieger** ~ **drängten sich ungeduldige Journalisten und Fotografen**, intorno/attorno al vincitore si accalcavano giornalisti e fotografi impazienti **2** (*in kreisförmiger Richtung oder Bewegung*) (*irgendwie*) ~: **im Kreis** ~ **tanzen**, ballare in cerchio/tondo **3** *fam* (*etwa*) **um etw** (akk) ~ (*zeitlich*) verso qc, intorno a qc; (*bei Zahlenangaben*) circa qc, intorno a qc, sulle **um Weihnachten** ~, verso Natale; **um 1000 Euro** ~ **kosten**, costare ˌintorno aiˌ/[sui] 1000 euro; **um die 50** ~ **sein**, essere sulla cinquantina, avere intorno ai 50 anni.

herum|albern itr fare lo scemo/la scema, fare lo sciocchino/la sciocchina.

herum|ärgern *rfl fam* **sich** (**mit jdm**/**etw**) ~ avere continuamente delle noie (con qu/qc): **sich ständig mit etw** (dat) ~ **müssen**, avere continue seccature con qc, avere continuamente delle seccature con qc.

herum|basteln itr *fam* **an etw** (dat) ~ ar-

meggiare *intorno a qc*, trafficare *intorno a qc*.

herum|bekommen <irr, ohne ge-> tr → **herum|kriegen**.

herum|blättern itr *fam* (**in etw** dat) ~ {IN EINEM BUCH, EINER ZEITUNG} sfogliare qc qua e là.

herum|bringen <irr> tr *fam* **etw** ~ {ZEIT} far passare qc.

herum|brüllen itr mettersi a gridare, sbraitare (a destra e a manca): **unser Chef brüllt ständig im Büro herum**, in ufficio il capo non fa altro che sbraitare.

herum|bummeln itr <*sein*> (**irgendwo**) ~ {IN DER STADT} ˌandare a zonzoˌ/[gironzolare]/[girellare] (+ *compl di luogo*).

herum|bumsen itr *slang* fottere/scopare a destra e a manca *vulg*.

herum|doktern itr *fam* **1** (*zu heilen versuchen*) (**an jdm**) ~ {AN EINEM PATIENTEN} cercare di curare qu alla meno peggio **2** (*versuchen, etw in Ordnung zu bringen*) **an etw** (dat) ~ cercare di sistemare qc.

herum|drehen **A** tr **1 etw** ~ (*auf die andere Seite drehen*) {MATRATZE} girare qc, voltare qc; (*auf den Kopf stellen*) *auch* capovolgere qc; (*um die eigene Achse bewegen*) far girare qc: **den Schlüssel zweimal** ~, dare due giri/mandate di chiave; **etw nach links/rechts** ~, girare qc a/verso sinistra/destra **2** *fam* (*verändern*) **etw** ~ {JDS WORTE} rigirare qc *fam*: **etw total** ~, stravolgere qc **B** tr (*länger erfolglos an etw drehen*) **an etw** (dat) ~ {AN EINER GLÜHBIRNE, SCHRAUBE} cercare di svitare qc **C** *rfl* **sich** (**zu jdm**/**etw**) ~ girarsi (verso qu/qc), voltarsi (verso qu/qc): **sich auf die andere Seite** ~, girarsi dall'altra parte.

herum|drücken **A** itr **an etw** (dat) ~ {AN EINEM MITESSER, PICKEL} cercare di schiacciare/strizzare qc **B** *rfl* **1** (*sich aufhalten*) **sich** (**irgendwo**) ~ aggirarsi + *compl di luogo*, bazzicare qc/+ *compl di luogo* **2** (*vermeiden*) **sich um etw** (akk) ~ {UM EINE ARBEIT} scansare qc; {UM EINE ENTSCHEIDUNG} girare intorno a qc.

herum|drucksen itr *fam* nicchiare, menare il can per l'aia.

herum|erzählen <*ohne ge*-> tr *fam* **etw** ~ andare a raccontare qc in giro: **etw überall** ~, andare a raccontare qc ˌa tuttiˌ/[ai quattro venti].

herum|experimentieren <*ohne ge*-> itr (**an jdm**/**etw**) ~ {UNFÄHIGER ARZT AM PATIENTEN} fare continui (e inutili) esperimenti (su qu/qc).

herum|fahren <irr> **A** itr <*sein*> **1** *fam* (*umherfahren*) girare, andare in giro (con un veicolo); **irgendwo** ~ ˌfare un giroˌ/[girare]/[andare in giro] (+ *compl di luogo*, scorrazzare *fam* + *compl di luogo*: **in der Gegend** ~, girare/[fare un giro] nei dintorni **2** *fam* (*ringsherum fahren*) **um jdn**/**etw** ~ {UM DAS HAUS} girare intorno a qu/qc; {UM DAS KAP} *auch* doppiare qc; **um die Ecke** ~, (s)voltare/girare l'angolo **3** *geh* (*sich schnell herumdrehen*) girarsi di scatto **4** <*haben oder sein*> *fam* (*ziellos wischen*) **irgendwo** ~ passare su qc **B** tr **jdn**/**etw** (**irgendwo**) ~ {GÄSTE IN DER STADT} portare in giro qu/qc (+ *compl di luogo*), scorrazzare qc/+ *compl di luogo*.

herum|fingern itr → **herum|fummeln**.

herum|flattern itr <*sein*> *fam* svolazzare.

herum|flegeln itr *fam* (**irgendwo**) ~ starsene stravaccato (-a) *fam*/spaparanzato (-a) *fam* + *compl di luogo*.

herum|fliegen itr <*sein*> *fam* (*ohne ein bestimmtes Ziel fliegen*) {FLUGZEUGE} volare ˌqua e làˌ/[senza meta]; {VÖGEL} svolazzare, volare qua e là.

herum|fragen itr (*bei jdm/irgendwo*) ~ cercare di informarsi (*da qu/+ compl di luogo*), chiedere/domandare ₗin giroₗ/[qua e là].

herum|fuchteln itr *fam* gesticolare (concitatamente); **mit etw** (dat) ~ {MIT DER GABEL} armeggiare *con qc*, agitare (in aria) *qc*: **mit dem Messer in der Gegend** ~, armeggiare con il coltello, agitare (in aria) il coltello; **mit den Händen** ~, smanacciare *fam*.

herum|führen itr **A** tr **1** (*jdn begleiten*) **jdn** (*irgendwo*) ~ {GÄSTE IN DER STADT} portare/accompagnare in giro *qu* (*+ compl di luogo*) **2** (*ringsherum anlegen*) **etw um etw** (akk) ~ {HECKE UM DEN PARK, MAUER UM EINE SIEDLUNG} circondare *qc con qc*, cingere *qc di/con qc* **B** itr (*umschließen*) **um etw** (akk) ~ {STRASSE, WEG UM DAS HAUS} girare/correre intorno *a qc*; {HECKE, ZAUN} *auch* cingere *qc*.

herum|fuhrwerken itr *fam* **mit etw** (dat) **an etw** (dat) ~ {MIT EINEM GERÄT AN EINEM SCHLOSS} armeggiare *con qc* (*intorno a qc*).

herum|fummeln itr *fam* **1** (*berühren*) **an etw** (dat) ~ {AN EINEM KNOPF, OHRRING} giocherellare *con qc* **2** (*zu reparieren versuchen*) (**mit etw** dat) **an etw** (dat) ~ {MIT DEM SCHRAUBENZIEHER AN EINEM GERÄT} trafficare intorno *a qc* (*con qc*) **3** (*sexuell berühren*) **an jdm** ~ palpare *qu*, palpeggiare *qu*, brancicare *qu rar*.

herum|gammeln itr *fam* → **rum|gammeln**.

herum|geben <irr> tr **etw** ~ {FOTOS} far passare/girare *qc*.

herum|gehen <irr> itr <sein> **1** *fam* (*umhergehen*) (*irgendwo*) ~ {IM GARTEN} girare (+ *compl di luogo*), andare ₗin giroₗ/[girando] (+ *compl di luogo*): ₗin der Stadtₗ/[im Zimmer] ~, ₗandare in giroₗ/[girare] per la città/stanza **2** (*rings um jdn/etw gehen*) **um jdn/etw** ~ girare intorno/attorno *a qu/qc*; {UM DEN SEE, TEICH} fare il giro *di qc*: **hinten** ~, passare per (di) dietro, fare il giro da dietro; **vorne** ~, passare per davanti, fare il giro da davanti; **hier** ~, andare di qua/qui; **um die Ecke** ~, (s)voltare/girare l'angolo **3** (*den Anwesenden gezeigt werden*) {BUCH, POKAL} fare il giro: **wir haben die Fotos ~ lassen**, abbiamo fatto circolare/girare le foto **4** *region fam* (*vergehen*) {JAHRE, ZEIT} passare, trascorrere: **etw geht bald herum**, qc passerà/finirà (presto); **etw geht (und geht) nicht herum**, qc non passa/finisce mai **5** (*weitererzählt werden*) {NACHRICHT} circolare, fare il giro: **die Neuigkeit ist in der ganzen Stadt herumgegangen**, la novità ha fatto il giro della città; **es geht das Gerücht herum, dass …**, corre voce che …; **jdm geht etw im Kopf herum**, qc ₗfrulla inₗ/[passa per la] testa a qu; **seine Worte sind mir noch lange im Kopf herumgegangen**, ho continuato a ₗpensare alleₗ/[rimuginare sulle] sue parole ancora a lungo.

herum|geistern itr *fam scherz* (*allein umhergehen*) **irgendwo** ~ {IN DER WOHNUNG} aggirarsi/vagare + *compl di luogo* • **in jds Kopf** ~ {IDEEN}, passare per la testa a qu.

herum|gondeln itr <sein> *fam* (*irgendwo*) ~ girellare/girare/[andare in giro] (+ *compl di luogo*).

herum|hacken itr *fam* **auf jdm/etw** ~ criticare continuamente *qu/qc*, essere sempre a sindacare *su qu/qc*.

herum|hängen itr <haben oder süddt A CH sein> *fam* **1** (*unordentlich aufgehängt sein*) **irgendwo** ~ essere appeso qua e là **2** (*sich aufhalten*) (*irgendwo*) ~ {PERSON IM BÜRO, IN KNEIPEN, LOKALEN} starsene/[essere confinato] + *compl di luogo* **3** (*nichts tun*) non fare un tubo *slang*, ciondolare.

herum|hantieren <ohne ge-> itr *fam* → **herum|fuhrwerken**.

herum|horchen itr *fam* sentire *fam*/informarsi in giro.

herum|huren itr *vulg* (**mit jdm**) ~ fottere/chiavare a destra e a manca (*con qu*) *vulg*.

herum|irren itr <sein> (*irgendwo*) ~ {IN EINEM GEBÄUDE} vagare/aggirarsi + *compl di luogo*.

herum|kommandieren <ohne ge-> tr *fam* **jdn** ~ comandare *qu* a bacchetta.

herum|kommen <irr> itr <sein> *fam* **1** (*um jdn/etw*) ~ {UM EIN HINDERNIS} poter(e)/[riuscire a] girare intorno a *qu/qc*: **um die Ecke** ~, riuscire a voltare l'angolo; **um die Kurve** ~, riuscire a prendere la curva **2** (*vermeiden können*) **um etw** (akk) ~ poter(e)/[riuscire a] aggirare/evitare *qc*: **um die Prüfung kommst du nicht herum!**, quell'esame non te lo leva/toglie nessuno!; **nicht darum** ~, **etw zu tun**, non poter(e) fare a meno di fare *qc* **3** *fam* (*reisen*) (*irgendwo*) ~ girare e/[andare in giro] (+ *compl di luogo*): **in der Welt herumgekommen sein**, aver girato il mondo (in lungo e in largo); **viel herumgekommen sein**, aver girato tanto *fam*.

herum|krabbeln itr <sein> *fam* (*irgendwo*) ~ {BABYS} gattonare/[andare carponi/gattoni] (+ *compl di luogo*); {KÄFER} camminare (+ *compl di luogo*).

herum|kramen itr *fam* (*irgendwo*) ~ {IN DER SCHUBLADE} rovistare/frugare/razzolare + *compl di luogo*.

herum|krebsen itr *fam* **1** (*nicht recht vorwärtskommen*) vivacchiare, annaspare, tirare avanti/[a campare] **2** (*sich nicht gesund fühlen*) non cavarne le gambe.

herum|kriegen tr *fam* **1** (*überreden*) **jdn** (**zu etw** dat) ~ riuscire a convincere *qu* (*di qc*): **am Schluss habe ich ihn herumgekriegt**, alla fine gli ho fatto cambiare idea **2** (*ins Bett kriegen*) **jdn** ~ riuscire a portarsi a letto *qu*; {FRAU} auch convincere *qu* a darla *vulg*.

herum|kritisieren <ohne ge-> itr *fam* (**an jdm/etw**) ~ (non fare altro che) criticare (*qu/qc*).

herum|kurven itr <sein> *fam* (*irgendwo*) ~ andare in giro (+ *compl di luogo*).

herum|kutschieren <ohne ge-> tr *fam* **jdn** (*irgendwo*) ~ {GÄSTE IN DER STADT} ₗportare in giroₗ/[scarrozzare] *qu + compl di luogo*: **jdn in der Gegend** ~, portare in giro qu, scarrozzare qu di qua e di là.

herum|labern itr *fam pej* (*Unsinn reden*) blaterare, parlare ₗtanto per parlareₗ/[per dare aria ai denti], cianciare: **dumm** ~, blaterare sciocchezze/fesserie, parlare da scemo (-a).

herum|laborieren <ohne ge-> itr *fam* **an etw** (dat) ~ {AN EINER KRANKHEIT} cercare di farsi passare *qc*.

herum|laufen <irr> itr <sein> **1** *fam* (*umherlaufen*) (*irgendwo*) ~ girare + *compl di luogo*, andare in giro (+ *compl di luogo*) **2** (*rings um jdn/etw laufen*) **um jdn/etw** ~ girare intorno/attorno *a qu/qc*; {UM DEN SEE, TEICH} fare il giro *di qc* **3** (*ringsherum angelegt sein*) **um etw** (akk) ~ {STRASSE UM EIN NATURSCHUTZGEBIET, EINE STADT} girare/correre intorno/attorno *a qu/qc*; {MAUER UM DEN FRIEDHOF} *auch* circondare *qc* **4** *fam* (*sich zurechtmachen*) **irgendwie** ~ andare in giro + *compl di modo*: **so kannst du doch nicht ~!**, non puoi mica andare in giro (conciato (-a)) così!; **wie der immer herumläuft!**, ma come va in giro!, va in giro in certe condizioni!; **ständig in den gleichen Klamotten** ~, portare sempre le stesse cose, portare/avere sempre le stesse cose addosso • **frei** ~ {TÄTER, VERBRECHER}, essere ancora a piede libero; **dass so etwas frei ~ darf!** *fam*, ancora non l'hanno rinchiuso (-a)?

herum|liegen <irr> itr <haben oder süddt A CH sein> *fam* **1** (*unordentlich liegen*) (*irgendwo*) ~ {BÜCHER AUF DEM BODEN, TISCH; SPIELSACHEN IM ZIMMER} essere ₗin giroₗ/[sparso]/[sparpagliato] (+ *compl di luogo*): **alles** ~ **lassen**, lasciare tutto in giro **2** (*ringsumher liegen*) **um etw** (akk) ~ {PERSONEN UM DAS LAGERFEUER} ₗessere/stare sdraiato (-a)ₗ/[giacere] *geh* intorno/attorno *a qc*; {KURORTE UM DEN SEE} essere situato intorno/attorno *a qc*.

herumliegend adj **1** (*unordentlich liegend*) {KLEIDER} sparso **2** (*ringsherum*): **die um das Atomkraftwerk ~en Dörfer**, i paesi situati intorno alla centrale nucleare.

herum|lümmeln itr *fam* → **herum|flegeln**.

herum|lungern itr <haben oder sein> *fam* (*irgendwo*) ~ {IN KNEIPEN, LOKALEN} ciondolare *fam*/bighellonare (+ *compl di luogo*).

herum|machen itr → **rummachen**.

herum|mäkeln itr, **herum|meckern** itr *fam* → **herum|nörgeln**.

herum|motzen itr → **rum|motzen**.

herum|murksen itr → **rum|murksen**.

herum|nörgeln itr *fam* **an jdm/etw** ~ (continuare a) brontolare (*con qu/per qc*), trovare sempre da ridire (*su qu/qc*).

herum|pfuschen itr *fam* **an jdm/etw** ~ curare male/[da cani *fam*] *qu/qc*; (**an etw** dat) ~ {AN EINER ARBEIT} pasticciare (*qc*) *fam*, abborracciare *qc fam*.

herum|plagen rfl *fam* → **herum|quälen**.

herum|pröbeln itr *CH* → **herum|experimentieren**.

herum|quälen rfl *fam* **1** sich (**mit jdm/etw**) ~ {MIT EINER LANGWEILIGEN ARBEIT, EINEM TREULOSEN LIEBHABER} dannarsi l'anima (*per qu/su qc*), stare a soffrire (*per qu/qc*): **mit dieser Übersetzung habe ich mich ewig herumgequält**, questa traduzione mi ha fatto (-a) sudare/tribolare/penare parecchio **2** (*an etw leiden*) sich (**mit etw** dat) ~ {MIT EINER KRANKHEIT, EINEM LEIDEN} stare a patire/soffrire (*per qc*).

herum|quatschen itr *fam* **1** (*labern*) blaterare *fam*, cianciare *fam*: **dumm** ~, dire fesserie, blaterare scemenze **2** (*überall erzählen*) andare a parlare in giro.

herum|raten itr, **herum|rätseln** itr (**an etw** akk) ~ {AN JDS VERHALTEN} scervellarsi/[lambiccarsi/spremersi il cervello] (*su qc*).

herum|reden itr *fam* **1** (*inhaltslos reden*) parlare ₗper non dire nienteₗ/[tanto per fare] andare la bocca]/[per dar(e) aria ai denti]: **dumm** ~, parlare da scemo (-a), dire stupidaggini **2** (*ausweichend reden*) tergiversare; **um etw** (akk) ~ {UM EINE SACHE} girare intorno *a qc*.

herum|reichen tr **1** *geh* **etw** ~ {TELLER} far girare *qc* **2** *fam* (*allen vorstellen*) **jdn** ~ {BESUCHER, GAST} presentare *qu*: **jdn überall** ~, presentare qu a destra e a manca.

herum|reisen itr (*irgendwo*) ~ viaggiare/[andare in giro] (+ *compl di luogo*): **in der Welt herumgereist sein**, aver girato il mondo (in lungo e in largo).

herum|reißen <irr> tr **etw** ~ {PFERD} voltare bruscamente *qc*: **das Steuer** ~ *autom*, sterzare bruscamente; *naut* virare bruscamente di bordo, effettuare una brusca virata di bordo.

herum|reiten <irr> itr <sein> *fam* **1** (*umherreiten*) (*irgendwo*) ~ {IM WALD} girare/[fare un giro/una passeggiata] a cavallo (+

compl di luogo) **2** (*rings um jdn/etw reiten*) **um jdn/etw** ~ {UM EIN HINDERNIS, EINEN SEE} girare (a cavallo) intorno/attorno *a qu/qc* **3** *pej* (*auf jdm herumhacken*) **auf jdm** ~ accanirsi *contro qu*; (*ständig erwähnen*) **auf etw** (dat) ~ non smetterla/finirla *con qc*, insistere *su qc*, battere e ribattere *su qc*: **dauernd auf der gleichen Sache** ~, battere sempre sullo stesso tasto.
herum|rennen <irr> itr <sein> **1** (*umherrennen*) (*irgendwo*) ~ {AUF DEM SPORTPLATZ} correre (+ *compl di luogo*): **im Haus/Hof** ~, correre per la casa/il cortile **2** (*rings um jdn/etw rennen*) **um jdn/etw** ~ correre intorno/attorno *a qu/qc* **3** *fam* (*mühevoll suchen*) (*irgendwo*) ~ {IM GANZEN HAUS} girare (+ *compl di luogo*): **in der ganzen Stadt** ~, **um ein paar Schuhe zu finden**, ₗgirare tutta la cittàⱼ/[percorrere la città in lungo e in largo *geh*] per trovare un paio di scarpe.
herum|rühren Ⓐ tr *etw* ~ {SUPPE} rimestare *qc*, mescolare *qc* Ⓑ itr (*in etw* dat) ~ **1** (*ständig rühren*) {IN DER SOßE} ₗstar(e) lìⱼ/[continuare] a rimestare/mescolare (*qc*) **2** *fam* (*ständig daran erinnern*) {IN DEN ALTEN FAMILIENSTREITIGKEITEN} rivangare (*qc*), rimestare (*qc*).
herum|rutschen itr <sein> *fam* **auf etw** (dat) ~ {AUTO AUF DER NASSEN FAHRBAHN, DEM GLATTEIS} slittare *su qc*, scivolare *su qc*; {KIND AUF DEM STUHL} muoversi avanti e indietro *su qc*, dimenarsi *su qc*.
herum|scharwenzeln itr <sein> *fam pej* **um jdn** ~ {MITARBEITER UM DEN CHEF; FRAU UM EINEN MANN} girare intorno *a qu*, ronzare intorno/attorno *a qu*.
herum|schlagen <irr> Ⓐ tr *geh etw um etw* (akk) ~ avvolgere *qc in qc*, avvolgere *qc* intorno *a qc*: **ein Tuch um den Korb** ~, avvolgere il cesto in un panno Ⓑ rfl *fam* **1** (*raufen*) **sich** (*mit jdm*) ~ fare a botte (*con qu*), picchiarsi (*con qu*), azzuffarsi (*con qu*) **2** (*sich abquälen*) **sich** *mit jdm/etw* ~ {MIT EINER LANGWIERIGEN ARBEIT} dannarsi l'anima *con/per qc/qu*; {MIT PROBLEMEN} fare i conti *con qc*; {MIT DEM CHEF} *auch* vedersela *con qu*.
herum|schleichen <irr> itr <sein> **1** *fam* (*umherschleichen*) (*irgendwo*) ~ {DIEB} aggirarsi ₗquatto (-a) quatto (-a)ⱼ/[zitto (-a) zitto (-a)] + *compl di luogo*: **im Haus** ~, aggirarsi ₗquatto (-a) quatto (-a)ⱼ/[zitto (-a) zitto (-a)] per (la) casa **2** (*rings um jdn/etw schleichen*) **um jdn/etw** ~ {KATZE UM DIE FALLE} girare ₗquatto (-a) quatto (-a)ⱼ/[zitto (-a) zitto (-a)] intorno/attorno *a qc* **3** *fam* (*langsam fahren*) {AUTOFAHRER AUF DER AUTOBAHN} andare ₗal rallentatoreⱼ/[a passo di lumaca].
herum|schlendern itr <sein> *fam* (*irgendwo*) ~ ₗandare a zonzoⱼ/[girellare]/[gironzolare] (+ *compl di luogo*).
herum|schleppen tr *fam* **1** (*umherschleppen*) *jdn/etw* ~ {BABY, KOFFER, MANTEL} portarsi/tirarsi/trascinarsi dietro *qu/qc*: **jdn/etw überall mit** (**sich**) ~ {EHEMANN}, tirarsi dietro *qu* dappertutto, {HANDY} portarsi dietro *qc* dappertutto **2** (*seelisch belastet sein*) *etw* ~ {PROBLEM, SORGE} trascinarsi/portarsi dietro *qc*: **etw schon lange mit sich** ~, tenersi dentro *qc* già da tempo • **eine Grippe mit sich** ~, covare un'influenza.
herum|schnüffeln itr **1** *zoo* (**an etw** dat) ~ {HUND, WILDSCHWEIN AM BAUM} annusare *qc* **2** *fam pej* (*spionieren*) (**in etw** dat) ~ {IN JDS ANGELEGENHEITEN} ficcare il naso *in qc fam*: **was schnüffelst du denn immer herum?**, cosa stai sempre a curiosare in giro?
herum|schreien <irr> itr *fam* (*irgendwo*) ~ (continuare a) gridare (+ *compl di luogo*).
herum|schwänzeln itr <sein> → **her-**

um|scharwenzeln.
herum|sein a.R. *von* herum sein → **sein**②.
herum|setzen rfl **sich** *um jdn/etw* ~ {UM DAS FEUER} sedersi/[mettersi a sedere] intorno *a qu/qc*.
herum|sitzen <irr> itr *fam* <haben *oder* süddt A CH sein> **1** (*dasitzen*) *irgendwo* ~ {IM GARTEN} stare/starsene seduto (-a) + *compl di luogo* **2** (*rings um jdn/etw sitzen*) **um jdn/etw** ~ {UM DAS FEUER, DEN OFEN} sedere intorno/attorno *a qu/qc* **3** *fam* (*nichts tun*) starsene ₗin panciolle *fam*ⱼ/[senza far niente]: **dumm** ~, non fare un tubo *slang*.
herum|spielen tr *fam* (*mit etw* dat) ~ giocherellare (*con qc*); (*an etw* dat) ~ {AN EINEM GERÄT} armeggiare/trafficare intorno/attorno *a qu/qc*.
herum|spionieren <ohne ge-> itr *fam* (*irgendwo*) ~ curiosare/spiare (+ *compl di luogo*).
herum|sprechen <irr> rfl **sich** ~ {NACHRICHT, NEUIGKEIT} diffondersi, spargersi: **etw spricht sich herum**, si sparge la voce di qc; **das hat sich mittlerweile überall herumgesprochen**, ormai lo sanno tutti, ormai si è già sparsa la voce.
herum|springen itr <sein> *fam irgendwo* ~ saltare/saltellare + *compl di luogo*: **die Kinder sprangen ausgelassen im Garten herum**, i bambini saltellavano scatenati in giardino.
herum|spuken itr *fam irgendwo* ~ {GEIST IM SCHLOSS} aggirarsi + *compl di luogo*: **in jds Kopf** ~ {GEDANKEN, VORSTELLUNGEN}, passare/frullare per la testa a qu, girare in testa a qu.
herum|stehen <irr> itr <haben *oder* süddt A CH sein> **1** *fam* (*irgendwo*) ~ {PERSON} stare (in piedi) + *compl di luogo*; {GEGENSTÄNDE} essere in giro + *compl di luogo*: **im Zimmer** ~, stare lì nella stanza (a aspettare); **im Kreis** ~, stare (in piedi) disposti (-e) in cerchio/circolo; **das Auto stand schon ewig auf dem Parkplatz herum**, la macchina era parcheggiata lì già da un pezzo; **ich steh' schon ewig hier herum**, è da ₗun pezzoⱼ/[una vita] che sono qui; **hinten** ~, stare (là) in fondo; **vorne** ~, stare (là) avanti **2** (*rings um jdn/etw stehen*) **um jdn/etw** ~ stare (in piedi) intorno/attorno *a qu/qc* **3** (*nichts tun*) starsene lì impalato (-a) (senza far niente).
herum|stöbern itr *fam* **in etw** (dat) ~ {IM SCHRANK, IN DER SCHUBLADE} frugare *in qc*, rovistare *in qc*; {IN DER BIBLIOTHEK, BUCHHANDLUNG} curiosare *in qc*: **in den Papieren/Unterlagen** ~, rovistare fra le carte.
herum|stochern itr *fam* (**mit etw** dat) (**in etw** dat) ~ razzolare (*con qc*) + *compl di luogo*: **lustlos im Essen** ~, razzolare svogliatamente nel piatto.
herum|stoßen <irr> tr *fam jdn* ~ sballottare *fam*/sbattere *fam qu* di qua e di là.
herum|streichen <irr> itr <sein> **1** (*umhergehen*) girovagare, girare, vagare: **im Wald** ~, girare per la foresta **2** (*herumschleichen*) **um jdn/etw** ~ aggirarsi quatto (-a) quatto (-a) intorno/attorno *a qu/qc*, gironzolare intorno/attorno *a qu/qc*: **der Dieb streicht um das Haus herum**, il ladro si aggira quatto quatto attorno alla casa.
herum|streifen itr <sein> *fam* girovagare, girare, vagare.
herum|streiten <irr> itr (*mit jdm*) ~ continuare a litigare (*con qu*).
herum|streunen, **herum|strolchen**, **herum|stromern** itr <sein> *fam* (*irgendwo*) ~ vagabondare + *compl di luogo*: ~de Hunde, cani randagi.

herum|suchen itr *fam* stare a cercare.
herum|tanzen itr *fam* **1** (*irgendwo*) ~ ballare (+ *compl di luogo*) **2** (*rings um jdn/etw tanzen*) **um jdn/etw** ~ {UM DAS FEUER} ballare intorno/attorno *a qu/qc*.
herum|telefonieren (a.R. herumtelephonieren) <ohne ge-> itr telefonare in giro, fare un giro di telefonate: **überall** ~, telefonare a tutti; **den ganzen Morgen** ~, passare la mattina ₗa telefonareⱼ/[al telefono].
herum|toben itr *fam* **1** <haben *oder* sein> (*irgendwo*) ~ {KINDER AUF DEM SCHULHOF} scatenarsi/scavallare *fam* (+ *compl di luogo*) **2** <haben> (*sich wütend gebärden*) andare ₗsu tutte le furieⱼ/[in bestia] *fam*, diventare un demonio, dare in escandescenze.
herum|tollen itr <haben *oder* sein> *fam* (*irgendwo*) ~ {KINDER AUF DEM SCHULHOF} scatenarsi/scavallare *fam* (+ *compl di luogo*).
herum|tragen <irr> tr **1** *jdn/etw* ~ portare in giro *qu/qc*: **etw überall mit sich** (dat) ~ {GLÜCKSBRINGER}, portarsi/tirarsi sempre dietro *qc* {IM HERZEN BEWEGEN} *qc* (*mit sich*) ~ {GEHEIMNIS, PROBLEM} tenersi dentro *qc*: **es ist besser mit ihm darüber zu sprechen, als die Sache jahrelang mit dir herumzutragen**, anziché tenerti dentro questa cosa per anni, è meglio che gliene parli.
herum|trampeln itr *fam* **1** <sein> (*über etw gehen*) **auf etw** ~ {AUF DEM FUß-, TEPPICHBODEN} calpestare *qc*; {AUF DEM BLUMENBEET, RASEN} *auch* pesticciare *qc* **2** <haben *oder* sein> *fam* (*ständig beleidigen*) **auf jdm** ~ urtare la sensibilità *di qu*; (*ständig kritisieren*) accanirsi *contro qu*, dare addosso *a qu* **3** (*verletzen*) **auf etw** (dat) ~ {AUF JDS EHRE, GEFÜHLEN, RECHTE, WÜRDE} calpestare *qc*: **auf jds Nerven** ~, logorare i nervi a qu.
herum|treiben <irr> rfl *fam pej* **1 sich** (*irgendwo*) ~ {IN DER BAHNHOFSGEGEND} aggirarsi + *compl di luogo*, bazzicare (*in*) *qc*: **wo hast du dich denn wieder herumgetrieben?**, dove eri andato (-a) a cacciarti?, dove sei stato (-a) fino adesso?; **ich weiß nicht, wo der sich wieder mal herumtreibt**, non so dove è finito/[andato a finire/cacciarsi] **2** (*ständigen Kontakt zu jdm haben*) **sich** *mit jdm* ~ farsela *con qu*.
Herumtreiber m (**Herumtreiberin** f) vagabondo (-a) m (f), girovago (-a) m (f); *scherz auch* gironzolone (-a) m (f).
herum|trödeln itr <sein> *fam* (*irgendwo/bei etw* dat) ~ {IM GARTEN} perdere tempo + *compl di luogo/in qc*; {BEI EINER ARBEIT} gingillarsi (*con qc*).
herum|turnen itr <sein> *fam* **1** (*irgendwo*) ~ fare acrobazie (+ *compl di luogo*): **auf einem Geländer** ~, fare acrobazie su un parapetto; **auf dem Stuhl** ~ {KIND}, non stare mai fermo (-a) sulla sedia **2** → **herum|tollen**.
herum|wälzen rfl **sich** (*irgendwo*) ~ {TIER IM SCHLAMM} (continuare a) rivoltarsi/rigirarsi + *compl di luogo*: **sich im Bett** ~, voltarsi e rivoltarsi nel letto.
herum|werfen <irr> Ⓐ tr **1** (*achtlos*) *etw* ~ gettare/buttare *qc* qua e là, sparpagliare *qc* **2** (*herumreißen*) **das Steuer** ~ *autom*, sterzare bruscamente, fare una violenta sterzata; *naut* virare bruscamente di bordo Ⓑ rfl → **herum|wälzen**.
herum|werkeln itr *region fam* (**an etw** dat/*irgendwo*) ~ lavoricchiare (intorno a *qc*/+ *compl di luogo*), darsi da fare (intorno *a qc*).
herum|wickeln tr *fam etw* (**um etw** akk) ~ {KORDEL UM DAS PAKET} mettere *qc* intorno *a qc*: **Papier um die Kiste** ~, avvolgere la cassa nella carta, mettere della carta intorno

alla cassa.

herum|wühlen itr *in etw* (dat) ~ {TIER IN DER ERDE, IM SAND} grufolare *in qc*; *fam* (PERSON IM SCHRANK, IN DER SCHUBLADE) rovistare (*in*) *qc*, frugare (*in*) *qc*, grufolare *in qc*.

herum|wursteln itr *region fam* (*basteln*) (*an etw* dat) ~ {AM MOTOR} armeggiare *intorno a qc*.

herum|zappen itr *fam TV* fare lo zapping.

herum|zeigen tr *fam etw* ~ far vedere *qc* (⌊*in giro*⌋/[*a tutti*]).

herum|ziehen <irr> **A** itr <sein> **1** (*umherziehen*) {ZIGEUNER, ZIRKUS} andare in giro; (*irgendwo* ~) {PROZESSION IM DORF} fare il giro *di qc*: **ziellos in der Gegend ~**, girare senza meta; **im ganzen Land ~**, girare per tutto il paese **2** (*ringsherum ziehen*) **um etw** (akk) ~ girare intorno/attorno *a qc* **3** *fam* (*wiederholt ziehen*) **an etw** (dat) ~ {AN EINEM SEIL} continuare a tirare *qc* **B** tr <*haben*> *fam etw* ~ {GEGENSTAND} tirarsi dietro *qc* **C** rfl <*haben*> **sich um etw** (akk) ~ {GRABEN UM DAS SCHLOSS; HECKE UM DEN FRIEDHOF} circondare *qc*, girare intorno *a qc*, correre intorno *a qc*.

herunter adv (*in Richtung des Sprechenden*) (*von etw* dat) ~ giù (*da qc*): **von oben ~**, dall'alto in basso; **von der Decke bis zum Boden ~**, dal soffitto fino giù per terra; ~ **geht es leichter als hinauf**, è più facile scendere che salire.

herunter|bekommen <irr, *ohne* ge-> tr *fam* **1** *etw* (*von etw* dat) ~ {KISTE VOM SCHRANK} riuscire a tirare giù *qc* (*da qc*); {DRECK VON DEN SCHUHEN} riuscire a togliere/levare *qc* (*da qc*); {ETIKETT VON DER FLASCHE} *auch* riuscire a staccare *qc* (*da qc*): **den Schrank nicht die Treppe ~**, non riuscire a portare l'armadio giù per le scale **2** (*schlucken können*) *etw* ~ {ESSEN} riuscire a mandare giù *qc*.

herunter|bemühen <*ohne* ge-> **A** tr (*in Richtung des Sprechenden*) *jdn* ~ pregare *qu* di scendere/[venire giù]; (*in negativem Sinn*) scomodare *qu* facendolo scendere **B** rfl *sich* ~ (essere così gentile da) scendere; (*in negativem Sinn*) scomodarsi a scendere.

herunter|beten tr → **herunter|leiern**.

herunter|bitten <irr> tr (*in Richtung des Sprechenden*) *jdn* ~ pregare *qu* di scendere/[venire giù], invitare *qu* a scendere.

herunter|blicken itr → **herunter|sehen**.

herunter|brennen <irr> itr <sein> {FEUER, KERZE} consumarsi completamente; {GEBÄUDE} bruciare completamente, ridursi in cenere; {SONNE} picchiare.

herunter|bringen <irr> tr (*in Richtung des Sprechenden*) *jdn/etw* ~ portare giù *qu/qc*.

herunter|drücken <irr> tr **1** (*nach unten drücken*) *etw* ~ {HEBEL, KLINKE} abbassare *qc*; {PEDAL} *auch* schiacciare *qc* **2** *fam* (*senken*) *etw* (*auf etw* akk) ~ {LÖHNE, PREISE} abbassare *qc* (*a qc*), ridurre *qc* (*a qc*).

herunter|fahren <irr> **A** itr <sein> venire giù (con un veicolo): (**irgendwo**) **heruntergefahren kommen**, venire giù (da/per qc); **den Berg ~**, venire giù dalla montagna **B** tr <*haben*> **1** *jdn* ~ accompagnare giù *qu* (con un veicolo); *etw* ~ portare giù *qc* (con un veicolo) **2** (*verringern*) *etw* ~ {PRODUKTION, WERBUNG} ridurre *qc*; {ETAT} tagliare *qc* **3** *inform* ~ {SYSTEM} arrestare *qc*.

herunter|fallen <irr> itr <sein>, **herunter|fliegen** <irr> itr <sein> *fam* (*von etw* dat) ~ {GEGENSTAND, PERSON VON EINEM BAUM} cadere (giù) (*da qc*), cascare (giù) (*da qc*): **die Treppe ~**, cadere giù per le scale; **jdm fällt/fliegt** *fam etw* **herunter**, a *qu* cade *qc*.

herunter|geben <irr> tr (*in Richtung des Sprechenden*) *jdm etw* ~ passare (giù) *fam qc a qu*, dare *qc a qu*.

herunter|gehen <irr> itr <sein> **1** (*von oben nach unten gehen: in Richtung des Sprechenden*) (*von etw* dat) ~ {VOM DACH, VON DER LEITER, MAUER} scendere/[venire giù] (*da qc*): **die Treppe ~**, scendere le scale **2** (*den Platz frei machen*) (*von etw* dat) ~ {VOM SESSEL, STUHL} alzarsi (*da qc*) **3** *fam* (*sinken*) (*auf etw* akk) ~ {PREISE} calare/scendere (*a qc*); {FIEBER} abbassarsi (*a qc*); {LÖHNE} scendere (*a qc*), ridursi (*a qc*) **4** *fam* (*reduzieren*) **mit etw** (dat) ~ abbassare *qc*: **mit den Preisen ~**, abbassare i prezzi; **fragen, ob jd mit dem Preis heruntergeht**, chiedere a *qu* se ⌊abbassa il prezzo⌋/[fa uno sconto].

heruntergekommen adj {HAUS} in (stato di) abbandono; {STADTTEIL} degradato, in stato di degrado; {GEBÄUDE} fatiscente; {WOHNUNG} malridotto, malandato; {MENSCH} scalcagnato, malmesso; ~ **aussehen** {HAUS, WOHNUNG} essere fatiscente; {STADTTEIL} essere in stato di degrado, essere degradato; {PERSON} avere l'aria malmessa/scalcagnata.

herunter|handeln tr *fam jdn* ~ (star lì a) tirare sul prezzo *con qu*; *jdn um etw* (akk) ~ {UM 50 EURO} far(e) abbassare a *qu* il prezzo *di qc*; *etw um etw* (akk) ~ {PREIS, SUMME} avere uno sconto *di qc su qc*: **den Preis um** ⌊**100 Euro**⌋/[**10 Prozent**] **~**, (riuscire a) ottenere/[farsi far] uno sconto ⌊di 100 euro⌋/[del 10 percento] (sul prezzo); **sich ~ lassen**, fare/concedere sconti (sul prezzo).

herunter|hängen <irr> itr <*haben* oder *süddt* A CH *sein*> (*von etw* dat) ~ {SEIL VON DER DECKE} penzolare *fam*/pendere/scendere (*da qc*).

herunter|hauen tr *fam*: **jdm eine/[ein paar] ~**, mollare *fam*/appioppare *fam* un ceffone/[paio di sberle] a *qu*.

herunter|holen tr *etw* (*von etw* dat) ~ {KISTE, MÖBEL VOM SPEICHER} portare giù *qc* (*da qc*); *jdn* (*von etw* dat) ~ {KIND VOM BAUM} tirare giù *qu* (*da qc*).

herunter|klappen tr *etw* ~ {DECKEL} abbassare *qc*; {SITZ, SONNENBLENDE} *auch* buttare giù *qc*.

herunter|klettern itr <sein> (*von etw* dat) ~ {VOM BAUM, GERÜST} scendere (a forza di braccia) (*da qc*).

herunter|kommen <irr> itr <sein> **1** (*von etw* dat) ~ scendere/[venire giù *fam*] (*da qc*); (*es schaffen*) riuscire a scendere/[venire giù *fam*] (*da qc*): **die Treppe ~**, (riuscire a) scendere le scale **2** *fam* (*verwahrlosen*) {HAUS, WOHNUNG} andare ⌊in rovina⌋/[a ramengo *nordital*]; {PERSON} (*gesundheitlich*) deperire, andare giù *fam*; (*im Aussehen*) sciuparsi; (*sittlich*) cadere in basso **3** (*etw beendigen*) **von etw** (dat) ~ {VOM ALKOHOL, HEROIN} uscire *da qc fam*, venire fuori *da qc fam* **4** **Schule von etw** (dat) ~ {VON EINER SCHLECHTEN NOTE} tirarsi su *da qc fam*, rimediare *a qc*.

herunter|können <irr> itr (*von etw* dat) (*irgendwohin*) ~ poter(e) scendere (*da qc*) (+ *compl di luogo*); **zu jdm** ~ poter(e) scendere *da qu*.

herunter|kriegen tr *fam* → **herunter|bekommen**.

herunter|kurbeln tr *etw* ~ {WAGENFENSTER} abbassare *qc*, tirare giù *qc*.

herunterladbar adj *inform* scaricabile.

herunter|laden tr *inform etw* (*aus etw* dat) (*auf etw* akk) ~ {ARTIKEL, DATEI, PROGRAMM, SOFTWARE AUS DEM INTERNET AUF EINEN PC} scaricare *qc* (*da qc*) (*su qc*), fare il download *di qc* (*da qc*) (*su qc*).

herunter|lassen <irr> **A** tr ~ {JALOUSIEN, ROLLLADEN, VORHANG} abbassare *qc*, tirare giù *qc*; *etw* (*von etw* dat) ~ {KORB, SEIL VOM BALKON, FENSTER} calare/[far scendere]/[mandare giù] *qc* (*da qc*); *jdn* (*von etw* dat/*irgendwohin*) ~ lasciar(e) scendere *qu* (*da qc*/+ *compl di luogo*); (*willentlich*) far(e) scendere *qu* (*da qc*/+ *compl di luogo*): **jdn zu jdm ~**, lasciare/far(e) scendere *qu* verso *qu* **B** rfl **sich** (*an etw* dat) ~ {BERGSTEIGER, HÖHLENFORSCHER AN EINEM SEIL} calarsi (giù) (*con qc*).

herunter|leiern tr *fam etw* ~ {GEDICHT, TEXT} recitare meccanicamente *qc*.

herunter|machen tr *fam* **1** (*zurechtweisen*) *jdn* ~ trattare male *qu* **2** (*herabsetzen*) *jdn* ~ umiliare *qu*: **jdn/etw total ~** {NEUEN FILM, ROMAN, SCHAUSPIELER}, stroncare *qu/qc*, demolire *qu/qc*; {JDS ARBEIT}, distruggere *qc*, demolire *qc*.

herunter|nehmen <irr> tr **1** *etw* (*von etw* dat) ~ {FÜSSE VOM TISCH, KOFFER VOM SCHRANK} tirare giù *qc* (*da qc*); {TELLER VOM TISCH} togliere/levare *qc* (*da qc*) **2** *fam* (*aus der Schule entfernen*) *jdn von etw* (dat) ~ {KIND VON DER SCHULE} togliere *qc da qc*.

herunter|putzen tr *fam jdn* ~ fare una ramanzina/partaccia *a qu*.

herunter|rasseln tr *fam etw* ~ {FORMELN, NAMEN} snocciolare *qc*.

herunter|reichen **A** tr (*in Richtung des Sprechenden*) *jdm etw* (*von etw* dat) ~ ⌊passare (giù)⌋/[dare] *qc* (*da qc*) **B** itr *von etw* (dat) *bis auf etw* (akk) ~ scendere *da qc fino a qc*: **von der Decke bis auf den Boden ~**, scendere dal soffitto fino a terra.

herunter|reißen <irr> tr **1** (*abreißen*) *etw* (*von etw* dat) ~ {PLAKAT VON DER MAUER} strappare (*via*) *qc* (*da qc*) **2** (*ausdruckslos spielen*) *etw* ~ {KLAVIERSONATE} suonare/eseguire meccanicamente *qc*.

herunter|rutschen itr <sein> {HOSE} scivolare (giù), andare giù.

herunter|schalten itr *autom* innestare una marcia inferiore, scalare di marcia, mettere la marcia sotto *fam*: **vom vierten in den dritten Gang ~**, passare dalla quarta alla terza (marcia).

herunter|schauen itr → **herunter|sehen**.

herunter|schießen <irr> tr *fam etw* (*mit etw* dat) ~ {FLUGZEUG MIT EINER RAKETE} buttare giù *qc* (*con qc*) *fam*, abbattere *qc* (*con qc*).

herunter|schlucken tr *etw* ~ **1** {BISSEN, PILLE} inghiottire *qc*, mandare giù *qc fam* **2** *fam* {KRITIK, VORWÜRFE} ingoiare *qc*, mandar giù *qc fam*: **man kann doch nicht immer alles ~!**, non si può mica ingoiare tutto!

herunter|schrauben tr *fam etw* ~ {ANFORDERUNGEN} ridurre *qc*, ridimensionare *qc*; {ANSPRÜCHE} *auch* moderare *qc*; {NIVEAU, NOTENDURCHSCHNITT} abbassare *qc*.

herunter|sehen <irr> itr *auf jdn/etw* ~ **1** (*von oben nach unten sehen: meist in Richtung des Sprechenden*) guardare ⌊in basso⌋/[giù] *verso qu/qc*, guardare *qu/qc* dall'alto **2** (*gering schätzen*) {PERSON AUF ANDERE PERSON, JDS LEISTUNGEN} guardare *qu/qc* dall'alto in basso.

herunter|sein a.R. *von* herunter sein → **sein**[2].

herunter|setzen tr **1** (*senken*) *etw* (*um etw* akk) ~ {PREIS UM 10%, 10 EURO} scontare *qc* (*di qc*); *etw* (*von etw* akk) ~ {PREIS VON 60 AUF 50 EURO, WAHLALTER VON 21 AUF 18 JAHRE} abbassare *qc* (*a qc*) **2** (*nach unten setzen*) *jdn/etw* ~ {BABY, HUND} mettere giù *qu/qc*.

herunter|spielen tr *etw* ~ **1** (*ausdruckslos spielen*) {MUSIKSTÜCK} suonare/eseguire meccanicamente qc **2** (*die Bedeutung verringern*) minimizzare qc.

herunter|springen <irr> itr <sein> (*von etw* dat) ~ saltare giù (da qc).

herunter|steigen <irr> itr <sein> (*in Richtung des Sprechenden*) (*von etw* dat) ~ {VOM DACH, DER LEITER} scendere (da qc).

herunter|stoßen <irr> tr (*in Richtung des Sprechenden*) jdn/etw (*von etw* dat) {VOM DACH, VON DER LEITER} spingere (giù) qu/qc (da qc).

herunter|stürzen (*in Richtung des Sprechenden*) **A** itr <sein> (*von etw* dat) (*auf etw* dat) ~ {VOM DACH, VON EINER LEITER, MAUER AUF DIE ERDE} precipitare (giù) (da qc) (+ compl di luogo) **B** tr <haben> jdn/etw (*von etw* dat) ~ far precipitare giù qu/qc (da qc) **C** rfl <haben> sich (*von etw* dat) ~ {VOM DACH DES HOCHHAUSES} gettarsi/buttarsi fam giù (da qc).

herunter|tragen <irr> tr (*in Richtung des Sprechenden*) jdn/etw (*von etw* dat) (*irgendwohin/zu jdm*) ~ {KRANKEN, VERLETZTEN} (tras)portare giù qu/qc (da qc) (+ compl di luogo/da qu) (in den Süden ziehen):

herunter|werfen <irr> tr (*in Richtung des Sprechenden*) jdn/etw (*von etw* dat) ~ gettare/buttare fam giù qu/qc (da qc).

herunter|wirtschaften tr fam *etw* ~ {FIRMA} mandare in rovina/decozione qc, portare qc al dissesto/[allo sfacelo] (economico).

herunter|wollen itr (*in Richtung des Sprechenden*) (*von etw* dat) ~ {VOM GERÜST} voler(e) scendere (da qc); *zu jdm* ~ voler(e) scendere da qu.

herunter|würgen tr *etw* ~ {SCHLECHTES ESSEN} mandare fam/buttare fam giù qc (controvoglia).

herunter|ziehen <irr> **A** tr <haben> **1** (*nach unten ziehen*) jdn/etw ~ {FENSTER IM ZUG, HOSE, JALOUSIEN, ROLLLADEN} tirare giù qu/qc, abbassare qc **2** (*abziehen*) *etw* (*von etw* dat) ~ {FOLIE VOM BUCH} togliere qc (da qc) **3** (*traurig stimmen*) jdn ~ {MELANCHOLISCHE MUSIK} deprimere qu, buttare giù qu **B** itr <sein> (*die Wohnung wechseln: in Richtung des Sprechenden*) (*irgendwohin*) ~ trasferirsi (giù) (+ compl di luogo): **von der vierten in die dritte Etage ~**, trasferirsi giù dal quarto al terzo piano; (*in den Süden ziehen*): **wir sind von Hamburg nach München heruntergezogen**, da Amburgo ci siamo trasferiti (-e) (qui) a Monaco.

hervor adv (in) fuori: **~ mit dir!**, forza, vieni fuori!; **unter dem Bett ~**, fuori da sotto il letto.

hervor|bringen <irr> tr **1** (*erzeugen*) jdn/etw ~ {LAND, STADT AUTOREN, KÜNSTLER, MUSIKER} dare i natali a qu; {EPOCHE KUNSTWERK} produrre qc, creare qc **2** (*von sich geben*) *etw* ~ {TON} emettere qc; {WORT} dire qc, proferire qc.

hervor|gehen <irr> itr <sein> *aus etw* (dat) ~ **1** geh (*entstehen*) {KIND AUS EINER EHE} nascere da qc; *als etw* (nom) ~ uscire qc: **aus etw** (dat) **als Sieger** ~, uscire vincitore da qc **2** (*sich ergeben*) {SCHULD AUS BEWEISEN, INDIZIEN} risultare da qc, emergere da qc: **daraus geht hervor, dass ...**, da ciò risulta/[si evince geh] che ...

hervor|gucken itr fam *unter etw* (dat) ~ {KIND UNTER DER DECKE} sbirciare/[far capolino]/[guardare] da sotto qc; {UNTERROCK UNTER DEM ROCK} spuntare da qc, uscire da qc: **die Sonne guckt hinter den Wolken hervor**, il sole fa capolino/[sbuca] tra/[da dietro] le nuvole.

hervor|heben <irr> tr **1** (*räumlich*) *etw* (*irgendwo*) ~ {TEXTSTELLE IM BUCH} evidenziare qc (+ compl di luogo); {GEGENSTAND IM ZIMMER} far spiccare qc (+ compl di luogo) **2** (*betonen*) *etw* ~ {ANLIEGEN, ASPEKT, PUNKT} mettere in rilievo/risalto/evidenza qc, sottolineare qc.

hervor|holen tr *etw* (*irgendwo*) ~ tirare fuori qc (+ compl di luogo): **etw unter dem Bett ~**, tirare fuori qc da sotto il letto; **etw aus der Schublade ~**, tirare fuori qc dal cassetto.

hervor|kehren tr geh → **heraus|kehren**.

hervor|kommen <irr> itr <sein> (*aus etw* dat) ~ {PERSON AUS EINEM VERSTECK; TIER AUS EINEM BAU} uscire (fuori) da qc: **hinter einem Baum ~**, spuntare/sbucare da dietro un albero.

hervor|locken tr jdn/etw (*aus etw* dat) ~ {PERSON AUS DEM VERSTECK; TIER AUS DEM BAU} attirare fuori qu/qc (da qc), fare uscire qu/qc (da qc).

hervor|quellen itr → **heraus|quellen**.

hervor|ragen itr **1** (*weit vorragen*) *aus etw* (dat) ~ sporgere (fuori) (da qc) **2** (*sich abheben*) (*unter jdm* pl) (*durch etw* akk) ~ {SCHÜLER UNTER ANDEREN SCHÜLERN DURCH INTELLIGENZ} spiccare/emergere/distinguersi (tra qu) (per qc).

hervorragend **A** adj **1** (*räumlich*) sporgente, prominente **2** (*ausgezeichnet*) {PERSÖNLICHKEIT, WISSENSCHAFTLER} eminente, di spicco; {AUFNAHME, INTERPRETATION} eccezionale; {WEIN} auch eccellente: **eine ~e Leistung**, un ottimo lavoro; *sport* una prestazione eccellente; **Hervorragendes leisten**, raggiungere dei risultati eccezionali; **sich ~ fühlen**, sentirsi magnificamente (bene) **B** adv {KOCHEN, SINGEN} in modo eccellente/eccelso/superbo.

hervor|rufen <irr> tr **1** (*verursachen*) *etw* (*bei jdm*) ~ {NACHRICHT BEGEISTERUNG} suscitare qc (in qu); {AUFREGUNG, ZORN} auch destare qc (in qu), causare qc (in qu); med {KRANKHEIT} provocare qc (in qu), causare qc (in qu) **2** (*auf die Bühne rufen*) jdn ~ {SÄNGER, SCHAUSPIELER} chiamare qu alla ribalta.

hervor|sehen <irr> itr geh → **hervor|gucken**.

hervor|springen <irr> itr <sein> (*aus etw* dat) ~ **1** (*nach vorne springen*) {PERSON AUS EINEM VERSTECK; TIER AUS EINEM KÄFIG} saltare fuori da qc: **hinter einem Baum ~**, saltare fuori da dietro un albero **2** (*hervorragen*) {NASE AUS DEM GESICHT} sporgere da qc; (in Bauwerken) aggettare (da qc).

hervorspringend adj {BACKENKNOCHEN, FELS, KINN} sporgente.

hervor|sprudeln itr <sein> *aus etw* (dat) ~ {WASSER AUS DER QUELLE} sgorgare da qc, zampillare da qc: **die Worte sprudelten gerade so aus ihr hervor**, parlava a getto continuo.

hervor|stechen <irr> itr **1** (*bemerkbar sein*) {QUALITÄT} saltare agli occhi; {FARBE} auch spiccare, risaltare **2** (*sich abheben*) *unter jdm* (pl) ~ {STUDENT UNTER ANDEREN STUDENTEN} spiccare (tra qu), distinguersi (tra qu).

hervorstechend adj {EIGENSCHAFT} spiccato, pronunciato: **seine ~sten Eigenschaften sind ...**, le sue doti più marcate sono ...

hervor|stehen <irr> itr <haben oder süddt A CH sein> *aus etw* (dat) ~ {HAKEN, NAGEL AUS DER WAND} sporgere (da qc).

hervorstehend adj {KINN, NASE} prominente, sporgente; {AUGEN} sporgente, a palla fam.

hervor|stoßen <irr> tr geh *etw* ~ {SCHREI} emettere qc, cacciare qc.

hervor|treten <irr> itr <sein> geh **1** (*nach vorne treten*) (*aus etw* dat) ~ {PERSON AUS DER MENGE} farsi avanti (da qc), uscire (da qc); **hinter etw** (dat) ~ {HINTER EINEM BAUM, EINER MAUER} spuntare da dietro qc, sbucare da dietro qc **2** (*sich bemerkbar machen*) {ÄHNLICHKEIT, DIFFERENZEN, UNTERSCHIEDE} rivelarsi, manifestarsi **3** (*sich abheben*) (*unter jdm/etw* pl) ~ {FARBE} spiccare (tra qc), risaltare (tra qc); {SCHÜLER} distinguersi (tra qu), emergere (tra qu) **4** geh → **hervor|stehen**.

hervor|tun <irr> rfl sich *mit etw* (dat) ~ **1** (*auf sich aufmerksam machen*) segnalarsi (per qc), distinguersi (per qc), farsi notare (per qc): **sich als Pianist ~**, distinguersi come pianista **2** (*angeben*) mettersi in evidenza/mostra/vista (con qc).

hervor|wagen rfl **1** sich (*aus etw* dat) ~ {TIER AUS DEM BAU} osare/[avere il coraggio di]/[azzardarsi a] uscire (da qc) **2** (*seine Zurückhaltung aufgeben*) sich ~ {PERSON} avere il coraggio di uscire allo scoperto.

hervor|zaubern tr *etw* ~ tirare fuori/[far apparire] qc come per magia; iron {LÖSUNG EINES PROBLEMS} inventarsi qc.

hervor|ziehen <irr> tr geh *etw* (*aus etw* dat) ~ {GELDBEUTEL AUS DER HOSENTASCHE} estrarre qc (da qc), tirare fuori fam qc (da qc); *etw* (*unter etw* dat) ~ {KISTE UNTER DEM BETT} tirare fuori qc (da sotto qc); *etw* (*hinter etw* dat) ~ tirare fuori qc (da dietro qc).

her|wagen rfl fam sich ~ osare/[avere il coraggio di]/[arrischiarsi a] venire qui/qua: **der soll sich ja nicht noch einmal ~!**, che non si azzardi a venire qui un'altra volta!

Herweg m: **auf dem ~**, a venire, venendo qua.

her|winken <irr> tr jdn/etw ~ {FUßGÄNGER TAXI; POLIZIST PASSANTEN, WAGEN} fare cenno a qu/qc di avvicinarsi.

Herz <-ens oder med -es, -en> n **1** anat cuore m: **das ~ klopft** (bei Aufregung), il cuore batte forte; **das ~ schlägt** (bei normaler Herztätigkeit), il cuore batte; **das ~ hat aufgehört zu schlagen**, il cuore ha smesso/cessato di battere; **sein ~ hat versagt**, il suo cuore non ha retto/[ha ceduto]; **ein ~ verpflanzen**, fare un trapianto di/[trapiantare un] cuore; **eine Operation am offenen ~en**, un intervento a cuore aperto **2** <nur sing> (*Zentrum der Empfindungen*) cuore m, animo m: **sein ~ gehört der Malerei**, il suo amore è la pittura, la pittura è la sua passione; **jdn von ~en gern haben**, volere bene a qu di tutto cuore; **ein edles/hartes/reines/weiches ~**, un cuore nobile/duro/puro/tenero; **ein gutes ~ haben**, avere buon cuore, essere di buon cuore; **kein ~ haben**, essere senza/[non avere] cuore; **im Grunde meines ~ens**, nel profondo del mio cuore, in cuor mio **3** (*Kern, Mittelpunkt*) {+ARTISCHOCKE} cuore m: **im ~en der Stadt/[Deutschlands]**, nel cuore della città/Germania **4** <nur sing> Karten cuori m pl: **die ~ drei**, il tre di cuori; **drei ~ auf der Hand haben**, avere in mano tre cuori; **~ ausspielen**, giocare cuori **5** (*Kosewort: Schatz*): **mein ~**, cuor mio, tesoro ● **jdm geht das ~ auf** (vor Freude), qu si sente allargare il cuore (per la gioia); **jdm sein ~ ausschütten**, confidarsi/sfogarsi con qu, aprire il proprio cuore a qu geh; **alles, was das ~ begehrt**, tutto ciò che si può desiderare; **bei dem Gedanken blutet mir das ~**, mi si spezza/stringe il cuore al pensiero; **jdm das ~ brechen**, spezzare il cuore a qu; **es bricht mir fast das ~, aber ich kann nichts tun**, mi si spezza il cuore ma non posso farci niente; **er hat schon viele ~en gebrochen** (*viel Erfolg bei den Frauen gehabt*), ha già fatto strage di cuori; **es nicht übers ~ bringen, etw zu tun**, non avere il cuore/coraggio di fare qc; **jdn ans ~ drücken**, stringere qu al cuore; **einsames ~**, cuore solitario; **sein ~ für etw** (akk) **entdecken**, scoprirsi una passione per qc; **jds ~ erobern**, rubare/prendere il cuore a qu; **sich** (dat) **ein ~ fassen**, farsi coraggio; **das ~ auf dem rechten Fleck haben**, avere un gran cuore; **mit ganzem ~en** (*voll und ganz*), con tutto il cuore; **von ganzem ~en**, di tutto cuore; **jdm ⌊zu ~en⌋/ [ans ~] gehen**: **der Tod seines Hundes ist ihm sehr ⌊zu ~en⌋/[ans ~] fam gegangen**, la morte del suo cane lo ha toccato nel profondo; **von ~en gern**, molto volentieri, di cuore; **jdn in sein ~ geschlossen haben**, nutrire un grande affetto per qu; **jd/etw ist jdm ans ~ gewachsen**, qu si è molto affezionato/attaccato *fam* a qu/qc; **alle ~en gewinnen**, conquistare la simpatia di tutti; **ein ~ für jdn/ etw haben** {FÜR KINDER, TIERE}, amare qu/ qc; **nicht das ~ haben**, **etw zu tun**, non avere il coraggio/cuore di fare qc; **mit halbem ~en**, con poco/scarso entusiasmo; **jdm schlägt das ~ bis zum Hals**, qu ha il cuore in gola; **das ~ ⌊in die Hand⌋/[in beide Hände] nehmen**, prendere il coraggio a due mani; **sein ~ an jdn/etw hängen geh** {AN EINE FRAU, EIN HOBBY}, votarsi a qu/qc; **jds ~ hängt an jdm/etw**, qu ama qu/qc; **was hast du auf dem ~en?**, (che) c'è che ti preoccupa?; **jdm rutscht das ~ in die Hose fam**, a qu viene a mancare di colpo il coraggio, qu se la fa addosso (dalla paura) *fam*; **von ~en kommen** {GESCHENK}, venire dal cuore; **jdm ans ~ legen**, **etw zu tun**, raccomandare vivamente a qu di fare qc; **jdm lacht das ~ im Leibe obs**, qu si sente ridere il cuore; **leichten ~ens**, a cuor leggero; **jdn von ~en lieben**, amare qu ⌊con tutto il⌋/[dal profondo del] cuore; **jdm am ~en liegen**, stare a cuore a qu; **das ~ eines Löwen haben**, avere un cuor di/da leone; **seinem ~en Luft machen**, sfogarsi (con qu); **aus seinem ~en keine Mördergrube machen**, parlare ⌊a cuore aperto⌋/[con il cuore in mano]; **sich** (dat) **etw zu ~en nehmen** {VORHALTUNG, VORWURF}, prendere sul serio qc; {RAT, WARNUNG}, far tesoro di qc; **jdn/etw auf ~ und Nieren prüfen** {KANDIDATEN}, fare le pulci a qu *fam*; {GERÄT} sottoporre qc a un severo esame; **sich** (dat) **etw vom ~en reden**, levarsi/togliersi un peso dal cuore; **jdm sein ~ schenken geh**, dare/donare il proprio cuore a qu; **jds ~ höher schlagen lassen**, far battere il cuore di qu; **jdn/etw in sein ~ schließen**, affezionarsi a qu/qc; **schweren ~ens**, a malincuore; **ein ~ und eine Seele sein**, essere molto legati (-e); **jdm** (nicht) **ins ~ sehen können**, (non) poter(e) leggere nel cuore a qu; **jdm aus dem ~en sprechen**, togliere le parole di bocca a qu; **ein ~ aus Stein haben**, avere il cuore di ferro/pietra/ghiaccio; **ihm stockte das ~ vor Schreck**, sobbalzò per lo spavento; **alle/die ~en im Sturm erobern**, conquistare subito la simpatia di tutti; **ein Kind unter dem ~en tragen obs** (*schwanger sein*), portare un bimbo in grembo/seno; **sein ~ an jdn verlieren**, innamorarsi perdutamente di qu, perdere la testa per qu; **jdm wird ganz warm ums ~**, a qu si scalda il cuore, qu si commuove, qu si scioglie *fam*; **das ~ auf der Zunge haben**, avere il cuore sulle labbra; **wes das ~ voll ist, dem geht der Mund über prov**, per l'abbondanza del cuor, la bocca parla *prov*, la lingua batte dove il dente duole *prov*.

herzallerliebst adj **1** (*entzückend*) {KIND} adorabile **2** *lit obs* {FREUNDIN} diletto *geh*.

Herzallerliebste <dekl wie adj> mf *lit obs* (*geliebte Person*) diletto (-a) m (f) *geh obs*, adorato (-a) m (f).

Herzanfall m attacco m cardiaco/[di cuore] *fam*: **einen ~ bekommen**, avere un attacco cardiaco.

Herzass, Herz-Ass (a.R. Herzas) n *Karten* asso m di cuori.

her|zaubern tr (*schnell besorgen*) **etw ~**: **wo soll ich denn das jetzt ~?**, e da dove lo tiro fuori?; **das kann ich jetzt auch nicht ~!** (*das kann ich jetzt nicht herbeischaffen*), non ho mica la bacchetta magica!, non posso mica inventarmelo!

Herzbeschwerden subst <nur pl> disturbi m pl cardiaci/[di cuore].

Herzbeutel m *anat* pericardio m.

Herzbeutelentzündung f *med* pericardite f.

herzbewegend **A** adj {GESCHICHTE, WEINEN} toccante, straziante **B** adv {SINGEN} in modo toccante.

Herzblatt n **1** *bot* foglia f centrale **2** *fam* (*geliebte Person*) tesoro m.

Herzblut n *geh*: **sein ~ für jdn/etw hingeben**, dare il sangue/la vita per qu/qc; **in diesem Projekt steckt mein ~**, in questo progetto c'è ho messo ⌊tutto⌋ (-a) me stesso (-a)⌋/ [anche l'anima].

Herzbube m *Karten* fante m di cuori.

Herzchen <-s, -> n dim *von* Herz **1** (*Kosewort*) tesoruccio m: **mein ~!**, cuor mio! **2** *fam pej* (*leichtgläubige Person*) credulone (-a) m (f).

Herzchirurg m (**Herzchirurgin** f) *med* cardiochirurgo m.

Herzchirurgie f *med* cardiochirurgia f, chirurgia f cardiaca.

Herzchirurgin f → **Herzchirurg**.

herzchirurgisch adj *med* {EINGRIFF, STATION} cardiochirurgico, di cardiochirurgia.

Herzdame f *Karten* donna f/regina f di cuori.

Herzegowina <-, ohne pl> f *geog* Erzegovina f.

her|zeigen tr *fam* (*jdm*) **etw ~**: far(e) vedere⌋/[mostrare] *fam* qc (*a qu*): **zeig (doch) mal her!**, fa' un po' vedere!, fammi vedere!

Herzeleid n *geh* pene f pl di cuore, profondo dolore m, crepacuore m.

herzen tr *obs* **jdn ~** {KIND} coccolare qu, spupazzare qu *fam*.

Herzensangelegenheit f **1** (*wichtiges Anliegen*) questione f importante: **das ist mir eine ~**, la cosa mi sta particolarmente a cuore **2** (*die Liebe betreffende Angelegenheit*) questione f sentimentale; <pl> affari m pl di cuore.

Herzensangst f *geh* profonda angoscia f, grande patema m (d'animo).

Herzensbedürfnis n: **etw ist jdm ein ~**, qu ci tiene particolarmente a (fare) qc.

Herzensbildung f *geh* nobiltà f d'animo.

Herzensbrecher <-s, -> m (**Herzensbrecherin** f) *fam* rubacuori mf.

Herzensdinge subst <nur pl> affari m pl di cuore, questioni f pl sentimentali/[di cuore]: **mit ~n geht sie immer zum Vater**, quando si tratta di questioni/cose *fam* sentimentali va sempre dal padre.

Herzensgrund m *geh*: **aus ~** {JDN HASSEN, LIEBEN}, dal profondo del cuore.

herzensgut adj {MENSCH} di buon cuore, buono come il pane.

Herzensgüte f *geh* bontà f ⌊di cuore⌋/ [d'animo].

Herzenslust f: **nach ~**: **endlich kann ich mal nach ~ schlafen, ohne auf die Zeit zu achten**, finalmente posso dormire quanto voglio/[mi pare e piace], senza badare all'ora; **hier in der City können Sie nach ~ einkaufen**, qui in centro può fare tutti gli acquisti che vuole; **nach ~ essen und trinken**, mangiare e bere a volontà/[proprio piacimento].

Herzenssache f → **Herzensangelegenheit**.

Herzenswärme <-, ohne pl> f *geh* calore m umano.

Herzenswunsch m desiderio m profondo: **es ist mir ein ~ ...**, è il mio più vivo desiderio ...

herzerfrischend **A** adj {ART, CHARAKTER, NATÜRLICHKEIT} spontaneo, che porta una ventata di freschezza; {LACHEN} *auch* di cuore. **B** adv {LACHEN} di cuore.

herzergreifend adj, **herzerschütternd** adj *geh* {GESCHICHTE, SZENE} commovente, toccante.

herzerweichend adj → **herzergreifend**.

Herzfehler m *med* vizio m/difetto m cardiaco, insufficienza f cardiaca.

Herzflattern <-s, ohne pl> n *med* palpitazioni f pl.

Herzflimmern n *med* fibrillazione f cardiaca.

herzförmig adj **1** *bot* cuoriforme **2** {ANHÄNGER, KUCHEN} a forma di cuore.

Herzfrequenz f *med* frequenza f cardiaca.

Herzfunktion f *med* funzionalità f cardiaca.

Herzgegend f regione f cardiaca.

Herzgeräusch n *med* soffio m ⌊al cuore⌋/ [cardiaco].

herzhaft **A** adj **1** (*nahrhaft*) {ESSEN, FRÜHSTÜCK} sostanzioso; (*würzig-geschmackvoll*) saporito, gustoso: **~ im Geschmack sein**, essere molto saporito, avere un sapore forte **2** (*kräftig*) {HÄNDEDRUCK} forte, vigoroso; {KUSS} caloroso; {LACHEN} fragoroso, forte **B** adv {LACHEN} di cuore/gusto: **~ gähnen**, fare un lungo sbadiglio; **~ schmecken**, avere un sapore forte.

Herzhypertrophie f *med* cardioipertrofia f, ipertrofia f cardiaca.

her|ziehen <irr> **A** tr <haben> **1** (*heranziehen*) **etw ~** – tirare in qua qc: **etw zu sich** (dat) **~** {STUHL, TISCH}, tirare qc a/[verso di] sé **2** (*mitschleppen*) **jdn/etw hinter sich** (dat) **~** {SCHWERE KISTE, SCHLITTEN} tirarsi dietro qu/qc **B** itr **1** <sein> (*herlaufen*) avanzare: **hinter/neben/vor jdm/etw ~** {HINTER DER MUSIKKAPELLE}, camminare dietro/[vicino a]/[davanti a] qu/qc **2** <sein> (*hierher wohnen kommen*) venire a abitare/stare qua/ qui: **sie sind vor drei Jahren hergezogen**, sono venuti (-e) ⌊a(d) abitare⌋/[a stare] qua/qui tre anni fa **3** <haben oder sein> *fam* (*schlecht sprechen*) **über jdn ~** tagliare i panni addosso a qu *fam*, parlare male di qu, sparlare di qu.

herzig adj {KIND, KLEID} grazioso, carino: **~ aussehen**, ⌊avere un aspetto⌋/[essere] carino/grazioso.

Herzinfarkt m *med* infarto m cardiaco/ [del miocardio].

Herzinnenhaut f *anat* endocardio m.

Herzinsuffizienz f *med* insufficienza f cardiaca.

Herzjagen <-s, ohne pl> n *med* tachicardia f.

Herzkammer f *anat* ventricolo m (del cuore).

Herzkasper m *fam* attacco m di cuore ● **ich hätte fast einen ~ gekriegt** *fam*, mi è venuto un colpo *fam*.

Herzkatheter m *med* catetere m cardiaco: **(jdm) einen ~ legen**, mettere un catetere cardiaco (a qu).

Herzkirsche f *bot* durone m, (ciliegia f) duracina f.

Herzklappe f *anat* valvola f cardiaca: **künstliche ~**, valvola artificiale.

Herzklappenfehler m *med* vizio m valvolare.

Herzklopfen <-s, ohne pl> n **1** batticuore m: **vor lauter Angst habe ich ~ bekommen**, ₍mi è venuto il batticuore₎/[mi sono venute le palpitazioni] per la paura; **mit ~**, con il batticuore, con il cuore ₍che batte forte₎/[in gola] **2** *med* (*krankhafte Störung*) cardiopalmo m, palpitazioni f pl *fam*.

Herzkönig m *Karten* re m di cuori.

herzkrank adj malato di cuore *fam*, cardiopatico *wiss*.

Herzkranke <dekl wie adj> mf malato (-a) m (f) di cuore *fam*, cardiopatico (-a) m (f) *wiss*.

Herzkrankheit f malattia f al/di cuore, cardiopatia f *wiss*.

Herzkranzgefäß n <meist pl> *anat* coronaria f.

Herz-Kreislauf-Erkrankung f *med* malattia f cardiocircolatoria/[del sistema cardiocircolatorio].

Herz-Kreislauf-System n *anat* sistema m/apparato m cardiocircolatorio.

Herzleiden n affezione f cardiaca, malattia f ₍di cuore₎/[cardiaca], cardiopatia f *wiss*.

herzleidend adj sofferente/malato di cuore.

herzlich A adj **1** (*freundlich*) {EMPFANG, FREUNDSCHAFT, GRUSS, WORTE} cordiale: **~ zu/gegenüber jdm sein**, essere cordiale con/verso/[nei confronti di] qu; **einen ~en Umgang miteinander pflegen**, intrattenere dei rapporti cordiali **2** (*warmherzig*) {HÄNDEDRUCK} caloroso; {LÄCHELN} caldo; {UMARMUNG} *auch* caloroso; {MENSCH} affettuoso: **~ zu/gegenüber jdm sein**, essere affettuoso con/verso/[nei confronti di] qu **3** (*in Gruß- und Wunschformeln*): **~en Dank**, molte grazie, grazie tante; **ich darf Ihnen meinen ~en Dank aussprechen**, gradisca i miei più vivi ringraziamenti, permetta che Le porga i più cordiali ringraziamenti; **~ en Glückwunsch zum Geburtstag!**, tanti auguri di buon compleanno!; **~ willkommen in Deutschland!**, benvenuto (-a) in Germania!; (**mit**) **~e(n) Grüße(n)**, cordiali saluti; (*mündlich*): **~e Grüße auch an deinen Vater**, tanti (cari) saluti anche a tuo padre; **~es Beileid**, vive/sincere condoglianze; (*in Briefen*): **~st**, cordialmente; **~st, dein Arthur**, tuo affezionatissimo Arthur **4** (*nachdrücklich*) {BITTE} fervido B adv **1** {SICH BEDANKEN} di tutto cuore; {BEGRÜSSEN} cordialmente; {EMPFANGEN} *auch* calorosamente; {LACHEN} di cuore: **jdm ~ gratulieren** (*zum Geburtstag, zur Hochzeit*), porgere/fare a qu ₍i più sentiti auguri₎/[le più vive felicitazioni]; (*zu einer neuen Arbeit, zum Examen*) congratularsi/rallegrarsi vivamente con qu; **jdn ~ umarmen**, stringere qu in un caloroso abbraccio; **jdn ~ willkommen heißen**, dare a qu un cordiale benvenuto **2** *fam* (*in negativer Bedeutung, verstärkt im allgemeinen Adjektive und Verben*): **~ wenig**, ben/davvero poco, pochissimo; **der Film war ~ langweilig**, il film è stato di una noia unica; **darüber kann ich nur ~ lachen**, mi fa solo ridere; **ich habe sich den ganzen Abend über ~ gelangweilt**, per tutta la serata non hanno fatto altro che annoiarsi • **~ gern**, ben volentieri.

Herzlichkeit <-, ohne pl> f **1** (*Freundlichkeit*) **~ (gegenüber jdm)** {+EMPFANG, GRUSS,

WORTE} cordialità f (*verso/nei confronti di qu*) **2** (*Warmherzigkeit*) {+HÄNDEDRUCK} calorosità f; {+LÄCHELN} calore m; {+UMARMUNG} *auch* calorosità f; {+MENSCH} affettuosità f.

herzlos A adj {MENSCH} senza cuore, insensibile B adv: **sich jdm gegenüber ~ verhalten**, comportarsi da insensibile nei confronti di qu; **sich jdm gegenüber ~ zeigen**, mostrarsi insensibile ₍nei confronti di₎/[verso] qu; **~ handeln**, agire ₍con insensibilità₎/[senza cuore].

Herzlosigkeit f **~ (jdm gegenüber)** insensibilità f (₍nei confronti di₎/[verso] qu).

Herz-Lungen-Maschine f *med* macchina f cuore polmone.

Herzmassage f massaggio m cardiaco.

Herzmittel n *pharm* cardiotonico m, farmaco m/medicina f/medicinale m per il cuore *fam*.

Herzmuschel f *zoo* cuoretto m, cuore m di mare.

Herzmuskel m *anat* miocardio m.

Herzmuskelentzündung f *med* miocardite f.

Herzmuskulatur f *anat* muscoli m pl cardiaci/[del cuore].

Herzneurose f *med* nevrosi f cardiaca, cardionevrosi f.

Herzog <-(e)s, Herzöge oder -e> m (**Herzogin** f) duca m, duchessa f.

Herzoginmutter f madre f del duca.

herzoglich adj {BESITZ, FAMILIE, WAPPEN} ducale.

Herzogswürde f dignità f ducale.

Herzogtum <-(e)s, Herzogtümer> n ducato m.

Herzoperation f *med* intervento m/operazione f al cuore.

Herzpatient m (**Herzpatientin** f) (paziente mf) cardiopatico (-a) m (f), malato (-a) m (f) di cuore.

Herzrhythmus m *med* ritmo m cardiaco.

Herzrhythmusstörung f *med* aritmia f (cardiaca).

Herzscheidewand f *anat* setto m interventricolare.

Herzschlag m **1** (*einzelner Pulsschlag*) battito m ₍del cuore₎/[cardiaco]: **die Herzschläge messen**, misurare i battiti del cuore; **58 Herzschläge pro Minute messen**, contare 58 pulsazioni al minuto **2** <nur sing> (*Herztätigkeit*) pulsazioni f pl (cardiache), battito m cardiaco: **einen unregelmäßigen ~ haben**, avere il battito cardiaco irregolare **3** <nur sing> *fam* (*Herzstillstand*) infarto m: **er hat einen ~ bekommen** *fam*, gli è venuto un infarto.

Herzschmerz m <meist pl> *med* dolore m al cuore.

Herzschrittmacher m *med* stimolatore m cardiaco, cardiostimolatore m, pacemaker m, cuore m artificiale *fam*.

Herzschwäche f → **Herzinsuffizienz**.

Herzspender m (**Herzspenderin** f) *med* donatore (-trice) m (f) di (un) cuore.

Herzspezialist m (**Herzspezialistin** f) *med* cardiologo (-a) m (f).

herzstärkend adj *med* cardiotonico.

Herzstechen n fitte f pl al cuore.

Herzstillstand m *med* arresto m cardiaco, paralisi f cardiaca.

Herzstück n *geh* (*wichtigster Teil*) cuore m, parte f centrale; {+SAMMLUNG} pezzo m ₍più importante₎/[forte *fam*].

Herztätigkeit f attività f cardiaca.

Herztod m *med* morte f per arresto m cardiaco.

Herzton m *med* tono m cardiaco.

Herztransplantation f *med* trapianto m cardiaco/[di cuore].

Herztropfen subst <nur pl> *fam* gocce f pl per il cuore.

herzu adv *geh* → **herbei**.

herzus adv *süddt* a venire: **~ haben wir weniger Zeit gebraucht**, a venire abbiamo impiegato meno tempo.

Herzverpflanzung f → **Herztransplantation**.

Herzversagen n *med* arresto m cardiaco.

Herzweh n **1** *obs* (*Herzschmerz*) mal m di cuore **2** *geh* (*großes Leid*) crepacuore m, pene f pl di cuore.

Herzzentrum n *med* centro m/clinica f di cardiologia e cardiochirurgia.

herzzerreißend A adj {SZENE} straziante: **nach der Explosion spielten sich am Flughafen ~e Szenen ab**, dopo l'esplosione all'aeroporto si assistette a (delle) scene strazianti B adv {SCHREIEN, WEINEN} in modo straziante.

Hesse <-n, -n> m (**Hessin** f) assiano (-a) m (f), originario (-a) m (f) dell'Assia.

Hessen <-s, ohne pl> n *geog* Assia f.

Hessin f → **Hesse**.

hessisch A adj {MUNDART, WEIN} assiano B adv: **~ klingen** {AUSSPRACHE}, avere un'inflessione assiana.

Hetäre <-, -n> f *geh* (*Prostituierte*) etera f *lit*.

hetero adj *slang* (Abk *von* heterosexuell) eterosessuale.

Hetero <-s, -s> m (**Heterofrau, Hetero-Frau** f) *slang* (Abk *von* Heterosexuelle) eterosessuale mf.

heterogen adj {DATEN, ELEMENTE} eterogeneo.

Heterogenität f eterogeneità f.

Heterosexualität f eterosessualità f.

heterosexuell adj eterosessuale.

Heterosexuelle <dekl wie adj> mf eterosessuale mf.

heterozygot adj *biol* eterozigote.

Hetzartikel m articolo m diffamatorio.

Hetzblatt n giornale m scandalistico.

Hetze <-, -n> f **1** <nur sing> (*Eile*) fretta f, furia f: **diese ständige ~ bringt mich noch um**, questa continua fretta/furia finirà per uccidermi **2** <nur sing> *pej* (*Hetzkampagne*) **~ (gegen jdn/etw)** {GEGEN AUSLÄNDER, MINDERHEITEN} campagna f denigratoria/diffamatoria (*contro qu/qc*): **eine ~ gegen jdn betreiben**, scatenare una campagna denigratoria contro qu **3** (*beim Jagen*) caccia f ad inseguimento.

hetzen A tr <haben> **1** (*auf der Jagd*) **etw (mit etw** dat**) ~** {JÄGER WILD MIT HUNDEN; HUND HASEN} braccare qc (*con qc*) **2** (*verfolgen*) **jdn (irgendwo) ~** {POLIZEI DIEBE DURCH DIE STADT} braccare qu (+ *compl di luogo*) **3** (*zum Angriff ermuntern*) **jdn/etw auf jdn ~** {HUND AUF DIE EINBRECHER} aizzare qu/qc *contro qu*; {POLIZEI AUF DIE NACHBARN} mettere qu alle calcagna *di qu* **4** *fam* (*zur Eile antreiben*) **jdn ~** {CHEF MITARBEITER} fare/mettere fretta *a qu*, stare ₍col fiato sul collo₎/[addosso] *a qu fam*, pressare *qu fam* B itr *fam* **1** <haben> (*hastig erledigen*) fare in fretta e furia: **wenn er beim Korrigieren hetzt, übersieht er die Fehler im Text**, se corregge troppo in fretta, gli errori nel testo gli sfuggono **2** <haben> (*sich hastig fortbewegen, sich beeilen*) andare di corsa, correre: **ich habe den ganzen Tag nur gehetzt**, tutto il giorno non ho fatto altro che correre!; **jetzt hetz doch nicht so!**, ma calmati un attimo! **3** <sein> (*schnell irgendwohin gehen*) **irgend-**

wohin ~ {ZUM FLUGPLATZ, ZUR POST} correre/precipitarsi + *compl di luogo*: **sie hetzte zum Bahnhof, um den letzten Zug zu kriegen**, ha fatto tutta una corsa fino alla stazione per prendere l'ultimo treno **4** *<haben> pej* (*Hass entfachen*) mettere/seminare/spargere zizzania; **gegen jdn**/**etw** ~ {GEGEN EINEN KOLLEGEN} dire peste e corna *di qu/qc fam*; {POLITIKER, ZEITUNG GEGEN AUSLÄNDER}, aizzare gli animi *contro qu/qc*; **zu etw** (dat) ~ {ZUM AUFSTAND, KRIEG} istigare *a qc*.

Hetzerei <-, -en> *f* **1** *<nur sing>* (*ständige Hast*) continua fretta *f*, furia *f*: **die letzte Woche war eine einzige** ~!, la settimana scorsa non ho fatto altro che correre! **2** *pej* ~ (**gegen jdn**/**etw**) {GEGEN EINEN KOLLEGEN} (continuo) accanimento *m* (*contro qu/qc*); {GEGEN AUSLÄNDER, MINDERHEITEN} *auch* campagna *f* denigratoria/diffamatoria (*contro qu/qc*).

hetzerisch *adj* istigatore, provocatore.

Hetzhund *m* cane *m* da seguito.

Hetzjagd *f* **1** (*beim Jagen*) caccia *f* ad inseguimento **2** (*Verleumdungskampagne*) *pej* caccia *f* alle streghe **3** *fam* (*große Eile*) fretta *f*, furia *f*.

Hetzkampagne *f pej* ~ (**gegen jdn**/**etw**) campagna *f* diffamatoria/denigratoria (*contro qu/qc*).

Heu <-(e)s, *ohne pl*> *n* **1** *bot* fieno *m*: **Heu machen**, fare il fieno; **das Heu wenden**, rivoltare il fieno **2** *slang* (*Marihuana*) erba *f slang* **3** *fam* (*Geld*) grana *f fam*, palanche *f* pl *nordital* • **Geld wie Heu haben**, avere soldi a palate.

Heuboden *m* fienile *m* (nel ballatoio).

Heubühne *f CH* fienile *m*.

Heuchelei <-, -en> *f* ipocrisia *f*, falsità *f*: **das ist doch alles nur** ~!, è tutta ipocrisia!

heucheln A *tr* (*vortäuschen*) *etw* ~ simulare *qc*, fingere *qc*: **Mitleid** ~, fingere compassione; **Zorn** ~, fingersi arrabbiato (-a); **für jdn**/**etw Interesse** ~, fingersi interessato (-a) a qu/qc, simulare interesse per qu/qc B *itr* (*sich verstellen*) fare l'ipocrita, fingere.

Heuchler <-s, -> *m* (**Heuchlerin** *f*) ipocrita *mf*.

heuchlerisch A *adj* {VERHALTEN, WORTE} ipocrita; {FREUDE, TRAUER} finto, simulato B *adv* {REDEN, SICH VERHALTEN} da ipocrita, in modo ipocrita.

heuen *itr region* fare il fieno.

heuer *adv süddt A CH* (*dieses Jahr*) quest'anno.

Heuer <-, -n> *f naut* **1** (*Lohn*) paga *f* (del marinaio) **2** (*Anstellung*) imbarco *m*: ~ **auf etw** (dat) **nehmen** {AUF EINEM PASSAGIERSCHIFF}, imbarcarsi su qc.

Heuernte *f* fienagione *f*.

Heugabel *f* forcone *m* (da fieno).

Heuhaufen *m* mucchio *m* di fieno.

Heulboje *f* **1** *naut* boa *f* con sirena **2** *fam* (*schlechter Sänger*) pessimo (-a) cantante *mf* **3** *fam* → **Heulsuse**.

heulen *itr* **1** {HUND, WÖLFE} ululare; {MOTOR} ruggire; {WIND, STURM} ululare; {SIRENE} urlare **2** *fam* (*weinen*) (*irgendwie*) {BABY, SÄUGLING} piangere (+ *compl di modo*); (*heftig weinen*) strillare (+ *compl di modo*): **laut** ~, piangere forte; **ich hätte** ~ **können vor Schmerz**/**Wut** *fam*, mi sarei messo (-a) piangere ˌdal doloreˌ/[dalla rabbia].

Heulen <-s, *ohne pl*> *n fam* {+KIND} pianto *m*; (*heftiges Weinen*) strilli *m* pl • **das große** ~ **kriegen** *fam*, sciogliersi in lacrime: **es ist zum** ~ *fam*, c'è da piangere; **es wird** ~ **und Zähneklappern geben**, saranno dolori!

Heuler <-s, -> *m fam* **1** (*Ton*) {+HUND, WOLF} ululato *m*; {+SIRENE} urlo *m* **2** (*weinender Laut*) {+KIND} strillo *m* **3** (*Feuerwerkskörper*) "petardo *m* dal suono sibilante" **4** *zoo* piccolo *m* di foca • **das ist ja der letzte** ~! *fam* (*eine tolle Sache*), è il massimo!; (*absolut schlecht*), fa veramente pena!, è una schifezza!; (*eine unmögliche Person*), è un tipo impossibile!

Heulsuse <-, -n> *f fam pej* piagnona *f fam pej*, frignona *f fam pej*.

Heulton *m* **1** {+HUND, WOLF} ululato *m*; {+SIRENE} *auch* urlo *m* **2** (*weinender Laut*) {+KIND} strillo *m*.

heureka *interj* eureka!

heurig *adj <attr> süddt A CH* di quest'anno.

Heurige *<dekl wie adj> m A* **1** vino *m* nuovo/novello **2** (*Lokal*) "locale *m* dove si beve il vino novello, specialmente nei dintorni di Vienna".

Heuristik <-, *ohne pl*> *f wiss* euristica *f*.

heuristisch *adj* {METHODE, PRINZIP} euristico.

Heuschnupfen *m* raffreddore *m* da fieno.

Heuschober <-s, -> *m süddt A* **1** → **Heuhaufen 2** (*Scheune*) fienile *m*.

Heuschrecke <-, -n> *f zoo* cavalletta *f*, locusta *f* • **wie die** ~**n** (*gierig und in großer Zahl*), come le cavallette; **meine Verwandten sind wie die** ~**n bei uns eingefallen**, i miei parenti ci sono piombati in casa come cavallette.

Heuschreckenschwarm *m* sciame *m* di cavallette.

Heustadel <-s, -> *m süddt A CH* fienile *m*.

heut *adv fam* → **heute**.

heute *adv* **1** (*an diesem Tag*) oggi: ~ **früh**, stamattina (presto); ~ **in acht**/**vierzehn Tagen**, oggi a otto/quindici (giorni); ~ **Mittag**, oggi a mezzogiorno; ~ **Morgen**/**Abend**/**Nacht**, stamattina/stasera/stanotte; ~ **Nachmittag**, questo/oggi pomeriggio; ~ **Vormittag**, stamattina; **ab** ~, a partire da oggi, da oggi in poi; **bis** ~, fino ad oggi, a tutt'oggi; **gerade**/**ausgerechnet** ~, proprio oggi; **noch** ~, oggi stesso, entro oggi; (*noch immer*) ancora oggi, a tutt'oggi; **von** ~ **ab**/**an**, da oggi in poi/avanti; **von** ~ **auf etw** (akk) {AUF EIN ANDERES DATUM, EINEN ANDEREN TAG}, da oggi a; **die Sitzung wird von** ~ **auf den nächsten Mittwoch vertagt**, la riunione di oggi è aggiornata a mercoledì prossimo; ~ **ist der dritte Februar**, oggi è il tre febbraio; **die Zeitung von** ~, il giornale d'oggi **2** (*in der Gegenwart*) oggi, oggigiorno, al giorno d'oggi, oggidì *obs*: **die Jugend von** ~, la gioventù d'oggi; ~ **ist das alles ganz anders**, oggi/oggigiorno ˌtutto è cambiatoˌ/[è tutto diverso] • ~ **muss man schon froh sein, dass**/**wenn ...**, con i tempi che corrono è già tanto se ...; ~ **oder morgen** (*in nächster Zeit*), oggi o domani, se non è oggi è domani; ~ **will er dies, morgen das**, oggi vuole questo, domani quello; ~ **mir, morgen dir**, oggi a me, domani a te; **lieber** ~ **als morgen**, prima è, meglio è; **von** ~ **auf morgen** (*plötzlich*), dall'oggi al domani, di punto in bianco.

Heute <-, *ohne pl*> *n* oggi *m*: **im Heute leben**, vivere nel presente.

heutig *adj* **1** (*von heute*) di oggi, odierno: **die** -**e Post**, la posta di oggi; **die** -**e Vorlesung**, la lezione odierna/[di oggi]; **bis zum** -**en Tag**, fino ad oggi, a tutt'oggi **2** (*gegenwärtig*, *zeitgemäß*) di oggi, attuale, odierno: **die** -**e Generation**, la generazione odierna; **der** -**e Mensch**, l'uomo moderno/[di oggi]; **in der** -**en Situation**, nella situazione attuale/odierna, nelle condizioni attuali; **in der** -**en Zeit**, al giorno d'oggi; (*bei negativer Aussage*) con i tempi che corrono.

heutzutage *adv* oggi, oggigiorno, oggi come oggi, oggidì *geh*: **ein solches Verhalten ist** ~ **häufiger anzutreffen**, un tale comportamento è oggi/oggigiorno più frequente/diffuso.

Heuwagen *m* carro *m* da fieno.

Heuwender <-s, -> *m* voltafieno *m*.

Hexadezimalsystem *n inform math* sistema *m* esadecimale.

Hexaeder <-s, -> *n math* esaedro *m*.

Hexagon <-s, -e> *n math* esagono *m*.

hexagonal *adj* esagonale.

Hexagramm <-s, -e> *n* esagramma *m*.

Hexameter <-s, -> *m poet* esametro *m*.

Hexe <-, -n> *f* **1** (*Märchenfigur*) strega *f*: **von einer** ~ **verzaubert werden**, essere stregato/ammaliato da una strega, subire l'incantesimo di una strega **2** *hist* (*Frau, die angeblich mit dem Teufel im Bunde steht*) strega *f*: **als** ~ **angeklagt werden** {FRAU}, essere accusata di stregoneria; **als** ~ **verbrannt werden**, essere ˌmessa alˌ/[arsa sul] rogo come strega, essere condannata al rogo (delle streghe) • **eine alte** ~ *pej fam* (*bösartige alte Frau*), una vecchia strega, una megera, un'arpia; **eine** (**kleine**) ~ (*gewitzte*(*s*) *junge*(*s*) *Frau*/*Mädchen*), una (piccola) strega, una streghetta.

hexen *itr* fare stregonerie • **ich kann doch nicht** ~ *fam* (*ich kann es nicht schneller machen*), non posso mica fare miracoli, non ho mica la bacchetta magica.

Hexeneinmaleins *n* quadrato *m* magico.

Hexenglaube *m* credere *m* alle streghe.

Hexenhäuschen *n* "dolce *m* di panpepato a forma di casetta".

Hexenjagd *f* **1** *hist* caccia *f* alle streghe **2** (*ungerechtfertigte Verfolgung*) ~ (**auf jdn**) {AUF SCHULDIGEN, DIE ANGEBLICHEN VERANTWORTLICHEN, VERDÄCHTIGE} caccia *f* alle streghe (*contro qu*).

Hexenkessel *m* **1** (*Gefäß*) caldaio *m*/calderone *m*/pentolone *m* della strega **2** (*lärmendes Durcheinander*) bolgia *f*, pandemonio *m*, tregenda *f rar*.

Hexenmeister *m obs* stregone *m*.

Hexenmilch *f med* colostro *m* dei neonati, latte *m* di strega *fam*.

Hexenprozess (a.R. Hexenprozeß) *m hist* processo *m* per stregoneria.

Hexensabbat *m* **1** (*Zusammenkunft von Hexen*) sabba *m* **2** (*großes Durcheinander*) calderone *m*; (*lärmendes Durcheinander*) bolgia *f*, pandemonio *m*, tregenda *f rar*.

Hexenschuss (a.R. Hexenschuß) <-es, -schüsse> *m fam med* colpo *m* della strega, lombaggine *f wiss*.

Hexenstich *m* (*beim Sticken*) punto *m* strega.

Hexenverbrennung *f hist* condanna *f* al rogo (delle streghe).

Hexenverfolgung *f hist* caccia *f* alle streghe.

Hexenwahn *m hist* credere *m* nelle streghe.

Hexenwerk *n*: **das geht doch ganz leicht, das ist kein** ~!, è facile (da fare), non serve mica la bacchetta magica!

Hexerei <-, *rar* -en> *f* stregoneria *f*, magia *f* (nera).

hg. *Abk von* herausgegeben von: a cura di.

Hg. *Abk von* Herausgeber(in): ed. (*Abk von* editore).

HG <-, -s> *f Abk von* Handelsgesellschaft: società *f* commerciale.

HGB <-(s), -s> *n Abk von* Handelsgesetzbuch: "codice *m* di diritto commerciale tedesco".

Hiat <-s, -e>, **Hiatus** <-, -> *m* **1** *anat* iato *m*

2 *ling* iato m.

Hibernation <-, -en> f med (*Heilschlaf*) ibernazione f.

Hibiskus <-, Hibisken> m bot ibisco m.

hic et nunc adv geh hic e nunc, qui e ora.

Hickhack <-s, ohne pl> n oder m fam — (**um etw** akk) battibecchi m pl (*intorno a qc*).

Hickory <-s, -s> m oder <-, -s> f bot hickory m.

hicks, hick interj fam (*Laut bei Schluckauf*) hic!

hicksen itr avere il singhiozzo/singulto.

hie adv obs: **hie und da** (*an manchen Stellen*), qua e là; (*von Zeit zu Zeit*) di quando in quando, di tanto in tanto; **hie .... hie ...**, da un lato ..., dall'altro lato ...

hieb rar 1. und 3. pers sing imperf *von* hauen.

Hieb <-(e)s, -e> m **1** (*Schlag*) colpo m: **jdm einen ~ versetzen**, assestare un colpo a qu **2** <pl> fam (*Prügel*) botte f pl: (**von jdm**) **~e bekommen**, prendere le botte (da qu), prenderle (da qu) **3** (*Narbe, Wunde*) (ferita f da) taglio m **4** (*bissige Bemerkung*) frecciata f: **~e austeilen/[einstecken müssen]**, lanciare/[dover subire] frecciate **5** <nur sing agr {+Wald}) taglio m ● **auf einen ~ fam** (*mit einem Mal*), con un colpo solo, in una volta; **der ~ saß**, il colpo era ben assestato; (*die bissige Bemerkung war gut gewählt*), il colpo era ben piazzato.

hieb- und stichfest A adj {Alibi} di ferro, a prova di bomba; {Beweis} incontestabile, inconfutabile B adv {beweisen} incontestabilmente, in modo incontestabile/inconfutabile, inconfutabilmente.

Hiebwaffe f arma f da taglio.

hielt 1. und 3. pers sing imperf *von* halten.

hier adv **1** (*an diesem Ort*) qui, qua: **sie ist nicht ~**, non è qui; **das Glas steht ~ auf dem Tisch**, il bicchiere è qui sul tavolo; **~ bin ich!**, eccomi qua!; **~ sind die CDs, die du mir geliehen hattest**, eccoti/[ecco qua] i cd che mi avevi prestato; **was ist denn ~ los?**, ma che cosa succede qui?; **wo sind wir denn ~?**, ma dove siamo?; **von ~ bis da sind es drei Meter**, da qua/qui a là ci sono tre metri; **von ~ aus sieht man das Meer**, da qui si vede il mare; **gleich ~ um die Ecke ist ein Frisör**, subito (qui) dietro l'angolo c'è un parucchiere; **~ gegenüber**, qui ₍di fronte₎/[dirimpetto] **2** (*herstammen*): **von ~ sein**, essere di qui/qua; **ich bin nicht von ~**, non sono di qui **3** (*als Hinweis auf Nahliegendes*) subst/pron + ~: **der/dieser Brief ~ ist heute gekommen**, questa lettera qui è arrivata oggi; **ich habe auf dem Stuhl ~ gesessen**, ero seduto (-a) su questa sedia qua/qui; **welcher Ring gefällt dir? - Dieser ~ gefällt mir sehr gut.**, quale anello ti piace? - Questo qui mi piace molto; **~, nimm das!**, toh, prendi questo! **4** (*in diesem Fall, in diesem Zusammenhang*) qui, qua: **das tut ~ nichts zur Sache**, questo qui non c'entra; **~ liegt ein Irrtum vor**, c'è un errore **5** (*in diesem Augenblick*): **von ~ ab/an**, da questo momento (in poi/avanti); **~ versagte ihr die Stimme**, a questo/quel punto le mancò la voce ● **~ und da** (*stellenweise*), qua/qui e là; (*manchmal*), ogni tanto, di tanto in tanto, di quando in quando; **~ und jetzt/heute**, subito, immediatamente.

hieran adv **1** (*räumlich*) {Anlehnen} qui, ci, vi geh **2** (*daran*: *in Verbindung mit Verben, Adj und Subst*): **~ erkennt man einen Maikäfer**, da ciò si riconosce un maggiolino; **~ zweifle ich**, ne dubito, dubito di questo; (*betont*) su questo ho dei dubbi.

Hierarchie <-, -n> f (*Rangordnung*) gerarchia f: **eine strenge ~**, una gerarchia rigida; **eine ~ durchbrechen**, saltare un ordine gerarchico; **in einer ~ absteigen/aufsteigen**, scendere/salire di grado in una gerarchia ●

flache ~n ökon {+Betrieb, Firma}, struttura orizzontale.

hierarchisch A adj gerarchico: **~e Struktur eines Unternehmens**, la struttura verticale di un'impresa B adv gerarchicamente: **~ strukturiert sein** {Unternehmen}, avere/presentare una struttura verticale.

hierauf adv **1** (*räumlich*) qua/qui sopra **2** (*zeitlich*) dopodiché, dopo ciò geh, poi; (*infolgedessen*) quindi, perciò **3** (*auf diesen Punkt*) su/a questo/ciò geh: **~ komme ich später nochmal zurück**, ritornerò a parlarne.

hieraus adv **1** (*aus diesem Stoff*) ne: **~ machen wir ein Kompott**, ne facciamo una composta **2** (*aus dem Gesagten*): **~ folgt/[geht hervor], dass ...**, da questo/ciò geh risulta che ...

hier│behalten <irr, ohne ge-> tr **jdn**/**etw** ~ tenere qui/qua *qu*/*qc*.

hierbei adv **1** (*räumlich*) accanto **2** (*bei dieser Gelegenheit*) in quest'occasione **3** (*zeitlich*) contemporaneamente **4** (*in diesem Zusammenhang*): **~ handelt es sich um ...**, qui si tratta di ...

hier│bleiben <irr> itr <sein> restare/rimanere/stare qui/qua.

hierdurch adv **1** (*örtlich*) (per) di qua/qui **2** (*dadurch*) in questo modo, così.

hierein adv qui/qua dentro: **du kannst den Pullover ~ tun**, il maglione lo puoi mettere qui dentro.

hierfür adv **1** (*in Verbindung mit Verben, Adj und Subst*): **~ interessiere ich mich nicht**, non mi interesso di questo; **die ~ erforderlichen Geldmittel**, i fondi necessari **2** (*als Gegenleistung*) in cambio (di ciò), per questo.

hiergegen adv → **dagegen**.

hierher adv qua, qui: **~!**, (vieni) qua!; **bis ~** (*örtlich und zeitlich*), fin qui; **bis ~ und nicht weiter** (*örtlich*), fin qui e non oltre.

hierherauf adv qui/qua sopra, quassù: **komm ~!**, vieni ₍qui/qua sopra₎/[quassù]!; **vom Dorf bis ~ braucht man 15 Minuten**, dal paese a quassù ci vogliono 15 minuti.

hierher│bringen <irr> tr **jdn**/**etw** ~ portare qui/qua *qu*/*qc*.

hierher│gehören <ohne ge-> itr entrarci: **das gehört nicht hierher**, questo non c'entra; **die Bemerkung gehört nicht hierher**, l'osservazione non è pertinente.

hierher│holen tr **jdn**/**etw** ~ portare qui/qua *qu*/*qc*; **jdn ~ lassen**, far venire qui/qua qu; **etw ~ lassen**, far portare qui/qua qc.

hierher│schicken tr **jdn** ~ mandare qua/qui qu.

hierher│setzen A tr **etw** ~ mettere qui/qua qc B rfl **sich ~** sedersi/[mettersi a sedere] qui/qua.

hierher│stellen A tr **etw** ~ {Möbel} mettere qui/qua qc B rfl **sich ~** mettersi qui/qua.

hierherum adv **1** {Abbiegen, Fahren, Gehen} per di qui/qua, qui/qua intorno **2** fam (*irgendwo hier*) da queste parti.

hierhin adv qui: **bis ~** {Folgen, Laufen}, fin qui.

hierhinauf adv su di qua/qui: **du musst ~ gehen!**, devi andare su di qua/qui!

hierhinaus adv (*fuori*) di qua/qui: **du kannst ~ gehen**, puoi uscire ₍per di₎/[da] qui.

hierhinein adv qua/qui dentro: **das gehört ~**, va messo qua/qui dentro.

hierhinunter adv giù di qui: **komm ~!**, dai, giù di qui!

hierin adv **1** (*hier drinnen*) qua/qui dentro **2** (*in diesem Punkt*) in questo/ciò geh: **~ liegt das Problem**, in questo risiede/sta il problema.

hier│lassen <irr> tr **jdn**/**etw** ~ lasciare qua/qui *qu*/*qc*.

hiermit adv **1** (*mit etw*) con questo/ciò geh: **was soll ich ~?**, che me ne faccio?; (*im Brief*) con la presente **2** (*als Floskel: meist nicht übersetzt*): **~ erkläre ich die Sitzung für eröffnet**, dichiaro aperta la seduta; **~ bescheinige ich, dass Herr/Frau ...**, certifico che il signor/la signora ...; **die Sache ist ~ erledigt**, con questo/ciò geh la questione è risolta₎/[la cosa è chiusa *fam*].

hiernach adv **1** (*danach*) dopodiche, dopo ciò geh **2** (*auf dieser Grundlage*) in base a questo/ciò geh, secondo questo/ciò geh.

Hieroglyphe <-, -n> f geroglifico m: **und wer soll deine ~n lesen können?** scherz, e chi vuoi sia in grado di decifrare i tuoi geroglifici?

hieroglyphisch adj geroglifico.

hier│sein a.R. *von* hier sein → **sein**②.

Hiersein n geh presenza f.

hierüber adv **1** (*örtlich*) qui sopra **2** (*über diese Angelegenheit*) di/su questo/ciò geh: **~ möchte ich nicht sprechen**, non ne vorrei parlare; (*betont*) di questo/ciò geh non vorrei parlare.

hierum adv **1** (*örtlich*) per di qua/qui: **komm, wir gehen ~!**, vieni che andiamo di qua! **2** (*um diese Sache*) di questo/ciò geh.

hierunter adv **1** (*örtlich: unter diesen Gegenstand*) qua/qui sotto **2** (*unter anderen*) tra questi: **45 Menschen kamen um, ~ befinden sich 37 ausländische Touristen**, hanno perso la vita 45 persone, tra cui 37 turisti stranieri **3** (*unter dieser Sache: in Verbindung mit bestimmten Verben*): **~ versteht man ...**, con questo si intende ...

hiervon adv **1** (*von diesem Ort*) da qua/qui **2** (*von einer bestimmten Menge*) ne: **~ möchte ich bitte ein Kilo**, ne vorrei un chilo **3** (*von dieser Angelegenheit*) di questo/ciò geh, ne.

hiervor adv → **davor**.

hierzu adv **1** (*zusammen mit etwas*) con questo **2** (*zu diesem Zweck*) a questo scopo, per questo: **~ wünschen wir Ihnen viel Glück**, per questo Le auguriamo buona fortuna **3** (*zu diesem Punkt*) a questo proposito, in merito a ciò, al riguardo: **~ kommt noch, dass ...**, a ciò si aggiunge che ...; **vgl. ~ Seite 87**, cfr. in merito pagina 87; **~ habe ich nichts zu sagen**, in proposito non ho niente da dire **4** (*zu dieser Kategorie: in Verbindung mit bestimmten Verben*) {Gehören} ne; {Zählen} fra questi (-e).

hierzulande adv (qui) da noi, da queste parti, in questa regione, dalle nostre parti.

hiesig adj {Bevölkerung, Bräuche, Sitten} locale, del posto, di qui fam.

hieß 1. und 3. pers sing imperf *von* heißen.

hieven tr **1** naut **etw irgendwohin** ~ {Ladung, Last an Bord, Deck} hissare qc + compl di luogo **2** fam (*laden*) **jdn**/**etw irgendwohin** ~ {Kiste ins Auto} caricare *qu*/*qc* + compl di luogo.

Hi-Fi Abk *von* High Fidelity: hi-fi.

Hi-Fi-Anlage f (impianto m) hi-fi f.

Hi-Fi-Komponente f componente m hi-fi.

high <inv> adj slang **1** (*unter Drogeneinfluss stehen*) flippato slang, sballato slang, fatto slang: **total ~ sein**, essere completamente flippato/sballato **2** (*euphorisch*) su (di giri) fam, euforico.

Highjacker <-s, -> m (**Highjackerin** f) → **Hijacker**.

Highlife <-(s), ohne pl>, **High Life** <-(s), ohne pl> n fam baldoria f: **auf der Party war**

mal wieder ~, alla festa c'era una gran baldoria; ~ **machen**, darsi ai bagordi *fam*.

Highlight <-(s), -s> n {+FILM, THEATERSTÜCK} clou m, pezzo m forte: **die ~s des Abends/der Sendung**, i momenti culminanti/clou della serata/trasmissione.

High Society <- -, ohne pl> f *meist pej* alta società f, high society f.

Hightech <-(s), ohne pl> n *oder* <-, ohne pl> f high-tech f *oder* m, alta tecnologia f, tecnologia f avanzata.

Hightechbereich, **Hightech-Bereich** m settore m high-tech.

Hightechindustrie, **Hightech-Industrie** f industria f high-tech, industria f della tecnologia avanzata.

Hightechmedizin, **Hightech-Medizin** f medicina f high-tech.

Hightechprodukt, **Hightech-Produkt** n prodotto m high-tech.

Hightechunternehmen, **Hightech-Unternehmen** n impresa f/industria f di high-tech.

hihi *interj* he, he!, hi, hi!

Hijacker <-s, -> m (**Hijackerin** f) dirottatore (-trice) m (f) di aerei, pirata mf dell'aria.

Hilde f (*Vorname*) Ilda, Ilde.

Hildegard f (*Vorname*) Ildegarda ● **~ von Bingen**, Ildegarda di Bingen.

Hilfe <-, -n> f **1** <*meist sing*> (*Unterstützung*) aiuto m: **er hat mir seine ~ angeboten**, mi ha offerto il suo aiuto, si è offerto di aiutarmi; **jdn um ~ bitten/ersuchen** *geh*, chiedere aiuto a qu, chiedere l'aiuto di qu; **etw zu ~ nehmen**, aiutarsi con qc, servirsi di qc; **mit ~ einer P./S.** (gen)₁/[**von jdm/etw**] ⌐ **mithilfe**; **ohne fremde ~**, senza l'aiuto di nessuno; **ohne ihre ~ hätte ich es nicht geschafft**, senza il suo aiuto non ce l'avrei fatta; **das Wörterbuch ist mir bei der Übersetzung eine große ~**, il dizionario mi ⌐aiuta molto₁/[è di grande aiuto] nella traduzione **2** <*meist sing*> (*Maßnahme bei Gefahr, Unfall*) soccorso m; (*ärztlicher Beistand*) *auch* assistenza f: **der Verletzte braucht dringend ärztliche ~**, il ferito ha urgente(mente) bisogno di assistenza medica; **~ herbeirufen**, chiamare soccorso; **~ holen**, andare a cercare/chiedere aiuto/soccorso; **jdm zu ~ kommen**, andare/correre in aiuto/soccorso di qu, soccorrere qu; **um ~ rufen/schreien**, invocare/gridare aiuto; **jdn zu ~ rufen** {ARZT, PASSANTEN, POLIZEI}, chiamare in aiuto/soccorso qu **3** (*finanzielle Zuwendungen*) aiuto m, sostegno m (economico): **staatliche ~**, aiuto statale/[(da parte) dello stato] **4** → **Haushaltshilfe ●** (**zu**) **~!**, aiuto!; *erste/Erste* **~**, pronto soccorso; **jdm erste ~ leisten**, dare/prestare soccorso a qu; **ein Kurs in erster ~**, un corso di pronto soccorso; *humanitäre* **~**, aiuto umanitario; **~ *suchend*** {BLICK}, implorante; {SICH UMSCHAUEN}, in cerca d'aiuto; **er wandte sich in dieser Sache ~ suchend an mich**, si rivolse a me chiedendo(mi) aiuto per quella faccenda; **~ *Suchende* → Hilfesuchende.**

Hilfeleistung f soccorso m: **ärztliche ~**, assistenza medica, soccorso medico ● **unterlassene ~** *jur*, omissione f di soccorso.

Hilferuf m **1** (*Schrei*) grido m d'aiuto **2** (*Bitte um Hilfe*) chiamata f di soccorso.

Hilfeschrei m grido m d'aiuto.

Hilfestellung f *meist sport* aiuto m ● **jdm ~ geben** *sport*, aiutare qu; (*jdm helfen*) *auch* dare un aiuto a qu.

hilfesuchend *adj* → **Hilfe**.

Hilfesuchende <*dekl wie adj*> mf persona f ⌐in cerca₁/[bisognosa] d'aiuto.

hilflos A *adj* **1** (*auf Hilfe angewiesen*) {KIND, KREATUR} indifeso: **wenn ein Kind auf die Welt kommt, ist es völlig ~ und ganz von der Mutter abhängig**, al momento della nascita, un bambino è completamente indifeso e dipende in tutto e per tutto dalla madre **2** (*ohne Hilfe zu bekommen*) {ALTE FRAU, GREIS, KRANKE} abbandonato a sé: **~ und verlassen sein**, essere completamente abbandonato a se stesso **3** (*wehrlos*) **~ gegenüber jdm/etw**) {GEGENÜBER ANGRIFFEN, SCHIKANEN, UNGERECHTIGKEITEN, JDS UNVERSCHÄMTHEIT} impotente (*di fronte a qu/qc*) inerme (*di fronte a qu/qc*): **sich jdm gegenüber ~ fühlen**, sentirsi impotente di fronte a qu; **in diesen Situationen bin ich völlig ~**, non so mai come affrontare/gestire queste situazioni, in queste situazioni mi sento completamente disarmato (-a)/perso (-a) *fam* **4** (*unschlüssig*) **~ (in etw** dat) perplesso (*su/di fronte a qc*): **in etw (**dat**) ~ sein**, essere perplesso su/[di fronte a] qc, avere delle perplessità su qc; **ehrlich gesagt bin ich (in dieser Sache) etwas ~**, a dire il vero sono un po' perplesso (-a), francamente non so che pesci pigliare *fam* **5** (*unbeholfen*) **~ (in etw** dat) {IN TECHNISCHEN DINGEN} imbranato *fam* (*in qc*) B *adv* **1** (*Hilfe suchend*) {SICH UMSEHEN} in cerca d'aiuto **2** (*ohne helfen zu können*): **etw ~ mit ansehen müssen**, dovere assistere ⌐impotente a qc₁/[a qc senza potere intervenire] **3** (*wehrlos*): **jdm ~ ausgeliefert sein**, essere ⌐in balia₁/[alla mercé] di qu; **jds Schikanen ~ ausgeliefert sein**, dover subire le angherie di qu (senza potersi difendere); **~ dastehen**, stare ⌐li₁ perplesso (-a)₁/[senza sapere cosa fare] ● **er machte einen ~en Eindruck** (*er schien wehrlos*), sembrava disarmato/smarrito; (*er schien unschlüssig*), sembrava pieno di perplessità; (*er schien unbeholfen*), sembrava piuttosto imbranato *fam*.

Hilflosigkeit <-, ohne pl> f **1** (*das Angewiesensein auf Hilfe*) {+KIND, KREATUR} essere m indifeso **2** (*mangelnde Hilfe*) {+ALTE FRAU, GREIS, KRANKE} (stato m di) abbandono m: **verlassen und im Zustand völliger ~**, solo e nel più completo abbandono **3** (*Wehrlosigkeit*) **~ gegenüber jdm/etw**) {GEGENÜBER ANGRIFFEN, SCHIKANEN, UNGERECHTIGKEITEN, JDS UNVERSCHÄMTHEIT} impotenza f (*di fronte a qu/qc*): **in diesen Situationen überfällt mich immer eine völlige ~**, non so mai come affrontare/gestire queste situazioni, in queste situazioni mi sento in uno stato di totale impotenza **4** (*Unschlüssigkeit*) **~ (in etw** dat) perplessità f (*su qc*) **5** (*Unbeholfenheit*) **~ (in etw** dat) {IN TECHNISCHEN DINGEN} imbranataggine f *fam* (*in qc*).

hilfreich A *adj* **1** (*nützlich*) **~ (für jdn**) {HINWEIS, INFORMATION, RAT, VORSCHLAG} utile (*a qu*): **ihr Verhalten war nicht sehr ~**, il suo comportamento non è stato molto d'aiuto; **es wäre ~, wenn ...**, sarebbe utile che/se ... *konjv* **2** (*hilfsbereit*) {PERSON} disponibile B *adv*: **jdm ~ zur Seite stehen**, dare un aiuto concreto a qu; **sich jdm gegenüber ~ zeigen**, (di)mostrarsi disponibile verso qu.

Hilfsaktion f iniziativa f umanitaria; (*konkrete Rettungsaktion*) azione f di soccorso: **eine ~ für jdn/etw starten** {FÜR ERDBEBENOPFER, KRIEGSGESCHÄDIGTE}, promuovere un'iniziativa umanitaria in favore di qu/qc.

Hilfsarbeiter m (**Hilfsarbeiterin** f) operaio (-a) m (f) non qualificato (-a); *bau* manovale mf; *agr* bracciante mf.

hilfsbedürftig *adj* **1** (*Hilfe brauchend*) bisognoso d'aiuto **2** (*in materieller Not lebend*) bisognoso, indigente.

hilfsbereit A *adj* **~ (jdm gegenüber**) disponibile (⌐ad aiutare₁/[a fare un favore a] qu), pronto ad aiutare qu; (*gefällig*) servizievole (*nei confronti di qu*): **er war nie sehr ~**, non è mai stato (una persona) molto disponibile, non si è mai fatto in quattro per (aiutare) gli altri *fam* B *adv*: **sich (jdm gegenüber) ~ zeigen**, mostrarsi disponibile (ad aiutare qu).

Hilfsbereitschaft f **~ (jdm gegenüber**) disponibilità f ad aiutare (qu).

Hilfsdienst m **1** (*für Notfälle*) servizio m d'emergenza **2** (*Sanitätsdienst*) servizio m assistenziale **3** (*für Katastrophenfälle*) soccorsi m pl.

Hilfsfonds m fondo m di assistenza, stanziamento m per aiuti umanitari.

Hilfsgelder subst <*nur pl*> **~ (für jdn**) {FÜR ERDBEBEN-, UNGLÜCKSOPFER} aiuti m pl (finanziari) (*a qu*), sussidi m pl (*a qu*).

Hilfsgüter subst <*nur pl*> **~ (für jdn**) {FÜR ÜBERSCHWEMMUNGSOPFER} aiuti m pl/soccorsi m pl (*a qu*).

Hilfskomitee n comitato m di solidarietà.

Hilfskonvoi m convoglio m umanitario.

Hilfskraft f aiuto m ● **wissenschaftliche ~**, "studente (-essa) m (f) universitario (-a) impiegato (-a) in facoltà durante gli ultimi anni di studio".

Hilfslehrer m (**Hilfslehrerin** f) supplente mf.

Hilfsmittel n **1** (*die Arbeit erleichternd*) ausilio m, sussidio m **2** <*nur pl*> (*finanzielle Unterstützung*) aiuti m pl (finanziari/economici).

Hilfsmotor m *aero naut* motore m ausiliario; {+FAHRRAD} motorino m ausiliario.

Hilfsorganisation f organizzazione f umanitaria.

Hilfsprogramm n *inform* utility f.

Hilfsquelle f <*meist pl*> *ökon* risorse f pl (economiche).

Hilfstrupp m (squadra f di) soccorritori m pl.

Hilfstruppe f *mil* truppe f pl ausiliarie.

Hilfsverb n *gram* (verbo m) ausiliare m.

Hilfswerk n ente m/opera f assistenziale, patronato m, istituto m caritativo.

hilfswillig *adj* {PERSON} disposto a(d) aiutare.

Hilfswillige <*dekl wie adj*> mf volontario (-a) m (f).

Hilfswissenschaft f scienza f sussidiaria.

hilft **3. pers sing präs** *von* helfen.

Himalaja <-(s), ohne pl> m *geog* Himalaya m.

Himalajagletscher, **Himalaja-Gletscher** m *geog* ghiacciaio m himalayano.

Himalaya <-s, ohne pl> m → **Himalaja**.

Himalayagletscher, **Himalaya-Gletscher** m → **Himalajagletscher**.

Himbeere <-, -n> f *bot* lampone m.

Himbeereis n gelato m al lampone.

Himbeergeist m distillato m/grappa f di lampone.

Himbeergelee n *oder* m gelatina f di lamponi.

Himbeermarmelade f *gastr* marmellata f di lamponi.

Himbeersaft m succo m di lamponi.

Himbeersirup m sciroppo m di lamponi.

Himbeerstrauch m *bot* (arbusto m di) lampone m.

Himmel <-s, rar -> m **1** cielo m: **der ~ ist blau/bedeckt/bewölkt**, il cielo è azzurro/coperto/nuvoloso; **klarer/wolkenloser ~**, cielo sereno; **in den ~ ragen** {GEBÄUDE, KONSTRUKTION, TURM}, innalzarsi verso il cielo; **den Blick gen ~ richten** *geh*, alzare/volgere lo sguardo al cielo; **am ~**, in cielo; **unter**

südlichem ~, sotto il cielo del sud **2** *fam relig* (*Paradies*) cielo m: **im ~**, in cielo; **in den ~ kommen**, andare in cielo; **zum ~ auffahren** *bibl*, salire al cielo **3** (*Überdachung*) {+ALTAR, THRON} baldacchino m ● **~, Arsch und Zwirn/Wolkenbruch!** *slang*, porcaccia la miseria! *vulg*; **dem ~ sei Dank** *obs*, grazie al cielo; **~ und Erde/Hölle in Bewegung setzen**, (s)muovere mari e monti, far fuoco e fiamme *fam*; **zwischen ~ und Erde schweben** {ZIRKUSARTIST}, essere sospeso in aria; **der ~ auf Erden**, il paradiso in terra; **nicht (einfach) vom ~ fallen** {ERFOLGE, GELD}, non piovere (mica) dal cielo; **unter freiem ~**, all'aperto, a cielo aperto; **jdm/[für jdn] hängt der ~ voller Geigen** *geh*, qu si sente in paradiso; **jdn in den ~ heben/loben**, portare qu alle stelle, osannare qu; **~ und Hölle** (*Hüpfspiel*), (gioco della) campana; **aus heiterem ~** (*plötzlich*), come un fulmine a ciel sereno; **ach du lieber ~!**, santo cielo!; **~ noch mal!**, per dio!; **dich schickt der ~** (*du kommst gerade recht*), è il cielo che ti manda, ti manda il cielo; **zum ~ schreien**, gridare vendetta (al cospetto di Dio)!; **sich wie im sieb(en)ten ~ fühlen, im sieb(en)ten ~ sein**, essere al settimo cielo, toccare il cielo con un dito; **hoch am ~ stehen** {SONNE, STERNE}, essere alto nel cielo; **zum ~ stinken** *fam* {UNRECHT, JDS VERHALTEN}, essere ₋uno scandalo₋/[scandaloso]; **(das) weiß der ~!** *fam*, lo sa il cielo!; **um ~s willen!**, per l'amor del cielo!

himmelangst adj <präd>: **jdm ist ~**, qu ha una paura del diavolo *fam*.

Himmelbett n letto m a baldacchino.

himmelblau adj (*hellblau*) {BABYJÄCKCHEN} celeste; (*azurblau*) {AUGEN} azzurro.

Himmeldonnerwetter interj *fam*: **~ (noch einmal)!**, fulmini e saette!, tuoni e fulmini!

Himmelfahrt f *relig* (*Feiertag*) Ascensione f: **Christi ~**, Ascensione; **Mariä ~**, Assunzione (della Vergine).

Himmelfahrtskommando n **1** (*Unternehmen*) operazione f suicida **2** (*Personen*) comando m suicida/kamikaze.

Himmelfahrtsnase f *fam scherz* naso m all'insù.

Himmelfahrtstag <-(e)s, ohne pl> m *relig* giorno m dell'Ascensione.

Himmelherrgott interj *fam*: **~ (noch mal)!**, Dio buono!, santiddio!, Dio santissimo!

himmelhoch **A** adj {FELSEN} altissimo, di un'altezza vertiginosa **B** adv: **jdm ~ überlegen sein**, essere di gran lunga superiore a qu ● **~ jauchzend, zu Tode betrübt sein**, essere ora euforico (-a), ora depresso (-a).

Himmelreich n *relig* regno m dei cieli.

Himmelsachse f *astr* asse f celeste.

Himmelsäquator m equatore m celeste.

Himmelsbahn f *poet* orbita f.

Himmelsbote m *poet* (*Engel*) messaggero m celeste, messo m del cielo.

Himmelsbraut f *poet* serva f del Signore.

Himmelsbrot <-(e)s, ohne pl> n *bibl* manna f.

Himmelschlüssel m oder n *bot* → **Schlüsselblume**.

himmelschreiend adj *fam* {ZUSTAND} scandaloso, inaudito; {UNRECHT} *auch* che grida vendetta.

Himmelserscheinung f fenomeno m celeste.

Himmelsfürst <-en, ohne pl> m *relig* Re m del cielo.

Himmelsgewölbe n volta f celeste, firmamento m.

Himmelskönigin <-, ohne pl> f *relig* (*Muttergottes*) Regina f del cielo.

Himmelskörper m *astr* globo m celeste.

Himmelskugel f volta f celeste.

Himmelskunde <-, ohne pl> f astronomia f.

Himmelsleiter f *bibl* scala f di Giobbe.

Himmelsmacht f *poet* forza f divina: **die Liebe ist eine ~** *lit*, l'amore può tutto.

Himmelspforte f *poet* porta f del cielo.

Himmelsrichtung f punto m cardinale: **die vier ~en**, i quattro punti cardinali ● **aus allen ~en kommen**, arrivare da ogni parte/ dove *geh*; **in alle ~en verstreut sein**, essere sparpagliato in ogni direzione.

Himmelsschlüssel m oder n *bot* → **Schlüsselblume**.

Himmelstor n, **Himmelstür** f *poet* porta f del cielo.

Himmelszelt <-(e)s, ohne pl> n *poet* volta f celeste, firmamento m.

himmelwärts adv {FLIEGEN} verso il cielo.

himmelweit *fam* **A** adj abissale: **das ist ein ~er Unterschied!**, è una differenza abissale! **B** adv: **~ davon entfernt sein, etw zu tun**, essere ben lungi dal fare qc.

himmlisch **A** adj **1** *relig* (*göttlich*) {GNADE, HEERSCHAREN, SELIGKEIT} celeste; {REICH} dei cieli: **der ~e Vater**, il padre celeste **2** *fam* (*wunderbar*) {KLEID} divino, stupendo; {AUSBLICK, BLICK} incantevole; {MUSIK, STIMME} celestiale: **es war einfach ~!**, è stato incantevole/stupendo/[un incanto]! **B** adv: **~ schmecken**, essere divino/delizioso; **~ weich sein** {PULLI}, essere morbido/soffice come una piuma; **diese Schuhe sind ~ bequem**, con queste scarpe mi sembra di volare.

Himmlischen <dekl wie adj> subst <nur pl> **1** *myth* (*Götter*) (dei m pl) celesti m pl **2** *relig* (*Engel*) (angeli m pl) celesti m pl.

hin adv **1** (*örtlich*) (*irgendwo*) hin verso qc/+ *compl di luogo*: **nach links/rechts hin**, verso sinistra/destra; **von hier bis zur Tür hin sind es drei Meter**, da qui/qua (fino) alla porta ci sono tre metri **2** (*zeitlich*): **gegen Abend hin**, verso sera; **durch viele Jahre hin**, per ₋molti anni₋/[anni e anni]; **über Monate hin warten**, aspettare (per) mesi **3** (*wegen*) **auf etw** (akk) **hin**: **auf jds Anfrage hin**, su/dietro *form* richiesta di qu; **auf jds Aussage hin**, ₋in seguito alla₋/[a seguito della]/[in base alla] dichiarazione di qu; **auf unser Betreiben hin wurden die notwendigen Maßnahmen eingeleitet**, per/su nostra iniziativa sono state adottate le misure necessarie; **auf jds Drängen hin**, in seguito alle insistenze/pressioni di qu; **auf jds Hinweis hin**, ₋in seguito al₋/[a seguito del] suggerimento di qu; **auf jds Veranlassung hin**, per/su iniziativa di qu; **auf jds Vermittlung hin**, in seguito all'intervento di qu; (*im Hinblick auf etw*): **jdn auf Leukämie hin untersuchen**, visitare qu per sospetta leucemia; **etw auf Fehler hin kontrollieren**, controllare qc ₋per vedere se ci sono₋/[in cerca di eventuali] errori **4** (*ohne best. Ziel, kreuz und quer*): **hin und her**, avanti e indietro, su e giù, qua e là; **hin und her gehen** {TIER IN EINEM KÄFIG}, andare ₋avanti e indietro₋/[su e giù]; {PERSON IN EINEM ZIMMER} *auch* camminare ₋avanti e indietro₋/[su e giù]; **auf dem Stuhl hin und her rutschen**, muoversi avanti e indietro sulla sedia; **hin und her überlegen**, pensar(ci) e ripensar(ci), riflettere a lungo; **sich hin und her wälzen** (*im Bett*), rotolarsi **5** (*bei Fahrkarten*): **hin und zurück**, andata e ritorno; **einmal Köln hin und zurück**, (un biglietto per) Colonia andata e ritorno **6** (*als Aufzählungsglied*) **von jdm/etw ... über jdm/etw ... bis hin zu jdm/etw** da qc ... a qc ... fino a qu/qc ● **etw hin etw her**: **Freundschaft hin, Freundschaft her**, jetzt platzt mir aber mal der Kragen!, l'amicizia è una gran bella cosa, ma adesso basta!; **eine Woche hin oder her, darauf kommt's auch nicht mehr an!**, a questo punto una settimana in più o in meno non fa più differenza!; **nichts wie hin!**, su dai, che aspettiamo?; **hin und wieder**, di quando in quando, di tanto in tanto.

Hin <-, ohne pl> n **1** (*das Kommen und Gehen*): **das Hin und Her (von jdm)** {VON MENSCHEN, PERSONEN}, il viavai (di qu), l'andirivieni (di qu) **2** (*langes Diskutieren*): **das Hin und Her**, il tiremmolla ● **das ewige/ständige Hin und Her**, il continuo viavai/andirivieni; (*langes Verhandeln*), il continuo tiremmolla; **nach ewigem/langem Hin und Her** *fam*, dopo un lungo tiremmolla.

hinab adv → **hinunter**.

hin|arbeiten itr **auf etw** (akk) ~ {AUF EIN ZIEL} lavorare per qc, mirare a qc, sforzarsi di raggiungere qc.

hinauf adv (in) su: **~ und hinunter**, su e giù; **die Treppe ~ habe ich Probleme**, a salire le scale faccio fatica; **~ habe ich eine Stunde gebraucht**, in su ci ho messo un'ora *fam*; **von etw** (dat) **bis zu etw** (dat) **~, von etw** (dat) **bis ~ zu etw** (dat) {VOM TAL BIS ZUM GIPFEL} da qc fino su a qc; **von jdm bis zu jdm ~, von jdm bis ~ zu jdm** {VOM ANGESTELLTEN BIS ZUM CHEF} da qu fino su a qu, da qu su su fino a qu ● **da ~!**, su per di là!

hinauf|arbeiten rfl **1** (*sich unter Anstrengung hinaufbewegen*) **sich** (*etw*) ~ {DEN HANG, HÜGEL} salire qc a/con fatica **2** → **hoch|arbeiten**.

hinauf|begeben <irr, ohne ge-> rfl **geh sich** (*irgendwohin*) ~ {AUF DIE BÜHNE} salire (+ *compl di luogo*): **sich in den dritten Stock ~**, salire (su) al terzo piano.

hinauf|begleiten <ohne ge-> tr **jdn** (*irgendwohin*) ~ accompagnare su qu (+ *compl di luogo*): **jdn die Treppen ~**, accompagnare qu su per le scale.

hinauf|bemühen <ohne ge-> **A** tr **jdn** ~ pregare qu di salire; (*in negativem Sinn*) scomodare qu facendolo salire **B** rfl **sich ~** (*essere così gentile da*) salire; (*in negativem Sinn*) scomodarsi a salire.

hinauf|bitten <irr> tr **jdn** ~ ₋pregare qu di₋/[invitare qu a] venire/[accomodarsi su]/[salire].

hinauf|blicken itr → **hinauf|schauen**.

hinauf|bringen <irr> tr **jdn/etw** ~ portare su qu/qc; {KRANKEN, PERSON} *auch* accompagnare su qu; {DEM HOTELGAST DAS FRÜHSTÜCK} portare su qc a qu.

hinauf|dürfen <irr> itr (*irgendwo*) ~ potere salire (+ *compl di luogo*).

hinauf|fahren <irr tr <haben> **jdn/etw** (*mit etw* dat) ~ {GEPÄCK MIT DEM AUTO} portare su qu/qc (*in/con* qc); {KRANKEN, PERSON} *auch* accompagnare su qu (*in/con* qc) **B** itr <sein> (*mit etw* dat) {IRGENDWOHIN} ~ {MIT DEM AUTO, BUS, ZUG AUF DEN BERG} ₋salire (su)₋/[andare su] (*in/con* qc) (+ *compl di luogo*), (*irgendwohin*) ~ {AUFZUG IN DEN 10. STOCK} ₋andare su₋/[salire (su)] (+ *compl di luogo*): **den Fluss ~**, risalire il fiume.

hinauf|führen **A** tr **jdn** (*irgendwohin*) ~ {IN EIN ZIMMER} condurre su qu (+ *compl di luogo*): **jdn die Treppe ~**, accompagnare/ guidare qu su per le scale **B** itr (*nach oben führen*) (*irgendwohin*) ~ {TREPPE AUFS DACH, ZUM OBERSTEN STOCKWERK; WEG ZUR HÜTTE} condurre/portare su (+ *compl di luo-*

go).

hinauf|gehen <irr> itr <sein> **1** (nach oben gehen) (*irgendwohin/zu jdm*) ~ {AUFZUG, PERSON IN DEN 10. STOCK} ₎andare su₍/[salire (su)] (+ *compl di luogo/da qu*): ₎die Treppe₍/[auf den Dachboden] ~, salire ₎le scale₍/[su in solaio]; **den Weg ~**, andare su per la salita **2** *fam* (*sich erhöhen*) {LÖHNE} aumentare; {FIEBER, PREIS} salire **3** *fam* (*erhöhen*) **mit etw** (dat) ~ {MIT DEN FORDERUNGEN, DEM PREIS} aumentare *qc*.

hinauf|gelangen itr <sein> **1** (*nach oben kommen*) (*irgendwohin/zu jdm*) ~ {IN DEN ZWEITEN STOCK, INS ZIMMER} andare/arrivare su (+ *compl di luogo/da qu*) **2** (*es nach oben schaffen*) (*irgendwohin*) ~ riuscire a salire (+ *compl di luogo*).

hinauf|helfen <irr> itr *jdm* (*irgendwohin*) ~ aiutare *qu* a salire (su) (+ *compl di luogo*): **jdm die Treppe ~**, aiutare *qu* a salire le scale.

hinauf|klettern itr <sein> (**auf etw** akk) ~ {AUF DEN BAUM, DAS DACH} arrampicarsi (*su qc*): **den Baum(stamm)/die Stange ~**, arrampicarsi ₎sull'albero₍/[sul palo].

hinauf|kommen <irr> itr <sein> **1** (*nach oben kommen*) (*irgendwohin/zu jdm*) ~ {INS ZIMMER} ₎salire (su)₍/[venire su] (+ *compl di luogo/da qu*) **2** (*es nach oben schaffen*) (*irgendwohin*) ~ riuscire a salire (+ *compl di luogo*): **auf das Pferd nicht ~**, non riuscire a montare a cavallo; **die Treppe nicht ~**, non riuscire a salire/[andare su] per le scale **3** (*zu fassen kriegen*) (*irgendwohin*) ~ {AUF DEN SCHRANK} arrivarci (+ *compl di luogo*): **ich komme nicht hinauf**, non ci arrivo.

hinauf|können <irr> itr (*irgendwohin*) ~ poter(e) salire (+ *compl di luogo*).

hinauf|kriechen <irr> itr <sein> (*irgendwo*) ~ {TIER} strisciare su (+ *compl di luogo*): **die Schlange kriecht den Baumstamm hinauf**, il serpente sale strisciando lungo il tronco.

hinauf|lassen <irr> tr *jdn* (*irgendwohin/zu jdm*) ~ lasciar(e) salire/[andare/venire su] *qu* (+ *compl di luogo/da qu*); (*willentlich*) far(e) salire/[andare/venire su] *qu* (+ *compl di luogo/da qu*).

hinauf|laufen <irr> itr <sein> (*irgendwohin/zu jdm*) ~ {PERSON IN DEN 5. STOCK} salire/[correre su] (+ *compl di luogo/da qu*): ₎die Treppe₍/[auf den Dachboden] ~, correre su ₎per le scale₍/[in solaio]; **den Weg ~**, correre su per la salita.

hinauf|müssen <irr> itr (*irgendwohin/zu jdm*) ~ {PERSON} dover(e) salire (+ *compl di luogo*); {GEGENSTAND} dover essere messo/portato su (+ *compl di luogo/da qu*).

hinauf|reichen itr (**mit etw** idt) **bis zu etw** (dat) ~ {MIT DER STANGE BIS ZUR DECKE} arrivare su *fino a qc* (*con qc*).

hinauf|reiten <irr> itr <sein> (*irgendwohin*) ~ salire a cavallo (+ *compl di luogo*).

hinauf|rennen itr *fam* → **hinauf|laufen**.

hinauf|schaffen tr *fam* **etw** (*irgendwohin*) ~ {KOFFER AUF DEN DACHBODEN} sistemare/portare *qc* su/[di sopra] (+ *compl di luogo*).

hinauf|schauen itr **1** region → **hinauf|sehen 2** (*verehren*) **zu jdm** ~ {SEKRETÄRIN ZUM CHEF} essere in adorazione di *qu*.

hinauf|schleichen <irr> rfl sich (*irgendwohin/zu jdm*) ~ {AUF DEN DACHBODEN} ₎salire di soppiatto₍/[sgusciare su] (+ *compl di luogo/da qu*).

hinauf|schrauben tr **etw** ~ {ANSPRÜCHE, FORDERUNGEN} aumentare *qc*; {MIETE, PREISE} *auch* far lievitare *qc*.

hinauf|schwingen <irr> rfl *geh* sich (*irgendwohin*) ~ {VOGEL} lanciarsi in volo/alto (+ *compl di luogo*): **sich auf das Fahrrad ~** *fam*, montare/saltare sulla bicicletta.

hinauf|sehen <irr> itr (*nach oben sehen*) (*irgendwohin/zu jdm/etw*) ~ guardare su/[in alto] (+ *compl di luogo/verso qu/qc*): **zum Himmel ~**, guardare (su verso) il cielo.

hinauf|springen <irr> itr <sein> (**auf etw** akk) ~ saltare su (*qc*).

hinauf|steigen <irr> itr <sein> (**auf etw** akk) ~ salire su (*qc*): **die Leiter ~**, salire sulla scala.

hinauf|tragen <irr> tr (*jdm*) *jdn/etw* (*irgendwohin*) ~ {DER ALTEN FRAU DIE TASCHE IN DIE WOHNUNG} portare su *qu/qc* (a *qu*) (+ *compl di luogo*): **etw die Treppe ~**, (tras)portare *qc* su per le scale.

hinauf|tun <irr> tr **etw** ~ mettere su *qc*; **etw irgendwohin** ~ mettere *qc* + *compl di luogo*.

hinauf|werfen <irr> tr (*jdm*) **etw** (*irgendwohin*) ~ lanciare in alto *qc* (a *qu*) (+ *compl di luogo*).

hinauf|ziehen <irr> A tr <haben> *jdn/etw* ~ {FENSTER IM ZUG, JALOUSIEN, ROLLLADEN} tirare su *qu/qc*; {HOSE} *auch* tirarsi su *qc*; *jdn/etw* (*aus etw* dat) ~ {VERLETZTEN AUS DEM SCHACHT} tirare su *qu/qc* (*da qc*) B itr <sein> (*irgendwohin*) ~ **1** *geh* (*den Standort wechseln*) {HEER, SOLDATEN IN DIE STADT} muovere *verso qc* **2** (*die Wohnung wechseln*) trasferirsi su (+ *compl di luogo*): **von der dritten in die vierte Etage ~**, trasferirsi su dal terzo al quarto piano; (*in den Norden ziehen*): **wir werden von München nach Hamburg ~**, da Monaco ci trasferiremo (su) a(d) Amburgo C rfl <haben> ~ **1** (*sich hochziehen*) **sich** (**an etw** dat) ~ {AN EINEM SEIL} tirarsi su (*con qc*) **2** (*sich verbreiten*) **sich von etw** (dat) **bis irgendwohin** ~ {SCHMERZEN VOM NACKEN BIS IN DEN KOPF} ₎salire (su)₍/[diffondersi] *da qc fino a qc*; {STRASSE VOM TAL BIS ZUM HÜGEL} salire/snodarsi *da qc fino su a qc*.

hinaus adv **1** (*nach draußen*) (*irgendwohin*) ~ fuori (+ *compl di luogo*); (*oft in elliptischen Sätzen: hinausgehen*): **da/hier ~**, si esce da/di qui; (*als Befehl*) fuori (per) di qua; ~ **mit dir!**, fuori!, esci!, vattene!; ~ **mit Ihnen!**, fuori!, esca!, se ne vada!; **komm, schnell, hinten/[zum Fenster]/[zur Tür] ~!**, dai, presto, usciamo ₎da dietro₍/[dalla finestra]/[dalla porta]!; **nach hinten/vorne ~ kannst du nicht**, non puoi uscire ₎da dietro₍/[dal davanti]; (*in eine Richtung*): ~ **aufs Meer fahren**, uscire ₎al largo₍/[in mare] **2** (*in eine Richtung weisend*) *irgendwohin* ~ che dà *su qc*, che guarda *qc*: **ein Zimmer ₎nach hinten/vorne₍/[zum Hof] ~**, una camera che dà ₎sull'interno₍/[sulla strada]/[sul cortile] **nach Norden/Süden/Osten/Westen ~**, esposto a nord/sud/est/ovest **3** (*in Zeitangaben*) **auf etw** (akk) ~ per *qc*: **die Vorstellung ist auf Monate ~ ausverkauft**, lo spettacolo è esaurito per mesi, lo spettacolo ha (già) il tutto esaurito per i prossimi mesi **4** (*räumlich*) **über etw** (akk) ~ al di là *di qc*; (*zeitlich, mehr als*) oltre *qc*: **über die Dauer des Vertrages ~**, oltre la durata del contratto.

hinaus|befördern <ohne ge-> tr **1** (*nach draußen bringen*) *jdn/etw* (*aus etw* dat) ~ portare *qu/qc* fuori (*da qc*) **2** *fam iron* (*zum Gehen bewegen*) *jdn* ~ mettere *qu* alla porta.

hinaus|begeben <irr, ohne ge-> rfl *geh* **sich** (*aus etw* dat) ~ {AUS DEM SAAL} recarsi fuori (*da qc*).

hinaus|begleiten <ohne ge-> tr *jdn* (*aus etw* dat/*irgendwohin*) ~ {AUS EINEM GEBÄU- DE} accompagnare fuori *qu* (*da qc/*+ *compl di luogo*).

hinaus|bemühen <ohne ge-> A tr *jdn* ~ pregare *qu* di uscire; (*in negativem Sinn*) scomodare *qu* facendolo uscire B rfl **sich** ~ (essere così gentile da) uscire; (*in negativem Sinn*) scomodarsi a uscire.

hinaus|beugen rfl **sich** (**zu etw** dat) ~ sporgersi (fuori) (*da qc*): **sich zum Fenster ~**, affacciarsi alla finestra; (*bei Fahrzeugen*) sporgersi dal finestrino.

hinaus|bitten <irr> tr *jdn* ~ pregare *qu* di uscire.

hinaus|blicken itr *geh* → **hinaus|sehen**.

hinaus|bringen <irr> tr **1** (*nach draußen bringen*) *jdn/etw* (*aus etw* dat) ~ {BESUCHER, GAST} accompagnare *qu* fuori (*da qc*); {GEGENSTAND, KRANKEN, TIER} portare *qu* fuori (*da qc*) **2** (*nicht weiter kommen als*): **sie hat es nie über die Sekretärin hinausgebracht**, non è mai diventata niente di più di una segretaria.

hinaus|drängen A tr **1** (*nach draußen drängen*) *jdn* (*aus etw* dat) ~ {AUS DEM LOKAL, THEATER} spingere fuori *qu* (*da qc*): **jdn aus der Tür ~**, spingere *qu* fuori dalla porta **2** (*vertreiben*) *jdn* (*aus etw* dat) ~ {MINISTER AUS EINEM AMT} allontanare *qu* (*da qc*), cacciare *qu* (*da qc*) *fam*, silurare *qu fam* B itr (*aus etw* dat) ~ {PUBLIKUM AUS DEM KINO, SAAL, THEATER} accalcarsi/spingere per uscire (*da qc*): **die Zuschauer drängten aus dem Theater hinaus**, gli spettatori si accalcavano all'uscita del teatro.

hinaus|dringen <irr> itr <sein> *geh* (*aus etw* dat) ~ {LÄRM AUS DEM HAUS} uscire *da qc*.

hinaus|dürfen <irr> itr (*irgendwohin/zu jdm*) ~ {KIND IN DEN GARTEN, AUF DEN HOF, SPIELPLATZ} poter(e) uscire (+ *compl di luogo/per andare da qu*); {PFLANZE INS FREIE} poter(e) essere messo fuori (+ *compl di luogo*).

hinaus|ekeln tr *fam jdn* (*aus etw* dat) ~ {MITARBEITER AUS DER FIRMA, DEM PROJEKT} far scappare *qu* (*da qc*) *fam*, costringere *qu* ad andare via (*da qc*): **sie haben ihn hinausgeekelt**, l'hanno costretto ad andarsene.

hinaus|fahren <irr> itr <sein> **1** (*nach draußen fahren*) (*aus etw* dat) ~ {FAHRZEUG AUS DER EINFAHRT, GARAGE} uscire/venire fuori *fam* (*da qc*) **2** (*irgendwohin fahren*) (*irgendwohin/zu jdm*) ~ {ZUM FLUGHAFEN, AUFS LAND, ZUM SEE, ZU DEN VERWANDTEN} andare (+ *compl di luogo*): **aufs Meer ~**, uscire ₎in mare₍/[al largo].

hinaus|fallen <irr> itr <sein> (**zu/aus etw** dat) ~ {ZUM/[AUS DEM] FENSTER} cadere *da qc*, precipitare *da qc*.

hinaus|finden <irr> itr (*aus etw* dat) ~ {AUS EINEM GEBÄUDE, IRRGARTEN, LABYRINTH} trovare l'uscita (*di qc*).

hinaus|fliegen <irr> itr <sein> (*aus etw* dat) ~ **1** (*nach draußen fliegen*) {VOGEL AUS DEM KÄFIG, NEST} volare fuori (*da qc*) **2** *fam* (*hinausfallen*) {GEGENSTAND AUS DEM AUTO, FENSTER} volare fuori (*da qc*) **3** *fam* (*hinausgeworfen werden*) {MITARBEITER AUS DER FIRMA} essere buttato fuori (*da qc*).

hinaus|führen A itr **1** (*nach draußen führen*) (*aus etw* dat) (*irgendwohin*) ~ {TÜR, WEG AUS EINEM GEBÄUDE, IRRGARTEN, LABYRINTH} condurre/portare *fam* fuori (*da qc*) (+ *compl di luogo*) **2** (*überschreiten*) **über etw** (akk) ~ {GESICHTSPUNKT ÜBER DAS THEMA} andare oltre *qc*, evadere dai confini *di qc*, esulare *da qc* B tr *jdn* (*aus etw* dat) ~ {BESUCHER AUS DEM GEBÄUDE, GEFANGENEN AUS DER ZELLE} condurre/accompagnare *qu/qc* fuori (*da qc*).

hinaus|gehen <irr> itr <sein> (**aus etw**

dat) ~ **1** (*nach draußen gehen*) {PERSON AUS EINEM GEBÄUDE} uscire/[andare fuori] (*da qc*): **beim Hinausgehen**, uscendo; **auf die Straße** ~, uscire per strada **2** (*abgeschickt werden*) (*irgendwohin*) ~ {LIEFERUNGEN, WAREN IN VIELE LÄNDER, DIE GANZE WELT} andare + *compl di luogo* **3** (*gerichtet sein*) **auf etw** (akk) ~ {FENSTER, ZIMMER AUF DEN GARTEN, HOF, DIE STRASSE} dare *su qc*: **nach Norden/Süden/Osten/Westen** ~, essere esposto a nord/sud/est/ovest **4** (*überschreiten*) **über etw** (akk) ~ superare *qc*; **mit etw** (dat) **über etw** (akk) ~ {MIT EINER VERORDNUNG ÜBER DIE EIGENEN KOMPETENZEN} oltrepassare i limiti *di qc* (*con qc*), trascendere *qc* (*con qc*).
hinaus|graulen tr *fam* → **hinaus|ekeln**.
hinaus|gucken itr *region fam* → **hinaus|sehen**.
hinaus|halten <irr> tr *etw* (*zu etw* dat) ~ tenere fuori *qc* (*da qc*): **den Kopf zum Fenster** ~, affacciarsi alla finestra; **den Arm zum Fenster** ~, tenere il braccio fuori dalla finestra.
hinaus|hängen **A** tr <haben> *etw* (*irgendwohin*) ~ {AN EINEM BAUM} appendere *qc* (+ *compl di luogo*); {WÄSCHE IN DEN GARTEN, HOF} stendere *qc* (+ *compl di luogo*): **die Fahne zum/[aus dem] Fenster** ~, esporre la bandiera fuori dalla finestra **B** itr <haben oder süddt A CH sein> **aus/zu etw** (dat) ~ {AUS DEM FENSTER, ZUM FENSTER} pendere fuori *da qc*.
hinaus|jagen **A** tr <haben> *jdn/etw* (*aus etw* dat) ~ {PERSON, TIER AUS DEM HAUS} cacciare *qu/qc fuori* (*da qc*) **B** itr <sein> (*irgendwohin*) ~ precipitarsi/schizzare *fam* fuori (+ *compl di luogo*).
hinaus|katapultieren <ohne ge-> tr *jdn* (*aus etw* dat) ~ catapultare *qu fuori da qc*.
hinaus|klettern itr <sein> arrampicarsi fuori: **zum Fenster** ~, uscire passando dalla finestra.
hinaus|kommen <irr> itr **1** (*aus dem Haus kommen*) uscire, andare fuori: **heute bin ich den ganzen Tag nicht hinausgekommen**, oggi non sono riuscito (-a) a mettere il naso fuori *fam* **2** <meist verneint> (*gelangen*) **über etw** (akk) ~ {ÜBER DIE ERSTEN SEITEN, DAS VORWORT EINES BUCHES} andare oltre/[più in là di] *qc*.
hinaus|komplimentieren <ohne ge-> tr *fam jdn* ~ far capire *a qu* che deve andarsene.
hinaus|können <irr> itr (*aus etw* dat) ~ {PERSON AUS DEM HAUS, TIER AUS DEM BAU; WAGEN AUS DER GARAGE} poter(e) uscire (*da qc*).
hinaus|lassen <irr> tr *jdn/etw* (*aus etw* dat) ~ {KIND AUS DEM HAUS, VOGEL AUS DEM KÄFIG} lasciar(e) uscire *qu/qc* (*da qc*); (*willentlich*) far(e) uscire *qu/qc* (*da qc*).
hinaus|laufen <irr> itr <sein> **1** (*nach draußen laufen*) (*irgendwohin*) ~ {AUF DEN HOF, DIE STRASSE} correre fuori/[uscire di corsa] (+ *compl di luogo*): **durch die Tür** ~, uscire dalla porta **2** *fam* (*enden mit*) **auf etw** (akk) ~ {EINWAND AUF EINE BESCHWERDE} equivalere *a qc*, corrispondere *a qc*; (*sich erweisen*) andare a finire *in qc*, risolversi *in qc*: **das läuft dann wieder darauf hinaus**, dass ..., va di nuovo a finire che ... ● **es läuft (immer)** ⌊**auf eins/dasselbe**⌋/[**auf ein und dasselbe**]/[**aufs Gleiche**] **hinaus** (*zwei Dinge sind gleich*), è la stessa cosa, è/fa lo stesso; (*es wird immer der gleiche Zweck verfolgt*), è sempre la stessa storia *fam*.
hinaus|lehnen rfl sich (*aus/zu etw* dat) ~ {AUS [DEM] FENSTER} sporgersi *da qc* ● **nicht** ~!, (è) vietato sporgersi!; **sich (zu) weit** ~ *fam* (*unverschämt werden*), andare ol-

tre; **hoffentlich habe ich mich mit meiner Bemerkung nicht zu sehr hinausgelehnt!**, spero di non aver passato il segno con le mie osservazioni!; (*deutlich Position beziehen*) sbilanciarsi; (*eine Prognose äußern*) spingersi troppo in là; (*sich finanziell übernehmen*) esporsi troppo (economicamente).
hinaus|müssen <irr> itr (*aus etw* dat) ~ {PERSON AUS DEM HAUS; WAGEN AUS DER GARAGE} dover(e) uscire (*da qc*); {SCHRANK AUS DEM ZIMMER} dover(e) essere messo/portato fuori (*da qc*) ● **ich muss mal hinaus** (*auf die Toilette*), devo andare alla toilette.
hinaus|posaunen <ohne ge-> tr *fam etw* ~ strombazzare *qc* (ai quattro venti); {ERFOLG, VERDIENST} *auch* sbandierare *qc* (ai quattro venti).
hinaus|ragen itr **1** (*nach oben ragen*) **über etw** (akk) ~ {TURM ÜBER DIE HÄUSER} sovrastare *qc*, dominare *qc* **2** (*besser sein*) (**mit etw** dat) **über jdn** ~ {MIT LEISTUNGEN} sovrastare *qu* (*per qc*), eccellere *su qu* (*per qc*) superare *qu* (*per qc*); **über etw** (akk) ~ {LEISTUNGEN ÜBER DEN DURCHSCHNITT} andare (ben) oltre *qc*, superare *qc*.
hinaus|reichen **A** tr (*übergeben*) *jdm etw* (*durch etw* akk) ~ {ESSEN, GEGENSTAND DURCH EINE LUKE, EINEN SPALT} passare *qc a qu* (*per/attraverso qc*), dare *qc a qu* (*attraverso qc*) **B** itr **bis zu etw** (dat) ~ {KABEL, LEITUNG, ROHR} arrivare *fino a qc*.
hinaus|rennen <irr> itr <sein> (*aus etw* dat) (*irgendwohin*) ~ {AUS DEM HAUS INS FREIE} correre fuori (*da qc*) (+ *compl di luogo*).
hinaus|schaffen tr *etw* (*aus etw* dat) (*irgendwohin*) ~ portare fuori *qc* (+ *compl di luogo*).
hinaus|schauen itr *region* → **hinaus|sehen**.
hinaus|scheren rfl *fam* sich ~ togliersi ⌊dai piedi⌋ *fam*⌊/[di torno *fam*]/[da tre passi *fam*]: **schert euch hinaus!**, toglietevi di torno!, fuori dai piedi!, levatevi di mezzo!
hinaus|schicken tr *jdn* (*aus etw* dat) (*irgendwohin*) ~ {AUS DEM HAUS, IN DEN GARTEN, HOF} mandare fuori *qu* (*da qc*) (+ *compl di luogo*).
hinaus|schieben <irr> tr **1** (*nach draußen schieben*) *etw* (*aus etw* dat) (*irgendwohin*) ~ {TISCH AUS DEM ZIMMER IN DEN GARTEN} spingere/spostare *qc fuori* (*da qc*) (+ *compl di luogo*) **2** (*auf einen späteren Zeitpunkt legen*) *etw* ~ {ABFAHRT, ABGABE DES MANUSKRIPTS, ABREISE, REISETERMIN} rinviare *qc*, rimandare *qc*: **etw wird ewig lange hinausgeschoben**, *qc* viene continuamente rimandato/rinviato.
hinaus|schießen <irr> itr **1** <haben> (*nach draußen schießen*) (*aus etw* dat) (*irgendwohin*) ~ sparare fuori (*da qc*) (+ *compl di luogo*) **2** <sein> *fam* (*hinausrennen*) (*irgendwohin*) ~ uscire ⌊sparato (-a) *fam*⌋/[come un razzo] (+ *compl di luogo*), schizzare fuori (+ *compl di luogo*).
hinaus|schmeißen <irr> tr *fam* **1** (*nach draußen werfen*) *etw* (*aus etw* dat) (*irgendwohin*) ~ buttare fuori *qc* (+ *compl di luogo*) **2** (*jdn zwingen zu gehen*) *jdn* ~ {MITARBEITER AUS DER FIRMA, GAST AUS DEM LOKAL} buttare/sbattere fuori *qu*.
Hinausschmiss (a.R. **Hinausschmiß**) <-es, -e> m *fam* → **Rausschmiss**.
hinaus|schmuggeln tr *etw* (*aus etw* dat) ~ {WAFFEN AUS EINEM LAND} esportare/[far uscire] di contrabbando *qc* (*da qc*); *jdn/etw* (*aus etw* dat) ~ {PERSONEN AUS EINEM LAND} far uscire clandestinamente *qu/qc*; {INFORMATIONEN} trafugare *qc* (*da qc*).

hinaus|schreien <irr> **A** tr itr (*etw*) (*irgendwohin*) ~ {AUF DIE STRASSE} gridare (*qc*) (+ *compl di luogo*): (**etw**) **zum Fenster** ~, gridare (*qc*) dalla finestra **B** tr *etw* ~ {JDS ANGST, VERZWEIFLUNG, WUT} sfogare *qc* gridando.
hinaus|schwimmen <irr> itr <sein> nuotare/uscire al largo, allontanarsi a nuoto (dalla riva); **zu etw** (dat) ~ {ZU EINER SANDBANK} nuotare *verso qc*, andare a nuoto *verso qc*.
hinaus|sehen <irr> itr (*irgendwohin*) ~ {AUF DEN GARTEN, HOF, DIE STRASSE} guardare fuori (+ *compl di luogo*): **zum Fenster** ~, guardare fuori dalla finestra.
hinaus|sein a.R. *von* hinaus sein → **sein**②.
hinaus|setzen **A** tr *jdn/etw* (*irgendwohin*) ~ {KIND AUF DIE TERRASSE, MÖBEL IN DEN GARTEN} mettere fuori *qu/qc* (+ *compl di luogo*) **B** rfl sich (*irgendwohin/zu jdm*) ~ {IN DEN GARTEN, HOF, AUF DIE TERRASSE} sedersi/[mettersi a sedere] fuori (+ *compl di luogo/con qu*).
hinaus|springen <irr> itr → **heraus|springen** 1.
hinaus|stehlen <irr> rfl sich (*aus etw* dat) ~ {AUS EINEM SAAL, EINEM ZIMMER} uscire di soppiatto (*da qc*), sgattaiolare fuori (*da qc*).
hinaus|steigen <irr> itr <sein> (*aus etw* dat) (*irgendwohin*) ~ uscire (*da qc*) (+ *compl di luogo*): **durchs/zum Fenster** ~, uscire passando dalla finestra.
hinaus|stellen tr *etw* (*aus etw* dat) (*irgendwohin*) ~ {MÖBEL AUS DEM ZIMMER IN DEN GARTEN} mettere fuori *qc* (*da qc*) (+ *compl di luogo*).
hinaus|strecken tr *etw* (*aus etw* dat) ~ {ARM, KOPF AUS DEM WASSER} sporgere/[mettere fuori] *qc da qc*: **den Kopf** ⌊**zum Fenster**⌋/[**zur Tür**] ~, affacciarsi alla finestra/porta.
hinaus|strömen itr <sein> (*aus etw* dat) ~ **1** (*entweichen*) {WASSER} fuor(i)uscire *da qc*; {GAS, LUFT} *auch* sprigionarsi *da qc*; (*irgendwohin*) ~ {WASSER INS FREIE} riversarsi + *compl di luogo* **2** (*in Massen hinausgehen*) {MENSCHENMENGE, PERSONEN AUS DEM THEATER} defluire (*da qc*); *irgendwohin* ~ {AUF DIE STRASSE} riversarsi + *compl di luogo*.
hinaus|stürmen itr <sein> (*aus etw* dat) (*irgendwohin*) ~ {MENSCHENMENGE, PERSONEN AUF DIE STRASSE} precipitarsi fuori (*da qc*) (+ *compl di luogo*).
hinaus|stürzen **A** itr <sein> (*aus etw* dat) (*irgendwohin*) ~ {PERSON AUS DER WOHNUNG, AUF DIE STRASSE} precipitarsi fuori (*da qc*) (+ *compl di luogo*): ⌊**aus dem**⌋/[**zum**] **Fenster** ~, precipitare dalla finestra **B** rfl <haben> sich ~ precipitarsi fuori: **sich aus dem Fenster** ~, gettarsi/buttarsi dalla finestra.
hinaus|tragen <irr> tr **1** (*nach draußen tragen*) *jdn/etw* (*aus etw* dat) (*irgendwohin*) ~ {KOFFER AUS DEM HAUS ZUM AUTO} portar(e) fuori *qc* (+ *compl di luogo*) **2** *geh* (*verbreiten*) *etw* ~ {INFORMATION} propagare *qc geh*: **wir wollen nicht, dass diese Informationen hinausgetragen werden**, non vogliamo che queste informazioni vengano diffuse.
hinaus|treiben <irr> **A** tr <haben> *etw* (*aus etw* dat) ~ {TIER AUS DEM STALL} far(e) uscire *qc* (*da qc*): **die Kühe auf die Weide** ~, portare le mucche al pascolo **B** itr <sein> {WRACK} essere trascinato al largo.
hinaus|treten <irr> itr <sein> *geh* (*irgendwohin*) ~ {AUS DEM ZIMMER AUF DEN BALKON, DIE TERRASSE} uscire (+ *compl di luogo*): **zur Tür** ~, uscire dalla porta.

hinaus|wachsen <irr> itr <sein> **1** (größer werden als) **über jdn** ~ {SOHN, TOCHTER ÜBER DIE ELTERN} superare qu **2** (überwinden) **über etw** (akk) ~ {ÜBER EIFERSÜCHTELEIEN} superare qc • **über sich (selbst)** ~, superare se stesso (-a).

hinaus|wagen rfl **sich** (**aus etw** dat) (**irgendwohin**) ~ osare/[avere il coraggio di]/[azzardarsi a] fam uscire (da qc) (+ compl di luogo): **sich in die Dunkelheit** ~, osare avventurarsi nelle tenebre.

hinaus|werfen <irr> tr **1** (nach draußen werfen) **etw** (**aus etw** dat) (**irgendwohin**) ~ {GEGENSTAND AUS DEM FENSTER INS FREIE} gettare fuori qc (da qc) (+ compl di luogo) **2** fam (entlassen) **jdn** (**aus etw** dat) ~ {MITARBEITER AUS DER FIRMA} buttare/sbattere fuori qu fam (da qc).

hinaus|wollen <irr> itr **1** (nach draußen wollen) (**irgendwohin**) ~ {INS FREIE} voler uscire (+ compl di luogo) **2** (abzielen) (**mit etw** auf **etw** (akk)) ~ mirare a qc (con qc), tendere a qc (con qc): **worauf wollen Sie eigentlich hinaus?**, ma dove vuole ˌandare a parareˌ/[arrivare]? • **hoch** ~, mirare in alto.

hinaus|ziehen <irr> **A** tr <haben> **1** (nach draußen ziehen) **etw** (**aus etw** dat) ~ {KARREN AUS DEM SCHUPPEN} tirare fuori qc (da qc) **2** (fortreißen) **jdn/etw irgendwohin** ~ {STRÖMUNG SCHWIMMER, WRACK AUFS OFFENE MEER} trascinare qu/qc + compl di luogo; fig {SEHNSUCHT IN FERNE LÄNDER} spingere qu + compl di luogo **3** (auf einen späteren Zeitpunkt legen) **etw** ~ {ABFAHRT, ABGABE DES MANUSKRIPTS, ABREISE, REISETERMIN} rinviare qc, rimandare qc **4** (lange dauern lassen) **etw** ~ {VERHANDLUNGEN} tirare qc per le lunghe, trascinare qc **B** itr <sein> **1** (nach draußen abziehen) (**aus etw** dat) ~ {GERUCH, RAUCH AUS DEM HAUS INS FREIE} uscire (da qc) **2** lit (sich begeben) **irgendwohin** ~ {IN EIN ANDERES LAND} partire per qc: **in die Ferne** ~, andare lontano; **aufs Land** ~ fam, andare ˌa(d) abitareˌ/[a stare] in campagna **C** rfl <haben> → **hinaus|zögern**.

hinaus|zögern **A** tr **1** (auf einen späteren Zeitpunkt legen) **etw** ~ {ABFAHRT, ABGABE DES MANUSKRIPTS, ABREISE, ENTSCHEIDUNG, REISETERMIN} rinviare qc, rimandare qc, procrastinare qc **2** (lange dauern lassen) **etw** ~ {VERHANDLUNGEN} tirare per le lunghe qc fam **B** rfl **1** (auf einen späteren Zeitpunkt verschieben) **sich bis irgendwann** ~ {ABFAHRT, ABREISE, ENTSCHEIDUNG BIS AUF DIE NÄCHSTE WOCHE, BIS ZUR LETZTEN MINUTE} essere rinviato a qc, essere rimandato a qc **2** (lange dauern) **sich** ~ {VERHANDLUNGEN} andare per le lunghe; **sich bis irgendwann** ~ {BIS IN DEN HERBST, INS UNENDLICHE} trascinarsi fam fino a qc, protrarsi geh fino a qc.

Hinauszögerung <-, -en> f {+ABFAHRT, ABREISE, ENTSCHEIDUNG} rinvio m, rimandare m qc; {+VERHANDLUNGEN} protrarsi m.

hin|bekommen tr → **hin|kriegen**.

hin|bemühen <ohne ge-> geh **A** tr **jdn** (**zu jdm**) ~ scomodare qu, far andare qu da qu **B** rfl **sich** (**zu jdm**) ~ scomodarsi (ad andare da qu).

hin|bestellen <ohne ge-> tr fam **jdn** (**irgendwohin/zu jdm**) ~ far venire qu (+ compl di luogo/da qu).

hin|biegen <irr> tr fam **1** (bereinigen) **etw** ~ {ANGELEGENHEIT} aggiustare qc, sistemare qc; {FEHLER} riparare a qc **2** (bewirken) **etw** (**irgendwie**) ~ sistemare qc (+ compl di luogo): **etw so** ~, **dass** ..., mettere le cose in modo tale ˌda ... inf ˌ/[che ...] **3** (beeinflussen) **jdn** (**irgendwie**) ~ {KIND, PARTNER} lavorarsi qu (+ compl di modo).

hin|bitten <irr> tr **jdn** ~ pregare qu di andarci.

hin|blättern tr fam (**jdm**) **etw** ~ {GELDSCHEINE} sborsare qc.

Hinblick m: **in/im** ~ **auf etw** (akk) (mit Rücksicht auf), in considerazione di qc, tenendo conto di qc; (hinsichtlich) riguardo a qc: **im** ~ **darauf, dass** ..., ˌin considerazioneˌ/[tenendo conto] del fatto che ...

hin|blicken itr → **hin|sehen**.

hin|bringen <irr> tr fam **1** (**jdm**) **etw** ~ portare lì qc (a qu); **jdn** ~ portare/accompagnare/condurre geh (lì/là) qu **2** (fertigbringen) **etw** ~ farcela a fare qc fam **3** rar (zubringen) **etw** (**mit etw** dat) ~ {ZEIT} passare/trascorrere qc (facendo qc).

hin|deichseln tr fam **etw** (**irgendwie**) ~ sistemare qc (+ compl di modo): **das werden wir schon hindeichseln** ~!, in qualche modo faremo!, un sistema lo troveremo!; **etw so** ~, **dass** ..., mettere le cose in modo tale ˌda ... infˌ/[che...].

hin|denken <irr> itr: **wo denkst du hin?**, che vai pensando?, cosa ti viene in mente?

hinderlich **A** adj: ~ (**bei etw** dat) {VERBAND BEI EINER ARBEIT, BEIM SCHREIBEN} d'impedimento/intralcio (in qc): **das Cape war** ~ **beim Autofahren**, per guidare la mantella era scomoda; **jdm/etw** ~ **sein**, essere d'ostacolo/d'intralcio a qu/qc **B** adv: **sich** ~ (**auf etw** akk) **auswirken** {FEHLER AUF DIE KARRIERE, KRANKHEIT AUF DIE PLÄNE}, ostacolare qc, essere un handicap (per qc).

hindern tr **jdn an etw** (dat) ~ (AN DER AUSFÜHRUNG DES PLANES, DER DURCHFÜHRUNG DES PROJEKTS} impedire qc a qu: **jdn daran** ~, **etw zu tun**, impedire a qu di fare qc; **ich hindere dich nicht daran, sie anzurufen**, non ti impedisco di telefonarle; **ich weiß nicht, was mich daran hindert**, non so che cosa mi trattiene; **er hat sie daran gehindert**, glielo ha impedito.

Hindernis <-ses, -se> n **1** (Barriere) ostacolo m: **ein** ~ **überwinden**, superare un ostacolo/impedimento **2** (Behinderung) ~ (**für etw** akk) ostacolo m (a qc), handicap m (per qc): **allen** ~**sen zum Trotz**, malgrado tutti gli ostacoli **3** sport ostacolo m: **ein** ~ **nehmen/überspringen**, saltare un ostacolo • **jdm** ~**se in den Weg legen**, mettere i bastoni fra le ruote a qu, creare/frapporre ostacoli a qu; **ein** ~ **aus dem Weg räumen**, rimuovere/eliminare un ostacolo, sgomberare la via da un ostacolo.

Hindernislauf m sport Leichtathletik corsa f a ostacoli.

Hindernisläufer m (**Hindernisläuferin** f) sport ostacolista mf.

Hindernisrennen n sport (Pferderennen) corsa f a ostacoli.

Hinderungsgrund m (motivo m d')impedimento m: **für etw** (akk) **kein** ~ **sein**, non essere un motivo per non fare qc.

hin|deuten itr **1** (mit dem Finger) **auf etw** (akk) ~ mostrare qc col dito, additare qc **2** (erkennen lassen) **auf etw** (akk) ~ indicare qc: **alles deutet darauf hin, dass** ..., tutto fa pensare che ... konjv; **alle Indizien deuten darauf hin, dass er unschuldig ist**, tutti gli indizi stanno a indicare che lui è innocente; **nichts deutet auf einen Rückgang der Inflation hin**, l'inflazione non accenna a diminuire; **die Wolken deuten auf ein Gewitter hin**, le nuvole preannunciano/[preludono a] un temporale; **alles deutete auf eine Krise hin**, tutto lasciava presagire una crisi.

Hindi <-, ohne pl> n hindi m.

Hindin f poet obs → **Hirschkuh**.

hin|drehen tr fam → **hin|biegen** 1, 2.

Hindu① <-(s), -(s)> m indù m.

Hindu② <-, -(s)> f, **Hindufrau** f indù f.

Hinduismus <-, ohne pl> m induismo m.

hinduistisch adj {GLAUBEN, RELIGION} induista.

hindurch adv **1** (räumlich) **irgendwo** ~ per + compl di luogo: **hier** ~, per di qui/qua; **mitten** ~, proprio nel mezzo; (verstärkend) **durch etw** ~ attraverso qc; **den Lärm durch die Wand** ~ **hören**, sentire il rumore attraverso la parete; **quer durch die ganze Stadt** ~, passando/attraversando tutta la città **2** (zeitlich) **etw** ~ per/durante qc: **das ganze Jahr** ~, per/durante tutto l'anno; (**all die**) **Jahre** ~, per (tutti questi) anni.

hin|dürfen <irr> itr poterci andare; (**irgendwo/zu jdm**) ~ poter(e)/[avere il permesso di] andare (+ compl di luogo/da qu).

hin|eilen itr <sein> (**irgendwo/zu jdm**) ~ accorrere geh/precipitarsi (+ compl di luogo/da qu).

hinein adv **1** (räumlich) **irgendwo** ~ dentro + compl di luogo: **hier/da** ~!, qui/là dentro!; **mitten in etw** (akk) ~ {IN DIE WASSERPFÜTZE}, in mezzo a qc, dentro (a) qc; {IN DIE THEATERVORSTELLUNG} nel bel mezzo di qc; **bis ins kleinste Detail** ~ {ERKLÄREN, ERLÄUTERN}, fin nei minimi dettagli **2** (zeitlich: verstärkend): **bis in etw** (akk) ~, fino a qc: **bis in den Tag** ~ **schlafen**, dormire fino a tardi/[giorno fatto]; **bis tief in die Nacht** ~ **tanzen**, ballare fino a ˌtarda notteˌ/[notte fonda] • ~ **mit dir/euch!**, entra/entrate!

hinein|begeben <irr, ohne ge-> rfl geh **sich** ~ entrare; **sich in etw** (akk) ~ {IN EIN GEBÄUDE} recarsi all'interno di qc, entrare in qc.

hinein|beißen <irr> itr **in etw** (akk) ~ {IN EINEN APFEL} addentare qc, dare un morso a qc.

hinein|bekommen <irr, ohne ge-> tr **etw** (**in etw** akk) ~ {MANTEL IN DEN KOFFER} riuscire a mettere/infilare qc in qc, riuscire a fare stare qc in qc: **ich habe es nicht mehr** ~, non sono riuscito (-a) a farcelo stare.

hinein|bemühen <ohne ge-> **A** tr **jdn** ~ far entrare qu, fare accomodare (dentro) qu, pregare qu di accomodarsi (dentro); (in negativem Sinn) scomodare qu facendolo entrare **B** rfl **sich** ~ accomodarsi (dentro), entrare; (in negativem Sinn) scomodarsi a entrare.

hinein|bitten <irr> tr **jdn** ~ far accomodare/entrare qu, pregare qu di entrare.

hinein|blicken itr → **hinein|sehen**.

hinein|bringen <irr> tr **1** (nach drinnen bringen) **jdn/etw** ~ portare dentro qu/qc; (**jdm**) **jdn/etw** (**in etw** akk) ~ {KOFFER, KRANKEN INS ZIMMER} portare (a qu) qu/qc (in qc); {PERSON} auch accompagnare qu dentro (qc) **2** fam (schaffen) **etw** (**in etw** akk) ~: **ein bisschen Ordnung in etw** (akk) ~ {IN EINE FIRMA, EIN CHAOTISCHES MANUSKRIPT}, mettere un po' di ordine in qc; **ein bisschen Schwung in etw** (akk) ~ {IN EINE LANGWEILIGE SENDUNG, VORSTELLUNG}, dare un po' di brio a qc, vivacizzare qc, ravvivare qc; **ein bisschen Struktur in etw** (akk) ~ {IN EINE ARBEIT, GLIEDERUNG}, (vedere di) strutturare meglio qc **3** fam → **hinein|bekommen**.

hinein|bugsieren <ohne ge-> tr fam **etw in etw** (akk) ~ {AUTO IN DIE PARKLÜCKE} far(e) entrare/stare qc in qc.

hinein|buttern tr fam **etw in etw** (akk) ~ {GELD IN EIN PROJEKT} mettere qc in qc fam, investire qc in qc.

hinein|denken <irr> rfl **1** (sich hineinversetzen) **sich in jdn** ~ mettersi nei panni di qu fam, immedesimarsi in/con qu: **versuch doch mal, dich in ihn hineinzudenken**, prova a metterti nei suoi panni, cerca un po' di capire come ragiona lui *fam* **2** (*sich mit etw vertieft beschäftigen*) **sich *in* etw** (akk) **~** {IN EINE SITUATION} immedesimarsi *in qc*, calarsi *in qc*; {IN EIN PROBLEM, EINE THEORIE} addentrarsi *in qc*.

hin*ein*|deuten tr → **hinein|interpretieren**.

hin*ein*|drängen **A** tr *jdn* ~ spingere dentro *qu*; **jdn (*in* etw** akk) ~ {IN EINEN RAUM} spingere *qu dentro* (*qc*) **B** itr (*in* etw akk) ~ {ZUSCHAUER INS STADION} ⌊fare calca⌋/[spingere] per entrare (*in qc*) **C** rfl **sich (*in* etw** akk) ~ {IN DEN SAAL, DAS THEATER} ⌊fare calca⌋/[spingere] per entrare (*in qc*).

hin*ein*|dürfen <irr> itr (*in* etw akk) ~ {IN EIN GEBÄUDE} poter(e)/[avere il permesso di] entrare (*in qc*).

hin*ein*|fahren <irr> itr <sein> **1** (*in* etw akk) ~ {IN DIE GARAGE, DEN HOF} entrare (*in qc*) (con un veicolo); (*in* eine Straße ~, imboccare/prendere una strada **2** (*jds Fahrzeug beschädigen*) **jdm/*in* etw** (akk) ~ andare addosso *a qu/qc*; *fam* (*von hinten*) tamponare *qu/qc*.

hin*ein*|fallen <irr> itr <sein> cadere/cascare *fam* dentro; (*in* etw akk) ~ {IN DEN GRABEN, DIE GRUBE} cadere/cascare *fam* dentro (*qc*).

hin*ein*|finden <irr> **A** itr (*in* etw akk) ~ {IN EIN GEBÄUDE} trovare la strada per entrare *in qc* **B** rfl **1** (*sich vertraut machen*) **sich ~** (*in* etw akk) ~ {IN EINE NEUE ARBEIT} impratichirsi *in/di qc fam*, familiarizzare *con qc* **2** (*sich damit abfinden*) **sich ~ (*in* etw** akk) ~ {IN EINE NEUE SITUATION} adattarsi (*a qc*); {IN EINE UNANGENEHME SITUATION} *auch* rassegnarsi (*a qc*) *pej.*

hin*ein*|fließen <irr> itr <sein> (*durch* etw akk) (*in* etw akk) ~ {WASSER DURCH EIN LOCH INS ZIMMER} entrare *da/attraverso qc* (*in qc*).

hin*ein*|fressen <irr> **A** tr *fam* **etw *in* sich** ~ **1** (*unterdrücken*) {ÄRGER, PROBLEM, WUT} tenersi dentro *qc* **2** (*verschlingen*) trangugiare *qc*, ingurgitare *qc* **B** rfl **sich (*in* etw** akk) ~ {HOLZWURM IN DAS MÖBELSTÜCK} tarlare *qc*; {MOTTE INS KLEID, IN DEN STOFF} tarmare *qc*.

hin*ein*|führen **A** tr *jdn/etw* ~ condurre dentro *qu/qc*; **jdn/etw (*in* etw** akk) ~ {PERSON INS ZIMMER, PFERDE IN DIE MANEGE} condurre *qu/qc dentro* (*qc*) **B** itr (*in* etw akk) ~ {STRAßE, WEG IN DEN HOF} condurre/portare dentro *qc*.

hin*ein*geboren adj <präd>: **in etw** (akk) **werden** {IN EINE GESELLSCHAFT, BESTIMMTE VERHÄLTNISSE}, nascere in *qc*.

hin*ein*|gehen <irr> itr <sein> **1** (*nach innen gehen*) andare dentro, entrare; **in etw** (akk) ~ {IN EIN GEBÄUDE, ZIMMER} andare dentro *qc*, entrare *in qc* **2** *fam* (*hineinpassen*) (*in* etw akk) ~ {MANTEL IN DEN KOFFER; MÖBEL INS AUTO} starci (*in qc*), entrarci (*in qc*), andarci (*in qc*) *fam*: **die Reisetasche ist nicht mehr hineingegangen**, il borsone non ci stava più.

hin*ein*|geraten <irr> itr <sein> **in etw** (akk) ~ {IN EINE SCHLÄGEREI} capitare/finire *in mezzo a qc*; {IN EINE UNANGENEHME SITUATION} ritrovarsi *in qc*.

hin*ein*|gießen <irr> tr *etw* ~ versare dentro *qc*; **etw *in* etw** (akk) ~ {GETRÄNK IN EIN GLAS, EINEN KRUG} versare *qc* dentro *a qc* • **etw in sich ~** *slang* {ALKOHOL, BIER}, scolarsi *qc*, riempirsi *di qc*.

hin*ein*|greifen <irr> itr **1** (*ins Innere fassen*) mettere/metterci dentro la mano/le mani; **in etw** (akk) ~ {IN EINE GELDBÖRSE, KISTE, TASCHE} mettere la mano dentro *a qc* **2** (*zusammenhängen*) **in etw** (akk) ~ entrarci *con qc*, avere a che fare *con qc*: **etw greift in**

etw (akk) **mit hinein** {ASPEKT IN EIN THEMA}, qc c'entra con qc, qc ha a che fare con qc *fam*.

hin*ein*|gucken itr *fam* → **hinein|sehen**.

hin*ein*|halten <irr> tr *etw* ~ mettere/tenere dentro *qc*; **etw *in* etw** (akk) ~ {BEIN, FUß, GEGENSTAND IN EINE FLÜSSIGKEIT} mettere *qc in qc*: **den Finger ins Wasser ~**, mettere il dito nell'acqua.

hin*ein*|helfen <irr> itr *jdm in* etw (akk) ~ {EINER PERSON IN DIE JACKE, DEN MANTEL} aiutare *qu* a mettersi/infilarsi *qc*: **jdm ⌊ins Auto⌋/[in den Bus] ~**, aiutare qu a salire ⌊in macchina⌋/[sull'autobus].

hin*ein*|interpretieren <ohne ge-> tr *etw in etw* (akk) ~ {ABSICHT, SINN IN EINE BEMERKUNG, EINEN SATZ, EINE TEXTSTELLE} credere di leggere *qc in qc*.

hin*ein*|klettern itr <sein>: **durchs Fenster ~**, entrare passando per la finestra.

hin*ein*|knien rfl *fam* (*sich einsetzen*) **sich (*in* etw** akk) ~ {IN EINE ARBEIT} darci dentro *fam*/sotto *fam* (*con qc*).

hin*ein*|kommen <irr> itr <sein> **1** (*hineingelangen*) {PERSON, TIER} riuscire a entrare (dentro), poter/i entrare (dentro): **wie bist du da hineingekommen?**, come hai fatto a entrare?; (*in* etw akk) ~ {IN DIE WOHNUNG, INS ZIMMER} potere entrare (*in qc*), riuscire ad entrare (dentro) (*in qc*) **2** *fam* (*gehören*) **in etw** (akk) ~ {GEGENSTAND} ⌊dover(e) essere messo⌋/[andare messo (-a) *fam*] *in qc*: **das Buch kommt hier hinein**, il libro va (messo) qui *fam* **3** *fam* (*sich hineinfinden*) (*in* etw akk) ~ {IN EINE SPRACHE} impratichirsi (*in/di qc*); {IN EINE TÄTIGKEIT} prenderci la mano (*con qc*) *fam*: **ich habe lange keine Gitarre mehr gespielt, ich muss erst wieder ~**, è da tempo che non suono più la chitarra, devo prima ⌊esercitarmi un po'⌋/[riprenderci un po' la mano *fam*] **4** (*hineingeraten*) **in etw** (akk) ~ cacciarsi *in qc fam*, finire *in qc*: **ich weiß gar nicht, wie ich in diese Sache hineingekommen bin**, non so come ho fatto a ⌊cacciarmi *fam*⌋/finire in quest'affare⌋/[rimanere impelagato (-a) *fam* in questa faccenda].

hin*ein*|können <irr> itr (*in* etw akk) ~ {IN EIN GEBÄUDE} poter(e) entrare (*in qc*).

hin*ein*|kriechen <irr> itr <sein> **in etw** (akk) ~ {FUCHS IN DEN BAU; PERSON IN EINE HÖHLE} entrare *in qc* strisciando • **jdm hinten ~** *slang*, leccare il culo a qu *vulg*, strisciare davanti a qu.

hin*ein*|kriegen tr *fam* → **hinein|bekommen**.

hin*ein*|lachen itr: **in sich ~**, ridere ⌊tra sé e sé⌋/[sotto i baffi].

hin*ein*|lassen <irr> tr *jdn/etw* (*in* etw akk) ~ lasciar(e) entrare *qu/qc* (*in qc*); (*willentlich*) far entrare *qu/qc* (*in qc*).

hin*ein*|laufen <irr> itr <sein> correre dentro; (*in* etw akk) ~ {PERSON INS HAUS, IN DEN HOF} correre dentro *qc*; {WASSER IN DEN KELLER} entrare *in qc*.

hin*ein*|legen **A** tr **1** (*nach innen legen*) *jdn in etw* (akk) ~ {KRANKEN, PATIENTEN IN EIN BETT} sdraiare *qu su qc*; {IN EIN ZIMMER} mettere *qu in qc* **2** (*investieren*) **etw *in* etw** (akk) ~ {EHRGEIZ, GEFÜHL IN EINE ARBEIT, SACHE} metterci *qc in qc* **3** (*hineindeuten*) → **hinein|interpretieren** **B** rfl **sich (*in* etw** akk) ~ {IN DIE HÄNGEMATTE} sdraiarsi *su qc*).

hin*ein*|manövrieren <ohne ge-> **A** tr *fam* **1** (*hineinlenken*) **etw *in* etw** (akk) ~ {WAGEN IN EINE PARKLÜCKE} riuscire a ⌊far entrare *fam*⌋/[parcheggiare] *qc* (*in qc*) **2** (*bringen*) **jdn *in* etw** (akk) ~ {IN EINE AUSWEGLOSE, SCHWIERIGE SITUATION} trascinare *qu in qc*, coinvolgere *qu in qc* **B** rfl **sich *in* etw** (akk) ~

{IN EINE AUSWEGLOSE, SCHWIERIGE SITUATION} cacciarsi *in qc fam*, mettersi *in qc*.

hin*ein*|passen itr **1** (*Platz haben*) (*in etw* akk) ~ {MANTEL IN DEN KOFFER} starci (*in qc*) *fam*, entrarci (*in qc*) *fam*, trovar posto *in qc* **2** (*geeignet sein*) **in etw** (akk) ~ {MITARBEITER, PERSON IN EINE FIRMA} inserirsi bene *in qc*.

hin*ein*|pfuschen itr *fam* **jdm *in* etw** (akk) ~ {JDM IN DIE ARBEIT} mettere le mani *in qc di qu*.

hin*ein*|platzen itr <sein> *fam* (*in* etw akk) ~ {IN EINE VERSAMMLUNG} piombare *in qc*: **du kannst doch nicht einfach so ~!**, non puoi mica piombare là così!

hin*ein*|pressen tr *etw* (*in* etw akk) ~ {KLEIDER IN DEN KOFFER} pigiare *qc in qc*, stipare *qc in qc*; → *auch* **Schema**.

hin*ein*|projizieren <ohne ge-> tr *etw in jdn/etw* ~ proiettare *qc su qu/qc*.

hin*ein*|pumpen tr (*in* etw akk) ~ **1** (*ins Innere pumpen*) {WASSER IN EIN BECKEN} pompare *qc in qc*; {BETON IN EINE VERSCHALUNG} iniettare *qc in qc* **2** *fam* (*investieren*) {GELD IN EINE SACHE} mettere *qc in qc fam*, investire *qc in qc*.

hin*ein*|ragen itr *geh* **in etw** (akk) ~ {ÄSTE IN DEN NACHBARGARTEN} sporgere *in qc*.

hin*ein*|rammen tr *etw in* etw (akk) ~ {PFAHL IN DIE ERDE} conficcare *qc in qc*, affondare *qc in qc*.

hin*ein*|reden **A** itr (*sich einmischen*) *jdm (in* etw akk) ~ {JDM IN SEINE ANGELEGENHEITEN} immischiarsi *in qc di qu*, voler entrare *in qc di qu* **B** rfl (*sich einen Gefühl hingeben*): **sich *in* etw** (akk) ~ {IN BEGEISTERUNG, EMPÖRUNG, WUT, ZORN} lasciarsi trasportare/prendere *da qc*.

hin*ein*|regnen unpers (*irgendwohin*) ~ {INS ZIMMER} piovere dentro (+ *compl di luogo*): **bei uns regnet es hinein**, da noi piove dentro.

hin*ein*|reichen **A** tr *etw* (*durch* etw akk) (*in* etw akk) ~ {ESSEN DURCH EINE LUKE IN DEN SPEISESAAL} passare *qc attraverso qc dentro qc* **B** itr **bis irgendwo** ~ {ZWEIGE BIS IN DEN NACHBARGARTEN} arrivare *fino a qc*; **bis in etw** (akk) ~ {VERANSTALTUNG BIS IN DEN ABEND; TAGUNG BIS INS WOCHENENDE} durare *fino a qc*, protrarsi *fino a qc geh*.

hin*ein*|reißen <irr> tr *jdn (in* etw akk) ~ {IN EINE UNANGENEHME SACHE} trascinare *qu in qc*, invischiare *qu in qc*.

hin*ein*|reiten <irr> **A** itr <sein> (*in* etw akk) ~ {PERSON} entrare a cavallo (*in qc*); {PFERD IN DIE MANEGE} entrare *in qc* **B** tr <haben> *jdn* ~ mettere nei guai *qu*, inguaiare *qu südital fam*; **jdn in etw** (akk) ~ {IN EINE UNANGENEHME SACHE} trascinare *qu in qc*, coinvolgere *qu in qc* **C** rfl: **sich selbst ~**, mettersi/cacciarsi *fam* nei guai, inguaiarsi *südital fam*.

hin*ein*|rennen <irr> itr <sein> correre dentro; **in etw** (akk) ~ correre dentro *qc* • (**voll**) **in jdn/etw** ~ *fam* (*mit jdm/etw zusammenstoßen*) {IN EIN AUTO, EINEN FUßGÄNGER}, andare addosso a *qu/qc*.

hin*ein*|riechen <irr> itr *fam* **in etw** (akk) ~ {IN EINE ARBEIT} annusare *qc*.

hin*ein*|schaffen tr *jdn* ~ portare dentro *qu*; *etw* ~ portare dentro *qc*, mettere dentro *qc*; *jdn/etw* (*in* etw akk) ~ portare *qu* dentro *qc*; **etw (*in* etw** akk) ~ {TRUHE INS ZIMMER} (tras)portare/mettere *qc* dentro (*qc*), sistemare *qc dentro* (*qc*).

hin*ein*|schauen itr *südtt* → **hinein|sehen**.

hin*ein*|schlagen <irr> tr *etw* (*in* etw akk) ~ {NAGEL IN DIE WAND} piantare *qc in qc*, conficcare *qc in qc*.

hinein|schleichen <irr> rfl sich (*in etw* akk) ~ {DIEB IN EIN GEBÄUDE} entrare di soppiatto/nascosto (*in qc*), scivolare/sgusciare dentro (*qc*).

hinein|schlingen <irr> tr *etw in sich* ~ {ESSEN} trangugiare *qc*, ingurgitare *qc*, divorare *qc*.

hinein|schlittern itr <sein> fam *in etw* (akk) ~ {IN EINE UNANGENEHME SACHE} finire *in qc*, ritrovarsi *in qc*.

hinein|schlüpfen itr <sein> **1** (*anziehen*) (*in etw* akk) ~ {IN DIE HOSE, DEN MANTEL} infilarsi *qc*, mettersi *qc*: **ein schöner Pulli! Darf ich schnell mal ~?**, che bel maglione! Posso provarlo? **2** (*sich hineinversetzen*) *in etw* (akk) ~ {IN JDS ROLLE} immedesimarsi *in qc* (*di qu*), calarsi *in qc* (*di qu*).

hinein|schmuggeln tr *jdn/etw* (*in etw* akk) ~ {WAFFEN IN EIN LAND} far entrare di contrabbando *qu/qc* (*in qc*); {PERSONEN} far entrare clandestinamente *qu/qc* (*in qc*); {INFORMATIONEN} introdurre di nascosto *qc* (*in qc*).

hinein|schneien unpers <haben>: **es schneit** (*in etw* akk) **hinein**, nevica dentro (*qc*) **B** itr <sein> (*bei jdm*) ~ {UNERWARTETER BESUCH, VERWANDTE} capitare all'improvviso (*da qu*), piombare ₁*in casa di qu*₁/[*da*] *qu*.

hinein|schreiben <irr> tr *etw* (*in etw* akk) ~ {GEDICHT INS ALBUM} scrivere *qc in qc*.

hinein|schütten tr *etw* ~ versare dentro *qc*; *etw in etw* akk) ~ {FLÜSSIGKEIT IN EINE WANNE} versare *in qc*; (*viel und schnell Alkohol trinken*) *etw in sich* ~ tracannare *qc fam*, scolarsi *qc fam*.

hinein|sehen <irr> itr guardare dentro; (*in etw* akk) ~ {IN DIE WOHNUNG, INS ZIMMER} guardare dentro (*qc*): **von draußen kann man in das Zimmer ~**, da fuori si può vedere dentro la stanza; **zum Fenster ~**, guardare dentro dalla finestra.

hinein|setzen **A** tr *jdn* (*in etw* akk) ~ {KIND IN DEN LAUFSTALL} mettere ₁a sedere₁/ [seduto (-a)] *qu in qc*; *etw* (*in etw* akk) ~ {GEGENSTAND} mettere *qc in qc*; {PFLANZE MITTEN INS BEET} *auch* piantare *qc* (*in qc*) **B** rfl sich ~ sedersi dentro; **sich** *in etw* (akk) ~ {IN EIN AUTO} sedersi dentro; **sich** *in einen Sessel ~*, sedersi sulla/in poltrona.

hinein|sollen <irr> itr (*in etw* akk) ~ {FAHRZEUG, PERSON IN DEN HOF, DAS ZIMMER} dover entrare (*in qc*); {GEGENSTAND IN DAS ZIMMER} dover esser(e) messo *in qc*; {ARTIKEL IN EINE ZEITSCHRIFT} andare *in qc*.

hinein|spazieren <ohne ge-> itr <sein> fam (*in etw* akk) ~ {IN EIN GEBÄUDE, ZIMMER} entrare dentro (*qc*): **einfach so ~**, entrare come se niente fosse.

hinein|spielen itr *bei etw* (dat) (mit) ~ {ÜBERLEGUNGEN, VORURTEILE BEI EINER ENTSCHEIDUNG} giocare *in qc*; {GRÜNDE} *auch* subentrare *in qc*; {INTERESSEN} esserci di mezzo *in qc fam*.

hinein|sprechen <irr> itr: **ins Mikrofon ~**, parlare al microfono.

hinein|stechen <irr> itr *mit etw* (dat) *in etw* (akk) ~ infilare *qc in qc*; {MIT DEM STOCK IN DEN SCHLAMM} *auch* affondare *qc in qc*: **mit der Gabel ins Fleisch ~**, infilzare la carne con la forchetta.

hinein|stecken tr *fam* **1** (*hineinlegen*, *-setzen, -stellen*) *etw* ~ ficcare dentro *qc fam*, cacciare dentro *qc fam*; *etw* (*in etw* akk) ~ {KLEIDER IN DEN KOFFER} ficcare *qc* dentro (*qc*), mettere *qc* dentro (*qc*); {NADEL IN DEN STOFF} infilare *qc in qc*: **den Stecker in die Steckdose ~**, attaccare la spina; **den Kopf zur Tür ~**, affacciarsi/[fare capolino] alla porta **2** (*aufbringen*) *etw* (*in etw* akk) ~ {ARBEIT, GELD, ZEIT IN EIN PROJEKT, VORHABEN}

mettere *qc in qc*, spendere *qc* (*in qc*), investire *qc* (*in qc*).

hinein|steigern rfl sich *in etw* (akk) ~ {IN BEGEISTERUNG, WUT} lasciarsi trasportare/prendere *da qc*; {IN EIN PROBLEM, EINE SACHE} fissarsi *su qc*, ingigantire *qc*: **der hat sich da in etwas hineingesteigert**, ci si è fissato *fam*, ne ha fatto una malattia *fam*.

hinein|stopfen tr *fam etw* (*in etw* akk) ~ {KLEIDER IN DEN VOLLEN KOFFER, SCHRANK} stipare *qc in qc*, pigiare *qc in qc* ● *etw in sich* ~ (*viel essen*), rimpinzarsi di *qc*, abbuffarsi di *qc*.

hinein|stoßen <irr> tr **1** (*in etw stoßen*) *jdn/etw* ~ spingere dentro *qu/qc*; *jdn/etw* (*in etw* akk) ~ {PERSON IN EINEN SCHACHT} spingere *qu/qc* dentro (*qc*) **2** (*tief einführen*) → **hinein|rammen**.

hinein|strömen itr <sein> (*durch etw* akk) (*in etw* akk) ~ {GAS DURCH DAS ROHR INS ZIMMER} penetrare *in qc* (*attraverso qc*); {WASSER DURCH EIN LOCH IN DIE WOHNUNG} entrare (*copioso* (-a)) *in qc* (*da/attraverso qc*).

hinein|stürzen **A** itr <sein> precipitare dentro; (*in etw* akk) ~ {IN EINE GRUBE} precipitare dentro *qc* **B** rfl <haben> sich ~ buttarsi dentro; **sich** (*in etw* akk) ~ {IN EIN PROJEKT} buttarsi dentro *qc*.

hinein|tappen itr <sein> fam *in etw* (akk) ~ {IN EINE PFÜTZE} (andare a) finire *in qc* ● (**voll**) ~ *fam* (*in die Falle gehen*), cascarci (in pieno) *fam*; (*einen Fauxpas begehen*), fare una gaffe, toppare *slang*.

hinein|tragen <irr> tr *jdn/etw* (*in etw* akk) ~ portare *qu/qc* dentro (*qc*); *fig* {UNRUHE, ZWEIFEL IN EINE ANGELEGENHEIT} caricare *qc di qc*.

hinein|tun <irr> tr *fam etw* ~ mettere dentro *qc*; *etw* (*in etw* akk) ~ {KLEIDER IN DEN KOFFER, SCHRANK} mettere *qc* dentro (*qc*).

hinein|versetzen <ohne ge-> rfl sich *in jdn/etw* ~ mettersi nei panni *di qu*, immedesimarsi *in qu*: **versuch dich mal in meine Lage hineinzuversetzen!**, prova a metterti nei miei panni!; **sich** *in etw* (akk) hineinversetzt **fühlen** {IN EINE ANDERE EPOCHE, ZEIT}, sentirsi trasportato (-a) *in qc*.

hinein|wachsen <irr> itr <sein> **1** (*sich ausdehnen*) *in etw* (akk) ~ {TUMOR IN EIN ORGAN} estendersi *a qc*: **ins Fleisch ~** {ZEHENNAGEL}, incarnirsi, incarnarsi **2** *fam* (*wachsen bis man hineinpasst*) *in etw* (akk) ~ {IN EIN KLEID, EINEN MANTEL} essere abbastanza cresciuto da poter portare *qc* **3** (*vertraut werden*) *in etw* (akk) ~ {IN EINE NEUE ARBEIT, EINE ROLLE} abituarsi *a qc*, familiarizzare *con qc*: **sie muss noch in ihre Mutterrolle ~**, deve ancora crescere come madre.

hinein|wagen rfl sich (*in etw* akk/*zu jdm*) ~ osare/[avere il coraggio di]/[azzardarsi/arrischiarsi a] entrare (*in qc/da qu*).

hinein|werfen <irr> tr *etw* ~ gettare dentro *qc*, buttare dentro *qc*; *etw* (*in etw* akk) ~ {ABFALL IN DIE MÜLLTONNE} gettare *qc* dentro (*qc*), buttare *fam qc* dentro (*qc*); {MÜNZE IN DEN AUTOMATEN} inserire *qc* (*in qc*), introdurre *qc* (*in qc*): **einen Blick in die Zeitung ~**, dare un'occhiata al giornale.

hinein|wollen <irr> itr (*in etw* akk) ~ {IN EINE AUSSTELLUNG, INS KINO} voler(e) entrare (*in qc*).

hinein|würgen tr *etw in sich* ~ {ESSEN} ingoiare/[buttare/mandare giù] *qc* (controvoglia).

hinein|ziehen <irr> **A** tr <haben> *jdn in etw* (akk) (mit) ~ {IN EINEN PROZESS, STREIT} trascinare *qu in qc*, invischiare *qu in qc*, coinvolgere *qu in qc fam*: *in etw* (akk) (mit) ~ hineingezogen werden, rimanere invischiato (-a)/coinvolto (-a) (in

qc) **B** itr <sein> *in etw* (akk) ~ {RAUCH INS HAUS} penetrare *in qc* ● *in etw* (akk) ~ **lassen**, farsi trascinare/coinvolgere in *qc*.

hinein|zwängen **A** tr *etw* (*in etw* akk) ~ {MANTEL IN DEN VOLLEN KOFFER} stipare *qc in qc*, cacciare *fam* a forza *qc* dentro *qc* **B** rfl sich *in etw* (akk) ~ {IN EIN KLEINES AUTO} stiparsi *in qc*; {IN EINE ENGE HOSE, EINEN ENGEN ROCK} ficcarsi *in qc*.

hin|fahren <irr> **A** itr <sein> andarci: **fährst du (auch) hin?**, ci vai (anche tu)?; **fährst du mit mir hin?**, mi accompagni?; **wo fährst du hin?**, dove vai?; **zu jdm ~** andare *da qu* **B** tr <haben> *jdn/etw* ~ condurre *geh*/portare là/lì *qu/qc*: **ich fahre dich gern hin**, ti accompagno volentieri; *jdn/etw* (*zu jdm/etw*) ~ condurre *geh*/portare *qu/qc* là/lì (*da qu/+ compl di luogo*).

Hinfahrt f (*viaggio* m *di*) andata f: **auf der ~**, all'andata; **auf der ~ nach Berlin**, andando a Berlino; **Hin- und Rückfahrt**, andata e ritorno.

hin|fallen <irr> itr <sein> {PERSON} cadere, cascare *fam*, finire/andare per terra *fam*: **der Länge nach ~**, cadere lungo (-a) disteso (-a); *jdm* ~ {GEGENSTAND} cadere (in terra) *a qu*.

hinfällig adj **1** (*ungültig*) {BESTIMMUNG} non più valido; {FORDERUNG} nullo; {MASSNAHME} inoperante: **das ganze Vorhaben wird damit ~**, l'intero progetto non ha più motivo di essere **2** (*altersschwach*) decrepito, cadente.

Hinfälligkeit f **1** (*Ungültigkeit*) caducità f *jur*, nullità f; {+BESTIMMUNG} non validità f; {+VORHABEN} inutilità f **2** (*Altersschwäche*) decrepitezza f.

hin|finden <irr> itr (*zu jdm/etw*) ~ trovare la strada (*per arrivare da qu/+ compl di luogo*).

hin|fläzen rfl *fam*, **hin|flegeln** rfl *fam* → **hin|lümmeln**.

hin|fliegen <irr> itr <sein> **1** volare là/lì; *zu jdm/etw* ~ {VOGEL ZUM BAUM} volare (là/lì) (*da/verso qu/+ compl di luogo*) **2** (*mit dem Flugzeug anreisen*) andarci in aereo **3** *fam* (*fallen*) (*irgendwo*) ~ {AUF DEM GLATTEIS} cadere/[cascare *fam*]/[fare un volo *fam*] (+ *compl di luogo*).

Hinflug m volo m d'andata: **auf dem ~**, durante il volo d'andata.

hinfort adv *obs* in avvenire/futuro; (*von nun an*) d'ora innanzi/[in poi].

hin|führen **A** tr *jdn* ~ condurre *geh* là/lì *qu*, portare là/lì *qu*; *jdn zu jdm/etw* ~ condurre/portare *qu da qu/+ compl di luogo* **B** itr condurre *geh* là/lì, portare là/lì; *zu jdm/etw* ~ {SPUR, STRASSE, WEG ZUM HAUS} condurre/portare *da qu/+ compl di luogo*: **der Weg führt direkt hin**, la strada porta/conduce direttamente là ● **wo soll das nur/ noch ~?**, dove si andrà a finire?

hing 1. *und* 3. pers sing imperf *von* **hängen**.

Hingabe f <-, ohne pl> *f* **1** ~ (*an etw* akk) {AN DIE ARBEIT, DAS STUDIUM} dedizione f (*a qc*); {AN DIE MUSIK} devozione f (*per qc*): **jdn mit ~ küssen**, baciare qu con trasporto; **jdn mit ~ pflegen**, curare qu con (spirito di) dedizione; **mit ~ Geige spielen**, suonare il violino con trasporto/passione; **mit ~ tanzen**, ballare con passione **2** (*erotisch*) ~ (*an jdn*) abbandono m (*a qu*).

hin|geben <irr> **A** tr (*opfern*) *etw für jdn/etw* ~ {LEBEN FÜR EIN IDEAL} dare *qc per qu/qc* **B** rfl *geh* **1** (*sich überlassen*) **sich** *etw* (dat) ~ {EINER ARBEIT, AUFGABE} votarsi *a qc*, dedicarsi interamente *a qc*; {DER HOFFNUNG} nutrire *qc*; {DER ILLUSION} cullarsi *in qc*; {DER VERZWEIFLUNG} abbandonarsi *a qc*; {DEM LASTER} *auch* darsi *a qc* **2** *euph* (*mit einem Mann* *intim werden*) **sich** *jdm* ~ darsi *a qu*, abbandonarsi a qu.

hingebungsvoll **A** *adj* {PFLEGE} amorevole **B** *adv* {PFLEGEN} con (spirito di) dedizione: **jdm ~ lauschen** *scherz iron,* pendere dalle labbra di qu.

hingegen *konj* invece, al contrario, per/di contro.

hin|gehen <*irr*> *itr* <*sein*> **1** (*räumlich: sich an einen bestimmten Ort begeben*) andarci: **gehst du (auch) hin?**, ci vai (anche tu)?; **gehst du mit mir hin?**, mi accompagni?, vieni con me?; **wo gehst du hin?**, dove vai?; **zu jdm** ~ andare *da qu* **2** (*hinführen*) *irgendwo* ~ {STRASSE} portare + *compl di luogo*: **wo geht es denn hier hin?** (*wo führt der Weg hin?*), e da qui dove si va? **3** (*Platz haben*) *irgendwo* ~ {TEXT AUF DIE SEITE} starci/andarci/entrarci + *compl di luogo* **4** *geh* (*zeitlich*) {JAHRE, ZEIT} andarsene, passare, trascorrere **5** (*noch in Ordnung sein*) passare, andare: **diesmal mag es noch ~, aber ...**, per questa volta passi/vada, ma ...; **es geht nicht hin, dass ...**, non è ammissibile/tollerabile che ... *konjv* ● **gehet hin in Frieden** *relig* (*Liturgie*), andate in pace.

hin|gehören *itr fam irgendwo* ~ andare + *compl di luogo*; **hier/dort** ~ {GEGENSTAND}, andare (messo (-a)) qui/[lì/là].

hin|geraten <*irr*> *itr* <*sein*> *irgendwo* ~ {GEGENSTAND} andare a finire + *compl di luogo*; {PERSON} *auch* capitare + *compl di luogo*: **wo bin ich denn hier ~?**, ma dove sono capitato (-a)/finito (-a)?

hingerissen *adj* entusiasta, affascinato: **total/ganz von jdm/etw ~ sein**, essere tutto (-a) preso (-a) da qu/qc.

hin|halten <*irr*> *tr fam* **1** (*entgegenstrecken*) *jdm etw* ~ {KIND DER MUTTER DEN BALL} porgere *qc a qu*; {HAND} tendere *qc a qu* **2** (*warten lassen*) *jdn* ~ tenere ₍a bada₎/[buono (-a)] *qu fam*.

Hinhaltetaktik *f* temporeggiamento m.

hin|hängen *tr etw* (*irgendwo*) ~ appendere *qc* + *compl di luogo*: **das Bild kannst du da ~**, il quadro lo puoi appendere là/lì.

hin|hauen <*haute hin oder hieb hin, hingehauen*> *fam* **A** *itr* (*klappen*) (*irgendwie*) ~ andare/riuscire (+ *compl di modo*): **der Versuch hat nicht hingehauen**, l'esperimento non è riuscito; **das haut nicht hin!**, non funziona!; **das wird schon irgendwie** ~, vedrai che andrà bene; **mit dem Termin für morgen hat es nicht hingehauen** *fam*, dell'appuntamento di domani non se ne fa niente *fam*; **heute hat mal wieder gar nichts hingehauen**, oggi non ₍abbiamo combinato niente₎/[ne è andata bene una]; **das haut bei mir nicht hin** (*das schaffe ich nicht*), non ce la faccio, non mi riesce; (*zeitlich*), non mi è possibile; (*so leicht lass ich mich nicht einwickeln*), con me non attacca *fam*, questo trucco con me non funziona **B** *tr fam etw* ~ **1** (*schlecht erledigen*) {ARBEIT, HAUSAUFGABE} buttar giù *qc fam*, abborracciare *qc fam* **2** (*mit etw aufhören*) {ARBEIT} piantare *qc fam*, mollare *qc fam* **C** *unpers* (*hinfallen*): **es hat ihn hingehauen**, è cascato **D** *rfl slang* (*schlafen gehen*) **sich** ~ schiaffarsi a letto *fam*; **sich auf etw** (akk) ~ {AUF EINEN SESSEL, STUHL} buttarsi *su qc fam*.

hin|hören *itr*: (**genau**) ~, ascoltare bene, tendere l'orecchio, aprire le orecchie *fam*.

hin|kauern *rfl* **sich** (*irgendwo*) ~ {AUF DEN BODEN} accovacciarsi/rannicchiarsi (+ *compl di luogo*).

Hinkebein *n fam*, **Hinkefuß** *m fam* **1** (*verletztes Bein*) gamba f zoppa **2** (*jd, der hinkt*) zoppo (-a) m (f), gambacorta mf *fam scherz*.

Hinkelstein *m* menhir m.

hinken *itr* **1** <*haben*> zoppicare, essere zoppo/claudicante *geh*: **mit/auf dem rechten/linken Bein** ~, zoppicare dalla gamba destra/sinistra **2** <*sein*> *irgendwohin* ~: **über die Straße** ~, attraversare la strada zoppicando **3** <*haben*> (*nicht passen*) {VERGLEICH} non reggere, non stare in piedi.

hinkend *adj* zoppicante, claudicante, zoppo: **ein ~er Gang**, un'andatura zoppicante.

Hinkende <*dekl wie adj*> *mf* zoppo (-a) m (f).

hin|klotzen *fam* **A** *tr* (*ein unansehnliches Gebäude erstellen*) {HOCHHÄUSER} schiaffare lì *qc fam*, tirare su *qc* senza criterio **B** *itr* (*viel arbeiten*) mettersi sotto *fam*, darci dentro *fam*.

hin|knallen **A** *tr* <*haben*> *fam* **1** (*heftig hinwerfen*) *etw* ~ {BUCH, GEGENSTAND} sbattere/buttare lì *qc* **2** (*schnell erledigen*) *etw* ~ {ARBEIT, AUFSATZ} buttare giù *qc* **B** *itr* <*sein*> *slang* (*hinfallen*) cadere, cascare *fam* **C** *rfl* <*haben*> **sich** ~ → **hin|hauen**.

hin|knien **A** *itr* <*sein*> inginocchiarsi, mettersi in ginocchio; **vor jdn/etw** ~ {VOR DEN ALTAR} inginocchiarsi *davanti a qu/qc* **B** <*haben*> *rfl* **sich** ~ inginocchiarsi, mettersi in ginocchio.

hin|kommen <*irr*> *itr* <*sein*> **1** (*dorthin kommen*) venire là/lì; **zu jdm/etw** ~ venire (là/lì) *da qu* + *compl di luogo* **2** (*hingeraten*) *irgendwohin* ~ {BUCH, GEGENSTAND UNTER DAS BETT} andare a finire + *compl di luogo*: **wie ist denn das da hingekommen?**, ma come è andato (-a) a finire là/lì?, non capisco come sia finito (-a) là/lì **3** (*an einen bestimmten Platz gehören*) *irgendwohin* ~ andare + *compl di luogo*: **das Buch kommt hier/da hin**, il libro va (messo) qui/là; **wo kommt denn das da hin?**, e questo dove lo metto? **4** *fam* (*ausreichen*) (**mit etw** dat) ~ {MIT DEM GEHALT, GELD} farcela (*con qc*), arrivarci (*con qc*), starci dentro *fam*: **mit dem Geld komme ich gerade so hin**, con questi soldi ci arrivo a malapena **5** *fam* (*stimmen*) essere giusto, andare bene: **das kann** ~, ci sta *fam*, può darsi ● **wo kommen/kämen wir denn (da) hin, wenn ...**, e dove andremmo a finire se ...

hin|kriegen *tr fam* **1** (*erfolgreich tun*) *etw* ~ riuscire *a fare qc*, farcela *a fare qc*: **ich hab's ganz allein hingekriegt**, ci sono riuscito (-a) da solo (-a); **wie hast du das hingekriegt?**, ma come hai fatto?; **was meinst du, ob ich das wohl hinkriege?**, credi che ₍ci riuscirò₎/[ce la farò]?; **ich weiß nicht, ob ich das hinkriege**,/[**wie ich das ~ soll**], non so ₍se ci riesco₎/[come fare] **2** (*reparieren*) *etw* ~ riuscire a riparare/aggiustare/sistemare *qc*: **ich habe die Waschmaschine nicht hingekriegt**, non sono riuscito (-a) a sistemare la lavatrice **3** (*heilen*): **jdn wieder** ~, riuscire a rimettere in sesto qu.

hin|langen *itr fam* **1** (*berühren*) toccare **2** (*zuschlagen*) usare le maniere forti: **kräftig ~**, suonarle a dovere *fam*, darle di santa ragione *fam*.

hinlänglich **A** *adj* {MENGE} sufficiente, bastante **B** *adv* {INFORMIEREN} sufficientemente, a sufficienza: **es ist doch ~ bekannt, dass ...**, è saputo e risaputo che ...

hin|lassen <*irr*> *tr* **jdn** (**zu jdm/etw**) ~ lasciar(e) andare *qu* (*da qu*/+ *compl di luogo*); (*willentlich*) far(e) andare *qu* (*da qu*/+ *compl di luogo*).

hin|laufen <*irr*> *itr* <*sein*> andarci, correre là/lì; **zu jdm/etw** ~ andare/correre (là/lì) *da qu*/+ *compl di luogo*.

hin|legen **A** *tr* **1** *jdn irgendwohin* ~ {VERLETZTEN AUF DIE TRAGBAHRE} sdraiare/stendere/adagiare *qu* + *compl di luogo*; *etw* (*irgendwohin*) ~ mettere *fam*/(de)porre *geh*/posare *qc* (+ *compl di luogo*) **2** (*vorbereiten*) (**für jdn**) (*irgendwohin*) ~ {AKTE, UNTERLAGEN FÜR DEN CHEF AUF DEN SCHREIBTISCH} mettere *qc* (*a qu*) + *compl di luogo*: **jdm einen Zettel** ~, lasciare un biglietto a qu **3** *fam* (*bezahlen*) *etw* (**für etw** akk) ~ {BETRAG, GELD, SUMME FÜR EINE LEISTUNG} sborsare *qc* (*per qc*) *fam*, cacciare *qc* (*per qc*) *fam* **4** *fam* (*darbieten*) *etw* ~ {REDE, SOLO} fare *qc*; {VORTRAG} *auch* tenere *qc*: **einen Tango** ~, ballare un bel tango **B** *rfl* (*zu Bett gehen*) **sich** ~ mettersi a letto, coricarsi; **sich** (*irgendwohin*) ~ {AUF DEN BODEN} sdraiarsi/distendersi (+ *compl di luogo*): **sich ein bisschen** ~, andare a riposarsi un po', fare un sonnellino/pisolino.

hin|lümmeln *itr fam* **sich** (*irgendwohin*) ~ stravaccarsi *fam*/spaparanzarsi *region* + *compl di luogo*.

hin|machen **A** *tr fam* (*befestigen*) *jdm etw* ~ {BILD, LAMPE} attaccare *qc a qu*, mettere *qc a qu* **B** *itr fam* (*Kot oder Urin hinterlassen*) *irgendwohin* ~ farla + *compl di luogo*.

hin|müssen <*irr*> *itr* doverci andare, doverr(e) andare là/lì: **da muss ich unbedingt hin!**, devo andarci assolutamente!; **zu jdm** ~ dover(e) andare (là/lì) *da qu*; *irgendwohin* ~ {GEGENSTAND} ₍dover(e) essere messo₎/[andare] + *compl di luogo*: **das muss hier hin**, va qui, deve essere messo qui.

Hinnahme <*-, ohne pl*> *f* accettazione f.

hinnehmbar *adj* accettabile: **nicht ~ sein**, essere inaccettabile.

hin|nehmen <*irr*> *tr* **1** (*einstecken*) *etw* ~ {BELEIDIGUNG} incassare *qc* **2** (*ertragen*) *etw* (**als etw**/+ *adj*) ~ {NIEDERLAGE, SCHICKSAL, VERLUST} accettare *qc* (*come qc/adj*), sopportare *qc*; **etw als gegeben/selbstverständlich** ~, dare per scontato (-a) *qc*; **etw irgendwie** ~, accettare/prendere *qc* + *compl di modo*; **etw gelassen** ~, prendere qc con filosofia **3** *fam* (*irgendwohin mitnehmen*): **jdn** (*irgendwohin*) (**mit**) ~ portare *qu* (+ *compl di luogo*).

hin|neigen *lit* **A** *tr etw* **zu jdm/etw** ~ {KOPF} chinare *qc verso qu/qc* **B** *rfl* **sich zu jdm/etw** ~ chinarsi *verso qu/qc*.

hin|passen *itr fam irgendwohin* ~ **1** (*sich gut einfügen*) {BILD, MÖBELSTÜCK INS ZIMMER} star(e) bene + *compl di luogo*: **in dieses Umfeld passe ich nicht hin**, non è il mio ambiente **2** (*genug Platz haben*) (*irgendwohin*) ~ {FAHRRAD, MÖBELSTÜCK, WAGEN} starci + *compl di luogo* ● **das passt hier nicht hin** (*das ist unangebracht*), qui non sta bene, qui è fuoriluogo; (*ist kein Platz*), qui non ci sta.

hin|pfeffern *tr fam etw* ~ {TASCHE} sbattere *fam*/buttare là/lì *qc*.

hin|pflanzen *rfl fam* **sich vor jdn** ~ piantarsi davanti *a qu*: **er hat sich vor mich hingepflanzt**, mi si è piantato davanti.

hin|raffen *tr geh* → **dahin|raffen**.

hin|reichen *geh* **A** *tr jdm etw* ~ {KELLNER DEM GAST DEN TELLER} tendere *qc a qu*, porgere *qc a qu* **B** *itr* (*ausreichen*) {BEWEISE} essere sufficiente, bastare *fam*: (**nicht**) **hinreichen, um zu ...** *inf*, (non) ₍essere sufficiente₎/[bastare *fam*] per ... *inf*.

hinreichend **A** *adj* {BEDINGUNG, BEWEISE, GEHALT} sufficiente **B** *adv* {JDM ETW ERKLÄREN, SICH INFORMIEREN} abbastanza, sufficientemente, a sufficienza: **~ bekannt sein**, essere risaputo/notorio.

Hinreise *f* (viaggio m d')andata f: **auf der ~**, all'andata.

hin|reißen <*irr*> *tr* **1** (*in Verzückung versetzen*) *jdn* ~ {KÜNSTLER, SÄNGER} far delirare *qu*, mandare in visibilio *qu*: **das Publikum zu Beifallsstürmen** ~, far delirare il pubblico **2** (*verleiten*) **jdn zu etw** (dat) ~ trascinare *qu a fare qc*; **sich zu etw** (dat) ~ **lassen** {ZU EINER BEMERKUNG}, lasciarsi andare *a qc*; **jd lässt sich in etw** (dat) **zu etw** (dat) ~ {IN DER WUT, IM ZORN ZU BÖSEN WORTEN}, qu si lascia trascinare da qc a qc.

hinreißend A adj {ELEGANZ} che affascina; {FRAU, MANN} affascinante; {KLEID} meraviglioso: ~ **aussehen**, essere uno schianto *slang* B adv: ~ **Klavier spielen**, suonare divinamente il pianoforte; ~ **tanzen**, ballare da dio *slang*.

hin|rennen <irr> itr <sein> correre là/lì: **er ist gleich hingerannt**, è corso là/lì subito; **zu jdm/etw** ~ correre (là/lì) *da qu/+ compl di luogo*.

hin|richten tr **jdn** ~ {GEFANGENEN} giustiziare *qu*.

Hinrichtung f {+GEFANGENE} esecuzione f (capitale): **die** ~ **vollziehen**, eseguire la condanna a morte.

hin|schaffen tr *fam etw* (**zu jdm**) ~ {GEGENSTAND} portare *qc* là/lì *(da qu)*.

hin|schauen itr *süddt* → **hin|sehen**.

hin|schicken tr **jdn** (**zu jdm**) ~ mandare *qu* là/lì (*da qu*): **wen sollen wir da** ~?, chi dobbiamo mandarci?; **ich habe ihn (dort) hingeschickt**, (ce) l'ho mandato io.

Hinschied <-(e)s, -e> m *CH* decesso m.

hin|schlagen <irr> itr <sein> *fam*: **der Länge nach** ~, cadere lungo (-a) disteso (-a).

hin|schleichen <irr> rfl sich (**zu jdm/etw**) ~ {ZUM AUTO, HAUS} avvicinarsi di nascosto/soppiatto *(a qu/qc)*.

hin|schleppen *fam* A tr (*dorthin schleppen*) **etw** ~ trascinare/portare là/lì *qc*; **etw** (**bis**) (**irgendwohin**) ~ {(BIS) ZUM AUTO} portare *qc + compl di luogo* B rfl (*länger dauern*) **sich** ~ {GESPRÄCHE, VERHANDLUNGEN} andare per le lunghe, trascinarsi; **sich bis irgendwann** ~ {BIS HEUTE, BIS ZUM SOMMER} trascinarsi/protrarsi *geh (fino a qc)*.

hin|schludern tr *fam etw* ~ {TEXT} buttar(e) giù *qc*, abborracciare *qc*; {ARBEIT} *auch* tirare via *con qc*.

hin|schmeißen <irr> tr *fam etw* ~ **1** (*nach unten werfen*) buttare/gettare per terra *qc* **2** (*nicht mehr machen*) {ARBEIT} piantare *qc fam*, mollare *qc fam*.

hin|schmieren tr *fam etw* (*irgendwohin*) ~ {EIN PAAR ZEILEN AUF EIN BLATT PAPIER} scarabocchiare *qc (+ compl di luogo)*.

hin|schreiben <irr> tr *fam etw* (*irgendwohin*) ~ {EIN PAAR ZEILEN AUF EIN BLATT PAPIER} scrivere *qc (+ compl di luogo)*.

hin|sehen <irr> itr (**zu jdm/etw**) ~ guardare (*verso qu/qc*): **zum Fenster** ~, guardare verso la finestra; **genau** ~, guardare attentamente/bene; **ohne hinzusehen**, senza guardare; **bei näherem Hinsehen**, a guardar(e) bene, a un esame più attento.

hin|sein a.R. *von* hin sein → **sein**².

hin|setzen A rfl sich (**irgendwohin**) ~ sedersi/[mettersi a sedere] (*+ compl di luogo*) B tr **jdn** (**irgendwohin**) ~ {EIN KIND, EINEN KRANKEN AUF DEN STUHL} mettere *qu* a sedere *(+ compl di luogo)*.

Hinsicht f: **in** ~ **auf etw** (akk), riguardo/quanto a *qc*; **in beruflicher/kultureller/politischer/wirtschaftlicher** ~, ₍sul piano₎/ [sotto il profilo]/[dal punto di vista]/[sotto il profilo] professionale/culturale/politico/economico; **in dieser** ~, sotto questo aspetto, a questo riguardo; **in gewisser** ~, sotto certi aspetti, per certi versi, in un certo senso; **in jeder** ~, sotto tutti gli aspetti; **in mancher** ~, per alcuni aspetti.

hinsichtlich präp + gen riguardo, per quanto concerne, quanto.

hin|sinken <irr> itr <sein> *geh* accasciarsi.
hin|sitzen <irr> itr <sein> *A CH* → **hin|setzen** rfl.

Hinspiel n *sport* (partita f di) andata f.

hin|sprechen <irr> itr: **vor sich** ~, parlare/parlottare fra sé e sé.

hin|spucken itr sputarci: **überall** ~, sputare da tutte le parti ● **da kann man** ~ *fam* (*etw ist sehr nah da*), è a ₍uno sputo *fam*₎/[un tiro di schioppo *fam*]; **ist es weit bis zum Strand?** – **Nein, da kann man** ~!, è lontana la spiaggia? – No, è a un tiro di schioppo.

hin|stellen A tr *fam* **1** (*an einen bestimmten Platz stellen*) **etw irgendwohin** ~ mettere/sistemare *qc + compl di luogo*: **den Tisch kannst du da** ~, il tavolo lo puoi mettere lì; **wo soll ich den Stuhl** ~?, dove devo mettere la sedia?; **den Schrank stelle ich hier hin**, l'armadio lo metto qui; **stell das Glas hin!**, posa il bicchiere! **2** (*darstellen*) **jdn als etw** (akk) ~ {ALS BETRÜGER, LÜGNER} far passare *qu da qc*, dipingere *qu come qc*; **etw als etw** (akk) ~ (*aufstellen*) **sich** ~ **1** mettersi in piedi; **sich irgendwohin** ~ {HINTER, NEBEN, VOR JDN} mettersi + *compl di luogo*: **stelle dich bitte hier neben mich hin!**, mettiti qui vicino a me, per favore!; **sich gerade** ~ (*eine aufrechte Haltung einnehmen*), star (su) dritto (-a) **2** (*sich darstellen*) **sich als etw** (nom *oder rar* akk) ~ {ALS FRAUENHELD, ALS GESCHICKTER/GESCHICKTEN HANDWERKER} spacciarsi *per qc*, farsi passare *per qc*.

hin|steuern itr (**mit etw** dat) **auf etw** (akk) ~ {MIT EINER ARGUMENTATION, BEMERKUNG AUF EINEN STREIT} mirare *a qc* (*con qc*), puntare *a qc* (*con qc*): **auf ein bestimmtes Ziel** ~, mirare a un determinato scopo.

hin|strömen itr <sein> **irgendwohin** ~ {FLUSS ZUM TAL} scorrere *verso qc*; {PUBLIKUM, ZUSCHAUER ZUR VORSTELLUNG} affluire *a qc*.

hin|stürzen itr <sein> **1** (*hinfallen*) (*irgendwo*) ~ {AUF DEN NASSEN BODEN} cadere/cascare *fam + compl di luogo* **2** (*hineilen*) (*irgendwo/zu jdm*) ~ accorrere *geh*/precipitarsi (*+ compl di luogo/da qu*).

hintan|stellen tr **etw** ~ {EIGENE ANSPRÜCHE, BEDÜRFNISSE, WÜNSCHE} mettere/relegare in secondo piano *qc*.

hinten adv **1** (*im hinteren Teil eines geschlossenen Raumes*) {SITZEN, STEHEN}, in fondo: **er saß** ~ **im Auto**, in macchina stava/[era seduto] dietro; **im Saal hatte man die Verletzten hingelegt**, i feriti erano stati sistemati in fondo alla sala **2** (*vom Sprecher aus gesehen weiter entfernt, im Hintergrund an einem unbestimmten Ort*) laggiù: **wir haben die Leiche dort hinten gefunden**, il cadavere è stato rinvenuto ₍lì/là in fondo₎/[laggiù]; **jd steht zu weit** ~, qu sta troppo indietro **3** *anat* (*die Seite des Körpers, an der sich der Rücken befindet*) dietro: **jdn von** ~ **angreifen**, attaccare *qu* da dietro; **sich jdm von** ~ **nähern**, avvicinarsi a qu ₍da dietro₎/[alle spalle]; **nach** ~ **schauen**, guardare dietro, guardarsi alle spalle; **euph** (*am Gesäß*) dietro **4** (*auf der Rückseite*) (*von Blatt Papier, Dokument*) dietro, di dietro, sul retro, a tergo *geh*; (*von Fahrzeug, Gebäude, Kleidungsstück*) dietro: **das Datum steht** ~ **auf dem Foto**, la data è scritta ₍dietro la *fam*₎/[sul retro della] foto; **du kannst** ~ **hineingehen**, puoi entrare (da) dietro; ~ **ist immer offen**, dietro è sempre aperto; **wo ist denn der Kellereingang?** – **Gleich hier** ~., dov'è l'entrata della cantina? – Subito qui dietro; **das Rücklicht** ~ **rechts ist kaputtgegangen**, la luce di posizione posteriore destra si è rotta; **das Kleid hat** ~ **einen Reißverschluss**, il vestito ha

una cerniera dietro; **von** ~ **gesehen**, visto da dietro **5** (*am Ende*) in fondo, alla fine: **der Index befindet sich** ~ **im Buch**, l'indice analitico si trova ₍alla fine del₎/[in fondo al] libro; **sich (in einer Schlange)** ~ **anstellen** {PERSON}, mettersi in coda, accodarsi ● **sich** ~ **und vorn** *bedienen* **lassen**, farsi servire e riverire; **das Geld reicht** ~ **und vorn(e) nicht** *fam*, i soldi non bastano assolutamente; **es jdm** ~ **und vorn reinstecken** *fam pej*, viziare qu in tutti i modi possibili e immaginabili; **jdn am liebsten von** ~ **sehen** *fam*, essere contento quando qu se ne va; **das stimmt** ~ **und vorne nicht** *fam* (*nicht wahr sein*), è tutta una menzogna dall'inizio alla fine; (*nicht richtig sein*), è sbagliato dall'inizio alla fine; **nicht mehr wissen, wo** ~ **und vorn ist** *fam*, non sapere dove sbattere la testa *fam*.

hintendran A adv *fam* **1** (*hinter einer Person oder einem Gegenstand*) dietro: **hier können wir das Sofa hinstellen**, ~ **dann die Lampe**, qui possiamo mettere il divano, dietro ci va la lampada **2** (*an die äußerste Stelle*) in fondo B adj *fam* (*im Hintertreffen sein*): ~ **sein**, essere indietro.

hintendrauf adv *fam* **1** (*hinten auf etw drauf*) su di dietro, dietro: **etw** ~ **legen**, mettere *qc* dietro; **schreib es** ~, scrivilo dietro **2** *euph* (*auf den Po*) sul sedere ● **jdm eins**/[ein paar] ~ **geben** *fam*, dare ₍una sculacciata₎/[un paio di sculaccioni] a *qu fam*; **von jdm eins**/[ein paar] ~ **kriegen**, prendersi/beccarsi ₍una sculacciata₎/[un paio di sculaccioni] *da qu fam*.

hintenherum adv *fam* **1** (*per*) di dietro: ~ **gehen/laufen** (*den Weg hinter dem Haus nehmen*), passare (di/da) dietro **2** *anat* (*um das Gesäß herum*) dietro ● **etw** ~ **bekommen/kriegen** *fam*, ottenere qc sottobanco/[per vie traverse]; **etw** ~ **erfahren**, venire a sapere qc per vie traverse; **etw** ~ **machen**, fare qc di nascosto.

hintenrum adv *fam* → **hintenherum**.

hintenüber adv (all')indietro.

hinten|überfallen <irr>, **hinten|überkippen** itr <sein> cadere all'indietro.

hinter präp + dat *oder* akk **1** (*örtlich: direktiv*) ~ **jdn** {SICH STELLEN} dietro *qu*; (*mit Pronomen*) dietro (*di*) *qu*; ~ **etw** (akk) {STELLEN} dietro *qc*: **sich** ~ **das Lenkrad setzen** *fam*, mettersi al volante **2** (*örtlich: situativ*) ~ **jdm** {SITZEN, STEHEN} dietro *qu*; (*mit Pronomen*) dietro (*di*) *qu*; ~ **etw** (dat) {STEHEN} dietro *qc* ~ **jdm/etw her** {RENNEN, SEIN}, dietro a *qu*, ale costole/calcagna di *qu*, dietro *qc* **3** (*jenseits von etw*) ~ **etw** (dat) {DER GRENZE, STADT} dopo *qc*, (oltre)passato *qc*: **ungefähr 30 km** ~ **Mailand hatten wir eine Panne**, circa 30 km dopo/passato Milano siamo rimasti (-e) in panne; **fahren Sie die zweite Straße links gleich** ~ **dem Bahnhof**, prenda la seconda strada a sinistra subito dopo/dietro la stazione **4** (*in einer Hierarchie, Reihenfolge*) ~ **jdm/etw** dopo *qu/qc*: **sie kamen einer** ~ **dem andern aus dem Haus heraus**, uscirono dalla casa uno (-a) dietro/dopo l'altro (-a).

Hinterachse f {+AUTO} assale m posteriore.

Hinteransicht f veduta f ₍del lato₎/[della parte/faccia(ta)]] posteriore.

Hinterausgang m uscita f posteriore/[sul retro].

Hinterbacke f *fam* chiappa f *fam*, mela f *fam*, natica f.

Hinterbänkler m (**Hinterbänklerin** f) *pol* "parlamentare mf che siede nelle ultime file"

Hinterbein n {+HUND, INSEKT} zampa f posteriore; {+PFERD} gamba f posteriore • **sich auf die ~e setzen/stellen** {TIER}, alzarsi/ergersi sulle zampe posteriori; *fam* (*sich widersetzen*), puntare i piedi (per terra) *fam*.

Hinterbliebene <dekl wie adj> mf {+VERSTORBENE} parente mf del defunto.

Hinterbliebenenrente f pensione f di reversibilità.

hinterbringen <irr, ohne ge-> tr *geh jdm etw* ~ {INFORMATION, NACHRICHT} riferire *qc a qu*, riportare *qc a qu*.

Hinterdeck n *naut* cassero m.

hinterdrein adv *obs* → **hinterher**.

hintere adj → **hinterer**.

Hintere <dekl wie adj> mf chi sta (più) dietro/[in fondo].

hintereinander adv **1** (*räumlich*) uno (-a) dietro l'altro (-a), in fila **2** (*zeitlich*) uno (-a) dopo/dietro l'altro (-a), uno (-a) di seguito all'altro (-a) **3** (*in einer Reihenfolge*) uno (-a) dopo l'altro (-a), di fila, di seguito: **zwei Jahre ~**, due anni ˌdi fila/seguitoˌ/[consecutivi]; **es hat zwei Tage ~ geregnet**, ha piovuto due giorni di fila/seguito; **fünfmal ~**, cinque volte di fila.

hintereinanderǀfahren <irr> itr <sein> procedere/viaggiare uno (-a) dietro l'altro (-a).

hintereinanderǀgehen <irr> itr <sein> camminare uno (-a) dietro l'altro (-a), camminare in fila indiana.

hintereinanderher adv uno (-a) dopo l'altro (-a).

hintereinanderǀkommen <irr> itr <sein> **1** (*räumlich*) venire uno (-a) dietro/dopo l'altro (-a) **2** (*zeitlich*) venire uno (-a) dopo l'altro (-a).

hintereinanderǀstehen <irr> itr <haben oder süddt A CH sein> stare in piedi uno (-a) dietro l'altro (-a).

hintereinanderǀstellen tr *jdn/etw* ~ mettere *qu/qc* ˌuno (-a) dietro l'altro (-a)ˌ/[in fila].

Hintereingang m ingresso m/entrata f posteriore.

hinterer, hintere, hinteres adj posteriore, di dietro: **in den hinteren Reihen sitzen**, essere seduti (-e) ˌin fondoˌ/[nelle ultime file]; **die hinteren Zimmer**, le camere che danno sul retro; **am Ende des Gangs**), le camere in fondo; **im hinteren Teil des Zuges**, in coda al treno.

hinterfotzig adj *region fam* {ART, BEMERKUNG, LUDER} subdolo.

hinterfragen <ohne ge-> tr *etw* ~ {THEORIE, VERHALTEN} analizzare criticamente *qc*; {GRÜNDE} *auch* indagare *qc*; {GESICHTSPUNKT, MEINUNG, EIGENEN STANDPUNKT} mettere in discussione *qc*.

Hintergedanke m secondo fine m: **etw ganz ohne ~n tun**, fare *qc* senza ˌsecondi finiˌ/[malizia].

hintergehen <irr, ohne ge-> tr (*täuschen*) *jdn* ~ ingannare *qu*, raggirare *qu*, imbrogliare *qu*, gabbare *qu fam*; (*sexuell*) tradire *qu*.

Hinterglasmalerei f pittura f su vetro.

Hintergrund m **1** (*von Bild, Foto*) sfondo m: **auf rotem ~**, su (s)fondo rosso; **im ~**, sullo sfondo **2** (*akustisch*) sottofondo m: **eine Stimme aus dem ~**, una voce dal sottofondo; **im ~ waren laute Geräusche zu hören**, in sottofondo si sentivano forti rumori **3** <meist sing> (*prägende Umstände*) sfondo m: **eine Novelle mit geschichtlichem ~**, una novella a sfondo storico; **jds kultureller ~**, il retroterra/background culturale di *qu* **4** <meist pl> (*verborgene Umstände*) {+AFFÄRE, EREIGNISSE, GESCHEHEN, SKANDAL} retroscena m

5 *theat* fondale m • **im ~ bleiben**, restare nell'ombra; **jdn in den ~ drängen/spielen**, mettere in ombra *qu*, oscurare *qu*; **sich im ~ halten**, tenersi in disparte, tenere un basso profilo; **jd steht im ~**, *qu* gioca un ruolo di secondo piano; **etw steht im ~**, *qc* è in secondo piano; **in den ~ treten/rücken/geraten**, passare in secondo piano; **vor dem Hintergrund einer S. (gen)**, sullo sfondo di *qc*.

hintergründig adj **1** (*schwer zu verstehen*) {HUMOR} sottile; {LÄCHELN} enigmatico; {BEDEUTUNG} profondo **2** (*erhellend*) {FILM, GESPRÄCH, ROMAN} illuminante.

Hintergrundinformation f <meist pl> informazione f specifica/dettagliata.

Hintergrundmusik f musica f di sottofondo.

Hintergrundwissen n conoscenze f pl specifiche.

Hinterhalt m imboscata f, agguato m: **in einen ~ geraten**, cadere in un'imboscata/un agguato; **jdn in einen ~ locken**, attirare *qu* in un'imboscata • ˌ**aus dem**ˌ/[**im**] **~** *sport*, a sorpresa.

hinterhältig adj subdolo, perfido; {FRAGE} insidioso; {LACHEN} perfido, maligno.

Hinterhältigkeit <-, -en> f perfidia f.

Hinterhand f {+PFERD} gamba f posteriore • **etw in der ~ haben**, avere in serbo *qc*.

Hinterhaus n **1** (*im Hinterhof liegendes Haus*) "casa f situata in un cortile/giardino" **2** (*auf den Hinterhof hinausgehendes Haus*) "casa f che si affaccia su un cortile interno".

hinterher adv **1** (*räumlich*) dietro **2** (*zeitlich: danach*) dopo, poi.

hinterherǀfahren <irr> itr <sein> *jdm/etw* ~ seguire *qu/qc* (con un veicolo), andare dietro *a qu/qc fam* (con un veicolo).

hinterherǀgehen <irr> itr <sein> *jdm/etw* ~ seguire *qu/qc*, andare dietro *a qu/qc fam*.

hinterherǀhinken itr <sein> **1** (*hinter jdm herhinken*) **hinter jdm/etw** ~ seguire *qu/qc* zoppicando, zoppicare dietro (*a*) *qu/qc* **2** (*mit Verzögerung nachfolgen*) (**mit etw** dat) **hinter jdm/etw** ~ {MIT DER TECHNIK HINTER DER KONKURRENZ} essere indietro (*in qc*) rispetto *a qu/qc*, arrancare dietro *a qu/qc* (*in qc*), non tenere il passo con *qu/qc* (*in qc*).

hinterherǀkommen <irr> itr <sein> **1** (*hinter jdm gehen: in Richtung des Sprechenden*) *jdm* ~ {HUND HINTER DEM HERRCHEN} seguire *qu*, venire dietro *a qu* **2** (*danach kommen*) venire dopo.

hinterherǀlaufen <irr> itr <sein> **1** (*im Lauf folgen*) *jdm/etw* ~ {EINEM AUTO, EINER PERSON} seguire di corsa *qu/qc*, correre dietro *a qu/qc fam* (*um jdn bemühen*) *jdm* ~ {MANN EINER FRAU} correre dietro *a qu*.

hinterherǀschicken tr *jdm jdn/etw* ~ {PÄCKCHEN} spedire *qc al nuovo indirizzo di qu*; {BOTEN} mandare dietro *a qu*.

hinterherǀsein a.R. *von* hinterher sein → **sein**®.

Hinterhof m cortile m interno.

Hinterindien <-s, ohne pl> n *geog* Indocina f.

Hinterkopf m *anat* occipite m • **etw im ~ haben/behalten**, tenere presente *qc*.

Hinterlader <-s, -> m fucile m a retrocarica.

Hinterlage f *CH* → **Kaution**.

Hinterland n hinterland m, entroterra m, retroterra m.

hinterlassen <irr, ohne ge-> tr **1** (*nach seinem Tod zurücklassen*) *jdn/etw* ~ {VERSTORBENE GROßE FAMILIE; SCHRIFTSTELLER WERK} lasciare *qu/qc*; **jdm etw** ~ {ERBE} lasciare *qc a qu* **2** (*zurücklassen*) **etw** ~ {DIEBE FINGERAB-

DRÜCKE, SPUREN} lasciare *qc*: **eine Nachricht auf dem Anrufbeantworter ~**, lasciare un messaggio sulla segreteria telefonica.

Hinterlassenschaft <-, -en> f lascito m, eredità f • **jds ~ antreten** (*jdn beerben*), essere l'erede di *qu*; (*jds Arbeit, Stelle übernehmen*), raccogliere l'eredità di *qu*.

Hinterlauf m *zoo* {+TIER} zampa f posteriore.

hinterlegen <ohne ge-> tr **etw** (*für jdn*) ~ {BRIEF, PÄCKCHEN} depositare *qc* (*per qu*), lasciare *qc* (*per qu*); **etw** (*irgendwo*) ~ {GELD, WERTSACHEN BEI DER BANK, TESTAMENT, UNTERSCHRIFT, URTEIL} depositare *qc* (+ *compl di luogo*).

Hinterlegung f deposito m: **gegen ~ einer S. (gen)/von etw (dat)** {EINES AUSWEISES}, depositando *qc*; {EINER KAUTION} *auch* su/dietro *qc*.

Hinterlist f perfidia f, malignità f.

hinterlistig adj maligno, perfido, subdolo.

hinterm präp *fam* = hinter dem → **hinter**.

Hintermann m **1** (*räumlich*) chi sta dietro **2** <meist pl> (*Drahtzieher*) burattinaio m; {+ATTENTAT, VERBRECHEN} mandante m.

Hintermannschaft f *sport* difesa f.

hintern präp *fam* = hinter den → **hinter**.

Hintern <-s, -> m *fam* didietro m *fam*, sedere m, posteriore m *euph oder scherz*: **jdm den ~ versohlen**, sculacciare *qu fam* • **jd könnte sich in den ~ beißen, dass/weil ...**, *qu* si ˌprenderebbe a schiaffiˌ/[mangerebbe le mani] per aver fatto *qc fam*; **ein paar auf den ~ bekommen** *fam*, prendersi un paio di sculacciate; **den ~ nicht hochkriegen (vor Faulheit)** *fam*, non muovere le chiappe *slang*/il culo *slang*; **jdm in den ~ kriechen** *slang* ˌ/**Arsch**; **sich auf seinen ~ setzen** *fam*, mettersi sotto *fam*, darci dentro *fam*; **jdm/jdn in den ~ treten**, prendere *qu* a calci nel sedere *fam*; **sich** (dat) **mit etw** (dat) **den ~ (ab)wischen können**, potersi pulire il sedere con *qc fam*.

Hinterpfote f zampa f posteriore.

Hinterrad n (*am Auto, Fahrrad*) ruota f posteriore.

Hinterradantrieb m {+AUTO} trazione f posteriore: **mit ~**, a trazione posteriore.

hinterrücks adv **1** (*heimtückisch*) {ERMORDEN, ERSCHIEßEN} proditoriamente *geh*, a tradimento **2** *obs* alle spalle.

hinters präp *fam* = hinter das → **hinter**.

Hinterschinken m prosciutto m.

Hinterseite f **1** (*hintere Seite*) parte f/lato m posteriore **2** *euph* (*Gesäß*) didietro m *fam*, posteriore m *euph*.

Hintersinn m **1** (*verborgene Bedeutung*) senso m recondito/riposto **2** (*Hintergedanke*) secondo fine m.

hintersinnig adj {BEMERKUNG, GESCHICHTE} a doppio senso.

hinterste adj → **hinterster**.

Hinterste <dekl wie adj> mf chi sta in fondo.

hinterster, hinterste, hinterstes <superl *von* hintere> adj ultimo (-a).

Hinterteil n *fam* **1** *obs* (*hinterer Teil*) parte f posteriore **2** *oft scherz* fondoschiena m *scherz*, didietro m, sedere m.

Hintertreffen n: **ins ~ geraten/kommen**, perdere terreno, rimanere indietro.

hintertreiben <irr, ohne ge-> tr *etw* ~ {JDS PLÄNE} osteggiare *qc*, ostacolare *qc*.

Hintertreppe f scala f posteriore/[di servizio].

Hintertreppenpolitik f politica f di corridoio.

Hintertupfingen, Hintertupfing <-s, ohne pl> n *fam* canicattì f *fam*, paesetto m sperduto.

Hintertür f **1** (*Dienstboteneingang*) porta f posteriore/[sul retro]/[di servizio] **2** (*Ausweg*) scappatoia f • *durch die ~*, di straforo; *sich* (dat) *eine ~ offen lassen*, lasciarsi una porta aperta.

Hinterwäldler <-s, -> m *fam* (*unkultivierte Person*) zoticone m *fam*, cafone m, persona f rozza; (*ohne Weltgewandtheit*) provinciale mf.

hinterziehen <irr, ohne ge-> tr *etw* ~ {GELDER} sottrarre *qc*: *Steuern* ~, evadere le tasse, frodare il fisco.

Hinterziehung <-, -en> f: *~ von Steuern*, evasione fiscale.

Hinterzimmer n stanza f/camera f sul retro; (*in einem Laden*) retrobottega m.

hin|tragen <irr> tr (*jdm*) *etw* ~ (tras)portare *qc* là/lì (*a qu*).

hin|treten <irr> itr <sein> **1** *irgendwohin* ~ mettere i piedi + *compl di luogo* **2** *geh* (*vorsprechen*) (*mit etw* dat) *vor jdn* ~ presentarsi *a qu* (*con qc*) **3** (*sich nähern*) *zu jdm/etw* ~ avvicinarsi *a qu/qc*.

hin|tun <irr> tr *etw irgendwohin* ~ mettere *qc* + *compl di luogo*: *das Buch hier musst du da* ~, questo libro lo devi mettere là/lì.

hinüber adv di là, dall'altra parte: *da ~*, per di qua; *über etw* (akk) *~* {ÜBER DEN FLUSS} dall'altra parte di *qc*; {ÜBER DIE MAUER} *auch* al di sopra di *qc*.

hinüber|bemühen <ohne ge-> rfl → **hin|bemühen**.

hinüber|bitten tr → **hin|bitten**.

hinüber|blicken itr guardare di là; *zu jdm/etw* ~ guardare di là *verso qu/qc*.

hinüber|bringen <irr> tr **1** (*auf die andere Seite bringen*) (*jdm*) *jdn/etw* ~ {GEPÄCK, VERLETZTEN} portare *qu/qc* di là/[dall'altra parte] (*a qu*) **2** (*bringen und dabei etw überqueren*) *jdn/etw* (*über etw* akk) ~: *jdn über den Fluss* ~, portare *qu* dall'altra parte/[sull'altra sponda] del fiume; *jdn über die Straße* ~, far(e) attraversare la strada a *qu* **3** (*in das nahe liegende Haus, Zimmer bringen*) (*jdm*) *jdn/etw* ~ portare *qu/qc* di là (*a qu*).

hinüber|dürfen <irr> itr **1** (*auf die andere Seite dürfen*) poter(e) andare di là/[dall'altra parte] **2** (*überqueren dürfen*) *über etw* (akk) ~ {ÜBER DIE BRÜCKE} poter(e) attraversare/passare *qc*; {ÜBER DIE GRENZE} *auch* poter(e) varcare/oltrepassare *qc*; (*hoch darüber dürfen*) {ÜBER EINE MAUER} poter(e) passare (*sopra qc*) **3** (*in das nahe liegende Haus, Zimmer gehen dürfen*) (*irgendwohin/zu jdm*) ~ poter(e)/[avere il permesso di] andare di là (+ *compl di luogo/da qu*).

hinüber|fahren <irr> itr <sein> **1** (*auf die andere Seite fahren*) andare di là/[dall'altra parte] (con un veicolo) **2** (*überqueren*) *über etw* (akk) ~ {ÜBER DIE BRÜCKE} attraversare *qc* (con un veicolo) **3** (*an einen nahe liegenden Ort fahren*) (*irgendwohin/zu jdm*) ~ andare là (+ *compl di luogo/da qu*).

hinüber|führen A tr *jdn* ~ far(e) attraversare *qu*: *jdn über die Straße* ~, far(e) attraversare la strada a *qu* B tr **1** (*auf die andere Seite führen*) {STRAßE} portare/condurre di là/[dall'altra parte] **2** (*überqueren*) *über etw* (akk) ~ {BRÜCKE ÜBER DEN FLUSS} passare sopra *qc* **3** (*in das nahe liegende Haus, Zimmer führen*) (*irgendwohin/zu jdm*) ~ {WEG ZUM NACHBARHAUS; FLUR INS BÜRO} condurre/portare di là (+ *compl di luogo/da qu*).

hinüber|gehen <irr> itr <sein> **1** (*auf die andere Seite gehen*) andare di là/[dall'altra parte] **2** (*überqueren*) *über etw* (akk) ~ {ÜBER EINE GRENZE, STRAßE} attraversare *qc*

3 (*in das nahe liegende Haus, Zimmer gehen*) andare di là; (*in etw* akk/*zu jdm*) ~ {INS BÜRO, ZIMMER, ZU DEN ELTERN} andare (di là) *in qc/da qu*.

hinüber|helfen <irr> itr **1** *jdm* (*über etw* akk) ~ {ÜBER DIE STRAßE} aiutare *qu* a(d) attraversare *qc*; {ÜBER EINE MAUER, EINEN ZAUN} aiutare *qu* a scavalcare *qc* **2** (*etw bewältigen helfen*) *jdm über etw* (akk) ~ {ÜBER EINE SCHWIERIGE ZEIT} aiutare *qu* a superare *qc*.

hinüber|kommen <irr> itr <sein> **1** (*überqueren können*) (*über etw* akk) ~ {ÜBER EINE BRÜCKE} riuscire a attraversare/passare; {ÜBER EINE MAUER} riuscire a scavalcare/[passare sopra (a)] *qc* **2** (*sich hinüberbegeben*) (*irgendwohin*) ~ {INS BÜRO, ZU FREUNDEN} venire di là (*in qc/da qu*).

hinüber|können <irr> itr **1** (*auf die andere Seite können*) {PERSON, TIER} poter(e) andare di là/[dall'altra parte] **2** (*überqueren können*) *über etw* (akk) ~ {ÜBER DIE BRÜCKE} poter(e) attraversare/passare *qc*; {ÜBER DIE GRENZE} *auch* poter(e) varcare/oltrepassare *qc* **3** (*in das nahe liegende Haus, Zimmer können*) {GEGENSTAND} poter(e) essere messo/[andare *fam*] di là/[dall'altra parte]; (*irgendwohin/zu jdm*) ~ {PERSON} poter(e)/[avere il permesso di] andare di là (+ *compl di luogo/da qu*).

hinüber|lassen <irr> tr **1** (*auf die andere Seite lassen*) *etw* ~ {KISTE AN EINEM SEIL} far passare *qc* di là/[dall'altra parte] **2** (*überqueren lassen*) *jdn* ~ {ÜBER DIE GRENZE} lasciar(e) passare *qu*; (*willentlich*) far(e) passare *qu*: *jdn nicht über die Grenze* ~, non far passare la frontiera a *qu*; *jdn nicht über die Straße* ~, non far(e) attraversare *qu* **3** (*in das nahe liegende Haus, Zimmer gehen lassen*) *jdn* (*irgendwohin/zu jdm*) ~ lasciare andare *qu* di là (+ *compl di luogo/da qu*).

hinüber|laufen <irr> itr <sein> **1** (*auf die andere Seite laufen*) attraversare **2** (*überqueren*) *über etw* (akk) ~ {ÜBER DIE STRAßE} attraversare *qc* **3** (*in das nahe liegende Haus, Zimmer laufen*) andare/passare di là; (*in etw* akk/*zu jdm*) ~ {INS BÜRO} passare di là (*in qc/da qu*).

hinüber|müssen <irr> itr **1** (*auf die andere Seite müssen*) {PERSON, TIER} dover(e) andare di là/[dall'altra parte] **2** (*überqueren müssen*) *über etw* (akk) ~ {ÜBER DIE BRÜCKE} dover(e) attraversare/passare *qc*; {ÜBER DIE GRENZE} *auch* dover(e) varcare/oltrepassare *qc* **3** (*in das nahe liegende Haus, Zimmer müssen*) {GEGENSTAND} dover(e) essere messo/[andare *fam*] di là/[dall'altra parte]; (*irgendwohin/zu jdm*) ~ {PERSON} dover(e) andare di là (+ *compl di luogo/da qu*).

hinüber|reichen A tr (*jdm*) *etw* (*über etw* akk) ~ {BUCH ÜBER DEN TISCH} passare *qc* a *qu* (attraverso *qc*), porgere *qc* a *qu* (attraverso *qc*) B itr *bis irgendwohin* ~ {AST, ZWEIG BIS IN DEN NACHBARGARTEN} arrivare fino a *qc*; {SUMPFGEBIET BIS IN EIN ANDERES LAND} estendersi fino a *qc*: *bis über die Grenze* ~, estendersi fin oltre (il) confine.

hinüber|retten A tr (*erhalten*) *etw* ~ mettere in salvo *qc*; *etw* (*in etw* akk) ~ {PRIVILEGIEN IN DIE GEGENWART, VERMÖGEN IN DIE NACHKRIEGSJAHRE} (riuscire a) conservare *qc* (fino a *qc*) B rfl **1** (*sich durch Flucht retten*) *sich* (*über etw* akk) ~ {ÜBER DIE GRENZE} salvarsi attraversando/varcando/passando *qc* **2** (*sich erhalten*) *sich* (*bis in etw* akk) ~ {BRAUCH, SITTE (BIS) IN UNSERE ZEIT} conservarsi fino a *qc*, mantenersi fino a *qc*, sopravvivere fino a *qc*.

hinüber|schauen itr → **hinüber|sehen**.

hinüber|schwimmen <irr> itr <sein> **1** (*auf die andere Seite schwimmen*) andare a nuoto dall'altra parte/[di là]; *zu etw* (dat) ~ {ZUR BOJE, INSEL} nuotare fino (ad arrivare) *a qc*: *zum anderen Ufer* ~, raggiungere l'altra riva a nuoto **2** (*überqueren*) *über etw* (akk) ~ {ÜBER DEN SEE} attraversare *qc* a nuoto.

hinüber|sehen <irr> itr guardare di là; *über etw* (akk) ~ {ÜBER DAS TAL} guardare oltre *qc*; *zu jdm/etw* ~ guardare *verso qu/qc*.

hinüber|sein a.R. *von hinüber sein* → **sein**②.

Hinübersetzung f traduzione f (in una lingua straniera).

hinüber|spielen itr *in etw* (akk) ~ {FARBE INS BLAU} dare *su qc*, tendere *a qc*, tirare *a qc fam*.

hinüber|springen <irr> itr <sein> **1** (*auf die andere Seite springen*) saltare di là, passare di là/[dall'altra parte] con un salto **2** (*über etw springen*) *über etw* (akk) ~ {ÜBER EIN HINDERNIS} saltare (oltre) *qc*: *über einen Graben* ~, saltare un fosso.

hinüber|steigen <irr> itr <sein> **1** (*auf die andere Seite steigen*) passare di là/[dall'altra parte] (arrampicandosi): *auf die andere Seite* ~, passare dall'altra parte; *in etw* (akk) ~ {IN DEN GARTEN} passare in *qc* (arrampicandosi) **2** (*darübersteigen*) *über etw* (akk) ~ {ÜBER EINE MAUER, EINEN ZAUN} scavalcare *qc*.

hinüber|wechseln itr *zu etw* (dat) ~ {ZU EINER ANDEREN PARTEI} passare a *qc*: *auf die andere Straßenseite* ~, passare dall'altro lato della strada.

hinüber|werfen <irr> tr *etw* ~ gettare di là *qc*; {BALL} *auch* lanciare di là *qc*; *etw über etw* (akk) (*irgendwohin*) ~ {BALL ÜBER DEN ZAUN IN DEN NACHBARGARTEN} gettare oltre/[al di là di] *qc* (+ *compl di luogo*): *etw auf die andere Seite* ~, gettare *qc* dall'altra parte.

hinüber|wollen <irr> itr **1** (*auf die andere Seite wollen*) {PERSON, TIER} voler(e) andare di là/[dall'altra parte] **2** (*überqueren wollen*) *über etw* (akk) ~ {ÜBER DIE BRÜCKE} voler(e) attraversare/passare *qc*; {ÜBER DIE GRENZE} *auch* voler(e) varcare/oltrepassare *qc* **3** (*in das nahe liegende Haus, Zimmer wollen*) (*irgendwohin/zu jdm*) ~ {PERSON} voler(e) andare di là (+ *compl di luogo/da qu*).

hinüber|ziehen <irr> A tr <haben> *jdn/etw* ~ tirare *qu/qc* dall'altra parte/[di là] B itr <sein> **1** (*nach drüben dringen*) *zu etw* (dat) ~ {RAUCH ZUM NACHBARHAUS} andare *verso qc* **2** (*die Wohnung wechseln*) trasferirsi/traslocare di là/[dall'altra parte] C rfl <haben> *sich bis irgendwohin* ~ {NATURSCHUTZGEBIET BIS AN DIE POLNISCHE GRENZE} estendersi fino a *qc*, arrivare fino a *qc*.

hin- und her|bewegen rfl *sich hin- und herbewegen*, muoversi (avanti e indietro).

hin- und her|fahren <irr> itr <sein> andare in giro/[qua e là] (con un veicolo).

hin- und her|fliegen <irr> itr <sein> volare/svolazzare qua e là: *zwischen Berlin und Rom hin- und herfliegen*, fare avanti e indietro (in aereo) tra Berlino e Roma.

Hin-und-her-Gerede n *fam* chiacchiere f pl.

hin- und her|gerissen adj: *zwischen etw* (dat) *hin- und hergerissen sein* {ZWISCHEN ZWEI ALTERNATIVEN, VORSCHLÄGEN}, essere combattuto *tra qc*.

hin- und herlaufen <irr> itr <sein> andare qua e là.

hin- und her|pendeln itr <sein> zwischen etw (dat) **und etw** (dat) **hin- und her|pendeln** {Bus} fare avanti e indietro *tra qc e qc*; {Person} *auch* fare la spola *tra qc e qc*.

Hin- und Rückfahrt f viaggio m di andata e ritorno (con un veicolo).

Hin- und Rückflug m volo m/tragitto m di andata e ritorno.

Hin- und Rückweg m viaggio m di andata e ritorno.

hinunter *(weg vom Sprechenden)* **A** adv giù: schnell, ⌊da/hier⌋/[dort] ~!, presto, giù di qui/là! **B** präp + akk giù per: **den Berg ~**, scendendo dalla montagna, giù per la montagna; **die Treppe ~**, scendendo/[giù per] le scale.

hinunter|bemühen *<ohne ge->* **A** tr *jdn ~* pregare *qu* di scendere; *(in negativem Sinn)* scomodare *qu* facendolo scendere **B** rfl **sich ~** (essere così gentile da) scendere; *(in negativem Sinn)* scomodarsi a scendere.

hinunter|bewegen *<ohne ge->* rfl *(weg vom Sprechenden)* **sich ~** scendere.

hinunter|bitten *<irr>* tr *(weg vom Sprechenden)* **jdn ~** ⌊pregare *qu* di⌋/[invitare *qu* a] scendere/[andare giù *fam*], far(e) scendere *qu*.

hinunter|blicken itr → **hinunter|sehen**.

hinunter|bringen *<irr>* tr **1** *(nach unten bringen: weg vom Sprechenden)* **jdn/etw** (**in etw** akk) **~** {Flaschen in den Keller, Verletzten} portare *qu/qc* giù (*in qc*); **etw** ⌊**die Treppe**⌋/[**ins untere Stockwerk**] **~**, portare *qc* giù ⌊per le scale⌋/[al piano inferiore] **2** *fam (schlucken können)* **etw ~** {Arznei, Essen} (riuscire a) mandare giù *qc*.

hinunter|dürfen *<irr>* itr *(weg vom Sprechenden)* {Fahrzeug, Person} poter(e) scendere; {Gegenstand} poter(e) essere portato giù.

hinunter|fahren *<irr>* **A** itr *<sein> (weg vom Sprechenden: nach unten fahren)* (**irgendwohin/zu jdm**) **~** {Aufzug ins Erdgeschoss; Bus in die Stadt, ins Tal} scendere (con un veicolo) (+ *compl di luogo/da qu*): **den Berg ~**, scendere dalla montagna (con un veicolo) **B** tr *<haben> (nach unten fahren)* **jdn ~** accompagnare/portare giù *qu*; **jdn (irgendwohin) ~** {in die Stadt} accompagnare/portare *qu* (con un veicolo) (giù) (+ *compl di luogo*): **jdn ins Dorf ~**, accompagnare *qu* (giù) al villaggio; **etw (irgendwohin) ~** portare *qc* (con un veicolo) giù (+ *compl di luogo*).

hinunter|fallen *<irr>* itr *<sein> (weg vom Sprechenden)* (**von etw** dat) (**zu jdm/irgendwohin**) **~** {Gegenstand, Person von einem Baum, einer Leiter auf der Boden} cadere/cascare *fam* (giù) (*da qc*) (+ *compl di luogo/verso qu*): **die Treppe ~**, cadere giù per le scale; **jdm fällt etw hinunter**, a *qu* cade de *qc*.

hinunter|fliegen *<irr>* itr *<sein> fam* → **herunter|fallen**.

hinunter|fließen *<irr>* itr *<sein>* scorrere giù: **der Bach fließt ins Tal hinunter**, il torrente ⌊scende a⌋/[scorre verso] valle; **den Berg ~**, scendere/scorrere giù per la montagna.

hinunter|führen *(weg vom Sprechenden)* **A** itr (**irgendwohin**) **~** {Treppe in den Keller} scendere/[condurre/portare *fam* giù] + *compl di luogo* **B** tr **jdn (irgendwohin/zu jdm) ~** {in den Keller} condurre/portare *fam qu* giù + *compl di luogo/da qu*: **jdn die Treppe ~**, condurre/guidare *qu* giù per le scale.

hinunter|gehen *<irr>* itr *<sein> (weg vom Sprechenden: von oben nach unten gehen)* (**von**

etw dat) (**irgendwohin/zu jdm**) **~** {von der Leiter, Mauer auf den Boden} scendere (*da qc*) (+ *compl di luogo/verso qu*); {vom Erdgeschoss in den Keller} *auch* andare giù *fam* (*da qc*) (+ *compl di luogo/verso qu*): **die Treppe ~**, scendere le scale.

hinunter|gleiten *<irr>* itr *<sein>* scivolare giù: **sanft den Hang ~**, scivolare dolcemente giù per il pendio.

hinunter|hängen *(weg vom Sprechenden)* **A** *<irr>* itr *<haben oder süddt A CH sein>* (**von etw** dat) **~** penzolare *da qc fam*, pendere *da qc*: **das Seil hängt von der Decke bis auf den Boden hinunter**, la corda scende dal soffitto fino a terra **B** tr **etw** (**in etw** akk) **~** {Wäsche in den Hof, die Waschküche} stendere *qc* (*giù*) (*in qc*).

hinunter|helfen *<irr>* itr *(weg vom Sprechenden)* **jdm ~** aiutare *qu* a scendere/[andare giù]: **jdm die Treppe ~**, aiutare *qu* a scendere le scale.

hinunter|kippen tr **etw ~ 1** *fam (abladen)* {Abfall, Müll} scaricare *qc* **2** *fam (zu sich nehmen)* {Getränk, Whisky} scolar(si) *qc fam*, tracannare *qc fam*, trincare *qc fam*.

hinunter|klettern itr *<sein> (weg vom Sprechenden)* (**von etw** dat) (**irgendwohin/zu jdm**) **~** {vom Baum, Gerüst auf die Erde, zum Verletzten} calarsi (*da qc*) (+ *compl di luogo/verso qu*).

hinunter|kommen *<irr>* itr *<sein> (weg vom Sprechenden)* (**von etw** dat) (**irgendwohin/zu jdm**) **~** scendere/[venire giù *fam*] (*da qc*) (+ *compl di luogo/verso qu*); *(es schaffen)* riuscire a scendere/[venire giù *fam*] (*da qc*) (+ *compl di luogo/verso qu*): **die Treppe ~**, (riuscire a) scendere le scale.

hinunter|können *<irr>* itr *(weg vom Sprechenden)* (**von etw** dat) (**irgendwohin**) **~** poter(e) scendere (*da qc*) (+ *compl di luogo*); **zu jdm ~** poter(e) scendere *verso qu*; *(besuchen können)* poter(e) scendere *da qu*.

hinunter|lassen *<irr>* tr *(weg vom Sprechenden)* **etw (irgendwohin) ~** {Korb, Seil auf die Straße} ⌊calare *geh*⌋/[far scendere] *qc* (+ *compl di luogo*); **jdn (von etw** dat/**irgendwohin) ~** lasciar(e) scendere *qu* (+ *compl di luogo*); *(willentlich)* far(e) scendere *qu* (*da qc*/+ *compl di luogo*); **jdn zu jdm ~** lasciare/far(e) scendere *qu verso qu*; *(besuchen lassen)* lasciar(e)/far(e) scendere *qu da qu*.

hinunter|laufen *<irr>* itr *(weg vom Sprechenden)* scendere, andare giù *fam*: ⌊**die Treppe**⌋/[**in den dritten Stock**] **~**, scendere/[andare giù] per le scale, scendere/[andare giù] al terzo piano.

hinunter|müssen itr *(weg vom Sprechenden)* (**irgendwohin**) **~** {Fahrzeug, Person} dover(e) scendere (+ *compl di luogo*); {Gegenstand in den Keller} dovere essere messo + *compl di luogo*: ⌊**die Treppe**⌋/[**in den dritten Stock**] **~**, dover(e) scendere ⌊le scale⌋/[al terzo piano].

hinunter|reichen *(weg vom Sprechenden)* **A** tr **jdm etw ~** ⌊passare giù⌋/[allungare] *qc a qu* **B** itr **bis irgendwohin ~** {Rock bis zu den Knöcheln} arrivare *fino a qc*: **bis auf den Boden ~**, ⌊arrivare *fino a*⌋/[toccare] terra.

hinunter|reißen *<irr>* tr **jdn/etw** (**in etw** akk) **~** tirare giù *qu/qc* (*in qc*): **jdn (mit) in die Tiefe ~**, trascinare *qu* (con sé) nel vuoto.

hinunter|reiten *<irr>* itr *<sein> (weg vom Sprechenden)* (**irgendwohin/zu jdm**) **~** scendere (a cavallo) (+ *compl di luogo/da qu*): **den Berg ~**, ⌊scendere dalla⌋/[discendere la] montagna a cavallo.

hinunter|rennen *<irr>* itr *<sein>* correre

giù: **die Straße ~**, correre giù per la strada.

hinunter|rinnen *<irr>* itr *<sein>* (**irgendwo**) **~** {Regenwasser an der Mauer} scorrere (giù) *lungo qc*.

hinunter|rollen itr *<sein> (weg vom Sprechenden)* (**irgendwohin**) **~** {Ball} rotolare giù *fam* (+ *compl di luogo*): **die Treppe ~**, rotolare giù per le scale.

hinunter|rufen *<irr>* tr *(weg vom Sprechenden)* **jdm/etw ~** {Kind Mutter} chiamare giù *qu/qc fam*.

hinunter|rutschen itr *<sein> (weg vom Sprechenden)* scivolare giù: **die Böschung ~**, scivolare/sdrucciolare giù per la scarpata.

hinunter|schauen itr *süddt* → **hinunter|sehen**.

hinunter|schicken tr *(weg vom Sprechenden)* **jdn ~** mandare giù *qu*.

hinunter|schieben *<irr>* tr *(weg vom Sprechenden)* **etw (irgendwohin) ~** spingere *qc* giù/[in basso] (+ *compl di luogo*).

hinunter|schleichen *<irr>* *(weg vom Sprechenden)* **A** itr *<sein>* scendere/[scivolare giù] di soppiatto/nascosto: **die Treppe ~**, sgusciare giù per le scale **B** rfl *<haben>* scendere/[scivolare giù] di soppiatto/nascosto.

hinunter|schlingen *<irr>* tr **etw ~** {Person Essen; Tier Beute} divorare *qc*.

hinunter|schlucken tr → **herunter|schlucken**.

hinunter|schmeißen tr *fam* → **hinunter|werfen**.

hinunter|schütten tr *fam* **1** *(von oben nach unten schütten: weg vom Sprechenden)* **etw (irgendwohin) ~** {Flüssigkeit} versare *qc* + *compl di luogo*: **die saure Milch den Abfluss ~**, buttare nello scarico il latte acido **2** *slang (zu sich nehmen)* **etw ~** {Getränk, Whisky} scolar(si) *qc fam*, trincare *qc fam*.

hinunter|sehen *<irr>* itr **1** *(von oben nach unten sehen: weg vom Sprechenden)* **auf jdn/etw ~** guardare ⌊in basso⌋/[giù] *verso qu/qc*, guardare *qu/qc* dall'alto; **von etw** (dat) **auf etw** (akk) **~** {vom Turm auf die Stadt} guardare giù *da qc verso qc* **2** *(gering schätzen)* **auf jdn ~** {Person auf andere Person} guardare *qu* dall'alto in basso.

hinunter|sein a.R. *von* hinunter sein → **sein**②.

hinunter|springen *<irr>* itr *<sein> (weg vom Sprechenden)* (**irgendwohin/zu jdm**) **~** {auf die Erde} saltare giù (+ *compl di luogo/verso qu*).

hinunter|spülen tr **1** *(nach unter schwemmen)* **etw ~** buttare *qc* nello scarico: **etw den Ausguss ~**, buttare/gettare *qc* nello scarico **2** *fam (mit Flüssigem hinunterschlucken)* **etw** (**mit etw** dat) **~** {Tabletten mit Wasser} mandare giù *qc* (con *qc*) **3** *fam (vergessen machen)* **etw mit etw** (dat) **~** {Ärger, Kummer mit Alkohol} affogare *qc in qc*.

hinunter|steigen *<irr>* itr *<sein> (weg vom Sprechenden)* (**irgendwohin/zu jdm**) **~** scendere (+ *compl di luogo/verso qu*).

hinunter|stoßen *<irr>* tr *(weg vom Sprechenden)* **jdn/etw (irgendwohin) ~** {in die Tiefe} spingere *qu/qc* giù (+ *compl di luogo*).

hinunter|stürzen *(weg vom Sprechenden)* **A** itr *<sein>* (**von etw** dat) (**irgendwohin**) **~** {vom Dach, von einer Leiter, einer Mauer auf die Erde} precipitare giù (*da qc*) (+ *compl di luogo*): **die Treppe ~**, precipitare giù per le scale **B** tr *<haben>* **jdn/etw ~** far precipitare *qu/qc* giù (+ *compl di luogo*) **C** rfl *<haben>* **sich (von etw** dat) (**irgendwohin**) **~** {vom Dach des Hochhauses} gettarsi giù (*da qc*), buttarsi *fam* giù (*da qc*) (+ *compl di luogo*).

hinunter|tragen *<irr>* tr (*in Richtung des*

Sprechenden) *jdn/etw* (*irgendwohin*) ~ {Kranken, Verletzten} (tras)portare *qu/qc* giù (+ *compl di luogo*): **jdn die Treppe ~**, portare qu giù per le scale.

hinunter|treiben *<irr>* itr *<sein>*: **den Fluss ~** {Baumstämme, Wrack}, essere/venire trascinato (-a) a valle dalla corrente.

hinunter|wagen rfl **sich** (*in etw* akk/*zu jdm*) ~ osare/[avere il coraggio di]/[azzardarsi/arrischiarsi a] scendere (*in qc/da qu*).

hinunter|werfen *<irr>* tr (*in Richtung des Sprechenden*) (*jdm*) *etw* (*irgendwohin*) ~ gettare *qc* giù (*a qu*) (+ *compl di luogo*), buttare *fam qc* (*a qu*) (+ *compl di luogo*): **jdn die Treppe ~**, gettare/buttare *fam* qu giù dalle scale.

hinunter|wollen *<irr>* itr (*weg vom Sprechenden*) (**von** *etw* dat/*irgendwohin*) ~ {vom Gerüst auf die Erde} voler(e) scendere (giù) (*da qc*) (+ *compl di luogo*); **zu jdm** ~ voler(e) scendere *verso qu*; (*besuchen wollen*) voler(e) scendere *da qu*.

hinunter|würgen tr → **herunter|würgen**.

hinunter|ziehen *<irr>* **A** tr *<haben>* (*nach unten ziehen*) *jdn/etw* ~ {Seil, Verletzten} tirare giù *qu/qc*, tirare in/[verso il] basso *qu/qc* **B** itr *<sein>* **1** (*die Wohnung wechseln*) (*irgendwohin*) ~ trasferirsi (giù) (+ *compl di luogo*): **von der vierten in die dritte Etage ~**, trasferirsi (giù) dal quarto al terzo piano **2** (*in den Süden ziehen*): **sie sind von Hamburg nach München hinuntergezogen**, da Amburgo si sono trasferiti (-e) giù a Monaco.

hin|wagen rfl **sich** ~ osare/[avere il coraggio di]/[azzardarsi/arrischiarsi a(d)] andarci; **sich zu jdm** ~ osare/[avere il coraggio di]/[azzardarsi/arrischiarsi a(d)] andare *da qu*.

hinweg adv **1** geh (*weg*) via: ~ **mit euch!**, via di qui! **2** (*räumlich*) **über** *etw* (akk) ~ {über die Strasse} attraverso qc: **er rief mir über den Platz ~ etwas zu**, mi gridò qc [attraverso la]/[dall'altro lato della] piazza; (*hoch über jdn/etw darüber*) oltre qc; **über die Mauer ~**, oltre il muro **3** (*zeitlich*) **über** *etw* (akk) ~ {Über Tage} per qc: **über all die Jahre ~**, per tutti questi anni **4** (*etw überwindend*) **über** *etw* (akk) ~ {Über alle Probleme, Schwierigkeiten} al di là di qc.

Hinweg m andata f: **auf dem ~**, all'andata; **allein der ~ dauert zwei Stunden**, ci vogliono due ore soltanto a(d) andare *fam*.

hinweg|fegen geh **A** itr *<sein>* **über** *etw* (akk) ~ {Sturm über die Stadt} abbattersi *su qc* **B** tr *<haben>* (*entmachten*) *jdn/etw* ~ {Revolution Regierung; Skandal Parteispitzen} travolgere *qu/qc*, spazzare via *qu/qc fam*.

hinweg|fliegen *<irr>* itr *<sein>* geh **über** *etw* (akk) ~ {Flugzeug über die Stadt} sorvolare qc, passare *sopra/su qc*.

hinweg|gehen *<irr>* itr *<sein>* **über** *etw* (akk) ~ {über einen Einwand, eine Kritik} scivolare *su qc*, sorvolare *su qc*, lasciare perdere *qc fam*; {über einen Fauxpas} passare sopra *a qc*.

hinweg|helfen *<irr>* itr *jdm* **über** *etw* (akk) ~ {über einen Verlust, eine schwere Zeit} aiutare *qu* a superare *qc*.

hinweg|kommen *<irr>* itr *<sein>* **über** *etw* (akk) ~ {über eine Enttäuschung} (riuscire a) superare *qc*; {über eine negative Erfahrung} uscire *da qc fam*; {über jds Tod, einen Verlust} (riuscire a) superare/accettare *qc*.

hinweg|können *<irr>* itr: **nicht über die Tatsache ~, dass ...**, non poter ignorare (il fatto che ...).

hinweg|lesen *<irr>* itr **über** *etw* (akk) ~ {über die Fehler} sorvolare *su qc* (leggendo).

hinweg|raffen tr geh *jdn* ~ {Seuche, Tod viele Menschen} falciare *qu*: **die Epidemie hat mehrere Hundert Menschen hinweggerafft**, l'epidemia ha [falciato centinaia di vite]/[mietuto centinaia di vittime].

hinweg|schauen itr *süddt A CH fam*, **hinweg|sehen** *<irr>* itr **1** (*darüber schauen*) **über** *etw* (akk) ~ {über die Köpfe der Zuschauer} guardare *al disopra di qu/qc*: **über jdn/etw ~ können**, poter(e) vedere al disopra di qu/qc **2** (*tolerieren*) **über** *etw* (akk) ~ {über eine Bemerkung, kleine Fehler} sorvolare *su qc*, passare sopra *a qc fam*, lasciare perdere/correre *qc fam*: **darüber will ich noch ~, aber ...**, per questa volta passi, però ... **3** *pej* (*nicht beachten*) **über** *jdn* ~ ignorare *qu*.

hinweg|sein a.R. *von* hinweg sein → **sein**②.

hinweg|setzen **A** tr (*hinüberspringen*) **über** *etw* (akk) ~ {Pferd über ein Hindernis} superare *qc* **B** rfl (*nicht berücksichtigen*) **sich über** *etw* (akk) ~ {über eine Abmachung} non tener conto *di qc*; {über jds Anweisungen, Entscheidung, über ein Verbot} ignorare *qc*; {über gängige Moralvorstellungen} non lasciarsi condizionare *da qc*, non tenere in alcun conto *di qc*, non curarsi *di qc*; {über geltende Rechtsnormen} porsi *al disopra di qc*.

hinweg|täuschen **A** tr *jdn* **über** *etw* (akk) ~ illudere *qu su qc*: **sich über** *etw* (akk) ~ **lassen**, farsi/lasciarsi illudere su *qc* **B** itr: **nicht über** *etw* (akk) ~ **(können)** {sicheres Auftreten über jds Schüchternheit}, non (riuscire a) dissimulare/mascherare *qc*.

hinweg|trösten **A** tr *jdn* **über** *etw* (akk) ~ {Erbschaft über schmerzlichen Verlust} consolare *qu di qc* **B** rfl **sich mit** *etw* (dat) **über** *etw* (akk) ~ consolarsi *di qc con qc*.

Hinweis *<-es, -e>* m **1** (*Angabe*) ~ (**auf** *etw* akk) indicazione f (*su qc*), cenno m (a qc); (*für Polizei*) segnalazione f (*riguardante qc*): **bibliographische ~e**, indicazioni bibliografiche, cenni bibliografici; **jdm einen ~ geben**, dare un'indicazione a qu, segnalare qc a qu **2** (*Rat*) ~ (**auf** *etw* akk/**zu** *etw* dat) indicazione f (*su qc*), suggerimento m (*su qc*); (*warnender*) ~ avvertimento m, avviso m **3** (*Anhaltspunkt*) ~ (**für** *etw* akk/**auf** *etw* akk) indizio m (*di qc*) • **unter ~ auf** *etw* (akk), facendo riferimento a qc, facendo presente qc.

hin|weisen *<irr>* **A** tr (*jdn auf etw aufmerksam machen*) *jdn auf etw* (akk) ~ {auf mögliche Konsequenzen, Kosten} far notare *qc a qu*, richiamare l'attenzione *di qu su qc*: **darauf ~, dass ...**, far notare che ... **B** itr **auf** *etw* (akk) ~ **1** (*ein Hinweis sein*) lasciar supporre *qc*, far pensare *qc*: **alles weist darauf hin, dass ...**, tutto [lascia supporre]/[fa pensare] che ... **konjv 2** (*etw deutlich machen*) **auf ein Problem** segnalare *qc*, evidenziare *qc*: **ich möchte noch einmal darauf ~, dass ...**, vorrei ribadire/[far presente ancora una volta] che ....

hinweisend adj *gram* (*Fürwort*) dimostrativo.

Hinweisschild n cartello m (indicatore), segnale m.

Hinweistafel f pannello m/cartello m (indicatore).

hin|wenden *<irr oder reg>* geh **A** tr *etw zu jdm* ~ {Blick, Kopf} volgere *qc verso qu*, voltare *qc verso qu* **B** rfl **sich zu jdm/etw** ~ voltarsi *verso qu/qc*, girarsi *verso qu/qc*: **nicht wissen, wo man sich ~ soll**, non sapere [a chi rivolgersi]/[dove sbattere la testa *fam*].

Hinwendung f ~ (**zu** *etw* dat) {zum Glauben} accostarsi (*a qc*); {zum Bösen} tendere (*a qc*): **die ~ zum Guten**, votarsi al bene.

hin|werfen *<irr>* **A** tr **1** (*zu Boden werfen*) *jdn/etw* ~ buttare *qu/qc*, gettare per terra *qu/qc*; *jdm etw* ~ buttare *qc a qu*, gettare *qc a qu* **2** (*schnell entwerfen*) *etw* ~ {Zeichnung} abbozzare *qc*, schizzare *qc*; {Skizze} buttare giù *qc*; {Text} abbozzare *qc*; {Bemerkung, Wort} buttare lì *qc*: **schnell ein paar Zeilen ~**, buttare giù qualche riga in fretta e in furia **3** *fam* (*nicht mehr tun*) *etw* ~ {Arbeit, Stelle} piantare *qc fam*, mollare *qc fam*, abbandonare *qc* **B** rfl **sich** ~ gettarsi a terra; **sich vor jdn** ~ gettarsi *ai piedi di qu*.

hin|wirken itr (**bei** *jdm*) **auf** *etw* (akk) ~ {auf einen Kompromiss} [cercare di]/[impegnarsi per] arrivare *a qc* (*con qu*).

hin|wollen *<irr>* itr voler(e) andarci; *irgendwohin/zu jdm* ~ voler(e) andare + *compl di luogo da qu*: **morgen gehe ich in die Picasso-Ausstellung, kommst du mit? – Ja, da will ich auch hin!**, domani vado alla mostra di Picasso, mi accompagni? – Sì, voglio venirci anch'io!

Hinz *<inv>* m: **~ und Kunz** *fam*, Tizio, Caio e Sempronio; **von ~ zu Kunz laufen** *fam*, fare il giro delle sette chiese *fam*.

hin|zaubern tr *etw* ~ {gutes Essen} inventarsi *qc*.

hin|ziehen *<irr>* **A** tr *<haben>* **1** (*zu sich heranrücken*) *jdn/etw zu sich* (dat) ~ {Verletzten} tirare *qu/qc a/verso di sé* **2** (*sich angezogen fühlen*): **sich zu jdm/etw hingezogen fühlen**, sentirsi attratto (-a) da qu **3** (*lange dauern lassen*) *etw* ~ {Prozess, Verhandlungen} tirare *qc* per le lunghe; {Entscheidung} rimandare *qc* **B** itr *<sein>* **1** geh (*sich dahinbewegen*) *irgendwohin* ~ dirigersi + *compl di luogo* **2** *fam* (*die Wohnung wechseln*) andare a starci/abitarci: **kennst du das Neubaugebiet? – Ja, da zieh' ich demnächst hin**, conosci il nuovo quartiere? – Sì, andrò a starci/abitarci fra poco; **willst du etwa da ~?**, per caso vorresti andare a starci/abitarci là?; (*betont*) per caso vorresti andare a stare/abitare là? **C** rfl *<haben>* **1** (*zeitlich verzögern*) **sich** ~ {Sitzung, Verhandlungen} andare per le lunghe *fam*, trascinarsi; **sich bis irgendwann** ~ {bis spät in die Nacht} trascinarsi *fino a qc*, prolungarsi *fino a qc*, protrarsi geh *fino a qc*: **die Gespräche zogen sich über Jahre hin**, i colloqui si protrassero per anni; **der Abend zog sich endlos hin**, la serata sembrava interminabile/[non finire più] **2** (*sich erstrecken*) **sich an/entlang** *etw* (dat) ~ {Weg an der Bahnlinie} correre *lungo qc*; **sich über** *etw* (akk) ~ {Schäden über eine Fläche, ein Gebiet} estendersi *su qc* **D** unpers *<haben>* sentirsi attratto (-a): **es zieht jdn zu jdm hin** {Frau zu einem Mann}, qu si sente attratto (-a) da qu.

hin|zielen itr (**mit** *etw* dat) **auf** *etw* (akk) ~ {Plan auf einen Zweck, mit den Massnahmen auf ein bestimmtes Ziel} mirare *a qc* (*con qc*).

hinzu|denken *<irr>* rfl **sich** (dat) *etw* (**zu** *etw* dat) ~ immaginarsi *qc* (*accanto a qc*): **auf dem Foto siehst du unsere Bucht, die Küste musst du dir ~**, sulla foto vedi la nostra baia, la costa la devi immaginare.

hinzu|fügen tr (*etw* dat) *etw* ~ {dem Teig Mehl} aggiungere *qc* (*a qc*); {dem Brief eine Rechnung} accludere *qc* (*a qc*), allegare (*qc a qc*): **ich möchte noch ~, dass ...**, vorrei aggiungere che ...; **dem habe ich nichts mehr hinzuzufügen**, non ho nient'altro da aggiungere.

Hinzufügung *<-, -en>* f aggiunta f: **unter ~ von** *etw* (dat), aggiungendo qc.

hinzu|geben tr → **dazu|geben**.
hinzu|gewinnen <irr> tr *jdn* ~ {NEUE KUNDEN} (riuscire a) acquisire/farsi *fam* qu.
hinzu|kommen <irr> itr <sein> (*dazukommen*) {PERSONEN} sopraggiungere; {DINGE, TATSACHEN} aggiungersi, subentrare: ˻es kommt hinzu˼/[hinzu kommt], dass ..., si aggiunge il fatto che ...
hinzu|rechnen tr → **dazu|rechnen**.
hinzu|verdienen tr itr rfl → **dazu|verdienen**.
hinzu|zählen tr → **dazu|zählen**.
hinzu|ziehen <irr> tr *geh jdn* ~ {ANWALT, FACHARZT, FACHMANN} consultare *qu*, ricorrere *a qu*.
Hinzuziehung <-, ohne pl> f ~ **einer P.** (gen) ricorso *a qu*: **unter** ~ **einer P.** (gen), ˻facendo ricorso˼/[ricorrendo] a qu.
Hiob m *bibl* (*Vorname*) Giobbe.
Hiobsbotschaft f cattiva notizia f, notizia f infausta.
hip <*hipper, hipste*> adj *slang* {KNEIPE, LEUTE, VIERTEL} in (voga), di moda: **Piercing ist hip geworden**, il piercing è diventato in.
Hipbag, Hip-Bag <-s, -s> m (*Hüfttasche*) marsupio m.
Hip-Hop, Hiphop <-s, ohne pl> m *mus* hip-hop m.
Hippe① <-, -n> f *agr* roncola f; (*größere* ~) pennato m.
Hippe② <-, -n> f **1** (*Ziege*) capra f **2** *pej* (*hässliche, streitsüchtige Frau*) stregaccia f *pej*.
hipp hipp hurra interj hip hip hip (h)urrà!
Hippie <-s, -s> m hippy m.
Hippielook m stile m hippy.
Hippodrom <-s, -e> m *oder bes. A* n ippodromo m.
hippokratisch adj ippocratico: ~**er Eid**, giuramento ippocratico/[di Ippocrate].
Hirn <-(*e*)s, -e> n **1** *anat* cervello m **2** *gastr* cervello m ● **sein** ~ **anstrengen, sich** (dat) **das** ~ **zermartern**, lambiccarsi/stillarsi il cervello, spremersi le meningi; **so etwas kann nur dem** ~ **eines** *Verrückten*/**Wahnsinnigen entspringen**, soltanto ˻un pazzo potrebbe concepire˼/[una mente malata potrebbe partorire] un'idea simile.
Hirnanhang m, **Hirnanhangsdrüse**, **Hirnanhangdrüse** f *anat* ipofisi f.
Hirnblutung f *med* emorragia f cerebrale.
Hirnerschütterung f *CH* → **Gehirnerschütterung**.
Hirngespinst <-(*e*)s, -e> n assurdità f; **etw als** ~ **abtun**, liquidare qc come assurdo (-a); **einem** ~ **nachhängen**, inseguire una chimera; **das sind doch nur** ~**e!** (*das hat nichts mit der Realität zu tun*), ˻sono tutte˼/[non sono altro che] fantasticherie!
Hirnhaut f *anat* meninge f.
Hirnhautentzündung f *med* meningite f.
Hirni <-s, -s> m *fam pej* demente m *fam*, idiota m *fam*.
hirnlos adj {PERSON} senza cervello, scervellato; {GESCHWÄTZ, IDEE} demenziale, da demente, idiota.
Hirnmasse f *anat* massa f cerebrale.
Hirnnerv m *anat* nervo m cerebrale.
Hirnrinde f *anat* corteccia f cerebrale.
hirnrissig adj *fam* {PERSON} senza cervello, tarato *fam*; {GEDANKE, GESCHWÄTZ, VORSCHLAG} demenziale, da demente, idiota.
Hirnschale f *anat* calotta f cranica.
Hirntod m *med* morte f cerebrale.
Hirntote <*dekl wie adj*> mf persona f cerebralmente morta.

Hirntumor m *med* tumore f/cancro m al cervello.
hirnverbrannt adj *fam* {IDEE, VORSCHLAG, VORSTELLUNG} demenziale, da demente, idiota.
hirnverletzt adj ferito al cervello *fam*, cerebroleso *wiss*.
Hirnwichserei <-, -en> f *vulg* sega f/masturbazione f mentale *vulg*.
Hirnwindung f *anat* circonvoluzione f cerebrale.
Hirnzelle f *anat* cellula f cerebrale.
Hirsch <-(*e*)s, -e> m *zoo* cervo m; (*Rothirsch*) cervo m nobile.
Hirschbraten m *gastr* cervo m arrosto, arrosto m di cervo.
Hirschfänger <-s, -> m coltello m da caccia.
Hirschgeweih n corna f pl di cervo.
Hirschhorn n corno m di cervo.
Hirschhornsalz n *chem gastr* carbonato m di ammonio.
Hirschkäfer m *zoo* cervo m volante.
Hirschkalb n *zoo* cerbiatto m.
Hirschkeule f *gastr* coscia f di cervo.
Hirschkuh f *zoo* cerva f.
Hirschleder n pelle f di cervo.
Hirschrücken m *gastr* sella f di cervo.
Hirse <-, *rar -n*> f miglio m.
Hirsebrei m *gastr* pappa f di miglio.
Hirsekorn n chicco m/grano m di miglio.
Hirt <-en, -en> m (**Hirtin**) pastore (-a) m (f).
Hirte <-n, -n> m *geh* pastore m ● **der Gute** ~ *relig*, il Buon Pastore.
hirten itr *CH* pascolare/pascere il bestiame, portare gli animali al pascolo.
Hirtenamt n *relig* (*katholisch*) ufficio m/ministero m pastorale.
Hirtenbrief m *relig* (*katholisch*) (lettera f) pastorale f.
Hirtendichtung f *lit* poesia f pastorale/bucolica.
Hirtenflöte f *mus* flauto m di Pan.
Hirtenhund m cane m (da) pastore.
Hirtenjunge m, **Hirtenknabe** m pastorello m.
Hirtenlied n canzone f pastorale.
Hirtenspiel n **1** (*Aufführung*) rappresentazione f natalizia con pastori **2** *mus* pastorale f.
Hirtenstab m **1** bastone m del pastore **2** *relig* (*bischöfliche Insignien*) (bastone m) pastorale m.
Hirtin f → **Hirt**.
his, His <-, -> n *mus* si m diesis.
Hisbollah① <-, ohne pl> f (*Bewegung*) hezbollah m.
Hisbollah② <-s, -s> m (*Anhänger der Bewegung*) hezbollah m.
hispanisieren <ohne ge-> tr *jdn/etw* ~ {GEGEND, VOLK} ispanizzare *qu/qc*.
Hispanismus <-, *Hispanismen*> m *ling* ispanismo m.
Hispanist <-, -en> m (**Hispanistin**) f) ispanista mf.
Hispanistik <-, ohne pl> f *ling* ispanistica f.
Hispanistin f → **Hispanist**.
Hispano <-s, -s> m, **Hispanoamerikaner** m (**Hispanoamerikanerin** f) latino m, ispanoamericano (-a) m (f) che vive negli USA.
hissen tr *etw* ~ {FAHNE, SEGEL} issare *qc*.
Histamin <-s, -e> n *med* istamina f.
Histologie <-, ohne pl> f *med* istologia f.
histologisch adj *med* {UNTERSUCHUNG, ZWECKE} istologico: **der** ~**e Befund**, il referto istologico.

Historie <-, -n> f *obs* **1** <nur sing> (*Weltgeschichte*) storia f; (*Geschichtswissenschaft*) storiografia f **2** (*erfundene Geschichte*) storia f, storiella f.
Historienbild n *kunst* quadro m/dipinto m a soggetto storico.
Historienmalerei f *kunst* pittura f storica.
Historiker <-s, -> m (**Historikerin** f) storico (-a) m (f).
Historikerstreit m "disputa f tra storici sull'interpretazione del nazionalsocialismo e dell'olocausto".
Historiograf <-en, -en> m (**Historiografin** f) storiografo (-a) m (f).
Historiografie f storiografia f.
Historiografin f → **Historiograf**.
Historiograph m (**Historiographin** f) → **Historiograf**.
Historiographie f → **Historiografie**.
Historiographin f → **Historiograph**.
historisch **A** adj {BETRACHTUNGSWEISE, KENNTNISSE, TRAGWEITE} storico; {EREIGNIS, MOMENT, WERK} *auch* di importanza storica: **kein** ~**es Verständnis haben**, non capire la storia *fam* **B** adv {NACHWEISEN} storicamente: **etw** ~ **betrachten/beurteilen**, osservare/giudicare qc dal punto di vista storico; ~ **gesehen**, dal punto di vista storico.
historisieren <ohne ge-> tr *geh etw* ~ {STOFF} storicizzare *qc*.
Historismus <-, ohne pl> m *philos* storicismo m.
historistisch adj *philos* storicistico.
Historizität <-, ohne pl> f *geh* storicità f.
Hit <-s, -s> m *fam* **1** (*erfolgreicher Song*) hit m *slang*, canzone f/brano m di successo: **ein großer Hit sein**, essere un successone **2** (*Verkaufsschlager*) successo m: **Inlineskater sind der Hit der Saison**, i Rollerblade sono l'ultimo grido **3** *inform* (*Zugriff*) hit m, occorrenza f ● **das ist der absolute Hit!** (*positiv*), questo è il massimo!; (*negativ*), è incredibile!, roba da non crederci!; (*das ist sehr modisch*), è l'ultimo grido! *fam*.
Hitlerdeutschland n *hist* Germania f hitleriana.
Hitlergruß <-es, ohne pl> m *hist* saluto m nazista.
Hitlerismus <-, ohne pl> m *obs pej* hitlerismo m.
Hitlerjugend f *hist* (*Mitglieder der nationalsozialistischen Jugendorganisationen*) gioventù f hitleriana.
Hitlerjunge m *hist* appartenente m alla gioventù hitleriana.
Hitlerschnurrbart m baffetti m pl alla Hitler.
Hitlerzeit f *hist* periodo m hitleriano.
Hitliste f classifica f (delle canzoni di successo).
Hitparade f hit-parade f.
hitverdächtig adj in odore di successo.
Hitze <-, ohne pl> f **1** *meteo* gran caldo m, calura f: **ich halte es in dieser** ~ **nicht aus**, non riesco a resistere a/in questo caldo do; **bei dieser** ~ **kann ich nicht arbeiten**, con questo caldo non riesco a lavorare; **eine** ~ **ist das heute!** *fam*, ma che caldo oggi!, oggi si soffoca! *fam* **2** *gastr* (*Wärme*) fuoco m: **schwache/starke** ~, fuoco basso/alto; **den Kuchen bei mittlerer** ~ **backen**, cuocere il dolce in forno a ˻fuoco medio˼/[temperatura media] **3** (*Aufgeregtheit*) foga f, fervore m: **leicht in** ~ **geraten** *geh* (DISKUSSIONSTEILNEHMER), scaldarsi facilmente **4** *med* caldana f, vampata f di calore: **unter fliegender** ~ **leiden**, ˻avere le˼/[soffrire di] caldane **5** *zoo*

calore m, **estro** m: **in ~ sein** {HUND, KATZE}, essere in calore/estro • **~ abweisend** → **hitzeabweisend**; **in der ~ des Gefechts** scherz (in der Aufregung), nella foga (del momento).

hitzeabweisend adj atermico, resistente al calore.

hitzebeständig adj {GLAS, MATERIAL} resistente al calore, refrattario.

Hitzebeständigkeit <-, ohne pl> f {+GLAS, MATERIAL} resistenza f al calore, refrattarietà f.

Hitzebläschen <-s, -> n med sudorina f fam, sudamina f.

Hitzeeinwirkung f azione f del calore: **infolge übermäßiger ~**, per eccessiva esposizione al calore.

hitzeempfindlich adj sensibile al calore.

hitzefrei adj <präd> (in der Schule in Deutschland): **~/Hitzefrei bekommen**, potere uscire prima da scuola a causa del caldo; **~/Hitzefrei haben**, avere vacanza per il gran caldo.

Hitzepickel m fam → **Hitzebläschen**.

Hitzeschild m aero {+RAUMFAHRZEUG} scudo m termico.

Hitzewallung f med caldana f, vampata f di calore: **~en bekommen/haben**, avere le caldane.

Hitzewelle f ondata f di caldo.

hitzig adj **1** (leidenschaftlich) {CHARAKTER, TEMPERAMENT} focoso, passionale, pieno di fuoco **2** (erregt) {DEBATTE, DISKUSSION} accalorato, acceso **3** pej (leicht erregbar, heftig) {PERSON} irascibile, focoso **4** zoo {HUND, KATZE} in calore, in estro.

Hitzkopf m fam testa f calda.

hitzköpfig adj fam {PERSON, TEMPERAMENT} irascibile, focoso: **~ sein**, essere una testa calda.

Hitzschlag m med colpo m di calore.

HIV <-(s), rar -(s)> n Abk von Human Immunodeficiency Virus (Virus der menschlichen Immunschwäche): HIV m.

HIV-infiziert adj infetto ₍dal virus dell'immunodeficienza umana wiss₎/[da HIV], sieropositivo fam.

HIV-negativ adj negativo al virus dell'immunodeficienza umana wiss, sieronegativo fam.

HIV-positiv adj positivo al virus dell'immunodeficienza umana wiss, sieropositivo fam.

HIV-Test m test m dell'AIDS.

HIV-Virus n oder m virus m HIV.

Hiwi <-s, -s> m univ "studente (-essa) m (f) universitario (-a) impiegato (-a) in facoltà durante gli ultimi anni di studio".

HJ <-, ohne pl> f Abk von Hitlerjugend: gioventù f hitleriana.

hl Abk von Hektoliter: hl (Abk von ettolitro).

hl. Abk von heilig: S. (Abk von santo).

hm A interj (als Zeichen des Hüstelns, Räusperns) ehm!: **hm, was ich noch sagen wollte ...**, ehm, volevo dire ... B partik **1** (drückt zögernde Zustimmung aus) hm!, mah!: **hast du Lust, ein bisschen spazieren zu gehen? – Hm!**, hai voglia di fare quattro passi? – Hm!/Mah! **2** (drückt Bedenken, Zweifel aus) hm!, mm!: **hm, ich weiß nicht, was ich davon halten soll**, hm/mm, non so cosa pensarne **3** (in Fragen: wie bitte?) cosa?, come?, che?, eh?; (oft im Ton fragender Verwunderung): **nächste Woche fahre ich zum Nordpol – Hm!?**, la settimana prossima vado al polo nord. – Cosa/Come/Che?!

H-Milch f latte m ₍a lunga conservazione₎/[UHT].

h-Moll n mus si m minore • **Hohe Messe in h-Moll**, messa solenne in si minore.

HNO-Arzt m, med **HNO-Ärztin** f med otorinolaringoiatra mf, otorino m fam.

hob 1. und **3.** pers sing imperf von heben.

Hobby <-s, -s> n hobby m, passatempo m preferito: **etw als ~ betreiben**, fare qc per hobby/passatempo.

Hobbyfunker m (**Hobbyfunkerin** f) radiomatore (-trice) m (f).

Hobbygärtner m (**Hobbygärtnerin** f) giardiniere (-a) m (f) per diletto/diporto, amante mf del giardinaggio.

Hobbykeller m → **Hobbyraum**.

Hobbykoch <-(e)s, Hobbyköche> m (**Hobbyköchin** f) cuoco (-a) m (f) ₍per passione₎/[dilettante], appassionato (-a) m (f) di cucina.

Hobbymaler m (**Hobbymalerin** f) pittore (-trice) m (f) dilettante.

hobbymäßig adv come hobby/passatempo: **ich spiele nur ~ Klavier**, suono il pianoforte solo per hobby.

Hobbyraum m stanza f degli hobby.

Hobel <-s, -> m pialla f: **etw mit dem ~ bearbeiten**, lavorare qc con la pialla, piallare qc.

Hobelbank <-, Hobelbänke> f banco m da falegname.

Hobelmaschine f piallatrice f.

hobeln A tr **etw ~** {BRETT} piallare (qc) B itr (**an etw** dat) **~** {AN EINEM BALKEN} piallare qc: **das Hobeln**, la piallatura • **etw glatt ~** {HOLZ}, piallare bene qc, levigare qc, lisciare qc.

Hobelspan m truciolo m (di piallatura).

Hobler m (**Hoblerin** f) piallatore (-trice) m (f).

hoch <attr hoher, hohe, hohes> A <höher, höchste> adj **1** (räumlich) {BAUM, GEBÄUDE, MAUER, RAUM, SÄULE, SCHUHABSATZ, STIRN} alto: **wie ~ ist der Berg dort?**, quanto è alta quella montagna?; **der Turm ist (über) 50 Meter ~**, la torre è alta (più di) 50 metri; **über 75 Zentimeter hoher Schnee**, più di 75 cm di neve, neve alta più di 75 centimetri **2** (in Verbindung mit Mengen- und Wertangaben) {BLUTDRUCK, CHOLESTERINSPIEGEL, FIEBER} alto; {BETRAG, DRUCK, KOSTEN, LEBENSSTANDARD, LOHN, MIETE, NIVEAU, PREIS, RISIKO, STEUERN, TEMPERATUR, VERDIENST, ZAHL, ZINSEN} auch elevato; {ALTER} avanzato; {GEWINN} elevato, grosso; {GELDSTRAFE} grosso, salato fam; {SCHADEN, SCHULDEN, VERLUST} grosso; {HAFTSTRAFE} duro: **mit hoher Geschwindigkeit fahren**, viaggiare ₍a grande₎/[a(d) alta] velocità; **wie ~ ist die Rechnung?**, a quanto ammonta il conto?; **die Summe ist ziemlich ~**, la somma è ₍piuttosto alta/elevata₎/[altina fam]; **die Wahrscheinlichkeit ist relativ ~, dass ...**, ci sono probabilità piuttosto elevate che ... konjv; **mit hoher Wahrscheinlichkeit**, con molta probabilità **3** (bedeutend) {AMT, FUNKTIONÄR, OFFIZIER, POSITION} alto; {PERSÖNLICHKEITEN} auch altolocato; {EHRE} grande; {FEIERTAG} solenne; {BESUCH} importante; {GAST} auch di riguardo: **hohes Ansehen genießen**, essere molto stimato, godere di molta/grande stima **4** mus {NOTE} alto; {STIMME, TON} auch acuto: **das hohe C**, il do di petto **5** fam: **drei/vier/fünf/... Mann ~**, in tre/quattro/cinque/... B <höher, am höchsten> adv **1** (in einiger Höhe): **das Gras ist ziemlich ~ gewachsen**, l'erba è cresciuta piuttosto alta; **es gibt jetzt sieben Stufen ~**, adesso ci sono sette scalini da salire; **die Wand zwei Meter ~ fliesen**, piastrellare la parete fino ₍a(d) un'altezza di due metri₎/[a due metri di altezza]; **im Keller steht das Wasser 10 cm ~**, in cantina l'acqua è alta 10 cm **2** (weit oben) in alto: **~ auf dem Berg**, in alto sulla montagna; **~ am Himmel**, in alto nel cielo; **~ oben über/in den Wolken**, (su) in alto sopra/fra le nuvole; **~ zum Himmel emporragen**, innalzarsi al cielo; **die Vögel flogen ~ auf**, gli uccelli si levarono alti; **das Flugzeug fliegt genau 13 000 Meter ~**, l'aereo vola esattamente a 13 000 metri di altitudine/quota; **den Blick ~ zum Himmel gerichtet**, con lo sguardo rivolto (in alto) verso il cielo; **wie ~ kannst du springen?**, quanto riesci a saltare? **3** (als Mengen- oder Wertangabe) {BEGABT, QUALIFIZIERT} altamente, molto; {VERSCHULDET} fortemente: **~ belastet** {GEWÄSSER}, molto/fortemente/altamente inquinato; **~ besteuert** → **besteuert**; **~ dotiert** → **dotiert**; **~ geschätzt** → **geschätzt**; **~ gewinnen**, stravincere, vincere alla grande fam; **~ pokern** (viel riskieren), rischiare grosso fam; **~ spielen**, puntare alto; **~ verlieren**, perdere parecchio fam; **sich ~ versichern**, assicurarsi per una grossa somma; **~ verzinst** {WERTPAPIER}, ad alto rendimento; **wie ~ schätzen Sie das Bild?**, quanto valuta il quadro?, secondo Lei quanto vale il quadro?, a quanto ammonta secondo Lei il valore del quadro?; **er hat den Wert des Bildes zu ~ geschätzt**, ha sopravvalutato/sovrastimato il quadro **4** mus: **etw einen Ton höher singen** {LIED}, cantare qc un tono sopra; **die Melodie ist recht ~ gesetzt**, la melodia è in una tonalità abbastanza alta **5** math {ZAHL} elevato: **sechs ~ vier**, sei (elevato) alla quarta potenza • **~ erhoben** → **hocherhoben**; **~ und heilig** {VERSICHERN, VERSPRECHEN}, solennemente; **das ist mir zu ~ fam**, è troppo complicato per me; **das kostet dich ungefähr zehn Euro, wenn es ~ kommt** fam (höchstens), ₍tutt'al più₎/[a dir tanto] fam ti viene a costare dieci euro; **~ liegen** {SCHNEE}, essere alto; {ORTSCHAFT, STADT}, ₍essere situato₎/[trovarsi] in alto; (irgendwo) **~ stehen** {SONNE, STERNE AM HIMMEL; WASSER IN DER STADT}, essere alto + compl di luogo.

Hoch① <-s, -s> n meteo (zona f di) alta pressione f, anticiclone m: **das ~ über den Azoren**, l'anticiclone delle Azzorre; **ein ~ zieht über Deutschland**, una zona/un campo di alta pressione sta attraversando la Germania, la Germania è attraversata da una zona di alta pressione.

Hoch② <-s, -s> n (Ruf) evviva m: **ein dreifaches ~ auf jdn ausbringen**, fare tre evviva in onore di qu.

hoch|achten tr → **achten**.

Hochachtung f ~ (vor jdm/etw) grande stima f (di qu), alta considerazione f (di qu/qc) • **mit vorzüglicher ~** geh (Schlussformel in Briefen), con la massima stima, con i più profondi ossequi form.

hochachtungsvoll adv geh (Schlussformel in Briefen) distinti saluti, con la massima stima, ossequiosamente form.

Hochadel m alta aristocrazia f, grande nobiltà f.

hochaktuell adj fam {INFORMATION, NACHRICHT} attualissimo, di grande attualità; {FARBE, FORM, HAARSCHNITT, KLEID} auch molto/estremamente attuale, all'ultima moda.

hochalpin adj geog {FAUNA, VEGETATION} di alta montagna.

Hochaltar m altar(e) m maggiore.

Hochamt n relig messa f grande/solenne.

hochangesehen adj → **angesehen**.

hochanständig fam A adj {GESTE, VERHALTEN} molto onesto/leale; {PERSON} auch onestissimo, di specchiata onestà: **das war wirklich ~ von ihm**, è stato veramente molto onesto da parte sua B adv: **sich jdm gegenüber ~ verhalten**, comportarsi in modo molto onesto/leale con qu, essere molto onesto/leale con qu.

hoch|arbeiten rfl sich ~ farsi una posizione (col proprio lavoro), farsi strada (lavorando); **sich** (**bis zu etw** dat) ~ {ANGESTELLTE BIS ZUR CHEFSEKRETÄRIN} lavorare fino a diventare qc.

hochauflösend adj {BILDSCHIRM, FERNSEHEN, MONITOR} ad alta risoluzione.

Hochbahn f (ferrovia f) sopraelevata f.

Hochbau <-(e)s, -ten> m bau **1** (Gebäude) opera f/costruzione f edile **2** (Teilbereich des Bauwesens) edilizia f.

Hochbauingenieur m (**Hochbauingenieurin** f) ingegnere m edile.

hochbegabt adj → begabt.

Hochbegabtenförderung f "fondi m pl destinati agli studenti più dotati".

hochbeinig adj {MODEL, RASSEHUND} dalle gambe lunghe.

hoch|bekommen <irr, ohne ge-> tr geh → **hoch|kriegen**.

hochbeladen adj → **beladen**②.

hochberühmt adj {KÜNSTLER, WISSENSCHAFTLER} molto famoso, famosissimo, di grande fama, celeberrimo geh.

hochbesteuert adj → **besteuert**.

hochbetagt Ⓐ adj molto vecchio/anziano, vetusto lit Ⓑ adv in tarda età, ad un'età veneranda.

Hochbetrieb <-s, ohne pl> m fam (momento m di) massima attività f, molto movimento m: **um diese Zeit herrscht hier immer ~**, questa è l'ora in cui c'è più movimento, a quest'ora c'è sempre un gran daffare; **um die Weihnachtszeit ist bei uns ~**, sotto Natale da noi c'è sempre molto/[un gran] movimento; **wir haben heute ~**, oggi c'è molto lavoro.

Hochbett n letto m a soppalco.

hochbezahlt adj → **bezahlt**.

hoch|binden <irr> Ⓐ tr **jdm etw** ~ {HAARE} tirare su qc a qu; {PFLANZE} legare qc per farlo crescere verso l'alto Ⓑ rfl **sich** (dat) **etw** ~ {HAARE} tirarsi su qc.

hoch|blicken itr geh → **hinauf|sehen**.

Hochblüte f **1** bot piena fioritura f: **in ~ stehen**, essere in piena fioritura **2** (Zeit höchster Entwicklung) {+KULTUR, KUNST} periodo m di ₗgrande fioritura₎/[massimo splendore]: **in jenen Jahren erlebte das Land eine künstlerische ~**, in quegli anni il paese conobbe un periodo di grande fioritura delle arti.

hoch|bringen <irr> tr **1** (nach oben befördern) **jdn/etw** ~ {GEGENSTAND, PERSON} portare su qu/qc; **jdn/etw irgendwohin** ~ {GÄSTE IN DIE DRITTE ETAGE, MÖBEL AUF DEN DACHBODEN} portare qu/qc (su) (+ compl di luogo) **2** fam (heben können) **etw** ~ {SCHWERE KISTE, TASCHE} riuscire ₗa sollevare₎/[a(d) alzare] qc: **alleine bring' ich das Paket nicht hoch**, da sola non riesco a sollevare/alzare/[tirare su fam] il pacco **3** fam (zuversichtlich stimmen) **jdn** (**wieder**) ~ {AUFTRÄGE, INVESTITIONEN UNTERNEHMEN} risollevare qu; {ERFOLG DEPRESSIVEN; NACHRICHT VERZWEIFELTEN} auch (ri)tirare su qu **4** fam (ärgern) **jdn** ~ {JDS VERHALTEN} mandare in bestia qu, mandare qu su tutte le furie • **er bringt keinen mehr hoch** slang euph (nicht mehr erigieren können), non gli si rizza più slang.

hochbrisant adj {PROBLEM, THEMA} molto scottante.

Hochburg f {+KATHOLIZISMUS, KOMMUNISMUS, PARTEI} roccaforte f.

hochdeutsch Ⓐ adj tedesco standard: **eine ~e Aussprache haben**, parlare tedesco senza inflessioni dialettali Ⓑ adv: **sich ~ ausdrücken**, esprimersi in tedesco standard; **~ sprechen**, parlare il tedesco standard.

Hochdeutsch <-(s), ohne pl> n <ohne art>, **Hochdeutsche** <dekl wie adj> n <sing mit best. art> **1** (dialektfreies Deutsch der Gegenwart) tedesco m standard: **in der Schule lernen die Kinder Hochdeutsch**, a scuola gli alunni imparano il tedesco standard; **die Bankräuber waren maskiert und sprachen akzentfreies Hochdeutsch**, i rapinatori erano mascherati e parlavano un tedesco privo di inflessioni dialettali; **auf Hochdeutsch**, in tedesco standard **2** ling (im Unterschied zu Niederdeutsch) alto tedesco m.

hoch|dienen rfl → **hoch|arbeiten**.

hochdosiert adj → **dosiert**.

hochdotiert adj → **dotiert**.

hoch|drehen tr **etw** ~ {AUTOFENSTER} alzare qc, tirare su qc; {MOTOR} far(e) andare su di giri qc: **die Heizung** ~ (höher stellen), alzare/[mettere più alto] il riscaldamento.

Hochdruck① <-(e)s, ohne pl> m **1** meteo phys alta pressione f: **es herrscht** ~, c'è alta pressione **2** fam (Betriebsamkeit) forte pressione f: **mit/unter ~** (an etw dat) **arbeiten**, lavorare sotto forte pressione (a qc) **3** med → **Bluthochdruck**.

Hochdruck② <-(e)s, -e> m typ stampa f in rilievo, tipografia f.

Hochdruckeinfluss (a.R. Hochdruckeinfluß) m influsso m dell'alta pressione: **unter ~ stehen**, essere sotto l'influsso dell'alta pressione.

hoch|drücken tr **etw** ~ {DECKEL} spingere ₗverso l'alto₎/[in su] qc.

Hochdruckgebiet n zona f/area f d'alta pressione, anticiclone m.

hoch|dürfen <irr> itr → **hinauf|dürfen**.

Hochebene f altopiano m.

hochelegant fam Ⓐ adj {FRAU, PELZMANTEL} elegantissimo, molto elegante, superelegante fam, sciccoso fam scherz Ⓑ adv {SICH KLEIDEN} (in modo) ₗmolto elegante₎/[superelegante fam], sciccosamente fam scherz.

hochempfindlich adj **1** fot tech {MESSINSTRUMENT} sensibilissimo, molto/altamente sensibile; {FILM} auch ultrasensibile **2** (sehr empfindlich) {MENSCH} molto/estremamente suscettibile, ipersensibile **3** (besonders fein) {MATERIAL, STOFF} delicatissimo, molto delicato, superdelicato fam.

hochentwickelt adj → **entwickelt**.

hocherfreut adj felicissimo: **ich bin ~, Sie zu sehen**, (sono) ₗfelicissimo (-a)₎/[molto lieto (-a)] di vederLa.

hocherhoben adj <attr> {ARM} (ri)alzato; {KOPF} eretto: **mit ~em Zeigefinger**, con l'indice puntato ₗin alto₎/[verso l'alto] • **~en Hauptes** (stolz), a testa alta.

hochexplosiv adj **1** {SPRENGSTOFF} altamente esplosivo **2** (hochbrisant) {THEMA} molto scottante.

hoch|fahren <irr> Ⓐ tr <haben> **1** (nach oben befördern) **jdn/etw** (mit etw dat) ~ portare su qu/qc (in/con qc); **jdn/etw** (mit etw dat) **irgendwohin** ~ portare qu/qc (in/con qc) (su) (+ compl di luogo **2** fam (an einen Ort Richtung Norden fahren) **jdn/etw** (mit etw dat) ~ portare su qu/qc (in/con qc): **jdn mit dem Auto von München nach Hamburg** ~, portare su qu in macchina da Monaco a(d) Amburgo **3** (steigern) **etw** ~ {PRODUKTION} aumentare qc **4** inform **etw** ~ {COMPUTER, SYSTEM} avviare qc Ⓑ itr <sein> **1** (nach oben fahren) (**mit etw dat**) (**irgendwohin**) ~ salire/[andare su fam] (in/con qc) (+ compl di luogo): **mit dem Aufzug in die dritte Etage** ~, salire al terzo piano con l'ascensore; **von Neapel nach Mailand** ~, andare su a Milano da Napoli; (in Richtung des Sprechenden) venire su a Milano da Napoli **2** (aufschrecken) trasalire, sussultare, sobbalzare: **aus dem Schlaf** ~, svegliarsi di soprassalto **3** (aufbrausen) saltare su, scattare fam.

hochfahrend adj geh {ART} protervo geh, presuntuoso.

Hochfinanz <-, ohne pl> f alta finanza f.

hoch|fliegen <irr> itr <sein> **1** {VOGEL} alzarsi/levarsi in volo **2** fam (hochgeschleudert werden) {PERSON} essere scaraventato in aria; {HÄUSER} saltare in aria.

hochfliegend adj geh {PLAN, VORHABEN} ambizioso.

Hochform <-, ohne pl> f ottima forma f: **in ~ sein**, essere in gran₎/[al top della] forma; **zu ungeahnter ~ auflaufen** {SPORTLER}, raggiungere una forma mai vista fam.

Hochformat n {+BUCH} formato m verticale: **im ~**, in (formato) verticale.

hochfrequent adj **1** phys di alta frequenza **2** (häufig vorkommend) {WÖRTER} molto frequente/ricorrente.

Hochfrequenz f phys alta frequenza f.

Hochfrisur f pettinatura f con i capelli tirati su.

hochgebildet adj molto/estremamente colto, coltissimo, di grande cultura.

Hochgebirge n alta montagna f.

Hochgebirgsklima n clima m d'alta montagna.

Hochgebirgsvegetation f vegetazione f d'alta montagna.

hochgeboren adj obs dai nobili natali, blasonato, d'alto lignaggio.

Hochgefühl <-s, ohne pl> n euforia f.

hoch|gehen <irr> itr <sein> **1** (nach oben gehen) (**irgendwohin/zu jdm**) ~ {IN DEN DRITTEN STOCK} salire/[andare su] (+ compl di luogo/da qu): **die Treppe** ~, salire/[andare su per] le scale **2** (nach oben gezogen werden) {ROLLLÄDEN} alzarsi: **der Vorhang geht hoch** theat, si alza il sipario **3** fam (detonieren) {MINE, SPRENGLADUNG} saltare in aria, esplodere: **etw ~ lassen** {GEBÄUDE}, far saltare (in aria) qc; {BOMBE} far esplodere/brillare qc **4** fam (zornig werden) montare ₗin bestia fam₎/[su tutte le furie fam] **5** fam (steigen) {GEHÄLTER, LÖHNE, PREISE} salire fam, aumentare **6** fam (enttarnt werden) {BANDE} essere sgominato: **jdn ~ lassen** {POLIZEI SCHMUGGLERRING}, sgominare qu.

hochgeistig fam Ⓐ adj <attr> {MATERIE} molto astratto; {BESCHÄFTIGUNG, LEKTÜRE, UNTERHALTUNG} molto impegnativo (dal punto di vista intellettuale) Ⓑ adv: **sich ~ ausdrücken**, parlare/esprimersi come un intellettuale; **~ schreiben**, scrivere in modo molto erudito; **sich ~ unterhalten** iron, fare discorsi ₗmolto elevati/profondi₎/[da intellettuali].

hochgelegen adj → **gelegen**.

hochgelehrt adj geh {PROFESSOR, WISSENSCHAFTLER} molto erudito.

Hochgenuss (a.R. Hochgenuß) m delizia f: **dieses Konzert war ein wahrer ~!**, questo concerto è stato una vera delizia!; **ein kulinarischer ~**, una prelibatezza.

hochgeschätzt adj → **geschätzt**.

hochgeschlossen adj {BLUSE, KLEID} (molto) accollato, accollatissimo.

hochgeschraubt adj {ANSPRÜCHE, ERWARTUNGEN} eccessivo, esagerato.

Hochgeschwindigkeitsmodem n inform modem m ad alta velocità.

Hochgeschwindigkeitsstrasse f linea f/tracciato m dell'alta velocità.

Hochgeschwindigkeitszug m treno m ad alta velocità.
hochgespannt adj **1** (*unrealistisch hoch*) → **gespannt 2** el (*Hochspannung aufweisend*) {STRÖME} ad alta tensione.
hochgesteckt adj **1** (*weitreichend*) {PLÄNE} ambizioso; {ZIELE} *auch* molto elevato **2** (*frisiert*) {HAAR} tirato su.
hochgestellt adj **1** (*in wichtiger Position*) {FUNKTIONÄR} alto; {PERSÖNLICHKEITEN} *auch* altolocato **2** *typ* {ZAHL} in apice.
hochgestochen *fam pej* **A** adj {REDE, STIL} ricercato, affettato; {GEHABE} affettato **B** adv {REDEN, SPRECHEN} in modo ricercato/affettato.
hochgewachsen adj {MENSCH} alto (di statura), d'alta statura.
hochgiftig adj altamente tossico/velenoso.
Hochglanz m (grande) lucentezza f, (grande) brillantezza f, splendore m • *etw auf ~ bringen/polieren* {AUTO, WOHNUNG} tirare a specchio qc *fam*; {SCHUHE} far(e) brillare qc.
Hochglanzpapier n carta f lucida.
hochgradig *fam* **A** adj <attr> {NERVOSITÄT} forte, estremo; {ERREGUNG} *auch* intenso **B** adv (*sehr*) {ERREGT, NERVÖS} estremamente, molto; {INFEKTIÖS, VERSEUCHT} altamente, molto; **das Gebiet ist ~ verseucht**, la zona ₁è altamente contaminata₁/[presenta un alto grado di contaminazione].
hoch|gucken itr *fam* → **hoch|sehen**.
hochhackig adj {SANDALEN, SCHUHE} con i tacchi alti, a tacco alto.
hoch|halten <irr> tr **1** (*in die Höhe halten*) *etw ~* {GEGENSTAND} tenere ₁in alto₁/[sollevato (-a)] qc: **den Arm ~**, tenere il braccio sollevato/alzato **2** (*achten*) *etw ~* {JDS ANDENKEN, NAMEN} tenere alto (-a) qc, onorare qc.
Hochhaus n edificio m/palazzo m a molti piani, grattacielo m.
hoch|heben <irr> tr *jdn/etw ~* {ARM, HAND, GEPÄCK, KIND, SCHWERE TASCHE} alzare qu/qc, sollevare qu/qc.
hochherrschaftlich **A** adj {HAUS, VILLA} molto signorile **B** adv {LEBEN, WOHNEN} da gran signore, da signori.
hochherzig *geh* **A** adj {GESTE, MENSCH} magnanimo, liberale *geh* **B** adv {HANDELN} con magnanimità/liberalità *geh*.
Hochherzigkeit <-, ohne pl> f *geh* magnanimità f, liberalità f *geh*.
hoch|hieven tr *fam* **1** (*nach oben heben*) *jdn/etw ~* {SCHWERE KISTE} tirare su qu/qc **2** (*heben und etw beladen*) *jdn/etw irgendwohin ~* {SCHRANK IN DEN MÖBELWAGEN} caricare qu/qc + compl di luogo.
hochindustrialisiert adj → **industrialisieren**.
hochintelligent adj {PERSON} intelligentissimo, molto intelligente, superintelligente *fam*, di grande intelligenza.
hochinteressant adj {ANGEBOT, VORSCHLAG} interessantissimo, molto interessante, di grande interesse.
hoch|jagen tr *fam* **1** (*sprengen*) *etw ~* {BRÜCKE} far saltare (in aria) qc **2** *autom etw ~* {MASCHINE, MOTOR} far andare su di giri qc **3** (*erhöhen*) *etw ~* {PREISE} far salire alle stelle qc **4** (*aufscheuchen*) *jdn ~* far sobbalzare qu, far trasalire qu.
hoch|jubeln tr *fam pej jdn/etw ~* {AUTOR, FILM, KÜNSTLER, ROMAN} portare alle stelle qu/qc, osannare (tanto) qu/qc.
hochkant adv {BUCH STEHEN, STELLEN} di taglio.

hochkarätig adj **1** (*von hohem Karat-, Feingewicht*) {BRILLANT, GOLD} a/di molti carati **2** *fam* (*sehr bedeutend*) {PERSÖNLICHKEITEN, PROMINENZ, SCHAUSPIELER} di grande caratura, di alta levatura, di grosso calibro.
hochklappbar adj {BETT, SITZ} ribaltabile.
hoch|klappen **A** tr <haben> *etw ~* {BETT, SITZ} (ri)tirare su qc; {AUTOSITZ, MANTELKRAGEN} tirare su qc, alzare qc **B** itr <sein> {KINOSITZ} ribaltarsi.
hoch|klettern itr <sein> (*auf etw* akk) ~ {AUF DEN BAUM, DAS DACH} arrampicarsi su qc: **den Baum(stamm)/die Stange ~**, arrampicarsi ₁sull'albero₁/[lungo il palo].
hoch|kommen <irr> **A** itr <sein> **1** (*nach oben kommen*) (*irgendwohin/zu jdm*) ~ {IN DEN DRITTEN STOCK, INS ZIMMER, ZU IHM} salire/[venire su + compl di luogo/da qu) **2** (*es nach oben schaffen*) (*irgendwohin*) ~ riuscire a salire (+ compl di luogo): **auf das Pferd nicht ~**, non riuscire a montare a cavallo; **die Treppe nicht ~**, non riuscire a salire/[venire su per *fam*] le scale **3** (*zu fassen kriegen*) (*irgendwohin*) ~ {AUF DEN SCHRANK} arrivarci (+ compl di luogo): **ich komme nicht hoch**, non ci arrivo **4** *fam* (*an die Oberfläche kommen*) (*irgendwoher*) ~ emergere da qc: **der Taucher ist aus dem Wasser hochgekommen**, il sommozzatore è riemerso/[tornato in superficie] **5** *fam* (*aufstehen können*) *aus/von etw* (dat) ~ {AUS DEM SESSEL, VOM SOFA} riuscire a(d) alzarsi/[tirarsi su *fam*] da qc **6** (*beruflich reüssieren*) sfondare *fam*, emergere, farsi strada **7** (*wirtschaftlich*) {FIRMA} sfondare *fam*, decollare: **wieder ~** (*nach Verlusten wieder Gewinn machen*), ritirarsi su *fam*, rimettersi in piedi, risalire la china, risollevarsi **8** (*sich manifestieren*) *in jdm ~* {FRUSTRATION, WUT} montare in qu, crescere in qu **9** *mus* (*den Ton-höhe erreichen*) *auf etw* (akk) ~ {AUF DAS HOHE C, DIE NOTE, DEN TON} riuscire a prendere qc: **der Tenor ist nicht richtig hochgekommen**, il tenore ha fatto/preso una stecca, il tenore ha steccato; **wenn ich müde bin, komme ich einfach nicht hoch**, quando sono stanco (-a) non riesco a prendere gli acuti **B** *unpers fam* (*sich übergeben müssen*): **jdm kommt es hoch**, a qu viene da vomitare, a qu torna su *fam*; **wenn ich nur daran denke, kommt es mir hoch!**, solo a pensarci mi ₁viene da vomitare₁/[si rivolta lo stomaco].
Hochkonjunktur f *ökon* <meist sing> alta congiuntura f, congiuntura f favorevole, boom m: **auf dem Telefonmarkt herrscht ~**, c'è il boom sul mercato della telefonia • *etw hat gerade ~* (*etw ist zurzeit sehr beliebt, gefragt*), al momento c'è il boom di qc.
hoch|können <irr> itr **1** (*sich erheben können*) (*aus/von etw* dat) ~ {AUS DEM SESSEL, VOM SOFA} poter(e) alzarsi/[tirarsi su *fam*] (da qc) **2** (*hochklettern können*) (*auf etw* akk) ~ poter andare/salire su (qc); {AUF DEN BAUM} *auch* potersi arrampicare su (qc) **3** (*nach oben gehen können*) (*irgendwohin/zu jdm*) ~ poter(e) salire (+ compl di luogo/da qu).
hochkonzentriert adj **1** <attr> (*geistig gesammelt*) {PRÜFUNGSKANDIDAT, STUDENT} molto concentrato, concentrato al massimo, superconcentrato *fam* **2** *chem* → **konzentriert**.
hoch|krempeln tr *fam etw ~* {ÄRMEL, HOSENBEINE} rimboccarsi qc, tirarsi su qc *fam*.
hoch|kriegen tr *fam* **1** (*heben*) *jdn/etw ~* {ARM, SCHWERE KISTE} riuscire ₁a sollevare₁/[a(d) alzare] qc **2** (*nach oben schaffen können*) *jdn/etw ~* {MÖBEL, VERLETZTEN} riuscire a (tras)portare su qc/qu; *jdn/etw irgendwohin ~* riuscire a (tras)portare qu/qc

qc (su) + compl di luogo • **er kriegt keinen mehr hoch** *slang euph* (*nicht mehr erigieren können*), non gli si rizza più *slang*.
Hochkultur f grande civiltà f.
hoch|kurbeln tr *etw ~* {AUTOFENSTER} alzare qc, tirare su qc.
hoch|laden <irr> tr *inform etw ~* caricare qc, fare l'upload di qc.
Hochlage f *geog* zona f alta.
Hochland <-(e)s, -länder oder -lande> n altopiano m.
hoch|langen itr *region* (*irgendwohin*) ~ {AUF DEN SCHRANK} allungare la mano (+ compl di luogo) (per prendere qc).
hoch|lassen <irr> tr → **hinauf|lassen**.
hoch|laufen <irr> itr <sein> → **hinauf|laufen**.
hoch|leben itr: *jdn ~ lassen*, fare un evviva a qu; (*dabei etw trinken*) bere alla salute di qu, fare un brindisi a qu; **er/sie lebe hoch!**, evviva!; **hoch lebe das Brautpaar/der König!**, (ev)viva gli sposi/il re!
hoch|legen tr **1** (*nach oben legen*) *etw ~* mettere qc ₁in alto₁/[su]; *etw irgendwohin ~* {HUT AUF DEN SCHRANK} mettere qc su qc **2** (*erhöht positionieren*) *etw ~* {KOPF EINES VERLETZTEN} sollevare qc: **die Beine ~**, sollevare/[tirare su] le gambe.
Hochleistungsmedizin f medicina f d'eccellenza.
Hochleistungssport m sport m agonistico, agonismo m: **~ betreiben**, praticare lo sport a livello agonistico.
Hochleistungssportler m (**Hochleistungssportlerin** f) agonista mf, "chi pratica sport a livello agonistico".
Hochlohnland n *ökon* paese m ad alto livello salariale.
Hochmittelalter n Basso Medioevo m.
hochmittelalterlich adj {KATHEDRALE, TEXT} del Basso Medioevo.
hochmodern *fam* **A** adj {EINRICHTUNG, KLEID} modernissimo, molto moderno, supermoderno *fam*, ultramoderno *fam* **B** adv {SICH EINRICHTEN, SICH KLEIDEN} in modo ₁molto moderno₁/[ultramoderno *fam*].
hochmodisch **A** adj {ACCESSOIRES, KLEID} ₁all'ultima₁/[di gran] moda **B** adv {SICH KLEIDEN} all'ultima moda.
Hochmoor n *geog* torbiera f alta.
hochmotiviert adj → **motiviert**.
hoch|müssen <irr> itr *fam* **1** → **hinauf|müssen 2** (*aus dem Bett aufstehen müssen*) dover(e) alzarsi.
Hochmut <-s, ohne pl> m alterigia f, superbia f, altezzosità f, boria f • **~ kommt vor dem Fall** *prov*, la superbia andò a cavallo e tornò a piedi *prov*.
hochmütig **A** adj {GEBAREN, PERSON} altero, superbo, altezzoso, borioso **B** adv in modo altero/superbo/altezzoso, con superbia: **sich jdm gegenüber ~ verhalten**, mostrarsi altero (-a)/superbo (-a) con qu.
Hochmütigkeit <-s, ohne pl> f → **Hochmut**.
hochnäsig *fam* **A** adj altezzoso; {MÄDCHEN} *auch* smorfioso: **~ sein**, avere la puzza sotto al/il naso **B** adv {ANTWORTEN} in modo altezzoso, con altezzosità: **jdm ~ begegnen**, trattare qu con altezzosità.
Hochnäsigkeit <-s, ohne pl> f {+PERSON} altezzosità f.
Hochnebel m nebbia f alta.
hoch|nehmen <irr> tr *fam* **1** (*nach oben halten*) *etw ~* {ARM, KOPF} alzare qc, sollevare qc **2** (*nach oben bringen*) *etw* (mit) ~ portare su (anche) qc **3** (*verspotten*) *jdn ~* prendere ₁in giro₁/[per i fondelli *fam*] qu

4 (*reinlegen*) **jdn** ~ imbrogliare *qu*, fregare *qu* **5** *slang* (*fassen und verhaften*) **jdn** ~ {POLIZEI KRIMINELLEN} pizzicare *qu slang*.

Hochofen m *tech* altoforno m.

hochoffiziell adj (più che) ufficiale.

hoch|päppeln tr *fam* **jdn/etw** ~ {KRANKEN} rimettere in forze *qu/qc*.

Hochparterre n piano(terra) m rialzato.

Hochplateau n altopiano m.

hochprozentig <höherprozentig, höchstprozentig> adj {RUM, SCHNAPS} ad alta gradazione (alcolica); {ALKOHOL} ad alta gradazione: **etw Hochprozentiges trinken**, bere un superalcolico.

hoch|puschen tr **1** *fam* (*hinauftreiben*) **etw** ~ {FORDERUNG} aumentare *qc*; {PREIS} far lievitare *qc*, gonfiare *qc fam* **2** (*fördern*) **jdn** ~ {KANDIDATEN} spingere *qu*, dare un spinta(rella) *a qu*.

hochqualifiziert adj → **qualifiziert**.

Hochrad n biciclo m.

hoch|ragen itr (*irgendwo*) ~ {KIRCHTURM} innalzarsi/elevarsi/svettare + *compl di luogo*.

hochrangig <höherrangig, höchstrangig> adj {OFFIZIER, PERSÖNLICHKEITEN} di alto rango.

hoch|ranken A itr <*sein*> {PFLANZE} arrampicarsi: **die Glyzinie rankt die Mauer hoch**, il glicine si arrampica lungo il muro B rfl <*haben*> arrampicarsi.

hoch|rappeln itr → **auf|rappeln**.

hoch|rechnen tr **etw** ~ **1** *math* (*statistisch berechnen*) {WERTE, ZAHLEN} fare delle previsioni *su qc* **2** *fam* (*schätzen*) {KOSTEN} fare un calcolo approssimativo *di qc*: **wenn ich das mal hochrechne, ...**, facendo un calcolo approssimativo.., a occhio e croce ...

Hochrechnung f **1** *math* (*statistische Berechnung*) proiezione f **2** *fam* (*Schätzung*) {+KOSTEN} calcolo m approssimativo, stima f di massima.

hoch|reißen <irr> tr **etw** ~ **1** (*schnell hochheben*) {GEWICHT} sollevare di colpo *qc* **2** (*ruckartig nach oben bewegen*) {ARME} gettare in alto *qc*, buttare in alto *qc*; {FLUGZEUG} far impennare *qc*.

Hochrelief n *kunst* altorilievo m.

Hochrenaissance <-, ohne pl> f *arch kunst* pieno Rinascimento m, ₗmassima fioritura f₁/[apice m] del Rinascimento.

Hochrippe f *anat* costola f della croce.

Hochrippensteak n *gastr* costata f.

hochrot adj {OHREN} arrossate; {GESICHT, WANGEN} *auch* paonazzo.

Hochruf m (grido m di) evviva m.

hoch|rüsten tr *tech* **etw** ~ potenziare *qc*.

hoch|rutschen itr <*sein*> *fam* {PULLI, ROCK} salire su.

Hochsaison f alta stagione f: **in/während der** ~, in/[durante l'] alta stagione.

hochschädlich adj altamente nocivo/dannoso.

hoch|schalten itr innestare/mettere una marcia più alta; **in etw** (akk) ~ mettere *qc*: **in den dritten Gang** ~, innestare/mettere la terza.

hoch|schätzen tr → **schätzen**②.

hoch|schaukeln *fam* A tr **etw** ~ {FALL, PROBLEM} montare *qc fam*, gonfiare *qc fam*, pompare *qc fam*; {JDS FEHLER} enfatizzare *qc fam* B rfl **sich gegenseitig** ~ caricarsi a vicenda *fam*.

hoch|schieben tr **etw** ~ {KLAPPE} spingere in/verso l'alto *qc*.

hoch|schießen <irr> tr <*sein*> **1** (*mit einer Pistole*) sparare in aria **2** *fam* (*hochschnellen*) {FONTÄNE, WASSERSTRAHL} spruzzare/schizzare verso l'alto **3** *fam* (*schnell nach oben gehen*) (*irgendwohin*) ~ salire sparato (-a) (+ *compl di luogo*) *fam*, precipitarsi *su* (+ *compl di luogo*): **die Treppe** ~, schizzare su per le scale.

hoch|schlagen <irr> A tr <*haben*> **etw** ~ {KRAGEN} alzare *qc*, tirare *su qc fam* B tr <*sein*> {WELLEN} gonfiarsi; {FLAMMEN} levarsi alto (-a); {WELLE DER BEGEISTERUNG} sollevarsi.

hoch|schnellen itr **1** (*sich schnell nach oben bewegen*) {FEDER} scattare (verso l'alto); (*von etw* dat) ~ {PERSON VOM SESSEL} alzarsi di scatto (*da qc*) **2** (*steigen*) {BÖRSENKURSE} far(e) un balzo; {PREISE} impennarsi, volare alle stelle.

hoch|schrauben tr *fam* → **hinauf|schrauben**.

hoch|schrecken A tr <*haben*> **jdn** ~ far(e) trasalire *qu* B <irr> itr <*sein*> sobbalzare, trasalire: **aus dem Schlaf** ~, svegliarsi di soprassalto.

Hochschulabschluss (a.R. Hochschulabschluß) m diploma m ₗdi laurea₁/[universitario]: **Bewerber mit** ~, candidato in possesso di diploma ₗdi laurea₁/[universitario].

Hochschulabsolvent m (**Hochschulabsolventin** f) laureato (-a) m (f); (*gleich nach dem Examen*) neolaureato (-a) m (f).

Hochschulbildung f istruzione f accademica, formazione f universitaria.

Hochschule f (*Universität*) università f, ateneo m, istituto m universitario ● ~ **für Musik**, Istituto Superiore di studi musicali; **Pädagogische** ~, "istituto m universitario per la formazione di insegnanti della scuola elementare e della scuola media inferiore"; **Technische** ~, politecnico.

Hochschüler m (**Hochschülerin** f) (studente (-essa) m (f)) universitario (-a) m (f).

Hochschulgelände n campus m, città f universitaria.

Hochschullehrer m (**Hochschullehrerin** f) docente mf/professore (-essa) m (f) universitario (-a).

Hochschulpolitik f politica f universitaria.

Hochschulreform f riforma f dell'università.

Hochschulreife f maturità f.

Hochschulstandort m polo m/centro m universitario, sede f universitaria: **Berlin ist der größte** ~ **Deutschlands**, Berlino è il più grande polo universitario della Germania.

Hochschulstudium n studi m pl universitari: **mit abgeschlossenem** ~, laureato (-a).

Hochschulzulassung f ammissione f all'università.

hochschwanger adj {FRAU} in stato di gravidanza avanzata, agli ultimi (due) mesi di gravidanza *fam*.

Hochsee f alto mare m.

Hochseefischerei f *naut* pesca f ₗd'altura₁/[d'alto mare].

Hochseeflotte f *naut* flotta f d'alto mare.

hochseetüchtig adj *naut* {SCHIFF} d'alto mare.

hoch|sehen <irr> itr → **hinauf|sehen, herauf|sehen**.

Hochseil n fune f.

Hochseilakt m esercizio m sulla fune, numero m di funambolismo.

Hochsicherheitsgefängnis n carcere m di massima sicurezza, supercarcere m *slang*.

Hochsicherheitstrakt m {+GEFÄNGNIS} sezione f di massima sicurezza.

Hochsitz m {+FÖRSTER} palchetto m da posta alta.

Hochsommer m piena estate f: **im** ~, in piena estate.

hochsommerlich A adj {TEMPERATUREN, WETTER} da piena estate B adv {SICH KLEIDEN} come in piena estate: **es ist** ~ **heiß/warm**, fa un caldo come in piena estate.

Hochspannung f **1** *el* alta tensione f **2** <nur sing> (*freudige Erwartung*) grande ansia f: **die Kinder erwarteten mit** ~ **das Weihnachtsfest**, i bambini aspettavano con grande ansia/eccitazione il Natale **3** <nur sing> (*kritische Lage*) massima tensione f: **im Hauptquartier herrschte** ~, al quartier generale regnava la massima tensione.

Hochspannungsleitung f *el* linea f ad alta tensione.

Hochspannungsmast m *el* traliccio m dell'alta tensione.

hochspezialisiert adj → **spezialisiert**.

hoch|spielen tr (*übermäßig bewerten*) **etw** ~ {FALL, PROBLEM} gonfiare *qc fam*, pompare *qc fam*; {JDS FEHLER} enfatizzare *qc*; {SCHWIERIGKEIT} ingigantire *qc*.

Hochsprache <-, ohne pl> f lingua f standard.

hochsprachlich A adj {WENDUNG} della lingua standard B adv {SICH AUSDRÜCKEN} in lingua standard.

hoch|springen <irr> itr <*sein*> **1** (*nach oben springen*) saltare in alto; **an jdm/etw** ~ {HUND} saltare addosso *a qu/qc* **2** <nur inf und part perf> *sport* fare salto in alto.

Hochspringer m (**Hochspringerin** f) *sport* saltatore (-trice) m (f) in alto.

Hochsprung <-s, ohne pl> m *sport* salto m in alto.

höchst adv *geh* {ERFREULICH} molto; {UNWAHRSCHEINLICH} assai; {MERKWÜRDIG, SELTSAM, UNGEWÖHNLICH} estremamente, oltremodo, molto, assai: **ich war** ~ **überrascht**, rimasi molto/estremamente/oltremodo sorpreso (-a), la mia sorpresa fu totale; **das ist ja** ~ **interessant!**, è davvero interessantissimo!; *iron*, ma guarda!

Höchstalter n età f massima.

Hochstand <-(e)s, Hochstände> m → **Hochsitz**.

Hochstapelei <-, ohne pl> f **1** (*Prahlerei*) millanteria f **2** *fam* (*Betrug*) impostura f.

hoch|stapeln itr **1** (*prahlen*) millantare **2** *fam* (*betrügen*) essere un impostore/un'impostora.

Hochstapler <-s, -> m (**Hochstaplerin** f) **1** (*Prahler*) millantatore (-trice) m (f) **2** *fam* (*Betrüger*) impostore (-a) m (f), cavaliere m d'industria, filibustiere (-a) m (f).

Höchstbetrag m importo m massimo, cifra f massima; *Versicherung* massimale m: **bis zu einem** ~ **von etw** (dat) {DREI MILLIONEN EURO}, fino a(d) un (importo) massimo di *qc*.

Höchstbietende <dekl wie adj> mf (*bei einer Versteigerung*) miglior offerente mf: **etw an den** ~ **versteigern**, aggiudicare *qc* al miglior offerente.

höchste adj → **höchster**.

hoch|stecken A tr **jdm etw** ~ {HAARE} tirare su *qc a qu* B rfl **sich** (dat) **etw** ~ {HAARE} tirarsi su *qc*.

hochstehend adj {VOLK} (molto) evoluto; {KULTUR} *auch* avanzato: **eine sozial ~e Gemeinschaft**, una comunità molto progredita ₗdal punto di vista₁/[a livello] sociale.

hoch|steigen <irr> itr <*sein*> **1** (*nach oben gehen*) {RAUCH} alzarsi, levarsi; {BALLON} alzarsi/levarsi in aria; (*irgendwohin*) {PERSON} salire/[andare su] (+ *compl di luogo*): ₗ**die Leiter**₁/[**aufs Dach**] ~, salire ₗla scala⌋/[sul tetto] **2** *fam* (*sich regen*) **in jdm ~** {FRUSTRATION} crescere *in qu*; {HASS, WUT} *auch* montare/salire *in qu*.

hoch|stellen *tr* **1** (*in eine höhere Lage tun*) *etw* ~ mettere su *qc*; *etw irgendwohin* ~ {KISTE AUF DEN SCHRANK} mettere *qc* (su) + *compl di luogo*: **die Stühle ~** (*auf die Tische*), mettere le sedie sui tavoli **2** (*nach oben bringen*) *etw* ~ portare su/[di sopra] *qc*; *etw irgendwohin* ~ {MÖBEL AUF DEN DACHBODEN} portare (su) *qc* + *compl di luogo* **3** (*aufstellen*) *etw* ~ {KOPFTEIL DES BETTES, LEHNE DES AUTOSITZES} alzare *qc fam*.

hoch|stemmen *tr etw* ~ {GEWICHT} alzare *qc*.

höchstens *adv* al massimo, tutt'al più.

höchster, höchste, höchstes **A** *adj* <*superl von* hoch> **1** (*räumlich*) {BAUM, GEBÄUDE} (il/la) più alto (-a): **der höchste Kirchturm in Deutschland ist der des Ulmer Münsters**, il campanile più alto della Germania è quello della cattedrale di Ulm; **das ist das höchste Haus, das ich je gesehen habe**, è la casa più alta che abbia mai visto; **der höchste Punkt**, la sommità/vetta, il punto più alto **2** (*in Verbindung mit Mengen- und Wertangaben*) {BETRAG, DRUCK, KOSTEN, LOHN, MIETE, NIVEAU, PREIS, RISIKO, STEUERN, TEMPERATUR, VERDIENST, ZAHL} (il/la) più alto (-a), (il/la) più elevato (-a) *geh*, (il/la) maggiore: **München hat die höchsten Mieten in Deutschland**, Monaco ha gli affitti più alti della Germania, gli affitti più alti della Germania sono quelli di Monaco; **bei welcher Bank bekommt man die höchsten Zinsen?**, quale banca dà⌋gli interessi più alti⌋/[i maggiori interessi]?; {ALTER} (il/la) più avanzato (-a); {BLUTDRUCK, CHOLESTERINSPIEGEL, FIEBER} (il/la) più alto (-a); {GELDSTRAFE} (il/la) massimo (-a); {LEBENSSTANDARD} (il/la) più elevato (-a), (il/la) più alto (-a); {SCHULDEN}, (il/la) più alto (-a); {SCHADEN, VERLUST} (il/la) maggiore; {STRAFE} (il/la) più duro (-a), (il/la) maggiore; **eine Entscheidung auf höchster Ebene**, una decisione presa ai massimi livelli; **die höchste Macht**, il supremo/sommo potere; **das höchste Glück**, la massima felicità; **das höchste Gut**, il bene più prezioso, il sommo bene *geh*; **das ist von höchster Wichtigkeit**, è di massima/somma *geh* importanza **3** (*bedeutend*) {POSITION} (il/la) più alto (-a); {AMT} *auch* (il/la) massimo (-a); {FEIERTAG} *auch* (il/la) più solenne/importante; {BESUCH} (il/la) più importante; {GAST} *auch* di massimo riguardo: **ihm wurden höchste Ehren zuteil**, gli furono tributati i massimi onori; **höchstes Ansehen genießen**, godere ⌊della massima stima⌋/[di altissimo prestigio]; **das höchste Gericht**, il massimo tribunale **4** *mus* {NOTE} (il/la) più alto (-a); {TON, STIMME} (il/la) più acuto (-a). **B** *adv* **1** (*in einiger Höhe*): **am höchsten**: **dieser Baum ist am höchsten gewachsen**, quest'albero è cresciuto più di tutti (gli altri); **in Passau stand das Wasser am höchsten**, il livello massimo dell'acqua è stato registrato a Passavia; **hier ⌊stand das Wasser⌋/[lag der Schnee] am höchsten**, qui c'era l'acqua/la neve più alta **2** (*weit oben*): **am höchsten**: **am höchsten fliegen**, volare più alto **3** (*als Mengen- o Wertangabe*): **am höchsten** + *adj* {BEGABT, DOTIERT, GESCHÄTZT, QUALIFIZIERT}, il più + *adj*: **er ist von allen Gesellschaftern am höchsten verschuldet**, di tutti i soci lui è il più indebitato; **die am höchsten belasteten Gewässer**, le acque più/maggiormente inquinate; **die am höchsten besteuerten Berufsgruppen**, le professioni ⌊più/maggiormente gravate d'imposta⌋/[più tartassate *fam*]; **er hat (von allen) am höchsten gespielt** (*das meiste Geld eingesetzt*), (fra tutti) è quello che ha puntato di più; **die am höchsten verzinsten Wertpapiere**, i titoli ⌊con il⌋/[a] maggior rendimento, i titoli con il maggior tasso d'interesse.

Höchstfall *m*: **im ~**, al massimo, tutt'al più, (per) bene che vada *fam*.

Höchstform <-, *ohne pl*> *f* {+SPIELER, SPORTLER} optimum m/top m della forma: **in ~ sein, sich in ~ befinden**, avere l'optimum della forma, essere/trovarsi al top della forma.

Höchstgebot *n* offerta f massima, ultima offerta f.

Höchstgeschwindigkeit *f* <*meist* sing> velocità f massima: **zulässige ~**, velocità massima consentita.

Höchstgewicht *n* peso m massimo (consentito).

Höchstgrenze *f* limite m massimo; {+BETRAG, SUMME} *auch* tetto m massimo; *Versicherung* massimale m.

hoch|stilisieren <*ohne* ge-> *tr pej jdn*/*etw* ~ esaltare a torto *qu*/*qc*, sopravvalutare *qu*/*qc*: **ein Problem ~**, montare/gonfiare un problema; **jdn/etw zu etw** (dat) ~ {KRITIKER BELANGLOSIGKEIT ZUM ENTSCHEIDENDEN EREIGNIS, ROMAN ZUM JAHRHUNDERTWERK} elevare a torto *qu*/*qc a qu*/*qc*.

hochstilisiert *adj pej* sopravvalutato; **zu etw** (dat) ~ {BILD ZUM KUNSTWERK} elevato a torto *a qu*/*qc*.

Hochstimmung <-, *ohne pl*> *f*: **er ist heute in ~**, oggi è ⌊di ottimo umore⌋/[su di giri *fam*]; **auf der Party herrschte ~**, alla festa l'atmosfera era elettrizzante.

Höchstleistung *f* **1** *tech* {+MASCHINE, MOTOR} rendimento m massimo; {+FIRMA} produzione f massima **2** *sport* {+SPIELER, SPORTLER} prestazione f/performance f di altissimo livello; (*Rekord*) record m, primato m.

Höchstmaß <-es, *ohne pl*> *n*: **ein ~ an etw** (dat) {AN VERANTWORTUNG} il/la massimo (-a) + *subst*, un altissimo grado di *qc*: **diese Arbeit erfordert ein ~ an Sorgfalt**, questo lavoro richiede la massima accuratezza.

höchstmöglich *adj* <*attr*> {GEWINN} (il/la) ⌊massimo (-a)⌋/[più alto (-a)] ... possibile: **das ~e Ergebnis**, il massimo risultato possibile.

Höchstparkdauer *f* tempo m massimo di parcheggio consentito.

höchstpersönlich *adv in/di persona*, personalmente: **er ist ~ gekommen**, è venuto lui stesso/[in persona].

Höchstpreis *m* prezzo m massimo/limite.

Hochstraße *f* strada f sopraelevata.

hoch|streifen **A** *tr jdm etw* ~ {ÄRMEL} rimboccare *qc a qu*, tirare su *qc a qu fam*. **B** *rfl sich* (dat) *etw* ~ rimboccarsi *qc*, tirarsi su *qc fam*.

höchstrichterlich *adj* {ENTSCHEIDUNG, URTEIL} del massimo tribunale.

Höchstsatz *m* (*bei Steuern*) aliquota f più alta; (*Versicherungsbeiträge*) premio m più alto; (*Krankenkassenbeiträge, Sozialversicherungsbeiträge*) contributi m pl più alti; (*zu beziehende Arbeitslosenhilfe und Sozialhilfe*) sussidi m pl più alti; (*zu beziehende Rente*) pensione f più alta.

Höchststand <-s, *ohne pl*> *m* **1** {+SONNE} punto m più alto **2** (*höchstes Niveau*) {+WASSER} livello m massimo: **die Kurse einiger Wertpapiere haben einen nie da gewesenen ~ erreicht**, le quotazioni di vari titoli hanno raggiunto massimi storici.

Höchststrafe *f jur* pena f massima, massimo m della pena: **jdn zu einer ~ verurteilen**, condannare *qu* al massimo della pena.

Höchsttemperatur *f* massima f, temperatura f massima: **mit ~ von 35 Grad im Süden** *meteo*, con punte di 35 gradi al sud; **an der Küste liegen die ~en bei 30 Grad**, sulla costa le massime si aggirano intorno ai 30 gradi.

höchstwahrscheinlich *adv* con tutta/ogni probabilità, molto probabilmente.

Höchstwert *m* valore m massimo.

höchstzulässig *adj*: **~es Gesamtgewicht**, peso complessivo massimo consentito; **~e Geschwindigkeit**, velocità massima consentita.

hochtechnisiert *adj* → **technisieren**.

Hochtechnologie *f* alta tecnologia f, tecnologia f avanzata.

Hochtour *f* **1** **auf ~en laufen** *autom* (*mit hoher Drehzahl*) {MOTOR}, girare a pieno regime **2** (*mit großer Intensität*): **auf ~en laufen** {KAMPAGNE, VORBEREITUNGEN} procedere a pieno ritmo; **auf ~en arbeiten** {PRODUKTION}, lavorare a pieno ritmo.

hochtourig **A** *adj* {MASCHINE} su di giri **B** *adv*: **der Motor läuft ~**, il motore è su di giri; **~ fahren**, guidare mandando il motore su di giri.

hochtrabend *adj pej* {WORTE} pomposo, roboante.

hoch|treiben <*irr*> *tr etw* ~ {LÖHNE} far(e) alzare *qc*; {MIETEN, PREISE} *auch* far volare *qc* alle stelle.

Hoch- und Tiefbau *m bau* ingegneria f civile.

hochverdient *adj geh* {PERSÖNLICHKEIT, POLITIKER} benemerito; {RUHESTAND, URLAUB} meritatissimo.

hochverehrt *adj* <*attr*> egregio, stimatissimo, pregiatissimo: **meine ~en Herren!**, egregi signori!

Hochverrat <-s, *ohne pl*> *m* alto tradimento m.

Hochverräter *m* (**Hochverräterin** *f*) reo (-a) *m* (*f*) di alto tradimento.

hochverschuldet *adj* → **verschuldet**.

hochverzinslich *adj* {ANLAGE, WERTPAPIER} a(d) alto rendimento, a(d)/[con un] alto tasso di interesse.

Hochwald *m* fustaia f.

Hochwasser *n* **1** (*Höchststand des Wassers*) (*bei Flut*) alta marea f; {+FLUSS} piena f: **der Fluss hat/führt ~**, il fiume è in piena **2** (*Überschwemmung*) alluvione f; (*in Venedig*) acqua f alta ● **meine Hose hat ~** *fam scherz*, i miei pantaloni sono troppo corti.

Hochwassergefahr *f* **1** (*bei einem Fluss*) pericolo m di piena **2** (*Gefahr einer Überschwemmung*) pericolo m di ⌊acqua alta⌋/[inondazioni].

Hochwasserhose *f* pantaloni m pl troppo corti.

Hochwasserkatastrophe *f* gravi inondazioni f pl, alluvione f disastrosa.

Hochwasserschaden *m* <*meist* pl> (**an etw** dat) {AN EINEM GEBÄUDE} danno m causato ⌊dalle inondazioni⌋/[dall'acqua (alta) *fam*] (*a qc*).

hoch|werfen <*irr*> *tr etw* ~ {ARME, BALL} gettare/buttare *qc* in alto/aria *qc*.

hochwertig *adj* **1** (*von hervorragender Qualität*) {STOFF, WARE} molto pregiato, pregiatissimo, di ottima qualità **2** (*von hohem Wert*) {SCHMUCK} di gran valore/pregio, molto prezioso **3** (*von hohem Nährwert*) {LEBENSMITTEL, PFLANZENFASERN, VITAMINE} ad alto valore nutritivo.

Hochwild *n* *Jagd* selvaggina f grossa.

hochwillkommen *adj* {ANLASS, GELEGENHEIT} molto gradito, graditissimo; {GÄSTE}

auch molto ben accetto.
hochwirksam *adj* di grande efficacia, efficacissimo.
Hochwürden <-, *ohne pl*> *m obs* (*Anrede für höhere Geistliche*): **Eure/Euer ~**, Reverendo.
Hochzahl *f math* esponente *m*.
Hochzeit① *f* (*Eheschließung*) nozze *f pl*, matrimonio *m*, cerimonia *f* nuziale, sposalizio *m geh*: **eine ~ ausrichten**, organizzare le nozze; **~ feiern**, festeggiare il matrimonio; **jdn zur ~ einladen**, invitare qu ⌊al proprio matrimonio⌋/[alle proprie nozze] ● **diamantene/silberne/goldene ~**, nozze ⌊di diamante⌋/[d'argento]/[d'oro]; **grüne ~**, giorno ⌊del matrimonio⌋/[delle nozze]; **auf allen ~en tanzen** (*überall dabei sein*), essere come il prezzemolo *fam*; **man kann nicht auf zwei ~en tanzen** *prov*, non si può avere la botte piena e la moglie ubriaca *prov*.
Hochzeit② *f geh* (*Höhepunkt*) {+ENTWICKLUNG} periodo *m* aureo/[di massimo splendore].
Hochzeitsanzeige *f* partecipazione *m* (di nozze); (*Annonce*) annuncio *m* ⌊di matrimonio⌋/[matrimoniale].
Hochzeitsbrauch *m* usanza *f* nuziale.
Hochzeitsfeier *f* cerimonia *f* nuziale, festa *f* ⌊delle nozze⌋/[di matrimonio].
Hochzeitsgast *m* invitato (-a) *m* (*f*) alle nozze.
Hochzeitsgeschenk *n* regalo *m*/dono *m* di nozze.
Hochzeitsgesellschaft *f* invitati *m pl* alle nozze.
Hochzeitskleid *n* {+BRAUT} abito *m*/vestito *m* ⌊da sposa⌋/[delle nozze].
Hochzeitsnacht *f* prima notte *f* di nozze.
Hochzeitspaar *n* coppia *f* di sposi/sposini *fam*, sposini *m pl fam*, sposi *m pl* novelli.
Hochzeitsreise *f* viaggio *m* di nozze.
Hochzeitstag *m* **1** (*Tag der Eheschließung*) giorno *m* ⌊delle nozze⌋/[del matrimonio] **2** (*Jahrestag*) anniversario *m* di nozze/matrimonio.
Hochzeitstorte *f* torta *f* nuziale.
hoch|ziehen <*irr*> **A** *tr* **1** (*nach oben ziehen*) **etw ~** {+ROLLLADEN} tirare su qc *fam*, alzare qc; (*nach oben bewegen*) {+SCHULTERN} alzare qc; {+AUGENBRAUEN} *auch* sollevare qc **2** (*höher ziehen*) **jdm etw ~** (HOSE, ROCK, STRÜMPFE} tirare su qc *a* qu **3** *aero* {+FLUGZEUG} cabrare qc **4** *fam* (*bauen*) **etw ~** {+SIEDLUNG, WOHNGEBIET} tirare su qc *fam* **B** *rfl* **sich (an etw dat) ~ 1** (*sich nach oben ziehen*) {+AFFE AN EINEM AST; VERUNGLÜCKTER AN EINEM SEIL} tirarsi su reggendosi *a* qc **2** *fam* (*Gefallen finden*) {AM GEREDE, GESCHWÄTZ, AN KLEINIGKEITEN} trovare gusto *in* qc.
Hochzinsphase *f ökon* fase *f* (economica) caratterizzata da tassi alti.
Hochzinspolitik *f bank ökon* politica *f* dei tassi alti.
hoch|züchten *tr* **etw ~** {TIERRASSE, WEIZENSORTE} selezionare qc, migliorare qc: **diese Rasse wurde im Laufe der Jahre hochgezüchtet**, nel corso degli anni questa razza è stata migliorata.
Hocke <-, -n> *f* **1** (*kauernde Haltung*) posizione *f* accosciata **2** *sport Turnen* salto *m* a gambe flesse ● **in die ~ gehen** (*eine Haltung mit tiefer Kniebeuge einnehmen*), piegarsi sulle ginocchia; (*für ein Foto*), accosciarsi; **in der ~ sitzen**, stare piegato (-a) sulle ginocchia; (*für ein Foto*), stare accosciato (-a).
hocken A *itr* **1** <*haben oder süddt sein*> (*in der Hocke sitzen, sich kauern*) **irgendwo ~** {KINDER AUF DEN BODEN, DIE ERDE} stare/essere accovacciato (-a)/accoccolato (-a)/rannicchiato (-a) + *compl di luogo*: **als sie ihn fanden, hockte er in der Ecke hinter dem Schrank**, lo trovarono rannicchiato in un angolo dietro l'armadio; **er hockte oben auf dem Garagendach und hielt Wache**, (se ne) stava appollaiato sul tetto del garage a fare la guardia; **die Hühner ~ auf der Stange**, le galline stanno appollaiate sul posatoio **2** <*sein*> *süddt* (*sitzen*) **irgendwo ~** {AUF DEM STUHL, AM TISCH} star(sene) seduto (-a) + *compl di luogo* **3** <*haben oder süddt sein*> *fam* (*seine Zeit verbringen*) **irgendwo ~** {VOR DEM COMPUTER, IN DER KNEIPE, HINTER DEM SCHREIBTISCH} star(sene) seduto + *compl di luogo*: **immer nur zu Hause ~** (*zu Hause bleiben*), stare ⌊sempre chiuso (-a)⌋/[rintanato (-a)] *fam*/[tappato (-a) *fam*] in casa **4** <*sein*> *sport* **irgendwohin ~** {ÜBER DEN KASTEN} saltare qc a gambe flesse **B** *rfl* <*haben*> **sich irgendwohin ~ 1** (*in die Hocke gehen*) {KINDER AUF DEN BODEN, DIE ERDE} accovacciarsi/accoccolarsi + *compl di luogo* **2** <*haben*> *süddt* (*sich setzen*) {PERSON AUF DEN STUHL, AN DEN TISCH, AUF DIE TREPPE} sedersi + *compl di luogo*.
Hocker <-s, -> *m* sgabello *m* ● **jdn vom ~ hauen** *slang*, sconvolgere qu; **jdn nicht vom ~ hauen** *slang*, non esaltare/entusiasmare più di tanto qu; **ich weiß gar nicht, was du an dem Buch so toll findest, mich hat es nicht gerade vom ~ gehauen**, non so cosa ci trovi di eccezionale in questo libro, a me non è sembrato granché; *locker* **vom ~ fam** (*problemlos*), così su due piedi; (*ohne nachzudenken*) a cuor leggero, senza pensarci troppo.
Höcker <-s, -> *m* **1** *zoo* {+DROMEDAR, KAMEL, LAMA} gobba *f* **2** *anat* (*Auswuchs*) protuberanza *f* **3** *fam* (*Buckel*) gobba *f* **4** (*im Gelände*) gibbosità *f*.
Höckerschwan *m zoo* cigno *m* reale.
Hockey <-s, *ohne pl*> *n sport* hockey *m*.
Hockeymannschaft *f sport* squadra *f* di hockey.
Hockeymeisterschaft *f sport* campionato *m* di hockey.
Hockeyschläger *m sport* bastone *m* da hockey.
Hockeyspieler *m* (**Hockeyspielerin** *f*) *sport* giocatore (-trice) *m* (*f*) di hockey.
Hode <-n, -n> *m oder* <-, -n> *f*, **Hoden** <-s, -> *m anat* testicolo *m*.
Hodenbruch *m med* ernia *f* scrotale.
Hodensack *m anat* scroto *m*.
Hof <-(e)s, Höfe> *m* **1** (*umschlossener Platz*) {+GEFÄNGNIS, KLOSTER, SCHULE} cortile *m*: **die Kinder spielen im/[auf dem] Hof**, i bambini giocano in/nel cortile; **im Hof parken**, parcheggiare in cortile **2** *agr* (*bäuerliches Anwesen*) fattoria *f* **3** (*Sitz eines adligen Herrschers*) {+FÜRST, HERZOG} corte *f*: **am Hof(e) Ludwigs XVI**, alla corte di Luigi XVI; **bei Hof(e)**, a corte; **der ganze Hof war versammelt**, tutta la corte era riunita **4** *astr* {+MOND} alone *m* ● **Hof halten**, tenere salotto; **jdm den Hof machen** {MANN FRAU}, fare la corte a qu, corteggiare qu.
Hofadel *m* nobiltà *f* di corte.
Hofarzt *m* (*Arzt bei Hofe*) medico *m* di corte.
Hofausfahrt *f* uscita *f* del cortile (per i veicoli), passo *m* carraio.
Hofball *m* ballo *m* di corte.
Hofdame *f* dama *f* di corte, cortigiana *f*.
Hofdichter *m* (**Hofdichterin** *f*) poeta (-essa) *m* (*f*) di corte.
Hofeinfahrt *f* entrata *f* del cortile (per i veicoli), passo *m* carraio.
hoffähig *adj* **1** (*bei Hof zugelassen*) ammesso a corte **2** (*salonfähig*): **~ werden**, legittimarsi; **jdn/etw ~ machen**, sdoganare qu/qc.
Hoffart <-, *ohne pl*> *f geh pej* superbia *f*, alterigia *f*.
hoffärtig *adj geh pej* superbo, altezzoso.
hoffen A *itr* sperare: **ich hoffe nicht**, spero di no; **ich will nicht ~, dass sie das tut**, ⌊voglio sperare⌋/[spero proprio] che non lo faccia; **es bleibt zu ~, dass sich solche Vorfälle nicht wiederholen**, c'è (solo) da sperare che tali eventi non si ripetano; **auf jdn/etw ~** {AUF GOTT, AUF JDS VERSTÄNDNIS} sperare *in* qu/qc; **sie hofften auf das Ende des Krieges**, speravano ⌊nella fine della guerra⌋/[che la guerra finisse]; **er hoffte auf baldige Genesung**, sperava di guarire presto; **auf ⌊bessere Zeiten⌋/[ein Wunder] ~**, sperare in ⌊tempi migliori⌋/[un miracolo]; **ich hoffe auf deine Zustimmung**, spero che tu acconsenta **B** *tr* **etw ~** sperare *qc*: **ich hoffe es**, lo spero; **~ wir das Beste!**, speriamo (in) bene!; **für jdn gibt es nichts mehr zu ~**, qu non ha più speranze; **wer hätte das je zu ~ gewagt!**, e chi ci sperava!; **das will ich (doch stark) ~!**, lo spero bene!, voglio sperarlo! ● **Hoffen und Harren macht manchen zum Narren** *prov*, chi di speranza vive, disperato muore *prov*.
Hoffenster *n* finestra *f* (che dà) sul cortile.
hoffentlich *adv* speriamo che ... *konjv*: **glaubst du, dass er anruft? – Hoffentlich/[Hoffentlich nicht]!**, credi che telefonerà? – ⌊Speriamo/Lo spero⌋/[Speriamo/Spero di no]!; **ich habe dich ~ nicht allzu sehr gelangweilt**, spero di non averti annoiato (-a) troppo; **das meint er doch ~ nicht ernst**, speriamo che non dica sul serio; **hast du Recht**, speriamo che tu abbia ragione; **~ ist der Zug pünktlich**, speriamo che il treno sia in orario; **~ stimmt das, was er sagt**, speriamo che ciò che dice sia vero.
Hoffnung <-, -en> *f* **1** (*wunschvolle Erwartung*) ~ (**auf etw** akk) **1** (AUF ERFOLG, GEWINN) speranza *f* (*di qc*): **eine leere/schwache ~**, una vana/debole speranza; **die ~ (auf etw akk) (nicht) aufgeben** {AUF DIE VERWIRKLICHUNG EINES PLANES}, (non) perdere la speranza (di fare qc), (non) disperare (di fare qc); **für die Geiseln besteht keine ~ mehr auf Freilassung**, non c'è la minima speranza che gli ostaggi vengano rilasciati; **solange nur noch ein Funken ~ besteht ...**, finché c'è ancora un filo/barlume di speranza ...; **in seinen ~en enttäuscht werden**, vedere deluse le proprie speranze; **die ~ hat sich nicht erfüllt**, questa speranza è rimasta tale; **jdm neue ~ geben**, ridare a qu la speranza; **keine ~ mehr haben**, non avere più speranze; **die stille ~ hegen, dass ...**, nutrire la segreta speranza che ...; **sich der ~ hingeben, dass ...**, sperare con tutto il cuore che ... *konjv*; **in der ~, dass ...**, nella speranza che ... *konjv*; **in der ~, Sie bald wiederzusehen**, ⌊nella speranza⌋/[sperando] di rivederLa presto; **sich (dat) ~en machen**, sperarci ancora; (*unbegründet*), farsi delle illusioni; **jdm ~ auf etw (akk) machen**, dare motivo a qu di sperare in qc; **mach dir keine ~en!**, non illuderti/[farti illusioni]!; **wieder ~ schöpfen**, ritrovare la speranza; **seine (letzte) ~ auf jdn/etw setzen**, riporre le proprie (ultime) speranze in qu/qc; **jdn in seinen ~en täuschen**, deludere/tradire le speranze di qu; **für den Kranken gibt es nur noch wenig ~**, per il malato le speranze sono ormai poche **2** (*Erfolg versprechender Künstler, Sportler*) speranza *f*, promessa *f* ● **jede ~ begraben**, abbandonare ogni speranza; **du bist meine einzige/letzte ~!**, sei la mia unica/ultima speranza!; **guter ~ sein geh euph**, essere in stato interessante, aspettare un bambino; **die ~ sinken lassen**, abbandonare la speranza; **jegliche ~ verlieren**, perdere/abbandonare ogni speranza; **sich in trügeri-**

schen ~en *wiegen geh*, cullarsi in speranze illusorie.

hoffnungsfroh *geh* **A** *adj* pieno di speranze, speranzoso **B** *adv*: ~ **in die Zukunft blicken**, guardare ⌊pieno di⌋/[con grande] speranza al futuro.

hoffnungslos A *adj* **1** (*ohne Hoffnung*) {PERSON} senza speranze: ~ **sein** {PERSON}, non avere speranze **2** (*aussichtslos*) {LAGE, VERSUCH} disperato; {FALL} *auch* senza speranza: **du kannst es versuchen, aber meines Erachtens ist es völlig ~**, puoi tentare/provare, ma secondo me è del tutto inutile; **die Sache ist ~**, ormai non ci sono più speranze, la situazione è disperata; **der Zustand des Verletzten scheint ~**, sembra che il ferito versi in condizioni disperate **B** *adv* **1** (*ohne Hoffnung*) senza speranza: ~ **in die Zukunft blicken**, non avere speranza per il futuro **2** (*verstärkend: sehr*) {VERLOREN} irrimediabilmente: ~ **veraltet**, irrimediabilmente superato; **sich ~ verlieben**, innamorarsi perdutamente; **er hat sich ~ in diese Sache verrannt**, si è fissato su una cosa irrealizzabile.

Hoffnungslosigkeit <-, *ohne pl*> *f* **1** (*ohne Hoffnung*) condizione *f* disperata, disperazione *f* **2** (*Aussichtslosigkeit*) {+VERSUCH} inutilità *f*.

Hoffnungsschimmer *m* barlume *m*/filo *m* di speranza.

Hoffnungsträger *m* (**Hoffnungsträgerin** *f*) (*Person*) speranza *f*; (*Sache*) fonte *f* di speranza.

hoffnungsvoll A *adj* **1** (*voller Hoffnung*) pieno di speranza **2** (*viel versprechend*) {TALENT} promettente; {JUNGE FRAU, JUNGER MANN} *auch* di belle speranze **B** *adv* pieno di speranza: ~ **in die Zukunft blicken**, guardare pieno di speranza al futuro.

Hofgang *m* {+HÄFTLING} ora *f* d'aria.

Hofgesellschaft *f* corte *f*, società *f* di corte.

Hofhund *m* cane *m* da guardia.

hofieren <*ohne ge-*> *tr iron oder scherz* **jdn** ~, corteggiare *qu*, fare la corte *a qu*.

höfisch *adj* **1** (*LEBEN, SITTEN*) di corte, cortigiano **2** *lit* {DICHTUNG, IDEAL, LIEBE} cortese.

Hofknicks *m* riverenza *f*.

Hofleben *n* vita *f* di/a corte.

höflich A *adj* ~ (*zu jdm*) {ANFRAGE, GRUß, PERSON} cortese/gentile (*con/nei confronti di qu*): **danke, das war sehr ~ von Ihnen**, grazie, è stato molto cortese/gentile da parte Sua, grazie della Sua cortesia/gentilezza **B** *adv* {ANTWORTEN, FRAGEN} con cortesia, cortesemente, con gentilezza, gentilmente.

Höflichkeit <-, *-en*> *f* **1** <*nur sing*> (*höfliches Benehmen*) ~ (**jdm gegenüber**) cortesia *f*/gentilezza *f* (*con/nei confronti di qu*): **aus ~**, per gentilezza; **mit aller ~**, con molta gentilezza, molto gentilmente, cortesemente; **jdn mit ausgesuchter ~ behandeln**, usare particolari cortesie/gentilezze a qu; **es an ~ fehlen lassen**, mancare di cortesia/educazione; **etw aus reiner ~ tun**, fare qc solo per educazione/gentilezza **2** <*meist pl*> (*Nettigkeit*) frase *f* di circostanza, convenevoli *m pl*: **~en austauschen**, scambiarsi dei convenevoli.

Höflichkeitsbesuch *m* visita *f* di cortesia/circostanza.

Höflichkeitsfloskel *f* frase *f* di circostanza, convenevoli *m pl*.

höflichkeitshalber *adv* {ANRUFEN} per gentilezza/educazione: **ruf sie doch mal an, wenigstens ~**, telefonale almeno per gentilezza.

Hoflieferant *m* (**Hoflieferantin** *f*) fornitore (-trice) *m* (*f*) di/della corte.

Höfling <-s, -e> *m* cortigiano *m*.

Hofmarschall *m* maresciallo *m* di corte.

Hofmeister *m* **1** (*bei Hofe*) precettore *m* e cerimoniere *m* (di corte) **2** (*Hauslehrer*) precettore *m*.

Hofnarr *m hist* buffone *m* di corte.

Hofrat *m A auch scherz* "titolo *m* onorario per funzionari statali".

Hofstaat <-(e)s, *ohne pl*> *m* (*alle Personen bei Hof*) corte *f*.

Hoftor *n* portone *m* del cortile.

Höhe <-, *-n*> *f* **1** (*Ausdehnung nach oben*) {+BAUM, GEBÄUDE, TURM} altezza *f* **2** (*Tiefe*) {+SCHNEE, WASSER} altezza *f* **3** (*Anhöhe, Hügel*) altura *f* **4** (*Flughöhe*) quota *f*, altitudine *f*, altezza *f*: **das Flugzeug fliegt in großer ~**, l'aereo vola ad alta quota **5** <*nur pl*> (*Gipfel*) {+BERGLAND, GEBIRGE} cime *f pl*, vette *f pl*: **die ~n des Schwarzwaldes**, le cime della Foresta Nera **6** (*Ausmaß in Zahlen*) {+BETRAG, EINKOMMEN, KOSTEN, STEUERN} ammontare *m*; {+ARBEITSLOSIGKEIT} tasso *m*: **die ~ der Temperatur angeben**, indicare la temperatura esatta; **die ~ des Preises festsetzen/festlegen**, stabilire/fissare ⌊il prezzo esatto⌋/[l'esatto ammontare del prezzo] **7** (*Ausmaß, Umfang*) {+AUFWAND} dimensione *f*; {+GELDSTRAFE} ammontare *m*; {+SCHADEN} entità *f*: **die ~ des Schadens ist größer als erwartet**, l'entità del danno è maggiore del previsto; {+STRAFE} entità *f jur* **8** *mus* altezza *f* **9** *geog* altezza *f*, latitudine *f*: **wir dürften jetzt auf der ~ von Helgoland sein**, ora dovremmo essere ⌊all'altezza⌋/[alla stessa latitudine] dell'isola di Helgoland **10** *geom* {+RECHTECK} altezza *f* ● *auf* ~ ...: **München liegt auf 540 m ~** (*über dem Meer*), Monaco di Baviera si trova a 540 m di altitudine (sul livello del mare); **auf einer ~ von 4000 m wachsen keine Bäume mehr**, ⌊a (quota)⌋/[a un'altitudine di] 4000 m non crescono più alberi; **nicht auf der ~ sein** *fam* (*körperlich*), non essere in forma; **ich bin heute nicht ganz auf der ~** *fam*, oggi ⌊non sono in gran forma⌋/[sono un po' giù]; **mein Vater ist schon 90 und geistig nicht mehr ganz auf der ~** *fam*, mio padre ha già 90 anni e non c'è più con la testa *fam*; **wieder auf der ~ sein** *fam*, essersi ristabilito/rimesso; **drei Wochen Urlaub, und er war wieder auf der ~**, tre settimane di ferie e si era ristabilito/ripreso; **aus der ~**, dall'alto; **etw aus der ~ betrachten**, guardare qc dall'alto; **die Baumgrenze in den Alpen liegt etwa bei 2000 m ~**, il limite della vegetazione arborea nelle Alpi si trova all'incirca a ⌊un'altitudine di⌋/[quota] 2000 m; **bis zur einer ~ von 1000 Euro**, fino a (un'ammontare di) 1000 euro; **sich in die ~ erheben/schrauben/schwingen** {ADLER, FLUGZEUG, PARAGLIDER, RAUBVOGEL}, sollevarsi/[salire a spirale]/[lanciarsi in alto]; **in die ~ gehen** {KOSTEN, LÖHNE}, salire; {PREISE} *auch* andare su *fam*; **an ~ gewinnen** {FLUGZEUG}, guadagnare quota; {SEILBAHN}, salire; **auf gleicher ~** (**mit etw dat**), alla stessa altitudine/altezza di qc; **als sie den Gletscher überquerten, hielten sie sich immer auf gleicher ~**, attraversando il ghiacciaio tenendosi sempre alla stessa quota; **niemand führte, die Reiter lagen alle auf gleicher ~**, in testa non c'era nessuno, i fantini si trovavano tutti alla stessa altezza; **auf halber ~** {+BERG, HÜGEL}, a mezza costa; **etw in die ~ halten/heben**, tenere/sollevare qc in alto; **einen Beitrag in ~ von ... Euro entrichten/leisten/zahlen**, versare/pagare un contributo di/[che ammonta a] ... euro; **in 1000 m ~**, a quota/[un'altitudine d'altezza di] 1000 m; **in der ~**, in alto; **das ist** (**doch**) **die ~!** *fam*, ma è il colmo!; **in die ~ klettern** {PREISE, TEMPERATUREN}, salire, andare su *fam*; **durch den Tourismus klettern die Preise immer mehr in die ~**, per via del turismo i prezzi salgono sempre di più; **in die ~ ragen**, svettare nel cielo; **die Festungsmauern ragen unüberwindbar in die ~**, le mura della fortezza si innalzano invalicabili verso il cielo; **in die ~ schießen** *fam* {PREISE}, salire, subire un'impennata, andare alle stelle *fam*; **in die ~ schießen** *fam*/**wachsen** {BAUM, BLUME, GEBÄUDE, GRAS, KIND}, crescere a vista d'occhio; **seit ich den Jungen das letzte Mal gesehen habe, ist er unglaublich in die ~ geschossen** *fam*, dall'ultima volta che l'ho visto il ragazzo è cresciuto in modo incredibile; **in schwindelnder ~**, a un'altezza vertiginosa; **die Akrobaten zeigen ihr Können in schwindelnder ~**, gli acrobati si esibiscono a un'altezza vertiginosa; **in die ~ sehen**, guardare ⌊in alto⌋/[su]; **auf der ~ des Erfolges/Ruhmes stehen**, essere all'apice ⌊del successo⌋/[della gloria]; **in unbegrenzter ~**, illimitato; **Darlehen in unbegrenzter ~ gewähren**, concedere un prestito illimitato; **~n und Tiefen des Lebens**, gli alti e bassi della vita; **etw in die ~ treiben** {LÖHNE}, far salire qc; {KOSTEN, PREISE}, far lievitare/crescere qc; **Zahlung in voller ~**, pagamento integrale; **etw in die ~ werfen**, lanciare/gettare qc in alto; (**nicht**) **auf der ~ der Zeit sein**, (non) essere al passo con i tempi; **mir scheint, du bist nicht mehr ganz auf der ~ der Zeit!**, mi sa *fam* che non sei più al passo con i tempi!

Hoheit <-, *-en*> *f* **1** <*nur sing*> (*Souveränität*) ~ (**über etw** *akk*) {ÜBER EIN GEBIET, LAND, MEERESGEBIET} sovranità *f* (*su qc*): **die staatliche ~ eines Landes anerkennen**, riconoscere la sovranità di un paese; **unter jds ~ stehen**, ⌊essere sottoposto alla⌋/[trovarsi sotto la] sovranità di qu **2** (*Angehöriger einer adligen Familie*) Altezza *f*, Eccellenza *f*: **Seine ~, der Kronprinz von Baden-Baden**, Sua Altezza il principe ereditario di Baden-Baden; **was wünschen Eure Königliche ~?**, Vostra Altezza Reale desidera?

hoheitlich *adj* **1** *pol* {AKT, HANDLUNG, RECHT} sovrano **2** (*adelig*) regale, principesco.

Hoheitsgebiet *n pol* territorio *m* soggetto a sovranità.

Hoheitsgewässer *n* <*meist pl*> *pol* acque *f pl* territoriali.

Hoheitsverletzung *f pol* violazione *f* della sovranità.

hoheitsvoll *adj geh* {AUFTRETEN, GESTE} maestoso, regale.

Hoheitszeichen *n mil naut pol* simbolo *m* di sovranità.

Hohelied <-(e)s, *ohne pl*>, **Hohe Lied** <*des Hohen Lied(e)s, dem Hohen Lied, das Hohe Lied, ohne pl*> *n bibl* Cantico *m* dei Cantici.

Höhenangabe *f geog* indicazione *f* dell'altezza/altitudine: **eine Landkarte mit genauer ~ in Metern**, una carta geografica con l'indicazione esatta dell'altitudine/altezza.

Höhenangst <-, *ohne pl*> *f med psych* acrofobia *f*: ~ **haben**, ⌊avere le⌋/[soffrire di] vertigini.

Höhenflug *m* **1** (*Flug in großer Höhe*) volo *m* ad alta quota **2** *iron* (*großer Erfolg*) successo *m* folgorante **3** (*unrealistische Gedanken*): **geistiger ~**, volo pindarico; **tut mir leid, aber bei diesen geistigen Höhenflügen kann ich dir nicht mehr folgen!**, mi dispiace, ma non riesco proprio a seguirti nei tuoi voli pindarici!

Höhenkrankheit *f med* mal *m* di montagna.

Höhenlage *f* posizione *f* altimetrica, alti-

tudine f.
Höhenlinie f geog (linea f) isoipsa f.
Höhenluft <-, ohne pl> f aria f di (alta) montagna.
Höhenmesser <-s, -> m aero altimetro m.
Höhenrekord m record m di altezza: **einen ~ aufstellen/brechen**, stabilire/battere un record di altezza; **mit dem Bau dieses Wolkenkratzers wurde in New York ein neuer ~ aufgestellt**, con la costruzione di questo grattacielo a New York è stato stabilito un nuovo record di altezza.
Höhenruder n aero timone m di profondità/quota, equilibratore m.
Höhensonne f 1 meteo sole m di alta quota/montagna 2 (*Quarzlampe mit UV-Licht*) lampada f a raggi ultravioletti: **unter der ~ liegen, um braun zu werden**, fare la lampada fam per abbronzarsi.
Hohenstaufe <dekl wie adj> mf → **Staufer**.
Höhenstrahlung f meteo phys radiazione f cosmica.
Höhentraining n sport allenamento m in quota/altitudine.
Höhenunterschied m geog dislivello m.
Höhenverlust m aero perdita f di quota.
höhenverstellbar adj tech regolabile in altezza: **die Sitzfläche eines Bürostuhls ist ~**, il sedile di una sedia girevole è regolabile in altezza.
Höhenwanderung f 1 (*Wegnetz*) percorso m panoramico di montagna 2 (*Aktivität*) camminata f in montagna.
Höhenwanderweg m "sentiero m panoramico in montagna".
Höhenzug m catena f montuosa/[di montagne].
Hohepriester, Hohe Priester m relig sommo sacerdote m.
Höhepunkt m 1 (*der bedeutendste Teil*) **einer S.** (gen) {+FEST, TAG, VERANSTALTUNG} clou m di qc, culmine m di qc: **der ~ des Konzerts war der Auftritt des Solisten**, il clou del concerto fu l'esibizione del solista 2 (*höchste Stufe einer Entwicklung*) {+AUSEINANDERSETZUNG} punto m cruciale; {+KRANKHEIT} acme f; {+KRISE} culmine m, punto culminante m 3 (*Orgasmus*) orgasmo m: **jdn zum ~ bringen**, portare qu all'orgasmo • **auf dem ~ einer S.** (gen) {+ERFOLG, KARRIERE, MACHT, RUHM}, [all'acme/apice/apogeo,]/[al vertice] di qc; **die Stimmung war auf dem ~**, l'atmosfera era al massimo; **den ~ erreichen** {FIEBER}, raggiungere il massimo; {KRANKHEIT}, raggiungere l'acme; {SPANNUNG}, arrivare alle stelle; **den ~ überschritten haben**, aver superato l'apice; **die Krise treibt auf ihren ~ zu**, la crisi sta per esplodere.
höher, höhe, höhes adj → **hoch**.
höher A adj 1 <kompar von hoch> (*räumlich*) ~ **als jd/etw**) {BAUM, DACH, HAUS} più alto (di qu/qc): **unser Haus ist (drei Meter) ~ als das Nachbarhaus**, la nostra casa è (di tre metri) più alta della casa vicina 2 (*dem Ausmaß nach*) ~ (*als etw* nom) {BETRAG, FIEBER, KOSTEN, PREIS, TEMPERATUR} più alto/elevato (di qc): **das Fieber ist (um einen Grad) ~ als gestern**, la febbre è [più alta]/[aumentata] (di un grado) rispetto a ieri; **eine ~e Auflage**, una tiratura più alta; {SCHADEN, VERLUST} maggiore, più consistente, ingente; **eine finanziell/körperlich/seelisch ~e Belastung**, un peso economico/fisico/psicologico maggiore/[più grande]; **ein ~es Strafmaß** jur, una pena più severa 3 (*der Qualität nach bedeutender*) {ANSPRUCH, FORDERUNG, LEBENSSTANDARD} più alto/elevato: **~e Ansprüche stellen**, pretendere di più, avere mag-

giori pretese; **etw (dat) eine ~e Bedeutung einräumen**, attribuire più/maggiore importanza a qc; **in ~em Maße**, in misura maggiore 4 (*dem Rang nach bedeutender*) {AMT, BEAMTER, BILDUNG, FUNKTIONÄR, OFFIZIER, POSITION}, superiore: **auf ~en Befehl**, per ordine superiore; **eine ~e Schule besuchen**, frequentare una scuola superiore; **Kurse für ~e Semester**, corsi per studenti universitari dal terzo anno accademico in poi B adv 1 (*nach oben*): ~ **fliegen/steigen** {FLUGZEUG, VOGEL}, volare/salire (più) in alto; **etw ~ drehen** {HEIZUNG}, alzare la temperatura di qc; ~ **gelegen sein**/[**liegen**], trovarsi/[essere situato] più ˌin altoˌ/[su]; **etw ~ hängen** {BILD}, appendere qc più ˌin altoˌ/[su]; **etw ~ legen/stellen**, mettere/sistemare/collocare qc più in alto; ~ **wachsen** {BLUME, PFLANZE}, crescere ˌdi piùˌ/[più alto (-a)]; **zwei Stockwerke ~ wohnen**, abitare due piani più ˌin altoˌ/[su] 2 (*der Qualität nach bedeutender*): **etw ~ bewerten** {ASPEKT, FAKTOR}, attribuire più valore a qc; **eine Prüfungsarbeit ~ bewerten**, dare un voto più altoˌ/[una valutazione migliore] a una prova d'esame • **sich zu Höherem berufen fühlen**, sentirsi chiamato (-a) a fare grandi cose; **zu Höherem bestimmt/geboren sein oft iron**, essere ˌdestinato aˌ/[nato per] fare grandi cose; **nach Höherem streben**, puntare in alto, avere alte mire.
höherentwickelt adj → **entwickelt**.
höhererseits adv geh: ~ **angeordnet/befohlen**, per disposizione/ordine superiore.
höhergestellt adj {PERSÖNLICHKEIT} che occupa una posizione più importante.
höhergruppieren tr → **höherstufen**.
höherschrauben tr fam etw ~ {ANSPRÜCHE, FORDERUNGEN, STEUERN} aumentare (ulteriormente) qc; {MIETEN, PREISE} far lievitare (ancora di più) qc: **während der Verhandlungen schraubten die Gewerkschaften ihre Forderungen immer höher**, durante le trattative i sindacati aumentarono sempre di più le rivendicazioni; **die Anforderungen an jdn ~**, pretendere sempre di più da qu.
höherstufen tr **jdn ~** inquadrare qu in una categoria retributiva più alta: **der Beamte wurde um eine Gehaltsklasse höhergestuft**, il funzionario è stato promosso alla categoria retributiva superiore.
höherwertig adj chem {ELEMENT, MOLEKÜL} di maggior valenza.
hohl A adj 1 (*leer*) {BAUM, ZAHN} cavo: {NUSS} vuoto 2 (*eine Mulde bildend*) {HAND} cavo: **aus der ~en Hand trinken**, bere nel cavo della mano 3 (*eingefallen*) {AUGEN, WANGEN} infossato 4 (*dumpf klingend*) {KLANG, STIMME} cupo, cavernoso 5 (*ohne Ausdruck*) {BLICK} vuoto, vacuo 6 pej (*inhaltslos*) {PHRASE, WORTE} vuoto, vacuo; {GEREDE, GESCHWÄTZ} auch insulso: **er drischt nur ~e Phrasen** fam, i suoi discorsi sono solo aria fritta fam; {TYP} deficiente: **bist du ~!** fam, ma guarda che deficiente che sei! B adv (*dumpf*): ~ **klingen**, mandare un suono cupo.
hohläugig adv dagli/[con gli] occhi incavati/infossati.
Höhle <-, -n> f 1 (*Felshöhle*) caverna f, antro m; (*bes. lang gezogene ~*) grotta f; (*bes. tief und dunkel*) spelonca f 2 (*Tierhöhle*) tana f 3 (*Baumhöhle*) cavità f, cavo m 4 pej (*Behausung*) tana f, stamberga f, tugurio m, spelonca f • **sich in die ~ des Löwen begeben/wagen** scherz, entrare nella tana del leone; **sich in ˌseiner ~ verkriechenˌ/[seine ~ zurückziehen]** fam, rintanarsi, ritirarsi nella propria tana.

Höhlenbewohner m (**Höhlenbewohnerin** f) cavernicolo (-a) m (f), troglodita mf.
Höhlenbild n disegno m rupestre/parietale.
Höhlenforscher m (**Höhlenforscherin** f) speleologo (-a) m (f).
Höhlenforschung f, **Höhlenkunde** f wiss speleologia f.
Höhlenmalerei f pittura f rupestre.
Höhlenmensch m hist uomo m delle caverne.
Höhlentier n zoo animale m cavernicolo.
Höhlenzeichnung f → **Höhlenbild**.
Hohlform f metall forma f cava, stampo m cavo.
Hohlfuß m med piede m cavo.
Hohlheit <-, ohne pl> f {+PHRASEN} futilità f: **seine Phrasen waren an ~ nicht mehr zu übertreffen**, i suoi discorsi erano un concentrato di futilità.
Hohlkopf m fam pej testa f vuota.
Hohlkörper m corpo m cavo.
Hohlkreuz n anat lordosi f.
Hohlkugel f sfera f cava.
Hohlmaß n tech (*Maßeinheit*) misura f di capacità; (*Gefäß zum Abmessen*) boccale m graduato.
Hohlraum m 1 cavità f; (*in einer Mauer, Wand*) vuoto m; (*in einem Motor*) spazio m vuoto 2 geol (*im Gestein*) vacuolo m.
Hohlraumversiegelung f mot trattamento m antiruggine della carrozzeria.
Hohlsaum m orlo m a giorno, à jour m.
Hohlspiegel m specchio m concavo.
Höhlung <-, -en> f 1 (*im Baum, Felsen*) cavità f 2 (*offene Höhle*) caverna f.
hohlwangig adj dalle/[con le] guance incavate/infossate/smunte.
Hohlweg m sentiero m incassato /[fra pareti scoscese].
Hohlziegel m forato m.
Hohn <-(e)s, ohne pl> m scherno m, dileggio m lit, ludibrio m lit: **laut seinem ~ Ausdruck geben**, manifestare apertamente il proprio scherno; **blanker ~ sprach aus seinen Augen**, i suoi occhi erano pieni di scherno • **eisiger/kalter ~**, scherno glaciale; ~ **lächelnd** geh, sorridendo beffardamente, sogghignando, con un sorriso di scherno; ~ **lachend** geh, ridendo beffardamente, con una risata di scherno; **das ist der reine/reinste/blanke ~!**, questa è la beffa delle beffe!; **nur ~ und Spott ernten**, essere schernito e deriso; **etw (dat) ~ sprechen**, essere un oltraggio a qc, offendere qc; **sein Benehmen spricht seinen Prinzipien ~**, il suo comportamento è un oltraggio ai suoi principi; **jdn mit ~ überschütten**, schernire a morte qu; **mit unverhülltem/offenem ~ blickte er auf die Menschen**, guardava la gente con scherno palese; **jdm/etw zum ~**, a dispetto di qu/qc; **das habe ich dir zum ~ gemacht**, te l'ho fatto a dispetto.
höhnen geh A tr: «**das geschieht dir recht!**», **höhnte sie**, «ti sta bene!», gli/le disse con tono di scherno B itr **über jdn ~** {ÜBER SEINE FEINDE} farsi scherno di qu.
Hohngelächter n risata f di scherno, sghignazzata f: **etw mit ~ quittieren**, liquidare qc con una risata di scherno; **unter lautem ~ verließ er das Zimmer**, sghignazzando forte uscì dalla stanza.
höhnisch A adj {GESICHTSAUSDRUCK, GRINSEN, LACHEN, WORTE} di scherno, beffardo B adv {GRINSEN, LACHEN} con scherno, beffardamente: **jdm ~ ins Gesicht lachen**, fare una sghignazzata in faccia a qu.
hohnlächelnd adj adv → **Hohn**.

Hohnlachen n → **Hohngelächter**.
hohnlachend adj adv → **Hohn**.
hohn|sprechen <irr, part perf hohngesprochen> itr → **Hohn**.
hoho interj fam (drückt Verwunderung oder Überheblichkeit aus) ohé!, ué! region, guarda, guarda! fam: ~, **die Kleine will auch vom Zehnmeterbrett springen!**, ohé/[guarda, guarda], anche la piccola vuole tuffarsi dai dieci metri!
Hokuspokus <-, ohne pl> m **1** (Zauberspiele) gioco m di prestigio: **er führte den Kindern allerlei ~ vor**, si esibì davanti ai bambini in diversi giochi di prestigio **2** (Täuschung) trucchi m pl: **das ist alles ~**, è tutto un trucco; **mir kannst du keinen ~ vormachen!**, con me, i tuoi giochetti non funzionano! **3** fam pej (Drum und Dran) viel ~, senza tanti fronzoli • **~!** (Zauberformel) abracadabra!; **~ Fidibus** (dreimal schwarzer Kater)! scherz, abracadabra!; **~ verschwindibus!** scherz, abracadabra e sparito!
hold adj **1** poet (ANTLITZ, MÄDCHEN) venusto lit, grazioso, leggiadro **2** (gewogen sein): **jdm ~ sein** (GLÜCK), arridere a qu; (SCHICKSAL) essere propizio a qu **3** scherz (GATTE, GATTIN) dolce: **wo bleibt denn meine ~e Gattin?** scherz, ma dov'è la mia dolce consorte?
Holder <-s, -> m süddt → **Holunder**.
Holderbeere f süddt → **Holunderbeere**.
Holderstrauch m süddt → **Holunderstrauch**.
Holding <-, -s> f, **Holdinggesellschaft** f ökon (società f di) holding f.
holen A tr **1** (her-~) (aus etw dat) ~ andare a prendere qu/qc (da qc): **das Besteck aus der Schublade ~**, andare a prendere le posate dal cassetto; **das Bier aus dem Kühlschrank ~**, andare a prendere la birra dal frigorifero; **das Auto aus der Garage ~**, tirare/portare fuori la macchina dal garage; **jdn aus dem Bett ~** fam, buttare giù dal letto qu; **der nächtliche Telefonanruf holte den Kommissar aus dem Bett**, la telefonata notturna buttò giù dal letto il commissario; **ich hole dir den Wein aus dem Keller**, vado a prenderti il vino in cantina **2** fam (einkaufen) (jdm) etw (aus etw dat) ~ andare a prendere/comprare qc (a qu) in/da qc: **ich hole dir Brot aus der Bäckerei/[vom/beim Bäcker]**, vado a prenderti/comprarti il pane dal panettiere; **etw aus dem Supermarkt ~**, andare a prendere qc al supermercato **3** (herein-~, heran-~) **jdn** ~ andare a prendere qu: **~ Sie den Zeugen!**, vada a prendere il testimone! **4** (rufen) **jdn** ~ chiamare qu, far venire qu: **schnell, hol den Arzt, es geht ihm immer schlechter**, presto, chiama/[fa' venire] il medico, perché lui sta sempre peggio; **jdn ans Telefon ~**, far venire qu al telefono; **Hilfe ~**, chiamare aiuto **5** (runter-~, wegnehmen) **etw von etw** (dat) ~: **die Wäsche von der Leine ~**, levare/togliere il bucato dal filo **6** fam (klauen): **die Vögel haben alle Kirschen vom Baum geholt**, gli uccelli si sono mangiati/[hanno portato via] tutte le ciliegie che c'erano sull'albero **7** (ab-~) **jdn/etw** ~ andare/venire a prendere qu/qc: **er musste täglich damit rechnen, dass die Polizei ihn ~ würde**, ogni giorno doveva mettere in conto la possibilità che la polizia andasse a prenderlo; **morgen wird der Sondermüll geholt**, domani (ero) portano via; **(vengono a prendere/ritirare) i rifiuti tossici 8** (einstellen) **jdn irgendwohin ~** chiamare qu a fare qc + compl di luogo: **sie holten ihn als Dozent an die Universität**, lo chiamarono a insegnare all'università **9** (jdn bei sich leben lassen) **jdn zu sich** (dat)

~ fare abitare/vivere qu con sé: **als die Eltern starben, holte die Oma die Kinder zu sich**, quando morirono i genitori, la nonna prese i bambini con sé B rfl **1** (nehmen) **sich** (dat) **etw** (**aus/in etw** dat) **~** prendersi qc in/da qc: **hol dir ein Bier aus der Küche/dem Kühlschrank und setz dich zu uns!**, va' a prenderti una birra in cucina/[dal frigorifero] e siediti con noi! **2** fam (gewinnen) **sich** (dat) **etw** ~ prendere qc, vincere qc: **die Mannschaft holte sich mit diesem Spiel die Medaille**, con questa partita la squadra ha preso/vinto la medaglia **3** fam (zuziehen) **sich** (dat) **etw** ~ beccar(si) qc fam, buscarsi qc fam, prender(si) qc: **bei der Kälte habe ich mir einen Husten geholt**, con questo freddo mi sono beccato (-a)/buscato (-a)/preso (-a) la tosse **4** fam (geben lassen) **sich** (dat) **etw** (**von jdm**) ~ chiedere qc (a qu): **ich habe mir diesen Rat von einem Fachmann geholt**, ho chiesto questo consiglio a/[mi sono fatto (-a) consigliare da] un esperto **5** fam (stehlen) **sich** (dat) **etw** ~ sgraffignare qc fam, fregare qc fam: **die Elster hat sich das Schmuckstück geholt**, la gazza ha fregato il gioiello • **da/[bei jdm] ist nichts (mehr) zu ~** fam, qu ha le tasche vuote fam.
Holland <-s, ohne pl> n geog Olanda f • **keine Ahnung, wie das weitergehen soll! Da ist ~ in Not!** fam, chissà come andrà! Siamo/sono proprio nei guai! fam.
Holländer <-s, -> m (**Holländerin** f) **1** (Bewohner) olandese mf: **sie ist ~in, lebt aber in London**, è olandese, ma vive a Londra **2** <nur sing, nur m> (Käse) (formaggio m) olandese m • **der Fliegende ~** mus, l'Olandese volante.
holländisch adj olandese.
Holländisch <-(s), ohne pl> n, **Holländische** <dekl wie adj> n olandese m; → auch **Deutsch**, **Deutsche**®.
Hollandrad n tech bicicletta f olandese (bicicletta f da città, su cui si sta seduti diritti).
Hölle <-, -n> f <nur sing> relig inferno m: **in der ~**, all'inferno **2** (Ort, Zustand des Leidens) inferno m: **es ist die ~, mit ihnen zu leben**, vivere con loro è proprio un inferno • **die ~ auf Erden**, l'inferno; **in einer Diamantenmine zu arbeiten bedeutete die ~ auf Erden**, lavorare in una miniera di diamanti era un inferno; **fahr zur ~!** fam, va' all'inferno!; **die grüne ~**, la giungla; **jdm die ~ heißmachen** fam, non dar tregua a qu, mettere in croce qu fam; **in die ~ hinabfahren** relig, discendere all'inferno; **in die ~ kommen**, andare all'inferno; **draußen ist die ~ los!** fam, fuori si è scatenato l'inferno!; **in der Stadt ist die ~ los** fam, in centro c'è un gran casino! slang; **jdm etw zur ~ machen** fam, rendere a qu qc un inferno; **er hat ihr das Leben zur ~ gemacht**, le ha reso la vita un inferno; **das ist die ~ reinste ~!** fam, che inferno!; **alle schrien durcheinander, es war die reinste ~!**, tutti urlavano, era una bolgia infernale!; **jdn zur ~ wünschen**, mandare qu all'inferno; **zur ~ mit jdm/etw**, che qu/qc vada all'inferno; **zur ~ mit dir!** fam, va' all'inferno!; **der Weg zur ~ ist mit guten Vorsätzen gepflastert** prov, la via dell'inferno è lastricata di buone intenzioni prov.
Höllenangst f fam fifa f infernale fam, paura f del diavolo/[tremenda]: **ich hatte eine ~, so völlig allein in dem alten Haus**, avevo una paura del diavolo, tutto (-a) solo (-a) in quella vecchia casa.
Höllenärger m fam guai m pl grossi: **das gibt einen ~, wenn du das Fenster einwirfst!**, saranno guai grossi/[cazzi amari slang], se rompi la finestra!

Höllendurst m fam sete f infernale fam/pazzesca fam.
Höllenfahrt f **1** relig discesa f all'inferno; myth discesa f agli inferi **2** fam (anstrengende oder gefährliche Fahrt) viaggio m infernale fam/[da incubo fam].
Höllenfeuer n **1** relig fuoco m dell'inferno: **im ~ schmoren**, bruciare all'inferno **2** (sehr heißes, großes Feuer) gran fuoco m, fuocone m.
Höllenfürst m lit signore m delle tenebre, diavolo m.
Höllengeschrei n fam baccano m infernale fam, cagnara f assordante: **in der Klasse brach ein ~ aus, als die letzte Stunde ausfiel**, quando l'ultima ora è saltata, in classe si è scatenato un baccano infernale fam.
Höllengestank m fam puzzo m/fetore m infernale/bestiale: **in dem Zimmer herrschte ein ~**, nella stanza c'era un tanfo bestiale.
Höllenhitze <-, ohne pl> f fam caldo m infernale/boia fam: **im Auto herrschte eine ~**, in macchina faceva un caldo infernale/[d'inferno].
Höllenhund m myth cerbero m.
Höllenkrach m fam, **Höllenlärm** m fam fracasso m/baccano m infernale, chiasso m assordante/tremendo: **im Maschinenraum des Schiffes war ein ~**, nella sala macchine c'era un frastuono terrificante; **all die Leute auf dem Platz machten einen ~**, tutta quella gente in piazza faceva un baccano infernale.
Höllenmaschine f **1** slang (Bombe) ordigno m/macchina f obs infernale **2** fam (Gerät, Maschine, die Angst einjagt) diavoleria f, arnese m del diavolo **3** fam (Motorrad, Rennwagen) bolide m.
Höllenqual f <meist pl> pena f dell'inferno: **~en leiden**, patire/soffrire le pene dell'inferno.
Höllenschreck m fam spavento m terribile/micidiale, paura f cane fam: **ich bekam einen ~**, mi presi uno spavento terribile/micidiale.
Höllenspaß m fam: **wir hatten einen ~**, ci siamo divertiti (-e) un mondo/[da morire].
Höllenspektakel m fam baccano m/fracasso m infernale.
Höllenstein m pharm pietra f infernale.
Höllenstress (a.R. Höllenstreß) m fam stress m bestiale fam/pazzesco fam: **der Umzug von Berlin nach München war ein ~**, il trasloco da Berlino a Monaco è stato uno stress bestiale.
Höllentempo n fam velocità f pazzesca: **in einem ~ ging es die Straße runter**, facemmo la discesa a una velocità da capogiro.
Höllenverkehr m fam traffico m infernale.
Höllenwetter <-s, ohne pl> n tempo m d'inferno: **draußen tobt ein Schneesturm, ein echtes ~ !**, fuori infuria una tormenta, che tempo d'inferno!
Höllenwut f fam rabbia f bestiale: **als sie nach Hause kam, hatte sie eine ~**, quando tornò a casa era incazzatissima slang.
Holler <-s, -> m süddt → **Holunder**.
höllisch A adj **1** (die Hölle betreffend) (DÄMONEN, FEUER, GEISTER) infernale, dell'inferno **2** fam (sehr groß) (DURST, HITZE, KRACH) infernale; (ANGST, GESTANK, SCHMERZEN) bestiale, tremendo, micidiale: **~e Qualen leiden**, soffrire pene tremende B adv **1** fam (sehr): **~ aufpassen**, stare terribilmente attento (-a)/[attentissimo (-a)]; **etw ~ genau nehmen**, essere pignolo da morire fam

2 *fam* (*furchtbar*): ~ **fluchen**, tirare delle bestemmie terribili, bestemmiare tutti i santi del calendario/paradiso; ~ **schreien**, urlare come ˌun pazzo/una pazzaˌ/[un ossesso/un'ossessa]; ~ **wehtun**, fare un male cane *fam*/boia fam; ~ **brennen** {WUNDE}, bruciare tremendamente/[in un modo pazzesco] *fam*; ~ **kompliziert/schwer sein** {MATHEMATIK}, essere complicato/difficile da morire; ~ **unangenehm sein** {BEGEGNUNG, SITUATION}, essere tremendamente spiacevole; **es ist** ~ **heiß/kalt**, fa terribilmente caldo/freddo, fa un ˌcaldo d'infernoˌ/[freddo bestiale].

Hollywoodschaukel f dondolo m.

Hollywoodschinken m *fam pej* polpettone m hollywoodiano *fam*.

Hollywoodstil m stile m hollywoodiano.

Holm① <-(e)s, -e> m **1** *sport* {+BARREN} sbarra f; (*Seitenstange des Holzschlittens*) barra f **2** {+LEITER} staggio m **3** *bau* (*Handlauf des Geländers*) corrimano m **4** *aero* (*Längsträger eines Flügels*) longherone m **5** (*Stiel*) {+AXT, RUDER} manico m.

Holm② <-s, -e> m *norddt* (*kleine Insel*) isoletta f.

Holmium <-s, ohne pl> n *chem* olmio m.

Holocaust <-(s), ohne pl> m *hist* olocausto m: **die Opfer des** ~, le vittime dell'olocausto.

Holocaust-Denkmal, **Holocaustdenkmal** n monumento m alle vittime dell'olocausto.

Holocaust-Gedenkstätte, **Holocaustgedenkstätte** f memoriale m (alle vittime) dell'olocausto.

Holografie <-, ohne pl> f *opt* olografia f.

holografisch① adj *opt* olografico.

holografisch② adj *jur* {TESTAMENT} olografo.

Hologramm <-s, -e> n *opt* ologramma m.

Holographie f → **Holografie**.

holographisch adj → **holografisch**①, **holografisch**②.

Holperigkeit <-, ohne pl> f **1** (*Unebenheit*) {+SCHOTTERWEG} accidentalità f **2** (*Ungewandtheit*) {+STIL} goffaggine f.

holpern itr **1** <sein> (*sich rüttelnd fortbewegen*) **durch/über etw** (akk) ~: **der Bus holperte durch die Straßen**, l'autobus passava traballando per le strade; **die Kutsche holperte über das Pflaster**, la carrozza ˌavanzava traballandoˌ/[procedeva a scossoni] sul selciato **2** <haben> (*wackeln*) traballare: **der Anhänger holperte so sehr, dass die gesamte Ladung verrutschte**, il rimorchio traballava talmente forte che l'intero carico si spostò **3** <haben> (*stocken*): **beim Lesen/Sprechen** ~, inciampare/incepparsi ˌnella letturaˌ/[nel parlare].

holprig, holperig adj **1** (*uneben*) {+STRAßE, WEG} accidentato; {+STRAßENPFLASTER} sconnesso **2** (*stockend*) {ENGLISCH, FRANZÖSISCH} stentato, zoppicante; {+STIL} *auch* faticoso: ~**es Versmaß**, versi zoppicanti B *adv* (*stockend*) a stento/fatica.

Holprigkeit f → **Holperigkeit**.

holterdiepolter adv *fam* patapum, patapunfete, patapumfete: **und** ~ **fiel er die Treppe hinunter**, e patapum, cadde giù per le scale; **man hörte ein lautes Holterdiepolter**, si udì un forte patapum.

Holunder <-s, -> m bot sambuco m.

Holunderbeere f *bot* bacca f di sambuco.

Holunderblüte f *bot* fiore m di sambuco.

Holundersaft m *gastr* succo m di sambuco.

Holunderstrauch m *bot* arbusto m/alberello m di sambuco.

Holunderwein m *gastr* "bevanda f a bassa gradazione alcolica ottenuta dalle bacche di sambuco".

Holz <-es, Hölzer> n **1** <nur sing> (*Substanz der Bäume*) legno m: **ein Stück** ~, un pezzo di legno; **Möbel aus** ~, mobili di/in legno; **festes/hartes** ~, legno forte; **bearbeitetes/furniertes/glattes/verwachsenes** ~, legno lavorato/impiallacciato/liscio/nodoso **2** <nur sing> (*Brennholz*) legna f: **frisches/trockenes/gelagertes** ~, legna verde/secca/stagionata; ~ **aufschichten/[hacken/spalten]**, accatastare/spaccare la legna; ~ **machen**, tagliare/spaccare la legna; ~ **sammeln**, ˌraccogliere laˌ/[far ~] legna; **ein Stapel** ~, una catasta di legna **3** <nur sing> (*Nutzholz*) legname m: **dieser Baum gibt gutes** ~, quest'albero fornisce un buon legname; **ein Posten** ~ **com**, una partita di legname **4** (~*art*) legno m: **die Truhe ist aus edlem** ~, la cassapanca è di legno pregiato **5** <nur pl> (~*stecken*, ~*pfähle*) pali m pl, legni m pl: **Hölzer in die Erde rammen**, conficcare pali nel terreno; **der Wald ist voller Hölzer**, il bosco è pieno di legni e legnetti **6** <nur sing> (*Gehölz, Wald*) bosco m: **das** ~ **steht gut**, il bosco è cresciuto bene **7** <nur sing> *mus* (*Holzblasinstrumente*) legni m pl ● **aus** ˌ**einem anderen**ˌ/[**anderem**] ~ (**geschnitzt**) **sein**, essere di (ben) altra tempra, essere (fatto) di un'altra pasta; **aus** ~, di/in legno; **aus feinem/weichem** ~ (**geschnitzt**) **sein**, essere sensibile; **aus dem gleichen** ~ **geschnitzt sein**, essere della stessa tempra/pasta; **aus grobem** ~ (**geschnitzt**) **sein**, essere un tipo coriaceo; **aus hartem** ~ **geschnitzt sein**, essere di fibra/tempra forte/robusta; **viel** ~ **vor der Hütte haben** *slang*, avere un bel davanzale *fam scherz*, avere dei bei respingenti *slang*; **auf** ~ **klopfen**, toccare legno; **nicht aus** ~ **sein**, non essere di legno; ~ **sägen** *fam*, russare/ronfare come una motosega *fam*; **den Ball mit dem** ~ **schlagen/treffen** *Tennis*, steccare (la palla); **aus dem** ~ (**geschnitzt**) **sein, aus dem man Politiker/Meister/… macht**, avere la stoffa del politico/campione/…; **gut im** ~ **stehen** {WALD}, essere vigoroso; ~ **verarbeitend** {MASCHINE}, che lavora il legno; ~ **verarbeitende Industrie**, industria della lavorazione del legno; **viel** ~ **sein** *fam*, essere parecchio.

Holzapfel m *bot* **1** (*Baum*) melo m selvatico **2** (*Frucht*) mela f selvatica.

Holzart f tipo m di legno.

Holzauge n: ~, **sei wachsam!** *scherz* (*an sich selbst gerichtete Ermahnung*), occhio!, occhi aperti!

Holzbank f panchina f in/di legno; (*in der Kirche*) panca f di/in legno.

Holzbearbeitung f lavorazione f del legno.

Holzbein n gamba f di legno.

Holzbläser <-s, -> m (**Holzbläserin** f) *mus* suonatore (-trice) m (f) di strumento a fiato in legno: **die** ~ **eines Orchesters**, i legni di un'orchestra.

Holzblasinstrument n *mus* strumento m f a fiato in legno; <pl> legni m pl.

Holzboden m → **Holzfußboden**.

Holzbohrer m **1** *tech* trivella f **2** *zoo* (*Borkenkäfer*) bostrico m.

Holzbrett n asse f; (*rechteckig*) tavola f.

Holzbrettchen n piatto m di legno; (*zum Schneiden*) tagliere m di legno.

Holzbrücke f ponte m di/in legno.

Hölzchen <-s, -> n *dim von Holz* **1** (*kleines Stück Holz*) legnetto m, bastoncino m **2** (*Wäldchen*) boschetto m **3** (*Zündholz*) fiammifero m ● **vom** ~ **aufs Stöckchen kommen**, saltare di palo in frasca.

Holzdecke f soffitto m ˌin/di legnoˌ/[ligneo].

holzen itr *slang sport Fußball* giocare duro *fam*: **besonders der Stürmer holzte fürchterlich**, soprattutto l'attaccante faceva un gioco durissimo.

Holzerei <-, -en> f *slang sport Fußball* gioco m pesante/duro.

hölzern A *adj* **1** (*aus Holz*) {SPIELZEUG, STUHL} di/in legno; (*bes. für Kunstwerke*) ligneo **2** (*ohne Regung*) {GESICHT, GESICHTSAUSDRUCK} impassibile **3** (*ungelenk*) {+VERBEUGUNG} legnoso, rigido: **mit** ~**em Gang**, con andatura legnosa/rigida **4** (*spröde*) {ANTWORT} secco B *adv* **1** (*dumpf*): **als ich auf den Tisch klopfte, klang es** ~, quando battei sul tavolo ne uscì un suono secco **2** (*spröde*): ~ **antworten**, dare delle risposte secche **3** (*ungeschickt*): ~ **gehen/sprechen**, non essere sciolto nel camminare/parlare.

Holzfäller m tagliaˌlegna m, spaccalegna m, boscaiolo m, tagliaboschi m.

Holzfaser f fibra f legnosa.

Holzfaserplatte f pannello m di fibra (di legno).

Holzfeile f raspa f (per/da legno).

Holzfigur f figura f ˌin/di legnoˌ/[lignea].

Holzfloß n zattera f.

holzfrei *adj* {PAPIER} ˌche non contieneˌ/[senza] cellulosa.

Holzfurnier n impiallacciatura f.

Holzfußboden m pavimento m di/in legno.

Holzgerüst n impalcatura f di/in legno, ponteggio m di/in legno.

Holzgewächs n *bot* pianta f legnosa.

Holzhammer m mazzuolo m (di legno) ● **jdm etw mit dem** ~ **beibringen** *fam*, far entrare in testa con la forza qc a qu.

Holzhammermethode f (*mit Kraft und Gewalt*): **die** ~ **anwenden** *fam*, usare metodi pesanti.

Holzhandel m commercio m del legno.

Holzhändler m (**Holzhändlerin** f) commerciante mf di legname.

Holzhaus n casa f di/in legno.

Holzhütte f capanna f/casupola f di/in legno, baracca f.

holzig A *adj* **1** (*so hart wie Holz*) {STÄNGEL} legnoso **2** (*mit vielen Fasern*) {SPARGEL} legnoso B *adv* (*spröde*): ~ **schmecken**, sapere di legno, risultare legnoso (-a) al gusto.

Holzindustrie f industria f del legname.

Holzkiste f **1** (*aus Holz*) cassetta f di legno **2** (*für Brennholz*) cassetta f per la legna.

Holzklotz m **1** (*zum Holzhacken*) ceppo m **2** (*zum Verbrennen*) ciocco m **3** (*grober, ungehobelter Mensch*) grezzo (-a) m (f); (*steifer Mensch*) pezzo m di legno ● **mit dem** ~ **soll ich tanzen? Nie im Leben!**, dovrei ballare con quell'orso? Nemmeno morta!

Holzknüppel m randello m.

Holzkohle f carbone m di legna; (*in kleinen Stücken*) carbonella f.

Holzkohlengrill m barbecue m/griglia f (a carbonella).

Holzkopf m **1** {+MARIONETTE} testa f di di legno **2** *fam pej* (*schwer begreifender Mensch*) testa f di legno: **ein** ~ **sein**, essere ˌuna testa di legnoˌ/[uno zuccone].

Holzkreuz n, **Holzkruzifix** n *relig* crocifisso m ligneo/[di/in legno].

Holzlager n deposito m/magazzino m di legname.

Holzlöffel m cucchiaio m di legno.

Holzofen m forno m a legna.

Holzofenbrot n pane m cotto a legna.

Holzpantine f, **Holzpantoffel** m *norddt*

zoccolo m.
Holzpfahl m palo m.
Holzpflock m 1 {+Zelt} picchetto m 2 (bei Vermessungen) picchetto m, paletto m: **Holzpflöcke in einer Reihe in die Erde schlagen**, piantare una fila di picchetti/paletti nel terreno.
Holzscheit <-(e)s, -e oder bes. A CH -er> n ciocco m: **ein ~ ins Feuer legen**, mettere un pezzo di legna sul fuoco.
Holzschnitt m xilografia f.
holzschnittartig adv: **etw ~ darlegen**, spiegare qc in modo grossolano.
Holzschnitzarbeit f lavoro m di intaglio in legno.
Holzschnitzer m (**Holzschnitzerin** f) intagliatore (-trice) m (f) di legno.
Holzschnitzerei f intaglio m in legno.
Holzschnitzerin f → **Holzschnitzer**.
Holzschuh m scarpa f di legno, zoccolo m.
Holzschuppen m 1 (für Holz) legnaia f 2 (aus Holz) rimessa f/capanna f di legno.
Holzschutzmittel n prodotto m protettivo per il (trattamento del) legno.
Holzspan m truciolo m di legno.
Holzspielzeug n giocattolo m di/in legno.
Holzstäbchen n bacchetta f di/in legno.
Holzstapel m, **Holzstoß** m catasta f di legna.
Holzstück n pezzo m di legno.
Holztäfelung f pannellatura f in legno.
holzverarbeitend adj → **Holz**.
Holzverarbeitung f lavorazione f del legno.
Holzveredelung f tech affinazione f del legno.
holzverkleidet adj rivestito di legno.
Holzverkleidung f rivestimento m in legno.
Holzverschlag m → **Holzschuppen**.
Holzwand f parete f in/di legno.
Holzware f <meist pl> articoli m pl in legno.
Holzweg m sentiero m per il trasporto del legname • **auf dem ~ sein** fam, essere fuori strada, sbagliarsi di grosso fam.
Holzwirtschaft f → **Holzindustrie**.
Holzwolle f lana f/paglia f di legno.
Holzwurm m zoo tarlo m.
Holzzaun m (mit Latten) steccato m; (mit Pfosten) palizzata f.
home adv inform (Befehl beim Surfen) home.
Homebanking m, **Home-Banking** <-(s), ohne pl> n inform home banking m.
Homecomputer m inform home computer m.
Homeland <-(s), -s> n <meist pl> (in Südafrika) homeland f.
Homeless <-, -> m homeless mf, senzatetto mf.
Homepage <-, -s> f inform home page f: **eine ~ einrichten/erstellen**, creare una home page; **eine ~ verwalten**, gestire una home page; **besuchen Sie die ~ ...**, visitate la home page/[il sito] ...
Homepage-Betreiber m (**Homepage-Betreiberin** f) gestore (-trice) m (f) di siti web.
homerisch adj omerico: **~es Gelächter**, risata omerica.
Homeshopping, **Home-Shopping** <-s, ohne pl> n televendita f.
Hometrainer, **Home-Trainer** <-s, -> m home trainer m, attrezzo fitness m; (Fahrrad) cyclette f.
Hominid <-en, -en> m, **Hominide** <-n, -n> m biol ominide m.

Hommage <-, ohne pl> f geh omaggio m: **ein Konzert als ~ an Schubert**, un concerto in omaggio a Schubert.
homo <inv> adj slang omosessuale, gay, omo slang.
Homo① <-s, -s> m fam gay m, omo m slang, omosessuale m.
Homo② <-, Homines> m biol ominide m.
Homoehe, **Homo-Ehe** f fam matrimonio m omosessuale.
Homoerotik f omoerotismo m rar.
homoerotisch adj omoerotico.
Homo Faber <- -, ohne pl> m lit philos homo faber m.
homofon adj ling mus omofono.
Homofon <-s, -e> n ling omofono m.
Homofonie <-, -n> f ling mus omofonia f.
homogen adj geh {Gruppe} omogeneo.
homogenisieren <ohne ge-> tr chem etw ~ omogeneizzare qc, omogenizzare qc.
Homogenität <-, ohne pl> f geh {+Gruppe} omogeneità f.
Homograf, **Homograph** <-s, -e> n ling omografo m.
homonym adj ling omonimo.
Homonym <-(e)s, -e> n ling omonimo m.
Homonymie <-, -n> f ling omonimia f.
Homo oeconomicus <- -, ohne pl> m geh homo oeconomicus m.
Homöopath <-en, -en> m (**Homöopathin** f) omeopata mf.
Homöopathie <-, ohne pl> f omeopatia f.
Homöopathin f → **Homöopath**.
homöopathisch A adj 1 (die Homöopathie betreffend) omeopatico: **~e Mittel**, prodotti/rimedi omeopatici 2 (sehr gering): **in ~en Dosen**, in dosi omeopatiche B adv {jdn behandeln, sich kurieren} omeopaticamente, con l'omeopatia.
homophil adj geh euph omofilo.
Homophilie <-, ohne pl> f geh euph omofilia f.
Homophobie f omofobia f.
homophon adj → **homofon**.
Homophon n → **Homofon**.
Homophonie f → **Homofonie**.
Homo sapiens <- -, ohne pl> m homo sapiens m.
Homosexualität f omosessualità f.
homosexuell adj omosessuale.
Homosexuelle <dekl wie adj> mf omosessuale mf.
Homosexuellenehe f → **Homoehe**.
homozygot adj biol omozigotico.
Homunkulus <-, -se oder Homunkuli> m (in der Alchemie) homunculus m.
Honduras <-, ohne pl> n geog Honduras m.
Honeymoon <-s, -s> m scherz luna f di miele.
Hongkong <-s, ohne pl> n geog Hong Kong f.
Honig <-s, rar -e> m miele m: **mit ~ gesüßt**, melato, dolcificato con il miele; **heller ~**, miele biondo; **naturreiner ~**, miele puro; **türkischer ~**, torrone; **weißer ~**, miele bianco; **~ von Wildbienen**, miele selvatico • **jdm ~ ums Maul/[um den Mund]/[um den Bart] schmieren** fam, leccare (i piedi a) qu, lisciare qu fam.
Honigbiene f zoo ape f domestica.
Honigbrot n gastr fetta f di pane con il miele.
honigfarben, **honiggelb** adj color miele: **ein ~es Kleid**, un vestito color miele.
Honigkuchen m gastr → **Lebkuchen**.
Honigkuchenpferd n: **wie ein ~ grinsen/strahlen** fam, fare un sorriso che va da

un orecchio all'altro/[a trentadue denti] fam.
Honiglecken n: **das ist kein ~!** fam, non è uno zuccherino!
Honigmelone f bot melone m.
Honigschlecken n → **Honiglecken**.
honigsüß A adj 1 (süß wie Honig) dolce come il miele, dolcissimo 2 (übertrieben freundlich) melliflua, melato: **mit ~er Stimme sprechen**, parlare con voce mellifua B adv: **~ sprechen**, parlare in tono mieloso.
Honigtau m melata f.
Honigwabe f favo m pieno di miele.
Honigwein m gastr idromele m.
Honorar <-s, -e> n com onorario m, compenso m: **gegen ~**, dietro compenso.
Honorarabrechnung f com parcella f.
Honorarbasis f com: **auf ~ arbeiten**, lavorare a parcella.
Honorarfestlegung f, **Honorarfestsetzung** f com determinazione f dell'onorario.
Honorarforderung f com onorario m: **dieser Anwalt stellt relativ hohe ~en**, quell'avvocato chiede un onorario piuttosto alto.
Honorarkonsul m (**Honorarkonsulin** f) adm console m onorario.
Honorarprofessor m (**Honorarprofessorin** f) univ (Abk Hon.-Prof) professore (-essa) m (f) a contratto.
Honoratior <-en, -en> m <meist pl> notabile m, maggiorente m.
honorieren <ohne ge-> tr 1 (bezahlen) **jdn für etw** (akk) ~ {Anwalt, Autor, freien Mitarbeiter} retribuire qu per qc, pagare un compenso/onorario a qu per qc: **der Anwalt wurde für seine Leistung großzügig honoriert**, l'avvocato è stato generosamente retribuito per le sue prestazioni; **sie lässt sich (dat) den Auftrag gut ~**, si fa pagare/retribuire bene l'incarico; **etw mit etw** (dat) ~ {Arbeit, Auftrag, Projekt} retribuire qc con qc; **das Projekt wurde mit 10 000 Euro honoriert**, questo progetto è stato retribuito con 10 000 euro; **jdm etw ~** {Arbeit, Bemühungen, Stunden} retribuire qc a qu 2 (würdigen) **etw ~** {Arbeit, Bemühungen} apprezzare qc, riconoscere qc: **sein Engagement ist zweifellos zu ~**, il suo impegno è senz'altro da apprezzare; **ihr Auftritt wurde mit viel Beifall honoriert**, la sua esibizione è stata accolta da grandi applausi; **das Buch wurde mit einem Preis honoriert**, il libro è stato premiato/[ha ricevuto un premio] 3 com {Scheck, Wechsel} onorare qc.
honorig adj geh {Person} onorevole: **~e Absichten**, intenzioni onorevoli.
honoris causa adv geh (Abk h.c.) honoris causa (Abk h.c.): **Dr. honoris causa**, dottore honoris causa.
Hooligan <-s, -s> m hooligan mf.
Hopfen <-s, -> m bot luppolo m • **da/[bei jdm] ist ~ und Malz verloren** fam, con qu si perde il ranno e il sapone fam, con qu ogni fatica è sprecata.
Hopfenanbau m agr coltivazione f di/del luppolo.
Hopfenblüte f 1 (Blüte) fiore m di/del luppolo 2 (Blütezeit) fioritura f del luppolo.
Hopfenernte f agr raccolta f del luppolo.
Hopfenstange f agr 1 (Gerüst) pertica f per il luppolo 2 fam scherz (langer Mensch) pertica f fam, stanga f fam, spilungone (-a) m (f) fam.
hopp A interj (um jdn anzufeuern) su!, forza!: **~! lauf, schneller!**, su, corri, via!; **~, steh auf, die Pause ist vorbei!**, (su), forza, alzati, la pausa è finita! B adv (sehr rasch)

mach mal ein bisschen ~! *fam*, datti una mossa! *fam*, spicciati! *fam*, sbrigati!; **etw ~ ~ erledigen**, fare qc in due balletti; **abspülen? Das muss bei ihm alles ~ ~ gehen!**, lavare i piatti? Ci vuole mettere al massimo un secondo! ● **~e ~e Reiter!**, arri, arri, cavallino!

hoppala interj → **hoppla**.

hoppeln itr <sein> **über/durch etw** (akk) ~ {HASE, KANINCHEN ÜBER DIE WIESE, DURCHS FELD} salterellare *per/attraverso qc*, balzellare *per/attraverso qc*.

hoppla interj *fam* op là!: **~**, **fast wäre ich hingefallen!**, op là, stavo quasi per cadere!

hops interj (*im Sprung*) op là!: **er nahm Anlauf und, ~, sprang er über den Graben**, prese lo slancio, e op là! saltò il fosso ● **~ sein** *slang*, essere sparito/[andato perso (-a)].

Hops m <-es, -e> piccolo salto m, saltello m: **mit einem kleinen ~ sprang das Kind vom Mäuerchen**, con un ˌpiccolo saltoˌ/[saltello] il bambino scese dal muretto.

hopsala interj *fam* → **hoppla**.

hopsen itr <sein> *fam* saltellare ● **das ist gehopst wie gesprungen** *fam*, se non è zuppa è pan bagnato.

Hopser <-s, -> m *fam* saltellino m, salterello m: **einen ~ machen**, fare un saltellino; **das Auto machte noch ein paar ~, dann stand es endgültig still**, la macchina fece ancora alcuni piccoli balzi, poi si fermò definitivamente.

hops|gehen <irr> itr <sein> **1** *fam* (*kaputtgehen*) scassarsi *fam*, rompersi: **beim Spielen ist die Brille hopsgegangen**, giocando gli occhiali si sono scassati **2** *slang* (*sterben*) lasciarci le penne *fam*, restarci secco (-a) *fam*: **bei der Schießerei sind zwei Männer hopsgegangen**, nella sparatoria sono stati fatti fuori due uomini.

hops|nehmen <irr> tr *slang* **jdn ~** beccare *qu* e metterlo dentro *fam*.

Hörapparat m *tech* → **Hörgerät**.

hörbar adj {GERÄUSCH, STIMME} udibile.

hörbehindert adj audioleso, menomato nell'udito.

Hörbehinderte <dekl wie adj> mf audioleso (-a) m (f).

Hörbuch n audiolibro m.

Hör-CD f Cd m audio; (*Hörbuch*) audiolibro m.

horchen itr **1** (*heimlich zuhören*) (**an etw** dat) **~** origliare (*a qc*): **an der Tür/Wand ~**, origliare alla porta/parete **2** (*lauschen*) (**auf etw** akk) **~** tendere l'orecchio (*per cogliere qc*): **auf Atemzüge/Geräusche/Schritte ~**, tendere l'orecchio per cogliere i respiri/rumori/passi; **er horchte, ob die anderen schon eingeschlafen waren**, tendeva l'orecchio per capire se gli altri si fossero già addormentati **3** *süddt A CH* (*aufpassen*) (**auf jdn/etw**) **~** ascoltare *qu/qc*, dare/porgere/prestare ascolto *a qu/qc*, stare a sentire *qu/qc*, dare retta *a qu/qc*: **horch!**, ascolta!, sta' a sentire!; **horch auf das, was der Lehrer sagt!**, ascolta quel che dice l'insegnante!

Horcher <-s, -> m (**Horcherin** f) chi origlia/orecchia ● **der ~ an der Wand, hört seine eig(e)ne Schand** *prov*, chi sta alle scolte, sente le sue colpe *prov*.

Horchposten m posto m d'ascolto.

Horde <-, -n> f **1** (*ungeordnete Menge*) orda f: **eine ~ Touristen**, un'orda di turisti **2** *hist* (*Stamm ohne feste Ordnung*) orda f.

hören A tr **1** (*wahrnehmen*) **jdn/etw ~** {GERÄUSCH, STIMME, VOGEL} sentire *qu/qc*, udire *qu/qc geh*: **ich höre ihn pfeifen**, lo sento fischiare; **ich höre dich schlecht, sprich lauter!**, ti sento poco/male, parla più forte!; **er hört, dass es regnet**, sente che sta piovendo; **dieses Lied habe ich schon einmal irgendwo gehört**, questa canzone l'ho già sentita da qualche parte; **sie konnte ~, wie er fluchte**, (lei) poteva sentirlo bestemmiare; **hast du nicht gehört, was ich dir gesagt habe?**, non hai sentito cosa ti ho detto? **2** (*bewusst hören*) **etw ~** {RADIO} ascoltare *qc*; {KONZERT, REDE} *auch* (stare) a sentire *qc*: **Musik ~**, ascoltare/[stare a sentire] della musica **3** (*besuchen*) **etw** (**bei jdm**) **~** {VORTRAG} assistere *a qc* (*di qu*); {VORLESUNG} *auch* frequentare *qc* (*di qu*): **bei dem Professor habe ich Vorlesungen gehört**, ho frequentato/seguito le lezioni di quel professore **4** (*erfahren*) **etw** (**über jdn/etw**) **~**, sentire (dire) *qc su qu/qc*, apprendere *qc* (*su qu*), venire a sapere *qc* (*su qu/qc*): **wir haben gehört, dass Sie eine neue Arbeit gefunden haben!**, ˌabbiamo appreso/sentitoˌ/[siamo venuti (-e) a sapere] che ha trovato un nuovo lavoro!; **hast du schon gehört, wie die Prüfung war?**, hai già sentito/saputo com'è andato l'esame?; **man hört ja allerhand über sie!**, se ne sentono delle belle sul suo conto!; **ich habe nur Negatives über ihn gehört**, ho sentito (dire) solo cose negative su di lui; **man hat nie mehr etwas über die Verschwundenen gehört**, non si è più saputo niente di quelle persone scomparse; **ich habe gehört, dass die Regierung zurückgetreten ist**, ho appreso che il governo si è dimesso **5** (*anhören*) **jdn** (**zu etw** dat) **~** {ANGEKLAGTEN, ANWALT, ZEUGEN} ascoltare/sentire/udire *qu* (*in merito a qc*): **~ wir den Zeugen zu dem Vorfall**, ascoltiamo/sentiamo il testimone in merito all'accaduto; **ich will zuerst den Arzt ~, dann entscheiden wir**, prima voglio sentire il medico, poi decideremo **6** (*erkennen*) **etw an etw** (dat) **~** capire *qc da qc*: **an ihrem Tonfall habe ich gehört, dass sie sich erschreckt hatte**, dal tono della sua voce ho capito che si era spaventata; **ich habe den Schaden am Geräusch des Motors gehört**, dal rumore del motore ho capito che c'era un guasto B itr **1** (*irgendwie*) **~** sentirci (+ *compl di modo*): **gut/schlecht ~**, sentirci bene/[poco/male]; **auf einem Ohr nicht ~**, non sentirci da un orecchio **2** (*einen Rat befolgen*) **auf jdn/etw ~** ascoltare *qu/qc*, dare retta/ascolto *a qu/qc*: **wenn du auf seinen Rat hörst, dann hast du es leichter**, se ˌascolti/segui il suo consiglioˌ/[gli dai retta], sarà più facile per te; **das Kind hört nicht auf seine Eltern**, il bambino non ˌdà retta aiˌ/[ascolta i] genitori **3** (*heißen*): **auf den Namen ... ~**, rispondere al nome di ...; **der Hund hört auf den Namen Prinz**, il cane risponde al nome di Prinz **4** (*erfahren*) **von jdm/etw ~** sentire *di qu/qc*, sapere *di qu/qc*, venire a conoscenza *di qu/qc*, apprendere *di qu/qc*: **ich habe von seinem Erfolg gehört**, ho sentito/saputo del suo successo; **wir haben schon viel von Ihnen gehört**, abbiamo già sentito molte cose sul suo conto; **er wollte nichts mehr von ihr ~**, non voleva più saperne di lei; **ich habe davon gehört**, ne ho sentito parlare; **ich will von dir ~, dass es dir leidtut**, voglio sentirti dire che ti dispiace **5** (*Nachricht erhalten*) **von jdm ~** avere notizie *di qu*: **ich habe lange nichts mehr von ihr gehört**, è tanto tempo che non ho più sue notizie; **lass von dir ~, wenn du angekommen bist!**, fatti sentire/vivo (-a) quando sei arrivato (-a)! ● **hört, hört!**, ma senti, senti!; **da hört man ja allerhand!**, se ne sentono di tutti i colori!; **was von jdm zu ~ bekommen/kriegen**, prendersi una ˌbella parte/sgridataˌ/[partaccia] *fam* da qu; **etw nicht mehr ~ können**, non poter più sentire qc; **das lässt sich ~!**, non c'è male!; (**du**), **hör mal!** (*um jds Aufmerksamkeit zu erwecken*), senti/ascolta un po', (tu)!; **also/na, ˌ~ Sieˌ/[hör] mal! Das geht aber nicht** (*als Protest*), ma senta/senti un po'! Non va mica bene!; **sie hört sich gern(e) reden**, le piace sentirsi parlare, si parla addosso; **hör ich richtig?**, non sento/capito bene?; **jdm vergeht Hören und Sehen: als ich die Preise las, verging mir Hören und Sehen**, quando ho letto i prezzi mi sono sentito (-a) male; **dir wird noch Hören und Sehen vergehen, wenn du erst mal zu arbeiten anfängst!**, ne vedrai delle belle quando comincerai a lavorare!; **hat man *so* was schon mal gehört?**, senti un po' questa!; **man höre und *staune*!**, ma guarda un po'!; **wenn man dich/nicht ... so hört, sollte man meinen, die Welt geht unter**, a sentirti/sentirvi si direbbe che stia per arrivare la fine del mondo; **Sie *werden* noch von uns ~!** (*als Drohung*), sentirà ancora parlare di noi!; **Sie ~ *wieder* von mir**, avrà mie notizie; **etw nicht mehr ~ wollen**, non volere più ˌsapere nienteˌ/[sentir parlare] di qc; **ich höre nichts mehr von Fußball ~**, non ne voglio più sapere di calcio; **wer nicht ~ will, muss fühlen** *prov*, chi non vuole ascoltare consigli, imparerà a sue spese.

Hörensagen n: **vom ~**, per sentito dire; **er weiß es vom ~**, lo sa per sentito dire.

hörenswert adj {MUSIK} che merita/[vale la pena] di essere ascoltato, che si ascolta volentieri, godibile.

Hörer ① <-s, -> m (*Telefonhörer*) ricevitore m, cornetta f, microtelefono m: **den ~ abnehmen**, alzare/sollevare il ricevitore; **den ~ auflegen**, abbassare il ricevitore, riattaccare, riagganciare (il ricevitore); **den ~ auf die Gabel knallen/schmeißen** *fam*, buttare/sbattere giù il ricevitore.

Hörer ② m (**Hörerin** f) **1** (*bei Konferenzen oder bei Vorlesungen als nicht immatrikulierter Student*) uditore (-trice) m (f); (*Universitätshörer*) studente (-essa) m (f): **eine Veranstaltung für die ~ aller Fakultäten**, un corso per studenti di tutte le facoltà **2** (*Radiohörer*) ascoltatore (-trice) m (f).

Hörerbrief m *radio* lettera f di un ascoltatore.

Hörerfax n *radio* fax m di un ascoltatore.

Hörerin f → **Hörer** ②.

Hörerkreis m cerchia f di ascoltatori: **die Sendung läuft gut, es hat sich ein fester ~ gebildet**, la trasmissione va bene, si è creato un pubblico di affezionati.

Hörerpost f *radio* posta f degli ascoltatori.

Hörerschaft <-, -en> f **1** (*bei Konferenzen, Vorlesungen*) uditorio m, audience f **2** *radio* ascoltatori m pl.

Hörerumfrage f *radio* inchiesta f/sondaggio m tra gli ascoltatori.

Hörerwunsch m *radio* richiesta f di un ascoltatore: **auf ~ spielen wir das nächste Lied**, su richiesta di un ascoltatore, ecco la prossima canzone.

Hörfähigkeit f facoltà f uditiva.

Hörfehler m **1** (*Missverständnis*): **viele Fehler im Diktat sind ~**, nel dettato molti errori sono dovuti ad errata comprensione **2** *med* difetto m/imperfezione f dell'udito.

Hörfolge f *radio* serie f radiofonica, ciclo m di trasmissioni radiofoniche.

Hörfrequenz f frequenza f acustica: **eine hohe/niedrige ~ haben**, avere una frequenza acustica alta/bassa.

Hörfunk m *radio* → **Rundfunk**.

Hörgerät n *med tech* apparecchio m acustico.

hörgeschädigt adj audioleso: **ich bin schon ganz ~ nach diesem Konzert**, dopo

questo concerto sono mezzo (-a) sordo (-a).
hörig adj **1** (*völlig abhängig*) *jdm* ~ succube/succubo *di qu*: **diese Frau ist ihrem Mann**~, questa donna è succube del marito; **er ist ihr sexuell** ~, è sessualmente dipendente da lei **2** *hist* soggetto a servitù, asservito.
Hörigkeit <-, *ohne pl*> f **1** (*sexuell*) dipendenza f sessuale **2** *hist* servitù f, asservimento m.
Horizont <-(e)s, -e> m **1** *geog* orizzonte m: **ein Schiff taucht am ~ auf**, una nave appare all'orizzonte; **die Sonne geht am ~ unter**, il sole sta tramontando all'orizzonte **2** (*Gesichtskreis*) orizzonte m: **geistiger ~**, orizzonte mentale/spirituale; **einen engen/eingeschränkten ~ haben**, avere un orizzonte ristretto/limitato, essere di vedute ristrette/limitate; **ein Mensch mit weitem ~**, un uomo dai vasti orizzonti ● **neue ~e tun sich auf**, si schiudono nuovi orizzonti; **seinen ~ erweitern**, ampliare/allargare i propri orizzonti; **das übersteigt meinen ~** *fam*, oltrepassa le mie capacità cognitive/[di comprensione], non è alla mia portata.
horizontal A adj orizzontale B adv orizzontalmente, in orizzontale: **die Linie verläuft ~**, la linea si sviluppa in orizzontale.
Horizontale <-, -n> f **1** (*Linie*) linea f orizzontale **2** (*Lage*) posizione f orizzontale ● **sich in die ~ begeben** *fam*, mettersi in posizione orizzontale *fam*.
Hörmessgerät (a.R. Hörmeßgerät) n *tech* audiometro m.
Hormon <-s, -e> n *biol* ormone m.
hormonal adj → **hormonell**.
Hormonausschüttung f *anat* secrezione f di ormoni.
Hormonbehandlung f *med* trattamento m ormonale, terapia f/cura f a base di ormoni.
Hormoncocktail m *fam* mix m di ormoni.
Hormoncreme f *pharm* crema f a base di ormoni.
Hormondrüse f *anat* ghiandola f endocrina.
hormonell A adj {GLEICHGEWICHT} ormonale: **~e Störung**, disfunzione ormonale B adv: **~ bedingt**, (di origine) ormonale; **jdn ~ behandeln**, sottoporre qu a una cura/terapia ormonale/[a base di ormoni]; **~ gesteuert**, dipendente da fattori ormonali.
Hormonhaushalt m *anat* equilibrio m ormonale.
Hormonkrem, Hormonkreme f → **Hormoncreme**.
Hormonkur f *med* cura f ormonale.
Hormonmangel m *med* carenza f ormonale.
Hormonpräparat n *med* preparato m/prodotto m ormonale/[a base di ormoni].
Hormonproduktion f *biol* produzione f degli/di ormoni.
Hormonspiegel m *biol* quadro m ormonale; *med* (*Untersuchung*) dosaggio m ormonale.
Hormonspritze f *med* iniezione f di ormoni.
Hormontherapie f *med* terapia f ormonale, ormonoterapia f.
Hörmuschel f padiglione m/auricolare m del ricevitore.
Horn <-(e)s, Hörner> n **1** {+NASHORN, RIND, STIER} corno m: **gerade/gebogene Hörner**, corna dritte/curve; **der Stier senkt die Hörner**, il toro abbassa le corna **2** <*nur sing*> (*Substanz an Hörnern und Hufen*) corno m: **ein Kamm/Knopf aus ~**, un pettine/bottone di

corno **3** *mus* corno m: **~ blasen**, suonare il corno; **die Hörner spielen laut**, i corni suonano forte **4** *geog*: **das ~ von Afrika**, il Corno d'Africa; **das Goldene ~**, il Corno d'Oro **5** *aut* (*Hupe*) tromba f, clacson m ● **sich** (dat) **die Hörner abstoßen** *fam*, farsi le ossa; **jdm Hörner aufsetzen** *fam*, fare/mettere le corna a qu, cornificare qu; **ins gleiche ~ blasen**/stoßen *fam*, essere tutti d'accordo; **mit jdm ins gleiche ~ blasen** *fam*, fare eco a qu; **jdn auf die Hörner nehmen**, avere qu sulle corna, prendere qu di mira/punta; **kräftig/mächtig ins ~ stoßen** *fam*, dar fiato alle trombe.
Hornbrille f occhiali m pl di tartaruga.
Hörnchen <-s, -> n dim *von* Horn **1** (*kleines Horn*) cornino m **2** (*Gebäck*) cornetto m.
Hörnerklang m *geh* suono m di corni.
hörnern adj {KNÖPFE} di corno, corneo.
Hörnerv m *anat* nervo m acustico.
Hornhaut f **1** (*Verdickung der Haut*) callo m; (*größere Verdickung*) callosità f; (*besonders an den Füßen*) durone m **2** *anat* (*im Auge*) cornea f.
Hornhautbildung f formazione f di calli/callosità.
Hornhautentzündung f *med* cheratite f *med*, infiammazione f della cornea.
Hornhauttransplantation f *med* cheratoplastica f *med*/trapianto m di cornea.
Hornhautverdickung f *med* ispessimento m dello strato corneo, cheratodermia f *med*.
Hornisse <-, -n> f *zoo* calabrone m: **weibliche ~**, femmina del calabrone, calabrone femmina; **männliche ~**, maschio del calabrone, calabrone maschio.
Hornissennest n nido m di calabroni.
Hornissenschwarm m sciame m di calabroni.
Hornissenstachel m pungiglione m di calabrone.
Hornissenstich m puntura f/punzecchiatura f di calabrone.
Hornist <-en, -en> m (Hornistin f) *mus* cornista mf, suonatore (-trice) m (f) di corno.
Hornkamm m pettine m di corno.
Hornknopf m bottone m di corno.
Hornochse m *fam* imbecille m, cretino m.
Hörorgan n *anat* organo m [dell'udito]/[uditivo].
Horoskop <-s, -e> n *astr* oroscopo m: **das ~ in der Zeitung lesen**, leggere l'oroscopo sul giornale; **jdm das ~ stellen**, fare l'oroscopo a qu.
Hörprothese f *med* audioprotesi f, protesi f acustica.
horrend A adj {PREISE, SUMME} esorbitante, esoso B adv eccessivamente: **das ist ~ teuer!**, è orrendamente caro!, costa un'enormità/[l'ira di dio]!
Hörrohr n **1** (*für Arzt*) stetoscopio m **2** *obs* (*für Schwerhörige*) cornetto m acustico.
Horror <-s, *ohne pl*> m orrore m: **~ vor jdm/etw haben** *fam*, avere orrore di qu/qc ● **das ist ja der** (reinste) **~!** *fam*, è un inferno! *fam*.
Horrorfilm m film m dell'orrore.
Horrorgeschichte f storia f terrificante.
Horrorliteratur f *lit* letteratura f dell'orrore.
Horrorroman m *lit* romanzo m dell'orrore.
Horrorstory f → **Horrorgeschichte**.
Horrorszenario n scenario m apocalittico/[da incubo].
Horrorszene f scena f di orrore.
Horrortrip m **1** *slang* (*Drogenrausch*) brut-

to trip m *slang*/sballo m *slang* **2** (*schreckliche Erfahrung*) *fam* esperienza f allucinante/terrificante; (*schreckliche Reise*) viaggio m da incubo.
Horror Vacui <- -, *ohne pl*> m *geh* horror vacui m.
Horrorvideo n video m dell'orrore.
Hörsaal m aula f (universitaria).
Hörspiel n *lit* radiodramma m.
Horst <-(e)s, -e> m **1** (*Adlerhorst*) nido m (di rapace) **2** (*Fliegerhorst*) campo m di aviazione militare.
horsten itr {RAUBVÖGEL} nidificare.
Hörsturz m *med* ipoacusia f improvvisa *med*, improvvisa sordità f (passeggera).
Hort <-(e)s, -e> m **1** (*Kinderhort*) doposcuola m **2** *geh* (*Zufluchtsstätte*) rifugio m: **die Kirche ist ein ~ der Stille**, la chiesa è un'oasi di silenzio; **die Universität ist ein ~ freier Gedanken**, l'università è il luogo del libero pensare; **~ des Lasters**, sentina di vizi **3** *lit* (*Schatz*) tesoro m: **der ~ der Nibelungen**, il tesoro dei Nibelunghi.
horten tr etw ~ {GELD} tesaurizzare qc; {NAHRUNGSMITTEL} accaparrare qc, accumulare qc.
Hortensie <-, -n> f *bot* ortensia f.
Hörtest m *med* prove f pl dell'udito, esame f audiometrico *med*.
Hortkind n bambino (-a) m (f) che [va al]/[frequenta il] doposcuola.
Hortleiter m (Hortleiterin f) responsabile mf del doposcuola.
Hörvermögen <-s, *ohne pl*> n facoltà f uditiva/[dell'udito]: **ein gutes ~ haben**, avere l'udito fine; **ein schlechtes ~ haben**, essere duro d'udito.
Hörweite f: **in ~ sein**, essere a portata di voce; **als er außer ~ war, ...**, quando non lo potevano più sentire, ...
Höschen <-s, -> n dim *von* Hose **1** (*kurze Hosen*) pantaloncini m pl, calzoncini m pl **2** (*Schlüpfer*) mutandina f, slip m (da donna) ● **ein heißes ~** *fam*, mutandine eccitanti/sexy; **heiße ~** *fam scherz*, hot pants.
Höschenwindel f pannolino m mutandina.
Hose <-, -n> f **1** (*Beinkleidung*) pantaloni m pl, calzoni m pl: **enge/weite ~n**, pantaloni [stretti/aderenti]/[larghi]; **kurze ~n**, pantaloni corti, pantaloncini, calzoncini; **eine ~ anziehen/ausziehen/tragen**, mettersi/togliersi/[indossare/portare] i pantaloni; **in die ~ schlüpfen**, infilarsi i pantaloni **2** (*Unterhose*) mutande f pl; (*Slip*) mutandine f pl ● **die ~n anhaben** *fam* {FRAU}, portare i calzoni/pantaloni; **in die ~ gehen** *fam* {GESCHÄFT, PROJEKT, URLAUB}, andare storto/male; **in die ~ machen** *fam*, farsela [addosso *fam*]/[sotto *fam*]/[nei pantaloni *fam*]; **das Kind hat in die ~ gemacht** *fam*, il bimbo se l'è fatta addosso; **sich** (dat) (**vor Angst**) **in die ~ machen** *fam*, **die ~(n) (gestrichen) voll haben** *slang*, farsela [addosso *fam*]/[sotto *fam*]/[nei pantaloni/calzoni *fam*], cacarsi sotto *vulg* (dalla paura); **mach dir mal nicht in die ~!** *fam*, non fartela addosso! *fam*, non cacarti sotto! *vulg*; **die ~n runterlassen** *fam* (*die Wahrheit sagen*), mettere le carte in tavola; (*die Maske fallen lassen*), gettare la maschera; **jdm die ~n stramm ziehen** *fam*, sculacciare qu, prendere a sculacciate qu; **irgendwo ist tote ~** *fam*, [non c'è anima viva]/[c'è un mortorio] *fam* + *compl di luogo*; **die ~ vollkriegen** *fam*, prendersi un sacco di sculacciate.
Hosenanzug m tailleur m pantalone.
Hosenaufschlag m risvolto m dei pantaloni/calzoni.

Hosenbein n gamba f dei pantaloni/calzoni.

Hosenboden m fondo m dei pantaloni/calzoni • **wenn du das Abitur schaffen willst, solltest du dich mal auf den ~ setzen** *fam*, se vuoi passare l'esame di maturità, devi ₁metterti sotto *fam*₁/[metterticí di buzzo buono *fam*]; **jdm den ~ stramm ziehen/versohlen** *fam*, sculacciare qu, prendere a sculacciate qu.

Hosenbügel m gruccia f per pantaloni/calzoni.

Hosenbund m cinturino f dei pantaloni/calzoni.

Hosengürtel m cintura f (per pantaloni), cinghia f: **~ aus Leder**, cintura di cuoio.

Hosenklammer f molletta f per pantaloni.

Hosenknopf m bottone m dei pantaloni/calzoni; (*für die Hose bestimmt*) bottone m da/per pantaloni/calzoni.

Hosenladen m **1** (*Geschäft*) negozio m di pantaloni **2** *fam* (*Hosenschlitz*) bottega f/patta f *fam* dei pantaloni/calzoni: **den ~ aufhaben**, avere la bottega aperta.

Hosenlatz m brachetta f.

Hosennaht f cucitura f dei pantaloni/calzoni.

Hosenrock m gonna f pantalone.

Hosenrolle f *theat* parte f maschile interpretata da una donna.

Hosensaum m orlo m dei pantaloni.

Hosenscheißer m (**Hosenscheißerin** f) *fam* cacasotto mf *slang*.

Hosenschlitz m patta f/apertura f dei pantaloni/calzoni.

Hosenspanner m gruccia f/stampella f per pantaloni/calzoni.

Hosenstall m *fam* → **Hosenschlitz**.

Hosentasche f tasca f dei pantaloni/calzoni.

Hosenträger m <*meist pl*> bretella f.

hosianna interj *relig* osanna!

Hospital <-s, -e oder Hospitäler> n *obs* (*Krankenhaus*) ospedale m.

Hospitalismus <-, ohne pl> m *med psych* ospedalismo m.

Hospitant <-en, -en> m (**Hospitantin** f) **1** (*in einer Redaktion, am Theater, bei einer Zeitung*) stagista mf **2** *Schule univ* uditore (-trice) m (f) **3** *parl* (*parlamentare mf*) indipendente mf.

Hospitanz <-, -en> f (*in einer Redaktion, am Theater, bei einer Zeitung*) stage m.

Hospitation <-, -en> f *Schule* tirocinio m didattico; *univ* (*als Gasthörer*) presenza f di uditori: **in der Mathematikstunde ist ~**, alla lezione di matematica assiste un/una praticante/tirocinante.

hospitieren <*ohne* ge-> itr (*irgendwo*) ~ {IN EINER REDAKTION, AN DER SCHULE, AM THEATER} fare uno stage (+ *compl di luogo*): **bei einem Chemielehrer im Unterricht ~**, assistere come praticante alle lezioni di un insegnante di chimica.

Hospiz <-es, -e> n **1** (*Unterkunft für Pilger*) ospizio m **2** (*Sterbeheim*) ospizio m (per malati terminali).

Host <-(s), -s> m *inform* host m.

Hostess, (a.R. **Hosteß**) <-, -en> f **1** (*Gästehostess*) hostess f **2** *euph* (*Prostituierte*) accompagnatrice f *euph*.

Hostie <-, -n> f *relig* ostia f, particola f.

Hotdog <-s, -s>, **Hot Dog** <- s, - -s> m *oder* n *gastr* hot dog m.

Hotel <-s, -s> n albergo m, hotel m: **ein billiges/erstklassiges/teures/vornehmes ~**, un albergo economico/[di prima categoria]/ [costoso]/[elegante]; **ein kleines ~**, un piccolo albergo/hotel, un albergucio; **ein schäbiges ~**, un albergaccio; **in einem ~ absteigen**, scendere a/in un albergo; **im ~ schlafen/übernachten/wohnen**, dormire/pernottare/alloggiare in albergo.

Hotelangestellte <*dekl wie adj*> mf impiegato (-a) m (f) d'albergo.

Hotelbar f bar m dell'albergo.

Hotelbesitzer m (**Hotelbesitzerin** f) albergatore (-trice) m (f), proprietario (-a) m (f) di un albergo.

Hotelbetrieb <-(e)s, -e> m **1** (*Unternehmen*) azienda f alberghiera **2** (*Tätigkeit*) attività f alberghiera: **im Januar ruht der ~**, nel mese di gennaio l'albergo è chiuso.

Hotelbett n **1** (*Mobiliar*) letto m d'albergo **2** (*Übernachtungsmöglichkeit*) (posto m) letto m: **dieser Touristenort verfügt über 10 000 ~en**, questa località turistica dispone di 10 000 posti letto.

Hotelboy m → **Hotelpage**.

Hotelbranche f *industr* settore m/ramo m alberghiero.

Hotelburg f *pej* albergone m.

Hoteldetektiv m (**Hoteldetektivin** f) detective mf dell'albergo.

Hoteldieb m (**Hoteldiebin** f) topo m d'albergo.

Hoteldiener m inserviente m d'albergo.

Hoteldirektor m (**Hoteldirektorin** f) direttore (-trice) m (f) d'albergo.

hoteleigen adj {POOL, STRAND} (di proprietà) dell'albergo.

Hotelfach n settore m alberghiero/[turistico-ricettivo]: **im ~ arbeiten**, lavorare nel settore alberghiero/[turistico-ricettivo].

Hotelfachfrau f diplomata f in gestione alberghiera.

Hotelfachmann m diplomato m in gestione alberghiera.

Hotelfachschule f scuola f alberghiera, istituto m professionale alberghiero.

Hotelführer m guida f degli alberghi.

Hotel garni <- -, -s> n garni m.

Hotelgast m ospite mf/cliente mf dell'albergo.

Hotelgewerbe n industria f alberghiera.

Hotelhalle f hall f/atrio m dell'albergo.

Hotelier m **1** (*Besitzer*) albergatore (-trice) m (f) **2** (*Pächter*) gestore (-trice) m (f) di un albergo **3** (*Leiter*) direttore (-trice) m (f) di un albergo.

Hotelkapazität f ricettività f alberghiera.

Hotelkatalog m **1** (*zu einem Hotel*) catalogo m dell'albergo **2** (*zu mehreren Hotels*) catalogo m degli alberghi.

Hotelkauffrau f → **Hotelfachfrau**.

Hotelkaufmann m → **Hotelfachmann**.

Hotelkette f catena f di alberghi.

Hotelleiter m (**Hotelleiterin** f) direttore (-trice) m (f) ₁dell'albergo₁/[d'albergo].

Hotelleitung f **1** (*Leiter*) direzione f₁d'albergo₁/[di un albergo] **2** (*Führung*) gestione f/direzione f/conduzione f di un albergo.

Hotellerie f **1** (*Hotelgewerbe*) industria f alberghiera **2** (*Gesamtheit der Hotels*) alberghi m pl: **die gesamte ~ im Ort ist ausgebucht**, tutti gli alberghi del posto sono al completo.

Hotelmanager m (**Hotelmanagerin** f) manager mf d'albergo.

Hotelpage m boy m/ragazzo m (d'albergo).

Hotelpersonal n personale m di un albergo.

Hotelportier m portiere m d'albergo.

Hotelrechnung f conto m dell'albergo.

Hotelschiff n nave f albergo.

Hotelservice m servizio m dell'albergo.

Hotel- und Gaststättengewerbe n industria f alberghiera e della ristorazione.

Hotelverzeichnis n elenco m degli alberghi.

Hotelzimmer n camera f/stanza f d'albergo.

Hot Jazz <- -, ohne pl> m hot jazz m.

Hotline <-, -s> f **1** (*telefonischer Auskunftsdienst*) assistenza f (telefonica clienti); (*kostenlos*) numero m verde; (*Direktleitung bei Fernsehsendungen*) numero m (in sovrimpressione) **2** (*Sextelefon*) hot line f.

Hotlist <-, -s> f *inform* hotlist f.

Hotpants, **Hot Pants** subst <*nur pl*> hot pants m pl.

hott interj arri!

Hottegaul <-(e)s, -gäule> m, **Hottehü** <-s, -s> n *Kindersprache* cavallino m.

hotten itr *fam obs* ballare al ritmo del jazz: **alle hotteten wie verrückt zum Rhythmus der Musik**, tutti ballavano al ritmo vorticoso della musica • **einen ~ gehen** *fam obs*, andare a far quattro salti.

Hottentotte <-n, -n> m (**Hottentottin** f) **1** <*meist pl*> (*Einwohner*) ottentotto (-a) m (f) **2** (*primitiver Mensch*) ottentotto (-a) m (f), zulù mf • **hier geht's ja zu wie bei den ~n!**, qui sembra di essere in mezzo ai selvaggi!

Hottepferdchen n → **Hottegaul**.

Hovercraft <-s, -s> n *naut* hovercraft m.

h.p. Abk *von engl* horsepower: hp.

Hr. Abk *von* Herr: Sig. (Abk *von* Signor).

HR m Abk *von* Hessischer Rundfunk: "rete radiotelevisiva dell'Assia con sede a Francoforte".

Hrn. Abk *von* Herrn: a Sig. (Abk *von* al Signor): **an Hrn. Müller**, al Signor Müller.

hrsg. Abk *von* herausgegeben (*vom Verlag*): edito da; (*von Personen*) a. c. di.

Hrsg. Abk *von* Herausgeber(in) (*Verlag*): Ed. (Abk *von* editore (-trice) m (f)); (*Person*) curatore (-trice) m (f), editore (-trice) m (f).

HTML <-, ohne pl> n *inform* Abk *von engl* Hypertext Markup Language (*Hypertextmarkierungssprache*): HTML (*linguaggio standard per la codifica di ipertesti*).

http *inform* Abk *von engl* Hypertext Transfer Protocol: HTTP (*applicazione per il trasferimento di ipertesti*).

hu interj **1** (*Ausruf des Sichfürchtens*) mamma mia!: **hu, ist das dunkel hier!**, mamma mia, che buio (c'è) qua dentro! **2** (*Ausdruck des Ekels*) ih!: **hu, was für ein ekliger Gestank!**, ih, che odore nauseante! **3** (*plötzliches Kältegefühl*) brr!: **hu, wie kalt!**, brr, che freddo! **4** (*um jdn zu erschrecken*) bu!

hü interj (*an Zugtier, um loszulaufen*) arri!, su, bello (-a)!: **hü hott!**, su, forza! • **(ein)mal hü und (ein)mal hott sagen** *fam*, dire una volta bianco e una volta nero; **sie sagt mal hü und mal hott**, prima dice una cosa poi ne dice un'altra; **der eine sagt hü, der andere sagt hott** *fam*, uno dice bianco, l'altro nero.

Hub <-(e)s, Hübe> m *tech* **1** (*Heben*) sollevamento m **2** (*Kolbenhub*) corsa f.

Hubbel <-s, -> m *region* irregolarità f; (*im Boden*) gibbosità f.

hubbelig adj *region* {BODEN} gibboso.

Hubbleteleskop, **Hubble Teleskop** n *aero astr* telescopio m Hubble.

Hubbrücke f *tech* ponte m a sollevamento.

hüben adv *geh*: **~ und/wie drüben**, sia di qua che di là, tanto da una parte che dall'altra.

Hubertus, **Hubert** m (*Vorname*) Uberto.

Hubhöhe f tech {+Gabelstapler, Kran} altezza f di sollevamento, alzata f.
Hubinsel f tech isola f autoelevatrice.
Hubraum m tech cilindrata f: **Autos mit kleinem/mittlerem/großem ~**, auto di piccola/media/grossa cilindrata.
hübsch A adj **1** (*von gefälligem Äußeren*) {Aussehen, Gesicht, Lächeln} grazioso; {Junge, Kind, Kleid, Mädchen} carino, bello: **~ aussehen/sein** (*Kleid*), essere carino; (*Frau, Haus*) *auch* avere un aspetto gradevole; **sich ~ machen**, farsi bello (-a) **2** (*nett*) {Ausflug, Gegend, Stadt} carino: **ein ~es Geschenk**, un bel regalino **3** (*gefällig*) {Bild, Gemälde} carino: **ein ~es Haus**, una casetta graziosa; {Melodie} piacevole **4** *fam* (*ziemlich groß*) {Schaden} bello: **eine ~e Summe**, una bella somma **5** *fam iron* (*unerfreulich*) {Arbeit} bello: **das ist ja eine ~e Geschichte!** *iron*, che bella storia! *iron* B *adv* **1** *fam* (*beträchtlich*) bello, parecchio, piuttosto: **ganz ~ dick**, bello (-a) grassoccio (-a); **~ teuer sein**, essere piuttosto caro; **es ist ganz ~ warm**, fa piuttosto caldo; **ganz ~ büffeln**, fare una bella sgobbata, sgobbare un bel po'; **sich ganz ~ erkälten**, prendersi un bel raffreddore **2** *fam* (*ganz gut*): **~ singen/spielen/tanzen**, cantare/suonare/ballare benino **3** *fam* (*ganz*): **~ leise/still**, zitto (-a) zitto (-a); **bei der Oma müsst ihr ~ brav sein!**, dalla nonna dovete stare buoni (-e) buoni (-e)! **4** (*schön*): **sich ~ anziehen**, farsi bello (-a), mettersi in ghingheri ● **~!** *iron*, che bellezza! *iron*, che meraviglia! *iron*; **etw ~ bleiben lassen** *fam*: **lass das mal ~ bleiben!**, è meglio che lasci stare!; **lasst das mal ~ bleiben!**, lasciate perdere/stare!; **das werd' ich ~ bleiben lassen!**, me ne guarderò bene!; **na, ihr (zwei) Hübschen, wo geht's denn heute Abend hin?** *fam*, ehi bellezze, dove andate stasera?; *immer* **~**, mi raccomando, …; *immer* **~ langsam! Nicht drängeln!** *fam*, mi raccomando, piano, non spingete!; *immer* **~ der Reihe nach!** *fam*, mi raccomando, uno (-a) alla volta!; **was machst du denn da Hübsches?** *fam*, che stai facendo di bello?; **das kann ja ~ werden!**, c'è poco da stare allegri!; **oh, wie ~!** (*bewundernd*), che bello!
Hubschrauber <-s, -> m *aero* elicottero m: **mit dem ~ fliegen**, andare in elicottero.
Hubschraubercockpit n *aero* cabina f di pilotaggio dell'elicottero.
Hubschrauberlandeplatz m *aero* eliporto m, eliscalo m.
Hubschrauberlärm m frastuono m di elicotteri.
Hubschrauberrettungsdienst m elisoccorso m.
Hubschrauberträger m *naut* (nave f) portaelicotteri f.
Hubschraubertransport m *aero* trasporto m in elicottero.
Hubstapler m *tech* carrello m elevatore.
Hubvolumen n *tech* → **Hubraum**.
huch *interj fam* (*Ausruf des Erschreckens, Abscheus*) uh!: **~, hast du mich jetzt erschreckt!**, uh, mi hai proprio spaventato (-a)!
Hucke <-, -en> f: **die ~ voll haben** *slang*, essere bello (-a) sbronzo (-a) **jdm die ~ vollhauen** *slang*, spianare la gobba a qu *fam*, riempire di botte qu, scazzottare ben bene qu *fam*; **die ~ vollkriegen** *slang*, prender(si) un sacco di botte; **jdm die ~ volllügen** *slang*, raccontare un sacco di bugie/balle *fam* a qu; **sich (dat) die ~ vollsaufen** *slang*, prendersi una bella sbronza *fam*.
Huckel <-s, -> m *süddt* **1** (*kleine Erhöhung*) gobba f: **die Skipiste ist voller ~**, la pista è piena di gobbe **2** (*kleiner Hügel*) dosso m, poggio m.
huckelig *adj süddt* gibboso, pieno di gobbe: **~es Gelände**, terreno gibboso.
huckepack *adv* sulle spalle ● **mit jdm ~ machen** *fam*, portare ₍a cavalluccio₎/[sulle spalle] qu; **Papa, machst du mit mir ~?**, papà, mi porti ₍a cavalluccio₎/[sulle spalle]?; **jdn/etw ~ nehmen** *fam*/**tragen** *fam*, portare qu ₍a cavalluccio₎/[sulle spalle].
Huckepacksystem n, **Huckepackverfahren** n *Eisenb* sistema m combinato rotaia-strada: **Autos im ~ transportieren**, trasportare macchine con il sistema rotaia-strada.
Huckepackverkehr m *Eisenb* trasporto m combinato rotaia-strada.
Hudelei f *süddt A fam* abborracciamento m, abborracciatura f: **die Arbeit ist eine einzige ~**, il lavoro è un unico abborracciamento.
hudelig, hudlig A *adj süddt A fam* {Arbeit} abborracciato, fatto alla carlona *fam*₍/[con i piedi *fam*] B *adv* in modo abborracciato, alla carlona *fam*: **die Vorarbeiten sind ~ gemacht**, i preparativi sono abborracciati/acciabattati *fam*.
hudeln *itr süddt A fam* (*bei etw dat*) ~ abborracciare qc, lavoracchiare *fam*, tirare via (in/con qc) *fam*: **die Handwerker haben (bei der Arbeit) gehudelt**, gli operai hanno ₍abborracciato il lavoro₎/[fatto un lavoraccio]/[lavorato con i piedi]; **nur nicht ~!**, piano, non tirare/tirate via!; **das ist alles gehudelt!**, che abborracciatura!
Hudler m (**Hudlerin** f) *süddt A fam* abborraccione (-a) m (f).
Huf m *zoo* zoccolo m: **die Hufe des Pferdes beschlagen**, ferrare ₍gli zoccoli del₎/[il] cavallo.
Hufbeschlag <-(e)s, ohne pl> m ferratura f: **den ~ vornehmen**, eseguire la ferratura.
Hufeisen n **1** (*für Pferde*) ferro m di cavallo: **ein ~ als Glücksbringer über die Eingangstür nageln**, inchiodare un ferro di cavallo come portafortuna sopra la porta d'ingresso **2** (*Form des Hufeisens*) ferro m di cavallo: **ein ~ bilden/formen**, disporsi a ferro di cavallo.
hufeisenförmig A *adj* {Anlage, Anordnung} a ferro di cavallo B *adv*: **etw ~ anlegen/anordnen**, disporre/costruire qc a ferro di cavallo.
Hufeisenmagnet m calamita f/magnete m a ferro di cavallo.
Hufgeklapper n battere m degli zoccoli: **auf der Straße war das ~ der Pferde zu hören**, per strada si sentiva lo zoccolio dei cavalli.
Huflattich <-s, -e> m *bot* farfaro m, farfara f.
Hufnagel m chiodo m da ferratura/maniscalco.
Hufschlag <-(e)s, ohne pl> m **1** (*Geräusch der Hufe*) battere m degli zoccoli **2** (*Tritt*) zoccolata f, colpo m di zoccolo, calcio m di cavallo: **der Jockey wurde von einem ~ getroffen**, il fantino fu colpito da una zoccolata.
Hufschmied m (**Hufschmiedin** f) maniscalco m (f).
Hufschmiede f fucina f di/del maniscalco.
Hüftbein n *anat* osso m iliaco.
Hüfte <-, -n> f *anat* **1** (*beim Menschen*) fianco m, anca f: **breite/runde/schmale ~n haben**, avere/[essere di] fianchi larghi/tondi/stretti; **die Arme in die ~ stemmen**, mettersi le mani sui fianchi **2** <*nur sing*> *gastr* (*Fleischstück*) rosetta f, noce f ● **jdn um die ~ fassen**, afferrare qu per i fianchi; **bis an die ~ reichen**, arrivare ₍all'altezza dei₎/[ai] fianchi; **aus der ~ schießen**, sparare dall'altezza dei fianchi; **sich (beim Gehen) in den ~n wiegen**, ancheggiare, muovere le anche, camminare facendo ondeggiare le anche.
Hüftgelenk n *anat* articolazione f₍dell'anca₎/[coxofemorale].
Hüftgelenkentzündung f *med* coxite f *med*.
Hüftgelenkluxation f *med* lussazione f dell'anca.
Hüftgürtel m, **Hüfthalter** m reggicalze m.
hüfthoch A *adj* {Gras} alto fino ai fianchi: **wir liefen durch hüfthohes Gestrüch**, camminavamo attraverso cespugli che ci arrivavano (fino) ai fianchi B *adv*: **das Wasser steht ~**, l'acqua arriva ₍all'altezza dei₎/[fino ai] fianchi.
Hüfthose f pantalone m a vita bassa.
Huftier n *zoo* ungulato m.
Hüftknochen m *anat* → **Hüftbein**.
Hüftkopf m *anat* testa f del femore.
Hüftleiden n *med* coxalgia f *med*, patologia f dell'articolazione coxofemorale.
Hüftpfanne, **Hüftgelenkpfanne** f *anat* acetabolo m, cotile f.
Hüftprothese f *med* protesi f dell'anca.
Hüftschwung m ancata f: **beim Salsatanzen braucht man einen lockeren ~**, per ballare la salsa bisogna avere l'anca sciolta.
Hüftsteak n *gastr* fetta f di rosetta/noce.
Hüftumfang m *anat med* circonferenza f/larghezza f dei fianchi.
Hügel <-s, -> m *geog* **1** (*kleiner Berg*) colle m; (*kleiner ~*) collina f, collinetta f; (*kleiner, runder ~*) poggio m: **sanfte ~**, dolci colline; **bewaldete ~**, colli coperti di boschi; **der Anblick grüner ~**, la vista di colli verdeggianti **2** *poet* (*Grabmal*) tumulo m.
hügelab *adv geh* giù per la collina/il colle.
hügelan, **hügelauf** *adv geh* su per la collina/il colle.
Hügelgrab n *arch* tumulo m.
Hügelgräberkultur f *arch* civiltà f dei tumuli.
hügelig, hüglig *adj* {Gegend, Gelände, Landschaft} collinare, collinoso: **die Landschaft nimmt einen ~en Verlauf**, il paesaggio prende un andamento collinare.
Hügelkette f *geog* susseguirsi m di colli/colline.
Hügelkuppe f *geog* cocuzzolo m di un colle/una collina.
Hügelland n *geog* regione f/zona f collinare/[ricca/punteggiata di colline].
Hügellandschaft f *geog* paesaggio m collinare/collinoso.
Hugenotte m (**Hugenottin** f) *hist* ugonotto (-a) m (f).
Hugenottenkrieg m <*meist pl*> *hist* guerra f degli ugonotti.
Hugenottin f → **Hugenotte**.
Hugo m (*Vorname*) Ugo.
huh *interj* → **hu**.
hüh *interj* → **hü**.
Huhn <-(e)s, Hühner> n **1** *gastr* pollo m; (*Suppenhuhn*) gallina f: **freilaufende Hühner**, polli ruspanti; **Hühner in Legebatterien**, polli/galline di batteria; **gefülltes ~**, pollo farcito/ripieno; **ein ~ braten**, fare il pollo arrosto; **ein ~ rupfen/schlachten**, spennare/ammazzare un pollo; **gekochtes ~**, pollo lesso; **mit Körnern gefüttertes ~**, pollo allevato a grano; **~ mit Reis und Gemüse**, pollo con riso e verdure **2** (*Henne*) gallina f: **das ~ gackert**, la gallina fa coccodè; **junges ~**, pollastra f; **Eier legendes ~**, gallina da uo-

va • **wie ein** *aufgescheuchtes*/*kopfloses ~ fam* {HIN- UND HERLAUFEN}, agitato (-a) come un cavallo *fam*; **mit den Hühnern** *aufstehen fam*, alzarsi ₍coi polli₎/[con le galline] *fam*; **wie ein gerupftes ~** *aussehen*, sembrare un pulcino bagnato *fam*; **mit den Hühnern** ₍zu *Bett*₎/[*schlafen*] **gehen** *fam*, andare a letto ₍con le galline₎/[coi polli] *fam*; **ein** *blödes*/ *dummes ~ fam*, essere un'oca giuliva *fam*; **da lachen ja die Hühner!** *fam*, è roba da far ridere i polli/le galline! *fam*; **ein** *leichtsinniges ~* **sein** *fam*, essere una scervellata/scriteriata *fam*; **ein** *naives ~* **sein** *fam*, essere un pollo *fam*; **ein** *nervöses ~* **sein** *fam*, essere una gallina agitata *slang*; **dasitzen wie die Hühner auf der** *Stange fam*, stare/essere appollaiati (-e) come le galline *fam*; **ein** *verrücktes ~ fam scherz*, una ₍tipa/testa matta₎/ [pazzerella]; **ein blindes ~ findet auch mal ein Korn** *prov*, anche un cieco a volte può cogliere nel segno *prov*.

Hühnchen n *dim von* Huhn *zoo* pollastro (-a) m (f), polletto m *scherz*: **gebratenes**/**gekochtes ~**, pollo arrosto/lesso • **mit jdm (noch) ein ~ zu rupfen haben** *fam*, avere (ancora) ₍qualche conticino da regolare₎/ [un conto aperto] con qu.

Hühnerauge n *med* occhio m ₍di pernice₎/ [pollino], callo m al piede • **jdm auf die ~n treten** *fam*, pestare i calli a qu.

Hühneraugenpflaster n *med* cerotto m callifugo.

Hühnerbein n **1** *zoo* zampa f di pollo **2** *gastr* (*Schlegel*) coscia f di pollo.

Hühnerbrühe f *gastr* brodo m di pollo/ gallina.

Hühnerbrust f **1** *zoo* petto m di pollo **2** *gastr* petto m di pollo **3** *med* torace m/petto m carenato.

Hühnerdieb m ladro m di polli/galline.

Hühnerei n uovo m (di gallina).

Hühnerfarm f azienda f avicola, allevamento m di polli.

Hühnerfleisch n *gastr* carne f di pollo.

Hühnerfrikassee n *gastr* pollo m in fricassea, fricassea f di pollo.

Hühnerfutter n becchime m/mangime m per polli/galline.

Hühnerhabicht m *ornith* astore m.

Hühnerhaltung f *agr* allevamento m di polli.

Hühnerhaut f *A* → **Gänsehaut**.

Hühnerhof m *agr* pollaio m.

Hühnerhund m cane m da punta.

Hühnerkäfig m stia f, gabbia f (per polli).

Hühnerleiter f **1** (*am Hühnerhaus*) scaletta f del pollaio **2** (*steile Treppe*) scaletta f ripida.

Hühnermarkt m mercato m avicolo/[del pollame].

Hühnerpest f *med* peste f aviaria.

Hühnerschenkel m, **Hühnerschlegel** m *gastr* coscia f di/del pollo.

Hühnerstall m pollaio m, gallinaio m.

Hühnerstange f *agr* posatoio m per polli/ galline.

Hühnersuppe f *gastr* → **Hühnerbrühe**.

Hühnervogel m <*meist* pl> *ornith* galliforme m, gallinaceo m.

Hühnervolk n polli m pl, pollame m.

Hühnerzucht f *agr* pollicoltura f, pollicultura f, allevamento m di polli/pollame.

Hühnerzüchter m (**Hühnerzüchterin** f) *agr* pollicoltore (-trice) m (f), pollicultore (-trice) m (f).

huhu interj **1** (*um jds Aufmerksamkeit zu erregen*) ehi! ohé!: **~, ihr da, kommt mal her!**, ehi voi, venite qui! **2** (*um im Gespenst zu imitieren*) uh, uh!: **~, hier spuckt's!** *fam*, uh, uh, qui ci sono i fantasmi!

hui interj (*Geräusch einer schnellen Bewegung*) za!: **und hui, saust er auf seinem Fahrrad vorbei!**, e zac, passa sfrecciando sulla bici! • **außen hui und innen pfui!** *fam*, sembra chissà che, ma è tutta apparenza; **in einem Hui** *fam*, in un baleno/[batter d'occhio], in men che non si dica.

Hula-Hoop-Reifen m Hula-Hoop® m.

Huld <-, *ohne* pl> f *geh obs* (*Gunst*) favore m, benevolenza f: **jdm seine ~ erweisen**, dimostrare benevolenza a qu; **in jds ~ stehen**, godere del favore di qu.

huldigen itr *geh* **1** *iron* (*anhängen*) *etw* (dat) ~ {EINEM GRUNDSATZ, EINER IDEOLOGIE, MEINUNG, ÜBERZEUGUNG} consacrarsi a qc, votarsi a qc **2** *euph* (*frönen*) *etw* (dat) ~ {DEM LASTER, DEM TRINKEN, DER WETTLEIDENSCHAFT} indulgere a qc, abbandonarsi a qc: **er huldigt der Spielleidenschaft**, indulge al vizio del gioco; **sie huldigt dem Wein**, è dedita al vino **3** *obs* (*jdm Verehrung zeigen*) *jdm* ~ rendere omaggio a qu, omaggiare qu: **er huldigte dem Papst durch eine tiefe Verbeugung**, rese omaggio al papa facendo un profondo inchino.

Huldigung <-, *-en*> f *geh* ~ **einer** *P.*/*S.* {+DICHTER, LEBENSWERK} omaggio m a qu/qc: **jdm seine ~ darbringen**, rendere/tributare omaggio a qu; **jds ~ entgegennehmen**, ricevere gli omaggi di qu.

huldvoll *geh oft iron* *A* adj {BLICK, GESTE, LÄCHELN} magnanimo *B* adv magnanimamente, con magnanimità: **sich ~ benehmen/verhalten**, comportarsi ₍in modo magnanimo₎/[magnanimamente].

Hülle f **1** involucro m; (*für Ausweise, Dokumente*) custodia f; (*für Schirm*) fodera f: **durchsichtige**/**schützende ~**, involucro trasparente/protettivo; **~ aus Plastik**/**Papier**, involucro di plastica/carta; **eine ~ aufreißen**/**öffnen**, strappare/aprire l'involucro **2** (*für Kassette, CD*) custodia f **3** (*für Bücher*) sovraccoperta f; (*für Schallplatten*) copertina f **4** (*für Klavier*) coperta f **5** (*für Motorrad*) telo m • **die ~n** *fallen* **lassen** *fam*, mettersi nudo (-a); **in ~ und** *Fülle* fig, in abbondanza, a bizzeffe/iosa; **jds sterbliche ~** *geh euph*, le spoglie mortali di qu.

hüllen *A* tr **1** (*in etw einwickeln*) *jdn*/*etw in etw* (akk) ~ avvolgere qu/qc in qc, avviluppare qu/qc in qc: **den Verletzten in eine Decke ~**, avvolgere/avviluppare il ferito in una coperta; **das Brötchen in eine Papierserviette ~**, avvolgere il panino in un tovagliolo di carta; **das Geschenk in Seidenpapier ~**, avvolgere il regalo in carta velina **2** (*um jdn*/*etw herumlegen*) *etw um jdn*/ *etw* ~ avvolgere qc intorno/attorno a qc: **einen Schal um jds Kopf ~**, avvolgere una sciarpa intorno alla testa di qu; **eine Plastiktüte um den Fahrradsattel ~**, avvolgere un sacchetto di plastica attorno al sellino della bici; **in etw** (akk) **gehüllt**, avvolto in qc: **die Berge sind in Nebel gehüllt**, le montagne sono avvolte nella nebbia; **das Gebäude ist in Rauch und Flammen gehüllt**, l'edificio è avvolto dal fumo e dalle fiamme; **die Braut ist in einen weißen Schleier gehüllt**, la sposa è avvolta in un velo bianco *B* rfl (*sich einwickeln*) **sich** *in etw* (akk) ~ avvolgersi in qc, avvilupparsi in qc: **sich in einen Mantel ~**, avvolgersi/avvilupparsi in un mantello; **sich in eine Decke ~**, avvolgersi in una coperta; **sich in Schweigen ~** *fig*, chiudersi nel silenzio.

hüllenlos *scherz* *A* adj in costume adamitico *B* adv in costume adamitico: **sie sonnen sich ~**, prendono il sole ₍in costume adamitico₎/

co₎/[nature].

Hüllwort n *ling* eufemismo m.

Hülse <-, *-en*> f **1** (*für das Fieberthermometer, Taschenmesser*) astuccio m, custodia f **2** *bot* (*Bohnenhülse, Erbsenhülse*) baccello m.

Hülsenfrucht f <*meist* pl> *bot* legume m: **Erbsen, Saubohnen und Linsen sind Hülsenfrüchte**, piselli, fave e lenticchie sono legumi.

Hülsenfrüchtler <-*s*, -> m *bot* leguminosa f.

human *A* adj **1** (*menschenwürdig*) {BEDINGUNGEN, BEHANDLUNG, UMGEBUNG} umano: **die Arbeitsbedingungen müssen ~er werden**, bisogna che le condizioni di lavoro diventino più a misura d'uomo **2** (*menschenfreundlich*) {CHEF, RICHTER} umano; (*verständnisvoll*) indulgente, benevolo *B* adv (*menschenwürdig*) in modo umano, con umanità, umanamente: **jdn ~ behandeln**, trattare qu ₍in modo umano₎/[con umanità].

Humanbiologie f *wiss* biologia f umana.

Human Engineering <- -, *ohne* pl> n ingegneria f umana, human engineering m.

Humangenetik f *wiss* genetica f umana.

humanisieren <*ohne* ge-> tr *geh etw* ~ umanizzare qc, rendere qc più umano (-a): **die Lebensbedingungen der Gefangenen ~**, rendere più umane le condizioni di vita dei carcerati; **die Arbeit ~**, umanizzare il lavoro.

Humanisierung <-, *ohne* pl> f *geh* umanizzazione f: **die ~ der Lebensbedingungen**, rendere più umane le condizioni di vita; **die ~ der Arbeitswelt ist eine wichtige Aufgabe**, è un compito importante umanizzare il mondo del lavoro.

Humanismus <-, *ohne* pl> m **1** (*Geistesshaltung*) umanesimo m: **christlicher**/**idealistischer**/**marxistischer ~**, umanesimo cristiano/idealistico/marxista **2** *hist* Umanesimo m.

Humanist <-*en*, *-en*> m (**Humanistin** f) **1** (*humanistisch denkende Person*) umanista mf **2** *hist* umanista mf **3** *obs* (*mit humanistischer (Aus-) Bildung*) umanista mf, classicista mf: **~ sein**, aver fatto studi umanistici.

humanistisch *A* adj **1** (*als Geistesshaltung*) {GEIST, TRADITION} umanistico **2** *hist* {DICHTER} umanista; {LITERATUR} umanistico **3** (*Altgriechisch und Latein betreffend*) {FACH} umanistico; {STUDIEN} classico: **~es Gymnasium**, liceo classico; **~e Sprachen**, lingue classiche; **ein Mensch von ~er Bildung**, una persona con una formazione classica *B* adv in modo umanistico: **jdn ~ bilden**, dare una formazione umanistica a qu.

humanitär adj {AUFGABE, HILFE, HILFSORGANISATION, ZWECKE} umanitario: **aus ~en Gründen**, per motivi umanitari.

Humanität <-, *ohne* pl> f *geh* umanità f, umanitarismo m, spirito m umanitario: **echte**/**reine ~**, puro umanitarismo; **aus (Gründen der) ~**, per spirito umanitario.

Humanitätsdenken n *geh* mentalità f umanitaria.

Humanitätsduselei f *pej* umanitarismo m eccessivo.

Humanitätsideal n *geh* ideale m umanitario.

Humankapital n *ökon* capitale m umano.

Humanmedizin f *wiss* medicina f.

Humanmediziner m (**Humanmedizinerin** f) *wiss* medico m: **Claudia Maier, studierte ~in**, Claudia Maier, laureata in medicina.

Humanökologie f *ecologia* f umana.

Humanwissenschaft <*meist* pl> f *wiss* scienza f umana.

Humbug <-s, ohne pl> m fam pej fregatura f: **Horoskope sind doch nur ~, um die Leute auszunehmen**, gli oroscopi sono solo un bluff per spillare soldi alla gente ● **nichts als ~!**, tutte sciocchezze/fregnacce region!; **~ reden**, dire delle sciocchezze/stupidaggini.

Hummel <-, -n> f zoo bombo m ● **~ im Hintern haben** slang, avere ₁l'argento vivo adosso₁/[il ballo di San Vito]; **eine wilde ~** scherz, una ragazza vivace.

Hummer <-s, -> m zoo astice m.

Hummercocktail m gastr cocktail m di astice.

Hummerfleisch n gastr polpa f di astice.

Hummerpastete f gastr pâté m di astice.

Hummersalat m gastr insalata f di astice.

Hummersuppe f gastr brodo m di gamberi.

Humor <-s, ohne pl> m 1 (Fähigkeit) senso m dell' umorismo, (sense of) humour m, spirito m: **~ besitzen/haben**, avere ₁il senso dell'umorismo₁/[spirito]; **keinen ~ besitzen/haben**, non avere ₁il senso dell'umorismo₁/[(sense of) humour], essere privo di spirito 2 (Wesensart) umorismo m: **britischer/englischer ~**, umorismo inglese, humour ● **den ~ behalten, den ~ nicht verlieren**, mantenere/[non perdere] il senso dell'umorismo; **bösartiger ~**, umorismo crudele; **derber ~**, umorismo rozzo/volgare; **₁du hast₁/[er/sie hat] (vielleicht) ~!** fam iron, hai/ha voglia di scherzare!; **ein Mensch mit ~**, una persona ₁di spirito₁/[dotata di senso dell'umorismo]; **etw ~ nehmen**, prendere qc sul ridere; **ein Mensch ohne ~**, una persona senza/[priva di] umorismo; **einen plumpen ~ haben**, avere uno spirito di patata; **schwarzer ~**, umorismo macabro; **(k)einen Sinn für ~ haben**, (non) avere il senso dell'umorismo; **einen trockenen ~ haben**, avere un umorismo inglese; **einen unverwüstlichen ~ haben**, saper ridere anche nelle situazioni peggiori; **~ ist, wenn man trotzdem lacht** prov, umorismo è prenderla comunque sul ridere.

Humoreske <-, -en> f 1 mus umoresca f 2 lit racconto m umoristico.

humorig **A** adj {BEMERKUNG, MENSCH, REDE} spiritoso, pieno di spirito/umorismo; {MENSCH} auch di spirito, dotato di senso dell'umorismo **B** adv: **sie hat das ~ gemeint**, l'ha detto ₁tanto per ridere₁/[per scherzo].

Humorist <-en, -en> m (**Humoristin** f) 1 lit umorista mf 2 (Komiker) umorista mf, (attore (-trice) m (f)) comico (-a) m (f).

humoristisch **A** adj {DARBIETUNG, ERZÄHLUNG, TON, ZEICHNUNG} umoristico **B** adv in modo spiritoso, umoristicamente, con umorismo/spirito: **etw ~ erzählen**, raccontare qc in modo spiritoso.

humorlos **A** adj {MENSCH} privo di ₁senso dell'umorismo₁/[spirito]: **~ sein**, non avere il senso dell'umorismo, essere privo di spirito **B** adv: **sie hat ~ reagiert**, ha reagito dimostrando di non avere alcun senso dell'umorismo.

Humorlosigkeit <-, ohne pl> f mancanza f di ₁senso dell'umorismo₁/[spirito]/[(sense of) humour].

humorvoll **A** adj {ART, BEMERKUNG} spiritoso: **ein ~er Mensch**, una persona ₁dotata di un grande senso dell'umorismo₁/[molto spiritosa] **B** adv in modo spiritoso: **etw ~ erzählen**, raccontare qc in modo spiritoso.

humpelig, humplig adj {GANG} claudicante.

humpeln itr 1 <haben oder sein> zoppicare, claudicare geh: **mit dem Gipsbein kann er nur ~**, con la gamba ingessata riesce a camminare solo zoppicando 2 <sein> **irgend-wohin ~**: der an der Pfote verletzte Hund humpelte über die Straße, il cane ferito alla zampa attraversò la strada zoppicando; **der Stürmer humpelte vom Spielfeld**, l'attaccante lasciò il campo zoppicando.

Humpeln <-s, ohne pl> n andatura f claudicante.

Humpen <-s, -> m boccale m con coperchio.

Humus <-, ohne pl> m biol humus m.

Humusboden m biol terreno m ricco di humus.

Humusdünger m biol humus m (per concimare).

Humuserde f biol humus m.

Humusschicht f biol strato m di humus.

Hund <-(e)s, -e> m 1 zoo cane m: **ein abgerichteter/bissiger/streunender/treuer ~**, un cane addestrato/mordace/randagio/fedele; **ein herrenloser/reinrassiger ~**, un cane ₁senza padrone₁/[di razza pura]; **der ~ beißt/bellt/jault/knurrt/winselt**, il cane morde/ abbaia/ guaisce/ ringhia/ mugola 2 oft pej (Mann): **ein armer ~**, un pover'uomo, un poveraccio; **ein blöder ~** fam, un cretino, un idiota ● **da liegt der ~ begraben!** fam, qui casca l'asino!, qui sta il busillis!; **jdn wie einen ~ behandeln** fam, trattare qu come un cane; **Vorsicht, bissiger ~!**, attenti al cane!; **~e müssen draußen bleiben!**, i cani non sono ammessi, vietato l'ingresso ai cani; **jdn auf den ~ bringen** fam, distruggere qc, rovinare qu, portare qu alla rovina; **jd ist bekannt wie ein bunter/scheckiger ~** fam, qu è conosciutissimo; **(das ist vielleicht) ein dicker ~!** fam (grober Fehler), che svarione!; (eine Unverschämtheit) fam, è un'indecenza/una vergogna!; **(du) dreckiger ~!** fam, sporco bastardo!; **(du) falscher ~!** fam, bugiardo schifoso!; **ein feiger ~ sein** fam, essere un gran vigliacco; **vor die ~e gehen** fam [PERSON], andare a fondo, fare una brutta fine; {EHE, MORAL} andare a farsi benedire fam/friggere fam; **(du) gemeiner ~!** fam, brutto stronzo!; **wie ein geprügelter ~ aussehen** fam, sembrare un cane bastonato; **ein gerissener/schlauer ~ (sein)** fam, essere ₁una vecchia volpe₁/[un volpone]; **der Große/Kleine ~** astr, il Cane maggiore/minore; **kalter ~** gastr, "dolce m a strati di biscotti secchi e cioccolato fuso"; **wie ~ und Katz sein** fam, essere (come) cane e gatto; **auf den ~ kommen** fam (gesundheitlich, wirtschaftlich), rovinarsi; (moralisch), cadere in basso; **das ist ja zum Junge-~e-Kriegen!** fam, (c'è da disperarsi!; **ein krummer ~ sein** fam, essere un losco figuro; **wie ein ~ leben** fam, fare una vita da cani; **den ~ an die Leine nehmen**, mettere il guinzaglio al cane; **jd kann mit ~en (dat) keinen ~ hinter dem Ofen hervorlocken** fam, con qc non si può attirare nessuno; **da wird doch der ~ in der Pfanne verrückt**, c'è da impazzire; **jd ist ein scharfer ~** fam, a qu non sfugge niente; **man soll keine schlafenden ~e wecken** fam, non svegliare il can che dorme; **(völlig) auf den ~ sein** fam, essere ridotto malissimo/[ai minimi termini]; **(du) verfluchter/gottverdammter ~!** fam, figlio di puttana!; **den Letzten beißen die ~e** prov, l'ultimo paga per tutti; **~e, die bellen, beißen nicht** prov, can che abbaia non morde.

Hündchen <-s, -> n dim von Hund 1 (kleiner Hund) cagnolino m, cagnetto m 2 (junger Hund) cucciolo m ● **was für ein süßes ~!** fam, che bel cagnolino!

Hundeabteil n Eisenb zona f riservata ai cani (nel vagone merci).

Hundeausstellung f mostra f canina.

Hundebesitzer m (**Hundebesitzerin** f) padrone (-a)/proprietario (-a) m (f) del/[di un] cane.

Hundebiss (a.R. Hundebiß) m morso m di un cane.

Hundeblick m 1 (Hund) sguardo m del cane 2 (Mensch) sguardo m da cane fedele: **er hat immer so einen treuen ~, wenn er seine Frau ansieht**, quando guarda sua moglie, ha sempre lo sguardo da cane fedele.

Hundeblume f fam bot → **Löwenzahn**.

hundeelend adj fam: **jd fühlt sich ~, jdm ist ~ (zu Mute)**, qu sta da cani fam.

Hundefänger m (**Hundefängerin** f) accalappiacani mf.

Hundefloh m zoo pulce f del cane.

Hundefraß <-es, -e> m pej (schlechtes Essen) pastone m fam, sbobba f fam, schifezza f.

Hundefutter n cibo m per cani: **~ aus/in der Dose**, scatolette per cani.

Hundegebell n (einmalig) abbaio m, abbaiare m: **lautes ~**, un forte abbaiare di cani; (ständig) latrato m, abbaiata f.

Hundegekläff n pej latrato m insistente.

Hundegeknurr n → **Hundeknurren**.

Hundehaar n pelo m di cane: **das Sofa ist voller ~e**, il divano è pieno di peli di cane.

Hundehalsband n collare m.

Hundehalter m (**Hundehalterin** f) adm proprietario (-a) m (f) ₁di un₁/[del] cane.

Hundehaltung f tenere m cani.

Hundeheim n canile m.

Hundehütte f cuccia f, canile m.

Hundekacke f fam pej merda f pej/cacca f di cane: **der Gehweg ist voller ~**, il marciapiede è pieno di cacche di cane.

hundekalt adj fam: **es ist ~ (draußen)**, fa un freddo cane (fuori) fam.

Hundekälte f fam freddo m cane fam.

Hundeknurren n ringhio m.

Hundekorb m, **Hundekörbchen** n cesta f del cane.

Hundekot m escrementi m pl di cane.

Hundekuchen m biscotto m per cani.

Hundeleben n fam vita f da cani: **ein ~ haben**, fare una vita da cani.

Hundeleine f guinzaglio m.

Hundeliebhaber m (**Hundeliebhaberin** f) amante mf dei cani, chi ama i cani, cinofilo (-a) m (f).

Hundeliebhaberei f amore m per i cani, cinofilia f.

Hundemarke f 1 (für gezahlte Hundesteuer) medaglia f/piastrina f (del cane) 2 slang pej (Ausweis von Privatdetektiven und Zivilpolizisten) patacca f slang.

Hundemaulkorb m museruola f: **dem Hund den ~ umbinden**, mettere la museruola al cane.

hundemüde fam **A** adj stanco morto: **~ sein**, essere ₁stanco morto₁/[distrutto] fam **B** adv stanco (-a) morto (-a): **~ ins Bett fallen**, cadere nel letto ₁distrutto (-a)₁/[come un sacco di patate].

Hundenapf m scodella f del cane.

Hundenarr m (**Hundenärrin** f) → **Hundeliebhaber**.

Hundepension f pensione f per cani.

Hundephobie f med cinofobia f, fobia f dei cani: **sie hat eine ~**, è cinofoba, ha la fobia dei cani.

Hundepisse f vulg piscio m/piscia f di cane.

Hunderasse f razza f canina: **eine edle ~**, una razza canina pregiata.

Hunderennbahn f sport cinodromo m.

Hunderennen n sport corsa f dei cani.

hundert <inv> zahladj 1 (Kardinalzahl 100)

cento: **~ Gramm Schinken**, ⌊cento grammi⌋/[un etto] di prosciutto; **einige/mehrere ~/ Hundert Menschen**, alcune/parecchie centinaia di persone; **von eins bis ~ zählen**, contare da uno a cento; **~ Jahre alt sein**, avere cento anni; **~ Meter** *sport*, i cento metri, i cento *fam*; **sie hat die ~ Meter gewonnen**, ha vinto i cento *fam*; **~ Prozent**, (il) cento per cento; **der Preis ist um ~ Prozent gestiegen**, il prezzo è aumentato del cento per cento; **er fährt ~ auf der Autobahn**, ⌊va a⌋/[fa i] cento (kilometri orari) in autostrada **2** *fam* (*sehr viele*) cento, centinaia di: **mir gehen ~ Ideen durch den Kopf**, ho cento idee per la testa; **sie hatten ~ Neuigkeiten zu berichten**, avevano un sacco di notizie da raccontare ● **~ und** *aberhunderte* → **Hundert**[2]; **jdn auf ~ bringen** *fam* → **hundertachtzig**; *etwa*/*ungefähr* **~**, un centinaio di, circa cento; **etwa ~ Leute waren da**, circa un centinaio di persone erano presenti; **das ist etwa ~ km entfernt**, è distante circa cento kilometri; **~ gegen einen sein**, essere (in) cento contro uno; **mit ~** (*Jahren*), a cent'anni; **mit ~** (**Sachen**) *fam*, a cento all'ora; **unter ~** (*weniger als* **~**), ⌊meno di⌋/[sotto i]/[al di sotto dei] cento; **er wiegt unter ~ Kilo**, pesa meno di cento kili; **der Pegelstand liegt unter ~ cm**, il livello dell'acqua è ⌊sotto i⌋/[al di sotto dei] cento centimetri; **von ~**, su cento; **acht von ~ Befragten**, otto intervistati su cento; **nur fünf von ~ konnten die Fragen beantworten**, solo cinque su cento seppero rispondere alle domande; **in einem von ~ Fällen** (*fast nie*), in un caso su cento; **in 99 von ~ Fällen** (*fast immer*), 99 volte su cento; **zu ~**, a cento; **sie verloren das Basketballspiel 80 zu 100**, hanno perso la partita di basket 80 a 100; (**mit jdm**) **eins zu ~ wetten, dass ...**, scommettere (con qu) cento contro/a uno che ...; **ich wette (mit dir) eins zu ~**, **dass es morgen regnet**, scommetto (con te) cento contro uno che domani pioverà; **das ist zu ~ Prozent Gold**, è oro al cento per cento.

Hundert[1] <-, -en> *f* (*die Zahl 100*) cento *m*.

Hundert[2] <-s, -e> *n* **1** <*nur sing*> (*Mengeneinheit*) centinaio *m*: **der Bauer kauft ein halbes ~ Kühe**, il contadino compra una cinquantina di mucche; **mehrere ~/hundert Soldaten**, diverse/parecchie centinaia di soldati; **das kostet mehrere ~/hundert ~ Euro**, (questo) costa centinaia di euro; **zehn vom ~** (*Abk v. H.*), il dieci per cento (Abk p. c.). **2** <*nur pl*> (*sehr große Menge*) centinaia *f pl*: **~e/hunderte wollten noch Karten für das Spiel**, centinaia di persone volevano ancora dei biglietti per la partita; **~e/hunderte von Menschen demonstrierten für den Frieden**, centinaia di persone hanno manifestato per la pace ● ⌊**~e und** *Aberhunderte*⌋/[hunderte und aberhunderte], centinaia e centinaia; **~e und Aberhunderte protestierten vor der Botschaft**, centinaia e centinaia di persone protestarono davanti all'ambasciata; **in die ~e/hunderte gehen** *fam*, ammontare a qualche centinaio; **der Schaden geht in die ~e**, il danno ⌊ammonta a qualche centinaio⌋/[è nell'ordine delle centinaia] di euro; **zu ~en/hunderten**, a centinaia; **die Leute kamen zu ~en**, **um den neugeborenen Elefanten zu sehen**, arrivarono a centinaia per vedere l'elefantino appena nato.

hundertachtzig <inv> *adj* centottanta ● **jdn auf ~ bringen**, far uscire ⌊dai gangheri *fam*⌋/[di squadra *fam*] qu; **auf ~ sein** *fam*, essere fuori dalla grazia di Dio *fam*.

hunderteins <inv> *zahladj* → **hundertundeins**.

Hunderter <-s, -> *m* **1** *math* (*Hundertstelle*) centinaio *m*: **die ~ und Zehner zusammenzählen**, sommare le centinaia e le decine **2** *fam* (*Geldschein*) banconota *f*/bigliettone *m* da cento euro: **das wird mich einige ~ kosten**, mi verrà a costare alcune centinaia di euro.

hunderterlei <inv> *adj* **1** {ASPEKTE, EINDRÜCKE, FARBEN, ÜBERLEGUNGEN} cento ... diversi (-e)/differenti, centuplice: **auf ~ Weise**, in cento/mille modi **2** (*vieles Verschiedenes*): **noch ~ zu erledigen haben**, avere ancora (tre)cento cose da sbrigare.

Hunderterstelle *f math* posizione *f* delle centinaia: **die ~ ist die dritte Stelle vor dem Komma**, la posizione delle centinaia è la terza prima della virgola.

Hunderteuroschein, **Hundert-Euro--Schein** *m* biglietto *m*/banconota *f* da cento euro.

hundertfach **A** *adj* {ANZAHL, KRAFT, LEISTUNG, MENGE} centuplo, cento volte maggiore **B** *adv* cento volte: **etw ~ bestrafen/rächen**, punire/vendicare qc cento volte.

Hundertfache <dekl wie adj> *n*: **das ~** (**an etw dat**), il centuplo (di qc); **das ~ verdienen**, guadagnare ⌊il centuplo⌋/[cento volte tanto]; **das ~ an Leistung**, un rendimento cento volte maggiore; **um das ~**, di cento volte; **um das ~ höher/länger sein**, essere cento volte più alto/lungo.

hundertfünfzigprozentig *fam* **A** *adj* **1** *iron* (*fanatisch*) fanatico: **er ist ein Hundertfünfzigprozentiger**, è un esaltato **2** (*absolut*) {TREUE} totale, assoluto: **er verlangt ~en Arbeitseinsatz**, pretende un impegno del mille percento **B** *adv*: **er ist ~ schwarz** (*konservativ*), è un conservatore fino ⌊al midollo⌋/[alla punta dei capelli].

Hundertjahrfeier, **Hundert-Jahr-Feier** *f* (celebrazione *f* del) centenario *m*.

hundertjährig *adj* <meist attr> **1** (*mindestens hundert Jahre alt*) {BAUM, GREIS, SCHILDKRÖTE} centenario **2** (*genau hundert Jahre*) {EICHE, PERSON} di cento anni **3** (*hundert Jahre dauernd*) {BESTEHEN} centennale, centenne; {KRIEG, VERTRAG} *auch* (della durata) di cento anni ● **der Hundertjährige Krieg**, *hist* la guerra dei Cent'anni.

Hundertjährige <dekl wie adj> *mf* centenne *mf*, centenario (-a) *m* (*f*): **in unserer Familie gibt es zwei ~**, nella nostra famiglia ci sono due centenari.

hundertmal *adv* **1** (*100 Mal*) cento volte: **etw ~ anfertigen/kopieren/verkaufen**, produrre/fotocopiare/vendere qc cento volte; **er ist ~ schneller**, è cento volte più veloce **2** *fam* (*sehr oft*) cento volte: **~ bitten/fragen/sagen/wiederholen**, pregare/domandare/dire/ripetere cento volte **3** *fam* (*sehr viel*) cento volte: **~ besser/mehr**, cento volte meglio/[di più] **4** *fam* (*noch so sehr*): **da kann sie ~ im Recht sein, aber es wird ihr nicht helfen**, può darsi che (lei) abbia cento volte ragione, ma non le servirà a niente; **die Rechnung mag ~ stimmen, aber trotzdem haben wir das Geld nicht**, il conto sarà anche giustissimo, ma ciònonostante non abbiamo i soldi.

Hundertmarkschein *m hist* banconota *f*/biglietto *m* da cento marchi.

Hundertmeterhürdenlauf *m sport* cento metri *m pl* ostacoli.

Hundertmeterlauf *m sport* cento metri *m pl* piani.

Hundertmeterläufer *m* (**Hundertmeterläuferin** *f*) *sport* centometrista *mf*.

hundertpro <inv> *adj fam* → **hundertprozentig**.

hundertprozentig **A** *adj* **1** (*100%*) {ALKOHOL, LEINEN, WOLLE} al cento per cento **2** *fam* (*typisch*) {BAYER, IDEOLOGE, KOMMUNIST} al cento per cento, doc **3** (*absolut*) del cento per cento: **eine ~e Garantie geben**, offrire/dare una garanzia del cento per cento; **~e Klarheit über etw** (**akk**) **gewinnen**, far chiarezza al cento per cento su una cosa; **das kann ich dir nicht mit ~er Sicherheit sagen**, non te lo posso ⌊dire con assoluta certezza⌋/[assicurare al cento per cento] **B** *adv fam* (*ganz sicher*) {ÜBEREINSTIMMEN, SICH VERLASSEN KÖNNEN} al cento per cento: **~ sicher sein**, essere sicuro al cento per cento; **etw ~ wissen**, sapere qc con assoluta certezza.

Hundertschaft <-, -en> *f mil* unità *f* di cento poliziotti/soldati.

hundertste *adj* → **hundertster**.

Hundertstel <-s, -> *n* centesimo *m*: **das ist nur ein ~ von dem Wert, was du bezahlt hast**, vale solo ⌊un centesimo⌋/[la centesima parte] di quanto l'hai pagato; **sie haben nur ein ~ gezahlt**, ne hanno pagata solo la centesima parte; **etw auf den ~ Millimeter genau abmessen**, misurare qc fino all'ultimo centesimo di millimetro.

Hundertstelbruch *m math* frazione *f* centesimale.

Hundertstelsekunde *f* centesimo *m* di secondo.

hundertster, **hundertste**, **hundertstes** *adj* {BESUCHER, KUNDE} centesimo (-a): **er ist auf dem hundertsten Platz gelandet**, si è classificato al centesimo posto; **jedes hundertste Los ist ein Gewinn**, un biglietto (di lotteria) su cento è vincente; **der hundertste Teil von etw** (**dat**), ⌊la centesima parte⌋/[un centesimo] di qc ● **zum hundertsten Mal**, per la centesima volta; **das sag ich dir jetzt zum hundertsten Mal!**, è la centesima volta che te lo ripeto!

Hundertster *m*, **Hundertste** *f*, **Hundertstes** *n* centesimo (-a) *m* (*f*): **sie kam als Hundertste an**, arrivò centesima ● **vom Hundertsten ins** *Tausendste* **kommen**, saltare di palo in frasca.

hunderttausend <inv> *zahladj* **1** (*Kardinalzahl*) {EINWOHNER, KILOMETER} centomila **2** (*große Menge*) centinaia di migliaia: **viele ~/Hunderttausend Ameisen**, centinaia e centinaia di migliaia di formiche; **~e/Hunderttausende von Besuchern/Heuschrecken**, centinaia di migliaia di visitatori/cavallette ● **zu ~en/Hunderttausenden**, a centinaia di migliaia; **sie kamen zu ~en/Hunderttausenden, um den Papst zu sehen**, accorsero a centinaia di migliaia per vedere il papa.

hundertundeins <inv> *zahladj* centouno: **~** (**Jahre alt**) **werden**, compiere centouno anni.

Hundesalon *m* toilette *f*/[salone *m* di bellezza] per cani.

Hundescheiße *f vulg* merda *f vulg* di cane.

Hundeschlitten *m* slitta *f* trainata da(i) cani.

Hundeschnauze *f* muso *m* del/di cane ● **kalt wie eine ~ sein** *fam*, essere gelido/[freddo come il marmo].

Hundesohn *m vulg* figlio *m* di (un) cane *vulg*.

Hundestaffel *f mil* unità *f* cinofila: **~n für Rettungsarbeiten einsetzen**, impiegare unità cinofile nelle operazioni di salvataggio.

Hundesteuer *f adm* imposta *f*/tassa *f* sui cani.

Hundewetter *n fam* tempo *m* da cani *fam*/lupi *fam*, tempaccio *m*: **so ein ~!**, che ⌊tempo da cani⌋/[tempaccio]!

Hundezüchter m (**Hundezüchterin** f) allevatore (-trice) m (f) di cani.
Hundezwinger m canile m.
Hündin f zoo cagna f: **junge/kleine ~**, cagnetta.
hündisch fam pej **A** adj {BLICK, ERGEBENHEIT, GEHORSAM} servile **B** adv servilmente: **jdm ~ ergeben sein**, ubbidire a qu come un cane.
Hündlein n dim von Hund cagnolino m, cagnetto m, cagnotto m.
hundserbärmlich **A** adj fam **1** (sehr elend) {ANBLICK, GESTALT, LEBEN} miserrimo, miserabile, penoso **2** (qualitativ schlecht) {ERGEBNIS, THEATERSTÜCK} penoso, pietoso, miserrimo; {ARBEIT, VORTRAG} auch fatto da cani **3** (niederträchtig) {FEIGLING} miserabile; {KERL} auch vile **4** (sehr groß): eine ~e **Kälte**, un freddo cane fam/bestiale fam **B** adv **1** (sehr elend) miseramente: **jdm geht es ~**, qu sta da cani fam **2** (sehr): ~ **frieren**, avere un freddo cane fam/bestiale fam.
Hundsfott <-(e)s, -e oder -fötter> m vulg bastardo m, carogna f.
hundsgemein fam **A** adj **1** (sehr gemein) {ANTWORT, MENSCH} stronzo vulg; {VERHALTEN} auch da carogna/stronzo vulg; **ein ~er Typ**, una carogna, uno stronzo vulg, un bastardo fam; **~ sein/werden**, essere/diventare una carogna **2** (sehr groß) {ANGST, KÄLTE, SCHMERZ} cane fam, bestiale fam, boia fam **B** adv **1** (sehr gemein) da carogna: **sich (jdm gegenüber) ~ verhalten**, comportarsi da carogna (con qu), fare una carognata (a qu) **2** (sehr): **~ wehtun/schmerzen**, fare un male cane/bestiale.
hundsmiserabel fam **A** adj <attr hundsmiserable(r, s)> {BEDINGUNGEN} bestiale fam; {ARBEIT} fatto da cani fam; {WETTER} da cani fam: **jd fühlt sich ~, jdm ist ~ zumute**, qu sta/[si sente] da cani fam **B** adv: **~ arbeiten**, lavorare da cani fam/[con i piedi fam]; **~ essen**, mangiare da cani fam.
Hundstage subst <nur pl> canicola f.
Hüne <-n, -n> m gigante m, colosso m ● **ein ~ von Mann/Mensch**, un gigante/colosso.
Hünengestalt f statura f gigantesca: **eine ~ haben**, avere una statura da gigante.
Hünengrab n archäol **1** (Megalithgrab) tomba f megalitica **2** (Hügelgrab) tumulo m.
hünenhaft adj geh gigantesco ● **von ~er Gestalt sein**, essere di statura gigantesca.
Hunger <-s, ohne pl> m **1** (Essensbedürfnis) fame f: **(keinen) ~ haben**, (non) avere fame; **du hast ja einen guten ~!** fam, quanta fame hai!, hai proprio fame!; **ich habe solchen/[so einen]/[viel leicht] ~!** fam, ho una fame!, che fame che ho!; **großen/viel ~ haben**, avere molta/tanta fame; **einen kleinen ~ haben**, avere poca fame; **einen tüchtigen ~ haben**, avere una gran/discreta fame **2** (~snot) fame f: **in der Nachkriegszeit herrschte ~**, nel dopoguerra si faceva la fame **3** geh (großes Verlangen) ~ **nach etw** (dat) fame f di qc: **~ nach Erfolg/Gerechtigkeit/Zärtlichkeiten**, fame di successo/giustizia/tenerezze ● ~ **auf etw** (akk) **haben**, avere voglia di (mangiare) qc; **~ auf Schweinebraten haben**, avere voglia di (mangiare) un arrosto di maiale; **ich bekomme ~**, mi sta venendo la fame, comincio ad avere fame; **~ leiden**, patire/soffrire/fare la fame; **~ wie ein Löwe/Wolf haben** fam, avere una fame da leoni/lupi; **~ machen**, far venire fame/[mette appetito]; **frische Luft macht ~**, l'aria fresca fa venire fame/[mette appetito]; **jdn plagt/quält der ~**, qu sente i morsi della fame; **vor ~ sterben/umkommen** fam, morire/crepare di fame; **seinen ~ mit etw** (dat) **stillen**, togliersi/cavarsi la fame (con qc); **einen tierischen ~ haben** fam, avere una fame bestiale/[da non vedercì] fam; **vor ~ umfallen** fam, cascare/[non reggersi] dalla fame; **~ verspüren**, sentire/avvertire la fame; **einen beißenden ~ verspüren**, sentire i morsi della fame, avere una fame canina; **einen leichten ~ verspüren**, avere un certo appetito, sentire un languorino allo stomaco; **~ für zehn haben** fam, avere una fame per dieci; **der ~ kommt beim Essen** prov, l'appetito viene mangiando fam; **~ ist der beste Koch!** prov, la fame è il miglior cuoco che vi sia prov, a chi ha fame è buono ogni pane prov.
Hungerdasein <-s, ohne pl> n: **ein ~ führen**, condurre una vita di stenti/privazioni.
Hungergefühl n stimolo m della fame, (sensazione f di) fame f: **ein ~ verspüren**, sentire lo stimolo della fame.
Hungerjahr n anno m di carestia.
Hungerkatastrophe f tremenda carestia f.
Hungerkünstler m (**Hungerkünstlerin** f) digiunatore (-trice) m (f).
Hungerkur f digiuno m: **eine ~ machen**, stare a digiuno; **eine ~ beenden/unterbrechen**, terminare/rompere il digiuno.
Hungerleidende <dekl wie adj> mf affamato (-a) m (f): **die ~n der Dritten Welt**, gli affamati del Terzo Mondo.
Hungerleider m fam pej morto (-a) m (f) di fame, pezzente mf.
Hungerlohn m fam stipendio m da fame: **für einen ~ arbeiten (müssen)**, (dover) lavorare per uno stipendio da fame/[una miseria].
hungern A itr **1** (Hunger leiden) fare/soffrire/patire la fame: **in Indien müssen viele Menschen ~**, in India molta gente fa/soffre/patisce la fame **2** (absichtlich nicht essen) digiunare, stare a digiuno: **er hungert aus Protest**, digiuna per protesta; **sie hungert, um abzunehmen**, digiuna/[sta a digiuno] per dimagrire **3** geh (nach etw verlangen) **nach etw** (dat) ~ essere affamato di qc, essere avido di qc: **das Volk hungert nach Gerechtigkeit**, il popolo è affamato/[ha fame] di giustizia; **das Militär hungert nach Macht**, i militari sono affamati di potere **B** rfl **1** (durch wenig Essen in einen best. Zustand kommen) **sich irgendwie ~**: **sich gesund/fit ~**, digiunare/[stare/essere a digiuno] per motivi di salute/[rimettersi in forma]; **sich krank ~**, ammalarsi a forza di digiunare, digiunare tanto da ammalarsi; **sich schlank/dünn ~**, digiunare/[stare/essere a digiuno] per dimagrire; **sich zu Tode ~**, lasciarsi morire di fame, digiunare fino a morire **2** (während einer best. Zeit Hunger leiden) **sich durch etw** (akk) ~ fare la fame in qc: **meine Großeltern hungerten sich durch die Nachkriegszeit**, nel dopoguerra i miei nonni hanno fatto la fame **C** unpers geh obs (Hunger haben): **jdn hungert es**, qu ha fame; **es hungert mich**, ho fame.
Hungern <-s, ohne pl> n digiuno m: **unfreiwilliges/erzwungenes ~**, digiuno forzato/coatto; **das ~ beenden/unterbrechen**, terminare/rompere il digiuno; **mit dem ~ beginnen**, iniziare il digiuno; **vom langen ~ geschwächt sein**, essere indebolito per il lungo digiuno; **~ verordnen**, prescrivere il digiuno; **der Arzt hat ihm zwei Tage ~ verordnet**, il medico gli ha prescritto due giorni di digiuno.
Hungersnot f carestia f.
Hungerstreik m sciopero m della fame: **sich im ~ befinden**, fare lo sciopero della fame; **in den ~ treten**, cominciare lo sciopero della fame; **den ~ beenden/abbrechen**, finire/interrompere lo sciopero della fame.
Hungertod m morte f per fame/inedia: **den ~ sterben**, morire di fame/inedia; **dem ~ entrinnen**, salvarsi dalla morte per fame/inedia.
Hungertuch n fam scherz: **am ~ nagen**, fare la fame.
hungrig adj **1** (Hunger verspürend) {KIND, MENSCH} affamato; {TIER} auch famelico: **sehr ~ sein**, essere affamato/[allupato fam] **2** (verlangend) {AUGEN, BLICK} famelico **3** (Appetit auf etw haben): ~ **auf etw** (akk) **sein** {AUF FLEISCH, KARTOFFELN}, avere voglia di (mangiare) qc; **im Frühjahr bin ich immer ~ auf frisches Gemüse**, in primavera ho sempre voglia di (mangiare)/[mi ci vuole la] verdura fresca **4** (auf etw begierig sein) ~ **nach etw** (dat) {NACH ANERKENNUNG, LIEBE, ZUNEIGUNG} affamato di qc: **der junge Hund war ~ nach Zuneigung**, il cagnolino era avido/desideroso di affetto ● **sich ~ fühlen**, sentirsi affamato (-a); ~ **machen**, mettere fame; **Seeluft macht ~**, l'aria di mare fa venire fame/appetito.
Hunne m hist (**Hunnin** f) hist unno (-a) m (f).
Hunsrück <-s, ohne pl> m geog "catena f montuosa della Renania".
Hupe <-, -n> f autom clacson m: **auf die ~ drücken**, suonare il clacson, clacsonare; **die ~ betätigen**, utilizzare/azionare il clacson.
hupen itr {AUTO, LKW, PERSON} suonare il clacson: **kurz ~**, dare un colpo di clacson; **lang ~**, strombazzare; **aufdringlich ~**, attaccarsi al clacson fam; **wie verrückt/[wütend] ~**, strombazzare all'impazzata.
Hupen <-s, ohne pl> n suonare il clacson.
hupfen itr süddt A → **hüpfen**.
hüpfen itr <sein> **1** (kleine Sprünge machen) salterellare, balzellare: **das Kind hüpft auf einem Bein**, il bambino saltella su una gamba; **das Boot hüpft auf den Wellen**, la barca balla sulle onde **2** (sich in kleinen Sprüngen fortbewegen) **irgendwohin ~**: **der Frosch hüpft in den Teich**, la rana saltella nello stagno; **das Kind hüpfte zur Tür**, il bambino andò/[si avvicinò] alla porta saltellando/[a saltelli]; **der Junge hüpfte vor Freude in die Luft**, il ragazzo fece un salto di gioia; **das Eichhörnchen hüpft von Ast zu Ast**, lo scoiattolo saltella di ramo in ramo; **der Ball hüpft über die Straße**, la palla rimbalza attraverso la strada.
Hupfer① <-s, -> m süddt A, **Hüpfer**① <-s, -> m: **ein junger ~ sein** fam, essere uno sbarbatello/un pivello.
Hupfer② <-s, -> m süddt A, **Hüpfer**② <-s, -> m saltello m, salterello m, balzello m: **(vor Freude/Schreck) einen ~ machen**, fare un saltello (per la gioia/lo spavento).
Hupkonzert n fam concerto m di clacson, strombazzamento m: **was ist das denn für ein ~?**, cos'è questo strombazzamento?; **ein langes ~ veranstalten**, dare una strombazzata.
Hupsignal n autom colpo m di clacson.
Hupverbot n divieto m di suonare il clacson; (auf Verkehrsschildern) divieto m di segnalazioni acustiche.
Hürde f **1** sport ostacolo m: **eine ~ überspringen/reißen**, saltare/[far cadere]/[buttare giù] un ostacolo **2** fig (Schwierigkeit) ~ **(für etw** akk) ostacolo m (a qc): **bürokratische ~**, ostacoli burocratici, pastoie burocratiche; **unüberwindliche ~**, ostacoli insuperabili/insormontabili ● **100/110 Meter ~n** sport, i 100/110 (metri) ostacoli; **eine ~ nehmen**, superare un ostacolo; **mit dem Attest ist die letzte ~ für die Einreiseerlaubnis genommen**, con il certificato medi-

co è stato superato l'ultimo scoglio per ottenere il permesso di ingresso; **eine ~ umgehen**, aggirare/bypassare un ostacolo.

Hürdenlauf m *sport* corsa f a ostacoli.

Hürdenläufer m (**Hürdenläuferin** f) *sport* ostacolista mf.

Hürdenrennen n *sport* (*für Pferde*) corsa f a ostacoli.

Hure f *pej* **1** (*Schimpfwort für leichte Frau*) puttana f *vulg*, troia f *vulg* **2** (*Prostituierte*) puttana f *vulg*.

huren *itr fam* {MANN} andare a puttane; {FRAU} puttaneggiare.

Hurenbock m *vulg* puttaniere m *vulg*.

Hurenkind n *typ* righino m.

Hurensohn m *vulg* figlio m di ₁puttana *vulg*₁/[troia *vulg*]/[buona donna *fam*].

Hurenweib n *vulg* puttana f *vulg*, troia f *vulg*.

Hurerei <-, -en> f *vulg* {+MÄNNER} andare a puttane; {+FRAUEN} puttaneggiamento m.

hurra *interj* urrà!, hurrà!: **~, wir haben gewonnen!**, urrà, abbiamo vinto!; ● **hip, hip ~!**, hip, hip urrà!; **~ rufen/schreien**, gridare/urlare urrà.

Hurra <-s, -s> n *fam* urrà m ● **jdn mit lautem ~ begrüßen/empfangen**, salutare/accogliere qu con un forte urrà; **ein dreifaches ~ auf den Sieger!**, ₁un triplo evviva/urrà₁/[tre (volte) urrà] al vincitore!

Hurrageschrei n urla f pl di urrà, uragano m di evviva.

Hurraruf m (grido m di) urrà m/evviva m: **den Sieger mit begeisterten ~en feiern**, festeggiare il vincitore con entusiastici evviva.

Hurrikan <-s, -e> m *meteo* uragano m.

hurtig *obs* **A** *adj* {BEWEGUNG, SPRÜNGE} lesto, svelto **B** *adv* lestamente, sveltamente: **sich ~ aufmachen**, avviarsi lestamente ● **~, ~!**, presto, presto!, lesto (-a), lesto (-a)!

Husar <-en, -en> m *hist* ussaro m, ussero m.

Husarenritt m bravata f.

Husarenstreich m, **Husarenstück** n colpo m di mano.

husch **A** *interj* **1** (*fort, weg*) forza!: **~, jetzt aber ins Bett mit euch!**, forza, a letto! **2** (*für schnelle Bewegung*) in un battibaleno, in quattro e quatt'otto: **und ~, waren alle Kaninchen im Zauberhut verschwunden**, e in un secondo tutti i conigli erano spariti nel cilindro **B** *adv*: **~, ~!**, in fretta e furia, in un battibaleno; **wir haben nicht viel Zeit, das muss jetzt alles ~, ~ gehen** *fam*, non abbiamo molto tempo, bisogna fare tutto in fretta e furia.

huschen *itr* **1** (*sich flink und lautlos bewegen*) *irgendwohin* ~ scivolare + *compl di luogo*: **die Maus huscht ins Loch**, il topo scivola dentro il buco; **eine schattenhafte Gestalt huscht über den Gang**, un'ombra passa scivolando per il corridoio; **das Gespenst huscht von Zimmer zu Zimmer**, il fantasma scivola di stanza in stanza; **eine Katze huscht durch die offene Tür**, un gatto scivola attraverso la porta semiaperta **2** (*rasch gleiten*) **über etw** (akk) **~**: **ein Lächeln huscht über sein Gesicht**, un sorriso gli aleggia sul viso; **eine Wolke huscht über den Himmel**, una nuvola percorre leggera e veloce il cielo.

Husky <-s, Huskies oder -s> m *zoo* husky m.

hüsteln *itr* tossicchiare.

husten **A** *itr* **1** (*Luft ausstoßen*) tossire: **krampfhaft/laut ~**, tossire convulsamente/forte **2** (*Husten haben*) tossire, avere la tosse: **er hustet viel, weil er ein starker Raucher ist**, tossisce molto perché è un fumatore accanito; **sie hustet seit zwei Tagen**, ha la tosse da due giorni **3** *slang* (*auf etw keinen Wert legen*) **auf etw** (akk) **~** infischiarsene di qc *fam*, sbattersene di qc *vulg*: **das schaffe ich allein, auf deine Hilfe huste ich!**, ce la faccio da solo (-a), me ne infischio del tuo aiuto! **B** *tr* (*ausspucken*) **etw** ~ tossire qc: **Blut ~**, sputare sangue; **Schleim ~**, espettorare, scatarrare ● **dem werde ich eins ~!** *slang*, se lo ₁può scordare₁/[sogna]!

Husten <-s, rar -> m med tosse f: **chronischer/ krampfhafter/ starker/ trockener ~**, tosse cronica/[convulsa/spasmodica]/ [forte]/[secca]; **~ haben**, avere la tosse; **er hat ~ bekommen**, ₁gli è venuta₁/[ha preso] la tosse.

Hustenanfall m *med* attacco m/accesso m di tosse.

Hustenbonbon m oder n *A med* pastiglia f per/contro la tosse.

Hustenmittel n *med* rimedio m per/contro la tosse.

Hustenreiz m *med* stimolo m ₁della tosse₁/ [a tossire].

Hustensaft m *med* sciroppo m per/contro la tosse.

hustenstillend *adj med* {MITTEL, TROPFEN} calmante/sedativo della tosse.

Hustentee m *med* tisana f contro la tosse.

Hustentropfen *subst* <*nur pl*> gocce f pl per/contro la tosse.

Huster <-s, -> m colpo m di tosse: **ein kurzer ~**, un colpetto di tosse.

Hut① <-(e)s, Hüte> m **1** (*Kopfbedeckung*) cappello m: **ein steifer/weicher Hut**, un cappello rigido/floscio; **ein Hut mit breiter Krempe**, un cappello a tesa larga; **einen Hut aufsetzen/tragen/anhaben**, mettersi/portare/indossare il cappello; **den Hut abnehmen**, togliersi il cappello; **den Hut aufbehalten**, tenere il cappello in testa; **den Hut ins Gesicht drücken**, calarsi il cappello sugli occhi; **den Hut nehmen und gehen**, prendere il cappello (e andarsene) **2** {+PILZ} cappello m, cappella f ● **Hut ab!** *fam*, tanto di cappello!; **das ist ein alter Hut** *fam*, è storia/roba vecchia; **jdn/etw unter einen Hut bringen** *fam*, mettere d'accordo qu/qc, conciliare qc: **es ist schwierig, so viele Leute unter einen Hut zu bringen**, è difficile ₁mettere d'accordo tanta gente₁/[accordare tutti i suoni]; **jdm eins auf den Hut geben** *fam*, dare una ₁lavata di capo₁/[strigliata] a qu; **da geht einem doch der Hut hoch!** *fam*, c'è da uscire dai gangheri; **so klein mit Hut!**, piccolo, piccolo!, piccolo così!; **eins auf den Hut kriegen** *fam*, beccarsi/ prendersi una strapazzata/strigliata da qu; **wenn du den Artikel nicht rechtzeitig abgibst, bekommst du eins auf den Hut**, se non consegni l'articolo in tempo ti beccherai una bella strigliata; **den/seinen Hut nehmen (müssen)** *fam*, (dover) dimettersi; **jd hat mit jdm nichts am Hut** *fam* {FRAU MIT MÄNNERN}, a qu non interessa minimamente qu; **jd hat mit etw** (dat) **nichts am Hut** {MIT MODERNER MUSIK, TECHNIK}, qc non fa per qu; **wie ihr das Fest plant, damit habe ich nichts am Hut**, di come organizzate la festa non me ne può fregare di meno *slang*; **den Hut in den Ring werfen** *fam*, candidarsi a qc (**sich**) (dat) **etw an den Hut stecken (können)** *fam*, potersi cacciare *vulg*/friggere *fam* qc: **dein Vorschlag gefällt mir nicht, den kannst du dir an den Hut stecken**, la tua proposta non mi piace, te la puoi cacciare; **vor jdm/etw den Hut ziehen** *fam*, fare tanto di cappello a qu, togliersi/levarsi il cappello davanti a qu/qc; **eine ausgezeichnete Arbeit, da kann ich nur den Hut ziehen!**, un lavoro eccellente, faccio tanto di cappello!; **mit dem Hut in der Hand kommt man durchs ganze Land** *prov*, man dritta e bocca monda può andar per tutto il mondo *prov*.

Hut② <-, *ohne pl*> f: (**vor jdm/etw**) **auf der Hut sein**, stare ₁all'erta₁/[allerta]/[in guardia], guardarsi da qu/qc, stare in campana; **beim Kartenspiel sollte man immer vor faulen Tricks auf der Hut sein**, quando si gioca a carte bisognerebbe sempre guardarsi dai trucchetti.

Hutablage f mensola f/ripiano m per appoggiare i cappelli.

Hutband n nastro m del cappello.

Hütchen <-s, -> n *dim von* Hut cappellino m, cappelletto m, cappelluccio m.

hüten **A** *tr* **1** (*beaufsichtigen*) **jdn ~** guardare qu, badare a qu: **er hütet die Kinder, während ich einkaufen gehe**, lui guarda i bambini mentre io faccio la spesa **2** *agr* (*bei Tieren*) **etw ~** badare qc, guardare qc: **der Schäfer hütet eine Ziegenherde**, il pastore bada un branco di capre **3** *geh* (*bewahren*) **etw ~** custodire qc: **sie hütet die Briefe wie einen Schatz, denn sie sind die einzige Erinnerung an ihn**, custodisce le lettere come un tesoro, poiché sono l'unico ricordo di lui; **das darfst du niemandem sagen, hüte es wie ein Geheimnis!**, non devi dirlo a nessuno, custodiscilo come un segreto! **4** (*sich aufhalten*): **das Bett ~**, stare a letto (per malattia); **der Arzt sagt, ich soll mindestens drei Tage das Bett ~**, il medico dice che devo stare a letto per almeno tre giorni; **das Haus ~**, stare a casa **5** (*bei jds Abwesenheit aufpassen*) custodire qc, badare a qc: **solange sie weg sind, hütet er das Haus**, durante la loro assenza è lui che bada alla casa **B** *rfl geh* **1** (*sich in Acht nehmen*) **sich vor jdm/etw ~** guardarsi da qu/qc: **sie hütet sich vor raschen Entscheidungen, denn sie will keinen Fehler machen**, si guarda dal prendere decisioni affrettate, non volendo commettere errori; **hüte dich vor dem Hund, manchmal beißt er**, ₁guardati da₁/[stai attento (-a) a] quel cane, a volte morde **2** (*sich vorsehen*): **sich ~, etw zu tun** guardarsi (bene) dal fare qc: **er ist kein guter Fahrer, deshalb werde ich mich ~, ihm mein Auto zu leihen**, non è un gran guidatore e quindi mi guardo bene dal prestargli la macchina; **hüte dich, dass du nicht runterfällst**, stai attento (-a) a non cadere ● **ich werde mich ~!** *fam*, me ne guarderò bene!; **ich bin doch nicht blöd und leihe ihm noch einmal Geld! Ich werde mich schwer ~!**, non sono mica tanto scemo (-a) da prestargli altri soldi! Me ne guardo bene!

Hüter <-s, -> m (**Hüterin** f) *geh* ~(**in**) *einer* **S.** (*gen*) {+DEMOKRATIE, MORAL, GUTE SITTEN} tutore (-trice) m (f) *di qc*, custode mf *di qc* ● **die ~ des Gesetzes** *oft scherz* (*Polizisten*), i tutori dell'ordine.

Hutfabrik f cappellificio m, fabbrica f di cappelli.

Hutfeder f piuma f/penna f del cappello.

Hutform f **1** (*Form*) forma f del cappello **2** (*Modell*) forma f per cappelli.

hutförmig *adj* {ELEMENT, GEGENSTAND} a (forma di) cappello.

Hutgröße f taglia f/misura f del cappello.

Hutkrempe f tesa f/falda f del cappello: **die ~ runterklappen**, abbassare la tesa del cappello.

Hutmacher m (**Hutmacherin** f) cappellaio (-a) m (f); (*für Frauenhüte*) modista f.

Hutmode f moda f per cappelli.

Hutnadel f spillone m.

Hutschachtel f cappelliera f.

Hutschleier m veletta f.

Hutschnur f: etw geht jdm über die ~ fam, qu comincia ad averne fin sopra i capelli pl qc fam.
Hütte ① <-, -n> f **1** (ärmliches Haus) capanna f, casupola f: eine elende/erbärmliche ~, un tugurio; (aus Stroh, Zweigen) capanna f; (Holzhütte) baracca f; (Schäferhütte) capanna f, baita f; (Jagdhütte) capanno m (di caccia); (Berghütte) rifugio m, baita f; (Hundehütte) cuccia f, canile m **2** naut cassero m.
Hütte ② f metall stabilimento m metallurgico; (Eisenhütte) ferriera f; (Stahlhütte) acciaieria f, stabilimento m siderurgico.
Hüttenabend m "serata f trascorsa in un rifugio alpino".
Hüttenanlage f industr impianto m di uno stabilimento metallurgico.
Hüttenarbeiter m → **Metallarbeiter**.
Hüttendorf n "villaggio m provvisorio di baracche messo su da manifestanti".
Hüttenindustrie f industr → **Metallindustrie**.
Hüttenkäse m gastr "formaggio m fresco tipo fiocchi di latte".
Hüttenkombinat n ostdt hist industr kombinat m/conglomerata f di vari stabilimenti dell'industria metallurgica.
Hüttenkunde f wiss metallurgia f.
Hüttenschuh m <meist pl> "babbuccia f di lana con la suola in cuoio sottile".
Hüttenwerk n industr → **Hütte**②.
Hüttenwesen <-s, ohne pl> n industr metallurgia f e siderurgia f.
hutzelig, hutzlig adj {FRUCHT, OBST} grinzoso, vizzo; {HAUT, MÄNNLEIN, WEIBLEIN} incartapecorito.
H-Vollmilch f latte m intero a lunga conservazione.
Hyäne <-, -n> f **1** zoo iena f: männliche/weibliche ~, iena maschio/femmina, maschio/femmina della iena **2** pej (skrupelloser Mensch) iena f.
Hyazinth <-s, -e> m min giacinto m.
Hyazinthe <-, -n> f bot giacinto m.
hybrid adj **1** biol zoo {PFLANZE, TIER} ibrido **2** inform tel {NETZE, SYSTEM} ibrido.
Hybridantrieb m tech trazione f/propulsione f ibrida.
Hybride <-, -n> f biol zoo ibrido m.
Hybridfahrzeug n veicolo m/mezzo m a trazione/propulsione ibrida.
Hybridisierung <-, -en> f biol ibridazione f.
Hybridrechner m inform calcolatore m ibrido.
Hybridschaltung f el inform circuito m ibrido.
Hybridschnittstelle f inform interfaccia f ibrida.
Hybris <-, ohne pl> f geh tracotanza f, hybris f philos.
Hydra <-, ohne pl> f astr myth idra f.
Hydrant <-en, -en> m tech idrante m.
Hydrat <-(e)s, -e> n chem idrato m.
Hydratation, Hydration <-, ohne pl> f chem idratazione f.
Hydraulik <-, ohne pl> f tech **1** (Lehre) idraulica f **2** (hydraulisches System) sistema m/impianto m idraulico.
Hydraulikbremse f tech freno m idraulico.
hydraulisch adj tech {ANTRIEB, BREMSE, GETRIEBE} idraulico.
hydrieren <ohne ge-> tr chem etw ~ idrogenare qc.
Hydrierung <-, ohne pl> f chem idrogenazione f.

Hydrodynamik f phys idrodinamica f.
hydroelektrisch adj phys tech {KRAFTWERK} idroelettrico.
Hydrokultur <-, -en> f bot **1** (Pflanze) pianta f in idrocoltura **2** <nur sing> (System) idrocoltura f, enidrocoltura f, idroponica f.
Hydrologie <-, ohne pl> f idrologia f.
Hydrolyse <-, -n> f chem idrolisi f.
hydrolytisch adj chem idrolitico.
hydrophil adj **1** biol (in/am Wasser lebend) {PFLANZEN, TIERE} idrofilo **2** chem tech (Wasser aufnehmend) {ELEMENTE} idrofilo.
hydrophob adj **1** biol {PFLANZEN} idrofobo; {TIERE} che non sopporta l'acqua **2** chem tech idrofobo, idrorepellente.
Hydrosphäre <-, ohne pl> f geol idrosfera f.
Hydrostatik <-, ohne pl> f phys idrostatica f.
Hydrotechnik f tech idrotecnica f.
hydrotechnisch adj tech {ANLAGE, VERFAHREN} di idrotecnica.
hydrotherapeutisch med A adj {BEHANDLUNG, KUR} idroterapico, idroterapeutico B adv idroterapicamente, idroterapeuticamente.
Hydrotherapie <-, -n> f med idroterapia f.
Hygiene <-, ohne pl> f **1** med wiss igiene f **2** (Sauberkeit) igiene f: auf (die) ~ achten, curare l'igiene, guardare all'igiene.
Hygieneartikel m prodotto m per l'igiene.
Hygienemaßnahme f misura f igienica.
Hygienepapier n prodotti m pl igienici di carta.
Hygienevorschrift f norma f igienica.
hygienisch A adj {VERHÄLTNISSE, ZUSTAND} igienico B adv igienicamente, in modo igienico: etw ~ aufbewahren/verpacken, conservare/confezionare qc igienicamente; ~ rein/einwandfrei sein, essere igienicamente perfetto/inappuntabile; ~ bedenklich/unbedenklich sein, destare/[non destare] preoccupazioni dal punto di vista igienico.
Hygrometer <-s, -> n meteo igrometro m.
Hymen <-s, -> n oder m anat imene m.
Hymne <-, -n> f **1** lit mus relig inno m **2** (Nationalhymne) inno m (nazionale) **3** (Lobrede) ~ auf etw (akk) inno m a qc: ~ auf die Freundschaft, inno all'amicizia.
Hype <-s, -s> m grande scalpore m/clamore m (suscitato dai media): einen ~ aus etw (dat) machen, fare un caso (mediatico) di qc.
hypen tr fam jdn/etw ~ pompare qu/qc, esaltare qu/qc.
hyperaktiv adj **1** med iperattivo **2** fam (übertrieben aktiv) {FRAU, MENSCH} iperattivo.
hyperbar adj phys iperbarico.
Hyperbel <-, -n> f **1** math iperbole m oder f **2** ling iperbole f.
hyperbolisch A adj **1** math iperbolico **2** ling iperbolico B adv ling: etw ~ ausdrücken, esprimere qc iperbolicamente/[in modo iperbolico].
hyperemotional adj psych iperemotivo.
hypergenau adj fam {TYP} superpignolo fam, precisino fam, fiscale fam: bei dem Professor muss man ~ sein, der zählt sogar die Kommas, con quel professore bisogna essere superprecisi, conta perfino le virgole.
hyperkorrekt adj **1** (übertrieben korrekt) {MENSCH} supercorretto **2** ling ipercorretto: -e Form, ipercorrettismo m.
hyperkritisch adj fam {BEMERKUNG, PERSON} ipercritico, criticissimo.
Hyperlink m inform link m, collegamento m ipertestuale.
hypermodern A adj {AUSSTATTUNG, EIN-

RICHTUNG} ultramoderno, supermoderno, modernissimo B adv in stile ultramoderno: etw ~ gestalten/einrichten, concepire/arredare qc in stile ultramoderno.
hypernervös adj **1** psych {KIND, VERHALTEN} ipernervoso **2** fam (extrem nervös) superteso, supernervoso: das ist vielleicht ein Zappelphilipp, fast schon ~!, che saltamartino, non si tiene!
Hyperonym <-s, -e> n ling iperonimo m.
Hyperonymie <-, -n> f ling iperonimia f.
hypersensibel <attr hypersensible(r, s)> adj **1** psych ipersensibile **2** fam (extrem sensibel) ipersensibile: die darf man nicht anschreien, die weint gleich, die ist wirklich ~, non la devi sgridare, perché si mette subito a piangere, è veramente ipersensibile.
Hypertext m inform lit ipertesto m.
Hypertonie <-, ohne pl> f med **1** (Bluthochdruck) ipertensione f **2** (erhöhte Muskelspannung) ipertonia f.
Hypertoniker m (**Hypertonikerin** f) iperteso (-a) m (f).
Hypertrichose <-, -n> f, **Hypertrichosis** <-, Hypertrichoses> f med ipertricosi f med.
hypertroph adj **1** med (GEWEBE, ZELLEN) ipertrofico **2** geh (übersteigert) ipertrofico.
Hypertrophie <-, -n> f med ~ einer S. (gen) {+HERZMUSKEL, GEWEBE} ipertrofia f di qc.
Hyperventilation <-, -en> f med iperventilazione f med, iperpnea f med.
hyperventilieren <ohne ge-> itr **1** med andare in iperventilazione **2** slang (sich sehr aufregen) agitarsi da morire fam.
Hypervitaminose <-, -n> f med ipervitaminosi f.
Hypnose <-, ohne pl> f **1** (als Zustand) ipnosi f **2** (als Technik) ipnotismo m, ipnosi f: ~ anwenden, fare uso/[servirsi] dell'ipnotismo/[dell'ipnosi] ● aus der ~ erwachen, (ri)svegliarsi dall'ipnosi; in ~ fallen, cadere in ipnosi; unter ~, in stato di/[in] ipnosi; unter ~ stehen, trovarsi/essere in stato di ipnosi; unter ~ agieren, agire in stato di ipnosi; etw unter ~ machen/sagen, fare/dire qc in stato di/[sotto] ipnosi; jdn in ~ versetzen, far cadere qu in ipnosi, sottoporre qu a ipnosi.
Hypnosetherapie <-, -n> f psych → **Hypnotherapie**.
Hypnotherapeut <-en, -en> m (**Hypnotherapeutin** f) psych ipnoterapista mf, ipnoterapeuta mf.
Hypnotherapie <-, -n> f psych ipnoterapia f, ipnositerapia f.
hypnotisch A adj **1** {BLICK, KRÄFTE, WIRKUNG} ipnotico **2** (faszinierend) ipnotico, ipnotizzante B adv ipnoticamente, con l'ipnotismo/l'ipnosi: jdn ~ beeinflussen, influenzare qu con l'ipnotismo/l'ipnosi.
Hypnotiseur <-s, -e> m (**Hypnotiseurin** f) ipnotizzatore (-trice) m (f).
hypnotisierbar adj {MENSCH} ricettivo all'ipnosi: jd ist schwer/leicht ~, è difficile/facile ipnotizzare qu.
hypnotisieren <ohne ge-> tr **1** (jdn in Hypnose versetzen) jdn ~ ipnotizzare qu **2** (jdn/etw faszinieren) jdn/etw ~ ipnotizzare qu/qc: die Zuhörer/das Publikum ~, ipnotizzare gli ascoltatori/il pubblico ● wie hypnotisiert von etw (dat) sein, essere (come) ipnotizzato da qc; er war von dem Film wie hypnotisiert, fu/rimase come ipnotizzato da quel film.
hypnotisierend adj → **hypnotisch**.
Hypochonder <-s, -> m (**Hypochonderin** f) **1** med psych ipocondriaco (-a) m (f) **2** (wehleidiger Mensch) ipocondriaco (-a) m

(f).

Hypochondrie <-, *ohne pl*> f *med psych* ipocondria f.

hypochondrisch **A** adj **1** *med psych* {SYMPTOME, VERHALTEN, ZÜGE} ipocondriaco **2** (*sich leicht Krankheiten einbildend*) {MENSCH} ipocondriaco **B** adv in modo ipocondriaco, da ipocondriaco (-a): ~ **veranlagt sein**, avere tendenze all'ipocondria.

Hypoglykämie <-, *-n*> f *med* ipoglicemia f.

Hyponym <-s, *-e*> n *ling* iponimo m.

Hyponymie <-, *-n*> f *ling* iponimia f.

Hypophyse <-, *ohne pl*> f *anat* ipofisi f.

Hypoplasie <-, *-n*> f *med* ipoplasia f.

hypotaktisch adj *ling* {SATZBAU} ipotattico.

Hypotaxe <-, *-n*> f *ling* ipotassi f.

Hypotenuse <-, *-n*> f *math* ipotenusa f.

Hypothalamus <-, *Hypothalami*> m *anat* ipotalamo m.

Hypothek <-, *-en*> f **1** *bank* ipoteca f: **eine ~ von 100 000 Euro**, un'ipoteca di 100 000 euro; **Belastung mit einer ~**, vincolo ipotecario **2** (*Belastung*) ~ **für etw** (akk) ipoteca f *su qc*: **seine Alkoholsucht ist eine schwere ~ für seine Ehe**, l'alcolismo grava come un'ipoteca sul suo matrimonio • **eine ~ auf etw** (dat) **haben**, avere un'ipoteca su qc; **eine ~ auf einer Immobilie haben**, avere un'ipoteca su un immobile; **eine ~ aufnehmen**, accendere un'ipoteca; **auf etw** (akk) **eine ~ aufnehmen**, mettere un'ipoteca su qc; **auf etw** (akk) **kann eine ~ aufgenommen werden**, qc è ipotecabile; **etw mit einer ~ belasten**, gravare qc di un'ipoteca, ipotecare qc; **mit einer ~ belastet sein**, essere ₁gravato da ipoteca₁/[ipotecato]; **etw kann mit einer ~ belastet werden**, su qc si può mettere un'ipoteca, qc è ipotecabile; **eine ~ bestellen**, costituire un'ipoteca; **eine ~ eintragen**,

iscrivere un'ipoteca; **eine eingetragene ~**, un'ipoteca iscritta; **die erste/zweite/dritte ~**, un'ipoteca di primo/secondo/terzo grado; ~ **auf Grund und Boden**, ipoteca fondiaria; **als schwere ~ auf jdm/etw lasten** fig, essere una grave ipoteca su qu/qc; **die Scheidung lastet als schwere ~ auf seiner Politikerkarriere**, il divorzio è una grave ipoteca sulla sua carriera politica; **eine ~ tilgen/abtragen**, spegnere un'ipoteca.

Hypothekar m (**Hypothekarin** f) *jur* → **Hypothekengläubiger**.

hypothekarisch **A** adj ipotecario **B** adv: **etw ~ belasten**, ipotecare qc; **etw ~ sichern**, garantire qc con un'ipoteca.

Hypothekenbank <-, *-en*> f *bank* istituto m di credito ipotecario.

Hypothekenbestellung f *bank* costituzione f d'ipoteca.

Hypothekenbrief m *bank* certificato m ipotecario.

hypothekenfrei adj *bank* {GESCHÄFTSMANN, GRUNDSTÜCK} libero/[non gravato] da ipoteche.

Hypothekengläubiger m (**Hypothekengläubigerin** f) *jur* creditore (-trice) m (f) ipotecario (-a).

Hypothekenpfandbrief m *bank* cartella f fondiaria.

Hypothekenschuld f *bank* debito m ipotecario.

Hypothekenschuldner m (**Hypothekenschuldnerin** f) *jur* debitore (-trice) m (f) ipotecario (-a).

Hypothekenwechsel m *bank* cambiale f ipotecaria.

Hypothekenzins m *bank* interesse m su prestiti ipotecari.

Hypothese <-, *-n*> f *geh* ipotesi f: **eine bizarre/kühne ~**, un'ipotesi avventurosa/az-

zardata; **eine ~ aufstellen/widerlegen**, ₁formulare/avanzare₁/[confutare] un'ipotesi; **eine unbewiesene/vorläufige ~**, un'ipotesi indimostrata/provvisoria; **einer Untersuchung eine ~ zu Grunde legen**, porre un'ipotesi alla base di una ricerca; **die Unhaltbarkeit einer ~ beweisen**, dimostrare l'insostenibilità di un'ipotesi; **das ist eine reine ~, nichts ist bewiesen**, è solo un'ipotesi, non c'è niente di provato.

hypothetisch **A** adj {ANNAHME, FALL, ÜBERLEGUNG} ipotetico **B** adv ipoteticamente, per ipotesi: **rein ~ gesprochen bedeutete dies, dass ...**, parlando per ipotesi significherebbe che ...

Hypotonie <-, *-n*> f *med* **1** (*niedriger Blutdruck*) ipotensione f **2** (*herabgesetzte Muskelspannung*) ipotonia f.

Hypozentrum n *geol* ipocentro m.

Hysterektomie <-, *-n*> f *med* isterectomia f.

Hysterie <-, *ohne pl*> f **1** *med psych* isteria f, isterismo m **2** (*Zustand höchster Erregung*) isterismo m: **in ~ ausbrechen**, essere colto da un attacco isterico • **kollektive ~**, isterismo collettivo.

Hysteriker m (**Hysterikerin** f) *med psych* isterico (-a) m (f).

hysterisch adj **1** *med psych* {ANFALL, VERHALTEN} isterico; {KRANKHEITSBILD} tipico del soggetto isterico **2** *fam pej* (*panikartig*) {ANFALL, GEKREISCHE} isterico: **jd bekommt einen ~en Anfall**, a qu viene una crisi isterica; **eine ~e Szene abziehen** *fam*/**machen**, fare una scena isterica • **jetzt werd' doch nicht gleich ~!** *fam pej*, non fare l'isterico (-a)!, smettila con i tuoi isterismi!

Hysteroskopie <-, *-n*> f *med* isteroscopia f.

Hz Abk *von* Hertz: Hz.

I, i

I, i <-, - oder fam -s> n I, i m oder f ● **I wie Ida**, i come Imola; → auch **A, a**.

i interj (bei Ekel) ih!, puah!, puh!: **i, wie eklig!**, ih, che schifo ● **i wo!** fam, ma va!

I Abk von Italien: I (Abk von Italia).

i. A. Abk von im Auftrag: p.p. (Abk von per procura).

IAA <-, -s> f Abk von Internationale Automobilausstellung: Salone m Internazionale dell'Auto.

iah interj (Schrei des Esels) ih oh!

iahen <ohne ge-> itr {ESEL} ragliare, fare ih oh fam.

Iambus m lit → **Jambe**.

ib., ibd. Abk von lat ibidem (ebenda): ibid. (nello stesso luogo).

iberisch adj hist iberico ● **die Iberische Halbinsel** geog, la penisola iberica.

Iberoamerika n geog America f latina.

iberoamerikanisch adj ibero-americano, latino-americano.

Ibis <-ses, -se> m ornith ibis m.

Ibiza <-s, ohne pl> n geog Ibiza f.

IC <-(s), -(s)> m Eisenb Abk von Intercityzug: IC m.

IC-Betreuer m (**IC-Betreuerin** f) Eisenb steward m, hostess f.

ICE <-(s), -(s)> m Eisenb Abk von Intercityexpresszug: "treno m ad alta velocità".

ICE-Zuschlag m Eisenb supplemento m per treno ad alta velocità.

ich <meiner, mir, mich> pers pron 1. pers sing **1** (als unbetontes Subjekt vor Verben nicht übersetzt): **ich heiße Anna**, mi chiamo Anna; **das weiß ich schon selbst**, lo so da me/solo (-a); **ich rufe dich morgen an**, ti chiamo domani **2** (als betontes Subjekt vor Verben) io; **ich spiele Tennis, er nicht**, io gioco a tennis, lui no; **ich auch nicht**, neppure/nemmeno/neanche io; **ich selbst**, io stesso (-a), anch'io; **ich bin's**, sono io **3** (in Ausrufesätzen, nach Vergleichen und Präp) me: **ich Ärmster!**, povero me!; **Menschen wie du und ich**, gente come me e te; **meine Schwester ist so groß wie ich**, mia sorella è alta quanto me; **ich für meine Person**, quanto a me, per quanto mi riguarda/concerne; **hier bin ich!**, eccomi!; **ich Dummkopf!**, che stupido (-a) (che) sono! fam.

Ich <-(s), -(s)> n io m: **sein eigenes Ich erforschen**, esplorare/sondare il proprio io; psych Io m, ego m ● **mein besseres Ich**, la parte migliore di me; **mein zweites/anderes Ich**, il mio alter ego.

Ich-AG f "microimpresa f individuale che si avvale di sussidi contro la disoccupazione".

Ichbewusstsein (a.R. Ichbewußtsein) n coscienza f del proprio io.

ichbezogen adj egocentrico.

Ichbezogenheit <-, ohne pl> f egocentrismo m.

Icherzähler m (**Icherzählerin** f), **Ich--Erzähler** m (**Ich-Erzählerin** f) io m narrante.

Icherzählung, **Ich-Erzählung** f lit racconto m in prima persona.

Ichform, **Ich-Form** f lit prima persona f: **in der ~ erzählen**, narrare/raccontare in prima persona.

Ichmensch, **Ich-Mensch** m (individuo m) egocentrico m, persona f egocentrica.

Ichroman, **Ich-Roman** m romanzo m narrato in prima persona.

Ichthyol® <-s, ohne pl> n ittiolo m.

Ichthyolsalbe f pharm pomata f all'ittiolo.

Ichthyose <-, -n>, **Ichthyosis** <-, Ichthyosen> f med ittiosi f, ictiosi f.

Icon <-s, -s> n inform icona f.

IC-Zuschlag m Eisenb supplemento m intercity.

i.d. Abk von in der (bei Ortsnamen): in.

ideal **A** adj ideale: **die Bedingungen sind nahezu ~**, le condizioni sono quasi ideali; **dieses Haus wäre ~ für uns**, questa casa sarebbe l'ideale per noi; **es wäre ~, wenn wir das Problem so lösen könnten**, l'ideale sarebbe poter risolvere il problema in questo modo **B** adv {LIEGEN, WOHNEN} in posizione ideale.

Ideal <-s, -e> n **1** (hoher moralischer Wert) ideale m: **das ~ der Freiheit/Gerechtigkeit**, l'ideale di libertà/giustizia; **(keine) ~e haben**, (non) avere ideali; **seine ~e verwirklichen**, realizzare i propri ideali **2** (idealer Typ): **sie ist das ~ einer Sekretärin**, è la segretaria ideale, è una segretaria modello.

Idealbild n ideale m.

idealerweise adv: **~ sollten Sie für diese Arbeit fließend Englisch und Französisch sprechen**, per questo lavoro l'ideale sarebbe che Lei parlasse correntemente inglese e francese.

Idealfall m (caso m) ideale m: **im ~**, in condizioni ottimali.

Idealfigur f <meist sing> **1** (ideale Figur) figurina f, figura f perfetta **2** (Idealgestalt) personaggio m ideale.

Idealgewicht n peso m forma/ideale.

idealisieren <ohne ge-> tr jdn/etw idealizzare qu/qc.

Idealisierung <-, -en> f idealizzazione f.

Idealismus <-, ohne pl> m idealismo m: **voller ~ sein**, essere pieno di idealismo; **von ~ erfüllt sein**, essere animato da un grande idealismo.

Idealist <-en, -en> m (**Idealistin** f) idealista mf.

idealistisch adj {MENSCH} idealista; {EINSTELLUNG} idealistico.

Idealität <-, ohne pl> f idealità f.

Idealkonkurrenz f jur concorso m formale/ideale di reati.

Ideallösung f soluzione f ideale.

Idealstaat m stato m ideale.

Idealtypus m tipo m ideale.

Idealvorstellung f immagine f ideale: **jds ~ entsprechen**, corrispondere all'immagine ideale di qu.

Idealzustand m condizioni f pl ideali.

Idee <-, -n> f **1** (Einfall) idea f: **geniale ~**, idea/trovata/pensata geniale; **glänzende ~**, idea brillante/formidabile/folgorante; **jd kommt auf eine ~, jdm kommt eine ~**, qu ha un'idea, a qu viene un'idea; **wie kommst du denn auf die ~?**, come mai ti è venuta quest'idea?; **plötzlich kam ich auf die ~, Claudia anzurufen**, improvvisamente mi venne l'idea di telefonare a Claudia; **er hat mich auf die ~ gebracht, nach Spanien zu fahren**, mi ha dato l'idea di andare in Spagna; **das bringt mich auf eine ~!**, mi fa venire un'idea!; **voller ~n stecken**, essere pieno di idee; **von einer ~ begeistert sein**, essere entusiasta di un'idea **2** (Leitbild) idea f: **die ~ der Freiheit**, l'idea di libertà; **für eine ~ kämpfen**, combattere per un'idea **3** fam (Spur): **eine ~ + subst** gastr {CURRY, PFEFFER, SALZ} un'idea/ombra di qc, un pizzico di qc: **die Musik ist eine ~ zu laut**, la musica è un'idea troppo alta; **der Rock ist eine ~ zu lang**, la gonna è un pochino troppo lunga ● **keine ~ besser (sein)** fam, (non essere) neanche un briciolo migliore fam; **das ist eine fixe ~ von ihm**, è una sua idea fissa, è il suo chiodo fisso fam; **du hast (vielleicht) ~n!** iron, che idee! iron, ma senti che razza di idee! iron.

ideell adj {NUTZEN} spirituale; {WERTE} auch ideale.

ideenarm adj {PERSON, WERK} povero di idee: **~ sein**, essere a corto di idee.

Ideenarmut <-, ohne pl> f povertà f/mancanza f d'idee.

Ideenaustausch <-s, ohne pl> m scambio m d'idee.

Ideenflucht f psych fuga f delle idee.

ideenlos adj {PERSON, WERK} senza/[privo di] idee: **~ sein**, _non avere_/[mancare di] idee.

Ideenlosigkeit <-, ohne pl> f mancanza f d'idee.

Ideenmanagement n ökon gestione f/management m delle idee.

ideenreich adj {WERK} ricco/denso di idee; {PERSON} auch pieno di idee.

Ideenreichtum <-s, ohne pl> m ricchezza f d'idee.

Iden subst <nur pl> hist {+März} idi f oder m pl.
Identifikation <-, -en> f psych ~ **mit jdm/etw** identificazione f con qu/qc.
Identifikationsfigur f modello m di identificazione.
identifizierbar adj identificabile.
identifizieren <ohne ge-> **A** tr **1** (die Identität feststellen) **jdn/etw** (**als etw** akk) ~ {DEN VERDÄCHTIGEN ALS DEN TÄTER} identificare qu/qc (come qc) **2** (gleichsetzen) **jdn/etw mit etw** (dat) ~ identificare qu/qc con qc **B** rfl sich **mit jdm/etw** ~ {MIT EINER ROLLE, EINEM VORBILD} identificarsi con qu/qc.
Identifizierung <-, -en> f **1** (Feststellung der Identität) identificazione f **2** psych → **Identifikation**.
identisch adj identico: **mit jdm/etw** ~ **sein**, essere identico a qu/qc.
Identität <-, -en> f **1** {+PERSON} identità f: **jds** ~ **überprüfen**, controllare l'identità di qu **2** <nur sing> (Gleichheit) identità f **3** psych identità f.
Identitätskarte f bes. CH → **Personalausweis**.
Identitätskrise f psych crisi f d'identità.
Identitätsmanagement n inform gestione f delle identità.
Identitätsnachweis m prova f dell'identità.
identitätsstiftend adj che crea identità.
Identitätssuche f ricerca f dell'identità.
Identitätsverlust m psych perdita f d'identità.
Ideogramm <-s, -e> n ling ideogramma m.
Ideologe <-n, -n> m (**Ideologin** f) ideologo (-a) m/f.
Ideologie <-, -n> f ideologia f.
Ideologiekritik f critica f ideologica.
Ideologin f → **Ideologe**.
ideologisch **A** adj ideologico **B** adv ideologicamente.
ideologisieren <ohne ge-> tr **jdn/etw** ~ ideologizzare qu/qc.
Ideologisierung <-, -en> f ideologizzazione f.
Idiom <-s, -e> n ling **1** (eigene Sprache) idioma m, linguaggio m **2** (Wendung) frase f/espressione f idiomatica, modo m di dire, locuzione f.
Idiomatik <-, ohne pl> f ling **1** (die Idiome einer Sprache) fraseologia f **2** (Teilgebiet der Lexikologie) fraseologia f **3** (Wörterbuch) dizionario m fraseologico.
idiomatisch adj {AUSDRUCK, WENDUNG} idiomatico.
Idiot <-en, -en> m (**Idiotin** f) **1** fam (Dummkopf) idiota mf, cretino (-a) m (f) imbecille mf, demente mf fam, beota mf fam, demente mf fam **2** med (Schwachsinniger) idiota mf, demente mf, deficiente mf.
Idiotenhügel m fam scherz campetto m fam, pista f fam per sciatori principianti.
idiotensicher fam scherz **A** adj {BEDIENUNG, METHODE} di una semplicità estrema **B** adv: ~ **zu bedienen sein**, essere semplicissimo/facilissimo da usare; **etw** ~ **erklären**, spiegare qc in modo che lo capirebbe perfino un bambino.
Idiotie <-, -n> f **1** fam pej idiozia f, cretinata f, imbecillità f **2** med (Schwachsinn) idiozia f, deficienza f mentale, demenza f.
Idiotin f → **Idiot**.
idiotisch adj fam {IDEE, VORSCHLAG} idiota, cretino; {TYP} auch imbecille, deficiente, ebete.
Idol <-s, -e> n idolo m.

Idolatrie <-, ohne pl> f idolatria f.
idolisieren <ohne ge-> tr **jdn/etw** ~ {KÜNSTLER, TECHNOLOGIE} idolatrare qu/qc, fare di qu/qc un idolo.
Idyll <-s, -e> n idillio m.
Idylle <-, -n> f **1** lit kunst idillio m **2** → **Idyll**.
idyllisch adj idilli(a)co.
i. e. Abk von lat id est (das ist): i.e. (cioè).
IG <-, -s> f **1** Abk von Industriegewerkschaft: "sindacato m dei lavoratori dell'industria" **2** Abk von Interessengemeinschaft: "associazione f di persone o gruppi di persone che perseguono un fine comune".
Igel <-s, -> m zoo riccio m.
Igelfrisur f fam capelli m pl a spazzola.
igitt, igittigitt interj fam (bei Ekel) ih, che schifo!, puah!
Iglu <-s, -s> m oder n igloo m, iglù m.
ignorant adj geh pej ignorante.
Ignorant <-en, -en> m (**Ignorantin** f) geh pej ignorante mf, incolto (-a) m (f), analfabeta mf.
Ignoranz <-, ohne pl> f geh pej ignoranza f, incultura f.
ignorieren <ohne ge-> tr (absichtlich nicht beachten) **jdn/etw** ~ {JDS ANTWORT, ANWESENHEIT} ignorare qu/qc, non considerare qu/qc: **eine Krankheit** ~, trascurare una malattia.
i. H. Abk von im Hause.
IHK <-, -s> f Abk von Industrie- und Handelskammer: ≈ CCIAA (Abk von Camera di Commercio, Industria, Artigianato e Agricoltura).
ihm pers pron dat von er, es (unbetont) gli: **haben Sie ihm den Brief gegeben?**, gli ha dato la lettera?; (betont) a lui: **du solltest du das Geld geben und nicht ihr**, a lui dovevi dare i soldi e non a lei, i soldi dovevi darli a lui, non a lei; (nach Präp) lui: **sie geht mit ihm ins Kino**, va al cinema con lui; **er ist ihm gefolgt**, lo ha seguito; **ein Freund von ihm**, un suo amico; (in Kombination mit anderen Pronomina) gli: **die Zeitung liegt auf dem Schreibtisch, bring sie ihm!**, il giornale è sulla scrivania, portaglielo!
ihn pers pron akk von er (unbetont) lo, l': **kennst du ihn?**, lo conosci?; **ich habe ihn gestern angerufen**, ₌l'ho chiamato₌/[gli ho telefonato] ieri; **warum hast du ihn nicht nach seiner Adresse gefragt?**, perché non gli hai chiesto l'indirizzo? (betont) lui; (nach präp) lui; **das Geschenk ist für ihn**, il regalo è per lui; (in Kombination mit anderen Pronomina): **den alten Wagen kann unser Sohn benutzen, ich schenke ihn ihm**, la macchina vecchia la può usare nostro figlio, gliela regalo.
ihnen pers pron dat von sie pl (unbetont) gli, loro form: **hast du ~ das Buch gegeben?**, ₌gli hai dato₌/[hai dato loro form] il libro?; (betont) a loro; ~ **würde ich nie Geld leihen!**, a loro non prestereí mai dei soldi!; (nach präp) loro; **sie ist heute Abend bei ~ eingeladen**, stasera è invitata da/[a casa] loro; **eine Bekannte von ~**, una loro conoscente; (in Kombination mit anderen Pronomina) gli: **die Zimmer unserer Gäste sind im zweiten Stock, ich werde sie ~ zeigen**, le camere dei nostri ospiti sono al secondo piano, gliele mostrerò.
Ihnen pers pron **1** dat von Sie sing (unbetont) Le: **wir wünschen ~ einen angenehmen Aufenthalt**, Le auguriamo un piacevole soggiorno; **wie geht es ~?**, come sta?; **ich danke ~**, La ringrazio; (betont) a Lei; (nach präp) Lei; **nach ~!**, dopo di Lei! (in Verbindung mit anderen Pronomina) gli: **wenn Sie die Telefonnummer möchten, kann ich sie**

~ geben, se vuole il numero di telefono, posso darglielo **2** dat von Sie pl (unbetont) Vi, Loro form obs; (betont) a Voi, a Loro form obs; (nach präp) Voi, Loro form obs: **nach ~!**, dopo di Voi/Loro form obs!
ihr① <euer, euch, euch> pers pron 2. pers pl (als Anrede in Briefen klein- oder großgeschrieben) **1** (als betontes Subjekt) voi: **ihr beide**, voi due; **ihr Armen!**, poveri (-e) voi!; **ihr Glücklichen!**, beati (-e) voi!; **wer hat denn an die Tür geklopft? Wart ihr das?**, chi ha bussato alla porta? Siete stati (-e) voi?; **da seid ihr ja endlich!**, eccovi finalmente! **2** (als unbetontes Subjekt meist unübersetzt): **könnt ihr morgen zu uns kommen?**, potete venire da noi domani?; (nach Vergleichen) **wir sind schneller als ihr**, siamo più veloci di voi.
ihr② pers pron dat von sie 3. pers sing (unbetont) le: **hast du ihr meinen Brief gegeben?**, le hai dato la mia lettera?; (betont) a lei: **ich kann man alles anvertrauen**, a lei si può confidare tutto; (nach präp) lei: **er geht mit ihr ins Kino**, va al cinema con lei; **eine Freundin von ihr**, una sua amica; (in Kombination mit anderen Pronomina) gli: **sie hat ihre Tasche vergessen, bring sie ihr bitte!**, ha dimenticato la sua borsa, portagliela per favore!; **hast du es ihr schon erklärt?**, gliel'hai già spiegato?
ihr③ poss pron **1** von sie sing (adjektivisch: wird im Ital. im Allg. in Verbindung mit dem Art verwendet) suo (-a): **sie spricht mit ihrem Chef**, sta parlando con il suo capo/direttore; **das ist ihr Auto**, questa è la sua macchina, questa macchina è sua; **sie geht mit ihrer Freundin ins Kino**, va al cinema con la sua amica; (bei Verwandtschaftsbezeichnungen ohne Adj im sing ohne Art): **ihr Vater/Sohn**, suo padre/figlio; **ihre Mutter/Tochter**, sua madre/figlia; **ihre Neffen/Vettern**, i suoi nipoti/cugini; **ihre Tanten/Nichten**, le sue zie/nipoti; (in Verbindung mit einem Adj immer mit Art): **ihre arme Schwester**, la sua povera sorella, quella poveretta di sua sorella; (bei Kosenamen im sing mit Art): **ihre Mami/Mutti**, la sua mamma; **ihr Papa**, il suo papà; **ihre Oma**, (la) sua nonna; **ihr Opa**, (il) suo nonno **2** von sie pl (adjektivisch: wird im Ital. im Allg. in Verbindung mit dem Art verwendet): **wo liegt ihre Wohnung?**, dove si trova ₌la loro casa₌/[casa loro]?; **sie verbringen den Sonntag mit ihren Freunden**, trascorrono la domenica con i loro amici; (bei Verwandtschaftsbezeichnungen): **ihr Vater/Sohn**, il loro padre/figlio; **ihre Mutter/Tochter**, la loro madre/figlia; **ihre Neffen/Vettern**, i loro nipoti/cugini; **ihre Tanten/Nichten**, le loro zie/nipoti; (in Verbindung mit einem Adj immer mit Art): **ihre arme Schwester**, la loro povera sorella, quella poveretta della loro sorella (bei Kosenamen im sing mit Art): **ihre Mami/Mutti**, la loro mamma; **ihr Papa**, il loro papà; **ihre Oma**, (la) loro nonna; **ihr Opa**, (il) loro nonno.
Ihr poss pron **1** von Sie sing (adjektivisch: wird im Ital. im Allg. in Verbindung mit dem Art verwendet) il suo, la sua: **zeigen Sie mir bitte Ihren Pass!**, mi mostri il (Suo) passaporto, per favore; **wie geht es Ihren Eltern?**, come stanno i Suoi genitori?; (als Briefschluss) suo (-a): **mit freundlichen Grüßen, Ihr Thomas**, distinti saluti, suo Thomas; (bei Verwandtschaftsbezeichnungen ohne Adj im sing ohne Art): **Ihr Vater/Sohn**, Suo padre/figlio; **Ihre Mutter/Tochter**, Sua madre/figlia; **Ihre Neffen/Vettern**, i Suoi nipoti/cugini; **Ihre Tanten/Nichten**, le sue zie/nipoti; (in Verbindung mit einem Adj immer mit Art): **Ihre arme Schwester**, la Sua povera sorella, quella poveretta di Sua sorella **2** von Sie pl il Vostro, la Vostra, il/la Loro form obs: **wir ha-**

ben Ihre Personalien aufgenommen, abbiamo registrato i Vostri/Loro *form obs* dati personali.

ihre, Ihre poss pron (*substantivisch*) → **ihrer**②, **Ihrer**①, **Ihrer**②, **Ihrer**③.

ihrer① pers pron **1** gen *von* sie sing di lei: **wir werden ~ gedenken** *geh obs*, ci ricorderemo di lei, la ricorderemo **2** gen *von* sie pl di loro m (f) pl, di essi m pl *form*, di esse f pl *form*: **wir werden ~ gedenken** *geh obs*, ci ricorderemo di loro, li ricorderemo; **es waren ~ drei** *geh*, erano in tre; → *auch* **ihrer**②.

ihrer②, **ihre, ihres** poss pron (*substantivisch*) **1** *von* sie sing il suo, la sua: **mein Referat ist fertig, ihres noch nicht**, la mia relazione è finita, la sua ancora no **2** *von* sie pl il/la loro: **unsere Kinder gehen schon zur Schule, ihre noch in den Kindergarten**, i nostri figli vanno già a scuola, i loro (vanno) ancora all'asilo.

Ihrer①, **Ihre, Ihres** poss pron (*substantivisch*) **1** *von* Sie sing il Suo, la Sua: **mein Wagen ist kaputt, können wir Ihren nehmen?**, la mia auto è guasta, possiamo prendere la Sua? **2** *von* Sie pl il Vostro, la Vostra, il/la Loro *form obs* **3** <*nur pl*> (*Angehörige*): **die Ihren** (*von* Sie sing), i Suoi (cari/familiari); (*von* Sie pl) i Vostri/Loro *form obs* (cari/familiari) **4** <*nur sing*> (*Aufgabe*): **das Ihre** *geh* (*von* Sie sing), il Suo, la Sua parte; (*von* Sie pl) il Vostro/Loro *form obs*, la Vostra/Loro *form obs* **5** <*nur sing*> (*Eigentum*): **das Ihre** *geh* (*von* Sie sing), il Suo, i Suoi averi; (*von* Sie pl) il Vostro/Loro *form obs*, la Vostra/Loro *form obs* averi ● **auf das Ihre!** (*Trinkspruch entgegnend*) <*sing*>, alla Sua!; <*pl*>, alla Vostra/Loro *form obs*!; **ganz der Ihre!** *geh obs*, a Sua disposizione!, eccomi tutto per Lei!

Ihrer②, **Ihre, Ihres** poss pron (*substantivisch*) *von* sie sing **1** <*nur pl*> (*Angehörige*): **die Ihren/ihren**, i suoi (cari/familiari) **2** <*nur sing*> (*Eigentum*): **das Ihre/ihre** *geh*, il suo, i suoi averi **3** <*nur sing*> (*Aufgabe*): **das Ihre/ihre** *geh*, il suo, la sua parte.

Ihrer③, **Ihre, Ihres** poss pron (*substantivisch*) *von* sie pl **1** <*nur pl*> (*Angehörige*): **die Ihren/ihren**, i loro (cari/familiari) **2** (*Eigentum*): **das Ihre/ihre** *geh*, il loro, i loro averi **3** (*Aufgabe*): **das Ihre/ihre** *geh*, il loro, la loro parte.

Ihrer④ pers pron **1** gen *von* Sie sing di Lei: **wir werden ~ gedenken** *geh*, ci ricorderemo di Lei, La ricorderemo **2** gen *von* Sie pl di Voi/Loro *form obs*: **wir werden ~ gedenken** *geh*, ci ricorderemo di Voi, Vi ricorderemo; → *auch* **Ihrer**①.

ihrerseits adv **1** (*von ihrer* sing *Seite aus*) da/per parte sua **2** (*von ihrer* pl *Seite aus*) da/per parte loro.

Ihrerseits adv **1** (*von Ihrer* sing *Seite aus*) da/per parte Sua **2** (*von Ihrer* pl *Seite aus*) da/per parte Vostra/Loro *form*.

ihres, Ihres poss pron (*substantivisch*) → **ihrer**②, **Ihrer**①, **Ihrer**②, **Ihrer**③.

ihresgleichen <*inv*> pron *oft pej* **1** (*Leute wie sie* sing) gente/quelli come lei: **mit ~ will ich nichts zu tun haben**, con gente ₍come lei₎/[della sua risma *pej*] non voglio avere nulla a che fare **2** (*Leute wie sie* pl) gente/quelli ₍come loro₎/[della loro risma *pej*].

Ihresgleichen <*inv*> pron *oft pej* **1** (*Leute wie Sie* sing) uno (-a)/gente/quelli come Lei,/[della sua risma *pej*]: **~ kenne ich nur zu gut!**, quelli come Lei li conosco fin troppo bene! **2** (*Leute wie Sie* pl) gente/quelli ₍come Voi₎/[della vostra risma *pej*].

ihrethalben adv *obs*, **ihretwegen** adv **1** (*ihr zuliebe*) per lei/[amor suo]; (*negativ: wegen ihr*) a/per causa sua, per colpa sua

2 (*ihnen zuliebe*) per (amor) loro; (*negativ: wegen ihnen*) per causa/colpa loro.

Ihrethalben adv *obs*, **Ihretwegen** adv **1** (*Ihnen* sing *zuliebe*) per Lei/[amor Suo]; (*negativ: wegen Ihnen*) a/per causa sua, per colpa Sua **2** (*Ihnen* pl *zuliebe*) per Voi/[amor Vostro], per Loro/[amor Loro] *form obs*.

ihretwillen adv: **um ~ 1** (*ihr zuliebe*) per lei/amor suo: **um ~ ist er nach Hamburg gezogen**, per lei/[amor suo] si è trasferito a Amburgo **2** (*ihnen zuliebe*) per (amor) loro.

Ihretwillen adv: **um ~ 1** (*Ihnen* sing *zuliebe*) per Lei/[amor Suo] **2** (*Ihnen* pl *zuliebe*) per Voi/[amor Vostro], per Loro/[amor Loro] *form obs*.

ihrige, Ihrige poss pron *geh obs* (*substantivisch*) → **ihrer**②, **Ihrer**①, **Ihrer**②, **Ihrer**③.

i. J. *Abk von* im Jahre: nell'anno.

Ikebana <-(s), ohne pl> n ikebana m.

Ikone <-, -n> f icona f.

Ikonenmalerei f *kunst* pittura f di icone.

Ikonografie, Ikonographie <-, ohne pl> f *kunst* iconografia f.

Ikonostase <-, -n> f *arch kunst* iconostasi f.

Iktus <-, - oder Ikten -n> m *med* ictus m.

Ilias <-, ohne pl> f *lit*: **die ~** (*Werk Homers*), l'Iliade.

illegal A adj {ORGANISATION, PARTEI} illegale; {EINWANDERER, EINWANDERUNG} clandestino; {BAUTÄTIGKEIT, WAFFENBESITZ} abusivo B adv {ARBEITEN} illegalmente: **er ist ~ eingewandert**, è un immigrato clandestino.

Illegalität <-, -en> f illegalità f.

illegitim adj **1** (*unrechtmäßig*) {ANSPRUCH} illegittimo; {VORGEHENSWEISE} illecito, illegale **2** (*unehelich*) {KIND} illegittimo, naturale.

Illegitimität <-, ohne pl> f *jur pol* illegittimità f.

illiquid adj *ökon* illiquido.

Illiquidität <-, ohne pl> f *ökon* illiquidità f.

Illokution <-, -en> f *ling* illocuzione f, espressione f illocutiva.

illoyal A adj sleale B adv slealmente, in modo sleale.

Illoyalität <-, ohne pl> f *geh* slealtà f.

Illumination <-, -en> f *geh* (*Beleuchtung*) illuminazione f.

illuminieren <*ohne* ge-> tr *geh* **etw ~** illuminare qc.

Illusion <-, -en> f illusione f ● **sich ~en hingeben**, pascersi di illusioni *geh*; **sich** (dat) (**über etw** akk) **~en machen**, farsi illusioni (su qc), illudersi (su qc); **jdm alle ~en nehmen/rauben**, togliere ogni illusione a qu, disilludere totalmente qu; **sich in ~en wiegen** *geh*, cullarsi nelle illusioni.

illusionär adj *geh* {PLÄNE} illusorio, chimerico.

Illusionist <-en, -en> m (**Illusionistin** f) **1** *geh* (*Schwärmer*) illuso (-a) m (f) **2** (*Zauberkünstler*) illusionista mf, prestigiatore (-trice) m (f).

illusionistisch A adj **1** *kunst* illusionistico **2** *geh* (*illusionär*) illusorio B adv **1** *kunst* {ETW DARSTELLEN, MALEN} ricorrendo all'illusionismo, in modo illusionistico **2** *geh* (*illusionär*) illusoriamente.

illusionslos adj {EINSCHÄTZUNG} senza/[privo di] illusioni; {PERSON} *auch* disilluso, disincantato: **~ werden**, perdere (tutte) le illusioni.

illusorisch adj illusorio.

illuster <*attr* illustre(r, s)> adj *geh* illustre.

Illustration <-, -en> f **1** (*Abbildung*) illustrazione f, figura f **2** (*Veranschaulichung*) illustrazione f ● **zur ~ einer S.** (gen), per illustrare qc.

illustrativ adj *geh* illustrativo.

Illustrator <-s, -en> m (**Illustratorin** f) illustratore (-trice) m (f).

illustrieren <*ohne* ge-> tr **1** (*bebildern*) **etw** (**mit etw** dat) **~** {BUCH MIT ZEICHNUNGEN} illustrare qc (con qc) **2** *geh* (*veranschaulichen*) (**jdm**) **etw** (**mit etw** dat) **~** illustrare qc (a qu) (con qc).

illustriert adj illustrato.

Illustrierte <dekl wie adj> f rivista f (illustrata), rotocalco m.

Ilona f (*Vorname*) → **Helene**.

Ilse f (*Vorname*) Elsa.

Iltis <-ses, -se> m *zoo* puzzola f.

im präp **1** = in dem → **in**① **2** (*vor geografischen Namen*) in: **Freiburg im Breisgau**, Friburgo in Brisgovia; **im Saarland wohnen**, abitare nella Saar **3** (*in Verbindung mit Subst*): **im Auftrag von jdm**, su/per incarico di qu; **im Bau sein**, essere in costruzione; **im Grunde genommen**, in fondo **4** (*in der Verlaufsform*): **im Wachsen sein**, star crescendo.

IM <-(s), -(s)> m *oder* <-, -(s)> f *Abk von* inoffizieller Mitarbeiter (inoffizielle Mitarbeiterin): "informatore (-trice) m (f) dei servizi segreti dell'ex RDT".

Image <-(s), -s> n immagine f: **ein gutes/schlechtes ~ besitzen/haben**, avere una buona/cattiva immagine; **nach mehreren Niederlagen ist das ~ der Mannschaft angeschlagen**, dopo varie sconfitte l'immagine della squadra si è appannata/incrinata ● **sein ~ aufpolieren**, rifarsi il look/maquillage a qu; **sich** (dat) **ein ~ schaffen**, crearsi/costruirsi un'immagine.

Imageaufwertung f miglioramento m della (propria) immagine, operazione f d'immagine: **etw bedeutet eine ~ für einen Politikers**, qc significa un ritorno d'immagine per un politico.

Imagemap, Image-Map <-, -s> f *slang inform* image map f, immagine f mappata.

Imagepflege f cura f della propria immagine: **~ betreiben**, curare/promuovere la propria immagine.

Imageschaden m danno m all'immagine.

Imageverlust m danno m alla (propria) immagine, perdita f di prestigio.

Imagewerbung f promozione f dell'immagine.

imaginär adj *geh* immaginario.

Imagination <-, -en> f **1** (*Einbildungskraft*) (forza f di) immaginazione f **2** (*Einbildung*) immaginazione f.

Imam <-s, -s *oder* -e> m *relig* imam m, iman m.

Imbiss (a.R. **Imbiß**) <-es, -e> m **1** spuntino m, snack m, merenda f: **einen ~ (ein)nehmen**, fare ₍uno spuntino₎/[merenda] **2** *fam* → **Imbissstube**.

Imbissstand, Imbiss-Stand (a.R. **Imbißstand**) m chiosco m (per spuntini).

Imbissstube, Imbiss-Stube (a.R. **Imbißstube**) f tavola f calda.

Imitat <-(e)s, -e> n imitazione f.

Imitation <-, -en> f **1** (*Nachahmung*) imitazione f: **die Skulptur ist nur eine ~**, la scultura è solo un'imitazione/una copia **2** *geh* (*das Imitieren*) imitazione f.

Imitator <-s, -en> m (**Imitatorin** f) {+TIERSTIMMEN} imitatore (-trice) m (f).

imitieren <*ohne* ge-> tr **jdn/etw ~** imitare qu/qc.

Imker <-s, -> m (**Imkerin** f) apicoltore (-trice) m (f).

Imkerei <-, -en> f apicoltura f.

Imkerin f → **Imker**.
immanent adj geh (etw dat) ~ intrinseco (a/in qc) geh, immanente (a qc) philos.
Immanenz <-, ohne pl> f philos immanenza f.
immateriell adj geh immateriale, non materiale.
Immatrikulation <-, -en> f univ immatricolazione f: **die ~ vornehmen**, immatricolarsi.
immatrikulieren <ohne ge-> A tr jdn ~ immatricolare qu, iscrivere qu all'università: **an einer Hochschule immatrikuliert sein**, essere iscritto/immatricolato a un'università B rfl **sich ~** iscriversi all'università, immatricolarsi.
Imme <-, -n> f poet (Biene) ape f.
immens adj geh {KOSTEN, REICHTUM} immenso, enorme.
immer A adv 1 (ständig) sempre: **~ die gleichen Probleme!**, sempre gli stessi problemi!; **was hast du denn ~?**, ma cos'hai sempre?; **wird das ~ so weitergehen?**, ma continuerà così per sempre? 2 (zunehmend) {HÖHER, LAUTER, SCHWERER} sempre: **~ besser/schlechter**, sempre meglio/peggio; **~ größer**, sempre ₍più grande₎/[maggiore]; **die Steuerlast wird ~ größer**, la pressione fiscale si fa sempre più forte; **~ mehr**, sempre (di) più; **es kamen ~ mehr Gäste**, arrivavano sempre più ospiti; **sie nimmt ~ mehr zu**, non fa che ingrassare, diventa sempre più grassa B partik 1 (verstärkend): **~ noch**, sempre, ancora; **ist deine Mutter ~ noch krank?**, è sempre/ancora malata tua madre?; **es regnet ~ noch**, continua a piovere, piove ancora; **bist du ~ noch nicht fertig?**, non hai ancora finito?; **er kommt** ₍~ **noch**₎/ **[noch ~] nicht**, ancora non arriva 2 fam (gut gemeinte Aufforderung): **~ schön ruhig bleiben!**, calmi (-e)!, calma!; **was machst du denn ~ so?**, (allora), che mi racconti? **~ für ~ (und ewig)**, per sempre; **schon ~**, da sempre; **wann auch ~**, in qualunque/qualsiasi momento ... konjv; **was auch ~**, qualunque/qualsiasi cosa ... konjv; **~ während geh**, perenne, perpetuo; {FEUER}, eterno; **der ~ währende Kalender**, il calendario perpetuo; **~, wenn ...**, ogni volta che ..., tutte le volte che ...; **wer auch ~**, chiunque ... konjv; **wie ~**, come sempre; **wie auch ~**, comunque/[in qualunque/qualsiasi modo] ... konjv; **~ wieder**, sempre; **er macht ~ wieder den gleichen Fehler**, rifà sempre lo stesso errore; **sie streiten sich ~ wieder**, non ₍smettono mai di₎/[fanno altro che] litigare; **sie kommt ~ wieder mal vorbei**, di tanto in tanto si fa vedere; **wo auch ~**, (d)ovunque ... konjv, da qualunque/qualsiasi parte ... konjv.
immerdar adv geh sempre, in eterno: **jetzt und ~**, ora e sempre.
immerfort adv obs continuamente, di continuo, sempre.
immergrün adj <attr> sempreverde: **~e Pflanze**, (pianta f) sempreverde m.
Immergrün <-s, -e> n bot pervinca f.
immerhin adv 1 (jedenfalls, schließlich) comunque, pur sempre, dopotutto: **er hat sich ~ entschuldigt**, ₍si è comunque₎/[dopotutto si è] scusato; **sie ist ~ deine Schwester!**, ₍è pur sempre₎/[dopotutto è] tua sorella! 2 (wenigstens) almeno, perlomeno: **du hättest ~ anrufen können**, avresti almeno potuto chiamare 3 (trotz allem) comunque, tuttavia, lo stesso ● **(das ist) ~ (etwas)!**, è già qualcosa!, almeno quello!
immerwährend adj → **immer**.
immerzu adv fam continuamente, di continuo, sempre.

Immigrant <-en, -en> m (**Immigrantin** f) immigrante mf, immigrato (-a) m (f).
Immigration <-, -en> f immigrazione f.
immigrieren <ohne ge-> itr <sein> immigrare.
Immission <-, -en> f <meist pl> ökol immissione f (di inquinanti ambientali).
Immissionsgrenzwert m jur ökol valore m limite di immissione.
Immissionsschaden m ökol danni m pl da inquinamento ambientale.
Immissionsschutz m ökol misure f pl antinquinamento.
immobil adj 1 geh (unbeweglich) {CHARAKTER} poco flessibile; (körperlich) immobilizzato 2 mil (nicht kriegsbereit) {TRUPPEN} immobilizzato.
Immobiliarkredit m bank credito m immobiliare.
Immobiliarversicherung f ökon assicurazione f sugli immobili.
Immobilie <-, -n> f <meist pl> (bene m) immobile m: **~n**, (beni) immobili.
Immobilienbesitz m proprietà f immobiliare/[di immobili].
Immobilienbüro n agenzia f immobiliare.
Immobilienfonds m ökon fondo m di investimento immobiliare.
Immobiliengesellschaft f (società f) immobiliare f.
Immobilienhändler m (**Immobilienhändlerin** f), **Immobilienmakler** m (**Immobilienmaklerin** f) agente mf/mediatore (-trice) m (f) immobiliare, immobiliarista mf.
Immobilienmarkt m mercato m immobiliare/[degli immobili].
Immobilismus <-, ohne pl> m geh immobilismo m.
immoralisch geh A adj {HANDLUNG, VERHALTEN} immorale B adv {HANDELN} immoralmente, in modo immorale.
Immoralismus <-, ohne pl> m geh immoralismo m.
Immoralität <-, ohne pl> f geh 1 (Unmoral) amoralità f, immoralità f 2 (Gleichgültigkeit gegenüber der Moral) immoralismo m.
Immortalität <-, ohne pl> f immortalità f.
Immortelle <-, -n> f bot elicriso m.
immun adj 1 med: **gegen etw (akk) ~ sein** {GEGEN EINEN ERREGER, EIN VIRUS}, essere immune da qc; **gegen etw (akk) ~ werden**, rendersi immune da qc, immunizzarsi da qc 2 (nicht empfänglich): **gegen etw (akk) ~ sein** {GEGEN BESTECHUNG, EINE VERSUCHUNG}, essere immune da qc, essere vaccinato contro qc.
Immunabwehr f med difese f pl immunitarie.
Immunantwort f med risposta f immunitaria.
Immunbiologie f wiss immunobiologia f.
Immundefekt m med carenza f immunitaria.
Immunglobulin <-s, -e> n biol immunoglobulina f.
immunisieren <ohne ge-> tr med jdn (**gegen etw** akk) ~ {GEGEN EINEN ERREGER, EIN VIRUS} immunizzare qu (da/contro qc).
Immunisierung <-, -en> f med immunizzazione f.
Immunität <-, ohne pl> f 1 med ~ (**gegen etw** akk) immunità f (da qc) 2 jur immunità f; parl immunità f parlamentare; {+DIPLOMAT} immunità f diplomatica: **jds ~ aufheben**, concedere l'autorizzazione a procedere

nei confronti di qu.
Immunitätsforschung f med → **Immunologie**.
Immunkörper m med anticorpo m.
Immunkrankheit f med malattia f immunitaria, immunopatia f.
Immunologe <-n, -n> m (**Immunologin** f) med immunologo (-a) m (f).
Immunologie <-, ohne pl> f med immunologia f.
Immunologin f → **Immunologe**.
immunologisch adj immunologico.
Immunreaktion f med reazione f immunitaria.
Immunschwäche f med immunodeficienza f, deficienza f del sistema immunitario.
Immunsystem n med sistema m immunitario.
Immuntherapie f med immunoterapia f.
Impeachment <-(s), -s> n jur pol (in deen USA) impeachment m.
Imperativ <-s, -e> m gram imperativo m ● **kategorischer ~** philos, imperativo categorico.
Imperativsatz m gram proposizione f/frase f imperativa.
Imperator <-s, -en> m hist imperatore m.
Imperfekt <-s, ohne pl> n gram imperfetto m, preterito m.
Imperialismus <-, rar Imperialismen> m imperialismo m.
Imperialist m (**Imperialistin** f) imperialista mf.
imperialistisch A adj {POLITIK} imperialistico; {PERSON} imperialista. B adv {HANDELN, VORGEHEN} in modo imperialistico.
Imperium <-s, Imperien> n 1 pol hist impero m 2 geh bes. ökon (Machtbereich) impero m.
impermeabel <attr impermeable(r, s)> adj med {MEMBRAN} impermeabile.
impertinent geh A adj impertinente, impudente, insolente B adv {LACHEN} in modo impertinente.
Impertinenz <-, -en> f geh impertinenza f, impudenza f, insolenza f.
Impetus <-, ohne pl> m impeto m.
Impfaktion f med campagna f per le vaccinazioni.
impfen tr 1 med jdn (**gegen etw** akk) ~ vaccinare qu (contro qc): **sich (gegen etw** akk) **~ lassen**, farsi vaccinare (contro qc) 2 biol etw (mit etw dat) ~ {MILCH MIT BAKTERIEN} inseminare qc (con qc), inoculare qc (in qc).
Impfling <-s, -e> m "persona f ₍da vaccinare₎/[appena vaccinata]".
Impfpass (a.R. Impfpaß) m med libretto m delle vaccinazioni.
Impfpflicht f med vaccinazione f obbligatoria, obbligo m di vaccinazione.
Impfpistole f med vaccinostilo m.
Impfschein m med certificato m di vaccinazione.
Impfschutz m med vaccinoprofilassi f.
Impfstoff m med vaccino m.
Impfung <-, -en> f med vaccinazione f.
Impfzwang m → **Impfpflicht**.
Implantat <-(e)s, -e> n med impianto m.
Implantation <-, -en> f med impianto m.
implantieren <ohne ge-> tr med (jdm) **etw ~** impiantare qc (a qu): **eine implantierte Zahnwurzel**, un impianto dentario.
Implantologe <-n, -n> m (**Implantologin** f) med implantologo (-a) m (f).

Implantologie <-, ohne pl> f med implantologia f.

implementieren <ohne ge-> tr inform etw ~ implementare qc.

Implementierung <-, -en> f inform implementazione f.

Implikation <-, -en> f geh oder ling philos implicazione f.

implizieren <ohne ge-> tr geh etw ~ implicare qc: **dies impliziert nicht, dass ...**, ciò/questo non implica che ...konjv.

implizit adj geh implicito.

implodieren <ohne ge-> itr tech {FERNSEHGERÄT} implodere.

Implosion <-, -en> f tech implosione f.

Imponderabilien subst <nur pl> geh imponderabile m, fattori m pl imponderabili.

imponieren <ohne ge-> itr (**jdm**) ~ colpire (positivamente) qu, impressionare favorevolmente qu, fare colpo (su qu), fare un grande effetto a qu; (Bewunderung hervorrufen) suscitare (l')ammirazione (di qu): **ihr Verhalten hat mir sehr imponiert**, il suo comportamento mi ha colpito molto positivamente.

imponierend adj {HALTUNG, LEISTUNG, WISSEN} impressionante, che colpisce, degno di ammirazione: **es ist ~, wie ruhig er dieses schwierige Problem angeht**, è impressionante la calma con cui affronta questo difficile problema.

Imponiergehabe n pej esibizionismo m.

Import <-(e)s, -e> m com **1** <nur sing> (Einfuhr) importazione f; (in der Handelsbilanz) import m: **Firma für ~ und Export**, ditta di import-export; **den ~ einschränken/steigern** ridurre/aumentare le importazioni. **2** <meist pl> (~ware) importazione f.

Importabhängigkeit f com ökon dipendenza f dalle importazioni.

Importanteil m com ökon quota f delle importazioni.

Importartikel m com ökon articolo m d'importazione.

Importbeschränkung f com ökon limitazione f delle esportazioni.

Importeur <-s, -e> m (**Importeurin** f) importatore (-trice) m (f).

Importfirma f ditta f importatrice.

Importgeschäft n **1** → **Importfirma 2** <nur sing> (Importhandel) importazioni f pl.

Importhandel m com ökon commercio m di importazione.

importieren <ohne ge-> tr etw ~ importare qc.

Importland n ökon paese m importatore.

Importüberschuss (a.R. Importüberschuß) m com ökon eccesso m di importazioni.

Importverbot n → **Einfuhrsperre**.

Importware f merce f (d'importazione)/[importata].

imposant adj {GEBÄUDE} imponente, maestoso; {LEISTUNG} impressionante: **eine ~ Erscheinung**, una figura imponente.

impotent adj med (sessualmente) impotente.

Impotenz <-, ohne pl> f med impotenza f (sessuale).

imprägnieren <ohne ge-> tr etw (**mit etw** dat) ~ {KLEIDUNG, SCHUHE} impermeabilizzare qc (con qc); {HOLZ} trattare qc (con qc).

Imprägnierspray m oder n spray m impermeabilizzante.

Imprägnierung <-, -en> f impregnamento m, impregnazione f rar.

impraktikabel <attr impraktikable(r, s)> adj geh {ANORDNUNG} inattuabile.

Impressen pl von Impressum.

Impression <-, -en> f geh impressione f.

Impressionismus <-, ohne pl> m kunst impressionismo m.

Impressionist <-en, -en> m (**Impressionistin** f) impressionista mf.

impressionistisch adj {GEMÄLDE, MALER} impressionista; {STIL, TECHNIK} auch impressionistico.

Impressum <-s, Impressen> n Verlag colophon m.

Imprimatur <-s, ohne pl> n oder A <-, pl> f typ imprimatur m.

Improvisation <-, -en> f improvvisazione f.

Improvisationstalent n abilità f a improvvisare.

improvisieren <ohne ge-> tr itr (**etw**) ~ improvvisare (qc).

Impuls <-es, -e> m **1** (Anstoß) impulso m, stimolo m: **etw** (dat) **neue ~e geben**, dare nuovo impulso a qc; **etw aus einem ~ heraus tun**, fare qc d'impulso **2 el** impulso m (elettrico).

impulsiv A adj {CHARAKTER, MENSCH} impulsivo B adv {HANDELN, REAGIEREN} d'impulso, impulsivamente.

Impulsivität <-, ohne pl> f impulsività f.

imstande adj <präd>: **zu etw** (dat) ~ **sein**, essere capace di qc ~ sein, etw zu tun, essere capace/(in grado) di fare qc; **ist er ~, diesen schwierigen Auftrag zu übernehmen?**, è in grado di assumersi un incarico così difficile?; **sie ist ~ und kommt eine Stunde zu spät** fam, è capace/capacissima fam di arrivare con un'ora di ritardo ~ **zu allem ~ sein** fam, essere capace di (tutto)/[qualsiasi cosa] fam.

in① präp + dat oder akk **1** + dat (räumlich: darin befindlich) in, a: **die Kinder liegen**, essere a letto; **die Fabrik steht in einem großen Park**, la fabbrica (si trova)/[è situata] in un grande parco; **sich im Garten/Haus/Zimmer aufhalten**, stare/trattenersi in giardino/casa/camera; **die Kinder spielen im Garten des Nachbarn**, i bambini giocano nel giardino del vicino; **in der Stadt arbeiten**, lavorare in città; **das Leben in der Großstadt ist sehr hektisch geworden**, la vita nelle grandi città è diventata molto frenetica; **im ersten Stock wohnen**, abitare al primo piano; **etw in der Hand halten**, tenere in mano qc; **warst du schon mal in diesem Film?**, hai già visto questo film? **2** + akk (räumlich: hinein) in, a: **ins Kino/Museum/Theater gehen**, andare (al cinema)/[al museo]/[a teatro]; **in die Disko gehen**, andare in discoteca; (**ins Gebirge**)/[**in den Urlaub**] **fahren**, andare in montagna/vacanza; **sich ins Bett legen**, mettersi a letto; **sich in den Sessel setzen**, sedersi/mettersi in poltrona; **das Lexikon ins Regal stellen**, mettere il dizionario sullo scaffale **3** + dat geog (vor Städtenamen) a: **in Hamburg leben**, vivere ad Amburgo; (vor Ländernamen) in; **in Deutschland**, in Germania; **im Deutschland der Nachkriegszeit**, nella Germania del dopoguerra; **in der Schweiz**, in Svizzera; **in Portugal**, in Portogallo; **in den USA**, negli USA/[Stati Uniti]; (**mit Straßennamen**) in, in der **Mühlenstraße wohnen**, abitare nella Mühlenstraße; (**mit Himmelsrichtungen**): **im Süden ist es noch Sommer**, al sud è ancora estate; **im Norden Deutschlands leben**, vivere nel nord della Germania **4** + dat (bei einer Institution) in, presso: **in einer Bank arbeiten**, lavorare in/presso una banca; **im Parlament**, in Parlamento **5** + akk (zu einer Institution) a, in: (**in die Schule**)/[**ins Büro**] **gehen**, andare (a scuola)/[in ufficio]; **in einen Club/eine Partei eintreten**, iscriversi a un club/partito **6** + dat (zeitlich) in, a: **in der Nacht**, la/nella/[durante la] notte, nottetempo; **in diesen Tagen**, in questi giorni; **im Jahre 1970**, nel 1970; **im 20. Jahrhundert**, nel (ventesimo secolo)/[Novecento]; **im Mai**, a/in maggio; **im Frühling**, in/a primavera; **im Sommer/Herbst/Winter**, in/d'estate/autunno/inverno; **im letzten Augenblick**, all'ultimo momento; **im Alter von ...**, all'età di ...; (nach Ablauf von) tra/fra: **in zehn Jahren läuft ihre Lebensversicherung ab**, tra/fra dieci anni scadrà la sua assicurazione sulla vita; **wir sehen uns in einer Woche**, ci vediamo tra/fra una settimana; **heute in (einer Woche)/[zwei Wochen]**, oggi a otto/quindici; (während, innerhalb) in, (nell'arco)/[nel corso/giro] di; **in zehn Jahren haben sie alle Schulden abbezahlt**, in/(nell'arco di) dieci anni hanno saldato tutti i loro debiti; **in einem Monat hatte ich zweimal Grippe**, in un mese ho preso l'influenza due volte; **im Golfkrieg**, nella/[durante la] Guerra del Golfo; (auch unübersetzt): **in der nächsten Woche ist die Sekretärin in Urlaub**, la settimana prossima la segretaria (sarà in ferie); **in diesem Monat/Jahr**, (questo mese)/[quest'anno]; **in diesem Sommer/Winter**, quest'estate/quest'inverno **7** + dat meteo (bei) sotto: **im Regen/Schnee**, sotto la pioggia/neve; **in der Sonne/Kälte**, al sole/freddo **8** + dat (in einem Kleidungsstück) in: **im Bademantel/Abendkleid**, in accappatoio/[abito da sera]; (bei Farben) in, di: **ich hätte den Mantel lieber in Grau**, il cappotto mi piacerebbe di più (in) grigio; **ein Rock in einem schönen Blau**, una gonna di un bel blu **9** + dat (modal): **im Chor**, in coro; **in (aller) Eile**, in (tutta) fretta; **er spricht in Rätseln**, parla per enigmi; **in Stein gemeißelt**, scolpito nella pietra; **in strengem Ton**, in/in tono severo **10** (nach bestimmten Adj, Subst und Verben): **in Mathematik ist er sehr gut**, è molto bravo in matematica; **in Informatik kennt sie sich gut aus**, di informatica s'intende sul serio; **ins Italienische übersetzen**, tradurre in italiano; **in jdn verliebt sein**, essere innamorato di qu; **seine Einwilligung in die Scheidung**, il suo assenso al divorzio **11** (vor substantiviertem Verb): **etw im Liegen/Sitzen/Stehen tun**, fare qc (sdraiato -a,)/[seduto (-a,)]/[(stando) in piedi] ● **es in sich haben** fam: **der Schnaps hat es in sich!**, questa grappa è una bomba! fam; **dieses Rätsel hat es in sich!**, questo indovinello è davvero tosto! fam.

in② adj fam: **in sein**, essere in (voga), andare di moda; **dieses Jahr sind weite Hosen wieder in**, quest'anno vanno di nuovo i pantaloni larghi fam.

inadäquat adj geh inadeguato.

Inadäquatheit <-, -en> f geh inadeguatezza f.

inakkurat A adj inaccurato, non accurato B adv con inaccuratezza, senza accuratezza.

inaktiv adj inattivo, non attivo.

inaktivieren <ohne ge-> tr chem etw ~ {KRANKHEITSERREGER} inattivare qc.

inakzeptabel adj <attr inakzeptable(r, s)> geh inaccettabile.

Inangriffnahme <-, -n> f adm {+PROJEKT} intraprendere m qc.

Inanspruchnahme <-, -n> f adm **1** (Nutzung) {+RECHTE, SOZIALHILFE} fruizione f, godimento m; {+EINRICHTUNGEN, ÖFFENTLICHE MITTEL} utilizzazione f, utilizzo m; {+KREDIT} auch ricorso m a qc **2** (Belastung): **die durch eine Nebentätigkeit**, il peso di un

doppio lavoro
Inaugenscheinnahme <-, -n> f adm **1** (*Besichtigung*) visione f **2** (*Kontrolle*) sopralluogo m, ispezione f: **die ~ des Gebäudes**, il sopralluogo all'edificio.
Inbegriff <-(e)s, ohne pl> m **~ einer S.** (gen) quintessenza f *di qc*, incarnazione f *di qc*: **er ist der ~ der Dummheit**, (lui) è la quintessenza della stupidità, (lui) è la stupidità personificata/[fatta persona]; **zum ~ von Qualität werden**, diventare sinonimo di qualità.
inbegriffen adj <meist präd>: (**in etw** dat) ~, compreso/incluso (*in qc*): **der Computer kostet 2000 Euro, Mehrwertsteuer ~**, il computer costa 2000 euro, IVA compresa/inclusa.
Inbesitznahme <-, -n> f adm presa f di possesso.
Inbetriebnahme <-, -n> f form **1** (*erstmalige Nutzung*) {+AUTOBAHN, U-BAHN} entrata f in funzione, attivazione f **2** (*Einschaltung*) {+GERÄT, MASCHINE} messa f in funzione.
Inbrunst <-, ohne pl> f geh fervore m, ardore m.
inbrünstig geh **A** adj {GEBET} fervido; {WUNSCH} ardente **B** adv {BETEN} con fervore, fervidamente; {HOFFEN, SICH WÜNSCHEN} ardentemente.
Inbusschlüssel® m tech chiave f ˌla brugolaˌ/[per viti con testa a incavo esagonale].
Inbusschraube f tech brugola f, vite f con testa a incavo esagonale.
Incentivereise f viaggio m premio.
Indefinitpronomen n gram pronome m indefinito.
indem konj **1** (*dadurch, dass: meist mit Gerund übersetzt*): **er bleibt in Form, ~ er ständig trainiert**, si mantiene in forma allenandosi continuamente **2** geh (*während*) mentre: **~ sie noch sprach, war er schon zur Tür hinaus**, mentre lei stava ancora parlando, lui era già uscito (dalla porta).
Indemnität <-, ohne pl> f parl immunità f parlamentare.
Inder <-s, -> m (**Inderin** f) indiano (-a) m (f) (dell'India).
indes, indessen adv geh **1** (*inzwischen*) intanto, nel frattempo, frattanto **2** geh (*jedoch*) però, ma, invece.
Index <-(es), -e oder Indizes oder Indices> m **1** <Indexe oder Indizes oder Indices> (*Verzeichnis*) indice m; (*Sachregister*) indice m analitico **2** <Indizes oder Indices> math ökon indice m **3** <Indexe> relig Indice m (dei libri proibiti) ● **jdn/etw auf den ~ setzen** pol relig {AUTOR, BUCH}, mettere qc/qd all'indice; **auf dem ~ stehen** pol relig {AUTOR, BUCH}, essere (messo) all'indice.
indexieren <ohne ge-> tr etw ~ **1** ökon indicizzare qc **2 inform** indicizzare qc.
Indexlohn m ökon salario m indicizzato.
Indexzahl f, **Indexziffer** f math ökon indice m.
Indianer <-s, -> m (**Indianerin** f) indiano (-a) m (f) (d'America), amerindio (-a) m (f) wiss, pellerossa mf fam.
Indianerhäuptling m capo m indiano.
Indianerin f → **Indianer**.
Indianerreservat n riserva f indiana.
Indianerstamm m tribù f indiana.
indianisch adj indiano (d'America) ● **auf Indianisch**, in lingua indiana.
Indices pl von Index.
Indien <-s, ohne pl> n geog India f; (*in der Kolonialzeit*) Indie f pl.
indifferent geh **A** adj (*jdm/etw gegenüber*) ~ indifferente (ˌnei confronti di quˌ/[a qc]) **B** adv con indifferenza: **sich jdm gegenüber ~ verhalten**, mostrare indifferenza nei confronti di qu.
Indifferenz <-, ohne pl> f geh indifferenza f.
indigen adj geh {BEVÖLKERUNG, FAUNA, FLORA} indigeno.
indigniert adj geh indignato, sdegnato.
Indigo <-s, -s> n oder m indaco m.
indigoblau adj indaco: **~e Jeans**, jeans indaco.
Indigoblau n indaco m.
Indikation <-, -en> f **1** med indicazione f **2** jur causa f di non punibilità (dell'interruzione della gravidanza) ● **ethische/eugenische/medizinische/soziale ~**, ˌinterruzione di gravidanzaˌ/[aborto] per motivi etici/eugenici/[di rischio per la salute]/[sociali].
Indikativ <-s, -e> m gram indicativo m.
Indikator <-s, -en> m geh (*Anzeichen*) ~ (**für etw** akk) indicatore m (*di qc*), indice m (*di qc*).
Indio <-s, -s> m (**Indiofrau** f) indio (-a) m (f): **die ~s**, gli indios.
indirekt **A** adj {BELEUCHTUNG, EINFLUSSNAHME, LICHT} indiretto: **~e Rede** ling, discorso indiretto **B** adv indirettamente, in modo indiretto.
indisch **A** adj **1** (*Indien betreffend*) indiano (dell'India), dell'India; (*in der Kolonialzeit*) delle Indie **2** ling indiano **B** adv {SICH EINRICHTEN, KLEIDEN} in stile indiano, all'indiana: **~ essen**, mangiare indiano ● **auf Indisch**, in indiano.
indiskret **A** adj {BEMERKUNG, FRAGE} indiscreto, indelicato **B** adv {SICH VERHALTEN} in modo indiscreto, senza (alcuna) discrezione: **~ fragen**, fare/porre delle domande indiscrete.
Indiskretion <-, -en> f indiscrezione f, indelicatezza f ● **gezielte ~**, indiscrezione mirata.
indiskutabel <attr indiskutable(r, s)> adj geh {ANGEBOT, PREIS, VORSCHLAG} inaccettabile, fuori discussione: **das ist völlig ~!**, non se ne parla nemmeno!
indisponiert adj <meist präd> geh indisposto.
individualisieren <ohne ge-> tr etw ~ {ANGEBOT, PROBLEM} personalizzare qc.
Individualismus <-, ohne pl> m individualismo m.
Individualist <-en, -en> m (**Individualistin** f) individualista mf.
individualistisch adj geh {PERSON} individualista; {LEBENSSTIL} auch individualistico.
Individualität <-, -en> f individualità f.
Individualpsychologie f psych psicologia f individuale.
Individualrecht n jur diritto m individuale/personale.
Individualsphäre f sfera f individuale.
Individualtourismus m turismo m individuale.
Individualverkehr m adm traffico m/circolazione f dei veicoli privati.
individuell **A** adj {BEDÜRFNISSE, GESCHMACK, GESTALTUNG, WÜNSCHE} personale, individuale **B** adv in modo personalizzato: **etw ~ gestalten**, personalizzare qc; **das ist ~ verschieden**, varia da ˌindividuo a individuoˌ/[persona a persona].
Individuum <-s, Individuen> n **1** geh (*Einzelwesen*) individuo m **2** pej individuo m fam, soggetto m fam.
Indiz <-es, -ien> n **1** <meist pl> jur indizio m:
es liegen schwer wiegende ~ien gegen ihn vor, esistono gravi indizi contro di lui **2** geh (*Anzeichen*): **~ für etw** (akk), indizio m *di qc*, indice m *di qc*, segno m *di qc*.
Indizes pl von Index.
Indizienbeweis m jur prova f indiziaria.
Indizienprozess, (a.R. Indizienprozeß) m jur processo m indiziario.
indizieren <ohne ge-> tr **1** med: (**bei etw** dat) **indiziert sein**, essere indicato/consigliabile (in caso di qc); **etw für indiziert halten**, ritenere indicato (-a)/opportuno (-a) qc **2** hist etw ~ {BUCH} mettere qc all'indice **3** (*verbieten*) etw ~ {BUCH, FILM} vietare qc, proibire qc.
Indochina n geog Indocina f.
indoeuropäisch adj {SPRACHEN} indoeuropeo.
indogermanisch adj indogermanico: **das Indogermanisch(e)**, l'indogermanico.
Indoktrination <-, -en> f indottrinamento m.
indoktrinieren <ohne ge-> tr jdn ~, indottrinare qu.
Indonesien <-s, ohne pl> n geog Indonesia f.
Indonesier <-s, -> m (**Indonesierin** f) indonesiano (-a) m (f).
indonesisch adj indonesiano.
indoor adv indoor.
Indooraktivität f <meist pl> attività f indoor/[al chiuso].
Indoorschuh m <meist pl> sport scarpa f da ginnastica per lo sport indoor.
Indossament <-(e)s, -e> n bank {+SCHECK, WECHSEL} girata f.
Indossant <-en, -en> m (**Indossantin** f) bank girante mf.
Indossat <-en, -en> m (**Indossatin** f), **Indossatar** <-s, -e> m (**Indossatarin** f) bank giratario (-a) m (f).
indossieren <ohne ge-> tr bank etw ~ girare qc.
Induktion <-, -en> f **1** (*in der Logik*) induzione f **2** el induzione f.
Induktionsschleife f el ciclo m/loop m di induzione.
Induktionsstrom m el corrente f indotta.
Induktionswiderstand m el reattanza f induttiva.
induktiv **A** adj **1** geh (*vom Einzelnen zum Allgemeinen führend*) {METHODE} induttivo **2** el induttivo **B** adv geh (*vom Einzelnen zum Allgemeinen führend*) induttivamente, seguendo il metodo induttivo, per induzione.
Industrial Design n industrial design m, disegno m industriale.
Industrial Designer m (**Industrial Designerin** f) industrial designer mf.
industrialisieren <ohne ge-> tr etw ~ industrializzare qc: **hoch industrialisiert** {LAND, ZEITALTER}, altamente/molto industrializzato, ad alta industrializzazione.
Industrialisierung <-, -en> f industrializzazione f.
Industrie <-, -n> f industria f: **in der ~ arbeiten**, lavorare ˌnel settore industrialeˌ/[nell'industria] ● **chemische/pharmazeutische ~**, industria chimica/farmaceutica; *verarbeitende ~*, industria di trasformazione; **Eisen/Holz verarbeitende ~**, industria siderurgica/[della lavorazione del legno].
Industrieabfall m → **Industriemüll**.
Industrieabwasser n acque f pl di scarico industriali.
Industrieanlage f impianto m/stabili-

mento m industriale.
Industriearbeiter m (**Industriearbeiterin** f) operaio (-a) m (f) dell'industria.
Industriearchäologie f archeologia f industriale.
industriearm adj scarsamente/poco industrializzato.
Industrieausstellung f esposizione f industriale/[di prodotti industriali].
Industriebau <-(e)s, -bauten> m **1** (einzelner Bau) edificio m industriale **2** <nur sing> (das Errichten von Industriebauten) edilizia f industriale.
Industriebetrieb m azienda f/impresa f industriale.
Industriebrache f area f industriale abbandonata.
Industriedenkmal n monumento m (dell'architettura) industriale.
Industriedesign n industrial design m.
Industrieerzeugnis n prodotto m industriale.
Industriegebiet n {+LAND} regione f industriale; {+STADT} zona f industriale.
Industriegesellschaft f società f industriale.
Industriegewerkschaft f (Abk IG) sindacato m dei lavoratori dell'industria: ~ **Metall**, sindacato dei metalmeccanici (tedeschi).
Industriegigant m gigante m/colosso m dell'industria.
Industriekapitän m fam capitano m d'industria.
Industriekauffrau f perito m industriale.
Industriekaufmann m perito m industriale.
Industriekonzern m gruppo m industriale.
Industrieland n paese m industriale/industrializzato.
Industrielandschaft f paesaggio m industriale.
industriell **A** adj industriale **B** adv industrialmente: ~ **fertigen/herstellen**, produrre su scala industriale.
Industrielle <dekl wie adj> mf industriale mf.
Industriemagnat m magnate m dell'industria, capitano m d'industria, grosso industriale m.
Industriemüll m rifiuti m pl industriali.
Industrienation f → **Industriestaat**.
Industrienorm f norma f industriale.
Industriepark m parco m industriale.
Industrieroboter m robot m industriale.
Industriespionage f spionaggio m industriale.
Industriestaat m paese m industriale/industrializzato.
Industriestadt f città f industriale.
Industriestandort m: **der ~ Berlin ist gefährdet**, Berlino come sede di attività industriale è in crisi; **das Ruhrgebiet als ~**, la Ruhr come zona ad alta vocazione industriale.
Industrie- und Handelskammer f (Abk IHK) ≈ Camera f di Commercio, Industria, Artigianato e Agricoltura (Abk CCIAA).
Industrieunternehmen n impresa f industriale.
Industrieverband m associazione f degli industriali.
Industriezeitalter n era f industriale.
Industriezentrum n centro m/polo m industriale.
Industriezone f zona f industriale.
Industriezweig m settore m industriale, ramo m dell'industria.
ineffektiv geh **A** adj {MASSNAHME, METHODE} inefficace **B** adv {ARBEITEN} in modo/maniera efficace.
ineffizient adj geh {BÜROKRATIE, ORGANISATION} inefficiente.
Ineffizienz <-, -en> f geh {+VERWALTUNGSAPPARAT} inefficienza f; {+MASSNAHMEN, METHODEN} inefficacia f.
ineinander adv {SICH VERLIEBEN} l'uno (-a) dell'altro (-a): **die Kabel haben sich alle ~ verwickelt**, i cavi si sono tutti ingarbugliati/aggrovigliati; **die zwei Farbtöne gehen ~ über**, le due tonalità cromatiche si fondono l'una nell'altra.
ineinander|fließen <irr> itr <sein> {FARBEN} fondersi l'uno ⌊con l'altro⌋/[nell'altro], mescolarsi; {FLÜSSE} confluire.
ineinander|greifen <irr> itr tech {ZAHNRÄDER} ingranare; {ABLÄUFE, FAKTOREN} intrecciarsi.
ineinander|passen itr combaciare.
ineinanderschiebbar adj telescopico.
inexistent adj geh inesistente.
infam adj geh {KERL, LÜGE} infame, ignobile.
Infamie <-, -n> f geh ignominia f geh, infamia f.
Infanterie <-, -n> f mil fanteria f.
Infanterieregiment n mil reggimento m di fanteria.
Infanterist <-en, -en> m(f) fante m, soldato m di fanteria.
infantil **A** adj {BENEHMEN} infantile, puerile **B** adv {SICH BENEHMEN} in modo infantile/puerile, infantilmente, puerilmente.
Infantilismus <-, Infantilismen> m med psych infantilismo m.
Infantilität <-, ohne pl> f infantilità f.
Infarkt <-(e)s, -e> m med infarto m; fam (Herzinfarkt) infarto m fam, infarto m cardiaco/[del miocardio] wiss.
Infekt <-(e)s, -e> m med infezione f • **grippaler ~**, infezione di origine influenzale.
Infektion <-, -en> f **1** (Ansteckung) infezione f, contagio m **2** (~skrankheit) infezione f.
Infektionsgefahr f pericolo m di infezione/contagio.
Infektionsherd m med focolaio m d'infezione.
Infektionskrankheit f med malattia f infettiva.
infektiös adj {ERKRANKUNG, ERREGER} infettivo; {MATERIAL} contaminato.
Inferiorität <-, ohne pl> f geh inferiorità f.
infernalisch **A** adj **1** (teuflisch) {GELÄCHTER} demoniaco, satanico **2** fam (unerträglich) {GESTANK, LÄRM} bestiale fam; {HITZE} auch infernale fam. **B** adv (verstärkend) {RIECHEN, STINKEN} in modo infernale.
Inferno <-s, ohne pl> n geh inferno m.
Infertilität <-, ohne pl> f med infertilità f.
Infibulation <-, -en> f infibulazione f.
Infiltration <-, -en> f **1** (Infiltrierung) infiltrazione f **2** (ideologische Unterwanderung) infiltrazione f **3** med infiltrazione f.
infiltrieren <ohne ge-> tr jdn/etw ~ {GEHEIMDIENST GEBIET, ORGANISATION} infiltrarsi in qc; {GEHEIMDIENST TERRORISTEN} infiltrarsi fra qu.
Infiltrierung <-, -en> f infiltrazione f.
Infinitesimalrechnung f math calcolo m infinitesimale.
Infinitiv <-s, -e> m gram infinito m: **ein Verb steht im ~**, un verbo è all'infinito.
Infinitivsatz m gram (proposizione f/frase f) infinitiva f.
infizieren <ohne ge-> **A** tr jdn (mit etw dat) ~ infettare qu (con qc), contagiare qu (con qc), trasmettere qc a qu: **er hat seine Schwester mit Masern infiziert**, ha trasmesso/attaccato fam il morbillo a sua sorella **B** rfl **sich ~** {WUNDE} infettarsi; **sich (mit etw dat) ~** {MIT AIDS, CHOLERA} essere contagiato (da qc), contrarre qc fam; **sich (bei jdm) ~** essere contagiato (da qu), prendere qc (da qu) fam.
in flagranti adv {ERTAPPEN, ERWISCHEN} in flagrante, sul fatto.
Inflation <-, -en> f ökon inflazione f: **galoppierende/schleichende ~**, inflazione galoppante/strisciante.
inflationär adj **1** ökon inflazionistico, inflativo **2** (zu häufig): **der ~e Gebrauch einer S.** (gen) l'uso inflazionato di qc.
inflationistisch adj → **inflationär**.
Inflationsausgleich m ökon adeguamento m all'inflazione.
inflationsbereinigt adj ökon al netto dell'inflazione.
inflationshemmend adj antinflazionistico.
Inflationsrate f ökon tasso m d'inflazione.
Inflationsspirale f ökon spirale f inflazionistica.
inflexibel <attr inflexible(r, s)> adj geh non flessibile, rigido.
Info <-, -s> f fam **1** Abk von Information: informazione f **2** → **Informationsblatt**.
Infobox f **1** (in einem Buch, einer Zeitung etc.) scheda f informativa **2** (Informationsstand) punto m di informazioni.
Infokasten m **1** (in einem Buch, einer Zeitung etc.) scheda f informativa **2** (Informationstafel) bacheca f informativa.
infolge präp ~ **einer S.** (gen)/**von etw** (dat) in seguito a qc, a causa di qc: **starker Schneefälle wurde der Pass geschlossen**, il passo è stato chiuso ⌊per le⌋/[in seguito alle] abbondanti nevicate.
infolgedessen adv di conseguenza, perciò, per questa ragione, per questo motivo: **er ist neu in diesem Beruf, ~ hat er noch einiges dazuzulernen**, è nuovo del mestiere, perciò/[per cui] ha ancora parecchio da imparare.
Infomobil <-s, -e> n punto m d'informazione mobile.
Informant <-en, -en> m (**Informantin** f) informatore (-trice) m (f).
Informatik <-, ohne pl> f informatica f.
Informatiker <-s, -> m (**Informatikerin** f) informatico m, esperto (-a) m (f)/studioso (-a) m (f) di informatica.
Information <-, -en> f **1** (meist pl) ~ (über jdn/etw) informazione f (su qu/qc): **mit jdm ~en austauschen**, scambiarsi delle informazioni con qu; **~en über jdn/etw einholen**, raccogliere/assumere informazioni ⌊sul conto di qu⌋/[su qc]; **jdm eine ~ geben**, dare un'informazione a qu; **vertrauliche/zuverlässige ~en**, informazioni confidenziali/affidabili **2** <nur sing> (das Informieren) informazione f: **zu Ihrer ~**, per Sua informazione; **zur ~**, a titolo informativo **3** → **Informationsbüro**.
Informationsaustausch m scambio m di informazioni.
Informationsblatt n foglio m/volantino m informativo.
Informationsbüro n ufficio m informa-

zioni.
Informationsdefizit n deficit m informativo.
Informationsdienst m servizio m informazioni.
Informationsfluss (a.R. Informationsfluß) m flusso m d'informazioni.
Informationsfreiheit f jur pol libertà f di informazione.
Informationsgehalt m → **Informationswert**.
Informationsgesellschaft f soziol società f dell'informazione.
Informationsgespräch n colloquio m (a titolo) informativo.
informationshungrig adj {BÜRGER, SCHÜLER} avido di informazioni/sapere; {JOURNALISTEN} a caccia di notizie/informazioni.
Informationslücke f lacuna f informativa.
Informationsmaterial n materiale m informativo, documentazione f.
Informationsquelle f fonte f d'informazioni.
Informationsrecht n jur diritto m dell'informazione.
Informationssperre f silenzio m stampa.
Informationsstand m **1** (Kiosk) punto m informazioni, informazioni f pl fam **2** <nur sing> (Kenntnisstand): **nach dem derzeitigen ~**, allo stato attuale delle conoscenze; **wie ist der jetzige ~?**, di quali informazioni si dispone attualmente?
Informationssystem n inform sistema m informativo.
Informationstechnik f (Abk IT) tecnologia f dell'informazione e della comunicazione (Abk ICT).
Informationstechnologie f → **Informationstechnik**.
Informationstheorie f teoria f dell'informazione.
Informationsträger m inform supporto m dati.
Informationsveranstaltung f incontro m informativo; (im kleinen Kreis) seminario m informativo.
Informationsverarbeitung f elaborazione f delle informazioni.
Informationswert m valore m informativo.
Informationszentrum n centro m informazioni.
informativ adj geh {BROSCHÜRE, VORTRAG} informativo; {GESPRÄCH} istruttivo.
informell adj **1** (zwanglos) {ANLASS, KLEIDUNG} informale **2** kunst informale.
informieren <ohne ge-> **A** tr jdn (**über etw** akk) ~ informare qu (di qc), mettere qu al corrente (di qc), ragguagliare qu (su/di qc) **B** rfl sich (**über jdn/etw**) ~ informarsi ⌊sul conto di qu⌋/[di/su qc], chiedere informazioni ⌊sul conto di qu⌋/[su qc].
informiert adj: gut ~ {PERSON}, beninformato; **aus gut ~en Kreisen**, da ambienti beninformati; **über etw (akk) ~ sein**, essere informato/[a conoscenza]/[al corrente] di qc; **bestens informiert sein**, essere al corrente di tutto, essere informatissimo.
Infostand m (punto m) informazioni f pl.
Infotainment <-s, ohne pl> n infotainment m.
Infotelefon, Info-Telefon (a.R. Infotelephon) n tel numero m verde.
Infothek <-, -en> f infoteca f.

infrage adv: ~ **kommen** (in Betracht gezogen werden), essere/venire preso (-a) in considerazione, essere adatto; **diese Lösung kommt für mich nicht ~**, questa soluzione non fa al caso mio; **das kommt (überhaupt) nicht ~!**, non se ne parla nemmeno! fam, nemmeno per sogno! fam/idea! fam; **von den Kandidaten kommen nur drei ~**, solo tre dei candidati sono papabili; **etw ~ stellen** (Zweifel an etw haben), mettere in dubbio/questione/discussione qc; (etw gefährden) mettere in forse qc fam.
Infragestellung <-, -en> f adm messa f in questione.
infrarot adj infrarosso.
Infrarot <-s, ohne pl> n phys raggi m pl infrarossi.
Infrarotbestrahlung f (trattamento f/terapia f a) raggi m pl infrarossi.
Infrarotfilm m pellicola f sensibile all'infrarosso.
Infrarotlampe f tech lampada f a raggi infrarossi.
Infrarotstrahler m lampada f a (raggi) infrarossi; (Heizung) stufa f a (raggi) infrarossi.
Infrastruktur f infrastruttura f: **ein Gebiet mit gut entwickelter ~**, una regione con una buona infrastruttura.
infrastrukturell adj infrastrutturale.
Infusion <-, -en> f med fleboclisi f, flebo f fam, infusione f: **er hat ~en bekommen**, gli hanno fatto delle flebo.
Ing. Abk von Ingenieur(in): ing. (Abk von ingegnere).
Inge, Ingeborg f (Vorname) Inga.
Ingebrauchnahme <-, -n> f adm utilizzazione f.
Ingenieur <-s, -e> m (**Ingenieurin** f) (Abk Ing.) ingegnere m: **leitender ~**, ingegnere capo.
Ingenieurbau <-(e)s, -ten> m bau **1** <nur sing> (Fachrichtung des Bauwesens) ingegneria f civile **2** (Bauwerk) opera f edilizia.
Ingenieurbiologie f wiss ingegneria f biologica.
Ingenieurbüro n studio m ⌊d'ingegneria⌋/[tecnico].
Ingenieurin f → **Ingenieur**.
Ingenieurwissenschaft f <meist pl> ingegneria f.
Ing. grad. Abk von graduierter Ingenieur: "titolo di chi ha una laurea breve in ingegneria".
Ingo m (Vorname) Ingo.
Ingrediens <-, Ingredienzien> n, **Ingredienz** <-, -en> f <meist pl> ingrediente m.
Ingwer <-s, ohne pl> m bot zenzero m.
Inh. Abk von Inhaber(in): titolare mf.
Inhaber <-s, -> m (**Inhaberin** f) (Abk Inh.) **1** {+FIRMA, GESCHÄFT, LOKAL} titolare mf, proprietario (-a) m (f), padrone (-a) m (f) fam **2** {+AMT, AUSWEIS, BANKKONTO, LEHRSTUHL, TITEL} titolare mf; {+MACHT, REKORD, TITEL} detentore (-trice) m (f); {+AKTIEN, SCHECK, WERTPAPIER} portatore (-trice) m (f).
Inhaberaktie f bank azione f al portatore.
Inhaberin f → **Inhaber**.
Inhaberpapier n bank titolo m al portatore.
Inhaberscheck m bank assegno m al portatore.
Inhaberschuldverschreibung f ökon obbligazione f al portatore.
inhaftieren <ohne ge-> tr jdn ~ incarcerare qu, imprigionare qu.
Inhaftierte <dekl wie adj> mf detenuto (-a)

m (f).
Inhaftierung <-, -en> f **1** (das Inhaftieren) (in)carcerazione f, imprigionamento m **2** (Haft) carcerazione f, detenzione f, reclusione f.
Inhalation <-, -en> f med inalazione f.
Inhalationsapparat m med inalatore m, apparecchio m per inalazioni, aerosol m.
Inhalationsmittel n preparato m per inalazioni.
inhalieren <ohne ge-> **A** tr etw ~ {DÄMPFE} inalare qc; {ZIGARETTENRAUCH} aspirare qc, inspirare qc **B** itr **1** med fare delle inalazioni **2** (auf Lunge rauchen) aspirare.
Inhalt <-(e)s, -e> m **1** {+KISTE, KOFFER, PAKET, TASCHE} contenuto m **2** (gedanklicher ~) {+BRIEF, BUCH, FILM} contenuto m: **etw zum ~ haben**, avere come soggetto qc; (sinngebender ~) senso m; **seinem Leben einen ~ geben**, dar un senso alla propria vita **3** math (Rauminhalt) volume m; (Flächeninhalt) area f.
inhaltlich **A** adj {AUFBAU} contenutistico, del contenuto, relativo al contenuto **B** adv a livello di contenuto, per quanto riguarda il contenuto: **der Roman ist ~ sehr interessant**, sul piano del contenuto il romanzo è molto interessante.
Inhaltsangabe f {+GESCHICHTE, ROMAN, TEXT} riassunto m, sommario m: **eine ~ von etw (dat) machen**, fare un riassunto di qc.
inhaltsarm adj {AUFSATZ, ROMAN} povero di contenuto.
inhaltslos adj geh {BUCH, REDE} vuoto, privo di contenuto, senza sostanza; {LEBEN} senza senso.
inhaltsreich adj ricco di contenuto.
inhaltsschwer adj geh {AUSSAGE, WORTE} denso di contenuti, carico di significato.
Inhaltsstoff m (in Nahrungsmitteln, Kosmetik und Arzneimitteln) sostanza f.
Inhaltsübersicht f, **Inhaltsverzeichnis** n indice m, sommario m.
inhärent adj geh etw (dat) ~ inerente a qc, connesso a qc.
inhomogen adj geh disomogeneo.
inhuman geh **A** adj {ARBEITSWELT, BEDINGUNGEN, BEHANDLUNG} inumano, disumano: **es ist ~, etw zu tun**, è inumano/disumano fare qc **B** adv {JDN BEHANDELN} in modo inumano.
Initiale <-, -n> f geh (lettera f) iniziale f.
initialisieren <ohne ge-> tr inform etw ~ inizializzare qc.
Initialisierung <-, -en> f inform inizializzazione f.
Initialwort <-(e)s, -wörter> n ling acronimo m.
Initialzündung f **1** tech innesco m **2** fig scintilla f.
Initiation <-, -en> f iniziazione f.
Initiationsritus m rito m iniziatico/[di iniziazione].
initiativ adj geh che prende iniziative: **~ werden**, prendere iniziativa, attivarsi.
Initiative <-, -n> f **1** (Anstoß) iniziativa f **2** <nur sing> (Unternehmungsgeist) (spirito m d')iniziativa f: **~ haben/besitzen**, avere (spirito d')iniziativa; **jdm mangelt es an ~**, qu manca d'iniziativa **3** (Bürgerinitiative) comitato m (cittadino) **4** CH (Volksbegehren) iniziativa f popolare ● **auf** jds ~ (akk) **hin**, su/per iniziativa di qu; **aus eigener ~**, di propria iniziativa, di testa propria fam; **die ~ (in etw dat) ergreifen**, prendere l'iniziativa (in qc).
Initiativrecht n jur parl diritto m di iniziativa, iniziativa f legislativa.

Initiator <-s, -en> m (**Initiatorin** f) iniziatore (-trice) m (f), promotore (-trice) m (f).

initiieren <ohne ge-> tr geh **1** (anregen) etw ~ dare vita a qc, promuovere qc, avviare qc **2** (in eine Gemeinschaft einweihen) jdn ~ iniziare qu.

Injektion <-, -en> f iniezione f, puntura f fam: **jdm eine ~ geben/verabreichen** form, fare un'iniezione a qu.

Injektionslösung f pharm soluzione f iniettabile.

Injektionsnadel f ago f della siringa.

Injektionsspritze f siringa f (per iniezioni).

injizieren <ohne ge-> tr form med (jdm) etw ~ iniettare qc (a qu).

Inka <-(s), -(s)> m hist inca m, inka m.

Inkarnation <-, -en> f **1** relig incarnazione **2** geh (Verkörperung) ~ **einer S.** (gen) incarnazione f di qc, personificazione f di qc.

Inkasso <-s, -s oder A Inkassi> n ökon incasso m.

Inkassobeauftragte <dekl wie adj> mf incaricato (-a) m (f) del recupero crediti.

Inkassobüro n com ökon ufficio m recupero crediti.

Inkassofirma f com ökon ditta f (di) recupero crediti.

Inkassovollmacht f com ökon procura f per l'incasso.

Inkaufnahme f adm messa f in conto.

inkl. Abk von inklusive: incl. (Abk von incluso).

inklusive **A** präp + gen (Abk inkl.) incluso, compreso: **die Miete beträgt monatlich 1000 Euro ~ Nebenkosten**, l'affitto è di 1000 euro al mese, spese incluse/comprese **B** adv: **bis ~ ...**, fino a ... incluso; **die Hotelgäste bleiben bis ~ 15. August**, i clienti dell'albergo rimangono fino al 15 agosto incluso.

Inklusivpreis m com ökon prezzo m complessivo.

inkognito adv geh {REISEN} in incognito.

Inkognito <-s, -s> n geh incognito m: **sein ~ wahren/lüften**, conservare/svelare l'incognito.

inkompatibel <attr inkompatible(r, s)> adj **1** (unvereinbar) {CHARAKTERE, VORSCHLÄGE} incompatibile, inconciliabile **2** inform non compatibile, incompatibile **3** biol med incompatibile **4** jur incompatibile.

Inkompatibilität <-, -en> f **1** geh (Unvereinbarkeit) incompatibilità f **2** inform incompatibilità f **3** biol med incompatibilità f **4** jur incompatibilità f.

inkompetent adj **1** geh (nicht sachverständig) ~ (**in etw** dat) incompetente (in qc): **in Kunst/Physik/[auf diesem Gebiet] ist er völlig ~**, in ‚materia d'arte₁/[fisica]/[questa materia] è un totale incompetente **2** jur incompetente.

Inkompetenz <-, -en> f geh ~ (**in etw** dat) incompetenza f (in qc).

inkonsequent geh **A** adj incoerente **B** adv incoerentemente, senza coerenza.

Inkonsequenz <-, ohne pl> f geh incoerenza f.

inkonsistent adj geh inconsistente.

inkonstant adj **1** geh (unbeständig) incostante **2** phys incostante.

Inkonstanz <-, ohne pl> f **1** (Unbeständigkeit) incostanza f **2** phys incostanza f.

inkontinent adj med incontinente.

Inkontinenz <-, -en> f med incontinenza f.

inkonvertibel <attr inkonvertible(r, s)> adj ökon {WÄHRUNGEN} inconvertibile, non convertibile.

inkorrekt geh **A** adj {VERHALTEN} scorretto **B** adv scorrettamente, in modo scorretto.

Inkrafttreten <-s, ohne pl> n adm {+GESETZ} entrata f in vigore: **zum Zeitpunkt des ~s**, al momento dell'entrata in vigore; **~ des Vertrags** jur, decorrenza del contratto.

inkriminieren <ohne ge-> tr bes. jur jdn ~ incriminare qu.

Inkubationszeit f med (periodo m d')incubazione f.

Inkunabel <-, -n> f <meist pl> Verlag lit incunabolo m.

Inland n **1** (Staatsgebiet) territorio m nazionale, (das eigene Land) interno m, Paese m: **diese Waren werden nur im ~ verkauft**, queste merci vengono vendute sul solo territorio nazionale; **Nachrichten aus dem In- und Ausland**, notizie dall'interno e dall'estero **2** (Binnenland) interno m, entroterra m.

Inländer <-s, -> m (**Inländerin** f) cittadino (-a) m (f) (di un paese).

Inlandflug m volo m nazionale/interno.

inländisch adj {MARKT} interno, nazionale; {HERSTELLER, PRODUKT} nazionale; {INDUSTRIE} auch del paese.

Inlandporto, **Inlandsporto** n post affrancatura f per l'interno.

Inlandsgespräch n tel comunicazione f nazionale.

Inlandsmarkt, **Inlandmarkt** m mercato m interno/nazionale.

Inlay <-s, -s> n med (in der Zahnmedizin) inlay m, intarsio m.

Inlett <-(e)s, -e oder -s> n fodera f (per piumini® e cuscini).

inlinen <sein, meist inf: inlinete, geinlinet> itr pattinare con i Rollerblade®: **ich war ~**, sono stato (-a) a pattinare con i Rollerblade®.

Inliner m → **Inlineskater**①, **Inlineskater**②.

Inlineskate <-s, -s> m <meist pl> → **Inlineskater**①.

inlineskaten <skatete inline oder inlineskatete, inlinegeskatet oder geinlineskatet, meist inf> itr <sein> → **inlinen**.

Inlineskater① <-s, -> m sport (Rollschuh) Rollerblade® m, pattino m in linea.

Inlineskater② m (**Inlineskaterin** f) sport (Person) pattinatore (-trice) m (f) con i Rollerblade®.

Inlineskates subst <nur pl> → **Inlineskater**①.

inmitten **A** präp + gen geh in mezzo a; {DER KINDER, DER MENSCHENMENGE, DER STUDENTEN} auch tra, fra; {DES GESPRÄCHS, DER SITZUNG} nel bel mezzo di **B** adv ~ **von etw** (dat) {VON BLUMEN, FELDERN, WÄLDERN} in mezzo a qc.

Inn <-(s), ohne pl> m geog Inn m.

in natura adv **1** (in Wirklichkeit) dal vivo, nella realtà **2** (in Naturalien) {BEZAHLEN} in natura.

innehaben <irr> tr form etw ~ {REKORD, TITEL} detenere qc; {AMT, POSTEN, STELLUNG} occupare qc.

innehalten <irr> itr geh (**in etw** dat) ~: **er hielt im Erzählen inne**, si interruppe nel bel mezzo del racconto; **das Kind hielt im Spielen inne**, il bambino smise di giocare.

innen adv all'interno, dentro: **~ ist das Auto noch in gutem Zustand**, ‚all'interno₁/[internamente] la macchina è ancora in buono stato; **die Avocado ist ~ gelblich und außen grün**, l'avocado è giallino dentro e verde fuori; **die Jacke hat ~ ein Pelzfutter**, (internamente) la giacca è foderata di pelliccia; **die Tür geht nach ~ auf**, la porta si apre verso l'interno; **habt ihr das Schloss auch von ~ besichtigt?**, avete visitato il castello anche all'interno?; **von ~ heraus**, dal di dentro.

Innenansicht f interno m.

Innenarchitekt m (**Innenarchitektin** f) architetto (rar -a) m (f) d'interni, arredatore (-trice) m (f).

Innenarchitektur f architettura f d'interni, arredamento m.

Innenaufnahme f film ripresa f interna, interno m.

Innenausstattung f **1** {+RAUM, WOHNUNG} arredamento m (interno/[di interni]) **2** autom rifiniture f pl interne.

Innenbahn f sport corsia f interna.

Innenbeleuchtung f illuminazione f interna.

Innendienst m servizio m interno.

Innenfläche f superficie f interna.

Innenhof m cortile m interno.

Innenkurve f autom curva f interna.

Innenleben n vita f interiore.

Innenminister m (**Innenministerin** f) pol ministro m ‚dell'Interno₁/[degli Interni].

Innenministerium n pol ministero m ‚dell'Interno₁/[degli Interni].

Innenohr n anat orecchio m interno.

Innenpfosten m sport palo m.

Innenpolitik f politica f interna.

innenpolitisch **A** adj {FRAGEN} di politica interna; {EXPERTE} auch in politica interna **B** adv a livello di politica interna.

Innenraum m **1** {+GEBÄUDE} interno m **2** autom abitacolo m.

Innenseite f parte f interna, interno m: **auf der ~**, all'interno.

Innenspiegel m autom (specchietto m) retrovisore m.

Innenstadt f centro m (della) città, centro m: **in der ~ wohnen**, abitare in centro.

Innentasche f tasca f interna.

Innentemperatur f temperatura f interna.

Innenwand f parete f divisoria, muro m divisorio.

Innenwelt f mondo m interiore.

innerbetrieblich **A** adj {ANGELEGENHEITEN, FRAGEN, KONFLIKTE} interno (all'azienda) **B** adv {DISKUTIEREN, REGELN} all'interno (dell'azienda).

innerdeutsch adj **1** (Deutschland betreffend): **~e Probleme**, problemi interni della Germania **2** hist (zwischen BRD und DDR) {BEZIEHUNGEN} intertedesco, fra le due Germanie.

innere adj → **innerer**.

Innere <dekl wie adj> n **1** (innerer Teil) interno m: **im ~n des Gebäudes**, all'interno dell'edificio; **ins ~ des Regenwaldes vordringen**, penetrare ‚nell'interno₁/[nel cuore] della foresta pluviale; **aus dem ~n der Erde**, dalle viscere della terra **2** (Innenleben) intimo m, (io m) profondo m, interno m (dell'animo), cuore m: **in meinem ~n**, nel mio intimo/profondo, dentro di me; **in ihrem tiefsten ~n litt sie sehr**, ‚dentro di sé₁/[nel profondo del suo cuore/animo] soffriva molto.

Innereien subst <nur pl> interiora f pl, frattaglie f pl; {+HASE, KANINCHEN, LAMM} auch coratella f.

innerer, **innere**, **inneres** adj **1** (räumlich) interno (-a) **2** anat med {BLUTUNG, KRANKHEIT, ORGAN, VERLETZUNG} interno (-a): **innere Medizin**, medicina interna **3** pol {ANGELEGENHEITEN} interno (-a) **4** (innewohnend) {AUFBAU, ORDNUNG} interno (-a) **5** (geistig, seelisch) {RUHE, SPANNUNGEN} interiore; {BEDÜRFNIS, DRANG, EINGEBUNG} *auch* intimo (-a); {ANTEILNAHME} profondo (-a): **die inneren Werte**, i valori spirituali; **innerer Halt**, forza interiore; **jdm inneren Halt geben** {RELIGION}, dare sostegno interiore a qu; **innerer Monolog** *lit*, monologo interiore; **meine innere Uhr** *fam scherz*, il mio orologio interno *fam*.

innerhalb Ⓐ *präp + gen* **1** (*örtlich*) all'interno di, in: ~ **Deutschlands**, all'interno della Germania; ~ **der Landesgrenzen**, nei/[entro i] confini del paese **2** (*zeitlich:* binnen) ₍nello spazio₎/[nel giro]/[nell'arco] di, entro, in: **das Gutachten muss ~ einer Woche erstellt werden**, la perizia va eseguita entro/[nello spazio di] una settimana; ~ **kurzer Zeit**, in poco tempo, entro poco *fam* Ⓑ *adv* **1** (*örtlich*) ~ **von etw** (dat) {VON BERLIN, ITALIEN} all'interno *di qc*, in *qc* **2** (*binnen*) ~ **von etw** (dat) ₍nello spazio₎/[nel giro]/[nell'arco] *di qc*, entro *qc*: ~ **von wenigen Stunden**, ₍nello spazio di₎/[nel giro di]/[entro] poche ore.

innerlich Ⓐ *adj* **1** (*im Innern des Körpers*) {ANWENDUNG} interno **2** (*seelisch*) {ANSPANNUNG} interiore Ⓑ *adv* **1** (*im Innern des Körpers*) internamente, all'interno (dell'organismo): ~ **anzuwenden**, per uso interno **2** (*seelisch*) {AUFGEWÜHLT, ERREGT, RUHIG SEIN} internamente, nel proprio intimo, dentro di sé: ~ **lachen**, ridere ₍tra sé e sé₎/[dentro di sé].

Innerlichkeit <-, *ohne pl*> *f* interiorità *f*, profondità *f* di sentimenti.

innerparteilich *adj* interno/[in seno] al partito.

innerste *adj* → **innerster**.

Innerste <*dekl wie adj*> *n* intimo *m*, profondo *m* (dell'animo), cuore *m*: **tief im ~n**, nel profondo del cuore, nell'intimo, in fondo all'animo; **etw bewegt jdn in seinem ~n**, *qc* tocca qu nel profondo; **bis ins ~ getroffen**, colpito nel profondo (del cuore); **im ~n des Landes**, nel cuore del paese.

innerster, innerste, innerstes <*superl von* innerer> *adj* **1** (*räumlich*) {MAUER, SCHICHT, TEIL} (il, la) più interno (-a) **2** (*intimster*) {GEDANKEN, GEFÜHLE, WÜNSCHE} intimo (-a), (il, la) più profondo (-a)/segreto (-a)/riposto (-a): **im innersten Herzen**, nel più profondo dell'animo; **meine innerste Überzeugung ist, dass ...**, è mia intima convinzione che ... *konjv*.

innert *präp + gen oder dat CH* → **innerhalb**.

inne|werden <*irr*> *itr* <*sein*> *geh etw* (gen) ~ prendere coscienza *di qc*, avvedersi *di qc*.

inne|wohnen *itr geh etw* (dat) ~ essere intrinseco *a*/*in qc*, essere insito in *qc*.

innig Ⓐ *adj* {FREUNDSCHAFT} intimo, profondo; {VERHÄLTNIS} *auch* stretto, intenso; {GLÜCKWUNSCH} vivo; {BEILEID, DANK} *auch* sentito; {ANTEILNAHME} sentito, vivo, profondo: **das ist mein ~ster Wunsch**, (questo) è il mio più vivo desiderio Ⓑ *adv* profondamente, con tutto il cuore ● **aufs Innigste**, dal profondo del cuore.

Innigkeit <-, *ohne pl*> *f* {+ZUNEIGUNG} profondità *f*, intensità *f*; {+FREUNDSCHAFT, VERHÄLTNIS} *auch* intimità *f*; {+DANK, WUNSCH} sincerità *f*.

inniglich *adv poet* profondamente.

Innovation <-, -*en*> *f* innovazione *f*.

innovationsfeindlich *adj* ostile alle innovazioni.

innovationsfreudig *adj* innovatore, aperto/favorevole alle innovazioni.

Innovationsschub *m* spinta *f* innovativa.

innovativ *adj* {MASSNAHMEN} innovativo.

innovatorisch *adj* innovatore, innovativo.

Innsbruck <-*s*, *ohne pl*> *n geog* Innsbruck *f*.

Innung <-, -*en*> *f* corporazione *f* (artigianale): **die ~ der Maler**, la corporazione degli imbianchini ● **die ganze ~ blamieren** *fam scherz*, far fare brutta figura a tutta la compagnia *fam*.

inoffiziell Ⓐ *adj* {TREFFEN} non ufficiale, informale; {INFORMATION, MITTEILUNG} *auch* ufficioso Ⓑ *adv* {BESTÄTIGEN, JDM ETW SAGEN} ufficiosamente, in via ufficiosa.

inoperabel <*attr* inoperable(r, s)> *adj med* inoperabile, non operabile.

inopportun *adj geh* inopportuno: **es für ~ halten, etw zu tun**, ritenere inopportuno fare *qc*.

in petto *adv*: **etw in petto haben** *fam*, avere/tenere *qc* in serbo.

in puncto *präp fam* in fatto di, (in) quanto a: **in puncto Geld ist er ziemlich kleinlich**, in fatto di soldi, è piuttosto tirato *fam*.

Input <-*s*, -*s*> *m* **1** *inform* input *m* **2** *ökon* input *m* **3** (*Eingabe*) input *m*.

Inquisition <-, *ohne pl*> *f hist* inquisizione *f*.

Inquisitor <-*s*, -*en*> *m hist* inquisitore *m*.

inquisitorisch *geh* Ⓐ *adj* {ART, FRAGE} inquisitorio, da inquisitore Ⓑ *adv*: **jdn ~ befragen**, interrogare qu con tono inquisitorio, fare il terzo grado a qu *fam*.

ins *präp* **1** = in das → **in**① **2** (*mit substantivierten Verben*): **ins Erzählen kommen**, mettersi a raccontare; **ins Schwärmen geraten**, andare in estasi.

Insasse <-*n*, -*n*> *m* (**Insassin** *f*) **1** {+ALTENHEIM} ricoverato (-a) *m* (*f*), ospite *mf euph*; {+ANSTALT} *auch* paziente *mf*; {+GEFÄNGNIS} detenuto (-a) *m* (*f*), recluso (-a) *m* (*f*) **2** {+AUTO, BUS} occupante *mf*, passeggero (-a) *m* (*f*).

Insassenversicherung *f* assicurazione *f* terzi trasportati.

insbesondere *adv* in particolare, soprattutto, specialmente, particolarmente.

Inschrift *f* iscrizione *f*, epigrafe *f*; (*auf Grabstein*) *auch* epitaffio *m*.

Insekt <-(*e*)*s*, -*en*> *n* insetto *m*.

Insektenbekämpfung *f* disinsettazione *f*, disinfestazione *f* (da insetti).

Insektenbekämpfungsmittel *n chem* insetticida *m*.

Insektenforscher *m* (**Insektenforscherin** *f*) *biol* entomologo (-a) *m* (*f*).

Insektenfresser <-*s*, -> *m biol* insettivoro *m*.

Insektengift *n* **1** *chem* insetticida *m* **2** (*von Insekten abgesondertes Gift*) veleno *m* di insetti.

Insektenkunde *f* entomologia *f*.

Insektenplage *f* invasione *f* d'insetti.

Insektenpulver *n chem* polvere *f* insetticida.

Insektenschutzmittel *n chem* insettifugo *m*, repellente *m*.

Insektenspray *m oder n chem* spray *m* insetticida, insetticida *m* spray.

Insektenstich *m* puntura *f* d'insetto.

Insektenvertilgungsmittel *n chem* insetticida *m*.

Insektizid <-*s*, -*e*> *n chem* insetticida *m*.

Insel <-, -*n*> *f* **1** (*von Wasser umgebenes Stück Land*) isola *f*: **auf einer ~ leben**, vivere in/su un'isola; **die ~ Rügen**, l'isola di Rügen; **eine kleine ~**, un'isoletta; **eine einsame ~ im Ozean**, un'isola sperduta nell'oceano **2** *fig* (*Oase*) isola *f*: **eine ~ des Friedens**, un'isola di pace.

Inselbewohner *m* (**Inselbewohnerin** *f*) isolano (-a) *m* (*f*).

Inselchen <-*s*, -> *n dim von* Insel isoletta *f*, isolotto *m*, isolina *f*.

Inselfauna *f* fauna *f* insulare.

Inselflora *f* flora *f* insulare.

Inselgruppe *f* arcipelago *m*, gruppo *m* di isole.

Inselklima *n* clima *m* insulare.

Inselreich *n* regno *m* insulare.

Inselstaat *m* stato *m* insulare.

Inselvolk *n* popolo *m* insulare.

Inselwelt *f* arcipelago *m*.

Insemination <-, -*en*> *f med zoo* inseminazione *f* ● **heterologe ~** *med*, fecondazione artificiale eterologa; **homologe ~** *med*, fecondazione artificiale omologa.

Inserat <-(*e*)*s*, -*e*> *n* inserzione *f*, annuncio *m*: **ein ~ aufgeben**, fare/mettere un'inserzione; **ein ~ in die Zeitung setzen**, mettere un'inserzione/un annuncio sul giornale.

Inseratenblatt *n* "giornale *m* che contiene prevalentemente o solo annunci (economici)".

Inseratenteil *m* pagine *f pl*/inserto *m* degli annunci (economici).

Inserent <-*en*, -*en*> *m* (**Inserentin** *f*) inserzionista *mf*.

inserieren <*ohne ge*-> Ⓐ *itr* (**in etw** dat) ~ {IN DER ZEITUNG} mettere/fare un'inserzione (*su qc*) Ⓑ *tr etw* ~ {WOHNUNG} fare un'inserzione per vendere/affittare *qc*.

insgeheim *adv* (*im Stillen*) in segreto, segretamente: ~ **beneidet er sie**, in cuor suo la invidia.

insgesamt *adv* **1** (*zusammen*) complessivamente, in totale, in tutto *fam*: **die Kosten belaufen sich ~ auf 500 Euro**, i costi ammontano a un totale di 500 euro, complessivamente i costi ammontano a 500 euro; ~ **waren nur 20 Leute gekommen**, in totale/tutto erano venute solo 20 persone **2** (*alles in allem*) tutto sommato, nell'insieme: ~ **gesehen**, visto nell'insieme.

Insider <-*s*, -> *m* (**Insiderin** *f*) **1** addetto (-a) *m* (*f*) ai lavori *fam*, uno (-a) *m* (*f*) ₍dell'ambiente₎/[del mestiere], persona *f* ben informata, insider *mf* **2** *Börse* insider *mf*.

Insidergeschäft *n Börse* insider trading *m*.

Insiderhandel *m Börse* insider trading *m*.

Insiderin *f* → **Insider**.

Insidertipp (a.R. Insidertip) *m* dritta *f fam* (da una persona dell'ambiente): **jdm einen ~ geben**, dare una dritta sicura a qu *fam*.

Insiderwissen *n* informazioni *f pl* interne.

Insignien *subst* <*nur pl*> insegne *f pl*.

insistieren <*ohne ge*-> *itr geh* (**auf etw** dat) ~ insistere (*in qc*): **darauf ~, dass ...**, insistere perché/affinché ... *konjv*.

insofern Ⓐ *adv* in questo, a questo riguardo, su questo punto: ~ **haben Sie recht**, ₍in questo₎/[su questo punto] ha ragione; ~, **als ...**, nella misura in cui ..., in quanto ...; **der Ausflug war ~ ermüdend, als wir sechs Stunden gewandert sind**, la gita è stata faticosa ₍in quanto₎/[per il fatto che] abbiamo camminato (per) sei ore Ⓑ *konj* per quanto ..., nella misura in cui ...: **ich werde mich an den Kosten beteiligen, ~ es mir möglich ist**, contribuirò alle spese ₍per quanto mi è possibile₎/[nei limiti delle mie possibilità].

Insolation <-, -*en*> *f* **1** *meteo* insolazione *f* **2** *med* insolazione *f*.

insolvent *adj ökon* insolvente, insolvibile.

Insolvenz <-, -*en*> *f* **1** *ökon* (*Zahlungsunfä*-

higkeit) insolvenza f **2** *jur* (*Konkurs*) fallimento: **~ anmelden**, presentare istanza di fallimento.

Insolvenzgläubiger m (**Insolvenzgläubigerin** f) *jur ökon* creditore (-trice) m (f) fallimentare.

Insolvenzrecht n *jur ökon* diritto m fallimentare.

Insolvenzverfahren n *jur ökon* procedura f fallimentare/concorsuale, fallimento m: **Eröffnung des ~s**, dichiarazione di fallimento.

Insolvenzverwalter m (**Insolvenzverwalterin** f) *jur ökon* curatore (-trice) m (f) fallimentare.

insoweit adv → **insofern**.

in spe adj *fam* <nachgestellt> futuro: **mein Schwiegervater in spe**, il mio futuro suocero.

Inspekteur <-s, -e> m (**Inspekteurin** f) **1** (*Inspektor*) ispettore (-trice) m (f) **2** *D mil* (*Generalinspekteur der Bundeswehr*) capo m di Stato Maggiore

Inspektion <-, -en> f **1** (*das Inspizieren*) ispezione f **2** (*Wartung*) controllo m: **sein Auto zur ~ bringen**, (far) fare il tagliando alla macchina.

Inspektor <-s, -en> m (**Inspektorin** f) **1** *adm* impiegato (-a) m (f) di concetto (all'inizio della carriera) **2** (*jd, der inspiziert*) ispettore (-trice) m (f).

Inspiration <-, -en> f *geh* ispirazione f.

inspirieren <ohne ge-> tr *jdn* ~ ispirare *qu*; *jdn zu etw* (dat) ~ {ZU EINEM WERK} ispirare *qc a qu*: **diese Reise hat den Schriftsteller zu seinem letzten Roman inspiriert**, questo viaggio ha ispirato allo scrittore il suo ultimo romanzo; **sich von etw** (dat) **~ lassen**, ispirarsi a qc, trarre ispirazione da qc.

inspizieren <ohne ge-> tr *geh etw* ~ ispezionare *qc*; {VERLETZUNG} esaminare *qc*.

instabil adj *geh* instabile.

Instabilität f *geh* instabilità f.

Installateur <-s, -e> m (**Installateurin** f) installatore (*rar* -trice) m (f), impiantista mf; (*Elektroinstallateur*) elettricista mf; (*Klempner*) idraulico (*rar* -a) m (f), fontaniere m *region*.

Installation <-, -en> f **1** (*das Installieren*) {+HEIZUNG, LEITUNGEN, ROHRE, STECKDOSEN}, installazione f, messa f in opera **2** (*das Installierte*) impianto m **3** *inform* {+PROGRAMM, SOFTWARE} installazione f **4** *kunst* installazione f.

Installationsdatei f *inform* file m di installazione.

Installationsdiskette f *inform* dischetto m di installazione.

Installationskünstler m (**Installationskünstlerin** f) artista mf che crea installazioni.

Installationsprogramm n *inform* programma m di installazione.

Installationssoftware f *inform* software m di installazione.

installieren <ohne ge-> **A** tr **1** (*einbauen*) *etw* ~ {HEIZUNG, LEITUNGEN, ROHRE, STECKDOSE} installare *qc*; {FERNSEHANTENNE} *auch* montare *qc*; {KÜCHE} montare *qc*: **sich** (dat) **etw** ~ **lassen**, far(si) installare/montare qc **2** *inform etw* (*auf etw* akk) ~ {PROGRAMM, SOFTWARE} installare *qc* (*su qc*) **3** *kunst etw* ~ installare *qc* **B** rfl *fam* (*sich irgendwo häuslich niederlassen*) **sich ~ ~**, sistemarsi/stabilirsi (+ *compl di luogo*).

instand adj *fam*: **~ sein**, essere in buono stato / [buone condizioni]; {AUTO, GERÄT} essere perfettamente funzionante; **etw ~ halten**, provvedere alla manutenzione di qc; {GAR-TEN, HAUS} *auch*, tenere qc in buono stato; **etw ~ setzen** {GEBÄUDE}, ripristinare qc, ristrutturare qc, rimettere in sesto qc *fam*.

Instandbesetzer m (**Instandbesetzerin** f) occupante mf (abusivo (-a)) di un edificio.

Instandhaltung f *form* manutenzione f.

Instandhaltungsarbeiten subst <nur pl> lavori m pl di manutenzione.

Instandhaltungskosten subst <nur pl> costi m pl di manutenzione.

inständig **A** adj {BITTE} insistente, pressante, instante *geh* **B** adv {HOFFEN} ardentemente, fortemente: **jdn ~ um etw** (akk) **bitten**, pregare insistentemente qu di fare qc.

Instandsetzung <-, -en> f *form* ripristino m, riparazione f.

Instanz <-, -en> f **1** *jur* grado m, istanza f **2** *adm* autorità f: **die politischen ~en eines Landes**, le istanze politiche di un paese; **durch alle ~en gehen**, seguire la via gerarchica • **in erster/zweiter/letzter ~ jur**, in primo/secondo/ultimo grado; **die höchste/oberste ~** *fig*, l'istanza suprema.

Instanzenweg m: **auf dem ~**, per via gerarchica; **den ~ einhalten**, seguire la via gerarchica.

Instinkt <-(e)s, -e> m **1** (*innerer Antrieb*) istinto m: **etw aus einem ~ heraus tun**, fare qc per istinto / [istintivamente] / [d'istinto]; **sich von seinen ~en leiten lassen**, lasciarsi guidare dal proprio istinto **2** (*Gespür*) intuito m, fiuto m *fam*, naso m *fam*, istinto m: **ein untrüglicher ~**, un istinto/fiuto *fam* infallibile; **einen sicheren ~ für etw** (akk) **haben**, avere buon naso *fam* / [un buon fiuto *fam*] per qc.

instinktiv, instinktmäßig **A** adj istintivo, dettato dall'istinto **B** adv istintivamente, per istinto, d'istinto.

instinktsicher **A** adj dall' / con istinto sicuro **B** adv con istinto sicuro, con sicurezza, ad occhi chiusi.

Institut <-(e)s, -e> n **1** *bes. adm univ* istituto m **2** *jur* istituto m (giuridico).

Institution <-, -en> f istituzione f.

institutionalisieren <ohne ge-> tr *geh etw* ~ istituzionalizzare *qc*.

institutionell adj *geh* istituzionale.

Institutsbibliothek f biblioteca f d'istituto / [dell'istituto].

Institutsdirektor m (**Institutsdirektorin** f) direttore (-trice) m (f) d'istituto / [dell'istituto].

instruieren <ohne ge-> tr *geh jdn* ~ dare istruzioni *a qu*, istruire *qu*: **er war instruiert worden, wie er sich zu verhalten hatte**, era stato istruito sul comportamento da tenere.

Instruktion <-, -en> f **1** (*Anleitung*) istruzione f **2** <meist pl> (*Anweisung*) istruzione f, direttiva f • **laut ~**, secondo le istruzioni.

instruktiv adj *geh* istruttivo.

Instrument <-(e)s, -e> n **1** *mus* strumento m (musicale): **ein ~ spielen**, suonare uno strumento **2** (*Gerät*) {CHIRURGISCHES} strumento m; {OPTISCHES} *auch* apparecchio m; {MECHANISCHES} strumento m, attrezzo m, arnese m **3** *geh* (*Mittel, Werkzeug*) strumento m: **er war nur ein ~ in den Händen skrupelloser Geschäftemacher**, era solo uno strumento nelle mani di affaristi senza scrupoli.

instrumental **A** adj strumentale **B** adv: **jdn ~ begleiten**, accompagnare qu con uno strumento (musicale).

Instrumentalbegleitung f *mus* accompagnamento m strumentale.

instrumentalisieren <ohne ge-> tr *geh jdn/etw* ~ strumentalizzare *qu/qc*.

Instrumentalist <-en, -en> m (**Instrumentalistin** f) *mus* strumentista mf.

Instrumentalmusik f musica f strumentale.

Instrumentalstück n *mus* brano m / pezzo m strumentale.

Instrumentarium <-s, *Instrumentarien*> n **1** (*bes. wissenschaftliche Instrumente*) strumentario m, armamentario m **2** *mus* complesso m/insieme m di strumenti **3** (*verfügbare Mittel*) strumenti m pl, mezzi m pl.

Instrumentation <-, -en> f *mus* strumentazione f.

instrumentell adj *geh* strumentale.

Instrumentenbau m *mus* fabbricazione f di strumenti musicali.

Instrumentenflug m *aero* volo m strumentale/cieco.

Instrumentenkasten m armadietto m per gli strumenti.

Instrumentenkoffer m valigetta f (per strumenti o altro).

Instrumentenmacher m (**Instrumentenmacherin** f) *mus* costruttore (-trice) m (f) di strumenti musicali.

Instrumentenschrank m → **Instrumentenkasten**.

instrumentieren <ohne ge-> tr *etw* ~ **1** *mus* strumentare qc **2** *tech* (*mit technischen Instrumenten ausstatten*) dotare qc di strumenti, attrezzare qc.

Insuffizienz <-, -en> f *med* insufficienza f.

Insulaner <-s, -> m (**Insulanerin** f) isolano (-a) m (f).

Insulin <-s, *ohne pl*> n *pharm* insulina f: **sich** (dat) **~ spritzen**, iniettarsi/farsi *fam* l'insulina.

Insulinmangel m *med* ipoinsulinismo m *med*, carenza f insulinica.

Insulinpräparat n *pharm* preparato m insulinico.

Insulinschock <-s, *ohne pl*> m *med* shock m insulinico.

inszenieren <ohne ge-> tr *etw* ~ **1** *film theat TV* allestire qc, mettere in scena qc, inscenare qc **2** *meist pej* (*anzetteln*) {SKANDAL} montare qc.

Inszenierung <-, -en> f **1** *film theat TV* allestimento m, messa f in scena, messinscena f **2** *meist pej* (*das Anzetteln*) montatura f, messinscena f.

intakt adj **1** (*funktionierend*) {GERÄT, MOTOR} intatto, funzionante **2** (*unversehrt, heil*) {LANDSCHAFT} intatto, incontaminato, vergine; {INFRASTRUKTUR, WIRTSCHAFT} sano; {BEZIEHUNG, FAMILIE} solido, saldo.

Intarsie <-, -n> f, **Intarsia** <-, *Intarsien*> f <meist pl> *kunst* intarsio m: **ein mit ~n verzierter Schrank**, un armadio decorato a intarsio / [intarsiato].

integer <attr *integre(r, s)*> adj *geh* integro.

integral adj integrale: **~er Bestandteil**, parte integrante.

Integral <-s, -e> n *math* integrale m.

Integralhelm m *autom* casco m integrale.

Integralismus m *relig* integralismo m.

Integralist <-en, -en> m (**Integralistin** f) *relig* integralista mf.

integralistisch adj {BEWEGUNG} integralista.

Integralrechnung f *math* calcolo m integrale.

Integration <-, -en> f ~ (*in etw* akk) {IN DAS BERUFSLEBEN, DIE GESELLSCHAFT} integrazione f (*in qc*), inserimento m (*in qc*): **die Europäi-**

sche ~, l'integrazione europea.
Integrationsprozess (a.R. Integrationsprozeß) m processo m di integrazione.
integrativ adj geh integrativo.
integrierbar adj integrabile.
integrieren <ohne ge-> **A** tr (eingliedern) jdn (in etw akk) ~ inserire qu (in qc), integrare qu (in qc); etw (in etw akk) ~ {LAND IN DIE EU} integrare qc (in qc) **B** rfl (sich einfügen) sich (in etw akk) ~ integrarsi (in qc), inserirsi (in qc).
integrierend adj {BESTANDTEIL} integrante.
integriert adj {GESAMTSCHULE} integrato.
Integrierung <-, -en> f → **Integration**.
Integrität <-, ohne pl> f geh integrità f.
Intellekt <-(e)s, ohne pl> m intelletto m.
Intellektualismus <-, ohne pl> m intellettualismo m.
intellektuell adj intellettuale.
Intellektuelle <dekl wie adj> mf intellettuale mf.
intelligent **A** adj **1** intelligente **2** inform intelligente **B** adv intelligentemente, in modo intelligente, con intelligenza.
Intelligenz <-, ohne pl> f **1** (Verstand) intelligenza f **2** (die Intellektuellen) intellighenzia f, intellettuali m pl • künstliche ~ inform, intelligenza artificiale.
Intelligenzbestie f fam mostro m d'intelligenza fam, cervellone (-a) m (f) fam.
Intelligenzija <-, ohne pl> f geh intellighenzia f.
Intelligenzler <-s, -> m (**Intelligenzlerin** f) fam pej intelligentone (-a) m (f) fam pej.
Intelligenzquotient m (Abk IQ) quoziente m d'intelligenza (Abk QI).
Intelligenztest m test m d'intelligenza: einen ~ machen, fare/sostenere un test d'intelligenza.
Intendant <-en, -en> m (**Intendantin** f) **1** theat direttore (-trice) m (f), sovrintendente mf **2** radio TV direttore (-trice) m (f) (generale).
Intendanz <-, -en> f radio theat TV **1** (Amt) direzione f **2** (Büro) direzione f m.
intendieren <ohne ge-> tr geh etw ~ {ERFOLG} mirare a qc, puntare a qc; {WIRKUNG} voler ottenere qc: das war aber nicht intendiert, non era voluto.
Intensimeter <-s, -> n med intensimetro m.
Intensität <-, ohne pl> f intensità f.
intensiv adj **1** (angestrengt) {BEMÜHUNGEN, TÄTIGKEIT} intenso **2** (eindringlich) {DUFT, FARBE, GEFÜHL, SCHMERZ} intenso, forte **3** agr {ANBAU} intensivo **B** adv **1** (angestrengt) {ARBEITEN, SICH MIT ETW AUSEINANDERSETZEN, NACHDENKEN} intensamente **2** (eindringlich): ~ duften, avere/emanare geh un profumo intenso.
Intensivanbau <-s, ohne pl> m agr coltivazione f intensiva.
Intensivhaltung <-, ohne pl> f agr allevamento m intensivo.
intensivieren <ohne ge-> tr etw ~ {BEMÜHUNGEN} intensificare qc.
Intensivierung <-, -en> f geh intensificazione f.
Intensivkurs m corso m intensivo.
Intensivmedizin f medicina f intensiva.
Intensivpatient m (**Intensivpatientin** f) paziente mf in terapia intensiva.
Intensivstation f med reparto m di terapia intensiva, centro m/sala f di rianimazione: auf der ~ liegen, essere (ricoverato) in rianimazione.

Intensivtherapie f med terapia f intensiva.
Intention <-, -en> f geh intenzione f.
intentional adj geh intenzionale.
interagieren <ohne ge-> itr {ZWEI ODER MEHRERE PERSONEN} interagire; mit jdm ~, interagire con qu.
Interaktion <-, -en> f interazione f.
interaktiv adj **1** bes. psych soziol interattivo **2** bes. inform interattivo.
Intercity <-s, -s> m Eisenb (Abk IC) (treno m) intercity m (Abk IC).
Intercityexpress® (a.R. Intercitypreß) m Eisenb (Abk ICE) "treno m ad alta velocità", ≈ pendolino m.
Intercityexpresszug (a.R. Intercitypreßzug) m Eisenb (Abk ICE) → **Intercityexpress®**.
Intercityzug m → **Intercity**.
Interdependenz <-, -en> f geh interdipendenza f.
interdisziplinär adj {FORSCHUNG} interdisciplinare.
interessant **A** adj **1** (Interesse erweckend) interessante **2** com (vorteilhaft) {ANGEBOT, HONORAR, PREIS} interessante **B** adv in modo interessante: das klingt aber ~!, sembra interessante! • sich ~ machen, (cercare di) rendersi interessante.
interessanterweise adv fam stranamente, curiosamente.
Interesse <-s, -n> n **1** (nur sing) (Aufmerksamkeit) ~ (an jdm/etw/für jdn/etw) interesse m (per qu/qc): etw mit großem ~ beobachten/folgen, osservare/seguire qc con grande interesse; jds ~ wecken, suscitare/destare l'interesse di qu **2** <nur pl> (Neigungen) interessi m pl: künstlerische ~n haben, essere interessato all'arte **3** <nur pl> (Belange) interessi m pl **4** (Nutzen) interesse m: im ~ der Allgemeinheit, nell'interesse della comunità/[generale]; von allgemeinem ~, d'interesse generale; in eigenem ~, nel proprio interesse • aus ~, per interesse; ~ an jdm/etw haben, essere interessato a qu/qc; hast du ~ an einem gebrauchten Auto?, ti interessa una macchina usata?; daran habe ich kein ~!, non mi interessa!; kein ~!, non mi/ci interessa!; in jds ~ liegen/sein, essere nell'interesse di qu; für jdn von ~ sein, essere interessante per qu, essere di un certo interesse per qu; das ~ an etw (dat) verlieren, perdere (l')interesse per qc; jds ~n vertreten/wahrnehmen, rappresentare/tutelare gli interessi di qu; ~ für jdn/etw/[an jdm/etw] zeigen/bekunden geh, (di)mostrare interesse per qu/qc.
interessehalber adv per curiosità.
interesselos adj indifferente: völlig ~ sein, non interessarsi a niente.
Interesselosigkeit <-, ohne pl> f disinteresse m, disinteressamento m, mancanza f d'interesse, indifferenza f.
Interessengebiet n sfera f/campo m d'interesse.
Interessengemeinschaft f **1** (Zusammenschluss von Personen) "associazione f di persone o di gruppi di persone che perseguono un fine comune" **2** ökon pol sindacato m, consorzio m.
Interessengruppe f pol gruppo m di pressione/interesse, lobby f.
Interessenkollision f, **Interessenkonflikt** m conflitto m d'interessi.
Interessensphäre f pol sfera f d'influenza.

Interessent <-en, -en> m (**Interessentin** f) **1** (an der Teilnahme Interessierter) persona f interessata **2** (am Kauf Interessierter) potenziale acquirente mf/cliente mf: auf die Anzeige haben sich viele ~en gemeldet, all'inserzione hanno risposto in parecchi/[molte persone].
Interessenverband m → **Interessengruppe**.
Interessenvertretung f **1** (das Verteidigen von Interessen) rappresentanza f/cura f/tutela f d'interessi: jds ~ übernehmen, curare gli interessi di qu **2** (Gruppe von Personen) gruppo m d'interesse.
interessieren <ohne ge-> **A** tr (jds Interesse wecken) jdn ~ {BUCH, FILM, POLITIK, THEMA} interessare qu; {ANGEBOT, ANGELEGENHEIT, INFORMATION} interessare a qu: das interessiert mich nicht, non mi interessa; interessiert dich das?, ti interessa? **2** (jds Interesse auf etw lenken) jdn für etw (akk) ~ {FÜR EIN PROBLEM, PROJEKT} interessare qu a qc **B** rfl (Interesse zeigen) sich für etw (akk) ~ interessarsi a qc: ich interessiere mich besonders für Fremdsprachen, mi interessano in modo particolare le lingue straniere; sich für jdn ~ essere interessato a qu, mostrare interesse per qu, interessarsi a qu: sie interessiert sich nicht für Männer, non le interessano gli uomini, non è interessata agli uomini.
interessiert **A** adj **1** (Interesse zeigend) {LESER, SCHÜLER, ZUHÖRER} attento: ein ~er Mensch, una persona piena di interessi; politisch ~ sein, interessarsi di politica; sich (an jdm/etw) ~ zeigen, mostrarsi interessato (-a) a qu/qc **2** (haben wollen): an jdm/etw ~ sein, essere interesato a qu/qc; er ist sehr daran ~, mit uns in Kontakt zu bleiben, è molto interessato a rimanere in contatto con noi **B** adv {BEOBACHTEN, ZUHÖREN} con interesse.
Interface <-, -s> n inform interfaccia f.
Interferenz f <-, -en> **1** phys interferenza f **2** biol med interferenza f **3** ling interferenza f **4** geh (Überlagerung) interferenza f.
Interferenzerscheinung f ling phys fenomeno m di interferenza.
interferieren <ohne ge-> itr **1** phys interferire **2** geh (sich überlagern) sovrapporsi.
Interferometer <-s, -> n phys interferometro m.
Interferon <-s, -e> n biol med interferone m.
Interieur <-s, -s oder -e> n geh interno m.
Interimslösung f soluzione f provvisoria.
Interimsregelung f disposizione f transitoria.
Interimsregierung f pol governo m ad interim/[provvisorio].
Interjektion <-, -en> f gram interiezione f.
interkommunal adj geh {POLITIK, VEREINBARUNGEN} intercomunale.
interkonfessionell adj geh interconfessionale.
interkontinental adj {FLUG, RAKETE} intercontinentale.
Interkontinentalrakete f mil missile m intercontinentale.
Interkulturalität <-, ohne pl> f interculturalità f.
interkulturell adj geh interculturale.
Intermezzo <-s, -s oder Intermezzi> n **1** geh (Zwischenfall) parentesi f: der Flirt mit ihm war nur ein kurzes ~, il flirt con lui è stato solo una breve parentesi **2** mus theat intermezzo m.
interministeriell adj geh interministe-

intern A *adj* interno B *adv* all'interno: **diese Angelegenheit müssen wir ~ klären**, questa faccenda va chiarita tra di noi.

Interna *subst* <nur pl> *geh* (*Fragen, Angelegenheiten*) questioni *f pl* interne; (*Informationen*) informazioni *f pl* interne.

Internat <-(e)s, -e> *n* collegio *m*, convitto *m*: **jdn ins ~ schicken**, mandare qu in collegio.

international A *adj* internazionale B *adv* a livello internazionale, internazionalmente.

Internationale <-, -n> *f pol*: **die ~** (*Hymne*), l'Internazionale **die sozialistische ~**, l'Internazionale socialista.

internationalisieren <ohne ge-> *tr* **etw ~** internazionalizzare qc.

Internationalisierung <-, -en> *f* internazionalizzazione *f*.

Internationalismus <-, *Internationalismen*> *m* **1** <nur sing> *pol* internazionalismo *m* **2** *ling* internazionalismo *m*.

Internet <-s, ohne pl> *n* inform Internet *f*: **sich ans ~ anschließen**, mettere Internet; **ins ~ gehen**, andare in Internet, mettersi on line; **etw übers/im ~ kaufen/buchen**, comprare/prenotare qc via/in Internet; **sich (dat) etw aus dem ~ (he)runterladen**, scaricare qc da Internet; **etw ins ~ stellen**, mettere qc in Internet/rete; **etw im ~ suchen/finden**, cercare/trovare qc in Internet; **im ~ surfen**, navigare in Internet; **besuchen Sie uns im ~ unter www ...**, visiti il nostro sito web/Internet www ...

Internetadresse *f inform* indirizzo *m* Internet.

Internetanbieter *m* provider *m*.

Internetanschluss (a.R. *Internetanschluß*) *m inform* collegamento *m* (a) Internet.

Internetauftritt *m* pagina *f* web.

Internetbanking *n* internet banking *m*.

Internetbenutzer *m* (**Internetbenutzerin** *f*) → **Internetnutzer**.

Internetcafé *n inform* internet café *m*.

Internetfirma *f* azienda *f* che vende in rete.

Internethandel *m* commercio *m* in Internet.

Internetknoten *m inform tel* punto *m* (di accesso) Internet, pop *m*.

Internetnutzer *m* (**Internetnutzerin** *f*) *inform* utente *mf*, user *mf*.

Internetportal *n inform* portale *m* Internet/web.

Internetprovider *m inform* provider *m*.

Internetseite *f inform* sito *m* Internet; (*eine einzelne Seite*) pagina *f* Internet.

Internetserver *m* web server *m*.

Internetsurfen *n inform* navigazione *f* in Internet/rete.

Internetsurfer *m* (**Internetsurferin** *f*) *inform* navigatore (-trice) *m* (*f*) in Internet/rete, cibernauta *mf*.

Internetteilnehmer *m* (**Internetteilnehmerin** *f*) utente *mf* (di) Internet.

Internetverbindung *f inform* collegamento *m*/connessione *f* a Internet.

Internetwerbung *f* pubblicità *f* ₍in Internet₎/[nel web].

Internetzugang *m inform* accesso *m* (a) Internet.

internieren <ohne ge-> *tr med mil* **jdn ~** internare qu.

Internierte <dekl wie adj> *mf med mil* internato (-a) *m* (*f*).

Internierung <-, -en> *f med mil* internamento *m*.

Internierungslager *n* campo *m* d'internamento.

Internist <-en, -en> *m* (**Internistin** *f*) *med* internista *mf*, specialista *mf* di medicina interna.

internistisch *adj* di medicina interna.

interparlamentarisch *adj pol* {Ausschuss} interparlamentare.

Interpellation <-, -en> *f parl* interpellanza *f*.

interpersonal *adj geh* interpersonale.

interplanetar, interplanetarisch *adj* interplanetario.

Interpol <-, ohne pl> *f* (*Abk von* Internationale Kriminalpolizeiliche Organisation) Interpol *f* (Organizzazione di polizia criminale internazionale).

Interpret <-en, -en> *m* (**Interpretin** *f*) *mus* interprete *mf*.

Interpretation <-, -en> *f* **1** *geh* (*Auslegung*) interpretazione *f*: **eine etwas freie ~**, un'interpretazione un po' libera; **verschiedene ~en zulassen**, dare adito a varie interpretazioni **2** *lit* {+Gedicht, Roman} interpretazione *f* **3** *mus* interpretazione *f*.

interpretierbar *adj* interpretabile.

interpretieren <ohne ge-> *tr* **1** *geh* (*auslegen*) **etw** (**als etw** *akk*/**irgendwie**) **~** {Bemerkungen als Beleidigung} interpretare qc (*come qc/+ compl di modo*): **etw frei ~**, interpretare liberamente/[in modo arbitrario] qc; **immer alles negativ ~**, interpretare sempre tutto male **2** *lit* **etw ~** interpretare qc **3** *mus* **etw** (**irgendwie**) **~** interpretare qc (*+ compl di modo*).

Interpretin *f* → **Interpret**.

interpunktieren <ohne ge-> *ling* A *itr* mettere/inserire la punteggiatura/l'interpunzione, interpungere B *tr* **etw ~** {Text} mettere/inserire la punteggiatura/l'interpunzione *in qc*.

Interpunktion *f gram* interpunzione *f*, punteggiatura *f*.

Interpunktionsregel *f ling* regola *f* di interpunzione/punteggiatura.

Interpunktionszeichen *n gram* segno *m* d'interpunzione.

Interrailkarte *f Eisenb* (tessera *f*) inter-rail *m*.

Interregio <-s, -s> *m Eisenb* (treno *m*) rapido *m*.

Interregnum <-s, *Interregnen oder Interregna*> *n pol bes. hist* interregno *m*.

interreligiös *adj* interreligioso.

Interrogativpronomen *n gram* pronome *m* interrogativo.

Interrogativsatz *m gram* (proposizione *f*/frase *f*) interrogativa *f*.

Intervall <-s, -e> *n* **1** *geh* (*zeitlicher Zwischenraum*) intervallo *m*: **in regelmäßigen ~en**, a intervalli regolari **2** *mus* intervallo *m*.

Intervallschaltung *f autom* {+Scheibenwischanlage} accensione *f* a intermittenza.

intervenieren <ohne ge-> *itr* **1** *geh* (*einschreiten*) (**bei jdm**) (**für jdn**) **~** intervenire/intercedere/adoperarsi (*presso qu*) (₍in favore di₎/[per qu]) **2** *pol* (*protestieren*) (**bei jdm**) (**gegen etw** *akk*) **~** protestare (ufficialmente) (*presso qu*) (*contro qc*) **3** *mil pol* (**irgendwo**) **~** intervenire (*+ compl di luogo*).

Intervention <-, -en> *f bes. pol* intervento *m*.

Interventionismus <-, ohne pl> *m pol* interventismo *m* statale.

Interview <-s, -s> *n* **~** (**mit jdm**) intervista *f* (*a*/*con qu*) **● jdm ein ~ geben/gewähren**, rilasciare/concedere un'intervista a qu; **ein ~** (**mit jdm**) **machen**, fare un'intervista (*a qu*).

interviewen <ohne ge-> *tr* **1** (*ein Interview machen*) **jdn** (**zu etw** *dat*) **~** {zu einem bestimmten Thema, Vorfall} intervistare qu (*su*/[in merito a] *qc*): **sich** (**von jdm**) **~ lassen**, farsi intervistare (da qu) **2** *fam scherz* (*befragen*) **jdn ~** interpellare *qu scherz*: **jdn ~, ob/wo/wann ...**, chiedere a qu se/dove/quando ...

Interviewer <-s, -> *m* (**Interviewerin** *f*) intervistatore (-trice) *m* (*f*).

Intifada <-, ohne pl> *f pol* intifada *f*.

intim *adj* **1** (*eng*) {Freund, Verhältnis} intimo **2** (*persönlich*) {Dinge, Fragen} intimo, personale: **eine ~e Feier**, una cerimonia intima **3** (*die Geschlechtsorgane betreffend*) {Körperpflege} intimo **4** (*sexuell*): **mit jdm ~ sein/werden** *euph*, **~e Beziehungen mit jdm haben** *euph*, avere rapporti intimi *euph*/sessuali con qu, essere in intimità con qu **5** *geh* (*sehr genau*) {Kenner, Kenntnis} profondo: **er ist ein ~er Kenner der New Yorker Kunstszene**, conosce molto bene l'ambiente artistico newyorkese **6** *geh* (*innerst*) {Gefühle, Wünsche} intimo **7** *geh* (*gemütlich*) {Atmosphäre, Lokal} intimo.

Intimbereich *m* parti *f pl* intime.

Intimfeind *m* (**Intimfeindin** *f*) *geh* nemico (-a) *m* (*f*) giurato (-a).

Intimhygiene <-, ohne pl> *f* igiene *f* intima.

Intimität <-, -en> *f* **1** <nur sing> (*Vertrautheit*) intimità *f* **2** (*sexuell*) (*Vertraulichkeiten*) cose *f pl* intime/personali **3** <nur pl> (*Zärtlichkeiten*) intimità *f pl*, effusioni *f pl*: **~en austauschen**, scambiarsi delle effusioni; (*sexuelle Handlungen*) rapporti *m pl* intimi *euph*/sessuali; **zwischen den beiden kam es zu ~en**, i/loro due arrivarono ad avere rapporti intimi.

Intimleben *n* vita *f* intima.

Intimpartner *m* (**Intimpartnerin** *f*) partner *mf* (sessuale).

Intimpflege *f* igiene *f* intima.

Intimsphäre *f* sfera *f* intima, privacy *f*.

Intimspray *m oder n* (deodorante *m*) spray *m* per l'igiene intima.

Intimus <-, *Intimi*> *m geh oft scherz* (amico *m*) intimo *m*.

Intimverkehr *m euph* rapporti *m pl* intimi *euph*: **~** (**mit jdm**) **haben**, avere dei rapporti intimi con qu.

Intimzone *f* → **Intimbereich**.

intolerant A *adj* ~ (**jdm gegenüber**/**gegen jdn**) intollerante (*verso*/[nei confronti di] *qu*) B *adv* in modo intollerante: **sich ~ verhalten**, ₍tenere un atteggiamento₎/[comportarsi da] intollerante.

Intoleranz *f* ~ (**jdm gegenüber**/**gegen jdn**) {Andersdenkenden, Ausländern gegenüber, gegen Andersdenkende, Ausländer} intolleranza *f* (*verso*/[nei confronti di] *qu*).

Intonation <-, -en> *f ling mus* intonazione *f*.

intonieren <ohne ge-> *tr mus* **etw ~** intonare qc.

Intoxikation <-, -en> *f med* intossicazione *f*.

intrakutan *adj med* intracutaneo.

intramolekular *adj chem* intramolecolare.

intramuskulär *adj med* {Spritze} intramuscolare.

Intranet <-s, ohne pl> *n inform* Intranet *m*.

intransitiv *gram* A *adj* {Verb} intransitivo B *adv* {gebrauchen} intransitivamente, in modo intransitivo.

intrauterin adj anat med intrauterino.
Intrauterinpessar n dispositivo m (anticoncezionale) intrauterino (**Abk** IUD), spirale f.
intravenös med **A** adj {INFUSION, SPRITZE} endovenoso, intravenoso rar: **jdm eine ~e Injektion verabreichen**, somministrare/fare un'endovena/un'iniezione a qu **B** adv {SPRITZEN} per via endovenosa.
intrigant adj geh intrigante.
Intrigant <-en, -en> m (**Intrigantin** f) intrigante mf, intrigone (-a) m (f) fam, maneggione (-a) m (f) fam.
Intrige <-, -n> f intrigo m, trama f, macchinazione f, maneggio m ● **~n spinnen** geh, ordire intrighi.
Intrigenspiel n intrighi m pl, macchinazioni f pl.
Intrigenwirtschaft <-, ohne pl> f fam pej intrallazzi m pl, pastette f pl.
intrigieren <ohne ge-> itr (**gegen jdn**) ~ intrigare (ai danni di qu), macchinare (contro qu), tramare (contro qu), brigare fam.
Introspektion <-, -en> f psych introspezione f.
introvertiert adj {PERSON} introverso.
Intubation <-, -en> f med intubazione f.
intubieren <ohne ge-> tr med jdn ~ intubare qu.
Intuition <-, -en> f **1** (Eingebung) intuizione f **2** (Gespür) intuito m, intuizione f ● **~ besitzen**, avere intuito; **sich auf seine ~ verlassen**, affidarsi al proprio intuito, andare a intuito fam.
intuitiv **A** adj intuitivo **B** adv {ERFASSEN, ERKENNEN} intuitivamente, per intuito.
intus adj: **etw ~ haben** fam (etw getrunken haben), essersi scolato qc fam, aver buttato giù qc fam; (sich etw eingeprägt haben) essersi fatto entrare qc in testa fam; (**ganz schön**) **einen ~ haben** fam, essere brillo fam/bevuto fam, aver alzato un po' (troppo) il gomito.
Inuit pl von Inuk.
Inuk <-s, Inuit> m inuit m.
invalid, invalide adj invalido.
Invalide <dekl wie adj> mf (**Invalidin** f) invalido (-a) m (f).
Invalidenrente f obs oder CH pensione f d'invalidità.
Invalidenversicherung f obs oder CH assicurazione f contro l'invalidità.
Invalidin f → **Invalide**.
Invalidität <-, ohne pl> f invalidità f.
invariabel <attr invariable(r, s)> adj invariabile; math costante.
Invasion <-, -en> f **1** mil invasione f **2** fam scherz (großer Andrang) ~ (**von jdm/etw**) {VON TOURISTEN} invasione (di qu/qc).
invasiv adj med invasivo.
Invasor <-s, -en> m (**Invasorin** f) <meist pl> geh invasore m, invaditrice f rar.
Inventar <-s, -e> n **1** (Gesamtvermögen) patrimonio m **2** (Verzeichnis) inventario m ● **das ~ aufnehmen/erstellen**, fare/compilare l'inventario; (**schon**) **zum ~ gehören** fam {MITARBEITER IN EINER FIRMA}, essere (ormai) un'istituzione fam, far parte del mobilio fam; **lebendes/totes ~ com**, scorte vive/morte.
inventarisieren <ohne ge-> tr etw ~ inventariare qc, fare/compilare l'inventario di qc.
Inventur <-, -en> f inventario m ● **wegen ~ geschlossen!**, chiuso per inventario!; **~ machen**, fare l'inventario.
Inventurverkauf m com liquidazione f, svendita f.
Inversion <-, -en> f **1** ling inversione f

2 chem inversione f **3** math inversione f.
Inversionswetterlage f meteo inversione f termica/[di temperatura].
invertiert adj (homosexuell) invertito.
Inverzugsetzung <-, -en> f jur costituzione f/messa f in mora.
investieren <ohne ge-> tr **1** ökon etw (**in etw** akk) ~ {GELD, KAPITAL IN EIN PROJEKT, UNTERNEHMEN} investire qc (in qc) **2** fam (hineinstecken) **etw** (**in jdn/etw**) ~ {GEFÜHLE IN EINE FREUNDSCHAFT, ZEIT IN EINE ARBEIT} investire qc (in/su qu/[in qc]).
investigativ adj geh investigativo.
Investition <-, -en> f **1** ökon investimento m: **~en fördern**, incoraggiare/promuovere gli investimenti; **eine ~ machen/vornehmen/tätigen**, effettuare/fare un investimento **2** (Anschaffung) investimento m: **das neue Auto war eine gute ~**, la nuova macchina è stata un buon investimento.
Investitionsanreiz m ökon incentivo m ₍agli investimenti₎/[a investire].
Investitionsgut n <meist pl> ökon bene m d'investimento.
Investitionshilfe f ökon ₍contributi m pl per gli₎/[aiuti m pl agli] investimenti.
Investitionskapital n ökon capitale m di investimento.
Investitionskosten subst <nur pl> ökon spese f pl di investimento.
Investitionskredit m ökon credito m di investimento.
Investitionsmittel subst <nur pl> ökon finanziamenti m pl/risorse f pl/fondi m pl (per investimenti).
Investitionsprogramm n ökon programma m di investimento.
Investitur <-, -en> f **1** (Amtseinsetzung) investitura f **2** hist (im Mittelalter) investitura f.
Investiturstreit <-(e)s, ohne pl> m hist lotta f per le investiture.
Investivlohn m industr risparmio m salariale.
Investment <-s, -s> n ökon investimento m.
Investmentbank f banca f d'investimento, investment bank f.
Investmentberater m (**Investmentberaterin** f) consulente mf per gli investimenti.
Investmentfonds m bank fondo m d'investimento.
Investmentgesellschaft f bank società f d'investimento.
Investmentzertifikat n bank certificato m di partecipazione (a un fondo di investimento).
Investor <-s, -en> m (**Investorin** f) ökon investitore (-trice) m (f).
in vitro adv med in vitro.
In-vitro-Fertilisation <-, -en> f med fecondazione f in vitro/provetta.
Involution <-, -en> f med involuzione f.
involvieren <ohne ge-> tr jdn in etw (akk) ~ coinvolgere qu in qc.
inwendig **A** adj interno **B** adv dentro, all'interno, internamente ● **jdn/etw in- und auswendig kennen** fam {ORT, PERSON}, conoscere qu/qc come le proprie tasche fam; {BUCH, VORSCHRIFTEN}, conoscere a menadito qc fam.
inwiefern **A** adv in che senso/modo/misura: **~ unterscheiden sich diese beiden Lösungen?**, in che senso/modo si differenziano queste due soluzioni? **B** konj in che senso: **es muss geklärt werden, ~ er schuldig ist**, bisogna chiarire in che misura è col-

pevole.
inwieweit **A** adv fino a che punto, in che misura: **~ ist er in diese Sache verwickelt?**, ₍fino a che punto₎/[in che misura] è coinvolto in questa faccenda? **B** konj fino a che punto, in che misura: **man muss feststellen, ~ diese Kriterien erfüllt werden**, bisogna verificare in che misura vengono soddisfatti questi criteri.
Inzahlungnahme <-, -n> f com: **bei Kauf eines neuen Modells garantieren wir die ~ Ihres Gebrauchtwagens**, per l'acquisto del nuovo modello garantiamo una buona valutazione del vostro usato.
Inzest <-(e)s, -e> m geh incesto m.
inzestuös adj {BEZIEHUNG} incestuoso.
Inzucht f (bei Menschen und Tieren) riproduzione f fra consanguinei.
inzwischen adv **1** (währenddessen) intanto, frattanto, nel frattempo **2** (mittlerweile) nel frattempo: **damals war sie noch klein, aber ~ ist sie 20 Jahre alt**, allora era ancora una bambina, ma ora/oggi ha 20 anni; **~ hat sich so einiges ereignet**, ₍da allora₎/[nel frattempo] sono accadute diverse cose **3** (bis dahin) nel frattempo.
IOK <-(s), ohne pl> n **Abk** von Internationales Olympisches Komitee: C.I.O. m (**Abk** von Comitato Internazionale Olimpico).
Ion <-s, -en> n chem phys ione m.
Ionenstrahl m <meist pl> fascio m ionico.
Ionisation <-, -en> f chem phys ionizzazione f.
ionisch adj arch {KAPITELL, SÄULE} ionico.
ionisieren <ohne ge-> tr chem phys ionizzare qc.
Ionosphäre <-, ohne pl> f meteo ionosfera f.
IP <-s, -s> n **Abk** von engl Internet Protocol (Internet-Protokoll): IP.
IP-Adresse <-, -n> f inform indirizzo m IP.
iPod® <-(s), -s> m iPod® m.
i-Punkt m puntino m sulla i ● **bis auf den i-Punkt**, fin nei minimi particolari.
IQ <-(s), -(s)> m **Abk** von Intelligenzquotient: QI m (**Abk** von Quoziente d'intelligenza).
i. R. **Abk** von im Ruhestand: a riposo.
IRA <-, ohne pl> f **Abk** von Irisch-Republikanische Armee: IRA f (**Abk** von Irish Republican Army).
Irak <-s, ohne pl> m geog: **der ~**, l'Iraq, l'Irak; **im ~ wohnen/leben**, vivere/abitare in Iraq.
Iraker <-s, -> m (**Irakerin** f) iracheno (-a) m (f), irakeno (-a) m (f).
irakisch adj iracheno, irakeno.
Iran <-s, ohne pl> m geog: **der ~**, l'Iran **im ~ wohnen/leben**, abitare/vivere in Iran.
Iraner <-s, -> m (**Iranerin** f) iraniano (-a) m (f).
iranisch adj iraniano.
irden adj obs {TOPF} di/in terracotta/terra: **~es Geschirr**, terraglia, stoviglie di terracotta.
irdisch adj {FREUDEN, GLÜCK, GÜTER, LEBEN} terreno, di questo mondo.
Ire <-n, -n> m (**Irin** f) irlandese mf.
Irene f (Vorname) Irene.
irgend adv: **wenn ~ möglich, wenn es ~ geht**, se ₍mai è₎/[fosse] possibile; **so gut es ~ geht**, il meglio possibile; **ich helfe dir, solange ich ~ kann**, ti aiuterò finché mi sarà possibile ● **~ etwas** a.R. von irgendetwas → **irgendetwas**; **~ jemand** a.R. von irgendjemand → **irgendjemand**; **~ ein(e) ...**: **ein Typ hat so ein Typ nach dir gefragt**, un tale ha chiesto di te; **~ so (et)was**, qualcosa del genere; **er studiert Wirtschaftswissenschaften oder ~ so (et)was**, studia scienze economiche o qualcosa/roba fam del genere.

irgendein indef pron (adjektivisch) uno (-a) qu/qualunque/qualsiasi, un/una qualche: **wenn Sie ~ Problem haben ...**, se ha qualche/qualunque problema ...; **hast du ~e Idee, wie wir das machen könnten?**, hai (una) qualche idea di come potremmo fare?

irgendeiner, irgendeine, irgendeines indef pron (substantivisch) (qualc)uno (-a), uno (-a) qualunque/qualsiasi: **hier sind ein paar Kleider, such dir irgendeins aus!**, eccoti alcuni vestiti, scegline uno (qualunque/qualsiasi)!; **irgendeiner von meinen Kollegen hat diesen Vorschlag gemacht**, qualcuno tra i ˌ/ˌuno dei miei colleghi ha fatto questa proposta.

irgendeinmal adv una volta o l'altra: **besuchen Sie mich doch ~!**, mi venga a trovare qualche volta!

irgendetwas indef pron qualcosa, qualunque/qualsiasi cosa: **ist ~ passiert?**, è successo qualcosa?; **was kann ich zu trinken mitbringen? – Irgendetwas**, cosa posso portare da bere? – Qualunque/qualsiasi cosa.

irgendjemand indef pron (qualc)uno, uno/qualunque/qualsiasi: **hat ~ angerufen?**, ha chiamato qualcuno?; **er muss ~(en) finden, der ihm bei der Arbeit hilft**, deve trovare qualcuno che lo aiuti nel lavoro.

irgendwann adv prima o poi, un giorno (o l'altro), uno di questi giorni: **~ werde ich dir die ganze Geschichte mal erzählen!**, prima o poi ˌ/ˌ[un giorno (o l'altro)] ti racconterò tutta la storia!

irgendwas indef pron fam → **irgendetwas**.

irgendwelcher, irgendwelche, irgendwelches indef pron <meist pl> qualche + sing: **er erzählt immer irgendwelche komischen Geschichten**, racconta sempre delle strane storie, ha sempre qualche storia strana da raccontare.

irgendwer indef pron fam → **irgendjemand**.

irgendwie adv **1** (wie auch immer) in qualche modo, in un modo o nell'altro **2** (in irgendeiner Weise) in un certo senso, in (un) certo qual modo geh: **~ fühle ich mich für den Unfall verantwortlich**, in un certo senso mi sento responsabile dell'incidente; **Sie kommen mir ~ bekannt vor**, mi sembra di conoscerLa ˌ; **das geht schon ~**, in ˌun modo o nell'altro ˌ/ˌ[qualche modo] faremo.

irgendwo adv **1** (wo auch immer) da qualche parte, in qualche posto **2** fam (in gewissem Sinne): **die hat doch ~ einen Knall!** fam, è un po' fuori di testa! fam.

irgendwoher adv da qualche parte: **ich kenne Sie doch ~**, ma non ci siamo già incontrati (-e)/conosciuti (-e) da qualche parte?

irgendwohin adv da qualche parte, in qualche posto: **wir würden gerne ~ ans Meer fahren**, ci piacerebbe andare in qualche posto al mare.

Iriden, Irides pl von Iris①.

Iridium <-s, ohne pl> n chem iridio m.

Irin f → **Ire**.

Iris① <-, -oder Iriden oder Irides> f anat opt iride f.

Iris② <-, -> f bot iris f, giaggiolo m.

Iris③ f (Vorname) Iride, Iris.

irisch adj irlandese ● **auf Irisch**, in irlandese.

Irisch-Republikanische Armee <-n -, ohne pl> f pol (Abk IRA) IRA f.

Irish Coffee <-, -s-> m gastr Irish coffee m.

IRK <-(s), ohne pl> n Abk von Internationales Rotes Kreuz: Croce Rossa Internazionale.

Irland n geog Irlanda f.

irländisch adj irlandese.

Ironie <-, ohne pl> f ironia f: **mit feiner/leiser ~**, con sottile/[una vena di] ironia ● **(eine) ~ des Schicksals**, ironia ˌdella sorte ˌ/ [del destino].

ironisch A adj ironico B adv {LÄCHELN} ironicamente, in modo ironico, con ironia: **das war ~ gemeint!**, era in senso ironico!

ironisieren <ohne ge-> tr etw ~ ironizzare qc.

irr adj → **irre**.

Irradiation <-, -en> f med phys irradiazione f.

irrational geh A adj irrazionale B adv {HANDELN} in modo irrazionale, irrazionalmente.

Irrationalität <-, ohne pl> f geh irrazionalità f.

irre A adj **1** (verrückt) folle, pazzo, matto, demente, insano geh **2** (wirr) {BLICK} smarrito: **~s Zeug reden** fam, dire cose demenziali fam, farneticare, vaneggiare **3** slang (sehr slang) allucinante fam, pazzesco fam, terribile fam: **~ Angst/Lust haben**, avere una ˌpaura folle fam ˌ/[voglia matta fam] **4** slang (toll) fantastico fam, favoloso fam: **ein ~r Typ** slang, un tipo eccezionale fam, un mito slang B adv slang (sehr): **das Buch ist ~ interessant**, quel libro ti prende da morire fam; **das Auto gefällt mir ~ gut!**, questa macchina mi piace da matti! fam ● **das macht mich noch ganz ~!** fam, mi farà ˌdiventare matto (-a) ˌ/[impazzire]/[andare fuori di testa]! fam; **wie ~ fam** {RASEN}, da matti fam, come un pazzo fam/folle fam/matto fam/forsennato fam.

Irre① <-, ohne pl> f: **jdn in die ~ führen**, fuorviare qu, mettere qu fuori strada, depistare qu; (täuschen) ingannare qu, trarre qu in inganno; **in die ~ gehen**, smarrirsi, perdersi.

Irre② <dekl wie adj> mf pazzo (-a) m (f), folle mf, matto (-a) m (f), demente mf, squilibrato (-a) m (f) ● **armer ~!** fam, povero matto fam/stupido! fam, poveraccio! fam; **wie ein ~r Typ fam**, come un pazzo fam/folle fam/matto fam.

irreal adj geh irreale.

Irrealität f geh irrealtà f.

irre|führen tr jdn ~ fuorviare qu, mettere qu fuori strada, depistare qu, disorientare qu; (täuschen) trarre in inganno qu.

irreführend adj fuorviante; (täuschend) ingannevole, che trae in inganno, fallace geh: **~e Werbung**, pubblicità ingannevole.

Irreführung f depistaggio m.

irre|gehen <irr> itr <sein> **geh in/mit etw (dat) ~** errare (in qc), sbagliarsi (in qc).

irregulär adj geh irregolare.

Irregularität <-, -en> f irregolarità f.

irre|leiten tr geh jdn ~ **1** (in die falsche Richtung leiten) fuorviare qu, mettere fuori strada qu, depistare qu **2** (zu falschem Tun verleiten) {FALSCHES VORBILD JUGENDLICHE} traviare qu, mettere qu sulla cattiva strada.

irrelevant adj {ÄUßERUNG, UNTERSCHIED} irrilevante; {DETAIL} auch trascurabile, insignificante; (für etw akk) **~ sein**, essere irrilevante (ˌai fini di ˌ/[per] qc).

Irrelevanz <-, ohne pl> f irrilevanza f.

irre|machen tr ~ disorientare qu, confondere (le idee a) qu: **sich ˌvon jdm ˌ/ [durch jdn] nicht ~ lassen**, non lasciarsi confondere da qu.

irren① itr <sein> (umher~) **irgendwohin ~** vagare/errare + compl di luogo: **durch die Stadt ~**, vagare per la città.

irren② <haben> A itr geh (sich täuschen) errare, sbagliare B rfl sich (mit/in etw dat) **~ sbagliare** (qc), errare geh, ingannarsi geh: **sich gewaltig/schwer ~** fam, prendere un granchio fam/una cantonata fam, sbagliarsi di grosso fam; **ich habe mich im Datum/ Tag geirrt**, ho sbagliato data/giorno; **in diesem Punkt ~ Sie sich**, su questo punto sbaglia; **sich in jdm ~** sbagliarsi/ingannarsi sul conto di qu; **ich habe mich gründlich in ihm geirrt**, mi sono sbagliato (-a) di grosso sul suo conto ● **wenn ich mich nicht irre**, se non erro/[vado errato (-a)]/[(mi) sbaglio]; **Irren ist menschlich** prov, errare è umano prov.

Irrenanstalt f obs → **Irrenhaus**.

Irrenhaus n obs manicomio m ● **ich bin (bald) reif fürs ~** fam, se continua così, finisco al manicomio; **hier geht's (ja) zu wie im ~!** fam scherz, (questo) è un manicomio! fam scherz, (questa) è una gabbia di matti! fam scherz.

irrenhausreif adj fam da rinchiudere (in manicomio) fam, da camicia di forza fam.

irreparabel <attr irreparable(r, s)> geh A adj {SCHADEN} irreparabile, irrimediabile. B adv irreparabilmemte, irrimediabilmente, in modo irreparabile/irrimediabile.

irreversibel <attr irreversible(r, s)> A adj {PROZESS, VORGANG} irreversibile. B adv in modo/maniera irreversibile.

irre|werden, irr|werden <irr> itr <sein> **an jdm/etw ~** perdere la fiducia in qu/qc.

Irrfahrt f odissea f, peregrinazione f lit: **die ~en des Odysseus** lit myth, le peregrinazioni di Ulisse.

Irrgarten m labirinto m, dedalo m.

Irrglauben m, **Irrglaube** m (irrige Ansicht) convinzione f erronea, idea f errata.

irrig adj geh {ANNAHME, ANSICHT, AUFFASSUNG, MEINUNG, ÜBERZEUGUNG} erroneo, errato, sbagliato.

irrigerweise adv geh erroneamente.

Irritation <-, -en> f **1** (Gereiztheit) irritazione f **2** (Verunsichertsein) confusione f, disorientamento m.

irritieren <ohne ge-> tr jdn ~ **1** (verwirren) far confondere qu, confondere (le idee a) qu, disorientare qu **2** geh (reizen) irritare qu, indisporre qu, dar fastidio a qu, innervosire qu.

Irrläufer m (falsch ausgelieferte Sendung) disguido m (postale).

Irrlehre f relig eresia f.

Irrlicht n fuoco m fatuo.

Irrsinn <-s, ohne pl> m **1** med obs follia f, pazzia f, demenza f, insania f geh **2** fam (Unsinn) follia f fam, pazzia f fam: **das ist der rein(st)e ~!**, (questa) è pura follia!

irrsinnig A adj **1** med obs folle, pazzo, demente **2** fam (wirr) {DURCHEINANDER} pazzesco; {IDEE} auch folle fam, demente fam, demenziale fam, assurdo: **~ werden**, diventare pazzo (-a)/matto (-a), impazzire, ammattire; **das kann einen ~ machen!**, c'è da ˌdiventar(e) matti ˌ/[impazzire]! fam **3** fam (stark) {HITZE, SCHMERZEN} pazzesco, allucinante fam, terribile, tremendo; {ANGST} auch matto, folle B adv fam (sehr): **es ist ~ kalt/heiß**, fa un freddo/caldo pazzesco; **ich freue mich ~**, mi fa un sacco piacere fam; **der neue Film von Spielberg gefällt mir ~ gut**, il nuovo film di Spielberg mi piace da matti fam/impazzire fam; **das tut ~ weh**, fa un male pazzesco/cane fam ● **wie ~ fam** {BRÜLLEN, TOBEN}, come un matto/folle/forsennato; **wie ein Irrsinniger/eine Irrsinnige fam** {SCHUFTEN}, come un ˌmatto/una matta ˌ/[un dan-

nato/una dannata *fam*].
Irrtum <-s, *Irrtümer*> m errore m, sbaglio m: ₁Sie sind₁/[da sind Sie] im ~, Lei si sbaglia; **das war ein ~ von mir**, mi sono sbagliato (-a); **es ist ein ~ zu glauben, dass ...**, è un errore credere che ... ● **~!** *fam*, ti sbagli!; **jdn über einen ~ aufklären**, disingannare qu; **sich im ~ befinden, im ~ sein**, essere in errore; **einem ~ erliegen/verfallen**, cadere/ [essere tratto] in errore; **schwer im ~ sein** *fam*, sbagliarsi di grosso *fam*; **~ vorbehalten!** *com*, salvo errore!
irrtümlich **A** adj {ANNAHME, MEINUNG} erroneo, errato **B** adv {ANNEHMEN, DER ÜBERZEUGUNG SEIN} erroneamente: **ich habe die Suppe ~ zweimal gesalzen**, per errore ho salato la minestra due volte.
irrtümlicherweise adv *form* erroneamente.
Irrung <-, *-en*> f *lit*: **nach vielen ~en und Wirrungen**, dopo ₁molte traversie₁/[alterne vicende].
Irrweg m strada f/via f sbagliata: **einen ~ einschlagen**, prendere una via/strada sbagliata.
Irrwisch m **1** → **Irrlicht 2** (*unruhiger, unsteter Mensch*) demonio m; (*lebhaftes Kind*) piccola peste f.
Irrwitz <-(e)s, *ohne pl*> m follia f, pazzia f.
irrwitzig adj folle, pazzo.
Isabel, Isabella f (*Vorname*) Isabella.
ISBN <-, -s> f **1** *Verlag* Abk *von* Internationale Standardbuchnummer: ISBN m (*Abk von engl* International Standard Book Number, *codifica standard internazionale per libri*) **2** *inform* Abk *von engl* International Standard Business Network: ISBN.
Ischia <-s, *ohne pl*> n *geog* Ischia f: **wir waren im Urlaub auf ~**, siamo stati (-e) in vacanza a Ischia.
Ischias <-, *ohne pl*> m *oder* n *oder fachspr* f *med* **1** sciatica f, ischialgia f *wiss* **2** → **Ischiasnerv** ● **~ haben**, avere la sciatica.
Ischiasnerv m *anat* nervo m sciatico.
ISDN <-, *ohne pl*> n *inform tel* Abk *von* Integrated Services Digital Network: ISDN f (*rete digitale integrata nei servizi*).
ISDN-Anschluss (a.R. ISDN-Anschluß) m *inform tel* collegamento m ISDN.
ISDN-Karte f *inform tel* scheda f ISDN.
ISDN-Leitung f *inform tel* linea f ISDN.
ISDN-Netz n *inform tel* rete f ISDN.
Isegrim <-s, -e> m *lit* (mastro m) lupo m.
Islam <-s, *ohne pl*> m *relig*: **der ~**, l'islam(ismo).
islamisch adj islamico.
islamisieren <*ohne ge*-> tr *jdn*/*etw* ~ islamizzare *qu*/*qc*.
Islamisierung <-, *-en*> f islamizzazione f.
Islamismus <-, *ohne pl*> m *relig* islamismo m.
Islamist <-*en*, *-en*> m (**Islamistin** f) **1** *relig* (*überzeugter Anhänger des Islam*) islamico (-a) m (f); *bes. journ* (*radikaler Anhänger des Islam*) islamista mf **2** (*Wissenschaftler*) islamista mf.
Island n *geog* Islanda f.

Isländer <-s, -> m (**Isländerin** f) islandese mf.
isländisch adj islandese ● **auf Isländisch**, in islandese.
ISO <-, *ohne pl*> f Abk *von engl* International Standardizing Organization (*internationale Normierungsorganisation*): ISO f (*Organizzazione internazionale di standardizzazione*).
Isobare <-, *-n*> f *meteo* isobara f.
Isoglas n → **Isolierglas**.
Isolation <-, *-en*> f **1** (*Vereinsamung*) isolamento m, solitudine f: **in völliger ~ leben**, vivere in totale isolamento **2** *jur* med isolamento m **3** *tech* isolamento m, coibentazione f.
Isolationismus <-, *ohne pl*> m *pol* isolazionismo m.
Isolationshaft f *jur* segregazione f cellulare, isolamento m.
Isolator <-s, *-en*> m **1** *el* isolatore m **2** *phys* isolante m, coibente m.
Isolde f (*Vorname*) Isotta, Isolda.
Isolierband <-(e)s, *Isolierbänder*> n nastro m isolante.
isolieren <*ohne ge*-> **A** tr **1** *tech etw* (*gegen etw* akk) ~ {FENSTER, LEITUNG, RAUM GEGEN KÄLTE, NÄSSE} isolare *qc* (*da qc*), coibentare *qc* (*da qc*) **2** (*jdn absondern*) **jdn** (**von jdm**/**etw**) ~ {HÄFTLING, VIRUSTRÄGER} isolare *qu* (*da qu*/*qc*) **3** *biol chem etw* ~ {VIRUS} isolare *qc* **B** rfl (*sich absondern*) **sich** (**von jdm**/**etw**) ~ isolarsi (*da qu*/*qc*).
Isolierglas n vetro m isolante.
Isolierkanne f thermos m.
Isoliermaterial n materiale m isolante/coibente.
Isolierschicht f *tech* strato m isolante.
Isolierstation f *med* reparto m di isolamento.
Isolierstoff m (sostanza f/materiale m) isolante m.
isoliert **A** adj isolato **B** adv **1** (*allein*) {LEBEN} isolato (-a), appartato (-a), isolatamente; {WOHNEN} in un posto isolato **2** (*getrennt*) isolatamente, singolarmente.
Isoliertheit <-, *ohne pl*> f isolamento m.
Isolierung <-, *-en*> f → **Isolation**.
isolierverglast adj in/di vetro isolante.
Isomatte f materassino m isolante.
isotonisch adj *chem* isotonico.
Isotop <-s, -e> n *chem* isotopo m.
Israel <-s, *ohne pl*> n *geog* Israele m: **in ~**, in Israele.
Israeli <-(s), -(s)> m *oder* <-, -(s)> f, (**Israelin** f) israeliano (-a) m (f).
israelisch adj israeliano.
Israelit <-*en*, *-en*> m (**Israelitin** f) israelita mf.
israelitisch adj israelitico, israelita.
iss (a.R. iß) imper sing *von* essen.
isst (a.R. ißt) 3. pers sing präs *von* essen.
ist 3. pers sing präs *von* sein.
Istanbul <-s, *ohne pl*> n *geog* Istanbul f.
Istbestand, Ist-Bestand m *com* (*an Wa-*

ren) giacenze f pl di magazzino; (*in der Kasse*) giacenze f pl di cassa.
Isthmus <-, *Isthmen*> m istmo m.
Istrien <-s, *ohne pl*> n *geog* Istria f.
Iststärke, Ist-Stärke f *mil* effettivo m.
Istwert, Ist-Wert m valore m effettivo.
Italianist <-*en*, *-en*> m (**Italianistin** f) italianista mf.
Italianistik f italianistica f.
Italianistin f → **Italianist**.
italianistisch adj {STUDIEN} di italianistica.
Italien <-s, *ohne pl*> n *geog* (Abk I) Italia f (Abk I).
Italiener <-s, -> m (**Italienerin** f) italiano (-a) m (f): **gehen wir heute Abend zum ~ essen?** *fam*, andiamo al ristorante italiano stasera?
Italienfreund m (**Italienfreundin** f) italofilo (-a) m (f), amante mf dell'Italia.
italienisch **A** adj italiano: **die ~e Sprache**, la lingua italiana, l'italiano; **ein ~es Wörterbuch**, un vocabolario/dizionario d'italiano; **ein ~er Text**, un testo in italiano **B** adv: **sprechen wir ~?**, parliamo (in) italiano?; **~ essen gehen**, andare al ristorante italiano; **heute Abend kochen wir ~**, stasera facciamo una cena italiana; **etw ~ singen**, cantare qc in italiano.
Italienisch <-(*s*), *ohne pl*> n italiano m, lingua f italiana: **~ lernen/unterrichten/verstehen**, studiare/insegnare/capire l'italiano; **sie studiert ~ an der Uni**, studia/fa *fam* italiano all'università; **kannst du ~?**, sai l'italiano?; **wie heißt das auf ~?**, come si dice in italiano?; **~ ist schwer**, l'italiano è (una lingua) difficile; **er hat in ~ eine Zwei**, ha otto in italiano; → *auch* **Deutsch**.
Italienische <*dekl wie adj*> n italiano m, lingua f italiana: **die Schwierigkeiten des ~n**, le difficoltà ₁dell'italiano₁/[della lingua italiana]; **einen Roman vom Deutschen ins ~ übersetzen**, tradurre un romanzo dal tedesco in italiano; → *auch* **Deutsche**②.
Italienreise f viaggio m in Italia.
Italoamerikaner m (**Italoamerikanerin** f) italoamericano (-a) m (f).
italoamerikanisch adj italoamericano.
Italowestern m spaghetti-western m, western m all'italiana.
IT-Branche f settore m IT.
i. Tr. Abk *von* in Trockenmasse: → **Trockenmasse**.
I-Tüpfelchen <-s, -> n *fam* puntino m sulla i ● **bis aufs I-Tüpfelchen** *fam*, fino all'ultima virgola *fam*.
i. V. **1** Abk *von* in Vertretung: p/c (Abk *von* per conto) **2** Abk *von* in Vollmacht: p.p. (Abk *von* per procura).
Iwan <-s, -s> m **1** (*Vorname*) Ivano, Ivan **2** *iron* (*russischer Soldat*) soldato m russo **3** <*meist sing*> *pej* (*Russen*) russi m pl.
IWF <-, *ohne pl*> m *bank* Abk *von* Internationaler Währungsfonds: FMI m (Abk *von* Fondo Monetario Internazionale).

J, j

J① **, j** <-, - oder fam -s> n J, j f ● **J wie Julius**, j/[i lunga] come jersey; → auch **A, a**.

J② Abk von Joule: J (Abk von joule).

ja partik **1** (zustimmend) sì: **kommst du mit ins Kino? – Ja, gern**, vieni al cinema? – Sì, volentieri; **ich glaube/hoffe ja**, credo/spero di sì; **möchten Sie noch eine Tasse Kaffee? – Ja, bitte!**, gradisce/vuole un'altra tazza di caffè? – Sì, grazie! **2** (fragend: wirklich?) ah sì?, davvero? **3** (als Empfehlung o. Warnung: bloß): **glaube ja nicht, dass ...**, non credere che ...; **sage ja nicht, dass ...**, e non dire che ...; **tu das ja nicht, das ist gefährlich!**, non farlo assolutamente, è pericoloso!; **komm ja pünktlich!**, vieni puntuale, mi raccomando! **4** (wirklich) proprio, davvero: **du bist ja vielleicht eine Nummer!**, sei proprio una sagoma! **5** (zwar) anche, pur: **das kann ja gut sein, aber ...**, ⌈sarà anche vero⌋/[può anche essere], ma ... **6** (als Steigerung): **ja (sogar)**, anzi; **das Essen war gut, ja sogar ausgezeichnet**, il mangiare era buono, anzi squisito/eccellente! **7** (doch) bene: **Sie wissen ja, dass ...**, (Lei) sa bene che ...; **ich habe es dir ja gesagt**, te l'avevo detto io **8** (verstärkend): **da bist du ja!**, eccoti qua!; **ich komme ja schon!**, vengo, vengo!; **das ist ja eine schöne Geschichte!** iron, bell'affare!; **du weißt ja, wie sie ist**, sai (bene) com'è **9** (sich vergewissernd) vero?, no?: **dann ist also alles klar, ja?**, allora è tutto chiaro, vero/no? **10** (satzeinleitend, bes. um Zeit zu gewinnen) allora, beh, ecco: **ja, ich wollte sagen ...**, allora, volevo dire ... ● **ja (, bitte)?** tel, (sì,) pronto?; **ja, ja!, jaja**, (also gut!), e va bene!; **ach, ja!, ah, sì!**; **aber ja! fam**, ma doch!, aber ja doch!, ma sì/certo!; **ja, bitte!** (herein!), avanti!, prego!; **ja, bitte?**, (sì,) prego? (mi) dica (pure); **na ja! fam**: na ja, ich bin (mir) da nicht so sicher (zweifelnd), ⌈insomma,⌋ [sarà, ma] non sono mica tanto sicuro (-a); **na ja, dann machen wir das eben so** (resignierend), va be', allora facciamo così; **nun ja**, va be' (allora); **oh ja!** (ja, gern), oh sì!; **(bestätigend)**, certamente!; **ja und?!**, ebbene?, e allora? embè? fam; **wenn ja**, in caso affermativo, se sì.

Ja <-(s), -(s)> n Ja ● **mit Ja antworten**, rispondere affermativamente/[di sì]/[con un sì]; **Ja sagen**, dire di sì; **zu allem Ja und Amen sagen fam**, acconsentire a tutto; **zu etw Ja sagen**, acconsentire a qc, dare il proprio consenso a qc; **mit Ja stimmen**, votare sì/[a favore].

Jacht <-, -en> f yacht m, panfilo m.

Jachtclub m → **Jachtklub**.

Jachthafen m porto m turistico.

Jachtklub m yacht club m, circolo m nautico.

Jäckchen <-s, -> n dim von Jacke giacchina f, giacchettino m.

Jacke <-, -n> f (Herrenjacke) giacca f (da uomo); (Damenjacke, Kostümjacke) giacca f (da donna); (kurz und sportlich) giubbotto m; (lang und winterlich) giaccone m; (Strickjacke: mit V-Ausschnitt) cardigan m; (mit rundem Ausschnitt) golf(ino) m ● **das ist ~ wie Hose** fam, è/fa lo stesso fam, una cosa vale l'altra.

Jackenkleid n completo m da donna (abito e giacca).

Jackentasche f tasca f della giacca.

Jacketkrone f med capsula f/corona f dentaria.

Jackett <-(e)s, -s oder rar -e> n giacca f (da uomo).

Jade <-(s), ohne pl> m oder <-, ohne pl> f giada f.

Jagd <-, -en> f **1** (das Jagen) ~ (auf etw akk) {AUF EIN TIER, AUF WILD} caccia f (a qc) **2** (~ revier) riserva f di caccia **3** (Verfolgung) ~ **auf jdn** caccia f a qu, inseguimento m di qu **4** (hektische Suche) ~ **nach etw** (dat) {NACH ERFOLG, GELD} caccia f a qc, corsa f a qc ● ⌊auf die⌋/[zur] ~ **gehen**, andare a caccia; **hohe/niedere ~**, caccia grossa/minuta; **auf jdn/etw ~ machen** (verfolgen), dare la caccia a qu/qc; (hektisch suchen), andare alla caccia di qu/qc.

Jagdaufseher m guard(i)acaccia m.

Jagdbeute f cacciagione f.

Jagdbomber m mil cacciabombardiere m.

Jagdflieger m (Jagdfliegerin f) mil pilota mf da caccia, top gun mf.

Jagdflinte f fucile m da caccia.

Jagdflugzeug n mil (aereo m da) caccia m.

Jagdgebiet n zona f di caccia.

Jagdgewehr n fucile m da caccia.

Jagdgründe subst <nur pl>: **in die ewigen ~ eingehen** fam scherz oder euph, passare a miglior vita euph, andare all'altro mondo fam.

Jagdhorn n corno m da caccia.

Jagdhund m cane m da caccia.

Jagdhütte f capanno m.

Jagdpartie f battuta f/partita f di caccia.

Jagdrevier n riserva f di caccia.

Jagdsaison f stagione f⌊della caccia⌋/[venatoria], periodo m della caccia.

Jagdschein m licenza f di caccia.

Jagdschloss (a.R. Jagdschloß) n castello m/casino m di caccia.

Jagdspringen n Reitsport salto m a ostacoli.

Jagdtasche f carniere m.

Jagdtrophäe f trofeo m di caccia.

Jagdverbot n divieto m di caccia.

Jagdzeit f stagione f⌊della caccia⌋/[venatoria], periodo m della caccia.

jagen A tr <haben> **1** etw ~ {WILD} cacciare qc **2** (verfolgen) **jdn** ~ dare la caccia a qu, inseguire qu, incalzare qu geh **3** fam (treiben) **jdn/etw irgendwohin** ~ {DEN BALL INS NETZ} scaraventare fam/spedire fam qc + compl di luogo: **jdn aus dem Haus ~**, (s)cacciare qu di casa, sbattere qu fuori di casa **4** fam (stoßen) **jdm etw ~ in etw** (akk) {SPRITZE IN DEN HINTERN} cacciare fam/(con)ficcare a qu qc in qc; {MESSER IN DIE BRUST} auch piantare fam a qu qc in qc **5** (rasch aufeinander folgen): **ein Ereignis jagt das andere**, gli avvenimenti si susseguono ⌊senza tregua⌋/[a ritmo incalzante] B itr **1** <haben> (auf die Jagd gehen) andare a caccia, cacciare **2** <haben> (fieberhaft streben) **nach etw** (dat) ~ {NACH ERFOLG, RUHM} andare a caccia di qc, correr dietro a qc **3** <sein> fam (rasen) **irgendwohin** ~ {ÜBER DIE AUTOBAHN, DURCHS HAUS} sfrecciare fam + compl di luogo: **sie jagte ins Krankenhaus**, si catapultò fam/fiondò slang/precipitò in ospedale ● **damit kannst du mich ~!** fam, mi fa schifo! fam

Jäger① <-s, -> m slang mil → **Jagdflugzeug**.

Jäger② <-s, -> m (**Jägerin** f) cacciatore (-trice) m (f).

Jägerart f: **auf/nach ~** gastr, alla cacciatora.

Jägerei <-, ohne pl> f (esercizio m della) caccia f.

Jägerin f → **Jäger**②.

Jägerlatein n scherz fanfaronata f, millanteria f, gradassata f, guasconata f.

Jägerschnitzel n gastr scaloppina f ai funghi.

Jägersprache f linguaggio m venatorio.

Jägerzaun m staccionato m, steccato m.

Jaguar <-s, -e> m zoo giaguaro m.

jäh A adj **1** (steil) {ABGRUND} ripido, erto, scosceso **2** (plötzlich) {ENDE} improvviso, repentino; {TOD} auch fulmineo; {BEWEGUNG} brusco, improvviso B adv **1** (mit plötzlicher Heftigkeit) bruscamente, repentinamente **2** (steil): **jäh abfallen**, scendere a picco.

jählings adv obs → **jäh** B.

Jahr <-(e)s, -e> n anno m: **ein viertel/halbes/drei viertel ~**, tre/sei/nove mesi; **ich bin 40 ~e alt**, ho 40 anni; **im Alter von drei ~en**, a(ll'età di) tre anni; **im ~ 1981**, nel(l'anno) 1981; **die dreißiger/vierziger/... ~e**, gli anni Trenta/Quaranta/...; **der Fußballer des ~es**, il calciatore dell'anno; **nach dem Tod seiner Frau ist er um ~e gealtert**, dopo la morte della moglie è invecchiato di diversi anni; (in Bezug auf Inhalt, Verlauf) annata f ● **alle zwei ~e**, ogni due anni; **alle ~e wieder**, tutti gli anni, ogni anno; **die besten ~e (des Lebens)**, gli anni migliori (della vita); **eine Frau/ein Mann in den besten ~en**, una donna/un uomo nel fiore degli anni; **dieses**/[in diesem] ~, quest'anno; **noch in**

diesem ~, entro quest'/l'anno; *einmal* im ~, una volta (al)l'anno; ~ *für* ~, anno per anno; das *ganze* ~ (hindurch/über), (per) tutto l'anno; *in* einem ~ (*ab jetzt*), fra/tra un anno; (*im Verlauf eines* ~*es*), in un anno, nel corso/giro di un anno; *jedes* ~, ogni anno, tutti gli anni, annualmente; **in** die ~**e kommen**, cominciare a ⌊invecchiare⌋/[avere una certa età]; **viele ~e** *lang*, per molti anni; **das** *laufende* ~, l'anno in corso; *letztes*/*vergangenes*/*voriges* ~, l'anno scorso/passato; *mit* **den** ~**en**, con gli anni, con ⌊l'andar del⌋/[il] tempo; *nächstes* ~, l'anno prossimo/[che viene]; **das** *neue* ~, l'anno nuovo; **ein frohes/gutes neues ~!**, buon anno!, felice anno nuovo!; *jdm* **ein glückliches neues ~ wünschen**, augurare buon anno a qu; *soziales* ~, anno di volontariato; **seit** ~ **und** *Tag*, da sempre, dacché mondo è mondo; *von* ~ *zu* ~, di anno in anno; *vor* ⌊einem ~⌋/[~en], ⌊un anno⌋/[anni] fa.

jahraus adv: ~, **jahrein**, anno per anno.
Jahrbuch n annuario m, almanacco m.
Jährchen <-s, -> n dim *von* Jahr *scherz* annetto m.
jahrelang A adj di anni, che dura da anni: **nach ~en Anstrengungen**, dopo anni di sforzi B adv per anni, anni e anni; {DAUERN} (degli/diversi) anni: **eine Kollegin, die ich ~ kenne**, una collega che conosco da anni; **ein Problem, das sich schon ~ hinzieht**, un problema annoso.
jähren rfl *geh* sich ~: **sein Tod jährt sich heute zum ersten Mal**, oggi ricorre il primo anniversario della sua morte; **bald jährt sich der Tag, an dem ...**, presto ricorrerà il giorno in cui ...
Jahresabonnement n abbonamento m annuale.
Jahresabrechnung f *com* bilancio m annuale.
Jahresabschluss (a.R. Jahresabschluß) m *com* bilancio m d'esercizio.
Jahresabschlussprämie (a.R. Jahresabschlußprämie) f premio m di fine anno.
Jahresabschlussprüfung (a.R. Jahresabschlußprüfung) f *ökon* certificazione f del bilancio, giudizio m sul bilancio di esercizio.
Jahresanfang m, **Jahresbeginn** m inizio m dell'anno.
Jahresbeitrag m (*im Club, Verein*) quota f annua; *Versicherung* premio m annuo.
Jahresbericht m rapporto m/relazione f annuale; *ökon* rendiconto m di gestione.
Jahresbestleistung f *sport* migliore prestazione f/risultato m dell'anno.
Jahresbestzeit f *sport* ⌊miglior tempo m⌋/[record m] dell'anno.
Jahresbilanz f *ökon* bilancio m annuale.
Jahresbudget n *ökon* budget m annuale.
Jahresdurchschnitt m media f annua.
Jahreseinkommen n reddito m annuo.
Jahresende n fine f dell'anno: **am** ~, a fine anno; **zum** ~, per (la) fine (dell')anno.
Jahresetat m *ökon* budget m annuale.
Jahresfrist f: **binnen** ~, entro (il termine di) un anno; **nach/vor** ~, dopo/[prima di] un anno.
Jahresgehalt n stipendio m annuale, annata m.
Jahreshälfte f metà f dell'anno: **in der ersten ~ ist die Inflation um 0,5% gestiegen**, ⌊nel primo semestre⌋/[nei primi sei mesi] l'inflazione è salita dello 0,5%.
Jahreshauptversammlung f riunione f generale annuale; *ökon* assemblea f annuale degli azionisti.
Jahreskarte f (*für Bahn, Bus, Schwimmbad*

etc.) tessera f/tesserino m/abbonamento m annuale.
Jahresplan m **1** *ökon* piano m annuale **2** (*Veranstaltungsplan*) programma m annuale.
Jahresplaner m planning m annuale.
Jahresring m *bot* anello m (legnoso), cerchia f annuale.
Jahresrückblick m bilancio m annuale, avvenimenti m pl dell'anno.
Jahrestag m anniversario m.
Jahrestagung f congresso m/convegno m annuale.
Jahrestiefststand m {+BÖRSENKURSE} minimo m annuale/[dell'anno].
Jahresumsatz m fatturato m/[giro m d'affari] annuo.
Jahresurlaub m (giorni m pl di) ferie f pl di un anno • **seinen ~ nehmen**, prender(si) tutte le ferie dell'anno.
Jahreswagen m "vettura f, che ha un anno, venduta da una casa automobilistica a un prezzo di favore".
Jahreswechsel m, **Jahreswende** f capodanno m, fine f/volgere m dell'anno: **zum** ~, per il nuovo anno.
Jahreszahl f data f: **etw trägt die ~ 1748**, qc porta/reca *geh* la data 1748.
Jahreszeit f stagione f.
jahreszeitlich adj stagionale.
Jahrgang m (Abk Jg.) **1** (*alle im gleichen Jahr Geborenen*) classe f: **er ist ~ 1952**, è della classe 1952, è del (19)52; **wir sind ein und derselbe** ~, siamo nati ⌊e⌋/[nello stesso anno; **geburtenschwache Jahrgänge**, classi con un basso tasso/indice di natalità **2** *mil Schule* classe f: **die oberen Jahrgänge**, le classi superiori **3** (*von Zeitschrift*) annata f **4** (*von Wein*) annata f: **1982 war ein guter ~ für den Chianti**, il 1982 è stata una buona annata per il Chianti.
Jahrgangsstufe f, **Jahrgangstufe** f *Schule* anno m: **Lehrmaterial für ~ 6**, materiale didattico per il sesto anno.
Jahrhundert <-s, -e> n (Abk Jh.) secolo m (Abk sec.): **das 20. Jahrhundert**, il ventesimo secolo, il Novecento; **im 4. Jh. vor/nach Christus**, nel IV sec. avanti/dopo Cristo.
jahrhundertealt adj {BAUM} secolare; {BRAUCH} *auch* plurisecolare: **eine ~e Institution**, un'istituzione che ha vari secoli di vita.
jahrhundertelang A adj secolare; (*noch andauernd*) che dura da secoli; (*abgeschlossen*) durato (per) secoli: **eine ~e Entwicklung**, un'evoluzione durata secoli B adv per secoli; {DAUERN} (dei) secoli.
Jahrhundertereignis n evento m/avvenimento ⌊del secolo⌋/[storico].
Jahrhundertfeier f centenario m: **die ~ eines Unternehmens**, ⌊il centenario⌋/[i cento anni] di un'impresa.
Jahrhundertflut f alluvione f del secolo.
Jahrhundertwende f passaggio m da un secolo all'altro, avvicinarsi m di due secoli: **um die ~**, a cavallo tra i due secoli.
jährlich A adj annuo; {TREFFEN} annuale B adv annualmente, ogni anno: **eine Preissteigerung von ~ 3%**, un aumento dei prezzi del 3% ⌊all'anno⌋/[annuo].
Jahrmarkt m fiera f: **auf dem ~**, alla fiera • **der Eitelkeit/Eitelkeiten**, la fiera delle vanità.
Jahrmarktsbude f baraccone m da fiera.
Jahrmillionen subst <*nur pl*> milioni m pl di anni.
Jahrtausend <-s, -e> n millennio m.
jahrtausendealt adj {FUNDE, TRADITION}

millenario.
jahrtausendelang A adj millenario B adv per millenni; {DAUERN} (dei/diversi) millenni.
Jahrtausendwende f passaggio m da un millennio all'altro: **Prophezeiungen zur ~**, profezie per il nuovo millennio; **die Situation des Hochschulwesens um die ~**, la situazione dell'università alle soglie del nuovo millennio.
Jahrzehnt <-(e)s, -e> n decennio m.
jahrzehntealt adj decennale.
jahrzehntelang A adj decennale B adv per decenni; {DAUERN} (dei/diversi) decenni.
Jähzorn m irascibilità f, temperamento m collerico, iracondia f *geh*: **in einem Anfall von ~**, in un accesso/impeto di collera.
jähzornig A adj irascibile, collerico, iracondo *geh* B adv in modo irascibile/collerico: ~ **auffahren**, avere uno scatto d'ira.
jaja partik → **ja**.
Jak m → **Yak**.
Jakarta <-s, *ohne pl*> n *geog* Giacarta f.
Jakob m (*Vorname*) Giacomo, Jacopo, Iacopo; *bibl* Giacobbe • **ein billiger ~** *fam obs*, un venditore ambulante che fa prezzi molto bassi.
Jakobiner m *hist* giacobino m.
Jakobsmuschel f conchiglia f dei pellegrini, capasanta f.
Jakobstag m giorno m di San Giacomo.
Jakobusbrief <-(e)s, *ohne pl*> m *bibl* lettera f di San Giacomo.
Jalousie <-, -n> f veneziana f, gelosia f.
Jamaika <-s, *ohne pl*> n *geog* Giamaica f.
Jamaikaner <-s, -> m (**Jamaikanerin** f) giamaicano (-a) m (f).
jamaikanisch adj giamaicano.
Jambe <-, -n> f, **Jambus** <-, *Jamben*> m *poet* giambo m.
Jammer <-s, *ohne pl*> m **1** (*Kummer*) dolore m **2** (*Klagen*) lamenti m pl • **es ist ein ~, dass ...** *fam*, è un (vero/gran) peccato che ... *konjv*; **es wäre ein ~, wenn ...**, sarebbe proprio un peccato che/se ... *konjv*.
Jammergeschrei n *geh* lamenti m pl, lamentazioni f pl *rar*.
Jammergestalt f povero diavolo m/disgraziato m, poveruomo m.
Jammerlappen m *fam pej* smidollato (-a) m (f) *fam*, pappamolle mf *fam*, mollusco m *fam*.
jämmerlich A adj **1** (*erbärmlich*) {ANBLICK, BILD} pietoso, misero; {ZUSTAND} *auch* miserabile, miserevole **2** (*kummervoll*) {KLAGEN, WEINEN} straziante, lamentoso **3** *fam* (*dürftig*) {AUSREDE} misero, meschino **4** *fam* (*verachtenswert*) misero, meschino, vile B adv **1** (*elend*) {SCHLUCHZEN, WEINEN} in modo straziante, pietosamente **2** *fam* (*schrecklich*) terribilmente *fam*.
Jämmerling <-s, -e> m → **Jammerlappen**.
jammern itr **1** (*lamentieren*) (*über etw* akk) ~ lamentarsi (*di qc*), lagnarsi (*di qc*): **sie jammert immer (darüber), dass sie zu viel Arbeit hat**, si lamenta sempre ⌊(del fatto) che⌋/[perché] ha troppo lavoro **2** (*verlangen*) **nach jdm/etw ~** {NACH DER MUTTER} invocare *qu* con voce lamentosa; {NACH EINEM SCHLUCK WASSER} reclamare *qc* in tono lamentevole.
jammerschade adj *fam*: (**es ist) ~, dass/wenn ...**, è un gran peccato ⌊che ... *konjv*⌋/[se ... *ind*]; **es ist ~ um jdn/etw**, è un gran peccato per qu/qc.
Jammertal <-(e)s, *ohne pl*> n *geh* valle f di

lacrime.

Jan m (*Vorname*) → **Johannes**.

Janker <-s, -> m *süddt A* "giacca f tipica del Tirolo e della Baviera".

Jänner <-s, -> m *A* → **Januar**.

Januar <-(s), -e> m gennaio m; → *auch* **September**.

Janus <-, *ohne pl*> m *myth* Giano m.

Januskopf m *myth* testa f di Giano, Giano m (bifronte).

januskö̈pfig adj bifronte, a due facce, dalla doppia faccia.

Japan <-s, *ohne pl*> n *geog* Giappone m: **in ~**, in Giappone.

Japaner <-s, -> m (**Japanerin** f) giapponese mf.

japanisch adj giapponese, nipponico; {TEXT} in giapponese; {WÖRTERBUCH} di giapponese.

Japanologe <-n, -n> m (**Japanologin** f) iamatologo (-a) m (f), yamatologo (-a) m (f).

Japanologie <-, *ohne pl*> f iamatologia f, yamatologia f.

Japanologin f → **Japanologe**.

japsen itr *fam* bocccheggiare *fam*, avere il respiro affannoso/pesante, respirare affannosamente.

Jargon <-s, -s> m gergo m.

Jargonausdruck m espressione f gergale.

Jasager <-s, -> m (**Jasagerin** f) *pej* yesman m, conformista mf, uno (-a) m (f) che dice sempre di sì, pecora f *fam*.

Jasmin <-s, -e> m *bot* gelsomino m.

Jastimme f voto m favorevole/[a favore], sì m.

jäten A tr *etw* ~ {BEET} sarchiare *qc*, diserbare *qc*; Unkraut ~, estirpare/sradicare/strappare *fam* le erbacce **B** itr sarchiare.

Jauche <-, -n> f *agr* colaticcio m, liquame m.

Jauchegrube, Jauchengrube f fossa f di raccolta del colaticcio.

jauchzen itr *geh* esultare, giubilare: **vor Freude ~**, levare grida di gioia.

Jauchzer <-s, -> m grido m di gioia.

jaulen itr {HUND} guaire.

Jause <-, -n> f *A* merenda f, spuntino m.

jausen itr *A* fare merenda/[uno spuntino].

Java① <-s, *ohne pl*> n *geog* Giava f.

Java② <-s, *ohne pl*> n *inform* linguaggio m Java.

jawohl partik **1** (*verstärkend: ja*) sì (certo) certamente) **2** → **jawoll**.

jawoll partik *mil oder scherz* (*zu Befehl!*) sissignore!, signorsì!

Jawort n: **jdm das ~ geben**, acconsentire a sposare qu; **sich das ~ geben**, pronunciare il sì.

Jazz <-, *ohne pl*> m *mus* jazz m.

Jazzband f *mus* jazz-band f *oder* m.

jazzen itr *fam mus* fare (musica) jazz.

Jazzgymnastik f *sport* ginnastica f jazz.

Jazzkapelle f *mus* jazz-band f *oder* m, complesso m/gruppo m jazz.

Jazzkeller m locale m in cui si suona (musica) jazz, jazz-club m.

Jazzkonzert m *mus* concerto m jazz.

Jazzmusik f (musica f) jazz m.

Jazzmusiker m (**Jazzmusikerin** f) musicista mf jazz, jazzista mf.

je① A adv **1** (*jemals*) mai: **warst du je in Thailand?**, sei mai stato (-a) in Tailandia?; **es ist schlimmer denn je**, è peggio che mai; **wer hätte das je gedacht!**, chi l'avrebbe mai immaginato!; **seit eh und je**, dacché mondo è mondo, da sempre **2** (*jedes Mal*,

auf einmal) alla volta: **in die Ausstellung haben nur Gruppen von je 50 Personen Zutritt**, alla mostra possono accedere solo gruppi di 50 persone alla/per volta **3** (*jede(r, s) Einzelne*) ciascuno; *bes. com* cadauno: **ich gebe euch je zwei Euro**, vi do due euro ciascuno/[per uno]/[a testa]; **die Häuser haben je vier Wohnungen**, ogni stabile ha quattro appartamenti; **die Blumentöpfe kosten je fünf Euro**, i vasi costano cinque euro l'uno/ciascuno/cadauno **4** (*von einer Bedingung abhängig*): **je nach ...**, a seconda di ...; **je nach Wetter machen wir das Fest draußen oder drinnen**, a seconda del tempo la festa la facciamo dentro o fuori **B** präp + akk (*pro*) per, a: **die Teilnahmegebühr beträgt 20 Euro je Person**, la quota di partecipazione è di 20 euro per persona.

je② konj: **je ..., desto/umso ... quanto ... tanto ...**: **je eher, desto lieber**, prima è meglio è, quanto prima tanto meglio; **je mehr ich über dieses Thema lese, umso neugieriger werde ich**, quanto più leggo in materia, tanto più mi incuriosisco; **je mehr, desto besser**, più ce n'è meglio è; **je aggressiver du wirst, desto weniger erreichst du**, più aggressivo (-a) sei, meno ottieni; **je öfter ich ihn sehe, desto/umso sympathischer wird er mir**, più lo vedo, più mi diventa simpatico; **je nachdem**, dipende, a seconda (delle circostanze); **was habt ihr am Wochenende vor? – Je nachdem**, che programmi avete per questo fine settimana? – Dipende/[A seconda]; **je nachdem, ob ...**, a seconda ⌊se ... ind⌋/[che ... konjv].

je③ interj *fam*: **ach/o je!**, oddio!, ahi, ahi!, accidenti!

Jeans subst <*nur pl*> jeans m pl: **ich hätte gern ein Paar schwarze ~**, vorrei un paio di jeans neri.

Jeanshose f (pantaloni m pl) jeans m pl.

Jeansjacke f giubbotto m (di) jeans.

Jeansrock m gonna f (di) jeans.

Jeansstoff m (tessuto m di) jeans m, denim m.

Jeck <-en, -en> m (**Jeckin** f) **1** (*Verrückter*) matto (-a) m (f), folle mf **2** (*Fastnachtsnarr*) chi festeggia il carnevale.

jede indef pron → **jeder**.

jedenfalls adv **1** (*auf jeden Fall*) in ogni caso, comunque, ad ogni modo: **ich weiß nicht, wann ich zurückkomme, ich nehme ~ den Schlüssel mit**, non so quando tornerò, in ogni caso/comunque mi porto dietro la chiave; **Tatsache ist ~, dass ...**, fatto sta che ... **2** (*zumindest*) almeno, perlomeno: **sie war recht zufrieden, ~ schien es so**, era abbastanza contenta, per lo meno pareva.

jeder, jede, jedes indef pron **1** adj <*attr*> ogni: **jeder Autofahrer sollte sich anschnallen**, ogni automobilista dovrebbe allacciarsi/mettersi *fam* la cintura (di sicurezza); **sie ruft jede Woche an**, (lei) telefona tutte le settimane **2** (*nach «ohne»*) alcun(o) (-a), nessun(-a): **ohne jeden Grund**, senza alcun/nessun motivo **3** (*beliebig*) qualsiasi, qualunque: **zu jeder Stunde**, a qualsiasi/qualunque ora; **er kann jeden Augenblick hereinkommen**, può entrare da un momento all'altro; **sie muss jede Minute kommen**, arriverà a momenti **4** (*substantivisch*) ognuno (-a), ciascuno (-a), tutti: **jeder von uns**, ognuno/ciascuno di noi; **das kann jeder**, sono capaci tutti, lo sanno fare tutti, lo sa fare chiunque ● **jede zweite/dritte/vierte ...**, uno su/ogni due/tre/quattro ...; **jeder zwölfte Deutsche ist arbeitslos**, un tedesco su dodici è disoccupato; **ich gehe jeden zweiten Tag ins Fitnesscenter**, vado in palestra ⌊un giorno sì e un giorno no⌋/[ogni

due giorni]; **jeder** *Beliebige*, uno qualsiasi; **jeder** *Einzelne*, ogni singolo; **jeder gegen jeden**, tutti contro tutti; **hier kennt jeder jeden**, qui ci conoscono tutti.

jederlei <inv> indef pron <*attr*> di ogni tipo/sorta.

jedermann indef pron tutti: **das versteht nicht ~**, non tutti lo capiscono; **das ist nicht ~s Geschmack/Sache**, non a tutti piace.

jederzeit adv **1** (*immer*) in qualsiasi/qualunque momento, sempre **2** (*jeden Moment*) da un momento all'altro, in ogni momento: **es kann ~ passieren, dass ...**, da un momento all'altro può succedere che ...

jedes indef pron → **jeder**.

jedesmal a.R. von jedes Mal → **Mal**①.

jedoch A adv però, tuttavia, comunque, ma: **eine Lösung für dieses Problem hatte er ~ nicht**, ma una soluzione a questo problema non ce l'aveva **B** konj però, ma, tuttavia: **sie war krank,** ⌊**wollte ~**⌋/**[~ wollte sie] zur Arbeit gehen**, ⌊sebbene fosse⌋/[pur essendo] malata voleva andare a lavorare.

jedweder, jedwede, jedwedes indef pron *obs* → **jeder**.

Jeep® <-s, -s> m jeep® f, fuoristrada m.

jeglicher, jegliche, jegliches indef pron *geh*: **er hat jegliches Interesse an Politik verloren**, ha perso ogni interesse per la politica; **ihr geht jegliches Feingefühl ab**, è del tutto priva di sensibilità.

jeher adv: **seit/von ~ geh**, da tempo immemorabile *geh*, da sempre.

Jehova <-s, *ohne pl*> m *relig* Geova m: **Zeugen ~s**, Testimoni di Geova.

jein partik *scherz* ni *scherz*.

Jelängerjelieber <-s, -> n *bot* caprifoglio m.

jemals adv mai: **hat man ~ so etwas gesehen?**, si è mai visto qualcosa di simile?

jemand indef pron qualcuno: **ist ~ da?**, c'è qualcuno?; (*verneinend*) nessuno; **ohne ~en zu fragen**, senza chiedere a nessuno; **das wird kaum ~(en) interessieren**, non interessa a nessuno ● **~ anderer/ander(e)s**, qualcun altro, qualcun'altra; **~ sein** *fam* (*eine gewisse Bedeutung haben*), essere qualcuno *fam*.

Jemen <-s, *ohne pl*> m: **der ~**, lo Yemen; **in den ~ fahren**, andare nello Yemen.

Jemenit <-en, -en> m (**Jemenitin** f) yemenita mf, abitante mf dello Yemen.

jemenitisch adj yemenita.

Jen m → **Yen**.

Jena <-s, *ohne pl*> n *geog* Jena f.

jener, jene, jenes dem pron *geh* **1** (*adjektivisch*) quel(lo) m, quell' m, quella f, quei m pl, quegli m pl, quelle f pl: **jenes Kind**, quel bambino; **jener Mann**, quell'uomo; **jene Frau**, quella donna; **jener Staat**, quello stato; **jene Menschen**, quegli uomini **2** (*substantivisch*) quello m, quella f, quelli m pl, quelle f pl: **dies und jenes**, questo e quello.

Jens m (*Vorname*) → **Johannes**.

jenseitig adj **1** (*auf der anderen Seite*) altro, opposto: **am ~en Ufer**, sulla riva opposta, sull'altra riva **2** (*des Jenseits*) dell'aldilà: **die ~e Welt**, l'aldilà, il mondo ultraterreno.

jenseits A präp + gen {DES FLUSSES, DER GRENZE} al di là di, di là da, oltre **B** adv ~ **von etw** (dat) di là da *qc*, dall'altra parte di *qc*.

Jenseits <-, *ohne pl*> n: **das ~**, l'aldilà, l'altro mondo, l'oltretomba *lit* ● **jdn ins ~ befördern** *slang*, spedire qu all'altro mondo *fam*, mandare qu al Creatore *fam*.

Jenseitsglaube m fede f nell'aldilà.

Jersey <-(s), -s> m *text* jersey m.
Jerusalem <-s, ohne pl> n *geog* Gerusalemme f.
Jesses (Maria) interj *fam* Dio mio!, santo cielo!
Jessica f (*Vorname*) Jessica.
Jesuit <-en, -en> m *relig* gesuita m.
Jesuitenorden m ordine m dei gesuiti, Compagnia f di Gesù.
Jesuitentum <-s, ohne pl> n *relig* gesuitismo m.
jesuitisch adj {LEHRE} gesuitico.
Jesus <-*Jesu*, dat - *oder Jesu*, akk - *oder Jesum*> m (*Vorname*) Gesù m ● ~ **Christus** *relig*, Gesù Cristo.
Jesuskind n: **das ~**, Gesù Bambino, il Bambin Gesù.
Jesuslatsche f *fam* sandalo m da frate.
Jet <-(s), -s> m *fam* jet m, aeroplano m a reazione, aviogetto m.
Jetboot, **Jet-Boot** n *sport* **1** (*schnelles Motorboot*) barca f a motore (veloce) **2** → **Jetski**®.
Jetlag <-s, -s> m jetlag m: **unter ~ leiden**, avere problemi di fuso (orario).
Jeton <-s, -s> m gettone m.
Jetschi m → **Jetski**®.
Jetset <-s, ohne pl> m jet set m, jet society f, alta società f.
Jetski® <-(s), -(s) *oder* -skier> m *sport* moto d'acqua f, acquascooter m.
jetten itr <*sein*> *fam* *irgendwohin* + {IN DIE KARIBIK, NACH NEW YORK} volare/[andare in aereo] + *compl di luogo*.
jetzig adj <attr> {AUGENBLICK, MOMENT, ZEIT} presente; {SITUATION} *auch* attuale; {MINISTER, REGIERUNG} attuale.
jetzt① adv **1** (*in diesem Moment*) adesso, ora, mo' *südital*, in questo momento: **ich bin ~ im Urlaub**, adesso/ora sono in ferie **2** (*heute*) oggi(giorno), ora ● **bis ~**, finora, fino ad adesso; *erst ~*, solo ora, soltanto adesso; *gerade/eben ~*, proprio ora, or ora; *~ gleich*, subito; **~ oder nie!**, adesso o mai più!; **~ schon?**, di già?; **von ~ an**, d'ora ₍in poi₎/[innanzi]/[in avanti].
jetzt② partik *fam* (*meist unübersetzt*): **hast du es ~ endlich kapiert?**, l'hai capito finalmente? **habt ihr das ~ immer noch nicht geschafft?**, possibile che non ci siate ancora riusciti (-e)?
Jetzt <-, ohne pl> n presente m: **im ~ leben**, vivere nel presente.
Jetztzeit f presente m, giorno m d'oggi.
jeweilig adj <attr> {BEDINGUNGEN, SITUATION} rispettivo, relativo; {MODE} *auch* del momento, dell'epoca.
jeweils adv **1** (*auf einmal*) alla/per volta: **es müssen ~ acht Personen teilnehmen**, possono prendervi parte otto persone alla/per volta **2** (*jede(r) Einzelne*) ciascuno, ognuno: **die ~ betroffenen Staaten ...**, ciascuno degli stati interessati ... **3** (*immer*): **die Gehälter werden ~ am Anfang des Monats ausgezahlt**, gli stipendi vengono pagati all'inizio di ogni mese **4** (*in einer bestimmten Situation, Zeit etc.*): **wenn man ins Ausland fährt, sollte man die ~ herrschenden Sitten beachten**, quando si va all'estero, si dovrebbero osservare i costumi dei rispettivi paesi.
Jg. *Abk von* Jahrgang: classe f, annata f.
Jh. *Abk von* Jahrhundert: sec. (*Abk von* secolo).
JH *Abk von* Jugendherberge: ostello m della gioventù.
jiddisch adj yiddish ● **auf Jiddisch**, in yiddish.

Jihad m → **Dschihad**.
Jiu-Jitsu n → **Ju-Jutsu**.
Joachim m (*Vorname*) Gioacchino.
Job <-s, -s> m **1** (*feste Arbeit*) lavoro m: **einen Job suchen**, cercare (un) lavoro **2** (*vorübergehende Arbeit*) lavoro m occasionale, lavoretto m *fam* **3** *inform* job m.
jobben itr *fam* fare ₍lavori occasionali₎/[qualche lavoretto (ogni tanto)], lavorare occasionalmente.
Jobber <-s, -> m (**Jobberin** f) **1** *fam* lavoratore (-trice) *auch fam* **2** (*Börsenspekulant*) speculatore (-trice) m (f) in borsa.
Jobbörse f offerte f pl di lavoro.
Jobcenter, **Job-Center** n centro m (per l')impiego.
Jobhopping, **Job-Hopping** <-s, -s> n *fam* "frequente cambiamento m del posto di lavoro al solo scopo di fare carriera".
Jobkiller m *fam pej* che toglie posti di lavoro: **Computer werden als ~ angesehen**, i computer vengono considerati una seria minaccia per l'occupazione.
Jobrotation f "formazione f permanente dei lavoratori che permette l'avvicendamento sul posto di lavoro".
Jobsharing <-(s), ohne pl> n job sharing m, lavoro m part-time a turno.
Jobsuche f ricerca f di un lavoro: **auf ~ sein**, essere in cerca di lavoro.
Jobsuchen <-s, ohne pl> n: **beim ~ braucht man viel Glück**, quando si cerca lavoro, bisogna avere molta fortuna.
Jobticket n "abbonamento m ai mezzi pubblici che le imprese forniscono ai loro dipendenti".
Jobvermittlung f agenzia f di collocamento.
Joch <-(e)s, -e> n **1** *agr* giogo m **2** <*nur sing*> *fig* (*schwere Last*) giogo m **3** *arch* campata f **4** *geog* giogo m, passo m, valico m ● **sein ~ abschütteln/abwerfen** *geh*, scuotere il giogo.
Jochbein n *anat* zigomo m, osso m zigomatico.
Jockei, **Jockey** <-s, -s> m jockey m, fantino m.
Jod <-(e)s, ohne pl> n *chem* iodio m.
jodeln itr fare lo jodel, gorgheggiare.
jodhaltig adj {WASSER} iodato.
jodieren <*ohne ge-*> tr *etw* {KOCHSALZ} iodurare *qc*.
Jodler① <-s, -> m (*Ruf*) jodel m.
Jodler② <-s, -> m (**Jodlerin** f) cantante mf di jodel.
Jodmangel m *med* carenza f di iodio.
Jodoform <-s, ohne pl> n *chem* iodoformio m.
Jodsalz n sale m iodato.
Jodtinktur f tintura f di iodio.
Jodwasserstoff m *chem* idruro m di iodio.
Joga <-(s), -(s) *oder* m → **Yoga**.
Jogasitz m → **Yogasitz**.
Jogaübung f → **Yogaübung**.
joggen itr **1** <*haben*> praticare il jogging, fare jogging/footing, andare a correre *fam* **2** <*sein*> *irgendwohin* + {AM FLUSS ENTLANG, DURCH DEN WALD} ₍fare jogging/footing₎/[correre] + *compl di luogo*: **er hat 2000 Meter gejoggt**, ha corso per 2000 metri.
Jogger <-s, -> m (**Joggerin** f) uno (-a) m (f) che fa jogging/footing, jogger mf.
Jogging <-(s), ohne pl> n jogging m, footing m.
Jogginganzug m tuta f da jogging/foo-

ting/ginnastica.
Joghurt <-(s), -(s)> m *oder* n yogurt m, yoghurt m.
Joghurtbecher m vasetto m di yogurt.
Joghurtmaschine f yogurtiera f.
Jogi <-s, -s> m → **Yogi**.
Jogurt m → **Joghurt**.
Jogurtbecher m → **Joghurtbecher**.
Jogurtmaschine f → **Joghurtmaschine**.
Johanna f (*Vorname*) Giovanna ● (**die heilige**) **~ von Orléans** *hist*, (santa) Giovanna d'Arco, la pulzella d'Orléans.
Johannes, **Johann** m (*Vorname*) Giovanni ● **Johannes der Täufer**, San Giovanni Battista.
Johannesburg <-s, ohne pl> n *geog* Johannesburg f.
Johannesevangelium n *relig* Vangelo m di/secondo Giovanni.
Johannisbeere f *bot* **1** (*Strauch*) ribes m **2** (*Frucht*) ribes m ● **Rote/Schwarze ~**, ribes rosso/nero.
Johannisbeerstrauch m *bot* (arbusto m di) ribes m.
Johannisbrot n *bot* carruba f.
Johannisbrotbaum m *bot* carrubo m.
Johanniskraut n *bot* erba f di San Giovanni, iperico m.
Johannistag m giorno m/festa f di San Giovanni.
Johanniterorden m *relig* ordine m gerosolimitano.
johlen itr urlare, gridare.
Joint <-s, -s> m *slang* joint m *slang*, spinello m *slang*, canna f *slang*: **einen ~ nehmen**, farsi un joint/uno spinello/una canna.
Joint Venture <- -(s), - -s> n *ökon* jointventure f.
Jo-Jo <-s, -s> n yo-yo® m.
Jojoba <-, -s> f *bot* jojoba f.
Jojobaöl n olio m di jojoba.
Joker <-s, -> m jolly m, matta f.
Jokerzeichen n *inform* carattere m jolly.
Jolle <-, -n> f *naut* **1** (*Beiboot*) iole f **2** (*kleines Segelboot*) lolla f.
Jongleur <-s, -e> m (**Jongleurin** f) giocoliere (-a) m (f).
jonglieren <*ohne ge-*> itr **1** (*mit Gegenständen*) (*mit etw* dat) ~ + {MIT BÄLLEN, RINGEN} fare giochi di destrezza/abilità (*con qc*) **2** *fig* *mit etw* (dat) + {MIT BEGRIFFEN, WORTEN, ZAHLEN} giocare *con qc*.
Joppe <-, -n> f casacca f.
Jordan <-s, ohne pl> m *geog* Giordano m ● **über den ~ gehen** *fam euph* (*sterben*), passare all'altra sponda *euph*.
Jordanien <-s, ohne pl> n *geog* Giordania f.
Jordanier <-s, -> m (**Jordanierin** f) giordano (-a) m (f).
jordanisch adj giordano.
Jörg m (*Vorname*) → **Georg**.
Josef, **Joseph** m (*Vorname*) Giuseppe.
Jot <-, -> n (*Buchstabe*) i f lunga, i m lungo.
Jota <-(s), -s> n: **kein/[nicht ein] ~**, assolutamente niente; **kein/[nicht ein] ~ von etw abweichen** *geh*, non cedere di una virgola, non indietreggiare di un passo.
Joule <-(s), -> n (*Abk* J) joule m (*Abk* J).
Journaille <-, ohne pl> f *geh obs* stampa f scandalistica.
Journal <-s, -e> n **1** *geh* (*Zeitschrift*) rivista f, giornale m illustrato, rotocalco m, magazine m **2** *com* libro m giornale **3** *radio TV* rubrica f.
Journalismus <-, ohne pl> m giornali-

smo m.
Journalist <-en, -en> m (**Journalistin** f) giornalista mf: **freier ~**, giornalista free-lance.
Journalistik <-, ohne pl> f giornalismo m.
Journalistin f → **Journalist**.
journalistisch **A** adj {STIL} giornalistico; {AUSBILDUNG, TÄTIGKEIT} auch di giornalista **B** adv: **~ arbeiten**/[**tätig sein**], ₁lavorare come₁/[fare il] giornalista.
jovial adj geh paternalista, paternalistico: ₁**zu jdm**₁/[**jdm gegenüber**] **~ sein**, essere paternalista con/verso/[nei confronti di] qu.
Joystick <-s, -s> m inform joystick m.
jr. Abk von junior: jr. (Abk von junior).
Jubel <-s, ohne pl> m giubilo m, esultanza f, tripudio m geh; (**~rufe**) grida f pl di giubilo ● **in ~ ausbrechen**, prorompere in grida di giubilo; (**es herrscht**) **~**, *Trubel*, Heiterkeit fam, (c'è/regna) confusione e allegria.
Jubelhochzeit f fam anniversario m del matrimonio (delle nozze d'argento, d'oro e di diamante).
Jubeljahr n: (**nur**) **alle ~e** (**einmal**) fam scherz, a ogni morte di papa fam scherz.
jubeln itr (**über etw** akk) **~** giubilare (per/di qc), esultare (per/di qc), tripudiare (per qc) geh: **die ~de Menge**, la folla giubilante/esultante.
Jubelpaar n coppia f che festeggia un anniversario di nozze.
Jubelruf m grido m di giubilo/gioia.
Jubiläen pl von Jubiläum.
Jubilar <-s, -e> m (**Jubilarin** f) festeggiato (-a) m (f), chi festeggia un anniversario.
Jubiläum <-s, *Jubiläen*> n anniversario m: **fünfzigjähriges ~**, giubileo, cinquantenario; **das Unternehmen feiert sein hundertjähriges ~**, l'impresa festeggia il suo centenario.
Jubiläumsausgabe f edizione f commemorativa.
Jubiläumsausstellung f mostra f/ esposizione f commemorativa.
jubilieren <ohne ge-> itr geh (*aus Freude o Schadenfreude*) (**über etw** akk) **~** esultare (per/di qc), giubilare (per/di qc).
juchhe interj → **juhu**.
jucken **A** itr (*Juckreiz hervorrufen*) {MÜCKENSTICH} prudere, pizzicare **B** unpers **1** (*zum Kratzen bringen*) prudere, pizzicare: **es juckt mich**, mi prude/pizzica, sento prurito; **es juckte ihn** ₁**am Bein**₁/[**hinter dem Ohr**], gli prudeva ₁la gamba₁/[dietro l'orecchio] **2** fam (*reizen*): **sie juckt doch nur das Geld!**, le fanno solo gola i soldi fam; **es juckt jdn, etw zu tun**, qu muore dalla voglia di fare qc fam; **es juckt mich weiterzusagen, ihm einmal die Meinung zu sagen**, ho una voglia pazzesca di dirgliene quattro fam **C** tr jdn **~** (AUSSCHLAG, WOLLPULLI) prudere a qu, dare/provocare prurito a qu, pizzicare a qu **D** rfl fam (*sich kratzen*) **sich** (**an etw** dat) **~** {AM ARM, KOPF} grattarsi (qc) ● **das juckt mich doch nicht!** fam, non me ne frega niente! fam, me ne sbatto slang/infischio slang!
Jucken <-s, ohne pl> n prurito m, pizzicore m.
Juckpulver n polvere f pruriginosa
Juckreiz m prurito m, pizzicore m.
Judaismus <-, ohne pl> m ebraismo m.
Judas <-s, -se> m **1** bibl Giuda m **2** geh pej (*Verräter*) giuda m.
Jude <-n, -n> m (**Jüdin** f) ebreo (-a) m (f); hist (*bes. für die Zeit von 722 v. Chr. bis zum Spätmittelalter*) auch giudeo (-a) m (f) ● **der Ewige ~** geh, l'ebreo errante.
Judenfrage <-, ohne pl> f questione f ebraica.
Judengegner m (**Judengegnerin** f) antisemita m/f.
Judenstern m hist (*im Nationalsozialismus*) stella f di Davide.
Judentum <-s, ohne pl> n **1** (*die Juden*) ebrei m pl **2** (*Bewegung*) ebraismo m, giudaismo m.
Judenverfolgung f hist (*bes. im Nationalsozialismus*) persecuzione f degli ebrei.
Judikative <-, -n> f pol potere m giudiziario.
Jüdin f → **Jude**.
jüdisch adj {FAMILIE, FRAU, MANN} ebreo; {VOLK} auch ebraico; {KULTUR, RELIGION, SPRACHE} ebraico; hist (*bes. für die Zeit von 722 v. Chr. bis zum Spätmittelalter*) auch giudaico.
Judith f (*Vorname*) Giuditta.
Judo <-(s), ohne pl> n sport judo m.
Jugend <-, ohne pl> f **1** (**~zeit**) gioventù f, giovinezza f, adolescenza f: **von ~ an**/**auf**, fin da giovane; **in meiner ~**, in gioventù, ₁quando ero₁/[da] giovane, nella mia gioventù; **die frühe ~**, la prima giovinezza **2** (**~lichkeit**) giovinezza f, gioventù f **3** (*junge Leute*): **die ~**, la gioventù, i giovani, gli adolescenti; **die ~ von heute, die heutige ~**, la gioventù d'oggi ● **die reifere ~** scherz, i grandi scherz.
Jugendamt n adm ufficio m di assistenza ai minorenni.
Jugendarbeit <-, ohne pl> f **1** (*Arbeit von Minderjährigen*) lavoro m minorile **2** (*Förderung von Jugendlichen*) assistenza f ai giovani.
Jugendarbeitslosigkeit f disoccupazione f giovanile.
Jugendbewegung f **1** <nur sing> hist Jugendbewegung f (*movimento m giovanile formatosi in Germania intorno al 1900 che propugnava la riscoperta della natura e il recupero delle tradizioni*) **2** (*eine von Jugendlichen getragene Bewegung*) movimento m giovanile.
Jugendbuch n libro m per ragazzi.
Jugenderinnerung f <meist pl> ricordo m di gioventù.
jugendfrei adj {FILM} non vietato ai minori: **der Film ist nicht ~**, il film è vietato ai minori.
Jugendfreund m (**Jugendfreundin** f) amico (-a) m (f) di gioventù.
jugendgefährdend adj {FILM, SCHRIFTEN} sconsigliato ai minori.
Jugendgefängnis n → **Jugendstrafanstalt**.
Jugendgericht n jur tribunale m per i minorenni/minori.
Jugendgruppe f associazione f giovanile.
Jugendherberge f ostello m della gioventù.
Jugendhilfe f sostegno m e assistenza f per i giovani.
Jugendjahre subst <nur pl> anni m pl ₁di gioventù₁/[giovanili].
Jugendkriminalität f delinquenza f/ criminalità f minorile.
Jugendleiter m (**Jugendleiterin** f) responsabile mf di un gruppo giovanile.
jugendlich **A** adj **1** (*jung*) {BESUCHER, PUBLIKUM} giovane, adolescente **2** (*jung wirkend*) {AUSSEHEN, ERSCHEINUNG} giovanile: **~ aussehen**/**wirken**, avere un aspetto giovanile **B** adv: **sich ~ kleiden**, vestire giovane/[in modo giovanile].
Jugendliche <dekl wie adj> mf giovane mf, adolescente mf, minore mf jur: **die ~n**, i giovani; **~ unter 16 Jahren haben keinen Zutritt**, vietato l'ingresso ai minori di 16 anni.
Jugendlichkeit <-, ohne pl> f **1** (*jugendliches Alter*) gioventù f, giovinezza f **2** (*jugendliches Aussehen*) aspetto m giovanile, giovinezza f.
Jugendliebe f **1** (*Gefühl*) amore m giovanile **2** (*Person*) amore m di gioventù.
Jugendliteratur f letteratura f per ragazzi.
Jugendmannschaft f sport squadra f giovanile; *Fußball* auch (squadra f) primavera f.
Jugendmeister m (**Jugendmeisterin** f) campione (-essa) m (f) juniores.
Jugendorganisation f organizzazione f giovanile.
Jugendpflege f → **Jugendhilfe**.
Jugendrecht n diritto m minorile.
Jugendrichter m (**Jugendrichterin** f) jur giudice m (rar f) per i minorenni/minori.
Jugendschutz m jur tutela f dei minori.
Jugendschutzgesetz n jur legge f per la tutela dei minori.
Jugendspiele subst <nur pl> sport giochi m pl della gioventù.
Jugendsprache f linguaggio m/gergo m giovanile.
Jugendstil m arch kunst (stile m) liberty m, stile m floreale, Jugendstil m.
Jugendstrafanstalt f form jur carcere m minorile, centro m per la giustizia minorile, istituto m penale minorile.
Jugendsünde f peccato m di gioventù.
Jugendtraum m sogno m di gioventù.
Jugendverbot n divieto m per i minori.
Jugendwerk n opera f giovanile.
Jugendwohnheim n pensionato m per ragazzi.
Jugendzeit f gioventù f, adolescenza f, giovinezza f.
Jugendzentrum n centro m sociale (per i giovani).
Jugoslawe <-n, -n> m (**Jugoslawin** f) hist iugoslavo (-a) m (f), jugoslavo (-a) m (f).
Jugoslawien <-s, ohne pl> n hist Iugoslavia f, Jugoslavia f: **das ehemalige ~**, l'ex Iugoslavia.
Jugoslawin f → **Jugoslawe**.
jugoslawisch adj iugoslavo, jugoslavo.
juhu interj (*bei Freude*) urrà!, evviva!
Juice <-, -s> m oder m succo m (di frutta).
Ju-Jutsu <-(s), ohne pl> n sport jujitsu m, jujutsu m.
Jukebox <-, -es> f jukebox m.
Julei <(s), rar -s> m, **ibes. com** → **Juli**.
Juli <-(s), -s> m luglio m; → auch **September**.
Julia f (*Vorname*) Giulia.
julianisch adj giuliano: **~er Kalender**, calendario giuliano.
Jumbojet, **Jumbo-Jet** <-s, -s> m aero jumbo (jet) m.
jumpen itr <sein> fam **irgendwohin ~** saltare + compl di luogo.
jun. Abk von junior: jr. (Abk von junior).
jung -jünger, jüngste> **A** adj **1** (*nicht alt*) giovane: **der ~e Novalis**, il giovane Novalis; **ein ~es Mädchen**, una ragazzina; **die ~en Leute**, i giovani; **in ~en Jahren**, in giovane età; **von ~ auf**, fin da giovane; **er ist 60 Jahre ~** scherz, ha la tenera età di 60 anni scherz; **~ aussehen**, avere un aspetto giovane **2** (*~ wirkend*) {AUSSEHEN, GESICHT} giovane, da ragazzino (-a) **3** (*erst kurz vorhanden*) {KARTOFFELN} novello, nuovo; {WEIN} auch giovane; {FIRMA, STAAT} giovane **B** adv (da) giovane, in giovane età: **ein ~ verheiratetes Paar**,

una coppia che si è sposata giovane • **Jung und Alt**, giovani e vecchi.

Jungakademiker m (**Jungakademikerin** f) giovane laureato (-a) m (f).

Jungbrunnen m (*Energiequelle*) fonte f di nuova energia: **ein Urlaub am Meer ist für mich ein wahrer ~**, una vacanza al mare mi ricarica completamente.

Junge① <-n, -n *oder fam* Jungs *oder* -ns> m **1** (*männliches Kind*) ragazzo m, giovane m; (*Sohn*) maschio m: **sie hat einen ~n bekommen**, (lei) ha avuto un maschio/maschietto **2** <pl Jungs *oder* -ns> *fam* (*als vertraute Anrede gegenüber Männern*) ragazzo m: **los Jungs, wir gehen!**, su ragazzi, andiamo! • **~, ~!** *fam* (*staunend*), caspita! *fam*, accidenti! *fam*, accipicchia! *fam*, però!; (*leicht vorwurfsvoll*), ahi ahi ahi! *fam*; **alter ~!** *fam* (*Freund*), vecchio/caro mio! *fam*; **dummer ~**, sciocco; **jdn wie einen dummen ~n behandeln**, trattare qu come un ragazzino/bambino; (*bei der Arbeit*), trattare qu come un novellino; **kleiner ~**, ragazzino, marmocchio; **ein schwerer ~** *fam*, un grosso delinquente/criminale, un avanzo di galera *fam*.

Junge② <dekl wie adj> n zoo piccolo m; (*bes. von Hund*) *auch* cucciolo m; (*von Vogel*) uccellino m • **~ werfen/bekommen/kriegen** *fam*, figliare, fare/avere dei piccoli.

jungenhaft adj (*von Mann*) da ragazzo; (*von Mädchen*) mascolino.

Jungenstreich m ragazzata f, scherzo m/tiro m da ragazzi.

jünger adj **1** <kompar *von* jung> più giovane: **Anna ist ~ als Sabine**, Anna è più giovane di Sabina; **er ist fünf Jahre ~ als ich**, ha cinque anni meno di me, è di cinque anni più giovane di me; **er sieht ~ aus, als er ist**, sembra più giovane (di quello che è), dimostra meno anni (di quelli che ha); **die neue Frisur macht dich ~**, la nuova acconciatura ti ringiovanisce/[fa sembrare più giovane]; (*bei Geschwistern*) minore, più piccolo; **sie ist die ~e der beiden Schwestern**, (lei) è la minore delle due sorelle **2** (*noch nicht sehr alt*) {KOLLEGE, MITARBEITER} ancora giovane; (*im Gegensatz zu Älteren*) più giovane **3** (*nicht lange zurückliegend*) {ENTWICKLUNG, GESCHICHTE} recente; **~en Datums**, di data recente.

Jünger <-s, -> m (**Jüngerin** f) **1** <nur m> *bibl* discepolo m, apostolo m **2** (*Anhänger*) discepolo (-a) m (f).

Jüngere <dekl wie adj> m hist (Abk d.J.): ... **der ~**, ... il Giovane; **Cranach der ~**, Cranach il Giovane.

Jüngerin f → **Jünger**.

Jungfer <-, -n> f *pej*: **eine alte ~**, una vecchia zitella, una zitellona.

Jungfernfahrt f *bes. naut* viaggio m inaugurale, prima traversata f.

Jungfernflug m volo m inaugurale.

Jungfernhäutchen n *anat* imene m.

Jungfernrede f *parl* primo discorso m (di un parlamentare).

Jungfernzeugung f *med* partenogenesi f.

Jungfrau f **1** vergine f **2** <nur sing> *astr* Vergine f **3** (*jd, der im Zeichen der Jungfrau geboren ist*) (segno m della) Vergine f: **er/sie ist (eine) ~**, è (della/una) Vergine • **die Heilige ~** *relig*, la Santa Vergine; **jd kommt zu etw (dat) wie die ~ zum Kind(e)** *fam scherz*, a qu qc piove dal cielo *fam*, qu ottiene qc per opera dello Spirito Santo *fam*; **die ~ Maria** *relig*, la Vergine Maria; **die ~ von Orléans** *hist*, (santa) Giovanna d'Arco, la pulzella d'Orléans.

jungfräulich adj **1** {MÄDCHEN} vergine, illibato *lit*; {UNSCHULD} verginale *lit* **2** (*noch unberührt*) {ERDE, GEGEND, LANDSCHAFT} vergine, incontaminato, intatto.

Jungfräulichkeit <-, *ohne pl*> f **1** {+MÄDCHEN} verginità f, illibatezza f *lit* **2** {+LANDSCHAFT} verginità f, integrità f.

Junggeselle m scapolo m, celibe m. • **eingefleischter ~** *fam*, scapolo impenitente, scapolone *fam*.

Junggesellenbude f *fam* → **Junggesellenwohnung**.

Junggesellendasein n, **Junggesellenleben** n vita f da scapolo.

Junggesellenwohnung f appartamentino m da scapolo, garçonnière f.

Junggesellin f nubile f, zitella f *fam pej*, signorina f.

Jüngling <-s, -e> m **1** *geh* (*junger Mann*) giovane m, fanciullo m *lit* **2** *oft iron* (*unreifer junger Mann*) giovincello m.

Jungsozialist m (**Jungsozialistin** f) *pol* "militante mf dell'organizzazione giovanile della SPD".

jüngst adv *geh* ultimamente, recentemente, di recente.

jüngste adj → **jüngster**.

jüngster, jüngste, jüngstes adj **1** <superl *von* jung> (il, la) più giovane: **sie ist die Jüngste in unserer Klasse**, (lei) è la più giovane/piccola *fam* della (nostra) classe; (*bei Geschwistern*) (il, la) minore, (il, la) più piccolo (-a) *fam*; **er ist der Jüngste der Familie**, è il più piccolo della famiglia **2** (*nicht lange zurückliegend*): **in jüngster Zeit**, recentemente, in tempi recenti, negli ultimi tempi; **in der jüngsten Vergangenheit**, nel (più) recente passato **3** (*neuester*) (il, la) più recente, ultimo (-a) • (**auch**) **nicht mehr der/die Jüngste sein**, non essere più ⌊un ragazzino/una ragazzina *fam*⌋/[giovanissimo (-a)].

Jungtier n animale m giovane.

Jungunternehmer m (**Jungunternehmerin** f) giovane imprenditore (-trice) m (f).

jungverheiratet adj **1** (*seit kurzem verheiratet*) sposato da poco: **~ sein**, essere ⌊sposato da poco⌋/[uno (-a) sposino (-a) *fam*]; **sie sind ~**, sono sposi novelli **2** (*in jungen Jahren verheiratet*) → **jung**.

Jungverheiratete <dekl wie adj> mf sposo (-a) m (f) novello (-a), sposino (-a) m (f): **die ~n**, gli sposi novelli, gli sposi di fresca data, gli sposini *fam*.

Jungvermählte <dekl wie adj> mf *geh* → **Jungverheiratete**.

Jungwähler m (**Jungwählerin** f) "giovane mf che vota per la prima volta".

Juni <-(s), -s> m giugno m; → *auch* **September**.

Junikäfer m zoo rizotrogo m solstitialis.

junior adj <nachgestellt> (Abk jr., jun.) junior m (Abk jr.), figlio m: **Hans Schmidt ~**, Hans Schmidt junior/figlio.

Junior <-s, -en> m (**Juniorin** f) **1** <nur sing> com → **Juniorchef 2** *sport* (*junger Sportler, meist zwischen 18 u. 21 Jahren*) junior m; <nur pl> (*Kategorie*) juniores m pl **3** <nur m> *fam oft scherz* (*Sohn*) figlio m.

Juniorchef m (**Juniorchefin** f) figlio (-a) m (f) del principale.

Juniorenmeister m (**Juniorenmeisterin** f) *sport* campione (-essa) m (f) juniores.

Juniorenmeisterschaft f *sport* campionato m juniores.

Juniorin f → **Junior**.

Juniorpartner m (**Juniorpartnerin** f) (*in einer Sozietät*) socio (-a) m (f) giovane.

Juniorpass m *Eisenb* "tessera f ferroviaria per giovani che dà diritto all'acquisto di biglietti a prezzi ridotti".

Junker <-s, -> m **1** *hist* Junker m (*appartenente alla nobiltà terriera prussiana*) **2** *mil* cadetto m.

Junkfood, Junk-Food <-(s), *ohne pl*> n junk food m (*cibo di scarso valore nutritivo, confezionato per essere consumato subito o cucinato con facilità*).

Junkie <-s, -s> m *slang* tossico m *slang*, drogato m, tossicodipendente m.

Junkmail f *slang inform* posta f indesiderata, (posta f) spam m.

Junktim <-s, -s> n *pol* pacchetto m.

Juno <-s, *rar* -s> m *bes. com* → **Juni**.

Junta <-, Junten> f *pol* giunta f.

Jupe <-, -s> f *oder* <-s, -s> m CH gonna f.

Jupiter <-s, *ohne pl*> m *astr myth* Giove m.

jur. adj *Abk von* juristisch: giuridico.

Jura① subst <pl *von lat* Jus, *ohne art*> giurisprudenza f, legge f, diritto m: **~ studieren**, studiare legge *fam*/giurisprudenza.

Jura② <-s, *ohne pl*> m *geog* **1** (*Gebirge*): **der ~**, il Giura **2** (*Kanton*) (cantone m di) Giura m.

Jura③ <-s, *ohne pl*> m *geol* giurassico m.

Jurastudent m (**Jurastudentin** f) studente (-essa) m (f) di legge *fam*/giurisprudenza.

Jurastudium n studi m pl ⌊in/di legge *fam*⌋/[di giurisprudenza].

Jürgen m (*Vorname*) → **Georg**.

Jurisdiktion <-, -en> f *geh* giurisdizione f.

Jurisprudenz <-, *ohne pl*> f **1** *jur* giurisprudenza f **2** *univ* (*Fakultät*) giurisprudenza f.

Jurist <-en, -en> m (**Juristin** f) **1** giurista mf, legista mf *rar*; (*Rechtsgelehrter*) giureconsulto m **2** *fam* (*Student*) studente (-essa) m (f) in/di legge *fam*.

Juristendeutsch n, **Juristensprache** f *oft pej* linguaggio m/gergo m giuridico.

juristisch A adj **1** *univ* (*AUSBILDUNG*) giuridico; {FAKULTÄT, STUDIUM} di legge/giurisprudenza **2** (*die Rechtsprechung betreffend*) {BUCH, FALL} giuridico: **~e Person** *jur*, persona giuridica B adv (*ARGUMENTIEREN*) in termini giuridici; {BETRACHTEN} ⌊dal punto di vista⌋/[a livello] giuridico.

Juror <-s, -en> m (**Jurorin** f) <meist pl> (*bei Wettbewerben u. Ä.*) membro m della giuria.

Jury <-, -s> f **1** (*bei Wettbewerben u. Ä.*) giuria f **2** *jur* (*im US-amerikanischen Strafprozess*) giuria f.

Jurymitglied n **1** (*bei Wettbewerben u. Ä.*) membro m della giuria **2** *jur* (*im US-amerikanischen Strafprozess*) giurato (-a) m (f), membro m della giuria.

Jus① n <*ohne art*> A CH → **Jura**①.

Jus② <-, *ohne pl*> f *oder* m *oder* n CH succo m di frutta/verdura.

Juso <-s, -s> m *pol Abk von* Jungsozialist: "militante mf dell'organizzazione giovanile della SPD".

just adv *obs oder scherz* giusto, proprio, per l'appunto.

justierbar adj regolabile.

justieren <ohne ge-> tr *etw* ~ **1** *tech* (*einstellen*) regolare qc, registrare qc **2** *typ* giustificare qc.

Justierung <-, -en> f *tech* regolazione f, registrazione f.

Justitia <-, *ohne pl*> f *geh* Giustizia f.

Justitiar m (**Justitiarin** f) → **Justiziar**.

Justiz <-, *ohne pl*> f **1** (*Gerichtsbarkeit*) giu-

stizia f **2** (*~behörden*) giustizia f, autorità f giudiziaria, magistratura f: **jdn der ~ ausliefern**, assicurare/consegnare qu alla giustizia.
Justizapparat m apparato m giudiziario.
Justizbeamte <dekl wie adj> m (**Justizbeamtin** f) funzionario (-a) m (f) giudiziario (-a).
Justizbehörde f autorità f giudiziaria.
Justizgebäude n palazzo m di giustizia.
Justiziar <-s, -e> m (**Justiziarin** f) consulente mf legale (di una società).
Justizirrtum m errore m giudiziario.
Justizminister m (**Justizministerin** f) ministro m della giustizia; (*in Italien*) ministro m di grazia e giustizia, guardasigilli m.
Justizministerium n ministero m della giustizia; (*in Italien*) ministero m di grazia e giustizia.
Justizmord m assassinio m legale/giudiziario.
Justizpalast m palazzo m di giustizia.
Justizvollzugsanstalt f *adm* penitenziario m *adm*, stabilimento m carcerario *adm*, istituto m di pena *adm*.
Jute <-, ohne pl> f *text* iuta f.
Jütland <-s, ohne pl> n *geog* Jutland m.
Jutta f (*Vorname*) → **Judith**.
Juwel① <-s, -en> m *oder* n **1** (*Schmuckstein*) gioiello m **2** <*nur pl*> (*Schmuck*) gioielli m pl.
Juwel② <-s, -e> n **1** (*wertvolle Person*) perla f, tesoro m, gioiello m **2** (*kostbares Beispiel*) gioiello m: **das Kloster ist ein ~ romanischer Architektur**, il monastero è un gioiello di architettura romanica.
Juwelendiebstahl m furto m di preziosi/gioielli.
Juwelenhandel m commercio m di gioielli.
Juwelier <-s, -e> m (**Juwelierin** f) **1** (*Person*) gioielliere (-a) m (f) **2** → **Juweliergeschäft**.
Juweliergeschäft n gioielleria f.
Juwelierin f → **Juwelier**.
Jux <-es, -e> m *fam* scherzo m • **aus Jux**, per scherzo; **sich (dat) einen Jux mit jdm machen**, fare uno scherzo a qu; **aus (lauter) Jux und Tollerei** *fam*, (solo) per scherzo.
jwd *adv fam scherz* Abk *von* janz weit draußen: {WOHNEN} a casa del diavolo *fam*, in capo al mondo.

K, k

K, k <-, - *oder fam* -s> n K, k f *oder* m ● **K wie Kaufmann**, k come Kursaal, cappa; → *auch* **A, a**.

Kaba® <-s, *ohne* pl> m cioccolata f calda.

Kabarett <-s, -s *oder* -e> n **1** (*Kleinkunst*) cabaret m, cabarè m **2** (*Bühne*) cabaret m **3** (*Ensemble*) (gruppo m di) cabarettisti m pl.

Kabarettist <-en, -en> m (**Kabarettistin** f) cabarettista mf, attore (-trice) m (f) di cabaret.

kabarettistisch adj cabarettistico, di cabaret.

Kabbelei <-, -en> f fam bisticcio m.

kabbeln rfl *norddt fam* **sich ~** {PERSONEN} bisticciar(si), becchettarsi *fam*, prendersi *fam*; **sich mit jdm ~** bisticciare con qu.

Kabel <-s, -> n **1** *el tel TV* cavo m: **ein ~ verlegen**, posare/mettere un cavo **2** (*Drahtseil*) cavo m.

Kabelanschluss (a.R. Kabelanschluß) f TV collegamento m via cavo: **wir haben ~**, abbiamo la televisione via cavo.

Kabelfernsehen n televisione f via cavo.

Kabeljau <-s, -e *oder* -s> m *fisch* merluzzo m.

Kabelkanal m TV canale m via cavo.

Kabelklemme f *tech* morsetto m per cavi.

Kabelleger <-s, -> m *naut* (nave f) posacavi f.

Kabelmuffe f *tech* manicotto m per cavo.

Kabelnetz n rete f di cablaggio.

Kabelrolle f rullo m avvolgitore (per cavo).

Kabelsalat m *scherz* (*Durcheinander von Kabeln o. Leitungen*) intreccio m di cavi.

Kabeltrommel f *el* tamburo m (per cavo).

Kabine <-, -n> f **1** (*Umkleidekabine*) cabina f, spogliatoio m **2** *naut* cabina f **3** *aero* cabina f **4** (*Wahlkabine*) cabina f (elettorale) **5** (*Duschkabine*) box m doccia **6** (*Gondel*) cabina f.

Kabinett① <-s, -e> n **1** *pol* gabinetto m, consiglio m dei ministri, governo m: **ein ~ bilden**, formare un gabinetto/governo **2** (*kleiner Raum im Museum*) gabinetto m **3** *hist* (*Arbeitszimmer eines Fürsten*) studiolo m **4** (*Qualitätsstufe für Wein*) "denominazione f tedesca per vini di qualità".

Kabinett② <-s, -e> m *gastr* vino m con la denominazione di qualità "Kabinett".

Kabinettsbeschluss (a.R. Kabinettsbeschluß) m decisione f del gabinetto/governo.

Kabinettsbildung f formazione f del gabinetto/governo.

Kabinettschef m capo m del gabinetto/governo.

Kabinettskrise f crisi f ministeriale/[di governo].

Kabinettsmitglied n membro m del gabinetto/governo.

Kabinettssitzung f seduta f/riunione f del consiglio dei ministri.

Kabinettstück, **Kabinettstückchen** n colpo m da maestro, mossa f brillante, capolavoro m.

Kabinettsumbildung f rimpasto m ₁del gabinetto₁/[ministeriale].

Kabinettwein m → **Kabinett**②.

Kabis <-, *ohne* pl> m CH (*Kohl*) cavolo m.

Kabrio, Kabriolett <-s, -s> n decappottabile f, cabriolet m, cabrio m *oder* f *fam*.

Kabuff <-s, -e *oder* -s> n *fam* bugigattolo m, buco m *fam*.

Kachel <-, -n> f piastrella f, mattonella f.

kacheln tr *etw* ~ piastrellare qc, rivestire qc di piastrelle/mattonelle.

Kachelofen m stufa f di ceramica/maiolica.

Kacke <-, *ohne* pl> f **1** *vulg* (*Exkremente*) cacca f *vulg*, merda f *vulg* **2** *vulg* (*ärgerliche Sache*) casino m *fam*, pasticcio m: **das ist vielleicht eine ~!**, ma guarda che situazione di merda! *slang* ● **bei uns ist die ~ am Dampfen!** *slang*, siamo nella merda *vulg*/cacca *vulg* (fino al collo)!

kacken itr **1** *vulg* {MENSCH} cacare *vulg*, fare la cacca *fam*: **ich muss mal ~ gehen**, devo andare ₁a cacare *vulg*₁/[al cesso *fam*] **2** *slang* {TIER} fare la cacca *fam*, cacare *vulg*.

Kadaver <-s, -> m **1** {+TIER} carogna f **2** *pej* {+MENSCH} cadavere m.

Kadavergehorsam m *pej geh* ubbidienza f cieca/incondizionata.

Kadenz <-, -en> f *mus* cadenza f.

Kader <-s, -> m **1** *mil* quadri m pl **2** *sport* selezione f, rosa f dei convocati **3** *bes. ostdt hist* (*Fachkräfte*) quadri m pl; {+PARTEI} auch funzionari m pl; (*einzelne Fachkraft*) quadro m; {+PARTEI} auch funzionario m.

Kadett <-en, -en> m *mil hist* allievo m ufficiale, cadetto m f.

Kadi <-s, -s> m cadì m ● **jdn vor den ~ bringen/schleppen** *fam*, trascinare *fam* qu in tribunale, fare causa a qu.

Kadmium <-s, *ohne* pl> n *chem* cadmio m.

Käfer <-s, -> m **1** *zoo* coleottero m **2** *fam scherz* (*VW*) maggiolino m *fam* ● **ein flotter/hübscher/kesser ~** *fam obs*, una bella pupa *fam obs*.

Kaff <-s, -s *oder* -e> n *fam pej* paesucolo m *fam*, paesino m (sperduto), buco m di paese *fam*.

Kaffee <-s, -s *oder bei Mengenangaben* -> m **1** (*Getränk*) caffè m; (*~bohnen*) (chicchi m pl/grani m pl di) caffè m: **~ machen/kochen**, fare/preparare il caffè; **~ trinken**, bere/prendere il caffè; **jdn zum ~ einladen** (*zu sich nach Hause*), invitare qu (a casa) per il caffè; (*ins Café*) offrire un caffè a qu **2** <*nur sing*> *bot* caffè m ● **das ist kalter ~!** *fam*, questa è (una storia) vecchia! *fam*; *koffeinfreier* ~, caffè decaffeinato/Hag®; **~ und Kuchen**, "usanza tedesca di prendere il caffè e un dolce a metà pomeriggio"; *löslicher* ~, caffè solubile/istantaneo; **~ mit** *Milch* (**Milchkaffee** *zum Frühstück*), caffellatte; (*mit ein wenig Milch*), caffè macchiato; *schwacher/dünner* ~, caffè lungo/alto; *schwarzer* ~, caffè nero; *starker* ~, caffè forte; (*in der Bar*) *auch*, caffè ristretto/basso.

Kaffeeautomat m distributore m automatico di caffè, macchina f del caffè *fam*.

Kaffeebaum m *bot* → **Kaffeestrauch**.

Kaffeebohne f chicco m/grano m di caffè.

kaffeebraun adj (color) caffè.

Kaffeeersatz, **Kaffee-Ersatz** m surrogato m/succedaneo m del caffè.

Kaffeeextrakt, **Kaffee-Extrakt** m caffè m istantaneo/solubile.

Kaffeefahrt f "gita f organizzata da ditte durante la quale vengono commercializzati i loro prodotti".

Kaffeefilter f m **1** (*Gerät*) imbuto m per il caffè **2** *fam* (*Filterpapier*) filtro m per il caffè.

Kaffeegeschirr n → **Kaffeeservice**.

Kaffeehaus n *bes. A* caffè m.

Kaffeehausmusik f *mus* musica f da caffè (concerto).

Kaffeehausorchester n *mus* orchestrina f da caffè (concerto).

Kaffeekanne f caffettiera f.

Kaffeeklatsch m *fam* "incontro m tra amiche per prendere il caffè e far due chiacchiere".

Kaffeekränzchen n *fam* **1** → **Kaffeeklatsch** **2** (*Gruppe von Frauen*) "gruppo m di amiche che si ritrovano regolarmente per prendere il caffè e far due chiacchiere".

Kaffeelöffel m cucchiaino m (da caffè).

Kaffeemaschine f macchina f da caffè (elettrica), caffettiera f (elettrica).

Kaffeemischung f miscela f di caffè.

Kaffeemühle f macinacaffè m, macinino m del caffè.

Kaffeepause f pausa f/break m per il caffè: **machen wir eine ~?**, facciamo una pausa per il caffè?, andiamo a prendere un caffè?

Kaffeerösterei f torrefazione f di caffè.

Kaffeesahne f "panna f parzialmente scremata da mettere nel caffè alla tedesca".

Kaffeesatz m fondo m del caffè ● **aus dem ~ lesen**, leggere il futuro nei fondi di caffè.

Kaffeeservice n servizio m da caffè.

Kaffeestrauch m *bot* (arbusto m del) caffè m.

Kaffeetante f: **eine ~ sein** *fam*, essere una grande bevitrice/consumatrice di caffè.

Kaffeetasse f tazza f da caffè; (*Mokkatasse*) tazzina f da caffè.

Kaffeetisch m tavolo m apparecchiato per

il caffè.

Kaffeewärmer <-s, -> m "cappuccio m (di stoffa) per tenere in caldo la caffettiera".

Kaffeewasser n acqua f per il caffè.

Käfig <-s, -e> m gabbia f ● **im goldenen ~ sitzen**, essere (rinchiuso) in una gabbia dorata.

Käfighaltung f {+HÜHNER} allevamento m ˌin batteriaˌ/[industriale].

kafkaesk adj kafkiano.

Kaftan <-s, -e> m caffettano m.

kahl adj **1** (haarlos) {MENSCH, KOPF, SCHÄDEL} pelato, calvo: **~ werden**, diventare calvo (-a), pelarsi, andare in piazza fam scherz **2** (unbewachsen) {BERG} nudo, brullo; {LANDSCHAFT} brullo, spoglio **3** (blätterlos) {BAUM, PFLANZE} spoglio, brullo, sfrondato **4** (schmucklos) {WAND, ZIMMER} nudo, spoglio, disadorno.

kahl|fressen <irr> tr → **fressen**.

kahlgeschoren adj → **geschoren**.

Kahlheit <-, ohne pl> f **1** (Kahlköpfigkeit) calvizie f **2** (Kahlsein) {+LANDSCHAFT} essere m brullo **3** (Blattlosigkeit) {+BAUM, PFLANZE} nudità f **4** (Schmucklosigkeit) {+WAND, ZIMMER} nudità f.

Kahlkopf m **1** (kahler Kopf) testa f calva/pelata/rapata, pelata f fam scherz **2** fam (Mann) calvo m.

kahlköpfig adj calvo, pelato.

kahl|scheren <irr> tr → **scheren**①.

Kahlschlag m **1** <nur sing> (das Abholzen) di(s)boscamento m totale, abbattuta f **2** (Fläche) area f di(s)boscata, tagliata f **3** fam (Abriss) devastazione f; (drastischer Abbau) taglio m, riduzione f drastica: **der ~ der Regierung im Gesundheitswesen**, il colpo di scure del governo sulla sanità.

Kahn <-(e)s, Kähne> m **1** barca f; (Schleppkahn) chiatta f, barcone m **2** fam oft pej (Schiff) bagnarola f fam ● **~ fahren**, andare in barca.

Kahnfahrt f gita f in barca: **eine ~ machen**, fare un giro in barca.

Kai <-s, -s> m naut banchina f.

Kaiman <-s, -e> m zoo caimano m.

Kaimauer f molo m.

Kain <-s, ohne pl> m bibl Caino m.

Kainsmal n, **Kainszeichen** n bibl marchio m di Caino.

Kairo <-s, ohne pl> n geog Il Cairo m: **sie wohnen in ~**, abitano al Cairo.

Kaiser <-s, -> m (**Kaiserin** f) imperatore (-trice) m (f): **jdn zum ~ krönen**, incoronare qu imperatore ● **sich um des ~s Bart streiten** fam, fare questioni di lana caprina fam, discutere sul sesso degli angeli fam, disputare dell'ombra dell'asino fam; **... dann bin ich der ~ von China!** fam, ... allora io sono il papa! fam; **dem ~ geben, was des ~s ist**, dare a Cesare quel che è di Cesare.

Kaiseradler m ornith aquila f imperiale.

Kaiserhaus n casa f imperiale.

Kaiserin f → **Kaiser**.

Kaiserkrone f **1** corona f imperiale **2** bot corona f imperiale, fritillaria f.

kaiserlich A adj imperiale B adv: **~ gesinnt**, filoimperiale.

kaiserlich-königlich adj hist imperialregio, {MONARCHIE} austroungarico.

Kaiserreich n impero m.

Kaiserschmarren m A gastr "frittata f dolce sminuzzata (con uvetta) e cosparsa di zucchero".

Kaiserschnitt m med taglio m cesareo, cesareo m fam.

Kaiserschnittgeburt f parto m cesareo.

Kaisertum <-s, -tümer> n impero m.

Kaiserwetter <-s, ohne pl> n scherz tempo m magnifico.

Kajak <-s, -s> m oder rar n kayak m.

Kajalstift m (matita f) kajal m.

Kajüte <-, -n> f naut cabina f.

Kakadu <-s, -s> m ornith cacatua m.

Kakao <-s, ohne pl> m **1** bot cacao m **2** (Pulver) cacao m **3** (Getränk) cioccolata f ● **jdn durch den ~ ziehen** fam (jdn verspotten), prendere ˌin giro famˌ/[per i fondelli fam] qu; (schlecht reden über jdn), tagliare i panni addosso a qu fam, sparlare di qu.

Kakaobaum m (albero m del) cacao m.

Kakaobohne f seme m di cacao.

Kakaopulver n cacao m in polvere, polvere f di cacao.

kakeln itr bes. norddt fam cianciare fam, chiacchierare, ciarlare.

Kakerlak <-s oder -en, -en> m zoo scarafaggio m, blatta f.

Kaki① <-, -s> f (Frucht) cachi m, diospiro m.

Kaki② <- -(s), ohne pl> n (Farbe) (color m) cachi m/kaki m.

kakifarben adj (color) cachi/kaki.

Kakofonie, **Kakophonie** <-, ohne pl> f ling mus cacofonia f.

Kaktee <-, -n> f bot, **Kaktus** <- oder fam -ses, Kakteen oder fam -se> m bot cactus m.

Kaktusfeige f bot ficodindia m.

Kalabrese <-n, -n> m (Kalabresin f) → **Kalabrier**.

Kalabrien <-s, ohne pl> n geog Calabria f.

Kalabrier m (**Kalabrierin** f) calabrese mf.

kalabrisch adj calabrese.

Kalamität <-, -en> f <meist pl> geh oder scherz noia f, difficoltà f ● **jdn in ~en bringen**, mettere qu nei pasticci.

Kalander <-s, -> m tech calandra f.

Kalaschnikow <-, -s> f kalashnikov m.

Kalauer <-s, -> m oft pej (Witz) freddura f, calembour m geh; (Wortspiel) gioco m di parole.

Kalb <-(e)s, Kälber> n **1** zoo (junges Rind) vitello m **2** zoo (Junges) {+HIRSCH} cerbiatto m; {+ELEFANT} elefantino m; {+ANTILOPE, GIRAFFE} piccolo m **3** (~fleisch) (carne f di) vitello m/vitella f ● **das Goldene ~ anbeten bibl**, adorare il vitello d'oro; **wie ein abgestochenes ~ glotzen** slang, strabuzzare gli occhi.

kalben itr {KUH} figliare.

Kalbfleisch n carne f di vitello/vitella.

Kalbsbraten m arrosto m di vitello/vitella.

Kalbsfilet n filetto m di vitello/vitella.

Kalbshachse f, **Kalbshaxe** f süddt stinco m di vitello/vitella.

Kalbsleber f fegato m di vitello/vitella.

Kalbsleder, **Kalbleder** n (pelle f di) vitello m.

Kalbsschnitzel n scaloppina f di vitello.

Kaldaunen subst <nur pl> trippa f.

Kaleidoskop <-s, -e> n **1** (Gerät) caleidoscopio m **2** geh (bunte Folge) caleidoscopio m.

Kalender <-s, -> m (Wandkalender) calendario m; (Terminkalender) agenda f: **sich (dat) etw im ~ anstreichen**, segnarsi qc sull'agenda ● **der Gregorianische ~**, il calendario gregoriano; **der Julianische ~**, il calendario giuliano.

Kalenderjahr n anno m civile: ˌin diesemˌ/[im laufenden] **~**, nel corso di quest'anno.

Kalenderwoche f com (Abk KW) settimana f.

Kalesche <-, -n> f obs (Kutsche) calesse m.

Kali <-s, -s> n **1** min (~salz) sale m potassico **2** chem (Kalium) potassio m.

Kaliber <-s, -> n **1** tech calibro m **2** fam oft pej (Sorte): **die sind doch alle vom gleichen ~!**, quelli sono tutti ˌdello stesso stampo famˌ/[della stessa risma fam]!; **in diesem Lokal verkehren vor allem Herren älteren ~s**, questo locale è frequentato soprattutto da signori attempati; **ein Schriftsteller von solchem ~**, uno scrittore di ˌgrosso calibroˌ/[grande statura/levatura] ● **schwere ~ auffahren** slang, ˌandare giùˌ/[andarci] pesante fam.

kalibrieren <ohne ge-> tr tech etw ~ **1** (das Kaliber messen) calibrare qc **2** (ein Messgerät eichen) calibrare qc **3** (ein Werkstück auf Maß bringen) calibrare qc.

Kalif <-en, -en> m hist califfo m.

Kalifornien <-s, ohne pl> n geog California f.

Kalisalz n min sale m potassico/[di potassio].

Kalium <-s, ohne pl> n chem potassio m.

Kaliumkarbonat n chem potassa f, carbonato m di potassio.

Kaliumpermanganat n chem permanganato m di potassio, camaleonte m minerale.

Kalk <-(e)s, ohne pl> m **1** bau calce f: **~ brennen**, cuocere la calce **2** (~stein) calcare m: **auf den Armaturen hat sich ~ gebildet**, sui rubinetti si è formato del calcare **3** anat (Kalzium) calcio m ● **gebrannter ~**, calce viva, calcina; **gelöschter ~**, calce spenta; **bei jdm rieselt schon der ~ fam**, qu è bell'e rimbambito fam, qu comincia a essere arteriosclerotico, l'arteriosclerosi di qu comincia a galoppare fam.

Kalkablagerung f **1** med calcificazione f, deposizione f di sali di calcio **2** (von Kalkstein) deposito m/sedimento m calcareo.

Kalkbildung f **1** (beim Menschen) calcificazione f **2** (Bildung von Kalkstein) formazione f di calcare.

Kalkboden m terreno m calcareo.

Kalkbrennerei f fornace f di calce.

kalken tr etw ~ imbiancare qc a calce.

kalkhaltig adj calcareo.

Kalkmangel m **1** med mancanza f/carenza f di calcio **2** (von Boden) mancanza f di carbonato di calcio.

Kalkstein m calcare m, pietra f calcarea.

Kalkül <-s, -e> n oder m geh calcoli m pl: **unser ~ ging nicht auf**, i nostri calcoli non tornavano; **aus reinem ~ handeln**, agire per calcolo/[il proprio tornaconto] ● **etw ins ~ ziehen**, mettere in conto qc, tenere conto di qc.

Kalkulation <-, -en> f **1** (Kostenberechnung) calcolo m dei costi **2** (Schätzung) calcolo m, stima f, valutazione f: **nach meiner ~**, secondo i miei calcoli.

kalkulierbar adj calcolabile.

kalkulieren <ohne ge-> A tr com etw ~ {KOSTEN, PREIS} calcolare qc; {PROJEKT} calcolare i costi di qc B itr **1** com **irgendwie ~** {GENAU, GROẞZÜGIG, KNAPP, SCHARF, VORSICHTIG} essere + adj nei (propri) calcoli, fare i (propri) calcoli + compl di modo **2** fam (schätzen) calcolare, valutare, stimare: **wenn ich richtig kalkuliert habe ...**, se i miei calcoli sono giusti ...

Kalkutta <-, ohne pl> n geog Calcutta f.

kalkweiß adj **1** (weiß wie Kalk) bianco come il gesso, color gesso **2** (völlig bleich) pallidissimo: **~ werden**, sbiancare, diventare pallido (-a) come un lenzuolo.

Kalorie <-, -n> f (Abk cal) caloria f (Abk cal).

kalorienarm Ⓐ *adj* ipocalorico, a basso contenuto calorico, light Ⓑ *adv*: ~ **essen**, mangiare leggero *fam*, seguire un'alimentazione ipocalorica.

Kalorienbedarf *m* fabbisogno *m* calorico/energetico.

kalorienbewusst (a.R. kalorienbewußt) Ⓐ *adj* {KÖCHIN} attento alle calorie Ⓑ *adv*: **sich ~ ernähren**, nutrirsi con un occhio alle calorie.

Kalorienbombe *f fam* bomba *f* calorica, superconcentrato *m* di calorie.

Kaloriengehalt *m* contenuto *m* calorico.

kalorienreich Ⓐ *adj* ipercalorico, ricco di calorie, ad alto contenuto calorico Ⓑ *adv*: **~ essen**, seguire un'alimentazione ipercalorica, mangiare pesante *fam*.

kalt <*kälter*, *kälteste*> Ⓐ *adj* **1** (*nicht warm*) {LUFT, WASSER, WETTER} freddo: **es ist ~**, è/fa freddo; **es ist bitter/eisig ~**, fa un freddo pungente/[glaciale/polare]; **es wird ~**, si sta facendo freddo; **das Fleisch wird ~**, la carne si (raf)fredda; **etwas Kaltes trinken**, bere ₍qualcosa di fresco₎/[una bevanda fredda]; **ich habe ~e Hände/Füße**, ho ₍le mani fredde₎/[i piedi freddi]; **ihr ist ~**, (lei) ha/sente freddo **2** (*gefühllos*) freddo **3** (*fahl*) {FARBEN, LICHT} freddo **4** (*Schauder erregend*): **mir bricht der ~e Schweiß aus**, sto sudando freddo **5** *fam* (*ohne Heizkosten*) riscaldamento escluso, senza riscaldamento Ⓑ *adv* **1** (*mit kaltem Wasser*): **~ duschen**, far(si) la/una doccia fredda; **etw ~ waschen**, lavare qc in/con acqua fredda **2** (*gefühllos*) con freddezza, freddamente **3** (*Schauder erregend*): **es überlief mich ~**, **es lief mir ~ über den Rücken**, mi vennero i brividi **4** *tech* a freddo ● **~ essen**, mangiare cibi freddi; **etw ~ essen**, mangiare qc freddo (-a); **~ gepresst** {OLIVENÖL}, spremuto a freddo; **im Kalten**, al freddo; **etw ~ stellen**, mettere al fresco qc.

kalt|bleiben a.R. *von* kalt bleiben → **bleiben**.

Kaltblut <-(e)s, ohne pl> *n* cavallo *m* da tiro.

Kaltblüter <-s, -> *m zoo* animale *m* a sangue freddo, eterotermo *m wiss*.

kaltblütig Ⓐ *adj* **1** (*emotionslos*) {MENSCH} dal/[dotato di] sangue freddo: **sein ~es Handeln in dieser Situation …**, il suo sangue freddo in quella situazione …; **in einer solchen Situation muss man ~ sein**, in una situazione del genere bisogna mantenere/conservare il sangue freddo **2** (*skrupellos*) {MÖRDER, TÄTER} che agisce a sangue freddo; {MORD, TAT} (commesso) a sangue freddo Ⓑ *adv* **1** (*emotionslos*) {HANDELN} a ₍sangue freddo₎/[mente fredda], a freddo, freddamente **2** (*skrupellos*) {MORDEN} a sangue freddo; {PLANEN} freddamente.

Kaltblütigkeit <-, ohne pl> *f* **1** (*Emotionslosigkeit*) sangue *m* freddo, freddezza *f* **2** (*Skrupellosigkeit*): **der Mörder geht mit besonderer ~ vor**, l'assassino agisce con particolare sangue freddo.

Kälte <-, ohne pl> *f* **1** (*niedrige Temperatur*) freddo *m*: **bei dieser ~**, con questo freddo; **es herrscht eine eisige/beißende ~**, c'è un freddo gelido/pungente; **vor ~ zittern**, tremare dal freddo **2** (*Gefühlskälte*) freddezza *f*; (*Gleichgültigkeit*) indifferenza *f* ● **sibirische ~**, freddo polare/glaciale/artico.

kältebeständig *adj* resistente al freddo.

Kälteeinbruch *m* improvvisa ondata *f* di freddo.

kälteempfindlich *adj* sensibile al freddo; {PERSON} *auch* freddoloso.

Kältegrad *m* grado *m* sotto zero.

Kälteschutzmittel *n* anticongelante *m*, antigelo *m*.

Kältetod *m* morte *f* per assideramento: **den ~ sterben** *form*, morire assiderato (-a).

Kältewelle *f* ondata *f* di freddo.

Kaltfront *f meteo* fronte *m*₍di aria fredda₎/[freddo].

kaltgepresst (a.R. kaltgepreßt) *adj* → **kalt**.

kaltherzig *adj* senza cuore, (dal cuore) insensibile, freddo.

kaltlächelnd *adv* → **lächelnd**.

kalt|lassen <*irr*> *tr fam* **jdn ~** lasciare indifferente/freddo (-a) *qu*: **das lässt mich kalt**, (ciò) non mi fa né caldo né freddo *fam*.

Kaltluft *f* aria *f* fredda.

kalt|machen *tr slang* **jdn ~** freddare *qu slang*, stecchire *qu fam*, accoppare *qu fam*, fare secco (-a) *qu slang*.

Kaltmiete *f* (canone *m* d')affitto *m* (escluse le spese di riscaldamento).

Kaltschale *f gastr* "zuppa *f* dolce e fredda alla frutta".

kaltschnäuzig *fam* Ⓐ *adj* {ANTWORT} cinico, freddo; {MENSCH} insensibile, cinico Ⓑ *adv* {ANTWORTEN} a muso duro.

kalt|schweißen <*nur inf und part perf*: kaltgeschweißt> *tr tech* **etw ~** saldare *qc* a freddo.

Kaltstart *m* **1** *autom* partenza *f* a freddo **2** *inform* partenza *f* a freddo.

Kaltstartautomatik *f autom* starter *m*.

kalt|stellen *tr* **1** *fam* (*ausschalten*) **jdn ~** liquidare *qu* **2** (*lahmlegen*) **jdn ~** mettere fuori gioco *qu*, estromettere *qu* **3** (*in den Kühlschrank stellen*) **~ stellen**.

kalt|walzen <*nur inf und part perf:* kaltgewalzt> *tr tech* **etw ~** laminare *qc* a freddo.

Kalvarienberg *m bibl relig* calvario *m*.

Kalvinismus <-s, ohne pl> *m* → **Calvinismus**.

Kalvinist <-en, -en> *m* (**Kalvinistin** *f*) → **Calvinist**.

kalvinistisch *adj* → **calvinistisch**.

Kalzium <-s, ohne pl> *n chem* calcio *m*.

kam 1. *und* 3. *pers sing imperf von* kommen.

Kambodscha <-s, ohne pl> *n geog* Cambogia *f*.

Kambodschaner <-s, -> *m* (**Kambodschanerin** *f*) cambogiano (-a) *m* (*f*).

Camcorder <-s, -> *m* → **Camcorder**.

Kamee <-, -n> *f* cammeo *m*.

Kamel <-(e)s, -e> *n* **1** *zoo* cammello *m* **2** *fam pej* (*Dummkopf*) asino *m fam*, imbecille *m fam*.

Kamelhaar *n* cammello *m*.

Kamelhaarmantel *m* cappotto *m*/paltò *m* di cammello.

Kamelie <-, -n> *f bot* camelia *f*.

Kamellen *subst* <*nur pl*>: **das sind alte/olle ~!** *fam*, (queste) sono ₍tutte vecchie storie *fam*₎/[cose sapute e risapute *fam*]!

Kameltreiber *m* cammelliere *m*.

Kamera <-, -s> *f* **1** *film* cinepresa *f*, macchina *f* da presa; *TV* telecamera *f* **2** *fot* macchina *f* fotografica ● **digitale ~**, macchina fotografica digitale; **vor der ~ stehen**, essere/stare davanti alle telecamere; **vor die ~ treten**, parlare davanti alle telecamere.

Kameraassistent *m* (**Kameraassistentin** *f*) *film* aiuto *m* operatore.

Kamerad <-en, -en> *m* (**Kameradin** *f*) **1** (*bes. Schulkamerad*) compagno (-a) *m* (*f*), camerata *m obs* **2** *mil* commilitone *m*, camerata *m*.

Kameradschaft <-, ohne pl> *f* cameratismo *m* ● **aus ~**, per cameratismo/solidarietà.

kameradschaftlich *adj* {VERHÄLTNIS} cameratesco; {GEIST} *auch* di cameratismo: **das war nicht sehr ~ von ihm**, non ha dato gran(de) prova di solidarietà.

Kameradschaftsgeist *m* spirito *m* cameratesco/[di solidarietà], cameratismo *m*.

Kameraeinstellung *f* inquadratura *f* (della cinepresa).

Kamerafahrt *f film* carrellata *f*.

Kamerafrau *f TV* operatrice *f* (televisiva), cameraman *m*; *film* operatrice *f* (cinematografica), cineoperatrice *f*.

Kameraführung *f* fotografia *f*.

Kameraleute *pl von* Kameramann.

Kameramann <-(e)s, Kameramänner *oder* Kameraleute> *m TV* cameraman *m*, operatore *m* (televisivo); *film* operatore *m* (cinematografico), cineoperatore *m*.

kamerascheu *adj* {FILMSTAR, POLITIKER} che rifugge/evita le telecamere, restio a lasciarsi riprendere.

Kamerateam *n TV* troupe *f* televisiva; *film* troupe *f* cinematografica.

Kamerun <-s, ohne pl> *n geog* Camerun *m*: **in ~ leben**, vivere in Camerun.

Kameruner <-s, -> *m* (**Kamerunerin** *f*) camerunese *mf*.

kamerunisch *adj* camerunese, del Camerun.

Kamikaze <-, -> *m* kamikaze *m*.

Kamikazeeinsatz *m* (oper)azione *f* di kamikaze.

Kamille <-, -n> *f* camomilla *f*.

Kamillentee *m* camomilla *f*.

Kamin <-s, -e> *m* **1** (*offene Feuerstelle*) camino *m*, caminetto *m*: **am ~ sitzen**, ₍stare seduto (-a)₎/[sedere] (accanto) al camino **2** *bes. süddt* (*Schornstein*) comignolo *m*, fumaiolo *m*, camino *m* **3** (*Felsspalt*) camino *m* ● **etw in den ~ schreiben (können)** *fam*, (poter) farci una croce sopra *fam*, potersi scordare qc *fam*.

Kaminfeger <-s, -> *m* (**Kaminfegerin** *f*) *region bes. CH* spazzacamino *m*.

Kaminfeuer *n* fuoco *m* del camino: **ein ~ machen**, accendere il camino.

Kaminkehrer <-s, -> *m* (**Kaminkehrerin** *f*) *region bes. süddt* spazzacamino *m*.

Kaminsims *m oder n* mensola *f* del camino, caminiera *f*.

Kamm <-(e)s, Kämme> *m* **1** (*Haarkamm*) pettine *m* **2** *zoo* (*Hahnenkamm*) cresta *f* **3** (*Wellenkamm*) cresta *f*; (*Gebirgskamm*) *auch* crinale *m* ● **alle(s) über einen ~ scheren** *fam*, fare di ogni erba un fascio *fam*; **jdm schwillt der ~ ~** {jd wird überheblich}, qu alza la cresta *fam*; {jd wird wütend}, qu monta in bestia *fam*, qu si incavola *fam*/inalbera.

kämmen Ⓐ *tr* **jdn ~** pettinare *qu*: **(jdm) die Haare ~**, pettinare (i capelli) a qu; **etw glatt ~** {FELL, HAARE}, lisciare qc, pettinare bene qc Ⓑ *rfl* **sich ~** pettinarsi: **sich (dat) die Haare ~**, pettinarsi (i capelli), darsi una pettinata *fam*.

Kammer <-, -n> *f* **1** *obs* (*kleiner Raum*) cameretta *f*, camerina *f*; (*Abstellkammer*) stanzino *m*, ripostiglio *m* **2** *parl* Camera *f* **3** (*Berufsvertretung*) ordine *m* (professionale) **4** *jur* sezione *f* **5** (*Herzkammer*) ventricolo *m* **6** *tech* camera *f*.

Kammerchor *m mus* coro *m* da camera.

Kammerdiener *m hist* servitore *m* (personale).

Kämmerer <-s, -> *m adm* tesoriere *m* comunale.

Kammerjäger *m* (**Kammerjägerin** *f*) disinfestatore (-trice) *m* (*f*), addetto (-a) *m* (*f*) alla disinfestazione.

Kammerkonzert n concerto m di musica da camera.
Kämmerlein <-s, -> n dim von Kammer: **im stillen ~ (über etw akk nachdenken)** scherz, (riflettere) dentro di sé (su qc).
Kammermusik f musica f da camera.
Kammerorchester n orchestra f da camera.
Kammersänger m (**Kammersängerin** f) "titolo m conferito a cantanti d'opera (e concertisti) per particolari meriti professionali".
Kammerspiel n theat **1** (Theaterstück mit wenigen Rollen) dramma m/pièce f da camera **2** (kleines Theater) teatro m da camera.
Kammerton m mus la m (del diapason).
Kammerzofe f hist fantesca f, cameriera f (personale).
Kammgarn n text (filato m/filo m) pettinato m.
Kamorra <-, ohne pl> f camorra f.
Kampagne <-, -n> f campagna f: **eine ~ für/gegen jdn/etw führen/starten**, condurre/lanciare/promuovere una campagna ₋a favore di₋/[contro] qu/qc.
Kampanien <-s, ohne pl> n geog Campania f.
Kampf <-(e)s, Kämpfe> m **1** (Einsatz) ~ (**für/um etw** akk) {FÜR HÖHERE LÖHNE, UM DIE MACHT} lotta f (per qc); ~ (**gegen etw** akk) {GEGEN SOZIALES ELEND, KRIMINALITÄT} lotta f (contro/a qc); {GEGEN KRANKHEIT} lotta f (contro qc): **der ~ mit dem Tod**, la lotta con la morte **2** mil (~handlung) combattimento m, lotta f; (Schlacht) battaglia f: **erbitterter ~**, lotta accanita; **schonungsloser ~**, lotta ₋senza quartiere₋/[senza esclusione di colpi]; **es entbrannte ein blutiger ~**, si scatenò una lotta sanguinosa/cruenta; **es kam zum ~**, ci furono dei combattimenti **3** (Auseinandersetzung) scontro m; (Streit) controversia f: **innerer ~**, lotta/conflitto interiore ● **~ dem/der/...!** (nieder mit) {DEM DIKTATOR, DEN DROGEN}, abbasso ...!; **jdm/etw den ~ ansagen**, dichiarare guerra a qu/qc; **auf in den ~!** fam scherz, forza!; **den ~ aufgeben**, abbandonare la lotta; **den ~ aufnehmen** mil, ingaggiare battaglia/combattimento, aprire le ostilità; (eine Herausforderung annehmen), raccogliere la sfida/il guanto; **~ ums Dasein**, lotta per l'esistenza; **der ~ der Geschlechter**, la lotta fra i (due) sessi; **jdn zum ~ herausfordern**, sfidare qu (a battaglia); **~ auf Leben und Tod**, lotta all'ultimo sangue; **ein ~ bis aufs Messer**, una lotta ₋a coltello₋/[senza esclusione di colpi].
Kampfabstimmung f pol votazione f incerta fino all'ultimo.
Kampfansage f **~ (an jdn/etw)** dichiarazione f di guerra (a qu/qc), sfida f (a qu/qc).
Kampfbahn f arena f, stadio m, campo m.
kampfbereit adj pronto a combattere: **sich ~ machen**, prepararsi al combattimento.
Kampfeinheit f mil unità f da combattimento.
Kampfeinsatz m mil intervento m (militare): **~ der Bundeswehr**, l'intervento dell'esercito tedesco.
kämpfen A itr **1** bes. mil (**gegen jdn/mit jdm**) ~ {GEGEN DEN FEIND, MIT EINEM RIVALEN} combattere ((contro) qu), lottare (contro/con qu), battersi (contro/con qu), dare battaglia (a qu) **2** sport **irgendwie** ~ {FAIR, HART, VERZWEIFELT, MIT AUSDAUER} battersi/lottare + compl di modo; **gegen jdn** ~ {GEGEN EINEN BOXER} battersi con/contro qu; {GEGEN EINE ANDERE MANNSCHAFT} auch giocare con/

contro qu; **um etw** (akk) ~ {UM DEN SIEG} lottare per qc; {UM EINE MEDAILLE} auch gareggiare per qc: **die zwei Mannschaften kämpften um den Meistertitel**, le due squadre si contesero il titolo di campione **3** (sich einsetzen für) **für/gegen etw** (akk) ~ {FÜR MEHR GLEICHBERECHTIGUNG, GEGEN DIE UMWELTVERSCHMUTZUNG} lottare per/contro qc, battersi per/contro qc, combattere per/contro qc; **um etw** (akk) ~ {UM FREIHEIT, MACHT} lottare per qc **4** (ringen): **mit sich (dat) ~**, lottare/[essere in lotta] con se stesso, essere combattuto; **mit dem Schlaf/Tod ~**, lottare con il sonno/la morte; **mit etw (dat) ₋zu ~ haben₋/[~ müssen]** {MIT PROBLEMEN, SCHWIERIGKEITEN}, essere alle prese con qc, dover lottare con qc; **mit den Tränen ~**, cercare di trattenere le lacrime B rfl (sich durchschlagen) **sich durch etw** (akk) ~ {DURCH DAS DICKICHT, DEN URWALD} aprirsi un varco in qc, farsi strada attraverso qc; {DURCH EIN SCHWIERIGES BUCH, DEN PARAGRAPHENDSCHUNGEL} essere alle prese con qc.
Kämpfer <-s, ohne pl> m chem canfora f.
Kämpfer <-s, -> m (**Kämpferin** f) **1** mil combattente mf **2** sport lottatore (-trice) m (f) **3** (Streiter) **~(in) für etw** (akk) {FÜR GERECHTIGKEIT} difensore m di qc, paladino (-a) m (f) di qc; **~(in) gegen etw** (akk) {GEGEN ATOMTESTS} persona f impegnata nella lotta contro qc: **sie ist eine große ~in**, è molto combattiva/battagliera, ha un temperamento molto battagliero.
kämpferisch adj combattivo, battagliero, guerriero.
Kämpfernatur f persona f battagliera/combattiva, lottatore (-trice) m (f): **er ist eine ~**, ha un'indole battagliera, ha un temperamento combattivo.
kampffähig adj in grado di combattere.
Kampfflugzeug n aero mil aereo m da combattimento.
Kampfgebiet n zona f di combattimento.
Kampfgefährte m (**Kampfgefährtin** f) compagno (-a) m (f) di lotta.
Kampfgeist m spirito m combattivo, combattività f.
Kampfgewühl n mischia f.
Kampfgruppe f squadra f da combattimento.
Kampfhahn m **1** (Tier) gallo m da combattimento **2** fam (streitsüchtiger Mann) attaccabrighe m fam.
Kampfhandlung f (oper)azione f militare; <pl> ostilità f pl: **die ~en einstellen**, cessare le ostilità.
Kampfhubschrauber m elicottero m da combattimento.
Kampfhund m cane m da combattimento.
Kampfkraft f forza f combattiva.
kampflos adv senza ₋colpo ferire₋/[combattere]/[opporre resistenza].
kampflustig adj bellicoso, riottoso.
Kampfmaßnahme f <meist pl> forma f di lotta.
Kampfpause f tregua f.
Kampfplatz m campo m di battaglia.
Kampfpreis m com prezzo m competitivo (per mettere in difficoltà la concorrenza).
Kampfrichter m (**Kampfrichterin** f) sport giudice mf di gara.
Kampfsport m sport m di combattimento; (Judo, Karate u. Ä.) arte f marziale.
Kampfstoff m mil euph aggressivo m chimico/biologico.
kampfunfähig adj **1** mil non in grado di combattere **2** sport fuori combattimento ● **jdn ~ machen**, mettere qu fuori

mento; **jdn ~ schlagen**, mettere qu fuori combattimento, mettere K.O. qu.
Kampfverband m squadra f da combattimento.
kampieren <ohne ge-> itr **irgendwo** ~ accamparsi/attendarsi/[essere accampato] + compl di luogo.
Kanada <-s, ohne pl> n geog Canada m: **nach ~ fahren**, andare in Canada.
Kanadier① <-s, -> m sport (canoa f) canadese f.
Kanadier② <-s, -> m (**Kanadierin** f) canadese mf.
kanadisch adj canadese.
Kanaille <-, -n> f pej canaglia f.
Kanake <-n, -n> m **1** (Eingeborener Polynesiens und der Südseeinseln) canaco m **2** fam pej (exotischer Ausländer) "appellativo m offensivo dato ai lavoratori stranieri in Germania".
Kanal <-(e)s, Kanäle> m **1** canale m **2** (Abwasserkanal) canale m di scolo **3** <nur sing> geog (Ärmelkanal): **der ~**, il Canale della Manica, la Manica **4** radio tel TV canale m **5** <meist pl> (Weg) canale m, via f: **diplomatische Kanäle**, canali diplomatici; **über dunkle Kanäle**, per vie oscure/traverse; **auf welchen Kanälen kamen die Waffen ins Land?**, attraverso quali canali le armi sono penetrate nel paese? **6** anat canale m, dotto m ● **den ~ voll haben** slang (betrunken sein), aver alzato troppo il gomito fam, essere ubriaco fradicio fam; **(es satthaben)**, averne le tasche piene fam.
Kanalarbeiter m (**Kanalarbeiterin** f) **1** fognaiolo (-a) m (f) **2** slang pol "figura f politica che agisce (per qualcun altro) dietro le quinte".
Kanaldeckel m tombino m, chiusino m.
Kanalinsel f <meist pl> isola f ₋della Manica₋/[del Canale]/[Normanna].
Kanalisation <-, -en> f rete f fognaria, fognatura f, canalizzazione f (di scarico).
kanalisieren <ohne ge-> tr **etw** ~ **1** (mit einer Kanalisation versehen) {DORF, ORT} munire/dotare qc di una rete fognaria; {STRAßE} collegare qc alla rete fognaria **2** (schiffbar machen) {FLUSS} rendere navigabile qc, canalizzare qc **3** geh (in bestimmte Bahnen lenken) {POLITISCHE BEWEGUNG, EMOTIONEN, ENERGIE} incanalare qc, canalizzare qc.
Kanalnetz n (Abwasserkanalnetz) rete f fognaria, fognature f pl.
Kanaltunnel m: **der ~**, il tunnel sotto la Manica, l'eurotunnel m.
Kanapee <-s, -s> n obs (Sofa) canapè m obs, divano m.
Kanarienvogel m ornith canarino m.
Kanarische Inseln subst <nur pl> geog: **die Kanarischen Inseln**, le (isole) Canarie f pl.
Kandare <-, -n> f morso m, freno m ● **jdn (fest) an der ~ haben**, tenere qu al guinzaglio fam; **jdn an die ~ nehmen**, mettere il guinzaglio/morso a qu.
Kandelaber <-s, -> m candelabro m.
Kandidat <-en, -en> m (**Kandidatin** f) **1** (Bewerber) **~(in) (für etw** akk) candidato (-a) m (f) (a qc): **jdn als ~ (für etw** akk) **aufstellen**, candidare qu (a qc), presentare qu come candidato (a qc) **2** univ (Prüfungskandidat) candidato (-a) m (f), esaminando (-a) m (f).
Kandidatenliste f lista f dei candidati.
Kandidatur <-, -en> f candidatura f: **seine ~ anmelden/zurückziehen**, presentare/ritirare la propria candidatura.
kandidieren <ohne ge-> itr (**für etw** akk) ~ candidarsi (a qc), presentare la propria can-

didatura (*a qc*).
kandiert adj: **~e Früchte**, frutta candita, canditi.
Kandis <-, ohne pl> m, **Kandiszucker** m zucchero m candito.
Känguru <-s, -s> (a.R. Känguruh) n *zoo* canguro m.
Kaninchen <-s, -> n *zoo* coniglio (-a) m (f) • **wie das ~ vor der** *Schlange* **stehen** *fam*, rimanere (come) paralizzato (-a); **sich wie die ~** *vermehren fam*, riprodursi come i conigli *fam*.
Kaninchenfell n lapin m, (pelliccia f di) coniglio m.
Kaninchenstall m conigliera f.
Kaninchenzucht f cunicoltura f, coniglicoltura f, allevamento m di conigli.
Kanister <-s, -> m (*für Wasser*) tanica f, bidone m; (*für Benzin, Öl*) *auch* fusto m.
kann 1. und 3. pers sing präs *von* können.
Kannbestimmung, **Kann-Bestimmung** f *jur* disposizione f facoltativa.
Kännchen <-s, -> n dim *von* Kanne **1** (*kleine Kanne*) bricchetto m **2** *gastr* bricco m: **ich hätte gern ein ~ Kaffee/Tee**, vorrei un bricco/bricchetto di caffè/tè.
Kanne <-, -n> f bricco m; (*Kaffeekanne*) caffettiera f; (*Teekanne*) teiera f; (*Milchkanne*) bricco m del latte, lattiera f; (*zum Transport*) bidone m del latte • **es gießt wie aus ~en** *fam*, piove a catinelle *fam*; **volle ~!** *slang* (*mit höchster Geschwindigkeit, mit aller Kraft*), a tutta birra *fam*, a tavoletta *fam*.
Kannibale <-n, -n> m (**Kannibalin** f) cannibale mf.
kannibalisch adj cannibalesco; {Riten} *auch* cannibalico.
Kannibalismus <-, ohne pl> m cannibalismo m.
Kannkind, **Kann-Kind** n *Schule* bambino (-a) m (f) che fa la primina.
kannte 1. und 3. pers sing imperf *von* kennen.
Kanon <-s, -s> m **1** *mus* canone m **2** *geh* (*Regelsystem*) canone m **3** *relig* canone m **4** *Schule univ* canone m.
Kanonade <-, -n> f **1** *mil hist* cannoneggiamento m, fuoco m d'artiglieria **2** (*Flut*): **eine (wahre) ~ von etw** (dat pl) {Von Beschimpfungen, Vorwürfen}, una (vera e propria) raffica/pioggia/grandine di qc.
Kanone <-, -n> f **1** (*Geschütz*) cannone m **2** *fam bes. sport* cannone m *fam*, cannonata f *fam*, asso m *fam* **3** *slang* (*Revolver*) sputafuoco f *slang* • **mit ~n auf Spatzen schießen** *fam*, sparare alle mosche *fam*; **unter aller ~ sein** {Leistung}, essere ˌterra terra *fam*ˌ/ [penoso *fam*]/[molto scadente].
Kanonenboot n cannoniera f.
Kanonendonner m cannonate f pl, rombo m di cannoni.
Kanonenfutter n *pej* carne f da cannone/macello.
Kanonenkugel f palla f/proiettile m di cannone.
Kanonenofen m stufa f cilindrica (in ferro).
Kanonenrohr <-(e)s, -e> n bocca f da fuoco, canna f del cannone.
Kanonenschuss (a.R. Kanonenschuß) m colpo m di cannone, cannonata f.
Kanonier <-s, -e> m *mil* cannoniere m.
Kanoniker <-s, -> m, **Kanonikus** <-, *Kanoniker*> m *relig* canonico m.
Kanonisation <-, -en> f *relig* canonizzazione f, santificazione f.
kanonisch adj *jur* {Recht} canonico.
kanonisieren <ohne ge-> tr *relig* jdn ~ canonizzare *qu*, santificare *qu*.
Kanossa <-s, ohne pl> n *geh*: **den Gang nach ~ gehen/tun/antreten**, andare a Canossa, fare/recitare il mea culpa.
Kanossagang m *geh* andare m a Canossa • **einen ~ antreten**, andare a Canossa, fare/recitare il mea culpa.
Kantate <-, -n> f *mus* cantata f.
Kante <-, -n> f **1** (*Linie, an der zwei Flächen aufeinandertreffen: Bettkante, Stuhlkante, Tischkante*) spigolo m; {+Ski} lamina f: **ein Würfel hat 12 ~n**, un cubo ha 12 spigoli **2** (*Rand*) {+Kleidungsstück, Tischdecke} bordo m; (*Saum*) orlo m • **etw auf der hohen ~ haben** *fam* {Geld}, avere qc sotto il materassino *fam*, avere da parte qc, aver risparmiato qc; **etw auf die hohe ~ legen** *fam* {Geld}, mettere da parte qc, risparmiare qc.
kanten A tr (*auf die Kante stellen*) **etw ~** mettere qc di spigolo B itr *Ski* spigolare (gli sci) • **nicht ~!**, non capovolgere!
Kanten <-s, -> m *region* cantuccio m (di pane).
Kantenlänge f *math* lunghezza f degli spigoli.
Kantholz n listello m.
kantig adj **1** (*Kanten aufweisend*) {Felsblock, Holz} squadrato **2** (*markant*) {Gesicht, Kinn} spigoloso, angoloso **3** (*schroff*) {Benehmen, Charakter} spigoloso, angoloso.
Kantine <-, -n> f (*Betriebskantine, Kasernenkantine*) mensa f; (*Internatskantine*) refettorio m.
Kanton <-s, -e> m *CH* (*Verwaltungsbezirk*) cantone m.
kantonal adj cantonale.
Kantonist <-en, -en> m: **ein unsicherer ~ sein** *fam*, essere un tipo poco affidabile.
Kantor <-s, -en> m (**Kantorin** f) (*Leiter des Kirchenchors und Organist*) maestro (-a) mf del coro (di una chiesa) e organista.
Kanu <-s, -s> n canoa f: **~ fahren**, andare in canoa.
Kanüle <-, -n> f **1** (*an Spritze*) ago m (della siringa) **2** (*Röhrchen*) cannula f.
Kanuslalom <-s, ohne pl> m *sport* canoa f slalom.
Kanusport m canottaggio m, sport m della canoa.
Kanute <-n, -n> m (**Kanutin** f) *sport* canoista mf.
Kanzel <-, -n> f **1** (*in der Kirche*) pulpito m **2** *aero obs* (*Cockpit*) cabina f (di pilotaggio), abitacolo m.
kanzerogen adj *med* cancerogeno.
Kanzlei <-, -en> f **1** (*von Rechtsanwalt*) studio m (legale); (*von Notar*) studio m (notarile) **2** *hist* (*von Behörde*) cancelleria f.
Kanzleisprache f *hist* lingua f cancelleresca.
Kanzler <-s, -> m (**Kanzlerin** f) **1** *D A pol* cancelliere (*rar* -a) m (f) **2** *univ* economo (-a) m (f) • **der Eiserne ~** *hist* (*Bismarck*), il cancelliere di ferro.
Kanzleramt n **1** *pol* (*Amt des Kanzlers*) cancellierato m **2** (*Behörde*) cancelleria f **3** (*Bau*) cancelleria f.
Kanzleramtsminister m *pol* capo m della cancelleria.
Kanzlerin f → Kanzler.
Kanzlerkandidat m (**Kanzlerkandidatin** f) *pol* candidato (-a) m (f) alla cancelleria.
Kanzlerrunde f *slang pol* "riunione f di esperti di una data materia convocata dal cancelliere tedesco".
Kanzlerschaft <-, -en> f *pol* cancelliera-

to m.
Kaolin <-s, -e> n *oder* m *geol* caolino m.
Kap <-s, -s> n capo m, promontorio m • **das Kap der Guten** *Hoffnung geog*, il Capo di Buona Speranza; **Kap** *Hoorn geog*, Capo Horn.
Kap. *Abk von* Kapitel: cap. (*Abk von* capitolo).
Kapaun <-s, -e> m *zoo* cappone m.
Kapazität[1] <-, -en> f **1** <*meist* sing> (*Fassungsvermögen*) capacità f, capienza f **2** (*Leistungsvermögen*) potenzialità f, capacità f produttiva **3** *geh* (*Begriffsvermögen*) capacità f pl (intellettuali).
Kapazität[2] <-, -en> f (*Experte*) autorità f, luminare m: **er ist eine ~ auf seinem Gebiet**, è un luminare nel suo campo.
Kapee n: **schwer von ~ sein** *fam*, essere duro di comprendonio.
Kapelle[1] <-, -n> f (*kleine Kirche*) cappella f.
Kapelle[2] <-, -n> f *mus* banda f, orchestrina f, complesso m (musicale).
Kapellmeister m (**Kapellmeisterin** f) **1** (*Orchesterdirigent*) direttore m d'orchestra **2** (*Leiter einer Kapelle*) capobanda mf.
Kaper <-, -n> f cappero m.
Kaperfahrt f *naut hist* scorreria f di corsari.
kapern A rfl *fam* (*sich bemächtigen*) **sich jdn/etw ~** prendersi *qu*/*qc fam*: **sich** (dat) **einen Millionär ~**, accalappiare un milionario B tr *hist* (*erbeuten*) **etw ~** {Schiff} andare all'arrembaggio di qc, arrembare qc.
Kaperschiff n *hist* nave f corsara.
kapieren <ohne ge-> *fam* A itr capire: **sie hat schnell kapiert**, l'ha afferrato al volo B tr *etw* **~** capire qc, afferrare qc: **das kapier' ich echt nicht!** *fam*, non ci arrivo proprio! *fam* • **kapiert?**, capito?, chiaro?
Kapillargefäß n *anat* (vaso m) capillare m.
kapital adj **1** *Jagd* {Bock, Hirsch} magnifico **2** *fam* (*groß*) {Fehler, Irrtum} madornale *fam*, colossale *fam*.
Kapital <-s, -e *oder* -ien> n **1** *ökon* (*Geldvermögen*) capitale m **2** *com* (*Gesellschaftskapital*) capitale m sociale • **~ anlegen**, investire del capitale; *flüssiges* **~** *ökon*, disponibilità; **~ aus etw** (dat) **schlagen** *pej*, trarre profitto da qc; **sein ~ in etw** (akk) **stecken**, investire il proprio capitale in qc; *totes* **~** *ökon*, capitale morto; *geh* (*ungenutzte Möglichkeiten*), potenzialità non sfruttate.
Kapitalabfluss (a.R. Kapitalabfluß) m *ökon* emigrazione f di capitali.
Kapitalabwanderung f *ökon* fuga f di capitali.
Kapitalanlage f *ökon* investimento m (di capitale), capitale m investito.
Kapitalanlagegesellschaft f *ökon* società f di investimento (mobiliari).
Kapitalanleger m (**Kapitalanlegerin** f) *ökon* investitore (-trice) m (f) (di capitale).
Kapitalaufstockung f *ökon* aumento m/incremento m di capitale.
Kapitalausfuhr f esportazione f di capitali.
Kapitalbeteiligungsgesellschaft f *ökon* società f di finanziamento.
Kapitälchen <-s, -> n *typ* maiuscoletto m.
Kapitaldecke f *ökon* buona copertura f finanziaria.
Kapitalerhöhung f *ökon* aumento m del capitale sociale.
Kapitalertrag m *ökon* reddito m di/da capitale.
Kapitalertragssteuer f *ökon* (*Abk* KESt) imposta f sul reddito di capitale.

Kapitalflucht f ökon fuga f di capitali.
Kapitalgesellschaft f ökon società f di capitali.
kapitalisieren <ohne ge-> tr *etw* ~ capitalizzare *qc*.
Kapitalismus <-, ohne pl> m ökon pol capitalismo m.
Kapitalist <-en, -en> m (**Kapitalistin** f) **1** *fam* (*reiche Person*) capitalista mf **2** *pol obs* capitalista mf.
kapitalistisch adj capitalista, capitalistico.
Kapitalkonzentration f ökon concentrazione f di capitali.
kapitalkräftig adj {PERSON} che dispone di cospicue risorse finanziarie; {UNTERNEHMEN} *auch* finanziariamente solido.
Kapitalmarkt m mercato m finanziario.
kapitalschwach adj {UNTERNEHMEN} finanziariamente debole.
kapitalstark adj → **kapitalkräftig**.
Kapitaltransfer m ökon transfer m (di capitale).
Kapitalverbrechen n *jur* reato m capitale.
Kapitalvermögen n patrimonio m mobiliare.
Kapitän <-s, -e> m **1** *naut sport* capitano m **2** *aero* comandante m ● **zur See** *mil*, capitano di vascello.
Kapitänspatent n *naut* brevetto m di capitano.
Kapitel <-s, -> n (Abk Kap.) **1** {+BUCH} capitolo m **2** (*Angelegenheit*) questione f, faccenda f: **ein dunkles ~ in seinem Leben**, un capitolo oscuro della sua vita **3** (*Domkapitel*) capitolo m ● **das ist ein** *anderes* ~, (questa) è un'altra faccenda/questione; **das ist ein ~ für sich**, è una questione a parte/sé.
Kapitell <-s, -e> n *arch* capitello m.
Kapitol <-s, ohne pl> n (*in Rom und Washington*) Campidoglio m.
Kapitulation <-, -en> f **1** *mil* capitolazione f, resa f **2** (*Resignation*) ~ **vor** *jdm/etw* capitolazione f *davanti/[di fronte] a qu/qc*, resa f *davanti/[di fronte] a qu/qc* ● **bedingungslose ~** *mil*, resa incondizionata.
kapitulieren <ohne ge-> itr **1** *mil* (*vor jdm/etw*) ~ capitolare (*davanti/[di fronte] a qu/qc*), arrendersi (*a qu/qc*) **2** *fam* (*aufgeben*) (**vor** *jdm/etw*) ~ capitolare (*davanti/[di fronte] a qu/qc*), arrendersi (*a qu/qc*).
Kaplan <-(e)s, *Kapläne*> m *relig* (*Hilfsgeistlicher*) curato m, cappellano m.
Kapo <-s, -s> m *slang* (*im Nationalsozialismus*) kapò m.
Kapodaster <-s, -> m *mus* capotasto m.
Kaposi-Sarkom <-s, -e> n *med* sarcoma m di Kaposi.
Kappe <-, -n> f **1** (*Kopfbedeckung*) berretto m, berretta f **2** (*am Schuh: vorn*) mascherina f, spunterbo m; (*hinten*) rinforzo m del calcagno **3** (*Verschluss*) {+FÜLLFEDERHALTER} cappuccio m; {+FLASCHE, TUBE} tappo m **4** *tech* (*an Maschinenteilen*) calotta f **5** *arch* (*an Gewölbe*) vela f ● **etw geht auf jds** ~ *fam* (*jd ist verantwortlich für etw*), qc è (tutta) colpa di qu, qc è da imputare a qu; (*etw geht auf Rechnung*), qc va sul conto di qu; **das geht auf meine ~!** *fam*, offro io!; **völlig neben der ~ sein** *fam*, essere completamente fuori fase *fam*; **etw auf seine ~ nehmen** *fam*, assumersi la responsabilità di qc.
kappen tr **1** *bes. naut* (*durchschneiden*) *etw* ~ {LEINE, TAU} mozzare qc, tagliare qc, troncare qc, recidere qc **2** (*stutzen*) *etw* ~ {BÄUME} svettare qc {ZWEIGE} potare qc **3** *fam* (*beschneiden*) *etw* ~ {MACHT, PRIVILEGIEN} ri-

durre qc: **die Beziehung ~**, tagliare i ponti *fam*, troncare *fam*, chiudere *fam*; (*jdm*) *etw* ~ {MITTEL, ZUSCHÜSSE} tagliare qc (*a qu*) *fam*.
Kappes <-, ohne pl> m **1** *slang* (*Blödsinn*) scemenze f pl, idiozie f pl, corbellerie f pl **2** *dial* (*Weißkohl*) cavolo m cappuccio.
Käppi <-s, -s> n bustina f.
Kapriole <-, -n> f **1** (*Luftsprung*) capriola f: **~ n schlagen**, fare (del)le capriole **2** (*verrückte Tat*) bizzarria f, stramberia f; (*Laune*) capriccio m.
kaprizieren <ohne ge-> rfl **sich auf etw** (akk) ~ fissarsi *su/con* qc *fam*, incaponirsi *in* qc.
kapriziös geh **A** adj capriccioso **B** adv in modo capriccioso.
Kapsel <-, -n> f **1** *pharm* capsula f, cachet m **2** *bot* capsula f **3** (*kleiner Behälter*) scatolina f.
Kapstadt <-s, ohne pl> n *geog* Città f del Capo.
kaputt adj *fam* **1** (*defekt*) {AUTO, FERNSEHER, MOTOR, TELEFON, UHR} guasto, rotto, scassato *fam*; (*endgültig ~*) andato *fam* **2** (*zerbrochen*) {FENSTER} rotto; {TELLER, VASE} *auch* spaccato *fam*; (*beschädigt*) {SCHUHE} rotto; {STUHL} *auch* sgangherato, scassato *fam*; (*total ~*) sfasciato m **3** (*erschöpft*) a pezzi *fam*, distrutto, sfinito: **ein ~er Typ** *slang*, uno scoppiato *slang* **4** (*ruiniert*) {NERVEN} a pezzi *fam*; (*BEZIEHUNG, EHE*) sfasciato, fallito, andato a rotoli *fam* **5** (*schwer geschädigt*) {MAGEN, LEBER, LUNGE} rovinato, malandato; {ARM, BEIN} rotto ● **was ist denn jetzt ~?** *fam*, (ma) cos'è successo?, che (cosa) c'è (ora) che non va?
kaputt|arbeiten rfl *fam* **sich** ~ ammazzarsi *fam*/massacrarsi *fam* di lavoro, lavorare come un negro *fam*/dannato *fam*.
kaputt|fahren <irr> tr → **fahren**.
kaputt|gehen <irr> itr <sein> *fam* **1** (*defekt werden*) {AUTO, FERNSEHER, MOTOR, TELEFON, UHR} rompersi, guastarsi, scassarsi *fam* **2** (*entzweigehen*) {FENSTER, GLAS, TASSE, TELLER, VASE} rompersi, andare in pezzi, spaccarsi; (*beschädigt werden*) {JACKE, SCHUHE} rompersi, sciuparsi; {STUHL} *auch* sfasciarsi *fam* **3** (*eingehen*) (**an** *etw* dat) ~ {BAUM, PFLANZE AN WASSERMANGEL} morire (*per qc*), seccarsi (*per qc*) **4** (*zugrunde gehen*) (**an** *etw* dat) ~ (*BEZIEHUNG, EHE AN DEN BELASTUNGEN*) sfasciarsi (*per qc*) *fam*, andare a rotoli/catafascio (*per qc*) *fam*: **an diesen Spannungen gehen meine Nerven kaputt**, queste tensioni mi fanno venire l'esaurimento nervoso; *slang* {PERSON} distruggersi, rovinarsi, sfinirsi; **an/bei dieser Arbeit gehe ich noch ~**, questo lavoro mi distrugge/sfinisce/[fa schiantare *slang*]; **bei dieser Hitze geht man ja kaputt!**, fa un caldo che si schianta! *fam*, con questo caldo si scoppia! *fam*.
kaputt|kriegen tr → **kriegen**.
kaputt|lachen rfl **sich ~** *fam* sbellicarsi *fam*/schiantarsi *fam*/sganasciarsi *fam*/scompisciarsi *fam* dalle risa/risate, scoppiare *fam*/crepare *fam* dal ridere.
kaputt|machen *fam* **A** tr **1** (*zerbrechen*) *etw* ~ {SPIELZEUG} rompere qc, scassare qc *fam*; {AUTO, GERÄT, MÖBELSTÜCK} *auch* sfasciare qc *fam*; {GESCHIRR} rompere qc, spaccare qc **2** (*ruinieren*) *etw* ~ {GESUNDHEIT} rovinare *fam*; {BEZIEHUNG, EHE} *auch* distruggere qc *fam*, sfasciare qc *fam*, mandare a rotoli *fam*/catafascio *fam* qc; {NERVEN} logorare qc; (*wirtschaftlich*) rovinare qc **3** (*fertigmachen*) *jdn* ~ sfinire qu *fam*, distruggere qu, ammazzare qu *fam*, massacrare qu *fam*: **die Arbeit macht mich ganz kaputt**, il lavoro mi sta

rovinando la salute /[sfinisce]/[ammazza *fam*]/[distrugge *fam*] **B** rfl **sich ~** (**mit etw** dat) ~ rovinarsi la salute (*con qc*), distruggersi (*con qc*) *fam*, ammazzarsi *di ~ qc*.
kaputt|schlagen <irr> tr → **schlagen**.
Kapuze <-, -n> f cappuccio m.
Kapuziner① <-s, -> m *relig* (frate m) cappuccino m.
Kapuziner② <-s, -> m A (*Milchkaffee*) caffellatte m.
Kapuzinerkresse f *bot* cappuccina f, nasturzio m indiano.
Kapuzinerorden m *relig* ordine m dei cappuccini.
Kap Verde <- -, ohne pl> n *geog* Capo Verde m.
Kapverden subst <nur pl> *geog*: **die ~**, le isole di Capoverde.
Kapverdier <-s, -> m (**Kapverdierin** f) capoverdiano (-a) m (f), originario (-a) m (f) di Capo Verde.
kapverdisch adj capoverdiano: **die Kapverdischen Inseln**, le isole di Capoverde.
Karabiner <-s, -> m **1** (*Gewehr*) carabina f, moschetto m **2** A → **Karabinerhaken**.
Karabinerhaken m moschettone m.
Karacho <-s, ohne pl> n: **mit ~** *fam*, a tutta birra *fam*, a tutto gas *fam*, a tavoletta *fam*.
Karaffe <-, -n> f caraffa f, boccia f.
Karambolage <-, -n> f **1** *fam* (*Zusammenstoß*) carambola f (di automobili), scontro m (di più veicoli) **2** (*Billard*) carambola f.
Karamell (a.R. Karamel) <-s, ohne pl> m *oder* CH n caramello m.
Karamelle <-, -n> f <meist pl> caramella f.
Karamellpudding (a.R. Karamelpudding) m crème caramel m.
Karamellzucker (a.R. Karamelzucker) m zucchero m caramellato.
Karat <-(e)s, -e *oder mit Zahlenangaben* -> n carato m.
Karate <-(s), ohne pl> n *sport* karate m, karatè m.
Karavelle <-, -n> f *naut hist* caravella f.
Karawane <-, -n> f carovana f.
Karawanserei <-, -en> f caravanserraglio m.
Karbid <-(e)s, -e> n *chem* carburo m.
Karbon <-s, ohne pl> n *geol* (periodo m) carbonifero m.
Karbonat <-(e)s, -e> n *chem* carbonato m.
Kardamom <-s, -e(n)> m *oder* n cardamomo m.
Kardangelenk n *tech* giunto m cardanico.
Kardantunnel m *autom* tunnel m della trasmissione.
Kardanwelle f *autom* albero m di trasmissione.
Karde <-, -n> f *bot* cardo m.
Kardinal <-s, *Kardinäle*> m cardinale m.
Kardinalfehler m errore m fondamentale/[di fondo].
Kardinalfrage f questione f essenziale, problema f fondamentale, questione f/problema m di capitale importanza.
Kardinalshut m cappello m cardinalizio.
Kardinaltugend f <meist pl> virtù f cardinale.
Kardinalzahl f numero m cardinale.
Kardiochirurg m (**Kardiochirurgin** f) *med* cardiochirurgo m.
Kardiochirurgie f *med* cardiochirurgia f.
Kardiochirurgin f → **Kardiochirurg**.
Kardiogramm <-s, -e> n *med* cardiogramma m.

Kardiologe <-n, -n> m (**Kardiologin** f) *med* cardiologo (-a) m (f).
Kardiologie <-, ohne pl> f *med* **1** (*Wissenschaft*) cardiologia f **2** *slang* (*Station*) (reparto m di) cardiologia f.
Kardiologin f → **Kardiologe**.
kardiologisch adj cardiologico.
Karenztag m (*bei Krankheit*) "primo giorno m di malattia non retribuito".
Karenzzeit f *bes. Versicherung* periodo m di aspettativa.
Karfiol <-s, ohne pl> m A (*Blumenkohl*) cavolfiore m.
Karfreitag m Venerdì m Santo.
karg <-er oder rar kärger, -ste oder rar kärgste> **A** adj **1** (*dürftig*) {MAHL} frugale, parco, povero; {EINRICHTUNG} modesto, essenziale, povero, spartano; (*knapp*) {EINKOMMEN, GEHALT} scarso, magro, modesto **2** (*unfruchtbar*) {BODEN, ERDE} povero, arido, avaro *geh* **3** *geh* (*geizig*): **mit etw** (dat) **~ sein** {MIT ANERKENNUNG, LOB}, essere parco/avaro di qc, lesinare qc **B** adv **1** (*dürftig*) {LEBEN} spartanamente, parcamente, con lo stretto indispensabile; {AUSGESTATTET SEIN} poveramente, spartanamente, con austerità **2** (*knapp*): **die Ernte ist sehr ~ ausgefallen**, il raccolto è stato molto scarso; **die Portionen sind ~ bemessen**, le porzioni sono un po' scarse.
Kargheit <-, ohne pl> f *geh* **1** (*Dürftigkeit*) {+MAHL} frugalità f; {+EINRICHTUNG} povertà f **2** (*Unfruchtbarkeit*) {+BODEN, ERDE} povertà f, aridità f.
kärglich adj **1** (*dürftig*) {MAHL} frugale, parco, povero, scarso; {EINRICHTUNG} modesto, essenziale, povero, spartano; (*knapp*) {EINKOMMEN, GEHALT} scarso, magro, modesto; {REST} misero; {VORRAT} *auch* scarso **2** (*ärmlich*) {LEBEN} misero: **in ~en Verhältnissen leben**, vivere poveramente/[in ristrettezze].
Karibe <-n, -n> m (**Karibin** f) (*auf den Karibischen Inseln wohnend*) abitante mf dei Caraibi; (*von den Karibischen Inseln stammend*) originario (-a) m (f) dei Caraibi.
Karibik <, ohne pl> f *geog*: **die ~**, il mare (dei Caraibi)/[delle Antille], il mare Car(a)ibico.
Karibin f → **Karibe**.
Karibische Insel f *geog* isola f (dei Caraibi)/[caraibica]: **die Karibischen Inseln**, (le isole de)i Caraibi.
kariert A adj {HEFT} a quadretti; {PAPIER} quadrettato: **klein ~** {ROCK, STOFF}, a quadretti(ni); **groß ~** {JACKE, STOFF, TUCH}, a quadri (grandi), a quadrettoni; **blau ~** {STOFF} a quadretti blu/azzurri **B** adv (*verwirrt*): **~ gucken/dreinschauen** *fam*, guardare con occhi attoniti.
Karies <-, ohne pl> f *med* carie f.
Karikatur <-, -en> f **1** (*Zeichnung*) caricatura f; (*in Zeitungen*) *auch* vignetta f **2** *pej* (*Zerrbild*) caricatura f.
Karikaturist <-en, -en> m (**Karikaturistin** f) caricaturista mf; (*in Zeitungen*) *auch* vignettista mf.
karikaturistisch adj caricaturale.
karikieren <ohne ge-> tr *jdn*/*etw* → fare la caricatura di qu/qc, caricaturare qu/qc *rar*.
Karin f (*Vorname*) → **Katharina**.
kariös adj {ZAHN} cariato.
karitativ A adj {PERSON} caritatevole; {ORGANISATION, TÄTIGKEIT} di beneficenza/carità **B** adv: **sich ~ betätigen**, fare opere di carità.
Karl m (*Vorname*) Carlo m ● **~ der Große** *hist*, Carlo Magno.
Karmeliter <-s, -> m (**Karmeliterin** f) *relig* carmelitano (-a) m (f).
Karmeliterorden m *relig* ordine m car-

melitano/[dei carmelitani].
karmesinrot adj, **karminrot** adj (rosso) carminio, cremisi.
Karneval <-s, -e oder -s> m carnevale m: **~ feiern**, festeggiare il carnevale.
Karnevalist <-en, -en> m (**Karnevalistin** f) "chi partecipa attivamente al carnevale".
Karnevalsgesellschaft f → **Karnevalsverein**.
Karnevalskostüm n costume m di carnevale.
Karnevalsprinz m (**Karnevalsprinzessin** f) re m, reginetta f del carnevale.
Karnevalsverein m associazione f/società f carnevalesca.
Karnevalswagen m carro m allegorico.
Karnevalszug m sfilata f di carnevale, corso m mascherato, carri m pl *fam*.
Karnickel <-s, -> n *fam zoo* → **Kaninchen**.
Kärnten <-s, ohne pl> n *geog* Carinzia f.
Karo <-s, -s> n **1** (*von ~muster*) quadro m, quadretto m **2** <*nur sing*> *Karten* quadri m pl.
Karoass, Karo-Ass (a.R. Karoas) n *Karten* asso m di quadri.
Karoline f (*Vorname*) → **Caroline**.
Karolinger <-s, -> m (**Karolingerin** f) *hist* carolingio (-a) m (f).
karolingisch adj *hist* carolingio; {SCHRIFT} carolino.
Karomuster n (disegno m a) quadri m pl: **mit ~**, a quadri.
Karosse <-, -n> f carrozza f.
Karosserie <-, -n> f *autom* carrozzeria f.
Karosseriebau <-s, ohne pl> m carrozzeria f.
Karosseriebauer m (**Karosseriebauerin** f) carrozziere m.
Karotin <-s, ohne pl> n *chem* carotene m.
Karotte <-, -n> f carota f.
Karpaten subst <*nur pl*> *geog*: **die ~**, i Carpazi.
Karpfen <-s, -> m *fisch* carpa f ● **blau ~** *gastr*, carpa lessa/[al blu].
Karpfenteich m vivaio m di carpe.
Karre <-, -n> f **1** → **Karren 2** *fam* (*Auto*): (**alte**) **~** *fam*, carretta f *fam*, macinino m *fam*, trabiccolo m *fam* ● **die ~ steckt in den Dreck fahren** → **Karren**; **die ~ steckt im Dreck** → **Karren**; **die ~ aus dem Dreck ziehen fam** → **Karren**; **jdm an die ~ fahren** → **Karren**.
Karree <-s, -s> n **1** (*Viereck*) quadrato m **2** *südd A gastr* carré m, lombata f ● **ums ~ fahren** *fam*/**gehen** *fam*/**laufen** *fam*, fare il giro dell'isolato.
karren tr **1** *fam* (*hinfahren*) **jdn irgendwohin ~** scarrozzare qu + compl di luogo **2** (*hintransportieren*) **etw irgendwohin ~** scarriolare qc + compl di luogo.
Karren <-s, -> m **1** (*Pferdewagen*) carro m **2** (*kleiner Wagen*) carretta f; (*Schubkarren*) carriola f ● **den ~ in den Dreck fahren** *fam*, mettersi (nei guai *fam*)/[nei pasticci *fam*]/[nelle pesti *fam*]; **der ~ steckt im Dreck** *fam*, siamo/sono/... proprio (nei guai *fam*)/[nei pasticci *fam*]/[nella cacca *fam*]; **den ~ aus dem Dreck ziehen** *fam*, sbrogliare/dipanare la matassa *fam*; **jdn an den ~ fahren** *fam*, dare addosso a qu *fam*; **jdm vor seinen ~ spannen** *fam*, (servirsi di)/[usare] (per i propri fini).
Karriere <-, -n> f (*Laufbahn*) carriera f ● **~ machen**, fare carriera; **eine steile ~**, una carriera folgorante.
Karrierefrau f donna f in carriera.
Karriereleiter f: **die ~ erklimmen/hochklettern**, fare carriera; **die Sprossen der ~ erklimmen/hochklettern**, salire i vari gra-

dini della carriera.
Karrieremacher m (**Karrieremacherin** f) *pej* carrierista mf *pej*, arrivista mf *pej*.
Karrierist <-en, -en> m (**Karrieristin** f) *pej* carrierista mf *pej*, arrivista mf *pej*.
Karsamstag m *relig* Sabato m Santo.
Karst <-(e)s, -e> m *geol* regione f carsica, carso m.
Karsten m (*Vorname*) Cristiano m.
karstig adj carsico.
Kartause <-, -n> f certosa f.
Karte <-, -n> f **1** *allg*. biglietto m, cartoncino m **2** (*Postkarte*) cartolina f postale; (*Ansichtskarte*) cartolina f (illustrata) **3** (*Fahrkarte, Eintrittskarte*) biglietto m **4** (*Landkarte*) carta f (geografica), cartina f; (*Straßenkarte*) carta f stradale/automobilistica; (*Seekarte*) carta f nautica **5** (*Spielkarte*) carta f (da gioco): **die ~n mischen**, scozzare/mescolare le carte **6** (*Visitenkarte*) biglietto m da visita **7** (*Karteikarte*) scheda f **8** (*Speisekarte*) menù m, carta f: **nach der ~ essen**, mangiare alla carta; (*Weinkarte*) lista f dei vini **9** (*Kreditkarte*) carta f di credito **10** (*Telefonkarte*) scheda f/carta f telefonica **11** *inform* scheda f ● **seine ~n aufdecken**, **die ~n auf den Tisch legen**, mettere le carte in tavola, scoprire (le proprie carte)/[il proprio gioco]; **die gelbe/Gelbe ~** *Fußball*, il cartellino giallo; **genetische ~** *med*, mappa genetica; **die grüne ~ Versicherung**, la carta verde; **gute/schlechte ~n haben** (*im Spiel*), avere/[non avere] buone carte (in mano); (*gute/schlechte Aussichten haben*) essere messo bene *fam*/male *fam*; **jdm die ~n legen**, fare/leggere le carte a qu; **die rote/Rote ~** *Fußball*, il cartellino rosso; **sich** (dat) **nicht in die ~n sehen/schauen lassen**, tenere la carta bassa, non scoprire le proprie carte; **alles auf eine ~ setzen**, rischiare il tutto per tutto, puntare tutto su qc; **auf die falsche ~ setzen**, puntare sul cavallo perdente; **mit offenen ~n spielen** *auch fig*, giocare a carte scoperte; **mit verdeckten ~n spielen** *auch fig*, non svelare il proprio gioco; **~n spielen**, giocare a carte.
Kartei <-, -en> f schedario m ● **eine ~ anlegen**, fare uno schedario; **eine ~** (**über jdn**/**etw**) **führen**, tenere uno schedario (su qu/qc), aver schedato qu/qc.
Karteikarte f scheda f, cartellino m.
Karteikasten m schedario m (a cassetti).
Karteileiche f *scherz* "membro m iscritto, ma non attivo, di un'organizzazione".
Kartell <-s, -e> n *ökon* cartello m ● **ein ~ bilden**, formare/costituire un cartello.
Kartellamt n *adm* ≈ (commissione f) antitrust m.
Kartellgesetz n legge f antitrust.
Kartenhaus n **1** (*aus Spielkarten*) castello m di carte **2** *naut* sala f nautica ● **wie ein ~ einstürzen/[in sich zusammenfallen]**, crollare come un castello di carte.
Karteninhaber m (**Karteninhaberin** f) titolare mf di una carta di credito.
Kartenkunststück n gioco m di prestigio con le carte.
Kartenlegen <-s, ohne pl> n cartomanzia f.
Kartenleger <-s, -> m (**Kartenlegerin** f) cartomante mf.
Kartenspiel n **1** (*Spiel*) partita f a carte **2** (*Spielkarten*) mazzo m di carte.
Kartenspieler m (**Kartenspielerin** f) giocatore (-trice) m (f) di carte.
Kartenständer m sostegno m per carte geografiche.
Kartentelefon (a.R. Kartentelephon) n telefono m a scheda (magnetica).

Kartenvorverkauf m theat prevendita f (di biglietti); (Stelle) auch botteghino m.
kartesianisch adj cartesiano.
Kartierung <-, -en> f {+CHROMOSOMEN, GENE} mappatura f.
Kartoffel <-, -n> f patata f: **neue ~n**, patate novelle; **~n schälen**, sbucciare/pelare le patate ● **jdn wie eine heiße ~ fallen lassen** fam, scaricare qu fam.
Kartoffelacker m campo m di patate.
Kartoffelbrei m purè m di patate.
Kartoffelchip m <meist pl> patatina f.
Kartoffelernte f raccolta f delle patate.
Kartoffelkäfer m zoo dorifora f della patata.
Kartoffelkloß m, **Kartoffelknödel** m südd A gnocco m di patate.
Kartoffelmehl n fecola f di patate.
Kartoffelnase f fam scherz naso m a patata.
Kartoffelpresse f schiacciapatate m.
Kartoffelpuffer m frittella f di patate.
Kartoffelpüree n → **Kartoffelbrei**.
Kartoffelsalat m insalata f di patate.
Kartoffelschale f buccia f/scorza f di patata.
Kartoffelschäler m sbucciapatate m, pelapatate m.
Kartoffelstock m CH → **Kartoffelbrei**.
Kartoffelsuppe f minestra f/zuppa f di patate.
Kartograf <-en, -en> m (**Kartografin** f) cartografo (-a) m (f).
Kartografie <-, ohne pl> f cartografia f.
Kartografin f → **Kartograf**.
kartografisch adj cartografico.
Kartograph m (**Kartographin** f) → **Kartograf**.
Kartographie f → **Kartografie**.
Kartographin f → **Kartograph**.
kartographisch adj → **kartografisch**.
Karton <-s, -s oder rar -e> m **1** (Pappe) cartone m; (leichter ~) cartoncino m **2** (Schachtel) (scatola f di) cartone m **3** kunst cartone m.
Kartonage <-, -n> f cartonaggio m.
kartoniert adj {BUCH} cartonato.
Kartusche <-, -n> f **1** mil cartuccia f **2** (Tonerpatrone) {+DRUCKER, KOPIERGERÄT} cartuccia f **3** kunst cartoccio m.
Karussell <-s, -s oder -e> n giostra f, carosello m: (mit dem) **~ fahren**, ₁salire sulla₁/[andare in] giostra.
Karwendelgebirge n geog (montagne f pl) Karwendel f pl.
Karwoche f Settimana f Santa.
karzinogen adj med cancerogeno.
Karzinom <-s, -e> n med carcinoma m.
Kasache <-n, -n> m (**Kasachin** f) kazako (-a) m (f).
kasachisch adj kazako.
Kasachstan <-s, ohne pl> m geog Kazakistan m.
Kaschemme <-, -n> f fam obs bettola f fam.
kaschieren <ohne ge-> tr etw ~ mascherare qc, dissimulare qc, celare qc.
Kaschmir① <-s, ohne pl> m geog Kashmir m.
Kaschmir② <-s, -e> m text cachemire m.
Käse <-s, -> m **1** gastr formaggio m, cacio m tosk; (~laib) forma f di formaggio **2** fam (Unsinn) corbellerie f pl fam, sciocchezze f pl, cretinate f pl fam, scemenze f pl fam ● **mit ~ überbacken**, gratinato.
Käsebrot n panino m al/col formaggio.
Käsegebäck n salatini m pl al formaggio.

Käseglocke f campana f per il formaggio.
Kasein <-s, ohne pl> n biochem caseina f.
Käsekuchen m torta f di ricotta, cheesecake m.
Käsemesser n coltello m da formaggio.
Käseplatte f (piatto m di) formaggi m pl misti.
Käserei <-, -en> f caseificio m.
Kaserne <-, -n> f caserma f.
Kasernenhof m cortile m della caserma.
kasernieren <ohne ge-> tr jdn ~ {SOLDATEN, TRUPPEN} accasermare qu; {FLÜCHTLINGE, OBDACHLOSE} accampare qu.
käseweiß adj fam, **käsig** adj fam bianco come ₁un cencio₁/[uno straccio (lavato)]/[un lenzuolo]; {GESICHT} cereo.
Kasino <-s, -s> n **1** (Spielkasino) casinò m **2** (Speiseraum) mensa f; (Offizierskasino) mensa f ufficiali.
Kaskade <-, -n> f (künstlicher Wasserfall) cascata f (artificiale).
Kaskoversicherung f assicurazione f kasko.
Kaspar m (Vorname) Gaspare.
Kasper <-s, -> m, **Kasperl** <-s, -(n)> m südd A, **Kasperle** <-s, -> n oder m südd **1** (Hauptfigur im ~theater) ≈ Arlecchino m **2** fam scherz (lustiges Kind) pagliaccio m fam, buffone m fam, clown m.
Kasperletheater, **Kaspertheater** n teatrino m dei burattini.
kaspisch adj geog caspico: **das Kaspische Meer**, il Mar Caspio.
Kassa <-, Kassen> f A (Kasse) cassa f.
Kassandraruf m <meist pl> geh previsione f pessimistica/catastrofica: **der Finanzminister sollte mit seinen ~en aufhören!**, il ministro delle finanze dovrebbe smetterla di fare la cassandra!
Kasse <-, -n> f **1** (Registrierkasse) cassa f **2** (Zahlstelle) cassa f: **gehen Sie bitte zur ~!**, passi alla cassa, per favore!; (Abteilung) ufficio m cassa **3** (für Eintritts-, Fahrkarten) biglietteria f; film theat auch botteghino m **4** fam obs (Bank) banca f **5** (Krankenkasse) ≈ servizio m sanitario nazionale: **dieses Medikament zahlt die ~ nicht**, questo farmaco non è mutuabile ● **sich an der ~ anstellen**, mettersi in fila alla cassa; **jdn zur ~ bitten**, battere cassa da qu fam, chiedere soldi a qu; **gegen ~ com** (gegen Barzahlung), (a) pronta cassa; **gemeinsame ~** (machen), (fare) cassa comune; **getrennte ~** (machen), (tenere) conti separati; **gut bei ~ sein** fam, avere qualche soldo in tasca fam; **knapp/schlecht bei ~ sein** fam, essere a corto di quattrini fam; **~ machen** com (abrechnen), fare i conti di cassa, fare la cassa fam; fam (gut verdienen), fare soldi/quattrini fam; **an der ~ sitzen**, stare alla cassa; **die ~ stimmt!** fam, questo lo rende! fam.
Kasseler <-s, -> n gastr "carré m di maiale affumicato in salamoia".
Kassenabschluss (a.R. Kassenabschluß) m chiusura f di cassa.
Kassenarzt m (**Kassenärztin** f) ≈ medico m, dottoressa f della ASL.
Kassenbeleg m → **Kassenbon**.
Kassenbericht m ökon situazione f di cassa.
Kassenbestand m giacenza f/fondo m di cassa.
Kassenbon m scontrino m.
Kassenbuch n libro m di cassa.
Kassenerfolg m film theat successo di cassetta/botteghino.
Kassenleistung f prestazione f coperta dalla mutua.
Kassenpatient m (**Kassenpatientin** f) assistito (-a) m (f) (dal servizio sanitario nazionale), (paziente mf) mutuato (-a) m (f).
Kassenschlager m fam **1** → **Kassenerfolg** **2** (Ware) articolo m che va a ruba; (Buch, CD) best seller m.
Kassenstunden subst <nur pl> orario m (di apertura) di sportello.
Kassensturz m: **~ machen** fam, fare i conti, verificare la cassa.
Kassenwart <-(e)s, -e> m (**Kassenwartin** f) economo (-a) m (f), tesoriere (-a) m (f).
Kassenzettel m → **Kassenbon**.
Kasserolle <-, -n> f casseruola f; (Stielkasserolle) tegame m.
Kassette <-, -n> f **1** (Videokassette) (video)cassetta f; (Musikkassette) (musi)cassetta f; (Filmkassette) caricatore m **2** (Schutzkarton für Bücher und Platten) cofanetto m **3** (Geldkassette, Schmuckkassette) cofanetto m **4** arch cassettone m ● **etw auf ~ aufnehmen**, registrare qc su cassetta.
Kassettendeck n piastra f di registrazione.
Kassettendecke f arch soffitto m a cassettoni.
Kassettenrekorder, **Kassettenrecorder** <-s, -> m registratore m (a cassette).
Kassiber <-s, -> m slang messaggio m segreto (nelle carceri).
Kassier <-s, -e> m südd A CH → **Kassierer**.
kassieren① <ohne ge-> Ⓐ tr **1** (ein-) **etw** (bei jdm) ~ incassare qc (da qu), riscuotere qc (da qu) **2** fam (einstreichen) **etw** ~ intascare qc fam, mettersi in tasca qc fam **3** fam (beschlagnahmen) **etw** ~ {FÜHRERSCHEIN, PASS} ritirare qc **4** fam (einstecken müssen) **etw** ~ {MANNSCHAFT NIEDERLAGE, TORE} incassare qc: **er kassierte eine Tracht Prügel** fam, prese/beccò un fracco di legnate fam Ⓑ itr **1** (abrechnen) fare i conti: **darf ich bitte ~?**, posso prepararLe il conto? **2** slang (verdienen) far soldi/quattrini fam: **er kassiert ganz schön bei diesem Geschäft** fam, con questo affare guadagna un bel po' fam.
kassieren② <ohne ge-> tr jur **etw** ~ {GERICHTSURTEIL} cassare qc.
Kassierer <-s, -> m (**Kassiererin** f) cassiere (-a) m (f).
Kastagnette <-, -n> f <meist pl> mus nacchera f, castagnetta f.
Kastanie <-, -n> f bot **1** (Baum: Edelkastanie; Rosskastanie) ippocastano m, castagno m d'India **2** (Frucht: Ess-) castagna f; (Rosskastanie) castagna f d'India ● (für jdn) **die ~n aus dem Feuer holen** fam, cavare/levare le castagne dal fuoco (per qu) fam; **geröstete/heiße ~n**, caldarroste, castagne arrostite.
Kastanienbaum m bot (Edelkastanienbaum) castagno m; (Rosskastanienbaum) ippocastano m, castagno m d'India.
kastanienbraun adj castano.
Kästchen <-s, -> n **1** dim von **Kasten** cassettina f **2** (Viereck) quadretto m.
Kaste <-, -n> f casta f.
kasteien <ohne ge-> rfl **1** geh (sich züchtigen) **sich ~** macerarsi geh, mortificarsi **2** oft scherz (sich Entbehrungen auferlegen) castigarsi.
Kasteiung <-, -en> f geh macerazione f geh, mortificazione f.
Kastell <-s, -e> n **1** (Burg) castello m **2** (Römerkastell) fortificazione f.
Kasten <-s, Kästen oder -> m **1** (Bierkasten, Mineralwasserkasten etc.) cassetta f, cassa f;

(*Briefkasten, Farbkasten, Werkzeugkasten*) cassetta f; (*Sicherungskasten*) scatola f; (*großer ~, Truhe*) cassone m **2** *A CH* (*Schrank*) armadio m **3** *sport* (*Turngerät*) plinto m a cassoni **4** *fam* (*großes, hässliches Gebäude*) casermone m *fam* **5** *fam* (*altes Fahrzeug*) trabiccolo m *fam*, macinino m *fam*; (*altes Schiff*) bagnarola f *fam*, carcassa f *fam*, rottame m *fam* **6** *fam pej* (*alter Fernseher, altes Radio*) aggeggio m *fam* ● *etwas/viel auf dem ~ haben fam*, avere una gran testa *fam*, essere un gran cervello; *nichts auf dem ~ haben fam*, avere poco sale in zucca *fam*.

Kastenbrot n pane m in cassetta.

Kastenform f stampo m ₍a cassetta₎/[rettangolare] (per dolci).

Kastengeist <-(e)s, ohne pl> m spirito m di casta.

Kastenwagen m furgone m.

Kastenwesen n sistema f di caste.

Kastilien <-s, ohne pl> n *geog* Castiglia f.

Kastrat <-en, -en> m *obs* castrato m, eunuco m, evirato m.

Kastration <-, -en> f castrazione f, evirazione f.

kastrieren <ohne ge-> tr *jdn/etw ~* {MENSCH, TIER} castrare *qu/qc*.

Kasus <-, -> m *ling* caso m.

Kasusendung f *ling* desinenza f.

Kat <-s, -s> m *fam Abk von* Katalysator: marmitta f catalitica, catalizzatore m.

Katakombe <-, -n> f catacomba f.

Katalane <-n, -n> m (**Katalanin** f) catalano (-a) m (f).

katalanisch adj catalano.

Katalog <-(e)s, -e> m **1** (*Verzeichnis von Bildern, Büchern, Waren etc.*) catalogo m: **einen ~ erstellen**, compilare un catalogo **2** (*Komplex*) *~ von etw* (*dat*) {MASSNAHMEN} pacchetto m *di qc*; {FRAGEN} lista f *di qc*.

katalogisieren <ohne ge-> tr *etw ~* catalogare *qc*.

Katalogisierung <-, -en> f catalogazione f.

Katalognummer f numero m di catalogo.

Katalogpreis m *com* prezzo m di catalogo/listino.

Katalonien <-s, ohne pl> n *geog* Catalogna f.

Katalysator <-s, -en> m **1** marmitta f catalitica, catalizzatore m **2** *chem* catalizzatore m **3** (*beschleunigender Faktor*) catalizzatore m ● *geregelter ~ mot*, catalizzatore a tre vie.

Katalysatorauto n auto(mobile) f catalizzata f/[con marmitta catalitica].

Katalyse <-, -n> f *chem* catalisi f.

katalytisch adj catalitico.

Katamaran <-s, -e> m *naut* catamarano m.

Katapult <-(e)s, -e> n *oder* m **1** *aero* catapulta f **2** (*Steinschleuder*) fionda f.

katapultieren <ohne ge-> **A** tr **1** (*schleudern*) *jdn/etw irgendwohin ~* catapultare *qu/qc + compl di luogo*: **bei dem Unfall wurden sie aus dem Auto katapultiert**, nell'incidente vennero catapultati (-e)/scaraventati (-e)/sbalzati (-e) fuori dall'auto **2** *fam* (*rasch versetzen*) *jdn irgendwohin ~* {ERFOLG SCHAUSPIELER IN DIE INTERNATIONALE FILMWELT} catapultare/lanciare *qu + compl di luogo* **B** rfl *sich irgendwohin ~* **1** (*sich schleudern*) {PILOT} catapultarsi + *compl di luogo* **2** *fam* (*sich rasch versetzen*) catapultarsi + *compl di luogo*.

Katar <-s, ohne pl> n *geog* (*Scheichtum*) Qatar m.

Katarakt <-(e)s, -e> m **1** (*Stromschnelle*) cateratta f, rapida f **2** (*Wasserfall*) cascata f.

Katarrh, Katarr <-s, -e> m *med* catarro m.

Kataster <-s, -> m *oder* n *adm* catasto m, registro m catastale ● **Eintragung in den/das ~**, voltura catastale.

Katasteramt n *adm* (ufficio m del) catasto m.

katastrophal A adj **1** (*sehr schlimm*) catastrofico, disastroso **2** *fam* (*furchtbar*) terribile *fam*, pazzesco *fam*, spaventoso *fam* **B** adv (*sehr schlimm*) catastroficamente, disastrosamente, in modo catastrofico/disastroso: *sich ~ auswirken*, avere delle conseguenze/ripercussioni catastrofiche.

Katastrophe <-, -n> f catastrofe f, disastro m ● **eine ~ sein** *fam* {PERSON}, essere un disastro *fam*/una frana *fam*.

Katastrophenalarm m allarme m in caso di calamità naturale imminente.

Katastropheneinsatz m operazioni f pl di soccorso (in caso di calamità naturale).

Katastrophengebiet n zona f disastrata/sinistrata.

Katastrophenhilfe f aiuti m pl umanitari.

Katastrophenopfer n sinistrato (-a) m (f), disastrato (-a) m (f).

Katastrophenschutz m **1** (*Organisation*) protezione f civile **2** (*Maßnahme*) misure f pl di protezione f civile.

Katastrophenstimmung f catastrofismo m.

Katechese <-, -n> f *relig* catechesi f.

Katechismus <-, Katechismen> m *relig* catechismo m.

Kategorie <-, -n> f categoria f.

kategorisch A adj categorico **B** adv categoricamente, in modo categorico.

Kater① <-s, -> m *zoo* gatto m (maschio) ● **der Gestiefelte ~** *lit*, il Gatto con gli stivali; **wie ein verliebter ~**, come un gatto in amore.

Kater② <-s, -> m *fam* (*Katzenjammer*) postumi m pl della sbornia: **einen ~ haben**, sentirsi male dopo una sbornia.

Katerfrühstück n *fam* "prima colazione f per smaltire la sbornia".

kath. adj *Abk von* katholisch: cattolico.

Katharina f (*Vorname*) Caterina.

Katharsis <-, ohne pl> f *lit psych* catarsi f.

Käthe f (*Vorname*) Caterina.

Katheder <-s, -> n *oder* m *obs* (*Pult*) cattedra f.

Kathedrale <-, -n> f cattedrale f.

Katheter <-s, -> m *med* (*Urinkatheter*) catetere m vescicale; (*Herzkatheter*) catetere m cardiaco.

Kathode <-, -n> f *phys* catodo m.

Katholik <-en, -en> m (**Katholikin** f) *relig* cattolico (-a) m (f).

katholisch A adj cattolico **B** adv: **sie ist ~ erzogen worden**, (lei) ha ricevuto un'educazione cattolica.

Katholizismus <-, ohne pl> m *relig* cattolicesimo m.

Kathrin f (*Vorname*) → **Katharina**

Katja f (*Vorname*) Catia, Katia.

Katode f *phys* → **Kathode**.

Kattun <-s, -e> m *text* cotonina f, tela f di cotone; (*bedruckt*) calicò m.

Katz <-, ohne pl> f *süddt A →* **Katze** ● **das ist für die ~** *fam*, è fatica sprecata; **~ und Maus mit jdm spielen** *fam*, giocare con qu come il gatto con il topo *fam*.

katzbuckeln itr *fam pej* (*vor jdm*) *~* fare i/mille salamelecchi (*a qu*) *fam pej*.

Kätzchen <-s, -n> **1** *dim von* Katze gattino m, micino m *fam* **2** *bot* gattino m *fam*.

Katze <-, -n> f **1** (*Hauskatze*) gatto m; (*nur weiblich*) gatta f **2** (*Raubkatze*) felino m ● **wie die ~ um den heißen Brei herumgehen** *fam*/**herumschleichen** *fam*, menare il can per l'aia *fam*; **in die ~ Sack kaufen** *fam*, comprare ₍la gatta nel sacco₎/[a scatola chiusa *fam*]; **die ~ aus dem Sack lassen** *fam*, vuotare il sacco *fam*; **da beißt sich die ~ in den Schwanz** *fam*, è un gatto che si morde la coda *fam*, è un circolo vizioso; **wenn die ~ aus dem Haus ist, tanzen die Mäuse** *prov*, quando il gatto manca/[non c'è] i topi ballano *prov*; **die ~ lässt das Mausen nicht** *prov*, il lupo perde il pelo ma non il vizio *prov*.

katzenartig A adj felino, gattesco **B** adv come un gatto.

Katzenauge n **1** *zoo* occhio m di gatto **2** *min* occhio m di gatto **3** *fam obs* (*Rückstrahler*) catarifrangente m.

Katzenjammer m *fam* **1** (*depressive Stimmung*) depressione f, sconforto m: **~ haben** *fam*, essere giù *fam* (di corda *fam*)/morale *fam*) **2** *obs* (*nach Alkoholgenuss*) postumi m pl della sbornia.

Katzenmusik f *pej* musicaccia f *fam*.

Katzensprung m *fam*: **das ist nur ein ~ (von hier)**, è ₍a due passi₎/[a un tiro di schioppo] *fam* (da qui).

Katzenstreu f lettiera f (per gatti).

Katzenwäsche f: **~ machen** *fam scherz*, lavarsi come i gatti *fam*.

Katzenzunge f *gastr* lingua f di gatto (di cioccolato).

Katz-und-Maus-Spiel n gioco m del gatto e del topo.

Kauderwelsch <-(s), ohne pl> n *pej* **1** (*unverständliches Sprachgemisch*) linguaggio m incomprensibile (e scorretto): **ein ~ aus Italienisch und Deutsch**, un miscuglio maccheronico di italiano e tedesco **2** (*schwer verständliche Fachsprache*) gergo m (incomprensibile).

kauen A tr *etw ~* {KAUGUMMI} masticare *qc* **B** itr masticare; *an etw* (*dat*) *~* {AN EINEM BLEISTIFT} mordicchiare *qc*, rosicchiare *qc*; {AN DEN LIPPEN} mordicchiarsi *qc*; {AN DEN NÄGELN} *auch* mangiarsi *qc fam*, rosicchiarsi *qc* ● *an etw* (*dat*) *zu ~ haben fam* {AN EINEM PROBLEM}, far fatica a digerire *qc fam*; **gut gekaut ist halb verdaut** *prov*, la prima digestione avviene in bocca.

kauern A itr <haben oder süddt A CH sein> *irgendwo ~* stare accovacciato (-a)/rannicchiato (-a) + *compl di luogo* **B** rfl *sich irgendwohin ~* {IN DIE ECKE, NEBEN/HINTER DEN OFEN} accovacciarsi/rannicchiarsi/accocolarsi/acquattarsi + *compl di luogo*.

Kauf <-(e)s, Käufe> m **1** (*das Kaufen*) acquisto m **2** (*das Gekaufte*) acquisto m, comp(e)ra f: **ein günstiger ~**, un buon acquisto/affare ● **einen ~ abschließen/tätigen** form, effettuare un acquisto; *etw zum ~ anbieten*, mettere in vendita *qc*; *etw in ~ nehmen* {WARTEZEIT}, mettere in conto *qc*; {RISIKO} *auch*, essere pronto a correre *qc*; **zum ~ stehen**, essere in vendita.

Kaufanreiz m stimolo m/incentivo m all'acquisto.

kaufen A tr **1** (*erwerben*) *jdm etw ~* comp(e)rare *qc* (*a/per qu*), acquistare *qc* (*a/per qu*); *etw* (*von jdm*) *~* comp(e)rare *qc* (*da qu*), acquistare *qc fam* (*durch Bestechung*) *jdn/etw ~* {STIMMEN} comp(e)rare *qu/qc*; {POLITIKER, ZEUGEN} *auch* corrompere *qu/qc*; **der Schiedsrichter ist doch gekauft!**, l'arbitro è (un) venduto! **B** itr comprare, acquistare; *fam bei jdm ~*, servirsi *da qu* **C** rfl **1** (*für sich erwerben*) *sich* (*dat*)

etw ~ comprarsi *qc* **2** *fam* (*sich jdn vornehmen*) **sich** (dat) **jdn** ~ fare i conti *con qu fam*: **die werd' ich mir ~!**, mi sentirà! *fam* ● **dafür kann ich mir nichts ~!** *fam iron*, non so cosa farmene!, non me ne faccio niente!

Käufer <-s, -> m (**Käuferin** (-trice) m (f)), acquirente mf: **einen ~ finden**, trovare un acquirente.

Käuferschicht f fascia f di (potenziali) acquirenti, target m.

Kauffrau f **1** (*mit kaufmännischer Lehre*) impiegata f con formazione commerciale; (*selbständig*) commerciante f, titolare f di attività commerciale **2** *obs* (*Einzelhandelskauffrau*) negoziante f al minuto, dettagliante f; (*Krämerin*) bottegaia f.

Kaufhaus n grande magazzino m.

Kaufhausdetektiv m (**Kaufhausdetektivin** f) vigilante mf (in servizio all'interno di un grande magazzino).

Kaufkraft <-, *ohne pl*> f **1** {+GELD, WÄHRUNG} potere m d'acquisto **2** (*Finanzkraft*) {+KÄUFER} possibilità f pl economiche, mezzi m pl.

kaufkräftig adj {EINKOMMENSGRUPPE} dall'elevato potere d'acquisto; {KUNDE} molto solvibile.

Kaufladen m **1** (*Spielzeug*) "negozio m di alimentari in miniatura per bambini (per giocare a fare la spesa)" **2** *com obs* spaccio m di alimentari.

Kaufleute pl *von* Kaufmann.

käuflich **A** adj **1** (*zum Verkauf angeboten*) {ARTIKEL} acquistabile, in vendita: **~e Liebe**, amore venale **2** (*bestechlich*) corruttibile **B** adv: **~ erwerben** *form*, acquistare, comp(e)rare.

kauflustig adj che spende allegramente/ [a cuor leggero].

Kaufmann <-(e)s, -leute> m (Abk Kfm.) **1** (*mit kaufmännischer Lehre*) impiegato m con formazione commerciale; (*selbständig*) commerciante m, titolare m di attività commerciale **2** *obs* (*Einzelhandelskaufmann*) negoziante m al minuto, dettagliante m, piccolo m commerciante; (*Krämer*) bottegaio m.

kaufmännisch **A** adj commerciale: **~er Angestellter**, impiegato nel settore commerciale **B** adv: **~ tätig sein**, lavorare/essere nel commercio; (*selbständig*) *auch* avere un'attività commerciale.

Kaufpreis m prezzo m d'acquisto.

Kaufrausch m attacco m di consumismo.

Kaufsumme f importo m dell'acquisto.

Kaufverhalten n comportamento m del consumatore.

Kaufvertrag m contratto m di compravendita.

Kaufwut f *fam* frenesia f/febbre f dell'acquisto.

Kaufzwang m obbligo m d'acquisto ● **kein ~** (*auf Schild*), ingresso libero.

Kaugummi m gomma f americana/[da masticare], chewing-gum m: **~ kauen**, masticare della gomma americana.

kaukasisch adj caucasico.

Kaukasus <-, *ohne pl*> m *geog*: **der ~**, il Caucaso.

Kaulquappe f *zoo* girino m.

kaum **A** adv **1** (*gerade eben*) (non) appena: **~ war er zu Hause, (da) rief er mich an**, (non) appena arrivò a casa, mi telefonò; **hatte sie die Fenster fertiggeputzt, (da) fing es zu regnen an**, aveva appena finito di pulire le finestre che iniziò a piovere **2** (*fast nicht*) non ... quasi: **ich habe ~ geschlafen**, non ho quasi dormito, ho dormito pochissimo; **wir haben heute ~ etwas zustande gebracht**, non abbiamo concluso quasi niente oggi; **er hat ~ noch Geld**, è (rimasto) quasi senza soldi; **auf die Anzeige hat sich ~ jemand gemeldet**, all'annuncio non ha risposto quasi nessuno; (*nur mit Mühe*) a malapena/fatica/stento; **er kann ~ noch laufen**, riesce a malapena/fatica/stento a camminare, non riesce quasi più a camminare; **ich kann es ~ glauben**, stento/[faccio fatica] a crederlo, mi pare impossibile; **ich glaube ~**, ci credo poco; **sie kann es ~ erwarten**, non (ne) vede l'ora **3** (*etwas weniger als*) appena: **das dauert ~ zwei Stunden**, dura appena/ [a malapena] due ore; **er ist ~ größer als sie**, (lui) è [appena (appena)]/[(di) poco] più alto di lei **4** (*wahrscheinlich nicht*) difficilmente, sarà difficile che ... *konjv*: **wohl ~**, sarà difficile; **sie hat wenig gelernt und wird deshalb die Prüfung wohl ~ schaffen**, ha studiato poco, perciò [difficilmente passerà]/[sarà difficile che passi] l'esame **B** konj *obs*: **~, dass ...**, (non) appena ...; **~, dass wir den Brenner überquerten, wurde das Wetter schön**, (non) appena attraversammo il Brennero, il tempo si fece bello.

Kaumuskel m *anat* massetere m, muscolo m masticatorio.

kausal **A** adj **1** *geh* (*ursächlich*) causale, di causalità **2** *ling* {KONJUNKTION, NEBENSATZ} causale **B** adv: **~ zusammenhängen**, avere un nesso/rapporto causale.

Kausalität <-, *-en*> f *geh* causalità f.

Kausalsatz m *ling* proposizione f causale.

Kausalzusammenhang m *geh* nesso m/rapporto m causale, rapporto m di causalità/[causa effetto].

Kautabak m tabacco m da masticare.

Kaution <-, *-en*> f **1** *jur* cauzione f: **als ~**, a titolo di cauzione; **gegen (Hinterlegung einer) ~**, su cauzione; **jdn gegen ~ freilassen**, liberare/rilasciare qu su/dietro cauzione; **eine ~ für jdn stellen/zahlen/leisten**, versare/pagare una cauzione per qu **2** (*Mietskaution*) cauzione f, deposito m cauzionale: **der Vermieter verlangt zwei Monatsmieten ~**, il locatore chiede una cauzione pari a due mesi d'affitto.

Kautschuk <-s, *-e*> m cauccù m, gomma f naturale.

Kauz <-es, *Käuze*> m *ornith* (*Steinkauz*) civetta f; (*Waldkauz*) allocco m; (*Sperlingskauz*) civetta f nana/minore ● **ein komischer/seltsamer/sonderbarer/wunderlicher ~** *fam*, uno strano animale *fam*, un tipo strambo *fam*.

kauzig adj strambo, bislacco, strano.

Kavalier <-s, *-e*> m cavaliere m; (*Gentleman*) gentiluomo m ● **ein ~ der alten Schule**, un gentiluomo [vecchia maniera]/[vecchio stile]/[di vecchio stampo].

Kavaliersdelikt n reato m veniale, peccatuccio m.

Kavaliersstart, **Kavalierstart** m *fam aut* partenza f a razzo *fam*, sgommata f *fam*: **einen ~ hinlegen**, partire sgommando.

Kavallerie <-, *-n*> f *mil hist* cavalleria f.

Kavallerist <-en, *-en*> m *mil hist* soldato m di cavalleria.

Kaviar <-s, *-e*> m caviale m.

KB n *inform* Abk *von* Kilobyte: KB m, K m.

KByte n *inform* Abk *von* Kilobyte: Kbyte m.

kcal Abk *von* Kilokalorie: kcal, Cal (*grande caloria*).

keck adj **1** (*frech*) {BURSCHE} sbarazzino, sfacciatello; {ANTWORT} sfacciato **2** (*flott*) {HUT} civettuolo.

Keckheit <-, *ohne pl*> f sfacciataggine f.

Keeper <-s, -> m (**Keeperin** f) A *obs* Fußball → **Torwart**.

Kefir <-s, *ohne pl*> m *gastr* chefir m, kefir m.

Kegel <-s, -> m **1** (*Spielkegel*) birillo m: **die ~ aufstellen**, disporre i birilli; **~ schieben/spielen**, giocare a(i) birilli **2** *geom* cono m **3** (*Vulkankegel*) cono m (vulcanico); (*Bergkegel*) cono m **4** (*Lichtkegel*) cono m [di luce]/ [luminoso].

Kegelbahn f **1** (*Anlage*) bowling m **2** (*einzelne Bahn*) pista f dei birilli.

Kegelbruder m *fam* **1** appassionato m di birilli **2** (*eines gleichen Kegelklubs*) compagno m nel gioco dei birilli.

Kegelclub m → **Kegelklub**.

kegelförmig adj conico, a (forma di) cono.

Kegelklub m *sport* circolo m per il gioco dei birilli.

Kegelkugel f boccia f dei birilli.

kegeln itr giocare a(i) birilli.

Kegeln <-s, *ohne pl*> n gioco m dei birilli, birilli m pl *fam*.

Kegelschnitt m *geom* sezione f conica.

Kegelschwester f *fam* compagna f nel gioco dei birilli.

Kegelstumpf m *geom* tronco m di cono.

Kegler <-s, -> m (**Keglerin** f) giocatore (-trice) m (f) di birilli.

Kehle <-, *-n*> f **1** *anat* gola f **2** *arch* scanalatura f ● **jdm die ~ durchschneiden**, tagliare la gola a qu, sgozzare qu; **sich** (dat) **die ~ aus dem Hals schreien** *fam*, gridare [a squarciagola *fam*]/[a piena gola], sgolarsi *fam*; **jdm an die ~ springen**, saltare alla gola a qu; **eine trockene ~ haben**, avere la gola secca; **aus voller ~**, a squarciagola *fam*; **etw schnürt jdm die ~ zu** {ANGST}, qc serra la gola a qu; **mir war die ~ wie zugeschnürt**, avevo [un nodo alla gola]/[la gola serrata].

kehlig adj gutturale.

Kehlkopf m *anat* laringe f.

Kehlkopfentzündung f *med* laringite f, infiammazione f della laringe.

Kehlkopfkrebs m *med* cancro m/tumore m alla laringe.

Kehllaut m suono m gutturale.

Kehraus <-, *ohne pl*> m *süddt* fine f del carnevale: **den ~ feiern**, festeggiare la fine del carnevale.

Kehre <-, *-n*> f **1** (*Kurve*) tornante m, svolta f **2** *sport* volteggio m dorsale.

kehren① **A** <haben> tr *geh* (*wenden*) **etw irgendwohin ~** {KOPF NACH LINKS, RECHTS} voltare/girare *qc* + *compl di luogo*; {BLICK ZUR TÜR} *auch* volgere *qc* + *compl di luogo*: **den Kopf zur Seite ~**, voltare/girare la testa di/[da un] lato; **die Hosentaschen nach außen ~**, rivoltare le tasche dei pantaloni; **das Unterste zuoberst ~**, mettere tutto [sottosopra]/[a soqquadro] **B** rfl <haben> **1** (*sich wenden*) **sich gegen jdn ~** ritorcersi contro qu **2** *obs* (*sich nicht kümmern*): **sich an etw** (akk) **nicht ~**, non curarsi di qc, non badare a qc **C** itr <sein>: **nach Hause ~** *geh*, tornare a casa ● **in sich gekehrt**, [ripiegato su]/ [chiuso in] se stesso, introverso.

kehren② tr itr *bes. süddt* (*fegen*) (**etw**) **~** scopare (*qc*), spazzare (*qc*).

Kehricht <-s, *ohne pl*> m oder n **1** *obs* (*zusammengefegter Schmutz*) spazzatura f, sporco m **2** *CH* (*Müll*) spazzatura f, rifiuti m pl ● **das geht dich einen feuchten ~ an!** *slang*, non sono cavoli *slang*/fatti/affari tuoi!

Kehrmaschine f **1** (*Straßenkehrmaschine*) macchina f spazzatrice f **2** (*Teppichkehrmaschine*) battitappeto m.

Kehrreim m *poet* ritornello m.

Kehrseite f **1** (*Schattenseite*) rovescio m **2** *obs* → **Rückseite** **3** *fam scherz obs* (*Rücken*) spalle f pl, tergo m *obs*; (*Gesäß*) didietro m *fam* ● **die ~ der Medaille**, il rovescio della medaglia.

kehrt *interj mil* dietro front!

kehrt|machen *itr* **1** (*umkehren*) tornare indietro/[sui propri passi] **2** *mil* fare dietro front.

Kehrtwendung f **1** *mil* dietrofront m, inversione f di marcia **2** (*Positionswechsel*) dietro front m, voltafaccia m, inversione f di rotta.

keifen *itr pej* {FRAU, WEIB} strillare, gridare.

Keil <-(e)s, -e> m **1** (*Werkzeug*) cuneo m, bietta f **2** (*Bremsklotz*) calzatoia f, cuneo m fermaruota **3** (*Stoffkeil: beim Hemd*) gherone m ● **einen ~ zwischen jdn und jdn treiben**, mettere/seminare discordia/zizzania/bietta tra qu e qu.

keilen① *tr* (*mit einem Keil spalten*) **etw ~** spaccare qc con un cuneo.

keilen② *rfl region fam* (*sich prügeln*) **sich ~** {ZWEI O. MEHRERE PERSONEN} fare a botte *fam*, darsele *fam*, picchiarsi; **sich mit jdm ~** fare a botte con qu *fam*.

Keiler <-s, -> m *zoo* cinghiale m (maschio).

Keilerei <-, -en> f *fam* zuffa f *fam*, rissa f.

keilförmig *adj* cuneiforme, a (forma di) cuneo.

Keilhose f fuseaux m pl con sottopiede, pantacollant m.

Keilriemen m *autom* cinghia f trapezoidale.

Keilschrift f *hist* scrittura f cuneiforme.

Keim <-(e)s, -e> m **1** *bot* germoglio m, germe m: **~ treiben**, germogliare, germinare **2** (*befruchtete Eizelle*) embrione m **3** *med* (*Erreger*) germe m (patogeno) **4** (*Ursprung*) {+FREUNDSCHAFT, LIEBE} seme m; {+HASS, ZWIETRACHT} *auch* germe m; {+HOFFNUNG} barlume m, spiraglio m: **den ~ einer Krankheit in sich** (dat) **tragen**, covare una malattia ● **etw im ~ ersticken** {AUFSTAND}, soffocare/stroncare qc sul nascere; **im ~**, in germe/nuce.

Keimdrüse f *anat* gonade f.

keimen *itr* **1** <*haben*> *bot* {+PFLANZE} germogliare, germinare, buttare **2** *geh* (*entstehen*) {HOFFNUNG, LIEBE} nascere, germogliare; {VERDACHT, ZWEIFEL} sorgere, germogliare, germinare *lit*.

keimfrei *adj* {MILCH} sterilizzato; {CHIRURGISCHES INSTRUMENT, SPRITZE} *auch* sterile; {OPERATIONSSAAL} sterile, asettico: **etw ~ machen**, sterilizzare qc.

Keimling <-s, -e> m **1** *bot* germoglio m **2** *biol* (*Embryo*) embrione m.

keimtötend *adj* germicida, antisettico.

Keimung <-, *ohne pl*> f {+PFLANZE} germinazione f, germogliazione f.

Keimzelle f **1** *biol* cellula f germinale, gamete m **2** *geh* (*Ausgangspunkt*) nucleo m; (*elementare Einheit*) nucleo m primario.

kein, keine, kein *indef pron* (*adjektivisch*) **1** (*nicht ein*) non … (un(o), -a): **er hat ~ Auto**/[**~e Arbeit**], non ha (la) macchina/[lavoro]; **das ist ~e schlechte Idee**, non è una cattiva idea; **es war ~ Mensch da** *fam*, non c'era nessuno/[anima viva *fam*]; **das sind ~e Europäer**, (quelli) non sono europei **2** (*nichts an …*) non: **wir haben ~[~ Zeit]/[~ Geld]**, non abbiamo tempo/soldi; **er kann ~ Italienisch**, non sa l'italiano; (*verstärkend*) non … nessun(o), (-a)/[alcun(o), (-a)]: **es besteht ~ Zweifel darüber, dass …**, non c'è nessun/alcun dubbio che …; *konjv/ind*; **ich sehe ~ Veranlassung, mich zu entschuldi-**

gen, non vedo nessun/alcun motivo di scusarmi; **er hat überhaupt/gar ~e Absicht …**, non ha nessunissima *fam*/[la (benché) minima] intenzione di …; (*ohne Verb*) niente; **nur ~e Panik!**, niente panico!; **~e Eile!**, niente fretta!; **unter ~en Umständen**, in nessun caso; **~e Ahnung!**, non ho (proprio) idea! **3** (*nicht einmal*) nemmeno, neppure, neanche: **sie hat ~ einziges Mal angerufen**, non ha chiamato neanche una volta; *fam* (*vor Zahlangaben*): **es waren ~e 20 Leute auf dem Fest**, non c'erano neanche/neppure/nemmeno 20 persone alla festa; **sie ist noch ~e 18 Jahre alt**, non ha ancora/neppure 18 anni ● **~ anderer als …**, nessun altro che …; **~ bisschen** *fam*, neanche un po', per niente; **~ … mehr**, non più …; **ich habe ~e Lust mehr**, non ho più voglia.

keiner, keine, keines *indef pron* (*substantivisch*) nessun(o) (-a) m (f): **es hat sich keiner gemeldet**, nessuno si è fatto vivo; **keiner von beiden/ihnen**, nessuno (dei due)/[di loro]; **ich hätte gerne Himbeeren gekauft, aber es gab keine (mehr)**, avrei voluto comprare dei lamponi ma non ce n'erano (più); **ist noch Bier im Haus? – Nein, ich habe keines gekauft**, c'è ancora (della) birra in casa? – No, non ne ho comprata.

keinerlei <*inv*> *adj* <*attr*> non … alcun(o)/nessun(o), non … di sorta: **im Urlaub gab es ~ Schwierigkeiten mit den Kindern**, in vacanza non ci sono state difficoltà di sorta/[c'è stata alcuna/nessunissima *fam* difficoltà] coi bambini.

keinesfalls *adv* in nessun caso, non … di certo: **das werde ich ~ tun**, non lo farò in nessun caso/[di certo], certamente non lo farò.

keineswegs *adv* non … affatto/assolutamente/[per niente], in nessun modo: **die Lage ist ~ aussichtslos**, la situazione non è affatto/assolutamente/[per niente] disperata; **störe ich Sie? – Keineswegs!**, La disturbo? – (Nient') affatto!

keinmal *adv* neanche/nemmeno una volta, mai.

keins *indef pron* → **keiner**.

Keks <- *oder* -es, - *oder* -e> m *oder* n biscotto m, biscottino m; **jdm auf den ~ gehen** *fam*, rompere l'anima *fam*/le scatole *fam* a qu, dare sui nervi a qu *fam*.

Kelch <-(e)s, -e> m **1** (*Sektkelch*) calice m, flûte f **2** (*Messkelch*) calice m **3** *bot* (*Blütenkelch*) calice m ● **den (bitteren) ~ bis zur Neige leeren** *geh*, bere l'amaro calice/[il calice fino alla feccia] *lit*; **etw ist (noch einmal) an mir vorübergegangen**, l'ho scampata bella *fam*.

Kelle <-, -n> f **1** (*Schöpfkelle*) mestolo m, ramaiolo m **2** (*Maurerkelle*) cazzuola f **3** (*Signalstab*) paletta f.

Keller <-s, -> m **1** (*Vorratskeller, Weinkeller etc.*) cantina f **2** → **Kellergeschoss** ● **im ~ sein** *fam*, aver toccato il fondo: **meine Stimmung ist im ~**, sono a terra *fam*.

Kellerassel f *zoo* porcellino m di terra.

Kellerei <-, -en> f cantina f (vinicola).

Kellergeschoss (a.R. **Kellergeschoß**), **Kellergeschoß** *A CH* n scantinato m, (piano m) interrato m, cantine f pl, sottosuolo m.

Kellergewölbe n *arch* cantina f con soffitto a volte.

Kellerlokal n buca f, locale m (sem)interrato.

Kellermeister m (**Kellermeisterin** f) cantiniere (-a) m (f).

Kellerwohnung f (appartamento m) seminterrato m.

Kellner <-s, -> m (**Kellnerin** f) cameriere (-a) m (f).

kellnern *itr fam* lavorare come cameriere (-a).

Kelte <-n, -n> m (**Keltin** f) *hist* celta mf.

Kelter <-, -n> f torchio m.

Kelterei <-, -en> f cantina f di torchiatura.

keltern *tr etw ~* {TRAUBEN} pigiare qc, torchiare qc.

Keltin f → **Kelte**.

keltisch *adj* celtico.

Keltologe <-n, -n> m (**Keltologin** f) celtista mf.

Kenia <-s, *ohne pl*> n *geog* Kenya m, Kenia m.

Kenndaten *subst* <*nur pl*> {+GERÄT} caratteristiche f pl (tecniche); {+PERSON} dati m pl personali/anagrafici.

kennen <*kennt, kannte, gekannt*> A *tr* **1** (*jdm bekannt sein*) **jdn/etw ~** conoscere qu/qc: **ich kenne sie nur oberflächlich**, la conosco solo superficialmente; **kennst du mich noch?**, ti ricordi di me?; **dieses Gericht ~ wir hier nicht**, qui questo piatto non lo conosciamo; **kennst du dieses neue Lokal?**, lo conosci quel nuovo locale?; **jdn als etw ~** {ALS ZUVERLÄSSIGE KOLLEGIN, ALS NETTEN NACHBARN} conoscere qu per/come qc; **so kenne ich ihn gar nicht!**, non lo riconosco! **2** (*wissen*) **etw ~** {JDS ADRESSE, JDS TELEFONNUMMER, DEN WEG} conoscere qc, sapere qc **3** <*meist verneint*> (*kein Gefühl haben für*): **kein … ~** non conoscere/avere …; **ihre Frechheit kennt keine Grenzen**, la sua impudenza non conosce/ha limiti; **sie kennt kein Mitleid**, non conosce pietà, non sa cos'è la pietà; **keine Rücksicht ~**, non avere riguardo B *rfl* (*bekannt sein*) **sich/einander geh ~** conoscersi: **~ Sie sich schon?**, vi conoscete già? ● **das kenne ich (schon)!** *fam* (*das glaube ich dir nicht!*) iron, ti conosco, mascherina!; (*das habe ich auch schon erlebt!*), lo so bene!, ne so qualcosa!, a chi lo dici!; **kennst du/[kennen Sie] den?**, conosci/conosce questa barzelletta?; **jdn ~ lernen** (*jds Bekanntschaft machen*), conoscere qu, fare la conoscenza di qu; **ich habe sie letztes Jahr auf einem Fest ~ gelernt**, l'ho conosciuta l'anno scorso a una festa; **es freut mich, Sie ~ zu lernen**, lieto (-a) di conoscerla/[fare la Sua conoscenza]; **jdn/etw ~ lernen** (*vertraut werden*), (imparare a) conoscere qu, approfondire la conoscenza di qu/qc, acquistare dimestichezza con qc; **sich/einander ~ lernen** (*Bekanntschaft machen*), conoscersi, fare conoscenza; **du wirst/sollst mich noch ~ lernen!** *fam*, ancora non mi conosci! *fam*; **sich (vor Wut/Zorn/…) nicht mehr ~**, essere fuori di sé (dalla rabbia)/[dall'ira/…); **da kenne ich nichts!** *fam*, non guardo in faccia a nessuno! *fam*; **da kennst du mich aber schlecht!** *fam*, allora non mi conosci!; **wie ich ihn/sie/… kenne**, conoscendolo/conoscendola/…

kennen|lernen *tr rfl* → **kennen**.

Kenner <-s, -> m (**Kennerin** f) conoscitore (-trice) m (f), intenditore (-trice) m (f).

Kennerblick m: **mit ~**, con occhio esperto/[da intenditore].

Kennerin f → **Kenner**.

Kennermiene f aria f da intenditore.

Kennnummer, **Kenn-Nummer** f *adm* numero m di matricola.

kenntlich *adj*: **etw (mit etw** dat/**durch etw** akk) **~ machen**, contrassegnare qc (con qc); **eine Baustelle durch ein Warnsignal ~ machen**, segnalare un cantiere con delle luci a intermittenza.

Kenntnis <-, -se> f **1** <*nur sing*> conoscenza f: **ohne ~ der Sachlage kann ich mir kein Urteil bilden**, senza cognizione di causa/

[ignorando i fatti] non posso dare un giudizio; **aus eigener ~**, per conoscenza diretta **2** <*nur pl*> (*Fachkenntnis*) conoscenze f pl, cognizioni f pl, nozioni f pl: **er hat umfassende ~se auf diesem Gebiet**, ha ampie conoscenze in questo campo • **etw** *entzieht* **sich jds ~ form**, qu non è ₁a conoscenza *form*₁/[al corrente] di qc, qu ignora qc; **von etw (dat) ~ erhalten form**, venire a conoscenza di qc, avere notizia di qc; **etw zur ~ nehmen**, prendere atto di qc; **jdn zur ~ nehmen** (*beachten*), notare qu; **jdn von etw (dat) in ~ setzen form**, mettere qu al corrente di qc, portare qc alla conoscenza di qu *form*, informare qu di qc.

Kenntnisnahme <-, *ohne pl*> f *adm*: **nach ~ einer S.** (gen), presa conoscenza di qc; **zur ~**, per conoscenza; **zu Ihrer ~**, per Vostra informazione.

kenntnisreich adj *geh* che ha vaste conoscenze (in una materia), documentato.

Kenntnisstand <-(*e*)*s*, *ohne pl*> m stato m delle conoscenze: **nach dem neuesten ~**, allo stato attuale (delle conoscenze).

Kennung <-, -*en*> f **1** *aero naut* segnalazione f **2** *radio tel* segnale m **3** *inform* nome m utente, username m.

Kennwort <-(*e*)*s*, *Kennwörter*> n **1** (*bei Einsendungen*) sigla f **2** *inform* password f, parola f d'ordine/accesso **3** *mil* (*Losungswort*) parola f d'ordine.

Kennwortschutz m *inform* protezione f (della) password.

Kennzahl f **1** *tel* prefisso m (telefonico), indicativo m **2** (*charakteristischer Zahlenwert*) indice m **3** (*Kennziffer*) numero m/codice m di riferimento.

Kennzeichen n **1** (*Merkmal*) segno m (distintivo), nota f (distintiva), caratteristica f **2** (*Unterscheidungszeichen*) contrassegno m, segno m di riconoscimento **3** *autom* (*amtliches ~*) (numero m di) targa f: **ein Auto mit Münchner ~**, un'auto targata Monaco • **amtliches/polizeiliches ~**, targa (di circolazione); **besondere ~** (*Passvermerk*), segni particolari.

kennzeichnen tr **1** (*markieren*) **etw** (**durch etw** akk) **~** {FLASCHE DURCH ETIKETTEN, KISTE DURCH AUFSCHRIFT} contrassegnare *qc* (*con qc*): **den Weg durch Pfeile ~**, indicare la strada con delle frecce; **die Fachtermini durch ein Sternchen ~**, segnare i termini tecnici con un asterisco **2** (*charakterisieren*) **jdn/etw als etw ~** {ALS DUMM, HILFSBEREIT, INTELLIGENT} caratterizzare *qu/qc come qc*, qualificare *qu/qc* (*come*) *qc*, definire *qu/qc qc*: **durch etw (akk) gekennzeichnet sein**, essere caratterizzato/contraddistinto da qc **3** (*ausweisen*) **jdn/etw als etw ~** contraddistinguere *qu/qc come qc*.

kennzeichnend adj ~ (*für jdn/etw*) caratteristico (*di qu/qc*), distintivo (*di qu/qc*), tipico (*di qu/qc*).

Kennziffer f **1** *allg.* numero m/codice m di riferimento **2** *math* (*von Logarithmus*) caratteristica f.

Kentaur m → **Zentaur**.

kentern itr <*sein*> *naut* scuffiare, fare scuffia, capovolgersi, rovesciarsi: **etw zum Kentern bringen** {STURM BOOT}, rovesciare qc.

Keramik f <-, -*en*> f **1** <*nur sing*> (*gebrannter Ton*) ceramica f **2** <*meist pl*> (*Erzeugnis*) ceramica f **3** <*nur sing*> (*Kunst*) (arte f della) ceramica f.

keramisch adj (GESCHIRR, KRUG, VASE) di/in ceramica.

Keratin <-s, -e> n *biol chem* cheratina f.

Kerbe <-, -*n*> f tacca f, intaccatura f: **eine ~ ins Holz schneiden**, fare una tacca nel legno, intaccare il legno • **in** ₁**die gleiche**₁/[**dieselbe**] **~ hauen/schlagen** *fam*, battere sullo stesso tasto *fam*/chiodo *fam*.

Kerbel <-s, *ohne pl*> m *bot* cerfoglio m.

kerben tr **etw ~** (HOLZ) intaccare *qc*; **etw in etw** (akk) **~** (INSCHRIFT, NAMEN INS HOLZ) intagliare *qc in qc*, incidere *qc in qc*.

Kerbholz n: **etw auf dem ~ haben** *fam*, avere qc sulla coscienza.

Kerbtier n *zoo* insetto m.

Kerker <-s, -> m **1** *hist* (*Verlies*) carcere m, segreta f **2** *A* (*Freiheitsstrafe*) carcere m, galera f *fam*.

Kerl <-(*e*)*s*, -*e oder* -*s*> m *fam* **1** (*Bursche*) tipo m *fam*; *pej* tipo m *fam*, tizio m *fam*, tomo m *fam*, soggetto m *fam*, individuo m: **das ist wirklich ein schrecklicher ~!**, è davvero un tipo/soggetto terribile! **2** *fam pej* (*Freund*) tipo m *slang*: **sie hat schon wieder einen neuen ~!**, ha cambiato ragazzo un'altra volta! • *anständiger* **~**, tipo onesto; *armer* **~**, poveraccio m, povero diavolo *fam*; *blöder*/*dämlicher*/*dummer* **~**, cretino m *fam*, imbecille m *fam*; *feiner*/*netter* **~** (*Mann o. Frau*), tipo (-a) in gamba *fam*; *fieser*/*gemeiner* **~**, essere abietto *fam*; *ganzer* **~**, uomo tutto d'un pezzo; *guter* **~**, bravo ragazzo, brav'uomo, buon diavolo *fam*.

Kerlchen <-s, -> n *fam* **1** (*kleiner Mann*) ometto m, omino m **2** (*kleiner Junge*) ometto m: **ein süßes ~**, un bel bambino; **ein freches ~**, un discolo; **ein schlaues/cleveres ~**, un ragazz(ett)o sveglio.

Kermit <-s, *ohne pl*> m *slang inform* Kermit m (protocollo m di trasmissione).

Kern <-(*e*)*s*, -*e*> m **1** (*von Steinobst, Oliven*) nocciolo m; (*von Äpfeln, Birnen, Kürbissen, Melonen, Sonnenblumen*) seme m; (*Traubenkern*) *auch* vinacciolo m; (*Nusskern*) gheriglio m; (*Mandelkern*) mandorla f; (*Pistazienkern*) pistacchio m; (*von Holz*) anima f **2** *nukl phys* (*Atomkern*) nucleo m; {+REAKTOR} nocciolo m **3** *biol* (*Zellkern*) nucleo m **4** (*~punkt*) {+FRAGE, PROBLEM} nocciolo m, nodo m, cuore m, centro m: **zum ~ der Sache vordringen**, venire al ₁nocciolo della questione₁/[dunque], entrare nel vivo della questione **5** (*wichtigster Teil*) anima f, nerbo m, fulcro m, perno m; (*Stadtkern*) centro m, cuore m: **er hat einen guten ~, in ihm steckt ein guter ~**, ha un fondo di bontà • **der harte ~** (**der Gruppe/Partei/...**), lo zoccolo/il nocciolo duro (del gruppo/partito/...); **ein harter ~ von Fans**, il solito gruppetto di fans irriducibili; **etw hat einen wahren ~**, in qc c'è un fondo di verità.

Kernantrieb m *tech* propulsione f nucleare.

Kernarbeitszeit f *industr* fascia f oraria di presenza obbligatoria (nell'ambito dell'orario flessibile).

Kernbrennstoff m *nukl phys* combustibile m nucleare.

Kernenergie f energia f nucleare/atomica, nucleare m.

Kernexplosion f esplosione f nucleare/atomica.

Kernfamilie f *soziol* famiglia f nucleare/elementare.

Kernforschung f ricerca f nucleare.

Kernfrage f questione f nodale/essenziale/[di fondo].

Kernfrucht f frutto m con semi.

Kernfusion f *nukl phys* fusione f nucleare.

Kerngedanke m idea f centrale/cardine/base, pensiero m centrale.

Kerngehäuse n torsolo m.

kerngesund adj sano come un pesce *fam*.

Kernholz n durame m.

kernig adj **1** {FRUCHT} con molti semi, pieno di semi **2** (*kräftig*) {MANN} vigoroso, forte, robusto: **eine ~e Natur haben**, essere di costituzione robusta **3** (*markig*) {SPRUCH, WORTE} forte *fam* **4** *slang* (*super*) forte *fam*, mitico *slang*.

Kernindustrie f *tech* industria f nucleare.

Kernkraft f energia f atomica/nucleare, nucleare m.

Kernkraftbefürworter m (**Kernkraftbefürworterin** f) fautore (-trice) m (f)/sostenitore (-trice) m (f) dell'energia nucleare, nuclearista m, nuclearista mf.

Kernkraftgegner m (**Kernkraftgegnerin** f) antinuclearista mf, antinucleare mf.

Kernkraftwerk n (Abk KKW) centrale f nucleare/atomica.

kernlos adj senza/[privo di] semi.

Kernobst n pomi m pl.

Kernphysik f *nukl phys* fisica f nucleare.

Kernphysiker m (**Kernphysikerin** f) fisico m nucleare.

Kernproblem n problema f ₁di fondo₁/[essenziale]/[cruciale].

Kernpunkt m punto m nodale/centrale/essenziale, nocciolo m (della questione).

Kernreaktion f reazione f nucleare.

Kernreaktor m reattore m nucleare, pila f nucleare/atomica.

Kernschmelze f *nukl phys* fusione f del nocciolo (di un reattore nucleare).

Kernseife f sapone m ₁da bucato₁/[di Marsiglia].

Kernspaltung f fissione f/scissione f nucleare.

Kernspeicher m *inform* memoria f a nuclei (magnetici).

Kernspintomograf m *med tech* apparecchio m per la risonanza magnetica nucleare.

Kernspintomografie f *med* (Abk MRT) risonanza f magnetica nucleare (Abk RMN).

Kernspintomograph m → **Kernspintomograf**.

Kernspintomographie f → **Kernspintomografie**.

Kernstück n {+REFORM, THEORIE} nucleo m, parte f essenziale, anima f.

Kerntechnik f *nukl tech* ingegneria f nucleare.

Kernteilung f *biol* mitosi f.

Kernverschmelzung f **1** *nukl phys* → **Kernfusion** **2** *biol* cariogamia f, fusione f dei gameti.

Kernwaffe f <*meist pl*> arma f nucleare/atomica.

kernwaffenfrei adj {ZONE} denuclearizzato.

Kernwaffentest m *tech* esperimento m/test m nucleare.

Kernzeit f *industr* → **Kernarbeitszeit**.

Kerosin <-s, -*e*> n cherosene m, kerosene m.

Kerstin f (*Vorname*) → **Christiane**.

Kerze <-, -*n*> f **1** (*Wachskerze*) candela f; (*Altarkerze*) cero m **2** *autom* (*Zündkerze*) candela f **3** *sport* candela f: **eine ~ machen**, fare la candela.

Kerzendocht m stoppino m, lucignolo m.

kerzengerade *fam* **A** adj diritto come un fuso *fam*; {HALTUNG} perfettamente diritto **B** adv {DASITZEN} diritto (-a) come un fuso *fam*; {DASTEHEN} impalato (-a) *fam*.

Kerzenhalter m candeliere m.

Kerzenleuchter m candelabro m.

Kerzenlicht n lume m di candela: **bei ~, a**

lume di candela.
Kerzenschein m *oft lit* lume m di candela.
Kerzenschlüssel m *autom* chiave f per candele.
Kerzenständer m candeliere m; *(niedrig)* bugia f.
Kescher <-s, -> m retino m; *(für Fische) auch* guadino m.
kess (a.R. keß) **A** adj **1** *(frech)* {ANTWORT} sfacciato; {TYP} sfacciatello **2** *(hübsch)* {MÄDCHEN} carino **3** *(flott)* {HUT, KLEID} fru fru. **B** adv sfacciatamente.
Kessel <-s, -> m **1** *(Wasserkessel, Teekessel)* bollitore m **2** *(Kochtopf)* pentolone m, calderone m, *(Kupferkessel über dem Feuer)* paiolo m; *obs (Wäschekessel)* caldaia f **3** *(Heizkessel)* caldaia f **4** *(Talkessel)* conca f **5** *mil* sacca f.
Kesselhaus n *tech* sala f caldaie.
Kesselpauke f *mus* timpano m.
Kesselschmied m calderaio m.
Kesselstein m incrostazioni f pl (calcaree): **den ~ (aus etw dat) entfernen**, disincrostare qc, togliere le incrostazioni da qc.
Kesseltreiben n **1** *Jagd* battuta f (di caccia) in cerchio **2** *(Hetzkampagne)* caccia f alle streghe • **ein ~ gegen jdn veranstalten**, fare/organizzare una caccia alle streghe contro qu, avviare una campagna denigratoria contro qu.
Ketschup, Ketchup <-(s), -s> m *oder* n ketchup m.
Kette <-, -n> f **1** *(Metallkette)* catena f **2** *(Schmuckkette)* catenina f; *(Halskette)* collana f **3** *(Fahrradkette)* catena f; *(von Raupenfahrzeugen)* cingolo m **4** *(Menschenkette)* catena f: **eine ~ bilden**, formare una₁/[fare la] catena; *(Absperrungskette)* {+POLIZEI} cordone f **5** *com (von Hotels, Kaufhäusern, Kinos, Läden, Restaurants)* catena f **6** *(Reihe) ~ von etw* (dat) {VON BEWEISEN, INDIZIEN} serie f *di qc;* {VON ENTTÄUSCHUNGEN} *auch* sequela f *di qc,* sfilza f *di qc;* {VON VERBRECHEN} catena f *di qc,* serie f *di qc;* **~ von Ereignissen**, una catena/serie di avvenimenti; **eine ~ von Unglücksfällen**, una catena/sequela di disgrazie **7** *text* ordito m, catena f • **jdn an die ~ legen** *(jdm die Freiheit nehmen)*, legare le mani (e i piedi) a qu; **einen Hund an die ~ legen**, mettere un cane alla catena; **jdn in ~n legen** *hist*, mettere in catene/ceppi qu *hist*, incatenare qu; **seine ~n sprengen** *geh*/**zerreißen** *geh obs*, spezzare/rompere le catene.
ketten tr **1** *(mit einer Kette befestigen)* **jdn/etw an etw** (akk) ~ {GEFANGENEN AN EINEN BAUM, HUND AN EINEN PFAHL} incatenare qu/qc a qc **2** *(fest binden)* **jdn an jdn ~** {GEMEINSAMES ERLEBNIS, SCHICKSAL} legare (indissolubilmente) qu a qu; **jdn an sich ~**, legare (indissolubilmente) qu a sé.
Kettenbrief m "singola lettera f nella catena di Sant'Antonio".
Kettenfahrzeug n (veicolo m) cingolato m.
Kettenglied n anello m/maglia f (della catena).
Kettenhemd n *hist* maglia f (di ferro).
Kettenhund m cane m da guardia legato alla catena.
Kettenraucher m (**Kettenraucherin** f) fumatore (-trice) m (f) accanito (-a), gran fumatore (-trice) m (f): **ein ~ sein**, fumare come un turco *fam*, fumarne una dietro l'altra.
Kettenreaktion f **1** *chem phys* reazione f a catena **2** *(Folge von Ereignissen)* reazione f a catena.
Kettensäge f sega f a catena.
Kettenschutz m *(am Fahrrad)* copricatena m, carter m.

Ketzer <-s, -> m (**Ketzerin** f) eretico (-a) m (f).
Ketzerei <-, -en> f eresia f.
Ketzerin f → **Ketzer**.
ketzerisch adj eretico.
keuchen **A** itr **1** *<haben> (geräuschvoll, schwer atmen)* ansimare, ansare, respirare affannosamente **2** *<sein> (sich schwer keuchend fortbewegen) irgendwohin ~*: **der Marathonläufer keuchte durchs Ziel**, il maratoneta tagliò il traguardo ansimando; **Radfahrer keuchten mir entgegen**, dei ciclisti mi venivano incontro ansimanti **B** tr *<haben> (etw schwer atmend sagen)*: **"ich kann nicht mehr", keuchte er**, "non ce la faccio più", disse sbuffando.
keuchend adj ansimante, ansante: **mit ~em Atem**, con il respiro affannoso.
Keuchhusten m *med* pertosse f, tosse f asinina *fam*/canina *fam*/cavallina *fam*/convulsiva *fam*/convulsa *fam*.
Keule <-, -n> f **1** *bes. hist (Waffe)* clava f, mazza f **2** *sport (Gymnastikgerät)* clavetta f, clava f **3** *(Kalbskeule, Rindskeule, Schweinekeule)* coscio m; *(Geflügelkeule, Kaninchenkeule) auch* coscia f; *(Lammkeule, Hammelkeule, Wildkeule)* cosciotto m • **chemische ~** *euph pol (bei Polizeieinsätzen verwendetes Tränengas)*, candelotto lacrimogeno; *slang ökol* roba chimica *fam*.
Keulenschlag m colpo m di clava, mazzata f: **die Nachricht traf ihn wie ein ~**, la notizia fu una vera mazzata *fam* per lui.
keusch adj *obs oder scherz* casto, puro.
Keuschheit <-, ohne pl> f *obs oder scherz* castità f.
Keuschheitsgelübde n *relig* voto m di castità.
Keuschheitsgürtel m *hist* cintura f di castità.
Key-Account-Manager m (**Key-Account-Managerin** f) *ökon* account executive mf.
Keyboard <-s, -s> n **1** *mus* tastiera f, organo m elettronico **2** *inform* tastiera f.
Keyword n *inform* keyword f.
kfm. Abk *von* kaufmännisch: commerciale.
Kfz <-(s), -(s)> n Abk *von* Kraftfahrzeug: automezzo m, veicolo m a motore.
Kfz-Brief m *adm aut* "documento che attesta la proprietà di un automezzo e ne descrive le caratteristiche tecniche", ≈ certificato m di proprietà, *(früher)* ≈ foglio m complementare.
Kfz-Mechaniker m (**Kfz-Mechanikerin** f) meccanico m.
Kfz-Schein m "documento che attesta la regolare immatricolazione di un automezzo", ≈ libretto m/carta f di circolazione.
Kfz-Steuer f tassa f automobilistica, bollo m (della macchina) *fam*.
Kfz-Versicherung f assicurazione f per veicoli a motore.
Kfz-Werkstatt f (aut)officina f, autoriparazione f.
Kfz-Zulassungsstelle f ≈ ufficio m immatricolazioni della motorizzazione civile.
kg Abk *von* Kilogramm: kg (Abk *von* kilogrammo).
KG <-, -s> f Abk *von* Kommanditgesellschaft: S.a.s. f (Abk *von* Società in Accomandita Semplice).
kgl. Abk *von* königlich: R. (Abk *von* regio).
Khaki n → **Kaki**①, **Kaki**②.
khakifarben adj → **kakifarben**.
kHz Abk *von* Kilohertz: kHz (Abk *von* kilohertz).

KI <-, ohne pl> f *inform* Abk *von* künstliche Intelligenz: IA f (Abk *von* Intelligenza Artificiale).
Kibbuz <-, -im *oder* -e> m kibbutz m.
Kichererbse f *bot* cece m.
kichern itr ridacchiare.
Kick① <-(s), -s> m *slang* Fußball tiro m, calcio m.
Kick② <-(s), -s> m *fam* **1** *(Nervenkitzel)* brivido m: **Extremsportler wollen den ultimativen ~ erleben**, chi pratica sport estremi vuole provare il piacere del brivido **2** *(Anstoß)* spinta f, impulso m: **der entscheidende ~**, la spinta decisiva, l'impulso determinante; **jdm den nötigen/richtigen ~ geben**, dare a qu l'input necessario/giusto; **jdm den letzten ~ geben**, dare a qu l'ultima spinta **3** *der ultimative ~ (die neueste Mode)*: **zu Tausenden auf Inlineskates durch München zu rasen, ist der ultimative ~**, a migliaia sui rollerblade per le strade di Monaco: è questo il trend del momento.
Kickboard <-s, -s> n *sport* kickboard m.
Kick-down, Kickdown <-s, -s> m *oder* n *autom* kickdown m, "in un automezzo con cambio automatico, improvvisa e violenta pressione f sul pedale del gas per poter accelerare velocemente".
kicken itr *fam* giocare a pallone *fam*/calcio *fam*: **er kickt für Bayern München**, gioca nel Bayern (di) Monaco.
Kicker <-s, (-s)> m (**Kickerin** f) *fam* calciatore (-trice) m (f).
Kickstarter m *(am Motorrad)* pedale m d'avviamento.
Kid <-s, -s> n *<meist pl> slang (Jugendlicher)* ragazzo m; *(Kind)* bambino m.
kidnappen tr **jdn ~** *bes.* KIND) sequestrare qu, rapire qu.
Kidnapper m (**Kidnapperin** f) sequestratore (-trice) m (f)/rapitore (-trice) m (f) (di minore), kidnapper m f.
Kidnapping <-s, -s> n sequestro m/rapimento m (di minore), kidnapping m.
kiebig adj *norddt* **1** *(frech)* sfacciato, impertinente **2** <präd>: **~ sein**, essere stizzito; **~ werden**, stizzirsi.
Kiebitz <-es, -e> m *ornith* pavoncella f.
Kiefer① <-s, -> m *anat (Oberkiefer (und Unterkiefer))* mascella f; *(Unterkiefer) auch* mandibola f.
Kiefer② <-, -n> f **1** *bot (Gattung)* pino m; *(Gemeine ~, Waldkiefer)* pino m silvestre **2** <*nur sing*> *(Holz)* (legno m di) pino m.
Kieferchirurg m (**Kieferchirurgin** f) *med* chirurgo *(rar* -a) m (f) maxillofacciale.
Kieferchirurgie f *med* chirurgia f maxillofacciale.
Kieferchirurgin f → **Kieferchirurg**.
Kieferhöhle f *anat* seno m mascellare.
Kieferhöhlenentzündung f *med* sinusite f.
Kieferknochen m *anat* (osso m) mascellare m.
Kiefernholz n (legno m di) pino m.
Kiefernnadel f ago m di pino.
Kiefernwald m pineta f, bosco m di pini.
Kiefernzapfen m pigna f, cono m, strobilo m.
Kieferorthopäde m (**Kieferorthopädin** f) *med* ortodontista mf.
Kieferorthopädie f *med* ortodonzia f.
Kieferorthopädin f → **Kieferorthopäde**.
Kieker <-s, -> m: **jdn auf dem ~ haben** *fam (jdn schikanieren)*, aver preso di mira qu *fam*, avercela con qu *fam*; *(jdn misstrauisch beobachten)* tenere d'occhio qu.

Kiel① <-(e)s, -e> m naut (unterster Balken) chiglia f; (Rumpf im Wasser) carena f ● **ein Schiff auf ~ legen** naut, impostare una nave.
Kiel② <-(e)s, -e> m ornith (Federkiel) calamo m.
Kiel③ <-s, ohne pl> m geog Kiel f.
kielholen <part perf: kielgeholt oder gekielholt> tr naut **etw** ~ {SCHIFF} carenare qc, abbattere in carena/chiglia qc.
kieloben adv a chiglia in su.
Kielraum m naut sentina f.
Kielwasser n scia f ● **in jds ~ schwimmen/segeln**, seguire la scia di qu.
Kieme <-, -n> f <meist pl> zoo branchia f.
Kien <-(e)s, ohne pl> m legno m resinoso (di pino).
Kienspan m truciolo m resinoso (di pino).
Kiepe <-, -n> f norddt (Korb) gerla f.
Kies <-es, -e> m **1** ghiaia f **2** <nur sing> slang (Geld) grana f slang, quattrini m pl fam.
Kiesel <-s, -> m ciottolo m.
Kieselerde f min silice f.
Kieselsäure f chem acido m silicico.
Kieselstein m ciottolo m.
Kiesgrube f cava f di ghiaia.
Kiesstrand m spiaggia f di ghiaia.
Kiesweg m vialetto m di ghiaia.
Kiez <-es, -e> m **1** region bes. berlinerisch quartiere m **2** slang quartiere m a luci rosse.
kiffen itr slang farsi uno spinello slang/una canna slang, fumare erba fam.
Kiffer <-s, -> m (**Kifferin** f) slang fumatore (-trice) m di hashish/marijuana, chi si fa le canne slang.
kikeriki interj chicchirichì!
killekille interj Kindersprache: **~ machen**, fare il solletico.
killen tr **1** slang (umbringen) **jdn** ~ freddare qu slang, accoppare qu slang, far fuori qu fam, ammazzare qu fam **2** fam (zerstören) **etw** ~ {FCKW OZON} distruggere qc; {COMPUTERISIERUNG ARBEITSPLÄTZE} fare strage di qc.
Killer <-s, -> m (**Killerin** f) fam sicario m, killer mf: **einen** ~ **anheuern**, assoldare un sicario.
Killeralge f fam alga f killer/assassina.
Killerbakterien, **Killer-Bakterien** subst <nur pl> fam batteri m pl killer.
Killerin f → **Killer**.
Killersatellit m satellite m killer.
Killerzelle f biol cellula f (T) killer, linfocita m citotossico.
Kilo <-s, -(s) oder bei Zahlenangaben -> n fam kilo m: **ich hätte gern drei** ~ **Pfirsiche**, vorrei tre kili di pesche.
Kilobyte n (Abk KB) inform kilobyte m (Abk KB).
Kilogramm n (Abk kg) kilogrammo m (Abk kg), chilogrammo m.
Kilohertz n (Abk kHz) phys kilohertz m (Abk kHz), chilohertz m, chilociclo m.
Kilojoule n (Abk kJ) kilojoule m, chilojoule m.
Kilokalorie f (Abk kcal) kilocaloria f (Abk kcal).
Kilometer m (Abk km) **1** (1000 m) kilometro m (Abk km), chilometro m: **5** ~ **fahren**, fare 5 kilometri **2** fam (Stundenkilometer): ~ **pro Stunde** (Abk km/h, km/st), kilometri orari; **mit 100 ~n in der Stunde fahren**, andare a 100 kilometri all'ora.
Kilometerfresser <-s, -> m fam scherz "chi macina/divora kilometri".
Kilometergeld n indennità f di kilometraggio, rimborso m carburante.
kilometerlang A adj {SCHLANGE, STAU} kilometrico, lungo kilometri: **ein ~er Stau auch**, una coda di kilometri B adv per kilometri.
Kilometerpauschale f Steuer "forfait m per kilometro per il tragitto casa-lavoro deducibile in sede di dichiarazione dei redditi".
Kilometerstand m kilometraggio m, chilometraggio m: **bei** ~ ..., a ... kilometri.
Kilometerstein m pietra f miliare.
kilometerweit A adj {SICHT} del raggio di kilometri; {ENTFERNUNG} di kilometri; {TOUR, WANDERUNG} auch lungo kilometri; {BLICK} che spazia per kilometri B adv per kilometri e kilometri: ~ **fahren/gehen**, guidare/camminare per kilometri (e kilometri), fare kilometri (e kilometri) fam.
Kilometerzähler m contakilometri m.
Kilowatt n (Abk kW) kilowatt m, chilowatt m.
Kilowattstunde f (Abk kWh) kilowattora m, chilowattora m.
Kilt <-(e)s, -s> m (Schottenrock) kilt m.
Kimme <-, -n> f (an Schusswaffe) tacca f di mira.
Kimono <-s, -s> m kimono m, chimono m.
Kind <-(e)s, -er> n **1** (auch Kleinkind) bambino m, fanciullo m, pargolo m lit: **seine Frau hat ein** ~ **bekommen/gekriegt** fam, sua moglie ha avuto/fatto fam un bambino; **sie ist doch noch ein** ~!, ma è ancora una bambina!; (Koseform) bimbo m **2** (Sohn, Tochter) figlio (-a) m (f): **ihre ~er sind schon groß**, i suoi figli sono già grandi; **ein nicht eheliches/uneheliches** ~, un figlio naturale/illegittimo **3** <nur pl> fam (in der Anrede: Leute) ragazzi m pl, gente f fam: **so, ~er, jetzt fangen wir an!**, allora, ragazzi, si comincia! fam ● **ein** ~ **erwarten**, aspettare un bambino, essere in dolce attesa geh oder scherz; **sie wie ein** ~ **freuen**, essere contento come un bambino; **ein gebranntes** ~ **sein**, essersi scottato fam; **ein großes** ~ **sein**, essere un bambinone; **mit** ~ **und Kegel** fam scherz, armi e bagagli, con tutta la tribù fam/truppa fam; **sich bei jdm lieb** ~ **machen** fam, entrare nelle grazie di qu, ingraziarsi qu; **einem Mädchen/einer Frau ein** ~ **machen** slang pej/**anhängen** slang pej, mettere incinta fam pej una ragazza/donna; **das** ~ **im Manne**, l'eterno fanciullo (nascosto in ogni uomo); **das** ~ **beim (rechten) Namen nennen**, dire pane al pane e vino al vino, chiamare le cose con il loro nome; **wie sag' ich's meinem ~(e)?** scherz, come faccio a dirglielo?, e ora chi glielo dice?; **wir werden das** ~ **schon schaukeln** fam, sistemeremo/[metteremo a posto] questa; **kein** ~ **mehr sein**, non essere più un bambino; **jdn an ~es statt annehmen** jur, adottare qu; **kein** ~ **von Traurigkeit sein** fam, essere un allegrone fam/buontempone fam; **von** ~ **auf**, fin da bambino (-a)/piccolo (-a), fin ⌊dall'infanzia⌋/[dalla più tenera età]; **das weiß doch jedes** ~!, lo sanno anche/perfino i bambini!; **ein** ~ **in die Welt setzen**, mettere al mondo un figlio, fare fam un figlio; **ein** ~ **seiner Zeit sein**, essere figlio ⌊del proprio tempo⌋/[dei tempi]; **das** ~ **mit dem Bade ausschütten**, buttare via il bambino con l'acqua sporca, buttare l'acqua sporca col bambino dentro; **gebranntes** ~ **scheut das Feuer** prov, can scottato dall'acqua calda ha paura della fredda prov; **~er und Narren sagen die Wahrheit** prov, i bambini sono la bocca della verità; **aus ~ern werden Leute** prov, il bimbo d'oggi, l'uomo di domani.
Kindbett n obs → **Wochenbett**.
Kindbettfieber n med obs febbre f puerperale.

Kindchen <-s, - oder Kinderchen> n dim von Kind **1** (Baby) bebè m, pupo (-a) m (f) **2** (in der Anrede): ~!, piccino (-a)/piccolo (-a) mio (-a)!
Kinderarbeit f lavoro m minorile.
Kinderarzt m (**Kinderärztin** f) med pediatra mf.
Kinderbekleidung f abbigliamento m per bambini.
Kinderbetreuung f med assistenza f ai bambini.
Kinderbett n lettino m.
Kinderbuch n libro m per bambini.
Kinderbüro n "organizzazione f che, per conto delle imprese, si occupa di sistemare i figli dei dipendenti in asili nido e scuole materne".
Kinderchen subst <nur pl> dim von Kinder scherz oder obs bambin(ett)i m pl, piccoli(ni) m pl, piccini m pl: **kommt ihr mal, ~!**, venite un po' qua, bambini!
Kinderchor m coro m di bambini.
Kinderdorf n città f dei ragazzi.
Kinderei <-, -en> f bambinata f, ragazzata f.
Kinderermäßigung f sconto m bambini.
Kindererziehung f educazione f dei figli/bambini.
Kinderfahrrad n bicicletta f da/per bambino.
kinderfeindlich adj {ARCHITEKTUR, STADT} insensibile alle esigenze dell'infanzia; {POLITIK} che penalizza l'infanzia.
Kinderfernsehen n televisione f per bambini.
Kinderfest n festa f di bambini.
Kinderfilm m film TV film m per bambini/[i più piccoli].
Kinderfrau f bambinaia f, tata f fam.
Kinderfreibetrag m Steuer "detrazione f fiscale per i figli a carico".
kinderfreundlich adj {PERSON} che ama i bambini; {ARCHITEKTUR, STADT} a misura di bambino; {POLITIK} per l'infanzia, a favore dell'infanzia.
Kinderfunk m programma m radiotelevisivo per bambini.
Kinderfürsorge f adm assistenza f all'infanzia.
Kindergarten m scuola f materna, asilo m (d'infanzia), giardino m d'infanzia.
Kindergartenplatz m posto m alla scuola materna.
Kindergärtner m (**Kindergärtnerin** f) maestro (-a) m (f) ⌊d'asilo⌋/[di scuola materna].
Kindergeld n assegno m familiare (per i figli).
Kinderhandel m tratta f di bambini/minori.
Kinderheilkunde f med pediatria f: **Facharzt für ~**, (medico) pediatra.
Kinderheim n **1** (für Waisenkinder) orfanotrofio m; (für ausgesetzte Kinder) brefotrofio m **2** (Erholungsheim) colonia f.
Kinderhort m doposcuola m.
Kinderklinik f, **Kinderkrankenhaus** n clinica f pediatrica, ospedale m pediatrico.
Kinderkrankheit f **1** med malattia f infantile/[dei bambini] **2** <meist pl> (Anfangsprobleme) difficoltà f pl iniziali: **die ~en eines neu eingeführten Studienganges**, la fase di rodaggio di un nuovo corso di laurea.
Kinderkriegen <-s, ohne pl> n fam: **sie ist zu jung zum ~**, è troppo giovane per avere bambini ● **es ist zum ~ fam**, c'è da mettersi le mani nei capelli fam.

Kinderkriminalität f delinquenza f/criminalità f infantile, baby criminalità f.
Kinderkrippe f (asilo m) nido m.
Kinderladen m "asilo m (d'infanzia) sorto per iniziativa dei genitori (dove s'impartisce un'educazione di stampo antiautoritario)".
Kinderlähmung f med poliomelite f, polio f fam, paralisi f infantile.
kinderleicht adj facilissimo: **das ist ~**, è un gioco da ragazzi; niente di più facile; **die Prüfung war wirklich ~!**, l'esame è stato davvero una passeggiata!
Kinderlein subst <nur pl> → **Kinderchen**.
kinderlieb adj: **~ sein**, essere amante dei bambini, amare i bambini, avere un debole per i bambini.
kinderlos adj senza figli.
Kindermädchen n bambinaia f.
Kindermord m uccisione f di un bambino; (an einem Neugeborenen) infanticidio m.
Kindermörder m (**Kindermörderin** f) assassino (-a) m (f) di un bambino; (eines Neugeborenen) infanticida mf.
Kindermund m fam bocca f di bambino ● **~ tut Wahrheit kund** prov, i bambini sono la bocca della verità.
Kindernarr m (**Kindernärrin** f) persona f che adora i bambini: **er ist ein ~**, ˌva pazzoˌ/[stravede] per i bambini.
Kinderpfleger m (**Kinderpflegerin** f) puericultore (-trice) m (f).
Kinderpopo m fam popò m fam, culetto m fam/sederino m fam (di bambino) ● **glatt wie ein ~**, liscio come il sederino di un neonato.
Kinderpornografie, **Kinderpornographie** f pedopornografia f, pornografia f infantile.
Kinderprogramm n radio TV programma m/trasmissione f per bambini.
Kinderprostitution f prostituzione f infantile, baby prostituzione f.
Kinderpsychologie f psicologia f infantile.
Kinderpuder m talco m per neonati.
kinderreich adj {Ehepaar} con molti figli, prolifico: **~e Familie**, famiglia numerosa.
Kinderschänder <-s, -> m (**Kinderschänderin** f) stupratore (-trice) m (f)/violentatore (-trice) m (f) di bambini.
Kinderschar f frotta f/truppa f/nidiata f di bambini.
Kinderschreck m babau m, uomo m nero, orco m.
Kinderschuh m <meist pl> scarpa f da bambino, scarpetta f ● **den ~en entwachsen sein** {Mädchen}, essersi fatta una signorina; {Junge} essersi messo i calzoni lunghi; **noch in den ~en stecken** {Projekt}, essere (ancora) in fasce; {Methode, Technik} muovere i primi passi.
Kinderschutz m jur tutela f ˌdei bambiniˌ/[dell'infanzia].
Kinderschwester f puericultrice f.
Kindersegen m boom m di nascite: **~ war ihnen leider verwehrt**, purtroppo non avevano figli.
Kindersendung f radio TV trasmissione f/programma m per bambini.
kindersicher adj a prova di bambino.
Kindersicherung f (an Autotür, Schranktür, Schublade etc.) sicura f per bambini.
Kindersitz m autom seggiolino m di sicurezza (per bambini); (am Fahrrad) seggiolino m.
Kindersoldat m (**Kindersoldatin** f) bambino (-a) m (f) soldato.

Kinderspiel n gioco m per bambini ● **das ist ein ~**, è ˌun giochetto famˌ/[un gioco da ragazzi]/[uno scherzetto].
Kinderspielplatz m parco m giochi, giardinetti m pl.
Kindersprache f linguaggio m infantile/[dei bambini].
Kindersterblichkeit f mortalità f infantile.
Kinderstube f: **eine gute/schlechte ~ haben**, essere ben/mal educato, aver ricevuto una buona/cattiva educazione.
Kinderstuhl m seggiolone m
Kindertagesstätte f doposcuola m.
Kinderteller m (im Restaurant) porzione f per bambini.
Kinder- und Jugendliteratur f letteratura f/libri m pl per bambini e ragazzi.
Kinderwagen m carrozzina f; (zusammenklappbarer ~) passeggino m.
Kinderzimmer n stanza f/camera f dei bambini.
Kinderzuschlag m → **Kindergeld**.
Kindesalter n: **seit frühestem ~**, fin dalla primissima infanzia, fin dalla più tenera età; **(noch) im ~ sein**, essere (ancora) bambino (-a).
Kindesbeine subst <nur pl>: **von ~n an**, fin dall'infanzia, fin da piccolo (-a).
Kindesentführung f rapimento m/sequestro m di (un) bambino.
Kindesmissbrauch (a.R. Kindesmißbrauch) m abuso m sessuale su minori.
Kindesmisshandlung (a.R. Kindesmißhandlung) f violenza f su minori, maltrattamento m di bambini.
Kindesmord m jur omicidio m del proprio figlio; (an einem Neugeborenen) infanticidio m.
Kindesmörder m (**Kindesmörderin** f) infanticida mf, padre m/madre f infanticida.
Kindfrau f 1 (kindliche Frau) donna f bambina 2 (frühreifes Mädchen) lolita f, ninfetta f.
kindgemäß A adj {Verhalten} adatto ai bambini; {Kleidung} auch per bambini; {Ausstattung} ideato appositamente per i bambini B adv {Einrichten} in funzione del bambino.
kindgerecht adj a misura di bambino.
Kindheit <-, ohne pl> f (bis 12 Jahre) infanzia f; (Kleinkindalter) prima infanzia f; (von 2 bis 6) seconda infanzia f; (von 6 bis 13) fanciullezza f, terza infanzia f.
Kindheitserinnerung f ricordo m d'infanzia.
Kindheitstraum m sogno m d'infanzia/di bambino m: **sich (dat) einen ~ erfüllen**, realizzare un sogno coltivato fin dall'infanzia.
kindisch pej A adj infantile, puerile, bambinesco: **sei nicht ~!**, non fare il bambino! B adv: **sich ~ benehmen**, comportarsi ˌin modo puerile/infantileˌ/[come un bambino]; **sich ~ über etw (akk) freuen**, essere contento come un bambino per qc.
kindlich adj infantile, fanciullesco; {Gesicht} di/da bambino.
Kindskopf m fam bambinone m fam, zuzzurullone m tosk fam.
Kindstaufe, **Kindtaufe** f battesimo m.
Kindstod m: **plötzlicher ~** med, morte f in culla (wiss Abk SIDS).
Kinemathek <-, -en> f cineteca f.
Kinematik <-, ohne pl> f cinematica f.
Kinetik <-, ohne pl> f phys cinetica f.
kinetisch adj cinetico.
King <-(s), -s> m: **der ~ sein** slang, essere il

boss slang/ras slang; **sich aufführen wie der ~** slang, credersi un padre eterno.
Kinkerlitzchen subst <nur pl> fam 1 (Kleinigkeiten) quisquilie f pl, bazzecole f pl, sciocchezzuole f pl 2 (Albernheiten) sciocchezze f pl, scemenze f pl.
Kinn <-(e)s, -e> n mento m: **eckiges/fliehendes/rundes/spitzes/vorspringendes ~**, mento squadrato/sfuggente/tondo/aguzzo/sporgente.
Kinnbart m pizzo m, pizzetto m.
Kinnhaken m montante m al mento; Boxen auch uppercut m: **jdm einen ~ geben/versetzen**, sferrare a qu un montante al mento.
Kinnlade f (Unterkiefer) mandibola f, mascella f inferiore.
Kinnriemen m (am Helm) sottogola m oder f.
Kino <-s, -s> n 1 (Gebäude) cinema m, sala f cinematografica, cinematografo m obs: **ins ~ gehen**, andare al cinema; **was kommt/läuft heute im ~?**, (che) cosa danno/[c'è] al cinema oggi? 2 <nur sing> (das Medium Film) cinema m, cinematografia f, cinematografo m obs.
Kinobesucher m (**Kinobesucherin** f) spettatore (-trice) m (f) (al cinema), frequentatore (-trice) m (f) di cinema: **ein häufiger ~ sein**, andare spesso al cinema, essere un cinefilo.
Kinocenter n (cinema m) multisala f.
Kinofilm m film m cinematografico.
Kinogänger <-s, -> m (**Kinogängerin** f) cinefilo (-a) m (f), appassionato (-a) m (f) di cinema.
Kinohit m film m di successo, blockbuster m.
Kinokarte f biglietto m del/[per il] cinema.
Kinoprogramm n programma m del cinema, film m pl in programma, programmazione f cinematografica.
Kinosaal m sala f cinematografica.
Kinovorstellung f spettacolo m cinematografico.
Kinowerbung f pubblicità f cinematografica.
Kiosk <-(e)s, -s> m 1 (Verkaufsbude) chiosco m 2 (Zeitungsstand) edicola f.
Kipferl <-s, -n> n südd A cornetto m, chifel m.
kippbar adj {Fenster} a vasistas.
Kippe ① <-, -n> f fam (Zigarettenstummel) cicca f fam, mozzicone m (di sigaretta).
Kippe ② <-, -n> f (Müllkippe) discarica f ● **auf der ~ stehen** fam (am Umfallen sein), essere in bilico, stare per cadere; (in einer sehr kritischen Lage sein) {Firma}, trovarsi in una situazione assai precaria; {Schüler}, rischiare di essere bocciato fam; (unentschieden sein) {Wahlausgang}, essere incerto/[in forse]; **es steht (noch) auf der ~, ob ...** fam (es ist noch unsicher, ob ...), è (ancora) incerto/[in forse] se ...
kippen A tr <haben> 1 (schütten) etw irgendwohin ~ {Kaffee, Zucker auf den Tisch} versare/rovesciare qc + compl di luogo; {Müll in die Mülltonne} scaricare/rovesciare qc + compl di luogo 2 (schrägstellen) etw ~ {Fenster, Platte, Tisch} ribaltare qc 3 (scheitern lassen) jdn/etw ~ {Entscheidung, Projekt} mandare ˌall'aria/[a monte] qc; {Politiker} far saltare qu fam B itr <sein> 1 (um~) {Kiste} ribaltarsi, rovesciarsi, capovolgersi: **das Auto ist auf die Seite gekippt**, la macchina si è rovesciata su un fianco; (fallen) **von etw** (dat) **~** {Person von einem Stuhl} cadere da qc 2 (nachlassen) {Gewinne, Kurse} essere in flessione/calo, calare 3 (umschlagen) {Stimmung, Wetter} cambia-

re/mutare (bruscamente) **4** (*nicht mehr funktionieren*) {ÖKOSYSTEM} vacillare ● **einen ~** *fam*, bere un bicchierino.

K̦ipper <-s, -> *m* autocarro *m* con cassone a ribalta.

K̦ippfenster *n* vasistas *m*.

K̦ippschalter *m* interruttore *m* basculante.

K̦ippwagen *m* carrello *m* ribaltabile.

K̦irche <-, -n> *f* **1** (*Gebäude*) chiesa *f*: **in die ~ gehen**, andare in chiesa **2** (*Institution*) Chiesa *f* ● **aus der ~ austreten**, "rinunciare a essere membro della chiesa non pagando più le tasse dovute per legge"; lasciare la chiesa; **die ~**, la Chiesa; **mit der ~ ums Dorf fahren** *fam*, fare il giro dell'oca *fam*; **die ~ im Dorf lassen** *fam*, non esagerare; **die evangelische ~**, la chiesa protestante; **die katholische ~**, la chiesa cattolica, la Chiesa.

K̦irchenälteste <dekl wie adj> *mf* (*in der evangelischen Kirche*) presbitero *m*, decano *m* della chiesa.

K̦irchenaustritt *m* apostasia *f*.

K̦irchenbank *f* banco *m* di chiesa.

K̦irchenbann *m* *hist* scomunica *f*, anatema *m*.

K̦irchenbuch *n* registro *m* parrocchiale.

K̦irchenchor *m* coro *m* parrocchiale.

K̦irchendiener *m* sagrestano *m*.

k̦irchenfeindlich *adj* anticlericale.

K̦irchenfenster *n* vetrata *f*.

K̦irchenfest *n* festa *f* religiosa.

K̦irchenfürst *m* principe *m* della Chiesa, alto prelato *m*, dignitario *m* ecclesiastico.

K̦irchengemeinde *f* comunità *f* ecclesiale/[dei fedeli]; (*Pfarrei*) parrocchia *f*.

K̦irchengeschichte *f* storia *f* della chiesa.

K̦irchenglocke *f* campana *f* della chiesa.

K̦irchenjahr *n* anno *m* ecclesiastico/liturgico.

K̦irchenlicht *n*: **er ist kein (großes) ~** *fam scherz*, non è una cima *fam*, non brilla certo per intelligenza.

K̦irchenlied *n* canto *m* liturgico/sacro.

K̦irchenmaus *f*: **arm wie eine ~ (sein)** *fam scherz*, essere povero in canna *fam*.

K̦irchenmusik *f* musica *f* sacra.

K̦irchenrecht *n* *jur* diritto *m* ecclesiastico; (*in der katholischen Kirche*) diritto *m* canonico.

K̦irchenschiff *n* (*Längsschiff*) navata *f* centrale, (*Querschiff*) transetto *m*, navata *f* trasversale.

K̦irchenstaat *m* **1** *hist* Stato *m* Pontificio/[della Chiesa] **2** (*Vatikanstaat*) Vaticano *m*, Stato *m* Vaticano.

K̦irchensteuer *f* imposta *f* per la Chiesa.

K̦irchentag *m*: **Deutscher Evangelischer Kirchentag**, "Convegno *m* della Chiesa Protestante Tedesca".

K̦irchenvater *m* padre *m* della Chiesa.

K̦irchenvorstand *m* *relig* (*evangelische Kirche*) presbiterio *m*.

K̦irchgänger <-s, -> *m* (**K̦irchgängerin** <-, -nen> *f*) fedele *mf*, credente *mf*; (*regelmäßiger Gottesdienstbesucher*) osservante *mf*.

K̦irchhof *m* *obs* camposanto *m*, cimitero *m* (di una chiesa).

k̦irchlich [A] *adj* **1** (*die Kirche betreffend*) {AMT, WÜRDENTRÄGER} ecclesiastico; {GEBOT, VERBOT} della chiesa; {DISPENS, ZUSTIMMUNG} delle autorità ecclesiastiche; {BAU} *auch* sacro **2** (*nach den Riten der Kirche*) {BEGRÄBNIS, HEIRAT, ZEREMONIE} religioso, in chiesa: **~e Trauung**, matrimonio religioso/[in chiesa] [B] *adv*: **sich ~ trauen lassen, ~ heiraten**, sposarsi [in chiesa]/[col

rito religioso].

K̦irchturm *m* campanile *m*.

K̦irchturmpolitik *f* campanilismo *m*.

K̦irchweih <-, -en> *f* kermesse *f*, sagra *f*.

K̦irgisien <-s, ohne pl> *n* geog, **K̦irgisistan** <-s, ohne pl> *n* geog Kirghizistan *m*.

K̦irmes <-, -sen> *f* region → **Kirchweih**.

k̦irre *adj* <präd> *fam*: **jdn ~ machen** *obs* (*jdn gefügig machen*), ammansire qu; **jdn verrückt machen**) far impazzire/[diventare matto (-a)] qu; **~ werden** (*durcheinanderkommen*), andare nel pallone *fam*.

k̦irremachen *tr* → **kirre**.

K̦irsch <-(e)s, -> *m* → **Kirschwasser**.

K̦irschbaum *m* **1** *bot* (*Baum*) ciliegio *m* **2** (*Holz*) (legno *m* di) ciliegio *m*.

K̦irschblüte *f* **1** fiore *m* di ciliegio **2** (*Blütezeit*) fioritura *f* dei ciliegi.

K̦irsche <-, -n> *f* *bot* **1** (*Frucht*) ciliegia *f* **2** (*Baum*) ciliegio *m* ● **mit jdm ist nicht gut ~n essen** *fam*, qu ha proprio un caratteraccio *fam*.

K̦irschentkerner *m*, **K̦irschentsteiner** *m* snocciolatoio *m* (per ciliegie).

K̦irschkern *m* nocciolo *m* di ciliegia.

K̦irschkuchen *m* dolce *m* alle ciliegie.

K̦irschlikör *m* liquore *m* di ciliegie, cherry *m*.

K̦irschmarmelade *f* marmellata *f* di ciliegie.

k̦irschrot *adj* rosso/color ciliegia.

K̦irschtorte *f* torta *f* di ciliegie ● **Schwarzwälder ~**, torta Foresta Nera (farcita di crema e di amarene).

K̦irschwasser *n* kirsch *m*, acquavite *f* di ciliegie.

K̦issen <-s, -> *n* (*Zierkissen*) cuscino *m*; (*Kopfkissen*) guanciale *m*.

K̦issenbezug *m* (*von Zierkissen*) copricuscino *m*, foderina *f* per cuscino; (*von Kopfkissen*) federa *f*.

K̦issenschlacht *f* *fam*: **eine ~ machen**, fare a cuscinate.

K̦iste <-, -n> *f* **1** (*für Bücher, Obst, Wein*) cassa *f*, cassetta *f*; (*Zigarrenkiste, etc.*) scatola *f* **2** *fam* (*Auto*) trabiccolo *m* *fam*, macinino *m* *fam*, (*vecchia*) carretta *f* *fam*; (*Flugzeug*) carcassa *f* *fam*; (*Schiff*) *auch* rottame *m* *fam*, bagnarola *f* *fam*; (*Fernseher*) tivù *f* *fam*, tele *f* *fam* **3** *fam* (*Bett*) letto *m*; (*Sarg*) bara *f*, cassa *f* (da morto) ● **ab in die ~!** (*zu Kindern*), su, (si va) a letto!, via, a nanna!; **fertig ist die ~!** *fam*, ecco fatto!; **in die ~ springen** *slang*/**hüpfen** *slang*, andare alla fossa *slang*.

k̦istenweise *adv* **1** (*in Kisten*) {VERKAUFEN} a casse; {VERPACKEN} in casse **2** (*mehrere Kisten zusammen*) a casse (intere).

K̦ita *f* → **Kindertagesstätte**.

k̦itesurfen <-s, ohne pl> *n* sport kitesurf *m*.

K̦itsch <-(e)s, ohne pl> *m* kitsch *m*; (*Werk*) *auch* opera *f*/oggetto *m* di cattivo gusto.

k̦itschig *adj* **1** (*geschmacklos*) {BILD, EINRICHTUNG, FIGUR} kitsch, pacchiano, di cattivo/dubbio gusto **2** (*rührselig*) {FILM, ROMAN} kitsch, stucchevole, sdolcinato.

K̦itt <-(e)s, -e> *m* **1** (*Glaserkitt, etc.*) mastice *m*, stucco *m* **2** *fig* (*Bindemittel*) cemento *m*, elemento *m* di coesione.

K̦ittchen <-s, -> *n* *fam* *oft scherz* (*Gefängnis*) gattabuia *f* *fam*, galera *f* *fam*: **im ~ sitzen** *fam*, essere al fresco *fam*, vedere il sole a scacchi *fam scherz*.

K̦ittel <-s, -> *m* **1** (*Arbeitskittel von Arzt, Frisör, Laborant, Maler*) camice *m* **2** (*weite Bluse*) camiciotto *m*; (*langes Hemd*) camicione *m* **3** *südd* (*Jackett*) giacca *f* (da uomo).

K̦ittelschürze *f* camice *m* senza maniche.

k̦itten *tr* **1** (*mit Kitt reparieren*) **etw ~** {FENSTER, RISS} stuccare *qc*, applicare/[mettere il mastice *a* *qc*] **2** (*kleben*) **etw ~** {ZERBROCHENE TASSE, VASE} (r)incollare *qc*, riattaccare *qc*, riappiccicare *qc* **3** (*retten*) **etw (wieder) ~** {BEZIEHUNG, EHE} raggiustare *qc*, rimettere insieme i pezzi di *qc*.

K̦itz <-es, -e> *n*, **K̦itze** <-, -n> *f* **1** (*Rehkitz*) caprioletto *m* **2** (*Ziegenkitz*) capretto *m* **3** (*Gämsenkitz*) piccolo *m*/cucciolo *m* di camoscio.

K̦itzel <-s, ohne pl> *m* **1** solletico *m* **2** (*Gelüst*) solletico *m*, prurito *m*, pizzicore *m*, smania *f*: **einen ~ nach etw (dat) verspüren**, sentire il solletico di (fare) *qc*.

k̦itzelig, **k̦itzlig** *adj* **1** {MENSCH} che soffre il solletico: **~ sein**, soffrire/sentire il solletico; {STELLE} sensibile al solletico **2** *fam* (*heikel*) spinoso, scabroso, delicato.

k̦itzeln [A] *tr* **jdn ~** fare il solletico *a* *qu*, solleticare *qu*; **jdn an etw (dat) ~** {AM BAUCH, AN DER FUßSOHLE} fare il solletico *a* *qu* *a*/*su* *qc*, solleticare *qc* *a* *qu*; **jdn am Arm ~**, [fare il solletico *a* *qu*]/[solleticare *qu*] sul braccio [B] *itr* (*jucken*) {PULLOVER, WOLLE} pizzicare, prudere, dare prurito: **hör mit das kitzelt!**, smettila, mi fai il solletico! [C] *unpers* **1** (*jucken*): **es kitzelt jdn** [am Rücken]/[unterm Kinn], qu sente prurito [alla schiena]/[sotto il mento] **2** (*reizen*): **es kitzelt jdn, etw zu tun**, qu sente solletico/prurito di fare *qc*.

K̦itzeln <-s, ohne pl> *n* solletico *m*.

K̦itzler <-s, -> *m* clitoride *m* oder *f*.

k̦itzlig *adj* → **kitzelig**.

K̦iwi① <-, -s> *f* bot kiwi *m*.

K̦iwi② <-s, -s> *m* ornith kiwi *m*.

kJ *n* Abk *von* Kilojoule: kilojoule *m*, chilojoule *m*.

KKW <-(s), -s> *n* Abk *von* Kernkraftwerk: centrale *f* nucleare.

k̦lack *interj* (*von zwei Klappen*) clic!, ciac!; (*von dicken Tropfen*) clof!, clocchete! ● **es macht ~**, fa clof.

k̦lacken *itr* (*von Pfennigabsätzen*) fare [tic tac]/[ticchete tacchete].

K̦lacks <-es, -e> *m* *fam* **~ + subst** {KETSCHUP, MAYONNAISE, SAHNE, SENF} idea *f* di *qc*; {PÜREE} cucchiaiata *f* di *qc* ● **ein ~ für jdn sein** (*einfach sein*) {AUFGABE}, essere uno scherzo/un giochetto per qu; (*wenig sein*) {1000 EURO FÜR EINEN GROßVERDIENER}, essere noccioline *fam*/bruscolini *fam* per qu.

K̦ladde <-, -n> *f* norddt quaderno *m* (per appunti).

k̦ladderadatsch *interj* patatrac!

K̦ladderadatsch <-(e)s, -e> *m* *fam* **1** (*Chaos*) patatrac *m*, parapiglia *f* **2** (*Skandal*) putiferio *m* *fam*, pandemonio *m* *fam*.

k̦laffen *itr* spalancarsi: **vor uns klafft der Abgrund**, davanti a noi si apre l'abisso.

k̦läffen *itr* {HUND} latrare, abbaiare (insistentemente).

k̦laffend *adj* {SPALT, WUNDE} aperto; {ABGRUND} spalancato.

K̦lafter <-s, -> *n* oder *m* *obs* (*Raummaß für Holz*) catasta *f*.

K̦lage <-, -n> *f* **1** *geh* (*Wehklage*) lamento *m*, querimonia *f* *lit* **2** (*Beschwerde*) **~ (über jdn/etw)** *lit* lamentela *f*/lagnanza *f*/rimostranza *f* ([sul conto di qu]/[su qc]): **in letzter Zeit werden immer mehr ~n über Herrn Bauer laut**, ultimamente si sentono sempre più lamentele sul conto del sig. Bauer; **das ist kein Grund zur ~**, non è un motivo per lamentarsi **3** *jur* (*Gesuch um Gewährung von Rechtsschutz durch Urteil*) **~ (gegen jdn)** azione *f* (legale/giudiziaria) (contro qu), domanda *f* giudiziale (contro qu);

(*Prozess*) causa f *contro qu*: **eine ~ auf etw (akk)** {AUF SCHADENERSATZ, SCHMERZENSGELD, ZAHLUNG}, una causa per ottenere qc • **eine ~ abweisen** *jur* {GERICHT, RICHTER}, respingere/rigettare una domanda; **eine ~ (gegen jdn) anstrengen**, intentare una causa (contro qu); **(gegen jdn) ~ erheben** *jur*, intentare/promuovere un'azione legale/giudiziaria (contro qu); **einer ~ stattgeben** *jur* {GERICHT, RICHTER}, accogliere una domanda.

Klagegeschrei n lamentazioni f pl *lit*, querimonia f *lit*, lamento m.

Klagelaut m lamento m, gemito m: **~e ausstoßen**, emettere/mandare lamenti.

Klagelied n **1** *lit* elegia f **2** (*ausgiebiges Klagen*) lamenti m pl, geremiade f, lamentazioni f pl *lit* • **ein ~ (über jdn/etw) anstimmen/singen**, attaccare con un piagnisteo (su qu/qc).

Klagemauer f *relig*: **die ~**, il Muro del Pianto.

klagen A *itr* **1** (*jammern*) lamentarsi, lagnarsi **2** (*sich beschweren*) **über jdn/etw ~** {ÜBER SCHLECHTE BEZAHLUNG, DEN CHEF, PROBLEME, JDS VERHALTEN} lamentarsi ⌊di qu⌋/[di/per qc], lagnarsi ⌊di qu⌋/[di/per qc]: **über starke Kopfschmerzen ~**, lamentare, accusare un forte mal di testa **3** *geh* (*trauern*) **um jdn/etw ~** piangere qu/qc, lamentare la perdita *di qu/qc* **4** *jur* (*gegen jdn*) *~* far causa (*a qu*), intentare/promuovere un'azione legale/giudiziaria (*contro qu*); agire in giudizio (*contro qu*) *jur*; **auf etw (akk) ~ AUF RÜCKZAHLUNG, SCHEIDUNG**} chiedere qc: **auf Schadensersatz ~**, chiedere il risarcimento (dei) danni B *tr* **jdm etw ~**: **jdm seinen Kummer/sein Leid ~**, sfogare il proprio dolore con qu • **ich kann nicht ~** *fam*, non mi lamento, non posso lamentarmi.

klagend *adj* **1** (*jammernd*) {LAUTE} lamentevole, lamentoso, lagnoso; {STIMME} *auch* querulo *lit* **2** *jur* che agisce in giudizio: **die ~e Partei**, la parte attrice.

Klagenfurt <-s, ohne pl> n *geog* Klagenfurt f.

Kläger <-s, -> m (**Klägerin** f) *jur* attore (-trice) m (f).

Klageschrift f *jur* atto m di citazione f.

Klageweg m *jur* (*Rechtsweg*) vie f pl legali • **auf dem ~ form**, per vie legali, legalmente; **den ~ beschreiten form**, adire/esperire le vie legali.

Klageweib n prefica f, piagnona f.

kläglich A *adj* **1** (*beklagenswert*) {ANBLICK} pietoso, penoso; {ZUSTAND} *auch* deplorevole, miserabile, miserevole, misero **2** *oft pej* (*sehr schlecht*) {ERGEBNIS, LEISTUNG} misero, scarso, scadente **3** *oft pej* (*dürftig*) {REST, VERDIENST} misero, magro **4** (*jämmerlich*) {STIMME} lamentevole, lagnoso, lamentoso, piagnucoloso B *adv* **1** (*jämmerlich*) {WEINEN} pietosamente, da stringere il cuore **2** (*erbärmlich*) {SCHEITERN, VERSAGEN} miseramente, miserevolmente: **der Versuch ist ~ misslungen**, il tentativo è fallito miseramente.

klaglos *adv* senza lamentarsi/lamentele.

Klamauk <-s, ohne pl> m *fam* **1** (*Lärm*) baccano m *fam*, cagnara f *fam*, baraonda f, chiasso m **2** (*billige Komik in Film o. Theater*) comicità f grossolana, slapstick m • **~ machen** (*Lärm machen*), far baccano *fam*/cagnara *fam*/casino *slang*.

klamm *adj* **1** (*kalt und feucht*) {WÄSCHE} umido e freddo **2** (*starr vor Kälte*) {FINGER, FÜSSE} rattrappito/irrigidito/intirizzito (per il freddo).

Klamm <-, -en> f forra f, orrido m, gola f.

Klammer <-, -n> f **1** {WÄSCHEKLAMMER, HAARKLAMMER} molletta f; {HOSENKLAMMER} *auch* fermapantaloni m **2** (*Büroklammer*) fermaglio m, clip f, graffetta f; (*Heftklammer*) punto m metallico, graffetta f **3** *med* (*Wundklammer*) graffetta f, grappetta f; (*Zahnklammer*) apparecchio m (⌊per i denti⌋/[ortodontico]) **4** (*Bauklammer*) grappa f **5** *typ* parentesi f • **~ auf/zu**, aperta/chiusa parentesi; **eckige/runde/spitze ~**, parentesi quadra/tonda/uncinata; **geschweifte ~**, (parentesi) graffa; **in ~n setzen**, mettere fra/tra parentesi.

Klammeraffe m **1** *zoo* atele m **2** *inform typ* (*in der E-Mail-Adresse*) chiocciola f, at m.

klammern A *tr* **1** (*befestigen*) **etw an etw (akk) ~** {EINEN ZETTEL AN EIN BUCH} fissare/attaccare *qc a qc* (con un fermaglio); (*mit Heftmaschine*) spillare *qc a qc*: **die Wäsche an die Leine ~**, stendere i panni alla corda (con delle mollette) **2** *med* **etw ~** suturare *qc* (con graffette) B *rfl* **1** (*sich hängen*) **sich an jdn/etw ~** {AN EINEN AST, EIN GELÄNDER, EINE PERSON} aggrapparsi *a qu/qc*, appigliarsi *a qc*, afferrarsi *a qc* **2** (*festhalten*) **sich an jdn/etw ~** {AN EINE HOFFNUNG, ILLUSION, EINEN PARTNER} aggrapparsi *a qu/qc*, avvinghiarsi *a qu/qc*, appigliarsi *a qc*, afferrarsi *a qc* C *itr* **1** *Boxen* andare in presa *slang* **2** *fam* (*besitzergreifend sein*) attaccarsi *fam*.

klammheimlich *fam* A *adj*: **~e Freude**, segreta soddisfazione B *adv* di soppiatto, alla chetichella.

Klamotte <-, -n> f *fam pej* (*Schwank*) farsa f; (*niveauloses Theaterstück*) spettacolo m da tre soldi.

Klamotten *subst* <*nur pl*> *fam* (*Kleidung*) vestiti m pl.

Klamottenkiste f: **aus der ~ fam** {FILM, IDEEN}, dell'uno quando non c'era nessuno *fam*; {WITZ} vecchio come ⌊il cucco *fam*⌋/[mio nonno].

Klampfe <-, -n> f *fam* chitarra f.

Klan <-s, -s> m → **Clan**.

klang 1. und 3. pers sing imperf von klingen.

Klang <-(e)s, Klänge> m **1** (*Ton*) {+GEIGE, GLOCKE} suono m: **dumpfer/heller/metallischer/tiefer ~**, suono cupo/cristallino/metallico/profondo; {+STIMME} *auch* timbro m; **beim ~ seiner Schritte**, al suono dei suoi passi **2** <*nur pl*> (*Musik*): **zu den Klängen einer Gitarre/Samba tanzen**, ballare ⌊al suono di una chitarra⌋/[alle note di una samba] **3** (*Unterton*) tono m: **seine Stimme hatte einen melancholischen ~**, la sua voce suonava malinconica • **einen guten ~ haben** {INSTRUMENT}, avere un bel suono; {JDS NAME}, godere di una buona reputazione/fama.

Klangbild n suono m d'insieme.

Klangfarbe f *mus* timbro m.

Klangfülle f sonorità f.

klanglich A *adj* {QUALITÄT} sonoro, del suono; {UNTERSCHIED} di suono B *adv* quanto al suono.

klanglos *adj* {STIMME} afono; → *auch* **sang- und klanglos**.

Klangregler, Klangfarberegler m *tech* regolatore m del suono.

klangvoll *adj* **1** {MELODIE, SPRACHE, STIMME} sonoro **2** *fig* (*berühmt*): **einen ~en Namen haben**, avere un nome altisonante.

klappbar *adj* pieghevole.

Klappbett n (*zum Hochklappen*) letto m ribaltabile/[a ribalta]; (*zum Zusammenklappen*) letto m pieghevole.

Klappdeckel m (*am Gefäß*) coperchio m a cerniera; (*am Fotoapparat*) sportello m di chiusura.

Klappe <-, -n> f **1** (*Deckel*) (*am Briefkasten*) coperchio m (ribaltabile); (*am Ofen*) presa f d'aria; (*am Kamin*) valvola f di ventilazione; (*am Fenster*) vasistas m; (*an ausziehbarem Tisch*) ribalta f; (*Umschlagklappe*) {+BUCH} risvolto m, aletta f, bandella f, ribaltina f **2** (*Taschenklappe*) patta f **3** (*Augenklappe*) benda f per gli occhi **4** *anat* (*Herzklappe*) valvola f cardiaca **5** *mus* chiavetta f **6** *film* ciac m **7** *aero* portellone m **8** *fam* (*Bett*) cuccia f *fam*, letto m: **sich in die ~ hauen**, andare a cuccia *fam*, infilarsi sotto le coperte *fam* **9** *fam* (*Mund*) becco m *slang* **10** *slang* (*Treffpunkt für Homosexuelle*) "punto m d'incontro per omosessuali" • **~ zu, Affe tot!** *slang*, punto e basta! *fam*; **die/seine ~ aufreißen** *slang*, fare un sacco di chiacchiere *fam*; **eine große/freche ~ haben** *fam*, **die (ganz) große ~ schwingen** *fam*, fare il grosso *fam*, riempirsi la bocca di paroloni *fam*; **halt die/deine ~!** *slang*, chiudi il becco! *slang*; **letzte ~** *film*, ultimo ciac; **bei jdm geht eine/die ~ runter** *fam*, qu si chiude a riccio *fam*.

klappen① A *tr* **etw irgendwohin ~** {SITZ NACH UNTEN} ribaltare *qc*; {SITZ NACH OBEN} alzare *qc*: **den Deckel nach hinten ~**, aprire il coperchio all'indietro B *itr* **1** (*schnappen*) *irgendwohin* ~: **der Sitz klappt nach oben/unten**, il sedile si alza/abbassa; **das Klappbett klappt aus der Wand**, il letto ribaltabile si apre **2** (*gegen etw schlagen*) (**an etw** *akk*/**gegen etw** *akk*) **~** {FENSTERLÄDEN AN/GEGEN DIE MAUER} sbattere (*contro qc*).

klappen② *fam* A *itr* (*funktionieren*) andare bene, funzionare *fam*: **alles hat bestens geklappt** *fam*, tutto ⌊è andato⌋/[ha funzionato *fam*] benissimo, tutto è filato a meraviglia *fam*; **hat die Prüfung geklappt?** *fam*, è andato bene l'esame?; **hoffentlich klappt das Geschäft**, spero/speriamo che l'affare vada in porto *fam* B *unpers*: **es hat geklappt** *fam*, è andata bene, ha funzionato *fam*; **wir wollten für heute etwas ausmachen, aber es hat leider nicht geklappt**, volevamo fissare per oggi, ma purtroppo non è andata *fam*; **ich hoffe, dass es mit dieser Arbeit klappt**, spero che quel lavoro non sfumi.

Klappentext m (*testo sul*) risvolto m (di copertina), testo m della bandella/dell'aletta.

Klapper <-, -n> f sonaglio m.

klapperdürr *adj fam* magro come uno scheletro, secco come un chiodo *fam*, (ridotto) pelle e ossa.

Klappergestell n *fam scherz* (*Mensch*) scheletro m ambulante *fam*, sacco m d'ossa *fam*.

Klapperkasten m, **Klapperkiste** f *fam* (*Fernseher, Radio, Schreibmaschine*) catorcio m *fam*, catenaccio m *fam*; (*Auto*) *auch* trabiccolo m *fam*, macinino m *fam*; (*Klavier*) pianoforte m sgangherato *fam*.

klappern *itr* **1** (*hin- und herschlagen*) {FENSTERLADEN, TÜR} sbattere; {AUSPUFF} battere; {ABSÄTZE} ticchettare: **in der Ferne hörte ich Pferdehufe ~**, in lontananza sentivo scalpitare dei cavalli **2** (*ein Klappern erzeugen*) **mit etw (dat) ~**: **mit den Augendeckeln ~**, sbattere le palpebre; **mit dem Geschirr ~**, acciottolare i piatti; **mit Holzschuhen ~**, zoccolare; **mit den Stricknadeln ~**, sferruzzare; **mit den Zähnen ~**, battere i denti.

Klapperschlange f **1** *zoo* serpente m a sonagli, crotalo m **2** *fam* (*böse Frau*) vipera f *fam*.

Klapperstorch m cicogna f (che porta i bambini): **zu/bei Müllers ist der ~ gekommen**, dai Müller è arrivata la cicogna *fam*; (**immer**) **noch an den ~ glauben** *fam* {KIND}, credere ancora alla cicogna.

Klappfahrrad n bicicletta f pieghevole, Graziella® f *fam*.

Klappmesser n coltello m a serramanico/

scatto.

Klapprad n bicicletta f/bici f fam pieghevole.

klapprig, klapperig adj fam **1** {MENSCH, TIER} malandato, sgangherato fam **2** {AUTO, BUS, FAHRRAD} scassato fam, sgangherato fam; {GESTELL, MÖBELSTÜCK} auch traballante.

Klappsitz m (im Auto, Zug, Kino u. Ä.) sedile m ribaltabile, strapuntino m.

Klappstuhl m sedia f pieghevole; (kleiner) seggiolino m pieghevole.

Klapptisch m tavolo m pieghevole.

Klappverdeck n capote f, cap(p)otta f, tettuccio m apribile.

Klaps <-es, -e> m fam (auf den Po, die Schulter) pacca f fam; (auf den Hinterkopf) scappellotto m: **dem Kind einen ~ auf den Po geben**, dare una sculacciatina al bambino • **einen ~ haben** slang, essere un po' tocco fam, non avere il cervello a posto.

Klapsmühle f fam scherz oder pej manicomio m, neuro f fam: **in der ~ landen**, finire ⌊alla neuro fam⌋/[in manicomio].

klar A adj **1** (durchsichtig) chiaro; {FLÜSSIGKEIT, SEE, WASSER} auch limpido, trasparente; {SCHNAPS} bianco: **~e Brühe/Suppe**, consommé, brodo **2** (nicht trüb) {WETTER} sereno; {HIMMEL, NACHT} auch chiaro: **~e Sicht haben**, avere buona visibilità; {FARBEN} nitido **3** (deutlich) {ANTWORT, FRAGE, BILD, VORSTELLUNG} chiaro: **sich (dat) ein ~es Bild von etw (dat) machen**, farsi un'idea chiara di qc; **eine ~e Vorstellung von etw (dat) haben**, avere le idee chiare su qc; **~e Verhältnisse schaffen**, mettere le cose in chiaro; **ein ~er Fall von …** fam, un chiaro caso di …; (scharf) {KONTUREN, UMRISSE} chiaro, netto, nitido **4** (eindeutig) {ERGEBNIS} chiaro, evidente; {NACHTEIL, VORTEIL} auch netto; {VORSPRUNG} netto **5** (gut wahrnehmbar) {AUSSPRACHE, STIMME} chiaro; {KLANG, TON} auch distinto **6** (bei vollem Bewusstsein) lucido **7** <präd (bewusst)>: **jdm ist etw ~**: **dir ist doch wohl ~, was das bedeutet?**, ma ti rendi conto (di) cosa significa (questo)?; **mir ist nicht ganz ~, wie die Sache funktionieren soll**, non mi è molto chiaro come funzionerà la faccenda; **jetzt ist mir alles ~!**, adesso ho capito tutto!; **sich (dat) über etw (akk) im Klaren sein**, rendersi conto di qc, essere consapevole di qc, realizzare qc; **ich bin mir im Klaren darüber, dass …**, ⌊mi rendo conto⌋/[sono consapevole] che … **8** (fertig) pronto: **~ zum Gefecht/Start**, pronto ⌊al combattimento⌋/[per il combattimento]/[alla partenza]/[per la partenza] B adv **1** (deutlich) {SICH AUSDRÜCKEN} chiaramente, con chiarezza **2** (eindeutig) {BESIEGEN, SCHLAGEN} nettamente **3** (vernünftig): **~ denken**, ragionare • **alles ~?** fam, tutto chiaro?, capito tutto?; **alles ~** (bestätigend), ok, bene; **~ und deutlich** {SAGEN}, chiaro e tondo fam, a chiare lettere fam; **das ist doch ~!** fam, ma è chiaro! fam; **na ~!** fam, ma certo! fam, ma chiaro! fam.

Klara f (Vorname) Chiara, Clara.

Klär|anlage f impianto m di depurazione.

Klär|becken n bacino m di depurazione.

klardenkend adj → **denkend**.

Klare <dekl wie adj> m fam (Schnaps) grappa f bianca.

klären A tr **1** (deutlich machen) → {FALL, FRAGE, PROBLEM, SACHLAGE} chiarire qc: **~de Worte**, parole chiarificatrici; {URSACHE} accertare qc **2** (reinigen) etw ~ {ABWASSER} depurare qc B rfl **sich ~ 1** (deutlich werden) {FALL, FRAGE, PROBLEM, PUNKT} chiarirsi **2** (sauber werden) {WASSER} decantare f.

klar|gehen <irr> itr <sein> fam andare/filare liscio fam: **das geht ~!**, non c'è problema!

Klärgrube f fossa f biologica/settica.

Klarheit <-, rar -en> f **1** (Reinheit) {+SEE, WASSER} chiarezza f, limpidezza f, trasparenza f **2** (Deutlichkeit) {+ANTWORT, FRAGE, GEDANKEN, STIL} chiarezza f; {+BILD} nitidezza f **3** (von Verstand) lucidità f • **in aller ~** {SAGEN}, con la massima chiarezza; **über etw (akk) besteht/herrscht ~**, c'è chiarezza su qc; **über eins herrscht doch wohl ~: ich bin hier der Chef!**, una cosa è chiara: qui il capo sono io!; **~ in etw (akk) bringen**, fare chiarezza su qc; **~ schaffen**, fare chiarezza, mettere in chiaro le cose; **sich (dat) (über etw akk) ~ verschaffen**, chiarirsi le idee (su qc), farsi un'idea precisa (di qc).

Klarinette <-, -n> f mus clarinetto m.

Klarinettist <-en, -en> m (Klarinettistin f) mus clarinettista mf.

klar|kommen <irr> itr <sein> fam (mit etw dat) ~ {MIT EINER ARBEIT, AUFGABE, EINEM PROBLEM} venire a capo di qc, cavarsela (con qc); **mit jdm ~** andare d'accordo con qu, intendersi/trovarsi bene con qu.

klar|kriegen tr fam **etw ~** sistemare qc, mettere a posto qc, accomodare qc fam: **das werden wir schon ~!**, sistemeremo anche questa!

klar|legen tr (jdm) etw ~ {ANGELEGENHEIT, PROBLEM} spiegare (chiaramente) qc (a qu), chiarire qc (a qu).

klar|machen① A tr (erklären) **jdm etw ~** {HALTUNG, MEINUNG, STANDPUNKT} spiegare qc a qu, chiarire qc a qu, far capire/comprendere qc a qu: **jdm ~, dass/wie/wo/…**, spiegare a qu che/come/dove/… B rfl (sich verdeutlichen) **sich (dat) etw ~** rendersi conto di qc: **hast du dir eigentlich klargemacht, was das bedeutet?**, ma ⌊ti sei reso (-a) conto⌋/[sei consapevole] di cosa significa/significhi (questo)?

klar|machen② tr naut etw ~ {SCHIFF} armare qc, allestire qc.

Klarname m vero nome m.

Klärschlamm m fango m (residuo della depurazione delle acque).

Klarschriftleser m inform lettore m ottico.

klar|sehen <irr> itr (in etw dat) ~ vederci chiaro (in qc): **jetzt seh' ich endlich klar!**, adesso ci vedo chiaro finalmente!

Klarsichtfolie f pellicola f trasparente.

Klarsichthülle f cartellina f di/in plastica trasparente.

Klarsichtpackung f imballaggio m (con involucro) trasparente.

Klarspüler m, **Klarspülmittel** n (für Geschirrspülmaschine) brillantante m.

klar|stellen tr etw ~ mettere in chiaro qc, chiarire qc, definire qc: **ich möchte ein für alle Mal ~, dass …**, vorrei precisare una volta per tutte che …; **er will Folgendes ~: …**, tiene a precisare quanto segue: …

Klarstellung f precisazione f, puntualizzazione f, chiarimento m.

Klartext m testo m in chiaro • **im ~ fam**, in parole povere, in altre parole; **mit jdm ~ reden** fam, parlar chiaro a/con qu.

Klärung <-, -en> f **1** (Aufklärung) {+FALL, FRAGE, PROBLEM, SACHLAGE} chiarimento m, chiarificazione f, definizione f **2** (Reinigung) {+ABWASSER} depurazione f.

klar|werden <irr> itr rfl <sein> → **werden**①.

Klärwerk n → **Kläranlage**.

klasse <inv> adj fam fantastico fam, grande fam, grandioso, eccezionale.

Klasse① <-, -n> f **1** (Schulklasse) classe f: **eine ~ überspringen**, fare due anni in uno, saltare un anno fam; **eine ~ wiederholen**, ripetere un anno; **sie kommt dieses Jahr in die zweite ~**, quest'anno va in seconda; **er ist in der ersten ~**, ⌊frequenta la⌋/[è in] prima **2** (~nraum) aula f, classe f: **die ~ betreten**, entrare in aula/classe.

Klasse② <-, -n> f **1** soziol (Schicht) classe f: **die ~ der Arbeiter**, la classe operaia **2** (im Transportwesen) classe f: **erster ~ fahren/fliegen**, viaggiare/volare in ⌊prima classe⌋/[prima fam]; **ein Fahrschein erster/zweiter ~**, un biglietto di prima/seconda (classe); **ein Abteil/Wagen erster/zweiter ~**, uno scompartimento/un vagone di prima/seconda (classe) **3** med (Pflegeklasse): **die Patientin liegt ⌊erster ~⌋/[in einem Zimmer der ersten ~]**, la paziente è ricoverata in ⌊un reparto (per) paganti⌋/[una stanza a pagamento] **4** biol classe f: **ein ~n einteilen**, classificare qc **5** (Fahrzeugklasse) cilindrata f, classe f, categoria f **6** (Führerscheinklasse) categoria f: **einen Führerschein ~ III haben**, avere una patente di categoria B **7** sport categoria f **8** <nur sing> fam (Qualität) ordine m, rango m: **ein Fußballspieler erster ~**, un giocatore di prim'ordine; **ein Schauspieler internationaler ~**, un attore di rango/caratura internazionale; **ein Lokal dritter ~**, un locale di ⌊terz'ordine⌋/[infimo ordine]; **Menschen zweiter/dritter ~** pej, persone di serie B • **(das ist) (einfach) ~!** fam, (è) (proprio) fantastico fam/ formidabile/grandioso!; **seine ~ beweisen**, (di)mostrare/sfoderare la propria classe; **(ganz) große ~ (sein) fam**, (essere) (veramente) fenomenale fam; **~ haben** fam, avere classe; **eine ~ für sich sein** fam, essere una categoria a sé.

Klassement <-s, -s> n sport classifica f.

Klassenarbeit f compito m in classe.

Klassenbeste <dekl wie adj> mf primo (-a) m (f)/migliore mf della classe.

Klassenbewusstsein (a.R. Klassenbewußtsein) n coscienza f di classe.

Klassenbuch n Schule registro m di classe.

Klassenfahrt f gita f scolastica.

Klassengesellschaft f società f classista.

Klassenhass (a.R. Klassenhaß) m odio m di classe.

Klassenkamerad m (Klassenkameradin f) compagno (-a) m (f) di classe.

Klassenkampf m lotta f di classe.

Klassenlehrer m (Klassenlehrerin f) "insegnante mf responsabile pedagogico (-a) di una classe".

klassenlos adj {GESELLSCHAFT} senza classi.

Klassenlotterie f lotteria f a più estrazioni.

Klassensprecher m (Klassensprecherin f) rappresentante mf di classe.

Klassentreffen n rimpatriata f di/tra ex compagni di classe.

Klassenziel n obiettivo m pedagogico/didattico • **das ~ erreichen** form, essere promosso.

Klassenzimmer n aula f, classe f.

Klassifikation <-, -en> f classificazione f.

klassifizieren <ohne ge-> tr **1** (in Klassen einteilen) **etw (nach etw dat)** {PFLANZEN, TIERE NACH DER ART, DER GATTUNG} classificare qc (⌊in base a⌋/[secondo] qc) **2** (einstufen) **jdn/etw als etw ~** qualificare qu/qc (come) qc.

Klassifizierung <-, -en> f classificazione f.

Klassik <-, ohne pl> f **1** (antike ~) periodo m

classico, epoca f/età f classica, antichità f classica, classicità f **2** (*Kulturepoche*) epoca f classica, periodo m classico: **die Literatur der deutschen/französischen ~**, la letteratura del classicismo tedesco/francese; **die Weimarer ~**, il classicismo di Weimar **3** *bes.* (*klassische Musik*) musica f classica **4** *bes. arch kunst* (*klassische Form*) classicità f.

Klassiker <-s, -> m (**Klassikerin** f) **1** *lit* (*klassischer Schriftsteller*) classico m, autore (-trice) m (f)/scrittore (-trice) m (f) classico (-a) **2** (*Wegweiser auf einem Gebiet*) classico m: **das ist ein ~ des Films**, è un classico del cinema/[dello schermo] **3** (*Buch von bleibendem Wert*) classico m.

klassisch adj **1** (*die antike Klassik betreffend*) classico: **die ~en Sprachen**, le lingue classiche/antiche; **~e Philologie**, filologia classica **2** *arch kunst lit mus* classico: **~es Ballett**, danza classica; **ein ~er Dichter**, un poeta classico; **~e Musik**, musica classica **3** (*ausgewogen*) {BAUSTIL, FORM, KLEIDUNG, SCHÖNHEIT} classico **4** (*typisch*) classico, tipico: **das ist ein ~er Fall von ~**, (questo) è un classico esempio/caso di ...

Klassizismus <-, *Klassizismen*> m *arch* (*Stilform*) classicismo m; (*zwischen 1750 und 1830*) neoclassicismo m, neoclassico m.

klassizistisch adj *arch* classicistico, classicheggiante; (*zwischen 1750 und 1830*) {STIL, WERK} neoclassico; {BAUMEISTER, BEWEGUNG, MALEREI} *auch* neoclassicistico.

klatsch *interj* ciac!; (*von Händen*) clap!; (*bei Ohrfeige*) ciaf!, paf!

Klatsch① <-(*e*)*s*, *-e*> m (*Geräusch bei Fall*) tonfo m; (*Geräusch bei Ohrfeige*) paf m; (*Geräusch der Peitsche*) schiocco m.

Klatsch② <-(*e*)*s*, *ohne pl*> m **1** *fam pej* (*Gerede*) pettegolezzi m pl, chiacchiere f pl, dicerie f pl **2** (*Plauderei*) chiacchierata f, quattro chiacchiere f pl *fam*.

Klatschbase f *fam pej* pettegolo (-a) m (f), chiacchierone (-a) m (f), comare f.

Klatsche <-, -*n*> f *fam* acchiappamosche m, scacciamosche m.

klatschen① ▲ *itr* **1** <*haben*>: (**in die Hände**) ~, battere le mani; (**Beifall**) ~ *auch*, applaudire **2** <*haben*> **jdm auf etw** (*akk*) ~ {AUF DEN HINTERN, DIE SCHENKEL} dare a qu un pacca *su qc* **3** <*sein*> (*aufschlagen*) **auf/gegen etw** (*akk*) ~ {REGEN AUFS DACH, GEGEN DAS FENSTER} battere *su/contro qc*, picchiettare *su/contro qc*, tamburellare *su/contro qc* ▣ *tr* **1** (*~d schlagen*): **jdm Beifall ~**, applaudire qu; **den Takt ~**, battere/segnare il tempo (con le mani) **2** *fam* (*werfen*) **etw irgendwohin** ~ {MÖRTEL, PUTZ AN DIE WAND} sbattere/buttare/schiaffare *fam qc + compl di luogo* **3** *slang pej* (*zusammenschlagen*) **jdn** ~ *pestare qu* ● **jdm eine ~ slang**, mollare un ceffone a qu.

klatschen② *itr* <*haben*> *fam pej* (*tratschen*) (**über jdn/etw**) ~ (s)pettegolare (*su qu/qc*) *fam*, sparlare (*di qu*), chiacchierare (*di/su qu/qc*) *fam*, malignare (*su qu/qc*) *fam*, fare pettegolezzi (*su qu/qc*).

Klatscherei <-, -*en*> f *fam pej* pettegolio m, (continui) pettegolezzi m pl: **~en**, pettegolume.

klatschhaft adj *rar* pettegolo, chiacchierone, maldicente.

Klatschhaftigkeit <-, *ohne pl*> f *pej* vizio m/abitudine f di spettegolare.

Klatschkolumnist m (**Klatschkolumnistin** f) giornalista mf di cronaca rosa/[che cura una rubrica di pettegolezzi mondani].

Klatschmaul n *fam pej* → **Klatschbase**.

Klatschmohn m *bot* papavero m selvatico, rosolaccio m.

klatschnass (a.R. klatschnaß) adj *fam* {HAARE, KLEIDUNG} bagnato fradicio, zuppo; {MENSCH} *auch* bagnato come un pulcino *fam*/[fino all'osso *fam*].

Klatschpresse f stampa f rosa/scandalistica.

Klatschspalte f (rubrica f/pagina f di) cronaca f mondana/rosa.

Klatschsucht f mania f di (s)pettegolare.

Klatschtante f *fam pej* → **Klatschbase**.

Klatschweib n *fam pej* → **Klatschbase**.

Klatschzeitung f rotocalco m di pettegolezzi (mondani), rivista f rosa: **die ~en** (*Regenbogenpresse*), la stampa rosa.

klauben *tr südd A CH* **1** (*ernten*) **etw** ~ {KARTOFFELN} raccogliere *qc*; {ÄPFEL} *auch* cogliere *qc* **2** (*auslesen*) **etw aus/von etw** (*dat*) ~ {ROSINEN AUS DEM KUCHEN} piluccare *qc da qc*; {ERBSEN AUS DER SCHÜSSEL} prendere uno (-a) ad uno (-a) *qc da qc*; {PAPIERKÜGELCHEN, SCHRAUBEN VOM BODEN} raccattare *qc da qc*, raccogliere *qc da qc*.

Klaue <-, -*n*> f **1** (*Kralle*) {+RAUBTIERE} artiglio m, grinfia f **2** (*Huf*) {+KÜHE, SCHWEINE, ZIEGEN} zoccolo m, unghione m **3** *fam* (*Hand*) zampa f *fam*, manaccia f *fam*, grinfia f *fam* **4** <*nur sing*> *fam pej* (*unleserliche Handschrift*) calligrafia f/scrittura f illeggibile, zampe f pl di gallina *fam*: **ich kann deine ~ einfach nicht lesen**, non riesco proprio a leggere i tuoi freghi/sgorbi ● **in jds ~n geraten/sein**, cadere/essere nelle grinfie di qu, cadere tra le unghie di qu.

klauen *fam* ▲ *tr* **1** (*stehlen*) **jdm etw** ~ fregare *qc* (*a qu*) *fam*, sgraffignare *qc* (*a qu*) *fam*, grattare *qc* (*a qu*) *fam* **2** (*unrechtmäßig übernehmen*) **jdm etw** ~ {IDEE, MELODIE} rubare *qc* (*a qu*) ▣ *itr* rubacchiare: **er wurde beim Klauen erwischt**, l'hanno beccato/pizzicato a rubacchiare *fam*.

Klaus m (*Vorname*) Nicola, Nic(c)olò.

Klause <-, -*n*> f **1** (*Einsiedelei*) eremo m, eremitaggio m, romitaggio m **2** *oft scherz* (*kleines ruhiges Zimmer*) eremo m, rifugio m **3** (*Talenge*) chiusa f, gola f.

Klausel <-, -*n*> f clausola f ● *aufhebende jur*, clausola risolutiva; *einschränkende jur*, clausola restrittiva.

Klaustrophobie <-, *ohne pl*> f *psych* claustrofobia f.

Klausur <-, -*en*> f **1** (*schriftliche Arbeit*) *univ* prova f scritta (d'esame), (esame m) scritto m; *Schule* compito m in classe, scritto m **2** <*nur sing*> *relig* clausura f ● **in ~ gehen**, ritirarsi in clausura; **in ~ leben**, vivere in clausura; **eine ~ schreiben** *univ*, sostenere una prova scritta, fare lo scritto *fam*; *Schule*, fare un compito in classe, fare uno scritto *fam*; **in ~ tagen**, riunirsi a porte chiuse.

Klausurarbeit f → **Klausur** 1.

Klausurtagung f convegno m a porte chiuse.

Klaviatur <-, -*en*> f **1** *mus* (*Tasten*) tastiera f **2** *geh* (*Palette*) ~ **einer S.** (*gen*) gamma f *di qc*, scala f *di qc*, ventaglio *di qc*.

Klavier <-(*e*)*s*, *-e*> n pianoforte m, piano m *fam*: **~ spielen**, suonare il pianoforte/piano *fam*; **jdn auf dem/[am] ~ begleiten**, accompagnare al pianoforte qu.

Klavierabend m serata f pianistica.

Klavierbauer m (**Klavierbauerin** f) fabbricante mf di pianoforti.

Klavierbegleitung f accompagnamento m di/al pianoforte.

Klavierhocker m sgabello m per/da pianoforte.

Klavierkonzert n *mus* **1** (*Musikstück*) concerto m per pianoforte **2** (*Veranstaltung*) concerto m/recital m di pianoforte/[pianistico].

Klavierlehrer m (**Klavierlehrerin** f) maestro (-a) m (f)/insegnante mf di pianoforte.

Klaviermusik f musica f di pianoforte; (*für Klavier komponiert*) musica f per pianoforte.

Klaviersonate f *mus* sonata f per pianoforte.

Klavierspiel n *mus* (*suonare m il*) pianoforte m; (+PIANIST) esecuzione f; (*Klänge*) musica f di pianoforte m.

Klavierspieler m (**Klavierspielerin** f) *mus* pianista mf.

Klavierstimmer <-s, -> m (**Klavierstimmerin** f) accordatore (-trice) m (f) di pianoforti.

Klavierstück n *mus* pezzo m/composizione f per pianoforte.

Klavierstunde f, **Klavierunterricht** m lezione f di pianoforte: **Klavierstunden/Klavierunterricht nehmen**, prendere lezioni di pianoforte, andare a lezione di pianoforte.

Klaviervirtuose m (**Klaviervirtuosin** f) virtuoso (-a) m (f) del pianoforte.

Klebeband n nastro m adesivo, scotch® m.

Klebefolie f pellicola f adesiva.

kleben ▲ *itr* **1** (*klebrig sein*) {KLEBRIGE FINGER} essere appiccicoso/appiccicaticcio; {HONIG, MARMELADE} *auch* appiccicare **2** (*haften*) ~ **irgendwie**) {KLEBER, KLEISTER, LEIM GUT, SCHLECHT} attaccare/appiccicare (+ *compl di modo*); {PFLASTER} *auch* aderire (+ *compl di modo*): **die Briefmarke klebt nicht**, il francobollo non (si) attacca/[rimane attaccato]; **das Etikett klebt gut**, l'etichetta s'incolla/[aderisce bene]; **an etw** (*dat*) ~ incollarsi *a qc*, appiccicarsi *a qc*; **die nasse Bluse klebte ihr am Körper**, la camicia bagnata le si incollava/appiccicava addosso **3** *fam* (*sich klammern an*) **an jdm/etw** ~ {AM GELD, AN EINEM POSTEN, AN TRADITIONEN} essere attaccato *a qc*; {KLEINKIND AN DER MUTTER} stare appiccicato (-a) *fam*/incollato (-a) *fam*/attaccato (-a) *a qu*; **mit Klebstoff reparieren**) **etw** ~ {ZERBROCHENE TASSE, VASE} (r)incollare *qc* **2** (*fest~*) **etw irgendwohin** ~ {POSTER AN DIE WAND} attaccare *qc* + *compl di luogo*; {BRIEFMARKE AUF DEN UMSCHLAG, KAUGUMMI UNTER DEN TISCH} *auch* appiccicare *qc* + *compl di luogo*; {ETIKETT AUF EINE FLASCHE, FOTOS IN EIN ALBUM} incollare/attaccare *qc* + *compl di luogo*; {PLAKAT AN DIE LITFASSÄULE, MAUER} *auch* affiggere *qc* + *compl di luogo* ● **an etw** (*dat*) ~ **bleiben** (*haften bleiben*) {BRIEFMARKE, ETIKETT, PFLASTER}, rimanere/restare attaccato (-a); {KAUGUMMI} *auch*, rimanere/restare appiccicato (-a); (**in etw dat**) ~ **bleiben** *fam Schule* (*sitzen bleiben*) {IN DER DRITTEN, VIERTEN ... KLASSE}, essere/venire bocciato (-a) (in *qc*) *fam*; **jdm eine ~ *fam*, appiccicare/mollare/affibbiare/appioppare uno schiaffo/un ceffone a qu *fam*.

kleben|bleiben <*irr*> *itr* <*sein*> **1** (*haften*) **an etw** (*dat*) ~ *a.R. von* kleben bleiben → **kleben 2** *fam Schule* **in etw dat** ~ → **kleben**.

Kleber <-s, -> m *fam* → **Klebstoff**.

Klebestift m stick m adesivo, colla f in stick.

Klebestreifen m → **Klebeband**.

Klebezettel m foglietto m adesivo/gommato, post-it® m.

klebrig adj {FLÜSSIGKEIT, LEIM} colloso, vischioso, attaccaticcio *fam*; {BONBON, FINGER, KAUGUMMI} appiccicoso.

Klebstoff m collante m, adesivo m, colla f, sostanza f adesiva.

Klebstreifen m → **Klebestreifen**.

Klebverschluss (a.R. Klebverschluß) m: Briefumschlag mit ~, busta con chiusura autoadesiva.

Kleckerliese <-, -n> f fam sbrodolona f.

kleckern fam A tr <haben> (tropfen) **etw auf etw** (akk) ~ {FARBE, KAFFEE, SOßE, WEIN AUF DIE HOSE, AUFS TISCHTUCH} fare delle macchie di qc su qc: **du hast Suppe auf dein Jackett gekleckert**, ti sei sbrodolato la giacca con la minestra B itr 1 <haben> (bes. beim Essen) {PERSON} sbrodolarsi fam, impataccarsi fam 2 <sein> (tropfen) **irgendwohin** ~: **die Farbe ist auf den Boden gekleckert**, il colore è gocciolato/colato in terra 3 <haben> (in kleinen Mengen eintreffen) {AUFTRÄGE, GELDMITTEL} venir dato (-a) col contagocce • **nicht ~, sondern klotzen**, fare le cose in grande.

Klecks <-es, -e> m 1 (Farbfleck) macchia f, chiazza f; (Tintenfleck) auch (s)baffo m 2 fam (kleine Menge) ~ + subst {MAJONÄSE, SAHNE, SENF} spruzzo m di qc.

klecksen A itr 1 (Kleckse machen) fare (delle) macchie; **irgendwohin** ~ {AUF DEN BODEN, INS HEFT} macchiare qc 2 (tropfen) {FÜLLER, KULI} macchiare, sbavare B tr fam (tropfen lassen) **etw irgendwohin** ~ {FARBE AUF DIE LEINWAND, SAHNE AUF DEN KUCHEN} far gocciolare/colare qc + compl di luogo.

Klee <-s, ohne pl> m bot trifoglio m • **jdn über den grünen ~ loben** fam, portare alle stelle qu; **etw über den grünen ~ loben** fam, lodare sperticatamente qc.

Kleeblatt n 1 bot foglia f di trifoglio m 2 (Straßenkreuz) raccordo m/svincolo m a quadrifoglio 3 fam (Trio) terzetto m, tre moschettieri scherz • **vierblättriges ~**, quadrifoglio.

kleeblattförmig adj a (forma di) trifoglio.

Kleenex® <-, -> n salviettina f usa e getta.

Kleid <-(e)s, -er> n 1 (Damenkleid) vestito m/abito m da donna: **ein ~ anziehen**, mettersi/indossare un vestito; **ein ~ anhaben/tragen**, indossare/portare un vestito; **ein ärmelloses/kurzärmliges/langärmliges ~**, un vestito ₁senza maniche₁/[a maniche corte]/[a maniche lunghe] 2 <nur pl> (Kleidungsstücke) vestiti m pl, abiti m pl, indumenti m pl 3 CH (Anzug) abito m/vestito m da uomo • **(seit Tagen) nicht aus den ~ern herauskommen** fam, non riuscire ad andare a letto (da giorni); **~er machen Leute** prov, l'abito fa l'uomo prov.

Kleidchen <-s, - oder Kleiderchen> n dim von Kleid vestitino m, abitino m: **ein billiges ~**, un vestituccio.

kleiden A rfl sich **irgendwie** ~ vestirsi/vestire ₁+ compl di modo₁/[+ adj]: **sich leger/sportlich** ~, vestire casual/sportivo (-a); **sich schick** ~, vestire ₁(in modo) elegante₁/[con eleganza]; **sich modisch** ~, vestire alla moda; **sie ist immer in Schwarz/Leder gekleidet**, veste sempre di nero/pelle B tr 1 (anziehen) **jdn irgendwie** ~ {KINDER MODISCH, SPORTLICH} vestire qu + compl di modo do 2 (jdm gut stehen) **jdn** ~ {KLEID} donare a qu, stare bene a qu; {FARBE} auch addirsi a qu: **Blau kleidet dich sehr**, il blu ti dona molto 3 geh: **seine Gedanken/Gefühle in Worte** ~, esprimere i propri sentimenti/pensieri a/con parole.

Kleiderablage f guardaroba m.

Kleiderbad n lavaggio m a secco (leggero).

Kleiderbügel m gruccia f, stampella f.

Kleiderbürste f spazzola f per vestiti/abiti.

Kleidergröße f taglia f, misura f.

Kleiderhaken m gancio m dell'attaccapanni.

Kleidersack m sacco m custodia per abiti.

Kleidersammlung f raccolta f dei vestiti vecchi.

Kleiderschrank m 1 armadio m (per vestiti): **etw in den ~ hängen**, appendere qc nell'armadio 2 fam (stämmiger Mann) armadio m fam.

Kleiderständer m attaccapanni m, appendiabiti m.

Kleiderstange f (Teil des Kleiderschranks) stanga f appendiabiti/[per le grucce/stampelle].

kleidsam adj {FRISUR, HUT, KOSTÜM} che dona/[sta bene].

Kleidung <-, -en> f vestiti m pl, vestiario m, abbigliamento m.

Kleidungsstück n capo m di abbigliamento/vestiario, indumento m.

Kleie <-, -n> f crusca f.

klein A adj 1 (von geringer Größe) piccolo, piccino fam; {BUCHSTABE} minuscolo: **eine ~e Hand**, una manina; **eine ~e Tür**, una porticina; **eine ganz ~e Frau**, una donna piccola piccola, un donnino fam; **eine ~ere Stadt**, una città di piccole dimensioni; **das Hemd ist mir zu** ~, la camicia mi sta/va piccola; **haben Sie diesen Pulli auch noch ~er?**, ha/[c'è] la taglia più piccola di questo maglione?; **ich brauche die Schuhe eine Nummer ~er**, di queste scarpe mi serve il numero sotto fam 2 (kurz) {SCHRITT} piccolo; {ABSTAND, ENTFERNUNG} auch breve 3 (kurz dauernd) {AUGENBLICK, MOMENT, PAUSE, WEILE} piccolo, breve: **ich brauche noch eine ~e Weile**, ci metto ancora un momentino fam/attimino fam 4 (gering) {BETRAG, SUMME} esiguo; {GEWINN, VERLUST} piccolo; {EINKOMMEN, GEHALT, RENTE} auch modesto, basso 5 (geringfügig) {FEHLER, UNTERSCHIED, VERSPÄTUNG, VERSTOß} piccolo, di poco conto: **die ~ste Bewegung**, il minimo movimento; **das ist das ~ere Übel**, è il male minore 6 (~gewachsen) basso: **ich bin ~er als mein Bruder**, sono più basso (-a) di mio fratello, **sie ist ziemlich ~**, è bassotta 7 (jünger) minore, più piccolo/giovane: **das ist meine ~e Schwester**, (questa) è la mia sorella minore/[più piccola] 8 pej (unbedeutend) piccolo pej, insignificante: **ein ~er Beamter/Ganove**, un impiegatucolo pej/furfantello pej 9 (bescheiden) modesto: **aus ~en Verhältnissen kommen**, essere di origini modeste 10 (beschränkt) {ANZAHL} limitato, ristretto: **eine ~e Auswahl**, poca scelta; **auf ~stem Raum wohnen**, abitare in uno spazio strettissimo; **in ~em Kreis**, tra (pochi) intimi 11 (in Miniaturgabe) piccolo: **er ist ein ~er Einstein**, è un piccolo Einstein B adv (in ~er Schrift) {DRUCKEN, SCHREIBEN} minuscolo • **bis ins Kleinste**, fin nei minimi dettagli/particolari; **ein ~ bisschen/wenig**, un pochino ~, **aber fein**, piccolo, ma niente male; **~ Gedruckte** → **Kleingedruckte**; **(ganz) ~ und hässlich werden** fam, abbassare la cresta fam/coda fam; **es ~ haben** fam, averli spiccioli; **haben Sie es nicht vielleicht ~?**, non li avrebbe spiccioli?; **etw ~ halten** {AUSGABEN, KOSTEN}, contenere qc, tenere basso (-a) qc; **im Kleinen**, in piccolo; **~ machen** fam bes. Kindersprache, fare (la) pipì; **~ müssen** fam Kindersprache, dover fare (la) pipì; **ich muss mal ~ (aufs Klo)**, mi scappa la pipì; **~, aber oho** fam, nelle botti piccole c'è il vino buono; **piccolo, ma ₁c'è tutto fam₁/[in gamba fam]**; **~ schreiben** (in kleiner Schrift), avere una grafia piccola, scrivere piccolo fam; **die Flamme (auf) ~ stellen/drehen/schalten**, abbassare la fiamma; **von ~ an/auf**, fin da piccolo (-a)/bambino /on ~.

Kleinaktionär m (**Kleinaktionärin** f) Börse piccolo (-a) azionista mf.

Kleinanzeige f annuncio m economico; <pl> piccola pubblicità f.

Kleinarbeit <-, ohne pl> f lavoro m minuzioso/[di precisione]: **eine langwierige/mühselige ~**, un lavoro da certosino; **in unermüdlicher ~ hat er das Puzzle zusammengesetzt**, ha completato il puzzle dimostrando grande pazienza e precisione.

Kleinasien n geog Asia f Minore.

klein|bekommen <irr> tr → **klein|kriegen**.

Kleinbetrieb m piccola impresa f/azienda f.

Kleinbildkamera f macchina f fotografica di piccolo formato (24x36).

Kleinbuchstabe m (lettera f) minuscola f.

Kleinbürger m (**Kleinbürgerin** f) 1 pej (Spießbürger) borghesuccio (-a) pej, piccolo (-a) borghese mf pej 2 (Angehöriger des unteren Mittelstandes) piccolo (-a) borghese mf.

kleinbürgerlich adj 1 pej (spießbürgerlich) da borghesuccio pej, piccolo borghese pej 2 (den unteren Mittelstand betreffend) piccolo borghese.

Kleinbürgertum n piccola borghesia f.

Kleinbus m pulmino m, minibus m.

Kleine <dekl wie adj> A mf 1 (kleiner Junge, kleines Mädchen) piccolo (-a) m (f), piccolino (-a) m (f), piccino (-a) m (f) 2 (Jüngste(r)) figlio (-a) m (f) più piccolo (-a) m (f): **unser ~r**, il nostro figlio ₁più piccolo₁/[minore] B n fam 1 (Baby) bebè m, piccino (-a) m (f), pulcino m fam 2 (Kosewort für Mädchen, Frau) bambolina f, piccolina f • **etwas ~s bekommen** fam, aspettare un bambino; **die lieben ~n iron**, i cari piccini; **na, ~r/~!** (Kosewort für ein Kind), allora, piccino (-a); (Kosewort für einen Erwachsenen), allora, tesoro!; (scherzhaft-kecke Anrede), allora, bello (-a)! fam.

Kleinfamilie f famiglia f nucleare.

Kleinformat n formato m ridotto/piccolo: **in ~**, in miniatura.

Kleingarten m orto m, orticello m.

Kleingärtner m (**Kleingärtnerin** f) proprietario (-a) m (f) di un orticello.

Kleingebäck n pasticcini m pl, biscotti m pl.

kleingedruckt adj → **gedruckt**.

Kleingedruckte <dekl wie adj> n "clausole f pl (integrative di un contratto) stampate a caratteri piccoli".

Kleingeist m spirito m meschino, mente f piccina.

kleingeistig adj piccino di mente, meschino, gretto.

Kleingeld n (soldi m pl) spiccioli m pl, moneta f spicciola: **kannst du mir vielleicht den Zehneuroschein ~ wechseln?**, potresti spicciolarmi questo biglietto da dieci euro? • **das nötige ~ für etw** (akk) fam, il denaro necessario per (fare) qc.

kleingemustert adj → **gemustert**.

kleingewachsen adj → **gewachsen**.

kleingläubig adj 1 di poca fede, scettico 2 (ängstlich) pusillanime geh.

klein|hacken tr → **hacken**.

Kleinheit <-, ohne pl> f piccolezza f, minutezza f.

Kleinhirn n anat cervelletto m.

Kleinholz n legna f piccola: **~ machen**,

spaccare la legna ● **aus jdm ~ machen** *fam*, **jdn zu ~ machen** *fam*, fare a pezzi/pezzetti/fettine qu *fam*; **aus etw** (dat) **~ machen** *fam*, **etw zu ~ machen** *fam*, fare a pezzi qc, sfasciare qc completamente.

Kleinigkeit <-, -en> f **1** (*unwichtige Einzelheit*) dettaglio m: **an diesem Text sind nur noch ein paar ~en zu ändern**, in questo testo rimangono da cambiare solo un paio di cosette; **ich kann mich jetzt nicht mit diesen ~en aufhalten**, adesso non posso soffermarmi su questi dettagli **2** (*Bagatelle*) piccolezza f, sciocchezza f, bazzecola f, quisquilia f: **sich über jede ~ aufregen**, arrabbiarsi per ogni sciocchezza/piccolezza, irritarsi per un nonnulla **3** (*kleiner Artikel*) cosetta f, cosuccia f *fam*: **morgen habe ich ein paar ~en in der Stadt zu kaufen**, domani devo comprare un paio di cosette in centro; (*kleines Geschenk*) pensier(in)o m, piccolezza f; **jdm eine ~ mitbringen**, portare un pensierino a qu **4** (*ein bisschen*): **eine ~**, un poco, un po', un'idea *fam* ● (**das ist eine**) **~!**, è un gioco da bambini! *fam*, è una bazzecola!; **eine ~ essen**, mangiare un boccone; **das ist keine ~** (*das ist wichtig*), non è (una cosa) di poco conto, non è poca cosa; (*das ist nicht so einfach*), non è una sciocchezza; **das kostet die ~ von ...** *iron*, costa la bellezza/[modica cifra] di ...

Kleinigkeitskrämer <-s, -> m (**Kleinigkeitskrämerin** f) *pej* pignolo (-a) m (f), pedante mf, cavillatore (-trice) m (f).

Kleinkaliber n piccolo calibro m.

kleinkariert A adj **1** (*Stoff*) → **kariert 2** *fam pej* (*kleinlich*) meschino, gretto, piccino B adj (*engstirnig*): **~ denken**, avere una mentalità meschina/gretta.

Kleinkind n bambino (-a) m (f)/bimbo (-a) m (f) (in età prescolare).

Kleinkram m *fam* **1** (*wertlose Gegenstände*) cianfrusaglie f pl, carabattole f pl **2** (*unwichtige Angelegenheiten*) bazzecole f pl, quisquilie f pl: **ich habe noch ein wenig ~ zu erledigen**, devo sbrigare ancora un paio di cosette.

Kleinkrieg m **1** *mil* guerriglia f **2** (*ständige Streitereien*): **bei uns im Haus herrscht unter den Mietern ein ständiger ~**, nel nostro palazzo gli inquilini si fanno continuamente la guerra.

klein|kriegen tr *fam* **1** (*zerkleinern*) **etw ~** {FLEISCH} riuscire a spezzettare qc **2** (*kaputtmachen*) **etw ~** riuscire a rompere qc: **hast du jetzt endlich auch dieses Spielzeug kleingekriegt?**, sei riuscito (a) a rompere anche questo giocattolo? **3** (*unterkriegen*) **jdn ~** mettere i piedi in testa *fam*/[sul collo *fam*] a qu ● **der ist nicht kleinzukriegen!** *fam*, non è uno che si fa mettere i piedi in testa! *fam*.

Kleinkriminalität f microcriminalità f, piccola criminalità f, microdelinquenza f.

Kleinkriminelle <dekl wie adj> mf piccolo (-a) delinquente mf.

Kleinkunst <-, ohne pl> f (arte f del) cabaret m.

Kleinkunstbühne f cabaret m.

kleinlaut A adj mogio mogio *fam*: **~ werden**, abbassare la cresta *fam*/coda *fam* B adv {ANTWORTEN, ZUGEBEN} abbassando la cresta *fam*/coda *fam*.

kleinlich adj **1** (*engherzig*) piccino, gretto, meschino, *fam*: (*pedantisch*) pedante, pignolo **2** (*knauserig*) avaro.

Kleinlichkeit <-, -en> f **1** *nur sing* (*kleinliche Wesensart*) piccineria f, meschinità f, grettezza f; (*Pedanterie*) pedanteria f, pignoleria f **2** (*kleinliche Handlung*) piccineria f.

meschinità f.

klein|machen tr **1** (*zerkleinern*) → **machen 2** (*wechseln*) (*jdm*) **etw ~** {BANKNOTE, GELDSCHEIN} spicciolare qc (*a qu*), cambiare qc (*a qu*): **können Sie mir vielleicht 100 Euro ~?**, potrebbe spicciolarmi/cambiarmi 100 euro?

Kleinmut m *geh* pusillanimità f *geh*.

kleinmütig adj *geh* pusillanime *geh*.

Kleinod <-(e)s, -e oder -ien> n **1** <pl -ode> *geh* (*Kostbarkeit*) gioiello m, gemma f, perla f: **der Kölner Dom ist ein ~ der gotischen Baukunst**, il duomo di Colonia è un gioiello dell'architettura gotica **2** <pl -ien> *obs* (*Schmuckstück*) gioiello m.

klein|reden tr *etw* ~ minimizzare qc.

klein|schneiden <irr> tr → **schneiden**.

klein|schreiben tr **1** <meist Passiv> (*gering achten*): **kleingeschrieben werden** {KAMERADSCHAFTLICHKEIT, GUTE SITTEN}, non essere tenuto in grande considerazione; **Demokratie wird in diesen Ländern kleingeschrieben**, in quei paesi la democrazia non sanno neanche dove stia di casa *fam* **2** (*mit kleinem Anfangsbuchstaben schreiben*) **etw ~** {WORT} scrivere qc minuscolo/[con l'iniziale minuscola].

Kleinschreibung f *gram* grafia f (con iniziale) minuscola.

Kleinsparer m (**Kleinsparerin** f) piccolo (-a) risparmiatore (-trice) m (f).

Kleinstaat m piccolo stato m, staterello m.

Kleinstadt f cittadina f, piccola città f.

Kleinstädter m (**Kleinstädterin** f) abitante mf di una cittadina; *pej* provinciale mf.

kleinstädtisch adj di una piccola città; *pej* provinciale.

Kleinstcomputer m *inform* minicomputer m.

klein|stellen tr → **stellen**.

kleinstmöglich adj (il, la) più piccolo (-a) possibile.

Kleintier n piccolo animale m domestico, animale m da appartamento.

Kleintransporter m furgone m.

Kleinverdiener m (**Kleinverdienerin** f) chi ha un reddito basso, chi guadagna poco *fam*.

Kleinvieh n (*Schafe, Schweine, Ziegen*) bestiame m minuto; (*Geflügel, Hasen, Kaninchen*) animali m pl da cortile ● **~ macht auch Mist** *prov*, tutto fa brodo *fam*, meglio poco che niente *prov*.

Kleinwagen m utilitaria f, auto(mobile) f di piccola cilindrata.

Kleinzeug n *fam* → **Kleinkram**.

Kleister <-s, -> m colla f (d'amido).

kleistern tr **etw an etw** (akk) **~** {PLAKAT AN DIE LITFASSÄULE, TAPETE AN DIE WAND} incollare qc su/a qc.

Klematis <-, -> f *bot* clematide f.

Klemens m (*Vorname*) → **Clemens**.

Klementine <-, -n> f clementina f, mandarancio m.

Klemmbrett n tavoletta f portablocco.

Klemme <-, -n> f **1** (*Haarklemme*) molletta f **2** el morsetto m **3** med graffetta f, grappetta f **4** *fam* (*schwierige Lage*) guaio m, impiccio m, pasticcio m ● **in die ~ geraten** *fam*, cacciarsi nei guai *fam*/pasticci *fam*, mettersi in un impiccio *fam*; **in der ~ sein** *fam*/sitzen *fam*/stecken *fam*, essere nelle peste *fam*/[nei guai *fam*]/[nei pasticci *fam*].

klemmen A tr (*zwängen*) **etw unter etw** (akk) **~** {STRAFZETTEL UNTER DEN SCHEIBENWISCHER} infilare qc sotto qc; {BÜCHER, TASCHE, ZEITUNG UNTER DEN ARM} auch infilarsi qc sot-

to qc; **etw in etw** (akk) **~** {ZETTEL IN DIE TÜR} infilare qc in qc B itr (*blockieren*) {FENSTER, SCHUBLADE, TÜR} rimanere/essersi incastrato (-a)/bloccato (-a); {SCHLOSS} incantarsi: **die Schublade klemmt**, il cassetto si è bloccato/[è rimasto incastrato] C rfl **1** (*sich quetschen*) **sich** (dat) **etw** (in der Tür) **~** {SICH DEN FINGER, DIE HAND IN DER TÜR} schiacciarsi qc (*in qc*) **2** *fam* (*jdn bearbeiten*) **sich hinter jdn ~** stare addosso a qu *fam* {*sich anstrengen*) **sich hinter etw** (akk) **~** {HINTER EINE ARBEIT} darsi da fare *con* qc, starci dietro *a* qc.

Klemmleuchte f lampada f a morsetto.

Klemmmappe, **Klemm-Mappe** f raccoglitore m a molla.

Klempner <-s, -> m (*Installateur*) idraulico m; (*bes. für Arbeiten mit Blech*) stagnaio m, lattoniere m.

Klempnerei <-, -en> f **1** <nur sing> (*Handwerk*) mestiere m dello stagnaio/[del lattoniere]/[dell'idraulico] **2** → **Klempnerwerkstatt**.

Klempnerwerkstatt f officina f dello stagnaio/[del lattoniere]/[dell'idraulico].

Klepper <-s, -> m *pej* ronzino m.

Kleptomane <-n, -n> m (**Kleptomanin** f) cleptomane mf.

Kleptomanie <-, ohne pl> f *psych* cleptomania f.

Kleptomanin f → **Kleptomane**.

kleptomanisch adj cleptomane.

klerikal adj *geh* clericale.

Kleriker <-s, -> m *relig* chierico m, ecclesiastico m.

Klerus <-, ohne pl> m *relig* clero m: **der hohe/niedere ~**, l'alto/il basso clero.

Klettband n velcro® m.

Klette <-, -n> f **1** *bot* bardana f, lappola f, lappa f **2** *fam pej* (*lästiger Mensch*) mignatta f *fam*, piattola f *fam* ● **wie eine ~ an jdm hängen** *fam*, essere attaccato a qu come una sanguisuga; **wie (die) ~n zusammenhalten** *fam*/zusammenhängen *fam*, essere culo e camicia *fam*/[pappa e ciccia *fam*].

Klettereisen n rampone m.

Kletterer <-s, -> m (**Kletterin** f) **1** (*beim Bergsteigen*) scalatore (-trice) m (f), arrampicatore (-trice) m (f), rocciatore (-trice) m (f) **2** *Radsport* arrampicatore (-trice) m (f), scalatore (-trice) m (f).

Klettergarten m palestra f di roccia.

Klettergerüst n struttura f per arrampicarsi (in un parco giochi).

Kletterin f → **Kletterer**.

klettern itr **1** <sein> *allg.* arrampicarsi; **auf etw** (akk) **~** {AUF EINEM BAUM, AUFS DACH, AUF EINEN FELSEN; KIND AUF EINEN STUHL} arrampicarsi su qc; {AUF EINEN BERG} scalare qc; {AUFS DACH, AUF EINE LEITER} salire su qc, montare su qc; **über etw** (akk) **~** {ÜBER EINE MAUER, EINEN ZAUN} scavalcare qc **2** <sein oder haben> *sport* arrampicare, fare roccia **3** <sein> *fam* (*steigen*) **aus etw ~** {AUS DEM AUTO, DEM BETT} scendere da qc; **in/auf etw** (akk) **~** {INS AUTO} salire in qc, infilarsi in qc; {AUF DEN RÜCKSITZ} salire su qc **4** <sein> *fam* (*steigen*) **auf etw** (akk) **~** {TEMPERATUREN AUF 30 GRAD; TACHOMETER AUF 150 KM/H} salire *a* qc: **die Preise sind in die Höhe geklettert**, i prezzi sono aumentati/saliti.

Klettern <-s, ohne pl> n arrampicata f, scalata f; (*Bergsteigen*) alpinismo m, roccia f.

Kletterpartie f *fam* scalata f, arrampicata f.

Kletterpflanze f (pianta f) rampicante m.

Kletterrose f rosa f rampicante.

Kletterstange f *sport* pertica f.

Klettertour f → **Kletterpartie**.
Kletterwand f sport spalliera f.
Klettverschluss (a.R. Klettverschluß) m chiusura f a velcro®.
klick interj clic!, click! • ~ **machen** (bei Fotoapparat, Revolver), fare clic.
Klick <-s, -s> m bes. inform clic m.
klicken itr 1 (metallisch klingen) {FOTOAPPARAT} fare clic fam, scattare 2 inform (mit etw dat) ~ {MIT DER MAUS} cliccare (con qc), fare clic (con qc); auf etw (akk) ~ {AUF EIN ICON, PROGRAMM, ZEICHEN} cliccare su qc, fare clic su qc • bei jdm klickt's endlich fam, a qu si è finalmente accesa la lampadina fam.
Klient <-en, -en> m (**Klientin** f) (von Steuerberater) cliente mf; (von Rechtsanwalt) auch assistito (-a) m (f).
Klientel <-, -en> f clientela f.
Klientin f → **Klient**.
Kliff <-(e)s, -e> n geog falesia f.
Klima <-s, -s oder -te> n 1 **meist** clima m: **ein feuchtes/mildes/raues/trockenes/tropisches ~**, un clima umido/mite/rigido/secco/tropicale 2 (Atmosphäre) clima m, atmosfera f: **in unserer Firma herrscht ein angespanntes/gereiztes ~**, nella nostra ditta c'è un clima di tensione/nervosismo/[si respira un'atmosfera/un'aria pesante fam]; **das politische/soziale ~ in einem Land**, il clima politico/sociale di un paese.
Klimaanlage f (impianto m di) aria condizionata, condizionatore m, climatizzatore m, impianto m di condizionamento: **mit (einer) ~ (ausgestattet/versehen)**, ad aria condizionata, climatizzato.
Klimafaktor m <meist pl> meteo fattore m climatico.
Klimaforscher m (**Klimaforscherin** f) climatologo (-a) m (f).
Klimagipfel m pol vertice m sul clima.
Klimakarte f meteo carta f climatica.
Klimakatastrophe f meteo ökol disastro m climatico, catastrofe f climatica.
Klimakterium <-s, ohne pl> n med climaterio m wiss, menopausa f.
Klimapolitik f politica f del clima.
Klimaschutz m misure f pl in difesa del clima.
Klimaschwankung f meteo oscillazione f climatica/[del clima].
Klimate pl von Klima.
klimatisch A adj <attr> climatico B adv da un punto di vista climatico: **~ günstige/ungünstige Verhältnisse**, condizioni climatiche favorevoli/sfavorevoli; **ein ~ ungesundes Gebiet**, una regione dal clima malsano.
klimatisieren <ohne ge-> tr etw ~ {RAUM} dotare qc di condizionamento d'aria, climatizzare qc: **ein klimatisiertes Büro**, un ufficio dotato di aria condizionata/[climatizzato]; **voll klimatisiert** → **vollklimatisiert**.
Klimatologe <-n, -n> m (**Klimatologin** f) → **Klimaforscher**.
Klimatologie <-, ohne pl> f meteo climatologia f.
Klimatologin f → **Klimatologe**.
Klimaveränderung f mutamento m climatico/[del clima]: **globale ~**, mutamento globale delle condizioni climatiche.
Klimawandel m → **Klimaveränderung**.
Klimawechsel m cambiamento m di clima/aria: **ich brauche dringend einen ~**, ho assolutamente bisogno di cambiare clima/aria.
Klimazone f zona f climatica.
Klimbim <-s, ohne pl> m fam (unnützer Kram) cianfrusaglie f pl, ciarpame m; (Firlefanz)

fronzoli m pl • **viel ~ (um etw akk) machen** fam, fare un gran rumore intorno a qc, fare un sacco di storie (per qc) fam.
Klimmzug m sport sollevamento m sulle braccia (alla sbarra) • **Klimmzüge machen** sport, sollevarsi sulle braccia (alla sbarra); fam (sich sehr anstrengen), fare delle acrobazie fam; **geistige Klimmzüge machen** fam (sich geistig anstrengen), fare un po' di ginnastica mentale fam; (eigenwillige Gedanken nachvollziehen), fare acrobazie mentali fam.
Klimperkasten m fam pej pianoforte m sgangherato.
klimpern itr 1 (klirren) {MÜNZEN, SCHLÜSSEL} tintinnare 2 (aneinanderschlagen) **mit etw** (dat) ~ {MIT MÜNZEN, SCHLÜSSELN} far tintinnare qc: **mit den Wimpern ~** fam, sbattere le ciglia 3 pej mus **auf etw** (dat) ~ {AUF DER GITARRE, DEM KLAVIER} strimpellare (qc).
kling interj din!, dindin! • **es macht ~**, fa dindin.
Klinge <-, -n> f 1 (Messerklinge, Degenklinge) lama f 2 (Rasierklinge) lametta f (da barba) • **jdn über die ~ springen lassen** fam (jdn töten), far fuori qu fam, togliere di mezzo qu fam; (jdn ruinieren), mandare in rovina qu fam.
Klingel <-, -n> f (Türklingel, Fahrradklingel) campanello m: **auf die ~ drücken**, suonare il campanello.
Klingelbeutel m borsa f per la questua/le offerte.
Klingelknopf m pulsante m del campanello.
klingeln A itr 1 (läuten) {WECKER} suonare; {TELEFON} auch squillare 2 (die Klingel betätigen) suonare (il campanello); **an etw** (dat) ~ {AN DER TÜR} suonare a qc; **bei jdm ~** suonare (il campanello) a qu 3 (jdn mit einer Klingel herbeirufen) **nach jdm ~** {NACH DEM ARZT, DER KRANKENSCHWESTER} suonare per qu, chiamare qc (suonando il campanello) B unpers suonare: **es klingelt** (an der Tür), stanno suonando (il campanello)/[alla porta]), suona il campanello; (im Konzert, Theater, in der Schule) suona la campanella; **ich glaube, es hat geklingelt**, mi pare di aver sentito il campanello/[suonare fam] • **hat es jetzt endlich geklingelt?** fam, l'hai capita finalmente? fam.
Klingelzeichen n suono m/trillo m di campanello; tel squillo m.
klingen <klingt, klang, geklungen> itr 1 (GLOCKEN) suonare; {GLÄSER} tintinnare: **aus dem Zimmer klangen fröhliche Stimmen**, dalla stanza provenivano voci allegre 2 (einen bestimmten Klang haben) **irgendwie ~** {MELODIE, STIMME FRÖHLICH, TRAURIG} suonare + adj, avere un suono + adj; **wohl ~d** → **wohlklingend** 3 (sich anhören) **irgendwie ~** {ANGEBOT, IDEE GUT, INTERESSANT, VIEL VERSPRECHEND} sembrare/parere + adj: **dein Vorschlag klingt nicht schlecht**, la tua proposta non suona male; **das klingt wie eine Drohung**, suona come una minaccia; **das klingt aber sehr komisch**, sembra davvero molto strano; **diese Geschichte klingt unglaublich**, questa storia ha dell'incredibile/[sembra incredibile]; **das klingt, als ob er Angst hätte**, si direbbe che lui abbia paura; **es klingt ja, als ob du keine Lust hättest, heute Abend auszugehen**, (a sentirti) si ha l'impressione che tu stasera non abbia voglia di uscire 4 (heraushören sein) **aus etw** (dat) ~ trasparire da qc, trapelare da qc: **aus seinen Worten klang Traurigkeit**, dalle sue parole traspariva tristezza.
Klinik <-, -en> f clinica f: **in eine ~ eingeliefert werden**, essere/venir ricoverato (-a) in una clinica.

Kliniker <-s, -> m (**Klinikerin** f) med clinico (-a) m (f).
Klinikum <-s, Klinika oder Kliniken> n 1 (Klinikkomplex) policlinico m (universitario) 2 <nur sing> med pratica f in ospedale (per studenti di medicina).
klinisch A adj {FALL} clinico, da ricovero; {AUFENTHALT} in clinica B adv {TESTEN} clinicamente: **~ tot sein**, essere clinicamente morto.
Klinke <-, -n> f 1 (Türklinke) maniglia f 2 tech (Schalthebel) manetta f, leva f; (Sperrhebel) nottolino m, leva f d'arresto; tel presa f d'innesto, jack m • **sich die ~ in die Hand geben**: **in dem Sprechzimmer geben sich die Patienten die ~ in die Hand**, nell'ambulatorio c'è un continuo viavai di pazienti; **~n putzen** fam pej, vendere porta a porta.
Klinkenputzer <-s, -> m (**Klinkenputzerin** f) 1 euph (Bettler) "mendicante mf che chiede l'elemosina andando di casa in casa" 2 pej (Vertreter) venditore (-trice) m (f) porta a porta.
Klinker <-s, -> m clinker m.
Klinomobil <-s, -e> n "ambulanza f attrezzata per interventi chirurgici".
klipp adv: **~ und klar**, chiaro e tondo fam, papale papale fam.
Klipp <-s, -s> m → **Clip** 1, 2.
Klippe <-, -n> f 1 geol scoglio m: **~n** auch, scogliera f 2 (Hindernis) scoglio m, ostacolo m • **alle ~n überwinden**, superare tutti gli scogli/ostacoli; **alle ~n umschiffen**, aggirare/scansare tutti gli scogli/[tutte le insidie].
klippenreich adj scoglioso, pieno di scogli.
Klips <-es, -e> m (Ohrclip) (orecchino m a) clip f.
klirren itr {GLAS} tintinnare; {FENSTERSCHEIBE} vibrare; {KETTEN, SÄBEL} stridere; {SPOREN} tintinnare.
klirrend adj {FROST} intenso; {KÄLTE} auch pungente, polare.
Klischee <-s, -s> n 1 typ cliché m 2 pej (eingefahrene Vorstellung) cliché m, stereotipo m: **in ~s denken**, pensare/ragionare per stereotipi 3 pej (leere Phrase) cliché m, stereotipo m, luogo m comune, frase f fatta/stereotipata: **in ~s reden**, parlare per luoghi comuni/[frasi fatte], usare (solo) frasi stereotipate.
klischeehaft adj geh stereotipato; {VERHALTEN} auch convenzionale.
Klischeevorstellung f idea f/immagine f stereotipata, cliché m, stereotipo m.
klischieren <ohne ge-> tr typ etw ~ stereotipare qc.
Klistier <-s, -e> n med clistere m.
Klistierspritze f med siringa f per clistere.
Klitoris <-, - oder Klitorides> f anat clitoride m oder f.
Klitsche <-, -n> f fam pej (Kleinbetrieb) fabbrichetta f, piccola ditta f.
klitschnass, **klitschenass** (a.R. klitschnaß), **klitschenaß** (a.R. klitschenaß) adj fam → **klatschnass**.
klitzeklein adj fam minuscolo, piccolissimo, piccolo piccolo, piccino piccino.
Klivie <-, -n> f → **Clivia**.
Klo <-s, -s> n fam gabinetto m, bagno m, cesso m vulg: **aufs Klo gehen**, andare al gabinetto/[in/al bagno].
Kloake <-, -n> f cloaca f.
Kloakenjournalismus m giornalismo m spazzatura.

Klobecken n tazza f (del gabinetto), water m.

klobig adj {MÖBEL} ingombrante, massiccio; {HÄNDE} tozzo; {MENSCH} auch massiccio; {SCHUHE} pesante, tozzo, massiccio.

Klobrille f fam sedile m copriwater.

Klobürste f scopino m del water, spazzola f per gabinetto.

Klodeckel m coperchio m del gabinetto/water.

Klofrau f donna f addetta alla pulizia dei gabinetti.

Klon <-s, -e> m biochem clone m.

klonen tr biochem etw ~ {PFLANZE, TIER} clonare qc.

Klonen <-s, ohne pl> n biochem clonazione f • **therapeutisches ~**, clonazione terapeutica.

klönen itr fam bes. norddt {mit jdm} ~ fare/scambiare due/quattro chiacchiere (con qu), fare una bella chiacchierata (con qu).

klonieren <ohne ge-> tr → **klonen**.

Klonschaf n pecora f clonata.

Klopapier n fam carta f igienica.

klopfen A itr 1 (pochen) (an etw dat/akk) ~ {AN DEM/DAS FENSTER, AN DER/DIE TÜR} bussare (a qc), battere (a qc), picchiare (a qc); **mit etw (dat) irgendwohin ~** {MIT DEM STOCK AUF DEN BODEN, GEGEN DIE TÜR, AN DIE WAND} battere/picchiare con qc + compl di luogo 2 (schlagen) {HERZ} battere, pulsare, palpitare: **mit ~dem Herzen**, col batticuore, col cuore in gola; **ein ~der Schmerz**, un dolore martellante 3 (hämmern) (gegen etw akk) ~ {SPECHT} picchiare (contro qc) 4 (schlagen) **jdm auf etw (akk) ~** {AUF DEN HINTERN, DEN RÜCKEN, DIE SCHULTER} battere su qc a qu: **er klopfte mir auf die Schulter**, mi batté (la mano) sulla spalla 5 mot battere in testa B unpers bussare: **es klopft**, bussano (alla porta) C tr 1 (klopfend reinigen) etw ~ {POLSTER, TEPPICH} battere qc 2 mus: **den Takt ~**, battere il tempo 3 gastr etw ~ {FLEISCH} battere qc 4 (zerkleinern) etw ~ {STEINE} spaccare qc 5 (entfernen) etw aus/von etw (dat) ~ {STAUB AUS DER MATRATZE, DEM TEPPICH, SCHNEE VOM MANTEL} scuotere qc (via) da qc: **den Schmutz von den Schuhen ~**, ripulire le scarpe dallo sporco 6 (hineinschlagen) etw in etw (akk) ~ {NAGEL IN DIE WAND} piantare qc in qc, conficcare qc in qc.

klopffest adj mot antidetonante.

Klopfzeichen n colpo m, segnale m.

Klöppel <-s, -> m 1 (Glockenklöppel) battaglio m, batacchio m 2 (beim Xylophon) martelletto m, bacchetta f 3 (Spitzenklöppel) fusello m.

Klöppelkissen n tombolo m.

klöppeln tr itr (etw) ~ lavorare (qc) al tombolo; **Spitze ~**, fare (i) merletti al tombolo; **geklöppelte Spitze**, merletto/trina al tombolo.

Klöppelspitze f merletto m/trina f/pizzo m al tombolo.

Klöpplerin f merlettaia f/ricamatrice f (al tombolo).

kloppen rfl norddt fam **sich (mit jdm) ~** darsele fam, menarsi fam, fare a botte (con qu), picchiarsi (con qu).

Klops <-es, -e> m 1 norddt (Fleischkloß) polpetta f (di carne) 2 fam (grober Fehler) errore m grossolano: **sich (dat) einen dicken ~ leisten**, prendere una bella cantonata fam; [un granchio fam] • **Königsberger ~e** gastr, "polpette f di carne in salsa di capperi".

Kloschüssel f fam tazza f (del gabinetto), water m.

Klosett <-s, -e oder -s> n obs → **Toilette**①.

Klo.

Kloß <-es, Klöße> m (Grieß~, Kartoffelkloß u. Ä.) gnocco m, canederlo m norditall; (Fischkloß, Fleischkloß) polpetta f • **einen ~ im Hals haben** fam, avere un nodo/groppo alla gola.

Kloßbrühe f: **klar wie ~ sein** fam, essere chiaro m e tondo f, al sole/l'olio.

Kloster <-s, Klöster> n convento m, monastero m: **ins ~ gehen** {FRAU}, entrare in convento, farsi suora, prendere il velo; {MANN} entrare in convento, farsi frate/monaco.

Klosterbruder m obs → **Mönch**.

Klosterfrau f obs → **Nonne**.

Klosterkirche f chiesa f conventuale/[del convento].

Klosterleben n vita f conventuale/monastica.

klösterlich adj {RUHE, STILLE} monastico, claustrale; {BIBLIOTHEK} del convento/monastero, conventuale.

Klosterschule f scuola f conventuale.

Klotz <-es, Klötze oder fam Klötzer> m 1 (Holzklotz) ceppo m, ciocco m; (Betonklotz) blocco m 2 fam pej (großes hässliches Gebäude) casermone m pej 3 <pl Klötze> fam pej (grober Mensch): (grober/ungehobelter) ~, zotico(ne) m fam, cafone f fam, buzzurro m fam, burino m röm fam • **jdm/[für jdn] ein ~ am Bein sein** fam, essere una palla al piede per qu fam; **sich (mit jdm/etw) einen ~ ans Bein binden/hängen** fam, mettersi una (bella) palla al piede (con qu/qc) fam.

klotzen itr slang 1 (hart arbeiten) sgobbare fam, sfacchinare fam: **der muss ganz schön ~!**, lui sì che si fa il mazzo! slang 2 (viel ausgeben) non badare a spese: **groß/mächtig ~**, fare le cose in grande.

klotzig A adj 1 fam (unförmig) {GEBÄUDE} massiccio, tozzo 2 slang (aufwändig) {VILLA} faraonico B adv slang 1 (sehr viel): **~ verdienen**, guadagnare un sacco (di soldi) 2 (aufwändig) {WERBUNG} in grande stile.

Klub <-s, -s> m circolo m, club m.

Klubbeitrag m quota f associativa (di un circolo/club).

Klubhaus n circolo m, club m, clubhouse f.

Klubjacke f blazer m.

Klubmitglied n socio m/membro m (di un circolo/club).

Klubsessel m ampia poltrona f (in pelle).

Kluft① <-, Klüfte> f 1 (Felsspalte) crepaccio m; (tiefer Riss) crepa f, fenditura f 2 (scharfer Gegensatz) abisso m: **eine ~ überwinden/überbrücken**, superare un abisso; **die ~ zwischen Nord und Süd**, il divario Nord-Sud; **eine ~ zwischen zwei Generationen**, un gap generazionale; **zwischen den beiden Parteien hatte sich eine tiefe ~ aufgetan**, tra i due partiti si era creata una profonda spaccatura/frattura.

Kluft② <-, -en> f fam 1 (Kleidung) vestiti m pl, look m 2 (Uniform) uniforme f, divisa f • **seine beste ~ anziehen** fam, mettersi [in ghingheri fam]/[il vestito della domenica scherz].

klug <klüger, klügste> A adj 1 (intelligent) {PERSON} intelligente; {ANTWORT} auch sagace, arguto: **das war sehr ~ von dir**, hai fatto molto bene, è stato molto saggio da parte tua 2 (vernünftig) {RAT} saggio, sensato; {VORGEHEN} auch assennato 3 (schlau) {GESCHÄFTSMANN, POLITIKER} accorto, avveduto, sagace {HANDELN, SICH VERHALTEN} saggiamente, da saggio (-a), con avvedutezza, giudiziosamente • **hinterher ist man immer klüger**, del senno di poi son piene le fosse prov; **jetzt bin ich (genau)so ~ wie vorher**/**zuvor**, adesso ne so quanto prima; **aus etw** (dat) **nicht ~ werden**, non capire niente in qc, non riuscire a capire qc; **daraus werde ich nicht ~**, non ci capisco niente fam; **aus jdm nicht ~ werden**, non riuscire a capire qu; **der Klügere gibt nach** prov, chi ha maggior senno l'adoperi.

klugerweise adv saggiamente: **er hat ~ einen Regenschirm mitgenommen**, ha fatto bene a portare l'ombrello.

Klugheit <-, ohne pl> f 1 (Intelligenz) {+PERSON} intelligenza f; {+ANTWORT} auch sagacia f, arguzia f 2 (Weisheit) saggezza f, giudizio m 3 (Schlauheit) {+GESCHÄFTSMANN, POLITIKER} accortezza f, sagacia f.

klug|scheißen <irr, meist inf> itr slang fare il cacasenno fam/saccentone, sputare sentenze fam.

Klugscheißer <-s, -> m (**Klugscheißerin** f) slang cacasenno mf fam, sputasentenze mf fam, saccentone (-a) m (f), saputello (-a) m (f).

klumpen itr {SALZ, SOßE} raggrumarsi, formare grumi.

Klumpen <-s, -> m (Brocken) ~ + subst {ERDE} zolla f di qc; {BLUT, MEHL, TEIG} grumo m di qc; {GOLD} pepita f di qc • **~ bilden** {SOßE, SUPPE}, raggrumarsi, formare grumi.

Klumpfuß m med piede m varo.

klumpfüßig adj affetto da piede varo.

klumpig adj {SOßE, SUPPE} grumoso, raggrumato.

Klüngel <-s, -> m 1 (Gruppe von Personen) cricca f pej, combriccola f pej (System) intrallazzi m pl, clientelismo m.

Klüngelei <-, -en> f pej clientelismo m.

klüngeln itr fam fare affari/accordi sottobanco, fare intrallazzi pej.

Klüngelwirtschaft f clientelismo m.

Klunker <-s, -> m oder <-, -n> f fam pej gioiello m grosso e pacchiano.

km Abk von Kilometer: km (Abk von kilometro).

km/h, km/st Abk von Kilometer pro Stunde: km/h (Abk von kilometri orari).

knabbern A itr (an etw dat) ~ {PERSON AN EINEM KEKS, STÜCK BROT} sgranocchiare qc; {MAUS AM KÄSE} rosicchiare qc: **hast du was zum Knabbern?**, hai qualcosa da sgranocchiare? B tr etw ~ {ERDNÜSSE, GEBÄCK} sgranocchiare qc • **an etw (dat) (noch lange) zu ~ haben** fam (sich mit etw abmühen) {AN EINER ARBEIT, AUFGABE}, aver (ancora molto) da penare con qc; (sich mit etw schwer abfinden) {AN EINEM PROBLEM}, far fatica a digerire qc fam; **daran wirst du noch lange zu ~ haben!**, hai trovato pane per i tuoi denti! fam; **nichts zu ~ haben** fam, non avere niente da mettere sotto i denti.

Knabe <-n, -n> m geh obs ragazzo m, fanciullo m lit, giovinetto m obs • **na, alter ~!** fam, allora, vecchio mio! fam.

Knabenchor m coro m di voci bianche.

knabenhaft adj {FIGUR} da ragazzino; {MÄDCHEN} che sembra un maschietto: **~ aussehen**, sembrare/[avere l'aspetto di] un ragazzino.

Knabenkraut n bot orchide f.

Knabenstimme f mus voce f bianca.

knack interj crac!, cracchete! • **es macht ~**, fa crac!

Knack <-(e)s, -e> m crac m.

Knäckebrot n "pane croccante a base di farina integrale di segale", ≈ (fette) Wasa®.

knacken A tr 1 (öffnen) etw (mit etw dat) ~ {NÜSSE MIT NUSSKNACKER} schiacciare qc (con qc) 2 fam (aufbrechen) etw ~ {AUTO} scassinare qc; {SAFE} auch forzare qc 3 fam (aufschlüsseln) etw ~ {KODE, NACHRICHT} decodificare qc, decriptare qc, decifrare qc; {RÄTSEL} risolvere qc; {DATEN} penetrare in qc; {SOFTWARE} (riuscire a) inserirsi/entrare fam in qc **4** fam (*auffliegen lassen*) **etw ~** {VERBRECHERBANDE} sgominare qc **5** slang mil etw ~ far saltare qc **B** itr **1** (*GEBÄLK, HOLZ, TREPPE*) scricchiolare; {*RADIO, TELEFON*} gracchiare **2** (*ein knackendes Geräusch machen*) **mit etw** (dat) – {MIT DEN FINGERN, GELENKEN} far scrocchiare qc **3** slang (*schlafen*) schiacciare un sonnellino fam: **er hat drei Stunden geknackt**, si è fatto una dormita di tre ore **C** unpers gracchiare: **es knackt in Radio/Telefon**, la radio/il telefono gracchia ● **an etw** (dat) **(noch lange) zu ~ haben** fam → **knabbern**.

Knacker① <-s, -> m fam pej: **ein alter ~**, un vecchio bacucco, un matusa slang.

Knacker② <-s, -> m → **Knackwurst**.

Knacki <-s, -s> m slang (*ehemaliger Häftling*) ex carcerato m, ex galeotto m scherz.

knackig **A** adj **1** (*fest*) {APFEL} (bello) sodo; {SALAT} freschissima **2** fam (*drall*) {BRÜSTE, HINTERN, PO} sodo **3** fam (*attraktiv*) {MÄDCHEN} sexy, attraente, appetitoso: **ein ~es Mädchen** auch, un bel bocconcino fam **4** fam (*mitreißend*) {FETE, MUSIK} da sballo slang **B** adv fam: **~ braun sein**, essere abbronzatissimo, essere nero come un tizzone.

Knacklaut m **1** crac m **2** ling colpo m di glottide.

Knackpunkt m fam punto m (cruciale/decisivo), nodo m cruciale, dunque m: **das ist der ~**, questo è il nodo cruciale.

knacks interj → **knack**.

Knacks <-es, -e> m **1** (*knackender Laut*) crac m **2** fam (*Sprung*) incrinatura f **3** fam (*seelischer Schaden*): **er hat einen seelischen ~** (weg), ha dei gravi problemi psicologici/[notevoli scompensi]; **ihre Ehe hatte schon vorher einen ~**, il suo matrimonio era incrinato già prima ● **einen ~ (ab)bekommen** fam, ricevere un brutto colpo, prendere una bella botta fam.

Knackwurst f würstel m, salsicciotto m.

Knall <-(e)s, -e> m **1** (*von Korken, Schuss*) botto m; (*bei Explosion*) auch scoppio m; (*von Tür*) schianto m; (*von Peitsche*) schiocco m; (*Überschallknall*) bang m sonico **2** fam (*Skandal*) patatrac m: **es gab einen großen ~**, è scoppiato un casino slang ● **und/auf Fall** fam, di botto fam/colpo fam/schianto fam, di punto in bianco, dall'oggi al domani; **einen ~ haben** fam, essere un po' tocco fam/picchiato fam/suonato fam.

knallbunt adj fam sgargiante, coloratissimo, chiassoso pej.

Knalleffekt m fam colpo m di scena, effetto m a sorpresa.

knallen <haben oder sein> **A** itr **1** <haben> {PEITSCHE} schioccare; {FENSTER, TÜR} sbattere; {FEUERWERKSKÖRPER} scoppiare, fare un botto; {SCHUSS} esplodere; {SEKTKORKEN} saltare (con un botto) **2** <haben> (*einen Knall erzeugen*) **mit etw** (dat) ~ {MIT DER PEITSCHE} far schioccare qc; {MIT DEN TÜREN} sbattere qc: **die Sektkorken ~ lassen**, far saltare i tappi dello spumante **3** <sein> fam (*prallen*) **gegen etw** (akk) ~ {GEGEN DIE FENSTERSCHEIBE, TÜR, WAND} (andare a) sbattere contro qc, picchiare contro qc: **er knallte mit dem Kopf gegen die Mauer**, sbatté/picchiò la testa contro il muro; **das Motorrad knallte gegen einen Baum**, la moto andò a sbattere/cozzare contro un albero **4** <haben> fam (*brennen*) (*irgendwohin*) ~ {SONNE} picchiare fam (+ compl di luogo), bruciare **B** tr <haben> **1** (*zuschlagen*) **etw ~** {TÜR} sbattere qc, sbatacchiare qc **2** fam (*schmeißen*) **etw**

irgendwohin ~ {DAS GELD AUF DEN TISCH} sbattere/schiaffare fam qc + compl di luogo; {DIE TASCHE IN DIE ECKE} auch scaraventare/scagliare qc + compl di luogo **3** fam (*schießen*): **den Ball ins Tor ~**, tirare una cannonata in porta; **jdm eine Kugel in den Kopf ~**, piantare fam/ficcare fam una pallottola in testa a qu **4** slang pej (*mit jdm sexuellen Verkehr haben*) **jdn ~** scopare qu vulg: **hast du sie geknallt?**, l'hai scopata? **C** unpers <haben>: **es hat geknallt** (*von Tür*), la porta ha sbattuto; (*von Feuerwerkskörper*) c'è stato un botto; (*bei Schuss*) hanno sparato; (*bei Unfall*) hanno picchiato fam/battuto fam/cozzato **D** rfl **sich irgendwohin ~** {AUFS BETT, SOFA} buttarsi/stravaccarsi fam/spaparanzarsi fam + compl di luogo ● **jdm eine ~ fam**, mollare/assestare/affibbiare/allungare uno schiaffo/un ceffone a qu fam; **es ~ lassen** slang, scatenarsi; **jetzt halt endlich die Klappe, sonst knallt's/[oder es knallt]!**, chiudi il becco una buona volta, sennò sono botte!

knalleng adj {BLUSE, HOSE, KLEID} attillatissimo, aderentissimo, strettissimo.

Knaller <-s, -> m fam **1** (*Knallkörper*) petardo m **2** (*Sensation*) bomba f **3** → **Knallkopf**.

Knallerbse f castagnola f, castagnetta f.

Knallfrosch m petardo m, salterello m.

knallgelb adj giallo sgargiante/acceso/[(al) neon].

knallhart fam **A** adj **1** (*brutal*) {KRIMI} durissimo, violento; {FILM} auch crudo **2** (*rücksichtslos*) {GESCHÄFTSMANN, POLITIKER} spietato, durissimo: **er ist ein ~er Bursche**, è un duro/[uno tostissimo] slang; {KRITIK} durissimo; {METHODE} auch ferreo, draconiano **3** (*anspruchsvoll*) {ARBEIT, JOB} durissimo, tosto slang **4** (*kraftvoll*) {SCHLAG, SCHUSS} fortissimo, potentissimo, violentissimo **B** adv (*schonungslos*) {VERHANDELN} in modo durissimo: **jdn ~ kritisieren**, criticare ferocemente qu, sparare a zero su qu fam; **jdm etw ~ sagen**, dire qc a qu a muso duro/[brutto muso].

knallig adj fam {GELB, GRÜN, ROT} sgargiante, acceso, chiassoso pej.

Knallkopf m fam pej testa f di rapa fam/cavolo fam, imbecille m fam.

Knallkörper m petardo m.

knallrosa adj rosa sgargiante/shocking.

knallrot adj {LUFTBALLON} rosso acceso; {AUTO} auch rosso fuoco/fiammante; {GESICHT, NASE} rubicondo, porporino: ~ **werden/anlaufen**, diventare rosso (-a) come un peperone/pomodoro.

knallvoll adj fam **1** (*zum Bersten voll*) {BUS, SAAL} pieno zeppo/[da scoppiare] **2** (*betrunken*) ubriaco fradicio/[come un tegolo] fam.

knapp **A** adj **1** (*gering*) {ARBEITSPLÄTZE, VORRÄTE} scarso; {EINKOMMEN, GEHALT} auch magro: **ein ~es Gehalt** auch, uno stipendiuccio; {PORTION} scarso, misero; **~ sein** {EINKOMMEN}, essere appena sufficiente; {ARBEITSPLÄTZE, VORRÄTE} auch scarseggiare; **~ werden** {VORRÄTE, WARE etc.}, cominciare a scarseggiare; **mit etw** (dat) ~ **sein** {MIT GELD, ZEIT}, essere a corto di qc **2** (*gerade noch ausreichend*) {SIEG} risicato, di (stretta) misura, stiracchiato; {MEHRHEIT} stretto, risicato, esiguo: **ein ~es Ergebnis** (*im Sport, bei Wahlen*), una vittoria risicata/[di stretta misura]; {bei Prüfungen} un voto stiracchiato **3** (*vor Zahlen: nicht ganz, kaum*) scarso, poco meno di: **ein ~es Kilo Tomaten**, un kilo scarso di pomodori; **die Prüfung hat eine ~e Stunde gedauert**, l'esame è durato un'ora scarsa/

[un'oretta]/[poco meno di un'ora]/[a malapena un'ora]; **er ist ~ 40**, ha poco meno di/[sì e no] 40 anni; **das Kind ist ~ ein Jahr alt**, il bambino ha appena un anno/[un annetto] **4** (*gedrängt*) {STIL} conciso, stringato, telegrafico; {ANTWORT} auch succinto, breve **5** (*eng*) {BLUSE, HOSE, ROCK} stretto, striminzito; {KLEID} auch succinto: **jdm zu ~ sein**, stare/andare stretto (-a) a qu **B** adv **1** (*gering*): **meine Zeit**/[**mein Geld**] **ist ~ bemessen**, ho il tempo/denaro contato, ho poco tempo/[pochi soldi] (a disposizione); **er bemisst ihr das Haushaltsgeld immer so ~**, sta sempre a lesinarle i soldi per le spese di casa **2** (*haarscharf*) {GEWINNEN, VERLIEREN} di stretta misura, di stretto margine, con uno scarto minimo, di un soffio: **nur ~ dem Tode entgehen**, sfiorare la morte, scampare per un pelo alla morte; **nur ~ einem Unfall entgehen**, evitare un incidente per un pelo/soffio; **die Entscheidung ist ~ ausgefallen**, la decisione è stata molto sofferta; **die Wahlen sind denkbar ~ ausgefallen**, le elezioni sono state vinte di strettissima misura; (*vor Präpositionen*): **er ist ~ an mir vorbeigefahren**, mi è passato vicinissimo; **sie kam ~ nach mir durchs Ziel**, tagliò il traguardo subito/appena dopo di me; **das Kleid geht bis ~ übers Knie**, il vestito arriva appena sopra il ginocchio **3** (*eng*): ~ **sitzen** {BLUSE, KLEID, ROCK}, stare/andare stretto (-a) **4** (*kurz und bündig*) {ANTWORTEN} laconicamente; {FORMULIEREN} concisamente, {ZUSAMMENFASSEN} in poche parole, brevemente ● **das war ~!** fam (*z. B. bei Prüfung: das hat gerade noch gereicht!*), per un pelo!; (*das ist gerade noch gut gegangen!*) auch, c'è mancato poco!; **(aber) nicht zu ~!** fam, eccome! fam, e parecchio! fam.

Knappe <-n, -n> m **1** min minatore m **2** hist (*Edelknabe*) paggio m; (*Schildknappe*) scudiero m.

knapp|halten <irr> tr jdn (*mit etw* dat) ~ {MIT HAUSHALTS-, TASCHENGELD} tenere qu a stecchetto fam, lesinare qc a qu, tenere qu a corto di qc.

Knappheit <-, ohne pl> f **1** (*Mangel*) ~ **an etw** (dat) {AN GELDERN, LEBENSMITTELN} scarsità f di qc, insufficienza f di qc, scarsezza f di qc; {AN DEVISEN} scarsità f di qc, penuria f di qc, scarsezza f di qc **2** (*von Ausdrucksweise, Stil*) concisione f, stringatezza f; (*von Antwort*) laconicità f.

Knappschaft <-, -en> f associazione f dei minatori.

knapsen itr fam **1** (*knausern*): ~ **(müssen)**, (dover) tirare la cinghia fam; **mit etw** (dat) ~ **(müssen)**, (dover) lesinare/risparmiare su qc **2** (*schwer fertigwerden mit etw*) **an etw** (dat) ~ **(noch lange)** metterci molto a digerire qc fam.

Knarre <-, -n> f slang (*Gewehr*) schioppo m, fucile m.

knarren itr {BETTGESTELL, HOLZTREPPE} scricchiolare.

Knast <-(e)s, Knäste oder -e> m fam galera f fam, gattabuia f fam: **im ~ sitzen**, essere in galera, stare al fresco scherz/[in gattabuia fam]; **fünf Jahre ~ bekommen**, prendersi/beccarsi fam cinque anni di galera.

Knastbruder m fam avanzo m di galera/forca.

Knatsch <-es, ohne pl> m fam bisticcio m: **mit jdm ~ haben**, bisticciare con qu; **das gibt sicher ~**, ci sarà sicuramente maretta fam.

knatschig adj fam (*weinerlich*) piagnucoloso, lagnoso; (*mürrisch*) brontolone.

knattern itr {AUSPUFF, MOTOR, MOTORRAD} scoppiettare; {MASCHINENGEWEHR} crepitare.

Knäuel <-s, -> m *oder* n ~ + *subst* {GARN, WOLLE} gomitolo m *di qc*.

Knauf <-(e)s, Knäufe> m (*Türknauf*) pomello m; (*von Schirmknauf, Spazierstock*) *auch* pomo f; (*Schwertknauf*) pomo m.

Knauser <-s, -> m (**Knauserin** f) *fam pej* spilorcio (-a) m (f) *fam*, taccagno (-a) m (f) *fam*, tirchio (-a) m (f) *fam*.

knauserig, knausrig *adj fam pej* spilorcio *fam*, taccagno *fam*, tirchio *fam*, tirato *fam*.

knausern *itr fam pej* essere/[fare lo] spilorcio *fam*, essere/[fare il] taccagno/tirchio *fam*; **mit etw** (dat) ~ lesinare *su qc*: **mit dem Geld** ~, fare il taccagno/lo spilorcio.

Knaus-Ogino-Methode f *med* metodo m Ogino-Knaus.

knautschen A *itr* {KLEID, STOFF} sgualcirsi, spiegazzarsi B *tr etw* ~ {KISSEN, KLEID} sgualcire *qc*, spiegazzare *qc*.

knautschig *adj fam* sgualcito, spiegazzato.

Knautschlack m vernice f.

Knautschzone f *autom* zona f di deformazione.

Knebel <-s, -> m **1** (*Mundknebel*) bavaglio m **2** (*Querholz*) manico m (per portare i pacchi).

knebeln *tr* **1** (*mit einem Knebel versehen*) *jdn* ~ imbavagliare *qu*, mettere il bavaglio *a qu* **2** *geh* (*unterdrücken*) *jdn/etw* ~ {JOURNALISTEN, DIE PRESSE} imbavagliare *qu/qc*, mettere il bavaglio *a qu/qc*.

Knebelung, Knebelung <-, -en> f **1** (*das Knebeln*) {+GEISEL} imbavagliamento m **2** *geh* (*Unterdrückung*) {+PRESSE} imbavagliamento m.

Knecht <-(e)s, -e> m **1** *obs* (*Bauernknecht*) bracciante m (agricolo) **2** *hist* servo m • ~ **Ruprecht** (*Begleiter des Nikolaus*), aiutante di San Nicola.

knechten *tr geh pej jdn/etw* ~ {VOLK} asservire *qu/qc*, ridurre *qu* in servitù/schiavitù.

knechtisch *adj* servile.

Knechtschaft <-, *ohne pl*> f *obs* servitù f, schiavitù f.

kneifen① <kneift, kniff, gekniffen> A *tr* (*zwicken*) *jdn* ~ pizzicare *qu*, dare un pizzicotto/pizzico *a qu*; **jdn in etw** (akk) ~ {IN DEN ARM, DIE POBACKE, DIE WANGE} pizzicare ˪*qc a qu*˩/[*qu a qc*], dare *a qu* un pizzicotto/pizzico *su qc* B *tr* (*zwicken*) {BH, GUMMIBAND} stringere, tirare, essere (troppo) stretto C *unpers obs* **es kneift mich im Bauch**, ho delle leggere fitte allo stomaco.

kneifen② <kneift, kniff, gekniffen> *itr fam* (*sich drücken*) (**vor etw** dat) ~ tirarsi indietro (*di fronte a qc*), sottrarsi *a qc*, scansare *qc*, defilarsi; **vor jdm** ~ scansare *qu*, girare/tenersi alla larga *da qu fam*.

Kneifer <-s, -> m pince-nez m, stringinaso m.

Kneifzange f tenaglie f pl.

Kneipe <-, -n> f *fam* birreria f, locale m: **in die** ~ **gehen**, andare in birreria.

Kneipenbummel m, **Kneipentour** f *fam*: **einen** ~ **machen**, ˪fare il giro delle˩/[andare per] birrerie.

Kneipenwirt m (**Kneipenwirtin** f) gestore (-trice) m (f)/proprietario (-a) m (f) di (una) birreria.

kneippen *itr fam* fare la cura idroterapica di Kneipp.

Kneippkur f cura f idroterapica di Kneipp.

Knete <-, *ohne pl*> f **1** *slang* (*Geld*) grana f *slang*, quattrini m pl *fam* **2** *fam* → **Knetmasse**.

kneten A *tr* **1** (*durchwalken*) *etw* ~ {KNETGUMMI, TEIG} impastare *qc*, lavorare *qc* **2** (*formen*) *etw* ~ (**aus etw** dat) ~ {FIGUREN AUS TON, WACHS} modellare *qc* (*con/in qc*), plasmare *qc* (*con/in qc*) **3** (*massieren*) (*jdm*) *etw* ~ {MUSKELN, NACKEN} massaggiare (energicamente) *qc* (*a qu*) B *itr* (*den Teig* ~) fare l'impasto; (*Knetgummi bearbeiten*) lavorare il pongo®/la plastilina®.

Knetgummi n *oder* m → **Knetmasse**.

Knetmasse f pongo® m, plastilina® f.

Knick <-(e)s, -e> m **1** (*Falte in Papier*) piega f; (*in Buchseite*) orecchia f, orecchio m **2** (*Biegung*) {+ROHR} gomito m; {+FLUSS, STRAßE, WEG} (curva f) *a* gomito m • **einen ~ machen** {FLUSS, STRAßE, WEG}, fare un gomito; **einen ~ in der Optik haben** *fam scherz*, non vederci bene.

knicken A *tr* <*haben*> **1** (*falten*) *etw* ~ {BLATT PAPIER} piegare *qc*; {BUCHSEITE} fare un'orecchia *a qc* **2** (*ein~*) *etw* ~ {BLUMEN, STREICHHÖLZER} spezzare *qc* B *itr* <*sein*> (*ein~*) {BLUMEN} spezzarsi • **nicht ~!** *post*, non piegare!

Knicker <-s, -> m *fam* → **Knauser**.

Knickerbocker *subst* <*nur pl*> pantaloni m pl/calzoni m pl alla zuava, knickerbockers m pl.

knickrig, knickerig *adj fam* → **knauserig**.

Knicks <-es, -e> m inchino m, riverenza f: (**vor jdm**) **einen ~ machen**, fare un inchino (a qu), inchinarsi (davanti a qu).

knicksen *itr* (**vor jdm**) ~ inchinarsi (davanti a qu), fare un inchino (a qu).

Knie <-s, -> n **1** *anat* ginocchio m: **bis zum ~ im Wasser stehen**, stare nell'acqua fino al ginocchio **2** (*in der Hose, den Strümpfen*) ginocchio m: **die Hose ist an den ~n durchgescheuert**, i pantaloni hanno i ginocchi consumati/lisi **3** (*Biegung*) {+ROHR} gomito m; {+FLUSS} *auch* curva f • **auf den ~n**, in ginocchio; **die ~ beugen**, piegare/flettere le ginocchia; **etw übers ~ brechen** *fam*: **eine Entscheidung übers ~ brechen**, prendere una decisione avventata; **so etwas lässt sich nicht übers ~ brechen**, una cosa del genere non si può decidere così su due piedi; **vor jdm auf die ~ fallen** *geh*, cadere in ginocchio davanti a qu; **fick dich ins ~!** *vulg*, fottiti! *vulg*; **in die ~ gehen** (*einknicken*), cadere in ginocchio; (*sich einer Übermacht beugen*), darsi per vinto (-a), arrendersi; **jdn übers ~ legen** *fam*, sculacciare *qu fam*, dare una sculacciata a qu *fam*; **weiche/schlotternde ~ haben** *fam*, avere le ginocchia che fanno giacomo giacomo *fam*, sentirsi piegare le ginocchia; **sich vor jdm auf die ~ werfen**, buttarsi in ginocchio davanti a qu; **jdm zittern/schlottern die ~**, a qu tremano le ginocchia; **jdn in die ~ zwingen** *geh*, mettere in ginocchio qu.

Kniebeuge <-, -n> f *sport* flessione f ˪sulle ginocchia˩/[delle gambe]: **~n machen**, fare (delle) flessioni sulle ginocchia.

Kniebundhose f pantaloni m pl/calzoni m pl alla zuava.

Kniefall m *geh* genuflessione f: **vor jdm einen ~ machen**, ˪fare la genuflessione˩/[genuflettersi] davanti a qu.

kniefrei *adj*: **~er Rock**, gonna sopra il ginocchio.

Kniegelenk n *anat* articolazione f del ginocchio.

kniehoch A *adj* {MAUER} alto fino al ginocchio; {SCHLAMM, SCHNEE} *auch* che arriva (fino) al ginocchio B *adv*: **das Wasser steht schon ~!**, l'acqua arriva già (fino) al ginocchio.

Kniekehle f *anat* poplite m, piega f del ginocchio *fam*.

knielang *adj* {KLEID, ROCK} ˪che arriva (fino)˩/[lungo (-a) fino] al ginocchio: **kaum ~ sein**, coprire appena il ginocchio.

knien A *itr* <*haben oder süddt A CH sein*> (*auf Knien liegen*) (**auf etw** dat/**vor jdm/etw**) ~ {AUF DEM BODEN, VOR DEM ALTAR} essere inginocchiato (*su qc/davanti a qu/qc*), stare in ginocchio (*su qc/davanti a qu/qc*) B *rfl* **1** (*sich auf den Knien niederlassen*) **sich irgendwohin** ~ inginocchiarsi/[mettersi in ginocchio] + *compl di luogo* **2** *fam*: **sich in die Arbeit** ~, immergersi/[buttarsi (a capofitto)] nel lavoro.

Knies <-, *ohne pl*> m *norddt fam* → **Knatsch**.

Kniescheibe f rotula f (del ginocchio), patella f.

Knieschützer <-s, -> m ginocchiera f.

Kniesehnenreflex m *med* riflesso m patellare/rotuleo.

Kniestrumpf m calzettone m; (*aus Nylon*) gambaletto m.

knietief *adj* {WASSER} ˪che arriva (fino)˩/[alto (-a) fino] al ginocchio.

Kniewärmer <-s, -> m ginocchiera f di lana.

kniff 1. *und* **3. pers sing imperf von** kneifen.

Kniff <-(e)s, -e> m **1** (*Kunstgriff*) artificio m; (*Trick*) trucco m: **den ~ heraushaben**, aver capito ˪il trucco˩/[come funziona] **2** (*Kneifen*) pizzico m, pizzicotto m **3** (*Falte*) piega f, piegatura f.

knifflig, kniffelig *adj fam* **1** (*schwierig*) {AUFGABE, RÄTSEL} difficile, complicato **2** (*heikel*) {SITUATION} spinoso, delicato.

Knigge <-(s), -> m galateo m, manuale m di bon ton: **seinen ~ nicht kennen**, non conoscere le regole del galateo.

Knilch <-s, -e> m *fam pej* scocciatore m *fam pej*.

knipsen A *tr* **1** *fam fot jdn/etw* ~ scattare/fare una foto(grafia) *a qu/di qc*, fotografare *qu/qc* **2** (*lochen*) *etw* ~ {KONTROLLEUR FAHRKARTE} forare *qc* B *itr fam fot* scattare/fare foto(grafie) • **Achtung, die Polizei knipst wieder!**, attenzione, c'è l'autovelox in funzione!

Knirps① <-es, -e> m *fam* (*kleiner Junge*) ometto m, marmocchio m; (*kleiner Mann*) omino m *pej*, (*unbedeutender kleiner Mann*) omiciattolo m *pej*, omuncolo m *pej*.

Knirps®② <-es, -e> m (*Faltschirm*) ombrello m pieghevole.

knirschen *itr* {SAND, SCHNEE} scricchiolare; {GETRIEBE, ZAHNRÄDER} stridere: **mit den Zähnen** ~, digrignare i denti.

knistern A *itr* {FEUER} crepitare, scoppiettare; {SEIDE} frusciare B *unpers* **1** (*ein knisterndes Geräusch verursachen*): **es knistert im Ofen**, nella stufa si sente scoppiettare/crepitare il fuoco **2** (*kriseln*): **es knistert**, c'è un'atmosfera elettrica **3** (*erotische Spannung zeigen*): **zwischen den beiden knistert es**, tra i due c'è una tensione erotica fortissima.

knisternd *adj* {ATMOSPHÄRE} elettrizzante.

knitterfrei *adj* ingualcibile.

knittern *itr* sgualcirsi, spiegazzarsi.

Knobelbecher m **1** (*beim Würfeln*) bussolotto m per i dadi **2** *slang mil* (*Stiefel*) stivaletto m.

knobeln *itr* **1** (*würfeln*) giocare ai dadi **2** (*losen*) (**um etw** akk) ~ tirare a sorte (*per qc*) **3** *fam* (*nachdenken*) **an etw** (dat) ~ {AN EINEM RÄTSEL} scervellarsi *su qc*; {AN EINER LÖSUNG} scervellarsi *per trovare qc*.

Knoblauch m aglio m.

Knoblauchbutter f burro m (aromatizzato) all'aglio.

Knoblauchknolle f *bot* capo m d'aglio.

Knoblauchpresse f spremiaglio m.

Knoblauchzehe f spicchio m d'aglio.
Knoblauchzwiebel f testa f d'aglio.
Knöchel <-s, -> m *anat* **1** (*Fuß~*) malleolo m: **der Rock reicht bis zu den ~n**, la gonna arriva alla caviglia **2** (*Fingerknöchel*) nocca f.
Knöchelbruch m *med* (*Fuß~*) frattura f malleolare/[del malleolo].
knöchellang adj {MANTEL, ROCK} che arriva (fino)/[lungo (-a) fino] alla caviglia.
knöcheltief adj {WASSER} che arriva (fino)/[alto (-a) fino] alla caviglia.
Knochen <-s, -> m *anat* **1** osso m: **sich die ~ brechen**, rompersi le ossa; **ich hätte gern ein paar ~ für die Suppe**, vorrei alcuni ossi(cini) per il brodo **2** <*nur pl*> *fam* (*Glieder*) ossa f *pl*: **mir tun alle ~ weh** *fam*, mi fanno male tutte le ossa, ho tutte le ossa indolenzite • **bis auf die ~** {KONSERVATIV SEIN}, fino all'osso; {NASS SEIN} *auch*, fino alle ossa; **bis auf die ~ abgemagert sein**, essere ridotto pelle ed ossa/[uno scheletro]; **sich bis auf die ~ blamieren** *fam*, fare una magra *fam*, coprirsi di ridicolo; **jdm alle ~ einzeln brechen** *slang*, rompere le ossa a qu *fam*, conciare qu per le feste *fam*; **jdm in die ~ fahren** *fam* {SCHRECKEN}, assalire qu, invadere qu; **die Nachricht ist mir ganz schön in die ~ gefahren**, questa notizia è stata per me una vera mazzata *fam*/[mi ha scosso (-a)]; **ein harter ~** *fam* (*Person, mit der man nur schwer zurechtkommt*), un osso duro *fam*; (*eine schwierige Arbeit*), una bella gatta da pelare *fam*, una bella rogna *fam*; **etw sitzt/steckt jdm noch in den ~** {ANGST, SCHRECKEN}, qu ha ancora qc addosso; {SCHOCK}, qu è ancora sotto qc; {GRIPPE}, qu si sente ancora qc nelle ossa.
Knochenarbeit f *fam* lavoro m da negri *fam*.
Knochenbau <-(*e*)*s, ohne pl*> m ossatura f, struttura f ossea.
Knochenbruch m frattura f (ossea).
knochendürr adj *fam* magro come uno scheletro, scheletrico: **sie ist ~**, è tutt'ossa *fam*.
Knochengerüst n **1** *anat* scheletro m **2** *fam* (*magerer Mensch*) scheletro m *fam*, cadavere m ambulante *fam*, morte f in vacanza *fam*.
knochenhart adj *fam* **1** (*sehr hart*) {BROT, KUCHEN} duro come un sasso/il marmo **2** (*anstrengend*) {ARBEIT, TRAINING} che spacca le ossa, che sfianca, durissimo **3** (*unnachgiebig*) {FORDERUNGEN} pesantissimo; {VORGESETZTER} molto duro, inflessibile.
Knochenhaut f *anat* periostio m.
Knochenkrebs m *med* cancro m alle ossa.
Knochenmann <-(*e*)*s, ohne pl*> m *lit* (*personificazione f della*) morte f.
Knochenmark n midollo m osseo.
Knochenmarktransplantation f *med* trapianto m di midollo osseo.
Knochenmehl n farina f/polvere f d'ossa.
Knochenschwund m *med* osteoporosi f.
knochentrocken adj *fam* **1** (*sehr trocken*) {BROT, KEKS} completamente secco **2** (*langweilig*) {VORTRAG} monotono, noioso; {THEMA} *auch* molto arido **3** (*unverblümt*) {HUMOR} all'inglese.
Knochentumor m → **Knochenkrebs**.
knöchern adj osseo, d'osso.
knochig adj {GESICHT, HÄNDE, MENSCH} ossuto.
Knock-out, Knockout <-(*s*), -*s*> m *sport* Boxen knockout m.
Knödel <-s, -> m *südd A* (*Kloß*) gnocco m, canederlo m *nordital*.
Knöllchen <-s, -> n *dim von* Knolle **1** *bot* tu-

bercolo m **2** *fam region* (*Strafzettel*) contravvenzione f, multa f.
Knolle <-, -n> f **1** *bot* (*Dahlienknolle*) bulbo m; (*Kartoffelknolle*) tubero m **2** *fam scherz* (*dicke Nase*) naso m a patata.
Knollenblätterpilz m *bot* amanita f, tignosa f • **Grüner/Weißer ~**, tignosa verdognola/bianca.
Knollennase f *fam* naso m a patata.
Knollensellerie m *oder* f *bot* sedano m rapa.
knollig adj {NASE} a patata.
Knopf <-(*e*)*s, Knöpfe*> m **1** (*an Kleidungsstück*) bottone m: **einen ~ annähen**, attaccare un bottone; **einen ~ auf-/zumachen**, aprire/chiudere un bottone; **dir ist ein ~ von der Bluse abgegangen**, ti si è staccato un bottone dalla camicetta **2** (*Drucktaste an Aufzug, Klingel*) pulsante m, bottone m; (*an Elektrogerät*) *auch* tasto m: **auf den ~ drücken**, premere il pulsante/bottone; (*Drehknopf an Radio*) manopola f; **an dem ~ drehen**, girare la manopola • **etw an den Knöpfen abzählen** *fam*, sfogliare una margherita.
Knopfdruck m: **ein ~ genügt**, basta premere il bottone/pulsante; **mit einem ~**, premendo il bottone/pulsante • **auf ~** {ETW PRODUZIEREN, REAGIEREN, SCHREIBEN}, a comando.
knöpfen tr *etw in etw* (akk) ~ {DAS FUTTER IN DEN MANTEL} fissare qc a qc con dei bottoni: **das Kleid wird vorne/hinten geknöpft**, il vestito ha l'abbottonatura/[si abbottona] davanti/dietro; **eine Jeans zum Knöpfen**, dei jeans con (la) chiusura a bottoni.
Knopfleiste f abbottonatura f.
Knopfloch n occhiello m, asola f • **etw guckt jdm aus allen Knopflöchern** *fam* {FREUDE}, qu sprizza qc da tutti i pori *fam*; **die Dummheit guckt ihm aus allen Knopflöchern**, si vede lontano un miglio che è uno stupido *fam*; **aus allen Knopflöchern platzen** *fam*, trasudare qc da tutti i pori *fam*.
Knopfzelle f *el* pila f a bottone.
Knorpel <-s, -> m cartilagine f; *gastr auch* tenerume m.
knorpelig, knorplig adj cartilagineo, cartilaginoso.
Knorren <-s, -> m **1** *region* (*Astknorren*) nocchio m, nodo m **2** (*Baumstumpf*) ceppo m nodoso.
knorrig adj **1** {AST, BAUM} nocchiuto, nodoso, pieno di nodosità **2** (*spröde*) burbero, scontroso.
Knospe <-, -n> f (*Blattknospe*) gemma f; (*Blütenknospe*) bocciolo m, boccio m: **die ~ in brechen auf**, le gemme/i boccioli si schiudono/[sbocciano]; **~n treiben/ansetzen**, mettere le gemme.
knospen itr {BÄUME, BLÄTTER, ZWEIGE} mettere le gemme; {BÄUME, PFLANZEN, ZWEIGE} mettere i boccioli.
knoten tr *etw* ~ fare un nodo a qc; (*zusammen~*) annodare qc.
Knoten <-s, -> m **1** *allg*. nodo m: **einen ~ in etw** (akk) **machen**, fare un nodo a qc; **einen ~ aufmachen/lösen**, sciogliere/disfare un nodo **2** (*Haarknoten*) crocchia f **3** *med* nodulo m, nodo m **4** *naut* nodo m • **den gordischen ~ durchhauen**, tagliare il nodo gordiano; **bei jdm ist der ~ geplatzt** *fam*/gerissen *fam*, qu l'ha finalmente capita *fam*.
Knotenpunkt m (*Verkehrsknotenpunkt*) nodo m stradale; (*von Autobahnen*) nodo m autostradale; *Eisenb* nodo m ferroviario.
Knöterich <-s, -e> m *bot* poligonacea f.
knotig adj {AST} nodoso; {GEWEBE} nodoso, pieno di noduli, noduloso.

Know-how, Knowhow <-*s, ohne pl*> n know how m.
Knubbel <-*s*, -> m *region* bitorzolo m, protuberanza f, rigonfiamento m.
knuddeln tr *region jdn* ~ {KLEINES KIND} coccolare qu, fare le coccole a qu: **das ist ja ein süßes Kind, so richtig zum Knuddeln!**, ma che bel bambino, da mangiare a morsi!
Knuff <-(*e*)*s, Knüffe*> m *fam* → **Puff**①.
knuffen tr *fam* → **puffen**.
knülle adj *norddt fam* (*besoffen*): **~ sein**, essere sbronzo *fam*.
knüllen A tr *etw* ~ {TASCHENTUCH} appallottolare qc; {PAPIER} *auch* accartocciare qc: **die Kleider in den Koffer ~**, cacciare i vestiti in valigia *fam* B itr sgualcirsi, spiegazzarsi.
Knüller <-*s*, -> m *fam* (*von Buch, Film, Song*) bomba f, successone m *fam*; (*von Ware*) offerta f sensazionale/eccezionale; (*von Nachricht*) notizia f sensazionale, scoop m, colpo m (giornalistico).
knüpfen A tr **1** (*verknoten*) *etw* ~ {KRAWATTE} annodare qc, fare il nodo a qc **2** (*anfertigen*) *etw* ~ {TEPPICH} annodare qc: **dieser Teppich ist von Hand geknüpft**, questo tappeto è annodato a mano **3** (*aufnehmen*): **Kontakte/Verbindungen (zu jdm) ~**, stringere/allacciare contatti/rapporti (con qu); **Bande der Freundschaft ~** *geh*, stringere rapporti di amicizia **4** (*verbinden*) *etw an etw* (akk) ~ {ERWARTUNGEN, HOFFNUNGEN AN EINE SACHE} riporre qc in qc; **etw an eine Bedingung ~**, far dipendere qc da/[subordinare qc a] una condizione B rfl (*sich mit etw verbinden*) **sich an etw** (akk) ~ {ERINNERUNGEN AN DIE KINDHEIT, DEN URLAUB} essere legato a qc.
Knüppel <-*s*, -> m **1** (*Schlagstock*) randello m; (*Polizeiknüppel*) manganello m, sfollagente m: **jdn mit dem ~ schlagen**, randellare qu, prendere a randellate qu; {POLIZEI} prendere qu a manganellate, colpire qu con il manganello, manganellare qu **2** *mot* (*Schaltknüppel*) (leva f del) cambio m, cloche f; *aero* (*Steuerknüppel*) barra f di comando, cloche f • **jdm (einen) ~ zwischen die Beine werfen** *fam*, mettere i bastoni fra le ruote a qu *fam*.
knüppeldick adj *fam*: **da kam's ~**, è successo un guaio dietro l'altro.
knüppelhart adj *fam* → **knochenhart**.
knüppeln tr *jdn* ~ {POLIZEI DEMONSTRANTEN} manganellare qu, prendere a manganellate qu.
Knüppelschaltung f *autom* cambio m a cloche.
knurren itr **1** {HUND} ringhiare **2** {MAGEN, MENSCH} brontolare.
Knurren <-*s, ohne pl*> n (*von Hund*) ringhio m, ringhiare m.
Knurrhahn m *fisch* gallinella f, cappone m.
knurrig adj brontolone.
Knusperhäuschen n *lit* (*im Märchen*) "casetta f di biscotti, zucchero, cioccolato e panpepato".
knuspern itr **an etw** (dat) ~ {AN EINEM KEKS} sgranocchiare qc: **etwas zum Knuspern**, qualcosa da sgranocchiare.
knusprig, knusperig adj **1** {BRATEN, BRATHUHN, BRÖTCHEN} croccante **2** *fam* {MÄDCHEN} appetitoso *fam*.
Knute <-, -*n*> f staffile m, knut m • **unter jds ~ stehen**, essere sotto il giogo di qu.
knutschen *fam* A tr *jdn* ~ sbaciucchiare qu *fam*, pomiciare con qu *fam* B itr (*ZWEI MENSCHEN, EIN PAAR*) sbaciucchiarsi *fam*, pomiciare *fam*; **mit jdm ~** sbaciucchiarsi con qu *fam*, pomiciare con qu *fam* C rfl sich ~

sbaciucchiarsi *fam*, pomiciare *fam*.
Knutscherei <-, -en> f *fam* sbaciucchìo m *fam*, pomiciata f *fam*.
Knutschfleck m *fam* succhiotto m *fam*.
k.o. <inv> adj <präd> Abk *von* knock-out **1** *Boxen* k.o., ko, fuori combattimento: **k.o. gehen**, andare/finire k.o.; **k.o. sein**, essere k.o.; **jdn k.o. schlagen**, mettere qu k.o./[fuori combattimento] **2** *fam* (*erschöpft*) k.o., fuori combattimento, sfinito: **ich bin völlig k.o.**, sono k.o./[a terra].
K.o. <-, -> m Abk *von* Knock-out: *Boxen* knockout m: **technischer K.o.**, knockout/k.o. tecnico; **durch K.o. gewinnen/verlieren**, vincere/perdere per knockout; **in der siebten Runde hat er durch K.o. gewonnen**, nel settimo round ha vinto mettendo l'avversario k.o./[fuori combattimento].
Koagulans <-, *Koagulantia oder Koagulanzien*> n <*meist* pl> *med* coagulante m.
Koagulation <-, *ohne* pl> f *biochem phys* coagulazione f.
koagulieren <*ohne* ge-> itr <*sein*> *chem* coagulare.
Koala <-s, -s>, **Koalabär** m *zoo* koala m.
koalieren <*ohne* ge-> itr **1** *pol* (*mit jdm/etw*) ~ (PARTEI MIT EINER ANDEREN; REGIERUNGSPARTEI MIT KOALITIONSPARTNER) fare/formare una coalizione (con qu/qc) **2** *scherz* (*sich gegen jdn verbünden*) **gegen jdn** ~ coalizzarsi contro qu, fare una coalizione contro qu.
Koalition <-, -en> f *pol* coalizione f: **eine ~ mit einer anderen Partei**, una coalizione con un partito; **eine ~ eingehen**, stringere/fare/formare una coalizione • **große ~** *D* (1966-69), Grande Coalizione (tra CDU/CSU e SPD); (*allgemein*), "coalizione tra i due partiti più rappresentati in Parlamento"; (*in Italien*), governissimo; **kleine ~**, "coalizione tra un grande partito e uno o vari partiti piccoli"; **rot-grüne ~**, "coalizione tra la SPD e i verdi".
Koalitionsabsprache f *pol* accordo m per formare una coalizione di governo.
Koalitionsaussage f *pol*: **~ zugunsten einer Partei**, impegno (preelettorale) a formare una coalizione con un altro partito.
Koalitionsbildung f *pol* formazione f di una coalizione.
koalitionsfähig adj (PARTEI) in grado di formare una coalizione.
Koalitionsfreiheit <-, *ohne* pl> f *jur* libertà f di associazione.
Koalitionsgespräche subst <*nur* pl> *pol* colloqui m pl (preelettorali) tra i partner di una possibile coalizione.
Koalitionskrise f *pol* crisi f nella coalizione.
Koalitionspartei f partito m della coalizione.
Koalitionspartner m *pol* partner m della coalizione.
Koalitionsregierung f *pol* governo m di coalizione.
Koalitionsvereinbarung f → **Koalitionsabsprache**.
Koalitionsverhandlung f <*meist* pl> trattativa f (preelettorale) tra i partner di una possibile coalizione.
Koalitionsvertrag m *pol* patto m di coalizione.
Koautor m (**Koautorin** f) coautore (-trice) m (f).
koaxial adj *tech* coassiale.
Kobalt <-s, *ohne* pl> n *min* cobalto m.
kobaltblau adj blu cobalto.

Kobaltverbindung f *chem* composto m di cobalto.
Koben <-s, -> m (*Schweinestall*) porcile m.
Koblenz <-, *ohne* pl> n *geog* Coblenza f.
Kobold <-(e)s, -e> m **1** *myth* coboldo m **2** (*lebhaftes Kind*) diavoletto m.
koboldhaft adj simile a un folletto.
Kobra <-, -s> f *zoo* cobra m.
Koch <-(e)s, **Köche**> m (**Köchin** f) cuoco (-a) m (f): **der erste ~ in einem großen Restaurant**, [fa lo chef]/[è il primo cuoco] in un grande ristorante, quello del cuoco è un mestiere ben retribuito; **ich bin [keine gute Köchin]/[kein guter ~]**, non sono [una brava cuoca]/[un bravo cuoco], non sono molto bravo (-a) in cucina • **viele Köche verderben den Brei** *prov*, troppi cuochi [rovinano la minestra]/[guastano la cucina].
Kochapfel m *gastr* "tipo di mela f adatta alla cottura".
Kochbeutel m *gastr* sacchetto m (per cuocere alimenti a bagnomaria): **Reis im ~**, "riso che si cuoce nella busta in cui è confezionato".
Kochbuch n libro m di cucina/ricette, ricettario m (di cucina).
kochecht adj (FARBE, STOFF, WÄSCHE) lavabile ad alte temperature: **die Farbe ist ~**, questo colore resiste alle alte temperature.
Kochecke f *arch* angolo m cottura.
köcheln itr cuocere a fuoco molto lento.
Köchelverzeichnis n *mus* (Abk KV) (*der Mozartwerke*) catalogo m Köchel.
kochen A tr **1** *gastr* (*Koch sein*) (*jdm*) *etw* ~ cucinare qc (a qu), preparare qc (a qu): **das Mittagessen ~**, preparare il pranzo; **ich weiß nicht, wie man Hummer kocht**, non so come si cucina l'astice **2** *gastr* (*gar werden lassen*) *etw* (*irgendwie*) ~ cuocere/cucinare qc (+ *compl di modo*): **das Gemüse/das Fleisch ~**, (far) cuocere la verdura/la carne ~, **die Suppe eine Stunde auf kleiner Flamme ~**, far cuocere la minestra per un'ora a fuoco lento **3** *gastr* (*mit heißer Flüssigkeit zubereiten*) *etw* ~ preparare qc, fare qc: **Kaffee/Tee ~**, fare/preparare il caffè/tè **4** (*mit kochendem Wasser waschen*) *etw* ~ (BETT-, TISCH-, UNTERWÄSCHE) lavare qc a 90 gradi: **die Wäsche ~, um sie zu desinfizieren**, far bollire la biancheria per ucciderne i germi; **etw ~ lassen**, far bollire qc B itr **1** *gastr* (*sehr heiß werden*) (MILCH, WASSER) bollire: **etw zum Kochen bringen**, portare qc a ebollizione **2** (*Speisen zubereiten*) (*irgendwie*) ~ (PERSON GUT, SCHLECHT) cucinare (+ *compl di modo*): **wer kocht heute?**, chi cucina [oggi]/[prepara/fa da mangiare] oggi?; **gut ~ (können)**, saper cucinare (bene), essere bravo a fare da mangiare; **italienisch/französisch/vegetarisch ~**, preparare piatti italiani/francesi/vegetariani **3** *fam* (*wütend sein*) (ri)bollire: **er kocht (innerlich) vor Wut ~**, bolle dalla rabbia, si sente ribollire il sangue nelle vene; **die Volksseele kocht**, la popolazione è in subbuglio/fermento C rfl (*sich etw zubereiten*) **sich** (dat) *etw* ~ cucinarsi qc, farsi/prepararsi qc da mangiare D *unpers fam*: **es kocht in jdm**, a qu riboll il sangue nelle vene.
kochend adj (WASSER) bollente: **~ heiß**, bollente, caldissimo; **~ heiß sein**, essere bollente, scottare.
kochendheiß a.R. *von* kochend heiß → **kochend**.
Kocher <-s, -> m (*mit Gas, Spiritus*) fornello m (da campeggio), fornelletto m, fornello m: **auf dem Zeltplatz bereiten wir das Essen auf dem ~ zu**, in campeggio cuciniamo con

il fornelletto.
Köcher <-s, -> m (*für Pfeile*) faretra f; (*für Ferngläser, Objektive*) custodia f, astuccio m • **noch ein paar Pfeile im ~ haben**, avere ancora delle frecce al proprio arco.
Kocherei <-, *ohne* pl> f *oft pej*: **diese ewige ~ habe ich wirklich satt!**, sono proprio stufo (-a) di stare sempre attaccato (-a) ai fornelli!
Kochfeld n (*auf dem Herd*) piano m di cottura.
kochfertig adj (SPEISEN, SUPPEN, ZUTATEN) pronto (per la cottura).
kochfest adj (MATERIAL, STOFF, TEXTILIEN) lavabile a 90 gradi, resistente alle alte temperature.
Kochgelegenheit f **1** (*Küchenbenutzung*) uso m (della) cucina: **Zimmer mit ~**, stanza con uso cucina **2** (*Kochstelle*) angolo m cottura.
Kochgeschirr n **1** stoviglie f pl **2** *mil* gavetta f.
Köchin f → **Koch**.
Kochkunst f **1** <*nur* sing> arte f culinaria, gastronomia f **2** *scherz* arte f culinaria, doti f pl culinarie: **sie bot ihre ganze ~ auf, um die Schwiegermutter zu beeindrucken**, ha esibito tutta la sua arte culinaria per far colpo sulla suocera.
Kochkurs m corso m di cucina.
Kochlöffel m (*aus Holz, Plastik*) mestolo m • **den ~ schwingen** *scherz*, stare attaccato (-a) ai fornelli; **er macht Karriere, und sie darf den ~ schwingen**, lui fa carriera e lei sta attaccata ai fornelli.
Kochnische f *arch* cucinotto m, cucinino m.
Kochplatte f **1** {+ELEKTROHERD} piastra f **2** (*tragbare ~*) piastra f elettrica portatile.
Kochrezept n ricetta f (di cucina).
Kochsalz n *chem* sale m da cucina, cloruro m di sodio.
kochsalzarm adj a basso contenuto di cloruro di sodio, poco salato.
Kochsalzlösung f *med* soluzione f di cloruro di sodio.
Kochtopf m pentola f.
Kochwäsche f bucato m a 90°: **dieses Teil darf unter keinen Umständen mit in die ~**, questo capo non deve essere assolutamente lavato a 90 gradi.
Kochzeit f tempo m di cottura.
kodderig, koddrig adj *nordd fam* **1** (*frech*) sfacciato: **das ist aber ein ~er Bursche!**, che faccia di bronzo, quello! **2** (*unwohl*): **jdm wird ~**, a qu viene la nausea, qu sta per vomitare.
Kode, *fachspr* **Code** <-s, -s> m → **Code**.
Kodein <-s, *ohne* pl> n *pharm* codeina f.
Kodename m → **Codename**.
Kodenummer f → **Codenummer**.
Köder <-s, -> m **1** (*Lockspeise für Tiere*) esca f: **den ~ auslegen**, mettere un'esca; **den ~ auswerfen** *fisch*, gettare l'amo **2** *fam pej* (*Lockmittel*) esca f, specchietto m per le allodole: **auf den ~ anbeißen** *fam*, abboccare (all'amo), lasciarsi adescare, cascarci *fam*.
Köderfisch m pesce m usato come esca.
ködern tr **1** *zoo etw* ~ adescare qc, attirare (con l'esca) qc: **den Fuchs mit Fleisch ~**, attirare la volpe con un boccone di carne **2** *fam* (*anlocken*) **jdn mit etw** (dat) ~ {MIT EINEM VERLOCKENDEN ANGEBOT} adescare qu con qc.
Köderwurm m verme m da esca.
Kodewort n → **Codewort**.
Kodex ① <-(es), -e> m *soziol* {+NORMEN, RE-

GELN, VERHALTEN} codice m.

Kodex② <-(es), -e oder Kodizes> m hist (Sammlung von Handschriften) codice m.

kodieren, fachspr **codieren** tr → **codieren**.

Kodierung, fachspr **Codierung** <-, -en> f → **Codierung**.

Kodifikation <-, -en> f jur codificazione f.

kodifizieren <ohne ge-> tr jur etw ~ {NORMEN, RECHTE} codificare qc: **kodifiziertes Recht**, diritto codificato.

Kodifizierung <-, -en> f {+NORMEN, RECHTE} codificazione f.

Kodizes pl von Kodex②.

Koedukation <-, ohne pl> f Schule coeducazione f.

Koeffizient <-en, -en> m math coefficiente m.

Koexistenz f coesistenza f: **friedliche ~**, coesistenza pacifica.

koexistieren <ohne ge-> itr geh coesistere, convivere: **in diesem Staatenbund ~ mehrere politische Systeme**, in questa federazione coesistono diversi sistemi politici.

Koffein <-s, ohne pl> n chem caffeina f.

koffeinfrei adj {COLA, GETRÄNK} senza caffeina; {KAFFEE} decaffeinato.

koffeinhaltig adj che contiene caffeina.

Koffer <-s, -> m 1 (Handkoffer) valigia f: **die ~**, le valigie, il bagaglio; **den ~ packen/auspacken**, fare/disfare la valigia; **etw in den ~ tun**, mettere qc in valigia 2 (Überseekoffer) baule m 3 (für Reiseschreibmaschine, Laptops) valigetta f ● **aus dem ~ leben**, avere sempre la valigia pronta, vivere con la valigia in mano; **seine ~ packen** fam (einen Ort verlassen), fare le valigie, far fagotto, andarsene; **du kannst deine ~ packen und gehen!**, fai le valigie e vattene!; **die ~ packen müssen** (am Arbeitsplatz), venire licenziato (-a), essere mandato a spasso; **einen ~ stehen lassen** fam, fare una scoreggia vulg.

Kofferanhänger m cartellino m/targhetta f della valigia.

Köfferchen <-s, -> n dim von Koffer valigetta f.

Kofferkleid n "vestito m da donna che non si stropiccia in valigia".

Kofferkuli <-s, -s> m carrello m portabagagli.

Kofferradio n radio f portatile.

Kofferraum m autom baule m (della macchina), bagagliaio m, (vano m) portabagagli m.

Kofferschreibmaschine f obs → **Reiseschreibmaschine**.

Kogel <-s, -> m süddt A (runde Bergkuppe) cocuzzolo m.

Kognak <-s, -s> m gastr brandy m.

Kognakbohne f gastr cioccolatino m (con ripieno) al cognac.

Kognakschwenker m bicchiere m da cognac, napoleone m.

kognitiv adj philos psych cognitivo.

Kohabitation <-, -en> f form (Geschlechtsverkehr) rapporto m sessuale.

kohärent adj geh coerente: **~ sein**, essere coerente/[fedele a se stesso].

Kohärenz <-, ohne pl> f geh coerenza f.

Kohäsion <-, ohne pl> f geh coesione f.

Kohl① <-(e)s, -e> m 1 bot (Pflanze) cavolo m 2 süddt bot (Weiß~) cavolo m bianco ● **den alten ~ wieder aufwärmen** fam, rivangare vecchie storie; **musst du ständig den alten ~ aufwärmen?**, devi sempre ricominciare con queste storie ormai morte e sepolte? fam; **seinen ~ (an)bauen** fam, coltivare il proprio orticello; **das macht den ~ auch nicht fett** fam, (questo) non cambia granché.

Kohl② <-(e)s, ohne pl> m fam (Unsinn) cavolate f pl fam, sciocchezze f pl: **red doch keinen ~!**, non dire cavolate! fam.

Kohldampf <-(e)s, ohne pl> m fam (Hunger) fame f da lupi: **~ haben/schieben**, morire di fame.

Kohle① <-, -n> f 1 <nur sing> min carbone m: **~ abbauen/fördern**, estrarre carbone 2 <meist pl> (Brennkohle) carbone m: **mit ~ heizen**, riscaldare a carbone 3 <nur sing> (Zeichenkohle) carboncino m: **mit ~ zeichnen**, disegnare a carboncino ● **aktive ~**, carbone attivo; **~ führend**, carbonifero; **(wie) auf (glühenden) ~n sitzen** fam, stare sulle spine/[sui carboni ardenti]; **tierische ~**, carbone animale/[d'ossa]; **weiße ~**, carbone bianco.

Kohle② <-, -n> f slang (Geld) grana f slang, grano m slang: **ganz schön ~ abdrücken müssen**, dover sganciare un bel po' di grana/[pacco di soldi] slang; **jdm ist die ~ ausgegangen**, qu è senza il becco di un quattrino fam; **~ machen**, fare soldi/[la grana] ● **die ~ stimmt, die ~n stimmen** slang: **welcher Job ist mir egal, Hauptsache, die ~n stimmen**, il tipo di lavoro non mi interessa, l'importante è che paghino/[si guadagni] bene!

Kohleabbau, **Kohlenabbau** m min estrazione f di/del carbone.

Kohlefilter m (für Zigaretten) filtro m a carbone attivo.

kohleführend adj → **Kohle**①.

kohlehaltig adj chem carbonioso.

Kohlekraftwerk n centrale f elettrica a carbone.

kohlen① itr (ver~) {HOLZ} carbonizzarsi.

kohlen② itr fam rar (schwindeln) dire bugie/balle slang/panzane fam: **ist das wirklich wahr oder nur gekohlt?**, è vero o sono solo frottole?

Kohlenbecken n 1 geol bacino m carbonifero 2 (Metallgefäß) braciere m.

Kohlenbergbau m min industria f estrattiva del carbone/[carbonifera].

Kohlenbergwerk n min miniera f di carbone.

Kohlendioxid, **Kohlendioxyd** n chem biossido m di carbonio; (in Wasser gelöst) anidride f carbonica.

Kohlenhalde f min discarica f di carbone.

Kohlenhändler m (**Kohlenhändlerin** f) carbonaio (-a) m f, venditore (-trice) m (f) di carbone.

Kohlenhandlung f rivendita f di carboni.

Kohlenherd m cucina f a carbone.

Kohlenhydrat, **Kohlehydrat** <-(e)s, -e> n chem carboidrato m, glucide m, idrato m di carbonio.

Kohlenkasten m cassa f del carbone.

Kohlenkeller m scantinato m/cantina f per il carbone, carbonaia f.

Kohlenmeiler m carbonaia f.

Kohlenmonoxid, **Kohlenmonoxyd** n chem (mon)ossido m di carbonio.

Kohlenpott m geog fam (bacino m carbonifero della) Ruhr f.

Kohlensäure f chem 1 acido m carbonico 2 (ungenaue Bezeichnung von Kohlendioxid) anidride f carbonica 3 gastr (in Getränken) anidride f carbonica, gas m: **Mineralwasser mit ~**, acqua minerale addizionata di anidride carbonica/[gas(s)ata]/[con gas]/[frizzante fam]; **Mineralwasser ohne ~**, acqua minerale non gas(s)ata/[naturale]/[liscia].

kohlensäurehaltig adj chem contenente/[che contiene] anidride carbonica: **~e Getränke**, bibite gas(s)ate.

Kohlenschaufel f pala f da carbone.

Kohlenstaub m polvere f di carbone, polverino m.

Kohlenstift m el elettrodo m di carbone.

Kohlenstoff <-(e)s, ohne pl> m chem carbonio m.

Kohlenstoffdatierung f datazione f al radiocarbonio (di reperti archeologici).

Kohlenvorkommen n giacimento m di carbone.

Kohlenwagen m 1 min vagoncino m per il carbone 2 Eisenb vagone m per il (trasporto di) carbone.

Kohlenwasserstoff m chem idrocarburo m ● (polyzyklische) **aromatische ~e**, idrocarburati (policiclici) aromatici; **chlorierte ~e**, idrocarburi clorurati.

Kohleofen, **Kohlenofen** m stufa f a carbone.

Kohlepapier n carta f carbone.

Köhler① <-s, -> m (**Köhlerin** f) carbonaio (-a) m (f).

Köhler② <-s, -> m → **Seelachs**.

Köhlerei <-, -en> f carbonaia f.

Kohlestift m carboncino m.

Kohletablette f pharm compressa f di carbone.

Kohlezeichnung f (disegno m a) carboncino m.

Kohlkopf m gastr palla f di cavolo.

Kohlmeise f ornith cinciallegra f.

kohlrabenschwarz adj 1 {HAARE} corvino 2 (tiefdunkel) {FINSTERNIS, NACHT} nero come la pece 3 (schmutzig) {GESICHT, HÄNDE, KLEIDUNG} nero come il carbone.

Kohlrabi <-(s), -(s)> m bot cavolo m rapa.

Kohlrabigemüse n gastr cavolo m rapa cotto.

Kohlroulade f gastr involtino m (di foglie) di cavolo.

Kohlrübe f bot 1 → **Steckrübe** 2 A → **Kohlrabi**.

kohlschwarz adj → **kohlrabenschwarz**.

Kohlsprosse f <meist pl> A (Rosenkohl) cavolino m/cavoletto m di Bruxelles.

Kohlstrunk m bot torsolo m di cavolo.

Kohlweißling <-s, -e> m zoo cavolaia f.

Koinzidenz <-, -en> f geh rar coincidenza f.

koitieren <ohne ge-> itr form (mit jdm) ~ avere rapporti sessuali (con qu), congiungersi carnalmente con qu: **haben Sie mit der Angeklagten koitiert?**, ha avuto rapporti sessuali con l'imputata?

Koitus <-, - oder -se> m form (Geschlechtsverkehr) coito m, copula f ● **~ interruptus**, coito interrotto.

Koje <-, -n> f 1 naut cuccetta f 2 fam (Bett) cuccia f fam, giaciglio m fam, covile m fam pej: **sich in seine ~ verziehen**, ritirarsi nella propria cuccia ● **sich in die ~ hauen** fam, cacciarsi a letto fam, andare a cuccia fam.

Kojote <-n, -n> m zoo coyote m.

Koka f, ohne pl f bot coca f.

Kokain <-s, ohne pl> n cocaina f, coca f slang, neve f slang: **mit ~ dealen**, spacciare la coca; **~ schnupfen**, sniffare cocaina.

kokainsüchtig adj cocainomane: **eine ~e Person**, un (-a) cocainomane.

Kokainsüchtige <dekl wie adj> mf cocainomane mf.

Kokarde <-, -n> f coccarda f.
Kokastrauch m bot (pianta f/arbusto m di) coca.
Kokerei <-, -en> f tech cokeria f.
kokett adj {BENEHMEN, BLICK, LÄCHELN, PERSON} civettuolo: **ein ~es Mädchen**, una ragazza civettuola/frivola.
Koketterie <-, ohne pl> f civetteria f.
kokettieren <ohne ge-> itr **1** (gefallen wollen) (mit jdm) ~ civettare (con qu), fare la civetta (con qu) **2** geh (liebäugeln) **mit etw** (dat) ~ {MIT DEN GEDANKEN, DER IDEE} accarezzare qc: **seit Monaten kokettiert er mit exotischen Urlaubsplänen**, da mesi accarezza progetti di vacanze esotiche **3** (etw an der eigenen Person herausstellen) **mit etw** (dat) ~ {MIT DEM ALTER} fare il/la simpatico (-a) sfoggiando qc.
Kokolores <-, ohne pl> f fam **1** (Unsinn) scemenze f pl, stupidaggini f pl: **das ist doch lauter ~!**, sono solo scemenze! **2** (Getue) smancerie f pl: **mach doch keinen solchen ~!** fam, non fare tante smancerie! fam.
Kokon <-s, -s> m zoo bozzolo m.
Kokosfaser f fibra f di cocco.
Kokosfett n grasso m di cocco.
Kokosflocken subst <nur pl> fiocchi m pl di cocco.
Kokosmakrone f gastr biscotto m di cocco.
Kokosmatte f zerbino m (di fibra) di cocco.
Kokosmilch f latte m di cocco.
Kokosnuss (a.R. Kokosnuß) f bot noce f di cocco.
Kokosöl n olio m di cocco.
Kokospalme f bot (palma f da) cocco m.
Kokotte <-, -n> f pop cocotte f.
Koks[1] <-es, -e> m **1** (Brennstoff) coke m **2** slang (Geld) grana f slang, grano m slang.
Koks[2] <-es, ohne pl> m oder n slang (Kokain) coca f slang.
koksen itr slang farsi di/sniffare coca slang.
Kokser <-s, -> m (**Kokserin** f) slang cocainomane mf.
Kola <-, -(s)> f → **Cola**.
Kolabaum m bot cola f.
Kolanuss (a.R. Kolanuß) f bot noce f di cola.
Kolben <-s, -> m **1** mot stantuffo m; (beim Verbrennungsmotor) pistone m **2** (Gewehrkolben) calcio m (del fucile) **3** chem matraccio m; (Destillierkolben) alambicco m **4** bot (Maiskolben) pannocchia f **5** fam (große Nase) proboscide f fam, nappa f fam: **was hat der denn für einen ~!**, che nappa si ritrova quello!
Kolbenfresser <-s, -> m fam mot grippaggio m fam (del motore).
Kolbenhub <-(e)s, Kolbenhübe> m mot corsa f dello stantuffo/del pistone.
Kolbenmotor m mot motore m a pistoni.
Kolbenring m mot fascia f elastica.
Kolchose <-, -n> f hist kolchoz m, fattoria f collettiva.
Kolibakterie f <meist pl> biol colibacillo m, colibatterio m.
Kolibri <-s, -s> m ornith colibrì m.
Kolik <-, -en> f med colica f: **jd bekommt eine ~**, a qu viene una colica.
Kolkrabe m ornith corvo m imperiale.
kollabieren <ohne ge-> itr **1** med collassare, avere un collasso **2** astr {HIMMELSKÖRPER, STERN} collassare, subire un collasso gravitazionale **3** geh (zusammenbrechen) {BÖRSE, MARKT, SYSTEM} collassare, crollare.

Kollaborateur <-s, -e> m (**Kollaborateurin** f) hist pej collaborazionista mf.
Kollaboration <-, -en> f pol pej collaborazionismo m.
kollaborieren <ohne ge-> itr pol pej collaborare (con il nemico); **mit jdm** ~ essere collaborazionista di qu.
Kollagen <-s, -s> n biol med collagene m, collageno m.
Kollaps <-es, -e> m **1** med (Kreislaufkollaps) collasso m (circolatorio): **einen ~ erleiden**, avere un collasso **2** astr {HIMMELSKÖRPER, STERNE} collasso m (gravitazionale) **3** geh (Zusammenbruch) {FIRMA, UNTERNEHMEN} collasso m, crollo m: **der Betrieb steht kurz vor dem ~**, l'azienda è vicina al/rischia il collasso.
Kollateralschaden m **1** euph mil danno m collaterale **2** fig danno m collaterale.
Kolleg <-s, -s oder -ien> n **1** Schule (zweiter Bildungsweg) "corso m (serale) per il conseguimento del diploma di maturità" **2** relig (Studienanstalt für katholische Theologen) seminario m **3** univ obs (Vorlesung) lezione f.
Kollege <-n, -n> m (**Kollegin** f) **1** collega mf; (in der Fabrik) auch compagno (-a) m (f) di lavoro: **die ~n vom Fach**, i colleghi (del settore); **Herr ~!** (als Anrede), caro collega!; (politischer Amtskollege) omologo (-a) m (f), collega mf; **der amerikanische Außenminister und sein chinesischer ~**, il segretario di stato americano e il suo omologo cinese **2** fam (Anrede an Unbekannten) amico m: **komm mal her, ~!** scherz, vieni qua, amico! ● (der) ~/(die) Kollegin kommt gleich! (im Geschäft, Lokal u. Ä.), il mio/la mia collega arriva subito!
Kollegenkreis m i colleghi m pl, cerchia f dei colleghi: **im ~**, tra (i) colleghi.
Kollegenrabatt m "sconto m applicato reciprocamente tra case editrici".
kollegial A adj {AKTION, DENKEN} solidale, da buon collega; {VERHALTEN} auch cooperativo B adv da buon collega, in maniera solidale: **er hat sich noch nie ~ verhalten**, non ha mai mostrato solidarietà verso/è mai stato solidale con i colleghi.
Kollegialität <-, ohne pl> f (spirito m di) solidarietà f (tra colleghi).
Kollegien pl von Kollegium.
Kollegin f → **Kollege**.
Kollegium <-s, Kollegien> n **1** (Gruppe von Personen im gleichen Beruf) collegio m **2** (Lehrkörper) collegio m dei docenti/professori, corpo m insegnante **3** (Körperschaft) commissione f.
Kollegmappe f cartella f portadocumenti.
Kollegstufe f Schule "ultimo biennio m o triennio m di un liceo in cui gli studenti possono scegliere gran parte delle materie".
Kollekte <-, -n> f questua f.
Kollektion <-, -en> f **1** com {KLEIDER, KRAWATTEN, MODELLE} collezione f, campionario m **2** (Sammlung) {GEMÄLDE, MÜNZEN} collezione f.
kollektiv adj geh {BEMÜHEN, SCHULD, VERDIENST} collettivo.
Kollektiv <-s, -e oder -s> n **1** ostdt hist collettivo m **2** (Form des Zusammenlebens) comunità f **3** (Arbeitsteam) squadra f, team m.
Kollektivbedürfnis n <meist pl> bisogno m collettivo.
Kollektivbegriff m ling → **Kollektivum**.
Kollektivbewusstsein (a.R. Kollektivbewußtsein) n coscienza f collettiva.
Kollektivbillett n CH → **Sammelfahrkarte**.
Kollektiveigentum n proprietà f collet-

tiva.
kollektivieren <ohne ge-> tr hist pol etw ~ {LANDWIRTSCHAFTLICHE BETRIEBE, PRODUKTIONSMITTEL} collettivizzare qc.
Kollektivismus <-, ohne pl> m collettivismo m.
Kollektivschuld f ~ (**an etw** dat) responsabilità f collettiva (di qc).
Kollektivum <-s, Kollektiva> n ling nome m collettivo.
Kollektivvertrag m ökon contratto m collettivo.
Kollektivwirtschaft f ökon economia f collettivista.
Kollektor <-s, -en> m **1** el collettore m (elettrico) **2** el (Teil eines Transistors) collettore m **3** (Sonnenkollektor) collettore m solare **4** opt collettore m.
Koller <-s, -> m fam attacco m di rabbia, travaso m di bile fam: **einen ~ kriegen**, andare in bestia fam/su tutte le furie, imbestialirsi fam; **er hat mal wieder seinen ~**, ha un altro dei suoi attacchi di rabbia.
kollern[1] itr **1** ornith {PUTER, TRUTHAHN} gloglottare: **das Kollern**, il gloglottio/glo glo **2** fam (wütend sein) essere imbestialito fam/imbufalito fam, avere un travaso di bile fam.
kollern[2] itr region → **kullern**.
kollidieren <ohne ge-> itr <haben oder sein> geh **1** (zusammenstoßen) {AUTOS, FLUGZEUGE, ZÜGE} scontrarsi; **mit etw** (dat) ~ {AUTO MIT EINEM ANDEREN AUTO} scontrarsi con qc, cozzare contro qc, urtare contro qc, andare a sbattere contro qc **2** geh <haben> (gleichzeitig stattfinden) **mit etw** (dat) ~ {TERMINE, VERANSTALTUNGEN} coincidere; {MIT PLÄNEN, ANDEREN TERMINEN, VERPFLICHTUNGEN} coincidere con qc: **ihr Besuch kollidiert zeitlich mit meiner Auslandsreise**, la sua visita cade nello stesso periodo del/coincide con il mio viaggio all'estero **3** <haben> (unvereinbar sein) (miteinander) ~ {INTERESSEN, WELTANSCHAUUNGEN} collidere, essere in conflitto/contrasto (tra di loro), scontrarsi (tra di loro); **mit etw** (dat) ~ {INTERESSEN MIT ANDEREN INTERESSEN} collidere con qc, scontrarsi con qc.
Kollier <-s, -s> n collier m, collana f.
Kollision <-, -en> f geh **1** (Zusammenstoß von Fahrzeugen, Flugzeugen, Zügen) collisione f, scontro m **2** (Widerstreit von Interessen, Weltanschauungen) conflitto m, contrasto m, collisione f.
Kollisionskurs m aero naut rotta f di collisione ● **mit/zu jdm/etw auf ~ gehen**, entrare in rotta di collisione fam/conflitto con qu/qc; **er ist ständig auf ~ mit ihr**, è sempre in rotta con lei fam.
Kolloid <-(e)s, -e> n chem colloide m.
Kollokation <-, -en> f ling collocazione f.
Kollokator <-s, -en> m ling collocatore m.
Kolloquium <-s, Kolloquien> n **1** univ (wissenschaftliches Gespräch) colloquio m **2** (Zusammenkunft von Wissenschaftlern) simposio m, convegno m: **ein ~ abhalten**, tenere un convegno **3** A (kleinere Prüfung an der Universität) esame m.
Köln <-s, ohne pl> n geog Colonia f.
Kölner[1] <inv> adj di Colonia: **der ~ Dom**, il duomo di Colonia.
Kölner[2] <-s, -> m (**Kölnerin** f) (in Köln lebend) abitante mf di Colonia; (aus Köln stammend) originario (-a) m (f) di Colonia.
kölnisch adj di Colonia.
Kölnischwasser n acqua f di Colonia.
Kolon <-s, -s oder Kola> n **1** anat colon m **2** obs (Spracheinheit zwischen Atempausen) co-

lon m obs 3 obs (Doppelpunkt) colon m obs.
Koloniakübel m A cassonetto m (per i rifiuti).
kolonial adj coloniale.
Kolonialbesitz m pol possedimenti m pl coloniali: **dieses Territorium war in französischem ~**, questo territorio era una colonia francese.
Kolonialhelm m (Tropenhelm) casco m coloniale.
Kolonialherr m colonizzatore m.
Kolonialherrschaft f pol dominio m coloniale.
Kolonialisierung <-, -en> f colonizzazione f.
Kolonialismus <-s, ohne pl> m pol colonialismo m.
Kolonialist <-en, -en> m (**Kolonialistin** f) pol colonialista mf.
kolonialistisch adj colonialista, colonialistico.
Kolonialkrieg m pol guerra f coloniale.
Kolonialmacht f potenza f coloniale.
Kolonialpolitik f politica f coloniale.
Kolonialreich n impero m coloniale.
Kolonialwaren subst <nur pl> hist (Importgüter aus Übersee) (generi m pl) coloniali m pl.
Kolonialwarenhändler m obs mercante m obs/negoziante m di (generi) coloniali.
Kolonialwarenhandlung f obs (negozio m di generi) coloniali m pl.
Kolonialzeit f periodo m/epoca f coloniale: **ein Relikt aus der ~**, un residuo dell'epoca coloniale.
Kolonie <-, -n> f 1 pol colonia f 2 soziol (Personengruppe auf fremdem Boden) colonia f, comunità f: **die deutsche ~ im Chianti**, la colonia tedesca nel Chianti 3 bot zoo colonia f.
Kolonisation <-, -en> f colonizzazione f.
Kolonisator <-s, -en> m (**Kolonisatorin** f) colonizzatore (-trice) m (f).
kolonisieren <ohne ge-> tr etw ~ 1 (zur Kolonie machen) colonizzare qc, ridurre a colonia qc 2 (erschließen) {PIONIERE, SIEDLERLAND} colonizzare qc.
Kolonisierung <-, -en> f → **Kolonisation**.
Kolonist <-en, -en> m (**Kolonistin** f) (europäischer Siedler in Kolonie) abitante mf di una colonia.
Kolonnade <-, -n> f arch colonnato m.
Kolonne <-, -n> f 1 (Schlange) {+AUTOS, FAHRZEUGE} (auto)colonna f, coda f: **in (einer) ~ fahren**, procedere/viaggiare in colonna/[incolonnati (-e)]; **eine ~ landschaftlicher Fahrzeuge**, una colonna di macchine agricole 2 (lange Reihe) {+GEFANGENE, SOLDATEN} colonna f: **sich in eine ~ einreihen**, incolonnarsi, mettersi in colonna 3 (Arbeitsgruppe) {+MAURER, PUTZFRAUEN} squadra f 4 (Zahlenkolonne) colonna f ● **Achtung, ~!**, attenzione ai convogli militari!; **die fünfte ~** pol, la quinta colonna.
Kolonnenfahren n procedere m/viaggiare m in colonna/[incolonnati (-e)].
Kolonnenspringer m (**Kolonnenspringerin** f) fam aut "automobilista mf che sorpassa zigzagando fra i veicoli in colonna".
Kolonnenverkehr m autom traffico m in colonne.
Kolophonium <-s, ohne pl> m chem colofonia f.
Koloratur <-, -en> f mus coloratura f.
Koloratursopran m mus soprano m di coloratura.
kolorieren <ohne ge-> tr etw ~ {STICH,

ZEICHNUNG} colorare qc; {FILM} colorizzare qc: **eine kolorierte Landkarte**, una carta geografica colorata/[a colori].
Kolorit <-(e)s, -e> n 1 kunst (Farbgebung) colorito m, colore m: **das ~ dieses Künstlers**, l'uso della tavolozza di/[del colore che fa] questo artista 2 mus (Klangfarbe) colorito m 3 geh (Atmosphäre) atmosfera f, colore m: **ein Roman mit historischem ~**, un romanzo a tinte storiche.
Koloss <-es, -e> (a.R. Koloß) m 1 fam (riesiger Mensch) colosso m: **ein ~ von einem Mann**, un colosso di uomo; **ein ~ von einer Frau**, una gigantessa, un donnone fam 2 (Firma o. Land) colosso m, gigante m 3 (riesiges Fahrzeug, Gebäude, Werk) mastodonte m ● **ein ~ auf tönernen Füßen**, un colosso dai piedi d'argilla; **der ~ von Rhodos hist**, il colosso di Rodi.
kolossal A adj 1 (riesig) {GEBÄUDE, STATUE} colossale, gigantesco, mastodontico: **von ~em Ausmaß**, di dimensioni colossali 2 <attr> fam (gewaltig) {DUMMHEIT} colossale, mastodontico; {FEHLER, IRRTUM} auch madornale: **er hatte ~es Glück**, ha avuto una fortuna colossale; **ich habe ~en Hunger**, ho una fame tremenda/mostruosa B adv fam (gewaltig) moltissimo: **wir haben uns ~ getäuscht**, abbiamo preso un abbaglio/una cantonata colossale fam; **das ist ~ schwer**, è spaventosamente difficile fam.
Kolossalfilm m rar (Monumentalfilm) kolossal m, film m monumentale.
Kolossalgemälde n kunst pittura f/quadro m/dipinto m monumentale.
Kolosseum <-s, ohne pl> n arch colosseo m.
Kolportage <-, -n> f <meist sing> pej 1 journ (sensationslüsterne Berichterstattung) sensazionalismo m da quattro soldi 2 (Verbreitung von Gerüchten) diffusione f di dicerie/voci.
Kolportageliteratur f lit letteratura f trash/spazzatura.
kolportieren <ohne ge-> tr geh etw ~ {GERÜCHTE, NACHRICHTEN} mettere in circolazione qc, diffondere qc.
Kolposkopie <-, -n> f med colposcopia f.
Kölsch <-(s), -> n 1 <nur sing> ling dialetto m di Colonia: **~ sprechen**, parlare il dialetto di Colonia 2 (typisches Kölner Bier) "birra f chiara ad alta fermentazione tipica di Colonia".
Kolumbianer <-s, -> m (**Kolumbianerin** f) colombiano (-a) m (f).
kolumbianisch adj colombiano.
Kolumbien <-s, ohne pl> n geog Colombia f.
Kolumbus <-, ohne pl> m hist: (**Christoph**) **~**, Cristoforo Colombo.
Kolumne <-, -n> f 1 typ colonna f 2 journ rubrica f.
Kolumnentitel m typ: **lebender ~**, titolo corrente, testatina; **toter ~**, numero di pagina.
Kolumnist <-en, -en> m (**Kolumnistin** f) journ columnist mf, giornalista mf che cura una rubrica fissa.
Koma <-s, -s oder -ta> n <meist sing> med coma m: **im ~ fallen**, entrare in coma; **im ~ liegen**, essere in (stato di) coma; **aus dem ~ erwachen**, uscire/risvegliarsi dal coma.
komatös adj med comatoso.
Kombi <-s, -s> m fam aut (Kombiwagen) station wagon f, (vettura f) familiare f.
Kombifax n tel fax m con telefono e segreteria telefonica incorporati.
Kombikarte f "biglietto m cumulativo per mezzi di trasporto e iniziative culturali".
Kombinat <-(e)s, -e> n ostdt hist kombinat m, conglomerata f.

Kombination <-, -en> f 1 (Denkvermögen) deduzione f 2 (Zahlenfolge für Alarmanlage, Safe, Schloss, Türöffner) combinazione f 3 (Zusammenstellung) {+EINRICHTUNGSGEGENSTÄNDE, FARBEN, KLEIDUNGSSTÜCKE} combinazione f, accostamento m: **eine gewagte ~ von Farben**, un audace accostamento di colori 4 sport (bei Ballspielen) azione f manovrata 5 (Jacke und Rock) completo m; (Jacke und Hose für Männer) auch spezzato m; (für Kinder) completino m; (Sport, Arbeitsanzug) tuta f; (für Flieger) auch combinazione f ● **alpine/nordische ~ Ski**, combinata alpina/nordica.
Kombinationsgabe <-, ohne pl> f capacità f di deduzione/[associativa].
Kombinationsimpfstoff m med vaccino m polivalente.
Kombinationspräparat n pharm composto m.
Kombinationsschloss (a.R. Kombinationsschloß) n serratura f a combinazione.
kombinatorisch adj {BEGABUNG, FÄHIGKEITEN} associativo.
kombinieren <ohne ge-> A tr (zusammenstellen) **etw mit etw** (od) **~** combinare qc con qc, abbinare qc a qc: **sie kombiniert immer mit viel Geschmack Rock und Bluse**, abbina sempre con molto gusto la gonna alla camicia; **etw (pl) miteinander ~** {KLEIDUNGSSTÜCKE, MÖBEL} combinare qc, accostare qc: **Farben ~**, combinare/accostare i colori B itr 1 (folgern) (irgendwie) ~ {GUT, RICHTIG, SCHARFSINNIG} fare una deduzione/[delle deduzioni] + adj, mettere insieme i pezzi di qc (+ compl di modo): **du hast ganz richtig kombiniert**, sei arrivato (-a) alla conclusione giusta; **blitzschnell ~**, fare due più due 2 sport (harmonisch zusammenspielen) fare azioni concertate.
Kombitelefon n telefono m con segreteria telefonica incorporata.
Kombiwagen m → **Kombi**.
Kombizange f tech pinza f universale.
Kombüse <-, -n> f naut cambusa f.
Komet <-en, -en> m astr cometa m ● **wie ein ~** fig, come una meteora; **ihr Licht ging am Filmhimmel auf wie ein ~**, esplose come un meteorite nel firmamento del cinema.
Kometenbahn f astr orbita f cometaria.
kometenhaft adj {AUFSTIEG, KARRIERE} fulmineo, folgorante.
Kometenschweif m coda f della cometa.
Komfort <-, ohne pl> m comfort m, comodità f: **mit allem ~ ausgestattet**, fornito/dotato di/[che offre] tutte le comodità; **ein Hotel mit allem ~**, un albergo con tutti i comfort/[tutte le comodità]; **ein Auto mit sämtlichem ~**, un'automobile con tutti i comfort/[superaccessoriata]; **sie leben mit allem erdenklichen ~**, vivono con ogni agi.
komfortabel <attr komfortable(r, s)> A adj 1 (großzügig ausgestattet) {HAUS, HOTEL, WOHNUNG} confortevole, comodo 2 (bequem) {BETT, SCHUHE, STUHL} confortevole, comodo B adv {AUSSTATTEN, EINRICHTEN} con tutte le comodità/[tutti i comfort], in modo confortevole, confortevolmente: **das Büro ~ einrichten**, arredare l'ufficio dotandolo di ogni comodità.
Komforttelefon n telefono m dotato di servizi supplementari/[multifunzione].
Komfortwohnung f appartamento m con/[dotato di] tutti i comfort.
Komik <-, ohne pl> f {+SITUATION, SZENE} comicità f, comico m: **Sinn für ~ haben**, avere il senso del comico; **unfreiwillige ~**, comicità involontaria.
Komiker <-s, -> m (**Komikerin** f) 1 film

theat (attore (-trice)) *m* (*f*) comico (-a) **2** *fam* (*Spaßvogel*) buffone (-a) *m* (*f*), pagliaccio (-a) *m* (*f*), tipo *m* ameno.

komisch Ⓐ *adj* **1** (*zum Lachen reizend*) {CLOWN, FILM, SZENE, THEATER} comico; {AUSSEHEN, GESICHT(SAUSDRUCK), HALTUNG} *auch* buffo: **eine ~e Figur abgeben/machen**, fare una figura ridicola; **jdn/etw ~ finden**, trovare qu/qc buffo (-a)/comico (-a) **2** (*seltsam*) {GESCHICHTE} strano, strambo, bizzarro; {KERL, TYP} *auch* curioso, strampalato: **ich habe ein ~es Gefühl dabei**, ho una sensazione strana; **du bist vielleicht ~ geworden!**, sei diventato (-a) veramente strano (-a)!; **was soll denn daran ~ sein?**, cosa ci sarebbe di strano?; **das kommt mir aber ~ vor**, mi sembra strano; **~, dass er nicht angerufen hat**, strano che non abbia chiamato; **das Komische daran ist, dass ...**, la cosa strana/curiosa è che ... **3** (*unwohl*): **jdm ist ~** (*zumute*), qu si sente strano (-a), qu non si sente bene; **jdm wird ~ zumute**, qu comincia a sentirsi strano (-a) Ⓑ *adv* (*sonderbar*) {SICH AUSDRÜCKEN} in modo strano; {SICH VERHALTEN} *auch* stranamente: **~ riechen/schmecken**, avere un odore/sapore strano • **ich finde das ganz und gar nicht ~**, non lo trovo affatto divertente, non ci trovo niente da ridere.

komischerweise *adv* stranamente, curiosamente.

Komitee <-s, -s> *n* comitato *m*.

Komma <-s, -s *oder* -ta> *n* **1** *gram* virgola *f*: **ein ~ setzen**, mettere una virgola; **die Satzteile durch ~ trennen**, separare le parti della frase con una virgola **2** *math* virgola *f*: **die Stellen vor/nach dem ~**, le cifre prima/dopo la virgola.

Kommafehler *m gram* errore *m* nell'uso della virgola.

Kommandant <-en, -en> *m* (**Kommandantin** *f*) *mil* comandante *mf*.

Kommandantur <-, -en> *f mil* (posto *m* di) comando *m*; (*Gebäude*) *auch* quartiere *m* generale.

Kommandeur <-s, -e> *m mil* comandante *m* (di un'unità di grandi dimensioni, dal battaglione alla divisione).

kommandieren <*ohne* ge-> Ⓐ *tr mil* **1** (*befehligen*) **jdn/etw ~** {BATAILLON, TRUPPE} comandare qu/qc **2** (*befehlen*) **etw ~** {RÜCKZUG, WAFFENNIEDERLEGUNG} ordinare qc **3** (*abbeordern*) **jdn irgendwohin ~** {AN DIE FRONT, EINEN ORT} comandare/mandare qu + *compl di luogo* Ⓑ *itr* **1** *mil* avere il/[essere al] comando **2** *fam* (*Befehle erteilen*) {CHEF, EHEFRAU, HAUSHERR} comandare, dare ordini: **sie ist eine, die gern kommandiert**, è una a cui piace comandare.

Kommanditaktionär *m* (**Kommanditaktionärin** *f*) *ökon* (socio (-a) *m* (*f*)) accomandante *mf* (di una società in accomandita per azioni).

Kommanditeinlage *f ökon* (quota *f* di) conferimento *m* del socio accomandante.

Kommanditgesellschaft *f ökon* (Abk KG) (società *f* in) accomandita *f* semplice (Abk SAS) • **auf Aktien** (Abk KGaA), società in accomandita per azioni (Abk S.acc.-p.a.).

Kommanditist <-en, -en> *m* (**Kommanditistin** *f*) *ökon* (socio (-a) *m* (*f*)) accomandante *mf*.

Kommando <-s, -s> *n* **1** (*Befehl*) comando *m*, ordine *m*: **alles hört auf mein ~**, tutti ai miei comandi/ordini **2** *nur sing* (*Befehlsgewalt*) comando *m*: **das ~ übernehmen/führen/niederlegen**, assumere/prendere/[avere/detenere/[deporre] il comando; **unter jds ~ stehen**, essere al comando di qu **3** *mil* (*abkommandierte Gruppe*) comando *m* **4** *mil* (*Militärdienststelle*) (posto *m* di) comando *m* **5** *mil* (*Sonderbefehl*) missione *f* (speciale), incarico *m* • **auf ~**, a comando; **auf ~ in Tränen ausbrechen**, scoppiare in lacrime a comando.

Kommandobrücke *f naut* ponte *m* di comando.

Kommandozentrale *f mil* centrale *f* operativa.

kommen <kommt, kam, gekommen> <sein> Ⓐ *itr* **1** (*zum Sprecher hin~*) (*irgendwohin/zu jdm*) ~ venire + *compl di luogo/da qu*): **ich komme ja schon!**, arrivo!; **kannst du nicht bald ~?!**, puoi venire/fare presto?!; **kommst du mit uns zu dem Fest?**, vieni con noi alla festa?; **ich kann erst heute Mittag ~**, posso venire soltanto oggi pomeriggio; **ist heute jemand gekommen?**, è venuto qualcuno oggi?; **da kommt er!**, eccolo (che arriva)!; **es ~ viele Leute**, arriva/viene tanta gente **2** (*an~*) arrivare, giungere: **der Bus kommt pünktlich**, l'autobus arriva/giunge in orario; **seit Tagen kommt keine Post mehr**, da giorni non arriva (più) posta; **Ihr Taxi kommt in fünf Minuten**, il Suo tassì arriva tra cinque minuti; **komme ich zu früh?**, sono arrivato (-a)/venuto (-a) troppo presto?/[in anticipo]?, sono in anticipo? **3** (*zu einem bestimmten Ziel ~*) **irgendwohin ~** arrivare + *compl di luogo*: **wie komme ich zum Bahnhof?**, come faccio ad arrivare/[arrivo] alla stazione? **4** (*durchreisen*) **durch etw** (akk) ~ passare *da*/*per* qc: **durch Hannover ~**, passare da/per Hannover; **auf dieser Strecke kommt man nicht durch München**, seguendo questo percorso non si tocca Monaco **5** (*stammen*) **aus**/**von etw** (dat) ~ venire *da qc*: **der Brief/Zug kommt aus Hamburg**, la lettera/il treno viene da Amburgo; **der Wind kommt von Nord(en)**, il vento viene da nord **7** (*her~*) **aus**/**von etw** (dat) ~ {AUS DER DUSCHE, DEM HAUS, DER TÜR} uscire *da qc*: **sie ~ gerade aus dem Kino**, stanno uscendo dal cinema **8** (*herannahen*) {GEWITTER, REGEN, SOMMER, STURM, TOD, UNGLÜCK, WINTER} arrivare: **es soll heute Nacht ein Unwetter ~**, per stanotte si prevede maltempo **9** (*auftauchen*) (**irgendwann**) (**irgendwo**) ~ {AUTOBAHNAUSFAHRT, TANKSTELLE} arrivare/esserci (+ *compl di tempo*) (+ *compl di luogo*): **jetzt müsste gleich die nächste Notrufsäule ~**, tra poco ci dovrebbe essere la prossima colonnina di soccorso; **in drei Kilometern kommt der Flughafen**, tra tre kilometri c'è l'aeroporto **10** (*auftreten*) (*irgendwohin*) ~ {BAND, PIANIST, SCHLAGERSÄNGER, ZIRKUS} arrivare + *compl di luogo*: **die Rolling Stones ~ nach Mailand**, i Rolling Stones fanno un concerto/[si esibiscono] a Milano **11** **film TV in etw** (dat) ~ {FILM, PROGRAMM, SENDUNG IM FERNSEHEN, KINO} esserci *a*/*in* qc, venire dato (-a) *a qc*, essere in programma *a qc*: **der Film kommt nächstes Jahr im Fernsehen**, l'anno prossimo questo film lo daranno/[passerà]/[verrà dato] in televisione; **es kommt jetzt der neue Film von X**, adesso danno il nuovo film di X; **was kommt denn heute im Kino?**, cosa danno oggi al cinema?, quali film ci sono in cartellone oggi?; **es kommt jetzt eine Unterhaltungssendung**, adesso ha inizio una trasmissione di intrattenimento **12** (*austreten*) **jdm ~** {TRÄNEN} venire *a qu* agli occhi **13** (*folgen*) (*irgendwann*) ~ {DAS DICKE ENDE, DIE WIRKLICHEN PROBLEME, DIE RECHNUNG, DIE ÜBERRASCHUNG} arrivare (+ *compl di tempo*): **das Schlimmste kommt erst noch**, il peggio deve ancora venire **14** (*geschehen*) (**für jdn**) **irgendwie ~** {ENTSCHLUSS, NACHRICHT, WENDUNG} ÜBERRASCHEND, UNERWARTET} arrivare/sopraggiungere (*per qu*) + *adj*: **die Nachricht kam wie aus heiterem Himmel**, la notizia arrivò come un fulmine a ciel sereno; **es kam anders, als wir dachten**, le cose andarono/[andò] diversamente da come avevamo pensato **15** (*sich belaufen*) **auf etw** (akk) ~ {BESTELLUNG, EINKAUF, SPESEN AUF 100 EURO} ammontare *a qc* **16** (*als Summe erreichen*) **auf etw** (akk) ~ arrivare *a qc*: **auch wenn jeder von uns zehn Euro beisteuert, ~ wir nicht auf den erforderlichen Betrag**, anche se ciascuno di noi mette dieci euro, non arriviamo all'importo necessario; **auf wie viel kommt ihr zusammen im Monat?**, a quanto arrivate al mese in due?; {SPORTLER, WETTKÄMPFER AUF EINE BESTIMMTE PUNKTEZAHL} arrivare *a qc* **17** (*räumlich reichen*) (**mit etw** dat) (**bis**) **an etw** (akk) ~ {MIT DEM ARM (BIS) AN DIE DECKE} arrivare (*con qc*) (*fino*) *a qc*, toccare *qc* (*con qc*) **18** (*in etw passen*) **in etw** (akk) ~ {IN DIE HOSE, DIE STIEFEL} entrarci *in qc*: **ich komme kaum mehr in diesen Rock**, non c'entro quasi più in/[riesco solo a fatica a infilarmi] questa gonna **19** (*geschafft werden*) **irgendwohin ~** {INS GEFÄNGNIS, VOR GERICHT} finire + *compl di luogo*; {AUF DIE INTENSIVSTATION, IN DIE KLINIK} essere ricoverato + *compl di luogo*; {INS ALTERSHEIM, INS WAISENHEIM} essere messo + *compl di luogo*; {IN DEN KINDERGARTEN, DIE SCHULE, AUFS GYMNASIUM} andare + *compl di luogo*: **nächstes Jahr kommt er in die Mittelschule**, l'anno prossimo andrà alle medie *fam*/[frequenterà la scuola media] **20** (*hingehören*) **irgendwohin ~** {BUCH INS OBERSTE FACH; WÄSCHE IN DEN SCHRANK} dover essere messo/sistemato + *compl di luogo*, andare (messo (-a)) + *compl di luogo*: **wohin ~ die Gläser?**, dove vanno (messi) i bicchieri? **21** (*angelegt werden*) **irgendwohin ~** {NEUBAUSIEDLUNG AN EINE BESTIMMTE STELLE} nascere/sorgere + *compl di luogo* **22** (*treiben*) {BLÜTEN} sbocciare; {SAAT(GUT)} germogliare, buttare **23** (*sich verhalten*) **jdm irgendwie ~** {DUMM, FRECH} fare *il/la ... con qu*: **komm mir bloß nicht so blöd!**, non fare il finto tonto/[la finta tonta]! **24** (*herbei~*) **~ +** *part perf* {(AN)GEFLOGEN, ANGEKROCHEN, HERBEIGEEILT} arrivare + *Gerund*: **da kommt der Sieger ja auch schon angefahren!**, ecco il vincitore che sta arrivando!; **gelaufen ~**, arrivare di corsa/[correndo]; **er kam angereist**, arrivò da (lontano) **25** (*sich jdn*/*etw verschaffen*) **an jdn/etw ~** {AN EINE JUNGE FREUNDIN, EINEN ALTEN MANN} trovare *qu/qc*; {AN BARGELD, DROGEN, INFORMATIONEN, RATIONIERTE LEBENSMITTEL} *auch* (riuscire a) procurarsi *qc*: **er kommt immer an Theaterkarten**, riesce sempre a procurarsi dei biglietti per il teatro **26** (*sich an etw erinnern*) **auf etw** (akk) ~ {AUF JDS GEBURTSDATUM, NAMEN, TELEFONNUMMER} (riuscire a) ricordare *qc*: **ich habe einen Black-out, ich komm' einfach nicht auf das Passwort**, ho un vuoto di memoria, la password non mi viene proprio (in mente); **jetzt kommt's mir (wieder)!** *fam*, adesso mi ricordo/[torna in mente]/[è venuto fuori]! **27** (*einen Einfall haben*) **auf etw** (akk) ~ {AUF EINE IDEE, LÖSUNG} arrivare *a qc*: **er kommt leicht auf dumme Gedanken** *fam*, è facile che gli vengano delle idee bislacche; **wie kommst du denn darauf?**, come ti viene in mente?, e questa, da dove salta fuori? *fam*, come ti è venuta quest'idea?; **darauf wäre ich nie gekommen!**, non ci avrei mai pensato!, non mi sarebbe mai venuto in mente!; **wie kommt sie zu dieser Behauptung?**, come fa ad affermare una cosa del genere?; **wie kommt er dazu, uns um Geld zu bitten?**, come gli viene in mente di chiederci dei soldi? **28** (*ansprechen*) **auf etw** (akk) **~** {AUF EINE SACHE, EIN THEMA} (ri)trovarsi a parlare *di qc* **29** (*entfallen*) **auf jdn/etw ~** {PROZENTSATZ, BESTIMMTE SUMME AUF DEN EINZELNEN BEWOHNER, AUF JEDEN} toccare *a qu/qc*, spettare *a qu/qc* **30** (*herausfinden*) **hinter etw** (akk) **~** {HINTER JDS GEHEIMNIS, MACHENSCHAFTEN, EINEN VERRAT} scoprire *qc* **31** *fam* (*anführen*) **jdm mit etw** (dat) **~** {MIT ANSCHULDIGUNGEN, FRAGEN, ALTEN GESCHICHTEN} venire *a qu con qc fam*, tirare fuori *qc a qu*: **er kommt mir immer mit den gleichen Vorwürfen**, mi ₁viene sempre con₁/[tira fuori sempre] le stesse accuse; **~ Sie mir nicht damit!** *fam*, non venga con questa storia!; **damit kann ich ihr nicht ~!**, questo non glielo posso chiedere!; (*erzählen*): **er kommt mir immer damit, dass ...**, mi viene sempre a raccontare che ...; **damit kann sie mir nicht ~!**, non può venire a raccontarmi una cosa del genere! **32** (*etw einbüßen*) **um etw** (akk) **~** {UM DAS ERBE, SEIN VERMÖGEN} essere privato *di qc*, perdere *qc* **33** (*jdn erfassen*) **über jdn ~** {GEFÜHL DER VERZWEIFLUNG} prendere *qu*, cogliere *qu*: **Mutlosigkeit kam über mich**, mi venne lo scoramento; (*jdn treffen*) {UNHEIL} colpire *qu*, abbattersi *su qu* **34** (*auf etw zurückzuführen sein*) **von etw** (dat) **~** {GEREIZTHEIT VOM GERINGEN SCHLAF} essere dovuto *a qc*: **der Husten kommt vom vielen Rauchen**, la tosse è dovuta al troppo fumo; **daher kommt es, dass ...**, ecco perché ... **35** (*Zeit für etw*) **zu etw** (dat) **~** {ZU EINEM URLAUBSTAG, ZUM VERSCHNAUFEN, ZU EINER ZIGARETTENPAUSE} trovare il tempo *per*/[*di fare*] *qc*: **ich bin heute zu nichts gekommen** *fam*, oggi non ho combinato/concluso niente; **er ist immer noch nicht dazu gekommen**, non ha ancora trovato il tempo di farlo; **endlich komme ich dazu, dir zu schreiben**, finalmente trovo il tempo di scriverti **36** (*erreichen*) **zu etw** (dat) **~** {ZU RUHM} raggiungere *qc*: **wie komme ich zu dieser Ehre?**, a cosa devo questo onore?; **zu Geld ~**, fare soldi; **zu etwas ~**, raggiungere qualcosa (nella vita); **du wirst nie zu etwas ~**, non arriverai mai a niente **37** *fam* (*nachschlagen*) **nach jdm ~** prendere *da qu*: **die Kleine kommt ganz nach der Großmutter**, la piccola ₁è tutta la₁/[ha preso tutto dalla] nonna **38** *slang* (*einen Orgasmus haben*) venire *slang* B unpers **1** (*sich ergeben*) **es kommt zu etw** (dat) **~** {ZU EINER AUSEINANDERSETZUNG, EINEM EKLAT, EINEM SKANDAL, EINEM STREIT}, si arriva a *qc*; **hoffentlich kommt es zu keinen Handgreiflichkeiten**, speriamo ₁che non si arrivi₁/[di non arrivare] alle mani; **trotz der Verhandlungen kam es zu bewaffneten Auseinandersetzungen**, nonostante le trattative si arrivò al conflitto (armato); **so weit darf es gar nicht erst ~**, non si deve arrivare a tanto!/[questo punto] **2** *slang* (*einen Orgasmus haben*): **es kommt jdm**, qu eiacula C tr *fam* (*kosten*) **jdn irgendwie ~** {BILLIG, TEUER} (venire a) costare *+ compl di modo a qu*: **der Urlaub kam uns auf 5000 Euro**, la vacanza ci è ₁venuta a costare₁/[costata] 5000 euro • **komm (schon)!** (*als Aufforderung*), dai!, su!, forza!; **komm, komm!** (*beschwichtigend*), piano!, calma!; (*zweifelnd*) cala, cala!; (*ermahnend*), frena, frena!, ehi, ehi!!; **ach, ~!**, ma dai!; **das kommt davon!**, vedi/vedete cosa succede!, ecco il risultato!; **das kommt davon, wenn man sich nicht an die Vorschriften hält**, ecco cosa succede quando non ci si attiene alle regole; **es kommt immer anders, als man denkt**, le cose vanno sempre diversamente da come si pensa; **das durfte jetzt nicht ~** *fam*, questa te la potevi risparmiare!; **es kommt eins zum anderen**, una cosa tira l'altra; **gelegen ~**, venire/capitare a proposito/fagiolo; **sein Angebot kommt mir sehr gelegen**, la sua offerta arriva al momento giusto per me; **ganz gleich/egal, was kommt ...**, succeda quel che succeda ...; **wenn es hart auf hart kommt ...**, alle brutte, alla peggio; **komm ich heut nicht, komm ich morgen**, quando arrivo arrivo; **wenn es hoch kommt**, al massimo, a dir tanto, a esagerare; **da kann/könnte ja jeder ~!** *iron*, siamo buoni/capaci tutti!; **jdn/etw ~ lassen** {ARZT, HANDWERKER, TAXI}, far venire qu, chiamare qu; {PIZZA}, far venire *qc*, ordinare *qc*; (*schicken lassen*) {KATALOG, PROSPEKT, UNTERLAGEN}, farsi spedire *qc*; **auf jdn nichts ~ lassen**, non permettere che si ₁parli male di₁/[tocchi] qu; **es mag ~, wie es ~ will**, succeda quel che succeda ..., comunque vada; **das/es musste ja so ~!**, doveva succedere, non poteva andare diversamente; **es kam, wie es ~ musste**, è successo quel/ciò che doveva succedere; **von nichts kommt nichts** *fam*, da niente non viene niente; **du kommst mir gerade recht!** *iron*, arrivi proprio al momento giusto!; **etw ~ sehen**, prevedere *qc*; **das habe ich ~ sehen** *fam*, l'avevo detto io!; **und so kam es, dass ...**, e così successe che ...; **es kam nun einmal so**, è andata così, è andata; **der/die soll nur ~!**, che si azzardi a comparirmi davanti!; **weit ~** (*im Leben*), fare molta strada; **(bei jdm) nicht weit ~ mit etw** (dat), non arrivare a nulla con qc (con qu); **es kommt noch so weit, dass ...**, si arriverà al punto che ...; **so weit kommt es noch!** *fam*, ci mancherebbe altro!; **wenn Sie mir so ~ ...**, se la mette su questo tono ...; **komme, was will/** [*da*] **wolle** ..., succeda quel che succeda ..., comunque vada ...; **wie kommt das?**, come mai?; **wie kommt es, dass ...?**, come mai ...?, com'è che ...?; **wie kommt es, dass du heute Urlaub hast?**, ₁come mai₁/[com'è che] hai un giorno libero oggi?; **wie komme ich (denn) dazu?**, perché dovrei?; **wie's gerade kommt** *fam* (*wie es das Schicksal will*), come vengono, (*je nachdem*), come capita; a seconda; **wie's kommt, so kommt's**, come va, va; **wohin würden wir ~, wenn ...**, ma dove andremo a finire se ...; **(wieder) zu sich** (dat) **~** (*wieder zu Bewusstsein ~*), rinvenire, riaversi, tornare in sé; (*sich sammeln*), riprendersi; **nach diesem Schock habe ich lange gebraucht, um wieder zu mir zu ~**, dopo questo choc ci ho messo un po' a riprendermi; **im Urlaub werde ich versuchen, zu mir zu ~**, in vacanza cercherò di ritrovare me stesso (-a); **wer zuerst kommt, mahlt zuerst** *prov*, chi prima arriva macina *prov*.

Kommen <-s, *ohne pl*> n venuta f: **ein reges/ständiges ~ und Gehen**, un continuo viavai/andirivieni; **im ~ sein** {WEITE HOSEN, KURZE RÖCKE}, tornare di moda; (**groß**) **im ~ sein** {KÜNSTLER, SÄNGER}, stare per sfondare *fam*.

kommend adj (*nächste*) venturo, a venire, prossimo: **in der ~en Woche**, nella settimana ventura/prossima; **die ~en Generationen**, le generazioni venture; **das ist der ~e Mann**, l'uomo ₁del futuro₁/[di domani].

Kommentar <-s, -e> m **1** (*Stellungnahme*) ~ (**zu etw** dat) commento m (*su qc*): **einen ~ zu einem Ereignis abgeben**, ₁fare un commento su₁/[commentare] un avvenimento; **der kritische ~ der Presse**, ₁il commento critico₁/[l'opinione critica] della stampa **2** (*kommentierendes Werk zur Bibel, zu einem Gesetzeswerk, zu literarischen Werken*) commento m: **der ~ zu einem Gesetzesartikel**, il commento a un articolo di legge **3** *oft pej* (*persönliche Meinung*) commento m, annotazione f personale, osservazione f (critica): **seinen ~ zu etw** (dat) **abgeben**, fare commenti su qc; **musst du zu allem deinen ~ abgeben?**, devi dire sempre la tua su tutto!; **auf deine ~e können wir gern verzichten**, dei tuoi commenti non ne facciamo volentieri a meno • **jeden (weiteren) ~ ablehnen**, non avere (altri) commenti da fare; *pol auch*, rifiutarsi di rilasciare (ulteriori) dichiarazioni; **kein ~!**, no comment!, nessun commento!, non commento!; **~ überflüssig!**, ogni commento è superfluo!, si commenta da solo!

Kommentator <-s, -en> m (**Kommentatorin** f) *journ* commentatore (-trice) m (f).

kommentieren <*ohne* ge-> tr **1** (*einen Kommentar äußern*/*schreiben*) **etw ~** {DIE BIBEL, GESETZ, LITERARISCHES O. WISSENSCHAFTLICHES WERK} commentare *qc*: **die kommentierte Fassung der Odyssee**, l'edizione commentata dell'Odissea; {ÖFFENTLICHE EREIGNISSE} commentare *qc*, esprimere un giudizio/un'opinione *su qc*; {SPORTVERANSTALTUNGEN} fare la cronaca *di qc* **2** *pej* (*Bemerkungen zu etw machen*) **etw ~** fare commenti/osservazioni *su qc*.

Kommerz <-es, *ohne pl*> m *obs meist pej* commercio m, affari m pl.

Kommerzfernsehen n *TV* televisione f commerciale.

kommerzialisieren <*ohne* ge-> tr *pej* **etw ~** commercializzare *qc*.

Kommerzialrat m (**Kommerzialrätin** f) A → **Kommerzienrat**.

kommerziell A adj {FERNSEHEN, FILM, INTERESSEN, UNTERNEHMEN} commerciale: **~es Denken**, spirito mercantile; **der Markt ist von ~er Literatur überschwemmt**, il mercato è sommerso da letteratura commerciale B adv commercialmente, in senso commerciale; **etw ~ ausnutzen**, sfruttare qc sotto l'aspetto/il profilo commerciale; **rein ~ denken**, avere uno spirito prettamente mercantile.

Kommerzienrat m (**Kommerzienrätin** f) *obs* ≈ cavaliere m del lavoro.

Kommilitone <-n, -n> m (**Kommilitonin** f) *univ* compagno (-a) m (f) di università/studi.

Kommiss (a.R. **Kommiß**) <-es, *ohne pl*> m *slang mil obs* naia f *slang*: **er muss zum ~**, deve partire (per il) militare; **beim ~ sein**, ₁essere sotto₁/[fare] la naia.

Kommissar <-s, -e> m (**Kommissarin** f) **1** (*Polizeikommissar*) commissario (-a) m (f) di polizia/[pubblica sicurezza]/[PS] **2** *adm* (*bevollmächtigter Beamter*) commissario (-a) m (f) del governo.

Kommissär <-s, -e> m (**Kommissärin** f) A CH → **Kommissar**.

Kommissariat <-(e)s, -e> n **1** (*Amt*/*zimmer*) *des Kommissars*) ufficio m del commissariato (di polizia) **2** *südd A* (*Polizeirevier*) commissariato m di zona.

Kommissarin f → **Kommissar**.

Kommissärin f → **Kommissär**.

kommissarisch *adm* A adj interinale, facente funzione: **der ~e Leiter der Dienststelle**, il responsabile interinale dell'ufficio B adv {ÜBERNEHMEN, VERWALTEN} ad interim.

Kommissbrot (a.R. **Kommißbrot**) n *hist* "pane m scuro di cui si nutrivano i soldati durante la guerra".

Kommission <-, -en> f **1** (*Ausschuss*) commissione f: **eine ~ bilden/einsetzen**, formare/istituire/[insediare] una commissione; **eine ~ von Fachleuten**, una commissione/un collegio di esperti; **er ist Mitglied einer ~ für Gentechnik**, è membro di una commissione di ingegneria genetica **2** ökon (*Auftrag*): **etw in ~ geben/nehmen**, dare/prendere qc in conto vendita.

Kommissionär <-s, -e> m **1** (*Buchgroßhändler*) distributore m (di libri) **2** ökon (*für Waren, Wertpapiere*) commissionario m.

Kommissionsbasis f com: **auf ~**, su commissione.

Kommissionsgeschäft n com affare m su commissione.

Kommissstiefel, **Kommiss-Stiefel** (a.R. Kommißstiefel) m mil <meist pl> stivale m militare.

kommod adj A comodo, confortevole.

Kommode <-, -n> f comò m, cassettone m, canterano m.

kommunal adj {BEBAUUNGSPLAN, VERWALTUNG} comunale, municipale: **~e Abgaben**, imposte comunali.

Kommunalabgaben subst <nur pl> imposte f pl/tasse f pl comunali.

Kommunalpolitik f politica f comunale.

Kommunalpolitiker m (**Kommunalpolitikerin** f) amministratore (-trice) m (f) comunale.

Kommunalverwaltung f amministrazione f comunale.

Kommunalwahl f <meist pl> elezioni f pl comunali.

Kommunarde <-n, -n> m (**Kommunardin** f) hist comunardo (-a) m (f).

Kommune <-, -n> f **1** adm (*Gemeinde*) comune m **2** scherz oder pej (*Wohngemeinschaft*) comune f • **die Pariser ~** hist, la Comune di Parigi.

Kommunikant <-en, -en> m (**Kommunikantin** f) relig comunicando (-a) m (f).

Kommunikation <-, -en> f <meist sing> **1** (*Verständigung*) comunicazione f: **sprachliche/[nonverbale] ~**, comunicazione verbale/[non verbale]; **zwischenmenschliche ~**, comunicazione interpersonale; **die ~ mit jdm aufnehmen/abbrechen**, mettersi in/[interrompere la] comunicazione con qu; **die ~ zwischen ihnen beschränkt sich auf Blicke und Zeichen**, la comunicazione tra di loro si limita a sguardi e gesti **2** tech comunicazione f.

Kommunikationsbasis f base f di comunicazione.

Kommunikationsbereitschaft f disponibilità f a comunicare: **ihre ~ mir gegenüber war gering**, non sembrava molto disponibile a comunicare con me.

Kommunikationsfähigkeit f capacità f di comunicazione, comunicativa f.

Kommunikationsindustrie f industria f della comunicazione.

Kommunikationsmittel n mezzo m di comunicazione: **sich verschiedener ~ bedienen**, servirsi di vari mezzi di comunicazione.

Kommunikationsmodell n modello m di comunicazione.

Kommunikationssatellit m tech satellite m per (tele)comunicazioni.

Kommunikationsschwierigkeit f difficoltà f di comunicazione: **die fremde Sprache stellt für sie keine ~ dar**, per lei la lingua straniera non rappresenta alcun ostacolo alla comunicazione.

Kommunikationssystem n sistema m di comunicazione.

Kommunikationstechnik f tech tecnologia f delle comunicazioni.

Kommunikationsweg m forma f di comunicazione.

Kommunikationswissenschaft f wiss scienze f pl della comunicazione.

Kommunikationszentrum n centro m di ritrovo.

kommunikativ adj **1** (*kommunikationsbereit*) comunicativo, espansivo: **gewöhnlich ist er viel ~er**, di solito è più comunicativo/[parla di più fam] **2** (*bezogen auf die Kommunikation*) di comunicazione: **ein ~er Prozess**, un processo di comunicazione; **~e Fähigkeiten**, capacità di comunicazione • **~es Lernen**, "metodo m didattico che si avvale di supporti multimediali".

Kommunikee n → **Kommuniqué**.

Kommunion <-, -en> f relig **1** (*Abendmahl*) comunione f, eucaristia f: **die ~ empfangen**, ricevere la comunione/l'ostia; **zur ~ gehen**, fare la comunione **2** (*Erstkommunion*) (prima) comunione f: **das Kind hat dieses Jahr die ~**, il bambino quest'anno fa la prima/[passa a] comunione.

Kommunionanzug m (*für Jungen*) vestito m per la/[della] prima comunione.

Kommunionkind n relig comunicando (-a) m (f).

Kommunionkleid n (*für Mädchen*) vestito m (bianco) per la/[della] prima comunione.

Kommunionunterricht m relig lezione f di catechismo: **zum ~ gehen**, andare a catechismo/dottrina.

Kommuniqué <-s, -s> n comunicato m, dichiarazione f (ufficiale): **auf der Pressekonferenz wurde ein ~ verlesen**, alla conferenza stampa è stato letto un comunicato; **die Staatsmänner gaben ein gemeinsames ~ heraus**, gli statisti hanno rilasciato una dichiarazione congiunta.

Kommunismus <-, ohne pl> m **1** wiss (*Ideologie von Marx und Engels*) comunismo m **2** pol (*System*) {CHINESISCHER, SOWJETISCHER} comunismo m: **unterm ~ leben**, vivere sotto un regime comunista.

Kommunist <-en, -en> m (**Kommunistin** f) comunista mf.

Kommunistenfresser m (**Kommunistenfresserin** f) slang pej nemico (-a) m (f) giurato (-a) dei comunisti, anticomunista mf viscerale.

Kommunistin f → **Kommunist**.

kommunistisch A adj {IDEOLOGIE, PARTEI, REGIERUNG, STAAT, SYSTEM} comunista B adv: **~ wählen**, votare il/[dare il proprio voto al] partito comunista; **die ~ regierten Länder**, i paesi a regime comunista • **das Kommunistische Manifest** pol, il Manifesto del partito comunista.

kommunizieren <ohne ge-> itr **1** geh (*sich austauschen*) **mit jdm ~** comunicare con qu; (**miteinander**) **~** {PERSONEN} comunicare (tra loro): **wir können hervorragend miteinander ~**, comunichiamo alla perfezione, ci intendiamo a meraviglia fam **2** phys: **~de Röhren**, vasi comunicanti **3** relig (*zur Kommunion gehen*) comunicarsi, fare/ricevere la comunione.

Komödiant <-en, -en> m (**Komödiantin** f) **1** theat commediante mf, attore (-trice) m (f) di commedie **2** pej (*Heuchler*) commediante mf, istrione (-a) m (f).

Komödie <-, -n> f **1** <nur sing> (*dramatische Gattung*) commedia f **2** theat (*Lustspiel*) commedia f **3** <nur sing> theat (*~nhaus*) teatro m di prosa **4** fam pej (*Verstellung*) commedia f, messinscena f, sceneggiata f: **das ist doch alles nur ~!**, è tutta una commedia/farsa!; **~ spielen**, fare/recitare la commedia; **jetzt spiel mir bitte keine ~ vor!**, lascia perdere queste commedie!

Komödienschauspieler m (**Komödienschauspielerin** f) theat attore (-trice) m (f) di commedie.

Komoren subst <nur pl> geog: **die ~**, le Comore.

Kompagnon <-s, -s> m **1** com socio m, partner m **2** scherz (*Kumpan*) compagno m, compare m südital.

kompakt A adj **1** (*fest*) {GESTEIN, HOLZ, MAUERWERK, SCHICHT} compatto; **~e Masse**, massa compatta; {MENSCHENGRUPPE, -MENGE} compatto, folto; fam {FIGUR, KÖRPERBAU} tarchiato, tozzo **2** (*handlich*) {FERNSEHGERÄT, FOTOAPPARAT, REGENSCHIRM, VIDEOKAMERA} compatto: **ein ~er PC**, un personal computer compatto/maneggevole B adv in modo compatto: **~ gebaut/gemacht sein**, avere una forma compatta.

Kompaktanlage f (*Stereoanlage*) (impianto m) compatto.

Kompaktkleber m colla f ultraresistente, Attak® m.

Kompaktschallplatte f form → **CD**.

Kompaktschi m → **Kompaktski**.

Kompaktseminar n univ "seminario m tenuto in blocco".

Kompaktski m carving m.

Kompanie <-, -n> f **1** mil compagnia f **2** com hist (*Handelsgesellschaft*) compagnia f: **die Westindische ~**, la Compagnia (olandese) delle Indie (occidentali) • **damit kann man ja eine ganze ~ füttern** fam, basterebbe a sfamare un reggimento.

Kompaniechef m (**Kompaniechefin** f), **Kompanieführer** m (**Kompanieführerin** f) mil comandante mf di compagnia.

komparabel <attr komparable(r, s)> adj geh comparabile, paragonabile: **komparable Größen**, entità comparabili.

Komparation <-, -en> f gram comparazione f.

Komparatistik <-, ohne pl> f lit letteratura f comparata.

Komparativ <-s, -e> m gram comparativo m.

Komparativsatz m gram proposizione f/frase f comparativa.

Komparse <-n, -n> m (**Komparsin** f) film theat comparsa f: **~ sein**, fare la comparsa.

Kompass <-es, -e> (a.R. Kompaß) m bussola f: **nach dem ~**, secondo la bussola; **sich nach dem ~ orientieren**, orientarsi con la bussola.

Kompassnadel (a.R. Kompaßnadel) f ago m della bussola.

kompatibel <attr kompatible(r, s)> adj **1** inform {COMPUTER, HARDWARE, SOFTWARE} compatibile: **(mit etw dat) ~ sein**, essere compatibile (con qc) **2** med {BLUTGRUPPEN, MEDIKAMENTE} compatibile: **die beiden Seren sind nicht miteinander ~**, i due sieri non sono compatibili **3** (*vereinbar in Personalunion*) {ÄMTER} compatibile **4** ling compatibile **5** (*miteinander vereinbar*) compatibile.

Kompatibilität <-, -en> f **1** inform ling med compatibilità f **2** {+ÄMTER} compatibilità f.

Kompendium <-s, Kompendien> n compendio m, sommario m.

Kompensation <-, -en> f **1** psych compensazione f; (*bei physiologischem Ungleichgewicht*) compenso m **2** (*finanzielle Entschädigung*) risarcimento m, indennizzo m **3** bank (*Ausgleich im Devisenhandel*) compensazione

f, clearing m.
Kompensationsabkommen n ökon accordo m di compensazione/clearing.
Kompensationsgeschäft n ökon operazione f di compensazione.
kompensieren <ohne ge-> tr **1** psych *etw* (*mit etw* dat/*durch etw* akk) ~ (UNSICHERHEIT MIT/DURCH ARROGANZ) compensare *qc* (*con qc*) **2** *bes. com* ökon (*ausgleichen*) *etw* ~, compensare *qc*.
kompetent A adj **1** (*sachverständig*) competente: **für etw (akk) ~ sein**, essere competente in *qc*; **auf einem bestimmten Gebiet ~ sein**, essere competente in un certo campo; **sie ist ein ~es Mädchen in Sachen Wein**, è una ragazza valida/[in gamba]; **in Sachen Wein ist sie nicht besonders ~**, non si intende di molto di vini **2** *bes. jur* (*zuständig*) (GERICHT, STELLE) competente B adv (*sachverständig*) con competenza.
Kompetenz <-, -en> f **1** (*Befähigung*) competenza f: **er verfügt über große ~en**, è molto competente **2** (*Zuständigkeit*) competenza f; *jur* (+GERICHT, GERICHTSHOF) competenza f **3** *ling* competenza f (linguistica) • **soziale ~**, capacità di socializzazione.
Kompetenzbereich m sfera f di competenza: **(nicht) in jds ~ fallen**, (non) rientrare nella sfera di competenza di qu.
Kompetenzgerangel n *fam*, **Kompetenzstreitigkeit** f conflitto m di competenze.
Kompilation <-, -en> f *geh* antologia f, compilation f.
kompilieren <ohne ge-> tr **1** *geh* (*aus anderen Werken zusammenstellen*) *etw* (*aus etw* dat) ~ (BERICHT, BUCH, WÖRTERBUCH) compilare *qc* **2** *inform etw* ~ compilare *qc*.
komplementär *geh* A adj complementare B adv: **sich ~ zueinander verhalten** (FARBEN), essere complementari.
Komplementär <-s, -e> m (**Komplementärin** f) *com* (socio (-a) m (f)) accomandatario (-a) m (f).
Komplementärfarbe f colore m complementare.
Komplementärprogramm n *TV* "programma m televisivo non in concorrenza con quelli trasmessi in contemporanea dalle altre reti".
komplett A adj **1** (*vollständig*) (AUSRÜSTUNG, SAMMLUNG, SERVICE, WOHNUNGSEINRICHTUNG) completo: **eine ~e Mahlzeit**, un pasto completo **2** (*in seiner Gesamtheit*) intero: **die ~e Bibliothek wurde bei dem Brand zerstört**, l'intera biblioteca è andata distrutta nell'incendio **3** <meist präd> (*vollzählig*) (BESATZUNG, FAMILIE, KLASSE) al completo: **jetzt sind wir ~, es kann losgehen!**, adesso siamo al completo/[ci siamo tutti], possiamo partire! **4** <attr> *fam* (*völlig*) totale, assoluto: **das ist doch ~er Schwachsinn!**, è un'idiozia totale! **5** A (*voll besetzt*) (al) completo: **das Hotel ist ~**, l'albergo è al completo B adv **1** (*vollständig*) (AUSSTATTEN, EINKLEIDEN, MÖBLIEREN) completamente: **eine Wohnung ~ möbliert vermieten**, affittare un appartamento completamente arredato; **sich ~ neu einkleiden**, rinnovare completamente il (proprio) guardaroba **2** (*insgesamt*) (KONTROLLIEREN, ÜBERPRÜFEN, WIEDERHERSTELLEN) completamente: **der Mechaniker hat den Wagen ~ überholt**, il meccanico ha fatto una revisione completa della macchina **3** *fam* (*total*) (ÜBERSCHNAPPEN, WAHNSINNIG WERDEN) completamente.
komplettieren <ohne ge-> tr *geh etw* (*mit etw* dat) ~ (BAU, SAMMLUNG, WERK) completare *qc* (*con qc*).

komplex A adj **1** *geh* (*vielschichtig*) (ANGELEGENHEIT, ORGANISMUS, PROBLEM, SYSTEM, ZUSAMMENHÄNGE) complesso: **etw stellt sich ~er dar als erwartet**, *qc* risulta più complesso del previsto **2** *meist euph* (*kompliziert*) (CHARAKTER, MENSCH, WESEN) complesso B adv in modo complesso.
Komplex <-es, -e> m **1** (*Einheit*) ~ **von etw** (dat pl) (VON FRAGEN, MAßNAHMEN, PROBLEMEN) complesso m *di qc*, insieme m *di qc* **2** (*Gruppe von Gebäuden*) complesso m: **hier entsteht ein riesiger ~ von Wohnhäusern**, qui sorgerà un enorme complesso residenziale **3** *psych* complesso m: **wegen etw** (gen *oder fam* dat) **einen ~ haben**, avere il complesso di *qc*; **wenn du so weitermachst, kriege ich noch einen ~ fam**, se continui così mi fai venire dei complessi; **an einem ~ leiden**, soffrire di un complesso; **voller ~e stecken**, essere pieno di complessi.
komplexbeladen adj *psych* complessato, pieno di complessi: **er ist ein ~er Mensch**, è uno con tanti complessi, è un complessato.
Komplexität <-, ohne pl> f *geh* complessità f.
Komplice m A CH → **Komplize**.
Komplikation <-, -en> f <meist pl> **1** (*Schwierigkeit*) complicazione f: **es traten unvorhergesehene ~en auf**, sono sorte complicazioni impreviste **2** *med* (*Verschlechterung*) complicanza f, complicazione f: **die Operation verlief ohne ~en**, l'operazione si è svolta senza complicanze.
komplikationslos A adj senza complicazioni/problemi B adv (ERFOLGEN, VERLAUFEN) senza complicazioni/problemi.
Kompliment <-(e)s, -e> n complimento m: **jdm ein ~/[-e] machen** (*wegen etw* gen *oder fam* dat) **machen**, fare un complimento/[dei complimenti] a qu (per *qc*); **jdn mit ~en überschütten**, coprire/sommergere qu di complimenti; **mit ~en (nur so) um sich werfen**, dispensare complimenti a destra e a manca • **(mein) ~!**, (i miei) complimenti!
Komplize <-n, -n> m (**Komplizin** f) *jur* complice *mf*.
Komplizenschaft <-, ohne pl> f *jur* complicità f: **jdn der ~ überführen**, provare la complicità di qu.
komplizieren <ohne ge-> *geh* A tr *etw* ~ (ANGELEGENHEIT, DINGE, SACHE) complicare *qc*, ingarbugliare *qc*, intricare *qc*: **das kompliziert die Sache außerordentlich**, ciò rende la cosa estremamente complicata B rfl **sich ~** (AUFGABE, POLITISCHE LAGE, SITUATION) complicarsi, farsi/diventare complicato (-a), intricarsi, ingarbugliarsi.
kompliziert A adj **1** (*schwierig*) (AUFGABE, FRAGE, PROBLEM, ZUSAMMENHÄNGE) complicato, intricato: **ihre Familiensituation ist äußerst ~**, la loro situazione familiare è estremamente complicata/intricata; **dieses Problem ist zu ~ für mich**, questo problema è troppo complicato per me **2** (*psychologisch schwierig*) (CHARAKTER, MENSCH) complicato **3** *med*: **~er Bruch**, frattura complicata B adv (AUFBAUEN, AUSDRÜCKEN, DARSTELLEN) in maniera complicata: **er drückt sich sehr ~ aus**, una linguaggio molto complicato • **mach's doch nicht so ~! fam**, non complicare le cose!, non rendere le cose così complicate!
Kompliziertheit <-, ohne pl> f complicatezza f.
Komplizin f → **Komplize**.
Komplott <-(e)s, -e> n *oder fam* m complotto m: **ein ~ aufdecken/[auffliegen lassen]**, scoprire/sventare un complotto; **ein ~ (gegen jdn/etw) anzetteln/schmieden**, ordi-

re/tramare un complotto (contro/[ai danni di] qu/qc), complottare (contro qu/qc).
Komponente <-, -n> f **1** (*Bestandteil*) (+FLÜSSIGKEIT, GEMISCH, LÖSUNG) componente m **2** (*Teilkraft*) (HISTORISCHE, SOZIALE) componente f: **die Mutter-Kind-Beziehung ist eine feste ~ in seinem Werk**, il rapporto madre-figlio è una costante (all'interno) della sua opera **3** *inform* (*Geräteteil*) componente f; (*Peripheriegerät*) periferica f.
komponieren <ohne ge-> A tr *etw* ~ **1** *mus* (FILMMUSIK, LIED, OPER, STÜCK) comporre *qc* **2** *geh* (*kunstvoll gestalten*) (GERICHT, MENÜ) comporre *qc*; creare *qc*: **ein Blumengesteck ~**, realizzare una composizione floreale; **ein perfekt komponierter Roman**, un romanzo con un impianto perfetto B itr *mus* comporre, fare il compositore.
Komponist <-en, -en> m (**Komponistin** f) *mus* compositore (-trice) m (f).
Komposita pl von Kompositum.
Komposition <-, -en> f **1** *mus* composizione f, componimento m *rar*: **eine moderne ~**, una composizione moderna **2** *geh* (*Zusammenstellung*) ~ **von etw** (dat pl) (VON BLUMEN, FARBEN, SPEISEN) composizione f *di qc* **3** *bes. arch kunst* (*Objekt*) composizione f **4** *ling* composizione f.
Kompositionslehre <-, ohne pl> f *mus* composizione f.
kompositorisch adj *mus* compositivo.
Kompositum <-s, Komposita> n *ling* parola f composta, composto m.
Kompost <-(e)s, -e> m ökol compost m.
Komposterde f composta f, terricciato m.
Komposthaufen m ökol mucchio m di compost m.
kompostierbar adj compostabile.
kompostieren <ohne ge-> tr ökol *etw* ~ (ESSENSRESTE, KÜCHENABFÄLLE, LAUBBLÄTTER) compostare *qc*.
Kompostierung <-, -en> f ökol compostaggio m.
Kompostierungsanlage f ökol impianto m di compostaggio.
Kompott <-(e)s, -e> n *gastr* composta f.
Kompottschale f coppetta f per composta.
Kompottschüssel f compostiera f.
Kompresse <-, -n> f **1** (*Wickel*) impacco m: **jdm eine ~ auflegen**, applicare un impacco a qu **2** (*Mullstück*) compressa f, garza f.
Kompression <-, -en> f *phys tech* compressione f.
Kompressor <-s, -en> m *tech* (in Kühlgeräten) compressore m.
komprimieren <ohne ge-> tr *etw* ~ **1** *phys* (*verdichten*) (GASE, LUFT, KRAFTSTOFF-LUFT-GEMISCH) comprimere *qc*: **komprimierte Luft**, aria compressa **2** (*zusammenpressen*) (ARTERIEN, HALSSCHLAGADER, VENE) comprimere *qc* **3** (*verknappen*) (GEDANKEN, TEXT) esprimere *qc* in modo conciso/essenziale, sintetizzare *qc*: **der Text war auf eine Seite komprimiert**, il testo è stato ridotto a/[condensato in] una pagina **4** *inform* (DATEIEN, DATEN) comprimere *qc*, zippare *qc*: **komprimierte Dateien**, file compressi/zippati.
Komprimierung <-, ohne pl> f *inform* (+DATEIEN, DATEN) compressione f.
Komprimierungsprogramm n *inform* programma m di compressione.
Kompromiss <-es, -e> (a.R. Kompromiß) m **1** (*Einigung*) compromesso m: **sie sind zu keinem ~ bereit**, non sono disposti (-e) a fare/[scendere a] compromessi; **einen ~ eingehen**, arrivare/giungere a un compromes-

so; **sich auf ~e einlassen**, scendere a compromessi/patti; **sich auf einen ~ einigen, einen ~ schließen**, fare/trovare un compromesso **2** (*Mittelweg*) compromesso f, via f di mezzo: **das Bauwerk ist ein ~ zwischen Gotik und Renaissance**, l'edificio rappresenta un compromesso tra stile gotico e stile rinascimentale • **ein fauler ~**, un brutto compromesso, un pasticcio *fam*.

kompromissbereit (a.R. kompromißbereit) adj {PERSON} disposto a trattare/[(arrivare a) un compromesso], conciliante; {HALTUNG, VERHALTEN} conciliante, morbido *fam*; **(in etw dat) ~ sein**, essere disposto a [(fare) dei compromessi]/[accettare un compromesso], transigere (su qc).

Kompromissbereitschaft (a.R. Kompromißbereitschaft) f {+PERSON} disponibilità f al/[a trovare un] compromesso, atteggiamento m conciliante.

kompromisslos (a.R. kompromißlos) adj **1** (*zu keinem Kompromiss bereit*) {HALTUNG} intransigente; {MENSCH} *auch* che non accetta compromessi; **~ sein**, non scendere ad alcun compromesso **2** (*uneingeschränkt*) {ABLEHNUNG} categorico, assoluto.

Kompromisslösung (a.R. Kompromißlösung) f soluzione f di compromesso.

Kompromissvorschlag (a.R. Kompromißvorschlag) m proposta f di compromesso.

kompromittieren <*ohne ge-> geh* **A** tr (*bloßstellen*) **jdn ~** compromettere *qu* **B** rfl **sich (durch etw) akk ~** compromettersi (*con qc*): **in seiner Begleitung habe ich mich sicherlich kompromittiert**, la sua compagnia è stata sicuramente comprometente per me.

kompromittierend adj compromettente.

Kondensat <*-(e)s, -e*> n **1** *phys* condensato m **2** (*Konzentration*) ~ **an/von etw** (dat pl) {AN/VON GEDANKEN, IDEEN, IDEOLOGIEN} condensato m *di qc*.

Kondensation <*-, -en*> f *phys* condensazione f.

Kondensator <*-s, -en*> m *el tech* condensatore m.

kondensieren <*ohne ge-> A* itr <*haben oder sein*> (*an etw* dat) ~ (WASSERDAMPF AM HEIZUNGSROHR} condensarsi (*su qc*) **B** tr <*haben> etw ~* (MILCH, SAFT} concentrare *qc*; {GASE} condensare *qc*.

Kondensmilch f latte m condensato/concentrato.

Kondensstreifen m *aero* scia f di condensazione.

Kondenswasser n (acqua f di) condensa f, acqua f di condensazione.

Kondition① <*-, ohne pl*> f (*Leistungsfähigkeit*) forma f (fisica): **~/[keine ~] haben**, essere/[non essere] in forma (fisica); **eine gute/schlechte ~ haben**, essere in buona/cattiva forma (fisica); **heute zeigt er eine ausgezeichnete ~**, oggi è in ottima/perfetta/[ottime condizioni di] forma.

Kondition② <*-, -en*> f <*meist pl*> *com* (*Bedingung*) condizione f: **die ~en für dieses Geschäft sind uninteressant**, le condizioni di questo affare non sono interessanti.

konditional adj *bes. ling* condizionale.

Konditional <*-s, -e*> n *gram* (modo m) condizionale m.

Konditionalsatz m *gram* frase f/proposizione f condizionale.

konditionell adj relativo alla condizione/forma fisica: **~e Probleme**, problemi di condizione.

konditionsschwach adj *sport* fuori/[giù di] forma, in cattiva forma (fisica).

Konditionsschwäche f *sport* cattiva forma f (fisica): **~ zeigen**, risultare in cattiva forma fisica.

konditionsstark adj *sport* in ottima forma (fisica), fitness m.

Konditionstraining n *sport* allenamento m (per mantenere la forma fisica), fitness m.

Konditor <*-s, -en*> m (**Konditorin** f) pasticciere (-a) m (f).

Konditorei <*-, -en*> f pasticceria f.

Konditorin f → **Konditor**.

Konditormeister m (**Konditormeisterin** f) mastro m pasticciere.

Konditorwaren subst <*nur pl*> pasticceria f.

Kondolenzbesuch m visita f di condoglianza.

Kondolenzbrief m lettera f di condoglianza.

Kondolenzbuch n libro m che contiene le firme di condoglianza.

Kondolenzkarte f biglietto m di condoglianze.

Kondolenzschreiben n → **Kondolenzbrief**.

kondolieren <*ohne ge-> itr geh jdm* (*zu etw* dat) ~ fare/porgere le condoglianze *a qu* (*per qc*), condolersi *con qu* (*per qc*): **wir wollen Ihnen zum Tod Ihres Anverwandten ~ form**, desideriamo porgerLe le nostre condoglianze per la perdita del Suo congiunto; **schriftlich ~**, scrivere una lettera di condoglianze.

Kondom <*-s, -e oder rar -s*> n *oder* m preservativo m.

Kondor <*-s, -e*> m *ornith* condor m.

Kondukteur <*-s, -e*> m (**Kondukteurin** f) CH → **Schaffner**.

Konen pl *von* Konus.

Konfekt <*-(e)s, ohne pl*> n *gastr* **1** (*Pralinen*) cioccolatini m pl (ripieni), praline f pl **2** *süddt A CH* (*Teegebäck*) pasticcini m pl da tè, petit-fours m pl.

Konfektion <*-, -en*> f <*meist sing*> **1** (*Herstellung*) confezione f di abiti in serie: **sie arbeitet in der ~**(*sindustrie*), lavora nel settore della confezione **2** (*Kleidung*) abiti m pl/vestiti m pl confezionati, confezioni f pl.

Konfektionsgröße f taglia f.

Konferenz <*-, -en*> f **1** (*Treffen von Experten*) ~ (*über etw* akk/*zu etw* dat) conferenza f (*su qc*): **eine ~ anberaumen/einberufen**, organizzare/indire una conferenza; **an einer ~ teilnehmen**, partecipare a una conferenza **2** (*Besprechung*) riunione f: **gerade in einer ~ sein**, essere impegnato in una riunione, essere in riunione; (*Lehrerkonferenz*) consiglio m di classe **3** *inform* conferenza f.

Konferenzbeschluss (a.R. Konferenzbeschluß) m risoluzione f (presa) al termine di una conferenza.

Konferenzdolmetscher m (**Konferenzdolmetscherin** f) interprete mf di conferenza.

Konferenzleiter m (**Konferenzleiterin** f) coordinatore (-trice) m (f) di una conferenza.

Konferenzraum m (*in einer kleinen Firma, der Schule*) sala f riunioni; (*in Hotels und größeren Firmen*) sala f [per le]/[delle] conferenze.

Konferenzsaal m → **Konferenzraum**.

Konferenzschaltung f *radio tel TV* teleconferenza f.

Konferenzsprache f lingua f ufficiale [di una]/[della] conferenza.

Konferenzteilnehmer m (**Konferenzteilnehmerin** f) partecipante mf a una conferenza, congressista mf.

Konferenztisch m <*meist sing*> tavolo m delle consultazioni.

Konferenzzimmer n → **Konferenzraum**.

konferieren <*ohne ge-> itr geh* (miteinander) ~ (*MINISTER*) consultarsi; **mit jdm** (*über etw* akk) ~ conferire *con qu* (*su qc*).

Konfession <*-, -en*> f **1** *relig* (*religiöse Gemeinschaft*) confessione f (religiosa) **2** *relig* (*Bekenntnis*) confessione f (di fede) **3** *geh* (*Geständnis*) confessione f • **die Augsburger ~ hist**, la confessione di Augusta.

konfessionell **A** adj confessionale **B** adv confessionalmente, da un punto di vista confessionale: **~ gebunden**, legato a una confessione/[fede (religiosa)].

konfessionslos adj aconfessionale, senza confessione.

Konfessionsschule f → **Bekenntnisschule**.

Konfetti subst <*nur pl*> coriandoli m pl: **~ streuen**, gettare coriandoli.

Konfettiregen m pioggia f di coriandoli.

Konfiguration <*-, -en*> f **1** *geh* (*Art der Gestaltung*) configurazione f **2** *inform* configurazione f **3** *chem phys* configurazione f **4** *astr* configurazione f.

Konfigurationsdatei f *inform* file m di configurazione.

konfigurieren <*ohne ge-> tr inform etw ~* {COMPUTER, PROGRAMM} configurare *qc*.

Konfirmand <*-en, -en*> m (**Konfirmandin** f) *relig* (*evangelische, anglikanische Religion*) confermando (-a) m (f).

Konfirmandenunterricht m *relig* (*evangelische, anglikanische Religion*) lezioni f pl preparatorie alla confermazione.

Konfirmandin f → **Konfirmand**.

Konfirmation <*-, -en*> f *relig* (*evangelische, anglikanische Religion*) confermazione f.

konfirmieren <*ohne ge-> tr relig* (*evangelische, anglikanische Religion*) **jdn ~** confermare *qu*.

Konfiserie <*-, -n*> f CH **1** → **Konditorei** **2** → **Konfekt**.

Konfiskation <*-, -en*> f → **Konfiszierung**.

konfiszieren <*ohne ge-> tr jur* (*jdm*) *etw* ~ {BEAMTER, ZÖLLNER DIEBESGUT, SCHMUGGELWARE} confiscare *qc* (*a qu*); {GERICHT BESITZ, IMMOBILIE, VERMÖGEN} sequestrare *qc* (*a qu*), porre sotto sequestro *qc* (*a qu*).

Konfiszierung <*-, -en*> f *jur* {+DIEBESGUT, SCHMUGGELWARE} confisca f; {+BESITZ, VERMÖGEN} sequestro m.

Konfitüre <*-, -n*> f *gastr* confettura f.

Konflikt <*-(e)s, -e*> m **1** (*schwierige Situation*) conflitto m: **ein sozialer ~**, un conflitto sociale; **ein unlösbarer ~**, un conflitto insanabile; **einen ~ austragen**, affrontare un conflitto; **einen ~ beilegen/schlichten**, appianare un conflitto; **in einen ~ eingreifen**, intervenire in un conflitto; **mit jdm/etw in ~ geraten**, entrare in conflitto con qu/qc; **mit dem Gesetz in ~ geraten**, avere problemi con la giustizia; **einen ~ heraufbeschwören/hervorrufen/auslösen**, provocare/scatenare un conflitto; **es kam zum offenen ~ zwischen den beiden Parteiflügeln**, si è arrivato allo scontro aperto tra le due ali del partito **2** (*innerer Zwiespalt*) conflitto m: **ein innerer ~**, un conflitto/dissidio interiore; **in einem ~ sein**, dibattersi in un dilemma, essere combattuto; **er ist in ~ mit sich selbst**, è in conflitto con se stesso; **kommst du da nicht mit deinem Gewissen in ~?**, ma non entri in conflitto con la tua coscienza? ● **bewaffneter/militärischer ~** *euph*, conflitto armato/militare.

Konfliktbewältigung f *psych* superamento m di un conflitto.

konfliktfähig adj in grado di affrontare conflitti.

konfliktgeladen adj carico/denso di conflitti; {BEZIEHUNG} *auch* profondamente conflittuale.

Konfliktherd m *pol* focolaio m di tensioni.

Konfliktlösung f soluzione f del conflitto.

Konfliktpartei f <meist pl> parte f in causa in un conflitto.

Konfliktpotenzial, Konfliktpotential n *geh* conflittualità f.

konfliktscheu adj che rifugge/teme il conflitto.

Konfliktschlichtung f appianamento m di conflitti.

Konfliktsituation f situazione f conflittuale.

Konfliktstoff m motivo m di conflitto.

Konföderation <-, -en> f *pol* confederazione f.

konföderiert adj {STAATEN, STAATENGEMEINSCHAFT} confederato.

konform adj {ANSICHTEN, MEINUNGEN, ZEUGENAUSSAGEN} concorde, concordante: **mit jdm ~ gehen/sein**, concordare/[trovarsi d'accordo] con qu; **er wird niemals mit mir in dieser Frage ~ gehen**, non sarà mai d'accordo con me su questa questione.

Konformismus <-s, ohne pl> m *geh meist pej* conformismo m, convenzionalismo m.

Konformist <-en, -en> m (**Konformistin** f) *geh meist pej* conformista mf.

konformistisch adj *geh meist pej* {PERSON} conformista; {EINSTELLUNG, HALTUNG, MENTALITÄT} conformistico.

Konfrontation <-, -en> f **1** (*Gegenüberstellung*) ~ (**mit jdm/etw**) confronto m (*con qu/qc*): **die ständige ~ mit diesen Problemen**, il confrontarsi continuamente con questi problemi **2** (*Auseinandersetzung*) scontro m: **die ~ zwischen Oppositionellen und Regimetreuen**, lo scontro tra gli oppositori e i fedeli al regime.

Konfrontationskurs m rotta f di collisione: (**mit jdm**) **auf ~ gehen**, entrare in rotta di collisione con qu, cercare lo scontro (con qu).

konfrontieren <ohne ge-> tr **1** (*aussetzen*) **jdn mit etw ~** {MIT EINEM ANLIEGEN, PROBLEM, DER REALITÄT} porre/mettere qu di fronte a qc: **jdn mit der nackten Wahrheit ~**, mettere qu faccia a faccia con la cruda verità; **ich war noch nie mit derartig schwierigen Dingen konfrontiert**, ₍non mi sono mai trovato (-a) dinanzi a₎/[non ho mai dovuto affrontare] difficoltà del genere; **sich mit etw** (dat) **konfrontiert sehen**, trovarsi ₍di fronte₎/[faccia a faccia] con qc **2** (*gegenüberstellen*) **jdn mit jdm ~** mettere/porre qu a confronto con qu.

Konfrontierung f → **Konfrontation**.

konfus A adj **1** (*unklar*) {ÄUSSERUNGEN, DARSTELLUNG, SÄTZE, WORTE} confuso **2** (*verwirrt*) {PERSON} confuso, disorientato: **ganz ~ sein**, avere una grande confusione in testa; **jdn ~ machen**, confondere qu, disorientare qu; **seine Worte haben mich ganz ~ gemacht**, il suo discorso mi ha ₍molto disorientato (-a)₎/[confuso le idee] B adv {SICH ÄUSSERN, DARSTELLEN, ERKLÄREN, REDEN} in modo confuso, confusamente: **was er sagt, klingt ziemlich ~** *fam*, fa dei discorsi piuttosto confusi/sconclusionati.

Konfusion <-, -en> f **1** (*Durcheinander*) confusione f, caos m **2** (*Unklarheit*) confusione f.

Konglomerat <-(e)s, -e> n **1** *geh* (*Mischung*) ~ **aus/von etw** (dat) conglomerato m *di qc*: **ein ~ von Häusern**, un conglomerato di case **2** *geol* conglomerato m.

Kongo① <-s, ohne pl> m *geog* (*Land*): **der ~**, il Congo; **er kommt aus dem ~**, viene dal Congo.

Kongo② <-s, ohne pl> m *geog* (*Fluss*) fiume m Congo.

Kongolese <-n, -n> m (**Kongolesin** f) congolese mf.

kongolesisch adj congolese.

Kongregation <-, -en> f *relig* (*Laienkongregation*) congregazione f.

Kongress <-es, -e> (a.R. **Kongreß**) m **1** (*Fachtagung*) congresso m, convegno m: **ein internationaler ~**, un congresso internazionale; **auf einem ~ sprechen**, intervenire a un congresso; **an einem ~ teilnehmen**, partecipare ad un congresso; **einen ~ veranstalten**, organizzare un congresso **2** *pol* (*Parlament der USA*): **der Kongress**, il Congresso ● **der Wiener ~** *hist*, il Congresso di Vienna.

Kongresshalle (a.R. **Kongreßhalle**) f palazzo m dei congressi.

Kongressmitglied (a.R. **Kongreßmitglied**) n *pol* (*USA*) membro m del Congresso.

Kongressplanung (a.R. **Kongreßplanung**) f organizzazione f ₍del congresso₎/[dei congressi].

Kongressteilnehmer (a.R. **Kongreßteilnehmer**) m (**Kongressteilnehmerin** f) congressista mf, partecipante mf a un congresso.

Kongresszentrum (a.R. **Kongreßzentrum**) n centro m congressi.

kongruent adj **1** *geom* {FIGUREN, FLÄCHEN} congruente **2** *geh* (*übereinstimmend*) {BEGRIFFE} coincidenti, che coincidono.

Kongruenz <-, -en> f **1** *geom* congruenza f **2** *ling* concordanza f.

K.-o.-Niederlage f *Boxen* sconfitta f per k.o./knockout.

Konifere <-, -n> f *bot* conifera f.

König <-(e)s, -e> m **1** (*Monarch*) re m: **Gustav, der ~ von Schweden**, Gustavo, re di Svezia; **il re di Svezia Gustavo**; **König Karl II.**, (il) re Carlo II.; **jdn zum ~ krönen**, incoronare qu re **2** (*der Beste*) re m, principe m: **er ist der ~ der Unterhaltungsmusik**, è il re della musica leggera; **er ist der ~ der Gauner**, è il principe dei furfanti; (*Schützenkönig*) vincitore m del tiro a segno; ₍**bei uns**₎/[hier] **ist der Kunde ~**, ₍da noi₎/[qui] il cliente ha sempre ragione **3** (*Spielfigur*) *Schach* re m: **den ~ schachmatt setzen**, dare scacco (matto) al re; *Karten* re m; (*beim Kegeln*) re m ● **die Heiligen Drei ~e** *relig*, i (Re) Magi; **der ~ der Lüfte** *poet* (*Adler*), il re degli uccelli; **der ~ der Tiere** *lit* (*Löwe*), il re ₍degli animali₎/[della foresta]; **der ungekrönte ~** + gen sein, essere il re di qc.

Königin f **1** (*Monarchin*) regina f: **Beatrix, die ~ von Holland**, Beatrice, regina d'Olanda; **la regina d'Olanda Beatrice**; **~ Elisabeth I.**, la regina Elisabetta I. **2** (*Ehefrau des Königs*) regina f: **der König und die ~**, il re e la regina, la coppia reale **3** *geh* (*die Wichtigste*) regina f: **sie ist die ~ des Abends**, è la regina della serata; **die Rose ist die ~ der Blumen**, la rosa è la regina dei fiori; **sie ist die ~ meines Herzens**, è la regina del mio cuore **4** (*Spiel*) *Schach* regina f: **einen Zug mit der ~ machen**, muovere/[fare una mossa con] la regina; *Karten* regina f, dama f **5** *zoo* {+AMEISEN, BIENEN, TERMITEN} regina f ● **der ~ Nacht** *bot*, regina della notte.

Königinmutter f regina f madre.

Königinpastete f *gastr* vol-au-vent m.

königlich A adj <attr> {BLUT, FAMILIE, SCHLOSS} reale: **Seine Königliche Hoheit**, Sua Altezza Reale; (*vom König ausgehend*) regio; **der ~e Erlass**, il regio decreto; **die ~en Gesetze**, le regie leggi **2** (*einem König gemäß*) regale: **ein ~es Geschenk**, un dono regale; {AUFTRETEN, STOLZ} *auch* di un re; {BENEHMEN} regale, da re; **mit ~er Geste**, con gesto regale **3** *fam* (*außerordentlich*) {GENUSS, SPASS, VERGNÜGEN} immenso, enorme: **eine ~e Freude**, una gioia immensa B adv **1** (*reichlich*) regalmente: **sie haben ihn ~ bewirtet**, l'hanno trattato da re; **wir haben ~ zu Abend gespeist**, è stata una cena da nababbi **2** *fam* (*außerordentlich*): **sich ~ amüsieren**, divertirsi un mondo *fam*/sacco *fam*; **sich ~ freuen**, essere contento come una pasqua ● **das ~e Spiel**, il gioco degli scacchi, gli scacchi.

Königreich n **1** (*von König/Königin regiertes Land*) regno m; (*in Märchen*) *auch* reame m **2** (*Staat mit monarchistischer Verfassung*) regno m, monarchia f ● **das Vereinigte ~**, il Regno Unito.

Königsadler m *ornith* aquila f reale.

königsblau adj blu reale.

Königsfamilie f famiglia f reale, reali m pl.

Königshaus n casa f reale.

Königshof m corte f del re.

Königskerze f *bot* verbasco m.

Königskind n <meist pl> *lit* (*in Märchen, Sagen*) figlio (-a) m (f) del re ● **es waren zwei ~er** (*Zitat aus einem Volkslied*), "si dice di due persone che a causa del destino avverso non possono ricongiungersi".

Königskrone f corona f reale.

Königsmacher m *bes. pol* burattinaio m/manovratore m (che determina l'ascesa al potere di qu).

Königsmord m regicidio m, uccisione f del re.

Königsmörder m (**Königsmörderin** f) regicida mf.

Königspaar n coppia f reale, reali m pl.

Königspalast m palazzo m reale/[del re].

Königsschloss (a.R. **Königsschloß**) n reggia f.

Königssohn m figlio m del re.

Königstiger m *zoo* tigre f del Bengala.

königstreu adj {TRUPPEN, UNTERTANEN} monarchico, fedele al re; (*dem abgesetzten König treu*) realista.

Königswasser n *chem* acqua f regia.

Königsweg m *geh* soluzione f ideale: **der ~ einer S.** (gen), la via maestra per giungere a qc; **es gibt keinen ~**, non c'è una soluzione ideale.

Königtum <-s, Königtümer> n monarchia f.

konisch A adj {FORM, SPITZE} conico B adv: **~ geformt**, di forma conica, a forma di cono.

Konjugation <-, -en> f *gram* coniugazione f.

konjugierbar adj *gram* coniugabile.

konjugieren <ohne ge-> tr *gram* etw ~ {VERB} coniugare qc: **schwach/stark konjugierte Verben**, verbi forti/deboli.

Konjunktion <-, -en> f **1** *gram* congiunzione f **2** *astr* congiunzione f.

Konjunktiv <-s, -e> m *gram* congiuntivo m: **im ~**, al congiuntivo.

konjunktivisch adj *gram* congiuntivo.

Konjunktivsatz m *gram* proposizione f/frase f al congiuntivo.

Konjunktur <-, -en> f ökon **1** (*allgemeine wirtschaftliche Lage*) congiuntura f: **stabile/steigende ~**, congiuntura stabile/[in fase di espansione]; **schwache/schlechte ~**, (bassa) congiuntura, congiuntura negativa/sfavorevole; **rückläufige ~**, fase congiunturale (bassa); **die ~ ankurbeln/bremsen/dämpfen/fördern**, accelerare/frenare/rallentare/incentivare lo sviluppo economico **2** (*Hochkonjunktur*) congiuntura f alta: **~ ausnutzen**, sfruttare la congiuntura alta • **~ haben** {ARTIKEL, PRODUKTE, WAREN}, essere molto richiesto, andare molto *fam*; **die PCs haben noch immer ~**, la richiesta di pc continua a essere alta, i pc continuano ₍a vendersi₎/[ad andare *fam*] benissimo.

konjunkturabhängig adj *ökon* che dipende da fattori congiunturali.

Konjunkturabschwung m *ökon* flessione f della congiuntura.

Konjunkturanregung f *ökon* incentivazione f/stimolo m congiunturale.

Konjunkturaufschwung m *ökon* ripresa f congiunturale.

Konjunkturaussichten subst <*nur pl*> *ökon* previsioni f pl economiche.

Konjunkturbarometer n *ökon* indice m congiunturale.

konjunkturbedingt adj *ökon* condizionato da fattori congiunturali, congiunturale.

Konjunkturbelebung f *ökon* impulso m alla congiuntura.

konjunkturdämpfend adj *ökon* che rallenta lo sviluppo economico.

Konjunktureinbruch m *ökon* crisi f congiunturale.

konjunkturell *ökon* **A** adj {FLAUTE, LAGE, PHASE, SITUATION} congiunturale, della congiuntura **B** adv da un punto di vista congiunturale: **~ bedingt**, dovuto a fattori congiunturali.

Konjunkturflaute f *ökon* ristagno m congiunturale.

Konjunkturhoch n *ökon* alta congiuntura f.

Konjunkturkrise f *ökon* crisi f congiunturale.

Konjunkturlage f *ökon* situazione f congiunturale.

Konjunkturpolitik f *ökon* politica f congiunturale.

konjunkturpolitisch adj {FAKTOREN, MAßNAHMEN} di politica congiunturale.

Konjunkturprogramm n *ökon* programma m per l'incentivazione della congiuntura.

Konjunkturritter m *ökon pej* speculatore m.

Konjunkturrückgang m *ökon* recessione f, (bassa) congiuntura f.

Konjunkturschwäche f *ökon* (bassa) congiuntura f.

Konjunkturschwankung f *ökon* oscillazione f/fluttuazione f congiunturale.

Konjunkturspritze f *slang ökon* boccata f d'ossigeno per la congiuntura, rilancio m della congiuntura: **die Lieferverträge mit Japan waren eine ~ für die deutsche Wirtschaft**, i contratti di vendita con il Giappone sono stati una vera e propria boccata d'ossigeno per l'economia tedesca.

Konjunkturtief n *ökon* (bassa) congiuntura f.

Konjunkturtiefstand m *ökon* depressione f (economica).

Konjunkturumschwung m *ökon* inversione f di tendenza della congiuntura.

Konjunkturzyklus m *ökon* ciclo m congiunturale.

konkav **A** adj {BRILLENGLAS, LINSE, SPIEGEL, WINKEL} concavo **B** adv: **~ schleifen**, molare qc dandogli una forma concava; **~ geschliffene Linsen**, lenti concave.

Konkavlinse f *opt* lente f concava.

Konkavspiegel m *opt* specchio m concavo.

Konklave <-s, -n> n *relig* conclave m: **die Einberufung des ~s**, la convocazione del conclave.

Konkordanz <-, -en> f (*alphabetische Wortliste*) concordanza f.

Konkordanzdemokratie f *pol* "democrazia f che tende a evitare ogni conflitto fra governo e parlamento".

Konkordat <-(e)s, -e> n **1** *pol relig* concordato m (tra la Santa Sede e uno Stato) **2** CH (*kantonaler Staatsvertrag*) trattato m intercantonale.

konkret **A** adj **1** (*realitätsnah*) {ERFAHRUNGEN} diretto; {MENSCH} concreto **2** (*bestimmt, klar umrissen*) {BEISPIEL, PLÄNE, PROGRAMM, VORSCHLAG} concreto: **~ werden** {PERSON}, essere più concreto/esplicito; **~e Formen annehmen**, concretizzarsi, prendere forma/corpo; **etwas Konkretes**, qualcosa di concreto; **leider wissen wir nichts Konkretes**, purtroppo non sappiamo niente di concreto/preciso **3** (*auf den Einzelfall bezogen*): **im ~en Fall**, nel caso specifico; **ein ~er Anlass zu feiern**, l'occasione buona per festeggiare **4** (*sinnlich erfahrbar*) {WELT, WIRKLICHKEIT} concreto, tangibile; {KUNST, MALEREI, MUSIK, POESIE} concreto **B** adv **1** (*klar*) concretamente: **sich ~ ausdrücken**, esprimersi in termini concreti; **ich kann mir ~ vorstellen, wie ...**, posso figurarmi come ...; **das kann ich ihm noch nicht ~ sagen**, ancora non te lo posso dire con precisione **2** (*im Einzelfall*): **was meinst du ~ dazu?**, qual è la tua opinione nello specifico?; **was bedeutet das ~?**, cosa significa in concreto?

Konkretheit <-, *ohne pl*> f concretezza f.

konkretisieren <*ohne* ge-> **A** tr *etw* ~ {GEDANKEN, VORSTELLUNG, IDEEN} esplicitare qc, chiarire qc, concretare qc, concretizzare qc **B** rfl (*Gestalt annehmen*) **sich ~** concretizzarsi, concretarsi, prendere forma/corpo.

Konkubinat <-(e)s, -e> n *jur hist* concubinato m, concubinaggio m: **(mit jdm) im ~ leben**, vivere in concubinato (con qu).

Konkubine <-, -n> f **1** *jur hist* (*Lebensgefährtin*) concubina f **2** *pej obs* (*Geliebte*) concubina f.

Konkurrent <-en, -en> m (**Konkurrentin** f) concorrente mf, rivale mf; *bes. sport auch* competitor (-trice) m (f): **sein größter ~ in dieser Disziplin**, il suo più grande antagonista in questa disciplina.

Konkurrenz <-, -en> f **1** <*nur* sing> (*Wettbewerbssituation*) concorrenza f, competizione f: **zwischen den beiden besteht eine heftige ~**, tra i due c'è una forte rivalità; **~ belebt das Geschäft**, la concorrenza è l'anima del commercio; **jdm ~ machen**, fare concorrenza a qu; **mit jdm in ~ stehen**, essere in concorrenza/competizione con qu; **mit jdm um jdn/etw in ~ treten**, entrare in concorrenza/competizione con qu per qu/qc **2** <*nur* sing> (*Konkurrenten*) **2** , concorrenti m pl: **die ~ ausschalten/schlagen** *com*, sbaragliare/battere la concorrenza; **zur ~ gehen**, andare alla concorrenza; **zur ~ überlaufen**, passare alla concorrenza; **sonst gehe ich eben zur ~**, altrimenti mi rivolgo alla concorrenza; **die ~ unterbieten**, fare prezzi più bassi della concorrenza; **der Autohändler hat in diesem Stadtteil starke ~ com**, in questo quartiere il concessionario di auto ha ₍una forte concorrenza₎/[parecchi concorrenti]; **gegen eine gut trainierte ~ antreten** *sport*, affrontare dei concorrenti in ottima forma **3** *sport* gara f, competizione f: **an mehreren ~en teilnehmen**, partecipare a ₍più gare₎/[diverse competizioni] • **außer ~**, fuori concorso; *sport*, fuori gara; **freie ~**, libera concorrenza; **die ~ schläft nicht**, la concorrenza non dorme; **keine (ernste) ~ für jdn sein** *fam*, non poter (certo) competere con qu; **unlautere ~** *jur*, concorrenza sleale.

Konkurrenzdenken n mentalità f competitiva.

Konkurrenzdruck m pressione f della/[esercitata dalla] concorrenza.

konkurrenzfähig adj {BETRIEB, PREISE, UNTERNEHMEN} competitivo, concorrenziale: **~ sein**, essere competitivo/concorrenziale.

Konkurrenzfähigkeit <-, *ohne pl*> f competitività f, concorrenzialità f.

Konkurrenzkampf m concorrenza f: **der ~ auf diesem Gebiet ist groß**, c'è una forte concorrenza in questo campo.

Konkurrenzklausel f *jur ökon* patto m di non concorrenza.

konkurrenzlos adj senza concorrenza, che non ha concorrenti • **~ dastehen**, non avere concorrenti; {PREIS, WAREN} che non teme la concorrenza.

Konkurrenzunternehmen n *com* impresa f concorrente.

Konkurrenzverbot n *jur ökon* divieto m di concorrenza.

konkurrieren <*ohne* ge-> itr **1 mit jdm/etw ~** {PRODUKT MIT ANDEREN PRODUKTEN} competere *con qu/qc*, essere in competizione/concorrenza *con qu/qc*; {BEWERBER MIT ANDEREN BEWERBERN} concorrere *con qu*; *sport* gareggiare *con qu*, competere *con qu*, essere in competizione *con qu*: **miteinander ~** {FIRMEN, PRODUKTE}, farsi concorrenza; {SPORTLER} gareggiare; **in dieser Branche ~ viele Firmen miteinander**, in questo ramo si fanno concorrenza tante ditte; **mit jdm/etw ~ können**, poter competere con qu/qc; **mit den jungen Mädchen kann ich nicht mehr ~**, non posso più competere con le ragazze giovani **2 geh** (*sich gleichzeitig bewerben*) (**mit jdm**) **um etw** (akk) **~** {ARBEITSLOSE UM EINE ZEITARBEITSSTELLE; STUDIENKANDIDAT UM EIN STIPENDIUM} concorrere (*con qu*) *a qc*.

Konkurs <-es, -e> m **1** *com* (*Zahlungsunfähigkeit*) fallimento m, bancarotta f: **in ~ gehen**, **~ machen** *fam*, fallire, fare bancarotta; **die Firma steht vor dem ~**, la ditta è ₍a un passo dal₎/[sull'orlo del] fallimento **2** *jur* (*~verfahren*) fallimento m, procedura f fallimentare: **~ anmelden**, presentare istanza di fallimento; **~ eröffnen**, dichiarare il fallimento, dare inizio alla procedura fallimentare; **über etw** (akk) **~ eröffnen** {ÜBER DAS VERMÖGEN DES (GEMEIN)SCHULDNERS}, spossessare il fallito di qc • **einen ~ abwickeln**, liquidare un fallimento.

Konkursantrag m *jur* istanza f di fallimento.

Konkursdelikt n *jur* reato m fallimentare.

Konkurseröffnung f *jur* dichiarazione f di fallimento.

Konkursgericht n *jur* sezione f fallimentare (del tribunale).

Konkursmasse f *jur* attivo m fallimentare.

Konkursrecht n *jur* diritto m fallimentare.

Konkursverfahren n *jur* procedura f fallimentare: **ein ~ eröffnen**, dichiarare il fallimento, dare inizio a una procedura fallimen-

tare.
Konkursvergehen n → **Konkursdelikt**.
Konkursverwalter m (**Konkursverwalterin** f) *jur* curatore (-trice) m (f) fallimentare.
Konkursverwaltung f *jur* amministrazione f fallimentare.
können① <kann, konnte, hat können> Modalverb **1** (*vermögen*) (*etw*) **tun** ~ potere fare (*qc*), essere in grado di fare (*qc*): **ich kann heute nicht kommen**, oggi non posso venire; **könntest du mir bitte helfen?**, potresti aiutarmi, per favore?; **wir ~ den Termin nicht verlegen**, non ci è possibile spostare l'appuntamento; **kannst du nicht aufpassen?**, non puoi ₍fare attenzione₎/[stare più attento (-a)]? **2** (*als Fertigkeit haben*) (*etw*) **tun** ~ saper fare (*qc*), essere in grado di fare (*qc*), essere capace di fare (*qc*): **sie kann sehr schön malen**, sa dipingere molto bene; **seit dem Unfall kann sie nicht mehr gehen**, da quando ha avuto l'incidente non è più in grado di camminare **3** (*dürfen*) (*etw*) **tun** ~ potere fare (*qc*): **kann ich bitte mal sehen?**, posso vedere un attimo, per favore?; **kann ich dein Auto nehmen?**, posso prendere la tua macchina?; **~ wir bitte einen Termin haben?**, è possibile per noi avere un appuntamento? **4** (*möglich sein*) (*etw*) **tun** ~ poter fare (*qc*): **er kann sehr wohl der Täter sein**, può essere benissimo il colpevole, è molto probabile che sia lui il colpevole; **ihr könnt Recht haben**, ₍può darsi₎/[è possibile] che abbiate ragione; **ich kann mich auch täuschen**, posso anche sbagliarmi; **es kann auch ein ganz anderes Problem sein**, può anche essere un problema del tutto diverso; **wer kann das getan haben?**, chi può averlo fatto?; **diese Idee könnte von ihm sein**, quest'idea potrebbe essere sua; **das kann schon mal vorkommen/passieren** *fam*, può succedere, sono cose che succedono; **man könnte meinen, dass ...**, si direbbe che ... *konjv* **5** (*gute Gründe haben*) (*etw*) **tun** ~ poter fare (*qc*): **ich konnte ihr nur Recht geben**, non potevo che darle ragione; **er kann einem leidtun**, fa davvero pena ● **da kann man nichts machen!**, non ci si può fare niente!; **ich kann dir sagen!** *fam*, te lo assicuro/dico io!; **das kann man wohl sagen!**, si può dire, eccome! *fam*, si può proprio dire!; **es kann sein, dass ...**, ₍può essere/darsi₎/[è possibile] che ... *konjv*; **kann sein!** *fam*, possibile!, può darsi!, è possibile senz'altro, ci può stare *fam*; **das kann einfach nicht sein**, non è proprio possibile, non può essere; **das kann schon sein**, può essere/darsi senz'altro; **man kann nie wissen** *fam*, non si può mai sapere, non si sa mai.

können② <kann, konnte, gekonnt> Vollverb **A** tr **1** (*beherrschen*) *etw* ~ {LIED, SPRACHE, VOKABELN} sapere *qc*; {DAME, SCHACH, SKAT} saper giocare *a qc*: **kannst du Deutsch?**, sai il tedesco?; **kannst du die Lateinvokabeln?**, li hai studiati/imparati i vocaboli di latino?; **er kann was**, è uno capace; **nichts ~** *fam*, non saper fare niente; **der kann überhaupt nichts auf seinem Gebiet** *fam*, nel suo campo non sa fare assolutamente niente; **was ~ Sie eigentlich?**, che cosa sa fare? **2** (*verantwortlich sein*): **etwas/nichts für etw (akk) ~** {FÜR EINEN FEHLER, EIN MISSGESCHICK, EINEN UNGLÜCKSFALL}, avere/[non avere] colpa di *qc*, essere/[non essere] responsabile di *qc*; **kann ich da vielleicht (et)was dafür?** *fam*, è forse colpa mia?; **~ wir etwas dafür, dass ... ?** *fam*, è forse colpa nostra se ...?, e che (cosa) ci possiamo fare se ...?; **für**

diese Geschichte kann ich absolut nichts, in questa storia non ₍c'entro assolutamente niente₎/[ho alcuna responsabilità] **B** itr **1** (*in der Lage sein*) potere: **morgen kann ich nicht**, domani non posso; **ich schrie ₍so laut₎/[was] ich konnte**, gridai a più non posso **2** (*an einen Ort gehen oder fahren dürfen*) *irgendwohin* ~ poter andare + *compl di luogo*: **kann ich heute ins Schwimmbad?**, posso andare in piscina oggi?; **kann ich jetzt unter die Dusche?**, posso (andare a) fare la doccia adesso?; **ich bin fertig, jetzt kannst du ₍ans Telefon₎/[an den Computer]**, ho finito, ora puoi ₍telefonare tu₎/[usare il tu computer]; **die Kinder ~ jetzt ins Wohnzimmer** (*wenn der Sprechende nicht drin ist*), ora i bambini possono andare in salotto; (*zu dem Sprechenden hin*) ora i bambini possono venire in salotto **3** *fam* (*an einen Ort gebracht werden*): **kann das Auto wieder in die Garage?**, posso riportare la macchina in garage?; **~ die Werkzeuge wieder in den Kasten?**, si possono rimettere gli arnesi nella cassetta? **4** *fam* (*Kraft haben*): **noch ~**, farcela ancora; **kannst du noch?**, ce la fai ancora?; **nicht mehr ~**, non farcela più; **vor Müdigkeit konnte sie nicht mehr**, non ₍ne poteva₎/[ce la faceva] più dalla stanchezza; **ich kann nicht mehr! Ich bin satt bis oben hin!**, non ce la faccio più! Sono ₍strapieno (-a)₎/[pieno (-a) come un uovo]! *fam* ● **nicht anders ~ als ...**, non poter (fare altro) che ... *inf* **ich kann nicht anders als die Einladung absagen**, non posso (fare altro) che disdire l'invito; **ich kann nicht anders**, non posso fare altrimenti/diversamente; **so gut (es) jd kann**, come meglio può qu, al meglio delle possibilità di qu; **ich habe die Übersetzung gemacht, so gut ich konnte**, ho fatto la traduzione come meglio potevo; **keiner kann jdm ((et)was anhaben)** (*keiner kann mich kritisieren*), nessuno può dirmi niente; (*keiner kann mir etwas nachweisen*), nessuno mi può toccare; (*keiner ist so gut wie ich*), nessuno mi può stare alla pari; (*keiner kann mir schaden*), nessuno può niente contro di me; **du kannst mich mal!** *slang*, ma vaffa...! *slang*; ₍**sie kann**₎/[**ihr könnt**] **mich mal!** *slang*, ma vada/andate a quel paese! *fam*; **(es) mit jdm (gut) ~ fam**, andare d'accordo con qu, intendersi con qu; **er kann absolut nicht mit seinem Chef**, non c'è ₍alcun feeling₎/[alcuna intesa] tra lui e il suo capo; **wer kann, der kann**, chi può, e chi non può; **wie konntest du nur?**, come hai potuto (fare una cosa del genere)?; **~ wir?** *fam* (*können wir anfangen?*), siamo pronti (-e)?; (*possiamo cominciare?*); (*können wir fahren?*), possiamo partire?, siamo pronti (-e)?

Können <-s, ohne pl> n (*Fähigkeit bes. im Beruf und Sport*) capacità f, bravura f: **sein ~ ist sehr überzeugend**, le sue capacità sono molto convincenti; **eine Probe seines ~s geben**, dare prova della propria bravura; (*bes. im Handwerk, in der Kunst*) {HANDWERKLICHES} arte f, maestria f; **zeig mal dein ~!**, mostra la tua arte!; **musikalisches/schauspielerisches ~**, talento/arte musicale/teatrale.

Könner <-s, -> m (**Könnerin** f) esperto (-a) m (f), competente mf: **er ist ein ~ auf diesem Gebiet**, è un intenditore in questo campo; **ein ~ sein**, essere ₍un esperto₎/[competente].

Konnossement <-(e)s, -e> n *naut* polizza f di carico.

Konnotation <-, -en> f *ling* connotazione f.

konnte 1. und 3. pers sing imperf *von* können.

könnte 1. und 3. pers sing konjv II *von* können.

Konrad m (*Vorname*) Corrado.
Konradin m (*Vorname*) Corradino.
Konrektor <-s, -en> m (**Konrektorin** f) (*in der Grundschule*) vicedirettore (-trice) m (f); (*im Gymnasium*) vicepreside mf; *univ* corettore (-trice) m (f).
konsekutiv **A** adj **1** (*zeitlich folgend*): ~**s Dolmetschen**, traduzione consecutiva **2** *ling* {KONJUNKTION, NEBENSATZ} consecutivo **B** adv (*zeitlich folgend*): ~ **dolmetschen**, fare la (traduzione) consecutiva.
Konsekutivdolmetschen n traduzione f consecutiva.
Konsekutivdolmetscher m (**Konsekutivdolmetscherin** f) traduttore (-trice) m (f) consecutivo (-a), consecutivista mf.
Konsekutivsatz m *gram* (proposizione f/frase f) consecutiva f.
Konsens <-es, -e> m **1** *geh* (*Übereinstimmung*) accordo m: **über etw (akk) besteht ~**, c'è consenso/accordo su *qc*; **in etw (dat) einen ~ erreichen/erzielen**, ₍arrivare a₎/[raggiungere] un accordo su *qc*; **einen ~ anstreben/finden**, ₍aspirare/mirare a₎/[trovare] un accordo **2** *obs* (*Einwilligung*) consenso m: **seinen ~ zu etw (dat) geben** {ZU EINEM PROJEKT, VORHABEN}, dare il proprio consenso a *qc*; **mit/ohne jds ~**, con/senza il consenso di qu.
konsensfähig adj capace di ottenere un consenso.
Konsensgespräche subst <nur pl> *pol* giro m di consultazioni.
konsequent **A** adj **1** (*folgerichtig*) {HANDELN, VERHALTEN} coerente, conseguente; {DENKWEISE} *auch* consequenziale: **bei/in etw (dat) ~ sein** {IM POLITISCHEN HANDELN}, essere coerente in *qc*; **du musst ~ bleiben**, devi essere fermo (-a) **2** (*unbeirrbar*) {GEGNER, VERFECHTER} fermo: **ihr ~es Bemühen**, il suo impegno costante **B** adv **1** (*folgerichtig*) {HANDELN} coerentemente, con coerenza, in maniera coerente: **etw ~ durchdenken**, analizzare *qc* seguendo una certa logica **2** (*entschlossen*) {ABLEHNEN, BEHAUPTEN, VERTEIDIGEN} con fermezza/determinazione: **ein Ziel anstreben**, mirare/puntare con determinazione a un obiettivo; **wir werden ~ durchgreifen**, adotteremo severe misure.
Konsequenz <-, -en> f **1** (*Folge*) conseguenza f, effetto m: **die ~en dieses Ereignisses sind noch nicht abzusehen**, le conseguenze/gli effetti di quell'avvenimento non sono ancora prevedibili; **dabei blieb es und die Sache hatte keine weiteren ~en**, tutto si fermò lì e la cosa non ebbe alcun seguito; **das wird ernste ~en für dich haben**, ne subirai pesantemente le conseguenze **2** (*Folgerichtigkeit*) coerenza f; {+DENKWEISE} *auch* consequenzialità f: **der Sanierungsplan wurde mit großer ~ zu Ende geführt**, il piano di risanamento è stato portato a termine con grande coerenza **3** (*Unbeirrbarkeit*) determinazione f, fermezza f: **mit ₍äußerster/aller₎ ~ ein Ziel verfolgen**, perseguire una meta con estrema/[il massimo della] determinazione; **nicht eiserner ~**, con ferrea determinazione ● **nicht ohne ~en bleiben**, avere delle conseguenze; **(etw) bis zur letzten ~ (tun)**, (fare *qc*) fino in fondo; **in letzter ~**, in ultima analisi, in definitiva; **die ~en tragen (müssen)**, (dover) subire le conseguenze; **die ~en ziehen**, agire di conseguenza; **aus etw (dat) die ~en ziehen**, trarre le conseguenze da *qc*.
konservativ **A** adj **1** *pol* conservatore: **er gehört eindeutig ins ~e Lager**, appartiene senza dubbio ₍allo schieramento conservatore₎/[alle file dei conservatori] **2** *geh* (*traditionell*) {ANSICHTEN, HALTUNG} conserva-

tore; {KLEIDUNG} molto tradizionale: **sie haben schrecklich ~e Meinungen**, hanno opinioni terribilmente conservatrici **3** *med* {BEHANDLUNG} conservativo **B** *adv* **1** *pol*: **~ wählen**, dare il voto ai/[votare per i] conservatori **2** (*traditionell*): **~ eingestellt sein**, essere di idee conservatrici; **sich ~ kleiden**, vestir(si) in modo molto conservatrice **3** *med* {BEHANDELN} in modo conservativo.

Konservative ⟨*dekl wie adj*⟩ *mf* **1** conservatore (-trice) *m* (*f*) **2** *pol* (*die konservative Partei*): **die ~n**, i conservatori.

Konservativismus ⟨*-, ohne pl*⟩ *m pol* conservatorismo m.

Konservator ⟨*-s, -en*⟩ *m* (**Konservatorin** *f*) (*in einem Museum, einer Bibliothek*) conservatore (-trice) *m* (*f*); (*von Denkmälern*) conservatore (-trice) *m* (*f*) di monumenti.

Konservatorium ⟨*-s, Konservatorien*⟩ *n mus* conservatorio m: **aufs ~ gehen, das ~ besuchen**, andare al conservatorio.

Konserve ⟨*-, -n*⟩ *f* **1** (*~ndose*) scatoletta f: **~n**, scatolame, alimenti/cibi in scatola; **eine ~ mit Fleisch aufmachen**, aprire una scatoletta di carne **2** (*haltbar abgefüllte Lebensmittel*) conserva f alimentare: **sich von ~n ernähren**, nutrirsi di cibi in scatola/[scatolette] **3** *med* → **Blutkonserve** ● **Musik aus der ~**, musica registrata.

Konservenbüchse f, **Konservendose** f scatoletta f.

Konservenfabrik f *com* conservificio m, fabbrica f di conserve alimentari.

Konservenglas n (*leer*) barattolo m/vasetto m per conserve (alimentari); (*mit Inhalt*) barattolo m/vasetto m di conserva (alimentare).

Konservenöffner m apriscatole m.

konservierbar *adj* conservabile.

konservieren ⟨*ohne ge-*⟩ *tr* **1** *gastr* (*haltbar machen*) **etw ~** tenere qc in conserva; **etw in etw** (*akk*) **~** {FLEISCH, FISCH IN ÖL, SALZLAUGE, KIRSCHEN IN SCHNAPS} conservare qc sotto/in qc: **die Pfirsiche ~**, fare le pesche sciroppate **2** *geh* **etw ~** {ALTE GEBÄUDE, GEMÄLDE, SKULPTUR} sottoporre qc a restauro conservativo.

Konservierung ⟨*-, ohne pl*⟩ *f* **1** (*das Konservieren*) {+LEBENSMITTEL} conservazione f **2** (*das Erhalten*) {+BAUWERKE, ARCHÄOLOGISCHE FUNDE, ALTE SPRACHBESTÄNDE} conservazione f.

Konservierungsmittel n *chem*, **Konservierungsstoff** m *chem* (*sostanza f*) conservante m: **ohne ~**, senza conservanti.

Konservierungsverfahren n procedimento m/metodo m di conservazione.

konsistent *adj* **1** (*fest*) {MATERIAL, STOFF} consistente **2** *philos* consistente ● **~ bleiben**, essere stabile.

Konsistenz ⟨*-, -en*⟩ *f meist sing*⟩ **1** (*Festigkeit*) (*FLÜSSIGKEIT, GEWEBE, MATERIAL*) consistenza f: **von brüchiger/fester/flüssiger/zäher ~ sein**, essere fragile/solido/liquido/denso **2** *philos* consistenza f.

Konsole ⟨*-, -n*⟩ *f* **1** *arch* (*Kragstein*) modiglione m, beccatello m, mensola f **2** (*Wandbrett*) mensola f; (*Tisch*) console f **3** (*Bedienerkonsole*) console f.

konsolidieren ⟨*ohne ge-*⟩ *geh* **A** *tr* **etw ~** {FINANZLAGE, MACHTPOSITION, VERMÖGENSLAGE} consolidare qc **B** *rfl* **sich ~** {LAGE, SITUATION, VERHÄLTNISSE} stabilizzarsi: **die Wirtschaft hat sich konsolidiert**, l'economia si è stabilizzata.

Konsolidierung ⟨*-, -en*⟩ *f* **1** *ökon* {+ARBEITSMARKT, BETRIEB, STAATSSCHULDEN} consolidamento m **2** *med* consolidamento m.

Konsolidierungsgespräch n ⟨*meist pl*⟩ *pol* colloquio m di consolidamento.

Konsolidierungskurs m *ökon* politica f di stabilità economica.

Konsolidierungsphase f *geh* fase f di consolidamento.

Konsonant ⟨*-en, -en*⟩ *m ling* consonante f.

Konsonantenverbindung f *ling* nesso m consonantico.

konsonantisch *adj* consonantico.

Konsorten *subst* ⟨*nur pl*⟩ *fam pej*: **(...) und ~**, ... e compagni/compagnia; **mit Hans und ~ will ich nichts zu tun haben!**, con Hans e compagni non voglio avere niente a che fare!

Konsortium ⟨*-s, Konsortien*⟩ *n ökon* consorzio m: **ein ~ bilden/gründen**, fondare un consorzio.

Konspiration ⟨*-, -en*⟩ *f geh* cospirazione f: **eine politische ~**, una cospirazione politica; **eine ~ aufdecken**, sventare una cospirazione.

konspirativ *adj* **1** (*eine Konspiration betreffend*) {ABSICHT, TÄTIGKEIT} cospirativo **2** (*von Verschwörern*): **eine ~e Wohnung/Zusammenkunft**, un covo/una riunione di cospiratori.

konspirieren ⟨*ohne ge-*⟩ *itr geh* (**gegen jdn/etw**) **~** {PERSONEN} cospirare contro qu/qc; (**mit jdm**) **gegen jdn/etw ~** cospirare (con qu) contro qu/qc: **mit den Überläufern gegen die Regierung ~**, ordire una cospirazione/[cospirare] con i transfughi contro il governo.

konstant **A** *adj* **1** (*gleich bleibend*) {DRUCK, GESCHWINDIGKEIT, PREISE, TEMPERATUR} costante: **~ bleiben**, rimanere costante/inalterato (-a); *math* {GRÖSSE} costante; {PERSON} costante **2** (*beharrlich*) {WEIGERUNG} costante **B** *adv* **1** (*ständig*) continuamente: **es hat in dieser Woche ~ geregnet** *fam*, questa settimana è piovuto continuamente **2** (*gleich bleibend*) {GUT, HOCH, NIEDRIG, SCHLECHT} costantemente: **seine schulischen Leistungen sind ~ gut**, il suo rendimento scolastico è costantemente un buon livello **3** (*beharrlich*) {BEHAUPTEN, SICH WEIGERN} caparbiamente, ostinatamente.

Konstante ⟨*-, -n*⟩ *f* **1** *math phys* costante f **2** (*gleich bleibendes Element*) costante f.

Konstantin ⟨*-s*⟩ *m* (*Vorname*) Costantino.

Konstantinopel ⟨*-s, ohne pl*⟩ *n geog hist* Costantinopoli f.

Konstanz[1] ⟨*-, ohne pl*⟩ *n geog* Costanza f.

Konstanz[2] ⟨*-, ohne pl*⟩ *f* (*Tugend*) costanza f: **geringe ~ zeigen**, dimostrare poca costanza.

Konstanze f (*Vorname*) Costanza.

konstatieren ⟨*ohne ge-*⟩ *tr geh* **etw ~** {EINEN FEHLER, EINE TATSACHE} co(n)statare qc, prendere atto di qc.

Konstellation ⟨*-, -en*⟩ *f* **1** *geh* (*Kombination*) {+FAKTOREN, PERSONEN} costellazione f: **die politische ~**, la costellazione politica; {+ELEMENTE, KRÄFTE} insieme m, combinazione f; **die wirtschaftliche ~**, la situazione economica; **die neue ~ in der Partei**, i nuovi equilibri all'interno del partito **2** *astr* {+GESTIRNE, PLANETEN} configurazione f.

konsternieren ⟨*ohne ge-*⟩ *tr geh* **jdn ~** sconcertare qu.

konsterniert *adj* sconcertato: **ich bin völlig ~**, sono completamente esterrefatto (-a) ● **~ dreinschauen**, avere lo sconcerto dipinto in volto.

konstituieren ⟨*ohne ge-*⟩ *geh* **A** *tr* **etw ~ 1** (*gründen*) {GESELLSCHAFT, PARTEI, VEREIN} costituire qc **2** (*grundlegend sein*) costituire qc, essere la base/il motivo di qc: **~de Versammlung**, assemblea costituente; **die ~den Elemente des Satzes**, i costituenti della frase **B** *rfl* **sich ~** {PARTEI, VEREIN} costituirsi: **sich neu/erneut ~**, ricostituirsi; **sich als etw** (*nom*) **~** costituirsi in qc, organizzarsi in qc.

Konstitution ⟨*-, -en*⟩ *f* **1** ⟨*nur sing*⟩ (*körperliche Verfassung*) costituzione f, complessione f: **eine eiserne ~ haben**, essere una roccia; **von kräftiger/schwacher ~ sein**, avere una/[essere di] costituzione robusta/debole **2** *pol* (*Verfassung*) costituzione f.

konstitutionell *adj* **1** *pol* costituzionale: **~e Monarchie**, monarchia costituzionale **2** *med* costituzionale: **~e Krankheiten**, malattie costituzionali.

konstruieren ⟨*ohne ge-*⟩ *tr* **etw ~ 1** (*planen und bauen*) {AUTO, BRÜCKE, FLUGZEUG, MASCHINE, MOTOR, RAKETE, SCHIFF} costruire qc, realizzare qc **2** *geom* costruire qc: **eine geometrische Figur ~**, costruire una figura geometrica **3** *gram* {SATZ} costruire qc: **einen Satz ~**, formare una frase **4** *geh pej* (*künstlich ~*) {SITUATION} costruire qc: **ein Alibi ~**, fabbricare/costruire un alibi; **ein konstruierter Fall**, un caso costruito; **dieser Abschnitt klingt ziemlich konstruiert**, questo passaggio dà l'idea di essere costruito/artefatto.

Konstrukt ⟨*-(e)s, -e oder rar -s*⟩ *n geh* costruzione f; *ling* costrutto m.

Konstrukteur ⟨*-s, -e*⟩ *m* (**Konstrukteurin** f) *tech* costruttore (-trice) m (f), progettista mf.

Konstruktion ⟨*-, -en*⟩ *f* **1** (*das Planen und Bauen*) {+AUTO, BRÜCKE, FLUGZEUG, MOTOR, MASCHINE, RAKETE, SCHIFF} costruzione f **2** (*das Konstruierte*) costruzione f **3** *geom* costruzione f **4** *gram* costruzione f **5** (*Gedankenfolge*) costruzione f.

Konstruktionsbüro n *tech* ufficio m/studio m tecnico/[di progettazione].

Konstruktionsfehler m *tech* **1** (*im Entwurf*) errore m di progettazione **2** (*in der Herstellung*) difetto m/vizio m di fabbricazione.

konstruktiv **A** *adj* **1** *geh* (*förderlich*) {BEITRAG, DENKEN, KRITIK, VORSCHLAG} costruttivo; {PERSON, HALTUNG} *auch* propositivo **2** *tech* (*entwurfsbedingt*) {ELEMENT} costruttivo; {PROBLEM} di costruzione **B** *adv* {DENKEN, KRITISIEREN} in maniera costruttiva/[modo costruttivo].

Konstruktivismus ⟨*-, ohne pl*⟩ *m kunst* costruttivismo m.

Konsul[1] ⟨*-s, -n*⟩ *m hist* (*in Rom*) console m.

Konsul[2] *m* (**Konsulin** f) *pol* (*diplomatischer Vertreter im Ausland*) console mf.

konsularisch *adj pol* {AUFGABEN, VERTRETUNG} consolare.

Konsulat[1] ⟨*-(e)s, -e*⟩ *n pol* (*diplomatische Vertretung im Ausland*) consolato m, sede f consolare: **sich an das deutsche ~ in Genua wenden**, rivolgersi al consolato tedesco a Genova.

Konsulat[2] ⟨*-(e)s, -e*⟩ *n hist* (*Amtszeit eines Konsuls*) consolato m.

Konsulin f → **Konsul**[2].

Konsultation ⟨*-, -en*⟩ *f form* **1** (*fachmännische Beratung*) consultazione f, parere m: **sich zu einer ärztlichen ~ begeben**, recarsi dal medico per una consultazione; **jdn zu einer ~ heranziehen**, chiamare qu per una consultazione/una consulenza, consultare qu **2** *pol* (*gemeinsame Besprechung*) consultazioni f pl, colloqui m pl: **die Regierung steht in ständigen ~en mit den Nachbarstaaten**, il governo si consulta regolarmente con gli Stati confinanti.

konsultieren ⟨*ohne ge-*⟩ *tr form* **1** (*um Rat*

angehen) *jdn/etw* (*wegen etw* gen *oder fam* dat) ~ {BERATUNGSSTELLE, FACHMANN, RECHTSANWALT} consultare *qu/qc* (*per qc*), rivolgersi *a qu/qc*: **in dieser Angelegenheit muss ich erst meinen Vorgänger ~**, per questa faccenda devo prima consultare il mio predecessore **2** (*gründlich überprüfen*) *etw* ~ {AUFZEICHNUNGEN, KATALOG, LEXIKON, WÖRTERBUCH} consultare *qc*.

Konsultierung <-, -en> f {+PAPIERE, UNTERLAGEN, WÖRTERBUCH} consultazione f.

Konsum <-s, *ohne pl*> m *geh* ~ (*von/an etw* dat) consumo m (*di qc*): **das ist ein Wein für den täglichen ~**, questo è un vino per tutti i giorni; **durch gezielte Werbung den ~ anheizen/steigern**, incentivare i consumi con una pubblicità mirata.

Konsumartikel m *com* genere m di consumo.

Konsumation <-, -en> f *A CH* (*Verzehr*) consumazione f.

Konsumdenken n *pej* consumismo m, mentalità f consumistica.

Konsument <-en, -en> m (**Konsumentin** f) *com* consumatore (-trice) m (f).

Konsumentenbefragung f sondaggio m fra i consumatori.

Konsumentin f → **Konsument**.

Konsumgesellschaft f *soziol* società f ⌊dei consumi⌋/[consumistica].

Konsumgewohnheiten subst <*nur pl*> comportamento m/abitudini f pl dei consumatori.

Konsumgut n <*meist pl*> bene m di consumo: **kurzlebige/langlebige Konsumgüter**, beni di consumo effimeri/durevoli.

Konsumgüterindustrie f *com* industria f dei beni di consumo.

konsumieren <*ohne ge*-> tr *geh* **1** (*verbrauchen*) *etw* ~ {ALKOHOL, KAFFEE, LEBENSMITTEL, TABAK, TABLETTEN, TEE} consumare *qc*, fare uso *di qc*: **in diesem Haushalt wird nur wenig Fleisch konsumiert**, in questa casa si consuma poca carne; **sie konsumiert kiloweise Schminke**, consuma kili di trucco **2** (*absorbieren*) *etw* ~ {KULTUR, KUNST} essere un grande consumatore *di qc*.

Konsumismus <-, *ohne pl*> m consumismo m.

konsumorientiert adj *soziol* consumistico, orientato al consumismo.

Konsumorientiertheit f *soziol* consumismo m.

Konsumtempel m *fam iron* tempio m del consumismo.

Konsumterror m *pej soziol* pressione f esercitata dalla società dei consumi.

Konsumverhalten n *soziol* atteggiamento m dei consumatori.

Konsumverzicht m *soziol* atteggiamento m anticonsumistico.

Konsumzwang m *soziol* consumismo m coatto: **unter ~ stehen**, essere schiavo del consumismo.

Kontakt <-(e)s, -e> m **1** (*Verbindung zwischen einzelnen Personen*) ~ (**mit/zu jdm/ etw**) contatto m (*con qu/qc*): **persönliche/ soziale/zwischenmenschliche ~e**, rapporti personali/sociali/interpersonali; **sexuelle/ intime ~e**, rapporti sessuali/intimi; **berufliche/geschäftliche ~e**, contatti/rapporti professionali, relazioni/rapporti d'affari; **geschäftliche ~e mit jdm unterhalten**, avere dei rapporti d'affari con qu **2** (*Berührung*) ~ (**mit etw** dat) contatto m (*con qc*): **mit etw** (dat) **in ~ kommen**, venire a contatto con qc; **die Schleimhäute dürfen mit dieser Substanz in ~ kommen**, le mucose non devono venire a contatto con questa sostanza **3** *el* contatto m: **einen ~ auswechseln**, cambiare un contatto; **die Drähte haben ~**, i fili fanno contatto ● **den ~ zu jdm abbrechen/ aufgeben**, interrompere i rapporti con qu; **~e anbahnen**, cominciare a prendere contatti; **mit jdm ~ aufnehmen**, entrare in **mit jdm ~ treten**, prendere/[entrare in] contatto con qu; **mit jdm ~ bekommen**, **~ zu jdm finden**, entrare in contatto con qu, stabilire un contatto con qu; **in ~ mit jdm bleiben**, **~ mit jdm halten**, restare in contatto con qu; **wir bleiben in ~**, ci teniamo in contatto; **mit/zu jdm ~ haben**, essere in contatto con qu; **keinen ~ mehr mit/zu jdm haben**, non avere più contatto con qu; **den ~ zu jdm herstellen**, stabilire un contatto con qu; **mit jdm in ~ kommen**, entrare in contatto con qu; **mit jdm in ~ stehen**, essere in contatto con qu; **wir stehen in brieflichem/telefonischem ~**, abbiamo contatti epistolari/telefonici; **den ~ zu jdm suchen**, cercare il contatto con qu; **den ~ zu jdm verlieren**, perdere i contatti con qu.

Kontaktabzug m *fot* copia f a contatto.

Kontaktadresse f **1** (*für soziale Hilfeleistungen*) indirizzo m, (*punto m*) di riferimento m: **für Frauen in Not gibt es hier keine einzige ~**, qui non esiste un solo indirizzo a cui si possono rivolgere le donne in difficoltà **2** (*provisorische Adresse*) recapito m: **sie hinterließ eine ~**, ha lasciato un recapito dove poterla contattare.

Kontaktanzeige f (*in Zeitungen, Zeitschriften*) annuncio m personale; (*Rubrik der ~n*) annunci m pl/messaggi m pl personali, rubrica f per cuori solitari.

kontaktarm adj {MENSCH, PERSON} poco socievole/comunicativo, con difficoltà relazionali, che lega difficilmente *fam*: **er gibt sich sehr ~ in der neuen Umgebung**, ha molta difficoltà a inserirsi nel nuovo ambiente.

Kontaktarmut f **1** (*Wesen*) scarsa comunicativa f, difficoltà f pl relazionali **2** (*Mangel an Kontakt*) scarsità f di contatti/rapporti: **unter ~ leiden**, soffrire per la difficoltà a relazionarsi con gli altri.

Kontaktaufnahme f presa f di contatto.

Kontaktbildschirm m *inform* touchscreen m, schermo m sensibile al tatto.

Kontaktbörse f *inform* luogo m (virtuale) di incontri.

kontakten <*ohne ge*-> A tr *jdn/etw* ~ contattare *qu/qc*, prendere contatti *con qu/ qc*: **ich wurde von dem Meinungsforschungsinstitut kontaktet**, sono stato (-a) contattato (-a) da un istituto demoscopico B *itr com* (*als Kontakter arbeiten*) fare l'account executive.

Kontakter <-s, -> m (**Kontakterin** f) *com* account executive mf.

kontaktfreudig adj {MENSCH, WESEN} socievole, estroverso, comunicativo: **sie ist sehr ~**, fa facilmente amicizia, è una persona che lega facilmente *fam*.

Kontaktgift n *chem* veleno m che agisce già al contatto con la pelle.

Kontakthof m (*im Bordell*) "ambiente all'interno di un bordello dove i clienti possono scegliersi la prostituta".

kontaktieren <*ohne ge*-> tr *geh jdn* ~ contattare *qu*, mettersi in contatto *con qu*.

Kontaktlinse f <*meist pl*> opt lente f a contatto: **trägst du ~n?**, porti le lenti a contatto?

Kontaktmangel m mancanza f di rapporti umani: **unter ~ leiden**, risentire della mancanza di rapporti umani.

Kontaktmann m **1** (*Verbindungsmann*) contatto m, uomo m di collegamento **2** (*Spion*) contatto m: **unser ~**, il nostro contatto/uomo *slang*; **unser ~ bei der Polizei**, il nostro uomo nella polizia.

Kontaktperson f **1** *med* persona f a rischio di contagio **2** (*Verbindungsmann*) contatto m.

kontaktscheu adj schivo, timido.

kontaktschwach adj → **kontaktarm**.

Kontaktschwierigkeiten subst <*nur pl*> difficoltà f pl relazionali/[a instaurare rapporti umani].

Kontaktsperre f *jur* isolamento m: **gegen die Gefangenen wurde eine ~ verhängt**, i detenuti sono stati messi in isolamento.

Kontaktstudium n *univ* corso m di studi postlaurea/[di perfezionamento].

Kontamination <-, -en> f **1** *ökol* contaminazione f **2** *ling* contaminazione f.

kontaminieren <*ohne ge*-> tr **1** *ökol* (*verseuchen*) *etw* ~ {BODEN, ERDREICH, GRUNDWASSER} contaminare *qc*: **kontaminiertes Material**, materiale contaminato **2** *ling* (*verschmelzen*) *etw* ~ contaminare *qc*.

Kontantgeschäft n *ökon* operazione f per contanti.

Kontemplation <-, -en> f *geh* contemplazione f.

Konten pl *von* **Konto**.

Kontenbewegung f *bank* → **Kontobewegung**.

Konter <-s, -> m *sport Fußball* contropiede m.

Konteradmiral m *naut* **1** <*nur sing*> (*Dienstgrad*) contrammiraglio m **2** (*Offizier*) contrammiraglio m.

Konterangriff m *sport*, **Konterattacke** f *A sport* contrattacco m: **eine ~ starten**, passare al contrattacco.

Konterfei <-s, -s *oder* -e> n *scherz* ritratto m.

konterkarieren <*ohne ge*-> tr *geh etw* ~ ostacolare *qc*.

kontern A tr *sport etw* ~ {MANNSCHAFT ANGRIFF, OFFENSIVE} contrare *qc*, rispondere *a qc*: **einen Schlag ~**, ricambiare un colpo; **Boxen jdn ~** contrare *qu* B itr **1** *Boxen* colpire d'incontro **2** (*entgegnen*) (*jdm*) ~ controbattere, ribattere, replicare *a qu*.

Konterrevolution f *pol* controrivoluzione f.

konterrevolutionär adj controrivoluzionario.

Konterrevolutionär m (**Konterrevolutionärin** f) controrivoluzionario (-a) m (f).

Kontext <-(e)s, -e> m **1** *ling* {+ABSCHNITT, SATZ} contesto m: **die Bedeutung kann man nur aus dem ~ erschließen**, il significato si può dedurre soltanto dal contesto; **etw aus dem ~ reißen** {ZITAT}, isolare/estrapolare qc dal contesto **2** *geh* (*Zusammenhang*) {FAMILIÄRER, KULTURELLER, POLITISCHER, SOZIALER} contesto m: **jdn aus seinem kulturellen ~ herausreißen**, strappare qu al proprio ambiente culturale ● **du bringst mich ganz aus dem ~ !** *fam*, mi fai perdere il filo! *fam*.

Kontextmenü n *inform* menu m di scelta rapida.

Kontinent <-(e)s, -e> m *geog* **1** (*Erdteil*) continente m: **die fünf ~e**, i cinque continenti **2** <*nur sing*> (*Festland*) continente m, terraferma f: **von Helgoland aus kann man den ~ nicht mehr sehen**, dall'isola di Helgoland non si riesce più a vedere la terraferma/il continente ● **der alte ~**, il continente antico; **der Schwarze ~**, il continente nero *obs*, l'Africa; **der sechste ~**, il continente recente, l'Antartide.

kontinental adj {KLIMA, LAGE, WINDE} con-

Kontinentaldrift f geog → **Kontinentalverschiebung**.
Kontinentaleuropa n geog Europa f continentale.
Kontinentalklima n meteo clima m continentale.
Kontinentalmacht f pol hist potenza f continentale.
Kontinentalsockel m geol zoccolo m continentale/sottomarino.
Kontinentalsperre f hist blocco m continentale.
Kontinentalverschiebung f geol deriva f dei continenti.
Kontingent <-(e)s, -e> n **1** mil (Truppenkontingent) contingente m **2** (bestimmte Warenmenge) quantitativo m; bes. ökon contingente m: **der Bevölkerung ein ~ an Grundnahrungsmitteln zukommen lassen**, far arrivare alla popolazione un certo quantitativo di generi alimentari **3** (Leistungssoll) quantità f di lavoro (stabilita): **sein ~ erfüllen**, sbrigare la quantità di lavoro stabilita.
kontingentieren <ohne ge-> tr ökon etw ~ razionare qc; {IMPORTE} contingentare qc.
Kontinua pl von Kontinuum.
kontinuierlich A adj {ENTWICKLUNG, ZUSAMMENARBEIT} continuativo, costante; {BEWEGUNG, FLUSS, ZUSTROM} continuo B adv continuativamente, in modo continuativo: **sich ~ über etw (akk) aufregen**, arrabbiarsi continuamente per qc; **~ verlaufen**, avere un andamento continuo.
Kontinuität <-, ohne pl> f geh continuità f.
Kontinuum <-s, Kontinua> n continuo m: **ein zeitliches ~**, un continuo temporale.
Konto <-s, Konten oder Konti oder Kontos> n bank conto m (corrente bancario): **ein ~ bei einer Bank haben**, avere un conto presso una banca; **etw von einem ~ abheben**, prelevare/ritirare qc da un conto; **etw auf ein ~ einzahlen**, versare qc su un conto; **ein ~ eröffnen**, accendere/aprire un conto in banca; **ein ~ auflösen**, estinguere/chiudere un conto in banca; **ein ~ überziehen**, andare scoperto (-a) sul conto in banca; **ein ~ sperren**, bloccare un conto in banca; **mein ~ ist total überzogen** fam, il mio conto (in banca) è in rosso; **die Stromrechnung wird monatlich von unserem ~ abgebucht**, la bolletta della luce viene addebitata mensilmente sul nostro conto; **ein ~ mit etw (dat) belasten**, addebitare qc su un conto; **dieser Betrag wurde Ihrem ~ gutgeschrieben**, questo importo è stato accreditato sul Suo conto • **auf jds ~ gehen** fam (positiv), essere merito di qu, essere da attribuire a qu; (negativ), essere a carico di qu, essere da imputare a qu.
Kontoabschluss (a.R. Kontoabschluß) m bank chiusura f/estinzione f del conto.
Kontoauszug m bank estratto m conto.
Kontobewegung f bank movimento m del conto, operazioni f pl sul conto.
kontoführend adj: **die ~e Bank**, la banca in cui è acceso il conto.
Kontoführung f bank tenuta f/gestione f del conto.
Kontoführungsgebühr f bank spese f pl di tenuta conto.
Kontoinhaber m (**Kontoinhaberin** f) intestatario (-a) m (f)/titolare m/f di un conto (corrente), correntista m/f.
Kontokorrentkredit m bank scoperto m di conto corrente autorizzato, fido m.
Kontonummer f numero m del/di conto (corrente).
Kontor <-s, -e> n succursale f, ufficio m commerciale.
Kontorist <-en, -en> m (**Kontoristin** f) impiegato (-a) m (f) nel settore del commercio.
Kontostand m bank saldo m (del conto): **den ~ abfragen**, ₍farsi fare₎/[chiedere] il saldo.
kontra A adv contro: **~ sein**, essere contro/contrario B präp + akk jur contro.
Kontra <-s, -s> n (Wider): **das Pro und das ~** (einer S. gen), il pro e il contro di qc; **das Pro und das ~ abschätzen**, valutare/soppesare il pro e il contro • **jdm ~ geben** fam, dare contro a qu.
Kontrabass (a.R. Kontrabaß) m mus contrabbasso m.
Kontrahent <-en, -en> m (**Kontrahentin** f) **1** geh bes. pol sport antagonista m/f, avversario (-a) m (f) **2** jur ökon (Vertragspartner) (parte) f contraente m/f.
kontrahieren <ohne ge-> itr rfl (sich) ~ {MUSKEL, MUSKULATUR, UTERUS} contrarsi: **der kontrahierte Muskel**, il muscolo contratto.
Kontraindikation f med controindicazione f.
kontraindiziert adj med controindicato.
Kontrakt <-(e)s, -e> m **1** (Vertrag) jur rur contratto m: **einen ~ unterzeichnen**, firmare un contratto **2** film theat scrittura f: **jdn (für zwei Jahre) in ~ nehmen**, scritturare qu (per due anni).
Kontraktion <-, -en> f {+GEBÄRMUTTER, HERZMUSKEL} contrazione f; {+MUSKULATUR} auch contrattura f.
kontraproduktiv adj geh controproducente.
Kontrapunkt m **1** mus contrappunto m **2** geh (Gegenpol) contrasto m: **einen ~ zu etw (dat) bilden**, fare da contrasto/contrappeso a qc; **einen ~ zu etw (dat) setzen**, creare un contrasto con qc.
kontrapunktisch adj geh: **~ zu etw (dat)**, in contrapposizione a qc.
konträr adj {ANSICHTEN, CHARAKTERE, MEINUNGEN, ZIELE} contrario, contrapposto, opposto: **meine Ideen sind ~ zu den ihrigen**, le mie idee si contrappongono alle sue.
Kontrast <-(e)s, -e> m **1** (starker Gegensatz) contrasto m: **ein scharfer/starker ~**, uno stridente/un forte contrasto **2** film fot TV contrasto m: **den ~ einstellen** TV, regolare il contrasto • **im ~ zu etw (dat) stehen**, essere in contrasto con qc; **deine Behauptungen stehen in deutlichem ~ zur Wirklichkeit**, le tue affermazioni sono in netto/aperto contrasto con la realtà.
kontrastarm adj **1** (mit wenig Kontrasten) privo di contrasti, con pochi contrasti: **eine ~e Farbgebung**, uno scarso contrasto cromatico **2** fot poco contrastato.
Kontrastbrei m → **Kontrastmittel**.
Kontrastfarbe f colore m contrastante.
Kontrastfilter m oder n fot filtro m di contrasto.
kontrastieren <ohne ge-> itr geh (mit/zu etw dat) ~ (im Negativen) contrastare (con qc), stonare (con qc): **die Blümchentapete kontrastiert zu den modernen Stühlen**, la tappezzeria a fiorellini contrasta/stona con le sedie moderne; (im Positiven) staccarsi da qc, creare un contrasto con qc; **dieses Blau kontrastiert sehr schön mit dem Grün**, questa sfumatura di blu fa un bel contrasto con il verde.
kontrastiv adj ling {LINGUISTIK, GRAMMATIK} contrastivo.
Kontrastmittel n med mezzo m di contrasto.
Kontrastprogramm n TV programma m alternativo.
Kontrastregler m TV regolatore m del contrasto.
kontrastreich adj **1** ricco/pieno di contrasti **2** fot molto contrastato.
Kontrazeption <-, ohne pl> f form med contraccezione f.
Kontrollabschnitt m com tagliando m di controllo.
Kontrollausschuss (a.R. Kontrollausschuß) m bes. pol commissione f di controllo.
Kontrolle <-, -n> f **1** (Überprüfung) {+EINTRITTSKARTEN, PASS} controllo m; {+GÜTER, WAREN} auch ispezione f: **nach sorgfältiger der Waren**, dopo ₍un accurato controllo₎/[un'ispezione scrupolosa] delle merci; (Zollkontrolle) controllo m/ispezione f doganale; (Polizeikontrolle) controllo m (di polizia); **gründliche/strenge ~n durchführen**, eseguire accurati/severi controlli; **die Polizei hat die ~n verschärft**, la polizia ha intensificato i controlli; **in eine ~ geraten**, incappare in un controllo della polizia **2** (Überwachung) {+ARBEITEN, BAUSTELLE, BEWOHNER} sorveglianza f, controllo m: **sich der ~ entziehen**, eludere il controllo, sottrarsi alla sorveglianza; **das Parlament hat die ~ über die Regierung** pol, il parlamento ha una funzione di controllo sull'operato del governo **3** (Kontrollpunkt) (posto m di) controllo m: **ohne Ausweis kommst du nicht durch die ~**, senza documento di identità non passi il (posto di) controllo **4** (Beherrschung) ~ (über jdn/etw) controllo m (su qu/qc): **außer ~ sein**, essere fuori controllo; **außer ~ geraten**, sfuggire al controllo; **etw unter ~ haben/halten** {FEUERWEHR BRAND}, avere/tenere qc sotto controllo; {FAHRER FAHRZEUG} avere/mantenere il controllo di qc; **die Situation unter ~ haben**, avere il polso della situazione; **die ~ über etw (akk) verlieren**, perdere il controllo di qc; **die ~ über sich verlieren**, perdere l'autocontrollo/[il controllo di se stesso]; **keine Sorge, es ist alles unter ~!**, non c'è da preoccuparsi, è tutto sotto controllo! **5** (Macht) ~ (über jdn/etw) controllo m (₍su qu₎/[su/di qc]): **sie hat die ~ über die gesamte Produktion**, ha il controllo dell'intera produzione.
Kontrolleur <-s, -e> m (**Kontrolleurin** f) controllore (rar -a) m (f).
Kontrollfunktion f funzione f di controllo: **eine ~ ausüben**, esercitare una funzione di controllo.
Kontrollgang m giro m ₍d'ispezione₎/[di controllo]; {+NACHTWÄCHTER} auch ronda f.
Kontrollgesellschaft f soziol società f di/del controllo.
Kontrollgruppe f med psych soziol gruppo m di controllo.
kontrollierbar adj controllabile: **ihre Angaben sind leicht ~**, le sue indicazioni sono ₍facilmente verificabili/controllabili₎/[facili da verificare]; **schwer ~ sein** {HÄFTLINGE, SOLDATEN}, essere ₍difficilmente controllabile₎/[difficile da controllare].
kontrollieren <ohne ge-> tr **1** (überprüfen) jdn/etw ~ {KONTROLLEUR FAHRKARTE; POLIZIST VERDÄCHTIGE PERSON; MUSEUMSWÄRTER EINTRITTSKARTE} controllare qu/qc; **etw auf etw (akk) (hin) ~** {AUSSAGE AUF RICHTIGKEIT, KUNSTWERK AUF ECHTHEIT} controllare qc di qc, verificare qc di qc; {MATERIAL AUF RESISTENZ} auch sottoporre qc a un controllo di qc: **ein Gerät auf mögliche Fehler ~**, controllare un apparecchio per scoprirne eventuali difetti **2** (überwachen) **jdn/etw ~** {TOTALITÄRE REGIERUNG BÜRGER} controllare qu/qc; {GEFÄNGNISAUFSEHER HÄFTLINGE} auch sorve-

gliare *qu/qc* **3** (*beherrschen*) *etw* ~ {BETRIEB, KONZERN, MARKT} controllare *qc*, avere il controllo *di qc*: **sie ~ das ganze Gebiet**, ˌsono i padroniˌ/[hanno il controllo] di tutto il territorio.

Kontrolllampe, Kontroll-Lampe f spia f (luminosa): **die ~ blinkt**, la spia lampeggia.

Kontrollleuchte, Kontroll-Leuchte f → **Kontrolllampe**.

Kontrollliste, Kontroll-Liste f lista f di riscontro.

Kontrollmaßnahme f misura f di controllo.

Kontrollmechanismus m *bes. adm pol* meccanismo m di controllo.

Kontrollmitteilung f *Steuer* richiesta f di controllo incrociato.

Kontrollorgan n organo m di controllo.

Kontrollpunkt m {+POLIZEI} posto m di controllo.

Kontrollrat m: **Allierter ~** *pol hist*, Commissione alleata di controllo.

Kontrollstelle f {+POLIZEI} posto m di blocco.

Kontrolltaste f *inform* tasto m di controllo.

Kontrollturm m *aero* torre f di controllo.

Kontrolluntersuchung f *med* visita f di controllo.

Kontrollverfahren n *tech* procedura f di controllo.

Kontrollzentrum n *aero* (*bes. für Raumflüge*) centro m di controllo.

kontrovers *geh* Ⓐ adj **1** (*gegensätzlich*) {HALTUNGEN, MEINUNGEN, POSITIONEN, STANDPUNKTE} contrapposto **2** (*umstritten*) {FILM, KUNSTWERK, LEISTUNG} controverso, discusso Ⓑ adv (DEBATTIEREN, DISKUTIEREN) da posizioni contrapposte: **sie haben lang und ~ herumdebattiert**, hanno discusso a lungo e da posizioni opposte; **etw ~ auslegen**, dare interpretazioni contrapposte a qc.

Kontroverse <-, -n> f *geh* ~ (**über etw** dat) controversia f (*su qc*): **eine ~ auslösen/austragen**, provocare/sostenere una controversia.

Kontur <-, -en> f <*meist pl*> (*Umriss*) contorno m, profilo m: **scharfe/verschwommene ~en**, contorni/nitidi sfumati; **die ~en der Bergspitzen gegen den Himmel**, il profilo delle vette contro il cielo; **die ~en nachzeichnen**, ripassare i contorni • **~en annehmen/gewinnen** *fig*, prendere forma/corpo/sostanza; **~en verlieren** *fig*, perdere d'incisività; **seine Theorien verlieren immer mehr an ~en**, le sue teorie perdono sempre più consistenza.

Konturenschärfe f *fot* nitidezza f dei contorni.

Konturenstift m matita f per il contorno labbra.

Kontusion <-, -en> f *med* contusione f.

Konus <-, -se oder Konen> m *math* (*Kegel*) cono m; (*Kegelstumpf*) tronco m di cono.

Konvektion <-, -en> f *phys* convezione f.

Konvektor <-s, -en> m (*termo*)convettore m.

Konvent <-(e)s, -e> m **1** *relig* (*katholisch: Klostergemeinschaft*) convento m; (*Versammlung der stimmberechtigten Mitglieder*) assemblea f conventuale; (*evangelisch: Zusammenkunft von Pfarrern*) incontro m pastorale **2** *univ* {+STUDENTENVERBINDUNG} riunione f settimanale dei membri di un'associazione studentesca.

Konvention <-, -en> f **1** <*meist pl*> *geh* (*anerkannte Verhaltensregel*) convenzione f, norma f ˌdi comportamentoˌ/[comportamenta-le]: **die gesellschaftlichen ~en**, le convenzioni sociali; **sich über die ~en hinwegsetzen**, ignorare/[non rispettare]/[sfidare] le convenzioni; **das verlangt die ~**, lo dettano le convenzioni; **gegen die ~en verstoßen**, infrangere/[andare contro] le convenzioni **2** *jur* (*Übereinkunft*) convenzione f, accordo m, trattato m: **eine (völkerrechtliche) ~ unterzeichnen**, firmare una convenzione di diritto internazionale • **die Genfer ~** *pol*, la Convenzione di Ginevra; **die Haager ~en** *pol*, i Trattati dell'Aia.

Konventionalstrafe f *jur* penale f, penalità f.

konventionell adj **1** (*durchschnittlich*) {ANSICHTEN, GESCHMACK, KLEIDUNG, LEBENSSTIL, ROLLEN} convenzionale: **er ist schrecklich ~**, è un tipo terribilmente conformista **2** *mil* {KRIEG, WAFFEN} convenzionale.

konvergent adj **1** *math* convergente **2** *geh* (*sich annähernd*) convergente.

Konvergenz <-, -en> f **1** *math* convergenza f **2** *geh* (*Annäherung*) {+MEINUNGEN, ZIELE} convergenza f.

konvergieren <*ohne ge*-> *itr geh* convergere.

Konversation <-, -en> f *geh* ~ (**mit jdm**) (**über jdn/etw**) conversazione f (*con qu*) (*su qu/qc*): **eine ~ führen**, condurre una conversazione; **eine geistreiche ~**, una conversazione brillante; ˌ**auf einer Party**ˌ/[**bei Tisch**] **~ machen**, conversare/[fare conversazione] a ˌuna festaˌ/[tavola].

Konversationslexikon n *obs* dizionario m enciclopedico, enciclopedia f.

Konversion <-, -en> f **1** *relig* conversione f **2** *inform* conversione f **3** *ökon* conversione f.

Konverter <-s, -> m **1** *metall* convertitore m **2** *radio* convertitore m **3** *inform* programma m di conversione **4** *fot* duplicatore m (di)focale **5** *nukl* convertitore m.

konvertibel <*attr konvertible(r, s)*> adj *ökon*, **konvertierbar** adj *ökon* {WÄHRUNG} convertibile.

Konvertierbarkeit <-, *ohne pl*> f *ökon* {+WÄHRUNG} convertibilità f.

konvertieren <*ohne ge*-> Ⓐ tr <*haben*> **1** *ökon etw* (**in etw** akk) ~ convertire *qc* (*in qc*): **das Papiergeld in Gold ~**, convertire cartamoneta in oro; **Dollars in Euro ~**, cambiare dollari in euro **2** *inform etw* ~ convertire *qc*: **die Daten müssen konvertiert werden, um mit dem anderen Programm kompatibel zu sein**, per essere compatibili con l'altro programma i dati devono essere convertiti Ⓑ *itr* <*haben oder sein*> *relig* (**von etw** dat) **zu etw** (dat) ~ {VOM CHRISTENTUM ZUM JUDENTUM, VOM BUDDHISMUS ZUM KATHOLIZISMUS} convertirsi (*da qc*) *a qc*: **er ist zum Christentum konvertiert**, ˌha abbracciato laˌ/[si è convertito alla] fede cristiana.

Konvertit <-*en*, -*en*> m (**Konvertitin** f) *relig* convertito m (a) m (f).

konvex opt Ⓐ adj {BRILLENGLAS, LINSE, KRÜMMUNG} convesso Ⓑ adv {KRÜMMEN, SCHLEIFEN} dando una forma convessa.

Konvexspiegel m specchio m convesso.

Konvoi <-s, -s> m **1** *autom* (*Fahrzeugkolonne*) convoglio m: **im ~ fahren**, viaggiare in colonna **2** *mil* convoglio m (scortato): **einen ~ bilden**, formare un convoglio.

Konvolut <-(e)s, -e> n *geh* (*Bündel von Unterlagen*) incartamento m.

Konvulsion <-, -en> f <*meist pl*> *med* convulsione f: **von ~en ergriffen werden**, essere in preda a convulsioni.

konzedieren <*ohne ge*-> *tr geh* **1** (*zugestehen*) **jdm etw** ~ concedere *qc a qu* **2** (*zugeben*) **etw** ~ ammettere *qc*.

Konzentrat <-(*e*)*s*, -*e*> n **1** *chem* ~ (**aus etw** dat) concentrato m (*di qc*) **2** (*Auszug*) {+REDE, TEXT} riassunto m.

Konzentration <-, -en> f **1** <*nur sing*> (*hohe Aufmerksamkeit*) ~ (**auf jdn/etw**) concentrazione f (*su qu/qc*): **große ~ erfordern**, richiedere ˌgrande concentrazioneˌ/[impegno mentale]; **die ~ lässt im Alter nach**, nella vecchiaia la concentrazione diminuisce; **bei Müdigkeit fehlt mir jegliche ~**, quando sono stanco (-a) perdo del tutto la concentrazione **2** <*nur sing*> (*Sammeln*) ~ (**auf etw** akk) {AUF EINE AUFGABE, DAS WESENTLICHE, EIN ZIEL} concentrazione f (*su qc*): **hier bedarf es der ~ sämtlicher Kräfte**, qui è necessario concentrare tutte le energie **3** (*Zusammenballung*) ~ + gen/**von jdm/etw** {+KAPITAL} concentramento m (*di qc*); {+POLITISCHE, WIRTSCHAFTLICHE KRÄFTE, MÄCHTE, TRUPPEN} *auch* concentrazione f *di qu/qc* **4** *chem* {+ARZNEI, LAUGE, MEDIKAMENT, SÄURE} concentrazione f.

Konzentrationsfähigkeit <-, *ohne pl*> f capacità f di concentrazione/concentrarsi.

Konzentrationslager n (Abk KZ) **1** *D hist* (*bes. im Nationalsozialismus*) campo m di concentramento/sterminio, lager m **2** (*Internierungslager*) campo m d'internamento.

Konzentrationsmangel <-s, *ohne pl*> m mancanza f di concentrazione.

Konzentrationsschwäche f scarsa concentrazione f: **unter ~ leiden**, avere difficoltà di concentrazione.

Konzentrationsschwierigkeit f <*meist pl*> difficoltà f di concentrazione.

konzentrieren <*ohne ge*-> Ⓐ rfl **1** (*sich geistig sammeln*) **sich** (**auf jdn/etw**) ~ {AUF EINE ARBEIT, EIN PROBLEM, EIN THEMA} concentrarsi (*su qu/qc*): **bei dieser Musik kann ich mich überhaupt nicht ~**, con questa musica non riesco assolutamente a concentrarmi **2** (*seine Energie auf jdn/etw richten*) **sich auf jdn/etw** ~ concentrarsi *su qu/qc*: **er konzentriert sich ausschließlich auf seine eigenen Bedürfnisse**, ˌsi concentraˌ/[è concentrato] esclusivamente sui propri bisogni Ⓑ tr **1** (*bündeln*) **etw auf etw/jdn** ~ {REGIERUNG POLITIK AUF DAS ERREICHEN DER ZIELE; MUTTER ENERGIE AUF DAS KIND} concentrare *qc su qu/qc* **2** (*zusammenziehen*) **jdn/etw irgendwo** ~ {HILFSSENDUNGEN IN DEN KRIEGSGEBIETEN, TRUPPEN IN DEN GRENZGEBIETEN} concentrare *qu/qc* + *compl di luogo* **3** *chem etw* ~ concentrare *qc*, condensare *qc*.

konzentriert Ⓐ adj **1** (*aufmerksam*) {PERSON} concentrato; {LEKTÜRE, LESEN} attento: **~ sein**, essere concentrato; **mit ~er Aufmerksamkeit**, con grande attenzione **2** (*in großer Menge*) massiccio, imponente: **ein ~es Polizeiaufgebot**, un imponente spiegamento di forze **3** *chem* concentrato, ad alta concentrazione: **hoch ~** {SÄURE}, a(d) alta concentrazione **4** *gastr* {SAFT, SOßE} concentrato Ⓑ adv (*aufmerksam*) {ARBEITEN, SPIELEN, ÜBERLEGEN, ZUHÖREN} con concentrazione, concentrato (-a): ~ (**über etw** akk) **nachdenken**, concentrarsi (su qc), fare mente locale (su qc).

konzentrisch adj *math* {KREISE, KUGELN} concentrico.

Konzept <-(*e*)*s*, -*e*> n **1** (*Rohentwurf*) ~ (**für etw** akk) abbozzo m (*di qc*), traccia f (*di qc*); {FÜR EINEN AUFSATZ, BRIEF} *auch* minuta f, brutta f *fam* (*copia* f); {FÜR EINE REDE, EINEN ROMAN} abbozzo m, traccia f: **ein ~ ausarbeiten/entwerfen**, elaborare/preparare un abbozzo/una traccia; **sich** (dat) **ein ~ machen**, farsi uno schema; **er hielt seine Rede ohne ~**, ha tenuto il discorso ˌsenza scalettaˌ/[a braccio]; **nur im ~ vorliegen**, esistere solo come abbozzo **2** (*Konzeption*) ~ (**für etw** akk) progetto m (*per qc*), piano m (*per qc*): **ein ~ (für etw akk) entwickeln**, sviluppare un progetto (per qc); **ein ~ für die Bewältigung der dringlichsten Probleme**, un piano per la soluzione dei problemi più urgenti **3** (*Vorstellung*) idea f: **ein klares ~ haben**, avere le idee chiare; **ein vernünftiges ~**, un progetto serio • **jdn aus dem ~ bringen**, far perdere il filo a qu; **aus dem ~ kommen**/geraten, perdere il filo, confondersi; **jdm nicht ins ~ passen** (*nicht in jds Pläne passen*), non rientrare nei piani di qu; (*jdm nicht zusagen*), non andare a genio a qu; **jdm das ~ verderben** fam, rovinare i piani di qu, rompere le uova nel paniere a qu.

Konzepthalter m leggio m.

Konzeption <-, -en> f **1** geh (*geistiger Gesamtentwurf*) concezione f, idea f: **seine ~ der Sozialpolitik ist sehr fragwürdig**, la sua concezione di politica sociale è molto discutibile **2** med (*Empfängnis*) concezione f.

konzeptionell adj geh concezionale: **ein ~er Fehler**, un errore di concezione.

konzeptionslos A adj {POLITIK, PROGRAMM} privo di ˌuna linea ben definitaˌ/[linee guida] B adv {HANDELN, VORGEHEN} senza avere le idee chiare, in maniera disorganizzata.

Konzeptionslosigkeit <-, ohne pl> f geh mancanza f di una linea ben definita.

Konzeptkunst <-, ohne pl> f arte f concettuale.

Konzeptpapier n foglio m/carta f per la minuta.

Konzern <-(e)s, -e> m ökon gruppo m industriale, complesso m industriale: **ein multinationaler ~**, una multinazionale, un gruppo multinazionale.

Konzernbilanz f ökon bilancio m consolidato.

Konzernbildung f ökon formazione f di un gruppo (industriale).

Konzernführung f → **Konzernspitze**.

Konzernmutter f ökon società f/casa f madre (di un gruppo industriale).

Konzernspitze f ökon vertice m di un gruppo (industriale).

Konzerntochter f ökon affiliata f (a un gruppo industriale).

Konzert <-(e)s, -e> n mus **1** (*Veranstaltung*) concerto m: ˌin einˌ/[zu einem] ~ **gehen**, andare a un concerto; **auf einem ~ spielen**, suonare a un concerto; **ein ~ geben**, dare un concerto **2** (*Komposition*) concerto m: **ein ~ für Violine und Orchester**, un concerto per violino e orchestra **3** *ˌnur singˌ* geh (*Zusammenspiel*) **~ von etw** (dat pl) sinfonia f *di qc*: **ein ~ von Farben**, una sinfonia di colori; **Italien im ~ der europäischen Staaten**, l'Italia nel contesto degli Stati europei • **im ~**, all'unisono.

Konzertabend m mus serata f concertistica.

Konzertabonnement n abbonamento m alla stagione concertistica.

Konzertagentur f com agenzia f di concerti.

konzertant adj mus concertistico, {SYMPHONIE} concertante: **die ~e Aufführung einer Oper**, l'esecuzione concertistica di un'opera lirica.

Konzertarie f mus aria f concertata.

Konzertbesucher m (**Konzertbesucherin** f) frequentatore (-trice) m di ˌun concertoˌ/[concerti].

Konzertdirektion f → **Konzertveranstalter**.

Konzertflügel m mus pianoforte m a coda.

Konzerthalle f auditorium m; (*für moderne Musik*) palazzetto m per concerti.

konzertieren <ohne ge-> itr geh (*irgendwo*) ~ ˌesibirsi inˌ/[dare] un concerto (+ compl di luogo).

konzertiert adj: **~e Aktion** pol, azione concertata; **einen ~en Plan ausführen**, attuare un piano concertato.

Konzertina <-, -s> f mus concertina f.

Konzertkarte f biglietto m per il/un concerto.

Konzertmeister m mus primo violino m.

Konzertpianist m (**Konzertpianistin** f) pianista mf (concertista).

Konzertprogramm n **1** (*Liste der Kompositionen*) programma m del concerto **2** (*alle Konzerte einer Saison*) programma m (della stagione) dei concerti.

Konzertreise f tournée f concertistica.

Konzertsaal m sala f dei concerti.

Konzertsaison f stagione f concertistica/[dei concerti].

Konzertsänger m (**Konzertsängerin** f) (cantante m/f) solista mf.

Konzerttournee f mus → **Konzertreise**.

Konzertveranstalter m organizzatore m di concerti.

Konzession <-, -en> f **1** (*Zugeständnis*) concessione f: ˌjdm ~enˌ/[~en an jdn] **machen**, fare delle concessioni a qu; **nicht zu ~en bereit sein**, non essere disposto a fare concessioni **2** adm (*Gewerbeerlaubnis*) licenza f (di esercizio): **jdm die ~ entziehen**, ritirare/togliere la licenza a qu; **jdm eine ~ erteilen**, dare una licenza a qu.

Konzessionär <-s, -e> m (**Konzessionärin** f) adm intestatario (-a) m (f)/titolare mf di una licenza.

konzessionsbereit adj geh {PERSON} disposto a fare concessioni; {HALTUNG} morbido: **eine ~e Haltung einnehmen**, adottare una linea morbida.

Konzessionsbereitschaft <-, ohne pl> f geh disponibilità f a fare concessioni: **er zeigte keinerlei ~**, non dette segno di voler fare concessione alcuna.

Konzessionsinhaber m (**Konzessionsinhaberin** f) → **Konzessionär**.

Konzessivsatz m gram (proposizione f/frase f) concessiva f.

Konzil <-s, -e oder -ien> n **1** relig concilio m: **der Papst beruft ein ~ ein**, il papa convoca il concilio **2** univ "assemblea dei rappresentanti del personale universitario" • **Ökumenisches ~**, concilio ecumenico.

konziliant geh A adj {ART, MENSCH, WESEN} conciliante, accomodante B adv in modo conciliante: **sich ~ geben/zeigen**, mostrarsi conciliante, avere un atteggiamento conciliante.

Konzipient <-en, -en> m (**Konzipientin** f) A "laureato (-a) m (f) in giurisprudenza che svolge un praticantato in uno studio legale".

konzipieren <ohne ge-> tr (*entwerfen*) **etw ~** {REDE, TEXT} concepire qc; {INNENAUSSTATTUNG, PLAN, PRODUKT} auch *essere qc*: **die Universität ist für 20 000 Studenten konzipiert**, quest'università è concepita per 20 000 studenti.

konzis adj geh {SPRACHE, STIL} conciso.

Koog <-(e)s, Köge> m norddt → **Polder**.

Kooperation <-, -en> f bes. ökon pol ~ (**mit jdm/etw**) cooperazione f (con qu/qc): **zwischen den beiden Abteilungen besteht eine sehr gute ~**, tra i due reparti c'è un'ottima collaborazione.

kooperationsbereit adj → **kooperativ**.

Kooperationsbereitschaft f disponibilità f a cooperare/collaborare.

Kooperationspartner m (**Kooperationspartnerin** f) partner mf (economico (-a)).

kooperativ adj geh {HALTUNG, VERHALTEN} cooperativo, collaborativo: **sie ist nicht sehr ~**, non è molto cooperativa/collaborativa, non collabora molto.

kooperieren <ohne ge-> itr bes. ökon pol {FIRMEN} cooperare, collaborare; **mit jdm/etw ~** {FIRMA MIT EINER ANDEREN} cooperare con qu/qc, collaborare con qu/qc.

kooptieren <ohne ge-> tr geh **jdn ~** cooptare qu.

Koordinate <-, -n> f **1** geom coordinata f **2** <meist pl> geog coordinata f: **die geographischen ~n**, le coordinate geografiche.

Koordinatenachse f geom asse m delle coordinate.

Koordinatenkreuz n geom assi m pl cartesiani.

Koordinatennetz n geog reticolo m ˌdelle coordinate (geografiche)ˌ/[geografico].

Koordinatensystem n geom sistema m di coordinate: **das rechtwinklige ~**, il sistema delle coordinate cartesiane.

Koordination <-, -en> f geh {+BEWEGUNGEN, VORGÄNGE} coordinazione f; {+ARBEITEN} coordinamento m.

Koordinationszahl f chem numero m di coordinazione.

Koordinator <-s, -en> m (**Koordinatorin** f) geh {+PROJEKT} coordinatore (-trice) m (f).

koordinieren <ohne ge-> tr geh **etw ~** {ZEITLICHE ABLÄUFE, PHASEN EINER ENTWICKLUNG, EINES PROJEKTS} coordinare qc; **etw mit etw** (dat) **~** coordinare qc con qc; **jdn ~** {MITARBEITER} coordinare qu: **die Handwerker ~**, organizzare il lavoro degli operai (con tempismo).

Koordinierung <-, ohne pl> f geh → **Koordination**.

Kopal <-s, -e> m chem cop(p)ale m oder f.

Kopallack m chem vernice f di cop(p)ale.

Kopenhagen <-s, ohne pl> n geog Copenaghen f.

Kopenhagener① <inv> adj di Copenaghen.

Kopenhagener② <-s, -> m (**Kopenhagenerin** f) **1** (*in Kopenhagen wohnend*) abitante mf di Copenaghen **2** (*aus Kopenhagen stammend*) originario (-a) m (f) di Copenaghen.

Köper <-s, ohne pl> m text (tessuto m) spigato m/spinato m.

kopernikanisch adj copernicano • **die ~e Revolution**, la rivoluzione copernicana.

Kopf <-(e)s, Köpfe> m **1** anat (*Haupt*) testa f, capo m: **den ~ zum Fenster hinausstrecken**, mettere la testa fuori dalla finestra; **den ~ in die Hände stützen**, tenersi la testa con tutte e due le mani, sorreggersi la testa con le mani; **den ~ in den Nacken werfen**, buttare indietro la testa; **den ~ zur Seite neigen**, piegare la testa di lato; **seinen ~ an jds Schulter legen**, (ap)poggiare la testa sulla spalla di qu; **den ~ zur Tür hereinstecken**, affacciarsi alla porta; **mit erhobenem ~**, a testa alta; **mit gesenktem ~**, a testa bassa, a capo chino; **einen ~ größer/kleiner als jd sein**, ˌsuperare quˌ/[essere più piccolo di qu] di una testa **2** (*Verstand*) testa f, mente f, cervello m: **ein fähiger ~ sein**, essere una persona capace; **die besten Köpfe**, le menti migliori, i migliori cervelli; **ich habe das Bild genau im ~**, mi immagino esattamente come sarà il quadro **3** (*leitende Persönlichkeit*) ~ **einer S.** (gen) {+POLITISCHE BEWEGUNG, KUNSTRICHTUNG, VERSCHWÖRUNG} cervello m *di qc*, mente f *di qc*; {+BANDE, ORGANISATION} *auch* capo m *di qc*: **am ~ ˌvon etw (dat)ˌ/[+ gen]**, alla testa di qc, a capo di qc; **wer ist der ~ dieses Riesenunternehmens?**, chi si trova a capo di questo impero? **4** (*Einzelperson*) persona f: **die Bande zählt fünf Köpfe**, la banda è composta de cinque persone **5** (*oberer, vorderer, meist runder Teil von etw: Salatkopf*) cespo m, cesto m; (*Kohlkopf*) palla f; {+HAMMER} testa f; {+SCHRAUBE} *auch* capocchia f: **die Blumen lassen schon die Köpfe hängen**, i fiori ˌpiegano già il capoˌ/[hanno già il capo ciondola]; {+NAGEL, STECKNADEL, STREICHHOLZ} capocchia f, testa f; {+PFEIFE} fornello m; {+GIEßKANNE} cipolla f **6** (*die obere, vordere Seite von Gedrucktem*) intestazione f: **am ~ der Seite**, in testa allaˌ/[in alto sulla] pagina; (*Zeitungskopf*) testata f; {+MÜNZE} testa f; **~ oder Zahl?**, testa o croce? ● **jdm den ~ abreißen** *fam*, staccare la testa a qu *fam*; **er wird dir schon nicht den ~ abreißen!**, non ti staccherà mica la testa!; **etw am ~ haben**, non essere a posto con la testa; **du hast wohl was am ~!** *slang*, ma tu sei fuori di testa! *slang*; **~ an ~**, **~ an ~ kämpfen**, lottare testa a testa; **~ an ~ gingen die Pferde durchs Ziel**, i cavalli arrivarono al traguardo testa a testa; **seinen ~ anstrengen**, usare/adoperare/[far lavorare] la testa; **aus dem ~** {AUFSAGEN, KÖNNEN, WISSEN}, a memoria/mente; **jd hält etw im ~ nicht** *aus slang*, qu non regge qc *fam*, qu rompe l'anima a qu *fam*; **auf jds ~ etw aussetzen** {BELOHNUNG}, mettere qc sulla testa di qu; **etw im ~ behalten**, tenere a mente qc; **einen klaren/kühlen ~ bewahren**, mantenere ˌil sangue freddoˌ/[la calma]; **jdm brummt der ~** *fam*, a qu scoppia la testa; **einen dicken ~ haben** *fam*, avere la testa dura, essere una capa tosta *südital fam*, essere testone; **seinen ~ durchsetzen (wollen)**, (voler) fare/agire di testa propria; ˌ**seinen eigenen ~**ˌ/[**einen ~ für sich**] **haben**, sapere quel che si vuole; **sich (dat) den ~ an etw (dat) einrennen** *fam*, rompercisi la testa *fam*; **sich (gegenseitig) die Köpfe einschlagen** *fam*, spaccarsi la testa a vicenda; **den ~ einziehen**, abbassare la testa; *fam* (*sich einschüchtern lassen*), abbassare la cresta; **jdm durch den ~ fahren/schießen**, balenare a qu; **sich (dat) an den ~ fassen/greifen**, prendersi la testa tra le mani; **jds ~ fordern**, volere/chiedere la testa di qu; **von ~ bis Fuß** {NASS SEIN, SICH WASCHEN}, dalla testa ai piedi; {SICH EINKLEIDEN, JDN MUSTERN} *auch*, da capo a piedi; **nicht auf den ~ gefallen sein** *fam*, non essere nato ieri; **der ist ganz und gar nicht auf den ~ gefallen**, non è mica venuto giù con la piena! *fam*; **jdm durch den ~ gehen**, passare/frullare per la mente/testa a qu; **seine Worte gingen mir durch den ~**, le sue parole mi frullavano per la mente; **jdm nicht in den ~ gehen/wollen**, non entrare in testa a qu; **geht das denn nicht in deinen ~?**, non ti entra in quella testolina? *fam*; **etw geht/will jdm nicht aus dem ~**, qu non riesce a levarsi/togliersi dalla testa che ..., a qu nessuno gli leva dalla testa che ... *fam*; **sich (dat) etw durch den ~ gehen lassen**, riflettere su qc, pensarci (bene) a qc; **das muss ich mir erst noch durch den ~ gehen lassen**, prima ci devo pensare bene; **nach jds ~ gehen**, andare secondo le idee/il volere di qu; **es kann ja nicht immer alles nach deinem ~ gehen!**, non può andare sempre tutto come vuoi tu!; **wie vor den ~ geschlagen sein** *fam*, essere come stordito/frastornato; **nichts anderes im ~ haben als ...**, non avere altro per la testa che ...; **er hat nichts anderes als Unsinn im ~** *fam*, per la testa non ha altro che sciocchezze, non pensa ad altro a scemenze; **nach seinem eigenen ~ handeln**, agire di testa propria; **den ~ hängen lassen** *fam*, buttarsi giù *fam*, scoraggiarsi, perdersi d'animo; **etw auf den ~ hauen** *fam* {GELD}, buttare via qc, far fuori qc *slang*, sputtanare qc *slang*; **sich (dat) die Köpfe heißreden** *fam*, discutere finché a qu comincia a fumare la testa; **ein heller ~ sein** *fam*, essere un tipo sveglio; **einen (ganz) heißen ~ haben** (*Fieber haben*), avere la fronte calda/[che scotta]; **jdm im ~ herumgehen** *fam*/**-spuken** *fam*, frullare ˌper il capoˌ/[in testa] a qu; **in den Köpfen der Leute herumspuken**, passare per la testa alla gente; **jdm auf dem ~ herumtanzen** *fam*/**herumtrampeln** *fam*, mettere i piedi ˌin testaˌ/[sul collo] a qu; **den/seinen ~ für etw (akk) hinhalten (müssen)**, fare da capro espiatorio per qc, pagare per qc; **~ hoch!**, su con la vita!, forza, dai!, coraggio!; **~ hoch, das kriegt ihr schon noch hin!**, su con la vita, ce la farete senz'altro!; **etw im ~ haben: andere Dinge im ~ haben**, avere ˌben altroˌ/[tutt'altro] per la testa, pensare a ˌben altroˌ/[tutt'altro]; **der hat wirklich was im ~!** *fam*, è un tipo con una ˌgran testaˌ/[testa così]!; **ein kluger ~ sein**, essere ˌuna gran testaˌ/[un cervellone]; **jdn den ~ kosten** (*das Leben*), costare la vita/pelle a qu; (*die Stellung*), costare la carriera/il posto a qu; **~ und Kragen: sich noch um ~ und Kragen bringen** *fam*, rimettercisi la testa *fam*/pelle *fam*; **es geht um ~ und Kragen** *fam*, ˌne va dellaˌ/[è in gioco la] vita di qu; **jdn ~ und Kragen kosten** *fam*, andarne della vita di qu; **~ und Kragen riskieren** *fam*, rischiare la testa/pelle; **etw nicht in seinen ~ (hinein)kriegen** *fam*, non riuscire a ˌcacciarsi *fam*ˌ/[farsi entrare] in testa qc; **jdn einen ~ kürzer/kleiner machen**, tagliare/mozzare la testa a qu; **einen leeren ~ haben**, avere la testa/zucca *fam* vuota; **sich (dat) keinen ~ machen** *fam*, fregarsene *fam*, sbattersene *slang*; **den ~ neigen**, chinare il capo/la testa; **mit dem ~ nicken**, fare di sì con la testa, annuire; **jdm den ~ zwischen die Ohren setzen** *fam*, (ri)mettere a posto qu; **pro ~**, a testa, pro capite, a cranio *fam*; **pro ~ gibt es zwei Eiskugeln**, ci sono due palline di gelato a testa/persona; **jdm raucht der ~**, a qu fuma la testa/il cervello; **im ~ rechnen**, calcolare a mente; **seinen ~ retten**, salvare la testa/pelle; **nicht (ganz) richtig im ~ sein** *fam*, non essere (tanto) a posto con la testa; **seinen ~ riskieren** *fam*, rischiare la testa/pelle; **Köpfe rollen**, cadono delle teste; **kaum war die neue Regierung am Ruder, rollten auch schon die ersten Köpfe**, il nuovo governo non si era ancora insediato e già cadevano le prime teste; **einen roten ~ bekommen** *fam*/**kriegen** *fam*, diventare rosso (-a) come un peperone *fam*, arrossire; **den ~ in den Sand stecken**, mettere la testa sotto la sabbia, fare (la politica del)lo struzzo; **sich (dat) etw aus dem ~ schlagen**, togliersi/levarsi qc dalla testa; **Taschengelderhöhung? Das kannst du dir gleich aus dem ~ schlagen!**, un aumento della paghetta? Toglitelo dalla testa!; **ein schlauer ~ sein** *fam*, essere un volpone *fam*; **den/seinen ~ aus der Schlinge ziehen**, trarsi d'impaccio; **den ~ schütteln**, scuotere la testa; (*um nein zu sagen*) *auch*, fare di no con la testa; **einen schweren ~ haben**, sentirsi/avere la testa pesante; **sich (dat) etw in den ~ setzen**, mettersi/ficcarsi *fam* qc in testa; **sich (dat) in den ~ setzen, etw zu tun**, mettersi/ficcarsi *fam* in testa di fare qc; **jdm auf den ~ spucken können** *fam*, mangiare la pappa in testa a qu *fam*; **bis über den ~ in etw (dat) stecken**: **bis über den ~ in Arbeit stecken**, essere pieno di lavoro fin sopra la testa; **bis über den ~ in Schulden stecken**, essere indebitato fin sopra i capelli; **auf dem ~ stehen** {PERSON}, stare sulla testa; {BILD, FOTO}, essere a testa in giù; **jdm steht der ~ nicht nach etw (dat)**, qu non ha la testa per qc; **jdm in den ~ steigen** {ALKOHOL, DÜFTE}, dare alla testa a qu; **jdm zu ~ steigen** {ERFOLG, GELD, GLÜCK, RUHM}, dare alla testa a qu; **und wenn du dich auf den ~ stellst (und mit den Ohren wackelst) ...**, nemmeno se ˌmi preghi in ginocchioˌ/[piangi in cinese] ...; **etw auf den ~ stellen** (*in Unordnung bringen*), mettere ˌa soqquadroˌ/[sottosopra] qc; (*durchsuchen*), rivoltare qc ˌda cima a fondoˌ/[come un calzino] *fam*, buttare all'aria qc; (*verdrehen*) {TATSACHEN, WAHRHEIT}, stravolgere qc; **mit dem ~ gegen etw (akk) stoßen**, dare una testata/capocciata contro qc; **jdn vor den ~ stoßen**, urtare qu, offendere qu; **über jds ~ hinweg**, senza interpellare qu; **sie haben alles über meinen ~ hinweg entschieden**, hanno deciso tutto scavalcandomi completamente; **jdm den ~ verdrehen** *fam*, far girare/perdere la testa a qu; **den ~ verlieren**, perdere la testa; **wir dürfen jetzt unter keinen Umständen den ~ verlieren!**, adesso non dobbiamo assolutamente perdere la testa!; **dafür verwette ich meinen ~!** *fam*, ˌci scommettereiˌ/[mi ci giocherei] la testa!; **den ~ voll (mit etw dat) haben**, avere la testa piena (di qc); **jdm den ~ vollabern** *fam*, fare a qu una testa ˌcome un pallone *fam*ˌ/[così *fam*], gonfiare la testa a qu *fam*; **in jds ~ vorgehen**, passare per la testa a qu; **was geht nur in seinem ~ vor?**, ma cosa gli passa per la testa?; **jdm über den ~ wachsen**: **die Arbeit wächst ihm über den ~**, è carico di lavoro fin sopra i capelli; **das Ganze wächst mir über den ~!**, tutto questo è troppo per me!; **mit dem ~ gegen die Wand rennen** *fam*, (s)battere la testa contro il muro; **die Schmerzen sind unerträglich, ich könnte mit dem ~ gegen die Wand rennen!**, i dolori sono così insopportabili che batterei la testa nel muro!; **mit dem ~ durch die Wand wollen** *fam*, ˌrompersi la testa contro ilˌ/[fare a testate col] muro; **jdm (anständig/ordentlich/tüchtig) den ~ waschen** *fam*, dare una (bella) lavata di capo a qu *fam*; **~ weg!**, attento (-a) alla testa!; **jdm etw an den ~ werfen/schmeißen** *fam*, sbattere in faccia qc a qu *fam*, rinfacciare qc a qu; **etwas wirr im ~ sein** *fam*, essere un po' confuso; {ALTE LEUTE} *auch*, essere un po' rimbambito; **nicht wissen, wo einem der ~ steht**, non sapere dove (s)battere la testa; **sich (dat) den ~ (über etw akk) zerbrechen/zermartern**, ˌspremersi le meningiˌ/[rompersi la testa]/[scervellarsi] su qc; **jdm den ~ zurechtrücken/-setzen**, (ri)mettere a posto qu; **jdm etw auf den ~ zusagen**, dire qc in faccia a qu; **die Köpfe zusammenstecken** *fam*, confabulare; **was man nicht im ~ hat, muss man in den Beinen haben** *prov*, chi non ha testa, abbia/ha gambe *prov*.

Kopf-an-Kopf-Rennen n **1** (*Autorennen*) (gara f) testa a testa m; (*Pferderennen*) *auch* corsa f serrata **2** (*heftiger Konkurrenzkampf*) testa a testa m.

Kopfarbeit f lavoro m ˌdi testaˌ/[intellettuale].

Kopfarbeiter m (**Kopfarbeiterin** f) intellettuale mf, testa f d'uovo.

Kopfbahnhof m stazione f di testa.

Kopfball m *Fußball* colpo m di testa.

Kopfballtor n *Fußball* gol m di testa: **ein ~ erzielen**, segnare di testa.

Kopfbedeckung f copricapo m: **ohne ~ sein/gehen**, essere/andare a ₁capo scoperto₁/[testa scoperta].

Kopfbewegung f ₁movimento m della₁/[cenno m con la] testa.

Köpfchen <-s, -> n **1** *dim von* Kopf testolina f, testina f **2** *fam* (*Verstand*) cervello m: **~ haben**, avere ₁abbastanza materia grigia₁/[cervello]; **muss man haben**, ci vuole un po' di cervello; **sein ~ etwas anstrengen**, far lavorare un po' il cervello/la testa, spremersi un po' le meningi; (*kluger Mensch*) testa f fina, cervellone m; **du bist aber ein kluges ~!**, sei proprio un cervellone! • **~!**, **~!**, ci vuole un po' di cervello!

köpfen A tr **1** (*enthaupten*) jdn ~ tagliare/mozzare la testa *a qu*, decapitare *qu* **2** (*den oberen Teil von etw abschlagen*) **etw ~** {BLUMEN} recidere il capo *di qc*: **ein weich gekochtes Ei ~**, tranciare (con un coltello) la cima di un uovo alla coque; **Flaschen ~** *fam scherz*, stappare delle bottiglie (di bevande alcooliche); **zu zweit haben sie drei Flaschen Wein geköpft**, in due si sono fatti (-e) *fam*/scolati (-e) tre bottiglie di vino **3** *Fußball* **etw irgendwohin ~** tirare di testa *qc* + *compl di luogo*: **den Ball ins Tor ~**, segnare (una rete) di testa B itr *Fußball* **colpire di testa**: **das war hervorragend geköpft**, è stato un colpo di testa formidabile.

Kopfende n (*von Bett*) testata f, testa f, testiera f; (*von Tisch*) capotavola m inv: **mein Platz ist seit eh und je am ~ (des Tisches)**, ₁il mio posto è da sempre₁/[da sempre siedo a] capotavola.

Kopfform f forma f della testa/del capo.

Kopffüßer <-s, -> m *zoo* cefalopodi m.

Kopfgeburt f parto m della fantasia.

Kopfgeld n taglia f: **ein ~ auf jdn aussetzen**, mettere una taglia su/[sulla testa di] [sul capo di] qu; **auf ihn ist ein ~ ausgesetzt**, ₁sul suo capo₁/[sulla sua testa] pende una taglia.

Kopfgeldjäger m cacciatore m di taglie, bounty killer m.

Kopfhaar n **1** <*nur sing*> (*Haupthaar*) capigliatura f, capelli m pl **2** (*einzelnes Haar*) capello m.

Kopfhaut f *anat* cuoio m capelluto.

Kopfhöhe f: **in ~**, all'altezza della testa.

Kopfhörer m cuffia f, auricolare m: **die ~ aufsetzen**, metter(si) le cuffie/gli auricolari.

Kopfhöreranschluss (a.R. Kopfhöreranschluß) m collegamento m/attacco m cuffia/cuffie.

Kopfhörerbuchse f presa f per l'auricolare.

Kopfjäger m cacciatore m di teste, headhunter m.

Kopfkissen n guanciale m, cuscino m.

Kopfkissenbezug m federa f.

Kopflage f *med* (*bei der Geburt*) presentazione f cefalica.

Kopflänge f *sport*: **mit einer ~ Vorsprung gewinnen**, vincere di una testa; **um eine ~**, di una testa.

kopflastig adj **1** *aero naut* {FLUGZEUG, SCHIFF} appruato **2** *adm* (*zu viel Führungspersonal aufweisend*): **ein ~es Management**, un management ipertrofico **3** *pej* (*kopfgesteuert*) {AUTOR, BUCH, FILM, KUNSTWERK} cerebrale: **er ist ein ~er Typ**, è un tipo troppo cerebrale/intellettuale.

Kopflaus f *zoo* pidocchio m (comune).

kopflos A adj **1** (*völlig verwirrt*) disorientato: **jdn ~ machen**, far perdere la testa a qu; **~ werden**, perdere la bussola; (*überstürzt*) {ENTSCHLUSS} precipitoso **2** (*enthauptet*) {LEICHE, UNGLÜCKSOPFER} senza testa; {STATUE} *auch* acefalo B adv {DURCH DIE GEGEND RENNEN} all'impazzata; {HANDELN, REAGIEREN} senza pensare/riflettere: **~ handeln** *auch*, fare le cose con la testa nel sacco.

Kopflosigkeit <-, *rar -en*> f disorientamento m: **in völliger ~**, nel panico più totale.

Kopfmassage f massaggio m alla testa.

Kopfmensch m persona f cerebrale/[tutta testa] *fam*.

Kopfnicken n cenno m (affermativo) del capo: **mit einem nachdenklichen ~**, annuendo pensierosamente.

Kopfnuss (a.R. Kopfnuß) f **1** (*Schlag*) scappellotto m (dato con le nocche sulla testa), nocchino m *tosk*: **jdm eine ~ geben**, dare uno scappellotto a qu **2** (*schwierige Denkaufgabe*) rompicapo m.

Kopfrechnen n calcolo m mentale.

Kopfsalat m *bot* lattuga f.

kopfscheu adj: **jdn ~ machen**, mettere in soggezione qu, intimorire qu; **~ werden**, mettersi in soggezione.

Kopfschmerz m <*meist pl*> mal m di testa/capo, cefalea f *med*: **heftige ~en**, una forte emicrania; **~en haben**, avere mal di testa **• jdm ~en bereiten/machen** *fam*, dare/causare/provocare dei grattacapi a qu; **sich (dat) ₁über etw (akk)₁/[wegen etw (gen oder fam dat)] ~ machen**, farsi venire il sangue amaro per qc; **mach dir deswegen mal keine ~en!**, non ti ci rodere il fegato!

Kopfschmerztablette f *pharm* cachet m/compressa f/pastiglia f per/contro il mal di testa.

Kopfschmuck m ornamento m del capo.

Kopfschuss (a.R. Kopfschuß) m colpo m alla testa.

Kopfschütteln n cenno m di diniego (con la testa), scrollata f di testa **• ~ auslösen**, suscitare disapprovazione; **mit einem ~**, scuotendo la testa, scrollando il capo, con una scrollata di testa.

kopfschüttelnd A adj {ZUHÖRER, ZUSCHAUER} che ₁scuote la testa₁/[scrolla il capo] B adv scuotendo la testa, scrollando il capo: **jdn ~ betrachten**, guardare qu scuotendo la testa.

Kopfschutz m (*Helm*) protezione f per la testa.

Kopfseite f (*von Münzen*) testa f.

Kopfsprung m *sport* tuffo m di testa: **einen ~ machen**, tuffarsi/[fare un tuffo] di testa.

Kopfstand m *sport* verticale f (in appoggio) sulla testa: **im ~ verharren**, rimanere in verticale sulla testa.

kopf|stehen <*irr*> itr <*haben oder A CH süddt sein*> **1** (*auf dem Kopf stehen*) fare la verticale sulla testa **2** *fam* (*aufgeregt sein*) {PERSON} essere sottosopra *fam*/sconvolto; **vor etw (dat)/wegen etw (gen oder fam dat) ~ fam** (*durcheinander sein*) essere sottosopra/[in subbuglio] *per qc*: **das ganze Wohnviertel stand kopf, als der Tenniscrack heimkehrte**, tutto il quartiere era in subbuglio quando il campione di tennis tornò a casa.

Kopfsteinpflaster n acciottolato m.

Kopfsteuer f *ökon* tassa f pro capite; (*im Mittelalter*) testatico m.

Kopfstimme f *mus* voce f di testa; (*männliche ~*) falsetto m.

Kopfstütze f *autom* poggiatesta m: **verstellbare ~**, poggiatesta regolabile.

Kopftuch n fazzoletto m (da testa), foulard m: **sich (dat) ein ~ umbinden**, mettersi un fazzoletto in testa.

kopfüber adv **1** (*mit dem Kopf voraus*) a capofitto: **~ ins Wasser fallen**, cadere a capofitto in/nell'acqua **2** (*voller Energie*) a capofitto, a corpo morto *fam*: **sich ~ in die Arbeit stürzen**, buttarsi/gettarsi a capofitto nel lavoro; **sich ~ in eine Beziehung stürzen**, buttarsi ₁a corpo morto₁/[anima e corpo] in una relazione.

Kopfverband m fasciatura f alla testa.

Kopfverletzung f **1** (*das Verletzen*) ferimento m alla testa **2** (*Wunde*) ferita f alla testa: **er trug schwere ~en davon**, ₁è rimasto gravemente ferito₁/[ha riportato gravi ferite] alla testa.

Kopfwäsche f **1** (*Einseifen*) shampoo m **2** *fam* (*Zurechtweisung*) lavata f di capo.

Kopfweh <-s, *ohne pl*> n → **Kopfschmerz**.

Kopfwunde f → **Kopfverletzung**.

Kopfzahl f numero m (di persone).

Kopfzeile f *inform* typ intestazione f.

Kopfzerbrechen <-s, *ohne pl*> n grattacapi m pl: **das bereitet mir ~**, mi viene il mal di testa al solo pensiero; **sich (dat) über etw (akk) ~ machen**, rompersi la testa con qc, scervellarsi per qc.

Kopie <-, -n> f **1** (*Fotokopie*) (foto)copia f *fam*, copia f fotostatica **2** *meist pej* (*Nachahmung*) brutta copia f: **nur eine billige/blasse/schlechte/schwache ~ von jdm/etw sein**, essere la brutta copia di qu/qc; **er ist nur die schlechte ~ von Elvis Presley**, è solo la copia malriuscita di Elvis Presley **3** (*Nachbildung*) {+SCHLÜSSEL} copia f, duplicato m; {+KUNSTWERK} copia f, riproduzione f **4** (*Abschrift*) copia f, duplicato m: **eine ~ anfertigen**, fare una copia/un duplicato; **eine beglaubigte ~**, una copia autenticata **5** *film foto* (*Doppel*) copia f **6** *inform* copia f.

kopieren <*ohne ge-*> A tr **1** (*foto~*) etw ~ fotocopiare qc, fare ₁una fotocopia₁/[fotocopie] *di qc*: **etw 10 mal ~**, fare 10 (foto)copie di qc; **das kopierte Original**, la copia dell'originale **2** (*abschreiben*) etw ~ {ORIGINAL, URKUNDE} copiare qc, trascrivere qc **3** *fot* (*Abzüge machen*) etw ~ fare ₁una copia₁/[delle copie] *di qc* **4** (*imitieren*) jdn/etw ~ {SÄNGER, SCHAUSPIELER, STAR, METHODEN, SYSTEM} copiare qu/qc **5** (*nachbilden*) **etw ~** {KUNSTWERK, ORIGINAL, SKULPTUR} copiare qc, fare una copia/riproduzione *di qc* B rfl (*foto~*) **sich (dat) etw ~** fotocopiarsi qc, farsi delle fotocopie *di qc*.

Kopierer <-s, -> m *fam*, **Kopiergerät** n fotocopiatrice f, fotocopiatore m.

Kopierpapier n carta f da fotocopiatrice.

Kopierschutz m *inform* {+PROGRAMM, SOFTWARE} protezione f da copia, copy protection f.

Kopierstift m matita f copiativa.

Kopilot m (**Kopilotin** f) *aero* copilota mf.

Koppel① <-, -n> f (*Stück Weideland*) recinto m, paddock m: **aus der ~ ausbrechen**, scappare dal recinto.

Koppel② <-s, -> n *mil* (*Gürtel einer Uniform*) cinturone m.

koppeln tr **1** *tech* (*anschließen*) **etw an etw (akk)/mit etw (dat) ~**, {ANRUFBEANTWORTER AN EIN TELEFON, MONITOR AN EINE ÜBERWACHUNGSKAMERA} collegare qc a qc: **das Fax ist ans Telefon gekoppelt**, il fax è collegato al telefono **2** (*anhängen*) **etw an etw (dat)/an etw akk) ~** {RAUMFÄHRE AN EINE RAUMSTATION} agganciare qc a qc; {ANHÄNGER AN EINEN LKW, PKW, WAGGON AN EINEN ZUG} *auch* attaccare qc a qc **3** (*von etw abhängig machen*) **etw an etw (akk)/mit etw (dat) ~** {ANGEBOT, KONZESSION AN EINE BEDINGUNG} far dipendere qc da qc, legare qc a qc: **die Teilnahme an diesem Wettbewerb ist an be-**

Koppelungsmanöver | **Kornspeicher**

stimmte Voraussetzungen gekoppelt, per l'ammissione a questo concorso sono richiesti determinati requisiti **4** (verbinden) *etw mit etw* (dat) → {Reise, Tagung, mit einem Besuch, einem Kurzurlaub} abbinare *qc a qc*, far coincidere *qc con qc*.
Koppelungsmanöver n *aero* manovra f di agganciamento: **ein ~ durchführen**, eseguire una manovra di agganciamento.
Köpper <-s, -> m *region fam* → **Kopfsprung**.
Kopplung, Koppelung <-, -en> f **1** *el tel* collegamento m **2** *tech* collegamento m, accoppiamento m **3** *aero aut Eisenb* agganciamento m, aggancio m.
Kopra <-, ohne pl> f copra f.
Koproduktion f *film TV Verlag* **1** (gemeinsame Herstellung) {+Film, Sendung, Übertragung} coproduzione f; {+Buch} *auch* coedizione f **2** (koproduziertes Werk) coproduzione f: **eine deutsch-italienische ~**, una coproduzione italo-tedesca; **in ~ mit jdm/etw**, in coproduzione con qu/qc; **das ist eine ~ Müller-Schneider** *scherz*, è una coproduzione Müller-Schneider.
Koproduzent m (**Koproduzentin** f) *film TV* coproduttore (-trice) m (f).
koproduzieren <ohne ge-> *tr film TV etw ~* realizzare/fare una coproduzione *di qc*, coprodurre *qc*.
Koprozessor m *inform* coprocessore m.
Kopte <-n, -n> m (**Koptin** f) *relig* copto (-a) m (f).
koptisch adj *relig* copto.
Kopula <-, -s *oder* Kopulae> f *gram* copula f.
Kopulation <-, -en> f **1** *biol* {+Tiere} accoppiamento m **2** *agr* (Pflanzenveredelung) innesto m per approssimazione.
kopulativ adj *gram* {Verb} copulativo.
kopulieren <ohne ge-> **A** *itr* {Tiere} accoppiarsi: **~de Affen**, scimmie durante l'accoppiamento; *pej* (koitieren) {Menschen} accoppiarsi, copulare *scherz* **B** *tr agr* (veredeln) *etw ~* innestare *qc* per approssimazione.
kor 1. und 3. pers sing imperf *von* **küren**.
Koralle <-, -n> f **1** *zoo* corallo m: **~n fischen**, pescare coralli **2** (Schmuckstück) corallo m: **eine Kette aus ~en anfertigen**, infilare una collana di corallo.
Korallenbank f *geol* banco m di coralli.
Korallenbaum m *bot* albero m del corallo.
Korallenfischer m pescatore m di coralli, corallière m.
Koralleninsel f *geol* isola f corallina.
Korallenkette f collana f di corallo.
Korallenkolonie f colonia f di coralli.
Korallenotter f *zoo* serpente m corallo.
Korallenpilz m *bot* barba f di capra.
Korallenriff n barriera f corallina.
korallenrot adj (color) ₌rosso corallo₌/[corallino].
Korallenschlange f *zoo* → **Korallenotter**.
Korallentier n *zoo* corallo m.
Koran <-s, rar -e> m *relig* Corano m.
koranisch adj coranico: **~e Vorschriften**, norme coraniche, precetti coranici.
Koranschule f *relig* scuola f coranica.
Korb <-(e)s, Körbe> m **1** (Behälter aus (Weiden)geflecht) cesto m; (Brotkorb, Wäschekorb) *auch* cesta f; (~ mit Henkel) paniere m, canestro m, corbello m, corba f; (auf dem Rücken getragen) gerla f; (Papierkorb) cestino m; (Fahrradkorb) cestino m **2** (~voll) ~ + *subst* cesto m/cesta f/paniere m *di qc*: **ein ~ (voll(er)) Äpfel**, una cesta di mele **3** *nur sing* (~geflecht) vimini m pl **4** *sport Basketball* canestro m, cesto m: **auf den ~ werfen**, tirare a canestro; **einen ~ erzielen/werfen**, fare canestro/canestra *fam*, realizzare un canestro ● **einen ~ bekommen/kriegen** *fam*, **sich einen ~ holen** *fam*, beccarsi un ₌bel no₌/[no secco] *fam*, ricevere un rifiuto; **jdm einen ~ geben** *fam*, rispondere picche a qu, dire un no secco a qu.
Korbball m *sport* pallacanestro m, basket m.
Korbblütler <-s, -> m *bot* composita f.
Körbchen <-s, -> n **1** *dim von* Korb cestino m, canestrino m, cestello m; (Hundekörbchen) cesto m, cesta f, cuccia f **2** (Schale) {+Büstenhalter} coppa f ● **ab/**[**husch, husch**] **ins ~!**, a cuccia!
körbeweise adv a cesti/panieri (interi): **die Kinder haben ~ Kirschen geklaut**, i ragazzi hanno rubato le ciliegie a cesti.
Korbflasche f (für Rotwein) fiasco m; (bis zu 50 l enthaltende, große ~ für Öl, Wein) damigiana f.
Korbflechter <-s, -> m (**Korbflechterin** f) cestaio (-a) m (f), canestraio (-a) m (f).
Korbflechterei <-, -en> f **1** *nur sing* (Herstellung) fabbricazione f di ceste/cesti **2** (Betrieb) cesteria f.
Korbflechterin f → **Korbflechter**.
Korbgeflecht n vimini m pl.
Korbmacher m (**Korbmacherin** f) cestaio (-a) m (f), canestraio (-a) m (f).
Korbmöbel n *meist pl* mobili m pl di/in vimini.
Korbsessel m poltrona f di/in vimini.
Korbstuhl m sedia f di/in vimini.
Korbwährung f *ökon* valuta f paniere.
Korbware f *meist pl* oggetto m di/in vimini.
Korbweide f *bot* vinco m, vimine m.
korbweise adv → **körbeweise**.
Korbwurf m *Basketball* tiro m a canestro.
Kord <-(e)s, -e *oder* -s> m velluto m a coste, cord m.
Kordel <-, -n> f **1** (Schnur) cordoncino m, cordicella f, cordino m **2** *region* (Bindfaden) spago m.
Kordhose f *meist pl* pantaloni m pl di velluto a coste.
Kordilleren *subst* <nur pl> *geog*: **die ~**, la Cordigliera.
Kordjeans *subst* <nur pl> jeans m pl di velluto a coste.
Kordon <-s, -s *oder* -e> m *mil* cordone m ● **einen ~ bilden**, formare un cordone; **einen ~ durchbrechen**, rompere un cordone.
Kordsamt m *text* velluto m a coste.
Korea <-s, ohne pl> n *geog* Corea f; (Südkorea): **die Republik ~** *pol*, la Repubblica di Corea; (Nordkorea) **die Demokratische Volksrepublik ~** *pol*, la Repubblica Democratica Popolare di Corea.
Koreakrieg m *hist* guerra f di Corea.
Koreaner <-s, -> m (**Koreanerin** f) coreano (-a) m (f).
koreanisch adj coreano.
Koreanisch <-(s), ohne pl> n, **Koreanische** <dekl wie adj> n coreano m, lingua f coreana; → *auch* **Deutsch, Deutsche**②.
Koreastraße f: **die ~** *geog*, lo stretto di Corea.
Korfiot <-en, -en> m (**Korfiotin** f) (auf Korfu lebend) abitante mf di Corfù; (von Korfu stammend) originario m/f di Corfù.
Korfu <-s, ohne pl> n *geog* (isola f di) Corfù f: **auf ~**, a Corfù.
Koriander <-s, ohne pl> m *bot* coriandolo m; *gastr* (Gewürz) (seme m di) coriandolo m.
Korinna f (Vorname) → **Corinna**.
Korinth <-s, ohne pl> n *geog* Corinto f.
Korinthe <-, -n> f uva f₁di Corinto₁/[passerina], uvetta f.
Korinthenkacker m (**Korinthenkackerin** f) *slang pej* pignolo (-a) m (f), pedante mf: **das ist vielleicht ein ~**, è veramente uno che spacca il capello in quattro.
Korintherbrief m *bibl* lettera f (di San Paolo) ai Corinzi.
korinthisch adj *arch* {Kapitell, Säulenordnung} corinzio.
Kork <-(e)s, -e> m **1** *bot* sughero m: **aus ~**, di/in sughero **2** *süddt* → **Korken**.
Korkeiche f *bot* quercia f da sughero.
Korken <-s, -> m tappo m di sughero m, turacciolo m: **den ~ (heraus)ziehen**, togliere il tappo ● **~ haben, nach ~ schmecken** {Wein}, sapere di tappo; **die ~en knallen lassen** *fam*, aprire lo spumante, stappare una bottiglia.
Korkenzieher <-s, -> m cavatappi m, cavaturaccioli m.
Korkenzieherlocke f *meist pl* boccolo m, boccolotto m.
korkig **A** adj che sa di tappo **B** adv: **~ schmecken** {Wein}, sapere di tappo.
Korkmundstück n bocchino m di sughero.
Kormoran <-s, -e> m *ornith* cormorano m.
Korn① <-(e)s, Körner> n **1** *bot* (Samenkorn) seme m, chicco m; *agr* (Getreidekorn) chicco m: **die Hühner picken Körner**, i polli beccano i chicchi **2** (hartes Teilchen) (Goldkorn, Pfefferkorn, Salzkorn) grano m; (Sandkorn, Staubkorn) granello m; (Hagelkorn) chicco m **3** *pl rar -e* (Getreide) grano m: **~ anbauen**, coltivare il grano; **~ dreschen**, trebbiare il grano **4** *nur sing* (Oberflächenbeschaffenheit): **mit feinem/groben ~** {+Film, Holz, Papier, Stein}, a grana fine/grossa.
Korn② <-s, ohne pl> m *fam* (~branntwein) acquavite f (di grano).
Korn③ <-(e)s, -e> n (an Gewehr) mirino m ● **jdn/etw aufs ~nehmen**, prendere di mira qu.
Kornähre f *bot* spiga f (di grano).
Kornblume f *bot* fiordaliso m.
kornblumenblau adj color fiordaliso.
Kornbranntwein m acquavite f (di grano).
Körnchen <-s, -> n *dim von* Korn granello m, granulo m ● **ein ~ Wahrheit**, un briciolo di verità.
körnen *tr etw ~* ridurre *qc* in granelli, granellare *qc*: **gekörnte Fleischbrühe**, estratto granulare di carne.
Körnerfresser m **1** *zoo* uccello m granivoro/granaiolo **2** *fam scherz oder pej* (Gesundheitsfreak) patito (-a) m (f) dell'alimentazione macrobiotica.
Körnerfutter n *zoo* mangime m (in grani).
Kornett <-(e)s, -e *oder* -s> n *mus* cornetta f.
Kornfeld n campo m di grano.
körnig adj **1** (aus Körnchen bestehend) {Sand} a granelli; {Schnee} granuloso **2** (nicht weich) al dente: **der Reis bleibt ~**, il riso è (cotto) al dente; **den Reis ~ kochen**, cuocere il riso al dente **3** (eine raue Oberfläche habend) {Gestein} granuloso, granelloso.
Kornkäfer m *zoo* calandra f/punteruolo m del grano.
Kornkammer f (Gebiet, das einem Land viel Getreide liefert) granaio m: **Russland gilt als ~ Europas**, la Russia è considerata il granaio d'Europa.
Kornsilo m *oder* n silo m per cereali.
Kornspeicher m granaio m.

Körnung <-, -en> f **1** (*Mischungs-, Oberflächenstruktur*) grana f: **Schmirgelpapier mit feiner ~**, carta vetrata a grana fine **2** *fot* grana f.

Korolla <-, *Korollen*> f *bot* corolla f.

Korona <-, *Koronen*> f **1** *astr* (*Strahlenkranz der Sonne*) corona f solare **2** *fam scherz* (*Horde*) banda f.

koronar adj *anat* coronario: **~e Herzkrankheiten**, coronaropatie, cardiopatie coronariche.

Koronarangiografie, Koronarangiographie f *med* angiografia f coronarica.

Koronarembolie f *med* embolia f coronarica.

Koronargefäß n <*meist* pl> *anat* (arteria f) coronaria f.

Koronarinsuffizienz f *med* insufficienza f coronarica.

Koronarografie, Koronarographie <-, -n> f *med* coronarografia f.

Koronarthrombose f *med* trombosi f coronarica.

Körper <-s, -> m **1** (*Leib*) corpo m: **der menschliche ~**, il corpo umano **2** (*Organismus*) {GESUNDER, ROBUSTER, SCHWACHER} organismo m, fisico m: **der ~ reagiert gut auf die Medikamente**, l'organismo risponde bene a questi farmaci **3** (*~bau*) fisico m: **einen durchtrainierten ~ haben**, avere un fisico allenato/atletico **4** (*Rumpf*) {+MENSCH} tronco m: **der ~ einer Gitarre**, il corpo di una chitarra; **der ~ der Säule**, il fusto della colonna **5** *phys* (*Gebilde*) corpo m: **ein fester/flüssiger/gasförmiger ~**, un corpo solido/liquido/gassoso **6** *geom* solido m: **den Rauminhalt eines ~s berechnen**, calcolare il volume di un solido **7** (*Dichte*) corpo m, corpività f: **ein Wein mit ~**, un vino che ha corpo • **am ganzen ~**: **am ganzen ~ frieren**, avere freddo in tutto il corpo; **den ganzen ~** {EINCREMEN, WASCHEN}, dalla testa ai piedi; **am ganzen ~ zittern**, tremare ₍tutto (-a)₎/[in tutto il corpo]/[da capo a piedi]; **~ und Geist**, anima e corpo; **der ~ verlangt sein Recht**, il corpo ha i suoi bisogni; **den ~ stählen**, temprare il corpo/il fisico; **seinen ~ verkaufen**, vendere il proprio corpo, prostituirsi.

Körperbau m corporatura f, struttura f corporea, costituzione f, complessione f, fisico m: **ein kräftiger/schwacher ~**, una corporatura/costituzione robusta/gracile, un fisico robusto/gracile.

Körperbeherrschung f controllo m/dominio m del (proprio) corpo.

körperbehindert adj disabile, handicappato; (*invalide*) invalido.

Körperbehinderte <*dekl wie adj*> mf portatore (-trice) m (f) di handicap, disabile mf (fisico -a); (*Invalide*) invalido (-a) m (f).

Körperbehinderung f *form* handicap m (fisico), menomazione f/minorazione f fisica.

körperbetont A adj **1** (*anliegend*) {KLEID} attillato, aderente **2** *sport* {SPIEL} fisico B adv **1** (*anliegend*): **etw ist ~ geschnitten**, qc è attillato/aderente **2** *sport* {SPIELEN} in modo fisico, sul piano fisico.

körpereigen adj {STOFFE} endogeno, prodotto dall'organismo: **die ~en Abwehrstoffe**, gli anticorpi (prodotti dall'organismo).

Körpereinsatz m *sport* intervento m: **das war kein Foul, das war normaler ~**, non c'è stato fallo, era un intervento regolare.

Körperertüchtigung f *form* allenamento m fisico: **das dient der ~**, serve a mantenersi in forma.

Körperfülle f *euph* corpulenza f.

Körperfunktion f funzione f fisiologica.

Körpergefühl n percezione f del proprio corpo.

körpergerecht adj anatomico: **~er Stuhl**, sedia anatomica.

Körpergeruch m odore m corporeo/[del corpo]: **(unangenehmen) ~ haben**, avere una forte traspirazione.

Körpergewicht n peso m corporeo.

Körpergröße f altezza f (del corpo), statura f.

Körperhaar n peli m pl (del corpo).

Körperhaltung f portamento m, postura f, posizione f: **eine gute/schlechte ~ haben**, avere una ₍postura corretta₎/[cattiva postura].

Körperkontakt m contatto m fisico: **auf ~ mit jdm gehen**, avvicinarsi (molto) a qu.

Körperkraft f forza f (fisica).

Körperkultur f **1** *ostdt hist* educazione f fisica **2** → **Körperpflege**.

körperlich A adj **1** (*nicht geistig*) {ARBEIT, GEBRECHEN, SCHADEN, VERFASSUNG} fisico: **~e Anstrengung**, sforzo fisico, fatica fisica; **~e Ertüchtigung** *form*, allenamento fisico; **die ~e Liebe**, l'amore fisico **2** *geh* (*stofflich*) materiale B adv **1** (*mit dem, am Körper*) fisicamente; {BESTRAFEN} corporalmente: **~ behindert sein**, essere un disabile/handicappato (fisico); **sich ~ betätigen**, fare attività fisica; **~ gesund sein**, essere fisicamente sano; **~ tätig sein**, fare un lavoro che impegna il fisico **2** (*an Körperkraft*) {SCHWÄCHER, STÄRKER, UNTERLEGEN} fisicamente, da un punto di vista fisico.

Körperlichkeit f fisicità f.

körperlos adj {GEBILDE, WESEN} incorporeo, immateriale • **~ spielen** *sport*, giocare senza impegno.

Körperlotion f lozione f/[crema f fluida] per il corpo.

Köperöffnung f *anat* orifizio m (corporeo).

Körperpflege f cura f/igiene f del corpo: **viel Zeit auf/für (seine) ~ aufwenden**, dedicare molto tempo alla cura del corpo.

Körperpflegemittel n prodotto m per ₍la cura del₎/[il] corpo.

Körperpuder m talco m.

Körpersaft m <*meist* pl> (*bes. in der Antike: im Körper enthaltene Flüssigkeit*) umore m.

Körperschaft <-, -en> f *jur* ente m • **gemeinnützige ~**, ente di pubblica utilità; **gesetzgebende ~**, organo legislativo; **öffentlich-rechtliche ~**, **~ des öffentlichen Rechts**, ente (di diritto) pubblico.

Körperschaftsteuer, Körperschaftssteuer f *Steuer* ≈ imposta f sulle persone giuridiche *Abk* IRPEG.

Körpersprache f linguaggio m del corpo.

Körperteil m *anat* parte f del corpo.

Körpertemperatur f temperatura f corporea.

Körperverletzung f *jur* lesione f personale: **wegen ~**, per lesioni personali • **fahrlässige ~** *jur*, lesione personale colposa; **gefährliche ~ jur** *geh*, lesione personale provocata con arma pericolosa; **schwere ~** *jur*, lesione personale grave/gravissima; **~ mit Todesfolge** *jur*, ≈ omicidio preterintenzionale; **vorsätzliche ~** *jur*, lesione personale dolosa.

Körperwärme f calore m corporeo/[del corpo].

Korpora pl *von* Korpus②.

Korporation <-, -en> f **1** *univ* → **Studentenverbindung 2** *geh* → **Körperschaft**.

Korps <-, -> n **1** *mil* corpo m **2** *univ* → **Studentenverbindung** • **das diplomatische ~**, il corpo diplomatico.

Korpsbruder m "membro m di un'associazione studentesca".

Korpsgeist <-(e)s, *ohne* pl> m spirito m di corpo.

Korpsstudent m *univ* "studente m membro di un'associazione studentesca".

korpulent adj *geh* corpulento, corpacciuto.

Korpulenz <-, *ohne* pl> f corpulenza f.

Korpus① <-, -se> m **1** *fam scherz* (*Körper*) corpo m **2** <*nur sing*> (*tragendes Teil*) {+MÖBEL} telaio m **3** <*nur sing*> *kunst* (*Gekreuzigte*) corpo m di Cristo.

Korpus② A <-, *Korpora*> n *ling* corpus m: **ein ~ anlegen**, creare un corpus B <-, *ohne* pl> m *mus* (*Klangkörper*) cassa f di risonanza.

Korreferent m (**Korreferentin** f) **1** (*weiterer Redner*) relatore (-trice) m (f) secondario (-a) **2** *univ* {+DISSERTATION} correlatore (-trice) m (f).

korrekt A adj **1** (*richtig*) {ANTWORT, AUSKUNFT, DARSTELLUNG, LÖSUNG, WIEDERGABE} corretto: **die Wegbeschreibung war nicht ~**, la descrizione della strada non era esatta/giusta; **er spricht ein ~es Deutsch**, parla un tedesco corretto **2** (*Normen angemessen*) {BENEHMEN, VERHALTEN} corretto: **von den Kirchenbesuchern wird eine ~e Kleidung erwartet**, i visitatori della chiesa sono pregati di indossare un abbigliamento appropriato/conveniente **3** (*sich einwandfrei verhaltend*) {BEAMTER, KOLLEGE, MITARBEITER, VORGESETZTER} corretto B adv **1** (*richtig*) {ANTWORTEN, ANZEIGEN, DARSTELLEN, LAUTEN, LÖSEN} correttamente **2** (*vorschriftsmäßig*) {BEHANDELN, SICH VERHALTEN} correttamente, in modo corretto, con correttezza; {SICH KLEIDEN} in modo appropriato • **politisch ~** *bes. pol*, politicamente corretto, politically correct.

korrekterweise adv com'è corretto fare: **er hat mir die Ausgaben ~ erstattet**, da persona corretta mi ha rimborsato le spese.

Korrektheit <-, *ohne* pl> f **1** (*Richtigkeit*) {+ANGABE, ANTWORT, BEHAUPTUNG} esattezza f **2** (*von Benehmen, Personen*) correttezza f • **politische ~** *bes. pol*, correttezza politica, political correctness.

Korrektiv <-s, -e> n *geh* correttivo m: **als ~ (gegen etw akk) wirken**, costituire un correttivo per qc.

Korrektor <-s, -en> m (**Korrektorin** f) **1** correttore (-trice) m (f) di bozze **2** *Schule univ* chi corregge un compito scritto.

Korrektur <-, -en> f **1** *geh* (*das Korrigieren*) {+AUFSATZ, BRIEF, TEXT} correzione f **2** *geh* (*Verbesserung in einem Text*) correzione f: **~en machen/anbringen**, fare/apporre delle correzioni **3** *geh* (*Veränderung*) variazione f, modifica f: **die ~ der Nase durch den Schönheitschirurgen**, la modifica del naso per mano del chirurgo plastico; {+FLUSSLAUF, KURS} correzione f **4** (*~fahne*) bozza f (di stampa) • **~ lesen**, correggere le bozze.

Korrekturabzug m → **Korrekturfahne**.

Korrekturband n {+SCHREIBMASCHINE} nastro m correttore.

Korrekturbogen m → **Korrekturfahne**.

Korrekturfahne f bozza f (di stampa).

Korrekturflüssigkeit f bianchetto m, correttore m.

Korrekturhilfe <-, -n> f *inform* correttore m ortografico, programma m di correzione ortografica.

Korrekturlesen n revisione f/lettura f *fam* di bozze.

Korrekturstift m penna f correttore, cancellino m *fam*, scolorina® f.
Korrekturtaste f (*an der Schreibmaschine*) tasto m correttore.
Korrekturzeichen n (segno m di) correzione f.
Korrelation <-, -en> f: ~ (mit/zu etw dat), correlazione f (*con qc*); etw in ~ zu/mit etw (dat) **bringen**, mettere qc in correlazione con qc; **in ~ stehen**, essere in correlazione; **eine ~ zwischen** ˻etw (dat) **und** etw (dat)˼/[etw (dat pl)], una correlazione tra ˻qc e qc˼/[qc]; **es konnte eine ~ zwischen Umweltverschmutzung und der Häufung von Krebsfällen nachgewiesen werden**, è stata dimostrata ˻una correlazione˼/[un rapporto diretto] tra (l')inquinamento e (la) frequenza dei tumori.
korrelieren <ohne ge-> tr *geh* miteinander ~ {ELEMENTE, FAKTOREN} essere ˻in correlazione˼/[correlati] (tra di loro); **mit etw (dat) ~** essere correlato *con qc*.
Korrepetitor <-s, -en> m (**Korrepetitorin** f) *mus* maestro m concertante.
Korrespondent <-en, -en> m (**Korrespondentin** f) **1** *journ radio TV* corrispondente mf, inviato (-a) m (f): **ein Bericht von unserem ~ aus New York**, un servizio del nostro corrispondente da New York **2** *com obs* (*Handelskorrespondent*) addetto (-a) m (f) alla corrispondenza commerciale.
Korrespondentenbericht m *journ TV* corrispondenza f, servizio m: **ein ~ aus Paris**, un servizio del corrispondente da Parigi.
Korrespondenz <-, -en> f **1** <*nur sing*> (*Briefwechsel*) corrispondenza f, rapporto m epistolare, carteggio m: **die ~ erledigen**, sbrigare la corrispondenza; **mit jdm eine rege/lebhafte ~ führen/haben/unterhalten**, avere ˻una fitta corrispondenza˼/[un fitto rapporto epistolare] con qu, avere un vivace/fitto scambio epistolare con qu; **mit jdm in ~ stehen**, essere in corrispondenza con qu **2** (*Gesamtheit der Briefe*) corrispondenza f, carteggio m: **die ~ zwischen den beiden Schriftstellern**, ˻la corrispondenza˼/[lo scambio epistolare]/[il carteggio] tra i due scrittori.
Korrespondenzbank f banca f corrispondente.
korrespondieren <ohne ge-> itr **1** (*in Briefwechsel stehen*) (**miteinander**) ~ {PERSONEN} essere in corrispondenza, avere un rapporto epistolare: **sie ~ auf Französisch**, corrispondono in francese; **mit jdm ~** {MIT EINEM FREUND, KOLLEGEN} corrispondere *con qu*, essere in corrispondenza *con qu* **2** (*übereinstimmen*) (**miteinander**) ~ corrispondere; {FARBEN} intonarsi; **mit etw** (dat) **~** corrispondere *a qc*; {FARBE MIT EINER ANDEREN} intonarsi *a qc*.
Korridor <-s, -e> m **1** (*Flur*) corridoio m **2** *geog pol* corridoio m ● **der Polnische ~** *hist*, il corridoio polacco.
Korrigenda subst <*nur pl*> errata corrige m *oder rar* f.
korrigierbar adj {FEHLER} correggibile.
korrigieren <ohne ge-> tr **1** (*berichtigen*) **jdn/etw ~** {AUFSATZ, JDS AUSSPRACHE, HAUSAUFGABEN, ÜBERSETZUNG} correggere *qu/qc*: **er korrigiert mich ständig**, mi corregge continuamente **2** *med* **etw ~** {FALSCHE HALTUNG, HÖR-, SEHFEHLER, TICK} correggere *qc* **3** (*verändern*) **etw ~** {FLUSSLAUF, KURS} correggere *qc*; {ANSICHT, MEINUNG} rivedere *qc* ● **etw nach oben ~** {ZAHLEN}, gonfiare qc *fam*, arrotondare qc per eccesso; {GEHALTSANGEBOT}, rivedere qc, ritoccare qc; **etw nach unten ~** {ZAHLEN}, arrotondare qc per difetto;

das Gehalt nach unten ~, ridurre lo stipendio.
korrodieren <ohne ge-> itr {METALL} corrodersi.
Korrosion <-, -en> f **1** (*das Korrodieren*) corrosione f: **etw vor ~ schützen**, proteggere qc ˻contro la˼/[dalla] corrosione **2** *geol* (*Zersetzung*) {+FELS, GESTEIN} erosione f.
korrosionsbeständig adj, **korrosionsfest** adj resistente alla corrosione.
Korrosionsschutz m (*für Autoteile, Metalle*) anticorrosivo m, protezione f ˻dalla corrosione˼/[anticorrosione].
korrosiv adj corrosivo.
korrumpieren <ohne ge-> tr *pej geh* **jdn ~** {BEAMTEN, POLITIKER} corrompere *qu*: **eine korrumpierte Gesellschaft**, una società corrotta.
korrupt adj *pej* **1** (*bestechlich*) corrotto **2** (*moralisch verkommen*) {GESELLSCHAFT, POLITIKER, SYSTEM} corrotto.
Korruption <-, -en> f **1** *pej* (*Bestechung*) corruzione f **2** (*moralische Verkommenheit*) corruzione f: **politische ~**, corruzione politica.
Korruptionsaffäre f, **Korruptionsskandal** m scandalo m delle tangenti.
Korsage <-, -n> f bustino m, corpino m.
Korsar <-en, -en> m **1** *hist* (*Freibeuter*) corsaro m, bucaniere m, filibustiere m **2** *naut* (*Segelboot*) corsaire m.
Korse <-n, -n> m (**Korsin** f) corso (-a) m (f).
Korsett <-(e)s, -e *oder* -s> n **1** (*Mieder*) corsetto m, busto m: **ein ~ schnüren**, allacciare il corsetto; **ein ~ tragen**, portare/indossare un corsetto/busto; **sich in ein ~ zwängen**, stringersi in un corsetto **2** *med* (*Stützkorsett*) busto m, corsetto m **3** (*starres System*) gabbia f: **das starre ~ der Benimmformen**, le rigide norme del galateo.
Korsettstange f stecca f del corsetto/busto.
Korsika <-s, *ohne pl*> n *geog* Corsica f: **auf ~**, in Corsica.
Korsin f → **Korse**.
korsisch adj corso: **die ~e Sprache**, la lingua corsa.
Korso <-s, -s> m **1** (*festlicher Umzug*) corteo m **2** (*Demonstrationszug mit Autos*) corteo m di autoveicoli **3** (*Prachtstraße*) corso m.
Kortex <-(es), -e *oder* Kortizes> m *anat* **1** (*Rinde eines Organs*) corteccia f **2** (*Gehirnrinde*) corteccia f cerebrale.
kortikal adj *anat* corticale.
Kortison <-s, *ohne pl*> n *pharm* cortisone m: **jdn mit ~ behandeln**, sottoporre qu a (una) terapia cortisonica; (**jdm**) **~ spritzen**, fare iniezioni di cortisone (a qu).
Kortisonbehandlung f terapia f cortisonica, trattamento m a base di cortisone.
Korvette <-, -n> f *naut* corvetta f.
Korvettenkapitän m *naut* capitano m di corvetta.
Koryphäe <-, -n> f *geh* luminare m: **er gilt als ~ auf dem Gebiet der Herzchirurgie**, è considerato un luminare nel campo della cardiochirurgia.
Kosak <-en, -en> m (**Kosakin** f) cosacco (-a) m (f).
Kosakenmütze f berretto m da cosacco.
Kosakenstiefel m <*meist pl*> stivale m alla cosacca.
Kosakin f → **Kosak**.
koscher A adj **1** *relig* {KÜCHE, RESTAURANT} kasher, kosher **2** *fam* (*bedenklich*) non sospetto, a posto, ok *fam*: **nicht ~**, losco, sospetto; **der ist nicht ganz ~**, di quello non mi

fiderei, quello è un po' losco B adv *relig*: **~ essen/kochen**, mangiare/[preparare/cucinare] cibi kasher.
K.-o.-Schlag m *Boxen* knockout m, k.o. m.
Koseform f *ling* {+VORNAME, NAME} forma f vezzeggiativa, vezzeggiativo m.
kosen A itr *geh* (**miteinander**) **~** {VERLIEBTE} scambiarsi coccole/tenerezze; **mit jdm ~** scambiarsi carezze/tenerezze *con qu* B tr *obs* **jdn ~** vezzeggiare *qu geh*, coccolare *qu*.
Kosename m (nome m) vezzeggiativo m.
Kosewort n **1** <*pl Kosewörter*> (*Kosename*) vezzeggiativo m **2** <*nur pl Koseworte*> (*zärtliche Worte*) parole f pl affettuose, paroline f pl (dolci).
K.-o.-Sieg m *Boxen* vittoria f per k.o.
Kosinus <-, - *oder* -se> m *math* coseno m.
Kosmetik <-, *ohne pl*> f **1** (*Schönheitspflege*) cosmesi f, cura f della bellezza, cosmetica f; (*Kosmetikartikel*) cosmetici m pl **2** *geh pej* (*oberflächliche Retusche*) (operazione f di) cosmesi f, maquillage m, rinnovamento m di facciata.
Kosmetika pl *von* Kosmetikum.
Kosmetikartikel m (prodotto m) cosmetico m.
Kosmetiker <-s, -> m (**Kosmetikerin** f) estetista mf.
Kosmetikindustrie f industria f cosmetica/[dei cosmetici].
Kosmetikinstitut n istituto m di bellezza/estetica, beauty center m.
Kosmetikkoffer m beauty case m.
Kosmetiksalon m → **Kosmetikinstitut**.
Kosmetiktuch n salviettina f/fazzoletto m multiuso.
Kosmetikum <-s, *Kosmetika*> n <*meist pl*> (prodotto m) cosmetico m, prodotto m di bellezza.
kosmetisch adj **1** (*die Schönheitspflege betreffend*) cosmetico: **~e Chirurgie**, chirurgia estetica **2** *geh pej* (*oberflächlich retuschierend*) {EINGRIFF, MAßNAHME} di cosmesi/maquillage/facciata.
kosmisch adj **1** *astr* cosmico: **~e Strahlung**, raggi cosmici **2** (*unermesslich*) cosmico.
Kosmogonie <-, -n> f *astr myth* cosmogonia f.
Kosmologe <-n, -n> m (**Kosmologin** f) cosmologo (-a) m (f).
Kosmologie <-, -n> f cosmologia f.
Kosmologin f → **Kosmologe**.
Kosmonaut <-en, -en> m (**Kosmonautin** f) cosmonauta mf.
kosmonautisch adj cosmonautico.
Kosmopolit <-en, -en> m (**Kosmopolitin** f) *geh* cosmopolita mf.
kosmopolitisch adj cosmopolita, cosmopolitico.
Kosmos <-, *ohne pl*> m cosmo m.
Kosovare <-n, -n> m (**Kosovarin** f) cosovaro (-a) m (f).
kosovarisch adj cosovaro.
Kosovo <-(s), *ohne pl*> m *oder* n *geog* Cosovo m.
Kosovo-Albaner m (**Kosovo-Albanerin** f) albanese mf del Cosovo.
kosovo-albanisch adj albanese del Cosovo.
Kost <-, *ohne pl*> f alimentazione f, dieta f, cibo m: **bekömmliche/einfache/leichte ~**, cibi digeribili/semplici/leggeri; **fette/schwere ~**, alimentazione grassa/pesante; **gesunde/vegetarische ~**, alimentazione/dieta sana/vegetariana; **kalorienreduzierte ~** *med*,

alimentazione/dieta ipocalorica/[a basso regime calorico] • **geistige ~**, nutrimento/cibo per lo spirito; **~ und** *Logis*, vitto e alloggio; **(bei jdm) freie ~ und Logis haben**, avere vitto e alloggio gratuito (presso qu); *schmale ~*, alimentazione scarsa/frugale; **schmale ~ bekommen**, essere tenuto a stecchetto *fam*; **bei uns gibt's schmale ~**, da noi si tira/stringe la cinghia; **jdn auf schmale ~ setzen**, mettere qu a dieta; *schwere ~* (**für jdn**) **sein** (LITERATUR, PHILOSOPHIE), essere ₍roba₎ pesante₎/[di difficile digestione] per qu.

kọstbar *adj* **1** (*wertvoll*) {GEMÄLDE, SAMMLUNG, SCHMUCK, TEPPICH} prezioso, pregiato, raro **2** (*geschätzt*) prezioso: **jdm sehr ~ sein**, essere molto prezioso per qu; **das Andenken an sie ist mir sehr ~**, il ricordo di lei ₍mi è molto caro₎/[è molto prezioso per me]; **seine Gesundheit ist mir überaus ~**, la sua salute mi sta molto a cuore; **die Freiheit ist unser kostbarstes Gut**, la libertà è il nostro bene più prezioso **3** (*unentbehrlich*) prezioso: **jede Sekunde ist ~**, ogni secondo è prezioso; **meine Zeit ist mir zu ~, um ...**, il mio tempo è troppo prezioso per ...

Kọstbarkeit <-, -en> *f* **1** (*Gegenstand*) cosa *f* preziosa/rara/[di valore], oggetto *m* prezioso/raro/[di valore], rarità *f*: **diese Sammlung enthält große ~en**, questa collezione contiene grandi tesori; (*Leckerbissen*) rarità *f*; **die Walderdbeeren in dieser Gegend sind eine echte ~**, in questa regione le fragoline di bosco sono una vera rarità **2** <*nur sing*> (*Wert*) pregio *m*, valore *m*, preziosità *f*: **eine ~ darstellen/sein**, essere di gran pregio/valore; **dieses Stück ist von großer ~**, questo pezzo è di grande valore, (questo) è un pezzo di gran valore.

kọsten① **A** *itr* (*als Preis haben*) ... **~**, costare ...; **die Äpfel ~ zwei Euro das/pro Kilo**, le mele costano/[vanno a] due euro al kilo; **was kostet das?**, quanto costa/viene?; **was soll das ~?**, quanto me lo ₍fa pagare₎/[mette]?, quanto viene?; **das kostet wenig/viel/[zu viel]**, costa/viene poco/molto/troppo; **was kostet das Kino?**, quanto costa il cinema?; **was kostet ein Flug München - Hamburg?**, quanto costa/viene il volo Monaco - Amburgo? **B** *tr* **1** (*als Preis erfordern*) **jdn etw ~** costare *qc a qu*: **ihr Studium hat mich ein Vermögen gekostet**, i suoi studi mi sono costati una fortuna/un patrimonio **2** (*in Anspruch nehmen*) **jdn etw ~** {ANSTRENGUNG, ARBEIT JEDE MENGE GEDULD, GROSSE OPFER, VIEL SCHWEISS, ZEIT} costare *qc a qu*: **es hat mich einige Überwindung gekostet**, mi è costato molto/parecchio; **die Vorbereitung auf das Vorstellungsgespräch hat mich den ganzen Tag gekostet**, la preparazione al colloquio mi è costata l'intera giornata; **das kostet dich doch nur einen Anruf**, ti ₍costa solo₎/[basta] una telefonata; **es kostet ihn doch nichts, uns zu helfen!**, non gli costa niente aiutarci! **3** (*rauben*) **etw ~** {KRIEG, UNGLÜCK MENSCHENLEBEN} costare *qc*; {OPFER} fare *qc*; **jdn etw ~** {FREIHEIT, KOPF, LEBEN, STELLUNG} costare *qc a qu* • **das kostet und kostet**, è un pozzo senza fondo; **sich (dat) (et)was ~ lassen**, non badare/guardare a spese per *qc*, essere disposto a spendere per *qc*; **er hat sich seinen 50. Geburtstag so einiges ~ lassen**, non ha badato a spese per festeggiare i suoi 50 anni; **koste es ₍es koste₎, was es wolle**, costi quel che costi; **wir müssen das schaffen, koste es, was es wolle**, dobbiamo farcela, costi quel che costi.

kọsten② **A** *tr* **1** (*probieren*) **etw ~** assaggiare *qc*, gustare *qc*, {WEINE} *auch* degustare *qc*: **möchten Sie einmal diese Vorspeise ~?**, vuole assaggiare questo antipasto? **2** geh (*genießen*) **etw ~** {FREUDEN, GENÜSSE} assaporare *qc*, gustare *qc* **B** *itr* (**von etw** *dat*) **~** assaggiare (*qc*), gustare (*qc*): **willst du mal ~?**, vuoi assaggiare?; **willst du mal von der Pastete ~?**, vuoi assaggiare il pâté?

Kọsten *subst* <*nur pl*> (*Ausgaben*) **~** (**für etw** *akk*) costo *m* (*per qc*), costi *m pl* (*per qc*), spesa *f* (*per qc*); (*Auslagen*) spese *f pl* (*per qc*): **für die ~ aufkommen**, assumersi/accollarsi le spese; **die entstandenen ~**, i costi risultanti; **feste ~**, spese fisse; **geringe/erhebliche ~**, costi ₍ridotti/contenuti₎/[notevoli]; **steigende/sinkende ~**, costi in ₍aumento/crescita₎/[diminuzione/calo]; **~ mit sich (dat) bringen**, comportare delle spese; **die ~ ersetzen/erstatten**, rimborsare le spese; **die ~ herunterfahren**, abbattere i costi; **~ spielen keine Rolle**, i soldi non sono un problema; **die ~ tragen**, sostenere le spese; **~ verursachen**, causare ₍dei costi₎/[delle spese]; **die ~ für die neue Wohnung sind sehr hoch**, le spese per il nuovo appartamento sono molto alte; **mit welchen ~ muss ich für einen neuen PC rechnen?**, quale spesa dovrò calcolare per (l'acquisto di) un nuovo PC? • **auf ₍jds ~₎/[~ einer S. (gen)]**, a spese/carico di qu/qc; **etw auf jds ~ machen**, fare qc a spese/scapito di qu; **auf ~ anderer leben**, vivere alle spalle altrui; **auf ~ der Firma reisen**, viaggiare ₍a spese della₎/[spesato (-a) dalla] ditta; **wer schwarzfährt, tut das auf ~ der Gemeinschaft**, chi non paga il biglietto (₍dell'autobus₎/[del treno]), viaggia a spese della comunità; **sie reißen ständig dumme Witze auf ihre ~**, fanno di continuo (delle) battute stupide a spese sue; **er amüsierte sich auf unsere ~**, si divertiva alle nostre spalle; **~ dämpfend** → **kostendämpfend**; **die ~ decken**, coprire le spese; **~ deckend** → **kostendeckend**; **auf eigene ~**, a proprie spese; **auf ~ von jdm/etw gehen**, andare a spese/scapito di qu/qc; **am Computer arbeiten geht auf die Dauer auf ~ der Wirbelsäule**, alla lunga lavorare al computer va a scapito della spina dorsale; **das geht mal wieder auf ~ des Steuerzahlers**, anche questa andrà/sarà a carico del contribuente; **die ~ dafür trage ich alleine (ich bezahle)**, faccio/[ci penso] io! *fam*; (**bei etw** *dat*) **auf seine ~ kommen** *fam*, rimanere contento (-a)/soddisfatto (-a) di *qc*; **bei diesem Konzert sind selbst die ewigen Nörgler auf ihre ~ gekommen**, questo concerto ha accontentato anche i critici più noiosi; **auf dem Fest ist sie voll auf ihre ~ gekommen**, è rimasta molto soddisfatta della festa; **weder ~ noch Mühen scheuen**, non risparmiare né soldi né fatica; **keine ~ scheuen**, non badare alle spese; **~ sparen**, risparmiare; **~ sparend** → **kostensparend**.

Kọstenabgrenzung *f* definizione *f*/delimitazione *f* dei costi.

Kọstenaufstellung *f* elenco *m* delle spese, piano *m* delle spese.

Kọstenauftrieb *m* aumento *m*/lievitazione *f* ₍delle spese₎/[dei costi].

Kọstenaufwand *m* spesa *f*, costo *m*, impegno *m* economico: **mit geringem ~**, con una spesa minima, a costi contenuti; **der ~ war enorm für mich**, per me lo sforzo economico è stato immane.

kọstenaufwändig, **kọstenaufwendig** *adj* ₍che ha un₎/[ad] alto costo.

Kọstenberechnung *f* calcolo *m* ₍dei costi₎/[delle spese].

Kọstenbeteiligung *f* (com)partecipazione *f*/concorso *m* alle spese.

kọstenbewusst (a.R. kostenbewußt) **A** *adj* {LEBENSWEISE, VERHALTEN} attento/[con un occhio] ai costi **B** *adv* {EINKAUFEN, LEBEN} stando attento (-a) ai prezzi.

Kọstenbindung *f* controllo *m* dei costi.

kọstendämpfend *adj* {MASSNAHMEN} ₍che contiene i₎/[di contenimento dei] costi.

Kọstendämpfung *f* contenimento *m* dei costi.

kọstendeckend **A** *adj* {ARBEITSWEISE, INVESTITIONSPLAN, PRODUKTIONSMETHODE} che permette la (piena) copertura delle spese, che copre le spese **B** *adv* {KALKULIEREN, PRODUZIEREN, WIRTSCHAFTEN} in modo da coprire le spese: **die Firma arbeitet gerade ~**, l'azienda lavora arrivando appena a coprire le spese.

Kọsteneinsparung *f* risparmio *m* ₍sui costi₎/[sulle spese].

Kọstenerstattung *f* rimborso *m* (delle) spese.

Kọstenexplosion *f* esplosione *f*/[aumento *m* vertiginoso] dei costi.

Kọstenfaktor *m* ökon fattore *m* spese.

Kọstenfrage *f* questione *f* di costi/soldi *fam*.

kọstenfrei *adj* adm jur {BESCHEID, BESCHWERDE, VERFAHREN} esente da spese.

Kọstengründe *subst* <*nur pl*> motivi *m pl* di costo: **aus ~n müssen wir auf das Auto verzichten**, per motivi di costo dobbiamo rinunciare alla macchina.

kọstengünstig **A** *adj* a costi contenuti, a basso costo **B** *adv* {HERSTELLEN, VERWALTEN} a costi contenuti.

kọstenintensiv *adj* {(HERSTELLUNGS)VERFAHREN} con/[che ha/comporta] costi elevati.

Kọstenlast *f* carico *m* economico.

Kọstenlawine *f* valanga *f* di costi/spese.

kọstenlos **A** *adj* {BERATUNG, EINTRITT} gratuito, gratis: **die Untersuchung ist völlig ~**, questo esame è completamente gratuito/gratis, per questo esame non si paga niente; **ein ~es Vergnügen**, un divertimento che non costa niente **B** *adv* gratuitamente, gratis: **er schlägt sich immer bei uns ~ den Bauch voll**, viene sempre da noi a riempirsi la pancia a scrocco/sbafo.

kọstenneutral *adj* ₍privo di₎/[senza] costi aggiuntivi: **dieses Projekt ist ~**, questo progetto non prevede costi aggiuntivi.

Kọsten-Nụtzen-Analyse *f* ökon analisi *f* costi-benefici.

Kọsten-Nụtzen-Kalkulation *f* ökon calcolo *m* costi-benefici.

Kọstenpauschale *f* forfait *m*, importo *m* forfettario.

kọstenpflichtig **A** *adj* **1** adm (*nicht gratis*) a pagamento: **der Eintritt ist ~**, l'ingresso è a pagamento; **~e Verwarnung**, contravvenzione, multa; **etw ist für jdn ~**, qu è tenuto a pagare *qc* **2** adm jur {BESCHEID, EINSPRUCH, VORGANG} a pagamento, ₍che prevede₎/[per cui sono previste] delle spese **B** *adv* adm jur a pagamento: **ein Auto ~ abschleppen**, rimuovere un'auto (a spese del proprietario); **die Klage wird ~ abgewiesen**, il tribunale respinge la domanda condannando l'attore al pagamento delle spese.

Kọstenplan *m* piano *m* spesa.

Kọstenpunkt *m* *fam* questione *f*/fattore *m* costi: **lass uns mal über den ~ sprechen!**, parliamo un po' dei costi • **~?** *fam* (*wie teuer?*), quanto?, prezzo?

Kọstenrechnung *f* ökon contabilità *f* dei costi.

Kọstenselbstbeteiligung *f* (quota *f* di) (com)partecipazione *f* alle spese: **für den Ausflug ist eine ~ von 40 Euro festgesetzt worden**, per la gita è stata fissata una quota di partecipazione di 40 euro (a testa).

Kostensenkung f riduzione f/abbattimento m dei costi.

Kostensenkungsmaßnahme f misura f per la riduzione dei costi.

kostensparend A adj {ABFALLBESEITIGUNG, HERSTELLUNGSVERFAHREN, PRODUKTIONSTYP} a costi contenuti, a basso costo B adv {HERSTELLEN, VERWALTEN, WIRTSCHAFTEN} a costi contenuti, riducendo/abbattendo i costi/le spese, cercando di risparmiare.

Kostensteigerung f aumento m dei costi.

kostentreibend adj che fa lievitare/gonfiare i costi.

Kostenvoranschlag m com preventivo m ˌdi speseˌ/[dei costi] ● **einen ~ aufstellen**/**erstellen**, redigere un preventivo m; **bei jdm einen ~ einholen**, chiedere un preventivo a qu; **jdm einen ~ (für etw akk) machen**, fare a qu un preventivo (per qc); **sich (dat) einen ~ (von jdm) machen lassen**, farsi fare un preventivo (da qu).

Kostgeld n retta f.

köstlich A adj 1 (*schmackhaft*) {ESSEN, WEIN} delizioso, squisito, prelibato 2 (*herrlich*) {ABENDKÜHLE, NACHTLUFT, ROSENDUFT} delizioso, magnifico 3 (*amüsant*) {EINFALL, GESCHICHTE, IDEE} molto divertente/spiritoso B adv 1 (*herrlich*): ~ **schmecken**, avere un sapore delizioso/squisito, essere una ˌcosa squisitaˌ/[vera deliziaˌ]/[prelibatezza] 2 (*sehr gut*): **sich ~ amüsieren**, divertirsi ˌun mondo famˌ/[da matti fam] ● **du bist ja ~!** iron, sei proprio un bel tipo!

Köstlichkeit <-, -en> f 1 <*nur sing*> geh (*herrliche Art*) {+ESSEN, GETRÄNK} squisitezza f, prelibatezza f 2 <*meist pl*> (*Delikatesse*) delizia f, cosa f squisita, squisitezza f, prelibatezza f: **das ist eine literarische ~**, è una chicca letteraria.

Kostprobe f 1 gastr assaggio m; (*von Öl, Wein*) auch degustazione f: **eine ~ von etw (dat) nehmen**, prendere un assaggio di qc; **möchten Sie eine ~ dieses Weins?**, vuole degustare/provare questo vino? 2 (*Vorgeschmack*) {+BRAVOUR, FÄHIGKEIT, KÖNNEN} assaggio m, saggio m, prova f: **er hat eine ~ seiner Kunst gegeben**, ha dato un (as)saggio/una prova della sua arte.

kostspielig adj costoso, dispendioso, caro: **~ werden**, diventare costoso, comportare spese elevate; **das ist eine ziemlich ~e Angelegenheit**, è una cosa piuttosto dispendiosa; **das kann ich mir nicht leisten, es ist mir zu ~**, non me lo posso permettere, per meˌè un lussoˌ/[mi viene a costare troppo].

Kostüm <-s, -e> n 1 (*Damenkostüm*) tailleur m, completo m femminile 2 (*historische Tracht*) costume m: **zu den Dorffesten tragen viele noch ~**, alle fiere di paese molti ˌvestono ancora inˌ/[portano abiti di] costume (tradizionale) 3 (*Theaterkostüm*) costume m (teatrale): **die nächste Probe ist in ~en**, la prossima prova sarà in costume 4 (*Karnevalskostüm*) costume m carnevalesco/[da carnevale], maschera f, travestimento m.

Kostümball m ballo m ˌin costume/maˌschera/[mascherato]: **sich für einen ~ verkleiden**, (tra)vestirsi per un ballo in maschera.

Kostümbildner <-s, -> m (**Kostümbildnerin** f) film theat costumista mf.

Kostümfest n festa f ˌin costume/maˌscheraˌ/[mascherata]: **ein historisches ~**, una festa in costumi storici.

Kostümfilm m film m in costume.

Kostümfundus m magazzino m dei costumi (teatrali).

kostümieren <*ohne ge->* A tr (*verkleiden*) **jdn** (**als etw** akk) **~**, (tra)vestire qu (da qc), mascherare qu (da qc) B rfl 1 (*sich verkleiden*) **sich** (**als etw** nom) **~**, vestirsi in costuma/maschera, (tra)vestirsi (da qc), mascherarsi (da qc): **kostümiert zu einem Fest gehen**, andare a una festa mascherato (-a) 2 geh pej (*sich anziehen*) **sich irgendwie ~**, mascherarsi/bardarsi/sistemarsi + compl di modo: **wie bist du denn wieder kostümiert!**, ma come ti sei conciato (-a)/combinato (-a)!

Kostümierung <-, -en> f travestimento m, mascheratura f, mascheramento m.

Kostümprobe f theat prova f (teatrale) in costume.

Kostümverleih m com noleggio m/nolo m costumi.

Kostverächter <-s, -> m: **kein ~ sein** scherz (*gern essen*), non disdegnare la buona tavola; (*genießerisch sein*) non disdegnare i piaceri della vita, essere un viveur; (*sexuell rege sein*) non lasciarsene scappare una fam; **trotz seines Alters ist er kein ~**, nonostante la sua età è un gran godereccio fam.

K.-o.-System n sport sistema m ad eliminazione diretta.

Kot <-(e)s, ohne pl> m form (*Exkremente*) feci f pl, escrementi m pl; (*Tierkot*) sterco m, escrementi m pl.

Kotangens m math cotangente f.

Kotau <-s, -s> m: **einen ~ vor jdm machen** pej, strisciare davanti a qu; **vor jdm ~ machen müssen** pej, doversi umiliare davanti a qu.

Kotelett <-s, -s oder rar -e> n gastr co(s)toletta f.

Koteletten subst <*nur pl*> basette f pl; (*lang bis zum Kinn*) favoriti m pl.

Köter <-s, -> m pej botolo m, cagnaccio m: **schaff mir diesen ~ vom Leib!**, toglimi questo ˌdannato caneˌ/[cagnaccio rognoso] di dosso!

Kotflügel m autom parafango m: **eine Beule am ~ haben**, avere il parafango ammaccato.

Kotzbrocken m: **ein (richtiger) ~ sein** fam, essere unˌtipo che fa vomitareˌ/[vero bastardo].

Kotze <-, ohne pl> f vulg vomito m.

kotzen itr vulg (*sich erbrechen*) vomitare ● **da kann man ja das (kalte/große) ~ kriegen!** slang, è da fare venire il voltastomaco/vomito!; **zum Kotzen!** vulg, da vomitare!, vomitevole!; **es ist zum Kotzen**, è uno schifo fam, fa vomitare/[venire la nausea]; **jd ist zum Kotzen**, qu fa ribrezzo/vomitare, qu è orrendo; **ich finde ihn zum Kotzen!**, trovo che faccia schifo! fam.

kotzlangweilig adj palloso slang, da morire fam, da far venire il latte alle ginocchia.

kotzübel adj slang: **mir ist ~**, mi viene da vomitare.

KP <-, -s> f pol Abk von Kommunistische Partei: PC m (Abk von Partito Comunista).

KPD <-, ohne pl> f hist Abk von Kommunistische Partei Deutschlands: "Partito Comunista Tedesco".

KPdSU <-, ohne pl> f hist Abk von Kommunistische Partei der Sowjetunion: PCUS m (Abk von Partito Comunista dell'Unione Sovietica).

Krabbe <-, -n> f 1 (*Taschenkrebs*) granchio m 2 (*Garnele*) gamberetto m 3 fam scherz (*kleines Mädchen*) marmocchia m fam: **meine kleine ~!**, la mia marmocchina/frugoletta! 4 arch foglia f rampante.

Krabbelalter n "età f/[fase f di crescita]

in cui il bambino comincia a gattonare/[andare a gattoni]".

Krabbelecke f angolo m/spazio m per lattanti.

Krabbelgruppe f "gruppo m dei piccoli (composto da bambini tra i 6 e 15 mesi in un asilo nido)".

Krabbelkind n bimbo (-a) m (f) che gattona.

krabbeln A itr <*sein*> 1 (*sich mit den Beinen fortbewegen*) **irgendwohin ~**, {KÄFER, SPINNE} camminare/strisciare + compl di luogo: **die Wand hinauf ~**, salire lungo il muro 2 (*kriechen*) {KLEINKINDER} gattonare, andare a gattoni: **das Baby krabbelt auf allen vieren durch die Wohnung**, il bimbo attraversa la casa gattonando/gattoni B tr <*haben*> norddt fam (*kitzeln*) **jdn ~**, fare il solletico/pizzicorino a qu.

Krabbencocktail m gastr cocktail m di gamberetti.

Krabbenfang m pesca f di granchi.

Krabbenfischerei f pesca f al granchio.

krach interj fam scrash!

Krach <-(e)s, -e oder -s oder Kräche> m 1 <*nur sing*> (*Lärm*) chiasso m, baccano m, fracasso m, frastuono m: **die Maschine macht einen schrecklichen ~**, la macchina fa un baccano infernale; **die Nachbarn machen nie ~**, i vicini non fanno mai chiasso 2 (*Geräusch bei Aufprall*) schianto m 3 fam (*Streit*) lite f, scontro m (verbale), scazzo m slang: **zu Hause gibt es ständig ~**, a casa si litiga di continuo ● **mit jdm ~ anfangen**, cercare lite con qu, attaccare lite/briga con qu; **mit jdm ~ haben**, litigare con qu, essere in lite con qu; **mit jdm ~ kriegen**, attaccare lite con qu, scazzarsi con qu slang; **wegen einer Kleinigkeit haben wir den größten ~ gekriegt**, per una sciocchezza tra noi è scoppiata una lite furibonda; **wegen etw** (gen oder fam dat) **~ machen** fam/**schlagen** fam, fare ˌcasino famˌ/[il finimondo]/[il diavolo a quattro] per qc.

krachen A itr 1 <*haben*> {DONNER} tuonare; {SCHUSS} scoppiare, esplodere: **plötzlich krachte ein Schuss in die Stille**, a un tratto il silenzio fu squarciato da uno sparo/un colpo; {BALKEN, BRETT, HOLZFUßBODEN} scricchiolare 2 <*sein*> (*laut brechen o reißen*) {NAHT} scoppiare; {BALKEN} rompersi con un gran rumore; {EIS} auch spaccarsi: **die Tasche war so voll, dass sie gekracht ist**, la borsa era talmente piena che si è rotta 3 <*sein*> fam (*prallen*) (**mit etw** dat) **gegen etw** (akk) **~**, {MIT DEM KOPF GEGEN DEN TÜRBALKEN, MIT DEM AUTO GEGEN DIE LEITPLANKE} schiantarsi contro qc, andare a sbattere contro qc B unpers <*haben*> 1 fam (*es gibt einen Unfall*): **es hat mal wieder gekracht**, c'è stato l'ennesimo incidente; **an dieser Kreuzung kracht es oft**, a questo incrocio ci sono spesso degli scontri/incidenti 2 fam (*es gibt einen Streit*): **wenn du jetzt nicht spurst, kracht's!**, se non obbedisci, sono guai/botte! 3 fam (*es gibt einen Börsenkrach*): **in der Bank hat es gekracht**, quella banca ha subito un crac; **in der Firma hat es gekracht**, quella ditta è fallita 4 fam (*es donnert*): **es kracht**, tuona C rfl <*haben*> fam (*streiten*) **sich ~** {PERSONEN} litigare, bisticciare, scontrarsi con qu ● **dass sie haben sich schon wieder gekracht**, hanno nuovamente bisticciato; **sich mit jdm ~** litigare con qu, bisticciare con qu, scontrarsi con qu ● **dass es nur so kracht** fam: **arbeiten, dass es nur so kracht**, lavorare come un negro fam/dannato fam; **dumm sein, dass es nur so kracht**, essere stupido/cretino da far paura; **feiern, dass es nur so kracht**, fare baldoria fino a far cadere la casa; **gleich kracht's!**, guai in vista! ora volano i ceffoni!

Kracher <-s, -> m petardo m.

Krachmacher m (**Krachmacherin** f) *fam pej* (*Person*) casinista mf: **hör auf, du ~!**, smettila di fare casino!; (*Maschine, Motorrad*) arnese m spaccatimpani.

krächzen itr **1** {KRÄHE, RABE} gracchiare **2** (*heiser sprechen*) gracchiare, parlare con voce gracchiante: **der Lautsprecher krächzte**, l'altoparlante gracchiava.

Krächzen <-s, *ohne pl*> n gracchio m.

Kräcker <-s, -> m *gastr* cracker m.

kraft *präp + gen geh adm* in virtù di, in forza di: ~ **ihres Amtes**, in forza/virtù della sua carica/[dei suoi poteri]; ~ **des Gesetzes**, in virtù della legge; ~ **ihres Glaubens**, grazie alla sua fede.

Kraft <-, *Kräfte*> f **1** (*körperliche* ~) forza f, vigore m, forze f pl: **viel/wenig ~ haben**, avere tanta/poca forza; **keine ~ mehr haben**, non avere più alcuna forza; **nach einem solchen Tag habe ich keine ~ mehr**, dopo una giornata così non ho più energia/[ho esaurito le mie forze]; **keine ~ in den Armen haben**, non avere forza nelle braccia **2** (*moralische Stärke*) forze f pl, forza f, energia f: **am Ende seiner Kräfte sein**, essere allo stremo/[al limite] delle proprie forze, aver esaurito le proprie forze; **diese Zeit hat mich sehr viel ~ gekostet**, questo periodo mi è costato molta energia **3** (*Wirksamkeit*) {+HEILMITTEL, MEDIKAMENT} potere m, forza f: **die zerstörerische ~ der Sonne**, la forza distruttiva/distruttrice del sole; **die tröstende ~ der Musik**, il potere consolatorio della musica **4** (*Arbeitskraft*): **eine gute/tüchtige ~**, un valido aiuto; (*Haushaltskraft*) aiuto m domestico; <pl> manodopera f, personale m, organico m; **diese Abteilung braucht neue Kräfte**, questo reparto ha bisogno di nuovo personale **5** <*meist pl*> *pol soziol* forze f pl: **fortschrittliche / liberale / revolutionäre / rückständige Kräfte**, forze progressiste/liberali/rivoluzionarie/reazionarie; **in diesem Land sind subversive Kräfte am Werk**, in questo paese sono all'opera/[operano] forze sovversive; **das Gleichgewicht der Kräfte** *pol*, l'equilibrio delle forze **6** *phys* forza f: **elektrische/elektromagnetische/magnetische ~**, forza elettrica/elettromagnetica/magnetica • **mit aller ~**, con tutte le proprie forze; **er will mit aller ~ durchsetzen, dass ...**, vuole a tutti i costi che ... *konjv*; **alle seine Kräfte aufbieten**, impiegare tutte le proprie forze; **unter Aufbietung aller Kräfte**, impiegando tutte le forze; **außer ~**: **außer ~ sein** *jur*, non essere più in vigore; **etw außer ~ setzen** *jur* {GESETZ, VERORDNUNG}, abrogare qc; (*zeitweilig*), sospendere qc; **außer ~ treten** *jur*, cessare di essere in vigore; **bei Kräften sein**, essere/sentirsi in forze; **sie war schon wieder bei Kräften**, si era già in forze, aveva già riacquistato le sue forze; **aus eigener ~** {ETW ERREICHEN, SCHAFFEN}, con le proprie forze, da solo (-a); **jdm fehlt die ~ zu etw** (dat), a qu mancano le forze per fare qc; **mit frischer ~**, con rinnovata forza; **mit geballter ~**, con tutta la propria forza; **über jds Kräfte gehen**, jds Kräfte übersteigen, superare/[andare oltre] le forze di qu; **mit seinen Kräften haushalten**, risparmiare le proprie forze, risparmiarsi; **in ~**: **in ~ sein** *jur* {GESETZ, VERORDNUNG}, essere in vigore; **in ~ treten** *jur*, entrare in vigore; **wieder zu Kräften kommen**, rimettersi in/[riprendere/riacquistare le] forze; **vor ~ nicht mehr laufen/gehen können** *fam*, essere solo muscoli; **mit letzter ~**, raccogliendo le ultime

forze, in uno sforzo estremo, con un ultimo sforzo; **seine Kräfte mit jdm messen**, misurarsi con qu; **nach (besten) Kräften**, facendo (tutto) il possibile/[del suo meglio]; ~ **raubend → kraftraubend**; **neue Kräfte sammeln**, raccogliere nuove energie/forze; **neue Kräfte schöpfen**, riacquistare nuove forze; **neue Kräfte aus etw** (dat) **schöpfen**, trarre nuove forze/energie da qc; **seine Kräfte sparen**, risparmiare le proprie forze/energie; ~ **spendend → kraftspendend**; **in jds Kräften stehen**, essere nel potere di qu; **er tat alles, was in seinen Kräften stand**, ha fatto tutto ciò che poteva/[era in suo potere]; **vor ~ strotzen**, sprizzare energia da tutti i pori; **neue Kräfte tanken**, ricaricarsi; **die treibende ~ (bei/in etw** dat) **sein**, essere la forza trainante/[il motore] di qc; **seine ~/Kräfte überschätzen**, sopravvalutare le proprie forze; **mit seinen Kräften sparsam umgehen**, usare le proprie forze con parsimonia, non sprecare tutte le proprie forze; **mit vereinten Kräften** {ETW TUN, VORGEHEN}, (ri)unendo tutte le forze, tutti (-e) insieme; **volle/halbe ~ voraus!** *naut*, avanti a tutta/mezza forza!; **alle Kräfte zusammennehmen**, fare appello a/[concentrare]/[raccogliere] tutte le forze.

Kraftakt m tour de force m, sfacchinata f *fam*: **um diese Hürde zu nehmen, hat sie einen wahren ~ vollbringen müssen**, per superare questo ostacolo ha dovuto compiere un vero e proprio tour de force; **verbale ~e**, eccessi verbali.

Kraftanstrengung f grande sforzo m (fisico), sfacchinata f *fam*.

Kraftaufwand m impiego m/dispendio m di energia/forze: **das war ein unnötiger ~**, è stato uno spreco di energie.

Kraftausdruck m volgarità f, parolaccia f: **mit Kraftausdrücken um sich werfen**, dire tante parolacce/volgarità.

Kraftbrühe f *gastr* brodo m ristretto (di carne), consommé m.

Kräftegleichgewicht n equilibrio m di forze.

kräftemäßig adj {ÜBERLEGEN, UNTERLEGEN} a livello di forze, a forze *fam*.

Kräfteparallelogramm n *phys* parallelogramma m delle forze.

krafterfüllt adj pieno/colmo di forza/energie, vigoroso.

Kräfteersparnis f risparmio m di energie/forze.

Kräfteschwund m → **Kräfteverfall**.

Kräftespiel n gioco m delle forze: **das politische ~**, il gioco delle forze politiche.

Kräfteverfall m deperimento m/decadimento m delle forze; *med* marasma m.

Kräfteverhältnis n *pol* rapporto m di forze.

Kräfteverlagerung f *pol* spostamento m di forze.

Kräfteverschleiß m logorio m/logoramento m/esaurimento m delle forze: **es kommt zu einem frühzeitigen ~**, le forze si esauriscono precocemente.

kräftezehrend adj logorante, sfibrante, estenuante.

Kraftfahrer m (**Kraftfahrerin** f) form **1** conducente mf (di autoveicolo) **2** (*LKW-Fahrer*) camionista mf.

Kraftfahrzeug n *adm* (*Abk Kfz*) autoveicolo m *form*, automezzo m *form*.

Kraftfahrzeugbrief m *D adm autom* "documento che attesta la proprietà di un automezzo e ne descrive le caratteristiche tecniche", ≈ certificato m di proprietà, (*früher*) ≈ foglio m complementare.

Kraftfahrzeug-Haftpflichtversicherung f "assicurazione f automobilistica (obbligatoria) di responsabilità civile contro terzi".

Kraftfahrzeughalter m (**Kraftfahrzeughalterin** f) *D adm* proprietario (-a) m (f) (di autoveicolo/automezzo).

Kraftfahrzeugkennzeichen n targa f (di circolazione).

Kraftfahrzeugmechaniker m (**Kraftfahrzeugmechanikerin** f) meccanico (-a) m (f).

Kraftfahrzeugpapiere subst <*nur pl*> *D adm* documenti m pl di circolazione.

Kraftfahrzeugreparaturwerkstatt f *autom* autofficina f, officina f (di riparazione).

Kraftfahrzeugschein m *D adm* ≈ libretto m di circolazione.

Kraftfahrzeugsteuer f *autom* tassa f di possesso, bollo m *fam* (di circolazione): **die ~ zahlen**, pagare il bollo *fam*.

Kraftfahrzeugversicherung f *autom* assicurazione f automobilistica (obbligatoria).

Kraftfahrzeugzulassungsstelle f *autom* ≈ (ufficio m immatricolazioni della) motorizzazione f civile, motorizzazione f *fam*.

Kraftfeld n *phys* campo m di forze.

Kraftfutter n **1** *agr* mangime m/concentrato m/[da ingrasso], foraggio m/concentrato m/[da ingrasso] **2** *scherz* (*für Menschen*) roba f sostanziosa/supernutriente *fam*.

kräftig **A** adj **1** (*physisch stark*) {KÖRPER, MENSCH} vigoroso, robusto, forte; {MUSKELN} sviluppato, robusto, forte, poderoso **2** (*stark ausgeprägt*) {HALS} massiccio, poderoso; {BEINE, OBERSCHENKEL} *auch* grosso; {STIMME} forte, vigoroso, poderoso, stentoreo, potente; {DUFT, FARBTON, GERUCH} forte, intenso; {HAARWUCHS} folto: **ein ~er Duft entstieg den Blumen**, i fiori emanavano un profumo intenso **3** (*heftig*) {HÄNDEDRUCK, HIEB} energico, vigoroso, forte; {SCHLAG} *auch* violento; {LUFTSTRÖMUNG, WIND} forte **4** (*gehaltvoll*) {NAHRUNG} sostanzioso, nutriente: **einen ~en Hunger haben**, avere una gran fame; **ein ~es Süppchen wird dir wieder auf die Beine helfen**, una bella minestra ti rimetterà in forze; **einen ~en Schluck Whisky nehmen**, bere un bel sorso/[una bella sorsata] di whisky **5** (*derb*) {AUSDRUCK, FLUCH, SPRACHE} forte, pesante; {SPASS} grossolano, pesante **6** (*groß*) {ANSTIEG, GEHALTSERHÖHUNG, ZUNAHME} forte, sensibile **B** adv **1** (*mit körperlichem Kräfteaufwand*) {DRÜCKEN, PRESSEN, REIBEN} forte, con forza/vigore, vigorosamente: **zum Abschied drückte er mir ~ die Hand**, nel congedarsi/[congedandosi] mi strinse la mano con vigore; {RÜHREN} energicamente; **sich ~ wehren**, difendersi con tutte le forze/ [strenuamente] / [energicamente]; **jdn ~ verschlagen/verprügeln**, suonarle a qu *fam*, picchiare qu di santa ragione **2** (*sehr, viel*): **jdn ~ ausschimpfen**, fare una bella sgridata a qu; **sich bei jdm ~ ausweinen**, sfogarsi per bene con qu; **sich ~ irren/täuschen**, sbagliarsi di grosso; **~ lügen**, raccontare un sacco di bugie; **~ regnen/schneien**, piovere/nevicare come Dio la manda; **~ schütteln**, agitare bene/energicamente; **~ zulangen** *fam*, darci dentro *fam* (a tavola).

kräftigen tr *geh* **jdn/etw** {ERHOLUNG, GUTE LUFT, SPORT KÖRPER, MUSKULATUR, ORGANISMUS} rinvigorire qu/qc, rinforzare qu/qc, fortificare qu/qc, irrobustire qu/qc.

Kräftigung <-, rar -en> f (bes. gesundheitliche ~) rinvigorimento m; {+KÖRPER, MUSKELN, ORGANISMUS} rafforzamento m, rinforzamento m, corroboramento m rar.
Kräftigungsmittel n pharm ricostituente m.
Kraftlinie f <meist pl> phys linea f di forza.
kraftlos A adj 1 (entkräftet) {PERSON} privo di forze, fiacco, spossato: **nach der schweren Krankheit war er ~**, la grave malattia l'ha spossato; **~ werden**, perdere le forze; {ARM, BEIN} essere privo di forza, fiaccido; **seine Beine waren ~**, non aveva forza nelle gambe, aveva le gambe di ricotta; **ein ~er Händedruck**, una stretta di mano moscia; **sich völlig ~ fühlen**, sentirsi addosso una gran fiacca 2 (schwach ausgeprägt) {STIL} fiacco; {STIMME} auch flebile B adv senza forza: **~ singen**, cantare senza trasporto/impegno; **~ zu Boden sinken**, afflosciarsi a terra.
Kraftloserklärung f jur dichiarazione f di nullità.
Kraftlosigkeit <-, ohne pl> f 1 (Entkräftigung) {+PERSON} fiacca f, fiacchezza f, spossatezza f 2 (Schwäche) {+STIL, STIMME} fiacchezza f, debolezza f.
Kraftmaschine f tech macchina f motrice.
Kraftmeier <-s, -> m fam pej bullo m: **den ~ spielen**, fare il bullo.
Kraftmensch m fam maciste m, tipo m forzuto m.
Kraftmesser <-s, -> m phys dinamometro m.
Kraftprobe f prova f/gara f di forza, braccio m di ferro ● **es auf eine ~ ankommen lassen**, arrivare a un braccio di ferro; **jdn zu einer ~ herausfordern**, sfidare qu a una gara di forza/[un braccio di ferro]; **sich mit jdm in einer ~ messen**, misurarsi con qu in una gara di forza/[un braccio di ferro].
Kraftprotz m iron mister m muscolo: **ein ~ sein**, essere tutto muscoli.
Kraftrad n adm (Motorrad) motociclo m; (bis 50 cc) ciclomotore m.
kraftraubend adj che priva di tutte le forze/energie, spossante.
Kraftreserve f <meist pl> riserva f di energia.
kraftspendend adj che dà forza/energia.
Kraftstoff m form carburante m.
Kraftstoffgemisch n miscela f (di carburante).
Kraftstoffverbrauch m consumo m di carburante.
Kraftstrom m el corrente f industriale.
kraftstrotzend adj {PERSON} pieno di vitalità, che sprizza energia da tutti i pori; {MUSKULATUR} potente, gagliardo.
Krafttraining n sport allenamento m con i pesi, pesistica f.
Kraftübertragung f phys trasmissione f di energia.
Kraftverkehr m autom 1 (die verkehrenden Kraftfahrzeuge) traffico m veicolare 2 (Transportwesen) trasporti m pl, spedizioni f pl.
kraftvoll A adj vigoroso, forte: **ein ~er Händedruck**, una stretta di mano forte; **eine ~e Stimme**, una voce potente/stentorea B adv potentemente, vigorosamente: **~ zubeißen**, mordere con forza; **~ zuschlagen**, picchiare violentemente/[con violenza].
Kraftwagen m adm autovettura f.
Kraftwerk n centrale f elettrica.
Kragdach n arch tetto m spiovente.
Kragen <-s, - oder süddt A CH Krägen> m (Blu-

senkragen, Hemdkragen) colletto m, collo m: **ein enger/weiter/hoher/steifer/schmutziger ~**, un colletto stretto/largo/alto/rigido/sporco; **sich** (dat) **den ~ zuknöpfen**, abbottonarsi il colletto; (Kleiderkragen, Mantelkragen) bavero m; **den ~ nach oben schlagen/stülpen**, alzare/[tirare su] il bavero del cappotto ● **es geht jdm an den ~** fam, qu ci rimette la testa; **jdm/jdn den ~ kosten** fam, costare il posto (di lavoro) a qu; obs, qc costa la testa/vita a qu; **jdn am ~ packen/nehmen**, prendere qu per il collo; fam (sich jdn vorknöpfen), dare una lavata di capo a qu; **jdm platzt der ~** slang, qu sbotta/esplode; **jdm den ~ umdrehen** fam, torcere il collo a qu fam; **jdm an den ~ wollen** fam, (verprügeln) mettere le mani addosso a qu; (Böses wollen) farla pagare a qu.
Kragenknopf m bottone m del colletto.
kragenlos adj {BLUSE, HEMD} senza colletto; {JACKE, KLEID, MANTEL} senza bavero.
Kragenspiegel m mil cordonatura f.
Kragenweite f {+HEMD} girocollo m, (misura f del) collo m ● **nicht jds ~ sein** fam, non essere il tipo di qu, non andare a genio a qu; **der neue Direktor ist ganz und gar nicht meine ~**, il nuovo direttore non è il genere di persona che mi piace; **das ist nicht meine ~**, non è roba/[fa] per me fam.
Kragstein m arch mensola f.
Krähe <-, -n> f ornith cornacchia f ● **eine ~ hackt der anderen kein Auge aus** prov, cane non mangia cane prov, fra cani grossi non si mordono prov.
krähen itr 1 {HAHN} cantare: **bis die Hähne krähen**, fino al canto del gallo/[all'alba] 2 fam (schreien) {BABY} strillare: **vergnügt ~**, fare gridolini di gioia.
Krähenfüße subst <nur pl> fam (Falten an den Augen) zampe f pl di gallina.
Krakau <-s, ohne pl> n geog Cracovia f.
Krakauer① <-, -> f gastr "insaccato m affumicato piccante, di manzo e maiale da mangiarsi lesso".
Krakauer② <-s, -> m (**Krakauerin** f) cracoviano (-a) m (f).
Krake <-n, -n> m zoo (mit 8 Fangarmen) polpo m; (mit 10 Fangarmen) piovra f ● **sich wie eine ~ ausbreiten** {MAFIA}, allargare i propri tentacoli come una piovra.
krakeelen <ohne ge-> itr fam 1 (laut schreien) schiamazzare fam: **der Betrunkene krakeelte die ganze Nacht unter unserem Fenster**, l'ubriaco schiamazzò tutta la notte sotto la nostra finestra 2 (laut streiten) litigare a voce alta ● **das Krakeelen** (Schreien), lo schiamazzo; (streiten), litigare a voce alta.
Krakeeler <-s, -> m (**Krakeelerin** f) fam pej schiamazzatore (-trice) m (f).
Krakel <-s, -> m fam pej sgorbio m, scarabocchio m.
Krakelei <-, -en> f scritturaccia f, scarabocchi m pl: **der Aufsatz ist eine einzige ~**, il tema è tutto uno scarabocchio.
krakelig A adj {HANDSCHRIFT, UNTERSCHRIFT} che sembra uno scarabocchio B adv: **~ schreiben**, scarabocchiare più che scrivere; **etw ~ unterschreiben**, firmare qc con uno scarabocchio, mettere il proprio scarabocchio sotto qc.
Kralle <-, -n> f 1 zoo {+RAUBVOGEL} artiglio m; {+KATZE, RAUBKATZE} auch unghia f, unghiello m, unghiolo m: **scharfe/spitze/stumpfe ~n**, artigli affilati/appuntiti/spuntati; **die Katze zieht die ~n ein**, il gatto ritrae gli artigli 2 fam → **Parkkralle** 3 fam pej (Hand) zampa f: **mach die ~n weg!**, via/[giù le zampe! ● **bar auf die ~** slang, sull'un-

ghia fam; **er wollte die Kohle bar auf die ~** slang, ha voluto i soldi sull'unghia; **jdn/etw in seine ~n bekommen** fam, mettere le unghie su qu/qc; **die ~n einziehen** fam, tirare dentro le unghie; **jdn (fest) in seinen ~n haben**, avere (saldamente) in pugno qu; **jdn/etw nicht aus den ~n lassen**, non farsi sfuggire qu/qc, non mollare qu/qc; **den ~n des Todes entkommen** lit, sfuggire alla morte; **jdm die ~n zeigen** fam, sfoderare/[tirare fuori] gli artigli/le unghie, mostrare i muscoli a qu.
krallen A rfl 1 (sich fest~) **sich an jdm/etw ~** {KATZE AN DEM BAUM; PERSON AN EIN GELÄNDER} aggrapparsi a qu/qc 2 (fest zupacken) **sich um etw** (akk) **~** {FINGER, HAND UM JDS ARM, HANDGELENK} stringersi forte attorno a qu/qc, serrarsi attorno a qc: **ihre Hand krallte sich um sein Handgelenk**, la sua mano gli attanagliò/serrò il polso 3 fam (sich jdn vornehmen) **sich** (dat) **jdn ~** dire due paroline a qu; (von jdm/etw Besitz ergreifen) mettere le unghie/grinfie su qu/qc: **der Typ ist irre toll, den werde ich mir ~**, quel tipo è uno schianto, me lo agguanto 4 fam (entwenden) **sich** (dat) **etw ~** arraffare qc fam B tr 1 (bohren) **etw in etw** (akk) **~** {FINGER INS KISSEN, IN DIE DECKE} affondare qc in qc, piantare qc in qc 2 fam (jdn erwischen) **jdn ~** {POLIZEI KRIMINELLEN} agguantare qu.
Kram <-(e)s, ohne pl> m fam pej 1 (Krempel) cose f pl, roba(ccia) f fam: **diesen ~ da brauch ich nicht!**, di questa roba qua non ne ho bisogno!; **pack deinen ~ und hau ab!**, prendi le tue cose e sparisci!; (Gerümpel) cianfrusaglie f pl fam: **der Keller ist voll mit altem ~**, la cantina è piena di cianfrusaglie 2 (Angelegenheit): **lass mich meinen ~ alleine machen!**, alle mie cose ci penso da solo (-a)!; **mach doch deinen ~ allein!**, arrangiati! ● **den ganzen ~ hinschmeißen** fam, mollare tutto fam, piantare baracca e burattini fam; **sich um seine eigenen ~ kümmern**, farsi gli affari propri; **kümmere dich doch um deinen ~!**, pensa ai cavoli tuoi! fam; **jdm (nicht) in den ~ passen** fam, (non) stare/andare bene a qu; **diese Neuigkeit passt mir wunderbar in den ~**, questa novità mi arriva a proposito/fagiolo! fam; **den ganzen ~ satthaben** slang, averne piene le tasche fam.
kramen fam A itr **irgendwo** (**nach etw** dat) **~** frugare/rovistare (in) qc (per trovare)/[alla ricerca di] qc): **stundenlang zwischen den alten Sachen ~**, frugare per ore tra le vecchie cose; **aufgeregt kramte sie in der Handtasche nach dem Schlüssel**, innervosita rovistava (nel)la/in borsa alla ricerca della chiave B tr (hervorholen) **etw aus etw** (dat) **~** {FOTOS AUS DER SCHUBLADE} tirare fuori qc da qc (rovistando).
Krämer <-s, -> m (**Krämerin** f) 1 region oder obs (Besitzer eines kleinen Lebensmittelgeschäfts) droghiere (-a) m (f), bottegaio (-a) m (f) 2 pej (engherziger, eigennütziger Mensch) bottegaio (-a) m (f).
Krämergeist m 1 pej mentalità f bottegaia, spirito m (da) bottegai 2 (engherziger, eigennütziger Mensch) bottegaio (-a) m (f).
Krämerseele f pej bottegaio (-a) m (f): **ein ~ sein**, avere lo spirito del bottegaio.
Kramladen m fam negozietto m (di articoli vari)/[all'angolo], drogheria f.
Krampe f, **Krampen** <-s, -> m (Werkzeug) grappa f, groffa f.
Krampf <-(e)s, Krämpfe> m 1 (Muskelkrampf) crampo m: **jdm bekommt/kriegt** fam **einen ~**, a qu viene/prende un crampo; **einen ~ (in etw dat) haben** {IM BEIN, IN DER WADE}, avere

un crampo a qc; **vor Hunger einen ~ im Magen kriegen**, avere i crampi allo stomaco per la fame; (*in inneren Organen*) spasmo m; **einen ~ im Unterleib haben**, avere ¸uno spasmo al basso ventre↓/[spasmi addominali]; **epileptische Krämpfe**, convulsioni (epilettiche) **2** ‹*nur sing*› *fam pej* (*Unsinn*) sciocchezze f pl, fesseria f *fam*, cavolata f *fam*: **so ein ~!**, che cavolata/fesseria!; **das ist völliger/absoluter ~**, è un'idiozia totale *fam* **3** *CH slang* (*harte Arbeit*) faticaccia f ● **~ daherreden** *fam*, sparare cavolate/fesserie *fam*; **einen ~ drehen** *CH slang* (*ein Ding drehen*), fare un colpo; **sich in Krämpfen winden**, avere le convulsioni.

Krampfader f *med* vena f varicosa, varice f: **jd bekommt ~n**, a qu vengono (del)le vene varicose; **~n veröden**, sclerotizzare le vene varicose.

krampfartig *med* **A** *adj* spasmodico, crampiforme; **~e Schmerzen** (*an Muskeln*), dolori crampiformi; (*an inneren Organen*) dolori spasmodici **B** *adv* in maniera spasmodica, spasmodicamente, a crampi: **sich ~ bemerkbar machen**, manifestarsi sotto forma di crampi.

krampfen **A** *rfl* (*sich klammern*) **sich um etw** (akk) ~ {JDS FINGER, HÄNDE} serrarsi/stringersi convulsivamente/forte *intorno a qc*: **die Fingerchen des Babys krampften sich um ihre Hand**, i ditini del bebè si serrarono convulsamente intorno alla sua mano **B** *tr* **etw um etw** (akk) ~ {FINGER, HÄNDE UM JDS ARM} serrare/stringere *qc* convulsivamente/forte *intorno a qc* **C** *itr CH slang* (*hart arbeiten*) farsi il mazzo *slang*, sgobbare *fam*.

krampfhaft **A** *adj* **1** (*in der Art eines Krampfes*) convulso: **~e Zuckungen**, contrazioni convulsive **2** (*angestrengt*) {SUCHE, VERSUCH} spasmodico, frenetico; {ANSTRENGUNG} *auch* affannoso; {NACHDENKEN} affannoso: **die ~e Suche nach dem Glück**, la disperata ricerca della felicità **3** *fam* (*unnatürlich*) {BENEHMEN, LACHEN} forzato **B** *adv* **1** (*krampfartig*) spasmodicamente, convulsamente: **~ husten**, tossire convulsamente; **ein ~ verzerrtes Gesicht**, un viso deformato da una smorfia convulsa **2** (*verzweifelt*) {SICH BEMÜHEN, SUCHEN} spasmodicamente, freneticamente, in modo spasmodico: **sich ~ an etw** (akk) **klammern**, essere disperatamente aggrappato a qc; **über etw** (akk) **~ nachdenken**, arrovellarsi il cervello per qc **3** (*verstellt*) {LACHEN} in modo forzato, forzatamente.

Krampfhusten m tosse f convulsiva.

krampflösend *adj*, **krampfstillend** *adj* antispasmodico.

Kran ‹-(e)s, Kräne oder -e oder -en› m **1** ‹pl Kräne oder fachspr -e o -en› *tech* gru f **2** ‹pl Kräne oder -en› *region* (*Wasserhahn*) rubinetto m.

Kranführer m (**Kranführerin** f) gruista mf, manovratore (-trice) m (f) della gru.

krängen *itr* {SCHIFF} sbandare, andare alla banda.

Kranich ‹-s, -e› m *ornith* gru f.

krank ‹kränker, kränk(e)ste› *adj* **1** (*nicht gesund*) {MENSCH, PATIENT} ammalato, malato: **~ werden**, ammalarsi, cadere malato (-a); {HERZ, LEBER, LUNGE, MAGEN} malato; {ARM, BEIN, GELENKE} acciaccato, malconcio; **~e Zähne haben**, avere denti malconci *fam*; (*dauernd und schwer*) infermo: **dauernd ~ sein**, essere un ospedale ambulante; **schwer ~**, gravemente (am)malato, malato grave; **monatelang war er schwer ~ zu Bett**, per mesi è stato allettato; (*gestört*) {GEIST, HIRN, FANTASIEN} malato; **geistig ~**, infermo/malato di mente **2** (*leidend*) **vor etw** (dat) **~** {VOR AUFREGUNG, EIFERSUCHT, EINSAMKEIT, HEIMWEH, NEID, STRESS} malato *di qc*: **sie ist ~ vor Liebe**, è malata d'amore; **ganz ~ vor** (lauter) **Sehnsucht** (nach jdm/etw) **sein**, morire di nostalgia (per qu/qc); **er ist schon ganz ~ vor** (lauter) **Warten**, è distrutto/sfinito dalla lunga attesa **3** *Jagd* (*durch Schuss verletzt*) {WILD} ferito **4** (*in Krise*) {GESELLSCHAFT, WÄHRUNG, WIRTSCHAFT} malato, in crisi: **dieser Wirtschaftszweig ist schon seit längerem ~**, questo settore dell'economia è in crisi già da tempo **5** *fam* (*absurd*) {IDEE} folle *fam* **6** *bot zoo* {GATTUNG, PFLANZE, TIERART} malato ● **~ aussehen**, avere l'aria malata, sembrare malato (-a); **du bist wohl ~!**, ma ti senti poco bene?! *iron*; **sich ~ fühlen**, sentirsi ¸malato (-a)↓/[poco bene]; **jdn ~ machen**, far stare male qu; **diese Hitze macht mich ~**, questo caldo mi ¸fa stare male↓/[butta giù *fam*]; **jdn** (mit etw dat) **~ machen** *fam*, far impazzire/[diventare matto (-a)] qu; **du machst mich noch ganz ~ mit deinem Geschwätz!**, le tue chiacchiere mi sfiniscono! *fam*; **schwer ~ sein**, essere gravemente (am)malato; **~ spielen**, fare il/la malato (-a); **sich ~ stellen**, fingersi/darsi malato (-a); **unheilbar ~ sein**, avere un male inguaribile, essere inguaribile.

krank|ärgern *rfl fam* **sich ~** mangiarsi/rodersi il fegato, farsi venire il ¸mal di fegato↓/[fegato grosso].

Kranke ‹*dekl wie adj*› mf (am)malato (-a) m (f), infermo (-a) m (f): **einen ~n besuchen**, ¸fare visita a↓/[andare a trovare] un malato; **~ pflegen**, ¸assistere i↓/[fare assistenza ai] malati; **ein unheilbarer ~r**, un malato incurabile; **schwer ~ → Schwerkranke** ● **der eingebildete ~**, il malato immaginario.

kränkeln *itr* **1** (*nicht ganz gesund sein*) essere malaticcio, essere cagionevole: **sie kränkelt schon seit längerem**, è da un po' che ¸non si sente↓/[si sente poco] bene **2** (*in Krise sein*) {UNTERNEHMEN, WIRTSCHAFT} non ¸essere in↓/[godere di] buona salute, essere in crisi/difficoltà: **dieser Betrieb kränkelt seit langem**, da tempo quest'azienda non gode di buona salute.

kranken *itr* **an etw** (dat) **~** risentire *di qc*: **die ganze Arbeit krankt an einer schlechten Organisation**, tutto il lavoro risente di una cattiva organizzazione; **das krankt daran, dass ...**, (ciò) risente del fatto che ...

kränken *tr* **jdn** (mit etw dat) **~** {MIT EINER GESTE, EINEM SATZ} ferire *qu* (con qc), offendere *qu* (con qc), urtare *qu* (con qc), fare male *a qu* (con qc): **er hat sie mit seinem Verhalten schwer gekränkt**, il suo comportamento ¸l'ha offesa/ferita profondamente↓/[le ha fatto molto male]; **jdn in seiner Ehre ~**, ferire/offendere qu nell'onore; (in etw dat) **gekränkt sein**, **sich in etw** (dat) **gekränkt fühlen** {IN SEINER EHRE, EITELKEIT, SEINEM STOLZ}, essere/sentirsi ferito (-a)/offeso (-a) (in qc); **sie fühlt sich in ihrem Stolz gekränkt**, si sente ferita nel suo orgoglio; **es kränkt jdn, dass ...**, offende/ferisce qu che ...*konjv*; **gekränkt** {EITELKEIT, STOLZ}, offeso, ferito; (**über etw** akk) **schwer/tief gekränkt sein**, essere (profondamente) risentito/ferito (per qc).

Krankenakte f *med* cartella f clinica.

Krankenanstalt f ‹*meist pl*› *form* complesso m ospedaliero, policlinico m: **die Städtischen ~en**, l'ospedale civico.

Krankenauto n *rar* **→ Krankenwagen**.

Krankenbahre f barella f, lettiga f.

Krankenbericht m **1** *med* (*Arztbericht*) rapporto m medico **2** (*Patientenbericht*) resoconto m del paziente; **~en zufolge**, secondo quanto riferito dai pazienti.

Krankenbesuch m visita f a un malato: **einen ~ bei jdm machen**, **jdm einen ~ abstatten**, ¸andare a trovare↓/[fare visita a] un malato; {+ARZT} visita f (¸a un malato↓/[ai malati]); (*Hausbesuch*) visita f domiciliaria; **der Herr Professor macht gerade ~e**, il professore sta facendo il giro (di visite).

Krankenbett n **1** (*fürs Krankenhaus*) letto m da ospedale **2** (*Krankenlager*) letto m da malato, capezzale m: **an jds ~ eilen/sitzen**, (ac)correre/sedere al capezzale di qu.

Krankenblatt n → **Krankenakte**.

kränkend *adj* {BEMERKUNG, VERHALTEN, WORTE} che ferisce/urta/[fa male], offensivo.

Krankengeld n *Versicherung* indennità f di malattia.

Krankengeschichte f **1** *med* anamnesi f, storia f clinica **2** *fam scherz* (*Gejammer über Krankheiten*) elenco m/lista f delle malattie (di qu): **ihre ~ kenne ich in- und auswendig**, conosco a menadito la tiritera delle sue malattie.

Krankengymnast ‹-en, -en› m (**Krankengymnastin** f) *med* fisioterapista mf: **er ist staatlich geprüfter ~**, ha il diploma di fisioterapista, è (un) fisioterapista diplomato.

Krankengymnastik f *med* fisioterapia f, ginnastica f medica/correttiva/riabilitativa: **zur ~ gehen**, (andare a) fare fisioterapia; **er muss zweimal in der Woche zur ~**, ¸ha due sedute di fisioterapia↓/[fa fisioterapia due volte] alla settimana.

Krankengymnastin f → **Krankengymnast**.

Krankenhaus n *med* ospedale m, nosocomio m *form*: **ein privates ~**, una clinica (privata); **ein städtisches ~**, un ospedale civico ● **jdn ins ~ einweisen**, far ricoverare qu in ospedale; **jdn aus dem ~ entlassen**, dimettere/[far uscire] qu dall'ospedale; **aus dem ~ entlassen werden**, essere dimesso (dall'ospedale); **aus dem ~ kommen**, uscire dall'ospedale, lasciare l'ospedale; **ins ~ kommen/müssen**, entrare/[dover andare]/[doversi ricoverare] in ospedale; **sie ist mit einem Armbruch ins ~ gekommen**, è finita in ospedale per una frattura al braccio; (**mit etw** dat) **im ~ liegen**, essere in/all'ospedale ricoverato (per qc); **er ist zwei Monate im ~ gelegen**, si è fatto *fam* due mesi di ospedale; **im ~ sein**, essere (ricoverato) in/all'ospedale.

Krankenhausarzt m (**Krankenhausärztin** f) medico m ospedaliero.

Krankenhausaufenthalt m degenza f (ospedaliera/[in ospedale]), periodo m di ospedalizzazione.

Krankenhauseinweisung f ricovero m in ospedale, ospedalizzazione f *form*.

Krankenhauskosten *subst* ‹*nur pl*› spese f pl ospedaliere, costi m pl di degenza/ospedalizzazione.

Krankenhauspersonal n personale m ospedaliero, ospedalieri m pl.

krankenhausreif *adj* {MENSCH} da ricovero/[portare in ospedale]: **~ sein** *fam scherz*, essere da ricovero ● **jdn ~ schlagen**, mandare qu all'ospedale.

Krankenhausseelsorger m (**Krankenhausseelsorgerin** f) "chi dà sostegno morale ai degenti".

Krankenkasse f cassa f malattia, (cassa f) mutua f *obs*; (*staatlicher Gesundheitsdienst in Italien*) servizio m sanitario nazionale: **eine private ~**, una cassa privata per le malattie; **in der ~ sein**, essere assistito dal servizio sanitario nazionale; **bist du in einer ~?**, hai l'assistenza sanitaria?; **in einer privaten ~ sein**, avere un'assicurazione privata contro le malattie. **Krankenkassenarzt** m med medico m ⌊dell'ASL⌋/[della mutua obs].

Krankenkassenpatient m (**Krankenkassenpatientin** f) assistito (-a) m (f) (dal servizio sanitario nazionale), mutuato (-a) m (f) obs, paziente mf iscritto (-a) alla cassa mutua obs.

Krankenkost f dieta f per (am)malati.

Krankenlager n geh capezzale m.

Krankenpflege f med ⌊assistenza f ai⌋/[cura f dei] malati.

Krankenpfleger m infermiere m.

Krankensaal m camerata f, corsia f.

Krankensalbung f relig (katholische und orthodoxe Kirche) estrema unzione f.

Krankenschein m form hist "modulo m per usufruire dell'assistenza sanitaria": **auf ~** (auf Kosten der Krankenkasse), con (l')assistenza sanitaria; **jdn auf ~ behandeln**, curare qu a spese del servizio sanitario/[della mutua obs]; **jd bekommt etw auf ~**, a qu passano qc fam; **etw geht**/[**gibt es**] **auf ~**, qc è mutuabile, qc viene passato dalla mutua fam.

Krankenschwester f med infermiera f.

Krankenstand <-(e)s, ohne pl> m (Anzahl der Kranken in einem Betrieb) numero m degli assenti per malattia ● **im ~ sein A**, essere in malattia.

Krankentransport m trasporto m di malati (in ambulanza).

krankenversichert adj coperto da un'assicurazione ⌊contro le malattie⌋/[sanitaria]: **wo sind Sie ~?**, con chi è assicurato (-a) (contro le malattie)?

Krankenversichertenkarte f ≈ tessera f sanitaria.

Krankenversicherung f **1** (Unternehmen): **gesetzliche ~**, ≈ servizio sanitario nazionale; **private ~**, (società f di) assicurazione che stipula polizze di assistenza sanitaria **2** (Versicherungsvertrag) assicurazione sanitaria privata/integrativa.

Krankenversicherungsbeitrag m premio m per l'assicurazione sanitaria; (jährlich festgesetzter Beitrag für die gesetzliche Krankenversicherung in Italien) tassa f sulla salute.

krankenversicherungspflichtig adj soggetto alla tassa sulla salute.

Krankenwagen m (auto)ambulanza f.

Krankenzimmer n **1** med (im Krankenhaus) camera f di ospedale **2** (Zimmer für erkrankte Insassen) {+HEIM, INTERNAT} infermeria f **3** (privat) camera f del malato.

krank|feiern itr fam darsi malato (-a) fam: **warum feierst du morgen nicht einfach krank?**, perché domani non ti dai semplicemente malato (-a)?; **das Krankfeiern**, l'assenteismo.

krankhaft **A** adj **1** med {ZELLVERÄNDERUNG} patologico; {PROZESS, VERLAUF} auch morboso: **~e Symptome**, sintomi patologici; **die Untersuchungen haben keinen ~en Befund ergeben**, gli esami non hanno rivelato nessuno stato patologico **2** (unnormal) {EHRGEIZ, GEIZ, MISSTRAUEN} patologico, morboso: **seine Eifersucht grenzt ans Krankhafte**, la sua gelosia ⌊ha qualcosa di morboso⌋/[è al limite del patologico] **B** adv {EITEL, EIFERSÜCHTIG} patologicamente, in modo patologico; **~ ehrgeizig sein**, essere ambizioso in modo patologico, essere patologicamente/morbosamente ambizioso.

Krankheit <-s, -en> f **1** med (Erkankung) malattia f, male m; (leichtere ~) malanno m; form morbo m: **eine akute/chronische ~**, una malattia acuta/cronica; **eine ansteckende ~**, una malattia contagiosa; **körperliche/seelische ~n**, malattie fisiche/[della psiche]; **eine lebensbedrohende/unheilbare ~**, una malattia ⌊che mette a repentaglio la vita⌋/[incurabile]; **eine leichte/schwere ~**, una malattia lieve/grave; **nach langer/schwerer ~**, dopo (una) lunga/grave malattia; **an einer ~ leiden**, essere affetto da una malattia; **eine ~ auskurieren**, curare una malattia; **von einer ~ befallen werden**, essere colpito da una malattia; **eine ~ bekommen**, **sich (dat) eine ~ zuziehen**, prendere(si)/contrarre una malattia; **sich von einer ~ erholen**, rimettersi/ristabilirsi (dopo una malattia); **eine ~ loswerden**, guarire da una malattia/un male **2** (Zeit einer Erkrankung) malattia f: **während meiner ~ hat er mich oft besucht**, ⌊durante la mia malattia⌋/[nel periodo in cui sono stato (-a) male] è venuto spesso a trovarmi **3** agr bot morbo m, malattia f ● **die englische ~** obs, il rachitismo; **etw ist eine ~** fam, qc è una mostruosità/un obbrobrio; **was, das soll ein Kunstwerk sein? Eine ~ ist das!**, questa la chiami opera d'arte? È una mostruosità!; **der Typ ist echt 'ne ~**, quel tipo è proprio una tassa! slang; **wegen ~**, per/causa malattia; **wegen ~ geschlossen (sein)**, (essere) chiuso per malattia; **wegen ~ wird die Feier verschoben**, la festa è rimandata causa malattia; **eine ~ unserer Zeit**, un male/una malattia del nostro tempo.

krankheitsbedingt adj {ABWESENHEIT} per malattia, dovuto a malattia.

Krankheitsbild n med quadro m clinico; (Syndrom) sindrome f.

Krankheitserreger m med agente m patogeno.

Krankheitsfall m caso m di malattia: **im ~**, in caso di malattia.

krankheitshalber adv {GESCHLOSSEN, VERHINDERT SEIN} per/causa malattia.

Krankheitsherd m med focolaio m di (una) malattia.

Krankheitssymptom n sintomo m di una malattia.

Krankheitsüberträger m (Mensch) portatore (-trice) m (f); (Insekt) vettore m, trasmettitore (-trice) m (f).

Krankheitsursache f causa f della/[di una] malattia.

Krankheitsverlauf m decorso m della malattia.

krank|lachen rfl fam sich ~ crepare/morire dal ridere fam: **jd lacht sich krank über jdn/etw**, qu/qc fa morire dal ridere qu; **ich könnte mich immer ~ über ihn**, mi fa sempre ⌊morire dal ridere⌋/[schiantare dalle risate]; **das ist ja zum Kranklachen!** fam, (è) da morire ⌊dal ridere⌋/[dalle risate]!

kränklich adj {PERSON} malaticcio, di salute malferma, cagionevole; **~aussehen/wirken**, avere ⌊un aspetto malaticcio⌋/[un'aria malaticcia]; **~sein**, essere malaticcio/[di salute cagionevole].

krank|machen **A** tr (erkranken lassen) → **krank** **B** itr fam (der Arbeit fernbleiben) darsi malato (-a) fam.

krank|melden rfl sich ~ mettersi in malattia, mil marcare visita.

Krankmeldung f comunicazione f di malattia.

krank|schreiben tr jdn ~ {ARZT} rilasciare un certificato di malattia a qu: **jdn (für) eine Woche ~**, dare una settimana di malattia a qu; **sich ~ lassen**, farsi mettere in malattia.

Kränkung <-, -en> f offesa f, ferita f: **seine Worte waren für sie eine schwere ~**, le sue parole furono una grave offesa per lei.

Kranz <-es, Kränze> m **1** (Ring aus Pflanzen) corona f, serto m, ghirlanda f: **einen ~ aus Blumen binden/flechten/winden**, intessere/intrecciare una ghirlanda di fiori; **einen ~ aufs Grab legen**, deporre una corona sulla tomba; **einen ~ im Haar tragen**, portare una corona di fiori nei capelli; **dem Sieger den ~ umhängen**, incoronare il vincitore **2** geh (kreisförmig um etw gruppierte Dinge o Personen) ~ **von jdm/etw** corona f di qu/qc, ghirlanda f di qc **3** region (Kuchen) ciambella f, ciambellone m.

Kränzchen <-s, -> n **1** dim von Kranz coroncina f, ghirlandetta f, ghirlandina f **2** scherz (regelmäßiges Treffen von Frauen) riunione f, incontro m: **jeden Mittwoch halten die Damen ihr ~**, ogni mercoledì le signore si riuniscono per fare due chiacchiere.

Kranzgefäß n anat → **Herzkranzgefäß**.

Kranzgesims n arch cornicione m.

Kranzniederlegung f form deposizione f (solenne) della corona.

Krapfen <-s, -> m süddt A bombolone m, krapfen m: **ein mit Marmelade/Vanillecreme gefüllter ~**, un bombolone ripieno di marmellata/crema.

krass (a.R. kraß) **A** adj **1** (auffällig) {UNTERSCHIED} lampante; {GEGENSATZ} auch stridente; {WIDERSPRUCH} stridente, lampante; {FEHLER} grossolano, madornale, marchiano: **in ~em Gegensatz zu etw (dat) stehen**, essere in nettissimo/stridente contrasto con qc; **das ~e Gegenteil von jdm/etw sein**, essere ⌊tutto l'opposto⌋/[l'esatto contrario] di qu/qc; **zwischen den zwei Aussagen besteht ein ~er Unterschied**, tra le due testimonianze vi è una differenza lampante; **in einem ~en Widerspruch zu etw (dat) stehen**, essere in aperta contraddizione con qc **2** (unerhört) {UNGERECHTIGKEIT} inaudito, flagrante; {LÜGE} spudorato **3** (extrem) {FALL, HALTUNG} estremo: **das ist ein ~er Fall von Vernachlässigung**, è un caso di grave/estrema negligenza; {EGOIST} grosso, grande; {UNWISSENHEIT} crasso **4** (unverblümt) {SCHILDERUNG} crudo; {STIL, WORTE} auch asciutto: **er benutzt immer sehr ~e Worte**, usa sempre ⌊parole molto crude⌋/[un linguaggio molto asciutto] **5** slang (schön, gut) mitico slang, super slang **B** adv (unverblümt) {SICH AUSDRÜCKEN, ETW DARSTELLEN, SCHILDERN} con parole/immagini crude, con un linguaggio asciutto.

Krassheit (a.R. Kraßheit) <-, -en> f <meist sing> **1** (Extremismus) {+HALTUNG, STANDPUNKT} estremismo m, radicalismo m: **die ~ ihrer Positionen**, l'estremismo delle loro posizioni **2** (Schärfe) contrasto m stridente: **die ~ der Klassenunterschiede**, il contrasto stridente tra le classi sociali **3** (Unverblümtheit) crudezza f: **die ~ seiner Ausdrucksweise**, la grossolanità delle sue parole **4** (Unerhörtheit) enormità f, mostruosità f.

Krater <-s, -> m (durch Vulkan, Meteoriten o. Explosion entstanden) cratere m: **die Bomben haben tiefe ~ in den Boden gerissen**, le bombe hanno scavato enormi crateri nel terreno.

kraterförmig adj a forme di cratere.

Kraterlandschaft f paesaggio m lunare/craterico.

Kratersee m lago m ⌊di origine vulcanica⌋/[craterico].

Kratten <-s, -> m CH, **Krätten** <-s, -> m süddt CH cesto m di vinchi.

Kratzbeere f region → **Brombeere**.

Kratzbürste f tipa f scontrosa: **sie ist ei-**

ne richtige ~, è propria scorbutica.
krạtzbürstig adj pej fam scontroso, ispido, scorbutico: **warum bist du heute nur so ~?!**, perché sei così scontroso (-a) oggi?
Krạtzbürstigkeit <-, ohne pl> f scontrosità f, ispidezza f.
Krạ̈tze <-, ohne pl> f med scabbia f, rogna f: **die ~ haben**, avere la scabbia/rogna ● **sich (dat) die ~ an den Hals ärgern** fam obs, incazzarsi a morte per qc slang; **da kriegt man doch die ~** fam, è da farsi venire l'ulcera fam.
krạtzen A tr 1 (mit den Nägeln oder Krallen verletzen) jdn (an etw dat) ~ graffiare qu (a qc), graffiare qu (a qc): **jdn mit den Nägeln/Krallen**, graffiare qu con le unghie/gli artigli 2 (gegen Jucken scheuern) jdn (irgendwo) ~, jdm etw ~ {JDM AM RÜCKEN, JDN DEN RÜCKEN} grattare qc a qu: **kratz mich mal am Rücken!**, grattami un po' la schiena!, dammi una bella grattatina alla schiena! 3 (ab~, aus~) etw von/aus etw (dat) ~ {FARBE VON DER WAND, LACK VOM AUTO, EIS VON DER SCHEIBE} raschiare via qc da qc, grattare via qc da qc, togliere qc da qc raschiando/grattando 4 (hinein~) etw in etw (akk) ~ {NAMEN, ZEICHEN INS HOLZ, IN DIE WAND} incidere qc in qc 5 (die Haut reizen) jdn ~ {BART, PULLOVER, STRUMPFHOSEN} pungere qu, pizzicare qu 6 fam <meist verneint> (kümmern) **jdn ~** importare a qu: **was kratzt mich das?**, che me ne frega fam/importa?; **das kratzt ihn überhaupt nicht**, non gliene frega fam/importa proprio niente, se ne infischia altamente fam, non gliene potrebbe fregare di meno! fam; {BELEIDIGUNG, NIEDERLAGE} bruciare qu, rodere qu 7 text etw ~ {WOLLE} cardare qc 8 region (jdm wohl tun) **jdn ~** {AUSZEICHNUNG, LOB} fare gongolare qu 9 region (stehlen) etw ~ grattare qc fam, sgraffignare qc fam B rfl (sich gegen Jucken scheuern) sich (irgendwo) ~, sich (dat) etw ~ {AM BEIN, AM KOPF, HINTERM OHR, DEN KOPF, DEN RÜCKEN} grattarsi (qc), darsi una grattata (a qc): **sich (dat) (den Arm) blutig/wund ~**, grattarsi (il braccio) a sangue C itr 1 (mit den Krallen, Nägeln) graffiare, dare dei graffi: **Vorsicht, unser Kater kratzt!**, attenzione, il nostro gatto graffia! 2 (scheuern) **an etw (dat) ~** (HUND AN DER TÜR) grattare (a) qc 3 fam scherz (schlecht spielen) **auf etw (dat) ~** {AUF DER GEIGE} grattare qc 4 (jucken, stören) (irgendwo) ~ {WOLLSTOFF, RAUES TUCH AUF DER HAUT} pungere/pizzicare/[dare prurito/irritazione] (+ compl di luogo): **der neue Pulli kratzt**, il maglione nuovo punge/pizzica; **sein Bart kratzt beim Küssen**, quando bacia la sua barba punge; **ein Kratzen im Hals haben**, avere un raschio in gola; {RAUCH IM HALS} bruciare + compl di luogo, irritare qc; {SCHNAPS, WEIN IM HALS, IN DER KEHLE} raspare qc 5 (scharrendes Geräusch verursachen) {FEDER, GÄNSEKIEL} scricchiolare, stridere: **die Nadel kratzt auf der Schallplatte**, la puntina gratta il disco; **die Schallplatte kratzt**, si sente che il disco è graffiato 6 fam (beeinträchtigen) **an etw (dat) ~** {AN EINEM MYTHOS, JDS RENOMMEE, JDS RUF} intaccare qc, scalfire qc; {JDS IMAGE} auch incrinare qc D unpers: **es kratzt jdn irgendwo** {AUF DER HAUT, AUF DEM KOPF}, qu sente prurito/pizzicore/prudere/pizzicare + compl di luogo: **es kratzt mich im Hals**, sento un raschio in gola ● **zu ~ haben** fam, doversi arrabattare, dover sgobbare; **um über die Runden zu kommen, haben sie schwer/ziemlich/[ganz schön] zu ~**, per sbarcare il lunario devono arrabattarsi parecchio fam.
Krạtzer <-s, -> m 1 (auf der Haut) graffio m, graffiatura f; (von Katze) graffiata f, graffio

m: **bei dem Unfall kam er mit ein paar ~n davon**, nell'incidente se l'è cavata con qualche graffio/graffiatura; (am Auto, an Möbeln, auf der Tischplatte) graffio m; **das neue Auto hat schon einen ~**, la macchina nuova ha già un graffio 2 (Gerät zum Kratzen) raschiatoio m, raschino m.
krạtzfest adj {BESCHICHTUNG, LACK} antigraffio: **eine ~e Oberfläche haben**, avere una superficie antigraffio.
krạtzig adj 1 (die Haut reizend) {PULLOVER, STOFF, WOLLE} che punge/pizzica la pelle, ruvido 2 (rau) {STIMME} rauco, roco.
krạ̈tzig adj scabbioso, rognoso.
Krạtzputz m bau (intonaco m) graffi(a)to m.
Krạtzwunde f graffio m, graffiatura f, ferita f da graffio.
Kraul <-(s), ohne pl> n <meist ohne art, inv> sport crawl m, stile m libero, freestyle m: **hundert Meter ~**, cento metri stile libero/[crawl].
kraulen① tr jdn/etw (irgendwo) ~ {PERSON AM KOPF, HUND HINTER DEN OHREN} grattare dolcemente qu/qc + compl di luogo, massaggiare qc a qu/qc; **jdm etw ~** {EINEM MANN DEN BART, EINEM HUND, EINER KATZE DAS FELL} lisciare qc a qu: **sie kraulte ihm seinen Wuschelkopf**, gli grattò dolcemente la testa.
kraulen② sport A itr <haben oder sein> (schwimmen) nuotare a crawl/[stile libero]: **im Kraulen hat sie einen neuen Rekord erzielt**, nel crawl/[nello stile libero] ha stabilito un nuovo record B tr <haben oder sein> etw ~ {SCHWIMMER, SPORTLER BAHN, DISTANZ}: **sie hat/ist die 100 m in Rekordzeit gekrault**, ha nuotato i 100 m stile (libero) a tempo di record.
Krauler <-s, -> m (**Kraulerin** f) sport crawlista mf, liberista mf.
Kraulschwimmen n → Kraul.
Kraulstaffel f sport staffetta f a stile libero.
Kraulstil m stile m libero, crawl m.
kraus adj 1 (stark gelockt) {HAAR, KOPF} crespo, riccio(lino), ricciuto: **sich (dat) die Haare ~ machen lassen**, farsi arricciare i capelli 2 (dicht gewellt) {BLATT} crespo, riccio, ricciuto; **~er Endiviensalat**, (indivia) indivia riccia/ricciuta 3 (gerunzelt) {STIRN} increspato, corrugato 4 (verworren) {GEDANKEN} contorto, intricato: **~e Vorstellungen**, idee contorte ● **etw ~ ziehen** {NASE}, arricciare qc; {STIRN} increspare qc, corrugare qc.
Krause <-, -n> f 1 (Stoffbesatz) volant m pieghettato/plissettato; (gekräuselte Manschette) pols(in)o m a volant; (gekräuselter Kragen) colletto m increspato; (bei Karnevalskostüm) colletto m da Pierrot; hist gorgiera f, collare m 2 fam (künstliche Wellung) (im Haar) permanente f riccia; (natürliche ~) capigliatura f ricciuta/crespa, capelli m pl crespi/ricciuti.
kräuseln A tr etw ~ {FRISEUR FRISUR, HAARE} arricciare qc; {FEUCHTIGKEIT} far increspare qc; {WIND WASSER} increspare qc; {STOFF} increspare qc, plissettare qc, lavorare qc a pieghe; {STIRN} increspare qc, corrugare qc; {LIPPEN} arricciare qc, increspare qc B rfl sich ~ {HAARE} incresparsi, arricciarsi: **bei feuchtem Wetter kräuselt sich mein Haar leicht**, con l'umidità i miei capelli tendono ad arricciarsi; {WASSER} incresparsi.
Kräuselung <-, rar -en> f 1 (Kräuseln) {+HAAR} arricciatura f, arricciamento m 2 (Gekräuseltsein) {+WASSERFLÄCHE} increspatura f, increspamento m; {+STOFF} crespa f, increspatura f.
kraushaarig adj {MENSCH} crespo, dai capelli crespi/ricciuti; {HUND} dal pelo crespo.

Krauskohl m → Wirsing.
Krauskopf m 1 (krause Frisur) testa f ricci(ol)uta/crespa 2 (Mensch mit krausen Haaren) persona f dalla testa crespa/ricciuta 3 (Wirrkopf) confusionario (-a) m (f), sconclusionato (-a) m (f), confusionista mf.
Kraut <-(e)s, Kräuter> n 1 <meist pl> bot erba f; (Heilkraut) erba f medicinale, pianta f officinale; (Würzkraut) erba f aromatica: **Kräuter sammeln**, andare in cerca di/[raccogliere] erbe, erborare rar, erborizzare rar; **Kräuter trocknen**, seccare le erbe; **für diese Soße braucht man verschiedene Kräuter**, per questa salsa verde ci vogliono svariate erbe (odorose)/[erbette] 2 <nur sing> (Blätter und Stiele von Pflanzen) foglie f pl, verde m: **das ~ der Kartoffeln ist nicht essbar**, le foglie delle patate non sono commestibili 3 <nur sing> bes. süddt A (Kohl) cavolo m; (Weißkohl) cavolo m cappuccio; (Sauerkraut) crauti m pl: **Würstchen mit ~**, würstel con crauti 4 fam (Tabak) tabaccaccio m fam: **was rauchst du da für ein ~?** fam, che robaccia ti stai fumando? fam ● **etw macht das ~ auch nicht mehr fett** fam, qc non cambia granché/molto le cose, qc non fa la differenza; **gegen etw (akk) ist kein ~ gewachsen** fam {GEGEN DUMMHEIT, FAULHEIT, FRECHHEIT}, non c'è rimedio a qc, non si può far nulla contro qc; **mit Kräutern** gastr, alle erbe; **wie ~ und Rüben** fam: **wie ~ und Rüben durcheinandergehen**, essere tutto un pot-pourri/[mescolato]!; **wie ~ und Rüben herumliegen**, essere sottosopra fam/[alla rinfusa]; **hier sieht's aus wie ~ und Rüben** fam, che confusione, sembra che sia passato un uragano!; **ins ~ schießen** bot, crescere a vista d'occhio; fam (sich übermäßig ausbreiten) {EXTREMISMUS, UNSITTEN}, dilagare.
Kräuterbuch n erbario m.
Kräuterbutter f gastr burro m (aromatizzato) alle erbe.
Kräuteressig m aceto m aromatico.
Kräuterextrakt n oder m estratto m di erbe.
Kräuterheilkunde f fitoterapia f.
Kräuterkäse m formaggio m alle erbe.
Kräuterlikör m liquore m alle/[a base di] erbe, centerbe m.
Kräutermischung f pot-pourri m di erbe.
Kräutermühle f macinino m per erbe aromatiche.
Kräuterquark m "formaggio m fresco tipo ricotta alle erbe".
Kräutersammler m (**Kräutersammlerin** f) erborista mf.
Kräutersoße f salsa f alle erbe (aromatiche).
Kräutertee m infuso m alle erbe, tisana f (alle erbe).
Kräuterwein m vino m aromatico.
Krautkopf m süddt A → Kohlkopf.
Krautsalat m gastr "insalata f di cavolo bianco crudo affettato finemente".
Krautwickel m süddt A → Kohlroulade.
Krawall <-s, -e> m 1 <meist pl> (Tumult) tafferuglio m, disordini m pl, scontri m pl, incidenti m pl: **auf den Straßen kam es zu heftigen ~en**, nelle strade scoppiarono violenti tafferugli; **politische ~e**, tumulti politici 2 <nur sing> fam pej (Lärm) baccano m fam, casino m fam, chiasso m, bordello m fam: **~ machen**, fare un gran chiasso/baccano ● **~ schlagen** (sich energisch beschweren), scatenare fam un putiferio, far (scoppiare) un gran casino fam.
Krawạllbruder m pej teppista m, bullo m.

Krawallmacher m (**Krawallmacherin** f) pej **1** (jd, der Lärm verursacht) casinista mf, casinaro (-a) m (f) röm **2** (jd, der sich an Krawallen beteiligt) teppista mf, bullo (-a) m (f).

Krawallo <-s, -s> m slang → **Krawallbruder**.

Krawatte <-, -n> f cravatta f: **eine gepunktete/gestreifte/seidene ~**, una cravatta ₍a pois₎/[a righe]/[di seta]; **die ~ ablegen**, togliersi/levarsi la cravatta; **die ~ binden**, fare il nodo alla cravatta; **die ~ lockern**, allentare (il nodo al)la cravatta; **eine ~ tragen/umhaben**, portare/indossare la cravatta; **sich** (dat) **eine ~ umbinden**, metter(si) la cravatta; **die ~ zurechtrücken**, aggiustarsi/sistemarsi la cravatta.

Krawattenhalter m fermacravatta m.

Krawattenknoten m nodo m della cravatta.

Krawattenmuffel m fam "uomo m ₍a cui non piace portare la cravatta₎/[che ha una forte antipatia per le cravatte]".

Krawattennadel f spilla f/spillo m da cravatta.

Krawattenträger m uomo m che porta la cravatta; scherz uomo m incravattato: **hier gibt es keine ~**, qui nessuno porta la cravatta; **jdn sich** (dat) **nicht als ~ vorstellen können**, non riuscire a immaginarsi qu in giacca e cravatta.

Krawattenzwang m obbligo m di portare la cravatta: **hier herrscht ~**, qui c'è l'obbligo di portare la cravatta, qui sono ammessi solo i signori in (giacca e) cravatta.

kraxeln itr <sein> süddt A fam far(si) un'arrampicata, arrampicare; **auf etw** (akk) ~ {AUF EINEN BAUM, BERG} arrampicarsi su qc.

Kraxler <-s, -> m (**Kraxlerin** f) süddt A fam arrampicatore (-trice) m (f), scalatore (-trice) m (f), rocciatore (-trice) m (f).

Kreatin <-s, ohne pl> n biol creatina f.

Kreation <-, -en> f **1** (Modell) creazione f (di moda), modello m: **die neuesten ~en aus Paris vorführen**, presentare ₍le ultime creazioni₎/[gli ultimi modelli] da Parigi **2** geh (bes. künstlerische o. literarische Schöpfung) creazione f: **die ~en der Nouvelle Cuisine**, le creazioni (culinarie) della nouvelle cuisine.

kreativ geh **A** adj {BEGABUNG, MENSCH, FANTASIE, SPIEL, TÄTIGKEIT} creativo: **eine ~e Person**, un creativo, una persona creativa; **~es Schreiben**, creative writing, scrittura creativa **B** adv: **begabt/veranlagt sein**, possedere creatività/[doti creative]/[spirito creativo]; **~ tätig sein**, fare un lavoro creativo.

Kreativität <-, ohne pl> f creatività f, capacità f creativa, estro m (creativo): **ein Architekt von großer ~**, un architetto di grande creatività.

Kreativitätstraining <-s, -s> n corso m di creatività.

Kreativurlaub <-(e)s, -e> m <meist sing> vacanze f pl creative.

Kreatur <-, -en> f **1** geh (Geschöpf) creatura f: **Gottes ~en**, le creature di Dio **2** (bedauerns- o. verachtenswert): **arme ~**, povera creatura, povero diavolo, poveraccio (-a); **widerliche ~**, essere ignobile **3** pej (willenloses Werkzeug) marionetta f, burattino m, fantoccio m: **er ist doch nur eine ~ des Direktors**, è solo ₍uno strumento nelle mani₎/[un burattino] del direttore ● **alle ~ geh**, tutto il creato; **die stumme ~ geh**, gli animali, creature di Dio come noi.

Krebs① <-es, -e> m **1** zoo gambero m; (Flusskrebs) gambero m di fiume, astaco m: **~e fangen**, pescare gamberi; **~e kochen**, immergere i gamberi in acqua bollente; (Taschen-)krebs) granchio m **2** astr (segno m del) Cancro m: **er ist im Zeichen des ~ geboren**, è nato sotto il segno del Cancro; **er/sie ist (ein) ~**, è del/un Cancro ● **rot wie ein ~ (sein)** fam, (essere/diventare) rosso (-a) come un gambero; **nach zwei Stunden Sonne war sie rot wie ein ~**, dopo due ore di sole era rossa come un gambero.

Krebs② <-es, -e> m **1** (Tumor) cancro m: **~ haben, an ~ leiden**, ₍avere un₎/[essere malato di] cancro; **an ~ erkranken/sterben**, ammalarsi/morire di cancro; **sie haben bei ihr ~ festgestellt**, le hanno trovato fam/diagnosticato un cancro; **~ erregend/erzeugend** {CHEMIKALIEN, SUBSTANZ}, cancerogeno, oncogeno; **~ erregend wirken**, essere cancerogeno, avere un'azione cancerogena; **~ fördernd**, che favorisce l'insorgere del cancro **2** bot (Pflanzenkrebs) cancro m **3** (Übel) cancro m, flagello m: **die Korruption ist zu einem wuchernden ~ in unserer Gesellschaft geworden**, la corruzione è un cancro che attacca tutte le parti della nostra società.

Krebsangst f paura f di ammalarsi di cancro, cancrofobia f, carcinofobia f wiss.

krebsartig adj {GESCHWULST} canceroso, carcinomatoso, neoplas(t)ico.

Krebsbehandlung f terapia f/trattamento m anticancro.

Krebsbekämpfung f lotta f₍contro il cancro₎/[ai/contro i tumori].

Krebsbildung f med formazione f del/[di un] cancro, oncogenesi f wiss, cancerogenesi f wiss.

Krebsdiagnose f: **bei jdm eine ~ stellen**, diagnosticare un cancro a qu.

krebsen itr **1** fam (sich abmühen) **irgendwie ~** {MENSCH AM EXISTENZMINIMUM; FIRMA AM RANDE DER VERLUSTZONE} vivacchiare f [sopravvivere a fatica] + compl di modo **2** fam (nicht gut abschneiden) {SCHÜLER, STUDENT} stentare a prendere la sufficienza: **in Latein krebst er zwischen 4 und 5**, in latino arriva a stento alla sufficienza ● **schwer zu ~ haben** {FIRMA}, andare avanti a stento; {PERSON} stentare la vita.

Krebserkrankung f malattia f tumorale.

krebserregend, krebserzeugend adj adv → **Krebs**②.

Krebserreger m bot med (agente m) cancerogeno m.

Krebsfall m caso m di cancro.

Krebsfischer m (**Krebsfischerin** f) pescatore (-trice) m (f) di gamberi.

krebsfördernd adj → **Krebs**②.

Krebsforscher m (**Krebsforscherin** f) med oncologo m (f), cancerologo m (f).

Krebsforschung f med ricerca f sul cancro, oncologia f, cancerologia f, ricerche f pl oncologiche.

Krebsforschungsinstitut n med istituto m oncologico, centro m di studi ₍e ricerche oncologiche₎/[sul cancro].

Krebsfrüherkennung <-, ohne pl> f med diagnosi f precoce del cancro.

Krebsgang <-s, ohne pl> m (Rückwärtsentwicklung) regressione f ● **den ~ gehen** {GESCHÄFTE, UNTERNEHMEN, WIRTSCHAFT}, regredire; **im ~**, un passo avanti e due indietro, come i gamberi, a ritroso.

Krebsgen n biol gene m del cancro, oncogene m wiss.

Krebsgeschwulst f carcinoma m, tumore m carcinomatoso, formazione f neoplas(t)ica.

Krebsgeschwür n **1** med ulcera f cancerosa/neoplas(t)ica **2** (wucherndes Übel) can-

cro m.

Krebsgewebe n tessuto m tumorale/canceroso/neoplas(t)ico.

Krebsklinik f med clinica f oncologica/[specializzata in malattie oncologiche].

krebskrank adj malato di cancro.

Krebskranke <dekl wie adj> mf malato (-a) m (f) di cancro.

Krebsleiden n patologia f cancerosa/neoplas(t)ica.

Krebsmaus f slang med topo m da laboratorio (per esperimenti nella ricerca sul cancro).

Krebsnachbehandlung f med terapia f postoperatoria per malati di cancro.

Krebsnachsorge f med assistenza f postoperatoria ai malati di cancro.

Krebsoperation f intervento m chirurgico per l'asportazione di un cancro.

Krebspatient m (**Krebspatientin** f) paziente mf ₍malato (-a) di₎/[affetto (-a) da] cancro.

Krebsrisikofaktor m med fattore m che aumenta il rischio di insorgenza di un tumore.

krebsrot adj rosso come un gambero: **~ werden**, diventare rosso (-a) come un gambero.

Krebsschere f **1** <meist pl> zoo chela f (del gambero) **2** bot stiletti m pl/coltelli d'acqua.

Krebssterblichkeit f mortalità f per cancro.

Krebssuppe f gastr zuppa f di gamberetti.

Krebstherapie f oncoterapia f, terapia f anticancro.

Krebstier n zoo crostaceo m.

Krebstod m morte f/decesso m per cancro.

Krebstote <dekl wie adj> mf morto (-a) m (f) per cancro.

Krebsverdacht m med sospetto m di cancro.

Krebsvorsorge f med prevenzione f oncologica/[nella lotta contro i tumori].

Krebsvorsorgeuntersuchung f med visita f oncologica di prevenzione; (Reihenuntersuchung) screening m.

Krebszelle f med cellula f cancerosa/tumorale.

Kredenz <-, -en> f (Anrichte) credenza f.

kredenzen tr geh (jdm) **etw ~** offrire qc (a qu), servire qc (a qu).

Kredit① <-(e)s, -e> m **1** ökon (Darlehen) mutuo m, credito m, fido m: **ein ~ ₍in Höhe) von₎/[über] 50 000 Euro**, un mutuo di 50 000 euro; **auf ~**, a credito; **einen ~ (bei einer Bank) aufnehmen**, accendere un credito/mutuo (presso una banca); **um den Hauskauf zu finanzieren, mussten wir einen ~ aufnehmen**, per comprare la casa abbiamo dovuto chiedere/prendere/accendere un mutuo; **von der Bank bekomme ich einen günstigen ~**, la banca mi fa/concede un credito a condizioni vantaggiose; **jdm einen ~ bewilligen/einräumen/gewähren**, accordare/concedere un credito/mutuo/fido a qu; **fälliger ~**, credito in sofferenza/[incagliato]; **~ geben**, fare/accordare un credito; **einen ~ kündigen**, revocare un credito; **kurz-/langfristiger ~, ~ mit kurzer/langer Laufzeit**, credito a breve/lungo termine; **mittelfristiger ~, ~ mit mittlerer Laufzeit**, credito a medio termine, medio credito; **laufender ~**, credito in essere; **öffentlicher/privater ~**, credito pubblico/privato; **einen ~ ₍stoppen/sperren₎/[einfrieren]**, bloccare/congelare un credito; **zinsloser ~**, credito a tasso zero **2** <nur sing> com (Zahlungsaufschub) credito m: **bei jdm/etw ~**

haben, avere credito ⌊da qu⌋/[presso qc]; **wir haben ~ beim Metzger**, il macellaio ci fa credito, dal macellaio possiamo lasciare un chiodo *fam*; **auf ~ kaufen**, comprare qc a credito; **auf ~ leben**, lasciar chiodi dappertutto *fam* **3** ‹*nur sing*› (*Glaubwürdigkeit*) credito m: **bei jdm großen ~ haben/genießen**, avere/[godere di] molto credito presso qu; **der Skandal hat ihn um seinen politischen ~ gebracht**, lo scandalo ⌊gli ha fatto perdere ogni credibilità⌋/[lo ha screditato] sul piano politico; **~ verlieren**, perdere credito, non essere più credibile; **sich ~ verschaffen**, avere/trovare credito per la propria persona; **seinen ~ bei jdm verspielen**, giocarsi il credito di qu.

Kr<u>e</u>dit ② ‹-*s*, -*s*› n *bank* (*Habenseite*) avere m, credito m.

Kred<u>i</u>tabteilung f *bank* ufficio m fidi/crediti.

Kred<u>i</u>tanstalt f → **Kreditinstitut**.

Kred<u>i</u>tantrag m domanda f/richiesta f di credito/mutuo: **einen ~ stellen**, chiedere un credito/mutuo/fido.

Kred<u>i</u>taufnahme f accensione f di un credito/mutuo.

Kred<u>i</u>tauskunft f informazioni f pl sulla solvibilità di una persona (fisica o giuridica).

Kred<u>i</u>tbank ‹-, -*en*› f banca f/istituto m di credito.

Kred<u>i</u>tbrief m *bank* credenziale f, lettera f di credito.

Kred<u>i</u>tbüro n (*in einem Kaufhaus*) ufficio m crediti.

Kred<u>i</u>teröffnung f *bank* apertura f di un credito.

kred<u>i</u>tfähig adj *bank* che ha capacità di credito.

Kred<u>i</u>tfähigkeit f *bank* capacità f di credito.

kred<u>i</u>tfinanziert adj finanziato con mutuo.

Kred<u>i</u>tfinanzierung f *ökon* finanziamento m con mutuo.

Kred<u>i</u>tgeber m (**Kreditgeberin** f) mutuante mf, creditore (-trice) m (f), titolare mf di un diritto di credito.

Kred<u>i</u>tgenossenschaft f *bank* cooperativa f di credito.

Kred<u>i</u>tgeschäft n *bank* operazione f di credito.

Kred<u>i</u>thai m *fam pej* "chi concede crediti/prestiti a condizioni usuraie", usuraio (-a) m (f).

Kred<u>i</u>thöchstgrenze f *bank* limite mf di credito, plafond m.

Kred<u>i</u>tinstitut n *bank* istituto m di credito.

Kred<u>i</u>tkarte f carta f di credito: **kann ich mit ~ (be)zahlen?**, posso pagare con (la) carta di credito?; **geht das alles auf ~?**, paga tutto con la carta di credito?

Kred<u>i</u>tkartengesellschaft f società f di carte di credito.

Kred<u>i</u>tkarteninhaber m (**Kreditkarteninhaberin** f) titolare mf di (una) carta di credito.

Kred<u>i</u>tkartennummer f numero m di/della carta di credito.

Kred<u>i</u>tkartenorganisation f → **Kreditkartengesellschaft**.

Kred<u>i</u>tkauf m *ökon* acquisto m a credito.

Kred<u>i</u>tlaufzeit f *bank* durata f del credito.

Kred<u>i</u>tlimit n *bank* limite m di credito.

Kred<u>i</u>tlinie f *bank* linea f di credito.

Kred<u>i</u>tmarkt m mercato m dei crediti.

Kred<u>i</u>tmodalitäten subst ‹*nur pl*› *bank* modalità f pl di credito/creditizie.

Kred<u>i</u>tnehmer ‹-*s*, -› m (**Kreditnehmerin** f) mutuatario (-a) m (f), debitore (-trice) m (f), beneficiario (-a) m (f) di un credito.

Kred<u>i</u>tplafond m *bank ökon* plafond m, limite m di credito.

Kred<u>i</u>tpolitik f *ökon* {+N<small>OTENBANK</small>} politica f creditizia.

Kred<u>i</u>trahmen m *bank* linea f di credito, credito m quadro.

Kred<u>i</u>tvertrag m *jur* contratto m di apertura di credito.

Kred<u>i</u>tvolumen n volume m dei crediti (concessi).

Kred<u>i</u>twesen n sistema m creditizio.

Kred<u>i</u>twucher m usura f.

kred<u>i</u>twürdig adj affidabile, solvibile.

Kred<u>i</u>twürdigkeit f affidabilità f di credito, solvibilità f.

Kr<u>e</u>do ‹-*s*, -*s*› n **1** *relig* credo m: **das katholische ~**, il credo cattolico romano; (*Teil der katholischen Messe*) credo m; **das ~ aufsagen**, recitare il credo **2** *geh* (*innere Überzeugung*) credo m: **sein politisches ~**, il suo credo politico.

Kr<u>ei</u>de ‹-, -*n*› f **1** ‹*nur sing*› *min* creta f **2** (*Schreibkreide, Schneiderkreide*) gesso m: **ein Stück ~**, un gessetto, un (pezzo di) gesso; **etw mit ~ an die Tafel schreiben**, scrivere qc col gesso alla lavagna ● **bleich/weiß wie ~ werden**, diventare ⌊pallido (-a) come un lenzuolo⌋/[bianco (-a) come un cencio lavato]/[cereo (-a)], sbiancare; **~ fressen** *fam* (*sich zurückhalten*), imparare a ingoiare/moderarsi; **immer tiefer in die ~ geraten**, affogare/[sprofondare sempre di più] nei debiti *fam*, indebitarsi sempre di più; **bei jdm (tief) in der ~ stehen/sein** *fam*, essere indebitato (fino al collo) con qu; **wir stehen mit über 1000 Euro in der ~ bei ihm**, ⌊abbiamo debiti con lui per⌋/[gli dobbiamo] oltre 1000 euro.

kr<u>ei</u>debleich adj bianco come un ⌊cencio/panno lavato⌋/[lenzuolo], pallidissimo, cereo.

Kr<u>ei</u>defelsen m *geol* roccia f cretacea.

Kr<u>ei</u>deformation f *geol* formazione f cretacea.

kr<u>ei</u>deweiß adj **1** (*weiß wie Kreide*) {Z<small>ÄHNE</small>} bianchissimo, bianco come l'avorio, eburneo **2** → **kreidebleich**.

Kr<u>ei</u>dezeichnung f *kunst* disegno m a gessetto.

Kr<u>ei</u>dezeit f *geol* (periodo m) cretaceo m: **in der ~**, nel periodo cretaceo.

kr<u>ei</u>dig adj **1** *geol* (*aus Kreide*) cretoso, cretaceo: **~er Boden**, terreno cretoso/cretaceo **2** (*mit Kreide verschmutzt*) {H<small>ÄNDE</small>} sporco di gesso.

kre<u>ie</u>ren ‹*ohne ge*-› tr *etw* ~ {M<small>ODE</small>, M<small>ODELL</small>, S<small>TIL</small>, T<small>REND</small>} creare qc.

Kr<u>ei</u>s① ‹-*es*, -*e*› m **1** *geom* cerchio m, circolo m: **einen ~ beschreiben**, tracciare/descrivere un cerchio/circolo/tondo; **mit dem Zirkel einen ~ schlagen**, tracciare un cerchio con il compasso; (**~fläche**) area f/superficie f del cerchio; **den Inhalt eines ~es berechnen**, calcolare l'area di un cerchio **2** (*Ring*) cerchio m: **einen ~ bilden/schließen** {P<small>ERSONEN</small>, S<small>PIELER</small>}, formare un cerchio; **einen ~ um jdn/etw bilden/schließen**, ⌊formare un cerchio⌋/[fare cerchio] attorno a qu/qc, fare/[disporsi in] cerchio intorno a qu/qc, fare crocchio/capannello intorno a qc: {F<small>EIND</small>, T<small>RUPPEN</small> F<small>ESTUNG</small>, G<small>EGNER</small>, L<small>AGER</small>} accerchiare qc/qu, circondare qc/qu **3** (*Runde*) cerchia f, compagnia f: **ein geselliger ~**, un'allegra compagnia; **im ~ der Freunde feiern**, festeggiare ⌊con gli⌋/[in compagnia degli] amici; **die Geburtstags-** **feier findet** ⌊**in kleinem ~**⌋/[**im ~ der Familie**]/[**in familiärem ~**] **statt**, sarà una festa di compleanno ⌊con pochi intimi⌋/[solo in famiglia]; **im ~ seiner Lieben**, in mezzo ai suoi cari **4** (*Gruppe*) {+A<small>NHÄNGER</small>, F<small>ANS</small>, F<small>REUNDE</small>, G<small>LEICHGESINNTE</small>, K<small>UNDEN</small>, I<small>NTERESSENTEN</small>, S<small>YMPATHISANTEN</small>} cerchia f, circolo m: **der ~ seiner Leser**, la cerchia dei suoi lettori; **den ~ der Verdächtigen einengen**, (re)stringere il cerchio/la cerchia dei sospetti **5** ‹*nur pl*› (*gesellschaftliche Gruppierungen*) ambienti m pl, circoli m pl: **in gut unterrichteten ~en**, in ambienti/circoli ben informati; **wie aus gut unterrichteten/informierten ~en verlautet**, come si apprende da fonti autorevoli/[ben informate]; **in gebildeten ~en**, tra persone di cultura; **in kirchlichen ~en**, negli ambienti ⌊della Chiesa⌋/[ecclesiastici]; **in militärischen ~en**, ⌊nei circoli⌋/[negli ambienti] militari; **weite ~e der Bevölkerung**, ampi strati della popolazione **6** *el* (*Stromkreis*) circuito m **7** *sport* Handball area f ⌊dei sei metri⌋/[di porta] ● **die besseren ~e**, la gente bene, gli ambienti esclusivi; **beste ~e**, ambienti più esclusivi; **sie verkehrt nur in den besten/ersten ~en**, frequenta soltanto ⌊l'alta società⌋/[gli ambienti più esclusivi]; **das kommt in den besten ~en vor**, questo succede/capita nelle migliori famiglie; **sich im ~ (e) drehen**, girare in tondo; **sich (ständig) im ~(e) drehen/bewegen** (*gedanklich*), girare in tondo; **die Diskussion dreht sich seit Stunden im ~**, la discussione ⌊segna il passo da ore⌋/[è ferma da ore allo stesso punto]; **jdm dreht sich alles im ~** (*jdm ist es schwindlig*), qu ha il capogiro, qu gira la testa; **nach dem dritten Glas Schnaps drehte sich ihm alles im ~**, dopo il terzo bicchierino di grappa gli girava ⌊la testa⌋/[tutto]; **die höheren ~e**, l'alta società, le alte sfere (della società); **im ~ in cerchio; im ~ angeordnet sein**, essere disposti (-e) in cerchio/circolo; **sich im ~ bewegen, im ~ gehen**, muoversi in cerchio, girare in tondo; **im ~ fliegen**, roteare, volare in tondo/cerchio; **im ~ stehen/sitzen**, stare/sedere in cerchio/circolo; **im ~e von jdm**, nella cerchia di qu; **der ~ schließt sich**, il cerchio si chiude; **den ~ schließen**, chiudere il cerchio; {A<small>USSAGE</small>, I<small>NDIZ</small>}, fornire l'anello mancante; **jds ~e stören**, disturbare qu, dare noia/fastidio a qu; **störe meine ~e nicht!** *meist scherz*, non rompere l'anima!; **(weite) ~e ziehen**, allargarsi (sempre di più); **die Affäre zieht immer weitere ~e**, lo scandalo si sta allargando sempre di più; **seine ~e ziehen** {F<small>LUGZEUG</small>}, girare *fam*, volteggiare; {V<small>OGEL</small>} auch, roteare.

Kr<u>ei</u>s② ‹-*es*, -*e*› m *adm* circondario m.

Kr<u>ei</u>sabschnitt m *geom* segmento m circolare.

Kr<u>ei</u>samt n *adm* → **Landratsamt**.

Kr<u>ei</u>sausschnitt m *geom* settore m circolare.

Kr<u>ei</u>sbahn f *astr* orbita f: **sich auf einer ~ befinden**, trovarsi/essere in orbita; **in eine ~ bringen**, mandare/mettere in orbita.

Kr<u>ei</u>sbewegung f movimento m/moto m circolare/rotatorio.

Kr<u>ei</u>sbogen m *geom* arco m di circonferenza.

kr<u>ei</u>schen Ⓐ itr **1** (*hell krächzen*) {K<small>RÄHE</small>, M<small>ÖWE</small>, P<small>APAGEI</small>} stridere, gracchiare: **die Möwen stürzten sich kreischend auf die Beute**, con grida acute i gabbiani si precipitarono sulla preda **2** (*hysterisch schreien*) {P<small>ERSON</small>} stridere, strillare, emettere grida acute: **vor Schreck ~**, stridere per lo spavento; **vor Vergnügen ~**, strillare di gioia **3** (*laut und schrill klingen*) {B<small>REMSE</small>, S<small>ÄGE</small>} stridere Ⓑ tr (*schreien*) *etw* ~: "Komm schon hierher!" kreischte sie schrill, "Vieni qua!" disse con voce stridula.

kreischend *adj* {STIMME} stridulo; {BREMSEN} che stridono; {FARBEN} stridente, shocking.

Kreisdiagramm *n* grafico *m* a torta.

Kreisdurchmesser *m geom* diametro *f* (del cerchio).

Kreisel <-s, -> *m* **1** (*Spielzeug*) trottola *f*: **den ~ aufziehen**, caricare la trottola; **den ~ ⌊tanzen lassen⌋/[schlagen** *rar*], far girare la trottola; **sich wie ein ~ drehen**, girare come una trottola **2** *tech* giroscopio *m* **3** *slang* (*Kreisverkehr*) rotatoria *f*, rotonda *f*: **sich in den ~ einfädeln**, immettersi nella circolazione rotatoria.

Kreiselbewegung *f* movimento *m* a trottola.

Kreiselkompass (a.R. Kreiselkompaß) *m naut* girobussola *f*, bussola *f* giroscopica.

kreiseln *itr* **1** <*haben oder sein*> (*sich drehen*) {EISKUNSTLÄUFER} fare la trottola, piroettare: **der Kompass kreiselt**, la bussola è impazzita **2** <*sein*> *irgendwohin* ~ {WIND} turbinare + *compl di luogo* **3** <*haben*> (*mit einem Kreisel spielen*) giocare con la trottola.

Kreiselpumpe *f tech* pompa *f* centrifuga.

kreisen *itr* <*haben oder sein*> **1** <*haben oder sein*> (*sich in einer Kreisbahn bewegen*) **um** *etw* (akk) ~ {ERDE UM DIE SONNE} gravitare *intorno a qc*, orbitare *intorno a qc* **2** <*haben oder sein*> (*in der Luft Kreise ziehen*) **über** *etw* dat) ~ {FLUGZEUG ÜBER DER STADT} volteggiare *su qc*, girare + *compl di luogo*; {VOGEL ÜBER DEM HAUS} *auch* roteare + *compl di luogo*: **der Falke kreiste hoch am Himmel**, il falco volteggiava alto nel cielo; **das feindliche Aufklärungsflugzeug kreiste über dem Hafen**, il ricognitore nemico volteggiava/girava sopra il porto **3** <*haben*> (*herumgehen lassen*): *etw* ~ **lassen** {FLASCHE, JOINT}, far girare *qc*, passare *qc* **4** <*haben*> (*rotieren*) *mit etw* dat ~ {MIT DEN ARMEN, DEN BEINEN, DEM KOPF} (far) roteare/ruotare *qc* **5** <*haben oder sein*> (*sich ständig um etw drehen*) **um** *etw* akk ~ {DISKUSSION, GESPRÄCH UM EIN THEMA} girare (sempre) *intorno a qc*, ruotare (sempre) *intorno a qc*; {GEDANKEN} *auch* gravitare *intorno a qc*, ritornare sempre *su qc*.

Kreisfläche *f geom* (area *f*/superficie *f* del) cerchio *m*.

kreisförmig **A** *adj* {BAHN, FLÄCHE} (di forma) circolare **B** *adv* {ANORDNUNG, SICH AUFSTELLEN} in cerchio, in circolo, in tondo.

kreisfrei *adj D adm*: ~**e Stadt**, "città *f* che da sola costituisce un circondario".

Kreisinhalt *m geom* → **Kreisfläche**.

Kreisklasse *f sport* "livello *m* distrettuale di un campionato sportivo"; ≈ prima categoria *f*.

Kreiskolbenmotor *m autom* motore *m* Wankel/[a stantuffo/pistone rotante].

Kreiskrankenhaus *n* ospedale *m* circondariale.

Kreislauf *m* **1** <*meist* sing> *biol* (*Blutkreislauf*) circolazione *f* (sanguigna/[del sangue]), apparato *m*/sistema *m* circolatorio: **den ~ anregen**, stimolare la circolazione (sanguigna); **den ~ belasten**, pregiudicare la circolazione; **einen schwachen ~ haben**, avere disturbi di circolazione; **jds ~ hat versagt**, qu ha collassato, qu ha avuto/subito un collasso cardiocircolatorio **2** (*Zyklus*) {+JAHRESZEITEN, NATUR} ciclo *m*, andamento *m* ciclico: **der ~ des Lebens**, il ciclo ⌊biologico⌋/[della vita]; {+GELD} circolazione *f*.

Kreisläufer *m* (**Kreisläuferin** *f*) Handball

attaccante *mf*.

Kreislaufkollaps *m med* collasso *m* cardiocircolatorio: **einen ~ erleiden**, subire un collasso cardiocircolatorio, collassare.

Kreislaufmittel *n pharm* farmaco *m* per stimolare la circolazione.

Kreislaufschwäche *f med* insufficienza *f* cardiocircolatoria.

Kreislaufstillstand *m med* paralisi *f*/blocco *m* cardiocircolatorio.

Kreislaufstörung *f* <*meist* pl> *med* disturbo *m* circolatorio, alterazione *f* circolatoria.

Kreislaufversagen *n med* → **Kreislaufstillstand**.

Kreisliga *f sport* → **Kreisklasse**.

kreisrund *adj* {LOCH, ÖFFNUNG} circolare, rotondo.

Kreissäge *f* (*Werkzeug*) sega *f* circolare.

Kreisschreiben *n CH adm* circolare *f*.

Kreissegment *n geom* → **Kreisabschnitt**.

kreißen *itr obs* (*in Geburtswehen liegen*) avere le doglie, essere in travaglio.

Kreißende <*dekl wie adj*> *f* partoriente *f*, donna *f* che sta per partorire.

Kreisspieler *m* (**Kreisspielerin** *f*) → **Kreisläufer**.

Kreißsaal *m* sala *f* parto.

Kreisstadt *f adm* capoluogo *m* di circondario.

Kreistag *m D pol* assemblea *f* circondariale: **in den ~ ⌊gewählt werden⌋/[kommen]**, ⌊essere eletto⌋/[entrare] nell'assemblea circondariale.

Kreistagsabgeordnete <*dekl wie adj*> *mf D pol* consigliere (*rar* -a) *m* (*f*) circondariale.

Kreisumfang *m geom* circonferenza *f*.

Kreisverkehr *m* rotatoria *f*, rondò *m*, rotonda *f*.

Kreisverwaltung *f adm* amministrazione *f* circondariale/distrettuale.

Kreiswehrersatzamt *n D adm* ≈ distretto *m* militare.

Krem <-, -s> *f* → **Creme**.

Krematorium <-s, Krematorien> *n* crematorio *m*.

Kreme *f* → **Creme**.

kremefarben, **kremfarben** *adj* → **cremefarben**.

Kremetorte, **Kremtorte** *f* → **Cremetorte**.

kremig *adj* → **cremig**.

Kreml <-(s), ohne pl> *m*: **der ~**, *pol*, il Cremlino.

Kremlastrologe *m* (**Kremlastrologin** *f*) *pol iron* osservatore (-trice) *m* (*f*) del Cremlino, cremlinologo (-a) *m* (*f*).

Krempe <-, -n> *f* (*Hutrand*) tesa *f*, falda *f*.

Krempel <-s, ohne pl> *m fam pej* **1** (*ungeordnete Sachen*) cose *f* pl, roba(ccia) *pej f*, carabattole *f* pl: **mein ~**, le mie cose, la mia roba; **pack deinen ~ und hau ab!**, prendi le tue carabattole e sgomma *fam*! **2** (*Ramsch*) ciarpame *m fam*, cianfrusaglia *f* pl *fam*: **es ist nur noch alter ~ übrig**, è rimasta solo (la) robaccia ● **jd kann seinen ~** *allein* **machen**, che qu se la veda da solo (-a), che qu s'arrangi; **jdm den (ganzen) ~ vor die Füße schmeißen** *fam*, piantare in asso qu *fam*; **den ganzen ~ hinwerfen/hinschmeißen** *fam*, mollare tutto *fam*, piantare baracca e burattini *fam*.

krempeln *tr etw irgendwohin* ~: **die Ärmel nach oben ~**, rimboccarsi/[tirarsi] le maniche; **die Taschen nach außen ~**, rovesciare le tasche.

Kren <-(e)s, ohne pl> *m süddt* A **1** *bot* (*Meerrettichpflanze*) rafano *m*, barbaforte, cren *m* **2** (*Meerrettichsoße*) cren *m*.

Kreole <-n, -n> *m* (**Kreolin** *f*) creolo (-a) *m* (*f*).

kreolisch *adj* creolo: ~**e Sprachen**, lingue creole.

Kreolisch <(-s), ohne pl> *n*, **Kreolische** <-n, ohne pl> *n* creolo *m*: **das Kreolische von Haiti**, il creolo di Haiti.

Kreolsprache *f ling* lingua *f* creola.

krepieren <*ohne* ge-> *itr* <*sein*> **1** *slang* (*verenden*) (**an etw** dat) ~ {TIERE} crepare (*di qc*) *slang*: **dem Bauer ist ein Schwein krepiert**, al contadino è morto un maiale; *vulg* {MENSCH} crepare *vulg*; **soll er doch ~!**, che crepi/schianti! **2** (*zerplatzen*) {BOMBE} scoppiare, esplodere.

Krepp① <-, -s> *f gastr* → **Crêpe**①.

Krepp② <-s, -s oder -e> *m text* crêpe *m*, crespo *m*.

kreppartig **A** *adj* crespo, crespato **B** *adv* a mo' di crespato.

kreppen *tr etw* ~ increspare *qc*.

Krepppapier, **Krepp-Papier** <(-s), ohne pl> *n* carta *f* crespa(ta).

Kreppsohle *f* {+SCHUHE, STIEFEL} suola *f* di para.

Kreppverschluss (a.R. Kreppverschluß) *m* chiusura *f* a velcro/strappo.

Kresse <-, -n> *f* <*meist* sing> *bot* crescione *m* (d'acqua), lepidio *m wiss*; (*Gartenkresse*) crescione *m*/aggetto *m* inglese/[degli orti]; (*Brunnenkresse*) nasturzio *m*.

Kressesalat *m gastr* insalata *f* di crescione.

Kreta <-s, ohne pl> *n geog* (isola *f* di) Creta *f*: **auf ~**, a Creta.

Kreter <-s, -> *m* (**Kreterin** *f*) cretese *mf*.

Krethi und Plethi <pl + verb sing *oder* pl> *pej*: **Krethi und Plethi war(en) da**, c'erano cani e porci; **du kannst doch nicht Krethi und Plethi einladen!**, non puoi mica invitare chiunque capiti!

Kretin <-s, -s> *m* **1** *geh pej* (*Dummkopf*) cretino (-a) *m* (*f*) **2** *med* (*schwachsinniger Mensch*) cretino *m*, persona *f* affetta da cretinismo.

Kretinismus <-, ohne pl> *m med* cretinismo *m*.

kretisch *adj* {KULTUR, KUNST, SPRACHE} cretese, di Creta.

kreucht 3. pers sing präs *obs von kriechen*:: **alles, was da ~ und fleucht** *geh scherz*, tutto ciò che popola la terra, l'aria e l'acqua.

kreuz *adv*: ~ **und quer**, in lungo e in largo; **~ und quer durch die Stadt gehen/fahren**, attraversare la città in lungo e in largo; {LIEGEN, STEHEN} sottosopra, alla rinfusa; **die Mofas standen ~ und quer geparkt**, i motorini erano parcheggiati alla rinfusa.

Kreuz <-es, -e> *n* **1** (*zur Markierung: auf einem Formular, einer Karte, einem Plan*) crocetta *f*, croce *f*: **irgendwo ein ~ machen**, apporre/fare una crocetta/croce su qc, segnare qc con una crocetta/croce; **statt seiner Unterschrift hat er ein ~ gemacht**, invece che col nome ha firmato con una croce; **machen Sie neben den betreffenden Namen ein ~**, faccia una crocetta accanto ai nomi che interessano **2** (*bes. christliches Symbol*) croce *f*, crocifisso *m*: **über dem Bett hängt ein ~**, sopra il letto è ⌊appesa una croce⌋/[appeso un crocifisso]; **er trägt ein goldenes ~ um den Hals**, porta una croce d'oro al collo **3** *hist* (*Folterbalken*) croce *f*: **am ~ hängen**, essere ⌊in/sulla croce⌋/[crocifisso]; **jdn ans ~ schlagen/nageln**, crocifiggere qu, inchiodare qu alla croce; **Jesus Christus starb am ~**,

Gesù Cristo morì in/sulla croce **4** *relig* (*~zeichen mit den Händen*) segno m della croce: **das/ein ~ schlagen**, farsi il segno della croce, segnarsi *fam* **5** (*Gegenstand o. Anordnung in Form eines ~es*) croce f: **ein ~ bilden**, formare una croce; **über ~**, in/a croce, incrociato; **zwei Zweige über ~ binden**, legare due rami in/a croce; **Messer und Gabel über ~ legen**, incrociare coltello e forchetta sul piatto; **über ~ liegen**, essere disposti (-e) ˪in croce˩/[a x] **6** *meist sing* (*Leid*) croce f: **sein ~ zu tragen haben**, aver la propria croce (da portare); (*Schwierigkeiten*) croce f **7** *anat* (*Teil des Rückens*) (parte f bassa della) schiena f, regione f/zona f lombare *wiss*, reni f pl *fam*; **aufs ~ fallen**, cadere ˪sull'osso sacro˩/[sul fondoschiena]; **jd hat es im ~ fam**, a qu fanno male le reni; **ich habe starke Schmerzen im ~**, ho (dei) forti dolori ˪alla zona lombare˩/[alle reni]; **ein kaputtes ~ haben**, avere le reni rotte **8** *fam* (*Autobahnkreuz*) snodo m/svincolo m (autostradale) **9** *mus* diesis m **10** ⟨*ohne art, sing*⟩ *Karten* (*Farbe*) fiori m pl: **~ ist Trumpf**, fiori è briscola; ⟨pl *Kreuz*⟩ (*Spielkarte mit Kreuz*) (carta f di) fiori • **ein breites ~ haben fam** (*Unangenehmes geduldig ertragen*), avere ˪le spalle larghe/grosse/forti˩/[buone spalle]; **drei ~e machen**, essere estremamente sollevato; **drei ~e (hinter jdm/etw) machen**, ringraziare Dio di essersi liberato/sbarazzato di qu/qc, accendere un cero alla Madonna; **wenn die Sache vorbei ist, werde ich drei ~e machen**, quando sarà finita, tirerò un gran sospiro di sollievo; **das Eiserne ~** *hist* (*Kriegsauszeichnung*), la croce di ferro; (**bei/mit etw bei**) **aufs ~ fallen fam** (*Misserfolg haben*), battere il culo in terra (con/in qc) *slang*; **bei diesem Geschäft bin ich mächtig aufs ~ gefallen**, in questo affare sono rimasto (-a) fregato (-a) alla grande; **mit jdm/etw sein ~ haben fam**, avere i propri grattacapi con qu/qc; **mit jdm/etw ist es ein großes ~ fam**, qu/qc è una vera dannazione/disperazione; **das ist ein (echtes) ~ !**, è ˪un vero calvario˩/[una via crucis]!; **(vor jdm) zu ~(e) kriechen**, umiliarsi (davanti a qu), andare in ginocchio da qu, strisciare (davanti a qu), andare a Canossa; **jdn aufs ~ legen fam** (*hereinlegen*), tirare una fregatura a qu *fam*, fregare qu *fam*, inculare un *vulg*, inchiappettare qu *vulg*; **er hat mich ganz schön aufs ~ gelegt!**, mi ha ˪fregato (-a) bene˩/[proprio inchiappettato (-a)]!; (*mit jdm schlafen*) {MANN FRAU, MÄDCHEN}, farsi un *slang*, sbatter(si) qu *vulg*; (*im Kampfsport*) {GEGNER}, stendere qu (a terra), mettere/mandare qu al tappeto; **jdm etw aus dem ~ leiern** *slang*, estorcere qc a qu *iron*; {GELD} *auch*, spillare qc a qu; **das Rote ~**, la Croce Rossa; **das Internationale Rote ~**, la Croce Rossa Internazionale; **das ~ des Südens** *astr*, la Croce del Sud; **über ~: mit jdm über ~ liegen/sein fam**, essere ai ferri corti con qu.

Kreuzabnahme f *kunst relig* deposizione f: **~ Christi**, la deposizione di Cristo; **die ~ des Caravaggio**, la deposizione del Caravaggio.

Kreuzass, **Kreuz-Ass** (a.R. Kreuzas) n *Karten* asso m di fiori.

Kreuzband n **1** *anat* (legamento m) crociato m **2** → **Streifband**.

Kreuzbein n *anat* (osso m) sacro m.

Kreuzblume f **1** *bot* poligala f **2** *arch* fiorone m.

Kreuzblütler ⟨-s, -⟩ m ⟨*meist pl*⟩ *bot* crocifera f.

kreuzbrav adj *scherz* {KIND} buono come un angelo: **der Kleine war heute ~**, il piccolo oggi è stato un vero angioletto; {MENSCH}

(fin troppo) irreprensibile *iron*.

Kreuzbube m *Karten* fante m di fiori.

Kreuzdame f *Karten* regina f/donna f di fiori.

kreuzelend adj ⟨präd⟩ *fam*; **jdm ist ~**, qu sta malissimo/[da cani] *fam*; **sich ~ fühlen**, sentirsi a pezzi *fam*.

kreuzen *biol* Ⓐ tr ⟨*haben*⟩ **1** (*zu einem Kreuz verschränken*) *etw* ~ {ARME, BEINE} incrociare qc **2** (*schneiden*) *etw* ~ {STRAßE BAHNLINIE} incrociare qc **3** (*durch Paarung*) *etw* ~ {PFLANZEN, TIERE} incrociare qc; (*zwischen unterschiedlichen Rassen, Arten*) *auch* ibridare qc; *etw mit etw* (dat) ~ {PFLANZE MIT EINER ANDEREN PFLANZE, TIER MIT EINEM ANDEREN TIER} incrociare qc con qc; (*zwischen unterschiedlicher Art, Rasse*) ibridare qc con qc Ⓑ rfl ⟨*haben*⟩ **1** (*sich überschneiden*): **sich ~** {LINIEN, STRAßEN, WEGE} incrociarsi; {JDS BLICKE} incrociarsi: **unsere Wege haben sich nie wieder gekreuzt**, le nostre strade non si sono mai più incrociate; (*zeitlich*) {BRIEFE, MELDUNGEN} incrociarsi; **sich mit etw** (dat) ~ {LINIE, STRAßE MIT EINER ANDEREN LINIE, STRAßE} incrociarsi *con qc* **2** (*sich entgegenstehen*) **sich ~** {AB-, ANSICHTEN, PLÄNE} essere in netto contrasto, contrastare, contrapporsi; **sich mit etw** (dat) ~ {JDS ANSICHT MIT EINER ANDEREN ANSICHT} essere in netto contrasto *con qc*, contrapporsi *a qc* Ⓒ itr ⟨*haben oder sein*⟩ **1** (*hin und her fahren o. fliegen*) *irgendwo* ~ {FLUGZEUGE ÜBER DEM GELÄNDE; SCHIFFE VOR DER KÜSTE} incrociare + compl di luogo **2** naut (*Zickzackkurs steuern*) {SEGELBOOT} bordeggiare.

Kreuzer① ⟨-s, -⟩ m **1** *mil* (*gepanzertes Kriegsschiff*) incrociatore m **2** *naut* (*Segelschiff*) panfilo m/yacht m da crociera.

Kreuzer② ⟨-s, -⟩ m *hist* "moneta f diffusa tra il XIII e il XIX secolo nella Germania meridionale, in Austria e in Svizzera".

Kreuzestod m *hist* (morte f per) crocifissione f: **den ~ sterben/erleiden**, morire ˪crocifisso (-a)˩/[in sulla croce].

Kreuzfahrer m *hist* crociato m.

Kreuzfahrt f *naut* crociera f: **eine ~ im Mittelmeer**, una crociera nel Mediterraneo; **eine ~ machen/unternehmen**, ˪fare una˩/[andare in] crociera **2** *hist* crociata f.

Kreuzfeuer n, *sing*, *ohne pl* ~ n fuoco m incrociato/[di fila]: **ins ~ (der Kritik) geraten**, essere preso di mira; **im ~ (der Kritik) stehen**, essere nell'occhio del ciclone, essere sotto ˪un fuoco incrociato˩/[tiro].

kreuzfidel adj *fam* arcicontento, contento/felice come una pasqua/un re: **~ sein**, sprizzare allegria.

kreuzförmig Ⓐ adj {BALKEN, ZEICHEN} a forma di croce, cruciforme; *arch* cruciforme, a (forma di) croce: **~er Grundriss**, pianta cruciforme Ⓑ adv in/a croce, incrociato: **Gegenstände ~ anordnen/hinlegen**, disporre/mettere degli oggetti ˪a croce˩/[incrociati].

Kreuzgang m *arch* chiostro m.

Kreuzgelenk n *mech* giunto m cardanico.

Kreuzgewölbe f, **Kreuzgratgewölbe** n *arch* volta f a crociera.

kreuzigen tr *jdn* ~ crocifiggere qu: **der Gekreuzigte (Christus)**, il Crocifisso, Gesù crocifisso/[in croce].

Kreuzigung ⟨-, -en⟩ f **1** *hist* (*Strafe*) crocifissione f, (pena f/supplizio m della) croce f: **zur ~ verurteilen**, condannare alla crocifissione/croce **2** *kunst* crocifissione f: **die ~ Christi**, la crocifissione (di Gesù Cristo).

Kreuzigungsgruppe f *kunst* crocifissione f.

Kreuzknoten m *naut* nodo m piano.

Kreuzkopf m *tech* testa f a croce.

kreuzlahm adj *fam* con forti dolori alle reni: **die schwere Arbeit hat ihn ~ gemacht**, quel lavoro pesante gli ha spaccato le reni.

Kreuzmast m *naut* albero m di mezzana.

Kreuzotter f *zoo* marasso m, vipera f berus.

Kreuzreim m *poet* rima f alternata.

Kreuzritter m *hist* **1** (*Ritter als Kreuzfahrer*) (cavaliere m) crociato m **2** (*Deutschordensritter*) cavaliere m dell'Ordine Teutonico.

Kreuzschlitzschraube f vite f con testa/(in)taglio a croce.

Kreuzschlitzschraubenzieher m *mech* cacciavite m a stella.

Kreuzschlüssel m *mech* chiave f a croce.

Kreuzschmerz m ⟨*meist pl*⟩ *fam* ˪dolore m alle˩/[mal m di] reni: **~en haben**, avere ˪dolori alle˩/[mal di] reni; **jd bekommt/kriegt ~en**, a qu viene (il) mal di reni.

Kreuzspinne f *zoo* ragno m crociato/portacroce.

Kreuzstich m (*Stickerei*) punto m croce.

Kreuzsticharbeit f, **Kreuzstichstickerei** f ricamo m/lavoro m a punto croce.

Kreuzung ⟨-s, -en⟩ f **1** (*Straßenkreuzung*) incrocio m, crocevia m, crocicchio m: **an der ~ rechts/links abbiegen**, all'incrocio girare/voltare a destra/sinistra; **an der ~ stehen bleiben/halten**, fermarsi all'incrocio; **auf der ~**, all'incrocio; **über die ~ gehen/fahren**, attraversare/passare l'incrocio; **bei Rot über die ~ fahren**, passare (l'incrocio) col rosso *fam*; **die ~ räumen**, liberare l'incrocio **2** *biol* (*das Kreuzen von Tierarten, Pflanzen*) incrocio m, incrociamento m; (*zwischen unterschiedlichen Arten o. Rassen*) *auch* ibridazione f **3** *biol* (*das Ergebnis des Kreuzens: zwischen ähnlichen Rassen*) incrocio m; (*zwischen unterschiedlichen Rassen*) ibrido m, bastardo m: **das Maultier ist eine ~ aus Pferd und Esel**, il mulo è un incrocio/ibrido tra cavallo e asino.

kreuzunglücklich adj *fam* infelice da morire *fam*, profondamente infelice.

Kreuzungsbereich m incrocio m: **im ~**, in prossimità dell'incrocio.

kreuzungsfrei adj {VERKEHRSWEG} ˪privo di˩/[senza] incroci: **die Strecke ist ~**, su questo percorso non ci sono incroci, è un percorso senza incroci.

Kreuzverhör n **1** *jur* (*durch Staatsanwalt, Verteidiger*) {+ZEUGE} cross examination f, interrogatorio m di terzo grado; (*durch Polizei*) {+VERDÄCHTIGER} (interrogatorio m di) terzo grado m **2** (*Ausfragen*) terzo grado m, fuoco m incrociato di domande • **jdn ins ~ nehmen, jdn einem ~ unterziehen** *jur*, sottoporre qu a un controinterrogatorio/[interrogatorio di terzo grado]; (*jdn aufragen*), fare a qu il terzo grado, bombardare qu di domande incalzanti.

Kreuzweg m **1** (*Kreuzung zweier Straßen*) bivio m, biforcazione f **2** *kunst relig* via f crucis • **den ~ beten** *relig*, fare la via crucis; **an einem ~ stehen/[angekommen sein]** *geh*, trovarsi/[essere giunto] a un bivio.

Kreuzwegstation f *relig* stazione f della via crucis: **die 14 ~en**, le 14 stazioni della via crucis.

Kreuzweh ⟨-s, *ohne pl*⟩ n *fam* mal m di reni: **~ haben**, avere mal di reni.

kreuzweise adv {ANORDNEN, LEGEN} a croce: **die zwei Bänder ~ übereinanderlegen**, mettere le due fasce a croce, incrociare le due fasce • **du kannst mich (mal) ~!** *slang*, va a farti friggere! *scherz*; **leck mich mal ~!** *vulg*, vaffanculo! *vulg*.

Kreuzworträtsel n parole f pl incrociate/crociate, cruciverba m: **~ lösen/machen**, fare ₁le parole incrociate₁/[i(l) cruciverba].

Kreuzzeichen n *relig* segno m della croce: **das/ein ~ machen**, farsi il segno della croce.

Kreuzzug m **1** *hist* crociata f: **zum ~ aufrufen**, bandire/predicare la croce, predicare una crociata *(fanatische Kampagne)* ~ **gegen etw** (akk) {GEGEN DEN ANALPHABETISMUS, DROGENMISSBRAUCH, DIE KORRUPTION, DAS RAUCHEN} crociata f *contro qc*: **einen ~ gegen etw** (akk) **führen**, condurre/bandire una crociata contro qc; **einen ~ für etw** (akk) **führen**, condurre una campagna (pubblica) a favore di qc.

Krevette <-, -n> f *zoo* gamberetto m (di mare).

kribbelig, kribblig adj *fam* **1** *(nervös)* agitato, nervoso: **~ werden**, diventare nervoso (-a), agitarsi, dare in smanie; **diese Ungewissheit macht mich ganz ~**, questa incertezza mi ₁innervosisce molto₁/[mette una grande smania addosso] **2** *(prickelnd)*: **ein ~es Gefühl im Bauch haben**, avere un po' di agitazione addosso; **ich habe ein schreckliches ~es Gefühl in den Beinen**, sento/ho un terribile formicolio alle gambe.

kribbeln *fam* Ⓐ *itr* **1** *<haben> (jucken)* {JDS HAUT, RÜCKEN} prudere *a qu*, pizzicare *a qu*; *(prickeln)* {BEINE, FÜßE, HÄNDE} formicolare: **auf der Haut ~**, frizzare sulla pelle **2** *<sein> (wimmeln)* {AMEISEN, INSEKTEN} formicolare, brulicare Ⓑ *<haben>* unpers: **es kribbelt jdm/jdn**, a qu prude/pizzica la pelle; **es kribbelt jdm/jdn irgendwo**, a qu pizzica/prude qc; **es kribbelt mir in der Nase**, mi pizzica/prude il naso; **es kribbelt jdm in den Fingern, etw zu tun**, a qu viene il pizzicore di fare qc, qc muore/scalpita dalla voglia di fare qc; **es kribbelt mir/mich in den Fingern, die Arbeit anzufangen**, non sto più nella pelle dalla voglia di incominciare questo lavoro, non vedo l'ora di mettermi a lavorare • **~ und krabbeln: irgendwo kribbelt und krabbelt es**, brulica e pullula *di qc* + *compl di luogo*: **es kribbelt und krabbelt wie in einem Ameisenhaufen**, sembra un formicaio.

Kribbeln <-s, ohne pl> n **1** *(Jucken)* pizzicore m, prurito m; *(Prickeln in den Gliedern)* formicolio m; *(auf der Haut)* frizzare m **2** *(Gewimmel)* {+INSEKTEN} brulichio m • **jd hat/bekommt ein ~ in den Händen**, a qu prudono le mani; **wenn ich sein Gesicht sehe, krieg' ich ein ~ in den Händen**, quando vedo la sua faccia mi prudono le mani/[sento prudere] le mani.

Kribbelwasser n *Kindersprache* acqua f con le bollicine *fam*.

kribblig adj → **kribbelig**.

Kricket <-s, ohne pl> n *sport* cricket m.

kriechen <*kriecht, kroch, gekrochen*> *itr* **1** *<sein> (auf dem Boden gleiten)* {RAUPE, SCHLANGE, WURM} strisciare; **irgendwohin ~** strisciare/[muoversi strisciando] + *compl di luogo*: **das Krokodil kroch zum Flussufer**, il coccodrillo strisciò verso la riva del fiume **2** *<sein> (sich auf Händen und Knien fortbewegen)* **irgendwohin ~** {MENSCH DURCH EINE HÖHLE, EIN TUNNEL, DURCHS ZIMMER} strisciare/[muoversi strisciando] + *compl di luogo*: **auf allen vieren ~**, strisciare carponi **3** *<sein> (in etw schlüpfen)* **irgendwohin ~** {INS BETT, UNTER DIE DECKE, HINTER DEN OFEN, IN EIN VERSTECK} infilarsi + *compl di luogo* **4** *<sein> (aus etw schlüpfen)* **aus etw ~** {AUS DEM BETT, EINER HÖHLE, EINEM VERSTECK} uscire strisciando *da qc*, uscire fuori *da qc* **5** *<sein> (sehr langsam fahren) (irgendwohin) ~* {AUTOSCHLANGE, VERKEHR DURCH DIE STADT} procedere ₁a passo di lumaca₁/[come una tartaruga]: **der Zug kriecht auf den Berg**, il treno s'inerpica su per la montagna; **der Nebel kroch durch das Tal**, la nebbia s'insinuava nella vallata **6** *<sein> (sehr langsam vergehen)* {MINUTEN, STUNDEN, TAGE, ZEIT} non passare (mai), scorrere lentamente, sembrare interminabile; {UHRZEIGER} non avanzare/spostarsi/muoversi più **7** *<sein oder haben> pej (unterwürfig sein)* **(vor jdm) ~** strisciare *davanti a qu*, leccare i piedi *a qu* • **kriechend** {PFLANZEN}, strisciante, prostrato, repente.

Kriecher <-s, -> m (**Kriecherin** f) *fam pej* adulatore (-trice) m (f), leccapiedi mf, leccaculo mf *vulg*.

Kriecherei <-, -en> f *pej* **1** *(Haltung)* servilismo m, adulazione f **2** *(kriecherische Handlung)* sviolinata f *fam*, leccata f *fam*.

Kriecherin f → **Kriecher**.

kriecherisch Ⓐ adj {VERHALTEN} servile; {PERSON} *auch* strisciante Ⓑ adv: **sich ~ verhalten**, fare il leccapiedi, comportarsi servilmente.

Kriechspur f **1** {+MENSCH, TIER} strisciata f **2** *(auf der Autobahn)* corsia f riservata ai veicoli lenti.

Kriechstrom m *el* corrente f di fuga.

Kriechtempo n *fam* velocità m di lumaca: **im ~ fahren**, procedere ₁a passo di lumaca₁/[come una tartaruga].

Kriechtier n *zoo* rettile m.

Krieg <-(e)s, -e> m **1** *mil* **~ (gegen jdm/etw/mit jdm/etw)** guerra f *(contro/con qu/qc)*, conflitto m (armato) *(contro/con qu/qc)* *euph*: **der ~ ist ausgebrochen**, è scoppiata la guerra; **der ~ ist aus/beendet**, la guerra è finita; **sich im ~ (mit jdm/etw) befinden, im ~ (mit jdm/etw) sein/stehen** *form*, essere in guerra con qu/qc; **einen ~ entfesseln**, scatenare una guerra; **einen ~ gewinnen/verlieren**, vincere/perdere una guerra; **der ~ zwischen zwei Staaten/Supermächten**, la guerra tra due Stati/superpotenze; **der ~ um/für die Unabhängigkeit**, la guerra per l'indipendenza; **es ist ~**, ₁c'è la₁/[siamo in] guerra; **im ~ sein** {SOLDAT}, essere al fronte, stare combattendo; **er war im ~**, ha fatto la guerra **2** *(politischer, persönlicher Kampf)* guerra f, lotta f: **der häusliche ~**, la guerra domestica; **mit jdm im ~ liegen**, essere in guerra con qu; **zwischen den Eheleuten herrscht ein ~ bis aufs Messer**, tra i coniugi è in atto una guerra a(l) coltello; **sie leben ständig im ~**, sono continuamente in guerra **3** *(~sführung)* guerra f: **atomarer ~**, guerra atomica/nucleare; **bakteriologischer/chemischer ~**, guerra batteriologica/chimica; **ein konventioneller ~**, una guerra convenzionale • **mit jdm/etw ~ anfangen**, entrare in guerra contro qu/qc, muovere guerra a qu/qc; **der Dreißigjährige ~** *hist*, la guerra dei Trent'anni; **jdm/etw den ~ erklären**, dichiarare guerra a qu/qc; **etw (dat) den ~ erklären** {DEM DROGENHANDEL, DER KRIMINALITÄT, PROSTITUTION}, dichiarare guerra a qc; **~ und Frieden** *auch lit*, guerra e pace; **im ~ fallen**, cadere in guerra, morire combattendo; **gegen jdn₁/[mit jdm] ~ führen**, ₁fare la guerra₁/[guerreggiare] contro qu, essere in guerra con qu; **~ führend** {LÄNDER, STAATEN}, belligerante; **die ~ führenden Länder**, i paesi in (stato di) guerra; **ein heiliger ~**, una guerra santa/[per motivi religiosi]; **aus dem ~ heimkehren**, (ri)tornare dalla guerra; **aus dem ~ heimgekehrt sein**, essere reduce dalla guerra; **der Hundertjährige ~** *hist*, la guerra dei Cent'anni; **der kalte ~** *hist*, la guerra fredda; **in den ~ müssen**, dover andare ₁in guerra₁/[al fronte]; **für den₁/[zum] ~ rüsten**, ₁armarsi per la₁/[prepararsi alla] guerra; **der Siebenjährige ~** *hist*, la guerra dei Sette anni; **~ spielen** {KINDER}, giocare alla guerra; **~ der Sterne**, guerre stellari, scudo stellare; **ein Land mit ~ überziehen**, portare la guerra a un paese; **in den ~ ziehen**, ₁andare in₁/[partire per la] guerra; **freiwillig in den ~ ziehen/gehen**, andare volontario (-a) ₁in guerra₁/[al fronte].

kriegen *fam* Ⓐ tr **1** *(erhalten)* **etw (von jdm) ~** {ANTWORT, BEFEHL, BELOHNUNG, GESCHENK, NACHRICHT, POST} avere qc *(da qu)*, ricevere qc *(da qu)*: **was hast du zu Weihnachten gekriegt?**, cosa ti hanno fatto *fam*/regalato per Natale?; **ich hab' heute ein Paket gekriegt**, oggi ho ricevuto un pacco; **ich krieg' diesen Monat keinen Urlaub mehr**, non mi danno più ferie in questo mese **2** *(bezahlt bekommen)* **etw (von jdm) ~** {GEHALT, STUNDENLOHN, TRINKGELD} prendere qc, avere qc: **was/[wie viel] kriegen Sie von mir dafür?**, quanto Le devo?, quanto deve avere da me?; **du kriegst noch 50 Euro von mir**, ti devo ancora 50 euro, ₁avanzi ancora₁/[devi ancora avere] 50 euro da me; **ich kriege nur 11 Euro die Stunde**, ₁mi danno₁/[prendo] solo 11 euro all'ora; **für das alte Motorrad wirst du nicht mehr viel ~**, per questa vecchia moto non ti daranno molto **3** *com gastr (wünschen)* **etw ~** volere qc, desiderare qc: **was ~ Sie?** *(im Laden)*, che cosa₁ Le do₁/[Le posso dare]/[desidera]?; *(im Lokal)* che cosa Le porto/[posso portare]?, che cosa prende?; **~ Sie sonst noch was?**, (desidera) altro?; **ich kriege einen Steak mit gemischtem Salat**, prendo/[per me] una bistecca con un'insalata mista; **können wir was Schnelles ~?**, possiamo mangiare qualcosa di veloce?; **hier kriegt man das beste Eis**, qui ₁c'è₁/[fanno]/[hanno]/[si mangia] il gelato migliore **4** *(mit etw bedacht werden)* **etw (von jdm) ~** {ANGEKLAGTER STRAFE; VERKEHRSSÜNDER STRAFZETTEL, VERWARNUNG} prendersi qc *(da qu)*, beccarsi qc *(da qu) fam*, buscarsi qc *(da qu) fam*, avere qc *(da qu)*: **er hat lebenslänglich gekriegt**, ₁ha avuto₁/[si è beccato/preso]/[gli hanno dato] l'ergastolo; *(FRECHES KIND OHRFEIGE, PRÜGEL, SCHLÄGE)* prendere qc *(da qu)*, beccare qc *(da qu) fam*, buscarsi qc *(da qu) fam*; **er hat noch nie Prügel (von mir) gekriegt**, non le ha mai prese (da me) **5** *(noch erreichen)* **etw ~** {BUS, FLUGZEUG, S-BAHN, U-BAHN, ZUG} (riuscire a) prendere qc: **um ein Haar hätte ich den letzten Zug nicht mehr gekriegt**, ₁ce l'ho fatta per un pelo a prendere₁/[per un pelo non ho perso] l'ultimo treno; **um die Zeit ist es unmöglich, ein Taxi zu ~**, a quell'ora è impossibile trovare un taxi **6** *(sich verschaffen)* **jdn/etw ~** {ANGESTELLTE, ARBEIT, MITARBEITER, PLATZ, STELLE} trovare qu/qc; {AUSKUNFT, INFORMATION} avere qc: **hast du die Stelle gekriegt?**, hai avuto il posto?; **eine Frau₁/[einen Mann] ~**, trovare moglie/marito; **wir haben noch Karten für das Konzert gekriegt**, siamo riusciti (-e) a trovare (de)i biglietti per il concerto; **einen Eindruck von etw (dat) ~**, farsi un'idea di qc; *(beim Telefonieren)* ₁**keinen Anschluss₁/[keine Verbindung] ~**, non riuscire a prendere la linea/comunicazione **7** *(erwischen)* **jdn ~** {POLIZEI TÄTER} prendere qu, beccare qu *fam*, mettere le mani *su qu*: **wenn ich dich kriege!**, se ti prendo/acchiappo!; *(am Telefon)* trovare qu, beccare qu *fam* **8** *(befallen werden)* **etw ~** {ERKÄLTUNG, GRIPPE, HUSTEN, SCHNUPFEN} prender(si) qc, buscar(si) *fam* qc, beccar(si) qc *fam*: **von diesem Medikament kriege ich einen hohen Blutdruck**, questo farmaco mi fa salire la pressione; **er hat heute Nacht hohes Fieber gekriegt**, stanotte gli è venuta la febbre alta **9** (*verabreicht bekommen*) ***etw*** ~ {BESTRAHLUNG, MASSAGE, SPRITZE} dover(si) fare *qc*; {PILLEN} dover prendere *qc*: **du kriegst noch deine Tropfen**, devi ancora prendere le gocce; **der Frischoperierte kriegt einen Katheter**, al paziente appena operato viene messo un catetere **10** (*zur Welt bringen*) ***jdn*** ~ {FRAU, FAMILIE KIND, NACHWUCHS} aspettare *qu*: **ein Kind** ~, aspettare un bambino; (*geboren haben*) fare *qu fam*, avere *qu*; **sie hat ein Mädchen gekriegt**, ha avuto/fatto *fam* una bambina; **die Müllers haben Zwillinge gekriegt**, ai Müller sono nati dei gemelli, i Müller hanno avuto dei gemelli; ***etw*** ~ {TIER JUNGE} stare per avere *qc*; **die Katze hat sechs Junge gekriegt**, la gatta ha fatto sei gattini **11** (*entwickeln*) ***etw*** ~ {FALTEN, GRAUE HAARE} (in)cominciare ad avere *qc*: **sie hat in letzter Zeit viele graue Haare gekriegt**, ultimamente le sono venuti/spuntati parecchi capelli grigi; **der Karl hat aber einen Bauch gekriegt!**, Karl ha messo su una bella pancia! **12** (*überkommen*) ***etw*** ~ {DURST, HUNGER, LUST} (in)cominciare ad avere *qc*: **jd kriegt etw** {HEIMWEH, SEHNSUCHT}, qc viene a qu; {ANGST} qu si prende *qc*; {WUT} qc prende qu; **ich habe einen riesigen Schreck(en) gekriegt**, mi sono preso (-a) un bello spavento; **bei dieser Musik kriege ich total Heimweh** *slang*, quando sento questa musica mi viene/prende una nostalgia di casa terribile **13** (*zu erwarten haben*) ***jdn/etw*** ~ {BESUCH, GÄSTE} avere *qu/qc* (*fut*): **im Sommer kriege ich immer jede Menge Gäste**, d'estate mi arrivano sempre un sacco di ospiti; **morgen kann ich nicht, da kriege ich Besuch**, domani non posso, ho visite; **wir ~ anderes Wetter**, il tempo cambierà; **am Wochenende ~ wir bestimmt ein Gewitter**, il fine settimana ˌci saràˌ/ˌarriveràˌ sicuramente un temporale; **du kriegst Ärger**, temo che passerai dei guai! **14** (*jdn zu etw bewegen*): **jdn dazu ~, etw zu tun**, arrivare/riuscire/farcela *fam* a far fare qc a qu; **wie hast du ihn zum Singen gekriegt?**, come sei riuscito (-a) a farlo cantare?; **ich habe ihn nicht dazu gekriegt, die Prüfung zu machen**, non sono riuscito (-a) a fargli fare l'esame **15** (*jdn/etw an einen bestimmten Ort bringen*) ***jdn/etw irgendwohin*** ~: **die Mutter kriegt die Kinder nie vor 11 Uhr ins Bett**, la madre non riesce mai a far andare a letto i ragazzi prima delle 11; **wie kriege ich den bloß wieder aus dem Haus?**, come faccio a farlo ˌandare viaˌ/[sloggiare]?; **den Wagen kriegt sie nie in diese Parklücke**, non riuscirà mai a parcheggiare la macchina in questo buco; **wir ~ den Schreibtisch nicht durch die Tür**, non riusciamo a far passare la scrivania dalla porta **16** (*es schaffen*) ***etw*** + *part perf* ~ {GELÖST, GEORDNET, GEREGELT} fare/riuscire/arrivare *a fare qc*: **wie kriege ich dieses Problem gelöst?**, come arrivo/faccio a risolvere questo problema?; **das kriege ich einfach nicht übersetzt**, non riesco proprio a tradurlo; **ich krieg' heute nichts geregelt!**, oggi non ˌriesco proprio a combinare nienteˌ/[ne infilo una giusta]! *fam*; **wie haben sie das geregelt gekriegt?**, come hanno risolto la cosa? **17** (*passivischer Sinn, oft mit Passiv übersetzt*) ***etw*** + *part perf* ~: **sie hat das von mir geliehen gekriegt**, l'ha avuto in prestito da me; **ich habe einen Wunsch erfüllt gekriegt**, un mio desiderio è stato soddisfatto; **er hat jede Menge schenkt gekriegt**, ˌha avutoˌ/[gli hanno fatto] un sacco di regali; **ich hab' gesagt gekriegt, dass...**, mi hanno/[è stato] detto che ... **18** (*die Mög-*

lichkeit haben) ***etw zu*** + *inf* ~ {ZU ESSEN/TRINKEN/TUN} avere *qc* + *inf*: **etw zu sehen** ~, riuscire a vedere qc; **ich will nichts zu hören** ~!, non voglio sentire niente! **B** *itr com gastr* (*bedient werden*): ~ **Sie schon?**, La stanno (già) servendo? **C** *rfl* (*zueinanderfinden*) **sich** ~ trovarsi: **am Ende kriegen sie sich dann doch**, alla fine ˌi due si trovanoˌ/[c'è sempre il lieto fine] • ***etw fertig*** ~, riuscire a fare/finire qc; **es nicht fertig/[über sich] ~, etw zu tun**, non essere ˌcapace diˌ/[buono a] fare qc; **jdn frei** ~, riuscire a (far) liberare qu; **sie haben sie nicht frei gekriegt**, non sono riusciti a farla liberare; **jd kriegt nie/nicht genug**, a qu non basta mai; ***kaputt ~ fam***: **etw** ~ {SPIELZEUG}, riuscire a rompere/scassare qc; {GESCHIRR}, riuscire a rompere/spaccare qc • **etw ist nicht kaputt zu** ~, qc è indistruttibile, qc non si rompe neanche a cannonate *fam*; **sich nicht mehr ~ (vor Lachen)**, ˌnon farcela piùˌ/[sbellicarsi] dalle risate; **es mit jdm zu tun** ~, avere a che fare con qu, doversela vedere con qu; **wenn du nicht aufpasst, kriegst du es mit mir zu tun!**, se non stai attento (-a), te la dovrai vedere con me!; **zu viel** ~: **er hat mich solange gereizt, am Ende hab' ich zu viel gekriegt!**, mi ha stuzzicato così tanto che alla fine non ne potevo più!; **wenn ich noch einen Ton höre, kriege ich zu viel!**, se sento ancora pio, scoppio!; **wenn ich das sehe, kriege ich zu viel**, a vedere queste cose mi sento male; **das ~ wir schon wieder!**, sistemeremo anche questa!

Krieger <-s, -> *m* **1** *hist* (*Kämpfer*) guerriero *m* **2** *obs* (*Soldat*) guerriero *m*, uomo *m* di guerra • **ein kalter ~** *pol pej*, sostenitore/fautore della guerra fredda; **ein müder ~** *fam scherz*, un guerriero stanco *fam scherz*.

Kriegerdenkmal *n* ˌmonumento *m* aiˌ/[sacrario *m* dei] caduti.

kriegerisch **A** *adj* **1** (*kämpferisch*) {GEIST, VOLK} bellicoso, guerriero; {AUSSEHEN} *auch* marziale; {HALTUNG} bellicoso, guerriero, guerresco, aggressivo **2** (*militärisch*) {AKTIONEN, EREIGNISSE} bellico: **~e Auseinandersetzungen/Konflikte**, scontri/conflitti armati **B** *adv*: **~ auftreten**, avere un atteggiamento bellicoso; **~ eingestellt sein**, avere un animo/uno spirito guerriero.

Kriegerwitwe f vedova f di guerra.

kriegführend *adj* → **Krieg**.

Kriegführung f *rar* → **Kriegsführung**.

Kriegsanleihe f prestito *m* di guerra.

Kriegsausbruch *m* scoppio *m* della guerra: **bei ~**, allo scoppio della guerra.

Kriegsauszeichnung f *mil* decorazione f (al valore) militare.

kriegsbedingt *adj* dovuto alla guerra, causato dalla guerra.

Kriegsbeginn *m* inizio *m* della guerra: **bei ~**, all'inizio della guerra.

Kriegsbeil *n hist* ascia f di guerra: **das ~ der Indianer**, l'ascia di guerra dei pellerossa, il tomahawk • **das ~ ausgraben** *scherz*, dissotterrare l'ascia di guerra; **das ~ begraben** *scherz*, sotterrare l'ascia di guerra.

Kriegsbemalung f **1** {+EINGEBORENEN-STÄMME, INDIANER} segni *m pl* di guerra (dipinti sul volto) **2** *scherz* (*von Frauen mit viel Schminke*) trucco *m* pesante • **in voller ~ sein** {INDIANER}, avere la faccia dipinta (in segno di guerra); {FRAU}, essere tutto pitturato (-a), essere un mascherone, avere due dita di trucco; {RANGHOHE MILITÄRS}, fare sfoggio di tutte le decorazioni.

Kriegsbereitschaft f: **in ~ sein**, (essere) ˌsul piedeˌ/[in assetto] di guerra.

Kriegsberichterstatter *m* (**Kriegsbe-**

richterstatterin f) corrispondente *mf* di guerra.

kriegsbeschädigt *adj* mutilato di guerra.

Kriegsbeschädigte <*dekl wie adj*> *mf* mutilato (-a) *m* (f)/invalido (-a) *m* (f) di guerra.

Kriegsbraut f *obs* sposa f di guerra.

Kriegsdichtung f *lit* letteratura f di guerra.

Kriegsdienst *m mil* **1** *obs* servizio *m* militare/[di leva]: **den ~ leisten**, prestare il servizio militare/[di leva]; **den ~ verweigern**, fare l'obiettore di coscienza, opporsi al servizio di leva **2** (*Kriegseinsatz*) servizio *m* al fronte.

Kriegsdienstverweigerer <-s, -> *m* obiettore *m* di coscienza: **er ist ~**, è un obiettore di coscienza.

Kriegsdienstverweigerung f obiezione f di coscienza.

Kriegseintritt *m* entrata f in guerra.

Kriegsende *n* fine f/termine *m* della guerra.

Kriegsentschädigung f <*meist pl*> riparazione f/indennità f di guerra.

kriegsentscheidend *adj* {AUFRÜSTUNG, ENTWICKLUNG EINER NEUEN WAFFE} decisivo per l'esito/le sorti della guerra.

Kriegsereignis *n* evento *m* bellico.

Kriegserklärung f dichiarazione f di guerra.

Kriegserlebnis *n* esperienza f di guerra.

Kriegsfall *m*: ˌ**für den**ˌ/[**im**] **~**, in caso di guerra; **sich auf den ~ vorbereiten**, prepararsi a un'eventuale guerra.

Kriegsfilm *m* film *m* di guerra.

Kriegsflüchtling *m* rifugiato *m*/profugo *m* di guerra.

Kriegsführung f *mil* strategia f di guerra, tattica f militare: **psychologische ~**, guerra psicologica.

Kriegsfuß *m*: **mit jdm auf (dem) ~ stehen/leben** *scherz*, essere in guerra con qu; **mit etw (dat) auf (dem) ~ stehen** *scherz* {MIT DEM COMPUTER, DER DEUTSCHEN GRAMMATIK, MATHEMATIK}, non andare affatto d'accordo con qc.

Kriegsgebiet *n* zona f di guerra.

Kriegsgefahr f pericolo *m* di guerra.

Kriegsgefangene <*dekl wie adj*> *mf* prigioniero (-a) *m* (f) di guerra.

Kriegsgefangenschaft f prigionia f (di guerra): **nach dreijähriger ~**, dopo tre anni di prigionia; **er war in russischer ~**, durante la guerra è stato prigioniero dei russi; **in ~ geraten/kommen**, cadere/[essere fatto] prigioniero di guerra.

Kriegsgegner *m* (**Kriegsgegnerin** f) **1** *pol* (*Pazifist*) pacifista *mf* **2** *mil* (*gegnerische Seite*) nemico *m*/avversario *m* (in guerra).

Kriegsgeneration f generazione f che ha vissuto la guerra.

Kriegsgericht *n* tribunale *m* ˌdi guerraˌ/[militare], corte f marziale: **jdn vor das/ein ~ stellen**, portare qu davanti alla corte marziale.

kriegsgeschädigt *adj* {LÄNDER, STÄDTE} danneggiato dalla guerra, che ha subito danni di guerra.

Kriegsgewinnler <-s, -> *m* (**Kriegsgewinnlerin** f) *pej* profittatore (-trice) *m* (f) di guerra.

Kriegsgott *m* (**Kriegsgöttin** f) *myth* dio *m*, dea f della guerra.

Kriegsgräberfürsorge f *adm* "associazione f privata per l'individuazione e la cura

delle tombe di guerra".
Kriegsgräuel (a.R. Kriegsgreuel) subst <nur pl> atrocità f pl/orrori m pl della guerra.
Kriegshafen m mil porto m ⌊di guerra⌋/[militare].
Kriegshandlung f <meist pl> mil operazione f/attività f bellica.
Kriegshetze f mil incitamento m alla guerra, bellicismo m.
Kriegshetzer m pej guerrafondaio m, bellicista m.
Kriegshinterbliebene <dekl wie adj> mf (Witwe eines Soldaten) vedova f di guerra; (Kind, das die Eltern im Krieg verloren hat) orfano (-a) m (f) di guerra.
Kriegsindustrie f mil industria f bellica/[di/della guerra].
Kriegsinvalide <dekl wie adj> mf invalido (-a) m (f) di guerra.
Kriegskamerad m mil obs compagno m ⌊di guerra⌋/[d'armi].
Kriegskind n bambino (-a) m (f) nato (-a) in guerra.
Kriegslist f stratagemma m (di guerra).
kriegslüstern adj pej {DIKTATOR, KREISE} guerrafondaio, bellicista.
Kriegsmarine f mil marina f militare.
Kriegsmaschine f pej macchina f ⌊della guerra⌋/[bellica].
Kriegsmaterial n mil materiale m bellico.
Kriegsministerium n hist ministero m della guerra.
kriegsmüde adj stanco di combattere.
Kriegsopfer n vittima f della/di guerra.
Kriegsopferversorgung f adm assistenza f (statale) alle vittime della guerra.
Kriegspfad m sentiero m di guerra • **auf den ~ gehen** scherz, scendere sul sentiero di guerra; **auf dem ~ sein** scherz, essere sul sentiero di guerra.
Kriegspropaganda f mil propaganda f bellica.
Kriegsrat m: ~ **(ab)halten** scherz {PERSONEN}, tenere un consiglio di guerra.
Kriegsrecht <-(e)s, ohne pl> n jur mil diritto m bellico • **das ~ über etw** (akk) **verhängen** {ÜBER EIN GEBIET, EIN LAND}, proclamare la legge marziale in qc; **gegen das ~ verstoßen** {STAAT}, violare il diritto bellico.
Kriegsreporter m (**Kriegsreporterin** f) reporter mf di guerra.
Kriegsrisiko n rischio m di guerra.
Kriegsroman m romanzo m di guerra.
Kriegsschaden m <meist pl> danno m di guerra.
Kriegsschauplatz m **1** mil teatro m della/di guerra, scenario m/scacchiere m bellico **2** fig teatro m di guerra.
Kriegsschiff n mil nave f da guerra.
Kriegsschulden subst <nur pl> debiti m pl di guerra.
Kriegsspiel n **1** (Kinderspiel) gioco m della guerra **2** mil simulazione f bellica.
Kriegsspielzeug n oft pej giocattolo m per giochi di guerra.
Kriegsstärke f mil effettivo m (in caso di guerra).
Kriegstanz m (bei Naturvölkern) danza f della guerra.
Kriegsteilnehmer m combattente m.
Kriegstote <dekl wie adj> mf morto (-a) m (f) in guerra.
Kriegstrauung f obs matrimonio m per procura (celebrato in tempo di guerra).
Kriegstreiber m pej → **Kriegshetzer**.
Kriegsverbrechen n jur crimine m di guerra.

Kriegsverbrecher m (**Kriegsverbrecherin** f) criminale mf di guerra.
Kriegsverbrechertribunal n jur pol tribunale m per i crimini di guerra.
Kriegsverletzung f ferita f di guerra.
kriegsversehrt adj mutilato di guerra.
Kriegsversehrte <dekl wie adj> mf mutilato (-a) m (f) di guerra.
Kriegsveteran m obs veterano m/[anziano combattente m] di guerra.
Kriegswirren subst <nur pl> caos m creato dalla guerra.
Kriegswirtschaft f ökon economia f ⌊di guerra⌋/[bellica].
Kriegszeit f tempo m/periodo m di guerra: **während der ganzen ~**, durante tutto il periodo della guerra; **in ~en**, in tempo di guerra.
Kriegszustand m stato m di guerra/belligeranza: **sich (mit etw dat) im ~ befinden** {LAND MIT EINEM ANDEREN}, essere in guerra (con qc).
Krill <-(e)s, ohne pl> n (Plankton) krill m.
Krim <-, ohne pl> f geog Crimea f.
Krimi <-s, -s> m fam **1** (Kriminalroman) giallo m fam, romanzo m poliziesco **2** (Kriminalfilm) giallo m fam, film m poliziesco.
Kriminalbeamte <dekl wie adj> m (**Kriminalbeamtin** f) funzionario (-a) m (f)/agente mf della polizia giudiziaria.
Kriminaler <-s, -> m fam → **Kriminalbeamte**.
Kriminalfall m caso m criminale.
Kriminalfilm m film TV film m giallo.
Kriminalgeschichte f **1** (Erzählung) racconto m poliziesco, giallo m **2** <nur sing> (Geschichte der Kriminalistik) storia f del crimine.
kriminalisieren <ohne ge-> tr **1** (als kriminell hinstellen) **jdn**/**etw** ~ {ABTREIBUNG, HOMOSEXULIE, HOMOSEXUALITÄT} criminalizzare qu/qc **2** (zum Kriminellen machen) **jdn** ~ {DROGENSUCHT, SOZIALE MISSSTÄNDE, SLUMS} portare qu alla delinquenza, indurre/spingere qu al crimine.
Kriminalist m (**Kriminalistin** f) **1** (Mitglied der Kriminalpolizei) funzionario (-a) m (f)/agente mf della/di polizia giudiziaria **2** (Experte für Verbrechen) esperto mf criminalista m.
Kriminalistik <-, ohne pl> f criminalistica f.
Kriminalistin f → **Kriminalist**.
kriminalistisch adj {FÄHIGKEITEN, SPÜRSINN} da detective.
Kriminalität <-, ohne pl> f **1** (Straffälligkeit) criminalità f, delinquenza f; {+HANDLUNG} criminosità f: **die ~ bei Jugendlichen**, la delinquenza giovanile **2** (Rate der Straffälligkeit) criminalità f, crimine m: **Großstädte müssen die steigende ~ bekämpfen**, le metropoli devono combattere la crescente criminalità • **organisierte ~**, criminalità organizzata, crimine organizzato.
Kriminalkommissar m (**Kriminalkommissarin** f) commissario (-a) m (f) di polizia giudiziaria.
Kriminalpolizei f polizia f giudiziaria.
Kriminalpolizist m (**Kriminalpolizistin** f) agente mf di polizia giudiziaria.
Kriminalprozess (a.R. Kriminalprozeß) m jur obs processo m penale.
Kriminalpsychologie f psicologia f criminale.
Kriminalrecht n jur obs diritto m penale.
Kriminalroman m romanzo m poliziesco/giallo, giallo m fam.
Kriminalstatistik f statistica f della cri-

minalità.
kriminell A adj **1** (verbrecherisch) {ELEMENT, METHODEN, ORGANISATION} criminale; (HANDLUNG, TAT, VERSUCH, VORHABEN) auch criminoso; (VEREINIGUNG) criminale, a delinquere: **er wendet ~e Methoden an**, usa metodi criminali **2** (strafbar) {HANDLUNGEN} criminale, criminoso: **~ werden** {DROGENSÜCHTIGE, JUGENDLICHE}, incorrere in un reato **3** fam (gefährlich) {FAHRSTIL} da criminale; (skandalös) {PREISE} scandaloso: **die Sache wird langsam ~**, la faccenda ⌊sta diventando⌋/[si sta facendo] pericolosa; **das finde ich ~!**, mi sembra da criminale! B adv (unverantwortlich) {AUTO FAHREN} come un (pazzo) criminale.
Kriminelle <dekl wie adj> mf criminale mf, delinquente mf: **jugendliche ~**, giovani delinquenti.
Kriminologe <-n, -n> m (**Kriminologin** f) criminologo (-a) m (f).
Kriminologie <-, ohne pl> f criminologia f.
Kriminologin f → **Kriminologe**.
Krimkrieg m hist: **der ~**, la guerra di Crimea.
Krimskrams <-(es), ohne pl> m fam carabattole f pl fam, cianfrusaglie f pl, ciarpame m.
Kringel <-s, -> m **1** (Schnörkel) cerchio m, ghirigoro m **2** gastr (ringförmiges Gebäckstück) "biscotto m a forma di ciambella".
kringeln A tr etw ~ {HAARSTRÄHNE} arricciare qc B rfl sich ~ {HAARE} arricciarsi • **das ist zum Kringeln!** fam, è da crepare/morire dal ridere!; **sich (vor Lachen) ~** fam, ⌊buttarsi via⌋/[piegarsi in due]/[torcersi] dalle risate fam.
Krinoline <-, -n> f hist crinolina f.
Kripo <-, ohne pl> f fam Abk von Kriminalpolizei: polizia f giudiziaria.
Krippe <-, -n> f **1** (Futterkrippe) mangiatoia f, greppia f **2** (Weihnachtskrippe) presepe m **3** fam (Kinderkrippe) (asilo m) nido m.
Krippenfigur f figura f/figurina f del presepe.
Krippenplatz m posto m all'asilo nido.
Krippenspiel n rappresentazione f della Natività, recita f di Natale.
Krippentod m med morte f in culla.
Krise <-, -n> f **1** (schwierige Zeit) crisi f: **das Unternehmen hat die finanzielle ~ endlich überwunden**, l'azienda ha finalmente superato la crisi economica; **die letzten Ereignisse haben zu einer politischen ~ geführt**, gli ultimi avvenimenti hanno portato ad una crisi politica **2** med (Höhepunkt einer Erkrankung) crisi f • **sich in einer ~ befinden**, **eine ~ durchmachen** {PERSON, STAAT, UNTERNEHMEN}, essere in crisi, ⌊attraversare un periodo⌋/[passare un momento] di crisi; **eine (wirtschaftliche) ~ steht bevor**, ⌊c'è aria di⌋/[si profila una]/[è imminente una] crisi (economica); **zu einer wirtschaftlichen ~ führen** {ARBEITSLOSIGKEIT, INFLATION}, portare ad una crisi economica; **in eine ~ geraten**, entrare/andare in crisi; **ich krieg' die ~!**, mi viene una crisi isterica/[di nervi]!; **eine seelische ~**, una crisi psicologica; **in einer ~ stecken/sein**, essere in crisi.
kriseln unpers: **es kriselt**, c'è (una) crisi; **zwischen ihnen kriselt es schon lange**, è da un po' che sono in crisi.
krisenanfällig adj {INDUSTRIEBEREICH, UNTERNEHMEN} soggetto a crisi.
krisenfest adj {GELDANLAGE, IMMOBILIE} immune/refrattario alle crisi (economiche), a prova di crisi (economiche).
Krisengebiet n zona f calda, focolaio m di

crisi.
krisengeschüttelt adj {LAND, REGION} attraversato da violente crisi.
Krisenherd m focolaio m di crisi.
Krisenintervention f intervento m in caso di crisi.
Krisenmanagement n gestione f della crisi: **jdn mit dem ~ beauftragen**, incaricare qu di gestire la crisi.
Krisenmanager m (**Krisenmanagerin** f) gestore (-trice) m (f) della crisi.
Krisensituation f situazione f critica/[di crisi].
Krisensitzung f riunione f ˌdi emergenzaˌ/[straordinaria].
Krisenstab <-(e)s, ohne pl> m unità f di crisi.
Krisenzeit f periodo m ˌdi crisiˌ/[critico].
Kristall① <-s, -e> m min cristallo m: **~e bilden**, formare dei cristalli.
Kristall② <-s, ohne pl> n **1** (Glas) cristallo m: **wir verkaufen nur Gläser aus ~**, vendiamo solo bicchieri di cristallo **2** (Gegenstände aus ~) cristalleria f, cristalli m pl.
kristallartig adj {MATERIAL} cristallino, cristalloide.
Kristallbildung f cristallizzazione f.
kristallen adj <attr> {FIGUR, SCHALE, VASE} di cristallo, cristallino.
Kristallglas n **1** <nur sing> (hochwertiges Glas) cristallo m **2** (Trinkglas) bicchiere m di cristallo.
kristallin, kristallinisch adj {MINERAL} cristallino.
Kristallisation <-, -en> f chem cristallizzazione f.
kristallisieren <ohne ge-> Ⓐ itr {DIAMANT} cristallizzare Ⓑ rfl **sich ~ 1** chem min cristallizzarsi **2** geh (Kontur gewinnen) {EINDRÜCKE, UNKLARE GEDANKEN, IDEEN} assumere contorni netti.
kristallklar adj {BACH, SEE, STIMME, TON, WASSER} cristallino, limpido come il cristallo.
Kristallkugel f sfera f di cristallo.
Kristallleuchter, Kristall-Leuchter m lampadario m di cristallo.
Kristalllüster, Kristall-Lüster m obs lampadario m di cristallo.
Kristallnacht f hist euph: **die ~**, la notte dei cristalli.
Kristallschale f coppa f di cristallo.
Kristallvase f vaso m di cristallo.
Kristallzucker m zucchero m cristallizzato.
Kriterium <-s, Kriterien> n **1** (Merkmal) criterio m: **es ist nicht ganz klar, nach welchen Kriterien die Romane ausgewählt wurden**, non è chiaro secondo/[sulla base di] quali criteri siano stati scelti i romanzi **2** sport criterium m ● **bestimmte Kriterien anlegen**, adottare/applicare determinati criteri; **Kriterien aufstellen/festlegen**, stabilire/fissare dei criteri.
Kritik <-, -en> f **1** <meist sing> (Beurteilung) ~ (**an jdm/etw**) critica f (a qu/qc): **harte ~**, dura critica; **heftige/scharfe ~**, critica violenta/feroce; **konstruktive ~**, critica costruttiva; **sachliche ~**, critica oggettiva/spassionata; **vernichtende ~**, critica al vetriolo; **er verträgt keine ~**, non sopporta le critiche; **an der Steuerreform wurde von den Gewerkschaften heftige ~ geübt**, la riforma fiscale è stata oggetto di aspre critiche da parte dei sindacati; **ich habe nur eine kleine ~ anzubringen**, vorrei solo fare un piccolo appunto **2** (Rezension) critica f: **hast du schon die ~en gelesen?**, hai già letto le critiche?; **der neue Film von Wenders hatte eine gute ~**, il nuovo film di Wenders è stato accolto favorevolmente dalla critica; **eine ~ über ein Buch schreiben/verfassen**, scrivere/redigere la recensione di un libro **3** <nur sing> (die Kritiker) critica f ● **bei der ~ gut ankommen**, essere accolto bene dalla critica; **etw ohne jede ~ hinnehmen**, accettare qc senza batter ciglio; **sich der ~ stellen**, esporsi/[offrire il fianco] alle critiche; **auf heftige ~ stoßen**, incontrare dure/severe critiche; **~ an jdm/etw üben**, muovere/fare ˌuna criticaˌ/[delle critiche] a qu/qc; **unter aller/jeder ~ (sein)** fam {DARBIETUNG, VORSTELLUNG}, (essere) improponibile; **die Fußballmannschaft spielte unter aller ~**, la squadra di calcio ha fatto veramente pena.
Kritikaster <-s, -> m geh pej criticone (-a) m (f).
Kritiker <-s, -> m (**Kritikerin** f) **1** (kritisierender Mensch) critico (-a) mf: **er gehört zu den ~n der Rentenreform**, è tra quelli che criticano la riforma delle pensioni **2** (Rezensent) critico (-a) mf: **er ist ein bekannter ~**, è un noto critico.
kritikfähig adj {PERSON} capace di esprimere un giudizio critico, dotato di senso/spirito critico.
Kritikfähigkeit <-, ohne pl> f capacità f critica, senso m/spirito m critico.
kritiklos oft pej Ⓐ adj {ÄUßERUNG, EINSTELLUNG, HALTUNG, KOMMENTAR, MEINUNG} acritico; {LESER, ZUSCHAUER} auch privo di senso/spirito critico Ⓑ adv {AKZEPTIEREN, GEGENÜBERSTEHEN, ÜBERNEHMEN} in modo acritico, senza senso/spirito critico.
kritisch Ⓐ adj **1** (streng beurteilend) {AUSGABE, EINSTELLUNG, KOMMENTAR, LESER, ZUSCHAUER} critico **2** (negativ beurteilend) {ÄUßERUNG, BEMERKUNG} critico; {WORTE} auch di critica **3** (bedenklich) {ALTER, GESUNDHEITSZUSTAND, PHASE, PUNKT, SITUATION} critico: **die Lage im Kosovo ist noch immer sehr ~**, la situazione nel Kosovo continua a essere molto critica Ⓑ adv {SICH ÄUßERN, SICH VERHALTEN} in modo critico; {BEURTEILEN, KOMMENTIEREN} con mente critica, criticamente: **etw ~ prüfen**, analizzare/esaminare qc ˌin modoˌ/[con occhio] critico; **er steht allem Neuen sehr ~ gegenüber**, è molto critico nei confronti di ogni novità.
kritisieren <ohne ge-> Ⓐ tr **1** (sich kritisch äußern) **jdn/etw ~** {ENTSCHEIDUNG, GESCHÄFTSPARTNER, MAßNAHME, REGIERUNG, VERHALTEN} criticare qu/qc: **kritisiert werden**, essere criticato, ricevere delle critiche; **etw öffentlich ~**, criticare qc pubblicamente; **sie hat an allem etwas zu ~**, ha/trova sempre da ridire/sindacare su tutto, critica sempre tutto; **der findet doch nie eine Frau, er hat an jeder was zu ~** fam, non troverà mai moglie, non gliene va bene una **2** (rezensieren) **etw ~** {BUCH, THEATERSTÜCK} fare una critica di qc, criticare qc Ⓑ itr criticare, fare delle critiche.
kritteln itr pej (**an jdm/etw**) ~ trovare (sempre) da ridire (su qu/qc): **er hat immer etwas zu ~**, trova sempre da ridire.
Kritzelei <-, -en> f fam pej **1** <nur sing> (das Kritzeln) scarabocchiare m: **lass diese ~!**, smettila di scarabocchiare! **2** (das Gekritzel) scarabocchi m pl fam, sgorbi m pl: **ich möchte wissen, wer diese ~en lesen soll!**, vorrei proprio sapere chi riuscirà a leggere questi scarabocchi!
kritzeln Ⓐ tr **1** (schlecht schreiben) **etw** (**irgendwohin**) ~ {NAMEN, TELEFONNUMMER} scarabocchiare qc (+ compl di luogo): **ich hatte den Namen schnell auf ein Stück Papier gekritzelt, aber jetzt kann ich ihn nicht mehr lesen**, avevo appuntato in fretta e furia il nome su un pezzo di carta, ma ora non riesco più a leggerlo **2** (zeichnen) **etw ~** {FIGUREN, STRICHE} scarabocchiare qc: **etw irgendwohin ~** fare degli scarabocchi + compl di luogo: **Schnörkel auf ein Blatt Papier ~**, fare ˌdei ghirigoriˌ/[degli scarabocchi] su un foglio di carta; **bitte nichts ins Telefonbuch ~!**, ˌper favoreˌ/[ti prega di] non scarabocchiare l'elenco telefonico! Ⓑ itr (**irgendwohin**) ~ {AUF PAPIER, AUF DEN TISCH, AN DIE WAND} fare degli scarabocchi (+ compl di luogo).
Kroate <-n, -n> m (**Kroatin** f) croato (-a) m (f): **sie ist Kroatin**, è croata, viene dalla Croazia.
Kroatien <-s, ohne pl> n geog Croazia f.
Kroatin f → **Kroate**.
kroatisch adj geog {SITTEN, SPRACHE, STADT} croato, della Croazia.
kroch 1. und **3.** pers sing imperf von kriechen.
Krokant <-(e)s, ohne pl> m **1** (Masse) croccante m **2** (mit gefüllte Praline) croccantino m.
Krokette <-, -n> f <meist pl> gastr crocchetta f di patate, croquette f.
Kroko <-s, ohne pl> n fam → **Krokodilleder**.
Krokodil <-s, -e> n zoo coccodrillo m.
Krokodilleder n (pelle f di) coccodrillo m: **eine Tasche aus ~**, una borsa di coccodrillo.
Krokodilstränе f <meist pl> fam lacrima f di coccodrillo ● **~n weinen/vergießen**, piangere/versare lacrime di coccodrillo.
Krokus <-s, -(se)> m bot croco m.
Krone <-, -n> f **1** (Kopfschmuck eines Herrschers) corona f: **eine achtzackige ~**, una corona a otto punte; **eine goldene ~**, una corona d'oro; **die ~ der deutschen Kaiser**, la corona degli imperatori tedeschi **2** (Herrscherhaus) Corona f: **die englische/spanische ~**, la Corona inglese/spagnola **3** bot (Baumkrone) corona f, chioma f **4** med (Zahnkrone) corona f, capsula f **5** (Währungseinheit) corona f **6** <nur sing> (Krönung) coronamento m ● **jdm die ~ aufsetzen** {EINEM KÖNIG, EINER KÖNIGIN}, incoronare qu; **etw (dat) die ~ aufsetzen: das setzt doch allem die ~ auf!** fam, (questo) è veramente il colmo! fam; **seine Absage setzte dem Ganzen noch die ~ auf**, la sua disdetta è stata la ciliegina sulla torta; **einen in der ~ haben** fam, essere brillo, aver alzato troppo il gomito fam; **der hat aber ganz schön einen in der ~!** fam, è parecchio sbronzo quel tipo! fam; **die ~ niederlegen** {KAISER, KÖNIG}, deporre la corona geh.
krönen tr **1** (die Krone aufsetzen) **jdn ~** {KAISER, KÖNIG} incoronare qu: **jdn zum Kaiser ~**, incoronare qu imperatore **2** (abschließen) **etw ~** {AUSZEICHNUNG JDS LEBENSWERK, BEFÖRDERUNG, EHRUNG berufliche LAUFBAHN; GUTES ESSEN FEST} coronare qc: **seine Bemühungen waren von Erfolg gekrönt**, i suoi sforzi sono stati coronati da successo; **etw mit etw** (dat) {SPORTLICHE KARRIERE MIT EINEM WELTMEISTERTITEL} coronare qc con qc; **der ~de Abschluss**, la degna conclusione **3** (überspannen) **etw ~** {GLASKUPPEL DEN REICHSTAG} coronare qc.
Kronenkorken, Kronkorken m tappo m a corona.
Kronjuwel n oder m <meist pl> gioiello m della Corona.
Kronleuchter m lampadario m.
Kronprinz m **1** (Thronfolger) principe m ereditario **2** (offizieller Nachfolger) {+PARTEIVORSITZENDER, PRÄSIDENT} delfino m, erede m designato.
Kronprinzessin f **1** (Thronerbin) principessa f ereditaria **2** (Gattin des Thronerben)

moglie f del principe ereditario.
Kronsbeere f norddt → **Preiselbeere**.
Kronschatz m tesoro m della corona.
Krönung <-, -en> f **1** (das Krönen) {+HERRSCHER} incoronazione f, coronamento m **2** (Höhepunkt) {+ABEND, FEIER, VERANSTALTUNG} coronamento m, momento m culminante.
Kronzeuge m (**Kronzeugin** f) jur superteste mf, supertestimone mf; (Reuige) pentito (-a) m (f), collaboratore (-trice) m (f) di giustizia ● (**in etw dat**) ⌊**als ~ auftreten**⌋/[~ **sein**] {IN EINEM PROZESS}, comparire come superteste (in qc), essere supertestimone (in qc).
Kronzeugenregelung f jur (in Italien) legge f sui pentiti.
Kropf <-(e)s, Kröpfe> m **1** med (Schilddrüsenvergrößerung) gozzo m **2** ornith {+VOGEL} gozzo m, ingluvie f ● **unnötig/überflüssig wie ein ~ sein** fam, non servire a nulla, essere del tutto superfluo/inutile.
Kroppzeug <-(e)s, ohne pl> n fam pej **1** (Gesindel) gentaglia f, marmaglia f **2** (unnützer Kram) robaccia f fam, cianfrusaglie f pl, ciarpame m.
kross (a.R. kroß) norddt gastr **A** adj {BRÖTCHEN} croccante; {TOAST} auch abbrustolito **B** adv: **~ gebraten**, ben cotto e croccante; **~ gebacken**, croccante.
Krösus <- oder -ses, -se> m fam scherz creso m, nababbo m: **der ist ein richtiger ~**, è ricco come creso!; **er fühlt sich als ~**, si crede creso!; **ich bin doch kein ~!**, non sono mica Rockefeller/[Paperon de' Paperoni]! fam.
Kröte <-, -n> f **1** zoo rospo m **2** fam oft scherz (ungezogenes kleines Mädchen) streghetta f fam: **jetzt schau dir diese kleine ~ an!**, ma guardala, questa piccola peste! fam **3** <nur pl> fam (Geld) quattrini m pl fam, grana f slang: **wegen der paar ~n machst du so ein Theater!**, fai un sacco di storie per ⌊quei due soldi⌋/[quelle due lire]! ● **eine/die ~ schlucken**, ingoiare/[mandare giù] il rospo fam; **diese ~ wirst du wohl oder übel schlucken müssen!**, dovrai ingoiare il rospo, volente o nolente!
Krötenwanderung f zoo "migrazione f primaverile dei rospi che cercano un posto adatto per deporre le uova".
Krs. Abk von Kreis: circondario m.
Krücke <-, -n> f **1** (Stock) gruccia f, stampella f: **nach dem Unfall geht er an ~n**, dopo l'incidente cammina con le grucce/stampelle **2** (Schirmkrücke, Stockkrücke) manico m **3** slang pej (Versager) schiappa f fam, frana f fam, brocco m fam **4** fam (untauglisches Gerät) catorcio m fam: **mit der ~ (von Auto) kommst du doch nicht mehr bis nach Italien!**, con questo catorcio non ci arrivi mica in Italia!
Krückstock m bastone m (da passeggio).
Krug <-(e)s, Krüge> m **1** (Gefäß) brocca f; (Trinkkrug, bes. für Bier o. Wein) boccale m: **ein** ⌊**aus Ton**⌋/[irdener ~], una brocca di terracotta; **die Blumen in einen ~ mit Wasser stellen**, mettere i fiori in una brocca piena di acqua; **ein ~ +** subst {BIER}, un boccale di qc; {MILCH, WASSER} una brocca di qc; **ein ~ voll Wein**, una brocca piena di vino **2** bes. norddt fam (Gasthaus) osteria f ● **der ~ geht so lange zum Brunnen, bis er bricht** prov, tanto va la gatta al lardo che ci lascia lo zampino prov.
Krume <-, -n> f **1** <meist pl> geh (Brösel) briciola f/minuzzolo m (di pane) **2** (Inneres vom Brot) mollica f **3** <meist sing> (Ackerkrume) strato m superiore del terreno.
Krümel <-s, -> m **1** (Brösel) briciola f, mollica f pl: **mach doch nicht so viele ~! Ich ha-**

be gerade erst geputzt, non fare tutte quelle briciole! Ho appena pulito; **sie haben die Torte bis auf den letzten ~ aufgegessen**, hanno spolverato la torta fino all'ultima briciola **2** region fam scherz (kleiner Junge) minuzzolo m fam **3** (kleine Menge) briciolo m: **es ist kein ~ Mehl mehr da**, non c'è più un briciolo di farina.
krümelig, krümlig adj **1** (Krümel bildend) {BROT, ERDE, GEBÄCK, KUCHEN} friabile, che si sbriciola **2** (voller Krümel) pieno di briciole: **die Tischdecke ist ganz ~**, la tovaglia è tutta piena di briciole.
krümeln itr **1** (Krümel machen) {KIND} fare briciole, sbriciolare: **müsst ihr denn immer so ~?**, ma dovete fare sempre tante briciole? **2** (leicht zerbröseln) {BROT, KUCHEN} sbriciolarsi.
krümlig adj → **krümelig**.
krumm **A** adj **1** (verbogen) {AST, BAUM, DRAHT, LINIE, NAGEL} storto, curvo; {STANGE} incurvato **2** (gebogen) {BEINE} storto; {NASE} auch ricurvo; {RÜCKEN, SCHULTERN} curvo, incurvato: **mit zunehmendem Alter ist sein Rücken ~ geworden**, con l'età gli si è incurvata la schiena; **im Alter ~ werden**, incurvarsi in vecchiaia **3** <attr> fam (unrechtmäßig) {GESCHÄFT} losco, poco pulito: **er hat so ein paar ~e Dinger gedreht** fam, ha fatto alcune cose ⌊poco pulite⌋/[parecchio losche]; **etw auf die ~e Tour versuchen**, tentare di fare qc con mezzi poco puliti; **warum versucht du es denn immer auf die ~e Tour? Sei doch mal ehrlich zu den Leuten!**, perché cerchi sempre di fare il furbo/la furba? Prova per una volta ad essere onesto con la gente! **B** adv: **etw ~ biegen**, incurvare qc; **~ gehen**, camminare curvo (-a); **etw ~ machen** {BEIN, KNIE}, piegare qc ● **sich ~ und schief lachen** fam, contorcersi dalle risa, piegarsi in due dalle risate fam.
krummbeinig adj dalle/[con le] gambe storte: **~ sein** {MENSCH}, avere le gambe storte.
krumm|biegen <irr> tr → **krumm**.
krümmen **A** tr (biegen) **etw ~** {FINGER} piegare qc; {RÜCKEN} auch incurvare qc, inarcare qc: **ihm wurde kein Haar gekrümmt**, non gli è stato torto un capello **B** rfl **1** (eine Biegung machen) **sich ~** {FLUSS, STRASSE} incurvarsi, curvare, piegare, fare una curva **2** (sich beugen) **sich ~** {AST, BAUMSTAMM} incurvarsi, piegarsi, inarcarsi: **sich unter der Last ~** {AST}, piegarsi sotto il peso di qc **3** (sich winden) **sich ~** (vor etw dat) ~ (con)torcersi (da/per qc); {SCHLANGE, WURM} strisciare: **sich vor Lachen ~**, contorcersi dalle risa, piegarsi in due dal ridere fam; **sich vor Schmerzen ~**, contorcersi dal/[per il] dolore, piegarsi in due dai dolori.
krumm|lachen rfl fam **sich ~** contorcersi/spanciarsi dalle risate fam, piegarsi in due dal ridere fam; **sich über jdn/etw ~** {ÜBER EINEN KOMISCHEN MENSCHEN, EINEN WITZ} ridere a crepapelle di qu/qc.
krumm|legen rfl fam **sich ~** (für jdn/etw) **~** {FÜR EIN AUTO, DAS HAUS, DIE KINDER} tirare/stringere la cinghia (per fare qc): **in den ersten Jahren ihrer Ehe mussten sie sich ~, um die Eigentumswohnung abzuzahlen**, nei primi anni di matrimonio dovettero tirare la cinghia per finire di pagare la casa.
krumm|machen tr → **krumm**.
krummnasig adj pej {MENSCH} dal/[con il] naso storto/ricurvo.
krumm|nehmen <irr> tr (jdm) **etw ~** {ÄUSSERUNG, BEMERKUNG, VERHALTEN} prendersela (con qu) per qc, aversene a male per qc: **hast du mir mein Verhalten neulich abends krummgenommen?**, te ne sei avuto

(-a) a male per il mio comportamento dell'altra sera?; **er hat es mir krummgenommen, dass ich mich nicht mehr gemeldet habe**, se l'è presa (con me) perché non mi sono più fatto (-a) vivo (-a); **ich hoffe, Sie haben es mir nicht krummgenommen**, spero che Lei non ce l'abbia con me.
Krummsäbel m scimitarra f.
Krummstab m (bastone m) pastorale m.
Krümmung <-, -en> f **1** (Biegung) {+FLUSS, STRASSE, WEG} curva f, curvatura f **2** {+WIRBELSÄULE} incurvamento m, curvatura f; {+RÜCKEN} auch inarcatura f **3** geom phys curvatura f.
Kruppe <-, -n> f {+PFERD} groppa f.
Krüppel <-s, -> m **1** oft pej (missgebildeter Mensch) storpio m **2** (Invalide) invalido m: **der schwere Unfall auf dem Bau hat ihn zum ~ gemacht**, quel grave incidente sul cantiere lo ha reso storpio ● **jdn zum ~ machen**, storpiare qu, rendere storpio (-a) qu; **jdn zum ~ schlagen**, picchiare qu così forte da renderlo storpio, ridurre qu uno storpio a furia di botte; **ein seelischer/psychischer ~ sein**, essere malato nell'animo; **(durch etw akk) zum ~ werden** {DURCH EINEN UNFALL}, diventare/restare storpio (-a) (per qc).
krüppelhaft adj {WUCHS} storpio, storpiato.
krüppelig, krüpplig adj {BAUM} deforme, storto.
Kruste <-, -n> f {+BRATEN, BROT, BRÖTCHEN, WUNDE} crosta f: **das Brot hat eine knusprige ~**, il pane ha una crosta croccante; **auf der Wunde hat sich eine ~ gebildet**, sulla ferita si è formata una crosta, la ferita ha fatto la crosta.
Krustenbildung f **1** (Vorgang) incrostazione f **2** (Resultat) incrostazione f.
Krustentier n zoo crostaceo m.
krustig adj **1** (Verkrustungen aufweisend) {SCHIFFSRUMPF, TOPF} incrostato **2** med {WUNDE} ⌊che ha fatto⌋/[con] la crosta.
Krux <-, ohne pl> f geh → **Crux**.
Kruzifix <-es, -e> n relig crocifisso m ● **~ (noch mal)!** fam region, Cristo santo! fam.
Kruzitürken interj fam obs maledizione!
Kryochirurgie f med criochirurgia f.
Krypta <-, Krypten> f arch relig cripta f.
kryptisch adj geh criptico.
Kryptografie <-, -n> f inform crittografia f.
Kryptogramm n crittogramma m.
Kryptographie f → **Kryptografie**.
Kryptologie <-, ohne pl> f inform tel crittologia f.
Krypton <-s, ohne pl> n chem cripto m.
KSZE <-, ohne pl> f Abk von Konferenz über Sicherheit und Zusammenarbeit in Europa: CSCE f (Abk von Conferenza sulla Sicurezza e la Cooperazione in Europa).
Kto Abk von Konto: c (Abk von conto).
Kuba n geog Cuba f: **er lebt auf/in fam ~**, vive a Cuba.
Kubaner <-s, -> m (**Kubanerin** f) cubano (-a) m (f).
kubanisch adj {MUSIK, TRADITION} cubano (-a), di Cuba.
Kübel <-s, -> m **1** (Bottich) mastello m, tinozza f **2** süddt A (Eimer) secchio m **3** CH (Mülleimer) pattumiera f **4** (Pflanzenkübel) vaso m ● **es gießt/regnet wie aus ~n**, piove a catinelle.
Kübelpflanze f pianta f da vaso.
Kuben pl von Kubus.
kubieren <ohne ge-> tr **etw ~** {ZAHL} elevare qc al cubo.
Kubik subst <nur pl> fam centimetri m pl cu-

bi (Abk cc).
Kubikmeter n oder m (Abk cbm) metro m cubo (Abk mc).
Kubikwurzel f math radice f cubica.
Kubikzahl f math cubo m, terza potenza f.
Kubikzentimeter n oder m (Abk ccm) centimetro m cubo (Abk cc.).
kubisch adj math {FORM} cubico; {GEBÄUDE, KÖRPER} auch a forma di cubo, cubiforme; {GLEICHUNG} cubico.
Kubismus <-, ohne pl> m kunst cubismo m.
Kubist <-en, -en> m (**Kubistin** f) cubista mf.
kubistisch adj {BILD, KÜNSTLER} cubista.
Kubus <-, Kuben> m math cubo m.
Küche <-, -n> f **1** (Raum) cucina f: **unsere Wohnung hat eine sehr große ~**, il nostro appartamento ha una cucina molto grande; **wir essen unter der Woche immer in der ~**, durante la settimana mangiamo sempre in cucina; **seiner Meinung nach gehören Frauen in die ~**, secondo lui ₁le donne devono stare₁/[il posto delle donne è] in cucina **2** (Gesamtheit der Küchenmöbel) cucina f: **wir müssen uns eine neue ~ kaufen**, dobbiamo comprare una cucina nuova **3** (Art des Kochens) cucina f: **die italienische/französische ~**, la cucina italiana/francese; **gutbürgerliche ~**, cucina casalinga; **kalte/warme ~**, piatti freddi/caldi; **dieses Hotel hat eine vorzügliche ~**, questo albergo ha una cucina eccellente, in questo albergo si mangia molto bene **4** (nur sing) (~npersonal) personale m di cucina.
Kuchen <-s, -> m **1** (großes Gebäck) dolce m, torta f: **einen ~ backen/machen**, fare un dolce (in forno); **habt ihr den ~ schon angeschnitten?**, avete già cominciato a tagliare il dolce?; **möchtest du noch ein Stück ~?**, vuoi un'altra fetta di torta? **2** <meist pl> (Kleingebäck) paste f pl: **ich gehe ~ kaufen**, vado a comprare delle paste.
Küchenabfall m <meist pl> rifiuti m pl di cucina.
Küchenabzugshaube f cappa f ₁di aspirazione₁/[aspirante].
Küchenarbeit f lavoro m di/in cucina.
Küchenbeleuchtung f illuminazione f in/della cucina.
Küchenbenutzung f uso m di cucina: **Zimmer mit ~ zu vermieten**, affittasi camera con uso cucina.
Kuchenblech n piastra f da/del forno, teglia f per dolci.
Küchenbüfett n, **Küchenbuffet** n obs → **Küchenschrank**.
Küchenbulle m mil scherz cuoco m.
Küchenchef m (**Küchenchefin** f) chef m, capocuoco (-a) m (f).
Kücheneinrichtung f arredamento m della cucina: **wir müssen noch die ~ kaufen**, dobbiamo ancora comprare ₁la cucina₁/[i mobili per la cucina].
Küchenfee f fam scherz regina f dei fornelli scherz.
Küchenfenster n finestra f della/di cucina.
Kuchenform f stampo m per dolci; (bes. rund) tortiera f.
Kuchengabel f forchetta f da dessert.
Küchengerät n utensile m da cucina; (elektrisches ~) elettrodomestico m da cucina.
Küchenhandtuch n asciugamano m da cucina.
Küchenherd m cucina f, fornello m (da cucina), fornelli m pl: **elektrischer ~**, cucina elettrica, fornelli elettrici.

Küchenhilfe f aiuto m di cucina, sguattero (-a) m (f).
Küchenkabinett n geh pol squadra f di consulenti.
Küchenkraut n <meist pl> bot erba f aromatica.
Küchenlampe f lampada f da cucina.
Küchenlatein n geh pej latino m maccheronico.
Küchenmaschine f robot m da cucina.
Küchenmesser n coltello m da cucina.
Küchenmöbel n <meist pl> mobile m di/ [per la] cucina.
Küchenpapier n carta f assorbente da cucina.
Küchenpersonal n personale m di cucina.
Küchenrolle f (rotolo m di) carta f assorbente da cucina.
Küchenschabe f zoo scarafaggio m, blatta f.
Küchenschrank m armadietto m/mobiletto m da cucina.
Küchenschürze f grembiule m (da cucina).
Küchenstuhl m sedia f da/della cucina.
Kuchenteig m gastr impasto m per/da torte/dolci.
Kuchenteller m piattino m da dolce/dessert.
Küchentisch m tavolo m da/della cucina.
Küchentuch n canovaccio m.
Küchenuhr f orologio m da cucina.
Küchenwaage f bilancia f da cucina.
Kuchenzange f molle f pl per dolci.
Küchenzeile f cucina f monoblocco.
Küchenzettel m lista f delle vivande, menu m.
Küchlein <-s, -> n dim von Kuchen fam region tortina f, dolcetto m.
kucken itr norddt fam → **gucken**.
Kücken <-s, -> n A → **Küken**.
kuckuck interj **1** (Laut des Kuckucks) cucù! **2** fam (beim Versteckspiel) cucù!: **~ machen**, fare cucù.
Kuckuck <-s, -e> m **1** ornith cuculo m: **männlicher/weiblicher ~**, maschio/femmina del cuculo, cuculo maschio/femmina **2** fam (Pfandsiegel) sigillo m (dell'ufficiale giudiziario): **an diesen Sachen klebt schon der ~**, queste cose sono già confiscate ● **hol's der ~!** fam, accidenti! fam, al diavolo! fam; **hol dich der ~!**, **der ~ soll dich holen!** fam, vai ₁al diavolo₁/[a quel paese]! fam, accidenti a te! fam; **(das) weiß der ~!** fam, lo sa il diavolo! fam; **jdn zum ~ wünschen**, mandare ₁al diavolo₁/[a quel paese] qu fam; **zum ~ (noch mal)!** fam, al diavolo! fam, all'inferno! fam; **was zum ~ ist denn hier los?**, ma che diavolo sta succedendo qui?; **wo zum ~ sind bloß meine Schlüssel hingekommen?**, dove diamine saranno finite le mie chiavi?
Kuckucksei n **1** ornith uovo m del/di cuculo **2** fam (unangenehme Überraschung) fregatura f fam, brutto scherzo m fam **3** fam pej (uneheliches Kind) bastardo m pej ● **jdm ein ~ ins Nest legen**, fare un bello scherzetto a qu.
Kuckucksuhr f orologio m a cucù.
Kuddelmuddel <-s, ohne pl> n oder m fam casino m fam, guazzabuglio m.
Kufe <-, -n> f {+FLUGZEUG, SCHLITTEN} pattino m; {+SCHLITTSCHUH} lama f.
Küfer <-s, -> m süddt CH → **Böttcher**.
Kugel <-, -n> f **1** (runder Gegenstand) palla f: **eine ~ aus Kristall**, una palla/sfera di cristallo; **(kleine Glaskugel)** bi(g)lia f; (Weihnachtskugel) pallina f **2** geom sfera f **3** (Erd-

kugel) globo m, sfera f **4** sport (Stoß~) peso m; (Kegelkugel) boccia f; (Billardkugel) bi(g)lia f, palla f **5** (Gewehrkugel) pallottola f, proiettile m; (Kanonenkugel) palla f ● **von einer ~ getroffen werden**, essere colpito da una pallottola/un proiettile; **sich (dat) die ~ geben** fam, spararsi fam; **sich (dat) eine ~ durch/in den Kopf jagen** fam, ₁piantarsi una pallottola slang₁/[spararsi un colpo fam] in testa; **eine ruhige ~ schieben** fam, prendersela comoda.
Kugelblitz m fulmine m globulare.
Kügelchen <-s, -> n dim von Kugel (aus Papier) pallina f; (aus Glas) auch sferetta f, bi(g)lia f; (aus Blei) pallina f.
Kugelfang m **1** (Vorrichtung) parapalle m **2** (Mensch) scudo m (umano).
kugelfest adj → **kugelsicher**.
kugelförmig adj {GEBILDE, GELENKKOPF} sferico.
Kugelgelenk n **1** anat articolazione f sferica **2** tech giunto m sferico.
Kugelhagel m pioggia f di pallottole/proiettili.
kugelig adj → **kugelförmig**.
Kugelkopf m tech testina f rotante per macchine da scrivere.
Kugelkopfschreibmaschine f tech macchina f da scrivere a testina rotante.
Kugellager n tech cuscinetto m a sfere.
kugeln A tr <haben> **etw irgendwohin ~** {BALL, GLASKUGELN, MURMELN} far rotolare qc + compl di luogo B itr <sein> **irgendwohin ~** {BALL, MURMELN AUF DIE STRAßE, UNTER DEN TISCH} rotolare + compl di luogo C rfl <haben> **sich ~** {KINDER, TIER} rotolarsi ● **sich ~ können**, poter rotolarsi in terra dal ridere; **ich könnte mich ~!** fam, muoio dal ridere! fam; **zum Kugeln sein**: **das ist ja zum Kugeln!** fam, c'è da sbellicarsi dalle risa! fam; **der/ die ist wirklich zum Kugeln!**, quello/quella ti fa morire dal ridere!
kugelrund adj **1** (kugelförmig) {GEGENSTAND} sferico, tondo **2** fam (dick) {MENSCH} tondo come una palla fam.
Kugelschreiber m penna f a sfera, biro f fam.
kugelsicher adj {PANZERUNG, SCHILD, WESTE} antiproiettile: **~es Glas**, vetro antiproiettile.
Kugelstoßen <-s, ohne pl> n sport lancio m del peso.
Kugelstoßer m (**Kugelstoßerin** f) lanciatore (-trice) m (f) del/di peso.
Kuh <-, Kühe> f **1** zoo (weibliches Hausrind) vacca f, mucca f: **die Kuh melken**, mungere la mucca; **die Kuh macht muh ~** [muht], la mucca ₁fa muh₁/[muggisce] **2** fam zoo (weibliches Tier von Hirschen, Elefanten, Giraffen u. Ä.) femmina f **3** pej (weibliche Person) stupida f fam, cretina f fam ● **blöde/ dumme Kuh!** fam, cretina!, stupida!; **so eine blöde Kuh!**, che razza di scema!; **die Kuh ist vom Eis** fam, il problema è risolto, la faccenda è sistemata; **die Kuh vom Eis bringen/ holen/kriegen** fam, (riuscire a) risolvere un problema (difficile); **heilige Kuh** fam, vacca sacra; **dastehen wie die Kuh vorm Scheunentor** fam, non sapere ₁dove sbattere la testa fam₁/[a che santo votarsi fam]; **man wird so alt wie (ei)ne Kuh und lernt immer noch dazu** fam, non si finisce mai di imparare.
Kuhblume f fam bot dente m di leone.
Kuhdorf n fam pej paesucolo m: **in diesem ~ gibt es noch nicht mal ein Kino**, in questo posto sperduto non c'è neanche un cinema.
Kuheuter n oder obs m mammella f di

mucca.
Kuhfladen m meta f.
Kuhglocke f campanaccio m.
Kuhhandel m *fam pej* mercanteggiamento m, mercato m delle vacche.
Kuhhaut f: **das geht auf keine ~** *fam*, sono cose da non credere *fam*.
Kuhherde f mandria f di mucche.
Kuhhirte, **Kuhhirt** m (**Kuhhirtin** f) vaccaio (-a) m (f), vaccaro (-a) m (f), bovaro (-a) m (f).
kühl A *adj* **1** (*nicht warm*) {ABEND, GETRÄNK, LUFT, NACHT, RAUM, TAG, WETTER, WIND} fresco: **es ist ~**, è/fa fresco/freddino; **lass uns ins Haus zurückgehen, mir wird (es) langsam ~**, rientriamo in casa, comincia a farmi freddo; **nachts wird es ganz schön ~**, di notte rinfresca parecchio; **unter den Bäumen ist es schön ~**, sotto gli alberi c'è un bel frescolino; **gegen Abend wird es ~er**, verso sera diventa/[si fa] più fresco **2** (*reserviert*) {BLICK, EMPFANG, VERHALTEN} freddo: **er war sehr ~ zu mir**, è stato molto freddo/distaccato con me B *adv* **1** (*recht kalt*): **etw ~ aufbewahren/lagern**, tenere qc al/in fresco, conservare qc in luogo fresco; **etw ~ servieren**, servire fresco (-a) qc **2** (*reserviert*) {BEGRÜSSEN, EMPFANGEN, SICH VERHALTEN} freddamente, con freddezza.
Kühlaggregat n *tech* gruppo m frigorifero, refrigeratore m.
Kühlanlage f impianto m frigorifero/[di refrigerazione].
Kühlbecken n *nukl* (*für Brennelemente*) vasca f di raffreddamento.
Kühlbox f frigo m portatile.
Kuhle *<-, -n>* f *bes. norddt fam* fossa f.
Kühle *<-, ohne pl>* f **1** (*das Kühlsein*) {+ABEND, NACHT} fresco m, frescura f: **die Nacht bringt ~**, la notte porta refrigerio **2** (*Nüchternheit*) {+BEGRÜSSUNG, EMPFANG} freddezza f.
kühlen A *tr* **1** (*kühl machen*) **etw ~** {+MOTOR} raffreddare qc; {GETRÄNKE} mettere in fresco qc: **ein ~des Bad/Getränk**, un bagno/una bibita refrigerante; **gekühlte Getränke**, bibite fresche **2** (*durch Kühle erfrischen*) (*jdm*) **etw ~** {GESICHT, STIRN} rinfrescare qc (a qu) **3** *phys tech* **etw ~** {+EISBEUTEL, SALBE} avere un'azione/un effetto refrigerante, dare refrigerio; {ABENDLUFT, LUFTSTROM, VENTILATOR} portare/dare refrigerio: **die Creme ist ~d**, la crema è refrigerante B *itr* {EISBEUTEL, SALBE} avere un'azione/un effetto refrigerante, dare refrigerio.
Kühler *<-s, -> m* **1** *autom* radiatore m **2** *fam* (*~haube*) cofano m **3** (*Sektkühler*) secchiello m [per il]/[del] ghiaccio.
Kühlergrill m *autom* griglia f del radiatore, mascherina f.
Kühlerhaube f *autom* cofano m (del motore).
Kühlfach n (scomparto m) freezer m.
Kühlflüssigkeit f *autom* fluido m refrigerante.
Kühlhaus n camera f di refrigerazione.
Kühlkreislauf m *nukl* {+KERNKRAFTWERK} circuito m di raffreddamento.
Kühlmittel n {+MOTOR, REAKTOR} (fluido m/mezzo m) refrigerante m.
Kühlmöbel *subst <nur pl>* mobili m pl frigoriferi.
Kühlraum m cella f frigorifera.
Kühlrippe f *autom* aletta f di raffreddamento.
Kühlschiff n *naut* nave f frigorifera.
Kühlschrank m frigorifero m, frigo m *fam*.
Kühlsystem n *tech* sistema m di raffreddamento.

Kühltasche f borsa f frigorifera/frigo *fam*/termica.
Kühltruhe f congelatore m, freezer m.
Kühlturm m *tech* {+KRAFTWERK} torre f di raffreddamento.
Kühlung *<-, ohne pl>* f **1** (*Abkühlung*) {+MOTOR} raffreddamento m **2** (*das Kühlen*) {+GETRÄNKE, LEBENSMITTEL} refrigerazione f: **auch bei ~ nur begrenzt haltbar**, conservazione limitata anche se tenuto in luogo fresco **3** (*Frische*) refrigerio m, fresco m: **das Gewitter brachte endlich ein bisschen ~**, il temporale portò finalmente un po' di refrigerio/fresco; **sich ~ verschaffen**, refrigerarsi **4** (*Vorrichtung*) dispositivo m/sistema m di raffreddamento.
Kühlwagen m **1** *Eisenb* vagone m frigorifero **2** *autom* camion m frigorifero.
Kühlwasser *<-s, ohne pl>* n *tech* acqua f di raffreddamento.
Kuhmilch f latte m [di mucca]/[vaccino].
Kuhmist m letame m/sterco m di mucca/vacca.
kühn A *adj* **1** (*wagemutig*) {HELD, RITTER, TAT} audace, ardito, ardimentoso, animoso *lit* **2** (*gewagt*) {GEDANKEN, HOFFNUNGEN, IDEEN} audace; {BEHAUPTUNG} *auch* arrischiato, azzardato: **das übertrifft meine ~sten Erwartungen**, questo va oltre tutte le mie aspettative; **das hätte ich mir in meinen ~sten Träumen nicht vorgestellt**, non me lo sarei mai e poi mai immaginato B *adv* **1** (*wagemutig*) audacemente, con audacia **2** (*frech*): **er behauptete/fragte ~**, ebbe l'ardire/l'audacia di affermare/chiedere.
Kühnheit *<-, -en>* f **1** *<nur sing>* (*Wagemut*) {+MENSCH, TAT} audacia f, ardire m, ardimento m **2** *<nur sing>* (*Gewagtheit*) {+BEHAUPTUNG, GEDANKE, PLAN, THEORIE} audacia f, arditezza f **3** (*kühne Handlung*) atto m audace/ardito, prodezza f *oft iron*.
Kuhstall m stalla f delle/[per le] mucche/vacche.
kujonieren *<ohne ge->* tr *fam pej* jdn ~ maltrattare qu: **sich ~ lassen**, farsi maltrattare.
k. u. k. *hist Abk* von kaiserlich und königlich: imperialregio: **ein k. u. k. Offizier**, un ufficiale imperialregio.
Küken *<-s, -> n* **1** *ornith* pulcino m **2** (*Nesthäkchen*): **das ~**, il pulcino; **meine kleine Schwester ist das ~ der Familie**, la mia sorellina è il pulcino/cucciolo della famiglia **3** *fam* (*unerfahrener Mensch*) cucciolo (-a) m (f).
Ku-Klux-Klan *<-s, ohne pl>* m Ku Klux Klan m.
Kukuruz *<-(es), ohne pl>* m A mais m, gran(o)turco m.
Kulak *<-en, -en>* m *hist* kulak m.
kulant *adj com* **1** (*entgegenkommend*) {GESCHÄFTSPARTNER, KAUFMANN} accomodante, condiscendente, compiacente, elastico: **~e Zahlungsbedingungen**, condizioni di pagamento oneste **2** (*annehmbar*) {PREIS} accettabile, onesto.
Kulanz *<-, ohne pl>* f *com* {+GESCHÄFTSPARTNER, KAUFMANN} condiscendenza f, compiacenza f **~ aus ~ reparieren**, riparare qc gratis (in via di) favore).
Kuli① *<-s, -s>* m *fam* biro f *fam*.
Kuli② *<-s, -s>* m **1** (*chinesischer Lohnarbeiter*) coolie m **2** *fam pej* (*Lastenträger*) facchino m ● **wie ein ~ arbeiten müssen**, dover lavorare/sfacchinare come uno schiavo/un negro; **jdn wie einen ~ behandeln**, trattare qu come uno schiavo; **jds ~ sein**, essere lo schiavetto di qu; **ich bin doch nicht dein ~!** *fam*, non sono mica [il tuo schiavetto]/[la tua schiavetta]!
kulinarisch *adj meist <attr>* {GENUSS} culinario.
Kulisse *<-, -n>* f **1** *theat* quinta f, scena f: **einen Blick hinter die ~n werfen**, gettare uno sguardo dietro le quinte **2** (*Hintergrund*) scenario m, sfondo m: **vor der eindrucksvollen ~ eines Sonnenuntergangs**, davanti allo scenario suggestivo di un tramonto; **eine großartige ~ für etw** (akk) **bilden**, fare da superba/maestosa cornice a qc; **vor heimischer ~ spielen**, giocare in casa ● **die ~n abbauen/aufbauen**, smontare/montare le quinte; **das ist doch alles nur ~!** *fam pej*, è tutta scena/finzione!; **hinter den ~n**, dietro le quinte/scene; **sich hinter den ~n abspielen**, svolgersi dietro le quinte; **hinter die ~n blicken/schauen**, guardare dietro la facciata.
Kulissenschieber m *theat* macchinista m teatrale.
Kulissenwechsel m *theat* cambio m di scena.
Kulleraugen *subst <nur pl> fam scherz* occhioni m pl ● **~ machen** (*erstaunt gucken*), sgranare/strabuzzare gli occhi.
kullern A *itr* **1** *<sein>* (*rollen*) **irgendwohin ~** {KIESEL, MURMEL} rotolare + *compl di luogo*: **die Tränen kullerten ihr über die Wangen**, le lacrime le rotolavano giù per le guance **2** *<haben>* (*etw bewegen*) **mit etw** (dat) **~** {MIT DEN AUGEN} far roteare qc B *rfl*: **sich** (vor Lachen) **~** *fam*, rotolarsi a terra dal ridere, ridere a crepapelle.
Kulmination *<-, -en>* f **1** (*Höhepunkt*) {+BERUFSLAUFBAHN} culmine m, apice m **2** *astr* culminazione f.
kulminieren *<ohne ge->* itr *geh* **in etw** (dat) **~** {BEGEISTERUNG IN FREUDENGESCHREI, UNZUFRIEDENHEIT IN ALLGEMEINEM PROTEST} culminare *in qc*.
Kult *<-(e)s, -e>* m **1** (*Verehrung*) culto m: **der christliche ~**, il culto cristiano; **ein heidnischer ~**, un culto pagano **2** (*übertriebene Verehrung*) {+PERSON} culto m, venerazione f: **einen ~ mit jdm/etw treiben**, avere il culto di qu/qc, fare qu/qc oggetto di culto.
Kultauto n auto f di culto.
Kultbild n *relig* immagine f [di culto]/[sacra].
Kultbuch n libro m di culto, cult book m.
Kultfigur f personaggio m/figura f di culto: **James Dean war eine ~ der 50er Jahre**, James Dean era un personaggio di culto degli anni 50.
Kultfilm m film m di culto, cult movie m.
Kultgemeinschaft f *relig* comunità f di culto.
Kulthandlung f (atto m) rituale m; (*in der christlichen Religion*) atto m/rito m liturgico, liturgia f.
kultig *adj slang* {LOKAL, MUSIK, TYP} mitico *slang*.
kultisch *adj relig* {FEIER, HANDLUNG} rituale; {GERÄT} di culto.
kultivieren *<ohne ge->* tr **etw ~ 1** (*bewusst pflegen*) {BEKANNTSCHAFT, FREUNDSCHAFT} coltivare qc; {STIL} affinare qc; {GESCHMACK} *auch* educare qc **2** *agr* (*urbar machen*) {BRACHLAND, MOOR, ÖDLAND, WILDNIS} mettere a coltura qc **3** *agr* (*anbauen*) {KARTOFFELN, GETREIDE, MAIS} coltivare qc.
kultiviert A *adj* **1** (*gepflegt*) {GESCHMACK, SPRACHE, TISCHSITTEN} raffinato: **eine ~ Wohnung**, un appartamento arredato con gran gusto **2** (*gebildet*) {MENSCH} colto, di cultura B *adv* **1** (*gepflegt*) {EINGERICHTET SEIN} con gusto; {SPEISEN} in modo raffinato **2** (*zivilisiert*) {SICH BENEHMEN} educatamente,

civilmente: **könntet ihr euch nicht etwas ~er unterhalten?**, non potreste parlarvi un po' più civilmente?
Kultiviertheit <-, ohne pl> f distinzione f, raffinatezza f.
Kultivierung <-, ohne pl> f **1** agr (*Urbarmachung*) {+BRACHLAND} messa a coltura f **2** agr (*Anbau*) {+GEMÜSE, KARTOFFELN, MAIS} coltivazione f.
Kultobjekt n oggetto m di culto.
Kultstätte f relig luogo m ⌊di culto⌋/[sacro].
Kultstatus m: ~ **haben/genießen**, essere cult.
Kultur <-, -en> f **1** (*geistige, künstlerische ~*) cultura f **2** (*Lebensform*) civiltà f, cultura f **3** <nur sing> (*Bildung*) cultura f: **sie hat ~**, (lei) è una persona colta/[di cultura]; **ein Mensch von ~**, un uomo di cultura **4** <nur sing> (*gutes Benehmen*) cultura f, educazione f **5** <nur sing> agr (*Kultivierung*) messa a coltura f **6** <nur sing> agr (*Anbau*) coltura f, coltivazione f: **die ~ von Getreide**, la coltivazione di cereali **7** (*angebaute Fläche*) coltivazione f: **~en von Pfirsichbäumen**, coltivazioni di peschi **8** biol med coltura f • **die abendländische/bürgerliche ~**, la civiltà/cultura occidentale/borghese; **eine ~ anlegen/ansetzen** biol med, fare una coltura; **keine ~ haben**; (*nicht gebildet sein*), non avere cultura; **die menschliche ~**, la cultura umana; **die politische ~**, la cultura politica; **primitive ~en**, civiltà/culture primitive; **~ tanken** fam, fare il pieno di cultura fam; **~ vermitteln**, diffondere (la) cultura; **versunkene ~**, civiltà scomparsa.
Kulturabkommen n pol accordo m culturale.
Kulturabteilung f sezione f cultura(le).
Kulturamt n assessorato m alla cultura.
Kulturarbeit f attività f culturale.
Kulturattaché m pol addetto m culturale.
Kulturaustausch m scambio m culturale.
Kulturbanause m (**Kulturbanausin** f) pej ignorantone (-a) m (f).
Kulturbeilage f supplemento m/inserto m culturale.
Kulturbetrieb <-(e)s, ohne pl> m fam vita f culturale, attività f pl culturali.
Kulturbeutel m nécessaire m da viaggio.
Kulturboden m **1** agr terreno m coltivato **2** (*Kulturform*) terreno m culturale.
Kulturdenkmal n monumento m, testimonianza f culturale.
Kulturdezernent m (**Kulturdezernentin** f) assessore m alla cultura.
kulturell **A** adj <attr> {ANGEBOT, BEREICH, ENTWICKLUNG, EREIGNIS, INTERESSEN, VERANSTALTUNG} culturale **B** adv **1** (*was das ~e Angebot angeht*) {INTERESSANT} culturalmente, a livello culturale, dal punto di vista culturale: **~ gesehen**, ⌊da un punto di vista⌋/[sotto il profilo] culturale **2** (*was das ~e Niveau betrifft*) {HOCHSTEHEND, UNTERENTWICKELT} culturalmente: **ein ~ gebildeter Mensch**, una persona ⌊di cultura⌋/[culturalmente preparata].
Kulturerbe n eredità f/patrimonio m/retaggio m culturale.
Kulturfilm m obs documentario m.
Kulturgeschichte f storia f della civiltà/cultura, storia f culturale.
kulturgeschichtlich **A** adj <attr> {BEDEUTUNG, WERT} storico-culturale **B** adv {BEDEUTSAM, INTERESSANT} ⌊a livello⌋/[dal punto di vista] storico-culturale.

Kulturgut n (*einzelnes ~*) bene m culturale; (*pl oder Sammelbegriff*) beni m pl culturali, patrimonio m culturale.
Kulturhauptstadt f: **~ Europas**, capitale europea della cultura; **1999 war Weimar die ~ Europas**, nel 1999 Weimar è stata capitale europea della cultura.
Kulturhaus n centro m culturale.
kulturhistorisch adj → **kulturgeschichtlich**.
Kulturhoheit <-, ohne pl> f adm sovranità f culturale.
Kulturindustrie f industria f culturale.
Kulturinstitut n istituto m ⌊di cultura⌋/[culturale].
Kulturkampf m hist Kulturkampf m oder m.
Kulturkreis m sfera f culturale, cultura f.
Kulturkritik f critica f culturale.
Kulturlandschaft f paesaggio m culturale.
Kulturleben <-s, ohne pl> n vita f culturale.
kulturlos adj pej {PERSON} (*nicht gebildet*) senza/[privo di] cultura, incolto; (*ohne Manieren*) incivile, rozzo.
Kulturlosigkeit f assenza f di cultura, incultura f.
Kulturmagazin n rivista f/periodico m culturale.
Kulturminister m (**Kulturministerin** f) ministro m della cultura.
Kulturministerium n ministero m della cultura.
Kulturnation f nazione f di grandi tradizioni culturali.
Kulturpessimismus m pessimismo m culturale.
Kulturpflanze f agr pianta f coltivata.
Kulturpolitik <-, ohne pl> f politica f culturale.
kulturpolitisch **A** adj {AUSSCHUSS} per gli affari culturali, (per la) cultura; {GESICHTSPUNKT, KRITERIEN} politico-culturale **B** adv {BEDEUTSAM, INTERESSANT} ⌊dal punto di vista⌋/[a livello]/[sotto il profilo] politico-culturale.
Kulturprogramm n programma m culturale.
Kulturraum m area f culturale.
Kulturreferat n **1** (*einer Stadt*) assessorato m alla cultura **2** (*einer Organisation*) sezione f culturale.
Kulturreferent m (**Kulturreferentin** f) pol addetto (-a) m (f) culturale.
Kulturrevolution f hist pol rivoluzione f culturale.
Kulturschaffende <dekl wie adj> mf operatori m pl della cultura.
Kulturschale f biol capsula f di Petri.
Kulturschande f fam pej barbarie f culturale, insulto m alla civiltà: **eine ~ sein**, essere indegno di una società civile.
Kulturschock m shock m/choc m culturale.
Kultursprache f lingua f di cultura.
Kulturstiftung f fondazione f culturale.
Kulturstufe f grado m di civiltà.
Kulturszene <-, ohne pl> f ambienti m pl culturali, mondo m della cultura: **die Berliner ~**, la scena culturale berlinese.
Kulturträger m ente m culturale, promotore m culturale.
Kulturveranstaltung f manifestazione f/iniziativa f/evento m culturale.
Kulturverein m associazione f/circolo m culturale.
Kulturvolk n popolo m civilizzato/civile.

Kulturwissenschaft f studi m pl culturali.
Kulturzentrum n centro m culturale.
Kultus <-, ohne pl> m **1** geh (*Kult*) culto m **2** adm (*kultureller Bereich*) cultura f.
Kultusfreiheit <-, ohne pl> f jur libertà f di culto.
Kultusgemeinde f relig comunità f di culto.
Kultusminister m (**Kultusministerin** f) D {+BUNDESLAND} ministro m della pubblica istruzione: **die Konferenz der ~ D**, la conferenza dei ministri della pubblica istruzione (dei vari Länder).
Kultusministerium n D pol ministero m della pubblica istruzione (di un Land).
Kultusministerkonferenz f D pol "conferenza f dei ministri della pubblica istruzione dei vari Länder".
Kumarin <-s, ohne pl> n chem cumarina f chem.
Kümmel <-s, -> m **1** <nur sing> bot cumino m ⌊dei prati⌋/[tedesco] **2** <nur sing> (*Gewürz*) cumino m, comino m **3** fam (*Schnaps*) kümmel m, acquavite f di cumino.
Kümmelblüte f bot fiore m del cumino dei prati.
Kümmelbrot n gastr pane m al cumino.
Kummer <-s, ohne pl> m **1** (*Betrübtheit*) dispiacere m, cruccio m, ambasce f pl: **hast du ~?**, c'è qualcosa che ti preoccupa?, hai dei pensieri? **2** (*Unannehmlichkeiten*) preoccupazioni f pl • **seinen ~ mit Alkohol hinunterspülen**, annegare i propri dispiaceri nell'alcol; **jdm ~ bereiten/machen/zufügen** (*Leid*), dare/[recare geh]/[causare] dispiacere a qu, dare dei crucci a qu; (*Sorgen*), dare preoccupazioni a qu; **die berufliche Zukunft meines Sohnes macht mir viel ~**, il futuro professionale di mio figlio mi preoccupa parecchio; **über etw (akk) ~ empfinden**, provare dispiacere per qc; **~ gewöhnt sein**, averci fatto il callo; **viel ~ haben**, avere ⌊molti crucci⌋/[molte preoccupazioni]; **mit jdm/etw ~ haben**: **mit seinen Verwandten hat er nichts als ~**, i suoi parenti non gli danno che dispiaceri; **aus/vor ~ sterben**, morire dal/di dispiacere.
Kummerbund <-(e)s, -e> m (*breite Leibbinde aus Seide*) fusciacca f di seta.
Kummerkasten m fam cassetta f per reclami e proposte (in scuole, ospedali, aziende ecc.).
Kummerkastenonkel m (**Kummerkastentante** f) fam "chi risponde sulle riviste alla posta del cuore".
kümmerlich **A** adj **1** pej (*dürftig*) {LOHN, RENTE} misero; {MAHLZEIT} auch povero; {ERGEBNIS, ERTRAG} magro, povero, misero; {DASEIN} stentato, di stenti, gramo, misero **2** (*miserabel*) {LEISTUNG} pietoso, misero; {AUFSATZ} auch striminzito **3** (*schwächlich*) {BAUM, MENSCH, PFLANZE} striminzito, stentato **B** adv {LEBEN} stentatamente, miseramente.
Kümmerling <-s, -e> m fam pej stenterello m fam, tipo m gracilino/striminzito, mingherlino m fam.
kümmern **A** tr (*interessieren*) jdn ~ {JDS ANGELEGENHEITEN, POLITIK, JDS SORGEN} interessare a qu, stare a qu: **was kümmert mich das?**, che me ne importa?; **was ~ mich deine Sorgen?**, che me ne importa/frega fam dei tuoi problemi?; **das hat ihn nicht zu ~!**, questo non lo riguarda!; **es hat ihn noch nie gekümmert, was andere von ihm dachten**, non gli è mai importato niente di quello che la gente pensava di lui **B** itr {BAUM, PFLANZE} crescere stentato (-a) **C** rfl

1 (sich jds annehmen) **sich um jdn** ~ prendersi cura di qu, occuparsi di qu, badare a qu, avere cura di qu, attendere a qu: **wer kümmert sich denn um eure Kinder, solange du im Büro bist?**, chi ₎si occupa dei₎/[pensa ai] vostri figli quando sei in ufficio?; **die Krankenschwester kümmert sich um die Verletzten**, l'infermiera si prende cura dei feriti **2** (etw besorgen) **sich um etw** (akk) ~ occuparsi di qc, pensare a qc, badare a qc, interessarsi di qc, stare dietro a qc fam: **Sie brauchen sich Ihr Traumhaus nur auszusuchen, um die Finanzierung ~ wir uns**, Voi dovete solo scegliere la casa dei Vostri sogni, al finanziamento provvediamo noi; **ich werde mich darum ~, dass er nichts davon erfährt**, farò in modo che lui non sappia niente di tutto ciò; **könntest du dich übers Wochenende um unseren Hund ~?**, potresti badare al nostro cane durante il fine settimana?; **ich kümmere mich darum, ihn von eurer Ankunft zu unterrichten**, mi (pre)occupo/interesso io di avvertirlo del vostro arrivo; **warum muss ich mich denn immer um alles ~?**, perché devo sempre ₎occuparmi io di₎/[pensare io a] tutto? **3** (auf etw achten) **sich um etw** (akk) ~ preoccuparsi di qc, pensare a qc, badare a qc, curarsi di qc, interessarsi di qc: ~ **Sie sich (doch) um Ihren eigenen Kram!**, ₎badi/pensi ai₎/[si faccia il] fattacci suoi! fam; **warum kümmerst du dich um die Angelegenheiten anderer Leute?**, perché ti impicci/interessi degli affari altrui?; **was haben die denn schon wieder zu tratschen? – Kümmer dich gar nicht d(a)rum!**, che cos'hanno di nuovo da spettegolare? – Non te ne curare! fam; **er hat sich noch nie darum gekümmert, wie es seinen Kindern geht**, non si è mai preoccupato di sapere come stavano i suoi figli; **ich kümmere mich nicht darum, was andere machen**, non mi importa quello che fanno gli altri.

Kümmernis <-, -se> f geh cruccio m, dispiacere m.

Kummerspeck m fam scherz: ~ **ansetzen** {PERSON}, mettere su ciccia (per un dispiacere).

kummervoll adj {BLICK, GESICHT} crucciato, afflitto.

Kummet <-s, -e> n CH fam {+ZUGTIER} collare m.

Kumpan <-s, -e> m (**Kumpanin** f) fam **1** (Kamerad) compagno (-a) m (f) **2** pej (Mittäter) complice m f.

Kumpel <-s, - oder fam -s> m **1** min (Bergmann) minatore m **2** fam (Kamerad) compagno m (di lavoro), amico m: **sie/er ist ein guter ~ fam**, è ₎un buon/vero amico₎/[una buona/vera amica]; **das ist ein alter ~ von mir**, è un mio vecchio amico; **hör mal, ~!**, senti, collega! fam.

kumpelhaft A adj {BENEHMEN, UMGANGSTON} da amicone/compagnone B adv {SICH BENEHMEN} come un vecchio amico, da amicone/compagnone.

Kumulation <-, -en> f med ökol accumulo m: **die ~ von Schadstoffen in der Luft**, l'accumulo di sostanze nocive nell'aria.

kumulieren <ohne ge-> A tr etw (auf jdn) ~ {WAHLSTIMMEN} cumulare qc su qu B rfl **sich ~** {GEWINNE, GIFTE, RÜCKSTÄNDE, WOLKEN} accumularsi: **Giftstoffe ~ sich im menschlichen Körper**, nel corpo umano si accumulano sostanze tossiche.

Kumulierung <-, -en> f med ökol {+RÜCKSTÄNDE, UMWELTGIFTE} accumulo m.

Kumuluswolke f meteo cumulo m.

kündbar adj <meist präd> {ABONNEMENT} che si può disdire; {VERSICHERUNG, VERTRAG} auch revocabile; {DARLEHEN} revocare riscattabile, redimibile; {MIETWOHNUNG} di cui si può disdire il contratto; {MIETER} che può essere sfrattato; {ARBEITNEHMER} licenziabile, che può essere licenziato: **das Arbeitsverhältnis ist jederzeit ~**, il rapporto di lavoro può essere interrotto in qualsiasi momento; **Beamte sind nicht ~**, gli (impiegati) statali non possono essere licenziati.

Kunde① <-n, -n> m (**Kundin** f) **1** com {+BANK, SUPERMARKT, VERSANDHAUS} cliente mf; {+GESCHÄFT} auch avventore (-trice) m (f); {+BAHN, POST} utente mf; {+TELEFONGESELLSCHAFT} auch abbonato (-a) m (f): **ein guter ~**, un buon cliente; **die Dame zählt zu meinen besten Kundinnen**, la signora è una delle mie clienti migliori; **ich bin ein alter ~ dieses Geschäfts**, mi servo da anni in questo negozio; **Dienst am ~n**, (servizio di) assistenza alla clientela **2** fam pej (Kerl): **ein schlechter/übler ~**, un mascalzone, un poco di buono ● **einen ~n bedienen**, servire un cliente; **hier ist der ~ König**, il cliente ha sempre ragione; **ein treuer ~**, un cliente affezionato; **~n werben**, ₎procurarsi nuovi₎/[attirare] clienti.

Kunde② <-, -n> f <meist sing> geh obs nuova f, novella f lit, notizia f ● **von etw** (dat) ~ **erhalten**, venire a conoscenza di qc; **gute ~ von jdm erhalten**, ricevere buone nuove da qu; **jdm von etw** (dat) ~ **geben**, portare qu a conoscenza di qc; ~ **von etw** (dat) **haben**, essere a conoscenza di qc; **gute/schlechte ~ für jdn haben**, avere buone/cattive novelle / notizie per qu.

künden A tr **1** geh (auf etw hindeuten) **etw** ~ {EREIGNIS, VORZEICHEN} NICHTS GUTES, SCHLIMMES} preannunciare qc, essere foriero di qc geh, preludere a qc **2 CH** (kündigen) **jdn** ~ licenziare qu B itr **geh von etw** (dat) ~ {INSCHRIFT, RUINE VON EINSTIGER PRACHT, VERGANGENEM RUHM} testimoniare (di) qc, essere testimonianza di qc.

Kundenberatung f **1** (Beratung von Kunden) consulenza f/assistenza f ₎ai clienti₎/[alla clientela] **2** (Beratungsbüro) ufficio m assistenza clienti.

Kundenbesuch m visita f ai clienti.

Kundenbetreuer m (**Kundenbetreuerin** f) incaricato (-a) m (f) dell'assistenza ai clienti.

Kundendienst <-(e)s, -e> m **1** <nur sing> (Service) (servizio m di) assistenza f ai clienti: **Lieferung frei Haus gehört bei uns zum ~**, la consegna a domicilio fa parte dell'assistenza che forniamo alla nostra clientela **2** (Stelle für Service) centro m assistenza (ai clienti): **die Waschmaschine funktioniert nicht, ruf doch mal den ~ an!**, la lavatrice non funziona, chiama l'(ufficio) assistenza!; **unsere Firma hat ~e in allen großen Städten**, la nostra ditta ha centri di assistenza in tutte le città; **fachgerechte und preiswerte Reparaturen nur bei Ihrem ~!**, riparazioni economiche ed eseguite da personale specializzato solo presso il vostro centro assistenza.

Kundenfang <-s, ohne pl> m pej accaparramento m di clienti: **auf ~ gehen**, andare a caccia di clienti, cercare di accaparrarsi clienti.

kundenfreundlich adj {PREISE, VERTRÄGE} vantaggioso (per il cliente).

Kundengespräch n com colloquio m con un cliente: **ich habe heute noch ein ~**, oggi ho ancora un colloquio/appuntamento con un cliente, oggi devo vedere ancora un cliente.

Kundenkarte f carta f fedeltà/clienti/soci.

Kundenkartei f schedario m dei clienti.
Kundenkreis m com clientela f.
Kundennummer f com codice m cliente.
kundenspezifisch adj personalizzato.
Kundenstamm <-(e)s, ohne pl> m com clientela f (fissa).
Kundenwerbung f com ökon acquisizione f clienti.

kund|geben <irr> tr geh (jdm) **etw** ~ {PLAN} rivelare qc (a qu), comunicare qc (a qu), rendere noto (-a) qc (a qu); {ABSICHT} auch manifestare qc (a qu); {ANSICHT, GEFÜHLE, MEINUNG} far conoscere qc (a qu), manifestare qc (a qu), rivelare qc (a qu), palesare qc (a qu).

Kundgebung <-, -en> f pol manifestazione f, dimostrazione f: **eine ~ der Gewerkschaft zum Tag der Arbeit**, una manifestazione sindacale per la festa del lavoro ● **an einer ~ teilnehmen**, partecipare ad una manifestazione; **eine ~ veranstalten**, organizzare una manifestazione.

Kundgebungsverbot n pol divieto m di (tenere una) manifestazione.

kundig adj geh {BERATER, FÜHRER, MITARBEITER} esperto, competente, che sa il fatto proprio: **mit ~em Blick**, con occhio clinico, con sguardo da esperto/intenditore ● **sich in etw dat** ~ **machen** {IN EINEM FACH}, acquisire conoscenze in qc geh (en) ~ **sein obs** {EINES WEGES}, conoscere bene qc; {EINER SPRACHE} auch, avere la padronanza di qc.

kündigen A tr **1** (die Beendigung von etw anzeigen): ₎seine Arbeit₎/[seinen Job]/[seine Stelle] ~, licenziarsi, dare le dimissioni **2** (die Aufhebung von etw anzeigen) **etw** ~ {ABONNEMENT} disdire qc; {VERTRAG} auch sciogliere qc, rescindere qc: **den Mietvertrag ~** {MIETER}, ₎recedere dal₎/[disdettare il] contratto di locazione; **man hat mir die Wohnung gekündigt**, mi hanno ₎dato lo sfratto₎/[sfrattato (-a)]; **jdm die Freundschaft ~**, rompere l'amicizia con qu **3** bank **etw ~** {BANK DARLEHEN} revocare qc **4** industr fam oder A (entlassen) **jdn ~** {ARBEITGEBER, FIRMA ARBEITNEHMER, BESCHÄFTIGTEN} licenziare qu, dimissionare qu adm B itr **1** industr (die Entlassung ankündigen) {ARBEITNEHMER} licenziarsi, dare le dimissioni: **er hat zum 30. Juni gekündigt**, ha dato le dimissioni con decorrenza dal 30 giugno; **jdm ~** {ARBEITNEHMER EINEM ARBEITGEBER, EINER FIRMA} licenziare qu; **jdm fristlos ~**, licenziare qu ₎senza preavviso₎/[in tronco fam]; ₎**man hat ihm ~**₎/[**ihm wurde**] **gekündigt**, è stato licenziato **2** (Vertrag mit dem Mieter lösen) **jdm ~** {VERMIETER} dare la disdetta a qu, sfrattare qu.

Kündigung <-, -en> f **1** (das Kündigen) {+MIETWOHNUNG} (durch den Vermieter) disdetta f, sfratto m; (durch den Mieter) disdetta f, comunicazione f di recesso **2** {+ABONNEMENT} disdetta f; {+VERTRAG} auch rescissione f **3** {+DARLEHEN} revoca f; {+SPARBUCH} chiusura f **4** industr (durch den Arbeitgeber) licenziamento m; (durch den Arbeitnehmer) dimissioni f pl: **fristlose ~**, licenziamento ₎in tronco fam₎/[senza preavviso] **5** (Kündigungsschreiben) (durch den Arbeitgeber) lettera f di licenziamento; (durch den Arbeitnehmer) lettera f di dimissioni: **einigen Beschäftigten die ~ schicken**, mandare una lettera di licenziamento ad alcuni dipendenti **6** (Frist): **ein Abonnement mit dreimonatiger ~**, un abbonamento che può essere disdetto con (un) preavviso di tre mesi.

Kündigungsfrist f {+ARBEITSVERHÄLTNIS, SPARBUCH} preavviso m; {+ABONNEMENT} termine m di disdetta: **eine ~ von sechs Wochen**, un preavviso di sei settimane.

Kündigungsgrund m {+ARBEITGEBER} motivo m/causa f del licenziamento.
Kündigungsschreiben n {+ARBEITGEBER} lettera f di licenziamento; {+ARBEITNEHMER} lettera f di dimissioni; (*für Mietwohnung*) avviso m di sfratto.
Kündigungsschutz m tutela f contro licenziamenti ingiustificati: ~ **genießen**, essere tutelato contro licenziamenti ingiustificati/illeciti.
Kündigungstermin m → **Kündigungsfrist**.
Kundin f → **Kunde**①.
Kundschaft① <-, *ohne pl*> f com clientela f, clienti m pl: **lassen Sie die ~ nicht warten!**, non faccia aspettare i clienti!; **wir haben eine sehr große ~**, abbiamo una clientela molto numerosa; **~!** (*Hinweis auf Kunden im Geschäft*), ci sono dei clienti!
Kundschaft② f obs **1** (*Erkundung*) perlustrazione f, esplorazione f, ricognizione f **2** (*Nachricht*) notizia f • **auf ~ gehen**, andare in perlustrazione; **jdn auf ~ schicken**, mandare qu in perlustrazione.
kundschaften itr andare in perlustrazione/ricognizione.
Kundschafter <-s, -> m (**Kundschafterin** f) obs perlustratore (-trice) m (f), esploratore (-trice) m (f).
kund|tun <irr> tr geh *etw* ~ {PLAN} rivelare qc, comunicare qc, rendere noto (-a) qc; {ABSICHT} auch manifestare qc; {ANSICHT, GEFÜHLE, MEINUNG} far conoscere qc, manifestare qc, palesare qc, rivelare qc: **sein Missfallen ~**, palesare/manifestare/esternare il proprio scontento.
künftig **A** adj <attr> {EHEFRAU, EHEMANN, FIRMENCHEF, GENERATION, MINISTER} futuro; {JAHRE, JAHRZEHNTE} a venire **B** adv (*in Zukunft*) in avvenire/futuro.
Kungelei <-, -en> f fam pej intrallazzo m; bes. pol (*um Posten*) accordo m sottobanco, spartizione f.
kungeln itr fam pej **mit jdm** (**um etw** akk) ~ {INTERESSENVERTRETER, FIRMEN, POLITIKER, STADTRÄTE} intrallazzare con qu (per qc); {UM POSTEN} fare accordi sottobanco con qu (per qc), spartirsi f.
Kunst <-, *Künste*> f **1** arte f: **die bildende ~**, l'arte figurativa; **die zeitgenössische ~**, l'arte contemporanea **2** <nur sing> (*Kunstwerk*) (opera f d')arte f: **sie sammelt ~**, colleziona opere d'arte; **für mich ist dieses Bild keine ~**, questo quadro per me non è arte **3** (*Fertigkeit*) arte f: **die ärztliche ~**, l'arte medica; **die ~ des Schreibens**, l'arte dello scrivere **4** <nur sing> Schule educazione f artistica; univ storia f dell'arte: **morgen haben wir zwei Stunden ~**, domani abbiamo due ore di educazione artistica; **sie studiert ~**, studia storia dell'arte • **abstrakte ~**, arte astratta; **angewandte ~**, arte applicata; **eine brotlose ~ fam**, un mestiere che non dà da vivere; **das ist keine ~! fam** (*das ist doch nicht schwer!*), non ci vuole una gran scienza!; **dekorative ~**, arte decorativa; **entartete ~ hist pej** (*im Nationalsozialismus*), arte degenerata; **mit seiner ~ am Ende sein fam**, non saper più (,che pesci pigliare fam₁)/[a che santo votarsi fam]; **die ~ fördern**, promuovere/favorire le arti; **die ganze ~ besteht darin, dass ...**, il trucco sta nel ...; **das ist die ganze ~! fam**, è tutto lì!; ~ **kann man nicht kaufen fam**, artisti si nasce, non si diventa; ~ **kommt von können fam iron**, non si frigge con l'acqua fam; **die schönen Künste**, le belle arti; **die Schwarze/schwarze ~**, la magia nera, la negromanzia; ~ **sein** {LEDER}, essere similpelle/pelle f finta; **die sieben freien**

Künste hist, le sette arti liberali; **seine ~ an etw (dat) versuchen** {AN ETW ZU REPARIERENDEM}, cimentarsi in qc; **was macht die ~? fam** (*wie geht's*), come ₁vanno le cose₁/[va la vita]?
Kunstakademie f Accademia f di Belle Arti.
Kunstauktion f asta f di opere d'arte.
Kunstausstellung f mostra f/esposizione f d'arte.
Kunstbanause m (**Kunstbanausin** f) pej ignorante mf in materia d'arte: **er ist ein ~**, non capisce niente di arte.
Kunstband m libro m d'arte riccamente illustrato.
Kunstblume f fiore artificiale/sintetico/finto.
Kunstbuch n libro m d'arte.
Kunstdarm m {+WURST} budello m sintetico.
Kunstdenkmal n monumento m artistico.
Kunstdiebstahl m furto m di opere d'arte.
Kunstdruck m stampa f/riproduzione f artistica.
Kunstdünger m chem concime m/fertilizzante m chimico.
Kunsteis n ghiaccio m artificiale.
Kunsteisbahn f sport pista f di ghiaccio artificiale.
Kunsterzieher m (**Kunsterzieherin** f) insegnante mf di educazione artistica.
Kunsterziehung f D Schule educazione f artistica.
Kunstfaser f fibra f sintetica.
Kunstfehler m med euph errore m medico.
kunstfertig **A** adj {GOLDSCHMIED, HANDWERKER} abile, destro: ~ **sein**, essere abile, avere abilità **B** adv {SCHMIEDEN, REPARIEREN} in modo abile, con abilità.
Kunstfertigkeit f abilità f, destrezza f.
Kunstflug m aero volo m acrobatico, acrobazia f aerea.
Kunstförderung f promozione f delle arti.
Kunstfreund m (**Kunstfreundin** f) amante mf dell'arte.
Kunstführer m (*Buch*) guida f artistica.
Kunstgalerie f galleria f d'arte.
Kunstgattung f genere m artistico.
Kunstgegenstand m oggetto m d'arte.
kunstgerecht **A** adj {AUSFÜHRUNG, RESTAURIERUNG, VERBAND} (fatto) a regola d'arte **B** adv {AUSFÜHREN, RESTAURIEREN, ZERLEGEN} a regola d'arte.
Kunstgeschichte f storia f dell'arte: **sie hat einen Studienabschluss in ~**, è laureata in storia dell'arte.
Kunstgewerbe <-s, *ohne pl*> n **1** (*Bereich der bildenden Kunst*) artigianato m artistico **2** (*Gegenstände*) artigianato m, prodotti m pl artigianali.
Kunstgewerbemuseum n museo m dell'artigianato.
kunstgewerblich adj {GEGENSTÄNDE} di artigianato artistico.
Kunstgriff m artificio m, stratagemma m, accorgimento m.
Kunsthaar n capelli m pl artificiali/sintetici.
Kunsthalle f museo m, galleria f d'arte.
Kunsthandel <-s, *ohne pl*> m commercio m di opere d'arte.
Kunsthändler m (**Kunsthändlerin** f) mercante m (di opere) d'arte.

Kunsthandlung f negozio m/bottega f di oggetti d'arte.
Kunsthandwerk n artigianato m artistico.
Kunstharz n resina f sintetica.
Kunstherz n med cuore m artificiale.
Kunsthistoriker m (**Kunsthistorikerin** f) storico (-a) m (f) dell'arte.
kunsthistorisch **A** adj {BEDEUTUNG, INTERESSE, WERK} storico-artistico **B** adv {BEDEUTEND, VON INTERESSE} ₁dal punto di vista₁/[sotto il profilo] storico-artistico: **sie ist ~ interessiert**, si interessa di storia dell'arte.
Kunsthochschule f univ ≈ Accademia f di Belle Arti.
Kunsthonig <-s, *ohne pl*> m gastr miele m artificiale.
Kunstkalender m calendario m d'arte.
Kunstkenner m (**Kunstkennerin** f) intenditore (-trice) m (f)/conoscitore (-trice) m (f) d'arte.
Kunstkritiker m (**Kunstkritikerin** f) critico (-a) m (f) d'arte.
Kunstleder n similpelle f, pelle f finta.
Kunstlehrer m (**Kunstlehrerin** f) D → **Kunsterzieher**.
Künstler <-s, -> m (**Künstlerin** f) **1** kunst artista mf: **er ist ein etwas eigenwilliger ~**, è un artista un po' eccentrico; **das ist das Gemälde eines unbekannten ~s**, è il dipinto di un artista sconosciuto, il dipinto è di ignoto **2** (*Könner*) artista mf, maestro (-a) m (f): **in seinem Beruf als Fotograf ist er ein wahrer ~**, nel suo lavoro di fotografo è un vero artista; **ein ~ des Improvisierens**, un maestro ₁nell'arte dell'improvvisazione₁/[nell'improvvisare] • **freischaffender ~**, artista indipendente; **zum ~ geboren sein**, essere un artista nato.
Künstlerhand f: **mit ~**, con mano d'artista; **wie von ~ gemalt**, come dipinto dalla mano di un artista.
künstlerisch **A** adj <attr> **1** (*von einem Künstler stammend*) {WERT} d'arte; {GEGENSTAND, OBJEKT} auch d'arte **2** (*einem Künstler gemäß*) {BEGABUNG, VERANLAGUNG} artistico, per l'arte; {FREIHEIT} dell'artista **B** adv {BEDEUTEND, WERTVOLL} artisticamente, ₁dal punto di vista₁/[sotto il profilo] artistico.
Künstlerkolonie f colonia f di artisti.
Künstlerlokal n locale m frequentato da artisti.
Künstlername m nome m d'arte, pseudonimo m: **sich (dat) einen ~n zulegen**, adottare un nome d'arte.
Künstlernatur f: **eine ~ sein**, essere un artista.
Künstlerpech <-(e)s, *ohne pl*> n fam scherz sfiga f slang, sculo m slang.
Künstlerviertel n quartiere m degli artisti.
künstlich **A** adj **1** (*industriell hergestellt*) {AROMA, FARBSTOFF} artificiale; {BLUMEN, NÄGEL, WIMPERN} auch finto; {FASER} sintetico; {DIAMANT, RUBIN, SEIDE} auch sintetico: **~es Eis**, ghiaccio artificiale; **~e Zähne**, denti falsi/finti; **~es Gebiss**, dentiera **2** (*nicht natürlich*) {BELEUCHTUNG, HÜGEL, SEE, SONNE} artificiale: **~e Intelligenz** inform, intelligenza artificiale **3** med (*nicht natürlich erfolgend*) {BEATMUNG, BEFRUCHTUNG, ERNÄHRUNG, NIERE} artificiale **4** fam (*gekünstelt*) {HEITERKEIT, HERZLICHKEIT} artificioso, affettato **B** adv **1** fam (*gekünstelt*) {ERHEITERN, LACHEN} in modo artificioso, artificiosamente: **reg dich doch nicht ~ auf! fam pej**, è inutile che ti arrabbi! **2** (*industriell*) {FERTIGEN, HERSTELLEN} sinteticamente, per sintesi **3** (*mit Hilfe von Appara-*

ten) {BEFRUCHTEN, BESAMEN, ERNÄHREN} artificialmente: **jdn ~ am Leben erhalten**, tenere qu in vita artificialmente.

Kunstlicht n luce f artificiale.

Kunstliebhaber m (**Kunstliebhaberin** f) amante mf dell'arte, appassionato (-a) m (f) di arte.

Kunstlied n *mus* lied m.

Kunstmaler m (**Kunstmalerin** f) (*von Gemälden*) pittore (-trice) m (f); (*von Grafiken*) incisore m.

Kunstmarkt m mercato m d'arte.

Kunstmuseum n museo m d'arte.

Kunstobjekt n oggetto m d'arte.

Kunstpause f pausa f retorica/[a effetto].

Kunstpostkarte f cartolina f a soggetto artistico.

Kunstprosa f *lit* prosa f d'arte.

Kunstrasen m prato m artificiale/sintetico.

Kunstreiter m (**Kunstreiterin** f) cavallerizzo (-a) m (f) acrobata.

Kunstrichtung f *kunst* corrente f/tendenza f artistica.

Kunstsammler m (**Kunstsammlerin** f) collezionista mf (di oggetti/opere) d'arte.

Kunstsammlung f collezione f (di oggetti/opere) d'arte.

Kunstschatz m <*meist* pl> opera f d'arte, tesoro m (d'arte): **die Kunstschätze von Florenz**, ⌊i tesori⌋/[il patrimonio artistico] di Firenze.

Kunstschmied m fabbro m che esegue lavori artistici in ferro battuto.

Kunstschnee m neve f artificiale.

Kunstschule f scuola f d'arte.

Kunstseide f seta f artificiale.

kunstseiden adj {BLUSE, KLEID} di seta artificiale.

kunstsinnig *geh* Ⓐ adj {MENSCH} dotato di ⌊sensibilità artistica⌋/[senso artistico]: **~ sein**, avere sensibilità artistica/[per l'arte] Ⓑ adv {ARRANGIEREN, DEKORIEREN} con senso artistico.

Kunstsprache f *ling* lingua f artificiale.

Kunstspringen n *sport* tuffi m pl.

Kunststoff m materiale m sintetico, plastica f.

Kunststoffbehälter m contenitore m di plastica.

kunststoffbeschichtet adj plastificato.

Kunststoffflasche, **Kunststoff-Flasche** f bottiglia f di plastica.

Kunststofffolie, **Kunststoff-Folie** f pellicola f di plastica.

Kunststoffgehäuse n {+FERNSEHER, RADIO, STEREO} scatola f di plastica; {+COMPUTER} case m di plastica.

Kunststoffindustrie <-, *ohne* pl> f industria f della plastica.

Kunststoffkarosserie f carrozzeria f di plastica.

Kunststoffrasen m → **Kunstrasen**.

Kunststoffsohle f {+SCHUH} suola f in ⌊materiale sintetico⌋/[plastica].

kunst|stopfen tr *etw* ~ rammendare qc a regola d'arte.

Kunststück n **1** (*artistische Leistung*) {+DRESSIERTES TIER} pezzo m di bravura; {+ZAUBERER} gioco m di prestigio; {+AKROBAT} acrobazia f; {+JONGLEUR} gioco m di abilità/destrezza: **~e vorführen**, fare giochi di destrezza/prestigio/abilità **2** (*schwierige Handlung*) bel colpo m, colpaccio m *fam*, pezzo m di bravura f, capolavoro m: **es war ein wahres ~, den Kunden zum Kauf dieser Firma zu überreden**, è stato un ⌊bel colpo⌋/[colpaccio] convincere il cliente ad acquistare l'azienda ● **~!** *fam iron*, bella forza/bravura! *fam iron*; **er hat sich einen Porsche gekauft. – ~, wenn man so reiche Eltern hat**, si è comprato la Porsche. – Bella forza, con dei genitori così ricchi!; **das ist kein ~!** *fam* (*nichts Besonderes*), non ci vuole tanta bravura!, non ci vuole poi tanto/molto!; **das ~ fertigbringen, etw zu tun** *oft iron*, riuscire a compiere la prodezza di fare qc *iron*; **obwohl der Ball ein paar Meter vor dem Tor lag, hat er das ~ fertiggebracht danebenzuschießen**, benché il pallone fosse a pochi metri dalla porta, è stato capace di mandarlo fuori.

Kunstszene <-, *ohne* pl> f ambienti m pl artistici, mondo m dell'arte.

Kunsttischler m (**Kunsttischlerin** f) ebanista mf.

Kunsttischlerei f ebanisteria f.

Kunsttischlerin f → **Kunsttischler**.

Kunstturnen n *sport* ginnastica f artistica.

Kunstturner m (**Kunstturnerin** f) *sport* ginnasta mf.

Kunstunterricht <-s, *ohne* pl> m lezione f di educazione artistica.

Kunstverein m (associazione f) amici m pl dell'arte.

Kunstverlag m (casa f) editrice f d'arte, edizioni f pl d'arte.

Kunstverstand <-(e)s, *ohne* pl> m sensibilità f artistica, senso m artistico.

kunstverständig adj {PUBLIKUM} dotato di sensibilità artistica.

Kunstverständnis n sensibilità f artistica.

kunstvoll Ⓐ adj {ORNAMENT, SCHNITZEREI, VERGLASUNG} artistico, fatto con arte Ⓑ adv {ANFERTIGEN, SCHNITZEN, VERZIEREN} artisticamente, con arte.

Kunstwerk n opera f d'arte: **die ~e der Renaissance**, le opere d'arte del Rinascimento; (*Meisterwerk*) capolavoro m: **ein architektonisches ~**, un capolavoro dell'architettura.

Kunstwert m valore m artistico.

Kunstwissenschaft f teoria f e storia f dell'arte.

Kunstwort n *ling* ⌊parola f creata⌋/[termine m creato] artificialmente.

kunterbunt Ⓐ adj *fam* **1** (*abwechslungsreich*) {ANGEBOT, PROGRAMM} variopinto, variegato **2** (*sehr bunt*) {BILD, KLEID} variopinto, multicolore **3** (*ungeordnet*) **ein ~es Durcheinander**, un guazzabuglio Ⓑ adv: **~ durcheinander**, alla rinfusa; **alles geht ~ durcheinander**, è tutto sottosopra.

Kupee <-s, -s> n *autom* → **Coupé**.

Kupfer <-s, -> n **1** <*nur* sing> *chem* rame m: **Draht/Töpfe aus ~**, filo/pentole di rame **2** (*~stich*) incisione f su rame: **etw in ~ stechen** {LANDKARTE, PORTRÄT}, incidere qc su rame.

Kupferbergwerk n miniera f di rame.

Kupferblech n lamiera f di rame.

Kupferdach n tetto m di rame.

Kupferdraht m filo m di rame.

Kupfererz n *min* minerale m di rame.

kupferfarben adj, **kupferfarbig** adj color rame, ramato.

Kupfergeschirr n rami m pl, stoviglie f pl di rame.

Kupferkabel n cavo m di rame.

Kupferkessel m paiolo m di rame.

Kupferlegierung f *chem* lega f di rame.

Kupferleiter m *phys* conduttore m di rame.

Kupfermünze f moneta f di rame.

kupfern adj <attr> **1** (*aus Kupfer*) {BLECH, DRAHT, TOPF} di rame **2** (*kupferfarben*) color rame, ramato.

kupferrot adj {HAARE} color rame, ramato.

Kupferschmied m (**Kupferschmiedin** f) ramaio (-a) m (f), battirame mf.

Kupferstecher m (**Kupferstecherin** f) incisore m (su rame).

Kupferstich m incisione f su rame.

Kupfersulfat n *chem* solfato m di rame.

Kupfervergiftung f cuprismo m, intossicazione f da rame.

Kupferverkleidung f rivestimento m in rame.

Kupfervitriol <-s, *ohne* pl> n *chem* ramato m, vetriolo m azzurro/blu.

kupieren <*ohne* ge-> tr *etw* ~ {HUNDEOHREN, PFERDESCHWANZ} mozzare qc, tagliare qc.

Kupon <-s, -s> m **1** (*Gutschein*) buono m, coupon m; (*abtrennbarer Zettel*) cedola f, tagliando m **2** *bank* {+WERTPAPIERE} cedola f.

Kuppe <-, -n> f **1** (*Bergkuppe*) cima f (arrotondata): **von der ~ des Berges hat man eine schöne Aussicht**, dalla cima del monte si gode di una bella vista; **auf der ~ des Berges befindet sich ein kleines Dorf**, ⌊in cima al⌋/[sulla cima del] monte si trova un paesino **2** (*Straßenwölbung*) dosso m **3** (*Fingerkuppe*) punta f del dito.

Kuppel <-, -n> f *arch* cupola f: **die ~ des Florentiner Doms**, la cupola del duomo di Firenze; **die ~ des Himmels**, la volta celeste.

Kuppelbau m *arch* costruzione f a cupola.

Kuppeldach n *arch* tetto m a cupola.

Kuppelei <-, *ohne* pl> f *jur* (*Förderung der Prostitution*) lenocinio m *jur*: **wegen ~ angeklagt werden**, essere accusato di lenocinio.

Kuppelgewölbe n *arch* volta f a cupola.

kuppeln① itr *autom* azionare la frizione.

kuppeln② tr *etw an etw* (akk) ~ {ANHÄNGER AN DEN LKW, SCHLAFWAGEN AN DEN ZUG} agganciare qc a qc, attaccare qc a qc.

kuppeln③ itr *obs* (*gewerbsmäßig eine Heirat vermitteln*) fare il ruffiano; (*bei Bekannten, Freunden*) far mettere insieme qu, far conoscere qu, combinare un incontro *fra* qu *e* qu.

Kuppler <-s, -> m (**Kupplerin** f) *pej* ruffiano (-a) m (f), mezzano (-a) m (f).

Kupplung <-, -en> f **1** *autom* frizione f **2** (*Anhängervorrichtung*) gancio m (da traino/rimorchio); *Eisenb* giunto m ● **die ~ kommen lassen**, rilasciare la frizione; **die ~ schleifen lassen**, far slittare la frizione; **die ~ treten**, schiacciare/abbassare/spingere la frizione.

Kupplungsbelag m *autom* guarnizione f della frizione.

Kupplungshebel m *autom* leva f del cambio.

Kupplungspedal n *autom* (leva f della) frizione f.

Kupplungsscheibe f *autom* disco m della frizione.

Kur <-, -en> f **1** (*Heilbehandlung*) cura f, trattamento m, terapia f **2** (*Kuraufenthalt*) soggiorno m di cura: **ich war in Bad Nauheim zur Kur**, ho fatto una cura (termale) a Bad Nauheim; **der Arzt will mich wegen meiner rheumatischen Beschwerden in Kur schicken**, il medico vuole mandarmi a fare delle cure per i reumatismi; **wann gehst du denn auf Kur?**, quando vai a fare le cure (termali)? **3** (*Haarkur*) trattamento m rivitalizzante/ristrutturante/rinforzante per (i) capelli ● **jdn einer Kur unterziehen**, sottoporre qu a una cura/terapia; **jdm eine Kur verord-**

nen, prescrivere un soggiorno curativo a qu.

Kür <-, -en> f sport (beim Eiskunstlauf, Kunstturnen, Tanzen) esercizio m libero.

Kurare <-(s), ohne pl> n (Pfeilgift) curaro m.

Kurarzt m medico m di uno stabilimento di cura.

kuratieren <ohne ge-> tr etw ~ {AUSSTELLUNG} curare qc.

Kurator m (**Kuratorin** f) 1 (Treuhänder) {+STIFTUNG} (amministratore (-trice) m (f)) fiduciario (-a) m (f) 2 univ (Justiziar) economo (-a) m (f) 3 (Leiter einer Ausstellung, eines Museums) curatore (-trice) m (f).

Kuratorium <-s, Kuratorien> n 1 (Aufsichtsgremium) commissione f di vigilanza/controllo 2 (beratender Ausschuss) comitato m consultivo 3 (Gruppe von Kuratoren) team m di curatori.

Kuraufenthalt m soggiorno m di cura.

Kurbel <-, -n> f manovella f.

Kurbelantrieb m azionamento m/comando m a manovella.

kurbeln A tr etw irgendwohin ~ {JALOUSETTE, MARKISE VORS FENSTER, NACH OBEN} mandare qc (con la manovella) + compl di luogo: etw nach oben/unten ~ {FENSTER, JALOUSETTEN, MARKISEN}, ₍alzare/far salire₎/ ₍abbassare/far scendere₎ qc (girando una manovella) B itr girare la manovella.

Kurbelstange f autom biella f.

Kurbelwelle f autom albero m a gomiti.

Kürbis <-ses, -se> m 1 bot zucca f 2 slang (Kopf) zucca f fam.

Kürbiskern m seme m di zucca.

Kurde <-n, -n> m (**Kurdin** f) curdo (-a) m (f).

Kurdengebiet n geog pol territorio m curdo.

Kurdin f → **Kurde**.

kurdisch adj {SPRACHE, TRADITION} curdo.

Kurdistan <-s, ohne pl> n geog Kurdistan m.

kuren itr fam (irgendwo) ~ fare un soggiorno di cura + compl di luogo.

küren <kürt, kürte oder rar kor, gekürt oder rar gekoren> tr geh oder scherz jdn zu etw (dat) ~ {ZUM SPORTLER DES JAHRES, ZUR SCHÖNHEITSKÖNIGIN} eleggere qu qc: **sie wurde zur Miss Germany gekürt**, è stata eletta miss Germania.

Kürettage <-, -n> f med raschiamento m uterino/[dell'utero].

Kurfürst m hist principe m elettore.

Kurfürstentum n hist elettorato m.

Kurgast m ospite m di una località di cura.

Kurhaus n edificio m centrale di uno stabilimento di cura.

Kurhotel n sanatorio m; (Wellnesshotel) hotel m/albergo m benessere.

Kurie <-, ohne pl> f relig curia f: **die römische ~**, la curia romana.

Kurienkardinal m relig cardinale m di/della curia.

Kurier <-s, -e> m 1 mil pol (Bote) corriere m: diplomatischer ~, corriere diplomatico 2 (~dienst mit LKW) corriere m; (mit Moped) Pony Express® m • **etw per ~ schicken**, inviare/spedire qc per/[a mezzo] corriere.

Kurierdienst m 1 (Service mit Flugzeug, LKW) servizio m di corriere; (Service mit LKW für Bücher und Zeitungen) messaggeria f pl; (mit Moped) (servizio m) Pony Express® m 2 (Firma mit LKW-Service) corriere m; (mit Moped-Service) Pony Express® m fam.

kurieren <ohne ge-> tr 1 (heilen) etw (durch etw akk/mit etw dat) ~ {ARZT, KRANKER ERKÄLTUNG, MAGENSCHMERZEN MIT TEE, TROPFEN} curare qc (con qc), guarire qc (con qc): **seine Grippe ~**, curare l'influenza

2 (erfolgreich behandeln) jdn (von etw dat) ~ {ARZT, HEILPRAKTIKER, MASSAGEN, THERAPIE VON EINER KRANKHEIT, SCHMERZEN} guarire qu (da qc) 3 fam (befreien) jdn (von etw dat) ~ {VON HOFFNUNGEN, ILLUSIONEN, EINER SPIELLEIDENSCHAFT} guarire qu (da qc) • **von etw (dat) kuriert sein** fam, essere guarito da qc: **hoffst du denn immer noch, dass er zu dir zurückkommt? – Nein, ich bin endlich kuriert**, continui a sperare che torni da te? – No, credo che mi sia finalmente passata.

kurios geh A adj {ANSICHTEN, IDEEN, MENSCH, VERHALTEN} curioso, strano, bizzarro: **das ist wirklich ~!**, è proprio curioso!; **ich habe etwas Kurioses gehört**, ho saputo una cosa curiosa/buffa; **es war eine ~e Situation**, era una situazione curiosa B adv {SICH BENEHMEN, SICH KLEIDEN, SICH VERHALTEN} in modo curioso/strano.

kurioserweise adv stranamente.

Kuriosität <-, -en> f 1 (merkwürdiger Gegenstand) curiosità f: **ein Laden voller ~en**, un negozio pieno di curiosità; **von seinen Reisen hat er viele ~en mitgebracht**, dai suoi viaggi ha portato molte curiosità; (merkwürdige Geschichte) storia f curiosa 2 (merkwürdige Art) stranezza f.

Kuriosum <-s, Kuriosa> n cosa f curiosa: **es ist ein ~, dass ...**, è (un fatto) curioso che ...; **seine Bilder gelten als ~**, i suoi quadri sono considerati delle curiosità; **dieser Fall ist ein medizinisches ~**, questo è un caso clinico bizzarro.

Kurklinik f clinica f per ₍un soggiorno₎/[soggiorni] di cura.

Kurkonzert n concerto m in una località di cura.

Kurkuma <-, Kurkumen> f bot curcuma f.

Kürlauf m sport esercizi m pl liberi (di pattinaggio sul ghiaccio).

Kurort m luogo m/località f di cura; (Thermalbad) località f/stazione f termale; (Luftkurort) stazione f climatica.

Kurpackung f (für Haare) impacco m curativo, maschera f ristrutturante/rinforzante/rivitalizzante (per capelli).

Kurpark m parco m di una località di cura.

Kurpfuscher <-s, -> m (**Kurpfuscherin** f) fam pej medicastro (-a) m (f) fam, ciarlatano (-a) m (f) fam, medico m da ₍strapazzo fam₎/[quattro soldi fam].

Kurpfuscherei <-, ohne pl> f ciarlataneria f (in campo medico).

Kurpfuscherin f → **Kurpfuscher**.

Kurpromenade f passeggiata f in una località climatica o termale.

Kurs① <-es, -e> m 1 aero naut (Richtung) rotta f: **unser Schiff nimmt nun ~ auf Hamburg**, la nostra nave ha ora rotta per/su Amburgo; **wegen der schlechten Wetterbedingungen müssen wir den ~ ändern**, a causa delle cattive condizioni meteorologiche dobbiamo cambiare rotta 2 pol (politische Linie) linea f (politica), rotta f: **harter ~**, linea dura; **der neue ~ der Partei**, il nuovo corso/indirizzo del partito; **nach der Wahlniederlage will die CDU einen vollkommen neuen ~ einschlagen**, dopo la sconfitta elettorale la CDU vuole mutare radicalmente rotta 3 (Marktpreis) {+AKTIEN, EDELMETALL, WERTPAPIERE} corso m, quotazione f 4 (Wechselkurs) (corso m del) cambio m, quotazione f: **der ~ des Euro**, (corso m del cambio)/[la quotazione] dell'euro 5 Ski percorso m: **den ~ abstecken**, tracciare il percorso • **jdn/etw vom ~ abbringen** aero naut {NEBEL, STURM BESATZUNG, FLUGZEUG, SCHIFF}, mandare fuori rotta qu/qc; **jdn vom ~ abbringen** (jdn veranlassen, sein Programm zu ändern) {OPPOSITI-

ON, VORFALL POLITIKER, REGIERUNG}, indurre/spingere qu a cambiare ₍linea politica₎/[rotta], far cambiare ₍linea politica₎/[rotta] a qu; **vom ~ abkommen/abweichen** aero naut (bewusst), abbandonare la rotta; (versehentlich), andare fuori rotta; **amtlicher ~ ökon** {+WÄHRUNG}, cambio ufficiale; **außer ~ sein** ökon {BANKNOTE, MÜNZE}, essere fuori corso; **ein außer ~ setzen** ökon {BANKNOTE, WÄHRUNG, ZAHLUNGSMITTEL}, ritirare qc dalla circolazione; **~ auf etw (akk) beibehalten** {FLUGZEUG, KAPITÄN, SCHIFF}, mantenere la rotta su/per qc; **auf ~ bleiben** aero naut, tenere la rotta; **einen neuen ~ einschlagen** {FLUGZEUG, KAPITÄN, SCHIFF}, cambiare rotta; {PARTEI}, cambiare rotta; **einen harten politischen ~ fahren**, adottare/[optare per] una linea politica dura; **im ~ fallen/steigen** {AKTIEN, WERTPAPIERE}, essere in ribasso/rialzo; **die ~e fallen/sinken**, le quotazioni scendono/[sono in ribasso]/[calano]; **zum gegenwärtigen ~** ökon, al cambio attuale; **gesetzlicher ~** ökon, corso legale; **die ~e schwanken**, le quotazioni oscillano/fluttuano; **hoch im ~ stehen** ökon {AKTIEN, WERTPAPIERE}, essere molto quotato; (bei jdm) **hoch im ~ stehen** (beliebt/gefragt sein) {KUNSTGEGENSTAND, KÜNSTLER, POP-SÄNGER}, essere molto quotato (presso qu), andare per la maggiore (presso qu) fam; **südamerikanische Musik steht/ist bei jungen Leuten momentan hoch im ~**, la musica sudamericana al momento è quotatissima/gettonatissima fam tra i giovani; **der neue deutsche Außenminister steht bei seinen ausländischen Kollegen hoch im ~**, il nuovo Ministro degli Esteri tedesco ha una buona quotazione presso i (suoi) colleghi stranieri; **die ~e steigen**, le quotazioni salgono/[sono in rialzo]; **die ~e ziehen an**, le quotazioni sono in ripresa; **zum ~ von etw (dat)**, al cambio di qc.

Kurs② <-es, -e> m 1 corso m: **einen ~ abhalten**, tenere un corso; **diesen Winter möchte ich einen ~ für Informatik besuchen**, quest'inverno vorrei frequentare un corso di informatica; **sie hat einen ~ für Anfänger belegt**, si è iscritta ad un corso per principianti; **er hat einen dreimonatigen ~ in Spanisch absolviert**, ha frequentato un corso trimestrale di spagnolo 2 (alle ~teilnehmer) corso m: **der ganze ~**, tutto il corso.

Kursabweichung f aero naut deviazione f dalla rotta.

Kursänderung f aero naut cambiamento m di rotta; pol auch cambiamento m di ₍linea (politica)₎/[indirizzo (politico)].

Kursanstieg m ökon rialzo m delle quotazioni.

Kursbericht m ökon, **Kursblatt** n ökon → **Kurszettel**.

Kursbuch n Eisenb orario m ferroviario (generale).

Kurschatten m fam scherz "persona f che durante un soggiorno di cura ha un flirt con un altro ospite".

Kürschner <-s, -> m (**Kürschnerin** f) pellicciaio (-a) m (f).

Kurse pl von Kurs①, Kurs②, Kursus.

Kurseinbruch m ökon crollo m/caduta f/tracollo m delle quotazioni di borsa.

Kurseinbuße f ökon → **Kursverlust**.

Kursentwicklung f ökon andamento m delle quotazioni.

Kurserholung f ökon ripresa f/rimonta f/recupero m delle quotazioni.

Kursfixierung f ökon fixing m.

Kursgewinn m ökon (bei Währungen) guadagno m (su cambi); (bei Aktien o. Wertpapieren) plusvalenza f (su titoli).

kursieren <ohne ge-> itr 1 (umlaufen) (ir-

gendwo) ~ {FALSCHGELD IN DER STADT} circolare/[essere in circolazione] (+ *compl di luogo*) **2** (*umgehen*) {GERÜCHT, PAROLE} circolare: **es kursiert das Gerücht, dass …, das Gerücht kursiert, dass …**, corre voce che …; **in der Firma kursiert das Gerücht, dass sie einen anderen hat**, in ditta si mormora che abbia un amante.

Kursindex m *ökon* indice m delle quotazioni.

kursiv Ⓐ *adj* {SCHRIFT} corsivo Ⓑ *adv* {DRUCKEN, SCHREIBEN} in corsivo.

Kursivdruck m *typ* stampa f in ₗcaratteri corsivi₎/[corsivo].

Kursivschrift f *typ* corsivo m, caratteri m pl corsivi.

Kurskorrektur f *aero naut* correzione f di rotta.

Kursmakler m (**Kursmaklerin** f) *ökon* agente mf di cambio.

Kursmanipulation f *ökon* manipolazione f delle quotazioni.

Kursnotierung f *ökon* quotazione f (in borsa).

kursorisch *geh* Ⓐ *adj* {LESEN, ÜBERFLIEGEN} superficiale, rapido, cursorio *rar*: **eine ~e Lektüre des Textes**, una scorsa al testo Ⓑ *adv* {LESEN, ÜBERFLIEGEN} superficialmente, rapidamente: **die Zeitung ~ lesen**, dare una scorsa al giornale.

Kursrisiko n *ökon* rischio m di prezzo.

Kursrückgang m *ökon* flessione f/ribasso m delle quotazioni.

Kursrutsch m *ökon* caduta f delle quotazioni: **der ~ des Dollars**, lo scivolone del dollaro.

Kursschwankung f {+AKTIEN, DEVISEN, WERTPAPIERE} fluttuazione f/oscillazione f delle quotazioni.

Kurssicherung f *ökon* garanzia f di cambio.

Kurssicherungsgeschäft n <*meist* pl> *ökon* operazione f mirata alla garanzia di cambio.

Kurssteigerung f *ökon* → **Kursanstieg**.

Kurssturz m *ökon* crollo m/tracollo m delle quotazioni.

Kursstützung f *ökon* sostegno m delle quotazioni.

Kurstafel f *ökon* tabella f delle quotazioni.

Kursteilnehmer m (**Kursteilnehmerin** f) partecipante mf a un corso, corsista mf.

Kursus <-, *Kurse*> m corso m.

Kursverfall m *ökon* erosione f delle quotazioni.

Kursverlust m *ökon* perdita f (su cambi).

Kurswagen m *Eisenb* carrozza f diretta.

Kurswechsel m *aero naut* cambiamento m di rotta; *pol auch* cambiamento m di linea (politica).

Kurswert m *ökon* {+WERTPAPIER} quotazione f di borsa.

Kurszettel m {+WERTPAPIERE} listino m di borsa; {+DEVISEN} listino m dei cambi.

Kurt m (*Vorname*) → **Konrad**.

Kurtaxe f tassa f di soggiorno.

Kurtisane <-, *-n*> f *hist* cortigiana f.

Kurtschatovium <-, *ohne* pl> n *chem* curciatovio m.

Kurve <-, *-n*> f **1** *geom* (*gekrümmte Linie*) curva f **2** (*Straßenkurve*) curva f: **du bist zu schnell in die ~ gefahren**, hai preso la curva ₗtroppo velocemente₎/[a velocità eccessiva]; **der PKW wurde aus der ~ geschleudert**, la macchina è ₗuscita di strada dopo aver sbandato₎/[volata fuori *fam*] in curva **3** *bes. ökon* (*grafische Darstellung*) curva f

4 <*nur* pl> *fam scherz* (*weibliche Körperrundung*) curve f pl *fam*: **hat die ~n!**, che curve!, che carrozzeria! *fam*; **eine Frau mit ausgeprägten ~n**, una donna tutta curve ● **eine ~ voll ausfahren**, prendere una curva larga; **die ~ kratzen** *fam*, tagliare la corda *fam*, svignarsela *fam*, filarsela *fam*; **die ~ kriegen** *fam* (*etw schaffen*), non farcela *fam*; **zum Schluss hat er ja doch noch die ~ gekriegt!**, alla fine ce l'ha fatta!; **ich krieg' heute Morgen einfach nicht richtig die ~**, stamattina non riesco proprio a ingranare *fam*; **seine Noten waren das ganze Schuljahr über schlecht, am Schluss hat er gerade noch die ~ gekriegt**, per tutto l'anno ha avuto dei pessimi voti, alla fine ce l'ha fatta per ₗun pelo *fam*₎/[il roto della cuffia *fam*]; **sich in die ~ legen** {MOTORRADFAHRER}, piegare in curva; **gut in der ~ liegen** {AUTO, MOTORRAD}, avere una buona stabilità in curva; **eine ~ machen** {BAHNLINIE, STRABE}, fare una curva; {FLUSS} *auch*, disegnare una curva; **die Straße machte eine ~ nach links**, la strada curvava a sinistra; **eine ~ nehmen**, prendere/imboccare una curva; **die ~ eng nehmen**, stringere in curva; **eine ~ schneiden**, tagliare una curva.

kurven *itr* <*sein*> *fam* **1** (*sich irgendwohin bewegen*) *irgendwohin* ~ {AUTO, FAHRRAD UM DIE ECKE} voltare *qc*, girare *qc*; {FLUGZEUG, SEGELFLIEGER ÜBER DAS LAND, DURCH DIE LUFT} volare descrivendo ampie volute + *compl di luogo* **2** (*ziellos umherfahren*) **durch etw** (*akk*) ~ {DURCH DIE GEGEND, EIN LAND, DIE STADT} girare (*per*) *qc*: **im Urlaub sind wir durch halb Europa gekurvt**, durante le vacanze abbiamo girato mezza Europa.

kurvenförmig *adj* curvilineo.

Kurvenlineal n *geom* curvilineo m.

Kurvenmesser <-s, -> m curvimetro m.

kurvenreich *adj* **1** (*Kurven aufweisend*) {STRABE, STRECKE} ₗpieno di₎/[tutto] curve, sinuoso **2** *fam scherz* (*mit runden Körperformen*) {FRAU} tutto curve, formoso, ben carrozzato *fam*.

Kurverwaltung f azienda f di cura e soggiorno.

kurvig *adj* {STRABE, WEG} ₗcon molte₎/[pieno di] curve, sinuoso: **~ sein** {STRECKE, WEG}, avere molte curve.

kurz Ⓐ *adj* **1** (*räumlich: von geringer Länge*) {BEIN, FADEN, HALS, ROCK} corto; {STRECKE, WEG} *auch* breve: **~e Haare sind modern**, i capelli corti vanno di moda; **ein Kleid mit ~en Ärmeln**, un vestito a manica corta; **das ist der kürzeste Weg**, è la via/strada più breve/corta **2** (*zeitlich: von geringer Dauer*) {AUFENTHALT, BESUCH, LEBEN, UNTERBRECHUNG, URLAUB} breve: **sie hat ein ~es Gedächtnis**, ₗè di₎/[ha la] memoria corta; **wir machen nun eine ~e Pause**, facciamo ₗuna breve pausa₎/[un breve intervallo]; **der kürzeste Tag**, il giorno più corto; **in ~er Zeit**, in breve/poco tempo; **nach ~er Zeit kündigte er wieder**, dopo poco (tempo) si licenziò nuovamente **3** (*knapp*) {ANSPRACHE, ANTWORT, MITTEILUNG, ZUSAMMENFASSUNG} breve; {ARTIKEL, BERICHT, BRIEF} corto: **etw in ~en Worten sagen**, dire *qc* in poche parole, essere breve **4** (*schnell*) {BLICK} rapido **5** *ling* (*nicht lang betont*) {SILBE, VOKAL} breve Ⓑ *adv* **1** (*knapp*) {ANTWORTEN, ERKLÄREN, ZUSAMMENFASSEN} in breve, brevemente **2** (*rasch*) {ETW ABTUN, ENTSCHEIDEN} velocemente, rapidamente: **etw ~ entschlossen tun**, fare *qc* senza stare troppo a pensarci **3** (*für eine ~e Zeit*) {SICH AUFHALTEN, BLEIBEN, DA SEIN} per breve/poco tempo; {SEHEN} brevemente, per un momento: **darf ich Sie mal ~ sprechen?**, posso parlarLe un attimo? **4** (*räumlich: we-*

nig) ~ + *präp* + **Ortsangabe** poco + *präp* + *compl di luogo*: **ich geh' mal (eben) ~ zum Bäcker**, faccio un salto dal fornaio; ~ **vor München kamen wir in einen Stau**, poco prima di Monaco siamo finiti (-e) in un ingorgo; ~ **hinter der Kurve ist ein Parkplatz**, appena dopo/superata la curva c'è un parcheggio **5** (*zeitlich: wenig*) ~ + *präp* + **Zeitangabe** poco + *präp* + *compl di tempo*: **es ist ~ vor zehn**, manca poco alle dieci, sono quasi le dieci; ~ **nach dem Mittagessen sind sie abgereist**, sono partiti (-e) poco dopo pranzo ● ~ **angebunden sein**, essere ₗdi poche parole₎/[sbrigativo], tagliare corto *fam*; ~ **bevor**, poco prima di … *inf*, poco prima che … *konjv*; ~ **bevor du angerufen hast, ist er abgereist**, è partito poco prima che tu telefonassi; ~ **bevor ich dich kennen lernte**, war ich noch in einen anderen verliebt, poco prima di conoscerti ero ancora innamorata di un altro; **binnen** ~**em**, fra/tra breve, entro breve (tempo); ~ **und bündig** {ERKLÄREN}, senza mezzi termini; **seine Antwort lautete** ~ **und bündig: …**, la sua risposta è stata sintetica: …; ~ **danach**, poco dopo; **sich** ~ **fassen** *a.R. von* kurzfassen → **kurz|fassen**; ~ **gesagt**, in poche parole, in breve/sintesi; ~ **und gut**, insomma, per farla breve *fam*, in breve, in una parola; **zu** ~ **kommen**, rimetterci, rimanere indietro; **du hast wohl mal wieder Angst, zu** ~ **zu kommen, oder?**, anche stavolta hai paura ₗche ti tocchi meno degli altri₎/[di rimanere indietro], non è vero?; **bei der Teilung des Erbes sind die Kinder zu** ~ **gekommen**, al momento della divisione dell'eredità i figli ci hanno rimesso; **es ist noch Torte da, du kommst noch nicht zu** ~!, c'è ancora della torta, (non avere paura che) non rimani senza!; **über** ~ **oder lang**, presto o tardi, prima o poi; **etw kürzer machen** {HOSE, KLEID, MANTEL, ROCK}, (r)accorciare *qc*; **um es** ~ **zu machen** → **kurz|machen**; **mach's** ~! → **kurz|machen**; **alles** ~ **und klein schlagen** *fam*, fare tutto a pezzi, spaccare tutto; ~ **und schmerzlos** *fam*, (in modo) rapido e indolore; **er hat sich** ~ **und schmerzlos entschieden**, la sua è stata una decisione rapida e indolore; **seit** ~**em/Kurzem**, da poco; **vor** ~**em/Kurzem**, poco (tempo) fa, recentemente; **ich habe sie vor** ~**em gesehen**, l'ho vista di recente; **kürzer werden** {TAGE}, (r)accorciarsi, diventare più corto (-a); **den Kürzeren ziehen**, prenderlo in tasca *fam*.

Kurzarbeit f *industr* lavoro m a orario ridotto (obbligato).

kurz|arbeiten *itr industr* lavorare a orario ridotto: **wegen mangelnder Aufträge wird in unserer Firma kurzgearbeitet**, per mancanza di ordini nella nostra ditta si lavora a orario ridotto.

Kurzarbeiter m (**Kurzarbeiterin** f) *industr* chi lavora orario ridotto (obbligato).

Kurzarbeitergeld n *industr* salario m di un lavoratore impiegato a orario ridotto.

kurzärmelig, **kurzärmlig** *adj* {BLUSE, HEMD, KLEID} a manica corta, a maniche corte.

kurzatmig *adj med* {MENSCH} ₗha ha₎/[con] il fiato corto, bolso.

kurzbeinig *adj* {DACKEL, MENSCH} con le gambe corte.

Kurzbericht m breve relazione f/rapporto m, resoconto m sommario.

Kurzbiografie, **Kurzbiographie** f biografia f breve, brevi note f pl biografiche.

Kurzbrief m breve lettera f, letterina f.

Kurze <*dekl wie adj*> m *fam* **1** (*Schnaps*) (bicchierino m di) grappa f: **gibst du mir noch einen ~n?**, mi dai un altro grappino?

2 (*Kurzschluss*) corto m *fam*: **einen ~n haben**, andare in corto.

Kürze <-, -n> f **1** <*meist* sing> (*kurze räumliche Länge*) brevità f: **angesichts der ~ der Strecke**, vista la brevità del tragitto; **wegen der ~ ihrer Beine konnte sie nicht als Model arbeiten**, a causa delle gambe corte non ha potuto fare la modella; **bei der ~ ihrer Haare könnte man sie für einen Jungen halten**, con quei capelli corti la si potrebbe prendere per un ragazzo **2** <*nur* sing> (*kurze Dauer*) {+AUFENTHALT, BESUCH, FEIER, LEBEN, ZEIT} brevità f **3** <*nur* sing> (*Knappheit*) {+ANTWORT, BRIEF} brevità f; {+ARTIKEL} concisione f, stringatezza f **4** *lit* (*kurze Silbe*) breve f ● **in aller ~** (*kurz gefasst*), in breve, in poche/due parole, in sintesi; **in ~** (*sehr bald*), tra poco/breve/[non molto]; **in der ~ liegt die Würze** *prov*, la brevità è un gran pregio.

Kürzel <-s, -> n **1** (*stenografisches ~*) stenogramma m **2** (*Kurzwort*) sigla f.

kürzen A tr **1** (*durch Abschneiden kürzer machen*) *etw* (**um** *etw* akk) ~ {ÄRMEL, BLUSE, HOSE, KLEID, MANTEL, ROCK **UM EINE BESTIMMTE LÄNGE**} (r)accorciare qc (*di qc*) **2** (*im Umfang verringern*) *etw* ~ {ARTIKEL, AUFSATZ, BERICHT, MANUSKRIPT} tagliare qc, abbreviare qc, sfrondare qc: **der Artikel ist um ein Drittel zu ~**, l'articolo va tagliato di un terzo **3** (*verringern*) (*jdm*) *etw* ~ {ARBEITSLOSENGELD, AUSGABEN, ETAT, GEHALT, RENTE, SOZIALHILFE} ridurre qc (*a qu*), decurtare qc (*a qu*), tagliare qc (*a qu*): **das Arbeitslosengeld soll um 10% gekürzt werden**, il sussidio di disoccupazione verrà decurtato del 10% **4** *math* (*vereinfachen*) *etw* (**mit** *etw* dat) ~ {BRUCH} semplificare qc (*per qc*) B itr **1** (*den Umfang verringern*) stringere, tagliare **2** *math* (*vereinfachen*) semplificare.

kürzer adj kompar *von* kurz.

kurzerhand adv senza stare troppo a pensarci: **man hat ihn ~ entlassen**, è stato licenziato ₁di punto in bianco₁/[senza tante cerimonie *fam*]; **er ist ~ abgereist**, è partito senza por tempo in mezzo.

kürzer|treten <irr> itr <*sein oder haben*> (*sich finanziell einschränken*) fare economia, risparmiare, tirare la cinghia *fam*: **wenn wir uns ein neues Auto kaufen wollen, müsen wir von nun an etwas ~**, se ci vogliamo comprare la macchina nuova, d'ora in poi dobbiamo tirare un po' la cinghia; (*sich gesundheitlich schonen*) riguardarsi: **Sie müssen schon etwas ~, wenn Sie nach der Krankheit wieder auf die Beine kommen wollen**, dovrà riguardarsi un po' se vuole rimettersi dalla malattia.

kürzeste adj superl *von* kurz.

kurz|fassen rfl **sich ~**, essere breve/telegrafico, stringere *fam*, sintetizzare: **fass dich kurz!**, stringi!

Kurzfassung f {+ESSAY, ROMAN} edizione f/versione f ridotta: **in ~** {BERICHTEN, MELDEN}, in breve, brevemente, in sintesi.

Kurzfilm m cortometraggio m.

Kurzform f *ling* forma f abbreviata.

kurzfristig A adj **1** (*ohne vorherige Ankündigung*) {ABREISE, PROGRAMMÄNDERUNG} improvviso, deciso all'ultimo momento; {BUCHUNG, RESERVIERUNG} dell'ultimo momento/minuto **2** (*für kurze Zeit dauernd/geltend*) {VERTRAG, WETTERVORHERSAGE} a breve termine; {KREDIT, WECHSEL} a breve scadenza **3** (*in kurzer Zeit*) {ENTSCHEIDUNG, LÖSUNG} rapido B adv **1** (*ohne vorherige Ankündigung*) {ÄNDERN, VERSCHIEBEN} all'ultimo momento, senza preavviso: **wir mussten ganz ~ absagen**, abbiamo dovuto disdire all'ultimo momento **2** (*in kurzer Zeit*) {ENTSCHEIDEN, INFORMIEREN, WISSEN LASSEN} in breve tempo, rapidamente **3** (*für kurze Zeit*) {UNTERBRECHEN} momentaneamente.

kurzgefasst (a.R. kurzgefaßt) adj → **gefasst**.

Kurzgeschichte f *lit* racconto m breve, short story f.

kurzgeschnitten adj → **geschnitten**.

Kurzhaardackel m *zoo* bassotto m a pelo corto.

Kurzhaarfrisur f taglio m corto (di capelli), capelli m pl corti, acconciatura f corta.

kurzhaarig adj **1** (*mit kurzen Haaren*) {MENSCH} dai/[con i] capelli corti **2** (*mit ~em Fell*) {HUND} a pelo corto.

Kurzhaarschnitt m taglio m corto.

kurz|halten <irr> tr *jdn* ~ tenere a stecchetto qu *fam*, obbligare qu a tirare la cinghia *fam*.

Kurzkommentar m breve commento m.

Kurzläufer m *ökon* titolo m a breve (scadenza/termine).

kurzlebig adj **1** (*nicht lange lebend*) {PFLANZE, TIER} dalla vita breve; {BLUME, INSEKT} *auch* effimero **2** (*nur vorübergehend*) {MODE, MODEERSCHEINUNG} di breve durata, effimero; {FREUNDSCHAFT} passeggero **3** (*nicht lange haltend*) non/poco durevole: **~e Konsumgüter**, beni effimeri; **Gebrauchsgegenstände werden immer ~er**, gli oggetti di uso quotidiano durano sempre meno; **in den Großstädten sind die Geschäfte oft ~**, nelle grandi città i negozi hanno spesso vita breve; **heutzutage ist alles zu ~**, oggigiorno ₁trionfa l'effimero₁/[tutto cambia troppo velocemente] **4** *nukl phys* instabile.

Kurzlehrgang m corso m breve.

kürzlich adv recentemente, di recente.

kurz|machen tr: **es ~**, stringere; **um es kurzzumachen**, per farla breve *fam*, per brevità; **mach's kurz!**, falla breve/corta! *fam*, taglia corto! *fam*.

Kurzmeldung f *radio TV* breve notizia f, (notizia f) flash m **~en**, notizie flash/lampo; **~en aus aller Welt** (*in der Zeitung*), in breve dal mondo.

Kurzmitteilung f **1** *tel* messaggino m, SMS m **2** (*kurzer Brief*) breve nota f/messaggio m.

Kurznachricht f **1** <*meist* pl> *radio TV* breve notizia f, notizia f in breve **2** *tel* messaggino m, SMS m.

Kurzparker m (**Kurzparkerin** f) automobilista mf che parcheggia per poco tempo: **nur für ~** (*Verkehrsschild*), solo per soste brevi; **am Flughafen gibt es auch Plätze für ~**, all'aeroporto ci sono anche posti macchina per soste brevi.

Kurzparkzone f parcheggio m per soste brevi: **in den meisten ~n muss man eine Parkscheibe benutzen**, nella maggior parte dei parcheggi per soste brevi bisogna esporre il disco orario.

Kurzpass (a.R. Kurzpaß) m *sport* passaggio m corto.

Kurzreise f viaggetto m, breve viaggio m.

kurz|schließen <irr> A tr *el etw* ~ {STROMKREIS, ZÜNDUNG} mandare in cortocircuito qc, cortocircuitare qc B rfl *fam* (*die letzten Abmachungen treffen*) **sich ~** sentirsi *fam*; **sich mit jdm ~** metters d'accordo con qu.

Kurzschluss (a.R. Kurzschluß) m **1** *el* cortocircuito m: **der Staubsauger hat einen ~**, l'aspirapolvere è andato in corto circuito; **einen ~ verursachen**, provocare un cortocircuito **2** → **Kurzschlusshandlung**.

Kurzschlusshandlung (a.R. Kurzschluß-handlung) f colpo m di testa, azione f impulsiva.

Kurzschlussreaktion (a.R. Kurzschlußreaktion) f reazione f impulsiva.

Kurzschrift f stenografia f.

kurzsichtig A adj **1** *med* (*an Kurzsichtigkeit leidend*) {MENSCH} miope, che ha la vista corta, corto di vista: **sie ist stark ~**, è fortemente miope, ha una forte miopia **2** (*nicht an die Zukunft denkend*) {POLITIK} miope; {MENSCH} *auch* che non vede oltre il proprio naso *fam*: **~ sein**, avere la vista corta B adv {HANDELN} da miope, con miopia: **du denkst zu ~**, hai la vista corta, non vedi oltre la punta del tuo naso *fam*.

Kurzsichtigkeit <-, *ohne* pl> f **1** *med* miopia f **2** (*beschränkte Art*) {+MENSCH, POLITIK} miopia f.

Kurzstreckenflug m volo m a corto raggio.

Kurzstreckenjet m aereo m per brevi distanze.

Kurzstreckenlauf m *sport* gara f/corsa f di velocità.

Kurzstreckenläufer m (**Kurzstreckenläuferin** f) *sport* velocista mf, sprinter mf, scattista mf.

Kurzstreckenrakete f *mil* missile m a ₁corto raggio₁/[breve gittata].

kurz|treten <irr> itr <*sein oder haben*> tirare la cinghia *fam*, risparmiare, limitarsi nelle spese.

kurzum adv in breve, per farla breve *fam*, in poche parole, insomma, per dirla in due parole *fam*.

Kürzung <-, -en> f **1** (*das Kürzen*) {+ARTIKEL, MANUSKRIPT} taglio m a qc **2** *ökon* {+ARBEITSLOSENGELD, ETAT, KOSTEN RENTE, SOZIALHILFE} taglio m, decurtazione f, riduzione f: **eine ~ der Gehälter um 3%**, una riduzione/decurtazione degli stipendi del 3%.

Kurzurlaub m breve vacanza f.

Kurzwahlspeicher m *tel* rubrica f selezione rapida.

Kurzwaren subst <*nur* pl> com merceria f pl, articoli m pl di merceria.

Kurzwarenabteilung f *com* reparto m merceria.

Kurzwarenhandlung f *com* merceria f.

kurzweilig adj {ABEND, BESCHÄFTIGUNG, BUCH, SPIEL} divertente, dilettevole.

Kurzwelle f (Abk KW) **1** *phys* onda f corta **2** *radio* <*nur* pl> onde corte: **auf/über ~ empfangen/senden**, ricevere/trasmettere su onde corte.

Kurzwellensender m emittente f a onde corte.

Kurzwellentherapie f *med* marconiterapia f.

Kurzwoche f settimana f corta.

Kurzwort n *ling* acronimo m.

Kurzzeitgedächtnis n memoria f a breve termine.

kurzzeitig adj *meist* <*attr*> {ANBRATEN, ERHITZEN} breve.

Kurzzeitspeicher m *inform* memoria f RAM/volatile.

kusch interj **1** (*zum Hund*) (va') a cuccia!, (fai la) cuccia! **2** A *slang* (*zum Menschen*) zitto e a cuccia! *fam*.

kuschelig, kuschlig *fam* A adj **1** (*weich*) {DECKE, KISSEN, SESSEL, STOFF} morbido, soffice **2** (*gemütlich*) {ATMOSPHÄRE, ZIMMER} caldo, accogliente B adv: **~ warm sein** {DECKE, WOLLE}, essere morbido e caldo.

kuscheln A rfl (*sich an jdn schmiegen*) **sich an jdn ~** stringersi a qu, strusciarsi a qu;

sich *in etw* (akk) ~ raggomitolarsi *su/in qc*: **sich** ⌊in den Sessel⌋/[in eine Decke] ~, raggomitolarsi ⌊sulla poltrona⌋/[in una coperta] B *itr* (*sich aneinanderschmiegen*) {PERSONEN} fare le coccole.

Kuscheltier n (animale m di) peluche m.

kuschen A *itr* **1** (*parieren*) {HUND} accucciarsi, fare la cuccia **2** *fam* (*schweigend gehorchen*) (**vor jdm**) ~ {VOR DEM CHEF} obbedire come un cagnolino (*a qu*), chinare la testa (*davanti a qu*) B *rfl* **sich** ~ {HUND} accucciarsi, fare la cuccia.

Kusine <-, -n> f cugina f.

Kuss <-*es, Küsse*> (a.R. Kuß) m bacio m: **in Italien begrüßt man Freunde mit einem ~ auf die Wange**, in Italia gli amici si salutano con un bacio sulla guancia; **jdm einen ~ auf die Wange drücken**, stampare un bacio sulla guancia di qu; **Gruß und ~** (*im Brief*), saluti e baci ● **jdn mit Küssen bedecken**, coprire/mangiare di baci qu; **ein dicker ~**, un bacione, un grosso bacio; **jdm einen (heißen/leidenschaftlichen) ~ geben**, dare un bacio (ardente/appassionato) a qu, baciare qu (ardentemente/appassionatamente);   **ein zärtlicher ~**, un tenero bacio.

Küsschen (a.R. Küßchen) <-*s*, -> n *dim von* Kuss bacino m, bacetto m: **gib ~!**, (dai un) bacino! ● **ein ~ in Ehren, kann niemand verwehren fam**, un bacino da amico non compromette nessuno.

kussecht (a.R. kußecht) *adj* {LIPPENSTIFT} antitraccia.

küssen A *tr* **jdn/etw** ~ baciare *qu/qc*; **jdm etw** ~ {DEN HALS, DIE SCHULTER} baciare *qc a qu*: **jdm die Hand** ~, baciare la mano a qu, fare il baciamano a qu; **küss die Hand, gnä(dige) Frau!** *A CH fam*, bacio le mani, Signora!; **jdn auf etw** (akk) ~ baciare *qu su/ in qc*; **jdn auf den Mund** ~, baciare qu ⌊sulla bocca⌋/[sulle labbra]; **jdn auf die Stirn** ~, baciare qu in/sulla fronte B *itr*: **er kann gut** ~, sa baciare (bene) C *rfl* **sich/einander geh** ~ baciarsi, darsi/scambiarsi baci; **sie haben sich lange geküsst**, si sono baciati a lungo.

Kusshand (a.R. Kußhand) f bacio m lanciato con la mano ● **etw mit ~ loswerden fam** {GEBRAUCHTWAGEN}, disfarsi/sbarazzarsi di qc con facilità; **jdn/etw mit ~ nehmen fam**, accogliere qu a braccia aperte, prendere qc di corsa *fam*; **jdm** ⌊**einen**⌋/[**Kusshände**] **zuwerfen**, mandare ⌊un bacio⌋/[baci] a qu con la mano.

Küste <-, -n> f **1** (*Meeresufer*) costa f: **die ligurische ~**, la Riviera (ligure); **eine felsige/** **flache/sandige/steile ~**, una costa rocciosa/bassa/sabbiosa/ripida; **an der ~** {SICH BEFINDEN, LIEGEN, WOHNEN}, sulla costa; **an der ~ entlangfahren**, fare *fam*/seguire la costa, viaggiare lungo la costa **2** (*Gegend*) litorale m; (*bes. Steilküste*) costiera f.

Küstenbewohner m (**Küstenbewohnerin** f) abitante mf⌊della costa⌋/[del litorale], rivierasco (-a) m (f).

Küstenfischerei f pesca f costiera.

Küstengebiet n regione f/zona f costiera/litoranea, litorale m.

Küstengewässer n <*meist pl*> acque f pl costiere/territoriali.

Küstenmotorschiff n *naut* motonave f costiera.

Küstennähe f: **in** ~, ⌊vicino alla⌋/[in prossimità della] costa.

Küstenschifffahrt f navigazione f costiera, cabotaggio m.

Küstenstadt f città f costiera/[della costa]/[litoranea]/[rivierasca].

Küstenstraße f strada f costiera/litoranea, litoranea f.

Küstenstreifen m, **Küstenstrich** m fascia f costiera, litorale m.

Küstenwache <-, -en>, **Küstenwacht** <-, ohne pl> f guardia f costiera.

Küster <-s, -> m sagrestano m.

Kustode <-n, -n>, **Kustos** <-, Kustoden> m (**Kustodin** f) conservatore (-trice) m (f) di museo.

Kutschbock m cassetta f (di carrozza).

Kutsche <-, -n> f **1** *bes. hist* (*von Pferden gezogener Wagen*) carrozza f, vettura f (di piazza): **eine Fahrt mit der** ~, una scarrozzata, un viaggio in carrozza; **in einer ~ fahren**, andare/viaggiare in carrozza; (*zweirädriger Einspänner*) calesse f; (*vierrädriger Einspänner*) carrozz(ell)a f; (*eleganter zweisitziger Einspänner*) carrozzino m; **mit der ~ durch die Altstadt fahren**, ⌊girare il⌋/[fare un giro nel] centro storico in carrozza **2** *fam scherz* (*altes größeres Auto*) macchinone m; *pej* carretta f *fam*, *carcassa* f *fam*, macinino m *fam*.

Kutscher <-s, -> m *bes. hist* cocchiere m, vetturino m, fiaccheraio m *tosk*.

kutschieren <*ohne ge-*> *fam* A *tr* <*haben*> **jdn irgendwohin** ~ {DURCH DIE GEGEND, IN DIE STADT} scarrozzare/[portare a spasso] *qu* + *compl di luogo* B *itr* <*sein*> **durch etw** (akk) ~ {DURCH EUROPA, DIE GEGEND} scarrozzare + *compl di luogo*.

Kutte <-, -n> f **1** (*Mönchstracht*) saio m, tonaca f **2** *slang* (*Klamotten*) stracci m pl *fam*: **was hast du denn da für 'ne ~ an?**, ma che cenci ti sei messo (-a)?

Kuttel <-, -n> f <*meist pl*> *süddt A CH* trippa f.

Kuttelsuppe f minestra f di trippa.

Kutter <-s, -> m *naut* cutter m; (*Fischkutter*) (moto)peschereccio m.

Kuvert <-(*e*)*s*, -*s*> n busta f: **ein ~ frankieren**, affrancare una busta (da lettera).

Kuvertüre <-, -n> f *geh gastr* glassa f di cioccolato.

Kuwait <-*s*, *ohne pl*> n *geog* **1** (*Emirat*) Kuwait m **2** (*Hauptstadt*) Kuwait City f.

Kuwaiter m (**Kuwaiterin** f) *geog* kuwaitiano (-a) m (f), abitante mf del Kuwait.

kuwaitisch *adj* {REGION, TRADITION} kuwaitiano, del Kuwait.

kV *Abk von* Kilovolt: kV (*Abk von* kilovolt).

KV *Abk von* Köchelverzeichnis: KV (*catalogo Köchel*).

kW *Abk von* Kilowatt: kW (*Abk von* kilowatt).

KW 1 *radio Abk von* Kurzwelle: OC (*Abk von* onde corte) **2** *com Abk von* Kalenderwoche: settimana.

K-Way® <-(*s*), -*s*> m K-way® m *oder* f, kay-way m *oder* f.

kWh *Abk von* Kilowattstunde: kWh (*kilowattora*).

Kybernetik <-, *ohne pl*> f *wiss* cibernetica f.

Kybernetiker m (**Kybernetikerin** f) esperto (-a) m (f) di cibernetica, cibernetico (-a) m (f).

kybernetisch *adj* {METHODEN} cibernetico.

Kykladen *subst* <*nur pl*> *geog*: **die ~**, le (isole) Cicladi.

Kyrie <-, -*s*> n, **Kyrieeleison** <-*s*, -*s*> n *relig* Kyrie(eleison) m.

kyrillisch A *adj* <*meist attr*> {BUCHSTABE, SCHRIFT, ZEICHEN} cirillico B *adv* {DRUCKEN, SCHREIBEN} in ⌊caratteri cirillici⌋/[cirillico].

KZ <-(*s*), -*s*> n *hist Abk von* Konzentrationslager: campo m di concentramento, lager m.

KZ-Gedenkstätte f memoriale m, monumento m alle vittime dell'olocausto (in un ex campo di concentramento).

KZ-Häftling m *hist* prigioniero m/internato m/detenuto m di un lager/[campo di concentramento].

KZ-Methoden *subst* <*nur pl*> metodi m pl ⌊da lager⌋/[nazisti].

KZ-Scherge m aguzzino m di un campo di concentramento.

L, l

L, l <-, - oder fam -s> n L, l f oder m ● **L wie Ludwig**, l come Livorno; → auch **A, a**.

l Abk von Liter: l (Abk von litro).

Lab <-(e)s, -e> n <meist sing> biochem caglio m, presame m.

labberig, **labbrig** adj fam pej **1** (geschmacklos) {KAFFEE, PUDDING} insipido: **eine ~e Suppe**, una brodaglia **2** (zu weich) {KLEID, STOFF} floscio.

Label <-s, -s> n **1** com etichetta f, cartellino m **2** (Schallplattenfirma) casa f/etichetta f discografica **3** slang (Marke) marchio m **4** inform etichetta f, label f.

laben geh **A** tr (erfrischen) **jdn** ~ {GETRÄNK, MAHLZEIT} ristorare qu, ricreare qu, rifocillare qu: **ein ~der Trunk**, una bevanda ristoratrice; **ein ~der Anblick**, una vista/un panorama che ricrea **B** rfl (sich gütlich tun) **sich an etw** (dat) ~ {AN EINEM GETRÄNK, EINER SPEISE} ristorarsi con qc, rifocillarsi con qc.

labern fam pej **A** itr (dummes Zeug reden) blaterare fam, cianciare fam **B** tr **etw** ~ {MIST, QUATSCH} dire qc: **Unsinn ~**, dire sciocchezze; **was laberst du denn da?**, (che) cosa vai blaterando?

labial adj **1** med labiale **2** ling {KONSONANT, LAUT} labiale.

Labial <-s, -e> m, **Labiallaut** m ling labiale f.

labil adj **1** geh (instabil) {GLEICHGEWICHT} instabile, precario; {LAGE, SITUATION} auch incerto **2** med (anfällig) {GESUNDHEIT} precario, cagionevole, malfermo; {KONSTITUTION} debole **3** psych (nicht gefestigt) {CHARAKTER} instabile; {MENSCH} auch (psicologicamente) labile/fragile.

Labilität <-s, ohne pl> f **1** (Instabilität) {+GLEICHGEWICHT} instabilità f, precarietà f; {+LAGE, SITUATION} auch incertezza f **2** med (Anfälligkeit) {+GESUNDHEIT} cagionevolezza f, precarietà f; {+KONSTITUTION} debolezza f **3** psych {+CHARAKTER} instabilità f; {+MENSCH} auch labilità f/fragilità f (psicologica).

labiodental adj ling labiodentale.

Labiodental m ling labiodentale f: **F und V sind ~e**, f e v sono labiodentali.

Labiodentallaut m ling (consonante f/suono m) labiodentale f.

Labiovelar m ling labiovelare f.

Labiovelarlaut m ling (suono m) labiovelare f.

Labkraut n bot caglio m.

Labmagen m zoo {+KUH} omaso m.

Labor <-s, -s oder -e> n laboratorio m.

Laborant <-en, -en> m (**Laborantin** f) assistente mf/tecnico m di laboratorio.

Laboratorium <-s, Laboratorien> n → **Labor**.

Laborbefund m bes. med reperto m di laboratorio.

laborieren <ohne ge-> itr fam **an etw** (dat) ~ {AN EINER KRANKHEIT, VERLETZUNG} essere alle prese con qc.

Laborplatz m univ posto m in laboratorio (per studenti di facoltà scientifiche).

Labortechniker m (**Labortechnikerin** f) → **Laborant**.

Laboruntersuchung f esame m/analisi f di laboratorio.

Laborversuch m esperimento m/test m di laboratorio.

Laborwert m <meist pl> valore m ₁degli esami₁/[delle analisi] di laboratorio.

Labrador① <-s, ohne pl> n geog Labrador m.

Labrador② <-s, -e> m zoo (cane m) labrador m.

Labsal <-(e)s, -e> n oder süddt A <-, -e> f geh balsamo m geh: **die Musik war ein ~ für ihre Seele**, la musica era un balsamo per la sua anima.

Labyrinth <-(e)s, -e> n **1** (Irrgarten) labirinto m **2** (unübersichtlicher Ort) labirinto m: **ein ~ von Gassen**, un labirinto/dedalo di vicoli **3** anat labirinto m.

Labyrinthentzündung f med labirintite f.

labyrinthisch **A** adj labirintico **B** adv come in un labirinto.

Lache① <-, -n> f {+BLUT, ÖL, WEIN} pozza f; {+WASSER} auch pozzanghera f.

Lache② <-, -n> f fam pej risata f: **eine dreckige/ordinäre ~ haben**, avere una risata sguaiata/sgangherata.

lächeln itr **1** (leicht und lautlos lachen) sorridere, fare un sorriso: **freundlich/süffisant/verlegen ~**, sorridere gentilmente/[con sufficienza]/[imbarazzato (-a)]; **jdn ~d begrüßen**, salutare qu sorridendo/[con un sorriso] **2** (sich amüsieren) **über jdn/etw** ~ sorridere di qu/qc: **sie lächelten über ihren Eifer**, sorridevano del suo zelo ● **da kann ich nur müde ~!** fam, non farmi ridere!; **süßsauer ~**, fare un sorriso agrodolce, sorridere a denti stretti fam.

Lächeln <-s, ohne pl> n sorriso m: **ein abschätziges/ boshaftes/ freundliches/ verführerisches/zufriedenes ~**, un sorriso sprezzante/cattivo/gentile/ seducente/soddisfatto; **mit einem routinierten ~ empfing sie die Gäste**, accolse gli ospiti con il solito sorriso di circostanza; **jd hat für etw (akk) nur ein müdes ~ (übrig)**, qc fa solo sorridere qu; **etw lockt (jdm) nur ein müdes ~ ab** {BEMERKUNG, WITZ}, qc non fa ridere per niente (qu).

lächelnd adv: **kalt ~** fam pej, cinicamente, senza battere ciglio.

lachen itr **1** (Erheiterung erkennen lassen) ridere: **er lachte ₁aus vollem Hals₁/[lauthals]**, rise a crepapelle/[più non posso]; **hämisch ~**, sogghignare; **herzlich/[von Herzen] ~**, ridere di cuore/gusto; **sie lachten schallend**, scoppiarono in una risata fragorosa; **da mussten wir alle schrecklich ~**, ci siamo fatti (-e) delle grandi/matte risate, che risate ci siamo fatti (-e)! **2** (sich lustig machen) **über jdn/etw** ~ ridere di qu/qc: **alle lachten über seine komische Aussprache**, tutti ridevano della sua buffa pronuncia; **jdm ins Gesicht ~**, ridere in faccia a qu **3** lit: **der Himmel lacht**, il cielo è sereno; **die Sonne lacht**, il sole (ri)splende ● **dass ich nicht lache!** fam, non farmi ridere!, mi fai proprio ridere!; **sich** (dat) **eins ~** fam, ridersela) sotto i baffi; **da gibt's nichts zu ~** fam, non c'è niente/nulla da ridere!, c'è poco da ridere!; **was gibt's denn da zu ~?**, che (cosa) ₁c'è₁/[hai]/[ci sarà mai] da ridere!; **du hast gut ~!** fam, hai un bel ridere (tu)!; **bei jdm nichts zu ~ haben** (es nicht leicht haben bei jdm), c'è poco da ridere con qu; **da muss ich aber ~!** fam, mi viene/scappa da ridere!; **lach du nur!** (du wirst schon sehen!), ridi, ridi ...!; **selten so gelacht!**, mai riso tanto! iron, che spirito! iron; **es wäre ja/doch gelacht, wenn ... fam**, sarebbe davvero da ridere se ...; **du wirst ~, aber ... fam**, non ci crederai, ma ...; **wer zuletzt lacht, lacht am besten** prov, ride bene chi ride ultimo prov.

Lachen <-s, ohne pl> n riso m; (Gelächter) risata f; **ein ansteckendes/schallendes ~**, una risata contagiosa/sonora; **ein höhnisches ~**, un riso beffardo ● **sich ausschütten/biegen/kringeln/kugeln vor ~** fam, piegarsi in due ₁dal ridere₁/[dalle risate] fam, torcersi dalle risa; **ein breites ~**, una risata sguaiata; **jdn zum ~ bringen**, far ridere qu; **brüllen vor ~** fam, sganasciarsi dalle risate; **sich vor ~ nicht halten können**, sbellicarsi dalla risa/risate; **ein ironisches ~**, un risolino ironico; **~ ist gesund**, il riso fa buon sangue; **vor ~ platzen** fam, scoppiare dal ridere, schiantare dalle risate; **zum ~ sein**: **das ist (doch) zum ~!**, è ridicolo!; **das ist nicht zum ~**, ₁non c'è niente₁/[c'è poco] da ridere; **mir ist (gar) nicht zum ~ (zumute)**, non ho (affatto) voglia di ridere; **sich** (dat) **das ~ nicht** verbeißen/verkneifen können fam, non potersi trattenere dal ridere; **dir wird das ~ (schon) noch vergehen** fam, ti passerà la voglia di ridere fam; **sie hat das ~ verlernt** (sie ist zu traurig, um zu lachen), ha perso il sorriso.

Lacher <-s, -> m (jd, der lacht) chi ride ● **die ~ auf seiner Seite haben**, accattivarsi le simpatie di tutti.

Lacherfolg m: **ein ~ sein**, essere tutto da ridere.

lächerlich **A** adj **1** (komisch) {AUFTRETEN, AUFZUG, FIGUR, GETUE} ridicolo: **jdn ~ machen**, rendere ridicolo (-a) qu, ridicolizzare qu, mettere in ridicolo qu, coprire di ridicolo qu; **etw ~ machen**, mettere qc in ridicolo, ridicolizzare qc; **sich ~ machen**, rendersi ridicolo (-a), farsi ridere dietro, ₍cadere nel₎/[coprirsi di] ridicolo; **das ist doch ~!**, ma è ridicolo!; **etw ins Lächerliche ziehen**, mettere qc in ridicolo; **alles ins Lächerliche ziehen**, buttare tutto sul ridicolo **2** (*gering*) {ANLASS, KLEINIGKEIT, SUMME} ridicolo, irrisorio: **das habe ich zu einem geradezu ~en Preis bekommen**, l'ho comprato a un prezzo ridicolo ▣ *adv* (*sehr*) {BILLIG, GERING, WENIG} veramente: **er verdient ~ wenig**, guadagna veramente una miseria; **der Preis ist wirklich ~ niedrig**, il prezzo è veramente irrisorio.

Lächerlichkeit <-, -en> *f* **1** <*nur sing*> (*das Komische*) {+AUFTRETEN, AUFZUG, GETUE, SITUATION} ridicolo m, ridicolaggine f **2** (*Kleinigkeit*) sciocchezza f, inezia f: **ihr werdet euch doch nicht wegen so einer ~ streiten wollen!**, non vorrete mica litigare per una sciocchezza simile!; **der Wagen hat die ~ von 50 000 Euro gekostet** *iron*, la macchina è costata la sciocchezza/[modica cifra] di 50 000 euro *iron*; **mit solchen ~en kann ich mich nicht befassen**, non posso stare dietro a bazzecole così ● **jdn der ~ preisgeben** *geh*, esporre qu al pubblico ludibrio *obs*.

Lachfältchen n ruga f di espressione.

Lachgas n *chem* gas m esilarante.

lachhaft *adj* <*meist präd*> *pej* {AUSREDE, BEHAUPTUNG} ridicolo, assurdo.

Lachkrampf m ridarella f: **jd bekommt einen ~**, a qu viene/prende la ridarella.

Lachmöwe f *ornith* gabbiano m comune.

Lachmuskel m *anat* muscolo m risorio.

Lachs <-es, -e> m **1** *fisch* salmone m **2** (*Fleisch vom ~*) salmone m: **geräucherter/frischer ~**, salmone affumicato/fresco.

Lachsalve f scoppio m/scroscio m di risate.

Lachsbrötchen n *gastr* panino f al salmone.

Lachsersatz m surrogato m di salmone.

Lachsfang m pesca f al salmone.

lachsfarben *adj* color salmone.

Lachsfisch m *fisch* Salmonide m.

Lachsforelle f *fisch* trota f salmonata.

lachsrosa *adj* → **lachsfarben**.

Lachsschinken m *gastr* filetto m di maiale affumicato.

Lack <-(e)s, -e> m **1** (*glänzender Überzug an Auto, Holz, Möbel, Tür*) vernice f; (*an Keramik, Porzellan*) smalto m; (*Nagellack*) smalto m (per unghie); (*Lasurlack*) vernice f trasparente, flatting m: **farbloser/hochglänzender matter ~**, vernice trasparente/lucida/opaca; **den ~ auftragen**, dare/stendere la vernice/lo smalto; **dare una mano di vernice/smalto**; **der ~ blättert ab**, la vernice si sta scrostando; **~ aufs Auto spritzen**, verniciare la macchina a spruzzo **2** (*~ierung*) verniciatura f ● **der ~ ist ab** *fam* (*etw hat nicht mehr den Reiz der Neuheit*), qc ha perso lo smalto; (*jd ist nicht mehr der/die Jüngste*), qu non è più nel fiore degli anni.

Lackaffe m *fam pej* tipino m tutto rileccato *fam*.

Lackarbeit f laccatura f.

Lackgürtel m cintura f di ₍pelle verniciata lucida₎/[vernice].

lackieren <*ohne ge-*> ▲ *tr* **etw ~** {AUTO, HOLZ, MÖBEL, TÜR} verniciare qc, dare la vernice *a* qc; {KERAMIKGESCHIRR, VASE} smaltare qc, dare lo smalto *a* qc; {NÄGEL} *auch* laccare qc; **etw neu ~** {AUTO, HOLZ, MÖBEL, TÜR}, riverniciare qc ▣ *rfl* **sich** (dat) **etw ~** {NÄGEL} darsi lo smalto *a* qc, smaltarsi qc, laccar-

si qc.

Lackierer <-s, -> m (**Lackiererin** f) (*von Autos*) verniciatore (-trice) m (f); (*von Keramik, Porzellan*) smaltatore (-trice) m (f).

Lackierung <-, -en> f {+AUTO, MÖBEL} verniciatura f; {+KERAMIKGESCHIRR, VASE} smaltatura f; {+NÄGEL} *auch* laccatura f.

Lackierwerkstatt f verniceria f; (*für Autoreparaturen*) carrozzeria f.

Lackleder n vernice f, cuoio m verniciato; (*für Schuhe*) *auch* copale m f.

Lackmus <-, *ohne pl*> n *oder* m *chem* tornasole m, laccamuffa f.

Lackmuspapier n *chem* cartina f al/di tornasole.

Lackreiniger m detergente m per superfici laccate/smaltate.

Lackschaden m (*Kratzer*) graffio m alla vernice; (*größerer Schaden*) strisciata f.

Lackschicht f strato m/mano f di vernice/smalto.

Lackschuh m <*meist pl*> scarpa f di vernice.

Lade <-, -n> f *region* **1** (*Schublade*) cassetto m **2** *obs* (*Truhe*) baule m, cassettone m.

Ladebühne f → **Laderampe**.

Ladefläche f superficie f di carico.

Ladegerät n *tech* caricabatteria m.

Ladegewicht n portata f (massima): **zulässiges ~**, (massimo) carico consentito.

Ladegut n carico m.

Ladehemmung f {+WAFFE} inceppamento m ● (**eine**) **~ haben** *fam scherz* (*vorübergehend nicht reagieren können*), bloccarsi, avere un blocco; (*nicht funktionieren*) {GEWEHR}, incepparsi.

Ladeklappe f *aero* portellone m di carico.

Ladekontrollleuchte f *autom* spia f della batteria.

Ladekran m gru f da carico.

Ladeluke f *naut* boccaporto m di carico.

Lademast m *naut* albero m di caricamento.

laden① <*lädt, lud, geladen*> *tr* **1** (*aufnehmen*) **etw ~** {LASTER, SCHIFF, ZUG AUTOS, KOHLE, SCHUTT} caricare qc; **etw** (**mit etw** dat) **~** {AUTO, TRANSPORTER} caricare qc (*di qc*); {DEN KÜHLSCHRANK MIT GETRÄNKEN, DIE SCHRÄNKE MIT KLEIDERN, ZEUG} riempire qc (*di/con qc*); **der Wagen ist derart voll geladen, dass der Kofferraum nicht mehr zugeht**, la macchina è talmente carica che il bagagliaio non si chiude **2** (*verstauen*) **etw auf etw** (akk) **~** {AUTOS AUF DEN ZUG} caricare qc su qc; {HEUBALLEN AUF DEN LASTER} *auch* caricare qc *in* qc: **Holz auf einen Karren ~**, caricare legna su un carro; **jdn irgendwohin ~** {AUF EINE BAHRE, IN DEN KRANKENWAGEN}, caricare qu *in* compl di luogo **3** (*ausladen*) **etw aus/von etw** (dat) **~** {FÄSSER VOM LASTER, KISTEN AUS DEM WAGGON} scaricare qc *da* qc **4** (*sich schuldig machen*) **etw auf sich ~** {SCHULD} addossarsi qc; {VERANTWORTUNG} *auch* assumersi qc: **er hat eine schwere Schuld auf sich geladen**, si è macchiato di una grave colpa.

laden② <*lädt, lud, geladen*> *tr* **etw ~ 1** (*Munition einlegen*) {GEWEHR, PISTOLE} caricare qc **2** el (*auf-*) {AKKU, BATTERIE} caricare qc **3** *inform* {PROGRAMM} caricare qc.

laden③ <*lädt, lud, geladen*> *tr* **1** *geh* (*ein~*) **jdn** (**zu etw** dat) **~** {ZU EINEM EMPFANG, EINEM FEST, EINER SOIRÉE} invitare qu *a* qc **2** *jur* (*vor-*) **jdn** (**als etw** akk) **~** {ALS ANGEKLAGTEN, BEKLAGTEN, ZEUGEN ZU EINEM PROZESS, EINER VERHANDLUNG, EINEM VERHÖR} citare qu (*come qc*) (*in qc*): **jdn vor Gericht ~** {ANGEKLAGTEN, BEKLAGTEN}, citare qu in giudizio; {ZEUGEN} chiamare qu a deporre.

Laden <-s, *Läden*> m **1** (*Kaufladen*) negozio

m; (*bes. kleiner ~*) bottega f; (*bes. kleines Lebensmittelgeschäft*) spaccio m: **einen ~ auf-/zumachen**, aprire/chiudere un negozio; **den ~ dicht-/zumachen (müssen)** *fam*, (dover) chiudere bottega *fam*; **der ~ hat schon wieder zu-/dichtgemacht** (*seine Tätigkeit eingestellt*), il negozio ha già chiuso **2** (*Fensterladen*) imposta f, persiana f **3** (*Rollladen*) avvolgibile m, serranda f ● **jdm einen ~ aufmachen** *fam*, fare una parte *fam*/partaccia a qu; *fam*; **den ganzen ~ hinschmeißen** *fam*/**hinwerfen** *fam*, piantar baracca e burattini *fam*; (**so**) **wie sich den ~ kenne, ... ~** *fam*, conoscendo i miei polli ... *fam*; **der ~ läuft** *fam*, le cose vanno bene; **wie läuft der ~?** *fam*, come vanno le cose?; **ein müder ~** *fam*, un posto di morti di sonno *fam*; **den (ganzen) ~ schmeißen** *fam*, mandare avanti la baracca *fam*.

Ladenbesitzer m (**Ladenbesitzerin** f) proprietario (-a) m (f) di un negozio.

Ladendieb m (**Ladendiebin** f) taccheggiatore (-trice) m (f).

Ladendiebstahl m taccheggio m: **~ begehen**, taccheggiare.

Ladenhüter m *pej fam* rimanenza f, fondi m pl di bottega/magazzino.

Ladeninhaber m (**Ladeninhaberin** f) → **Ladenbesitzer**.

Ladenkasse f registratore m di cassa (di un negozio).

Ladenkette f catena f di negozi.

Ladenpreis m *com* prezzo m (di vendita) al minuto.

Ladenschild n insegna f di/del negozio.

Ladenschluss (*a.R.* Ladenschluß) m chiusura f dei negozi.

Ladenschlussgesetz (*a.R.* Ladenschlußgesetz) n "legge f sull'orario di chiusura dei negozi".

Ladenschlusszeit (*a.R.* Ladenschlußzeit) f *com* orario m di chiusura dei negozi.

Ladenstraße f *com* via f/strada commerciale/[piena di negozi].

Ladentisch m banco m/bancone m di vendita: **etw unterm ~ verkaufen**, vendere qc sottobanco.

Ladentochter f *CH* commessa f.

Ladenzentrum n *com* centro m commerciale.

Lader <-s, -> m **1** (*Fahrzeug mit Aufladevorrichtung*) pala f caricatrice **2** *mot* compressore m.

Laderampe f rampa f di carico, piano m ₍di caricamento₎/[caricatore].

Laderaum m {+PKW} bagagliaio m, vano m portabagagli; {+LKW} cassone m; *aero naut* stiva f.

Ladevorgang m *inform* caricamento m: **der ~ dauert wenige Minuten**, il caricamento dura pochi minuti.

lädieren <*ohne ge-*> *tr* **etw ~** {AUTO, SCHRANK, SPIELZEUG, STÜHLE} danneggiare qc.

lädiert *adj fam* {APPARAT, BUCH, MANTEL, TÜR} danneggiato; {ARM, FUSS, HAND, KNIE} malconcio, (leggermente) ferito ● **ich bin etwas ~** *fam*, sono un po' acciaccato (-a) *fam*.

Ladierung <-, -en> f danneggiamento m; {+ARM, FUSS, HAND} (leggera) ferita f.

Ladiner <-s, -> m (**Ladinerin** f) ladino (-a) m (f).

ladinisch *adj* {SPRACHE} ladino.

lädst 2. pers sing präs *von* laden.

lädt 3. pers sing präs *von* laden.

Ladung① <-, -en> f **1** (*Fracht*) carico m: **eine ~ löschen**, scaricare una nave **2** *fam* (*größere Menge*) {+Dreck, Schnee, Wasser} secchiata f *fam*.

Ladung② <-, -en> f **1** *mil* {+Munition, Sprengstoff} carica f **2** *el nukl phys* carica f: **negative/positive/radioaktive ~**, carica negativa/positiva/radioattiva.

Ladung③ <-, -en> f *jur* citazione f (in/a giudizio); ordine m/mandato m di comparizione *hist*.

Lady <-, -s> f lady f, signora f: **sie ist eine echte ~**, è una vera lady/signora.

ladylike adv come una vera signora: **sie isst/spricht/raucht/[kleidet sich] ~**, mangia/parla/fuma/veste come una vera signora.

Ladyshave <-s, -s> m depilatore m, rasoio m elettrico da donna.

lag 1. *und* 3. *pers sing imperf von* liegen.
läge 1. *und* 3. *pers sing konjv* II *von* liegen.
Lage <-, -n> f **1** (*Position*) {+Anwesen, Haus, Land, Lokal, Ort} posizione f: **der Gutshof hat eine schöne ~ oben auf einem Hügel**, la fattoria è in una bella posizione in alto su una collina; **in höheren ~n ist mit Schnee zu rechnen**, sui rilievi sono previste nevicate **2** (*Liegeposition*) posizione f: **eine bequeme ~**, una posizione comoda **3** (*Situation*) situazione f: **die politische/wirtschaftliche ~**, la situazione politica/economica; **die ~ ist ausweglos/hoffnungslos**, la situazione è ˌsenza via d'uscitaˌ/[disperata]; **sie haben ihm aus einer misslichen ~ geholfen**, l'hanno aiutato a uscire da una situazione incresciosa; **sie hat die ~ sofort erkannt**, si è resa subito conto della situazione; **jdn in eine peinliche ~ bringen**, mettere qu in una situazione imbarazzante; **nach ~ der Dinge war kein anderes Ergebnis zu erwarten**, ˌdate le circostanzeˌ/[vista la situazione] non c'era da aspettarsi un esito diverso **4** (*Schicht*) strato m *di qc*; {Farbe} mano f *di qc*; {Papier} quinterno m *di qc* **5** *fam* (*Runde*) giro m: **eine ~ Schnaps ausgeben**, offrire un grappino a tutti **6** *mus* (*Stimmlage*) registro m ● **sich in der glücklichen ~ befinden**, etw tun zu können, trovarsi nella fortunata condizione di poter fare qc; **die ~ peilen** *fam*, sondare/tastare il terreno; (**nicht**) **in der ~ sein**, **etw zu tun**, (non) essere ˌin grado/condizioneˌ/[nelle condizioni] di fare qc; **ich bin im Moment nicht in der ~, eine so anstrengende Reise anzutreten**, al momento non sono nelle condizioni di intraprendere un viaggio così faticoso; **sich in jds ~ versetzen**, mettersi ˌal postoˌ/[nei panni] di qu.

Lagebericht m **1** *allg* resoconto m della situazione: **jdm einen ~ geben/erstatten** *form*, fare a qu un resoconto/quadro della situazione **2** *ökon* relazione f sulla gestione.

Lagebesprechung f: **eine ~ abhalten**, fare il punto della situazione.

Lagen subst <*nur pl*> *sport* (stili m pl) misti m pl: **400m ~**, 400 misti.

Lagenschwimmen n *sport* nuoto m misto.

Lagenstaffel f *sport* staffetta f mista di nuoto.

lagenweise adv {Stapeln} a strati.
Lageplan m planimetria f.
Lager <-s, -> n **1** (*behelfsmäßige Unterkunft*) campo m, accampamento m; (*Ferienlager*) campeggio m, campo m estivo/[di vacanza]; (*Flüchtlingslager*) campo m profughi; (*Gefangenenlager*) campo m di prigionia: **(irgendwo) das ~ aufschlagen/errichten**, piantare/mettere il campo (+ *compl di luogo*); **das ~ abbrechen/auflösen**, levare il campo **2** *hist* (*Konzentrationslager*) campo m di concentramento/sterminio, lager m **3** (*Warenlager*) deposito m, magazzino m; (*gelagerter Vorrat*) stock m; **etw am/auf ~ haben**, avere qc in magazzino **4** *geh* (*Schlafstätte*) giaciglio m *lit*, letto m **5** (*ideologische Gruppierung*) campo m, schieramento m: **das konservative/sozialistische ~**, lo schieramento conservatore/socialista; **ins feindliche ~ überwechseln**, passare al nemico; **die Mehrheit ist in zwei ~ gespalten**, la maggioranza è divisa in due schieramenti/fazioni **6** *tech* cuscinetto m **7** *geol* (*Rohstoffquelle*) {+Eisenerz, Metall} giacimento m ● **ab/frei ~**, franco magazzino; **etw auf ~ haben** *fam*: **er hat immer eine Ausrede/einen Spruch auf ~**, ha sempre una scusa/battuta pronta.

Lageraufseher m (**Lageraufseherin** f) sorvegliante mf di un campo di prigionia.

Lagerbestand m scorta f/giacenza f (di magazzino).

Lagerbier n *gastr* birra f a bassa fermentazione.

lagerfähig adj {Gemüse, Obst} che si può conservare, non deperibile.

Lagerfeuer n fuoco m ˌda campoˌ/[di bivacco].

Lagerfläche f area f/spazio m di stoccaggio.

Lagergebühr f spese f pl di magazzino, magazzinaggio m.

Lagerhalle f capannone m.
Lagerhaltung f stoccaggio m, magazzinaggio m.

Lagerhaus n deposito m, magazzino m.
Lagerinsasse m (**Lagerinsassin** f) internato (-a) m (f) in/di unˌcampo di prigioniaˌ/[lager].

Lagerist <-en, -en> m (**Lageristin** f) magazziniere m (f).

Lagerkoller <-s, ohne pl> m "crisi f di nervi dovuta ad un lungo periodo di reclusione".

lagern A tr **1** (*aufbewahren*) **etw irgendwo ~** {Kartoffeln, Konserven, Obst, Wein im Keller} conservare qc + *compl di luogo*: **etw dunkel/kühl/trocken ~**, conservare qc ˌal buioˌ/[al fresco]/[all'asciutto] **2** (*einlagern*) **etw ~** {Waren} immagazzinare qc, stoccare qc, mettere in magazzino qc **3** (*hinlegen*) **jdn/etw irgendwie ~** {den Kranken, Verletzten flach, hoch, seitlich, auf dem Rücken} adagiare qu/qc + *compl di modo*: **der Verletzte wurde flach gelagert**, il ferito venne adagiato in posizione supina; **du sollst den Fuß immer hoch ~**, dovresti tenere il piede sempre sollevato B itr **1** *geh* (*kampieren*) **irgendwo ~** {Pfadfinder, Reitertrupp, Soldaten in einer Au, am Waldrand} essere accampato + *compl di luogo* **2** (*aufbewahrt werden*) {Waren} essere in magazzino/deposito; **irgendwo ~** {Fleisch in Kühlhäusern} essere conservato + *compl di luogo*: **~de Post**, posta giacente **3** (*aufbewahrt werden*) **irgendwie ~** {Äpfel, Konserven, Wein dunkel, warm} essere conservato + *compl di modo* **4** (*ablagern*) {Holz, Käse} stagionare; {Kognak, Wein} invecchiare: **der Wein lagert in Eichenfässern**, il vino viene fatto invecchiare in botti di rovere **5** *geh* (*sich ausbreiten*) **irgendwo ~** {Nebel über der Stadt} avvolgere qc, ricoprire qc.

Lagerpflanze f *bot* tallofita f.
Lagerplatz m **1** (*Zeltlagerplatz*) campo m **2** (*Warenlagerplatz*) deposito m.

Lagerraum m deposito m, magazzino m.
Lagerung <-, -en> f **1** (*Lagern*) immagazzinamento m, magazzinaggio m, stoccaggio m **2** (*Gelagertsein*) magazzinaggio m, stoccaggio m.

Lagerverwalter m (**Lagerverwalterin** f) (capo m) magazziniere m.

Lageskizze f schizzo m della posizione di un luogo.

Lagune <-, -n> f laguna f.
Lagunenstadt f citta f lagunare: **die ~ Venedig**, Venezia, la città lagunare/[della laguna].

lahm adj **1** (*gelähmt*) {Mensch} paralitico; {Arm, Bein, Fuß, Hüfte} paralizzato: **seit dem Unfall ist er ~**, dopo l'incidente è rimasto zoppo **2** *fam* (*kraftlos*) {Arm, Beine, Glieder} stanco, pesante: **ich habe ein völlig ~es Kreuz vom Putzen**, ho la schiena a pezzi a furia di pulire **3** *fam* (*ohne Schwung*) {Abend, Diskussion, Mensch} fiacco, noioso, moscio **4** *fam* (*unzureichend*) {Ausrede, Entschuldigung, Erklärung} fiacco, debole.

Lahmarsch m *slang* morto (-a) m (f) di sonno *fam*, addormentato (-a) m (f) *fam*, mollaccione (-a) m (f) *fam*, loffio (-a) m (f) *region*.

lahmarschig adj *slang pej* {Mensch, Typ} addormentato, loffio *region*: **das ist vielleicht ein ~er Typ!**, è proprio un morto di sonno! *fam*.

Lahme <*dekl wie adj*> mf paralitico (-a) m (f); (*Hinkende*) zoppo (-a) m (f).

lahmen itr (**an/auf etw** dat) **~** {an/auf der Hinterhand, Vorderhand} zoppicare (*da qc*), essere zoppo (*da qc*): **das Pferd lahmt an/auf der rechten Vorderhand**, il cavallo zoppica/[è zoppo] dall'anteriore destro.

lähmen tr **1** (*erstarren lassen*) **etw ~** {Gas, Gift Muskulatur} paralizzare qc; {Atmung, Atmungszentrum} bloccare qc **2** *med* (*bewegungsunfähig machen*) **jdn/etw ~** {Schlaganfall, Sturz, Unfall linke, rechte Gesichtshälfte, Körperseite} paralizzare qu/[qc a qu], provocare una paralisi *a qc*: **seit dem Sturz ist er halbseitig gelähmt**, da quando è caduto ha un'emiplegia **3** (*blockieren*) **etw ~** {Korruptionsaffären politische Leben; Misserfolg Optimismus, Tatendrang} paralizzare qc: **der schlechte Kurs lähmte den gesamten Export**, il cambio sfavorevole bloccò tutte le esportazioni; **sie war vor Schreck wie gelähmt**, era come paralizzata dal terrore.

lahm|legen tr **etw ~** {Nebel, Schnee, Unfall Verkehr; Streik Betrieb, Produktion} paralizzare qc, bloccare qc; {Streik Produktion, Wirtschaft} *auch* immobilizzare qc: **der Stromausfall hat das ganze Computersystem lahmgelegt**, il blackout ha mandato in tilt tutto il sistema informatico.

Lahmlegung <-, -en> f {+Handel, Produktion} paralisi f; {+Verkehr} *auch* blocco m.

Lähmung <-, -en> f **1** *med* (*Bewegungsunfähigkeit*) {+Arme, Beine, Körperhälfte} paralisi f **2** (*Stillstand*) {+Handel, Produktion, Wirtschaft} paralisi f, blocco m ● **doppelseitige/halbseitige ~** *med*, paraplegia/emiplegia.

Lähmungserscheinung f <*meist* pl> *med* (primo) sintomo m di una paralisi.

Laib <-(e)s, -e> m (+ *subst*) {Käse} forma f (*di qc*); (*länglichen Brot*) filone m (*di qc*); (*rundes Brot*) pagnotta f (*di qc*).

Laibung <-, -en> f *arch* stipite m; (*Gewände*) spalletta f, strombatura f.

Laich <-(e)s, -e> m zoo fregolo m.
laichen itr *zoo* deporre le uova.
Laichplatz m fregolatoio m.
Laie <-n, -n> m **1** (*Nichtfachmann*) dilettante m: **der Chor besteht nur aus ~n**, il coro si compone soltanto di dilettanti; **was Informatik angeht, ist er ein totaler ~**, quanto a infor-

matica è un perfetto ignorante, è completamente digiuno di informatica **2** *relig* laico m ● **ein** *blutiger* **~ sein** *fam*, essere un perfetto ignorante *fam*; **da staunt der ~ (und der Fachmann wundert sich)** *slang*, non si finisce mai di stupirsi!, questa poi!

Laienapostolat n *relig* apostolato m laico.

Laienbruder m *relig* frate m laico.

Laienbühne f *theat* teatro m di attori ⌊non professionisti⌋/[dilettanti], teatro m filodrammatico.

Laienchor m *mus* coro m di dilettanti.

Laiendarsteller m (**Laiendarstellerin** f) *theat* attore (-trice) m (f) dilettante/[non professionista], filodrammatico (-a) m (f).

laienhaft adj {AUFFÜHRUNG, DARSTELLUNG} dilettantesco, da dilettante; {MEINUNG, URTEIL} da profano; **sein Vorgehen war völlig ~**, ha agito da vero dilettante.

Laienkunst f arte f dilettantesca/dilettantistica.

Laienprediger m (**Laienpredigerin** f) *relig* pastore m laico.

Laienpriester m (sacerdote m) secolare m.

Laienrichter m (**Laienrichterin** f) → **Schöffe**.

Laienschauspieler m (**Laienschauspielerin** f) → **Laiendarsteller**.

Laienschwester f *relig* suora f laica.

Laienspiel n *theat* recita f filodrammatica, spettacolo m filodrammatico.

Laienstand <-(e)s, ohne pl> m stato m laicale, laicato m.

Laientheater n → **Laienbühne**.

Laisser-faire <-s, ohne pl> n *geh* laissez-faire m.

Laizismus <-, ohne pl> m *hist pol* laicismo m.

laizistisch adj laico.

Lakai <-en, -en> m **1** *hist* (livrierter Diener) lacchè m **2** *pej* (leicht manipulierbarer Mensch) lacchè m *pej*.

lakaienhaft *pej* **A** adj {BENEHMEN} da lacchè, servile **B** adv {SICH BENEHMEN, VERHALTEN} come un lacchè, in modo servile.

Lake <-, -n> f salamoia f.

Laken <-s, -> n lenzuolo m.

Lakonik <-, ohne pl> f *geh* laconicità f.

lakonisch *geh* **A** adj {ANTWORT, AUSKUNFT, ERWIDERUNG} laconico; **er ist immer sehr ~**, è sempre di poche parole **B** adv {BEMERKEN, ERWIDERN, SAGEN} in modo laconico, laconicamente.

Lakonismus <-, Lakonismen> m *geh* **1** <nur sing> (Lakonik) laconicità f, laconismo m *rar* **2** (lakonischer Ausdruck) espressione f laconica.

Lakritz <-es, -e> m *oder* n *region* → **Lakritze**.

Lakritze <-, -n> f **1** <nur sing> (Masse) liquirizia f **2** (Stück ~) liquirizia f; **möchtest du eine ~?**, la vuoi una liquirizia? *fam*.

Lakritzenstange, **Lakritzstange** f bastoncino m di liquirizia.

Laktalbumin n *biochem* lattoalbumina f, lattalbumina f.

Laktase <-, -n> f *biochem* lattasi f.

Laktose <-, ohne pl> f (Milchzucker) lattosio m.

lala adv *fam*: **so ~** così così: **es geht ihr so ~**, sta così così.

lallen itr itr (*etw*) ~ {BETRUNKENE, SCHWERVERLETZTE} LAUTE, UNVERSTÄNDLICHES} balbettare (*qc*); {BABY} *auch* ciangottare (*qc*): **mit vier Monaten fängt das Baby an zu ~**, a quattro mesi comincia la lallazione.

Lallwort <-(e)s, -wörter> n suono m del periodo della lallazione.

Lama① <-s, -s> n **1** *zoo* lama m **2** <nur sing> *text* (Lamahaar) lama f.

Lama② <-(s), -s> m *relig* lama m.

Lamäng f *fam scherz*: **aus der ~** su due piedi, a braccio; **so eine kleine Ansprache macht er doch aus der ~**, un discorso così breve lo fa a braccio; **so eine wichtige Entscheidung kann man nicht aus der ~ fassen**, una decisione così importante non si può mica prendere così su due piedi.

Lambada <-s, ohne pl> m *oder* <-, ohne pl> f lambada f.

Lambdasonde f *mot* sonda f lambda.

Lambrusco <-, ohne pl> m (Rotwein) lambrusco m.

Lamé, **Lamee** <-(s), -s> m *text* lamé m, laminato m.

lamellar adj lamellare.

Lamelle <-, -n> f **1** *bot* {+PILZHUT} lamella f **2** *tech* {+HEIZKÖRPER} elemento m **3** {+JALOUSIE} (aus Plastik) lamina f; (aus Holz) listello m.

lamellenförmig adj lamellare, lamelliforme.

lamentieren <ohne ge-> itr *fam pej* (über etw akk/wegen etw gen oder fam dat) ~ lamentarsi (di/per qc); **lagnarsi (di/per qc)**.

Lamento <-s, -s oder Lamenti> n **1** <pl -s> *fam pej* (heftige Klage) piagnisteo m, piagnucolio m, lamenti m pl: **ein großes ~ (wegen etw gen oder fam dat) anstimmen/erheben**, attaccare un gran piagnisteo per qc **2** <pl -s oder -ti> *mus* lamento m.

Lametta <-s, ohne pl> n **1** (Christbaumschmuck) fili m pl argentati/dorati (per addobbi natalizi) **2** *fam scherz* (Orden) patacche f pl *fam scherz*.

Laminat <-(e)s, -e> n *bau* laminato m; (bes. für Tische) formica f.

Laminatboden m, **Laminatfußboden** m pavimento m in laminato.

laminieren <ohne ge-> tr **1** *text* (strecken) *etw* ~ {FASERN} laminare *qc* **2** *tech* (mit Deckschicht überziehen) *etw* ~ {BUCH, KARTON, PAPPE} plastificare *qc*.

Lamm <-(e)s, Lämmer> n **1** *zoo* (junges Schaf) agnello m; (junge Ziege) capretto m **2** <nur sing> (~fleisch) agnello m, abbacchio m *röm* **3** <nur sing> (~fell) agnello m: **ein Mantel aus ~**, un cappotto d'agnello **4** *fam* (sanfter, geduldiger Mensch) agnello m, agnellino m **5** *relig*: **das ~ Gottes**, l'Agnello di Dio ● **geduldig wie ein ~ sein**, avere la pazienza di un santo; **sanft wie ein ~ (sein)**, (essere) mite/docile come un agnello; **sich wie ein ~ zur Schlachtbank führen lassen**, accettare tutto con rassegnazione; **unschuldig wie ein ~ sein**, essere innocente come un bambino.

Lammbraten m *gastr* arrosto m d'agnello, agnello m/abbacchio m *röm* al forno.

Lämmchen <-s, -> n *dim von* Lamm agnellino m, agnelletto m, abbacchio m *röm*.

lammen itr partorire (agnellini).

Lämmergeier m *ornith* avvoltoio m degli agnelli, gipeto m.

Lämmerwolke f <meist pl> *fam* pecorella f *fam*; <pl> cielo m a pecorelle, cirrocumuli m pl *wiss*.

Lammfell n (pelliccia f d')agnello m: **Mantel aus ~**, shearling.

Lammfleisch n *gastr* (carne f di) agnello m.

lammfromm adj {MENSCH, TIER} docile come un agnello.

Lammkeule f *gastr* cosciotto m d'agnello.

Lammkotelett n *gastr* costoletta f di agnello.

Lämpchen <-s, -> n *dim von* Lampe **1** (kleine Lampe) piccola lampada f **2** (Glühlampe) lampadina f (elettrica).

Lampe <-, -n> f *el* **1** (Gerät) lampada f, lume m: **die ~ anmachen/anknipsen**, accendere la lampada; **die ~ ausmachen/ausknipsen**, spegnere la lampada **2** (Birne) lampadina f.

Lampenfieber n *trac* m: **~ haben**, essere colto dal trac.

Lampenlicht n luce f di una lampada, luce f artificiale: **~ schadet den Augen**, la luce artificiale fa male agli occhi.

Lampenschein <-s, ohne pl> m luce f/chiarore m di una lampada: **im ~**, alla luce di una lampada.

Lampenschirm m paralume m, abat-jour m.

Lampion <-s, -s> m lampioncino m (alla veneziana).

LAN <-(s), -s> n Abk von engl Local Area Network (Lokales Netzwerk): LAN (rete in area locale).

lancieren <ohne ge-> tr **1** *geh* (publik werden lassen) *etw* ~ {INFORMATION, MELDUNG, NACHRICHT} diffondere *qc*, diramare *qc*, divulgare *qc* **2** (auf den Markt bringen) jdn/etw ~ {MODE, PRODUKT, SÄNGER} lanciare qu/qc **3** *geh* (platzieren) **jdn/etw irgendwohin ~** {SENDUNG INS HAUPTPROGRAMM} mettere qu/qc + compl di luogo; {FREUND AUF DEN CHEFSESSEL} *auch* piazzare *fam* qu + compl di luogo.

Land① <-(e)s, Länder> n **1** (Festland) terra f, terraferma f: **an ~ gehen**, ⌊mettere piede⌋/[scendere] a terra, sbarcare; **jdn an ~ setzen**, (far) sbarcare qu **2** (Ackerland) terra f, terreno m: **das ~ bebauen/bestellen**, coltivare la terra/i campi; **fruchtbares/karges ~**, terra fertile/povera; **er hat sich ein Stück ~ gekauft**, ha comprato un pezzo di terra; **das Gelobte/Heilige ~**, la ⌊Terra promessa⌋/[Terra Santa]; **~ und Leute**, il paese e i suoi abitanti; **wieder im ~e sein** *fam*, essere tornato/[di nuovo a casa]; **jdn des ~es verweisen**, espellere qu **3** (nicht Stadt) campagna f: **auf dem ~(e)**, in campagna; **aufs ~ fahren/ziehen**, andare/[andare a stare/vivere/abitare] in campagna; **vom ~ kommen**, venire dalla campagna; **auf dem ~ leben**, vivere/stare in campagna; **Leute vom ~**, gente di campagna ● **ins ~ gehen/ziehen** *lit* (verstreichen), trascorrere/passare; **hier zu ~e → hierzulande**; **kein ~ mehr sehen** *fam*, non vedere (più) via d'uscita; **wieder ~ sehen** *fam*, uscire dal tunnel, vedere una luce; **~ in Sicht!**, terra (in vista)!; **zu ~e und zu Wasser**, per mare e per terra; **jdn/etw an ~ ziehen** *fam*, scovare qu/qc *fam*; **sie hat einen reichen Typ an ~ gezogen**, ha rimorchiato un riccone; **durch die ~e ziehen** *geh*, girare (per) il mondo; **bei uns/euch zu ~e**, dalle nostre/vostre parti, da noi/voi, nelle nostre/vostre zone; (einschränkend auf einen Ort), nel nostro/vostro paese.

Land② <-(e)s, Länder> n *pol* **1** (Staat) paese m **2** *D A* (Bundesland) Land m, regione f: **das vereinte Deutschland besteht aus 16 Ländern**, la Germania unificata è suddivisa in 16 Länder ● **das ~ der unbegrenzten Möglichkeiten** (Amerika), il paese dalle mille opportunità; **andere Länder, andere Sitten**, paese che vai, usanza che trovi; **das ~ der aufgehenden Sonne** (Japan), L'Impero del Sol Levante *lit*; **das ~, wo die Zitronen blühen** *lit* (Italien), il paese dove fioriscono i limoni.

landab adv → **landauf**.

Landadel m *hist* nobiltà f terriera/[di campagna].

Landarbeit f lavoro m agricolo/[nei campi].
Landarbeiter m (**Landarbeiterin** f) lavoratore (-trice) m (f) agricolo (-a).
Landarzt m (**Landärztin** f) medico m di campagna.
Landauer <-s, -> m hist landau m.
landauf adv geh: ~, **landab**, in ₗtutto ilⱼ/[ogni angolo del] paese.
Landaufenthalt m soggiorno m in campagna.
landaus adv geh: ~, **landein**, in ₗtutto ilⱼ/[ogni angolo del] paese.
Landbau <-s, ohne pl> m → **Ackerbau**.
Landbesitz m proprietà f terriera.
Landbevölkerung f popolazione f rurale.
Landbewohner m (**Landbewohnerin** f) abitante mf della campagna, campagnolo (-a) m (f): **die ~**, la popolazione rurale/[delle campagne].
Landbrot n pane m rustico/[di campagna]/[casalingo].
Ländchen <-s, - oder Länderchen> n dim von Land staterello m, piccolo paese m/stato m.
Landeanflug m aero discesa f, fase f di atterraggio.
Landebahn f aero pista f di atterraggio.
Landebrücke f naut pontile m, imbarcadero m.
Landeerlaubnis f aero permesso m di atterraggio.
Landei n fam scherz (jd, der vom Land kommt) provincialotto (-a) m (f).
landein adv → **landaus**.
landeinwärts adv verso l'interno (del paese).
Landeklappe f aero flap m, ipersostentatore m.
Landemanöver n manovra f di atterraggio.
landen A itr <sein> 1 (an Land kommen) (auf/in etw dat) ~ {FLUGZEUG, PASSAGIERE, PILOT AUF EINEM FLUGHAFEN, IN EINER STADT; HUBSCHRAUBER AUF EINEM FELD} atterrare in qc; {FALLSCHIRMSPRINGER, FLUGZEUG AUF EINER PISTE; HUBSCHRAUBER AUF EINEM FELD} atterrare (su qc); {FLUGZEUG AUF EINEM FLUGZEUGTRÄGER} auch appontare su qc: **wir werden voraussichtlich um 17 Uhr in Bombay ~**, l'atterraggio a Bombay è previsto per le ore 17; **auf dem Mond ~**, atterrare sulla luna, allunare; {SCHIFF IN EINEM HAFEN} approdare (a qc) 2 fam (ankommen) **irgendwo ~** {AN DER RICHTIGEN ADRESSE, AN ORT UND STELLE} arrivare + compl di luogo: **sie sind wohlbehalten an ihrem Urlaubsort gelandet**, sono arrivati (-e) sani (-e) e salvi (-e) nel luogo di villeggiatura 3 fam (in etw geraten) **irgendwo ~** (andare a) finire + compl di luogo: **bei deinem Fahrstil wirst du noch einmal auf dem Friedhof ~!** fam, col tuo modo di guidare un giorno o l'altro finirai al cimitero!; **das Auto ist im Straßengraben gelandet**, la macchina è finita nel fosso; **am Ende ist er auf dem zweiten Platz gelandet**, alla fine si è piazzato secondo B tr <haben> 1 (an Land bringen) **jdn/etw ~** {PILOT FLUGZEUG, FLUGZEUG, HUBSCHRAUBER FERNSEHTEAM, SOLDATEN} far atterrare qu/qc, sbarcare qu/qc 2 fam (anbringen) **etw ~** {SCHLAG} assestare qc a qu, mettere a segno qc; {SIEG} riportare qc, conseguire qc: **mit dem Artikel hat dieser Journalist einen echten Coup gelandet**, con quell'articolo il giornalista ha fatto un bel colpo • **damit kannst du bei mir nicht ~!** fam, con me non attacca/funziona! fam.
Landenge f geog istmo m.

Landepiste f aero pista f di atterraggio.
Landeplatz m aero campo m/terreno m d'atterraggio; (für Hubschrauber) eliporto m.
Ländercode m, **Länderkennung** f codice m paese/stato; inform dominio m geografico.
Ländereien subst <nur pl> proprietà f pl terriere, terre f pl.
Länderfinanzausgleich m D ökon pol perequazione f finanziaria interregionale.
Länderkampf m sport competizione f/gara f internazionale.
Länderkode m → **Ländercode**.
Länderkunde <-, ohne pl> f geografia f (regionale).
Länderspiel n sport incontro m/partita f internazionale.
Landesamt n → **Landesbehörde**.
Landesbank f banca f regionale.
Landesbehörde f autorità f regionale/[del Land].
Landesbischof m relig (in der evangelischen Kirche) vescovo m regionale.
Landesbrauch m usanza f/costume m/ consuetudine f di un paese.
Landesebene f pol: **auf ~** a livello ₗdelLandⱼ/[regionale].
Landesfarben subst <nur pl> 1 (von einem Staat) colori m pl nazionali 2 (von einem Bundesland) colori m pl ₗdel Landⱼ/[regionali].
landesflüchtig, **landflüchtig** adj obs {VERBRECHER} fuggitivo: **~ werden**, fuggire dal proprio paese.
Landesgrenze f 1 (von einem Staat) confine m nazionale/[di stato], frontiera f 2 (von einem Bundesland) confine m ₗdel Landⱼ/[regionale].
Landesgruppe f gruppo m/delegazione f regionale.
Landeshauptmann <-(e)s, -leute oder -männer> m A capo m del governo regionale.
Landeshauptstadt f {+STAAT} capitale f; {+REGION} capoluogo m.
Landesherr m (**Landesherrin** f) hist sovrano (-a) m (f) (di uno stato).
Landeshoheit <-, ohne pl> f sovranità f (territoriale).
Landesignal n aero segnale m di atterraggio.
Landesinnere <dekl wie adj> n interno m del/[di un] paese; (hinter der Küste) entroterra m; **tief ins ~ vorstoßen**, spingersi nelle regioni più interne di un paese.
Landeskunde <-, ohne pl> f "studio m della storia, geografia, cultura e civiltà di un paese".
landeskundig adj ₗpratico diⱼ/[che conosce bene] un paese: **~ sein**, ₗconoscere beneⱼ/[essere pratico in] un paese.
landeskundlich adj <attr> {UNTERRICHT} di storia, geografia, cultura e civiltà di un paese.
Landesliste f parl pol "lista f dei candidati di un Land al parlamento federale".
Landesmeister m (**Landesmeisterin** f) sport campione (-essa) m (f) nazionale.
Landesmeisterschaft f sport 1 (auf nationaler Ebene) campionato m nazionale 2 (auf regionaler Ebene): **die hessische ~**, il campionato regionale dell'Assia.
Landesmutter f pol (von ganz Deutschland) cancelliera f; (Ministerpräsidentin eines einzelnen Bundeslandes) presidentessa f; bes. hist (Monarchin) sovrana f: **die englische ~**, la regina d'Inghilterra.
Landesparlament n D parlamento m regionale/[di un Land].
Landesrat m A ministro m del governo re-

gionale.
Landesrecht n pol legislazione f regionale/[di un Land].
Landesregierung f 1 (eines Staats) governo m nazionale 2 (eines Bundeslandes) governo m ₗdel Landⱼ/[regionale].
Landessprache f lingua f nazionale.
Landesteg m pontile m, imbarcadero m.
Landestracht f costume m nazionale/regionale tipico.
landesüblich adj {GRUß, KOPFBEDECKUNG, TRACHT} tipico (del paese), tradizionale: **das ~e Fortbewegungsmittel ist das Fahrrad**, il mezzo di locomozione tradizionale è la bicicletta; **~e Bräuche**, usi e costumi di un paese.
Landesvater m pol (von ganz Deutschland) cancelliere m; (Ministerpräsident eines einzelnen Bundeslandes) presidente m (di un Land); bes. hist (Monarch) sovrano m.
Landesverband m associazione f regionale/[di un Land].
Landesverrat m alto tradimento m.
Landesversicherungsanstalt f D (Abk LVA) "ente m assicurativo tedesco di diritto pubblico competente per i contributi pensionistici e l'assistenza sanitaria degli operai e degli artigiani".
Landesvorsitzende <dekl wie adj> mf ₗsegretario (-a) m (f)ⱼ/[presidente (-essa) m (f)] regionale (di un partito).
Landeswährung f valuta f/moneta f nazionale.
landesweit A adj {EINFÜHRUNG, VERBREITUNG} in tutto il paese, ₗa livelloⱼ/[su scala] nazionale; (in einem Bundesland) in tutto il Land, a livello regionale B adv {EINFÜHREN, VERBREITET SEIN} in tutto il paese, ₗa livelloⱼ/[su scala] nazionale; (in einem Bundesland) in tutto il Land, a livello regionale.
Landeszentralbank f "rappresentanza f della Bundesbank nei vari Länder".
Landeverbot n aero divieto m di atterraggio.
Landflucht f esodo m rurale/[dalle campagne].
Landfrau f geh obs villana f geh obs.
landfremd adj {SOLDAT, TOURIST} straniero, forestiero.
Landfriedensbruch m jur turbamento m dell'ordine pubblico.
Landgang m naut: **~ erhalten**, avere il permesso di scendere a terra.
Landgemeinde f comune m rurale.
Landgericht n jur tribunale m.
landgestützt adj mil {RAKETE} lanciato da terra.
Landgut n tenuta f, podere m.
Landhaus n casa f di campagna.
Landheim n → **Landschulheim**.
Landkarte f carta f geografica.
Landkind n 1 (auf dem Land aufwachsenden Kind) bambino (-a) m (f) di campagna 2 (vom Leben auf dem Land geprägte Person) persona f di campagna: **auch wenn sie heute in der Großstadt lebt, so ist und bleibt sie doch ein richtiges ~**, anche se oggi vive in città, resta sempre una campagnola verace.
Landkreis m D adm circondario m (rurale).
landläufig adj <attr> {ANSICHT, MEINUNG, VORSTELLUNG} comune, corrente: **im ~en Sinne**, nell'uso corrente.
Landleben n vita f ₗin/di campagnaⱼ/[agreste lit].
ländlich adj 1 (dörflich) {BEVÖLKERUNG, GEMEINDE, ORT} rurale 2 (typisch für das Land)

{Arbeit, Bräuche} campagnolo, di campagna, rurale; {Abgeschiedenheit, Lebensrhythmus, Ruhe} agreste *lit*, della campagna; {Bauweise} rustico, rurale.

Landluft f aria f di campagna.

Landmann m *geh obs* villano m *geh obs*, contadino m.

Landmaschine f <*meist pl*> macchina f agricola.

Landmine f mina f terrestre.

Landpartie f scampagnata f, gita f in campagna.

Landplage f flagello m; (*Personen*) calamità f (pubblica); **die Heuschrecken waren dieses Jahr eine richtige ~**, le cavallette quest'anno sono state un vero flagello.

Landpomeranze f *fam pej oder scherz* contadinotta f *pej*, ragazzotta f di campagna.

Landrat① m *CH* consiglio m cantonale.

Landrat② m (**Landrätin** f) **1** *D adm* presidente m del circondario **2** *CH* (*Mitglied des Kantonsparlament*) consigliere (-a) m (f) cantonale.

Landratsamt n *D adm* autorità f amministrativa circondariale.

Landratte f *fam scherz* animale m terrestre: **er ist eine richtige ~**, è un animale terrestre *scherz*.

Landregen m pioggia f continua/persistente.

Landschaft <-, -en> f **1** *geog* paesaggio m: **eine hügelige/liebliche/öde ~**, un paesaggio collinare/dolce/desolato; **gut in die ~ passen**, inserirsi bene nel paesaggio **2** *kunst* paesaggio m **3** *bes. pol* (*Situation*) panorama m.

landschaftlich A adj **1** *geog* del paesaggio, paesaggistico: **die ~e Schönheit**, la bellezza del paesaggio/paesaggistica **2** *ling* (*regional*) {Ausdruck, Besonderheit} regionale B adv **1** *geog* (*Abwechslungsreich, Reizvoll, Schön*) dal punto di vista del paesaggio/paesaggistico **2** *ling* (*regional*): **der Ausdruck ist ~ gefärbt**, l'espressione ha una coloritura regionale; **die Aussprache eines Wortes kann ~ sehr verschieden sein**, la pronuncia di una parola può variare molto da regione a regione.

Landschaftsarchitekt m (**Landschaftsarchitektin** f) architetto (-a) m (f) paesaggista f.

Landschaftsarchitektur f architettura f del paesaggio/paesaggistica f.

Landschaftsbild n **1** *kunst* paesaggio m **2** (*Erscheinungsbild einer Landschaft*) (fisionomia f di un) paesaggio m.

Landschaftsgarten m giardino m all'inglese.

Landschaftsgärtner m (**Landschaftsgärtnerin** f) giardiniere (-a) m (f) paesaggista.

Landschaftsgestaltung f architettura f del paesaggio.

Landschaftsmaler m (**Landschaftsmalerin** f) *kunst* paesaggista mf.

Landschaftsmalerei f *kunst* (pittura f) paesaggistica f.

Landschaftsmalerin f → **Landschaftsmaler**.

Landschaftspflege f conservazione f del paesaggio.

Landschaftsschutz m tutela f/difesa f del paesaggio.

Landschaftsschutzgebiet n zona f/area f soggetta a vincoli paesaggistici.

Landschulheim n *Schule* collegio m di campagna.

Landsitz m **1** (*Gebäude*) residenza f di campagna, villa f *obs* **2** (*Besitzung*) tenuta f, podere m.

Landsknecht m *hist* lanzichenecco m.

Landsmann <-(e)s, -leute> m (**Landsmännin** f) compatriota mf, connazionale mf; (*aus derselben Gegend*) compaesano (-a) m (f), conterraneo (-a) m (f); **was für ein ~ sind Sie?**, di che nazionalità è Lei?, di dov'è Lei?; **wir sind Landsleute**, siamo connazionali; (*aus derselben Gegend*) siamo compaesani.

Landsmannschaft f **1** → **Studentenverbindung 2** (*Vereinigung von Heimatvertriebenen*) "associazione f di profughi degli ex territori orientali tedeschi".

Landstraße f strada f provinciale.

Landstreicher <-s, -> m (**Landstreicherin** f) vagabondo (-a) m (f), girovago (-a) m (f).

Landstreitkräfte subst <*nur pl*> *mil* forze f pl di terra/[terrestri].

Landstrich m regione f, zona f, contrada f *lit*.

Landtag m **1** *adm* (*Institution*) parlamento m del Land/[regionale] **2** (*~sgebäude*) sede f del parlamento regionale.

Landtagsabgeordnete <*dekl wie adj*> mf deputato (*rar* -a) m (f) del Land/[regionale].

Landtagswahl f <*meist pl*> *pol* elezione f del parlamento regionale/[del Land].

Landung <-, -en> f **1** *aero* (*das Landen*) {+Flugzeug, Hubschrauber} atterraggio m; (*Mondlandung*) *auch* allunaggio m; (*auf dem Wasser*) ammaraggio m: **zur ~ ansetzen**, prepararsi all'atterraggio; *naut* approdo m **2** *aero* (*das Absetzen*) {+Fallschirmjäger} lancio m; *naut* sbarco m.

Landungsboot n mezzo m da sbarco.

Landungsbrücke f *naut* pontile m, imbarcadero m.

Landungsplatz m approdo m.

Landungssteg m → **Landungsbrücke**.

Landurlaub m *naut* permesso m di scendere a terra.

Landvermesser m (**Landvermesserin** f) *obs* agrimensore m *obs*.

Landvermessung f *obs* rilevamento m topografico, agrimensura f *obs*.

Landvolk <-(e)s, ohne pl> n *obs* → **Landbevölkerung**.

landwärts adv {Wehen} verso terra.

Landweg m: **auf dem ~**, via terra.

Landwein m vino m locale.

Landwirt m (**Landwirtin** f) agricoltore (-trice) m (f), coltivatore (-trice) m (f); (*mit akademischem Titel*) agronomo (-a) m (f); (*mit Fachschulabschluss*) perito m agrario.

Landwirtschaft f **1** <*nur sing*> (*Tätigkeit*) agricoltura f **2** (*Betrieb*) fattoria f, piccola azienda f agricola **3** <*nur sing*> (*Studienzweig*) agraria f: **~ studieren**, studiare agraria.

landwirtschaftlich A adj <*attr*> (Erzeugnis, Maschine, Produktion) agricolo: **~er Betrieb**, azienda agricola; **~e Genossenschaft**, cooperativa agricola B adv {Tätig sein} nell'agricoltura.

Landwirtschaftsausstellung f fiera f agricola.

Landwirtschaftskammer f Camera f dell'agricoltura.

Landwirtschaftsminister m (**Landwirtschaftsministerin** f) ministro m dell'agricoltura.

Landwirtschaftsministerium n ministero m dell'agricoltura; (*offizielle Bezeichnung in Italien*) Ministero m per le risorse agricole, alimentari e forestali.

Landzunge f lingua f di terra.

lang① A adj <*länger, längste*> **1** (*räumlich ausgedehnt*) {Arme, Beine, Haare, Mantel, Straße, Vorhänge, Weg, Zug} lungo: **die Ärmel des Mantels sind viel zu ~**, le maniche del cappotto sono troppo lunghe; **abends trägt man jetzt wieder ~**, di sera si veste di nuovo in lungo; **jdm etw länger machen** {Hose, Mantel}, allungare qc a qu **2** (*zeitlich ausgedehnt*) {Auseinandersetzung, Film, Gespräch, Pause, Rede, Reise, Urlaub} lungo: **die Tage werden wieder länger**, le giornate cominciano di nuovo ad allungare; **allmählich wird mir das doch ein bisschen ~**, mi sembra che la cosa vada un po' troppo per le lunghe; **eine Zeit ~**, per un certo periodo/[qualche tempo]; **seit ~em/Langem/[~er Zeit]**, da molto (tempo); **schon seit ~er Zeit haben wir nichts mehr von ihnen gehört**, è ormai da molto (tempo)/[un pezzo *fam*] che non li/le sentiamo; **schon seit längerem/Längerem**, già da molto (tempo); **hier wird mir die Zeit nicht ~**, qui il tempo (mi) passa in fretta, qui non mi annoio; **vor ~er Zeit**, molto/tanto tempo fa **3** (*ausführlich*) {Artikel, Brief, Erklärung, Schreiben} lungo **4** (*von bestimmtem Ausmaß*) **Maßangabe** + ~ lungo + *compl di misura*: **die Schnur ist vier Meter ~**, il filo è (lungo) quattro metri; **ein zwei Seiten ~er Brief**, una lettera lunga/di due pagine; **wie ~ wird die Strecke wohl sein?**, quanto sarà lungo il percorso?; **die Tischdecke ist zehn Zentimeter zu ~**, la tovaglia è troppo lunga di dieci centimetri **5** *fam* (*hoch gewachsen*) lungo *fam scherz*, alto: **der Kerl ist aber ~!**, ma quant'è alto quel ragazzo! B adv <*länger, am längsten*> **1** (*von bestimmter Dauer*) **Zeitangabe** + ~ per + *compl di tempo*: **ich habe den ganzen Sommer ~ gearbeitet**, ho lavorato (per) tutta l'estate; **einen Augenblick ~ war er wie gelähmt**, per un attimo è rimasto come paralizzato; **wir mussten zwei Stunden ~ warten**, abbiamo dovuto aspettare (per) ben due ore; **den ganzen Tag ~**, per tutta la giornata **2** (*der Länge nach*): **~ hinfallen**, cadere lungo (-a) disteso (-a) ● **~ und breit** {etw auseinandersetzen, erklären, erzählen}, per filo e per segno.

lang② adv *fam* (*entlang*) in questa/quella direzione, per di qua/là: **ich glaube, es geht hier ~**, credo (che) si debba andare (per) di qua/[in questa direzione].

langärmelig, langärmlig adj {Hemd, Pullover} a/[con le] maniche lunghe, a manica lunga.

langarmig adj {Mensch} dalle/[con le] braccia lunghe.

langatmig adj {Ausführung, Beitrag, Erzählung} prolisso.

langbeinig adj {Mensch} dalle/[con le] gambe lunghe; {Tier} dalle/[con le] zampe lunghe.

lange, lang *fam* <*länger, am längste*> adv **1** (*nicht kurz*) a lungo, per molto (tempo); {Nachdenken, sich Unterhalten, Warten} *auch* lungamente: **ich bleibe nicht ~**, non rimango a lungo/[per molto (tempo)]; **ich kann nicht länger bleiben**, non posso rimanere di più/[più a lungo]; **brauchst du noch ~?**, ti ci vuole/[ci metti] ancora molto?, ne hai ancora per molto?; **es wird nicht ~ dauern**, non sarà una cosa lunga, non durerà a lungo; **das würde zu ~ dauern**, sarebbe troppo lunga, ci vorrebbe troppo; **nicht ~ danach kam sie an die Reihe**, poco dopo toccò a lei; **seine Eltern haben ihn noch ~ finanziell unterstützt**, i suoi genitori hanno continuato ancora per lungo tempo ad aiutarlo economicamente; **wie ~ bleibt ihr weg?** *fam*, (per) quanto tempo starete via? *fam*; **wartest du schon länger?**, è molto che aspetti?; **bis Ostern ist es noch ~ hin**, a Pasqua c'è ancora tanto *fam* **2** (*seit einiger Zeit*) da molto (tempo): **das ist schon so ~ her, ich erinnere mich nicht mehr**, ormai è passato così tanto tempo che non mi ricordo più; **das wussten wir schon ~**, lo sapevamo già da tempo **3** (*bei weitem*): **(noch) ~ nicht: wir sind noch ~ nicht fertig mit dem Umzug**, ce ne vuole ancora prima che il trasloco sia finito; **diese Wohnung ist ~ nicht so geräumig wie die alte**, questa casa è di gran lunga meno spaziosa di quella vecchia; **das ist (noch) ~ nicht genug**, ancora non basta • ~ **brauchen, um etw zu tun**, metterci/impiegarci molto (tempo) a fare qc; **was** *fragst* **du noch ~?** *fam*, cosa stai a chiedere? *fam*, cosa chiedi a fare? *fam*; **es ist noch ~ nicht gesagt, dass er es nicht schafft**, non è ancora detto che non ce la possa fare; **es nicht mehr ~ machen** *fam* (*nicht mehr lange zu leben haben*), non averne più per molto *fam*; **da kannst du ~ warten!** *fam*, aspetta e spera! *fam*, aspetta che venga maggio! *fam*.

Länge <-, -n> f **1** (*räumliche Ausdehnung*) {+ARME, BETT, HAARE, KABEL, TERRASSE, TISCH, ZIMMER} lunghezza f: **ein Garten von fünfzig Meter ~**, un giardino ₍di 50 metri di lunghezza₎/[lungo 50 metri]; **per ~ nach misst der Raum acht Meter**, ₍per lungo₎/[in lunghezza] la stanza misura otto metri; **das ist die richtige ~ für deine Haare**, (questa) è la lunghezza giusta per i tuoi capelli **2** <*meist sing*> (*zeitliche Dauer*) {+FAHRT, FILM, KONZERT, PAUSE, VORTRAG} lunghezza f, durata f: **ein Film von außergewöhnlicher ~**, un film di una lunghezza insolita/inusuale; **eine Theatervorstellung von vier Stunden ~**, uno spettacolo teatrale ₍della durata di₎/[che dura] quattro ore **3** (*Umfang*) {+ARTIKEL, BRIEF, MITTEILUNG, ROMAN, SCHREIBEN} lunghezza f **4** *fam* (*Größe*) {+MENSCH} altezza f **5** *sport* (*Vorsprung*) {+BOOT, FAHRRAD, KANU, PFERD} lunghezza f: **er ging mit zwei ~n Vorsprung durchs Ziel**, tagliò il traguardo con due lunghezze di vantaggio **6** <*nur pl*> (*langatmige Stelle: in einem Film*) lungaggini f pl; (*in einer Erzählung, einem Roman*) *auch* prolissità f **7** *geog* (*Lage*) longitudine f: **auf 20° östlicher/westlicher ~ liegen**, trovarsi a 20° di longitudine est/ovest **8** *ling* (*lange Silbe*) sillaba f lunga • **der ~ nach hinfallen**, cadere lungo (-a) disteso (-a); **in voller ~** {EINEN FILM ZEIGEN}, in versione integrale; **der Roman erscheint in voller ~**, il romanzo viene pubblicato in edizione integrale; **sich in die ~ ziehen** {DISKUSSION, SPIEL, VERHANDLUNGEN}, andare per le lunghe; **etw in die ~ ziehen** {BESPRECHUNG, GESPRÄCH, VERHANDLUNG}, tirare ₍in lungo₎/[per le lunghe] qc.

langen① *itr fam* **1** (*mit der Hand erreichen*) **irgendwohin ~** {IN DIE KASSE, DEN SCHRANK, DIE TASCHE, DIE VITRINE} mettere/infilare la mano/le mani *in qc*: **er langte in seine Tasche und zog einen Zehneuroschein daraus hervor**, infilò la mano in borsa e tirò fuori un biglietto da dieci euro; **sie langte nach dem Messer**, allungò la mano verso il coltello **2** (*greifen*) **{IN DEN AUSSCHNITT, UNTER DEN ROCK}** infilare/mettere una mano *a qu + compl di luogo*; {AN DEN PO} toccare *qc a qu*; **jdm eine ~** *fam*, allungare uno schiaffo/un ceffone *a qu fam*.

langen② *fam* A *itr* **1** (*sich erstrecken*) **(jdm) bis auf** (akk)/**bis zu** (dat) **~** {MANTEL BIS ZU DEN FERSEN; VORHANG BIS AUF DEN BODEN} arrivare (*a qu*) *fino a qc* **2** (*mit der Hand erreichen*) **bis etw zu** (dat) **~** {BIS ZUM HÖCHSTEN AST, ZUR DECKE, ZUM OBERSTEN SCHRANKFACH} arrivare *fino a qc* **3** (*ausreichen*) **(jdm) ~** {ESSEN, GELD, STOFF, VORRAT} bastare (*a qu*): **die Wolle langt nicht für einen Pullover**, questa lana non basta per (fare) un maglione; **das langt**, basta così B *unpers fam* (*reichen*): **jdm langt es**, qu ne ha abbastanza, qu non ne può più, qu (ne) ha le scatole piene *fam*; **mir langt's!, jetzt langt's (mir) aber!** *fam*, ne ho abbastanza!, non ne posso più!, mi sono veramente stufato (-a)! *fam*; **jetzt langt's aber!**, ora basta! C *tr fam* (*reichen*) **jdm etw ~** allungare *qc a qu fam*, passare *qc a qu*: **langst du mir mal bitte das Salz?**, mi passi il sale, per favore?; **sie langte ihm das Brot**, gli allungò il pane • **es langt hinten und vorne nicht**, i soldi non bastano mai.

Längeneinheit f unità f di lunghezza.
Längengrad m *geog* grado m di longitudine.
Längenkreis m *geog* meridiano m.
Längenmaß n misura f di lunghezza.
länger adj adv → **lang**①, **lange**.
längerfristig A adj <*attr*> {PLANUNG, REGELUNG} a lunga scadenza, a lungo termine B adv {FESTLEGEN, PLANEN, REGELN} a lunga scadenza, a lungo termine • **~ gesehen**, (considerato) in prospettiva.
Langeweile <-, *ohne pl*> f noia f, uggia f: **eine entsetzliche/tödliche ~**, una noia terribile/mortale; **~ haben/verspüren** *geh*, annoiarsi/[provare noia]; **das macht sie aus lauter ~**, lo fa per (ingannare la) noia; **plagt dich mal wieder die ~?**, ti ha di nuovo assalito (-a) la noia/il tedio?; **vor ~ umkommen/vergehen**, morire di/dalla noia.
Langezeit <-, *ohne pl*> f *CH* nostalgia f.
Langfilm m lungometraggio m.
Langfinger m *fam scherz* ladro m.
langfingerig, langfingrig adj **1** (*mit langen Fingern*) dalle/[con le] dita lunghe **2** *fam scherz* (*diebisch*) dalle mani pronte.
langfristig A adj {KREDIT, PLANUNG, VERTRAG} a lunga scadenza, a lungo termine B adv {FESTLEGEN, PLANEN} a lunga scadenza, a lungo termine: **dieses Problem ist nur ~ zu lösen**, questo problema si risolverà solo in tempi lunghi • **~ gesehen**, a lungo andare, alla lunga.
langgehegt adj → **gehegt**.
lang|gehen <*irr*> *itr* <*sein*> *fam* **an etw** (dat) **~** {AN EINER HÄUSERREIHE, EINER MAUER, EINEM SCHAUFENSTER} andare lungo *qc*, passare lungo *qc* • **wissen, wo's langgeht** *fam*, sapere come fare; **jdm zeigen, wo's langgeht** *fam*, farglielo vedere *a qu fam*, mettere a posto *qu fam*, sistemare *qu fam*.
langgestreckt adj → **gestreckt**.
langgezogen adj → **gezogen**.
Langhaardackel m *zoo* bassotto m a pelo lungo.
langhaarig adj {MENSCH} coi/dai capelli lunghi; {TIER} a pelo lungo; {JUNGE, TYP} *auch* zazzeruto.
Langhaarige <*dekl wie adj*> mf capellone (-a) m (f): **eine ~**, una ragazza/una donna dai capelli lunghi.
Langhaus n *arch* corpo m longitudinale.
langjährig adj *meist* <*attr*> {BEKANNTSCHAFT} di vecchia/lunga data; {BEZIEHUNG, VERHANDLUNGEN} di molti anni; {ERFAHRUNG} *auch* pluriennale; {FREUND, MITARBEITER} vecchio, di vecchia/lunga data.
Langkornreis m riso m a chicco lungo.
Langlauf m *sport* sci m di fondo.
lang|laufen <*irr*> *itr* <*nur inf und part perf* <*sein*>> **1** (*langgehen*) **irgendwo ~** andare

lungo *qc* **2** *sport* fare sci di fondo: **im Winter gehen sie immer nach Österreich ~**, d'inverno vanno sempre a fare fondo in Austria.
Langläufer m (**Langläuferin** f) *sport* sciatore (-trice) m (f) di fondo, fondista mf (di sci).
Langlaufloipe f anello m/pista f (per sci) di fondo.
Langlaufski, Langlaufschi m *sport* sci m di fondo.
langlebig adj **1** (*lange lebend*) {BAUM, FAMILIE, RASSE, TIER} longevo, dalla vita lunga **2** (*lange Zeit dauernd*) {GERÄT, MASCHINE, MATERIAL} durevole, che dura molto/[a lungo] • **Gerüchte sind oft sehr ~**, le dicerie sono spesso dura a morire.
Langlebigkeit <-, *ohne pl*> f **1** (*das Langlebigsein*) {+BAUM, FAMILIE, TIER} longevità f **2** (*Dauerhaftigkeit*) {+GERÄT, MASCHINE, MATERIAL} durevolezza f.
lang|legen rfl *fam* **sich ~** (di)stendersi, sdraiarsi.
länglich adj {BROT, GESICHT, KISTE, TIERSCHNAUZE} allungato; {FORMAT} *auch* oblungo.
Langmut <-, *ohne pl*> f *geh* longanimità f.
langmütig adj *geh* {MENSCH} longanime.
Langobarde <-n, -n> m (**Langobardin** f) *hist* longobardo (-a) m (f).
langobardisch adj longobardo.
Langohr n *scherz* **1** (*Hase*) coniglio m **2** (*Esel*) asino m.
längs A *präp + gen* {DER MAUER, DES UFERS, DES ZAUNS} lungo: **~ des Flusses**, lungo il fiume B *adv* {NEHMEN, SCHNEIDEN, STELLEN} per (il) lungo, nel senso della lunghezza, longitudinalmente.
Längsachse f asse m longitudinale.
langsam A adj **1** (*nicht schnell*) {ABFERTIGUNG, BEWEGUNG, ENTWICKLUNG, FAHRT, RHYTHMUS, TEMPO} lento **2** (*bedächtig*) {MENSCH} lento **3** (*schwerfällig im Denken*) {MENSCH, SCHÜLER} lento, duro (di comprendonio) *fam* **4** <*meist attr*> (*allmählich*) {BESSERUNG, FORTSCHRITTE, STEIGERUNG, VERÄNDERUNG} lento B *adv* **1** (*nicht schnell*) {ARBEITEN, SICH BEWEGEN, GEHEN, SPRECHEN} lentamente, pian(o) piano, adagio: **er macht alles** *gaaanz* **~**, fa tutto ₍molto lentamente/piano/adagio₎/[con estrema lentezza]; **sie kamen ganz ~ daher**, se ne venivano lemme lemme *fam*; **fahr doch bitte etwas ~er!**, ₍va' più piano₎/[rallenta], per favore!; **ganz ~ öffnete sie die Tür**, aprì pian(o) piano la porta **2** (*allmählich*) {BEGREIFEN, STEIGERN, SICH VERÄNDERN, SICH KLAR WERDEN} pian(o) piano, (a) poco a poco: **sie hat ~ eingesehen, dass es besser für sie ist**, ha cominciato a capire che per lei è meglio; **es wurde ihm ~ klar, dass ...**, cominciava a capire che ...; **es wird ~ Zeit zu gehen**, sarebbe ora di andare • **immer schön ~!** *fam*, adagio!, con calma!; **~, aber sicher** *fam*, poco alla volta.
Langsamkeit <-, *ohne pl*> f **1** {+BEWEGUNG, TEMPO, VERKEHRSMITTEL} lentezza f **2** (*Bedächtigkeit*) {+MENSCH} lentezza f **3** (*Schwerfälligkeit im Denken*) {+MENSCH, SCHÜLER} lentezza f.
Langschläfer m (**Langschläferin** f) dormiglione (-a) m (f): **ein ~ sein**, dormire come una marmotta.
Langsfaden m filo m d'ordito.
Längsformat n formato m lungo.
längsgestreift adj → **gestreift**.
Langspielplatte f (*Abk* LP) 33 giri m, long-playing m, ellepì m *fam*.
Längsrichtung f direzione f/senso m longitudinale: **etw in ~ schneiden**, tagliare qc

longitudinalmente/[per (il) lungo *fam*]; **etw in ~ verschieben**, spostare qc longitudinalmente/[in senso longitudinale].

Längsschnitt m taglio m/sezione f longitudinale.

Längsstreifen m striscia f/riga f verticale.

längst adv **1** (*schon lange*) da molto/tanto (tempo): **das hättest du doch schon ~ tun können**, avresti potuto farlo già da un pezzo *fam*; **sie sind schon ~ wieder da**, è ⌐un po'/pezzo *fam*₁/[da molto/tanto] che sono tornati (-e) **2** (*bei weitem nicht*): ~ **nicht: es ist ~ nicht so schlimm, wie es im ersten Moment aussah**, è molto/[di gran lunga] meno grave di quanto potesse sembrare lì per lì; **es ist noch ~ nicht das letzte Wort gefallen**, non è ancora detta l'ultima parola.

längstens adv **1** (*höchstens*) al massimo: **wir bleiben ~ eine Woche weg**, staremo via al massimo una settimana **2** (*längstens*) al più tardi.

langstielig adj **1** (*mit langem Stiel*) {AXT} dal/[con il] manico lungo; {GLAS} dallo/[con lo] stelo lungo; {ROSEN} *auch* dal/[con il] gambo lungo **2** *fam* (*langweilig, eintönig*) noioso.

Langstrecke f **1** (*weite Entfernung*) lunga distanza f: **ein Flugzeug für ~n**, un aereo per voli a lungo raggio **2** *sport* fondo m.

Langstreckenflug m *aero* volo m ⌐a lungo raggio₁/[intercontinentale].

Langstreckenlauf m *sport* corsa f di fondo.

Langstreckenläufer m (**Langstreckenläuferin** f) *sport* fondista mf.

Langstreckenrakete f *mil* missile m a lunga gittata.

Langstreckler m (**Langstrecklerin** f) → **Langstreckenläufer**.

Languste <-, -n> f *zoo* aragosta f.

langweilen A tr *jdn* ~ {FILM, GESPRÄCH, VORLESUNG, VORTRAG} annoiare *qu*; **jdn mit etw** (dat) ~ tediare *qu con qc*: **ich will dich nicht mit meinen Problemen** ~, non voglio tediarti con i miei problemi B itr {PERSON} essere noioso C rfl **sich** (**auf/bei etw** dat) ~ {AUF EINEM EMPFANG, BEI EINEM TREFFEN} annoiarsi (*a qc*): **ich habe mich auf dem Fest schrecklich gelangweilt**, mi sono terribilmente annoiato (-a) a quella festa; **sich tödlich/[zu Tode]** *geh* ~, annoiarsi ⌐a morte₁/[mortalmente].

Langweiler m (**Langweilerin** f) *fam pej* **1** (*jd, der andere langweilt*) noioso (-a) m (f) *fam*, palloso (-a) m (f) *fam*, noiosone (-a) m (f), uggioso (-a) m (f): **was für ein ~!**, che uomo noioso!, che palla! *fam* **2** (*langsamer Mensch*) lumaca f *fam*, polentone (-a) m (f) *nordital*, posapiano *mf*.

langweilig A adj {ABEND, BUCH, FEST} noioso: **der Film ist ja tödlich ~!** *fam*, questo film è ⌐noioso da morire *fam*₁/[una vera barba *fam*]/[una vera pizza *fam*] B adv {ERZÄHLEN, SCHREIBEN} in modo noioso.

Langwelle f *radio* (Abk LW) onda f lunga (Abk LW).

Langwellensender m *radio* emittente f a onde lunghe.

langwierig adj {BEHANDLUNG, KRANKHEIT, PROZESS, VERHANDLUNG} lungo e difficile; {NACHFORSCHUNG, UNTERSUCHUNG} laborioso.

Langwierigkeit f <*meist sing*> {+PROZESS, VERHANDLUNGEN, VORBEREITUNGEN} lungaggine f.

Langzeitarbeitslose <*dekl wie adj*> mf disoccupato (-a) m (f) ⌐di lunga durata₁/[cronico (-a)].

Langzeitarbeitslosigkeit f disoccupazione f ⌐di lunga durata₁/[cronica].

Langzeit-EKG n *med* holter m *oder* f, elettrocardiogramma m dinamico.

Langzeitfolge f <*meist pl*> effetto m a lungo termine.

Langzeitgedächtnis n *psych* memoria f lunga/[a lungo termine].

Langzeitkranke <*dekl wie adj*> mf malato (-a) m (f) cronico (-a); (*im Krankenhaus*) lungodegente mf.

Langzeitprogramm n programma m a lungo termine.

Langzeitrisiko n rischio m nel lungo periodo.

Langzeitschaden m *med* danno m che insorge nel tempo.

Langzeitspeicher m *inform* memoria f di massa.

Langzeitstudie f studi m pl sul lungo periodo; *pharm* sperimentazione f prolungata.

Langzeittherapie f *med* terapia f a lungo termine.

Langzeitwirkung f effetto m prolungato.

lang|ziehen <irr> tr → **ziehen**.

Lanolin <-s, *ohne pl*> n *chem* lanolina f.

Lanze <-, -n> f lancia f ● **für jdn/etw eine ~ brechen** *fig*, spezzare una lancia ⌐in favore di₁/[per *qu/qc*].

Lanzenreiter m *hist* lanciere m.

Lanzenspitze f punta f ⌐di una₁/[della] lancia.

Lanzenstich m, **Lanzenstoß** m colpo m di lancia.

La Ola <-, -,-s> f, **La-Ola-Welle** <-, -n> f *sport* ola f.

Laparoskop <-s, -e> n *med* laparoscopio m.

Laparoskopie <-, -n> f *med* laparoscopia f, celioscopia f.

laparoskopisch A adj {UNTERSUCHUNG} laparoscopico B adv per via laparoscopica: **jdn ~ untersuchen**, fare una laparoscopia a *qu*, sottoporre *qu* a una laparoscopia.

Laparotomie <-, -n> f *med* laparotomia f, laparatomia f.

lapidar *geh* A adj {ANTWORT, ÄUßERUNG, BEMERKUNG, KOMMENTAR} lapidario, epigrammatico *geh* B adv {FESTSTELLEN, FORMULIEREN} in modo lapidario/epigrammatico *geh*.

Lapidarium <-s, *Lapidarien*> n lapidario m.

Lapislazuli <-, -> m *min* lapislazzuli m.

Lappalie <-, -n> f bazzecola f, inezia f, quisquilia f, nonnulla m.

Läppchen n *dim von Lappen* **1** (*kleiner Lappen*) straccetto m **2** *anat* (*Ohrläppchen*) lobo m piccolo.

Lappe m (**Lappin** f) lappone mf.

Lappen <-s, -> m **1** (*Stück Stoff*) cencio m, straccio m; (*Wischlappen*) straccio m, strofinaccio m **2** *slang* (*Geldschein*) bigliettone m *fam*, banconota f di grosso taglio **3** *slang* (*Führerschein*) patente f **4** *anat* (*Lungenlappen*) lobo m polmonare/[del polmone] ● **jdm** (dat) **durch die ~ gehen** *fam* (*entkommen*) {VERBRECHER DER POLIZEI}, filtrare/passare tra le maglie di *qu*, sfuggire a *qu*; (*entgehen*) {INTERESSANTE ARBEIT, GUTES GESCHÄFT}, qu si ⌐la/lascia scappare/sfuggire qc.

Lappin f → **Lappe**.

läppisch A adj *pej* **1** (*albern*) {EINFALL, SPÄßE, SPIEL} sciocco, ridicolo, infantile **2** (*lächerlich gering*) {BETRAG, PORTION, SUMME} ridicolo, che fa ridere B adv {SICH AUFFÜHREN, BENEHMEN} in modo infantile, da sciocco (-a).

Lappland <-(e)s, *ohne pl*> n *geog* Lapponia f.

lappländisch adj lappone.

Lapsus m *geh* gaffe f: **jdm ist ein ~ unterlaufen**, qu ha fatto una gaffe.

Laptop <-s, -s> m *inform* laptop m, (computer m) portatile m.

Lärche <-, -n> f *bot* larice m.

Largo <-s, -(s), -s *oder Larghi*> n *mus* largo m.

Larifari <-s, *ohne pl*> n *fam* (*Unsinn*) sciocchezze f pl, scemenze f pl *fam*.

Lärm <-(e)s, *ohne pl*> m rumore m, chiasso m; (*von Stimmen*) baccano m, strepito m; **ein höllischer/ohrenbetäubender/unerträglicher ~**, un rumore infernale/assordante/insopportabile; **~ machen**, fare rumore/chiasso ● **viel ~ um nichts**, molto rumore per nulla.

Lärmbekämpfung f lotta f ⌐contro i rumori₁/[antirumori]/[contro l'inquinamento acustico].

Lärmbelästigung f disturbo m da rumore.

Lärmbelastung f inquinamento m acustico.

lärmempfindlich adj sensibile ai rumori.

lärmen itr {MASCHINE, RADIO} far chiasso/rumore; {KINDER} *auch* fare baccano; **die ~de Menge**, la folla chiassosa.

larmoyant adj *geh* {ART} sentimentale, languido; {TON} *auch* piagnucoloso; {GESCHICHTE} lacrimoso.

Larmoyanz <-, *ohne pl*> f *geh* indole f lacrimosa.

Lärmpegel m livello m di intensità acustica.

Lärmschutz m **1** (*gesetzliche Maßnahmen*) misure f pl antirumore **2** (*Vorrichtung*) protezione f acustica/antirumore.

Lärmschutzwall m barriera f antirumore/acustica/fonoassorbente.

Lärmschutzwand f parete f insonorizzante.

Lars m (*Vorname*) Lorenzo.

Larve <-, -n> f **1** *zoo* larva f **2** *obs* (*Maske*) maschera f.

larviert adj *med* {DEPRESSION} larvato.

Laryngal <-s, -e> m *ling*, **Laryngallaut** m *ling* (suono m) laringale f.

Laryngitis <-, *Laryngitiden*> f *med* laringite f.

Laryngologie <-, *ohne pl*> f *med* laringologia f.

Laryngoskop <-s, -e> n *med* laringoscopio m.

Laryngoskopie <-, -n> f *med* laringoscopia f.

Laryngotomie <-, -n> f *med* laringotomia f.

las 1. *und* 3. *pers sing imperf von* **lesen**.

Lasagne <-, -n> f lasagne f pl.

lasch A adj **1** (*schlaff*) {CHARAKTER, HÄNDEDRUCK} molle; {ERZIEHUNG} fiacco: **ein ~er Typ**, un mollaccione *fam*, un loffio *fam* **2** (*nachsichtig*) {STRAFE} molle; {VERHALTEN} lassista; {ERZIEHUNG} *auch* troppo permissiva: **die Eltern sind viel zu ~ mit ihnen**, i genitori gliene lasciano passare troppe *fam* B adv **1** (*schlaff*) {DIE HAND GEBEN} in modo fiacco, fiaccamente **2** (*nachsichtig*) {STRAFEN} con troppa indulgenza; {ERZIEHEN} con eccessiva permissività.

Lasche <-, -n> f **1** *mech* copriguinto m **2** {+BRIEFKUVERT, SCHUH} linguetta f; {+GÜRTEL} passante m.

Laschheit <-, *ohne pl*> f {+HÄNDEDRUCK} fiacchezza f; {+ERZIEHUNG, MAßNAHMEN} lassismo m.

Laschi <-s, -s> m *fam* pappamolle mf *fam*,

smidollato (-a) *m* (f) *fam.*
Laser <-s, -> *m* laser *m.*
Laserchirurgie *f med* chirurgia *f* laser, laserchirurgia *f.*
Laserdruck *m* stampa *f* laser.
Laserdrucker *m inform* stampante *f* laser.
Laserfax, **Laserfaxgerät** *n* fax *m* laser.
Laserfernsehen *n* televisione *f* laser.
lasergesteuert *adj* {RAKETE} a guida laser.
Lasermedizin *f* medicina *f* laser.
lasern *tr etw* ~ {NETZHAUT, TUMOR} trattare/curare *qc* con il laser.
Laserprinter *m* → **Laserdrucker**.
Laserprojektor *m* proiettore *m* laser.
Laserstrahl *m* raggio *m* laser.
Lasertechnik *f* tecnica *f* laser.
Lasertherapie *f* laserterapia *f,* terapia *f* laser.
laserunterstützt *adj* assistito da laser.
Laserwaffe *f* arma *f* laser.
lasieren <ohne ge-> *tr etw* ~ {GEMÄLDE} velare *qc;* {HOLZ} passare una vernice trasparente *su qc,* dare il flatting *a qc.*
lassen① <lässt, ließ, gelassen> Vollverb *tr*
1 (*gehen* ~) *jdn/etw irgendwohin* ~ lasciare/far andare *qu/qc + compl di luogo,* lasciare che *qu/qc* vada/venga *+ compl di luogo:* **sie ~ die Tochter nicht in die Diskothek,** non ⌊lasciano/fanno andare⌋ [mandano *fam*] la figlia in discoteca, non permettono alla figlia di andare in discoteca; **du willst doch wohl die Katze nicht auf das Sofa ~!?,** non vorrai mica far mica il gatto sul divano!?; **die Besucher werden nur in kleinen Gruppen in die Ausstellung gelassen,** i visitatori vengono ammessi alla mostra solo a piccoli gruppi; **lass keinen Fremden in die Wohnung!,** non far entrare estranei in casa! **2** (*hinein~*) *etw in etw* (akk) ~ {ÖL IN DEN TANK} far entrare *qc in qc:* **lass bitte etwas frische Luft ins Zimmer!,** fa' entrare un po' d'aria nella stanza, per favore!; **Wasser ins Schwimmbecken ~,** far entrare l'acqua nella piscina; (*hinaus~*) *etw aus etw* (dat) ~ {DAMPF AUS DER WASCHKÜCHE, GAS AUS DEM BALLON} far uscire *qc da qc;* **etwas Luft aus dem Reifen ~,** far uscire un po' d'aria dal pneumatico **3** (*unter~*) *etw* (sein) ~ smetterla *con/*[*di fare*] *qc:* **lass den Quatsch sein!** *fam,* smettila con queste sciocchezze!; **lass das sofort sein!,** smettila/piantala subito!; **er kann das Rauchen einfach nicht ~,** non ce la fa proprio a non/[smettere di] fumare; **wir wollten erst weg, aber dann haben wir es gelassen,** avevamo una mezza idea di andare via, ma poi ⌊non ne abbiamo fatto niente⌋/[ci abbiamo rinunciato]; **wenn du nicht willst, dann lass es doch!,** se non vuoi, lascia stare/perdere!; **tu, was du nicht ~ kannst!** *fam,* fallo, se proprio non puoi farne a meno! **4** (*zurück~*) *jdn/etw irgendwo* ~ lasciare *qu/qc + compl di luogo:* **ich habe die Unterlagen im Büro gelassen,** ho lasciato/dimenticato i documenti in ufficio; **die Koffer am Bahnhof ~,** lasciare le valigie alla stazione; **die Kinder kann man getrost allein zu Hause ~,** i bambini si possono lasciare tranquillamente a casa da soli; **die Sommer über ~ sie die Kühe auf der Weide,** durante l'estate lasciano le mucche al pascolo; **lass den Wagen in der Garage, wir gehen zu Fuß,** lascia la macchina in garage, andiamo a piedi; **ich hab' nicht Haufen Geld in dem Geschäft gelassen** *fam,* (ci) ho lasciato un bel po' di soldi in quel negozio **5** (*über~*) *jdm etw* ~ lasciare *qc a qu:* **lässt du mir den Pullover noch bis morgen?,** mi lasci il maglione fino a domani? **6** (*zugestehen*) *jdm etw* ~ lasciare *qc a qu:* **lass ihnen doch die Freude/den Spaß,** lascia che si divertano; **sie ~ ihnen alle Freiheit,** lasciano loro tutte le libertà; **wenn man sich genügend Freiraum lässt, funktioniert das Zusammenleben,** la convivenza funziona (bene) se ci si lascia sufficiente libertà reciproca **7** (*in einem bestimmten Zustand* ~) *jdn/etw irgendwie* ~ {JDN IN FRIEDEN, RUHE, ANRUF UNBEANTWORTET, WOHNUNG UNGEPUTZT} lasciare *qu/qc + compl di modo/adj;* **jdn in Frieden/Ruhe ~,** lasciare *qu* ⌊in pace⌋/[tranquillo (-a)]; **wir haben alles so gelassen, wie es war,** abbiamo lasciato tutto com'era; **es wurde nichts unversucht gelassen, um die Leute zu retten,** non è stato lasciato niente di intentato per salvare la gente; **jdn im Ungewissen ~,** lasciare *qu* nell'incertezza ● ~ **wir es dabei!,** lasciamo stare così!; **etw frei ~** (*nicht beschreiben*) → **frei;** **etw frei ~** (*die Freiheit geben*) → **frei|lassen;** **das muss man ihm/ihr ~,** questo gli/le va riconosciuto; **(jdm) etw** ⌊**übrig** ~⌋/[überlassen], lasciare *qc a qu;* **lasst ihr mir bitte ein Stück (von der) Torte übrig?,** mi lasciate per favore un pezzo di torta?; **gib nicht alles aus, lass noch ein paar Euro übrig!,** non spendere tutto, fai in modo che ti rimanga qualche euro!; **von jdm/etw ~** *geh obs,* rinunciare a *qu/qc.*

lassen② <lässt, ließ, lassen> Modalverb
1 (*veran~*) *jdn* ⌊**etw tun**⌋ ~ far fare *qu/* [*qc a qu*]: **man hat sie eine Weile warten ~,** l'hanno fatta aspettare un po'; **meine Mutter hat mich das ganze Haus putzen ~,** mia madre mi ha fatto pulire tutta la casa; **ich lasse meine Kinder immer die Einkäufe machen,** faccio fare la spesa sempre ai miei figli; **deine Eltern ~ dich grüßen,** i tuoi genitori ti salutano/[mandano i loro saluti] **2** (*veran~*, *dass etwas getan wird*) *etw tun* ~ far fare *qc:* **sie hat die ganze Wohnung streichen ~,** ha fatto imbiancare tutta la casa; **du solltest deine Schuhe neu besohlen ~,** dovresti far risuolare le scarpe; **er hat das Buch bei einem großen Verlag drucken ~,** ha fatto stampare il libro da un editore **3** (*zu~, erlauben*) *jdn etw tun/*[*etw tun*] ~ lasciare fare *qu/qc/*[*qc a qu/qc*], permettere *a qu di fare qc:* **sie lässt ihn nie in Ruhe lesen/[Zeitung lesen],** non ⌊lo lascia mai leggere⌋/[gli lascia mai leggere il giornale] in pace; **man kann den Hund nicht frei auf der Straße laufen ~,** non si può lasciare il cane senza guinzaglio per la strada; **lass deine Schwester doch auch mal mit der Puppe spielen!,** lascia giocare anche tua sorella con la bambola! **4** (*zu~, dass etw geschieht*) *etw tun* ~ lasciar fare *qc:* **das Licht brennen ~,** lasciare la luce accesa; **das Wasser einige Minuten kochen ~,** lasciare bollire l'acqua per alcuni minuti; **den Tee ziehen ~,** lasciare il tè in infusione; **sich** (dat) *etw tun* ~ farsi fare *qc;* **lässt du dir die Haare wachsen?,** ti fai crescere i capelli? **5** (*jdn beauftragen, etw zu tun*) *jdn/etw tun* ~ fare fare *qu/qc:* **sie ~ ihn im Ausland behandeln,** lo fanno curare all'estero; **sie hat den Schmuck schätzen ~,** ha fatto valutare i gioielli; *jdm etw tun* ~ far fare *qc a/per qu:* **meine Mutter lässt mir einen neuen Mantel machen,** mia madre mi fa fare un cappotto nuovo; **den Kindern einen Partykeller einrichten ~,** far allestire una tavernetta per le festicciole dei ragazzi **6** (*jdn beauftragen, etw für einen tun zu ~*) *etw tun* ~ farsi fare: **sie muss sich operieren ~,** deve ⌊farsi operare⌋/[operarsi *fam*]; **ich will mich in der Klinik durchchecken ~,** voglio farmi fare un check-up in clinica; **sich** (dat) *etw tun* ~ farsi fare *qc:* **er hat sich** (dat) **die Haare schneiden ~,** si è fatto tagliare i capelli; **sich** (dat) **ein neues Kleid machen ~,** farsi fare un vestito nuovo **7** (*imperativisch*) **es ist spät, lasst uns aufhören!,** è tardi, smettiamo!; **lass uns nicht mehr davon sprechen,** non parliamone più; **lass mich noch den Brief zu Ende schreiben,** fammi finire la lettera; **lass uns gehen!,** su, andiamo!; **lass dich nicht von ihm einschüchtern!,** non lasciarti intimorire da lui!; **lass dir das ein für alle Mal gesagt sein!,** mettitelo in testa una volta per tutte!; **lass mich nur machen!** *fam,* lascia fare a me! *fam;* ~ **Sie sich das ruhig mal sagen!,** se posso permettermi **8** (*möglich sein*) **sich** (*irgendwie*) **tun ~:** das lässt sich leicht machen, si fa facilmente, è facile (da farsi); **solche Fehler ~ sich nur schwer korrigieren,** errori del genere si correggono difficilmente; **der Wein lässt sich trinken,** questo vino si fa bere; **die Adresse lässt sich kaum entziffern,** questo indirizzo si legge appena; **hier lässt es sich gut leben,** qui si vive bene; **das wird sich kaum beweisen ~,** sarà difficile provarlo, difficilmente lo si potrà provare; **er lässt sich leicht beeinflussen,** si fa/lascia influenzare facilmente ● **ich lasse bitten!** (*der Nächste bitte!*), prego, il/la prossimo (-a)!, faccia entrare!; **jd lässt nicht mit sich** (dat) **reden,** con *qu* non si ⌊può ragionare⌋/[ragiona]; **ich habe mir sagen ~, dass ...,** ⌊ho saputo⌋/[mi hanno detto] che ...; ~ **Sie sich nicht stören!,** non si disturbi!

lässig Ⓐ *adj* **1** (*ungezwungen*) {AUFTRETEN, VERHALTEN} disinvolto; {KLEIDUNG} informale, casual **2** *fam* (*leicht*) {ARBEIT, PRÜFUNG} facile: **der Test war völlig ~,** il test è stato ⌊un gioco da ragazzi⌋/[una passeggiata]/[uno scherzo] *fam* Ⓑ *adv* **1** (*ungezwungen*) {AUFTRETEN, DASTEHEN, GRÜSSEN} con disinvoltura, disinvoltamente; {SICH KLEIDEN} in modo informale, casual **2** *fam* (*mit Leichtigkeit*) {HINKRIEGEN, MACHEN} senza problemi, a occhi chiusi: **er hat die Aufnahmeprüfung ganz ~ gepackt,** ha passato alla grande l'esame d'ammissione *fam.*

Lässigkeit <-, *ohne pl*> *f* {+ART, AUFTRETEN, BENEHMEN} disinvoltura *f.*

lässlich (a.R. läßlich) *adj bes. relig* {SÜNDE} veniale.

Lasso <-s, -s> *n oder rar m* lasso *m,* lazo *m.*

lässt (a.R. läßt) 3. *pers sing präs von* lassen.

Last <-, -en> *f* **1** (*schwerer Gegenstand*) peso *m,* carico *m:* **eine schwere ~ auf den Schultern tragen,** portare un grosso peso sulle spalle; **die enorme ~ ließ den Kahn fast kentern,** l'enorme carico fece quasi rovesciare la chiatta **2** (*Bürde*) {+BERUF, VERANTWORTUNG} peso *m,* fardello *m:* **das Einkaufen im Supermarkt ist ihr eine ~,** la spesa al supermercato le è un peso **3** <*nur pl*> *adm* (*Abgaben*) oneri *m pl,* gravami *m pl:* **steuerliche ~en,** oneri fiscali, carico fiscale ● **jdm zur ~ fallen/werden,** essere ⌊di peso a⌋/[un peso per] *qu;* **jdm etw zur ~ legen** *geh,* imputare *qc a qu;* {STRAFTAT}, imputare di *qc,* contestare *qc a qu,* attribuire *qc a qu;* **was wird dem Angeklagten zur ~ gelegt?,** quali sono le accuse a carico dell'imputato?; **jdm einen Fehler zur ~ legen,** addebitare un errore a *qu;* **zu ~en von,** a carico di, a spese di; **die Einsparungen gehen zu ~en der kinderreichen Familien,** di questi tagli fanno le spese le famiglie con molti figli, questi tagli vanno a scapito delle famiglie con molti figli; **zu ~en** ⌊**des Käufers**⌋/[Ihres Kontos], a carico ⌊dell'acquirente⌋/[del Suo conto corrente].

lasten *itr* **1** (*als Last liegen*) *auf jdm/etw* ~ {SACK AUF JDS SCHULTERN} gravare *su qu/qc:* **das Kind lastete mit seinem ganzen Gewicht auf ihr,** il bambino le grava addosso con tutto il suo peso 2 (be~) **auf etw** (dat) ~ {HYPOTHEK, SCHULDEN AUF EINEM ANWESEN, GRUNDSTÜCK, HAUS} gravare *su qc*: **nach 20 Jahren ~ immer noch Restschulden auf dem Haus**, dopo 20 anni sulla casa grava ancora un debito residuo 3 (*Probleme bereiten*) (dat) ~ {ARBEITSLOSIGKEIT, KONJUNKTURSCHWÄCHE AUF DEM LAND, STAATSHAUSHALT} gravare *su qc* 4 (*schwer liegen*) **auf jdm** ~ {FLUCH, TAT} pesare *su qu*; {VERANTWORTUNG, VERDACHT} *auch* gravare *su qu*: **die ganze Arbeit lastet auf ihr**, tutto il lavoro è sulle sue spalle.

Lastenaufzug m *tech* montacarichi m.
Lastenausgleich <-s, ohne pl> m perequazione f sociale.
lastenfrei adj {HAUS} esente da oneri/ipoteche.
Laster① <-s, -> m *fam* → **Lastkraftwagen**.
Laster② <-s, -> n vizio m: **ein ~ hat doch jeder**, un vizio ce l'hanno tutti; **sich einem ~ hingeben, einem ~ frönen** *geh*, abbandonarsi/darsi al vizio; **einem ~ verfallen sein**, essere schiavo di un vizio.
Lästerei <-, -en> f continuo imprecare m.
Lästerer <-s, -> m (**Lästerin** f) maldicente mf, malalingua f, linguaccia f *fam*; *obs* (*Gottesläster*) bestemmiatore (-trice) m (f), imprecatore (-trice) m (f).
lasterhaft adj {LEBEN, MENSCH} vizioso, dissoluto.
Lasterhaftigkeit <-, ohne pl> f viziosità f, dissoluzione f.
Lasterhöhle f *fam pej* covo m/sentina f *lit* di vizi.
Lästerin f → **Lästerer**.
Lasterleben <-s, ohne pl> n *pej oder scherz* vita f dissipata *pej oder scherz*: **ein ~ führen**, vivere nel vizio *pej oder scherz*.
Lästermaul n *fam pej* linguaccia f *fam*, malalingua f: **ein ~ sein**, essere una malalingua, avere una lingua di vipera.
lästern itr *pej* **über jdn/etw** ~ sparlare *di qu/qc*, parlar male *di qu/qc*.
Lästerung <-, -en> f *relig* imprecazione f; (*Gotteslästerung*) bestemmia f.
Lästerzunge f → **Lästermaul**.
Lastesel m somaro m.
Lastex® <-, ohne pl> n *text* Lastex® m.
lästig adj 1 (*unangenehm*) {ALLERGIE, ARBEIT, AUFTRAG, PFLICHT} fastidioso, noioso; {FLIEGEN, MÜCKEN} *auch* molesto 2 (*unerwünscht*) {KUNDE, MENSCH, VERTRETER} importuno, fastidioso, irritante, seccante; {BESUCH, GAST} *auch* sgradito ● **jdm ~ fallen/sein**, dare fastidio a qu, importunare qu, infastidire qu, seccare qu *fam*; **jdm ~ werden**, cominciare a infastidire/importunare/seccare qu; **der Typ wird mir allmählich ~**, quel tipo comincia a seccarmi; **wird Ihnen unser Besuch auch ~?**, non è che La disturbiamo?; **wie ~!**, che noia!
lästig|fallen <irr> itr <sein> **jdm ~** → **lästig**.
Lastkahn m *naut* chiatta f.
Lastkraftwagen m *geh adm* (*Abk* LKW, Lkw) autocarro m, camion m.
Last-Minute-Flug m (volo m) last minute.
Last-Minute-Meldung f *journ* notizia f dell'ultima ora.
Last-Minute-Reise f viaggio m last minute.
Last-Minute-Ticket n biglietto m (per un volo) last minute.
last, not least, last, but not least adv *geh* ultimo ma non meno importante.

Lastschrift f *bank* (*Verbuchung*) addebitamento m, addebito m; (*Mitteilung*) nota f d'addebito: **durch/per ~**, tramite addebito.
Lasttier n bestia f/animale m da soma.
Lastwagen m → **Lastkraftwagen**.
Lastwagenfahrer m (**Lastwagenfahrerin** f) *autom* camionista mf, guidatore (-trice) m (f) di camion.
Lastzug m *autom* autotreno m.
Lasur <-, -en> f vernice f trasparente; (*auf Ölgemälde*) *auch* velatura f.
Lasurfarbe f velatura f; (*für Holz*) flatting m.
Lasurit <-s, -e> m *min* lazurite f.
Lasurlack m vernice f trasparente; (*für Holz*) *auch* copale m *oder* f, flatting m.
Lasurstein m lapislazzuli m, lapislazoli m.
lasziv *geh* A adj {ART, BEMERKUNG, BLICK, POSE} lascivo B adv {SICH BEWEGEN, LÄCHELN, POSIEREN, TANZEN} in modo lascivo.
Laszivität <-, ohne pl> f *geh* {+BEWEGUNG, BLICK, POSE} lascivia f.
Latein <-s, ohne pl> n 1 *hist ling* latino m 2 *Schule* (~*unterricht*) (lezione f di) latino m: **~ lernen**, studiare il latino ● **auf ~**, in latino; **mit seinem ~ am Ende sein** *fam*, non sapere a che santo votarsi.
Lateinamerika n *geog* America f Latina.
Lateinamerikaner m (**Lateinamerikanerin** f) latinoamericano (-a) m (f), sudamericano (-a) m (f).
lateinamerikanisch adj latino-americano, sudamericano.
Lateiner <-s, -> m (**Lateinerin** f) *fam* (*jd, der Latein gelernt hat oder lernt*) chi studia o ha studiato il latino; (*jd, der Latein unterrichtet*) latinista m.
lateinisch adj {BUCHSTABEN, GRAMMATIK, SCHRIFT, SPRACHE} latino; {VOKABELN} *auch* di latino; {INSCHRIFT, TEXT} in latino: **in ~er Schrift**, in caratteri latini ● **auf Lateinisch**, in latino.
Lateinunterricht m *Schule* insegnamento m del latino; (*Lateinstunde*) lezione f/ora f di latino: **morgen haben wir vier Stunden ~**, domani abbiamo quattro ore di latino.
Late-Night-Show f *TV* spettacolo m televisivo di seconda serata.
latent A adj {AGGRESSIVITÄT, FEINDSELIGKEIT, GEFAHR, INFEKTION, KRISE} latente B adv {WIRKSAM SEIN} latentemente: **~ vorhanden sein**, essere latente; **die Krankheit ist ~ vorhanden**, la malattia è (allo stato) latente.
Latenz <-, ohne pl> f *geh* latenza f.
Latenzperiode f *psych* (periodo m di) latenza f.
Latenzzeit <-, ohne pl> f *med* fase f di latenza.
Lateran <-s, ohne pl> m Laterano m.
Laterankonzil n *relig* concilio m lateranense.
Lateranverträge subst <nur pl> patti m pl/accordi m pl lateranensi.
Laterne <-, -n> f 1 (*Straßenlaterne*) lampione m 2 (*tragbare Leuchte*) lanterna f 3 (*Lampion*) lampioncino m, rificolona f 4 *arch* lanterna f ● **die rote ~** *slang sport*, il fanalino di coda *slang*.
Laternenlicht n luce f delle lanterne; (*von Straßenlaternen*) luce f dei lampioni.
Laternenpfahl m palo m del lampione.
Latex <-, *Latizes*> m lat(t)ice m.
Latexmatratze f materasso m in lat(t)ice.
Latifundienwirtschaft <-, ohne pl> f economia f latifondistica.
Latifundium <-s, *Latifundien*> n latifondo m.

latinisieren <ohne ge-> tr *ling* **etw ~** {NAME, WORT} latinizzare *qc*.
Latinisierung <-, -en> f *geh* latinizzazione f.
Latinismus <-, *Latinismen*> m *ling* latinismo m.
Latinist <-en, -en> m (**Latinistin** f) latinista mf.
Latinlover <-(s), -(s)>, **Latin Lover** <- -(s), - -(s)> m latin lover m.
Latinum <-s, ohne pl> n *Schule* "buone conoscenze f pl scolastiche di latino": **das ~ haben**, aver studiato (il) latino a scuola; **das ~ machen**, dare/fare l'esame di latino ● **das kleine/große ~ D**, "conoscenze di latino dopo uno studio di tre/sei anni"; (*Nachweis*), attestato m di conoscenza del latino.
Latium <-s, ohne pl> n *geog* Lazio m.
Latrine <-, -n> f cesso m *vulg* (a buca).
Latrinenparole f *fam pej* chiacchiera f maligna.
Latsche① <-, -n> f *fam* → **Latschen**.
Latsche② <-, -n> f *bot* pino m nano.
latschen *fam* A itr <sein> 1 (*schlurfend gehen*) *irgendwohin* ~: **er latschte in Pantoffeln über den Flur**, attraversò il corridoio (ac)ciabattando; **ich musste den ganzen Weg nach Hause ~**, ho dovuto farmi una scarpinata fino a casa; **er latscht jeden Abend zur Kneipe an der Ecke**, tutte le sante sere va alla birreria all'angolo 2 (*darübertrampeln*) **jdm durch/über etw** (akk) ~ pesticciare *qc a qu*: **latsch mir nicht über den frisch gewischten Boden!**, non mi pesticciare il pavimento appena lavato! B tr <*haben*> *region*: **jdm eine ~** mollare/appiccicare uno schiaffo/un ceffone a qu *fam* ● **auf die Bremse ~** *fam*, inchiodare *fam*, fare un'inchiodata *fam*.
Latschen <-s, -> m <meist pl> *fam* 1 (*Hausschuh*) ciabatta f, babbuccia f *fam*, pianella f 2 (*ausgetretener Schuh*) ciabatta f, scarpa f vecchia/consumata ● **aus den ~ kippen** *fam* (*ohnmächtig werden*), svenire; (*sehr überrascht sein*), rimanere ₁di stucco₁/(basito (-a)); (*vor Müdigkeit fast umkippen*), cascare dal sonno; **zusammenpassen wie zwei alte ~** *fam*, essere una coppia e un paio.
Latschenkiefer f *bot* pino m montano/mugo/nano.
Latschenkiefernöl, **Latschenöl** n mugolio m, essenza f di pino mugo.
Latte <-, -n> f 1 (*Leiste*) assicella f; (*Zaunlatte*) stecca f 2 *sport* (*Hand-, Fußball*) traversa f; (*Leichtathletik*) asticella f 3 *slang* (*erigierter Penis*) cazzo m duro *vulg* ● **eine ganze/lange ~ von etw** (dat pl) *fam* (*eine beträchtliche Menge von etwas*), un mucchio/un sacco di qc *fam*: **in seinem Diktat war eine ganze ~ von Fehlern**, c'era una bella sfilza di errori nel suo dettato; (*sie*) **nicht alle auf der ~ haben** *slang*, essere un po' tocco, avere una rotella fuori posto *fam*; **eine ~ (stehen) haben** *slang*, avercelo duro *slang*; **eine lange ~** *fam* (*großer Mensch*), uno spilungone (-a), una pertica *fam*, uno (-a) stangone (-a) *fam*.
Lattenholz n legno m per assi.
Lattenkiste f gabbia f da imballaggio.
Lattenkreuz n *sport Fußball Handball* sette m (della porta).
Lattenrost m (*im Bett*) rete f a doghe.
Lattenschuss (a.R. Lattenschuß) m *sport* tiro m sulla traversa.
Lattenzaun m staccionata f, steccato m.
Lattich <-s, -e> m *bot* lattuga f velenosa.
Latz <-es, *Lätze*> m 1 (*Lätzchen*) bavaglino m 2 (*Brustteil*) {+HOSE, SCHÜRZE} pettorina f

Lätzchen | **laufen** 665

3 region (Hosenschlitz) patta f, pattina f • jdm eins vor den ~ knallen/ballern/donnern (jdm einen Faustschlag versetzen) spaccare il muso a qu fam; (jdn scharf zurechtweisen) dirne quattro a qu fam, mettere a posto qu fam.

Lätzchen <-s, -> n dim von Latz bavaglino m.

Latzhose f salopette f, pantaloni m pl con pettorina.

lau A adj **1** (mild) {ABEND, LUFT} mite; {WIND} tiepido: **ein laues Lüftchen**, un bel venticello, una bella arietta **2** (nicht mehr heiß) {KAFFEE, SUPPE, WASSER} tiepido **3** (zurückhaltend) {AUFNAHME, HALTUNG, VERTEIDIGUNG} tiepido: **das Weihnachtsgeschäft ist dieses Jahr eher lau**, le vendite natalizie sono piuttosto fiacche quest'anno B adv (mit Zurückhaltung) {JDN EMPFANGEN, SICH VERHALTEN} tiepidamente, senza entusiasmo • **für lau** fam region (umsonst), gratis, a ufo fam; **glaubst du, du kannst hier für lau essen?**, credi di poterci mangiare a ufo qui?

Laub <-(e)s, ohne pl> n bot (Belaubung) fogliame m, fronde f pl; (abgefallene Blätter) foglie f pl morte/secche; **im Herbst verfärbt sich das ~**, in autunno le foglie cambiano colore.

Laubbaum m bot latifoglia f, (laubabwerfender Baum) albero m caducifoglio/[a foglie caduche/decidue].

Laube <-, -n> f **1** (Gartenlaube) pergola f, gazebo m **2** arch (Bogengang) portico m.

Laubengang m **1** (gewölbter Bogengang mit Kletterpflanzen) pergolato m **2** (offener Gang an Wohnhäusern) portico m, porticato m.

Laubenhaus n casa f con porticato.

Laubfärbung f colore m delle foglie in autunno.

Laubfrosch m zoo raganella f, ila f.

Laubhüttenfest n (in der jüdischen Religion) festa f ₍delle capanne₎/[dei tabernacoli].

Laubsäge f sega f/seghetto m da traforo.

Laubwald m bot bosco m di latifoglie.

Laubwerk n **1** (Laub) fogliame m, fronde f pl **2** arch fogliame m.

Lauch <-(e)s, ohne pl> m bot gastr porro m.

Lauchzwiebel f bot cipolla f ₍d'inverno₎/[invernale], cipolletta f.

Laudatio <-, Laudationes oder Laudationen> f geh encomio m, panegirico m: **eine ~ auf jdn halten**, tessere le lodi di qu.

Laudator <-s, -en> m (Laudatorin f) "chi tiene un discorso di encomio in occasione di premiazione ufficiali".

Lauer <-, ohne pl> f: **sich auf die ~ legen**, appostarsi, mettersi in agguato; **auf der ~ liegen/sein**, stare/essere in agguato; **auf der ~ sitzen** fam (mit Ungeduld auf jdn/etw warten), non stare nella pelle fam.

lauern itr **1** (auf~) **auf jdn/etw** ~ {TIER AUF DIE BEUTE} appostare qu/qc; {JÄGER AUF WILD} auch fare la posta a qc: **~d**, in agguato; **~der Blick**, sguardo scrutatore **2** (gespannt warten) **auf jdn/etw** ~ {JOURNALIST AUF EINEN POLITIKER, EINEN VIP} fare la posta a qu; {AUF DEN RECHTEN AUGENBLICK, EINE GÜNSTIGE GELEGENHEIT, DEN RICHTIGEN MOMENT} spiare qc: **ich habe den ganzen Tag auf einen Anruf von ihm**, è tutto il giorno che è in attesa di una sua telefonata; **darauf ~, dass ...**, ₍aspettare solo₎/[spiare] il momento che ...

Lauerstellung f {+KATZE, WILDES TIER} agguato m • **in ~ sein** {KATZE, WILDES TIER} essere in agguato; fam (auf etw lauern) essere in agguato.

Lauf <-(e)s, Läufe> m **1** <nur sing> (das Laufen) corsa f **2** sport (Wettlauf) corsa f; (Durchgang) manche f **3** <nur sing> (Fortgang) {EREIGNISSE, GESCHICHTE} corso m: **im ~e des nächsten Jahres will ich die Arbeit fertig haben**, nel corso del prossimo anno voglio finire il lavoro **4** <nur sing> (Verlauf) {+BACH, FLUSS} corso m; {+STRAßE} percorso m: **der obere/untere ~ der Donau**, l'alto/il basso corso del Danubio **5** <nur sing> tech {+KOLBEN, KURBELWELLE} corsa f; {+MOTOR} regime m: **den ~ der Maschine überprüfen**, controllare il funzionamento della macchina **6** <nur sing> astr {+PLANET, STERN} orbita f, corso m **7** (Rohr) {+GEWEHR, PISTOLE} canna f; **jd bekommt ein Tier vor den ~**, un animale viene a tiro a qu **8** (Bein) {+HASE, HIRSCH, HUND, KANINCHEN, REH} zampa f, gamba f **9** mus passaggio m • **das ist der ~ der Dinge/Welt**, così va il mondo; **im ~(e) einer S.** (gen), nel corso di qc; **im ~(e) der Jahre**, col passare degli anni; **etw** (dat) **seinen ~ lassen**, lasciare andare le cose per il loro verso; **etw** (dat) **freien ~ lassen**, dare libero corso a qc; **sie ließ ihren Tränen freien ~**, dette libero sfogo ₍alle lacrime₎/[al pianto]; **einen ~ machen** fam (ein paar Runden joggen), andare a correre, fare un po' di footing; **seinen ~ nehmen**, seguire il proprio corso; **im ~(e) der Zeit**, col (passare del) tempo.

Laufbahn① <-, -en> f <meist sing> carriera f: **eine ~ einschlagen**, intraprendere una carriera.

Laufbahn② <-, -en> f sport pista f.

Laufband n **1** sport tapis roulant m **2** (Fahrsteig) marciapiede m mobile, tapis roulant m.

Laufbursche m **1** obs (junger Bote) garzone m, fattorino m **2** fam pej (jd, der Erledigungen für andere macht) galoppino m pej.

laufen <läuft, lief, gelaufen> A itr <sein> **1** (rennen) (irgendwohin) ~ correre (+ compl di luogo): **lauf schneller, sonst schaffen wir es nicht**, aumenta il passo, altrimenti non ce la facciamo; **alle liefen eilig zu den Ausgängen**, tutti si precipitarono verso le uscite; **er war so schnell gelaufen, dass er ganz außer Atem ankam**, aveva corso così forte che arrivò senza fiato **2** (~ können) fam (gehen): **der Kleine kann schon ~**, il piccolo ₍cammina già₎/[sa già camminare]; **er läuft noch unsicher**, è ancora poco sicuro sulle gambe **3** (zu Fuß gehen) (irgendwohin) ~ andare a piedi (+ compl di luogo): **ich glaube, ich laufe in die Stadt**, credo che andrò in centro a piedi; **mit den Schuhen kannst du aber nicht weit ~**, con quelle scarpe non puoi camminare a lungo; **lauf doch mal eben zur Post**, ₍vai un attimo₎/[fai un salto] alla posta; **von hier aus sind es nur noch zehn Minuten zu ~**, da qui sono soltanto dieci minuti a piedi₎/[di strada/cammino] **4** fam (gehen) irgendwohin/zu jdm ~ andare + compl di luogo/da qu: **er läuft ständig ₍zum Arzt₎/[in die Kneipe]**, ₍va continuamente₎/[è fisso dam] ₍dal medico₎/[in birreria] **5** (gegen etw stoßen) gegen etw (akk) ~ {GEGEN EINEN LATERNENPFAHL} andare a (s)battere/cozzare contro qc; in etw (akk) ~: **sie ist mir regelrecht ins Auto gelaufen**, mi è finita proprio sotto la macchina **6** autom tech (in Betrieb sein) (irgendwie) ~ {UHR AUSGEZEICHNET, GUT, NORMAL, PERFEKT} funzionare/andare (+ compl di modo); {GETRIEBE, MOTOR, PROGRAMM, ZÄHLER} auch girare (+ compl di modo); {COMPUTER, FERNSEHEN, KÜHLSCHRANK, RADIO} essere acceso; {MASCHINE} essere in funzione: **kaum sind die Kinder im Haus, läuft der Fernseher**, i ragazzi non fanno in tempo a entrare in casa che accendono la televisione; **bevor er losfährt, lässt er den Motor erst fünf Minuten ~**, prima di partire fa girare il motore per cinque minuti; **der Wagen läuft noch ausgezeichnet**, la macchina va ancora a meraviglia **7** (fließen) (irgendwohin) ~ colare (+ compl di luogo): **die Butter/der Käse fängt an zu ~**, il burro/formaggio comincia a colare/sciogliersi; **der Schweiß lief ihm in Bächen von der Stirn**, rivoli di sudore gli colavano dalla fronte; **dicke Tränen liefen ihr über die Wangen**, grossi lacrimoni le rigavano le guance; **das Wasser läuft in ein großes Auffangbecken**, le acque confluiscono in un grande bacino di raccolta; **lass den ganzen Wein aus dem Fass ~**, lascia/fa' uscire tutto il vino dalla botte; **mir läuft die Nase**, mi cola il naso **8** (sich bewegen) irgendwo(hin) ~ scorrere/correre + compl di luogo: **der Förderwagen läuft auf Schienen**, il carrello scorre su rotaie; **ein Schauder lief ihm über den Rücken**, un brivido gli corse per la schiena **9** (ver~) correre, scorrere: **die neue Autobahn läuft mitten durch das Tal**, la nuova autostrada ₍corre proprio attraverso₎/[taglia] la vallata; **hier läuft der Fluss unterirdisch**, qui il fiume scorre sottoterra; **die Straße läuft kilometerlang geradeaus**, la strada corre diritta per kilometri e kilometri **10** film theat (im Programm sein) {FILM, STÜCK, VORSTELLUNG} essere in programma/cartellone: **was läuft denn im Kino?**, cosa ₍c'è₎/[danno] al cinema?; **das Stück läuft ja schon ewig** theat, è un ₍bel po'₎/[pezzo] che lo rappresentano quello spettacolo **11** (ab~) irgendwie ~ {PROZESS, PRÜFUNG, TREFFEN, VERHANDLUNGEN, ZUSAMMENLEBEN} andare fam/svolgersi + compl di modo: **das Geschäft läuft wieder besser**, gli affari hanno ricominciato a andare; **bis jetzt läuft alles wie vorgesehen**, finora le cose vanno come previsto; **mal sehen, wie die Sache läuft!**, vediamo come vanno le cose! **12** (im Gange sein) {ERMITTLUNGEN, UNTERSUCHUNG} essere in corso: **gegen sie läuft ein Verfahren wegen Verleumdung**, contro di loro/lei è in corso una causa per diffamazione; **Ihr Antrag/Ihre Bewerbung läuft**, stiamo esaminando la Sua domanda **13** fam (im Geschäft verkauft werden) irgendwie ~ {AUSGEZEICHNET, GUT, SCHLECHT} andare + compl di modo fam: **die Wollsachen ~ diesen Winter besonders gut**, quest'inverno la maglieria va particolarmente bene **14** (geführt werden) unter etw (dat) ~ {AKTE UNTER DER BEZEICHNUNG} andare sotto qc; {PROJEKT UNTER DEN NAMEN} auch essere/venire denominato qc: **die Aktion läuft unter dem Namen «Großer Bruder»**, l'operazione viene denominata «grande fratello»; **auf jdn/[jds Namen]** ~ {AUTO, KONTO, TELEFON}, essere intestato a qu, essere a nome di qu; {MENSCH UNTER EINEM DECKNAMEN} essere denominato qc **15** (gültig sein) ~ + Zeitangabe {ABKOMMEN, VERTRAG} ₍essere valido₎/[durare] + compl di tempo: **der Pass läuft noch ein Jahr**, il passaporto è valido ancora un anno; **ihr Arbeitsvertrag läuft fünf Jahre**, il suo contratto di lavoro ha una durata di cinque anni; **die Zinsen ~ ab Ersten des Monats**, gli interessi decorrono dal primo del mese **16** sport correre: **sie ist zum ersten Mal für Tschechien gelaufen**, ha corso/gareggiato per la prima volta per la Repubblica Ceca B tr **1** <haben oder sein> sport (zurücklegen) **etw ~** (in etw dat) ~: {HUNDERT METER, ZWEI KILOMETER, STRECKE IN 20 MINUTEN} correre qc (in qc), fare qc (in qc) **2** sport (mit bestimmter Leistung erreichen) **etw ~**: **eine Bestzeit auf hundert Meter ~**, correre/realizzare/fare il miglior tempo sui cento metri; **einen Rekord ~**, stabilire un record (in una gara di corsa) **3** (fahren) **etw ~**: Rollschuh

~, pattinare (a rotelle); **Schlittschuh** ~, pattinare sul ghiaccio; **Ski** ~, sciare, praticare lo sci **C** rfl <haben>: **sich warm** ~, riscaldarsi; **sich (dat) etw (irgendwie)** ~: **sich (dat) (die Füße) wund** ~, camminare fino a farsi venire le piaghe ai piedi, piagarsi i piedi; **sich (dat) Blasen an die Füße** ~, farsi venire le vesciche ai piedi camminando **D** unpers: **es läuft sich irgendwie** {ANGENEHM, BESSER, GUT}, si cammina + compl di modo; **in den neuen Stiefeln läuft es sich ausnehmend gut**, si cammina davvero benissimo con gli stivali nuovi • **etw läuft wie geschmiert**, qc va liscio come l'olio; **zwischen den beiden läuft's nicht mehr so gut** fam, fra i due le cose non vanno più tanto bene; **heiß** ~ tech {KOLBEN, MOTOR}, (sur)riscaldarsi; **(irgendwo) heiß** ~ (**überlastet sein**) {FERNSCHREIBER, TELEFONE IN REDAKTIONEN, SENDER}, impazzire; **etw ist gelaufen** slang (etwas ist vorbei, nicht mehr zu ändern), qc è andato fam; **die Sache ist gelaufen** slang (etw ist gut gegangen), ormai è andata/fatta fam; **jdn** ~ **lassen fam → laufenlassen**; **ihr läuft nichts** slang, quella non ci sta slang; **da läuft bei mir nichts**! fam, non ci sto!; **warm** ~ {MOTOR}, riscaldarsi; **den Motor warm** ~ **lassen**, riscaldare il motore; **sich warm** ~ {MOTOR}, riscaldarsi; (sich durch Laufen erwärmen) {SPORTLER}, riscaldarsi, fare riscaldamento; **wie läuft's**? fam, allora, come va/butta? fam.

laufend A adj <attr> **1** form (gegenwärtig) {JAHR, MONAT, SEMESTER, WOCHE} in corso, corrente: **die ~e Nummer einer Zeitschrift**, il numero corrente di una rivista **2** (am Stück): **der ~e Meter dieses Teppichbodens kostet um die 70 Euro**, questa moquette costa circa 70 euro al metro **3** (ständig) {AUSGABEN, GESCHÄFTE, KOSTEN} corrente; {ARBEITEN, WARTUNG} ordinario **B** adv (ständig) {STEIGEN, UNTERBRECHEN, VERÄNDERN, WACHSEN} continuamente, in continuazione • **auf dem Laufenden bleiben**, tenersi aggiornato (-a); **jdn (über etw akk) auf dem Laufenden halten**, tenere qu [al corrente (di qc)]/[aggiornato (-a)/informato (-a) (su qc)]; **frei** ~ {HÜHNER}, ruspante; **mit etw (dat) auf dem Laufenden sein**, aver aggiornato qc; (**über etw akk**) **auf dem Laufenden sein**, essere al corrente (di qc), essere aggiornato (su qc).

laufen|lassen <irr, part perf laufenlassen oder rar laufengelassen> tr fam **jdn** ~ lasciar andare qu, lasciar libero (-a) qu: **die Rebellen haben einen Teil der Geiseln wieder** ~, i ribelli hanno liberato una parte degli ostaggi.

Läufer① <-s, -> m **1 Schach** alfiere m **2** (Teppich) guida f, passatoia f **3** bau mattone m messo per lungo **4** tech rotore m.

Läufer② <-s, -> m (**Läuferin** f) sport Leichtathletik corridore m; Fußball mediano (-a) m (f).

Lauferei <-, -en> f fam continuo correre m: **hoffentlich hat diese ~ zum Zahnarzt bald ein Ende!**, speriamo soltanto che questo continuo correre dal dentista finisca presto! • **viel ~ mit etw (dat) haben**, dover andare in mille posti per (fare) qc.

Läuferin f → **Läufer**②.

Lauffeuer n: **sich wie ein** ~ **verbreiten** {NACHRICHT, NEUIGKEIT}, spargersi in un (batti)baleno/lampo.

Laufgang m **1** (Durchgang) passaggio m **2** aero naut (Gangway) passerella f.

Laufgitter n (für Kleinkinder) box m (per bambini).

läufig adj zoo {HÜNDIN} in calore.

Laufjunge m → **Laufbursche**.

Laufkundschaft <-, ohne pl> f clientela f di passaggio, clienti m pl occasionali.

Laufmasche f smagliatura f: **die Strumpfhose hat ~n**, il collant si smaglia; **du hast eine ~**, hai una smagliatura nel collant.

Laufpass (a.R. Laufpaß) m fam: **den ~ bekommen** (verlassen werden), essere piantato fam/mollato fam; (entlassen werden) ricevere il benservito, essere mandato a spasso fam; **jdm den ~ geben** (sich von jdm trennen), piantare qu fam, mollare qu fam; (jdn entlassen) mandare qu fam a spasso fam, dare il benservito a qu.

Laufschiene f tech binario m (a scorrimento).

Laufschrift f el scritta f (luminosa) scorrevole.

Laufschritt m passo m di corsa: **im** ~, a passo di corsa.

Laufschuh m **1** (bequemer Schuh) scarpa f comoda (per fare le passeggiate) **2** sport scarpa f da corsa.

Laufstall m box m (per bambini).

Laufsteg m passerella f.

Laufstuhl m girello m.

läuft 3. pers sing präs von laufen.

Lauftraining n sport corsa f (per allenamento).

Laufvogel m zoo uccello m corridore.

Laufwerk n **1** tech meccanismo m; {+UHR} rotismo m; {+VIDEOREKORDER} alloggiamento m cassetta; {+ZUG} rodiggio m **2** inform drive m; (Diskettenlaufwerk) disk drive m; (Festplattenlaufwerk) drive m del disco fisso.

Laufwettbewerb m sport gara f di corsa.

Laufzeit f **1** bank (Gültigkeitsdauer) {+DARLEHEN, KREDIT} durata f; {+WECHSEL, WERTPAPIER} scadenza f: **ein Wertpapier mit fünfjähriger** ~, un titolo a scadenza quinquennale; **die ~ des Kredits ist auf fünf Jahre begrenzt**, il mutuo scade fra cinque anni **2** jur {+TARIF} validità f; {+VERTRAG} durata f **3** sport tempo m (impiegato).

Laufzettel m **1** adm industr "documento m che deve essere visato in vari uffici" **2** (Rundschreiben) circolare f.

Lauge <-, -n> f **1** (Seifenlauge) lisciva f **2** (Salzlauge) salamoia f **3** chem soluzione f alcalina.

laugenartig adj chem {VERBINDUNG} alcalino.

Laugenbad n chem bagno m alcalino.

Laugenbrezel, **Laugenbretzel**, **Laugenbreze** süddt f region "ciambellina f croccante salata a forma di otto".

Laune <-, -n> f **1** (Stimmung) umore m **2** <nur pl> (wechselnde Stimmungen) sbalzi m pl d'umore: ~**n haben**, avere le lune, essere lunatico; **wir haben alle unter ihren ~n zu leiden**, noi tutti (-e) dobbiamo subire i suoi sbalzi d'umore **3** (abwegige Idee) capriccio m, grillo m, ghiribizzo m • **seine ~n an jdm auslassen**, sfogare il proprio malumore su qu; **gute ~ haben**, **guter ~ sein**, essere di buonumore; **jdn bei (guter)** ~ **halten**, tenere qu di buon umore; **aus einer ~ heraus**, per (togliersi uno) sfizio; **eine ~ der Natur**, uno scherzo della natura; **schlechte**/**miese ~ haben, schlechter**/**mieser ~ sein**, avere la luna (di traverso), essere di [cattivo umore]/[malumore]; **jdm die (gute)** ~ **verderben**, far passare il buon umore a qu, guastare l'umore a qu.

launenhaft adj **1** (launisch) {MENSCH} lunatico, capriccioso, volubile **2** (unbeständig) {WETTER} volubile, instabile, capriccioso.

Launenhaftigkeit <-, ohne pl> f carattere m lunatico, capricciosità f.

launisch adj → **launenhaft**.

Laureat <-en, -en> m (**Laureatin** f) geh premiato (-a) m (f).

Laus <-, Läuse> f pidocchio m; (Blattlaus) auch afide m; **Läuse haben**, avere i pidocchi; **Läuse knacken**/**zerdrücken**, schiacciare i pidocchi • **jdm ist eine ~ über die Leber gelaufen**, qu si è alzato col piede sinistro; **dir ist wohl eine ~ über die Leber gelaufen**? fam, ti è morto il gatto?; **jdm eine ~** [**in den Pelz**]/[**ins Fell**] **setzen** (jdm Ärger bereiten), dare del grattacapi a qu fam; (jdn misstrauisch machen), mettere una pulce nell'orecchio a qu fam; **sich (dat) eine ~ in den Pelz setzen** (einen heimlichen Feind zu seinem Vertrauten machen), allevare una serpe in seno; (misstrauisch werden), insospettirsi.

Lausanne <-s, ohne pl> n geog Losanna f.

Lausbub m süddt fam → **Lausebengel**.

Lausbubenstreich m monelleria f, birbonata f.

lausbübisch fam **A** adj {BENEHMEN, LACHEN} da monello/bricconcello/birba **B** adv {LACHEN} da monello/bricconcello/birba.

Lauschaktion f, **Lauschangriff** m intercettazioni f pl telefoniche e ambientali.

lauschen itr **1** (heimlich zuhören) origliare: **an der Tür** ~, origliare alla porta **2** (zuhören) **jdm**/**etw** ~ {DEM GESANG, DEN KLÄNGEN, DEM REDNER} ascoltare attentamente qu/qc **3** (angestrengt horchen) (**auf etw** akk) ~ {AUF EIN GERÄUSCH, SCHRITTE, EIN WEINEN} stare [in ascolto di qc]/[con l'orecchio teso a qc].

Lauscher① <-s, -> m <meist pl> Jagd orecchio m.

Lauscher② <-s, -> m (**Lauscherin** f) (heimlicher Zuhörer) chi origlia • **der ~ an der Wand hört seine eigene Schand'** prov, chi sta alle scolte, sente le sue colpe prov.

lauschig adj **1** (gemütlich) {ECKE, PLÄTZCHEN} intimo, accogliente; (im Freien) appartato **2** (mild und still) {ABEND, NACHT} dolce.

Läusebefall m infestazione f di pidocchi.

Lausebengel m, **Lausejunge** m fam monello m, bricconcello m.

lausen A tr **jdn**/**etw** ~ spidocchiare qu/qc **B** rfl sich ~ spidocchiarsi.

Lausepack n fam pej marmaglia f, gentaglia f.

lausig fam pej **A** adj **1** (schlecht) {ARBEIT} schifoso; {UNTERKUNFT} auch pidocchioso, misero; {ANGELEGENHEIT} disgustoso; {KLIMA, WETTER} orribile, da cani, tremendo: **eine ~e Kälte**, un freddo cane fam **2** (armselig) {GEHALT, TRINKGELD} misero, miserabile: **die Bezahlung ist** ~, la paga è una miseria; **sie zahlen ~e fünf Euro die Stunde**, pagano la miseria di cinque euro all'ora **B** adv (entsetzlich) {NIEDRIG, WENIG} schifosamente: **es ist ~ kalt**, fa un freddo cane fam.

Lausitz <-, ohne pl> f geog Lusazia f.

laut① **A** adj **1** (weithin hörbar) {GESCHREI, STIMME} alto; {MUSIK} auch forte; {GERÄUSCH, GETÖSE, STIMMENGEWIRR} forte; {KNALL, KRACHEN} fragoroso; {LACHEN} sonoro; {MASCHINE, MOTOR} rumoroso **2** (voller Lärm) {GEGEND, NACHBARN, STRAßE, WOHNUNG} rumoroso: **in der Stadt ist es mir zu** ~, per me in città c'è troppo rumore **B** adv (weithin hörbar) {BRÜLLEN, LACHEN, SAGEN, SCHREIEN, STÖHNEN} forte; {LESEN, RUFEN, SAGEN, SINGEN, SPRECHEN} a voce alta, ad alta voce; {GRUNZEN, QUIETSCHEN, SCHMATZEN} rumorosamente; {LACHEN} auch sonoramente: **er sagt immer ~ seine Meinung**, dice sempre apertamente quello che pensa; ~**er sprechen**, parlare più forte • ~ **denken**, pensare a voce alta; ~ **und deutlich** {(ETW) SAGEN}, chiaro e tondo; **das kannst du ~ sagen**!, puoi dirlo forte!; **etw ~er stellen** {FERNSEHER, RADIO, STEREOANLA-

laut | **Lazarett** 667

GE}, alzare (il volume) di qc; **~ werden** (*ärgerlich werden*), alzare la voce; (*bekannt werden*), diventare ₍NOTO (-a)₎/[di dominio pubblico]; {GERÜCHT, STIMMEN} circolare, correre; {VERDACHT}, venire avanzato (-a); **es wurde die Vermutung ~, dass ...**, è stata avanzata l'ipotesi che ...; **es wurden Beschwerden/Klagen über ihn ~**, si sono sentite delle lamentele sul suo conto; **etw ~ werden lassen** {VERMUTUNG}, esprimere qc apertamente/[ad alta voce]; {VERDACHT}, esternare qc.

laut② *präp + gen oder dat* (*Abk* lt) secondo, conformemente a, in conformità a: **~ Bedienungsanleitung müsste es jetzt funktionieren**, secondo le istruzioni adesso dovrebbe funzionare; **~ der letzten Erklärung des Innenministers ist das Problem bereits gelöst**, stando all'ultima dichiarazione del ministro degli Interni il problema è già risolto; **~ Gesetz**, ai sensi della legge; **~ (der) Vereinbarung zwischen den Ländern der EU**, in conformità all'accordo fra i paesi dell'UE.

Laut <-(e)s, -e> *m* **1** (*Ton*) suono *m*; (*Geräusch*) rumore *m*: **heimatliche/vertraute ~e, suoni famigliari; fremde ~e**, suoni estranei; **das Baby gab die ersten ~e von sich**, il bambino articolò i primi suoni; **es war kein ~ zu hören**, non si sentiva il (benché) minimo rumore **2** *ling* suono *m*: **ein gutturaler/kurzer/offener ~**, un suono gutturale/breve/aperto ● **~ geben** {HUND}, abbaiare; **keinen ~ von sich [dat] geben**, non aprir bocca, rimanere in totale silenzio.

Lautbildung *f ling* articolazione *f*, fonazione *f*.

Laute <-, -n> *f mus* liuto *m*.

lauten *itr* **1** (*zum Inhalt haben*): **die neuen Parolen ~ schon ganz anders**, i nuovi slogan suonano già completamente diversi; **wie lautet die Anklage?**, qual è il capo d'accusa?; **der Titel lautet ...**, il titolo è/recita ...; **auf etw** (*akk*) **~** essere *di qc*, parlare *di qc*; **die Diagnose lautet auf Magenkarzinom**, la diagnosi parla di carcinoma allo stomaco; **die Anklage lautet auf versuchten Totschlag**, l'accusa è di tentato omicidio; **das Urteil lautet auf lebenslänglich**, la condanna è all'ergastolo **2** (*ausgestellt sein*): **auf jds Namen** (*akk*) **~** {DOKUMENTE, PAPIERE}, essere intestato a qu; **₍die Aktien ~₎/[der Wechsel lautet] auf den Inhaber**, ₍le azioni sono₎/[la cambiale è] al portatore.

läuten A *tr* (*ertönen lassen*) **etw ~** {GLOCKNER GLOCKE} suonare qc: **die Glocken ~ Mittag/Sturm**, le campane suonano mezzogiorno/[a stormo/martello] B *itr* **1** (*tönen*) {GLOCKE} suonare, rintoccare: **das Läuten** {+GLOCKEN}, suono *m*; **es läutet zwölf Uhr**, suona mezzogiorno; **die Glocken ~ zur Abendandacht**, le campane suonano il vespro **2** *bes. südd* A (*klingeln*) {KLINGEL, TELEFON, WECKER} squillare, suonare; ₍bei jdm₎/[an der Tür] **~**, suonare ₍a qu₎/[alla porta]; **es hat geläutet**, hanno suonato **3** (*herbeirufen*) (*nach*) *jdm* **~** {(NACH) DER KRANKENSCHWESTER, DEM PFLEGER} chiamare *qu* (suonando il campanello), suonare per chiamare *qu* C *unpers*: **es läutet** (*Glocken ertönen*), suonano le campane; (*Türklingel*) hanno suonato (alla porta); (*Schulglocke*) suona la campanella ● **jd hat (von) etw ~ hören** *fam*, a qu è giunta voce di qc, qu ha sentito dire qc, qu ha vuoto sentore di qc.

lautend A *part präs von* lauten B *adj*: **anders ~ → anderslautend; gleich ~** {BERICHTE, ERKLÄRUNGEN, MELDUNGEN}, concordante, dello stesso tenore; *ling* omofono; **gleich ~e Abschrift**, copia conforme, duplicato.

Lautenspiel *n mus* suono *m* di liuto.
Lautenspieler *m* (**Lautenspielerin** *f*) *mus* suonatore (-trice) *m* (*f*) di liuto, liutista *mf*.

lauter① <*inv*> *indef pron* (*ganz viel*) tutto: **das sind ~ Lügen**, sono tutte bugie, non sono nient'altro che bugie; (*nur*) solo, soltanto; **sie macht das aus ~ Langeweile**, lo fa ₍per pura₎/[solo per] noia; **vor ~ Angst/Freude/Glück**, per la gran paura/gioia/fortuna ● **vor ~ ...**, a causa di ...; **vor ~ Arbeit komme ich nicht mehr zum Lesen**, sono talmente preso (-a) dal lavoro che non trovo più il tempo di leggere; **vor ~ Nebel kann man nichts mehr sehen**, con tutta questa nebbia non ci si vede.

lauter② *adj* <*attr*> *geh* **1** (*aufrichtig*) {ABSICHTEN} onesto; {CHARAKTER, MENSCH} *auch* retto, schietto, sincero **2** *obs* (*rein*) {GOLD, SILBER} puro: **das ist die ~e Wahrheit!**, è la pura verità!

Lauterkeit <-, *ohne pl*> *f geh* {+ABSICHTEN} onestà *f*; {+CHARAKTER, MENSCH} *auch* rettitudine *f*, schiettezza *f*, sincerità *f*.

läutern *tr geh jdn/etw ~** {KRANKHEIT, LEIDEN, UNGLÜCK} MENSCHEN, JDS CHARAKTER, WESEN} purificare *qu/qc*, rendere migliore *qu/qc*.

Läuterung <-, -en> *f geh* purificazione *f*.
Läutewerk *n* {+UHR, WECKER} suoneria *f*.
Lautgesetz *n ling* legge *f* fonetica.
lauthals *adv* {BRÜLLEN, RUFEN, SCHIMPFEN} a squarciagola, fortissimo; {FORDERN, VERKÜNDEN} a gran voce.
Lautlehre <-, *ohne pl*> *f ling* fonetica *f*.
lautlich *ling* A *adj* {ÄHNLICHKEIT, VERSCHIEDENHEIT} fonetico B *adv* {ÄHNLICH, ÜBEREINSTIMMEND, VERSCHIEDEN} foneticamente, dal punto di vista fonetico.
lautlos A *adj* {ABFAHRT, HERANGLEITEN, NÄHERN, SCHRITTE} silenzioso: **mit ~en Schritten**, con/a passi felpati; **~e Stille**, silenzio assoluto/perfetto B *adv* {SICH ANSCHLEICHEN, SICH BEWEGEN, SICH NÄHERN} silenziosamente, in silenzio, senza (fare) il minimo rumore.
lautmalend *adj ling* {KLÄNGE, WORTE} onomatopeico.
Lautmalerei *f ling* onomatopea *f*.
lautmalerisch *adj* → **lautmalend**.
lautnachahmend *adj* → **lautmalend**.
Lautschrift *f ling* trascrizione *f* fonetica *f*: **die internationale ~**, l'alfabeto fonetico internazionale.
Lautsprecher *m* altoparlante *m*: **über ~**, per/tramite altoparlante.
Lautsprecheranlage *f* impianto *m* di amplificazione.
Lautsprecherbox *f* cassa *f* (acustica).
Lautsprecherdurchsage *f* annuncio *m* (fatto) tramite altoparlante.
Lautsprecherwagen *m* vettura *f* munita di altoparlante.
lautstark A *adj* {WIDERSTAND} forte, veemente; {PROTEST} *auch* vibrato: **in der Bevölkerung erhob sich ~er Protest gegen die Steuererhöhung**, nella popolazione si sollevarono cori di protesta contro l'aumento delle tasse; **unter ~em Protest verließ er den Saal**, abbandonò la sala protestando vivacemente B *adv* {PROTESTIEREN, WIDERSTAND LEISTEN} con veemenza: **~ schimpfen**, imprecare ad alta voce.
Lautstärke *f* **1** (*Schallvolumen*) {+LAUTSPRECHER, RADIO, STEREOANLAGE} volume *m* (sonoro): **etw auf volle ~ stellen**, mettere qc a tutto volume **2** (*laute Stimme*): **musst du mit so einer ~ reden?**, devi parlare ₍così forte₎/[a voce così alta]?; **du brauchst nicht mit dieser ~ zu brüllen, wir verstehen dich sehr gut**, non c'è bisogno che urli così, ti sentiamo benissimo; **dreh mal deine ~ etwas runter!** *fam*, abbassa (un po') il volume! *fam*.
Lautstärkeregler *m* (regolatore *m* del) volume *m*.
Lautsymbol *n ling* simbolo *m* fonetico.
Lautveränderung *f ling* → **Lautwandel**.
Lautverschiebung *f ling*: konsonantische/vokalische ~ rotazione consonantica/vocalica.
Lautwandel *m ling* mutamento *m* fonetico.
lauwarm *adj* tiepido.
Lava <-, *rar* Laven> *f geol* lava *f*: **glühende/erstarrte ~**, lava incandescente/solidificata.
Lavabo <-(s), -s> *n* **1** *relig* lavabo *m* **2** *CH* → **Waschbecken**.
Lavagestein *n geol* roccia *f* lavica.
Lavastein *m* pietra *f* lavica.
Lavastrom *m* colata *f* lavica/[di lava].
Lavendel <-s, -> *m* **1** *bot* lavanda *f* **2** (*~öl*) olio *m* di lavanda.
Lavendelöl *n* olio *m* di lavanda.
Lavendelwasser *n* acqua *f* di lavanda.
lavieren <*ohne ge*> *itr geh* (**zwischen etw** *dat*) (**und etw** *dat*) **~** {ZWISCHEN INTERESSENGRUPPEN, MACHTBLÖCKEN} barcamenarsi (*fra qc*) (*e qc*), destreggiarsi (*fra qc*) (*e qc*).
Lawine <-, -n> *f* **1** (*Schneemasse*) valanga *f*; (*Schneebrettlawine*) slavina *f*; (*Steinlawine*) frana *f*; (*Schlammlawine*) smottamento *m*: **eine ~ auslösen**, provocare/causare una valanga; **eine ~ ₍löst sich₎/[geht ab] und rast zu Tal**, una valanga si stacca e precipita a valle; **die ~ hat alles unter sich begraben**, la valanga ha sepolto tutto sotto di sé **2** (*enorme Menge*) **~ von etw** (*dat pl*) {VON BRIEFEN, EREIGNISSEN, PROTESTEN, PROZESSEN} valanga *f di qc*, fiume *m di qc*: **sie bekam eine ~ von Angeboten**, ha ricevuto una valanga di proposte ● **eine ~ lostreten** *fam*, sollevare/suscitare un vespaio; **eine ~ ins Rollen bringen**, provocare un terremoto.
lawinenartig A *adj* {DEFIZITWACHSTUM, INFORMATIONSZUWACHS, KOSTENANSTIEG} massiccio e inarrestabile B *adv* {ANSCHWELLEN, ANWACHSEN, ZUNEHMEN} vertiginosamente.
Lawinengefahr *f* pericolo *m* di valanghe.
Lawinenhund *m* zoo → **Lawinensuchhund**.
Lawinenschutz *m* paravalanghe *m*.
Lawinenschutzmauer *f* frangivalanghe *m*.
lawinensicher A *adj* {KONSTRUKTION, TUNNEL} a prova di valanga; {HANG, PISTE, WEG} protetto dalle valanghe: **einen Weg ~ machen**, proteggere un sentiero dalle valanghe B *adv* {BAUEN} a prova di valanga.
Lawinensuchhund *m* cane *m* da valanga.
Lawrencium <-s, *ohne pl*> *n chem* laurenzio *m*.
lax *adj* {ERZIEHUNGSMETHODEN, HALTUNG, MORAL} lassista; {HANDHABUNG} *auch* allegro *fam*.
Laxativum <-s, *Laxativa*> *n med* lassativo *m*.
Laxheit <-, *ohne pl*> *f* lassismo *m*.
Layout, Lay-out <-s, -s> *n typ* {+BUCH, SEITE, TEXT} lay out *m*, impaginazione *f*: **das ~ einer S.** (*gen*) **machen**, fare il lay out di qc, impaginare qc.
layouten *itr typ* fare il lay out.
Layouter *m* (**Layouterin** *f*) grafico (-a) *m* (*f*).
Lazarett <-(e)s, -e> *n mil* ospedale *m* mili-

tare.

Lazeration <-, -en> f med lacerazione f.

LCD <-s, -s> n Abk von engl liquid crystal display: LCD m.

LCD-Anzeige f inform display m a cristalli liquidi.

LCD-Bildschirm m inform schermo m a cristalli liquidi.

Lea f (Vorname) Lea.

Leader <-s, -> m **1** → **Bandleader 2** A CH sport (Tabellenführer) leader m **3** (Führungspersönlichkeit) leader m, capo m **4** (Markt-, Branchenführer) leader m.

Leaderin f → **Leader**.

Lean Production <-, ohne pl> f ökon lean production f ökon, produzione f snella.

leasen tr com etw ~ {AUTO, COMPUTER, FERNSEHER, MASCHINENPARK} prendere in leasing qc: **wir haben alle unsere Maschinen geleast**, tutti i nostri macchinari sono in leasing.

Leasing <-s, -s> n ökon leasing m.

Leasingfirma f ökon azienda f di leasing.

Leasinggeber m (**Leasinggeberin** f) ökon locatore (-trice) m (f) (di un prodotto in leasing); (Gesellschaft) società f di leasing.

Leasingnehmer m (**Leasingnehmerin** f) ökon locatario (-a) m (f) (di un prodotto in leasing).

Lebehoch n evviva m: **ein ~ auf jdn ausbringen**, fare un evviva a qu.

Lebemann m pej viveur m.

leben A itr **1** (am Leben sein) vivere: **als der Anruf kam, lebte sie noch**, quando hanno chiamato era ancora in vita; **er will nicht mehr ~**, non vuole più vivere; **lebt dieser Bildhauer noch?**, è ancora vivente questo scultore?; **ihr Vater lebt schon lange nicht mehr**, è tanto che suo padre è morto **2** (ein bestimmtes Leben führen) irgendwie ~ {ALLEIN, BESCHEIDEN, GLÜCKLICH, ZUFRIEDEN} vivere + ˻compl di modo˼/[adj]; {EINSAM, SPARSAM, (UN)GESUND} fare/condurre (una) vita + adj: **sie ~ ˻in Armut˼/[luxuriös]**, vivono ˻in povertà˼/[nel lusso]; **sie ~ getrennt**, vivono separati; **sie ~ sehr zurückgezogen**, fanno vita molto ritirata **3** (existieren) vivere: **Mozart hat im 18. Jahrhundert gelebt**, Mozart è vissuto nel XVIII secolo; **welche Vogelarten ~ auf dieser Insel?**, quali specie di uccelli ˻ci sono˼/[vivono] su quest'isola?; **dein Auto wird nicht mehr lange ~**, la tua macchina non ne ha più per molto fam **4** (wohnen) irgendwo ~ vivere + compl di luogo: **heutzutage wollen viele lieber auf dem Land ~**, oggigiorno molti preferiscono vivere/abitare in campagna; **es gibt Vögel, die sowohl auf dem Land als auch im Wasser ~**, ci sono uccelli che vivono sia sulla terra che nell'acqua; **seit dem Tod der Frau lebt er nur noch in seiner Phantasiewelt**, da quando è morta la moglie vive ormai solo in un mondo fantastico **5** (sich in einem bestimmten Verhältnis befinden) (mit jdm) in etw (dat) ~ {IN EINIGKEIT, FRIEDEN, STREIT, UNFRIEDEN} vivere (con qu) in qc: **sie ~ mit dem Nachbarn in ständigem Streit**, vivono in perenne lite con i vicini; **er lebt in der Angst, bestohlen zu werden**, vive nella paura di venire derubato **6** (sich von etw ernähren) von etw (dat) ~ {VON BROT, FLEISCH, GEMÜSE} vivere di qc: **auf seinen Expeditionen lebt er ausschließlich von Fisch**, durante le sue spedizioni si nutre esclusivamente di pesce; **du kannst doch nicht nur von Gemüse ~**, non puoi vivere soltanto di verdure; **sie lebt Diät, weil die Krankheit sie dazu zwingt**, è/sta a dieta perché è costretta dalla malattia; **sie ~ nur von Luft und Liebe**, vivono soltanto d'aria e d'amore **7** (seinen Lebensunterhalt bestreiten) von etw (dat) ~ {VON DER ARBEIT, DEN EINKÜNFTEN, VOM GEHALT, KAPITAL} vivere di qc: **sie ~ von ihrer Rente**, vivono della (loro) pensione; **von einem Gehalt kann eine Familie heute nicht mehr ~**, con uno stipendio solo oggi una famiglia non ˻può più vivere˼/[ce la fa più fam]; **er lebt von seinen Eltern**, lo campano i genitori fam; **von Liebe allein kann man nicht ~**, di solo amore non si può vivere **8** (abhängen) **von etw** (dat) ~ {BILD VON DEN FARBEN} trarre la propria forza da qc **9** (sich hingeben) **jdm/etw ~/für jdn/etw ~** {DER/[FÜR DIE] ARBEIT, FAMILIE, MUSIK, FÜR EINE PASSION} vivere per qu/qc: **als Kinderärztin lebt sie einzig für ihre kleinen Patienten**, come pediatra vive unicamente per i suoi piccoli pazienti; **man kann nicht nur seinem/[für sein] Hobby ~**, non si può vivere esclusivamente per il proprio hobby **10** (fortbestehen) **in jdm/etw ~** {KÜNSTLER IN SEINEN WERKEN} (ri)vivere in qc; {ANDENKEN, HOFFNUNG IN EINEM MENSCHEN} essere vivo in qu **11** (lebendig wirken) {BILDER, SKULPTUREN, ROMANGESTALTEN} sembrare vivo (-a) B tr (verbringen) **etw ~** {EIN EIGENES, GRAUES, TURBULENTES, ZUFRIEDENES LEBEN} vivere qc, condurre qc: **sie ~ ein aufregendes/ruhiges Leben**, vivono/conducono una vita emozionante/tranquilla C unpers: **irgendwo/als etw** (nom) **lebt es sich ...**, si vive ˻+ compl di luogo˼/[come qc]: **als reicher Mensch lebt es sich überall gut**, se si è ricchi si vive bene dappertutto; **auf dem Land lebt man gesünder**, la vita in campagna è più sana ● **man lebt nur einmal!**, si vive una volta sola; **nicht mehr lange zu ~ haben**, non avere più molto da vivere; **es hat nicht mehr lange zu ~**, non ˻ha più molto˼/[gli resta più tanto] da vivere; **mit etw (dat) ~ können**, poter accettare qc; **lang/es lebe der/die ...!**, (ev) viva il/la ...!; **es lebe die Freiheit!**, (ev)viva la libertà!; **~ und ~ lassen**, vivere e lasciar vivere; **hier lässt es sich ~!**, qui si sta che si sta bene!; **so lässt es sich ~!**, questo si chiama vivere!; **wie geht's? - Man lebt**, come va? - Si ˻tira avanti˼/[vivacchia]; **mit etw (dat) ~ müssen**, dover convivere con qc, rassegnarsi a qc; **lebst du (auch) noch?** fam scherz, sei ancora vivo (-a)? fam; **ganz für sich ~**, fare vita solitaria/ritirata; **solange jd lebt**, finché qu è in vita; **nicht ~ und nicht sterben können**, essere (in bilico) fra la vita e la morte; **von etw (dat) nicht ~ und nicht sterben können**, qc basta appena per sopravvivere/campare; **[non morire di fame] fam**; **zu ~ wissen**, saper vivere; **leb(e)/[~ Sie] wohl!** obs, addio!

Leben <-s, -> n <meist sing> **1** (Lebendigsein) vita f; (~sdauer, ~sbedingungen) esistenza f **2** (Aktivität) vita f; (Betriebsamkeit) auch fermento m, movimento m, animazione f: **das kulturelle/politische/wirtschaftliche ~ eines Landes/[einer Stadt]**, la vita culturale/politica/economica di un paese/una città; **zu den Festtagen war endlich mal wieder ~ im Haus**, durante le feste la casa aveva finalmente ripreso a vivere; **da war ~/herrschte ~ in den Straßen**, allora c'era vita/fermento per le strade **3** (Ausdruckskraft) (von Bild, Interpretation, Mensch, Statue) vita f, vivacità f espressiva: **seine Ausführung des Schubertschen Stücks war ohne jedes ~**, la sua esecuzione del pezzo schubertiano era completamente priva di vivacità espressiva; **sie hat kein Fünkchen ~ in sich**, non ha un briciolo di vitalità; **eine Statue ohne ~**, una statua senza vita **4** (~sinhalt) vita f: **die Musik ist sein ~**, la musica è tutta la sua vita; **die Frau/der Mann meines ~s**, la donna/l'uomo della mia vita ● **mit seinem ~ abgeschlossen haben**, considerare finita la propria vita, rinunciare a vivere; **ein neues ~ anfangen/beginnen**, iniziare una nuova vita; **wie das blühende ~ aussehen**, sembrare il ritratto della salute; **(etw) mit dem/seinem ~ bezahlen**, pagare (qc) con la vita/il sangue; **am ~ bleiben**, rimanere in vita, sopravvivere; **~ in etw** (akk) **bringen**, portare ˻una ventata di allegria˼/[un po' di vita] in qc; **~ in die Bude bringen**, portare un po' di vita; **mit dem ~ davonkommen**, scampare alla morte, scamparla; **seinem ~ ein Ende machen/setzen**, togliersi la vita, suicidarsi, farla finita fam, porre fine alla propria vita; **jdn am ~ erhalten** (nicht sterben lassen), tenere in vita qu; (das ~ erträglich machen) {HOFFNUNG}, salvare qu, rendere la vita accettabile a qu; (das ~ retten), salvare la vita a qu; **jdn künstlich am ~ erhalten**, tenere in vita qu artificialmente; **jdn zum ~ erwecken**, risuscitare qu, risvegliare qu alla vita; **etw zu neuem ~ erwecken** {GEBRÄUCHE, TRADITIONEN}, far rivivere qc, riportare in vita qc, risuscitare qc; **das ewige ~**, la vita eterna; **jds ~ hängt an einem seidenen/dünnen Faden**, la vita di qu è appesa a un filo (sottile); **mit dem ~ (nicht) fertig werden**, (non) saper affrontare la vita; **sich des/seines ~s freuen**, vivere con gioia; **mit etw (dat) sein ~ fristen**, campare di qc, tirare avanti con/facendo qc, vivere di espedienti; **ich würde meines ~s nicht mehr froh werden, wenn ...**, sarei infelice per tutta la vita se ...; **ein ... ~ führen** {ANGENEHMES, ANSTRENGENDES, GEREGELTES, UNSTETES}, condurre una vita + adj; **aus dem ~ gegriffen** {FILM, GESCHICHTE, ROMANFIGUR}, tratto ˻dalla vita di tutti i giorni˼/[dal quotidiano]; **das ~ genießen**, godersi la vita, fare una bella vita; **jd tut etw für sein ~ gern**, a qu piace da morire (fare) qc; **ich wüsste für mein ~ gern, ob ...**, pagherei non so quanto per sapere se ...; **sie wäre für ihr ~ gern Tänzerin geworden**, avrebbe dato l'anima per diventare una ballerina; **etw zum ~ haben**: **kaum das Nötige zum ~ haben**, avere appena di che vivere; **das/sein ~ hinter sich (dat) haben**, aver vissuto la propria vita; **das/sein ~ noch vor sich (dat) haben**, avere ancora tutta la vita davanti (a sé); **am ~ hängen**, essere attaccato alla vita; **jdm das ~ zur Hölle machen**, rendere a qu la vita un inferno; **so ist das ~ (eben/nun/mal)!**, così è la vita!; **das ist doch kein ~!**, non è vita questa!; questo non è vivere!, che vita è questa!, non si può vivere/[andare avanti] così!; **in jdm/etw kommt ~**, qu/qc ˻si (ri)anima˼/[riprende a vivere]: **es kam erst ~ in ihn, als sie plötzlich vor ihm stand**, si animò soltanto quando la vide davanti; **im Sommer kommt mit den Touristen immer ~ in die kleine Stadt**, d'estate la cittadina ˻si rianima˼/[riprende a vivere] con l'arrivo dei turisti; **(˻bei etw (dat)˼/˻während etw (gen)˼)) ums ~ kommen**, ˻perdere la vita˼/[morire] (in/durante qc); **jdn das ~ kosten**, costare la vita a qu; **ein/mein/sein/ihr ~ lang**, per tutta una/[la (mia/sua)] vita; **jdn am ~ lassen**, risparmiare la vita a qu; **(für jdn/etw) sein ~ lassen/hergeben**, dare la vita (per qu/qc); **um sein ~ laufen/rennen**, correre a gambe levate (per salvarsi la vita); **es leicht/schwer im ~ haben**, ein leichtes/schweres ~ haben, avere una vita facile/difficile; **(et) was fürs ~ lernen**, imparare qualcosa per la vita; **wenn jdm sein ~ lieb ist**, se a qu è cara la vita; **jdm das ~ ... machen** {LEICHT, SAUER, SCHWER, UNERTRÄGLICH}, rendere la vita + adj a qu; **zum ersten Mal im/in meinem/seinem/... ~**, (per) la prima volta ˻nella vita˼/

[in vita sua/mia/...]; **nach** dem ~ {GEMALT}, dal vero; **nach dem ~ geschrieben** {ROMAN}, tratto dalla vita vera; **das nackte ~: er konnte nur sein nacktes ~ retten**, ha salvato solo la pelle; **sich (dat) das ~ nehmen**, togliersi la vita, suicidarsi; **das ~ nehmen, wie es ist**, prendere la vita così ‚com'è‚/[come viene]; **nie im ~, im ~ nicht**, mai e poi mai (nella vita); **das würde ich im ~ nicht tun!**, non lo farei neanche ‚morto (-a)‚/[a morire]!; **noch nie im ~**, mai in vita mia/sua/...; **das öffentliche ~**, la vita pubblica; **sein ~ (für jdn/etw) opfern**, dare/sacrificare la vita (per qu/qc); **jdm das ~ retten**, salvare la vita a qu; **das/sein ~ (für jdn/etw) riskieren/wagen**, rischiare la vita/pelle (per qu/qc); **etw ins ~ rufen**, dare vita a qc; **freiwillig aus dem ~ scheiden**, porre fine alla propria vita geh; **jdm das ~ schenken** geh (**gebären**), dare la vita a qu; (**jdn am ~ lassen**), fare grazia della vita a qu; **sich (mit etw dat) durchs ~ schlagen**, campare/[tirare avanti] (facendo qc), tirare a campare, vivere di espedienti, vivacchiare; **er schlägt sich so recht und schlecht durchs ~**, tira avanti alla meno peggio; **sich (dat) das ~ (unnötig) schwer machen**, complicarsi (inutilmente) la vita, rendersi la vita difficile; **am ~ sein**, essere ‚in vita‚/[vivo]; **seines ~s nicht mehr sicher sein**, non sentirsi più sicuro (-a); **sein ~ (für jdn/etw) aufs Spiel setzen**, mettere ‚a rischio‚/[a repentaglio]/[in gioco] la propria vita (per qu/qc); **jds ~ steht auf dem Spiel**, ‚è in gioco la‚/[ne va della] vita di qu; **mit seinem ~ spielen**, scherzare con la morte; **wie das ~ so spielt**, sono i casi della vita; **mitten im ~ stehen**, partecipare appieno alla vita; **sie stehen beide im öffentlichen ~**, sono entrambi personaggi pubblici; **zum ~ zu wenig, zum Sterben zu viel**, troppo poco per vivere, troppo per morire; **das süße ~**, la dolce vita; **das tägliche ~**, la vita quotidiana/[di tutti i giorni]; **auf ~ und Tod** {ANGELEGENHEIT}, di vita o di morte; {KAMPF}, all'ultimo sangue; **jdn vom ~ zum Tode befördern** geh oder iron, spedire qu al creatore; **es geht um ~ und Tod**, è una questione di vita o di morte; **das/ein ~ nach dem Tod**, la/una vita dopo la morte; **zwischen ~ und Tod schweben**, essere (in bilico) tra la vita e la morte; **jdm nach dem ~ trachten** geh, attentare alla vita di qu; **ins ... ~ treten: ins berufliche ~ treten**, affacciarsi al mondo del lavoro; **ins öffentliche ~ treten**, diventare un personaggio pubblico; **jdm sein ~ verdanken**, dovere la vita a qu; **etw (dat) zu neuem ~ verhelfen**, dare ossigeno/[un nuovo impulso] a qc; ‚**bei etw (dat)**‚/[**durch etw (akk)**]/[**während etw (gen)**] **sein ~ verlieren**, perdere la vita in/[a causa di]/[durante] qc; **am ~ verzweifeln**, perdere ‚ogni ragione di vita‚/[la voglia di vivere]; **voller ~**, pieno di vita; **das ~ geht weiter**, la vita continua; **das werdende ~**, la vita che nasce; **zeit meines/seines/... ~s geh**, (per) tutta la mia/sua/... vita; **auf ein ~ zurückblicken/zurückschauen können** {ERFÜLLTES, ERFOLGREICHES}, ‚avere alle spalle‚/[poter dire d'aver vissuto] una vita + adj.

lebend Ⓐ adj **1** (nicht tot) {MENSCH} vivente, in vita: **ein noch ~er Künstler**, un artista ancora vivente/[in vita]; **~e Sprachen**, lingue vive **2** biol {ORGANISMUS, TIER} vivo; {VIRUS} attivo Ⓑ adv (-a) ● **frei ~** {TIERE}, (che vive) in libertà; **~ gebärend** zoo, viviparo; **wild ~** {TIERE}, (che vive) selvatico/[allo stato libero]; {PFERD, RIND}, (che vive) allo stato brado.

Lebende <dekl wie adj> subst <nur pl> vivi m pl, viventi m pl ● **sie nehmen es von den ~n scherz**, ti spennano vivo scherz; **die ~n und die Toten**, i vivi e i morti.

Lebendgewicht <-s, ohne pl> n {+SCHLACHTVIEH} peso m vivo.

lebendig Ⓐ adj **1** (am Leben seiend) {WESEN} vivo: **bei ~em Leib verbrennen**, essere bruciato vivo; **mehr tot als ~ sein**, essere più morto che vivo **2** (lebhaft) {FARBEN, PHANTASIE} vivace; {KIND} auch pieno di vita; {MENSCH, WESEN} vivace, vivo, vitale, pieno di vita(lità) **3** (anschaulich) {DARSTELLUNG, ERZÄHLUNG} vivace **4** (fortwirkend) {BRAUCH, GLAUBE, TRADITION} vivo: **als er die Briefe las, wurde die Erinnerung wieder in ihm ~**, leggendo le lettere in lui i ricordi si ravvivarono Ⓑ adv **1** (lebend) {BEGRABEN, KREUZIGEN, VERBRENNEN} vivo (-a) **2** (anschaulich) {DARSTELLEN, ERZÄHLEN, SCHILDERN} in modo vivace, con vivacità ● **hier nehmen sie es von den Lebendigen** fam (sehr hohe Preise fordern), qui ti spennano (come un pollo).

Lebendigkeit <-, ohne pl> f **1** (Anschaulichkeit) {+DARSTELLUNG, SCHILDERUNG} vivacità f **2** (Lebhaftigkeit) {+KIND} vivacità f; {+CHARAKTER, MENSCH} auch vitalità f.

Lebensabend m geh autunno m della vita lit, ultimi anni m pl (di vita).

Lebensabschnitt m periodo m/fase f della vita.

Lebensabschnittspartner m (**Lebensabschnittspartnerin** f) "compagno (-a) m (f) di una parte della vita".

Lebensader f **1** (Zufahrtsstraße) arteria f principale **2** (Versorgung) linfa f vitale.

Lebensalter n (Zahl der Lebensjahre) età f: **das durchschnittliche ~ hat sich in den letzten Jahren erhöht**, negli ultimi decenni l'età media è aumentata; **ein geringes ~ erreichen**, morire giovane; **ein hohes ~ erreichen**, raggiungere un'età avanzata **2** (Altersstufe) età f ● **das dritte ~**, la terza età; **das frühe ~**, la prima età; **die vier ~**, le quattro età dell'uomo.

Lebensangst f paura f di vivere, angoscia f esistenziale psych oder philos.

Lebensarbeitszeit f ökon vita f lavorativa.

Lebensarbeitszeitverkürzung f ökon riduzione f della vita lavorativa.

Lebensart <-, ohne pl> f **1** (Manieren) savoir-vivre m, arte f di vivere: **eine Frau/ein Mann von ~**, una donna/un uomo che sa vivere; **eine feine/kultivierte ~ haben**, avere maniere raffinate **2** → **Lebensweise**.

Lebensauffassung f concezione f della vita.

Lebensaufgabe f impegno m di tutta una vita ● **sich (dat) etw zur ~ machen**, consacrare tutta la vita a qc.

Lebensbaum m **1** bot tuia f **2** relig albero m della vita.

Lebensbedingungen subst <nur pl> condizioni f pl di vita.

lebensbedrohend, **lebensbedrohlich** adj {SITUATION} che mette a repentaglio la vita; {KRANKHEIT} gravissimo.

lebensbejahend Ⓐ adj {PERSON} che ha un atteggiamento positivo verso la vita; {BUCH, FILM} ottimista Ⓑ adv: **~ eingestellt sein**, pensare positivo.

Lebensbereich m ambito m della vita: **sich auf alle ~ auswirken**, ripercuotersi in tutti gli ambiti/i settori della vita; **mein privater ~**, la mia sfera privata.

Lebensbeschreibung f → **Biografie**.

Lebensbild n biografia f.

Lebensbund m geh vincolo m matrimoniale/[del matrimonio].

Lebenschance f <meist pl> possibilità f/chance f (per il futuro).

Lebensdaten subst <nur pl> dati m pl biografici.

Lebensdauer f **1** (Lebenszeit) (durata f della) vita f: **lange ~**, longevità f **2** tech (Funktionsfähigkeit) {+GERÄT, MOTOR} durata f.

lebensecht adj realistico.

Lebenselixier n elisir m di lunga vita.

Lebensende n fine f della vita: **bis ans ~**, fino alla fine/morte; **bis an mein/sein/... ~**, fino alla fine dei miei/suoi/... giorni.

Lebensentwurf m progetto m di vita.

Lebenserfahrung f esperienza f della/di vita.

lebenserhaltend adj {FUNKTIONEN} vitale; {GERÄT} che mantiene in vita; {MASSNAHMEN} atto a garantire la sopravvivenza.

Lebenserhaltungstrieb m istinto m di sopravvivenza/autoconservazione.

Lebenserinnerungen subst <nur pl> memorie f pl/ricordi m pl (di una vita).

Lebenserwartung f ‚aspettativa f di‚/[durata f media della] vita: **die allgemeine ~ ist gestiegen**, ‚la durata media della‚/[l'aspettativa di] vita è aumentata.

lebensfähig adj {FÖTUS, ORGANISMUS, ZELLE} vitale; {FRÜHGEBURT, NEUGEBORENES} in grado di vivere.

lebensfeindlich adj {BEDINGUNG, UMGEBUNG} ostile alla vita.

lebensfern adj lontano/avulso dalla vita reale.

Lebensform <-, -en> f **1** (Lebensweise) modo m di vivere, tipo m di vita **2** biol forma f di vita.

Lebensfrage f questione f vitale/[di vitale importanza].

lebensfremd adj {ENTSCHEIDUNGEN} non realistico; {MENSCH} che ‚vive fuori della realtà‚/[ha perso il contatto con la vita reale].

Lebensfreude <-, ohne pl> f gioia f di vivere.

lebensfroh adj {MENSCH} pieno di goia di vivere.

Lebensführung f modo m di vivere, condotta f di vita: **seine ~ lässt viel zu wünschen übrig**, il suo modo di vivere lascia molto a desiderare.

Lebensgefahr f pericolo m di vita: **außer ~ sein**, essere fuori pericolo di vita; **in ~ sein/schweben**, essere in pericolo di vita; **unter ~**, a rischio della vita; **die Feuerwehrleute haben die Bewohner unter eigener ~ gerettet**, mettendo a repentaglio la propria vita i pompieri hanno salvato gli abitanti; **für den Verletzten besteht akute ~**, il ferito è in grave pericolo di vita ● **Vorsicht, ~!**, pericolo di morte!

lebensgefährlich Ⓐ adj {AKTION, UNTERNEHMUNG} che mette a rischio la vita, pericolosissimo; {KRANKHEIT, VIRUS} auch che può ‚essere mortale‚/[provocare la morte]; {UNFALL} che può costare la vita Ⓑ adv: **~ krank/verletzt**, gravemente malato/ferito.

Lebensgefährte m (**Lebensgefährtin** f) compagno (-a) m (f) (di vita): **sie sind ~n, aber nicht verheiratet**, vivono insieme ma non sono sposati.

Lebensgefühl <-s, ohne pl> n spirito m, mentalità f: **das ~ einer Generation**, lo spirito m di una generazione; **seit dem Stellenwechsel habe ich ein ganz neues ~**, da quando ho cambiato lavoro mi ‚sembra di rivivere‚/[sento un altro/un'altra].

Lebensgeister subst <nur pl> fam: **jds ~ sind wieder erwacht**, qu sembra rinato

(-a); **der Kaffee hat meine ~ wieder geweckt**, questo caffè mi ha rimesso al mondo.

Lebensgemeinschaft f **1** (*Zusammenleben*) convivenza f: **eheliche ~**, convivenza f; **nichteheliche ~**, convivenza more uxorio, coppia di fatto **2** biol biocenosi f.

Lebensgeschichte <-, *ohne pl*> f (storia f della propria) vita f: **seine ~ ist nur bruchstückhaft überliefert**, la sua biografia ci è pervenuta solo frammentariamente; **er hat mir seine ganze ~ erzählt**, mi ha raccontato tutta la sua vita.

Lebensgewohnheit f <*meist pl*> abitudine f di vita.

lebensgroß Ⓐ adj {ABBILDUNG, STATUE} a grandezza naturale Ⓑ adv {ABBILDEN, ZEICHNEN} a grandezza naturale.

Lebensgröße f: **in ~**, in grandezza naturale ● **in voller ~** fam scherz, in carne e ossa fam scherz.

Lebensgrundlage f base f vitale, fonte f di sussistenza.

Lebenshaltung <-, *ohne pl*> f: **sie braucht monatlich 2000 Euro nur für die ~**, le servono ogni mese 2000 euro solo per vivere/[le spese ordinarie/correnti]; **er hat eine aufwendige ~**, ha un tenore di vita dispendioso.

Lebenshaltungsindex m ökon indice m del costo della vita.

Lebenshaltungskosten subst <*nur pl*> ökon costo m della vita; (*ausgegebene Summe*) spese f pl ordinarie/correnti.

Lebenshilfe f **1** (*Hilfe zum Leben*) aiuto m (per affrontare la vita) **2** (*Beratungsstelle*) consultorio m per chi ha problemi esistenziali.

Lebenshunger m brama f/voglia f di vivere.

lebenshungrig adj pieno di voglia di vivere.

Lebensinhalt m scopo m della vita, ragione f di vita: **der Beruf ist sein ganzer ~**, il lavoro è tutta la sua vita.

Lebensjahr n anno m di vita: **nach Vollendung des 18. ~s**, a 18 anni compiuti; **Jugendliche ab dem 14. ~ zahlen voll**, i ragazzi di età superiore ai 14 anni/[dai 14 anni in su] pagano il prezzo intero; **im zweiten ~ sollte ein Kind laufen können**, all'età di due anni un bambino dovrebbe camminare.

Lebenskampf m lotta f per la vita/l'esistenza.

lebensklug adj che ha esperienza di vita, navigato.

Lebenskraft f forza f/energia f vitale.

Lebenskrise f crisi f esistenziale.

Lebenskünstler m (**Lebenskünstlerin** f) chi conosce l'arte di vivere, chi sa prendere la vita per il verso giusto: **ein ~ sein**, saper vivere.

Lebenslage f situazione f (della vita): **sie weiß sich in jeder ~ zu helfen**, sa la cava in ogni situazione.

lebenslang Ⓐ adj **1** {ANSTELLUNG} a tempo indeterminato; {BEHINDERUNG} permanente; {VERBANNUNG} perpetuo **2** jur → **lebenslänglich** Ⓑ adv {JDM UNTERHALT ZAHLEN} per tutta la vita.

lebenslänglich jur Ⓐ adj a vita, perpetuo: **~er Freiheitsentzug**, privazione perpetua della libertà; **~e Haft**, carcere a vita, ergastolo; **sie bekam ~** fam, è stata condannata all'ergastolo Ⓑ adv {IM GEFÄNGNIS SITZEN} per tutta la vita.

Lebenslängliche <*dekl wie adj*> mf fam ergastolano (-a) m (f).

Lebenslauf m curriculum m (vitae), curri-

colo m: **einen ~ schreiben/verfassen**, scrivere il curriculum vitae; **ein tabellarischer/ausformulierter ~**, un curriculum schematico/esteso.

Lebensleistung f opera f (di una vita).

Lebenslinie f linea f della vita.

Lebenslüge f menzogna f (su cui si costruisce un'identità, uno status ecc.): **mit einer ~ leben**, fondare la propria vita su una menzogna.

Lebenslust <-, *ohne pl*> f gioia f/voglia f di vivere.

lebenslustig adj {MENSCH} pieno di gioia/voglia di vivere/[vita].

Lebensmitte f mezza età f.

Lebensmittel n <*meist pl*> genere m alimentare; <pl> (generi m pl) alimentari m pl, viveri m pl; biol med alimento m.

Lebensmittelabteilung f reparto m (dei) generi alimentari.

Lebensmittelallergie f med allergia f alimentare.

Lebensmittelchemie f wiss chimica f bromatologica, bromatologia f.

lebensmittelecht adj {FARBEN, MATERIAL, VERPACKUNG} ad/per uso alimentare.

Lebensmittelgeschäft n negozio m di (generi) alimentari, alimentari m pl fam.

Lebensmittelgesetz n jur legge f sui prodotti alimentari.

Lebensmittelhändler m (**Lebensmittelhändlerin** f) negoziante mf di (generi) alimentari.

Lebensmittelindustrie f industria f alimentare.

Lebensmittelkarte f tessera f/carta f annonaria.

Lebensmittelkontrolle f controllo m sui prodotti alimentari.

Lebensmittelpunkt m **1** (*Mittelpunkt des persönlichen Lebens*) centro m della propria vita **2** adm (*Hauptwohnsitz*) domicilio m.

Lebensmitteltechniker m (**Lebensmitteltechnikerin** f) tecnico (a-) m (f) alimentarista.

Lebensmittelvergiftung f intossicazione f alimentare/[da alimenti].

Lebensmittelversorgung f approvvigionamento m/rifornimento m di viveri; mil vettovagliamento m.

Lebensmittelvorrat m provviste f pl/scorte f pl di (generi) alimentari/[viveri].

lebensmüde adj {MENSCH} stanco della vita/[di vivere] ● **bist du ~?**, **du bist wohl ~!** fam (*weißt du, wie gefährlich das ist?*), ma ti vuoi ammazzare?

Lebensmüde <*dekl wie adj*> mf (*wer den Tod herbeisehnt*) chi è stanco di vivere, potenziale suicida mf; (*wer gefährlich lebt*) potenziale suicida mf, pazzo (-a) m (f).

Lebensmut m coraggio m di vivere, forza f d'animo: **keinen ~ mehr haben**, non avere più la forza di vivere.

lebensnah adj {ERZÄHLUNG} realistico, aderente alla realtà.

Lebensnähe f aderenza f alla realtà/[vita reale].

Lebensnerv m: **etw an seinem ~ treffen** {FIRMA, INDUSTRIE, STADT}, colpire i punti nevralgici di qc.

Lebensniveau n livello m di vita.

lebensnotwendig adj → **lebenswichtig**.

Lebenspartner m (**Lebenspartnerin** f) → **Lebensgefährte**.

Lebensperspektive f prospettiva f (per il futuro/l'avvenire).

Lebensphilosophie f **1** (*Art, das Leben zu betrachten*) filosofia f di vita **2** philos filosofia f della vita.

Lebensqualität <-, *ohne pl*> f qualità f della vita.

Lebensraum <-(e)s, Lebensräume> m **1** <*nur sing*> soziol (*Entfaltungsmöglichkeiten*) spazio m vitale **2** biol biotopo m; {+PFLANZEN- ODER TIERART} habitat m **3** hist euph (*im Nationalsozialismus*) spazio m vitale.

lebensrettend adj {MAßNAHMEN, MEDIKAMENT} salvavita.

Lebensretter m (**Lebensretterin** f) salvatore (-trice) m (f): **er ist mein ~**, mi ha salvato la vita.

Lebensstandard <-s, *ohne pl*> m standard m/tenore m di vita.

Lebensstellung f impiego m/posto m a vita; (*einmalige Stellung*) posto m da non lasciarsi sfuggire.

Lebensstil m stile m di vita.

lebenstüchtig adj {MENSCH} che sa affrontare la vita/[cavarsela].

lebensüberdrüssig adj <*meist präd*> stanco della vita/[di vivere].

Lebensunterhalt <-(e)s, *ohne pl*> m mantenimento m, sostentamento m: **für jds ~ aufkommen/sorgen**, provvedere al sostentamento di qu; **sich (dat) seinen ~ mit Gelegenheitsarbeiten verdienen**, guadagnarsi da vivere con lavori saltuari; **die Kosten für den ~ sind empfindlich gestiegen**, il costo della vita è salito sensibilmente.

Lebensverhältnisse subst <*nur pl*> condizioni f pl di vita.

lebensverlängernd adj {ELIXIER, GEN, MITTEL} che allunga la vita; med {MAßNAHMEN, THERAPIE} che prolunga la vita.

Lebensversicherung f assicurazione f sulla vita: **eine ~ abschließen**, stipulare un'assicurazione sulla vita; **sich (dat) seine ~ ausbezahlen lassen**, farsi liquidare la propria assicurazione sulla vita.

Lebenswandel m (condotta f/stile m di) vita f, modo m di vivere: **einen seriösen ~ führen**, condurre una vita onesta.

Lebensweg m geh cammino m della vita: **sie haben beschlossen, den künftigen ~ gemeinsam zu gehen**, hanno deciso di unire le loro strade; **viel Glück auf deinem weiteren ~!**, tanti auguri per il futuro/l'avvenire!

Lebensweise f modo m di vivere, vita f: **eine gesunde/sitzende ~**, una vita sana/sedentaria.

Lebensweisheit <-, -en> f **1** <*nur sing*> (*Lebenserfahrung*) saggezza f (acquisita durante la vita) **2** (*Maxime*) massima f.

Lebenswerk n opera f di (tutta) una vita: **mein/sein/... ~**, l'opera della mia/sua/... vita; **der Regisseur erhielt den Preis für sein ~**, il regista ha ricevuto il premio alla carriera; **Musils ~ ist der Roman "Der Mann ohne Eigenschaften"**, il capolavoro/[l'opera fondamentale] di Musil è il romanzo "L'uomo senza qualità".

lebenswert adj degno di essere vissuto: **das Leben ist (doch) ~**, la vita vale la pena di essere vissuta.

lebenswichtig adj {NÄHRSTOFF, ORGAN, SUBSTANZ} (d'importanza) vitale; {SPURENELEMENT, VITAMIN} vitale per l'organismo; {NAHRUNGSMITTEL} di prima necessità.

Lebenswille, **Lebenswillen** m volontà f di vivere.

Lebenszeichen n segno m di vita: **kein ~ mehr von sich (dat) geben**, non dare più segni di vita; **er gibt seit Jahren kein ~ von**

sich, sono anni che non si fa sentire/vivo.
Lebenszeit f durata f della vita • **auf ~** {ANSTELLUNG, RENTE}, a vita; {ERNENNEN, WÄHLEN}, a vita; **Beamter auf ~**, funzionario in pianta stabile; (*Lehrer*), insegnante di ruolo.
Lebensziel n traguardo m della vita, scopo m della vita, ragione f di vita: **sein ~ erreichen**, raggiungere l'obiettivo della propria vita.
Lebenszweck m ⌊scopo m della⌋/[ragione f di] vita.
Lebenszyklus m **1** *biol* ciclo m vitale **2** *ökon* {+PRODUKT} ciclo m di vita.
Leber <-, -n> f **1** *anat* fegato m **2** *gastr* fegato m • *frei/frisch von der ~ weg fam*, francamente, col cuore in mano; **nun mal frisch von der ~ weg!**, allora, di'/dica quello che pensi/pensa!; **es an der ~ haben**, **es mit der ~ zu tun haben**, ⌊avere problemi⌋/[soffrire] di fegato; **sich (dat) etw von der ~ reden** *fam*, togliersi un peso dallo stomaco.
Leberblümchen n *bot* epatica f, erba f trinità.
Leberdiät f dieta f per malati di fegato.
Leberentzündung f → **Hepatitis**.
Leberfleck m neo m.
Leberkäse <-, ohne pl> m *gastr* "carne f trita (con aggiunta di fegato) cotta al forno con erbe, pancetta e uova, servita a fette".
Leberknödel m *südd A gastr* canederlo m di fegato.
leberkrank adj malato/[che soffre] di fegato, epatico *med*.
Leberkrebs m *med* cancro m/tumore m al fegato.
Leberlappen m *anat* lobulo m epatico.
Leberleiden n malattia f/patologia f epatica.
Leberpastete f *gastr* paté m di fegato.
Leberschaden m danno m al fegato: **die Gelbsucht hat bei ihr einen ~ verursacht**, l'itterizia le ha causato danni al fegato.
Leberschrumpfung f → **Leberzirrhose**.
Lebertest m *med* esame m/test m della funzionalità epatica.
Lebertran m olio m di fegato di merluzzo.
Leberwert m *med* valore m epatico.
Leberwurst f *gastr* ≈ paté m di fegato • **die beleidigte ~ spielen** *fam*, fare l'offeso (-a).
Leberzirrhose f *med* cirrosi f epatica.
Lebewesen n essere m (vivente); *biol* organismo m; **einzellige/pflanzliche ~**, organismi unicellulari/vegetali; **menschliches ~**, essere umano.
Lebewohl <-(e)s, -s oder -e> n addio m: **jdm ~ sagen**, dire addio a qu.
lebhaft A adj **1** (*temperamentvoll*) {ART, TEMPERAMENT, WESEN} vivace; {KIND, ALTER MENSCH} *auch* vispo **2** (*angeregt*) {DISKUSSION, UNTERHALTUNG} vivace, animato; {BEIFALL} vivo **3** (*rege*) {GEGEND, STRAßE} animato; {VERKEHR} intenso: **am Strand herrschte ~es Treiben**, sulla spiaggia c'era molta animazione; **~ werden** {BADEORT, DISKUSSION}, animarsi, {VERKEHR} diventare/farsi intenso (-a), intensificarsi **4** (*klar*) {ERINNERUNG, VORSTELLUNG} vivo, vivido, chiaro; {PHANTASIE} *auch* acceso **5** (*kräftig*) {MUSTER} vivo, vivace; {FARBE} *auch* vivido **6** *com* {HANDELSAUSTAUSCH} animato, vivace; {NACHFRAGE} forte: **das Börsengeschäft war heute besonders ~**, oggi in borsa le contrattazioni sono state particolarmente vivaci B adv **1** (*deutlich*) {SICH ERINNERN} vivamente, chiaramente: **ich kann mich noch ~ an diesen Urlaub erinnern**, ho ancora un ricordo vivissimo di quelle vacanze; **ich kann mir ~**

vorstellen, wie erleichtert alle waren, posso immaginarmi benissimo come fossero tutti (-e) sollevati (-e) **2** (*intensiv*) {BEDAUERN} vivamente; {SICH UNTERHALTEN} con vivacità, animatamente; **sich ~ für etw (akk) interessieren**, avere un vivo interesse per qc; **irgendwo geht es ~ zu**, c'è ⌊molta animazione⌋/[molto movimento] + *compl di luogo*.
Lebhaftigkeit <-, ohne pl> f **1** (*Temperament*) {+CHARAKTER, KIND, MENSCH} vivacità f **2** (*Angeregtheit*) {+DISKUSSION, UNTERHALTUNG} vivacità f **3** (*Anschaulichkeit*) {+GEMÄLDE, VORTRAG} vivezza f.
Lebkuchen m *gastr* "dolce m natalizio simile al panpepato".
leblos A adj **1** (*wie tot*) {KÖRPER} inanimato, esanime; (*tot*) senza vita, morto (-a) **2** (*unbewegt*) {GESICHT, ZÜGE} immobile; {AUGEN, BLICK} spento B adv (*wie tot*) {DALIEGEN} inanimato, esanime, (*tot*) senza vita, morto (-a).
Leblosigkeit <-, ohne pl> f (*innere Leere*) aridità f; (*Bewegungslosigkeit*) immobilità f.
Lebtag m *obs*: **das werde ich mein ~ nicht vergessen**, non lo dimenticherò ⌊per tutta la vita⌋/[finché vivo]; **du hast dein ~ noch nicht hart gearbeitet**, in vita tua non hai mai lavorato sul serio; **wie ein Computer funktioniert, werde ich mein ~ nicht begreifen!**, come funziona un computer non lo capirò mai!
Lebzeiten subst <nur pl>: **zu jds ~** quando qu era vivo/[in vita]; **dieses Porträt Goethes wurde noch zu seinen ~ angefertigt**, questo ritratto di Goethe fu eseguito quando lui era ancora in vita.
lechzen itr *geh* **1** (*dürsten*) **nach etw** (dat) ~ {NACH ABKÜHLUNG, EINER ERFRISCHUNG, SCHATTEN} bramare qc; {NACH EINEM GETRÄNK, WASSER} avere sete *di* qc, avere una grande voglia *di* (bere) qc; **mit ~der Zunge**, con la lingua di fuori **2** (*verlangen*) **nach etw** (dat) ~ {NACH ANERKENNUNG} bramare qc; {MACHT, RACHE} *auch* essere assetato *di* qc.
Lecithin n → **Lezithin**.
leck adj {FASS, TANK, WANNE} che perde/ [non tiene]; {BOOT, SCHIFF} che fa/imbarca acqua, che ha una falla/[via d'acqua]: **aus dem ~en Tank floss Wasser**, dalla falla del serbatoio fuoriusciva l'acqua.
Leck <-(e)s, -s> n {+BOOT, SCHIFF} falla f, via f d'acqua; {+TANK} fessura f.
lecken① A tr **1** (*mit der Zunge aufnehmen*) **etw** (**aus/von etw** dat) ~ {HUND, KATZE MILCH, WASSER AUS DEM NAPF} bere qc (da qc); {KIND DAUERLUTSCHER, EIS} leccare qc **2** (*mit der Zunge säubern*) (**jdm**) **etw** ~ {KATZE, LÖWIN IHRE JUNGEN} leccare qc (a qu) B itr (*mit der Zunge über etw fahren*) **an etw** (dat)/ **über etw** (akk) ~ {AN JDS HAND, ÜBER DAS GESICHT} leccare qc, dare una leccata a qc C rfl (*ablecken*) **sich ~** leccarsi: **die Katze leckt sich nach jedem Fressen ausgiebig**, il gatto si lecca/lava con cura dopo ogni pasto; **sich** (dat) **etw ~** {FELL, PFOTEN, WUNDE} leccarsi qc; **er leckte sich die Marmelade von den Fingern**, si leccava le dita per togliere la marmellata • **leck mich doch (am Arsch** *vulg*)! *slang*, ma vaffanculo! *vulg*.
lecken② itr (*undicht sein*) {FASS, TANK, WANNE} perdere, non tenere; {BOOT, SCHIFF} fare/imbarcare acqua, avere una falla/[via d'acqua].
lecker A adj {BISSEN, DESSERT, ESSEN} gustoso, appetitoso: **~ aussehen**, avere un aspetto appetitoso; **das ~ste Dessert bleibt für mich Eis**, il miglior dessert per me rimane il gelato B adv (*gut*): **~ riechen**, avere un ⌊odore appetitoso⌋/[buon odorino]; **das Ge-**

müse schmeckt aber heute ~!, ⌊che buon sapore ha⌋/[com'è saporita/buona] oggi la verdura!
Leckerbissen m **1** (*Delikatesse*) ghiottoneria f, leccornia f, manicaretto m, squisitezza f, mangiarino m, boccocino m ghiotto **2** (*geistiger Genuss*) chicca f, ghiottoneria f: **ein ~ für Bücherfreunde/Kinofreunde**, una chicca/ghiottoneria per bibliofili/cinefili; **ein literarischer/musikalischer ~**, una chicca letteraria/musicale.
Leckerei <-, -en> f **1** (*ständiges Lecken*) continuo leccare m **2** (*Leckerbissen*) ghiottoneria f, leccornia f.
Leckermaul n *fam* **1** (*jd, der gern Süßigkeiten isst*) ghiottone (-a) m (f), golosone (-a) m (f) **2** (*Feinschmecker*) buongustaio (-a) m (f).
leck|schlagen itr <sein> {SCHIFF} avere una falla: **das Schiff war leckgeschlagen**, la nave aveva una falla.
LED-Anzeige f display m a led.
Leder <-s, -> n **1** (*gegerbte Tierhaut*) pelle f; (*festes ~*) cuoio m: **ein Buch in ~ binden**, rilegare un libro in pelle; **das ist handgegerbtes ~**, è pelle conciata a mano; **die Jacke ist aus besonders weichem ~**, la giacca è di una pelle particolarmente morbida; **Schuhe aus ~**, scarpe di cuoio **2** (*Fensterleder*) (panno m di) pelle f scamosciata **3** *fam sport* (*Fußball*) pallone m • **jdm ans ~ wollen** *fam* (*jdn verprügeln wollen*), volerle dare a qu; (*jdm Böses wollen*), dare addosso a qu, attaccare qu; **zäh wie ~** (*bes. Fleisch*), duro come un sasso; **gegen jdn/etw vom ~ ziehen** *fam*, sparare a zero contro/su qu/qc.
Lederausstattung f *autom* interni m pl in pelle.
Lederball m palla f/pallone m di cuoio.
Lederband① <-(e)s, Lederbände> m volume m (rilegato) in pelle.
Lederband② <-(e)s, Lederbänder> n nastro m di/in pelle.
Ledereinband m rilegatura f in pelle.
lederfarben adj {JACKE, TASCHE} color cuoio.
Lederfett n grasso m per cuoio/pelle.
Ledergürtel m cintura f di pelle.
Lederhandschuh m guanto m di/in pelle.
Lederhaut f **1** (*Hautschicht unter der Oberhaut*) {+MENSCH} derma m; {+TIER} corion m **2** (*Haut um die Augen*) sclera f **3** (*von der Sonne ausgetrocknete Haut*) pelle f coriacea/[cotta dal sole].
Lederherstellung f produzione f di cuoio e pellami.
Lederhose f **1** (*Trachtenhose*) "pantaloni m pl corti di cuoio tipici della Baviera e dell'Austria" **2** (*lange Hose*) pantaloni m pl di pelle.
Lederimitat n finta pelle f, similpelle f.
Lederindustrie f industria f del cuoio e del pellame.
Lederjacke f giacca f di pelle; (*kurz und sportlich*) giubbotto m di pelle.
Lederkombination <-, -en> f, **Lederkombi** <-, -s> f tuta f/completo m in pelle (per moto).
Ledermantel m cappotto m di/in pelle.
Ledermappe f cartella f di pelle/cuoio.
ledern① adj **1** (*aus Leder hergestellt*) di/in pelle; (*aus bes. festem Leder*) di/in cuoio **2** (*zäh*) {FLEISCH} duro (come un sasso); {HAUT} coriaceo.
ledern② tr **etw ~** {AUTO, FENSTER} asciugare qc con la pelle scamosciata.
Ledernacken m *fam* (*US-Marineinfanterist*) marine m.

Lederpolsterung f autom selleria f in pelle.
Lederriemen m cinghia f di cuoio.
Lederschuh m scarpa f di pelle.
Ledersofa n divano m di/in pelle.
Ledersohle f suola f di cuoio.
Ledertasche f borsa f di pelle/cuoio.
Lederwaren subst <nur pl> pelletterie f pl, articoli m pl di/in pelle.
Lederwarenhandlung f negozio m di pelletteria.
ledig adj **1** (unverheiratet) {FRAU} nubile; {MANN} celibe: **er ist ~ geblieben**, è rimasto scapolo; **-e Mutter**, ragazza madre, madre single **2** geh (von etw befreit sein) **etw** (gen) ~ {EINER PFLICHT, ALLER PROBLEME, DER VERANTWORTUNG} libero da qc: **endlich bin ich aller Sorgen ~**, finalmente mi sono liberato (-a) di tutte le preoccupazioni.
Ledige <dekl wie adj> mf persona f non sposata/coniugata, single mf; (Mann) (uomo m) celibe m, scapolo m; (Frau) (donna f) nubile f.
lediglich adv solo, solamente, soltanto, unicamente.
Lee <-, ohne pl> f naut (lato m) sottovento m: **in Lee liegen**, essere/trovarsi sottovento; **das Boot neigt sich nach Lee**, la barca si inclina sottovento.
leer A adj **1** (nichts enthaltend) {FLASCHE, HAUS, MAGEN, PORTEMONNAIE, SITZPLATZ, TASCHE, WOHNUNG} vuoto; {PARK, PLATZ, STADT, STRASSE} auch deserto; {BATTERIE} scarico: **mit ~en Händen**, a mani vuote; **vor ~em Haus/[~em Rängen] spielen** theat, recitare davanti a pochi spettatori/[una platea semivuota] **2** (unbeschrieben) {BLATT, SEITE} bianco **3** (inhaltlos) {WORTE} vuoto; {GEREDE, LEBEN} auch vacuo **4** (nicht ernst zu nehmend) {DROHUNGEN} a vuoto; {VERSPRECHUNGEN} vacuo, vano, da marinaio fam **5** (ausdruckslos) {AUGEN, BLICK} vuoto, vacuo B adv: ~ **essen/fressen**, {NAPF, SCHÜSSEL, TELLER} (s)vuotare qc, spolverare qc: **das Kind hat seinen Teller nicht ~ gegessen**, il bambino non ha finito quello che aveva nel piatto; **etw ~ trinken**, {GLAS} (s)vuotare qc • (bei etw dat) ~ **ausgehen**, restare a mani vuote/ [bocca asciutta]; **etw ist wie ~ gefegt** {PLATZ, STADT, STRAND, STRASSE}, qc è deserto/spopolato, non c'è anima viva in qc; {REGALE, VERKAUFSSTÄNDE} qc è stato ripulito fam; **ins Leere** {FALLEN, SCHLAGEN, TRETEN}, nel vuoto; **der Schuss ging ins Leere**, il colpo mancò il bersaglio/[andò a vuoto]; **er suchte nach einem Halt, aber er griff ins Leere**, cercò un appiglio ma trovò il vuoto; **sie starrte unentwegt ins Leere**, continuava a fissare il/ nel vuoto; **etw ~ kaufen** {HAUS, WOHNUNG}, acquistare/comprare qc libero (-a)/[non affittato (-a)]; fam (alles kaufen) {GESCHÄFT, LADEN}, svuotare qc; **etw ~ lassen** {BEHÄLTER, RAUM}, lasciare vuoto (-a) qc; {SPALTE IM BUCH, IN DER ZEITUNG}, lasciare in bianco qc; {ZEILE} auch, saltare qc; ~ **stehen** {GESCHÄFTSLOKALE, HAUS, WOHNUNG}, essere vuoto/disabitato/sfitto/libero; **eine ~ stehende Wohnung**, un appartamento sfitto.
Leeraktie f Börse azione f senza diritto di voto.
Leere <-, ohne pl> f geh vuoto m; (geistige, inhaltliche ~) auch vacuità f • **gähnende ~**, vuoto/deserto assoluto.
leeren A tr **1** (leer machen) **etw ~** {ABFALLEIMER, BRIEFKASTEN, FLASCHE, GLAS} (s)vuotare qc **2** A oder region (aus~) **etw in etw** (akk) ~ {MÜLL IN DEN CONTAINER} versare qc in qc B rfl **(leer werden) sich ~** {BUS, GESCHÄFTE, KINO, THEATER} (s)vuotarsi.
leer|essen <irr> tr → leer.

Leerformel f geh formula f vuota.
leer|fressen <irr> tr → leer.
leergefegt adj → leer.
Leergewicht n autom peso m a vuoto.
Leergut <-(e)s, ohne pl> n (contenitori m pl/ recipienti m pl) vuoti m pl.
Leerlauf m **1** tech {+MASCHINE, MOTOR} funzionamento a vuoto: **der ~ ist zu niedrig eingestellt**, il minimo è troppo basso; **im ~** (Auto), in folle; (Fahrrad) a ruota libera; **in den ~ schalten**, mettere in folle **2** (unproduktive Periode) periodo m di inattività/ stanca.
leer|laufen <irr> itr <sein> **1** (auslaufen) {FASS, KANISTER, TANK} svuotarsi: **etw ~ lassen**, svuotare qc **2** sport: **jdn ~ lassen**, fare una finta a qu **3** (im Leerlauf sein) {MASCHINE} girare a vuoto; {MOTOR} essere in folle.
Leerstand m (von Wohnungen und Büros) alloggi m pl/uffici m pl sfitti: **der zunehmende ~ in der Innenstadt ist ein großes Problem**, l'aumento del numero di alloggi sfitti in centro è un grande problema.
leerstehend adj → leer.
Leerstelle f **1** typ spazio m, spaziatura f **2** (nicht besetzte Arbeitsstelle) posto m vacante **3** (Leere) vuoto m **4** min (im Kristall) lacuna f.
Leertaste f {+COMPUTER, SCHREIBMASCHINE} barra f spaziatrice.
leer|trinken <irr> tr → leer.
Leerung <-, -en> f {+BRIEFKASTEN} levata f (della posta): **die ~ der Mülltonne**, la raccolta dei rifiuti.
Leerzeichen n typ spazio m (bianco).
Leeseite f naut lato m sottovento.
leewärts adv sottovento.
Lefze <-, -n> f <meist pl> zoo {+HUND, RAUBWILD} labbro m.
legal A adj {HANDEL, SCHWANGERSCHAFTSABBRUCH} legale B adv {ANBAUEN, ERWERBEN, HERSTELLEN, UNTERNEHMEN, VERTREIBEN} legalmente, in modo legale: **sie sind dabei ganz ~ vorgegangen**, hanno agito in piena legalità.
Legalisation <-, -en> f jur autenticazione f, autentica f.
legalisieren <ohne ge-> tr jur **etw ~** {DROGENKONSUM, PROSTITUTION, SCHWANGERSCHAFTSABBRUCH} legalizzare qc.
Legalisierung <-, -en> f jur legalizzazione f.
Legalität <-, ohne pl> f legalità f • **außerhalb der ~ leben**, vivere al di fuori della legalità; **etwas außerhalb der ~ sein** euph, non essere del tutto legale.
Legalitätsprinzip n jur principio m di legalità.
Legasthenie <-, ohne pl> f med psych dislessia f.
Legastheniker <-s, -> m (**Legasthenikerin** f) dislessico (-a) m (f).
Legat① <-en, -en> m hist relig (Gesandter) legato m.
Legat② <-(e)s, -e> n jur legato m.
Legatar <-s, -e> m jur legatario m.
Legebatterie f (für Hennen) batteria f per allevamento di polli.
Legehenne f gallina f da uova/[ovaiola rar].
legen A tr **1** (hin~) **etw irgendwohin ~** mettere/posare qc + compl di luogo: **leg die Bettwäsche gleich nach dem Bügeln in den Schrank**, appena stirate metti le lenzuola nell'armadio; **er legte das Messer aus der Hand/[den Hörer auf die Gabel]**, posò il coltello/[riattaccò/riagganciò il telefo-

no]; **den Sekt ~ wir am besten sofort in den Kühlschrank**, lo spumante è meglio metterlo subito in frigorifero; **jdn irgendwohin ~** adagiare/sistemare qu + compl di luogo; **der Verletzte wurde auf eine Bahre gelegt und abtransportiert**, il ferito venne adagiato su una barella e portato via; **die Privatpatienten sind in Einzelzimmer zu ~**, i pazienti a pagamento devono essere sistemati in camere singole **2** (ver~) **etw ~** {TEPPICHBODEN} mettere qc {FLIESEN, KABEL, LEITUNG, ROHRE} auch posare qc; **etw unter Putz ~** {LEITUNGEN}, incassare qc **3** (zusammenfalten) **etw ~** {WÄSCHE} (ri)piegare qc: **Waschen und Legen** (beim Friseur), lavaggio e messa in piega; **einmal im Monat lässt sie sich die Haare ~**, una volta al mese si fa fare la messa in piega; **die Stirn in Falten ~**, corrugare la fronte **4** (ein~) **etw in etw** (akk) ~ {IN ESSIG, ÖL, SPIRITUS} mettere qc sotto qc: **Wild muss man 24 Stunden in eine Marinade ~**, bisogna far marinare la selvaggina per 24 ore **5** zoo **etw ~** {EI, EIER} deporre qc, fare qc fam B rfl **1** (hin~) **sich irgendwohin ~** (di)stendersi/sdraiarsi + compl di luogo: **sie legten sich in den Schatten einer dicken Eiche**, si sdraiarono all'ombra di una grossa quercia; **leg dich ein bisschen aufs Sofa und ruh dich aus!**, distenditi un po' sul divano e riposati!; **sich auf den Bauch/die Seite ~**, mettersi prono (-a)/[su un fianco]; **sich ins Bett ~**, mettersi a letto, coricarsi; **sich aufs Bett ~**, stendersi/sdraiarsi/buttarsi fam sul letto **2** (sich neigen) **sich irgendwohin ~** (MOTORRAD(FAHRER)) IN DIE KURVE) piegarsi su qc, inclinarsi su qc **3** (sich niedersenken) **sich auf/über etw** (akk) ~ {NEBEL, RAUCH AUF/ÜBER DAS LAND, DIE STADT, STAUB AUF DIE MÖBEL} posarsi su qc **4** (nachlassen) **sich ~** {STURM, WIND} calmarsi, placarsi: **der Wind hat sich gelegt**, il vento è calato **5** (schwinden) **sich ~** {AUFREGUNG, WUT, ZORN} placarsi; {BEGEISTERUNG} spegnersi • **bloß ~** → **bloßlegen**; **sich flach ~** → **flachlegen**; **etw frei ~** → **freilegen**; **leg dich!** (Aufforderung an einen Hund), a cuccia!.
legendär adj **1** {GESTALT} leggendario, mitico **2** (unglaublich) {ALTER} veneranda: **~er Reichtum**, fortuna leggendaria **3** (zu einer Legende geworden) {FUSSBALLSPIEL, KONZERT} leggendario, mitico.
Legende <-, -n> f **1** relig (Heiligenlegende) leggenda f **2** (nicht mehr nachweisbares historisches Ereignis) leggenda f, mito m: **(zur) ~ werden**, diventare mito/leggenda **3** (unwahre Geschichte) leggenda f: **dass Frauen nichts von Politik verstehen, ist eine ~!**, che le donne non capiscano niente di politica è solo una leggenda! **4** (Person, die zum Mythos wird) leggenda f, mito m: **Pelé zählt zu den lebenden ~n der Fußballwelt**, Pelé è un mito vivente del mondo del calcio **5** (Zeichenerläuterung) {+LANDKARTE} leg(g)enda f **6** slang (erfundene Biographie) falsa identità f.
legendenhaft adj {ERZÄHLUNG, FELDZUG} leggendario.
legendenumwoben adj {GESTALT} circondato da un'aura di leggenda; {STADTGRÜNDUNG} avvolto nella/[ammantato di] leggenda.
leger A adj **1** (salopp) {KLEIDUNG} casual **2** (ungezwungen) {BENEHMEN, UMGANGSFORMEN} disinvolto, informale: **sie hat etwas ~ Umgangsformen**, ha un modo di fare piuttosto disinvolto B adv **1** (salopp): **sich ~ kleiden**, vestire casual **2** (oberflächlich) {ETW HANDHABEN} alla leggera.
Leggings, Leggins subst <nur pl> fuseaux m pl, pantacalze f pl, pantacollant m pl.

legieren <ohne ge-> tr **1** metall etw ~ {METALLE} legare qc; **etw mit etw** (dat) ~ {KUPFER MIT ZINK} legare qc con qc **2** gastr **etw** (*mit etw* dat) ~ {SOßE, SUPPE} legare qc (con qc), addensare qc (con qc).

Legierung <-, -en> f metall lega f.

Legion <-, -en> f **1** mil hist legione f **2** (*enorme Anzahl*) ~ + gen/**von etw** (dat pl) {ARBEITSLOSER, VON ARBEITSLOSEN, VON TOURISTEN} schiera f di qc, stuolo m di qc, folla f di qc.

Legionär <-s, -e> m **1** mil hist legionario m **2** sport (*Spieler, der für einen ausländischen Verein arbeitet*) "giocatore m professionista che svolge l'attività sportiva all'estero".

Legionärskrankheit f med malattia f/morbo m del legionario, legionellosi f med.

Legionssoldat m mil legionario m, soldato m della legione straniera.

legislativ A adj {GEWALT} legislativo B adv per via legislativa, legislativamente.

Legislative <-, -n> f <meist sing> pol **1** (*gesetzgebende Gewalt*) potere m legislativo **2** (*Gesetzgeber*) assemblea f legislativa, legislatore m.

Legislaturperiode f pol legislatura f.

legitim geh adj **1** (*rechtmäßig*) {ERBE, REGIERUNG, VERTRETER} legittimo; {ANSPRUCH, ERBE, FORDERUNG, METHODE, MITTEL} auch lecito: **ein ~es Kind** obs, un figlio legittimo obs **2** (*vertretbar*) {BEDÜRFNIS, FORDERUNG, INTERESSE, VORGEHENSWEISE} legittimo, lecito; **etw für ~ halten**, ritenere qc legittimo (-a)/lecito (-a).

Legitimation <-, ohne pl> f **1** geh (*Berechtigung*) legittimità f **2** jur (*Berechtigungsnachweis*) legittimazione f **3** jur soziol (*Ehelicherklärung*) {+KIND} legittimazione f.

legitimieren <ohne ge-> geh A tr **1** (*berechtigen*) **jdn** (*zu etw* dat) ~ autorizzare qu (*a fare qc*), dare facoltà a qu di fare qc: **was legitimiert Sie dazu?**, che cosa Le dà il diritto?; (*dazu*) legitimiert sein, etw zu tun, essere autorizzato a₁/[avere facoltà di] fare qc **2** (*für rechtmäßig erklären*) **etw** ~ {AKTION, VORGEHEN} dichiarare legittimo (-a) qc, legittimare qc; **durch jdn/etw legitimiert werden**, venire legittimato (-a) da qu/qc) **3** jur **jdn** ~ {KIND} legittimare qu, riconoscere qu (come legittimo (-a)) **4** (*ausweisen*) **jdn als etw** (akk) ~ {AUSWEIS, DOKUMENT} identificare qu come qc B rfl (*sich ausweisen*) **sich** ~ attestare (con un documento) la propria identità; **sich als etw** (nom) ~ {ALS RECHTMÄßIGER BESITZER} attestare (con un documento) di essere qc.

Legitimierung <-, -en> f legittimazione f.

Legitimität <-, ohne pl> f **1** jur pol legittimità f **2** (*Vertretbarkeit*) {+BEDÜRFNIS, FORDERUNG} legittimità f, liceità f.

Lego® <-s, -s> n Lego® m.

Legobaukasten m (scatola f) Lego® m.

Legostein m (pezzo m di) Lego® m.

Leguan <-s, -e> m zoo iguana f.

Leguminose <-, -n> f <meist pl> bot leguminosa f.

Lehen <-s, -> n hist feudo m: **jdm etw zu ~ geben**, concedere qc a qu in feudo.

Lehm <-(e)s, ohne pl> m argilla f.

Lehmboden m terreno m argilloso.

lehmgelb adj color argilla.

Lehmhütte f capanna f di argilla.

lehmig adj **1** (*viel Lehm enthaltend*) {BODEN, ERDE} argilloso **2** (*mit Lehm bedeckt*) {SCHUHE, SPATEN} (ri)coperto di argilla; {WEG} argilloso **3** (*aus Lehm bestehend*) {ZIEGEL} di argilla; {MASSE} auch argilloso.

Lehnbedeutung f ling calco m semantico.

Lehne <-, -n> f (*Rückenlehne*) spalliera f; (*Armlehne*) bracciolo m.

lehnen A tr **etw an/gegen etw** (akk) ~ {FAHRRAD, LEITER, MOFA AN DIE MAUER} appoggiare qc a/contro qc: **lehn deinen Kopf ruhig an meine Schulter!**, appoggia pure la testa sulla mia spalla! B itr **an etw** (dat) ~ (*sich stare appoggiato* (-a) a/contro qc: **er lehnte lässig am Tresen**, con fare disinvolto se ne stava appoggiato al bancone C rfl **1** (*sich an~*) **sich an/gegen etw** ~ {AN/GEGEN DIE TÜR, WAND} appoggiarsi a/contro qc **2** (*sich beugen*) **sich aus etw** (dat)/**über etw** (akk) ~ {AUS DEM FENSTER} sporgersi da qc; {ÜBER DIE MAUER, DEN TISCH} sporgersi oltre qc.

Lehngut, Lehnsgut n hist feudo m.

Lehnsessel m poltrona f.

Lehnsherr m (**Lehnsherrin** f) hist feudatario (-a) m (f), signore m feudale.

Lehnsmann <-(e)s, -männer oder -leute> m hist vassallo m.

Lehnstuhl m → **Lehnsessel**.

Lehnswesen n hist sistema m feudale, feudalesimo m.

Lehnübersetzung f ling calco m sinonimico.

Lehnwort <-(e)s, Lehnwörter> n ling **1** (*im weiteren Sinne*) prestito m linguistico **2** (*im engeren Sinne*) prestito m assimilato, calco m omonimico.

Lehramt n **1** form Schule insegnamento m: **das ~ ausüben**, esercitare la professione d'insegnante; **das höhere ~**, l'insegnamento alle superiori **2** relig magistero m.

Lehramtsanwärter m (**Lehramtsanwärterin** f) form Schule "laureato (-a) m (f) che svolge attività didattica a titolo di tirocinio nelle scuole primarie e secondarie inferiori".

Lehramtskandidat m (**Lehramtskandidatin** f) candidato (-a) m (f) a una cattedra nella scuola secondaria superiore.

Lehranstalt f istituto m (scolastico/formativo).

Lehrauftrag m bes. univ contratto m d'insegnamento: **einen ~ an der Universität haben**, avere un contratto d'insegnamento all'università; **einen ~ für etw** (akk) **haben**, essere incaricato di tenere corsi di qc.

Lehrbeauftragte <dekl wie adj> mf docente mf a contratto.

Lehrbefähigung f abilitazione f all'insegnamento.

Lehrbefugnis f → **Lehrberechtigung**.

Lehrberechtigung f abilitazione f all'insegnamento.

Lehrberuf m professione f d'insegnante, insegnamento m.

Lehrbetrieb m univ attività f didattica.

Lehrbrief m obs "documento m che attesta lo svolgimento di un apprendistato".

Lehrbub m süddt A CH → **Lehrjunge**.

Lehrbuch n libro m di testo, manuale m.

Lehre① <-, -n> f **1** (*Handwerkslehre*) apprendistato m, tirocinio m: **bei jdm in die ~ gehen**, andare a fare l'apprendistato/(il) tirocinio presso qu, fare pratica presso qu; **eine ~ als etw** (nom) **machen**, fare un apprendistato/tirocinio come qc; **er geht noch in die Lehre**, fa ancora il tirocinio **2** philos relig (*Glaubenssystem*) dottrina f: **die ~ Buddhas**, la dottrina di Buddha; **einer ~ ablehnen/angreifen**, respingere/avversare una dottrina; **einer ~ anhängen**, seguire una dottrina; **für eine ~ eintreten**, difendere una dottrina **3** (*Erfahrung*) lezione f; **eine bittere/harte/heilsame ~ (für jdn) sein**, essere una lezione amara/dura/salutare (per qu) **4** (*System von Lehrsätzen*) teoria f: **eine ~ aufstellen/beweisen**, formulare/dimostrare una teoria **5** <nur sing> univ (*das Lehren*) didattica f: **Forschung und ~**, ricerca e didattica • **jdm eine ~ erteilen**, dare/impartire una lezione a qu; **bei jdm noch in die ~ gehen können** fam, avere ancora molto da imparare da qu; **jdm eine ~ sein**, servire di lezione a qu; **das soll dir eine ~ sein!**, ti serva di/da lezione!, così impari!; **sich** (dat) **etw eine ~ sein lassen**, imparare dai propri errori; **aus etw** (dat) **eine ~ ziehen**, trarre un insegnamento da qc.

Lehre② <-, -n> f tech calibro m (a corsoio).

lehren A tr **1** univ (*unterrichten*) **etw** (*irgendwo*) ~ {FACH AN DER SCHULE, UNIVERSITÄT} insegnare qc (+ compl di luogo) **2** (*beibringen*): **jdn etw** ~, **jdn** ~, **etw zu tun** {LESEN, MUSIZIEREN, RECHNEN, SCHREIBEN}, insegnare a qu a fare qc; **sie haben uns früh gelehrt, selbstständig zu sein**, ci hanno insegnato presto a essere indipendenti **3** geh (*deutlich zeigen*) (**jdn**) **etw** ~ {ALTER, ERFAHRUNG, GESCHICHTE, PRAXIS} insegnare qc (a qu): **die Praxis lehrt (uns), dass jede Theorie verbesserungsfähig ist**, la pratica (ci) insegna che ogni teoria è possibile di miglioramenti B itr (*unterrichten*) **irgendwo** ~ {AN DER HOCHSCHULE, UNIVERSITÄT} essere docente + compl di luogo: **ihr Vater lehrt an der Universität Hamburg**, suo padre insegna all'università di Amburgo • **ich werde dich ~, so freche Antworten zu geben!** fam, t'insegno io a rispondere male! fam.

Lehrende <dekl wie adj> mf docente mf.

Lehrer <-s, -> m (**Lehrerin** f) Schule insegnante mf; (*Grundschullehrer*) maestro (-a) m (f); (*Gymnasiallehrer*) professore (-essa) m (f); (*Lehrmeister*) maestro m; (*Ausbilder*) istruttore (-trice) m (f), maestro (-a) m (f).

Lehrerausbildung f formazione f degli insegnanti.

lehrerhaft adj pej {ART, BENEHMEN} professorale, da maestro.

Lehrerin f → **Lehrer**.

Lehrerkollegium n (*Gesamtheit der Lehrer*) corpo m insegnante; (*beschlussfähiges Organ*) collegio m dei docenti.

Lehrerkonferenz f consiglio m dei professori; (*in höheren Schulen*) collegio m (dei) docenti.

Lehrerschaft <-, -en> f form corpo m insegnante, insegnanti m pl.

Lehrerzimmer n sala f (dei) professori.

Lehrfach <-(e)s, Lehrfächer> n **1** (*Unterrichtsfach*) materia f (d'insegnamento) **2** <nur sing> (*Lehrberuf*) insegnamento m: **sie möchte nach dem Studium ins ~ gehen**, dopo la laurea vorrebbe insegnare.

Lehrfilm m film m didattico.

Lehrfreiheit f libertà f didattica.

Lehrgang m corso m: **auf einem ~ sein**, essere a un corso di formazione professionale.

Lehrgangsteilnehmer m (**Lehrgangsteilnehmerin** f) partecipante mf a un corso (di formazione professionale).

Lehrgedicht n poesia f didascalica.

Lehrgeld n: ~ **zahlen/geben (müssen)**, imparare a proprie spese; **für etw** (akk) ~ **zahlen müssen**, pagare (caro (-a)₁/[a caro prezzo] qc; **sich** (dat) **sein ~ zurückgeben lassen (können)** fam, non aver imparato niente.

Lehrjahr n anno m di apprendistato/tirocinio: **im ersten/zweiten ~ sein**, fare il primo/secondo anno di apprendistato/tirocinio • **Wilhelm Meisters ~e** lit (*Werk von Goe-*

the), Gli anni di apprendistato di Wilhelm Meister; **~e sind keine Herrenjahre** *prov.* gli anni di apprendistato sono anni duri.
Lehrjunge m apprendista m.
Lehrkörper m *form* corpo m insegnante/docente.
Lehrkraft f *form* insegnante mf, docente mf.
Lehrkrankenhaus n "ospedale m che collabora con un'università per la formazione di studenti di medicina".
Lehrling <-s, -e> m *obs* → **Auszubildende**.
Lehrlingswohnheim n convitto m/pensionato m per apprendisti.
Lehrmädchen n apprendista f: **der Frisör hat drei ~ eingestellt**, il parrucchiere ha assunto tre apprendiste.
Lehrmeinung f teoria f (riconosciuta da gran parte della comunità scientifica).
Lehrmeister m (**Lehrmeisterin** f) maestro (-a) m (f).
Lehrmethode f metodo m didattico/[d'insegnamento].
Lehrmittel n <*meist pl*> *Schule* materiale m didattico.
Lehrmittelfreiheit <-, *ohne pl*> f gratuità f dei libri scolastici.
Lehrpfad m percorso m didattico.
Lehrplan m *Schule* programma m didattico, curricolo m.
Lehrprobe f *Schule* lezione f di prova.
lehrreich adj {BEISPIEL, BUCH, ERFAHRUNG} istruttivo, educativo, formativo.
Lehrsatz m *math philos* teorema m; *relig* dogma m.
Lehrstelle f posto m di apprendista.
Lehrstoff m *Schule* materia f di insegnamento: **das ist ~ für die zweite Klasse**, questo fa parte del ˌprogramma didatticoˌ/[curricolo] del secondo anno.
Lehrstück n *lit* dramma m didattico.
Lehrstuhl m *univ* cattedra f: **jdn auf einen ~ berufen**, offrire una cattedra a qu; **einen ~ für etw (akk) innehaben**, essere titolare di una cattedra di qc.
Lehrstuhlinhaber m (**Lehrstuhlinhaberin** f) titolare mf di (una) cattedra.
Lehrtätigkeit f attività f didattica.
Lehrveranstaltung f *bes. univ* (*Vorlesung*) lezione f universitaria; (*Seminar*) seminario m: **die ~en im Fachbereich Volkswirtschaft beginnen am 10. September**, le lezioni del corso di economia politica iniziano il 10 settembre.
Lehrvertrag m contratto m di apprendistato.
Lehrzeit f (periodo m di) apprendistato m/tirocinio m.
Leib <-(e)s, -er> m *geh* **1** (*Körper*) corpo m **2** (*Bauch*) ventre m, pancia f ● **bleib mir vom ~(e)!** *fam*, non ti avvicinare!, stammi ˌalla largaˌ/[lontano (-a)]!; **bleib/[bleiben Sie] mir damit vom ~(e)!** *fam*, non seccarmi/[mi secchi] con questa storia! *fam*; **der ~ Christi** *relig*, il corpo di Cristo; **etw am eigenen ~ erfahren**/[zu spüren bekommen], sperimentare/provare qc sulla propria pelle; **am ganzen ~e** *geh* {BEBEN, FRIEREN, ZITTERN}, da capo a piedi; **etw (dat) zu ~e gehen**/**rücken**, affrontare seriamente qc; **jdm wie auf den ~ geschnitten sein** {BERUF}, sembrare (essere) fatto su misura per qu; {ANZUG, KLEID} *auch*, andare/calzare/stare a pennello a qu; **diese Rolle ist ihr wie auf den ~ geschnitten**, questo ruolo le calza a pennello; **sich (dat) jdn/etw vom ~(e) halten** *fam*, tenere alla larga qu, tenersi ˌalla largaˌ/[fuori] (da) qc; **der ~ des Herrn** *relig*,

il Corpo di Cristo, l'ostia; **bei lebendigem ~e** {VERBRANNT WERDEN, VERBRENNEN}, vivo (-a); **jdm ˌauf den ~ˌ**/[**zu ~e**] **rücken**, stare addosso a qu; **mit ~ und Seele** {ETW TUN, SICH ETW (dat) VERSCHREIBEN}, anima e corpo; {WÜNSCHEN}, di tutto cuore, con tutto il cuore; **mit ~ und Seele bei der Sache sein**, dedicarsi a qc anima e corpo; **am ganzen ~(e) zittern**, tremare da capo a piedi.
Leibarzt m (**Leibärztin** f) *obs* medico m personale.
Leibbinde f *obs* panciera f, ventriera f.
leibeigen adj *hist* soggetto alla servitù della gleba.
Leibeigene <*dekl wie adj*> mf *hist* servo (-a) m (f) della gleba.
Leibeigenschaft f *hist* servitù f della gleba.
leiben *itr*: **wie er/sie leibt und lebt** (*wie man ihn*/*sie kennt*): **das ist er/sie, wie er/sie leibt und lebt!**, è proprio lui/lei!; (*genauso wie jd*): **guck dir die Kleine an – ihre Oma, wie sie leibt und lebt!**, ma guarda la piccola – ˌtale e qualeˌ/[tutta] sua nonna! *fam*.
Leibeserzieher m (**Leibeserzieherin** f) *obs adm* insegnante mf di ˌeducazione fisicaˌ/[ginnastica].
Leibeserziehung f *obs adm Schule* educazione f fisica.
Leibesfrucht f *obs* feto m.
Leibesfülle f corpulenza f.
Leibeskräfte subst <*nur pl*>: **aus ~n schreien**, gridare ˌa squarciagolaˌ/[con quanto fiato si ha in corpo] *fam*.
Leibesübungen subst <*nur pl*> *obs adm Schule* educazione f fisica.
Leibesumfang m corporatura f, mole f.
Leibesvisitation f *form* perquisizione f personale.
Leibgarde f *mil* guardia f del corpo.
Leibgardist m *mil* (soldato m della) guardia f del corpo.
Leibgericht n piatto m preferito.
leibhaftig **A** adj **1** (*wirklich*): **ein ~er/eine ~e ...** {INDIANER, KÖNIGIN}, un/una ... in ˌpersonaˌ/[carne ed ossa]; **ein ~er Satan**/**Teufel**, Satana/[il diavolo] in persona **2** (*verkörpert*): **der/die ~e ...**, il/la ... personificato (-a); **wie der ~e Tod aussehen**, sembrare la morte in persona **B** adv (*persönlich*) in persona, in carne e ossa.
Leibhaftige <*-n, ohne pl*> m *euph*: **der ~**, il demonio/maligno, Satana.
Leibkoch m (**Leibköchin** f) cuoco (-a) m (f) personale.
leiblich adj **1** (*körperlich*) {BEDÜRFNIS} corporale, fisico: **die ~en Genüsse**, i piaceri ˌdel corpoˌ/[fisici]; **für das ~e Wohl seiner Gäste sorgen**, prendersi cura del benessere fisico dei propri ospiti **2** (*blutsverwandt*) {ELTERN, MUTTER, VATER} naturale; {VERWANDTE} carnale, consanguineo, di sangue: **~er Bruder**/**Schwester**, fratello/sorella carnale, germano (-a) *jur*; **mein/ihr ~es Kind**, mio/suo figlio, sangue del mio/suo sangue *lit*.
Leibrente f *jur* vitalizio m, rendita f vitalizia.
Leibspeise f *südt A CH gastr* → **Leibgericht**.
Leibung <*-, -en*> f → **Laibung**.
Leibwache f guardia f del corpo.
Leibwächter m (**Leibwächterin** f) guardia f del corpo, guardaspalle m, gorilla m *fam*.
Leiche <*-, -n*> f **1** (*toter Körper*) cadavere m, corpo m *euph*, salma f *geh* **2** *slang typ* omis-

sione f, pesce m *slang* ● **aussehen wie eine lebende**/**wandelnde ~** *fam*, sembrare un ˌmorto (che cammina)ˌ/[cadavere ambulante]; **über ~n gehen**, passare sopra il cadavere della propria madre, non guardare in faccia a nessuno; **eine ~ im Keller haben** *fam* (*etwas zu verbergen haben*), avere uno scheletro nell'armadio; **nur über meine ~!** *fam scherz*, dovrai/dovrete/dovranno prima passare sul mio cadavere!; **~n säumen seinen**/**ihren Weg** *scherz*, dove passa lui/lei non cresce più l'erba.
Leichenbegängnis n *geh* esequie f pl *geh*, sepoltura f.
Leichenbeschauer <*-s, -*> m (**Leichenbeschauerin** f) *med* necroscopo (-a) m (f).
Leichenbestatter m (**Leichenbestatterin** f) agente mf di un'impresa funebre; (*Totengräber*) necroforo (-a) m (f), becchino (-a) m (f) *fam*.
Leichenbittermiene f *fam iron* faccia f da funerale: **eine ~ aufsetzen**/[**zur Schau tragen**], esibire una faccia da funerale.
leichenblass (a.R. **leichenblaß**) adj {GESICHT} pallido come la morte; {MENSCH} *auch* pallido come un morto, bianco come un cadavere.
Leichenblässe f pallore m cadaverico.
leichenfahl adj → **leichenblass**.
Leichenfledderei <*-, -en*> f *jur* spoliazione f di cadaveri.
Leichenfledderer m (**Leichenfledderin** f) spogliatore (-trice) m (f) di cadaveri.
Leichengift n tossina f cadaverica, ptomaina f.
Leichenhalle f, **Leichenhaus** n camera f mortuaria.
Leichenhemd n "veste f di lino bianco con cui viene coperto un defunto".
Leichenrede f orazione f funebre.
Leichenschänder m (**Leichenschänderin** f) profanatore (-trice) m (f) di cadaveri; (*sexuell*) necrofilo (-a) m (f).
Leichenschändung f profanazione f di cadaveri; (*sexuell*) necrofilia f.
Leichenschau f necroscopia f, autopsia f.
Leichenschauhaus n obitorio m.
Leichenschmaus <*-es, ohne pl*> m banchetto m funebre.
Leichenstarre <*-, ohne pl*> f rigidità f cadaverica, rigor m mortis *wiss*.
Leichentuch n lenzuolo m funebre, sudario m.
Leichenverbrennung f cremazione f.
Leichenwagen m carro m funebre.
Leichenzug m *geh* corteo m funebre.
Leichnam <*-(e)s, -e*> m *geh* salma f *geh*, spoglie f pl (mortali) *lit*.
leicht **A** adj **1** (*von geringem Gewicht*) leggero: **sie ist so ~ wie eine Feder**, è leggera come una piuma; **mein Koffer ist fünf Kilo ~er als deiner**, la mia valigia ˌpesa cinque kili meno della tuaˌ/[è più leggera della tua di cinque kili] **2** (*beweglich*) {GANG, HAND, SCHRITT} leggero **3** (*dünn*) {JACKE, MANTEL, PULLOVER, SCHUHE} leggero; {STOFF} *auch* fine **4** (*schwach*) {REGEN, SCHNEEFALL, WIND} leggero; {ERDSTOß, BRISE} *auch* lieve: **~er Regen**, pioggerellina; **~er Wind**, venticello, ventolino **5** *med* {FIEBER, GRIPPE, ZERRUNG} leggero; {SCHMERZ, UNWOHLSEIN} *auch* lieve; {EINGRIFF} piccolo **6** (*geringfügig*) {ENTTÄUSCHUNG, GEREIZTHEIT, VERSTIMMUNG, ZWEIFEL} leggero **7** (*nicht fest*) {KLAPS, SCHLAG} leggero; {BERÜHRUNG} *auch* lieve: **sie hat einen ~en Schlaf**, ha il sonno leggero **8** (*bekömmlich*) {MAHLZEIT, SUPPE, TEE, WEIN, ZIGARETTEN} leggero: **Kranke sollten nur ~e Kost**

bekommen, i malati dovrebbero assumere solo cibo leggero; **abends essen wir meistens etwas Leichtes**, la sera mangiamo perlopiù cose leggere **9** (*unterhaltend*) {MUSIK, UNTERHALTUNG} leggero; {LEKTÜRE} facile **10** (*einfach*) {ANTWORT, ARBEIT, AUFGABE, FRAGE, PRÜFUNG} facile • **es ist ~ satt zu kriegen**, è facile sfamarlo/[da sfamare]; **das Videogerät ist ganz ~ zu bedienen**, il videoregistratore è molto facile da usare **11** (*nicht anstrengend*) {ARBEIT, DIENST, JOB, LEBEN} facile: **sie haben immer ein ~es Leben gehabt**, hanno sempre avuto la vita facile **12** (*unbeschwert*) {TON} leggero; **jdm ist ~er**, qu si sente ₍più leggero (-a)₎/[sollevato (-a)]; **~en Herzens/Sinnes**, a cuor leggero **13** (*locker*) {MÄDCHEN} leggero, di facili costumi **B** adv (*dünn*) {ANGEZOGEN SEIN, BEKLEIDET SEIN} leggero (-a): **~ geschürzt**, succinto **2** (*mühelos*) {BEGREIFEN, LERNEN} facilmente, con facilità **3** (*schwach*) {FRIEREN, REGNEN, SCHNEIEN} appena **4** (*nicht schlimm*) {ENTZÜNDET SEIN, GERÖTET SEIN, ÜBERDEHNT SEIN} leggermente; {VERLETZT SEIN, VERWUNDET SEIN} *auch* in modo leggero • **der Kleine hat ~ erhöhte Temperatur**, il piccolo ha ₍un po'₎/[qualche linea] di febbre **5** *gastr* {PFEFFERN, SALZEN, WÜRZEN} leggermente: **ich habe nur ~ gesalzen**, ho messo appena un po' di sale **6** (*problemlos*) {BEANTWORTEN, EINSEHEN} facilmente, con facilità **7** (*schnell*) {AUFBRAUSEN, ENTFLAMMBAR SEIN, PASSIEREN, VERDAULICH SEIN} facilmente: **sie ₍wird ~ ärgerlich₎/[ist ~ beleidigt]**, si arrabbia/offende facilmente/[con facilità]; **wie ~ ist ein Unglück passiert!**, basta un nulla/attimo perché succeda una disgrazia!; **das passiert mir so ~ nicht wieder**, non sarà facile che mi succeda di nuovo!; **das sagst du so ~!**, dici/parli bene tu!; **~ zerbrechlich**, molto fragile • **das geht/ist ganz ~!**, ma è facile!, è facilissimo!; **das ist ~ gesagt**, è facile a dirsi; **das ist ~er gesagt als *getan***, è più facile a dirsi che a farsi, tra il dire ed il fare c'è di mezzo il mare *prov*: **es (nicht) ~ haben: man hat's nicht immer ~**, la vita non è sempre facile; **er/sie hat's nicht ~**, (lui/lei) non ha (una) vita facile; **er/sie hat's immer ~ gehabt**, gli/le è sempre andato tutto bene (nella vita), (lui/lei) non ha mai avuto problemi in vita sua; **jd hat es mit jdm nicht ~**, qu non ha vita facile con qu, qu dà del filo da torcere a qu; **du hast ~ lachen!**, hai un bel ridere!, ridi, ridi!; **jdm um etw (akk) ~er machen fam scherz ~ machen; das ist ~ möglich!**, è possibilissimo!; **nichts ~er als das**, nulla di più facile *fam*; **du hast ~ reden!** *fam*, hai un bel parlare/dire!; **der hat ~ reden!**, parla bene lui!; **jdm ein Leichtes *sein geh***, essere un gioco da ragazzi per qu, non volerci niente a qu (per fare qc) *fam*.

Leichtathlet m (**Leichtathletin** f) *sport* atleta mf (di atletica leggera).
Leichtathletik f *sport* atletica f leggera.
Leichtathletin f → **Leichtathlet**.
leichtathletisch adj *sport* {DISZIPLIN, SPORTART} dell'atletica leggera; {WETTBEWERB} di atletica leggera.
Leichtbau <-(*e*)*s, ohne pl*> m *bau* → **Leichtbauweise**.
Leichtbauplatte f *bau* lastra f di materiale leggero per costruzioni.
Leichtbauweise f *bau* struttura f leggera.
Leichtbenzin n benzina f leggera.
Leichtbeton m *bau* calcestruzzo m alleggerito.
leichtentzündlich adj → **entzündlich**.
leicht|fallen <*irr*> *itr* <*sein*> *jdm* ~ essere facile *per qu*, riuscire facile *a qu*: **das fällt mir leicht**, mi riesce facile; **das Lügen fällt ihm leicht**, dice bugie come niente fosse, mente con disinvoltura; **Latein ist mir nie/immer leichtgefallen**, ₍ho sempre₎/[non ho mai] avuto difficoltà in latino; **es fällt jdm leicht, etw zu tun**, per qu è facile fare qc: **es fällt mir nicht leicht, das Haus zu verkaufen**, non mi è facile vendere la casa.
leichtfertig **A** adj {ÄUSSERUNG, HANDLUNG, VERHALTEN} avventato, irriflessivo, sconsiderato **B** adv {ÄUSSERN, HANDELN} avventatamente, con leggerezza, sconsideratamente; {VERSPRECHEN, ZUSAGEN} senza pensarci/riflettere; **etw ~ aufs Spiel setzen**, mettere in gioco qc avventatamente.
Leichtfertigkeit <-*, ohne pl*> f avventatezza f, sconsideratezza f, leggerezza f.
Leichtflugzeug n aereo m leggero.
leichtfüßig adj *lit* {MÄDCHEN} dal passo leggero: **~ wie eine Gazelle**, agile come una gazzella.
leichtgeschürzt adj → **leicht**.
Leichtgewicht <-(*e*)*s, ohne pl*> n *Boxen* peso m leggero.
Leichtgewichtler m (**Leichtgewichtlerin** f) *Boxen* peso m leggero.
leichtgläubig adj {MENSCH} credulone, ingenuo: **~ sein**, credere agli asini che volano; **er ist so entsetzlich ~, dass sie ihm alles auf die Nase binden können**, credulone com'è riescono a dargli a bere tutto *fam*.
Leichtgläubigkeit <-*, ohne pl*> f credulità f, ingenuità f.
leichtherzig **A** adj {GEMÜT} allegro, spensierato **B** adv {LACHEN} allegramente, spensieratamente.
Leichtherzigkeit <-*, ohne pl*> f allegria f, spensieratezza f.
leichthin adv {ÄUSSERN, SAGEN, VERSPRECHEN} così senza riflettere: **er sagte ihr so ~, dass er nicht weiter mit ihr leben wolle**, le disse così, come (se) niente fosse, che non voleva più vivere con lei.
Leichtigkeit <-*, ohne pl*> f facilità f • **mit ~!** *fam*, senza problemi!
Leichtindustrie f industria f leggera.
leichtlebig adj {PERSON} spensierato, che prende la vita come viene, frivolo *pej*.
Leichtlebigkeit <-*, ohne pl*> f spensieratezza f, frivolezza f *pej*.
Leichtlohngruppe f *ökon* categoria f salariale penalizzata.
leicht|machen *rfl* sich (dat) *etw* ~ → **machen**.
Leichtmatrose m marinaio m semplice.
Leichtmetall n metallo m leggero.
Leichtmetallfelge f cerchione m in metallo leggero.
leicht|nehmen <*irr*> *tr etw* ~ {KRITIK, PROBLEME, VORWURF} prendere *qc* alla leggera: **nimm's leicht!**, non te la prendere!
Leichtöl n *industr* olio m leggero.
Leichtsinn m incoscienza f, sventatezza f • **aus** (*purem*) ~, per (pura) sbadataggine; **jugendlicher ~**, beata incoscienza; *so/*[**was für**] **ein ~!**, che incoscienza!; **das ist sträflicher ~**, è una leggerezza imperdonabile.
leichtsinnig **A** adj {HANDLUNG} sventato, sconsiderato; {MENSCH} *auch* incosciente: **es ist einfach ~, so Auto zu fahren**, è proprio da incoscienti guidare in questo modo **B** adv da incoscienti, sconsideratamente, sventatamente: **ihr habt extrem ~ gehandelt**, avete agito proprio da incoscienti.
Leichtsinnigkeit f → **Leichtsinn**.
Leichtsinnsfehler m (errore m imputabile/dovuto a) leggerezza f.
leichtverdaulich adj → **verdaulich**.
leichtverderblich adj → **verderblich**.
leichtverletzt adj → **verletzt**.
Leichtverletzte <*dekl wie adj*> mf ferito (-a) m (f) leggero (-a).
leichtverständlich adj → **verständlich**.
leichtverwundet adj → **verwundet**.
Leichtverwundete <*dekl wie adj*> mf → **Leichtverletzte**.
Leichtwasserreaktor m *tech* reattore m a acqua comune.
leid adj <*präd*> (*überdrüssig*): **jdn/etw ~ sein** essere stanco/stufo *fam* di qu/qc, averne abbastanza di qu/qc *fam*; **ich bin das ewige Gemeckere über das Essen ~**, sono stufo (-a) delle eterne lamentele sul mangiare *fam*; **er war die Streitereien mit den Kollegen ~**, ne aveva abbastanza dei battibecchi con i colleghi; **jdn/etw ~ werden**, (cominciare a) stancarsi di qu/qc; **wirst du diese Musik denn nie ~?**, ma non ti viene mai a noia questa musica?; **es ~ sein, etw zu tun**, essere stanco/stufo *fam* di fare qc.
Leid <-(*e*)*s, ohne pl*> n **1** (*großer Kummer*) sofferenza f, dolore m: **sie hat in ihrem Leben viel ~ erfahren**, in vita sua ha conosciuto la sofferenza; **das ~ um jds Tod/Verlust**, il dolore per la morte/perdita di qu **2** (*Unrecht*) male m, torto m; **jdm ein ~ antun/zufügen**, fare un torto a qu • **sich (dat) ein ~ antun** *obs*, mettere fine ai propri giorni; **jdm sein ~ klagen**, raccontare a qu (tutte) le proprie disgrazie; **geteiltes ~ ist halbes ~** *prov*, mal comune, mezzo gaudio *prov*; **jdm a.R. von leidtun** → **leid|tun**; *zu* ~(e) → **zuleide**.
Leideform f <*meist sing*> *gram* passivo m.
leiden <*leidet, litt, gelitten*> **A** *itr* **1** (*Schmerzen ertragen*) soffrire, patire, penare **2** *med* (*erkrankt sein*) **an etw** (dat) ~ {AN DEPRESSIONEN} soffrire di qc; {AN EINER KRANKHEIT} *auch* essere affetto *da qc*; {AN SYMPTOMEN} presentare *qc*, accusare *qc*: **er leidet noch heute an den Folgen eines Unfalls, den er als Kind hatte**, soffre/risente ancora oggi dei postumi di un incidente avuto da bambino **3** (*Kummer empfinden*) soffrire, patire: **still vor sich hin ~**, soffrire in silenzio; **unter etw** (dat) ~ {UNTER DICKSEIN, EINSAMKEIT, LAUNEN} soffrire *per qc*; **sie leidet unter ihrer Figur/[großen Nase]**, è complessata per il suo fisico/[naso grosso]; **er leidet unter der Eifersucht seiner Frau**, soffre molto per la gelosia di sua moglie, la gelosia di sua moglie lo fa soffrire molto; **viele Kinder ~ heute unter/an Konzentrationsschwäche**, oggi tanti bambini hanno difficoltà di concentrazione; **jd leidet unter jdm** {UNTER EINEM AUTORITÄREN CHEF, VATER}, qu si sente schiacciato (-a) da qu **4** (*Schaden nehmen*) **durch etw** (akk)/**unter etw** (dat) ~ {MENSCH UNTER DER HITZE, KÄLTE} soffrire *per qc*, patire (*per*) *qc*; {FARBE, MÖBELSTÜCK, STOFF DURCH DIE FEUCHTIGKEIT, LICHTEINWIRKUNG} risentire *di qc*; {PFLANZEN UNTER FROST, HITZE, KÄLTE} *auch* non tollerare *qc*: **der Schrank hat durch die Feuchtigkeit gelitten**, l'armadio ha risentito dell'umidità **B** *tr* (*ertragen*) *etw* ~ {DURST, NOT, SCHMERZEN} soffrire *qc*, patire *qc*: **Hunger ~**, patire/fare la fame; **sie litt Höllenqualen**, soffriva le pene dell'inferno **2** *fam* (*nicht ausstehen können*): **jdn/etw nicht ~ können**, non (poter) sopportare/soffrire qu/qc; **ich kann dieses ewige Genörgel einfach nicht ~**, non sopporto questo continuo criticare; **wenn ich ihn doch nicht ~ kann!**, ma se non lo ₍posso soffrire₎/[reggo *fam*]! **3** (*gernhaben*): **jdn ₍gut ~ können₎/[(gut) ~ mögen]** trovare simpatico (-a) qu; **inzwischen mögen ihn**

Leiden | **Leine**

alle ~, nel frattempo ₍è diventato simpatico a₎/[si è fatto benvolere da] tutti **4** *geh* (*nicht zulassen*): **etw nicht ~** (JDS FRECHHEIT), non ammettere qc, non tollerare qc; **ich leide diesen Ton nicht**, non ammetto/tollero questo tono.

Leiden <-s, -> n **1** *med* male m *euph*, malattia f: **er starb nach langem, schweren ~**, è morto dopo lunga e grave malattia; **ein unheilbares ~**, un male incurabile **2** <*meist pl*> (*leidvolle Erfahrung*) sofferenza f, pena f: **die Freuden und ~ des Lebens**, le gioie e i dolori della vita ● **das ~ Christi** *relig*, la passione di Cristo; **aussehen wie das ~ Christi**, parere un Cristo in croce; **ein langes ~** *fam scherz* (*ein langer Kerl*), uno spilungone, una pertica *fam*.

leidend *adj* **1** (*niedergedrückt*) {BLICK} sofferente, dolente; {AUSSEHEN, GESICHTSAUSDRUCK} provato, sofferente: **~ aussehen**, avere l'aria sofferente **2** *geh* (*chronisch krank*): **~ sein**, essere malato (in forma cronica).

Leidenschaft <-, -en> f **1** (*starkes Gefühl*) passione f: **heftige/ungezügelte/wilde ~**, passione violenta/sfrenata/selvaggia; **etw mit ~ machen**, fare qc con passione **2** (*starke Liebe*) **~ für jdn** passione f (*per qu*); **von einer heftigen ~ für jdn ergriffen werden**, essere preso da una travolgente passione per qu **3** (*Begeisterung*) **~ für etw** (*akk*) passione f *per qc*: **seine ~ für etw** (*akk*) **entdecken**, scoprirsi una passione per qc; **Reiten ist ihre ~**, andare a cavallo è la sua passione, è appassionata di equitazione ● **aus ~**: **sie spielt Klavier aus ~**, suona il piano(forte) per passione; **er ist Gärtner aus ~**, è appassionato di₎/[ha la passione del] giardinaggio: **seinen ~en frönen/[verfallen sein]**, essere ₍schiavo delle₎/[in balia delle] proprie passioni.

leidenschaftlich **A** *adj* **1** (*begeistert*) {SAMMLER, SKILÄUFER, WANDERER} appassionato, entusiasta **2** (*voller Leidenschaft*) {BEGRÜßUNG, UMARMUNG} appassionato; {LIEBE, LIEBHABER, MENSCH} *auch* passionale; {KUSS} ardente, appassionato **3** (*vom Gefühl gelenkt*) {ANSPRACHE, DISKUSSION, VERTEIDIGUNG, WUNSCH} appassionato **B** *adv* **1** (*voller Leidenschaft*) {KÜSSEN, UMARMEN} con ardore/passione/foga; {LIEBEN} appassionatamente, ardentemente **2** (*heftig*) {VERTEIDIGEN} appassionatamente, con foga/veemenza **3** (*besonders*): **~ gern**: **er liest ~ gern**, è un lettore appassionato; **sie isst ~ gern Eis**, va matta per il gelato *fam*.

Leidenschaftlichkeit <-, *ohne pl*> f **1** (*Feurigkeit*) passionalità f **2** (*innere Anteilnahme*) passione f, dedizione f.

leidenschaftslos **A** *adj* {MENSCH} distaccato; {BEOBACHTER} *auch* spassionato, imparziale; {URTEIL} spassionato, sereno **B** *adv* {BETRACHTEN, DARSTELLEN} con imparzialità; {BEURTEILEN} spassionatamente, serenamente.

Leidensdruck <-(e)s, *ohne pl*> m peso m della sofferenza.

leidensfähig *adj* {MENSCH} capace di sopportare la sofferenza/il dolore.

Leidensfähigkeit f capacità f di sopportare le sofferenze.

Leidensgefährte m (**Leidensgefährtin** f), **Leidensgenosse** m (**Leidensgenossin** f) compagno (-a) mf di sventura.

Leidensgeschichte f **1** (*Geschichte eines leidvollen Lebens*) {+JUDEN, LAGERINSASSEN, POLITISCHE VERFOLGTE} (storia f di) sofferenze f pl; {+HEILIGE} passione f **2** (*leidvolle Erlebnisse*) calvario m, via f crucis: **jedes Mal, wenn ich sie im Krankenhaus besuche, erzählt sie mir ihre ganze ~**, ogni volta che vado a trovarla all'ospedale mi racconta tutta la storia dei suoi malanni ● **die ~** (**Christi**) *bibl*, la Passione (di Cristo).

Leidensmiene f *fam scherz* faccia f da martire: **eine ~ aufsetzen**, fare una faccia ₍da martire₎/[sofferente]; **mit ~**, assumendo un'aria da martire.

Leidensweg m *geh* via f crucis, calvario m: **ihr Leben war ein einziger ~**, la sua vita è stata tutta un calvario.

Leidenszeit f periodo m di dolore/sofferenza.

leider *adv* purtroppo, sfortunatamente: **sie hatte ~ keine Zeit**, purtroppo non aveva tempo; **sie waren ~ schon abgefahren**, sfortunatamente erano già partiti (-e); **ich muss ~ sagen, dass ...**, mi dispiace dover dire che ... ● **~!**, purtroppo!; **~ ja**, purtroppo sì; **~ nein/nicht!**, purtroppo no!

leidgeprüft *adj meist* <*attr*> {ELTERN, MUTTER} duramente provato; (*durch Unglück, Tod*) *auch* prostrato/stremato dal dolore.

leidig *adj* <*attr*> {ANGELEGENHEIT, PROBLEM, THEMA} increscioso, noioso, seccante: **gäbe es nicht immer diese ~en Diskussionen!**, se non ci fossero sempre queste discussioni spiacevoli/incresciose!; **das ~e Geld!**, i maledetti soldi!; **wenn nur das ~e Geld nicht wäre!**, sempre questi maledetti soldi!

leidlich **A** *adj* <*meist attr*> accettabile, passabile: **er hat nur ~e Deutschkenntnisse**, le sue conoscenze del tedesco sono appena passabili **B** *adv* così così *fam*, in modo passabile: **es geht ihm ~**, sta ₍così così₎/[benino]; **eine Prüfung nur ~ vorbereiten**, preparare un esame così così; **sie spricht ~ gut Italienisch**, parla l'italiano così così.

leidtragend *adj* che ci rimette.

Leidtragende <*dekl wie adj*> mf vittima f: (*bei etw dat*) **der ~ sein**, essere la vittima (in di/qc); **bei Trennungen sind die Kinder die wahren ~en**, nelle separazioni sono i bambini ₍a soffrire/rimetterci₎/[le vere vittime].

leid|tun <*irr*> *itr* **1** (*jds Mitleid erregen*) **jdm ~** fare pena/compassione *a qu*: **er tut mir leid**, mi fa pena; **es tut mir leid für ihn**, mi dispiace per lui **2** (*von jdm bedauert werden*) **jdm ~** {ÄRGER, FEHLER, STREIT, VERGESSLICHKEIT} dispiacere *a qu*: **meine Worte von vorhin tun mir leid, entschuldige**, mi dispiace per ciò che ho detto prima, scusami; **es tut jdm leid, dass ...**, a qu dispiace che ... *konjv*: **es tut mir leid, dass schon wieder etwas dazwischengekommen ist**, ₍mi spiace₎/[sono desolato (-a)] che ci sia stato di nuovo un contrattempo; **es tut ihm wahnsinnig leid, dass er nicht an dem Treffen teilnehmen kann**, gli dispiace enormemente non poter partecipare all'incontro; **tut mir leid, aber ...**, spiacente, ma ... ● **er/sie kann einem direkt ~** *iron*, (lui/lei) fa quasi pena; **so leid es mir tut, aber heute Abend habe ich keine Zeit**, per quanto mi dispiaccia, stasera non ho tempo; **das wird dir noch ~ !** (*das wirst du noch bereuen!*), te ne pentirai!

leidvoll *adj geh* {ERFAHRUNG} doloroso; {LEBEN, ZEIT} di sofferenza.

Leidwesen n: ₍zu jds ~₎/[zum ~ einer P.], con rincrescimento/dispiacere/cruccio di qu; **zu meinem/seinem ~**, con mio/suo rincrescimento; **die zwei wollten, zum großen ~ der Eltern, nicht heiraten**, i due non avevano intenzione di sposarsi, con grande cruccio dei genitori.

Leier <-, -n> f *mus hist* **1** lira f **2** (*Drehleier*) ghironda f: **die ~ drehen/spielen**, suonare la ghironda ● **das ist immer ₍die alte/gleiche₎/[dieselbe] ~** *fam pej*, è sempre la solita/stessa solfa/musica *fam*.

Leierkasten m *fam mus* organetto m (di Barberia): **den ~ spielen**, suonare l'organetto.

Leierkastenmann m suonatore m d'organetto.

leiern **A** *itr* parlare in tono monotono, cantilenare **B** *tr* **etw ~** {GEBET, GEDICHT} ripetere *qc* a pappagallo, recitare meccanicamente/[con voce monotona] *qc*.

Leiharbeit f *ökon* lavoro m in affitto.

Leiharbeiter m (**Leiharbeiterin** f) *ökon* lavoratore (-trice) m (f) in affitto.

Leihbibliothek f, **Leihbücherei** f biblioteca f abilitata al prestito (di libri).

leihen <*leiht, lieh, geliehen*> **A** *tr* (*ver~*) **jdm etw ~** (*im*)prestare *qc a qu*, dare in prestito *qc a qu*: **kannst du mir heute Nachmittag das Auto ~?**, mi puoi prestare la macchina oggi pomeriggio? **B** *rfl* (*aus~*) **sich** (*dat*) **etw** (**von/bei jdm/etw**) **~** farsi prestare *qc* (*da qu*), prendere in prestito *qc* (*da qu*); (*bei einem Verleih*) noleggiare *qc* (*presso qu/qc*), prendere a noleggio *qc* (*presso qu/qc*): **ich habe mir die ganze Skiausrüstung bei/von einem Freund geliehen**, mi sono fatto (-a) prestare tutto l'equipaggiamento da sci da un amico; **das Kleid hat sie von ihrer Schwester geliehen**, ha preso in prestito il vestito da sua sorella; **wo hat er denn den Frack her? – Den hat er sich beim Theater geliehen**, ma il frac, dove l'ha preso? – L'ha noleggiato in teatro.

Leihfrist f (*Termin*) scadenza f del prestito; (*Dauer*) durata f del prestito.

Leihgabe f prestito m.

Leihgebühr f tariffa f per il noleggio/nolo; (*für Bücher*) spese f pl per il prestito, diritto m di prestito.

Leihhaus n banco m dei pegni, monte m ₍di pietà₎/[dei pegni].

Leihmutter f madre f/utero m *journ* in affitto.

Leihschein m **1** (*in Bibliothek*) modulo m/scheda f per il prestito **2** (*Pfandschein*) polizza f di pegno.

Leihstimme f *pol* voto m tattico.

Leihwagen m macchina f a noleggio: **einen ~ nehmen**, noleggiare una macchina, prendere una macchina a noleggio; **sie sind mit einem ~ unterwegs**, sono in viaggio con una macchina a nolo/noleggio.

leihweise *adv* in prestito: **jdm etw ~ geben/überlassen**, dare qc in prestito a qu.

Leim <-(e)s, -e> m colla f: **~ anrühren/auftragen**, preparare/applicare la colla ● **aus dem ~ gehen** *fam* (*kaputtgehen*), sfasciarsi, cadere a pezzi; **die Stühle gehen aus dem ~**, le sedie si stanno sfasciando; **mein Auto geht langsam aus dem ~**, la mia macchina sta cadendo a pezzi; (*auseinandergehen*), andare a rotoli; **ihre Ehe ist aus dem ~ gegangen**, il loro matrimonio ₍è andato a rotoli₎/[si è sfasciato]; (*dick werden*), sfasciarsi *fam*; **jdm auf den ~ gehen/kriechen** *fam*, farsi abbindolare da qu *fam*.

leimen *tr* **1** (*zusammenkleben*) **etw ~** {LEHNE, SCHUBLADE, TISCHBEIN} incollare *qc*: **den Stuhl braucht man nur zu ~**, la sedia deve semplicemente essere incollata; **etw wieder ~**, rincollare qc **2** *slang* (*hereinlegen*) **jdn ~** ingannare *qu*, raggirare *qu*, abbindolare *qu fam* ● **und wer war wieder der/die Geleimte?** *fam*, chi è stato il pollo di turno?

Leine <-, -n> f **1** (*Seil*) corda f; (*Wäscheleine*) filo m: **die Wäsche ₍auf die ~ hängen₎/[von der ~ (ab)nehmen]**, stendere/togliere i panni/il bucato **2** (*Hundeleine*) guinzaglio m: **den Hund an der ~ führen/haben**, tenere il cane al guinzaglio; **den Hund von der ~**

losmachen, dem Hund die ~ abmachen, togliere il guinzaglio al cane; **den Hund an die ~ nehmen**, mettere il guinzaglio al cane ● **jdn an der (kurzen) ~ haben/halten, jdn an die ~ legen**, tenere al guinzaglio qu, tenere qu ben stretto (-a) al guinzaglio; **~ ziehen**, tagliare la corda *fam*, svignarsela *fam*; **zieh ~!** *fam* (*hau ab!*), smamma! *fam*, sloggia! *slang*, sparisci!

leinen adj {TISCHDECKE} di lino; *typ* {BUCHEINBAND} in tela.

Leinen <-s, -> n *text* lino m: **(grobes) ~**, tela f (grezza); **reines ~**, puro lino ● *aus ~*, di lino; *in ~* **(gebunden)** {AUSGABE, BUCH}, (rilegato) in tela.

Leinenband m *typ* volume m rilegato in tela.

Leinenbindung f → **Leinwandbindung**.

Leineneinband m *typ* {+AUSGABE, BUCH} rilegatura f in tela.

Leinengewebe n *text* tessuto m di lino.

Leinenkleid n abito m/vestito m di/in lino.

Leinentuch n *text* tessuto m/tela f di lino.

Leinenweber m (**Leinenweberin** f), **Leinweber** m (**Leinweberin** f) tessitore (-trice) m (f) di lino.

Leinenzwang <-s, ohne pl> m (*für Hunde*) obbligo m di/del guinzaglio.

Leinöl n olio m di lino.

Leinsamen m seme m di lino.

Leinsamenbrot n pane m di semi di lino.

Leintuch n *süddt A CH* lenzuolo m.

Leinwand f **1** (*Projektionswand*) schermo m: **die ~ aufstellen/abbauen**, montare/smontare lo schermo; **Dias auf eine ~ projizieren**, proiettare delle diapositive su uno schermo; **einen Roman auf die ~ bringen**, adattare un romanzo per il grande schermo **2** (*Stoff*) tela f **3** *kunst* tela f: **die Farben auf die ~ auftragen**, stendere i colori sulla tela.

Leinwandbindung f *text* armatura f tela.

Leinwandgröße f *fam iron* divo (-a) m (f) del grande schermo.

Leinweber m (**Leinweberin** f) → **Leinenweber**.

Leipzig <-s, ohne pl> n *geog* Lipsia f.

Leipziger① <inv> adj di Lipsia.

Leipziger② <-s, -> m (**Leipzigerin** f) (*in Leipzig wohnend*) abitante mf di Lipsia; (*aus Leipzig stammend*) originario (-a) m (f) di Lipsia.

leise A adj **1** (*nicht laut*) {GERÄUSCH, KLOPFEN} lieve, leggero; {LACHEN, WEINEN} sommesso; {STIMME} *auch* basso; {MOTOR, SCHRITTE} {MUSIK} a basso volume: **(zu) ~ sein** {KLOPFEN}, essere (troppo) lieve/leggero; {MUSIK, RADIO, STIMME} essere (troppo) basso; **~ Nachbarn haben**, avere dei vicini silenziosi; **seid bitte ~!**, fate piano per favore!; **es wurde ~ im Saal**, si fece silenzio in sala; **den Fernseher/das Radio ~r stellen/machen** *fam*, abbassare la televisione/radio **2** (*kaum wahrnehmbar*) {BERÜHRUNG, LUFTHAUCH} leggero, lieve, dolce; {DUFT} *auch* delicato: **bei der ~sten Berührung aufwachen**, svegliarsi al minimo contatto; **es fiel ein ~r Regen**, cadeva una pioggerellina leggera **3** (*leicht*) {AHNUNG, BEFÜRCHTUNG, VERDACHT} vago: **einen ~n Zweifel haben**, avere qualche dubbio; **nicht die ~ste Ahnung haben**, non avere la più pallida idea; **die ~ Befürchtung haben, dass ...**, cominciare a temere che ... *konjv*; **das ~ Gefühl haben, dass ...**, avere la vaga sensazione che ... *konjv*; **eine ~ Hoffnung hegen**, nutrire una debole speranza; **ein ~s Unbehagen verspüren**, provare un leggero disagio; **nicht den ~sten Zweifel haben**, non avere il minimo dubbio, non essere sfiorato dal benché minimo dubbio B adv **1** (*nicht laut*) {SPRECHEN, SICH UNTERHALTEN} sottovoce, piano, sommessamente; {HIN UND HER GEHEN} silenziosamente, senza far rumore: **(etwas) ~r sprechen**, parlare (un po') più piano, abbassare (un po') la voce; **~ vor sich hin singen**, canticchiare tra sé e sé; **das Kind weinte ~**, il bambino piangeva sommessamente; **sie ging ~ aus dem Haus**, uscì di casa senza far rumore **2** (*leicht*) {LÄCHELN, REGNEN} leggermente; {BERÜHREN, STREICHELN} delicatamente, dolcemente: **es schneite ganz ~**, la neve scendeva lieve ● **nicht im Leisesten** (*überhaupt nicht*), nel modo più assoluto, minimamente.

Leisetreter <-s, -> m (**Leisetreterin** f) *pej* pavido (-a) m (f).

Leiste <-, -n> f **1** (*Zierleiste*) lista f, listello m; (*Fuß~*) battiscopa m **2** *anat* inguine m **3** (*Knopfleiste*) abbottonatura f: **ein Mantel mit verdeckter ~**, un cappotto con l'abbottonatura nascosta.

leisten① tr **1** (*zustande bringen*) **etw ~** concludere qc, fare qc: **viel/wenig ~**, combinare molto/poco; {ARBEITNEHMER} rendere molto/poco, essere molto/poco produttivo; **der Schüler leistet nicht genug**, lo scolaro ha un rendimento insufficiente; **gute/ganze Arbeit ~**, fare un buon lavoro; **er hat noch nichts geleistet in seinem Leben**, non ha ancora combinato niente in vita sua; **hier ~ alle gleich viel**, qui rendono tutti in egual misura; **leiste erst mal was!**, facci vedere che cosa sai fare!; **Großes/Erstauliches ~**, fare grandi cose/[cose sorprendenti]; **in seiner Stellung muss er schon etwas ~**, nella sua posizione deve dimostrare di essere all'altezza **2** *tech* (*erbringen*) **etw ~** {BATTERIE, MASCHINE, SOLARZELLEN} EINE BESTIMMTE ENERGIEMENGE} avere un rendimento di/pari a qc; **der Motor leistet 75 PS**, il motore ha un rendimento/una potenza di 75 CV **3** *geh* (*tun*) **etw ~: (bei jdm) Abbitte ~**, chiedere perdono (a qu); **jdm Beistand ~**, prestare assistenza a qu; **jdm gute Dienste ~**, essere molto utile a qu, rendere un buon servizio a qu; **jdm Ersatz ~**, risarcire qu; **einem Befehl Folge ~**, ubbidire a un ordine; **Gehorsam ~**, **jdm Gehorsam ~**, essere ubbidiente, ubbidire a qu; **jdm Gesellschaft ~**, far compagnia a qu; **jdm Hilfe ~**, venire in aiuto a qu; **eine Unterschrift ~**, fare una firma; **Verzicht (auf etw akk) ~**, rinunciare (a qc); **(keinen) Widerstand ~**, (non) opporre resistenza; **Wehrdienst ~**, fare il servizio militare; **eine Zahlung ~**, effettuare un pagamento; **Zivildienst ~**, prestare servizio civile.

leisten② rfl **sich (dat) etw ~ 1** (*sich herausnehmen*) **sich (dat) etw ~: sich eine freche Bemerkung ~**, permettersi un'osservazione impertinente; **sie kann sich (eine) exzentrische Kleidung ~**, (lei) si può permettere un abbigliamento eccentrico; **du kannst dir keine Fehler mehr ~**, non ti puoi più permettere alcun errore; **jd leistet sich die Frechheit, etw zu tun**, qu ha l'impudenza/la sfacciataggine di fare qc; **die beiden haben sich Sachen geleistet!**, quei due ne hanno combinate di cotte e di crude;/[tutti i colori!] **2** (*sich gönnen*) {AUSFLUG, PAUSE, URLAUB} concedersi qc: **ich habe mir ein Paar neue Schuhe geleistet**, mi sono concesso (-a) l'acquisto di un paio di scarpe nuove; **sich (dat) etw ~ können** {AUTO, HI-FI-ANLAGE, PUTZFRAU, URLAUB}, potersi permettere (il lusso di) qc; **wir können uns im Moment keine zusätzlichen Ausgaben ~**, in questo momento non ci possiamo permettere altre spese.

Leisten <-s, -> m forma f (da scarpe) ● **alles über einen ~ schlagen** *fam*, fare d'ogni erba un fascio *fam*.

Leistenbruch m *med* ernia f inguinale.

Leistengegend f *anat* regione f inguinale.

Leistenlymphknoten m *anat* linfonodo m inguinale.

Leistenoperation f *med* intervento m all'inguine.

Leistung <-, -en> f **1** (*Resultat einer Arbeit*) prestazione f, rendimento m: **in den letzten Monaten haben sich ihre ~en gesteigert**, negli ultimi mesi le sue/loro prestazioni sono migliorate; **von jdm bessere ~en erwarten**, aspettarsi un rendimento maggiore/[prestazioni/risultati migliori] da qu; (*in der Schule*) rendimento m, profitto m, risultati m pl; **ihr Sohn hat dieses Jahr sehr gute schulische ~en erbracht/erzielt**, quest'anno suo figlio ha studiato con molto profitto/[avuto un ottimo rendimento scolastico]/[riportato ottimi risultati a scuola]; **die ~en des Studenten haben nachgelassen/zugenommen**, il rendimento dello studente è diminuito/aumentato; *sport* prestazione f, rendimento m, performance f; (*bes. überraschende und hervorragende ~*) exploit m; **die Mannschaft hat im Endspiel hervorragende ~en gezeigt**, nella finale la squadra ha offerto una performance di alto livello/[fornito un'eccellente prestazione]; **sie ist stolz auf ihre sportlichen ~en**, è orgogliosa dei suoi risultati sportivi; (*auf der Bühne*) performance f; (*in der Technik, Wissenschaft*) risultati m, pl; **in den letzten Jahrzehnten hat die Wissenschaft auf diesem Gebiet erstaunliche ~en vollbracht/erzielt**, negli ultimi decenni la scienza ha compiuto passi da gigante in questo campo; **die besondere ~ dieses Werks/Buches besteht darin, dass ...**, il particolare merito di quest'opera/[questo libro] consiste nel ... **2** <meist pl> (*Zahlung*) {+BETRIEB, FIRMA} contributi m pl; {+KRANKENKASSE, VERSICHERUNG} prestazione f: **soziale ~en**, prestazioni in ambito sociale; **~en von der Krankenkasse beziehen/erhalten**, beneficiare delle prestazioni della cassa mutua **3** <meist sing> {+ORGAN} funzionalità f; {+BETRIEB, MASCHINE} produttività f: **die ~en des Gedächtnisses**, le capacità mnemoniche; **die ~ des Herzens/der Lunge**, il funzionamento del cuore/[dei polmoni]; **die ~ einer Fabrik steigern**, aumentare la produttività di una fabbrica **4** <meist sing> *phys tech* (*nutzbare Arbeitskraft*) {+BATTERIE} potenza f; {+MASCHINE, MOTOR} *auch* resa f, prestazione f, rendimento m: **die ~ des Computer(s) wird in Byte ausgedrückt**, la potenza del computer è espressa in byte ● **das ist keine besondere ~!**, non è niente di particolare/speciale!; **nach ~** {BEZAHLEN, ERFOLGEN}, secondo il/[in base al] rendimento; **(das ist) eine reife ~!** *fam* (*alle Achtung!*), bella performance!, tanto di cappello!; **schwache ~!** *fam*, che figuraccia! *fam iron*.

Leistungsabfall m {+PERSON} calo m del rendimento/[della produttività]; {+SCHÜLER} *auch* calo m nel profitto/rendimento; {+MASCHINE, MOTOR} calo m delle prestazioni/[del rendimento].

Leistungsanforderung f <meist pl> prestazione f richiesta.

Leistungsanstieg m aumento m del rendimento.

leistungsbezogen adj {GEHALT, VERGÜTUNG} rapportato al/[basato sul] rendimento.

Leistungsbilanz f *ökon* bilancia f delle

partite correnti.
Leistungsdruck <-(e)s, ohne pl> m "pressione f psicologica esercitata/subita per raggiungere un maggiore rendimento": **hohen ~ ausüben**, esercitare una forte pressione; **unter ~ sein/stehen**, essere sotto stress (da prestazione); **unter einem starken ~ arbeiten**, lavorare sotto una fortissima pressione; **der schulische ~**, la pressione scolastica.
Leistungsfach n Schule "materia f che si sceglie di approfondire negli ultimi due o tre anni di liceo".
leistungsfähig adj **1** (*produktiv*) {BETRIEB} produttivo; {ARBEITNEHMER, MENSCH} efficiente; {ANLAGE, MASCHINE} auch potente: **eine überaus ~e Maschine**, una macchina a ₍alto rendimento₎/[alta resa]; **ein ~er Motor/Wagen**, un motore/una macchina ₍di elevate prestazioni₎/[a alto rendimento] **2** (*zahlungsfähig*) {KRANKENKASSE, VERSICHERUNG} che fornisce alte prestazioni.
Leistungsfähigkeit <-, ohne pl> f **1** (*Produktionsfähigkeit*) {+ARBEITNEHMER} efficienza f; {+BETRIEB} auch capacità f produttiva, produttività f **2** tech {+MASCHINE} rendimento m, resa f; {+MOTOR} auch potenza f.
Leistungsgesellschaft <-, -en> f ökon soziol società f meritocratica/competitiva oft pej.
Leistungsgrenze f limite m (di rendimento).
Leistungskatalog m {+KRANKENVERSICHERUNG} elenco m delle prestazioni medico-sanitarie mutuabili.
Leistungsklasse f sport categoria f.
Leistungsknick m diminuzione f/calo m del rendimento.
Leistungskontrolle f Schule valutazione f; industr controllo m ₍del rendimento₎/[della produttività] • **zur ~** {SCHULE}, per valutare il profitto/i progressi; industr, per controllare la produttività.
Leistungskurs m Schule "corso m di approfondimento in materie scelte che si segue gli ultimi due o tre anni del liceo".
Leistungskurve f curva f di rendimento.
Leistungsmesser <-s, -> m el watt(o)metro m, misuratore m di potenza.
Leistungsnachweis m Schule univ attestato m degli esami sostenuti.
Leistungsniveau n (livello m di) prestazioni f pl; {+SCHULKLASSE} (livello m di) rendimento m.
leistungsorientiert adj {GESELLSCHAFT} meritocratico, competitivo oft pej: **ein ~er Mensch**, un efficientista.
Leistungsprämie f (bes. in der ehemaligen DDR) premio m di produzione.
Leistungsprinzip <-s, ohne pl> n ökon soziol criterio m meritocratico, meritocrazia f.
Leistungsprüfung f **1** Schule verifica f; (*mündlich*) auch interrogazione f **2** sport (test m di) rendimento **3** agr (test m di) rendimento m.
leistungsschwach adj **1** (*schwach in der Leistung*) {SCHÜLER, STUDENT} che studia/segue con scarso profitto/rendimento **2** tech {MASCHINE, MOTOR} di ₍scarsa resa₎/[scarso rendimento], poco potente **3** ökon {BETRIEB, UNTERNEHMEN} poco produttivo, di scarsa produttività.
Leistungssport m sport agonistico/[di competizione], agonismo m: **~ treiben**, praticare sport a livello agonistico.
Leistungssportler m (**Leistungssportlerin** f) chi pratica sport a livello agonistico, agonista mf, atleta mf (competitivo

(-a)).
Leistungsstand m livello m di rendimento.
leistungsstark adj **1** (*bes. leistungsfähig*) {WIRTSCHAFT} competitivo; {BETRIEB, UNTERNEHMEN} auch molto/altamente produttivo; {SPORTLER} che offre prestazioni di alto livello **2** (*bes. leistungsfähig*) {MASCHINE, MOTOR} ad ₍alto rendimento₎/[alta resa].
Leistungssteigerung f **1** (*Steigerung der Leistung*) {+ARBEITNEHMER} maggior rendimento m, aumento m nel rendimento; {+SCHÜLER} auch maggior profitto m, aumento m nel profitto; {+SPORTLER} prestazioni f pl/performance f pl migliori **2** (*Steigerung der Produktionsleistung*) {+BETRIEB, HERSTELLER} aumento m della produttività **3** tech {+MASCHINE, MOTOR} resa f/rendimento m maggiore, aumento m di rendimento/resa; {+MOTOR} auch maggiore potenza f, aumento m di potenza.
Leistungstest m Schule univ test m (di profitto); mot test m di rendimento.
Leistungsträger m **1** sport atleta m ₍che dà il contributo decisivo all'esito di una competizione₎/[di punta] **2** (*für einen bestimmten Bereich zuständige Institution*) ente m/organismo m a cui spetta fornire una determinata prestazione: **alle ~ müssen bei der Reform mitarbeiten**, tutti gli organismi competenti devono collaborare alla riforma.
Leistungsvergleich m **1** (*Wettbewerb zur Feststellung der Leistungsfähigkeit*) competizione f **2** (*Vergleich der Leistungen*) confronto m fra le prestazioni: **im ~ liegt die AOK weit hinter den anderen Krankenkassen zurück**, facendo un confronto tra le prestazioni delle varie casse, la AOK risulta essere il fanalino di coda.
Leistungsvermögen n (capacità f/potenziale m di) rendimento m.
Leistungszentrum n sport centro m agonistico.
Leistungszulage f, **Leistungszuschlag** m industr premio m di produzione.
Leitartikel m journ (articolo m di) fondo m, editoriale m.
Leitartikler <-s, -> m (**Leitartiklerin** f) journ editorialista mf, fondista mf.
Leitbild n **1** (*Modell*) modello m (ispiratore): **ein ~ für jdn sein**, essere un modello ispiratore per qu **2** industr ökon (*Unternehmensziele*) principio m/linee f pl guida.
leiten A tr **1** (*verantwortlich führen*) etw ~ {ABTEILUNG} dirigere qc, essere a capo di qc; {BETRIEB, SCHULE} auch gestire qc; {STAAT} essere ₍a capo₎/[alla guida] di qc; {CHOR, ORCHESTER} dirigere qc; {ARBEITSGRUPPE} coordinare qc; {SITZUNG} presiedere qc; {DEBATTE, DISKUSSION} condurre qc; {EXPEDITION} guidare qc: **ein Fußballspiel ~**, arbitrare una partita di calcio; **die Verhandlungen ~**, condurre/guidare le trattative **2** (*laufen lassen*) etw irgendwohin ~ mandare/convogliare qc + compl di luogo: **Wasser in einen Kanal ~**, convogliare l'acqua in un canale **3** autom etw irgendwohin ~ {AUTOS, VERKEHR} convogliare qc + compl di luogo: **den Verkehr ₍auf die Autobahn₎/[über die Umgehung] ~**, convogliare il traffico ₍sull'autostrada₎/[verso la circonvallazione]; **den Verkehr in eine einzige Fahrspur ~**, incanalare il traffico in un'unica corsia **4** (*führen*) **jdn irgendwohin ~** {GAST IN SEIN ZIMMER, PATIENT IN DEN UNTERSUCHUNGSRAUM} condurre qu + compl di luogo **5** phys etw ~ {ELEKTRIZITÄT, STROM, WÄRME} condurre qc, essere un conduttore di qc: **Wasser leitet den Schall**, l'acqua ₍conduce il₎/[è un conduttore del] suono

B itr **1** phys (*als Leiter fungieren*): **gut/schlecht ~** {MATERIAL, METALL, STOFF}, condurre bene/male, essere un buon/cattivo conduttore **2** (*als Schiedsrichter ~*) arbitrare: **gut/schlecht ~**, arbitrare bene/male • **sich von etw (dat) ~ lassen**, lasciarsi guidare da qc; **sich nur von seinen Gefühlen ~ lassen**, lasciarsi guidare solo dai propri sentimenti; **sich von praktischen/finanziellen Erwägungen ~ lassen**, lasciarsi guidare da considerazioni di carattere pratico/economico.
leitend A adj **1** <attr> (*verantwortlich*) {POSITION, STELLUNG} direttivo, dirigenziale, manageriale: **eine ~e Funktion haben**, avere una funzione direttiva; **ein ~er Angestellter**, un dirigente; **die ~en Angestellten eines Betriebs**, i quadri di un'azienda; **der ~e Diensthabende**, il dirigente/responsabile di turno; **der ~e Ingenieur**, l'ingegnere capo **2** (*beherrschend*) {GEDANKE, IDEE, ÜBERLEGUNG} conduttore, guida **3** phys {MATERIAL, MEDIUM} conduttore: **nicht ~** {STOFF}, coibente, isolante B adv: **~ tätig sein**, avere ₍una funzione direttiva₎/[funzioni direttive].
Leiter① <-s, -> m (**Leiterin** f) **1** (*Verantwortlicher*) {+BETRIEB, CHOR, GRUNDSCHULE, ORCHESTER, THEATER} direttore (-trice) m (f); {+ABTEILUNG} dirigente mf, capo m; {+GESCHÄFT} gestore (-trice) m (f); {+GYMNASIUM, REALSCHULE} preside mf; {+DEBATTE, DISKUSSION} moderatore (-trice) m (f): **der ärztliche ~**, il medico responsabile; **der künstlerische ~ der Aufführung**, il direttore artistico dello spettacolo; **der kaufmännische/technische ~**, il direttore commerciale/tecnico; **der ~ einer Reisegruppe**, il capocomitiva/capogruppo **2** (*den Vorsitz Führender*) {+ARBEITSGRUPPE, DELEGATION} capo m.
Leiter② <-s, -> m phys conduttore m.
Leiter③ <-, -n> f **1** scala f (a pioli); (*Stehleiter*) scaleo m; **auf die ₎/[von der] ~ steigen**, ₍salire sulla₎/[scendere dalla] scala; **auf der ~ stehen**, essere in piedi sulla scala • **die ~ des Erfolgs**, la scala del successo; **Schwedische ~** sport, quadro m svedese.
Leiterplatte f inform piastra f a circuito stampato.
Leitersprosse f piolo m.
Leiterwagen m carro m a rastrelliera.
Leitfaden m **1** (*Lehrbuch*) guida f (breve), manuale m (breve): **ein ~ zum Studium der Kunstgeschichte**, una guida allo studio della storia dell'arte **2** (*Leitgedanke*) filo m conduttore.
leitfähig adj phys conduttore.
Leitfähigkeit f phys conduttività f, conducibilità f.
Leitfigur f figura f guida.
Leitgedanke m principio m/idea f guida.
Leithammel m **1** zoo montone m guidaiolo/capobranco **2** fam pej (*Anführer*) capobanda m.
Leitidee f → **Leitgedanke**.
Leitkultur f cultura f modello.
Leitlinie f (*Richtlinie*) linea f guida; (*Anhaltspunkt*) punto m di riferimento.
Leitmotiv n lit mus Leitmotiv m, motivo m conduttore.
leitmotivisch adj **1** (*das Leitmotiv betreffend*) ₍di un₎/[del] Leitmotiv **2** (*in der Art eines Leitmotivs*) come un Leitmotiv.
Leitpfosten m paracarro m.
Leitplanke f guardrail m: **gegen die ~ prallen**, (andare a) sbattere contro il guardrail.
Leitsatz m precetto m, principio m guida/ispiratore.
Leitspruch m motto m, massima f.

Leitstelle f centrale f: **die ~ für Notrufe**, la centrale per le chiamate d'emergenza.
Leitstern m 1 geh {+EPOCHE, MENSCH} principio m guida 2 (Polarstern) stella f polare.
Leittier n capobranco m.
Leitung <-, -en> f 1 <nur sing> (Führung) {+CHOR, GRUNDSCHULE, ORCHESTER, THEATER} direzione f; {+BETRIEB} auch conduzione f, gestione f; {+GYMNASIUM, REALSCHULE} presidenza f; {+ARBEITSGRUPPE} coordinamento m; {+GESCHÄFT} gestione f; {+DISKUSSION} conduzione f; {+EXPEDITION} guida f; **jdm die ~ der Abteilung anvertrauen/übertragen**, affidare a qu la direzione/responsabilità del reparto; **jdn mit der ~ der Verhandlungen betrauen**, incaricare qu ₁della conduzione delle₁/[di condurre le] trattative; **die Berliner Philharmoniker spielen unter der ~ von Claudio Abbado**, l'orchestra filarmonica di Berlino suona sotto la direzione di Claudio Abbado; **bei einem Fußballspiel die ~ haben**, arbitrare una partita di calcio 2 <nur sing> (leitende Personen) {+BETRIEB, HOTEL, KRANKENHAUS, THEATER} direzione f; {+GEWERKSCHAFT, PARTEI} auch direttivo m, dirigenza f, dirigenti m pl: **die neue ~ unserer Organisation**, il nuovo direttivo della nostra organizzazione 3 (Rohr) conduttura f, condotto m, tubatura f: **eine ~ legen**, posare una tubatura/conduttura; **Wasser aus der ~ trinken**, bere acqua di rubinetto 4 el tel linea f; (Draht) filo m, conduttore m; (Kabel) cavo m: **eine ~ legen**, posare un cavo; **die ~ steht unter Strom**, la linea è sotto tensione; **die ~ ist frei/besetzt/gestört/überlastet/unterbrochen/tot**, la linea è libera/occupata/disturbata/ sovraccarica/ interrotta/ caduta; **da/es ist jemand in der ~**, c'è qualcun'altro in linea; **gehen Sie aus der ~!** fam, riattacchi!; **es knackt/rauscht in der ~**, la linea è disturbata; **eine Störung in der ~**, un disturbo/un'interferenza sulla linea • **eine ~ anzapfen**, inserirsi (di nascosto) in una linea; **eine lange ~ haben** fam, **auf der ~ stehen** fam, essere duro (di comprendonio) fam; **du stehst wohl auf der ~!** fam, sei duro (-a), eh?!
Leitungsdraht m el filo m elettrico.
Leitungsmast m el palo m (della linea aerea); (Hochspannungsmast) traliccio m dell'alta tensione.
Leitungsnetz n (System von Rohrleitungen) canalizzazione f, rete f di distribuzione, condutture f pl; (für Wasser) rete f (di distribuzione) idrica, canalizzazione f; (für Gas) rete f di distribuzione del gas; el rete f (di distribuzione) elettrica, canalizzazione f; tel rete f telefonica.
Leitungsrohr n tubatura f, tubazione f.
Leitungswasser n acqua f di rubinetto: **~ trinken**, bere acqua di rubinetto.
Leitwährung f ökon valuta f di riserva.
Leitwerk n 1 aero impennaggio m 2 inform unità f di controllo.
Leitwert m el phys conduttanza f.
Leitwolf m 1 zoo (Leittier) capobranco m 2 (Führungspersönlichkeit) capo m, boss m, leader m.
Leitwort n 1 <pl -e> (Leitspruch) motto m 2 <pl -wörter> (Stichwort) parola f guida.
Leitzins m bank tasso m guida.
Lektion <-, -en> f 1 (Übungseinheit im Lehrplan, -buch) lezione f, unità f didattica: **wir sind schon bei ~ 17**, siamo già all'unità 17; (Lehrstoff) lezione f; **eine ~ lernen/wiederholen**, studiare/ripetere una lezione 2 geh (Lehre) lezione f: **eine gründliche/bittere ~**, una severa/dura lezione; **jd erhält eine ~**, qu riceve una lezione; **jdm eine ~ geben/erteilen**, dare/impartire una lezione a qu fam; **das soll dir eine ~ sein!**, ti ₁serva da₁/[sia di] lezione!, così impari! fam; **seine ~ gelernt haben**, avere imparato la lezione.
Lektor <-s, -en> m (Lektorin f) 1 (Universitätslektor) lettore (-trice) m (f) 2 (Verlagslektor) editor mf, redattore (-trice) m (f).
Lektorat <-(e)s, -e> n 1 univ lettorato m 2 (Verlagsabteilung) redazione f editoriale.
lektorieren <ohne ge-> tr etw ~ {BUCH, MANUSKRIPT} leggere e valutare qc per conto di un editore.
Lektorin f → Lektor.
Lektüre <-, -n> f <meist sing> 1 (Lesestoff) lettura f: **eine leichte/schwierige/spannende ~**, una lettura facile/difficile/avvincente; **jdm etw als ~ empfehlen**, consigliare a qu di leggere qc 2 <nur sing> (das Lesen bes. im Unterricht) lettura f: **eine aufmerksame/kursorische ~**, una lettura attenta/[affrettata/superficiale]; **bei einer aufmerksamen ~ des Manuskripts fällt auf, dass ...**, a un'attenta lettura del manoscritto si evidenzia che ...; **etw zur ~ empfehlen**, raccomandare la lettura di qc.
Lektürestunde f Schule ora f di lettura di testi letterari.
Lemma <-s, -ta> n ling lemma m, voce f, esponente m.
lemmatisieren <ohne ge-> tr etw ~ {WÖRTER} lemmatizzare qc, vocabolizzare qc.
Lemming <-s, -e> m zoo lemming m.
Lende <-, -n> f 1 anat lombo m 2 gastr lombata f, lombo m.
Lendenbraten m gastr arrosto m di lombo, lombata.
Lendengegend f anat regione f/zona f lombare.
Lendenschmerz m lombaggine f, lombalgia f.
Lendenschurz m perizoma m.
Lendensteak n gastr lombatina f.
Lendenstück n lombata f.
Lendenwirbel m anat vertebra f lombare.
Leningrad <-s, ohne pl> n geog hist Leningrado f.
Leningrader <-s, -> m (Leningraderin f) abitante mf di Leningrado.
Leninismus <-, ohne pl> m pol leninismo m.
Leninist <-en, -en> m (Leninistin f) leninista mf.
leninistisch adj {POLITIK, THESEN} leninista, leninistico.
lenkbar adj 1 (steuerbar) {LKW, PKW} maneggevole; {RAKETE, SPRENGSATZ} teleguidato, telecomandato: **das Auto ist gut/leicht ~**, è un'automobile maneggevole 2 (beeinflussbar) che si fa indirizzare/guidare; pej {PRESSE} manovrabile, pilotabile: **die öffentliche Meinung ist leicht ~**, l'opinione pubblica è facilmente influenzabili; **die Verhandlungen sind leicht ~**, le trattative si gestiscono facilmente; pej **le trattative ₁si pilotano facilmente₁/[sono facilmente pilotabili]** 3 (leicht zu führen) {KIND} gestibile, malleabile.
lenken A tr 1 (steuern) etw ~ {AUTO, BUS, FAHRRAD} guidare qc; {FLUGZEUG, RENNWAGEN} auch pilotare qc; {SCHIFF} governare qc; **etw irgendwohin ~**, condurre/dirigere qc + compl di luogo; **das Fahrrad mit einer Hand ~**, andare in bicicletta con una mano (sola); **das Auto sicher durch den Stadtverkehr ~**, portare/guidare la macchina con mano sicura attraverso il traffico cittadino; **den Lastwagen durch die Ausfahrt ~**, uscire col camion dal passo carrabile facendo manovra 2 geh (wenden) etw irgendwohin ~ {BLICK, SCHRITTE} volgere/dirigere qc + compl di luogo: **seine Schritte zum Ausgang ~**, volgere/dirigere i propri passi verso l'uscita 3 (richten) etw auf jdn/etw ~ dirigere qc su qu/verso qc, indirizzare qc su qu/qc, rivolgere qc (di qu) a qu/qc; jds Aufmerksamkeit auf etw ~ (akk) ~, richiamare l'attenzione di qu su qc; **die Blicke der anderen auf sich ~**, attirare su di sé gli sguardi d'altrui; **seine Gedanken auf andere Dinge ~**, rivolgere i propri pensieri ad altro; **das Gespräch auf ein anderes Thema ~**, indirizzare/volgere il discorso su un altro argomento; **den Verdacht auf jdn ~**, indirizzare/[far ricadere] i sospetti su qu 4 (führen) etw ~ {BETRIEB, STAAT} guidare qc 5 (beeinflussen) etw ~ guidare qc, manovrare qc pej, pilotare qc pej: **die ₁öffentliche Meinung₁/[Presse] ~**, manovrare ₁l'opinione pubblica₁/[la stampa]; **die Verhandlungen ~**, pilotare le trattative; **gelenkte Wirtschaft**, economia pianificata B itr (steuern) guidare, essere al volante: **lass mich mal ~!**, dammi un po' il volante!, lasciami un po' guidare!; **nach rechts/links ~**, sterzare a destra/sinistra.
Lenker① <-s, -> m 1 (Lenkstange) {+FAHRRAD, MOFA, MOTORRAD} manubrio m 2 → **Lenkrad**.
Lenker② <-s, -> m (Lenkerin f) A CH (Fahrer) guidatore (-trice) m (f).
Lenkrad n autom volante m, sterzo m.
Lenkradschaltung f autom cambio m al volante.
Lenkradschloss (a.R. Lenkradschloß) n, **Lenkradsperre** f bloccasterzo m.
Lenksäule f autom {+AUTO, FAHRZEUG, LASTWAGEN} piantone m dello sterzo.
Lenkstange f {+FAHRRAD, MOFA, MOTORRAD} manubrio m.
Lenkung <-, -en> f 1 <nur sing> (Steuerung) {+AUTO, SCHIFF} conduzione f 2 autom (Lenkvorrichtung) sterzo m: **die ~ geht schwer**, lo sterzo è duro; **die ~ hat zu viel Spiel**, lo sterzo ha troppo gioco 3 <nur sing> (Leitung) ~ **einer S.** (gen) {+MEDIEN, WIRTSCHAFT} gestione f di qc.
Lenz <-es, -e> m 1 <nur sing> poet obs primavera f 2 <nur pl> scherz (Lebensjahre) primavera f: **sie zählt erst 13 ~**, ha soltanto 13 primavere • **sich (dat) einen faulen/schönen ~ machen** fam (eine bequeme Arbeit haben), prendersela comoda fam; (ein angenehmes Leben haben), spassarsela fam.
Leo m (Vorname) Leo.
Leonhard, **Leonard** m (Vorname) Leonardo.
Leopard <-en, -en> m zoo leopardo m.
Leopardenfell n pelle f di leopardo; (als Pelz) pelliccia f di leopardo.
Leopold m (männlicher Eigenname) Leopoldo.
Leporello <-s, -s> n oder m, **Leporelloalbum** n album m (di cartoline) a fisarmonica.
Lepra <-, ohne pl> f med lebbra f: **~ haben**, avere la lebbra.
Leprakranke <dekl wie adj> mf lebbroso (-a) m (f), malato (-a) m (f) di lebbra.
Leprastation f med lebbrosario m.
lepros, **leprös** adj med lebbroso.
leptosom adj {KÖRPERBAU} leptosomico.
Leptosome <dekl wie adj> mf leptosomico (-a) m (f).
Lerche <-, -n> f ornith allodola f.
lernbar adj che si può apprendere/imparare, apprendibile: **alles ist ~**, tutto si può imparare; **die Bedienung des Computers ist**

für jeden ~, chiunque può imparare a usare il computer.

lernbegierig adj avido/desideroso di apprendere, desideroso di imparare.

lernbehindert adj {KIND, SCHÜLER} che ha grosse difficoltà di apprendimento.

Lernbehinderung f grosse diffcoltà f pl di apprendimento.

Lerneifer <-s, ohne pl> m zelo m nello studio.

lerneifrig adj → **lernbegierig**.

lernen **A** tr **1** (sich aneignen) **etw** ~ {FERTIGKEIT, SPIEL, TRICK} imparare qc; {FREMDSPRACHE, SCHULFACH} auch studiare qc: **etw aus Büchern** ~, imparare qc dai libri; **etw tun** ~ {KOCHEN, LESEN, SCHREIBEN, SCHWIMMEN} imparare a fare qc; **rechnen** ~, imparare a far di conto; **Klavier** ~, studiare pianoforte; **Geige spielen** ~, ⌊imparare a suonare il⌋/[studiare] violino; **Autofahren** ~, imparare a guidare; **etw bei/von jdm** ~ apprendere/imparare qc da qu **2** (im Gedächtnis speichern) **etw** ~ {FORMELN, NAMEN} imparare (a memoria) qc, memorizzare qc; {GEDICHT, VOKABELN} auch studiare qc **3** (sich angewöhnen) **etw** ~: Ordnung/Pünktlichkeit ~, imparare a essere ordinato/puntuale; **Manieren** ~, imparare ⌊le buone maniere⌋/[l'educazione]; **etw zu tun** ~ {SICH ZU BESCHEIDEN, BEHERRSCHEN, ZURÜCKZUSTECKEN} imparare a fare qc **4** fam (einen Beruf er~) **etw** ~ {BÄCKER, FRISEUSE, KAUFMANN, SCHREINER} imparare il mestiere di qc; (durch schulische Ausbildung) auch studiare da qu: **Barbara hat Krankengymnastin gelernt**, Barbara ha studiato da fisioterapista; **einen Beruf/ein Handwerk** ~, imparare una professione/un mestiere; **was haben Sie gelernt?**, che studi ha fatto?, qual è la Sua qualifica professionale? **5** (aus etw eine Lehre ziehen) **aus etw** (dat) ~ {AUS EIGENER ERFAHRUNG, DEN EIGENEN FEHLERN} imparare qc da qc: **aus etw** (dat) ~, **dass** ..., imparare da qc che ...; **ich habe aus der ganzen Geschichte gelernt, dass man besser niemandem vertraut**, da tutta questa faccenda/storia ho imparato che è meglio non fidarsi di nessuno **B** itr **1** (Kenntnisse erwerben) (**für etw** akk) ~ {FÜR EINE PRÜFUNG, DIE SCHULE} studiare (per qc): **leicht/schwer** ~, apprendere con facilità/difficoltà; **gerne** ~, studiare volentieri; **störe mich nicht beim Lernen!**, non mi disturbare mentre studio! **2** (beim Lernen unterstützen) **mit jdm** ~ aiutare qu a studiare **3** (eine Ausbildung machen) (**bei jdm/etw/in etw** dat) ~ {BEI EINEM SCHLOSSER, IN EINER KFZ--WERKSTATT} fare l'apprendista/l'apprendistato (presso qu/qc/in qc); {BEI EINEM ANWALT, EINER FIRMA} fare pratica (presso qu/qc/in qc) • **etw auswendig** ~, imparare/studiare qc a memoria; **von jdm noch (etwas)** ~ **können**: **von ihr kannst du noch (etwas)** ~!, lei ⌊ti può ancora insegnare⌋/[ha ancora di cui insegnarti] qualcosa!; **jd ⌊lernt's nie⌋/[wird's nie** ~], qu non ⌊ci arriverà⌋/[imparerà] mai; **mancher lernt's nie!**, c'è anche chi è negato!

Lernen <-s, ohne pl> n studio m, apprendimento m • **exemplarisches** ~, apprendimento attraverso esempi.

Lerner <-s, -> m (**Lernerin** f) ling chi impara (una lingua).

Lernerfolg m successo m nello studio, risultati m pl (nello studio).

lernfähig adj **1** {KIND, SCHÜLER} in grado di assimilare/apprendere (nozioni) **2** (aus den Fehlern lernend): ~ **sein**, aver imparato la lezione.

Lernfähigkeit <-, ohne pl> f capacità f di apprendimento.

Lernhilfe f strumento m/sussidio m didat-

tico.

Lerninhalt m Schule contenuto m didattico.

Lernmittel n <meist pl> Schule sussidio m didattico, strumento m didattico; <pl> auch materiale m didattico.

Lernmittelfreiheit <-, ohne pl> f Schule sussidi m pl didattici gratuiti.

Lernprogramm n **1** Schule programma m ⌊di studio⌋/[didattico] **2** inform software m didattico.

Lernprozess (a.R. Lernprozeß) m (processo m di) apprendimento m.

Lernschwester f med allieva f infermiera.

Lernstoff m materia f di studio.

Lernziel n obiettivo m didattico.

Lesart f **1** (Deutung) interpretazione f **2** ling lezione f, variante f.

lesbar adj **1** (entzifferbar) {HANDSCHRIFT} leggibile: **die Inschrift ist noch gut** ~, l'iscrizione è ancora chiaramente leggibile; **ihre Schrift ist absolut nicht** ~, la sua calligrafia è assolutamente illeggibile **2** (verständlich) leggibile: **ein gut ~er Aufsatz**, un saggio di piacevole lettura; **die Übersetzungen in Klammern machen seinen Beitrag gut** ~, le traduzioni fra parentesi facilitano la lettura del suo contributo **3** (lesenswert): **das Buch ist zwar keine hohe Literatur, aber durchaus** ~, non è certo un libro di alta letteratura, ma è senz'altro leggibile.

Lesbarkeit <-, ohne pl> f leggibilità f.

Lesbe <-, -n>, **Lesbierin** f fam lesbica f.

lesbisch adj {FRAU, LIEBE} lesbico.

Lese <-, -n> f vendemmia f.

Leseabend m serata f di lettura.

Leseautomat m inform lettore m.

Lesebestätigung f inform conferma f di lettura.

Lesebrille f occhiali m pl/lenti f pl ⌊da lettura⌋/[per leggere].

Lesebuch n libro m di lettura.

Leseecke f (in Buchhandlungen) angolo m per il lettore; (im Zimmer) angolo m per leggere.

Leseexemplar n Verlag copia f in visione.

Lesegerät n **1** inform lettore m **2** (für Mikrofilme) microlettore m.

Lesehunger m passione f per la lettura.

Lesekopf m inform testina f di lettura.

Leselampe f **1** (Lampe am Schreibtisch, über dem Bett) lampada f ⌊per leggere⌋/[di lettura] **2** (Klemmleuchte) lampada f a morsetto.

Leselupe f lente f di ingrandimento (per leggere).

Lesemappe f riviste f pl in prestito (per studi medici, professionisti ecc.) dietro pagamento di abbonamento.

lesen① <liest, las, gelesen> **A** tr **1** (durch~) **etw** ~ leggere qc: **etw aufmerksam** ~, leggere qc con attenzione; **etw flüchtig** ~, dare una letta/scorsa a qc, scorrere velocemente qc; **etw laut/leise/schnell** ~, leggere qc ⌊ad alta voce⌋/[sottovoce]/[speditamente]; **etwas noch einmal** ~, rileggere qc; **täglich die Zeitung** ~, leggere il giornale tutti i giorni; **ich habe in der Zeitung gelesen, dass** ..., ho letto sul giornale che ...; **alles von ihrem Autor gelesen haben**, avere letto tutto di un autore; **am liebsten liest sie Romane**, preferisce in assoluto (leggere) romanzi; **darüber habe ich irgendwo (et)was gelesen**, da qualche parte ho letto qualcosa in proposito; **wo hast du das gelesen?**, dove lo hai letto?; **diese Zeitung ist dermaßen tendenziös, dass man sie einfach nicht** ~ **kann**, questo giornale è talmente tendenzioso che è praticamente impossibile leggerlo; **hier steht/ist zu** ~, **dass** ..., qui dice/[c'è scritto] che ...; **Noten** ~ **(können)**, (saper) leggere una partitura/la musica **2** (korrigieren) **etw** ~ {AUFSATZ, DOKTORARBEIT, MANUSKRIPT} rileggere qc: **Druckfahnen** ~, correggere le bozze **3** (vor~) **etw** ~ leggere qc (ad alta voce), dare lettura di qc: **der Staatsanwalt las die Anklage**, il pubblico ministero diede lettura dei capi d'accusa **4** (leserlich sein): **etw** ~/[nicht ~] **können** riuscire/[non riuscire] a leggere qc; **kaum zu** ~ **sein**, essere appena leggibile; **nicht zu** ~ **sein**, essere illeggibile/[impossibile da leggere] **5** inform **etw** ~, leggere qc: **etw in etw** (akk) ~ {CODE, DATEIEN, DATEN} inserire/immettere qc in qc tramite lettura ottica **6** (entnehmen) **etw aus/in etw** (dat) ~ {AUS/IN JDS AUGEN} leggere qc in qc; {AUS/IN JDS GESICHT} leggere qc su qc; **jdm aus der Hand** ~, leggere la mano a qu; **jds Gedanken** ~, leggere nel pensiero di qu **B** itr **1** leggere: ⌊**aufmerksam/eifrig**⌋/[**viel**] ~, leggere ⌊con attenzione/avidità⌋/[molto]; **er konnte schon** ~, **bevor er in die Schule kam**, sapeva già leggere prima di andare a scuola; **an etw** (dat) ~ stare leggendo qc; **an mehreren Büchern gleichzeitig** ~, leggere diversi libri contemporaneamente; **jdn beim Lesen stören**, disturbare qu mentre legge; **Lesen ist eine ihrer Lieblingsbeschäftigungen**, leggere/[la lettura] è uno dei suoi passatempi preferiti; **nur selten zum Lesen kommen**, trovare solo raramente il tempo per/di leggere **2** (vorlesen) **aus etw** (dat) ~ leggere da qc: **der Autor liest aus seinen Werken**, l'autore legge dalle sue opere **3** univ **über jdn/etw** ~ {ÜBER EINEN AUTOR, PHILOSOPHEN, EIN THEMA} tenere ⌊un corso⌋/[lezioni] su qu/di qc **C** rfl **sich irgendwie** ~ {AUFSATZ, BUCH, ROMAN GUT, INTERESSANT, LEICHT, SCHWER} leggersi + compl di modo, essere di + aggettivo: **der Artikel liest sich gut/schwer**, l'articolo ⌊si legge bene⌋/[è di difficile lettura]; **die Übersetzung liest sich sehr flüssig**, la traduzione è molto scorrevole; **der Bericht liest sich beim ersten Mal wenig überzeugend**, a una prima lettura il rapporto pare poco convincente; **bei diesem Licht liest es sich nicht gut**, con questa luce non si riesce a leggere bene.

lesen② <liest, las, gelesen> tr **1** (sammeln) **etw** ~ {BEEREN} cogliere qc; {WEINTRAUBEN} auch vendemmiare qc; {ÄHREN} spigolare qc **2** (aussondern) **etw** ~ {ERBSEN, MANDELN, ROSINEN} selezionare qc; {SALAT} pulire qc, mondare qc.

lesenswert adj che merita di essere letto, interessante da leggere: ~ **sein**, meritare di essere letto.

Leseprobe f **1** lit (gedruckte ~) estratto m, specimen m; (als Lesung) saggio m di lettura **2** theat prova f di lettura (del copione).

Lesepult n leggio m f.

Leser <-s, -> m (**Leserin** f) **1** (Person, die liest) lettore (-trice) m (f): **ein interessierter/kritischer/neugieriger** ~, un lettore interessato/critico/curioso; **sich direkt an den** ~ **wenden**, rivolgersi direttamente al lettore; **dieser Autor hat in ganz Europa** ~ **gefunden**, è un autore letto in tutta Europa **2** inform lettore m.

Leseratte f fam scherz divoratore (-trice) m (f) di libri, lettore (-trice) m (f) accanito (-a).

Leserbrief m lettera f di lettore/una lettrice (al giornale): **einen** ~ **einschicken**, mandare una lettera al direttore; **die ~e veröffentlichen/abdrucken**, pubblicare le lettere ⌊al direttore⌋/[dei lettori] • **"~e"** (Zei-

tungsrubrik), lettere al direttore, angolo dei lettori.

Lesereise f {+Buchautor} giro m/tour m di presentazioni.

Leserin f → **Leser**.

Leserkreis m cerchia f dei lettori.

leserlich **A** adj {Schrift} leggibile **B** adv {Schreiben} in modo leggibile.

Leserlichkeit <-, ohne pl> f leggibilità f.

Leserschaft <-, rar -en> f lettori m pl: **die ~ dieses Autors nimmt ständig zu**, il numero dei lettori di quest'autore è in continuo aumento.

Leserumfrage f inchiesta f fra i lettori.

Leserwunsch m richiesta f ₍di un lettore₎/[dei lettori]: **auf vielfachen ~**, su richiesta di molti lettori.

Lesesaal m sala f di lettura.

Lesespeicher m *inform* ROM f, memoria f a sola lettura.

Lesestoff m letture f pl: **sich mit ~ eindecken**, rifornirsi/[fare scorta] di libri.

Lesestunde f **1** (*Buchpräsentation*) ora f di lettura **2** *obs* (*Unterrichtsfach*) lezione f di lettura.

Lesewut f *fam* mania f di leggere.

Lesezeichen n **1** segnalibro m **2** *inform* bookmark m, segnalibro m.

Lesezirkel m **1** (*Leihverkehr*) "società f commerciale che, dietro pagamento di un abbonamento, dà riviste e libri in prestito ai suoi lettori" **2** (*Leserschaft*) cerchia f di lettori.

Lesung <-, -en> f **1** (*Dichterlesung*) lettura f (pubblica), reading m: **eine ~ halten/veranstalten**, tenere/organizzare ₍una pubblica lettura₎/[un reading] **2** *parl* lettura f: **ein Gesetz in erster/zweiter ~**, una legge in prima/seconda lettura **3** *relig* lettura f: **eine ~ aus dem Alten Testament**, una lettura dall'Antico Testamento.

letal adj *med* letale.

Lethargie <-, ohne pl> f **1** (*Interesselosigkeit*) torpore m, inerzia f: **in ~ verfallen/versinken**, cadere/sprofondare in uno stato di torpore; **nicht mehr aus seiner ~ herausfinden**, non uscire più dallo stato di torpore; **jdn aus seiner ~ herausreißen**, scuotere qc **2** *med* letargia f.

lethargisch adj **1** (*interesselos*) {Mensch} apatico, torpido *obs*: **in ~em Zustand**, in uno stato di torpore **2** *med* letargico.

Lette <-n, -n> m (**Lettin** f) lettone mf.

Letter <-, -n> f **1** (*Buchstabe*) lettera f, carattere m tipografico/[di stampa] **2** (*Drucktype*) carattere m.

Lettin f → **Lette**.

lettisch adj lettone: **auf ~**, in lettone.

Lettland <-s> n *geog* Lettonia f.

Lettner <-s, -> m *arch* tramezzo m.

letzt f: **zu guter ~**, alla fine, da ultimo.

letzte adj → **letzter**.

Letzte <dekl wie adj> n: **ein ~s**, un'ultima cosa • **jdm das ~ abverlangen**, chiedere il massimo a qu; **bis aufs ~** {Ausplündern}, fino all'ultimo centesimo; **bis ins ~** {etw beschreiben, schildern}, fin nei minimi particolari/dettagli; {etw kennen}, dalla A alla Z; {jdn kennen}, profondamente, da punta dei capelli alla punta dei piedi; **bis zum ~n** {Ausnützen}, fino all'ultimo; **bis zum ~n gehen**, giocare il tutto per il tutto; **das ~ daransetzen**, rischiare il tutto per tutto; **sein ~s (her)geben**, dare il massimo di sé, dare fino all'ultima goccia di sangue, dare (anche) l'anima per qc; **das ~ aus jdm herausholen**, spremere qu fino in fondo; **etw ist das ~ fam**

pej: mera dichiarazione f d'intenti: **das ist doch (wirklich) das ~!** (*das ist doch unmöglich!*), è veramente il colmo!; **sein Benehmen war doch (wirklich) das ~!**, si è comportato veramente in modo vergognoso/osceno!; **der Film ist doch das ~!**, è un film veramente penoso!; **sein Kommentar war doch das ~!**, ha fatto un commento veramente inqualificabile!; **ein ~s zu sagen haben**, avere da dire un'ultima cosa.

letztemal a.R. *von* letzte Mal → **Mal**①.

letztendlich adv (*am Ende*) alla fine; (*schließlich*) in fondo; **~ hatte er Recht**, in fondo/definitiva/[ultima analisi] aveva ragione (lui).

letztenmal a.R. *von* letzten Mal → **Mal**①.

letztens adv **1** (*kürzlich*) ultimamente, recentemente: ₍erst ~₎/[~ erst], recentissimamente, solo l'altro giorno **2** (*an letzter Stelle*): ... und ~ {Drittens, Viertens}, ... e ~ in ultimo/[per finire].

letzter, letzte, letztes adj <attr> **1** (*das Ende einer Folge bildend*) ultimo (-a); (*äußerster*) *auch* ultimo (-a): **das ist mein letztes Angebot**, è la mia ultima offerta; **das letzte Haus auf der rechten Seite**, l'ultima casa sulla destra; **letzten Endes**, in fin dei conti; **jdm die letzte Ehre erweisen**, rendere a qu l'estremo saluto; **die letzte Hoffnung**, l'ultima speranza/spiaggia; **du bist der/die Letzte heute**, sei l'ultimo/l'ultima oggi; **das ist das letzte Mal**, è l'ultima volta; **zum letzten Mal**, per l'ultima volta; **die zwei/drei Letzten**, gli ultimi due/tre; ₍auf dem letzten Platz₎/[an letzter Stelle] **sein/liegen**, essere/classificarsi all'ultimo posto; **einen letzten Versuch machen**, fare un ultimo tentativo; (*bei schwer wiegenden Ereignissen*) fare un estremo tentativo; **Letzter/Letzte werden**, arrivare/classificarsi ultimo (-a) **2** (*vorig*) passato (-a), scorso (-a), ultimo (-a): **im letzten Jahr**, l'anno scorso/passato; **beim letzten Mal**, l'ultima volta, la volta scorsa; **im letzten Urlaub**, durante le ultime vacanze; **letzte Woche**, la settimana scorsa **3** (*restlich*) ultimo (-a): **unser letztes bisschen Brot**, quel poco di pane che ci resta; **das ist mein letztes Geld**, questi sono gli ultimi soldi che mi restano; **das ist der letzte Rest vom Kuchen**, è l'ultimo pezzettino di dolce; **mit letzter Kraft**, con le ultime forze/energie **4** (*neuester*) {Mode, Nachricht, Neuigkeit} ultimo (-a): **der letzte Schrei**, l'ultimo grido **5** *fam* (*schlechtester*): **das ist doch der letzte Arsch!**, è proprio un grandissimo stronzo!; **der letzte Dreck/Schund sein**, essere una vera porcheria/schifezza; **jdn wie den letzten Dreck behandeln**, trattare qu come una pezza da piedi, prendere qu a pesci in faccia; **du kaufst auch den letzten Dreck**, compri tutte le porcherie possibili e immaginabili di questo mondo; **der/die Letzte in der Klasse**, l'ultimo/l'ultima della classe • **als Letzter/Letzte**, (per) ultimo (-a); **als Letzter/Letzte ankommen**, [durchs Ziel gehen], arrivare (per) ultimo (-a); **als Letzter/Letzte** ₍fertig sein₎/[gehen], finire/andarsene per ultimo (-a); **die Letzten werden die Ersten sein** *bibl*, gli ultimi saranno i primi; **den Letzten beißen die Hunde** *fam*, e l'ultimo paga per tutti; **der/die Letzte sein**, essere l'ultimo (-a) ₍che ...₎/[a ... *inf*]; **er wäre der Letzte, dem ich es sagen würde**, (lui) è l'ultimo a cui lo direi.

letzterer, letztere, letzteres adj (*der letztgenannte*) ultimo (-a); **mit Letzteren meine ich meine Eltern**, con questi (ultimi) intendo i miei genitori; **Letzteres bitte ich Sie zu wiederholen**, La prego di ripetere

l'ultimo punto.

letztgenannt adj ultimo citato: **der ~e Faktor**, l'ultimo fattore citato; **die ~e Person**, la persona nominata per ultima.

letztjährig adj <attr> dell'anno scorso/passato.

letztlich adv (*wenn man es genau bedenkt*) in fin dei conti, in ultima analisi; (*zum Schluss*) alla fine, da ultimo, infine; **das hat ~ zur Folge, dass ...**, ciò ha come conseguenza ultima che ...; **du kannst es ja versuchen, aber es wird ~ nichts dabei herauskommen**, puoi sempre provare, ma alla fine non arriverai a niente.

letztmalig adj <attr> *form* ultimo, dell'ultima volta.

letztmals adv *form* (per) l'ultima volta.

letztmöglich adj <attr> ultimo possibile: **der ~e Flug**, l'ultimo volo possibile; **zum ~en Zeitpunkt**, all'ultimo momento; **der ~e Termin für die Zahlung ist der 25. Juni**, il termine ultimo per il pagamento è il 25 giugno.

letztwillig adj: **~e Verfügung**, disposizione testamentaria.

Leuchtanzeige f display m luminoso.

Leuchtbake f *naut* meda f luminosa.

Leuchtboje f *naut* boa f luminosa.

Leuchtbombe f *mil* bomba f illuminante.

Leuchtbuchstabe m lettera f al neon.

Leuchtdiode f el diodo m luminoso.

Leuchte <-, -n> f **1** (*Lampe*) lampada f, lume m **2** *fam* (*kluger Mensch*) luminare m: **er ist eine (große) ~ in der Astrophysik**, è un (grande) luminare nel campo dell'astrofisica; **er/sie ist** ₍keine große₎/[nicht gerade eine] **~**, (lui/lei) non è una cima.

leuchten itr **1** (*Licht verbreiten*) {Lampe, Laterne} fare luce; {Mond, Sonne} splendere; {Sterne} *auch* brillare; {Leuchtzifferblatt} essere luminoso; {Glühwürmchen} luccicare: **eine einzige Kerze leuchtete im Zimmer**, una sola candela illuminava/rischiarava la stanza; **ein Licht leuchtete in der Ferne**, una luce splendeva in lontananza; **das Leuchten** {+Mond}, il chiaro (di luna); {+Leuchtzifferblatt} la luminosità **2** (*Licht reflektieren*) {Blume, Farbe, Himmel, Meer} risplendere: **im Herbst leuchtet der Wald in allen Farben**, in autunno il bosco si accende di mille colori **3** (*glänzen*) **vor etw** (dat) **~** {Augen, Gesicht vor Begeisterung, Freude} brillare di qc, splendere di qc: **ihre Augen leuchteten vor Freude**, gli occhi le brillavano di gioia **4** (*eine Lichtquelle auf jdn/etw richten*) (**mit etw** dat) **irgendwohin ~** fare luce (con qc) + compl di luogo: **in alle Ecken ~**, ₍fare luce in₎/[illuminare] tutti gli angoli; **mit einer Taschenlampe unter den Schrank ~**, fare luce con una pila sotto l'armadio; **jdm im Dunkeln ~**, far luce a qu nel buio; **musst du mir direkt in die Augen ~?**, devi proprio puntarmi la luce negli occhi?; **leuchte mal hierher!**, fa' un po' di luce qui!

leuchtend adj **1** (*strahlend*) {Farbe} luminoso, vivace, acceso; {Rot} acceso; {Blau} intenso: **~e Augen**, occhi luminosi; **etw in den ~sten Farben schildern**, dipingere qc a colori vivaci **2** (*großartig*) {Vorbild} luminoso.

Leuchter <-s, -> m **1** (*Kronleuchter*) lampadario m **2** (*einarmiger Kerzenleuchter*) candeliere m; (*mit Tragegriff*) bugia f; (*mehrarmiger Kerzenleuchter*) candelabro m: **ein siebenarmiger ~**, un candelabro a sette bracci.

Leuchtfarbe f colore m luminescente.

Leuchtfeuer n *aero naut* faro m.

Leuchtgas n gas m illuminante/luce.

Leuchtkäfer m zoo lucciola f.
Leuchtkraft <-, ohne pl> f {+Farbe} luminosità f; astr intensità f luminosa.
Leuchtkugel f proiettile m illuminante/[da segnalazione].
Leuchtpistole f pistola f lanciarazzi/[da segnalazione].
Leuchtrakete f razzo m illuminante/[da segnalazione].
Leuchtreklame f insegna f (pubblicitaria) luminosa.
Leuchtröhre f tubo m luminescente/[al neon].
Leuchtschirm m schermo m fluorescente.
Leuchtschrift f scritta f/insegna f luminosa/[al neon].
Leuchtsignal n segnale m luminoso.
Leuchtspur f traccia f luminosa.
Leuchtspurgeschoss (a.R. Leuchtspurgeschoß), **Leuchtspurgeschoß** A CH n mil proiettile m tracciante.
Leuchtstift m evidenziatore m, marker m.
Leuchtstoff m sostanza f luminescente.
Leuchtstoffröhre f tubo m fluorescente.
Leuchtturm m naut faro m.
Leuchtzifferblatt n quadrante m luminoso.
leugnen A tr etw ~ 1 (abstreiten) {Beteiligung, Schuld, Tat} negare qc: **er leugnete die Beteiligung an dem Banküberfall**, negò di aver preso parte alla rapina in banca 2 <meist verneint> (in Abrede stellen) negare qc: **niemand will ~, dass er auch große Vorzüge hat**, nessuno vuole negare che (lui) abbia anche delle grandi qualità B itr negare: **hartnäckig/[bis zuletzt] ~**, negare ostinatamente/[a oltranza]; **das Leugnen hat keinen Zweck**, è inutile negare ● **etw ⌊ist nicht zu⌋/[lässt sich nicht] ~**, qc ⌊è innegabile⌋/[non si può negare].
Leugnung <-, -en> f: **trotz der ~ der Tat ...**, benché (lui/lei) negasse il fatto ...; **die ~ Ihrer Schuld wird Ihnen nichts nützen**, non Le servirà a niente negare la Sua colpa.
Leukämie <-, -n> f <meist sing> med leucemia f: **an ~ leiden/sterben**, ⌊essere affetto da⌋/[morire di] leucemia.
leukämisch adj leucemico.
Leukoplast① <-en, -en> m bot leucoplasto m.
Leukoplast②® <-(e)s, -e> n cerotto m (della marca Leukoplast).
Leukozyt <-en, -en> m <meist pl> med leucocita m.
Leumund <-(e)s, ohne pl> m obs reputazione f, fama f: **einen guten/schlechten ~ haben**, avere/[godere di] una buona/cattiva reputazione/fama.
Leumundszeugnis n: **jdm ein gutes/schlechtes ~ ausstellen**, attestare la buona/cattiva reputazione di qu.
Leutchen subst <nur pl> dim von Leute fam: **für die paar ~**, per quei quattro galti **mit den 20/30 ~ könnt ihr sowieso nichts ausrichten**, con appena 20/30 persone non concluderete niente comunque.
Leute subst <nur pl> 1 (Menschen) gente f, persone f pl: **arme ~** (ohne Geld) gente povera; **fremde ~**, estranei; **junge/alte ~**, giovani/[vecchi/anziani]; **100/200 ~**, 100/200 persone; **es waren alles nette/interessante ~**, era tutta gente simpatica/interessante; **es waren viel/wenig ~ da**, c'era molta/poca gente; **es waren keine/kaum ~ da**, non c'era nessuno/[quasi nessuno]; **seine Firma**

beschäftigt über hundert ~, la sua ditta dà lavoro a più di cento persone 2 (Mitmenschen): **die ~**, la gente; **etw nur der ~ wegen tun**, fare qc solo ⌊perché la gente lo veda⌋/[per la facciata]; **was werden die ~ dazu sagen?**, che (ne) dirà la gente?; **was die ~ so reden**, quel che dice la gente 3 fam (Mitarbeiter): **dazu fehlen uns die ~**, ci manca il personale adatto; **wir brauchen nur qualifizierte ~**, abbiamo bisogno solo di gente qualificata; **sich für seine ~ einsetzen**, darsi da fare per i propri dipendenti; **ich kann auf meine ~ rechnen**, posso contare sui miei collaboratori 4 (Kumpanen): **hört mal her, ~!**, ascoltate, gente!, state a sentire, ragazzi!; **so geht's nicht, liebe ~!**, così non va, cari miei! 5 mil uomini m pl; naut auch ciurma f, equipaggio m 6 fam (Familienangehörige): **meine/seine ~**, i miei/suoi ● **alle ~**, tutti; **alle ~, die da waren ...**, tutti quelli/coloro che c'erano ...; **hier ist es ja nicht wie bei armen ~! fam scherz**, non siamo mica dei poveracci/[morti di fame]! scherz; **so fragt man die ~ aus! fam**, è così che si cavano le parole (di bocca) alla gente!; **bessere/feine ~**, gente perbene; **etw unter die ~ bringen** fam {Gerücht}, mettere in giro qc; {Information}, diffondere qc (tra la gente), rendere noto (-a) qc; {Falschgeld}, mettere in circolazione/circolo qc; {Prospekte}, distribuire qc; **wer hat das unter die ~ gebracht?**, chi ha messo in giro questa voce?; **unter die ~ gehen**, incontrare/vedere gente; **von jetzt an sind wir geschiedene ~! fam**, non voglio più avere niente a che fare/spartire con te!, con te ho chiuso!; **seine ~ kennen**, conoscere i propri polli fam; **kleine ~, die kleinen ~**, l'uomo della strada, (einfache Menschen), gente modesta/semplice; scherz fam (Kinder), i piccoli; **unter (die) ~ kommen** fam (soziale Kontakte pflegen), incontrare/vedere gente; **vor lauter Arbeiten komme ich überhaupt nicht mehr unter ~**, per il troppo lavoro non vedo più nessuno; **in aller ~ Munde sein**, essere sulla bocca di tutti; (bekannt werden) {Mensch}, farsi conoscere; {Gerücht, Information}, passare di bocca in bocca; **die ~ von etw (dat)** {Von der Müllabfuhr}, gli uomini di qc; **die ~ von der Feuerwehr**, i pompieri/[vigili del fuoco]; **die ~ vom Bau**, gli operai edili/[del cantiere]; **das sind ~ vom Theater**, è gente di teatro; **vor allen ~n**, davanti a tutti, coram populo; **jdn vor allen ~n bloßstellen**, far fare una figuraccia a qu davanti a tutti.
Leuteschinder m (**Leuteschinderin** f) pej negriero (-a) m (f), schiavista mf, aguzzino (-a) m (f).
Leutnant <-s, -s oder rar -e> m mil sottotenente m: **jawohl, Herr ~!**, sì, signore!, sissignore!, signorsì! ● **~ zur See**, sottotenente di vascello.
leutselig adj {Charakter} affabile; {Mensch} auch alla mano: **sehr ~ sein**, essere molto alla mano.
Leutseligkeit <-, ohne pl> f affabilità f.
Levantiner <-s, -> m (**Levantinerin** f) geog levantino (-a) m (f).
levantinisch adj levantino.
Level <-s, -s> m geh 1 (Niveau) livello m 2 (Qualitätsstufe) (livello m di) qualità f: **das ist unterster ~**, è pessimo; (kulturell, geistig) è terra terra fam.
Leviten subst <nur pl> fam: **jdm die ~ lesen**, fare la predica/la paternale/una ramanzina a qu.
Levkoje <-, -n> f bot violaciocca f.
Lexem <-s, -e> n ling lessema f.
Lexika pl von Lexikon.
lexikalisch adj ling lessicale.

lexikalisieren <ohne ge-> tr ling etw ~ {Neologismus} lessicalizzare qc.
Lexikalisierung <-, -en> f ling lessicalizzazione f.
Lexikograf <-en, -en> m (**Lexikografin** f) ling lessicografo (-a) m (f).
Lexikografie <-, ohne pl> f lessicografia f.
Lexikografin f → **Lexikograf**.
lexikografisch adj lessicografico.
Lexikograph m (**Lexikographin** f) → **Lexikograf**.
Lexikographie f → **Lexikografie**.
Lexikographin f → **Lexikograph**.
lexikographisch adj → **lexikografisch**.
Lexikologe m (**Lexikologin** f) ling lessicologo (-a) m (f).
Lexikologie f ling lessicologia f.
Lexikologin f ling → **Lexikologe**.
Lexikon <-s, Lexika oder Lexiken> n 1 (Nachschlagewerk) enciclopedia f: **ein enzyklopädisches ~**, un dizionario enciclopedico; **ein ~ in siebzehn Bänden**, un'enciclopedia in diciasette volumi; **ein ~ der Kunstwissenschaft**, un'enciclopedia di storia dell'arte; **ein ~ für alte Sprachen**, un lessico di lingue classiche 2 fam (Wörterbuch) vocabolario m, dizionario m; **etw im ~ nachgucken**, controllare qc sul vocabolario 3 ling (Wortschatz) lessico m ● **ein wandelndes/lebendes ~ sein** fam scherz, essere un'enciclopedia ambulante.
Lexikoneintrag m voce f (di enciclopedia).
Lezithin <-s, -e> n <meist sing> biol chem lecitina f.
Liaison <-, -s> f 1 geh obs (Liebesverhältnis) liaison f, relazione f (amorosa) 2 (Verbindung) legame m 3 ling liaison f, legamento m.
Liane <-, -n> f bot liana f.
Libanese <-n, -n> m (**Libanesin** f) libanese mf.
libanesisch adj libanese.
Libanon <-(s), ohne pl> m geog 1 (Land) **der ~**, il Libano; **im ~**, in Libano 2 (Gebirge) (monti m pl del) Libano m.
Libanon-Zeder f bot cedro m del Libano.
Libelle <-, -n> f 1 zoo libellula f 2 tech (an Wasserwaage) livella f (a bolla d'aria).
liberal A adj 1 (freidenkend) {Einstellung, Haltung} liberale; {Chef} auch aperto, di larghe vedute 2 pol liberale B adv {Handeln, sich Verhalten} in maniera liberale: **~ denken/[eingestellt sein]**, essere liberale, avere delle idee liberali.
Liberale <deki wie adj> mf pol liberale mf.
liberalisieren <ohne ge-> tr etw ~ 1 jur liberalizzare qc: **das Abtreibungsgesetz ~**, liberalizzare l'aborto 2 ökon liberalizzare qc.
Liberalisierung <-, -en> f liberalizzazione f.
Liberalismus <-, ohne pl> m 1 pol liberalismo m 2 (liberale Einstellung) atteggiamento m liberale.
Liberia <-s, ohne pl> n geog Liberia f.
Libero <-s, -s> m Fußball libero m.
libidinös adj psych libidico.
Libido <-, ohne pl> f psych libido f.
Librettist m (**Librettistin** f) mus librettista m.
Libretto <-s, -s oder Libretti> n mus libretto m.
Libyen <-s> n geog Libia f.
Libyer <-s, -> m (**Libyerin** f) libico (-a) m (f).
libysch adj libico.
licht adj 1 (spärlich) {Bewuchs, Haar, Wald}

rado: **eine ~e Stelle im Haar/Wald**, un punto dove i capelli sono radi/[una radura nel bosco] **2** <attr> *bau* {Breite, Höhe, Weite} interno: **die ~e Weite eines Bogens/einer Brücke**, la luce di un arco/ponte; **die ~e Höhe einer Tür**, l'altezza interna/libera di una porta **3** *meist* geh *(hell)* {Raum, Wohnung} luminoso: **ein ~es Grün**, un verde brillante; **in einem ~en Moment**, in un momento di lucidità.

Licht <-(e)s, -er> n **1** <nur sing> (*Helligkeit*) luce f; (*schwaches ~*) *auch* lume f: **grelles/helles/fahles/schwaches/gedämpftes ~**, luce accecante/chiara/fioca/debole/soffusa; **natürliches/künstliches ~**, luce naturale/artificiale; **schlechtes ~**, cattiva illuminazione; **das ~ der Sonne/des Tages**, la luce del sole/giorno; **gegen das ~ fotografieren**, fotografare in controluce; **etw gegen das ~ halten**, tenere qc controluce; **jdm das ~ (weg)nehmen**, togliere la luce a qu, fare ombra a qu; **jdm im ~ stehen**, fare ombra a qu; **die Kerze warf ein schwaches ~**, la candela illuminava debolmente; **in der Ferne sah ich ein ~**, vidi una luce/un chiarore in lontananza **2** (*elektrisches*) luce f: **das ~ anmachen/einschalten/[anlassen]**, accendere la luce/[lasciare la luce accesa]; **das ~ ausmachen/ausschalten/löschen**, spegnere la luce; **das ~ ist ausgefallen!**, è andata via la luce!; **in der ganzen Stadt fiel/ging das ~ aus**, in tutta la città è venuta a mancare la luce; **das ~ brennen lassen**, lasciare la luce accesa; **das ~ ist noch an/[brennt noch]**, la luce è ancora accesa; **die ~er der Großstadt**, le luci della metropoli; **die Rechnung für ~ und Gas**, la bolletta della luce e del gas **3** *naut* fanale m • **jdm geht ein ~ auf** *fam*, a qu si accende una lampadina *fam*; **endlich ging ihm ein ~ auf**, finalmente cominciò a vederci chiaro; **bei ~ alla luce**; **bei diesem ~ kann ich nicht lesen**, con questa luce non riesco a leggere; **bei ~ besehen/betrachten**, a un esame più attento; **etw ans ~ bringen** {Wahrheit}, portare alla luce qc, far emergere qc; **~ in etw (akk) bringen** {Mensch}, far(e) luce su qc; {Entdeckung, Untersuchung}, permettere di fare luce su/in qc; **am Ende des Tunnels**, una luce in fondo al tunnel; **das ~ der Erkenntnis**, la luce/il lume della scienza; **in einem anderen ~ erscheinen** {Angelegenheit, Vorgang}, apparire/presentarsi sotto una nuova luce; **etw in einem anderen ~ erscheinen lassen** {Darstellung, Version}, presentare/[far apparire] qc sotto una nuova luce, gettare una nuova luce su qc; **das Ewige ~** *relig*, la luce eterna; **jdm hinters ~ führen**, imbrogliare qu, abbindolare qu *fam*; **nicht gerade ein/[kein großes] ~ sein** *fam*, non essere propriamente una cima *fam*; **jdm grünes ~ (für etw akk) geben**, dare via libera/[disco verde] (a qu) (per qc); **in günstigem/[einem günstigeren] ~** {Darstellen, Erscheinen}, sotto una luce favorevole/[più favorevole]; **ans ~ kommen** {Machenschaften, Umtriebe, Verborgenes}, venire alla luce, venire a galla, emergere; **(jdm) ~ machen**, fare/[accendere la luce (a qu)]; **das ~ der Öffentlichkeit scheuen**, rifuggire (da)i riflettori; **etw ins falsche ~ rücken**, mettere qc in cattiva luce; **jdn/etw ins rechte ~ rücken**, mettere qu/qc nella sua vera luce; **sich ins rechte ~ rücken**, mettersi in buona luce; **in rosigem ~** {Sehen} rosa; {Darstellen}, a tinte rosee; **~ und Schatten**, luci e ombre; **sein ~ (nicht) unter den Scheffel stellen**, (non) nascondere i propri meriti/[le proprie capacità], (non) mettere la fiaccola sotto il moggio *rar*; **das ~ scheuen**, temere la luce del giorno; **das ~ der Welt er-**blicken *geh*, vedere la luce *geh*, venire alla luce/[al mondo]; **es werde ~! und es ward ~** *bibl*, sia la luce! e la luce fu; **auf jdn ein gutes/schlechtes ~ werfen**, mettere qu in buona/cattiva luce; **auf jdn ein schiefes/ungünstiges ~ werfen**, gettare una luce sinistra su qu; **wo ~ ist, ist auch Schatten** *prov*, ogni medaglia ha il suo rovescio *prov*.

Lichtanlage f impianto m d'illuminazione, luci f pl.

lichtbeständig adj → **lichtecht**.

Lichtbild n **1** *adm* fototessera f **2** *obs* (*Diapositiv*) diapositiva f.

Lichtbildervortrag m → **Diavortrag**.

Lichtblick m nota f positiva: **der Urlaub war einer der wenigen ~e in diesem Jahr**, le vacanze sono state una delle poche note positive di quest'anno; **du bist mein einziger ~!**, sei la mia unica speranza/consolazione!; **die Mieten sollen sinken? - Das ist ja ein ~ in diesen Zeiten**, gli affitti diminuiscono? - Di questi tempi è una bella notizia.

Lichtbogen m el arco m voltaico/elettrico.

Lichtbogenschweißen f *tech* saldatura f ad arco.

Lichtbrechung f <-, ohne pl> f *phys* rifrazione f.

Lichtbündel n fascio m di luce.

lichtdurchflutet adj inondato di luce, luminosissimo.

lichtdurchlässig adj che lascia passare la luce, trasparente, diafano.

lichtecht adj {Farbe} resistente alla luce; {Stoff} che non si scolorisce.

Lichteffekt m effetto m di luce.

Lichteinfall m incidenza f della luce.

Lichteinstrahlung f irradiazione f.

Lichteinwirkung f azione f della luce.

lichtempfindlich adj **1** *fot* {Film, Fotopapier} fotosensibile **2** (*überempfindlich gegen Lichteinwirkung*) {Augen, Haut, Stoff} ipersensibile alla luce (solare).

lichten① tr *naut*: **den Anker ~**, levare/salpare l'ancora.

lichten② **A** tr *etw ~* (*ausdünnen*) {Baumbestand} diradare qc; {Wald} sfoltire qc **B** rfl **sich ~ 1** (*dünner werden*) {Haare, Nebel, Wolken} diradarsi; **hier lichtet sich der Wald**, qui il bosco si dirada **2** (*weniger werden*) {Bestände, Vorräte} cominciare a scarseggiare; **die Reihen der Zuschauer ~ sich**, le file degli spettatori cominciano a svuotarsi **3** *geh* (*heller werden*) {Himmel} schiarirsi, rischiararsi, rasserenarsi; **das Dunkel um etw (akk) lichtet sich** {um ein Verbrechen, jds Verbleib}, si sta facendo luce intorno a qc, sta per essere svelato il mistero di qc.

Lichterbaum m albero m di Natale.

Lichterfest n *relig* (*jüdisches Fest*) Festa f delle Luci, hanukkah f.

Lichterglanz m *geh* sfavillio m di luci.

Lichterkette f {+Demonstranten} fiaccolata f; {+Fest} ghirlanda f di luci/[luminosa].

lichterloh adv: **~ brennen** {Haus, Stadt}, essere divorato dalle fiamme; {Herz} ardere d'amore.

Lichtermeer n *geh* mare m di luci: **das ~ der Großstadt**, le luci della metropoli.

Lichtgeschwindigkeit f *phys* velocità f della luce: **mit ~**, alla velocità della luce.

Lichtgriffel m *inform* penna f luminosa/ottica, light pen f.

Lichthof m **1** *arch* cortile m interno **2** *fot* alone m.

Lichthupe f *autom* lampeggiamenti m pl (con i fari): **die ~ betätigen**, lampeggiare; **jdn mit der ~ warnen**, lampeggiare a qu (per segnalare qc).

Lichtjahr n **1** *astr* anno m luce **2** <nur pl> *fam*: **~ (von jdm/etw) entfernt sein**, essere lontano anni luce (da qu/qc); **es ist ~e her, dass ...**, sono secoli che ...; **das liegt ~e zurück**, è passato almeno un secolo, è roba di secoli fa *fam*.

Lichtkegel m {+Scheinwerfer} cono m di luce.

Lichtmangel m mancanza f di luce: **aus ~**, per mancanza di luce.

Lichtmaschine f *autom* (*für Gleichstrom*) dinamo f; (*für Drehstrom*) alternatore m.

Lichtmast m palo m della luce.

Lichtmess (a.R. Lichtmeß) subst <ohne art, inv> *relig*: **Mariä ~**, (festa f della) Candelora.

Lichtmesser <-s, -> m *opt* fotometro m.

Lichtorgel f consol(l)e f per luci.

Lichtpunkt m punto m luminoso; *el* spot m.

Lichtquelle f sorgente f luminosa/[di luce].

Lichtreiz m stimolo m luminoso.

Lichtreklame f → **Leuchtreklame**.

Lichtschacht m (*innerhalb eines Gebäudes*) cortile m a lucernario; (*vor Kellerfenstern*) pozzo m di luce.

Lichtschalter m interruttore m della luce.

Lichtschein m luce f, chiarore m, bagliore m.

lichtscheu adj **1** (*das Licht meidend*) {Mensch, Tier} che evita/fugge la luce **2** <attr> (*die Öffentlichkeit meidend*) ritroso, schivo **3** *pej* (*zwielichtig*) {Elemente, Gesindel} losco.

Lichtschranke f barriera f fotoelettrica.

Lichtschutzfaktor m fattore m di protezione/[protettivo]: **ein hoher/niedriger ~**, un fattore protettivo alto/basso; **eine Sonnenmilch mit ~ 15**, un latte solare con fattore protettivo/[di protezione] 15.

Lichtseite f lato m positivo: **seine Licht- und Schattenseiten haben**, avere i suoi pro e i suoi contro.

Lichtspiel <-(e)s, -e> n *obs* film m.

Lichtspielhaus n *obs* cinematografo m, sala f cinematografica.

lichtstark adj {Lampe, Scheinwerfer} molto luminoso; {Fernglas} a grande apertura; {Objektiv} *auch* luminoso.

Lichtstärke f **1** *phys* intensità f luminosa **2** *fot* apertura f (massima) del diaframma, luminosità f (massima).

Lichtstift m *inform* → **Lichtgriffel**.

Lichtstrahl m raggio m di luce.

Lichttechnik f illuminotecnica f.

lichtundurchlässig adj che non fa passare la luce, opaco.

Lichtung f <-, -en> f radura f.

Lichtverhältnisse subst <nur pl> condizioni f pl di luce, luminosità f.

Lid <-(e)s, -er> n *anat* palpebra f: **das obere/untere Lid**, la palpebra superiore/inferiore; **die Lider aufschlagen/senken**, aprire/alzare/[chiudere/abbassare] le palpebre • **jdm werden die Lider schwer** (jd wird müde), qu si sente le palpebre pesanti.

Lidschatten m ombretto m: **~ auftragen/auflegen/[abschminken]**, darsi *fam*/mettersi/[togliersi] l'ombretto.

Lidstift m matita f per gli occhi; (*flüssig*) eyeliner m.

Lidstrich m riga f (sugli occhi): **sich (dat) den/einen ~ ziehen**, farsi la riga sugli occhi.

lieb **A** adj **1** (*nett*) gentile, carino: **~ (zu jdm) sein**, essere gentile/carino/buono (con qu); **er ist immer sehr ~ zu mir**, sempre molto carino con me; **etw ist ~ von jdm**, qc è gentile/carino da parte di qu; **es war sehr ~ von euch, mich nach Hause zu bringen**, è stato veramente carino/gentile da parte vostra accompagnarmi a casa **2** <attr> (*liebevoll*) caro: **vielen Dank für deinen ~en Brief!**, grazie tante per la tua lettera, mi ha fatto molto piacere; **meine Eltern richten dir ~e Grüße aus**, i miei genitori ti mandano cari/affettuosi saluti; **~e Worte**, parole piene d'affetto; **du müsstest sehen, wie ~ sie mit den Kindern ist**, dovresti vedere quant'è carina con i bambini **3** <attr> (*geschätzt*) caro: **ein ~es Andenken**, un caro ricordo; **sie ist eine ~e Freundin**, è una cara amica; **der ~e Gott**, il Signore, Dio; **jdm ~ sein/werden**, essere/diventare caro (-a) a qc; (*als Anrede*) ⌊**mein Lieber**⌋/⌊**meine Liebe**⌋!, ⌊mio caro⌋/ [mia cara]!; **mein Liebes!**, amor mio!; **~e Birgit/Verwandte/Gäste!**, ⌊cara Birgit⌋/ [cari parenti]/[cari ospiti]!; **~ste Freundin!, carissima amica! 4** (*artig*) {HAUSTIER, KIND} bravo, buono: **bist du heute ~ gewesen?**, sei stato (-a) ⌊bravo (-a)⌋/[buono (-a)] oggi?, hai fatto ⌊il bravo⌋/[la brava]/[il buono]/[la buona] oggi?; **seid jetzt ~ und geht ins Bett**, ora fate i bravi e andate a letto; **willst du wieder ~ sein?**, vuoi fare il bravo/la brava adesso? **5** (*angenehm*) {BESUCH, GAST} gradito, caro; **jdm ~ sein: das ist mir ganz ~**, mi va bene; **es wäre mir ~, wenn ...**, mi ⌊farebbe piacere⌋/[piacerebbe] che ...; **~, konjv; es ist mir gar nicht ~, dass sie schon heute kommen**, non mi va per niente bene che arrivino già oggi B adv (*liebenswürdig*) {SICH BEDANKEN} gentilmente: **sie lässt dich ~ grüßen**, ti manda cari/affettuosi saluti; **er hilft mir immer so ~!**, è sempre così gentile da aiutarmi!; **~ schreiben**, scrivere parole piene d'affetto ● **als jdm ~ ist** {LÄNGER, ÖFTER, SCHNELLER}, più ... di quanto qu vorrebbe: **~ geworden: eine mir ~ gewordene Gewohnheit**, un'abitudine a me cara; *sei/*[seien Sie] **(bitte) so ~ und tu/**[tun Sie] **etw!**, abbi/abbia la cortesia di fare qc, saresti/sarebbe così gentile da fare qc?; **jdm wäre es nur zu ~, wenn ...**, ⌊a qu farebbe solo piacere⌋/[qu sarebbe solo contento] se ...

liebäugeln itr **mit etw** (dat) ~ accarezzare l'idea *di fare qc*: **er liebäugelt schon lange mit dem neuen VW-Modell**, è da tempo che fa la corte al nuovo modello della Volkswagen; **sie liebäugelte mit dem Gedanken, ins Ausland zu gehen**, accarezzava/[si trastullava con] l'idea di andare all'estero.

Liebe <-, -n> f **1** <*nur sing*> (*starke Zuneigung*) ~ (**zu jdm**) {ZU GOTT} amore m (*per qu*); {ZU DEN ELTERN, KINDERN} *auch* affetto m (*per qu*): **brüderliche/kindliche/elterliche ~**, amore fraterno/filiale/[dei genitori]; **eine innige ~**, un amore profondo; **eine große/heimliche/ leidenschaftliche ~**, un amore grande/segreto/passionale; **eheliche/freie/gleichgeschlechtliche ~**, amore coniugale/libero/ omosessuale; **die wahre ~**, il vero amore; **mit viel ~ aufwachsen**, crescere circondato (-a) da molto amore; **jdm seine ~ beweisen**, dimostrare il proprio amore a qu; **jdm seine ~ gestehen/erklären**, confessare/dichiarare il proprio amore a qu; **jds ~ erwidern/ [zurückweisen/verschmähen]**, ⌊ricambiare/ corrispondere⌋/ [rifiutare/ respingere] l'amore di qu; **verschmähte ~**, amore non corrisposto; **Glück in der ~ haben**, essere fortunato in amore; **er beteuert ihr ständig seine ~**, la assicura in continuazione sul suo amore **2** <*nur sing*> (*großes Interesse*) ~ (**zu etw** dat) {ZU DEN BERGEN, ZUR KUNST, ZUM LEBEN, ZUR NATUR, ZUM REITEN} amore m (*per qc*); {ZUM GELD, LUXUS} amore m (*di qc*): **er hat seine ~ für Blumen entdeckt**, ha scoperto il suo amore per i fiori; **die ~ zur Musik**, l'amore per la musica; **etw mit viel ~ tun**, fare qc con amore/passione **3** (*geliebter Mensch*) amore m: **die erste ~**, il primo amore; **sie war meine große ~**, (lei) è stata il mio grande amore; **die alten ~n**, i vecchi amori; **er/sie ist eine alte ~ von mir**, (lui/lei) è una mia vecchia fiamma **4** <*nur sing*> (*sexueller Kontakt*) amore m; **(mit jdm) ~ machen**, fare (al)l'amore (con qu); **er/sie ist gut in der ~** *fam*, lui/lei fa bene (al)l'amore; **käufliche ~** *geh*, amore venale **5** <*nur sing*> (*Barmherzigkeit*) amore m, carità f: GOttes **~**, l'amore di Dio; **Werke der ~**, opere di carità; **Glaube, ~ und Hoffnung**, fede, speranza e carità ● **das tut der ~ keinen Abbruch!** *fam*, non succede niente!, non è grave!; **aus ~ (zu jdm/etw)**, per amore (di qu/ qc); **bei aller ~, aber ...**, con tutta la buona volontà, ma ...; **bei aller ~, aber jetzt hast du das Maß überschritten**, con tutta la buona volontà, ma adesso hai superato il limite; **~ auf den ersten** *Blick*, amore a prima vista; **in ~, den(e) ...** (*Briefende*), con affetto/amore il tuo/la tua ...; *muss* **~ schön sein!** *auch iron*, che bello essere innamorati!; *voller* **~** {SEIN}, pieno d'amore; {ANSCHAUEN}, con gli occhi pieni d'amore; *vor* **~** {ENTFLAMMT, VERRÜCKT SEIN}, d'amore; **wo die ~ hinfällt ~** *prov*, al cuor non si comanda *prov*; **~ macht blind** *prov*, l'amore è cieco *prov*; **~ geht durch den Magen** *prov*, gli uomini si prendono per la gola; **alte ~ rostet nicht** *prov*, il primo amore non si scorda mai *prov*.

liebebedürftig adj {KIND, MENSCH} bisognoso d'amore/d'affetto: **kranke Kinder sind besonders ~**, i bambini malati ⌊sono particolarmente bisognosi⌋/[hanno un particolare bisogno] d'amore.

Liebelei <-, -en> f *obs* amoretto m *pej*.

lieben A tr **1** (*Liebe entgegenbringen*) **jdn ~** {MUTTER, NÄCHSTEN, VATER} amare *qu*: **jdn leidenschaftlich/[über alles]/[heimlich] ~**, amare qu appassionatamente/[sopra ogni cosa]/[segretamente]; **jdn abgöttisch ~**, idolatrare qu; **jdn von ganzem Herzen ~**, amare qu con tutto il cuore; **meine geliebten Eltern**, i miei amati genitori; **eine ~de Mutter**, una madre che ama **2** (*sehr schätzen*) **etw ~** amare *qc*: **die Freiheit/das Leben ~**, amare la libertà/vita; **er liebt ⌊seine Bequemlichkeit⌋/[die Gesellschaft]**, ama la ⌊sua comodità⌋/[compagnia]; **jd liebt es nicht, ⌊etw zu tun⌋/[wenn jd etw tut]/ [wenn etw geschieht]**, a qu non piace ⌊fare qc⌋/[che qu faccia qc]/[che qc succeda]; **er liebt es nicht, wenn man ihn unterbricht**, non ama essere interrotto **3** *euph* (*Geschlechtsverkehr mit jdm haben*) **jdn ~** fare (al)l'amore con qu B rfl **sich/einander geh ~ 1** (*gegenseitige Liebe empfinden*) amarsi: **sich leidenschaftlich ~**, amarsi appassionatamente/[con passione]; **die beiden ~ sich schon lange**, i due si amano da tanto **2** *euph* (*Geschlechtsverkehr haben*) amarsi, fare (al)l'amore: **sie haben sich die ganze Nacht geliebt**, hanno fatto (al)l'amore (per) tutta la notte C itr amare: **unfähig sein zu ~**, essere incapace di amare ● **jdn/etw ~ lernen**, imparare ad amare qu/qc, affezionarsi a qu/qc; **er hat sie im Laufe der Jahre ~ gelernt**, nel corso degli anni ha imparato ad amarla; **eine andere Kultur kennen und ~ lernen**, conoscere ed imparare ad amare un'altra cultura; **du wirst dieses Land noch ~ lernen**, finirai per amare questo paese; **seine Arbeit ~ lernen**, affezionarsi al proprio lavoro; **sich ~ lernen**, imparare ad amarsi; **sie werden sich noch ~ lernen**, impareranno ad amarsi; **was sich liebt, das neckt sich** *prov*, l'amore non è bello se non è litigarello *prov*.

liebend A adj {MUTTER, VATER} che ama i propri figli; {PARTNER} che sa dare amore B adv: **~ gern**, con molto piacere; **etw ~ gern tun**, fare qc con grande piacere; **jd würde ~ gern etw tun**, a qu ⌊farebbe tanto piacere⌋/[piacerebbe tanto] fare qc.

Liebende <*dekl wie adj*> mf chi ama, amante mf: **zwei ~**, due amanti; **ein wirklich ~r**, una persona che ama veramente.

liebenlernen a.R. *von* lieben lernen → **lieben**.

liebenswert adj {CHARAKTER, MENSCH, WESEN} amabile.

liebenswürdig adj gentile, affabile: **eine sehr ~e Art haben**, avere modi molto affabili; **er ist ein sehr ~er Mensch**, è una persona molto gentile; **das ist sehr ~ von Ihnen**, è molto gentile da parte Sua; **wären Sie so ~, etw zu tun**⌋/[und täten etw]? *geh obs*, avrebbe/[mi farebbe] la cortesia/gentilezza di fare qc?, sarebbe così gentile da fare qc?

Liebenswürdigkeit <-, -en> f **1** <*nur sing*> (*Freundlichkeit*) gentilezza f, affabilità f: **von extremer ~ sein**, essere estremamente gentile; **würden Sie die ~ haben/besitzen, etw zu tun?** *form*, avrebbe la gentilezza/cortesia di fare qc?, sarebbe così gentile da fare qc?; **sie ist die ~ in Person**, (lei) è la gentilezza personificata/[in/fatta persona] **2** (*Bemerkung*) gentilezza f.

lieber A adj <*kompar von* lieb>: **jd/etw ist jdm ~ (als jd/etw)**, qu preferisce qu/qc (a qu/qc), a qu piace più qu/qc (che qu/qc); **das ist mir ~**, preferisco questo; **eine Katze ist mir ~ als ein Hund**, preferisco un gatto a un cane; **jdm wäre es ~, wenn ...**, qu preferirebbe ⌊che ...⌋/ *konjv*/[fare (qc)], per qu sarebbe meglio ⌊se ...⌋*konjv*⌋/[fare (qc)]; **mir wäre es ~, wenn ich am Sonntag kommen könnte**, preferirei venire domenica B adv <*kompar von* gern> **1** (*vorzugsweise*): **wir trinken ~ Wein**, preferiamo (bere) il vino; **ich würde ~ gehen**, preferirei andare/andarmene; **er fährt ~ mit dem Zug als mit dem Auto**, ⌊preferisce viaggiare⌋/[viaggia più volentieri] in treno che (non) in macchina, preferisce il treno alla macchina; **ich habe sie ~ als ihn**, voglio più bene a lei che a lui **2** (*besser*) meglio: **~ heute als morgen**, meglio oggi che domani; **mach es ~ gleich**, è meglio che tu lo faccia subito; **~ nicht**, (è) meglio di no; **tu es ~ nicht!**, è meglio che tu non lo faccia!; **ich hätte ~ gehen sollen**, avrei fatto meglio ad andarmene; **je länger, je ~**, più dura, meglio è ● **nichts ~ als das** *fam*, niente di meglio; **ich wüsste nicht, was ich ~ täte!**, non chiedo di meglio!

Liebesabenteuer n avventura f (amorosa).

Liebesaffäre f storia f *fam*, relazione f (amorosa).

Liebesakt m *geh* atto m sessuale.

Liebesbedürfnis n bisogno m d'amore/ d'affetto.

Liebesbeweis m prova f d'amore/d'affetto.

Liebesbeziehung f relazione f amorosa, rapporto m amoroso.

Liebesbrief m lettera f d'amore: **sich ~e schreiben**, scriversi lettere d'amore.

Liebesdienerin f *euph* (*Prostituierte*) angelo m del sesso.

Liebesdienst m *geh* grande favore m: **jdm einen ~ erweisen**, fare un grande favore a qu.

Liebesdinge subst <*nur pl*> questioni f pl ⌊di cuore⌋/[d'amore].

Liebesentzug m psych: **jdn mit ~ strafen**, punire qu togliendogli l'affetto.

Liebeserklärung f dichiarazione f d'amore: **jdm eine ~ machen**, fare una dichiarazione d'amore a qu, fare la dichiarazione a qu fam, dichiararsi a qu.

Liebesfilm m film m d'amore.

Liebesgedicht n poesia f d'amore.

Liebesgeschichte f storia f d'amore.

Liebesgott m (**Liebesgöttin** f) dio m/dea f dell'amore.

Liebesheirat f matrimonio m d'amore.

Liebeskummer m mal m/pene f pl d'amore: **~ haben**, soffrire per amore; **sich aus ~ umbringen**, togliersi la vita per amore.

Liebesleben n vita f sessuale.

Liebeslied n canzone f d'amore.

Liebesmüh <-, ohne pl>, **Liebesmühe** f: **vergebliche/verlorene ~ sein**, essere fatica sprecata.

Liebesnest n fam nido m d'amore.

Liebespaar n coppia f d'innamorati.

Liebespärchen <-s, -> n coppietta f.

Liebesroman m romanzo m d'amore; (als Groschenheft) romanzo m/romanzetto m rosa.

Liebesspiel n preliminari m pl amorosi.

Liebesszene f scena f ₍d'amore₎/[erotica].

Liebestöter subst <nur pl> fam scherz mutandoni m pl antierotici.

Liebestrank m filtro m d'amore.

Liebesverhältnis n → **Liebesbeziehung**.

liebevoll A adj 1 (fürsorglich) {BETREUUNG, PFLEGE} amorevole, premuroso: **sie umsorgt ihn mit ~er Aufmerksamkeit**, lo circonda di attenzioni/affetto 2 (zärtlich) {MENSCH, UMARMUNG} tenero, affettuoso, pieno d'amore; {BLICK, VATER} auch amoroso: **~e Worte**, parole affettuose/[piene d'affetto] B adv 1 (mit besonderer Sorgfalt) {ETW BEHANDELN, EINPACKEN, JDN PFLEGEN, UMHEGEN, VERSORGEN} amorevolmente, con amore 2 (zärtlich) {ANSEHEN, UMARMEN} affettuosamente, teneramente, con amore; **jdn ~ küssen**, baciare qu teneramente; **~ miteinander umgehen**, trattarsi con affetto.

lieb|gewinnen <irr, ohne ge-> tr → **gewinnen**.

liebgeworden adj → **lieb**.

lieb|haben <irr> tr → **haben**②.

Liebhaber① <-s, -> m 1 (Geliebter) amante m: **einen ~n haben**, avere un amante 2 (Sexualpartner) amante m: **ein guter/schlechter/erfahrener ~ sein**, essere un ₍buon/cattivo amante₎/[amante esperto].

Liebhaber② <-s, -> m (**Liebhaberin** f) amatore (-trice) m (f), appassionato (-a) m (f), amante mf; (Kenner) intenditore (-trice) m (f), cultore (-trice) m (f): **ein ~ alter Musik sein**, essere un cultore/appassionato di musica antica; **ein Wein für ~**, un vino da intenditori.

Liebhaberausgabe f typ edizione f ₍per collezionisti₎/[da collezione]/[per bibliofili].

Liebhaberei <-, -en> f passione f, hobby m: **etw aus reiner ~ machen**, fare qc c ₍pura passione₎/[hobby].

Liebhaberin f → **Liebhaber**②.

Liebhaberpreis m prezzo m ₍da amatore₎/[d'affezione]/[amatoriale].

Liebhaberstück n pezzo m ₍per collezionisti₎/[da amatori].

Liebhaberwert <-(e)s, ohne pl> m valore m da collezionista/amatore.

liebkosen <liebkoste, hat liebkost oder geliebkost> tr geh obs **jdn/etw** ~ (KIND, HÜNDCHEN, KÄTZCHEN) fare le coccole a qu/qc, coccolare qu fam, accarezzare qu, vezzeggiare qu fam.

Liebkosung <-, -en> f geh obs coccola f, carezza f.

lieblich adj geh 1 (anmutig) {GESICHT, MÄDCHEN} grazioso, leggiadro; {LANDSCHAFT, ORT} ameno, ridente: **ein ~er Anblick**, una vista amena; **eine ~e Gestalt**, una figura leggiadra 2 (angenehm) {DUFT} soave; {TÖNE} auch dolce, melodioso 3 (mild) {WEIN} amabile, abboccato.

Lieblichkeit <-, ohne pl> f geh 1 (Anmut) {+GESICHT, MÄDCHEN} grazia f, leggiadria f; {+ANBLICK, LANDSCHAFT, ORT} amenità f 2 (angenehmer Sinneseindruck) {+DUFT} soavità f; {+TÖNE} auch dolcezza f, melodiosità f 3 (lieblicher Geschmack) {+WEIN} amabilità f.

Liebling <-s, -e> m 1 amore m, tesoro m: **mein ~!**, amore/tesoro mio!; **bist du es, ~?**, sei tu, tesoro/amore? 2 (bevorzugter Mensch) ~ **einer P.** (gen) prediletto (-a) m (f) di qu, beniamino (-a) m (f) di qu: **der ausländische Fußballspieler ist der ~ des Publikums**, quel giocatore di calcio straniero è il beniamino del pubblico; **mein Bruder ist der ~ seines Professors**, mio fratello è il pupillo del suo professore.

Lieblingsbeschäftigung f occupazione f preferita.

Lieblingsessen <-s, -> n piatto m preferito, pietanza f preferita.

Lieblingsfach n materia f (di studio) preferita.

Lieblingsfarbe f colore m preferito: **meine ~ ist grün**, il mio colore preferito è il verde.

Lieblingskind n figlio (-a) m (f) prediletto (-a).

Lieblingslied n canzone f preferita.

Lieblingsschriftsteller m (**Lieblingsschriftstellerin** f) scrittore (-trice) m (f) preferito (-a)/prediletto (-a)/favorito (-a).

Lieblingsschüler m (**Lieblingsschülerin** f) scolaro ~ (-a) m (f)/studente (-essa) m (f) prediletto (-a).

Lieblingsspeise f → **Lieblingsessen**.

Lieblingssport m sport m preferito.

Lieblingsthema n argomento m preferito.

Lieblingswort n: **das ~ eines Politikers/einer Zeit**, la parola ₍preferita di un politico₎/[in voga in un periodo].

lieblos A adj 1 (ohne Liebe) {BLICK, GESTE, UMARMUNG} senza amore, freddo, indifferente; {MENSCH} insensibile, privo di affettività; **jdm gegenüber ~ sein**, essere freddo nei confronti di qu 2 (sehr unfreundlich) {BEHANDLUNG, WORTE} sgarbato, freddo: **eine ~e Begrüßung**, un'accoglienza fredda 3 (ohne Sorgfalt) {EINRICHTUNG, ESSEN} non curato, trascurato B adv 1 (ohne Liebe) {ANGUCKEN, UMARMEN} senza amore, freddamente, con indifferenza 2 (sehr unfreundlich) {BEHANDELN, PFLEGEN} in modo sgarbato, sgarbatamente, freddamente; **sehr ~ mit jdm umgehen**, trattare qu in modo molto sgarbato 3 (ohne Sorgfalt) {AUSFÜHREN, HERRICHTEN, TUN, VERPACKEN} senza cura/amore: **ein ~ gedeckter Tisch**, una tavola apparecchiata senza cura/amore.

Lieblosigkeit <-, -en> f 1 (liebloses Verhalten) freddezza f, insensibilità f: **ihre ~ Worte hat mich erschreckt**, la freddezza delle sue parole mi ha spaventato 2 <nur sing> (lieblose Art) insensibilità f, mancanza f d'amore: **er ist von einer unglaublichen ~**, è di un'insensibilità incredibile.

Liebreiz <-es, ohne pl> m lit {+GESICHT, MÄDCHEN} grazia f, leggiadria f; {+LANDSCHAFT} amenità f.

Liebschaft <-, -en> f obs → **Liebesaffäre**.

liebste adj → **liebster**.

Liebste <dekl wie adj> mf obs: **jds ~r/~**, l'amato (-a) di qu obs, l'amore di qu ● **~(r)!**, tesoro (mio)!

liebster, liebste, liebstes A adj <superl von lieb> 1 <attr> (bevorzugt) preferito (-a), prediletto (-a): **sein liebstes Spielzeug ist ein kleiner Plüschaffe**, il suo giocattolo preferito è una scimmietta di peluche; **ihr liebster Zeitvertreib ist das Reiten**, il suo passatempo preferito è l'equitazione 2 <präd>: **jd/etw ist jdm am liebsten**: **ein kleines Lokal ist mir am liebsten**, io preferisco un piccolo locale; **am liebsten ist mir Werner von seinen Freunden**, fra i suoi amici preferisco Werner; **du bist mir der/die Liebste!**, sei quello (-a) che preferisco (in assoluto)! B adv <superl von gern>: **am liebsten**, più di tutto, più di ogni altra cosa: **am liebsten spiele ich Tennis**, giocare a tennis mi piace più di ogni altra cosa; **die Kinder essen am liebsten Spaghetti/Spaghetti mit Tomatensoße**, il piatto preferito dei bambini sono gli spaghetti al pomodoro; **am liebsten würde ich jetzt schlafen**, più di tutto avrei voglia di dormire; **von allen Freundinnen hab' ich dich am liebsten**, tra tutte le amiche sei quella a cui sono più affezionata.

Liechtenstein <-s, ohne pl> n geog Liechtenstein m: **in ~**, nel Liechtenstein.

Liechtensteiner <-s, -> m (**Liechtensteinerin** f) abitante mf del Liechtenstein.

liechtensteinisch adj del Liechtenstein.

Lied <-(e)s, -er> n 1 mus canzone f; (Kirchenlied) canto m; (Kunstlied) Lied m: **die ~er Schuberts**, i Lieder di Schubert; **ein einstimmiges/mehrstimmiges ~**, una canzone monodica/[a più voci]; **ein ~ anstimmen/singen**, intonare/cantare una canzone; **ein ~ vor sich hin summen**, canticchiare fra sé e sé una canzone 2 (Gesang) {+LERCHE, NACHTIGALL} canto m 3 lit (epische Dichtung) canto m: **der ~ der Edda**, i canti dell' Edda ● **es ist immer ₍das alte₎/gleiche/[dasselbe] ~ (mit jdm/etw)** fam, è sempre la solita stessa musica/solfa (con qu/qc) fam; **von etw (dat) ein ~ ₍singen können₎/[zu singen wissen]** fam, saperne qualcosa di qc fam; **davon kann ich ein ~ singen** fam, ne so qualcosa fam.

Liederabend m serata f liederistica, recital m di lieder.

Liederbuch n raccolta f di canzoni, libro m di canti, canzoniere m lit.

liederlich adj 1 (schlampig) {MENSCH} disordinato, {KLEIDUNG} sciatto, trascurato; {ARBEIT} raffazzonato, abborracciato 2 obs (verwerflich) {LEBENSWANDEL} dissoluto, sregolato: **ein ~er Mensch**, uno scapestrato, un dissoluto.

Liederlichkeit <-, ohne pl> f 1 (schlampige Art) sciatteria f, trascuratezza f 2 pej (verwerflichkeit) {+MENSCH} dissolutezza f; {+LEBENSWANDEL} auch sregolatezza f.

Liedermacher m (**Liedermacherin** f) cantautore (-trice) m (f).

Liederzyklus m ciclo m di canzoni.

lief 1. und 3. pers sing imperf von **laufen**.

Lieferant <-en, -en> m (**Lieferantin** f) com fornitore (-trice) m (f).

Lieferanteneingang m entrata f ₍per i₎/[riservata ai] fornitori.

Lieferantin f → **Lieferant**.

lieferbar adj 1 (erhältlich) {ARTIKEL, WARE} disponibile: **das Buch ist zurzeit nicht ~**, il

Lieferbedingung | liegen

libro non è al momento disponibile 2 (*zustellbar*) pronto per la consegna: **jederzeit/ sofort ~ sein**, essere pronto per la consegna.

Lieferbedingung f ‹*meist pl*› condizione f di consegna.

Lieferfirma f 1 (*Lieferant*) ditta f fornitrice, fornitore (-trice) m (f) 2 (*Zustellerfirma*) ditta f addetta alla consegna.

Lieferfrist f termine m di consegna: **eine kurze/lange ~ haben**, avere dei tempi di consegna brevi/lunghi.

liefern A tr 1 (*zustellen*) (*jdm*) *etw* ~, *etw an jdn/etw* ~ consegnare *qc* (*a qu/qc*): **etw sofort/pünktlich/termingemäß ~**, consegnare qc subito/puntualmente/[entro il termine convenuto]; **eine Ware ₁frei Haus₁/[per Bahn/Post] ~**, consegnare una merce franco domicilio/[a mezzo ferrovia/posta]; **die Ware wird direkt ins Haus geliefert**, la merce viene consegnata direttamente a domicilio; **die Firma Müller liefert uns Milchprodukte**, la ditta Müller ci fornisce i₁/[rifornisce di] latticini; **die Möbel können erst in zwei Monaten geliefert werden**, i mobili possono essere consegnati solo fra due mesi 2 (*be~*) *jdm etw* ~, *etw an jdn/etw* ~ fornire *qc a qu*, (ri)fornire *qu/qc di qc*: **dieses Unternehmen liefert Waffen an feindliche Länder**, questa impresa fornisce armi ai paesi nemici 3 (*erzeugen*) *etw* ~ {ROHSTOFF} produrre *qc*, dare *qc*: **die Bienen ~ Honig**, le api producono il miele; **die Solarzellen ~ fünf Prozent der nötigen Energie**, i pannelli solari producono il cinque per cento dell'energia necessaria; **dieses Land liefert den Hauptanteil an Rohöl**, quel paese ₁produce la maggiore quantità₁/[è il maggior produttore] di petrolio greggio 4 (*bieten*) (*jdm*) *etw* ~ offrire *qc a qu*, fornire *qc a qu*, dare *qc a qu*: **die neuesten Ereignisse haben reichlich(en) Gesprächsstoff geliefert**, gli ultimi eventi hanno offerto abbondante materia di conversazione; **dafür liefert die Geschichte ausreichende Beispiele**, di questo la storia ci fornisce/offre esempi sufficienti; **einen Beweis/Nachweis (für etw akk) ~**, fornire/produrre una prova di qc; **ein gutes/schlechtes Spiel ~**, disputare una bella/brutta partita B itr (*zustellen*) (*irgendwohin/an jdn/etw*) ~ consegnare/[fare/effettuare consegne] (+ *compl di luogo/a qu/qc*): **das Werk kann im Moment nicht ~**, al momento la fabbrica non è in grado di effettuare consegne; **sofort/schnell/[direkt ab Fabrik] ~**, consegnare subito/rapidamente/[franco fabbrica]; **wir ~ auch an Privatpersonen**, riforniamo anche privati C rfl (*austragen*): **sich einen Kampf/eine Schlacht ~**, darsi battaglia.

Lieferschein m *com* bolla f di consegna.

Liefertermin m *com* data f di consegna.

Lieferumfang m *com* volume m di consegna.

Lieferung ‹-, -en› f 1 (*das Liefern*) consegna f: **bei/nach ~**, alla/[dopo la] consegna; **eine sofortige/termingerechte ~**, una consegna immediata/[entro il termine convenuto]; **eine verspätete ~**, un ritardo nella consegna; **~ frei Haus**, consegna franco domicilio; **~ nur gegen Barzahlung**, consegna solo dietro pagamento in contanti; **zahlbar bei ~**, pagabile alla consegna; **die ~ erfolgt in drei Wochen**, la consegna verrà effettuata fra tre settimane 2 (*gelieferte Ware*) fornitura f: **eine beschädigte/defekte ~**, una fornitura danneggiata/difettosa; **eine ~ entgegennehmen/kontrollieren/zurücksenden**, accettare/controllare/[(ri)mandare indietro] una fornitura 3 (*vorab ausgelieferter Teil*)

{+MEHRBÄNDIGES WERK} dispensa f, fascicolo m: **in ~en erscheinen**, essere pubblicato a fascicoli.

Liefervertrag m *com* contratto m di fornitura.

Lieferwagen m furgone m; (*kleiner ~*) furgoncino m.

Lieferzeit f → **Lieferfrist**.

Liege ‹-, -n› f 1 (*improvisiertes Bett*) branda f 2 (*Gartenliege*) lettino m.

liegen ‹liegt, lag, gelegen› itr ‹haben oder süddt A CH sein› 1 (*in waagrechter Lage sein*) **irgendwo ~** essere/stare sdraiato (-a)/disteso (-a) + *compl di luogo*, giacere + *compl di luogo*: **auf dem Boden/der Couch ~**, stare disteso (-a) ₁per/a terra₁/[sul divano]; **lang ausgestreckt im Gras ~**, starsene sdraiato (-a) sull'erba; **auf dem Bauch/dem Rücken/der Seite ~**, giacere ₁bocconi/prono (-a)₁/[supino (-a)]/[su un fianco]; **im Sand₁/[in der Sonne] ~**, stare sdraiato (-a) ₁nella sabbia₁/[al sole]; **der Kranke muss noch einige Wochen ~**, l'ammalato deve rimanere a letto ancora per alcune settimane; **der Kopf des Kranken sollte etwas höher/tiefer ~**, l'ammalato dovrebbe stare con la testa più sollevata/[in basso]; **er liegt gerne hart/weich**, gli piace dormire sul duro/morbido; **so liegt sie bequem**, così ₁sta comoda₁/[è distesa comodamente]; **die ganze Nacht wach ~**, stare sveglio (-a) (per) tutta la notte, passare la notte in bianco; **irgendwo verletzt/tot ~**, giacere ferito (-a)/morto (-a) + *compl di luogo*; **im Bett/Krankenhaus ~**, essere ₁a letto₁/[all'ospedale]; **er/sie liegt schon im Bett**, lei/lui (-a), è già a letto; **bleiben** (*noch nicht aufstehen*), restare/rimanere ₁coricato (-a)₁/[a letto]; **bleib ~!**, non ti alzare!, resta sdraiato (-a)!; **es war so früh, dass sie noch etwas ~ bleiben konnte**, era così presto che poteva rimanere un altro po' a letto; **~ bleiben** (*nicht mehr aufstehen*), restare/rimanere ₁disteso (-a)₁/[a terra]; **er blieb einige Minuten wie tot ~**, rimase a terra come morto per alcuni minuti; **Weinflaschen sollen ~**, le bottiglie di vino devono stare coricate/[in posizione orizzontale]; **das Liegen**, la posizione orizzontale; **im Liegen**, in posizione orizzontale; **etw im Liegen tun**, fare qc da sdraiato (-a)/disteso (-a); **vom langen Liegen**, a forza di stare sdraiato (-a) 2 (*sich befinden*) **irgendwo ~** essere/trovarsi + *compl di luogo*: **der Brief lag noch auf dem Tisch**, la lettera era ancora sul tavolo; **hast du meine Brille irgendwo ~ sehen?**, hai visto ₁da qualche parte₁/[in giro] i miei occhiali?; **die ganzen Spielsachen lagen verstreut auf dem Boden**, i giocattoli erano tutti sparsi per terra; **das Geld liegt auf der Bank**, i soldi sono (depositati) in banca; **die Betonung liegt auf der zweiten Silbe**, l'accento cade sulla seconda sillaba; **roher Paprika liegt schwer im Magen**, il peperone crudo rimane sullo stomaco; **mit einer Panne auf der Autobahn ~**, essere/trovarsi in panne sull'autostrada 3 (*vergessen*): **etw irgendwo ~ lassen**, lasciare/dimenticare/scordare qc + *compl di luogo*; **ich habe die Brieftasche nicht ~ lassen, sie ist mir gestohlen worden!**, il portafoglio non l'ho lasciato in giro, me l'hanno rubato!; **weißt du wenigstens, wo du deine Tasche ~ gelassen hast?**, sai almeno dove l'hai dimenticata/lasciata la borsa? 4 (*vergessen werden*): **~ bleiben → liegen|bleiben** 5 (*nicht beseitigt werden*): **~ bleiben → liegen|bleiben** 6 (*nicht wegräumen*): **etw ~ lassen**, lasciare qc com'è; **lass alles ~, ich räume später auf**, lascia tutto com'è, più tardi metto in ordine io; **lasst bit-**

te eure Klamotten nicht immer überall ~!, per favore non lasciate sempre le vostre cose ₁in giro₁/[dappertutto]! 7 (*sich abgesetzt haben*) **irgendwo ~** {REIF, SCHNEE, STAUB} esserci + *compl di luogo*: **auf allen Möbeln lag eine dicke Staubschicht**, su tutti i mobili c'era uno spesso strato di polvere 8 (*hängen*) **irgendwo ~** {DUNSTGLOCKE, NEBEL} esserci + *compl di luogo*: **dichter Nebel lag auf den Feldern**, una fitta nebbia copriva i campi 9 (*geographisch gelegen sein*) **irgendwo ~** ₁essere situato ~₁/[trovarsi] + *compl di luogo*: **Koblenz liegt ₁am Rhein₁/[in Deutschland]**, Coblenza si trova ₁sul Reno₁/[in Germania]; **der Ort liegt am Rande des bayerischen Wald(e)s**, il paese si trova ₁[è situato] al margine della selva Bavarese 10 (*eine bestimmte Lage haben*) **irgendwie ~** {ABGELEGEN, HERRLICH, IDYLLISCH, RUHIG} ₁essere (situato)₁/[trovarsi] in una posizione + *adj*: **die Hütte liegt ₁hoch oben auf dem Berg₁/[1000 Meter hoch]**, il rifugio si trova ₁in cima al monte₁/[a (un')altitudine di) 1000 metri]; **das neue Einkaufszentrum liegt nahe an der Autobahn**, il nuovo centro commerciale è situato vicino all'autostrada; **nach etw (dat) ~** {BALKON, FENSTER, WOHNUNG, ZIMMER NACH NORDEN, SÜDEN} dare/[essere esposto/rivolto] *a/verso qc*; **das Zimmer liegt nach hinten**, la stanza dà sul retro; **zu etw (dat) (hin) ~** {ZUM GARTEN, ZUM SEE, ZUR STRAẞE} dare *su qc*, guardare *qc* 11 (*begraben sein*) **irgendwo ~** giacere *euph*/riposare *euph* + *compl di luogo* 12 *naut* **irgendwo ~** {SCHIFF AM KAI, AN DER MOLE} essere attraccato/ormeggiato + *compl di luogo*; {IM HAFEN, WEIT DRAUSSEN} essere ancorato/ormeggiato + *compl di luogo*; {AUF EINER SANDBANK} essersi incagliato + *compl di luogo*: **auf der Reede ~**, essere ancorato in rada; **auf dem Meeresgrund ~**, giacere in fondo al mare; **vor Anker ~**, essere all'ancora 13 (*rangieren*) **irgendwo ~** {AUF EINEM BESTIMMTEN PLATZ, AN EINER STELLE} essere/trovarsi + *compl di luogo*: **₁in Führung₁/[an der Spitze]/[vorn] ~** *sport*, essere ₁in testa₁/[al comando], condurre; **gut ~**, avere un buon piazzamento; **ganz hinten ~**, essere tra gli ultimi; **gut im Rennen ~**, essere/trovarsi in (una) buona posizione; **(noch) im Rennen ~**, essere (ancora) in corsa 14 (*zu handhaben sein*) **irgendwie irgendwo ~**: **der Griff/das Messer liegt gut in der Hand**, il manico/il coltello si impugna bene; **das Auto liegt gut auf der Straße**, la macchina ₁ha una buona tenuta di₁/[tiene bene la] strada; **das Auto liegt gut/schlecht in der Kurve**, in curva la macchina ₁tiene bene₁/[non tiene] la strada 15 (*in bestimmter Weise gelegt sein*) **irgendwie ~** essere + *compl di modo*: {HAARE GUT, SCHLECHT} ₁essere pettinato₁/[stare] + *compl di modo*: **mein Haar liegt heute nicht**, oggi i capelli mi stanno come vogliono *fam*; **die Tischdecke liegt schief**, la tovaglia è storta 16 (*angesiedelt sein*) **bei etw (dat)/um etw (akk) ~** {WARE} costare *intorno a qc*; {GEWINN, PREIS} aggirarsi *intorno a qc*; **über/unter etw (dat) ~** essere superiore/inferiore *a qc*, essere sopra/sotto *qc*; **zwischen etw und etw (dat) ~** essere tra *qc e qc*, oscillare tra *qc e qc* 17 (*zeitlich angesiedelt sein*) **in etw (dat) ~**: **etw liegt noch in ₁der Zukunft₁/[weiter Ferne]**, qc è ancora ₁molto lontano₁/[di là da venire]; **das Ende des Projekts liegt noch in weiter Ferne**, la conclusione del progetto è ancora ₁molto lontana₁/[di là da venire]; **zwischen etw (dat) und etw (dat) liegt etw** {JAHRE, TAGE, WOCHEN}, tra qc e qc c'è qc, qc separa qc da qc; **zwischen Weihnachten und Neujahr liegt eine Woche**, tra

Natale e Capodanno c'è una settimana **18** (*verursacht sein*) **an jdm/etw ~** dipendere *da qu/qc*, essere dovuto *a qc*; **etw liegt daran, dass ...**, qc dipende dal fatto che ...; **das liegt an dir**, dipende da te; **das liegt nur/einzig an dir, dass die Sache nicht geklappt hat**, è solo colpa tua se la cosa non ha funzionato; **an wem liegt das?**, da chi dipende?; **woran mag es nur ~, dass ...?**, da (che) cosa dipenderà mai (il fatto) che ...?, quale sarà mai il motivo per cui ...?; **woran liegt der Schaden?**, da (che) cosa dipende il guasto?, qual è la causa del guasto?; **oft liegt es am Lehrer, wenn ein Kind Schwierigkeiten in der Schule hat**, spesso è colpa dell'insegnante se un bambino ha difficoltà a scuola; **dass sie so viel Erfolg hat, liegt an ihrer gewinnenden Art**, il fatto che (lei) abbia così tanto successo ⌞dipende dai⌟/[è dovuto ai] suoi modi accattivanti **19** (*zufallen*) **bei jdm ~** {VERANTWORTUNG} essere *di qu*: **die Verantwortung liegt beim Direktor**, la responsabilità è del direttore; {ENTSCHEIDUNG} stare *a qu*, toccare *a qu*; **die Entscheidung liegt bei ihr**, sta a lei prendere una decisione; **das liegt ganz bei dir**, sta solamente a te; **es liegt an/bei jdm,** ⌞**etw zu tun**⌟/[**ob ...**], sta a qu ⌞fare qc⌟/[decidere se ...]; **das liegt ganz/allein an/bei dir, ob du dich bewirbst**, sta solamente a te decidere se vuoi fare domanda; **die Schuld liegt bei ihm**, la colpa è sua; **etw liegt in etw** (dat): **das liegt allein in Ihrem Belieben**, ciò dipende unicamente/esclusivamente da Lei, ciò è a Suo piacimento; **es liegt in jds Ermessen, ob ...**, è a discrezione di qu di ... *inf*; **das liegt ganz in Ihrem Ermessen**, ciò è a Sua assoluta discrezione; **es liegt nicht in meiner Hand/Macht, etw zu tun**, non ⌞è in mio ⌟potere/[dipende da me] fare qc **20** (*unerledigt bleiben*): **~ bleiben → liegen|bleiben 21** (*unerledigt lassen*): **etw ~ lassen** {BRIEF, POST}, lasciare inevaso (-a) qc; {ARBEIT}, lasciare lì qc **22** (*nicht verkauft werden*): **~ bleiben → liegen|bleiben 23** (*wichtig sein*): **jdm liegt etw an jdm/etw**, qc tiene a qu/qc, a qu preme qu/qc; **jdm liegt viel/[nicht viel]/[wenig] an jdm/etw**, qu ⌞(ci) tiene molto⌟/[non tiene molto]/[tiene poco] a qu/qc; **jdm liegt überhaupt nichts an jdm/etw**, qu non (ci) tiene affatto a qu/qc, qu non dà nessuna importanza a qc, a qu non importa affatto di qu/qc; **es liegt mir (viel) daran, Ihnen zu sagen ..., ci tengo (molto) a dirLe ...; es liegt mir viel daran, dass Sie kommen**, mi preme molto che Lei venga; **jdm liegt/[liegt nichts] daran, etw zu tun**, a qu importa/[non importa] fare qc; ⌞**ci tiene⌟/[non ci tiene] a fare qc**; **du weißt doch, wie sehr der Mama daran liegt**, sai benissimo quanto ci tenga la mamma **24** (*jdm zusagen*): **jd liegt jdm**, qu va a genio a qu; **etw liegt jdm** {JDS ART, JDS AUFTRETEN, METHODEN}, qc va a genio a qu, qc piace a qu; {ARBEIT, AUFGABE, FUNKTION, ROLLE}, qc si addice/confà a qu; {jds Begabung entsprechen} {ARBEIT, BESCHÄFTIGUNG MIT KINDERN, STUDIUM}, qc fa per qu, qu è portato per qc: **Fremdsprachen ~ mir nicht**, le lingue straniere non ⌞sono il mio forte *fam*⌟/[fanno per me *fam*]; **die neue Arbeit liegt ihm ausgezeichnet**, il nuovo lavoro sembra fatto apposta/[su misura] per lui; **sie hat mir noch nie gelegen**, non mi è mai andata a genio: **die Rolle der strengen Lehrerin liegt ihr nicht**, la parte dell'insegnante severa non ⌞fa per lei⌟/[le si addice]; **solche Methoden ~ ihm nicht**, simili metodi non sono da lui **25** (*lasten*) **auf jdm ~** {LAST, VERANTWORTUNG} gravare *su qu*; {SCHULD} auch pesare *su qu*: **auf dieser Familie scheint ein Fluch zu ~**, su questa famiglia sembra gravare una maledizione **26** *ling* **auf etw** (dat) **~** {BETONUNG, TON} cadere *su qc*: **wenn die Betonung auf der ersten Silbe liegt, dann ...**, se la prima sillaba è accentata, ... **27** (*enthalten sein*) *irgendwo ~* esserci + *compl di luogo*: **in seinen Worten lag ein versteckter Vorwurf**, le sue parole celavano un rimprovero; **ein vergnügtes Lächeln lag auf ihren Lippen**, aveva un sorriso divertito sulle labbra; **darin liegt eine tiefe Weisheit**, in questo c'è una profonda saggezza; **die Wahrheit liegt in der Mitte**, la verità sta nel mezzo **28** (*begründet sein*) **in/an etw** (dat) **~** {GRUND, URSACHE} risiedere/[andare ricercato (-a)] *in qc* ● **~ bleiben** (*nicht tauen*) **→ liegen|bleiben**; *autom* **~ bleiben** (*eine Panne haben*) **→ liegen|bleiben**; *bloß* **~ → bloß|liegen**; (*mit etw dat*) *falsch ~*, sbagliare (qc); **jdn links ~ lassen** *fam*, non considerare qu, non filar(si) qu *fam region*; **etw links/rechts ~ lassen**, lasciare qc sulla sinistra/destra; **du lässt das Dorf rechts ~ und ...**, (ti) lasci il paese sulla destra e ...; **an jdm/etw soll's nicht ~** *fam*: **an mir soll's nicht ~ (ich will kein Hindernis sein)**, non sarò certo io l'ostacolo; (*ich will mein Bestes tun*), farò del mio meglio; **daran soll's nicht ~** *fam*, non sarà certo questo il problema; **sich wund ~**, avere le piaghe da decubito; **sich ⌞am/den Rücken⌟/[das Gesäß] wund ~**, avere piaghe da decubito ⌞alla schiena⌟/[al sedere].

liegen|bleiben <*irr*> *itr* <*sein*> **1** (*vergessen werden*) *irgendwo ~* rimanere (essere dimenticato/lasciato) + *compl di luogo*: **wem gehört denn der Schirm, der hier gestern liegengeblieben ist?**, di chi è l'ombrello (che è) rimasto qui ieri?; **an der Garderobe ist eine Mütze liegengeblieben**, al guardaroba è rimasto un berretto, qualcuno ha lasciato un berretto al guardaroba **2** (*nicht beseitigt werden*) *irgendwo ~* {ABFALL, GERÜMPEL, MÜLL} rimanere + *compl di luogo* **3** (*unerledigt bleiben*) {ARBEIT} rimanere fermo (-a); {POST} rimanere inevaso (-a); {AUFTRAG, BESTELLUNG} auch rimanere in sospeso: **kurzfristig eingegangene Aufträge bleiben bis nach den Feiertagen liegen**, gli ordini arrivati da poco rimangono inevasi fino dopo le feste; **das Projekt ist liegengeblieben, weil die Finanzierungsgelder nicht kamen**, il progetto è rimasto fermo perché i finanziamenti non arrivavano; **eine liegengebliebene Akte**, una pratica giacente **4** (*nicht verkauft werden*) (*bei jdm*) **~** {ARTIKEL, WARE} rimanere invenduto (-a)/giacente (*da/presso qu*), rimanere in magazzino (*da/presso qu*): **die liegengebliebene Ware**, le rimanenze/giacenze **5** (*nicht tauen*) rimanere: **es hat ein wenig geschneit, aber der Schnee ist nicht liegengeblieben**, è nevicato per un po' ma la neve non è rimasta **6** *autom* (*eine Panne haben*) (*irgendwo*) **~** rimanere ⌞fermo (-a)⌟/[in panne] (+ *compl di luogo*).

liegend A adj {AKT, POSITION, WAPPENTIER} sdraiato: **etw** (dat) **zugrunde ~**, (che è/sta) alla base di qc; **die seiner Interpretation zugrunde ~e Weltanschauung**, la visione del mondo ⌞che è alla base da⌟/[su cui poggia la] sua interpretazione B adv {ERLEDIGEN, LESEN, SCHREIBEN} da sdraiato/[disteso (-a): **etw ~ aufbewahren**, conservare qc in posizione orizzontale.

liegen|lassen <*irr*, part perf *liegenlassen* oder *liegengelassen*> tr **→ liegen**.

Liegenschaft f, -en> f *meist pl* bes. *jur* bene m immobile, fondo m.

Liegeplatz m *naut* {+BOOT, KUTTER} posto m; {+SCHIFF} (posto m di) attracco m/ormeggio m.

Liegerad n *sport* bicicletta f reclinata.

Liegesitz m *autom* sedile m ribaltabile/reclinabile.

Liegestuhl m (sedia f a) sdraio f.

Liegestütz <-es, -e> m *sport* flessione f (sulle braccia): **~e machen**, fare flessioni.

Liegewagen m *Eisenb* (*Wagen*) carrozza f/vagone m (con) cuccette; (*Platz*) cuccetta f; **hast du den ~ schon gebucht?**, hai già prenotato la cuccetta?

Liegewiese f prato m (dove prendere il sole).

Liegezeit f *naut* stallia f.

lieh 1. *und* **3. pers sing imperf** *von* **leihen**.

lies 2. pers sing imper *von* **lesen**.

Lieschen n *dim von* Elisabeth ● *Fleißiges ~ bot*, impatiens; **~ Müller** *fam*, la signora Rossi.

ließ 1. *und* **3. pers sing imperf** *von* **lassen**.

liest 3. pers sing präs *von* **lesen**.

Lifestyle, Life-Style <-s, ohne pl> m stile m di vita.

Lift <-(e)s, -e oder -s> m **1** (*Aufzug*) ascensore m, lift m: **mit dem ~ fahren**, andare in ascensore; **den ~ nehmen**, prendere l'ascensore **2** (*Skilift*) skilift m, sciovia f; (*mit Sesseln*) seggiovia f.

Liftboy <-s, -s> m lift m, ascensorista m.

liften tr *med* **jdm etw ~** {DOPPELKINN, GESICHT} fare un lifting *a qc a qu*: **jdm das Gesicht ~**, fare un lifting a qu; **sich ~ lassen**, ⌞sottoporsi ad un⌟/[farsi fare il] lifting; **sich** (dat) **etw ~ lassen**, sottoporsi a un lifting di qc; **sich** (dat) **das Gesicht ~ lassen**, sottoporsi ad un lifting.

Liga <-, *Ligen*> f **1** *pol* lega f **2** *sport* serie f: **in die 1./2. ~ aufsteigen**, salire in (serie) A/B.

Ligatur <-, -en> f **1** *mus* legatura f **2** *med* legatura f **3** *typ* legatura f, logotipo m.

Lightprodukt n *gastr* prodotto m light.

Lightshow f show m di luci.

Ligurien <-s, ohne pl> n *geog* Liguria f.

Liguster <-s, -> m *bot* ligustro m.

liieren <*ohne ge*-> rfl *geh* **1** (*eine Liebesbeziehung eingehen*) **sich** (*mit jdm*) **~** legarsi (sentimentalmente) (*a qu*); **mit jdm liiert sein**, essere legato (sentimentalmente) a qu, avere una ⌞relazione (intima)⌟/[liaison *geh*] con qu; **ich bin liiert**, non sono libero (-a), sono impegnato (-a); **sie sind liiert**, loro (due) sono insieme **2** *com* **sich** (*mit jdm*) **~** associarsi (*con qu*).

Likör <-s, -e> m liquore m (dolce).

Likörflasche f bottiglia f di liquore.

Likörglas n bicchierino m da liquore.

lila <*inv*> adj {BLUME, FARBE, KLEID} lilla, viola pallido, gridellino.

Lila <-(s), - oder *fam* -s> n (*colore m*) lilla m, viola m pallido, gridellino m.

Lilie <-, -n> f *bot* giglio m.

Liliputaner <-s, -> m (*Liliputanerin* f) *obs pej* nano (-a) m (f), lillipuziano (-a) m (f) *lit*.

Limes <-, -> m **1** *nur sing hist*: **der ~**, il limes **2** *math* limite m.

Limette <-, -n> f, *Limetta* <-, *Limetten*> f *bot* limetta f.

Limit <-s, -s oder -e> n **1** (*Beschränkung*) limite m: **das obere/untere ~ für etw** (akk), il limite massimo/minimo per qc; **das ~ absenken/anheben/festsetzen**, abbassare/alzare/[stabilire/fissare] il limite; **das ~ überschreiten/unterschreiten**, ⌞superare/oltrepassare il⌟/[stare al di sotto del] limite; **jdm ein ~ setzen**, porre/fissare un limite a qu **2** *ökon* (*obere Grenze*) tetto m, plafond m, limite m, massimo m; (untere Grenze) (prezzo m) minimo m.

limitieren <ohne ge-> tr form **etw (auf etw akk) ~** limitare qc (a qc): **in limitierter Auflage**, a tiratura limitata.

Limo f fam → **Limonade**.

Limonade <-, -n> f gassosa f; (Zitronenlimonade) gassosa f al limone, limonata f; (Orangenlimonade) gassosa f all'arancia, aranciata f.

Limone <-, -n> f bot limetta f.

Limousine <-, -n> f autom **1** (Auto mit festem Verdeck) berlina f **2** (luxuriöses Auto) limousine f.

lind adj geh {ABEND} mite, soave; {LÜFTCHEN} auch lieve.

Linde <-, -n> f bot **1** (Baum) tiglio m **2** (Holz) (legno m di) tiglio m.

Lindenblütentee m tisana f/infuso m di tiglio.

lindern tr **1** med **etw** ~ {BESCHWERDEN, JUCKREIZ} alleviare qc, calmare qc; {LEIDEN, SCHMERZEN} auch lenire qc, mitigare qc, sedare qc: **bei Juckreiz machen wir ~de Umschläge**, contro il prurito facciamo degli impacchi calmanti/lenitivi; **die Tabletten haben die Schmerzen noch nicht gelindert**, le pastiglie non hanno ancora sedato i dolori **2** (erleichtern) **etw** ~ {NOT} alleviare qc, alleggerire qc, blandire qc: **das Elend der Flüchtlinge** ~, alleviare la miseria dei profughi.

Linderung <-, ohne pl> f **1** med lenimento m, alleviamento m, sollievo m: **zur ~ der Schmerzen haben wir ihm eine Spritze gegeben**, per alleviargli il dolore abbiamo fatto un'iniezione; **jdm ~ verschaffen**, procurare sollievo a qu **2** (Erleichterung): **zur ~ der Not**, per alleviare le pene.

lindgrün adj verde tiglio.

Lindwurm m lit myth (Drache) drago m, dragone m.

Lineal <-s, -e> n riga f; (kurzes ~) righello m.

linear adj geh lineare.

Lineatur <-, -en> f linee f pl.

Linguist <-en, -en> m (**Linguistin** f) linguista mf.

Linguistik <-, ohne pl> f linguistica f.

Linguistin f → **Linguist**.

linguistisch A adj linguistico B adv {ANALYSIEREN, AUSARBEITEN} linguisticamente, dal punto di vista linguistico: **~ ausgebildet sein**, avere una formazione/preparazione linguistica; **~ interessiert sein**, avere/mostrare interesse per la linguistica.

Linie <-, -n> f **1** (Strich) linea f: **eine gepunktete/geschlängelte/gestrichelte ~**, una linea punteggiata/ondulata/tratteggiata; **eine gerade ~**, una (linea) retta; **eine ~ ziehen**, tracciare una linea; **ein Schulheft mit ~n**, un quaderno a righe **2** (Reihe) fila f, riga f: **eine ~ bilden**, fare/formare una fila; **sich in einer ~ aufstellen**, mettersi in riga, allinearsi; **in einer ~ stehen**, essere in riga; **allineati (-e)** **3** autom {+BAHN, BUS, FLUGZEUG, METRO} linea f: **immer mehr ~n im Nahbereich werden stillgelegt**, nei sobborghi della città vengono soppresse sempre più linee (del trasporto pubblico); **die ~ 4 fährt bis zur Oper**, la linea 4 arriva fino all'Opera; **er fährt die ~ Bahnhof-Zoo**, fa il tranviere/conducente sulla linea stazione--zoo **4** pol (Richtung) linea f: **es lässt sich noch keine klare ~ erkennen**, non si individua ancora una linea ben definita; **eine gemäßigte/harte/radikale ~ vertreten**, sostenere una linea moderata/dura/radicale; **endlich eine Partei mit einer klaren ~!**, finalmente un partito che ha/segue una linea precisa! **5** (Handlinie) linea f **6** sport (Begrenzungsmarkierung) linea f (di fondo): **der Ball flog über die ~**, il pallone finì oltre la linea **7** mil (Front) linea f: **die feindlichen ~n durchbrechen**, sfondare le linee nemiche **8** (Verwandtschaftszweig) linea f: **in absteigender/aufsteigender ~**, in linea discendente/ascendente; **in direkter ~ von jdm abstammen**, discendere in linea diretta da qu • **auf die (schlanke) ~ achten**, stare attento (-a); **[badare] alla linea**; **jdn auf ~ bringen** slang pol, mettere qu in linea con il partito; **in erster/zweiter ~**, in primo/secondo luogo; **auf ~ der ganzen/[ganzer] ~** {MISSLINGEN, SCHIEF GEHEN, VERSAGEN}, su tutta la linea; **(mit jdm) auf der gleichen ~ liegen**, essere dello stesso parere/avviso (di qu); **auf ~ sein** slang pol, essere allineato; **in vorderster ~ stehen**, essere in prima linea.

Linienblatt n falsariga f.

Linienbus m autobus m di linea; (Überlandbus) pullman m di linea.

Liniendienst m aero naut servizio m di linea.

Linienflug m aero volo m regolare/[di linea].

Linienführung f **1** (Liniengestaltung) tratteggio m, tratto m **2** (im Verkehr) tracciato m.

Linienmaschine f aero aereo m di linea.

Linienrichter m (**Linienrichterin** f) sport guardalinee mf, segnalinee mf.

Linienschiff n nave f di linea.

linientreu adj pol oft pej fedele alla linea; {PRESSE} allineato; {KOMMUNIST} ortodosso.

Linienverkehr m servizio m di linea.

linieren, liniieren <ohne ge-> tr **etw** ~ {BLATT, PAPIER} rigare qc: **lin(i)iertes Papier**, carta a righe/[rigata].

link adj fam pej {TYP} ambiguo, losco.

Link <-s, -s> m oder n inform link m: **ungültiger ~**, link/collegamento non valido.

linke adj → **linker**.

Linke① <-n, -n> f **1** (Hand) (mano f) sinistra f **2** (Seite): **zu jds ~n, zur ~n von jdm**, alla sinistra di qu **3** <meist sing> pol: **die ~**, la sinistra; **die äußerste/radikale/[gemäßigte] ~**, l'estrema sinistra/[la sinistra moderata] **4** Boxen sinistro m • **die ~ kommt von Herzen**, la mano sinistra è quella del cuore; **da weiß die ~ nicht, was die Rechte tut**, la mano sinistra non sa quello che fa la destra.

Linke② <dekl wie adj> mf pol: **er/sie ist ein ~r/eine ~**, (lui/lei) è di sinistra; **die ~**, la sinistra, quelli di sinistra; **die ~n in der Partei**, l'ala sinistra del partito.

linken tr fam **jdn** ~ fregare qu fam, imbrogliare qu.

linker, linke, linkes adj <attr> **1** (Gegensatz von rechts) {AUGE, BEIN, FUSS, HÄLFTE, HAND, OHR, RAND, SEITE, UFER} sinistro (-a); {FAHRBAHN, SPUR} di sinistra; (vom Betrachter aus linker Hand) {BILD, HAUS, TÜR} alla/sulla sinistra: **linker Hand**, a(lla)/sulla sinistra; **mein linker Nebenmann**, la persona (che siede) alla mia sinistra **2** text (innerer): **die linke Seite des Hemds/der Strümpfe**, l'interno della camicia/dei calzini; **die linke Seite des Stoffes**, il rovescio del tessuto; **linke Maschen**, maglie rovesce **3** pol {ABGEORDNETER, ANSICHTEN, KOALITION, PARTEI, ZEITUNG} di sinistra; {FLÜGEL} sinistro: **das linke Lager**, lo schieramento di sinistra.

linkisch A adj {ART, BEWEGUNG} maldestro, impacciato, goffo; {MENSCH} auch imbranato fam: **er ist wahnsinnig ~**, è di una goffaggine estrema B adv {SICH ANSTELLEN, SICH BEWEGEN} in modo maldestro/goffo; **sich (bei etw dat) äußerst ~ anstellen**, essere molto maldestro/imbranato fam (nel fare qc).

links A adv **1** (auf der linken Seite) a sinistra: **~ oben/unten/[oben/unten ~]**, in alto/basso a sinistra; **direkt ~ neben dir**, subito accanto a te a/[alla tua] sinistra; **halb ~ abbiegen/fahren/gehen**, prendere leggermente a sinistra; **halb ~ spielen** Fußball, giocare nel ruolo di/[da fam] mezz'ala sinistra; **~ von mir/uns**, alla mia/nostra sinistra; **~ sehen Sie das Rathaus**, alla vostra sinistra (vedete) il municipio; **weiter ~**, più a sinistra **2** (verkehrt herum) {ANHABEN, LIEGEN, TRAGEN} a rovescio; {ANZIEHEN, AUFLEGEN} auch alla rovescia; **etw (von) ~ bügeln**, stirare qc a/da rovescio; **etw nach ~/[auf ~] drehen/wenden** {PULLOVER}, rovesciare qc **3** autom {FAHREN} a/sulla sinistra, sulla corsia di sinistra; {ABBIEGEN} a/verso sinistra: **sich ~ einordnen**, mettersi sulla corsia di sinistra; **(bitte) ~ einordnen!**, disporsi sulla corsia di sinistra!; **~ bleiben, sich ~ halten**, rimanere a sinistra, tenersi sulla corsia di sinistra **4** pol: **~ eingestellt sein**, essere (su posizioni) di sinistra/[sinistroide], avere idee di sinistra; **~ stehen**, essere di sinistra; **sehr weit ~/[~ außen] stehen**, essere di estrema sinistra; **~ wählen**, votare a sinistra B präp rar **~ einer S.** (gen) a/sulla sinistra di qc: **~ des Flusses erstrecken sich Felder**, a sinistra del fiume c'è una distesa di campi • **mit ~** fam (mit Leichtigkeit), a occhi chiusi; **das mach' ich doch mit ~!**, lo faccio a occhi chiusi!; **nach ~** {SICH DREHEN, GEHEN}, a/verso sinistra; **schieben wir den Tisch nach ~ an die Wand!**, spingiamo il tavolo a sinistra contro la parete!; **von ~ nach rechts**, da sinistra a destra; **du musst dein T-Shirt von ~ nach rechts drehen!**, devi metterti la maglietta a diritto!; **zwei (Maschen) ~, zwei (Maschen) rechts**, due (maglie) a rovescio e due (maglie) a diritto; **weder nach ~ noch (nach) rechts/[nicht nach ~ und nicht nach] rechts schauen**, non guardare in faccia a nessuno, andare dritto allo scopo; **mit ~ schreiben**, scrivere con la sinistra, essere mancino; **(etw) ~ stricken** {MASCHE, PULLOVER, REIHE, SCHAL}, lavorare (qc) a rovescio; **~ um!** mil, fianco sinistr'!; **~ und rechts verwechseln**, confondere la sinistra con la destra; **von ~** {KOMMEN}, da sinistra; **nicht mehr wissen, was ~ und (was) rechts ist**, essere completamente nel pallone fam.

Linksabbieger <-s, -> m (**Linksabbiegerin** f) autom chi svolta a sinistra.

Linksabbiegerspur f autom corsia f per chi svolta/[preselezione f form] a sinistra.

linksaußen a.R. von links außen → **links, außen**.

Linksaußen <-, -> m **1** Fußball ala f sinistra **2** pol fam: **er gilt als der ~ seiner Partei**, è considerato l'esponente più a sinistra del suo partito.

linksbündig typ A adj allineato a sinistra B adv {AUSDRUCKEN, SCHREIBEN} con l'allineamento a sinistra: **etw ~ anordnen**, allineare qc a sinistra.

Linksdrall m **1** {+BALL, BILLARDKUGEL, GESCHOSS} deviazione f a sinistra; {+GEWEHRLAUF} rigatura f sinistrorsa **2** fam pol (Linksorientierung) tendenza f sinistroide/sinistrorsa • **einen ~ haben** {BALL, BILLARDKUGEL, GESCHOSS}, deviare a sinistra; fam pol {MENSCH}, avere idee/tendenze sinistrorse; {AUTO}, tirare a sinistra.

Linksdrehung f tech rotazione f sinistrorsa.

Linksextremist m (**Linksextremistin** f) pol estremista mf di sinistra.

linksextremistisch pol A adj {GRUPPIERUNG, PARTEI, POLITIKER, ZEITUNG} di estrema

sinistra B *adv*: **~ angehaucht sein**, avere delle simpatie per l'estrema sinistra; **~ beeinflusst sein**, subire l'influenza dell'estrema sinistra.

linksgerichtet *adj pol* orientato a sinistra.

Linksgewinde *n tech* filettatura f sinistrorsa.

Linkshänder <-s, -> *m* (**Linkshänderin** f) mancino (-a) m (f): **~(in) sein**, essere mancino (-a).

linkshändig A *adj* mancino: **~ sein**, essere mancino B *adv* {SCHIESSEN, SCHREIBEN} con la (mano) sinistra.

linksherum *adv* **1** (*nach links*) {FAHREN, VERLAUFEN} a/verso sinistra: **~ gehen**, fare il giro da sinistra; **man muss den Hebel ~ drehen**, bisogna girare la leva a sinistra **2** (*mit linker Drehrichtung*) {SICH DREHEN, HINEINSCHRAUBEN} da sinistra a destra, in senso antiorario.

Linksintellektuelle <*dekl wie adj*> *mf* intellettuale mf di sinistra.

Linkskurve f curva f a sinistra: **eine ~ machen** {GLEIS, STRASSE}, fare una curva a sinistra.

linkslastig *adj* **1** (*links zu stark belastet*) {BOOT, FAHRZEUG} troppo carico a sinistra **2** *pej pol* {MITARBEITER, POLITIKER, PROGRAMM, REDE} sinistroide *pej*.

Linkspartei f *pol* partito m di sinistra.

linksradikal *adj pol* {DEMONSTRANT, GRUPPIERUNG, ZEITUNG} di/dell'estrema sinistra.

Linksradikale <*dekl wie adj*> *mf pol* estremista mf di sinistra.

Linksregierung f *pol* governo m di sinistra.

linksrheinisch *adj* {AUTOBAHN, ORTSTEIL, STADT} (situato) a ovest/[sulla riva sinistra] del Reno.

Linksruck <-(e)s, ohne pl> *m pol* (*bei Wahlen*) brusco spostamento m a sinistra; (*innerhalb der Partei*) *auch* virata f/sterzata f a sinistra.

linksrum *adv fam* → **linksherum**.

linksseitig *med* A *adj* {LÄHMUNG} del lato sinistro: **eine ~e Armamputation**, un'amputazione del braccio sinistro; **~e Blindheit**, cecità dell'occhio sinistro B *adv* {GELÄHMT} dal lato sinistro: **~ erblindet**, cieco dall'occhio sinistro.

linksstehend *adj* → **stehend**.

linksum *adv*: **~ kehrt!** *mil*, per fila sinistr'!, sinistr'!

Linksverkehr *m autom* circolazione f a sinistra: **in England ist ~**, in Inghilterra si circola a sinistra.

Linoleum <-s, ohne pl> *n* linoleum m.

Linolschnitt *m* linoleografia f.

Linse① <-, -n> f **1** *opt* lente f **2** *fam fot* (*Objektiv*) obiettivo m: **jdm vor die ~ laufen**, capitare davanti all'obiettivo di qu **3** *anat* cristallino m.

Linse② f **1** *bot* lenticchia f **2** *gastr* lenticchia f.

linsen *itr fam* ***irgendwohin*** ~ (UM DIE ECKE, DURCH EINEN SCHLITZ, DAS SCHLÜSSELLOCH) sbirciare/[dare una sbirciatina] + *compl di luogo*: **er linste durch die Zaunlatten**, sbirciò attraverso le assi dello steccato.

Linsensuppe f *gastr* minestra f/zuppa f di lenticchie.

Liparische Inseln *subst* <*nur pl*> *geog*: **die Liparischen Inseln**, le (isole) Eolie/Lipari.

Lipgloss <-, -(e)> *n* lucidalabbra m.

Lipizzaner <-s, -> *m zoo* lipizzano m.

Liposom <-s, -en> *n biol* liposoma m.

Lippe <-, -n> f labbro m: **schmale/volle ~n**, labbra sottili/carnose; **aufgesprungene ~n haben**, avere le labbra screpolate; **sie hatte blaue ~n vor Kälte**, aveva le labbra livide/violacee dal freddo; **die ~n (zum Kuss) spitzen**, protendere le labbra (per dare un bacio); **sich (dat) die ~n schminken**, truccarsi le labbra, darsi/mettersi il rossetto; **immer ein Lächeln auf den ~n haben**, avere sempre il sorriso sulle labbra; **kein Wort kam über seine ~n**, non una parola uscì dalle sue labbra ● **jdm etw von den ~n ablesen**, leggere qc sulle labbra di qu; **sich (dat) auf die ~n beißen**, mordersi le labbra; **etw nicht über die ~n bringen** (*etw sehr Unangenehmes nicht sagen können*), non riuscire a dire qc; **kein/[nicht ein] Wort über die ~n bringen**, non proferire/spiccicare *fam* parola; **jdm auf den ~n ersterben** *geh* {LÄCHELN, WORT}, morire sulle labbra a qu; **an jds ~n hängen**, pendere dalle labbra di qu; **eine dicke/große ~ riskieren** *fam* (*vorlaut sein*), allargarsi troppo *fam*; **ich würde an deiner Stelle keine so große ~ riskieren!**, fossi in te, non mi allargherei troppo!; **etw an die ~n setzen**, accostare/portare qc alle labbra.

Lippenbekenntnis *n pej* mera dichiarazione f d'intenti: **das ist doch nur ein ~!**, sono solo parole!

Lippenblütler <-s, -> *m bot* Labiate f pl.

Lippenkonturenstift *m* matita f/stick m per il contorno labbra.

Lippenlaut *m ling* (*suono m*) labiale f.

Lippenspalte f *med* labbro m leporino, labiopalatoschisi f *wiss*.

Lippenstift *m* **1** (*Stift*) (stick m/matita f/bastoncino m di) rossetto m **2** (*~farbe*) rossetto m: **sich (dat) ~ auftragen/abwischen**, darsi/mettersi/[togliersi] il rossetto ● **kussechter ~**, rossetto antitraccia.

liquid *adj bes. A* → **liquide**.

Liquidation <-, -en> f <*meist sing*> **1** *ökon* (*Auflösung*) {+FIRMA, UNTERNEHMEN} liquidazione f **2** (*Honorarrechnung*) parcella f.

Liquidator <-s, -en> *m ökon* liquidatore m.

liquide *adj ökon* **1** (*verfügbar*) {MITTEL, RESERVEN} disponibile; {GELD} liquido, contante **2** (*zahlungsfähig*) {FIRMA, UNTERNEHMEN} solvibile, che ha liquidità.

liquidieren <*ohne ge-*> *tr* **1** *ökon* (*auflösen*) *etw ~* {FIRMA, UNTERNEHMEN} liquidare qc **2** *euph* (*umbringen*) *jdn ~* {GEFANGENE, POLITISCHE GEGNER} liquidare qu, eliminare qu **3** *form* (*in Rechnung stellen*) *etw ~* {BETRAG, LEISTUNG} mettere in conto qc.

Liquidierung <-, -en> f <*meist sing*> **1** *ökon* (*Auflösung*) {+FIRMA, UNTERNEHMEN} liquidazione f **2** *euph* (*das Umbringen*) {+GEFANGENE, POLITISCHE GEGNER} liquidazione f, eliminazione f.

Liquidität <-, ohne pl> f *ökon* {+FIRMA, UNTERNEHMEN} liquidità f, solvibilità f.

Lira <-, -*re*> f *hist* (*italienische Währung*) lira f.

Lisa f (*Vorname*) Lisa.

lismen *tr itr CH* → **stricken**.

Lispelei <-, -en> f (*parlare m con la lisca f*).

lispeln A *itr* avere/[parlare con] la lisca *fam*, essere bleso B *tr* (*flüstern*) *etw ~* {NAME, WORTE} sussurrare qc: **sie lispelte etwas Unverständliches und verließ das Zimmer**, bisbigliò qualcosa di incomprensibile e lasciò la stanza.

Lissabon <-s, ohne pl> *n geog* Lisbona f.

Lissaboner <-s, -> *m* (**Lissabonerin** f) lisbonese mf.

List <-, *rar -en*> f astuzia f, furbizia f, stratagemma m: **eine ~ anwenden**, ricorrere a un'astuzia/uno stratagemma ● **mit ~ und Tücke** *fam*, con l'astuzia e l'inganno.

Liste <-, -n> f **1** (*schriftliche Aufstellung*) lista f, elenco m: **etw in eine ~ eintragen**, annotare qc in/su una lista; **jdn in eine ~ eintragen**, inserire qu in un elenco/una lista; **sich in eine ~ eintragen/(ein)schreiben**, iscriversi in un elenco/[a una lista]; **jdn/etw von der ~ streichen**, cancellare/depennare qu/qc dalla lista **2** (*Aneinanderreihung*) elenco m, serie f: **... und diese ~ könnte man endlos fortsetzen**, ... quest'elenco potrebbe continuare all'infinito **3** *pol* lista f ● **Alternative ~** *pol*, lista alternativa; **eine ~ aufstellen**, compilare una lista; *pol*, mettere insieme una lista (di candidati); **eine ~ einreichen** *pol*, presentare una lista (di candidati); **die schwarze ~**, la lista nera; **auf die schwarze ~ kommen**, finire sulla lista nera; **auf der schwarzen ~ stehen**, essere sulla lista nera; **jdn auf die ~ setzen** *pol*, mettere qu in lista; **eine ~ wählen** *pol*, votare (per) una lista.

listen *tr etw ~* **1** (*als Serie bzw. im Sortiment führen*) {ARTIKEL, WARE} avere qc in listino **2** *com ökon* (*in einer Liste führen*) inserire/mettere qc in un elenco: **gelistet sein/werden**, figurare in un elenco; **an der Börse gelistet werden**, essere quotato in borsa.

Listenplatz *m pol* posto m in lista: **auf ~ eins sein**, essere capolista; **auf ~ zwei sein**, essere il numero due della lista.

Listenpreis <-> *com m* prezzo m di listino.

listenreich *adj* astuto.

Listenwahl f *pol* voto m di lista.

listig A *adj* {PLAN, VORGEHEN} astuto; {MENSCH} *auch* furbo, scaltro B *adv* {VORGEHEN} con astuzia/furbizia/scaltrezza.

listigerweise *adv* astutamente, furbescamente, scaltramente.

Litanei <-, -en> f **1** *relig* litania f **2** *fam pej* (*monotone Aufzählung*) **~** (*von etw dat*) {VON BESCHWERDEN, KLAGEN} litania f (*di qc*): **immer dieselbe ~ herbeten**, ripetere sempre la solita nenia/solfa/[stessa musica].

Litauen <-s, ohne pl> *n geog* Lituania f.

Litauer <-s, -> *m* (**Litauerin** f) lituano (-a) m (f).

litauisch *adj* lituano, della Lituania: **auf ~**, in lituano.

Liter <-s, -> *m oder n* (*Abk l*) litro m: **ein/zwei ~ Wein**, un litro/[due litri] di vino; **es ist nur noch ein halber ~ Milch da**, è rimasto soltanto mezzo litro di latte.

literarisch A *adj* {GATTUNG, KRITIK, WERK} letterario: **seine ~en Kenntnisse sind enorm**, la sua conoscenza della letteratura è enorme; **~ Interessierte**, persone che si interessano di letteratura B *adv* **1** (*was Literatur angeht*) {GEBILDET, INFORMIERT} in campo letterario **2** (*als Literatur*) {VERWENDEN} in letteratura; *etw* **~ verarbeiten**, fare una trasposizione letteraria di qc.

Literat <-en, -en> *m* (**Literatin** f) *geh* uomo m/donna f di lettere, letterato (-a) m (f), scrittore (-trice) m (f): **die ~en**, i letterati, la repubblica delle lettere/[letteraria].

Literatur <-, -en> f **1** (*Belletristik*) letteratura f: **die deutsche ~**, la letteratura tedesca; **schöne/schöngeistige ~**, belle lettere; **die ~ der Gegenwart, die zeitgenössische ~**, la letteratura contemporanea; **in die ~ eingehen** {FIGUR, GESTALT}, diventare una figura letteraria; {BUCH, WERK}, entrare a far parte della letteratura; **das Unbehagen des modernen Menschen geht in die ~ ein**, il disagio dell'uomo moderno trova espressione nella letteratura **2** <*nur sing*> (*Veröffentli-*

chungen) letteratura f, bibliografia f: **die einschlägige/ medizinische/ wissenschaftliche ~**, la letteratura ⌊sull'argomento⌋/[medica]/[scientifica]; **auch zu diesem Thema gibt es inzwischen eine umfangreiche ~**, nel frattempo ⌊c'è⌋/[esiste] un'ampia bibliografia anche su questo argomento.

Literaturagent m (**Literaturagentin** f) agente m letterario.

Literaturangabe f indicazione f bibliografica: **~n**, note (bibliografiche).

Literaturbeilage f *journ* supplemento m letterario.

Literaturbetrieb m vita f letteraria.

Literaturdenkmal n documento m letterario.

Literaturgattung f *lit* genere m letterario.

Literaturgeschichte f storia f ⌊della letteratura⌋/[letteraria].

literaturgeschichtlich A adj {VERÖFFENTLICHUNG} di storia della letteratura; {ANALYSE, ANMERKUNG} storico-letterario B adv {BEDEUTSAM, INTERESSANT} dal punto di vista storico-letterario.

Literaturhinweis m <*meist* pl> (*auf weiterführende Literatur*) indicazione f bibliografica.

Literaturkritik f critica f letteraria.

Literaturkritiker m (**Literaturkritikerin** f) critico (-a) m (f) letterario (-a).

Literaturnachweis m → **Literaturangabe**.

Literaturnobelpreis m (premio m) Nobel m per la letteratura.

Literaturpapst m (**Literaturpäpstin** f) *iron* guru mf della letteratura.

Literaturpreis m premio m letterario.

Literatursprache f *lit* lingua f letteraria.

Literaturverzeichnis n bibliografia f.

Literaturwissenschaft f (studio m della) letteratura f ● **vergleichende ~**, comparatistica, letteratura comparata; **deutsche ~ studieren**, studiare (lingua e) letteratura tedesca; **die deutsche ~** (*die Germanisten*), i germanisti, la germanistica.

Literaturwissenschaftler m (**Literaturwissenschaftlerin** f) studioso (-a) m (f) di letteratura; (*Student*) studente (-essa) m (f) di letteratura.

Literaturzeitschrift f rivista f letteraria.

Literflasche f bottiglia f da un litro.

literweise adv **1** (*in Litern*) {AUSGEBEN, VERKAUFEN} al litro **2** *fam* (*in großer Menge*) {KAUFEN, TRINKEN} a litri.

Litfaßsäule f colonna f per (le) affissioni.

Lithium <-s, *ohne* pl> n *chem* litio m.

Lithografie, Lithographie <-, -n> f litografia f.

litt **1.** *und* **3.** *pers sing imperf von* **leiden**.

Liturgie <-, -n> f *relig* **1** (*Form des Gottesdienstes*) liturgia f **2** (*in der evangelischen Kirche: Wechselgesang*) canto m alterno.

liturgisch adj {FARBE, GERÄTE, GEWÄNDER} liturgico.

Litze <-, -n> f **1** (*geflochtenes Band*) cordoncino m, spighetta f **2** *mil* (*Rangabzeichen*) gallone m **3** *el* (*geflochtener Leitungsdraht*) cavetto m (a cordoncino).

live <*inv*> A adj <*präd*> *radio TV:* **~ sein** (AUFTRITT, PARLAMENTSDEBATTE), essere (trasmesso) in diretta; {KONZERT, SENDUNG, SHOW} *auch* essere live B adv {AUFTRETEN, SENDEN, ÜBERTRAGEN} in diretta; {SINGEN, SPIELEN} dal vivo.

Liveaufzeichnung, Live-Aufzeich-**nung** f *radio TV* (*trasmissione* f *in*) differita f.

Livekonzert, Live-Konzert n concerto m dal vivo.

Livemitschnitt, Live-Mitschnitt m *radio TV* registrazione f ⌊dal vivo⌋/[live].

Livemusik, Live-Musik f musica f ⌊dal vivo⌋/[live].

Livesendung, Live-Sendung f *radio TV* trasmissione f ⌊in diretta⌋/[dal vivo].

Liveshow, Live-Show f *TV* spettacolo m live.

Liveübertragung, Live-Übertragung f *radio TV* collegamento m in diretta: **in einer ~ aus dem Münch(e)ner Olympiastadion**, in diretta dallo stadio olimpico di Monaco.

Livree <-, -n> f livrea f: **in ~**, in livrea.

livriert adj {BUTLER, DIENER, LAKAI} in livrea.

Lizenz <-, -en> f **1** *jur* licenza f: **etw in ~ drucken/herstellen/vertreiben**, stampare/produrre/vendere qc su licenza; **eine ~ beantragen/erwerben**, chiedere/acquistare una licenza; **eine ~ erteilen/zurückziehen**, ⌊concedere/rilasciare⌋/[revocare] una licenza **2** *sport* (*Erlaubnis*) tessera f.

Lizenzausgabe f *Verlag* edizione f su licenza.

Lizenzgeber m (**Lizenzgeberin** f) licenziante mf.

Lizenzgebühr f tassa f di licenza; (*im Verlagswesen*) royalty f.

Lizenznehmer <-s, -> m (**Lizenznehmerin** f) licenziatario (-a) m (f), concessionario (-a) m (f).

Lizenzspieler m (**Lizenzspielerin** f) *D Fußball* tesserato (-a) m (f), giocatore (-trice) m (f) professionista.

Lizenzvergabe f concessione f di licenza.

Lizenzvertrag m contratto m di licenza.

Lkw, LKW <-(s), -(s)> m *Abk von* **Lastkraftwagen**: camion m, autocarro m.

Lkw-Fahrer, LKW-Fahrer m (**Lkw-Fahrerin** f), **LKW-Fahrerin** f) *autom* camionista mf, guidatore (-trice) m (f) di camion.

Lkw-Maut, LKW-Maut f *D autom* "pedaggio m autostradale per autocarri".

Lkw-Verkehr, LKW-Verkehr m traffico m pesante/[di automezzi pesanti].

Lob① <-(e)s, *ohne* pl> n lode f, elogio m: **hohes/überschwängliches Lob**, ⌊grandi lodi⌋/[lodi spericate]; **ein dickes Lob für etw** (akk) **bekommen**, ricevere grandi lodi/complimenti per qc; **höchstes Lob ernten**, mietere allori; **ein Lob** (*für etw akk*) **verdienen**, meritare lodi/complimenti per qc); **jdn mit Lob überhäufen/überschütten**, colmare qu di lodi/complimenti ● **ein Lob** *der/dem* ...! (DER KÖCHIN, DEM GASTGEBER), (i miei/nostri) complimenti alla/al ...!; **über jedes Lob erhaben sein**, essere superiore a ogni lode; **mit (seinem) Lob geizen**, essere parco di lodi; **nicht mit Lob geizen**, non lesinare lodi; ⌊**jds Lob**⌋/[**das Lob einer S.** (gen)] **singen**, cantare/tessere le lodi di qu/qc; (**über jdn/etw**) **voll des Lobes sein**, fare un sacco di complimenti a qu/qc; **ich bin wirklich voll des Lobes**, non posso che tesserne le lodi.

Lob② <-(s), -s> m *sport Fußball Volleyball* pallonetto m; *Tennis* auch lob m.

lobben tr *etw* ~ {BALL} fare un pallonetto *con qc*.

Lobby <-, -s *oder* **Lobbies**> f lobby f.

Lobbyist <-en, -en> m (**Lobbyistin** f) lobbista mf.

loben A tr **1** (*positiv beurteilen*) *jdn/etw* ~ lodare *qu/qc*, elogiare *qu/qc*: **alle lobten überschwänglich die Qualität des neuen Produkts**, tutti esaltavano/decantavano la qualità del nuovo prodotto; **etw wird allge**-**mein/[von allen/jedem] gelobt**, qc riscuote i complimenti di tutti; **etw muss gelobt werden**, qc merita di essere lodato; **jdn für** *etw* (akk)/**wegen** *etw* (gen *oder fam* dat) **~** {FÜR JDS EINSATZ, FLEISS, HILFSBEREITSCHAFT, MITARBEIT} lodare *qu* (*per qc*), elogiare *qu* (*per qc*); **er lobte den neuen Mitarbeiter in den höchsten Tönen**, ⌊fece lodi spericate del⌋/[portò alle stelle il] nuovo collaboratore **2** (*lobenswert sein*): **zu ~ sein** (BRAVOUR, EINSATZ, ELAN, INITIATIVE, VERHALTEN), essere encomiabile/lodevole/[degno di lode]; **ihr Interesse ist nur zu ~**, il suo interesse è veramente encomiabile/lodevole; {KOCHKÜNSTE} essere notevole **3** *relig* (*preisen*) *jdn/etw* ~ lodare *qu/qc*: **gelobt sei Jesus Christus!**, sia lodato Gesù Cristo!; {SCHICKSAL} benedire *qc* B rfl **1** (*mehr schätzen*): **da lobt ich** (dat) **jd** (doch) **etw**: **da lob' ich mir doch ein Glas Wein!**, non c'è paragone con un bicchiere di vino! **2** (*sehr gefallen*) **sich** (dat) *jdn/etw* **~**: **so einen Mitarbeiter lobe ich mir!**, ecco il tipo di collaboratore che mi piace!; **das lobe ich mir!**, così sì che mi piace! C itr (*ein Lob aussprechen*) complimentarsi: **gut gemacht!, lobte sie**, ben fatto!, si complimentò.

lobend A adj {WORTE} di encomio/lode/elogio, elogiativo B adv {SICH ÄUßERN} in termini elogiativi, con parole di lode: **jdn/etw ~ erwähnen**, esprimersi in modo lusinghiero su *qu/qc*; **der Direktor hat sich ~ über sie geäußert**, il direttore ha avuto parole di lode per lei.

lobenswert adj **1** (*anerkennungswert*) {BEITRAG, ENTSCHLUSS, LEISTUNG, VERHALTEN} encomiabile, lodevole, degno di lode **2** (*sehr zu loben*) {KÜCHE, RESTAURANT, SERVICE} notevole.

Lobeshymne f lodi f pl, panegirico m: **eine ~ auf jdn/etw anstimmen/singen**, cantare/tessere le lodi di qu; **eine einzige ~ sein**, essere un unico panegirico.

Lobgesang m *relig* canto m/inno m di lode.

Lobhudelei <-, *ohne* pl> f *pej* sviolinata f *fam*, adulazione f, lisciamento m, piaggeria f *geh*.

lobhudeln *geh* A tr *jdn* ~ fare una bella sviolinata *a qu*, incensare *qu*, adulare *qu* B itr ricorrere all'adulazione; *jdm* ~ fare una bella sviolinata *a qu*, incensare *qu*, adulare *qu*.

löblich adj *geh oft iron* {ENTSCHEIDUNG, VORSATZ} lodevole, encomiabile: **ein wirklich ~es Verhalten!**, un comportamento veramente esemplare!

Loblied n: **ein ~ auf jdn anstimmen/singen**, cantare/tessere le lodi di qu.

Lobotomie <-, -n> f *med* lobotomia f.

lobpreisen <*lobpreiste oder lobpries*, *gelobpreist oder lobgepriesen*> tr *jdn* ~ {CHRISTUS, GOTT, HERR, SCHÖPFER} rendere lode *a qu*.

Lobrede f elogio m, panegirico m: **eine ~ auf etw** (akk) **halten**, fare un panegirico su qc.

Location <-, -s> f **1** *film* location f, luogo m delle riprese **2** *slang* (*Ort, wo Veranstaltungen stattfinden*) location f.

Loch <-(e)s, *Löcher*> n **1** (*Öffnung*) buco m, foro m; (*im Reifen*) foratura f, bucatura f: **ich habe ein ~ im Reifen**, ho forato *fam*, ho una gomma bucata/forata; **sich** (dat) **ein ~ in die Hose reißen**, farsi un buco nei pantaloni; **ein ~ in die Wand machen**, ⌊fare un buco nella⌋/[forare/bucare la] parete; **ein ~ für das Fenster/die Tür in die Wand machen**, aprire una finestra/porta nel muro; **sich** (dat) **ein ~** ⌊**in den Kopf**⌋/[**ins Knie**

schlagen, fregiarsi la testa/il ginocchio; **ich habe ein ~ im Zahn**, ho un ˌdente cariato⌐/[buco nel dente]; **ein ~ im Zahn plombieren lassen**, farsi otturare un dente cariato; **ein ~ zumachen**, chiudere un buco **2** (*Vertiefung*) buca *f*: **ein ~ ausheben/graben**, scavare una buca; **ein ~ mit Erde zuschütten**, riempire una buca di terra **3** *fam pej* (*schlechte Wohnung*) buco *m fam pej*; **sie wohnen in einem dunklen, engen ~**, abitano in un buco buio e angusto **4** *sport* (*Golfloch*) buca *f* **5** (*Billardloch*) bilia *f*, buca *f* **6** (*Höhle*) {+FUCHS} tana *f* ● **sich** (*dat*) **ein ~ in den** *Bauch* **ärgern**, farsi venire ˌl'ulcera (dalla rabbia)⌐/[il fegato grosso] *fam*; **jdm** ˌ**ein ~**⌐/[Löcher] **in den Bauch fragen** *fam*, fare a qu una testa ˌcome un pallone *fam*⌐/[così *fam*] a furia di domande, attaccare (un) bottone a qu *fam*; **sich** (*dat*) **ein ~ in den** *Bauch* **stehen** *fam*, dover aspettare a lungo in piedi; **in ein schwarzes ~ fallen** (*depressiv werden*), cadere in un buco nero; **ein großes ~ in jds** *Geldbeutel* **reißen**, prosciugare le tasche di qu, essere un salasso per qu; ˌ**ein ~**⌐/[Löcher] **in die** *Luft* **gucken/starren** *fam*, ˌguardare fisso (-a) nel⌐/[fissare il] vuoto; **Löcher in die** *Luft* **schießen** (*schießen und nicht treffen*), mancare il bersaglio; **auf/aus dem letzten ~** *pfeifen fam* (*erschöpft oder finanziell am Ende sein*), essere ˌalla frutta⌐/[agli sgoccioli] *fam*; **wie ein ~** *saufen fam*, bere come una spugna; *schwarzes/Schwarzes ~ astr*, buco nero; **im ~** *sitzen slang*, essere in galera, stare ˌin gattabuia *fam*⌐/[al fresco *fam*]; **jdn ins ~** *stecken slang*, mettere qu ˌin galera⌐/[al fresco *fam*]; **ein ~** (**mit etw dat**) (*zu*)*stopfen*, chiudere un buco (con qc); (*im Strumpf*), rammendare un buco (con qc).

lochen *tr etw ~* **1** (*stanzen*) {BELEG, RECHNUNG, UNTERLAGEN} (per)forare *qc* **2** *obs* (*entwerten*) {FAHRSCHEIN} bucare *qc*, forare *qc* **3** *obs inform* (*Daten auf Lochkarten übertragen*) perforare *qc*.

Locher <-s, -> *m* perforatore *m*.

löcherig *adj* pieno di buchi, bucherellato.

löchern *tr fam jdn ~* fare *a qu* una testa ˌcome un pallone *fam*⌐/[così *fam*] (con continue domande o richieste), martellare *qu fam*.

Lochkarte *f obs inform* scheda *f* perforata.

Lochung <-, -en> *f* **1** (*das Lochen*) perforazione *f*, bucatura *f*, foratura *f*: **etw dient zur ~ von etw** (*dat*), qc serve a (per)forare qc **2** (*gelochte Stelle*) foro *m*, buco *m*.

Lochzange *f* (*für Fahrkarte etc.*) pinza *f* perforatrice; (*Werkzeug*) pinza *f* fustellatrice.

Lockartikel *m com* articolo *m* di sicuro richiamo.

Locke <-, -n> *f* riccio(lo) *m*; (*Korkenzieherlocke*) boccolo *m*; **~n haben**, avere i riccioli; [capelli riccioluti/ricciuti]; **sich** (*dat*) **~n** ˌ**machen** *fam*⌐/[legen lassen], farsi (fare) i ricci(oli).

locken① *tr* **1** (*an~*) *jdn/etw* (*mit etw dat*) *irgendwohin* ~ {MENSCH, TIER} attirare *qu/qc* (*con qc*) + *compl di luogo*: **jdn in eine Falle/einen Hinterhalt ~**, attirare qu in una trappola/un'imboscata; **sie haben ihn mit einem attraktiven Angebot ins Ausland gelockt**, con un'offerta allettante lo hanno attirato all'estero; **jdn** ˌ**mit etw**⌐/[**mit etw dat**] ˌ**aus etw**⌐ (*dat*) ~ {MENSCH AUS DEM ZIMMER, TIER AUS DER HÖHLE} attirare *qu/qc fuori da qc* (*con qc*), far uscire *qu/qc da qc* (*con qc*); **ein Tier mit etw** (*dat*) ~ {HUND MIT EINEM KNOCHEN, VÖGEL MIT BROTKRUMEN}, adescare un animale con qc **2** (*reizen*) *jdn ~* {AUSSICHT, REISE, VORSCHLAG, VORSTELLUNG} allettare *qu*, attirare *qu*, attrarre *qu*, tentare *qu*: **dieser Vorschlag lockt mich überhaupt nicht**, questa proposta non mi tenta/alletta per niente **3** (*ziehen*) *jdn irgendwohin ~* invitare *qu a fare* + *compl di luogo*: **das schöne Wetter lockt alle nach draußen**, il bel tempo invita ad uscire all'ˌaria aperta⌐/[aperto]; **das verkehrsberuhigte Zentrum lockte die Leute auf die Straßen**, il centro chiuso al traffico invitava la gente ad uscire a passeggio per (la) strada; **es lockt jdn irgendwohin** {IN FERNE LÄNDER, NACH AUSTRALIEN}, qu è attirato da qc, qu sente il richiamo di qc **4** (*zu sich rufen*) *etw ~* {MUTTERTIER JUNGEN} chiamare *qc*.

locken② **A** *tr etw ~* {HAAR, STRÄHNE} arricciare *qc*: **sich** (*dat*) **etw ~ lassen** {STRÄHNE}, farsi arricciare qc; {HAAR} auch farsi fare i ricci(oli) **B** *rfl* **sich ~** arricciarsi: **gelocktes Haar**, capelli ricci/ricciuti.

lockend *adj* {ANGEBOT, VORSCHLAG} allettante, attraente, invitante.

Lockenkopf *m* **1** (*lockiges Haar*) testa *f* ricciuta/[piena di ricci(oli)] **2** (*Kind mit Locken*) bambino (-a) *m* (*f*) ricciuto (-a), ricciolino (-a) *m* (*f*) *fam*.

Lockenpracht *f* bellissima chioma *f* ricciuta.

Lockenstab *m* arricciacapelli *m*.

Lockenwickel, Lockenwickler <-s, -> *m* bigodino *m*.

locker A *adj* **1** (*lose*) {HALTERUNG, LAMPENSCHIRM, SCHRAUBE} allentato, lento; {NAGEL, ZIEGEL} che si muove; {ZAHN} che tentenna **2** (*nicht fest*) {BODEN, ERDREICH} morbido, soffice; {SCHNEE} *auch* farinoso **3** (*luftig*) {KUCHEN, SAHNE, TEIG} soffice **4** (*nicht straff*) {KNOTEN, MASCHE, SCHNUR, SEIL} lento **5** (*nicht gespannt*) {ARME, BEINE} sciolto; {HALTUNG, MUSKEL, MUSKULATUR} *auch* rilassato **6** (*nicht streng*) {SITTEN} rilassato; {VORSCHRIFT} permissivo, elastico; {MORAL} *auch* rilassato **7** (*nicht eng*) {BEZIEHUNG, VERHÄLTNIS} poco impegnativo **8** *fam* (*offen*) {EINSTELLUNG, HALTUNG} rilassato, disinvolto, sportivo; {ATMOSPHÄRE, STIMMUNG} disteso, rilassato; {MENSCH, TYP} informale, rilassato, sportivo; **~e Art**, modi sciolti; **~er werden**, sbloccarsi **9** (*leichtfertig*) {LEBENSWANDEL} allegro: **ein ~es Mundwerk haben**, avere la lingua sciolta **B** *adv* **1** (*nicht stramm*) {BINDEN, EINSCHRAUBEN, KNOTEN} (in modo) lento, senza stringere molto; **etw ~ drehen**, allentare *qc*; **~ stricken**, lavorare a maglie lente **sie strickt zu ~**, fa le maglie troppo lente **2** (*unverkrampft*) {AUFTRETEN, PLAUDERN} disinvoltamente, con disinvoltura; *iron* {HANDHABEN} *auch* allegramente, sportivamente; {DASITZEN, DASTEHEN} rilassato (-a), in modo sciolto: **~ laufen**, avere un'andatura sciolta; **wir haben ganz ~ darüber geredet**, ne abbiamo parlato tranquillissimamente/[senza fare drammi]; **in diesem Lokal geht es ganz schön ~ zu**, è un locale dove non ci si formalizza troppo ● **etw ~ lassen** {SEIL, ZÜGEL}, allentare *qc*; {MUSKELN}, sciogliere *qc*; {WÜRMER DIE ERDE}, smuovere *qc*; **das** ˌ**mach'/schaff' ich doch ~!** *slang*, lo faccio ad occhi chiusi! *fam*, non mi ci vuole niente!; **mach dich mal ~!** *fam*, rilassati!; **~ sitzen** {AUFSATZ, LAMPENSCHIRM, NAGEL}, avere gioco; {SCHRAUBE}, essere lento; {ZIEGEL}, muoversi; {KLEIDUNG}, essere lento; **(bei) jdm sitzt etw ~**: **bei jdm sitzt das Geld ~**, qu spende allegramente, qu ha le mani bucate; **(bei) jdm sitzt das Messer ~**, qu ha il coltello facile; **(bei) jdm sitzt der Revolver ~**, qu ha il grilletto/la pistola facile; **~ werden** {SCHRAUBE, SEIL}, allentarsi; {NAGEL, ZIEGEL}, cominciare a muoversi; {ZAHN}, cominciare a tentennare/dondolare; {MENSCH}, rilassarsi; {MUSKELN} *auch*, rilassarsi.

Lockerheit *f* {+AUFTRETEN, HANDHABUNG} disinvoltura *f*; {+EINSTELLUNG, HALTUNG} *auch* rilassatezza *f*; {+BEWEGUNG} sciolezza *f*; {+SITTEN} rilassatezza *f*; {+MORAL} *auch* elasticità *f*.

lockerlassen <irr> *itr fam*: **nicht ~**, non mollare, tener duro; **sie ließ nicht locker, bis er endlich nachgab**, non mollò finché lui non cedette.

lockermachen *tr* **1** *fam* (*spendieren*) *etw* (*für jdn/etw*) *~* {GELD, SCHECK} mollare *qc* (*a qu/per qc*) *fam*, sganciare *qc* (*a qu/per qc*) *fam*, tirare fuori *qc* (*per qu/qc*) **2** *fam* (*veranlassen zu spendieren*) *etw bei jdm ~* far ˌmollare *fam*⌐/[sganciare *fam*]/[tirare fuori] *qc a qu* **3** (*erwärmen*) **jdn ~** → **locker 4** (*weniger fest machen, entspannen*) *etw ~* → **locker**.

lockern A *tr etw ~* **1** (*locker machen*) {GRIFF, KNOTEN, KRAWATTE, SEIL, ZÜGEL} allentare *qc* **2** (*auf~*) {ERDE} smuovere *qc*, rendere soffice *qc* **3** (*entspannen*) {ARME, BEINE, MUSKELN} sciogliere *qc* {zum Aufwärmen} riscaldare *qc*; (*zum Entspannen*) rilassare *qc* **4** (*liberaler fassen*) {DISZIPLIN} rendere meno rigido (-a) *qc*; {BESTIMMUNG, GESETZ} *auch* rendere più elastico (-a) *qc* **B** *rfl* **sich ~ 1** (*entkrampfen*) {ANSPANNUNG, VERKRAMPFUNG} allentarsi; {STIMMUNG} rilassarsi: **ihre Beziehung hat sich in der letzten Zeit etwas gelockert**, ultimamente il loro legame si è un po' allentato **2** *sport* (*zum Aufwärmen*) sciogliersi, sciogliere i muscoli, riscaldarsi; (*zum Entspannen*) rilassarsi **3** (*weniger streng werden*) {SITTEN} rilassarsi.

Lockerung *f* **1** (*Entkrampfung*) {+ATMOSPHÄRE} distensione *f*; {+ANSPANNUNG} allentamento *m*; {+BESTIMMUNGEN, VORSCHRIFTEN} maggiore flessibilità *f* **2** *sport* (*zum Aufwärmen*) riscaldamento *m*; (*zum Entspannen*) rilassamento *m*, distensione *f*.

Lockerungsübung *f sport* (*zum Aufwärmen*) esercizio *m* di riscaldamento; (*zum Entspannen*) esercizio *m* di rilassamento.

lockig *adj* {HAARE} ricciuto, riccio.

Lockmittel *n* esca *f*; (*für Vögel*) richiamo *m*; **ein sexuelles ~** (*bei Tieren*), un fero(r)mone.

Lockruf *m* {+HENNE, VOGEL} richiamo *m*.

Lockvogel *m* **1** *Jagd* zimbello *m*, uccello *m* da richiamo **2** *pej* (*Köder*) specchietto *m* per le allodole: **als ~ dienen**, servire da esca.

Loden <-s, -> *m text* loden *m*.

Lodenmantel *m* (*cappotto m di*) loden *m*.

lodern *itr* {+haben} (*hell brennen*) {FEUER, FLAMME} divampare **2** <sein> (*brennend aufsteigen*): **das Feuer lodert zum Himmel**, lingue di fuoco si alzano verso il cielo **3** <haben> **geh** (*auf~*) (*vor etw dat*) ~ {vor HASS, LEIDENSCHAFT, ZORN} ardere *di qc*: **jds Augen ~ vor etw** (*dat*), gli occhi di qu fiammeggiano di qc; **in jdm lodert etw** {HASS, LEIDENSCHAFT, ZORN}, in qu arde qc.

lodernd *adj* **1** {FLAMME} che divampa **2** {AUGEN} fiammeggiante, ardente.

Löffel <-s, -> *m* **1** (*Eß~*) cucchiaio *m*; (*kleiner ~*) cucchiaino *m* **2** (*~inhalt*) cucchiaio *m*, cucchiaiata *f*: **drei ~ Zucker und zwei ~ Mehl**, tre cucchiai di zucchero e due di farina **3** *Jagd* (*Ohr*) {+HASE, KANINCHEN} orecchio *m* ● **jdn ~ abgeben/wegwerfen** *fam* (*sterben*), tirare il calcino *fam*⌐/[le cuoia *fam*]; **ein paar hinter die ~ bekommen** *fam*, beccarsi *fam* un ceffone; **ein/einen ~ (voll) + subst**, un cucchiaio di qc; **jdm** ˌ**ein paar**⌐/[**eins**

hinter die ~ geben *fam*, mollare *fam*/appioppare *fam* uno schiaffo/un ceffone a qu; **schreib dir das hinter die ~!** *fam*, mettitelo/cacciatelo *fam* bene in testa!

Löffelbagger m escavatore m a cucchiaio.

löffeln tr (*essen*) *etw* ~ {JOGHURT, PUDDING, SUPPE} mangiare *qc* (col cucchiaio) ● **jdm eine ~** *fam* (*ohrfeigen*), mollare una sberla a qu *fam*.

löffelweise adv a cucchiai/cucchiaiate.

Loft <-(s), -s> m oder n loft m.

log ① 1. und 3. pers sing imperf *von* lügen.

log ② *math Abk von* Logarithmus: log (*Abk von* logaritmo).

Logarithmentafel f *math* tavola f logaritmica/[dei logaritmi].

Logarithmus <-, Logarithmen> m *math* (*Abk* log) logaritmo m (*Abk* log).

Logbuch n *naut* giornale m di bordo.

Loge <-, -n> f 1 (*film theat* palco m 2 (*Pförtnerloge*) portineria f 3 (*Freimaurerloge*) loggia f (massonica).

Logenbruder m (fratello m) massone m.

Logenmeister m gran maestro m.

Logenplatz m posto m in un palco.

Loggia <-, Loggien> f *arch* (*überdachter Balkon*) loggia f; (*Bogenhalle*) auch loggiato m.

logieren <ohne ge-> **A** itr *obs* **irgendwo/bei jdm ~** alloggiare + *compl di luogo/presso qu* **B** tr *CH* *jdn* ~ alloggiare *qu*, dare alloggio a *qu*.

Logik <-, ohne pl> f 1 (*Folgerichtigkeit*) logica f, senso m logico: **mit bestechender/zwingender ~**, con una logica schiacciante/stringente; **deine Argumentation entbehrt jeglicher ~**, la tua argomentazione è priva di qualsiasi logica; **gegen alle ~ sein/verstoßen**, essere/andare contro ogni logica 2 *wiss* logica f ● **das ist ja vielleicht eine ~!** *fam iron*, bella logica questa!, ma che logica è questa?!

Log-in <-s, -s> n oder m *inform* login m.

Logis <-, ohne pl> n alloggio m: **freie Kost und ~ (bei jdm) haben**, avere vitto e alloggio gratis (da/presso qu); **bei jdm ~ nehmen**, prendere alloggio da/presso qu; **bei jdm in/zu ~ wohnen**, stare a pensione da qu, alloggiare da/presso qu.

logisch **A** adj 1 (*folgerichtig*) {FOLGERUNG, ZUSAMMENHANG} logico 2 <präd> *fam* (*selbstverständlich*) logico, chiaro, ovvio: **es ist doch ~, dass er immer pleite ist, bei seinem Lebenswandel!**, è logico che sia sempre al verde, con la vita che fa!; **na ~!**, ma certo!, ovvio! **B** adv {SICH VERHALTEN} in modo logico; {ARGUMENTIEREN, DENKEN, FOLGERN} *auch* logicamente.

logischerweise adv logicamente.

Logistik <-, ohne pl> f *mil ökon* logistica f.

logistisch adj *mil ökon* logistico.

logo adj <präd> *slang* logico, ovvio: **(das) ist doch ~!**, ma è ovvio!

Logo <-(s), -s> n oder m (*Signet*) logo(tipo) m.

Logopäde <-n, -n> m (**Logopädin** f) logopedista mf.

Logopädie <-, ohne pl> f logopedia f.

Logopädin f → **Logopäde**.

Log-out <-s, -s> n oder m *inform* logout m.

Lohn <-(e)s, Löhne> m 1 (*Bezahlung*) paga f, salario m: **seinen ~ abholen**, riscuotere/ritirare la paga; **wie viel ~ bekommst du?**, qual è la tua paga?, quanto prendi? *fam*; **die Löhne erhöhen/drücken/senken**, aumentare/abbassare/ridurre i salari; **ein fester/monatlicher ~**, una paga fissa/mensile, un fisso/mensile; **tariflicher ~**, salario contrattuale; **um höhere Löhne kämpfen**, lottare per un aumento dei salari 2 <nur sing> (*Belohnung*) ~ (**für etw** akk) ricompensa f (*per qc*): **schöner ~ nach so viel Opfern!**, che bella ricompensa dopo tanti sacrifici!; **das ist der ~ für meine Treue!**, ecco la ricompensa/paga per la mia fedeltà! ● **als/zum ~ für etw** (akk), come compenso per qc, in cambio di qc; **jd wird seinen ~ schon noch bekommen**, qu avrà quello che ₁si merita₁/[gli spetta]; **der gerechte/verdiente ~ für etw** (akk), la giusta/meritata ricompensa per qc; **das ist der gerechte ~ dafür, dass er sie jahrelang schlecht behandelt hat**, è quello che si merita per averla trattata male per anni.

Lohnabbau m *ökon* riduzione f salariale.

lohnabhängig adj {ARBEITNEHMER} dipendente.

Lohnabhängige <dekl wie adj> mf (lavoratore (-trice) m (f)) dipendente mf.

Lohnabrechnung f busta f paga.

Lohnabzug m *ökon* trattenuta f/ritenuta f salariale/[sulla paga].

Lohnarbeit f 1 (*gegen Lohn geleistete Arbeit*) lavoro m salariato 2 *ökon* lavoro m su commissione.

Lohnausfall m riduzione f in busta paga.

Lohnausgleich m *ökon* integrazione f salariale (da parte del datore di lavoro) ● **bei vollem ~**, a salario pieno; **35-Stunden-Woche bei vollem ~**, 35 ore alla settimana a salario pieno.

Lohnbuchhalter m (**Lohnbuchhalterin** f) contabile mf addetto (-a) alle paghe.

Lohnbuchhaltung f 1 (*Lohnbüro*) ufficio m paga 2 <nur sing> (*Berechnung des Lohns*) contabilità f salariale.

Lohnbüro n ufficio m paga.

Lohndumping n dumping m salariale.

Lohnempfänger m (**Lohnempfängerin** f) *form* (lavoratore (-trice) m (f)) salariato (-a) m (f).

lohnen **A** rfl 1 (*sich rentieren*) **sich (für jdn) ~** {AUFWAND, EINSATZ, MÜHE, RISIKO} valere la pena (*per qu*): **das Geschäft lohnt sich (für ihn) nicht**, l'affare non (gli) rende 2 (*es wert sein*) **sich ~** {AUSSTELLUNG, FILM, KONZERT} meritare: **die Ausstellung lohnt sich**, la mostra merita/[vale la pena] di essere visitata; **der Besuch hat sich gelohnt**, questa visita è valsa la pena; **es lohnt sich, etw zu tun**, vale la pena di fare qc; **es lohnt sich nicht mehr, die Waschmaschine reparieren zu lassen**, non vale più la pena (fare) riparare la lavatrice; **gioco non vale la candela** *prov* **B** tr 1 *obs* (*be~*) **jdm etw ~** {EINSATZ, HILFE, MÜHE} ricompensare qu per qc, ripagare qu di qc 2 (*es wert sein*) {ERGEBNIS ANSTRENGUNG, MÜHE} valere qc; {AUSSTELLUNG, FILM, KONZERT, MUSEUM BESUCH} valere qc, meritare qc **C** itr (*wert sein*) meritare, valere la pena: **die Mühe hat gelohnt**, la fatica è valsa la pena; **eine Reise lohnt immer**, un viaggio merita sempre.

löhnen **A** tr 1 *fam* (*viel zahlen*) **etw (für etw** akk) *qc*~ sganciare qc (*per qc*) *fam*, tirar fuori qc (*per qc*) *fam*: **sie haben mehr als 200 Euro gelöhnt für die Reparatur**, hanno sganciato più di 200 euro per la riparazione 2 *obs* (*bezahlen*) *jdn* ~ pagare qu **B** itr *fam* (**für etw** akk) ~ ₁sganciare *fam*₁/[sborsare]/[tirar fuori] un mucchio di soldi (*per qc*).

lohnend adj 1 (*vorteilhaft*) {AUFGABE} gratificante; {GESPRÄCH, ZEITVERTREIB} proficuo, fruttuoso 2 (*einträglich*) {GESCHÄFT, INVESTITION, UNTERNEHMEN} proficuo, redditizio, remunerativo, vantaggioso; **(für jdn) ist es ~**, etw zu tun, (per qu) è conveniente/vantaggioso fare qc.

Lohnentwicklung f *ökon* dinamica f salariale.

Lohnerhöhung f *ökon* aumento m salariale.

Lohnforderung f <meist pl> *ökon* rivendicazione f salariale.

Lohnfortzahlung f *ökon* pagamento m continuato del salario (da parte del datore di lavoro in caso di malattia), ≈ indennità f di malattia.

Lohngefälle n *ökon* disparità f salariale.

Lohngruppe f *ökon* categoria f/fascia f salariale/retributiva.

lohnintensiv adj *ökon* {PRODUKTION, WIRTSCHAFTSZWEIG} a elevata incidenza salariale.

Lohnkosten subst <nur pl> costo m del lavoro.

Lohnkürzung f *ökon* riduzione f salariale/[dei salari].

Lohnliste f *ökon* libro m di paga.

Lohnnebenkosten subst <nur pl> *ökon* oneri m pl sociali.

Lohnniveau n *ökon* livello m salariale/[dei salari].

Lohnpolitik f *ökon* politica f salariale.

Lohn-Preis-Spirale f *ökon* spirale m prezzi-salari.

Lohnrunde f *ökon* contrattazioni f pl salariali.

Lohnsteuer f *ökon* imposta f sul reddito da lavoro dipendente.

Lohnsteuerjahresausgleich m *ökon* rimborso m (di fine anno) dell'eccedenza d'imposta (versata sul reddito da lavoro dipendente).

Lohnsteuerkarte f *ökon* "documento m rilasciato dal comune del lavoratore dipendente che serve per il calcolo dell'imposta sul reddito".

Lohnstopp m *ökon* congelamento m/blocco m dei salari.

Lohntarif m *ökon* regime m dei salari, scala f salariale.

Lohntüte f *industr* busta f paga.

Lohnvereinbarung f *ökon* accordo m salariale/[sui salari].

Lohnverhandlung f <meist pl> → **Tarifverhandlung**.

Lohnzettel m foglio m paga.

Loipe <-, -n> f pista f/anello m (per lo sci) di fondo.

Lok <-, -s> f *fam Abk von* Lokomotive: locomotiva f.

lokal **A** adj <meist attr> *geh* 1 (*örtlich*) {INTERESSE, NACHRICHTEN} locale: **~e Schauer**, locali rovesci 2 *med* {ANÄSTHESIE, BETÄUBUNG} locale 3 *gram* {ADVERB, UMSTANDSBESTIMMUNG} di luogo, locale **B** adv 1 (*örtlich*) localmente: **~ Niederschläge zu erwarten**, si prevedono locali precipitazioni 2 *med*: **(jdn) ~ betäuben**, fare l'anestesia locale (a qu).

Lokal <-(e)s, -e> n locale m; (*Speiselokal*) *auch* ristorante m, trattoria f; (*Kneipe*) osteria f, birreria f.

Lokalanästhesie f *med* anestesia f locale.

Lokalaugenschein m *A* → **Lokaltermin**.

Lokalblatt n giornale m/quotidiano m locale.

Lokale <dekl wie adj> n {+ZEITUNG} cronaca f locale.

Lokalisation <-, -en> f *geh* localizzazione f.

lokalisierbar adj {SCHMERZ} localizzabile.

lokalisieren <ohne ge-> tr *geh* 1 (*örtlich*

bestimmen) *etw* ~ {ERDBEBENZENTRUM, SCHMERZ, STROMUNTERBRECHUNG} localizzare *qc*: *etw lässt sich ~*, *qc* può essere localizzato* (-a), *si può localizzare qc* **2** (*begrenzen*) *etw* (*auf etw* akk) ~ {BRAND, EPIDEMIE, INFEKTION, KONFLIKT} localizzare *qc*, circoscrivere *qc* (*a qc*).

Lokalisierung <-, -en> *f geh* localizzazione f.

Lokalität <-, -en> *f* **1** (*Örtlichkeit*) luogo m, posto m: *die ~en bestens kennen*, conoscere i luoghi a menadito **2** *fam scherz* (*Gaststätte*) → **Lokal 3** *fam scherz* (*Toilette*) posticino m *fam scherz*.

Lokalkolorit *n* colore m locale.

Lokalnachrichten subst <nur pl> cronaca f locale.

Lokalpatriotismus *m pej* campanilismo m.

Lokalseite f, **Lokalteil** *m* {+ZEITUNG} (pagina f di) cronaca f locale.

Lokalsender *m radio TV* emittente f locale.

Lokaltermin *m jur* sopralluogo m: *einen ~ abhalten/ansetzen/anberaumen*, fare/fissare/indire un sopralluogo.

Lokalverbot *n* divieto m di accesso a un locale: (*irgendwo*)[*bei jdm*] ~ *haben*, non avere il permesso di entrare (+ *compl di luogo/da qu*).

Lokalzeitung f → **Lokalblatt**.

Lokation <-, -en> *f* **1** → **Location 1 2** (*Ort, Standort*) luogo m, sito m **3** (*Bohrstelle*) pozzo m petrolifero.

Lokführer *m* (**Lokführerin** f) → **Lokomotivführer**.

Lokogeschäft *n Börse* operazione f a contanti.

Lokomotive <-, -n> *f Eisenb* locomotiva f: *elektrische ~*, locomotrice, locomotore • *wie eine ~ schnaufen*, sbuffare come una locomotiva.

Lokomotivführer *m* (**Lokomotivführerin** f) macchinista mf.

Lolita <-, -s> *f* lolita f, ninfetta f.

Lolli <-s, -s> *m fam* lecca lecca m.

Lollo rosso <-, *ohne pl> m bot* lollo m rosso.

Lombarde <-n, -n> *m* (**Lombardin** f) lombardo (-a) m (f).

Lombardei f *geog* Lombardia f.

Lombardgeschäft *n bank* operazione f di anticipazione su titoli.

Lombardin f → **Lombarde**.

lombardisch adj lombardo.

Lombardkredit *m bank* credito m lombard.

Lombardsatz *m bank* tasso m lombard.

London <-s, *ohne pl> n* Londra f.

Londoner① <inv> adj <attr> londinese, di Londra.

Londoner② *m* (**Londonerin** f) londinese mf.

Longdrink <-(s), -s>, **Long Drink** <- -(s), - -s> *m gastr* long drink m.

Longe <-, -n> *f* corda f.

Look <-s, -s> *m* look m, stile m.

Loop <-(s), -s> *m inform* loop m.

Looping <-s, -s> *m oder n aero* gran volta f, cerchio m della morte, looping m: *einen ~ drehen/fliegen/machen*, fare un looping.

Lorbeer <-s, -en> *m* **1** *bot* alloro m, lauro m *poet* **2** <nur sing> *gastr* (*Gewürz*) alloro m **3** *geh* (*~kranz*) corona f, serto m di lauro • *sich auf seinen ~en ausruhen*, riposare/dormire sugli allori; *dichterische ~en*, l'alloro/il lauro poetico; *mit etw* (dat) *keine ~en ernten können* (*keinen Erfolg haben*), non raccogliere/mietere allori con qc;

(*keinen Eindruck schinden*), non impressionare nessuno.

Lorbeerbaum *m bot* alloro m, lauro m *poet*.

Lorbeerblatt *n* foglia f d'alloro.

Lorbeerkranz *m* corona f d'alloro.

Lore <-, -n> *f min* vagoncino m, vagonetto m.

los① adj <präd> **1** (*abgetrennt*): *los sein* {HAKEN, LEISTE, SCHILD}, essere staccato; {ETIKETT, KNOPF} *auch* essere partito (-a) *fam*; *der Hund ist (von der Leine) los*, il cane è sciolto/slegato **2** *fam* (*losgeworden*): *jdn los sein* {UNGEBETENEN GAST, VERTRETER}, essersi sbarazzato *di qu*, essersi tolto dai piedi *qu fam*; *etw los sein* {ABFALL, ALTE MÖBEL, KAPUTTE WASCHMASCHINE}, essersi sbarazzato/liberato *di qc*; *jd ist* (*endlich*) *die Erkältung/das Fieber los*, a qu è (finalmente) passato il raffreddore/[passata la febbre]; *jetzt sind wir endlich die Sorgen los!*, finalmente ci siamo tolti (-e) questo pensiero! **3** *fam* (*verloren haben*): *ich hab' meine Brille im Zug liegenlassen. - Dann bist du sie los!*, ho lasciato i miei occhiali sul treno – Allora _Lte li puoi scordare_J/[ci puoi fare una croce sopra]!; *das Geld bin ich los!*, quei soldi _Lme li posso scordare_J/[non li vedo più]/[hanno preso il volo]; *jetzt bin ich schon wieder 100 Euro los*, ho dovuto sganciare altri 100 euro; *er ist die Arbeit schon wieder los*, l'ha già perso il lavoro • *mit jdm ist nichts*/[*nicht viel*] *los fam* (*jd hat zu nichts Lust*), qu è parecchio svogliato; (*jd ist keine Leuchte*), qu non è un granché; (*jd fühlt sich nicht wohl*), qu si sente poco bene; *es ist nichts los* (*ich habe nichts*), no, (non ho) niente; *è tutto a posto*, va tutto bene; *irgendwo ist nichts* (*mehr*) *los fam* (*in einem Lokal, einer Stadt*), qc è (vero) mortorio; *in dieser Stadt ist nach 10 Uhr abends nichts mehr los*, questa città dopo le 10 di sera è un (vero) mortorio; *als ob nichts los wäre*, come se niente fosse, come se non fosse successo niente; *er tut so, als ob nichts los wäre*, fa finta che non sia successo niente, si comporta come se niente fosse, fa il finto tonto *fam*; *was ist* (*denn*) *los?* (*was ist passiert?*), (ma) che cos'è successo?; (*wieso werde ich schon wieder gestört?*), ma (che) cosa c'è?, cosa c'è ancora?; *was ist* (*denn*) *hier los? fam*, che cosa succede qui? *fam*; *irgendwo ist (et)was/viel los fam* {IN EINEM LOKAL, EINER STADT}, c'è _Lun gran movimento_J/[vita] + *compl di luogo*; *mit jdm ist (irgend)etwas los fam*, qu ha qualcosa (che non va); *was ist denn mit dir los?* (*was hast du?*), (ma) che cosa hai?; (*warum benimmst du dich so?*), (ma) che cosa ti succede?

los② adv **1** (*mach!*) los!, su!, dai!; *los, jetzt mach!*, su, sbrigati/spicciati *fam*!; (*voran!*) avanti!, forza! **2** *sport* via!; *auf die Plätze*, [*Achtung*], *fertig, los!*, ai vostri posti, pronti, via!

Los <-es, -e> *n* **1** (*Lotterielos*) biglietto m (della lotteria); (*Tombola*) biglietto m (della tombola): *jedes dritte Los gewinnt*, vince un biglietto su tre, su tre biglietti uno vince **2** (*Papier oder Münze zur Auslosung*): *das Los entscheidet*/[*wird gezogen*], _Ldeciderà la_J/[si tira a] sorte; *durch das Los*, a sorte, per sorteggio; *etw durch das Los bestimmen*/*entscheiden*, stabilire/decidere qc tirando a sorte_J/[per sorteggio], sorteggiare qc; *jdn durch das Los bestimmen/ermitteln*, scegliere qu _Ltirando a sorte_J/[per sorteggio] sorteggiare qu; *auf jdn fällt das Los*, qu è designato dalla sorte **3** *geh* (*Schicksal*) sorte f, destino m: *ein hartes/schweres Los haben*, avere _Lun duro destino_J/[una sorte avversa]; *jds Los teilen*, condividere la sorte di

qu; *mit seinem Los zufrieden sein*, essere contento della propria sorte • *das große Los* (*der Hauptgewinn*), il primo premio; (*im Lotto*), la cinquina; (*auf Jahrmärkten*), la tombola; *ein Los ziehen*, estrarre un numero; *das große Los ziehen* (*im Lotto*), vincere al lotto; (*auf Jahrmärkten*), fare tombola; *jd hat mit jdm/etw das große Los gezogen*, con qu/qc qu ha vinto un terno al lotto.

los|ballern itr *fam* cominciare/mettersi a sparare.

lösbar adj {AUFGABE, PREISFRAGE, PROBLEM} risolvibile, (ri)solubile.

los|bekommen <ohne ge-> tr *fam etw* ~ {KNOTEN} riuscire a sciogliere qc; {DECKEL, GRIFF, SCHRAUBE} riuscire a togliere qc; {ETIKETT} riuscire a staccare qc.

los|bellen itr {HUND} cominciare/mettersi ad abbaiare.

los|binden <irr> tr *jdn*/*etw* (*von etw* dat) ~ {GEFANGENEN, TIER VON EINEM PFAHL} slegare *qu*/*qc* (*da qc*): *binde den Hund los!*, sciogli il cane!

los|brechen <irr> **A** itr <sein> **1** (*plötzlich beginnen*) {AUFRUHR, GELÄCHTER, JUBEL} scoppiare; {GEWITTER, STURM} *auch* scatenarsi **2** (*abbrechen*) (*aus*/*von etw* dat) ~ {AST VOM BAUM, LAWINE VON DER BERGWAND} staccarsi (*da qc*) **B** tr <haben> (*abbrechen*) *etw* (*aus*/*von etw* dat) ~ {AST, ZWEIG VOM BAUM, EISZAPFEN VOM DACH} staccare qc (*da qc*).

Löscharbeit f <meist pl> operazione f anti(i)ncendio.

Löschblatt *n* (foglio m di) carta f assorbente, → **Löschpapier**.

löschen① **A** tr **1** (*aus~*) *etw* (*mit etw* dat) ~ {BRAND, FEUER, KERZE} spegnere qc (*con qc*): *das Löschen*, lo spegnimento, l'estinzione **2** (*stillen*) *etw* (*mit etw* dat) ~ {DURST} placare qc (*con qc*), spegnere qc (*con qc*): *Wasser löscht den Durst am besten*, l'acqua è il miglior dissetante **3** (*mit Wasser vermischen*) *etw* ~ {KALK} spegnere qc **4** (*ausschalten*) *etw* ~ {LICHT} spegnere qc **5** *bes. inform* (*beseitigen*) {KASSETTENAUFZEICHNUNG, TONBANDAUFNAHMEN} cancellare qc; {DATEI, DATEN} *auch* eliminare qc; *das Löschen*, la cancellazione **6** (*tilgen*) *etw* ~ {EINTRAGUNG, HYPOTHEK, KONTO} estinguere qc, cancellare qc, spegnere qc: *eine Firma aus dem Register ~*, radiare una ditta dal registro **7** (*trocknen*) *etw* ~ (*mit etw* dat) ~ {KLECKS, FEUCHTE SCHRIFT} asciugare qc (*con qc*) **B** itr (*Feuer~*) (*mit etw* dat) ~ spegnere il fuoco (*con qc*).

löschen② tr *naut etw* ~ {LADERAUM, SCHIFF} scaricare qc; {FRACHT, WAREN} *auch* sbarcare qc.

Löschfahrzeug *n* autopompa f, idrante m.

Löschflugzeug *n* aereo m anti(i)ncendio, Canadair® m.

Löschkalk *m* calce f spenta.

Löschmannschaft f squadra f anti(i)ncendio.

Löschpapier *n* carta f assorbente.

Löschtaste f {+COMPUTER, TONBANDGERÄT} tasto m di cancellazione/[canc].

Löschtrupp *m* → **Löschmannschaft**.

Löschung① <-, -en> f {+HYPOTHEK, KREDIT} estinzione f, cancellazione f; {+FIRMA} radiazione f.

Löschung② <-, -en> f *naut* {+FRACHT} scarico m.

Löschzug *m* convoglio m di autopompa.

los|donnern itr *fam* (*mit etw* dat) ~ {AUTO, MOTORRAD} partire con un gran rombo.

los|drehen tr *etw* ~ {BIRNE, DECKEL,

SCHRAUBE} svitare *qc*.

lose **A** adj **1** (*locker*) {KNOTEN, SAUM} lento; {GRIFF, KNOPF, SCHRAUBE} *auch* allentato; {NAGEL} che si muove; {BRETTER} sconnesso: **ich habe einen ~n Zahn**, ho un dente che tentenna; **in ~r Ordnung**, in ordine sparso **2** (*ungebunden*) {SEITEN} staccato, sciolto; ~ **Blätter**, fogli volanti; {HAAR} sciolto **3** (*unverpackt*) {BONBONS, MANDELN, MEHL, NÜSSE, ZUCKER} sciolto, sfuso: **etw ~ verkaufen**, vendere *qc* sciolto (-a)/sfuso (-a); **das/sein Geld ~ in der Tasche haben/tragen**, avere i soldi sparsi in tasca **4** (*frech*) **ein ~s Mundwerk/Maul** *fam* **haben**, avere la lingua sciolta; ~ **Reden führen**, fare discorsi frivoli **5** (*oberflächlich*) {BEKANNTSCHAFT} superficiale; {BEZIEHUNG} poco impegnativo **B** adv **1** (*locker*) {FALLEN} morbido; {KNOTEN, ZUSAMMENBINDEN} lento: ~ **aufgestecktes Haar**, capelli tirati su in un morbido chignon; **das Ende des Seils hing ~ herunter**, un capo della corda penzolava libero **2** (*unverpackt*) {VERKAUFEN} sciolto, sfuso: **die Briefumschläge verkaufen wir auch ~**, vendiamo le buste anche singolarmente/sciolte **3** (*nicht fest*) {AUFLIEGEN, AUFSITZEN} senza essere fissato: **die einzelnen Szenen hängen nur ~ zusammen**, le singole scene hanno scarsa coesione tra loro.

Loseblattausgabe f *typ* {+GESETZ, HANDBUCH} edizione f in fogli mobili; (*zur Aktualisierung*) aggiornamento m a fogli mobili.

Lösegeld n riscatto m.

Lösegeldforderung f richiesta f di riscatto.

los|eisen *fam* **A** tr **1** (*frei machen*) **jdn** (*von jdm/etw*) ~ {VON DEN FREUNDEN, EINER GESELLSCHAFT} schiodare *qu* (*da qu/qc*) *fam*; {VON DER ARBEIT, EINER VERPFLICHTUNG} *auch* strappare *qu* a *qu/qc* **2** (*lockermachen*) **etw** (*bei jdm*) ~ {GELD, VORSCHUSS} scucire *qc* (*a qu*) *fam*, far sganciare *qc* (*a qu*) *fam* **B** rfl (*sich frei machen*) **sich** (*von jdm/etw*) ~ sganciarsi (*da qu/qc*) *fam*, svincolarsi (*da qu/qc*): **ich kann mich hier jetzt unmöglich ~**, non posso assolutamente sganciarmi *fam* adesso.

Lösemittel n → **Lösungsmittel**.

losen itr **1** (*aus~*) (**um etw** akk) ~ tirare/estrarre a sorte *qc*, sorteggiare *qc*: **um der ersten Preis wird gelost**, il primo premio sarà/verrà sorteggiato/[tirato a sorte] **2** (*durch Los entscheiden*): (**darum**) ~, **wer etw tut/[tun muss/soll]**, tirare a sorte chi fa/[deve fare] *qc*; **wir ~ jetzt (darum), wer die letzte Runde bezahlen muss**, tiriamo a sorte chi deve pagare l'ultimo giro.

lösen① **A** tr **1** (*abmachen*) **etw von etw** (dat) ~ {TAPETE VON DER WAND} staccare *qc* da *qc*; {BRIEFMARKE, ETIKETT} *auch* scollare *qc* (*da qc*): **das Fleisch von den Knochen ~**, disossare la carne; **sich** (*von etw* dat) ~ **lassen**, staccarsi da *qc* **2** (*heraus~*) **etw aus etw** (dat) ~ {STEIN AUS DER MAUER} togliere *qc* da *qc*: **ein Bild aus dem Rahmen ~**, togliere un quadro dalla cornice; **eine Frucht aus der Schale ~**, togliere la buccia a un frutto, sbucciare un frutto; **man muss die Krebse noch aus der Schale ~**, i gamberi sono ancora da sgusciare **3** (*befreien*) **etw aus etw** (dat) ~ liberare *qc* da *qc*: **sie löste ihren Arm aus seinem Griff**, liberò il braccio dalla sua presa; **das Kind löste seine Hand aus der der Mutter**, il bambino liberò la mano dalla presa della madre **4** *tech* **etw ~** {HANDBREMSE} togliere *qc*; {VERRIEGELUNG} sbloccare *qc*; {VERSCHRAUBUNG} allentare *qc* **5** (*aufheben*) **etw ~** {BEZIEHUNG, BINDUNG, VERLOBUNG, VERTRAG} sciogliere *qc* **6** *med* **etw ~** {KATARRH, KRAMPF, SCHLEIM, VERSPANNUNG} sciogliere *qc*

7 (*lockerer machen*) **etw ~** {NERVENSPANNUNG} allentare *qc*; {MUSKELN} sciogliere *qc*: **Alkohol löst die Zunge**, il vino scioglie la lingua **8** (*aufbinden*) **etw ~** {HAARE, KNOTEN} sciogliere *qc*, disfare *qc* **9** (*kaufen*) **etw** (**an etw** dat) ~ {EINTRITTSKARTE, FAHRKARTE AM AUTOMATEN, SCHALTER} comprare *qc* (*a qc*) **B** rfl **1** (*sich ab~*) **sich** (*von etw* dat) ~ (*AUFKLEBER VON DER SCHEIBE; FARBE, PUTZ, TAPETE VON DER WAND; FELSBROCKEN, STEIN VOM FELSHANG*) staccarsi (*da qc*) **2** (*locker werden*) **sich ~** {KNOTEN} sciogliersi; {SCHRAUBE} allentarsi; {ATMOSPHÄRE} rilassarsi; {SPANNUNG} allentarsi **3** (*sich frei machen*) **sich** (**von jdm/etw**) ~ {VON DEN ELTERN, DEN FREUNDEN} (di)staccarsi (*da qu*) *fam*: **sie hat sich endgültig aus dem alten Kreis gelöst**, ha preso definitivamente le distanze dalla sua vecchia compagnia; {VON EINGEFAHRENEN MEINUNGEN, VORURTEILEN} liberarsi *da qc* **4** (*sich befreien*) **sich aus etw** (dat) ~ {AUS JDS GRIFF, UMARMUNG} svincolarsi *da qc*, liberarsi *da qc* **5** (*nachlassen*) **sich ~** {KATARRH}, KRAMPF, SCHLEIM, VERSPANNUNG} sciogliersi **6** (*losgehen*) **sich ~** {SCHUSS} partire.

lösen② **A** tr (*klären*) **etw ~** {AUFGABE, GLEICHUNG, KONFLIKT, PROBLEM, RÄTSEL} risolvere *qc* **B** rfl (*sich klären*) **sich ~** {FALL, RÄTSEL} risolversi.

lösen③ **A** tr **1** (*entfernen*) **etw ~** {FLECKEN, SCHMUTZ} sciogliere *qc*: **das neue Spülmittel löst auch die hartnäckigsten Fettflecken**, il nuovo detersivo scioglie anche le macchie di grasso più resistenti **2** (*auf~*) **etw** (**in etw** dat) ~ {ASPIRIN, MINERALIEN, LÖSLICHEN KAFFEE IN WASSER} (far) sciogliere *qc* (*in qc*) **B** rfl (*sich auf~*) **sich** (**in etw** dat) ~ {TABLETTE IM WASSER; ZUCKER IM KAFFEE} sciogliersi (*in qc*).

Losentscheid m sorteggio m: **durch/per ~**, per sorteggio, tramite un sorteggio.

Loser <-s, -> m (**Loserin** f) *fam* perdente mf, sfigato (-a) m (f) *slang*.

los|fahren <irr> itr <sein> **1** (*abfahren*) (**von etw/jdm**) ~ {VON DA/HIER, DER HALTESTELLE, ZU HAUSE} partire (*da qc*) **2** (*zufahren*) **auf jdn/etw** ~ {AMOKFAHRER, PANZER} lanciarsi contro *qu/qc* **3** *fam* (*angreifen*) **auf jdn** ~ aggredire *qu*, assalire *qu*, scagliarsi contro *qu*.

los|gehen <irr> **A** itr <sein> **1** (*weggehen*) andare, andarsene, partire: **sie sind vor einer Stunde losgegangen**, se ne sono andati (-e) un'ora fa; **wann gehen wir denn los?**, ma quando partiamo?; (*aufbrechen*) *auch* avviarsi, incamminarsi; **ich gehe jetzt besser los, sonst komme ich zu spät**, è meglio che mi avvii altrimenti arrivo in ritardo **2** *fam* (*beginnen*) {FEST, PARTY, SPIEL, VORSTELLUNG} cominciare, iniziare, avere inizio: **der Film geht jetzt los**, (il film) sta cominciando/[per iniziare] **3** *fam* (*sich lösen*) {GRIFF, KNOPF} staccarsi, partire *fam* **4** (*sich auslösen*) {SCHUSS} partire **5** (*angreifen*) (**mit etw** dat) **auf jdn** ~ {MIT EINEM BEIL, MESSER, STOCK} scagliarsi (*con qc*) contro *qu* **B** unpers <sein> **jetzt geht's ~**: **es geht los, si comincia; es geht mit etw** (dat) **los**, *qc* comincia, *qc* inizia; **bei drei geht's los!**, al tre si comincia/attacca/parte! • **jetzt geht's los!**, si comincia!; (*Vorstellung*), sta cominciando!; (*Rennen*), (sono) partiti!; (*Reise, Tour*), sto/stiamo partendo!; **jetzt geht's aber los!** *slang*, **ich glaub', es geht los!** *slang*, ma siamo diventati matti!; **jetzt geht das/es schon wieder los!** *fam* *pej*, ci risiamo! *fam*, rieccoci! *fam*, ci risiamo! *fam*; **jetzt geht das wieder los mit etw** (dat), si ricomincia con *qc*.

los|haben <irr> tr *fam*: **(et)was/einiges/viel ~**, essere in gamba *fam*, avere una marcia in più *fam*; **auf seinem Gebiet hat er viel ~**, nel suo campo ha una marcia in più; **in Kunstgeschichte hat sie unheimlich was ~**, è ferratissima in storia dell'arte; **in Mathe hab' ich nichts ~**, di matematica non capisco un'acca *fam*.

los|heulen itr *fam* scoppiare a piangere.

los|kaufen tr **jdn ~** {ENTFÜHRTEN, GEISEL} riscattare *qu*.

los|kommen <irr> itr <sein> *fam* <meist verneint> **1** (*wegkommen*) (**aus/von etw** dat) ~ {VON DER ARBEIT, AUS DEM BÜRO, DER FIRMA, VON DER KONFERENZ} poter/[riuscire a] venir via *da qc* **2** (*sich befreien*) **von jdm** ~ riuscire a staccarsi *da qu*: **obwohl sie weiß, dass er sie betrügt, kommt sie von ihm nicht los**, pur sapendo che la tradisce non riesce a lasciarlo **3** (*freikommen*) **von etw** (dat) ~ {VON DER DROGE} farcela a uscire *da qc*: **vom Alkohol ~**, riuscire a smettere di bere **4** (*sich lösen*) **von etw** (dat) ~ {VON EINEM GEDANKEN, EINER IDEE, EINER VORSTELLUNG} riuscire a ₁liberarsi da₁/[levarsi dalla testa] *qc*: **er kommt von dem Gedanken an sie nicht los**, non riesce a toglierselo dalla testa/mente.

los|kriegen tr *fam* **1** (*verkaufen können*) **etw ~** riuscire a disfarsi di *qc* **2** (*sich entledigen*) **jdn ~** riuscire a liberarsi *di qu*; **etw ~** {ERKÄLTUNG} riuscire a liberarsi *di qc*.

los|lachen itr *fam* scoppiare a ridere.

los|lassen <irr> **A** tr **1** (*nicht länger festhalten*) **jdn/etw ~** lasciare (andare) *qu/qc*, mollare *qu/qc* *fam*: **lass den Ball los!**, lascia la palla!; **lass mich los!**, lasciami!; **du kannst den Hund jetzt ruhig ~**, adesso puoi anche sciogliere/[lasciare libero] il cane **2** *fam* (*auf den Hals hetzen*) **jdn/etw auf jdn** ~ {POLIZEI, SPITZEL} sguinzagliare *qu* dietro a *qu*, mettere *qu* alle calcagna *di qu*; {HUND} *auch* sguinzagliare *qc* contro *qu* **3** *fam* *meist pej* (*von sich geben*) **etw ~** {FLUCH} tirare *qc*; {SCHIMPFKANONADE} lanciare *qc*; {DUMME SPRÜCHE} sparare *qc*; {WITZE} tirare fuori *qc*: **er hat einen seiner Sprüche losgelassen**, ha fatto una delle sue uscite, ne ha detta una delle sue **4** *fam* *pej* (*agieren lassen*) **jdn auf jdn** ~ {DILETTANTEN, QUACKSALBER, WINKELADVOKATEN AUF DIE MENSCHHEIT} mandare *qu* in mezzo a *qu*: **so einen kann man doch nicht auf die Menschheit ~!**, uno così non lo si può lasciare circolare liberamente! *iron* **5** (*beschäftigen*) **jdn nicht ~** {FRAGE, GEDANKE, IDEE, VORSTELLUNG}, non abbandonare *qu*, ossessionare *qu*, perseguitare *qu*, non dare pace/requie a *qu*: **der Gedanke, dass sie in Schwierigkeiten sind, lässt mich nicht mehr los**, il pensiero che si trovino in difficoltà non mi dà pace **B** itr (*nicht mehr festhalten*) mollare, mollare/lasciare la presa: **du darfst aber nicht ~!**, ma non devi lasciare/mollare la presa!; **seine Hand ließ nicht los**, non lasciava la presa.

los|laufen <irr> itr <sein> andare via di corsa/volata *fam*; (*zu laufen beginnen*) cominciare/mettersi a correre; (*weglaufen*) correre via.

los|legen itr *fam* **1** (*zu sprechen beginnen*) cominciare/attaccare *fam* a parlare: **na, dann leg mal los!**, allora, racconta!; **mit etw** dat) ~ cominciare *con/[a fare] qc*, attaccare *con/[a fare] qc fam*: **er legte sofort mit Schimpfen los**, cominciò subito a sbraitare **2** (*mit Elan beginnen*) **mit etw** (dat) ~ partire in quarta *con qc*: **sie hat dann sofort mit der Arbeit losgelegt**, è partita in quarta con il lavoro, si è buttata subito nel lavoro.

löslich adj solubile: **in etw** (dat) ~ **sein**, essere solubile in qc; **Fett ist in Alkohol ~**, il grasso è solubile in alcol; **schwer ~** {SUBSTANZ}, difficilmente solubile.

Löslichkeit <-, ohne pl> f solubilità f.

los|lösen **A** tr (ablösen) **etw** (**von etw** dat) ~ {AUFKLEBER, ETIKETTE VON EINER DOSE, EINEM GLAS} staccare qc (da qc), scollare qc (da qc); **sich ~ lassen**, staccarsi, scollarsi **B** rfl **1** (sich frei machen) **sich von jdm** ~ staccarsi da qu, allontanarsi da qu: **sie hat sich völlig von der Familie losgelöst**, si è completamente staccata dalla famiglia **2** (sich ablösen) **sich** (**von etw** dat) ~ staccarsi (da qc), scollarsi (da qc).

los|machen **A** tr (losbinden) **jdn/etw** (**von etw** dat) ~ {KIND VON EINEM SITZ} slegare qu (da qc); {BOOT VOM ANKERPLATZ, HUND VON DER KETTE} auch sciogliere qc (da qc) **B** rfl (sich befreien) **sich** (**von etw** dat) ~ liberarsi (da qc), svincolarsi (da qc), sganciarsi fam (da qc): **der Hund hat sich losgemacht**, il cane è scappato **C** itr **1** fam (sich beeilen) sbrigarsi **2** naut salpare, disormeggiare ● **mach/machts los!** fam, sbrigati/sbrigatevi!; **einen/was ~ slang**, fare baldoria/casino fam; **heute machen wir mal so richtig einen los!** fam, oggi facciamo/[si fa] baldoria!, oggi ce la spassiamo alla grande!

los|müssen <irr> itr fam dover partire: **ich muss los**, bisogna che vada, devo andare; **wir müssen los, sonst kommen wir auf der Autobahn in den Stau**, dobbiamo partire, altrimenti finiamo imbottigliati (-e) in autostrada.

Losnummer f numero m del biglietto della lotteria.

los|platzen itr <sein> fam **1** (loslachen) scoppiare/sbottare a ridere **2** (unbeherrscht sagen) sbottare: **«ich kann's nicht mehr hören!», platzte er los**, «non lo posso più sentire!», sbottò; **platz nicht immer gleich los!**, pensa prima di parlare!; **mit etw** (dat) ~ {MIT ANSCHULDIGUNGEN, EINER NEUIGKEIT} uscirsene (subito) con qc.

los|rasen itr <sein> fam partire a razzo: **ich bin im letzten Moment losgerast, um ein Geschenk zu kaufen**, sono uscito (-a) all'ultimo momento in fretta e furia per comprare un regalo.

los|reißen <irr> **A** tr (gewaltsam abreißen) **etw** (**von etw** dat) ~ {AST VON EINEM BAUM, KNOPF VOM KLEID} strappare qc (da qc), staccare qc (da qc): **er konnte die Augen nicht von ihr ~**, non poteva staccarle gli occhi di dosso **B** rfl **1** (sich entwinden) **sich** (**von jdm/etw/aus etw** dat) ~ liberarsi (da qu qc), svincolarsi (da qu/qc): **sie riss sich aus seiner Umarmung los**, si divincolò dal suo abbraccio **2** (sich gewaltsam lösen) **sich** (**von etw** dat) ~ {HUND, RAUBTIER VON DER KETTE} liberarsi (da qc) **3** (nicht aufhören): **sich von etw** (dat) **nicht ~ können** {VON EINEM ANBLICK}, non riuscire a distogliere lo sguardo da qc.

los|rennen <irr> itr <sein> fam → **los|laufen**.

Löss, **Löß** <-es, -e> m geol Loess m, Löss m.

los|sagen rfl geh **sich von jdm/etw** ~ {VON DER FAMILIE, DEN FREUNDEN, EINER PARTEI} prendere la distanze da qu/qc; {VON POLITISCHEN ÜBERZEUGUNGEN} rinnegare qc.

Lössboden, **Lößboden** m geol Loess m, Löss m.

los|schicken tr **jdn** (**zu jdm**) ~ {BOTEN, MITARBEITER} mandare qu (da qu); **etw** ~ {BRIEF, LIEFERUNG} inviare qc, spedire qc.

los|schießen <irr> itr **1** <haben> (anfangen zu schießen) cominciare/mettersi a sparare **2** <haben> fam (anfangen zu erzählen) (cominciare a) raccontare: **na (dann), schieß los!**, avanti spara! fam **3** <sein> (zustürzen) **auf jdn/etw** ~ lanciarsi verso qu/qc, precipitarsi verso qu/qc.

los|schimpfen itr cominciare a inveire.

los|schlagen <irr> **A** itr **1** mil attaccare di sorpresa, sferrare un attacco improvviso **2** (einschlagen) **auf jdn** ~ cominciare a colpire qu: **sie schlugen wie wild aufeinander los**, si picchiarono selvaggiamente **B** tr **1** (abschlagen) **etw** (**von etw** dat) ~ {KACHELN, PUTZ VON DER WAND} staccare qc (da qc) **2** fam (billig verkaufen) **etw** ~ disfarsi di qc, sbarazzarsi di qc.

los|schrauben tr **etw** (**von etw** dat) ~ {DECKEL, GRIFF, SCHRAUBE} svitare qc.

los|sprechen <irr> tr relig **jdn** (**von etw** dat) ~ {VON EINER SCHULD, SEINEN SÜNDEN} assolvere qu (da qc).

los|stürzen itr <sein> **1** (plötzlich wegrennen) scappare via **2** (sich stürzen) **auf jdn/etw** ~ avventarsi su qu/qc.

los|treten <irr> tr **1** (loslösen) **etw** ~ {ERDBROCKEN, LAWINE} staccare qc (con i piedi) **2** fam (auslösen) **etw** ~ {HETZKAMPAGNE} provocare qc; {DISKUSSION, STREIT} auch scatenare qc, dare il via a qc: **der Kommentar des Journalisten hat einen Riesenstreit losgetreten**, il commento del giornalista ha fatto scoppiare un putiferio.

Lostrommel f urna f.

Losung <-, -en> f **1** (Wahlspruch) motto m, slogan m, parola f d'ordine **2** mil parola f d'ordine.

Lösung① <-, -en> f **1** (das Lösen) {+AUFGABE, KONFLIKT, PROBLEM, SCHWIERIGKEIT} (ri)soluzione f; (Ergebnis) (ri)soluzione f **2** (Annullierung) {+BEZIEHUNG, PARTNERSCHAFT} rottura f; {+EHE, VERTRAG} annullamento m, scioglimento m.

Lösung② <-, -en> f chem soluzione f: **eine gesättigte/ungesättigte ~**, una soluzione satura/insatura.

Lösungsmittel n chem solvente m.

lösungsmittelfrei adj senza solventi.

Lösungsweg m **1** (Art, ein Problem zu lösen) soluzione f: **einen ~ finden**, trovare una soluzione **2** math soluzione f.

Lösungswort n parola f d'ordine.

Lösungswort <-(e)s, -wörter> n (bei (Kreuzwort)rätseln) (parola f chiave f, parola f cercata).

Losverfahren n sorteggio m, estrazione f (a sorte): **etw wird im ~ entschieden**, qc viene deciso con/tramite sorteggio/estrazione.

Losverkäufer m (**Losverkäuferin** f) venditore (-trice) m (f) di biglietti della lotteria.

los|werden <irr> tr <sein> **1** (sich befreien) **jdn** ~ {UNGEBETENEN GAST, LÄSTIGEN NACHBARN, VERTRETER} liberarsi di qu, sbarazzarsi di qu fam, sganciarsi da qu fam, sganciare qu fam **2** fam (verkaufen) **etw** ~ smerciare qc: **die Restposten werden wir nicht mehr los**, non ce la faremo a smerciare le rimanenze **3** fam (verlieren) **etw** ~ {GELD, VERMÖGEN} rimetterci qc: **ich habe sein ganzes Vermögen losgeworden**, si è mangiato tutto il patrimonio con quelle speculazioni azzardate **4** (nicht von etw loskommen): **etw nicht ~** {GEDANKEN, VERDACHT}, non riuscire a togliersi qc dalla testa: **ich werde das Gefühl nicht los, dass ...**, ho la netta sensazione che ...; **ich werde den Verdacht nicht los, dass sie mehr weiß, als sie sagt**, non riesco a liberarmi dal sospetto che lei sappia molto di più di quanto to dice.

los|wollen <irr> itr fam volersene andare: **ich will jetzt los**, me ne voglio andare.

los|ziehen <irr> itr <sein> fam (weggehen) partire, andarsene; (ausgehen) uscire.

Lot <-(e)s, -e> n **1** (Senkblei) filo m a piombo, piombino m: **die Mauer nach dem Lot ausrichten**, fare un muro a piombo **2** naut scandaglio m **3** geom (Senkrechte) perpendicolare f; **das Lot** (**von etw dat auf etw akk**) **fällen**, tracciare la perpendicolare (da qc a qc) ● **etw wieder ins** (**rechte**) **Lot bringen**, sistemare/aggiustare qc; **das lässt sich wieder ins Lot bringen**, vedrai che si aggiusta/sistema tutto; **wieder ins rechte Lot kommen** {MISSSTIMMUNG}, andare a posto, sistemarsi, aggiustarsi; **das kommt schon wieder ins rechte Lot, du wirst sehen!**, le cose ₁andranno a posto₁/[si aggiusteranno], vedrai!; ₁**aus dem**₁/[**außer**] **Lot sein**, non essere a piombo; **im**/[**nicht im**] **Lot sein** (in Ordnung) {GESUNDHEIT}, essere/[non essere] a posto; {BEZIEHUNG}, filare/[non filare] liscio (-a).

loten tr **1** bau **etw** (**mit etw** dat) ~ {MAUER, WAND} verificare l'appiombo di qc **2** naut (ausmessen) **etw** ~ {WASSERTIEFE} scandagliare qc.

löten tr tech **etw** (**an etw** akk) ~ {DRAHT, RISS, ROHR} saldare qc (a qc); (hart ~) brasare qc (a qc).

Lothar m (Vorname) Lotario.

Lothringen <-s, ohne pl> n geog Lorena f.

Lotion <-, -en> f lozione f.

Lötkolben m tech saldatore m, saldatoio m.

Lötlampe f lampada f per saldare.

Lötmetall n lega f per saldature.

Lotos <-, -> m, **Lotosblume** f (fiore m di) loto m.

Lotossitz <-es, ohne pl> m (im Yoga) posizione f del loto.

lotrecht **A** adj **1** bau: ~ **sein**, essere verticale/[a piombo] **2** geh (senkrecht) {FELSWAND} a piombo, verticale, perpendicolare **B** adv {AUFRAGEN} perpendicolarmente, verticalmente; {ABFALLEN} auch a piombo.

Lotrechte f → **Senkrechte**.

Lotse <-n, -n> m (**Lotsin** f) **1** naut pilota mf **2** aero (Fluglotse) controllore m di volo.

lotsen tr **1** (als Lotse leiten) **etw** ~ {SCHIFF} pilotare qc; aero {FLUGZEUG} dirigere qc (da terra): **das Schiff** ₁**in den Hafen**₁/[**durch die Klippen**] ~, pilotare la nave ₁nel porto₁/[attraverso gli scogli] **2** autom (führen) **jdn/etw** (**durch etw** akk) ~ {DURCH DIE STADT, DEN VERKEHR} guidare qu/qc attraverso qc **3** fam (mitschleppen) **jdn irgendwohin** ~ {INS KINO, IN DEN NACHTCLUB} trascinare qu + compl di luogo.

Lotsenboot n naut pilotina f.

Lotsendienst m **1** aero naut servizio m di pilotaggio **2** (für Schüler im Verkehr) "personale m che aiuta i bambini ad attraversare strade e incroci pericolosi".

Lotsin f → **Lotse**.

Lötstelle f tech **1** (gelötete Stelle) punto m di) saldatura f **2** (zu lötende Stelle) punto m da saldare.

Lotterie <-, -n> f lotteria f: ~ **spielen**, comprare un biglietto della lotteria.

Lotterielos n biglietto m della lotteria.

Lotteriespiel n **1** (lotterie) lotteria f **2** (Vabanquespiel) gioco m d'azzardo ● **etw ist das reinste ~!** fam {ELFMETERSCHIESSEN, PRÜFUNG}, qc è una lotteria.

Lotterleben <-s, ohne pl> n pej oder scherz vita f sregolata: **ein ~ führen**, condurre una vita sregolata.

Lotto <-s, -s> n lotto m: **im ~**, al lotto; **drei**

Lottoannahmestelle | **Luft**

Richtige im ~ haben, aver fatto un terno al lotto; **~ spielen**, giocare al lotto ● **du hast wohl im ~ gewonnen?** *fam*, hai fatto un terno al lotto?

Lottoannahmestelle, **Lotto-Annahmestelle** f ricevitoria f/botteghino m del lotto.

Lottogewinn m vincita f al lotto.

Lottoschein m schedina f del lotto.

Lottospiel n gioco m del lotto.

Lottozahl f **1** (*angekreuzte Zahl*) numero m del lotto **2** <*nur pl*> (*Gewinnzahlen*) numeri m pl vincenti.

Lotus <-, -> m *bot* → **Lotos**.

Lötzinn n stagno m per saldare/saldature.

Lover <-s, -(s)> m (*Liebhaber*) amante m; (*Partner*) partner m, compagno m.

Lovetalk <-s, -s> m *slang euph* sesso m telefonico/al telefono].

Löwe <-n, -n> m **1** *zoo* leone m: **der ~ brüllt**, il leone ruggisce; **der ~ schlägt/reißt seine Beute**, il leone sbrana la sua preda **2** <*nur sing*> *astr* Leone m **3** (*jd, der im Zeichen des Löwen geboren ist*) (segno m del) Leone m: **er/sie ist (ein) ~**, è del/un Leone ● **kämpfen wie ein ~**, battersi ˌcome un˺/[da] leone.

Löwenanteil m parte f del leone: **den ~ bekommen**, avere la fetta più grossa; **sich** (*dat*) **den ~ nehmen/sichern** *fam*, fare la parte del leone.

Löwenbändiger m (**Löwenbändigerin** f) domatore (-trice) m (f) di leoni.

Löwenmähne f criniera f (del leone).

Löwenmaul n, **Löwenmäulchen** <-s, ohne pl> n *bot* bocca f di leone.

Löwenzahn m *bot* dente m di leone, tarassaco m, soffione m, piscialletto m *fam*.

Löwin f *zoo* leonessa f.

loyal *geh* **A** adj **1** (*regierungstreu*) {STAATSBÜRGER, TRUPPEN} lealista, fedele **2** (*anständig*) {GESCHÄFTSPARTNER, KOLLEGE, VERTRAGSPARTNER} leale, corretto: **jdm gegenüber ~ sein**, essere leale verso qu **B** adv {SICH VERHALTEN} lealmente, con lealtà.

Loyalität <-, *rar -en*> f lealtà f: **jds ~/jdm gegenüber**, la lealtà di qu verso qu.

Loyalitätskonflikt m *psych* conflitto m di lealtà.

LP <-, -s> f Abk *von* Langspielplatte: LP m, ellepì m (Abk *von* long-playing).

LSD <-(s), ohne pl> n Abk *von* Lysergsäurediäthylamid: LSD f (Abk *von engl* Lysergic Acid Diethylamide); acido m *slang*, piramide f *slang*.

LSF Abk *von* Lichtschutzfaktor: SPF (Abk *von engl* Sun Protection Factor).

lt. präp *fam* Abk *von* laut: secondo, ai sensi di, conformemente a.

Lübeck <-s, ohne pl> n *geog* Lubecca f.

Luchs <-es, -e> m **1** *zoo* lince f **2** (*~fell*) (pelliccia f di) lince f: **eine Jacke aus ~**, un giaccone di lince ● **jd passt auf wie ein ~** *fam* (*alles genau sehen und verfolgen*), qu segue tutto con occhio vigile, a qu non sfugge niente.

Luchsaugen subst <*nur pl*> occhi m pl di lince.

Lücke <-, -n> f **1** (*leere Stelle*) buco m, spazio m (vuoto); (*große ~ zum Durchgehen*) varco m: **er hat große ~n zwischen den Zähnen**, ha i denti radi **2** (*Unvollständigkeit*) lacuna f: **eine ~ im Gesetz ausnutzen**, approfittare di una lacuna legislativa; **jeder hat ~n in seinem Wissen**, tutti abbiamo delle lacune ● **eine ~ hinterlassen/reißen** {JDS TOD, WEGGANG}, lasciare un vuoto; **irgendwo klafft eine ~** {IM ZAUN}, in qc c'è un buco; {IM WISSEN}, qc presenta una lacuna; (**in etw** *dat*) **eine ~** (**für etw** *akk*) **lassen** {IM REGAL FÜR WEITERE BÜCHER, IM TEXT FÜR EINE EINFÜGUNG}, lasciare un buco *fam*/uno spazio (per qc) (in qc); **eine ~ schließen**, colmare una lacuna.

Lückenbüßer m (**Lückenbüßerin** f) *pej* tappabuchi m: **den ~ spielen**, (**der**) **~ sein** *fam*, ˌservire da˺/[fare il] tappabuchi.

lückenhaft **A** adj **1** (*mit Lücken*) {GEBISS, ZAHNREIHE} con qualche dente mancante **2** (*unvollständig*) {BERICHT, BESTIMMUNGEN, ERINNERUNG, KENNTNISSE, SAMMLUNG, WISSEN} lacunoso, incompleto, pieno di lacune; {BEWEIS} insufficiente, debole; {ALIBI} che fa acqua, debole, poco convincente; {VERSORGUNG} insufficiente, carente: **~ sein**, presentare delle lacune; **die Rekonstruktion des Falls ist bisher eher ~**, la ricostruzione del caso presenta al momento molte lacune **B** adv {ETW DARSTELLEN, SICH ERINNERN} in modo lacunoso.

lückenlos **A** adj **1** (*ohne Lücken*) {GEBISS} perfetto; {REIHE, SAMMLUNG} completo **2** (*vollständig*) {ALIBI} perfetto; {REKONSTRUKTION} *auch* senza lacune; {BEWEISKETTE, REIHE, SAMMLUNG} completo; {ERINNERUNG} preciso; {BERICHT, KENNTNISSE} senza lacune, esaustivo; {ÜBERLIEFERUNG, VERSORGUNG} completo: **eine -e Argumentation**, un'argomentazione stringente **B** adv **1** (*ohne Lücken*) {INEINANDERFÜGEN, ZUSAMMENPASSEN} perfettamente, in modo perfetto **2** (*vollständig*) {DARSTELLEN, DOKUMENTIEREN} in modo esaustivo/completo, senza lacune; {BEWEISEN, NACHWEISEN} al cento per cento.

Lückentest m *psych* "test m che consiste nel riempire gli spazi vuoti".

lud **1.** **und 3.** *pers sing imperf von* laden.

Luder <-s, -> n *fam* **1** *pej* (*durchtriebene Frau*) carogna f, stronzetta f *vulg*: **so ein durchtriebenes/raffiniertes ~!**, che furbastra! **2** *pej* (*Flittchen*) puttanella f *vulg* **3** (*kokette Frau*) civetta f: **sie ist ein kleines ~**, lei è una bricconcella **4** (*bemitleidenswerte Frau*): **ein armes ~**, una poveraccia.

Ludwig m (*Vorname*) Luigi, Ludovico; *hist* Ludovico; (*französischer Königsname*) Luigi.

Luft <-, *lit* Lüfte> f **1** (*Atemluft*) aria f: **frische/schlechte/stickige/verbrauchte ~**, aria fresca/pesante/soffocante/viziata; **frische ~ ins Zimmer lassen**, far entrare un po' d'aria fresca (nella stanza), dare/cambiare aria alla stanza; **im Schlafzimmer ist schlechte ~**, in camera c'è ˌaria viziata˺/[odore di chiuso]; **im Hochgebirge ist die ~ dünner**, in alta montagna l'aria è più fine; **die Abgase vergiften/verschmutzen die ~**, i gas di scarico inquinano l'aria **2** *meteo* aria f: **feuchte/trockene/kalte/warme ~**, aria umida/secca/fredda/calda; **das Gewitter/der Regen hat die ~ gereinigt**, il temporale/la pioggia ha rinfrescato l'aria; **die ~ im Gebirge**˺/[**am Meer**], l'aria di montagna/di mare; **saubere ~**, aria pulita/pura **3** (*Atem*) fiato m, respiro m: (**tief**) **~ holen** (**beim Arzt**), inspirare (profondamente), fare un (bel) respiro (*nach dem Tauchen*) riprendere fiato; (*vor dem Tauchen*) prendere fiato; **nach ˌdiesem Schreck˺/[dieser Überraschung] musste sie erst mal tief ~ holen**, dopo ˌquello spavento˺/[quella sorpresa] ebbe bisogno di un attimo per riprendere fiato; **komm, beruhige dich, hol erst mal tief ~!**, su, tranquillizzati, fai un bel respiro profondo!; **keine ~** (**mehr**) **bekommen/kriegen** *fam*, non riuscire (più) a respirare, sentirsi soffocare; **wieder ~ bekommen/kriegen** *fam* (*wieder durchatmen können*), riuscire di nuovo a respirare, riprendere fiato; (*wieder atmen können*) riprendere a respirare **4** (*freier Raum außerhalb der Wohnung*) aria f (aperta): **an die (frische) ~ gehen**, andare a prendere ˌun po'˺/[una boccata] d'aria; **ich muss mal an die frische ~**, ho bisogno di una boccata d'aria; **an die (frische) ~ kommen**, uscire ˌall'aria aperta˺/[all'aperto]; **das Kind kommt nie an die frische ~**, il bambino ˌè sempre chiuso in casa˺/[non prende mai un po' d'aria]; **im Urlaub verbringen sie die ganze Zeit an der frischen ~**, in vacanza passano le loro giornate all'aria aperta; **an etw** (*akk*) **~ kommen lassen, etw an die ~ hängen**, mettere qc all'aria, far prendere aria a qc **5** (*Raum über dem Erdboden*) aria f: **ein Pfeil flog durch die ~**, una freccia fendette l'aria; **jetzt ist das Flugzeug in der ~**, in questo momento l'aereo è in volo; **sich in die ~ erheben** {FLUGZEUG}, alzarsi in volo; {VOGEL} *auch* spiccare il volo; **der Luftballon flog immer höher in die ~**, il palloncino saliva sempre più in alto; **die Lerche schwingt sich in die ~/Lüfte** *lit*, l'allodola si alza in volo; **etw in die ~ werfen**, lanciare qc in aria **6** *fam* (*~druck*) pressione f: **die ~** (**in den Reifen**) **kontrollieren/prüfen** (**lassen**), (far) controllare la pressione dei pneumatici; **der Reifen hat zu wenig ~**, la gomma è sgonfia **7** (*Platz*) spazio m: **lass zwischen Tisch und Wand noch etwas ~**, lascia un po' di spazio fra il tavolo e la parete; **wenn die meisten jetzt gehen, gibt's ~** *fam*, ora che i più se ne vanno si comincia a respirare **8** (*Spielraum*) margine m (di manovra); **in etw** (*dat*) **ist noch ~**, in qc c'è ancora un certo margine di manovra; **wenn diese Arbeit erledigt ist, habe ich wieder etwas ~**, una volta finito questo lavoro avrò finalmente un po' di respiro ● **jdm die ~ abdrehen/abdrücken** (*jdn wirtschaftlich ruinieren*), strangolare qu; **jdm die ~ abdrücken/abschnüren** (*KRAGEN*), strangolare qu; {MENSCH} *auch*, soffocare qu, strozzare qu; **~ ablassen/rauslassen** *fam*, sfogarsi; **lass mal die ~ ab!**, calmati!; **die ~ anhalten**, trattenere il respiro; **nun halt mal die ~ an!** *fam* (*hör endlich auf zu reden!*), prendi fiato!; (*übertreibe nicht so!*), smettila!, piantala!, dacci un taglio! *fam*; **jdm die ~ zum Atmen nehmen** *geh* (*jdn sehr einnehmen*), togliere a qu anche l'aria che respira; **sich in ~ auflösen** {GEGENSTAND}, svanire nel nulla; {PERSON} *auch*, volatilizzarsi; **das/sie kann sich doch nicht in ~ aufgelöst haben!**, non è possibile che ˌuna cosa simile˺/[lei] sia svanita nel nulla!; {PROJEKT}, andare ˌa gambe all'aria˺/[in fumo]; **aus der ~** {VERSORGEN}, con un ponte aereo; {AUFNEHMEN, VERSORGEN}, dall'aereo, dall'alto; **aus der ~ gemachte Aufnahmen**, foto(grafie) aeree; **jdn wie ~ behandeln**, fare come se qu non esistesse, ignorare completamente qu; **hier ist/herrscht dicke ~** *fam*, qui ˌtira una brutta aria˺/[c'è un'aria pesante]; **in die ~ fliegen** *fam* (*explodieren*), saltare in aria; **flüssige ~** *phys*, aria liquida; (**völlig**) **aus der ~ gegriffen sein** {ANSCHULDIGUNG, BEHAUPTUNG, GERÜCHT}, essere campato in aria; **in die ~ gehen** *fam*, andare in bestia *fam*, esplodere, scoppiare, montare su tutte le furie; **leicht/schnell in die ~ gehen** *fam*, accendersi come un fiammifero; **in die ~ gucken** (*nicht auf den Weg aufpassen*), avere la testa per aria; (*das Nachsehen haben*), rimanere a bocca asciutta; **in der ~ hängen** {ANGELEGENHEIT, SACHE}, essere in sospeso; {MENSCH}, vivere nell'incertezza, essere in una situazione precaria; **es hängt noch in der ~**, ob/wann/wie ..., ancora da vedere se/quando/come ...; **aus etw** (*dat*) **die ~ herauslassen**, sgonfiare qc; **etw in die ~ jagen/sprengen**, far saltare in aria qc; **laue/linde Lüfte** *lit* (*Frühlingswinde*)

brezza f/venticello m primaverile, zefiro m *lit*; **nicht von** ‹~ **(allein)**›/[**der ~**] **leben können**, non poter vivere/campare solo d'aria; **von ~ und** *Liebe* **leben**, campare d'aria; **in der ~** *liegen*: **es liegt ein Gewitter in der ~**, si sta preparando un temporale; **es liegt etwas in der ~** (*etwas Bedrohliches, Ungewisses*), c'è qualcosa nell'aria; **sich** (dat) **~** *machen fam*, sfogarsi, dare sfogo alla propria rabbia; *etw* (dat) **~** *machen* {SEINEM ÄRGER, ZORN}, dare sfogo/[libero corso] a qc; **seinem Herzen ~** *machen obs*, levarsi/togliersi un peso dallo stomaco; **aus etw** (dat) **ist die ~** *raus fam* (*etw hat nicht mehr den anfänglichen Schwung*), si sono spenti gli entusiasmi (per qc); **die ~ ist** *rein*! *fam*, via libera!; **sobald die ~ rein ist, ...**, appena il campo è libero ...; **nach ~** *ringen* (*Atemschwierigkeiten haben*), respirare ‹con affanno›/[a fatica], boccheggiare, avere il fiato grosso, ansare; (*vor Schreck, Überraschung*), fare fatica a riprendersi; **~** *schnappen*, prendere una boccata d'aria; **nach ~** *schnappen*, boccheggiare, respirare a fatica; **die ~ ist hier zum** *Schneiden*, qui c'è un'aria irrespirabile; **für jdn ~** *sein*, non esistere per qu; **er ist einfach ~ für mich**, per me è come se ‹non esistesse›/[fosse trasparente]; **jdn an die ~** *setzen*/*befördern fam* (*jdn rauswerfen*), mettere qu alla porta, cacciare qu; (*jdn entlassen*) *auch*, dare il benservito a qu; **etw in die ~** *sprengen*, far saltare in aria qc; **jdm bleibt die ~** *weg* (*hat Atemschwierigkeiten*), a qu manca il fiato; **jdm bleibt vor etw** (dat) **die ~** *weg* {VOR SCHRECK}, qc lascia qu senza fiato; {VOR ERSTAUNEN, ÜBERRASCHUNG} *auch*, qu resta senza fiato per qc; **mir blieb die ~** *weg*, **als ich das hörte**, sono rimasto (-a) senza fiato quando l'ho saputo; **jdn in der ~** *zerreißen* (*jdn hart kritisieren*), fare a pezzi qu *fam*, stroncare qu; **ich könnte ihn in der ~** *zerreißen*, lo ammazzerei, lo farei a fettine *fam*.
Luftabwehr f *mil* 1 (*Abwehr*) difesa f antiaerea/contraerea 2 (*Einheit*) contraerea f.
Luftabwehrrakete f *mil* missile m contraereo.
Luftangriff m *mil* attacco m aereo, incursione f aerea, raid m aereo: **ein ~ auf etw** (akk) {AUF EINE STADT}, un attacco aereo su qc; {AUF GEGNERISCHE STELLUNGEN} un attacco aereo contro qc; **einen ~ auf etw** (akk) **fliegen**, sferrare un attacco aereo su/contro qc.
Luftaufklärung f ‹-, *ohne pl*› f *mil* ricognizione f aerea.
Luftaufnahme f *fot* foto(grafia) f/veduta f aerea.
Luftaufsicht f → **Flugsicherung**.
Luftballon m 1 (*Spielzeug*) palloncino m 2 *aero* mongolfiera f, pallone m aerostatico.
Luftbefeuchter m umidificatore m.
Luftbelastung f *ökol* inquinamento m atmosferico.
Luftbewegung f *meteo* corrente f d'aria: **schwache ~**, correnti deboli.
Luftblase f bolla f (d'aria) • **wie eine ~ zerplatzen** {ILLUSION, TRAUM}, finire in una bolla di sapone; **meine Träume sind wie ~n zerplatzt**, i miei sogni sono finiti in una bolla di sapone.
Luft-Boden-Flugkörper m *mil* missile m aria-terra.
Luftbrücke f *mil* ponte m aereo.
Lüftchen ‹-s, *ohne pl*› n dim *von* Luft arietta f, venticello m, brezza f: **es weht ein laues ~**, spira un venticello tiepido • **es regt/rührt sich kein ~**, non c'è un filo d'aria.
luftdicht A adj {VERPACKUNG, VERSCHLUSS} ermetico B adv {VERPACKEN, VERSCHLIESSEN}: **~ verschlossen** {KONSERVENDOSE}, ermeticamente chiuso; {FLASCHE} sigillato.
Luftdruck ‹-(e)s, *ohne pl*› m 1 *meteo* pressione f atmosferica: **der ~ steigt/fällt**, la pressione atmosferica aumenta/diminuisce 2 *autom* pressione f.
luftdurchlässig adj {GEWEBE, VERBAND} che lascia passare l'aria, traspirante: **~ sein**, lasciare passare l'aria.
lüften A tr *etw* **~ 1** (*frische Luft einlassen*) {RAUM, WOHNUNG, ZIMMER} aerare qc, arieggiare qc, dare aria a qc, ventilare qc; {BETTEN, KLEIDER} *auch* mettere all'aria qc, far prendere aria a qc **2** *geh* (*anheben*) {HUT, SCHLEIER} sollevare appena qc; {VORHANG} alzare qc **3** (*preisgeben*) {GEHEIMNIS} svelare qc: **sein Inkognito ~**, uscire ‹dall'anonimato›/[allo scoperto] B itr **1** (*Luft hereinlassen*) cambiare aria **2** (*aus~*) {BETTDECKEN, KLEIDER} prendere aria, stare all'aria: **das Lüften**, la ventilazione, l'aereazione; **die Kleider zum Lüften raushängen**, far prendere aria ai vestiti.
Lüfter ‹-s, -› m 1 (*Ventilator im Auto, PC*) ventola f **2** → **Heizlüfter**.
Luftfahrt f aviazione f, aeronautica f.
Luftfahrtbehörde f ente m per l'aviazione civile.
Luftfahrtgesellschaft f compagnia f (di navigazione) aerea.
Luftfahrtingenieur m (**Luftfahrtingenieurin** f) ingegnere m aeronautico.
Luftfahrzeug n *form aero* aeromobile m.
Luftfeuchtigkeit f umidità f ‹dell'aria›/[atmosferica].
Luftfilter m *oder* n *autom tech* filtro m dell'aria.
Luftfracht f 1 (*Frachtgut*) merce f aerotrasportata 2 (*Frachtgebühr*) nolo m aereo.
luftgekühlt adj *autom tech* raffredato ad aria.
luftgestützt adj *mil* {FLUGKÖRPER} lanciato in volo.
luftgetrocknet adj *gastr* essiccato all'aria: **~er Schinken**, prosciutto crudo (non affumicato).
Luftgewehr n fucile m a aria compressa.
Lufthauch m *geh* alito m/filo m d'aria • **es regt/rührt sich kein ~**, non c'è un filo d'aria.
Lufthoheit ‹-, *ohne pl*› f *pol* sovranità f aerea.
luftig A adj 1 (*gut mit Luft versorgt*) {BALKON, PLÄTZCHEN} ventilato, arieggiato; {RAUM, WOHNUNG} aperto ad arioso, ben aerato: **hier auf der Bank ist es schön ~**, qui sulla panchina si sente una bell'arietta 2 (*leicht*) {BLUSE, KLEID} leggero, vaporoso B adv (*leicht*) {ANGEZOGEN} leggero: **bist du nicht zu ~ angezogen?**, non sei vestito (-a) troppo leggero (-a)? • **in ~en Höhen**, su alte vette.
Luftikus ‹-, -ses›, -se› m *fam pej* superficialone m *fam*.
Luftkampf m combattimento m aereo; (*zwischen zwei Flugzeugen*) duello m aereo.
Luftkissen n 1 (*Kissen*) cuscino m gonfiabile 2 *tech* cuscino m d'aria.
Luftkissenboot n *naut* hovercraft m, aeroscivolante m.
Luftklappe f *tech* (+HEIZUNG, LÜFTUNGSANLAGE) presa f d'aria 2 *autom* valvola f dell'aria, starter m.
Luftkorridor m *aero* corridoio m aereo.
Luftkrieg m *mil* guerra f aerea • **Luft- und Seekrieg** *mil*, guerra per aria e per mare.
Luftkühlung f *tech* raffreddamento m ad aria.

Luftkurort m stazione f climatica.
Luftlandetruppen subst ‹*nur pl*› truppe f pl aviotrasportate.
Luftlandung f *mil* aerosbarco m.
luftleer adj: **im ~en Raum**, nel vuoto.
Luftlinie ‹-, *ohne pl*› f linea f d'aria: **bis an die Grenze sind es 20 km ~**, ‹fino al confine ci sono›/[il confine dista] 20 km in linea d'aria.
Luftloch n 1 (*Öffnung*) foro m d'aerazione 2 *fam aero* vuoto m/sacca f d'aria.
Luft-Luft-Rakete f *mil* missile m aria-aria.
Luftmangel m mancanza f d'aria.
Luftmasche f *text* punto m catenella.
Luftmasse f <*meist pl*> *meteo* massa f d'aria: **feuchte ~n bewegen sich auf Deutschland zu**, masse d'aria umida si stanno dirigendo verso la Germania; **polare ~n**, masse d'aria di origine polare.
Luftmatratze f materasso m gonfiabile/pneumatico.
Luftmine f *mil* mina f aerea.
Luftnummer f 1 (*Akrobatik*) acrobazia f, numero m acrobatico 2 *fam* (*unwahre Behauptung*) bolla f di sapone: **sich als ~ erweisen**, rivelarsi una bolla di sapone.
Luftpirat m (**Luftpiratin** f) pirata mf dell'aria, dirottatore (-trice) m (f) di aerei.
Luftpiraterie f pirateria f aerea.
Luftpistole f pistola f ad aria compressa.
Luftpost ‹-, *ohne pl*› f posta f aerea: **per/mit ~**, per posta/via aerea.
Luftpostbrief, **Luftpostleichtbrief** m lettera f per posta aerea, aerogramma m.
Luftpostpapier n carta f da lettere per posta aerea.
Luftpumpe f (*für Fahrrad*) pompa f (da bicicletta); *autom* pompa f (per pneumatici), pompa f pneumatica; (*für Luftmatratze, Schlauchboot*) gonfiatoio m.
Luftqualität f qualità f dell'aria.
Luftraum m spazio m aereo: **den ~ verletzen**, violare lo spazio aereo.
Luftrecht n diritto m aeronautico.
Luftreinhaltung f misure f pl contro l'inquinamento atmosferico.
Luftreiniger m filtro m di depurazione dell'aria.
Luftrettungsdienst m aerosoccorso m.
Luftröhre f *anat* trachea f.
Luftröhrenschnitt m *med* tracheotomia f.
Luftsack m *autom* (*Airbag*) airbag m.
Luftschacht m 1 *min* pozzo m di aer(e)azione 2 *bau* presa f d'aria.
Luftschadstoff m <*meist pl*> inquinante m dell'aria.
Luftschicht f *meteo* strato m atmosferico.
Luftschiff n dirigibile m, aeronave f.
Luftschlacht f *mil* battaglia f aerea.
Luftschlange f stella f filante.
Luftschlitz m <*meist pl*> fessura f per la ventilazione; *autom*: **die ~e auf der Kühlerhaube**, (le fessure del)la griglia del radiatore; **die ~e vor dem Kühler**, la mascherina.
Luftschloss (a.R. Luftschloß) n <*meist pl*> castello m in aria: **Luftschlösser bauen**, fare castelli in aria.
Luftschutz m difesa f antiaerea: **ziviler ~**, difesa antiaerea civile.
Luftschutzbunker m bunker m (antiaereo).
Luftschutzkeller m, **Luftschutzraum** m rifugio m antiaereo.
Luftsieg m *mil* vittoria f (in un combatti-

mento aereo).
Luftspiegelung f miraggio m, fata morgana f.
Luftsprung m salto m in aria: **er machte Luftsprünge (vor Freude)**, faceva salti di gioia.
Luftstraße f aero aerovia f.
Luftstreitkräfte subst <nur pl> form mil forze f pl aeree.
Luftstrom m corrente f d'aria.
Luftströmung f corrente f atmosferica.
Luftstützpunkt m mil base f aerea.
Lufttanken <-s, ohne pl> n aero aerorifornimento m, rifornimento m in volo.
Lufttaxe f, **Lufttaxi** m aero aerotaxi m.
Lufttemperatur f temperatura f dell'aria.
Lufttransport m trasporto m aereo.
Lufttüchtigkeit f aero {+FLUGZEUG} idoneità f al volo.
Luftüberwachung f **1** mil sorveglianza f aerea **2** (Kontrolle der Luftqualität) controllo m della qualità dell'aria.
Luft- und Raumfahrtindustrie f aero industria f aerospaziale.
Luft- und Raumfahrttechnik f ingegneria f aerospaziale.
luftundurchlässig adj {STOFF} non traspirante; {VERPACKUNG} ermetico.
Lüftung <-, -en> f **1** (das Lüften) aerazione f, ventilazione f **2** tech (~sanlage) impianto m/sistema m di ventilazione.
Lüftungsklappe f → **Luftklappe**.
Lüftungsschacht m → **Luftschacht**.
Luftveränderung f cambiamento m d'aria: **eine ~ brauchen**, aver bisogno di cambiare aria.
Luftverkehr m traffico m aereo.
Luftverschmutzung f ökol inquinamento m atmosferico/[dell'aria].
Luftwaffe f mil aeronautica f/aviazione f militare.
Luftwaffenstützpunkt m mil base f aerea.
Luftweg m **1** aero via f aerea: **auf dem ~**, (per) via aerea **2** <nur pl> anat (Atemwege) vie f pl respiratorie.
Luftwiderstand <-(e)s, ohne pl> m phys resistenza f dell'aria.
Luftwurzel f bot radice f aerea.
Luftzufuhr <-, ohne pl> f afflusso m d'aria: **die ~ regeln**, regolare l'afflusso d'aria.
Luftzug m corrente f d'aria.
Lug <-(e)s, ohne pl> m: **Lug und Trug** geh, menzogne e inganni.
Lüge <-, -n> f bugia f, frottola f fam, fandonia f fam, balla f fam; (schlimmere oder raffiniertere ~) menzogna f fam; **eine harmlose ~**, una bugia innocente, una bugietta; **das ist eine faustdicke/glatte ~**, è una bugia ⌊grossa come una casa fam⌋/[grossolana]; **~n verbreiten**, diffondere menzogne; **jdn der ~ bezichtigen** geh, accusare qu di mentire; **was du da sagst, ist alles ~**, quello che dici non è che un cumulo di bugie; **sich immer mehr in ~n verstricken**, impelagarsi sempre di più nelle bugie • **jdm ~n auftischen**, scodellare bugie a qu fam; **eine fromme ~**, una bugia pietosa; **jdn ~n strafen** geh, smentire qu, sbugiardare qu fam; **etw ~n strafen** geh (das Gegenteil demonstrieren), smentire qc; **~n haben kurze Beine** prov, le bugie hanno le gambe corte prov.
lügen <lügt, log, gelogen> itr dire bugie; (schlimmer oder raffinierter) mentire; **das ist gelogen!**, è falso!/[una bugia]!; **das ist glatt gelogen!**, è una bugia bell'e buona!; **ich**

müsste ~, wenn ich sagen würde, dass alles ok ist, mentirei se dicessi che è tutto a posto; **sie lügt ständig**, non fa che mentire, dice sempre bugie; **man kann ihm das Lügen nicht austreiben**, non gli si toglie il vizio di dire bugie; **das Lügen**, le menzogne; **Lügen lohnt nicht**, la menzogna non paga • **~ wie gedruckt** fam, spararle grosse fam, mentire spudoratamente; **wer einmal lügt, dem glaubt man nicht, und wenn er auch die Wahrheit spricht** prov, il bugiardo conosciuto, da nessuno è mai creduto prov.
Lügenbold <-(e)s, -e> m fam obs bugiardo m matricolato/impenitente, gran bugiardo m, ballista m scherz.
Lügendetektor <-s, -en> m macchina f della verità, lie detector m.
Lügengebäude n castello m di menzogne/bugie: **das ganze ~ brach zusammen**, il castello di menzogne crollò.
Lügengeschichte f, **Lügenmärchen** n frottola f fam, balla f fam, palla f fam: **alles Lügengeschichten/Lügenmärchen!**, (sono) tutte frottole/fandonie!
lügenhaft adj **1** pej (erlogen) {BEHAUPTUNG, BERICHT, REDEN} menzognero, infarcito di menzogne **2** rar → **lügnerisch**.
Lügenmärchen n fandonia f, balla f fam, frottola f fam: **~ erzählen**, raccontare balle fam/fandonie.
Lügner <-s, -> m (**Lügnerin** f) bugiardo (-a) m (f), mentitore (-trice) m (f).
lügnerisch adj **1** (verlogen) {PERSON} bugiardo **2** (unwahr) {REDEN} menzognero.
Luise f (Vorname) Luisa.
Lukas m (Vorname) Luca.
Lukasevangelium n relig: **das ~**, il santo Vangelo secondo Luca, il Vangelo di Luca.
Luke <-, -n> f **1** (Dachluke) abbaino m, lucernario m **2** naut boccaporto m.
lukrativ adj pej {ANGEBOT, AUFTRAG, INVESTITION, JOB} lucrativo, lucroso, redditizio.
lukullisch geh A adj {ESSEN, SPEISE} luculliano B adv {SCHLEMMEN, SPEISEN} lucullianamente, da re.
Lulatsch <-(e)s, -e> m pej scherz: **ein langer ~**, uno spilungone fam, una pertica fam.
Lumme <-, -n> f ornith uria f.
Lümmel <-s, -> m **1** pej (Flegel) zulù m fam pej **2** pej (Bürschchen) monello m.
lümmelhaft adj pej {BENEHMEN} da zulù fam pej.
lümmeln rfl fam pej sich irgendwo(hin) ~ {IM/IN DEN SESSEL, AUF DEM/AUFS SOFA} stravaccarsi fam/spaparanzarsi fam region + compl di luogo.
Lump <-en, -en> m pej farabutto m, mascalzone m, furfante m, canaglia f.
lumpen itr fam: **sich nicht ~ lassen** (sich großzügig zeigen), non fare il pezzente fam.
Lumpen <-s, -> m **1** region (Putzlappen) straccio m, cencio m, strofinaccio m **2** <meist pl> pej (Kleidung) cencio m, straccio m.
Lumpengesindel n gentaglia f, marmaglia f.
Lumpenpack n pej → **Lumpengesindel**.
Lumpensammler m (**Lumpensammlerin** f) straccivendolo (-a) m (f), cenciaiolo (-a) m (f) region.
lumpig adj **1** (niederträchtig) {GESINNUNG, TAT} meschino, vile **2** <attr> fam (mickrig) {SUMME, TRINKGELD} misero: **~e drei Euro**, tre miseri euro.
Lunch <-(e)s, -(e)s oder -e> m gastr pranzo m (veloce).
Lunchpaket n cestino m per il pranzo.
Lüneburg <-s, ohne pl> n Luneburgo f • **~er Heide** geog, Landa di Luneburgo.
Lunge <-, -n> f anat **1** (Organ) polmoni m pl: **er hat nur noch eine halbe ~**, gli è rimasto un solo polmone; **die rechte ~ ist schon angegriffen**, il polmone destro è già attaccato **2** (~nflügel) polmone m • **die eiserne ~**, il polmone d'acciaio; **grüne/Grüne ~** (Grünanlage), il polmone verde; **es auf der ~ haben** fam, essere malato ai/di polmoni; **sich (dat) die ~ aus dem Hals/Leib schreien** fam, spolmonarsi/sgolarsi (a gridare), rimettterci i polmoni a forza di gridare/urlare fam; **(etw) auf ~ rauchen**, aspirare (il fumo); **schone deine ~!** scherz (rede nicht so viel!), risparmia il fiato! • **aus voller ~** {SCHREIEN, SINGEN}, a ⌊pieni polmoni⌋/[squarciagola].
Lungenbläschen n <meist pl> anat alveolo m polmonare.
Lungenbraten m A gastr (arrosto m di) lombata f.
Lungenembolie f med embolia f polmonare.
Lungenemphysem n med enfisema m polmonare.
Lungenentzündung f med polmonite f: **~/[eine ~] haben**, avere la polmonite.
Lungenfisch m <meist pl> fisch Dipnoo m.
Lungenflügel m anat polmone m.
Lungenheilanstalt f med sanatorio m, tubercolosario m.
lungenkrank adj malato di polmoni: **~ sein**, aver una malattia polmonare, essere malato di polmoni; (tuberkulosekrank) tubercolotico, tisico.
Lungenkranke <dekl wie adj> mf malato (-a) m (f) di polmoni; (Tuberkulosekranke) tubercolotico (-a) m (f), tisico (-a) m (f).
Lungenkrankheit f med malattia f/affezione f polmonare.
Lungenkrebs m med cancro m/tumore m ai polmoni.
Lungensanatorium n → **Lungenheilanstalt**.
Lungentuberkulose f med tubercolosi f polmonare.
Lungentumor m med tumore m polmonare/[ai polmoni].
Lungenzug m: **einen ~ machen**, aspirare profondamente il fumo, dare ⌊un tiro profondo⌋/[una tirata profonda] (alla sigaretta/pipa); **sie raucht zwar, macht aber keine Lungenzüge**, fuma sì, ma senza aspirare.
Lunte <-, -n> f **1** (Zündschnur) miccia f **2** Jagd coda f • **~ riechen** fam (Verdacht schöpfen), sentire puzza di bruciato.
Lupe <-, -n> f lente f (d'ingrandimento): **etw mit/unter der ~ betrachten**, guardare qc con la lente d'ingrandimento • **jdn unter die ~ nehmen** fam, passare qu ai raggi X fam; **etw unter die ~ nehmen** fam, guardare qc al microscopio; **mit/etw mit der ~ suchen können** fam, non trovare qu/qc neanche a cercarlo col lanternino fam; **einen Chef wie den kannst du mit der ~ suchen!**, un capo come lui non lo trovi tutti i giorni!
lupenrein adj **1** (makellos) {BRILLANT, DIAMANT} purissimo, dall'acqua purissima **2** (einwandfrei) {BEWEISFÜHRUNG} ineccepibile; {VERGANGENHEIT} auch senza macchia; {ALIBI} di ferro, ineccepibile • **nicht ganz ~ sein** fam {TYP}, essere un po' losco; {ANGELEGENHEIT, GESCHÄFT} auch, essere poco pulito; {ALIBI, BEWEISFÜHRUNG}, non reggere.
lupfen süddt A CH tr, **lüpfen** tr etw ~ {DECKE, DECKEL, HUT, KISTE} sollevare qc.
Lupine <-, -n> f bot lupino m.
Lurch <-(e)s, -e> m zoo anfibio m.
Lurex® <-, ohne pl> n text lurex® m.

Lurker <-s, -> m *slang inform* lurker m.
Lust <-, Lüste> f **1** <*nur sing*> (*Drang*) voglia f: **jds ~ auf etw (akk)**, la voglia di qu di qc; **sie sollte ihre ~ auf Süßigkeiten etwas zügeln**, dovrebbe controllare un po' la sua voglia di dolci; ˌzu etw (dat)ˌ/[auf etw (dat)] ~ haben aver voglia di (fare) qc; **ich hätte ~ ˌauf ein Eisˌ/[zum Schwimmen]**, avrei voglia di ˌun gelatoˌ/[fare una nuotata]; **auf so eine Reise hätte ich auch ~**, un viaggio così farebbe gola anche a me *fam*; **er hat einfach zu nichts ~**, non ha assolutamente voglia di fare niente; **hast du ~, mit uns ins Kino zu gehen?**, ˌhai vogliaˌ/[ti va] di venire (con noi) al cinema; **keine ~ haben, etw zu tun**, non aver voglia di fare qc; (*nicht zu etw aufgelegt sein*) non sentirsela di fare qc; **ich habe jetzt keine ~**, adesso non ˌmi vaˌ/[me la sento] **2** <*nur sing*> (*Freude*) voglia f, gusto m, piacere m: **hast du alle ~ an deinem neuen Job schon verloren?**, hai già perso ogni gusto per il tuo nuovo lavoro?; **ihm ist die ~ an dem Urlaub schon vergangen**, gli è già passata la voglia di fare le vacanze **3** (*Sinneslust*) desiderio m, piacere m, godimento m; (**auf jdn/etw**) **~ haben** *fam*, aver voglia (di qu/qc), desiderare qu/qc; **seine ~ befriedigen**, soddisfare/appagare il proprio desiderio; **er/sie gab sich ganz seiner/ihrer ~ hin**, si abbandonò completamente al piacere; **höchste ~ empfinden**, provare il più intenso godimento/piacere • **es ist eine (wahre) ~, etw zu tun**, è un (vero) piacere fare; **(ganz/je) nach ~ und Laune** *fam*, secondo come gira *fam*; **mal geht er zur Arbeit, mal bleibt er zu Hause, je nach ~ und Laune**, a volte va al lavoro, altre volte rimane a casa, proprio come gli ˌpare e piaceˌ/[gira *fam*]; **etw mit ~ und Liebe machen**, metterci l'anima in qc: **mach, wie du ~ hast!**, fai come vuoi/[ti pare]!; **jdm ~ ˌauf etw (akk)ˌ/[zu etw (dat)] ~ machen**, invogliare qu a (fare) qc, far venir voglia a qu di (fare) qc; **jdm die ~ an etw (dat) nehmen**, far passare la voglia di fare qc; **etw aus purer ~ an etw (dat) tun**, fare qc per il puro piacere di fare qc; **sie verbringt ihre Abende in der Diskothek aus purer ~ am Tanzen**, passa tutte le sere in discoteca per il puro piacere di ballare; **..., solange jd ~ hat, ...**, fino a quando ne ha voglia; **jd hätte nicht übel ~, etw zu tun**, qu avrebbe una gran voglia di fare qc; **da kann einem alle/jegliche ~ vergehen**, ti fanno proprio ˌandare viaˌ/[passare] la voglia *fam*; **die ~ an etw (dat) verlieren**, perdere il gusto di qc.
lustbetont adj {VERHALTEN} edonistico: **ein ~er Mensch**, un edonista, un epicureo; **zu ~ sein** {FRAU, MANN}, essere troppo avido di piaceri.
Luster <-s, -> m *A*, **Lüster** <-s, -> m **1** (*Kronleuchter*) lampadario m (di cristallo) **2** (*Glanzüberzug*) smalto m.
Lüsterklemme <-, -n> f *el* morsetto m per lampadari.
lüstern geh **A** adj **1** (*geil*) {GEDANKE} libidinoso; {MENSCH} *auch* voglioso; {BLICK} voglioso, libidinoso, concupiscente *lit* **2** (*begierig*): **~ auf etw (akk)/nach etw (dat) sein**, essere avido/bramoso di qc; **er ist ganz ~ auf Erdbeeren**, è proprio avido di fragole; **sie ist ganz ~ nach Erfolg**, è molto bramosa di successo **B** adv (*geil*) {BLICKEN, GUCKEN} vogliosamente, in modo libidinoso, con concupiscenza *lit*.
Lüsternheit <-, *ohne pl*> f vogliosità f, libidine f, concupiscenza f *lit*.
Lustgefühl n **1** (*Gefühl von Lust*) (sensa-zione f di) piacere m; (*sexuell*) *auch* desiderio m **2** (*Orgasmus*) orgasmo m.
Lustgewinn <-(e)s, *ohne pl*> m godimento m, piacere m.
Lustgreis m *fam pej*: **ein alter ~**, un vecchio satiro/bavoso *fam pej*.
lustig A adj **1** (*fröhlich*) {GESELLSCHAFT, GESICHT, MENSCH} allegro, gaio; {FARBE} vivace, allegro: **am Schluss wurde es auf der Party noch richtig ~**, verso la fine della festa l'atmosfera si riscaldò **2** (*erheiternd*) {BEGEBENHEIT, EINFALL, GESCHICHTE, WITZ} divertente, spassoso **B** adv **1** (*fröhlich*) {LACHEN, SPIELEN, SICH UNTERHALTEN} allegramente **2** (*erheiternd*) {DARSTELLEN, ERZÄHLEN} in modo divertente/spassoso **3** *fam* (*unbekümmert*) {WEITERMACHEN, WEITERREDEN} allegramente, come se niente fosse • ˌdu bistˌ/[Sie sind] (vielleicht) ~! *iron*, ma fammi/[mi faccia] il piacere!; **das ist ja ~!** *iron*, questa è proprio buona/bella! *iron*, molto divertente! *iron*; **sich über jdn ~ machen**, prendersi gioco di qu, ridere ˌdietro aˌ/[alle spalle di] qu, farsi beffe di qu; **sich über etw (akk) ~ machen**, farsi beffe di qc, ridicolizzare su qc; **..., solange jd ~ ist** *fam*, ..., finché ˌva a qu *fam*ˌ/[qu ne ha voglia]; **..., wann/wie jd ~ ist** *fam*, quando/come pare (e piace) a qu; **das wird ja immer ~er!** *fam iron*, (si va) di bene in meglio!
Lustigkeit <-, *ohne pl*> f {+MENSCH} allegria f.
Lüstling <-s, -e> m *pej* satiro m, mandrillo m *fam*.
lustlos A adj **1** (*antriebslos*) {BLICK, MIENE} svogliato; {MENSCH} *auch* apatico: **eine ~e Person**, uno (-a) zombie *fam* **2** *Börse* (*schwach*) {TENDENZ} fiacco **B** adv (*antriebslos*) svogliatamente, di malavoglia, in modo svogliato: **er verrichtet all seine Pflichten äußerst ~**, esegue tutti i suoi compiti con estrema svogliatezza.
Lustlosigkeit <-, *ohne pl*> f **1** (*Antriebslosigkeit*) svogliatezza f, apatia f **2** *Börse* fiacchezza f.
Lustmolch m *fam pej* → **Lüstling**.
Lustmord m omicidio m a sfondo sessuale.
Lustmörder m (**Lustmörderin** f) autore (-trice) mf di un delitto a sfondo sessuale.
Lustobjekt n oggetto m (del desiderio) sessuale, oggetto m di piacere.
Lustprinzip <-s, *ohne pl*> n *psych* principio m del piacere.
Lustschloss (a.R. Lustschloß) n *hist* castello m (non fortificato), residenza f nobiliare.
Lustspiel n *theat* commedia f.
lustvoll geh **A** adj **1** (*Lust zeigend*) {GÄHNEN, STÖHNEN} di piacere **2** (*voll Erotik*) {KUSS, UMARMUNG} voluttuoso **B** adv {GÄHNEN, STÖHNEN} di piacere.
lustwandeln itr <*sein oder haben*> *geh obs* **irgendwo ~** ˌandare a passeggioˌ/[passeggiare] + *compl di modo*.
Lutheraner <-s, -> m (**Lutheranerin** f) *relig* luterano (-a) m (f).
Lutherbibel f *relig* bibbia f (nella traduzione) di Lutero.
lutschen A tr *etw* ~ {BONBON, EIS, TABLETTE} succhiare qc **B** itr **an etw (dat)** ~ {AN EINEM LUTSCHER} succhiare qc; **am Daumen ~**, ciucciarsi *fam*/succhiarsi il dito.
Lutscher <-s, -> m *fam* lecca lecca m.
Lutschtablette f *med* pastiglia f/pasticca f (da far sciogliere in bocca).
lütt adj *norddt* piccolo, piccino.
Lutz m (*Vorname*) → **Ludwig**.

Luv <-, *ohne pl*> f *oder* <-s, *ohne pl*> n *naut* orza f, lato m sopravvento.
Luvseite f *naut* lato m sopravvento.
Luxation <-, -en> f *med* lussazione f, lussatura f, slogatura f.
Luxemburg <-s, *ohne pl*> n *geog* (*Land*) Lussemburgo m; (*Stadt*) (città f di) Lussemburgo f; **in ~** (*im Land*), nel Lussemburgo; (*in der Stadt*) a Lussemburgo.
Luxemburger <-s, -> m (**Luxemburgerin** f) lussemburghese mf.
luxemburgisch adj lussemburghese.
luxuriös A adj {LEBENSSTIL} lussuoso; {EINRICHTUNG, WOHNUNG} *auch* di lusso: **ein ~es Leben führen**, condurre una vita piena di lussi **B** adv {AUSSTATTEN, EINRICHTEN} in modo lussuoso, lussuosamente: **ihr wohnt aber sehr ~!**, vivete proprio in una casa lussuosa!
Luxus <-, *ohne pl*> m lusso m • **im ~ leben**, vivere nel lusso; **sich (dat) den ~ leisten und etw tun**, concedersi il lusso di fare qc; **den ~ lieben**, amare il lusso, essere amante del lusso; **großen ~ treiben**, vivere nel lusso sfrenato; **mit etw (dat) einen ~ treiben**, buttare via un sacco di soldi per qc.
Luxusartikel m articolo m di lusso.
Luxusausführung f {+AUTO} versione f di lusso.
Luxusausgabe f *typ* {+BUCH} edizione f di lusso.
Luxusdampfer m nave f da crociera di lusso.
Luxushotel n hotel m/albergo m di lusso.
Luxusschlitten m *fam* macchinone m *fam*.
Luxuswagen m automobile f/macchina f di lusso.
Luzern <-s, *ohne pl*> n *geog* Lucerna f.
Luzerne <-, -n> f *bot* erba f medica.
Luzifer <-s> m Lucifero m.
lymphatisch adj linfatico.
Lymphbahn f *anat* → **Lymphgefäß**.
Lymphdrainage f *med* drenaggio m linfatico.
Lymphdrüse f *anat* ghiandola f linfatica.
Lymphe <-, -n> f linfa f.
Lymphgefäß n *anat* vaso m linfatico.
Lymphknoten m *anat* linfonodo m, ganglio m linfatico.
Lymphknotenentzündung f *med* infiammazione f dei linfonodi.
Lymphknotenschwellung f *med* tumefazione f dei linfonodi.
Lymphom <-s, -e> n *med* linfoma m.
Lymphozyt <-en, -en> m *biol* linfocita m.
lynchen tr *jdn* ~ linciare qu • **von jdm gelyncht werden** *fam scherz*, venire linciato (-a) da qu; **ich muss heute noch fertig werden, sonst ˌwerd' ich gelynchtˌ/[~ die mich]**, entro oggi devo aver finito il lavoro se no mi linciano/[fanno a pezzi] *fam*.
Lynchjustiz f linciaggio m: **an jdm ~ üben**, linciare qu.
Lyrik <-, *ohne pl*> f *lit* (poesia f) lirica f: **die ~ des Symbolismus**, la lirica del simbolismo.
Lyriker <-s, -> m (**Lyrikerin** f) poeta (-essa) m (f) lirico (-a).
lyrisch adj **1** *lit* {DICHTUNG, STIL} lirico **2** *mus* {SOPRAN} leggero; {TENOR} lirico **3** (*gefühlvoll*) sentimentale, sdolcinato.
Lyzeum <-s, Lyzeen> n **1** *hist* (*höhere Mädchenschule*) scuola f superiore femminile **2** *CH* (*Oberstufe*) liceo m.

M, m

M, m <-, - *oder fam* -s> n M, m f *oder* m. ● **M wie Martha**, m come Milano; → *auch* **A, a**.

m *Abk von* Meter: m (*Abk von* metro).

mA *Abk von* Milliampere: mA (*Abk von* milliampere).

MA. *Abk von* Mittelalter: Medioevo.

M. A. *Abk von* Magister Artium: laurea f (in materie umanistiche).

Mäander <-s, -> m **1** *geog* meandro m, ansa f **2** *kunst* greca f, meandro m.

Maar <-(e)s, -e> n *geog geol* Maar m, lago m craterico.

Maas <-, *ohne pl*> f *geog*: **die** ~, la Mosa.

Maastricht-Kriterien subst <*nur pl*> *pol* criteri m pl di Maastricht.

Maastricht-Vertrag m *pol* trattato m di Maastricht.

Machart f {+KLEID} fattura f; {+PERSON} calibro m, razza f: **der ist von ganz anderer** ~, è (fatto di) tutt'altra pasta *fam*.

machbar adj <*meist präd*>: **(nicht)** ~ **sein** {GEHALTSERHÖHUNG}, (non) essere possibile; {PLAN, PROJEKT} *auch* essere (ir)realizzabile/(in)attuabile/(non) fattibile.

Machbarkeit <-, *ohne pl*> f fattibilità f

Machbarkeitsstudie f *bes. tech* studio m di fattibilità.

Mache <-, *ohne pl*> f *fam pej* commedia f, apparenza f: **das ist alles nur** ~!, è tutta ₁una finta *fam*₁/[scena *fam*]! ● **etw in der** ~ **haben** *fam* (*mit etw beschäftigt sein*), avere qc in cantiere; **jdn in der** ~ **haben** *fam*, torchiare qu *fam*; **jdn in die** ~ **nehmen** *fam* (*sich jdn vornehmen*), mettere sotto torchio qu *fam*; (*jdn verprügeln*) prendere a botte qu *fam*.

machen **A** tr **1** (*verursachen*) *etw* ~ {DURCHEINANDER, LÄRM, UNORDNUNG} fare qc; {FEUER} accendere qc: **du hast einen Fleck auf deinen Rock gemacht**, ti sei macchiata la gonna; **mach keine Dummheiten!**, non fare sciocchezze!; **ich habe doch nur Spaß gemacht!**, stavo solo scherzando! **2** (*bereiten*) (*jdm*) *etw* ~ {KOPFSCHMERZEN} far venire qc (a qu), causare qc (a qu); {PROBLEME, SCHWIERIGKEITEN} creare qc (a qu); {KOPFZERBRECHEN, KUMMER, SORGEN} dare qc (a qu): **jdm Mut** ~, incoraggiare qu **3** (*erledigen*) *etw* ~ {ARBEIT, HAUSAUFGABEN} fare qc: **sie macht mir den Haushalt** *fam*, mi manda avanti la casa *fam*; **jdm die Buchführung** ~ *fam*, tenere la contabilità a qu **4** *sport* (*durchführen*) *etw* ~ {ÜBUNGEN} fare qc, eseguire qc; {AEROBIC, BODYBUILDING} fare qc, praticare qc **5** (*herstellen*) *etw* ~ {SCHREINER, SCHUSTER MÖBEL, SCHUHE} fare qc, fabbricare qc, realizzare qc; {MALER BILD} fare qc, dipingere qc; {REGISSEUR FILM} fare qc, girare qc; {SCHNEIDER KLEIDER} fare qc, cucire qc, confezionare qc *geh*: **kannst du ein Foto von mir** ~?, puoi farmi/scattarmi una foto?; **er macht wunderschöne Vasen aus Keramik**, fa (dei) bellissimi vasi di ceramica **6** *fam* (*instand setzen*) *jdm etw* ~ {DEFEKTES AUTO, KAPUTTES SPIELZEUG} aggiustare qc a qu, riparare qc a qu, accomodare qc a qu: **warum hast du den Auspuff noch nicht** ~ **lassen?**, perché non hai fatto ancora riparare/aggiustare la marmitta? **7** (*zubereiten*) (*jdm*) *etw* ~ {ESSEN, FRÜHSTÜCK, KAFFEE, LIMONADE} fare qc (a qu), preparare qc (a qu) **8** (*tun: mit unbest Objekt*) *etw* ~ fare qc: **ich weiß nicht, was ich** ~ **soll**, non so (che) cosa fare; **jeder kann mal was falsch** ~, tutti possono sbagliare, sbaglia anche il prete all'altare *prov* **9** (*erlangen*) *etw* ~ {ABITUR} fare qc; {DIPLOM, FÜHRERSCHEIN} prendere qc: **er hat den ersten Preis gemacht** *fam*, ha preso *fam* il primo premio **10** (*absolvieren*) *etw* ~ {KURS, SEMINAR} fare qc, frequentare qc; {PRÜFUNG} fare qc, sostenere qc **11** (*veranstalten*) *etw* ~ {AUSFLUG, FEST, PARTY, WANDERUNG} fare qc, organizzare qc: **eine Reise** ~, fare un viaggio, viaggiare; **Musik** ~, far musica **12** (*unternehmen*) *etw* (*mit jdm*) ~ {AUSFLUG, BERGTOUR, REISE} fare qc (con qu), intraprendere qc (con qu): **Urlaub (mit jdm)** ~, andare in vacanza (con qu), fare le vacanze (con qu); **einen Besuch bei jdm** ~, fare (una) visita a qu, andare a trovare qu **13** *fam math* (*ergeben*) *etw* ~ fare qc: **zwei und zwei macht vier**, due più due fa quattro **14** *fam* (*kosten*): **was macht das?**, quant'è? *fam*, quanto fa *fam*/costa?; **das macht zehn Euro**, sono *fam*/costa/fa *fam* dieci euro **15** *fam* (*verdienen*) *etw* ~ {GELD, VERMÖGEN} fare qc, guadagnare qc **16** (*werden lassen*) *jdn* + *adj* ~ {NERVÖS, TRAURIG, UNGLÜCKLICH} rendere qu + *adj*; {GLÜCKLICH} *auch* fare qu + *adj fam*: **die Wärme macht mich durstig**, il caldo mi ₁fa venire₁/[mette] sete; **das Wetter macht mich ganz depressiv**, questo tempo mi deprime/[butta giù]; **dieses Kleid macht dich sehr schlank**, questo vestito ti snellisce molto; **die neue Frisur macht sie viel jünger**, la nuova pettinatura la ₁ringiovanisce molto₁/[fa sembrare molto più giovane] **17** (*zu etw werden lassen*) *jdn zu etw* (dat) ~ {ZU JDS VERTRAUTEN} far diventare qu qc; {ZU JDS KOMPLIZEN} *auch* rendere qu qc: **der Lottogewinn hat ihn zu einem reichen Mann gemacht**, la vincita al lotto lo ha ₁fatto diventare₁/[reso] ricco **18** (*befördern*) *jdn zu etw* (dat) ~ {ZUM DIREKTOR, VORSITZENDEN} nominare qu qc: **sie haben ihn zum Abteilungsleiter gemacht**, lo hanno promosso/fatto capo reparto **19** (*in Ordnung bringen*) *etw* ~ {BETTEN} (ri)fare qc; {BAD, KÜCHE, WOHNZIMMER} fare qc *fam*, mettere in ordine qc, rassettare qc **B** itr **1** (*werden lassen*): **alt/schlank/...** ~, invecchiare/snellire/...; **Schokolade macht dick**, la cioccolata fa ingrassare **2** *fam* (*Notdurft verrichten*) *irgendwohin* ~ {KIND, INS BETT} farla + *compl di luogo fam*; {TIER, AUF DIE STRAßE} fare i propri bisogni + *compl di luogo*: **in die Hose** ~, farsela addosso *fam*; **er macht (sich) vor lauter Angst in die Hosen** *fam*, se la fa sotto dalla paura *fam* **3** *fam* (*sich stellen*) **auf etw** ~ + *adj*: **sie macht auf beleidigt**, fa/[gioca a fare] l'offesa; **mach nicht so auf dumm!**, non fare il finto tonto!; **sie macht auf große Dame**, si dà arie da gran signora; **er macht auf Künstler**, si atteggia ad artista **4** *fam* (*mit etw handeln*) **in** *etw* (dat) ~ {IN COMPUTERN, STOFFEN, TEPPICHEN} trafficare in qc *fam* **C** rfl **1** *fam* (*sich positiv entwickeln*) **sich** ~ {PERSON, VERLETZUNG, WETTER} migliorare: **die Kleine macht sich so richtig**, la piccola sta venendo su proprio bene **2** *fam* (*passen*) **sich** *irgendwie* ~ {GUT, SCHLECHT} starci/inserirsi + *compl di modo*: **das Bild macht sich wirklich gut hier**, qui questo quadro ci sta proprio bene; **die Bluse macht sich nicht gut zu dem Rock**, quella camicetta non sta bene con la gonna **3** (*sich begeben*) **sich an etw** (akk) ~ {AN DIE ARBEIT, ANS WERK} mettersi a qc: **sich an eine Übersetzung** ~, mettere mano a una traduzione **4** (*sich zubereiten*) **sich** (dat) *etw* ~ {ESSEN, IMBISS, KAFFEE} farsi qc, prepararsi qc **5** (*sich bereiten*): **sich (dat) (keine) Mühe/Sorgen** ~, (non) disturbarsi/preoccuparsi; **du hättest dir keine Umstände** ~ **sollen**, non dovevi disturbarti, non ti saresti dovuto (-a) disturbare **6** (*losfahren*): **sich auf die Reise/den Weg** ~, mettersi in viaggio/cammino; **sich auf den Heimweg** ~, avviarsi verso casa **7** (*werden*): **sich** + *adj* ~ {BELIEBT, UNBELIEBT} rendersi + *adj*: **sich verständlich** ~, farsi capire ● **bereit** ~ → **bereit|machen**; **jdm etw bewusst** ~, rendere qu cosciente di qc, fare capire qc (a qu); **sich (dat) etw bewusst** ~, rendersi conto di qc, realizzare qc; **man muss sich einmal bewusst** ~, **was das bedeutet**, bisogna rendersi conto in prima persona di che cosa significhi; **dicht** ~ → **dicht|machen**; **(nun) mach doch!** *fam*, sbrigati!, spicciati! *fam*; **mach dir nichts draus!** *fam*, non te la prendere!; **mach du mal!**, fai tu!, vedi tu!; *es jdm* ~ *vulg* (*jdn sexuell befriedigen*), scopare qu *vulg*; **sich fein machen**, mettersi in ghingheri, farsi bello (-a); **etw fertig machen** (*fertigstellen*), terminare qc, completare qc, ultimare qc; (*bereit machen*) preparare qc; **sich (für etw akk) fertig machen**, prepararsi (a qc); **etw flüssig machen** {HONIG, METALL, WACHS}, liquefare qc, sciogliere qc; **etw frei machen** {OBERKÖRPER}, scoprire qc; **sich von etw (dat) frei machen** {VON VORURTEILEN}, liberarsi da qc; **etw glatt** ~ {PAPIER}, spiegare qc, stendere qc; {STOFF} *auch*, stirare qc; {HAARE}, lisciare qc; **jdn/etw gleich** ~ → **gleich|machen**; **mach's gut!** *fam*, stammi bene! *fam*; **da kann man nichts ~**, non c'è niente da fare; **kaputt ~ → kaputt|machen**; **etw klein ~** (*zerkleinern*) {KRÄUTER}, sminuzzare qc, tritare qc; {GEMÜSE} *auch*, tagliare a pezzettini qc; {HOLZ}, spaccare qc; **alles mit sich** (*dat*) **~ lassen** (*alles hinnehmen*), ingoiare tutto *fam*; **lass mich nur ~!** *fam*, lascia fare a me! *fam*; **das lässt sich ~**, è fattibile/possibile; **jdm etw leicht machen**, rendere qc facile a qu; **sich** (*dat*) **etw leicht machen**, prendersela comoda, rendersi qc (più) facile; **du machst es dir zu leicht!**, (è) troppo comodo!; **jdn um etw** (*akk*) *leichter* **machen** *fam scherz* {UM EINEN BETRAG, UM 100 EURO}, alleggerire qu di qc; **(das) macht nichts!**, non fa niente/nulla!, non importa; **sich** (*dat*) **nichts aus jdm/etw ~**, non tenerci a qu/qc, non dare importanza a qu/qc; **nichts zu ~!** (*kommt nicht in Frage!*), niente da fare!, nisba! *fam*; **es jdm recht ~**, accontentare qu; **von sich reden ~**, far parlare di sé; **etw sauber ~** (*reinigen*) {BAD, PRAXIS, WOHNUNG, ZIMMER}, pulire qc, fare le pulizie in qc; **jdn sauber ~** {INKONTINENTE}, cambiare (il pannolone a) qu; {SÄUGLING} *auch*, cambiare (il pannolino a) qu; (*irgendwo*) **sauber ~** (*rein~*) {IM BAD, KELLER, IN DER GARAGE, WOHNUNG}, fare le pulizie (+ *compl di luogo*); **sich** (*dat*) **etw sauber ~** (*reinigen*) {FINGERNÄGEL, HÄNDE, SCHUHE}, pulirsi qc; **etw scharf machen** {KLINGE, MESSER, SCHERE}, affilare qc; (*zünden*) {BOMBE, SPRENGSATZ}, innescare qc; **sich schmutzig/sauber ~**, sporcarsi/pulirsi; **etw schön ~** {HAARE}, sistemare qc, mettere a posto qc; **sich (für jdn/etw) schön machen** {FÜR DEN ABEND, EIN FEST, EINE VERABREDUNG}, farsi bello (-a) (per qu/qc); **jdm etw schwer ~** {DEN ABSCHIED, DAS LEBEN}, rendere difficile qc a qu; **jdm das Leben schwer ~**, complicargli la vita; **es jdm schwer ~(, etw zu tun)**: **du machst es mir sehr schwer, dir die Wahrheit zu sagen**, mi rendi molto difficile dirti la verità; **warum machst du es mir so schwer?**, perché mi rendi le cose così difficili?; **sich** (*dat*) **etw schwer ~**, complicarsi qc, rendersi difficile qc; **sich das Leben schwer ~**, complicarsi la vita; **wie man's macht, ist's verkehrt**, comunque lo fai, sbagli; **sich** (*dat*) **nicht viel aus etw** (*dat*) **~**, non andare proprio matto (-a) per qc; **was macht die Arbeit /dein Mann/...?**, come va il (tuo) lavoro/sta tuo marito/...?; **wird gemacht!** *fam*, sarà fatto! *fam*.

Machenschaft f <*meist pl*> *pej* macchinazione f, intrallazzo m *fam*, manovra f, intrigo m: **dunkle ~en**, manovre losche; **politische ~en**, intrighi politici.

Macher <-s, -> m (**Macherin** f) *fam* **1** (*aktiver Mensch*) uomo m/donna f d'azione **2** (*Schöpfer*) creatore (-trice) m (f); (*Filmproduzent*) produttore (-trice) m (f).

Macherlohn m *com* (prezzo m della) fattura f (di un abito).

Machismo <-(s), *ohne pl*> m machismo m.

Macho <-s, -s> m *fam* macho m *fam*, maschilista m *fam*.

Macht <-, *Mächte*> f **1** <*nur sing*> (*Autorität, Befugnis*) potere m, facoltà f pl, possibilità f pl: **~ über jdn/etw ausüben/haben**, avere/esercitare un potere su qu/qc; **seine ~ missbrauchen**, abusare dei propri poteri; **er tat alles, was in seiner ~ stand**, ha fatto tutto ciò che era in suo potere/[nelle sue facoltà]; **das liegt nicht in meiner ~**, non rientra nelle mie possibilità **2** <*nur sing*> (*Herrschaft*) potere m: **die politische ~**, il potere politico; **an der ~ bleiben**, rimanere al potere; **an die ~ kommen**, arrivare/giungere/salire al potere; **die an sich reißen/ergreifen**, im-

padronirsi del potere; **die ~ übernehmen**, prendere/assumere il potere **3** <*nur sing*> (*Kraft*) {+LIEBE, SCHICKSAL} forza f: **die ~ der Gewohnheit**, la forza dell'abitudine; {+GELD} potere m **4** (*mächtiger Staat oder einflussreiche Gruppe*) potenza f: **eine ausländische/feindliche ~**, una potenza straniera/nemica **5** <*meist pl*> (*geheimnisvolle Kraft*) forza f: **geheime Mächte**, forze occulte; **die ~ des Bösen**, le forze del male.

Machtanspruch m rivendicazione f del potere.

Machtbefugnis f poteri m pl, autorità f: **das überschreitet meine ~**, esula dai miei poteri.

Machtbereich m sfera f d'influenza.

Machtentfaltung f affermarsi m del potere: **zur Zeit der größten ~ war das Römische Reich ...**, all'apice del suo potere l'Impero romano era ...

Machtergreifung f presa f di potere.

Machthaber <-s, -> m (**Machthaberin** f) *pej* "chi detiene il potere": **die ~, i potenti**; **die sowjetischen ~**, la nomenklatura sovietica.

Machthunger m *pej* sete f/brama f di potere.

mächtig A *adj* **1** (*einflussreich*) {BÜNDNISPARTNER, HERRSCHER, STAAT} potente {FEIND} *auch* possente; {MANN, ORGANISATION} potente, influente: **die Mächtigen**, i potenti **2** (*gewaltig*) {ERSCHÜTTERUNG, EXPLOSION, GEWITTER} forte, violento; {BAUM, GEBÄUDE} imponente, enorme; {SCHULTERN, STIMME} potente, possente, poderoso **3** *fam* (*enorm*) {ANGST, DURST, KÄLTE} grande, grandissimo, bestiale *fam*: **ich habe einen ~en Hunger**, ho una fame da lupo **4** *geh* (*kundig*): **etw** (*gen*) **~ sein** {SPRACHE}, avere la padronanza di qc; **er war seiner selbst nicht mehr ~**, non riusciva più a controllarsi, aveva perso la padronanza di sé B *adv fam* (*sehr*) {SICH BEEILEN, FRIEREN} molto, moltissimo; {SICH TÄUSCHEN} *auch* di grosso: **sich ~ anstrengen**, sforzarsi molto/[al massimo]; **~ stolz auf jdn/etw sein**, essere ˌterribilmente *fam*/[molto] orgoglioso di qu/qc.

Machtkampf m *pol* lotta f per il potere.

machtlos *adj* **1** *pol* (*ohnmächtig*) {POLITIKER, REGIERUNG, STAAT} impotente, privo di autorità **2** (*hilflos*): **gegen jdn/etw ~ sein**, essere impotente nei confronti di qu/qc; **gegen solche Argumente ist man ~**, argomentazioni simili ti disarmano; **ich bin ihm gegenüber ~**, non riesco a tenergli testa *fam*.

Machtlosigkeit <-, *ohne pl*> f *pol* impotenza f.

Machtmensch m uomo m/donna f di potere.

Machtmissbrauch (a.R. Machtmißbrauch) m abuso m di potere.

Machtmittel n *pol* mezzo m/strumento m di potere.

Machtpolitik f politica f di potere.

Machtpolitiker m (**Machtpolitikerin** f) politico m assetato di potere.

Machtprobe f prova f di forza.

Machtstellung f posizione f di potere/forza.

Machtübernahme f presa f/assunzione f del potere.

Machtverhältnis n <*meist pl*> *pol* rapporto m di forza/potere: **nach dem Bürgerkrieg haben sich die Machtverhältnisse verschoben**, dopo la guerra civile sono cambiati/mutati i rapporti di forza.

machtvoll *adj* {LAND, PERSÖNLICHKEIT} potente; {DEMONSTRATION} imponente.

Machtwechsel m *pol* cambio m di potere/governo.

Machtwort <-(e)s, -e> n: **ein ~ sprechen**, far valere/pesare la propria autorità.

Machwerk n *pej* (*Buch*) libraccio m, brutto libro m; (*Film*) filmaccio m, brutto film m.

Macke <-, -n> f *fam* **1** (*Tick*) fisima f: **eine ~ haben** *slang*, essere ˌtocco *fam*/[toccato *fam*]/[di fuori *slang*]; **du hast wohl 'ne ~!**, ti manca un venerdì!; **zur ~ werden**, diventare una fissa *fam*/fissazione f **2** (*Schadstelle*) difetto m, pecca f.

Macker <-s, -> m *slang* **1** *pej* (*Typ*) tizio m *fam*; (*aufgeblasener Typ*) gasato m *fam*, montato m *fam* **2** (*Freund*) uomo m *fam* • **den großen ~ raushängen** *fam*, fare il grosso *fam*.

MAD <-, *ohne pl*> m *Abk von* Militärischer Abschirmdienst: "Servizio Segreto tedesco per le informazioni e la sicurezza militare"; ≈ AISE f (*Abk von* Agenzia Informazioni e Sicurezza Esterna).

Madagaskar <-s, *ohne pl*> n *geog* (isola f del) Madagascar m.

Madagasse <-n, -n> m (**Madagassin** f) malgascio (-a) m (f).

madagassisch *adj* malgascio.

Madam <-, -s *oder* -en> f *fam scherz* (*behäbige Frau*) matrona f *fam*, donnone m *fam scherz*.

madamig *adj fam* {FRAU} che si dà arie da gran signora/dama; {FRISUR, KLEID} troppo da signora.

Mädchen <-s, -> n **1** (*kleineres weibliches Kind*) bambina f; (*größeres ~*) ragazzina f, fanciulla f, donzella f *lit oder poet*: **sie hat ein ~ bekommen**, ha avuto una bambina/femmina; **auf dem Kindergeburtstag waren fast nur ~**, alla festa di compleanno c'erano quasi esclusivamente bambine/ragazzine; **die Rockgruppe wurde von einer Schar junger ~ bestürmt**, il gruppo rock fu assalito da un nugolo di ragazzine **2** (*jugendliche Frau*) ragazza f, signorina f, giovane f (donna f) **3** *fam obs* (*Freundin eines Mannes*) morosa f *obs* *nordital*, fidanzata f **4** *obs* (*Hausangestellte*) domestica f, cameriera f • **~ für alles** *fam*, il/la tuttofare; **ein leichtes ~ obs** (*eine Prostituierte*), una donna ˌdi facili costumi/[leggera *euph*]; **mal für kleine ~ müssen** *fam*, dover andare a fare la pipì *fam*; **ein spätes ~ obs *euph*, una zitella.

mädchenhaft A *adj* {ÄUßERES, ERSCHEINUNG, VERHALTEN} da ragazza/ragazzina B *adv* {SICH KLEIDEN} ˌcome una/[da] ragazzina.

Mädchenhandel m tratta f delle donne/bianche *hist*, traffico m delle donne/ragazze.

Mädchenhändler m (**Mädchenhändlerin** f) mercante mf/trafficante mf di donne.

Mädchenklasse f *Schule* classe f femminile: **eine reine ~**, una classe di sole ragazze.

Mädchenkleidung f abbigliamento m per teenagers.

Mädchenname m **1** (*weiblicher Vorname*) nome m femminile/[da donna] **2** (*Geburtsname einer Ehefrau*) nome m/cognome m da ragazza/nubile.

Mädchenschule f scuola f femminile: **das ist eine reine ~**, è una scuola per sole ragazze.

Made <-, -n> f *zoo* verme m, bruco m; (*im Obst*) baco m • **wie die ~ im Speck leben** *fam*, stare come un pascià.

Madeira① <-s, *ohne pl*> n *geog* (isola f di) Madeira m.

Madeira② <-s, -s> m *gastr* (*Wein*) madera m.

Mädel <-s, - *oder* -s> n *süddt A* → **Mädchen**.

Madera <-s, -s> m → **Madeira**②.

madig adj {FLEISCH, KÄSE} pieno di vermi, verminoso; {FRUCHT} bacato ● ~ **machen** a.R. *von* madigmachen → **madig|machen**.

madig|machen tr **1** *fam* (*verderben*) *jdm etw* ~ guastare *fam*/sciupare *fam qc a qu* **2** (*schlechtmachen*) *fam* **jdn** ~ dire peste e corna *di qu fam*.

Madonna <-, *Madonnen*> f **1** <*nur sing*> *relig* Madonna f **2** *kunst* Madonna f (col Bambino), Vergine f.

Madrid <-s, *ohne pl*> n *geog* Madrid f.

Madrider① <*inv*> adj <*attr*> madrileno, di Madrid.

Madrider② <-s, -> m (**Madriderin** f) madrileno (-a) m (f).

Madrigal <-s, -e> n *lit mus* madrigale m.

Maffia <-, -s> f → **Mafia**.

Maffiaboss (a.R. Maffiaboß) m → **Mafiaboss**.

Maffiamethoden subst <*nur pl*> → **Mafiamethoden**.

Mafia <-, -s> f **1** (*Verbrecherorganisation*) mafia f: **die** ~ (*in Sizilien*), la mafia, Cosa Nostra **2** *pej* (*verschworene Gruppe*) mafia f: **die** ~ **der Kunsthändler**, la mafia dei mercanti d'arte.

Mafiaboss (a.R. Mafiaboß) m boss m della mafia, mafioso m; (*oberster Mafia-Boss*) padrino m *slang*.

Mafiamethoden subst <*nur pl*> metodi m pl mafiosi.

mafios, mafiös adj mafioso.

Mafioso <-(s), *Mafiosi*> m mafioso m.

mag 1. und 3. pers sing präs *von* **mögen**.

Magazin① <-s, -e> n **1** (*Patronenbehälter*) {+SCHUSSWAFFE} caricatore m **2** (*Lager*) magazzino m, deposito m.

Magazin② <-s, -e> n **1** (*Zeitschrift*) magazine m, rivista f, settimanale m **2** *radio TV* programma m d'attualità.

Magd <-, *Mägde*> f **1** *obs* (*Dienstmagd*) serva f *obs*, domestica f **2** *lit* fanciulla f, donzella f.

Magdalena, Magda f (*Vorname*) Maddalena.

Magdeburg <-s, *ohne pl*> n *geog* Magdeburgo f.

Magen <-s, *Mägen oder* -> m *anat* stomaco m ● **nichts im** ~ **haben**, avere ,lo stomaco vuoto₁/[un buco nello stomaco *fam*]; **jdm knurrt der** ~ *fam*, a qu borbotta lo stomaco; **jdm schwer im** ~ **liegen** *fam* {SCHWER VERDAULICHES ESSEN, UNANNEHMLICHKEIT}, rimanere sullo stomaco a qu; **auf nüchternen** ~, a stomaco vuoto, a digiuno; **jdm auf den** ~ **schlagen** *fam* {ÄRGER, AUFREGUNG}, far venire un fegato così a qu *fam*; **jdm dreht** *fam*/**kehrt** *geh* **sich der** ~ **um**, a qu si rivolta lo stomaco *fam*; **sich (dat) den** ~ **verderben**/**verkorksen** *fam*, fare indigestione, rovinarsi lo stomaco *fam*; **sich (dat) den** ~ **(mit etw dat) vollhauen** *fam*/**vollschlagen** *fam* {MIT EINER SPEISE}, rimpinzarsi (di qc) *fam*, ingozzarsi (di qc) *fam*.

Magenausgang m *anat* antro m pilorico; (*Schließmuskel*) piloro m.

Magenbeschwerden subst <*nur pl*> disturbi m pl gastrici/[di stomaco].

Magenbitter <-s, -> m amaro m (digestivo).

Magenblutung f *med* emorragia f gastrica, gastrorragia f *wiss*.

Magen-Darm-Grippe f *med* gastroenterite f.

Magen-Darm-Kanal, Magen-Darm-Trakt m *anat* canale m/tratto m gastrointestinale/gastroenterico.

Magendrücken <-s, *ohne pl*> n pesantezza f di stomaco.

Magendurchbruch m *med* perforazione f dello stomaco.

Mageneingang m *anat* bocca f dello stomaco *fam*, cardias m *med*.

Magenerweiterung f *med* dilatazione f dello stomaco, gastrectasia f *med*.

magenfreundlich adj {KAFFEE, MEDIKAMENT, TEE} che non irrita lo stomaco.

Magengegend f regione f epigastrica, epigastrio m *med*.

Magengeschwür n *med* ulcera f gastrica.

Magengrube f *anat* epigastrio m, bocca f dello stomaco *fam* ● **das war ein Schlag in die** ~, è stato un pugno nello stomaco.

Magenknurren <-s, *ohne pl*> n borbottio m di stomaco *fam*, borborigmo m *med*.

Magenkrampf m <*meist pl*> *med* crampo m/spasmo m allo stomaco.

magenkrank adj {MENSCH, PATIENT} gastropatico: ~ **sein**, avere problemi di stomaco, essere gastropatico.

Magenkrebs m *med* cancro m/tumore m allo stomaco.

Magensaft m succo m gastrico.

Magensäure f acido m gastrico.

Magenschleimhaut f *anat* mucosa f gastrica.

Magenschleimhautentzündung f *med* gastrite f.

Magenschmerz m <*meist pl*> mal m/dolore m di stomaco.

Magensonde f sonda f gastrica.

Magenspiegelung f *med* gastroscopia f.

Magenspülung f *med* lavanda f gastrica.

Magenverstimmung <-, -en> f disturbo m di stomaco.

Magenwand f *anat* parete f dello stomaco.

mager Ⓐ adj **1** (*dünn*) {TIER} magro, scheletrico; {KÖRPERTEIL, MENSCH} *auch* scarno, scarnito, secco **2** *gastr* (*fettarm*) {FLEISCH, JOGHURT, KÄSE, SCHINKEN} magro; {MILCH} *auch* scremato **3** *agr* (*wenig ertragreich*) {BODEN, ERDE} magro, arido; {ACKER} arido, poco fertile, improduttivo **4** (*dürftig*) {TRINKGELD} misero; {ERNTE} *auch* magro, scarso, modesto; {ERGEBNIS} scarso, magro, misero Ⓑ adv *gastr* (*fettarm*) {ESSEN} leggero; {KOCHEN} con pochi grassi.

Magerkäse m *gastr* formaggio m magro.

Magerkeit <-, *ohne pl*> f {+MENSCH, KÖRPERTEIL} magrezza f.

Magermilch f latte m magro/scremato.

Magerquark m "specie di ricotta magra di latte di mucca".

Magersucht f *med* anoressia f.

magersüchtig adj *med* anoressico.

Maghreb <-, *ohne pl*> m *geog*: **der** ~, il Maghreb.

Maghrebiner <-s, -> m (**Maghrebinerin** f) maghrebino (-a) m (f).

maghrebinisch adj magrebino.

Magie <-, *ohne pl*> f **1** (*Zauberei*) magia f, arte f magica; {+ZAUBERKÜNSTLER} (arte f dell'illusionismo m **2** (*Beschwörung übersinnlicher Kräfte*) magia f, stregoneria f **3** (*magische Kraft*) {+KLÄNGE, WORTE} magia f: **schwarze** ~, magia nera; **weiße** ~, magia bianca/naturale.

Magier <-s, -> m (**Magierin** f) **1** (*Zauberkünstler*) mago (-a) m (f), illusionista m **2** (*Zauberer*) mago m, stregone (-a) m (f).

magisch Ⓐ adj **1** (*zauberkräftig*) {BEDEUTUNG, WORTE} magico **2** (*rätselhaft, unerklärlich*) {ANZIEHUNGSKRAFT, AUSSTRAHLUNG} magico, misterioso Ⓑ adv (*auf geheimnisvolle Weise*) magicamente, in modo magico; **jdn** ~ **anziehen**, esercitare un fascino magico su qu.

Magister <-s, ->, **Magister Artium** <-s -, -> m (Abk M. A.) **1** (*Universitätsgrad*) laurea f (in materie umanistiche) **2** (*Inhaber des Universitätsgrades*) laureato (-a) m (f) (in materie umanistiche) ● **seinen/den Magister Artium machen**, laurearsi (in materie umanistiche).

Magistrat① <-(e)s, -e> m *adm* (*Stadtverwaltung*) amministrazione f comunale, municipalità f.

Magistrat② <-en, -en> m (**Magistratin** f) *CH* (*Regierungsmitglied*) consigliere m federale.

Magistratsbeamte <*dekl wie adj*> m *adm* consigliere m comunale/municipale.

Magma <-s, *Magmen*> n *geol* magma m.

magmatisch adj magmatico.

magna cum laude adv *univ* "secondo miglior voto nella graduatoria prevista per il dottorato di ricerca".

Magnat <-en, -en> m (**Magnatin** f) **1** (*Großindustrieller*) magnate m *rar*, capitano m d'industria **2** *hist* magnate mf.

Magnesia <-, *ohne pl*> f *chem* magnesia f.

Magnesium <-s, *ohne pl*> n *chem* magnesio m.

Magnet <-(e)s *oder* -en, -e(n)> m **1** (*Metallstück*) magnete m, calamita f **2** (*Attraktion*) calamita f, polo m di attrazione.

Magnetbahn f → **Magnetschwebebahn**.

Magnetband <-(e)s, *Magnetbänder*> n nastro m magnetico.

Magnetbandgerät n *el inform* registratore m a nastro magnetico.

Magneteisenstein, Magnetstein m *min* magnetite f.

Magnetfeld n *el* campo m magnetico.

magnetisch Ⓐ adj **1** (*auf dem Magnetismus basierend*) {AUFZEICHNUNG, FELD} magnetico **2** (*intensiv*) {ANZIEHUNGSKRAFT, AUSSTRAHLUNG} magnetico, di una calamita Ⓑ adv {ANZIEHEN, AUF SICH ZIEHEN} magneticamente, come una calamita.

magnetisieren <*ohne* ge-> tr **1** *phys etw* ~ {METALLGEGENSTAND} magnetizzare *qc*, calamitare *qc* **2** (*auf jdn Eindruck machen*) **jdn** ~ avere un effetto calamita *su qu*, magnetizzare *qu* **3** *med* **jdn** ~ magnetizzare *qu*.

Magnetismus <-, *ohne pl*> m **1** (*magnetische Erscheinungen*) magnetismo m **2** (*Mesmerismus*) magnetismo m animale.

Magnetkarte f *inform* carta f/tessera f/scheda f magnetica.

Magnetkartenleser m *inform* lettore m di schede magnetiche.

Magnetkern m *phys* nucleo m magnetico.

Magnetkopf m *el inform* testina f magnetica.

Magnetnadel f ago m magnetico/calamitato.

Magnetplatte f *inform* disco m magnetico.

Magnetresonanztomografie f, **Magnetresonanztomographie** f *med* risonanza f magnetica.

Magnetschwebebahn, Magnetbahn f *Eisenb* treno m a levitazione/sospensione magnetica.

Magnetspeicher m *inform* memoria f magnetica.

Magnetspule f *el* bobina f magnetica (di campo).

Magnetstreifen m *inform* {+KREDITKARTE, SCHECKKARTE, TELEFONKARTE} banda f magnetica.

Magnolie <-, -n> f *bot* magnolia f.

Magnum <-, -s *oder Magna*>, **Magnumfla-**

sche f magnum f, bottiglione m.
magst 2. pers sing präs *von* **mögen**.
mäh interj bè(e); **wie macht das Schaf? – Mäh!**, come fa la pecora? – Bè(e)!
Mahagoni <-s, *ohne pl*> n **1** (*Holz*) mogano m, acagiù m **2** (*Farbton*) (color m) mogano m/[rosso m acagiù].
Maharadscha <-s, -s> m maragià m, maharaja(h) m.
Mähbinder m *agr* mietilega(trice) f.
Mähdrescher m *agr* mietitrebbiatrice f.
mähen① **A** tr **1** (*abschneiden*) *etw* ~ (*mit etw* dat) ~ {GETREIDE MIT EINER MASCHINE, SENSE} mietere *qc* (*con qc*); {GRAS, KLEE, VIEHFUTTER MIT DER SENSE, SICHEL} falciare *qc* (*con qc*), tagliare *qc* (*con qc*) **2** (*von etw befreien*) *etw* ~: **ein Feld/eine Wiese ~**, tagliare l'erba di un campo/prato; **den Rasen ~**, tagliare l'erba **B** itr mietere.
mähen② itr *fam* (*LAMM, SCHAF*) belare.
Mäher <-s, -> m → **Mähmaschine**.
Mahl <-(e)s, -e *oder* Mähler> n <*meist* sing> *geh* **1** (*Mahlzeit*) pasto m, pranzo m **2** (*Gastmahl*) banchetto m, convivio m *geh*.
mahlen <*mahlt, mahlte, gemahlen*> **A** tr **1** (*fein zerkleinern*) *etw* ~ {GETREIDE, KAFFEE, PFEFFER} macinare *qc* **2** (*herstellen*) *etw* ~ {MEHL} fare *qc* **B** itr **1** (*durchdrehen*) {RAD} *irgendwo* ~, girare a vuoto + *compl di luogo*.
Mahlzahn m *anat* (dente m) molare m.
Mahlzeit f pasto m • (**gesegnete**) ~!, (*guten Appetit*), buon appetito!; ~! *region fam*, "saluto m d'uso negli uffici all'ora di pranzo"; **eine warme ~ einnehmen**, consumare un pasto caldo; **prost ~!, na denn ~!** *fam iron* (*auch das noch!*), addio! *fam iron*, buonanotte al secchio! *fam iron*.
Mähmaschine f *agr* (*für Gras*) falciatrice f; (*für Getreide*) mietitrice f.
Mahnbescheid m *jur* decreto m ingiuntivo.
Mahnbrief m *com* (lettera f di) sollecito m.
Mähne <-, -n> f **1** *zoo* criniera f **2** *fam pej oder scherz* (*langer Haarschopf*) chioma f, criniera f *scherz*: **Thomas, lass dir doch endlich diese lange ~ schneiden!** *pej*, Thomas, vuoi deciderti a farti tagliare quella zazzera? *fam pej*.
mahnen **A** tr **1** (*zur Begleichung einer Rechnung auffordern*) *jdn* ~ (*Schuldner*) sollecitare il pagamento da qu; **jdn wegen einer unbezahlten Rechnung ~**, intimare a qu il pagamento di una fattura **2** (*erinnern*) *jdn* (*an etw* akk) ~ {AN SEINE PFLICHT, SEIN VERSPRECHEN} rammentare *qc a qu*, ricordare *qc a qu* **3** (*dringend auffordern*) *jdn zu etw* (dat) ~ {ZUR GEDULD, MÄßIGUNG, SPARSAMKEIT, VORSICHT} invitare *qu a qc*, esortare *qu a qc*: **er mahnte uns, vorsichtiger zu fahren**, ci esortò/ammonì a guidare con maggiore prudenza **B** itr (*an~*) **zu etw** (dat) ~ {ZU MEHR GELASSENHEIT, ZUR RUHE} invitare *a qc*.
Mahnmal <-(e)s, -e> n memoriale m, monumento m commemorativo.
Mahnung <-, -en> f **1** (*Ermahnung*) ammonimento m **2** (*Aufforderung*) esortazione f, invito m: **eine ~ zur Vorsicht**, un invito alla prudenza **3** *com* (*Mahnbrief*) sollecitazione f, sollecito m **4** *jur* intimazione f, diffida f, ingiunzione f.
Mahnverfahren n *jur* procedimento m di ingiunzione.
Mahnwache f veglia f.
Mai <-(e)s, -e> m maggio m • **der Erste Mai** (*Tag der Arbeit*), il primo maggio; → *auch* **September**.
Maiandacht f *relig* funzione f mariana; **~en halten**, fare il (mese di) maggio.

Maibaum m albero m di maggio, "tronco m d'albero, addobbato e sistemato nei paesi in primavera in occasione di feste".
Maibowle f bowle f con asperula.
Maid <-, -en> f iron obs pulcella f obs iron, fanciulla f, ragazza f.
Maifeier f festa f del primo maggio.
Maifeiertag m (festività f del) primo maggio m.
Maifest n festa f di maggio.
Maiglöckchen <-s, -> n *bot* mughetto m.
Maikäfer m *zoo* maggiolino m.
Maike, Meike f (*Vorname*) → **Maria**.
Maikundgebung f manifestazione f del primo maggio.
Mail <-, -s> f *oder bes.* süddt A CH <-s, -s> n *inform* (e-)mail f, messaggio m (di posta elettronica): **jdm eine ~ schicken**, mandare una mail a qu.
Mailadresse, Mail-Adresse f *inform* indirizzo ˪e-mail˩/[di posta elettronica].
Mailand <-s, *ohne pl*> n *geog* Milano f.
Mailänder① <inv> adj <attr> milanese, di Milano.
Mailänder② <-s, -> m (**Mailänderin** f) milanese mf.
Mailbox <-, -en> f *inform* casella f di posta elettronica, mailbox f.
mailen *fam inform* **A** tr *jdm etw* ~ inviare/mandare *qc a qu* tramite posta elettronica **B** itr *jdm* ~ mandare una/delle mail *a qu*.
Mailing <-(s), *ohne pl*> n mailing m.
Mailingliste f *inform* mailing list f.
Mailserver m *inform* server m della posta (elettronica).
Mailverteiler, Mail-Verteiler m servizio m di mailing list.
Main <-(e)s, *ohne pl*> m *geog*: **der ~**, il Meno.
Mainstream <-(s), *ohne pl*> m *oft pej* orientamento m/tendenza f dominante.
Mainz <-, *ohne pl*> n *geog* Magonza f.
Mais <-es, *ohne pl*> m *bot* gran(o)turco m, mais m, frumentone m.
Maische <-, -n> f (*bei Weinherstellung*) mosto m; (*bei der Bierherstellung*) mash m.
Maiskeimöl n olio m di semi di mais.
Maiskolben m *bot* pannocchia f di gran(o)turco.
Maiskorn n chicco m di gran(o)turco.
Maismehl n farina f ˪di gran(o)turco/mais˩/[da polenta].
Maisonette, Maisonnette <-, -s> f appartamento m su due piani (con scala interna).
Maisstärke f *gastr* fecola f/amido m di mais.
Majestät <-, -en> f **1** (*Titel*) Maestà f: **kaiserliche/königliche ~**, Maestà imperiale/reale; (*Anrede*): **Seine/Eure ~**, Sua/Vostra Maestà **2** <*nur sing*> (*Erhabenheit*) {+BERGE, LANDSCHAFT} maestà f, maestosità f, grandiosità f.
majestätisch **A** adj (*erhaben*) {AUSSEHEN, GANG} maestoso; {ANBLICK} *auch* grandioso **B** adv {SICH BEWEGEN, EINHERSCHREITEN} maestosamente.
Majestätsbeleidigung f *hist oder iron* (delitto m di) lesa maestà f.
Majo <-, -s> f *fam* → **Majonäse**.
Majolika <-, *Majoliken*> f maiolica f.
Majonäse <-, -n> f *gastr* maionese f.
Major <-s, -e> m (**Majorin** f) *mil* maggiore m.
Majoran <-s, -e> m *bot* maggiorana f.
Majorität <-, -en> f *geh* maggioranza f.
Majoritätsbeschluß <-sses, *Majoritätsbeschlüsse*> m → **Mehrheitsbeschluss**.
MAK Abk *von* Maximale Arbeitsplatzkonzentrati-

on: **limite m massimo di inquinamento consentito sul posto di lavoro**.
makaber <attr *makaber(r, s)*> adj macabro.
Makedonien <-s, *ohne pl*> n *geog* → **Mazedonien**.
Makedonier <-s, -> m (**Makedonierin** f) → **Mazedonier**.
Makel <-s, -> m *geh* macchia f, pecca f, menda f *lit*: **etw als ~ empfinden**, considerare qc un difetto; **ein Leben ohne ~**, una vita senza macchia • **mit einem ~ behaftet sein**, avere una tara.
makellos adj **1** (*untadelig*) {VERGANGENHEIT} ineccepibile, irreprensibile; {RUF} *auch* senza macchia **2** (*fehlerlos*) {HAUT} perfetto; {FIGUR, KLEIDUNG} *auch* impeccabile.
makeln① tr itr (*etw*) ~: (**Immobilien**) ~, lavorare come agente immobiliare.
makeln② itr *tel* conversare/dialogare alternativamente.
mäkeln itr *fam pej* (**an jdm/etw**) ~ {AM ESSEN, FREUND, AN JEDER KLEINIGKEIT} trovare da ridire (*su qu/qc*), criticare *qu/qc*.
Make-up <-s, -s> n **1** (*Schminke*) trucco m, maquillage m, make-up m **2** (*getönte Creme*) fondotinta m.
Make-up-Entferner m struccante m.
Makkaroni subst <*nur pl*> *gastr* maccheroni m pl.
Makler <-s, -> m (**Maklerin** f) agente mf immobiliare, mediatore (-trice) m (f), intermediario (-a) m (f).
Maklerbüro n agenzia f immobiliare.
Maklergebühr f, **Maklerprovision** f provvigione f, diritti m pl di mediazione.
MAK-Liste f "lista f di prodotti e materiali che mettono a rischio la salute del lavoratore".
Makrele <-, -n> f *fisch* sgombro m, maccarello m.
Makro <-s, -s> m *oder* n *inform* macro f.
Makrobefehl m *inform* macroistruzione f.
Makrobiotik <-, *ohne pl*> f macrobiotica f.
makrobiotisch **A** adj (*ERNÄHRUNG, KOST*) macrobiotico **B** adv: **sich ~ ernähren**, seguire una dieta macrobiotica.
Makroklima n macroclima m.
Makrokosmos m *astr* macrocosmo m.
Makrone <-, -n> f "biscotto m tondo di nocciole o noce di cocco"; (*mit Mandeln*) amaretto m.
Makroökonomie f macroeconomia f.
makroökonomisch adj macroeconomico.
makroskopisch adj macroscopico.
Makrostruktur f macrostruttura f.
Makrovirus n *oder* m *inform* macrovirus m.
Makulatur <-, -en> f cartastraccia f, carta f da macero • (**reine**) ~ **sein** (*PLAN, PROGRAMM*), non essere che cartastraccia/cartaccia.
mal① adv *fam* (*einmal*) una volta: **das war mal ein sehr schöner Park**, una volta (questo) era un bellissimo parco; **warst du schon mal in Kanada?**, sei mai stato (-a) in Canada?
mal② adv *math* (moltiplicato) per: **drei mal drei ist neun**, tre per tre fa nove.
mal③ partik *fam* **1** (*Aufforderung*) un po': **schau mal her!**, guarda un po'!; **probier mal meine Pizza!**, assaggia un po' la mia pizza!; **Du solltest mal Urlaub machen!**, ˪dovresti andare˩/[perché non vai] un po' in vacanza; **ruf (doch) mal an!**, chiama qualche volta! **2** (*Resignation: oft nicht übersetzt*) **es ist nun mal zu spät**, è troppo tardi ormai **3** (*verstärkte Verneinung*): (**noch**) **nicht mal**,

neanche, nemmeno, neppure, manco *fam*; **er hat mich (noch) nicht mal angerufen**, non mi ha nemmeno/manco *fam* telefonato/chiamato; **nicht mal gegrüßt hat er mich**, non mi ha neanche salutato.

Mal① <-(e)s, -e> n volta f: **sie ist zum ersten Mal verliebt**, è innamorata per la prima volta; **sie drehte sich nicht ein einziges Mal um**, non si è girata ˌneanche una voltaˌ/[una sola volta]; **wir reden ein anderes Mal darüber**, ne parliamo un'altra volta; ˌ**beim nächsten**ˌ/[**nächstes**] **Mal bist du dran**, la prossima volta ˌtocca a teˌ/[è il tuo turno]; **sie hat mich zum x-ten Mal gefragt, ob ich mit ihr ins Kino gehen will** *fam*, mi ha chiesto per l'ennesima volta se voglio andare al cinema con lei ● **ein für alle Mal(e)**, una volta per tutte; *beide* **Mal**, tutt'e due le volte, entrambe le volte; *dieses* **Mal**, questa volta; **das** *eine* **oder andere Mal**, ogni tanto, di tanto in tanto, di quando in quando; *einige* **Mal**, qualche volta, alcune volte; **das** *erste* **Mal**, la prima volta; *jedes* **Mal**, ogni volta, tutte le volte, ogniqualvolta *geh*; **jedes Mal, wenn …**, ogni volta che …, tutte le volte che …; **das** *letzte* **Mal**, l'ultima volta; **zum letzten Mal**, per l'ultima volta; **(so)** *manches* **Mal**, qualche volta; **mit einem Mal**, ad un tratto, improvvisamente, all'improvviso; **bis zum** *nächsten* **Mal!**, alla prossima (volta)!; *von* **Mal zu Mal**, di volta in volta; *voriges* **Mal**, la volta scorsa/precedente.

Mal② <-(e)s, -e oder **Mäler**> n **1** (*Hautverfärbung*) macchia f, chiazza f: **ein blau verfärbtes Mal**, un livido **2** (*Muttermal*) voglia f, neo m **3** *fam* (*Denkmal*) monumento m **4** *sport* (*Feldmarkierung beim Baseballspiel*) base f.

Malaie <-n, -n> m (**Malaiin** f) malese mf.

malaiisch *adj* malese.

Malaise <-, -n> f *geh* **1** (*Unbehagen*) disagio m **2** (*unbefriedigende Situation*) disagio m/malessere m (diffuso).

Malaria <-, ohne pl> f *med* malaria f: **~ haben/bekommen**, avere/prendere la malaria.

Malariamücke f *zoo* anofele m.

Maläse <-, -n> f *geh* → **Malaise**.

Malaysia <-s, ohne pl> n *geog* Malaysia f.

Malaysier <-s, -> m (**Malaysierin** f) malaysiano (-a) m (f).

malaysisch *adj* malaysiano.

Malbuch n album m da colorare.

Malediven subst <nur pl> *geog*: **die ~**, le Maldive.

malen Ⓐ *tr* **1** (*künstlerisch darstellen*) (**jdm**) **etw ~** {AQUARELL, BILD} dipingere qc (*a qu*); **jdn/etw ~** {LANDSCHAFT} dipingere qu/qc; {PERSON} *auch* ritrarre qu/qc: **sich ~ lassen**, farsi ritrarre, farsi fare il ritratto **2** (*zeichnen*) (**jdm**) **etw ~** {BUCHSTABEN, GEGENSTAND, ZAHLEN} disegnare qc (*a qu*) **3** *fam süddt* (*anstreichen*) **etw ~** {WÄNDE} dipingere qc, pitturare qc; {FENSTERRAHMEN, TÜR} *auch* verniciare qc: **er hat die Tür blau gemalt**, ha dipinto la porta in/di blu Ⓑ *itr* dipingere, fare il pittore/la pittrice: **in Öl ~**, dipingere a olio; **auf Leinwand ~**, dipingere su tela ● **etw rosig ~**, dipingere qc di rosa; **die Zukunft rosig ~**, dipingere il futuro rosa; **etw schwarzweiß ~** {FIGUREN EINES ROMANS}, dividere qc in buoni e cattivi, tratteggiare/dipingere qc senza sfumature/[mezzi toni].

Maler <-s, -> m (**Malerin** f) **1** (*Künstler*) pittore (-trice) m (f) **2** (*Anstreicher*) imbianchino (-a) m (f).

Malerei <-, -en> f **1** <nur sing> (*das Malen*) pittura f: **die zeitgenössische ~**, la pittura contemporanea **2** (*einzelnes Werk*) dipinto m, quadro m, pittura f.

Malerin f → **Maler**.

malerisch Ⓐ *adj* **1** <inv attr> (*den Maler ausmachend*) {KÖNNEN, TALENT} pittorico, artistico **2** (*pittoresk*) {ALTSTADT, DORF, LANDSCHAFT} pittoresco, suggestivo Ⓑ *adv*: **das mittelalterliche Dorf ist sehr ~ gelegen**, il paese medioevale è situato in posizione molto pittoresca/suggestiva.

Malheur <-s, -s oder -e> n *fam* guaio m *fam*, inconveniente m ● **das ist doch kein ~!**, non è poi tanto grave.

Malkasten m scatola f/cassetta f dei colori.

Mallorca <-s, ohne pl> n *geog* Maiorca f.

mal|nehmen <irr> *tr math* **etw mit etw** (dat) **~** moltiplicare qc per qc.

Maloche <-, ohne pl> f *slang* faticaccia f, lavoraccio m: **zur ~ gehen**, andare allo sgobbo *fam*.

malochen <ohne ge-> *itr slang* sgobbare *fam*, sfacchinare *fam*.

Malstift m matita f colorata, pastello m.

Malta <-s, ohne pl> n *geog* Malta f.

Maltechnik f tecnica f pittorica.

Malteser① <-s, -> n *zoo* (cane m) maltese m.

Malteser② <-s, -> m (**Malteserin** f) **1** (*Einwohner von Malta*) maltese mf **2** *relig* (*Angehörige(r) des Malteserordens*) cavaliere m (dell'ordine) di Malta.

Malteserkreuz n croce f ˌdi Maltaˌ/[biforcata].

Malteserorden m *relig*: **der ~**, l'ordine dei cavalieri di Malta.

maltesisch *adj* maltese: **Maltesisch**, il maltese, la lingua maltese.

malträtieren <ohne ge-> *tr geh* **jdn ~** maltrattare *qu*, bistrattare *qu*.

Malus <- oder -ses, - oder -se> m **1** *Versicherung* (*Erhöhung der Prämie*) aumento m del premio **2** *Schule sport univ* (*Minuspunkt*) punto m negativo.

Malve <-, -n> f *bot* malva f.

malvenfarbig *adj* {KLEIDUNGSSTÜCK, STOFF} color malva.

Malz <-es, ohne pl> n malto m.

Malzbier n *gastr* birra f di malto.

Malzbonbon m *oder* n caramella f al malto.

Malzeichen n → **Multiplikationszeichen**.

Mälzerei <-, -en> f malteria f.

Malzkaffee m caffè m d'orzo.

Malzzucker m maltosio m.

Mama <-, -s> f *fam* mamma f.

Mamakind n *pej*, **Mamasöhnchen** n *pej* mammone (-a) m (f).

Mamba <-, -s> f *zoo* mamba m.

Mambo <-(s), -s> m (*Tanz*) mambo m.

Mami <-, -s> f *fam* mammina f *fam*.

Mammakarzinom n *med* carcinoma m mammario.

Mammografie, **Mammographie** <-, -n> f *med* mammografia f.

Mammon <-s, ohne pl> m *pej* grana f *slang*, mammona f *bibl*: ● **dem ~ frönen**, servire il Dio denaro; **der schnöde ~**, il vile denaro.

Mammut <-s, -e oder -s> n *zoo* mammut m.

Mammutbaum m *bot* sequoia f, albero m del mammut.

Mammutkonzert n {+ROCKGRUPPE} megaconcerto m.

Mammutprozess (a.R. Mammutprozeß) m maxiprocesso m.

Mammutsitzung f {+PARLAMENT} seduta f fiume, maratona f.

Mammutunternehmen n megaimpresa f, impresa f mastodontica.

mampfen *fam* Ⓐ *tr* **etw ~** pappare qc *fam* Ⓑ *itr* sgranare *fam*.

man① *indef pron* <nur Subjekt> **1** (*irgendjemand*) si, (qualc)uno: **man hat an die Tür geklopft**, ˌqualcuno haˌ/[hanno] bussato alla porta; **man weiß schon, wer den ersten Preis gewonnen hat?**, si sa già chi ha vinto il primo premio?; (*oft mit Passiv oder nicht übersetzt*): **man hat mir das Auto gestohlen**, mi hanno rubato la macchina, mi è stata rubata la macchina **2** (*Allgemeinheit*) si, uno: **man trägt keine Miniröcke mehr**, non si porta più la minigonna; **bei Tisch raucht man nicht!**, a tavola non si fuma!; **das macht man nicht!**, (questo) non si fa! **3** (*ich, wir*) si, io, noi: **von meinem Balkon aus sieht man das Meer**, dal mio balcone si vede il mare; **man kann ja nicht alles wissen!**, non si può mica sapere tutto!; **heute hat man viel mehr Freizeit**, oggi abbiamo molto più tempo libero **4** (*Distanz anzeigend*): **man spielt mal wieder die Beleidigte/den Beleidigten**, facciamo di nuovo gli offesi? *fam* **5** (*in Rezepten*): **man nehme 100 g Mehl**, prendete 100 gr di farina.

man② *partik bes. norddt fam* (*Bekräftigung einer Aussage: oft unübersetzt*): **lass man sein!**, lascia stare!; **denn man los!**, allora via!

Management <-s, -s> n *ökon* management m, dirigenza f (aziendale).

managen *tr* **1** (*leiten*) **etw ~** {BETRIEB, FIRMA, PROJEKT} gestire qc **2** (*geschäftlich betreuen*) **jdn ~** {KÜNSTLER, SPORTLER} fare da manager *a qu* **3** *fam* (*hinkriegen*) **etw ~** {PROBLEM} sistemare qc *fam*: **wie hat sie denn das wieder gemanagt?**, come ha fatto a sistemare la faccenda anche questa volta? *fam*.

Manager <-s, -> m (**Managerin** f) **1** *ökon* manager mf, dirigente mf **2** (*Betreuer*) {+KÜNSTLER, MUSIKER} manager mf, agente mf; {+SPORTLER} manager mf, procuratore (-trice) m (f).

Managerkrankheit <-, ohne pl> f malattia f da stress.

manch <inv> *indef pron* **1** (*mit unbest Art*): **~ einer/eine/eines**, più di uno (-a), taluni (-e); **~ einer wäre froh, wenn er auf dem Land leben könnte**, ˌa più d'unoˌ/[a quanti] piacerebbe vivere in campagna; **~ einen hat das Geld schon unglücklich gemacht**, il denaro ha reso infelice più d'uno; **~ einer hält ihn für schuldig**, ˌc'è chi lo ritieneˌ/[taluni lo ritengono] colpevole; **für ~ einen war dieser Sommer zu heiß**, per taluni quest'estate è stata troppo calda **2** (*mit substantiviertem Adj*) {BEEINDRUCKENDES, SCHÖNES} diverse/svariate cose: **auf unserer Reise haben wir schon ~ Interessantes gesehen**, durante il nostro viaggio abbiamo visto diverse cose interessanti; **~ Kranker verdankt diesem Arzt sein Leben**, non pochi malati devono la vita a questo medico **3** (*mit Adj und Subst im Singular: einige*) diversi (-e), più d'uno (-a): **bei diesem Antiquitätenhändler habe ich ~ wertvolles Bild gekauft**, da questo antiquario ho comprato diversi quadri di valore.

mancher, manche, manches *indef pron* **1** <nur pl> (*adjektivisch*) qualche + sing, alcuni (-e), taluni (-e) *geh*, diversi (-e): **es hat uns manche tausend Euro gekostet**, ci è costato diverse migliaia di euro; **manche ältere/älteren Menschen**, alcuni/taluni anziani **2** <nur sing> (*adjektivisch*) qualche + sing, alcuni (-e): **so mancher Schüler musste das Schuljahr wiederholen**, qualche alunno ha dovuto ripetere l'anno (scolastico) **3** (*substantivisch*) alcuni (-e), qualcuno (-a):

auf der Party waren manche, die ich nicht kannte, alla festa c'era gente/[anche qualcuno] che non conoscevo; **manche behaupten das Gegenteil**, taluni/alcuni sostengono il contrario **4** <*nur sing*> (*substantivisch*): **manches**, diverse/[non poche] cose; **ich habe so manches gelernt**, ho imparato diverse cose; **sie musste auf manches verzichten**, dovette rinunciare a non poche cose.

mancherlei <*inv*> *indef pron* **1** (*adjektivisch: verschiedene*) diverse (-e), vari/(-ie), di vario genere: **wir haben ~ Blumen gepflückt**, abbiamo colto fiori di vario genere; **seine Reaktion mag ~ Gründe haben**, la sua reazione può avere diverse motivazioni **2** (*substantivisch: Verschiedenes*) varie/diverse cose: **wir haben schon ~ gesehen**, abbiamo già visto diverse cose.

mancherorts *adv* in alcuni/taluni luoghi.

manchmal *adv* talvolta, qualche volta, a volte, di quando in quando.

Mandant <-*en*, -*en*> *m* (**Mandantin** *f*) {+STEUERBERATER} cliente *mf*; {+ANWALT} *auch* assistito (-a) *m* (*f*).

Mandantschaft <-, -*en*> *f* {+ANWALT} clientela *f*.

Mandarin① <-*s*, -*e*> *m hist* (*Staatsbeamter*) mandarino m.

Mandarin② <-(*s*), *ohne pl*> *n* (*Staatssprache*) mandarino m, lingua f mandarina.

Mandarine <-, -*n*> *f bot* mandarino m.

Mandarinenbaum *m bot* mandarino m.

Mandarinenschale *f* buccia *f* di/del mandarino.

Mandat <-(*e*)*s*, -*e*> *n* **1** *jur* {+ANWALT} mandato m **2** *pol* (*Abgeordnetensitz*) mandato m: **sein ~ niederlegen**, restituire/rassegnare il mandato.

Mandatar <-*s*, -*e*> *m* (**Mandatarin** *f*) **1** *jur* (*Beauftragte*) mandatario (-a) *m* (*f*) **2** *pol A* (*Abgeordnete*) deputato m.

Mandatsträger *m* (**Mandatsträgerin** *f*) *pol* deputato m; *jur* mandatario (-a) *m* (*f*).

Mandel① <-, -*n*> *f bot* mandorla *f*: **gebrannte ~n**, mandorle tostate.

Mandel② <-, -*n*> *f anat* tonsilla *f*: **sich** (*dat*) **die ~n herausnehmen lassen**, farsi togliere le tonsille.

Mandelauge *n* <*meist pl*> occhio m a mandorla.

Mandelbaum *m bot* mandorlo m.

Mandelentzündung *f med* tonsillite *f*.

mandelförmig *adj* {AUGE} a (forma di) mandorla.

Mandelmilch *f* latte m di mandorle.

Mandelöl *n* olio m di mandorle.

Mandeloperation *f med* tonsillectomia *f*.

Mandoline <-, -*n*> *f mus* mandolino m.

Mandrill <-*s*, -*e*> *m zoo* mandrillo m.

Manege <-, -*n*> *f* {+REITSCHULE} pista *f*, maneggio m; {+ZIRKUS} arena *f*, pista *f*.

Manfred *m* (*Vorname*) Manfredo.

Mangan <-*s*, *ohne pl*> *n chem* manganese m.

Mangel① <-*s*, *Mängel*> *m* **1** <*nur sing*> (*Knappheit*) **~ an etw** (*dat*) {AN ARBEITSKRÄFTEN, LEBENSMITTELN, MEDIKAMENTEN, MIETWOHNUNGEN, ROHSTOFFEN} mancanza *f di qc*, penuria *f di qc*, scarsità *f di qc*, carenza *f di qc*: **~ an Vitaminen**, carenza vitaminica, avitaminosi **2** <*nur sing*> (*Defizit*) **~ an etw** (*dat*) {AN CHARAKTERSTÄRKE} mancanza *f di qc*; {AN LIEBE, ZUWENDUNG} *auch* carenza *f di qc* **3** <*meist pl*> (*Fehler*) {+MASCHINE, WARE} difetto m, imperfezione *f* **4** *jur* vizio m, difetto m: **mit Mängeln behaftet** {VERTRAG}, viziato; **verdeckte/verborgene Mängel**, vizi occulti ● **aus ~ an etw** (*dat*) {AN ERSATZTEILEN, WAS-SER}, per mancanza di qc; **aus ~ an Beweisen** *jur*, per insufficienza di prove; **einen ~ beheben**, eliminare un difetto.

Mangel② <-, -*n*> *f* (*Wäschemangel*) mangano m ● **jdn in die ~ nehmen** *fam*, mettere sotto torchio qu *fam*, torchiare qu.

Mängelanzeige *f jur* denuncia *f* dei vizi della cosa venduta.

Mangelberuf *m* "professione *f*/mestiere m dove manca (il) personale qualificato".

Mangelerscheinung *f med* fenomeno m di carenza.

Mängelgewährleistung *f jur* garanzia *f* per i vizi della cosa venduta.

mangelhaft **A** *adj* **1** (*unzureichend*) {BELEUCHTUNG} insufficiente; {AUSRÜSTUNG} *auch* incompleto: **~e Ernährung**, alimentazione carente **2** (*Mängel aufweisend*) {AUSBILDUNG} mancheviole, insufficiente, incompleto; {KENNTNISSE} insufficiente, incompleto, scarso; {WARE} difettoso, imperfetto **3** *Schule univ* ≈ cinque, insufficiente **B** *adv* in modo insufficiente: **er ist ~ vorbereitet**, la sua preparazione è scarsa/insufficiente.

Mängelhaftung *f jur* responsabilità *f* dei vizi della cosa venduta.

Mangelkrankheit *f med* malattia *f* da carenza alimentare.

mangeln① **A** *unpers* **1** (*ungenügend vorhanden sein*): **es mangelt (irgendwo) an etw** (*dat*) {AN LEBENSMITTELN, MEDIKAMENTEN}, qc manca/scarseggia (+ compl di luogo); **es mangelt (ihm) an Geld**, (gli) mancano i soldi **2** (*fehlen*): **es mangelt jdm an etw** (*dat*) {AN CHARAKTERSTÄRKE, ERFAHRUNG, GUTEM WILLEN}, qu manca/difetta di qc **B** *itr* (*fehlen*) **jdm ~** {EINSICHT, MENSCHENKENNTNIS} mancare *a qu*: **ihm mangelt die nötige Berufserfahrung**, gli manca la necessaria esperienza professionale. ● **es jdm an nichts ~ lassen**, fare in modo che a qu non manchi niente, non far mancare niente a qu.

mangeln② *tr* **etw ~** {WÄSCHESTÜCK} manganare *qc*.

mangelnd *adj* {INTERESSE, NACHFRAGE} scarso; {ERFAHRUNG, INFORMATIONEN} *auch* insufficiente, mancante.

Mängelrüge *f jur* denuncia *f* dei vizi della cosa venduta *jur*, reclamo m.

mangels *präp* + *gen geh* {WEITERER INFORMATIONEN, FINANZIELLER MITTEL} per mancanza/ insufficienza di.

Mangelware *f* <*meist sing*> **1** *com* (*knappe Ware*) merce *f* rara **2** *fam* (*selten Vorkommendes*): **~ sein** {QUALIFIZIERTE ÄRZTE, ZUVERLÄSSIGE MITARBEITER}, essere una rarità/[merce rara].

Mango <-, -*onen oder* -*s*> *f bot* mango m.

Mangold <-(*e*)*s*, -*e*> *m bot gastr* bietola *f*.

Mangrove <-, -*n*> *f bot* mangrov(i)a *f*, paletuviere m.

Manie <-, -*n*> *f* **1** <*meist sing*> *geh* (*Besessenheit*) mania *f*, ossessione *f*, fissazione *f* **2** *psych* mania *f*.

Manier <-, -*en*> *f* **1** <*meist sing*> (*Art und Weise*) maniera *f*, modo m: **in überzeugender ~**, in modo convincente **2** <*meist sing*> (*typischer Stil*): **in jds ~**, [alla maniera]/[nello stile] di qu: **eine Novelle in Kleistscher ~**, una novella [in stile kleistiano]/[di maniera kleistiana] **3** <*nur pl*> (*Benehmen*) maniere *f pl*, modi *m pl*: **was sind denn das für ~en?**, ma che maniere sono queste? ● **jdm ~en beibringen**, insegnare a qu [le buone maniere]/[la (buona) creanza *fam*]; **gute/ schlechte ~en**, buone/cattive maniere; **keine ~en haben**, essere maleducato/screanzato *fam*, non aver(e) maniere.

manieriert *adj geh pej* {STIL} manierato, di maniera; {AUSSPRACHE, BEWEGUNG, VERHALTEN} *auch* affettato.

Manierismus <-, *Manierismen*> *m kunst lit* manierismo m.

manieristisch *adj kunst lit* manieristico, manierista.

manierlich **A** *adj* (*anständig*) {AUSSEHEN, KLEIDUNG} decente, decoroso; {PERSON} garbato, ammodo *fam*; {BENEHMEN} educato, garbato: **ganz ~ sein** *fam* {ARBEIT, GEHALT}, essere ₁abbastanza accettabile₁/[passabile] **B** *adv* {SICH ANZIEHEN} in modo decente/decoroso; {SICH BENEHMEN} in modo educato, garbatamente.

manifest *adj* <*präd*> *geh*: **~ sein**, essere manifesto/evidente/palese, apparire evidente; **(an etw dat) ~ werden**, manifestarsi (in qc), palesarsi (in qc), rivelarsi (in qc), farsi manifesto (-a) (in qc) *lit*; **bei jdm ~ werden** {KRANKHEIT}, manifestarsi.

Manifest <-(*e*)*s*, -*e*> *n* manifesto m ● **das Kommunistische ~** *hist*, il Manifesto del partito comunista.

Manifestant <-*en*, -*en*> *m* (**Manifestantin** *f*) *A CH* → **Demonstrant**.

manifestieren <*ohne ge-*> *rfl geh* **sich in etw** (dat) **~** {TEMPERAMENT, WILLE IN BESTREBUNGEN, SCHRIFTEN} palesarsi *in qc geh*, rivelarsi *in qc*, manifestarsi *in qc*.

Maniküre① <-, *ohne pl*> *f* (*Handpflege*) manicure *f*: **~ machen**, farsi la manicure/[le unghie (delle mani)].

Maniküre② <-, -*n*> *f* (*Person*) manicure *f*.

maniküren <*ohne ge-*> **A** *tr* **jdn ~** fare ₁la manicure₁/[le unghie (delle mani)] *a qu* **B** *rfl* **sich ~** farsi ₁la manicure₁/[le unghie (delle mani)].

Maniok <-*s*, -*s*> *m bot* manioca *f*, cassava *f*.

Maniokwurzel *f bot gastr* radice *f* della manioca.

Manipulant <-*en*, -*en*> *m* (**Manipulantin** *f*) *geh* manipolatore (-trice) *m* (*f*).

Manipulation <-, -*en*> *f geh* **1** (*bewusste Beeinflussung*) {+MEINUNG, MENSCH} manipolazione *f*, manovrare m **2** <*meist pl*> *geh pej* (*Machenschaften*) manipolazione *f*, macchinazione *f*: **betrügerische ~**, raggiro m.

manipulierbar *adj geh* {MEINUNG} manipolabile, influenzabile; {BÜRGER, WÄHLER} *auch* manovrabile.

manipulieren <*ohne ge-*> *tr* **1** (*bewusst beeinflussen*) **jdn/etw ~** {BÜRGER, KÄUFER, MEINUNG, WÄHLER} manipolare *qu/qc*, influenzare *qu/qc*, manovrare *qu/qc* **2** (*verändern*) **etw ~** {GERÄT, MOTOR, TACHOMETER} truccare *qc*, manomettere *qc*; {RECHNUNGEN, STIMMZETTEL} truccare *qc*, manipolare *qc*.

manisch *adj* **1** (*übersteigert*) {KAUFWUT, SAMMELWUT} maniacale **2** *med psych* {PHASE, ZUSTAND} maniacale.

manisch-depressiv *adj med psych* {PATIENT} affetto da psicosi maniaco-depressiva: **eine manisch-depressive Erkrankung**, un disturbo maniaco-depressivo.

Manitu <-*s*, *ohne pl*> *m* (*Gottheit der Indianer*) manitù m.

Manko <-*s*, -*s*> *n* **1** (*Nachteil*) difetto m, carenza *f* **2** *ökon* (*Fehlbetrag*) ammanco m.

Mann <-(*e*)*s*, *Männer oder* -*en oder Mann*> *m* **1** (*pl Männer*) (*männlicher Erwachsener*) uomo m: **ein junger ~**, un giovanotto/giovane; **ein alter ~**, un (uomo) vecchio, un signore anziano; **ein gut aussehender ~**, un ₁bell'uomo₁/[uomo di bell'aspetto] **2** <*pl Männer*> (*Ehemann*) marito m, uomo m *fam*: **der ~ meines Lebens**, l'uomo della mia vita; **mein geschiedener ~**, il mio ex marito **3** <*pl Mann*> (*Personen in einer Gruppe*) uomo m: **ein**

Heer von 2000 ~, un esercito di 2000 uomini; **zwei ~ in den Maschinenraum!**, due uomini in sala macchine! **4** <pl *Mannen*> (*Gefolgsleute*) uomo m: **der Herzog und seine ~en**, il duca e i suoi uomini • **alle ~** *fam*, tutti; **alle ~ an Deck!**, tutti (gli uomini) in coperta!; **~ über Bord!** *naut*, uomo in mare!; **etw an den ~ bringen** *fam* (*etw verkaufen*), piazzare qc *fam*; **jdn an den ~ bringen** *fam scherz* {MÄDCHEN, TOCHTER}, maritare qu *fam scherz*; **~ decken** *sport*, marcare a uomo; **~ gegen ~** {KÄMPFEN}, uomo contro uomo; **ein gemachter ~ sein**, essere un uomo arrivato; **~s genug sein, etw zu tun**, avere il fegato per fare qc *fam*; **der kleine ~**, l'uomo comune; **(mein) lieber ~!** *fam*, cose dell'altro mondo! *fam*; **den starken ~ markieren/spielen**, fare ⌊il gradasso/grosso *fam*⌋/[lo smargiasso]; **mit ~ und *Maus* untergehen**, colare a picco; **der ~ im *Mond***, la luna che sembra avere gli occhi, il naso e la bocca; **(wohl) einen kleinen ~ im *Ohr* haben** *slang*, dare i numeri *fam*, essere un po' svitato *fam*; **der schwarze/Schwarze ~** (*Buhmann*), l'uomo nero; (*Kaminfeger*), lo spazzacamino; **selbst ist der ~!**, chi fa da sé fa per tre *prov*; **den wilden ~ spielen/machen**, dare in escandescenze; **unter ~/ihren ~ stehen**, cavarsela da solo (-a) *fam*; **in dieser Situation hat sie ihren ~ gestanden**, si è dimostrata all'altezza della situazione; **der ~ auf der Straße**, l'uomo della strada/[qualunque]; **ein ~ der *Tat***, un uomo d'azione; **den toten ~ machen** *fam scherz* (*auf dem Rücken treiben*), fare il morto; **ein *toter* ~ sein** (*erledigt sein*), essere un uomo morto; **toter ~** (*stillgelegter Schacht*), pozzo chiuso; **von ~ zu ~**, da uomo a uomo; **der kluge ~ baut vor**, l'uomo previdente pensa al futuro; **ein ~ von *Welt***, un uomo di mondo; **ein ~, ein *Wort*!**, parola d'onore!; **ein ~ weniger *Worte***, un uomo di poche parole; **jds zukünftiger ~**, il futuro marito di qu.

Manna <-(s), ohne pl> n oder bes. A <-, ohne pl> f **1** *bibl* manna f **2** *bot* manna f • **wie ~ vom Himmel fallen**, essere una (vera) manna dal cielo.

Männchen <-s, -> n dim *von* Mann **1** (*Männlein*) ometto m, omino m **2** *zoo* (*männliches Tier*) maschio m **3** (*Zeichnung*) omino m • **~ machen** {HASE, HUND}, drizzarsi sulle zampe posteriori; **~ malen**, fare disegnini.

Mannen subst <nur pl> bes. hist uomini m pl.

Mannequin <-s, -s> n indossatrice f, mannequin f, modella f.

Männer pl *von* Mann.

Männerarbeit f lavoro m da uomini.

Männerberuf m lavoro m/professione f mestiere m maschile/[da uomini]: **das ist ein typischer ~**, questo è un lavoro tipicamente maschile.

Männerchor m *mus* coro m maschile.

Männerfang m: **auf ~ sein/(aus)gehen** *fam*, essere/andare a caccia di uomini *fam*.

Männergesangsverein, **Männergesangverein** m coro m/[(società f) corale f] maschile.

Männergesellschaft f **1** *soziol* società f maschilista/[dominata dagli uomini] **2** (*Gesellschaft von Männern*) compagnia f maschile/[di uomini].

Männerkleider subst <nur pl> abiti m pl/vestiti m pl maschili/[da uomo]: **~ tragen** {MÄDCHEN, FRAU}, vestirsi da uomo.

männermordend adj <attr> *scherz*: **ein ~er Vamp**, una donna vampiro *scherz*; **ein ~es Weib**, una divoratrice di uomini.

Männerrunde f compagnia f maschile.

Männersache f *fam* cosa f/faccenda f da uomini *fam*: **Autowaschen ist ~**, lavare la macchina è un compito che spetta agli uomini.

Männerstation f reparto m uomini (in un ospedale).

Männerstimme f **1** *mus* voce f maschile **2** (*männliche Stimme*) voce f maschile/maschia/virile/[da uomo].

Männerwelt f mondo m maschile: **sich in einer ~ durchsetzen** {FRAU}, affermarsi in un mondo di uomini.

Männerwirtschaft f *fam scherz* gestione f maschile (della casa): **~ machen**, gestir(si) la casa tra uomini; **wenn Mutti verreist ist, machen wir ~**, quando la mamma è in viaggio in casa facciamo noi uomini.

Mannesalter <-s, ohne pl> n: **im besten ~ sein**, essere nel pieno vigore degli anni.

mannigfach adj <attr> {GRÜNDE, MÖGLICHKEITEN} molteplice, svariato.

mannigfaltig adj *geh* **1** (*vielfältig*) {AUFGABEN, ERFAHRUNGEN} molteplice, svariato; {INTERESSEN} auch poliedrico, multiforme **2** (*vielgestaltig*) {BLUMEN} multiforme.

Mannigfaltigkeit <-, -en> f molteplicità f, varietà f.

männlich A adj **1** (*zum Körper des Mannes gehörend*) {GESCHLECHT, HORMON, KEIMDRÜSE} maschile **2** {ERBE, KIND} maschio **3** (*für den Mann typisch*) {BENEHMEN, EIGENSCHAFT, STIMME} maschile, maschio **4** (*für Männer üblich*) {BERUF, VORNAME} maschile, da uomo **5** (*viril*) {AUFTRETEN, STÄRKE} virile, mascolino **6** (*maskulin*) {FRAU, WESEN} mascolino, maschile **7** *gram* maschile **8** *biol* {PFLANZE, TIER} maschio B adv {SICH BENEHMEN, SICH VERHALTEN} virilmente, da uomo.

Männlichkeit <-, ohne pl> f {+WESEN} virilità f, mascolinità f.

Männlichkeitswahn m machismo m.

Mannomann interj *fam* mio Dio!

Mannsbild <-(e)s, -bilder> n bes. süddt A *fam* uomo m: **ein gestandenes ~**, un uomo maturo.

Mannschaft <-, -en> f **1** *sport* squadra f, team m **2** *aero naut* equipaggio m **3** (*Gruppe von Mitarbeitern*) squadra f, team m, équipe f, staff m **4** <nur pl> *mil* truppe f pl • **vor versammelter ~** *fam*, davanti a tutti; **jdn vor versammelter ~ zur Schnecke machen** *fam*, trattare qu a pesci in faccia davanti a tutti *fam*.

Mannschaftsaufstellung f *sport* **1** (*das Aufstellen*) formazione f/schieramento m ⌊di una⌋/[della] squadra **2** (*Zusammensetzung*) formazione f/composizione f ⌊di una⌋/[della] squadra.

Mannschaftsgeist m *sport* spirito m di squadra.

Mannschaftskampf m *sport* gara f/competizione f a squadre.

Mannschaftskapitän m *sport* capitano m di squadra.

Mannschaftsraum m *naut* locale m per l'equipaggio.

Mannschaftssieger m *sport* squadra f vincente.

Mannschaftsspiel n *sport* **1** (*Spiel zwischen Mannschaften*) gioco m a squadre **2** (*Zusammenspiel*) gioco m di squadra.

Mannschaftssport m *sport* m a squadre.

mannshoch adj {BUSCH, MAUER, ZAUN} ⌊dell'altezza di⌋/[alto quanto] un uomo.

mannstoll adj *fam pej*: **sie ist eine ~e Frau**, è una ⌊divoratrice di uomini *fam*⌋/[mangiauomini *fam*]/[ninfomane] *fam*.

Mannweib n *pej* virago f, donnone m, donna f mascolina.

Manometer <-s, -> n *tech* manometro m • **~!** *fam* (*Bewunderung ausdrückend*), accipicchia! *fam*, però! *fam*.

Manöver <-s, -> n **1** *mil* (*grandi*) manovre f pl, esercitazioni f pl militari **2** (*das Manövrieren*) manovra f, movimento m **3** *pej* (*Winkelzug*) manovra f, stratagemma m, mossa f.

manövrieren <ohne ge-> A tr **1** (*lenken*) **etw irgendwohin ~** condurre qc abilmente + compl di luogo: **seinen Wagen in eine Parklücke ~**, infilare la macchina in un parcheggio stretto **2** *pej* (*jdn in eine Position bringen*) **jdn irgendwohin ~** piazzare qu + compl di luogo B itr **1** (*hin und her lenken*) {BOOT, SCHIFF} eseguire/fare delle manovre: **das Schiff manövriert, um in den Hafen einzufahren**, la nave sta eseguendo le manovre per entrare in porto **2** *pej* (*steuern*) **irgendwie ~**: **geschickt/vorsichtig ~**, fare delle mosse abili/prudenti.

manövrierfähig adj {FAHRZEUG, SCHIFF} manovrabile.

Manövrierfähigkeit <-, ohne pl> f {+FAHRZEUG, SCHIFF} manovrabilità f.

manövrierunfähig adj {FAHRZEUG, SCHIFF} non manovrabile.

Mansarde <-, -n> f mansarda f.

Mansardenwohnung f mansarda f, appartamento m mansardato.

Mansch <-(e)s, ohne pl> m (*Flüssigkeit*) intruglio m; (*breiige Masse*) poltiglia f.

Manschette <-, -n> f **1** (*Ärmelaufschlag*) polsino m **2** (*Verzierung aus Papier*) {+BLUMENTOPF} fascia f di carta crespata **3** *med* bracciale m/manicotto m pneumatico per la misurazione della pressione **4** *tech* manicotto m • **vor jdm/etw ~n haben** *fam* (*Angst haben*), avere fifa di qu/qc *fam*.

Manschettenknopf m gemello m.

Mantel① <-s, Mäntel> m cappotto m; (*Übergangsmantel*) soprabito m; (*Sommermantel*) spolverino m; (*Wintermantel*) paltò m; *mil* pastrano m: **den ~ ablegen**, togliersi il cappotto • **jdm aus dem/in den ~ helfen**, aiutare qu a togliersi/mettersi il cappotto; **einen ~ des Schweigens über etw (akk) breiten** *geh* {ÜBER EINE DÜSTERE VERGANGENHEIT, EIN VERBRECHEN}, passare sotto silenzio qc, stendere un velo su qc *geh*.

Mantel② <-s, Mäntel> m **1** *autom* {+REIFEN} copertone m **2** *tech* (*äußere Hülle*) {+GESCHOSS} camicia f; {+KABEL, RÖHRE} auch guaina f, rivestimento m.

Mäntelchen <-s, -> n dim *von* Mantel① cappottino m • **sein ~ nach dem Wind(e) drehen/hängen** *pej*, andare secondo il vento che tira *fam*, essere un voltagabbana *fam*; **etw (dat) ein ~ umhängen** (*etw bemänteln*) {MACHENSCHAFTEN, BLUTIGEN ZWISCHENFÄLLEN}, coprire qc, nascondere qc.

Manteltarifvertrag, **Manteltarif** m *ökon* contratto m collettivo di lavoro.

Manteltasche f tasca f del cappotto.

Mantua <-s, ohne pl> n *geog* Mantova f.

Manual① <-s, -s> n bes. *inform* (*Handbuch*) manuale m.

Manual② <-s, -e> n *mus* manuale m, tastiera f.

Manuela f (*Vorname*) Manuela.

manuell A adj {ARBEIT, TÄTIGKEIT} manuale B adv {HERSTELLEN} a mano, manualmente.

Manufaktur <-, -en> f *hist* **1** (*Betrieb*) manifattura f **2** (*Erzeugnis*) manufatto m, manifattura f *rar*.

Manuskript <-(e)s, -e> n **1** *Verlag typ* manoscritto m **2** (*Redevorlage*) appunti m pl, note f pl 3 (*alte Handschrift*) manoscritto m, codice m.

Maoismus <-, *ohne pl*> m *hist* maoismo m.

Maoist <-*en*, -*en*> m (**Maoistin** f) *pol* maoista mf.

Maori① <-(*s*), -(*s*)> m *oder* <-, -(*s*)> f (*Angehörige des Volksstamms*) maori mf.

Maori② <-, *ohne pl*> n (*Sprache der Maori*) maori m.

Maorifrau, **Maori-Frau** f → **Maori**①.

Mäppchen <-*s*, -> n *dim von* Mappe (*Federmäppchen*) astuccio m, portamatite m.

Mappe <-, -*n*> f 1 (*Tasche*) cartella f, borsa f 2 (*aufklappbare Hülle*) raccoglitore m, cartellina f, cartelletta f.

Mapping <-*s*, *ohne pl*> n 1 *med* mappatura f 2 *inform* (*Computergrafik*) mappatura f, mapping m 3 *inform* mapping m, mappatura f.

Marabu <-*s*, -*s*> m *zoo* marabù m.

Maracuja <-, -*s*> f *bot* maracujá f, granadiglia f, frutto m della passione.

Marathon <-*s*, -*s*> m *sport* maratona f.

Marathonlauf m *sport* → **Marathon**.

Marathonläufer m (**Marathonläuferin** f) maratoneta mf.

Marathonsendung f *fam TV* maratona f televisiva.

Marathonsitzung f *fam* {+PARLAMENT} maratona f, seduta f fiume.

Marathonverhandlung f {+GEWERKSCHAFT} maratona f negoziale; {+GERICHT} maratona f processuale.

Märchen <-*s*, -> n 1 *lit* fiaba f, favola f 2 (*erfundene Geschichte*) storia f *fam*, frottola f *fam*, f(av)ola f *fam* ● jdm ein ~ **auftischen** *fam*, raccontare fandonie a qu *fam*.

Märchenbuch n libro m di fiabe/favole.

Märchenfigur f figura f/personaggio m di una fiaba.

Märchenfilm m film m tratto da una fiaba/favola.

märchenhaft A adj 1 (*wie im Märchen*) {ERZÄHLUNG, GESTALT} fiabesco, favoloso 2 (*zauberhaft*) {AUSSICHT, LANDSCHAFT} favoloso, meraviglioso, incantevole 3 *fam* (*sagenhaft*) {GLÜCK, PREISE} incredibile, eccezionale, fantastico, {REICHTUM, VILLA} favoloso, fiabesco B adv {REICH} incredibilmente, esageratamente, da favola; {SCHÖN} eccezionalmente, favolosamente.

Märchenland n paese m ⌊di fiaba⌋/[delle meraviglie].

Märchenprinz m principe m azzurro.

Märchentante f *fam* 1 (*Märchenerzählerin*) donna f che racconta (le) fiabe (ai bambini) 2 *scherz* (*jd, der unwahre Geschichten erzählt*) contastorie mf, contafrottole mf.

Märchenwelt f mondo m ⌊delle favole⌋/[fiabesco].

Marder <-*s*, -> m *zoo* martora f.

Margarete f (*Vorname*) Margherita.

Margarine <-, *ohne pl*> f *gastr* margarina f.

Marge <-, -*n*> f *com* margine m.

Margerite <-, -*n*> f *bot* margherita f (di campo).

marginal *geh* A adj 1 (*nebensächlich*) {BEDEUTUNG, THEMA} marginale, secondario 2 *psych soziol* marginale B adv {BETREFFEN, INTERESSIEREN} marginalmente, indirettamente.

Marginalie <-, -*n*> f 1 (*Notiz am Rand*) nota f marginale/[a margine] 2 <*nur pl*> (*nebensächliche Dinge*) marginalia m pl.

Margot f (*Vorname*) Margot.

Maria f 1 <*gen* -> (*Vorname*) Maria 2 <*gen* -> *relig* (*Mutter Gottes*) Maria ● **Mariä Empfängnis** *relig*, Immacolata Concezione; **Ma-** riä *Geburt* kunst relig, Natività della Vergine; **Mariä Himmelfahrt** kunst relig, Assunzione della Vergine; (*Fest*) auch festa dell'Assunta, Ferragosto *fam*.

Marianne f (*Vorname*) Marianna.

Marienbild n *kunst* immagine f della Madonna/Vergine, Madonna f.

Mariendichtung f *lit* poesia f mariana.

Marienkäfer m *zoo* coccinella f, lucia f *fam*.

Marienkult m *relig* culto m mariano/[della Madonna].

Marienleben n *kunst lit* (storie f pl dalla) vita f della Vergine.

Marienverehrung f *relig* venerazione f della Madonna/Vergine, culto m mariano/[della Madonna].

Marihuana <-*s*, *ohne pl*> n marijuana f, erba f *slang*.

Marille <-, -*n*> f *A* albicocca f.

Marinade <-, -*n*> f *gastr* 1 (*zum Einlegen*) marinata f 2 (*Salatsoße*) condimento m per insalata.

Marine <-, -*n*> f *mil* 1 (*Streitkraft*) marina f 2 (*Gesamtheit der Schiffe*) marina f militare.

marineblau adj {FARBE, KLEIDUNGSSTÜCK} blu marino.

Marineoffizier m *mil* ufficiale m di marina.

Marinestützpunkt m *mil* base f navale.

marinieren <*ohne* ge-> tr *gastr* etw ~ {FISCH, FLEISCH} marinare qc.

Marion f (*Vorname*) Marietta.

Marionette <-, -*n*> f 1 (*Theaterpuppe*) marionetta f, burattino m, pupo m 2 *pej* (*beliebig lenkbarer Mensch*) marionetta f, fantoccio m, burattino m.

Marionettenregierung f governo m fantoccio.

Marionettenspieler m (**Marionettenspielerin** f) burattinaio (-a) m (f); (*in Sizilien*) auch puparo (-a) m (f).

Marionettentheater n teatro m/teatrino m ⌊delle marionette⌋/[dei pupi].

maritim adj *geh* 1 (*das Meer betreffend*) {KLIMA} marittimo; {FAUNA, FLORA} marino 2 (*die Seefahrt betreffend*) marittimo.

Mark① <-*s*, - *oder* -*stücke oder fam scherz* Märker> f *hist* (*deutsche Währung*) marco m: **Deutsche ~** (Abk DM), marco tedesco; **eine ~ hat 100 Pfennig**, un marco è suddiviso in 100 Pfennig; **kannst du mir mal zehn ~ leihen?**, puoi prestarmi dieci marchi? ● **keine/[nicht eine] müde ~** *fam*, neanche un centesimo *fam*/una lira *fam*; **jede ~ (zweimal/dreimal) umdrehen müssen** (*sparsam sein müssen*), dover contare il centesimo *fam*.

Mark② <-(*e*)*s*, *ohne pl*> n 1 *anat bot* midollo m 2 (*Fruchtfleisch*) polpa f, midollo m. ● jdn **bis aufs ~ aussaugen** (*jdn finanziell ausbluten*), togliere/succhiare il sangue a qu; **jdm durch ~ und Bein gehen** *fam* {UNANGENEHMES GERÄUSCH}, far venire i brividi a qu; **der Schrei ist mir durch ~ und Bein gegangen**, a quel grido mi sentii gelare il sangue (nelle vene); **bis ins ~ verdorben sein**, essere corrotto fino al midollo; **jdn bis ins ~ treffen**, colpire qu ⌊nel profondo⌋/[al cuore]; **kein ~ in den Knochen haben** *fam*, essere uno smidollato *fam*.

Mark③ <-, -*en*> f *hist* (*Grenzgebiet*) marca f.

markant adj 1 (*hervorstechend*) {GESICHTSZÜGE} marcato; {KINN, NASE} pronunciato 2 (*auffallend*): **er ist eine ~e Persönlichkeit**, ha una personalità spiccata.

Marke① <-, -*n*> f 1 *fam post* francobollo m 2 (*Steuermarke*) marca f (da bollo) 3 (*Essensmarke*) bollino m, buono m, gettone m 4 (*Erkennungsmarke*) {+GARDEROBE, LOKAL} contromarca f, gettone m, numero m; *mil* piastrina f di riconoscimento 5 (*Spielmarke*, *Automatenmarke*) gettone m.

Marke② <-, -*n*> f *com* (*von Lebensmitteln und Genußmitteln*) marca f; (*von Industriegütern*, *Kleidung und Zubehör*) casa f; **eine (sehr) bekannte ~** (*von Kleidung und Zubehör*), una griffe; (*Markenzeichen*) auch marchio m (di fabbrica); **eine eingetragene ~**, un marchio registrato/depositato ● **du bist (mir) vielleicht 'ne ~** *fam*, sei proprio un bel tipo! *fam*; **etw ist ~ Eigenbau** *scherz*, qc è di produzione di qu *scherz*, qc è fatto in casa *scherz*.

Marke③ <-, -*n*> f (*Zeichen*) livello m.

Marken subst <*nur pl*> *geog*: **die ~**, le Marche.

Markenartikel m *com* articolo m di marca; (*von Kleidung und Zubehör*) auch articolo m griffato.

Markenbutter f *com* (*Handelsbezeichnung*) burro m di prima qualità.

Markenfabrikat n *com* prodotto m di marca.

Markenkleidung f abbigliamento m ⌊marca⌋/[griffato].

Markenname m (nome m di una) marca f.

Markenpiraterie f contraffazione f di marchi.

Markenschutz m tutela f del marchio di fabbrica.

Markenware f *com* prodotto m di marca.

Markenzeichen n 1 *com* marchio m di fabbrica: **eingetragenes ~**, marchio registrato/depositato; (*Firmenzeichen*) logo(tipo) m 2 (*Charakteristikum*) caratteristica f, marchio m.

Marker <-*s*, -(*s*)> m → **Markierstift**.

markerschütternd adj {GESCHREI, SCHREI} straziante, lacerante, dilaniante.

Marketing <-*s*, *ohne pl*> n *com* marketing m, tecnica f di mercato.

Marketingabteilung f *ökon* reparto m/ufficio m marketing.

Marketingdirektor m (**Marketingdirektorin** f) *ökon* direttore (-trice) m (f) del marketing.

Marketinggesellschaft f *ökon* società f di marketing.

Marketingmanager m *ökon* marketing manager mf.

Marketingmix, **Marketing-Mix** <-, *ohne pl*> n *ökon* marketing mix m.

marketingorientiert adj *ökon* marketing-oriented.

Marketingstrategie f *ökon* strategia f di marketing.

Markgraf <-*en*, -*en*> m (**Markgräfin** f) *hist* margravio (-a) m(f).

markieren <*ohne* ge-> tr 1 (*kennzeichnen*) etw ~ (*mit etw* dat) {FEHLER, SATZ MIT ROTEM STIFT} segnare qc (con qc), evidenziare qc (con qc); {WÄSCHESTÜCK MIT NAMEN} marcare qc (con qc); {GRUNDSTÜCKSGRENZE} auch demarcare qc (con qc); {WANDERWEG MIT KREUZEN, PUNKTEN} (contras)segnare qc (con qc), evidenziare qc (con qc) 2 (*anzeigen*) etw ~ {BOJE, STREIFEN FAHRBAHNRAND} (contras)segnare qc 3 *inform* etw ~ {GRAFIK, TEXT, ZEILE} selezionare qc 4 (*betonen*) etw ~ {ANZUG, KLEID KÖRPERFORM, SCHULTERN} sottolineare qc, far risaltare qc 5 *fam* (*vortäuschen*) **etw ~**: **den Ahnungslosen/Dummen ~**, fare lo⌋/[fingersi] sprovveduto, fare il finto tonto.

Markierstift m evidenziatore m.

Markierung <-, -*en*> f 1 (*Kennzeichnung*) {+FAHRBAHN, GRENZE} (contras)segno m, segnale m; {+Wäsche} marchio m **2** (*das Kennzeichnen*) {+Fehler} evidenziazione f; {+Grenzen} demarcazione f **3** *inform* {Text, Zeile} selezione f.

Markierungslinie f linea f di demarcazione.

markig adj {Worte} energico; {Stimme} *auch* vigoroso, forte.

Markise <-, -n> f tenda f da sole, marquise f.

Markknochen m *gastr* osso m con midollo.

Markstein m pietra f miliare.

Markstück n *hist* moneta f/pezzo m *fam* da un marco.

Markt <-(e)s, Märkte> m **1** (*Wochenmarkt*) mercato m, mercatino m: **auf den**₁/[zum] ~ **gehen**, andare al mercato **2** (*Platz*) (piazza f del) mercato m **3** (*Absatzmarkt*) mercato m: **neue Produkte auf den ~ bringen/werfen**, lanciare nuovi prodotti sul mercato; **der ~ ist gesättigt**, il mercato è saturo ● **neue Märkte erschließen/erobern**, aprire/conquistare nuovi mercati; **ein** *flauer* **~ ökon**, un mercato fiacco/stagnante; **freier ~**, mercato libero; **der** *Gemeinsame* **~ ökon pol**, il Mercato Comune (Europeo); **der** *graue* **~**, il mercato ai limiti della legalità, il mercato grigio; **auf den ~ kommen**, uscire/arrivare sul mercato; *Neuer ~ ökon*, Nuovo Mercato; **der** *schwarze* **~**, il mercato nero.

Marktanalyse f *com* analisi f di mercato.

Marktanteil m *com* quota f/fetta f di mercato: **einen ~ erobern**, conquistare una fetta di mercato.

marktbeherrschend adj *com* {Firma, Konzern} che controlla/domina il mercato.

Marktbericht m *com* mercuriale m.

Marktbude f bancarella f, chiosco m, banco m.

Marktentwicklung f andamento m del mercato.

Markterfolg m successo m di mercato.

Marktforschung f *com* ricerca f/indagine f di mercato.

Marktfrau f ₁donna f che vende₁/[venditrice f] al mercato, bancarellista f.

Marktführer m *com* leader m sul mercato.

marktgerecht A adj che risponde/[va incontro] alle esigenze del mercato B adv in modo appetibile per il mercato.

Markthalle f mercato m coperto.

Marktlage f situazione f del/di mercato.

Marktlücke f *com* nicchia f di mercato: (mit etw dat) **in eine ~ stoßen**, trovare una nicchia di mercato (con qc).

marktorientiert adj attento alle richieste del mercato.

Marktplatz m piazza f del mercato.

Marktpreis m *com* prezzo m di mercato.

marktreif adj *com* {Produkt} pronto per il lancio sul mercato.

Marktschwankung f <meist pl> oscillazione f del mercato.

Marktsegment n *ökon* segmento m di/del mercato.

Marktstand m bancarella f del/al mercato.

Marktstudie f analisi f di mercato.

Markttag m giorno m di mercato.

Markttrend m *ökon* trend m/orientamento m del mercato.

Marktwert m *com* {+Fußballer, Ware} valore m di mercato.

Marktwirtschaft f *ökon* economia f di mercato ● *freie ~*, economia ₁di mercato₁/ [liberale]/[liberista]; *soziale ~*, economia f di mercato sociale.

marktwirtschaftlich adj {Ordnung, System} orientato sull'economia di mercato, proprio dell'economia di mercato: **~e Prinzipien**, prinicipi dell'economia di mercato.

Markus m (*Vorname*) Marco.

Markuskirche f (*in Venedig*) chiesa f di San Marco m.

Marlene f (*Vorname*) Marilena.

Marlies f (*Vorname*) Maria Luisa.

Marmelade <-, -n> f *gastr* marmellata f.

Marmeladenbrot, **Marmeladebrot** n *gastr* fetta f di pane con marmellata.

Marmor <-s, -e> m marmo m.

Marmorbruch m cava f di marmo.

marmorieren <ohne ge-> tr etw ~ {Fliesen, Kunststoff} marmorizzare qc.

marmoriert adj marmorizzato.

Marmorkuchen m *gastr* torta f marmorizzata.

marmorn adj {Figur, Skulptur} marmoreo, di/in marmo.

marode adj {Gesellschaft, System, Welt} marcio, corrotto.

Marokkaner <-s, -> m (**Marokkanerin** f) marocchino (-a) m (f).

marokkanisch adj marocchino.

Marokko <-s, ohne pl> n *geog* Marocco m: **aus ~ stammen**, essere del Marocco; **nach ~ fahren**, andare in Marocco.

Marone <-, -n> f *bot* **1** (*Esskastanie*) marrone m **2** (*Pilz*) (fungo m) porcino m di castagno.

Marotte <-, -n> f mania f, fissa(zione) f.

Mars <-, ohne pl> m **1** *myth* Marte m **2** *astr* Marte m.

Marsbewohner m (**Marsbewohnerin** f) marziano (-a) m (f).

marsch interj **1** *mil* (avanti) marsc' **2** *fam* avanti, marsc': **~, ins Bett** (*zu Kindern*), avanti, (si va) a letto/nanna! *fam*.

Marsch① <-(e)s, Märsche> m **1** *mil* (*Fuß~*) marcia f **2** (*Wanderung*) camminata f, scarpinata f *fam*, marcia f **3** *mus* (*Marschmusik*) marcia f ● **jdm den ~ blasen** *fam*, cantarla chiara a qu *fam*, dirne quattro a qu *fam*; **sich in ~ setzen** {Kolonne, Wanderer}, mettersi in marcia, avviarsi, incamminarsi.

Marsch② <-, -en> f *geog* "regione f bassa, paludosa e molto fertile lungo le coste del Mare del Nord".

Marschall <-s, Marschälle> m *mil* maresciallo m.

Marschbefehl m *mil* ordine m di marcia.

Marschflugkörper m *mil* missile m da crociera.

Marschgepäck n *mil* attrezzatura f ₁per la₁/[da] marcia.

marschieren <ohne ge-> itr <sein> **1** *mil* (*sich in Formation bewegen*) marciare **2** (*stramm zu Fuß gehen*) {Person, Wanderer} fare una camminata/scarpinata *fam*; {Gruppe von Wanderern} marciare.

Marschland n *geog* → **Marsch**②.

Marschlied n marcia f.

Marschmusik f *mus* musica f militare.

Marschordnung f *mil* ordine m di marcia: **sich in ~ aufstellen**, disporsi in ordine di marcia.

Marschroute f **1** *bes. mil* itinerario m di marcia **2** (*Vorgehensweise*) strategia f: **die ~ festlegen/vorgeben**, stabilire/definire la strategia.

Marschverpflegung f *mil* razione f di viveri per la/una marcia.

Marseillaise <-, ohne pl> f (*französische Nationalhymne*) Marsigliese f.

Marseille <-s, ohne pl> n *geog* Marsiglia f.

Marshallplan, **Marshall-Plan** <-s, ohne pl> m *hist*: **der ~**, il piano Marshall.

Marsmensch m → **Marsbewohner**.

Marter <-, -n> f *geh* **1** (*Folter*) martirio m, tortura f **2** (*Qual*) martirio m, tormento m, supplizio m.

martern tr *geh* **1** (*foltern*) jdn ~ torturare qu, martirizzare qu **2** (*seelisch quälen*) **jdn ~** tormentare qu, martoriare qu, martirizzare qu.

Marterpfahl m palo m del supplizio.

Martha f (*Vorname*) Marta.

martialisch adj *geh* {Aussehen} marziale, bellicoso, minaccioso.

Martin m (*Vorname*) Martino.

Martina f (*Vorname*) Martina.

Martinshorn, **Martin-Horn**® n {+Feuerwehr, Polizei} sirena f.

Martinstag m giorno m/festa f di San Martino.

Märtyrer <-s, -> m (**Märtyrerin** f) martire mf: **jdn zum ~ machen**, rendere qu martire.

Märtyrerkrone f *relig* palma f del martirio.

Märtyrertod m *relig* martirio m, morte f da martire.

Martyrium <-s, Martyrien> n **1** *relig* (*schweres Leiden*) martirio m **2** *fam* (*schlimme Zeit*) martirio m, calvario m, via crucis f.

Marxismus <-, ohne pl> m *pol* marxismo m.

Marxismus-Leninismus m *pol* marxismo-leninismo m.

Marxist <-en, -en> m (**Marxistin** f) *pol* marxista mf.

marxistisch adj *pol* {Lehre, Partei, Weltanschauung} marxista, marxistico.

März <-(es), geh auch -en, -e> m marzo m; → *auch* **September**.

Marzipan <-s, -e> n *oder* m marzapane m.

Marzipanbrot n *gastr* "marzapane m a forma di piccola pagnotta, spesso ricoperto di cioccolato".

Marzipankartoffel f *gastr* "marzapane m a forma di pallina ricoperta di cacao".

Mascarpone <-s, ohne pl> m *gastr* mascarpone m.

Masche <-, -n> f **1** (*Schlaufe*) {+Einkaufsnetz, Fischernetz, Strickware, gehäkelter Teil} maglia f: **eine ~ fallen lassen**, lasciar cadere una maglia; **rechte/linke ~**, maglia diritta/rovescia **2** *fam* (*Trick*) trucco m: **das ist doch dieselbe alte ~!** *fam*, è il solito vecchio trucco! *fam*; **das ist die neueste ~** *fam*, è l'ultimo trucco *fam* **3** (*Laufmasche*) smagliatura f ● **jdm durch die ~n gehen** (*entkommen*) {Bankräuber, Dieb}, filtrare/passare fra le maglie di qu; **durch die ~n des Gesetzes schlüpfen**, filtrare fra le maglie della legge.

Maschendraht m rete f metallica.

Maschendrahtzaun m (recinto m di) rete f metallica.

Maschine <-, -n> f **1** *tech* (*mechanische Vorrichtung*) macchina f **2** (*Flugzeug*) apparecchio m, aereo m, macchina f **3** *fam* (*größeres Motorrad*) moto f *fam* **4** *fam* (*Automotor*) motore m: **eine ~ mit 60 PS**, un motore da 60 cavalli **5** *fam* (*Schreibmaschine*) macchina f (da/per scrivere): **~ schreiben**, scrivere a macchina, dattilografare, dattiloscrivere; **ich kann nicht ~ schreiben**, non so scrivere a macchina; **etw auf/mit der ~ schreiben**, scrivere qc a macchina; **auf/mit der ~ geschrieben** {Brief, Lebenslauf, Text}, dattiloscritto, scritto/battuto a macchina **6** *fam* (*Waschmaschine*) lavatrice f.

maschinegeschrieben adj <attr> dattiloscritto, scritto/battuto a macchina.
maschinell **A** adj **1** (*mit einer Maschine*) {BEARBEITUNG, HERSTELLUNG} meccanico, a macchina **2** *inform* {DATENVERARBEITUNG, ÜBERSETZUNG} meccanico **B** adv {BEARBEITEN, FERTIGEN, HERSTELLEN} meccanicamente, a macchina.
Maschinenbau <-(e)s, ohne pl> m **1** *industr* (*Konstruktion von Maschinen*) costruzione f di macchine utensili **2** *univ* ingegneria f meccanica.
Maschinenbauer <-s, -> m (**Maschinenbauerin** f), **Maschinenbauingenieur** m (**Maschinenbauingenieurin** f) ingegnere m meccanico.
Maschinencode m *inform* codice m macchina.
maschinengeschrieben adj <attr> → **maschinegeschrieben**.
Maschinengewehr n *mil* mitragliatrice f.
Maschinenkode m → **Maschinencode**.
maschinenlesbar adj *inform* {AUSWEIS, SCHECKKARTE, VORDRUCK} leggibile elettronicamente.
Maschinenöl n (olio m) lubrificante m (per macchine meccaniche).
Maschinenpark m *industr* macchinari m pl.
Maschinenpistole f *mil* mitra m, mitragliatore m, pistola f mitragliatrice.
Maschinenraum m *naut* sala f macchine.
Maschinenschaden m *aero naut* guasto m meccanico, avaria f al motore.
Maschinenschlosser m (**Maschinenschlosserin** f) montatore (-trice) m (f).
maschinenschriftlich adj dattiloscritto.
Maschinensprache f *inform* linguaggio m macchina.
maschinenwaschbar adj lavabile in lavatrice.
Maschinenzeitalter n era f delle macchine.
Maschinerie <-, -n> f **1** *tech* (*Mechanismus*) macchinario m, meccanismo m **2** *theat* macchineria f **3** *geh pej* (*unkontrollierbares System*) macchina f, meccanismo m (*Räderwerk*) {+BÜROKRATIE, JUSTIZ} ingranaggio m: **die ~ des Verwaltungsapparats**, la macchina della burocrazia.
maschine|schreiben a.R. *von* Maschine schreiben → **Maschine**.
Maschinist <-en, -en> m (**Maschinistin** f) macchinista mf.
Maser <-, -n> f *meist pl> (*im Holz*) marezzo m, marezzatura m, vena f.
Masern subst <nur pl> *med* morbillo m.
Maserung <-, -en> f {+FURNIER, HOLZ, MARMOR} marezzatura m, venatura f.
Maske <-, -n> f **1** (*zum Verkleiden*) maschera f; (*Halbmaske*) mascherina f, bautta f, mezza maschera f **2** *theat* (*Aufmachung*) trucco m, truccatura f; (*Rollenmaske*) maschera f **3** (*Schönheitsmaske*) maschera f (di bellezza) **4** (*Schutzmaske*) mascherina f, maschera f **5** (*maskierte Person*) maschera f **6** (*Gesichtsabdruck: Totenmaske*) maschera f (mortuaria); (*Gipsmaske*) calco m del volto **7** *inform* maschera f **8** *fot* maschera f, mascherino m **9** *zoo* (*Zeichnung am Kopf*) mascherina f, maschera f ▶ **zur ~ erstarren/werden**, ma-schera f ▶ **zur ~ erstarren/werden** (GESICHT), diventare una maschera di ghiaccio; **die ~ fallen lassen** (*sein wahres Gesicht zeigen*), gettare/togliersi la maschera, smascherarsi; **jdm die ~ vom Gesicht reißen**/[herunterreißen], smascherare qu, togliere

la maschera a qu; **~ machen** *theat*, far(si) il trucco; **in ~ sein** *theat*, essere truccato; **unter der ~ einer S.** (gen) {DER FREUNDSCHAFT, DES VERTRAUENS}, dietro la maschera di qc; **etw hinter der ~ einer S.** (gen) *verbergen*, nascondere qc dietro la maschera di qc; **sich hinter der ~ einer S.** (gen) *verbergen* (*seine wahre Natur verbergen*), indossare/portare la maschera di qc; **hinter der ~ des braven Familienvaters verbirgt sich ein Frauenheld**, dietro la maschera del bravo padre di famiglia si nasconde un donnaiolo.
Maskenball m ballo m in maschera.
Maskenbildner <-s, -> m (**Maskenbildnerin** f) *film theat TV* truccatore (-trice) m (f).
maskenhaft adj {GESICHT, LÄCHELN} ingessato, inespressivo: **mit der vielen Schminke wirkt ihr Gesicht richtig ~**, truccata così pesantemente sembra un mascherone.
Maskerade <-, -n> f **1** (*Verkleidung*) mascherata f **2** *pej geh* (*Verstellung*) apparenza f, finzione f.
maskieren <ohne ge-> **A** tr **1** (*verkleiden*) **jdn** (**als etw**) **~** {ALS CLOWN, MÄRCHENGESTALT} mascherare qu (da qc), (tra)vestire qu da qc **2** (*verdecken*) **etw ~** {ANGST, UNSICHERHEIT} mascherare qc, celare qc, dissimulare qc, nascondere qc **B** rfl **1** (*sich unkenntlich machen*) **sich ~**: **der Dieb hatte sich gut maskiert**, il ladro si era ben camuffato **2** (*sich verkleiden*) **sich** (**als etw** nom) **~ mascherarsi** (*da qc*), travestirsi (*da qc*).
Maskierung <-, -en> f **1** <nur sing> (*das Verkleiden*) {ALS CLOWN, DRACULA} mascheramento m, travestimento m, camuffamento m **2** (*Verkleidung*) {ALS CLOWN, DRACULA} mascheramento m, travestimento m, camuffamento m; {+BANKRÄUBER} mascheramento m.
Maskottchen <-s, -> n mascotte f, portafortuna m.
maskulin adj **1** *gram* {ENDUNG, SUBSTANTIV} maschile **2** (*unweiblich*) {FRAU} mascolino; {ÄUSSERES, STIMME} *auch* maschile, virile.
Maskulinum <-s, Maskulina> n *gram* **1** (*Substantiv*) sostantivo m maschile **2** <nur sing> (*Geschlecht*) (genere m) maschile m.
Masochismus <-, ohne pl> m *psych* masochismo m.
Masochist <-en, -en> m (**Masochistin** f) **1** *psych* masochista mf **2** *iron* masochista mf.
masochistisch adj *psych* masochista, masochistico.
maß 1. und 3. pers sing imperf *von* messen.
Maß① <-es, -e> n **1** (*Maßeinheit*) (unità f di) misura f **2** <meist pl> (*gemessene Größe*) {+KLEIDUNGSSTÜCK} misure f pl; {+MÖBELSTÜCK, RAUM} *auch* misura f, dimensioni f pl, grandezza f: **etw nach Maß machen lassen** {KLEIDUNGSSTÜCK, MÖBELSTÜCK}, far fare qc su misura; **jds Maße nehmen**, prendere le misure a qu **3** (*Ausmaß*) misura f, limite m: **das Maß übersteigen/überschreiten**, passare la misura/il segno *fam*, oltrepassare/superare ogni limite; **jdm ein hohes Maß an/von Vertrauen entgegenbringen**, riporre la massima fiducia in qu; **dafür braucht man ein gewisses Maß an Unternehmungsgeist**, per questo ci vuole una certa dose di intraprendenza; ● **über alle Maßen**, oltre ogni misura/limite, smisuratamente; **bis zu einem gewissen Maße**, fino a un certo punto; **in gewissem Maße**, in un certo senso, in (una) certa misura, in (un) certo qual modo, in (un) certo modo; **in/bei etw** (dat) **Maß halten** {IM ESSEN, RAUCHEN, TRINKEN}, moderarsi/controllarsi *in qc*; **versuch, mit deinen Kräften Maß zu halten!**, cerca di risparmiarti/[ri-

sparmiare le forze]!; **in höchstem Maße**, estremamente; **er fühlte sich in höchstem Maße geehrt**, si sentiva altamente onorato; **in dem Maß(e) wie**, nella misura in cui; **kein Maß kennen**, non conoscere/[avere il senso della] misura; **mit zweierlei Maß messen**, avere/usare due pesi e due misure *fam*; **mit/in Maßen**, con misura, moderatamente; **in reichem Maße**, in gran quantità; **er wurde in reichem Maße belohnt**, fu abbondantemente ricompensato; **in einem solchen Maß(e), dass …**, a tal punto che …; **sie hat mich in einem solchen Maß(e) beleidigt, dass sie nicht mehr sehen will**, mi ha offeso a tal punto che non voglio più vederla; **das Maß ist voll!**, la misura è colma,/[traboccai *fam*]!; **das Maß vollmachen**, colmare la misura, far traboccare il vaso *fam*, passare il segno *fam*; **ohne Maß und Ziel**, smodatamente.
Maß② <-, -> f *südd* **A**: **eine Maß** (*1 Liter Bier*), un litro (di birra); (*ein Bierglas*), un boccale di birra da un litro.
Massage <-, -n> f massaggio m: **jd bekommt ~n**, a qu fanno dei massaggi; **sich** (dat) **~n verschreiben lassen**, farsi prescrivere dei massaggi.
Massagebehandlung f (trattamento m di) massoterapia f.
Massagegerät n (apparecchio m) massaggiatore m.
Massageinstitut n **1** (*Praxis*) studio m di massofisioterapia **2** *euph* → **Massagesalon**.
Massagesalon m *euph* casa f di piacere *euph*.
Massagestab m *euph* vibratore m.
Massaker <-s, -> n massacro m, carneficina f, strage f.
massakrieren <ohne ge-> tr **jdn ~** massacrare qu, trucidare qu.
Maßangabe f (indicazione f di) misura: **~n machen**, indicare le misure.
Maßanzug m abito m (da uomo) su misura.
Maßarbeit f **1** (*präzise Arbeit*) lavoro m (fatto) su misura **2** (*Kleidungsstück nach Maß*) lavorazione f su misura ● **~ sein**, essere fatto su misura; **das war ~!** *fam*, è (venuto fuori) un capolavoro!; (*beim Einpassen von etw, beim Einparken*) è stato un lavoro di fino!
Maßband n nastro m metrico.
Masse <-, -n> f **1** (*breiiger Stoff*) massa f, sostanza f, materia f **2** *pej* (*Volk*) folla f, massa f **3** *soziol* <nur pl> (*Großteil der Bevölkerung*) massa f **4** *fam* (*große Menge*) (grande) quantità f, massa f: **eine ~ + subst** {ARBEIT, GELD}, una massa *fam*/un mucchio *fam*/un fracco *fam* region di qu/qc; **die Touristen strömten in ~n in die Museen**, i turisti si riversarono in massa nei musei **5** *phys* {+HIMMELSKÖRPER, PLANET} massa f ● **die breite/große ~**, la massa, il popolo; **die namenlose ~**, la folla/massa anonima; **in der ~ untergehen**, perdersi nella folla/[nel numero]; **in der ~ untertauchen**, scomparire nella massa/[nell'anonimato].
Maßeinheit f unità f di misura.
Maßeinteilung f graduazione f.
Massenabfertigung f "modo m sbrigativo di trattare/servire un gran numero di persone".
Massenabsatz m vendita f massiccia/[su vastissima scala].
Massenandrang m affluenza f massiccia, gran ressa f *fam*.
Massenarbeitslosigkeit f disoccupazione f di massa/[generale].

Massenartikel m articolo m prodotto ˌsu vasta scalaˌ/[in serie].
Massenbedarfsgüter subst <nur pl> beni m pl di consumo di massa.
Massenbewegung f pol movimento m di massa.
Massendemonstration f → **Massenkundgebung**.
Massenelend n pauperismo m.
Massenentlassung f <meist pl> licenziamento m in massa/blocco.
Massenflucht f fuga f di/in massa, esodo m.
Massengesellschaft f soziol pej società f di massa.
Massengrab n fossa f comune.
massenhaft A adj {AUFTRETEN, ERSCHEINEN, VERNICHTUNG} in massa, massiccio B adv fam {AUFTRETEN, VORKOMMEN} in modo massiccio, in massa: **nach all diesem Regen wird es ~ Pilze geben**, dopo tutta questa pioggia nasceranno funghi a iosa; **im vorigen Sommer sind diese Insekten ~ aufgetreten**, l'estate scorsa c'è stata una vera e propria invasione di questi insetti.
Massenhinrichtung f esecuzione f di massa.
Massenhysterie f soziol isterismo m collettivo, isteria f collettiva.
Massenkarambolage f autom tamponamento m a catena, carambola f.
Massenkonsum m consumo m di massa.
Massenkundgebung f manifestazione f di massa.
Massenmedien subst <nur pl> mass media m pl, mezzi m pl di comunicazione di massa.
Massenmord m eccidio m, strage f, sterminio m, carneficina f.
Massenmörder m (**Massenmörderin** f) 1 (vielfacher Mörder) sterminatore (-trice) m (f), carnefice mf 2 (mehrfacher Mörder) pluriomicida mf, serial killer mf.
Massenpanik f attacco m di ˌpanico collettivoˌ/[isteria collettiva]: **eine ~ auslösen**, scatenare il panico generale.
Massenpartei f partito m di massa.
Massenproduktion f industr produzione f in/di massa.
Massenpsychologie f wiss psicologia f delle masse.
Massenpsychose f soziol psicosi f ˌdi massaˌ/[collettiva].
Massenspeicher m inform memoria f di massa.
Massensport m sport m di massa.
Massensterben n {+BÄUME, FISCHE, PFLANZEN} moria f.
Massenszene f film theat scena f di massa.
Massentierhaltung f agr allevamento m intensivo.
Massentourismus m turismo m di massa.
Massenveranstaltung f (Kundgebung, Sportveranstaltung) manifestazione f di massa; (Konzert) spettacolo m/evento m di massa; (Treffen von Motorradfahrern) megaraduno m; (an der Uni) lezione f affollatissima.
Massenvernichtung f sterminio m di massa.
Massenvernichtungsmittel n, **Massenvernichtungswaffe** f mil arma f di distruzione di massa.
Massenware f com articoli m pl prodotti ˌin grandi quantitàˌ/[in serie]/[su vasta scala].

massenweise adv in modo massiccio, in massa.
Masseur <-s, -e> m (**Masseurin** f) massaggiatore (-trice) m (f), massoterapista mf.
Masseuse <-, -n> f euph massaggiatrice f euph.
Maßgabe f form: **mit der ~, dass ...**, a condizione/patto che ... konjv; **nach ~ einer S.** (gen) (gemäß), secondo(quanto stabilito da) qc.
maßgebend adj (richtunggebend) {ANTEIL, ROLLE, URTEIL} determinante, decisivo: **seine Meinung ist nicht ~**, la sua opinione non fa testo.
maßgeblich A adj (besondere Bedeutung besitzend) {EINFLUSS, URTEIL} significativo, rilevante, determinante; {PERSÖNLICHKEIT} influente, autorevole: **von ~er Seite**, da fonte autorevole B adv {SICH BETEILIGEN} in modo decisivo/determinante: **an diesem Erfolg war sie ~ beteiligt**, ha avuto un ruolo determinante in questo successo.
maßgerecht A adj {ANFERTIGUNG, LÖSUNG} su misura B adv {ZUSCHNEIDEN} su misura.
maßgeschneidert adj {KLEIDUNGSSTÜCK} fatto/confezionato su misura.
maß|halten <irr> itr • **Maß**①.
massieren① <ohne ge-> A tr jdn ~ massaggiare qu, fare dei massaggi a qu; **jdm etw ~** {KÖRPERTEIL, MUSKULATUR} massaggiare qc a qu: **sich (von jdm) ~ lassen**, farsi massaggiare (da qu), farsi fare dei massaggi (da qu) B itr fare/praticare massaggi.
massieren② <ohne ge-> tr etw (irgendwo) ~ {TRUPPEN AN DER FRONT} ammassare/concentrare qc + compl di luogo.
massiert A adj {KRITIK} massiccio {ABWEHR, POLIZEIEINSATZ} auch imponente B adv in modo massiccio.
massig A adj {GEBÄUDE} massiccio; {GESTALT, KÖRPER} auch pesante B adv fam (massenhaft) in gran quantità, a iosa: **viel Geld haben**, avere un ˌsacco di soldi famˌ/[mucchio di quattrini fam].
mäßig A adj 1 (maßvoll) {PREISE} modico, contenuto; {ANHEBUNG, FORDERUNG, STEIGERUNG} auch moderato 2 (gering) {EINKOMMEN} modesto: **~er Wind**, venti moderati 3 (leidlich) {LEISTUNG, QUALITÄT, ZEUGNIS} mediocre, che lascia a desiderare B adv 1 (in Maßen) {ESSEN, RAUCHEN, TRINKEN} moderatamente, con moderazione 2 (gering): **~ ausfallen** {ERNTE, GEWINN}, essere scarso/modesto 3 (leidlich) {WARM} moderatamente: **im letzten Sommer war es nur ~ warm**, l'estate scorsa non ha fatto particolarmente caldo • **~, aber regelmäßig** {TRINKEN, SPORT TREIBEN}, moderatamente, ma con regolarità.
mäßigen A tr etw ~ {GESCHWINDIGKEIT, WORTE} moderare qc; {ZORN} auch frenare qc, contenere qc; {STIMME} abbassare qc B rfl **sich (bei/in etw dat) ~** {BEIM ESSEN, TRINKEN} moderarsi (in qc), limitarsi (in qc), contenersi (in qc).
Mäßigkeit <-, ohne pl> f moderatezza f, misura f; (bes. im Essen und Trinken) temperanza f, sobrietà f.
Mäßigung <-, ohne pl> f moderazione f.
massiv A adj 1 (durch und durch) {GOLD, HOLZ, SILBER, SKULPTUR} massiccio: **dieser Tisch ist ˌEiche ~ˌ/[~ Eiche]**, questo tavolo è di quercia massiccia 2 (wuchtig) {GEBÄUDE} massiccio, pesante 3 (drastisch) {ANGRIFF, DROHUNG, KRITIK} massiccio, pesante: **~en Druck auf jdn ausüben**, esercitare una forte pressione su qu B adv {ANGREIFEN, BEDROHEN} in modo massiccio, pesantemente.
Massiv <-s, -e> n geol massiccio m.

Massivholz n massello m, legno m massiccio.
Maßkonfektion f confezione f su misura.
Maßkrug m boccale m (da un litro).
maßlos A adj {VERSCHWENDUNG} eccessivo; {FORDERUNG} auch esorbitante; {EHRGEIZ} smisurato, sfrenato, smodato, eccessivo: **in etw (dat) ~ sein** {IM ESSEN, TRINKEN}, non avere misura in qc B adv {ANSPRUCHSVOLL, EIFERSÜCHTIG} eccessivamente, esageratamente, smoderatamente: **ich war ~ enttäuscht**, ero profondamente/estremamente deluso (-a); **er hat sich ~ geärgert**, si è arrabbiato da morire; **das ist ja ~ übertrieben!**, è un'esagerazione assoluta!
Maßlosigkeit <-, ohne pl> f **in etw (dat)** {IM ESSEN, TRINKEN} smoderatezza f in qc, eccesso m in qc.
Maßnahme <-, -n> f misura f, provvedimento m: **~n (zu etw dat/gegen etw akk) ergreifen/treffen** {GEGEN DIE INFLATION, KRIMINALITÄT, ZUR VORSORGE}, prendere/adottare (dei) provvedimenti (per fare qc/contro qc); **durchgreifende ~n**, provvedimenti drastici/radicali.
Maßnahmenpaket n bes. ökon pol pacchetto m di misure.
Maßregel f <meist pl> direttiva f, norma f, regola f.
maßregeln tr jdn ~ redarguire qu; {BEAMTEN, OFFIZIER} infliggere una sanzione disciplinare a qu.
Maßschneider m (**Maßschneiderin** f) sarto (-a) m(f) (che confeziona abiti su misura).
maß|schneidern <meist im inf oder part perf> tr 1 (nach Maß schneidern) **etw ~** fare su misura qc; **ein maßgeschneiderter Anzug**, un vestito (da uomo) (fatto) su misura 2 (den individuellen Bedürfnissen anpassen) **etw (für jdn/etw) ~** {ANGEBOT} personalizzare qc, fare qc su misura (per qu/qc).
Maßstab m 1 (Größenverhältnis) {+KARTE, MODELL} scala f: **im ~ 1 zu 100**, in scala 1 a 100; **etw in kleinerem ~ zeichnen** {GEBIET, STADT}, disegnare qc in scala ridotta 2 (Kriterium) parametro m, criterio m, metro m: **hohe/strenge Maßstäbe anlegen**, ˌadottare dei criteriˌ/[applicare dei parametri] molto rigidi; **Maßstäbe setzen**, stabilire/fissare dei parametri/criteri; **für jdn als ~ dienen** {LEISTUNG, VERHALTEN}, servire come pietra di paragone a qu, essere (la) pietra di paragone per qu; **sich (dat) jdn/etw zum ~ nehmen**, prendere qu/qc come pietra/termine di paragone.
maßstabsgerecht, maßstabgerecht, maßstabsgetreu, maßstabgetreu A adj {DARSTELLUNG, KARTE, WIEDERGABE} in scala, conforme alla scala B adv {DARSTELLEN, ZEICHNEN} in scala.
maßvoll A adj {FORDERUNG} moderato, modesto; {PREISERHÖHUNG} auch contenuto: **im Essen/Trinken ~ sein**, essere sobrio/moderato nel mangiare/bere; **einen ~en Gebrauch von etw (dat) machen**, fare (un) uso moderato di qc B adv {URTEILEN, SICH VERHALTEN} in modo moderato/equilibrato.
Mast① <-(e)s, -en oder -e> m 1 naut albero m 2 (Stange) {+FERNSEHANTENNE, FLAGGE} asta f; {+STRASSENBELEUCHTUNG, ZIRKUSZELT} palo m 3 el tel {+HOCHSPANNUNGSLEITUNG} pilone m, traliccio m.
Mast② <-, -en> f <meist sing> agr ingrasso m.
Mastbaum m naut albero m.
Mastdarm m anat (intestino m) retto m.
mästen tr 1 agr **etw ~** {GÄNSE, HÜHNER, SCHWEINE} mettere qc all'ingrasso, ingrassare qc 2 fam (voll stopfen) **jdn ~** rimpinzare

qu fam.

Master <-s, -> m *univ* laurea f specialistica/magistrale.

Masterstudiengang m *univ* corso m di laurea specialistica/magistrale.

Mastfutter n mangime m da ingrasso.

Mastgans f oca f ingrassata/[da ingrasso].

Mastitis <-, *Mastitiden*> f *med* mastite f.

Mastkorb m *naut* coffa f.

Mastopathie <-, -n> f *med* mastopatia f.

Mastschwein n maiale m da ingrasso.

Masttier n animale m da ingrasso.

Masturbation <-, -en> f *geh* masturbazione f.

masturbieren <ohne ge-> **A** tr *jdn* ~ masturbare *qu* **B** itr masturbarsi **C** rfl *sich* ~ masturbarsi.

Matador <-s, -e oder -en, -en> m **1** (*Stierkämpfer*) matador m, espada f **2** (*Hauptperson*) mattatore m.

Match <-(e)s, -s oder -e> n *oder CH* m *sport* Fußball incontro m, partita f; *Tennis auch* match m.

Matchball m *Tennis* match ball m.

Matchbeutel m, **Matchsack** m sacca f (a tracolla)/[da marinaio].

Material <-s, -ien> n **1** (*Rohstoff*) materiale m: **hochwertiges ~**, materiale di alta qualità **2** (*Hilfsmittel*) materiale m **3** (*Belege*) materiale m, documentazione f; **belastendes/entlastendes ~** *jur*, prove a carico/discarico **4** *mil* materiale m bellico.

Materialaufwand m impiego m/dispendio m di materiale; *tech* fabbisogno m di materiali.

Materialermüdung f *tech* usura f del materiale.

Materialfehler m difetto m di/del materiale.

Materialisation <-, -en> f **1** *phys* materializzazione f **2** (*in der Parapsychologie*) materializzazione f.

materialisieren <ohne ge-> rfl *sich* ~ {GEIST} materializzarsi.

Materialismus <-, *ohne pl*> m **1** *meist pej* (*Lebenseinstellung*) materialismo m **2** *philos* materialismo m: **historischer ~**, materialismo storico.

Materialist <-en, -en> m (**Materialistin** f) **1** *meist pej* (*Mensch*) materialista mf **2** *philos* materialista m.

materialistisch adj **1** *meist pej* (*materiell eingestellt*) {EINSTELLUNG} materialistico; {MENSCH} materialista **2** *philos* materialistico, materialista.

Materialkosten subst <*nur pl*> costi m pl di materiale.

Materialprüfung f prova f/collaudo m/test m del materiale/[dei materiali].

Materialsammlung f raccolta f di materiale.

Materialschlacht f *mil* battaglia f con grande impiego di uomini e mezzi, guerra f di materiali.

Materie <-, -n> f **1** <*nur* sing> *phys chem* materia f, sostanza f: **flüssige/gasförmige/organische ~**, materia/sostanza liquida/gassosa/organica **2** <*nur* sing> *philos* materia f **3** *geh* (*zu behandelndes Thema*) materia f, soggetto m, argomento m: **eine ~ beherrschen**, padroneggiare/[essere padrone di] una materia; **sich mit einer ~ vertraut machen**, avvicinarsi a una materia.

materiell A adj **1** *bes. philos* (*nicht geistig*) materiale **2** (*finanziell*) {NUTZEN, SCHADEN, VORTEILE, WERT} materiale, economico: **jdm ~e Hilfe leisten**, dare/prestare un aiuto materiale/concreto a qu; **in ~er Hinsicht geht es ihnen gut**, dal punto di vista materiale/economico se la passano bene **3** *pej* (*materialistisch*) {EINSTELLUNG, MENSCH} materialistico, materialista **4** *phys* (*die Materie betreffend*) {EIGENSCHAFT, KÖRPER} materiale **B** adv **1** (*finanziell*) {UNTERSTÜTZEN} materialmente **2** *pej* (*materialistisch*): **~ eingestellt sein**, avere idee materialist(ich)e, essere (un) materialista.

Mathe <-, *ohne pl*> f *fam* (*Schulfach*) matematica f, mate f *slang*.

Mathematik <-, *ohne pl*> f matematica f: **höhere ~**, matematica superiore; **elementare/angewandte ~**, matematica elementare/applicata; **er unterrichtet ~ an einem Gymnasium**, insegna matematica in un liceo; **er ist Professor für ~**, è professore/docente universitario di matematica.

Mathematikbuch n libro m di matematica.

Mathematiker <-s, -> m (**Mathematikerin** f) matematico (-a) m (f).

mathematisch A adj {FORMEL, GLEICHUNG, REGEL, THEORIE} matematico **B** adv {BERECHNEN, LÖSEN} matematicamente.

Mathilde f (*Vorname*) Matilde.

Matinee <-, -n> f matinée f, mattinata f.

Matjes <-s, -> m, **Matjeshering** m *gastr* aringa f giovane/vergine salata.

Matratze <-, -n> f **1** (*Bettauflage*) materasso m **2** (*Luftmatratze*) materassino m (gonfiabile).

Matratzenlager n "dormitorio m costituito da materassi messi per terra in mancanza di letti".

Matratzenschoner m coprimaterasso m.

Mätresse <-, -n> f *obs* {+FÜRST, KÖNIG} favorita f, amante f.

matriarchalisch adj {GESELLSCHAFTSORDNUNG, STAATSFORM} matriarcale.

Matriarchat <-(e)s, -e> n matriarcato m, società f matriarcale.

Matrikel <-, -n> f *bes. univ* (*amtliches Personenverzeichnis*) matricola f.

Matrikelnummer f *univ* numero m di matricola.

Matrix <-, *Matrizes oder Matrices oder Matrizen*> f **1** *math* matrice f **2** *anat biol* matrice f **3** *inform* matrice f.

Matrixdrucker m *inform* stampante f (a matrice (di punti))/[ad aghi].

Matrize <-, -n> f **1** (*Vervielfältigungsblatt*) matrice f **2** *mech typ* matrice f.

Matrone <-, -n> f *meist pej* matrona f, donnone m *meist pej*, donnona f *meist pej*.

matronenhaft adj *meist pej* {AUSSEHEN} matronale.

Matrose <-n, -n> m **1** *naut* (*Seemann*) marinaio m **2** <*nur* sing> *mil* (*Dienstgrad*) marinaio m semplice **3** *mil* soldato m di marina.

Matrosenanzug m vestito m alla marinara.

Matsch <-(e)s, *ohne pl*> m <*meist* sing> *fam* **1** (*schlammige Erde*) fango m, melma f, fanghiglia f **2** (*Schneematsch*) poltiglia f/fanghiglia f di neve **3** (*breiige Masse*) poltiglia f.

matschig adj *fam* **1** (*schlammig*) {BODEN, FELDER, WEG} fangoso, melmoso; {SCHNEE} papposo **2** (*breiig*) {OBST} poltiglioso, molliccio, appiccicoso *fam*.

matt① **A** adj **1** (*kraftlos*) {MENSCH} fiacco, debole, stanco **2** (*gering*) {HÄNDEDRUCK, PULS} debole; {STIMME} spento, fioco, fievole, flebile: **ein ~es Lächeln** (*müde*), un sorriso stanco; (*ironisch*) un sorriso/sorrisetto **3** (*glanzlos*) {ABZUG, METALL, POLITUR} opaco, non lucido; {AUGEN} spento, smorto **4** (*undurchsichtig*) {GLAS} opaco, smerigliato **5** (*schwach leuchtend*) {LICHT} fioco, debole, pallido, smorzato; {FARBEN} spento, smorzato, pallido **6** (*nicht überzeugend*) {ENTSCHULDIGUNG, PROTEST, WIDERSPRUCH} fiacco, debole **B** adv **1** (*nicht stark*) {ERHELLEN, ERLEUCHTEN} fiocamente, debolmente **2** (*ohne Nachdruck*) {BESTREITEN, WIDERSPRECHEN} debolmente, fiaccamente.

matt② adj <präd> *Schach*: ~ **sein**, ricevere scacco matto ● **jdn ~ setzen** (*jdn im Schach besiegen*), dare scacco (matto) a qu; (*jdn ausschalten*), dare scacco matto a qu *fam*, mettere fuori gioco qu *fam*.

Matte① <-, -n> f **1** (*Unterlage zum Liegen*) stuoia f; *sport* tappeto m; (*für Ringer, Turner*) materassino m **2** (*Fuß-*) st(u)oino m, zerbino m ● **jdn auf die ~ legen** *fam*, mettere qu al tappeto; **auf der ~ stehen** *fam*, essere pronto a entrare in azione, presentarsi all'appello *fam*.

Matte② <-, -n> f *A CH* prato m alpino.

Matterhorn n *geog*: **das ~**, il Monte Cervino.

Mattglas n vetro m opaco/smerigliato.

Mattgold n oro m opaco.

Matthäus m (*Vorname*) Matteo.

Matthias m (*Vorname*) Mattia.

Mattigkeit <-, *ohne pl*> f {+ARME, BEINE} fiacchezza f, debolezza f; {+MENSCH} *auch* stanchezza f.

Mattlack m (*für Nägel*) smalto m opaco; (*für Holz*) vernice f opaca.

Mattscheibe f *TV fam* video m, schermo m: **er sitzt stundenlang vor der ~** *fam*, sta (per) ore davanti al video, sta delle ore incollato alla tivù *fam*; **~ haben** *fam*, avere un blackout *slang*.

matt|setzen tr → **matt**②.

Matura <-, *ohne pl*> f *A CH* maturità f.

Maturand <-en, -en> m (**Maturandin** f) *CH*, **Maturant** <-en, -en> m (**Maturantin** f) *A* → **Abiturient**.

Mätzchen <-s, -> n *fam* **1** (*Possen*): **mach keine ~!**, falla poco lunga! *fam* **2** (*Tricks*): **auf deine ~ fall(e) ich nicht mehr rein** *fam*, non mi freghi più (con i tuoi giochetti! *fam*.

mau *fam* **A** adj **1** (*schlecht*): **jdm ist mau**, qu si sente male; **mir ist mau**, ho la nausea **2** (*flau*) fiacco **B** adv (*flau*): **das Geschäft geht mau**, gli affari vanno male.

Mauer <-, -n> f **1** (*Wand aus Steinen*) muro m; (*innerhalb des Hauses*) *auch* parete f; (*hohe, dicke ~*) muraglia f, muraglione m: **eine ~ bauen/errichten/abreißen/einreißen**, costruire/erigere/demolire/abbattere un muro **2** *geh* (*negative Gefühle*) **~ einer S.** (gen)/**von etw** (dat) {DER ABLEHNUNG, DES MISSTRAUENS, SCHWEIGENS} muro f di qc **3** <*meist pl*> *hist* (*Stadtmauer*) mura f pl: **außerhalb/innerhalb der ~n**, fuori/dentro le mura; **in den ~n unserer Stadt** *geh*, all'interno delle mura della nostra città; **die Stadt mit einer ~ umgeben**, cingere di mura la città **4** *Fußball Handball* barriera f, muro m **5** *Reitsport* (*Hindernis*) muro m ● **die** (*Berliner*) **~**, il Muro (di Berlino); **eine ~ bilden** *Fußball Handball*, fare muro (davanti alla porta); **die Chinesische/Große ~**, la Muraglia Cinese/[Grande Muraglia]; (**um jdn**) **~ machen/stehen** *slang* {UM EINEN TASCHENDIEB}, formare un muro intorno a qu per proteggerlo.

Mauerbau m costruzione f di un /[del] muro ● **der ~** *D hist*, la costruzione del Muro (di Berlino).

Mauerblümchen <-s, -> n *fam* ragazza f timida e poco appariscente: **ein ~ sein** *fam*, far (da) tappezzeria.

Mauerfall m *D hist* caduta f del Muro (di Berlino).

mauern **A** tr *bau etw* ~ {MAUER, WAND} costruire *qc* **B** itr **1** *bau* costruire ⌊un muro⌋/[muri], murare **2** *(abblocken)* {INDUSTRIE, PERSON} fare ostruzionismo/muro *fam* **3** *fam sport Fußball Handball* fare muro/barriera.

Maueröffnung f **1** *<nur sing> D hist* abbattimento m del Muro (di Berlino) **2** *(Öffnung in einer Mauer)* apertura f ⌊in un⌋/[nel] muro.

Mauerschütze m *hist* "guardia f di frontiera lungo il confine intertedesco che aveva l'ordine di sparare a vista a chiunque tentasse di oltrepassare il Muro".

Mauersegler m *ornith* rondone m.

Mauerspecht m *fam scherz* "chi, al momento della caduta del muro di Berlino, ne staccava uno o più pezzetti per venderli o tenerli come ricordo".

Mauervorsprung m sporto m.

Mauerwerk n *<meist sing>* **1** *(die Mauern)* opera f ⌊in muratura⌋/[muraria], muratura f **2** *(Steinmauer)* muraglia f, muro m, muraglione m.

Maul *<-(e)s, Mäuler>* n **1** *zoo* bocca f; {+RAUBTIER} fauci f pl; *(Schnauze)* muso m **2** *slang (Mund)* becco m *fam*, boccaccia f *fam pej* ● **das ~ (zu weit) aufreißen** *fam pej (vollnehmen)*, sparare/sballare grosse *fam*; **ein böses ~ haben** *fam pej*, essere una malalingua; **ein freches ~ haben** *fam*, essere sfacciato; **nicht aufs ~ gefallen sein** *fam*, avere sempre la battuta pronta; **ein großes ~ haben** *fam pej*, fare lo smargiasso/il gradasso *fam*; **~ halten!** *fam*, acqua in bocca! *fam*; **das ~ halten** *slang*, tenere chiuso il becco *fam*; **halt's ~!** *slang*, chiudi ⌊il becco *fam*⌋/[quella boccaccia *fam*]!; **jdm das ~ stopfen** *fam*, chiudere il becco a qu *fam*, tappare la bocca a qu; **viele hungrige Mäuler zu stopfen haben**, avere tante bocche da sfamare *fam*; **ein ungewaschenes ~ haben** *fam pej*, essere sboccato; **sich (dat) über jdn das ~ zerreißen** *pej*, sparlare di qu, tagliare i panni addosso a qu *fam*.

Maulaffen subst *<nur pl>*: ~ **feilhalten** *fam obs*, star lì a ciondolare con un'espressione (da) idiota *fam*.

Maulbeerbaum m *bot* gelso m.

maulen itr *fam (über etw akk)* ~ {ÜBER EINE ANORDNUNG, DIE ARBEIT, DAS ESSEN} avere da ridire *(su qc)*, mugugnare *(per qc)*: **was hast du denn wieder zu ~?**, ma (che) cos'hai ancora da brontolare? *fam*.

Maulesel m *zoo* mulo m; *(Kreuzung aus Pferdehengst und Eselstute)* bardotto m.

maulfaul adj *<präd>*: ~ **sein** *fam pej*, non aprir bocca.

Maulkorb m {+HUND} museruola f ● **jdm einen ~ anlegen**, mettere la museruola/il bavaglio a qu.

Maulkorberlass *(a.R. Maulkorberlaß)* m *fam* "legge f che limita o imbavaglia la libertà di espressione".

Maultasche f *gastr* "grande raviolo m con ripieno di carne macinata o spinaci, servito spesso in brodo".

Maultier n *zoo* mulo m.

Maultrommel f *mus* scacciapensieri m.

Maul- und Klauenseuche *<-, ohne pl>* f afta f epizootica.

Maulwurf m **1** *zoo* talpa f **2** *(Spitzel)* talpa f ● **blind wie ein ~ sein**, essere cieco come una talpa *fam*.

Maulwurfshügel m "monticello m di terra sollevato dalle talpe".

maunzen itr *fam* {KATZE} fare miao *fam*, miagolare.

Maure *<-n, -n>* m *(Maurin* f*) hist* moro (-a) m (f).

Maurer *<-s, ->* m *(Maurerin* f*)* **1** *(Handwerker)* muratore (-trice) m (f) **2** *(Freimaurer)* franco muratore m, massone m ● **pünktlich wie die ~ sein** *fam scherz*, spaccare il minuto *fam*, essere un orologio *fam*.

Maurerhandwerk n mestiere m di muratore.

Maurerkelle f cazzuola f.

Maurermeister m *(Maurermeisterin* f*)* capomastro m, maestro m muratore.

Maurerpolier m capomastro m.

Mauretanien *<-s, ohne pl>* n *geog* Mauritania f.

Mauretanier *<-s, ->* m *(Mauretanierin* f*)* mauritano (-a) m (f).

mauretanisch adj mauritano, della Mauritania.

Maurin f *hist* → **Maure**.

maurisch adj *hist* {EINFLUSS, KULTUR, STIL} moresco.

Mauritier *<-s, ->* m *(Mauritierin* f*)* mauriziano (-a) m (f).

mauritisch adj mauriziano, di Maurizio.

Mauritius *<-, ohne pl>* n *geog* Maurizio m, Mauritius f pl.

Maus *<-, Mäuse>* f **1** *zoo* topo m, sorcio m *fam region*; *(kleine ~)* topino m; *<pl> wiss (Gattungsname)* muridi m pl **2** *inform* mouse m **3** *fam (hübsches Mädchen)* bambola f *fam*, pupa f *fam* **4** *<nur sing> slang (Geld)* grana f *slang*, quattrini m pl *fam* ● **da beißt die ~ keinen Faden ab** *fam*, (su questo) non ci piove *fam*; **eine graue ~** *fam pej (unauffällige Person, meist Frau)*, una persona insignificante/scialba; **weiße Mäuse** *fam scherz*, poliziotti di scorta; **weiße Mäuse sehen** *fam (im Rausch)*, avere delle allucinazioni; *(sich etw einbilden)*: **sie sieht mal wieder weiße Mäuse**, rieccola con le sue fantasie! *fam*.

Mauschelei *<-, -en>* f intrallazzi m pl.

mauscheln itr *fam* **1** *pej (Vorteile aushandeln) (mit jdm)* ~ intrallazzare *(con qu)* **2** *(Jiddisch sprechen)* parlare (in) yiddish **3** *(undeutlich sprechen)* borbottare.

Mäuschen *<-s, ->* n *dim von* Maus **1** *zoo* top(ol)ino m **2** *fam (Kosename für kleines Mädchen)* topolina f *fam*, piccina f *fam* ● ~ **spielen (wollen)**: **da möcht' ich (gern einmal) ~ spielen, wenn die Lehrer über unsere Noten sprechen**, vorrei (proprio) essere una mosca quando gli insegnanti parlano dei nostri voti.

mäuschenstill adj *<präd> fam* zitto zitto: **als der Lehrer in die Klasse trat, wurde es ~**, quando l'insegnante entrò in classe, tutti ammutolirono; **die Kinder waren ~**, i bambini (se ne) stavano zitti zitti; **es war ~**, non si sentiva volare una mosca, si sarebbe sentito volare una mosca.

Mäusebussard m *ornith* poiana f.

Mausefalle, Mäusefalle f trappola f per (i) topi.

Mäusegift n veleno m per topi, topicida m.

Mäuseloch, **Mäuseloch** n buco m scavato dai topi, tana f d(e)i topi, topaia f ● **ich hätte mich am liebsten in ein ~ verkrochen** *fam*, sarei sprofondato (-a) (per la vergogna) *fam*.

Mäusemelken n *fam*: **es ist zum ~**, c'è da spararsi *fam*.

mausen tr *fam scherz etw* ~ sgraffignare *qc fam*.

Mäusenest n nido m/tana f dei topi, topaia f.

Mäuseplage f invasione f di topi.

Mauser① *<-, ohne pl>* f *ornith* muda f, muta f: **in der ~ sein** {VOGEL}, essere in muda.

Mauser②® *<-, ->* f *(Pistole)* (rivoltella f) mauser f.

Mäuserich *<-s, -e>* m *fam* topo m maschio.

mausern rfl **sich ~ 1** *ornith* {VOGEL} mutare/cambiare le penne, fare la muta **2** *fam (sich vorteilhaft verändern)* **sich ~** {JUNGE, MÄDCHEN} cambiare in meglio; **sich (zu etw dat) ~** {NEUGEGRÜNDETE FIRMA} ZU EINEM SOLIDEN BETRIEB} trasformarsi *(in qc)*: **sie hat sich zu einer hübschen jungen Frau gemausert**, è diventata proprio una bella ragazza, si è fatta proprio bella *fam*.

mausetot adj *<präd> fam* morto stecchito *fam*.

mausgrau adj grigio topo.

Mausklick m *inform* clic m con il mouse: **per ~**, cliccando con il mouse

Mausoleum *<-s, Mausoleen>* n mausoleo m, sepolcro m monumentale.

Mauspad *<-s, -s>* n *inform* mouse pad m, supporto m/tappetino m *fam* per il mouse.

Maussteuerung f *inform* controllo m mouse.

Maustaste f *inform* tasto m del mouse.

Maut *<-, -en>* f, **Mautgebühr** f *süddt A* pedaggio m.

Mautstelle f *süddt A* casello m.

Mautstraße f *A* strada f a pedaggio.

mauzen itr *fam* → **maunzen**.

Max m *(Vorname)* Massimo ● **strammer Max** *gastr*, "fetta di pane con prosciutto crudo e sopra un uovo all'occhio di bue".

maxi *<inv>* adj *<präd>*: ~ **sein** {KLEID, MANTEL, ROCK}, essere maxi.

Maxi *<-s, -s>* **A** n *(Mode)* moda f maxi; *fam (~kleid)* vestito m maxi **B** m *fam (~rock)* maxi f *fam*, maxigonna f ● ~ **tragen**, vestire (in) maxi; **in diesem Winter trägt man auch ~**, quest'inverno va/[si porta] anche il lungo *fam*.

Maxima pl *von* Maximum.

maximal **A** adj *(höchste)* {LEISTUNG, PREIS, PROFIT} massimo, massimale; *(größtmöglich)* {BREITE, GESCHWINDIGKEIT, GEWICHT, HÖHE, LÄNGE} massimo **B** adv *(höchstens)* al massimo: **er arbeitet ~ drei Stunden pro Tag**, lavora al massimo tre ore al giorno; **die ~ zulässige Geschwindigkeit**, la velocità massima consentita.

Maximalbetrag m massimale m, ammontare m/importo m massimo.

Maximalpreis m prezzo m massimo/massimale.

Maximalstrafe f *jur* pena f massima.

Maximalwert m valore m massimo.

Maxime *<-, -n>* f *geh* massima f.

maximieren *<ohne ge->* tr *ökon etw ~* {ABSATZ, ERTRAG, GEWINN} massimizzare *qc*, portare *qc* al massimo.

Maximilian m *(Vorname)* Massimiliano.

Maximum *<-s, Maxima>* n **1** *<meist sing> geh (Höchstmaß)*: **ein ~ an etw (dat)** {AN ERTRÄGEN, GEWINN, LEISTUNG, KOMFORT}, il massimo di *qc*; **Airbags bieten ein ~ an Sicherheit**, gli airbag offrono il massimo della sicurezza **2** *math (Höchstwert)* massimo m **3** *meteo (temperatura)* massima f.

Maxirock m maxigonna f.

Maya *<-(s), -(s)>* m *oder <-, -(s)>* f *hist* maya mf.

Mayafrau, **Maya-Frau** f donna f maya.

Mayakultur f civiltà f (dei) maya.

Mayonnaise *<-, -n>* f → **Majonäse**.

Mazedonien *<-s, ohne pl>* n *geog* Macedo-

nia f.
Mazedọnier <-s, -> m (**Mazedọnierin** f) macedone mf.
mazedọnisch adj macedone, macedonico, della Macedonia.
Mäzẹn <-s, -e> m (**Mäzẹnin** f) geh mecenate mf.
Mäzenạtentum <-s, ohne pl> n mecenatismo m.
mb Abk von Millibar: mb (**Abk** von millibar).
MB Abk von Megabyte: MB.
M-Bahn f → **Magnetschwebebahn**.
mbH Abk von mit beschränkter Haftung: a.r.l. (Abk von a responsabilità limitata).
MdB, M. d. B. <-s, -s> n Abk von Mitglied des Bundestags: membro m del parlamento tedesco.
mdl. Abk von mündlich: orale.
MdL, M. d. L. <-s, -s> n Abk von Mitglied des Landtags: membro m di un parlamento regionale tedesco.
m. E. Abk von meines Erachtens: a mio parere/avviso.
Mechạnik <-, -en> f **1** <meist sing> phys meccanica f **2** tech (Gerätebau) meccanica f **3** <nur sing> tech (Mechanismus) meccanica f, meccanismo m, congegno m **4** <nur sing> geh (Zwangsläufigkeit) meccanica f, meccanicità f.
Mechạniker <-s, -> m (**Mechạnikerin** f) meccanico (-a) m (f).
mechạnisch A adj **1** phys {BEWEGUNG, EFFEKT, ENERGIE, KRAFT} meccanico **2** (durch Bewegung bewirkt) {ABNUTZUNG, BEANSPRUCHUNG, VERSCHLEISS} meccanico **3** tech {ERZEUGNIS, GERÄT, VERFAHREN} meccanico **4** (stereotyp) {ABLAUF, ARBEIT, VORGANG} meccanico, automatico; {BEWEGUNG, GESTE} auch macchinale B adv {AUFSAGEN} in modo meccanico, meccanicamente; {ABLAUFEN, ANTWORTEN} auch macchinalmente.
mechanisieren <ohne ge-> tr etw ~ meccanizzare qc; **voll mechanisiert** → **vollmechanisiert**.
Mechanisierung <-, -en> f meccanizzazione f.
Mechanịsmus <-, Mechanismen> m **1** tech (mechanische Vorrichtung) {+MOTOR, UHR} meccanismo m, congegno m, meccanica f **2** (systematischer Ablauf) meccanismo m: **ein biologischer/chemischer/psychischer ~**, un meccanismo biologico/chimico/psichico; **der ~ der öffentlichen Verwaltung**, l'apparato operativo dell'amministrazione pubblica.
Mẹckerecke f fam angolo m delle lamentele/proteste; (in Zeitungen oder Zeitschriften) angolo m dei lettori.
Mẹckerer <-s, -> m fam pej criticone m fam, brontolone m fam.
Mẹckerfritze <-n, -n> m fam pej → **Meckerer**.
Mẹckerliese <-, -n> f fam pej criticona f fam, brontolona f fam.
mẹckern itr **1** zoo {ZIEGE} belare **2** fam (etw auszusetzen haben) (**über jdn/etw**) ~ aver/trovar(e) da ridire (su qu/qc) fam, brontolare.
Mẹcklenburg <-s, ohne pl> n geog Meclemburgo m.
mẹcklenburgisch adj geog del Meclemburgo.
Mẹcklenburg-Vọrpommern <-s, ohne pl> n geog Meclemburgo-Pomerania Anteriore m.
Medaille <-, -n> f **1** (Gedenkmünze) medaglia f **2** bes. sport (Auszeichnung) medaglia f.

Medaillengewinner m (**Medaillengewinnerin** f) sport vincitore (-trice) m (f) di una medaglia.
Medaillon <-s, -s> n **1** (Schmuckkapsel) medaglione m **2** kunst (ovales Bild) medaglione m **3** gastr (rundliche Fleischscheibe) medaglione m.
Mẹdia pl von Medium.
Mẹdiaabteilung f {+FIRMA, UNTERNEHMEN} reparto m (responsabile della) pubblicità.
mediạl adj geh **1** (die Fähigkeiten eines Mediums betreffend) medianico **2** geh (die Medien betreffend) mediale.
Mediävịstik <-, ohne pl> f medievistica f.
medicẹisch adj mediceo, dei Medici: **die ~e Venus** kunst, la Venere medicea.
Mẹdien subst <nur pl> **1** pl von Medium **2** (Mittel zur Informationsvermittlung) (mass) media m pl, mezzi m pl di comunicazione: **die digitalen/gedruckten ~**, i ₗ(mass) media ₗ/[mezzi di comunicazione] digitali/stampati; **die elektronischen ~**, i media elettronici; **die ~ haben darüber berichtet**, i media ne hanno parlato.
Mẹdienaufsicht f organo m di controllo sui mezzi d'informazione.
Mẹdienbeauftragte <dekl wie adj> mf garante mf per le comunicazioni.
Mẹdienbericht m notizia f (diffusa dai media): **~en zufolge ...**, secondo i media, secondo quanto riferito dai media.
Mẹdienberichterstattung f informazione f dei media.
Mẹdienereignis n evento m mediatico.
Mẹdienfachmann m esperto m d(e)i ₗ(mass) media ₗ/[mezzi di comunicazione (di massa)], massmediologo m.
Mẹdienforschung f (mass)mediologia f.
mẹdiengerecht adj {AUFMACHUNG, MAKE-UP, TEXT, WERBESPOT} a misura di (mass) media.
Mẹdiengesetz n legge f sui (mass) media.
Mẹdiengigant m gigante m/colosso m dei ₗ(mass) media ₗ/[mezzi di comunicazione (di massa)].
Mẹdienkompetenz f alfabetizzazione f mediatica.
Mẹdienkonzentration f "concentrazione f di (mass) media nelle mani di una sola persona/impresa".
Mẹdienkonzern m gruppo m di (mass) media.
Mẹdienlandschaft <-, ohne pl> f galassia f/panorama m dei (mass) media.
Mẹdienmogul m magnate m dei (mass) media.
Mẹdienpolitik f politica f dei (mass) media.
Mẹdienpräsenz f presenza f nei (mass) media.
Mẹdienrummel m fam scalpore m/trambusto m suscitato dai (mass) media.
Mẹdienspektakel n fam evento m/spettacolo m mediatico.
Mẹdienstar m star f dei media.
Mẹdienverbund m **1** (Kombination von Medien) multimedialità f **2** (Zusammenschluss von Firmen) gruppo m multimediale.
mẹdienwirksam adj {ARTIKEL, BERICHT, THEMA} di sicuro effetto mediatico; {PERSON} mediatico, di grande forza comuncativa.
Medikamẹnt <-(e)s, -e> n medicinale m, farmaco m, medicamento m, medicina f: **ein ~ einnehmen**, assumere un farmaco, prendere una medicina fam; **jdm ein ~ verabrei-**

chen/verschreiben, somministrare/prescrivere un farmaco a qu; **ein ~ gegen Grippe**, un rimedio contro l'influenza.
medikamẹntenabhängig adj farmacodipendente.
Medikamẹntenentsorgung f smaltimento m dei medicinali scaduti.
Medikamẹntenmissbrauch (a.R. Medikamentenmißbrauch) m abuso m di farmaci.
Medikamẹntensucht f med farmacodipendenza f.
medikamentös med A adj {BEHANDLUNG, THERAPIE} farmacologico, medicamentoso B adv: **jdn ~ behandeln**, curare qu con dei farmaci, sottoporre qu a trattamento farmacologico; **eine Krankheit ~ behandeln**, trattare medicalmente una malattia.
Medikation <-, -en> f **1** (Verabreichung von Medikamenten) terapia f, cura f **2** (Medikamente) medicine f pl, farmaci m pl.
Mẹdikus <-, -se oder Medizi> m fam scherz dottore m fam, medico m.
Mediothẹk <-, -en> f mediateca f, medioteca f.
Meditation <-, -en> f **1** philos psych relig (das Meditieren) meditazione f, contemplazione f **2** geh (das Nachsinnen) meditazione f, riflessione f ● **transzendentale ~**, meditazione trascendentale; **in ~ versinken**, immergersi/sprofondarsi nella meditazione.
meditatịv adj meditativo: **in ~er Versenkung**, assorto in meditazione.
mediterrạn adj geh mediterraneo.
meditieren <ohne ge-> itr **1** philos psych relig (sich ins eigene Innere versenken) meditare, raccogliersi/stare in meditazione **2** geh (nachsinnen) (**über etw** akk) ~ meditare (su qc), riflettere (su qc).
mẹdium <inv> adj {FLEISCH} cotto a puntino.
Mẹdium <-s, Medien oder Media> n **1** <meist sing, pl rar Media> (vermittelndes Element) mezzo m, strumento m, veicolo m: **das ~ der Sprache**, il mezzo della lingua **2** <pl Medien> (Kommunikationsmittel) medium m, mezzo m di comunicazione; (Unterrichtsmittel) mezzo m/supporto m didattico: **audiovisuelle Medien**, mezzi audiovisivi = auch **Medien 3** <pl Medien> chem phys (Träger bestimmter Vorgänge) mezzo m, elemento m, sostanza f **4** <pl Medien> parapsych medium mf, sensitivo (-a) m (f).
Medizịn <-, -en> f **1** <nur sing> (Heilkunde) medicina f: **~ studieren**, studiare medicina **2** (Medikament) medicina f, farmaco m, medicamento m ● **eine bittere ~ fam**, una pillola amara fam; **für jdn eine heilsame ~ sein** geh {ERFAHRUNG, ERLEBNIS}, essere una lezione salutare per qu fam; **innere ~ med**, medicina interna.
Medizịnball m palla f medica.
Medizịner <-s, -> m (**Medizịnerin** f) **1** (Arzt) dottore (-essa) m (f), medico m **2** univ fam (Student) studente (-essa) m (f) di medicina.
medizịnisch A adj **1** med (ärztlich) {ATTEST, BEHANDLUNG, GUTACHTEN, REZEPT, ZEITSCHRIFT} medico **2** univ (heilkundlich) {AUSBILDUNG, GEBIET, WISSENSCHAFT} medico: **~e Fakultät**, facoltà di medicina **3** pharm {CREME, KRÄUTER, PRÄPARAT} medicinale, medicamentoso B adv (heilkundlich): **jdn ~ behandeln**, sottoporre qu a cure mediche.
medizịnisch-tẹchnisch adj: **medizinisch-technische Assistentin** (Abk MTA), analista, tecnica di un laboratorio di analisi mediche.
Medizịnmann m **1** {+PRIMITIVE STÄMME} stregone m **2** fam scherz (Arzt) medicone m fam scherz, medico m.

Medizinstudent m (**Medizinstudentin** f) studente (-essa) m (f) di medicina.

Medizinstudium n studi m pl di medicina.

Medley <-s, -s> n mus medley m, pot-pourri m.

Meduse <-, -n> f zoo medusa f.

Meer <-(e)s, -e> n **1** (großes Gewässer) mare m, oceano m: **im ~ baden**, fare ˌil bagno inˌ/[un bagno di] mare; **ans ~ fahren**, andare al mare; **am ~ Urlaub machen**, passare le vacanze al mare; **eine Stadt am ~**, una città sul mare **2** geh (unüberschaubare Menge): **ein ~ von etw** (dat) {VON BLUMEN, FARBEN, LICHTERN}, un mare/oceano di qc ● **übers ~ fahren**, andare/viaggiare per mare; **glattes ~**, mare ˌin bonacciaˌ/[liscio come l'olio fam]; **das offene/ruhige ~**, il mare aperto/calmo; **raues/stürmisches ~**, mare agitato/[in burrasca]; **das Rote/Schwarze ~** geog, il Mar(e) Rosso/Nero; **das Tote ~** geog, il Mar Morto; **das Tyrrhenische ~** geog, il (Mare) Tirreno.

Meerblick m vista f sul mare: **Zimmer mit ~**, camera (con) vista mare.

Meerbusen m obs golfo m, baia f, seno m rar.

Meerenge f stretto m.

Meeresarm m braccio m di mare.

Meeresbiologie f talassobiologia f, biologia f marina.

Meeresboden m fondo m del mare.

Meeresbucht f baia f, insenatura f; (größere ~) golfo m.

Meeresfauna f zoo fauna f marina.

Meeresfisch m pesce m ˌdi mareˌ/[marino].

Meeresflora f bot flora f marina.

Meeresforschung f ricerca f marina.

Meeresfrüchte subst <nur pl> gastr frutti m pl di mare.

Meeresgrund <-(e)s, -gründe> m fondale m marino.

Meereshöhe f livello m del mare.

Meeresklima n clima m marino.

Meereskunde <-, ohne pl> f oceanografia f, talassografia f.

meereskundlich adj {FORSCHUNG, INSTITUT} oceanografico, talassografico.

Meeresküste f costa f marina, litorale m.

Meeresleuchten <-s, ohne pl> n fosforescenza f marina.

Meeresluft f **1** meteo correnti f pl (d'aria) nordatlantiche **2** → **Seeluft**.

Meerespflanze f pianta f marina.

Meeresrauschen n rumore m del mare, fragore m delle onde.

Meeresspiegel <-s, ohne pl> m: **über/unter dem ~**, sopra/sotto il livello del mare; **Hamburg liegt nur 10 m über dem ~**, Amburgo è situata a soli 10 m sopra il livello del mare.

Meeresströmung f corrente f marina.

Meeresverschmutzung f inquinamento m marino/[del mare].

Meergott m divinità f marina, dio m del mare.

Meerjungfrau f myth sirena f, ondina f.

Meerkatze f zoo cercopiteco m.

Meerrettich m **1** bot rafano m (rusticano), barbaforte m oder f, cren m **2** <nur sing> gastr (Soße) cren m.

Meersalz n sale m marino.

Meerschaum m min schiuma f di mare, sepiolite f wiss.

Meerschaumpfeife f pipa f di schiuma.

Meerschweinchen <-s, -> n zoo porcellino m d'India, cavia f comune.

Meerungeheuer n myth mostro m marino.

Meerwasser n acqua f marina/[di mare].

Meerwasserentsalzung f tech dissalazione f/dissalamento m dell'acqua marina.

Meeting <-s, -s> n **1** (offizielles Fachtreffen) {+BERUFSKOLLEGEN, EXPERTEN, POLITIKER} meeting m, incontro m, riunione f **2** (kleinere Sportveranstaltung) meeting m, raduno m.

Megabyte n inform megabyte m.

Megachip m el inform megachip m.

Megafon <-s, -e> n megafono m.

Megahertz n phys (Abk Mhz) megahertz m.

Megakonzert n megaconcerto m.

Megalith <-s oder -en, -e(n)> m megalite m.

Megalithgrab n monumento m funerario megalitico, dolmen m.

megaloman adj geh megalomane.

Megalomanie <-, -n> f geh megalomania f, mania f di grandezza.

Megaphon n → **Megafon**.

Megäre <-, -n> f geh megera f.

Megastadt f megalopoli f.

Megatonne f nukl (Abk Mt) megaton m (Abk Mt).

Megawatt n phys (Abk MW) megawatt m (Abk Mw).

Mehl <-(e)s, ohne pl> n **1** gastr (gemahlenes Korn) farina f **2** (pulverisierte Substanz) farina f, polvere f.

mehlig adj **1** (trockenes Fruchtfleisch aufweisend) {APFEL, BIRNE, KARTOFFEL} farinoso **2** (mit Mehl bestäubt) {HÄNDE, KLEIDUNGSSTÜCK} infarinato, farinoso **3** (fein zerrieben) {GESTEINSSTAUB} farinoso.

Mehlsack m **1** (Sack voll Mehl) sacco m di farina **2** (Sack für Mehl) sacco m ˌper laˌ/[della] farina ● **wie ein ~ schlafen** fam, dormire come un sasso fam/ciocco fam.

Mehlschwitze <-, -n> f gastr "farina f leggermente rosolata in burro o altro grasso, usata come base per numerose salse".

Mehlspeise f gastr **1** (mit Mehl bereitetes Gericht) "piatto m a base di farina, burro e uova" **2** A fam (Süßspeise) dolce m; (Kuchen) auch torta f.

Mehltau <-(e)s, ohne pl> m bot oidio m wiss, mal bianco m, nebbia f.

Mehlwurm m larva f di tenebrione, verme m della farina fam.

mehr **A** <inv> indef pron kompar von viel **1** (über ein bestimmtes Maß hinausgehend) più: **er hat ~ Geld als wir**, ha più denaro di noi; **hätte ich doch ~ Zeit!**, (se) avessi più tempo!; **was will er denn noch ~?**, che cosa vuole di più?, che altro vuole?; **ein Grund ~**, una ragione di/in più **2** (äußerst) **~ als + adj** più che + adj: **der Vortrag war ~ als interessant**, la conferenza era più che interessante; **seine Kritik war ~ als gerechtfertigt**, le sue critiche erano più che giustificate **B** adv **1** (eher) più, piuttosto: **er ist ~ Schauspieler als Regisseur**, è più attore che regista; **hier regnet es ~ im Herbst als im Frühling**, qui piove in autunno piuttosto che in primavera **2** (in höherem Maße) (di) più: **er raucht jetzt viel ~**, ora fuma molto di più; **du solltest ~ an dich selbst denken**, dovresti pensare (di) più a te stesso; **wieso verdient sie ~ als du?**, come mai guadagna più di te? ● **etwas/viel ~**, ˌun po'ˌ/[molto] di più; **~ denn je**, più che mai; **nicht ~ als …**, non più di …; **nicht ~ sein** euph geh (gestorben sein), non essere più; **nicht ~ geht nichts ~ zu essen**, non c'è più nulla da mangiare; **nie ~**, mai più; **~ tot als lebendig**, più morto (-a) che vivo (-a); **~ und ~**, **immer ~**, sempre più; **~ oder weniger**, più o meno; **nicht ~ und nicht weniger**, né più né meno.

Mehr <-(s), ohne pl> n: **ein ~ an etw** (dat) {AN AUSGABEN, KOSTEN, ZEIT}, un sovrappiù/un'eccedenza di qc.

Mehrarbeit f lavoro m extra/[in più]/[supplementare].

mehrarmig adj {LEUCHTER} a più braccia.

Mehraufwand m **1** → **Mehrarbeit** **2** (finanziell) spese f pl supplementari/extra.

mehrbändig adj {ENZYKLOPÄDIE, ROMAN, WÖRTERBUCH} in più volumi.

Mehrbelastung f sovraccarico m; (an Arbeit) sovraccarico m di lavoro.

Mehrbenutzerbetriebssystem n inform sistema m (operativo) multiutente.

Mehrbereichsöl n autom olio m multigrade.

mehrdeutig adj {ANSPIELUNG, BEMERKUNG} ambiguo, equivoco; {WORTE} auch polisemico, polisenso.

Mehrdeutigkeit <-, -en> f {+AUSSAGE} ambiguità f; {+WORTE} auch polisemia f.

mehrdimensional adj {RAUM} pluridimensionale.

Mehreinnahme f <meist pl> maggiore entrata f.

mehren geh **A** tr etw ~ {ANSEHEN, EINFLUSS, RUHM} accrescere qc, estendere qc; {BESITZ, REICHTUM, VERMÖGEN} aumentare qc **B** rfl (zahlreicher werden) **sich ~** {BESCHWERDEN, KLAGEN, UNFÄLLE} moltiplicarsi, aumentare: **die Schwierigkeiten ~ sich**, le difficoltà aumentano.

mehrere indef pron <pl> **1** (adjektivisch: einige) {ABGEORDNETE, ANRUFE, KLEIDER, PATIENTEN, SCHÜLER, TAGE} diversi (-e), alquanti (-e): **nach ~n Jahren**, dopo diversi anni; **~ tausend Euro**, diverse migliaia di euro; (mehr als eine) più d'uno (-a); **ich habe ~ Gelegenheiten verpasst**, ho perso più di un'occasione **2** (substantivisch: einige) diversi (-e): **in diesem Geschäft gibt es billige Bücher, ich habe ~ davon gekauft**, in questo negozio si trovano dei libri economici, ne ho comprati diversi ● **zu ~n**, in più persone; **sie haben mir zu ~n gratuliert**, in diversi si sono congratulati con me.

mehreres indef pron <nur sing> (substantivisch) diverse cose: **ich hätte ~ zu bemängeln**, avrei da ridire su diverse cose.

mehrerlei <inv> indef pron {FRAGEN, GRÜNDE, MÖGLICHKEITEN} svariato, di varia natura.

Mehrerlös m, **Mehrertrag** m ricavo m/guadagno m ˌin piùˌ/[extra]/[supplementare].

mehrfach **A** adj **1** (vielfach) {CHAMPION, MEISTER} più volte, a più riprese; {SCHWIERIGKEITEN} molteplice: **in ~er Ausfertigung**, in più copie; **in ~er Hinsicht**, sotto diversi punti di vista; **Bayern München ist ~er Meister**, il Bayern München è pluricampione; **er ist ~er Millionär**, è plurimiliardario **2** (wiederholt) {ANRUFE, BESCHWERDEN, DROHUNGEN} ripetuto, reiterato **B** adv (wiederholt) {ANRUFEN, HINWEISEN, MAHNEN, REPARIEREN} più volte, ripetutamente, a più riprese: **er ist ~ vorbestraft**, ha diversi precedenti penali.

mehrfachbehindert adj adm che è portatore di più handicap(s).

Mehrfache <dekl wie adj> n: **das ~ einer S.** (gen), più volte qc; **die Kosten sind um das ~/[ein ~s …] gestiegen**, i costi sono cresciuti a dismisura.

Mehrfachimpfstoff m vaccino m polivalente.

Mehrfachsteckdose f el presa f multi-

pla (di corrente).
Mehrfachstecker m spina f multipla.
Mehrfachtäter m (**Mehrfachtäterin** f) recidivo (-a) m (f), autore (-trice) m (f) di diversi reati.
mehrfachverpackt adj: ~**er Artikel**, articolo imballato più volte.
Mehrfahrtenkarte f (*für Bahn und Bus*) biglietto m multiplo.
Mehrfamilienhaus n casa f plurifamiliare.
mehrfarbig adj {ABBILDUNG, DRUCK} policromo; {KLEIDUNGSSTÜCK} a più colori.
Mehrgeräteanschluss (a.R. Mehrgeräteanschluß) m *tel* attacco m multiplo.
mehrgleisig adj a più binari.
Mehrheit <-, -en> f **1** <*nur sing*> (*überwiegender Teil*) maggioranza f, maggior parte f: **die ~ der Abgeordneten/Bevölkerung**, la maggior parte ˌdei deputati/[della popolazione] **2** (*Stimmenmehrheit*) maggioranza f ● **die** *absolute/* **einfache/ qualifizierte/ relative ~ haben** *pol*, avere la maggioranza assoluta/ semplice/qualificata/relativa; **die ~ bekommen/erringen**, ottenere/raggiungere la maggioranza; **die ~ besitzen/haben**, possedere/avere la maggioranza; **die ~ (der abgegebenen Stimmen) erhalten/[auf sich vereinigen]** *pol*, raccogliere la maggioranza dei voti espressi; **mit knapper ~**, a stretta maggioranza; **die schweigende ~**, la maggioranza silenziosa; **in der ~ sein**, essere in maggioranza; **mit überwältigender ~**, a stragrande/schiacciante maggioranza.
mehrheitlich Ⓐ adj <*attr*> {BESCHLUSS} maggioritario Ⓑ adv {BESCHLIEẞEN} a maggioranza.
Mehrheitsaktionär m (**Mehrheitsaktionärin** f) *ökon* azionista mf di maggioranza.
Mehrheitsbeschaffer m (**Mehrheitsbeschafferin** f) *slang parl* "gruppo m o partito m grazie al quale si ottiene la maggioranza".
Mehrheitsbeschluss (a.R. Mehrheitsbeschluß) m decisione f/deliberazione f presa a maggioranza.
Mehrheitsbeteiligung f *ökon* partecipazione f maggioritaria.
mehrheitsfähig adj {ÄNDERUNGSVORSCHLAG, BESCHLUSS, PARTEI} in grado di ottenere la maggioranza.
Mehrheitspartei f *pol* partito m maggioritario/[di maggioranza].
Mehrheitsprinzip n *pol* principio m di maggioranza.
Mehrheitswahlrecht <-(*e*)*s, ohne pl*> n *pol* (sistema m elettorale) maggioritario m.
mehrjährig adj <*attr*> {TÄTIGKEIT} pluriennale; {BERUFSERFAHRUNG, PRAXIS} *auch* di più/diversi anni; {KRÄUTER, PFLANZE} plurienne.
Mehrkanaldecoder m *inform TV* decodificatore m multicanale.
Mehrkosten subst <*nur pl*> costi m pl supplementari.
Mehrlingsgeburt f parto m plurigemellare/plurigemino.
mehrmalig adj <*attr*> {ANRUFE, FRAGEN, MAHNUNGEN} ripetuto, reiterato.
mehrmals adv {ANSEHEN, DURCHLESEN, FRAGEN} più/diverse volte, ripetutamente.
Mehrparteiensystem n *parl* sistema m pluripartitico/[a più partiti].
Mehrphasenstrom m *el* corrente f polifase.
mehrphasig adj *el* polifase.
mehrplatzfähig adj *inform* multiutente.

Mehrplatzrechner m *inform* elaboratore m multiaccesso.
mehrseitig adj di/a più pagine.
mehrsilbig adj {NAME, WORT} polisillabico, polisillabo, plurisillabo.
mehrsprachig Ⓐ adj **1** (*mehrere Sprachen aufweisend*) {TEXT, ÜBERSETZUNG, WÖRTERBUCH} plurilingue, multilingue **2** (*mehrere Sprachen beherrschend*) {MENSCH} poliglotta: **sie ist ~**, è poliglotta/multilingue, parla/sa più lingue Ⓑ adv: **er ist ~ aufgewachsen**, è cresciuto imparando più lingue.
Mehrsprachigkeit <-, *ohne pl*> f {+LAND} plurilinguismo m, multilinguismo m; {+PERSON} poliglottismo m.
mehrspurig adj {AUTOBAHN, STRAẞE} a più corsie.
mehrstellig adj {NUMMER} di/a più cifre: **ein ~er Betrag**, un importo a più zeri.
mehrstimmig Ⓐ adj *mus* {CHOR, GESANG, LIED} polifonico Ⓑ adv {SINGEN} a più voci.
Mehrstimmigkeit <-, *ohne pl*> f polifonia f.
mehrstöckig adj {GEBÄUDE, PARKHAUS} di/a più piani, multipiano.
Mehrstufenrakete f *mil* missile m pluristadio/polistadio/multistadio.
mehrstufig adj **1** (*aus mehreren Phasen bestehend*) {PLAN, REFORM} attuabile/realizzabile in varie fasi **2** *tech* {RAKETE} pluristadio.
mehrstündig adj {GESPRÄCH, KONFERENZ} (della durata) di parecchie/diverse/più ore: **mit ~er Verspätung abfahren/eintreffen**, partire/arrivare con diverse ore di ritardo; **~ sein**, durare parecchie/diverse/più ore.
mehrtägig adj {ABWESENHEIT, AUFENTHALT, KURS, VERHANDLUNG} (della durata) di di parecchi/diversi/più giorni.
Mehrteiler m *fam TV* trasmissione f in più puntate.
mehrteilig adj {FERNSEHSERIE} in (più) puntate, {KOSTÜM} (composto) di più pezzi.
Mehrverbrauch m consumo m maggiorato, aumento m del consumo.
Mehrvölkerstaat m → **Nationalitätenstaat**.
Mehrwegflasche f bottiglia f riutilizzabile, vuoto m a rendere.
Mehrwegverpackung f imballaggio m riutilizzabile.
Mehrwert m **1** (*im Marxismus*) plusvalore m **2** *ökon* valore m aggiunto.
mehrwertig adj polivalente.
Mehrwertsteuer f (*Abk* MwSt., MWSt.) imposta f sul valore aggiunto (*Abk* I.V.A.).
mehrwertsteuerfrei adj esente da I.V.A., non soggetto a I.V.A..
mehrwöchig adj {ABWESENHEIT, KURS, SEMINAR, URLAUB} (della durata) di più/diverse settimane.
Mehrzahl f **1** <*nur sing*> (*der größere Teil*) {+ABGEORDNETEN, DEMONSTRANTEN, SCHÜLER} maggioranza f, maggior parte f **2** <*meist sing*> *gram* (*Plural*) plurale m.
mehrzeilig adj {ANZEIGE, STROPHE} di/a più righe.
mehrzellig adj *biol* {ORGANISMUS} pluricellulare, multicellulare.
Mehrzweckbehälter m recipiente m/ contenitore m multiuso/pluriuso.
Mehrzweckfahrzeug n veicolo m pluriuso/promiscuo.
Mehrzweckhalle f sala f polifunzionale/ multifunzionale/polivalente.
Mehrzwecksportanlage f *sport* impianto m polisportivo.
meiden <*meidet, mied, gemieden*> tr *geh*

1 (*aus dem Wege gehen*) **jdn ~** evitare qu, scansare qu **2** (*sich von etw fern halten*) **etw ~** {ALKOHOL, SCHARFE GEWÜRZE} evitare qc, astenersi da qc; {LICHT, ORT, SONNE} evitare qc, fuggire qc.
Meile <-, -*n*> f miglio m ● **etw drei ~n gegen den Wind riechen** *fam* (*GESTANK*), sentire qc lontano un miglio *fam*, **jd/etw riecht/stinkt drei ~n gegen den Wind**, qu/qc puzza a un kilometro di distanza.
Meilenstein m **1** *hist* pietra f miliare **2** *geh* (*wichtiger Einschnitt*) pietra f miliare, tappa f fondamentale: **dieser Film ist ein ~ der Filmgeschichte**, questo film è una pietra miliare della storia del cinema.
meilenweit Ⓐ adj: **~ von etw (dat) entfernt sein** {VON EINER LÖSUNG, VOM THEMA}, essere lontano ˌun miglio/[mille miglia] da qc Ⓑ adv {FAHREN, LAUFEN, WANDERN} per miglia e miglia, per molte miglia.
Meiler <-*s*, -> m **1** → **Kohlenmeiler** **2** → **Atommeiler**.
mein poss pron von ich **1** (*adjektivisch: wird im Ital. im Allg. in Verbindung mit dem Art verwendet*) mio (-a): **eine ~er Freundinnen**, una delle mie amiche; **das ist ~ Geld**, questi sono i miei soldi, questi sono soldi miei; **warum ziehst du immer ~e Kleider an?**, perché ti metti sempre i miei vestiti?; **wo ist ~ Schlüssel?**, dov'è la mia chiave?; **ein für alle Mal, das ist ~e Wohnung!**, una volta per tutte, questa è casa mia!; (*bei Verwandtschaftsbezeichnungen ohne Adj im sing ohne Art*): ~ **Vater/Sohn**, mio padre/figlio; ~**e Mutter/Tochter**, mia madre/figlia; ~**e Neffen/Vettern**, i miei nipoti/cugini; ~**e Tanten/Nichten**, le mie zie/nipoti; (*in Verbindung mit einem Adj immer mit Art*): ~**e arme Schwester**, la mia povera sorella, quella poveretta di mia sorella; (*bei Kosenamen im sing mit Art*): ~ **Mami/Mutti**, la mia mamma; ~ **Papa**, il mio papà; ~**e Oma**, (la) mia nonna; ~ **Opa**, (il) mio nonno **2** (*adjektivisch: als Anrede*): ~**e Damen und Herren!**, Signore e Signori! **3** *obs* (*substantivisch*): ~ **ist, ist auch dein** *geh*, ciò che è mio è (anche) tuo.
meine poss pron **1** (*adjektivisch*) → **mein** **2** (*substantivisch*) → **meiner**②.
Meineid m *jur* spergiuro m: **einen ~ ablegen/leisten/schwören** *jur*, giurare il falso *jur*, spergiurare.
meineidig adj *jur* {ZEUGE} spergiuro: **~ werden**, spergiurare, giurare il falso.
meinen Ⓐ tr **1** (*der Meinung sein*): **~, dass ...**, pensare/credere/ritenere/[essere del parere] che ... *konjv*; **sie meint, dass er die Stelle annehmen sollte**, crede che (lui) dobba/dovrebbe accettare quel posto; **er meinte, die Prüfung geschafft zu haben**, credeva/pensava di aver superato l'esame; **das meint er auch**, anche lui la pensa così **2** (*sagen wollen*) **etw ~** voler dire qc, intendere qc: **ich habe nicht verstanden, was Sie ~**, non ho capito che cosa intende/[vuole dire]; **Sie ~ das doch nicht im Ernst?**, non dice/dirà mica sul serio? *fam*; **wie ist das denn gemeint?**, e come sarebbe a dire?, e questo che vuol dire?; **was ~ Sie damit?**, cosa vorrebbe dire?; **ich meine das aber nicht so** (*das war falsch ausgedrückt*), non è ciò che voglio dire **3** (*über etw denken*) **etw zu etw (dat) ~**: **was meint er zu diesem Vorfall?**, che cosa pensa/dice lui dell'accaduto?; **was meinst du dazu?**, che ne pensi/ dici? **4** (*auf jdn beziehen*) **jdn/etw ~**: **Sie mich?**, dice a me?, si riferisce a me?; **ich meine nicht diesen Film, sondern den letzten von Wenders**, non mi riferisco a questo film bensì all'ultimo (film) di Wenders

5 (*etw mit einer gewissen Einstellung tun*) **etw irgendwie ~**: **er meint es ernst**, dice/fa sul serio; **er hat es nie ehrlich gemeint**, non è mai stato sincero; **ich habe es nicht böse gemeint**, non l'ho detto/fatto con cattiveria **B** *itr* (*glauben*) credere, pensare: **hat er denn nun die Stelle bekommen? – Ich meine ja**, è riuscito ad avere il posto? – Credo/penso di sì; **~ Sie?**, dice davvero? ● **es gut** (**mit jdm**) **~**, fare/dire qc per il bene di qu; **heute meint es die Sonne aber gut** (**mit uns**), oggi il sole ₍non ci tradisce₎/[ci vuole proprio bene]; **es zu gut mit etw** (dat) **~** *gastr* {MIT DEM KNOBLAUCH, PFEFFER, DER SAHNE}, metterci troppo di qc, esagerare con qc; **ich meine *ja* nur**, dico per dire; **man könnte/sollte ~, dass ...**, si direbbe che ... *konjv*; **das war nicht *so* gemeint** (*das war keine böse Absicht von mir*), non intendevo (dire) questo; **wenn Sie ~**, se lo dice Lei; **wie Sie ~!**, come vuole!; **das *will* ich** (**aber auch**) **~!** *fam*, vorrei anche vedere! *fam*, direi! *fam*; **er/sie meint, Wunder wer er/sie ist!** *fam pej*, si crede (di essere) chissà chi!
meiner① *pers pron gen von* ich di me: **gedenkt/erinnert euch ~**, ricordatevi di me.
meiner②, **meine, meines** *poss pron von* ich (*substantivisch*) **1** ((*zu*) *mir Gehörendes*) il mio, la mia: **ist das dein Stift oder meiner?**, questa matita è tua o mia?; **ihr Zimmer lag direkt neben meinem**, la sua camera era proprio accanto alla mia; **wenn dein Auto nicht anspringt, kannst du mein(e)s nehmen**, se la tua macchina non parte puoi prendere la mia; **mein Vater ist Zahnarzt – Meiner auch**, mio padre fa il dentista – Anche il mio **2** <*nur pl*> *geh oder scherz* (*Angehörige*): **die Meinen/meinen**, i miei (cari), la mia famiglia **3** <*nur sing*> *geh* (*meine Aufgabe*): **das Meine/meine**, il mio; **ich habe das Meine getan, jetzt bist du dran**, io il mio l'ho fatto, ora sta/tocca a te **4** <*nur sing*> *geh* (*das mir Gehörige*): **das Meine/meine**, il mio, i miei averi.
meinerseits *adv* da/per parte mia, per quanto mi riguarda: **ich ₍~ habe₎/[habe ~] nichts dagegen einzuwenden**, ₍da parte mia₎/[per quanto mi riguarda] non ci sono obiezioni; quanto a me, nessuna obiezione; **ich freue mich sehr, Ihre Bekanntschaft zu machen – Ganz ~!** *form*, sono molto lieto (-a) di fare la Sua conoscenza – Il piacere è tutto mio!
meinesgleichen <inv> pron un mio pari, uno m/gente f/quelli m pl come me: **~ verkehrt nicht in solchen Kreisen**, uno (-a) come me non frequenta certi ambienti; **ich und ~**, io e i ₍miei pari₎/[pari miei]; **hier bin ich unter ~**, qui sono/[mi sento] tra gente/persone come me.
meinetwegen *adv* **1** (*wegen mir*) a causa mia; (*negativ*) per colpa mia, a/per causa mia: – **hat er den Bus verpasst**, ₍per colpa₎/[a causa] mia ha perso l'autobus **2** (*mir zuliebe*) per me: – **brauchst du Sabine nicht einzuladen**, non devi invitare Sabine solo per me/[farmi (un) piacere] **3** *fam* (*von mir aus*) per me, per quanto mi riguarda: **gehen wir heute Abend ins Kino? – Meinetwegen!** *fam*, andiamo al cinema stasera? – Per me/[quanto mi riguarda], sì!
meinetwillen *adv obs*: **um ~**, per me, per amor mio.
meinige *poss pron* <*nur mit best. art*> (*substantivisch*) *obs geh* → **meiner**②.
meins, meines *poss pron* (*substantivisch*) → **meiner**②.
Meinung <-, -en> f opinione f, parere m, avviso m: **ich bin der ~, dass ...**, sono ₍dell'avviso₎/[del parere] che ..., è mia opinione che

...; **niemand hat dich nach deiner ~ gefragt**, nessuno ha chiesto il tuo parere; ₍**meiner ~ nach**₎/[**nach meiner ~**], a mio parere/giudizio/avviso, secondo me; **jds ~ zu etw** (dat), ₍l'opinione₎/[il parere] di qu ₍in merito₎/[riguardo] a qc; **wie ist deine ~ dazu?**, qual è il tuo parere in proposito?, cosa ne pensi? ● **jdn von seiner ~ abbringen**, far cambiare idea a qu; **anderer ~ sein**, essere di diverso parere, non essere d'accordo, pensarla diversamente; **seine ~ ändern**, cambiare opinione/parere/idea; **die ~en ₍gehen auseinander₎/[sind geteilt]**, le opinioni sono divergenti/discordi; **seine ~ äußern**, esprimere ₍la propria opinione₎/[il proprio parere]; **sich** (dat) **eine ~ über jdn/etw bilden**, farsi un'opinione/idea di qu/qc; **ganz meine ~!**, anch'io la penso così, sono perfettamente d'accordo; **über etw** (akk) **geteilter/verschiedener ~ sein**, avere pareri contrastanti/differenti su qc; **der gleichen ~ sein**, essere dello stesso avviso/parere; **ich bin der gleichen ~ wie Sie**, condivido ₍il Suo parere₎/[la Sua opinione]; **eine gute/schlechte ~ von jdm haben**, avere una buona/cattiva opinione di qu; **in der ~, dass ...**, credendo che ...; **die öffentliche ~**, l'opinione pubblica; **jdm (gehörig) die ~ sagen** *fam*, dire a qu il fatto suo *fam*, dirne quattro a qu *fam*; **die ~ vertreten, dass ...**, essere ₍dell'opinione₎/[del parere]/[dell'avviso] che ...
Meinungsäußerung f manifestazione f/espressione f della propria opinione: **freie ~**, libertà di espressione; **im Dritten Reich gab es kein Recht auf freie ~**, nel Terzo Reich non esisteva il diritto alla libera espressione.
Meinungsaustausch m scambio m di opinioni/idee/vedute.
meinungsbildend *adj* {LITERATUR, MASSENMEDIEN, POLITIKER} che ₍fa presa sull'opinione₎/[influenza fortemente l'opinione] pubblica: **~ sein** {PERSON}, essere un opinion maker.
Meinungsbildung <-, *rar* -en> f **1** (*öffentlich*) formazione f dell'opinione pubblica: **die ~ der Bevölkerung erfolgt durch die Massenmedien**, la formazione dell'opinione pubblica avviene attraverso i mass media **2** (*persönlich*) formazione f di un'opinione.
Meinungsforscher m (**Meinungsforscherin** f) demoscopo (-a) m (f), esperto (-a) m (f) di demoscopia.
Meinungsforschung f demoscopia f.
Meinungsforschungsinstitut n istituto m ₍di demoscopia₎/[demoscopico].
Meinungsfreiheit <-, *ohne* pl> f libertà f di opinione.
Meinungsführer m (**Meinungsführerin** f) opinion leader mf.
Meinungsmache <-, *ohne* pl> f *fam pej* demagogia f.
Meinungsmacher m (**Meinungsmacherin** f) opinion maker mf.
Meinungsstreit m controversia f.
Meinungsumfrage f sondaggio m d'opinione, indagine f demoscopica.
Meinungsverschiedenheit f **1** <*meist* pl> (*Unterschiedlichkeit von Ansichten*) divergenza f/contrasto m d'opinioni, diversità f di pareri, differenza f di idee/vedute **2** (*Auseinandersetzung*) controversia f, dissidio m, dissenso m, contrasto m ● **eine ~ (mit jdm) haben**, avere una discussione/un diverbio (con qu).
Meinungsvielfalt f varietà f/pluralità f di opinioni.
Meise <-, -n> f *ornith* cinciallegra f, cincia f, grossa ● **eine ~ haben** *fam*, essere picchiato

fam.
Meißel <-s, -> m scalpello m.
meißeln A *tr* **1** (*mit dem Meißel herstellen*) **etw** (**aus etw** dat) **~** {BÜSTE, STATUE AUS MARMOR, NATURSTEIN} scolpire qc (*in* qc); **etw in etw** (akk) **~** {INSCHRIFT IN EINEN GRABSTEIN}, scolpire qc su qc **2** (*mit dem Meißel bearbeiten*) **etw ~** {NATURSTEIN} scalpellare qc, lavorare qc con lo scalpello, scolpire qc **3** *med* **etw ~** {KNOCHEN} scalpellare qc **B** *itr* (*mit dem Meißel arbeiten*) **an etw** (dat) **~** {AN EINEM STEIN} scalpellare qc, lavorare qc con lo scalpello; {AN EINER SKULPTUR} scolpire qc.
meist *adv* → **meistens**.
Meistbegünstigungsklausel f *jur ökon pol* clausola f della nazione più favorita.
meistbietend *adv*: **etw ~ versteigern**, vendere qc all'asta al maggior offerente; **der Meistbietende**, il maggior offerente; **etw dem Meistbietenden zuschlagen**, aggiudicare qc al maggior offerente.
meiste *indef pron* <*superl von* viel> **1** (*adjektivisch, mit Substantiv im Sing*): **der/die/das ~ + subst**, la maggior parte *di qc*, il più *di qc*; **das ~ Geld gebe ich für Kleider aus**, la maggior parte del denaro lo spendo in vestiti; **von uns allen hat er die ~ Erfahrung**, fra noi è quello con più esperienza; (*mit Substantiv im Plural*): **die ~n + subst**, la maggior parte *di qc*; **die ~n Bücher habe ich schon gelesen**, la maggior parte dei libri l'ho già letta; **die ~n Gäste kommen erst morgen**, la maggior parte degli ospiti arriva soltanto domani; **in den ~n Fällen**, nella ₍maggior parte₎/[maggioranza] dei casi, il più delle volte **2** (*substantivisch*): **die ~n/Meisten**, i più, la maggioranza, la maggior parte (delle persone); **die ~n/Meisten interessieren sich nicht für Umweltprobleme**, ₍la maggior parte delle persone non si interessa₎/[i più non si interessano] ai problemi ambientali; **das ~/Meiste**, il più, la maggior parte (delle cose); **das ~/Meiste haben wir schon gesehen**, abbiamo già visto la maggior parte (delle cose); **das ~/Meiste ist schon getan**, il più/grosso è fatto **3** (*adverbial*): **am ~n**, di più; **im Sommerkurs hat er am ~n gelernt**, è durante il corso estivo che ha imparato di più; **um ihn mache ich mir am ~n Sorgen**, è lui quello per cui mi preoccupo di più; (*als Umschreibung des Superlativs*): **am ~n + adj**: **die vom Erdbeben am ~n betroffenen Gebiete**, le zone maggiormente colpite dal terremoto; **die am ~n gelesenen Bücher**, i libri più letti.
meistens *adv* per lo più, il più delle volte.
Meister <-s, -> m (**Meisterin** f) **1** (*Handwerksmeister*) maestro (-a) m (f) (artigiano (-a)), mastro m *obs* **2** (*Leiter einer Fabrikabteilung*) capo(reparto) mf, capo(o)fficina mf: **gehen Sie doch mal zu unserem ~!**, vada dal (nostro) capo! *fam* **3** *sport* (*Titelträger*) campione (-essa) m (f) **4** *kunst mus* (*großer Künstler*) maestro (-a) m (f) **5** *relig philos* maestro (-a) m (f) **6** (*Experte*) maestro (-a) m (f): **du bist ein wahrer ~ der Kochkunst geworden**, sei diventato un vero maestro dell'arte culinaria **7** *lit* (*in Märchen*) compare m, comare f ● **in jdm seinen ~ gefunden haben**, aver(e) trovato un maestro in qu; **seinen ~ machen**, conseguire/prendere il diploma di maestro artigiano; **es ist noch kein ~ vom Himmel gefallen** *prov*, nessuno nasce maestro *prov*; **früh übt sich, was ein ~ werden will** *prov*, nessuno nasce maestro *prov*.
Meisterbrief m diploma m di maestro/mastro *obs* artigiano.
meisterhaft A *adj* {ARBEIT, DARSTELLUNG, LEISTUNG, WERK} magistrale, da maestro,

perfetto, eccellente B *adv* {AUSFÜHREN, DARSTELLEN} magistralmente, in modo eccellente; {GEIGE, KLAVIER SPIELEN} *auch* con grande maestria.

Meisterhand f: **von ~**, eseguito con ₁mano magistrale₁/[grande maestria].

Meisterin f → **Meister**.

Meisterleistung f capolavoro m, opera f magistrale ● **das ist nicht gerade eine ~** *iron*, non è proprio un capolavoro.

meisterlich *adj* → **meisterhaft**.

meistern *tr etw ~* {KRISE} superare *qc*; {SCHWIERIGKEITEN} *auch* sormontare *qc*; {PROBLEM} venire a capo *di qc*; {EMOTION} dominare *qc*; {SITUATION} *auch* padroneggiare *qc*.

Meisterprüfung f esame m di maestro/mastro *obs* artigiano.

Meisterschaft <-, -en> f **1** <*nur sing*> (*großes Können*) maestria f, abilità f: **es in etw** (*dat*) **zur ~ bringen**, diventare (un) maestro/(una) maestra in qc **2** *sport* campionato m: **die ~en in etw** (*dat*) {IM ABFAHRTSLAUF, IM SCHWIMMEN}, i campionati di qc ● **die ~ austragen**, disputare il campionato; **die ~ erringen/gewinnen**, vincere il campionato.

Meisterschaftsspiel n partita f/incontro m di campionato.

Meistersinger <-s, -> m *hist* maestro m cantore ● **die ~ von Nürnberg** *mus* (*Oper von R.Wagner*), i maestri cantori di Norimberga.

Meisterstück n **1** (*Werkstück für die Meisterprüfung*) {+GESELLEN} "lavoro m artigiano per conseguire il diploma di maestro artigiano" **2** (*Meisterwerk*) capolavoro m **3** *iron* (*miserable Leistung*) capolavoro m *iron*.

Meistertitel m *sport* titolo m di campione/campionessa.

Meisterwerk n capolavoro m: **ein künstlerisches ~**, un capolavoro artistico.

meistgefragt *adj* il/la più richiesto (-a): **der ~e Fußballspieler**, il calciatore più richiesto/conteso; **Cameron Diaz ist eine der ~en Schauspielerinnen**, Cameron Diaz è una delle attrici più richieste.

meistgespielt *adj* {SPIEL} il/la più giocato (-a); {CD, LIED} il/la più gettonato (-a).

meistverkauft *adj* il/la più venduto (-a).

Mekka n <-s, -s> **1** <*nur sing*> *geog* la Mecca f **aufs/nach ~**, dalla/alla Mecca **2** <*meist sing*> (*Anziehungspunkt*) mecca f **das/ein ~ (für jdn) sein**, essere la mecca (per qu).

Melancholie <-, -n> f <*meist sing*> malinconia f, melanconia *psych*, melancolia f *psych oder obs*: **in ~ verfallen/versinken**, farsi prendere dalla malinconia.

Melancholiker <-s, -> m (**Melancholikerin** f) persona f malinconica, melanconico (-a) m (f) *psych*.

melancholisch *adj* **1** (*Melancholie zeigend*) {GEMÜT, LÄCHELN, MENSCH, STIMMUNG} malinconico, mesto **2** (*Melancholie erzeugend*) {ANBLICK, GEDICHT, MUSIK, POESIE} malinconico, mesto: **dieses Wetter macht einen ganz ~** *fam*, questo tempo (ti) ₁mette malinconia₁/[fa diventare malinconico].

Melange <-, -n> f **1** A (*Milchkaffee*) caffè(l)latte m **2** (*Mischung*) mescolanza f, miscuglio m, mistura f, miscela f **3** (*Mischfarbe*) mélange m.

Melanie f (*Vorname*) Melania.

Melanin <-s, -e> n *biol* melanina f.

Melanom <-s, -e> n *med* melanoma m.

Melanzani *subst* <*nur pl*> A (*Auberginen*) melanzane f pl.

Melasse <-, -n> f melassa f.

Melatonin <-s, ohne pl> n *med* melatonina f.

Meldebehörde f → **Einwohnermeldeamt**.

Meldefrist f termine m di scadenza (di una denuncia).

melden A *tr* **1** (*berichten*) **etw ~** {STAATSBESUCH, STREIK, UNRUHEN, UNWETTER} dare notizia *di qc*, segnalare *qc*, annunciare *qc*: **der Wetterbericht meldet einen Kälteeinbruch**, il servizio meteorologico segnala l'arrivo di un fronte d'aria fredda; **soeben wird gemeldet, dass ...**, ci comunicano in questo momento che .... **2** (*einer zuständigen Stelle mitteilen*) **etw (jdm/bei jdm) ~** {DIEBSTAHL (BEI) DER POLIZEI, SACHSCHADEN (BEI) DER VERSICHERUNG, TYPHUS (BEI) DEM GESUNDHEITSAMT} denunciare *qc* (*a qu*), comunicare *qc* (*a qu*); {TODESFALL (BEI) DEM STANDESAMT} *auch* notificare *qc* (*a qu*); {ERKRANKUNG (BEI) DEM ARBEITGEBER} comunicare *qc* (*a qu*): **jdn als vermisst ~**: **bei dem Flugzeugunglück kamen 50 Passagiere ums Leben, 10 Personen werden als vermisst gemeldet**, nell'incidente aereo hanno perso la vita 50 passeggeri e altri 10 risultano dispersi; **Finanzboss als vermisst gemeldet: Entführung?**, scomparso magnate della finanza: rapimento? **3** (*denunzieren*) **jdn (bei jdm) ~** {SCHÜLER BEIM DIREKTOR, REGIMEGEGNER BEI DER GEHEIMPOLIZEI} denunciare *qu* (*a qu*), segnalare *qu* a *qu* **4** (*ankündigen*) **jdn (bei jdm) ~** {BESUCHER, GAST} annunciare *qu* (*a qu*) B *rfl* **1** (*von sich hören lassen*) **sich (bei jdm) ~** farsi vivo (-a)/sentire (*con qu*) *fam*, dare proprie notizie (*a qu*): **warum hast du dich nach unserem letzten Treffen nicht mehr gemeldet?**, perché non ti sei più fatto (-a) vivo (-a) dopo il nostro ultimo incontro?; **melde dich doch mal bei mir!**, fatti sentire! *fam*, fammi avere tue notizie!; **falls du noch etwas benötigst, melde dich!**, se ti serve ancora qualcosa, fammelo/faccelo sapere! **2** (*sich zur Verfügung stellen*) **sich für etw** (*akk*)/**zu etw** (*dat*) **~** {ARBEITER ZUR NACHTSCHICHT; STUDENT ZU EINEM HILFSDIENST} offrirsi *per qc*, presentarsi *per qc*, dichiararsi disponibile *per qc*, mettersi a disposizione *per qc*: **sich freiwillig ~**, offrirsi volontario (-a); **sich für ein Seminar/einen Wettbewerb ~**, iscriversi ad un seminario/una gara **3** (*auf sich aufmerksam machen*) **sich ~** {SCHÜLER} alzare la mano: **ich melde mich ständig, komme aber nie dran**, alzo sempre la mano, ma l'insegnante non mi chiama mai **4** (*antworten*) **sich ~** rispondere: **ich habe dich mehrmals angerufen, aber es hat sich niemand gemeldet**, ti ho telefonato più volte, ma non ha risposto nessuno; **auf meine Anzeige haben sich mehrere Interessenten gemeldet**, al mio annuncio hanno risposto diverse persone ● **sich krank ~** a.R. **von** krankmelden → **krank|melden**; (**bei jdm**) **nichts zu ~ haben** *fam*, non avere voce in capitolo (con qu) *fam*.

Meldepflicht f obbligo m di denuncia/dichiarazione.

meldepflichtig *adj* {ERKRANKUNGSFALL, KRANKHEIT} soggetto a denuncia.

Meldeschein m (*Formular für Anmeldungen*) modulo m d'iscrizione.

Meldeschluss (a.R. Meldeschluß) m (*auf einem Amt*) termine m di scadenza di una denuncia/notifica; (*für einen Wettbewerb*) termine m d'iscrizione.

Meldestelle f **1** → **Einwohnermeldeamt 2** (*Sammelstelle für Informationen*) centro m di raccolta informazioni.

Meldung <-, -en> f **1** (*Nachricht*) notizia f: **die ~en vom Tage**, le notizie del giorno; **und nun die ~en vom Sport**, e ora le notizie sportive; **letzte ~en**, ultime notizie; **nach unbestätigten ~en**, secondo ₁fonti non controllate₁/[informazioni non confermate]; **ei-**

ne ~ übermitteln, trasmettere una notizia; **eine ~ verbreiten**, diffondere una notizia **2** (*offizielle Mitteilung*) {AMTLICHE, BEHÖRDLICHE} comunicato m, annuncio m **3** (*Hinweis*) segnalazione f: **bei der Polizei sind viele ~en eingegangen/eingetroffen**, alla polizia sono arrivate/giunte molte segnalazioni **4** (*Anmeldung*) iscrizione f ● **jdm ~** (**über etw** *akk*) **erstatten/machen** {ÜBER EINEN DIEBSTAHL, SCHADEN, UNFALL}, presentare/fare denuncia (di qc) a qu; **~ machen** *mil*, fare rapporto.

meliert *adj* **1** (*leicht ergraut*): (**grau**) **~es Haar**, capelli brizzolati **2** (*gemischt*) {STOFF, WOLLE} mélange, melangiato: **ein grau ~er Stoff**, un tessuto grigio mélange.

Melisse <-, -n> f *bot* melissa f *bot*, cedronella f *fam*.

Melissengeist® m *pharm* spirito m di melissa.

Melkanlage f *agr* mungitrice f (meccanica).

Melkeimer m secchio m per mungere, mungitoio m.

melken <melkt oder milkt *obs*, melkte oder molk *obs*, gemolken oder gemelkt *rar*> A *tr* **1** (*zur Abgabe von Milch bringen*) **etw ~** {KUH, SCHAF, ZIEGE} mungere *qc* **2** (*durch melken gewinnen*) **etw ~** {EIN, ZWEI ... LITER MILCH} mungere *qc*: **möchtest du ein Glas frisch gemolkene Milch?**, vuoi un bicchiere di latte appena munto? **3** *fam* (*finanziell ausnutzen*) **jdn ~** mungere (la borsa di) *qu fam*, spremere *qu fam*, spillare quattrini *a qu fam* B *itr* mungere.

Melker <-s, -> m (**Melkerin** f) mungitore (-trice) m (f).

Melkmaschine f mungitrice f (meccanica).

Melodie <-, -n> f *mus* **1** (*bestimmte Tonfolge*) melodia f **2** <*meist pl*> (*Teil eines Musikstücks*) musica f, motivo m.

Melodik <-, ohne pl> f *mus* **1** (*musikalische Eigenart*) melodia f **2** (*Lehre von der Melodie*) melodica f.

melodiös *adj* {MUSIK, SPRACHE, STIMME} melodioso, musicale.

melodisch *adj* **1** → **melodiös 2** (*was die Melodie betrifft*) {GESANG, MUSIK} melodico.

Melodram <-s, Melodramen> n **1** *lit mus* (*Schauspiel mit Begleitmusik*) melodramma m **2** *meist pej film theat* (*Rührstück*) melodramma m **3** *pej* (*stark emotionale Szene*) melodramma m, tragedia f *fam*.

melodramatisch A *adj* **1** {DICHTUNG, SCHAUSPIEL} melodrammatico **2** *meist iron* {FILM} melodrammatico; {SZENE, TON} *auch* teatrale: **jetzt werde bloß nicht ~!**, non ₁diventare melodrammatico (-a)₁/[cadere nel melodramma]! B *adv* {SICH BENEHMEN} in modo melodrammatico.

Melone <-, -n> f **1** *bot* melone m; (*Honigmelone*) *auch* popone m *tosk*; (*Wassermelone*) cocomero m, anguria f *region*, melone m d'acqua **2** *fam scherz* (*Hut*) bombetta f.

Melonenbaum m *bot* papaia f.

Membran <-, -en> f, **Membrane** <-, -n> f **1** *phys tech* (*Schwingungen übertragendes Material*) membrana f **2** *anat biol* (*dünnes Häutchen*) membrana f **3** *chem phys* (*Filter*) membrana f.

Memme <-, -n> f *fam pej obs* fifone (-a) m (f), coniglio n *fam*.

Memo <-s, -s> n *fam* promemoria m.

Memoiren *subst* <*nur pl*> memorie f pl: **seine ~ schreiben**, scrivere le proprie memorie.

Memorandum <-s, Memoranden oder Memo-

randa⟩ n *pol geh* (*Denkschrift*) memorandum m (diplomatico).

Memorial ⟨-s, -s⟩ n **1** *bes. sport* (*Gedenkfeier*) memoriale m **2** *geh* (*Denkmal*) memoriale m, monumento m commemorativo.

memorisieren ⟨*ohne* ge-⟩ tr *geh obs* **etw ~** {GEDICHT, TEXT, ZAHLEN} memorizzare *qc*, imparare/mandare *obs qc* a memoria.

Memory® ⟨-s, -s⟩ n (*Spiel*) memory® m.

Menagerie ⟨-, -n⟩ f *obs* serraglio m.

Mendikantenorden m *relig* → **Bettelorden**.

Menetekel ⟨-s, -⟩ n *geh* segno m premonitore, cattivo presagio m.

Menge ⟨-, -n⟩ f **1** (*bestimmtes Maß*) quantità f: **eine kleine/große/... ~ +** *subst* (nom) {MEHL, SALZ, WASSER, ZUCKER}, una piccola/grande/... quantità *di qc*; **der Verletzte hat eine große ~ (an) Blut verloren**, il ferito ha perso una gran quantità di sangue; **eine riesige ~ Ware ist verdorben**, un ingente quantitativo di merce è avariato **2** (*große Anzahl*): **eine ~ +** ⌊subst (nom)⌋/[*adj* + *subst* (nom *oder* gen)], un gran numero *di qu/qc*: **eine ~ lärmende(r) Kinder stand vor der Schule**, davanti alla scuola stazionava una moltitudine di ragazzini chiassosi; **im Urlaub haben wir eine ~ Leute kennen gelernt**, durante le vacanze abbiamo conosciuto un sacco/fottio *fam* di gente; **du hast eine ~ Fehler gemacht**, hai fatto tantissimi/[una caterva di] errori **3** (*Menschenmenge*) folla f, moltitudine f, massa f: **sich unter die ~ mischen**, mescolarsi tra la folla **4** *fam* (*viel*): **eine/jede ~**, un mucchio/sacco di cose *fam*; **vor unserer Abreise habe ich noch jede ~ zu tun**, prima della partenza ho ancora un mucchio di cose da fare *fam*; **hier gibt es eine ~ zu sehen**, qui c'è moltissimo da vedere; **sie weiß eine ganze ~** *fam*, sa un sacco di cose *fam* **5** *math* insieme m ● **in ausreichender/genügender ~**, in quantità sufficiente; **davon gibt es jede ~** *fam*, ce n'è a non finire *fam*; **in rauen ~n** *fam*, a mucchi *fam*, a non finire *fam*, da vendere *fam*; **er verdient Geld in rauen ~n**, guadagna soldi a palate *fam*; **in der ~ untertauchen**, scomparire tra la folla.

mengen A tr (*mischen*) **etw in etw** (akk)/**unter etw** (akk) ~ {ZUCKER IN/UNTER DEN TEIG} mescolare *qc a/con qc*, mischiare *qc a/con qc*, amalgamare *qc con qc*: **die Zutaten zu einem Teig ~**, mescolare gli ingredienti fino a formare un impasto B *rfl* **1** (*sich einmischen*) **sich in etw** (akk) **~** {IN ANDERER LEUTE ANGELEGENHEITEN} immischiarsi *in qc*, intromettersi *in qc*, ficcare il naso *in qc fam*, impicciarsi *di qc fam* **2** (*sich mischen*) **sich unter jdn** (pl) **~** mescolarsi *tra/fra qu*; **sich unter die Besucher/die Gäste ~**, mescolarsi tra/fra i visitatori/gli ospiti.

Mengenangabe f indicazione f della quantità.

Mengenlehre ⟨-, *ohne* pl⟩ f *math* teoria f degli insiemi, insiemistica f.

mengenmäßig A adj quantitativo, di quantità B adv quantitativamente, per quanto riguarda la quantità.

Mengenrabatt m *com* sconto m ⌊per grandi quantità⌋/[su grossi quantitativi]: **jdm einen ~ einräumen/gewähren**, concedere a qu uno sconto su grandi quantitativi.

Meningitis ⟨-, *Meningitiden*⟩ f *med* meningite f.

Meniskus ⟨-, *Menisken*⟩ m *anat* menisco m.

Meniskusriss (a.R. Meniskuriß) m *med* rottura f del menisco.

Menopause f *med* menopausa f, climaterio m.

Mensa ⟨-, -s *oder* Mensen⟩ f **1** *univ* mensa f **2** (*Altartisch*) mensa f.

Mensch① ⟨-en, -en⟩ m **1** (*menschliches Lebewesen*) uomo m, essere m umano: **nach der Bibel war Adam der erste ~**, secondo la narrazione biblica Adamo fu il primo uomo; **er verachtet alle ~en**, disprezza tutti gli esseri umani; **alle ~en sind gleich**, tutti gli uomini sono uguali; **ich bin auch nur ein ~ aus Fleisch und Blut**, anch'io sono un essere umano, anch'io sono (fatto (-a)) di carne **2** (*Person*) persona f, uomo m, donna f: **sie ist ein guter ~**, (lei) è una brava persona/donna; **er ist ein sehr gebildeter ~**, è un uomo molto colto, è una persona molto colta; **nach dem Urlaub fühlte ich mich wie ein anderer/neuer ~**, dopo le vacanze mi sono ⌊sentito un altro⌋/[sentita un'altra]; **als junger ~ macht man sich noch keine Sorgen um die Zukunft**, ⌊quando si è⌋/[da] giovani non ci si preoccupa del futuro; **was bist du nur für ein ~?**, ma che razza di persona sei? **3** *nur pl* (*Leute*) gente f: **ich muss mal wieder unter ~en**, devo ricominciare a ⌊vedere gente *fam*⌋/[uscire] **4** *fam pej* (*Kerl*) tipo m, individuo m: **wie konntest du nur einen solchen ~en heiraten?**, ma come hai fatto a sposare un ⌊tipo così⌋/[individuo simile]? *pej*; **was will denn dieser ~?**, ma che vuole ⌊quel tipo *fam*⌋/[quello *fam*]? ● **sich wie der erste ~ anstellen** *fam*, essere proprio (un) imbranato *fam*; **ein ~ armer ~** (sein), (essere) un povero diavolo/cristo; **ich bin auch nur ein ~!** *fam*, sono solo un essere umano!; **sich benehmen wie der letzte Mensch** *fam*, comportarsi malissimo; **der ~ lebt nicht vom Brot allein** *fam*, non di solo pane vive l'uomo; **ein ~ wie du und ich**, una persona come me e te; **der ~ ist ein Gewohnheitstier** *scherz fam*, l'uomo è un animale abitudinario; **nur noch ein halber ~ sein**, essere solo l'ombra di se stesso; **kein ~**, nessuno; **ich habe mit keinem ~en darüber gesprochen**, non ne ho parlato con nessuno; **es war kein ~ da**, non c'era ⌊anima viva⌋/[nessuno]; **der glücklichste ~ unter der Sonne sein**, essere la persona più felice della terra; **~en verachtend** → **menschenverachtend**; **von ~ zu ~**, da uomo a uomo; **der ~ ist ein vernunftbegabtes Wesen**, l'uomo è un essere razionale; **der ~ denkt, Gott lenkt** *prov*, l'uomo propone, Dio dispone *prov*.

Mensch② interj *fam*: **~ (Meier)!** (*verwundert*), accidenti! *fam*, caspita! *fam*, porca miseria! *fam euph*, diamine!; **~ (Meier), das war wirklich ein Glücksstreffer!**, caspita *fam*/perbacco, è stato ⌊un vero⌋/[davvero un] colpo di fortuna!; **~, damit habe ich nun wirklich nicht gerechnet!**, accidenti *fam*/caspita *fam* questa non me ⌊l'aspettavo davvero⌋/[la sarei davvero aspettata]!; **~, tut das weh!** *fam*, accidenti se fa male! *fam*; (*verärgert*) porca miseria! *fam euph*; **~, nun lass mich doch endlich in Ruhe!**, per la miseria, lasciami un po' in pace! *fam*.

Mensch③ ⟨-(e)s, -er⟩ n *region pej* (*weibliche Person*) sgualdrina f.

Mensch ärgere dich nicht ⟨-, *ohne* pl⟩ n (*Brettspiel*) Non ti arrabbiare!

menscheln unpers: **hier menschelt es sehr**, siamo tutti esseri umani!

Menschenaffe m *zoo* scimmia f antropomorfa, (scimmia f) antropoide m.

menschenähnlich adj {AUSSEHEN} antropoide, antropomorfo; {BEWEGUNG, VERHALTEN} simile a quello ⌊dell'uomo⌋/[dell'essere umano].

Menschenalter n **1** (*Lebensspanne*) vita f di un uomo **2** (*Generation*) generazione f.

Menschenansammlung f assembramento m/folla f di persone: **vor dem brennenden Haus hatte sich bald eine ~ gebildet**, davanti alla casa in fiamme si era ben presto radunata una piccola folla.

Menschenauflauf m assembramento m (di persone): **am Unfallort kam es zu einem ~**, sul luogo dell'incidente si creò un assembramento.

Menschenbild n concezione f dell'uomo.

Menschenfeind m (**Menschenfeindin** f) misantropo (-a) m (f).

menschenfeindlich adj **1** (*misantropisch*) {PERSON} misantropo; {EINSTELLUNG, IDEEN} *auch* misantropico **2** (*inhuman*) {BAUTEN} disumano; {KLIMA, LANDSCHAFT, UMWELT} ostile all'uomo, inospitale.

Menschenfeindlichkeit f {+MENSCH} misantropia f; {+BAUTEN, STADT, UMWELT} inospitalità f.

Menschenfleisch n carne f umana.

Menschenfresser ⟨-s, -⟩ m (**Menschenfresserin** f) cannibale mf, antropofago (-a) m (f) *wiss*; (*im Märchen*) orco m.

Menschenfreund m (**Menschenfreundin** f) filantropo (-a) m (f), altruista m f, persona f umana.

menschenfreundlich adj {EINSTELLUNG, GEFÜHLE} filantropico, umano; {MENSCH} *auch* filantropo; {GEBÄUDE, STADT, UMWELT} umano, ospitale.

Menschenfreundlichkeit f {+MENSCH} filantropia f, altruismo m; {+STADT, UMWELT} ospitalità f.

Menschenführung f capacità f nella gestione delle risorse umane: **als Direktor braucht man gewisse Fähigkeiten in der ~**, per fare il direttore ci vuole una certa capacità nel gestire le persone.

Menschengedenken n: **seit ~**, a memoria d'uomo, da tempo immemorabile.

menschengerecht adj {GEBÄUDE, STADT} a misura/dimensione d'uomo.

Menschengeschlecht ⟨-(e)s, *ohne* pl⟩ n *geh* genere m umano, umanità f.

Menschengestalt f sembianza f/figura f umana: **der/ein Teufel in ~**, il diavolo in persona *fam*.

Menschenhand f: **von ~ geschaffen** *geh*, creato/fatto ⌊dalla mano dell'uomo⌋/[dall'uomo]; **das liegt nicht in ~** *geh*, non è dato all'uomo *geh*.

Menschenhandel m tratta f/traffico m *fam* di persone.

Menschenhändler m (**Menschenhändlerin** f) trafficante mf di persone/[esseri umani].

Menschenhass (a.R. Menschenhaß) m misantropia f, avversione f morbosa per il genere umano.

Menschenkenner m (**Menschenkennerin** f) conoscitore (-trice) m (f) ⌊dell'animo umano⌋/[degli uomini]/[della natura umana]: **er ist ein guter ~**, sa giudicare bene le persone, conosce bene l'animo umano.

Menschenkenntnis ⟨-, *ohne* pl⟩ f conoscenza f ⌊degli uomini⌋/[dell'animo umano]: **(gute) ~ besitzen/haben**, conoscere (bene) l'animo umano.

Menschenkette f catena f umana: **eine ~ bilden**, formare una catena umana.

Menschenleben n **1** *geh* (*Todesopfer*) vita f umana: **die Hungersnot forderte viele ~**, la carestia ha causato la perdita di molte vite umane **2** (*das Leben eines Menschen*) vita f di un uomo: **ein ~ lang**, per tutta una vita.

menschenleer adj {LANDSCHAFT} deserto; {INNENSTADT, STRASSE} *auch* spopolato, vuoto.

Menschenliebe f amore m per il prossi-

mo, filantropia f.
Menschenmasse f <meist pl> massa f di gente, folla f.
Menschenmenge f folla f (di persone).
menschenmöglich adj umanamente possibile: **das/alles Menschenmögliche**, tutto il possibile; **es wurde alles Menschenmögliche getan, um den Patienten zu retten**, è stato fatto tutto il possibile per salvare il paziente.
Menschenopfer n **1** (kultische Opfergabe) sacrificio m umano **2** <meist pl> (Menschenleben) vittima f, perdita f umana: **der Krieg forderte viele ~**, la guerra ha mietuto molte vittime.
Menschenrasse f razza f umana.
Menschenraub m jur ratto m jur oder lit, sequestro m/rapimento m di persona, kidnapping m.
Menschenrecht n <meist pl> diritto m dell'uomo: **die ~e verletzen**, violare i diritti umani.
Menschenrechtsbeauftragte <dekl wie adj> mf (einer Regierung, der UNO etc.) commissario (-a) m(f) per i diritti dell'uomo.
Menschenrechtserklärung f dichiarazione f dei diritti dell'uomo.
Menschenrechtskommission f commissione f per i diritti dell'uomo.
Menschenrechtskonvention f: **Europäische ~**, convenzione europea dei diritti dell'uomo.
Menschenrechtsorganisation f organizzazione f per i diritti umani.
Menschenrechtsverletzung f violazione f dei diritti ₍dell'uomo₎/[umani].
menschenscheu adj {PERSON} timido, schivo; {TIER} che fugge l'uomo.
Menschenschlag <-, ohne pl> m razza f (umana): **das ist ein komischer ~!**, è una strana razza (di gente)!, è gente strana/curiosa! fam.
Menschenseele f: **es war keine ~ zu sehen**, non c'era ₍anima viva₎/[un'anima].
Menschenskind interj fam, **Menschenskinder** interj fam santo cielo! fam, santa madonna! fam: **~, nun mach doch nicht so ein Theater!**, santo cielo, non fare tante storie!
Menschensohn m bibl: **Jesus Christus, der ~**, Gesù Cristo, il Figlio di Dio fatto uomo.
menschenunwürdig adj {BEHANDLUNG, BEHAUSUNG} indegno (di un uomo), disumano, subumano.
menschenverachtend A adj che disprezza il genere umano B adv mostrando disprezzo per il genere umano.
Menschenverächter m (**Menschenverächterin** f) → **Menschenfeind**.
Menschenverachtung f disprezzo m ₍del genere umano₎/[dell'uomo].
Menschenverstand m: **der gesunde ~**, il buonsenso.
Menschenwerk n opera f dell'uomo.
Menschenwürde f dignità f umana.
menschenwürdig A adj {LEBEN, UNTERKUNFT} degno di un uomo, dignitoso B adv {LEBEN, WOHNEN} dignitosamente, in modo dignitoso.
Menschheit <-, ohne pl> f umanità f, genere m umano.
Menschheitsgeschichte <-, ohne pl> f storia f ₍dell'umanità₎/[del genere umano].
menschlich A adj **1** (zum Menschen gehörend) {FEHLER, IRRTUM, VERSAGEN} umano; {GEIST, INTELLIGENZ, LEBEN, NATUR, SCHWÄCHE} auch dell'uomo **2** (in der Natur des Menschen liegend): **~ sein**, essere umano **3** (human) {BEHANDLUNG, CHEF, KOLLEGE} umano **4** fam (zivilisiert) {AUSSEHEN, KLEIDUNG} passabile fam, decente, dignitoso B adv (human) {BEHANDELN} umanamente, in modo umano, con umanità ● **~ gesehen**, dal lato umano.
Menschliche <dekl wie adj> n: **jdm ist nichts ~s fremd**, qu conosce bene gli uomini; **nichts ~s (an sich dat) haben**, non avere niente di umano (in sé).
Menschlichkeit <-, ohne pl> f umanità f: **etw aus reiner ~ tun**, fare qc per puro spirito umanitario.
Menschwerdung <-, ohne pl> f **1** bibl incarnazione f, umanazione f **2** biol ominazione f.
Mensen pl von Mensa.
menstrual adj med mestruale.
Menstruation <-, -en> f mestruazione f, mestruo m: **die ~ haben**, avere le mestruazioni.
Menstruationsbeschwerden subst <nur pl> disturbi m pl/dolori m pl mestruali.
menstruieren <ohne ge-> itr med avere ₍le mestruazioni₎/[il flusso mestruale geh], mestruare.
mental A adj {VORBEREITUNG} mentale; {ERKENNTNISSE, FÄHIGKEIT} auch intellettuale B adv mentalmente, a livello mentale.
Mentalität <-, -en> f mentalità f, modo m di pensare.
Menthol <-s, ohne pl> n chem mentolo m.
Mentholzigarette f sigaretta f al mentolo.
Mentor <-s, -en> m (**Mentorin** f) **1** geh obs (erfahrener Förderer) mentore m lit, guida f lit **2** Schule univ tutor mf.
Menü <-s, -s> n **1** gastr (Mahlzeit mit mehreren Gängen) menu m **2** inform menu m.
Menübefehl m inform comando m del menu.
Menuett <-(e)s, -e oder -s> n **1** hist (Tanz) minuetto m **2** mus minuetto m.
Menüfunktion f <meist pl> inform funzione f del menu.
menügesteuert adj inform guidato da menu.
Menüleiste f inform barra f del menu.
Menüoption f <meist pl> inform opzione f del menu.
Meran <-s, ohne pl> n geog Merano f.
Merchandising <-s, ohne pl> n ökon merchandising m.
merci interj CH grazie.
Mergel <-s, -> m geol marna f.
Meridian <-s, -e> m astr geog meridiano m.
Meringe <-, -n> f, **Meringel** <-s, -> n, **Meringue** <-, -s> f CH gastr meringa f.
Merino <-s, -s> m **1** → **Merinoschaf 2** → **Merinowolle**.
Merinoschaf n (pecora f) merino m.
Merinowolle f (lana f (di)) merino m.
Merkantilismus <-, ohne pl> m hist mercantilismo m.
merkbar A adj **1** {BESSERUNG} sensibile; {BEBEN, GERÄUSCH} avvertibile, percepibile **2** (leicht zu behalten): **leicht/schwer ~ sein** {FORMEL, MOTTO, NAME, ZAHLEN}, essere facile/difficile da ₍tenere a mente₎/[ricordare]/[memorizzare] B adv (merklich) {SICH ABKÜHLEN, SICH BESSERN} sensibilmente: **die Qualität hat sich ~ verbessert**, la qualità è sensibilmente migliorata.
Merkblatt n foglio m d'istruzioni.
merken A tr (wahrnehmen) etw ~ {ABSICHT} accorgersi di qc, rendersi conto di qc; {UNTERSCHIED} percepire qc, notare qc: **der Unterschied ist kaum zu ~**, la differenza si nota appena; **tut mir leid, die Suppe ist zu salzig. – Ja, ich habe es gemerkt**, mi dispiace, la minestra è salata. – Sì, me ne sono accorto (-a); **Vater hat gemerkt, dass du sehr spät nach Hause gekommen bist**, papà ₍si è accorto₎/[ha sentito] che sei tornato (-a) a casa molto tardi B rfl **1** (im Gedächtnis behalten) **sich (dat) etw ~** {FAKTEN, FORMEL, NAME, ZAHLEN} tenere a mente qc, ricordare qc, memorizzare qc: **ich kann mir ihren Namen einfach nicht ~**, non riesco proprio a tenere a mente il suo nome **2** (im Auge behalten) **sich (dat) jdn/etw ~** {EINEN GUTEN ARZT, DEN NAMEN EINES KANDIDATEN} tenere a mente qu/qc ● **er merkt aber auch alles (ihm entgeht nichts)**, non gli sfugge proprio nulla fam; **du merkst auch alles!** iron (endlich hast du's kapiert), ma guarda che scoperta! iron, finalmente ci sei arrivato (-a)! iron; **~ Sie sich das!**, lo tenga ben presente!; **das merkt doch keiner**, tanto non se ne accorge nessuno; **jdn etw ~ lassen**, far capire qc a qu; **das muss man sich ~**, è bene ricordar(se)lo; **das werde ich mir ~! fam**, me lo ricorderò!
merklich A adj (ABKÜHLUNG, BESSERUNG, ERWÄRMUNG, UNTERSCHIED) sensibile: **er hat ~e Fortschritte gemacht**, ha fatto sensibili/notevoli progressi B adv {(SICH) ABKÜHLEN, SICH BESSERN, SICH ERWÄRMEN} sensibilmente, in modo sensibile: **er hat sich ~ verändert**, è visibilmente cambiato; **es wird ~ kühler**, la temperatura è in sensibile diminuzione.
Merkmal <-(e)s, -e> n caratteristica f, segno m caratteristico, carattere m: **die ~ e einer geschichtlichen Epoche**, i tratti distintivi di un periodo storico; **die technischen ~e eines Autos**, le caratteristiche di un'automobile; **die charakteristischen/typischen ~ einer P./S. (gen)**, ₍i caratteri salienti/tipici₎/[le caratteristiche] di qu/qc; **Optimismus ist eines ihrer besonderen ~e**, l'ottimismo è una sua nota caratteristica ● **besondere ~e**, segni particolari.
Merkur① <-s, ohne pl> m astr myth Mercurio m.
Merkur② <-s, ohne pl> m oder n chem hist mercurio m.
merkwürdig A adj (seltsam) {ANGELEGENHEIT, FALL, MENSCH, VERHALTEN} strano, curioso, singolare, bizzarro: **ich habe schon seit Monaten nichts von ihm gehört. – Merkwürdig!**, sono mesi che non ₍lo sento₎/[si fa sentire fam]. – Davvero strano! B adv {SICH KLEIDEN, SICH VERHALTEN} in modo strano/curioso, stranamente, curiosamente: **hier riecht es ~**, c'è uno strano odore qui.
merkwürdigerweise adv stranamente.
Merkwürdigkeit <-, ohne pl> f {+BENEHMEN, VERHALTEN} stranezza f, singolarità f.
Merkzettel m foglietto m per/con appunti.
meschugge adj <meist präd> fam: **jdn ~ machen**, far ammattire/impazzire qu; **~ sein**, essere ₍fuori di testa₎/[matto]/[suonato fam].
Mesmer m CH, **Mesner, Messner** (a.R. Meßner) <-s, -> süddt A relig sagrestano m.
Mesolithikum <-s, ohne pl> n geol mesolitico m.
Mesopotamien <-s, ohne pl> n geog hist Mesopotamia f.
Message <-, -s> f **1** inform messaggio m **2** fam (Aussage) {+FILM, KUNSTWERK} messaggio m **3** fam (Anliegen) messaggio m: **die ~ rüberbringen**, trasmettere/[(far) passare] il messaggio.
messbar (a.R. meßbar) adj {UNTERSCHIED, VERÄNDERUNG} misurabile.

Messbecher (a.R. Meßbecher) m misurino m.
Messbereich (a.R. Meßbereich) m campo m di misura(zione).
Messbuch n (a.R. Meßbuch) relig messale m, libro m per la messa.
Messdaten (a.R. Meßdaten) subst <nur pl> valori m pl/dati m pl misurati/rilevati.
Messdiener (a.R. Meßdiener) m relig chieric(hett)o m.
Messe[①] <-, -n> f relig 1 (Gottesdienst) messa f: **die ~ halten/lesen**, celebrare/dire la messa; ⌊**in die**⌋/[**zur**] **~ gehen**, andare a(lla) messa 2 mus (liturgische Komposition) messa f ● **eine ~ für jdn lesen lassen** (für einen Verstorbenen), far dire una messa per qu; **schwarze ~**, messa nera.
Messe[②] <-, -n> f com (Ausstellung) fiera f, mostra f, esposizione f: **auf der ~ ausstellen**, esporre alla fiera.
Messe[③] <-, -n> f mil naut (Schiffskantine) mensa f.
Messeamt n ente m fiera.
Messeausweis m tessera f/pass m per accedere a una fiera/esposizione.
Messebesucher m (**Messebesucherin** f) visitatore (-trice) m (f) della fiera.
Messegelände n zona f/area f fieristica, quartiere m/complesso m fieristico.
Messehalle f padiglione m fieristico/[della fiera].
messen <misst, maß, gemessen> **A** tr 1 (im Ausmaß ermitteln) etw ~ {DISTANZ, ENTFERNUNG, FIEBER, GRÖßE, LÄNGE, TEMPERATUR} misurare qc: **die Zeit ~**, misurare/cronometrare il tempo; **den Blutdruck ~**, misurare/prendere fam la pressione 2 (in der Größe bestimmen) etw ~ {BRETT, KOPF, MÖBELSTÜCK, OBERWEITE} misurare qc, prendere le misure di qc 3 (die Größe haben): **das Zimmer misst 20 m²**, la stanza misura/è 20 m²; **die Statue misst drei Meter**, la statua misura tre metri in altezza; **sie misst vier Zentimeter weniger als er**, è quattro centimetri più bassa di lui 4 (beurteilen) jdn an jdm ~ {PERSON AN EINER ANDEREN} paragonare/comparare qu a/con qu; **jdn/etw an etw** (dat) ~ {UNTERNEHMEN AN PRODUKTIVITÄT, WERT AN BESTIMMTEN KRITERIEN} valutare qu/qc ⌊in base a⌋/[secondo] qc; {PERSON AN IHREM ERFOLG, IHRER LEISTUNG} auch giudicare qu/qc in base a qc: **die Schüler an ihren Leistungen ~**, valutare gli alunni in base al (loro) rendimento; **jdn kritisch ~ geh** (abschätzend ansehen), misurare qu con lo sguardo, squadrare qu fam **B** rfl geh (mit jdm in Wettstreit treten) **sich mit jdm** (**in etw** dat) ~ {IN EINER DISZIPLIN, EINEM WETTKAMPF} misurarsi/competere/cimentarsi con qu (in qc): **sich mit jdm ~ können**, poter competere con qu.
Messeneuheit f novità f presentata in fiera.
Messer <-s, -> n 1 (Stichwaffe) coltello m 2 (Teil des Essbestecks) coltello m 3 (Rasiermesser) rasoio m 4 fam (Operationsmesser) bisturi m, ferri m pl fam ● **bis aufs ~ fam** (erbittert) {SICH BEKÄMPFEN}, all'ultimo sangue; **jdm das ~** ⌊**auf die Brust**⌋/[**an die Kehle**] **setzen** fam, mettere il coltello alla gola di qu fam; **jdm unter dem ~ haben** fam, operare qu; **jdm geht das ~ in der Hose**/Tasche auf, qu va in bestia fam; **unters ~ kommen** fam, andare sotto i ferri fam; **(jdm) ins offene ~ laufen** fam, rovinarsi le proprie mani fam, darsi la zappa sui piedi fam; **jdn ans ~ liefern** fam, piantare il coltello nella schiena di qu; **auf des ~s Schneide stehen**, essere attaccato/appeso a un filo.
Messergriff m manico m del coltello.

Messerklinge f lama f del coltello.
Messerrücken m costa f del coltello.
messerscharf A adj 1 (scharf wie ein Messer) {KLINGE, SCHERBE} affilatissimo, molto tagliente 2 fam (sehr scharfsinnig) {ARGUMENTATION} acuto, pungente; {VERSTAND} acuto, perspicace **B** adv {ARGUMENTIEREN} in modo acuto.
Messerschmied m (**Messerschmiedin** f) coltellinaio (-a) m (f).
Messerspitze f 1 (Spitze eines Messers) punta f del coltello 2 (Prise): **eine ~ Salz**, un pizzico/una punta di sale.
Messerstecher <-s, -> m (**Messerstecherin** f) pej accoltellatore (-trice) m (f).
Messerstecherei f rissa f a coltelli.
Messerstecherin f → **Messerstecher**.
Messerstich m coltellata f.
Messerwerfer m (**Messerwerferin** f) lanciatore (-trice) m (f) di coltelli.
Messeschlager m ultima novità f presentata in fiera.
Messestadt f città f sede di fiera.
Messestand m stand m (⌊di una⌋/[della] fiera.)
Messfehler (a.R. Meßfehler) m errore m di misurazione.
Messgerät (a.R. Meßgerät) n strumento m/apparecchio m di misura(zione), misuratore m.
Messgewand (a.R. Meßgewand) n relig pianeta f.
Messgröße (a.R. Meßgröße) f misurando m, grandezza f da misurare.
Messias <-, -se> m 1 (nur sing) relig: **der ~**, il Messia 2 (Befreier) messia m.
Messing <-s, ohne pl> n ottone m.
Messingschild n targhetta f di ottone.
Messinstrument (a.R. Meßinstrument) n strumento m di misurazione, misuratore m.
Messlatte (a.R. Meßlatte) f mira f.
Messopfer (a.R. Meßopfer) n relig sacrificio m ⌊della messa⌋/[eucaristico].
Messstab, **Mess-Stab** (a.R. Meßstab) m asta f di misurazione.
Messtechnik (a.R. Meßtechnik) f tecnica f di misurazione.
Messung <-, -en> f 1 (das Messen) misurazione f 2 (Ergebnis) valore m rilevato.
Messverfahren (a.R. Meßverfahren) n metodo m di misurazione/rilevazione.
Messwein (a.R. Meßwein) m relig vino m da messa.
Messwert (a.R. Meßwert) m valore m rilevato/misurato.
Messzylinder (a.R. Meßzylinder) m cilindro m graduato.
Mestize <-n, -n> m (**Mestizin** f) meticcio (-a) m (f).
MESZ <-, ohne pl> f Abk von mitteleuropäische Sommerzeit: ora legale mitteleuropea/[dell'Europa centrale].
Met <-(e)s, ohne pl> m (Honigwein) idromele m.
Metabolismus <-, ohne pl> m biol metabolismo m.
Metall <-s, -e> n metallo m: **~ verarbeitende Industrie**, industria metallurgica.
Metallarbeiter m (**Metallarbeiterin** f) industr (operaio (-a) m (f)) metallurgico (-a) m (f), metalmeccanico (-a) m (f).
Metallbearbeitung f industr lavorazione f del metallo.
metallen adj <attr> 1 (aus Metall bestehend) {GRIFF, TOPF} di metallo 2 geh (metallisch) {KLANG, STIMME} metallico.

Metaller <-s, -> m (**Metallerin** f) fam (Metallarbeiter) metallurgico (-a) m (f)/metalmeccanico (-a) m (f).
metallhaltig adj {LEGIERUNG, SUBSTANZ} contenente metallo/metalli; {BODEN, GESTEIN} auch metallifero.
metallic <inv> adj {FARBE, LACK} metallizzato.
Metalliclack m vernice f metallizzata.
Metallindustrie f industria f metallurgica.
metallisch A adj 1 (aus Metall bestehend) {BESCHICHTUNG, LEGIERUNG} metallico, di metallo 2 (metallartig) {GLANZ, KLANG, SCHIMMER, STIMME} metallico **B** adv: **~ klingen**, avere un suono metallico.
metallisieren <ohne ge-> tr tech etw ~ {GEGENSTAND} metallizzare qc.
Metalllegierung, **Metall-Legierung** f lega f metallica.
Metalloxid, **Metalloxyd** n chem ossido m metallico.
Metallsäge f sega f/seghetto m per metalli.
Metallurge <-n, -n> m (**Metallurgin** f) metallurgista mf, esperto (-a) m (f) di metallurgia.
Metallurgie f metallurgia f.
Metallurgin f → **Metallurge**.
metallverarbeitend adj → **Metall**.
Metallverarbeitung f metallurgia f, siderurgia f.
Metamorphose <-, -n> f geh metamorfosi f.
Metapher <-, -n> f ling lit metafora f.
Metaphorik <-, ohne pl> f lit 1 (Gebrauch von Metaphern) metaforismo m: **Novalis' ~**, il metaforismo di Novalis 2 (die verwendeten Metaphern) (insieme m delle) metafore f pl.
metaphorisch adj ling lit {STIL} metaforico.
Metaphysik f metafisica f.
metaphysisch adj {ERSCHEINUNG, WERK} metafisico.
Metasprache f ling metalinguaggio m.
Metastase <-, -n> f med metastasi f: **~ bilden**, produrre metastasi, metastatizzare.
metastasieren <ohne ge-> itr med metastatizzare, fare/produrre delle metastasi.
Meteor <-s, -e> m oder rar n astr meteora f.
Meteorit <-en oder -s, -en oder -e> m astr meteorite m oder f.
Meteorologe <-n, -n> m (**Meteorologin** f) meteorologo (-a) m (f).
Meteorologie <-, ohne pl> f meteorologia f.
Meteorologin f → **Meteorologe**.
meteorologisch adj {MESSUNGEN, STATION} meteorologico.
Meter <-s, -> m oder n (Abk m) metro m: **ein ~ hat 100 cm**, un metro è 100 cm; **zwei ~ reine(r) Seide**, due metri di seta pura; **hier bei uns ist der Schnee einen ~ hoch**, qui da noi ⌊la neve è alta un metro⌋/[c'è un metro di neve]; **das Dorf liegt in** ⌊1000 **~ Höhe**⌋/[einer Höhe von 1000 **~n**], il villaggio si trova a ⌊1000 metri di altitudine⌋/[un'altezza di 1000 metri] ● **am laufenden ~** fam, a getto continuo.
Meterband <-(e)s, -bänder> n metro m a nastro.
meterdick adj {MAUER} spessissimo, molto spesso.
meterhoch adj {SCHNEE} altissimo, molto alto: **nach dem Urlaub war das Unkraut im Garten ~**, dopo le vacanze l'erbaccia in giardino era alta un metro; **meterhohe Wellen**, onde altissime.

meterlang adj {BREMSSPUR, KABEL, WARTESCHLANGE} lunghissimo, molto lungo.

Metermaß n 1 (*Meterband*) metro m (a nastro) 2 (*Zollstock*) metro m (pieghevole).

Meterware <-, *ohne pl*> f (*Gardinen, Stoff*) articolo m a metraggio.

meterweise adv {VERKAUFEN} a metraggio, al metro: **ich habe ~ Stoff gekauft**, ho comprato metri e metri di stoffa.

Methadon <-s, *ohne pl*> n *pharm* metadone m.

Methan <-s, *ohne pl*> n, **Methangas** m metano m, gas m di città: **die Heizung auf ~ umstellen**, metanizzare l'impianto di riscaldamento.

Methanol <-s, *ohne pl*> n *chem* metanolo m.

Methode <-, -n> f 1 (*bestimmtes Verfahren*) metodo m, procedimento m: **eine komplizierte ~**, un metodo/procedimento complesso/complicato; **etw mit wissenschaftlichen ~n untersuchen**, analizzare qc con metodi scientifici; **nach einer bestimmten ~ verfahren**, seguire/[procedere secondo] un certo metodo 2 <*oft pl*> (*Vorgehensweise*) metodo m, modo m di fare, sistema m *fam*: **er hat sehr fragwürdige ~n**, ha dei metodi/modi molto discutibili; **er hat so seine eigene ~** *fam*, ha un sistema tutto suo *fam* ● **~ haben** *fam* (*genau geplant sein*) {ARBEIT, AKTION, VORGEHEN}, essere fatto con metodo/sistema; **mit ~** {ARBEITEN, VORGEHEN}, con metodicità; **was sind denn das für ~n?** *fam*, ma che maniere sono queste? *fam*, ma che sistema è questo? *fam*.

Methodik <-, -en> f 1 *wiss* metodica f, metodologia f 2 (*in der Pädagogik*) metodica f 3 (*methodisches Vorgehen*) metodicità f.

methodisch adj <*attr*> 1 (*bestimmte Verhaltensweisen folgend*) {MENSCH} metodico; (UNTERSUCHUNG) *auch* metodologico: **~es Vorgehen**, metodicità f 2 (*in einer Methode begründet*) {FEHLER} di metodo.

Methodist <-en, -en> m (**Methodistin** f) *relig* metodista mf.

methodistisch adj {DOKTRIN, GEMEINDE, KIRCHE} metodista, metodistico.

Methodologie <-, -n> f metodologia f.

Methusalem <-s, *ohne pl*> m *bibl* Matusalemme m ● **(so) alt wie ~**, vecchio come Matusalemme.

Methyl <-s, *ohne pl*> n *chem* metile m.

Methylalkohol m alcol m metilico, metanolo.

Metier <-s, -s> n mestiere m, professione f: **ein ~ erlernen**, imparare un mestiere/una professione ● **sein ~ beherrschen/verstehen**, conoscere il proprio mestiere; **das ist nicht mein ~**, non è il mio campo.

Metonymie <-, -n> f *lit* (*in der Rhetorik*) metonimia f.

Metrik <-, -en> f <*meist sing*> *lit mus* metrica f.

metrisch adj <*attr*> 1 (*das Versmaß betreffend*) {EINTEILUNG, LÄNGE} metrico 2 *mus* metronomico 3 (*auf den Meter bezogen*) {EINHEIT, SYSTEM} metrico.

Metro <-, -s> f *fam* metropolitana f, metrò m *fam*.

Metronom <-s, -e> n *mus* metronomo m.

Metropole <-, -n> f 1 *geh* (*Hauptstadt*) metropoli f, capitale f 2 (*wichtiges Zentrum*) metropoli f, capitale f: **Frankfurt ist die ~ der Banken**, Francoforte è la metropoli delle banche.

metrosexuell adj metrosexual, metrosessuale.

Mett <-(e)s, *ohne pl*> n *gastr* carne f di maiale macinata.

Mette <-, -n> f *relig* (*Frühmette*) mattutino m; (*Mitternachtsmette*) messa f di mezzanotte.

Mettwurst f *gastr* "salsiccia f a base di carne affumicata di manzo o maiale".

Metzelei <-, -en> f carneficina f, massacro m.

Metzger <-s, -> m (**Metzgerin** f) *bes. süddt A CH* macellaio (-a) m (f).

Metzgerei <-, -en> f *bes. süddt A CH* macelleria f.

Metzgerin f → **Metzger**.

Meuchelmord m *pej* assassinio m a tradimento, omicidio m proditorio *geh*.

Meuchelmörder m (**Meuchelmörderin** f) *pej* "chi uccide proditoriamente/[a tradimento]".

meuchlerisch A adj *pej* {ÜBERFALL} proditorio B adv *pej* {ÜBERFALLEN, UMBRINGEN} proditoriamente, a tradimento.

Meute <-, -n> f 1 *oft pej* (*Gruppe*) banda f *fam*, masnada f *fam*, orda f, branco m, torma f: **laden wir doch die ganze ~ zum Abendessen ein!** *scherz*, dai, invitiamo a cena tutta la banda! ; **eine ~ von Halbstarken** *pej*, una banda/masnada di bulli 2 (*Gruppe von Jagdhunden*) muta f.

Meuterei <-, -en> f ammutinamento m: **im Gefängnis ist eine ~ ausgebrochen**, nel carcere c'è stato un ammutinamento; **eine ~ niederschlagen**, reprimere/soffocare un ammutinamento; **eine ~ anführen**, mettersi a capo di/[capeggiare] un ammutinamento.

Meuterer <-s, -> m (**Meuterin** f) ammutinato (-a) m (f).

meutern itr 1 (*aufbegehren*) (**gegen jdn**) ~ {MATROSEN, SOLDATEN GEGEN DEN KAPITÄN, KOMMANDEUR, OFFIZIER} ammutinarsi, ribellarsi (*a/contro qu*), insorgere (*contro qu*) 2 *fam* (*meckern*) brontolare *fam*, mugugnare *fam*.

Mexikaner <-s, -> m (**Mexikanerin** f) messicano (-a) m (f).

mexikanisch adj messicano.

Mexiko <-s, *ohne pl*> n *geog* (*Staat*) Messico m: **in ~**, in Messico.

Mexiko-Stadt f, **Mexiko** n *geog* Città f del Messico: **in Mexiko-Stadt**, a Città del Messico.

MEZ <-, *ohne pl*> f *Abk von* mitteleuropäische Zeit: ora f dell'Europa centrale.

Mezzanin <-s, -e> n *oder* m *arch* mezzanino m, ammezzato m.

Mezzosopran m *mus* 1 <*nur sing*> (*Stimme*) mezzosoprano m 2 (*Sängerin*) mezzosoprano m *oder* f.

Mezzosopranistin f *mus* mezzosoprano m *oder* f.

mg *Abk von* Milligramm: mg (*Abk von* milligrammo).

MG <-(s), -(s)> n *Abk von* Maschinengewehr: mitragliatrice f.

mhd *Abk von* mittelhochdeutsch: medio alto tedesco.

MHz *Abk von* Megahertz: MHz.

miau interj *von* KATZE.

miauen <*ohne ge*-> itr {KATZE} miagolare.

mich A pers pron akk *von* ich (*unbetont*) mi: **warum hast du ~ nicht gegrüßt?**, perché non mi hai salutato (-a)?; **hör auf ~!**, dammi retta!; **sie möchte ~ wieder sehen**, vuole rivedermi; (*betont: mit Präposition oder nachgestellt*) me; **er hat es für ~ getan**, lo ha fatto per me; **sie haben ~ gesucht**, cercavano me B rfl pron akk *von* ich mi: **ich kümmere ~ um meine Nachbarin**, mi prendo cura della mia vicina; **warte mal, ich muss ~ noch kämmen**, aspetta, devo ancora pettinarmi; **ich fühle ~ heute nicht wohl**, oggi non mi sento bene.

Michael m (*Vorname*) Michele.

Michaela f (*Vorname*) Michela.

Michel <-s, -> m *pej* (*naiver Mensch*) semplciotto m *fam*, minchione m *vulg* ● **der deutsche ~**, il tipico tedesco piccolo borghese.

mickrig, mickerig adj *fam pej* 1 (*sehr gering*) {STUNDENLOHN, TRINKGELD} misero, striminzito 2 (*klein und schwächlich*) {KERL, MÄNNLEIN} mingherlino, striminzito 3 (*kümmerlich*) {BAUM, PFLANZE} rachitico, striminzito.

Mickymaus f (*Comicfigur*) Topolino m.

midi <*inv*> adj midi: **~ sein** {KLEID, MANTEL, ROCK}, essere midi.

Midi <-s, -s> n ~ **tragen**, vestire (in) midi.

Midlifecrisis, Midlife-Crisis <-, *ohne pl*> f *geh* crisi f di mezza età.

mied 1. *und* 3. pers sing imperf *von* meiden.

Mieder <-s, -> n 1 (*Korsage*) guaina f, bust(in)o m, corsetto m 2 (*Oberteil von Trachtenkleid*) corpino m, corpetto m, bustino m.

Miederhöschen n guaina f, mutandina f elasticizzata.

Miederwaren subst <*nur pl*> corsetteria f.

Mief <-(e)s, *ohne pl*> m *fam* 1 (*schlechte Luft*) tanfo m, aria f viziata/stagnante/rinchiusa, odore m di rinchiuso 2 (*spießige Atmosphäre*): **der ~ der Provinz**, l'atmosfera soffocante/opprimente della provincia.

miefen itr *fam pej* puzzare: **hier mieft's**, qui c'è puzzo di rinchiuso/[cattivo odore].

Miene <-, -n> f (*espressione f del*) viso m, aria f, faccia f: **ihre ~ hellte sich auf**, il suo viso si rischiarò; **als das Kind eine Ohrfeige bekam, verzog es keine ~**, il bambino rimase impassibile quando prese uno schiaffo; **er begrüßte mich mit eisiger ~**, mi salutò con un'espressione/aria gelida ● **eine düstere ~ aufsetzen**, fare la faccia scura/torva, assumere un'espressione torva; **eine ... ~ machen**: **eine finstere ~ machen**, rabbuiarsi (in volto); **eine heitere/traurige ~ machen**, prendere un'aria allegra/triste; **~ machen**, **etw zu tun**, fare atto di/[accennare a]/[accingersi a]/[apprestarsi a] fare qc; **gute ~ zum bösen Spiel machen**, far buon viso a cattiva sorte/[cattivo gioco]; **mit unbewegter ~**, con aria impassibile/imperturbabile; **ohne eine ~ zu verziehen**, senza batter ciglio.

Mienenspiel n mimica f facciale.

mies A adj *fam pej* 1 (*schlecht*) {BEZAHLUNG} miserabile; {ESSEN} cattivo; {FILM, UNTERKUNFT} schifoso *fam*, brutto: **ein ~er Kerl**, un miserabile, un tipo/essere spregevole; **er hat einen ~en Charakter**, ha un carattere meschino/schifoso *fam*; **was ist los, hast du mal wieder ~e Laune?**, che c'è, hai di nuovo la luna di traverso? 2 (*unwohl*): **sich ~ fühlen**, sentirsi male, star da cani *fam* B adv (*schlecht*) {BEHANDELN, SICH VERHALTEN} male, in modo schifoso *fam*, da cane *fam*.

Miese subst <*nur pl*>: **(mit etw dat) in den ~n sein** *fam* (*im Minus*) {MIT 1000 EURO}, essere sotto (di qc) *fam*, essere in rosso *fam*.

Miesepeter <-s, -> m → **Miesmacher**.

miesepetrig, miesepeterig adj *fam* di cattivo umore, di umore nero: **er ist immer so ~**, è un insoddisfatto cronico.

mies|machen tr 1 *fam pej* (*schlechtmachen*) **jdn ~** sputtanare *qu vulg*, smerdare *qu vulg*, dire peste e corna di *qu fam*: **warum musst du immer alles ~?**, perché devi sempre fare il guastafeste? 2 (*die Lust an etw nehmen*) **jdm etw ~** rovinare *qc a qu*, far passare *a qu* la voglia di (fare) *qc*: **von dir lass ich mir den Ausflug nicht ~!**, non ti

permetterò certo di sciuparmi la gita *fam*.
Miesmacher <-s, -> m (**Miesmacherin** f) *fam pej* guastafeste mf *fam*.
Miesmuschel f *zoo* cozza f, mitilo m, muscolo m.
Mietausfall m perdita f dell'affitto: **einen ~ von mehreren Monaten haben**, perdere ₁l'affitto di alcuni mesi₁/[alcuni mesi d'affitto].
Mietauto n *fam* → **Leihwagen**.
Mietbeihilfe f *adm* → **Wohngeld**.
Miete <-, -n> f **1** (*Wohnungsmiete*) (af)fitto m, pigione f *jur*, canone m di affitto/locazione *jur*: **die ~ (be)zahlen**, pagare l'affitto/la pigione/[il canone di locazione]; **in/zur ~ wohnen**, essere in affitto **2** *jur* (*Mietvertrag*) locazione f **3** (*Leihgebühr*) {+AUTO, BOOT, FAHRRAD} nol(eggi)o m ● **das ist schon die halbe ~!** *fam*, è già qualcosa!, è già metà dell'opera!; *warme*/**kalte ~**, canone d'affitto che comprende/[non comprende] le spese di riscaldamento.
Mieteinkünfte subst <*nur pl*> entrate f pl derivanti da affitti.
Mieteinnahme f <*meist pl*> proventi m pl/ entrate f pl da affitti.
mieten tr *etw* ~ {HAUS, LADEN, WOHNUNG, ZIMMER} affittare *qc*, prendere *qc* in affitto, prendere in locazione *qc jur*, locare *qc jur*; {AUTO, BOOT, FAHRRAD} noleggiare *qc*, prendere *qc* a nol(eggi)o.
Mieter <-s, -> m (**Mieterin** f) inquilino (-a) m (f), affittuario (-a) m (f), locatario (-a) m (f) *jur*, conduttore (-trice) m (f) *jur*.
Mieterhöhung f aumento m del canone d'/dell'affitto.
Mieterin f → **Mieter**.
Mieterschaft <-, *ohne pl*> f inquilini m pl: **die gesamte ~**, tutti gli inquilini (insieme).
Mieterschutz <-es, *ohne pl*> m *jur* tutela f degli inquilini.
Mieterschutzgesetz n *jur* legge f sulla tutela degli inquilini.
Mieterverein m unione f inquilini.
mietfrei A adj {WOHNUNG} per cui non si paga affitto B adv: **~ wohnen**, abitare/stare in una casa senza dover pagare l'affitto.
Mietkauf m locazione f con diritto di riscatto.
Mietpartei f inquilino m, locatario m *jur*, conduttore m *jur*.
Mietpreis m prezzo m d'affitto, fitto m, pigione f, canone m di locazione.
Mietpreisbindung f ≈ equo canone m.
Mietrecht <-s, *ohne pl*> n *jur* disciplina f delle locazioni.
Mietrückstand m <*meist pl*> affitto m arretrato.
Mietshaus n stabile m con appartamenti in affitto.
Mietskaserne f *fam pej* casermone m *fam*.
Mietspiegel m "tabella f dei canoni d'affitto indicativi di una certa zona".
Mietverhältnis n *adm*: **das ~ lösen**, disdire/sciogliere il contratto di locazione.
Mietvertrag m {+AUTO, BOOT, COMPUTER} contratto m di locazione; {+WOHNUNG} *auch* contratto m d'affitto.
Mietwagen m → **Leihwagen**.
Mietwohnung f appartamento m in affitto.
Mietwucher m *pej* affitti m pl esorbitanti, affitti m pl d'oro *journ*.
Mietzins <-es, -e> m *südd A CH* canone m di locazione.
Mietzuschuss (a.R. Mietzuschuß) m *D adm* indennità f di alloggio.

Mieze <-, -n> f **1** *fam* (*Katze*) micio m *fam*, gattino m **2** *slang* (*Mädchen*) bambola f *fam*, pupa f *slang*.
Miezekatze f *Kindersprache* micio m *fam*, gatto m.
Migräne <-, -n> f emicrania f: **~ haben**, avere un attacco di emicrania.
Migränemittel n *pharm* farmaco m contro l'emicrania.
Migrant <-en, -en> m migrante mf.
Migration <-, -en> f **1** *biol* migrazione f **2** *soziol* migrazione f.
Mikado <-s, -s> n (*Spiel*) sciangai m.
Mikro <-s, -s> n *fam* microfono m.
Mikrobe <-, -n> f microbo m.
Mikrobiologie f microbiologia f.
Mikrochip <-s, -s> m *inform* microchip m.
Mikrochirurgie f *med* microchirurgia f.
Mikrocomputer m *inform* microcomputer m, microcalcolatore m.
Mikroelektronik f microelettronica f.
Mikrofaser f *text* microfibra f.
Mikrofiche <-s, -s> m *oder* n *inform* microfiche f, microscheda f.
Mikrofilm m microfilm m.
Mikrofon <-s, -e> n microfono m.
Mikrofotografie f microfotografia f.
Mikrogramm n microgramma m.
Mikroklima <-s, -s> n microclima m.
Mikrokosmos m *biol philos phys* microcosmo m.
Mikrometer n micrometro m.
Mikronesien <-s, *ohne pl*> n *geog* Micronesia f.
Mikroökonomie <-, *ohne pl*> f microeconomia f.
mikroökonomisch adj microeconomico.
Mikroorganismus m <*meist pl*> microrganismo m.
Mikrophon n → **Mikrofon**.
Mikrophotographie f → **Mikrofotografie**.
Mikropille f *slang med* minipillola f *fam*, pillola f a basso dosaggio ormonale.
Mikroprozessor <-s, -en> m *inform* microprocessore m.
Mikroskop <-s, -e> n microscopio m: **etw unter dem ~ untersuchen**, esaminare *qc* al microscopio.
Mikroskopie <-, *ohne pl*> f microscopia f.
mikroskopieren <*ohne ge*-> A tr *etw* ~ osservare/analizzare *qc* al microscopio B itr lavorare al microscopio.
mikroskopisch A adj <*attr*> **1** (*die Mikroskopie betreffend*) {ANALYSE, TECHNIK} microscopico **2** (*äußerst klein*) {BAKTERIEN, PARTIKEL} microscopico B adv **1** (*äußerst klein*): **Bakterien sind ~ klein**, i batteri sono microscopicamente piccoli **2** (*mit dem Mikroskop*) {UNTERSUCHEN} al microscopio, microscopicamente.
Mikrosonde f microsonda f.
Mikrostruktur f microstruttura f.
Mikrowelle f **1** <*meist pl*> *phys* microonda f **2** *fam* (*Herd*) forno m a/ microonde m.
Mikrowellenherd m forno m a microonde.
Milan <-s, -e> m *ornith* nibbio m.
Milbe <-, -n> f *zoo* acaro m.
Milch <-, *ohne pl*> f **1** (*Muttermilch*) latte m (materno) **2** (*Tiermilch*) latte m: **entrahmte/fettarme ~**, latte scremato/[parzialmente scremato]; **frische/kondensierte/pasteurisierte/saure ~**, latte fresco/condensato/pastorizzato/acido; **haltbare ~**, latte a lunga conservazione; **ultrahocherhitzte ~**, latte U.H.T./uperizzato ● **geben**, dare il latte; **~ gebende Kuh**, vacca lattifera/[da latte], mucca **3** *bot* {+PFLANZE} latte m, la(t)tice m **4** (*kosmetisches Produkt*) latte m (detergente) **5** *zoo* {+FISCH} latte m ● **aussehen wie ~ und Blut**, avere un aspetto acqua e sapone.
Milchbar f "locale m dove si servono bevande a base di latte", milk-bar m.
Milchbauer m (**Milchbäuerin**, **Milchbäurin** f) allevatore (-trice) m (f) di bestiame da latte.
Milchbrei m pappa f di latte.
Milchdrüse f ghiandola f mammaria.
Milcheis n *gastr* gelato m al latte.
Milcheiweiß n *biol* lattoalbumina f.
Milcherzeugnis n <*meist pl*> latticino m.
Milchflasche f **1** (*Flasche für den Milchkauf*) bottiglia f del latte **2** (*Flasche für Babys*) biberon m, poppatoio m.
Milchfrau f *fam* lattaia f.
milchgebend adj → **Milch**.
Milchgebiss (a.R. Milchgebiß) n denti m pl/ dentatura f di latte.
Milchgeschäft n latteria f, cremeria f *südital*.
Milchgesicht n **1** (*blasses Gesicht*) viso m pallido/latteo **2** *fam oft pej* (*unerfahrener junger Mann*) lattante m *fam*, poppante m *fam*.
Milchglas n **1** (*weißliches Glas*) vetro m opalino **2** (*Glas für Milch*) bicchiere m da latte.
milchig adj **1** (*undurchsichtig weiß*) {GLAS, GLASSCHEIBE} opalino **2** (*weißlich*) {FLÜSSIGKEIT, LOTION, SAFT} latteo, lattiginoso.
Milchkaffee m *gastr* caffe(l)latte m.
Milchkalb n vitella f di latte.
Milchkännchen n lattiera f, bricco m del latte.
Milchkanne f bidone m del latte, lattiera f.
Milchkuh f vacca f lattifera/[da latte], mucca.
Milchladen m → **Milchgeschäft**.
Milchmädchenrechnung <-s, *ohne pl*> f *scherz* calcolo m miope: **das ist am Ende eine ~!**, alla fine non tornano i conti!
Milchmann m *fam* lattaio m.
Milchmixgetränk n frullato m, frappè m.
Milchprodukt n → **Milcherzeugnis**.
Milchpulver n *gastr* latte m in polvere.
Milchpumpe f *med* (pompetta f) tiralatte m.
Milchreis m *gastr* riso m al latte.
Milchsäure <-, *ohne pl*> f acido m lattico.
Milchsäurebakterie f lattobacillo m.
Milchschokolade f *gastr* cioccolato m al latte.
Milchschorf m *med* crosta f lattea, lattime m *fam*.
Milchshake m → **Milchmixgetränk**.
Milchspeise f *gastr* piatto m a base di latte.
Milchstraße <-, *ohne pl*> f *astr* via f lattea.
Milchstraßensystem n *astr* sistema m galattico.
Milchtüte f cartone m di latte.
Milchwirtschaft f produzione f di latte e latticini.
Milchzahn m dente m di latte.
Milchzucker m lattosio m.
mild, **milde** A adj **1** (*lind*) {LUFT} mite, dolce, tiepido; {JAHRESZEIT, KLIMA, WETTER} *auch* temperato, clemente **2** (*nachsichtig*) {STRAFE, URTEIL} mite, lieve, leggero; {LEHRER, PRÜFER, RICHTER} clemente, indulgente **3** (*gedämpft*) {FARBEN, LICHT} tenue, delicato

4 (*nicht würzig*) {GESCHMACK} delicato; {KÄSE} *auch* dolce, non piccante/forte; {TABAK, ZIGARETTE} leggero; **~ im Geschmack sein**, avere un sapore delicato **5** (*hautneutral*) {CREME, LOTION, SEIFE, SHAMPOO} delicato **B** *adv* **1** (*nachsichtig*) {BEHANDELN} in modo mite, con mitezza; {URTEILEN} *auch* con clemenza/indulgenza **2** (*nicht würzig*) {RIECHEN, WÜRZEN} delicatamente: **diese Seife riecht sehr ~**, questo sapone ha un profumo molto delicato • **~e ausgedrückt/gesagt/gesprochen**, a dir poco.

Milde <-, *ohne pl*> *f* **1** (*Nachsichtigkeit*) {+STRAFE, URTEIL} mitezza f, lievità f; {+PERSON, RICHTER} clemenza f, indulgenza f **2** (*nicht würziger Geschmack*) {+KÄSE} delicatezza f; {+TABAK} leggerezza f **3** (*Beschaffenheit*) {+JAHRESZEIT, KLIMA, WETTER} dolcezza f, mitezza f, clemenza f **4** (*Gedämpftheit*) {+FARBEN, LICHT} tenuità f, delicatezza f • **~ walten lassen** *geh*, usare/[dar prova di] clemenza *geh*.

mildern **A** *tr* (*abschwächen*) **etw ~** {STRAFMAß} attenuare qc, mitigare qc, alleggerire qc, diminuire qc, ridurre qc; {LEID, SCHMERZEN} alleviare qc, mitigare qc **B** *rfl* **1** (*milder werden*) **sich ~** {KLIMA, WETTER} mitigarsi, addolcirsi, diventare più clemente/mite **2** (*sich abschwächen*) {LEID, SCHMERZEN} attenuarsi; {WUT, ZORN} *auch* placarsi, mitigarsi.

mildernd *adj jur*: **~e Umstände**, (circostanze) attenuanti *jur*; **jd bekommt ~e Umstände**, a qu danno le attenuanti.

Milderung <-, *ohne pl*> *f* **1** (*Erwärmung*) {+WETTER} diventare m più clemente **2** (*das Mildern*) {+STRAFMAß} diminuzione f, riduzione f **3** (*das Sichmildern*) {+LEID, SCHMERZEN} attenuazione f, alleviamento m, lenimento m.

mildtätig *adj geh* {ORGANISATION} caritatevole, benefico; {MENSCH} misericordioso, caritatevole: **zu ~en Zwecken**, a scopo di beneficenza/[benefico].

Mildtätigkeit <-, *ohne pl*> *f* carità f.

Milieu <-s, -s> *n* **1** (*Umfeld*) {+MENSCH} ambiente m: **das häusliche ~ eines Schülers**, l'ambiente familiare di un alunno; **sie ist in einem bürgerlichen ~ aufgewachsen**, è cresciuta in un ambiente/contesto borghese; **das ~ der Künstler**, il mondo degli artisti; **das kulturelle/soziale ~**, il milieu/l'ambiente/il contesto culturale/sociale **2** *bes.* *biol* {+ALGEN, BAKTERIEN, PFLANZEN} ambiente m **3** *slang* (*Prostitutionsszene*) giro m *slang*, milieu m *slang*, ambiente m: **das ist einer aus dem ~**, è uno del giro.

milieubedingt *adj* condizionato dall'ambiente.

milieugeschädigt *adj* {JUGENDLICHER, KIND} disadattato: **~ sein**, provenire da una situazione disagiata/[un contesto disagiato].

Milieuschilderung f, **Milieustudie** f *bes. lit* descrizione f di un ambiente sociale.

militant *adj* {ANHÄNGER, DEMONSTRANT} militante.

Militär[1] <-s, *ohne pl*> *n* **1** (*Armeeangehörige*) militari m pl, forze f pl armate, esercito m: **das deutsche ~**, l'esercito tedesco **2** (*~dienst*) servizio m militare: **er ist jetzt beim ~**, è sotto le armi, sta facendo il servizio militare; **zum ~ gehen**, andare sotto le armi/[(a fare il) soldato]; **nächstes Jahr muss mein Sohn zum ~**, l'anno prossimo mio figlio dovrà fare il/[partire] militare.

Militär[2] <-s, -s> m <*meist pl*> (*Offizier*) militare m (di grado) superiore, (alto) ufficiale m.

Militärakademie f accademia f militare.
Militärarzt m (**Militärärztin** f) medico m militare, ufficiale m medico.
Militärattaché <-s, -s> m addetto m militare.
Militärbündnis n alleanza f militare.
Militärdienst m servizio m militare: **den ~ ableisten**, prestare (il) servizio militare.
Militärdiktatur f dittatura f militare.
Militärflugplatz m aeroporto m militare.
Militärflugzeug n aeroplano m/aereo m militare.
Militärgericht n tribunale m militare: **vor ein ~ gestellt werden**, essere condotto davanti a un tribunale militare.
Militärgerichtsbarkeit f giurisdizione f militare.
militärisch **A** *adj* **1** (*das Militär betreffend*) {EINGRIFF, STÜTZPUNKT} militare **2** (*soldatisch*) {DISZIPLIN, GRUß, STRENGE, TON} militare, militaresco: **jdm ~e Ehren erweisen**, rendere gli onori militari a qu **B** *adv* **1** (*mit der Armee*) {BEKÄMPFEN, BESETZEN} militarmente: **ein ~ mächtiger Staat**, uno stato militarmente forte **2** (*soldatisch*) {GRÜßEN} militarmente, secondo l'uso militare; {ERZIEHEN} *auch* militarescamente *pej*.
militarisieren <*ohne ge*-> *tr* **etw ~** {BETRIEB, ORGANISATION, SCHULE} militarizzare qc.
Militarisierung <-, *ohne pl*> f militarizzazione f.
Militarismus <-, *ohne pl*> m militarismo m.
Militarist <-en, -en> m (**Militaristin** f) militarista mf.
militaristisch *adj* {DENKEN, TRADITION} militarista, militaristico.
Militärjunta f giunta f militare.
Militärkapelle f banda f militare.
Militärmusik f musica f militare.
Militärparade f parata f militare.
militärpflichtig *adj* → **wehrpflichtig**.
Militärpolizei f polizia f militare.
Militärputsch m putsch m/golpe m militare.
Militärregierung f governo m militare.
Militärregime n regime m militare.
Militärstützpunkt m base f militare.
Militärzeit <-, *ohne pl*> f (*periodo m del*) servizio m militare.
Miliz <-, -en> f milizia f.
Milizionär <-s, -e> m miliziano m.
milkt *obs* 3. pers sing präs *von* melken.
Mill. Abk *von* Million(en): milione (-i).
Mille <-, -> f <*meist pl*> *fam* (*tausend Euro*) mille euro m pl.
Millennium <-s, *Millennien*> n millennio m.
Millenniumsfeier, **Millenniumfeier** f celebrazione f dell'entrata nel/[dell'arrivo del] nuovo millennio.
Milliardär <-s, -e> m (**Milliardärin** f) miliardario (-a) m (f) (in euro).
Milliarde <-, -n> f (Abk Mia., Mrd.) miliardo m.
Milliardenbetrag m importo m/somma f (nell'ordine) di miliardi di euro.
Milliardengrab n *iron* pozzo m senza fondo; progetto m mangiasoldi/[che ha fagocitato miliardi di euro].
Milliardenhöhe f: **in ~**, per miliardi (di euro); **die Überschwemmung verursachte Schäden in ~**, l'alluvione ha causato danni per miliardi (di euro).
Millibar <-s, -> n (Abk mb) millibar m (Abk mb).
Milligramm n (Abk mg) milligrammo m (Abk mg).
Milliliter m (Abk ml) millilitro m (Abk ml).

Millimeter m *oder* n (Abk mm) millimetro m (Abk mm).
Millimeterarbeit f *fam*: **das ist ~!** (*z. B. beim Einparken oder beim Einpassen von Einbaumöbeln*), è questione di millimetri!
millimetergenau **A** *adj* {ABMESSEN, ANGABEN} al millimetro **B** *adv* {ABMESSEN, EINPASSEN} al millimetro.
Millimeterpapier n carta f millimetrata.
Million <-, -en> f (Abk Mill., Mio) **1** (*1 000 000*) milione m: **eine halbe ~**, mezzo milione; **für den Wiederaufbau des alten Theaters wurden von der Regierung mehr als zwei ~en (Euro) bereitgestellt**, per la ricostruzione dell'antico teatro il governo ha stanziato oltre due milioni di euro **2** <*nur pl*> (*unbestimmte Zahl*) milioni m pl: **~en arbeitsloser junger Leute/[von arbeitslosen jungen Leuten]**, milioni di giovani disoccupati; **die Kosten für dieses Projekt dürften in die ~en gehen**, i costi di questo progetto dovrebbero essere nell'ordine di qualche milione di euro.
Millionär <-s, -e> m (**Millionärin** f) milionario (-a) m (f) (in euro).
Millionenauflage f {+BUCH, ZEITUNG} tiratura f di almeno un milione di copie.
Millionenauftrag m ordine m/ordinativo m per milioni (di euro).
Millionending n *fam* **1** (*Geschäft*) affare m di milioni di euro **2** *pej* (*Betrug*) truffa f milionaria, megatruffa f *fam*; (*Bankraub*) colpo m milionario.
millionenfach **A** *adj* {VERGRÖßERUNG} di milioni di volte **B** *adv* {VERGRÖßERN} milioni di volte.
Millionengeschäft n affare m/business m di milioni di euro.
Millionengewinn m **1** (*Ertrag in Höhe von Millionen*) guadagno m di milioni di euro **2** (*Lotteriegewinn*) vincita f milionaria (in euro).
Millionenschaden m danno m di milioni di euro.
millionenschwer *adj fam* {ERBE, INDUSTRIELLER} miliardario.
Millionenstadt f città f con oltre un milione di abitanti.
millionste *zahladj* → **millionster**.
millionstel <inv> *adj* <attr> milionesimo.
Millionstel <-s, -> n milionesimo m.
millionster, millionste, millionstes *zahladj* <attr> milionesimo.
Milz <-, -en> f *anat* milza f.
Milzbrand m *med* antrace m, carbonchio m.
mimen *tr fam* **1** (*vortäuschen*) **etw ~** {BEWUNDERUNG, HERZLICHKEIT} simulare qc, fingere qc; {DEN KRANKEN, LEIDENDEN, DIE UNSCHULDIGE} fare qc, fare finta di essere qc, fingersi qc: **er mimte großes Interesse**, faceva finta di essere molto interessato **2** *rar* (*darstellen*) **etw ~** {ROLLE} recitare qc, interpretare qc.
Mimese <-, -n> f *zoo* mimetismo m.
Mimesis <-, *Mimesen*> f *kunst lit* mimesi f.
mimetisch *adj geh* mimetico.
Mimik <-, *ohne pl*> f mimica f, gestualità f.
Mimikry <-, *ohne pl*> f *zoo* mimicry m *oder* f.
mimisch **A** *adj* (*durch Mimik bewirkt*) {AUSDRUCK, GESTIK} mimico **B** *adv* (*durch Mimik*) {DARSTELLEN, SICH VERSTÄNDIGEN} mimicamente, con la mimica.
Mimose <-, -n> f **1** *bot* mimosa f **2** (*empfindsamer Mensch*) ipersensibile mf, persona f suscettibile: **eine ~ sein**, essere ipersensibile.
mimosenhaft *adj* {MENSCH} ipersensibile.

min, **Min.** Abk von Minute: min. (**Abk** von minuto).
Minar̲ett <-s, -e oder -s> n minareto m.
mi̲nder adv meno: **mehr oder ~**, più o meno; **nicht ~ wichtig**, non meno importante; **nicht mehr und nicht ~**, né più né meno.
mi̲nderbegabt adj {Schüler} poco dotato.
mi̲nderbemittelt adj **1** geh (ziemlich arm) {Bürger, Familie} meno abbiente **2** fam pej (geistig beschränkt): **geistig ~**, deficiente.
mi̲nderer, mi̲ndere, mi̲nderes adj <attr> {Ansehen, Bedeutung, Gewicht} minore, inferiore: **diese Artikel sind von minderer Qualität**, questi articoli sono di qualità scadente.
Mi̲nderheit <-, -en> f **1** nur sing (kleinerer Teil einer Gruppe) minoranza f: **die ~ im Parlament**, la minoranza parlamentare; **in der ~ sein**, essere in minoranza **2** (zahlenmäßig unterlegene Gruppe) minoranza f: **ethnische/religiöse/sprachliche ~en**, minoranze etniche/religiose/linguistiche.
Mi̲nderheitenfrage f questione f delle minoranze.
Mi̲nderheitenrecht n diritto m delle minoranze.
Mi̲nderheitenschutz m tutela f delle minoranze.
Mi̲nderheitensprache f lingua f di una minoranza.
Mi̲nderheitsregierung f governo m minoritario.
mi̲nderjährig adj {Kind, Jugendlicher} minorenne.
Mi̲nderjährige <dekl wie adj> mf minorenne mf, minore mf jur.
Mi̲nderjährigkeit <-, ohne pl> f minore età f jur, minorità f.
mi̲ndern **A** tr etw ~ {Ansehen, Leistung, Wert} diminuire qc; {Kosten, Preis} auch ridurre qc; {Geschwindigkeit} ridurre qc; {Lautstärke} auch abbassare qc; {Schmerzen, Strafmaß} attenuare qc **B** rfl sich ~ {Wert} diminuire; {Interesse} auch calare, scemare: **sein Ansehen hat sich in der letzten Zeit gemindert**, ultimamente la sua popolarità sta calando; **der Wert des Geldes mindert sich**, il denaro si deprezza.
Mi̲nderung <-, -en> f meist sing {+Erträge, Leistung} diminuzione f; {+Kosten, Preis} auch riduzione f; {+Strafmaß} attenuazione f; {+Wert} deprezzamento m.
mi̲nderwertig adj {Artikel, Material, Produkt} scadente; {Qualität} auch inferiore, deteriore: **sich ~ fühlen**, sentirsi inferiore.
Mi̲nderwertigkeit <-, ohne pl> f {+Material, Produkt, Ware} qualità f scadente/inferiore, inferiorità f.
Mi̲nderwertigkeitsgefühl n psych senso m di inferiorità.
Mi̲nderwertigkeitskomplex m psych complesso m di inferiorità.
Mi̲nderzahl <-, ohne pl> f: **in der ~ sein**, essere in minoranza.
Mi̲ndestabstand m distanza f minima.
Mi̲ndestalter n età f minima.
Mi̲ndestanforderung f requisito m minimo.
Mi̲ndestbetrag m importo m minimo.
mi̲ndeste adj → **mindester**.
Mi̲ndesteinkommen n reddito m minimo.
mi̲ndestens adv **1** (zumindest) perlomeno, almeno, quantomeno: **du hättest mich ~ fragen können, bevor du dieses teure Auto gekauft hast**, prima di comprare una macchina così cara [avresti potuto]/[potevi fam] almeno/perlomeno chiedere il mio parere **2** (nicht weniger als) come minimo, almeno, perlomeno: **er verdient ~ 4000 Euro im Monat**, come minimo guadagna 4000 euro al mese • **~ haltbar bis ...**, da consumarsi preferibilmente entro ...

mi̲ndester, mi̲ndeste, mi̲ndestes adj <attr> **1** (geringste: meist verneint) minimo (-a), (il, la) più piccolo (-a): **du hast nicht das mindeste Verständnis für mich**, non hai la minima comprensione per me **2** (das wenigste): **das mindeste/Mindeste, il minimo**; **das ist doch wohl das mindeste/Mindeste, was du für sie tun kannst**, è il minimo che puoi fare per lei; **ich verstehe davon nicht das mindeste/Mindeste**, non ne capisco un'acca **3** (überhaupt nicht): **nicht im mindesten/Mindesten**, nient'affatto, neanche minimamente/[per sogno] **4** (wenigstens): **zum mindesten/Mindesten**, perlomeno, almeno.
Mi̲ndestgeschwindigkeit f velocità f minima.
Mi̲ndestgewicht n peso m minimo.
Mi̲ndesthaltbarkeitsdatum n {+Lebensmittel} data f di scadenza: **~ 15.3.2012**, da consumarsi preferibilmente entro il 15.3.2012.
Mi̲ndestlohn m salario m minimo, minimo m salariale.
Mi̲ndestmaß n **~ (an etw dat)** minimo m (di qc): **ein ~ an Selbstständigkeit**, un minimo di autonomia; **sich auf das ~ beschränken**, limitarsi al minimo (indispensabile).
Mi̲ndestpreis m prezzo m minimo.
Mi̲ndestrente f pensione f minima.
Mi̲ndeststrafe f jur pena f minima, minimo m della pena.
Mi̲ne <-, -n> f **1** (für Schreibgerät) {+Bleistift} mina f; {+Kugelschreiber} ricambio m, refill m **2** (Sprengkörper) mina f: **eine ~ entschärfen**, disinnescare una mina **3** (Bergwerk) miniera f **4** (unterirdischer Gang) galleria f, cunicolo m.
Mi̲nenarbeiter m (**Mi̲nenarbeiterin** f) minatore (-trice) m (f).
Mi̲nenfeld n mil campo m minato.
Mi̲nenleger <-s, -> m (**Mi̲nenlegerin** f) mil posamine mf.
Mi̲nenräumboot n mil dragamine m, cacciamine m.
Mi̲nensuchboot n mil dragamine m.
Mi̲nensuchgerät n cercamine m, mine-detector m.
Mi̲nenwerfer <-s, -> m mil hist lanciamine m.
Mineral <-s, -e oder -ien> n minerale m.
Mineralbad n località f/stazione f termale.
Mineralbrunnen m → **Mineralquelle**.
Mineraldünger m concime m minerale.
mineralhaltig adj {Gestein, Wasser} minerale.
mineralisch adj {Dünger, Heilwasser, Substanz} minerale.
Mineralogi̲e <-, ohne pl> f mineralogia f.
mineralo̲gisch adj {Analyse, Gutachten} mineralogico.
Mineralöl n olio m minerale; (Erdöl) petrolio m.
Mineralölgesellschaft f compagnia f petrolifera.
Mineralölindustrie f industria f petrolifera.
Mineralölsteuer f tassa f sugli idrocarburi.
Mineralquelle f sorgente f d'acqua minerale.
Mineralsalz n sale m minerale.
Mineralstoff m <meist pl> (sostanza f) minerale m.
Mineralwasser n gastr (acqua f) minerale f fam: **~ mit/ohne Kohlensäure**, acqua minerale [gas(s)ata/frizzante]/[naturale/liscia].
mi̲ni <inv> adj <präd> **1** fam (winzig klein) minuscolo, microscopico, mini fam **2** (oberhalb des Knie endend): **~ sein** {Kleid, Rock}, essere mini.
Mi̲ni <-s, -s> **A** m fam (~rock) mini f fam, minigonna f **B** n (Mode) moda f mini; fam (~kleid) miniabito m • **~ tragen**, vestire (in) mini.
Miniatu̲r <-, -en> f **1** (Illustration einer Handschrift) miniatura f **2** (kleines Bild) miniatura f, dipinto m miniato • **etw in ~ nachbauen** {Haus, Kirche}, fare un modello in miniatura di qc.
Miniatu̲rausgabe f {+Buch} edizione f diamante [in formato ridotto]; (Kleinausgabe) miniatura f: **der Kölner Dom in ~**, il duomo di Colonia in miniatura.
Miniatu̲rmaler m (**Miniatu̲rmalerin** f) miniaturista m f.
Miniatu̲rmalerei f kunst miniatura f.
Mi̲nibar f minibar m, frigobar m.
Mi̲nibus m autom minibus m.
Mi̲nicar <-s, -s> m autom (Kleintaxi) piccolo taxi m.
Mi̲nicassette f microcassetta f.
Mi̲nicomputer m inform minicomputer m, minielaboratore m.
Mi̲nigolf n sport minigolf m.
Mi̲nikleid n miniabito m.
Mi̲nima pl von Minimum.
minima̲l **A** adj **1** (geringfügig) {Schwankung, Steigerung, Unterschied} minimo, piccolissimo, minimale rar **2** (so gering wie möglich) {Anstrengung, Aufwand, Ausgaben, Kosten} minimo **B** adv (geringfügig) {Ansteigen, sich unterscheiden} di pochissimo.
minima̲linvasiv adj med {Chirurgie} mininvasivo.
minimalisi̲eren <ohne ge-> tr geh pej etw ~ minimizzare qc.
Minima̲lismus <-, Minimalismen> m bes. kunst lit minimalismo m.
Minima̲list <-en, -en> m (**Minima̲listin** f) kunst lit mus minimalista mf.
Minima̲lkonsens m pol minimo comune denominatore m.
Minima̲llohn m salario m minimo.
Minima̲lprogramm n bes. pol programma m minimo.
Minima̲lwert m valore m minimo: **die Inflation ist auf einen ~ gesunken**, l'inflazione è scesa ai minimi storici.
minimi̲eren <ohne ge-> tr geh etw ~ {Ausgaben, Kosten, Risiko} ridurre qc al minimo.
Mi̲nimum <-s, Minima> n **1** geh (Mindestmaß) minimo m: **ein ~ an etw (dat)** {an Aufwand, Kosten, Sicherheit}, un minimo di qc **2** meteo (niedrigster Wert) minima f.
Mi̲nipille f minipillola f fam, pillola f a basso dosaggio ormonale.
Mi̲nirock m minigonna f.
Mini̲ster <-s, -> m (**Mini̲sterin** f) ministro m (scherz -a/-essa) mf: **Frau ~ Clausen eröffnet die Sitzung**, apre la seduta il ministro Clausen; **der ~ für etw (akk)** {für Arbeit und Soziales, Landwirtschaft}, il ministro di qc; **der ~ des Äußeren/Inneren**, il ministro degli (affari) esteri/interni; **~ ohne Geschäftsbereich**, ministro senza portafoglio.

Ministeramt n ministero m, carica f di ministro.
Ministerebene f: **auf ~**, a livello ministeriale.
Ministerialbeamte <dekl wie adj> m (**Ministerialbeamtin** f) adm funzionario (-a) m (f) ministeriale.
Ministerialrat m adm "funzionario m ministeriale o statale (con gli stessi compiti di un dirigente ministeriale)".
ministeriell adj <attr> adm {ENTSCHEIDUNG, ERLASS} ministeriale.
Ministerien pl von Ministerium.
Ministerin f → **Minister**.
Ministerium <-s, Ministerien> n **1** pol (höchste Verwaltungsbehörde) ministero m, dicastero m: **das ~ für Außenhandel**, il Ministero per il commercio con l'estero **2** (Gebäude) ministero m.
Ministerkonferenz f conferenza f ₗdei ministriⱼ/[ministeriale].
Ministerpräsident m (**Ministerpräsidentin** f) **1** (Leiter einer deutschen Landesregierung) Presidente m di un Land **2** (Regierungschef) Primo Ministro m; (in Italien) Presidente m del Consiglio (dei ministri).
Ministerrat <-(e)s, ohne pl> m pol consiglio m dei ministri: **der Europäischen Union**, Consiglio dei ministri dell'Unione europea.
Ministersessel m fam poltrona f di ministro: **die heiß umkämpften ~**, le poltronissime slang.
Ministertagung f seduta f ministeriale.
Ministrant <-en, -en> m relig chieric(hett)o m, ministrante m.
ministrieren <ohne ge-> itr relig servir messa, ministrare rar.
Minna <-, -s> f fam obs (Hausmädchen) serva f obs • **die grüne ~** fam (Polizeiwagen), il cellulare; **jdn zur ~ machen** fam, fare un culo così a qu slang, fare una partaccia a qu.
Minne <-, ohne pl> f lit hist amor m cortese, amore m cavalleresco.
Minnelied n lit hist "canzone f d'amore del Medioevo tedesco".
Minnesang <-(e)s, ohne pl> m lit hist "genere m lirico del XII-XIV secolo sul modello della lirica trovadorica, coltivato soprattutto alle corti feudali", Minnesang m.
Minnesänger m lit hist "poeta m/cantore m del Minnesang", Minnesänger m, Minnesinger m.
Minorität <-, -en> f geh → **Minderheit**.
minus A konj math (weniger) meno: **sechs ~ drei ist (gleich) drei**, sei meno tre uguale/fa tre B adv **1** (unter null) meno: ₗ**~ acht Grad**ⱼ/[acht Grad ~], meno otto, otto gradi sotto zero **2** (Schulnote) meno: **er hat in Englisch eine Vier ~**, in inglese ha sei meno **3** el (Pol negativer Ladung) präp + gen (abzüglich) meno: **der Pullover kostet 175 Euro ~ 10% Skonto**, il pullover costa 175 euro meno il 10% di sconto.
Minus <-, -> n **1** (fehlender Betrag) ammanco m, deficit m: **Sie stehen mit 1000 Euro im ~**, è sotto di 1000 euro fam; **im ~ sein**, essere in deficit **2** el phys polo m negativo **3** (Nachteil) svantaggio m.
Minusgrad m meteo grado m sotto (lo) zero: **~e in der Nacht**, la notte temperature sotto lo zero.
Minuspol m el polo m negativo.
Minuspunkt m **1** (nachteiliger Umstand) punto mₗdi svantaggioⱼ/[a sfavore]/[Negativo]; (bei Prüfungen) punto m in meno **2** sport penalità f.
Minustemperatur f temperatura f sotto (lo) zero.

Minuszeichen n math (segno m del) meno m.
Minute <-, -n> f **1** (Abk min, Min.) minuto m: **es ist fünf ~n vor halb zehn**, sono le 9.25; **ich komme in zehn ~n**, vengo fra dieci minuti; **sie schreibt 100 Anschläge in der ~**, fa 100 battute al minuto **2** (Augenblick) attimo m, istante m, momento m: **er macht alles** ₗ**auf die letzte**ⱼ/[in letzter] **~**, fa tutto all'ultimo minuto/momento • **auf die ~ genau sein**, spaccare il minuto fam; **fünf ~n vor zwölf sein** fam, non esserci più un minuto da perdere; **keine ruhige ~ haben**, non aver requie, non avere un momento di pace/tranquillità.
minutenlang A adj <attr> {APPLAUS, PAUSE} di alcuni minuti B adv {APPLAUDIEREN, UNTERBRECHEN} per alcuni minuti.
Minutenzeiger m lancetta f dei minuti.
minutiös, minuziös geh A adj {ARBEIT, SCHILDERUNG, UNTERSUCHUNG} minuzioso, meticoloso, precisissimo, scrupoloso B adv {ANALYSIEREN, PLANEN, PRÜFEN} minuziosamente, meticolosamente, scrupolosamente.
Minze <-, -n> f bot menta f (piperita).
Mio Abk von Million(en): milione (-i).
mir A pers pron dat von ich (unbetont) mi: **warum antwortest du mir nicht?**, perché non mi rispondi?; (betont) a me; **Vater hat mir das Auto geschenkt und nicht dir**, papà ha regalato la macchina a me e non a te; (nach Präpositionen und in Kombination mit anderen Pronomina) me; **ich habe meine Brille in der Küche gelassen, kannst du sie mir bitte holen?**, ho lasciato gli occhiali in cucina, puoi prendermeli, per favore?; **warum kommst du nicht zu mir?**, perché non vieni da me?; **er wohnt jetzt bei mir**, ora abita con me; **Peter ist ein Freund von mir**, Peter è un mio amico B rfl pron dat von ich mi: **ich wasche mir die Hände**, mi lavo le mani • **von mir aus**, per me, per quanto mi riguarda; **mir nichts, dir nichts** fam, come se niente fosse; **wie du mir, so ich dir** prov, occhio per occhio, dente per dente prov.
Mirabelle <-, -n> f bot **1** (Baum) mirabolano m bot **2** (Frucht) mirabella f.
Mirakel <-s, -> n geh miracolo m.
Miriam f (Vorname) Miriam.
Misanthrop <-en, -en> m geh misantropo m.
Mischbatterie f tech miscelatore m.
Mischbrot n gastr pane m misto di segale e frumento.
Mischehe f matrimonio m misto.
mischen A tr **1** (vermengen) **etw (mit etw** dat) **~** {FARBEN, WASSER MIT WEIN} mescolare qc (a/con qc), mischiare qc (a/con qc); {KAFFEE, TABAKSORTEN} auch miscelare qc (con qc); {SALAT} rimestare qc, mischiare qc **2** (hinein~) **etw unter etw** (akk)/**in etw** (akk) **~** {ZUCKER IN DEN KAFFEE} mescolare qc con/a qc, mischiare qc a/con qc **3** (mixen) **etw** (aus etw dat) **~** {ARZNEI, COCKTAIL, SAFT} preparare qc (con qc), fare qc (con qc) **4** film radio TV **etw ~** {GERÄUSCHE, MUSIK, SPRACHE} mixare qc **5** (durch~) **etw ~** {LOTTERIELOSE} mescolare qc, mischiare qc; {KARTEN} auch scozzare qc B itr Karten scozzare C rfl **1** (sich ver~) **sich mit etw** (dat) **~** {WASSER MIT ÖL} mischiarsi con qc, mescolarsi con qc **2** (sich mengen) **sich unter jdn ~** {UNTER DIE DEMONSTRANTEN, DIE ZUSCHAUER} mescolarsi a/tra/fra qc, mischiarsi a/tra/fra qc: **sich unter die Menge ~**, mescolarsi alla/[tra la] folla **3** (sich ein~) **sich in etw** (akk) **~** {EINEN STREIT, EINE UNTERHALTUNG} immischiarsi in qc, intromettersi in qc: **sich in anderer Leute Angelegenheiten ~**, immischiarsi/impicciarsi fam ₗnelle fac-

cendeⱼ/[negli affari] altrui.
Mischform f forma f mista/ibrida.
Mischfutter n foraggio m misto.
Mischgemüse n verdura f mista.
Mischgewebe n (tessuto m) misto m.
Mischhaut f pelle f mista.
Mischkalkulation f ökon calcolo m di compensazione.
Mischkonzern m ökon "gruppo m industriale che riunisce imprese di vari settori economici".
Mischkultur f **1** agr coltura f mista **2** (in der Ethnologie) cultura f mista.
Mischling <-s, -e> m **1** (Mensch) meticcio m, mezzosangue m **2** zoo meticcio m, ibrido m, bastardo m.
Mischlingskind n bambino (-a) m (f) meticcio (-a).
Mischmasch <-(e)s, -e> m <meist sing> fam pej guazzabuglio m fam, miscuglio m, fritto m misto fam, pasticcio m fam; (bes. für Essen und Trinken) intruglio m fam.
Mischmaschine f bau betoniera f.
Mischpoche, Mischpoke <-, ohne pl> f fam pej **1** (Familie, Verwandtschaft) famiglia f, parentado m **2** (üble Gesellschaft) banda f, marmaglia f.
Mischpult n film radio TV mixer m; (im Regieraum) conso(l)le f (di missaggio).
Mischrasse f razza f mista, meticciato m.
Mischung <-, -en> f **1** (Gemisch) **~ (aus/ von etw** dat) {AUS KAFFEE-, TABAK-, TEESORTEN} miscela f (di qc); {AUS GEWÜRZEN, FARBEN, KLÄNGEN} auch mescolanza f (di qc); mistura f (di qc); {AUS GEGENSÄTZLICHEN GEFÜHLEN} miscuglio m (di qc), misto m (di qc): **eine ~ aus Zärtlichkeit und Aggressivität**, un misto di tenerezza e aggressività **2 com** (Zusammenstellung): **eine ~ Bonbons/Plätzchen/Pralinen**, ₗcaramelle assortite/misteⱼ/[biscotti assortiti]/[cioccolatini assortiti]; **feine ~** (aus Pralinen), cioccolatini finissimi **3** fam (Zwischending): **eine ~ aus etw** (dat) **und etw** (dat) **sein**, essere ₗuna via di mezzoⱼ/[qualcosa a metà] tra qc e qc **4** <nur sing> rar (das Mischen) mescolamento m, mescolatura f, mescolanza f.
Mischungsverhältnis n: **das ideale ~ zwischen Wandfarbe und Wasser ist eins zu fünf**, il rapporto ideale fra tempera e acqua è di uno a cinque; **im ~ ... zu ...**, in un rapporto di ... a ...
Mischwald m bosco m misto.
miserabel <attr miserable(r, s)> A adj **1** pej (sehr schlecht) {ESSEN, FILM, WEIN, WETTER} pessimo, orribile, orrendo; {GEHALT, LEBEN, ZUSTAND} pietoso, miserabile, misero: **du siehst heute aber ~ aus**, oggi hai un aspetto to ₗda far pauraⱼ/[penoso] fam; **er hat eine miserable Aussprache**, ha una pessima pronuncia **2** pej (gemein) {KERL, SCHUFT} miserabile, infame, spregevole, ignobile B adv (sehr schlecht) {SICH AUFFÜHREN, SICH BENEHMEN, ESSEN} malissimo, pessimamente: **finanziell geht es ihm ~**, dal punto di vista finanziario è messo proprio malissimo; **das Bier schmeckt ~**, questa birra ha un sapore orrendo/cattivissimo.
Misere <-, -n> f geh situazione f precaria/difficile/critica/problematica: **eine wirtschaftliche ~**, una situazione economica precaria, un periodo di magra.
Misogyn <-s oder -en, -e(n)> m geh psych misogino m.
Misogynie <-, ohne pl> f geh psych misoginia f.
Mispel <-, -n> f **1** (Frucht) nespola f **2** (Baum) nespolo m.

Miss (a.R. Miß) <-, ohne pl> f (*Schönheitskönigin*) miss f.

missachten (a.R. mißachten) <ohne ge-> tr **1** (*ignorieren*) etw ~ {PARKVERBOT, VORFAHRT} non osservare qc, non rispettare qc; {ANORDNUNG, GESETZ} *auch* disattendere qc, disprezzare qc; {RAT} disdegnare qc **2** (*nicht achten*) jdn ~ disistimare qu *geh*, disprezzare qu.

Missachtung (a.R. Mißachtung) <-, ohne pl> f **1** (*Nichtbeachtung*) {+BESTIMMUNG, GESETZ} inosservanza f, mancato rispetto m, (di)sprezzo m; {+VERTRAGSKLAUSELN} inadempienza f *a* qc **2** (*Geringschätzung*) {+ANDERE MENSCHEN} disistima f *geh*, scarsa considerazione f.

Missbehagen (a.R. Mißbehagen) <-s, ohne pl> n *geh* disagio m.

Missbildung (a.R. Mißbildung) f *med* malformazione f, deformità f *med*: **mit einer ~ geboren werden**, nascere con una malformazione congenita.

missbilligen (a.R. mißbilligen) <ohne ge-> tr etw ~ {ÄUSSERUNG, WORTE} disapprovare qc, riprovare qc *lit*, criticare qc; {BENEHMEN, VORGEHEN} *auch* biasimare qc, deplorare qc.

missbilligend (a.R. mißbilligend) **A** adj {BLICK, WORTE} di disapprovazione **B** adv {ANSEHEN} con disapprovazione; {DEN KOPF SCHÜTTELN} in segno di disapprovazione.

Missbilligung (a.R. Mißbilligung) f disapprovazione f.

Missbrauch (a.R. Mißbrauch) m **1** (*falsche Anwendung*) {+DROGEN, MEDIKAMENTE} abuso m; {+NOTBREMSE} *auch* uso m improprio: **~ mit etw (dat) treiben** {MIT MEDIKAMENTEN, GIFTIGEN STOFFEN}, fare abuso di qc **2** (*Notzucht*): **sexueller ~**, abuso sessuale, violenza (carnale) ● **~ der Amtsgewalt** *jur*, abuso d'ufficio.

missbrauchen (a.R. mißbrauchen) <ohne ge-> tr **1** (*missbräuchlich anwenden*) etw ~ {RECHTE} abusare *di* qc; {ALKOHOL, MEDIKAMENTE} *auch* fare abuso *di* qc: **sein Amt ~** *jur*, prevaricare **2** (*ausnutzen*) etw ~ {GUTMÜTIGKEIT, VERTRAUEN} abusare *di* qc, approfittare *di* qc **3** *geh* (*vergewaltigen*) jdn ~ abusare *di* qu, violentare qu, seviziare qu.

missbräuchlich (a.R. mißbräuchlich) **A** adj <attr> {ANWENDUNG, BENUTZUNG} indebito **B** adv {ANWENDEN, BENUTZEN} indebitamente.

missdeuten (a.R. mißdeuten) <ohne ge-> tr etw ~ {ABSICHT, ÄUSSERUNG, WORTE} fraintendere qc, interpretare male qc, equivocare qc.

Missdeutung (a.R. Mißdeutung) f {+AUSSAGE, WORTE} interpretazione f sbagliata.

missen tr *geh*: etw/jdn nicht ~ können/mögen/wollen *geh* {ERFAHRUNG, LUXUS, PARTNER}, non poter/voler fare a meno di qu/qc, non poter/voler rinunciare a qu/qc, non poter/voler privarsi di qu/qc.

Misserfolg (a.R. Mißerfolg) m {+FILM, KONZERT, THEATERSTÜCK} insuccesso m, fallimento m, fiasco m *fam*, flop m.

Missernte (a.R. Mißernte) f *agr* cattivo raccolto m, cattiva annata f.

Missetat f **1** *geh obs* (*Freveltat*) misfatto m **2** *scherz* (*Streich*) tiro m birbone *fam*, birbonata f *fam*.

Missetäter m (**Missetäterin** f) **1** *geh obs* (*Übeltäter*) malfattore (-trice) m (f) **2** *scherz* birbone (-a) m (f), birbante mf.

missfallen (a.R. mißfallen) <irr, *ohne* ge-> tr jdm ~ {AUSDRUCKSWEISE, BENEHMEN} suscitare la disapprovazione *di* qu, riuscire sgradito (-a) *a* qu, non piacere *a* qu: **der Film hat mir nicht ~**, il film non mi è dispiaciuto.

Missfallen (a.R. Mißfallen) <-s, ohne pl> n *geh*: sein ~

äußern, esprimere la propria disapprovazione; **jds ~ erregen**, suscitare la disapprovazione di qu.

missgebildet (a.R. mißgebildet) adj {GLIED, MENSCH} malformato, deforme.

Missgeburt (a.R. Mißgeburt) f **1** *med* (*missgebildetes Lebewesen*) essere m deforme/malformato **2** *fam pej* (*misslungene Ausführung*) aborto m *fam*.

missgelaunt (a.R. mißgelaunt) adj *geh* {MENSCH} di malumore/[cattivo umore].

Missgeschick (a.R. Mißgeschick) n disavventura f, (piccolo) incidente m, guaio m *fam*.

missgestaltet (a.R. mißgestaltet) adj deforme.

missgestimmt (a.R. mißgestimmt) adj → **missgelaunt**.

missglücken (a.R. mißglücken) <ohne ge-> itr <sein> (jdm) ~ {ARBEIT} non riuscire (*a* qu); {PLAN, VERSUCH} *auch* fallire: **ein missglücktes Attentat**, un attentato fallito/mancato.

missgönnen (a.R. mißgönnen) <ohne ge-> tr jdm etw ~ {GELD, GLÜCK, NEUES HAUS} invidiare qc *a* qu: **er missgönnt mir meinen Erfolg**, è invidioso del mio successo.

Missgriff (a.R. Mißgriff) m passo m falso, mossa f sbagliata, sbaglio m, errore m: **die Entlassung des Verkaufsdirektors war ein ~**, il licenziamento del direttore delle vendite è stata una mossa sbagliata; **mit dem Kauf dieser Villa habe ich mir einen teuren ~ geleistet**, l'acquisto di questa villa è stato un errore che mi costerà caro.

Missgunst (a.R. Mißgunst) <-, ohne pl> f *pej* malevolenza f, malanimo m.

missgünstig (a.R. mißgünstig) *pej* **A** adj {MENSCH} malevolo **B** adv {SICH ÄUSSERN} con malevolenza/malanimo.

misshandeln (a.R. mißhandeln) <ohne ge-> tr jdn/etw ~ {GEFANGENEN, HAUSTIER, JUGENDLICHEN, KIND} maltrattare qu/qc, seviziare qu/qc: **er hat sie schwer misshandelt**, le ha usato violenza.

Misshandlung (a.R. Mißhandlung) f maltrattamenti m pl: **die Gefangenen mussten schwere ~en ertragen**, i prigionieri dovettero sopportare tremende sevizie.

Misshelligkeit (a.R. Mißhelligkeit) f <meist pl> *geh* dissapore m, dissenso m, dissidio m.

missinterpretieren (a.R. mißinterpretieren) <ohne ge-> tr etw ~ interpretare male qc, interpretare qc nel modo sbagliato.

Mission <-, -en> f **1** *geh* (*Auftrag*) missione f, incarico m: **in geheimer ~**, in missione segreta **2** *geh* (*Delegation*) missione f, delegazione f **3** <nur sing> *relig* (*Verbreitung des Christentums*) missione f **4** *relig* (*~sstation*) missione f **5** (*Weltraummission*) missione f spaziale **6** → **Bahnhofsmission**.

Missionar <-s, -e> m (**Missionarin** f), **Missionär** <-s, -e> m (**Missionärin** f) *relig* missionario (-a) m (f).

missionarisch *relig* **A** adj {EIFER} missionario **B** adv: **~ tätig sein**, fare il missionario/la missionaria.

missionieren <ohne ge-> *relig* **A** tr jdn ~ evangelizzare qu, cristianizzare qu **B** itr *irgendwo* ~ fare il missionario + *compl di luogo*.

Missionsschule f *relig* scuola f missionaria.

Missionsschwester f *relig* suora f missionaria.

Missionsstation f *relig* missione f.

Missklang (a.R. Mißklang) m **1** *mus* dissonanza f, stonatura f, cacofonia f, disarmonia f **2** (*Unstimmigkeit*) dissonanza f/disarmo-

nia f di idee.

Misskredit (a.R. Mißkredit) <-s, ohne pl> m discredito m: **jdn in ~ bringen**, screditare qu, gettare discredito su qu, danneggiare la reputazione di qu; **in ~ geraten**, cadere in discredito, screditarsi.

misslang (a.R. mißlang) 3. pers sing imperf *von* misslingen.

misslaunig (a.R. mißlaunig) adj → **missgelaunt**.

misslich (a.R. mißlich) adj *geh* {UMSTAND, VORFALL} spiacevole, sgradevole, increscioso: **in einer ~en Lage sein**, trovarsi in una situazione spiacevole.

missliebig (a.R. mißliebig) adj *geh* {PERSON} malvisto, impopolare: **sich bei jdm ~ machen**, rendersi ˌimpopolare pressoˌ/[inviso/antipatico a] qu.

misslingen (a.R. mißlingen) <*misslingt, misslang, misslungen*> itr <sein> {PLAN, VORHABEN} non riuscire, fallire: **der Versuch ist misslungen**, il tentativo è fallito; **der Auflauf ist mir misslungen**, lo sformato mi è venuto male *fam*; **ihm misslingt alles**, non gli riesce niente.

Misslingen (a.R. Mißlingen) <-s, ohne pl> n {+PLAN, VORHABEN} fallimento m, insuccesso m.

misslungen (a.R. mißlungen) adj {AUFLAUF, KUCHEN} non riuscito, malriuscito; {PLAN, VORHABEN} *auch* fallito; {VERSUCH} non riuscito, malriuscito, fallito, mancato.

Missmanagement (a.R. Mißmanagement) n {+BETRIEB, UNTERNEHMEN} cattiva gestione f/amministrazione f.

Missmut (a.R. Mißmut) m malumore m, malcontento m.

missmutig (a.R. mißmutig) adj {MENSCH} di malumore, malcontento m; {GESICHT} *auch* imbronciato.

missraten① (a.R. mißraten) <irr, ohne ge-> itr <sein> (jdm) ~ {ESSEN, HANDARBEIT} non riuscire (*a* qu): **der Kuchen ist (mir) leider ~**, purtroppo il dolce ˌnon mi è riuscitoˌ/[mi è venuto male *fam*].

missraten② (a.R. mißraten) adj **1** → **misslungen 2** (*schlecht erzogen*) {KIND} maleducato, screanzato, venuto su male *fam*.

missriet (a.R. mißriet) 1. und 3. pers sing imperf *von* missraten.

Missstand, **Miss-Stand** (a.R. Mißstand) m <meist pl> malcostume m: **politische Missstände**, malcostume politico; *bes. adm* irregolarità f, abuso m: **Missstände in der Verwaltung aufdecken**, scoprire delle irregolarità amministrative; **soziale/wirtschaftliche Missstände**, gravi disfunzioni sociali/economiche; **Missstände im Gesundheitswesen anprangern**, denunciare i casi di malasanità.

Missstimmung, **Miss-Stimmung** (a.R. Mißstimmung) f clima m/atmosfera f pesante *fam*.

misst (a.R. mißt) 2. *und* 3. pers sing präs *von* messen.

Misston (a.R. Mißton) m **1** *mus* dissonanza f **2** (*Unstimmigkeit*) dissonanza f.

misstrauen (a.R. mißtrauen) <ohne ge-> tr jdm/etw ~ non fidarsi *di* qu/qc, diffidare *di* qu/qc.

Misstrauen (a.R. Mißtrauen) <-s, ohne pl> n diffidenza f ● **jdm das ~ aussprechen** *parl* {DEM KANZLER, PARTEICHEF}, votare la sfiducia a qu, sfiduciare qu; **jdm ~ entgegenbringen**, dimostrare diffidenza nei confronti di qu; **jds ~ erregen**, suscitare/destare la diffidenza di qu; **gegen jdn ~ hegen**, nutrire diffidenza nei confronti di qu.

Misstrauensantrag (a.R. Mißtrauensantrag) m *parl* mozione f di sfiducia: **einen ~ (gegen jdn) einbringen** {GEGEN EINEN MINISTER, DIE REGIERUNG}, presentare una mozione di sfiducia (nei confronti di qu).

Misstrauensvotum (a.R. Mißtrauensvotum) n *parl* voto m di sfiducia: **konstruktives ~**, voto di sfiducia costruttivo.

misstrauisch (a.R. mißtrauisch) **A** adj {MENSCH} diffidente, sospettoso: **(jdm/etw gegenüber) ~ sein**, essere diffidente (nei confronti di qu/riguardo a qc) **B** adv {BEOBACHTEN} con diffidenza.

Missverhältnis (a.R. Mißverhältnis) n sproporzione f, squilibrio m, dislivello m: **der Preis des Artikels steht im ~ zu seiner Qualität**, non c'è proporzione tra il prezzo e la qualità dell'articolo; **ein ~ zwischen Angebot und Nachfrage**, uno squilibrio tra (la) domanda e (l')offerta.

missverständlich (a.R. mißverständlich) **A** adj {ANTWORT, ÄUßERUNG, TEXT} equivoco, ambiguo: **diese Erklärung ist leicht ~**, questa spiegazione ⌊si presta⌋/[dà adito] ad equivoci **B** adv {SICH AUSDRÜCKEN, ETW DARSTELLEN} in modo ambiguo, equivocamente.

Missverständnis (a.R. Mißverständnis) n 1 (*irrige Annahme*) malinteso m, equivoco m: **das muss ein ~ sein, hier liegt ein ~ vor**, ci deve essere un equivoco 2 *‹meist pl›* (*Meinungsverschiedenheit*) disaccordo m, screzio m.

missverstehen (a.R. mißverstehen) *‹irr, ohne ge-›* tr **jdn/etw ~** {ANTWORT, GESPRÄCHSPARTNER, HANDLUNG} capire male *qu/qc*, fraintendere *qu/qc*, equivocare *su qc*: **bitte missversteh mich nicht!**, ti prego di non fraintendermi!

Misswahl (a.R. Mißwahl) f concorso m di bellezza.

Misswirtschaft (a.R. Mißwirtschaft) f *‹meist sing› pej* {+INDUSTRIE, VERWALTUNG} cattiva amministrazione f; *pol auch* malgoverno m.

Mist ‹-(e)s, ohne pl› m 1 (*Tiermist*) letame m, sterco m 2 (*~haufen*) letamaio m 3 *A* (*Abfall*) spazzatura f 4 *fam* (*Schund*) porcheria f *fam*, robaccia f *fam*, schifo m *fam*: **dieser Film ist wirklich ~**, questo film fa davvero schifo 5 *fam* (*Quatsch*) cavolate f pl *fam*, fesserie f pl *slang*, castronerie f pl *fam*, scemenza f: **hör nicht auf ihn! Der redet doch sowieso nur ~!**, non dargli retta! Dice solo fesserie/cavolate! *fam*; **da hast du aber einen schönen ~ gebaut!**, hai combinato proprio un bel casino *slang*/pasticcio *fam*!, hai fatto proprio una bella frittata! *fam*; **mach (bloß) keinen ~!**, non fare scemenze! *fam* ● **das ist nicht auf seinem ~ gewachsen** *fam*, non è farina del suo sacco *fam*; **mach doch deinen ~ allein!** *fam*, arrangiati! *fam*; *verdammter ~!* *fam*, porca miseria! *fam*, oh, merda! *slang*.

Mistbeet n letto m caldo.

Mistel ‹-, -n› f *bot* vischio m.

Mistelzweig m rametto m di vischio.

misten tr *etw* ~ 1 (*von Mist säubern*) {PFERDEBOX, STALL} (ri)pulire *qc* dal letame, togliere il letame *da qc* 2 (*mit Mist düngen*) {ACKER} concimare *qc* (con il letame), stabbiare *qc*.

Mistfink ‹-en oder -s, -en› m *fam* sporcaccione m *fam*, porco m *fam*.

Mistgabel f forcone m (da letame).

Misthaufen m concimaia f, letamaio m.

mistig adj *fam pej* {WETTER} schifoso *fam*, osceno *fam*.

Mistkäfer m *zoo* scarabeo m stercorario, geotrupe m.

Mistkerl m *fam pej* carogna f *slang*, fetente

m *slang*, lurido pezzo m di merda *slang*.

Mistkübel m *A* (*Abfalleimer*) pattumiera f.

Miststück n *fam pej*, **Mistvieh** n *fam pej* 1 (*Frau*) carogna f *slang*, stronza f *vulg* 2 (*Mann*) → **Mistkerl** 3 (*Tier*) bestiaccia f *fam*.

Mistwetter n *fam pej* tempo m da cani *fam*/lupi *fam*, tempaccio m.

mit **A** präp + dat 1 (*mit Hilfe von*) con: **das Brot mit dem Messer schneiden**, tagliare il pane con il coltello; **die Suppe mit dem Löffel essen**, mangiare la minestra con il cucchiaio; **etw mit den Händen machen**, fare qc con le mani; **etw mit dem Computer ausarbeiten**, elaborare qc al pc ⌊con l'aiuto del⌋ computer 2 (*per*) {DEM AUTO, DER BAHN, DEM BUS, DEM FAHRRAD} in: **fährst du mit dem Auto oder mit der Bahn?**, vai in macchina o in treno?; **er kommt mit dem 10-Uhr-Zug**, arriva con il treno delle dieci; **ich fahre immer mit dem Bus zur Arbeit**, prendo sempre l'autobus per andare al lavoro; **etw mit Luftpost schicken**, spedire qc via/[per posta] aerea 3 (*zu einer angegebenen Zeit*) a, all'età di: **mit 18 Jahren war sie schon verheiratet**, a 18 anni era già sposata 4 (*zusammen mit*) con, insieme a/con, assieme a/con: **sie geht mit ihrem Freund ins Kino**, va al cinema con il suo ragazzo 5 (*einschließlich*) con: **ein Eis mit Sahne**, un gelato con (la) panna; **Zimmer mit Bad zu vermieten**, affittasi camera con bagno; **eine Pizza mit Salami**, una pizza al salame 6 (*auf eine best. Art und Weise*) con: **er isst mit viel Appetit**, mangia con molto appetito; **mit Tränen in den Augen sah sie mich an**, mi guardò con le lacrime agli occhi; **mit jedem Jahr**, ogni anno (che passa); **mit lauter/leiser Stimme**, a voce alta/bassa; **mit offenem Mund**, a bocca aperta; **mit Recht**, a ragione 7 (*bei Maß- und Wertangaben*) con: **er kam mit zehn Minuten Verspätung**, arrivò con dieci minuti di ritardo; **kaufen Sie ein Lotterielos, mit nur zwei Euro können Sie Millionär werden**, compri un biglietto della lotteria, con soli due euro può diventare milionario (-a) 8 (*mit bestimmten Verben, Substantiven und Adjektiven*): **mit dir bin ich fertig!** *fam*, con te ho finito! *fam*; **ich bin mit Ihnen sehr zufrieden**, sono molto contento (-a) di Lei; **die Auseinandersetzung mit diesen Problemen**, il confronto con questi problemi **B** adv 1 *fam* (*zusammen mit den anderen*): **er war mit einer der Ersten, die diese neue Technologie angewendet haben**, è stato ⌊tra i⌋/[uno dei] primi ad applicare questa nuova tecnologia 2 (*ebenso: meist unübersetzt*): **warst du mit auf der Party?**, c'eri anche tu alla festa?; **das gehört mit zu deinen Aufgaben**, fa parte dei tuoi compiti.

Mitangeklagte ‹dekl wie adj› mf *jur* coimputato (-a) m.

Mitarbeit f 1 (*Tätigkeit mit anderen*) collaborazione f: **die Polizei bittet die Bevölkerung um ~**, la polizia chiede alla popolazione di collaborare 2 (*mündliche Beteiligung*) {+SCHÜLER, STUDENT} partecipazione f ● **unter ~ von ...**, con la collaborazione di ..., ha(nno) collaborato ...

mit|arbeiten itr 1 (*mit anderen tätig sein*) (*irgendwo*) ~ {IN EINER FORSCHUNGSGRUPPE, AN EINEM PROJEKT, BEI EINER ZEITUNG} collaborare (a qc) 2 (*sich mündlich beteiligen*) (*in etw*) ~ {IN EINEM SEMINAR, IM UNTERRICHT} partecipare (a qc) 3 *fam* (*zu etw beitragen*): **meine Frau braucht nicht mitzuarbeiten, ich verdiene genug**, mia moglie non ha bisogno di lavorare, io guadagno già abbastanza.

Mitarbeiter m (**Mitarbeiterin** f) 1 (*Mitglied der Belegschaft*) dipendente mf: **das Unternehmen beschäftigt über 1000 ~**, l'azienda dà lavoro a più di 1000 persone; **die Firma wird ein Drittel der ~ entlassen müssen**, l'azienda sarà costretta a licenziare un terzo del personale 2 (*jd, der bei einer Institution, Zeitung, an einem Projekt mitarbeitet*) collaboratore (-trice) m (f) 3 (*jd, der einem Vorgesetzten zuarbeitet*) collaboratore (-trice) m (f); **Präsident Bush und seine ~**, il presidente Bush e ⌊i⌋ suoi collaboratori/[il suo staff] ● **freier ~**, collaboratore esterno, free-lance.

Mitarbeiterstab ‹-(e)s, ohne pl› m (gruppo m/staff m di) collaboratori m pl, équipe f, staff m.

Mitbegründer m (**Mitbegründerin** f) {+FIRMA, ZEITSCHRIFT} cofondatore (-trice) m (f).

mit|bekommen ‹irr, ohne ge-› tr 1 (*mitgegeben bekommen*) **etw (von jdm) ~** {GELD, GESCHENK, LUNCHPAKET} ricevere/avere qc (da qu) (da portare via); (*als Mitgift*) ricevere qc in dote (da qu) 2 *fam* (*bemerken*) **etw ~** {EREIGNIS} notare qc, accorgersi di qc; {LÄRM, STREIT} *auch* sentire qc: **ich habe gar nicht ~, dass du erst so spät nach Hause gekommen bist**, non me ne sono ⌊accorto (-a)⌋/[reso (-a) conto] che sei tornato (-a) a casa così tardi; **sag bloß, du hast das nicht ~?!**, non mi dire che non ⌊l'hai saputo⌋/[ti è arrivato all'orecchio]? 3 (*vermittelt bekommen*) **etw (irgendwo) ~** {ALLGEMEINWISSEN, AUSBILDUNG AUF DEM GYMNASIUM, IN DER LEHRE} ricevere qc (+ *compl di luogo*): **solche Schimpfworte bekommt er in der Schule mit**, queste parolacce le impara a scuola 4 *fam* (*verstehen*) **etw ~** {ERKLÄRUNG, FILM, UNTERHALTUNG} capire qc, afferrare qc, comprendere qc 5 *fam* (*vererbt bekommen*) **etw von jdm ~** {DIE BLONDEN HAARE, DAS NETTE LÄCHELN} prendere qc da qu *fam*, ereditare qc da qu.

mit|benutzen ‹ohne ge-› tr **etw ~** {BAD, KÜCHE} usare qc in comune.

Mitbenutzung f {+BAD, GARAGE, KÜCHE} uso m (in) comune.

Mitbesitz m → **Miteigentum**.

Mitbesitzer m (**Mitbesitzerin** f) → **Miteigentümer**.

mit|bestimmen ‹ohne ge-› itr (**bei/in etw** dat) ~ {BEI DER PLANUNG, IN DIESER FRAGE} cogestire qc, partecipare alle decisioni *su qc*: **Arbeitnehmer dürfen ~**, i lavoratori hanno (il) diritto di cogestione; **bei der Urlaubsplanung möchte ich auch ~**, anch'io vorrei ⌊avere voce in capitolo⌋/[dire la mia] nel programmare le vacanze.

Mitbestimmung ‹-, ohne pl› f partecipazione f; (+ARBEITNEHMER) *auch* cogestione f, codeterminazione f: **betriebliche ~**, cogestione aziendale.

Mitbestimmungsgesetz n *D jur* legge f sulla cogestione aziendale.

Mitbestimmungsrecht ‹-(e)s, ohne pl› n {+ARBEITNEHMER} diritto m di cogestione/partecipazione.

Mitbewerber m (**Mitbewerberin** f) altro (-a) concorrente mf/candidato (-a) m (f)/competitore (-trice) m (f).

Mitbewohner m (**Mitbewohnerin** f) coinquilino (-a) m (f).

mit|bringen ‹irr› tr 1 (*mit von einem Ort bringen*) (*jdm*) **etw ~** {EINKAUF, ZEITUNG} portare qc (a qu): **ich gehe jetzt auf den Markt, soll ich dir etwas ~?**, sto andando al mercato, devo portarti/prenderti qualcosa?; **könntest du mir die Zeitung ~, wenn du**

runtergehst?, potresti portarmi il giornale se scendi? **2** (*als Geschenk bringen*) (*jdm*) **etw** ~ portare *qc* (*a qu*): **ich habe deiner kleinen Nichte etwas mitgebracht**, ho portato un regalino ₁per la₁/[alla] tua nipotina **3** (*als Begleitung bringen*) *jdn* ~ {Freund, Partner} portare *qu* **4** (*einbringen*) *etw* (*für etw* akk) ~ {Fachkenntnis, Fähigkeiten, Fleiß} disporre/[essere dotato] *di qc* (*per qc*).

Mitbringsel <-s, -> n *fam* pensierino m *fam*, regalino m.

Mitbürger m (**Mitbürgerin** f) concittadino (-a) m (f).

mit|denken <*irr*> *itr* **1** (*jds Gedankengänge nachvollziehen*) seguire il ragionamento di qu, seguire qu con attenzione: **denk doch mal mit!**, cerca di seguire il mio ragionamento! **2** (*mit Überlegung handeln*): **unser Direktor braucht eine Sekretärin, die mitdenkt**, il nostro direttore ha bisogno di una segretaria che sappia usare la testa.

mit|dürfen <*irr*> *itr fam* (*mit jdm*) ~ avere il permesso di andare/venire *con qu*), poter andare/venire (*con qu*): **wir gehen heute Abend ins Kino. – Darf ich mit?**, (noi) stasera andiamo al cinema. – Posso venire anch'io?

Miteigentum n *jur* {+Fabrik, Grundstück} comproprietà f; {+Wohnhaus} *auch* condominio m.

Miteigentümer m (**Miteigentümerin** f) *jur* {+Fabrik, Grundstück} comproprietario (-a) m (f); {+Wohnhaus} *auch* condomino (-a) m (f).

miteinander *adv* **1** (*einer mit dem Anderen*) {Kämpfen, Reden, Streiten} l'uno (-a) con l'altro (-a): **sie kommen gut ~ aus**, vanno molto d'accordo **2** (*zusammen*) {Irgendwohin gehen, einen Ausflug machen, den Urlaub verbringen} insieme, assieme ● **alle ~** (*alle zusammen*), tutti insieme; (*alle, ohne Ausnahme*), tutti quanti.

mit|empfinden <*irr*, *ohne ge-*> *tr geh etw* ~ {Jds Ängste, Freude} condividere *qc*: **jds Trauer** ~, partecipare al lutto di qu.

mit|entscheiden <*ohne ge-*> *itr* (*bei etw* (dat)/*über etw* (akk)) ~ dire la propria (*in qc*), avere voce in capitolo (*in qc*); (*im politischen Sinne*) partecipare a una decisione.

Miterbe m (**Miterbin** f) *jur* coerede mf.

mit|erleben <*ohne ge-*> *tr* **1** (*bei etw dabei sein*) *etw* ~ {Attentat, Ereignis, Fußballspiel} assistere *a qc* **2** (*persönlich mitmachen*) *etw* ~ {Krieg} vivere in prima persona) *qc*, partecipare *a qc*.

mit|essen <*irr*> A *tr* (*auch essen*) *etw* ~ mangiare *qc*: **die Schale dieser Frucht kann man ~**, **sie ist nicht gespritzt**, questo frutto si può mangiare con la buccia, non è trattato B *itr* (*zusammen essen*) (*mit jdm*) ~, mangiare *con/insieme a qu*: **wir wollen gerade zu Tisch, willst du ~?**, stavamo giusto andando a tavola, vuoi mangiare con noi?

Mitesser m *med* punto m nero *fam*, comedone m *med*.

mit|fahren <*irr*> *itr* <*sein*> (*bei jdm/mit jdm*) ~ {Mit den Eltern, bei Freunden} andare/venire/viaggiare (*con/insieme a qu*): **ich fahre jetzt mit dem Auto zum Bahnhof. – Willst du ~?**, vado alla stazione in macchina. – Vuoi ₁un passaggio₁/[venire con me?]; *jdn* ~ **lassen** (*im Auto*), dare un passaggio a qu; **darf ich bei euch ~?**, potete darmi un passaggio/uno strappo *fam*?

Mitfahrer m (**Mitfahrerin** f) passeggero (-a) m (f), compagno (-a) m (f) di viaggio.

Mitfahrerzentrale f "agenzia f che procura passaggi in macchina".

Mitfahrgelegenheit f (Abk MFG) passaggio m (in macchina): **biete ~ nach Hamburg, Abfahrt 6.45, Rückfahrt 16.30**, offro passaggio in macchina per Amburgo, partenza ore 6.45, rientro ore 16.30.

mit|finanzieren <*ohne ge-*> *tr etw* ~ partecipare al finanziamento *di qc*, cofinanziare *qc*.

mit|fühlen A *tr etw* ~ {Gefühle, Schmerz} condividere *qc*, partecipare *a qc* B *itr* (*mit jdm*) ~ ₁condividere il₁/[partecipare al] dolore *di qu*, essere vicino *a qu* (nel dolore).

mitfühlend *adj* {Mensch} comprensivo, compassionevole: **jdm ein paar ~e Worte sagen**, dire qualche parola di conforto a qu.

mit|führen *tr* **1** *form* (*bei sich haben*) *etw* ~ {Zu verzollende Artikel, Ausweis, Führerschein} portare *qc* con sé, avere *qc* con sé **2** (*transportieren*) *etw* ~ {Bach, Fluss entwurzelte Bäume, Gestein} trasportare *qc*, portare *qc* con sé.

mit|geben <*irr*> *tr* **1** (*auf den Weg geben*) *jdm etw* ~ {Brief, Geld, Schulbrot} dare *qc a qu* (da portare via): **warte mal, ich gebe dir für die Reise noch (et)was zum Essen mit**, aspetta, ti do qualcosa da mangiare per il viaggio **2** (*als Begleitung geben*) *jdm jdn* ~ far accompagnare *qu da qu* **3** (*mit etwas versehen*) *jdm etw* ~ {Eine gute Ausbildung, Erziehung} dare *qc a qu*; {Genaue Anweisungen} *auch* impartire *qc a qu*.

mitgefangen *adj*: ~, **mitgehangen**, chi è dentro è dentro e ne paga le conseguenze.

Mitgefangene <*dekl wie adj*> mf compagno (-a) m (f) di prigionia.

Mitgefühl <-s, *ohne pl*> n empatia f, partecipazione f (emotiva): **jdm sein ~ ausdrücken/bezeigen geh**, esprimere/manifestare la propria partecipazione a qu; **für jdn kein ~ aufbringen**, non provare alcuna vicinanza emotiva per qu.

mit|gehen <*irr*> *itr* <*sein*> **1** (*begleiten*) (*mit jdm*) ~ andare (*con/insieme a qu*), venire (*con qu*): **wir wollen heute Abend in die Disko. – Ich gehe auch mit**, stasera vogliamo andare in discoteca. – Vengo anch'io; **bei dieser Dunkelheit solltest du lieber nicht alleine gehen, ich gehe noch ein Stückchen mit**, con questo buio non dovresti andare da sola (-a), ti accompagno per un tratto; **Sabine und Thomas gehen ins Kino. – Warum gehst du nicht (mit ihnen) mit?**, Sabine e Thomas vanno al cinema. – Perché non vai con loro? **2** (*sich mitreißen lassen*) (*mit jdm/etw*) ~ {Fans, Publikum, Zuschauer} farsi/lasciarsi trasportare/trascinare (*da qu/qc*) ● *etw* ~ **lassen** *fam*, far sparire *qc fam*, fregare *qc fam*, grattare *qc fam*, sgraffignare *qc fam*.

mitgenommen *adj fam* {Bücher, Möbel} sciupato, strapazzato; {Kleider} *auch* malconcio; {Person} provato; {Gesicht} sciupato: **du siehst sehr ~ aus**, hai l'aria molto sciupata.

Mitgift <-, *-en*> f dote f.

Mitglied n {+Parlament, Regierung, Europäische Union} membro m; {+Gesellschaft, Klub, Unternehmen} *auch* socio (-a) m (f); {+Aufsichtsrat, Ausschuss} componente m, membro m; {+Gewerkschaft} iscritto (-a) m (f) *a qc*, tesserato (-a) m (f); {+Partei} *auch* membro m; {+Freimaurerloge} affiliato (-a) m (f) *a qc*: **die ~er der Familie**, i membri/componenti della famiglia; **förderndes ~**, socio promotore; **ordentliches ~**, membro/socio ordinario; **nur für ~er**, ₁solo per i₁/[riservato ai] soci.

Mitgliederschwund m (*bei einer Partei*, *der Gewerkschaft*) calo m/diminuzione f degli iscritti; (*bei einem Klub, Verein*) *auch* calo m/diminuzione f dei soci.

Mitgliederversammlung f assemblea f dei soci.

Mitgliedsausweis m tessera f di socio.

Mitgliedsbeitrag m quota f sociale.

Mitgliedschaft <-, *rar -en*> f appartenenza f (in qualità di socio): **die ~ einer Partei erwerben**, ₁prendere la tessera di₁/[iscriversi] a un partito.

Mitgliedskarte f → **Mitgliedsausweis**.

Mitgliedsland n paese m membro.

Mitgliedstaat, **Mitgliedsstaat** m *pol* stato m membro.

mit|haben <*irr*> *tr fam etw* ~ {Ausweis, Geld, Schirm} aver(e) dietro *qc fam*, avere *qc* con sé.

Mithäftling m compagno (-a) m (f) di carcere/prigione.

mit|halten <*irr*> *itr* (*mit jdm/bei etw* dat) ~ {Mit einem anderen Konkurrenten, bei einem Wettlauf} tenere il passo (*con qu/qc*): **diese Theorien sind mir zu kompliziert, da kann ich nicht ~**, queste teorie sono troppo complicate per me, non sono all'altezza di discuterne.

mit|helfen <*irr*> *itr* (*bei/in etw* dat) ~ {Im Garten, Haushalt, beim Kochen, Putzen} collaborare (*a qc*), aiutare/[dare una mano] (*in/[a fare] qc*): **bei so einer großen Familie müssen alle ~**, in una famiglia così numerosa tutti devono ₁dare una mano₁/[collaborare].

Mitherausgeber m (**Mitherausgeberin** f) coeditore (-trice) m (f).

mithilfe A *präp* + gen *geh* **1** (*mit Unterstützung*) ~ **einer P.** (gen) con l'aiuto *di qu*: ~ **einiger Augenzeugen konnte der Täter schnell gefasst werden**, con l'aiuto di quanto riferito da alcuni testimoni oculari, si è giunti velocemente alla cattura del malvivente **2** (*unter Verwendung*) ~ **einer S.** (gen) {Eines Gerätes, Werkzeugs} usando *qc*, con l'ausilio *di qc*; {Des verfügbaren Materials} *auch* basandosi *su qc* B *adv* **1** (*mit Unterstützung*) ~ **von jdm** con l'aiuto *di qu* **2** (*unter Verwendung*) ~ **von etw** (dat) usando *qc*, con l'ausilio *di qc*.

Mithilfe f collaborazione f, aiuto m.

mithin *adv geh* quindi, di conseguenza.

mit|hören A *tr* **1** (*zufällig Ohrenzeuge sein*) *etw* ~ {Gespräch, Streit, Telefonat, Unterhaltung} ascoltare *qc*, captare *qc* **2** (*heimlich mitanhören*) *etw* ~ {Abmachungen, Unterhaltung} ascoltare *qc* di nascosto: **die Polizei hat das Telefongespräch mitgehört**, la polizia ha intercettato la conversazione telefonica B *itr* (*heimlich mitanhören*) origliare, stare in ascolto: **du hast wohl wieder hinter der Tür gestanden und mitgehört?**, non mi dire che eri di nuovo dietro la porta ad origliare?; **Feind hört mit!** *scherz*, (il) nemico (è) in ascolto.

Mitinhaber m (**Mitinhaberin** f) comproprietario (-a) m (f); {+Geschäft} *auch* contitolare mf.

Mitkämpfer m → **Mitstreiter**.

mit|kommen <*irr*> *itr* <*sein*> **1** (*begleiten*) (*mit jdm*) ~ venire (*con qu*): **komm doch (mit uns) mit! Du wirst dich gut amüsieren!**, dai, su, vieni (con noi)! Ti divertirai!; **ich muss morgen zum Zahnarzt, kannst du (mit mir) ~?**, domani devo andare dal dentista, puoi ₁venire con me₁/[accompagnarmi]? **2** *fam* (*Schritt halten können*) (*mit jdm/bei etw* dat) ~ stare dietro (*a qu/qc*), riuscire a seguire *qu/qc*: **geht nicht so schnell, die Kinder kommen ja gar nicht**

mit!, andate piano, i bambini non riescono a starci dietro *fam*; **den neuen Lehrer verstehe ich viel besser, beim Diktat komme ich jetzt gut mit**, il nuovo professore lo capisco molto meglio, ora riesco anche a star dietro alla dettatura **3** (*mitgeschickt werden*) (*mit etw* dat) ~ (BRIEF, KOFFER, PAKET MIT DEM FLUGZEUG, DER POST) arrivare (*con qu*) **4** *fam* (*mithalten können*) (*in etw* dat) ~ (IN LATEIN, MATHEMATIK) farcela a seguire *qc fam*: **wie kommt dein Sohn in der Schule mit?**, come va tuo figlio a scuola? ● **da komme ich nicht (mehr) mit** *fam*, non ci arrivo *fam*, non ci capisco (più) niente *fam*.

mit|können <irr> itr *fam* (*mit jdm*) (*irgendwohin*) ~ poter venire (*con qu*) (+ *compl di luogo*): **kann ich mit euch ins Kino mit?**, posso venire al cinema con voi?

mit|kriegen tr *fam* → **mit|bekommen**.

mit|lassen <irr> tr *fam jdn* ~ lasciar andare/venire *qu*: **ich würde gerne mit euch nach Berlin fahren, aber meine Eltern lassen mich nicht mit**, mi piacerebbe accompagnarvi a Berlino, ma i miei genitori non mi ₍fanno venire₎/[danno il permesso].

mit|laufen <irr> itr *<sein>* (*mit jdm*) ~ correre (*con qu*), camminare (₍insieme a₎₎/[con qu*]: **bist du in dem 2000-Meter-Rennen auch mitgelaufen?**, hai partecipato anche tu alla corsa dei 2000 metri?

Mit|läufer m (**Mit|läuferin** f) *pol pej* fiancheggiatore (-trice) m (f), gregario (-a) m (f) *pej*.

Mit|laut m *ling* consonante f.

Mit|leid n compassione f, pietà f: **mit jdm ~ empfinden/haben**, provare compassione/pietà per qu; (**jds**) **~ erregen**, suscitare/destare compassione (in qu), impietosire qu; **~ erregend** → **mitleiderregend**.

Mit|leidenschaft <-, ohne pl> f *geh*: **jdn in ~ ziehen** {TRAUERFALL, UNGLÜCK}, coinvolgere *qu*, colpire *qu*, toccare *qu*; **etw in ~ ziehen** {AFFÄRE ANSEHEN}, compromettere *qc*; {HOCHWASSER UMLIEGENDE DÖRFER} colpire *qc*, interessare *qc*; **besonders die Olivenbäume wurden von der letzten Kältewelle in ~ gezogen**, specialmente gli ulivi hanno risentito dell'ultima ondata di freddo.

mit|leiderregend adj {ANBLICK} che suscita compassione, pietoso; {ZUSTAND} *auch* compassionevole.

mit|leidig **A** adj **1** (*mitfühlend*) {MENSCH, SEELE, WORTE} pietoso, compassionevole **2** *iron* (*verächtlich*) {BLICK, GRINSEN, LÄCHELN} di compassione *iron* **B** adv **1** (*voller Mitgefühl*) {SCHAUEN, TRÖSTEN} pietosamente, con compassione **2** *iron* (*verächtlich*) {GRINSEN, LÄCHELN} in modo compassionevole *iron*.

mit|leidslos, **mit|leidlos** **A** adj {MENSCH} spietato, senza pietà, impietoso **B** adv {BEHANDELN} spietatamente, impietosamente, senza pietà.

mit|leidsvoll, **mit|leidvoll** **A** adj {BLICK, GESTE} pieno di compassione, compassionevole **B** adv {ANSEHEN} pieno (-a) di compassione; {IN DIE ARME NEHMEN, AUF DIE SCHULTERN KLOPFEN} *auch* mosso (-a) da compassione.

mit|lesen <irr> **A** tr *etw* ~ **1** (*auch lesen*) {KLEINGEDRUCKTES} leggere (anche) *qc* **2** (*mit jdm lesen*) {BRIEF, ZEITUNG} leggere *qc* (insieme a qu altro), sbirciare *qc* **B** itr leggere (con qu): **bitte lesen Sie laut mit!**, per favore legga/leggete con me a voce alta!

mit|machen **A** tr *fam* **1** (*dabei sein*) *etw* ~ {MODE} seguire *qc*, stare dietro a *qc fam*; {KURS} seguire *qc*, partecipare a *qc*; {AUSFLUG, WETTBEWERB} partecipare a *qc*, prendere parte a *qc*: **den Krieg ~**, fare la guerra **2** (*erleiden*) *etw* ~ {LEID, SCHWERES} soppor-

tare *qc*, passare *qc*, subire *qc*: **sie hat in ihrem Leben schon viel mitgemacht**, ₍ne ha già passate tante₎/[ha sofferto molto] nella sua vita; **du solltest die Eskapaden deines Mannes nicht länger ~**, non dovresti più tollerare le scappatelle di tuo marito **3** (*zusätzlich machen*) *etw* ~ {ARBEIT VON KOLLEGEN} fare anche *qc*, sbrigare anche *qc* **B** itr **1** (*sich beteiligen*) (*bei etw* dat) ~ {BEI EINEM AUSFLUG, EINEM WETTBEWERB} partecipare (a *qc*), prendere parte a *qc*; {BEI EINEM HILFSWERK, EINER ORGANISATION} aderire (a *qc*): **was, 2000 Euro willst du für dieses alte Auto haben? Tut mir leid, aber da mache ich nicht mit** *fam*, ma come, mi chiedi 2000 euro per questo catorcio di macchina? Mi dispiace, ma non ci sto **2** *fam* (*gut funktionieren*): **meine Beine machen nicht mehr so mit**, le mie gambe ₍non reggono più tanto₎/[non mi obbediscono più]/[vanno per conto loro]; **sein Kopf macht nicht mehr so richtig mit**, non c'è più tanto con la testa *fam* ● **da machst du (vielleicht) was mit!**, quante ne devono sopportare! *fam*; **das mache ich nicht länger mit!** *fam*, non ci sto più! *fam*.

Mit|mensch m prossimo m: **unsere ~en**, il nostro prossimo, i nostri simili.

mit|mischen itr *fam oft pej* (*in etw* dat) / **bei etw** dat) ~ {BEI EINEM GESCHÄFT, IN DER POLITIK} avere le mani in pasta (*in qc*) *fam*, intrallazzare (*in qc*) *fam*.

mit|müssen <irr> itr (*mit jdm*) ~ dover andare/venire (*con*/[insieme a] *qu*).

Mit|nahmemarkt m (supermercato m) cash-and-carry m.

Mit|nahmepreis m "prezzo m per chi ritira la merce da sé".

mit|nehmen <irr> tr **1** (*mit sich führen*) *jdn/etw* (*irgendwohin*) ~ {AUSWEIS, BRIEF, FREUND AUF EINE PARTY, ZUR POST, IN DEN URLAUB} portare *qu/qc* con sé/[portarsi dietro *qu/qc*] (+ *compl di luogo*): **nimm die Kinder mit, wenn du spazieren gehst**, portati dietro i bambini se vai a fare una passeggiata; **hast du einen Schirm mitgenommen?**, hai portato/preso l'ombrello?; **Sie müssen die Pizza nicht hier essen, Sie können sie auch ~**, non è tenuto (-a) a mangiare qui la pizza, può anche portarla via **2** (*mit fahren lassen*) *jdn* (*irgendwohin*) ~ dare un passaggio/uno strappo *fam* a *qu* (+ *compl di luogo*): **kannst du mich bis Köln ~?**, mi puoi dare un passaggio fino a Colonia?; **soll ich dich ~?**, vuoi un passaggio/uno strappo *fam*? **3** (*erschöpfen*) *jdn* ~ {ANSTRENGUNG} sfinire *qu*, esaurire *qu*, strapazzare *qu*; {AUFREGUNG} *auch* provare *qu*: **der Tod ihres Mannes hat sie sehr mitgenommen**, la morte di suo marito l'ha molto provata **4** *fam* (*in Mitleidenschaft ziehen*) *etw* ~ {DAS FAHREN AUF SCHLECHTEN STRAßEN AUTO} rovinare *qc*; {UMZUG MÖBEL} *auch* sciupare *qc* **5** *fam* (*stehlen*) *etw* ~ sgraffignare *qc fam*, far sparire *qc fam*, rubare *qc*, portare via *qc* **6** *fam* (*erleben*) *etw* ~ {SEHENSWÜRDIGKEIT} visitare *qc*; {VERANSTALTUNG} andare (anche) a *qc* ● **alles ~** *fam*, non farsi scappare niente/[nessuna occasione]; *zum* **Mitnehmen** {BROSCHÜREN, WARENPROBEN}, da portare via; {EIS, PIZZA} *auch*, da asporto.

mit|nichten adv *geh obs* non affatto, per niente.

Mit|ose <-, -n> f *biol* mitosi f, cariocinesi f.

Mitra <-, -en> f *relig* mitra f.

mit|rauchen itr *etw* ~ fumare *qc* (insieme a qu) ● **passives Mitrauchen**, fumo passivo.

mit|rechnen **A** tr *etw* ~ {EXTRA, MEHRWERTSTEUER, TRINKGELD} includere *qc* nel conto, conteggiare *qc* **B** itr fare un calcolo contemporaneamente a qu.

mit|reden itr (*bei etw* dat) ~ {BEI EINER DISKUSSION, ENTSCHEIDUNG} dire la propria (*in qc*); {BEI EINEM PROJEKT} avere voce in capitolo (*in qc*) *fam*: **da habe ich auch noch ein Wörtchen mitzureden** *fam*, una parolina spetterebbe anche a me *fam*; **er will immer überall ~**, vuole sempre ₍dire la sua *fam*₎/[mettere bocca *fam*].

Mit|reisende <dekl wie adj> mf compagno (-a) m di viaggio.

mit|reißen <irr> tr **1** (*mit sich reißen*) *jdn/etw* ~ {HOCHWASSER, LAWINE, STRÖMUNG} trascinare via/[con sé] *qu/qc* **2** (*begeistern*) *jdn* ~ {BAND, MUSIKER, REDNER, RHYTHMUS} trascinare *qu*, entusiasmare *qu*: **sich von der Begeisterung ~ lassen**, lasciarsi trasportare dall'entusiasmo.

mit|reißend adj {REDNER} trascinante; {MUSIK, SPIEL} *auch* coinvolgente.

mit|sammen adv *süddt A* insieme, assieme.

mit|samt präp + dat insieme a, con.

mit|schicken tr *etw* ~ {FOTOS} spedire/mandare *qc* (insieme a *qc*); {BROSCHÜRE, PREISLISTE} *auch* allegare *qc*: **können Sie auch ein Prospekt ~?**, potrebbe spedirmi anche un dépliant?

mit|schleppen tr *fam* **1** (*mit sich führen*) *etw irgendwohin* ~ {AUF EINE FAHRT, REISE, WANDERUNG} portarsi dietro *qc* + *compl di luogo* **2** (*mitnehmen*) *jdn irgendwohin* ~ {INS KINO, THEATER, AUF EINE PARTY} tirarsi/portarsi dietro *qu* + *compl di luogo*.

mit|schneiden <irr> tr *radio TV etw* (*auf etw* dat) ~ {FILM, GESPRÄCH, MUSIK AUF BAND, VIDEO} registrare *qc* (*su qc*).

Mit|schnitt m *radio TV* registrazione f.

mit|schreiben <irr> **A** tr **1** (*daran teilnehmen*) *etw* ~ {KLASSENARBEIT, KLAUSUR} partecipare a *qc*, prendere parte a *qc*: **ich habe die letzte Klassenarbeit nicht mitgeschrieben**, l'ultimo compito in classe non l'ho fatto *fam* **2** (*beim Zuhören aufschreiben*) *etw* ~ {ERKLÄRUNGEN, VORLESUNG, VORTRAG} prendere gli appunti *di qc*: **etw im Wortlaut ~**, scriver(si) *qc* parola per parola **B** itr prendere appunti/nota: **schreiben Sie mit: ...**, scriva/scrivete: ...

Mit|schuld f ~ (*an etw* dat) {AN EINEM MORD} correità f (*in qc*); {AN EINEM MISSERFOLG, UNFALL} corresponsabilità (*in qc*).

mit|schuldig adj: ~ (**an etw** dat) **sein** {AN EINEM MORD}, essere correo (in *qc*); {AN EINEM SELBSTMORD, UNFALL} essere corresponsabile (di *qc*); **sich (an etw** dat) **~ machen**, rendersi corresponsabile (di *qc*).

Mit|schuldige <dekl wie adj> mf: **der/die ~ (an etw** dat): {AN BETRUG, MORD} il/la correo (-a) (in *qc*); {AM SCHEITERN}, il correo/la correa (di *qc*).

Mit|schüler m (**Mit|schülerin** f) compagno (-a) m (f) di scuola.

mit|schwingen <irr> itr **1** *mus* (*gleichzeitig schwingen*) {SAITE} vibrare (insieme) **2** *geh* (*zu hören sein*) (*in etw* dat) ~ {ARROGANZ, ZORN IN JDS STIMME, WORTEN} trasparire da *qc*, vibrare *in qc qc*: **in seinen Worten schwang eine leise Trauer mit**, nelle sue parole c'era una punta/vena di tristezza.

mit|singen <irr> **A** tr **1** (*auch singen*) *etw* ~ {LIED, REFRAIN, STROPHE} cantare (anche) *qc* **2** (*mit jdm singen*) *etw* (*mit jdm*) ~ cantare *qc* (₍insieme a₎/con *qu*) **B** itr (*in etw* dat) ~ {IM CHOR} cantare (*in qc*): **warum singst du nicht mit?**, perché non canti con noi?

mit|spielen itr **1** *sport* (*bei etw* dat/*in etw* dat) ~ {IN EINEM KLUB, EINER MANNSCHAFT} giocare (*in qc*); {BEI EINEM MATCH} *auch* partecipare a *qc* **2** (*mitwirken*) **in etw** (dat) ~ {IN

Mitspieler einem Film, einem Theaterstück recitare *in qc*; avere una parte *in qc*; {in einer Band, einem Orchester} suonare *in qc* **3** (*Mitspieler sein*) (*mit jdm*/*bei etw* dat) ~ {mit den Kindern} giocare (*con qu*) *a qc*; {bei Monopoly} *auch* prendere parte *a qc*: **spielst du mit?**, giochi con noi? **4** (*eine Rolle spielen*) (*bei etw* dat) ~ {Sympathie bei einer Auswahl, einer Entscheidung} entrare in gioco (*in qc*) *fam*; {Grund, Motiv} *auch* subentrare (*in qc*): **das hat bei meiner Entscheidung nicht mitgespielt**, (ciò) non ha pesato nella mia decisione **5** *fam* (*mitmachen*) (*bei etw* dat) ~ {bei einer Intrige, einem Plan} partecipare (*a qc*): **tut mir leid, aber da spiele ich nicht mehr mit**, mi dispiace ma non sto più al gioco *fam*; **ich würde gerne in Italien studieren, aber meine Eltern spielen (da) nicht mit**, mi piacerebbe frequentare l'università in Italia ma i miei genitori non ne vogliono sapere; **wenn das Wetter mitspielt, können wir morgen an den See fahren**, tempo permettendo, domani potremmo andare al lago • **jdm übel ~**, giocare un brutto tiro a qu *fam*, tirare colpi bassi a qu *fam*.

Mitspieler m (**Mitspielerin** f) **1** (*bei einem Spiel*) compagno (-a) m (f) di gioco **2** *sport* compagno (-a) m (f) di squadra; *Tennis* partner mf **3** *theat* attore (-trice) m (f), interprete mf.

Mitspracherecht <-(e)s, *ohne* pl> n diritto m di codecisione; **jdm ein ~ einräumen**, garantire a qu il diritto di codecisione; **ein ~ haben**, avere voce in capitolo.

mit|sprechen <irr> **A** tr *etw* (*mit jdm*) ~ {Eid} pronunciare *qc* (*insieme a/con qu*); {Gebet} *auch* recitare *qc* (*insieme a/con qu*) **B** itr (*bei etw* dat/*in etw* dat) ~ {bei einer Entscheidung, einer wichtigen Frage} avere voce in capitolo (*in qc*), dire la propria (*in qc*) *fam*.

Mitstreiter <-s, -> m (**Mitstreiterin** f) *geh* compagno (-a) m (f) di lotta.

Mittag <-(e)s, -e> m **1** <*nur* sing> (*zwölf Uhr*) mezzogiorno m: **es ist gleich ~**, manca poco a/[fra poco è] mezzogiorno; **gegen ~**, verso mezzogiorno; **gestern/heute/morgen ~**, ieri/oggi/domani a mezzogiorno **2** (*Mittagspause*) pausa f pranzo, intervallo m di pranzo/colazione *geh*: **über ~ ist die Bibliothek geschlossen**, durante l'intervallo di pranzo la biblioteca è chiusa **3** <*nur* sing> *fam* (*~essen*) pranzo m, colazione f *geh*: (**zu**) **~ essen**, pranzare, desinare *geh*; **wir gehen gleich ~ essen**, fra poco andiamo a pranzo/pranzare • **~ machen** *fam*, fare l'intervallo di pranzo; **ich mach' jetzt ~**, ora vado a pranzo/pranzare; **er macht gerade ~**, è (fuori ufficio) a pranzo.

mittag|essen a.R. *von* Mittag essen → **Mittag**.

Mittagessen n pranzo m, colazione f, desinare m *geh*.

mittäglich adj <attr> {Ruhepause, Schläfchen} di mezzogiorno; {Hitze} *auch* meridiano.

mittags adv a mezzogiorno: **(um) 12 Uhr ~**, a mezzogiorno; **(um) 1 Uhr ~**, alle 1 di pomeriggio.

Mittagshitze f calura f di mezzogiorno/[meridiana].

Mittagspause f pausa f/intervallo m di mezzogiorno/[del pranzo].

Mittagsruhe f **1** (*mittägliches Ausruhen*) riposino m pomeridiano, siesta f: **~ halten**, fare la siesta **2** (*Ruhe zwischen 13 bis 15 Uhr*) silenzio m pomeridiano: **die ~ einhalten**, rispettare il silenzio pomeridiano.

Mittagsschlaf m sonnellino m/pisolino m pomeridiano: **einen ~ machen/halten**, fare/schiacciare un pisolino pomeridiano *fam*, fare una dormitina dopo pranzo *fam*.

Mittagssonne f sole m di mezzogiorno/[meridiano].

Mittagsstunde f mezzogiorno m: **um die ~**, intorno a mezzogiorno.

Mittagstisch m: **am ~ sitzen**, stare seduto (-a) /[essere] a tavola (per pranzo); **sie saßen gerade am ~, als das Unwetter losbrach**, stavamo pranzando quando si è scatenato il temporale.

Mittagszeit f mezzogiorno m, ora f di pranzo; (*Mittagspause*) pausa f di mezzogiorno: **in/während der ~**, all'ora di pranzo.

Mittäter m (**Mittäterin** f) *jur* complice mf.

Mittäterschaft <-, *ohne* pl> f *jur* concorso m in reato, complicità f.

Mittdreißiger m (**Mittdreißigerin** f) uomo m/donna f sui trentacinque anni: **sie dürfte eine ~in sein**, dovrebbe avere sui trentacinque anni.

Mitte <-, -n> f <*meist* sing> **1** (*Punkt in der Hälfte von etwas*) mezzo m, metà f: **der Teller ist in der ~ auseinandergebrochen**, il piatto si è rotto a metà/[nel mezzo]; **ein Buch nur bis zur ~ lesen**, leggere un libro solo a metà, lasciare un libro a metà/mezzo **2** (*Mittelpunkt*) centro m, mezzo m: **in der ~ liegen/stehen**, stare nel mezzo/[al/nel centro]; **in der ~ des Platzes**, nel/al centro della piazza; **die Vase in die ~ des Tisches stellen**, mettere il vaso al centro del tavolo **3** (*Zeitpunkt: oft adverbial übersetzt*) metà f: **~ Juni beginnen die Prüfungen**, gli esami incominceranno a metà giugno; (**in der**) **~ der Woche**, a(lla) metà (della) settimana; **ruf mich gegen ~ des Monats an**, chiamami verso la metà del/[metà] mese **4** (*bei Altersangaben*): **er ist ~ dreißig/[der Dreißiger]**, è sui trentacinque anni **5** *pol* centro m: **eine Partei/Politik der ~**, un partito/[una politica] di centro/[centrista] • **ab durch die ~!** *fam*, fila/filate! *fam*, via! *fam*; **aus/in eurer/ihrer/uns(e)rer ~**: **der Vorschlag kam aus eurer ~**, la proposta è stata fatta da uno dei vostri/[di voi]; **einer aus uns(e)rer ~**, uno dei nostri/[di noi]; **wir haben sie in uns(e)rer ~ willkommen geheißen**, l'abbiamo accolta tra (di) noi; **er wurde aus unserer ~ gerissen** *euph* (*er ist gestorben*), ci è stato portato via *euph*; **die goldene ~**, il giusto mezzo; **in der ~** (*zwischen zwei Personen*), nel mezzo, (*zwischen zwei Ortschaften*) a metà strada; **die linke/rechte ~** *pol*, il centrosinistra/centrodestra; **jdn in die ~ nehmen**, prendere qu a braccetto.

mit|teilen **A** tr *jdm etw* ~ {neue Adresse, Ereignis, Nachricht, Neuigkeit} comunicare *qc a qu*, informare *qu di qc*: **sie teilte uns ihre Verlobung mit**, ci ha annunciato il suo fidanzamento; **wir freuen uns, Ihnen ~ zu können, dass ...**, siamo lieti di comunicarVi/informarVi che ...; **jdm etw amtlich ~**, notificare *qc a qu*; **etw schriftlich ~**, comunicare *qc* per iscritto **B** rfl **1** (*sich anvertrauen*) **sich jdm ~**, confidarsi *con qu*, aprirsi *con qu*, fare delle confidenze *a qu* **2** *geh* (*sich übertragen*) **sich jdm ~** {Aufregung, Stimmung} trasmettersi *a qu*, comunicarsi *a qu*; {Freude} *auch* contagiare *qu*.

mitteilsam adj {Mensch} comunicativo, espansivo: **sehr ~ sein**, avere molta comunicativa.

Mitteilung f comunicazione f, comunicato m *adm*, notifica(zione) f *adm*: **eine ~ des Kanzlers an die Minister**, un comunicato/una comunicazione del cancelliere ai ministri; **amtliche ~**, comunicato ufficiale; **vertrauliche ~**, comunicazione riservata/confidenziale.

Mitteilungsbedürfnis <-ses, *ohne* pl> n bisogno m di comunicazione/comunicare.

Mitteilungsblatt n bollettino m d'informazione: **amtliches ~**, gazzetta ufficiale.

Mittel <-s, -> n **1** (*Heilmittel*) rimedio m, farmaco m, medicina f, preparato m: **ein ~ gegen Halsschmerzen/Husten**, un rimedio contro/per il mal di gola/[la tosse]; **blutstillendes ~**, (farmaco) emostatico **2** (*chemische Substanz*) sostanza f, prodotto m: **ein ~ gegen Unkraut**, una sostanza erbicida; **kosmetisches ~**, prodotto/preparato cosmetico **3** (*Methode*) mezzo m: **rechtliche/unlautere ~ anwenden**, ricorrere a mezzi legali/illeciti; **der Zweck heiligt die ~**, il fine giustifica i mezzi; **ihm ist jedes ~ recht**, per lui tutto è lecito **4** <*nur* pl> (*Geldmittel*) mezzi m pl, fondi m pl, risorse f pl: **etw aus eigenen ~n bezahlen**, pagare qc con il proprio denaro/[i propri mezzi]; **öffentliche ~**, fondi pubblici, denaro pubblico; **verfügbare/ökon. disponibilità 5** *math* media f, valore m medio: **das arithmetische ~ (aus etw** dat), la media aritmetica (di qc); **über/unter dem ~ liegen**, essere sopra/sotto la media • **kein ~ unversucht lassen**, tentare tutte le strade/[ogni mezzo], non lasciar niente di intentato; **etw mit allen ~n zu verhindern (ver)suchen**, cercare con ogni mezzo di impedire qc; **~ und Wege finden, (um) etw zu tun**, trovare il modo di fare qc; **~ zum Zweck sein**, essere soltanto un mezzo.

Mittelalter n (*Abk* MA) Medioevo m: **frühes ~**, alto Medioevo; **hohes ~**, pieno Medioevo; **im ausgehenden/späten ~**, nel tardo/basso Medioevo.

mittelalterlich adj medi(o)evale.

Mittelamerika n *geog* America f Centrale.

mittelamerikanisch adj centr(o)americano, dell'America Centrale.

Mittelasien n → **Zentralasien**.

mittelbar *geh* **A** adj {Schaden} indiretto; {Beteiligung, Ursache} *auch* mediato **B** adv {beteiligt sein} indirettamente.

Mittelbau <-s, *ohne* pl> m **1** *univ* akademischer ~, personale docente senza cattedra **2** *arch* corpo m centrale.

mitteldeutsch adj della Germania Centrale.

Mitteldeutschland n *geog* Germania f Centrale; *hist* (*Ex-DDR*) Germania f Orientale.

Mittelding n *fam* <*meist* sing> via f di mezzo: **ein ~ zwischen etw** (dat) **und etw** (dat), una via di mezzo tra qc e qc.

Mitteleuropa n *geog* Europa f Centrale; *hist* (*Habsburgerreich*) Mitteleuropa f.

Mitteleuropäer m (**Mitteleuropäerin** f) abitante mf dell'Europa Centrale.

mitteleuropäisch adj centroeuropeo, dell'Europa Centrale; *hist* (*auf das Habsburgerreich bezogen*) mitteleuropeo • **~e Zeit** (*Abk* MEZ), ora dell'Europa Centrale.

Mittelfeld <-(e)s, *ohne* pl> n *sport* centrocampo m.

Mittelfeldspieler m (**Mittelfeldspielerin** f) *Fußball* centrocampista mf.

Mittelfinger m (dito m) medio m.

mittelfristig **A** adj {Kredit, Maßnahme} a medio termine **B** adv {planen} a medio termine.

Mittelfuß m *anat* metatarso m, metapedio m.

Mittelfußknochen m *anat* metatarsale m.

Mittelgebirge n mezza/media montagna f: **die deutschen ~** *geog*, le Montagne Medie (della Germania).

Mittelgewicht n *sport* **1** <*nur* sing> (*Gewichtsklasse*) pesi m pl medi **2** (*Sportler*) peso m medio.

Mittelgewichtler <-s, -> m (**Mittelgewichtlerin** f) peso m medio m.

mittelgroß adj {MENSCH} di media statura; {GARTEN, HAUS} di media grandezza.

mittelhochdeutsch adj (Abk mhd) medio alto tedesco.

Mittelhochdeutsch n, **Mittelhochdeutsche** <*dekl wie adj*> n *ling* medio alto tedesco m.

Mitte-links-Bündnis n *pol* alleanza f di centrosinistra.

Mittelklasse f **1** (*Güteklasse*) media categoria f: **ein Wagen der ~**, una vettura di classe media **2** (*Gesellschaftsschicht*) classe f media, ceto m medio.

Mittelklassewagen m automobile f/autovettura f di media cilindrata.

Mittelkurs m corso m (di livello) medio.

Mittellinie f **1** *sport* linea f di metà campo, mediana f **2** (*Fahrbahntrennung*) (linea f di) mezzeria f **3** *geom* (linea f) mediana f.

mittellos adj {MENSCH} privo di mezzi, povero; *adm* nullatenente.

Mittellosigkeit <-, ohne pl> f mancanza f di mezzi; *adm* nullatenenza f.

Mittelmaß <-es, ohne pl> n *oft pej* {+LEISTUNG} media f: **seine Fähigkeiten liegen über dem ~**, ha capacità superiori alla media.

mittelmäßig adj *oft pej* {INTELLIGENZ} medio; {QUALITÄT, SCHÜLER} *auch* mediocre *pej*.

Mittelmäßigkeit <-, ohne pl> f *meist pej* mediocrità f.

Mittelmeer <-s, ohne pl> n *geog* (Mare m) Mediterraneo m.

Mittelmeerklima n clima m mediterraneo.

Mittelmeerland n <*meist* pl> paese m mediterraneo/[del bacino del Mediterraneo].

Mittelmeerraum m area f mediterranea, bacino m del Mediterraneo.

Mittelohrentzündung f *med* otite f media.

mittelprächtig adj *fam iron* {WETTER} così così; {ERGEBNIS, LEISTUNG} *auch* non brillante: **wie geht's denn so? – Na ja, ~!**, come vanno le cose? – Insomma, potrebbero andare meglio! *fam*.

Mittelpunkt m **1** *geom* {+GERADE, STRECKE} punto m centrale/mediano; {+KREIS, KUGEL} *auch* centro m **2** (*wichtiger Ort*) centro m: **der geistige/kulturelle/künstlerische ~ eines Landes**, il centro spirituale/culturale/artistico di un paese ● **im ~ (der Aufmerksamkeit/des Interesses) stehen**, essere al centro ˌdell'attenzioneˌ/[dell'interesse]; **~ einer S.** (gen) **sein** {EINES ABENDS, FESTES}, essere al centro di qc; **immer ˌ~ seinˌ/[im ~ stehen] wollen**, essere sempre al centro dell'attenzione.

Mittelpunktschule f "plesso m scolastico centrale che sostituisce le scuole di campagna ad una classe".

mittels präp + gen *geh* mediante, per mezzo di, tramite.

Mittelscheitel m riga f/scriminatura f ˌin mezzoˌ/[al centro].

Mittelschicht f <*meist* sing> *soziol* ceto m medio.

Mittelschiff n *arch* navata f centrale.

Mittelschule f **1** *obs* → **Realschule** **2** *CH* (*höhere Schule*) scuola f media superiore.

Mittelsmann <-(e)s, -männer *oder* -leute> m intermediario m, mediatore m.

Mittelstand <-(e)s, ohne pl> m classe f media, ceto m medio.

mittelständisch adj **1** *soziol* della classe media, del ceto medio **2** *ökon* medio-piccolo: **die ~en Unternehmen**, le imprese medio-piccole.

Mittelständler <-s, -> m (**Mittelständlerin** f) *oft pej* appartenente mf al ceto medio.

Mittelstreckenflugzeug n aereo m a medio raggio.

Mittelstreckenlauf m *sport* (corsa f di) mezzofondo m.

Mittelstreckenläufer m (**Mittelstreckenläuferin** f) *sport* mezzofondista mf.

Mittelstreckenrakete f *mil* missile m a medio raggio.

Mittelstreifen m *autom* **1** (*Grünstreifen*) spartitraffico m **2** (*Mittellinie*) mezzeria f.

Mittelstück n pezzo m centrale.

Mittelstufe f {+SPRACHKURS} livello m intermedio; *D Schule* (8.-10. Schuljahr) "l'ultimo anno delle medie e i primi due anni delle superiori".

Mittelstürmer m (**Mittelstürmerin** f) *sport* centr(o)attacco mf, centr(o)avanti mf.

Mittelweg m <*meist* sing> via f di mezzo, compromesso m: **einen ~ einschlagen/gehen**, prendere una via di mezzo.

Mittelwelle f (Abk MW) onde f pl medie.

Mittelwellensender m emittente f a onde medie.

Mittelwert m valore m medio/mediano, media f.

mitten adv **1** (*temporal*) **– in/an etw** (dat) nel mezzo *di qc*: **~ im Winter**, in pieno inverno; **~ in der Nacht**, ˌin pienaˌ/[nel cuore della] notte; **~ in der Versammlung klingelte sein Mobiltelefon**, ˌnel bel mezzo della riunioneˌ/[in piena assemblea] suonò il suo cellulare **2** (*lokal*) **– in/auf etw** (dat *oder* akk) in mezzo *a qc*, nel/al centro *di qc*: **er stellte die Pakete ~ ins Zimmer**, mise i pacchi in mezzo alla stanza; **das Auto blieb ~ auf der Straße stehen**, la macchina si fermò ˌin mezzo allaˌ/[al centro della] strada; **die Kugel traf ihn ~ ins Herz**, la pallottola lo colpì ˌdritto alˌ/[in pieno] cuore; **~ durch etw** (akk), proprio in mezzo a qc; **wir liefen ~ durch die Stadt/den Wald**, siamo passati (-e) proprio in mezzo ˌalla cittàˌ/[al bosco]; **der Spiegel ist ~ entzwei gebrochen**, lo specchio si è rotto a metà.

mittendrin adv *fam* **1** (*gerade bei einer Tätigkeit*) nel bel mezzo *fam*, proprio nel mezzo **2** (*unter anderen*) in mezzo.

mittendurch adv {BRECHEN} a metà; {FAHREN, FÜHREN, LAUFEN} nel mezzo.

Mitternacht <-, ohne pl> f mezzanotte f: **gegen/nach/um ~**, verso/dopo/a mezzanotte.

mitternächtlich adj <*attr*> {MESSE, SHOW, VERANSTALTUNG} di mezzanotte: **zu ~er Stunde**, ˌin pienaˌ/[nel cuore della] notte.

mitternachts adv a mezzanotte.

Mitternachtssonne f sole m di mezzanotte.

Mittfünfziger <-s, -> m (**Mittfünfzigerin** f) uomo m/donna f sui cinquantacinque anni.

Mittler m (**Mittlerin** f) mediatore (-trice) m (f), intermediario (-a) m (f).

mittlerer, mittlere, mittleres adj <*attr*> **1** (*in der Mitte von anderen*) {BRUDER, SCHWESTER} di mezzo, mezzano (-a); {TEIL, TÜR} centrale, di mezzo; {FINGER} medio (-a) **2** (*durchschnittlich*) {EINKOMMEN, LEISTUNG, QUALITÄT, TEMPERATUR} medio (-a); {GE-

SCHWINDIGKEIT, GRÖSSE} *auch* mezzano (-a): **eine Frau ˌmittleren Altersˌ/[in mittleren Jahren]**, una donna di mezza età; **der Mittlere Osten**, il Medio Oriente **3** (*ein Mittelmaß darstellend*) {BETRIEB} medio (-a) **4** (*in einer Hierarchie*) {MANAGEMENT, POSITION} intermedio (-a).

Mittlerrolle f ruolo m di mediatore/mediatrice: **bei/in etw** (dat) **eine ~ einnehmen/haben**, ˌassumere un ruoloˌ/[fare] da mediatore/mediatrice in qc.

mittlerweile adv intanto, nel frattempo, frattanto: **~ habe ich mich daran gewöhnt**, ormai ˌmi ci sono abituato (-a)ˌ/[non ci faccio più caso].

mit|tragen tr *etw* **~** {ENTSCHEIDUNG, RISIKO} partecipare *a qc*; {KOSTEN} *auch* assumersi una parte *di qc*, contribuire *a qc*.

Mittsechziger <-s, -> m (**Mittsechzigerin** f) uomo m/donna f sui sessantacinque anni: **rüstiger ~ für kleine Gartenarbeiten gesucht**, cercasi uomo in gamba sui sessantacinque anni per lavoretti di giardinaggio.

Mittsiebziger m (**Mittsiebzigerin** f) uomo m/donna f sui settantacinque anni: **als ~in macht sie noch jeden Tag Kreuzworträtsel**, con i suoi quasi settantacinque anni fa ancora tutti i giorni i cruciverba.

Mittsommer m mezza estate f.

Mittsommernacht f notte f di mezza estate.

Mittvierziger <-s, -> m (**Mittvierzigerin** f) uomo m/donna f sui quarantacinque anni.

Mittwoch <-(e)s, -e> m mercoledì m; → *auch* **Freitag**.

Mittwochabend (a.R. Mittwoch abend) m: **(am) ~**, mercoledì sera, la sera(ta) di mercoledì; **(immer am ~)** di/il mercoledì sera; **für ~**, per mercoledì sera, per la sera(ta) di mercoledì.

Mittwochmorgen (a.R. Mittwoch morgen) m: **(am) ~**, mercoledì mattina, la mattina(ta) di mercoledì; **(immer am ~)** il/di mercoledì mattina; **für ~**, per mercoledì mattina, per la mattina(ta) di mercoledì.

Mittwochnacht (a.R. Mittwoch nacht) f mercoledì notte f: **wir fahren ~ los**, partiamo/partiremo mercoledì[in tarda serata]; **~ konnte sie nicht schlafen**, la notte tra mercoledì e giovedì non è riuscita a dormire.

mittwochs adv il/di mercoledì; → *auch* **freitags**.

Mittzwanziger <-s, -> m (**Mittzwanzigerin** f) uomo m/donna f sui venticinque anni.

mitunter adv *geh* talvolta, talora *geh*, a volte, di quando in quando.

mitverantwortlich adj corresponsabile.

Mitverantwortung <-, ohne pl> f corresponsabilità f: **~ für etw** (akk) **tragen**, essere corresponsabile di qc; **jede ~ ablehnen**, declinare ogni responsabilità.

mit|verdienen <*ohne ge*-> itr **1** (*auch arbeiten*) {EHEFRAU, KINDER} contribuire al mantenimento della famiglia: **meine Ehefrau muss ~**, per tirare avanti bisogna che lavori anche mia moglie **2** (*auch an etw verdienen*) guadagnarci qualcosa.

Mitverfasser m (**Mitverfasserin** f) coautore (-trice) m (f).

Mitverschulden <-s, ohne pl> n *jur* concorso m di colpa *jur*.

mit|versichern tr *jdn* **~** far rientrare *qu* nella polizza assicurativa di qu: **sie ist bei ihrem Vater mitversichert**, l'assicurazione di suo padre copre anche lei.

mit|wirken itr **1** (*mitarbeiten*) **bei etw** (dat)/**an etw** (dat) **~** {AN EINER ENTSCHEI-

Mitwirkende | Modehaus

DUNG, BEI DER ERSTELLUNG VON LEHRPLÄNEN} collaborare *a qc*, cooperare *a qc*, partecipare *a qc* **2** (*mitspielen*) **in etw** (dat) ~ {SCHAUSPIELER IN EINEM FILM, EINEM THEATERSTÜCK} recitare *in qc*, avere una parte *in qc* **3** (*eine Rolle spielen*) **bei etw** (dat) ~ {ERWÄGUNG, FAKTOR BEI EINER ENTSCHEIDUNG} contribuire *a qc*, influire *su qc*, giocare un ruolo *in qc* ● **es wirkten mit**: ... (*im Nachspann eines Films, Fernsehfilms*) personaggi e interpreti: ...; (*im Nachspann einer Unterhaltungssendung*) hanno partecipato: ...

Mitwirkende <dekl wie adj> mf **1** (*Mitarbeiter*) partecipante mf, collaboratore (-trice) m (f) **2** (*Teilhabender*) {VERANSTALTUNG} partecipante mf; {+BUNTER ABEND, UNTERHALTUNGSSENDUNG} *auch* ospite mf **3** *film theat* attore (-trice) m (f), interprete mf ● ~: ... *film theat* personaggi e interpreti: ...

Mitwirkung <-, *ohne pl*> f **1** (*Mitarbeit*) cooperazione f, collaborazione f **2** (*das Mitspielen*) partecipazione f ● **unter ~ von jdm**, con la partecipazione di qu.

Mitwisser <-s, -> m (**Mitwisserin** f) *jur* connivente mf *jur*.

Mitwisserschaft <-, *ohne pl*> f *jur* connivenza f *jur*.

Mitwohnzentrale f "agenzia f che mette in contatto chi è interessato a dividere un appartamento".

mit|wollen <irr> itr *fam* (*irgendwohin*) ~ voler andare/venire insieme a qu (+ *compl di luogo*): **könnt ihr ein paar Minuten warten? Meine Schwester will auch mit**, potete aspettare un momento? Vuole venire anche mia sorella.

mit|zählen <img A> tr *jdn/etw* ~ includere *qu/qc* (nel conto), conteggiare *qu/qc*, tenere il conto *di qu/qc*: **ich habe die Überstunden nicht mitgezählt**, non ho tenuto il conto degli (conteggiato gli) straordinari <img B> itr (*bei etw* dat) ~ {BERUFSJAHRE, ERZIEHUNGSJAHR, FEIERTAG BEI DER BERECHNUNG DER RENTE, DES URLAUBS} contare (*per qc*), venir incluso (-a) (*in qc*).

mit|ziehen <irr> itr **1** <*sein*> (*mitgehen*) (*mit etw* dat) ~ {MIT DEM FESTZUG, EINER KOLONNE} andare *insieme a qc*, partecipare *a qc* **2** <*haben*> *sport* (*Schritt halten*) (*mit jdm*) ~ seguire *qu*, tener/stare dietro *a qu* **3** <*haben*> *fam* (*mitmachen*) (*bei etw* dat) ~ starci (*a qc*) fam, partecipare (*a qc*).

Mixbecher m shaker m.

Mixed-Media-Veranstaltung f → **Multimediashow**.

Mixedpickles, **Mixed Pickles**, **Mixpickles** subst <*nur pl*> *gastr* sottaceti m pl.

mixen tr **1** (*zubereiten*) (*jdm*) *etw* ~ {COCKTAIL, GETRÄNK} preparare *qc (a qu)* **2** *fam* (*im Mixer verquirlen*) *etw* ~ frullare *qc* **3** *film radio TV etw* ~ mixare *qc*, missare *qc*: **das Mixen**, il missaggio, il mixeraggio, il mixing.

Mixer① <-s, -> m (*Küchengerät*) frullatore m, mixer m.

Mixer② <-s, -> m *film radio TV* (*Mischgerät*) mixer m, miscelatore m.

Mixer③ <-s, -> m (**Mixerin** f) **1** (*Barmixer*) barman m, barmaid f **2** *film radio TV* tecnico m addetto al missaggio, mixer mf.

Mixgetränk n cocktail m; (*aus Milch*) frappè m.

Mixtur <-, *-en*> f **1** *pharm* mistura f **2** *fam* (*Mischung*) **eine ~ aus etw** (dat) **und etw** (dat), una via di mezzo / [un qualcosa] tra qc e qc.

MKS <-, *ohne pl*> f Abk *von* Maul- und Klauenseuche: afta f epizootica.

MKS-System n *tech* sistema m MKS.

ml Abk *von* Milliliter: ml (Abk *von* millilitro).

mm Abk *von* Millimeter: mm (Abk *von* millimetro).

Mob <-s, *ohne pl*> m *pej* gentaglia f *fam*, plebaglia f, marmaglia f, ciurmaglia f.

mobben *slang* tr *jdn* ~ mobbizzare *qu*.

Mobbing <-s, *ohne pl*> n *slang* mobbing m.

Möbel <-s, -> n <*meist pl*> mobile m: **meine Freundin hat sehr teure ~**, la mia amica ha una mobilia molto costosa / [dei mobili molto costosi].

Möbeldesign n design m di mobili.

Möbelfabrik f mobilificio m, fabbrica f di mobili.

Möbelfabrikant m (**Möbelfabrikantin** f) mobiliere (*rar* -a) m (f), fabbricante mf di mobili.

Möbelgeschäft n negozio m di mobili.

Möbelindustrie f industria f del mobile.

Möbelmesse f *com* fiera f del mobile.

Möbelpacker m (**Möbelpackerin** f) operaio (-a) m (f) di un' impresa di traslochi.

Möbelpolitur f lucido m per mobili.

Möbelschreiner m (**Möbelschreinerin** f) mobiliere (*rar* -a) m (f); (*Kunsttischler*) ebanista mf.

Möbelspedition f impresa f / ditta f di traslochi.

Möbelstoff m tappezzeria f (per poltrone e divani).

Möbelstück n mobile m.

Möbelwagen m furgone m per traslochi / [trasporto mobili].

mobil adj **1** (*nicht ortsgebunden*) {ARBEITSPLATZ, LABOR} mobile: **-e Bücherei**, biblioteca circolante **2** (*beweglich*) {BESITZ, KAPITAL, VERMÖGEN} mobile **3** (*einsatzbereit*) {SOLDATEN, TRUPPEN, VERBÄNDE} mobile **4** *fam* (*munter*) svelto, agile, arzillo ● **etw ~ machen** {KRÄFTE, RESERVEN}, mobilitare qc; **jdn ~ machen** *fam* (*aktivieren*), mettere in moto qu.

Mobilbox f *tel* segreteria f telefonica del cellulare.

Mobile <-s, -s> n **1** (*leicht bewegliches hängendes Gebilde zur Dekoration*) mobile m **2** *kunst* mobile m.

Mobilfunk m telefonia f mobile.

Mobilfunkkarte f *tel* scheda f per il (telefono) cellulare.

Mobilfunknetz n *tel* rete f di telefonia mobile.

Mobiliar <-s, *ohne pl*> n mobilia f, mobili m pl.

Mobilien subst <*nur pl*> *jur ökon* (beni m pl) mobili m pl.

mobilisieren <*ohne ge-*> tr **1** (*aktivieren*) *jdn* ~ {FEUERWEHRLEUTE, FREUNDE, HELFER, PARTEIGENOSSEN} mobilitare *qu*, mettere in moto *qu*, attivare *qu slang*: **die Massen ~**, mobilitare le masse **2** (*verfügbar machen*) *etw* ~ {KRÄFTE, RESERVEN} mobilitare *qc* **3** *mil etw* ~ {ARMEE, STREITKRÄFTE} mobilitare *qc* **4** *ökon etw* ~ {KAPITAL} mobilitare *qc*, rendere produttivo *qc* **5** *med jdn/etw* ~ {GELENK, KRANKEN} mobilizzare *qu/qc*.

Mobilisierung <-, *-en*> f **1** (*Aktivierung*) {+FREUNDE, PARTEIGENOSSEN} mobilitazione f; {+KRÄFTE, RESERVEN} mobilitazione f **2** *mil* → **Mobilmachung 3** *med* mobilizzazione f.

Mobilität <-, *ohne pl*> f **1** *soziol* mobilità f: **berufliche ~**, mobilità del lavoro; **soziale ~**, mobilità sociale **2** *geh* (*geistige Beweglichkeit*) agilità f mentale.

Mobilkommunikation f comunicazione f mobile.

mobil|machen <img A> tr **1** (*aktivieren*) → **mobil 2** *mil jdn/etw* ~ {EIN LAND, DIE TRUP- PEN} mobilitare *qu/qc* <img B> itr *mil* dichiarare la mobilitazione generale.

Mobilmachung <-, *ohne pl*> f *mil* mobilitazione f.

Mobiltelefon (a.R. Mobiltelephon) n (telefono m) cellulare m, telefonino m *fam*.

möblieren <*ohne ge-*> tr *etw* ~ {HAUS, WOHNUNG, ZIMMER} ammobiliare *qc*, arredare *qc*: **möbliertes Zimmer zu vermieten**, affittasi camera ammobiliata; **möbliert wohnen**, abitare in una stanza ammobiliata.

mochte 1. *und* **3. pers sing imperf** *von* mögen①, mögen②.

möchte 1. *und* **3. pers sing konjv II** *von* mögen①, mögen②.

Möchtegern <-s, -e *oder* -s> m *fam iron* pallone m gonfiato *fam*.

Möchtegernkünstler m (**Möchtegernkünstlerin** f) *fam iron* sedicente artista mf, articolo (-a) m (f).

modal adj *gram* {KONJUNKTION, OBJEKT} modale.

Modalität <-, *-en*> f **1** *geh* <*meist pl*> (*Bedingung*) modalità f **2** *philos* modalità f **3** *ling* modalità f.

Modalpartikel f *ling* particella f modale, segnale m discorsivo.

Modalsatz m *gram* proposizione f / frase f modale.

Modalverb n *gram* verbo m modale.

Mode <-, -n> f **1** (*Frisur, Kleidung, Schmuck*) moda f: **die italienische/französische ~**, la moda italiana/francese; **die ~ der Sechzigerjahre** / [langen Haare], la moda degli anni Sessanta / [dei capelli lunghi] **2** <*nur pl*> (*elegante Kleidungsstücke*) mode f pl, creazioni f pl; (*Modellkleider*) modelli m pl: **~n für Übergrößen**, mode / modelli per taglie forti; **die neuesten ~n aus Paris**, le ultime creazioni della moda di Parigi **3** *oft pej* (*Sitte*) moda f, usanza f, uso m ● **etw in ~ bringen**, lanciare la moda di qc; **mit/nach der ~ gehen**, seguire la moda; **aus der ~ kommen**, passare di moda; **aus der ~ sein**, essere fuori moda; (**in**) **~ sein**, essere di moda / [in voga]; **kurze Haare sind nicht mehr (in) ~**, i capelli corti non vanno più *fam* (di moda); **Jogging ist jetzt groß ~**, il footing adesso è di gran / [va molto di] moda; **das ist heute ~, das ist die ~ von heute**, è la moda del momento / [di oggi]; (**zur**) **~ werden**, diventare una moda, **es ist ~ geworden, etw zu tun**, è diventato una moda fare qc; **wieder ~ sein / werden**, (ri)tornare di moda / [in uso / voga].

Modeartikel m *com* **1** (*modisches Zubehör*) accessorio m (di moda) **2** (*zur Mode gewordenes Produkt*) articolo m di moda.

Modeberuf m professione f / mestiere m che va di moda.

modebewusst (a.R. modebewußt) adj {FRAU, MANN} alla moda, che segue la moda.

Modebranche f (settore m della) moda f: **in der ~ tätig sein**, lavorare nella moda.

Modedesigner m (**Modedesignerin** f) stilista mf, disegnatore (-trice) m (f) di moda; (*bes. für Hüte und Schuhe*), modellista mf.

Modefarbe f colore m di/alla moda.

Modefimmel m *pej*: **sie hat einen richtigen ~**, ha la fissa *slang* della / [è fissata con la] moda.

Modegag m *fam* particolare m (vistoso) di moda.

Modegeschäft n negozio m di moda / [abbigliamento femminile], boutique f.

Modehaus m **1** (*Unternehmen*) casa f di moda, maison f **2** (*größeres Geschäft*) negozio m di moda, emporio m di abbigliamento.

Modeheft n, **Modejournal** n giornale m/rivista f di moda.

Model <-s, -s> n (foto)modello (-a) m (f), indossatore (-trice) m (f), mannequin f geh.

Modell <-s, -e> n **1** (verkleinerte Ausgabe) modello m, modellino m: **ein ~ des Kölner Doms**, un modellino del duomo di Colonia; **das ~ der neuen Universitätsstadt**, il modello/plastico della nuova città universitaria **2** (Prototyp) modello m, prototipo m **3** (Ausführung) modello m: **auf der internationalen Automobilausstellung stellt VW seine neuesten ~e vor**, alla mostra internazionale dell'automobile fa vedere i suoi ultimi modelli **4** (modisches Einzelstück) modello m, creazione f, capo m firmato: **alle ~e von Dior sind sehr teuer**, tutti i capi firmati Dior sono carissimi; **diese Tasche ist ein ~ von Gucci**, questa borsa è un modello/una creazione di Gucci **5** (Fotomodell) (foto)modello (-a) m (f), indossatore (-trice) m (f), mannequin f geh **6** kunst modello (-a) m (f): **jdm sitzen/stehen**, posare per qu, fare da modello (-a) a qu **7** (Vorbild) modello m: **eine nach amerikanischem ~ organisierte Wirtschaft**, un'economia organizzata secondo il modello americano; **jdn zum ~ nehmen**, prendere qu ⌊ad esempio⌋/[per/a modello] **8** (Entwurf) modello m, progetto m: **das ~ eines Gesetzes**, un disegno di legge **9** wiss modello m **10** euph (Hostess) modella f euph, hostess f, indossatrice f euph.

Modellagentur f agenzia f di (foto)modelle.

Modellbau m modellismo m, modellistica f.

Modellbauer m (**Modellbauerin** f) modellista mf.

Modellcharakter m: ~ **haben**, servire/fungere da modello.

Modelleisenbahn f trenino m.

Modellfall m **1** (als Modell geltend) modello m, esempio m: **München ist ein ~ für ein gut organisiertes Fußgängerzentrum**, Monaco è un eccellente esempio di città con una zona pedonale/blu ben strutturata **2** (typisches Beispiel) caso m emblematico, tipico esempio m: **das ist ein ~ für milieugeschädigte Kinder**, è un caso emblematico di bambini provenienti da contesti familiari disagiati.

Modellflugzeug n aeromodello m.

modellieren <ohne ge-> tr kunst **1** (formend bearbeiten) **etw ~** {GIPS, TON, WACHS} modellare qc, plasmare qc **2** (formend bilden) **jdn/etw (in etw** akk) {IN GIPS, TON} ~ modellare qu/qc (in qc).

Modelliermasse f pasta f per modellare (für Kinder) auch pongo® m.

Modellkleid n modello m.

Modellpalette f gamma f di modelli/prodotti.

Modellpuppe f manichino m.

Modellversuch m **1** geh (Muster) esperimento m/sperimentazione f pilota **2** tech (Versuch an einem Modell) prova f su un prototipo.

Modellwohnung f euph appartamento m di indossatrice/modella/hostess euph.

modeln itr fare l'indossatore (-trice).

Modem <-s, -s> n oder m inform modem m.

Modemacher m (**Modemacherin** f) stilista mf, creatore (-trice) m (f) di moda.

Modemanschluss (a.R. Modemanschluß) m inform tel presa f modem.

Modename m nome m ⌊in voga⌋/[alla moda].

Modenschau, **Modeschau** f sfilata f di moda, défilé m.

Modepüppchen n, **Modepuppe** f pej ragazza f modaiola.

Moder <-s, ohne pl> m stantio m, mucido m n rar: **im Keller riecht es nach ~**, in cantina c'è odore di muffa.

moderat adj geh {PARTEI, POLITIK} moderato.

Moderation <-, -en> f radio TV conduzione f, presentazione f: **die ~ einer Sendung übernehmen**, fare da moderatore (-trice)/conduttore (-trice)/presentatore (-trice), condurre una trasmissione.

Moderator <-s, -en> m (**Moderatorin** f) {+DISKUSSION, TALKSHOW} moderatore (-trice) m (f); {+QUIZ, SPIELSHOW} conduttore (-trice) m (f), presentatore (-trice) m (f).

Modergeruch m tanfo m, odore m di muffa/mucido rar.

moderieren <ohne ge-> **A** tr radio TV **etw ~** {MAGAZIN, SENDUNG} condurre qc, fare il (la) moderatore (-trice)/conduttore (-trice) di qc **B** itr fare il (la) moderatore (-trice)/conduttore (-trice).

modern① itr <haben oder sein> {HOLZ, LAUB} marcire {BÜCHER, KLEIDUNG} ammuffire.

modern② **A** adj **1** (zeitgemäß) {HÄUSER, WISSENSCHAFT} moderno; {LEHRMETHODEN, TECHNIK} auch attuale **2** (modisch) {FRISUR, KLEIDER, SCHUHE} alla/di moda, moderno: **nicht mehr ~ sein**, ⌊essere fuori⌋/[non essere più di] moda **3** (an neueren Vorstellungen orientiert) {DENKWEISE, EINSTELLUNG, MENSCH} moderno: **~er werden**, modernizzarsi, mettersi al passo con i tempi **4** (zur Neuzeit gehörend) {KUNST, MALEREI, MUSIK} moderno **B** adv **1** (zeitgemäß) {BAUEN, EINRICHTEN} modernamente, in stile moderno **2** (modisch) {SICH ANZIEHEN, KLEIDEN} alla moda **3** (fortschrittlich): **~ denken/[eingestellt sein]**, essere di idee moderne, avere una mentalità moderna.

Moderne <-, ohne pl> f **1** (moderne Zeit) tempi m pl moderni, epoca f moderna **2** (moderne Richtung): **ein Vertreter der ~**, un rappresentante dell'arte/architettura/letteratura/musica moderna.

modernisieren <ohne ge-> tr **etw ~ 1** (technisch moderner machen) {ANLAGE, BETRIEB, HEIZUNG, WOHNUNG} modernizzare qc, ammodernare qc, rimodernare qc **2** (der Zeit anpassen) {DRAMA, OPER, SCHAUSPIEL} rielaborare qc in chiave moderna, rivisitare qc.

Modernisierung <-, ohne pl> f **1** (das Modernisieren) {+FABRIK, HAUS} modernizzazione f, rimodernamento m **2** (Anpassung) modernizzazione f.

Modernität <-, rar -en> f modernità f.

Modern Jazz <-, ohne pl> m mus modern jazz m.

Modesalon m casa f di mode, sartoria f.

Modeschau f → **Modenschau**.

Modeschmuck m bigiotteria f.

Modeschöpfer m (**Modeschöpferin** f) creatore (-trice) m (f) di moda, stilista mf.

Modetanz m ballo m ⌊che va di moda⌋/[del momento].

Modetrend m trend m della moda.

Modewelt f mondo m della moda.

Modewort n parola f di moda.

Modezeichner m (**Modezeichnerin** f) → **Modedesigner**.

Modezeitschrift f, **Modezeitung** f rivista f/giornale m di moda.

Modi pl von Modus.

Modifikation <-, -en> f geh **1** (Abänderung) modifica f, modificazione f, variazione f **2** (das Modifizieren) modificazione f.

modifizierbar adj geh {ANGEBOT, ENTWURF} modificabile, passibile di modifiche.

modifizieren <ohne ge-> tr geh **etw ~** {ENTWURF, PLANUNG, TEXT, VORSCHLAG} modificare qc, ritoccare qc, variare qc.

modisch **A** adj {FRISUR, KLEIDUNG, SCHMUCK} alla/di moda **B** adv {SICH KLEIDEN, GEKLEIDET SEIN} alla moda, à la page.

Modistin f modista f.

modrig, **moderig** **A** adj {HOLZ} putrido, imputridito, marcio; {KELLER} che sa di marcio/muffa **B** adv: **~ riechen**, sapere di muffa/marcio, emanare (un) odore di muffa.

Modul① <-s, -n> m math phys tech modulo m.

Modul② <-s, -e> n **1** el inform modulo m **2** (Lehreinheit) modulo m.

modular adj el inform {BAUELEMENT, PROGRAMMIERUNG} modulare.

Modulation <-, -en> f **1** radio modulazione f **2** mus modulazione f (armonica).

modulationsfähig adj modulabile.

Modulator <-s, -en> m tech modulatore m.

Modulbauweise f costruzione f modulare.

modulieren <ohne ge-> tr **etw ~ 1** (abwandeln) {KLANG, STIMME, TON} modulare qc **2** radio TV {FREQUENZ} modulare qc.

Modus <-, Modi> m **1** geh (Art und Weise) modo m, maniera f, guisa f geh: **einen ~ finden(, etw zu tun)**, trovare il modo (di fare qc) **2** gram modo m • **~ Vivendi** geh, modus vivendi geh, modo di convivere.

MOEL Abk von Mittel- und Osteuropäische Länder: PECO (Abk von Paesi dell'Europa centrale e orientale).

Mofa <-s, -s> n motorino m fam.

Mofafahrer m (**Mofafahrerin** f) ciclomotorista mf, scooterista mf fam.

mogeln itr fam (bei etw dat) ~ {BEIM SPIEL} imbrogliare (a qc); {BEIM KARTENSPIEL, WÜRFELN} auch barare (a qc); {BEI EINER KLASSENARBEIT} copiare (durante qc).

Mogelpackung f fam **1** com confezione f ingannevole **2** fam (Schwindel) bidone m fam, fregatura f fam, pacco m slang: **das Wahlprogramm ist eine ~**, il programma elettorale è uno specchietto per le allodole.

mögen① <mag (konjv möchte), mochte, gemocht> Vollverb **A** tr **1** (gernhaben) **jdn ~** volere bene a qu: **magst du mich?**, mi vuoi bene?; **ich glaube, er mag Monika sehr**, credo che voglia molto bene a Monika **2** (sympathisch finden) **jdn ~** provare/avere simpatia per qu: **deine neue Freundin mag ich gar nicht**, la tua nuova amica non mi ⌊piace affatto⌋/[va a genio]; **schade, dass Anita nicht mehr bei uns arbeitet, ich habe sie sehr gemocht**, peccato che Anita non lavori più con noi, mi era molto simpatica **3** (gut finden): **jd mag etw** a qu piace qc; **ich mag keinen Fisch**, non mi piace il pesce; **schenk ihr doch Blumen, die hat sie schon immer gemocht**, regalale dei fiori, le sono sempre piaciuti; **ich mag seine Manieren nicht**, i suoi modi non mi garbano **4** (haben wollen) **etw ~** volere qc, desiderare qc: **möchten Sie noch Wein?**, vuole ancora del vino?; **was möchten Sie bitte?**, (che cosa) desidera? **B** itr volere: **komm, ich zeig' dir meine Fotos, magst du?** fam, dai, ti faccio vedere le mie foto, ⌊ti va⌋/[vuoi]?; **warum möchtest du denn schon nach Hause?**, perché vuoi già andare a casa?; **ich mag nicht mehr**, non ne ho più voglia.

mögen② <mag, (konjv möchte), hat mögen> Modalverb **1** (meist im konjv II> (wollen) (etw) tun ~ volere fare (qc): **ich mag/möchte dich nicht mehr sehen**, non voglio più vederti; **letztes Jahr verbrachte er seinen Urlaub**

in Frankreich, dieses Jahr möchte er lieber in Deutschland bleiben, l'anno scorso trascorse le vacanze in Francia, quest'anno preferisce rimanere in Germania; **sie hat die Pizza nicht essen ~**, non ha voluto mangiare la pizza; **Anna möchte gern Medizin studieren**, ‚Anna vorrebbe⌐/[a Anna piacerebbe] studiare medicina **2** <*nur im präs*> (*können*) potere: **was immer er auch gesagt haben mag**, qualunque cosa ‚possa aver⌐/[abbia] detto; **das mag stimmen**, può darsi che sia vero, può essere vero; **sie mag es mir ja auch gesagt haben, aber ich erinnere mich nicht mehr daran**, ‚è possibile⌐/[può darsi] che me l'abbia detto, ma non me lo ricordo più; (*oft mit Futur übersetzt*): **wie mag er das gemacht haben?**, come avrà fatto?; **es möchten 20 Personen gewesen sein**, saranno state 20 persone; **wer mag das sein?**, chi sarà/[può essere]? **3** (*sollen: meist unübersetzt*): **er mag ruhig kommen!**, che venga pure!; **sagen Sie ihm, er möge/möchte mich morgen anrufen**, gli dica ‚di telefonarmi⌐/[che mi telefoni] domani; **sie bat ihn, er möge ihr doch helfen**, gli chiese di aiutarla **4** *geh* (*Wunsch*) potere: **möge das neue Jahr dir Glück bringen!**, che il nuovo anno ‚ti porti⌐/[possa portarti] felicità! • **mag kommen, was da will**, accada quel che accada, sarà quel che sarà; **wie dem auch sein mag**, comunque sia.

möglich adj **1** (*vorstellbar*) possibile: **ein ~er Käufer**, un potenziale compratore/acquirente; **sich gegen ~e Unfälle versichern**, assicurarsi contro eventuali infortuni; **das ist kaum ~**, è poco probabile; **das ist durchaus/gut/leicht ~**, è possibilissimo; **es ist ~, dass sie kommt**, è possibile che venga **2** (*machbar*) possibile, fattibile: **wäre es ~, das Zimmer nur für einen Monat zu mieten?**, sarebbe possibile affittare la camera solo per un mese? **3** (*in der Lage*) possibile: **ich komme, sobald es mir ~ ist**, verrò appena (mi è) possibile **4** *fam* (*mancherlei*): **alle ~en + subst** (pl): **ich war schon in allen ~en Geschäften**, sono già stato (-a) in tutti i negozi possibili ed immaginabili; **er kennt alle ~en Politiker**, conosce politici di ‚ogni razza⌐/[tutti i tipi] • **so bald wie ~**, appena possibile; **so früh/schnell wie ~**, al più presto possibile, al più tardi possibile; **etw für ~ halten**, ritenere possibile qc; **ist das denn ~? fam**, è mai possibile?; **(jdm) etw ~ machen**, rendere possibile qc (a qu); **(das ist ja/doch) nicht ~! fam**, (ma) non è possibile!; **so oft wie ~**, il più spesso possibile; **man sollte nicht für ~ halten!**, da non crederci! so **viel/wenig wie ~**, il più/meno possibile; **wenn ~**, se possibile.

Mögliche <*dekl wie adj*> n <*nur sing*> possibile m: **das einzig ~**, l'unica cosa possibile; **wir haben alles ~ getan, um ihn zum Bleiben zu überreden**, abbiamo fatto tutto il possibile per convincerlo a rimanere; **sein Möglichstes tun**, fare (tutto) il possibile, fare del proprio meglio, fare di tutto *fam*.

möglicherweise adv forse: **~ ist er schon angekommen**, ‚può darsi⌐/[è possibile] che sia già arrivato, forse è già arrivato.

Möglichkeit <-, -en> f **1** (*Gelegenheit*) possibilità f: **die ~ haben, etw zu tun**, avere la possibilità di fare qc; **ich hatte bisher keine ~, ihm das Geld zurückzuzahlen**, finora non ho avuto la possibilità di restituirgli il denaro **2** (*Wahrscheinlichkeit*) possibilità f, eventualità f: **die ~ eines Krieges zwischen China und Taiwan**, l'eventualità di una guerra tra Cina e Taiwan **3** <*meist pl*> (*möglicher Weg*) possibilità f: **es gibt verschiedene ~en**, ci sono diverse possibilità/soluzioni **4** <*nur pl*> (*Mittel*) mezzi m pl, possibilità f pl:

finanzielle/wirtschaftliche **~en**, mezzi finanziari/economici • **es besteht die ~, dass ...**, c'è la possibilità che ... **konjv**; **ist denn das die ~! fam**, è mai possibile! *fam*; **eine ~ ergreifen**, cogliere un'opportunità/un'occasione; **jdm die ~ geben, etw zu tun**, dare a qu la possibilità/l'opportunità di fare qc; **keine andere ~ haben**, non avere ‚altra scelta⌐/[alternativa]; **nach ~**, nei limiti del possibile, per quanto possibile, se possibile, possibilmente.

möglichst adv **1** (*so ... wie möglich*): ~ **gut/oft/viel/...**, il meglio/[più spesso]/[più]/... possibile **2** (*wenn irgend möglich*) possibilmente, se possibile: **wir suchen eine kleine Wohnung, ~ mit Balkon**, cerchiamo un piccolo appartamento, possibilmente con balcone.

Mohair m → **Mohär**

Mohammed <-s, *ohne pl*> m (*Stifter des Islams*) Maometto m.

Mohammedaner <-s, -> m (**Mohammedanerin** f) *obs* maomettano (-a) m (f), mu(s)sulmano (-a) m (f).

mohammedanisch adj *obs* {GLAUBE, SCHRIFTEN} maomettano, mus(s)ulmano.

Mohär <-s, *ohne pl*> m mohair m.

Mohikaner <-s, -> m (**Mohikanerin** f) mohicano (-a) m (f) • **der letzte ~ sein** *fam scherz*, essere l'ultimo dei mohicani.

Mohn <-(e)s, -e> m **1** *bot* papavero m; (*Klatschmohn*) rosolaccio m, papavero m rosso **2** (*~samen*) semi m pl di papavero.

Mohnblume f *bot* (fiore m di) papavero m.

Mohnbrötchen n *gastr* panino m con semi di papavero.

Mohnkuchen m *gastr* torta f con semi di papavero.

Mohr <-en, -en> m *obs* moro m • **einen ~en weiß waschen wollen**, voler fare la frittata senza rompere le uova, voler pettinare un riccio, voler raddrizzare le gambe ai cani.

Möhre <-, -n> f carota f.

Mohrenkopf m *gastr* testa f di moro, africano m.

Möhrensaft m succo m di carote.

Möhrrübe f → **Möhre**.

Mokassin <-s, -s> m mocassino m.

Mokick <-s, -s> n *obs* motorino m ad accensione a leva.

mokieren <*ohne ge-*> *rfl* **geh sich über jdn/etw ~** fare dell'ironia su qu/qc, deridere qu/qc.

Mokka <-s, -s> m **1** <*nur sing*> (*Kaffee*) moca m, espresso m *fam* **2** (*Kaffeebohnensorte*) moca m.

Mokkalöffel m cucchiaino m da caffè.

Mokkatasse f tazzina f da caffè.

Molch <-(e)s, -e> m *zoo* tritone m, salamandra f acquaiola *fam*.

Moldau① <-, *ohne pl*> f *geog* (*Nebenfluss der Elbe*) Moldava f.

Moldau② <-, *ohne pl*> f *geog* (*historische Landschaft*) Moldavia f, Moldovia f, Moldova f.

moldauisch adj *geog* moldavo.

Moldaukloster n monastero m della Moldavia.

Moldawa <-, *ohne pl*> f *geog* (*Fluss in Rumänien*) Moldava f.

Moldawien <-s, *ohne pl*> n *geog* (*Republik*) Moldavia f.

moldawisch adj *geog* moldavo.

Mole <-, -n> f *naut* molo m.

Molekül <-s, -e> n *chem* molecola f.

molekular adj molecolare.

Molekularbiologie f biologia f molecolare.

Molekulargenetik f genetica f molecolare.

Molekulargewicht n peso m molecolare.

molk **1.** und **3.** pers sing imperf *von* melken.

Molke <-, *ohne pl*> f siero m del latte.

Molkerei <-, -en> f latteria f, centrale f del latte; (*Butter- und Käseverarbeitung*) caseificio m.

Molkereibutter f *gastr* burro m di media qualità.

Molkereiprodukt n *gastr* latticino m, prodotto m caseario.

Moll <-s, *ohne pl*> n *mus* modo m/tonalità f minore: **in d-~**, in re minore.

mollig adj *fam* **1** (*rundlich*) {FRAU, MÄDCHEN} grassottello, grassoccio, rotondetto, cicciottello *fam*; {GESICHT, KIND} paffutello: **Mode für Mollige**, moda per taglie calibrate/forti **2** (*behaglich*) {WÄRME} piacevole, gradevole; {WOHNUNG} *auch* comodo, accogliente: **hier ist es schön ~**, qui c'è un bel calduccio **3** (*weich*) {KISSEN, KLEID, PULLOVER} soffice, morbido.

Molltonart f tonalità f minore.

Molltonleiter f scala f (in tono) minore.

Moloch <-s, -e> m *geh* moloc(h) m *rar*, idra f *lit*.

Molotowcocktail, Molotow-Cocktail m (bottiglia f) molotov f.

Molybdän <-s, *ohne pl*> n *chem* molibdeno m.

Moment① <-(e)s, -e> m **1** (*Augenblick*) momento m, istante m, attimo m: **ich habe im ~ keine Zeit**, ‚in questo momento⌐/[momentaneamente] non ho tempo; **können Sie bitte einen ~ warten?**, può aspettare un attimo, per favore? **2** (*Zeitpunkt*) momento: **den richtigen ~ abwarten**, aspettare il momento giusto/opportuno • **im ersten ~**, in un primo momento, lì per lì, sul momento; **im gleichen/selben ~**, nello stesso momento/istante; **im ~**, momentaneamente, in questo momento, al momento; **jeden ~**, da un momento all'altro, a momenti; **der Zug wird jeden ~ eintreffen**, il treno ‚arriverà a momenti⌐/[sta per arrivare]; **einen kleinen ~ bitte!**, un minutino/attimo, per favore!; **im letzten ~**, all'ultimo momento/minuto; **einen lichten ~ haben**, avere un momento di lucidità; **~ mal!**, un momento!

Moment② <-(e)s, -e> n **1** *geh* (*Umstand*) fattore m, elemento m **2** *phys* momento m.

momentan A adj *attr* **1** (*derzeitig*) {GESUNDHEITSZUSTAND, LAGE, SITUATION} attuale, del momento **2** (*vorübergehend*) {SCHWÄCHE, ÜBELKEIT} momentaneo, passeggero **B** adv {ARBEITSLOS SEIN} momentaneamente, per il momento, attualmente: **es fällt mir ~ nicht ein**, in questo momento non mi viene in mente.

Momentaufnahme f **1** *fot* istantanea f **2** (*Lagebeschreibung*) fotografia f.

Monaco <-s, *ohne pl*> n *geog* (Principato m di) Monaco f.

Monarch <-en, -en> m (**Monarchin** f) monarca m, monarchessa f *scherz*, sovrano (-a) m (f).

Monarchie <-, -n> f *pol* monarchia f • **absolute ~**, monarchia assoluta; **konstitutionelle ~**, monarchia costituzionale.

Monarchin f → **Monarch**.

monarchisch adj monarchico.

Monarchist <-en, -en> m (**Monarchistin** f) monarchico (-a) m (f).

monarchistisch adj monarchico.

Monat <-(e)s, -e> m **1** (*Teil des Jahres*) mese

m: am 10. dieses ~s (Abk d. M.) *adm*, il 10 corrente mese (Abk c. m.); **der Mai ist der schönste ~ des Jahres**, maggio è il mese più bello dell'anno **2** (*Zeitraum*) mese *m*: **meine Schwester ist im vierten ~** *fam*, mia sorella è al quarto mese (di gravidanza); **vor zwei ~en war ich in Berlin**, due mesi fa ₍sono stato (-a)₎/[ero] a Berlino; **als Lehrling verdient sie nur 400 Euro im ~**, come apprendista guadagna solamente 400 euro al mese ● **Anfang des ~s**, ₍ai primi₎/[all'inizio] del mese; **Ende des ~s**, ₍a fine₎/[alla fine del] mese; **in/nach einem ~**, fra/dopo un mese; (im) **kommenden/nächsten ~**, il mese entrante/prossimo; **im Laufe des ~s**, ₍nel corso del₎/[durante il] mese; (im) **letzten/vorigen ~**, il mese scorso/passato.

monatelang **A** *adj* <attr> (*Monate dauernd*) {ABWESENHEIT, KRANKHEIT} (della durata) di mesi **B** *adv* (*mehrere Monate*) {DAUERN} (per) molti mesi, (per) mesi e mesi: **ich habe sie schon ~ nicht mehr gesehen**, non la vedo (più) da mesi, sono mesi che non la vedo (più).

monatlich **A** *adj* <attr> {ABRECHNUNG, GEHALT, LIEFERUNG} mensile **B** *adv* {ABRECHNEN, BEZAHLEN, ERSCHEINEN} mensilmente, ogni mese: **er verdient mehr als 5000 Euro ~**, guadagna più di 5000 euro al mese.

Monatsanfang *m* inizio *m* del mese.
Monatsbeitrag *m* contributo *m*/quota *f* mensile.
Monatsbinde *f* assorbente *m* (igienico).
Monatsblutung *f* → **Menstruation**.
Monatseinkommen *n* reddito *m* mensile.
Monatsende *n* fine *f* del mese: **zum ~**, per (la) fine (del) mese.
Monatsfrist *f* termine *m* di un mese: **binnen ~**, entro un mese.
Monatsgehalt *n* (stipendio *m*) mensile *m*, mensilità *f*, mesata *f fam*: **das 13. ~**, la tredicesima (mensilità).
Monatsheft *n* (rivista *f*/periodico *m*) mensile *m*.
Monatskarte *f* {+BAHN, BUS} tessera *f* mensile.
Monatslohn *m* → **Monatsgehalt**.
Monatsmiete *f* affitto *m* mensile.
Monatsmitte *f* metà *f* del mese: **um die ~**, a metà mese.
Monatsrate *f* rata *f* mensile.
Monatsschrift *f* (periodico *m*) mensile *m*.
Mönch <-(e)s, -e> *m* monaco *m*, frate *m*: **wie ein ~ leben**, fare vita monastica; **~ werden**, farsi frate/monaco, vestire/prendere il saio, vestire/indossare la tonaca.
mönchisch *adj* monastico.
Mönchskloster *n* convento *m* di monaci, monastero *m* di frati.
Mönchskutte *f* tonaca *f*, saio *m*.
Mönchsorden *m* ordine *m* monastico.
Mönchszelle *f* cella *f* di un monaco.
Mond <-(e)s, -e> *m* **1** <nur sing> astr (*Erdmond*) ~ luna *f*: **auf dem ~ landen**, allunare; **der ~ scheint**, c'è il chiaro di luna; **abnehmender/zunehmender ~**, luna calante/crescente; **Armstrong war der erste Mensch auf dem ~**, Armstrong è stato il primo uomo sulla luna; **der ~ geht auf/unter**, la luna sorge/tramonta; **die Sichel des ~es**, la falce della luna **2** astr (*Trabant*) luna *f*, satellite *m*: **die ~e des Planeten Saturn**, le lune del pianeta Saturno **3** (*etw in Form eines Mondes*): **~e backen**, fare dei biscotti a (forma di) mezzaluna **4** (*Nagelmond*) lunale *f*, lunula *f* ● **nach dem ~ gehen** *fam* {UHR}, essere impazzito; **in den ~ gucken** *fam* (*das Nachsehen*

haben), rimanere a bocca asciutta, restare a mani vuote; **auf/hinter dem ~ leben** *fam*, vivere ₍nel mondo della luna *fam*₎/[su un altro pianeta *fam*]; **manchmal könnte ich ihn auf den ~ schießen!** *fam*, a volte lo manderei a quel paese! *fam*; (**sich dat**) **etw in den ~ schreiben**, togliersi dalla testa *qc fam*; **das Motorrad kannst du dir in den ~ schreiben**, sulla moto puoi farci un crocione (sopra) *fam*.
Mondamin® <-s, ohne pl> *n* Maizena®, amido *m* di mais.
mondän *adj* {BADEORT, LOKAL, MODE} mondano, raffinato: **eine ~e Frau**, una (donna) mondana; **ein ~es Leben führen**, fare vita mondana; **die ~e Welt**, il bel mondo.
Mondaufgang *m* sorgere *m* della luna.
Mondbahn *f* astron orbita *f* lunare/[della luna].
Mondfähre *f* → **Mondlandefähre**.
Mondfinsternis *f* eclissi *f* lunare.
Mondgesicht *n fam* faccia *f*/faccione *m* di luna piena *fam*: **ein ~ malen**, disegnare una faccia rudimentale (abbozzando solo gli occhi, il naso e la bocca).
Mondgestein *n* campione *m* di rocce lunari.
mondhell *adj* {LICHTUNG, PLATZ} illuminato dalla luna: **eine ~e Nacht**, una notte di luna.
Mondjahr *n* anno *m* lunare.
Mondkrater *m* cratere *m* lunare.
Mondlandefähre *f* modulo *m* lunare.
Mondlandschaft *f* paesaggio *m* lunare.
Mondlandung *f* allunaggio *m*.
Mondlicht *n* luce *f*/chiarore *m* lunare.
mondlos *adj geh* {NACHT} senza luna.
Mondmobil *n* veicolo *m* lunare.
Mondnacht *f* notte *f* di luna/lunare.
Mondoberfläche *f* superficie *f* lunare/[della luna].
Mondphase *f* fase *f* lunare.
Mondrakete *f* missile *m* lunare.
Mondschein *m* chiaro *m* di luna: **bei ~**, al chiar(o) di luna ● **du kannst mir (mal) im ~ begegnen!** *fam*, vai a ₍farti friggere *fam*₎/[quel paese *fam*]!
Mondsichel *f* falce *f* di luna.
Mondsonde *f* sonda *f* lunare.
Mondstein *m min* pietra *f* di luna, lunaria *f*.
mondsüchtig *adj* sonnambulo.
Mondsüchtigkeit <-, ohne pl> *f* sonnambulismo *m*.
Mondumlaufbahn *f* orbita *f* lunare.
Monduntergang *m* tramonto *m* della luna.
Mondwechsel *m* cambio *m* della luna.
Monegasse <-n, -n> *m* (**Monegassin** *f*) monegasco (-a) *m* (*f*).
monegassisch *adj* monegasco.
monetär *adj* <attr> ökon monetario.
Moneten *subst pl fam* quattrini *m pl fam*, baiocchi *m pl fam*, grana *f slang*.
Mongole <-n, -n> *m* (**Mongolin** *f*) mongolo (-a) *m* (*f*).
Mongolei <-, ohne pl> *f geog*: **die ~**, la Mongolia; **die Innere/Äußere ~**, la Mongolia Interna/Esterna.
mongolid *adj* {RASSE} mongolico, mongolo, mongolide.
Mongolin *f* → **Mongole**.
mongolisch *adj* {REICH, SPRACHE} mongolico, mongolo.
Mongolismus <-, ohne pl> *m med* mongolismo *m med*, sindrome *f* di Down *med*, mongoloidismo *m*.

mongoloid *adj* **1** (*Mongolen ähnlich*) {AUSSEHEN, GESICHTSZÜGE} mongoloide **2** *med* {KIND} mongoloide.
monieren <ohne ge-> *tr geh* **etw ~** {RECHNUNG} criticare *qc*, avere da ridire *su qc*, contestare *qc*.
Monika *f* (*Vorname*) Monica.
Monitor <-s, -e oder -en> *m* **1** *inform TV* monitor *m* **2** (*Kontrollgerät*) monitor *m*.
Monitorüberwachung *f* monitoraggio *m*.
monochrom *adj* {AUFNAHME, LICHT, MALEREI} monocromo, monocromat(ic)o.
monogam *adj auch jur* monogamo.
Monogamie <-, ohne pl> *f auch jur* monogamia *f*.
Monografie <-, -n> *f* monografia *f*.
Monogramm <-(e)s, -e> *n* monogramma *m*.
Monographie *f* → **Monografie**.
Monokel <-s, -> *n* monocolo *m*, caramella *f fam*.
monoklonal *adj* monoclonale.
Monokultur *f agr* monocoltura *f*.
Monolith <-s oder -en, -e(n)> *m* monolito *m*, monolite *m*.
monolithisch *adj* **1** *bau el* monolitico **2** *geh* (*kompakt*) {BLOCK, EINHEIT, GRUPPIERUNG} monolitico.
Monolog <-s, -e> *m* **1** (*Selbstgespräch*) monologo *m*, soliloquio *m*: **einen ~ halten**, fare un monologo **2** *lit theat* monologo *m*: **einen ~ sprechen**, recitare un monologo, monologare ● **innerer ~** *lit*, monologo interiore.
Monomanie <-, -n> *f med psych* monomania *f*.
Monopol <-s, -e> *n* **1** ökon monopolio *m*: **ein ~ ausüben**, esercitare il monopolio; **das ~ auf etw (akk) haben**, avere il monopolio di *qc*; **staatliches ~**, monopolio di Stato **2** (*Vorrecht*) monopolio *m*, prerogativa *f*.
monopolisieren <ohne ge-> *tr* **etw ~** {INDUSTRIEZWEIG, PRESSE} monopolizzare *qc*.
monopolistisch *adj* ökon {UNTERNEHMEN} monopolistico.
Monopolkapitalismus *m pej* capitalismo *m* monopolistico.
monopolkapitalistisch *adj* {ANSICHTEN, KARTELLE, MARKTWIRTSCHAFT} tipico del capitalismo monopolistico; {ENTWICKLUNGSTENDENZ} verso un capitalismo monopolistico.
Monopolstellung *f* ökon posizione *f* di monopolio.
Monopoly® <-s, ohne pl> *n* (*Spiel*) Monopoli® *m*.
Monoski, Monoschi *m sport* monosci *m*, monoski *m*: **~ fahren**, praticare il monosci.
Monotheismus <-, ohne pl> *m relig* monoteismo *m*.
Monotheist <-en, -en> *m* (**Monotheistin** *f*) monoteista *mf*.
monotheistisch *adj* monoteista, monoteistico.
monoton **A** *adj* **1** (*eintönig*) {KLANG, LAUT, STIMME} monotono, monocorde *lit* **2** (*keine Abwechslung aufweisend*) {ARBEIT, LEBEN, TÄTIGKEIT} monotono **B** *adv* {SPRECHEN} monotonamente, con voce monotona.
Monotonie <-, -n> *f geh* <meist sing> **1** (*Gleichförmigkeit*) {+ARBEIT, LANDSCHAFT, TÄTIGKEIT} monotonia *f* **2** (*Eintönigkeit*) {+KLANG, STIMME} monotonia *f*.
Monoxid <-(e)s, -e> *n*, **Monoxyd** *n chem* monossido *m*.
Monroedoktrin *f pol hist* dottrina *f* Monroe.
Monster <-s, -> *n* mostro *m*.

Monsterbau m fam pej costruzione f mastodontica/ciclopica, megacostruzione f.
Monsterfilm m fam **1** (aufwändiger Film) kolossal m, colossal m, film m mastodontico **2** (Film mit Monstern) film m di mostri fam.
Monsterprogramm n fam {+REISE, TAGUNG} megaprogramma m, maratona f.
Monstranz <-, -en> f relig ostensorio m.
Monstren pl von Monstrum.
monströs adj geh **1** (riesig groß) {ANLAGE, BAUWERK} mostruoso, mastodontico, ciclopico, gigantesco **2** (grässlich) {AUSSEHEN, WESEN} mostruoso, deforme **3** (ungeheuerlich) {IDEE} mostruoso.
Monstrosität <-, -en> f **1** (ungeheures Gebilde) mostruosità f **2** med mostro m, mostruosità f.
Monstrum <-s, Monstren> n **1** fam (gigantisches Objekt) mostro m, colosso m: **dieses ~ von (einem) Schrank**, questo mostro di armadio **2** (Ungeheuer) mostro m **3** med (Missgeburt) mostro m, aborto m.
Monsun <-s, -e> m monsone m.
Monsunregen m pioggia f monsonica.
Monsunwald m foresta f monsonica.
Montag <-(e)s, -e> m lunedì m ● **einen blauen ~ machen** fam, ₗassentarsi dalˌ/[mancare al lavoro di lunedì, darsi malato (-a) il lunedì; → auch **Freitag**.
Montagabend (a.R. Montag abend) m: **(am) ~**, lunedì sera, la sera(ta) di lunedì; (immer am ~) di/il lunedì sera; **für ~**, per lunedì sera, per la sera(ta) di lunedì.
Montage <-, -n> f **1** (das Aufstellen) installazione f **2** (das Zusammensetzen) montaggio m; {+GERÄT, MASCHINE} auch assemblaggio m **3** (Fotomontage) fotomontaggio m **4** film montaggio m **5** kunst assemblaggio m ● **auf ~ sein** fam, essere in trasferta per lavori di montaggio.
Montageband n → **Fließband**.
Montagehalle f capannone m/officina f di montaggio.
Montagewerk n stabilimento m di montaggio.
Montagmorgen (a.R. Montag morgen) m: **(am) ~**, lunedì mattina, la mattina(ta) di lunedì; (immer am ~) il/di lunedì mattina; **für ~**, per lunedì mattina, per la mattina(ta) lunedì.
Montagnacht (a.R. Montag nacht) f lunedì notte f: **wir fahren ~ los**, partiamo/partiremo lunedì notte/[in tarda serata]; **~ konnte sie nicht schlafen**, la notte tra lunedì e martedì non è riuscita a dormire.
montags adv di/il lunedì; → auch **freitags**.
Montagsauto n fam macchina f nata male fam.
Montanindustrie f industria f siderurgica e del carbone.
Montanunion f Comunità f Europea del Carbone e dell'Acciaio (Abk CECA).
Montblanc <-(s), ohne pl> m geog Monte m Bianco.
Montenegriner m (**Montenegrinerin** f) montenegrino (-a) m (f).
montenegrinisch adj montenegrino.
Montenegro <-s, ohne pl> n geog il Montenegro.
Monteur <-s, -e> m (**Monteurin** f) (Heizungsmonteur) idraulico m, fontaniere m region; (Elektromonteur) installatore m, elettricista m; autom bau mech (tecnico m) montatore (-trice) m (f).
montieren <ohne ge-> tr **1** (zusammenbauen) etw ~ {AUTO, BRÜCKE, GERÜST} montare qc; {GERÄT, MASCHINE, MOTOR} auch assemblare qc **2** (anbringen) etw (an etw dat/akk/**auf** etw dat/akk) ~ {ANTENNE, GRIFF} montare qc (su qc), fissare qc (a/su qc); {GERÄT, ZUBEHÖRTEIL} installare qc (in/su qc), montare qc (su/in/qc) **3** film etw ~ {FILM} montare qc.

Montur <-, -en> f fam scherz **1** (ausgefallene Kleidung) abbigliamento m stravagante: **in der ~ nehme ich dich doch nicht mit ins Theater!**, conciato (-a) così, non ti ci porto davvero a teatro! fam; (von Motorradfahrer, Sportler) tuta f **2** (Arbeitskleidung) tenuta f da lavoro.
Monument <-(e)s, -e> n **1** (Denkmal) monumento m **2** (Kulturdenkmal) monumento m, bene m culturale.
monumental geh ▲ adj {BAU, GEMÄLDE, WERK} monumentale ▲ adv: **das neue Regierungsgebäude wirkt sehr ~**, il nuovo palazzo governativo ha davvero un aspetto monumentale.
Monumentalbau m costruzione f monumentale.
Monumentalfilm m kolossal m, colossal m.
Moonboot <-s, -s> m <meist pl> Moon boot® m.
Moor <-(e)s, -e> n palude f, padule m tosk; (Hochmoor) brughiera f: **ein ~ trockenlegen**, prosciugare una palude.
Moorbad n **1** med (Schlammbad) bagno m di fango, fanghi m pl: **Moorbäder nehmen**, fare i fanghi fam, sottoporsi a un trattamento fangoterapico, fare una cura di fanghi fam **2** (Kurort) località f termale (per fangoterapia).
Moorboden m terreno m paludoso/palustre; (Torfboden) torbiera f.
Moorfund m archäol reperto m archeologico rinvenuto in una palude.
moorig adj {BODEN, GEBIET} paludoso, palustre.
Moorleiche f archäol mummia f (rinvenuta in una palude).
Moos[1] <-es, -e> n **1** bot muschio m, musco m: **der Boden ist von ~ bedeckt**, il terreno è coperto di musc(hi)o **2** <nur sing> slang (Geld) grana f slang, quattrini m pl fam.
Moos[2] <-es, -e oder Möser> n A CH südd → **Moor**.
moosgrün adj verde muschio/musco.
moosig adj muscoso, coperto di muschio.
Moospolster n cuscino m di muschio.
Mop a.R. von Mopp → **Mopp**.
Moped <-s, -s> n obs scooter m, ciclomotore m.
Mopedfahrer m (**Mopedfahrerin** f) ciclomotorista mf, scooterista mf.
Mopp m scopa f a frange.
Moppel <-s, -> m fam scherz bambino m grassoccio/grassottello, tombolino m fam.
Mops <-es, Möpse> m **1** zoo (Hund) carlino m, Mops m **2** fam (dicke Person) tombolo m fam scherz.
mopsen tr fam (jdm) etw ~ sgraffignare qc (a qu) fam, grattare qc (a qu) fam.
mopsfidel adj fam bello pimpante.
Moral[1] <-, rar -en> f **1** (ethische Grundsätze) morale, etica f: **die christliche/katholische ~**, la morale/l'etica cristiana/cattolica **2** (sittliches Verhalten) morale f, moralità f: **eine doppelte/strenge ~ haben**, avere una doppia/rigida morale; **die geltende ~**, la morale vigente **3** philos etica f, morale f **4** (nützliche Lehre) morale f: **die ~ der Geschichte**, la morale della favola ● **keine ~ haben**, essere amorale, essere privo di (sen-

so) morale; **jdm ~ predigen**, fare la morale a qu.
Moral[2] <-, ohne pl> f (Selbstvertrauen) morale m, spirito m: **die ~ der Truppen ist gut/schlecht**, il morale delle truppe è alto/[a terra]; **jds ~ heben/stärken**, risollevare il morale a qu.
Moralapostel m fam pej moralista mf.
Moralbegriff m concetto m di morale.
moralisch ▲ adj <attr> **1** (die Moral betreffend) {ANSICHTEN, DRUCK, NORM, VERPFLICHTUNG} morale: **die ~e Wirkung der AIDS--Kampagne**, l'effetto moralizzatore della campagna contro l'AIDS; **eine ~e Ohrfeige**, uno schiaffo morale **2** (tugendhaft) {LEBEN, MENSCH, VERHALTEN} morale ▲ adv {BEDENKLICH SEIN} moralmente, dal punto di vista morale; {JDN UNTERSTÜTZEN, SICH VERPFLICHTET FÜHLEN} auch a livello morale: **~ zu etw (dat) verpflichtet sein**, avere l'obbligo morale di fare qc ● **einen/den Moralischen haben** fam, essere giù di morale fam/corda fam; **jdm ~ kommen**, fare la morale a qu.
moralisieren <ohne ge-> itr fare il moralista, moraleggiare.
Moralismus <-, Moralismen> m moralismo m.
Moralist <-en, -en> m (**Moralistin** f) moralista mf.
moralistisch adj {ANSICHTEN, ÄUßERUNGEN} moralistico.
Moralphilosophie f (filosofia f) morale f, etica f.
Moralprediger m (**Moralpredigerin** f) moralista mf.
Moralpredigt f pej: **jdm eine ~ halten**, fare la morale/la predica/un sermone a qu.
Moraltheologie f teologia f morale.
Moralvorstellung f idea f di morale.
Moräne <-, -n> f geol morena f.
Morast <-(e)s, -e oder Moräste> m **1** (sumpfiges Gelände) pantano m, acquitrino m **2** <nur sing> (Schlamm) fango m, melma f, fanghiglia f: **im ~ stecken bleiben**, impantanarsi **3** (moralischer Verfall) pantano m, melma f, lordura f (morale): **ein ~ an etw (dat)** {KORRUPTION}, un pantano di qc.
morastig adj {STRAßE, WEG} fangoso, pantanoso; {BODEN, GRUND, UFER} auch melmoso, paludoso.
Moratorium <-s, Moratorien> n moratoria f.
morbid adj geh **1** (kränklich) {BLÄSSE} malaticcio **2** (dekadent) {GESELLSCHAFT, VERHÄLTNISSE} decadente **3** (fast pathologisch) {EIFERSUCHT, NEUGIER} morboso, patologico.
Morbidität <-, ohne pl> f geh **1** (Zustand des Kränklichseins) cagionevolezza f **2** (sittlicher, moralischer Verfall) decadenza f **3** med (Erkrankungsrate) morbilità f.
Morbus-Down-Syndrom <-s, ohne pl> n med sindrome f di Down, mongolismo m.
Morchel <-, -n> f bot morchella f, spugnola f.
Mord <-(e)s, -e> m omicidio m, assassinio m: **einen ~ begehen/verüben**, commettere un assassinio/omicidio; **ein ~ aus Eifersucht**, delitto (a sfondo) passionale ● **jdn zu einem ~ anstiften**, istigare qu a commettere un omicidio; **einen ~ an jdm begehen**, assassinare qu; **sich wegen ~(es) vor Gericht verantworten müssen**, rispondere dell'imputazione di omicidio; **mehrfacher ~**, omicidio plurimo; **ein politischer ~**, omicidio politico; **das ist der reine/reinste ~!** fam, c'è da lasciarci la pelle! fam, è un suicidio! fam; **das gibt ~ und Totschlag** fam, qui succede un putiferio fam/pandemonio/quarantotto fam; **jdn des ~es verdächtigen**, sospettare qu di omicidio; **versuchter ~**, tentato omicidio;

jdn wegen ~(es) verurteilen, condannare qu per omicidio.

Mordanklage f accusa f/imputazione f jur di omicidio: **(gegen jdn) ~ erheben** {STAATS-ANWALT}, accusare qu di omicidio; **unter ~ stehen**, essere accusato di omicidio.

Mordanschlag m tentato omicidio m, attentato m omicida: **einem ~ zum Opfer fallen**, essere vittima di un attentato; **einen ~ verüben**, attentare alla vita di qu.

Morddrohung f minaccia f di morte.

morden A tr geh obs **jdn ~** assassinare qu: **jdn ~ lassen**, far assassinare/uccidere qu B itr commettere un assassinio/omicidio.

Mörder <-s, -> m (**Mörderin** f) assassino (-a) m (f), omicida mf: **der mutmaßliche ~**, il presunto assassino; **mehrfacher ~**, pluriomicida, omicida plurimo.

Mörderbande f banda f/gang f di assassini.

Mörderhand f: **durch ~ sterben** geh, morire per mano omicida.

Mörderin f → **Mörder**.

mörderisch A adj **1** fam (schrecklich) {HUNGER, KÄLTE, SCHMERZ, WETTER} micidiale fam, terribile, bestiale fam; {HITZE} auch infernale, pazzesco; {GESCHWINDIGKEIT} pazzesco **2** (Morde begehend): **eine ~e Bande**, una banda di assassini B adv fam **1** (äußerst): **es ist ~ heiß**, fa un caldo terribile/[bestiale fam]/[da morire fam]; **es ist ~ kalt**, fa un freddo boia fam **2** (furchtbar) {BLUTEN} terribilmente: **das tut ~ weh**, fa un male cane/boia fam.

Mordfall m jur (caso m di) omicidio m.

Mordkommission f squadra f omicidi.

Mordprozess (a.R. Mordprozeß) m processo m per omicidio.

Mordsangst f fam paura f ₍da matti fam₎ [folle], gran fifa f fam.

Mordsapparat m fam cosa f gigantesca, mostro m fam.

Mordsarbeit f fam lavoro m ₍bestiale fam₎/[da muli].

Mordsdurst m fam sete f ₍da morire₎/[terribile]/[micidiale fam].

Mordsdusel m fam → **Mordsglück**.

Mordsgaudi f süddt → **Mordsspaß**.

Mordsglück n fam fortuna f sfacciata.

Mordshitze f fam caldo m micidiale fam/pazzesco fam.

Mordshunger m fam fame f da lupi fam.

Mordskerl m fam **1** (tüchtiger Kerl) tipo m in gamba fam **2** (starker Mann) pezzo m d'uomo fam, omone m.

Mordskrach m fam **1** (sehr lauter Lärm) baccano m/chiasso m infernale fam **2** (heftiger Streit) putiferio m, parapiglia m: **gestern hatten wir einen ~**, ieri si è scatenato un pandemonio fam.

mordsmäßig fam A adj {APPETIT, DURST, LÄRM} enorme, terribile: **einen ~en Hunger haben**, avere una fame ₍da lupi fam₎/[del diavolo]; **eine ~e Wut haben**, essere ₍incavolato fam₎/[nero] B adv (als Verstärkung vor Adjektiven und Verben): **~ heiß/kalt/schwül**, terribilmente caldo/freddo/afoso; **das tut ~ weh**, fa ₍male da morire₎/[un male cane fam]; **ich habe sie ~ gern**, le voglio un ₍sacco di bene fam₎/[bene da morire]/[bene dell'anima].

Mordsrausch m fam sbronza f colossale fam.

Mordsschreck, **Mordsschrecken** m fam paura f/spavento m cane fam/folle fam/bestiale.

Mordsspaß m fam: **wir hatten einen ~**

fam, ci siamo divertiti un mondo fam.

Mordswut f fam rabbia f feroce, incazzatura f bestiale fam: **ich hatte eine ~ im Bauch**, ero incazzato (-a) slang/nero (-a) fam.

Mordverdacht m sospetto m di omicidio: **unter ~ stehen**, essere sospettato di omicidio; **jdn unter ~ festnehmen**, arrestare qu per sospettato omicidio.

Mordversuch m tentato omicidio m.

Mordwaffe f arma f del delitto.

morgen adv **1** (der nächste Tag) domani: **ab ~, von ~ an**, (a partire) da domani, da domani in avanti/poi; **~ früh/Mittag/Abend**, domani mattina/[a mezzogiorno]/[sera]; **~ ist Sonntag**, domani è domenica; **bis ~, bis ~ dann!, ~ dann!**; **~ in acht Tagen**, domani a otto **2** (künftig) domani: **die Gesellschaft von ~**, la società del domani; **die Elektronik von ~**, l'elettronica di domani/[dell'avvenire] • **~ ist auch noch ein Tag**, domani è un altro giorno.

Morgen① <-s, -> m **1** (Tagesanfang) mattino m, mattina f; (in seinem Verlauf) mattinata f, mattinata f: **am ~**, di/la mattina; **am folgenden/nächsten ~**, la mattina seguente/successiva/dopo; **eines (schönen) ~s**, un bel mattino, una (bella) mattina; **früh am ~**, la mattina presto, di buon mattino; **am frühen ~**, di ₍buon mattino₎/[prima mattina]; **am späten ~**, in tarda mattinata; **den ganzen ~ (über)**, per tutta la mattina(ta); **des ~s**, di mattina; **jeden ~**, ogni mattina; **diesen ~**, stamattina, questa mattina, stamani; **gegen ~**, sul far del mattino; **gestern ~**, ieri mattina; **heute ~**, stamattina/stamani/stamane lit **2** poet (Beginn): **der ~ einer S.** (gen), l'alba/gli albori di qc **3** obs (Osten) levante m • **der ~ bricht an**, si fa giorno; **guten ~!**, buon giorno!; **schön wie der junge ~**, bello (-a) come il sole; **jdm einen guten ~ wünschen**, dare il buongiorno a qu.

Morgen② <-s, ohne pl> n obs (Zukunft) domani m, avvenire m.

Morgen③ <-s, -> m obs (Feldmaß) iugero m obs.

Morgenandacht f relig mattutino m, Ufficio m delle Letture: **die ~ halten**, celebrare il mattutino.

Morgenausgabe f edizione f del mattino.

Morgendämmerung f crepuscolo m mattutino, alba f, aurora f geh oder lit.

morgendlich adj **1** {FRISCHE, STILLE} mattutino, del mattino **2** {morgens stattfindend} {BERUFSVERKEHR, RUSHHOUR} del mattino.

Morgenessen n CH prima colazione f.

Morgengrauen n: **im/beim ~**, all'alba, sul far del giorno geh.

Morgengymnastik f ginnastica f mattutina/[del mattino].

Morgenland <-(e)s, ohne pl> n obs Oriente m, Levante m.

morgenländisch adj obs orientale, di Levante • **Morgenländisches Schisma** relig, Scisma ₍d'Oriente₎/[greco]/[bizantino].

Morgenluft f aria f/brezza f mattutina • **~ wittern** fam, sentire di avere il vento a favore.

Morgenmantel m vestaglia f, veste f da camera; (Bademantel) accappatoio m.

Morgenmuffel m fam persona f scorbutica al risveglio.

Morgennebel m nebbia f mattutina.

Morgenrock m → **Morgenmantel**.

Morgenrot n, **Morgenröte** f geh aurora f.

morgens adv di/la mattina, al mattino: **von ~ bis abends**, da(lla) mattina a(lla) sera; **er muss um fünf Uhr ~ aufstehen**, deve

alzarsi alle cinque del mattino.

Morgensonne f sole m ₍del mattino₎/[mattutino].

Morgenstern m **1** astr stella f del mattino, Venere f **2** hist (Schlagwaffe) mazza f ferrata.

Morgenstunde f <meist pl> ora f mattutina/[del mattino]: **während der ersten ~n**, nelle prime ore del mattino; **zu früher ~**, di ₍primo mattino₎/[prima mattina] • **Morgenstund' hat Gold im Mund** prov, il mattino ha l'oro in bocca prov.

morgig adj <attr> {ANLASS, BESUCH, VERANSTALTUNG} di domani: **der ~e Tag**, (il) domani.

Moritat <-, -en> f mus ballata f dei cantastorie (che narra fatti di sangue).

Moritz m (Vorname) Maurizio.

Mormone <-n, -n> m (**Mormonin** f) mormone mf.

Morphem <-s, -e> n ling morfema m.

Morpheus <-, ohne pl> m myth Morfeo m • **in ~' Armen ruhen/liegen/schlafen** geh, essere tra le braccia di Morfeo.

Morphin <-s, ohne pl> n → **Morphium**.

Morphinismus <-, ohne pl> m morfinismo m, morfinomania f.

Morphium <-s, ohne pl> n chem med morfina f.

Morphiumsucht f → **Morphinismus**.

morphiumsüchtig adj morfinomane.

Morphiumsüchtige <dekl wie adj> mf morfinomane mf.

Morphologie <-, ohne pl> f biol ling morfologia f • **soziale ~**, morfologia sociale.

morphologisch adj biol ling morfologico.

morsch adj {BALKEN, HOLZ} marcio, fradicio; {GESTEIN} friabile; {GEBÄUDE} fatiscente; {KNOCHEN} fragile.

Morsealphabet, **Morse-Alphabet** n alfabeto m Morse.

Morseapparat, **Morse-Apparat** m apparecchio m Morse.

Morsecode, **Morse-Code**, **Morsekode**, **Morse-Kode** m codice m Morse.

morsen A tr etw **~** trasmettere qc in morse B itr trasmettere un messaggio in morse.

Mörser <-s, -> m **1** (Gefäß) mortaio m **2** mil mortaio m.

Morsezeichen n segnale m Morse.

Mortadella <-, -s> f gastr mortadella f.

Mortalität <-, ohne pl> f med mortalità f.

Mörtel <-s, -> m malta f: **schnellbindender ~**, malta a presa rapida.

Mörtelkelle f cazzuola f.

Mosaik <-s, -en oder -e> n mosaico m.

Mosaikarbeit f opera f musiva, mosaico m.

mosaikartig adj a mosaico.

Mosaikfußboden m pavimento m a mosaico.

Mosaikstein m tessera f (musiva).

Mosambik <-s, ohne pl> n geog Mozambico m.

Mosambikaner m (**Mosambikanerin** f) mozambicano (-a) m (f).

mosambikanisch adj mozambicano.

Mosambiker m (**Mosambikerin** f) A → **Mosambikaner**.

mosambikisch adj A → **mosambikanisch**.

Moschee <-, -n> f moschea f.

Moschus <-, ohne pl> m muschio m.

Moschusochse m zoo bue m muschiato.

Möse <-, -n> f vulg fica f vulg.

Mosel① <-, ohne pl> f geog Mosella f.
Mosel② <-s, -> m fam → **Moselwein**.
Moselwein <-(e)s, -e> m gastr vino m della Mosella.
Möser pl von Moos②.
mosern itr fam (*über etw* akk) ~ brontolare (*per qc*), avere da ridire (*su qc*), mugugnare (*per qc*) fam.
Moses <- oder lit Mosis> m relig Mosè m.
Moskau <-s, ohne pl> n geog Mosca f.
Moskauer① <inv> adj <attr> moscovita, di Mosca.
Moskauer② <-s, -> m (**Moskauerin** f) moscovita mf.
moskauisch adj moscovita, di Mosca.
Moskito <-s, -s> m zoo 1 (*tropische Steckmücke*) mosquito m, moschito m 2 fam (*Steckmücke*) zanzara f.
Moskitonetz n zanzariera f.
Moslem <-s, -s> m (**Moslemin, Moslime** f) → **Muslim**.
moslemisch adj <attr> → **muslimisch**.
Moslime <-, -n> f → **Moslem**.
Most <-(e)s, -e> m 1 (*Traubenmost, Apfelmost*) mosto m 2 süddt A CH (*Obstwein*) sidro m.
Mostrich <-s, ohne pl> m region senape f, mostarda f di senape.
Motel <-s, -s> n motel m.
Motette <-, -n> f mus mottetto m.
Motion <-, -en> f CH (*Antrag im Parlament*) mozione f.
Motiv① <-s, -e> n (*Beweggrund*) {+TAT} motivo m jur, movente m jur; {+VERHALTEN} motivo m: **etw aus politischen ~en (heraus) tun**, fare qc per motivi politici; **das ~ des Mordes war Eifersucht**, il movente dell'omicidio fu la gelosia.
Motiv② <-s, -e> n 1 (*charakteristisches Thema*) kunst motivo m; *lit mus auch* tema m 2 (*anregender Gegenstand*) {+FOTOGRAF, KÜNSTLER} soggetto m interessante.
Motivation <-, -en> f geh motivazione f.
motivieren <ohne ge-> tr geh 1 (*anregen*) **jdn** (*zu etw* dat) ~ {LEHRER, VORGESETZTER MITARBEITER, SCHÜLER} motivare qu (*a (fare) qc*), stimolare qu (*a (fare) qc*) 2 (*begründen*) **etw** (*mit etw* dat) ~ {ANTRAG, GEHALTSERHÖHUNG} motivare qc (*con qc*), giustificare qc (*con qc*).
motiviert adj geh {MITARBEITER, SCHÜLER} motivato: **hoch ~**, fortemente motivato.
Motivierung f → **Motivation**.
Motocross, Moto-Cross <-, *rar* -e> n motocross m.
Motodrom <-s, -e> n motodromo m.
Motopäde <-n, -n> m (**Motopädin** f) med psicomotricista mf.
Motor <-s, -en> m 1 *autom el tech* motore m: **ein ~ mit Luft-/Wasserkühlung**, un motore con raffreddamento ad aria/acqua; **der ~ dieses Autos hat/leistet 80 PS**, il motore di questa macchina ha 80 cavalli 2 geh (*treibende Kraft*) motore m ● **den ~ anlassen/anwerfen**, avviare il motore; **den ~ anmachen/starten** fam, accendere il motore fam; **der ~ springt an**, il motore parte/[si accende]; **den ~ warm werden lassen**, (far) riscaldare il motore.
Motorantrieb m trazione f a motore, motorizzazione f: **mit ~**, a motore.
Motorblock m blocco m motore.
Motorboot n *naut* barca f a motore, motobarca f; (*mit höherer Geschwindigkeit*) motoscafo m.
Motorbremse f freno m motore.
Motorenlärm, Motorlärm m rombo m/rumore m [dei motori]/[del motore].
Motorfahrzeug n veicolo m a motore.
Motorfahrzeugsteuer f CH → **Kraftfahrzeugsteuer**.
Motorhaube f *autom* cofano m (del motore).
Motorik <-, ohne pl> f 1 med attività f motoria, motricità f: **für einen Zweijährigen hat er eine unterentwickelte ~**, per avere due anni ha un'attività motoria poco sviluppata 2 med (*Lehre von den Funktionen der Bewegung des menschlichen Körpers*) fisiologia f 3 geh (*Rhythmus*) ritmo m.
Motoriker <-s, -> m (**Motorikerin** f) geh persona f che è sempre in movimento.
motorisch adj 1 med {REFLEXE, REAKTIONEN} motorio 2 geh (*den Motor betreffend*) a motore, del motore.
motorisieren <ohne ge-> A tr 1 (*mit Maschinen ausrüsten*) etw ~ {LANDWIRTSCHAFT} meccanizzare qc 2 (*mit Motorfahrzeugen ausrüsten*) **jdn/etw** ~ motorizzare qu/qc, fornire di automezzi qu/qc 3 (*mit Motor versehen*) **etw** ~ motorizzare qc B rfl fam scherz **sich ~** motorizzarsi fam, meccanizzarsi fam, farsi fam una macchina/moto.
motorisiert adj 1 (*mit Maschinen ausgerüstet*) {LANDWIRTSCHAFTLICHE BETRIEBE} meccanizzato 2 (*mit Fahrzeugen ausgerüstet*) {POLIZEI, TRUPPE} motorizzato; {VERKEHR} di veicoli a motore; {PERSON} con un mezzo (di trasporto); (*in Stellenanzeigen*) automunito: **seit ein paar Tagen bin ich ~**, da qualche giorno sono motorizzato (-a) scherz.
Motorjacht f *naut* yacht m/panfilo m a motore.
Motorleistung f potenza f del motore.
Motoröl, Motorenöl n olio m lubrificante per motori.
Motorpumpe f motopompa f, pompa f a motore.
Motorrad n motocicletta f, moto f fam, motociclo m.
Motorradfahrer m (**Motorradfahrerin** f) motociclista mf.
Motorradhelm m casco m (da motociclista).
Motorradrennen n gara f/corsa f motociclistica/[di motociclette].
Motorradsport m motociclismo m.
Motorraum m vano m motore.
Motorroller m vespa® f, (moto)scooter m, motoretta f.
Motorsäge f motosega f, sega f a motore.
Motorschaden m guasto m/avaria f al motore.
Motorsegler m *aero* motoaliante m.
Motorsport m motorismo m.
Motorwäsche f lavaggio m del motore.
Motoryacht f → **Motorjacht**.
Motte <-, -n> f tarma f, tignola f ● **da kriegt man ja die ~n!** fam, roba da pazzi!; **ich denk, ich krieg die ~n!** fam, non credo ai miei occhi!, sogno o son desto (-a)?; **von jdm/etw angezogen werden wie die ~n vom Licht**, essere attirato da qu/qc come le mosche dal miele; **von ~n zerfressen sein**, essere tarmato/[mangiato dalle tarme fam].
mottenfest adj {KLEIDUNGSSTÜCK, STOFF, TEPPICH} antitarmico, inattaccabile dalle tarme.
Mottengift n veleno m antitarmico, (prodotto m) tarmicida m.
Mottenkiste f fam: **etw aus der ~ (hervor)holen**, rispolverare qc; **aus der ~ stammen/kommen**, essere vecchio come il cucco fam.
Mottenkugel f pallina f antitarmica/[di naftalina].
Mottenloch n buco m fatto dalle tarme.
Mottenpulver n polvere f antitarmica/tarmicida.
mottenzerfressen adj {STOFF, TEPPICH} tarmato, mangiato dalle tarme fam.
Motto <-s, -s> m 1 (*Wahlspruch*) motto m, massima f: **sein ~ ist "leben und leben lassen"**, [il suo motto]/[la sua massima] è "vivi e lascia vivere"; **meine Haltung nach dem ~ "Nach mir die Sintflut"**, un atteggiamento del tipo "Dopo di me il diluvio"; **... frei nach dem ~ "Wie du mir, so ich dir"**, ... della serie; (*im Buch*) epigrafe f; (*auf Wappen*) impresa f 2 (*Kennwort*) parola f d'ordine ● **unter dem ~ ... stehen** {DISKUSSION, VERANSTALTUNG}, avere come parola d'ordine ...; **die Podiumsdiskussion steht unter dem Motto «Für eine bessere Zukunft»**, lo slogan del dibattito è «Per un futuro migliore».
motzen itr fam pej (*über etw* akk) ~ lamentarsi (*di qc*), avere da ridire *su qc*.
Mountainbike, Mountain-Bike <-s, -s> n mountain bike f.
Mountainbiker m (**Mountainbikerin** f), **Mountain-Biker** m (**Mountain-Bikerin** f) "chi va in mountain bike", biker mf.
Mousepad n → **Mauspad**.
moussieren <ohne ge-> itr {SEKT} spumeggiare, mussare.
Möwe <-, -n> f gabbiano m.
Mozartkugel f gastr Mozartkugel f, palla f di Mozart, "cioccolatino m ripieno di marzapane e cioccolato".
MP <-, -s> f Abk von Maschinenpistole: (fucile m) mitragliatore m.
MP3-Player <-s, -> m lettore m Mp3.
Mrd. Abk von Milliarde(n): miliardo (-i).
MRT Abk von Magnetresonanztomographie: RMT (tomografia a risonanza magnetica).
Ms., Mskr. Abk von Manuskript: ms. (Abk von manoscritto).
MS f med Abk von Multiple Sklerose: SM f (Abk von sclerosi multipla).
Mt Abk von Megatonne: MT (Abk von megaton).
MTA <-, -s> mf Abk von medizinisch-technischer Assistent, medizinisch-technische Assistentin: analista mf, tecnico m di un laboratorio di analisi mediche.
Mücke <-, -n> f moscerino m, moschino m; (*Stechmücke*) zanzara f ● **aus einer ~ einen Elefanten machen** fam, fare di una mosca un elefante fam.
Muckefuck <-s, ohne pl> m fam obs caffè m d'orzo, surrogato m di caffè.
mucken itr fam protestare, brontolare: **ohne zu ~**, senza fiatare.
Mucken subst <nur pl> fam: **jdm die ~ austreiben**, togliere a qu i grilli dalla testa fam; **seine ~ haben** {PERSON}, avere i suoi difetti, essere fatto a modo proprio fam; {AUTO, GERÄT, MOTOR} fare i capricci fam.
Mückenplage f invasione f/assalto m di zanzare.
Mückenstich m puntura f di zanzara.
Muckibude f fam scherz palestra f.
Mucks <-es, -e> m fam: **keinen ~ machen/sagen/[von sich geben]**, non [fiatare fam]/[aprir bocca]/[dire né ahi né bai fam]; **noch einen ~, und es gibt eine Ohrfeige**, un'altra parola e ti arriva uno schiaffo fam.
mucksen fam A itr **ohne zu ~**, senza fiatare, zitto (-a) B rfl **sich nicht ~**, stare zitto (-a) zitto (-a), non fiatare.
mucksmäuschenstill adj fam: **~ sein**,

starsene zitto (-a) zitto (-a); **es war ~**, non si sentiva volare una mosca.

müde A adj **1** (*erschöpft*) {AUGEN, BEINE, MENSCH} stanco, affaticato: **ich bin ~, ich geh jetzt ins Bett**, ho sonno, vado a letto; (**von etw dat**) **~ sein** {VON DER ARBEIT}, essere stanco/affaticato (a causa di/per qc); **ich bin zum Umfallen ~**, sono stanco (-a) morto (-a), non mi reggo in piedi dalla stanchezza; **~ aussehen**, avere ₁l'aria stanca₁/[l'aspetto stanco] **2** (*überdrüssig*) **jds/etw (gen) ~ sein** *geh*, essere stanco/stufo *fam* di qu/qc, averne abbastanza di qu/qc *fam*; **des Lebens ~ sein** *geh*, essere stanco della vita B adv: **sich ~ laufen/reden**, stancarsi a forza di correre/parlare ● **~ machen** {ARBEIT}, stancare, affaticare; (**von etw dat**) **~ werden**, stancarsi (a causa di qc); **ich bin vom Spazierengehen ~ geworden**, la passeggiata mi ha stancato (-a); **nicht ~ werden, etw zu tun**, non stancarsi di fare qc.

Müdigkeit <-, *ohne pl*> f stanchezza f: **vor ~ umfallen**, essere ₁stanco morto *fam*₁/[sfinito dalla stanchezza], crollare dalla stanchezza; **mir fallen vor ~ die Augen zu**, mi si chiudono gli occhi per la stanchezza ● **(nur) keine ~ vortäuschen/vorschützen!**, forza!, un po' di energia!/sprint! *fam*.

Mudschahed <-, *Mudscheddin*> m mujahe(d)din m, mujahiddin m.

Mudschaheddin *pl von* Mudschahed.

Muesli <-s, *ohne pl*> n CH → **Müsli**.

Muezzin <-s, -s> m *relig* (*im Islam*) muezzin(o) m.

Muff① <-s, *ohne pl*> m *norddt* (odore m di) muffa f.

Muff② <-(*e*)*s*, -*e*> m manicotto m (di pelliccia).

Muffe <-, -*n*> f *tech* manicotto m; **el muffola f** ● **jdm geht die ~**, qu se la fa sotto dalla paura *fam*; **~ haben**, avere fifa *fam*/strizza *fam*.

Muffel① <-s, -> m *fam pej* musone m *fam*, scorbutico m.

Muffel② <-, -*n*> f *tech* muffola f.

Muffel③ <-s, -> m *zoo* → **Mufflon**.

muffelig, mufflig adj *fam pej* → **muffig**.

muffeln *itr* **1** (*schlecht gelaunt sein*) essere scorbutico/scontroso, avere/tenere il broncio/muso **2** A *süddt* (*muffig riechen*): **hier muffelt es**, c'è odore di muffa.

Muffensausen <-s, *ohne pl*> n *fam*: **~ haben/kriegen**, avere fifa *fam*.

muffig A adj **1** (*schlecht riechend*) {KELLER, KLEIDUNG, RAUM} che ₁puzza di muffa₁/[ha un cattivo odore] **2** *fam pej* (*mürrisch*) {PERSON} scorbutico, scontroso, burbero B adv: **es riecht ~**, c'è odore di muffa.

Mufflon <-s, -s> m *zoo* muflone m.

muh *interj* muuh: **die Kuh macht muh, la mucca ₁fa muuh₁/[muggisce]**.

Mühe <-, -*n*> f fatica f, pena f; (*Anstrengung*) sforzo m ● **sich (dat) ~ geben (, etw zu tun)**, sforzarsi (di fare qc), impegnarsi (per fare qc); **ich werd' mir ~ geben!**, farò/[cercherò di fare] del mio meglio!; **sie hat sich (dat) alle erdenkliche ~ gegeben**, ha fatto tutti gli sforzi possibili e immaginabili; **wenn du dir ein bisschen ~ gibst, wirst du schnell Deutsch lernen**, se ₁fai un piccolo sforzo₁/[ti dai un po' da fare] imparerai presto il tedesco; **du gibst dir überhaupt keine ~!**, non fai ₁nemmeno un piccolo₁/[il minimo] sforzo!, non ti dai per niente da fare!; **gib dir keine ~!** (*sei still, du kannst mich nicht überreden*), risparmiati il fiato!; (*hör auf, es ist unnütz*) risparmiati la fatica!; **du musst dir in der Schule mehr ~ geben**, devi impegnarti di più a scuola; **sich (dat) mit jdm/etw ~ geben** {MIT EINEM MISSRATENEN KIND, UNBEGABTEN SCHÜLER}, darsi un gran daffare per qu/qc; **die Klavierlehrerin hat sich so viel ~ mit ihm gegeben, aber er hat einfach kein musikalisches Gehör**, l'insegnante ce l'ha messa tutta per fargli imparare il pianoforte ma lui non ha orecchio per la musica, punto e basta; {MIT EINER ARBEIT, AUFGABE, EINEM GERICHT} faticare/[durare fatica]/[penare]/[impegnarsi] per fare qc; **seine (liebe) ~ mit jdm/etw haben**, avere un/[il suo] bel daffare con qu/qc; **es nicht (einmal) der ~ wert halten, etw zu tun**, ritenere che non valga (assolutamente) la pena fare qc, non degnarsi (nemmeno) di fare qc; **jdn viel ~ kosten**, costare molta fatica a qu; **es lohnt die ~**, (ne) vale la pena; **machen Sie sich keine ~!**, non s'incomodi!, non si disturbi!; **sich (dat) die ~ machen** ₁, etw zu₁/[und etw] **tun**, prendersi la briga di fare qc; **du hättest dir wenigstens die ~ machen können, mich anzurufen**, avresti almeno potuto prenderti la briga di telefonarmi; **sich (dat) nicht einmal die ~ machen, etw zu tun**, non prendersi neanche la briga di fare qc; **jdm ~ machen**, costare fatica a qu; **nach der Operation macht mir das Laufen noch einige ~**, dopo l'intervento ₁faccio ancora fatica a camminare₁/[camminare mi costa ancora fatica]; **wenn es Ihnen keine ~ macht**, se non Le incomoda, se non Le è di disturbo; **nur mit ~**, a fatica, con difficoltà, a malapena, a stento; **mit Müh' und Not**, per un pelo, con grande fatica/difficoltà, a malapena, a stento; **ohne ~**, senza problemi; **keine ~ scheuen**, non temere fatica; **keine ~ scheuen, etw zu tun**, non risparmiarsi per fare qc; **die ~ kannst du dir sparen!**, risparmiati la fatica!; **jd hat sich (dat) die ~ umsonst gemacht**, qu ha faticato per niente, tutti gli sforzi di qu sono stati vani; **das ist vergebliche/verlorene ~**, è fatica sprecata; **jd hat viel ~ auf etw (akk) verwendet**, qc è costato molta fatica a qu; **der ~ wert sein**, valere la pena; **das ist nicht der ~ wert!**; non ne vale la pena, il gioco non vale la candela *fam*.

mühelos A adj facile, che non costa ₁alcuna fatica₁/[alcuno sforzo] B adv {MACHEN, SCHAFFEN} con facilità, facilmente, senza fatica.

Mühelosigkeit <-, *ohne pl*> f facilità f.

muhen *itr* {KUH} muggire, mugghiare, fare muh: **das Muhen**, il muggito.

mühen *rfl geh* **sich ~**, darsi pena *geh*, affannarsi, affaticarsi.

mühevoll adj *geh* {ARBEIT} faticoso, penoso.

Muhkuh f *Kindersprache* mucca f.

Mühlbach m torrente m del mulino, gora f.

Mühle <-, -*n*> f **1** (*Anlage*) mulino m **2** (*Gerät*) macina f, macinatoio m; (*Kaffeemühle, Pfeffermühle*) macinino m **3** <*nur pl*> (*Räderwerk*) {BÜROKRATIE, JUSTIZ} ingranaggi m pl: **die ~n der Bürokratie mahlen langsam**, la macchina burocratica è di una lentezza esasperante **4** *fam pej* (*altes Auto*) macinino m *fam*, trabiccolo m *fam scherz*, catorcio m *fam* **5** <*nur sing*> (*Spiel*) filetto m, tria f: **~ spielen**, giocare a filetto; (*Figur*) filetto m, tris m: **die ~ aufmachen/schließen**, ₁aprire il₁/[fare] filetto **6** (*monotone Tätigkeit*) **trantran m**: **jdn durch die ~ drehen**, mettere qu sotto torchio.

Mühlespiel n filetto m, tria f.

Mühlgraben m gora f, fosso m macinante.

Mühlrad n ruota f del mulino.

Mühlstein m mola f, macina f.

Mühlwerk n meccanismo m del mulino.

Mühsal <-, -*e*> f *geh* fatiche f pl, affanni m pl, travagli m pl *geh*.

mühsam A adj {ARBEIT, LEBEN, WANDERUNG} faticoso, difficile, arduo B adv {VERDIENEN, SICH VORARBEITEN} con ₁a fatica, faticosamente.

mühselig adj *geh* {LEBEN} penoso, pieno di tribolazioni, travagliato.

Mukoviszidose <-, *ohne pl*> f *med* mucoviscidosi f.

Mulatte <-*n*, -*n*> m (**Mulattin** f) mulatto (-a) m (f).

Mulch <-(*e*)*s*, -*e*> m *agr* pacciame m.

Mulde <-, -*n*> f *geog* conca f, sinclinale f *wiss*.

Muli <-s, -s> n *süddt* A mulo m.

Mull <-(*e*)*s*, -*e*> m garza f.

Müll <-(*e*)*s*, *ohne pl*> m **1** (*Abfall*) immondizia f, rifiuti m pl, spazzatura f **2** *inform* spazzatura f ● **radioaktiver ~**, scorie radioattive, rifiuti radioattivi; **~ abladen verboten!**, divieto di scarico!; **etw in den ~ werfen**, buttare/gettare qc nella spazzatura.

Müllabfuhr <-, *ohne pl*> f **1** (*Abtransport*) raccolta f dei rifiuti (urbani), trasporto m delle immondizie **2** (*städtisches Unternehmen*) nettezza f urbana.

Müllabfuhrgebühr f *adm* tassa f per lo smaltimento dei rifiuti solidi urbani.

Müllabladeplatz m area f con cassonetti dei rifiuti.

Mullah <-s, -s> m (*im Islam*) mullah m.

Müllaufbereitung f trattamento m dei rifiuti.

Müllauto n → **Müllwagen**.

Müllberg m montagna f di rifiuti.

Müllbeutel m sacchetto m della spazzatura.

Mullbinde f fascia f/benda f di garza.

Müllcontainer m cassonetto m (per rifiuti).

Mülldeponie <-, -*n*> f *form* discarica f pubblica: **wilde ~**, discarica abusiva.

Mülleimer m pattumiera f, secchio m ₁della spazzatura₁/[delle immondizie].

Müllentsorgung f smaltimento m dei rifiuti.

Müller <-s, -> m (**Müllerin** f) mugnaio (-a) m (f), mulinaro (-a) m (f) *süditäl*.

Müllerinart f: **auf/nach ~ gastr** {FORELLE}, alla mugnaia.

Müllhalde f → **Mülldeponie**.

Müllhaufen m mucchio m di rifiuti.

Müllkippe f *fam* → **Mülldeponie**.

Müllkompostierung f compostaggio m dei rifiuti organici.

Müllkorb m cestino m dei rifiuti.

Müllmann <-(*e*)*s*, -*männer* oder *rar Müllleute*> m netturbino m, operatore m ecologico *euph*, addetto m al trasporto delle immondizie.

Müllschlucker m tromba f per le immondizie.

Mülltonne f bidone m ₁delle immondizie₁/[della spazzatura].

Mülltourismus m turismo m dei rifiuti.

Mülltrennung f raccolta f differenziata dei rifiuti.

Mülltüte f sacchetto m per la spazzatura.

Müllverbrennung f incenerimento m dei rifiuti.

Müllverbrennungsanlage f inceneritore m (di rifiuti).

Müllverwertung f riciclaggio m dei rifiuti.

Müllwagen m camion m/autocarro m della nettezza urbana.

Müllwerker m (**Müllwerkerin** f) *form* operatore (-trice) m (f) ecologico (-a).

Mullwindel f pannolino m di garza.

mulmig adj fam {SITUATION} critico, scabroso • **mir wird es ~** (ich habe Angst), mi tremano le gambe; (ich fühle mich unbehaglich), mi sento molto a disagio.

Multi <-s, -s> m fam multinazionale f.

multiethnisch adj multietnico.

multifunktional adj multifunzionale.

Multifunktionsanlage f autom check panel m.

multikulti adj fam → **multikulturell**.

Multikulti <-, -> n fam multiculturalità f, multiculturalismo m.

Multikulturalismus <-, ohne pl> m multiculturalismo m.

Multikulturalität <-, ohne pl> f multiculturalità f.

multikulturell adj {GESELLSCHAFT} multiculturale, multirazziale.

multilateral adj {ABKOMMEN, VERTRAG} multilaterale, plurilaterale.

Multimedia <-(s), ohne pl> n <meist ohne art> multimedia m.

multimedial adj multimediale.

Multimedialität <-, ohne pl> f multimedialità f.

Multimediashow, **Multimedia-Show** f spettacolo m multimediale.

Multimillionär m (**Multimillionärin** f) multimiliardario (-a) m (f), plurimiliardario (-a) m (f).

multinational adj: **~er Konzern**, (società) multinazionale; **~e Friedenstruppe**, contingente multinazionale (in missione) di pace.

Multiple-Choice-Verfahren n test m/questionario m a risposta multipla.

Multiple Sklerose <-n -, ohne pl> f med sclerosi f multipla/[a placche].

Multiplex <-(es), -e> n **1** el tech multiplex m **2** → **Multiplexkino**.

multiplexen itr slang inform fare/effettuare il multiplexing.

Multiplexer <-s, -> m multiplexer m.

Multiplexkino, **Multiplex-Kino** n (cinema m) multisala f, multiplex m.

Multiplexverfahren n multiplexing m.

Multiplikand <-en, -en> m math moltiplicando m.

Multiplikation <-, -en> f math moltiplicazione f.

Multiplikationszeichen n segno m di moltiplicazione, per m fam.

Multiplikator <-s, -en> m **1** math moltiplicatore m **2** geh (Mensch) cassa f di risonanza fam.

multiplizieren <ohne ge-> **A** tr **etw (mit etw** dat) ~ moltiplicare qc (per qc) **B** rfl **sich ~** {AUSGABEN, PROBLEME, SCHWIERIGKEITEN} moltiplicarsi.

Multiprozessorsystem n inform multiprocessing m, multielaborazione f.

Multitalent <-(e)s, -e> n persona f poliedrica/versatile.

Multitasking <-(s), ohne pl> n inform multitasking m, multiprogrammazione f.

Multivitaminpräparat n complesso m multivitaminico.

Mumie <-, -n> f mummia f.

mumifizieren <ohne ge-> tr **jdn/etw ~** mummificare qu/qc, imbalsamare qu/qc.

Mumifizierung <-, -en> f mummificazione f, imbalsamazione f.

Mumm <-s, ohne pl> m fam fegato m fam, coraggio m • **keinen ~ in den Knochen haben**, non avere sangue nelle vene fam.

Mumpitz <-es, ohne pl> m fam obs sciocchezze m pl, baggianate f pl.

Mumps <-, ohne pl> m med parotite f (epidemica) med, orecchioni m pl fam.

München <-s, ohne pl> n geog Monaco f (di Baviera).

Münchener①, **Münchner** <inv> adj <attr> monachese, di Monaco, monacense lit.

Münchener②, <-s, -> m (**Münchenerin** f), **Münchner** <-s, -> m (**Münchnerin** f) monachese mf, monacense mf lit.

Mund <-(e)s, Münder> m **1** (Teil des Gesichtes) bocca f: **du nimmst mir das Wort aus dem ~!** fam, mi togli le parole di bocca! fam **2** (Öffnung) {+KRATER, SCHACHT} bocca f • **in aller ~e sein** geh, essere/andare sulla bocca di tutti; **sich** (dat) **für jdn etw vom ~(e) absparen**, levarsi/togliersi il pane di bocca per far fare qc a qu fam; **den ~ nicht aufbekommen/aufkriegen** fam, non spiccicare una parola, non aprir bocca, fare scena muta fam; **~ und Augen aufsperren** fam, rimanere a bocca aperta fam; **jdn von ~ zu ~ beatmen**, fare la respirazione bocca a bocca a qu; **aus berufenem ~e** geh, da fonte autorevole geh; **jdm über den ~ fahren**, troncare la parola in bocca a qu; **jdn/etw dauernd im ~(e) führen**, avere sempre in bocca qu/qc; **nicht auf den ~ gefallen sein** fam, avere sempre la risposta pronta; **von ~ zu ~ gehen** {GERÜCHT, NACHRICHT}, passare di bocca in bocca; **einen großen ~ haben** pej, fare lo spaccone fam/sbruffone fam; **halt den ~!** fam pej, stai zitto (-a)! fam, chiudi il becco! fam; **den ~ halten** (nichts verraten), cucirsi la bocca fam, tenere l'acqua in bocca fam, tenere la bocca chiusa fam; **den ~ nicht halten können** fam (nichts für sich behalten können), non tenere neanche il semolino fam, non saper tenere un cece in bocca fam; **den ~ zu Hause gelassen haben** fam, aver perso la lingua fam; **jdm etw in den ~ legen**, mettere qc in bocca a qu; **jdm den ~ wässrig machen** fam, far venire l'acquolina in bocca a qu fam; **~ und Nase aufsperren** fam, restare a bocca aperta e a occhi spalancati; **mit offenem ~**, a bocca aperta; **jdm mit offenem ~ zuhören**, ascoltare qu a bocca aperta; **jdm nach dem ~ reden**, dare sempre ragione a qu fam; **sich** (dat) **den ~ fransig/fusselig reden** fam, parlare al vento fam; **mit vollem ~ sprechen**, parlare con la bocca piena; **jdm den ~ stopfen** (zum Schweigen bringen), chiudere/tappare la bocca a qu fam; **viele (hungrige) Münder zu stopfen haben**, avere molte bocche da sfamare; **jdm den ~ verbieten**, far tacere qu; **sich** (dat) **den ~ verbrennen** fam, dire una parolina di troppo fam; **da hab' ich mir den ~ verbrannt** fam, ho perso un'occasione per tacere fam; **den ~ verziehen**, storcere la bocca; **den ~ voll nehmen** pej, sparare le grosse fam, fare il fanfarone fam; **sich** (dat) **den ~ über jdn/etw zerreißen** fam pej, tagliare i panni addosso a qu, sparlare di qu.

Mundart f dialetto m.

Mundartdichter m (**Mundartdichterin** f) poeta (-essa) m (f) dialettale.

Mundartdichtung f poesia f dialettale.

mundartlich adj dialettale.

Munddusche f doccia f orale.

Mündel <-s, -> n jur pupillo (-a) m (f) jur.

mündelsicher adj bank {WERTPAPIERE} di tutto riposo.

munden itr geh obs (jdm) ~ {GETRÄNK, SPEISE} piacere (a qu), riuscire gradito (-a) (a qu).

münden itr <haben oder sein> **1** (hineinfließen) **in etw** (akk) ~ {FLUSS INS MEER} sfociare in qc, gettarsi in qc **2** (hinführen) **auf etw** (akk)/**in etw** (akk) ~ {STRAßE, WEG} sboccare in qc, immettere in qc, (andare a) finire in qc **3** (darauf zuführen) **in etw** (akk) ~ {DISKUSSION IN EINE AUSEINANDERSETZUNG} sfociare in qc, finire in qc.

mundfaul adj fam {MENSCH} poco loquace, di poche parole.

Mundfäule f med stomatite f ulcerosa.

Mundflora f flora f batterica della cavità orale/[bocca].

mundgerecht adj {BISSEN, STÜCK} a pezzettini, pronto per essere mangiato: **jdm etw ~ servieren**, far trovare la pappa scodellata a qu.

Mundgeruch m alito m cattivo.

Mundharmonika f mus armonica f a bocca.

Mundhöhle f anat cavità f orale.

mündig adj **1** (volljährig) maggiorenne **2** (urteilsfähig) {BÜRGER} responsabile.

Mündigkeit <-, ohne pl> f maggiore età f.

mündlich A adj {BEFRAGUNG, PRÜFUNG, ÜBERLIEFERUNG} orale; {ABMACHUNG, VEREINBARUNG} verbale: **das Mündliche ist am 10. Juni** fam, l'(esame) orale si svolge il 10 giugno **B** adv {ÜBERLIEFERN} oralmente, a voce; {ABMACHEN, VEREINBAREN} verbalmente, a voce; **jdn ~ prüfen**, sottoporre qu a un esame orale • **alles Weitere ~!**, il resto a voce!

Mundpflege f igiene f della bocca/[orale].

Mundpropaganda f tamtam m fam, passaparola m fam.

Mundraub m "furto m di lieve entità di generi alimentari per consumo immediato".

Mundschenk <-s, -en> m hist coppiere m.

Mundschutz m mascherina f di protezione/[protettiva].

M-und-S-Reifen m pneumatico m antineve/[da neve].

Mundstück n {+TABAKPFEIFE} bocchino m; {+BLASINSTRUMENT} auch bocchetta f, imboccatura f; {+PFERD} morso m.

mundtot adj fam: **jdn ~ machen**, ridurre qu al silenzio, tappare la bocca a qu fam.

Mündung <-, -en> f **1** {+STRAßE} sbocco m; {+BACH, FLUSS} auch foce f, bocca f **2** (Öffnung) {+GEWEHR, PISTOLE} bocca f.

Mündungsarm m braccio m del delta.

Mündungsfeuer n vampa f di bocca.

Mündungsgebiet n foce f.

Mundwasser n collutorio m.

Mundwerk n fam: **ein flinkes ~ haben**, avere la risposta pronta; **ein loses/freches ~ haben**, avere la lingua lunga fam.

Mundwinkel m angolo m della bocca.

Mund-zu-Mund-Beatmung f respirazione f bocca a bocca.

Mund-zu-Nase-Beatmung f med respirazione f bocca-naso.

Munition <-, -en> f munizioni f pl; (Sprengladungen) esplosivi m pl.

Munitionsfabrik f fabbrica f di munizioni.

Munitionslager n deposito m di munizioni.

munkeln A tr **etw (über jdn)** ~ dire qc (di qu); **man munkelt/[es wird gemunkelt], dass ...**, si mormora/dice che ..., corre voce che ...; **über ihn wird allerhand gemunkelt**, si mormorano parecchie cose sul suo conto **B** itr **(über jdn)** ~ mormorare (sul conto di qu), vociferare (sul conto di qu).

Münster <-s, -> n cattedrale f.

munter A adj **1** (aufgeweckt) {KIND, PERSON} sveglio, vivace, vispo **2** (heiter) {LIED,

SPIEL} allegro, gaio; {MENSCH} auch di buonumore **3** <präd> (wach): ~ **sein**, essere sveglio; ~ **werden**, svegliarsi; ~ **bleiben**, rimanere sveglio (-a); **jdn (wieder) ~ machen** {KAFFEE, TEE}, (ri)svegliare qu **4** <präd> (gesund): **er ist wieder ganz ~**, sta di nuovo bene, è di nuovo in forma **5** (schnell fließend) {BÄCHLEIN} che scorre allegro (-a) **B** adv **1** (schnell) {FLIESSEN, PLÄTSCHERN} allegramente **2** (sorglos) {GELD AUSGEBEN} allegramente.

Munterkeit <-, ohne pl> f (Lebhaftigkeit) vivacità f; (Fröhlichkeit) allegria f, gaiezza f.

munter|machen tr → **munter**.

Muntermacher m fam stimolante m, eccitante m.

Münzamt n, **Münzanstalt** f → **Münzstätte**.

Münzautomat m distributore m automatico.

Münze <-, -n> f **1** (Geldstück) moneta f: **eine ~ aus Gold**, una moneta d'oro; **~n prägen**, battere/coniare monete; **~n fälschen**, falsificare monete **2** (Automatenmünze) gettone m, moneta f **3** (Prägeanstalt) zecca f • **jdm etw mit gleicher ~ heimzahlen**, ripagare qu con la stessa moneta; **etw für bare ~ nehmen**, prendere qc per oro colato fam, prendere qc per buona moneta fam; **eine ~ werfen**, fare a testa o croce; **etw mit klingender ~ zahlen**, pagare qc in ₗmoneta sonanteₗ/ [contanti].

Münzeinwurf m fessura f per l'introduzione ₗdella monetaₗ/[del gettone].

münzen tr etw ~ coniare qc.

Münzfernsprecher m → **Münztelefon**.

Münzkunde f numismatica f.

Münzprägung f coniatura f di monete.

Münzrecht n diritto m di battere moneta.

Münzsammler m (**Münzsammlerin** f) collezionista mf di monete.

Münzsammlung f collezione f di monete.

Münzstätte f zecca f.

Münztankstelle f distributore m di benzina automatico.

Münztelefon (a.R. Münztelephon) n telefono m pubblico a monete/gettoni.

Muräne <-, -n> f fisch murena f.

mürbe adj **1** (zart) {FILET, FLEISCH} tenero, frollo; {GEBÄCK} friabile **2** (brüchig) {HOLZ} fradicio, marcio; {GESTEIN} friabile: **jdn ~ machen**, esasperare qu; **ich krieg ihn schon noch ~**, prima o poi riuscirò a piegare la sua resistenza.

mürbe|machen tr → **mürbe**.

Mürbeteig m gastr pasta f frolla.

Murks <-es, ohne pl> m fam pej pasticcio m fam, lavoro m ₗabborracciato famₗ/[tirato via], abborracciatura f fam: **da hat er wieder mal ~ gemacht/gebaut**, ha fatto l'ennesimo pasticcio fam.

murksen itr fam pasticciare fam, fare/combinare dei pasticci fam: **bei dieser Arbeit hat er gemurkst**, questo lavoro l'ha ₗabborracciato famₗ/[fatto alla carlona fam].

Murmel <-, -n> f bi(g)lia f, pallina f.

murmeln **A** tr etw ~ {BEMERKUNG, GRUSS} mormorare qc, borbottare qc: **etw in den Bart ~**, borbottare qc tra i denti **B** itr **1** (undeutlich sprechen) borbottare **2** (plätschern) {BACH} mormorare, gorgogliare.

Murmeltier n zoo marmotta f • **wie ein ~ schlafen**, dormire come un ghiro/una marmotta.

murren itr (über etw akk) ~ {KRITIK, STRAFE} brontolare (per qc), mugugnare (per qc): **er machte alles ohne zu ~**, ha fatto tutto senza fiatare.

mürrisch **A** adj {MENSCH} burbero, scorbutico, scontroso: **ein ~es Gesicht machen**, fare una faccia burbera **B** adv {ANTWORTEN} in modo burbero/scorbutico/scontroso.

Mus <-es, -e> n oder region m {+ERBSEN, KAROTTEN, OBST} passato m, purè m, purea f • **jdn zu Mus schlagen** slang, ridurre qu in poltiglia fam, far polpette di qu fam.

Muschel <-, -n> f **1** zoo conchiglia f **2** gastr (Miesmuschel) mitilo m, cozza f, muscolo m **3** (~schale) guscio m **4** anat (Ohrmuschel) padiglione m auricolare **5** tel (Hörmuschel) ricevitore m, cornetta f fam; (Sprechmuschel) microfono m.

Muschelbank f banco m conchiliaceo/[di conchiglie].

muschelförmig adj a forma di conchiglia, concoide wiss.

Muschi <-, -s> f **1** Kindersprache (Katze) micio m **2** vulg (Vulva) passera f vulg, passerina f vulg.

Muse <-, -n> f musa f • **von der ~ geküsst werden** oft scherz, essere ₗispirato dalle museₗ/[visitato dalla musa]; **die leichte ~**, il genere leggero.

museal adj museale.

Muselman <-en, -en> m (**Muselmanin** f) obs → **Mohammedaner**.

Museum <-s, Museen> n museo m: **naturkundliches ~**, museo di scienze naturali.

Museumsführer① m (Buch, Heft) guida f al/[a un] museo.

Museumsführer② m (**Museumsführerin** f) (Person) guida f del museo.

museumsreif adj fam iron {AUTO, FAHRRAD} antidiluviano scherz.

Museumsstück n **1** (wertvoller Gegenstand) pezzo m da museo/collezione **2** fam (altmodischer Gegenstand) pezzo m da museo fam.

Museumswärter m (**Museumswärterin** f) custode mf/guardiano (-a) m (f) di museo.

Musical <-s, -s> n musical m.

Musicbox f → **Musikbox**.

Musik <-, rar -en> f **1** <nur sing> (Tonkunst) musica f **2** (Klänge) musica f: **~ hören/machen**, ascoltare/fare (della) musica **3** <nur sing> (Schulfach) musica f **4** <meist sing> (Musikkapelle) bes. mil musica f fam, fanfara f, banda f, orchestrina f **5** <nur sing> (harmonischer Klang) {+STIMME} musica f, suono m • **~ im Blut haben**, avere la musica nel sangue; **geistliche/klassische/moderne ~**, musica sacra/classica/moderna; **leichte ~**, musica leggera; **das ist ~ in meinen Ohren**, (questa) è musica per le mie orecchie.

Musikakademie f → **Musikhochschule**.

Musikalien subst <nur pl> materiale m musicale cartaceo.

musikalisch **A** adj **1** (in den Bereich Musik gehörend) {DARBIETUNG, UMRAHMUNG} musicale **2** <attr> (musikbegabt) {MENSCH} musicale, portato per la musica: **ein musikalisches Genie**, un genio della musica **3** (klangvoll) {STIMME} musicale, melodico, armonioso **B** adv: **er ist ~ sehr begabt**, è molto dotato per la musica, ha uno spiccato talento musicale.

Musikalität <-, ohne pl> f musicalità f.

Musikant <-en, -en> m (**Musikantin** f) musicante mf, s(u)onatore (-trice) m (f), bandista mf.

Musikantenknochen m anat olecrano m, punta f del gomito.

Musikantin f → **Musikant**.

Musikbegleitung f accompagnamento m musicale.

Musikbox f jukebox m.

Musikdirektor m (**Musikdirektorin** f) direttore m musicale.

Musiker <-s, -> m (**Musikerin** f) musicista mf; (Mitglied eines Orchesters) orchestrale mf.

Musikfreund m (**Musikfreundin** f) amante mf della musica.

Musikgeschichte f storia f della musica.

Musikhochschule f accademia f musicale.

Musikinstrument n strumento m musicale.

Musikkapelle f orchestrina f, band, banda f musicale mil.

Musikkassette f musicassetta f.

Musikkritiker m (**Musikkritikerin** f) critico m musicale.

Musiklehrer m (**Musiklehrerin** f) insegnante mf/maestro (-a) m (f) di musica.

Musikpädagoge m (**Musikpädagogin** f) didatta mf della musica.

Musikpädagogik f pedagogia f/didattica f della musica.

Musikpädagogin f → **Musikpädagoge**.

Musikportal n inform portale m per la musica.

Musikschule f scuola f di musica.

Musikstück n brano m/pezzo m musicale.

Musikstunde f lezione f di musica.

Musiktheater n teatro m musicale.

Musiktherapie f med musicoterapia f, meloterapia f med.

Musikus <-, Musizi oder Musikusse> m scherz musicista m.

Musikwissenschaft f musicologia f.

Musikwissenschaftler m (**Musikwissenschaftlerin** f) musicologo (-a) m (f).

musisch **A** adj <attr> **1** (künstlerisch begabt) {MENSCH} dotato artisticamente e musicalmente; {BEGABUNG, TALENT, VERANLAGUNG} artistico-musicale **2** (die Künste betreffend) {ERZIEHUNG, FACH, SCHULE} artistico-musicale: **~es Gymnasium**, liceo ad indirizzo artistico (e musicale) **B** adv (im Bereich der Künste): **~ talentiert sein**, essere portato per le arti e per la musica.

Musizi pl von Musikus.

musizieren <ohne ge-> itr fare (della) musica, suonare.

Muskat <-(e)s, -e> m → **Muskatnuss**.

Muskateller <-s, -> m **1** <nur sing> (Traubensorte) uva f moscatella **2** (Wein) moscatello m, moscato m.

Muskatnuss (a.R. Muskatnuß) f noce f moscata.

Muskel <-s, -n> m anat muscolo m • **die ~n anspannen**, tendere i muscoli; **~n haben**, avere muscoli, essere muscoloso; **seine ~n spielen lassen** (seine Macht zeigen), mostrare i muscoli.

Muskelarbeit <-, ohne pl> f attività f/lavoro m muscolare.

Muskelatrophie f med → **Muskelschwund**.

Muskelfaser f anat fibra f muscolare.

Muskelgeschwulst f med tumore m muscolare, mioma m med.

Muskelgewebe n anat tessuto m muscolare.

Muskelkater m dolori m pl muscolari (dovuti a sforzi).

Muskelkraft f forza f muscolare/fisica.

Muskelkrampf m crampo m (muscolare).

Muskelpaket n montagna f di muscoli

fam.
Muskelprotz <-es, -e> m fam tipo m palestrato fam, mister m muscolo fam scherz: **ein ~ sein**, essere tutto muscoli fam.
Muskelriss (a.R. Muskelriß) m med strappo m muscolare.
Muskelschwund m med atrofia f muscolare med.
Muskeltraining n sport allenamento m muscolare.
Muskelzerrung f med stiramento m muscolare.
Musketier <-s, -e> m hist moschettiere m • **Die drei ~e** lit (Roman von A. Dumas), I tre moschettieri.
Muskulatur <-, -en> f anat muscolatura f.
muskulös adj {ARME, BEINE, KÖRPER} muscoloso: **~er Körperbau**, muscolosità f.
Müsli <-s, -s> n gastr müsli m, müesli m, "preparato m di fiocchi d'avena, cereali e frutta secca".
Muslim <-(s), -e oder -s> m (**Muslime** <-, -n> f, **Muslimin** f, **Muslima** <-, -s oder Muslimen> f) musulmano (-a) m (f).
muslimisch adj {GLAUBE, KULTUR} musulmano.
muss (a.R. muß) 1. und 3. pers sing von müssen.
Muss (a.R. Muß) <-, ohne pl> n: **(k)ein ~ sein: für einige ist das Einkaufen in diesem Laden ein wahres ~**, per alcuni fare shopping in questo negozio è un must; **die Teilnahme an dem Seminar ist kein ~**, non è obbligatorio partecipare al seminario.
Mussbestimmung, **Muss-Bestimmung** (a.R. Mußbestimmung) f disposizione f obbligatoria.
Muße <-, ohne pl> f geh tempo m (libero): **etw mit/in ~ tun**, fare qc con/in tutta calma; **die ~ (für etw akk/zu etw dat) finden/haben**, trovare/avere la calma/tranquillità per (fare) qc.
Musselin <-s, -e> m text mussola f, mussolina f.
müssen① <muss, musste, hat müssen> Modalverb 1 (notwendig sein): **jd muss (etw) tun**, qu deve fare qc, bisogna/occorre che qu faccia (qc); **ich glaube, wir ~ uns bei ihm entschuldigen**, credo che dobbiamo scusarci con lui; **du musst deine Steuererklärung spätestens morgen abschicken**, ⌊occorre/bisogna che tu spedisca⌋/[devi spedire] la dichiarazione dei redditi al massimo domani; **drei Jahre mussten vergehen, bis ...**, ci sono voluti tre anni prima che ... konjv 2 fam <verneint> (nicht zwingend sein): **jd muss (etw) nicht tun**, non ⌊c'è bisogno⌋/[è necessario] che qu faccia (qc); **Sie ~ an dem Seminar nicht teilnehmen**, non c'è bisogno che (Lei) partecipi al seminario 3 (nicht umhinkönnen): **(etw) tun ~**, non poter fare a meno di fare (qc); **wenn ich ihn sehe, muss ich lachen**, quando/appena lo vedo ⌊mi scappa da⌋/[non posso far(e) a meno di] ridere 4 (gezwungen sein, etw zu tun) (**etw**) **tun ~**, dover fare (qc); **jeder muss Steuern zahlen**, tutti devono pagare le tasse; **wir ~ alle sterben**, tutti dobbiamo morire; **jetzt muss ich auch noch seine ganzen Schulden bezahlen**, e adesso mi tocca anche pagare tutti i suoi debiti! 5 <nur im präs> (drückt eine Vermutung aus, die an Sicherheit grenzt): **Petra hat noch nie gefehlt, sie muss krank sein**, Petra non è mai stata assente, deve essere malata; **er muss sie sehr geliebt haben**, deve averla amata molto; **er muss gleich kommen**, deve arrivare subito/[a momenti] 6 (Kritik übend: oft in Fragesätzen): **müsst ihr denn so schreien?**, ma dovete proprio urlare così?; **muss das sein?**, è proprio necessario? 7 <nur im konjv II> (drückt eine vage Vermutung aus): **um diese Zeit müsste sie schon zu Hause sein**, a quest'ora dovrebbe già essere a casa 8 <nur im konjv II> (drückt einen Wunsch aus): **man müsste mehr Freizeit haben**, si dovrebbe avere più tempo libero; **so schön wie im Urlaub müsste es immer sein**, magari fosse sempre (così) bello come in vacanza 9 <nur im konjv II> (sollen): **man hätte ihn anrufen ~**, avremmo dovuto chiamarlo; **das müsstest du eigentlich wissen**, dovresti saperlo.
müssen② <muss, musste, gemusst> Vollverb A tr fam (zu etw gezwungen sein) **etw ~** dover fare qc: **ruf deine Freundin an und bitte sie um Entschuldigung – Muss ich (das wirklich)?**, telefona alla tua amica e chiedile scusa. – Devo proprio? fam, È proprio necessario? B itr 1 (gezwungen sein, irgendwohin zu gehen) **irgendwohin/zu jdm ~** dover andare + compl (di luogo/da qu: **morgen muss ich zum Steuerberater**, domani devo andare dal commercialista, bisogna che domani vada dal commercialista; **musst du denn am Samstag auch ins Büro?**, anche di sabato devi andare in ufficio? 2 (irgendwohin gebracht werden müssen) **irgendwohin ~**: andare + part perf + compl (di luogo: **das Geld muss auf mein Konto**, i soldi vanno messi sul mio conto corrente fam; **der Schreibtisch ist sehr groß, der muss ins Wohnzimmer**, la scrivania è molto grande, ⌊bisogna metterla⌋/[va (messa)] nel soggiorno 3 fam (gezwungen sein): **ich habe zwar nicht die geringste Lust, aber ich muss**, anche se non ne ho la benché minima voglia, devo (farlo) • **ich muss mal** fam, mi scappa la pipì fam, devo andare in bagno.
Mußestunde f <meist pl> momento m libero; <pl> tempo m libero.
Mussheirat (a.R. Mußheirat) f fam obs matrimonio m riparatore (in caso di gravidanza).
müßig A adj geh 1 (untätig) {LEBEN} ozioso, inoperoso, inattivo: **er ist nie ~**, non sta mai un minuto a oziare 2 (unnütz) {DISKUSSION, FRAGE} inutile, vano, ozioso: **es ist ~, etw zu tun**, è inutile fare qc 3 (Entspannung bringend) {STUNDEN, TAGE} ozioso, di riposo/relax fam B adv (untätig): **~ dasitzen/herumstehen**, essere ozioso, starsene con le mani in mano fam; **sie hängt von morgens bis abends ~ herum**, se ne sta in ozio da(l)la mattina a(lla) sera.
Müßiggang <-(e)s, ohne pl> m ozio m, inoperosità f • **~ ist aller Laster Anfang** prov, l'ozio è il padre dei vizi prov.
musste (a.R. mußte) 1. und 3. pers sing imperf von müssen.
müsste (a.R. müßte) 1. und 3. pers sing konjv II von müssen.
Muster <-s, -> n 1 (Warenmuster) campione m: **~ ohne Wert** obs, campione senza valore; **unverkäufliches ~**, campione non in vendita 2 (Dessin) {+KLEIDUNGSSTÜCK, STOFF, TAPETE} fantasia f, disegno m, motivo m 3 (Vorlage) modello m: **nach einem ~ arbeiten/nähen/schneiden**, lavorare/cucire/tagliare seguendo un modello 4 (Vorbild) modello m, esempio m: **ein ~ an etw** dat {AN FLEIß, ORDNUNG, PÜNKTLICHKEIT}, un esempio/modello di qc; **nach dem ~ einer S.** (gen), ⌊sull'esempio⌋/[sulla falsariga]/[sul modello] di qc; **zum ~ nehmen**, prendere qc come modello; **als ~ dienen**, servire da modello 5 (Schema) schema m: **immer nach dem gleichen ~ ablaufen**, svolgersi sempre secondo lo stesso copione/schema.
Musterbeispiel n esempio m perfetto,

modello m.
Musterbetrieb m azienda f modello.
Musterbrief m lettera f tipo/standard.
Musterbuch n campionario m.
Musterehe f matrimonio m ideale/perfetto/modello.
Musterexemplar n 1 (vorbildliches Beispiel) modello m: **er ist ein ~ von Mitarbeiter**, è un collaboratore ideale/esemplare/modello 2 (Warenmusterexemplar) campione m; (Buch) auch saggio m; (Lebenslauf, Vertrag u. Ä.) modello m.
mustergültig, **musterhaft** A adj (vorbildlich) {MITARBEITER, SCHÜLER, VORGESETZTER} esemplare, modello, impeccabile B adv {SICH BENEHMEN, SICH VERHALTEN} in modo/maniera esemplare.
Musterknabe m pej ragazzo m modello (malvisto dai compagni).
Musterkollektion f campionario m.
Mustermesse f (fiera f) campionaria f.
mustern tr 1 (betrachten) **jdn ~** squadrare qu, scrutare qu, esaminare qu; **etw ~** ispezionare qc, esaminare qc 2 mil **jdn ~** sottoporre qu alla visita di leva.
Musterschüler m (**Musterschülerin** f) (Grundschule) alunno (-a) m (f)/scolaro (-a) m (f) modello; (Gymnasium) studente (-essa) m (f)/allievo (-a) m (f) modello.
Mustersendung f spedizione f di campioni.
Musterung <-, -en> f 1 mil (das Mustern) visita f di leva 2 (eingehendes Betrachten) {+GEGENSTAND} esame m (approfondito) 3 (Muster) {+STOFF, TEPPICH} motivo m, disegno m, design m, fantasia f.
Musterungsbescheid m mil cartolina f precetto.
Mustervertrag m contratto m tipo/standard.
Mut <-(e)s, ohne pl> m 1 (Courage) coraggio m, audacia f, ardire m geh, cuore m geh; {+SOLDAT} ardimento m: **dazu gehört Mut!** fam, ci vuole un bel fegato fam/coraggio! 2 (Zuversicht) coraggio m, (forza f d')animo m • **Mut beweisen**, mostrare/[dare prova di] coraggio; **jdm Mut einflößen** geh, infondere coraggio a qu, rincuorare qu; **frohen/guten Mutes sein** geh, stare di buon animo geh, essere su di morale; **Mut haben wie ein Löwe**, avere un coraggio da leone; **jdm Mut machen**, far coraggio/cuore/animo a qu, incoraggiare qu; **sich Mut machen**, farsi coraggio/animo/forza; **jdm den Mut nehmen**, scoraggiare qu; **nur Mut!**, coraggio!, forza!, animo!; (**wieder**) **Mut schöpfen**, riprendere animo/coraggio, rincuorarsi; **den Mut sinken lassen**, perdersi d'animo, scoraggiarsi; **den Mut verlieren**, perdersi ⌊d'animo⌋/[di coraggio], sconfortarsi, buttarsi giù fam; **mit dem Mut der Verzweiflung**, con il coraggio della disperazione; **zu Mute ~ zumute**; **seinen ganzen Mut zusammennehmen**, prendere il coraggio a due mani, fare appello a tutti il proprio coraggio; **jdm Mut zusprechen** geh, far coraggio a qu, rialzare il morale di qu, rincuorare qu, incoraggiare qu.
Mutation <-, -en> f biol mutazione f.
Mütchen n: **sein ~ (an jdm) kühlen**, scaricare la propria rabbia (su qu), sfogarsi (con qu).
mutieren <ohne ge-> itr biol {GEN} mutare, subire una mutazione.
mutig A adj {ANTWORT, ENTSCHLUSS} coraggioso, animoso; {VERHALTEN} auch valoroso, ardito; {MANN, SOLDAT} coraggioso, ardimentoso, audace B adv {AUFTRETEN, WIDERSTAND LEISTEN} in modo coraggioso, con coraggio,

coraggiosamente • **dem Mutigen gehört die Welt**, la fortuna aiuta gli audaci *prov*.
mutlos *adj* scoraggiato, sfiduciato, demoralizzato.
Mutlosigkeit <-, *ohne pl*> *f* scoraggiamento *m*, sconforto *m*, scoramento *m geh*.
mutmaßen *tr geh*: ~, **dass ...**, congetturare *gh*/presumere/supporre che ... *konjv*.
mutmaßlich *adj* <*attr*> *geh* {MÖRDER, SCHULDIGER, TÄTER} presunto *jur*; {GRUND, URSACHE} supposto, probabile.
Mutmaßung <-, *-en*> *f geh* congettura f, supposizione f, presunzione f: **~en anstellen**, fare delle congetture.
Mutprobe *f* prova f di coraggio.
Mutschli <-s, -> n *CH* panino *m*.
Mutter① <-, *Mütter*> *f* **1** (*weiblicher Elternteil*) madre f: **sie wird (bald) ~**, presto sarà madre; **sie ist ~ von zwei Kindern**, è madre di due bambini **2** (*Ersatzmutter*) madre f, matrigna f: **er sollte wieder heiraten, seine Kinder brauchen eine ~**, dovrebbe risposarsi, i suoi figli hanno bisogno di una madre **3** (*Muttertier*) madre f (di animali) **4** (*Klostervorsteherin*) madre f • **allein erziehende ~**, madre single; **~ Courage**, madre Coraggio; **~ Erde**, madre terra; **die ~ Gottes** *relig*, la madre di Dio/Gesù; **keine ~ mehr haben**, essere orfano di madre; **ledige ~**, ragazza madre; **die leibliche ~**, la madre naturale; **~ Natur** *geh*, madre natura; **wie eine ~ zu jdm sein**, fare da madre a qu; **werdende Mütter**, donne incinte/[in attesa], gestanti; **wie bei ~n!** *fam*, come a casa mia/nostra!; (*in bezug auf Essen*), come fa la mamma *fam*!
Mutter② <-, *-n*> *f tech* madrevite f, dado *m*.
Mütterberatung *f* assistenza f alle donne in stato interessante e alle neomadri.
Mütterberatungsstelle *f* consultorio *m* per donne in stato interessante e neomadri.
Mutterbindung *f* legame *m* con la madre: **eine enge ~ haben**, essere molto legato alla madre.
Mutterboden *m* terriccio *m*, strato *m* superiore di terra ricco di humus.
Mütterchen <-s, -> *n dim von* Mutter **1** mammina f **2** (*kleine, alte Frau*): (**altes**) **~ fam**, nonnina *fam*, vecchietta *fam*.
Mutterfirma *f ökon* casa f madre.
Mutterfreuden *subst* <*nur pl*>: **~ entgegensehen** *geh*, essere in dolce attesa.
Mütter-Genesungswerk *n* "opera f assistenziale che gestisce case di cura per madri bisognose".
Muttergesellschaft *f ökon* casa f madre.
Muttergestein *n geol* roccia f madre.
Muttergottes, **Mutter Gottes** <-, *ohne pl*> *f relig* madre f di Dio, Madonna f, Vergine f: **eine gemalte ~**, una Madonna dipinta.
Mutterhaus *n* **1** *relig* {+ORDEN} casa f madre **2** *ökon* casa f madre.
Mutterinstinkt *m* istinto *m* materno.
Mutterkirche *f* chiesa f madre/matrice.

Mutterkomplex *m* **1** *psych* complesso *m* materno **2** (*übertriebene Mütterlichkeit*) eccessivo istinto *m* materno.
Mutterkorn <-(e)s, -e> *n bot* segale f cornuta.
Mutterkuchen *m med* placenta *f med*.
Mutterland *n* {+DEMOKRATIE, KUNST} madrepatria f, terra f d'origine.
Mutterleib *m*: **im ~**, nel grembo materno.
Mütterlein <-s, -> n → **Mütterchen**.
mütterlich *adj* <*attr*> **1** (*von jds Mutter*) {HAUS, LINIE, VERMÖGEN} materno, della madre: **~es Erbe** *biol*, eredità matroclina *wiss* **2** (*umsorgend*) {FÜRSORGE} materno **3** (*wie eine Mutter wirkend*) {FRAU, TYP} materno.
mütterlicherseits *adv* da/per parte di madre.
Mütterlichkeit <-, *ohne pl*> *f* maternità f, essere *m*/modo *m* materno.
Mutterliebe *f* amore *m* materno.
mutterlos *adj* {KIND} ⌊orfano di⌋/[senza] madre.
Muttermal <-(e)s, -e *oder* -mäler> *n* voglia f, angioma *m wiss*; (*Leberfleck*) neo *m*.
Muttermilch *f* latte *m* materno/[della madre] • **etw mit der ~ einsaugen**, succhiare qc col latte.
Muttermord *m* matricidio *m*.
Muttermörder *m* (**Muttermörderin** *f*) matricida *mf*.
Muttermund *m anat* (*äußerer ~*) orifizio *m* dell'utero; (*innerer ~*) cervice f, collo *m* dell'utero.
Mutterpass (*a.R.* Mutterpaß) *m* ≈ libretto *m* di gravidanza/maternità.
Mutterpflanze *f agr* pianta f madre.
Mutterrolle *f* ruolo *m* di madre.
Mutterschaft <-, *ohne pl*> *f* maternità f.
Mutterschaftsgeld *n* sussidio *m* di maternità.
Mutterschaftsurlaub *m* congedo *m* per maternità: **in ~ gehen**, andare in maternità *fam*; **in ~ sein**, essere in maternità.
Mutterschiff *n* nave f appoggio.
Mutterschutz *m* **1** *jur* tutela f della maternità **2** (*Mutterschaftsurlaub*) maternità f.
Mutterschutzgesetz *n* legge f sulla tutela della maternità.
mutterseelenallein *fam* **A** *adj* <*präd*> solo come un cane, solo soletto *fam* **B** *adv* {LEBEN} tutto/completamente solo, in completa solitudine, da eremita.
Muttersöhnchen <-s, -> *n fam pej* **1** (*unselbstständiger junger Mann*) figlio *m*/cocco *m* di mamma *fam* **2** (*Weichling*) rammollito *m*.
Muttersprache *f* lingua f madre/materna, madrelingua f.
Muttersprachler *m* (**Muttersprachlerin** *f*) (persona f di) madrelingua *mf*.
muttersprachlich *adj* {MITARBEITER} di madrelingua; {UNTERRICHT} in madrelingua.
Mutterstelle *f*: **bei jdm/an jdm ~ vertreten**, fare ⌊le veci della⌋/[da] madre a qu.
Müttersterblichkeit *f* mortalità f delle partorienti.
Muttertag *m* festa f della mamma.
Muttertier *n* **1** *agr* (*weibliches Zuchttier*) femmina f da riproduzione **2** (*weibliches Tier, das gerade Junge geboren hat*) madre f.
Mutterwitz *m* astuzia f genuina.
Mutti <-, *-s*> *f fam* mamma *f fam*, mammina *f fam*.
Mutwille *m* cattiveria f, malignità f: **etw aus ~n tun**, fare qc di proposito; **aus reinem ~n**, per pura cattiveria.
mutwillig **A** *adj* {BESCHÄDIGUNG, BRANDSTIFTUNG} intenzionale, volontario: **~e Zerstörung**, distruzione intenzionale **B** *adv* {BESCHÄDIGEN, ZERSTÖREN} di proposito, con intenzione, intenzionalmente.
Mütze <-, *-n*> *f* (*Strickmütze*) berretto *m* (fatto) a maglia; (*Schirmmütze*) berretto *m* con visiera; (*Baskenmütze*) basco *m*; (*Pelzmütze*) colbacco *m*.
m. W. *Abk von* meines Wissens: per quanto ne so.
MW **1** *Abk von* Mittelwelle: OM (*Abk von* onde medie) **2** *Abk von* Megawatt: MW (*Abk von* megawatt).
MwSt. <-, *ohne pl*> *f Abk von* Mehrwertsteuer: IVA f (*Abk von* Imposta sul Valore Aggiunto).
Myalgie <-, *-n*> *f med* mialgia f.
Mykologie <-, *ohne pl*> *f med* micologia f.
Mykose <-, *-n*> *f med* micosi f.
Myokard <-(e)s, -e> *n anat* miocardio *m*.
Myokardie <-, *-n*> *f med* miocardia *f med*.
Myokardinfarkt *m med* infarto *m* miocardio/[del miocardio].
Myom <-s, -e> *n med* mioma *m med*.
Myopie <-, *ohne pl*> *f med* miopia *f med*.
Myriade <-, *-n*> *f* <*meist pl*> *geh* miriade f, moltitudine f.
Myrrhe, **Myrre** <-, *-n*> *f* mirra f.
Myrte <-, *-n*> *f bot* mirto *m*.
Mysterien *pl von* Mysterium.
Mysterienspiel *n relig* sacra rappresentazione f, mistero *m*.
mysteriös *adj* {ANRUF, MENSCH, VORFALL} misterioso.
Mysterium <-s, *Mysterien*> *n bes. relig* mistero *m*.
mystifizieren <*ohne ge-*> *tr* **etw ~** mistificare *qc*.
Mystifizierung <-, *-en*> *f geh* mistificazione f.
Mystik <-, *ohne pl*> *f* mistica f.
Mystiker *m* (**Mystikerin** *f*) mistico (-a) *m* (f).
Mythen *pl von* Mythos, Mythus.
mythisch *adj geh* {HELD, SAGENGESTALT} mitico.
Mythologie <-, *-n*> *f geh* mitologia f.
mythologisch *adj* {STUDIEN, WERK} mitologico.
Mythos, **Mythus** <-, *Mythen*> *m* **1** (*sagenhafte Überlieferung*) mito *m*, leggenda f **2** (*Idealisierung*) mito *m*, leggenda f: **zum ~ werden**, diventare un mito.

N, n

N① , n <-, - oder fam -s> n N, n f oder m ● **N wie Nordpol**, n come Napoli; → auch **A, a**.

N② Abk von Nord(en): N (Abk von nord).

na① interj fam **1** (auffordernder oder ungeduldiger Ausruf) dai!, suvvia!, forza!, allora!; **na mach schon!**, forza/dai, sbrigati/spicciati! fam; **na, dann komm doch mit uns!**, allora vieni con noi!; **na, wer wird denn weinen!**, suvvia/dai non piangere!, non ti metterai mica a piangere!; **na endlich!**, oh, finalmente!; **na, es wird aber auch Zeit!**, era ora! **2** (Ausruf der Entrüstung oder Überraschung) insomma; **na, von ihm hätte ich das nie erwartet**, mah, da lui non me lo sarei mai aspettato; **na, das kann doch nicht wahr sein!**, ma ˌnon è possibileˌ/[non può essere vero]!; **na hör mal, so kannst du mich doch nicht behandeln!**, ma insomma, non puoi mica trattarmi così! **3** (drückt Neugier oder Anteilnahme aus) allora: **na, wie gefällt es Ihnen denn bei uns?**, allora, come si trova da noi?; **na, ist alles in Ordnung?**, allora, tutto a posto?; **na, was ist denn los?**, allora, cosa c'è?; **na (du)?**, allora (, che mi dici)? **4** (resigniert) va be': **na schön, dann eben nicht!**, e va be', allora no!; **na gut, wenn's unbedingt sein muss!**, va be', se proprio deve essere! **5** (drückt Zögern aus) **na ja**, ma, insomma; **na ja, ich bin mir da nicht so sicher**, insomma, non ne sono mica tanto sicuro (-a) fam ● **na, na, (na)!**, calma!, andiamoci piano; **na also/bitte**, ecco, allora; **na also, es war doch gar nicht so schwer**, hai visto, non è stato poi tanto difficile; **na** gut/meinetwegen/schön, va be', bene, d'accordo, va be'; **na klar!**, come no!, certo!, ovvio!; **na, Kleiner?**, ehi, tu?, ehi, baby? scherz; **na, dann mal los!**, suvvia!, forza!; **na und ob!**, altroché!, eccome!; **na, so was!**, ma guarda che roba!; **na und (wenn schon)?**, e allora!, e con ciò?, ebbene?; **na warte!**, ˌte loˌ/[ti] farò vedere io!; **na, wird's bald!**, forza!, sbrigati!, spicciati! fam, muoviti! fam.

na② adv süddt A fam → **nein**.

Nabe <-, -n> f tech mozzo m (di ruota).

Nabel <-s, -> m anat ombelico m ● **der ~ der Welt** geh, ˌl'ombelico litˌ/[il centro] del mondo.

Nabelbinde f fascia f/benda f ombelicale.
Nabelbruch m med ernia f ombelicale.
Nabelgegend f anat regione f ombelicale/[dell'ombelico].
Nabelschau f fam **1** (übertriebene Beschäftigung mit sich selbst) contemplazione f narcisistica, culto m sfrenato di sé **2** (Zeigen des wenig bekleideten Körpers) esibizionismo m.
Nabelschnur f cordone m ombelicale.
Nabob <-s, -s> m **1** hist Nababbo m **2** (reicher Mann) nababbo m, riccone m, Paperon m de' Paperoni scherz.

nach präp + dat **1** (zeitlich) dopo: **~ dem Abendessen/Mittagessen**, dopo cena/pranzo; **~ Ostern/Weihnachten**, dopo Pasqua/Natale; **~ ˌzehn Minutenˌ/[einer Stunde]**, dopo ˌdieci minutiˌ/[un'ora]; **sie ist erst ~ zwei Stunden/(Uhr) zurückgekommen**, è tornata soltanto dopo ˌdue oreˌ/[le due] **2** (bei Uhrzeitangaben) **~ es ist zehn (Minuten) ~ fünf**, sono le cinque e dieci **3** (Reihenfolge angebend) dopo: **die dritte Querstraße ~ dem Domplatz**, la terza traversa dopo piazza Duomo; **~ der zweiten Kreuzung stößt man direkt auf die Kirche**, passato/dopo il secondo incrocio ci si trova direttamente davanti alla chiesa; **einer/eins ~ dem andern, bitte!**, uno/[una cosa] per/alla volta, per favore!; **einer ~ dem andern verließen sie den Saal**, uno dopo l'altro lasciarono la sala; (vor Personalpronomen) dopo di; **ich bin ~ dir dran** fam, dopo di te tocca a me fam; **ihr seid ~ mir hereingekommen**, siete entrati (-e) dopo di me; (bitte) **~ Ihnen!** geh, (prego,) dopo di Lei! **4** (örtlich: vor Städtenamen) a, alla volta di, per: **sie sind ~ München gezogen**, si sono trasferiti a Monaco; **wann fährst du ~ Stuttgart?**, quando ˌvai aˌ/[parti per] Stoccarda?; **er ist gestern ~ Paris abgefahren**, è partito ieri per/[alla volta di geh] Parigi; **das Flugzeug/der Zug ~ Frankfurt**, l'aereo/il treno per Francoforte; (vor Ländernamen) in, per; **im August fahre ich ~ Frankreich**, in agosto vado in Francia; (in eine bestimmte Richtung) {LINKS, RECHTS, NORDEN, OSTEN, SÜDEN, WESTEN} a, verso; **an der Ecke müssen Sie ~ rechts abbiegen**, all'angolo deve voltare a destra; **das Schild weist ~ links/Norden**, il cartello indica a/verso sinistra/nord; **die Zimmer gehen alle ~ Süden**, le camere sono tutte esposte a sud; {OBEN, UNTEN} in, verso; **~ oben zeigen**, indicare ˌin altoˌ/[verso l'alto]; **~ unten rutschen**, scivolare ˌverso il bassoˌ/[in giù]; **geh ~ oben und hol euer Gepäck!**, ˌandate di sopraˌ/[andate su]/[salite] a prendere i vostri bagagli; **geh mal schnell ~ unten (zu den Nachbarn) und lass dir ein bisschen Milch geben!**, vai un attimo giù (dai vicini) a farti dare un po' di latte; **ich gehe kurz ~ draußen**, vado un attimo fuori; **wann ist sie gestern ~ Hause gekommen?**, a che ora è tornata a casa ieri? **5** (entsprechend) secondo: **meiner/seiner Ansicht/Meinung ~**, secondo me/lui, a ˌmio parereˌ/[parer suo]; **~ allem, was man mir erzählt hat**, ˌstando a quello cheˌ/[secondo quanto] mi hanno raccontato; **dem Aussehen ~ hätte ich sie für eine Schwedin gehalten**, dall'aspetto l'avrei presa per una svedese; **jeder ~ seinem Geschmack**, ognuno secondo i propri gusti; **stellt euch bitte der Größe ~ auf!**, per favore, disponetevi ˌin ordineˌ/[per] altezza!; **ich kenne ihn nur dem Namen ~**, lo conosco soltanto di nome; **Menü ~ Wahl**, menu a scelta; **aller Wahrscheinlichkeit ~**, con ogni probabilità **6** adm (laut) {BESTIMMUNG, GESETZ, PARAGRAPH, VORSCHRIFT} secondo, ai sensi di, in conformità a: **~ Artikel 50 des Strafgesetzbuches**, ai sensi dell'articolo 50 del codice penale; **~ geltendem Recht**, secondo la normativa vigente; **Dienst ~ Vorschrift**, sciopero bianco **7** (einem Vorbild folgend): **Obsttorte ~ Art des Hauses**, torta di frutta della casa; **er wurde ~ seinem Großvater genannt**, gli è stato dato il nome del/[di suo] nonno; **sie kleidet sich ganz ~ der Mode**, si veste alla moda da capo a piedi; **der Film wurde ~ einem Roman von Heinrich Böll gedreht**, il film è stato tratto da un romanzo di Heinrich Böll ● **mir ~!**, seguitemi!, dietro di me!; **~ und ~**, un po' alla volta, a poco a poco, via via; **~ wie vor**, sempre; **das ist ~ wie vor ein Problem**, ˌè sempreˌ/[continua a essere] un problema.

nach|**äffen** tr pej jdn/etw ~ {GANG, GESTE, PERSON, SPRECHWEISE} scimmiottare qu/qc fam, copiare qu/qc, imitare qu/qc: **sie äfft immer ihren Lehrer nach**, (ri)fa sempre il verso al suo insegnante.

nach|**ahmen** tr **1** (imitieren) jdn/etw ~ {BEWEGUNG, KÜNSTLER, STIL} imitare qu/qc, copiare qu/qc; (in betrügerischer Absicht) {PRODUKT} contraffare qc; {UNTERSCHRIFT} falsificare qc: **sie kann viele Vogelstimmen ~**, riesce a fare il verso di molti uccelli **2** (nacheifern) etw ~ {JDS FLEISS, GROSSMUT} emulare qc, imitare qc.

nachahmenswert adj {BEISPIEL} da imitare/seguire; {VERHALTEN} esemplare, modello.

Nachahmung <-, -en> f **1** <nur sing> (das Nachahmen) imitazione f: **zur ~ empfohlen**, da prendere a modello **2** (nachgeahmter Gegenstand) {+BILD, PLASTIK} imitazione f, copia f; {+GELDSCHEIN, MARKENPRODUKT} contraffazione f.

Nachahmungstäter m (**Nachahmungstäterin** f) "chi commette un reato per emulazione".

Nachahmungstrieb m {+KIND, JUNGES TIER} istinto m imitativo.

nach|**arbeiten** A tr **1** (aufholen) etw ~ {VERSÄUMTE ZEIT} recuperare qc, ricuperare qc **2** (nachträglich bearbeiten) etw ~ {MÖBELSTÜCK, SCHREINERARBEIT} ritoccare qc B itr (aufholen) recuperare, mettersi in pari (col lavoro) fam.

Nachbar <-n oder -s, -n> m (**Nachbarin** f) vicino (-a) m (f): **unsere ~n sind sehr hilfsbereit**, i nostri vicini (di casa) sono molto disponibili.

Nachbardorf n paese m/paesino m vicino.

Nachbargrundstück n terreno m confinante/attiguo/contiguo.
Nachbarhaus n casa f vicina/attigua/contigua: **ich habe gehört, dass das ~ verkauft werden soll**, ho sentito dire che vogliono vendere la casa/palazzina accanto.
Nachbarin f → **Nachbar**.
Nachbarland n paese m/nazione f confinante: **unsere europäischen Nachbarländer**, i nostri vicini europei.
nachbarlich adj <attr> **1** (benachbart) {GARTEN, HAUS} (del) vicino **2** (unter Nachbarn üblich) {BEZIEHUNGEN} di vicinato.
Nachbarschaft <-, ohne pl> f **1** (Nachbarn) vicinato m, vicini m pl: **hör nicht auf das Gerede in der ~**, non dare retta alle chiacchiere dei vicini **2** (nähere Umgebung) vicinanza f: **sie wohnt hier in der ~**, abita qui nelle vicinanze; **das ist ein Kind aus der ~**, è un bambino del vicinato ● **eine gute ~ halten/pflegen**, avere/mantenere ⌊buoni rapporti con il vicinato⌋/[rapporti di buon vicinato].
Nachbarschaftshilfe f aiuto m tra vicini: **etw in ~ tun**, fare qc con l'aiuto dei vicini.
Nachbarsfamilie f famiglia f accanto/[di fianco]/[del vicinato]/[di vicini]: **wenn wir in Urlaub fahren, lassen wir den Hund bei der ~**, quando andiamo in vacanza lasciamo il cane ai vicini.
Nachbarsfrau f vicina f, donna f del vicinato.
Nachbarskind n figlio (-a) m (f)/bambino (-a) dei vicini.
Nachbarsleute subst <nur pl> vicini m pl, (gente f del) vicinato m.
Nachbarstaat m stato m vicino/confinante.
Nachbartisch m tavolo m accanto/vicino: **kennst du den Herrn am ~?**, conosci il signore del tavolo accanto?
Nachbarwissenschaft f scienza f affine.
nach|bauen tr *etw* ~ riprodurre qc, ricostruire qc.
Nachbeben <-s, -> n scossa f di assestamento.
nach|behandeln <ohne ge-> tr **1** (nochmals behandeln) *etw* ~ {FLECKEN, GEWEBE} sottoporre qc a (un) ulteriore trattamento **2** med *jdn/etw* ~ {KRANKHEIT, PATIENTEN} sottoporre qu/qc a una terapia di proseguimento/supporto: **er hat die Operation gut überstanden, jetzt muss er nachbehandelt werden**, ha superato bene l'intervento (chirurgico), ora deve ⌊sottoporrsi a una terapia di supporto⌋/[seguire un follow-up].
Nachbehandlung f **1** (nochmalige Behandlung) trattamento m ripetuto **2** med terapia f di supporto, trattamento m postoperatorio, follow-up m.
nach|bekommen <irr, ohne ge-> tr *etw* ~ **1** (später nochmals kaufen) {ERSATZTEIL, GESCHIRR} acquistare qc successivamente/[in un secondo tempo]: **jedes Teil können Sie auch einzeln ~**, ogni pezzo ⌊è disponibile⌋/[può essere acquistato] anche singolarmente in un secondo tempo **2** fam (ein zweites Mal zu essen bekommen): **kann ich noch Eis ~?**, posso avere un altro po' di gelato?
nach|bereiten <ohne ge-> bes. Schule tr *etw* ~ {UNTERRICHTSSTUNDE} rielaborare qc.
nach|bessern tr *etw* ~ {HANDWERKLICHE ARBEIT} ritoccare qc, rimettere mano a qc; {BRIEF} ritoccare qc, rivedere qc, correggere qc, modificare qc, {HAUSHALTSENTWURF, VERTRAG} auch emendare qc.
nach|bestellen <ohne ge-> tr *etw* ~ {ER-

SATZTEIL, GESCHIRR} riordinare qc, ordinare qc successivamente/[in un secondo momento]: **trink doch noch ein Glas! Wir können ja noch Wein ~!**, su, bevi un altro bicchiere! Possiamo benissimo ordinare dell'altro vino!
Nachbestellung f ordinazione f supplementare.
nach|beten tr fam pej *etw* ~ {GEÄUßERTE GEDANKEN, MEINUNG} ripetere qc a pappagallo fam.
nach|bilden tr *etw* ~ {ANTIKEN GEGENSTAND, KUNSTOBJEKT} riprodurre qc: *etw* (dat) **nachgebildet sein**, essere fatto sul modello di qc., essere una copia di qc.
Nachbildung <-, -en> f **1** <nur sing> (Vorgang) riproduzione f **2** (Werk) riproduzione f, copia f.
nach|blicken itr *jdm/etw* ~ seguire qu/qc con lo sguardo.
Nachblutung f med emorragia f secondaria; (nach der Operation) emorragia f postoperatoria.
nach|bohren A tr *etw* ~ {LOCH} ripassare qc col trapano B itr fam (ri)tornare alla carica fam, insistere, indagare, scavare fam.
Nachbörse f Börse dopoborsa m, dopolistino m.
nach|datieren <ohne ge-> tr *etw* ~ {BRIEF, GENEHMIGUNG} retrodatare qc.
nachdem A konj **1** (temporal) dopo + inf, dopo che: ~ **sie das Haus verkauft hatte, zog sie ins Ausland**, dopo ⌊aver venduto la casa si è trasferita⌋/[che aveva venduto la casa si trasferì] all'estero **2** fam (kausal) poiché, siccome, dato che: ~ **wir uns schon so lange nicht mehr gesehen haben, wollen wir dich für das nächste Wochenende einladen**, siccome non ci ⌊siamo più visti (-e) per tanto⌋/[vediamo da tanto] (tempo) vogliamo/vorremmo invitarti per il prossimo fine settimana B adv: **je ~, ob ... → je**②.
nach|denken <irr> itr (**über jdn/etw**) ~ riflettere (su qc), pensare (a qu/qc), meditare (su qc), cogitare (su qc) lit oder scherz: **was ist, nimmst du meinen Vorschlag an? – Ich muss erst mal darüber ~**, e allora, accetti la mia proposta? – Prima ⌊devo pensarci (su)⌋/[ci devo riflettere]; **bitte stör mich nicht! Ich denke gerade nach**, per favore, non disturbarmi, sto pensando; **er dachte über seine derzeitige Lage nach**, stava riflettendo sulla sua situazione; **seine Worte laden zum Nachdenken ein**, le sue parole invitano ⌊a riflettere⌋/[alla riflessione] ● **bei langem Nachdenken**, dopo lunga/matura riflessione; **laut ~**, pensare a voce alta.
nachdenklich adj **1** (Nachdenklichkeit zeigend) {GESICHT, MIENE} pensieroso, pensoso, meditabondo: ~ **sein**, essere assorto/pensieroso **2** (generell zum Nachdenken geneigt) {MENSCH} riflessivo, meditativo ● **jdn ~ machen/stimmen** geh, far pensare/riflettere qu, indurre qu alla riflessione; ~ **werden**, diventare/farsi pensieroso (-a).
Nachdenklichkeit <-, ohne pl> f riflessività f rar.
nach|dichten tr *etw* ~ {LITERARISCHES WERK} tradurre qc liberamente.
Nachdichtung f versione f libera.
nach|drehen tr *etw* ~ **1** film TV {SZENE} girare di nuovo qc, ripetere qc, rifare qc **2** (wieder festdrehen) {SCHRAUBE} riavvitare qc.
Nachdruck① <-(e)s, ohne pl> m accento m, enfasi f, forza f, vigore m: **um seinen Worten besonderen ~ zu verleihen, ...**, per dare una particolare enfasi/forza alle sue parole ... ● **etw mit ~ fordern/verlangen**, pretendere/esigere qc con insistenza; **auf etw**

(akk) ~ **legen**, porre l'accento su qc, dare rilievo a qc, mettere in rilievo qc.
Nachdruck② <-(e)s, -e> m typ Verlag **1** (Neuauflage) ristampa f **2** <nur sing> (das Nachdrucken) riproduzione f: ~ **verboten**, riproduzione vietata.
nach|drucken tr typ Verlag *etw* ~ {BUCH, PUBLIKATION} ristampare qc: **wir müssen 1000 Exemplare ~**, bisogna stampare altre 1000 copie.
Nachdruckerlaubnis f Verlag autorizzazione f alla riproduzione.
nachdrücklich A adj {DROHUNG} insistente; {FORDERUNG, TON} auch fermo B adv {BITTEN, FORDERN} con insistenza; {ERMAHNEN} auch con fermezza, fermamente; {ABLEHNEN} energicamente; {VERBIETEN} auch fermamente: **er hat mich ~ gebeten ...**, mi ha chiesto espressamente ...; ~ **sprechen**, parlare con voce ferma.
nach|dunkeln itr <sein oder haben> {BILD, FOTO, HAARE, TAPETE} scurir(si), diventare più scuro (-a).
Nachdurst m fam sete f da sbornia.
nach|eifern itr *jdm* ~, emulare qu; *jdm in etw* (dat) ~ emulare qc di qu: **dem Vorbild einer P.** (gen) ~, seguire il modello di qu.
nach|eilen itr <sein> geh *jdm* ~ correre dietro a qu.
nacheinander adv **1** (temporal) uno (-a) dopo/dietro l'altro (-a), di seguito: **zweimal ~ hat er den ersten Preis gewonnen**, ha vinto il primo premio due volte di seguito; **kurz ~ sind vier Flugzeuge gestartet**, sono decollati quattro aerei uno dopo l'altro **2** (räumlich) uno dopo/dietro l'altro: ~ **betraten sie den Prüfungsraum**, uno (-a) dietro l'altro (-a) entrarono nell'aula degli esami. **3** (wechselseitig) l'uno (-a) dell'altro (-a), l'uno (-a) per l'altro (-a).
nach|empfinden <irr, ohne ge-> tr **1** (mitfühlen) (*jdm*) *etw* ~ {FREUDE, SCHMERZ, TRAUER} condividere qc (con qu), partecipare a qc, sentire qc: **ich kann dir ~, wie dir zumute ist**, posso immaginarmi come ti senti, posso immedesimarmi nel tuo stato d'animo **2** (nachgestalten): *jdm/etw* **nachempfunden sein**, ispirarsi/rifarsi a qu/qc.
Nachen <-s, -> m lit → **Kahn**.
Nacherbe m (**Nacherbin** f) jur erede mf sostituito (-a).
nach|erzählen <ohne ge-> tr *etw* ~ {FILM, GESCHICHTE} riassumere qc, ripetere qc con parole proprie.
Nacherzählung f riassunto m, ripetizione f (con parole proprie).
Nachfahr <-en, -en>, **Nachfahre** <-n, -n> m geh → **Nachkomme**.
nach|fahren <irr> itr <sein> **1** (hinterherfahren) *jdm* ~ seguire qu, venire dietro a qu fam: **wir kennen den Weg gut, Sie brauchen uns nur mit Ihrem Auto nachzufahren**, conosciamo bene la strada, deve soltanto seguirci/[venirci dietro] con la Sua macchina **2** (später folgen) *jdm* (irgendwohin) ~ raggiungere qu (+ compl di luogo).
nach|fassen A tr fam *etw* ~ {GEMÜSE, SUPPE} riprendere qc B itr **1** (noch einmal zufassen) assicurarsi la presa **2** fam (nachhaken) (**in etw** dat) ~ {IN EINER ANGELEGENHEIT} scavare (in qc) fam, insistere (in/su qc), indagare (in qc), (ri)tornare alla carica fam.
nach|feiern tr *etw* ~ {GEBURTSTAG, JUBILÄUM} festeggiare qc dopo/successivamente.
nach|finanzieren <ohne ge-> tr *etw* ~ {BETRAG, SUMME} stanziare (successivamente) qc; {PROJEKT} finanziare (successivamente) qc.
Nachfinanzierung f finanziamento m

supplementare.

Nachfolge <-, ohne pl> f successione f ● **jds ~ antreten**, succedere a qu, raccogliere la successione di qu.

Nachfolgekandidat m (**Nachfolgekandidatin** f) candidato (-a) m(f) alla successione.

Nachfolgemodell n {+Auto, Produkt} modello m successivo.

nach|folgen itr <sein> **1** geh (Nachfolger werden) jdm (in etw dat) ~ {Im Amt, in der Betriebsleitung} succedere/subentrare a qu (in qc): **der älteste Sohn folgte seinem Vater in der Geschäftsleitung nach**, il figlio maggiore è succeduto al padre nella conduzione dell'azienda **2** (später folgen) **jdm irgendwohin** ~ {der Familie} raggiungere qu (successivamente) + compl di luogo.

nachfolgend adj <attr> {Diskussion, Kapitel, Sendung} seguente, successivo: **wir wurden darum gebeten, Ihnen das Nachfolgende mitzuteilen**, ci è stato chiesto di comunicarVi quanto segue; **im Nachfolgenden**, qui di seguito.

Nachfolgeorganisation f: **die/eine ~ einer S.** (gen), l'organizzazione che sostituisce/[prende il posto di] qc; **die PDS ist eine ~ der ehemaligen SED**, il PDS tedesco è nato dalle ceneri del SED.

Nachfolger <-s, -> m (**Nachfolgerin** f) successore m, succeditrice f rar: **jds ~ werden**, succedere a qu.

Nachfolgestaat m pol "stato m nato dalla frammentazione di uno stato preesistente".

nach|fordern tr etw ~ {Extragebühr, Zusatzkosten} chiedere qc successivamente/[in un secondo momento]: **das Finanzamt kann die Summe auch später ~**, l'erario può richiedere il pagamento della somma anche in un secondo momento.

nach|forschen itr indagare, investigare, fare delle ricerche/indagini: **~, wann/wie/wo ...**, indagare su quando/come/dove ...

Nachforschung f <meist pl> ricerca f, indagine f; {+Polizei} investigazione f, indagine f ● **~en (über jdn/etw) anstellen**, fare delle ricerche/indagini (su qu/qc); **~en betreiben** {Detektiv, Richter}, indagare, condurre delle indagini.

Nachfrage <-, ohne pl> f ökon domanda f, richiesta f: **die ~ übersteigt das Angebot**, la domanda supera l'offerta; **die ~ nach etw** (dat) la domanda/richiesta di qc; **die steigende ~ nach umweltfreundlichen Produkten**, la crescente domanda di prodotti ecologici; **die ~ sinkt/[lässt nach]**, la domanda cala/diminuisce/rallenta; **die ~ steigt**, la domanda aumenta/cresce ● **danke der ~**, grazie dell'interessamento.

nach|fragen itr **1** (sich erkundigen) (**bei jdm**) (wegen etw gen oder fam dat) ~ informarsi (da/presso qu) (su qc), chiedere informazioni (a qu) (su qc): **wegen der Anmeldebedingungen müssen Sie bei der Sekretärin ~**, per le modalità d'iscrizione deve chiedere informazioni alla/[informarsi dalla] segretaria **2** com etw ~ {Artikel, Produkt} richiedere qc: **etw wird (kaum/stark) nachgefragt**, c'è (scarsa/molta) richiesta di qc **3** (wieder fragen) chiedere (più volte), insistere (con una domanda): **sie musste zweimal ~, bevor sie eine Antwort erhielt**, dovette chiedere due volte prima di ricevere una risposta; **er fragte immer wieder nach, aber der Interviewte tat so, als verstünde er nicht**, gli rifece più volte la domanda, ma l'intervistato faceva finta di non capire **4** (nachsuchen) (**bei jdm**) **um etw**

(akk) ~ {Um eine Anstellung} chiedere qc (a/presso qu); {Um Genehmigung, Versetzung} auch fare richiesta (presso qu) di qc.

Nachfrageüberhang m ökon surplus m di domanda (sull'offerta).

Nachfrist f dilazione f, proroga f: **jdm eine ~ einräumen**, concedere una proroga a qu.

nach|fühlen tr (jdm) etw ~ condividere qc (con qu): **ich kann dir deinen Ärger ~**, posso immaginarmi la tua rabbia.

nach|füllen A tr **1** (auffüllen) etw (in etw akk) ~ {Bonbons, Kekse in die Dose, Salz in den Salzstreuer, Wasser in den Tank, Benzin in das Feuerzeug, Gas in die Gasflasche} aggiungere qc (in qc), riempire qc di qc, rimettere qc in qc: **Motoröl ~**, aggiungere dell'olio al/[rabboccare l'olio del] motore **2** (wieder füllen) etw ~ {Eimer, Glas, Karaffe} rabboccare qc, riempire di nuovo qc **3** (noch einmal geben) **jdm etw** ~ {Getränk} versare ancora qc a qu B itr: **darf ich ~?**, ne gradisce ancora?

Nachfüllpack <-s, -s> n com (eco)ricarica f.

nach|geben <irr> itr **1** (nicht standhalten) {Boden, Decke, Wand} cedere; {Brett} auch piegarsi, flettersi; **ihre Knie gaben nach**, le si piegavano le ginocchia, le sue ginocchia facevano giacomo giacomo scherz **2** (zögernd zustimmen) (etw dat) ~ {Einer Bitte, jds Drängen, jds Forderung} cedere (a qc), mollare fam: **du sollst nicht immer ihren Launen ~**, non devi sempre cedere ai suoi capricci/[dargliele sempre tutte vinte fam] **3** ökon {Kurse, Preise} cedere.

Nachgeborene <dekl wie adj> mf **1** "chi è nato dopo un certo evento o momento storico" **2** <nur pl> lit posteri m pl geh, generazioni f pl future.

Nachgebühr f post soprattassa f.

Nachgeburt <-, rar -en> f med **1** (Mutterkuchen) placenta f, seconda f fam **2** (Vorgang der Ausstoßung) secondamento m.

nach|gehen <irr> itr <sein> **1** (hinterhergehen) **jdm ~** andare dietro a qu, seguire qu **2** (etwas regelmäßig ausüben) etw (dat) ~ {Interessen} curare qc; {Geschäften} auch attendere a qc geh; {Hobby} dedicarsi a qc, darsi a qc fam; {Beruf, Tätigkeit} esercitare qc, dedicarsi a qc: **er geht keiner geregelten Arbeit nach**, non ha un lavoro fisso **3** (überprüfen) etw ~ (dat) ~ {Frage} approfondire qc; {Hinweis} verificare qc **4** (zu langsam laufen) {Uhr} ritardare, andare/essere indietro: **meine Uhr geht drei Minuten nach**, il mio orologio ritarda/[è indietro] di tre minuti **5** (nachträglich beschäftigen) **jdm ~** {Worte} risuonare/riecheggiare nella mente di qu; {Ereignis} accompagnare qu.

nachgelassen adj kunst lit {Briefe, Schriften, Werke} postumo.

nachgemacht adj {Erzeugnis, Modeartikel} copiato, contraffatto; {Geldschein, Münze, Unterschrift} falsificato; {Leder, Schmuck} d'imitazione.

nachgeordnet adj {Amt, Behörde} subordinato.

nachgerade adv geh (geradezu) addirittura.

nach|geraten <irr> itr **jdm ~** prendere da qu: **er ist ganz dem Vater ~**, assomiglia tutto al padre, è tutto suo padre.

Nachgeschmack <-s, ohne pl> m retrogusto m, retrosapore m ● **einen bitteren ~ hinterlassen**, lasciare la bocca amara/[l'amaro in bocca]/[un sapore amaro].

nachgewiesenermaßen adv com'è stato dimostrato.

nachgiebig adj {Mensch} arrendevole, acquiescente, accomodante: **jdm gegenüber**

zu ~ sein, essere troppo arrendevole nei confronti di qu.

Nachgiebigkeit <-, ohne pl> f arrendevolezza f, acquiescenza f, remissività f.

nach|gießen <irr> A tr (jdm) etw ~: **darf ich dir noch ein wenig Kaffee ~?**, posso versarti ancora un po' di caffè? B itr (jdm) ~: **sorgen Sie dafür, dass den Gästen immer gleich nachgegossen wird**, provveda Lei/[faccia in modo] che gli ospiti abbiano sempre da bere.

nach|grübeln itr (über etw akk) ~ {Über jds Worte, ein Problem} (stare a) lambiccarsi/stillarsi il cervello (su qc), rimuginare (su qc), scervellarsi (su qc).

nach|gucken tr itr fam → **nach|sehen**①.

nach|haken itr **1** fam (bei etw dat/in etw dat) ~ {In einer Angelegenheit} (ri)tornare alla carica, insistere (in qc) **2** Fußball fare lo sgambetto.

Nachhall m eco f oder m, risonanza f.

nach|hallen itr <haben oder sein> risonare, (ri)echeggiare.

nachhaltig A adj **1** (dauerhaft) {Eindruck} profondo; {Erfolg} duraturo, durevole; {Verschlechterung} persistente: **einen ~en Eindruck hinterlassen**, lasciare un'impressione profonda **2** ökol (umweltgerecht) {Entwicklung, Energie, Rohstoff, Tourismus} sostenibile B adv **1** (dauerhaft) {Beeindrucken, Beeinflussen} profondamente **2** ökol in modo sostenibile.

Nachhaltigkeit <-, ohne pl> f **1** (Dauerhaftigkeit) durevolezza f, persistenza f; {+Politik, Wirtschaft} solidità f **2** ökol sostenibilità f.

nach|hängen <irr> itr **1** (sich an etw erinnern) etw (dat) ~ {Erinnerungen, Gedanken, Träumen} abbandonarsi a qc, perdersi in qc **2** (anhaften) **jdm** ~ {Ruf, Verdacht} rimanere/restare attaccato a qu, perseguitare qu **3** fam (zurück sein) **in etw** (dat) ~ {In der Arbeit, im Programm} essere/rimanere indietro in qc.

nachhause adv → **nach, Haus**.

Nachhauseweg m strada f/via f di casa: **auf dem ~**, rientrando/tornando a casa, sulla strada di casa; **ich habe einen langen ~**, impiego parecchio (tempo) per tornare a casa.

nach|helfen <irr> itr **1** (helfen) (jdm) ~ aiutare (qu), dare una mano (a qu): **du musst ein bisschen ~, sonst wird er nie fertig**, bisogna che tu gli dia una mano, altrimenti non finirà mai **2** (vorantreiben) (etw dat) ~ {Dem Fortgang der Arbeit, den Verhandlungen} accelerare qc: **~, damit etw geschieht**, spingere/[fare pressione] affinché succeda qc **3** (irgendwie beeinflussen) **dem Glück ein bisschen ~**, aiutare un po' la fortuna; **sie hätte die Arbeitsstelle nie bekommen, wenn wir nicht ein bisschen nachgeholfen hätten**, non avrebbe mai avuto quel posto di lavoro, se non avessimo dato una spintarella noi; **bist du so blond von Natur aus? – Na, ein bisschen helfe ich nach**, sei così biondo (-a) di natura? – Più o meno, ma una mano a madre natura gliela do anch'io; **sagst du mir endlich die Wahrheit oder muss ich ~?**, vuoi dirmi finalmente la verità o devo rinfrescarti la memoria/[darti ci una mano a ricordare]?

nachher adv **1** (danach) dopo, poi: **mach erst mal deine Hausaufgaben, ~ darfst du rausgehen**, fai prima i (tuoi) compiti, dopo puoi uscire **2** (irgendwann später) più tardi, dopo: **kann ich das nicht ~ machen?**, non posso farlo dopo/[più tardi]? **3** fam (womöglich): **ruf ihn lieber an, sonst ist er ~ noch böse auf dich**, meglio che gli telefoni, sennò

magari se la prende con te • **bis ~!**, a più tardi/[dopo]!
Nachhilfe <-, *ohne pl*> f ripetizioni f pl, lezioni f pl private: **~ bekommen**, prendere lezioni private, andare a ripetizione; **(jdm) ~ (in etw dat) geben/erteilen**, dare/impartire lezioni private (a qu) (in/di qc).
Nachhilfelehrer m (**Nachhilfelehrerin** f) insegnante mf di ripetizione.
Nachhilfeschüler m (**Nachhilfeschülerin** f) allievo (-a) m (f) che prende ripetizioni.
Nachhilfestunde f (ora f di) ripetizione f, lezione f privata.
Nachhilfeunterricht m → **Nachhilfe**.
Nachhinein adv: **im ~**, a posteriori, in un secondo momento/tempo.
nach|hinken itr → **hinterher|hinken**.
Nachholbedarf <-s, *ohne pl*> m bisogno m di recuperare: **einen großen ~ an etw** (dat) **haben**, avere un gran bisogno di recuperare qc; **ich habe einen unheimlichen ~ an Schlaf**, devo assolutamente recuperare un bel po' di sonno.
nach|holen tr **1** (*aufholen*) **etw ~** {ARBEITSZEIT, PRÜFUNG, SCHLAF} recuperare qc, ricuperare qc: **den Lernstoff ~**, mettersi in pari con lo studio **2** (*nachkommen lassen*) **jdn ~** {FAMILIENMITGLIED} far venire qu successivamente/[in un secondo tempo].
Nachhut <, *-en*> f mil retroguardia f.
nach|impfen med **A** itr fare il richiamo (di un vaccino) **B** tr **jdn ~** fare un richiamo a qu: **sich ~ lassen**, fare un richiamo (di un vaccino).
nach|jagen itr <*sein*> **1** (*verfolgen*) **jdm/ etw ~** {HUND, RAUBTIER DER BEUTE; POLIZEI EINEM BANKRÄUBER, DIEB} dare la caccia a qu/ qc, correre dietro a qu/qc **2** (*zu erreichen trachten*) **etw** (dat) **~** {ERFOLG, GELD, REICHTUM} andare a caccia di qc, correre dietro a qc.
nach|karten itr *fam* insistere.
nach|kaufen tr **etw ~** {EINZELTEIL} comprare qc successivamente, acquistare qc in un secondo momento; {KAPUTTGEGANGENES GESCHIRR} ricomprare qc.
Nachkaufgarantie f garanzia f di produzione.
Nachklang m {+MUSIK, TON} risonanza f, eco f *oder* m.
nach|klingen <*irr*> itr **1** (*weiterklingen*) {AKKORD, TON} risuonare, echeggiare **2** *geh* (*als Eindruck bleiben*): **seine herzlichen Worte klangen lange in mir nach**, le sue parole affettuose risuonarono a lungo nella mia mente.
Nachkomme <-n, -n> m discendente mf: **keine ~ haben**, non avere discendenti/discendenza; **ohne ~n sterben**, morire senza discendenza; **unsere ~n** (*die späteren Generationen*), i nostri posteri *geh*.
nach|kommen <*irr*> itr <*sein*> **1** (*später kommen*): **geht schon mal voraus, wir kommen gleich nach**, andate pure avanti, vi raggiungiamo dopo; **jdn ~ lassen**, far venire qu (successivamente), farsi raggiungere da qu; **er arbeitet schon seit einem Jahr in Köln, jetzt kann er endlich seine Familie ~ lassen**, sta lavorando a Colonia da un anno, ora può far venire finalmente la/[farsi raggiungere finalmente dalla] sua famiglia **2** (*Schritt halten*) (**bei etw** dat/**mit etw** dat) **~** {MIT DER AUSLIEFERUNG, EINEM DIKTAT} tenere il passo *con* qc, stare dietro a qc: **ich komme mit der Arbeit nicht nach**, sono indietro con il lavoro **3** *geh* (*erfüllen*) **etw ~** (dat) **~** {EINER ANORDNUNG} adempiere a qc, ottemperare a qc; {EINEM BEFEHL} obbedire a qc; {EINER

BITTE, EINEM WUNSCH} soddisfare qc; {EINER FORDERUNG} *auch* dar seguito a qc, assecondare qc; **seinen Verpflichtungen ~**, adempiere (a)i propri impegni, tener fede agli impegni assunti.
Nachkommenschaft <-, *ohne pl*> f discendenza f, posteri m pl, posterità f, progenie f *lit*.
Nachkömmling <-s, -e> m figlio (-a) m (f) nato (-a) molti anni dopo i fratelli, ultimo rampollo m *scherz*.
nach|kontrollieren <*ohne* ge-> tr **etw ~** {ABRECHNUNG, LISTE} ricontrollare qc, fare un ulteriore controllo di qc.
Nachkriegsdeutschland n: **das ~**, la Germania del dopoguerra/[postbellica].
Nachkriegsgeneration f generazione f del dopoguerra.
Nachkriegsgeschichte f storia f del dopoguerra.
Nachkriegsjahr n: **in den ~en**, negli anni del dopoguerra/[dopo la guerra].
Nachkriegszeit f dopoguerra m, periodo m postbellico.
Nachkur f med riabilitazione f.
nach|laden <*irr*> **A** itr (*eine Schusswaffe erneut laden*) ricaricare (un'arma da fuoco) **B** tr **etw ~ tel** {TELEFONKARTE} ricaricare qc; *inform* {PROGRAMM} caricare qc successivamente/dopo.
Nachlass① (a.R. Nachlaß) <-es, -e *oder* Nachlässe> m **1** (*hinterlassener Besitz*) eredità f, lascito m **2** (*hinterlassene Werke*) {+AUTOR, DICHTER, KÜNSTLER} opera f postuma: **erst jetzt hat man die Tagebücher aus dem ~ Ingeborg Bachmanns veröffentlicht**, solo adesso sono stati pubblicati i diari del lascito di Ingeborg Bachmann.
Nachlass② (a.R. Nachlaß) <-es, -e *oder* Nachlässe> m **1** com (*bei Ausverkauf, Barzahlung*) sconto m, riduzione f, ribasso m: **jdm einen ~ von 3% gewähren**, dare/concedere uno sconto del 3% a qu **2** (*Steuernachlass*) sgravio m.
nach|lassen <*irr*> **A** <*irr*> tr com (*jdm*) **etw ~**: (**jdm**) **die Hälfte des Preises/[vom Preis] ~**, abbassare/ridurre il prezzo della metà (a qu), fare metà prezzo (a qu), dimezzare il prezzo (a qu); **er hat uns 20% vom Preis nachgelassen**, ci ha praticato/fatto *fam* uno sconto del 20% **B** itr **1** (*geringer werden*) {INTERESSE, NACHFRAGE} diminuire, calare; {KÄLTE} diminuire, attenuarsi; {SPANNUNG} allentarsi, calare; {SCHMERZEN, STURM, WIND} calmarsi, placarsi; {REGEN} diminuire, scemare; {FREUNDSCHAFT} allentarsi; {EIFER, LIEBE} raffreddarsi, intiepidirsi **2** (*in der Leistung geringer werden*) {AUGENLICHT, GEHÖR, SEHKRAFT} diminuire, indebolirsi; {KRÄFTE} affievolirsi, scemare, diminuire; {FLEIß, LEISTUNG} diminuire, calare: **du lässt ganz schön nach in letzter Zeit** *fam*, ultimamente stai perdendo colpi *fam*.
Nachlassgericht (a.R. Nachlaßgericht) n *jur* "ufficio m giudiziario competente per le successioni".
nachlässig **A** adj **1** (*unsorgfältig*) {ARBEIT} sciatto, disordinato, impreciso; {MITARBEITER} negligente **2** (*schlampig*) {ÄUßERES, KLEIDUNG} trascurato, trasandato; **~ aussehen**, avere un aspetto trasandato **B** adv **1** (*unsorgfältig*) {ARBEITEN} in modo negligente **2** (*schlampig*) {SICH KLEIDEN, GEKLEIDET SEIN} in modo trasandato/sciatto, con trascuratezza.
Nachlässigkeit <-, -en> f **1** <*nur sing*> (*nachlässige Art*) {+PERSON} negligenza f; {+KLEIDUNG} *auch* trasandatezza f, trascuratezza f, sciatteria f **2** (*nachlässige Handlung*)

negligenza f.
Nachlasssteuer, **Nachlass-Steuer** (a.R. Nachlaßsteuer) f *jur* imposta f di successione, tassa f sulle successioni.
Nachlassverwalter (a.R. Nachlaßverwalter) m (**Nachlassverwalterin** f) *jur* amministratore (-trice) m (f) d'eredità.
nach|laufen <*irr*> itr <*sein*> **1** (*hinterherlaufen*) **jdm ~** rincorrere qu, correre dietro a qu, seguire qu **2** (*hinterher sein*) **jdm/etw ~** {DEM GELD, DEM GLÜCK, EINEM MÄDCHEN} correre dietro a qu/qc.
nach|legen **A** tr **etw ~** {HOLZ, KOHLE} aggiungere qc, mettere un altro po' di qc *fam* **B** itr *fam* **1** (*etwas Weiteres sagen*) ribadire **2** *bes. pol sport* (*noch mehr Leistung bringen*) insistere/continuare (sulla stessa strada) **3** (*zusätzliche finanzielle Mittel investieren*) fare ulteriori investimenti, tirare fuori altri soldi *fam*.
Nachlese f **1** <*meist sing*> (*Getreidenachlese*) spigolatura f; (*Traubennachlese*) racimolatura f **2** *geh radio TV* **~ an etw** (dat) {AUS SENDUNGEN, SHOWS} selezione f *di qc*.
nach|lesen① <*irr*> tr **etw ~** {ANGABE, TEXT} (andare a) rileggere/controllare qc.
nach|lesen② <*irr*> tr *agr* **etw ~**: Ähren ~, (andare a) spigolare; **Erdbeeren/Oliven ~**, (andare a) raccogliere le ultime fragole/olive; **Weintrauben ~**, (andare a) racimolare.
nach|liefern tr **etw ~** {REST DER WARE} fornire qc successivamente/[in un secondo momento]: **die noch ausstehenden Artikel werden Ihnen bis spätestens 15. März nachgeliefert**, gli articoli mancanti Vi verranno consegnati entro il 15 marzo massimo.
Nachlieferung f **1** (*späteres Liefern*) consegna f successiva **2** (*später gelieferte Ware*) fornitura f successiva.
nach|lösen **A** tr **etw ~** (**bei jdm/irgendwo**) **~** {FAHRKARTE, ZUSCHLAG} fare qc (da qu/ + *compl di luogo*): **Sie können den Zuschlag beim Schaffner/[im Zug] ~**, può fare il supplemento dal conduttore/[sul treno] **B** itr **bei jdm/irgendwo ~** fare il biglietto/supplemento da qu/+ *compl di luogo*.
nach|machen tr **1** (*imitieren*) **jdn/etw ~** {GANGART, GESTE} imitare qc; {TIERSTIMMEN} *auch* fare il verso di qc; {LEHRER} fare il verso a qu, scimmiottare qu, imitare qu: **das Verhalten von jdm ~**, imitare il comportamento di qu **2** (*jdn als Beispiel nehmen*) (**jdm**) **etw ~** imitare qc (di qu), seguire l'esempio di qu (in qc), fare qc (seguendo l'esempio di qu): **jüngere Geschwister machen den älteren alles nach**, i fratelli più piccoli imitano i più grandi in tutto; **mach mir doch nicht alles nach!**, smettila di fare tutto quello che faccio io!, smettila di copiarmi in tutto e per tutto! *fam* **3** (*fälschen*) **etw ~** {BANKNOTE, GELD} falsificare qc; {UNTERSCHRIFT} *auch* contraffare qc; {KUNSTWERK} falsificare qc, copiare qc **4** *fam* (*nachträglich machen*) **etw ~** {ARBEIT, HAUSAUFGABE} fare qc dopo/[in seguito]; {KLASSENARBEIT} *auch* recuperare qc • **es jdm ~**, seguire l'esempio di qu; **das soll mir erst mal jemand ~!** *fam*, sfido chiunque a fare altrettanto! *fam*.
nach|messen <*irr*> **A** tr **etw ~** {BREITE, LÄNGE} rimisurare qc **B** itr rimisurare, controllare le misure: **beim Nachmessen haben wir festgestellt, dass Ihre Wohnung viel größer ist als im Vertrag angegeben**, controllando le misure abbiamo constatato che il Suo appartamento è molto più grande di quanto indicato nel contratto.
Nachmieter m (**Nachmieterin** f) inquilino (-a) m (f)/affittuario (-a) m (f) suben-

trante: **~ für Einzimmerwohnung gesucht,** cercasi inquilino per monolocale.

Nachmittag m pomeriggio m: **am ~,** nel pomeriggio; **am frühen/späten ~,** nel primo/tardo pomeriggio; **(am) Sonntag ~,** domenica pomeriggio; **gestern/heute/morgen ~,** ieri/oggi/domani pomeriggio; **ich habe den ganzen ~ geschlafen,** ho dormito (per) tutto il pomeriggio; **jeden ~,** ogni pomeriggio, tutti i pomeriggi; **im Laufe des ~s,** nel pomeriggio.

nachmittags adv il/di pomeriggio: **die Bibliothek ist nur ~ geöffnet,** la biblioteca è aperta solo di pomeriggio.

Nachmittagsbetreuung f assistenza f pomeridiana ai bambini.

Nachmittagsprogramm n radio TV trasmissioni f pl pomeridiane.

Nachmittagsunterricht m Schule lezioni f pl pomeridiane/[di pomeriggio].

Nachmittagsvorstellung f (im Kino) spettacolo m pomeridiano; (im Theater) auch matinée f, rappresentazione f pomeridiana.

Nachnahme <-, -n> f 1 post: **per/gegen ~,** contrassegno; **die Zahlung erfolgt gegen ~,** il pagamento avviene contrassegno; **etw als/per ~ schicken/senden,** spedire qc contrassegno **2** → **Nachnahmesendung.**

Nachnahmegebühr f post tassa f/tariffa f per spedizione contrassegno.

Nachnahmesendung f post spedizione f contrassegno.

Nachname m cognome m, nome m di famiglia: **wie heißen Sie mit ~n?,** qual è il suo cognome?, come fa di cognome?

nach|nehmen <irr> rfl sich (dat) **etw ~** {FLEISCH, GEMÜSE, KARTOFFELN, PORTION} riprendere qc, prendere ancora qc, fare il bis di qc.

nach|plappern tr fam (jdm) **etw ~** {KLEINES KIND} ripetere qc (a qu) a pappagallo.

Nachporto n → **Nachgebühr.**

nachprüfbar adj {ALIBI, AUSSAGE} verificabile, controllabile.

nach|prüfen A tr **1** (überprüfen) **etw ~** {ALIBI, AUSSAGEN} verificare qc, controllare qc; {GÜLTIGKEIT} auch accertare qc **2** (noch einmal prüfen) jdn ~ {EXAMENSKANDIDATEN, SCHÜLER} esaminare nuovamente qu, riesaminare qu B itr: **du solltest ~, ob das Geld auf dein Konto überwiesen wurde,** dovresti controllare se ti è stato accreditato il denaro sul conto corrente.

Nachprüfung f **1** (Überprüfung) verifica f, controllo m **2** (erneute Prüfung) nuovo esame m.

nachrangig adj → **zweitrangig.**

nach|rechnen A tr **etw ~** controllare qc, verificare qc B itr: **rechne doch bitte mal nach, ob das stimmt! Ich glaube, wir haben zu viel bezahlt,** controlla un po' se hanno fatto bene i conti! Credo che abbiamo pagato troppo; **wie viele Jahre ist das jetzt her? – Oh, da muss ich erst (ein)mal ~!,** quanti anni sono passati da allora? – Mah, bisogna che faccia il conto!

Nachrede f **1** (Diffamierung) **üble ~,** maldicenza, diffamazione jur; **jdn wegen übler ~ verklagen,** querelare qu per diffamazione, sporgere querela contro qu per diffamazione **2** obs (Epilog) epilogo m.

nach|reden tr **1** (Schlechtes über jdn sagen): jdm (etwas) **Schlechtes ~,** dire male di qu, sparlare di qu **2** → **nach|plappern.**

nach|reichen tr (jdm) **etw ~** {FEHLENDE UNTERLAGEN, ZEUGNISSE} presentare qc (a qu) in seguito, consegnare qc (a qu) in un secondo momento.

nach|reifen itr <sein> {OBST} (continuare a) maturare (dopo la raccolta).

nach|reisen itr <sein> jdm (**irgendwohin**) ~ **1** (hinterherreisen) seguire qu (che è in viaggio) (+ compl di luogo): **er reist ihr überallhin nach,** la segue ovunque va(da); **ich würde dir bis ans Ende der Welt ~,** ti seguirei anche in capo al mondo **2** (später erreichen) raggiungere qu (+ compl di luogo).

nach|rennen <irr> itr fam → **nach|laufen.**

Nachricht <-, -en> f **1** (Mitteilung) messaggio m; tel inform messaggio m: **jdm eine ~ auf dem Anrufbeantworter hinterlassen,** lasciare a qu un messaggio sulla segreteria telefonica; **jdm eine ~ überbringen/übermitteln,** riferire/(ri)portare un messaggio a qu **2** <nur pl> radio TV (Tagesnachrichten) notizie f pl, notiziario m; (im Radio) giornale m radio; (im Fernsehen) telegiornale m: **die neuesten ~en,** le ultime notizie, le notizie dell'ultim'ora; **etw in den ~en hören,** sentire qc al telegiornale/[giornale radio]; **wir bringen ~en!,** ecco le notizie del giorno! **3** (Neuigkeit) notizia f: **die ~ von der Überschwemmung hat sich in Windeseile verbreitet,** la notizia dell'alluvione si è diffusa in un batter d'occhio; **ich warte auf eine ~ von euch,** aspetto vostre notizie; **gib uns bitte ~, sobald du kannst,** facci sapere qualcosa appena puoi.

Nachrichtenagentur f agenzia f di stampa/informazioni.

Nachrichtenbereich m inform → **Newsgroup.**

Nachrichtendienst m **1** pol mil servizio m informazioni; (Geheimdienst) servizi m pl segreti **2** → **Nachrichtenagentur.**

Nachrichtenkanal m radio TV canale m di informazioni (e attualità).

Nachrichtenmagazin n periodico m di informazione, newsmagazine m; (wöchentlich erscheinend) auch settimanale m di (politica ed) attualità: **der «Spiegel» ist das bekannteste deutsche ~,** lo «Spiegel» è il settimanale tedesco di informazione più conosciuto.

Nachrichtensatellit m satellite m per telecomunicazioni.

Nachrichtensender m TV canale m ₁d'informazione₁/[all news].

Nachrichtensendung f radio giornale m radio, notiziario m; TV telegiornale m, notiziario m.

Nachrichtensperre f silenzio m stampa: **eine ~ verhängen,** decretare/imporre il silenzio stampa.

Nachrichtensprecher m (**Nachrichtensprecherin** f) radio conduttore (-trice) m (f) (di notiziario); TV auch mezzobusto m fam.

Nachrichtentechnik f tecnica f delle telecomunicazioni.

Nachrichtenwesen n settore m dell'informazione.

nach|rücken itr **1** (jds Posten übernehmen) subentrare: **auf jds Posten ~,** succedere a qu, subentrare a qu; **in eine höhere Stelle ~,** avanzare di grado; **als der Direktor in den Ruhestand trat, konnte sie endlich ~,** quando il direttore andò in pensione, lei poté finalmente prendere il posto **2** mil {EINHEIT, TRUPPEN} arrivare come rinforzo: **jdm ~** {DEM FEIND, DEN KÄMPFENDEN TRUPPEN} seguire qu.

Nachrücker m (**Nachrückerin** f) m pol successore m, succeditrice f rar.

Nachruf m necrologio m, necrologia f: **einen ~ auf jdn schreiben,** scrivere il necrologio di qu.

nach|rufen <irr> tr jdm **etw ~** {ABSCHIEDSWORTE, GRUß} gridare qc a qu (che si allontana): **er rief mir nach, dass ich nicht vergessen solle, den Brief einzuwerfen,** (mentre andavo via) mi richiamò per ricordarmi (di non dimenticare) di imbucare la lettera.

Nachruhm m fama f/gloria f postuma.

nach|rüsten A tr tech **etw ~** (**mit etw** dat) ~ {TECHNISCHE ANLAGE, GERÄT, KRAFTWERK} potenziare qc (con qc); {AUTO MIT KATALYSATOR} dotare qc di qc; {COMPUTER MIT LEISTUNGSFÄHIGERER FESTPLATTE} potenziare qc (con qc), aggiornare qc (con qc) B itr mil riarmarsi: **der Staat rüstet nach,** lo Stato sta rafforzando/incrementando il proprio potenziale bellico.

Nachrüstung <-, ohne pl> f **1** tech {+ANLAGEN, COMPUTER} potenziamento m **2** mil riarmo m, incremento m del potenziale bellico.

nach|sagen tr **1** (von jdm behaupten) **jdm etw ~:** man kann ihr nichts ~, non c'è nulla da ridire/eccepire sul suo conto, non c'è nulla che le si possa rimproverare; **ihm wird Gutes/Böses nachgesagt,** si parla bene/male di lui; **ich lasse mir doch nicht ~, ich hätte sie nicht freundlich aufgenommen,** non ammetto che poi mi si dica/[venga a dire] che non l'ho accolta cordialmente; **das kann man uns nun wirklich nicht ~,** di questo non possono proprio accusarci!; **man sagt ihm nach, er habe magische Kräfte,** gli si attribuiscono poteri magici **2** (nachsprechen) **etw ~** {VORGESPROCHENEN TEXT, VOKABELN} ripetere qc.

Nachsaison f bassa stagione f.

nach|salzen A tr **etw ~** {ESSEN, SUPPE} aggiungere del sale a qc B itr aggiungere del sale.

Nachsatz m (im Brief) poscritto m (Abk PS); (im Text) postilla f: **in einem ~ sagte er noch, dass ...,** aggiunse ancora che ...

nach|schauen tr bes. südd A CH → **nach|sehen**①.

nach|schenken geh A tr (jdm) **etw ~** {GETRÄNK} mescere qc (a qu) geh, versare qc a qu: **darf ich Ihnen noch einen Schluck Wein ~?,** posso versarLe ancora due dita di vino?, gradisce ancora un po' di vino? B itr: **darf ich ~?,** ne gradisce ancora?, ancora un goccio? fam.

nach|schicken tr (jdm) **etw ~** {POST, ZEITUNG} inoltrare/inviare/spedire qc (a qu) al nuovo indirizzo: **ich lasse mir die Zeitung an meinen Urlaubsort ~,** mi faccio mandare il giornale nel luogo di villeggiatura.

nach|schieben <irr> tr fam **1** (hinzufügen) (**etw** dat) **etw ~** {SEINEN AUSFÜHRUNGEN WEITERE ERKLÄRUNGEN, FRAGEN} aggiungere qc (a qc) **2** oft pej (nachträglich liefern) **etw ~** {BEGRÜNDUNG, ERKLÄRUNG} fornire qc ₁in un secondo momento₁/[a cose fatte]: **das sind doch nachgeschobene Gründe!,** sono motivazioni che tiri fuori solo ora!

Nachschlag <-s, ohne pl> m fam seconda porzione f: **wenn es Kuchen gibt, nehmen die Kinder immer einen ~,** quando c'è il dolce i bambini fanno sempre il bis.

nach|schlagen① <irr> A tr (in einem Buch suchen) **etw** (in **etw** dat) ~ {WORT IN EINEM WÖRTERBUCH} cercare qc (in/su qc), andare a vedere/guardare qc (in/su qc) B itr (sich informieren) **in etw** (dat) ~ consultare qc: **ich kann deine Frage nicht beantworten, ich muss zuerst in einer Enzyklopädie ~,** non posso rispondere alla tua domanda, devo prima consultare un'enciclopedia.

nach|schlagen② itr <sein> (ähnlich werden) **jdm ~** prendere da qu fam.

Nachschlagewerk n opera f di consul-

nach|schleichen <irr> itr <sein> *jdm* ~ pedinare *qu*, seguire *qu* con molta circospezione.

Nachschlüssel m (*Zweitschlüssel*) controchiave f, seconda chiave f; (*heimlich nachgearbeiteter Schlüssel*) chiave f falsa: **der Dieb war mit einem ~ in die Wohnung gekommen**, il ladro era entrato in casa con una chiave falsa.

nach|schmeißen <irr> tr *fam* → **nach|werfen** ● **das ist ja nachgeschmissen!** *fam*, è davvero regalato!

nach|schneiden <irr> tr **1** (*in Form schneiden*) (*jdm*) *etw* ~ {HAARE} spuntare *qc* (*a qu*) **2** (*in Form stutzen*) *etw* ~ {HECKE} potare *qc* (per conferire una certa forma).

nach|schnüffeln itr *fam jdm* ~ spiare *qu*.

nach|schreiben <irr> tr *etw* ~ {KLASSENARBEIT, TEST} recuperare *qc*.

nach|schreien tr *jdm etw* ~ {SCHIMPFWORTE} gridare/urlare *qc* dietro *a qu*.

Nachschrift f **1** (*Postskriptum*) poscritto m **2** (*zusätzliche Notizen oder Ausführungen*) poscritto m, appendice f **3** (*Wiedergabe in Stichworten*) appunti m pl.

Nachschub <-(e)s, rar Nachschübe> m **1** mil ~ (**an** *etw* dat) (AN MUNITION, VERPFLEGUNG) rifornimento m (*di qc*); (*Material*) rifornimenti m pl: **jdn mit ~ versorgen**, rifornire qu, provvedere al rifornimento di qu **2** *fam* (*zusätzliche Verpflegung*) rifornimento m.

Nachschubkolonne f *mil* convoglio m dei/di rifornimenti.

Nachschubweg m *mil* linea f di rifornimento.

nach|schwätzen tr *süddt* A → **nach|plappern**.

nach|sehen① <irr> A tr **1** (*korrigieren*) (*jdm*) *etw* ~ {HAUSAUFGABEN} correggere *qc* (*a qu*), riguardare *qc* (*a qu*): **ich muss noch 30 Klassenarbeiten ~**, devo ancora correggere 30 compiti **2** (*nachschlagen*) *etw* **in** *etw* (dat) ~ {NAMEN, TEXTSTELLE, WORT, ZITAT IN EINEM BUCH, NACHSCHLAGEWERK} ˌandare a vedere/guardareˌ/[controllare] *qc* in/su *qc* B itr ~ (*nachsuchen*) *irgendwo* ~ guardare/cercare (+ *compl di luogo*): **ich habe überall nachgesehen, die Schlüssel sind nirgends zu finden**, ho guardato dappertutto, le chiavi non si trovano; **hast du schon in deinen Taschen nachgesehen?**, hai già cercato perbene nelle tasche? **2** (*nachprüfen*) (*irgendwo*) ~ ˌandare a vedereˌ/[controllare] (+ *compl di luogo*): **sieh mal nach, wann der nächste Zug abfährt**, vai un po' a vedere a che ora parte il prossimo treno; **ich glaube, du solltest ~, ob sie die Hausaufgaben schon gemacht haben**, credo che dovresti controllare se hanno già fatto i compiti; **sieh doch bitte mal im Wörterbuch nach, wie man dieses Wort schreibt**, controlla per favore un attimo sul vocabolario come si scrive questa parola **3** (*nachschlagen*) **in** *etw* (dat) ~ {IN EINER ENZYKLOPÄDIE, EINEM LEXIKON} consultare *qc* **4** → **nach|blicken**.

nach|sehen② tr *jdm etw* ~ {SCHLECHTES BENEHMEN, FEHLER, IRRTUM} perdonare *qc a qu*, lasciar passare *qc a qu*, chiudere un occhio *su qc di qu*.

Nachsehen <-s, ohne pl> n: **jdm bleibt das ~**, qu si deve accontentare delle briciole, *qu* resta a ˌbocca asciuttaˌ/[denti asciutti]; **das ~ haben**, doversi accontentare delle briciole.

Nachsendeantrag m *post* richiesta f di inoltrare la posta al nuovo indirizzo.

Nachsendeauftrag m *post* incarico m di inoltrare la posta al nuovo indirizzo: **die Post hat einen ~ (von mir)**, mi faccio mandare la posta al nuovo indirizzo.

nach|senden <irr *oder* reg> tr → **nach|schicken**.

nach|setzen itr *jdm*/*etw* ~ {HUND DEM KANINCHEN; BERAUBTER DEM DIEB} dare dietro *a qu*/*qc fam*, inseguire di corsa *qu*/*qc*.

Nachsicht f indulgenza f, clemenza f: **gegen jdn ~ üben, ~ mit jdm haben**, usare indulgenza con/verso/[nei confronti di] qu, essere indulgente con/verso qu; **jdn um ~** (**für** *etw* akk/**wegen** *etw* gen *oder fam* dat) **bitten** {FÜR EINE NACHLÄSSIGKEIT, WEGEN EINES FEHLVERHALTENS}, chiedere perdono a qu (per qc), chiedere a qu di essere indulgente (riguardo a qu).

nachsichtig A adj {ELTERN, ERZIEHER, LEHRER} indulgente, comprensivo; {RICHTER} *auch* clemente; {URTEIL} clemente, indulgente B adv {BEHANDELN, BEURTEILEN} con indulgenza/clemenza, indulgentemente.

Nachsilbe f *gram* suffisso m.

nach|singen <irr> tr *etw* ~ ripetere *qc* (cantando): **kannst du dieses Lied mal ~?**, puoi ripetermi questa canzone?

nach|sinnen <irr> itr *geh* **über** *etw* (akk) ~ {ÜBER EIN PROBLEM, JDS WORTE} riflettere *su qc*, meditare *su qc*, ripensare *a qc*.

nach|sitzen <irr> itr *Schule*: ~ **müssen** (UNDISZIPLINIERTER SCHÜLER), dover rimanere a scuola per punizione/castigo; **jdn ~ lassen** {LEHRER}, far rimanere a scuola qu per castigo/punizione.

Nachsommer m estate f di san Martino.

Nachsorge <-, ohne pl> f *med* visite f pl di controllo (postoperatorie), assistenza f postoperatoria, follow-up m.

Nachsorgeklinik f *med* clinica f per la riabilitazione.

Nachspann <-(e)s, -e> m *film TV* titoli m pl di coda.

Nachspeise f *gastr* dessert m, dolce m.

Nachspiel n **1** *theat* epilogo m; *mus* postludio m **2** (*Folgen*) strascico m, seguito m, conseguenza f pl, ripercussioni f pl: **ein gerichtliches ~ haben** {HANDLUNG, VORFALL}, avere strascichi giudiziari ● **das wird noch ein ~ haben!**, (questa storia) non finisce qui!

nach|spielen A tr **1** (*Gehörtes spielen*) *etw* ~ ripetere *qc*: **auf seiner Flöte spielte das Kind alle Lieder nach, die es zuvor gehört hatte**, il bambino ripeté/suonò al flauto tutte le canzoni che aveva sentito prima **2** (*erneut aufführen*) *etw* ~ {THEATERSTÜCK} ˌmettere in scenaˌ/[rappresentare] *qc* (successivamente in un altro teatro) **3** *Fußball*: *etw* ~ **lassen** (SCHIEDSRICHTER VERLORENE ZEIT), far recuperare *qc* B itr *Fußball*: **jetzt lässt der Schiedsrichter ~**, ora l'arbitro fa recuperare.

nach|spionieren <ohne ge-> itr *jdm* ~ spiare *qu*.

nach|sprechen <irr> A tr (*jdm*) *etw* ~ {EIDESFORMEL, GEBET, SATZ IN FREMDER SPRACHE} ripetere *qc* (*a qu*) B itr (*jdm*) *etw* ~: **bitte sprechen Sie (mir) nach!**, per favore, ripeta!

nach|springen <irr> itr *jdm*/*etw* (*irgendwohin*) ~ {KIND DEM BALL} saltare dietro *a qu*/*qc* (+ *compl di luogo*): **er sprang dem untergehenden Kind ins Wasser nach**, si tuffò in acqua per salvare il bambino che stava annegando.

nach|spülen A tr *etw* ~ {GESCHIRR, GLÄSER} risciacquare *qc* B itr **1** (*Wasser nachfließen lassen*) sciacquare: **bitte kräftig ~!**, si prega di sciacquare abbondantemente! **2** *fam* (*schnell etw nachtrinken*) **mit** *etw* (dat) ~ sciacquarsi la bocca *con qc*: **nach so einem reichhaltigen Essen muss ich mit einem Schluck Cognac ~**, dopo un pasto così abbondante devo sciacquarmi la bocca con un goccio di cognac.

nach|spüren itr **1** (*zu ergründen suchen*) *etw* (dat) ~ {EINEM GEHEIMNIS} cercare di penetrare *qc*; {EINEM VERBRECHEN} indagare *su qc*, cercare di scoprire *qc* **2** (*vorsichtig folgen*) *jdm* ~ {EINEM DIEB, EINER GANGSTERBANDE} essere ˌsulle tracce/ormeˌ/[sulla pista] *di qu*: **der Fährte eines Tieres ~**, seguire le tracce/orme di un animale.

nächstbester, nächstbeste, nächstbestes adj <attr>: **wir gingen in das nächstbeste Gasthaus**, siamo andati (-e) nella prima trattoria che ci è capitata; **bei der nächstbesten Gelegenheit**, alla prima occasione; **ich geb' doch nicht dem Nächstbesten mein Auto!**, non presto mica la (mia) macchina al primo venuto!

nächste adj → **nächster**.

Nächste① <dekl wie adj> A m (*Mitmensch*): **dein**/**mein**/**sein**/**...** ~**r**, il (tuo/mio/suo/...) prossimo; **man soll seinem ~n helfen**, si deve aiutare il prossimo B mf (*jd, der danach kommt*): **der/die ~, bitte!**, il prossimo, la prossima; **ich bin die ~, die hier auszieht**, sarò io la prossima ad andarmene da questa casa; **wer ist/kommt als ~r/~ dran?**, chi è il prossimo/la prossima? ● **der ~, bitte!**, avanti il prossimo!; **du sollst deinen ~n lieben wie dich selbst** *bibl*, ama il prossimo tuo come te stesso *bibl*; **jeder ist sich selbst der ~** *prov*, ognuno per sé e Dio per tutti *prov*.

Nächste② <dekl wie adj> n: **das ~ (, was zu tun ist)**, la prossima cosa (da fare); **als ~s wollen wir uns eine Spülmaschine kaufen**, la prossima/prima cosa che vogliono comprare è una lavastoviglie.

nach|stehen <irr> itr <haben *oder* süddt A CH sein> *jdm* (**an** *etw* dat/**in** *etw* dat) ~ {AN MUT, SCHÖNHEIT, IN EINEM FACH} essere inferiore *a qu* (*in qc*), non essere ˌalla pari conˌ/[al pari di] *qu* (*in qc*): **sie steht ihm in Mathematik nicht nach**, in matematica non gli è da meno; **jdm in nichts ~**, non avere nulla da invidiare a qu.

nachstehend A adj <attr> {ANMERKUNG, ERLÄUTERUNG, HINWEIS} seguente; (*im Text*) *auch* qui di seguito: **Nachstehendes**, ˌciò che ˌ/[quanto] segue; **im Nachstehenden finden Sie die Preise unserer Artikel**, qui di seguito/[sottoelencati] trovate i prezzi dei nostri articoli B adv {ANMERKEN, ERKLÄREN} di seguito, successivamente.

nach|steigen <irr> itr <sein> *fam jdm* ~ {EINEM MÄDCHEN} correre/stare dietro *a qu fam*, insidiare *qu*.

nach|stellen A tr **1** *gram* (*etw* dat) *etw* ~ {PRÄPOSITION, WORT} posporre *qc* (*a qu*) **2** (*neu einstellen*) *etw* ~ {BREMSEN, KUPPLUNG, VERGASER} regolare *qc*, mettere *qc* a punto, registrare *qc*; {SCHRAUBE} serrare *qc*, stringere *qc* **3** (*zurückstellen*) *etw* ~ {UHR, WECKER} mettere/spostare indietro *qc* B itr **1** *geh* (*verfolgen*) *jdm*/*etw* ~ inseguire *qu*/*qc*: **einem Tier ~**, ˌdare la caccia adˌ/[essere sulle tracce di] un animale **2** → **nach|steigen**.

Nächstenliebe f amore m del prossimo, altruismo m: **aus reiner ~**, per puro altruismo.

nächstens adv **1** (*demnächst*) prossimamente: **wir werden dich ~ in Köln besuchen**, prossimamente verremo a trovarti a Colonia **2** *fam* (*am Ende*) alla fine: **wenn das so weitergeht, dann wird er mich ~ auch noch um das Auto bitten**, ˌandando avantiˌ/[se andiamo avanti] di questo passo, ˌandrà a finire cheˌ/[alla fine] mi chiederà an-

nächster, nächste, nächstes <superl von nahe> adj <attr> **1** (*räumlich: nächstgelegen*): **der/die/das nächste ...**, il/la ... più vicino (-a) ...; **das nächste Krankenhaus ist 30 km von hier entfernt**, l'ospedale più vicino dista 30 km da qui; **aus nächster Entfernung/Nähe** {BETRACHTEN, SEHEN}, da molto vicino; {FOLGEN} a breve distanza, dappresso; {ERSCHIESSEN} da distanza ravvicinata; {SCHIESSEN} *auch* da brevissima distanza, da molto vicino; **in nächster Nähe** {SICH BEFINDEN, LIEGEN, SEIN, WOHNEN}, molto vicino, nelle immediate vicinanze, vicinissimo; **welches ist der nächste Weg zum Strand?**, qual è la strada più breve per la spiaggia? **2** (*räumlich: gleich danach kommend*): **der/die/das ...**, il/la prossimo (-a) ...; **wir halten an der nächsten Raststätte**, ci fermiamo al prossimo autogrill **3** (*zeitlich*) prossimo: **bei nächster/[der nächsten] Gelegenheit**, alla prossima/prima occasione; **nächstes/[im nächsten] Jahr**, l'anno prossimo/[venturo *geh*]/[che viene]; **in den nächsten Tagen**, nei prossimi giorni; **nächste Woche**, la settimana prossima/ventura *geh*; **Mittwoch nächster Woche**, mercoledì della prossima settimana/[a otto *fam*]; **in nächster Zeit**, prossimamente, nel prossimo periodo; **in nächster Zukunft**, nell'immediato (futuro) **4** (*unmittelbar folgend*) seguente, prossimo, dopo: **im nächsten Augenblick**, un momento dopo, il momento seguente; **das nächste Kapitel**, il capitolo seguente/successivo; **nächstes/[das nächste] Mal**, la prossima volta; **bis nächstes Mal!**, alla prossima (volta)! *fam*, ci vediamo (prossimamente)!; **am nächsten Morgen**, la mattina dopo/seguente/successiva **5** (*engster*) {ANGEHÖRIGE, MITARBEITER} più stretto (-a); {FREUND} più intimo (-a): **zur Verlobungsfeier laden wir nur unsere nächsten Anverwandten/Freunde ein**, alla festa di fidanzamento inviteremo solo i parenti più stretti/[gli amici più intimi] • **am nächsten: welche Apotheke ist am nächsten?**, qual è la farmacia più vicina?; **sie wohnt von uns allen am nächsten am Bahnhof**, di tutti noi è lei che abita più vicino alla stazione; **etw** (dat) **am nächsten kommen** {ABBILDUNG DEM ORIGINAL}, avvicinarsi di più a qc; {DARSTELLUNG, VERMUTUNG DER WAHRHEIT} *auch* andare più vicino (-a) a qc; **das kommt der Wahrheit am nächsten**, è ciò che si avvicina di più (in assoluto) alla verità; **ich habe doch nur das getan, was in solchen Fällen am nächsten liegt**, ho fatto solo la cosa più ovvia/logica da fare in questi casi; **jdm in etw** (dat) **am nächsten sein** {IM ALTER}, essere il/la più vicino (-a) a qu per qc; **sie ist ihm im Aussehen am nächsten**, è lei quella che gli assomiglia di più; **er steht mir von allen am nächsten**, di tutti quanti è lui la persona che mi è più vicina/amica.

nächstgelegen adj <attr>: **der/die/das ~e ...**, il/la ... più vicino (-a) ...; **bringen Sie den Wagen in die Ihnen ~e Werkstatt**, porti la macchina nell'officina più vicina (a Lei); **er fuhr in das ~e Dorf, um einen Arzt zu holen**, andò al paese più vicino a cercare un medico.

nächsthöher adj <attr>: **der/die/das ~e ... 1** (*der Höhe nach*) {BAUM, HAUS} il/la ... successivo (-a) per altezza **2** (*dem Rang nach*) {DIENSTGRAD, KLASSE, RANG} il/la ... immediatamente superiore/sopra.

nächstliegend adj <attr>: **der/die/das ~e ...** {ERKLÄRUNG, GRUND, LÖSUNG}, il/la più ovvio (-a)/evidente; **er tat das Nächstliegende**, fece la cosa più ovvia.

nächstmöglich adj <attr>: **jdn zum ~en Termin einstellen**, assumere qu alla prima data possibile.

nach|suchen itr **1** (*nachsehen*) (**irgendwo**) ~ {AUF DEM DACHBODEN, IM HAUS, IN DER SCHUBLADE} (ri)cercare (+ *compl di luogo*): **wenn ich nur wüsste, wo ich meinen Autoschlüssel hingelegt habe! – Such doch mal in deinen Taschen nach!**, se solo sapessi dove ho messo le chiavi della macchina! – Cerca pure per bene un po' nelle tasche! **2** *geh* (*beantragen*) (**bei jdm**) **um etw** (akk) ~ {UM BEDENKZEIT, GENEHMIGUNG, VERSETZUNG} (ri)chiedere qc (*presso qu*).

Nacht <-, *Nächte*> f **1** (*Tageszeit*) notte f; (*im Bezug auf den Verlauf*) nottata f: **gestern/morgen ~**, ieri/domani notte; **heute ~**, stanotte, questa notte; **eine mondhelle ~**, una notte di luna; **eine regnerische/stürmische ~**, una notte piovosa/tempestosa, una nottata di pioggia/tempesta; **eine sternenklare ~**, una notte stellata; **im Schutze der ~** *geh*, col favore delle tenebre *geh oder scherz* **2** *poet* (*schlimme Zeit*) notte f, tenebre f pl: **die ~ der Barbarei**, la notte della barbarie; **die ~ des Todes/Wahnsinns**, le tenebre della morte/follia • **bei anbrechender ~**, sul far/[al calar] della notte; **die ~ bricht an** *geh*, si fa notte, cade/scende la notte *geh*; **die ganze ~ kein Auge zutun** *fam*, non chiudere occhio (per) tutta la notte *fam*, passare/fare *fam* la notte in bianco; **es wird ~ vor jds Augen** *geh* (*jd wird ohnmächtig*), qu si sente mancare *geh*; **bei ~, des ~s** *geh*, di notte, nottetempo *geh*; **jdm schlaflose Nächte bereiten** {GEDANKEN, SORGEN}, tenere qu sveglio (-a)/[non far dormire qu] la notte, far passare notti insonni a qu; **der Gedanke an diese Frau bereitet ihm schlaflose Nächte**, pensare continuamente a quella donna non gli fa chiudere occhio; (**bei jdm/irgendwo**) **über ~ bleiben**, pernottare/[passare la notte] da qu/+ *compl di luogo*, dormire a casa di qu/+ *compl di luogo*; **diese/[in dieser] ~**, questa notte, stanotte; **die ~ durchmachen** *fam* (*wach bleiben*), stare su/[sveglio (-a)]/[alzato (-a)]/[in piedi] tutta la notte; (**bis früh morgens feiern**) fare le ore piccole *fam*/[mattina *fam*]; **eines ~s**, una notte, **zu ~ essen** region, cenare; **durch die ~ fahren**, guidare nella notte; **~ für/um** *geh* **~**, notte dopo notte; **die ganze ~ (über)**, (per) tutta la notte; **ich habe die ganze ~ nicht geschlafen**, non ho dormito tutta la notte, ho passato la notte in bianco; **gute ~!**, buonanotte!; (**na,**) **dann gute ~!** *fam iron*, sì, buonanotte! *fam iron*, (e) buonanotte al secchio! *fam iron*; **die halbe ~ (lang)**, metà (della) notte; **hässlich wie die ~**, brutto come la fame/il peccato; **die Heilige ~**, la notte santa/[di Natale]; **die ~ bricht herein**, sopraggiunse/calò la notte *geh*; **in die ~ hinausgehen/hinausfahren**, uscire nella notte; **in der ~**, di notte; **in der ~ auf/zum Montag**, domenica notte; **in der ~ von Sonntag auf Montag**, nella notte tra domenica e lunedì; **jede ~**, ogni notte, tutte le notti; **kommende ~**, la notte che viene, domani notte; **letzte/vergangene/vorige ~**, **in der letzten/vergangenen/vorigen ~**, la scorsa notte, la notte passata, ieri notte; **die ~ der langen Messer** (*grausames Blutbad*), la notte dei lunghi coltelli; (*gewaltsamer Machtwechsel*) la notte in cui avviene un rovesciamento del governo; **mitten in der ~**, nel cuore della notte, in piena notte; **bei ~ und Nebel** {FLIEHEN, ÜBER DIE GRENZE GEHEN, VERSCHWINDEN}, nottetempo, nel cuore della notte; **sich** (dat) **die ~ um die Ohren schlagen** *fam* (*nicht schlafen*), passare la notte in bianco, star su/[sveglio (-a)]/[in piedi]/[alzato (-a)] tutta la notte; (*bis spät tanzen gehen, fei-*

ern) fare le ore piccole *fam*/[mattina *fam*]; **jdm Gute ~ sagen**/[**eine Gute ~ wünschen**], dare/augurare la buonanotte a qu; **eine schlaflose ~**, una notte insonne/bianca *fam*; **der Kranke hat eine schlaflose ~ verbracht**, il malato ha passato una notte/nottata insonne/[la notte in bianco]; **eine schlechte ~ haben**, passare una brutta notte/[nottataccia]; **draußen war schwarze ~**, fuori era buio pesto; **schwarz wie die ~**, nero come la pece/il carbone; **spät in der ~**, a notte inoltrata/fonda; **bis spät in die ~**/[**in die späte**] **~ (hinein)**, fino a tarda notte/[notte fonda]; **die ~ zum Tag(e) machen**, prendere/scambiare la notte per il giorno, fare di notte giorno; **unser kleiner Sohn lässt uns nicht mehr schlafen, er macht die ~ zum Tage**, il bambino non ci fa più dormire, ha scambiato la notte per il giorno; **es war tiefe/tiefste ~**, era notte fonda; **bis tief in die ~**, fino a tarda notte/[notte fonda]; **über ~: über ~ ist die Temperatur gesunken**, durante la notte la temperatura si è abbassata; **sie war über ~ reich geworden**, era diventata ricca dalla mattina alla sera/[da un giorno all'altro]; **über ~ wegbleiben**, rimanere fuori tutta la notte; **es wird ~**, si fa notte, cade/scende la notte *geh*; **im Winter wird es schnell ~**, d'inverno fa notte/buio annotta presto; **bei ~ sind alle Katzen grau** *prov*, di notte/[al buio] tutti i gatti sono bigi *prov*.

Nachtabsenkung f (*automatische Drosselung der Zentralheizung über Nacht*) riduzione f notturna della temperatura del riscaldamento.

nachtaktiv adj *zoo* notturno, che vive di notte.

Nachtarbeit f lavoro m notturno.

Nachtasyl n asilo m/ricovero m notturno.

Nachtbar f → **Nachtklub**.

nachtblau adj blu notte.

nachtblind adj {MENSCH} emeralope *wiss*: **~ sein**, essere affetto da emeralopia, non vederci la/[di notte]/[al buio].

Nachtblindheit <-, *ohne pl*> f *med* emeralopia f *wiss*.

Nachtclub m → **Nachtklub**.

Nachtcreme f crema f da notte.

Nachtdienst <-es, *ohne pl*> m {+APOTHEKE} servizio m notturno; {+PERSON} turno m di notte: **diese Woche habe ich ~**, questa settimana faccio i/[la *fam*] notte; **welche Apotheke hat heute ~?**, quale farmacia è aperta/[di servizio] stanotte?

Nachteil <-(e)s, *-e*> m svantaggio m; (*Beeinträchtigung*) inconveniente m: **unsere neue Wohnung hat sehr viele ~e, sie ist zu laut und zu feucht**, la nostra nuova casa ha moltissimi inconvenienti/svantaggi, è troppo rumorosa e umida; **die Vor- und ~e einer S.** (gen) **berücksichtigen**, considerare i vantaggi e gli svantaggi di qc • **sich** (jdm gegenüber) **im ~ befinden**, (jdm gegenüber) **im ~ sein**, trovarsi/essere svantaggiato/[in svantaggio] (rispetto a qu), essere penalizzato (rispetto a qu); **jdm ~e bringen**, tornare a svantaggio/sfavore di qu, essere svantaggioso per qu; **jdm entstehen/erwachsen** *geh* **aus etw** (dat) **~e**, qc comporta degli svantaggi a/per qu, da qc derivano degli svantaggi per qu; **sich als ~ erweisen**, rivelarsi uno svantaggio; **jdm zum ~ gereichen** *geh*, tornare a svantaggio/detrimento *geh* di qu; **durch etw** (akk) **von etw** (dat) **~e haben**, non avere che svantaggi/inconvenienti da qc; **ich habe dadurch nur ~e**, me ne derivano solo svantaggi; **etw hat den ~, dass**, qc ha lo svantaggio/l'inconveniente che; **die Sache hat den (einen) ~, dass ...**, l'inconveniente è che ...; **für jdn von ~ sein**, essere svantaggioso per qu; **sich zu seinem ~ verändern**, cambiare in peggio; **er hat sich sehr zu seinem ~ verändert**, è talmente peggiorato che non lo si riconosce più; **zu jds ~**, a scapito/svantaggio/detrimento di qu; **das ist zu Ihrem eigenen ~**, va a Suo svantaggio, è a Suo sfavore; **es soll nicht zu Ihrem ~ sein**, non sarà/andrà a ₗSuo sfavore₁/[scapito Suo].

nachteilig Ⓐ adj {EINFLUSS, FOLGEN, WIRKUNG} dannoso, deleterio; {POSITION} svantaggioso; **es war sehr ~ für mich, die Bewerbung zu spät abgegeben zu haben**, aver presentato la domanda in ritardo ha comportato/rappresentato un grosso svantaggio per me; **man kann nichts Nachteiliges über ihn sagen**, su di lui non si può dire nulla di negativo Ⓑ adv {SICH ÄUSSERN} in modo negativo, negativamente, sfavorevolmente; **sich ~ auf etw (akk)/für jdn auswirken**, avere degli effetti negativi su qc/per qu, ripercuotersi negativamente su qu/qc; **die Verhandlungen fielen ~ für unsere Firma aus**, le trattative si conclusero in maniera svantaggiosa per la nostra ditta.

nächtelang Ⓐ adj {AUSEINANDERSETZUNGEN} che dura intere notti Ⓑ adv {FEIERN, TANZEN} per notti intere; {AN JDS KRANKENBETT WACHEN} *auch* notti e notti.

Nachtessen n *CH süddt* → **Abendessen**.

Nachteule f *fam scherz* nottambulo (-a) m (f).

Nachtfahrverbot n divieto m di circolazione veicolare notturna.

Nachtfalter m *zoo* farfalla f notturna, falena f.

Nachtflug m volo m notturno.

Nachtflugverbot n divieto m di volo notturno.

Nachtfrost m gelo m notturno, gelata f notturna.

Nachthemd n camicia f da notte.

Nachtigall <-, -en> f *ornith* usignolo m: **die ~ schlägt**, l'usignolo canta ● **~, ick hör' dir trapsen** *region scherz*, so dove vuoi/volete andare a parare.

nächtigen itr *A irgendwo/bei jdm ~* {BEI FREUNDEN, IN EINEM HOTEL} pernottare/[passare/trascorrere la notte] ₊*compl di luogo*₁/[da qu]/[in casa di qu].

Nachtisch <-(e)s, ohne pl> m *gastr* dessert m, dolce m.

Nachtklub m locale m notturno, night-club m, night m *fam*.

Nachtkrem, **Nachtkreme** f → **Nachtcreme**.

Nachtlager n **1** *geh* (*Schlafstätte*) letto m, posto m per dormire; (*behelfsmäßiges ~*) *auch* giaciglio m (per la notte): **jdm irgendwo ein ~ zurechtmachen**, preparare un letto a qu + *compl di luogo* **2** (*Biwak*) bivacco m.

Nachtleben n vita f notturna.

nächtlich adj <attr> {ANRUF, LÄRM, STILLE} notturno: **zu ~er Stunde**, in piena notte.

Nachtlokal n → **Nachtklub**.

Nachtmahl n *süddt A oder geh obs* → **Abendessen**.

nachtmahlen itr *A* cenare.

Nachtmensch m nottambulo (-a) m (f).

Nachtportier m portiere m di notte.

Nachtprogramm n *radio TV* programma m ₗdella notte₁/[notturno].

Nachtquartier n alloggio m per la notte.

Nachtrag <-(e)s, Nachträge> m : **(zu etw dat)** {ZU EINEM BUCH} aggiunte f pl (a qc), addenda m pl (a qc); {ZU EINEM TEXT} *auch* postilla f (a qc); {ZU EINEM BRIEF} poscritto m (Abk PS) (a qc); *jur* {ZU EINEM TESTAMENT} codicillo m (a qc); {ZU EINEM VERTRAG} postilla f (a qc).

nach|tragen <irr> tr **1** (*hinterhertragen*) **jdm etw ~** {GEPÄCK, KLEIDUNGSSTÜCK, PASS} andare dietro *a qu* per portargli *qc* **2** (*später ergänzen*) **etw ~** {BEMERKUNG, DATEN, EINNAHMEN, ZUSATZKOSTEN} aggiungere *qc*, inserire *qc* successivamente **3** (*nicht verzeihen können*) **jdm etw ~** {ÄUSSERUNG, BELEIDIGUNG, UNFAIRES VERHALTEN} serbare/portare rancore *a qu per qc*, risentirsi *con qu per qc*, volerne *a qu per qc*.

nachtragend adj {MENSCH} permaloso, rancoroso.

nachträglich Ⓐ adj <attr> **1** (*später folgend*) {GENEHMIGUNG, ZUSTIMMUNG} dato ₗin un secondo tempo₁/[a posteriori]/[a cose fatte]; {LIEFERUNG} successivo **2** (*verspätet*) {GLÜCKWÜNSCHE} tardivo **3** (*zusätzlich*) {FORDERUNG, KOSTEN} supplementare, suppletivo Ⓑ adv {EINSEHEN, MACHEN, VERSTEHEN} a posteriori *geh*, in seguito: **ich gratuliere dir noch ~ zu deinem Geburtstag**, anche se in ritardo, ti faccio tanti auguri per il tuo compleanno.

Nachtragshaushalt m *pol* bilancio m correttivo (aggiuntivo).

nach|trauern itr **jdm/etw ~** {EINEM EHEMALIGEN FREUND, EINER SCHÖNEN ZEIT} rimpiangere *qu/qc*, ricordare *qu/qc* con rimpianto/nostalgia.

Nachtruhe f riposo m notturno.

nachts adv la/di notte: **um drei Uhr ~**, alle tre di notte; **montags/dienstags/... ~**, ogni ₗil lunedì/martedì/... notte

Nachtschalter m {+BAHNHOF, POST} servizio m notturno.

Nachtschattengewächs n *bot* solanacea f.

Nachtschicht f *industr* turno m di notte: **~ haben**, fare/avere il turno di notte.

nachtschlafend adj *fam*: **bei/zu ~er Zeit**, nel cuore della notte, in piena notte, a notte fonda.

Nachtschränkchen n → **Nachttisch**.

Nachtschwärmer m (**Nachtschwärmerin** f) *scherz* → **Nachtmensch**.

Nachtschweiß m sudorazione f notturna, sudori m pl notturni.

Nachtschwester f infermiera f del turno di notte.

Nachtspeicherofen m radiatore m ad accumulazione (notturna).

Nachtstrom <-s, ohne pl> m corrente f notturna (a tariffa ridotta).

Nachtstück n **1** *kunst* notturno m, scena f notturna **2** *mus* notturno m.

nachtsüber adv durante la notte, di notte.

Nachttarif m {+BAHN, ELEKTRIZITÄT} tariffa f notturna.

Nachttier n *zoo* animale m notturno.

Nachttisch m comodino m, tavolino m da notte.

Nachttischlampe f abat-jour m, lampada f da comodino.

Nachttopf m *obs* vaso m da notte.

Nachttresor m {+BANK} cassa f continua.

Nacht-und-Nebel-Aktion f azione f lampo, blitz m, colpo m di mano: **in einer Nacht-und-Nebel-Aktion**, con un blitz.

Nachtvorstellung f {+KABARETT, THEATER} spettacolo m notturno, rappresentazione f notturna; {+KINO} *auch* ultimo spettacolo m.

Nachtwache f (*am Krankenbett*) veglia f notturna/(di notte): **bei einem Kranken ~ halten**, vegliare al capezzale di un malato

2 (*nächtlicher Wachdienst*) sorveglianza f/vigilanza f notturna.

Nachtwächter m (**Nachtwächterin** f) **1** (*Kontrollgänger*) guardia f notturna, metronotte m **2** *hist* "guardiano m che durante la notte, nelle piccole città, passava di strada in strada facendo rispettare la quiete pubblica e annunciando le ore" **3** *fam* (*träger Typ*) morto m di sonno *fam*, dormiglione (-a) m (f).

Nachtwächterstaat m *pol iron* stato m gendarme.

nacht|wandeln itr <haben oder sein> → **schlafwandeln**.

Nachtwanderung f camminata f notturna/[durante la notte]: **heute machen wir eine ~**, stanotte facciamo una camminata sotto le stelle.

Nachtwandler m (**Nachtwandlerin** f) → **Schlafwandler**.

Nachtzug m treno m notturno/[della notte].

Nachtzuschlag m premio m per il lavoro notturno.

Nachuntersuchung f *med* visita f ₗ(medica) di controllo₁/[postoperatoria].

nach|versichern <ohne ge-> Ⓐ tr **1** (*in der Rentenversicherung*) **jdn ~** iscrivere *qu* in un secondo momento alla previdenza sociale **2** (*zusätzlich versichern*) **etw ~** {ANBAU, NEU ERWORBENE WERTGEGENSTÄNDE} stipulare una polizza supplementare *per qc* Ⓑ rfl **sich ~** iscriversi alla previdenza sociale effettuando i versamenti arretrati.

Nachversicherung f (*in der Rentenversicherung*) iscrizione f ritardata alla previdenza sociale; {+NEU ERWORBENE WERTGEGENSTÄNDE} assicurazione f supplementare.

nachvollziehbar adj {GESTE, VERHALTEN} comprensibile; {GEDANKE} *auch* intelligibile: **ein leicht/schwer ~er Gedankengang**, un ragionamento facile/difficile da seguire; **etw ist für jdn ~**, qu comprende qc; **so (et)was ist für mich einfach nicht ~**, una cosa del genere non la concepisco proprio.

nach|vollziehen <ohne ge-> tr **etw ~** {GEDANKEN} seguire *qc*; {HANDLUNGSWEISE} capire *qc*: **ich kann nicht ~, warum er so reagiert**, non capisco proprio perché reagisce *fam*/reagisca così.

nach|wachsen <irr> itr <sein> **1** (*erneut wachsen*) {ABGEMÄHTES GRAS, HAARE, NÄGEL, UNKRAUT} ricrescere **2** (*neu aufwachsen*) {JUNGE GENERATION} venire su.

nachwachsend adj {PFLANZLICHE ROHSTOFFE} che ricrescono.

Nachwahl f elezione f complementare/parziale.

Nachwehen subst <nur pl> **1** *med* morsi m pl uterini **2** *geh* (*unangenehme Folgen*) postumi m pl, strascichi m pl, conseguenze f pl spiacevoli.

nach|weinen itr **jdm/etw ~** rimpiangere *qu/qc*.

Nachweis <-es, -e> m **1** (*Beweis*) {+UNSCHULD} prova f, dimostrazione f: **den ~ für etw (akk) (er)bringen/liefern**, fornire la prova di qc **2** (*Bescheinigung*) {+ARBEITSUNFÄHIGKEIT, STAATSANGEHÖRIGKEIT} pezza f d'appoggio, attestato m.

nachweisbar adj **1** (*beweisbar*) {BETEILIGUNG, SCHULD, VERSTRICKUNG} dimostrabile, (com)provabile **2** (*belegbar*) {ARBEITSUNFÄHIGKEIT} documentabile, comprovabile.

nach|weisen <irr> tr **etw ~ 1** (*beweisen*) {DIEBSTAHL, AUSSERIRDISCHES LEBEN, (UN)SCHULD} provare *qc*, dimostrare *qc*; **jdm etw ~** {DIEBSTAHL, FEHLER, IRRTUM} provare *che qu ha fatto qc* **2** (*belegen*) {EINKOMMEN, STAATS-

nachweislich | **Nadel**

ANGEHÖRIGKEIT} documentare qc, certificare qc **3** (die Existenz aufzeigen) {GIFT, RADIOAKTIVITÄT, GIFTIGE RÜCKSTÄNDE} segnalare/indicare/rilevare la presenza di qc.

nachweislich [A] adj <attr> {FALSCHMELDUNG, (UN)SCHULD} provato, dimostrato [B] adv: das ist ~ eine Lüge, è dimostrato/provato che è una menzogna.

Nachwelt f posterità f, posteri m pl: etw der ~ überliefern, consegnare qc alla posterità, tramandare qc ˌai posteriˌ/[alle generazioni future].

Nachwendezeit f periodo m ˌsuccessivo allaˌ/[dopo la] caduta del muro.

nach|werfen <irr> tr **1** fam (hinterherwerfen) jdm etw ~ {GEGENSTAND, STEIN} tirare dietro qc a qu: ich war so ärgerlich, dass ich ihm seine Geschenke am liebsten nachgeworfen hätte, ero talmente arrabbiato (-a) che gli avrei tirato dietro i suoi regali fam **2** (zusätzlich einwerfen): Münzen ~, introdurre/inserire altre monete **3** fam (es jdm einfach machen) jdm etw ~ {DIPLOM, NOTE} regalare qc a qu; {BILLIGE KLEIDUNG, WARE} auch tirare dietro qc a qu: was, das Kleid hat nur 15 Euro gekostet? Das ist ja nachgeworfen!, come, questo vestito è costato solo 15 euro? ˌE' davvero regalatoˌ/[Te l'hanno davvero tirato dietro]! fam.

nach|wiegen <irr> [A] tr etw ~ {ABGEPACKTE LEBENSMITTEL, MARKTWARE} ripesare qc, controllare/verificare il peso di qc [B] itr controllare il peso.

nach|winken itr jdm ~ salutare qu (che sta partendo) con un cenno della mano.

nachwinterlich adj {FROST, KÄLTE, TEMPERATUR} come d'inverno.

nach|wirken itr **1** (verlängert wirken) {PRÄPARAT, SPRITZE, TABLETTE} avere un effetto prolungato, continuare a fare effetto; {KRANKHEIT} lasciare il segno **2** (als Eindruck anhalten) (in jdm) ~ {EINDRUCK, GESPRÄCH} rimanere impresso a qu, destare un'impressione duratura in qu.

Nachwirkung f {+DROGE} effetti m pl; {+RAUSCH} auch postumi m pl; {+KRANKHEIT} strascichi m pl, postumi m pl; {+KRIEG, KRISE} conseguenze f pl, effetti m pl, ripercussioni f pl: unter den ~en einer S. (gen)/von etw (dat) leiden, risentire di qc.

Nachwort <-(e)s, -e> n postfazione f, epilogo m.

Nachwuchs <-es, ohne pl> m **1** (Kinder) prole f, figli m pl, bambini m pl: unsere Nachbarin bekommt bald ~, la nostra vicina avrà presto un figlio **2** industr kunst sport (junge Kräfte) nuove leve f pl/reclute f pl/generazioni: den ~ fördern, sostenere le nuove leve.

Nachwuchsarbeit f formazione f delle giovani/nuove leve.

Nachwuchsautor m (**Nachwuchsautorin** f) giovane scrittore (-trice) m (f), autore (-trice) m (f) della nuova generazione.

Nachwuchsförderung <-, ohne pl> f (sostegno m alla) formazione f di giovani leve: die ~ im Kulturbereich lässt zu wünschen übrig, la formazione di nuove leve nel settore culturale lascia piuttosto a desiderare.

Nachwuchskraft f recluta f: die jungen Nachwuchskräfte in der Industrie, le nuove reclute/leve dell'industria, i futuri dirigenti d'azienda.

Nachwuchsmangel m mancanza f di nuove leve.

Nachwuchsschauspieler m (**Nachwuchsschauspielerin** f) giovane attore (-trice) m (f): die ~ beim Film, le ultime reclute del cinema.

Nachwuchstalent n giovane talento m.

nach|würzen tr etw ~ {FLEISCH, SOSSE, SUPPE} aggiungere del condimento a qc, aggiustare qc di condimento.

nach|zahlen [A] tr **1** (später zahlen) etw ~ {LOHN} pagare gli arretrati di qc: Steuern ~, pagare un supplemento d'imposta **2** (zusätzlich zahlen) etw ~ {BEFÖRDERUNGSGELD, GEBÜHR, PORTO} pagare qc in più: bei der letzten Steuererklärung habe ich 1000 Euro ~ müssen, all'ultima dichiarazione dei redditi ho dovuto versare un conguaglio di 1000 euro [B] itr: der Brief ist nicht ausreichend frankiert, Sie müssen ~, la lettera non è sufficientemente affrancata, deve pagare la differenza.

nach|zählen [A] tr etw ~ (ri)contare qc; {WECHSELGELD} auch controllare qc [B] itr: wie viel hat dir der Kellner denn rausgegeben? – Ich weiß nicht, ich muss erst mal ~, quanto ti ha dato di resto il cameriere? – Non lo so, dovrei controllare un attimo.

Nachzahlung f **1** (zusätzliche Summe) pagamento m supplementare **2** (nachzuzahlende Summe) arretrati m pl: ich habe endlich die längst fällige ~ von meiner Firma bekommen, finalmente la mia ditta mi ha pagato gli arretrati che mi doveva da tanto; (Steuernachzahlung) supplemento m d'imposta.

nach|zeichnen [A] tr etw ~ **1** (nach Vorlage zeichnen) {BILD, ZEICHNUNG} (ri)copiare qc, riprodurre qc, ridisegnare qc **2** (abpausen) {LINIEN, STRICHE} ricalcare qc [B] rfl sich (dat) etw ~ {AUGENBRAUEN} ritoccarsi qc; {LIPPEN} rifarsi il contorno di qc.

Nachzeitigkeit <-, ohne pl> f gram posteriorità f.

nach|ziehen <irr> [A] tr etw ~ **1** (nachträglich fester machen) {MUTTER, SCHRAUBE} serrare qc, stringere (di più) qc {STAHLSEIL} tendere/tirare (di più) qc **2** (hinter sich herziehen) {BEIN} trascinare qc, tirarsi dietro qc **3** (nachzeichnen) {LINIE, UMRISS} ripassare qc, ritracciare qc [B] rfl sich (dat) etw ~ {AUGENBRAUEN} ritoccarsi qc: sich (dat) die Lippen ~, rimettersi/ridarsi fam il rossetto; (mit Konturenstift) ripassare i contorni di qc [C] itr seguire: mehrere Firmen haben ihre Produktion ins Ausland verlegt, und schon ziehen die anderen nach, due o tre aziende hanno trasferito la produzione all'estero, e già le altre seguono a ruota.

Nachzug m {+FAMILIENMITGLIEDER} successivo trasferimento m: der ~ der Familien von ausländischen Arbeitnehmern, il ricongiungimento familiare per lavoratori stranieri.

Nachzügler <-s, -> m (**Nachzüglerin** f) **1** (später Kommende(r)) ritardatario (-a) m (f) **2** fam oft scherz → **Nachkömmling**.

Nachzugsverbot n adm divieto m di immigrazione per congiunti (di extracomunitari).

Nackedei <-s, -s> m fam scherz bambino (-a) m (f) nudo (-a) • na, du kleiner ~, wo spazierst du denn hin?, piccolo, dove vai a sederino nudo?

Nacken <-s, -> m nuca f, collottola f fam, cervice f lit: (stolz) den Kopf in den ~ werfen, rizzare il capo • einen steifen ~ haben, avere il torcicollo; jdn im ~ haben, avere/sentire il fiato di qu sul collo fam, avere qu alle costole fam, avere addosso qu fam; jdm im ~ sitzen, stare (col fiato) sul collo a qu fam, soffiare sul collo a qu fam, stare addosso a qu fam; sein Chef sitzt ihm im ~, il suo capo/principale gli sta (sempre) addosso; ihr sitzt die Angst im ~, è in preda al panico; die Gläubiger sitzen ihm im ~, i creditori gli stanno col fiato sul collo fam.

Nackenhaar n **1** <meist pl> (einzelnes Haar) pelo m/capello m della nuca **2** <nur sing> (Behaarung) peli m pl/capelli m pl della nuca.

Nackenrolle f cuscino m a rullo.

Nackenschlag m **1** (Schlag in den Nacken) colpo m alla nuca **2** fig (Schicksalsschlag) colpo m • schwere Nackenschläge einstecken müssen, dover incassare dei brutti colpi; jdm einen ~ versetzen, dare un colpo alla nuca a qu; {FINANZIELLE EINBUSSE, VERLUST}, infliggere un duro/grave colpo a qu.

Nackenstarre f med rigidità f nucale.

Nackenstütze f poggiatesta m, poggiacapo m.

Nackenwirbel m anat vertebra f cervicale.

nackig adj fam → **nackt**.

nackt [A] adj **1** (unbekleidet) {MENSCH} nudo, ignudo lit: halb ~, seminudo, mezzo (-a) nudo (-a) fam; ~ wie Gott ihn/sie schuf, nudo (-a) come mamma l'ha fatto (-a) **2** (bloß) {ARME, BEINE} nudo, scoperto: mit ~en Füßen, a piedi nudi/scalzi, scalzo (-a) **3** (ohne natürliche Bedeckung) {SCHÄDEL} pelato; {MÄNNERBRUST} senza peli; {NEUGEBORENES TIER} senza piume/pelo **4** (kahl) {FELS, RAUM} nudo; {BAUM, WAND} auch spoglio; {BERG, HÜGEL} nudo, brullo: auf ˌdem ~en Bodenˌ/[der ~en Erde] schlafen, dormire sulla nuda terra **5** <attr> (unverhüllt): das ~e Elend, la miseria nera; die ~e Wahrheit, la verità nuda e cruda, la pura (e semplice) verità; die ~e Wirklichkeit, la dura/cruda realtà, la realtà nuda e cruda; die ~e Angst stand ihm im Gesicht, il terrore gli si leggeva negli occhi; die ~en Tatsachen, i fatti nudi e crudi **6** (nichts anderes als.) das ~e Leben retten, salvare la pelle [B] adv {BADEN, HERUMLAUFEN, SCHLAFEN} nudo (-a), senza niente addosso fam: sich ~ ausziehen, spogliarsi completamente/nudo (-a).

Nacktbaden n fare m il bagno nudo (-a).

Nacktbadestrand m spiaggia f per nudisti/naturisti.

Nackte <dekl wie adj> [A] mf (nackte Person) persona f nuda, ignudo (-a) m (f) lit; (am Nacktbadestrand) nudista mf [B] n nudo m: die Darstellung des ~n in der Kunst, il nudo nell'arte.

Nacktfoto n (foto f di) nudo m: ein ~ von Marilyn Monroe, una foto di Marilyn Monroe nuda.

Nacktfrosch m fam scherz → **Nackedei**.

Nacktheit <-, ohne pl> f nudità f.

Nacktkultur f nudismo m, naturismo m.

Nacktmodell n modello (-a) m (f) per foto di nudo.

Nacktphoto a.R. von Nacktfoto → **Nacktfoto**.

Nacktschnecke f zoo lumaca f, limaccia f.

Nacktszene f film TV scena f di nudo.

Nackttänzer m (**Nackttänzerin** f) ballerino (-a) m (f) nudo (-a) f: sie arbeitet als ~in in einem Nachtklub, lavora come spogliarellista in un night.

Nadel① <-, -n> f **1** (Nähnadel) ago m (da cucito): eine ~ einfädeln, den Faden in die ~ einfädeln, infilare un ago, infilare il filo nell'ago; (Stecknadel) spillo m; (Häkelnadel) uncinetto m, ago m torto; (Stricknadel) ago m da calza/maglia, ferro m da calza **2** (Anstecknadel) spilla f **3** (Haarnadel) forcina f **4** obs (Plattenspielernadel) puntina f **5** (Teil der Spritze) ago m **6** (Zeiger) {+MESSINSTRUMENT} ago m, lancetta f, indice m • mit der heißen

~ **genäht sein** *fam* (*schlecht genäht sein*), essere cucito male; (*schlampig gemacht sein*), essere fatto alla carlona *fam*; **an der ~ hängen** *slang* (*drogenabhängig sein*), bucarsi *slang*, farsi *slang*; **jd ist von der ~ losgekommen/weggekommen** *slang*, qu non si buca/fa più *slang*; **wie auf ~ sitzen** *fam*, stare ₁sulle spine *fam*₁/[sui carboni ardenti *fam*].

Nadel② <-, -n> f <*meist pl*> bot ago m, foglia f aghiforme.

Nadelbaum m *bot* conifera f, aghifoglia f.

Nadeldrucker m *inform* stampante f ad aghi.

nadelfertig *adj text* {STOFF} pronto per essere confezionato.

nadelförmig *adj* aghiforme.

Nadelholz n 1 <*nur sing*> (*Holz eines Nadelbaums*) legno m di conifera 2 <*nur pl*> *bot* conifere f pl, aghifoglie f pl.

Nadelkissen n puntaspilli m, guancialino m per spilli.

nadeln *itr* {WEIHNACHTSBAUM} perdere gli aghi.

Nadelöhr n cruna f dell'ago.

Nadelstich m 1 (*Einstich*) puntura f d'ago; (*von Stecknadel*) puntura f di spillo 2 (*Nähstich*) punto m di cucito 3 (*Bosheit*) punzecchiatura f, frecciata f, frecciatina f, colpo m di spillo.

Nadelstreifen subst <*nur pl*> ₁righe f pl sottilissime₁/[righine f pl] di una stoffa gessata.

Nadelstreifenanzug m (abito m) gessato m.

Nadelwald m bosco m di conifere.

Nadir <-s, *ohne pl*> m *astr* nadir m.

Nadja f (*Vorname*) Nadia.

NAFTA f *Abk von engl* North American Free Trade Agreement (*Nordamerikanisches Freihandelsabkommen*): N.A.F.T.A. m (*Accordo di libero scambio nell'America settentrionale*).

Nagel① <-s, *Nägel*> m (*Metallstift*) chiodo m: **einen ~ einschlagen**, piantare un chiodo; **einen ~ in die Wand schlagen**, piantare un chiodo nel muro: **etw mit Nägeln beschlagen** {SCHUHE}, chiodare qc ● **etw an den ~ hängen** *fam* (*etw aufgeben*) {BERUF, STUDIUM, TÄTIGKEIT}, abbandonare qc; **er hat das Tennisspielen an den ~ gehängt**, ha appeso/attaccato la racchetta al chiodo; **den ~ auf den Kopf treffen** *fam*, cogliere nel segno, azzeccarci *fam*; **Nägel mit Köpfen machen** *fam*, fare le cose ₁come si deve₁/[perbene]; **ein ~ zu jds Sarg sein** *fam*, essere la croce di qu.

Nagel② <-s, *Nägel*> m *anat* (*Fingernagel*) unghia f: **ein eingewachsener ~**, un'unghia incarnita; **sich** (dat) **die Nägel feilen/schneiden**, limarsi/tagliarsi le unghie; **an den Nägeln kauen**, mangiarsi/mangiucchiarsi/rosicchiarsi le unghie; **sich** (dat) **die Nägel lackieren**, mettersi/darsi lo smalto (alle unghie) ● **etw brennt jdm auf/unter den Nägeln** *fam*, qc è di estrema urgenza per qu; **die Übersetzung brennt mir auf/unter den Nägeln**, mi preme molto finire la traduzione; **sich** (dat) **etw unter den ~ reißen** *fam pej*, nelle grinfie/mani su qc *fam pej*.

Nagelbett n *anat* letto m ₁dell'unghia₁/[ungueale].

Nagelbettentzündung f *med* onicosi f, onichia f.

Nagelbrett n {+FAKIR} letto m di chiodi.

Nagelbürste f spazzolino m per le unghie.

Nagelfeile f limetta f/lima f per (le) unghie.

Nagelhaut f *anat* pellicina f dell'unghia, cuticola f delle unghie, pipita f.

Nagelhautentferner <-s, -> m prodotto m anticuticole.

Nägelkauen n abitudine f/vizio m di mangiarsi/rosicchiarsi le unghie, onicofagia f *wiss*: **sich** (dat) **das ~ abgewöhnen**, perdere la brutta abitudine₁/[smettere] di mangiarsi/rosicchiarsi le unghie.

Nagelkopf m testa f₁di un₁/[del] chiodo.

Nagellack m smalto m per unghie: **den ~ auftragen**, mettere/darsi *fam* lo smalto; **den ~ entfernen**, togliere lo smalto.

Nagellackentferner <-s, -> m solvente m per unghie, acetone m.

Nagelmond m, **Nagelmöndchen** n *anat* lunula f ungueale.

nageln A *tr* 1 (*befestigen*) **etw irgendwohin ~** {BRETT, LATTE, PLATTE VOR EIN FENSTER, AN DIE TÜR} inchiodare qc + *compl di luogo*, fissare qc con i chiodi + *compl di luogo*: **jdn ans Kreuz ~**, crocifiggere qu, mettere qu in croce; **Christus wurde ans Kreuz genagelt**, Cristo fu messo in croce 2 (*mit Nägeln zusammenhalten*) **etw ~** {KISTE, SARG} inchiodare qc {GEBROCHENEN KNOCHEN} introdurre dei chiodi in qc; {SCHUHE} chiodare qc 3 *vulg* (*Geschlechtsverkehr haben*) **jdn ~** {FRAU, PROSTITUIERTE} farsi qu *slang*, scoparsi qu *vulg*, chiavare qu *vulg* B *itr* piantare/mettere (dei) chiodi.

nagelneu *adj fam* {AUTO, KLEID} nuovo fiammante/[di zecca] *fam*, nuovissimo.

Nagelpflege f manicure f, cura f delle unghie.

Nagelprobe f *fam*: **etw wird für etw** (akk) **die ~**, qc sarà il banco di prova per qc.

Nagelreiniger <-s, -> m nettaunghie m.

Nagelschere f forbici(ne) f pl per (le) unghie.

Nagelschuh m <*meist pl*> scarpa f chiodata.

Nagelwurzel f *anat* radice f dell'unghia.

nagen A *itr* 1 (*kleine Stücke abbeißen*) **an etw** (dat) **~** {MAUS AM KÄSE; HUND AN EINEM KNOCHEN} rodere qc, rosicchiare qc; {MENSCH AN EINEM APFEL, EINER BROTKANTE} rosicchiare qc, mordicchiare qc; {AN DER UNTERLIPPE} mordicchiarsi qc 2 (*allmählich zerstören*) **an etw** (dat) **~** {ROST, SÄURE} (cor)rodere qc, intaccare qc 3 (*schmerzlich quälen*) **an jdm ~** {REUE, ZWEIFEL} rodere qu, logorare qu: **sein schlechtes Gewissen nagt an ihm**, gli rimorde la coscienza B *tr* 1 (*durch Nagen herstellen*) **etw in etw** (akk) **~** {MAUS, RATTE GANG, LOCH IN EINE MAUER} fare/scavare qc in qc rosicchiando 2 (*abnagen*) **etw von etw** (dat) **~** {TIER FLEISCH VOM KNOCHEN, RINDE VOM BAUM} rosicchiare qc da qc C *rfl* **sich durch etw** (akk) **~** {NAGETIER} scavar(si) un buco/passaggio in qc; {ROST, SÄURE} corrodere qc ● **nichts zu ~ und zu beißen haben** *fam*, non avere niente da mettere sotto i denti, fare la fame.

nagend *adj* {GEWISSENSBISSE, REUE} tormentoso, logorante; {SCHMERZ, ZWEIFEL} lacerante: **ein ~es Hungergefühl**, i morsi della fame.

Nager <-s, -> m, **Nagetier** n roditore m.

Näharbeit f (lavoro m di) cucito m.

Nahaufnahme f *film fot* primo piano m: **von jdm/etw eine ~ machen**, fare un primo piano di qu/qc.

Nahbereich m circondario m, zona f (immediatamente) circostante/limitrofa: **diese Brille ist nur für den ~ geeignet**, questi occhiali vanno bene solo per vedere da vicino.

Nahbrille f → **Lesebrille**.

nahe, **nah** A <*näher*, *nächste*> *adj* 1 (*eng*) {ANGEHÖRIGER, VERWANDTER} stretto, prossimo; {FREUND} intimo, stretto: **jdm ~ sein**, essere vicino a qu 2 (*räumlich*) {GASTHOF, RESTAURANT, SEE, STADT} vicino, poco distante: **die U-Bahnhaltestelle ist ganz ~**, la fermata della metropolitana è vicinissima/[a due passi]; **~(e) am Ziel sein**, essere ₁vicino al traguardo₁/[a un passo dalla meta] 3 (*unmittelbar bevorstehend*) {ABSCHIED, ABREISE, GEFAHR, KRIEG} imminente; {GIPFELTREFFEN, ZUKUNFT} auch prossimo; {FRÜHLING, WINTER} prossimo, vicino; {ENDE} auch imminente: **~ sein** {TAG, WEIHNACHTEN}, essere vicino, avvicinarsi; **der Tag unserer Abreise ist ~**, si avvicina il giorno della nostra partenza; (*kurz vor dem Ausbruch*): **etw** (dat) **~ sein** {DEM BANKROTT, DEM TODE}, essere ₁vicino a qc₁/[a un passo da qc]; **etw war ₁einer Nervenkrise₁/[der Verzweiflung] ~**, era sull'orlo ₁di una crisi di nervi₁/[della disperazione]; **den Tränen ~e sein**, essere sul punto di piangere, stare per piangere B *adv* 1 (*eng*): **wir sind ~ befreundet**, siamo molto/buoni amici, ci lega un'amicizia profonda; **ich bin ~ mit ihr verwandt**, (io e lei) siamo parenti stretti 2 (*räumlich*) {HERANGEHEN, LIEGEN, SITZEN} vicino: **geh nicht zu ~ heran!**, non avvicinarti troppo!, non andare troppo vicino!; **sie wohnt ~ bei Stuttgart**, abita nelle vicinanze di₁/[vicino a]/[nei pressi di]/[dalle parti di *fam*] Stoccarda 3 (*unmittelbar*): **~ bevorstehen**, essere imminente; **Ostern steht ~ bevor**, Pasqua è imminente/[alle porte] 4 (*fast*): **er ist ~ an die Fünfzig**, ₁è vicino alla₁/[va verso la] cinquantina *fam* C *präp* + *dat geh* vicino a, presso, nelle vicinanze di, nei pressi di, in prossimità di: **unsere Schule ist ~ dem Bahnhof**, la nostra scuola è ₁vicino alla₁/[nelle vicinanze della]/[nei paraggi della] stazione ● **~ beieinander**, uno (-a) vicino (-a)/accanto all'altro (-a); **~ d(a)ran sein, etw zu tun**, stare per fare qc, essere sul punto di fare qc, essere lì lì per fare qc *fam*; **du warst ~ dran**, ci sei andato (-a) vicino, **aus/von ~ und fern**, da tutte le parti, da ogni dove; **von ~em/Nahem**, da vicino.

Nähe <-, *ohne pl*> f 1 (*geringe Entfernung*) vicinanze f pl, prossimità f, pressi m pl: **sie wohnt in der ~ des Doms/vom Dom** *fam*, abita ₁vicino al₁/[nelle vicinanze del] duomo; **in der ~ des Dorfes ist ein schöner See**, ₁nei pressi₁/[nelle vicinanze]/[in prossimità] del paese c'è un bel lago; **die romanische Kirche muss hier in der ~ sein**, la chiesa romanica deve essere qui ₁nei dintorni/paraggi₁/[in zona]; **die Universität ist in unmittelbarer/nächster ~**, l'università è ₁nelle immediate vicinanze₁/[vicinissima]/[a due passi]; **lass den Wein in greifbarer ~ stehen**, lascia il vino a portata di mano; **etw aus nächster ~ betrachten**, esaminare qc da vicino; **ganz in der ~**, vicinissimo; **aus der ~ gesehen**, visto da vicino; **er war aus nächster ~ erschossen worden**, gli avevano sparato da distanza ravvicinata 2 (*Präsenz*) vicinanza f: **in seiner ~ fühle ich mich wohl**, accanto a lui mi sento bene; **bleib bitte in meiner ~**, rimani/resta vicino a me, per favore; **ihre ~ ist mir unangenehm**, la sua vicinanza/presenza mi disturba 3 (*naher Zeitpunkt*): **das Abitur rückt in greifbare ~**, l'esame di maturità ₁si sta avvicinando sempre di più₁/[è ormai alle porte].

nahebei *adv* vicino.

nahe|bringen <irr> *tr* 1 (*verständlich machen*) **jdm etw ~** {LEHRER DEN SCHÜLERN EINEN AUTOR, DIE KUNST, DIE MUSIK} avvicinare qu a qc, far conoscere/apprezzare qc a qu, far accostare qu a qc 2 (*zusammenbringen*) **jdn jdm ~** avvicinare qu a qu.

nahe|gehen <irr> *itr* <*sein*> **jdm ~** {JDS TOD,

UNGLÜCK, VERLUST} toccare *qu* ↓nel profondo↓/[profondamente], provare molto *qu*, colpire *qu*.

Naheinstellung f *film* → **Nahaufnahme**.

nahe|kommen <irr> <sein> **A** *itr* (*fast gleichkommen*) **etw** ~ {HOCHRECHNUNG, SCHÄTZUNG EINEM RESULTAT} avvicinarsi *a qc*, andare vicino (-a) *a qc*; {WORTE EINER BELEIDUNG} rasentare *qc*, suonare come *qc* **B** *rfl* (*in eine enge Beziehung treten*) **sich** (dat) ~ avvicinarsi, entrare in confidenza: **sie sind sich nahegekommen**, sono entrati in confidenza.

nahe|legen *tr* **1** (*dringend empfehlen*) **jdm etw** ~ {KÜNDIGUNG, SCHEIDUNG, VERKAUF} suggerire *qc a qu*, consigliare *qc a qu*: **dem Minister wurde der Rücktritt nahegelegt**, al ministro è stato suggerito di rassegnare le dimissioni; **jdm** ~, **etw zu tun** {SICH VON JDM ZU TRENNEN} suggerire/consigliare a qu di fare *qc*; {ETW ZU VERKAUFEN}, *auch* raccomandare a qu di fare *qc* **2** (*vermuten lassen*) **etw** ~: **ihr Verhalten legt den Verdacht nahe, dass ...**, il suo comportamento fa nascere/balenare il sospetto che ..., *konjv*; **das legt die Vermutung nahe, dass ...**, questo fa/[induce a] pensare che ... *konjv*.

nahe|liegen <irr> *itr* essere ovvio/evidente: **die Vermutung liegt nahe, dass ...**, è naturale/ovvio supporre che ... *konjv*, viene spontaneo pensare che ... *konjv*; **der Verdacht liegt nahe, dass ...**, nasce il sospetto che ... *konjv*.

naheliegend *adj* {ERWÄGUNG, GRUND} evidente, ovvio: **aus ~en Gründen**, per ovvi motivi.

nahen **A** *itr* <sein> *geh* (*näher rücken*) {ABSCHIED, FRÜHLING, GEWITTER} avvicinarsi, approssimarsi *geh*: **der Abend naht**, si fa sera **B** *rfl* <haben> *obs* (*sich nähern*) **sich** ~ {GERÄUSCHE, SCHRITTE} avvicinarsi.

nähen **A** *tr* **1** (*herstellen*) **etw** ~ {BETTWÄSCHE, BLUSE, HOSE, KLEID, ROCK} cucire *qc*, confezionare *qc*: **ich habe die Jacke mit der Hand/Maschine genäht**, ho cucito la giacca a mano/macchina **2** (*durch Nähen befestigen*) **etw auf etw** (akk) ~ {BORTE, ETIKETT} cucire *qc su qc*, applicare *qc a qc*; **etw an etw** (akk) ~ {KNOPF AN HEMD, JACKE, MANTEL} attaccare *qc a qc* **3** (*reparieren*) **etw** ~ {LOCH, RISS} ricucire *qc* **4** *med* **etw** ~ {WUNDE} suturare *qc*, (ri)cucire *qc fam*; **jdn** ~ *fam* {PATIENTEN} ricucire *qc fam*, mettere dei punti *a qu fam* **B** *itr* **1** (*mit Nadel und Faden arbeiten*) cucire: **sie näht für ihre Freundinnen**, cuce per le sue amiche; **sie näht für einen Modeschöpfer**, lavora come sarta per uno stilista; **mit der Hand/Maschine** ~, cucire a mano/macchina **2** *med* operare/fare una sutura ● **doppelt genäht hält besser** *prov*, la prudenza non è mai troppa.

näher <kompar *von* nah(e)> **A** *adj* **1** (*räumlich*) {ARZT, LADEN} più vicino; {WEG} più breve/corto: **die für Sie ~e Werkstatt**, l'officina più vicina a Lei; **in der ~en Umgebung des Feriendorfes**, in prossimità/[nelle vicinanze]/[nei pressi/paraggi] del villaggio turistico **2** (*genauer*) {EINZELHEITEN} più preciso; {AUSKÜNFTE, UMSTÄNDE} *auch* più dettagliato: **bei ~er Betrachtung hat sich herausgestellt, dass das Bild eine Fälschung war**, ad un esame più accurato il dipinto si è rivelato un falso **3** (*enger*) {ZUSAMMENARBEIT} più stretto; {BEKANNTER, VERWANDTER} *auch* prossimo: **jds ~e Bekanntschaft machen**, conoscere qu meglio **B** *adv* **1** (*räumlich*) (**an etw** dat/akk) più vicino (*a qc*): **unser Haus liegt ~ am Meer als eures**, la nostra casa è più vicina al mare della vostra; **setzen wir uns doch ein bisschen ~ an den Kamin**, avviciniamoci un po' al caminetto, mettiamoci un po' più vicini (-e) al caminetto; **bitte, kommen Sie ~!**, per favore, ↓si avvicini↓/[venga più vicino]!; **treten Sie ~!**, venga avanti! **2** (*enger*) {KENNEN LERNEN} meglio, più da vicino: **mit ihm bin ich ~ vertraut**, con lui ho più confidenza; **kennst du ihn ~?**, lo conosci bene? **3** (*eingehender*) {BESCHREIBEN, DARLEGEN, ERLÄUTERN} in modo più dettagliato/particolareggiato/preciso: **ich will nicht ~ auf Einzelheiten eingehen**, non voglio scendere nei particolari; **ich möchte mir das gern mal ~ ansehen**, vorrei dare un'occhiata più da vicino.

näher|bringen <irr> *tr* **jdm etw** ~ {DOZENT, LEHRER KUNSTWERK, LITERATUR} far conoscere/capire *qc a qu*, avvicinare *qu a qc*, far accostare *qu a qc*.

Nähere <dekl wie adj> *n*: **~s erfahren Sie in unserem Reisebüro**, per ulteriori informazioni Si rivolga alla nostra agenzia di viaggi; **alles ~ besprechen wir morgen**, dei particolari parleremo domani; **~s weiß ich nicht**, non so nulla di più preciso; **wir konnten nichts ~s über das Unglück erfahren**, non siamo riusciti a sapere di più sulla sciagura.

Naherholung f breve vacanza f in una zona nei pressi di una grande città.

Naherholungsgebiet *n* area f (verde) per escursioni (vicina a una grande città).

Näherin f cucitrice f, sarta f.

näher|kommen <irr> <sein> **A** *itr* **1** (*vertrauter werden*) **jdm** ~ avvicinarsi *a qu*, stabilire/instaurare un rapporto più stretto *con qu*: **jdm menschlich** ~, avvicinarsi umanamente *a qu* **2** (*sich annähern*) **etw** (dat) ~ avvicinarsi *a qc*: **mit deinem Vorschlag sind wir der Lösung des Problems ein Stück nähergekommen**, la tua proposta ci ha fatto fare un passo avanti nella soluzione del problema **B** *rfl* (*vertrauter werden*) **sich/einander geh** ~ {PERSONEN} avvicinarsi l'un l'altro.

näher|liegen <irr> *itr*: **nichts lag näher als das Angebot anzunehmen**, la cosa più ovvia fu accettare l'offerta.

nähern *rfl* **1** (*näher herankommen*) **sich** (**jdm**/**etw**) ~ {EINER GRENZE, EINEM ORT, REISEZIEL} avvicinarsi (*a qu*/*qc*) **2** (*zeitlich näherrücken*) **sich** ~ {FERIEN, REISE} avvicinarsi: **der Sommer nähert sich dem Ende**, l'estate sta finendo, la fine dell'estate si avvicina **3** (*sich angleichen*) **sich etw** (dat) ~ {GEFÜHL DEM HASS} avvicinarsi *a qc*, stare per diventare *qc*, rasentare *qc* **4** (*Kontakt aufnehmen*) **sich jdm** ~ {MANN EINER FRAU} avvicinare *qu*; **sich jdm zu ~ versuchen**, tentare un approccio con qu.

näher|stehen <irr> *itr* <haben oder süddt A CH sein> **jdm** ~ essere più vicino *a qu*: **damals stand er ihr näher als heute**, allora aveva un rapporto più stretto con lei.

näher|treten <irr> *itr* <sein> → **treten**.

Näherungswert *m math* valore *m* approssimativo.

nahe|stehen <irr> *itr* <haben oder süddt A CH sein> **1** (*in enger Beziehung stehen*) **jdm** ~ essere vicino *a qu*, essere in stretti rapporti *con qu* **2 jdm**/**etw** ~ {ZEITUNG EINER GRUPPE, PARTEI} essere vicino *a qu*/*qc*; {POLITIKER EINER GRUPPE, PARTEI} *auch* simpatizzare per *qu*/*qc*, essere simpatizzante *di qu*/*qc*.

nahezu *adv* quasi, pressappoco, pressoché *geh*.

Nähfaden m, **Nähgarn** *n* filo m da cucire/cucito, (filo m) cucirino m.

Nahkampf *m mil sport* corpo a corpo m.

Nahkampfausbildung f *mil* formazione f per il combattimento corpo a corpo.

Nahkampfmittel *n mil* arma f per combattimenti corpo a corpo.

Nähkästchen <-s, -> *n dim von* Nähkasten: **aus dem ~ plaudern** *fam*, mettere in piazza dei fatti (privati) *fam*, chiacchierare a ruota libera *fam*.

Nähkasten m, **Nähkorb** m cestino m da lavoro.

nahm **1**. *und* **3**. *pers sing imperf von* nehmen.

Nähmaschine f macchina f da/per cucire.

nähme **1**. *und* **3**. *pers sing konjv* II *von* nehmen.

Nähnadel f ago m ↓per cucire↓/[da cucito].

Nahost <-, *ohne pl*> *m* <ohne art> *geog* Medio/Vicino *rar* Oriente m: **aus/in ~**, dal/nel/in Medio Oriente.

Nahostkonflikt *m pol* conflitto m mediorientale.

nahöstlich *adj* <attr> {LAND, STAAT} mediorientale, del Medio/Vicino *rar* Oriente.

Nahostpolitik f *pol* politica f mediorientale.

Nährboden *m* **1** *biol* terreno m di coltura, substrato m **2** (*Grundlage*) terreno m propizio/fertile, humus *m oder* f: **ein kultureller ~**, un sostrato culturale; **ein ~ für etw** (akk) {FÜR STREIKS, TERRORISMUS, UNRUHEN}, un humus per qc.

Nährcreme f crema f nutriente.

nähren **A** *tr geh* **1** *obs* (*ernähren*) **jdn**/**etw** ~ {KIND, TIER} nutrire *qu*/*qc*, cibare *qu*/*qc*, alimentare *qu*/*qc*: **sein Kind selbst** ~, allattare il proprio bambino **2** (*aufrechterhalten*) **etw** ~ {BEFÜRCHTUNG, HOFFNUNG} nutrire *qc*; {VERHALTEN HASS, LEIDENSCHAFT, VERDACHT, ZORN} alimentare *qc* **B** *itr* (*nahrhaft sein*) {MALZBIER, ZUCKER} essere nutriente **C** *rfl obs* **sich** (**von etw** dat) ~ nutrirsi (*di qc*), cibarsi *di qc*.

nahrhaft *adj* {BROT, FLEISCH, GETRÄNK, REIS} nutriente, sostanzioso, con valore/potere nutritivo.

Nährkrem, **Nährkreme** f → **Nährcreme**.

Nährlösung f **1** *biol* (*flüssiges Substrat*) substrato m, soluzione f nutriente/nutritizia per colture idroponiche **2** *med* soluzione f nutritizia.

Nährmittel *n* <meist pl> alimento m (a base di cereali).

Nährstoff *m* <meist pl> *biol chem* sostanza f nutritiva.

nährstoffarm *adj* povero di sostanze nutritive.

Nährstoffgehalt *m* valore m nutritivo, principi m pl nutritivi.

nährstoffreich *adj* ricco di sostanze nutritive.

Nahrung <-, *ohne pl*> f cibo m, alimenti m pl, nutrimento m: **feste ~**, alimenti solidi; **flüssige ~**, (alimenti) liquidi ● **durch etw** (akk) **~ erhalten/finden** *geh*, trovare alimento in qc, trarre nutrimento da qc, essere alimentato da qc; **etw** (dat) **~ geben** *geh* {UMSTAND, VORFALL EINEM GERÜCHT}, alimentare qc; **geistige ~**, nutrimento/alimento dello spirito; **zu sich** (dat) **~ nehmen** *geh*, assumere/prendere cibo; **die ~ verweigern** *geh*, rifiutare il cibo.

Nahrungsaufnahme <-, *ohne pl*> f assunzione f di cibo.

Nahrungsergänzungsmittel *n* integratore m alimentare.

Nahrungskette <-, *ohne pl*> f *biol* catena f alimentare.

Nahrungsmangel *m* carenza f alimenta-

re/[di cibo].
Nahrungsmittel n alimento m, prodotto m alimentare; <pl> derrate f pl/generi m pl alimentari.
Nahrungsmittelallergie f *med* allergia f alimentare.
Nahrungsmittelchemie f chimica f alimentare/[degli alimenti].
Nahrungsmittelchemiker m (**Nahrungsmittelchemikerin** f) chimico (-a) m (f) alimentare.
Nahrungsmittelindustrie f industria f alimentare.
Nahrungsmittelvergiftung f intossicazione f alimentare/[da alimenti].
Nahrungssuche f ricerca f di cibo: **auf ~ gehen** {TIER}, andare ₗalla ricerca₁/[in cerca] di cibo.
Nahrungsverweigerung f rifiuto m di ₗassumere cibo₁/[mangiare].
Nährwert m valore m nutritivo ● **das hat doch keinen (praktischen) ~** *fam scherz*, non ha proprio senso, è proprio inutile.
Nähseide f filo m di seta f per cucire, seta f cucirina.
Naht <-, *Nähte*> f **1** (*genähte Verbindung*) cucitura f: **die ~ ist aufgegangen/aufgeplatzt**, la cucitura ₗsi è aperta₁/[è saltata]; **eine einfache/doppelte ~**, una cucitura semplice/[doppia/inglese] **2** *med* sutura f **3** *tech* giuntura f, saldatura f; (*Schweiß~*) cordone m ● **aus allen Nähten platzen** *fam* {PERSON}, trasudare grasso da tutti i pori; {BIBLIOTHEK, BÜRO}, stare per scoppiare *fam*.
Nähtisch m tavolo m da cucito.
nahtlos A adj **1** (*ohne Naht*) {STRÜMPFE} senza cucitura **2** *tech* {ANSCHLUSSROHR} senza saldatura **3** (*durchgehend*): **~e Bräune**, abbronzatura integrale B *adv* (*ohne Unterbrechung*) {ANSCHLIESSEN, INEINANDER ÜBERGEHEN} senza ₗsoluzione di continuità₁/[interruzione]: **Vorlesung und Diskussion gingen ~ ineinander über**, si passò direttamente dalla lezione alla discussione ● **~ braun sein**, avere un'abbronzatura integrale.
Nahtstelle f **1** (*genähte Stelle*) cucitura f **2** *tech* (punto m di) saldatura f **3** (*Verbindung*) punto m di congiunzione/contatto.
Nahverkehr m traffico m locale/[a breve distanza], traffico m urbano e suburbano: **der öffentliche ~**, il trasporto pubblico urbano e suburbano; **der private ~**, circolazione di veicoli privati nel comprensorio urbano.
Nahverkehrsmittel n mezzo m di trasporto intercomunale.
Nahverkehrsnetz n rete f di trasporto urbano e suburbano.
Nahverkehrszug m (treno m) locale m.
Nähzeug <-(*e*)*s, -e*> n occorrente m per cucire, kit/nécessaire m da cucito.
Nahziel n prossima meta f, prossimo obiettivo m: **unsere ~e sind ...**, nell'immediato intendiamo realizzare ...
naiv A *adj* **1** (*arglos*) {FREUDE, STOLZ} ingenuo; {MENSCH} *auch* candido, semplicione *fam*, naïf **2** (*einfältig*) sprovveduto, semplicotto *fam* **3** (*ohne Vorbildung ausgedrückt*): **~e Kunst/Malerei**, arte/pittura naïf; **~er Künstler**, (artista) naïf B *adj* {FRAGEN} ingenuamente, in modo ingenuo da ingenuo.
Naive <*dekl wie adj*> A *mf* (*naiver Mensch*) ingenuo (-a) m (f): **den ~n spielen**, fare l'ingenuo B f *theat* ingenua f.
Naivität <-, *ohne pl*> f ingenuità f, candore m, semplicioneria f.
Name <-*ns, -n*>, **Namen** <-*s, -*> m **1** (*Personenname*) nome m; (*Familienname*) cognome m: **wie ist dein ~?**, come ti chiami?, qual è il tuo nome? **Müller ist in Deutschland ein sehr häufiger ~**, in Germania Müller è un cognome molto frequente; **auf wessen ~(n) läuft das Girokonto?**, a chi è intestato il conto corrente?; **ich danke Ihnen im ~ aller Teilnehmer**, Vi ringrazio a nome di tutti i partecipanti; **dafür/dazu würde ich meinen ~n nie hergeben**, per una cosa del genere non presterei mai il mio nome; **er hat keinen ~n genannt**, non ha fatto nomi; **er trägt den ~n seines Großvaters**, porta il nome di suo nonno; **in eigenem ~n**, in nome proprio, a titolo personale **2** (*Ruf*) nome m, reputazione f, fama f: **als Arzt hat er einen guten ~n**, come medico gode di ₗottima fama₁/[buon nome]; **mein guter ~ steht auf dem Spiel**, è in gioco ₗla mia reputazione₁/[il mio buon nome] ● **angenommener ~**, pseudonimo; **unter *falschem* ~n**, sotto ₗfalso nome₁/[mentite spoglie *geh*]; **im ~n der Gerechtigkeit/des Gesetzes/Volkes/...**, in nome della giustizia/della legge/del popolo/...; **mein ~ ist Hase (, ich weiß von nichts)** *fam scherz*, non so e non so c'ero dormivo *fam*; **seinen ~n für etw (akk) hergeben**, spendere il proprio nome per qc; **jdn nur dem ~n nach kennen**, conoscere qu solo di nome; **auf den ~n ... lautend**, a nome di ..., intestato a ...; **sich (dat) mit etw (dat)/als etw (nom) einen ~n machen**, farsi un nome con qc/come qc; **mit ~n ...**, di nome ...; **etw beim (rechten) ~n nennen**, chiamare qc con il proprio nome; **die Dinge/das Kind beim ~ nennen**, chiamare le cose col loro nome, dire pane al pane e vino al vino; **unter etw (akk) setzen**, apporre la propria firma a qc, firmare qc; **mit vollem ~n unterschreiben**, firmare ₗper intero₁/[con nome e cognome]; **im ~n des Vaters, des Sohnes und des Heiligen Geistes** *relig*, in nome del Padre, del Figlio e dello Spirito Santo; **in Gottes ~n!** *fam*, e va bene! *fam*, e sia!
Namedropping, **Name-Dropping** <-*s, -s*> n: **~ machen**, buttare là grossi nomi, fare sfoggio di amicizie altolocate.
Namengedächtnis n memoria f per i nomi.
Namenkunde f → **Namensforschung**.
Namenliste f elenco m nominativo/[dei nomi].
namenlos A *adj* **1** (*anonym*) {HELFER, SPENDER, TOTER} anonimo, senza nome: **Tausende von Namenlosen**, migliaia e migliaia di senza nome **2** *geh* (*unbeschreiblich*) {ELEND, GLÜCK, LEID, SCHMERZ} inenarrabile *geh*, indicibile, inesprimibile, indescrivibile B *adv geh* {SICH FÜRCHTEN, LEIDEN} in modo indicibile/indescrivibile, indicibilmente.
namens A *adv* (*mit Namen*) di nome, chiamato B *präp + gen form* (*im Auftrag von*) ₗin nome₁/[per conto] di.
Namensaktie f *bank* titolo m nominativo.
Namensänderung f cambiamento m di/del cognome.
Namensforschung, **Namenforschung** f *ling* onomastica f.
Namensgebung, **Namengebung** <-*en*> f imposizione f ₗdi un₁/[del] nome.
Namensnennung, **Namennennung** f menzione f del nome, nominativo m *adm*.
Namenspapier n → **Namensaktie**.
Namenspatron m (**Namenspatronin** f) patrono (-a) m (f).
Namensrecht n diritto m alla scelta del nome/cognome.
Namensschild n (*an der Tür, am Koffer*) targhetta f (con il nome); (*auf dem Tisch*) segnaposto m; (*an der Brust: bei Verkäufern*) cartellino m (con il nome); (*bei Messen, Tagungen*) *auch* badge m.
Namenstag m onomastico m: **jdm zum ~ gratulieren**, fare a qu gli auguri per il suo onomastico.
Namensverwechslung, **Namenverwechslung** f scambio m di nomi.
Namensvetter m omonimo m.
Namenszeichen n sigla f (del proprio nome).
Namenszug m firma f.
namentlich① A *adj* <*attr*> {ABSTIMMUNG} nominale; {LISTE} nominativo: **~er Aufruf**, appello nominale B *adv* (*mit Namen*) per nome, nominatamente; **jdn ~ nennen**, menzionare qu per nome.
namentlich② *adv geh* specialmente, particolarmente, soprattutto.
Namenverzeichnis n → **Namenliste**.
namhaft *adj* **1** (*bekannt*) {AUTOR, EXPERTE, KÜNSTLER, WISSENSCHAFTLER} rinomato, di una certa rinomanza **2** (*beträchtlich*) {BETRAG, SPENDE, SUMME} notevole, considerevole, cospicuo, importante ● **jdn ~ machen** *adm*, identificare qu.
Namibia <-*s, ohne pl*> n *geog* Namibia f.
Namibier <-*s, ->* m (**Namibierin** f) namibiano (-a) m (f).
namibisch *adj* namibiano.
nämlich *adv* **1** (*und zwar*) cioè, vale a dire: **ich mache zweimal im Jahr eine Woche Urlaub, ~ im Juli und im Februar**, due volte l'anno mi prendo una settimana di ferie, (e cioè) a luglio e a febbraio **2** (*denn*) infatti, difatti, poiché: **die Sache ist ~ die, dass ...**, la cosa infatti è che ...; **ich glaube, er ist nicht zu Hause; es meldet sich ~ niemand**, credo che non sia in casa: infatti al telefono non risponde nessuno; **er kann den Führerschein noch nicht machen, er ist ~ erst 17**, non può ancora prendere la patente, ₗdal momento che₁/[poiché] ha solo 17 anni.
Nanismus m *med* nanismo m.
nannte 1. *und* 3. *pers sing imperf von* nennen.
Nanofarad <-(*s*), -> n *phys* nanofarad m.
Nanometer m *oder* n nanometro m.
Nanotechnik f → **Nanotechnologie**.
Nanotechnologie f *wiss* nanotecnologia f.
Nansenpass, **Nansen-Pass** (a.R. Nansenpaß, Nansen-Paß) m *hist* passaporto m di Nansen.
nanu *interj fam* (*drückt Verwunderung aus*) to': **~, du bist schon wieder da?**, ₗma come₁/[to'], sei già tornato (-a)?; **~, wo kommst du denn her?**, beh, da dove arrivi/sbuchi *fam*?
Napalm® <-*s, ohne pl*> n napalm m.
Napalmbombe f *mil* bomba f al napalm.
Napf <-(*e*)*s, Näpfe*> m scodella f/ciotola f (per animali).
Napfkuchen m *gastr* "dolce m a forma di panettone".
Naphtha <-*s, ohne pl*> n *oder rar* <-, *ohne pl*> f nafta f.
Naphthalin <-*s, ohne pl*> n *chem* naftalina f.
Napoleon <-*s, ohne pl*> m *hist* Napoleone m.
napoleonisch *adj hist* napoleonico.
Nappa <-(*s*), -*s*> n, **Nappaleder** n nappa f.
Narbe <-, -*n*> f **1** *med* cicatrice f; (*Pockennarbe*) buttero m **2** *bot* {+FRUCHTKNOTEN} stigma m **3** → **Grasnarbe**.
Narbenbildung f cicatrizzazione f.
narbig *adj* {GESICHT, HAUT, RÜCKEN} coperto/pieno di cicatrici; (*pocken~*) butterato.
Narkose <-, -*n*> f *med* anestesia f, narcosi f: **aus der ~ erwachen**, (ri)svegliarsi dall'ane-

stesia; **jdm eine ~ geben**, anestetizzare qu, sottoporre qu ad anestesia; **in (der) ~ liegen**, essere ˌsotto anestesiaˌ/[in stato di narcosi].

Narkosearzt m (**Narkoseärztin** f) (medico m) anestesista mf.

Narkosemittel n (farmaco m) anestetico m/narcotico m.

Narkoseschwester f infermiera f anestesista.

Narkotikum <-s, *Narkotika*> n **1 med** (*Betäubungsmittel*) (farmaco m) anestetico m/narcotico m **2** (*suchterzeugendes Mittel*) narcotico m, stupefacente m.

narkotisch adj **1 med** {WIRKUNG} narcotico, narcotizzante; {MITTEL} auch anestesico **2** (*suchterzeugend*) narcotico, stupefacente.

narkotisieren <ohne ge-> tr **jdn/etw ~** {MENSCH, TIER} narcotizzare qu/qc, anestetizzare qu/qc: **von der Droge narkotisiert sein**, essere sotto l'effetto di stupefacenti.

Narr <-en, -en> m (**Närrin** f) **1** *hist theat* buffone m (di corte) **2** (*Dummkopf*) sciocco (-a) m (f), stolto (-a) mf **3** (*Karnevalist*) "chi partecipa mascherato al carnevale" ● **einen ~en an jdm gefressen haben** *fam*, andare pazzo (-a)/matto (-a) per qu *fam*; **jdn zum ~en halten/haben**, farsi/prendersi gioco di qu, farsi beffe di qu; **sich zum ~en machen**, rendersi ridicolo (-a), coprirsi di ridicolo.

narren tr *geh* **jdn ~** prendersi gioco di qu, (*täuschen*) ingannare qu.

Narrenfreiheit f: **~ genießen/haben**, avere ˌil dirittoˌ/[la libertà] di dire/fare tutto ciò che salta in mente.

Narrenhaus n *fam* manicomio m: **hier geht es ja zu wie in einem ~** *fam*, sembra di essere in ˌun manicomioˌ/[una gabbia di matti].

Narrenkappe f berretto m da buffone.

narrensicher adj *fam* {FERNBEDIENUNG} facilissimo, semplicissimo; {GERÄT, MASCHINE} facilissimo da usare.

Närrin f → **Narr**.

närrisch **A** adj **1** (*karnevalistisch*) {TREIBEN, UMZUG} carnevalesco: **die ~en Tage**, i giorni di Carnevale **2** *obs* (*verrückt*) {EINFALL, GEDANKE} folle, pazzo **3** *fam* (*intensiv*) {FREUDE, GLÜCK} pazzesco, folle *fam* **B** adv (*sehr*): **sich ~ freuen**, essere pazzo di gioia, essere matto dalla gioia ● (*ganz*) ~ **auf jdn/etw sein** *fam*, andare pazzo (-a)/matto (-a) per qu/qc *fam*.

Narziss (a.R. *Narziß*) <- oder -es, -e> m **1** <nur sing> *myth* Narciso m **2** *geh* (*selbstbezogener Mensch*) narciso m.

Narzisse <-, -n> f *bot* narciso m.

Narzissmus (a.R. *Narzißmus*) <-, *ohne pl*> m *geh* narcisismo m.

Narzisst (a.R. *Narzißt*) <-en, -en> m (**Narzisstin** f) *psych* narcisista mf.

narzisstisch (a.R. *narzißtisch*) adj {ART, VERHALTEN} narcisistico.

NASA <-, *ohne pl*> f *Abk von engl* National Aeronautics and Space Administration: NASA f.

nasal adj *ling* {AUSSPRACHE, LAUT} nasale.

Nasal <-s, -e> m *ling* (suono m) nasale f.

nasalieren <ohne ge-> *ling* tr **etw ~** nasalizzare qc.

Nasallaut m *ling* → **Nasal**.

Nasalvokal m *ling* vocale f nasale.

naschen **A** tr (*ein bisschen von etw essen*) **etw ~**, {KEKSE, SCHOKOLADE} spizzicare qc, mangiucchiare qc, piluccare qc, spilluzzicare qc: **Süßigkeiten ~**, mangiare dolciumi **B** itr **1** (*Süßes essen*): **gern ~**, essere goloso di dolci, avere un debole per i dolci; **hast du was zum Naschen?**, hai qualcosa di dolce?

2 (*von etw kosten*) **an etw** (dat)/**von etw** (dat) **~** {AM, VOM KUCHEN} spizzicare qc, spilluzzicare qc.

Näschen <-s, -> n *dim von* Nase nasino m, nasetto m.

Nascherei <-, -en> f **1** <nur pl> (*Süßigkeiten*) dolciumi m pl, leccornie f pl, ghiottonerie f pl **2** <nur sing> (*das Naschen*) spilluzzicare m/spizzicare m continuo di dolci: **lass endlich diese ständige ~!**, smettila/finiscila di mangiucchiare dolci tutto il tempo!

naschhaft adj {MENSCH} goloso, ghiotto.

Naschhaftigkeit <-, *ohne pl*> f golosità f, ghiottoneria f.

Naschkatze f *fam* golosone (-a) m (f), ghiottone (-a) m (f).

Nase <-, -n> f **1** (*Riechorgan*) naso m: **durch die ~ atmen**, respirare ˌcon ilˌ/[dal] naso; **jdm blutet die ~**, a qu esce il sangue dal naso, a qu sanguina il naso; **in der ~ bohren**, mettersi/cacciarsi le dita nel naso *fam*, scaccolarsi (il naso) *fam*; **die ~ hochziehen**, tirare su con il naso; **jdm juckt die ~**, a qu pizzica/prude il naso; **jdm läuft die ~**, a qu cola il naso; **sich** (dat) **die ~ putzen/schnäuzen**, pulirsi/soffiarsi il naso; **durch die ~ sprechen**, parlare col naso; **eine verstopfte ~ haben**, avere il naso chiuso/tappato **2** (*Farbtropfen*) goccia f: **der Lack hat ~n gezogen**, la vernice è colata **3** (*Vorderteil*) {+AUTO, FLUGZEUG, ZUG} muso m **4** (*Vorsprung*) {+GEBÄUDE} sporgenza f; {+FELSWAND} spuntone m ● **jdm etw an der ~ ansehen** *fam*, leggere qc in faccia a qu; **das sieht man dir doch an der ~ an!**, basta guardarti in faccia! *fam*; **jdm etw auf die ~ binden** *fam* {DETAILS, PLAN, VORHABEN}, andare a raccontare qc a qu, spiattellare qc a qu *fam*; **das werde ich ausgerechnet dir auf die ~ binden!** *scherz*, proprio a te lo vengo a raccontare!; **die/seine ~ in ein Buch stecken** *fam*, aprire un libro; **auf die ~ fallen/fliegen** *fam* (*hinfallen*), (s)battere il naso (per terra) *fam*, battere una musata *fam*; (*scheitern*) batterci il naso, battere una musata *fam*; **sich an seine eigene ~ fassen** *fam*, ˌpensare ai ˌ/[farsi i] fatti propri; **fass dich doch an deine eigene ~!**, fatti gli affari tuoi!, pensa per te!; **jdm eins/was auf die ~ geben** *fam*, fare un rabbuffo a qu *fam*; **die ~ zu tief ins Glas stecken** *fam*, alzare troppo il gomito; **eine feine/gute ~ haben**, avere ˌ(buon) nasoˌ/[l'odorato fino]; **eine (gute)ˌ/[die richtige] ~ für etw** (akk) **haben** *fam*, avere ˌbuon nasoˌ/[fiuto] per qc; **für so was hat er 'ne ~**, per queste cose ha un fiuto infallibile; **jdm etw unter die ~ halten** *fam*, mettere qc sotto il naso a qu; **jdn an der ~ herumführen** *fam*, menare/prendere qu per il naso *fam*; **jdn an der ~ herumtanzen lassen** *fam*, mettere i piedi ˌin testa *fam*ˌ/[sul collo *fam*] a qu; **sich** (dat) **eine blutige ~ holen** *fam*, sbattere il muso contro qc *fam*; **auf der ~ liegen** *fam*, essere malato/[fuori combattimento *fam*]; **jdm eine lange ~ machen** *fam*, fare marameo a qu; **immer der ~ nach** *fam*, sempre diritto; **jdm passt/gefällt jds ~ nicht** *fam*, a qu non piace la faccia di qu; **wenn dem deine ~ nicht passt, dann schmeißt er dich bei der erstbesten Gelegenheit raus**, se la tua faccia non gli va a genio, ti sbatte fuori alla prima occasione; **pro ~** *fam scherz*, a testa/cranio *fam*, a/per persona; **jdm etw unter die ~ reiben** *fam* {FEHLER, IRRTUM}, sbattere in faccia qc a qu *fam*; **überall seine ~ reinstecken (müssen)** *fam*, (dover) ficcare/cacciare il naso dappertutto *fam*; **über (jdn/etw) die ~ rümpfen**, arricciare/storcere il naso (davanti a qu/qc); **jd sieht nicht weiter als seine ~ (reicht)**, qu non vede più

in là delˌ/[oltre il] proprio naso; **jdm jdn vor die ~ setzen** *fam*, far passare avanti qu a qu *fam*; **per bekam eine Frau als Chef vor die ~ gesetzt** *fam*, si ritrova una donna come capo; **die/seine ~ in etw** (akk) **stecken** *fam*, ficcare/cacciare il naso in qc *fam*; **steck deine ~ nicht in fremder Leute Angelegenheiten!**, non ficcare il naso nelle faccende altrui!; **jdn mit der ~ auf etw** (akk) **stoßen** *fam*, mettere qc sotto il naso a qu; **die ~ hoch tragen** *fam*, avere la puzza sotto il naso *fam*; **(von jdm/etw) die ~ (gestrichen) voll haben** *fam*, avere le tasche/scatole piene di qu/qc *fam*; **ich habe die ~ gestrichen voll**, ne ho le tasche/scatole piene; **sich** (dat) **(bei etw dat) eine goldene ~ verdienen** *fam*, fare affari d'oro (con qc), trovare una miniera d'oro (con qc); **die ~ vorn haben** *fam*, essere avanti di una lunghezza; **immer mit der ~ vorn sein** *fam*, essere un saccentone; **vor jds ~ wegfahren** *fam* {BUS, STRAßENBAHN, ZUG}, partire sotto il naso a qu *fam*; **der Bus ist mir vor der ~ weggefahren**, l'autobus mi è partito sotto il naso; **jdm etw vor der ~ wegschnappen** *fam*, portar via qc a qu da sotto il naso *fam*; **jdm etw aus der ~ ziehen** *fam* {JEDES WORT}, cavare/strappare qc di bocca a qu *fam*.

naselang, nas'lang adv: **alle ~** *fam*, ogni pochino *fam*, continuamente.

näseln itr parlare con ˌvoce nasaleˌ/[il naso].

näselnd A adj {STIMME} nasale; {BUTLER} che parla con ˌil nasoˌ/[voce nasale] **B** adv: **~ fragen**, chiedere con una voce nasale.

Nasenbär m *zoo* nasua m, coati m.

Nasenbein n *anat* osso m nasale/[del naso].

Nasenbluten <-s, *ohne pl*> n sangue m dal naso, epistassi f *med*: **ich habe ~**, perdo sangue dal naso, mi sanguina il naso.

Nasenflügel m *anat* ala f/aletta f del naso, pinna f nasale.

Nasenhöhle f *anat* cavità f nasale.

Nasenlänge <-, *ohne pl*> f: **mit einer ~ gewinnen**, vincere ˌdi stretta misuraˌ/[per un pelo *fam*]; **jdm um eine ~ voraus sein** *fam*, precedere qu di un palmo, avere un piccolissimo vantaggio su qu.

Nasenloch n <*meist pl*> *anat* narice f.

Nasennebenhöhle f <*meist pl*> *anat* seno m paranasale.

Nasenplastik <-, *ohne pl*> f *med* rinoplastica f, plastica f del naso.

Nasen-Rachen-Raum m *anat* cavità f rinofaringea.

Nasenring m **1** (*Eisenring*) {+BULLE, TANZBÄR} nasiera f **2** (*Nasenschmuck*) anell(in)o m al naso.

Nasenrücken m *anat* dorso m del naso.

Nasensattel m *anat* sella f del naso.

Nasenscheidewand f *anat* setto m nasale.

Nasenschleimhaut f mucosa f nasale.

Nasenschmuck m ornamento m al naso; (*Piercing*) piercing m al naso.

Nasenspiegel m *med* rinoscopio m.

Nasenspitze f <*meist sing*> punta f del naso ● **jdm etw an der ~ ansehen** *fam*, leggere qc in faccia a qu; **nicht weiter sehen, als die ~ reicht** *fam*, non vedere più in là del proprio naso *fam*.

Nasenspray m *oder* n *pharm* spray m nasale.

Nasenstüber m colpetto m al naso ● **jdm einen ~ versetzen** *fam*, fare un rabbuffo a qu *fam*.

Nasentropfen subst <*nur pl*> *pharm* gocce

Nasenwurzel f *anat* radice f del naso.
Naserümpfen <-s, *ohne* pl> n arricciare m/storcere m il naso.
naserümpfend adv {REAGIEREN, SAGEN} storcendo/arricciando il naso.
naseweis adj {BENGEL, KIND} saputello.
Naseweis <-es, -e> m saputello (-a) m (f).
Nashorn n *zoo* rinoceronte m.
nass (a.R. naß <*nasser oder nässer, nasseste oder nässeste*> adj **1** (*von Wasser durchtränkt, bedeckt*) bagnato: **seine Stirn war ~ vor Schweiß**, aveva la fronte madida di sudore; **~e Augen bekommen**, avere le lacrime agli occhi; **~e Haare haben**, avere i capelli bagnati; **~ werden** {PERSON}, bagnarsi; (*vom Regen*) *auch* prendere l'acqua *fam*; **ich bin bis auf die Haut/Knochen ~ geworden**, mi sono bagnato (-a) fino all'osso; **ganz/[durch und durch] ~**, (bagnato) fradicio, zuppo **2** (*regenreich*) {MONAT, SOMMER, TAG, WETTER} piovoso, umido **3** <präd> (*noch feucht*) {FARBE, TINTE, WUNDE} fresco **4** (*halb geschmolzen*) {SCHNEE} papposo ● **sich ~ machen** (*nass werden*) bagnarsi; *fam* (*urinieren*) {KLEINKIND}, farsi la pipì addosso *fam*, bagnarsi; **triefend ~**, (bagnato) fradicio, zuppo.
Nass (a.R. Naß) <-es, *ohne* pl> n *geh* **1** (*Getränk*): **das edle/kostbare ~** (*Bier*), la buona birra; (*Wein*), il buon vino, il nettare degli dei **2** (*Regen*) pioggia f **3** (*Wasser*): **das kühle ~**, il liquido elemento, l'acqua fresca.
Nassauer <-s, -> m (**Nassauerin** f) *fam pej* scroccone (-a) m (f) *fam*, scroccatore (-trice) m (f) *fam*, sbafatore (-trice) m (f) *fam*.
nassauern *itr fam pej* scroccare *fam*, vivere a sbafo *fam*, fare lo scroccone *fam*.
Nässe <-, *ohne* pl> f **1** (*starke Feuchtigkeit*) umidità f: **vor ~ schützen!**, teme l'umidità!, conservare in luogo asciutto! **2** (*nasses Wetter*) tempo m piovoso/umido, pioggia f: **bei der ~ willst du den Hund ausführen?**, vuoi portare fuori il cane con questa pioggia?; **bei ~** (*auf Verkehrsschild*), in caso di pioggia; **bei ~ auf den Straßen vorsichtig fahren**, sul (fondo) bagnato guidare con prudenza.
nässen *itr* {VERLETZUNG, WUNDE} suppurare *med*, buttare.
nassforsch (a.R. naßforsch) adj *fam pej* sfacciato, sfrontato.
nassgeschwitzt (a.R. naßgeschwitzt) adj → **geschwitzt**.
nasskalt (a.R. naßkalt) adj {TAG, WETTER} freddo umido: **es ist ~**, fa un freddo umido.
nass|machen (a.R. naßmachen) *rfl* **1 sich ~** (*nass werden*) → **nass 2** *slang* (*sich nicht aufregen*): **mach dich bloß nicht nass!**, oh, rilassati!, datti una calmata! *fam* **3** *slang* (*jdn vernichtend schlagen*) **jdn ~** stracciare *qu fam*.
Nassrasierer (a.R. Naßrasierer) m "uomo m che si rade con la schiuma e il pennello da barba".
Nassrasur (a.R. Naßrasur) f rasatura f con schiuma e pennello.
Nassschnee, Nass-Schnee (a.R. Naßschnee) m neve f papposa.
nass|schwitzen (a.R. naßschwitzen) *tr rfl* → **schwitzen**.
Nasswäsche (a.R. Naßwäsche) f (*in der Reinigung*) capi m pl lavati e non asciugati.
Nasszelle (a.R. Naßzelle) f *bau* piccolo bagno m (senza finestra).
Nastuch n *süddt CH* fazzoletto m.
Natalie f (*Vorname*) Natalia.
Natalität <-, *ohne* pl> f *Statistik* natalità f.
Natascha f (*Vorname*) Natascia.
Nation <-, -en> f **1** (*Volk*) nazione f, popolo m **2** *pol* nazione f ● **die Vereinten ~en** *pol*, le Nazioni Unite.
national adj <*meist* attr> {BEWUSSTSEIN, FEIERTAG, INTERESSEN, UNABHÄNGIGKEIT} nazionale; (*patriotisch*) nazionalistico: **auf ~er Ebene**, a livello nazionale; **eine ~e Minderheit**, una minoranza etnica (in una nazione).
Nationalbank f banca f nazionale.
nationalbewusst (a.R. nationalbewußt) adj {PERSON} che ha una coscienza nazionale: **~ sein**, avere una coscienza nazionale, essere attaccato alla propria nazione; *pej*, essere nazionalistico.
Nationalbewusstsein (a.R. Nationalbewußtsein) <-s, *ohne* pl> n coscienza f nazionale.
Nationalbibliothek f biblioteca f nazionale.
Nationalcharakter m carattere m nazionale.
nationaldemokratisch A adj {PARTEI} nazionaldemocratico; {POLITIK} nazionalistico B adv: **~ eingestellt sein**, essere di idee nazionalistiche; **~ wählen**, votare per un partito nazionaldemocratico ● **Nationaldemokratische Partei Deutschlands** (Abk NPD), "Partito Nazionaldemocratico Tedesco".
Nationaldenkmal n monumento m nazionale.
Nationaldress (a.R. Nationaldreß) m → **Nationaltrikot**.
Nationalelf f *Fußball* (squadra f) nazionale f di calcio: **die italienische ~**, la nazionale italiana (di calcio), gli azzurri *fam*.
Nationalepos n *lit* epos m nazionale.
Nationalfarben *subst* <*nur* pl> colori m pl nazionali/[della bandiera].
Nationalfeiertag m festa f nazionale.
Nationalflagge f bandiera f nazionale.
Nationalgefühl n sentimento m nazionale.
Nationalgericht n *gastr* piatto m nazionale/[tipico di una nazione].
Nationalgetränk n bevanda f nazionale/[tipica di una nazione].
Nationalheld m (**Nationalheldin** f) eroe m/eroina f nazionale.
Nationalhymne f inno m nazionale.
nationalisieren <*ohne* ge-> *tr* **1** (*verstaatlichen*) **etw ~** {BANKWESEN, INDUSTRIE} nazionalizzare *qc*, statalizzare *qc* **2** → **naturalisieren**.
Nationalisierung <-, -en> f **1** (*Verstaatlichung*) nazionalizzazione f, statalizzazione f **2** → **Naturalisierung**.
Nationalismus <-, *ohne* pl> m *oft pej* nazionalismo m.
Nationalist <-en, -en> m (**Nationalistin** f) *oft pej* nazionalista mf.
nationalistisch *oft pej* A adj {MENSCH} nazionalista; {EINSTELLUNG, GESINNUNG, PROPAGANDA} nazionalistico B adv {DENKEN, FÜHLEN, HANDELN} in modo nazionalistico/nazionalista, da nazionalista, con spirito nazionalista: **~ eingestellt sein**, avere idee nazionalistiche.
Nationalität <-, -en> f **1** (*Staatsangehörigkeit*) nazionalità f, cittadinanza f: **ein Schiff italienischer ~**, una nave battente bandiera italiana **2** (*Volkszugehörigkeit*) nazionalità f **3** (*Ethnie*) etnia f, gruppo m etnico.
Nationalitätenfrage f *soziol* questione f delle minoranze (in uno stato multietnico).
Nationalitätenkonflikt m conflitto m etnico.
Nationalitätenstaat m *pol* stato m multietnico/pluriretnico.
Nationalitätskennzeichen n *autom* targa f internazionale.
Nationalitätsprinzip n *jur* principio m delle nazionalità.
Nationalmannschaft f *sport* (squadra f) nazionale f: **die italienische ~**, la nazionale italiana, gli azzurri *fam*.
Nationalmuseum n museo m nazionale.
Nationalökonomie <-, *ohne* pl> f economia f politica.
Nationalpark m parco m nazionale.
Nationalrat m *A CH* **1** <*nur* sing> (*Parlament*) consiglio m nazionale **2** (*Parlamentsmitglied*) consigliere m nazionale.
Nationalsozialismus <-, *ohne* pl> m *hist* (Abk NS) nazionalsocialismo m, nazismo m.
Nationalsozialist m (**Nationalsozialistin** f) *hist* nazionalsocialista mf, nazista mf.
nationalsozialistisch adj {POLITIKER, PROPAGANDA} nazionalsocialista, nazista; {METHODEN} *auch* nazionalsocialistico.
Nationalspieler m (**Nationalspielerin** f) *sport* giocatore (-trice) m (f) della nazionale.
Nationalsport m *sport* m nazionale: **Fußball ist der ~ Brasiliens**, il calcio è lo sport nazionale del Brasile.
Nationalstaat m (stato m) nazione f.
Nationalstaatsprinzip n *pol hist* principio m di nazionalità.
Nationalstolz m orgoglio m nazionale.
Nationalstraße f *CH* (*Autobahn*) autostrada f; (*Schnellstraße*) strada f statale.
Nationaltanz m ballo m nazionale: **Tango ist der ~ Argentiniens**, il tango è il ballo nazionale argentino.
Nationaltheater n teatro m nazionale.
Nationaltrikot n *sport* maglia f della nazionale.
Nationalversammlung f assemblea f nazionale ● **die Frankfurter ~** *hist*, il Parlamento di Francoforte.
Native <-s, -s> m *oder* <-, -s> f indigeno (-a) m (f) (delle colonie britanniche).
Nativespeaker <-s, -> m → **Muttersprachler**.
NATO, Nato <-, *ohne* pl> f Abk *von engl* North Atlantic Treaty Organization: NATO f.
NATO-Anhänger m (**NATO-Anhängerin** f), **Nato-Anhänger** (**Nato-Anhängerin** f), **NATO-Befürworter** m (**NATO-Befürworterin** f), **Nato-Befürworter** m (**Nato-Befürworterin** f) sostenitore (-trice) m (f) della NATO.
NATO-Doppelbeschluss (a.R. NATO-Doppelbeschluß), **Nato-Doppelbeschluss** (a.R. Nato-Doppelbeschluß) m doppia risoluzione f NATO.
NATO-Einsatz, Nato-Einsatz m *jur mil pol* intervento m della NATO.
NATO-Gegner m (**NATO-Gegnerin** f), **Nato-Gegner** m (**Nato-Gegnerin** f) oppositore (-trice) m (f) della NATO.
NATO-Osterweiterung, Nato-Osterweiterung f *pol* allargamento m a est della NATO.
NATO-Partner, Nato-Partner m **1** (*Mitglied*) (paese m/stato m) membro m della NATO: **unsere NATO-Partner**, i nostri partner nella NATO **2** (*mit der NATO zusammenarbeitender Staat*) partner m della NATO.
NATO-Staat, Nato-Staat m stato m (membro m) della NATO.
NATO-Stützpunkt, Nato-Stützpunkt m *mil* base f (della) NATO.
NATO-Truppen, Nato-Truppen *subst*

<pl> mil truppe f pl della NATO.
Natrium <-s, ohne pl> n chem sodio m.
Natriumchlorid n cloruro m di sodio.
Natriumhydroxid, **Natriumhydroxyd** n chem idrossido m di sodio, soda f caustica.
Natriumkarbonat n chem carbonato m di sodio, soda® f.
Natriumsalz n chem sale m sodico.
Natron <-s, ohne pl> n chem bicarbonato m di sodio.
Natronlauge f chem soluzione f di soda caustica.
Natronsalz n chem sale m sodico.
Natter <-, -n> f zoo serpente m/serpe f (della famiglia dei Colubridi), biscia f fam • **eine ~ am Busen nähren** geh, allevare/nutrire una serpe in seno.
Natur <-, -en> f 1 <nur sing> (Schöpfung) natura f: **die Gesetze/Wunder der ~**, le leggi/meraviglie della natura; **Mutter ~**, madre natura; **die unberührte ~**, la natura incontaminata 2 (Wesen) natura f, carattere m, indole f, temperamento m: **sie ist von ~ (aus) ehrgeizig**, è ambiziosa di natura; **es liegt nicht in seiner ~, nachtragend zu sein**, non è nella sua natura ₍serbare rancore₎/[essere permaloso]; **er ist eine gesellige ~**, è socievole di natura, è di carattere socievole; **die menschliche ~**, la natura umana 3 (Konstitution) fisico m, costituzione f, complessione f: **eine kräftige ~ haben**, avere un fisico robusto; **eine gesunde ~ haben**, essere di sana costituzione 4 <nur sing> (Art) natura f, indole f, ordine m, carattere m: **eine Frage politischer ~**, una questione ₍d'indole₎/[di natura] politica; **Entscheidungen allgemeiner ~**, decisioni di ordine generale; **ein Problem wirtschaftlicher ~**, un problema di tipo/carattere economico 5 <nur sing> (natürliche Beschaffenheit): **ein Schreibtisch in Teakholz ~**, una scrivania in tek naturale; **eine Zitrone ~ bitte**, una spremuta di limone al naturale • **das liegt in der ~ der Dinge/Sache**, è nella natura delle cose; **in freier ~** {LEBEN, VORKOMMEN}, in natura; {PICKNICKEN, ÜBERNACHTEN}, all'aria aperta; **diese Pflanzen wachsen in freier ~**, queste piante crescono spontanee; **gegen/wider die ~ gehen/sein**, andare/essere contro natura; **jdm gegen die ~ gehen** {LÜGEN, HANDLUNGSWEISE, VERHALTEN}, essere estraneo/contrario alla natura di qu; **jd ist von der ~ stiefmütterlich behandelt worden**, la natura è stata matrigna a qu; **zurück zur ~**, ritorno alla natura; **jdm zur zweiten ~ werden**, essere una seconda natura per qu.
Naturalien subst <nur pl>: **in ~ bezahlen**, pagare in natura.
naturalisieren <ohne ge-> tr adm **jdn ~**, naturalizzare qu, dare la cittadinanza a qu.
Naturalisierung <-, -en> f adm naturalizzazione f.
Naturalismus <-, ohne pl> m kunst lit philos naturalismo m.
Naturalist <-en, -en> m (**Naturalistin** f) naturalista mf.
naturalistisch adj 1 (wirklichkeitstreu) {DARSTELLUNG, SCHILDERUNG} realistico, fedele (alla natura) 2 kunst lit philos naturalistico, naturalista.
Naturallohn m ricompensa f in natura.
Naturapostel m fam scherz paladino m della natura.
Naturarzt m (**Naturärztin** f) → **Naturheilkundler**.
naturbelassen adj {HOLZ} naturale; {ÖL, WEIN} auch genuino, non trattato.
naturblond adj biondo naturale.

Naturborste f setola f naturale.
Naturbursche m fam giovane m/ragazzo m semplice.
Naturdarm m (Wursthülle) budello m naturale.
Naturdenkmal n monumento m/bellezza f naturale.
Naturdünger m concime m/fertilizzante m naturale.
nature <inv> adj gastr {SCHNITZEL} nature, non impanato.
Naturell <-s, -e> n natura f, indole f.
Naturereignis n spettacolo m della natura: **ein schreckliches ~**, un cataclisma, una catastrofe naturale.
Naturerscheinung f fenomeno m naturale.
Naturfarbe f 1 (natürlicher Farbstoff) colorante m naturale 2 (ursprüngliche Farbe) colore m naturale.
naturfarben adj {HOLZ, LEDER, WOLLE} di/dal colore naturale: **der Stoff ist ~**, la stoffa ha un colore ecru.
Naturfaser f fibra f naturale.
Naturfilm m film m sulla natura.
Naturforscher m (**Naturforscherin** f) naturalista mf, studioso (-a) m (f) della natura.
Naturforschung f studio m della natura.
Naturfreund m (**Naturfreundin** f) amante mf/amico (-a) m (f) della natura.
naturgegeben adj: **~ sein** (eine natürliche Gabe sein), essere un dono di natura; (unabwendbar sein), essere insito nella natura delle cose
naturgemäß① **A** adj {ERNÄHRUNG, LEBEN} conforme alla natura, naturale **B** adv (ursprünglich, authentisch) {SICH ERNÄHREN} in modo naturale; {LEBEN} auch in sintonia con la natura.
naturgemäß② adv (in der Natur der Sache liegend) per (₍sua stessa₎/[propria]) natura.
Naturgeschichte f → **Naturkunde**.
Naturgesetz n legge f naturale/[di/della natura].
naturgetreu **A** adj {ABBILDUNG, DARSTELLUNG, PLASTIK} fedele (alla natura), fatto dal vero, realistico **B** adv {ABBILDEN, WIEDERGEBEN} in modo realistico/fedele, fedelmente.
Naturgewalt f <meist pl> forza f della natura.
Naturhaushalt m ökol ecosistema m: **in den ~ eingreifen**, compromettere l'ecosistema.
Naturheilkunde f med medicina f naturalista/naturale, naturopatia f.
Naturheilkundler m (**Naturheilkundlerin** f) fam naturopata mf.
Naturheilverfahren n med terapia f naturale.
Naturkatastrophe f catastrofe f naturale, cataclisma m (naturale).
Naturkind n persona f semplice/nature; (junges Mädchen) auch ragazzina f tutta acqua e sapone.
Naturkosmetik f cosmesi f naturale; (Produkte) cosmetici m pl naturali.
Naturkost f prodotti m pl alimentari naturali/biologici/[di coltivazione biologica].
Naturkostladen m negozio m di prodotti alimentari naturali/biologici.
Naturkreislauf m ökol ciclo m della natura.
Naturkunde f obs Schule scienze f pl naturali.
Naturkundemuseum n museo m di scienze naturali.

naturkundlich adj <attr> obs {UNTERRICHT} di scienze naturali.
Naturlandschaft f paesaggio m naturale/intatto/incontaminato/vergine.
Naturlehrpfad m sentiero m botanico.
natürlich **A** adj 1 (zur Natur gehörend) naturale: **die ~en Feinde eines Tieres**, i nemici naturali di un animale; **~es Licht**, luce naturale/[del giorno]; **eines ~en Todes sterben**, morire di morte naturale; **~e Vegetation**, vegetazione naturale/spontanea 2 (der Wirklichkeit entsprechend) naturale: **jdn/etw in ~er Größe abbilden/darstellen**, rappresentare qu/qc al naturale; **der neue Lippenstift verleiht Ihren Lippen ~en Glanz**, il nuovo rossetto dona una lucentezza naturale alle vostre labbra; **~ wirken** {FARBEN, LICHT}, sembrare naturale; {SCHAUFENSTERPUPPE} sembrare vero (-a); **ihr Make-up wirkt sehr ~**, non sembra neppure truccata 3 (nicht vom Menschen gemacht) naturale: **die ~en Grenzen eines Landes**, i confini naturali di un paese; **ein ~er Hafen**, un porto naturale; **eine ~e Landschaft**, un paesaggio ₍allo stato naturale₎/[vergine] 4 (angeboren) {HAARFARBE} naturale; {ANMUT, BEGABUNG, CHARME, SPRACHEMPFINDEN} auch innato 5 (ungezwungen) {MENSCH} semplice, non affettato, normale: **ein ganz ~es Mädchen**, una ragazza tutta acqua e sapone; {HALTUNG, VERHALTEN} naturale; **₍in ihrer Art sich zu bewegen₎/[beim Sprechen] ist sie ganz ~**, è molto naturale ₍nei movimenti₎/[nel parlare] 6 (naturgemäß) {ERNÄHRUNG, LEBENSWEISE} naturale 7 (in der Natur des Menschen liegend) {BEDÜRFNISSE, REAKTION, TRIEB, WIDERWILLEN} naturale 8 (ursprünglich) {UMFELD} naturale; {LEBENSFORM} auch primitivo 9 (selbstverständlich) naturale: **es ist ganz ~, dass jd sich freut**/[etw zu tun], è (assolutamente) naturale/normale ₍che qu faccia qc₎/[fare qc]; **es ist ₍doch nur ~₎/[nur zu ~], dass ...**, ma è naturale che ...; **nichts ist ~er, als dass ...**, niente di più naturale che ...; **das ist doch die ~ste Sache der Welt, dass ich dir helfe**, è la cosa più naturale/normale del mondo che io ti aiuti! 10 jur: **~es Kind** (nicht adoptiertes, leibliches Kind), figlio (-a) naturale; **~e Person** jur, persona fisica **B** adv 1 (der Natur entsprechend) in modo naturale, naturalmente; {WACHSEN} spontaneamente 2 (ungezwungen) {BEWEGEN, SPRECHEN} con naturalezza, (in modo) naturale, naturalmente: **sich ~ verhalten**, comportarsi con naturalezza 3 (selbstverständlich) naturale, naturalmente: **gehst du auch auf das Fest? – Natürlich!**, vai anche tu alla festa! – Naturale!/Naturalmente!; **hast du das allein gemacht? – Natürlich!**, l'hai fatto da solo (-a)? – Naturale!/Ovvio!; **~ nicht!**, naturalmente/[certo che] no! 4 (wie zu erwarten) naturalmente: **sie war ~ wieder die Letzte, die aus der Klasse kam**, come al solito è stata l'ultima a uscire dalla classe 5 (zwar) naturalmente, certamente: **ich freue mich ~ über dein Geschenk, aber du hast viel zu viel Geld ausgegeben**, certo che il tuo regalo mi fa piacere, ma hai speso davvero troppo; **das stimmt ~, aber ...**, è senz'altro così, però ...
natürlicherweise adv naturalmente.
Natürlichkeit <-, ohne pl> f naturalezza f, spontaneità f.
Naturlocken subst <nur pl> ricci m pl/riccioli m pl naturali.
Naturmensch m 1 (Naturfreund) amante mf della natura 2 (Angehöriger eines Naturvolkes) primitivo (-a) m (f).
naturnah adj {ERNÄHRUNG} naturale, biologico; {PRODUKTION} ecologico: **~er Obstan-**

bau, coltivazione biologica di frutta; ~es Wohnen, abitare nel verde.

Naturpark m parco m naturale.

Naturphilosophie f filosofia f naturale/[della natura].

Naturprodukt n prodotto m naturale.

Naturrecht n diritto m naturale.

naturrein adj {LEBENSMITTEL, SAFT, WEIN} senza conservanti, genuino: ~**er Apfelsaft**, succo di mele al naturale.

Naturreis m riso m non brillato.

Naturreligion f religione f dei popoli primitivi.

Naturreservat n riserva f naturale.

Naturschatz m <meist pl> ricchezza f naturale.

Naturschauspiel n spettacolo m della natura.

Naturschutz <-es, ohne pl> m protezione f/salvaguardia f/tutela f della natura, tutela f delle bellezze naturali: **diese Pflanzen-/Vogelart steht unter ~**, ₁queste piante₁/[questi uccelli] sono/[appartengono a] una specie protetta; **weißt du, ob die Lüneburger Heide unter ~ steht?**, sai per caso se la Landa di Luneburgo è stata dichiarata zona protetta?

Naturschutzbehörde f ente m per la tutela della natura.

Naturschutzbund m associazione f per la tutela della natura.

Naturschützer m (**Naturschützerin** f) ecologista mf, ambientalista mf.

Naturschutzgebiet n ökol zona f/area f protetta, riserva f naturale.

Naturseide f seta f naturale.

Naturstein m pietra f naturale.

Naturstoff m sostanza f naturale.

Naturtalent n talento m naturale.

naturtrüb adj {SAFT} naturale, non filtrato.

naturverbunden adj: ~ **sein**, essere amante della natura, amare la natura.

Naturverbundenheit f amore m per la natura.

Naturvolk n popolo m primitivo.

Naturwissenschaft f <meist pl> scienza f naturale: **Biologie und Chemie sind ~en**, biologia e chimica sono scienze naturali.

Naturwissenschaftler m (**Naturwissenschaftlerin** f) studioso (-a) m / f di scienze naturali.

naturwissenschaftlich adj {ERKENNTNISSE, UNTERSUCHUNG} nel campo delle scienze naturali; {STUDIUM} auch delle scienze naturali; {ABTEILUNG, MUSEUM} di scienze naturali.

Naturwunder n meraviglia f della natura.

Naturzustand <-(e)s, ohne pl> m stato m naturale/primitivo.

Nautik <-, ohne pl> f nautica f.

nautisch adj nautico.

Navelorange f agr (arancia f) navel m, arancia f ombelicata/sigillata.

Navi <-s, -s> n fam → **Navigationssystem**.

Navigation <-, ohne pl> f aero naut inform navigazione f.

Navigationsfehler m aero naut errore m di navigazione.

Navigationsgerät n → **Navigationssystem**.

Navigationsleiste f inform barra f di navigazione.

Navigationsoffizier m (**Navigationsoffizierin** f) aero naut ufficiale mf di rotta, navigatore (-trice) m (f).

Navigationsraum m naut sala f nautica.

Navigationssystem n tech navigatore m satellitare.

Navigator <-s, -en> m (**Navigatorin** f) **1** → **Navigationsoffizier** **2** inform navigatore (-trice) m (f).

navigieren <ohne ge-> **A** tr naut etw (**durch etw** akk/**in etw** akk) → {SCHIFF DURCH RIFFE, IN DEN HAFEN} pilotare qc (attraverso/in qc), condurre qc attraverso/in qc **B** itr **1** aero naut navigare **2** inform **in etw** (dat) ~ navigare in qc.

Nazarener <-s, -> m (**Nazarenerin** f) **1** relig: (**Jesus**,) **der ~**, (Gesù) il Nazareno, Gesù nazareno **2** kunst nazareno (-a) m (f).

Nazareth <-s, ohne pl> n geog Nazaret f: **Jesus aus ~**, Gesù nazareno/[di Nazaret].

Nazi <-s, -s> m fam pej Abk von Nationalsozialist: nazista mf.

Nazideutschland n hist fam pej Germania f nazista.

Naziherrschaft <-, ohne pl> f, **Naziregime** n hist fam pej regime m nazista.

Nazismus <-, ohne pl> m hist pej nazismo m.

nazistisch adj pej {EPOCHE, LITERATUR, PROPAGANDA} nazista; {METHODEN} auch nazistico.

Naziverbrechen n fam crimine m nazista.

Naziverbrecher m (**Naziverbrecherin** f) criminale mf nazista.

Nazivergangenheit f passato m nazista.

Nazizeit f fam periodo m nazista: **während der ~**, nel periodo nazista, ai tempi del nazismo.

NB <-(s), -(s)> n Abk von notabene: NB, nb (Abk von nota bene).

n. Br. Abk von nördlicher Breite: latitudine Nord.

NC <-s, -s> m Abk von Numerus clausus: numero chiuso, numerus clausus.

NC-Fach n facoltà f a/con numero chiuso.

Nchf. Abk von Nachfolger: successore.

n. Chr. Abk von nach Christus: d.C. (Abk von dopo Cristo).

NDR <-(s), ohne pl> m Abk von Norddeutscher Rundfunk: "rete f radiotelevisiva regionale tedesca con sede ad Amburgo".

ne partik fam **1** (nein) no: **bist du fertig? – Ne!**, hai finito? – No! **2** (nicht wahr) no?, (non) è vero?: **das war ein schöner Abend, ne?**, è stata una bella serata, no?

'ne unbest art fam Abk von eine → **ein**® B.

Neandertaler <-s, -> m uomo m ₁di Neandertal₁/[neandertaliano].

Neapel <-s, ohne pl> n geog Napoli f.

Neapolitaner <-s, -> m (**Neapolitanerin** f) napoletano (-a) m (f).

neapolitanisch adj napoletano.

Nebel <-s, -> m **1** meteo nebbia f, bruma f: **leichter ~**, nebbia leggera/rada, nebbiolina f; **dichter ~**, nebbia fitta/densa, nebbione; **der ~ steigt**/[**verzieht sich**]/[**löst sich auf**]/[**lichtet sich**], la nebbia sale/[si dilegua]/[si dissolve]/[si dirada]; **die Berge sind in ~ gehüllt**, le montagne sono avvolte dalla/nella nebbia; **bei ~ Scheinwerfer einschalten**, in caso di nebbia accendere i fari; **bei diesem ~ gehe ich nicht aus dem Haus**, con questa nebbia non esco di casa; **wegen des dichten ~s konnte das Flugzeug nicht starten**, a causa della fitta nebbia l'aereo non poté decollare; **die Sonne vertreibt den ~**, il sole dissipa la nebbia; **der ~ senkte sich langsam auf das Tal**, a poco a poco la nebbia calava nella valle **2** astr nebulosa f.

Nebelbank <-, Nebelbänke> f meteo banco m di nebbia.

Nebelbildung f (formazione f di) nebbia f: **stellenweise ~**, nebbia a tratti/banchi.

Nebelbombe f mil bomba f nebbiogena.

Nebeldecke f coltre f di nebbia: **das Donautal lag unter einer dichten ~**, la valle del Danubio era coperta da una spessa coltre di nebbia.

nebelfrei adj {STRASSEN} senza/[privo di] nebbia: **die Fahrbahn ist jetzt ~**, adesso sulla strada non c'è più nebbia.

nebelhaft adj {ERINNERUNG, VORSTELLUNG} nebuloso, vago.

Nebelhorn n naut sirena f da nebbia.

Nebelkammer f phys camera f ₁a nebbia₁/[di Wilson].

Nebelkrähe f ornith cornacchia f grigia.

Nebellampe f, **Nebelleuchte** f autom → **Nebelscheinwerfer**.

Nebelnässe f (an den Scheiben, auf den Straßen) umidità f dovuta alla nebbia.

Nebelregen m acquerugiola f, pioggerellina f.

Nebelrückleuchte f autom → **Nebelschlussleuchte**.

Nebelscheinwerfer m autom (faro m/proiettore m) fendinebbia m/antinebbia m.

Nebelschlussleuchte (a.R. Nebelschlußleuchte) f autom (faro m/fanale m/luce f) fendinebbia m posteriore, (faro m) retronebbia m.

Nebelschwaden m <meist pl> addensamento m nebbioso.

nebelverhangen adj geh {BERGE, LANDSCHAFT} avvolto nella nebbia.

Nebelwand f cortina f di nebbia.

neben präp **1** + dat (an der Seite) accanto a, vicino a, di fianco/lato a: **rechts/links ~ dem Eingang**, a destra/sinistra dell'ingresso; **rechts/links ~ ihm**, alla sua destra/sinistra; **sie sitzt ~ mir**, è seduta accanto a me; **mein Fahrrad steht ~ der Garagentür**, la mia bicicletta è vicino alla porta del garage; **unser Lehrer wohnt in dem Haus ~ der Kirche**, il nostro insegnante abita nella casa di fianco alla chiesa **2** + akk (an die Seite) vicino a, accanto a: **stell dich bitte ~ deine Mutter, ich möchte euch fotografieren**, per favore, mettiti accanto a tua madre, vorrei farvi una foto **3** + dat (außer) oltre a, accanto a: **~ seinen Freunden hatte er auch einige Kollegen eingeladen**, oltre ai suoi amici aveva invitato anche qualche collega **4** + dat (verglichen mit) accanto a, al confronto di, in confronto a, rispetto a: **~ ihm bist du eine Intelligenzbestie**, ₁in confronto₁/[rispetto] a lui sei un mostro d'intelligenza.

nebenamtlich **A** adj: **eine ~e Tätigkeit ausüben**, avere ₁un secondo impiego₁/[una seconda attività] **B** adv: **~ ist er als Schatzmeister des hiesigen Sportvereins tätig**, come secondo lavoro fa il tesoriere dell'associazione sportiva locale.

nebenan adv accanto, vicino, di fianco: **im Haus ~ wohnt eine italienisches Ehepaar mit zwei Kindern**, nella casa accanto/[di fianco] abita una coppia italiana con due bambini; **mein Sohn spielt gern mit den Kindern von ~** fam, a mio figlio piace giocare con i bambini dei vicini.

Nebenanschluss (a.R. Nebenanschluß) m tel derivazione f, apparecchio m (telefonico) in derivazione.

Nebenarbeit f secondo lavoro m, occupazione f secondaria.

Nebenarm m {+FLUSS} braccio m/ramo m laterale.

Nebenausgabe f <meist pl> spesa f accessoria, extra m.

Nebenausgang m uscita f secondaria.
Nebenbedeutung f secondo significato m, significato m secondario; *ling* connotazione f.
nebenbei adv **1** (*außerdem*) inoltre, in più: **sie studiert Jura und arbeitet ~ in einem großen Supermarkt**, studia giurisprudenza e in più lavora in un grande supermercato; **ich habe eine Halbtagsstelle, aber mit den Übersetzungen kann ich ~ noch etwa 500 Euro im Monat verdienen**, faccio un lavoro part-time, ma con le traduzioni riesco a guadagnare circa 500 euro extra/[in più] al mese **2** (*beiläufig*) tra parentesi, tra l'altro, incidentalmente, per inciso: **ganz ~, habt ihr mal an die Kosten für den Umbau gedacht?**, tra parentesi, avete pensato ai costi della ristrutturazione?; **mir war er nie besonders sympathisch, das nur ~ (gesagt)**, detto tra parentesi, a me non è mai stato molto simpatico.
Nebenbemerkung f commento m/osservazione f (tra parentesi), inciso m.
Nebenberuf m secondo impiego m/lavoro m: **im ~ unterrichtet er an einer Abendschule**, come secondo impiego fa l'insegnante in una scuola serale.
nebenberuflich **A** adj <attr>: ⌊**-er Job**⌋/[**~e Tätigkeit**], secondo lavoro/impiego **B** adv: **arbeitet sie als Tanzlehrerin**, come secondo lavoro insegna danza.
Nebenbeschäftigung f, **Nebenbetätigung** f **1** (*Zweitjob*) seconda occupazione f/attività f **2** (*Ablenkung*): **beim Fernsehen habe ich immer gern eine ~**, quando guardo la televisione mi piace fare contemporaneamente una qualcos'altro.
Nebenbuhler <-s, -> m (**Nebenbuhlerin** f) rivale mf.
Nebendarsteller m (**Nebendarstellerin** f) *film* attore (-trice) m (f) non protagonista.
Nebeneffekt m effetto m secondario.
nebeneinander adv **1** (*räumlich*) l'uno (-a) accanto all'altro (-a), fianco a fianco: **habt ihr euch ~ aufgestellt?**, vi siete messi (-e) ⌊gli uni⌋/[le une] accanto ⌊agli altri⌋/[alle altre]? **2** (*zugleich*): **~ existieren**, coesistere.
Nebeneinander <-s, ohne pl> n **1** (*Nähe*) vicinanza f **2** (*Gleichzeitigkeit*) coesistenza f, simultaneità f.
nebeneinander|halten <irr> tr *etw* ~ {BILDER, FOTOS} tenere *qc* l'uno (-a) accanto all'altro (-a).
nebeneinanderher adv {FAHREN, GEHEN, LAUFEN} l'uno (-a) vicino/accanto all'altro (-a): **sie leben nur noch ~**, ormai vivono l'uno accanto all'altra come due estranei.
nebeneinander|legen **A** tr *etw* ~ mettere *qc* l'uno (-a) accanto/vicino all'altro (-a): **leg die Fotos nebeneinander**, metti le foto l'una accanto all'altra **B** rfl **sich ~** sdraiarsi/distendersi ⌊l'uno (-a) accanto/vicino all'altro (-a)⌋/[fianco a fianco].
nebeneinander|liegen <irr> itr <*haben oder süddt A CH sein*> {PERSONEN} ⌊giacere⌋/[essere sdraiati (-e)/distesi (-e)] l'uno (-a) accanto/vicino all'altro (-a); {GABÄUDE} ⌊trovarsi⌋/[essere situati (-e)] l'uno (-a) accanto/vicino all'altro (-a).
nebeneinander|setzen rfl **sich ~** sedersi/mettersi ⌊l'uno (-a) accanto/vicino all'altro (-a)⌋/[fianco a fianco].
nebeneinander|sitzen <irr> itr <*haben oder süddt A CH sein*> essere seduti (-e) ⌊l'uno (-a) accanto/vicino all'altro (-a)⌋/[fianco a fianco]; sedere ⌊fianco a fianco⌋/[uno (-a) all'altro (-a)].

nebeneinander|stehen <irr> itr <*haben oder süddt A CH sein*> essere/trovarsi (in piedi) uno (-a) accanto/vicino all'altro (-a): **gestern habe ich Peter getroffen, wir haben im Bus nebeneinandergestanden**, ieri ho incontrato Peter, eravamo fianco a fianco sull'autobus.
nebeneinander|stellen **A** tr *etw* ~ {BÜCHER, GLÄSER} mettere/porre *qc* uno (-a) accanto/vicino all'altro (-a) **B** rfl **sich ~** mettersi (in piedi) ⌊l'uno (-a) accanto/vicino all'altro (-a)⌋/[fianco a fianco].
Nebeneingang m entrata f secondaria, ingresso m secondario.
Nebeneinkünfte subst <*nur pl*> entrate f pl secondarie, altre entrate f pl, altri proventi m pl.
Nebeneinnahme f <*meist pl*> entrata f extra/secondaria.
Nebenerscheinung f fenomeno m secondario/concomitante.
Nebenerwerb m: **der Verkauf von Naturprodukten ist ein guter ~ für sie**, la vendita di prodotti naturali è un'altra buona fonte di guadagno per lei.
Nebenfach n *Schule univ* materia f secondaria/complementare.
Nebenfluss (a.R. Nebenfluß) m *geog* affluente m, (fiume m) tributario m.
Nebengebäude n **1** (*untergeordneter Bau*) (edificio m) annesso m; {+HOTEL} dépendance f, dipendenza f **2** (*angrenzendes Gebäude*) edificio m attiguo.
Nebengedanke m secondo fine m.
Nebengeräusch n {+MASCHINE, MOTOR} rumore m estraneo; *TV* disturbo m, rumore m parassita/[di fondo]; *radio tel auch* interferenza f.
Nebengleis, **Nebengeleise** n *Eisenb* binario m secondario.
Nebenhandlung f *lit* trama f collaterale.
nebenher adv inoltre: **er studiert Chemie und ~ ist er Tennislehrer**, studia chimica all'università e nel tempo che gli resta insegna tennis.
nebenher|fahren <irr> itr <*sein*> procedere affiancato (-a) a qu (in macchina/moto/bici): **ich fahre ein Stück neben dir her**, faccio un pezzo di strada con te.
nebenher|gehen <irr> itr <*sein*> camminare accanto/vicino a qu.
nebenher|laufen <irr> itr <*sein*> **1** (*nebenherrennen*) correre ⌊al fianco di⌋/[affiancato (-a) a] qu: **er fuhr auf dem Fahrrad und der Hund lief nebenher**, lui era sulla bici e il cane gli correva ⌊al fianco⌋/[accanto] **2** (*untergeordnet sein*): **wenn man den ganzen Tag berufstätig ist, dann läuft die Hausarbeit so nebenher**, se si lavora a tempo pieno le faccende domestiche passano in secondo piano.
Nebenhoden m *anat* epididimo m.
Nebenhöhle f *anat* seno m paranasale.
Nebenhöhlenentzündung f *med* sinusite f.
Nebenjob m *fam* secondo lavoro m.
Nebenklage f *jur* azione f penale della persona offesa dal reato.
Nebenkläger m (**Nebenklägerin** f) *jur* parte f civile: **als ~ auftreten, sich (der erhobenen öffentlichen Klage) als ~ anschließen**, costituirsi parte civile; **Anschluss als ~**, costituzione di parte civile.
Nebenkosten subst <*nur pl*> spese f pl accessorie/supplementari, extra m pl; (*für Wohnung*) spese f pl accessorie.
Nebenkriegsschauplatz m questione f secondaria: **einen ~ eröffnen/aufmachen**

(*absichtlich vom Thema ablenken*), creare un diversivo.
Nebenlinie f **1** (*in der Familie*) linea f collaterale **2** *Eisenb* linea f secondaria.
Nebenmann <-(e)s, Nebenmänner> m (*in einer Diskussionsrunde, Schlange, Sitzreihe*) vicino m.
Nebenniere f <*meist pl*> *anat* ghiandola f surrenale, surrene m.
Nebennierenrinde f *anat* corteccia f surrenale.
Nebenprodukt n sottoprodotto m.
Nebenraum m **1** → **Nebenzimmer** **2** (*Abstellraum*) ripostiglio m, sgabuzzino m, stanzino m *fam*.
Nebenrolle f *film theat* parte f secondaria, ruolo m secondario ● **nur eine ~ spielen**, svolgere/giocare solo un ruolo secondario/marginale, fare solo da comparsa.
nebens präp *fam* = neben das → **neben**.
Nebensache f questione f/cosa f marginale/secondaria: **das ist ~**, ciò ha poca importanza, è (un fatto) marginale/secondario.
nebensächlich adj secondario, marginale, accessorio.
Nebensächlichkeit <-, -en> f questione f marginale, particolare m irrilevante.
Nebensaison f bassa stagione f.
Nebensatz m *gram* (proposizione f) subordinata f/secondaria f/dipendente f ● **in einem ~** {BEMERKEN, ERWÄHNEN}, en passant, fra parentesi, per inciso.
Nebenschaden m: **zivile Nebenschäden** *mil euph*, danni collaterali.
nebenstehend adj {ABBILDUNG, KOMMENTAR} a lato.
Nebenstelle f **1** (*Zweigstelle*) succursale f, filiale f **2** *tel* derivazione f, apparecchio m (telefonico) derivato m: **einen Moment, ich verbinde Sie mit der ~ 22**, un momento, le passo l'interno 22.
Nebenstrafe f *jur* pena f accessoria.
Nebenstraße f strada f secondaria.
Nebenstrecke f **1** *Eisenb* linea f secondaria **2** (*weniger befahrene Straße*) strada f secondaria, percorso m/itinerario m alternativo.
Nebentätigkeit f → **Nebenarbeit**.
Nebentisch m tavolo m vicino/accanto: **er saß an unserem ~**, ⌊era seduto⌋/[sedeva] al tavolo vicino al nostro.
Nebenverdienst m secondo guadagno m, extra m; (*sporadischer ~*) guadagno m avventizio.
Nebenwirkung f *pharm* effetto m collaterale.
Nebenwohnsitz m → **Zweitwohnsitz**.
Nebenzimmer n stanza f attigua/vicina/adiacente/accanto.
neblig, **nebelig** adj {TAG, WETTER} nebbioso, nebuloso: **es ist ~**, c'è nebbia.
nebst präp + dat *obs* **1** (*mit*) unitamente a, (insieme) con: **Herr Sauer ~ Gemahlin**, il Signor Sauer e consorte **2** (*einschließlich*) compreso.
nebstbei adv *A* → **nebenbei**.
nebstdem adv *CH* inoltre.
nebulös *geh* **A** adj {ERINNERUNG, FORMULIERUNG} nebuloso, nebbioso **B** adv {SICH AUSDRÜCKEN, DARSTELLEN} nebulosamente, in modo nebuloso.
Necessaire <-s, -s> n **1** (*Reisenecessaire*) nécessaire m da viaggio, beauty(-case) m **2** (*Nageletui*) nécessaire m per le unghie/la manicure **3** (*Nähzeug*) kit m/nécessaire m da cucito.

necken A tr *jdn* ~ stuzzicare *qu*, punzecchiare *qu* B rfl sich ~ stuzzicarsi, punzecchiarsi.

neckisch adj **1** (*schelmisch*) {GRINSEN} birichino, sbarazzino **2** *fam* (*kokett, kess*) {BIKINI, BLUSE} civettuolo, malizioso.

nee adv *fam region* → **nein**.

Neffe <-n, -n> m nipote m (di zio o zia).

Negation <-, -en> f **1** *ling* (*Verneinung*) negazione f **2** *geh* (*Aufhebung*) negazione f.

negativ A adj **1** (*ablehnend*) {ANTWORT, BESCHEID} negativo **2** (*ungünstig*) {AUSWIRKUNGEN, ENTWICKLUNG, FOLGEN, VERLAUF} negativo; {BEURTEILUNG, BEWERTUNG} *auch* sfavorevole: **das war heute ein absolut ~er Tag!**, è stata proprio una giornata no! *fam* **3** *med* {BEFUND, TEST} negativo B adv **1** (*ablehnend*) {ANTWORTEN, SICH ÄUßERN} negativamente, in modo negativo: **sich ~ über jdn/etw äußern**, dare/esprimere un parere negativo/sfavorevole su *qu*/*qc* **2** (*ungünstig*) {BEURTEILEN, BEWERTEN} negativamente, sfavorevolmente: **sich ~ auswirken**, avere delle conseguenze/ripercussioni negative; **die Untersuchungen sind ~ ausgefallen**, le analisi hanno dato esito negativo ● **alles ~ sehen**, vedere tutto nero.

Negativ <-s, -e> n *fot* negativa f, negativo m.

Negativbeispiel n cattivo esempio m.

Negativbild n *fot* immagine f negativa, negativo m.

Negativimage n {+PERSÖNLICHKEIT DES ÖFFENTLICHEN LEBENS} cattiva immagine f.

Neger <-s, -> m (**Negerin** f) *pej* negro (-a) m (f) *pej*.

Negerkuss (a.R. Negerkuß) m (*diskriminierender Ausdruck*) → **Schokokuss**.

Negersklave m (**Negersklavin** f) schiavo (-a) m (f) negro (-a).

negieren <*nimmt, nahm, genommen*> tr *geh etw* ~ {BEHAUPTUNG, SCHULD} negare *qc*.

Negligé <-s, -s> n, **Negligee** <-s, -s> n, **Négligé** <-s, -s> n *CH* négligé m, vestaglia f da donna, deshabillé m.

Negoziation <-, -en> f *bank Börse* negoziazione f.

Negus <-s, - *oder* -se> m *hist* negus m.

nehmen <*nimmt, nahm, genommen*> A tr **1** (*ergreifen*) *etw* ~ {JDS ARM, HUT, TASCHE} prendere *qc*; **etw von/aus etw** (dat) ~ prendere *qc* da *qc*: **ein Buch aus dem Regal ~**, prendere un libro dallo scaffale; **die Kreditkarte aus der Brieftasche ~**, prendere/[tirare fuori *fam*] la carta di credito dal portadocumenti; **woher soll ich das ganze Geld ~?**, e dove li prendo/trovo tutti questi soldi?; **jdn/etw irgendwohin ~: ein Kind auf den Arm ~**, prendere in braccio un bambino; **die Tasche in die Hand ~**, prendere in mano la borsa **2** (*an-*) *etw* ~ {BELOHNUNG, TRINKGELD} prendere *qc*, accettare *qc* **3** (*weg-*) *jdm jdn/etw* ~ {BESITZ, FRAU, HAUS, KIND, MANN, VERMÖGEN} prendere via *qu*/*qc* a *qu*, togliere *qu*/*qc* a *qu*, prendere *qu*/*qc* a *qu fam*; **jdm etw ~** {GLAUBEN, HOFFNUNG, ILLUSIONEN} togliere *qc* a *qu*; {ANGST} far passare *qc* a *qu*: **jdm die Freude an etw** (dat) ~, far passare a *qu* la voglia di fare *qc* **4** (*benutzen*) *etw* ~ {AUTO, BUS, FAHRRAD, FLUGZEUG, TAXI, ZUG} prendere *qc* **5** (*wählen*) *jdn/etw* ~ {FIRMA BEWERBER, COMPUTER} prendere *qu*/*qc*: **ich nehme die blaue Hose**, prendo i pantaloni blu; **jdm** [**zur Frau**]/[**zum Mann**] ~, prendere *qu* in moglie/[per marito] **6** (*verlangen*) *etw* (*für etw*) akk) ~ {100 EURO FÜR EINE REPARATUR} prendere *qc* per *qc*, chiedere *qc* (*per qc*): **was**-[**wie viel**] ~ **Sie für ein Pfund Spargel?**, quanto [lo fa (pagare)]/[vuole per] mezzo kilo di asparagi? **7** (*verwenden*) *etw* (*für etw* akk) ~ {GEWÜRZ, ZUTAT} prendere *qc* (*per qc*): **man nehme 500 g Mehl, 200 g Butter ...**, prendere mezzo kilo di farina, 2 etti di burro ...; **etw von etw** (dat) ~ {VON EINER FARBE} prendere *qc* di *qc*: **kann ich ein wenig von deinem Parfüm ~?**, posso darmi un po' del tuo profumo? **8** (*verzehren*) *etw* ~ prendere *qc*: ~ **Sie Tee oder Kaffee?**, prende tè o caffè? **9** (*ein-*) *etw* ~ {MEDIKAMENTE, TABLETTEN} prendere *qc*, assumere *qc geh*: ~ **Sie die Pille?**, (Lei) prende la pillola? **10** (*überwinden*) *etw* ~ {KURVE} prendere *qc fam*, affrontare *qc*; {HINDERNIS} superare *qc* **11** (*verstehen, akzeptieren*) *jdn/etw irgendwie* ~: **etw wörtlich ~**, prendere *qc* alla lettera; **jdn/etw ernst ~**, prendere *qu*/*qc* sul serio; **etw zu leicht ~** {KRITIK, PROBLEME, VORWURF}, prendere *qc* troppo alla leggera; **er hat die Trennung von seiner Frau erstaunlich leicht genommen**, ha preso sorprendentemente bene la separazione dalla sua moglie; **er hat seine Aufgabe zu leicht genommen**, ha sottovalutato il suo compito; **nimm es nicht so schwer/tragisch!** *fam*, non prendertela (a male)!, non farne una tragedia! *fam*; **du musst ihn ~, wie er ist**, devi prenderlo/accettarlo com'è; **die Dinge ~, wie sie sind**, prendere le cose [come vengono]/[con filosofia] **12** (*als Funktionsverb*): **seinen Anfang ~**, cominciare; **ein Ende ~**, finire; **in etw** (akk) **Einblick ~**, prendere visione di *qc*; **auf jdn/etw Einfluss ~** *geh*, influenzare *qu*/*qc* B rfl **1** (*sich bedienen*) **sich** (dat) **etw** ~ {EIN GLAS WEIN, EINE ZIGARETTE} prendersi *qc*: **nimm dir doch bitte!**, serviti pure! **2** (*mieten*) **sich** (dat) **etw** ~ {WOHNUNG, ZIMMER} prendere (in affitto) *qc* **3** (*engagieren*) **sich** (dat) *jdn* ~ {ANWALT, HAUSHALTSHILFE, SKILEHRER, STEUERBERATER} prender(si) *qu fam* ● **etw an sich ~**, prendere *qc* (in custodia); **etw auf sich ~** {LAST, SCHULD}, accollarsi *qc*, sobbarcarsi *qc*; {VERANTWORTUNG, VERPFLICHTUNG} *auch* assumersi *qc*, prendersi *qc*; {ANSTRENGUNGEN, RISIKO, STRAPAZEN} affrontare *qc*; **jdn gefangen ~** *mil* {GEGNER, SOLDATEN}, prendere/fare prigioniero (-a) *qu*, catturare *qu*; *jur* (*verhaften*) {VERDÄCHTIGEN}, arrestare *qu*; (*fesseln*) {MUSIK}, avvincere *qu*, rapire *qu*; (*AUSSEHEN, CHARME*), affascinare *qu*; **es (mit etw** (dat) **nicht so) genau ~**, (non) andare (tanto) per il sottile; **hart im Nehmen sein** *fam*, essere un buon incassatore *fam*, (saper) incassare *fam*; **es sich** (dat) **nicht ~ lassen, etw zu tun**, non voler rinunciare a fare *qc*, non privarsi del piacere di fare *qc*; ~ **Sie es nicht so schwer!**, non se la prenda!; **woher ~ und nicht stehlen?** *fam*, e dove la vado a prendere (una cifra simile)?; **etw streng ~** {REGELN, VORSCHRIFTEN}, osservare strettamente *qc*, attenersi strettamente a *qc*; **es mit etw** (dat) **streng ~**, essere rigoroso in *qc*, non transigere su *qc*; **wenn man es streng nimmt**, a rigor di termini, a voler essere precisi/rigorosi; (**jdm**) **etw übel ~**, prendersela (con *qu*) per *qc*, aversene/prendersela a male per *qc*; ~ **Sie es mir (bitte) nicht übel!**, non se la prenda con me,/[me ne voglia]/[se ne abbia a male]!; ~ **Sie es mir nicht übel, aber ...**, non [se la prenda]/[si offenda] ma...; **ich nehme (es) dir übel, dass du mich nicht vorher gefragt hast**, ce l'ho con te perché non me l'hai chiesto prima; **sie haben es dir übel genommen, dass du sie nicht eingeladen hast**, se la sono presa,/[ne sono avuti (-e) a male] perché tu non li hai invitati; **jdn nicht für voll ~**, non prendere molto sul serio *qu*; **sich (selbst) (sehr) wichtig ~**, darsi importanza, credersi importante; **wie man es nimmt!** *fam*, dipende (dai punti di vista)!; **jdn (richtig) zu ~ wissen**, saper (come) prendere *qu*; **jdn zu sich** (dat) ~, prendersi in casa *qu fam*, prendere con sé *qu*; **etw zu sich** (dat) ~, mangiare *qc*, assumere *qc geh*.

Nehrung <-, -en> f *geog* cordone m litoraneo.

Neid <-(e)s, ohne pl> m invidia f ● **aus ~**, per invidia; **(das ist) der ~ der Besitzlosen** *fam oft scherz*, è l'invidia che ti/lo/la/vi fa parlare; **(das ist) der blanke ~**, (è) tutta/solo invidia; **vor ~ erblassen**/[**blass**/**gelb**/**grün werden**] *fam*, essere roso dall'invidia, diventare/farsi verde per l'invidia; **jds ~ erregen**, destare/suscitare [l'invidia di *qu*]/[invidia in *qu*], fare invidia a *qu*; **das muss ihm der ~ lassen** *fam*, questo (merito) gli va riconosciuto; ~ **und Missgunst**, invidie e gelosie; **vor ~ platzen** *fam*/**vergehen** *fam*, crepare/morire d'invidia *fam*.

neiden tr *geh jdm etw* ~ {ERFOLG, GLÜCK, REICHTUM} invidiare *qc* a *qu*.

Neider <-s, -> m (**Neiderin** f) invidioso (-a) m (f): **viele ~ haben**, essere molto invidiato.

neiderfüllt *geh* A adj {BLICK} pieno d'invidia; {MENSCH} *auch* divorato/roso dall'invidia B adv {ANSEHEN} pieno d'invidia.

Neiderin f → **Neider**.

Neidhammel m *fam pej* invidiosaccio m *fam*.

neidisch A adj {BLICK, MENSCH} invidioso: **auf jdn/etw ~ sein**, essere invidioso di/*qc*, provare invidia di *qu*/*qc*, portare invidia a *qu*, sentire invidia per *qu* B adv {ANSEHEN} *auch* con invidia.

neidlos A adj {MENSCH} non invidioso, senza invidia; {ANERKENNUNG} senza traccia d'invidia B adv {ETW ANERKENNEN} senza invidia.

neidvoll adj → **neiderfüllt**.

Neige <-, *rar* -n> f *geh* (*Flüssigkeitsrest*) fondo m, residuo m, feccia f ● **bis zur ~** {AUSKOSTEN, GENIEßEN}, fino in fondo; {AUSTRINKEN, LEEREN} *auch* fino/sino alla feccia; **etw bis zur bitteren ~ auskosten** {ANGST, LEID}, provare *qc* fino in fondo; **zur ~ gehen** *geh* {ERSPARNISSE, VORRÄTE}, stare per esaurirsi, essere agli sgoccioli *fam*; {URLAUB}, volgere [alla fine]/[al termine]; {TAG} *auch* declinare *geh*.

neigen A tr (*beugen*) *etw* (*irgendwohin*) ~ {DEN OBERKÖRPER NACH VORNE, ZUR SEITE} piegare/chinare *qc* (+ *compl di luogo*): **den Kopf ~**, abbassare/chinare/reclinare *geh*/inclinare *lit* la testa/il capo B itr **1** (*einen Hang zu etw haben*) **zu etw** (dat) ~ {ZU DEPRESSIONEN, ERKÄLTUNGEN, MIGRÄNE}, essere/andare soggetto (-a) *a qc*, essere predisposto *a qc*; {ZU(R) FAULHEIT, ZU WUTAUSBRÜCHEN} tendere/[essere incline] *a qc*; {ZU(R) MELANCHOLIE} *auch* essere portato *a qc*: **sie neigt zu Übertreibungen**/[**voreiligen Schlüssen**], tende a esagerare/[tirare conclusioni affrettate] **2** (*tendieren*) **zu etw** (dat) ~ {ZU DIESER LÖSUNG, DIESEM VORSCHLAG} propendere *per qc*, essere orientato *verso qc*: **zu der Ansicht/Auffassung ~, dass ...**, essere propenso/portato a credere/pensare che ...; **ich neige eher dazu, ihr zu glauben als ihm**, tendo a credere a lei e non a lui C rfl **1** (*sich beugen*) **sich zu jdm** ~, piegarsi/chinarsi/abbassarsi *verso qu*; **sich über jdn/etw** ~ {ÜBER EIN KIND, EIN BETT} piegarsi su *qu*/*qc*, piegarsi *su qu*/*qc*; **sich irgendwohin** ~ {NACH VORNE, ZUR SEITE} piegarsi/chinarsi + *compl di luogo* **2** (*kippen*) **sich** (*irgendwohin*) ~ {BAUM, SCHIFF, TURM NACH RECHTS, LINKS} inclinarsi/pendere (*a qc*); (*sich niederbeugen*) {ZWEIG ZUR ERDE} piegarsi (*verso qc*): **der Baum neigt sich unter der Last der Früchte**, l'albero si piega sotto il peso dei frutti **3** (*schräg abfallen*) **sich ~**

{EBENE, GELÄNDE, STRAßE} digradare, declinare.
Neigetechnik f *Eisenb* assetto m variabile: **Zug mit ~**, treno ad assetto variabile.
Neigezug m *Eisenb* pendolino m.
Neigung <-, -en> f **1** (*Gefälle*) {+GELÄNDE, STRAßE} inclinazione f, pendenza f **2** (*Vorliebe*) ~ (**zu etw** dat) inclinazione f (*a/per qc*), propensione f (*per/a qc*), tendenza f (*a/per qc*), disposizione f (*per qc*): **eine Frau mit künstlerischen ~en**, una donna con una spiccata propensione per le arti; **seinen ~en leben**, seguire le proprie inclinazioni **3** (*Hang*) ~ **zu etw** (dat) {ZU DEPRESSIONEN, ZU(R) MIGRÄNE} predisposizione f *a qc*; {ZUR MELANCHOLIE} tendenza *a qc*; {ZUM DICKWERDEN, KRITISIEREN, ÜBERTREIBEN} tendenza f *a fare qc* **4** *geh* (*Zuneigung*) ~ (**zu jdm**) propensione f (*per qu*), inclinazione f (*per qu*), affetto m (*per qu*): **eine tiefe ~ zu jdm fühlen**, sentire una forte inclinazione per qu ● **wenig ~ verspüren/zeigen, etw zu tun**, essere/mostrarsi poco incline/disposto a fare qc.
Neigungswinkel m *tech* angolo m d'inclinazione.
nein adv **1** (*Negation*) no: **ich fürchte/glaube/hoffe ~**, temo/credo/spero di no **2** (*vielmehr*) anzi (no): **ich hab' dir das schon hundert, ~ tausend Mal gesagt!**, te l'ho già detto non una ma cento volte! **3** (*Überraschung ausdrückend*) no, non mi dire: **~, wie nett, dich wieder mal zu sehen!**, come sono contento (-a) di (ri)vederti!, ma guarda chi si rivede! *fam* ● **aber ~!**, ma no!; **ach ~!** (*ablehnend*), (preferirei/meglio di) no!; (*überrascht*), (ma) no ?!; ~ **danke!** *auch iron*, no, grazie! *auch iron*; ~ **und nochmals ~!**, no e poi no!; ~ (**zu etw** dat) **sagen**, dire di no (a qc); **nicht ~ sagen können** (*aus Schwäche*), non saper dire di no; (*gezwungenermaßen*), non poter dire di no; **~, so was!**, ma guarda un po'!
Nein <-s, ohne pl> n no m: **ein entschiedenes ~**, un no deciso/[chiaro e tondo]; **mit ~ antworten**, rispondere ˌcon unˌ/[di] no; **mit ~ stimmen**, votare no ● **nicht ~ sagen können**, non saper dire di no; **da kann ich nicht ~ sagen** (*da kann ich nicht widerstehen*), non posso dire di no.
Neinsager <-s, -> m (**Neinsagerin** f) *pej* signornò m *fam*, bastian contrario m *fam*.
Neinstimme f no m, voto m contrario.
Nekrolog <-(e)s, -e> m *geh* (*Nachruf*) necrologio m, necrologia f.
nekrophil adj *psych* necrofilo.
Nekrophilie <-, ohne pl> f *psych* necrofilia f.
Nekropole <-, -n> f, **Nekropolis** <-, *Nekropolen*> f *archäol* necropoli f.
Nektar <-s, -e> m **1** *bot* nettare m **2** *gastr* (*Fruchtsaft*) nettare m **3** <*nur sing*> *myth* nettare m ● ~ **und Ambrosia** *myth*, nettare e ambrosia.
Nektarine <-, -n> f pescanoce f, (pesca f) nettarina f.
Nelke <-, -n> f *bot* **1** (*Blume*) garofano m **2** (*Gewürz*) chiodo m di garofano.
'**nem** unbest art *fam* Abk *von* eˌinem → **ein**① B.
Nemesis <-, ohne pl> f *myth* nemesi f.
'**nen** unbest art *fam* Abk *von* einen → **ein**① B.
nennen <*nennt, nannte, genannt*> Ⓐ tr **1** (*einen Namen geben*) **jdn/etw ...** ~ {KIND, TIER} chiamare *qu/qc ...*: **wie wollen Sie Ihren Sohn ~?**, come vuole chiamare Suo figlio?, che nome vuole dare a Suo figlio?; **ein Kind nach der Großmutter ~**, dare a una bambina il nome della nonna; **alle in der Familie ~ sie Susi**, in famiglia tutti la chiamano Susi **2** (*anreden*) **jdn ...** ~ chiamare *qu ...*: **nenn**

mich ruhig Alex/[bei meinem Vornamen]!, chiamami pure Alex/[per nome]! **3** (*angeben*) (**jdm**) **jdn/etw** ~ indicare *qu/qc* (*a qu*): **können Sie mir einen guten Anwalt ~?**, mi può indicare/[fare il nome di] un buon/bravo avvocato? **4** (*anführen*) **jdn/etw** ~ menzionare *qu/qc* **nenne mir drei europäische Hauptstädte!**, dimmi tre capitali europee!; **seinen Namen ~**, dire il proprio nome **5** (*bezeichnen*) **etw + subst/adj** ~ chiamare *qc + subst/adj*: **und das nennst du Erholung?**, e questo lo chiami riposo?; **man kann sie nicht gerade intelligent ~**, non si può proprio dire che sia intelligente; **jdn einen Schuft ~**, dare del furfante/mascalzone a qu Ⓑ rfl **1** (*sich einen Namen geben*) **sich ...** ~ chiamarsi ...: **die Rockgruppe nennt sich jetzt «The Angels»**, il gruppo rock adesso si chiama «The Angels» **2** (*sich als etw ausweisen*) **sich etw** ~ dirsi/definirsi/[spacciarsi per *fam*] *qc*; **er nennt sich Journalist!** *iron*, si definisce/[spaccia per *fam*] giornalista! *iron*; **und so was nennt sich Kunst!** *fam*, e questa sarebbe arte! *fam*.
nennenswert adj degno di nota/menzione: **die Firma hat keine ~en Verluste zu verzeichnen**, la ditta non registra perdite rilevanti.
Nenner <-s, -> m *math* denominatore m ● **etw auf einen (gemeinsamen) ~ bringen** {GEGENSÄTZE, INTERESSEN}, ridurre qc a un comune denominatore; **einen gemeinsamen ~ finden**, trovare un denominatore comune.
Nennform f *gram* infinito m, modo m infinitivo: **in der ~**, all'infinito.
Nennleistung f *el tech* potenza f nominale.
Nennonkel m *fam*: **der beste Freund meines Vaters ist mein ~**, chiamo zio il miglior amico di mio padre.
Nenntante f *fam*: **sie ist keine richtige Tante, nur meine ~**, non è una vera zia, ma io la chiamo così.
Nennwert m *ökon* valore m nominale ● **über/unter dem ~**, sopra/sotto il valore nominale; *bank Börse auch* sopra/sotto la pari; **zum ~**, alla pari.
Neofaschismus m *pol* neofascismo m.
Neofaschist m (**Neofaschistin** f) neofascista mf.
neofaschistisch adj neofascista.
Neoklassizismus m *arch kunst* "stile m classicheggiante nell'arte e soprattutto nell'architettura del XX secolo".
Neokolonialismus m *pol pej* neocolonialismo m.
Neokonservatismus, **Neokonservativismus** <-, ohne pl> m *pol* neoconservatorismo m.
neokonservativ adj *pol* neoconservatore.
Neokonservative <*dekl wie adj*> mf neoconservatore (-trice) m(f), neocon mf.
Neoliberalismus m *pol* neoliberalismo m; *ökon auch* neoliberismo m.
Neolithikum <-s, ohne pl> n (*periodo m*) neolitico m.
Neologismus <-, *Neologismen*> m *ling* neologismo m.
Neon <-s, ohne pl> n *chem* neon m.
Neonazi m neonazi(sta) m.
Neonazismus m *pol* neonazismo m.
neonazistisch adj neonazista.
neonfarben adj *color* neon.
Neonlampe f → **Neonröhre**.
Neonlicht n luce f al neon.
Neonreklame f réclame f luminosa, inse-

gna f (pubblicitaria) al neon.
Neonröhre f *el* tubo m al neon.
Neoplasma <-s, -*plasmen*> n *med* neoplasma m, neoplasia f.
Neopren® <-s, ohne pl> n neoprene® m.
Neoprenanzug m *sport* muta f (ˌda subˌ/ [subacquea]) in neoprene.
Neorealismus m *film lit* neorealismo m.
Neozoikum <-s, ohne pl> n cenozoico m.
Nepal <-s, ohne pl> n *geog* Nepal m.
Nepalese <-n, -n> m (**Nepalesin** f) nepalese mf.
nepalesisch adj nepalese.
Nephritis <-, *Nephritiden*> f *med* nefrite f.
Nephrose <-, -n> f *med* nefrosi f.
Nepotismus <-, ohne pl> m *geh* nepotismo m, clientelismo m.
Nepp <-s, ohne pl> m *fam pej* ladrocinio m *fam*; (*im Restaurant*) *auch* salassata f *fam*, cannata f *region*.
neppen tr *fam pej* **jdn** ~ pelare *qu fam*, spennare *qu fam*, scorticare *qu fam*.
Nepplokal n *fam pej*: **das ist ein echtes ~!**, in questo locale ˌti spennano/pelanoˌ/[sparano certi prezzi]! *fam*.
Neptun <-s, ohne pl> m **1** *myth* Nettuno m **2** *astr* Nettuno m.
'**ner** unbest art *fam* Abk *von* einer → **ein**① B.
Nerd <-s, -s> m *pej inform* (*sozial isolierter Computerfan*) nerd mf.
Nero <-s, ohne pl> m *hist* Nerone m.
Nerv <-s, -en> m *anat* nervo m ● **angespannte/überreizte ~en haben**, avere i nervi tesi/ [a fior di pelle]; **die ~en behalten**, mantenere la calmaˌ/[il sangue freddo]; **ein Glück, dass sie trotz allem die ~en behalten hat**, per fortuna che, nonostante tutto, ha mantenuto la calma; **~en wie Drahtseileˌ/[aus Stahl] haben** *fam*, avere nervi d'acciaio; **jdm gehen die ~en durch** *fam*, qu perde la calma/le staffe *fam*; **mit den ~en ˌam Endeˌ/ [fertig *fam*]/[(he)runter *fam*] sein**, avere i nervi a pezzi *fam*, essere giù di nervi *fam*; **jdm auf die ~en gehen/fallen** *fam*, dare ai/ sui nervi a qu, ˌfar venireˌ/[urtare] i nervi a qu, rompere l'anima *fam*/le scatole *fam* a qu; **gute/starke ~en haben**, avere i nervi saldi/ [a posto]; **keinen ~ für etw (akk) haben** *fam*, non avere la testa per fare qc *fam*, non sentirsela di fare qc *fam*; **den ~ haben, etw zu tun** *fam*, avere ˌil coraggioˌ/[la faccia tosta *fam*] di fare qc; **du hast (vielleicht) ~en!** *fam* (*du bist unverschämt*), hai ˌun bel coraggio *fam*ˌ/[una bella faccia tosta *fam*]!; (*du hast aber komische Ideen*) ma guarda che idee!; **jdm den (letzten) ~ rauben/töten** *fam*, far saltare i nervi a qu *fam*, far ammattire qu *fam*; **schlechte/schwache ~en haben**, avere i nervi fragili, essere debole/fiacco di nervi; **den ~ (im Zahn) töten/ziehen**, devitalizzare il nervo (di un dente); **auf den ~ (im Zahn) treffen** {ZAHNARZT BEIM BOHREN}, toccare il nervo (di un dente); **einen empfindlichen ~ treffen**, toccare ˌun nervo scopertoˌ/[un tasto delicato]/[una corda sensibile], pungere sul vivo *fam*; **den ~ einer S. (gen) treffen**, toccare il cuore di qc; **in seinem letzten Roman trifft er den ~ der Zeit**, nel suo ultimo romanzo coglie l'essenza del nostro tempo; **die ~en verlieren**, perdere ˌla calma/testaˌ/[le staffe *fam*]; **~en zeigen** *fam*, innervosirsi; **jds ~en sind zum Zerreißen gespannt**, qu ha i nervi tesi come le corde di un violino; **an jds ~en zerren**, massacrare i nervi a qu *fam*, essere snervante per qu.
Nervatur <-, -en> f {+BLATT} nervatura f, nervi m pl *fam*.

nerven A tr fam jdn ~ {LÄRM, LÄSTIGE PERSON} ⌊dare sui/ai⌋/[fare venire i] nervi a qu, rompere l'anima fam/le scatole slang a qu; {UNGEWISSHEIT, LANGES WARTEN} snervare qu, esasperare qu B itr slang {LÄRM, LANGES WARTEN} dare sui/ai nervi; {PERSON} rompere slang (l'anima fam/le scatole slang).

Nervenanspannung f tensione f nervosa.

Nervenarzt m (**Nervenärztin** f) neurologo (-a) m (f).

nervenaufpeitschend adj {AUTORENNEN, THRILLER} da brivido.

nervenaufreibend adj snervante, logorante.

Nervenbahn f anat via f nervosa.

nervenberuhigend adj calmante, sedativo, tranquillante: **ein ~es Mittel**, un neurosedativo.

Nervenberuhigungsmittel, Nervenmittel n neurosedativo m wiss.

Nervenbündel n anat fascio m/fascetto m nervoso/[di nervi] ● **nur noch ein ~ sein** fam, essere ridotto a un fascio di nervi.

Nervenentzündung f med nevrite f.

Nervenfaser f anat fibra f nervosa.

Nervengas n gas m nervino.

Nervengift n neurotossina f.

Nervenheilanstalt f obs clinica f psichiatrica, manicomio m obs.

Nervenheilkunde f med neurologia f.

Nervenkitzel m fam brivido m (di piacere), emozione f forte.

Nervenklinik f **1** (neurologische Klinik) clinica f neurologica **2** fam (psychiatrische Klinik) clinica f psichiatrica, manicomio m obs.

Nervenkostüm n fam sistema m nervoso: **ein starkes ~ haben**, avere i nervi saldi; **ein schwaches ~ haben**, avere i nervi fragili/[a fior di pelle].

nervenkrank adj malato di nervi, neuropatico wiss: **~ sein**, essere neuropatico/[malato di nervi], soffrire di nervi.

Nervenkrankheit f malattia f nervosa, neuropatia f wiss.

Nervenkrieg m guerra f ⌊dei nervi⌋/[psicologica].

Nervenkrise f crisi f/attacco m di nervi.

Nervenleiden n med → **Nervenkrankheit**.

Nervenmittel n med → **Nervenberuhigungsmittel**.

Nervennahrung f med neurotonico m wiss.

Nervenprobe f: **eine ~ für jdn sein**, mettere a dura prova i nervi di qu.

Nervensache f: **das ist (eine) reine ~** fam, è tutta (una) questione di nervi.

Nervensäge f fam pej seccatore (-trice) m (f) fam, scocciatore (-trice) m (f) fam, tormento m, rompiscatole mf fam, rompipalle mf slang, rompicoglioni mf vulg.

Nervenschmerz m <meist pl> med neuralgia f.

Nervenschock m med choc m nervoso.

Nervenstrang m anat fascio m di fibre nervose.

Nervensystem n anat sistema m nervoso: **das periphere ~**, il sistema nervoso periferico; **das vegetative ~**, il sistema ⌊nervoso vegetativo⌋/[neurovegetativo]; **das zentrale ~**, il sistema nervoso centrale, il nevrasse.

Nervenzelle f anat cellula f nervosa.

Nervenzentrum n anat centro m nervoso.

Nervenzucken n tic m nervoso.

Nervenzusammenbruch m esaurimento m nervoso: **einen ~ haben/erleiden** geh, ⌊avere un⌋/[soffrire di] esaurimento nervoso.

nervig adj fam {FRAGEREI} irritante, seccante, che dà ai nervi; {CHEF, EHEPARTNER, KIND} auch che rompe fam/scoccia fam; {WARTEREI} estenuante, snervante.

nervlich A adj {ANSPANNUNG, BELASTUNG, ERSCHÖPFUNG} nervoso B adv: **~ angespannt sein**, avere i nervi tesi; **~ völlig am Ende sein**, avere i nervi a pezzi; **~ überlastet sein**, essere molto stressato.

nervös A adj **1** (psychisch erregt) nervoso: **jdn ~ machen**, far venire ⌊i nervi⌋/[il nervoso] a qu, rendere nervoso (-a) qu; **~ sein**, essere nervoso, avere ⌊i nervi⌋/[il nervoso]; **~ werden**, innervosirsi, ⌊farsi prendere dal⌋/[diventare] nervoso **2** med {STÖRUNGEN} nervoso: **~es Zucken**, tic nervoso, scatti nervosi B adv nervosamente.

Nervosität <-, ohne pl> f nervosismo m.

nervtötend adj fam {KRACH, WARTEREI} esasperante, estenuante, logorante; {PERSON} esasperante, snervante.

Nerz <-es, -e> m **1** zoo visone m **2** (Pelz) (pelliccia f di) visone m.

Nerzmantel m pelliccia f di visone.

Nescafé® <-s, -s> m Nescafé®, caffè m solubile/[in polvere]: **machst du mir einen/[eine Tasse] ~?**, mi prepari un/[una tazza di] Nescafé?

Nessel① <-, -n> f bot ortica f ● **sich (mit etw dat) in die ~n setzen** fam {MIT EINER BEMERKUNG}, cacciarsi nei guai/pasticci (con qc) fam.

Nessel② <-s, -> m text tela f ortica.

Nesselausschlag m orticaria f.

Nesselfieber n, **Nesselsucht** f med orticaria f.

Nessessär <-s, -s> n → **Necessaire**.

Nest <-(e)s, -er> n **1** (Brutstätte) {+AMEISEN, MÄUSE, VÖGEL, WESPEN} nido m; {+SCHLANGEN} auch covo m: **ein ~ ausnehmen**, levare le uova dal nido; **(s)ein ~ bauen**, fare/costruirsi il nido **2** fam pej (kleiner Ort) posto m sperduto, paesucolo m fam **3** fam (Unterschlupf) {+KRIMINELLE} covo m, nido m ● **das eigene ~ beschmutzen**, sputare nel piatto in cui si mangia fam; (im politischen Sinn), parlar male del proprio paese; **sich ins gemachte/warme ~ setzen** fam, trovare la pappa pronta/scodellata; (durch Heirat), trovarsi un buon partito, sistemarsi bene fam.

Nestbeschmutzer <-s, -> m (**Nestbeschmutzerin** f) pej "persona f che sputa nel piatto in cui mangia"; (im politischen Sinn) "persona f che parla male del proprio paese".

nesteln itr **an etw** (dat) **~** {AN EINEM KNOPF, EINER KRAWATTE, EINEM SCHLÜSSEL} aggeggiare a qc fam, gingillarsi con qc fam.

Nestflüchter m zoo uccello m nidifugo.

Nesthäkchen <-s, -> n fam cocco (-a) m di casa fam, ultimo (-a) m (f) della nidiata fam.

Nesthocker m **1** zoo uccello m nidiaceo **2** fam (junger Mensch, der noch zu Hause wohnt) "chi, da adulto, continua a vivere con i genitori" **3** fam (jd, der immer zu Hause hockt) pantofolaio m, tipo m casalingo fam.

Nestjunge <dekl wie adj> n zoo uccello m nidicolo.

nestwarm adj {EI} caldo di nido.

Nestwärme f calore m familiare.

Net <-s, -s> n inform Abk von Network: rete f, network m.

Netiquette <-, ohne pl> f inform slang netiquette f.

nett A adj **1** (freundlich) {PERSON} carino fam, gentile, simpatico: **~ zu jdm sein**, essere gentile/carino fam con qu; **das ist ~ von Ihnen**, è gentile/carino fam da parte Sua; **sei so ~ und mach die Tür zu**, ⌊mi faresti il piacere di⌋/[saresti così gentile da] chiudere la porta? **2** (hübsch) {KLEID, HÄUSCHEN} carino fam, grazioso, bellino fam: **~ aussehen**, essere carino **3** (angenehm) {ABEND, FEST} carino fam, piacevole; {LOKAL} carino fam, simpatico **4** fam (groß) {GEWINN, SUMME} bello: **er hat eine ganz ~e Stange Geld verdient** fam, ha guadagnato un bel mucchio di soldi fam **5** fam iron (unerfreulich) {AUSSICHTEN, ZUSTÄNDE} bello fam iron: **das kann ja (noch) ~ werden!** fam iron, ne vedremo delle belle! fam B adv: **wir haben uns sehr ~ unterhalten**, abbiamo conversato molto piacevolmente, ci siamo intrattenuti (-e) in piacevole conversazione.

netterweise adv fam gentilmente: **sie hat mich ~ im Auto mitgenommen**, mi ha gentilmente dato un passaggio in macchina.

Nettigkeit <-, -en> f **1** <nur sing> (nettes Wesen) gentilezza f **2** <meist pl> (freundliche Tat) gentilezza f; (freundliche Bemerkung) auch complimento m ● **aus ~**, per gentilezza.

netto adv com **1** (ohne Verpackung): **das Paket wiegt ~ 5 kg**, il peso netto del pacco è (di) 5 kili **2** (nach Abzug der Unkosten) netto: **ich verdiene ⌊~ 3000 Euro⌋/[3000 Euro ~] im Monat**, guadagno tremila euro netti al mese.

Nettobetrag m importo m netto.

Nettoeinkommen n reddito m netto.

Nettoertrag m utile m/guadagno m netto.

Nettogehalt n stipendio m netto.

Nettogewicht n peso m netto.

Nettogewinn m utile m/profitto m netto.

Nettolohn m paga f netta.

Nettopreis m prezzo m netto.

Nettosozialprodukt n prodotto m nazionale netto.

Nettozahler m pol contributore m netto.

Network <-(s), -s> n **1** radio TV rete f, network m **2** inform rete f, network m.

Netz <-es, -e> n **1** (Gebilde aus verknüpften Schnüren) rete f; (Einkaufsnetz) borsa f di rete, rete f per la spesa; (Fischernetz) rete f (da pesca); (Gepäcknetz) reticella f per bagagli; (Haarnetz) rete f per capelli, retina, reticella f **2** sport rete f: **den Ball ins ~ schießen** Fußball, tirare/mandare la palla in rete; **den Ball ins ~ schlagen** Tennis, tirare/mandare la palla in rete **3** (Zirkusnetz) rete f (da circo) **4** el inform tel rete f: **ans ~ angeschlossen sein** {GERÄT}, essere allacciato alla rete; {COMPUTERBENUTZER} essere collegato in rete **5** (verzweigtes System) {+BAHNLINIEN, FILIALEN, KANÄLE, STRASSEN} rete f **6** (Ring) {+AGENTEN, INFORMANTEN} rete f **7** (Spinnennetz) (ragna)tela f: **die Spinne baut/webt ihr ~**, il ragno tesse la tela **8** (Gewirr) **~ von etw** (dat) {VON INTRIGEN, LÜGEN, WIDERSPRÜCHEN} groviglio m di qc, dedalo m di qc: **sich in einem ~ von Lügen/Widersprüchen verstricken**, restare impigliato (-a) in un dedalo di menzogne/contraddizioni ● **~! Tennis**, net!; **die ~e auswerfen/einholen** (beim Fischen), gettare/[tirare su] le reti; **überall seine ~e auswerfen/auslegen** (überall Verbindungen knüpfen, um Vorteile zu haben), gettare le reti/l'amo dappertutto, seminare ovunque; **sich ~einwählen** inform, collegarsi in rete; **ans ~ gehen** {ATOMKRAFTWERK}, essere attivato; {TENNISBALL} andare sulla rete; **ins ~ gehen** {FUSSBALL}, andare in rete; **jdm ins ~ gehen** fam (gefangen werden), cadere/incappare nella rete di qu fam; (überlistet werden) esse-

re preso nella rete di qu; *ohne* ~ **(und doppelten Boden)** *fam* (*ohne Vorsichtsmaßnahmen*), senza rete; **das** *soziale* ~, il sistema di sicurezza sociale; *etw ins* ~ *stellen inform*, mettere qc in rete; *im* ~ *surfen inform slang*, navigare in Internet/rete.
Netzanschluss (a.R. Netzanschluß) *m el* allacciamento m/collegamento m alla rete (elettrica).
netzartig A *adj* reticolato, reticolare *tech wiss* B *adv* {VERBINDEN, VERLAUFEN} a rete.
Netzauge *n* → **Facettenauge**.
Netzausfall *m el* caduta f di alimentazione.
Netzball *m Tennis* net m.
Netzbetreiber *m tel* gestore m telefonico/[di telefonia]; *inform* fornitore m di accesso, (service) provider m.
Netzfahrkarte *f* → **Netzkarte**.
Netzfrequenz *f el* frequenza f di/della rete.
Netzgerät *n el* alimentatore m.
Netzhaut *f anat* retina f.
Netzhautablösung *f med* distacco m della retina.
Netzhautentzündung *f med* infiammazione f della retina, retinite f *wiss*.
Netzhemd n canottiera f a rete.
Netzjunkie <-(s), -s> *m slang inform* fanatico (-a) m (f) ₍della rete₎/[di Internet].
Netzkarte *f* "abbonamento m ferroviario (o per altri mezzi pubblici) a percorrenza illimitata (in una certa zona)".
Netzknotenpunkt *m inform* nodo m, host m.
Netz-PC *m inform* PC m collegato alla rete.
Netzplan *m ökon* cammino m critico.
Netzplantechnik <-, *ohne pl*> *f ökon* metodo m del cammino critico.
Netzspannung *f el* tensione f di rete.
Netzstecker *m el* spina f.
Netzstrumpf *m* calza f a rete.
Netzteil *n el inform* alimentatore m.
Netzwerk *n* **1** (*netzartiges System*) {+ADERN, LEITUNGEN, LINIEN} reticolo m; {+BEZIEHUNGEN} intreccio m **2** *el* rete f **3** *inform* rete f (di comunicazioni), network m **4** *ökon* → **Netzplan**.
Netzwerkanalyse *f ökon* → **Netzplantechnik**.
Netzwerkarchitektur *f inform* architettura f di rete.
Netzwerkbetriebssystem *n inform* sistema m operativo di rete.
Netzwerksoftware *f inform* software m di rete.
Netzwerktechnik *f ökon* → **Netzplantechnik**.
Netzzugang *m* collegamento m alla rete; *inform* accesso m alla rete.
neu A *adj* **1** *allg.* nuovo: *das Auto ist ganz neu*, la macchina è nuovissima/[nuova di zecca *fam*]; *sie hat sich einen neuen Mantel gekauft*, si è comprata un cappotto nuovo; *das ist ein neuerer Bau*, è una costruzione recente **2** (*frisch*) {BLUSE, HEMD, UNTERWÄSCHE} pulito, (fresco) di bucato **3** (*abermalig*) {ANFANG, VERSUCH} nuovo: *neue Hoffnungen schöpfen*, riacquistare/[ritrovare la] speranza **4** (*bisher unbekannt*) nuovo: *endlich mal ein neues Gesicht in dem Laden! fam*, finalmente si vede una faccia nuova!; *etwas Neues*, qualcosa di nuovo; *weißt du (et)was Neues von Klaus?*, hai ₍notizie di₎/[novità da] Klaus?; *neueren Datums*, di data (più) recente **5** (*modern*) moderno: *die Neuere Geschichte*, la storia mo-

derna; *die neueren Sprachen*, le lingue moderne; *in neuerer Zeit*, in tempi recenti; *erst in neuerer Zeit*, solo recentemente/[di recente]/[ultimamente] **6** (*gerade erdacht*) {ERFINDUNG, ERRUNGENSCHAFT} nuovo; {IDEEN, METHODE, SYSTEM} *auch* inedito **7** (*gerade angekommen*) {ANGESTELLTER, LEHRER, MITARBEITER, SCHÜLER} nuovo: *neu in etw* (dat) *sein* {IN EINER STADT}, essere nuovo di qc; {IN EINER KLASSE, EINEM KLUB}, essere nuovo in qc; *können Sie mir den Weg zeigen? Ich bin noch neu hier!*, mi sa indicare la strada? Sono ancora nuovo (-a) di queste parti; **(noch) neu im Beruf sein**, essere nuovo del mestiere **8** (*aus der letzten Ernte*) {KARTOFFELN} novello; {WEIN} *auch* nuovo B *adv* **1** (*von vorn*) {ANFANGEN, BEGINNEN} daccapo: *sie mussten wieder ganz neu anfangen*, dovettero ricominciare daccapo/[da zero]; *sich neu einkleiden*, rifarsi il guardaroba; *sich*/[*die Wohnung*] *neu einrichten*, cambiare l'arredamento della casa; *etw neu machen*, rifare qc; *die Übersetzung muss vollkommen neu gemacht werden*, la traduzione va rifatta ₍ex novo *geh*₎/[di sana pianta *fam*]; *etw neu formatieren inform*, riformattare qc; *die Kartei neu ordnen*, ridordinare lo schedario; *neu starten inform*, riavviare il computer **2** (*zusätzlich*): *zwei Schüler sind neu dazugekommen*, si sono aggiunti due nuovi alunni **3** (*seit kurzem*) di recente, recentemente: *das Lokal ist neu eröffnet*, il locale è stato aperto ₍di recente₎/[da poco]; *der Film ist neu erschienen*, il film è appena uscito ● *auf ein Neues! geh*, a un nuovo inizio!; *auf ein (gutes) Neues!*, all'anno nuovo!; *aufs Neue geh*, di nuovo, ancora; *das ist ja was ganz Neues! fam*, ma cosa mi racconti!, ma non mi raccontare fandonie! *das ist (doch) nichts Neues!*, non è (mica) niente di nuovo!, non è certo una novità!; *jdm neu sein*: *das ist mir neu*, questa mi giunge/risulta nuova; *das Gesicht ist mir nicht neu*, questa faccia non mi è nuova; *von neuem/Neuem*, di nuovo; *von neuem anfangen/beginnen*, ricominciare (da capo); *öfter mal was Neues! fam*, ogni tanto cambiare fa bene!
Neuanfertigung *f* **1** (*das handwerkliche Anfertigen*) {+KLEIDUNGSSTÜCK, SCHUHE} produzione f/manifattura f ex novo: *die ~ von Reitstiefeln dauert etwa zwei Monate*, ci vogliono circa due mesi per fare un paio di stivali da cavallerizzo **2** (*Erzeugnis*) articolo m nuovo.
Neuankömmling <-s, -e> *m* nuovo (-a) arrivato (-a) m (f).
Neuanschaffung *f* nuovo acquisto m: *die ~ einer Kücheneinrichtung*, l'acquisto di una nuova cucina.
neuapostolisch *adj relig* neoapostolico.
neuartig *adj* {METHODE, TECHNOLOGIE} nuovo, innovativo, inedito.
Neuauflage *f* **1** *Verlag* riedizione f, nuova edizione f; (*unverändert*) ristampa f **2** (*banale Wiederholung*) riedizione f.
Neuaufnahme *f* **1** (*Neubeginn*) {+DIPLOMATISCHE BEZIEHUNGEN} ripresa f; {+VERHANDLUNGEN} *auch* riapertura f **2** (*das Aufnehmen*) ~ *in etw akk*) {+PERSON IN EINEN KLUB, VEREIN, EINE PARTEI} nuova ammissione f (*in qc*); {+EHEMALIGES MITGLIED} riammissione f (*a qc*); {+PATIENT} nuovo ricovero m (*in qc*); {+BUCH IN DIE BIBLIOTHEK} nuova accessione f, new entry f; {+WORT IN EIN LEXIKON} nuovo inserimento m **3** (*jd, etw neu Aufgenommenes: Mitglied*) nuovo iscritto m, neoiscritto m; (*Patient*) paziente m appena ricoverato, nuovo paziente m; (*Buch*) new entry f; (*Wort*) nuova voce f, nuovo lemma m, nuovo inserimento

m **4** *film* nuova ripresa f; *radio* nuova registrazione f.
Neuausgabe *f Verlag* riedizione f, nuova edizione f; (*unverändert*) ristampa f.
Neubau <-(e)s, -ten> *m* **1** (*im Bau befindliches Gebäude*) edificio m in costruzione **2** (*neues Gebäude*) nuova costruzione f.
Neubaugebiet *n* area f di nuova/recente urbanizzazione.
Neubausiedlung *f*, **Neubauviertel** *n* quartiere m ₍di recente costruzione₎/[nuovo].
Neubauwohnung *f* appartamento m di recente costruzione.
Neubearbeitung *f* **1** (*das erneute Bearbeiten*) rielaborazione f, rimaneggiamento m, rifacimento m **2** (*revidierte Fassung*) {+THEATERSTÜCK} rifacimento m; {+BUCH} *auch* edizione f riveduta/rimaneggiata.
Neubeginn *m* nuovo inizio m.
Neubesetzung *f* **1** *theat* {+ROLLE} nuova assegnazione f: *eine ~ der Rollen*, una ridistribuzione delle parti; *in der ~*, col nuovo cast **2** (*das Besetzen*): *eine ~ dieser Stelle ist nicht vorgesehen*, non è previsto che questo posto venga nuovamente assegnato; *nach der Bestechungsaffäre ist eine ~ des Direktorpostens wohl unumgänglich*, dopo lo scandalo delle tangenti sarà inevitabile rimpiazzare/sostituire l'attuale direttore.
Neubildung *f* **1** (*Umbildung*) {+REGIERUNG} rimpasto m, rimaneggiamento m **2** *ling* neoformazione f, neologismo m **3** *med* neoformazione f.
Neubürger *m* (**Neubürgerin** *f*) *slang pol* nuovo (-a) cittadino (-a) m (f).
Neu-Delhi <-s, *ohne pl*> *n geog* Nuova Delhi f.
neudeutsch *adj meist pej* {AUSDRUCK, WORT} del tedesco moderno (infarcito di anglicismi): *der Ausdruck «beachen» ist so eine ~e Erfindung*, il termine «beachen» è una creazione del tedesco di questi ultimi anni.
Neudruck *m Verlag* ristampa f.
Neue <dekl wie adj> mf nuovo (-a) m (f) (arrivato (-a)).
Neueinsteiger *m* (**Neueinsteigerin** *f*) *fam* **1** → **Newcomer 2** (*jd, der wieder in der Hitparade landet*) "cantante mf nuovamente presente nella hit-parade".
Neueinstellung *f* nuova assunzione f.
Neuenburg <-s, *ohne pl*> *n geog* Neuchâtel f.
Neuentdeckung *f* **1** (*gerade Entdecktes*): *eine ~*, una scoperta recente, l'ultima scoperta; *eine medizinische/wissenschaftliche ~*, ₍una scoperta recente₎/[l'ultima scoperta] nel campo della medicina/scienza; *die junge Autorin ist eine ~ des Verlags*, la giovane autrice è ₍una scoperta recente₎/[l'ultima scoperta] della casa editrice **2** (*Wiederentdeckung*) {+ALTE BRÄUCHE, LAND} riscoperta f.
Neuentwicklung *f* **1** (*das Entwickeln von Neuem*) creazione f: *die ~ von umweltfreundlichen Kraftfahrzeugen*, la realizzazione di automezzi non inquinanti **2** (*das neu Entwickelte*) innovazione f, novità f.
neuerdings *adv* ultimamente: *~ spielt er auch Schach*, ultimamente gioca anche a scacchi.
Neuerer <-s, -> *m* innovatore m.
neuerlich A *adj* (*erneut*) rinnovato B *adv* **1** (*erneut*) di nuovo **2** (*kürzlich*) di recente.
neueröffnet *adj* → **eröffnet**.
Neueröffnung *f* **1** (*neue Eröffnung*) nuova apertura f **2** (*Wiedereröffnung*) riapertu-

ra f.
Neuerscheinung f (*Buch*) novità f editoriale/letteraria; (*CD, Platte*) novità f (discografica).
Neuerung <-, -en> f innovazione f; (*Reform*) riforma f.
Neuerwerb m, **Neuerwerbung** f nuovo acquisto m.
neueste adj → **neuester**.
neuestens, **neustens** adv → **neuerdings**.
neuester, neueste, neuestes, **neuster, neuste, neustes** <superl *von* neu> adj: der/die/das neueste ..., il/la ... più recente; (*jüngster*) *auch* l'ultimo (-a) ...; **der neueste Klatsch**, l'ultimo pettegolezzo; **sich nach der neuesten Mode kleiden**, vestire all'ultima moda; **das neueste Modell**, l'ultimo modello, il modello più recente; **die neuesten Nachrichten**, le ultimissime *journ slang*, ultima ora *journ slang*, le ultime notizie, le notizie dell'ultima ora ● **das ist das Neu(e)ste, was ich höre**, questa è nuova! *fam*; **das Neu(e)ste vom Neuen** *fam*, l'ultimissima (notizia/novità) *fam*; **seit neuestem/Neuestem**, da pochissimo (tempo); **weißt du schon, dass sie seit neuestem/Neuestem einen Freund hat?**, lo sai che da pochissimo ha un ragazzo?; **seit neuestem/Neuestem liest er sogar Joyce**, ultimamente si è messo addirittura a leggere Joyce; **das Neu(e)ste vom Tage**, le ultime notizie del giorno, le attualità; **weißt du schon das Neu(e)ste?** *fam*, la sai l'ultima? *fam*.
Neufassung f nuova versione f.
Neufundland <-s, ohne pl> n *geog* Terranova f.
Neufundländer① <-s, -> n *zoo* terranova m.
Neufundländer② <-s, -> m (**Neufundländerin** f) abitante mf di Terranova.
neugeboren adj {TIER} appena nato; {KIND} *auch* neonato: **sich wie ~ fühlen**, sentirsi (come) rinato (-a).
Neugeborene <dekl wie adj> n neonato (-a) m (f); (*Tier*) animale m appena nato.
Neugestaltung f **1** (*Überarbeitung*) {+TEXT, THEMA} rielaborazione f; {+PROGRAMM} *auch* riorganizzazione f **2** *arch bau* ristrutturazione f.
Neugier, **Neugierde** <-, ohne pl> f curiosità f ● **aus ~**, per curiosità; **jds ~ erregen/wecken**, suscitare/destare/stuzzicare la curiosità di qu; (**bald/fast**) **vor ~ platzen**, ardere/morire di curiosità.
neugierig adj curioso: **~ (auf jdn) sein**, essere curioso (di conoscere qu); **sei nicht so ~!**, non essere così curioso (-a)/indiscreto (-a)!; **ich bin ~, wie das Spiel ausgegangen ist**/{ob er kommt}, sono curioso (-a) di sapere/vedere ⌊com'è finita la partita⌋/[se viene]; **da bin ich aber ~** (⌊ob du das kannst⌋/[wie du das machen willst])!, voglio proprio vedere (⌊se lo sai⌋/[come lo vuoi] fare)!; **jdn ~ machen**, incuriosire qu.
Neugotik f *arch* (stile m) neogotico m.
neugotisch adj *arch* neogotico.
neugriechisch adj {AUSDRUCK, WORT} del greco moderno.
Neugriechisch <-(s), ohne pl> n, **Neugriechische** <dekl wie adj> n greco m moderno; → *auch* **Deutsch**, **Deutsche**②.
Neugründung f **1** (*erstmalige Gründung*) {+ORT, PARTEI, UNIVERSITÄT} fondazione f **2** (*erneute Gründung*) {+PARTEI} rifondazione f.
Neuguinea <-s, ohne pl> n *geog* Nuova Guinea f.

neuhebräisch adj ebraico moderno: **das Neuhebräisch**, **das Neuhebräische**, l'ebraico moderno.
Neuheit <-, -en> f novità f.
neuhochdeutsch adj (Abk nhd.) {LITERATUR} in alto tedesco moderno: **das Neuhochdeutsch**, **das Neuhochdeutsche**, l'alto tedesco moderno.
Neuigkeit <-, -en> f novità f: **die letzen ~en**, le ultime novità/notizie.
Neuinszenierung f *theat* nuova messinscena f, nuovo allestimento m.
Neujahr <-s, ohne pl> n capodanno m: **habt ihr (zu) ~ schon etwas vor?**, avete già dei programmi per capodanno?; **il primo dell'anno?**; **jdm zu ~ Glück wünschen**, fare gli auguri di buon anno a qu ● **prosit ~!**, buon anno!
Neujahrsabend m sera f ⌊di San Silvestro⌋/[dell'ultimo dell'anno].
Neujahrsansprache f {+BUNDESKANZLER, BUNDESPRÄSIDENT} discorso m di capodanno.
Neujahrsbotschaft f {+PAPST} messaggio m di capodanno.
Neujahrsfest n (festa f di) capodanno m.
Neujahrsgruß m **1** (*Glückwunsch*) augurio m di ⌊buon anno⌋/[felice anno nuovo] **2** <nur pl> → **Neujahrskarte**.
Neujahrskarte f cartolina f/biglietto m di auguri per l'anno nuovo: **hast du Tante Käthe schon eine ~ geschickt?**, hai già mandato gli auguri per l'anno nuovo a zia Käthe?
Neujahrsnacht f notte f di san Silvestro.
Neujahrstag m capodanno m, primo m dell'anno.
Neujahrswunsch m → **Neujahrsgruß**.
Neukaledonien <-s, ohne pl> n *geog* Nuova Caledonia f.
Neukauf m nuovo acquisto m: **bei ~ eines Modells 10% Rabatt**, 10% di sconto sull'acquisto di un modello nuovo.
Neuklassizismus m *D lit* neoclassicismo m letterario tedesco, corrente f neoclassicista tedesca.
Neuland <-(e)s, ohne pl> n **1** (*neu gewonnenes Land*) nuovo terreno m; (*für die Landwirtschaft gewonnenes Land*) terreno m bonificato, bonifica f *rar*; ~ **bebauen**, costruire su un terreno nuovo; ~ **für etw (akk) gewinnen** {FÜR DIE BEBAUUNG}, guadagnare nuovo terreno per (fare) qc {FÜR DIE LANDWIRTSCHAFT} bonificare terreno per qc **2** (*neues Wissensgebiet*) campo m nuovo, terreno m/campo m vergine/inesplorato, terra f vergine **3** *rar* (*unerforschte Gebiete*) terra f pl nuove/inesplorate/sconosciute ● ~ **betreten**, addentrarsi in un terreno (ancora) vergine; **medizinisches/wissenschaftliches ~ betreten**, aprire nuovi orizzonti alla medicina/scienza, entrare in universi sconosciuti alla medicina/scienza; (**absolutes/völliges**) ~ **für jdn sein**, essere un ⌊campo vergine⌋/[universo sconosciuto] per qu.
Neulandgewinnung f (*durch Trockenlegung*) bonifica f (di terreno); (*durch Auflandung*) terra f strappata al mare.
neulich adv recentemente, di recente, l'altro giorno: ~ **abends/morgens/sonntags**, l'altra sera/mattina/domenica; **erinnerst du dich an unsere Diskussion von ~?**, ti ricordi della nostra discussione dell'altro giorno?
Neuling <-s, -e> m novellino (-a) m (f), principiante m, novizio m (-a f).
neumodisch adj *meist pej* (*unverständlich neu*) {ANSICHTEN, KRAM, SITTEN} moderno: **ich kann mit diesem ~en Zeug nichts anfan-**

gen, non so cosa farmene di queste diavolerie moderne *fam*.
Neumond <-(e)s, ohne pl> m luna f nuova, novilunio m *wiss*: ⌊es ist⌋/[wir haben] ~, c'è la luna nuova *fam*.
neun <inv> zahladj **1** (*Zahl*) nove **2** (*Uhrzeit*) nove: **es ist ~ (Uhr)**, sono le nove; (*abends*) *auch* sono le ventuno **3** (*Alter*) nove: **er wird ~**, compie/fa nove anni; **mit ~ Jahren**, a nove anni **4** *sport* (*Punkte*) nove: **alle ~(e)!** (*beim Kegeln*), strike!; → *auch* **vier**.
Neun <-, -en> f **1** (*Zahl*) nove m **2** *fam* (*Transport*): **die ~** (*Buslinie, Straßenbahnlinie*), il nove; (*U-Bahn-Linie*) la linea nove **3** *fam sport*: **die ~**, il/la nove ● **ach, du grüne ~e!** *fam*, perbacco! *fam*, diamine! *fam*, cribbio! *fam*; → *auch* **Vier**.
Neunauge n *zoo* petromizonte m; (*Meerneunauge*) lampreda f.
neunbändig adj {AUSGABE, LEXIKON} in nove volumi.
neuneinhalb <inv> zahladj (*9,5*) nove e mezzo: ~ **Kilometer/Meter**, nove kilometri/metri e mezzo; ~ **Stunden**, nove ore e mezza.
Neuner <-s, -> m *fam* (*Buslinie*): **der ~**, il nove ● **einen ~ schieben** (*beim Kegeln*), fare strike.
neunerlei <inv> zahladj **1** <attr> {FARBEN, GRÖßEN, MÖGLICHKEITEN}, nove specie/tipi, nove ... differenti/diversi **2** (*substantivisch*) nove cose f pl (diverse); → *auch* **viererlei**.
neunfach 🅐 adj **1** (*neunmal so groß*) {BETRAG, PREIS, SUMME} nove volte maggiore/[più alto] **2** (*neunmal erfolgt*) {WELTMEISTER} nove volte **3** (*neunmal erstellt*) {KOPIE} nove: **in ~er Ausfertigung**, in nove copie 🅑 adv {AUSFERTIGEN} in nove copie/esemplari; {UNTERSCHREIBEN} nove volte.
Neunfache <dekl wie adj> n: **das ~** (an etw dat): **das ~ an Fläche**, una superficie nove volte più grande; **das ~ bezahlen**, pagare nove volte tanto/[di più].
neungeschossig 🅐 adj {GEBÄUDE} di/a nove piani 🅑 adv {BAUEN} a nove piani.
neunhundert <inv> zahladj **1** (*Zahl*) novecento: **im Jahre ~**, nell'anno novecento **2** (*Stundenkilometer*) novecento kilometri orari/[all'ora]; → *auch* **vierhundert**.
neunhundertjährig adj <meist attr> **1** (*900 Jahre alt*) {BAUM, STADT} che ha⌋/[di] novecento anni **2** (*900 Jahre dauernd*) {REICH} di novecento anni.
neunhundertster, **neunhundertste**, **neunhundertstes** adj <meist attr> **1** (*an 900. Stelle*) {BESUCHER} novecentesimo (-a) **2** (*zum 900. Male*) novecentesimo (-a).
neunhunderttausend <inv> zahladj novecentomila f.
neunjährig adj <meist attr> **1** (*9 Jahre alt*) {BAUM, TIER} (dell'età) di nove anni; {KIND} *auch* novenne **2** (*9 Jahre dauernd*) {ARBEITSZEIT} novennale, di nove anni.
Neunjährige <dekl wie adj> mf ragazzino (-a) m (f) ⌊di nove anni⌋/[novenne], novenne mf: **schon als ~r konnte er sehr gut schwimmen**, già all'età di nove anni nuotava molto bene.
neunköpfig adj <attr> {GRUPPE} di nove persone/componenti.
neunmal adv {ANFERTIGEN, KOPIEREN} nove volte: ~ **so groß**, nove volte più grande/alto; ~ **so viel verdienen**, guadagnare nove volte ⌊di più⌋/[tanto].
neunmalig adj {KANDIDAT} nove volte: **nach ~em Versuch**, dopo il nono tentativo.
neunmalklug adj *fam iron* {PERSON} saccente, saputello *fam*; {GEREDE} da saccente; ~

sein, essere un cacasenno *fam*/uno sputasentenze *fam*.
Neunmalkluge <dekl wie adj> mf cacasenno mf, sputasentenze mf.
neunmonatig adj <attr> **1** (*neun Monate alt*) {SÄUGLING} di nove mesi **2** (*neun Monate dauernd*) {AUFENTHALT} (della durata) di nove mesi.
neunmonatlich A adj {KONTROLLE} (che si ripete) ogni nove mesi B adv {SICH WIEDERHOLEN} ogni nove mesi.
neunseitig adj *meist* <attr> {LISTE, MANUSKRIPT} di nove pagine.
neunstellig adj {BETRAG, SUMME} a nove cifre.
neunstöckig A adj {GEBÄUDE} a/di nove piani B adv {BAUEN} a nove piani.
neunstündig adj <attr> {KONFERENZ} (della durata) di nove ore.
neunt adv: **zu ~** {SEIN}, in nove.
neuntägig adj *meist* <attr> {AUFENTHALT, REISE} (della durata) di nove giorni.
neuntausend <inv> zahladj novemila.
neunte zahladj → **neunter**.
Neunte <dekl wie adj> mf **1** (*9. Tag des Monats*): **der ~**, il nove **2** (*9. Monat des Jahres*): **der erste/zweite/… ~**, il primo/due/… (di) settembre **3** (*Reihenfolge*) nono (-a) m (f); → *auch* **Vierte**.
Neuntel <-s, -> n (*der neunte Teil*): **ein ~** ₍einer S. (gen)₎/₍**von etw** (dat)₎, un nono di qc, la nona parte di qc.
neuntens adv (in) nono (luogo).
neunter, neunte, neuntes zahladj <meist attr> **1** (*Datum*) nove **2** (*Jahreszahl*) nono: **das neunte Jahrhundert**, il nono secolo **3** (*Reihenfolge*) nono (-a): **im neunten Kapitel**, nel nono capitolo, nel capitolo nove **4** (*zum neunten Mal*) {AUFLAGE, GEBURTSTAG} nono (-a) **5** *math* nono (-a): **der neunte Teil von etw** (dat), la nona parte di qc, un nono di qc; *auch* → **vierter**.
neunzehn <inv> zahladj **1** (*Zahl*) diciannove **2** (*Uhrzeit*) diciannove: **es ist ~ Uhr**, sono le (ore) diciannove **3** (*Alter*) diciannove; → *auch* **vierzehn**.
Neunzehn <-, -en> f **1** (*Zahl*) diciannove m **2** *fam* (*Transport*): **die ~** (*Buslinie, Straßenbahnlinie*), il diciannove; (*U-Bahnlinie*) la linea diciannove **3** *fam sport*: **die ~**, il/la diciannove; → *auch* **Vier**.
Neunzehner <-s, -> m *fam* (*Buslinie*): **der ~**, il diciannove.
neunzehnfach A adj **1** (*neunzehnmal so groß*) {SUMME} diciannove volte maggiore/[più alto] **2** (*neunzehnmal erfolgt*) diciannove volte **3** (*neunzehnmal erstellt*) {KOPIE} diciannove B adv {AUSFERTIGEN, VORHANDEN SEIN} in diciannove copie/esemplari; → *auch* **vierfach**.
neunzehnhundert <inv> zahladj millenovecento: **im Jahre ~**, nel(l'anno) millenovecento.
neunzehnjährig adj <meist attr> {TIER} di/[che ha] diciannove anni; {PERSON} *auch* diciannovenne.
Neunzehnjährige <dekl wie adj> mf **1** ragazzo (-a) m (f) di diciannove anni, diciannovenne mf.
neunzehnt adv: **zu ~**, in diciannove.
neunzehnte zahladj → **neunzehnter**.
Neunzehnte <dekl wie adj> mf **1** (*Datum*): **der ~**, il diciannove **2** (*Reihenfolge*) diciannovesimo (-a) m (f).
Neunzehntel n: **ein ~ von etw** (dat), un diciannovesimo di qc, la diciannovesima parte di qc.
neunzehnter, neunzehnte, neun-

zehntes zahladj <meist attr> **1** (*Datum*) diciannove **2** (*an 19. Stelle kommend*) diciannovesimo **3** (*Jahreszahl*) **das neunzehnte Jahrhundert**, il diciannovesimo secolo, l'Ottocento; → *auch* **vierter**.
neunzig <inv> zahladj **1** (*Zahl*) novanta **2** (*Alter*) novanta **3** (*Stundenkilometer*) novanta kilometri orari **4** *sport* (*Punkte*) novanta.
Neunzig <-, -en> f novanta m.
neunziger <inv> adj <attr>: **die ~ Jahre**, gli anni Novanta.
Neunziger <-s, -> m (**Neunzigerin** f) *fam* "persona f di età compresa tra 80 e 89 anni".
Neunzigerjahre, neunziger Jahre, 90er Jahre, 90er-Jahre subst <*nur pl*> **1** (*Jahrzehnt von 90-99*): **die ~**, gli anni Novanta **2** (*Lebensalter von 90-99*): **in den ~n sein**, avere tra i novanta e i cent'anni.
neunzigfach A adj **1** (*90-mal so groß*) novanta volte maggiore **2** (*90-mal erstellt*): **in ~er Ausfertigung**, in novanta copie B adv {KOPIEREN} novanta volte; {ANFERTIGEN} in novanta copie/esemplari.
Neunzigfache <dekl wie adj> n: **das ~ an Leistung**, un rendimento (di) novanta volte superiore.
neunzigjährig adj <meist attr> {BAUM} di novant'anni; {MENSCH} *auch* novantenne, nonagenario *obs*: **~ sterben**, morire ₍a novant'anni₎/₍novantenne₎.
Neunzigjährige <dekl wie adj> mf novantenne mf, nonagenario (-a) m (f) *obs*.
neunzigprozentig adj {ERHÖHUNG, VERMINDERUNG} del novanta percento; {ALKOHOL} che ha novanta gradi.
neunzigst adv: **zu ~**, in novanta.
neunzigste zahladj → **neunzigster**.
Neunzigstel <-s, -> n: **ein ~ von etw** (dat), un novantesimo di qc, la novantesima parte di qc.
neunzigster, neunzigste, neunzigstes zahladj <meist attr> **1** (*Reihenfolge*) {BESUCHER, TEILNEHMER} novantesimo (-a) **2** (*zum 90. Mal*) {GEBURTSTAG} novantesimo (-a) **3** *math* novantesimo (-a).
Neuordnung f nuovo ordinamento m, riassetto m, riordinamento m, riorganizzazione f; (*Reform*) riforma f.
Neuorientierung f *geh* nuovo orientamento m, riorientamento m.
Neuphilologe m (**Neuphilologin** f) filologo (-a) m (f) moderno (-a).
Neuphilologie f filologia f moderna.
Neuphilologin f → **Neuphilologe**.
Neuplatonismus m *philos* neoplatonismo m.
Neuprägung f **1** *ling* neoconiazione f, neoformazione f, neologismo m **2** (*Münze*) nuova coniazione f.
Neuralgie <-, -n> f *med* nevralgia f.
neuralgisch adj **1** *med* {SCHMERZ} nevralgico **2** *geh* (*kritisch*) {PUNKT} nevralgico.
Neurasthenie <-, -n> f *med* nevrastenia f.
Neurastheniker <-s, -> m (**Neurasthenikerin** f) *med* nevrastenico (-a) m (f).
Neuregelung, Neuregelung f {+VERKEHR} nuova regolamentazione f, riorganizzazione f; {+RECHTSCHREIBUNG, STEUERWESEN} riforma f.
neureich adj arricchito.
Neureiche <dekl wie adj> mf nuovo (-a) ricco (-a) m (f), parvenu m.
Neuritis <-, *Neuritiden*> f *med* nevrite f.
Neurobiologie f *wiss* neurobiologia f.
Neurochirurg m (**Neurochirurgin** f) neurochirurgo (*rar* -a) m (f).

Neurochirurgie f *med* neurochirurgia f.
Neurochirurgin f → **Neurochirurg**.
Neurocomputer m *inform* neurocomputer m.
Neurodermitis <-, *Neurodermitiden*> f *med* neurodermite f, neurodermatite f.
Neuroleptikum <-s, *Neuroleptika*> n *pharm* (farmaco m) neurolettico m.
Neurologe <-n, -n> m (**Neurologin** f) neurologo (-a) m (f).
Neurologie <-, *ohne pl*> f *med* neurologia f.
Neurologin f → **Neurologe**.
neurologisch adj neurologico.
Neurom <-s, -e> n *med* neuroma m.
Neuron <-s, *-e oder -en*> n *anat* neurone m.
neuronal adj *inform* {NETZ(WERK)} neurale.
Neuropathologie f *med* neuropatologia f.
Neuropsychologie f neuropsicologia f.
Neurose <-, -n> f *psych* nevrosi f.
Neurotechnologie f tecnologia f della neurocomunicazione.
Neurotiker <-s, -> m (**Neurotikerin** f) *psych* nevrotico (-a) m (f).
neurotisch adj *psych* {MENSCH, STÖRUNG} nevrotico.
Neurotransmitter <-s, -> m *biol* neurotrasmettitore m.
Neuschnee m neve f fresca.
Neuschöpfung f **1** (*etw neu Geschaffenes*) nuova creazione f **2** *ling* creazione f/invenzione f (linguistica).
Neuseeland <-s, *ohne pl*> n *geog* Nuova Zelanda f.
Neuseeländer <-s, -> m (**Neuseeländerin** f) neozelandese mf.
neuseeländisch adj neozelandese.
Neusilber n alpacca f, argentana f, argentone m *fam*.
Neusprachler m (**Neusprachlerin** f) ₍linguista mf specializzato (-a) in₎/₍studioso (-a) m (f) di₎ lingue moderne.
neusprachlich adj {GYMNASIUM} linguistico: **~er Unterricht**, insegnamento delle lingue moderne; **~er Zweig**, indirizzo linguistico.
Neustadt f città f nuova/moderna: **die ~ hat sich unterhalb des ursprünglichen Stadtkerns entwickelt**, la città nuova si è sviluppata ai piedi dell'antico nucleo.
Neustart m *inform* riavvio m, reset m.
neustens adv → **neuestens**.
neutestamentlich, neutestamentarisch adj del Nuovo Testamento, neotestamentario.
Neutra pl *von* Neutrum.
neutral A adj **1** *jur pol* {GEWÄSSER, HAFEN} neutrale; {LAND, STAAT} *auch* neutro: **~ bleiben**, restare/mantenersi neutrale; **sich auf ~em Boden treffen**, incontrarsi in terreno/campo neutro **2** (*unparteiisch*) {BEOBACHTER, BERICHT, HALTUNG} neutrale: **auf ~em Platz spielen** *sport*, giocare in campo neutro **3** (*unauffällig*) {FARBE, GESCHMACK} neutro; {BRIEFPAPIER} sobrio **4** *chem* neutro; *phys auch* neutrale B adv: **sich bei etw** (dat) ~ **verhalten**, assumere/tenere un atteggiamento neutrale in qc.
Neutralisation <-, -en> f **1** *sport* neutralizzazione f **2** *chem* neutralizzazione f.
neutralisieren <*ohne* ge-> tr **1** *pol sport* {LAND, STAAT} neutralizzare qc **2** *geh* (*unwirksam machen*) **etw ~** {EINFLUSS} neutralizzare qc **3** *chem* **etw ~** neutralizzare qc **4** *sport* **etw ~** {RENNEN} neutralizzare qc **5** *slang* (*vernichten*) **jdn ~** {GEGNER, REBELLEN} eliminare qu *slang*, liquidare qu *slang*.

Neutralisierung <-, ohne pl> f **1** pol neutralizzazione f **2** geh (Aufheben der Wirkung) neutralizzazione f **3** chem neutralizzazione f.

Neutralität <-, ohne pl> f **1** pol neutralità f: **bewaffnete ~**, neutralità armata; **dauernde ~**, neutralizzazione **2** geh (Unparteilichkeit) {+BEOBACHTER, SCHIEDSRICHTER} neutralità f.

Neutralitätserklärung f dichiarazione f di neutralità.

Neutralitätspolitik f politica f di neutralità.

Neutralitätsverletzung f pol violazione f della neutralità (di un altro stato).

Neutren pl von Neutrum.

Neutrino <-s, -s> n phys neutrino m.

Neutron <-s, -en> n nukl phys neutrone m.

Neutronenbombe f bomba f al neutrone, bomba f N.

Neutronenstrahlung f radiazione f di neutroni.

Neutronenwaffe f mil arma f al neutrone.

Neutrum <-s, Neutra oder Neutren> n **1** gram (sächliches Substantiv) sostantivo m neutro **2** <nur sing> gram (sächliches Geschlecht) (genere m) neutro m **3** geh meist pej (scheinbar geschlechtloses Wesen) essere m asessuato.

Neuverfilmung f remake m, rifacimento m, nuova versione f.

neuvermählt adj → **vermählt**.

Neuverschuldung f ökon nuovo indebitamento m.

Neuwagen m auto(mobile) f/vettura f nuova.

Neuwahl f pol nuove elezioni f pl; (Wiederwahl) rielezione f.

Neuwert m valore m da nuovo (-a).

neuwertig adj come nuovo.

Neuzeit f età f moderna: Geschichte/Literatur der ~, storia/letteratura moderna.

neuzeitlich adj {ENTDECKUNG, THEORIE} dell'età moderna.

Neuzugang m (Person) nuovo (-a) arrivato (-a) m (f); (Ware) nuovo arrivo m; (Buch in Bibliothek) nuova accessione f, new entry f.

Neuzulassung f autom **1** (Erstzulassung) (prima) immatricolazione f; (erneute Zulassung) nuova immatricolazione f **2** (erstmalig zugelassenes Fahrzeug) autoveicolo m appena immatricolato.

New Age <-, ohne pl> n new age f.

Newcomer <-s, -> m **1** (Neuling in einer Branche) novellino m, pivello m **2** (neues Produkt) novità f.

New Economy <-, -, ohne pl> f nuova economia f.

New Look <-(s), ohne pl> m new look m.

News subst <nur pl> inform news f pl.

Newsgroup <-, -s> f inform news group m, gruppo m di discussione.

Newsletter <-(s), -(s)> m inform newsletter f.

New York <-, -s, ohne pl> n geog New/Nuova York f.

New Yorker① , **New-Yorker** <inv> adj <attr> newyorkese, novayorchese, novaiorchese.

New Yorker② <-s, -> m (**New Yorkerin** f), **New-Yorker** <-s, -> m (**New-Yorkerin** f) newyorkese mf, nuovayorchese mf, nuovayorchese mf.

NGO <-, -(s)> f Abk von engl non-governmental organization (Nichtregierungsorganisation): ONG (Abk von Organizzazione Non Governativa).

---

nhd. Abk von neuhochdeutsch: alto tedesco moderno.

Nibelungen subst <nur pl> lit myth Nibelunghi m pl.

Nibelungenhort <-(e)s, ohne pl> m lit myth tesoro m dei Nibelunghi.

Nibelungenlied n lit myth Canzone f dei Nibelunghi.

Nibelungensage f lit myth Ciclo m dei Nibelunghi.

Nibelungentreue f fedeltà f assoluta/cieca.

Nicaragua <-s, ohne pl> n geog Nicaragua m.

Nicaraguaner m (**Nicaraguanerin** f) nicaraguense mf, nicaraguano (-a) m (f).

nicaraguanisch adj nicaraguense, nicaraguegno.

nicht① adv **1** (Verneinung) non: **die Bluse ist ~ hellblau, sondern türkis**, la camicia non è celeste, ma turchese; **sie geht heute ~ zur Schule**, (lei) non va a scuola oggi; **er raucht ~ mehr**, non fuma più, ha smesso di fumare; **ich habe keine Lust dazu! – Ich auch ~**, non ne ho voglia! – ₍Neanch'io₎/[Nemmeno/Neppure io]; **wer kommt mit? – Ich ~**, chi viene (con me/noi)? – Io no; **ist er noch krank? – Ich glaube ~**, è ancora malato? – Credo di no **2** (Bitte oder Verbot) non: **~ berühren!**, non toccare!; **bitte ~!**, per favore, no/[non farlo]! • **besser/lieber ~!**, meglio di no!; **bestimmt ~!**, no di certo!; **dann eben ~!** fam, allora no! fam; **~ (etwa), dass ..., non (è) che ... konjv; ~, dass ich wüsste!**, non che io sappia!; **~ doch!**, non ... affatto!; **durchaus /[ganz und gar] ~**, non ... affatto; **~ einmal**, nemmeno, neanche, neppure; **~ mehr und ~ weniger**, né più né meno; **~ mit mir!** fam, non con me!; **~ nur ..., sondern auch ...**, non solo ..., ma anche ...; **(und) erst recht ~ ...**, tanto meno ...; **jetzt erst recht ~!**, ora meno che mai!; **~ schlecht/übel!** fam, non/mica/niente male! fam.

nicht② partik **1** (rhetorische Frage) non: **ist diese Gegend ~ wunderschön?**, non è bellissima, questa zona? **2** (nach Fragesätzen: nicht wahr) no?, non è vero?: **du freust dich doch auch, ~ (wahr)?**, sei contento (-a) anche tu, no/[non è vero]? **3** oft iron (Überraschung ausdrücken): **was du ~ sagst!**, non mi dire!; **was man auf diesem Flohmarkt ~ alles findet!**, cosa non si trova a questo mercatino delle pulci!; **was ich mir ~ alles anhören muss!**, ma guarda un po' cosa mi tocca sentire!

Nichtachtung f **1** (Mangel an Respekt) mancanza f di rispetto **2** → **Nichtbeachtung** • **jdn mit ~ strafen**, non degnare qu di uno sguardo, ignorare qu.

nichtamtlich adj → **amtlich**.

Nichtanerkennung f jur pol {+GRENZE, REGIERUNG, STAAT} non riconoscimento m; {+VATERSCHAFT} disconoscimento m; {+ATTEST, DIPLOM, PRÜFUNG} mancato riconoscimento m.

Nichtangriffspakt m pol patto m di non aggressione.

Nichtbeachtung f, **Nichtbefolgung** f {+REGEL, VERBOT, VORSCHRIFT} inosservanza f, mancata osservanza f.

nichtchristlich adj → **christlich**.

Nichte <-, -n> f nipote f (di zio e zia).

nichtehelich adj jur → **ehelich**.

Nichteinhaltung f {+ANORDNUNG, VORSCHRIFT} inosservanza f, mancata osservanza f; {+VERTRAG} auch inadempimento m.

Nichteinmischung f pol non intervento m, non ingerenza f.

Nichterfüllung f {+VERPFLICHTUNG, VERTRAG} inadempimento m, mancato adempimento m.

Nichterscheinen n form (bei der Arbeit, bei einer Prüfung) assenza f; (vor Gericht) non comparizione f.

Nichtfachfrau f non esperta f, profana f.

Nichtfachmann m non esperto m, profano m.

nichtflüchtig adj **1** chem {STOFFE, SUBSTANZEN} non volatile **2** inform: **~er Speicher**, memoria non volatile.

Nichtgefallen n: **bei ~ Geld zurück** com, soddisfatti o rimborsati.

nichtig adj **1** (präd) jur (völlig unwirksam) {VEREINBARUNG, VERTRAG} nullo, viziato da nullità form: **~ sein**, essere nullo; **damit ist der Vertrag ~ geworden**, con ciò il contratto è nullo **2** geh (unbedeutend) {GRUND} futile, insignificante • **etw für ~ erklären** jur {EHE, TESTAMENT, VERTRAG}, dichiarare nullo (-a) qc, annullare qc.

Nichtigkeit <-, -en> f **1** <nur sing> jur (völlige Unwirksamkeit) {+EHE, TESTAMENT, VERTRAG} nullità f **2** <meist pl> (unwichtige Angelegenheit) futilità f, inezia f, quisquilia f.

Nichtigkeitserklärung f jur dichiarazione f di nullità, annullamento m.

Nichtigkeitsklage f jur azione f di nullità.

nichtleitend adj → **leitend**.

Nichtmetall n chem non-metallo m, metalloide m.

Nichtmitglied n {+KLUB, VEREIN} non iscritto m; {+PARTEI} auch non aderente m, esterno m.

nichtöffentlich adj → **öffentlich**.

Nichtraucher① <ohne art> m (Nichtraucherabteil) scompartimento m (per) non fumatori; (im Flugzeug, Kino, Restaurant) zona f non fumatori.

Nichtraucher② m (**Nichtraucherin** f) (Mensch) non fumatore (-trice) m (f).

Nichtraucherabteil n Eisenb (s)compartimento m (per) non fumatori.

Nichtraucherschutz m tutela f dei non fumatori.

Nichtraucherzone f zona f (riservata ai) non fumatori.

Nichtregierungsorganisation f (Abk NGO) organizzazione f non governativa (Abk ONG).

nichtrostend adj → **rostend**.

nichts <inv> indef pron (non) ...niente/nulla: **~ ist so wichtig wie die Gesundheit**, niente/nulla è più importante della salute; **ich habe ~ davon gewusst**, non ne sapevo niente; (vor substantiviertem Infinitiv) niente/nulla di; **~ Interessantes/Neues**, niente/nulla di interessante/nuovo • **~ als ..., (non) ... (nient') altro che ...**; **sie haben mit ihr ~ als Sorgen**, con lei ₍non hanno (nient')altro che₎/[hanno solo] preoccupazioni; **sich in ~ auflösen** (verschwinden), sparire nel nulla; (ohne Ergebnis bleiben) finire in niente; **die Sache hat sich in ~ aufgelöst**, la cosa è finita in niente; **nach ~ aussehen** {KLEIDUNGSSTÜCK, PERSON}, non sapere di niente; **(das ist (immerhin)) besser als ~**, (è sempre) meglio di/che niente; **~ da!** fam, nemmeno per sogno fam/idea fam!; **~ dergleichen**, nulla di tutto ciò; **für ~ und wieder ~**, per niente; **gar/überhaupt ~**, proprio niente; **ganz und gar ~**, assolutamente niente, niente di niente; **so gut wie ~**, nulla o quasi, praticamente niente; **~ hermachen** {PERSON, GESCHENK} far figuraccia, far fare una figuraccia, non presentarsi (per niente) bene; **was ist denn? – Es ist ~**, (che) cosa c'è? – (Non c'è) niente/nulla; **das ist ~ für mich**, non fa per me; **wenn es weiter ~ ist!** *fam*, se non c'è altro!, se questo è tutto!, se è tutto qui!; **von ~ kommt ~**, da niente non viene niente; **zu ~ kommen**, non combinare niente *fam*, non concludere nulla *fam*; **~ lieber als das!**, non chiedo di meglio!; **das macht ~**, non ₍fa niente/nulla₎/[importa]; **da ist ~ zu machen**, non c'è niente da fare; **~ mehr**, (non ...) più nulla; **mir ~, dir ~**, come se niente fosse; **er hat sich mir ~, dir ~ aus dem Staub gemacht**, ha tagliato la corda senza fare una piega; **das hat ~ zu sagen**, non vuole dire nulla/niente; **(noch) ~ sein**, non essere (ancora) nessuno; *sonst*/*weiter ~*, nient'altro!; **~ tun**, non fare niente; **~ dagegen** *tun*/**machen können** *fam*, non poter(e) farci nulla *fam*; **~ für ungut!**, ₍la prendere₎/[se la prenda]!; **~ wie: jetzt aber ~ wie weg!** *fam*, via, veloci!, squaglia-mocela!; **~ wie raus!** *fam*, fuori di qui! *fam*; **wie ~ fam**, in un batter d'occhio; **aus ~ wird ~**, non si può cavare il sangue da una rapa; **daraus wird ~**, non se ne fa niente/nulla.

Nichts <-, ohne pl> n **1** *philos* nulla m **2** (*Geringfügigkeit*): **ein ~**, un niente/(non)nulla; **sich um ein ~ streiten**, litigare per un nonnulla **3** *pej* (*unbedeutender Mensch*): **ein ~**, una nullità, un niente; **er ist ein ~**, è una nullità • **aus dem ~** {ETW AUFBAUEN, SCHAFFEN}, dal nulla/niente; **(wie) aus dem ~ auftauchen**, apparire dal nulla; **ein gähnendes ~**, un vuoto enorme; **vor dem ~ stehen**, essere rovinato, ridursi a zero, aver perso tutto.

nichtsahnend adj adv → **ahnend**.

Nichtschwimmer m (**Nichtschwimmerin** f): **ich bin ~**, non so nuotare.

Nichtschwimmerbecken n vasca f per principianti/[chi non sa nuotare].

nichtsdestotrotz adv *fam* oft *scherz*, **nichtsdestoweniger** adv ciò/pur nonostante, malgrado ciò, nondimeno, tuttavia.

nichtselbständig, **nichtselbstständig** adj dipendente: **Einkommen aus ~er Arbeit**, reddito da lavoro dipendente.

Nichtsesshafte (a.R. Nichtseßhafte) <dekl wie adj> mf *form* persona f senza fissa dimora *form*, senzatetto m, senzacasa mf.

Nichtskönner m (**Nichtskönnerin** f) *pej* incapace mf.

Nichtsnutz <-es, -e> m *pej* buono (-a) m (f) a nulla, inetto (-a) m (f).

nichtsnutzig adj *pej* buono a nulla, inetto.

nichtssagend adj → **sagend**.

Nichtstuer <-s, -> m (**Nichtstuerin** f) *pej* nullafacente mf, fannullone (-a) m (f), sfaccendato (-a) m (f) *fam*, scansafatiche mf *fam*, scioperato (-a) m (f) *fam*.

Nichtstun <-s, ohne pl> n **1** (*Untätigkeit*) ozio m, inattività f **2** (*das Faulenzen*) pigrizia f, poltroneria f • **das süße ~**, il dolce far niente.

nichtswürdig adj *geh pej* {GEDANKEN, VERHALTEN} abietto, ignobile {MENSCH} *auch* spregevole, vile: **ein ~er Kerl**, un essere immondo.

nichtverbal adj → **nonverbal**.

Nichtverbreitung, **Nichtweiterverbreitung** f {+ATOMWAFFEN} non proliferazione f.

nichtwählbar adj → **wählbar**.

Nichtwähler m (**Nichtwählerin** f) astensionista mf, non votante mf.

Nichtwissen n ignoranza f, non conoscenza f.

Nichtzahlung f *form* mancato pagamento m.

Nichtzustandekommen, **Nicht-zustande-Kommen**, **Nicht-zu-Stande-Kommen** n *form* {+VERTRAG} mancata conclusione f.

Nichtzutreffende <dekl wie adj> n: **~s bitte streichen!**, cancellare ciò che non interessa!

Nickel① <-s, ohne pl> n *chem* nichel m, nichelio m.

Nickel② <-s, -> m *fam obs* (*Zehnpfennigstück*) ≈ nichelino m *obs*, ≈ soldo m.

Nickelallergie f allergia f al nichel.

Nickelbrille f occhiali m pl con montatura nichelata, occhialini m pl da intellettuale *fam*.

nicken itr **1** (*den Kopf bewegen: zum Gruß*) fare un cenno col capo; (*zustimmend*) annuire: **beifällig**/**zustimmend (mit dem Kopf) ~**, fare un cenno di assenso; **befriedigt ~**, annuire soddisfatto (-a) **2** *fam* (*schlummern*) dormicchiare *fam*, sonnecchiare, pisolare *fam*.

Nickerchen <-s, -> n *fam* pisolino m *fam*, sonnellino m *fam*: **ein ~ machen**/**halten**, fare/farsi/schiacciare *fam* un pisolino/sonnellino, fare/farsi la pennichella *region*.

Nicki <-s, -s> m, **Nickipullover** m maglia f in ciniglia.

Nickname <-s, -s> m *slang inform* (*Namenskürzel*) nickname m.

Nico m (*Vorname*) → **Nikolaus**.

Nicole f (*Vorname*) Nicoletta.

nie adv (non)... mai: **ich werde das nie verstehen!**, non lo capirò mai! • **einmal und nie wieder**, è stata la prima e l'ultima volta; **das gab's ja noch nie**, das hat's ja noch nie gegeben, non si è mai vista una cosa simile; **jetzt oder nie!**, (o) ora o mai!; **nie mehr**/**wieder!**, mai più!; **nie und nimmer**, mai e poi mai; **noch nie**, (non) ... mai; **noch nie da gewesen**, senza precedenti.

nieder adv ~ **mit jdm**/**etw** abbasso qu/qc: **~ mit der Diktatur!**, abbasso la dittatura!; **die Waffen ~!**, giù/abbassare le armi! • **auf und ~**, su e giù.

Niederbayern <-s, ohne pl> n *geog* Bassa Baviera f.

nieder|beugen *geh* A tr **etw ~** {KOPF} chinare qc; {OBERKÖRPER} piegare in giù qc B rfl **sich ~** (in)chinarsi.

nieder|brennen <irr> A tr <haben> **etw ~** bruciare qc (completamente), ridurre qc in cenere B itr <sein> **1** (*verbrennen*) bruciare (completamente), essere distrutto ₍dal fuoco₎/[da un incendio], ridursi in cenere, essere divorato dalle fiamme **2** (*kleiner werden*) {FEUER} stare per spegnersi; {KERZE} consumarsi **3** (*stark scheinen*) **auf jdn ~** {SONNE} picchiare sulla testa di qu.

nieder|brüllen tr **jdn ~** {REDNER} zittire qu a forza di urlacci.

niederdeutsch adj *ling* basso tedesco: **das Niederdeutsch**, **das Niederdeutsche**, il basso tedesco.

Niederdruck <-(e)s, ohne pl> m *tech* bassa pressione f.

nieder|drücken tr **1** (*herunterdrücken*) **etw ~** spingere ₍in giù₎/[verso il basso] qc; {HEBEL, KLINKE} *auch* abbassare qc **2** *geh* (*bedrücken*) **jdn ~** avvilire qu, deprimere qu, demoralizzare qu, buttare giù qu *fam*: **niedergedrückt sein**, essere avvilito/depresso.

niederer, **niedere**, **niederes** <niederer, niederste> adj <attr> **1** (*sozial tief stehend*) {RANG} basso (-a); {BEAMTER} subalterno (-a): **niederer Adel**, piccola aristocrazia, aristocrazia minore; **von niederer Geburt**/**Herkunft**, di umili natali/origini; **das niedere Volk**, il popolino **2** (*primitiv*) {GESINNUNG,

TRIEB} basso (-a), vile **3** *bes. süddt* (*niedrig*) {HAUS, TÜR, ZAUN} basso (-a) **4** *biol* {PFLANZEN, TIERE} inferiore.

nieder|fallen <irr> itr <sein> *geh* **vor jdm ~** gettarsi ai piedi di qu, prostrarsi/prosternarsi dinanzi a qu *geh*.

Niederfrequenz f *phys* bassa frequenza f.

Niedergang① <-(e)s, ohne pl> m *geh* (*Untergang*) declino m, decadenza f, decadimento m.

Niedergang② <-(e)s, Niedergänge> m *naut* scaletta f di boccaporto.

nieder|gehen <irr> itr <sein> **1** (*sich entladen*) (**auf etw** akk) ~ {GEWITTER, WOLKENBRUCH} abbattersi su qc, rovesciarsi su qc; **auf jdn ~** {DONNERWETTER, VORWÜRFE} abbatersi su qu, rovesciarsi su qu **2** (*landen*) {FLUGZEUG} atterrare **3** *Boxen* finire a terra.

Niedergelassene <dekl wie adj> mf *CH* residente mf.

niedergeschlagen adj **1** (*bedrückt*) abbattuto, avvilito, prostrato *geh*, accasciato *geh*: **~ sein**, essere abbattuto, avere il morale a terra, essere giù (di morale) **2** (*gesenkt*) {AUGEN} abbassato.

Niedergeschlagenheit <-, ohne pl> f abbattimento m, avvilimento m, depressione f, prostrazione f *geh*, accasciamento m *geh*.

nieder|halten <irr> tr **jdn ~** {VOLK} opprimere qu; {PERSON} tenere sottomesso (-a) qu.

nieder|holen tr **etw ~** {FLAGGE, SEGEL} ammainare qc.

nieder|kauern rfl **sich** (*irgendwo*) **~** accovacciarsi/accoccolarsi (+ compl di luogo).

nieder|knallen tr *fam* → **nieder|schießen**.

nieder|knien A itr <sein> (**vor jdm**/**etw**) ~ inginocchiarsi/[mettersi in ginocchio]/[genuflettersi *geh*] (davanti a qu/qc) B rfl <haben> **sich** (**vor jdm**/**etw**) ~ inginocchiarsi/[mettersi in ginocchio]/[genuflettersi *geh*] (davanti a qu/qc).

nieder|knüppeln tr **jdn ~** {DEMONSTRANTEN, STREIKENDE} stendere qu a manganellate.

nieder|kommen <irr> itr <sein> *geh obs* partorire: **mit einem Mädchen**/**Jungen ~**, partorire/[dare alla luce]/[mettere al mondo] una femmina/un maschio.

Niederkunft <-, Niederkünfte> f *geh obs* parto m.

Niederlage f sconfitta f: **eine vernichtende ~**, una disfatta. • **jdm eine ~ beibringen**/**bereiten**, infliggere una sconfitta a qu; **eine ~ erleiden**/[einstecken/hinnehmen] müssen, subire/riportare una sconfitta, subire uno scacco/smacco.

Niederlande subst <nur pl> *geog*: **die ~**, i Paesi Bassi, l'Olanda.

Niederländer <-s, -> m (**Niederländerin** f) olandese mf.

niederländisch adj olandese, dei Paesi Bassi.

Niederländisch <-(s), ohne pl> n, **Niederländische** <dekl wie adj> n (*Holländisch*) (lingua f) olandese m; (*Holländisch und Flämisch*) (lingua f) neerlandese m; → *auch* **Deutsch**, **Deutsche**②.

nieder|lassen <irr> rfl **1** (*ansässig werden*) **sich** *irgendwo* ~ {AUF DEM LAND, IN BERLIN, IM AUSLAND} stabilirsi/[prendere dimora]/[domiciliarsi] + compl di luogo: **sich als Arzt**/**Rechtsanwalt**/... **~**, aprire uno studio medico/legale/...; **ein niedergelassener Arzt**, un medico con studio privato **2** *geh* (*sich setzen*) **sich** *irgendwo* ~ sedersi/

[prendere posto] + *compl di luogo*; {VOGEL} posarsi + *compl di luogo*.

Niederlassung <-, -en> f **1** <*nur sing*> (*als Arzt*) apertura f di uno studio medico; (*als Rechtsanwalt*) apertura f di uno studio legale **2** ökon (*Hauptniederlassung*) sede f; (*Zweigstelle*) filiale f, succursale f; *bank auch* agenzia f.

Niederlassungsbewilligung f *CH* permesso m di residenza (e di lavoro).

Niederlassungsfreiheit f *jur* libertà f di prendere/eleggere domicilio.

nieder|legen *geh* **A** *tr* **1** (*hinlegen*) *etw* ~ posare *qc*, mettere giù *qc*; {KRANZ} deporre *qc* **2** (*aufgeben*) *etw* ~ {AMT, MANDAT} deporre *qc*, dimettersi da *qc*; {VORSITZ} rinunciare a *qc*: **die Arbeit** ~, sospendere il lavoro, entrare in sciopero; **die Krone** ~, abdicare; **die Waffen** ~, deporre le armi **3** (*festhalten*): *etw* (**schriftlich**) ~, stabilire/fissare/mettere *qc* per iscritto **B** *rfl* **sich** ~ sdraiarsi, coricarsi.

Niederlegung <-, -en> f **1** {+KRANZ} deposizione f **2** {+ARBEIT} sospensione f; {+AMT} rinuncia f (*a qc*); {+MANDAT} deposizione f **3** (*schriftliche*) ~ registrazione f.

nieder|machen *tr* **1** → **nieder|metzeln** **2** (*schlecht behandeln, scharf kritisieren*) *jdn* ~ {PRESSE POLITIKER} massacrare *qu fam*, {CHEF ANGESTELLTE} trattare male *qu*.

nieder|metzeln *tr jdn* ~ {BEVÖLKERUNG, GEFANGENE} massacrare *qu*, trucidare *qu*.

Niederösterreich n *geog* Bassa Austria f.

nieder|prasseln *itr* <*sein*> **1** (*heftig fallen*) {REGEN} scrosciare; {HAGEL} cadere crepitando; **auf jdn**/*etw* ~ {REGEN, HAGEL} abbattersi *su qu/qc*, rovesciarsi *su qu/qc* **2** (*sich entladen*) **auf jdn** ~ {BESCHIMPFUNGEN, VORWÜRFE} rovesciarsi *su qu*, piovere addosso *a qu*, abbattersi *su qu*.

nieder|reißen <*irr*> *tr etw* ~ {SCHRANKEN} abbattere *qc*; {HAUS, MAUER} *auch* demolire *qc*, buttare giù *qc fam*; *jdn* ~ {FALLENDER GEGENSTAND, STOß} gettare a terra *qu*; {LAWINE, WELLE} travolgere *qu*.

Niederrhein m *geog*: **der** ~, il Basso Reno, il Reno inferiore.

niederrheinisch *adj* del Basso Reno, del Reno inferiore.

Niedersachse m (**Niedersächsin** f) abitante mf della Bassa Sassonia.

Niedersachsen n *geog* Bassa Sassonia f.

Niedersächsin f → **Niedersachse**.

niedersächsisch *adj* della Bassa Sassonia.

nieder|schießen <*irr*> *tr jdn* ~ stendere/abbattere *qu* (a colpi di arma da fuoco).

Niederschlag m **1** *meteo* precipitazioni f pl: **starke Niederschläge**, forti precipitazioni **2** *chem* precipitato m, deposito m **3** *Boxen* atterramento m, knockout m, K.O. m *fam* ● **seinen** ~ **in etw** (dat) **finden** {LEBENSERFAHRUNGEN IN DEN WERKEN}, riflettersi in qc; {GEDANKEN, VORSTELLUNG} *auch* trovare espressione in qc; *radioaktiver* ~, pioggia/ricaduta radioattiva, fall-out.

nieder|schlagen <*irr*> **A** *tr* **1** (*zu Boden schlagen*) *jdn* ~ stendere *qu*, mettere/gettare a terra *qu* **2** (*unterdrücken*) *etw* ~ {AUFSTAND, REVOLTE} stroncare *qc*, reprimere *qc*, soffocare *qc*: **die Revolution blutig** ~, reprimere/soffocare la rivoluzione nel sangue **3** (*senken*) *etw* ~ {AUGEN, BLICK} abbassare *qc* **4** *adm jur* (*einstellen*) *etw* ~ {PROZESS, VERFAHREN} archiviare *qc* **B** *rfl* **1** (*kondensieren*) **sich** (**an etw** dat) ~ {DAMPF, FEUCHTIGKEIT} depositarsi (*su qc*) **2** *chem* **sich** ~ precipitare **3** (*zum Ausdruck kommen*) **sich in etw**

(dat) ~ riflettersi *in qc*, ripercuotersi *in qc*.

niederschlagsarm *adj meteo* con scarse precipitazioni.

Niederschlagsmenge f *meteo* precipitazioni f pl, piovosità f.

niederschlagsreich *adj meteo* con abbondanti precipitazioni; {JAHRESZEIT, JAHR} piovoso.

Niederschlagung <-, *ohne* pl> f **1** {+AUFSTAND, BEWEGUNG} repressione f, soffocare *qc* m **2** *jur* {+VERFAHREN} archiviazione f.

nieder|schmettern *tr jdn* ~ **1** (*zu Boden schlagen*) scaraventare/sbattere a terra *qu*, abbattere *qu* **2** (*stark bedrücken*) {ERLEBNIS, NACHRICHT} buttare a terra *qu fam*, abbattere *qu*, prostrare *qu* **3** (*unterdrücken*) *etw* ~ {AUFSTAND} stroncare *qc*, soffocare *qc*.

niederschmetternd *adj* {NACHRICHT} sconvolgente; {ERGEBNIS} catastrofico.

nieder|schreiben <*irr*> *tr etw* ~ mettere *qc* per iscritto, scrivere *qc*.

Niederschrift f **1** <*nur sing*> (*das Niederschreiben*) {+TESTAMENT, VERTRAG} stesura f; {+GEDANKEN} messa f per iscritto **2** (*das Geschriebene*) scritto m; (*Protokoll*) verbale m: **eine** ~ **fertigen**, redigere un verbale.

niederschwellig *adj* **1** *med* {DROGENENTZUGSTHERAPIE} a scalare **2** *com* {ANGEBOT} di qualità minore.

nieder|setzen *rfl geh* **sich** ~ sedersi, accomodarsi.

Niederspannung f *el* bassa tensione f.

nieder|stechen <*irr*> *tr jdn* ~ stendere *qu* a coltellate.

nieder|stimmen *tr jdn*/*etw* ~ {ANTRAG} respingere/bocciare *qu/qc* (in una votazione); {KANDIDATEN} *auch* mettere in minoranza *qu*.

nieder|stoßen <*irr*> **A** *tr geh* <*haben*> (*zu Boden stoßen*) *jdn* ~ gettare a terra *qu* **B** *itr* <*sein*> **auf etw** (akk) ~ {RAUBVOGEL AUF SEINE BEUTE} piombare *su/[addosso a] qc*.

nieder|strecken *tr jdn* ~ stendere a terra *qu* (riducendolo in fin di vita); *etw* ~ {TIER} abbattere *qc*.

Niedertracht <-, *ohne* pl> f *geh* infamia f, bassezza f.

niederträchtig *adj geh* infame, basso.

Niederträchtigkeit <-, -en> f **1** (*Tat*) infamia f, bassezza f **2** <*nur sing*> → **Niedertracht**.

nieder|trampeln *tr fam*, **nieder|treten** <*irr*> *tr jdn*/*etw* ~ (cal)pestare *qu/qc*.

Niederung <-, -en> f *geog* bassopiano m.

nieder|walzen *tr jdn*/*etw* ~ schiacciare *qu/qc*.

nieder|werfen <*irr*> **A** *tr* **1** (*zu Boden werfen*) *jdn* ~ gettare a terra *qc* **2** *geh* (*unterdrücken*) *etw* ~ {AUFSTAND, REBELLION} reprimere *qc*, stroncare *qc* **B** *rfl* **sich vor jdm** ~ gettarsi ai piedi di *qu*.

Niederwild n piccola selvaggina f.

niedlich *adj* {BABY, KIND, KÄTZCHEN, KLEIDCHEN} carino *fam*, bellino *fam*: ~ **aussehen**, essere carino/grazioso.

Niednagel m *med* (*sich lösende Haut*) pipita f; (*sich lösender Nagel*) unghia f semistaccata.

niedrig **A** *adj* **1** (*nicht hoch*) {HAUS, MAUER, STIRN, TISCH} basso: {ZIMMER} dal soffitto basso **2** (*gering*) {EINKOMMEN, GEHALT, LOHN, KOSTEN, MIETE} basso; {PREIS} *auch* modico, contenuto; {BLUTDRUCK, DRUCK, TEMPERATUR} basso: *etw* ~ **halten** {KOSTEN, PREISE}, tenere basso (-a) *qc*, contenere *qc* **3** *obs* (*sozial tief stehend*) {GEBURT, HERKUNFT, STAND} basso, umile, infimo **4** (*gemein*) {INSTINKT, TRIEB} basso; {BEWEGGRUND, GESINNUNG} *auch* vile, meschino: *etw* **aus** ~**en Motiven tun**, fare *qc* per motivi meschini/gretti **B** *adv* **1** (*in geringer Höhe*) basso; {FLIEGEN} a bassa quota; {HÄNGEN} in basso **2** (*gering*): **die Kosten zu** ~ **veranschlagen**, calcolare costi troppo bassi.

Niedrigenergiehaus n *ökol* casa f a basso consumo energetico.

Niedrigkeit <-, *ohne* pl> f {+BEWEGGRUND, GESINNUNG} bassezza f.

Niedriglohn m *industr* salario m basso.

Niedriglohnland n *ökon* paese m a salari bassi.

Niedrigpreis m prezzo m basso.

Niedrigstrahlung f *phys* bassa emissione f (di radiazioni).

Niedrigwasser n **1** (*Ebbe*) bassa marea f **2** (*Tiefstand*) {+FLUSS} magra f.

niemals *adv* (non …) mai: ~!, mai e poi mai!; ~ **mehr**, mai più.

niemand *indef pron* (non …) nessuno: **es ist** ~ **da**, non c'è nessuno; **ich habe** ~ *fam*/~**en getroffen**, non ho incontrato nessuno; **er hat mit** ~ *fam*/~**em darüber gesprochen**, non ne ha parlato a/con nessuno; ₁**sonst** ~₁ [~ **anders**] (**als** …), nessun'altro (che …); **ich will mit** ~ **anderem als dem Direktor persönlich sprechen**, non voglio parlare con nessun altro che il direttore in persona; **es will wieder** ~ **gewesen sein**, anche questa volta non ci sono responsabili; ~ **Bekanntes/Fremdes**, nessun conoscente/estraneo ● **ein Niemand sein**, non essere nessuno *fam*.

Niemandsland <-(e)s, *ohne* pl> n terra f di nessuno.

Niere <-, -n> f **1** *anat* rene m **2** <*meist* pl> *gastr* rognone m ● **jdm an die** ~**n gehen** *fam*, far star male *qu fam*; **künstliche** ~ *med*, rene artificiale; **saure** ~**n** *gastr*, rognoni saltati con aggiunta di aceto.

Nierenbecken n *anat* bacinetto m renale.

Nierenbeckenentzündung f *med* pielite f *wiss*.

Nierenentzündung f *med* nefrite f.

nierenförmig *adj* {BLATT, FRUCHT, SAMEN} reniforme; {SCHALE, TISCHCHEN} a fagiolo.

Nierengurt m fascia f elastica (da moto) per proteggere i reni.

Niereninsuffizienz f *med* insufficienza f renale.

Nierenkolik f *med* colica f renale.

nierenkrank *adj* nefropatico *wiss*: **er ist** ~, soffre di reni *fam*.

Nierenleiden n affezione f renale, nefropatia f *wiss*.

Nierenschale f *med* bacinella f/vaschetta f reniforme.

Nierenschützer m → **Nierengurt**.

Nierensenkung f *med* abbassamento m del rene, nefroptosi f *wiss*.

Nierenspender m (**Nierenspenderin** f) donatore (-trice) m (f) di un rene.

Nierenstein m *med* calcolo m renale, nefrolito m *wiss*: ~ **haben**, avere dei calcoli renali/[ai reni], soffrire di calcolosi/litiasi renale *geh*.

Nierensteinleiden n *med* calcolosi f/litiasi f renale *wiss*.

Nierensteinzertrümmerer m litotritore m.

Nierentasche f marsupio m.

Nierentee m infusione f/tisana f per i reni.

Nierentisch m tavolo m a fagiolo.
Nierentransplantation f trapianto m renale.
Nierenversagen n med blocco m renale.
nieseln unpers: **es nieselt**, pioviggina, pioviscola.
Nieselregen m pioggerella f, acquerugiola f.
niesen itr starnutire, fare ˌuno starnutoˌ/[degli starnuti]: **du darfst das Niesen nicht unterdrücken**, non devi trattenere gli starnuti.
Niespulver n polvere f che fa starnutire.
Niesreiz m voglia f di starnutire.
Nießbrauch m jur usufrutto m: **den ~ an etw** (dat) **haben**, avere l'usufrutto di qc.
Nießbraucher m (**Nießbraucherin** f) jur usufruttario (-a) m (f).
Nießnutzer m → **Nießbraucher**.
Nieswurz f bot elleboro m.
Niete① <-, -n> f tech ribattino m, rivetto m.
Niete② <-, -n> f **1** (Fehllos) biglietto m non vincente **2** fam (Versager) schiappa f fam, frana f fam.
nieten tr etw ~ {Blech, Metallplatte} rivettare qc.
niet- und nagelfest adj: **alles, was nicht niet- und nagelfest ist** fam, tutto quello che si può portar via.
Niger① <-(s), ohne pl> m geog (Fluss) Niger m.
Niger② <-s, ohne pl> m geog (Staat) Niger m.
Nigeria <-s, ohne pl> n geog Nigeria f.
Nigerianer <-s, -> m (**Nigerianerin** f) nigeriano (-a) m (f).
Nigger <-s, -> m (**Niggerin** f) pej negro (-a) m (f) pej.
Nigrer <-s, -> m (**Nigrerin** f) nigerino (-a) m (f).
Nihilismus <-, ohne pl> m philos nichilismo m.
Nihilist <-en, -en> m (**Nihilistin** f) nichilista mf.
nihilistisch adj nichilista.
Nikolaus m **1** <-, ohne pl> (Vorname) Nicola, Nic(c)olò **2** <-, -e oder scherz Nikoläuse> (Gestalt) "figura f somigliante a Babbo Natale che il 6 dicembre porta regali ai bambini tedeschi" **3** <nur sing> relig → **Nikolaustag**.
Nikolaustag m fam festa f di San Nicola (festività del 6 dicembre che, nei paesi di lingua tedesca, equivale alla Befana).
Nikotin <-s, ohne pl> n nicotina f.
nikotinarm adj a basso contenuto di nicotina.
nikotinfrei adj senza nicotina, denicotinizzato.
Nikotingehalt m contenuto m/tenore m di nicotina.
nikotinhaltig adj contenente nicotina: **sehr/stark ~**, ad alto contenuto di nicotina.
Nikotinpflaster n med cerotto m alla nicotina.
Nikotinvergiftung f nicotinismo m, tabagismo m, intossicazione m da nicotina.
Nil <-(s), ohne pl> m geog: **der Nil**, il Nilo.
Nilpferd n zoo ippopotamo m.
Nimbus <-, -se> m **1** <nur sing> geh (Aura) aura f, alone m: **den ~ ˌder Unfehlbarkeitˌ/[eines großen Dichters] haben**, avere l'aura ˌdell'infallibilitàˌ/[del grande poeta]; **im ~ der Heiligkeit stehen**, essere in odore di santità; **sich mit dem ~ des Gelehrten/Künstlers umgeben**, darsi arie da erudito/artista **2** (Heiligenschein) aureola f, nimbo m.

nimm 2. pers sing imper von nehmen.
nimmer adv **1** lit obs → **niemals 2** süddt A (nicht mehr) non ... più.
Nimmerleinstag m scherz: **am Sankt ~** {eintreten, etw wieder sehen, zurückbekommen}, il giorno del mai, per le calende greche; ˌ**auf den**ˌ/[**bis zum**] **Sankt ~ verschieben**, rinviare all'anno del poi e al giorno del mai.
nimmermüde adj <attr> geh indefesso geh, instancabile.
Nimmersatt <-(e)s, -e> m fam ingordo (-a) m (f), insaziabile mf, sfondato (-a) m (f) fam.
Nimmerwiedersehen n fam: **auf ~!**, addio per sempre!; **auf ~ verschwinden**, sparire per sempre.
nimmst 2. pers sing präs von nehmen.
nimmt 3. pers sing präs von nehmen.
Nippel <-s, -> m **1** tech nipplo m, raccordo m filettato **2** fam (Brustwarze) capezzolo m.
nippen itr **an etw** (dat) **~** {am Wein} sorseggiare qc; {am Glas} bere un piccolo sorso da qc.
Nippes subst <nur pl>, **Nippsachen** subst <nur pl> (Figuren) soprammobili m pl; (Kleinkram) chincaglierie f pl, ninnoli m pl.
Nippon <-s, ohne pl> n geog Giappone m.
nirgends, nirgendwo adv da nessuna parte, in nessun posto/luogo: **ich schlafe ~ so gut, wie in meinem eigenen Bett**, ˌda nessuna parteˌ/[in nessun posto] dormo bene come nel mio letto; **~ sonst**, in nessun altro posto; **überall und ~ sein**, essere ovunque e da nessuna parte.
nirgendwoher adv da nessuna parte, da nessun posto/luogo.
nirgendwohin adv da nessuna parte, in nessun posto/luogo.
Nirwana <-(s), ohne pl> n relig nirvana m.
Nische <-, -n> f **1** arch nicchia f **2** (noch ungenützter Bereich) nicchia f ● **ökologische ~**, nicchia ecologica.
Nischenprodukt n com prodotto m di nicchia.
Nisse <-, -n> f (Lausei) lendine m oder rar f.
nisten itr irgendwo ~ nidificare/[fare il nido] + compl di luogo.
Nistkasten m nido m artificiale.
Nistplatz m luogo m di nidificazione: **im Frühling suchen sich die Vögel ihre Nistplätze**, in primavera gli uccelli cercano il luogo adatto a fare il nido; **diese Vogelart hat ihren Nistplatz in Wassernähe**, questa specie di uccelli nidifica in prossimità dell'acqua.
Nistzeit f (periodo m di) nidificazione f.
Nitrat <-(e)s, -e> n chem nitrato m.
Nitrid <-s, -e> n chem nitruro m.
Nitrit <-s, -e> n chem nitrito m.
Nitrobenzol n chem nitrobenzene m.
Nitrofarbstoff m chem nitrocolorante m.
Nitroglyzerin n chem nitroglicerina f.
Nitrolack m chem vernice f alla nitrocellulosa.
Nitroverdünner m chem diluente m per vernici alla nitrocellulosa.
Nitrozellulose f chem nitrocellulosa f.
Niveau <-s, -s> n **1** (Höhe) {+Fluss, Straße} livello m **2** (Bildungsstand) livello m: **eine Sendung mit ~**, una trasmissione di un certo livello/spessore; **ein Hotel mit ~**, un albergo di classe ● **~ haben** {Person}, avere una certa levatura; {Firma, Schule, Universität}, avere un certo livello/standard; **kein ~ haben** {Film, Theaterstück}, essere di bassa lega; **auf gleichem ~ liegen**, essere allo stesso livello; **unter jds ~ sein**: **solche Gemein-**heiten sind unter meinem **~**, non mi abbasso a queste meschinità.
niveaulos adj {Buch, Film} di bassa lega, di scarso valore; {Mensch} auch di poca/scarsa levatura.
Niveauregulierung f tech regolazione f di livello.
Niveauunterschied m **1** (Höhenunterschied) dislivello m **2** (Unterschied im geistigen Niveau) differenza fˌdi livelloˌ/[qualitativa].
niveauvoll adj {Artikel, Roman} di alto livello; {Person} di gran levatura.
Nivellier <-s, -e> n, **Nivelliergerät** n, **Nivellierinstrument** n tech livello m a cannocchiale.
nivellieren <ohne ge-> tr geh (gleichmachen) etw ~ {Unterschiede} livellare qc, appianare qc.
Nivellierung <-, -en> f geh livellamento m.
nix indef pron fam → **nichts**.
Nixe <-, -n> f myth (in der germanischen Mythologie) ondina f; (in der klassischen Mythologie) sirena f.
Nizza <-s, ohne pl> n geog Nizza f.
njam interj gnam!
NN Abk von Normalnull: ≈ livello del mare.
N. N. 1 Abk von lat nomen nescio (Name unbekannt): nome ignoto **2** univ Abk von lat nomen nominandum (in Vorlesungsverzeichnissen): da nominare.
NO Abk von Nordost(en): NE (Abk von nord-est).
Noah <-(s) oder Noä, ohne pl> m bibl Noè m ● **die Arche ~** bibl, l'arca di Noè.
nobel <attr noble(r, s)> adj **1** geh (edel) nobile, signorile **2** iron (luxuriös) sciccoso fam oft iron, signorile, lussuoso, da (gran) signore **3** fam (freigebig) {Geschenk} generoso: **ein nobles Trinkgeld**, una lauta mancia.
Nobelherberge f fam oft iron albergo m da nababbi fam.
Nobelpreis m (premio m) Nobel m: **den ~ für Literatur bekommen**, ricevere il (premio) Nobel per la letteratura.
Nobelpreisträger m (**Nobelpreisträgerin** f) (premio m) Nobel m.
Nobelschlitten m fam macchinone m fam, transatlantico m fam scherz.
Noblesse <-, ohne pl> f geh **1** (noble Veranlagung) nobiltà f **2** obs (Adel) aristocrazia f, nobiltà f ● **noblesse oblige** geh, noblesse oblige geh.
Nobody <-(s), -s> m emerito/illustre sconosciuto m.
noch Ⓐ adv **1** (weiterhin) ancora: **ich möchte ~ bleiben**, desidero ˌrimanere ancoraˌ/[stare un altro po' fam]; **er hat nur ~ zehn Euro**, gli restano solo dieci euro; **~ bevor/ehe ...**, ancor(a) prima che ... konjv/di ... inf **2** (bisher) finora, fino ad adesso/ora, per adesso: **das ist ~ nie passiert!**, finora non è mai successo! **3** (spätestens bis) stesso: **er ist ~ am selben Tag abgereist**, è partito quello stesso giorno; **~ heute, heute ~** (noch am selben Tag), oggi stesso, in giornata, entro oggi; **ich muss die Übersetzung heute ~ abgeben**, devo consegnare la traduzione entro oggi; (bis heute) ancora oggi, a tutt'oggi; **Rassendiskriminierung gibt es auch heute ~**, la discriminazione razziale esiste ancora oggi **4** (erst) solo, non più tardi di: **ich habe ~ gestern mit ihm gesprochen**, gli ho parlato solo/[non più tardi di] ieri; (eben) appena; **ich habe meine Brille doch gerade ~ gesehen**, ma se gli occhiali li ho visti ˌun attimo faˌ/[proprio ora] **5** (~ rechtzeitig): **er hat seinen Kollegen ~ erreicht**, ha fatto in

tempo a rintracciare il suo collega **6** (*anderes, mehr*) altro: ~ **zwei Gläser Wein, bitte!**, altri due bicchieri di vino, per favore!; **haben Sie ~ ein wenig Zeit?**, ha ancora un po' di tempo?; **wer ~?**, chi altro?; (**darf es**) **sonst ~ etwas (sein)?**, (che) altro?; ~ **dazu** (*außerdem*), per giunta (anche), per di più (anche) **7** (*vor Komparativ*) ancora: ~ **besser/schöner/wärmer (sein)**, (essere) ancora migliore/[più bello]/[più caldo] **8** (*konzessiv*): ~ **so** +*adj*, ₗper +*adj* che₁/[per quanto +*adj*] ... *konjv*: **wäre er auch ~ so reich ...**, **wenn er auch ~ so reich wäre**, ₗper ricco che₁/[per quanto ricco] sia ...; **wenn du auch ~ so weinst ...**, puoi piangere quanto vuoi ... **B** *partik*: **wie hieß sie (doch) ~?**, com'è che si chiamava)?; **weißt du ~ ...?**, ti ricordi ...?; **das ist ~ echte Qualität!**, questa sì che è qualità!; **man wird doch ~ fragen dürfen!**, non si può più nemmeno chiedere? *fam*; **er kann ~ nicht einmal kochen**, figurarsi, non sa neanche cucinare; (*irgendwann*): **er wird schon ~ kommen**, vedrai/vedrete che verrà, vedrà senz'altro; **du bringst mich mit deinen Fragen ~ (einmal) um den Verstand!**, con le tue domande mi farai diventar matto (-a)! *fam*; **das wirst du ~ bereuen!**, te ne pentirai! **C** *konj* → **weder** ● **auch das ~!**, ci mancava pure/solo questo (-a)!; ~ **immer**, **immer ~**, ancora, sempre; **sie ist immer ~ krank**, è ancora/sempre malata; ~ **mehr**: **ich brauche ~ mehr Geld**, mi serve ancora (più) denaro; **kann ich ~ mehr von der Suppe haben?**, posso avere ancora della minestra?; **das neue Auto verbraucht ~ mehr (als das alte)**, la macchina nuova consuma ancora di più (della vecchia); ~ **nicht**, non ancora; **er hat ~ nicht gegessen**, non ha ancora mangiato; **geh doch ~ nicht!**, resta ancora un po'!; ~ **nie**, (non) ... mai; ~ **und ~/nöcher** *fam scherz*, a bizzeffe *fam*, a non finire *fam*; {GELD} *auch* a palate *fam*.

nochmalig *adj* <attr> nuovo; (*wiederholt*) ulteriore.

nochmals *adv* ancora (una volta), di nuovo, nuovamente.

Nockenwelle f *tech* albero m a camme.

Nockerl <-s, -n> n <*meist pl*> *süddt A gastr* gnocco m (di farina o semolino, da mangiare in brodo) ● **Salzburger ~n** *gastr*, spumone alla vaniglia servito caldo.

No-Future-Generation f generazione f senza futuro/avvenire.

NOK <-(s), -s> n Abk *von* **Nationales Olympisches Komitee**: Comitato m Olimpico Nazionale, ≈ CONI m (Abk *von* Comitato Olimpico Nazionale Italiano).

nolens volens *adv geh* volente o nolente *geh*.

Nomade <-n, -n> m (**Nomadin** f) nomade mf.

Nomadenleben n vita f (da) nomade.

Nomadentum <-s, *ohne pl*> n nomadismo m.

Nomadenvolk n popolo m nomade.

Nomadin f → **Nomade**.

Nomen <-s, *Nomina*> n *gram* **1** (*Substantiv*) sostantivo m **2** (*deklinierbares Wort*) nome f ● **nomen est omen** *geh*, il nome la dice lunga, nomina omina *rar*.

Nomenklatur <-, -en> f *geh* **1** (*Fachwortschatz*) nomenclatura f **2** (*Verzeichnis*) repertorio m) nomenclatore m.

Nomenklatura <-, *ohne pl*> f *hist* nomenklatura f.

Nomina pl *von* **Nomen**.

nominal *adj* **1** *ling* nominale **2** *ökon* nominale.

Nominaleinkommen n *ökon* reddito m nominale.

Nominalstil m *ling* stile m nominale.

Nominalwert m *ökon* valore m nominale.

Nominativ <-s, -e> m *gram* nominativo m: **im ~ stehen**, essere al nominativo.

nominell A *adj* **1** *geh* (*nur dem Namen nach*) {MITGLIED} nominale, di nome **2** *ökon* (*nominal*) nominale B *adv* nominalmente, (*solo*) di nome.

nominieren <*ohne* ge-> tr *jdn* (**für etw** *akk*) ~ {FÜR EINE WAHL} candidare *qu* (*a qc*), designare/proporre *qu* come candidato (-a) (*a qc*): **einen Fußballspieler für ein Spiel ~**, convocare un calciatore per una partita.

Nominierung <-, -en> f ~ (**für etw** *akk*) candidatura f (*a qc*); (*für einen Oskar*) *auch* nomination f (*per qc*); {+FUSSBALLSPIELER} convocazione f (*per qc*).

No-Name <-s, -s> m *slang* anonimo (-a) m (f), signor nessuno m: **eine Mannschaft aus lauter No-Names**, una squadra di emeriti sconosciuti.

No-Name-Computer, **Nonamecomputer** m computer m assemblato.

No-Name-Produkt, **Nonameprodukt** n *com* (prodotto m di) sottomarca f; (*Kleidungsstück*) *auch* prodotto m non firmato/griffato: **dieses Hemd ist sehr preiswert, weil es ein No-Name-Produkt ist**, questa camicia è molto economica perché non è firmata.

Non-Book-Abteilung, **Nonbookabteilung** f *com* (*im Buchladen*) reparto m CD, dischi, poster e gadgets.

Nonchalance <-, *ohne pl*> f *geh* nonchalance f, disinvoltura f, spigliatezza f.

nonchalant *adj geh* disinvolto, spigliato.

Nonfiction, **Non-Fiction** <-, *ohne pl*> f *geh oder* <-(s), *ohne pl*> n *geh* (*Sach- und Fachliteratur*) nonfiction f, saggistica f.

Non-Food-Abteilung, **Nonfoodabteilung** f *com* reparto m non-food.

Nonkonformismus m *geh* nonconformismo m, anticonformismo m.

Nonkonformist <-en, -en> m (**Nonkonformistin** f) *geh* nonconformista mf, anticonformista mf.

nonkonformistisch *adj geh* nonconformista, anticonformista.

Nonne <-, -n> f **1** (*Klosterfrau*) monaca f, suora f: ~ **werden**, farsi suora/monaca **2** *bau* coppo m, tegola f curva **3** *zoo* monaca f.

Nonnenkloster n convento m di monache/suore.

Nonplusultra <-, *ohne pl*> n *geh*: **das ~**, il ₗnon plus ultra₁/[massimo]/[top *slang*]: **dieses Auto ist nicht gerade das ~**, questa macchina non è proprio il massimo.

Non-Profit-Organisation, **Nonprofitorganisation** f organizzazione f no profit.

Nonprofitunternehmen, **Non-Profit-Unternehmen** n azienda f non profit.

Nonsens <-(*es*), *ohne pl*> m *geh* nonsenso m, assurdità f, nonsense m: ~ **reden**, dire delle assurdità.

nonstop *adv*: ~ **fliegen**, fare un volo nonstop; ~ **laufen** {FERNSEHER, MUSIK}, essere acceso 24 ore su 24.

Nonstopflug, **Nonstop-Flug** m volo m ₗsenza scalo₁/[nonstop].

Nonstopkino, **Nonstop-Kino** n cinema m con programmazione nonstop.

Nonstopsendung, **Nonstop-Sendung** f trasmissione f nonstop.

nonverbal A *adj* {KOMMUNIKATION} non verbale B *adv* {KOMMUNIZIEREN} in modo non verbale.

Noppe <-, -n> f **1** *text* nodo m: **Wolle mit ~n**, lana bouclé **2** (*Gumminoppe*) nodino m.

Norbert m (*Vorname*) Norberto.

Nord① <inv, *ohne art*> m *meteo naut* nord m ● **aus/von ~**, da nord.

Nord② <-(e)s, *rar -e*> m *naut oder lit* vento m del nord.

Nordafrika n *geog* Africa f settentrionale/[del Nord], Nord Africa m.

Nordafrikaner m (**Nordafrikanerin** f) nordafricano (-a) m (f).

nordafrikanisch *adj* nordafricano, dell'Africa del Nord.

Nordamerika n *geog* America f settentrionale/[del Nord], Nordamerica m.

Nordamerikaner m (**Nordamerikanerin** f) nordamericano (-a) m (f).

nordamerikanisch *adj* nordamericano, dell'America del Nord; (*auf die USA bezogen*) statunitense.

Nordatlantikpakt m *mil pol*: **der ~**, il Patto atlantico.

nordatlantisch *adj* nordatlantico.

norddeutsch *adj* della Germania settentrionale/[del Nord].

Norddeutsche mf tedesco (-a) m (f) ₗdel Nord₁/[settentrionale].

Norddeutschland n *geog* Germania f settentrionale/[del Nord].

Norden <-s, *ohne pl*> m **1** (*Abk* N) (*Himmelsrichtung*) nord m, settentrione m **2** (*nördliches Gebiet*) {+LAND, KONTINENT, REGION} nord m, settentrione m **3** (*Skandinavien*) paesi m pl nordici ● **aus (dem) ~**, da(l) nord; **im hohen ~**, nell'estremo nord; **im ~ von**: **ein Stadtteil im ~ von Köln**, un quartiere nella zona nord di Colonia; **Hamburg liegt im ~ Deutschlands**, Amburgo si trova nel nord della Germania; **nach/gen geh ~**, al/[verso (il)] nord; **von ~**, da(l) nord.

Nordeuropa n *geog* Europa f del Nord.

Nordeuropäer m (**Nordeuropäerin** f) nordeuropeo (-a) m (f), nordico (-a) m (f).

nordeuropäisch *adj* nordeuropeo, nordico.

Nordfriese <-n, -n> m (**Nordfriesin** f) frisone (-a) m (f) settentrionale.

Nordfriesland <-(e)s, *ohne pl*> n *geog* Frisia f settentrionale.

Nordhalbkugel f *geog* emisfero m boreale/settentrionale.

Nordhang m {+BERG} versante m settentrionale/nord.

Nordirland n *geog* Irlanda f del Nord.

nordisch *adj* nordico; {LÄNDER, SPRACHEN} *auch* scandinavo: ~**e Kombination** *sport*, combinata nordica.

Nordistik <-, *ohne pl*> f → **Skandinavistik**.

Norditalien n *geog* Italia f settentrionale/[del Nord], Settentrione m/Nord m (dell'Italia).

Norditaliener m (**Norditalienerin** f) italiano (-a) m (f) settentrionale/[del Nord], settentrionale mf.

norditalienisch *adj* dell'Italia settentrionale/[del Nord].

Nordkap n *geog*: **das ~**, il Capo Nord.

Nordkorea n *geog* Corea f del Nord.

Nordkoreaner m (**Nordkoreanerin** f) nordcoreano (-a) m (f).

Nordlage f esposizione f a nord: **ein Haus in ~**, una casa esposta/rivolta a nord/settentrione.

Nordländer m (**Nordländerin** f) nordico

(-a) m (f); (*Skandinavier*) *auch* scandinavo (-a) m (f).

nordländisch adj → **nordisch**.

nördlich **A** adj **1** *geog* settentrionale, del nord; {HALBKUGEL} boreale, settentrionale **2** (*aus Norden*) {WIND} settentrionale, del nord, di settentrione; (*nach Norden*): **in ~er Richtung**, ⌊in direzione⌋/[verso] nord **B** adv ~ (*von etw* dat) a nord (*di qc*): **weiter ~ liegen**, trovarsi più a nord **C** präp + gen a nord di.

Nordlicht n **1** *meteo* aurora f boreale **2** *fam scherz* (*Norddeutscher*) tedesco (-a) m (f) del Nord.

Nordmeer n *geog*: **das Europäische ~**, il Mare di Norvegia.

Nordost <inv, *ohne art*>, **Nordosten** m (Abk NO) nord-est m: **aus/von ~**, da nord-est; **nach ~**, a/verso nord-est.

nordöstlich **A** adj **1** *geog* nordorientale **2** (*aus Nordosten*) {WIND} nordorientale, di nord-est; (*nach Nordosten*): **in ~er Richtung**, ⌊in direzione⌋/[verso] nord-est **B** adv ~ (*von etw* dat) a nord-est (*di qc*) **C** präp + gen a nord-est di.

Nord-Ostsee-Kanal m: **der Nord-Ostsee-Kanal**, il canale di Kiel.

Nordpol m *geog*: **der ~**, il Polo Nord.

Nordpolargebiet n *geog*: **das ~**, la regione artica.

Nordpolarmeer n *geog*: **das ~**, il Mar Glaciale Artico.

Nordrhein-Westfalen n *geog* Renania f Settentrionale-Vestfalia.

Nordsee f *geog*: **die ~**, il Mare del Nord; **an die ~ fahren**, andare sul Mare del Nord.

Nordseite f lato m nord/settentrionale; {+BERG} *auch* versante m nord/settentrionale.

Nordstern m → **Polarstern**.

Nord-Süd-Dialog m *pol* dialogo m Nord--Sud.

Nord-Süd-Gefälle n *ökon pol* divario m Nord-Sud.

Nord-Süd-Konflikt m *pol* conflitto m Nord-Sud.

Nordvietnam n *geog* Nord Vietnam m, Vietnam m del Nord.

Nordwand f {+BERG} parete f nord.

nordwärts adv verso/[in direzione] nord.

Nordwest, **Nordwesten** m (Abk NW) nord-ovest m: **aus/von ~**, da nord-ovest; **nach ~**, a/verso nord-ovest.

nordwestlich **A** adj **1** *geog* nord-occidentale **2** (*aus Nordwesten*) nord-occidentale, di nord-ovest; (*nach Nordwesten*): **in ~er Richtung**, ⌊in direzione⌋/[verso] nord-ovest **B** adv ~ (*von etw* dat) a nord-ovest (*di qc*) **C** präp + gen a nord-ovest di.

Nordwind m vento m ⌊del nord⌋/[settentrionale]; (*in Italien*) *auch* tramontana f.

Nörgelei <-, *-en*> f *pej* continuo criticare m/brontolio m/mugugnare m.

nörgeln itr *pej* (*an etw* dat) ~ brontolare (*per qc*), mugugnare (*per qc*).

Nörgler <-s, *->* m (**Nörglerin** f) *pej* criticone (-a) m (f), brontolone (-a) m (f) *fam*.

Norm <-, *-en*> f **1** <*meist pl*> (*gesellschaftliche Regel*) norma f, regola f: **als ~ gelten**, valere come norma **2** (*Durchschnitt*): **die ~**, la norma; **solche Forderungen sind nicht gerade die ~**, tali richieste non rientrano certo nella norma; **von der ~ abweichen**, deviare/discostarsi dalla norma **3** *industr tech* (*festgelegte Größe*) norma f, standard m: **technische/internationale ~en**, norme tecniche/internazionali **4** *sport* (risultato m) minimo m (richiesto per la qualificazione); (*bei Ren-*

nen) tempo m minimo, (*bei Hoch- und Weitsprung*) quota f/misura f di qualificazione.

normal **A** adj **1** (*üblich*) normale: **unter ~en Umständen**, in condizioni/circostanze normali; **es ist (ganz) ~, dass ...**, è (del tutto) normale che ...; **konjv 2** (*geistig gesund*) normale **B** adv **1** (*durchschnittlich*): **~ groß sein** {PERSON}, essere di statura normale; {SACHE} ⌊essere di⌋/[avere] una grandezza normale; **~ riechen/schmecken**, non avere un cattivo odore/sapore **2** (*wie üblich*) {SICH VERHALTEN, VERLAUFEN} normalmente • **jd ist nicht ganz ~** *fam*, qu non è del tutto normale, a qu manca una rotella *fam*/un venerdì *fam*.

Normal <-s, *-e*> n **1** (*in den Fachsprachen: Maßstab*) standard m **2** <*nur sing, meist ohne art*> → **Normalbenzin**.

Normalbenzin n benzina f normale.

Normalbürger m → **Durchschnittsbürger**.

Normale <-(n), *-n*> f *math* normale f.

normalerweise adv normalmente, di solito/regola, generalmente.

Normalfall m caso m normale: **im ~**, normalmente, nella norma.

Normalformat n formato m standard.

Normalgewicht n peso m normale; (*genormt*) peso m standard.

Normalgröße f grandezza f/misura f standard; (*normale Körpergröße*) altezza f/statura f normale; (*normale Konfektionsgröße*) taglia f/misura f normale.

normalisieren <*ohne* ge-> **A** tr *etw* ~ normalizzare qc, (ri)portare/ricondurre qc alla normalità **B** rfl **sich ~** {LEBEN, VERHÄLTNISSE} normalizzarsi, (ri)tornare alla normalità.

Normalisierung <-, *-en*> f normalizzazione f.

Normalität <-, *ohne pl*> f normalità f.

Normalmaß <-es, *ohne pl*> n **1** (*übliches Ausmaß*) misura f normale **2** (*geeichtes Maß*) misura f campione.

Normalnull <-s, *ohne pl*> n (Abk NN) ≈ livello m del mare.

Normalo <-s, *-s*> m *slang* persona f qualunque.

Normalspur f *Eisenb* scartamento m normale.

Normalsterbliche <*dekl wie adj*> mf comune mf mortale.

Normaltarif m *tel* tariffa f ordinaria.

Normaluhr f *obs* orologio m (che indica l'ora ufficiale).

Normalverbraucher m consumatore m medio; → *auch* **Otto**.

Normalverdiener m (**Normalverdienerin** f) "chi percepisce uno stipendio medio".

Normalzeit f ora f ufficiale.

Normalzustand m stato m normale; (*normale Verhältnisse*) condizioni f pl normali: **im ~ chem med phys**, in condizioni normali.

Normandie <-, *ohne pl*> f *geog*: **die ~**, la Normandia.

Normanne <-n, *-n*> m (**Normannin** f) *hist* normanno (-a) m (f).

normannisch adj *hist* normanno.

normativ adj normativo.

Normblatt n *tech* tabella f di unificazione; (*in Italien*) tabella f UNI.

normen tr *tech etw* ~ standardizzare qc, normalizzare qc, unificare qc.

Normenkontrolle f *jur* sindacato m della costituzionalità delle leggi.

Normenkontrollklage f *jur pol* azione f

tesa a verificare la costituzionalità di una legge.

normgerecht **A** adj a norma **B** adv a norma.

normieren <*ohne* ge-> tr *geh* → **normen**.

Normierung <-, *-en*> f *geh*, **Normung** <-, *-en*> f *tech* standardizzazione f, normalizzazione f, unificazione f.

normwidrig **A** adj {VERHALTEN} contrario/[che contravviene] alle norme **B** adv: **sich ~ verhalten**, tenere un comportamento contrario alle norme.

Norwegen <-s, *ohne pl*> n *geog* Norvegia f.

Norweger <-s, *->* m (**Norwegerin** f) norvegese mf.

Norwegerpullover m maglione m alla norvegese.

norwegisch adj norvegese.

Nostalgie <-, *ohne pl*> f *geh* nostalgia f.

Nostalgiewelle f revival m, ritorno m nostalgico.

Nostalgiker <-s, *->* m (**Nostalgikerin** f) nostalgico (-a) m (f), persona f nostalgica.

nostalgisch adj *geh* nostalgico.

not adj *geh obs* a.R. *von* Not → **Not**.

Not <-, *Nöte*> f **1** (*Notlage*) (momento m di) bisogno m, situazione f di emergenza: **jdm in der Not beistehen/helfen**, aiutare qu nel (momento del) bisogno; **in Not sein**, trovarsi ⌊in una situazione di emergenza⌋/[nel bisogno]; **Rettung in/aus höchster Not**, salvataggio in extremis **2** <*nur sing*> (*Elend*) miseria f, indigenza f: **in Not leiden**, essere/vivere ⌊in miseria⌋/[nell'indigenza]; **Not leidend** {BEVÖLKERUNG}, indigente, bisognoso; **die Not leidenden Menschen**, gli indigenti/i bisognosi; **Not Leidende** → **Notleidende** **3** (*Bedrängnis*): **innere Not**, travaglio interiore; **in meiner Not wandte ich mich an eine Freundin**, disperato (-a) mi sono rivolto (-a) a un'amica; **in (höchsten/tausend) Nöten sein**, trovarsi in (estrema/mille) difficoltà • **in Not geraten** (*ins Elend geraten*), cadere in miseria; (*in Bedrängnis geraten*), (ri)trovarsi in serie difficoltà; **seine (liebe) Not mit jdm/etw haben**, avere un bel daffare con qu/qc *fam*; **jdm aus der Not helfen**, trarre d'impaccio qu; **mit knapper Not**, a malapena, per il rotto della cuffia *fam*, per un pelo *fam*; **mit knapper Not entkommen**, scamparla bella *fam*; **wenn Not am Mann ist**, quando/se ce n'è bisogno, al/[in caso di] bisogno, all'occorrenza; **in der Not frisst der Teufel Fliegen** *fam scherz*, a chi ha fame è buono ogni pane *prov*; **aus der Not eine Tugend machen**, fare di necessità virtù; **zur Not**, al limite *fam*, se (è proprio) necessario, alle brutte *fam*, male che vada *fam*; **Not macht erfinderisch** *prov*, il bisogno/la necessità aguzza l'ingegno *prov*, il bisognino fa trottar la vecchia *prov*.

notabene adv *geh* nota bene.

Notanker m **1** *naut* ancora f di riserva **2** *geh* (*letzter Halt*) ancora f di salvezza.

Notar <-s, *-e*> m (**Notarin** f) notaio (*rar* -a) m (f).

Notariat <-(e)s, *-e*> n **1** (*Kanzlei*) studio m notarile **2** <*nur sing*> (*Amt*) notariato m.

notariell **A** adj notarile: **eine ~e Urkunde**, un rogito, un atto notarile **B** adv da un notaio: **~ beglaubigt**, autenticato da un notaio, con autentica notarile.

Notarin f → **Notar**.

Notarzt m (**Notärztin** f) medico m di guardia.

Notarztwagen m ambulanza f (con medico a bordo).

Notaufnahme f **1** (*von Flüchtlingen*) pri-

ma accoglienza f **2** med (von Patienten) ricovero m d'urgenza **3** med (Station) pronto soccorso m.
Notaufnahmelager n centro m di prima accoglienza (per profughi).
Notausgang m uscita f di sicurezza.
Notausrüstung f equipaggiamento m/ attrezzatura f di emergenza.
Notausstieg m {+Bus, Bahn, Flugzeug} uscita f di emergenza.
Notbehelf m espediente m, ripiego m, mezzo m di fortuna.
Notbeleuchtung f illuminazione f d'emergenza.
Notbett n (im Krankenhaus) letto m provvisorio/[d'emergenza].
Notbremse f **1** Eisenb freno m d'emergenza **2** (im Aufzug) pulsante m di alt ● **die ~ ziehen** (bremsen), azionare il freno d'emergenza; fam (drastische Maßnahmen ergreifen), dare un [colpo di freno fam]/[giro di vite fam].
Notbremsung <-, -en> f inchiodata f fam, improvvisa/brusca frenata f.
Notdienst m **1** med (servizio m di) guardia f medica **2** pharm turno m ● **~ haben** {Arzt}, essere di guardia; {Apotheke}, essere di turno.
Notdurft <-, ohne pl> f: **seine ~ verrichten** geh obs, fare i propri bisogni.
notdürftig [A] adj **1** (kaum ausreichend) {Verständigung} appena sufficiente, scarso **2** (behelfsmäßig) {Reparatur} provvisorio, di fortuna; {Behausung} auch di ripiego [B] adv **1** (behelfsmäßig) {Ausbessern, Reparieren} provvisoriamente, con mezzi di fortuna, alla meno peggio **2** (kaum ausreichend) a malapena/stento, alla meno peggio fam: **sich nur ~ verständigen können**, farsi capire a malapena/fatica; **~ bekleidet**, appena coperto.
Note① <-, -n> f mus **1** (Zeichen) nota f **2** <nur pl> (Notentext) spartito m, musica f, note f pl: **~n lesen können**, saper leggere la musica; **le note/lo spartito** ● **ganze/halbe/viertel/achtel ~**, semibreve/minima/semiminima croma; **nach ~n singen/spielen**, cantare/suonare a prima vista.
Note② <-, -n> f Schule sport univ voto m: **eine gute/schlechte ~ bekommen**, prendere un buon/brutto voto; **~n geben**, dare/assegnare geh dei voti.
Note③ <-, -n> f (Eigenart) tocco m, impronta f, nota f: **der Einrichtung eine persönliche ~ verleihen**, dare/conferire un tocco/ un'impronta personale all'arredamento; **etw (dat) eine fröhliche ~ geben**, portare una nota di allegria in qc.
Note④ <-, -n> f **1** pol nota f (diplomatica) **2** <meist pl> (Banknote) banconota f.
Notebook <-s, -s> n inform notebook m.
Notenaustausch m pol scambio m di note (diplomatiche).
Notenbank <-, -en> f banca f d'emissione.
Notenblatt n mus **1** (ohne Noten) foglio m di musica **2** (mit Noten) spartito m, partitura f.
Notendurchschnitt m Schule media f (scolastica).
Notengebung f Schule assegnazione f dei voti.
Notenheft n mus quaderno m di musica.
Notenkonferenz f Schule scrutinio m.
Notenlinie f mus rigo m (musicale).
Notenpapier n mus carta f da musica.
Notenschlüssel m mus chiave f.
Notenständer m mus leggio m.

Notensystem n **1** mus sistema m di notazione **2** Schule sistema m di valutazione (mediante voti).
Notentext m mus spartito m, musica f.
Notenumlauf m ökon circolazione f di banconote.
Notepad <-s, -s> n inform palmare m.
Notfall m (caso m d')emergenza f, caso m di bisogno/necessità: **für den ~**, per ogni evenienza; **im ~**, in caso di bisogno; (zur Not) se necessario, al limite fam.
Notfallambulanz f med → **Notfallaufnahme**.
Notfallaufnahme f med (im Krankenhaus) pronto m soccorso.
Notfallausweis m "documento m che informa su importanti dati medico-sanitari del paziente".
Notfalldienst m servizio m di pronto soccorso.
Notfallmedizin f medicina f d'urgenza/ d'emergenza.
notfalls adv al limite fam, in caso di necessità/bisogno, all'occorrenza.
Notfallstation f CH (stazione f di) pronto soccorso m.
notgedrungen adv per forza, forzatamente, spinto dalla necessità.
Notgeld n moneta f provvisoria, emissione f provvisoria.
Notgemeinschaft f **1** (in einer Notlage) "comunità f nata in condizioni di emergenza estrema" **2** (zur Bekämpfung eines Missstandes) "associazione f costituitasi per far fronte a un'emergenza sociale o politica".
Notgroschen m fam risparmio m/riserva f (per emergenze) ● **sich (dat) einen ~ zurücklegen**, mettere un gruzzoletto da parte per ogni evenienza.
notieren <ohne ge-> [A] tr **1** (aufschreiben) etw ~ annotare qc, prendere nota di qc, segnare qc **2** Börse etw (mit etw dat) ~ {Aktien, Kurse} quotare qc (a qc) [B] itr Börse **irgendwie** ~ avere una quotazione + adj [C] rfl (sich aufschreiben) **sich (dat) etw ~** annotarsi qc, prendere nota di qc, segnarsi qc.
Notierung <-, -en> f Börse quotazione f.
nötig [A] adj (erforderlich) {Maßnahmen, Schritte, Vorsicht} necessario; {Material, Werkzeug} occorrente: **es ist ~**, [dass ...]/[etw zu tun], è necessario/[occorre] [che ... konjv]/[fare qc]; **es ist nicht ~, dass er kommt**, non [c'è bisogno]/[è necessario]/ [occorre] che (lui) venga; **das Nötige veranlassen**, predisporre il necessario, prendere le misure necessarie; **ich nehme nur das Nötigste mit**, mi porto solo lo stretto necessario/indispensabile [B] adv (dringend) urgentemente ● **jdn/etw (bitter/dringend) ~ haben**, avere (urgente) bisogno di qu/qc; **etw nicht ~ haben: sie hat es nicht ~, ganztags zu arbeiten, ihr Mann verdient genug**, (lei) non ha bisogno di lavorare a tempo pieno, suo marito guadagna già abbastanza; **du hast es doch nicht ~, dich so behandeln zu lassen!**, che bisogno hai di farti trattare così?, non vedo proprio perché tu debba farti trattare così!; **etw für ~ halten**, ritenere necessario (-a) qc; **er hat es nicht einmal für ~ gehalten, rechtzeitig abzusagen!**, non si è neanche sentito in dovere di disdire in tempo!; **du hast es gerade ~! fam**, (senti) da che pulpito viene la predica! fam, senti chi parla! fam; **hast du das ~?**, ma chi te lo fa fare? fam; **etw ~ machen**, rendere necessario (-a) qc; **ich muss mal ganz ~! fam**, mi scappa la pipì fam; **das ist doch nicht ~!, das wäre doch nicht ~ gewesen!**, non ce n'era bisogno!; **wenn/falls ~**, se ne-

cessario, all'occorrenza.
nötigen tr jdn (zu etw dat) ~ **1** (zwingen) {Person, Umstände} obbligare qu (a fare qc), costringere qu (a fare qc) **2** (drängen) invitare qu con insistenza a fare qc: **sie hat uns genötigt zu bleiben**, ci ha quasi obbligati (-e) a restare.
nötigenfalls adv form → **notfalls**.
Nötigung <-, -en> f costrizione f, coercizione f, coartazione f, coazione f; jur violenza f privata ● **sexuelle ~** jur, atti di libidine violenta.
Notiz <-, -en> f **1** (Vermerk) nota f, appunto m, annotazione f **2** journ (Zeitungsnotiz) trafiletto m, breve f slang ● **sich (dat) ~en (von etw dat) machen**, prendere nota (di qc), annotare qc; (bei Vortrag, Vorlesung), prendere appunti (di qc); **von jdm/etw keine ~ nehmen** (zufällig), non notare qu/qc, non accorgersi di qu/qc, non fare caso a qu/qc fam; (absichtlich), non considerare qu, non prestare attenzione a qu/qc, non filare qu/qc fam; **er hat nicht die geringste ~ von dieser Angelegenheit genommen**, non ha prestato la (benché) minima attenzione alla faccenda.
Notizblock <-(e)s, Notizblöcke> m blocchetto m/blocco m per appunti, bloc-notes m.
Notizbuch n taccuino m, memorandum m ● **digitales ~** inform, taccuino digitale.
Notizzettel m (kleines Stück Papier) foglietto m; (Merkzettel) promemoria m.
Notlage f situazione f di emergenza, (serie/gravi) difficoltà f pl ● **sich in einer ~ befinden**, trovarsi in una situazione di emergenza; **in eine ~ geraten**, (ri)trovarsi in serie difficoltà; **in ~n**, in caso di bisogno.
notlanden itr <sein: meist im inf, imperf oder perf, part perf: notgelandet> effettuare/fare un atterraggio di fortuna.
Notlandung f atterraggio m [di fortuna]/ [forzato].
notleidend adj → **Not**.
Notleidende <dekl wie adj> mf persona f indigente/bisognosa, indigente mf: **die ~n**, gli indigenti, i bisognosi.
Notlösung f soluzione f [di ripiego]/[tampone]: **für etw (akk) eine ~ finden**, mettere una toppa a qc fam.
Notlüge f bugia f pietosa/necessaria: **zu einer ~ greifen**, ricorrere a una bugia pietosa.
Notnagel m fam pej tappabuchi m.
Notoperation f med operazione f/intervento m d'urgenza.
notorisch geh [A] adj **1** (stadtbekannt) {Lügner, Trinker} ben noto **2** (gewohnheitsmäßig) {Lügner} patentato; {Trinker} incallito [B] adv **1** (stadtbekannt) notoriamente **2** (gewohnheitsmäßig) d'abitudine.
Notquartier n alloggio m [di fortuna]/ [provvisorio].
Notruf m tel **1** (Anruf) chiamata f d'emergenza **2** → **Notrufnummer**.
Notrufnummer f tel numero m d'emergenza.
Notrufsäule f colonnina f [per chiamate di soccorso]/[(dell')SOS].
Notrutsche f aero scivolo m d'emergenza.
Notschalter m interruttore m (generale) di emergenza.
notschlachten <part perf: notgeschlachtet> tr: **ein Tier ~**, macellare/abbattere un animale (ferito o malato).
Notsignal n segnale m di soccorso.
Notsituation f → **Notlage**.
Notsitz m strapuntino m, sedile m ribaltabile.

Notstand <-, ohne pl> m **1** (*Notlage*) stato m di emergenza, situazione f critica: **dem ~ im Schulwesen abhelfen**, far fronte all'emergenza scuola; **der ~ im Gesundheitswesen**, la crisi del sistema sanitario **2** *jur pol* (*im Staatsrecht*): **innerer ~**, stato di emergenza; **äußerer ~**, stato di guerra **3** *jur* (*im Strafrecht*) stato m di necessità • **den ~ ausrufen**, dichiarare lo stato di emergenza/guerra/ [calamità naturale]; **ziviler ~** (*bei Naturkatastrophen*), stato di calamità naturale.

Notstandsgebiet n zona f sinistrata.

Notstandsgesetz n <*meist pl*> legge f d'emergenza/speciale; *hist* <pl> (*die deutschen ~e in Mai 1968*) legislazione f d'emergenza.

Notstrom m *el* corrente f d'emergenza.

Notstromaggregat n gruppo m di continuità, gruppo m elettrogeno di emergenza.

Nottaufe f battesimo m ˌin articulo mortisˌ/[d'urgenza].

not|tun <*irr*> *itr*: **etw tut (jdm) not**, qc serve (a qu), qu ha bisogno di qc.

Notunterkunft f alloggio m ˌdi fortunaˌ/ [provvisorio], sistemazione f ˌdi fortunaˌ/ [provvisoria].

Notverband m fasciatura f/medicazione f provvisoria/[di fortuna].

Notverordnung f *pol* decreto m legge.

Notversorgung f **1** (*mit Strom*) alimentazione f di emergenza (per la corrente) **2** (*medizinische Notversorgung in Krisengebieten oder im Streikfall*) assistenza f (medico-sanitaria) di emergenza.

notwassern <*sein: meist im inf, imperf oder perf, part perf: notgewassert*> *itr aero* effettuare/fare un ammaraggio ˌdi fortunaˌ/[forzato].

Notwehr <-, ohne pl> f *jur* legittima difesa f: **aus/in ~ (handeln)**, (agire) per legittima difesa; **Überschreitung der Grenzen der ~**, eccesso di legittima difesa.

notwendig A adj **1** (*erforderlich*) {MASSNAHMEN, SCHRITTE} necessario (*unerlässlich*) indispensabile: **das Notwendigste**, lo stretto necessario/indispensabile; **sie haben nicht einmal das Notwendigste zum Leben**, non hanno neanche il minimo indispensabile per vivere; **etw ~ machen**, rendere necessario (-a) qc, imporre qc; **~ werden**, rendersi necessario (-a), imporsi **2** (*zwangsläufig*) {FOLGE} necessario, inevitabile B adv → **notwendigerweise**.

notwendigerweise adv necessariamente, inevitabilmente, per forza *fam*.

Notwendigkeit <-, -en> f necessità f • *dringende ~*, bisogno impellente; *zwingende ~*, necessità imperiosa.

Notzeit f: **für ~en**, per i momenti di bisogno; **etw für ~ zurücklegen**, mettere da parte qc per i tempi difficili; **in ~en**, in periodi/momenti difficili.

Notzucht <-, ohne pl> f *jur obs* violenza f sessuale, stupro m.

Nougat m *oder* n → **Nugat**.

Nougatfüllung f → **Nugatfüllung**.

Nougatschokolade f → **Nugatschokolade**.

Nova pl *von* Novum.

Novel Food, Novelfood <-s, -s> n *slang* alimenti m pl geneticamente manipolati.

Novelle① <-, -n> f *lit* novella f.

Novelle② <-, -n> f *parl* emendamento m (di legge): **eine ~ zu etw (dat) einbringen/verabschieden**, proporre/approvare un emendamento a qc.

Novellensammlung f *lit* raccolta f di novelle, novelliere m.

Novellenschreiber m (**Novellen-schreiberin** f) scrittore (-trice) m (f) di novelle, novelliere (-a) m (f).

novellieren <ohne ge-> tr *parl etw ~* {GESETZ} emendare qc.

Novellist <-en, -en> m (**Novellistin** f) *lit* novelliere (-a) m (f), novellista mf *rar*.

November <-(s), -> m novembre m; → *auch* **September**.

Novemberrevolution f *hist* rivoluzione f di novembre (in Germania e in Austria nel 1918).

Novität <-, -en> f *geh* novità f.

Novize <-n, -n> m (**Novizin** f) *relig* novizio (-a) m (f).

Noviziat <-(e)s, -e> n *relig* noviziato m.

Novizin f → **Novize**.

Novum <-s, Nova> n *geh*: **ein ~**, una novità (assoluta), una cosa nuova.

NPD <-, ohne pl> f Abk *von* Nationaldemokratische Partei Deutschlands: "Partito m Nazionaldemocratico Tedesco".

Nr. Abk *von* Nummer: n., n° (Abk *von* numero).

NRW Abk *von* Nordrhein-Westfalen: Renania f Settentrionale-Vestfalia.

NS 1 Abk *von* Nachschrift: PS (Abk *von lat* post scriptum) **2** *hist* Abk *von* Nationalsozialismus, nationalsozialistisch: nazionalsocialismo, nazionalsocialista: **das NS-Regime**, il regime nazista/nazionalsocialista.

NSDAP <-, ohne pl> f *hist* Abk *von* Nationalsozialistische Deutsche Arbeiterpartei: NSDAP (*Partito Nazista Tedesco*).

NS-Herrschaft f → **Naziherrschaft**.

NS-Regime n → **Naziherrschaft**.

NS-Verbrechen n → **Naziverbrechen**.

NS-Verbrecher m (**NS-Verbrecherin** f) → **Naziverbrecher**.

N. T. Abk *von* Neues Testament: N.T. (Abk *von* Nuovo Testamento).

Nu m: **im/[in einem] Nu** *fam*, in un ˌbattibalenoˌ *fam*/[batter d'occhio *fam*]/[attimo]; **ich bin im Nu zurück**, (ri)torno in un baleno *fam*/lampo *fam*.

Nuance <-, -n> f **1** (*Farbabstufung*) sfumatura f, gradazione f, nuance f *geh* **2** (*Feinheit*) {SPRACHLICHE, STILISTISCHE} sfumatura f, finezza f • **(um) eine ~** {DUNKLER, HELLER}, leggermente, appena (appena), una nuance *geh*; {ZU LAUT, LEISE}, un po'.

nuancenreich adj ricco/pieno di sfumature.

nuanciert A adj {AUSDRUCKSWEISE, DARSTELLUNG, KLAVIERSPIEL} ricco/pieno di sfumature B adv {ARGUMENTIEREN} in modo sottile; {SCHILDERN, KLAVIER SPIELEN} con ricchezza di sfumature.

Nubuk <-(s), ohne pl> n, **Nubukleder** n (pelle f) nabuk m.

nüchtern A adj **1** (*ohne Essen*) digiuno: **auf ~en Magen**, a digiuno/[stomaco vuoto] **2** (*ohne Alkohol*) sobrio: **~ sein**, essere sobrio, non aver bevuto; (**wieder**) **~ werden**, smaltire la sbornia *fam*/sbronza *fam* **3** (*sachlich*) {MENSCH} concreto, razionale; {URTEIL} spassionato, obiettivo **4** (*schmucklos*) {RAUM} sobrio; {STIL} *auch* asciutto, scarno, essenziale, prosaico **5** (*bloß*) {TATSACHEN, ZAHLEN} oggettivo B adv **1** (*ohne Essen*) a digiuno/[stomaco vuoto] **2** (*sachlich*) {BEURTEILEN} spassionatamente, obiettivamente, con obiettività; {DENKEN} in modo razionale: **etw ganz ~ sehen**, non illudersi.

Nüchternheit <-, ohne pl> f **1** (*ohne Alkohol*) sobrietà f **2** (*Schmucklosigkeit*) sobrietà f **3** (*Sachlichkeit*) spassionatezza f, obiettività f.

Nuckelflasche f *fam* biberon m.

nuckeln *itr fam* (**an etw** dat) **~** {AN DER FLASCHE, AM SCHNULLER} ciucciare (*qc*) *fam*, succhiare (*qc*).

Nudel <-, -n> f **1** <*meist pl*> *gastr* pasta f; (*in der Suppe*) pastina f; (*Gericht*) *auch* pastasciutta f: **hausgemachte ~n**, pasta fatta in casa; **~n mit Fleischsoße/Tomatensoße**, pasta al ragù/pomodoro; **die ~n abgießen**, scolare la pasta **2** *fam pej* (*Frau*) tipa f *fam*: **eine dicke ~**, una cicciona *fam*; **eine ulkige ~**, una macchietta/sagoma; **eine giftige ~**, una linguaccia.

Nudelbrett n spianatoia f.

Nudelfabrik f pastificio m.

Nudelgericht n (piatto m di) pastasciutta f.

Nudelholz n matterello m.

Nudelsalat m pasta f fredda.

Nudelsuppe f pastina f in brodo.

Nudelteig m pasta f.

Nudismus <-, ohne pl> m *geh* nudismo m, naturismo m.

Nudist <-en, -en> m (**Nudistin** f) *geh* nudista mf, naturista mf.

Nugat <-s, -s> m *oder* n gianduia m.

Nugatfüllung f {+PRALINE} ripieno m al gianduia: **mit ~**, al gianduia.

Nugatschokolade f cioccolato m/cioccolata f al gianduia.

nuklear adj nucleare, atomico.

Nuklearenergie f → **Atomenergie**.

Nuklearindustrie f → **Atomindustrie**.

Nuklearkriminalität f "criminalità f legata a traffici illeciti di materiale nucleare".

Nuklearmacht f potenza f nucleare/atomica.

Nuklearmedizin <-, ohne pl> f medicina f nucleare.

Nuklearpark m arsenale m nucleare/atomico.

Nuklearphysik f → **Kernphysik**.

Nuklearprogramm n → **Atomprogramm**.

Nukleartechnologie f tecnologia f nucleare/atomica.

Nukleartest m → **Atomtest**.

Nukleartransport m trasporto m di ˌscorie radioattiveˌ/[rifiuti radioattivi].

Nuklearwaffe f → **Atomwaffe**.

Nukleinsäure f *biochem* acido m nucleico.

null <inv> A zahladj zero: **~ Fehler**, zero errori, nessun errore; **~ Grad**, zero gradi; **zehn Grad über/unter ~**, dieci gradi sopra/sotto (lo) zero, più/meno dieci (gradi) *fam*; **es ist ~ Uhr fünf** *form*, sono le ore zero e cinque minuti *form*, è mezzanotte e cinque; **~ Komma drei sechs**, zero virgola trentasei; **Borussia Dortmund hat zwei zu ~ gewonnen**, il Borussia Dortmund ha vinto due a zero; **vierzig ~** – *Tennis*, quaranta zero B <attr> *bes. slang* (*überhaupt kein*): **von Physik habe ich ~ Ahnung**, di fisica ˌne so zero *slang*ˌ/[non so un cavolo *slang*]/[non so un tubo *slang*]; **~ Bock haben** *slang*, avere zero voglia *slang* • (**wieder**) **bei ~ anfangen**, (ri)cominciare/(ri)partire da zero; **in ~ Komma nichts** *fam*, in quattro e quatt'otto *fam*, in un battibaleno *fam*; **~ und nichtig**, nullo; **etw für ~ und nichtig erklären** *jur*, dichiarare nullo (-a) qc; **gleich ~ sein** {ERGEBNIS, FORTSCHRITTE}, essere praticamente ˌ(pari a) zero: **auf ~ stehen** {ZEIGER}, essere sullo zero; **etw auf ~ stellen** {STOPPUHR}, mettere/portare a zero qc; {KILOMETERZÄHLER} *auch* azzerare qc.

Null <-, -en> f **1** *math* zero m **2** *fam pej* (*Versager*) nullità f, zero m (assoluto).

nullachtfünfzehn, **nullachtfuffzehn** <inv> adj *fam pej* dozzinale, ordinario.
Nullachtfünfzehn-Ausführung f *fam pej* modello m/versione f dozzinale.
Nullachtfünfzehn-Einrichtung f *fam pej* arredamento m dozzinale/[come tanti].
Nullachtfünfzehn-Typ m *fam pej* tipo m dozzinale/qualunque.
Null-Bock-Generation f *slang* "generazione f di giovani degli anni '80 che si contraddistingueva per un certo menefreghismo".
Nulldiät f dieta f assoluta/[a zero calorie].
Nullleiter, **Null-Leiter** m *el* (conduttore m) neutro m.
Nulllösung, **Null-Lösung** f *mil* opzione f zero.
Nullmeridian m *geog* meridiano m zero/[di Greenwich].
Null-Null <-, -(s)> n *fam* cesso m *fam*, gabinetto m.
Nullnummer f 1 *journ* numero m zero 2 *slang* (*Versager*) nullità f, zero m (assoluto) 3 *slang* (*Misserfolg*) flop m *slang*, fiasco m: **da hab' ich die ~ gewählt!**, ho toppato alla grande! *slang*.
Nullpunkt m zero m • *absoluter ~ phys*, zero assoluto; **auf den ~ sinken** {TEMPERATUR}, scendere a zero: **seine Stimmung ist auf den ~ gesunken** *fam*, il suo morale è sceso a zero.
Nullrunde f congelamento m dei salari (per un anno).
Nullserie f *industr* serie f sperimentale.
Nulltarif m: **zum ~** {FAHREN, TELEFONIEREN}, gratis, a costo zero: **Information zum ~** *tel*, numero verde.
Nullwachstum n crescita f/sviluppo m zero.
Nulpe <-, -n> f *fam pej* frana *fam pej*.
Numeri pl *von* Numerus.
numerieren a.R. *von* nummerieren → **nummerieren**.
Numerierung a.R. *von* Nummerierung → **Nummerierung**.
numerisch adj 1 (*zahlenmäßig*) numerico 2 *inform math* numerico.
Numerus <-, *Numeri*> m *gram* numero m.
Numerus clausus <- -, *ohne* pl> m *univ* (Abk NC) numero m chiuso.
Numismatik <-, *ohne* pl> f numismatica f.
Nummer <-, -n> f (Abk Nr.) 1 (*Zahl*) numero m 2 *tel* numero m (di telefono)/[telefonico]): **gib mir doch mal deine ~**, dammi un po' il tuo numero di telefono 3 *autom* (numero m di) targa f 4 (*Heft*) {+ZEITSCHRIFT, ZEITUNG} numero m 5 (*Kleidergröße*) taglia f, misura f; (*Schuhgröße*) numero m, misura f: **haben Sie die Schuhe eine ~ kleiner?**, ha il numero più basso di queste scarpe? 6 (*Programmnummer, Zirkusnummer*) numero m 7 *fam* (*Typ*) numero m *fam*, macchietta f *fam*, tipo m *fam*: **der ist vielleicht 'ne ~!**, ma guarda che numero/sagoma!; **Christine ist eine ~ für sich**, Christine è una tipa un po' a modo suo *fam* • **eine ~ abziehen** *fam*, dare spettacolo: **die ~ eins** *fam*, il numero uno *fam*; **laufende ~** {EINER ZEITSCHRIFT}, ultimo numero; **eine ~ (mit jdm) machen/schieben** *vulg*, farsi una scopata (con qu) *vulg*, farsi qu *vulg*; **nur eine ~ (unter vielen) sein**, non essere altro che un numero (fra tanti); **für jdn eine ~/[ein paar ~n] zu groß sein**: **das Mädchen ist wirklich eine ~ zu groß für dich!**, quella ragazza non è alla tua portata!; **Mord war ein paar ~n zu groß für einen kleinen Ga-**

noven wie ihn, un assassinio era troppo per un ladruncolo come lui; **auf ~ sicher gehen** *fam*, andare sul sicuro; **etw mit einer ~ versehen**, numerare qc; **eine ~ wählen** *tel*, comporre/fare *fam* un numero.
nummerieren <*ohne ge*> tr *etw* ~ numerare qc: **fortlaufend ~**, numerare progressivamente.
Nummerierung <-, -en> f numerazione f.
Nummernkonto n *bank* conto m cifrato.
Nummernschild n *autom* targa f (di circolazione).
nun① adv 1 (*jetzt*) ora, adesso: **du hast es so gewollt, nun musst du auch damit fertig werden!**, te la sei voluta, ora te la vedi tu *fam* 2 (*mittlerweile*) or(a)mai 3 (*heutzutage*) ora, adesso, oggi • *von nun an*, d'ora in poi/avanti; **was nun?**, e adesso/ora?
nun② partik 1 (*ungeduldig nachfragend*) (e) allora, ebbene: **hast du die Arbeit nun fertig?**, (e) allora, l'hai finito il lavoro? 2 (*auffordernd*) su, dai: **nun komm schon!**, su/dai, vieni! 3 (*beschwichtigend*) poi: **so schlimm ist es nun auch wieder nicht**, non è poi così grave 4 (*entrüstet*) però: **diese Reaktion war nun doch etwas übertrieben!**, però, quella reazione era un po' esagerata! • **nun?**, allora?, ebbene?; **nun aber!**, ma insomma!; **nun denn**, allora; **nun einmal** (*eben*): **das ist nun einmal so!**, è così, e basta!/[c'è poco da fare]; **sie ist nun einmal nicht geeignet für diesen Beruf**, semplicemente non è adatta a questo mestiere; **nun gut!** (*also meinetwegen*), e va bene!, e d'accordo!, (va) be'! *fam*; **nun ja (, aber ...)** (*leicht zögernd*), sì/[va be'] (ma ...).
nunmehr adv *geh* 1 (*jetzt*) or(a)mai 2 (*von jetzt an*) d'ora in poi/avanti, in futuro.
Nuntiatur <-, -en> f nunziatura f.
Nuntius <-, *Nuntien*> m nunzio m: **Apostolischer ~**, nunzio apostolico.
nur① adv (*lediglich*) solo, solamente, soltanto: **sie haben nur wenig Geld**, hanno solo pochi soldi; **nur wir wissen, warum ...**, solo/soltanto/solamente noi sappiamo perché ...; **er ist nicht dumm, nur faul**, non è stupido, solo pigro; **alle, nur ich nicht**, tutti tranne me; (*bei Verben*) *auch* non ... che; **im Sommerurlaub hat es nur geregnet**, durante le vacanze estive non ha fatto (altro) che piovere • **nur noch**: **ich habe nur noch drei Euro**, mi restano solo tre euro.
nur② partik 1 (*nachdrücklich, bes. in Fragen*: *bloß*): **was hast du nur (heute)?**, ma che hai (oggi)?, si può sapere che hai (oggi)?; **wo ist denn nur meine Kreditkarte?**, dove sarà mai finita la mia carta di credito?; **wie hat er das nur geschafft?**, come ha fatto a farlo?; **wie konntest du nur so dumm sein!**, (ma) come hai potuto essere così stupido (-a)! 2 (*ruhig*) pure: **lassen Sie mich nur machen!** *fam*, lasci fare pure a me! *fam*; **sollen sie sich nur über mich lustig machen!**, che si prendano pure gioco di me! 3 (*beruhigend, ermunternd*): **nur keine Angst!**, niente paura!; **nur brauchst du nur so zu sagen**, basta che tu lo dica! 4 (*in Wunschsätzen*) solo: **wenn ich nur wüsste, ob ...**, se solo/[magari *fam*] sapessi se ... 5 (*drohend*): **er soll nur kommen, ich werd's ihm zeigen!**, che venga, gliela farò vedere io!; (*bittend*): **erzähl es nur nicht weiter!**, mi raccomando, non dirlo a nessuno! 6 (*verstärkend*): **sie lief, so schnell sie nur konnte**, corse a perdifiato *fam*; **er schrie, dass es nur so krachte** *fam*, urlava a più non posso/[squarciagola]; **im Supermarkt wimmelte es nur so von Leuten**, il supermercato era pieno zeppo di gente • **nur nicht!** *fam*, meglio di no!;

nur schade, dass ..., peccato che ...; **nur so** *fam*, così; **ich sage es nur so**, dico così per dire; **nur zu + adj/adv, zu + adj/adv**: **ich weiß es nur zu gut**, lo so fin troppo bene; **nur zu!**, avanti!, coraggio!
nur③ konj (*allerdings*) solo che, tuttavia, però: **er arbeitet gut, nur müsste er etwas schneller sein**, lavora bene solo che dovrebbe essere un po' più veloce • *nicht nur ..., sondern auch ...*, non solo ..., ma anche ...
Nürnberg <-s, *ohne* pl> n *geog* Norimberga f.
nuscheln tr itr *fam* (*etw*) ~ biascicare (qc) *fam*, farfugliare (qc).
Nuss (a.R. Nuß) <-, *Nüsse*> f 1 (*Walnuss*) noce f; (*Haselnuss*) nocciola f 2 (*Fleischstück*) noce f, rosetta f *region*, rosa f *region* 3 *fam* (*Kopfnuss*) colpo m dato con le nocche, nocchino m *tosk* • **du dumme/doofe ~!** *fam*, imbecille! *fam*, cretino (-a)! *fam*, testa di rapa! *fam*; **jdm eine harte ~ zu knacken geben** *fam*, dare del filo da torcere a qu *fam*; **eine harte ~ zu knacken haben** *fam*, avere una (bella) gatta da pelare *fam*/[rogna da grattare *fam*]; **eine harte ~ (für jdn) sein** *fam*, essere un osso duro (per qu) *fam*; **eine hohle/taube ~**, una zucca vuota *fam*; *fam pej* (*Dummkopf*), una testa vuota/[di cavolo *fam*]/[di rapa *fam*].
Nussbaum (a.R. Nußbaum) m 1 *bot* noce m 2 (*Holz*) (legno m di) noce m: **aus ~**, di/in noce.
nussbraun (a.R. nußbraun) adj (color) noce; (*hasel~*) (color) nocciola, (*kastanienbraun*) castano.
Nüsse pl *von* Nuss.
nussig A adj {GESCHMACK} di noce, {SALAT, SAUCE} con sapore di noci B adv {SCHMECKEN} di noce.
Nussknacker (a.R. Nußknacker) <-s, -> m schiaccianoci m.
Nusskuchen (a.R. Nußkuchen) m dolce m/torta f alle noci/nocciole.
Nussschale, **Nuss-Schale** (a.R. Nußschale) f 1 (*Schale einer Nuss*) guscio m della noce 2 *fam* (*Boot*) guscio m di noce.
Nussschinken, **Nuss-Schinken** (a.R. Nußschinken) m *gastr* prosciutto m nella noce.
Nussschokolade, **Nuss-Schokolade** (a.R. Nußschokolade) f cioccolato m alle nocciole/[nocciolato], nocciolato m.
Nüster <-, -n> f <*meist* pl> {+PFERD} frogia f, narice f • **mit bebenden ~n**, con le froge vibranti.
Nut <-, -en> f *tech*, **Nute** <-, -n> f scanalatura f, femmina f.
nuten tr *tech etw* ~ scanalare qc.
Nutria A <-, -s> f *zoo* nutria f, castorino m B <-, -s> m (*Pelz*) (pelliccia f di) nutria f.
Nutte <-, -n> f *slang pej* puttana f *vulg*, troia f *vulg*.
nuttenhaft, **nuttig** *pej* A adj {AUSSEHEN, KLEIDUNG} da puttana; {AUSDRUCKSWEISE, GANG, VERHALTEN} *auch* puttanesco B adv {SICH AUSDRÜCKEN, SICH KLEIDEN, VERHALTEN} da/[come una] puttana.
nutz adj <*präd*> *süddt* A → **nütze**.
Nutz m: **zu ~e → zunutze**.
Nutzanwendung f applicazione f pratica.
nutzbar adj utilizzabile, sfruttabile: **etw ~ machen** {BODENSCHÄTZE, ENERGIE}, sfruttare qc, utilizzare qc; {BODEN} *auch* rendere coltivabile qc; {ENTDECKUNG} mettere a profitto qc.
Nutzbarmachung <-, *ohne* pl> f {BODEN, BODENSCHÄTZE, ENERGIE} utilizzazione f, sfruttamento m.

nutzbringend A adj utile, proficuo, vantaggioso; {KAPITALANLAGE} produttivo B adv {ETW ANLEGEN, INVESTIEREN} vantaggiosamente, con profitto, proficuamente: **ein Kapital ~ anlegen**, mettere a frutto un capitale.

nütze adj <präd>: **zu etw (dat) ~ sein** {SACHE}, servire a qc; **zu nichts ~ sein** {PERSON}, non essere buono a nulla; {SACHE} non servire a niente.

Nutzeffekt m utilità f; (Wirksamkeit) efficacia f.

nutzen, nützen bes. süddt A A itr (hilfreich sein) (jdm/etw) (viel/wenig) ~ essere (molto/poco) utile (a qu/qc), servire (molto/poco) a qu/qc, giovare (molto/poco) (a qu/qc): **unsere Bemühungen haben nichts genutzt**, i nostri sforzi ₁non sono serviti a niente₁/[sono stati inutili]; **es nutzt (mir) nichts**, non (mi) serve a nulla, non (mi) è utile per niente; **wem nutzt das?**, a chi serve/giova? B tr (verwerten) **etw (zu etw dat) ~** {FREIZEIT ZUM LESEN, SONNE ZUR ENERGIEERZEUGUNG} sfruttare qc (per (fare) qc): **etw industriell/landwirtschaftlich ~**, sfruttare qc per l'industria/l'agricoltura; **die Gelegenheit ~**, sfruttare l'occasione, approfittare dell'occasione • **das/es nutzt alles nichts** fam, non ci sono cristi fam/santi fam, non c'è niente da fare.

Nutzen <-s, ohne pl> m **1** (Nützlichkeit) utilità f **2** (Vorteil) vantaggio m, beneficio m, giovamento m **3** (Gewinn) profitto m, frutto m •

(jdm) **~ bringen**, essere utile (a qu), tornare a vantaggio (di qu); (Gewinn), dare frutti (a qu); **mit ~**, con profitto, vantaggiosamente; (jdm) **von ~ sein**, essere utile (a qu), servire (a qu); **sich (dat) einen ~ von etw (dat) versprechen**, aspettarsi un vantaggio da qc; **aus etw (dat) ~ ziehen**, trarre profitto/vantaggio/beneficio da qc.

nützen tr itr bes. süddt A → **nutzen**.

Nutzer <-s, -> m (Nutzerin f) **1** adm jur usufruttuario (-a) m(f) **2** (jd, der etw nutzt) utente mf.

Nutzfahrzeug n veicolo m commerciale.

Nutzfläche f 1 agr superficie f utile **2** bau superficie f calpestabile.

Nutzgarten m orto m.

Nutzholz n legname m da costruzione.

Nutzlast f carico m utile.

nützlich adj utile, giovevole: **etwas Nützliches**, qualcosa di utile • **sich ~ machen**, rendersi utile; **jdm (bei etw dat) ~ sein**, essere utile/[d'aiuto] a qu (in qc).

Nützlichkeit <-, ohne pl> f utilità f.

Nützlichkeitsdenken n mentalità f utilitaristica.

nutzlos adj inutile; (vergeblich) vano, infruttuoso: **es ist ~, etw zu tun**, è inutile fare qc.

Nutzlosigkeit <-, ohne pl> f inutilità f; (Vergeblichkeit) vanità f.

Nutznießer <-s, -> m (Nutznießerin f) **1** beneficiario (-a) m (f) **2** jur usufruttuario (-a) m (f).

Nutznießung <-, ohne pl> f jur usufrutto m.

Nutzpflanze f pianta f ad uso alimentare o industriale.

Nutztier n animale m da fattoria.

Nutzung <-, rar -en> f {+BODENSCHÄTZE, ENERGIE, ROHSTOFFE} sfruttamento m, utilizzazione f; {+BODEN} auch coltivazione f.

Nutzungsausfall m jur mancato godimento m.

Nutzungsgebühr f onere m d'uso.

Nutzungsrecht n jur diritto m di godimento.

NVA <-, ohne pl> f Abk ostdt hist von Nationale Volksarmee: esercito m dell'ex RDT.

NW Abk von Nordwest(en): NO (Abk von nord-ovest).

Nylon® <-(s), ohne pl> n nylon® m.

Nylonhemd n camicia f di nylon®.

Nylonstrumpf m <meist pl> calza f di nylon®.

Nylonunterwäsche, Nylonwäsche f biancheria f di nylon®.

Nymphe <-, -n> f ninfa f.

nymphoman adj ninfomane.

Nymphomanie f ninfomania f.

Nymphomanin f ninfomane f.

nymphomanisch adj → **nymphoman**.

O, o

O, o <-, - oder fam -s> n O, o f oder m ● **O wie Otto**, o come Otranto; → auch **A, a**.

o interj (bei Bedauern, Freude, Schrecken oder Überraschung) oh!, ah! ● **o doch!**, ma sì!; **o Gott!**, oh Dio!, oddio!; **o ja/nein!**, oh sì/no!; **o je!**, oh no!, ahi ahi!; **o weh!**, ahimè!; **o Wunder!**, miracolo!

O Abk von Ost(en): E (Abk von est).

Ö, ö <-, - oder fam -s> n O/o f oder m con la dieresi/l'Umlaut.

o. a. Abk von oben angeführt: soprccitato, succitato.

o. Ä. Abk von oder Ähnliche(s): o simili.

ÖAMTC <-, ohne pl> m Abk von Österreichischer Automobil-, Motorrad- und Touring-Club: Automobile Club Austriaco.

OAPEC <-, ohne pl> f Abk von engl Organization of Arab Petroleum Exporting Countries: OAPEC f (organizzazione dei paesi arabi esportatori di petrolio).

Oase <-, -n> f **1** (in der Wüste) oasi f **2** (paradiesischer Ort) oasi f: **eine ~ des Friedens**, un'oasi di pace.

ÖAV <-, ohne pl> m Abk von Österreichischer Alpenverein: Club Alpino Austriaco.

ob① konj **1** (indirekte Frage einleitend) se: **ich weiß nicht, ob das reicht**, non so se basta/basti form; **weißt du, ob er wieder gesund ist?**, sai se si è ristabilito?; **er wollte wissen, ob alles in Ordnung sei**, voleva sapere se era tutto a posto; (in elliptischen Sätzen): **ob ...?**, che ... konjv?; **ob das wohl stimmt?**, che sia vero?, ma sarà vero?, chissà se è vero; **ob er wohl morgen kommt?**, ₁chissà se₁/[ma] verrà domani? **2** (sei es, dass): **ob ... oder ...**, che ... konjv o ... (konjv); **ob er kommt oder bleibt**, che venga o no/ meno; (sowohl ... als auch): **ob ..., ob ...**, sia ... sia/che ...; **alle, ob Deutsche, ob Ausländer ...**, tutti, ₁sia tedeschi che stranieri₁/[tedeschi e stranieri] ...; **als ob ...**, come se ... → **als**; **und ob!** (verstärkend), eccome!, altroché!, come no!; **und ob er wütend war!**, altroché se era furente!

ob② präp + gen oder rar dat geh obs (wegen) a cagione di geh obs, per, a causa di.

o. B. med Abk von ohne Befund: esito negativo.

OB <-(s), -s> m Abk von Oberbürgermeister: sindaco m (di una grande città).

Obacht <-, ohne pl> f süddt A: **~!** (Vorsicht!), attenzione!, attento (-a)!; **(auf etw akk) ~ geben**, fare attenzione (a qc), stare attento (-a) (a qc).

ÖBB subst <nur pl> Abk von Österreichische Bundesbahnen: Ferrovie Federali Austriache.

Obdach <-(e)s, ohne pl> n form (Unterkunft) asilo m, rifugio m, ricovero m: **kein ~ haben**, essere senza casa/tetto; (momentan) non avere rifugio ● **irgendwo (ein) ~ finden**, trovare asilo/rifugio/ricovero + compl di luogo; **jdm ~ geben/gewähren**, dare/offrire asilo/rifugio a qu, offrire un tetto a qu.

obdachlos adj senza casa/tetto: **~ werden**, restare senza tetto, perdere la casa.

Obdachlose <dekl wie adj> mf form senzatetto mf, senzacasa mf: **die ~n**, i senzatetto.

Obdachlosenasyl n, **Obdachlosenheim** n ricovero m per senzatetto.

Obduktion <-, -en> f med autopsia f: **eine ~ vornehmen**, eseguire un'autopsia.

obduzieren <ohne ge-> tr med **jdn ~** fare l'autopsia ₁a qu₁/[sul corpo di qu], (dis)sezionare qu: **jdn ~ lassen**, far eseguire l'autopsia sul corpo di qu.

O-Beine subst <nur pl> fam gambe f pl da fantino fam.

o-beinig, O-beinig adj ₁con le₁/[dalle] gambe storte/ercoline rar.

Obelisk <-en, -en> m obelisco m.

oben adv **1** (in der Höhe) su, sopra, in alto: **da/dort ~**, lassù, là sopra; **links/rechts ~**, su/[in alto] a sinistra/destra; **die Mäntel hängen ganz ~ im Schrank**, i cappotti sono appesi su in alto nell'armadio; **(ganz) ~ auf dem Baum**, (su) in cima all'albero; **hoch ~ auf dem Berg**, su su in cima alla montagna; **hier ~ ist eine herrliche Luft**, quassù c'è un'aria magnifica; **ganz ~ auf der Liste stehen**, essere in cima/vetta alla lista; **nach ~ schauen**, guardare su/[in alto] **2** (im oberen Stockwerk) (di) sopra, su: **~ wohnen**, abitare (di) sopra; **ich gehe nach ~**, vado/salgo (al piano) di sopra₁/[su] **3** (an der Oberfläche) sulla superficie: **~ auf dem Wasser schwimmen**, galleggiare sull'acqua **4** (in Buch, Schriftstück: an früherer Stelle) sopra: **siehe (weiter) ~**, vedi sopra; **wie ~ bereits erwähnt**, come sopra citato; (im oberen Teil) in alto: **das Zitat steht auf Seite drei ~**, la citazione è a pagina tre, in alto **5** (am oberen Ende) **~ (an/auf etw** dat) {AN EINER SÄULE, TREPPE} in cima (a qc): **du musst das Brett ~ anfassen**, devi prendere l'asse in cima; **am Tisch sitzen**, sedere/stare a capotavola **6** fam (im Norden) su: **mein Bruder ist verreist, er ist ~ in Kiel**, mio fratello è partito, è su a Kiel **7** fam (an einer hierarchisch höheren Stelle) Befehl von ~!, ordini ₁dall'alto₁/[di scuderia]; **die da ~**, i capi, quelli in alto ● **~!** (Aufschrift auf Kisten), alto!; **sich ~ halten**, (re)stare/rimanere a galla; **~ ohne** fam, nudo/scoperto, in topless; **am Strand ist sie immer ~ ohne**, in spiaggia è sempre in topless; **mir steht's bis hier ~!** fam, ne ho fin sopra i capelli! fam; **von ~ ~ dall'alto; **von ~ herab** {JDN ANSEHEN, BEHANDELN}, dall'alto in basso; **von ~ bis unten** {JDN ANSEHEN, MUSTERN, DURCHNÄSST, SCHMUTZIG SEIN}, dalla testa ai piedi, da capo a piedi; {DURCHSUCHEN, KONTROLLIEREN} da cima a fondo.

obenan adv (in Reihenfolge) al primo posto; (bei Liste) in cima/testa/vetta: **er steht auf der Liste ~ auch**, è il primo della lista.

obenauf adv (an oberster Stelle) in cima, sopra (a tutto) ● **immer ~ sein** fam (gut gelaunt sein), essere sempre di buonumore; **wieder ~ sein** fam (in Form sein), essere di nuovo in ₁piena forma₁/[palla fam], essere di nuovo sulla breccia; (Probleme überwunden haben), essersi risollevato.

obendrauf adv fam → **obenauf**.

obendrein adv per giunta/[di più]/[soprammercato], inoltre.

obendrüber adv fam sopra (a): **schreib doch die richtige Zahl einfach ~!**, perché non ci scrivi semplicemente sopra il numero giusto?; **und ~ zieh dir noch deinen Mantel an!**, e sopra (a) tutto il resto mettiti anche il cappotto!

obenerwähnt adj → **erwähnt**.

obengenannt adj → **genannt**.

obenherum, obenrum adv fam sopra: **du musst dich ~ wärmer anziehen**, sopra devi metterti qualcosa di più pesante; **sie war ~ völlig nackt**, sopra era completamente nuda.

obenhin adv superficialmente; {ETW ANSEHEN} di sfuggita: **etw ~ sagen**, dire qc così (senza pensarci troppo).

Oben-ohne-Badeanzug m topless m.
Oben-ohne-Bedienung f cameriera f in topless.
Oben-ohne-Lokal n locale m/bar m con cameriere in topless.

obenrum adv fam → **obenherum**.

Ober <-s, -> m **1** (Kellner) cameriere m **2** Karten = donna f, regina f ● **Herr ~!**, cameriere!

Oberarm m parte f superiore del braccio; anat med braccio m.

Oberarmknochen m anat omero m.

Oberarsch m vulg emerito/grandissimo stronzo m vulg.

Oberarzt m (Oberärztin f) aiuto m (primario).

Oberaufseher m (Oberaufseherin f) (im Museum) custode m/ capo m; (im Gefängnis) capo m delle guardie carcerarie; (in einem Lager) sorvegliante mf capo, capo m della sorveglianza.

Oberaufsicht f (bei Bau-, Straßenarbeiten) soprintendenza f: **die ~ bei etw** (dat) **haben**, soprintendere a qc; (auf dem Schulhof) sorveglianza f: **Lehrer Müller hat heute die ~**, oggi il responsabile della sorveglianza dei bambini/ragazzi è l'insegnante Müller.

Oberbau m **1** bau {+GEBÄUDE} sovrastruttura f **2** (obere Schicht) {+STRAßE} sovrastruttura f; Eisenb sovrastruttura f ● **akademischer ~** univ, (insieme m dei) professori m pl universitari ordinari.

Oberbauch m *anat* parte f superiore dell'addome, addome m alto.
Oberbayern n *geog* Alta Baviera f.
Oberbefehl m *mil* comando m supremo: **den ~ (über etw akk) haben**, avere il comando supremo (di qc).
Oberbefehlshaber m (**Oberbefehlshaberin** f) *mil* (*des Gesamtheeres*) comandante m supremo; (*einer Teilstreitkraft*) comandante m in capo.
Oberbegriff m *ling* iperonimo m, termine m generico.
Oberbekleidung f abiti m pl, vestiti m pl, abbigliamento m.
Oberbett n piumino m.
Oberbundesanwalt m *jur* procuratore f generale presso la Corte Amministrativa Federale.
Oberbürgermeister m (**Oberbürgermeisterin** f) (Abk OB) sindaco (-a) m (f) (di una grande città); (*in Deutschland, Österreich und der Schweiz*) borgomastro m.
Oberdeck n **1** *naut* (ponte m di) coperta f **2** (*Obergeschoss*) {+OMNIBUS} piano m superiore.
oberdeutsch adj *ling* (dell')alto tedesco.
Oberdeutsch n, **Oberdeutsche** n *ling* alto tedesco parlato nella Germania meridionale, in Austria e in Svizzera).
Obere <dekl wie adj> m **1** <nur pl> *fam* (*Vorgesetzte*): **die ~n**, i capi *fam*/superiori **2** *relig* {+KLOSTER} (padre m) superiore m, priore m; {+FRANZISKANERKLÖSTER} auch padre m guardiano.
oberer, obere, oberes adj <attr> **1** (*oben befindlich*) {SCHICHT, STOCKWERK, TEIL} superiore, (più) alto (-a) **2** (*höherstehend*) {KLASSEN, SCHICHTEN} superiore, (più) elevato (-a)/alto (-a) **3** *geog* {FLUSSLAUF} alto (-a), superiore: **die obere Donau**, l'alto Danubio, il corso superiore del Danubio.
oberfaul adj *slang* **1** (*sehr faul*) {ANGESTELLTER, MITARBEITER, SCHÜLER} di una pigrizia spaventosa **2** (*sehr verdächtig*) {ANGELEGENHEIT, GESCHÄFT} che puzza molto/[lontano un miglio]: **hier ist doch was ~**, qui c'è del marcio.
Oberfeldwebel m *mil* maresciallo m capo.
Oberfläche f **1** *math tech* superficie f **2** {+MEER, WASSER} superficie f: **auf der ~**, in/sulla superficie; **auf der ~ schwimmen**, galleggiare (in superficie) **3** *inform* interfaccia f (utente): **grafische ~**, interfaccia grafica ● **an der ~ bleiben** (*eine Thematik nicht vertiefen*), rimanere/restare/fermarsi alla superficie (delle cose); **an die ~ kommen** {GEGENSTAND}, (ri)tornare ₁in superficie₁/[a galla], riemergere; {PERSON} auch, (ri)salire in superficie; {SKANDAL}, emergere, affiorare, venire alla luce.
oberflächenaktiv adj *chem phys* tensioattivo.
Oberflächenbehandlung f *tech* trattamento m della superficie.
Oberflächenspannung f *phys* {+FLÜSSIGKEIT} tensione f superficiale.
Oberflächenstruktur f **1** (*Struktur einer Oberfläche*) struttura f superficiale/[di (una) superficie] **2** *ling* struttura f superficiale.
Oberflächenwasser <-s, ohne pl> n *geol* acque f pl superficiali/[di superficie].
oberflächlich A adj **1** (*äußerlich*) {VERLETZUNG} superficiale **2** (*flüchtig*) {BEKANNTSCHAFT} superficiale **3** (*ungenau*) {KENNTNISSE} superficiale, sommario, approssimativo; {EINDRUCK, INTERESSE} superficiale, epidermico **4** (*nicht tiefgründig*) {BEZIEHUNG} superficiale; {MENSCH, WESEN} auch frivolo: **ein sehr ~er Mensch** auch, un superficialone *fam* B adv **1** (*äußerlich*) superficialmente, in superficie **2** (*ungenau*) {ARBEITEN, BEHANDELN} superficialmente, sommariamente, in modo superficiale/approssimativo **3** (*flüchtig*) {KENNEN} superficialmente.
Oberflächlichkeit <-, ohne pl> f {+BEZIEHUNG} superficialità; {+PERSON} auch frivolezza f.
Oberförster m (**Oberförsterin** f) ispettore (-trice) m (f) forestale.
Oberfranken n *geog* Alta Franconia f.
obergärig adj {BIER} ad alta fermentazione.
Obergärung f alta fermentazione f.
Obergefreite <dekl wie adj> mf *mil* caporalmaggiore m.
obergeil adj *slang* strafigo *slang*, mitico *slang*.
Obergericht n *CH* tribunale m cantonale.
Obergeschoss (a.R. Obergeschoß), **Obergeschoß** A *CH* n piano m superiore: **im ersten ~**, al primo piano; {+PALAST} auch, al piano nobile.
Obergrenze f limite m massimo; (*finanzielles Limit*) auch tetto m.
oberhalb A präp + gen al di sopra di B adv **~ von etw** (dat) sopra (a) qc, al di sopra di qc.
Oberhand f: **die ~ (über jdn/etw) behalten**, mantenere la supremazia su qu/qc; **die ~ (über jdn) gewinnen/bekommen**, avere/prendere il sopravvento (su qu), avere la meglio (su qu) *fam*.
Oberhaupt n {+KIRCHE, STAAT} capo m: **das ~ der Familie**, il capofamiglia.
Oberhaus n *parl* Camera f alta; (*in Italien*) Senato m; (*in Großbritannien*) Camera f alta/[dei Lord].
Oberhaut f *anat* epidermide f.
Oberhemd n camicia f (da uomo).
Oberherrschaft f sovranità f, potere m sovrano, supremazia f: **die ~ behalten**, mantenere la supremazia; **unter der ~ Großbritanniens**, sotto il dominio britannico.
Oberhessen n *geog* Alta Assia f, Assia f settentrionale.
Oberhirte m *relig* supremo pastore m, capo m spirituale.
Oberhitze f {+BACKOFEN} resistenza f superiore, elemento m riscaldante superiore: **mein Backofen hat ~**, il mio forno cuoce con la resistenza superiore.
Oberhoheit f sovranità f.
Oberin f **1** *relig* (madre f) superiora f **2** *med* → **Oberschwester**.
Oberinspektor m (**Oberinspektorin** f) ispettore (-trice) m (f) capo.
oberirdisch A adj in/di superficie, sopra la terra; {LEITUNG} aereo B adv {LEGEN, VERLAUFEN} in superficie, sopra terra.
Oberitalien n *geog* Alta Italia f, Italia f settentrionale/[del nord].
Oberkante f spigolo m superiore ● **jd/etw steht jdm bis (zur) ~ Unterlippe** *fam* {PERSON, SPEISE}, qu non ne può più di qu/qc.
Oberkellner m (**Oberkellnerin** f) maître m.
Oberkiefer m *anat* mascella f superiore.
Oberkirchenrat m *relig* supremo consiglio m delle chiese protestanti.
Oberkommandierende <dekl wie adj> mf → **Oberbefehlshaber**.
Oberkommando n *mil* comando m supremo.
Oberkörper m busto m, torso m: **mit bloßem/freiem/nacktem ~**, a torso nudo; **den ~ frei machen**, scoprire il torace.
Oberland n *CH geog*: **das Berner ~**, l'Oberland Bernese.
Oberlandesgericht n *jur* corte f d'appello (tedesca).
Oberlauf m {+FLUSS} corso m superiore (di un fiume).
Oberleder n tomaia f in pelle.
Oberlehrer m **1** *obs Schule* → **Studienrat 2** *obs* (*älterer Volksschullehrer*) maestro (-a) m (f) anziano (-a) **3** *pej* (*Besserwisser*) saccente mf: **spiel hier doch nicht den ~!**, smettila di ₁salire in cattedra₁/[darti arie da maestro]!
oberlehrerhaft adj → **schulmeisterlich**.
Oberleitung f **1** (*Führung*) direzione f generale **2** *el* linea f aerea.
Oberleitungsbus, **Oberleitungsomnibus** m → **Obus**.
Oberleutnant m *mil* tenente m.
Oberlicht n **1** (*oberer Fensterteil*) sopraluce m **2** (*Dachfenster*) lucernario m **3** (*von oben einfallendes Licht*) luce f dall'alto.
Oberliga f *sport* ≈ serie f D.
Oberlippe f labbro m superiore.
Oberlippenbart m {+MANN} baffi m pl; {+FRAU} auch baffetti m pl.
Obermaterial n {+SCHUHE} (materiale m della) tomaia f.
Oberösterreich n *geog* Austria f Superiore, Alta Austria f.
Oberpfalz f *geog* Alto Palatinato m.
Oberpostdirektion f *D* direzione f generale delle poste e telecomunicazioni.
Oberprima <-, Oberprimen> f *Schule obs* quinta f (classe del) liceo.
Oberprimaner <-s, -> m (**Oberprimanerin** f) *Schule obs* "studente (-essa) m (f) che frequenta la quinta (classe del) liceo".
Oberrhein m *geog* alto Reno m.
oberrheinisch adj dell'alto Reno, del corso superiore del Reno.
Obers <-, ohne pl> n *A gastr* (*Sahne*) panna f (montata).
Obersachsen n *geog* Alta Sassonia f, Sassonia f settentrionale.
Oberschenkel m coscia f.
Oberschenkelhals m *anat* collo m del femore.
Oberschenkelhalsbruch m *med* frattura f del collo del femore.
Oberschenkelknochen m *anat* femore m.
Oberschicht f *soziol* ceto m alto, classi f pl elevate.
oberschlau adj *fam pej* {PERSON} furbissimo *fam*: **du hältst dich wohl für ~?!**, ti credi parecchio furbo (-a), vero?; **er gibt mal wieder ~e Sprüche von sich**, ridagli con le sue frasi sentenziose! *fam*.
Oberschlesien n *geog* Alta Slesia f, Slesia f settentrionale.
Oberschule f *obs* scuola f media superiore.
Oberschwester f caposala f.
Oberseite f lato m/parte f superiore; {+TISCH} sopra m: **die ~ des Tisches ist verkratzt**, il sopra del tavolo è tutto graffiato; {+DECKE, STOFF} auch diritto m.
Obersekunda <-, Obersekunden> f *D Schule obs* terza f (classe del) liceo.
Obersekundaner <-s, -> m (**Oberse-**

kundanerin f) *Schule obs* "studente (-essa) m (f) che frequenta la terza (classe del) liceo".

Oberst <-en oder -s, -en oder rar -e> m mil colonnello m.

Oberstaatsanwalt m (**Oberstaatsanwältin** f) *jur* procuratore m generale.

Oberstadt f parte f alta della città: **in der ~ von Bergamo**, a Bergamo alta.

oberständig adj *bot* supero.

oberster, oberste, oberstes <superl von oberer> adj **1** (höchster) {SCHICHT, STOCKWERK} (il/la) più alto (-a), (l')ultimo (-a): **die oberste Grenze**, il limite superiore/massimo **2** (ranghöchster) {DIENSTGRAD, STUFE} (il/la) più alto (-a)/elevato (-a), superiore: **der Oberste Gerichtshof**, la Corte Suprema **3** (wichtigster) {GEBOT, GRUNDSATZ} sommo (-a), supremo (-a), ultimo (-a): **oberstes Gebot sein**, essere prioritario ● **das Oberste zuunterst kehren**, mettere tutto sottosopra *fam*, buttare tutto all'aria *fam*.

Oberstimme f *mus* voce f più alta/acuta; (*Diskantstimme*) discanto m: **bei einem mehrstimmigen Lied die ~ singen**, cantare la parte più alta in una canzone a più voci.

Oberstleutnant m *mil* tenente m colonnello.

Oberstübchen n: **jd ist nicht ganz richtig im ~** *fam obs*, a qu ha dato di volta il cervello *fam*, qu non ha la testa/il cervello a posto *fam*.

Oberstudiendirektor m (**Oberstudiendirektorin** f) preside mf (di un liceo).

Oberstudienrat m (**Oberstudienrätin** f) professore (-essa) m (f) di ruolo (di scuola secondaria superiore).

Oberstufe f *Schule* "ultimo triennio m delle scuole superiori": *gymnasiale ~*, scuola secondaria superiore, liceo; *reformierte ~* → **Kollegstufe**.

Obertaste f *mus* {+AKKORDEON, KLAVIER} tasto m nero.

Oberteil m *oder* n {+MÖBEL} parte f superiore; {+KLEIDUNGSSTÜCK} *auch* (di)sopra m.

Oberton m *mus phys* suono m armonico.

Oberverwaltungsgericht n *jur* tribunale m amministrativo (di grado intermedio).

Oberwasser n {+SCHLEUSE, WEHR} acqua f a monte ● (wieder) ~ **bekommen/kriegen** *fam*, prendere il sopravvento (sugli altri); (wieder) ~ **haben** *fam*, essere in ripresa, recuperare terreno.

Oberweite f circonferenza f (del) petto/seno: **ein Model mit ~ 96**, una modella con 96 di seno; **schau mal was die für 'ne ~ hat!**, guarda che tettona! *fam*.

Obfrau f → **Obmann**.

obgleich konj benché/sebbene/quantunque/[nonostante (che)] ... *konjv*.

Obhut <-, ohne pl> f *geh*: **jdn/etw jds ~anvertrauen**, affidare qu/qc ᴸalle cureᴶ/[alla custodia] di qc; **jdn in seine ~ nehmen**, prendere qu sotto le proprie ali; **unter jds ~ (stehen)**, (essere) sotto la protezione/l'egida *lit* di qu.

obiger, obige, obiges adj <attr> suddetto (-a), summenzionato (-a), succitato (-a): *vergleiche obige Abbildung*, vedi illustrazione sopra.

Objekt <-(e)s, -e> n **1** (Gegenstand des Interesses) {+FORSCHUNG, NEUGIER, UNTERSUCHUNG} oggetto m; {+JDS AGGRESSIONEN, ZORN} *auch* bersaglio m: **die Frau als ~ betrachten**, considerare la donna un oggetto **2** *philos* oggetto f **3** *com* (Immobilie) (bene m) immobile m: **wir haben das geeignete** **für Sie**, abbiamo l'oggetto giusto per lei; **wir suchen ein größeres ~**, stiamo cercando una casa più grande **4** (Motiv) {+FOTOGRAF, MALER} soggetto m **5** *kunst* oggetto m: **kinetische ~e**, oggetti dell'arte cinetica **6** *gram* complemento m: **direktes/indirektes ~**, complemento ᴸoggetto/direttoᴶ/[indiretto] ● **am lebenden ~** {DEMONSTRIEREN, VERSUCHE MACHEN}, su animali vivi; **ein lohnendes ~** (für einen Forscher), un oggetto interessante; (für einen Fotografen) un soggetto interessante; **jdn zum ~ machen** {FILM, WERBUNG DIE FRAUEN}, fare di qu un oggetto; **jdn zum ~ seiner Aggressionen/Neugier machen**, fare di qu ᴸl'oggetto/il bersaglio delle proprie aggressioniᴶ/[l'oggetto della propria curiosità].

objektbezogen adj relativo/riferito all'oggetto; {PLANUNG} mirato; {MAßNAHMEN} *auch* puntuale.

Objektemacher m (**Objektemacherin** f) *slang kunst* artista mf oggettuale.

objektiv A adj **1** (sachlich) {KRITIK, MEINUNG} obiettivo, oggettivo; {URTEIL} *auch* imparziale; {MENSCH} obiettivo, imparziale **2** (tatsächlich) {FAKTEN, WIRKLICHKEIT} oggettivo **B** adv (sachlich) {BEURTEILEN, DARSTELLEN, UNTERSUCHEN} obiettivamente, con obiettività, oggettivamente, con oggettività: **~ falsch sein**, essere oggettivamente sbagliato.

Objektiv <-s, -e> n *opt* obiettivo m.

objektivieren <ohne ge-> tr *geh etw ~* {PROBLEM} oggettivare qc.

Objektivität <-, ohne pl> f obiettività f, oggettività f: **sich um ~ bemühen**, cercare di essere obiettivo.

Objektkunst f arte f oggettuale.

objektorientiert adj *inform* orientato a oggetti.

Objektsatz m *gram* proposizione f oggettiva.

Objektschutz m (bei Demonstrationen, Gefahr von Anschlägen) protezione f degli obiettivi civili: **polizeilicher/militärischer ~**, protezione degli obiettivi civili da parte ᴸdella poliziaᴶ/[dell'esercito].

Objektträger m {+MIKROSKOP} (vetrino m) portaoggetti m.

Oblate <-, -n> f **1** *relig* ostia f **2** *gastr* cialda f.

Obleute pl von **Obmann**.

obliegen <irr, ohne ge-> *geh*, **ob|liegen** <irr, mit ge-> *obs* **A** itr *jdm ~* incombere a qu *geh*, spettare a qu **B** unpers: **es obliegt jdm, etw zu tun**, ᴸspetta a quᴶ/[è compito di qu] fare qc.

Obliegenheit <-, -en> f *geh* incombenza f; (Pflicht) obbligo m, dovere m; (Aufgabe) mansione f, compito m.

obligat adj **1** *meist iron* (unvermeidlich) {APPLAUS, BLUMENSTRAUß, KOMPLIMENT} d'obbligo, obbligatorio, immancabile, di rito **2** *mus* {INSTRUMENT} obbligato.

Obligation <-, -en> f *ökon* obbligazione f.

obligatorisch *geh* **A** adj **1** (vorgeschrieben) obbligatorio: **~e Qualifikationen**, requisiti necessari **2** (rituell) d'obbligo, obbligatorio, di rito: **am Sonntag steht der ~e Besuch bei den Verwandten auf dem Programm**, per domenica è in programma la visita d'obbligo ai parenti **B** adv obbligatoriamente.

Obmann <-(e)s, -männer oder -leute> m (**Obmännin** f) rappresentante mf, delegato (-a) m (f).

Oboe <-, -n> f *mus* oboe m.

Obojst <-en, -en> m (**Obojstin** f) *mus* oboista mf, suonatore (-trice) m (f) di oboe.

Obolus <-, - oder -se> m *geh oft scherz* obolo m, contributo m: **seinen ~ entrichten**, versare il proprio obolo; **seinen ~ zu etw** (dat) **beisteuern/beitragen**, offrire il proprio obolo per qc, dare il proprio contributo per qc.

Obrigkeit <-, -en> f: **die ~**, l'autorità f; (die Behörden), le autorità; **die geistliche/weltliche ~**, le autorità spirituali/secolari.

Obrigkeitsdenken n "atteggiamento m di obbedienza incondizionata all'autorità".

obrigkeitshörig adj che mostra obbedienza cieca per l'autorità: **den Deutschen sagt man nach, sie seien ~**, dei tedeschi si dice che si sottomettono supinamente all'autorità.

Obrigkeitsstaat m stato m autoritario.

Obrist <-en, -en> m (**Obristin** f) **1** (Angehöriger einer Militärjunta) colonnello m **2** *obs* → **Oberst**.

obschon konj *geh* → **obgleich**.

Observation <-, -en> f **1** (wissenschaftliche Beobachtung) osservazione f **2** (polizeiliche Überwachung) osservazione f.

Observatorium <-s, Observatorien> n osservatorio m.

observieren <ohne ge-> tr *form jdn/etw ~* sorvegliare qu/qc, porre qu/qc sotto sorveglianza: **jdn ~ lassen**, far sorvegliare qu.

Obsession <-, -en> f *psych* ossessione f.

obsessiv adj *psych* {GEDANKE, HANDLUNG} ossessivo.

obskur adj *geh* **1** {GESCHÄFT} sospetto, losco; {LOKAL} equivoco, sospetto; {GESTALT} *auch* dubbio, losco, ambiguo **2** {ÄUßERUNGEN, BEDEUTUNG, GEDANKEN} oscuro, incomprensibile.

obsolet adj *geh* {METHODE} obsoleto; {AUSDRUCK, WORT} *auch* antiquato, (caduto) in disuso.

Obst <-(e)s, ohne pl> n frutta f: **eingemachtes/frisches/gedörrtes**, frutta ᴸin conservaᴶ/[fresca]/[secca] ● **danke für ~ (und Südfrüchte)!** *fam*, no grazie!

Obstbau, Obstanbau <-(e)s, ohne pl> m frutticoltura f.

Obstbaum m albero m ᴸda fruttoᴶ/[fruttifero].

Obstblüte f (periodo m della) fioritura f degli alberi da frutto.

Obsternte f raccolta f della frutta.

Obstessig m *gastr* aceto m di mele (o di altri tipi di frutta).

Obstgarten m frutteto m.

Obsthändler m (**Obsthändlerin** f) fruttivendolo (-a) m (f).

Obstkuchen m dolce m alla frutta.

Obstler <-s, -> m *süddt A* → **Obstwasser**.

Obstmesser n coltello m da frutta/dessert.

Obstplantage f piantagione f di alberi da frutto.

Obstruktion <-, -en> f **1** *parl* ostruzionismo m: **~ betreiben**, fare (dell')ostruzionismo **2** *med* ostruzione f, occlusione f.

Obstsaft m succo m di frutta.

Obstsalat m macedonia f (di frutta).

Obstschale f **1** (Schale vom Obst) buccia f (della frutta); (von Zitrusfrüchten) *auch* scorza f **2** (Gefäß) fruttiera f.

Obstsorte f qualità f/tipo m di frutta.

Obsttag m: **einmal in der Woche einen ~ einlegen/machen**, un giorno alla settimana mangiare solo frutta.

Obsttorte f *gastr* torta f alla/di frutta.

Obst- und Gemüsegeschäft n, **Obst- und Gemüseladen** m negozio m di

frutta e verdura.
Obstwasser n acquavite f di frutta.
Obstwein m vino m di frutta.
obszön adj {FILM, FOTO} osceno; {GESTE, WORTE} auch sconcio; {WITZ} spinto, sporco.
Obszönität <-, -en> f oscenità f.
Obus <-ses, -e> m filobus m.
obwohl konj benché/sebbene/quantunque/[nonostante/malgrado (che)] ... *konjv*. anche se ... *ind*: sie ist zur Arbeit gegangen, ~ sie Fieber hatte, è andata a lavorare malgrado avesse la febbre.
Ochs <-en, -en> m *süddt A CH und fam*, **Ochse** <-n, -n> m **1** *zoo* bue m: die Ochsen anspannen, attaccare i buoi al carro **2** *fam* (*Dummkopf*) asino m *fam*, imbecille m *fam*, cretino m *fam* ● **dastehen wie der Ochs vorm Berg/Scheunentor** *fam*, rimanere come un allocco.
ochsen itr *fam* (*für etw* akk) ~ sgobbare (*per qc*) *fam*.
Ochsenfrosch m *zoo* rana f toro.
Ochsengespann n coppia f di buoi.
Ochsenkarren m carro m tirato dai/da buoi.
Ochsenschwanz m coda f di manzo.
Ochsenschwanzsuppe f *gastr* bouillon m di coda di manzo.
Ochsentour f *fam scherz* **1** (*anstrengende Arbeit*) tour de force m, sfacchinata f *fam*, faticaccia f *fam* **2** (*mühsame Karriere*) gavetta f.
Ochsenzunge f lingua f di bue.
ocker <inv> adj ocra.
Ocker <-s, -> m *oder* n **1** (*Farbstoff*) ocra f **2** (*Farbton*) (giallo m) ocra m.
ockerbraun adj (color) ocra.
ockerfarben, ockerfarbig adj color ocra.
ockergelb adj (color/giallo) ocra.
öd adj → **öde**.
Ode <-, -n> f *lit* ode f.
öde adj **1** (*kahl*) {LANDSCHAFT} brullo; (*unbebaut*) incolto **2** (*verlassen*) {GEGEND, STRAND} deserto, abbandonato; (*trostlos*) desolato, squallido **3** (*langweilig*) {GESPRÄCHE} monotono, noioso; {DASEIN, LEBEN, TAG} auch tedioso *geh*.
Öde <-, rar -n> f *geh* **1** (*verlassene Gegend*) deserto m; (*kahle Landschaft*) paesaggio m brullo, terra f/landa f desolata **2** (*Einsamkeit*) solitudine f; (*Trostlosigkeit*) desolazione f, squallore m **3** (*nur sing*= *Langeweile*) noia f, tedio m *geh*, monotonia f.
ODECA <-, ohne pl> f Abk *von span* Organización De los Estados Centro-Americanos: ODECA f (*Organizzazione degli stati dell'America Centrale*).
Odem <-s, ohne pl> m *poet* anelito m *lit*, soffio m *lit*.
Ödem <-s, -e> n *med* edema m.
oder konj **1** (*alternativ*) o, oppure: wir fahren am Samstag ~ am Sonntag, partiamo sabato o(ppure) domenica; jetzt ~ nie!, (o) adesso o mai (più)! **2** (*nachgestellt: nicht wahr*) vero?, no?: du kommst doch heute, ~?, vieni oggi, vero/no?; mein neues Kleid ist doch hübsch, ~?, il mio nuovo vestito è carino, non trovi?/[(non è) vero]?; ich finde, er ist schlanker geworden, ~?, lo trovo dimagrito, o sbaglio?; (*nach Negation*) vero?, o sì?; du kommst heute nicht, ~ doch? qc, gli non vieni, o sì/[mi sbaglio]? **3** (*andernfalls*) oppure, se no, altrimenti: du musst mehr lernen, ~ du fällst durch die Prüfung!, devi studiare di più, se no sarai/[non vuoi essere] bocciato (-a) all'esame! ● ~ auch (*das heißt*), o, ossia, ovvero *geh*; er ist Entomologe ~ auch Insektenforscher, è

entomologo ossia studioso degli insetti; ~ (etwa) nicht, oppure no; du glaubst mir doch hoffentlich, ~ (etwa) nicht?, tu mi credi, spero, o no?; ~ so (ähnlich): der Ort heißt Tipflingen ~ so, il paese si chiama Tipflingen o qualcosa del genere/[di simile]; ich komme um acht ~ so, verrò più o meno/[intorno] alle otto.
Oder <-, ohne pl> f *geog*: die ~, l'Oder m.
Oder-Neiße-Linie <-, ohne pl> f *pol*: die Oder-Neiße-Linie, la linea Oder-Neisse.
ödipal adj *psych* {PHASE} edipico.
Ödipus <-, ohne pl> m *myth* Edipo m.
Ödipuskomplex <-es, ohne pl> m *psych* complesso m di Edipo, edipo m *fam*.
Ödland n terreni m pl incolti, terra f incolta, lande f pl desolate *lit oder iron*.
Odontologe <-n, -n> m (**Odontologin** f) *med* odontoiatra mf.
Odontologie <-, ohne pl> f odontoiatria f, odontologia f.
Odontologin f → **Odontologe**.
Odyssee <-, -n> f **1** *lit* Odissea f **2** (*Irrfahrt*) odissea f: meine Reise zu dir war die reinste ~, il viaggio per venire da te è stato un'odissea.
Odysseus <-, ohne pl> m *myth* Ulisse m.
OECD <-, ohne pl> f Abk *von engl* Organization for Economic Cooperation and Development (*Organisation für wirtschaftliche Zusammenarbeit und Entwicklung*): OCSE f (Abk *von* Organizzazione per la Cooperazione e lo Sviluppo Economico).
Œuvre <-, -s> n *geh* (*Gesamtwerk*) opera f (omnia).
OEZ <-, ohne pl> f Abk *von* osteuropäische Zeit: ora f dell'Europa orientale.
Ofen <-s, Öfen> m **1** (*Heizofen*) stufa f: den ~ anmachen fam/(an)heizen anfeuern, accendere la stufa; brennt der ~ noch?, è sempre accesa la stufa? **2** (*Backofen*) forno m: etw in den ~ schieben, mettere qc in forno. ● jetzt ist (bei mir) der ~ aus! *slang* (*jetzt ist Schluss!*), adesso ne ho abbastanza! *fam*; wenn sie mich noch mal beim Klauen erwischen, ist der ~ aus! *slang* (*bin ich erledigt*), se mi beccano un'altra volta a rubare, sono spacciato (-a) *slang*/[sono fritto (-a) *fam*]/[ho chiuso *fam*]!; ein heißer ~ *slang* (*schnelles Auto oder Motorrad*), un bolide *fam*; (immer) hinter dem ~ hocken *fam*, stare sempre tappato (-a) in casa *fam*, non mettere mai il naso fuori (di casa) *fam*.
Ofenbank <-, Ofenbänke> f panca f accanto alla stufa.
ofenfrisch adj {BROT} appena sfornato.
Ofenheizung f riscaldamento m a stufa.
Ofenkachel f piastrella f per stufe (in maiolica); (*eines bestimmten Ofens*) piastrella f della stufa.
Ofenklappe f **1** (*Lüftungsklappe*) valvola f del tiraggio **2** → **Ofentür**.
Ofenrohr n tubo m della stufa.
Ofenschirm m parafuoco m.
Ofensetzer m (**Ofensetzerin** f) fumista mf.
Ofentür f sportello m della stufa.
ofenwarm adj → **ofenfrisch**.
Off <-s, ohne pl> n *film theat TV* fuoricampo m: eine Stimme aus dem Off, una voce fuoricampo.
offen A adj **1** (*nicht geschlossen*) aperto: ~ haben/sein {BANK, GESCHÄFT, POST, RESTAURANT}, essere aperto; sie hat die Augen schon ~, ist aber noch nicht ganz wach, ha già gli occhi aperti ma non è ancora del tutto sveglia; bei ~em Fenster/[~er Tür] schlafen, dormire con la/[a] finestra/por-

ta aperta; mit ~em Mund atmen, respirare con la bocca aperta **2** (*nicht verschlossen*) {FLASCHE, KISTE, PAKET, UMSCHLAG} aperto: einen ~en Brief an die Zeitung schreiben, scrivere una lettera aperta al giornale **3** (*nicht zugeknöpft, zugezogen*) {HOSENLATZ, REIßVERSCHLUSS} aperto; {BLUSE, HEMD, MANTEL} *auch* sbottonato, sganciato: die obersten Knöpfe von deiner Bluse sind ~, hai gli ultimi bottoni della camicia aperti **4** (*nicht bedeckt*) {GRAB} scoperto; {VERDECK} scoperto; {WAGEN} *auch* decappottabile: ~e Schuhe, scarpe aperte; ~ am ~en Feuer braten, cuocere qc sul fuoco **5** (*nicht gesperrt*) {GEBIRGSPASS, GRENZE, SCHRANKE, ZUFAHRT} aperto **6** (*frei und weit*) {MEER} aperto; {GELÄNDE} *auch* scoperto: auf ~em Meer/[~er See], in mare aperto, in alto mare, al largo; aufs ~e Meer hinausfahren, uscire in mare aperto; auf ~er Straße {JDN ANSPRECHEN, BESCHIMPFEN, ÜBERFALLEN}, in mezzo alla strada; auf ~er Strecke, in aperta campagna **7** (*nicht besetzt*) {ARBEITSSTELLE} vacante, libero: noch ~ sein, essere ancora vacante/libero/disponibile **8** (*ungeklärt*) {PROBLEM} aperto, insoluto, irrisolto; {FRAGE, PUNKT} *auch* in sospeso **9** (*unentschieden*) {MEISTERSCHAFT} aperto; {AUSGANG} incerto: es ist noch ~, wir am Wochenende wegfahren, non è ancora deciso/[è ancora da vedere] se andremo via questo fine settimana; bisher ist noch alles ~ (*im Hinblick auf den Ausgang von etw*), può ancora succedere di tutto; (*es ist noch nichts entschieden*) è ancora tutto da vedere/decidere **10** (*unbezahlt*) {BETRAG} non pagato, da pagare; {RECHNUNG} *auch* aperto, non saldato, insoluto **11** (*freimütig*) {GESPRÄCH, PERSON, WESEN} aperto **12** (*aufgeschlossen*) ~ etw (*dat*) gegenüber/für etw (akk) aperto a qc; ~ jdm gegenüber aperto con qu, disponibile con/verso qu: ein allem Neuen gegenüber ~er Mensch, una persona aperta a ogni novità; nach allen Seiten hin ~ sein (*weder ideologisch noch politisch gebunden sein*), essere aperto a tutto **13** (*deutlich*) {WIDERSTAND} aperto, dichiarato; {FEINDSCHAFT, KONFLIKT} *auch* palese, manifesto **14** (*nicht eingeschränkt*) ~ (*für jdn*) {AUSSCHREIBUNG, BESUCH, KURS, WETTBEWERB} aperto (*a qu*): das Turnier ist für alle Spieler ~, il torneo è aperto a tutti i giocatori **15** (*mit fließenden Übergängen*) {GESELLSCHAFT} aperto; eine ~e Anstalt (*psychiatrische Klinik*), una struttura aperta; (*Strafanstalt*) un istituto di reclusione con regime di semilibertà; ~er Vollzug, regime di semilibertà **16** (*nicht geheim*) {ABSTIMMUNG} palese **17** (*wund*) {BEINE, HÄNDE} piagato: eine ~e Wunde haben, avere una ferita aperta **18** (*nicht abgepackt*) {WEIN} sfuso, sciolto: etw ~ kaufen/verkaufen {BONBONS, GETREIDE, MILCH, WEIN}, comprare/vendere qc sfuso (-a)/sciolto (-a) **19** (*gelöst*) {HAARE} sciolto: die Haare ~ tragen, portare i capelli sciolti **20** (*nicht zusammenhängend*) {BAUWEISE} mosso: in ~en Ortschaften, fuori dai centri abitati **21** *ling* {SILBE, VOKAL} aperto B adv (*freimütig*) {GESTEHEN, ZUGEBEN} apertamente, con franchezza: ~ gesagt/gestanden, a dire il vero, francamente, in tutta franchezza; ich will ganz ~ mit dir reden, voglio parlarti apertamente/[essere franco (-a) con te]; es ganz ~ sagen, dirlo senza mezzi termini/[apertamente]/[papale papale *fam*]; ~ miteinander sprechen, parlarsi liberamente/[a viso aperto]/[con schiettezza/franchezza] ● *durchgehend* ~ haben/sein, essere sempre aperto, fare orario continuato; ~ und ehrlich {SAGEN, ZUGEBEN}, apertamente, in tutta franchezza; halb ~ {FENSTER, TÜR}, semiaperto, socchiuso; etw

~ **halten** (*nicht schließen*) {Tür}, tenere aperto (-a) qc; **etw ~ lassen** (*nicht schließen*) {Fenster, Kofferraum, Hemd, Tür}, lasciare aperto (-a) qc; {Knopf}, *auch* lasciare sbottonato (-a) qc; **(sperrangel)***weit* ~ {Augen, Fenster, Tür}, spalancato.

offenbar **A** *adj* evidente, palese: **es ist ~, dass ...**, è evidente/palese che ...; **(jdm) ~ werden**, manifestarsi (a qu), palesarsi *geh* (a qu), emergere **B** *adv* (*anscheinend*) evidentemente, a quanto pare: **~ hat er es vergessen**, si vede che l'ha dimenticato.

offenbaren <*ohne oder mit* ge-> *geh* **A** *tr* (*enthüllen*) **(jdm) etw ~** {Geheimnis, Hintergründe} rivelare qc (a qu), svelare qc (a qu) **B** *rfl* **1** (*sich erweisen*) **sich als etw** (nom) **~** rivelarsi qc, (di)mostrarsi qc **2** (*sich jdm anvertrauen*) **sich jdm ~** aprirsi a qu, aprire il (proprio) cuore a qu.

Offenbarung <-, -en> *f* **1** *relig* rivelazione *f* **2** (*Enthüllung*) **~ (einer S.** gen) rivelazione *f* (*di qc*) **3** (*plötzliche Erkenntnis*) **~ (für jdn)** rivelazione *f* (*per qu*) **• die ~ des Johannes** *bibl*, l'Apocalisse (di Giovanni); **eine ~ sein** *fam scherz*: **diese Torte ist eine ~!**, questa torta è ₁la fine del mondo *fam*₁/[una favola *fam*]!

Offenbarungseid *m jur obs* giuramento *m* prestato dal debitore **• den ~ leisten** *jur*, prestare (il) giuramento; (*einen großen Mißerfolg eingestehen*), ammettere di aver fallito.

offen|bleiben <irr> *itr* <sein> **1** (*nicht geschlossen werden*) a.R. *von* offen bleiben → **bleiben 2** (*unentschieden bleiben*) {Frage, Problem, Punkt} rimanere ₁aperto (-a)₁/[in sospeso]/[insoluto (-a)].

offen|halten <irr> **A** *tr* (*nicht schließen*) a.R. *von* offen halten → **offen B** *rfl* (*sich vorbehalten*) **sich** (dat) **etw ~** {Alternative, Möglichkeit} tenersi/lasciarsi aperto (-a) qc: **sich** (dat) **einen Ausweg ~**, lasciarsi una via d'uscita.

Offenheit <-, *ohne pl*> *f* **1** (*Freimütigkeit*) franchezza *f*, schiettezza *f* **2** (*Aufgeschlossenheit*) **~ für etw** (akk) apertura *f* (mentale) (*per qc*) **• in aller ~**, in tutta franchezza.

offenherzig **A** *adj* **1** (*freimütig*) {Äußerung, Bekenntnis, Mensch, Wesen} franco, schietto **2** *fam scherz* (*viel ausgeschnitten*) {Bluse, Kleid} (generosamente) scollato **B** *adv* (*freimütig*) {Sprechen, Zugeben} francamente, a cuore aperto, schiettamente, col cuore in mano.

Offenherzigkeit <-, *ohne pl*> *f* franchezza *f*, schiettezza *f*.

offenkundig *adj* {Beweis, Fehler, Irrtum} evidente, palese; {Interesse} *auch* manifesto: **es ist ~, dass ...**, è evidente che ... **• etw ~ machen** *obs*, rendere noto (-a) qc; **~ werden**, diventare noto (-a) a tutti.

offen|lassen <irr: *hat offengelassen*> *tr* **etw ~ 1** (*nicht schließen*) a.R. *von* offen lassen → **offen 2** (*nicht klären*) {Frage, Problem, Punkt} lasciare qc aperto (-a)/[in sospeso]: **ich habe offengelassen, ob ich an dem Seminar teilnehme**, sono rimasto (-a) sul vago riguardo alla mia partecipazione al seminario **3** (*nicht besetzen*) {Arbeitsstelle, Posten} lasciare vacante/libero (-a) qc.

offen|legen *tr* **etw ~** {Pläne, Vermögensverhältnisse} rivelare qc, scoprire qc.

Offenlegungspflicht *f bank jur* obbligo *m* di trasparenza.

Offenmarktpolitik *f ökon* politica *f* di mercato aperto/libero.

offensichtlich **A** *adj* (*klar erkennbar*) {Betrug, Lüge} evidente, manifesto, palese, chiaro: **es ist ~, dass ...**, è evidente/chiaro che ... **B** *adv* (*anscheinend*) evidentemente, a quanto pare.

offensiv **A** *adj* **1** *mil* offensivo **2** *geh bes. sport* (*angriffslustig*) {Spiel} offensivo, d'attacco: **eine ~e Werbekampagne**, un'offensiva pubblicitaria **B** *adv* {Handeln} in modo aggressivo, aggressivamente: **~ spielen** *sport*, giocare in attacco.

Offensive <-, -n> *f* **1** *mil* offensiva *f* **2** (*energische Initiative*) offensiva *f*: **eine ~ gegen die Kriminalität starten**, lanciare un'offensiva contro la criminalità **• in die ~ gehen** *mil sport fig*, passare all'offensiva/all'attacco, lanciare l'offensiva.

Offensivkrieg *m mil* guerra *f* offensiva.

Offensivspiel *n sport* gioco *m* offensivo/[d'attacco].

Offensivtaktik *f* tattica *f* offensiva.

Offensivwaffe *f mil* arma *f* offensiva.

offen|stehen <irr> *itr* <*haben oder süddt A CH sein*> **1** (*nicht geschlossen sein*) a.R. *von* offen stehen → **stehen 2** (*unbezahlt sein*) {Rechnung} essere aperto/[da pagare/saldare] **3** (*zugänglich sein*) **jdm ~** {Alternative, Möglichkeit} offrirsi a qu, prospettarsi a qu: **ihr steht die ganze Welt offen**, il mondo intero le si apre davanti; **es steht jdm offen, etw zu tun**, ₁qu è libero di₁/[sta a qu *fam*] fare qc; **es steht dir offen zu kommen oder nicht**, sta a te decidere se venire o no/meno *fam*.

öffentlich **A** *adj* pubblico: **die ~e Hand**, la mano pubblica; **im ~en Interesse**, nell'interesse pubblico; **die ~e Meinung**, l'opinione pubblica; **eine Persönlichkeit des ~en Lebens**, un personaggio pubblico, una personalità pubblica **B** *adv* {Abstimmen, Besprechen} pubblicamente, in pubblico: **~ auftreten**, presentarsi in pubblico, esibirsi pubblicamente; **~ bekannt**, pubblicamente noto; **etw ~ bekannt machen**, rendere qc noto al pubblico **• nicht ~** {Sitzung, Veranstaltung, Verhandlungen}, non pubblico, a porte chiuse.

Öffentlichkeit <-, *ohne pl*> *f* **1** (*öffentliche Meinung*) opinione *f* pubblica **2** (*Allgemeinheit*) pubblico *m*: **in der ~**, in (un luogo) pubblico; **im Blickpunkt der ~ stehen**, essere al centro dell'attenzione della gente; **die ~ von etw** (dat) **unterrichten**, portare qc a conoscenza dell'opinione pubblica **3** *bes. jur* (*freie Zugänglichkeit*) {+Prüfung, Sitzung, Verhandlung} carattere *m* pubblico, pubblicità *f*: **die ~ einer Verhandlung (wieder)herstellen**, ripristinare la pubblicità di un'udienza **• in/vor aller ~**, davanti a tutti, in pubblico, coram populo; **die breite ~**, il grande pubblico; **etw an die ~ bringen**, rendere pubblico (-a) qc; **an die ~ dringen**, trapelare, venire fuori *fam*; **die ~ der Rechtsprechung**, la pubblicità nell'amministrazione della giustizia; **mit etw** (dat) **an/vor die ~ treten** {Politiker mit einer Nachricht}, rivolgersi all'opinione pubblica con qc; {Autor mit einem Roman}, presentarsi al pubblico con qc; **etw der ~ übergeben** *adm* {Museum, Straße}, aprire al pubblico qc, inaugurare qc; **der ~ zugänglich** {Archiv, Museum, Parlamentsgebäude}, aperto al pubblico; {Dossier, Geheimschriften, Urkunden} ₁accessibile al₁/[consultabile dal]/[a disposizione del] pubblico.

Öffentlichkeitsarbeit *f* pubbliche relazioni *f pl*.

öffentlichkeitswirksam *adj* ₁che fa presa₁/[di grande impatto] sull'opinione pubblica.

öffentlich-rechtlich *adj* <attr> {Vertrag} di diritto pubblico; {Anstalt, Sender} pubblico.

Offerent <-en, -en> *m* (**Offerentin** *f*) *com* offerente *mf*.

offerieren <*ohne ge-*> **A** *tr* **1 com (jdm) etw ~** {Artikel} offrire qc (a qu), {Angebot} fare qc (a qu) **2** *form obs* **jdm etw ~** {Glas Wein, Zigarre} offrire qc a qu **B** *itr* fare un'offerta.

Offerte <-, -n> *f com* offerta *f*.

Offizialdelikt *n jur* reato *m* perseguibile d'ufficio.

offiziell **A** *adj* **1** (*amtlich*) {Besuch, Erklärung, Mitteilung, Stellungnahme} ufficiale **2** (*förmlich*) {Anlass, Feier} solenne; {Besuch, Einladung} ufficiale: **~ werden**, assumere un atteggiamento formale **B** *adv* **1** (*amtlich*) {Bekannt geben, Verkünden} ufficialmente **2** *fam* (*für die anderen*) ufficialmente: **~ ist sie auf einem Kongress, in Wirklichkeit aber ist sie im Urlaub**, ufficialmente è a un congresso, in realtà però è in vacanza.

Offizier <-s, -e> *m* (**Offizierin** *f*) *mil* ufficiale *m* **• ~ vom Dienst** (*in der Kaserne*), picchetto; (*auf einem Schiff*), ufficiale di guardia; **~ auf Zeit**, ufficiale di complemento.

Offiziersanwärter *m* (**Offiziersanwärterin** *f*), **Offizieranwärter** *m* (**Offizieranwärterin** *f*) *mil* allievo *m* ufficiale.

Offiziersgrad *m* grado *m* di ufficiale: **den ~ haben**, avere il grado di ufficiale.

Offizierskasino *n* circolo *m* ufficiali.

Offizierskorps *n mil* ufficialità *f*, ufficiali *m pl*.

Offizierslaufbahn *f* carriera *f* di ufficiale.

Offiziersmesse *f* mensa *f* (degli) ufficiali.

offiziös *adj geh* (*halbamtlich*) {Information, Meldung} ufficioso; {Zeitung} non ufficiale.

Offkino, **Off-Kino** *n* cinema *m* d'essai.

offline *inform* **A** <inv> *adj* off line, non in linea **B** *adv* off line.

Offlinebetrieb *m inform* modalità *f* offline.

öffnen **A** *tr* (*aufmachen*) **etw ~** {Brief, Fenster, Paket, Tür} aprire qc; {Flasche} *auch* stappare qc: **eine Datei ~** *inform*, aprire un file; **die Tür mit Gewalt ~**, forzare la porta **B** *itr* **1** (*die Tür ~*) **jdm ~** aprire (la porta) a qu **2** (*mit der Geschäftszeit beginnen*) {Bank, Laden, Schalter} aprire: **die Post öffnet um 8 Uhr**, la posta apre alle 8 **C** *rfl* **1** (*aufgehen*) **sich ~** {Fenster, Tür} aprirsi; {Schraubverschluss} *auch* svitarsi; {Klappe, Topfdeckel} alzarsi; {Augen} aprirsi, (di)schiudersi *geh*; {Blüten, Knospen} *auch* sbocciare **2** (*breiter werden*) **das Tal öffnet sich nach Süden**, la valle si apre verso sud **3** *geh* (*sich innerlich aufschließen*) **sich jdm/etw ~** aprirsi ₁con qu₁/[a qc] **• hier ~!** (*auf Verpackung*), lato da aprire!

Öffner <-s, -> *m* **1** (*Dosenöffner*) apriscatole *m*; (*Flaschenöffner*) apribottiglie *m*, (*Brieföffner*) tagliacarte *m* **2** (*Türöffner*) apriporta *m*.

Öffnung <-, -en> *f* **1** (*offene Stelle*) apertura *f*, buco *m* **2** <nur sing> (*das Öffnen*) apertura *f*: **die ~ der Grenzen**, l'apertura dei confini **3** <nur sing> *bes. pol* (*Aufgeschlossenheit*) apertura *f*: **eine ~ nach links/rechts**, un'apertura a sinistra/destra.

Öffnungspolitik *f* politica *f* di apertura.

Öffnungswinkel *m opt fot* angolo *m* d'apertura.

Öffnungszeit *f* orario *m* di apertura: **durchgehende ~en haben**, fare/osservare orario continuato/non stop, essere sempre aperto *fam*.

Offroader <-s, -> *m*, **Offroadfahrzeug** *n slang* (autoveicolo *m*/motoveicolo *m*) fuoristrada m *fam*.

Offsetdruck <-(e)s, -e> m *typ* (stampa f) offset m.

Offshorebohrung, **Off-Shore-Bohrung** f *tech* trivellazione f (sottomarina) offshore.

Offside <-s, -s> n *bes. CH Eishockey Fußball* offside m, fuorigioco m.

Offsprecher m (**Offsprecherin** f), **Off--Sprecher** m (**Off-Sprecherin** f) *film TV* commentatore (-trice) m (f) fuoricampo.

Offstimme, **Off-Stimme** f *film TV* voce f fuoricampo; *theat* voce f fuori scena.

Offtheater, **Off-Theater** n teatro m off.

o-förmig, **O-förmig** adj a (forma di) o.

oft <*öfter, rar am öftesten*> adv spesso, frequentemente, di frequente, spesse/molte volte, sovente *lit*: **sehr oft**, molto spesso, spesso e volentieri *oft iron*; **wie oft warst du schon in England?**, quante volte già stato (-a) in Inghilterra?; **wie oft fährt der Bus?**, ogni quanto passa/[c'è] *fam* l'autobus?; **ich gehe spazieren, so oft ich kann**, vado a fare una passeggiata tutte le volte che mi è possibile.

öfter adv **1** <*kompar von oft*> più spesso: **er macht ~ Urlaub als seine Kollegen**, va in ferie più spesso dei suoi colleghi; **je ~ ich sie sehe, desto sympathischer wird sie mir**, più la vedo, più mi diventa/sta *fam* simpatica **2** (*mehrmals*) abbastanza/piuttosto spesso ● **des Öfter(e)n**, più volte.

oftmals adv *geh* → **oft**.

ÖGB <-, *ohne pl*> m Abk *von* Österreichischer Gewerkschaftsbund: "Confederazione Sindacale Austriaca".

ogottogott interj *fam* o Dio mio/santo!

oh interj (*bei Bedauern, Freude, Schrecken, Überraschung*) o!, oh!, ah!: **oh, wie schön!**, oh, che bello!; **oh, wie eklig!**, ih/oh, che schifo!; **oh, wie schrecklich!**, ma è terribile!; **oh, diese Kinder!**, oh, questi bambini!

OHG <-, -s> f Abk *von* Offene Handelsgesellschaft: s.n.c. f (Abk *von* società in nome collettivo).

Ohm <-(s), -> n *phys* ohm m.

ohmsch, **Ohm'sch** adj *phys* {GESETZ} di Ohm; {WIDERSTAND} ohmico: **das ~e Gesetz der Akustik**, l'ohm acustico.

ohne A präp + akk **1** (*nicht vorhanden*) senza: **sie geht heute ~ ihren Freund ins Kino**, oggi va al cinema senza il suo ragazzo; **~ Mittel**, senza/[privo di] mezzi; **ich werde auch ~ ihn fertig**, posso anche/benissimo fare a meno di lui, me la cavo anche senza di lui; **~ mein Wissen**, a mia insaputa, senza che io lo sapessi **2** (*nicht mitgerechnet*) escluso (-a), non incluso (-a), a prescindere da ... B konj: **~ dass ...**, senza che ... *konjv*: **in der Politik wird immer viel geredet, ~ dass aber viel geschieht**, in politica si fa sempre un gran parlare senza che succeda poi molto; **~ etw zu tun** oppure **~ etw, ~ was zu sagen**, senza dir(e) nulla ● **~ mich!** *fam*, non contare/contate su di me!; (**gar**) **nicht (so) ~ sein** *fam*: **sein Angebot ist gar nicht so ~** (*ist unerwartet interessant*), mica male la sua offerta! *fam*; **die Übersetzung ist gar nicht so ~** (*ist schwieriger als erwartet*), la traduzione non è una cosa così facile/semplice *fam*; **~ weiteres/Weiteres** → **weiterer**.

ohnedies adv → **ohnehin**.

ohnegleichen <*inv*> adj **1** (*nachgestellt: beispiellos*) unico, inaudito, senza pari: **eine Unverschämtheit ~**, un'insolenza inaudita/unica **2** <*präd*> (*einzigartig*): **~ sein**, essere ₁senza pari/uguali₁/[unico (nel suo genere)]/[incomparabile].

ohnehin adv comunque, in ogni caso /

modo.

Ohne-mich-Standpunkt m *fam* atteggiamento m menefreghista.

Ohnmacht <-, -en> f **1** *med* svenimento m, stato m di incoscienza, deliquio m *geh* **2** <*nur sing*> *geh* (*Machtlosigkeit*) ~ (**gegenüber jdm/etw**) impotenza f (*davanti*/[*di fronte*] *a qu/qc*) ● **aus der ~ erwachen**, rinvenire, riprendere/riacquistare conoscenza/coscienza/[i sensi], riaversi, tornare in sé; **in ~ fallen**, svenire, perdere conoscenza/[la coscienza]/[i sensi], cadere in stato di incoscienza; **von einer ~ in die andere fallen** *fam scherz*, subire uno shock dietro l'altro *scherz*.

ohnmächtig A adj **1** (*bewusstlos*) svenuto, senza conoscenza, privo di sensi: **~ werden**, svenire, perdere conoscenza/[la coscienza]/[i sensi] **2** *geh* (*machtlos*) impotente **3** <*attr*> (*hilflos*) {WUT, ZORN} impotente B adv (*hilflos*): **etw (dat) ~ gegenüberstehen**, essere impotente di fronte a qc; **ich musste ~ mit ansehen, wie die arme Frau überfallen wurde**, assistetti impotente all'aggressione di quella poveretta.

Ohnmachtsanfall m svenimento m.

oho interj (*bei Verwunderung und Unwillen*) oh, oh!, ohé!

Ohr <-(e)s, -en> n orecchio m ● **jdm ein Ohr abreden** *fam*/**abkauen** *fam*, fare una testa così/[come un pallone] a qu *fam*, stordire qu di chiacchiere; **abstehende Ohren**, orecchie a sventola *fam*; **die Ohren anlegen**: **da legst du die Ohren an!** *fam*, resti di stucco!; **die Ohren anlegen und durch!** *fam*, forza e coraggio!; **mach**/**sperr die Ohren auf!** *fam*, apri bene le orecchie! *fam*; **das ist nicht für fremde Ohren bestimmt!** *fam*, acqua in bocca! *fam*, che resti fra noi!; **bis über die/beide Ohren: bis über beide Ohren rot werden**, arrossire fino ₁alle orecchie₁/[alla punta dei capelli]; **bis über die/beide Ohren in** {VERSCHULDET SEIN}, fino al collo *fam*, fin sopra i capelli *fam*; **bis über die/beide Ohren verliebt sein**, essere innamorato cotto *fam*/pazzo *fam*; **die Ohren auf** *Durchzug*/*Durchfahrt* **stellen**, fare orecchie da mercante; **es faustdick**/**knüppeldick hinter den Ohren haben** *fam*, essere un furbo ₁di tre cotte *fam*₁/[matricolato *fam*]; **jd ist noch feucht**/[nicht trocken] **hinter den Ohren** *fam*, qu ha ancora il latte sulle labbra *fam*, a qu puzza ancora la bocca di latte *fam*; **bei jdm ein offenes**/**geneigtes Ohr finden**, trovare benevolo ascolto presso qu; **jdm etw ins Ohr flüstern**/**sagen**, bisbigliare/sussurrare qc all'orecchio di qu; **ganz Ohr sein** *fam scherz*, essere tutt'orecchi *fam*; **jdm eins/eine/[ein paar] hinter die Ohren geben** *fam*, dare uno scapaccione/sgattaiotto a qu; (**leicht**) **ins Ohr gehen** {MELODIE}, essere orecchiabile; **noch grün hinter den Ohren sein** *fam*, puzzare ancora di latte; **ein (feines) Ohr für etw (akk) haben**, avere orecchio per qc; **jd hat etw noch im Ohr** {STIMME, WORTE}, qu ha ancora negli orecchi qc, a qu risuona ancora all'orecchio qc; **viel/einiges um die Ohren haben** *fam*, avere un sacco di cose da fare *fam*; **die Ohren hängen lassen** *fam*, essere ₁mogio mogio₁/[abbacchiato]; **jdn übers Ohr hauen** *fam*, fregare qu *fam*, imbrogliare qu, mettere nel sacco qu *fam*, far fesso (-a) qu *fam*; **sich übers Ohr hauen lassen** *fam*, farsi fregare *fam*/abbindolare; **jdm etw un die Ohren hauen** *fam* (*nachwerfen*) {SCHLECHTE ARBEIT}, tirare dietro qc a qu *fam*; (*mit etw vollreden*) {MIT FACHBEGRIFFEN, TECHNISCHEN DETAILS}, riempire a qu le orecchie con qc *fam*; **zu einem Ohr herein- und zum anderen wieder hinausgehen** *fam*, entrare

da un orecchio e uscire dall'altro *fam*; **nur mit halbem Ohr hinhören**/**zuhören**, ascoltare distrattamente; **jdm klingen die Ohren**, ₁a qu fischiano₁/[qu si sente fischiare] le orecchie; **jdm zu Ohren kommen**, giungere/arrivare all'orecchio di qu; **sich aufs Ohr legen** *fam*/**hauen** *slang*, fare/schiacciare un pisolino *fam*, andare a dormire; **jdm sein Ohr leihen** *geh*, prestare orecchio a qu *geh*, dare ascolto a qu; **jdm (mit etw dat) in den Ohren liegen** *fam*, non dare pace a qu (con qc); **Ohren haben wie ein** *Luchs*, avere un udito da pipistrello; **lange Ohren machen** *fam*, allungare/tendere l'orecchio; **ein offenes Ohr für jdn/etw haben**, essere disponibile ad ascoltare qu/qc, stare a sentire qu/qc *fam*; **tauben Ohren predigen**, parlare ₁ai sordi₁/[al muro], predicare al deserto; **mit den Ohren schlackern** *fam*, rimanere di stucco *fam*/sale *fam*/sasso *fam*; **sich (dat) etw hinter die Ohren schreiben** *fam*, ficcarsi bene in testa qc *fam*; **das werd' ich mir hinter die Ohren schreiben**, questa me la lego al dito!; **auf den Ohren sitzen** *fam*, avere le orecchie ₁foderate di prosciutto *fam*₁/[tappate *fam*], essere sordo; **die Ohren spitzen**, (d)rizzare gli orecchi, tendere l'orecchio; **halt die Ohren steif!** (*mach's gut!*), in gamba; (*verlier den Mut nicht*) forza e coraggio!, mi raccomando!; **auf taube Ohren stoßen** {JDS WORTE}, cadere nel vuoto, rimanere inascoltato (-a); **von einem Ohr zum anderen strahlen** *fam*, fare un sorriso a trentadue denti *fam*; **auf einem Ohr taub sein**, essere sordo da un orecchio; **auf dem Ohr** ₁**ist er taub**₁/[**hört er schlecht**]! *fam* (*davon will er nichts wissen!*), da quell'orecchio non ci sente! *fam*; **seinen Ohren nicht trauen** *fam*, non credere alle proprie orecchie *fam*; **vor jdm/etw die Ohren verschließen**, non dare ascolto a qu/qc; **jdm die Ohren volljammern**/**vollheulen**/**volllabern** *fam*, rompere i timpani a qu *fam*, fare una testa così/[come un pallone] a qu *fam*, gonfiare la testa a qu; **jdm die Ohren lang ziehen** *fam*, dare una tiratina d'orecchi a qu *fam*, tirare le orecchie a qu *fam*; **sich (dat) die Ohren zuhalten**, tapparsi/turarsi le orecchie.

Öhr <-(e)s, -e> n {+NADEL} cruna f.

Ohrclip m → **Ohrklipp**.

Ohrenarzt m (**Ohrenärztin** f) *med* otoiatra mf; (*Hals-, Nasen- und ~*) otorino m *fam*, otorinolaringoiatra mf.

ohrenbetäubend adj *fam* {KRACH, LÄRM} assordante, frastornante, da rompere i timpani.

Ohrenentzündung f *med* otite f.

Ohrenheilkunde f *med* otoiatria f, otologia f.

Ohrenklappe f {+MÜTZE} paraorecchie m.

Ohrenkriecher m *zoo* forbicina f, forfechia f.

Ohrensausen <-s, *ohne pl*> n ronzio m negli orecchi.

Ohrenschmalz <-es, *ohne pl*> n cerume m.

Ohrenschmaus m *fam* gioia f/delizia f per gli orecchi.

Ohrenschmerz m <*meist pl*> mal m d'orecchi, otalgia f *wiss*: **jd hat ~en**, qu ha mal d'orecchi, a qu ₁fanno male₁/[dolgono] gli orecchi.

Ohrenschützer <-s, -> m paraorecchie m.

Ohrensessel m poltrona f a orecchioni.

Ohrenstöpsel m *fam* tappo m per le orecchie.

Ohrentropfen subst <*nur pl*> *pharm* gocce f pl ₁per le orecchie₁/[otologiche].

Ohrenzeuge m (**Ohrenzeugin** f) *form* testimone mf auricolare.

Ohrfeige f schiaffo m, ceffone m, sberla f *fam* • **eine ~ bekommen/kriegen** *fam*, prendere/beccarsi *fam* uno schiaffo/un ceffone; **jdm eine ~ geben/verpassen** *fam*, dare/appioppare *fam*/mollare *fam* uno schiaffo/un ceffone a qu; **eine *moralische* ~ (für jdn sein)**, (essere) uno schiaffo morale (per qn).

ohrfeigen tr *jdn* ~ schiaffeggiare qu, prendere qu a schiaffi/sberle/ceffoni *fam* • **ich könnte mich ~, dass ich diese Gelegenheit verpasst habe!** *fam*, mi ˌprenderei a schiaffiˌ/[mangerei le mani] se penso all'occasione perduta! *fam*.

Ohrfeigengesicht n: **ein ~ haben** *fam pej*, avere una faccia da schiaffi *fam*.

Ohrgehänge n orecchino m pendente.

Ohrklipp m (orecchino m a) clip f.

Ohrläppchen n lobo m ˌdell'orecchioˌ/ [auricolare].

Ohrmuschel f *anat* padiglione m auricolare.

Ohrring m orecchino m, buccola f.

Ohrstecker m orecchino m a perno.

Ohrwurm m **1** *zoo* → **Ohrenkriecher 2** *fam* (*Melodie*) canzone f orecchiabile: **dieses Lied ist ein richtiger ~**, una volta che ti è entrata nell'orecchio questa canzone, non esce più.

oje interj, **ojemine** interj *obs* (*bei Bedauern*) oddio!, ohi ohi!

o.k., O.K. Abk *von* okay: O.K., o.k.

Okapi <-s, -s> n *zoo* okapi m.

okay <inv> *fam* **A** partik **1** (*als zustimmende Antwort*) okay, va bene *fam*, d'accordo: **gehst du mit uns ins Kino? – Ja, ~**, vieni al cinema con noi? – Sì, okay! **2** (*am Satzende*) d'accordo?: **ich gehe jetzt einkaufen, ~?**, adesso vado a fare la spesa, d'accordo? **3** (*am Satzanfang: also*) okay, bene: **~, das reicht!**, okay/bene, basta! **B** adj <präd> **1** (*in Ordnung*): **~ sein**, essere okay/[a posto]; **es ist alles ~**, è tutto a posto; **ist das so ~?**, va bene così?; **bist du wieder ~?**, ti sei rimesso (-a) (in sesto)?; **der neue Mathelehrer ist echt ~**, il nuovo insegnante di matematica è ˌveramente a postoˌ/[un gran bel tipo] **2** (*einigermaßen gut*) passabile *fam*: **das Abendessen war ~**, la cena era passabile.

Okay <-(s), -s> n *fam* okay m *fam*, approvazione f: **sein ~ (zu etw dat) geben**, dare l'okay (per/a qc).

Okklusion <-, -en> f **1** *med* (*Verschluss eines Hohlorgans*) occlusione f **2** (*zwischen Ober- u Unterkiefer*) morso m **3** *meteo* occlusione f.

okkult adj **1** (*verborgen*) {FÄHIGKEITEN, MÄCHTE} occulto **2** *med* {BLUT} occulto.

Okkultismus <-, *ohne pl*> m occultismo m.

Okkupation <-, -en> f *mil* occupazione f (militare).

okkupieren <ohne ge-> tr **etw** ~ **1** *mil* {GEBIET, LAND} occupare qc (militarmente) **2** *fam* (*belegen*) {PLATZ, SOFA} occupare qc.

Öko <-s, -s> m *fam scherz* ecologista mf, aderente mf al movimento ecologista/[dei verdi].

Ökoaudit <-s, -s> n *oder* m ecoaudit m.

Ökobauer m (**Ökobäuerin** f) agricoltore (-trice) m (f) biologico (-a), bioagricoltore (-trice) m (f).

Ökobewegung f *fam* → **Ökologiebewegung**.

Ökobilanz f bilancio m ecologico, ecobilancio m.

Ökofreak m *slang oft pej* ecologista mf/verde mf/ambientalista mf integralista.

Ökohaus n *fam* casa f ecologica.

Ökokatastrophe f disastro m ambientale, catastrofe f ecologica, ecocatastrofe f.

Ökolabel n *ökol* ecolabel m.

Ökoladen m *fam* negozio m di prodotti biologici.

Ökologe <-n, -n> m (**Ökologin** f) (*Umweltforscher*) ecologo (-a) m (f).

Ökologie <-, *ohne pl*> f ecologia f.

Ökologiebewegung f movimento m ecologista/ambientalista, ecologismo m.

Ökologin f → **Ökologe**.

ökologisch **A** adj **1** (*den Naturhaushalt betreffend*) ecologico: **~es Bauen**, architettura ecologica; **das ~e Gleichgewicht**, l'equilibrio ecologico/ambientale **2** (*die ökologische Wissenschaft betreffend*) ecologico, ecologistico **B** adv {BEDENKLICH, INTAKT, SCHÄDLICH} ecologicamente, dal punto di vista ecologico: **sich ~ negativ auswirken**, avere un impatto ambientale negativo.

Ökonom <-en, -en> m (**Ökonomin** f) *geh* economista mf.

Ökonomie <-, -n> f **1** (*Wirtschaft*) economia f **2** <nur sing> (*Wirtschaftlichkeit*) economicità f **3** <nur sing> *obs* (*Wirtschaftswissenschaft*) economia f (politica).

Ökonomin f → **Ökonom**.

ökonomisch **A** adj **1** (*die Wirtschaft betreffend*) {MASSNAHME, SYSTEM} economico **2** (*sparsam*) {ARBEITSWEISE} economico **B** adv (*sparsam*) {ARBEITEN, WIRTSCHAFTEN} economicamente, con economia.

Ökopapier n *fam* carta f riciclata.

Ökopartei f partito m ecologista/ambientalista.

Ökopaxbewegung f movimento m ecopacifista.

Ökopolitiker m (**Ökopolitikerin** f) *fam pol* rappresentante mf di un partito ecologista/verde.

Ökoprodukt n *fam* (*Nahrungsmittel*) prodotto m biologico; (*Kleider, Papier, Stoffe*) prodotto m ecologico.

Ökosteuer f tassa f ecologica.

Ökosystem n ecosistema m, sistema m ecologico.

Ökotop <-s, -e> n ecotopo m.

Ökotourismus m ecoturismo m, turismo m ecologico.

Ökotrend m *fam* trend m ecologista.

Ökotyp, **Ökotypus** m ecotipo m.

Okt. Abk *von* Oktober: Ott. (Abk *von* Ottobre).

Oktaeder <-s, -> n *geom* ottaedro m.

Oktagon n → **Oktogon**.

Oktan <-s, -e> n **1** *chem* ottano m **2** <inv> *fam* (*Oktanzahl*) numero m di ottano.

Oktanzahl f (Abk OZ) {+BENZIN} numero m di ottano/ottani (Abk NO).

Oktave <-, -n> f *mus* **1** (*achter Ton*) ottava f **2** (*Intervall*) ottava f.

Oktober <-(s), -> m ottobre m; → *auch* **September**.

Oktoberfest n: **das ~**, l'Oktoberfest (*la festa della birra a Monaco di Baviera*).

Oktoberrevolution f *hist*: **die ~**, la rivoluzione d'ottobre.

Oktogon <-s, -e> n **1** *geom* (*Achteck*) ottagono m **2** (*Gebäude*) costruzione f a ˌpianta ottagonaleˌ/[ottagono].

oktroyieren <ohne ge-> tr *geh* → **aufˌoktroyieren**.

Okular <-s, -e> n *opt* (*lente f*) oculare m.

okulieren <ohne ge-> tr *agr* **etw** ~ {OBSTBAUM, REBSTOCK, ROSEN} innestare qc a occhio/gemma, inocchiare qc *rar*.

Okuliermesser n *agr* coltello m da/per innesti (a occhio/gemma).

Ökumene <-, *ohne pl*> f **1** *relig* (*Bewegung*) ecumenismo m, movimento m ecumenico **2** *relig* (*Gesamtheit der Christen*) ecumene f **3** *geog* ecumene f.

ökumenisch adj ecumenico.

Okzident <-s, *ohne pl*> m *geh* (*Abendland*): **der ~**, l'Occidente m.

Öl <-(e)s, -e> n **1** (*Speiseöl*) olio m (ˌda cucinaˌ/[alimentare]): **den Salat mit Essig und Öl anmachen**, condire l'insalata con olio e aceto; **etw in Öl einlegen**, mettere qc sott'olio; **pflanzliches/tierisches Öl**, olio vegetale/animale **2** (*Erdöl*) petrolio m: **Öl fördern**, estrarre petrolio **3** (*Heizöl*) gasolio m, nafta f: **mit Öl heizen**, riscaldare a gasolio **4** (*Motoröl*) olio m (lubrificante): **das Öl wechseln**, cambiare l'olio • **ätherische Öle** *chem*, oli essenziali/eterei; **Öl ins Feuer gießen**, buttare/gettare olio sul fuoco; **in Öl malen**, dipingere a olio; **deine Worte gehen mir runter wie Öl** *fam*, le tue parole sono musica per le mie orecchie; **Öl auf die Wogen gießen** *geh*, gettare olio sulle onde, gettare/buttare acqua sul fuoco.

Olaf m (*Vorname*) Olao.

Ölalarm m *ökol* allarme m marea nera *journ*.

Ölbaum m olivo m, ulivo m.

Ölberg m *bibl geog*: **der ~**, il Monte ˌdegli Oliviˌ/[Oliveto] • **Christus am ~ kunst**, l'orazione nell'orto.

Ölbild n (dipinto m a) olio m.

Ölbohrung f → **Erdölbohrung**.

Oldie <-s, -s> m *fam* **1** (*alter Film*) film mˌd'epocaˌ/[intramontabile] (*alter Schlager*) evergreen m, canzone f intramontabile **2** *scherz* (*älterer Mensch*) vecchietto m, vecchio m.

Öldruck m **1** → **Ölfarbendruck 2** *autom* pressione f dell'olio.

Öldruckbremse f *autom* freno m idraulico.

Öldruckkontrolllampe f *autom* indicatore m/spia f *fam* (della pressione) dell'olio.

Oldtimer <-s, -> m **1** (*Auto*) auto f d'epoca **2** *fam scherz* (*berufsfahrene Person*) veterano (-a) m (f) *scherz*.

Oleander <-s, -> m *bot* oleandro m.

Ölembargo n embargo m petrolifero.

ölen tr *etw* ~ {FAHRRAD, MOTOR, SCHARNIER, SCHLOSS, TÜR} oliare qc, lubrificare qc.

Ölexportland n paese m esportatore di petrolio.

Ölfarbe f **1** (*zum Anstreichen*) vernice f a olio **2** *kunst* colore m a olio.

Ölfarbendruck m {+ÖLBILD} oleografia f.

Ölfeld n → **Erdölfeld**.

Ölfilm m sottile strato m d'olio.

Ölfilter m *autom* filtro m dell'olio.

Ölfleck m macchia f d'olio.

Ölförderanlage f *tech* impianto m di estrazione ˌdi petrolioˌ/[petrolifera].

Ölförderland n paese m produttore di petrolio.

Ölförderung f estrazione f del petrolio.

Olga f (*Vorname*) Olga.

Ölgemälde n → **Ölbild**.

Ölgesellschaft f compagnia f petrolifera.

Ölgewinnung f (*von Erdöl*) estrazione f del petrolio; (*von Pflanzenöl, Speiseöl*) produzione f di olio.

Ölgötze m: **wie ein ~ dastehen** *fam*, starsene lì impalato (-a) *fam*.

ölhaltig adj oleoso, contenente olio.

Ölheizung f riscaldamento m a gasolio/nafta.

ölig adj **1** (*mit viel Speiseöl*) {Essen, Salat} intriso d'olio, untuoso **2** (*mit Öl verschmutzt*) {Hände, Tuch} oleoso, unto **3** *pej* (*schmierig*) {Lächeln, Person, Stimme} untuoso, viscido.

Oligarchie <-, -n> f geh oligarchia f.

oligarchisch adj geh oligarchico.

Oligopol n ökon oligopolio m.

Ölindustrie f industria f petrolifera.

oliv <inv> adj (*color*) oliva.

Olive <-, -n> f oliva f, uliva f.

Olivenbaum m olivo m, ulivo m.

Olivenernte f raccolta f delle olive.

Olivenhain m oliveto m, uliveto m.

Olivenöl n olio m d'oliva: **kalt gepresstes ~**, olio d'oliva spremuto a freddo; **natives ~**, olio vergine d'oliva; **natives ~ extra**, olio extravergine d'oliva.

Oliver m (*Vorname*) Oliviero.

olivgrün adj (verde/color) oliva.

Öljacke f giacca f in tela (in)cerata, (in)cerata f.

Ölkanister m fusto m di olio.

Ölkännchen n **1** (*für Schmieröl*) oliatore m **2** (*für Speiseöl*) oliera f.

Ölkonzern m gruppo m petrolifero.

Ölkrise f crisi f ˌdel petrolioˌ/[petrolifera].

Ölkuchen m tech panello m.

oll adj *norddt fam* (*alt*) vecchio ● **mein Oller, meine Olle** *fam* (*mein Mann, meine Frau*), mio marito, mia moglie; (*mein Vater, meine Mutter*), il mio vecchio *fam*, la mia vecchia *fam*.

Öllache f pozzanghera f di (petr)olio.

Ölleitung f **1** (*Erdölleitung*) oleodotto m **2** {+Motor} tubo m dell'olio; {+Heizung} tubo m dell'olio combustibile.

Ölmalerei f **1** (*Technik*) pittura f a olio **2** → **Ölbild**.

Ölmessstab, Öl-mess-Stab (a.R. Ölmeßstab) m autom astina f di livello dell'olio.

Ölmühle f (*Ort*) frantoio m; (*Maschine*) macina f (da olio).

Ölmulti m *fam* multinazionale f petrolifera.

Ölofen m stufa f gasolio.

Ölpalme f bot palma f da olio.

Ölpapier n carta f oleata.

Ölpest f inquinamento m da petrolio, marea f nera.

Ölplattform f piattaforma f petrolifera.

Ölpreis m prezzo m del petrolio.

Ölpresse f frantoio m, pressa f per olive.

Ölproduzent m produttore m di petrolio.

Ölpumpe f pompa f dell'olio; (*von Heizung*) pompa f dell'olio combustibile; (*bei Erdölförderung*) pompa f per il petrolio.

Ölquelle f pozzo m ˌdi petrolioˌ/[petrolifero].

Ölraffinerie f raffineria f di petrolio.

Ölsardine f sardina f sott'olio ● **(dicht gedrängt/zusammengepfercht) wie die ~n** *fam*, (pigiati) come sardine *fam*.

Ölscheich m *fam* sceicco m del petrolio.

Ölschicht f strato m d'olio.

Ölspur f (*auf der Straße*) traccia f d'olio; (*auf dem Wasser*) scia f d'olio.

Ölstand m livello m dell'olio.

Ölstandsanzeiger m *autom* ˌindicatore m di livelloˌ/[spia f *fam*] dell'olio.

Öltanker m *naut* petroliera f.

Ölteppich m marea f nera, (enorme) chiazza f di petrolio.

Ölung <-, -en> f: **die Letzte ~** *relig obs*, l'estrema unzione.

Ölverbrauch m consumo m d'olio.

Ölvorkommen n giacimento m petrolifero/[di petrolio].

Ölwanne f *autom* coppa f dell'olio.

Ölwechsel m cambio m dell'olio: **einen ~ machen**, fare il cambio dell'olio, cambiare l'olio.

Olymp <-s, ohne pl> m **1** geog myth: **der ~**, il Monte Olimpo, l'Olimpo **2** *fam scherz* (*Theatergalerie*) galleria f, piccionaia f *scherz*, loggione m.

Olympiade <-, -n> f sport olimpiade f, olimpiadi f pl, giochi m pl olimpici.

Olympiadorf n villaggio m olimpico.

Olympiaflagge f bandiera f olimpica.

Olympiamannschaft f squadra f/selezione f olimpionica.

Olympiamedaille f medaglia f olimpica.

Olympiasiegerin f (**Olympiasiegerin**) campione (-essa) m (f) olimpi(oni)co (-a).

Olympiastadion n stadio m olimpico.

Olympiastadt f città f che ˌha ospitatoˌ/[ospita]/[ospiterà] le olimpiadi.

Olympiateilnehmer m (**Olympiateilnehmerin** f) partecipante mf alle olimpiadi, olimpionico (-a) m (f).

olympiaverdächtig adj {Sportler} che ha buone probabilità di partecipare alle olimpiadi; {Stadt} che ha buone probabilità di ospitare le olimpiadi.

Olympionike <-n, -n> m (**Olympionikin** f) → **Olympiateilnehmer**.

olympisch adj olimpico; {Mannschaft, Sieger} olimpionico: **die Olympischen Sommerspiele/Winterspiele**, i giochi olimpici estivi/invernali.

Ölzeug n (in)cerata f.

Ölzweig m ramoscello m d'olivo.

Oma <-, -s> f *fam* **1** (*Großmutter*) nonna f; *Kindersprache auch* nonnina f **2** *fam oft pej oder scherz* (*alte Frau*) vecchia *fam oft pej*, vecchietta f.

Ombudsfrau f difensore m civico (donna).

Ombudsmann <-(e)s, Ombudsmänner oder Ombudsleute> m difensore m civico, ombudsman m.

Omega <-(s), -s> n (*griechischer Buchstabe*) omega m oder f.

Omelett <-(e)s, -s oder -e> n, **Omelette** <-, -n> f A CH omelette f, frittata f (sottile arrotolata).

Omen <-s, - oder Omina> n geh presagio m, segno m, auspicio m: **ein gutes/böses ~ sein**, essere di ˌbuon auspicioˌ/[cattivo augurio]; → auch **Nomen**.

Omi <-, -s> f *fam* → **Oma**.

Omina pl von **Omen**.

ominös adj geh **1** (*unheilvoll*) {Lächeln, Schweigen} sinistro **2** (*zweifelhaft*) misterioso

Omnibus <-ses, -se> m autobus m; (*Linienomnibus über Land*) (auto)corriera f; (*Reiseomnibus*) pullman m.

Omnibusbahnhof m → **Busbahnhof**.

Omnibushaltestelle f → **Bushaltestelle**.

Omnibuslinie f linea f d'autobus.

OmU Abk von Originalfassung mit Untertiteln: v.o.s. (Abk von versione originale sottotitolata).

Onanie <-, ohne pl> f onanismo m, masturbazione f.

onanieren <ohne ge-> itr masturbarsi.

One-Night-Stand <-s, -s> m *slang* avventura f (sessuale) di una notte.

Onkel① <-s, - oder *fam* -s> m **1** (*Verwandter*) zio m **2** *Kindersprache* (*erwachsener Mann*) zio m: **willst du dem ~ nicht Guten Tag sagen?**, non vuoi dire buongiorno al signore?; **der ~ Doktor**, il dottore; **der ~ Doktor tut dir doch gar nicht weh**, il dottore non ti fa la bua *fam* ● **ein komischer ~** *fam*, un tipo strano.

Onkel② m *fam*: **der dicke/große ~**, il pollicione *fam*, il ditone m *fam*, l'alluce m: **über den (großen) ~ gehen**, camminare con i piedi in dentro.

Onkelehe f *fam* "convivenza f tra un uomo e una vedova che non si risposa per non perdere la pensione del marito"

onkelhaft *meist pej* A adj {Gehabe, Gerede, Ratschläge} da vecchio zio B adv: **jdm ~ auf die Schulter klopfen**, dare una pacca amichevole sulla spalla a qu.

Onkologe <-n, -n> m (**Onkologin** f) med oncologo (-a) m (f).

Onkologie <-, ohne pl> f med oncologia f.

Onkologin f → **Onkologe**.

onkologisch adj oncologico: **~e Forschung** *auch*, ricerca ˌsul cancroˌ/[anticancro].

online <inv> *inform* A adj on line, in linea: **~ sein**, essere in rete B adv {Buchen, Überweisen} on line: **~ gehen**, andare in rete.

Onlineanbieter m *inform* provider m.

Onlineangebot n *inform* offerta f on line.

Onlinebank f banca f telematica/[on line].

Onlinebanking <-(s), ohne pl> n *inform* on line banking m.

Onlinebetrieb m *inform* modalità f on line.

Onlinebuchung f prenotazione f on line.

Onlinedatenbank f *inform* banca f dati on line.

Onlinedienst m, **Onlineservice** m *inform* servizio m on line.

Onlinekonto n conto m on line.

Onliner <-s, -> m (**Onlinerin** f) internauta mf.

Onlineshop m negozio m on line.

Onlineshopping n *inform* shopping m on line: **~ machen** *fam*, fare shopping/acquisti on line.

Onlinezeitung f *inform* giornale m on line.

Önologe <-n, -n> m (**Önologin** f) *geh* enologo (-a) m (f).

Önologie <-, ohne pl> f *geh* enologia f.

önologisch adj *geh* enologico.

Onomastik <-, ohne pl> f *ling* onomastica f.

Onomatopoetikon <-s, Onomatopoetika> n, **Onomatopoetikum** <-s, Onomatopoetika> n *ling* onomatopea f.

onomatopoetisch adj *ling* {Wort} onomatopeico.

Ontogenese <-, ohne pl> f biol ontogenesi f.

Ontologie <-, ohne pl> f philos ontologia f.

ontologisch adj philos ontologico.

Onyx <-(es), -e> m min onice f.

OP① <-(s), -(s)> m Abk von Operationssaal: sala f operatoria.

OP② <-, -s> f Abk von Operation: operazione f.

Opa <-s, -s> m *fam* **1** (*Großvater*) nonno m; *Kindersprache auch* nonnino m **2** *fam oft pej* (*alter Mann*) vecchio m *fam oft pej*, vecchietto m.

opak adj {Glas} opaco.

Opal <-s, -e> m min opale m oder f.

op. cit. Abk von lat opere citato (*im angegebenen Werk*): op. cit. (Abk von opera citata).

OPEC <-, ohne pl> f Abk von engl Organization of the Petroleum Exporting Countries (*Organisation der Erdöl exportierenden Länder*): OPEC f (Organizzazione dei paesi esportatori di petrolio).

OPEC-Land n <*meist pl*> *pol* paese m dell'O-PEC.

Open <-s, -> n *slang sport* (torneo m) open m.

openair *adv* all'aperto: **die Rolling Stones spielen heute Abend ~**, stasera i Rolling Stones suonano all'aperto.

Open-Air-Festival n *mus* festival m di musica moderna all'aperto.

Open-Air-Konzert n *mus* concerto m all'aperto.

Open-Air-Veranstaltung f spettacolo m all'aperto.

Open-End-Diskussion f dibattito m senza limiti di tempo.

Oper <-, -n> f **1** *mus* opera f (lirica) **2** (*Gebäude*) (teatro m dell')opera f: **in die ~ gehen**, andare all'opera ● ₍**an die**₎/**[zur] ~ gehen**, diventare cantante lirico (-a); **komische ~ *mus***, opera buffa.

Opera pl *von* Opus.

operabel <*attr operable(r, s)*> *adj* operabile: **dieser Krebs ist nicht ~**, questo tipo di cancro non è operabile.

Operand <-en, -en> m *inform* operando m.

Operateur <-s, -e> m (**Operateurin** f) **1** *med* (chirurgo m) operatore m **2** (*Filmvorführer*) operatore (-trice) m (f) cinematografico (-a), cabinista mf.

Operation <-, -en> f **1** *med* operazione f, intervento m (chirurgico): **sich einer ~ unterziehen**, sottoporsi a un'operazione **2** *mil* operazione f **3** *geh* (*Unternehmung*) operazione f **4** *math* operazione f ● **~ gelungen, Patient tot** *fam scherz*, operazione perfettamente riuscita, paziente morto.

Operationssaal m *med* (*Abk* OP) sala f operatoria.

Operationsschwester f *med* infermiera f di sala operatoria.

Operationstisch m *med* tavolo m operatorio.

operativ [A] *adj* **1** *med* chirurgico, operatorio: **~er Eingriff**, intervento chirurgico **2** *mil* operativo [B] *adv* per via chirurgica, chirurgicamente: **etw ~ entfernen**, asportare qc per via chirurgica, resecare qc.

Operator① <-s, -en> m *inform math* operatore m: **vergleichende ~en**, operatori relazionali.

Operator② <-s, -en oder -(s)> m (**Operatorin** f) *inform* (*Person*) operatore (-trice) m (f).

Operette <-, -n> f *mus* operetta f.

operettenhaft [A] *adj* {AUFMACHUNG, KLEIDER, UNIFORM} da operetta; {GECK, SZENE, WAHLKAMPF} *auch* operettistico [B] *adv* {DAHERKOMMEN, SICH HERAUSPUTZEN} come un personaggio da operetta.

Operettenkomponist m (**Operettenkomponistin** f) *mus* compositore (-trice) m (f) di operette.

Operettenmelodie f *mus* melodia f di un'operetta.

Operettensänger m (**Operettensängerin** f) *mus* cantante mf di operette.

Operettenstaat m *pej* stato m da operetta.

operieren <*ohne* ge-> [A] *tr med* **jdn ~** operare qu, sottoporre qu a ₍un'operazione₎/[un intervento chirurgico]: **einen Blinddarm ~**, operare un'appendice/un'appendicite/di appendicite; **jdn an etw** (dat) **~** {AM HERZEN, MAGEN} operare qu a qc: **sie wurde am Gehirn operiert**, ha subito un intervento al cervello; **etw ~** {TUMOR, ZYSTE} operare qc: **sich ~ lassen**, operarsi, sottoporsi a un'operazione, farsi operare; **sich** (dat) **etw ~ lassen**, operarsi di qc; **er lässt sich** (dat) **den Leistenbruch ~**, si opera di un'ernia inguinale [B] *itr* **1** *med* operare, eseguire un'operazione **2** *mil* operare, compiere una manovra **3** *geh* (*vorgehen*) **irgendwie ~** {GESCHICKT, VORSICHTIG} operare/agire/procedere + *compl di modo*.

Opernarie f *mus* aria f d'opera lirica.

Opernball m ballo m dell'opera.

Opernfilm m film-opera m, opera f lirica filmata.

Opernführer m (*Buch*) guida f all'opera lirica.

Opernglas n binocolo m da teatro.

Opernhaus n (teatro m dell')opera f.

Opernkomponist m (**Opernkomponistin** f) *mus* operista mf, compositore (-trice) m (f) di opere (liriche).

Opernsänger m (**Opernsängerin** f) cantante mf₍lirico (-a)₎/[d'opera].

Opfer <-s, -> n **1** *relig* (*Opferung*) sacrificio m, immolazione f *rar*: **den Göttern jdn/etw zum ~ bringen**, offrire qu/qc in sacrificio agli dei, immolare qu/qc agli dei **2** *relig* (*Opfergabe*) sacrificio m, vittima f **3** *relig* (*Spende*) offerta f **4** (*Verzicht*) sacrificio m **5** (*geschädigte Person*) vittima f: **die Massenrambolage auf der Autobahn hat viele ~ gefordert**, il tamponamento a catena sull'autostrada ha causato/fatto molte vittime ● **jdm/etw etw zum ~ bringen** *fig* {SEINE ANSCHAUUNGEN, ÜBERZEUGUNGEN}, sacrificare qc a qu/qc; **~ (für jdn/etw) bringen**, fare dei sacrifici (per qu/qc); **jdm/etw zum ~ fallen** {MENSCH EINEM ATTENTÄTER, VERBRECHEN}, essere (rimasto) vittima di qu/qc; {HAUS, WALD DEN BULLDOZERN, DEM BAU EINER INDUSTRIEANLAGE} (dover) soccombere a qu/qc; **ein ~ der Flammen werden**, rimanere vittima di un incendio; **kein ~ scheuen**, non temere sacrifici.

opferbereit *adj* disposto/pronto a fare sacrifici.

Opferbereitschaft f spirito m di sacrificio, abnegazione f.

opferfreudig *adj* → opferbereit.

Opfergabe f *relig* offerta f.

Opfergeist m spirito m di sacrificio.

Opferlamm n **1** *relig* agnello m sacrificale **2** *relig* (*Jesus Christus*) agnello m di Dio **3** *geh* (*wehrloses Opfer*) vittima f sacrificale/innocente.

opfern [A] *tr* **1** *relig* (*jdm*) **etw ~** {FRÜCHTE, TIERE} sacrificare qc (a qu), offrire qc in sacrificio (a qu), immolare qc (a qu) **2** (*auf etw verzichten*) **etw ~ (für etw** akk) **~** {GELD, KARRIERE, URLAUB} sacrificare qc (per qc): **er opfert dem alten Vater fast seine ganze Freizeit**, dedica quasi tutto il suo tempo libero all'anziano padre; **sein Leben (für etw** akk) **~**, sacrificare la propria vita (per qc) [B] *itr relig* **jdm ~** offrire un sacrificio *a qu*, sacrificare *a qu* [C] *rfl* **1** (*sein Leben hingeben*) **sich (für jdn/etw) ~** sacrificarsi (per qu/qc), immolarsi (per qu/qc) **2** *fam scherz* (*auch iron*) (*sich bereit erklären*) offrirsi (volontario -a) *fam*, sacrificarsi *fam*: **wer opfert sich und putzt die Wohnung?**, chi si offre (volontario) per pulire la casa?

Opferstätte f luogo m del sacrificio.

Opferstock m *relig* cassetta f delle offerte.

Opfertier n *relig* animale m sacrificale.

Opfertod m estremo sacrificio m, sacrificio m estremo: **der ~ Christi**, il sacrificio ₍di Cristo₎/[della croce]; **den ~ sterben**, sacrificare la propria vita; **Christus ist für uns den ~ gestorben**, Cristo ₍si è immolato₎/[ha dato la vita] per la nostra redenzione.

Opferung <-, -en> f sacrificio m, immolazione f *rar*.

opferwillig *adj* → opferbereit.

Opi <-s, -s> m *fam* → Opa.

Opiat <-(e)s, -e> n *pharm* oppiato m.

Opium <-s, *ohne* pl> n **1** *chem* oppio m: **~ rauchen**, fumare l'oppio **2** (*Ablenkungsmittel*) **~ für jdn** oppio m *di qu*: **Fußball ist fürs Volk**, il calcio è l'oppio/la droga delle masse.

opiumhaltig *adj* oppiaceo, che contiene oppio, oppiato.

Opiumhandel m traffico m d'oppio.

Opiumhöhle f fumeria f d'oppio.

Opiumkrieg m *hist* Guerra f dell'oppio.

Opiumpfeife f pipa f da oppio.

Opiumraucher m (**Opiumraucherin** f) fumatore (-trice) m (f) di oppio.

Opiumsucht f oppiomania f.

opiumsüchtig *adj* oppiomane.

Opiumsüchtige <*dekl wie adj*> mf oppiomane mf.

Opossum <-s, -s> n *zoo* opossum m.

Opponent <-en, -en> m (**Opponentin** f) *geh* oppositore (-trice) m (f); *pol* avversario (-a) m (f).

opponieren <*ohne* ge-> *itr geh* (**gegen jdn/etw**) **~** opporsi (*a qu/qc*), fare opposizione (*a qu/qc*); (*systematisch*) fare ostruzionismo (*a qu/qc*).

opportun *adj geh* opportuno: **etw für ~ halten**, ritenere opportuno (-a) qc.

Opportunismus <-, *ohne* pl> m *geh* opportunismo m.

Opportunist <-en, -en> m (**Opportunistin** f) *geh* opportunista mf.

opportunistisch [A] *adj geh* {MENSCH} opportunista, {EINSTELLUNG} *auch* opportunistico [B] *adv* {DENKEN, HANDELN} da opportunista.

Opposition <-, -en> f **1** *parl* opposizione f: **in der ~ sein**, essere/trovarsi/stare *fam* all'opposizione; **in die ~ gehen**, passare all'opposizione; **Kritik aus den Reihen der ~**, critiche ₍dalle file₎/[da parte] dell'opposizione **2** *geh* (*Widerstand*) opposizione f: **aus ~**, per spirito di contraddizione ● **außerparlamentarische ~** (*Abk* APO) *pol hist*, opposizione extraparlamentare; **~ (gegen jdn/etw) machen** *fam*, fare opposizione (a qu/qc), fare ostruzionismo (a qu/qc); **in ~ zu etw** (dat) **stehen**, essere in opposizione con qc.

oppositionell *adj* {GRUPPE, PARTEI} di opposizione.

Oppositionsführer m (**Oppositionsführerin** f) *parl* capo m/leader mf dell'opposizione.

Oppositionspartei f *parl* partito m d'opposizione.

Oppositionspolitiker m (**Oppositionspolitikerin** f) politico m dell'opposizione.

OP-Schwester f *Abk von* Operationsschwester: infermiera f di sala operatoria.

optieren <*ohne* ge-> *itr geh bes. pol* (*sich für etw entscheiden*) **für etw** (akk) **~** optare *per qc*.

Optik <-, *ohne* pl> f **1** *phys* ottica f **2** *fot* (*Linsensystem*) ottica f, sistema m ottico **3** (*Blickwinkel*) ottica f: **etw aus einer anderen ~ sehen**, vedere qc in/secondo un'ottica diversa **4** *bes. com* (*optische Wirkung*) aspetto m, estetica f, look m: **die Sportwagen der letzten Generation haben eine ganz besondere ~**, le auto sportive dell'ultima generazione hanno un design/uno styling del tutto particolare; **die Pflanzen wurden hier nur der ~ wegen aufgestellt**, le piante sono state messe qui solo per bellezza *fam*.

Optiker <-s, -> m (**Optikerin** f) ottico (-a) m

(f).

Optima pl von Optimum.

optimal geh **A** adj {BEDINGUNGEN, LÖSUNG} ottimale; {PARTNER} ideale **B** adv {LÖSEN} nel migliore dei modi.

optimieren <ohne ge-> tr geh etw ~ {LEISTUNG, ORGANISATION} ottimizzare qc.

Optimismus <-, ohne pl> m ottimismo m: **deinen ~ möchte ich haben!**, vorrei essere ottimista come te!

Optimist <-en, -en> m (**Optimistin** f) ottimista mf: **du bist vielleicht ein ~, wenn du glaubst, dass du so das Abitur schaffst!**, sei davvero un inguaribile ottimista se credi di passare la maturità così!

optimistisch **A** adj {PERSON, WESEN} ottimista; {EINSTELLUNG} auch ottimistico **B** adv: **~ eingestellt sein**, avere un atteggiamento ottimista; **~ gestimmt sein**, vedere le cose con ottimismo

Optimum <-s, Optima> n geh optimum m: **ein ~ an Leistung erbringen**, avere un rendimento ottimale.

Option <-, -en> f **1** jur ökon ~ (**auf etw** akk) opzione f (su qc): **eine ~ auf etw** (akk) **erwerben**, acquisire un'opzione su qc **2** geh (Wahlmöglichkeit) **~** (**für etw** akk) opzione f (per qc) **3** inform opzione f.

Optionsanleihe f Börse obbligazione f con warrant.

Optionsfeld n inform finestra f di opzione.

Optionsgeschäft n Börse (contratto m d')opzione f.

Optionshandel m Börse negoziazione f di opzioni.

Optionsrecht n jur ökon diritto m d'opzione.

Optionsschein m Börse warrant m.

Optionsvertrag m jur ökon contratto m d'opzione.

optisch **A** adj **1** opt ottico: **~e Täuschung**, illusione ottica **2** geh (äußerlich) {EINDRUCK} esteriore; (WIRKUNG) auch estetico, visivo: **aus ~en Gründen**, per motivi estetici **B** adv: **durch die neuen Möbel wirkt das Zimmer ~ kleiner**, i nuovi mobili fanno sembrare la stanza più piccola.

Optoelektronik f tech optoelettronica f.

Optometer <-s, -> n med optometro m.

opulent geh **A** adj {MAHL} lucculliano, lauto; {AUSSTATTUNG} opulento **B** adv {SPEISEN} lautamente.

Opus <-, Opera> n **1** (Einzelwerk) opera f **2** <nur sing> (Gesamtwerk) (tutte le) opere f pl, opera f omnia **3** mus (Abk op.) opus m (Abk op.): **Beethovens Streichquartette op. 59**, Beethoven - quartetti per archi op. 59.

Orakel <-s, -> n oracolo m: **das ~ befragen**, interrogare/consultare l'oracolo • **das ~ von Delphi myth**, l'oracolo di Delfi; **in ~n sprechen**, parlare ⌐come un oracolo¬/[per enigmi].

orakeln <ohne ge-> itr fam profetizzare, pronosticare, vaticinare.

Orakelspruch m (responso m dell') oracolo m.

oral **A** adj **1** med {KONTRAZEPTION} orale; {EINNAHME} auch per ⌐via orale¬/[bocca] **2** (mit dem Mund erfolgend) {SEX, VERKEHR} orale **3** psych: **~e Phase**, fase orale **B** adv med {EINNEHMEN, VERABREICHEN} per ⌐via orale¬/[bocca fam].

Oralverkehr m rapporto m (sessuale) orale.

orange <inv> adj arancio(ne).

Orange① <-, -n> f (Apfelsine) arancia f, arancio m.

Orange② <-, - oder fam -s> n (Farbe) (color m) arancio(ne) m.

Orangeade <-, -n> f aranciata f.

Orangeat <-s, -e> n scorza f d'arancia candita.

orangefarben, **orangenfarben** adj, **orangefarbig**, **orangenfarbig** adj (color) arancione.

Orangenbaum m arancio m.

Orangenhaut f pelle f a buccia d'arancia.

Orangenlimonade f aranciata f.

Orangenmarmelade f marmellata f d'arancia.

Orangensaft m succo m d'arancia; (frisch gepresst) spremuta f d'arancia.

Orangenschale f buccia f/scorza f d'arancia.

Orangerie <-, -n> f aranciera f; (in Italien auch oft) limonaia f.

Orang-Utan <-s, -s> m zoo orango m, orangutan m.

Oratorium <-s, Oratorien> n **1** mus oratorio m **2** arch relig oratorio m.

Orbit <-s, -s> m aero orbita f.

Orbitalstation f stazione f orbitante.

Orchester <-, -> n mus **1** (Ensemble) orchestra f: **ein ~ dirigieren**, dirigere un'orchestra; **das ~ probt**, l'orchestra prova; **in einem ~ spielen**, suonare in un'orchestra; **ein Werk für ~ komponieren/umschreiben**, comporre/trascrivere un'opera per orchestra **2** → **Orchestergraben**.

Orchesterbegleitung f accompagnamento m orchestrale.

Orchesterbesetzung f mus formazione f orchestrale.

Orchestergraben m fossa f dell'orchestra, golfo m mistico, orchestra f.

Orchestermusiker m (**Orchestermusikerin** f) orchestrale mf, strumentista m (orchestrale), musicista mf di un'orchestra.

Orchesterprobe f prova f d'orchestra.

Orchestra <-, Orchestren> f theat hist orchestra f.

orchestral adj orchestrale.

orchestrieren <ohne ge-> tr mus etw ~ orchestrare qc, strumentare qc.

Orchidee <-, -n> f bot orchidea f.

Orden① <-s, -> m relig ordine m (religioso): **einem ~ beitreten**, entrare in un ordine (religioso), pronunciare/prendere i voti.

Orden② <-s, -> m (Auszeichnung) onorificenza f; mil auch decorazione f, medaglia f: **seinem ~ anlegen**, mettersi le proprie decorazioni/medaglie; **einen ~ tragen**, portare una medaglia; **jdm einen ~ verleihen**, conferire un'onorificenza a qu, insignire qu di un'onorificenza.

Ordensbruder m relig frate m: **meine Ordensbrüder**, i miei (con)fratelli.

Ordensgeistliche m relig ecclesiastico m/religioso m regolare: **die ~n**, il clero regolare.

Ordenskleid n → **Ordenstracht**.

Ordensregel f relig regola f (dell'ordine).

Ordensritter m hist cavaliere m dell'ordine.

Ordensschwester f relig suora f, religiosa f.

Ordenstracht f relig abito m dell'ordine, tonaca f.

Ordensträger m (**Ordensträgerin** f) insignito (-a) m (f) di un'onorificenza.

ordentlich **A** adj **1** (aufgeräumt) {SCHREIBTISCH} ordinato, in ordine; {ZIMMER} auch rassettato: **in ~em Zustand**, in ordine **2** (ordnungsliebend) {MENSCH} ordinato

3 (anständig) {BERUF} serio; {BENEHMEN} auch corretto, {FAMILIE} perbene; {PERSON} auch ammodo: **ein ~es Leben führen**, condurre una vita onesta **4** fam (tüchtig) bello: **ein ~es Frühstück** fam, una bella (prima) colazione; **ich habe einen ~en Schrecken bekommen**, mi sono preso (-a) un bello spavento; **eine ~e Tracht Prügel** fam, un bel fracco di legnate fam **5** (annehmbar) {ANGEBOT, PREIS} ragionevole, accettabile, onesto; {LEISTUNG} buono; {ARBEIT} auch ben fatto, accurato **6** (ordnungsgemäß) ordinario: **~es Gericht** jur, tribunale ordinario; **~es Mitglied**, socio ordinario; **~er Professor**, (professore m) ordinario; **~er Vertrag**, contratto regolare/[conforme alla legge] **B** adv **1** (anständig) {SICH ANZIEHEN, SICH BENEHMEN} per bene, ammodo, come si deve/conviene **2** (mit einer gewissen Ordnung) ordinatamente; (sorgfältig) {ARBEITEN} (per) bene, accuratamente, con precisione/scrupolo **3** fam (sehr viel): **~ essen/trinken**, farsi una bella mangiata/bevuta fam; **heute ist es aber ~ kalt!**, oggi fa un gran freddo/[freddo cane fam]!; **in diesem Jahr hab' ich ~ Geld verdient!**, quest'anno ho guadagnato un bel po' di soldi!; **da hat sie sich aber ~ getäuscht!**, si è proprio sbagliata di grosso! fam; **jdn ~ verprügeln**, darle a qu di santa ragione **4** fam (gut) bene: **er hat die Arbeit ganz/recht ~ erledigt**, l'ha fatto abbastanza bene, il lavoro!

Ordentlichkeit <-, ohne pl> f {+PERSON} senso m dell'ordine.

Order① <-, -s oder -n> f geh (Befehl) ordine m: **jdm ~ erteilen, etw zu tun**, impartire l'ordine a qu di fare qc; **~ haben, etw zu tun**, avere l'ordine di fare qc.

Order② <-, -s> f com (Auftrag) ordine m, ordinazione f, commissione f.

ordern com **A** tr etw (**bei jdm**) **~** {WARE} ordinare qc (a qu), commissionare qc (a qu) **B** itr (**bei jdm**) **~** fare un'ordinazione/un ordine (a qu).

Orderscheck m bank assegno m all'ordine, assegno m trasferibile.

Ordervolumen n com ökon volume m di/degli ordini.

Ordinalzahl f math (numero m) ordinale m.

ordinär **A** adj **1** pej (unanständig) {WITZ} sporco; {AUSDRUCK, WORT} volgare, triviale; {ART, PERSON} auch ordinario; {LACHEN} sguaiato **2** (alltäglich) ordinario, comune, semplice: **das Kleid ist nicht aus Seide, sondern aus ~er Viskose**, il vestito non è di seta, ma di comune viscosa **B** adv {DAHERREDEN, LACHEN} volgarmente, trivialmente.

Ordinariat <-(e)s, -e> n **1** univ ordinariato m **2** relig vescovado m.

Ordinarius <-, Ordinarien> m univ (professore m) ordinario m.

Ordinate <-, -en> f math ordinata f.

Ordinatenachse f math asse f delle ordinate.

ordnen tr etw ~ **1** (sortieren) {AKTEN, BÜCHER, DOKUMENTE, ZEITSCHRIFTEN} (ri)ordinare qc, sistemare qc, mettere qc in ordine: **sich (dat) die Haare ~**, sistemarsi/ravviarsi i capelli; **etw alphabetisch/[nach der Größe] ~**, ordinare qc alfabeticamente/[per grandezza]; **seine Gedanken ~**, (ri)ordinare i propri pensieri; **etw neu ~**, riordinare qc **2** (regeln) {FINANZEN, PRIVATLEBEN, VERHÄLTNISSE} mettere ordine in qc.

Ordner① <-s, -> m **1** (Aktenordner) raccoglitore m, classificatore m: **einen ~ anlegen**, fare un dossier **2** inform cartella f.

Ordner② <-s, -> m (**Ordnerin** f) addetto

(-a) m (f) al servizio d'ordine.
Ordnung <-, -en> f **1** <nur sing> (aufgeräumter Zustand) ordine m **2** <nur sing> (geordnete Lebensweise) routine f, abitudini f pl (di vita): **durch die Scheidung der Eltern wurde das Kind aus seiner gewohnten ~ gerissen**, il divorzio dei genitori ha stravolto le abitudini di vita del bambino **3** <nur sing> (das Einhalten von Regeln) ordine m: **für ~ und Disziplin in der Truppe sorgen**, far rispettare l'ordine e la disciplina alla truppa **4** <nur sing> (System) {DEMOKRATISCHE, KOSMISCHE, SOZIALE} ordine m **5** <nur sing> (Reihenfolge) ordine m: **in alphabetischer/chronologischer ~**, in ordine alfabetico/cronologico **6** <nur sing> (Rang) ordine m: **ein Idiot erster ~** fam, un imbecille di prim'ordine fam **7** biol math ordine m ● **(es ist) alles in ~**, (è) tutto ⌊in ordine⌋/[a posto], (va) tutto bene; **es ist alles in bester/schönster ~**, è tutto appostissimo fam, va tutto benissimo; **etw in ~ bringen** (aufräumen) {SCHREIBTISCH}, mettere ⌊in ordine⌋/[a posto] qc, sistemare qc; {ZIMMER} auch, rassettare qc; (reparieren), mettere a posto qc, aggiustare qc, accomodare qc; (bereinigen) {ANGELEGENHEIT}, mettere qc a posto, sistemare qc; **keine Sorge, das werde ich schon in ~ bringen!**, non ti preoccupare, ci penso io! fam; **es (ganz) in ~ finden, dass ...**, trovare (del tutto) normale/giusto che ... konjv; **(das) geht in ~** fam (wird erledigt), sarà fatto!; **es muss alles seine ~ haben**, ogni cosa al suo posto; **der ~ halber**, per correttezza/scrupolo; **~ halten**, essere ordinato; **etw in ~ halten**, tenere ⌊in ordine⌋/[ordinato (-a)] qc; **in ~ sein** (aufgeräumt sein) {ZIMMER}, essere ⌊in ordine⌋/[a posto]; (den Vorschriften entsprechen) {AUSWEIS, PASS}, essere ⌊in regola⌋/[a posto fam]; (funktionieren) {AUTO, FERNSEHER}, funzionare, essere a posto fam; fam (nett sein) {MENSCH}, essere a posto fam; **der ist schwer/voll in ~!** fam, è un gran bel tipo! fam; **(ist) in ~!** fam (einverstanden), d'accordo!, va bene!, ok!; **da ist etwas nicht in ~!**, c'è qualcosa che non va!; **mit jdm/etw ist etwas nicht in ~**, qu/qc ha qualcosa che non va; **(wieder) in ~ kommen** {ANGELEGENHEIT}, (ri)tornare a posto; **~ muss sein!**, ci vuole ordine!; **die öffentliche ~**, l'ordine pubblico; **jdn zur ~ rufen**, richiamare qu all'ordine; **~ schaffen**, fare/mettere ordine; **~ ist das halbe Leben** prov, l'ordine rende più facile la vita.
Ordnungsamt n adm ≈ prefettura f.
Ordnungsdienst m servizio m d'ordine.
Ordnungsfanatiker m (**Ordnungsfanatikerin** f) maniaco (-a) m(f) dell'ordine.
Ordnungsfimmel m fam pej mania f/ pallino m fam dell'ordine.
ordnungsgemäß **A** adj regolare, regolamentare **B** adv regolarmente, secondo le regole.
ordnungshalber adv per correttezza/ scrupolo.
Ordnungshüter m (**Ordnungshüterin** f) scherz oder iron tutore (-trice) m (f) dell'ordine.
Ordnungsliebe f amore m per l'ordine.
ordnungsliebend adj amante dell'ordine.
Ordnungsprinzip n principio m ordinatore.
Ordnungsruf m form richiamo m all'ordine.
Ordnungssinn m senso m dell'ordine.
Ordnungsstrafe f jur sanzione f amministrativa/pecuniaria; ammenda f, contravvenzione f; **jdn mit einer ~ belegen** adm, infliggere una sanzione amministrativa a qu.

ordnungswidrig jur **A** adj {BAUEN} abusivo; {PARKEN} irregolare; **~es Verhalten im Straßenverkehr**, comportamento contrario al codice stradale **B** adv {PARKEN} irregolarmente: **~ handeln**, commettere/compiere un (atto) illecito.
Ordnungswidrigkeit f jur illecito m amministrativo, contravvenzione f; (im Verkehr) infrazione f al codice della strada.
Ordnungszahl f gram → **Ordinalzahl**.
Oregano <-, ohne pl> m origano m.
ORF <-(s), ohne pl> m Abk von Österreichischer Rundfunk: Radiotelevisione Austriaca.
Organ <-s, -e> n **1** anat organo m: **künstliches ~**, organo artificiale; **ein ~ spenden**, donare un organo **2** adm pol organo m: **ausführendes ~**, organo esecutivo; **beratendes ~**, organo consultivo **3** <meist sing> (offizielle Zeitung) organo m **4** fam (Stimme) voce f: **ein lautes ~ haben**, avere il vocione fam ● **kein ~ für etw (akk) haben** fam, non avere sensibilità per qc.
Organbank <-, -en> f med banca f degli organi.
Organempfänger m (**Organempfängerin** f) ricevente mf di (un) organo; (nach der Transplantation) trapiantato (-a) m (f).
Organentnahme f med prelievo m di un organo.
Organhandel m commercio m/traffico m d'organi.
Organigramm <-s, -e> n ökon organigramma m.
Organisation <-, -en> f **1** <nur sing> (das Organisieren) {+ARBEIT, FEST} organizzazione f; {+HAUSHALT} auch gestione f; {+AUSSTELLUNG} organizzazione f, allestimento m **2** <nur sing> (Struktur) {+BEHÖRDE, GEMEINDE, STAAT, UNIVERSITÄT} organizzazione f, struttura f organizzativa **3** (Vereinigung) organizzazione f, associazione f: **gewerkschaftliche ~en**, associazioni sindacali; **die internationalen ~en**, le organizzazioni internazionali; **eine politische ~**, un'organizzazione politica; **eine ~ gründen/verbieten**, ⌊fondare un'organizzazione/un'associazione⌋/ [vietare un'associazione] **4** <sing> (das Sichzusammenschliessen) {+ARBEITER, STUDENTEN} organizzazione f.
Organisationsbüro n **1** (das für die Organisation zuständige Büro) ufficio m organizzativo/[responsabile dell'organizzazione] **2** (Büro einer Organisation) ufficio m dell'organizzazione.
Organisationsfehler m errore m organizzativo/[di organizzazione]/[nell'organizzazione].
Organisationsform f forma f organizzativa.
Organisationskomitee n comitato m organizzatore.
Organisationsplan m ökon organigramma m, piano m organizzativo.
Organisationsstruktur f struttura f organizzativa.
Organisationstalent n **1** <nur sing> (Eigenschaft) capacità f pl/doti f pl organizzative, talento m organizzativo **2** (Mensch) genio m dell'organizzazione, organizzatore (-trice) m (f) nato (-a): **er ist ein ~ auch**, è un grande/ottimo organizzatore.
Organisator <-s, -en> m (**Organisatorin** f) organizzatore (-trice) m (f).
organisatorisch **A** adj {AUFGABE, PROBLEM} organizzativo: **das Organisatorische erledigen**, occuparsi degli aspetti organizzativi **B** adv sul piano organizzativo: **~ ist einiges schiefgegangen** fam, dal punto di vista organizzativo sono andate storte diverse cose fam.

organisch **A** adj **1** med {ERKRANKUNG} organico **2** geh (natürlich) {ABFÄLLE, DÜNGER} organico **3** chem organico **4** (eine Einheit bildend) {GANZES} organico **B** adv **1** med {GESUND} dal punto di vista organico **2** geh (einheitlich) organicamente.
organisieren <ohne ge-> **A** tr **1** (systematisch vorbereiten) etw ~ {AUSSTELLUNG, DEMONSTRATION, FEST, TREFFEN} organizzare qc, preparare qc **2** fam (beschaffen) jdm/etw ~ {ARZT, BABYSITTER} trovare qu fam; {FAHRRAD, ZIGARETTEN} auch rimediare qc **B** itr curare l'organizzazione, occuparsi dell'organizzazione **C** rfl (sich zusammenschließen) sich ~ organizzarsi: **sich gewerkschaftlich/[in einer Gewerkschaft] ~**, organizzarsi in un sindacato.
organisiert adj **1** (systematisch geplant) {KRIMINALITÄT} organizzato: **das ~e Verbrechen**, la criminalità organizzata **2** (einheitlich geführt) {OPPOSITION, WIDERSTAND} organizzato: **gewerkschaftlich ~e Arbeiter**, operai iscritti al sindacato.
Organismus <-, Organismen> m **1** (Gesamtheit der Organe) organismo m **2** <meist pl> biol (Lebewesen) organismo m **3** geh (Gebilde) organismo m.
Organist <-en, -en> m (**Organistin** f) organista mf.
Organkonserve f med organo m conservato.
Organspende f donazione f di un organo.
Organspender m (**Organspenderin** f) donatore (-trice) m (f) di (un) organo.
Organtransplantation f med, **Organverpflanzung** f med trapianto m di organo/ organi.
Organza <-, ohne pl> m text organza f.
Orgasmus <-, Orgasmen> m orgasmo m: **jdn zum ~ bringen**, portare qu all'orgasmo, far avere un orgasmo a qu; **einen ~ haben/bekommen**, avere/raggiungere l'orgasmo.
Orgel <-, -n> f organo m: **~ spielen**, suonare l'organo.
Orgelbauer m (**Orgelbauerin** f) fabbricante mf di organi, organaro (-a) m (f).
Orgelkonzert n concerto m d'organo; (für Orgel komponiert) concerto m per organo.
Orgelmusik f musica f d'organo; (für Orgel komponiert) musica f per organo.
orgeln itr suonare l'organetto.
Orgelpfeife f canna f dell'organo ● **wie die ~n (dastehen)** fam scherz {bes. KINDER}, (essere) come le canne d'organo.
Orgelregister n registro m dell'organo.
Orgelspieler m (**Orgelspielerin** f) → **Organist**.
orgiastisch adj geh orgiastico.
Orgie <-, -n> f orgia f, ammucchiata f fam ● **~n feiern**, fare orge, darsi alle orge.
Orient <-s, ohne pl> m geog: **der ~**, l'Oriente m, il Levante m ● **der Vordere ~** geog (der Nahe Osten), il Medio/Vicino rar Oriente.
Orientale <-n, -n> m (**Orientalin** f) orientale mf.
orientalisch adj orientale, levantino.
Orientalist <-en, -en> m (**Orientalistin** f) orientalista mf.
Orientalistik <-, ohne pl> f orientalistica f.
Orientalistin f → **Orientalist**.
orientieren <ohne ge-> **A** rfl **1** (sich zurechtfinden) sich (an/nach etw dat) ~ {NACH DEM KOMPASS, AM SONNENSTAND, AN/NACH DEM STADTPLAN} orientarsi (con qc), orizzontarsi (con qc): **sie kann sich schlecht ~**, non si sa orientare bene, non ha (il senso dell')orien-

tamento **2** (*sich ausrichten*) **sich an jdm/ etw ~** {AN EINER POLITIK, EINEM VORBILD} prendere *qu/qc* come (punto di) riferimento, rifarsi *a qu/qc*, ispirarsi *a qu/qc* **3** *geh* (*sich erkundigen*) **sich** (**über** *jdn/etw*) **~** informarsi (*su qu/qc*) **B** *tr geh* (*unterrichten*) **jdn über etw** (akk) **~** ragguagliare *qu su qc*, informare *qu su qc*, mettere *qu* al corrente *di qc*.

orientiert *adj*: **links/rechts ~ sein** *pol*, essere orientato a sinistra/destra; **wie ist er politisch ~?**, qual è il suo orientamento politico?, quali sono le sue tendenze politiche?

Orientierung <-, *ohne pl*> f **1** (*das Zurechtfinden*) orientamento m **2** *geh* (*Ausrichtung*) **~ an jdm/etw** {AN IDEOLOGIEN, VORBILDERN, WERTEN} ispirazione f *a qu/qc*, riferimento m *a qu/qc* **3** *geh* (*Unterrichtung*) **~ über etw** (akk) informazione f (*su qc*) • **die ~ verlieren**, perdere l'orientamento, disorientarsi; **zur ~**, a titolo orientativo; **zu Ihrer ~**, per Sua informazione, orientativamente.

Orientierungsdaten *subst* <*nur pl*> *ökon* dati m pl indicativi/orientativi.

Orientierungshilfe f (*örtlich*) punto m di riferimento; (*Handbuch, Leitfaden*) guida f: **als ~ dienen**, servire ˻da punto di riferimento˼/[per l'orientamento].

Orientierungslauf m *sport* gara f di orientamento.

orientierungslos *adj* disorientato, smarrito, sbandato, allo sbando, alla deriva.

Orientierungslosigkeit <-, *ohne pl*> f {+HEUTIGE JUGEND, NACHKRIEGSGENERATION} disorientamento m, smarrimento m.

Orientierungspunkt m punto m di orientamento.

Orientierungssinn m senso m dell'orientamento.

Orientierungsstufe f *D Schule* "biennio m di orientamento dopo le elementari in alcuni Länder".

Orientierungsvermögen n capacità f d'orientamento.

Orientteppich m tappeto m orientale.

Origano m → **Oregano**.

original A *adj* **1** (*echt*) {GEMÄLDE} originale, autentico **2** (*ursprünglich*) {ERHALTUNGSZUSTAND, VERPACKUNG} originario **3** (*schöpferisch*) {MALWEISE, SPRACHE, STIL} originale **B** *adv* **1** (*echt*): ~ **Brüssler Spitzen**, merletti originali di Bruxelles **2** (*im ursprünglichen Zustand*) {ERHALTEN SEIN} allo stato originario **3** *radio TV obs* (*live*): **ein Spiel ~ übertragen**, trasmettere una partita in diretta • ~ **verpackt**, con/nell'imballo originale.

Original <-s, -e> n **1** (*originaler Gegenstand*) originale m: **ein Buch/einen Schriftsteller im ~ lesen**, leggere un libro/autore in lingua originale; **im ~ erhalten sein**, essere conservato in (forma) originale **2** *fam* (*Mensch*) (tipo m *fam*) originale m.

Originalaufnahme f **1** *mus* registrazione f originale **2** (*Foto*) foto f originale.

Originalausgabe f edizione f originale.

Originaldokument n (documento m) originale m.

Originalfassung f versione f originale: **in der italienischen ~**, nella versione originale italiana.

originalgetreu *adj* {KOPIE} conforme all'originale; {ÜBERSETZUNG} *auch* fedele (all'originale).

Originalität <-, *ohne pl*> f **1** (*Echtheit*) {+DOKUMENT} originalità f, autenticità **2** (*Einfallsreichtum*) {+ERZÄHLUNG, PERSON} originalità f.

Originalpackung f *com* confezione f originale.

Originalsprache f lingua f originale.

Originaltext m testo m originale.

Originalton m **1** (*Zitat*) registrazione f/sonoro m originale **2** *fam* (*Zitat*) → **O-Ton**.

Originalübertragung f *radio TV* trasmissione f in diretta.

Originalverpackung f confezione f/imballaggio m originale: **in ~**, nell'imballaggio originale; {BUCH}, ancora cellofanato.

originär *adj geh* originale.

originell *adj* **1** (*voller Originalität*) {GESCHICHTE, SPRACHE} originale **2** *fam* (*sonderbar*) {KAUZ, TYP} originale, strano.

Orkan <-(e)s, -e> m uragano m: **sich zum ~ steigern** {WIND}, trasformarsi in uragano.

orkanartig *adj* {STURM} simile a un uragano: **~er Beifall**, applausi scroscianti.

Ornament <-(e)s, -e> n ornamento m.

ornamental *adj* {VERZIERUNG} ornamentale; {PORTAL} decorato.

Ornat <-(e)s, -e> m *geh* abito m da cerimonia; *relig* paramenti m pl sacerdotali.

Ornithologe <-n, -n> m (**Ornithologin** f) ornitologo (-a) m (f).

Ornithologie <-, *ohne pl*> f ornitologia f.

Ornithologin f → **Ornithologe**.

ornithologisch *adj* ornitologico.

Ort <-(e)s, -e> m **1** (*Stelle*) luogo m, posto m: **wir treffen uns am gewohnten Ort**, ci incontriamo al solito posto; **Ort der Handlung** *film lit theat*, luogo dell'azione; **am Ort des Verbrechens**, sul luogo del delitto **2** (*Ortschaft*) località f; (*Dorf*) paese m: **der ganze Ort**, tutto il paese; **das ist das einzige Hotel am Ort**, è l'unico albergo del posto/luogo • **am angegebenen Ort** (*bei Zitaten*), nell'opera citata, ibidem; **geometrischer Ort** *math*, luogo (geometrico); **höheren Ort(e)s** *form* {BESCHLIESSEN}, in alto loco; **an Ort und Stelle**, sul posto, in loco; **von Ort zu Ort** (*von einer Ortschaft zur anderen*), da un luogo/paese all'altro; (*je nach Ortschaft*), da luogo a luogo; **vor Ort**, sul posto, in loco; **vor Ort forschen**, fare delle ricerche sul campo.

Örtchen <-s, -> n *dim von* Ort: **das** (*gewisse/stille*) **~** *fam*, quel posticino *euph fam*, il gabinetto.

orten *tr etw* ~ {FLUGZEUG, SCHIFF} localizzare *qc*, individuare la posizione *di qc*.

orthodox *adj* **1** *relig* ortodosso **2** *geh* (*dogmatisch*) {ALTERNATIVER, KOMMUNIST} ortodosso.

Orthodoxie <-, *ohne pl*> f **1** *relig* ortodossia f **2** (*Festhalten an Lehrmeinungen*) ortodossia f.

orthogonal *adj geom* ortogonale.

Orthografie <-, -n> f ortografia f.

orthografisch *adj* ortografico.

Orthographie f → **Orthografie**.

orthographisch *adj* → **orthografisch**.

Orthopäde <-n, -n> m (**Orthopädin** f) *med* ortopedico (*rar* -a) m (f).

orthopädisch *adj* ortopedico; {AUSBILDUNG} in ortopedia: **~e Schuhe**, scarpe ortopediche.

Ortler <-s, *ohne pl*> m *geog*: **der ~**, l'Ortles.

Ortlergruppe f *geog*: **die ~**, il gruppo dell'Ortles.

örtlich A *adj* **1** (*lokal*) {VERWALTUNG, ZEITUNG} locale **2** *meteo* {REGENFÄLLE} locale **3** *med* {BETÄUBUNG} locale **B** *adv* **1** (*von Ort zu Ort*) {VARIIEREN} da un luogo all'altro **2** (*lokal*) {BEGRENZT} localmente **3** *med* {BETÄUBEN} localmente: **~ anzuwendendes Präparat**, preparato (ad uso) topico.

Örtlichkeit <-, -en> f **1** (*Ort*) luogo m, po-

sto m, località f **2** *fam euph* (*WC*): **die ~(en)**, quel posticino *euph fam*, il gabinetto • **sich mit den ~en vertraut machen**, impratichirsi del posto; **mit den ~en (gut) vertraut sein**, essere pratico ˻del posto˼/[della zona].

Ortsangabe f indicazione f del luogo.

ortsansässig *adj* {FAMILIE} del luogo; {FIRMA} *auch* locale.

Ortsansässige <*dekl wie adj*> mf abitante mf del luogo: **die ~n**, gli abitanti del luogo, i locali.

Ortsausgang m uscita f del/dal ˻centro abitato˼/[paese]: **am ~ rechts abbiegen**, appena fuori dal paese girare a destra.

Ortsbeirat m *pol* consiglio m di quartiere/circoscrizione.

Ortsbesichtigung f sopralluogo m.

Ortsbestimmung f **1** *geog* localizzazione f; *naut* determinazione f della posizione, rilevamento m **2** *gram* complemento m di luogo.

ortsbeweglich *adj tech* mobile.

Ortschaft <-, -en> f centro m/località f (minore); (*bes. ländlich*) borgo m: **eine kleine ~**, un piccolo centro, un paesino • **geschlossene ~** *adm*, centro abitato.

Ortseingang m inizio m del centro abitato.

ortsfest *adj tech* {GERÄT, LAUTSPRECHER, MASCHINENTEIL} fisso.

ortsfremd *adj* forestiero: **er ist ~**, (lui) non è del posto.

ortsgebunden *adj* {BRAUCH, HANDWERK} tipico del luogo: **~e Industrie**, industria che valorizza/sfrutta le risorse locali.

Ortsgedächtnis n memoria f per i luoghi.

Ortsgespräch n *tel* telefonata f/chiamata f *fam*/comunicazione f *form* urbana.

Ortsgruppe f {+GEWERKSCHAFT, ORGANISATION, PARTEI, VERBAND} sezione f locale.

Ortskenntnis f conoscenza f del luogo.

Ortskern m centro m del paese: **der historische ~**, il centro storico.

Ortskrankenkasse f *D*: **die** (**Allgemeine**) **~** (*Abk* AOK), "istituzione f pubblica per l'assistenza sanitaria in Germania", ≈ ASL f.

ortskundig *adj* pratico del posto/luogo.

Ortsname m nome m di luogo, toponimo m: **wie war noch der ~?**, com'è che si chiama(va) il posto?; **ein Wörterbuch deutscher ~n**, un dizionario di toponimi tedeschi.

Ortsnetz n *tel* rete f urbana.

Ortsnetzkennzahl f *form tel* prefisso m (teleselettivo).

Ortsschild n cartello m di località.

Ortstarif m *tel* tariffa f urbana.

Ortsteil m frazione f.

Ortstermin m *jur* sopralluogo m.

ortsüblich *adj* {BRAUCH} tipico del luogo; {MIETEN, PREISE} praticato nella zona.

Ortsumgehung f *autom* (viale m di) circonvallazione f, tangenziale f; (*ringförmig*) raccordo m anulare.

Ortsverband m sezione f/federazione f locale.

Ortsverein m sezione f/federazione f locale.

Ortsverkehr m **1** (*Straßenverkehr*) traffico m locale **2** *tel* traffico m urbano/[delle comunicazioni urbane].

Ortsverzeichnis n elenco m delle località.

Ortswechsel m cambiamento m di luogo.

Ortszeit f ora f locale: **um 20 Uhr ~**, alle 20 ora locale.

Ortszuschlag m adm indennità f di residenza.

Ortung <-, -en> f bes. aero naut localizzazione f.

O-Saft m fam succo m d'arancia.

Oscar <-s, -s> m film (premio m) oscar m: **der Film gewann drei ~s**, il film ha vinto tre (premi) oscar; **er bekam/erhielt einen ~ für seine hervorragende schauspielerische Leistung**, ha vinto un oscar per la sua straordinaria interpretazione.

Oscargewinner m (**Oscargewinnerin** f) film vincitore (-trice) m (f) ⌊dell'oscar⌋/[di un oscar], premio m oscar m.

Oscarnominierung f nomination f all'Oscar.

Oscarpreisträger m → **Oscargewinner**.

oscarreif adj da oscar.

Oscarverleihung f assegnazione f ⌊dell'oscar⌋/[di un oscar].

Oschi <-s, -s> m slang: **die hat vielleicht ~s!**, ha un paio di tette, la tipa! slang; **die Zucchini, die mir meine Nachbarin bringt, sind immer solche ~s!**, gli zucchini che mi porta la mia vicina sembrano dei missili!

Öse <-, -n> f occhiello m, asola f.

Osiris <-, ohne pl> m myth Osiride m.

Oskar m (Vorname) Oscar ● **frech wie ~ sein** fam, essere ⌊un bello sfacciato⌋/[una bella sfacciata].

Osker <-s, -> m (**Oskerin** f) hist osco (-a) m (f).

oskisch adj hist osco.

Oslo <-s, ohne pl> n geog Oslo f.

Osloer① <inv> adj di Oslo.

Osloer② <-s, -> m (**Osloerin** f) (in Oslo wohnend) abitante mf di Oslo; (aus Oslo stammend) originario (-a) m (f) di Oslo.

Osmane <-n, -n> m (**Osmanin** f) hist turco (-a) m (f) ottomano (-a).

osmanisch adj hist {REICH} ottomano m; {SPRACHE} auch osmanico.

Osmose <-, -n> f bot chem osmosi f.

osmotisch adj bot chem osmotico.

Ossi <-s, -s> m fam, <-, -s> f fam "soprannome m per un abitante dell'ex RDT".

Ost① <inv, ohne art> m meteo naut est m: **Wind aus/von Ost**, vento da est ● **Ost und West** (Osteuropa und Westeuropa), l'Est e l'Ovest, l'Europa orientale e l'Europa occidentale; (Europa und Asien), l'Occidente e l'Oriente.

Ost② <-s, ohne pl> m naut (Ostwind) vento m ⌊da est⌋/[di levante], levante m.

Ostafrika n geog Africa f orientale.

ostafrikanisch adj dell'Africa orientale.

Ostalgie <-, ohne pl> f ostalgia f (nostalgia f di certi aspetti caratteristici della vita nella ex RDT).

ostasiatisch adj dell'Asia orientale, dell'Est asiatico.

Ostasien n geog Asia f orientale, Est m asiatico.

Ost-Berlin n geog hist Berlino Est f.

Ostberliner① <inv> adj di Berlino Est.

Ostberliner② m (**Ostberlinerin** f) bes. hist abitante mf di Berlino Est.

Ostblock m hist: **der ~**, il blocco orientale/[dei paesi comunisti].

Ostblockstaat m <meist pl> hist paese m ⌊dell'Est⌋/[del Patto di Varsavia].

ostdeutsch adj tedesco orientale, della Germania orientale.

Ostdeutsche <dekl wie adj> mf tedesco (-a) m (f) orientale, abitante mf della Germania orientale, tedesco (-a) m (f) dell'Est; pol hist Germania f dell'Est.

Ostdeutschland n geog Germania f orientale/est; pol hist Germania f dell'Est.

Osten <-s, ohne pl> m **1** (Abk O) (Himmelsrichtung) est m, oriente m, levante m: **im ~ Deutschlands liegen**, trovarsi/[essere situato] nell'est della Germania; **im ~ Nürnbergs**, nella zona orientale/est di Norimberga **2** geog: **der ~** (Osteuropa), l'Europa orientale, l'Est europeo, Paesi dell'Est; (Orient), l'Oriente, il Levante; **aus dem ~ kommen**, essere dei Paesi dell'Est ● **der Ferne ~**, l'Estremo Oriente; **der Mittlere ~**, il Medio Oriente; **nach/gen ~**, a/verso est/oriente/levante; **der Nahe ~**, il Medio/Vicino rar Oriente; **von ~**, da(ll')est/oriente.

ostentativ geh **A** adj ostentato; {GÄHNEN, SCHWEIGEN, ÜBERSEHEN} provocatorio **B** adv {GÄHNEN, SCHWEIGEN, ÜBERSEHEN} ostentatamente.

Osteoporose <-, -n> f med osteoporosi f.

Osterei n uovo m ⌊di Pasqua⌋/[pasquale].

Osterferien subst <nur pl> vacanze f pl pasquali/[di Pasqua].

Osterfest n Pasqua f, feste f pl pasquali.

Osterglocke f bot trombone m, tromboncino m.

Osterhase m "coniglietto m pasquale che, come vuole la tradizione tedesca, porta e nasconde le uova".

Osterinsel f geog: **die ~**, l'Isola di Pasqua.

Osterlamm n agnello m pasquale.

österlich adj pasquale.

Ostermarsch m marcia f della pace (nel periodo pasquale).

Ostermesse f relig messa f pasquale/[di Pasqua].

Ostermontag m lunedì m ⌊di Pasqua⌋/[dell'Angelo], pasquetta f.

Ostern <-, ohne pl> n Pasqua f: **(zu/über) ~ fahren wir in Urlaub**, a/per Pasqua andiamo in vacanza ● **frohe/fröhliche ~!**, buona Pasqua!; **weiße ~**, Pasqua con/sotto la neve.

Österreich <-s, ohne pl> n geog (Abk A) Austria f (Abk A).

Österreicher <-s, -> m (**Österreicherin** f) austriaco (-a) m (f).

österreichisch adj austriaco.

österreichisch-ungarisch adj hist austroungarico.

Österreich-Ungarn n hist Impero m austroungarico.

Ostersonntag m domenica f di Pasqua.

Osterweiterung f pol **1** → **NATO-Osterweiterung 2** (Erweiterung der Europäischen Union) allargamento m/apertura f a est.

Osterwoche f settimana f di Pasqua.

Osteuropa n geog Europa f ⌊dell'Est⌋/[orientale].

Osteuropäer m (**Osteuropäerin** f) abitante mf dell'Europa orientale/[dell'Est], europeo (-a) m (f) orientale.

osteuropäisch adj dell'Europa orientale, dell'Est europeo.

Ostflügel m **1** arch {+GEBÄUDE} ala f orientale/est **2** mil ala f orientale.

Ostfriese <-n, -n> m (**Ostfriesin** f) abitante mf della Frisia orientale, frisone (-a) m (f) orientale.

Ostfriesennerz m fam scherz giacca f in tela (in)cerata, (in)cerata f.

Ostfriesenwitz m barzelletta f sui frisoni orientali.

Ostfriesin f → **Ostfriese**.

ostfriesisch adj della Frisia orientale, frisone orientale ● **Ostfriesische Inseln** geog, Isole Frisone Orientali.

Ostfriesland n geog Frisia f orientale.

Ostfront f mil hist: **die ~**, il fronte orientale.

Ostgebiete subst <nur pl> D hist {+DEUTSCHES REICH} territori m pl a est della linea Oder-Neisse: **die verlorenen ~**, i territori orientali/[a est della linea Oder-Neisse] perduti dalla Germania nel 1945.

Ostgote m (**Ostgotin** f) hist ostrogoto (-a) m (f).

Ostgrenze f confine m orientale.

Osthang m versante m orientale/est.

Ostindien n Indie f pl orientali.

ostindisch adj delle Indie orientali: **Ostindische Kompanie** hist, Compagnia delle Indie orientali.

Ostjude m (**Ostjüdin** f) ebreo (-a) m (f) dell'Europa orientale.

Ostkirche f chiesa f orientale/ortodossa.

Ostküste f costa f orientale: **die ~** (der USA), la costa orientale degli USA, la East Coast.

Ostler m (**Ostlerin** f) fam pej tedesco (-a) m (f) dell'Est: **die ~**, quelli dell'Est pej.

östlich A adj **1** geog orientale; {GEBIET, LAND} auch dell'est; {LANDESTEIL, STADTTEIL} est, orientale; {LAGE} orientale: **das ~e Europa**, l'Europa orientale/[dell'Est]; **die ~en Nachbarn Deutschlands**, i vicini orientali della Germania; **im ~en Teil der Stadt**, nella parte orientale/est della città **2** meteo (aus Osten) {LUFTMASSEN, STRÖMUNG} proveniente da est; {WIND} auch dell'est, di levante **3** (nach Osten): **in ~e/~er Richtung**, in direzione est/orientale, verso est/oriente; **das Schiff saß auf ~em Kurs**, la nave fa rotta verso est **B** adv a est/oriente: **weiter ~ liegen**, trovarsi più a est; **~ von etw** (dat) a est/oriente di qc **C** präp + gen {EINES FLUSSES, GEBIRGES, EINER STADT} a est/oriente di.

Ostmark① n hist (Währung) marco m dell'ex RDT.

Ostmark② <-, -en> f hist **1** (östliches Gebiet des Heiligen Römischen Reiches) Marca f Orientale **2** <nur sing> (im Nationalsozialismus) Marca f Orientale.

Ostpolitik <-, ohne pl> f hist Ostpolitik f (politica f di distensione perseguita dalla RFT nei rapporti con i paesi dell'Est).

Ostpreußen n geog hist Prussia f orientale.

ostpreußisch adj della Prussia orientale.

Östrogen <-s, -e> n anat med estrogeno m.

Östrogenmangel m med carenza f di estrogeni.

Östrogentherapie f med terapia f ⌊a base di estrogeni⌋/[estrogenica].

Ostrom n hist impero m ⌊romano d'oriente⌋/[bizantino].

oströmisch adj: **das Oströmische Reich** hist, l'impero ⌊(romano) d'oriente⌋/[bizantino].

Ostsee f geog: **die ~**, il (mar) Baltico.

Ostseebad n località f balneare sul (mar) Baltico.

Ostseite f lato m/fianco m/parte f est/orientale; {+BERG} auch versante m est/orientale.

Ostsektor m hist {+BERLIN} settore m orientale.

Ostteil m geog parte f/zona f orientale/est: **im ~ von Berlin**, nella parte est di Berlino.

Ostverträge subst <nur pl> pol hist "trattati m pl della RFT con URSS, Polonia e Cecoslovacchia ratificati negli anni '70".

Ostwand f {+BERG} parete f est.

ostwärts adv verso est/oriente, in direzione est/orientale.

Ost-West-Beziehung f <meist pl> pol relazioni f pl/rapporti m pl est-ovest.

Ost-West-Dialog m pol dialogo m est--ovest.

Ost-West-Konflikt m pol hist conflitto m est-ovest.

Ostwind m vento m ₍dell'est₎/[orientale]/ [di levante]; (in Italien) auch levante m.

Ostzone f hist 1 (sowjetisches Besatzungsgebiet) "zona f di occupazione sovietica nella Germania del dopoguerra" 2 fam (DDR) RDT f, Germania f dell'Est.

OSZE <-, ohne pl> f Abk von Organisation für Sicherheit und Zusammenarbeit in Europa: OSCE f (Abk von Organizzazione per lo Sviluppo e la Cooperazione in Europa).

Oszillograf, Oszillograph <-en, -en> m med phys oscillografo m.

O-Ton m fam 1 (originale Tonaufzeichnung) registrazione f/sonoro m originale 2 (Zitat) testuali parole f pl: ...: O-Ton Willy Brandt, ...: testuali parole di Willy Brandt.

Otter[1] <-, -n> f zoo (Schlange) vipera f.

Otter[2] <-s, -> m zoo (Fischotter) lontra f.

Otto m 1 (Vorname) Ottone 2 fam scherz → **Oschi** ● **den flotten ~ haben** fam scherz, avere la sciolta fam; ● **Normalverbraucher** fam, il signor Rossi, l'uomo qualunque.

Ottomane[1] <-, -n> f (Möbelstück) ottomana f.

Ottomane[2] <-n, -n> m (**Ottomanin** f) turco (-a) m (f) ottomano (-a).

Ottomotor m motore m a carburazione, motore m a ciclo Otto.

ÖTV f D Abk von Gewerkschaft Öffentliche Dienste, Transport und Verkehr: "Sindacato dei lavoratori del servizio pubblico, dei trasporti e del traffico".

Ötztal n geog valle f dell'Ötz.

out adj <präd> fam: **out sein** (AUTOTYP, FILM, SCHLAGER} auch, essere sorpassato/[fuori moda].

Outcast <-s, -s> m emarginato m, reietto m.

outdoor adv outdoor, all'aperto.

Outdoorkleidung f com abbigliamento m (per l')outdoor.

Outdoorparty f festa f/party m all'aperto.

Outdoorsport m sport m outdoor, attività f pl (sportive) outdoor.

outen slang **A** tr 1 (jds Homosexualität bekannt machen) jdn ~ rivelare (pubblicamente) l'omosessualità di qu 2 (jds Wesen oder best. Neigungen aufdecken) jdn (als etw akk) ~ {ALS ALKOHOLIKER, HARDLINER, RECHTSWÄHLER} smascherare qu (come qc) **B** rfl 1 (seine eigene Homosexualität bekannt machen)

sich ~ fare outing/[coming out] 2 (seinen wahren Charakter zeigen) sich (als etw nom) ~ {ALS ALKOHOLIKER, HARDLINER, RECHTSWÄHLER} fare outing, dichiararsi qc.

Outfit <-(s), -s> n look m, outfit m, mise f geh.

Outgroup <-, -s> f slang soziol gruppo m di reietti/emarginati.

Outing <-s, ohne pl> n 1 (das Öffentlichmachen der eigenen Homosexualität oder der einer anderen Person) outing m, rivelazione f (pubblica) della propria (o altrui) omosessualità 2 (öffentliche Bekennung zu etw) outing m.

Outlaw <-(s), -s> m 1 (Ausgestoßene) paria m 2 (jd, der die Gesetze nicht achtet) fuorilegge m.

Outlet <-s, -s> n com outlet m, spaccio m aziendale.

Outletcenter n com outlet center m/village m, stock house f.

Outplacement <-(s), ohne pl> n ökon outplacement m, ricollocazione f in altra attività del personale in esubero in un'azienda.

Output <-s, -s> m oder n 1 ökon produzione f, output m 2 inform output m.

Outsider <-s, -> m 1 (Außenseiter) outsider m, cane m sciolto fam 2 (Nichtfachmann) profano m.

out|sourcen tr ökon etw ~ dare/affidare qc in outsourcing, affidare qc a terzi, terziarizzare qc.

Outsourcing <-(s), ohne pl> n ökon outsourcing m, terziarizzazione f.

Ouvertüre <-, -n> f mus ouverture f.

oval adj ovale, ovoidale.

Oval <-s, -e> n ovale m.

Ovation <-, -en> f geh ovazione f; **jdm ~en darbringen**, tributare ovazioni a qu ● **stehende ~en**, standing ovation.

Overall <-s, -s> m tuta f (intera); (ärmellos) salopette f.

Overbooking <-s, ohne pl> n overbooking m.

overdressed adj geh vestito in modo troppo elegante (per un'occasione precisa).

Overdrive <-(s), -s> m autom overdrive m.

Overflow <-s, ohne pl> m inform overflow m.

Overheadfolie f lucido m, trasparente m.

Overheadprojektor m lavagna f luminosa.

Overkill <-(s), ohne pl> n oder m 1 mil arsenale m (nucleare) con una capacità distruttiva superiore al necessario 2 fam (Übersättigung, Übermaß) saturazione f: **der mediale ~**, l'ingombrante presenza mediatica.

Ovid <-s, ohne pl> m hist Ovidio m.

ovidisch adj ovidiano.

ÖVP f Abk von Österreichische Volkspartei: "Partito Popolare Austriaco".

Ovulation <-, -en> f anat med (Eisprung) ovulazione f.

Ovulationshemmer <-s, -> m pharm antiovulatorio m wiss, pillola f anticoncezionale, contraccettivo m orale.

Oxid <-(e)s, -e> n chem ossido m.

Oxidation <-, -en> f chem ossidazione f.

Oxidationszahl f chem numero m/stato m di ossidazione.

oxidieren <ohne ge-> chem **A** itr <sein oder haben> {EISEN, METALL} ossidarsi **B** tr <haben> etw ~ ossidare qc.

Oxyd n → **Oxid**.

Oxydation f → **Oxidation**.

Oxydationszahl f → **Oxidationszahl**.

oxydieren <ohne ge-> itr tr → **oxidieren**.

Ozean <-s, -e> m oceano m: **alle ~e kennen**, conoscere tutti i mari del mondo; **über den ~ fliegen**, andare oltreoceano ● **Atlantischer ~**, (oceano) Atlantico; **Indischer ~**, oceano Indiano; **Pazifischer/Stiller ~**, (oceano) Pacifico.

Ozeanarium <-s, Ozeanarien> n oceanario m.

Ozeandampfer m transatlantico m.

Ozeanien <-s, ohne pl> n geog Oceania f.

ozeanisch adj 1 (des Ozeans) oceanico 2 geog (aus Ozeanien) oceaniano.

Ozeanografie, Ozeanographie <-, ohne pl> f oceanografia f.

Ozeanriese m naut transatlantico m gigantesco.

Ozelot <-s, -e> m 1 zoo ozelot m, ocelot m, gattopardo m americano 2 (Pelz) ocelot m.

Ozon <-s, ohne pl> m oder n ozono m.

Ozonalarm m ökol allarme m ozono.

Ozonbelastung f ökol inquinamento m da ozono.

Ozongehalt m contenuto m ozonico/[di ozono], percentuale f di ozono: **den ~ in der Luft messen**, misurare la percentuale di ozono presente nell'aria.

ozonhaltig adj contenente/[che contiene] ozono.

Ozonhülle f → **Ozonschicht**.

Ozonkiller m sostanza f ₍che distrugge l'ozono₎/[killer dell'ozono].

Ozonloch <-(e)s, ohne pl> n buco m nell'/ dell'ozono.

Ozonosphäre f → **Ozonschicht**.

Ozonschicht f ozonosfera f, fascia f/strato m d'ozono.

Ozonschild n schermo m d'ozono.

Ozontherapie f med ozonoterapia f.

Ozonwert m tasso m di ozono.

P, p

P, p <-, - oder *fam* -s> n (*Buchstabe*) P, p *oder* m ● **P wie Paula**, p come Padova.
paar <inv> adj **1** (*einige*): **ein ~ +** *subst* (pl) {LEUTE, MINUTEN, SEITEN, STUNDEN, WOCHEN, ZUSCHAUER}, un paio di ..., alcuni (-e) ..., qualche ...: **ein ~ Mal(e)**, un paio di volte; **sie haben ein ~ Mal ihre Ferien dort verbracht**, vi hanno trascorso le vacanze un paio di volte; **ein ~ Minuten haben wir schon noch Zeit**, due minuti ancora ce li abbiamo; **was sind denn schon ein ~ Tropfen Regen!**, cosa vuoi che siano due gocce d'acqua!; **ein ~ Flaschen Wein würde ich ganz gern mitnehmen**, qualche bottiglia di vino me la prenderei volentieri; **ein ~ Zuschauer verließen den Saal**, alcuni spettatori abbandonarono la sala; **ein ~ Schritte machen**, fare due/quattro passi **2** (*wenige*): **die ~ +** *subst* (pl): **in den ~ Stunden konnte ich nicht arbeiten**, in quelle poche ore non sono riuscito (-a) a lavorare; **die ~ Euro werden wohl nicht reichen**, quei due euro non basteranno di certo **3** (*rhythmischer Abstand*): **alle ~ +** *subst* (pl): **der Postbote kommt nur alle ~ Tage vorbei**, il postino passa soltanto ogni due o tre giorni; **ich kann doch nicht alle ~ Kilometer anhalten!**, non posso mica fermarmi ogni due kilometri! ● **du kriegst/[fängst dir] gleich ein ~!** *fam*, sta' attento (-a) che ti arriva/buschi una sculacciata!
Paar <-(e)s, - oder -e> n **1** <pl -> (*zwei zusammengehörige Gegenstände*) paio m: **ein ~ Schuhe**, un paio di scarpe; **zehn ~ Socken**, dieci paia di calzini; **ein ~ Ohrringe**, un paio di orecchini **2** <pl -e> (*Personen, Tiere*) coppia f: **ein festes ~ sein**, fare coppia fissa; **ein junges ~** (*ein junges Liebespaar*), una giovane coppia; (*Brautpaar*) giovani sposi novelli, sposini; **zu ~en**, a coppie ● **das sind zwei ~ Stiefel!** *fam*, (questo) è un altro paio di maniche! *fam*.
paaren [A] rfl **1** *zoo* (*kopulieren*) **sich ~** {TIERE} accoppiarsi **2** (*verbinden*) **sich mit etw** (dat) **~** {INTELLIGENZ MIT WITZ} unirsi *a qc*, associarsi *a qc*, accompagnarsi *a qc* [B] tr **1** *zoo* **etw ~** {ZUCHTTIERE} accoppiare *qc*, appaiare *qc* **2** (*verbinden*) **etw mit etw** (dat) **~** {INTELLIGENZ MIT CHARME} unire *qc a qc*.
Paarhufer <-s, -> m *zoo* artiodattilo m, paridigitato m.
paarig adj **1** *anat* {ORGAN} pari **2** *bot* geminato, appaiato.
Paarlauf m, **Paarlaufen** <-s, *ohne* pl> n *sport* pattinaggio m artistico a coppie.
paarmal adv → **paar**.
Paarreim m *poet* rima f baciata/accoppiata.
Paarung <-, -en> f **1** *zoo* accoppiamento m **2** *sport* accoppiamento m.
paarungsbereit adj *zoo* pronto all'accoppiamento.
Paarungsverhalten n *zoo* comporta-

mento m (degli animali) prima e durante l'accoppiamento.
Paarungszeit <-, -en> f *zoo* periodo m dell'accoppiamento.
paarweise adv **a coppie/paia**: **sich ~ aufstellen**, disporsi a coppie.
Paarzeher <-s, -> m *zoo* → **Paarhufer**.
Pacemaker <-s, -> m *med* pacemaker m, stimolatore m cardiaco.
Pacht <-, -en> f **1** (*~verhältnis*) (*von Grundstück, Land*) affitto m, locazione f; (*von Geschäft, Lokal*) gestione f: **das Geschäft gehört nicht ihm, er hat es nur in ~**, il negozio non è suo, l'ha soltanto preso in gestione **2** (*~vertrag*) contratto m di locazione **3** → **Pachtzins** ● **etw in ~ geben/nehmen**, dare/prendere qc in affitto; {GESCHÄFT, LOKAL} dare/prendere qc in gestione.
pachten tr **1** (*mieten*) **etw** (*von jdm*) **~** {GRUNDSTÜCK, LAND}, prendere in affitto/locazione *qc* (*da qu*), affittare *qc* (*da qu*); {GESCHÄFT, LOKAL} prendere in gestione *qc*; {ARBEITEN} prendere in appalto *qc* **2** *fam* (*für sich beanspruchen*): **etw für sich** (akk) **gepachtet haben**: **du glaubst wohl, du hättest den Sessel für dich gepachtet!** *fam*, mica penserai di avere l'esclusiva sulla poltrona! *fam*; **er tut (so), als hätte er alle Weisheit (für sich) gepachtet** *fam*, crede di avere la scienza infusa *fam*.
Pächter <-s, -> m (**Pächterin** f) affittuario (-a) m (f), locatario (-a) m (f); (*Geschäftsleiter*) gerente mf, gestore (-trice) m (f).
Pachthof m podere m in affitto.
Pachtland n terreno m in affitto.
Pachtung <-, -en> f locazione f, affitto m; {+GESCHÄFT} gestione f.
Pachtvertrag m contratto m di locazione/affitto; (*von Geschäft*) contratto m di gestione.
Pachtzins m (canone m di) (af)fitto m, canone m di locazione.
Pack① <-(e)s, -e oder **Päcke**> m (*Stoß*) {+(ALT)PAPIER, BRIEFE, ZEITUNGEN} pacco m; (*Bündel*) {+KLEIDER, LUMPEN} fascio m.
Pack② <-s, *ohne* pl> n *pej* (*Gesindel*) gentaglia f, marmaglia f: **elendes ~!**, disgraziati!; **was für ein schludriges ~!**, che ciattroni!
Päckchen <-s, -> n pacchetto m: **jdm ein ~ schicken**, mandare un pacchetto a qu ● **sein ~ zu tragen haben** *fam*, dover portare la propria croce.
Packeis n banchisa f, pack m.
packen [A] tr **1** (*ein~*) **etw ~** {KOFFER, PAKET, REISETASCHE} fare *qc*, preparare *qc*: **hast du schon die Koffer gepackt?**, hai già fatto la valigia? **2** (*ergreifen*) **jdn/etw an etw** (dat) **~** afferrare *qu/qc per qc*, prendere *qu/qc per qc*: **er packte sie am Arm**, l'afferrò per il braccio; **er packte den Dieb beim Kragen**, agguantò il ladro per il bavero

3 (*hinein~*) **jdn/etw in etw** (akk) **~** mettere *qu/qc in qc*: **pack doch bitte schon die Koffer ins Auto!**, intanto metti le valigie in macchina, per favore!; **die kleineren Sachen kann man in der Tasche ~**, gli oggetti più piccoli si possono mettere in borsa; **hast du die Kinder noch nicht ins Bett gepackt?** *fam*, non li hai ancora messi a letto, i bambini?; **etw in Kisten ~**, incassare *qc* **4** (*überkommen*) **jdn ~** {ANGST, EKEL, FURCHT, LUST, SCHRECKEN} cogliere *qu*: **am Ende packte ihn die kalte Wut**, alla fine lo colse una fredda rabbia; **ihn packte ein heftiges Verlangen, sie wieder zu sehen**, ₁lo colse₁/[venne colto da] un violento desiderio di rivederla; **mich packt die Verzweiflung, wenn ...**, mi prende la disperazione quando/se ... **5** (*fesseln*) **jdn ~** {PUBLIKUM, ZUHÖRER} prendere *qu fam*, avvincere *qu* **6** *slang* (*verstehen*) **etw ~** {BUCH, FILM} capire *qc*: **ich pack das sowieso nicht!** *slang*, tanto non ci arrivo! *slang*; **hast du es immer noch nicht gepackt?** *slang*, non l'hai ancora capita? *slang* **7** *fam* (*schaffen*) **etw ~** {ARBEIT, EXAMEN, PRÜFUNG} farcela *a fare qc fam*: **die Prüfung pack' ich nie!**, non ce la farò mai a passare quell'esame!; {BUS, ZUG} farcela *a prendere qc*; **die Pizza ist ja riesig, die pack' ich nicht!**, questa pizza è veramente enorme, non ce la faccio a finirla!; **es ~**, farcela; **ich hab's gerade noch gepackt!**, ce l'ho fatta a malapena! [B] itr (*die Koffer ~*) fare le valigie/i bagagli [C] rfl *fam region* (*weggehen*) **sich ~** levare le tende *fam*: **pack dich!** *pej*, sloggia! *fam pej* ● **ihn hat es ganz schön gepackt** *fam* (*er ist krank*), questa volta l'ha presa proprio bella! *fam*; (*er ist verliebt*), s'è preso una bella cotta *fam*.
Packen <-s, -> m **1** (*Stapel*) {+BÜCHER, KLEIDER, ZEITUNGEN} pacco m **2** (*Haufen*) {+ARBEIT} mucchio m *fam*, sacco m *fam*.
packend adj avvincente, che prende *fam*: **eine ~e Lektüre**, una lettura avvincente/appassionante/[che prende]; **ein ~es Fußballspiel**, una partita appassionante; **eine ~e Erzählung**, un racconto emozionante.
Packer <-s, -> m (**Packerin** f) **1** (*Arbeitnehmer im Versand*) impaccatore (-trice) m (f) **2** (*Möbelpacker*) imballatore (-trice) m (f).
Packerei <-, *ohne* pl> f *fam pej*: **diese nervige ~ vor jedem Urlaub!**, che noia fare queste valigie ogni volta che si parte!
Packerin f → **Packer**.
Packesel m *fam* (*Lastesel*) somaro m ● **wie ein ~ beladen sein**, essere carico come un mulo *fam*; **glaubst du etwa, ich wäre dein ~?**, mi hai preso (-a) per caso per il tuo facchino? *fam*.
Packpapier n carta f da pacchi/imballaggio.
Packung <-, -en> f **1** (*kleines Paket*) pac-

chetto m: **eine ~ Zigaretten**, un pacchetto di sigarette; (*Schachtel*) scatola f; **eine ~ Plätzchen**, una scatola di biscotti **2** (*Verpackung*) confezione f, involucro m: **Sie können die ruhig aufmachen!**, apra pure la confezione! **3** *med* impacco m; (*Gesichtspackung*) maschera f; (*Haarkur*) impacco m, maschera f.

Packungsbeilage <-, -n> f **1** (*für Medikamente*) foglio m/foglietto m illustrativo **2** (*Gebrauchsanweisung*) foglio m di istruzioni.

Packwagen m *Eisenb* bagagliaio m.

Pad <-s, -s> n **1** → **Mauspad 2** (*für die Kosmetik*) dischetto m di cotone **3** (*für den Kaffee*) cialda f.

Pädagoge <-n, -n> m (**Pädagogin** f) (*Erzieher*) pedagogo (-a) m (f), educatore (-trice) m (f); (*Wissenschaftler*) studioso (-a) m (f) di pedagogia, pedagogista mf; (*Student(in) der Pädagogie*) studente (-essa) m (f) di pedagogia: **sie ist studierte Pädagogin**, ₁(si) è laureata,/[è dottoressa] in pedagogia; **den ~ spielen**, fare pedagogia spicciola, pedagogizzare.

Pädagogik <-, *ohne pl*> f **1** *wiss* pedagogia f: **die ~ Pestalozzis/Rousseaus**, la pedagogia di Pestalozzi/Rousseau **2** *univ* pedagogia f: **das Studium der ~**, studi di pedagogia; **~ studieren**, fare/studiare pedagogia.

Pädagogikkurs m corso m di pedagogia: **einen ~ besuchen**, frequentare un corso di pedagogia.

Pädagogikstudium n *univ* studi m pl di pedagogia; (*Studiengang*) corso m di laurea in pedagogia.

Pädagogikum <-s, *Pädagogika*> n *univ* "esami m pl di pedagogia che vanno sostenuti dagli studenti che intendono insegnare".

Pädagogin f → **Pädagoge**.

pädagogisch A adj **1** (*erzieherisch*) {BERATUNG, HILFE, RATSCHLAG} pedagogico **2** (*erziehungswissenschaftlich*) {ABSCHLUSS} in pedagogia; {METHODEN} pedagogico; **er hat eine ~e Ausbildung**, ha fatto studi pedagogici, ha una formazione da pedagogo; {VERÖFFENTLICHUNG} di pedagogia B *adv* (*in pädagogischer Hinsicht*) {FALSCH, RICHTIG, SINNVOLL, VERTRETBAR} pedagogicamente ● **Pädagogische Hochschule** (*Abk* PH), "Istituto m universitario per la formazione di insegnanti per la scuola elementare e media inferiore", ≈ Facoltà f di Scienze della formazione.

pädagogisieren <*ohne* ge-> tr *etw* ~ {BENEHMEN, VERHALTEN EINES KINDES} pedagogizzare qc, esaminare/osservare qc da un punto di vista pedagogico; {JEGLICHE BESCHÄFTIGUNG, SPIEL} dare *a qc* un significato pedagogico.

Paddel <-s, -> n pagaia f.

Paddelboot n canoa f.

paddeln itr **1** <haben> (*das Paddel bewegen*) andare in canoa, pagaiare **2** <sein> (*mit dem Paddelboot fahren*) **irgendwohin ~** andare in canoa + *compl di luogo* **3** <sein> (*schwimmen*) {ENTE, HUND, SCHWAN} nuotare.

Paddelsport m sport m della canoa: **~ treiben**, praticare lo sport della canoa.

Paddler m (**Paddlerin** f) canoista mf.

Päderast <-en, -en> m pederasta m.

Päderastie <-, *ohne pl*> f pederastia f.

Pädiater <-s, -> m (**Pädiaterin** f) *med* pediatra m f.

Pädiatrie <-, *ohne pl*> f pediatria f.

pädiatrisch adj {KLINIK} pediatrico, {ABTEILUNG} *auch* di pediatria.

Pädologie <-, *ohne pl*> f *wiss* pedologia f.

pädophil adj pedofilo.

Pädophile <*dekl wie adj*> mf pedofilo (-a) m (f).

Pädophilie <-, *ohne pl*> f pedofilia f.

Padua <-s, *ohne pl*> n *geog* Padova f.

paff *interj* → **piff paff**.

paffen A itr *fam* **1** (*rauchen*) fumare a grandi sbuffi, mandare sbuffi di fumo **2** (*rauchen, ohne zu inhalieren*) fumare senza aspirare **3** (*nicht intensiv rauchen*) fumacchiare B tr *fam etw ~* {ZIGARETTE, ZIGARRE} fumare qc.

Page <-n, -n> m **1** (*Hotelpage*) boy m *geh*, fattorino m d'albergo, groom m **2** *hist* paggio m.

Pagenkopf m (*bei Frauen*) carré m, (*bei Kindern*) caschetto m, capelli m pl a paggetto.

Pager <-s, -> m (*Funkempfangsgerät*) cercapersone m, pager m.

Paging <-s, *ohne pl*> m servizio m (di) paging.

paginieren <*ohne* ge-> tr *typ etw ~* numerare le pagine *di qc*, paginare *qc*.

Paginierung <-, -en> f *typ* numerazione f delle pagine, paginatura f.

Pagode <-, -n> f *arch* pagoda f.

pah *interj* (*Ausdruck für Geringschätzung*) poh!, puah!

Paillette <-, -n> f paillette f, lustrino m.

Paket <-(e)s, -e> n **1** (*Packen*) {+WÄSCHE, ZEITUNGEN} pacco m **2** *post* pacco m (postale): **jdm ein ~ schicken**, spedire un pacco a qu **3** *bes. ökon pol* **~ von etw** (*dat pl*)/*subst* (*pl*) {(VON) AKTIEN, FORDERUNGEN, MASSNAHMEN} *pacchetto m di qc*: **ein ~ von Maßnahmen gegen die Finanzkrise schnüren**, varare un pacchetto di misure contro la crisi finanziaria **4** (*von Extras*) insieme m *di qc* **5** (*im Tourismus*) pacchetto m **6** *inform* pacchetto m.

Paketannahme f *post* **1** (~-stelle) (sportello m di) accettazione f pacchi **2** (*Öffnungszeit der ~*) orario m di accettazione pacchi: **nur vormittags**, accettazione pacchi solo la mattina **3** (*das Entgegennehmen*) accettazione f pacchi.

Paketausgabe f *post* **1** (~-stelle) (sportello m di) consegna f pacchi **2** (*Öffnungszeit der ~*) orario m di consegna pacchi: **~ von 10 bis 12 Uhr**, consegna pacchi solo dalle 10 alle 12 **3** (*das Ausgeben*) consegna f pacchi.

Paketbombe f pacco m bomba.

Pakethandel m *Börse* mercato m dei blocchi.

paketieren <*ohne* ge-> tr impacchettare qc, fare pacchetti di qc.

Paketkarte f *post* bollettino m di spedizione per pacchi.

Paketpost f *post* servizio m pacchi postali.

Paketschalter m *post* sportello m per i pacchi postali.

Paketvermittlung f *inform* commutazione f di pacchetto.

Paketzustellung f *post* consegna f (a domicilio) dei pacchi (postali).

Pakistan <-s, *ohne pl*> n *geog* Pakistan m: **in ~**, in Pakistan.

Pakistaner <-s, -> m (**Pakistanerin** f), **Pakistani** <-(s), -(s)> m *oder* <-, -(s)> f pachistano (-a) m (f), pakistano (-a) m (f).

pakistanisch adj pakistano, pachistano.

Pakt <-(e)s, -e> m **1** *pol* (*Bündnis*) patto m, trattato m: **einen ~ schließen**, concludere/contrarre/stringere un patto **2** (*Abkommen*) patto m, accordo m: **~ für Arbeitsbeschaffung**, patto per l'occupazione; **~ für soziale Gerechtigkeit**, patto per l'equità sociale; **~ für die Umwelt**, patto per l'ambiente ● **einen ~ mit dem Teufel schließen**, fare un patto col diavolo.

paktieren <*ohne* ge-> itr **mit jdm ~ 1** (*einen Pakt abschließen*) fare un patto *con qu* **2** (*aushandeln*) patteggiare *con qu*, venire/scendere a patti *con qu*.

Paläolithikum <-s, *ohne pl*> n (*Steinzeit*) paleolitico m.

Paläontologie <-, *ohne pl*> f paleontologia f.

Paläozoikum <-s, *ohne pl*> n paleozoico m, era f paleozoica.

Palast <-(e)s, *Paläste*> m **1** (*prunkvolles Gebäude*) palazzo m: **der königliche ~**, il palazzo reale **2** *fam* (*riesiges Privatwohnhaus*) palazzo m *fam*, reggia f *fam*, villona f *fam*.

Palästina <-s, *ohne pl*> n *geog* Palestina f.

Palästinenser <-s, -> m (**Palästinenserin** f) palestinese mf.

Palästinenserstaat m *pol* stato m palestinese.

Palästinensertuch n kefiah f.

palästinensisch adj palestinese ● **Palästinensische Autonomiegebiete** *pol*, Territori (autonomi) palestinesi.

Palastrevolution <-, -en> f *pol* rivoluzione f di palazzo.

palatal adj *ling* {LAUT} palatale.

Palatalisierung <-, -en> f *ling* palatalizzazione f.

Palatallaut m *ling* (suono m) palatale m.

Palatschinke <-, -n> f <*meist pl*> A *gastr* "omelette f sottile, spesso ripiena di marmellata".

Palaver <-s, -> n *fam pej* chiacchiere f pl, ciance f pl *fam* ● **ein großes ~ um etw** (*akk*) **machen**, fare un gran chiasso intorno a qc *fam*.

palavern <*ohne* ge-> itr *fam* (*mit jdm*) perdersi in chiacchiere (*con qu*) *fam*: **die zwei sind ewig am Palavern!**, ma quei/quelle due non fanno altro che chiacchierare!

Palette <-, -n> f **1** (*Malerpalette*) tavolozza f **2** *tech* bancale m, pallet m **3** (*Reichhaltigkeit*) **~ (an/von etw** dat) {AN/VON MÖGLICHKEITEN, SPEISEN, WAREN} gamma f (*di qc*), ventaglio m (*di qc*): **heute ist die ~ unseres Angebots noch reichhaltiger!**, oggi la gamma delle nostre offerte è ancora più ampia!

paletti adj: **alles ~?** *slang* (*alles in Ordnung*), tutto O.K.? *fam*, tutto a posto? *fam*, tutto bene?

Palisade <-, -n> f palizzata f, steccato m.

Palisander <-s, -> m **1** *bot* palissandro m **2** (*~holz*) (legno m di) palissandro m: **aus ~**, di/in palissandro.

palliativ adj *med* palliativo.

Palliativmedizin f medicina f palliativa.

Palmbüschel n ramoscello m di palma; (*am Palmsonntag in Italien*) ramoscello m d'olivo, palmizio m *lit*.

Palme <-, -n> f *bot* palma f, palmizio m ● **jdn auf die ~ bringen** *fam*, far andare qu su tutte le furie *fam*, mandare in bestia qu *fam*; **auf der ~ sein** *fam*, inalberarsi.

Palmenhain m palmeto m.

Palmenhaus n serra f di palme.

Palmenherz, **Palmherz** n cuore m di palma.

Palmkätzchen n *bot* gattino m del salice *fam*.

Palmlilie f *bot* (*Yuccapalme*) yucca f, iucca f.

Palmöl n *gastr* olio m di palma.

Palmsonntag m *relig* domenica f delle Palme.

Palmwedel, **Palmenwedel** n foglia f di palma.

Palmzweig, **Palmenzweig** m ramo m di

palma.
Palpation <-, -en> f *med* palpazione f.
Pampa <-, -s> f *geog* pampa f ● **hier sind wir ja völlig in der ~!** *slang iron*, ma qui siamo proprio ₍fra i lupi *fam*₎/[in capo al mondo *fam*]!
Pampe <-, *ohne pl*> f *bes. norddt fam* pastone m *fam*, intruglio m *fam*: **was ist denn das für eine ~!?**, che intruglio è mai questo!?
Pampelmuse <-, -n> f pompelmo m: **eine ~ auspressen**, spremere un pompelmo.
Pampelmusensaft m succo m/spremuta f di pompelmo.
Pampers® <-, -> f <*meist pl*> (pannolino m) Pampers® m.
Pamphlet <-(e)s, -e> n *pol pej* (*Streitschrift*) pamphlet m; (*meist anonym*) libello m.
pampig adj *fam* **1** (*frech*) {ANTWORT, PERSON} sfacciato, insolente, sfrontato: **das ist vielleicht ein ~es Geschöpf!** *fam*, ma guarda un po' che elemento! *fam* **2** *bes. norddt ostdt* (*breiig*) {KONSISTENZ, SPEISE} poltiglioso.
Panade <-, -n> f *gastr* pastella f, "uovo e pangrattato per impanare".
panafrikanisch adj panafricano.
Panama① <-s, *ohne pl*> n *geog* (*Land*) Panama m; (*Hauptstadt*) Panama f.
Panama② <-s, -s> m → **Panamahut**.
Panamaer <-s, -> m (**Panamaerin** f) panamense mf, panamegno (-a) m (f).
Panamahut, Panama-Hut m panama m.
Panamakanal m *geog*: **der ~**, il canale di Panama.
panamerikanisch adj panamericano.
panarabisch adj panarabo.
panaschieren <*ohne* ge-> itr *pol* votare candidati di liste diverse.
Panda <-s, -s> m *zoo* panda m.
Pandemie <-, -n> f *med* pandemia f.
Paneel <-s, -e> n **1** *kunst* pannello m, tavola f **2** (*Feld einer Täfelung*) pannello m, riquadro m.
Panel <-s, -s> n panel m, gruppo m campione.
Panflöte f *mus* flauto m di Pan.
Pangermanismus m pangermanesimo m.
Panhellenismus m panellenismo m.
panieren <*ohne* ge-> tr *etw* ~ impanare qc.
Paniermehl n pangrattato m, pane m grattugiato.
Panik <-, -en> f panico m: **in ~ geraten**, lasciarsi/farsi prendere dal panico; **jdn in ~ versetzen**, gettare un nel panico; **allgemeine ~** ₍griff um sich₎/[breitete sich aus], si scatenò il panico (generale) ● **nur keine ~!** *fam*, niente panico *fam*.
panikartig **A** adj {AUFBRUCH} dettato dal panico **B** adv {AUFBRECHEN, DAVONRENNEN} (come) in preda al panico: **~ verließen die Zuschauer den Saal**, la folla lasciò la sala in preda al panico.
Panikattacke f *med psych* attacco m di panico.
Panikmache f *fam pej* allarmismo m: **das war reine ~**, si trattò solo allarmismo!
Panikmacher m (**Panikmacherin** f) allarmista mf.
Panikreaktion f reazione f di panico.
Panikstimmung f clima m/atmosfera f di panico.
Panikverkauf m (s)vendita f ₍provocata dal₎/[dovuta al] panico.
panisch **A** adj {SCHRECKEN} matto *fam*, terribile *fam*; {REAKTION} di panico, isterico: **~e Angst**, timor panico; **eine ~e Angst vor jdm/etw haben**, avere/provare una paura

folle di qu/qc, essere terrorizzato da qu/qc **B** adv: **auch Erwachsene fürchten sich im Dunkeln oft ~**, anche gli adulti hanno spesso terrore del buio; **Tiere reagieren oft ~, wenn man sie bedroht**, di fronte ad una minaccia gli animali spesso hanno una reazione di panico.
Pankreas <-, *rar* Pankreaten> n *anat* pancreas m.
Pankreasinsuffizienz f *med* insufficienza f pancreatica.
Pankreatitis <-, *Pankreatitiden*> f *med* pancreatite f.
Panne <-, -n> f **1** *bes. autom* (*Defekt, Schaden*) guasto m, panne f: **eine ~ mit dem Auto haben**, avere un guasto alla macchina, avere la macchina in panne **2** *fam* (*Missgeschick*) contrattempo m, intoppo m *fam*, disavventura f: **da muss eine ~ passiert sein!**, ci deve essere stato un incidente di percorso!; **bei unserer letzten Arbeit gab es zig ~n**, durante il nostro ultimo lavoro ci sono stati molti imprevisti; **eine ~ erleben** *fam*, avere dei contrattempi ● **bist du ~ ?** *slang*, sei andato (-a) in cortocircuito? *fam*, sei (andato (-a)) in tilt? *fam*.
Pannendienst m *autom* soccorso m stradale.
Pannenhilfe <-, *ohne pl*> f *autom* assistenza f meccanica.
pannensicher adj {REIFEN} antiforo.
Panoptikum <-s, *Panoptiken*> n galleria f/collezione f di curiosità.
Panorama <-s, *Panoramen*> n panorama m, veduta f, vista f.
Panoramaaufnahme f *fot* (fotografia f) panoramica f.
Panoramablick m vista f/veduta f panoramica.
Panoramabus m *autom* (auto)bus m panoramico.
Panoramakamera f *fot* apparecchio m panoramico.
Panoramaspiegel m *autom* specchietto m (retrovisore) panoramico.
Panoramastraße f (strada f) panoramica f.
panschen **A** tr *etw* ~ {WEIN} adulterare qc, sofisticare qc; (*mit Wasser*) annacquare qc, allungare qc **B** itr *fam* (*planschen*) sguazzare: **am liebsten würden die Kinder immer nur ~**, i bambini starebbero sempre a sguazzare nell'acqua.
Pansen <-s, -> m **1** *zoo* rumine m **2** *norddt fam* (*Magen*) stomaco m.
Panslawismus <-, *ohne pl*> m panslavismo m.
Panter m → **Panther**.
Pantheismus <-, *ohne pl*> m *philos relig* panteismo m.
pantheistisch adj panteista, panteistico.
Panther <-s, -> m *zoo* pantera f.
Pantine <-, -n> f *norddt* zoccolo m ● **aus den ~n kippen** *fam* (*ohnmächtig werden*), svenire; (*völlig überrascht sein*), rimanere di sasso *fam*/stucco *fam*, restare a bocca aperta *fam*.
Pantoffel <-s, -n> m <*meist pl*> pantofola f, ciabatta f ● **unter den ~ geraten**/**kommen** *fam*, farsi mettere sotto i piedi dalla moglie/partner *fam*; **sie hat ihn ganz schön unter dem ~**, è lei che comanda/[porta i pantaloni *fam*]; **unter dem ~ stehen** *fam*, essere comandato a bacchetta dalla moglie/partner *fam*, essere succube della moglie/partner.
Pantoffelheld m *fam pej* marito m comandato a bacchetta dalla moglie *fam*: **mein Bruder ist ein richtiger ~ geworden**, mio fratello è diventato lo zerbino della moglie.

Pantoffelkino n *fam scherz* tele(visione) f.
Pantoffeltierchen n *biol* paramecio m.
Pantograf, Pantograph <-en, -en> m pantografo m.
Pantolette <-, -n> f sabot m.
Pantomime① <-, -n> f *theat* pantomima f, mimo m: **lass dich nicht irreführen, das ist nur ~!** *fam*, non lasciarti ingannare, è ₍solo una pantomima *fam*₎/[tutta scena *fam*]!
Pantomime② <-n, -n> m (**Pantomimin** f) (*Künstler*) pantomimo (-a) mf, mimo (-a) m (f).
pantomimisch *theat* **A** adj {AUSDRUCK, GESTE} pantomimico **B** adv {DARSTELLEN} con/attraverso la pantomima.
pantschen tr itr → **panschen**.
Panzer <-s, -> m **1** *zoo* {+KÄFER, KROKODIL, SCHILDKRÖTE} corazza f **2** *hist* (*Rüstung*) corazza f: **den ~ anlegen**, indossare la corazza **3** *mil* carro m armato, panzer m, mezzo m corazzato **4** *psych* (*Abwehr*) buccia f, corazza f, scorza f: **die Ironie ist für sie wie ein ~**, l'ironia le serve/fa da corazza; **einen harten ~ haben**, ₍avere la₎/[essere di] scorza dura **5** (*Panzerung*) {+GERÄT, REAKTOR, SAFE} blindatura f, corazzatura f.
Panzerabwehr f *mil* difesa f anticarro.
Panzerabwehrkanone f *mil* cannone m anticarro.
Panzerabwehrrakete f *mil* missile m anticarro.
Panzerdivision f *mil* divisione f corazzata.
Panzerfaust f *mil* bazooka m, lanciarazzi m anticarro.
Panzerglas n vetro m blindato.
Panzerkreuzer m *mil* incrociatore m corazzato, corazzata f.
panzern **A** tr (*mit Panzerung ausstatten*) **etw** ~ {SCHIFF} corazzare qc; {FAHRZEUG} auch blindare qc; {GEBÄUDE, TÜR} blindare qc: **gepanzert** {SCHRANK, TÜR}, blindato; {FAHRZEUG} auch corazzato **B** rfl (*sich gegen etw wappnen*) **sich gegen etw** (akk) ~ {GEGEN EINEN ANGRIFF, EIFERSUCHT, SCHWIERIGKEITEN} corazzarsi contro qc, premunirsi contro qc: **nach Jahren war er gegen ihre Bosheiten gepanzert**, dopo anni era ormai corazzato contro le sue cattiverie.
Panzerschrank m cassaforte f blindata.
Panzerspähwagen m *mil* blindato m, autoblindo f.
Panzersperre f *mil* sbarramento m anticarro.
Panzerstahl m acciaio m per corazze.
Panzerung <-, -en> f {+SCHUTZRAUM} blindatura f; {+FAHRZEUG, ZUG} corazzatura f.
Panzerwagen m carro m armato, mezzo m corazzato.
Papa <-s, -s> m *fam* papà m, babbo m *tosk fam*.
Papagei <-en *oder* -s, -en *oder rar* -e> m pappagallo m ● **bunt wie ein ~**, vestito come un arlecchino; **alles nachplappern wie ein ~** *fam* (*alles wiederholen*), ripetere tutto a/[come un] pappagallo *fam*.
papageienhaft **A** adj pappagallesco **B** adv pappagallescamente, in modo pappagallesco: **etw ~ nachplappern**, ripetere qc a pappagallo.
Papageienkrankheit f *med* psittacosi f *wiss*.
Paparazzo <-s, *Paparazzi*> m *pej* paparazzo m.
Papaya f papaia f, papaya f.
Paper <-s, -s> n promemoria m: **ein ~ (für ein Referat) schreiben**, preparare un prome-

moria (per una relazione).
Paperback <-s, -s> n libro m in brossura, paperback m; (*Taschenbuch*) (libro m) tascabile m.
Papeterie <-, -n> f CH (*Schreibwarenladen*) cartoleria f.
Papi <-s, -s> m (*Koseform*) papi m *fam*, paparino m *fam*, babbino m *fam tosk*.
Papier <-(e)s, -e> n **1** <nur sing> (*Material*) carta f: **ein Blatt/Bogen ~**, un foglio di carta; **~ für den Reißwolf**, carta straccia **2** (*Dokument, Schriftstück*) carta f, documento m **3** (*Wertpapier*) effetto m, titolo m **4** <nur pl> (*Schriftstücke, Unterlagen*) carte f pl **5** <nur pl> (*Fahrzeug- und Personalausweis*) documenti m pl: **kann ich bitte mal Ihre ~e sehen?**, mi fa vedere i Suoi documenti, per favore? ● **seine ~e bekommen mil**, ricevere il foglio di congedo; **etw zu ~ bringen** {GEDANKEN, VORSTELLUNGEN}, mettere qc per iscritto; **nur auf dem ~ existieren** {EHE, PROJEKT}, esistere solo sulla carta; **Sie können sich Ihre ~e geben lassen!**, si consideri licenziato (-a)!; **~ ist geduldig**, se ne scrivono tante! *fam*; **~ verarbeitend** *industr*, di/della lavorazione della carta.
Papierabfall m <meist pl> cartacce f pl, cartastraccia f.
Papierdeutsch n *pej* tedesco m burocratico, burocratese m.
Papiereinzug m (*bei Druckern, Fotokopiermaschinen*) alimentatore m (automatico).
Papierfabrik f cartiera f.
Papierfetzen m pezzetto m di carta.
Papiergeld n cartamoneta f.
Papierhandtuch n asciugamano m/salvietta f di carta.
Papierkorb m cestino m ● **in den ~ wandern**, venire cestinato (-a) *fam*, finire subito nel cestino *fam*; **etw in den ~ werfen**, cestinare qc.
Papierkram m *fam pej* scartoffie f pl: **ich hab' noch so viel lästigen ~ zu erledigen**, ho ancora un mucchio di scartoffie da sistemare.
Papierkrieg m *fam pej* beghe f pl *fam*/trafile f pl/lungaggini f pl burocratiche *fam*: **einen ~ führen**, dover affrontare le trafile burocratiche.
papierlos adj {DATENVERKEHR, KOMMUNIKATION} che non ₗpassa sullaⱼ/[si serve della] carta, elettronico.
Papiermüll m carta f da buttare.
Papierrecycling n riciclaggio m della carta.
Papierrolle f (*Wischtücher*) rotolo m di carta, Scottex® m; (*~ für Druckmaschine, zum Malen*) rotolone m di carta.
Papierschlange f → **Luftschlange**.
Papierschnitzel n *oder* m pezzettino m di carta.
Papierserviette f tovagliolo m di carta.
Papiertaschentuch n fazzoletto m di carta.
Papiertiger m (*nur dem Schein nach gefährliche Person*) tigre f di carta.
Papiertüte f sacchetto m di carta.
papierverarbeitend adj → **Papier**.
Papierwaren subst <nur pl> articoli m pl di cancelleria/cartoleria.
Papierwarenladen m cartoleria f.
Papierwindel f pannolino m.
papp interj *fam*: **nicht mehr ~ sagen können** *fam* (*sehr satt sein*), essere pieno come un otre *fam*/uovo *fam*.
Pappbecher m bicchiere m di carta.
Pappdeckel m **1** (*Stück Karton*) (pezzo m

di cartone m **2** (*Bieruntersatz*) sottobicchiere m (per birra).
Pappe <-, -n> f <meist sing> cartone m ● **der ist nicht von ~!** *fam*, non è da sottovalutare! *fam*; **das ist gar nicht von ~!** *fam*, mica male! *fam*, non c'è male/malaccio! *fam*.
Pappeinband m rilegatura f in cartone.
Pappel <-, -n> f *bot* pioppo m.
päppeln tr *fam* **1** (*ernähren*) **jdn/etw ~** {KIND, TIER} nutrire amorevolmente *qu* (*finanzieren*) **jdn/etw ~** foraggiare *qu/qc fam*.
Pappelwald m pioppeto m.
pappen *fam* **A** tr (*kleben*) **etw an/auf etw** (akk) {PLAKAT AN DIE WAND, AUFKLEBER AUF DEN KOFFER} **~** incollare qc a/su qc, appiccicare qc a/su qc *fam*, attaccare qc a/su qc **B** itr **1** (*sich klumpen*) {TEIG} essere appiccicoso; {SCHNEE} essere papposo **2** (*hängen bleiben*) **an etw** (dat) **~** {SCHNEE AN DEN SCHUHEN} essere/rimanere attaccato (-a)/appiccicato (-a) a/su qc.
Pappendeckel m → **Pappdeckel**.
Pappenheimer <-s, -> m: **ich kenne meine ~!** *fam*, conosco i miei polli! *fam*.
Pappenstiel m *fam*: **kein ~ sein** *fam* {AUSGABEN, PREIS}, non essere ₗuna sciocchezzaⱼ/[un'inezia]/[mica noccioline *fam*]; **keinen ~ wert sein** *fam*, non valere un fico secco *fam*; **etw für einen ~ kaufen** *fam*, comprare qc per due lire *fam*.
papperlapapp interj *fam pej* sciocchezze! *fam*, blabla! *fam*.
pappig adj *fam* **1** (*klebrig*) {BREI, TEIG} appiccicoso, colloso **2** (*breiig*) {KARTOFFELPÜREE} poltiglioso; {SCHNEE} auch papposo **3** (*nicht knusprig*) {BRATKARTOFFELN, POMMES FRITES} non croccante **4** (*zerkocht*) {NUDELN, REIS} s(tra)cotto.
Pappkamerad m *slang mil* (*Pappzielscheibe mit menschlicher Form*) bersaglio m di cartone a sagoma umana.
Pappkarton m **1** (*Pappe*) cartone m **2** (*Behälter*) scatola f/scatolone m di cartone.
Pappmaschee, **Pappmaché** <-s, -s> n cartapesta f.
Pappnase f naso m posticcio.
Pappschachtel f scatola f di cartone.
Pappschnee m neve f papposa.
Pappteller m piatto m di carta.
Paprika <-s, -(s)> m **1** *bot* (*Pflanze*) peperone m **2** <auch -, -(s)> f *bot* (*Schote*) peperone m: **gefüllte ~**, peperoni ripieni **3** <nur sing> m (*Gewürz*) peperoncino m, paprica f, paprika f.
Paprikagemüse n peperonata f.
Paprikaschote <-, -en> f *bot* peperone m.
Papst <-(e)s, Päpste> m papa m, pontefice m ● **päpstlicher sein als der ~** *fam pej*, essere più realista del re.
päpstlich adj **1** (*zum Papst gehörig*) {GEWAND, KRONE, STUHL} pontificale **2** (*vom Papst ausgehend*) {AUTORITÄT, ENZYKLIKA, SEGEN} papale **3** (*des Papstes*) {BULLE, ENTSCHEIDUNG, PALAST, STAAT} pontificio: **der ~e Gesandte**, il nunzio apostolico.
Papsttum <-, ohne pl> n papato m.
Papstwahl f elezione f del papa.
Papstwürde f dignità f papale.
Papua-Neuguinea <-s, ohne pl> n *geog* Papua Nuova Guinea f.
Papyrus <-, *Papyri*> m **1** *bot* (*Staude*) papiro m **2** *hist* (*Schreibmaterial*) papiro m **3** *hist* (*~rolle*) (rotolo m di) papiro m.
Papyrusrolle f (rotolo m di) papiro m.
Papyrusstaude f *bot* papiro m.
Parabel <-, -n> f **1** *lit* (*gleichnisafte Erzäh-*

lung) parabola f **2** *geom* (*ebene Kurve*) parabola f.
Parabolantenne f *tech* antenna f parabolica.
parabolisch adj **1** *lit* (ERZÄHLUNG) parabolico **2** *math opt* parabolico: **~e Kurve**, curva parabolica.
Parabolspiegel m *autom opt* specchio m parabolico.
Parade <-, -n> f **1** *mil* sfilata f, parata f: **die ~ abnehmen**, passare in rivista/rassegna le truppe **2** *sport* (*Abwehrbewegung*) parata f: **eine ~ ausführen**, effettuare una parata ● **jdm in die ~ fahren** *fam* (*jds Pläne vereiteln*), mettere i bastoni fra le ruote a qu *fam*, rompere le uova nel paniere a qu *fam*; (*jds Redefluss brutal unterbrechen*), interrompere bruscamente qu.
Paradebeispiel n classico esempio m, esempio m paradigmatico/emblematico.
Paradeiser <-s, -> m A (*Tomate*) pomodoro m.
Parademarsch m: **im ~ vorbeiziehen**, sfilare a passo di parata.
Paradepferd n *fam* (*Aushängeschild*) cavallo m di battaglia.
Paradestück n (*Bravourstück*) pezzo m forte/[di bravura], cavallo m di battaglia; (*Vorzeigeobjekt*) fiore m all'occhiello.
Paradeuniform f *mil* divisa f da parata, alta uniforme f.
Paradies <-es, -e> n **1** *bibl* paradiso m: **das ~ auf Erden**, il paradiso/cielo in terra, il paradiso terrestre; **ins ~ kommen**, andare in paradiso/cielo **2** (*besonders schöner Ort*) paradiso m, eden m: **diese Stadt ist ein echtes ~ für Fußgänger!**, questa città è un vero paradiso per i pedoni!
paradiesisch **A** adj {ATMOSPHÄRE, RUHE, ZUSTAND} paradisiaco: **das ist ja wirklich eine ~e Insel!**, quest'isola è davvero un paradiso! **B** adv: **hier ist es ~ ruhig!**, (qui) c'è una calma/pace paradisiaca!
Paradiesvogel m **1** *ornith* uccello m del paradiso, paradisea f **2** (*Aufmerksamkeit erregende Person*) eccentrico (-a) m (f), stravagante mf.
Paradigma <-s, *Paradigmen oder Paradigmata*> n **1** *geh* (*Beispiel*) paradigma m **2** *ling* paradigma m.
Paradigmata pl *von* Paradigma.
paradigmatisch adj **1** *geh* (*beispielhaft*) {FALL} paradigmatico, esemplare **2** *ling* paradigmatico.
Paradigmen pl *von* Paradigma.
paradox adj {SITUATION, ZUSTAND} paradossale: **es ist ~, dass ...**, è paradossale che ... *konjv*.
Paradox <-es, -e> n, **Paradoxon** <-s, *Paradoxa*> n *geh* paradosso m.
Paradoxa pl *von* Paradoxon.
paradoxerweise adv paradossalmente.
Paraffin <-s, -e> n *chem* paraffina f.
Paraffinöl <-(e)s, ohne pl> n olio m di paraffina.
Paragleiten <-s, ohne pl> n sport → **Paragliding**.
Paragleiter m → **Paraglider**①, **Paraglider**②.
Paraglider① <-s, -> m sport parapendio m.
Paraglider② <-s, -> m (**Paragliderin** f) sport chi pratica il parapendio.
Paragliding <-s, ohne pl> n sport parapendio m.
Paragraf <-en, -en> m jur paragrafo m.
Paragrafendickicht n *pej* giungla f legislativa.

Paragrafendschungel m → **Paragrafendickicht**.
Paragrafenreiter m *fam pej* burocrate m *fam*, formalista m.
Paragrafenzeichen n segno m di paragrafo.
Paragraph m → **Paragraf**.
Paragraphendickicht n → **Paragrafendickicht**.
Paragraphendschungel m → **Paragrafendickicht**.
Paragraphenreiter m → **Paragrafenreiter**.
Paragraphenzeichen n → **Paragrafenzeichen**.
Paraguay <-, *ohne pl*> m *geog* **1** (*Fluss*) Paraguay m **2** (*Staat*) Paraguay m.
Paraguayer <-s, -> m (**Paraguayerin** f) paraguaiano (-a) m (f), paraguayano (-a) m (f).
paraguayisch *adj* paraguaiano, paraguayano.
Paragummi m para f: **die Schuhe haben eine Sohle aus ~**, le scarpe hanno la suola di para.
paralingual *adj* paralinguistico.
Paralinguistik f *ling* paralinguistica f.
Parallaxe <-, -n> f *astron fot phys* parallasse f.
parallel **A** *adj* **1** *bes. geom* {LINIEN, WEGE} parallelo: **~e Geraden**, rette parallele **2** (*gleichzeitig verlaufend*) {ENTWICKLUNG, HANDLUNG} parallelo: **als ~e Tätigkeit zu ihrem Hauptberuf gibt sie Nachhilfestunden**, accanto alla sua occupazione principale dà ripetizioni **B** *adv* **1** (*in gradlinigem, gleichem Abstand*) ~ (**mit**/**zu etw** dat) parallelamente (*a qc*), in parallelo (*a qc*): **~ zu etw (dat) (ver)laufen**, essere parallelo a qc; **der Weg verläuft ~ zum Fluss**, il sentiero₁è parallelo₁/[corre parallelo/parallelamente] al fiume **2** (*gleichzeitig verlaufend*) {SICH ABSPIELEN, STATTFINDEN, VERLAUFEN} parallelamente, contemporaneamente: **die beiden Veranstaltungen laufen leider ~**, purtroppo le due manifestazioni si svolgono contemporaneamente; **~ zu meinem Hauptfach studiere ich noch Geschichte**, parallelamente alla mia prima materia studio (anche) storia **3** *el*: **etw ~ schalten**, accoppiare/collegare qc in parallelo.
Parallelcomputer m *inform* computer m parallelo.
Paralleldrucker m *inform* stampante f parallela.
Parallele <-, -n> f **1** *geom* (retta f) parallela f: **die ~ zu einer Geraden ziehen**, tracciare la parallela di una retta **2** (*Vergleich*) parallelo m, paragone m: **eine ~ zwischen etw (dat) und etw (dat) ziehen**, stabilire un paragone/parallelo tra qc e qc, fare un parallelo con qc; **dieser Fall zeigt überhaupt keine ~n zu den anderen auf**, questo caso non presenta alcuna analogia con gli altri.
Parallelfall m caso m parallelo.
Parallelität <-, -en> f **1** *math* parallelismo m **2** (*Entsprechung*) {+FÄLLE} parallelismo m: **die ~ der Ereignisse**, la concomitanza degli eventi.
Parallelklasse f *Schule* classe f parallela.
Parallelogramm <-s, -e> n *math* parallelogramma m.
Parallelrechner m *inform* → **Parallelcomputer**.
Parallelschaltung f *el* collegamento m in parallelo.
Parallelschwung m *sport* curva f a sci parallelo, parallelo m *slang*: **kannst du schon**

~ fahren?, sai già fare il parallelo?
Parallelstraße f strada f/via f parallela.
Parallelübertragung f *inform tel* trasmissione f parallela/[in parallelo].
Parallelzugriff m *inform* accesso m parallelo/simultaneo.
Paralympics *subst* <*nur pl*> *sport* → **Behindertenolympiade**.
Paralyse f *med* paralisi f: **einseitige ~**, paralisi unilaterale; **progressive/fortschreitende ~**, paralisi progressiva.
paralysieren <*ohne ge*-> *tr* **1** *med* (*lähmen*) *jdn*/*etw* ~ {KRANKHEIT, SCHLAGANFALL, UNFALL} paralizzare *qu*/[*qc a qu*] **2** *geh* (*handlungsunfähig machen*) *jdn* ~ {ANGST} paralizzare *qu*.
Paramedizin f medicina f alternativa.
Parameter <-s, -> m **1** *math* parametro m **2** *tech* parametro m **3** *ökon* parametro m.
paramilitärisch *adj* paramilitare.
Paranoia <-, *ohne pl*> f *psych* paranoia f.
paranoid *adj* {VERHALTEN} paranoide.
Paranoiker <-s, -> m (**Paranoikerin** f) paranoico (-a) m (f).
paranormal *adj* paranormale.
Paranuss (a.R. Paranuß) f (*Frucht*) noce f del Brasile/Parà.
Paranussbaum (a.R. Paranußbaum) m *bot* noce m del Brasile/Parà.
Paraphrase <-, -*en*> f *ling* parafrasi f.
paraphrasieren <*ohne ge*-> *tr ling etw* ~ parafrasare qc.
Parapsychologie f parapsicologia f.
parapsychologisch *adj* parapsicologico.
Parasailing <-s, *ohne pl*> n *sport* parasailing m, paracadute m ascensionale.
Parasit <-*en*, -*en*> m **1** *bot zoo* parassita m **2** (*Schmarotzer*) parassita m, scroccone m *fam*, mangiaufo m *fam*.
parasitär *adj* **1** *bot zoo* parassita: **eine ~e Pflanze**, una pianta parassita; *med* {INFEKTION, KRANKHEIT} parassitario **2** (*schmarotzerhaft*) {LEBEN} parassitario, da parassita.
Parasitendasein n, **Parasitenleben** n parassitismo m: **ein ~ führen**, ₁vivere da₁/[fare il/la] parassita.
Parasitentum <-s, *ohne pl*> n **1** *bot zoo* parassitismo m **2** (*Schmarotzertum*) parassitismo m.
parat *adj* <*präd*> *geh* **1** (*bereit*): **immer etw ~ haben** {ANTWORT, AUSREDE, ENTSCHULDIGUNG, ERKLÄRUNG}, avere sempre pronto (-a) qc; **du hast auch wirklich immer eine Ausrede ~!**, ma hai sempre la scusa pronta! **2** (*in Reichweite*): **etw ~ halten** {AUSWEIS, EINTRITTS-, FAHRKARTE, HANDTASCHE, KLEINGELD}, tenere pronto (-a) qc, tenere qc a portata di mano; **halt die Pässe ~, wir sind gleich an der Grenze**, tieni pronti i passaporti, che fra poco arriviamo alla frontiera; **für alle Fälle halt' ich im Kühlschrank immer ein paar Flaschen Sekt ~**, per ogni evenienza tengo sempre in frigo un paio di bottiglie di spumante; **etw ~ haben** {AUSWEIS, PASS}, avere qc a portata di mano₁/[sottomano] **3** (*gegenwärtig*): **etw ~ haben** {DATEN, ZAHLEN}, aver(e) presente qc **4** (*hilfsbereit*): **~ sein**, essere pronto/disponibile; **er ist wirklich immer ~, wenn man ihn braucht**, è davvero sempre disponibile quando si ha bisogno di lui **5** (*einsatzbereit*): **sich ~ halten**, tenersi pronto (-a); **halt dich ~, gleich bist du dran**, tien(i)ti pronto (-a), fra poco tocca a te **6** (*griffbereit*): **etw ~ legen** {AUSRÜSTUNG, AUSWEISE, KLEIDER, MATERIAL}, preparare qc; **leg mir doch bitte das neue Material ~!**, preparami per favore il

materiale nuovo!
parataktisch *ling* **A** *adj* paratattico **B** *adv* ₁per mezzo di₁/[mediante] paratassi.
Parataxe <-, -n> f *ling* paratassi f.
Paratyphus m *med* paratifo m.
Paravent <-s, -s> m *oder* n paravento m.
Pärchen <-s, -> n *dim von Paar* **1** (*Liebespärchen*) coppietta f, coppia f di innamorati **2** (*Tier*) coppia f ● **ihr seid mir ja ein hübsches ~!** *fam iron*, siete proprio una bella coppia di mascalzoncelli/bricconcelli! *fam*.
Parcours <-, -> m *sport* percorso m.
Pardon A <-s, *ohne pl*> m *oder* n **1** (*Verzeihung*) perdono m: (**jdn**) **um ~ bitten**, chiedere perdono a qu **2** *fam* (*Nachsicht*): **kein(en) ~ kennen**, non conoscere pietà; **wenn's um Pünktlichkeit geht, kennt sie kein(en) ~!**, quando si tratta di puntualità, lei non conosce ragione! *fam* **B** *interj* **1** (*Entschuldigung*) pardon!, (mi) scusi!, chiedo scusa!: **oh, ~!**, mi scusi! **2** (*Nachfrage*) scusi?, prego? ● **kein(en) ~ geben** *mil*, non dare quartiere/tregua; **da gibt's kein(en) ~!** *fam*, (qui) non c'è santo/scusa che tenga!
Parenthese f *ling* parentesi f, inciso m: **eine ~ machen** *geh*, fare una parentesi; **nach dieser ~ möchte ich nun wieder zum Thema kommen**, dopo questo inciso vorrei ritornare in argomento.
par excellence *adv geh* per eccellenza/antonomasia: **Goethe ist der deutsche Dichter par excellence**, Goethe è il poeta tedesco per antonomasia.
Parfum, **Parfüm** <-s, -e *oder* -s> n profumo m: **ein herbes**/**liebliches ~**, un profumo aspro/dolce; **ein schweres**/**aufdringliches ~**, un profumo penetrante; **(ein) ~ auftragen**, mettersi il profumo, profumarsi; **was für ein ~ benutzt du?**, che profumo usi?, qual è il tuo profumo?
Parfümduft m profumo m.
Parfümerie <-, -n> f profumeria f.
Parfümfläschchen <-s, -> n boccetta f/flacone m/bottiglietta f di profumo.
parfümieren <*ohne ge*-> **A** *tr jdn*/*etw* ~ {KLEIDER, PERSONEN, RÄUME} profumare *qu*/*qc* **B** *rfl* **sich ~**, profumarsi.
parfümiert *adj* {SEIFE} profumato: **~er Tee**, tè aromatizzato.
Parfümwolke f scia f di profumo: **sie war von einer ~ umgeben**, lasciava dietro di sé una scia di profumo.
Parfümzerstäuber <-s, -> m nebulizzatore m/atomizzatore m di profumo.
Paria <-s, -s> m **1** *soziol* paria m, intoccabile m **2** *geh* (*Ausgestoßener*) paria m: **jdn wie einen ~ behandeln**, trattare qu come un paria.
parieren① <*ohne ge*-> **A** *tr etw* ~ **1** *sport* (*abhalten*) {ANGRIFF, SCHUSS, STOß} parare *qc* **2** *Reitsport* (*anhalten*): **ein Pferd ~**, parare il cavallo **B** *itr sport* (*abhalten*) parare.
parieren② <*ohne ge*-> *itr fam* (*gehorchen*) (**jdm**) ~ {MENSCH, TIER} obbedire (*a qu*), dare retta (*a qu*) *fam*: **der Hund will heute einfach nicht ~!** *fam*, il cane oggi non vuole proprio saperne di dare retta! *fam*.
Parikurs m *Börse* cambio m/corso m alla pari.
Paris <-, *ohne pl*> n *geog* Parigi f: **die Stadt ~**, la città di Parigi.
Pariser① <*inv*> *adj* <*attr*> parigino, di Parigi.
Pariser② <-s, -> m *slang* (*Kondom*) guanto m *slang*, preservativo m *fam*, profilattico m *fam*.
Pariser③ <-s, -> m (**Pariserin** f) (*Einwohner*) parigino (-a) m (f).
Parität <-, -en> f **1** *geh* (*Gleichheit*) {+BE-

HANDLUNG, RECHTE} parità f, uguaglianza f **2** ökon parità f.

paritätisch geh **A** adj {AUSSCHUSS, BEDINGUNGEN, GESETZ} paritetico, paritario: **~e Mitbestimmung**, partecipazione (decisionale) paritaria **B** adv {REPRÄSENTIERT SEIN, ZUSAMMENSETZEN, -STELLEN} pariteticamente, paritariamente.

Park <-s, -s oder rar -e> m **1** (großer Garten) parco m **2** (große, öffentlich zugängliche Grünanlage) parco m: **öffentlicher ~**, parco pubblico, giardini pubblici.

Parka <-, -s> f oder <-(s), -s> m parka m, eskimo m.

Park-and-ride-System n sistema m auto più bus.

Parkanlage f parco m, spazio m verde.

parkartig A adj {ANLAGE} ⌊che assomiglia⌋/[simile] a un parco **B** adv {ANLEGEN} a mo' di parco.

Parkbank <-, Parkbänke> f panchina f del parco.

Parkbucht f piazzola f/posto m per parcheggiare.

Parkdeck n, **Parkebene** f piano m di autosilo.

parken A itr {PERSON} parcheggiare; {FAHRZEUG} essere parcheggiato/posteggiato: **ich weiß nicht, wo ich ~ soll**, non so dove parcheggiare; **Parken verboten**, divieto di sosta; **hier ~ abends zu viel Autos**, qui di sera stazionano [sono parcheggiate] troppe macchine; **beim Parken hat er immer Probleme**, ha sempre problemi a parcheggiare/posteggiare **B** tr **1** etw ~ {AUTO, MOTORRAD} parcheggiare qc, posteggiare qc: **wo soll ich bloß den Wagen ~?**, e dove lo trovo un posto per la macchina? **2** ökon (festlegen) etw ~ {GELD} parcheggiare qc.

Parkett <-(e)s, -e> n **1** (Holzfußboden) parquet m: **~ (ver)legen/versiegeln**, mettere/trattare il parquet **2** ⌊nur sing⌋ theat platea f: **einen Platz im ~ haben**, avere un posto in platea; **das ~ tobte**, la platea si scatenò **3** (Tanzfläche) pista f (da ballo): **sich aufs ~ wagen**, lanciarsi nelle danze fam **4** <nur sing> (Szene) **sich auf dem internationalen/politischen ~ bewegen können**, sapersi muovere sulla scena internazionale/politica.

Parkettboden, **Parkettfußboden** m (pavimento m di) parquet m.

Parketthandel m Börse negoziazione f alle grida.

Parkfläche f (area f di) parcheggio m.

Parkgebühr f tariffa f di parcheggio/posteggio: **die ~(en) bezahlen**, pagare il parcheggio/posteggio.

Parkhaus n autosilo m, parcheggio m a più piani.

parkieren <ohne ge-> tr itr CH (etw) ~ parcheggiare (qc).

Parkingmeter <-s, -> m CH aut (Parkuhr) parchimetro m, tassametro m di parcheggio.

Parkinson <-s, ohne pl> m med → **Parkinsonkrankheit**.

Parkinsonkranke <dekl wie adj> mf med parkinsoniano (-a) m (f), persona f affetta dal morbo di Parkinson.

Parkinsonkrankheit, **Parkinson--Krankheit**, **parkinsonsche Krankheit**, **Parkinson'sche Krankheit** f med (morbo m di) Parkinson m.

Parkkralle f autom (ceppo m) bloccaruota m, ganascia f.

Parklandschaft f paesaggio m f a parco.

Parkleitsystem n sistema m di guida ai parcheggi.

Parkleuchte f autom luce f di posizione.

Parklücke f autom ⌊spazio m libero⌋/[posto] per parcheggiare, buco m (per posteggiare) fam: **in diese ~ komm ich nicht rein!** fam, in quel posto/buco fam non ⌊c'entro⌋/[ce la faccio a entrare]!

Parkometer <-s, -> m oder n → **Parkuhr**.

Parkplakette f (für Anwohner) permesso m di parcheggio (per residenti).

Parkplatz m **1** (Parklücke) parcheggio m, posteggio m: **einen ~ suchen**, cercare parcheggio/[un posto per parcheggiare] **2** (weitläufige Fläche) (area f di) parcheggio m: **bewachter ~**, parcheggio custodito **3** (an der Autobahn) area f di sosta.

Parkplatznot f autom insufficienza f/mancanza f/carenza f di parcheggi.

Parkscheibe f autom disco m orario.

Parkschein m scontrino m ⌊per il⌋/[del] parcheggio.

Parkstreifen m corsia f di sosta.

Parkstudium n fam "corsi m pl universitari che si seguono in attesa di ammissione ad una facoltà a numero chiuso".

Parksünder m (**Parksünderin** f) fam "chi parcheggia in sosta vietata".

Parkuhr f parchimetro m, tassametro m di parcheggio.

Parkverbot n **1** divieto m di parcheggio/posteggio **2** (~szone) divieto m di sosta, sosta f vietata: **im ~ parken**, parcheggiare in divieto di sosta **3** (~sschild) (cartello m di) divieto m di sosta: **haben Sie das ~ nicht gesehen?**, non ha visto (il cartello di) divieto di sosta?

Parkwächter m (**Parkwächterin** f) posteggiatore (-trice) m (f), parcheggiatore (-trice) m (f).

Parlament <-(e)s, -e> n **1** (Volksvertretung) Parlamento m: **das ~ auflösen**, sciogliere le Camere/il Parlamento; **das ~ einberufen**, convocare il Parlamento **2** (Gebäude) Parlamento m ● **das Europäische ~**, il Parlamento europeo.

Parlamentär m (**Parlamentärin** f) pol (Unterhändler) parlamentare mf, parlamentario (rar -a) m (f).

Parlamentarier <-s, -> m (**Parlamentarierin** f) parlamentare mf, membro m del Parlamento.

parlamentarisch adj {AUSSCHUSS, DEMOKRATIE, OPPOSITION} parlamentare: **die ~e Mehrheit haben**, avere la maggioranza parlamentare.

Parlamentarismus <-, ohne pl> m pol parlamentarismo m.

Parlamentsabgeordnete <dekl wie adj> mf → **Parlamentarier**.

Parlamentsausschuss (a.R. Parlamentsausschuß) m commissione f parlamentare.

Parlamentsbeschluss (a.R. Parlamentsbeschluß) m voto m/decisione f del Parlamento.

Parlamentsdebatte f dibattito m parlamentare.

Parlamentsferien subst <nur pl> vacanze f pl parlamentari, ferie f pl del Parlamento.

Parlamentsfraktion f gruppo m parlamentare.

Parlamentsgebäude n (edificio m del) Parlamento m.

Parlamentsmitglied n → **Parlamentarier**.

Parlamentssitz m sede f del Parlamento.

Parlamentssitzung f seduta f parlamentare.

Parlamentswahl f <meist pl> elezioni f pl politiche.

parlieren <ohne ge-> itr geh obs conversare.

Parmaschinken m gastr prosciutto m di Parma.

Parmesan, **Parmesankäse** <-s, ohne pl> m gastr (formaggio m) parmigiano m.

Parnass (a.R. Parnaß) m lit parnas(s)o m.

Parodie <-, -n> f ~ (auf jdn/etw) parodia f (di qu/qc).

parodieren <ohne ge-> tr jdn/etw ~ {GEDICHT, POLITIKER, SÄNGER} parodiare qu/qc, fare la parodia di qu/qc.

parodistisch adj parodistico.

Parodontose <-, -n> f med paradentosi f, parodontosi f.

Parole <-, -n> f **1** mil (Losungswort) parola f d'ordine: **die ~ lautet …**, la parola d'ordine è … **2** (Schlagwort) motto m, slogan m: **das war schon immer eine der ~n der Werbung**, questo è da sempre uno degli slogan della pubblicità; **unsere ~ ist immer die gleiche**, il nostro motto è sempre lo stesso.

Paroli n: **jdm/etw ~ bieten** geh, tener testa a qu/qc.

Parsing <-s, ohne pl> n inform analisi f sintattica.

Part <-s, -s oder -e> m mus theat parte f: **einen ~ einstudieren/übernehmen**, studiare/fare una parte.

Partei <-, -en> f **1** pol partito m: **einer ~ angehören/beitreten**, ⌊essere di⌋/[aderire ad] un partito; **in eine ~ eintreten**, entrare in un partito; **als Bundestagspräsident steht er über den ~en**, come presidente del Bundestag è al di sopra dei partiti **2** jur parte f: **die beklagte/klagende ~**, la parte convenuta/attrice; **die gegnerische ~**, la parte avversaria; **die streitenden ~en**, i contendenti; **die vertragschließende ~**, la parte contraente; **der Richter steht über den ~en**, il giudice è al di sopra delle parti **3** (Gruppe von Gleichgesinnten) fazione f: **im Lehrerkollegium bildeten sich zwei ~en heraus: die autoritäre und die antiautoritäre**, nel collegio degli insegnanti si formarono due fazioni: gli autoritari e gli antiautoritari **4** (Mietpartei) inquilino m, locatario m ● **jds/[für jdn] ~ ergreifen/nehmen**, prendere partito per qu, prendere le parti di qu, mettersi dalla parte di qu, parteggiare per qu; **~ sein**, essere parte in causa.

Parteiabzeichen n distintivo m ⌊di un⌋/[del] partito.

Parteiamt n carica f in un partito.

parteiamtlich A adj {AUSSAGE, BESTÄTIGUNG, VERSION} ufficiale del partito **B** adv {BEKANNT MACHEN, BESTÄTIGEN} con il placet del partito.

Parteianhänger m (**Parteianhängerin** f) seguace mf di un partito.

Parteiapparat m pol apparato m partitico/[di partito].

Parteiausschluss (a.R. Parteiausschluß) m espulsione f dal/[da un] partito: **jdm droht der ~**, qu rischia di essere espulso dal partito.

Parteiausschlussverfahren (a.R. Parteiausschlußverfahren) n procedura f di espulsione dal/[da un] partito.

Parteibeschluss (a.R. Parteibeschluß) m risoluzione f del partito: **zur Rentenfrage gibt es einen ~**, sulla questione delle pensioni c'è una risoluzione del partito.

Parteibonze m pol pezzo m ⌊grosso fam⌋/[da novanta fam] di un partito.

Parteibuch n pol tessera f di partito ● **das richtige/falsche ~ haben** fam, stare dalla

Parteichef m (**Parteichefin** f) capo m/leader mf di partito.

Parteidisziplin f disciplina f di partito: **die ~ wahren**, attenersi alle direttive del partito.

Parteienfinanzierung f *pol* finanziamento m (pubblico) ai/dei partiti.

Parteienherrschaft f *pol* partitocrazia f.

Parteienlandschaft f *pol* panorama m/galassia f dei partiti.

Parteiflügel m ala f di partito.

Parteifreund m (**Parteifreundin** f) compagno (-a) m (f) di partito.

Parteiführer m (**Parteiführerin** f) *pol* leader mf/capo m di partito.

Parteiführung f *pol* direzione f/leadership f di partito.

Parteifunktionär m (**Parteifunktionärin** f) *pol* funzionario (-a) m (f) di partito.

Parteigenosse m (**Parteigenossin** f) compagno (-a) m (f) di partito.

parteiintern A adj {DISKUSSION, FLÜGELKÄMPFE, STREITIGKEITEN} all'interno del partito, interno al partito; {MITTEILUNG} solo per il/[i membri del] partito; {KRITIK} espresso dai membri del partito B adv {DISKUTIEREN} all'interno del partito: **~ heißt es**, ..., negli ambienti del partito si dice ...

parteiisch A adj {GUTACHTER, HALTUNG, LEHRER, RICHTER} parziale, fazioso: **der Schiedsrichter war ganz klar ~**, l'arbitro era chiaramente di parte B adv {HANDELN, URTEILEN} in modo parziale/fazioso, con parzialità/faziosità.

Parteikongress (a.R. Parteikongreß) m *pol* congresso m di partito.

parteilich adj **1** (*die Partei betreffend*) {AKTIVITÄTEN, ANGELEGENHEITEN, AUSEINANDERSETZUNGEN} partitico, di partito **2** (*parteiisch*) parziale, fazioso.

Parteilichkeit <-, *ohne pl*> f parzialità f, faziosità f.

Parteilinie f linea f di un/[del] partito: **auf die ~ einschwenken**, adeguarsi alla linea del partito; **die ~ ist eindeutig rechts**, la linea del partito è chiaramente di destra.

parteilos adj apartitico, indipendente.

Parteilose <*dekl wie adj*> mf indipendente mf.

Parteimitglied n *pol* membro m di/[iscritto m a] un partito.

Parteinahme <-, -n> f presa f di posizione.

Parteiorgan n *pol* organo m di partito.

Parteiorganisation f organizzazione f del partito.

Parteipolitik f *pol* politica f di/del partito.

parteipolitisch adj {ENTSCHEIDUNG, INTERESSEN, ZIELE} dettato dalla politica di partito.

Parteipräsidium n → **Parteivorstand**.

Parteiprogramm n *pol* programma m di partito.

Parteisekretär m (**Parteisekretärin** f) *pol* segretario m di partito.

Parteisoldat m (**Parteisoldatin** f) veterano (-a) m (f)/[vecchio (-a) militante mf] di un partito.

Parteispende f finanziamento m a un partito/[a un partiti].

Parteispendenaffäre f scandalo m dei finanziamenti illeciti ai partiti/[a un partito].

Parteispitze f *pol* vertice m/vertici m pl di/del partito.

Parteisprecher m (**Parteisprecherin** f) portavoce mf del/[di un] partito.

Parteitag m *pol* **1** (*oberstes Parteiorgan*) vertici m pl/direzione f di partito **2** (*Tagung des obersten Parteiorgans*) congresso m di partito.

Parteitagsbeschluss (a.R. Parteitagsbeschluß) m decisione f messa ai voti al congresso di partito.

parteiübergreifend adj *pol* trasversale.

Parteiversammlung f → **Parteikongress**.

Parteivorsitz m presidenza f/segreteria f del partito.

Parteivorsitzende <*dekl wie adj*> mf segretario m di partito; (*in manchen Parteien auch*) presidente (-essa) m (f) di partito.

Parteivorstand m direzione f di/del partito.

Parteizeitung f giornale m di partito.

Parteizugehörigkeit f appartenenza f a un partito.

parterre adv (*im Erdgeschoss wohnend*) a/al pianterreno, a pianoterra.

Parterre <-s, -s> n **1** (*Erdgeschoss*) pianterreno m, pianoterra m: **im ~ wohnen**, abitare a pianterreno/pianoterra **2** *theat* platea f.

Parterrewohnung f appartamento m a pianterreno/pianoterra.

Partie <-, -n> f **1** (*Teil*) {+GESICHT, KÖRPER} parte f **2** *sport* (*Runde*) partita f: **eine ~ Billard/Bridge/Karten/Schach/Golf/Tennis spielen**, giocare una partita a biliardo/[a bridge]/[a carte]/[a scacchi]/[di golf]/[di tennis]; **eine ~ Karten/... gewinnen/verlieren**, vincere/perdere una partita a carte/... **3** *ökon* (*größere Warenmenge*) partita f **4** *mus* parte f **5** *obs* (*Landpartie*) gita f: **eine ~ aufs/über Land machen**, fare una scampagnata; (*Jagdpartie*) partita f/battuta f di caccia • **eine gute ~ machen**, fare un buon matrimonio; **eine gute/schlechte ~ sein**, essere/[non essere] un buon partito; **ich bin mit von der ~** *fam*, ci sto anch'io *fam*, sono anch'io della partita.

partiell *geh* A adj parziale B adv in modo parziale, parzialmente, in parte: **der Schaden konnte nur ~ behoben werden**, il danno ha potuto essere sanato solo parzialmente.

partienweise, **partieweise** adv *com* a partite/lotti.

Parties a.R. *von* Partys → **Party**.

Partikel① <-s, -n oder <-, -n> f *nukl phys* particella f: **radioaktive ~**, particelle radioattive.

Partikel② <-, -n> f *gram* particella f.

Partikelschleuder f *phys* acceleratore m di particelle.

Partikularismus <-, *ohne pl*> m *pol* {+REGION, STAATLICHES TEILGEBIET} particolarismo m.

partikularistisch adj particolaristico.

Partisan <-s *oder* -en, -en> m (**Partisanin** f) partigiano (-a) m (f).

Partisanenkampf m lotta f partigiana.

Partisanenkrieg m guerra f partigiana.

Partisanin f → **Partisan**.

partitiv adj *gram* partitivo: **~er Genitiv**, genitivo partitivo.

Partitur <-, -en> f *mus* partitura f, spartito m.

Partizip <-s, *Partizipien*> n *gram* participio m: **~ Präsens/Perfekt**, participio presente/passato.

Partizipation <-, -en> f *bes. pol soziol* partecipazione f.

Partizipationsgeschäft n *ökon* "traslazione f commerciale conclusa da un'associazione in partecipazione".

Partizipialkonstruktion f *gram* costruzione f participiale.

Partizipialsatz m *gram* proposizione f participiale.

partizipieren <*ohne ge*-> itr *geh* **an etw** (dat) **~** {AM ERFOLG, GEWINN} partecipare a qc.

Partizipium <-s, *Partizipia*> n *gram obs* → **Partizip**.

Partner <-s, -> m (**Partnerin** f) **1** (*Lebenspartner*) partner mf/compagno (-a) m (f) (nella vita); (*Ehepartner*) coniuge mf: **ein ~ fürs Leben**, un/una partner per la vita **2** *film theat* partner mf; (*beim Spiel, Sport, Tanz*) *auch* compagno (-a) m (f); (*Gesprächspartner*) interlocutore (-trice) m (f) **3** *com* (*Geschäftspartner*) socio (-a) m (f)/partner mf (commerciale), associato (-a) m (f) **4** *jur* (*Vertragspartner*) contraente mf.

Partnerlook m: **im ~ gehen**, vestirsi allo stesso modo.

Partnerschaft <-, -en> f **1** (*Zusammenleben*) convivenza f, (sentimentale) relazione f/rapporto m (sentimentale): **in einer ~ leben**, avere un rapporto fisso **2** (*Zusammenarbeit*) collaborazione f, partnership f, partenariato m **3** *ökon* (*Teilhaberschaft*) compartecipazione f **4** (*Städtepartnerschaft*) gemellaggio m.

partnerschaftlich A adj **1** (*auf Partnerschaft gegründet*) {BEZIEHUNG, VERHÄLTNIS, ZUSAMMENARBEIT} da pari a pari, tra partner **2** *com* {VERHÄLTNIS} di partecipazione B adv {ZUSAMMENARBEITEN} da pari a pari, da veri partner.

Partnerstadt f città f gemellata.

Partnersuche f ricerca f di un partner: **auf ~ sein**, essere alla ricerca di un compagno/[una compagna].

Partnertausch m (*sexueller ~*) scambio m di partner.

Partnervermittlung f **1** (*Agentur*) agenzia f matrimoniale **2** (*Tätigkeit*) promozione f di incontri.

Partnerwahl f (*in einer Beziehung, bei Spiel, Sport, Tanz*) scelta f del/della partner/[del compagno/della compagna].

Partnerwechsel m (*in einer Beziehung, bei Spiel, Sport, Tanz*) scambio m del/della partner/[del compagno/della compagna].

partout adv *fam* a tutti i costi, assolutamente: **musst du ~ noch eine Zigarette rauchen?**, devi proprio fumare un'altra?; **heute will sie das Fleisch ~ nicht essen** *fam*, oggi non vuole assolutamente mangiare la carne.

Party <-, -s> f festa f, party m: **auf/bei Partys**, alle feste; **eine ~ geben/machen**, dare/fare una festa; **auf eine/[zu einer] ~ gehen**, andare a una festa.

Partydroge f droga f (tipo ecstasy) del sabato sera.

Partyfan, **Partyfreak** m *fam* uno (-a) m (f) che va matto (-a) per le feste.

Partykeller m tavernetta f (destinata a feste).

Partylöwe m *fam scherz* mattatore m (alle feste).

Partyraum m → **Partykeller**.

Partys pl *von* Party.

Partyservice m (servizio m di) catering m.

Parvenü <-s, -s> m *geh*, **Parvenu** <-s, -s> m *geh* A parvenu m.

Parzelle <-, -n> f (*Ackerland*) parcella f; (*Bauland*) lotto m.

parzellieren <*ohne ge*-> tr *etw* **~** {BAULAND} lottizzare qc; {ACKERLAND} dividere qc

in parcelle.
Parzellierung <-, -en> f {+BAULAND} lottizzazione f; {+ACKERLAND} parcellazione f.
Pasch <-(e)s, -e oder Päsche> m Würfel pariglia f: ~ würfeln, fare (la) pariglia.
Pascha <-s, -s> m **1** hist pascià m **2** fam pej pascià m: **den ~ spielen**, fare il pascià.
Pass① (a.R. Paß) <-es, Pässe> m (Reisepass) passaporto m: **einen ~ ausstellen/erneuern/verlängern**, rilasciare/rifare/rinnovare un passaporto.
Pass② (a.R. Paß) <-es, Pässe> m (Gebirgspass) passo m, valico m.
Pass③ (a.R. Paß) <-es, Pässe> m sport passaggio m: **einen ~ spielen**, fare un passaggio.
passabel <attr passable(r, s)> fam **A** adj {AUSSEHEN, BEDINGUNGEN, SPEISEN, UNTERKUNFT, WETTER} passabile fam, discreto, accettabile **B** adv in modo passabile: **«wie geht's?» – «Danke, ganz ~»** fam, «come va?» – «Grazie, non c'è malaccio» fam.
Passabfertigung (a.R. Paßabfertigung) f → **Passkontrolle**.
Passage① <-, -n> f **1** (Abschnitt eines Briefs, Textes, einer Rede) passo m, brano m, passaggio m **2** mus passaggio m.
Passage② <-, -n> f **1** (Ladenstraße) galleria f, passaggio m **2** (Flug, Überfahrt) passaggio m, traversata f: **eine ~ mit dem Schiff buchen**, prenotare un passaggio in nave **3** (enge Durchfahrt, enger Durchgang) passaggio m stretto.
Passagier <-s, -e> m (**Passagierin** f) {+EISENBAHN, FLUGZEUG, SCHIFF} passeggero (-a) m (f), viaggiatore (-trice) m (f) • **ein blinder ~**, un (passeggero) clandestino.
Passagieraufkommen n numero m dei passeggeri.
Passagierdampfer m nave f passeggeri.
Passagierflugzeug n aereo m passeggeri.
Passagierin f → **Passagier**.
Passagierliste f lista f/elenco m dei passeggeri.
Passah <-s, ohne pl> n, **Passahfest** n relig pasqua f ebraica.
Passamt (a.R. Paßamt) n ufficio m passaporti.
Passant <-en, -en> m (**Passantin** f) passante mf.
Passat <-(e)s, -e> m, **Passatwind** m meteo aliseo m.
Passbild (a.R. Paßbild) n fototessera f, foto(grafia) f formato tessera.
Pässe pl von Pass①,②,③.
passee, **passé** <inv> adj <präd> fam: **~ sein** {ANSCHAUUNGEN}, essere superato/sorpassato/out slang; {STÖCKELSCHUHE}, essere ⌐passato (di moda)/[fuori moda]/[démodé geh]: **das ist doch schon längst ~!** fam, ma è un po' che non va! fam.
passen A itr **1** (sitzen) (jdm) ~ {KLEID} andare bene (a qu), stare bene (a qu): **die Hosen ~ nicht, sie sind zu weit**, i pantaloni non vanno bene, sono troppo larghi; **wenn das Hemd nicht passt, können Sie es umtauschen**, se la camicia non andasse bene, può cambiarla; {SCHUHE} calzare bene (a qu), andare bene (a qu) **2** (hinein~) **in etw (akk)** ~ stare/entrare/[trovare posto] in qc: **der Schlüssel passt nicht ins Schlüsselloch**, la chiave non entra nella toppa; **~ denn all diese Bücher in das Regal?**, ma ci sta(ra)nno tutti questi libri nello scaffale?; **was nicht in den Kofferraum passt, bleibt hier**, ciò che non entra nel bagagliaio rimane qui; **der Deckel passt nicht auf die Dose**, non è il tappo giusto per questo barattolo **3** (har-

monieren) **zu etw** (dat) ~ stare bene con qc, intonarsi bene a/con qc, abbinarsi a/con qc: **die Schuhe ~ sehr gut zum Kleid**, le scarpe si intonano molto bene col vestito; **der Teppich passt nicht zu der Einrichtung**, il tappeto non si sposa bene con l'arredamento; **zu jdm** ~ essere adatto a qu, essere fatto per qu **4** (gemäß sein) **zu jdm/etw** ~ addirsi a qu/qc, convenirsi a qu/qc, confarsi a qu/qc: **er passt nicht in diese Rolle**, non è adatto a (ricoprire) questo ruolo; **so eine Pedanterie passt zu ihm!** fam, questa pignoleria è proprio da lui!; **das passt wieder mal zu ihr!** fam, è tipico suo!; **ein solches Verhalten passt nicht zu einem Lehrer**, (un) tale comportamento non si addice/confà ad un insegnante; **der Spitzname passt ausgezeichnet zu ihm**, il nomignolo gli calza perfettamente **5** fam (genehm sein) **jdm** ~ {DATUM, UHRZEIT, WOCHENTAG} andare bene a qu fam, fare comodo a qu: **passt es dir am nächsten Montag?**, ti va bene lunedì prossimo?; **das passt mir gut**, mi va benissimo; **es würde mir ~**, wenn wir uns um drei Uhr träfen, mi andrebbe bene incontrarsi/[se ci incontrassimo] alle tre; **ich komme, wann es dir passt**, vengo quando ti fa comodo **6** fam (nicht gefallen): **jdm nicht ~**, non andare a qu fam, non piacere a qu; **deine frechen Antworten ~ mir überhaupt nicht**, le tue risposte insolenti non mi piacciono affatto; **es passt ihm nicht, dass sie allein ausgeht**, non gli va che lei esca da sola; **was passt dir denn nicht an ihm?**, cos'è che non ti va di/in lui?; **und was passt Ihnen an unserem Projekt nicht?**, e cos'è che non Le piace del nostro progetto?; **der Vorschlag passte ihm überhaupt nicht**, la proposta non gli andava proprio/affatto a genio **7** fam (überfragt sein) non saper rispondere: **da muss ich (leider) ~**, (purtroppo) non so che dire **8** **Karten** passare **B** tr **1** tech **etw in etw** (akk) ~ adattare qc a qc **2** sport **etw zu jdm** ~ {BALL} passare qc a qu • **(jdm) wie angegossen ~**, stare a pennello a qu; **der Mantel passt ihr wie angegossen**, il cappotto le sta a pennello; **genau ~**, essere proprio giusto; **das könnte dir so ~!** fam, ti piacerebbe, eh! fam; **passt schon!** fam, va bene così!
passend A adj **1** (in Form, Größe) {KLEIDUNGSSTÜCK} che va/sta bene: **haben Sie die ~e Größe gefunden?**, ha trovato la misura giusta/[che Le va bene]?; {SCHLÜSSEL} giusto; **er findet keine ~e Nadel**, non trovo l'ago giusto; (mit etw kombinierbar) {FARBE, MUSTER, SCHMUCK, STOFFE, TEPPICH} che va/[si intona/abbina] bene (con qc); **können Sie mir nichts Passendes zu diesem Stoff zeigen?**, mi fa vedere qualcosa che possa andare bene con questo tessuto?; **das wäre doch eine dazu ~e Farbe!**, questo sarebbe proprio il suo colore! **2** (zeitlich ~): **zum ~en Zeitpunkt**, al momento opportuno/giusto; **im ~sten Moment**, nel momento più propizio; **im ~sten Moment läutete das Telefon**, il telefono squillò nel momento meno indicato **3** (angemessen) {BENEHMEN, KLEIDUNG} adatto, adeguato, indicato; {ANLASS, GELEGENHEIT} giusto: **eine ~e Bemerkung**, un'osservazione calzante/azzeccata; **die ~en Worte finden**, trovare le parole adatte/adeguate/appropriate; **es für ~ halten, etw zu tun**, ritenere opportuno fare qc **B** adv **1** (dass es passt): **jdm ein Kleidungsstück ~ machen**, aggiustare un capo (d'abbigliamento) a qu **2** (treffend): **wie er sehr ~ bemerkte ...**, come molto opportunamente ha osservato ... • **haben Sie es nicht ~?** fam, non ce li ha contati?
Passepartout <-s, -s> n oder CH m (Umrahmung) passe-partout m.

Passform (a.R. Paßform) f vestibilità f: **eine Jacke mit perfekter ~**, una giacca con una perfetta vestibilità.
Passfoto (a.R. Paßfoto) n → **Passbild**.
Passgang (a.R. Paßgang) m {+GIRAFFE, HUND, KAMEL, PFERD} ambio m.
passgerecht (a.R. paßgerecht) **A** adj {FORM, GRÖSSE} giusto **B** adv {FERTIGEN, ZUSCHNEIDEN} su misura.
Passhöhe (a.R. Paßhöhe) f altitudine f/quota f del/[di un] passo: **die ~ liegt bei 1300 m**, il passo è a quota 1300 m.
passierbar adj {WEG} praticabile, transitabile; {PASS} valicabile; {FLUSS} attraversabile.
passieren① <ohne ge-> tr <haben> **1** (durch-, überqueren) **etw** ~ {GRENZE} passare qc: **hier darf man nicht ~**, qui non si passa; **eine Kontrolle ~**, passare un controllo; **die Ware kann zollfrei ~**, la merce passa in franchigia; {FLUSS, TUNNEL} attraversare qc; {PASS} valicare qc; {FILM, MELDUNG, VERÖFFENTLICHUNG ZENSUR} passare qc **2** gastr (durchseihen) **etw** (**durch etw** akk) ~ {FRÜCHTE, GEMÜSE, SUPPE} passare qc (a qc): **die Linsen ~**, passare le lenticchie (al passaverdure).
passieren② <ohne ge-> itr <sein> **1** (meist negativ: zufällig geschehen) succedere, accadere: **ist etwas Schlimmes passiert?**, è successo qualcosa di grave?; **es ~ die unglaublichsten Dinge**, accadono/capitano le cose più incredibili; **es ist eben einfach passiert!**, è successo e basta!; (häufiger vorkommen) succedere, accadere, capitare; **was ist denn schon wieder passiert?**, che cos'è successo questa volta ?; **das musste ja ~!**, doveva succedere/capitare per forza!; **das passiert aber nicht noch mal!**, che non succeda/capiti più! **2** (unterlaufen) **jdm** ~ capitare a qu, succedere a qu: **das ist mir aus Versehen passiert**, mi è successo per sbaglio; **das konnte auch nur mir ~!**, (una cosa simile) poteva capitare soltanto a me!; **solche merkwürdigen Unfälle ~ immer nur dir!**, questi strani incidenti capitano sempre e soltanto a te!; **so was kann eben mal ~!**, capita!, sono cose che capitano! **3** (widerfahren) **jdm** ~ succedere a qu: **ich hoffe, dass dir nichts passiert ist**, spero che non ti sia successo niente; **es wird ihm doch nichts passiert sein?!**, non gli sarà mica successo qualcosa?!; **hör auf, sonst passiert (dir) gleich was!** fam, smettila, se no sono guai!
Passierschein m lasciapassare m.
Passierschlag m Tennis (colpo m) passante m.
Passiersieb n passino m.
Passinhaber m (**Passinhaberin** f) adm titolare mf del passaporto.
Passion <-, -en> f **1** geh (Leidenschaft) passione f: **etw aus ~ tun**, fare qc per passione; **sie ist Reiterin aus ~**, cavalcare è la sua passione **2** relig (Leiden) passione f: **die ~ Jesu**, la passione di Gesù.
passioniert adj geh appassionato: **sie ist eine ~e Kunstsammlerin**, lei è un'appassionata collezionista d'arte.
Passionsblume f bot passiflora f, fiore m della passione.
Passionsfrucht f frutto m della passione.
Passionssonntag m relig domenica f di passione.
Passionsspiel n theat mistero m della passione.
Passionswoche f relig settimana f santa.
Passionszeit f relig quaresima f.
passiv A adj **1** (nicht aktiv) {BILANZ, MITGLIED, TEILNAHME} passivo: **~es Wahlrecht**,

elettorato passivo, eleggibilità; **~er Widerstand**, resistenza passiva **2** *fam* (*teilnahmslos, träge*) {AUSDRUCK, MENSCH, NATUR} passivo, apatico; {CHARAKTER} *auch* inerte: **~ bleiben**, rimanere passivo (-a) **B** *adv* {MITRAUCHEN, AN ETW TEILNEHMEN} passivamente, in modo passivo: **sich ~ verhalten**, avere/tenere un atteggiamento passivo.
Passiv <-s, rar -e> n gram passivo m, forma f passiva: **im ~**, al passivo; **etw ins ~ setzen**, mettere qc al passivo; **dieses Verb wird nur im ~ gebraucht**, questo verbo si usa soltanto al passivo.
Passiva subst <nur pl> ökon passivo m, passività f pl.
Passivbilanz f com bilancio m passivo: **mit einer ~ schließen**, chiudere (il bilancio) in passivo.
Passivgeschäft n bank operazione f passiva.
Passivität <-, ohne pl> f **1** (*passives Verhalten*) passività f **2** chem passività f.
Passivposten m ökon voce f passiva.
Passivrauchen <-s, ohne pl> n fumo m passivo: **~ ist gesundheitsschädigend**, il fumo passivo è dannoso (per la salute).
Passivraucher m (**Passivraucherin** f) fumatore (-trice) m (f) passivo (-a).
Passivseite f ökon passivo m: **etw auf der ~ (ver)buchen**, registrare qc al passivo.
Passivzinsen subst <nur pl> ökon interessi m pl passivi/debitori.
Passkontrolle (a.R. Paßkontrolle) f controllo m (dei) passaporti.
Paßphoto a.R. *von* Passfoto → **Passbild**.
Passstelle, Pass-Stelle (a.R. Paßstelle) f ufficio m passaporti.
Passstraße, Pass-Straße (a.R. Paßstraße) f (strada f di un) passo m.
Passung <-, -en> f tech accoppiamento m.
Passus <-, -> m geh **1** jur passo m **2** lit passo m, brano m.
Password n → **Passwort**.
Passwort (a.R. Paßwort) <-(e)s, -wörter> n inform password f, parola f d'accesso.
passwortgeschützt adj inform protetto da password.
Pasta <-, ohne pl> f (*Teigwaren*) pasta f.
Paste <-, -n> f **1** (*streichbare Masse*) crema f **2** pharm pasta f.
Pastell <-(e)s, -e> n **1** <nur sing> (*Technik*) pastello m **2** <nur sing> (*Farbton*) color m pastello **3** (*Bild*) (quadro m a) pastello m.
Pastellfarbe f **1** <meist pl> (*zarter Farbton*) color m pastello **2** (*Farbkreide*) (matita f a) pastello m.
pastellfarben **A** adj {BILD, STOFF, TAPETE} color pastello **B** adv: **der neue Teppich ist ganz ~ gehalten**, il nuovo tappeto è in tinte pastello.
Pastellmalerei f kunst (*Technik*) pittura f a pastello; (*Bild*) (dipinto m a) pastello m.
Pastellton m kunst tonalità f pastello.
Pastete <-, -n> f **1** (*kleine Blätterteigform*) vol-au-vent m **2** (*mit Fisch, Fleisch, Gemüse gefülltes Blätterteiggebäck*) sfogliata f (ripiena), terrina f **3** (*Fischpastete, Fleischpastete, Leberpastete*) paté m.
pasteurisieren <ohne ge-> tr *etw* ~ pastorizzare qc: **pasteurisierte Milch**, latte pastorizzato m.
Pasteurisierung <-, -en> f {+MILCH, MILCHPRODUKTE} pastorizzazione f.
Pastille <-, -n> f pastiglia f, pasticca f *fam*.
Pastor <-s, -en> m bes. norddt relig (*Pfarrer*) pastore m.
Pastorale f lit mus pastorale f.

Pastorin f relig **1** (*Pfarrerin*) pastora f **2** (*Frau des Pastors*) pastora f.
Patch <-(s), -s> n inform patch f.
Patchwork <-s, -s> n text **1** <nur sing> (*Flicktechnik*) patchwork m **2** (*Produkt*) patchwork m.
Patchworkdecke f coperta f patchwork.
Patchworkfamilie, Patchwork-Familie f famiglia f allargata.
Pate <-n, -n> m (**Patin** f) padrino m, madrina f: **bei jdm ~ stehen**, fare da padrino/madrina a qu, tenere a battesimo qu; **jdn zum ~n/[zur Patin] haben**, avere qu come padrino/madrina ● **bei etw (dat) ~ stehen**, ispirare qu/qc.
Patenkind n figlioccio (-a) m (f).
Patenonkel m padrino m.
Patenschaft <-, -en> f **1** paternità f spirituale, ruolo m di padrino/madrina **2** (*finanzielle und moralische Unterstützung*) assistenza f: **Freunde von uns haben die ~ für ein bosnisches Kind übernommen**, dei nostri amici hanno fatto l'adozione a distanza di un bambino bosniaco ● **die ~ für jdn übernehmen**, fare da padrino/madrina a qu; **die ~ für etw (akk) übernehmen**, patrocinare qc.
Patenstadt f → **Partnerstadt**.
patent adj fam **1** (*tüchtig*) {KERL, MÄDCHEN} bravo, in gamba; {MITARBEITER} *auch* valido **2** (*brauchbar*) {IDEE, LÖSUNG} utile, valido.
Patent <-(e)s, -e> n **1** jur (*Schutzrecht*) brevetto m: **ein ~ auf etw (akk) anmelden**, chiedere il/[depositare domanda di] brevetto per qc; **erloschenes ~**, brevetto scaduto; **auf dieses Gerät haben wir das ~**, per questo utensile abbiamo noi il brevetto **2** bes. naut (*Urkunde über Berufsgrad*) brevetto m, decreto m di nomina: **das ~ als Kapitän erhalten**, ottenere il brevetto di capitano **3** fam iron pej (*Mechanismus*): **was ist denn das für ein ~?**, e questo, com'è che funziona? fam; **was ist denn das für ein idiotisches ~!?**, ma che marchingegno demenziale è mai questo? fam; (*alleiniger Anspruch*): **denkst du, du hättest ein ~ darauf?!** fam, non crederai mica di essere l'unico (-a) capace?! fam **4** CH (*staatliche Lizenz*) licenza f, patente f.
Patentamt n ufficio m brevetti ● **Europäisches ~**, Ufficio Europeo dei brevetti.
Patentanmeldung f (*deposito m della*) domanda f di brevetto, deposito m brevetti: **eine ~ einreichen**, fare/[depositare una] domanda di brevetto.
Patentante f madrina f.
Patentanwalt m (**Patentanwältin** f) jur consulente mf in proprietà industriale, consulente mf in brevetti.
patentierbar adj brevettabile.
patentieren <ohne ge-> tr *jur* (*jdm*) *etw* ~ {ERFINDUNG, ERZEUGNIS, VERFAHREN} brevettare qc (a qu): **eine Erfindung ~ lassen**, far brevettare/[chiedere il brevetto per] un'invenzione; **eine patentierte Methode**, un metodo brevettato.
Patentinhaber m (**Patentinhaberin** f) detentore (-trice) m (f)/titolare mf di (un) brevetto.
Patentlösung f → **Patentrezept**.
Patentrecht n jur **1** (*Rechtsvorschriften*) normativa f sui brevetti, diritto m dei brevetti **2** (*Recht am Patent*) diritto m dell'inventore.
patentrechtlich adj: **~ geschützt**, coperto/protetto da brevetto.
Patentrezept n ricetta f infallibile, soluzione f ideale, formula f magica.
Patentschutz m jur tutela f/protezione f

brevettuale: **unter ~ stehen**, essere sotto brevetto; **etw unter ~ stellen**, mettere/porre qc sotto brevetto.
Patenturkunde f (documento m comprovante il) brevetto m.
Patentverschluss (a.R. Patentverschluß) m chiusura f brevettata.
Pater <-s, Patres *oder* -> m relig padre m.
Paternoster <-s, -> m ascensore m a paternoster.
Pathetik <-, ohne pl> f pateticità f, patetismo m: **etw mit ~ vortragen**, fare un discorso intriso di patetismo.
pathetisch **A** adj {ART, AUSDRUCK, GESTE, STIL} patetico: **eine ~e Rede**, un discorso strappalacrime; **was für ein ~er Kerl!**, che patetico! *fam*, che tipo svenevole! *fam* **B** adv {SICH AUSDRÜCKEN, BENEHMEN, SCHREIBEN} pateticamente, in modo patetico.
Pathologe <-n, -n> m (**Pathologin** f) med patologo (-a) m (f).
Pathologie <-, ohne pl> f med **1** (*Krankheitserforschung*) patologia f **2** (*Institut*) (istituto m di) patologia f generale.
Pathologin f → **Pathologe**.
pathologisch **A** adj **1** (*die Pathologie betreffend*) {ABTEILUNG, INSTITUT} patologico, di patologia **2** med (*krankhaft*) {ERSCHEINUNG, URSACHE, VERÄNDERUNG} patologico **3** (*anormal*) {EIFERSUCHT, FRESSSUCHT, MISSTRAUEN} patologico, morboso: **seine Wutanfälle sind wirklich ~!**, i suoi accessi di rabbia hanno del patologico! **B** adv med (*krankheitsbedingt*) {VERÄNDERT, VERENGT, VERGRÖSSERT} patologicamente.
Pathos <-, ohne pl> n pathos m: **etw mit ~ darstellen/erzählen/vortragen**, rappresentare/raccontare/recitare qc con pathos.
Patience <-, -n> f Karten solitario m: **eine ~ legen**, fare un solitario; **eine ~ geht/[geht nicht] auf**, un solitario torna/[non torna].
Patient <-en, -en> m (**Patientin** f) paziente mf: **bei jdm ~ sein**, essere paziente di qu.
Patientenakte f med cartella clinica: **elektronische ~**, cartella clinica elettronica.
Patientenrecht n **1** jur diritto m del paziente **2** <nur pl> (*die einzelnen Rechte*) diritti m pl del paziente.
Patientenverfügung f med jur testamento m biologico.
Patin f → **Pate**.
Patina <-, ohne pl> f patina f.
patiniert adj patinato.
Patisserie <-, -n> f CH (*Konditorei*) pasticceria f.
Patres pl *von* Pater.
Patriarch <-en, -en> m **1** relig (*orthodoxe Kirche: oberster Geistlicher*) patriarca m **2** relig (*kath. Kirche: Ehrentitel*) patriarca **3** fam iron (*autoritärer Familienvater*) padre m padrone: **er ist ein echter ~**, è un vero padre padrone.
patriarchalisch adj **1** hist {GESELLSCHAFT} patriarcale **2** pej (*bevormundend*) {AUFTRETEN, GEDANKENGUT, VERHALTEN} patriarcale, da patriarca.
Patriarchat <-(e)s, -e> n patriarcato m.
Patrick m (*Vorname*) Patrizio.
Patriot <-en, -en> m (**Patriotin** f) patriota mf.
patriotisch **A** adj {EINSTELLUNG, GEFÜHL, GESINNUNG, ÜBERZEUGUNG} patriottico **B** adv: **~ gesinnt/eingestellt sein**, avere il senso della patria, avere spirito patriottico.
Patriotismus <-, ohne pl> m patriottismo m.
Patrizia f (*Vorname*) Patrizia.

Patrizier <-s, -> m (**Patrizierin** f) *hist* patrizio (-a) m (f).
Patron <-s, -e> m (**Patronin** f) **1** *relig* (*Schutzheiliger*) patrono (-a) m (f) **2** *obs* (*Schirmherr*) patrono (-essa) m (f) **3** *fam oft pej* tizio m *fam pej*, tipo m *fam*: **ein frecher ~** *fam*, un soggettino *fam*; **ein übler ~** *fam pej*, un tipaccio *fam pej*.
Patronat <-(e)s, -e> n patronato m: **unter dem ~ von jdm/etw**, sotto il patronato di qu/qc.
Patrone <-, -n> f **1** *Jagd mil* cartuccia f **2** {+Drucker, Fotokopierer, Füller} cartuccia f (d'inchiostro) **3** (*Filmpatrone*) caricatore m.
Patronenfüllhalter m penna f stilografica a cartuccia.
Patronengurt m *mil* cartucc(i)era f.
Patronenhülse f bossolo m.
Patronentasche f *mil* giberna f.
Patronin f → **Patron**.
Patrouille <-, -n> f *mil* **1** (*Kontrollgang*) ronda f **2** (*Spähtrupp*) pattuglia f: **auf ~ gehen**, andare di pattuglia.
Patrouillenboot n *mil* vedetta f, pattugliatore m veloce.
Patrouillengang m pattugliamento m: **einen ~ machen**, pattugliare.
patrouillieren <ohne ge-> itr <haben oder sein> {Schiff, Soldat, Trupp, Wache} pattugliare, fare/compiere servizio di pattuglia: **durch die Straßen ~**, pattugliare le strade.
patsch interj ciaf!, paf(fete)!
Patsche <-, -n> f *fam* **1** (*Hand*) zampa f *fam scherz*; (*Händchen*) manina f **2** (*Matsch*) fanghiglia f ● **in die ~ geraten** *fam*, cacciarsi/mettersi nei guai/pasticci *fam*, impantanarsi *fam*; **jdm aus der ~ helfen**, tirare qu fuori dai guai *fam*, trarre qu d'impaccio; **in der ~ sitzen/stecken**, essere/trovarsi nei guai *fam*/pasticci *fam*.
patschen itr *fam* **1** <haben> (*mit flacher Hand schlagen*) (*jdm*) *irgendwohin* ~ {jdm auf den Schenkel, die Schulter} dare una pacca/manata a qu su qc **2** <sein> (*laufen und dabei spritzen*) sguazzare: **in Pfützen ~**, sguazzare nelle pozzanghere **3** <sein> (*aufprallen*) battere: **der Regen patschte gegen die Scheiben**, la pioggia batteva/picchiava contro i vetri.
Patschhändchen <-s, -> n *Kindersprache* manina f.
patschnass (a.R. patschnaß), **patschenass** (a.R. patschenaß) adj *fam* {Haar, Kleider, Schuhe} fradicio *fam*, zuppo *fam*, mezzo rar.
patt adj <präd> (*unentschieden*): **~ sein**, essere/far patta, pattare.
Patt <-s, -s> n **1** *Schach* patta f **2** *pol* (*Unentschieden*) impasse f, stallo m.
Pattsituation f **1** (*unentschiedene Situation*) situazione f di stallo **2** *Schach* patta f.
patzen itr *fam* **1** (*Fehler machen*) fare cilecca *fam*, toppare *slang* **2** *mus* (*beim Singen oder Spielen*) steccare, stonare.
Patzer <-s, -> m **1** *fam* (*Fehler*) gaffe f, cappellata f *slang*; *sport* papera f: **jd macht einen ~, jdm unterläuft ein ~**, qu fa una gaffe; *sport* qu fa una papera **2** *mus* stecca f: **einen ~ machen**, fare/prendere una stecca.
patzig *fam pej* A adj {Antwort, Art, Bemerkung} sfacciato, sgarbato: **~ sein**, rispondere male B adv (*Reagieren*) in modo sfacciato/sgarbato: **~ antworten**, rispondere male.
Pauke <-, -n> f timpano m: **die ~ schlagen**, s(u)onare il timpano ● **mit ~en und Trompeten: mit ~n und Trompeten durchfallen**, fare un fiasco completo *fam*, essere solenne-

mente trombato *fam*; **jdn mit ~n und Trompeten empfangen** *fam*, accogliere qu con tutti gli onori, ricevere qu con gran pompa; **auf die ~ hauen** *fam* (*feiern*), far(e) baldoria/casino *fam*; (*angeben*), sballarle/spararle grosse *fam*, fare lo sbruffone *fam*; (*rundum kritisieren*), sparare a zero *fam*.
pauken A itr **1** *mus* (*Pauke spielen*) s(u)onare il timpano **2** *fam* (*büffeln*) sgobbare *fam*, darci dentro *fam*/sotto *fam* B tr *fam* (*büffeln*) *etw* ~ (*Prüfungsstoff*, *Vokabeln*) ripetere qc.
Paukenschlag m **1** *mus* colpo m di timpano **2** (*spektakuläres Ereignis*) colpo m di scena.
Pauker <-s, -> m **1** (*Paukist*) timpanista m **2** *slang* (*Lehrer*) prof mf *slang*, insegnante mf.
Paukerei f *fam* sgobbata f *fam*, sfacchinata f *fam*.
Paukerin f → **Pauker**.
Paul m (*Vorname*) Paolo.
Paula, Pauline f (*Vorname*) Paola.
Pausbacke f <meist pl> guancia f paffuta.
pausbäckig adj {Gesicht, Kind} paffuto, dalle guance paffute, paffutello.
pauschal A adj **1** *ökon* {Abführung, Berechnung, Be-, Versteuerung} forfettario **2** *meist pej* (*undifferenziert*) {Ablehnung, Urteil} generico, sommario B adv **1** (*im Ganzen*) {Ablehnen, Sagen, (Ver-)Urteilen} globalmente, in blocco/toto: **so ~ kann man das nicht sagen**, non si può generalizzare così; **einen Reformvorschlag ~ ablehnen**, rifiutare in blocco una proposta di riforma **2** *ökon* {Abführen, Abrechnen, Besteuern, Erstatten, Versteuern} a forfait, forfet(t)ariamente, su base forfet(t)aria.
Pauschalbetrag m, **Pauschale** f <-, -n> f forfait m, importo m forfet(t)ario, somma f forfet(t)aria.
Pauschalgebühr f tariffa f unica: **eine ~ erheben/verlangen**, imporre/mettere una tariffa unica.
pauschalieren <ohne ge-> tr *etw* ~ {Kosten, Leistungen} forfet(t)izzare qc.
pauschalisieren <ohne ge-> tr itr *geh* (*etw*) ~ generalizzare (eccessivamente) (qc).
Pauschalpreis m prezzo m forfet(t)ario/ [a forfait].
Pauschalreise f viaggio m tutto compreso/[organizzato], pacchetto m.
Pauschaltarif m tariffa f unica: **sonntags gibt es einen ~ für alle Bahnbenutzer**, la domenica c'è una tariffa unica per tutti gli utenti delle ferrovie.
Pauschaltourismus m turismo m (con la formula del) tutto compreso.
Pauschaltourist m (**Pauschaltouristin** f) turista mf che fa un viaggio tutto compreso/[organizzato].
Pauschalurlaub m vacanza f con la formula del tutto compreso.
Pauschalurteil n *pej* generalizzazione f (eccessiva).
Pauschbetrag m → **Pauschalbetrag**.
Pause① <-, -n> f **1** (*Sprechpause*) pausa f; (*Arbeitspause*) auch break m: **eine ~ einlegen/einschieben/machen**, fare una pausa; **ohne ~**, ininterrottamente, senza sosta **2** *mus* pausa f: **die ~n einhalten**, rispettare le pause; **eine ganze/halbe ~**, pausa di una semibreve/minima **3** *film radio theat TV* intervallo m: **kurze ~! Gleich geht's weiter!**, breve pausa! Tra poco si continua! **4** (*Schulpause*) **kleine ~**, intervallo; **große ~**, ricreazione **5** (*Rast*) sosta f: **auf der ganzen Fahrt haben wir nur eine ~ gemacht**, du-

rante tutto il viaggio abbiamo fatto una sola sosta ● **Mensch, mach mal ~!** *fam*, ma fermati, prendi fiato! *fam*, ma riposati un attimo!
Pause② <-, -n> f (*mit Pauspapier angefertigte Kopie*) {+Schriftstück} copia f; {+Zeichnung} lucido m.
pausen tr itr (*etw*) ~ {Schriftstück} copiare qc; {Zeichnung} lucidare qc.
Pausenbrot n merenda f: (*süß und abgepackt*) merendina f.
Pausenfüller m intermezzo m.
pausenlos A adj <attr> {Beschuss, Dröhnen, Quatschen} ininterrotto, incessante, continuo B adv {Attackieren, Auf jdn einreden, Sprechen} incessantemente, ininterrottamente, continuamente, senza sosta, in continuazione: **es regnet ~**, piove senza tregua.
Pausenpfiff m → **Halbzeitpfiff**.
Pausenstand m situazione f/risultato m all'intervallo.
Pausenzeichen n **1** *radio TV* segnale m d'intervallo **2** *mus* segno m di pausa **3** (*in der Schule*) campanella f della ricreazione.
pausieren <ohne ge-> itr fare una pausa; (*bei Krankheit*) stare a riposo.
Pauspapier n **1** (*Kohlepapier*) cartacarbone f, carta f carbone/copiativa **2** (*Transparentpapier*) carta f da lucidi.
Pavian <-s, -e> m *zoo* babbuino m.
Pavillon <-s, -s> m **1** (*Gartenhaus, Musikpavillon*) gazebo m **2** (*Festzelt, auf Messen*) padiglione m.
Pay-per-Channel <-, ohne pl> m oder n pay per channel f.
Pay-per-View <-, ohne pl> n pay per view f.
Pay-TV <-, ohne pl> n pay tv f.
Pay-TV-Angebot n offerta f delle pay tv.
Pay-TV-Markt m mercato m delle pay tv.
Pay-TV-Sender m (emittente f) pay tv f.
Pazifik <-s, ohne pl> m *geog*: **der ~**, il Pacifico.
pazifisch adj {Gewässer, Küste, Strömung} pacifico, del Pacifico ● **die ~en Inseln** *geog*, le isole del Pacifico; **der Pazifische Ozean** *geog*, l'Oceano Pacifico.
Pazifismus <-s, ohne pl> m *pol* pacifismo m.
Pazifist <-en, -en> m (**Pazifistin** f) pacifista mf.
pazifistisch adj {Bewegung, Engagement, Überzeugung} pacifista, pacifistico: **~e Theorien**, teorie pacifiste.
pc adv Abk *von engl* politically correct (*politisch korrekt*): PC (*corretto sotto il profilo politico*): **das kannst du so nicht schreiben, das ist nicht pc**, così non lo puoi scrivere, non è politically correct.
PC <-(s), -(s)> m Abk *von engl* Personal Computer: PC m.
PC-Arbeitsplatz m *inform* (po)stazione f di lavoro, work station f.
PC-Ausstattung f *inform* equipaggiamento m/attrezzatura f del PC.
PC-Installation f *inform* installazione f del PC.
PC-kompatibel adj *inform* compatibile con (un) pc.
PCMCIA <-, ohne pl> f Abk *von engl* Personal Computer Memory Card International Association: PCMCIA: **ein PCMCIA-Steckplatz**, uno slot PCMCIA.
PC-Netzwerk n *inform* PC-network m.
PC-Zubehör n *inform* accessorio m del PC.
PDA <-(s), -s> m Abk *von* Personal Digital Assistant: PDA m, assistente m informatico perso-

nale.

PDS <-, ohne pl> f Abk von Partei des Demokratischen Sozialismus: "Partito m dei Comunisti riformisti in Germania".

Peanuts subst <nur pl> **1** (Erdnüsse) noccioline f pl (americane) **2** (wenig Geld) noccioline f pl: 10 000 Euro sind für so ein großes Unternehmen doch nur ~, per un'impresa così grossa 10 000 euro sono solo bruscolini/noccioline.

Pech① <-s oder rar -es, ohne pl> n (Missgeschick) sfortuna f, sfiga f slang, sculo m slang, iella f fam, scalogna f fam: **bei/in/mit etw (dat) ~ haben**, ₍avere sfortuna₎/[essere sfortunato] in/con qc; **vom ~ verfolgt sein**, essere perseguitato dalla sfortuna, essere sfigato slang: **so ein ~!**, che scalogna! fam/sculo! slang/iella! fam; **das ist dann ihr ~!** fam, peggio per lei! fam ● **wie ~ und Schwefel zusammenhalten** fam, essere culo e camicia fam.

Pech② <-(e)s, -e> n pece f.

Pechblende f min pechblenda f, uraninite f.

pechschwarz, pechrabenschwarz adj fam {HAARE, NACHT} nero come ₍la pece₎/[un corvo].

Pechsträhne f fam periodo m nero: **eine ~ haben**, essere in un periodo nero/sfigato slang.

Pechvogel m sfortunato (-a) m (f), sfigato (-a) m (f) slang, scalognato (-a) m (f) fam, iellato (-a) m (f) fam.

Pedal <-s, -e> n mech {+AUTO, FAHRRAD, KLAVIER, NÄHMASCHINE, ORGEL} pedale m: **kräftig/tüchtig in die ~e treten**, pedalare ₍a tutta forza₎/[di buona lena]; **den Fuß vom ~ nehmen**, togliere il piede dal pedale.

Pedant <-en, -en> m (**Pedantin** f) pej pedante mf, pignolo (-a) m (f).

Pedanterie <-, -n> f pej **1** (Wesen) pedanteria f, pignoleria f **2** (Handlung) pedanteria f, pignoleria f.

Pedantin f → Pedant.

pedantisch pej adj {PERSON} pedante, pignolo; {ART, ORDNUNG, VERHALTEN} da pedante/pignolo, pedantesco adv {ARBEITEN, HANDHABEN} in modo pedante(sco)/pignolo.

Peddigrohr n bot canna f d'India.

Pedell <-s, -e> m obs bidello m.

Pediküre <-, -n> f **1** <nur sing> (Fußpflege) pedicure m: **~ machen**, fare/farsi il pedicure; **zur ~ gehen**, andare a farsi il pedicure **2** (Fußpflegerin) pedicure f.

Peeling <-s, -s> n peeling m.

Peepshow <-, -s> f peepshow m.

Peergroup <-, -s> f soziol gruppo m dei pari.

Pegel <-s, -> m **1** (Wasserstand) livello m dell'acqua: **einen bestimmten ~ erreichen/überschreiten**, ₍arrivare a₎/[superare] un certo livello **2** (Wasserstandsmesser: für Meer) mareografo m; (für Fluss) idrometro m.

Pegelstand m livello m dell'acqua.

Peilanlage f naut radio radiogoniometro m.

peilen tr **1** naut etw ~ {LAGE, RICHTUNG, STANDORT} determinare qc, rilevare qc; {WASSERTIEFE} scandagliare qc, sondare qc **2** fam (ausmachen) etw ~ {LAGE, SITUATION} sondare qc **3** slang (verstehen) etw ~ capire qc.

Peiler <-s, -> m naut radio radiogoniometro m.

Peilfunk m naut radio radiogoniometria f.

Peilgerät n → Peiler.

Peilstation f radio stazione f radiogoniometrica.

Peilung <-, -en> f **1** {+WASSERTIEFE} scandagliamento m; {+STANDORT} rilevamento m; {+SENDER, U-BOOT} rilevamento m della posizione; {+RICHTUNG} determinazione f **2** slang (Überblick über eine Situation): **volle ~ haben**, sapere tutto; **keine ~ haben**, non capirci un cavolo fam.

Pein <-, ohne pl> f geh pena f, tormento m, tortura f, strazio m: **es ist eine wahre ~**, è un vero tormento; **jdm ~ bereiten/machen**, dar pena/sofferenza a qu; **sich (dat) und anderen das Leben zur ~ machen**, rendere la vita impossibile a sé e agli altri.

peinigen tr geh jdn ~ {DURST, HUNGER} tormentare qu, torturare qu; {SCHMERZEN} auch martoriare qu; {GEWISSENSBISSE, ZWEIFEL} tormentare qu, attanagliare qu; {EIFERSUCHT} rodere qu: **von Hunger gepeinigt**, tormentato dai morsi della fame; **von Angst/Gewissensbissen gepeinigt**, ₍attanagliato dall'angoscia₎/[martoriato dai rimorsi]; **~de Schmerzen**, dolori strazianti.

Peiniger <-s, -> m (**Peinigerin** f) geh tormentatore (-trice) m (f), aguzzino (-a) m (f).

Peinigung <-, -en> f geh tormento m, tortura f.

peinlich Ⓐ adj **1** (unangenehm) {AUSEINANDERSETZUNG, BENEHMEN, FRAGE, SITUATION} imbarazzante, penoso: **die Situation war äußerst ~!**, la situazione era estremamente spiacevole!; **das Peinliche an der Sache war, dass ...**, la cosa imbarazzante era che ... ind/konjv; **es ist mir sehr ~, dass ...**, mi imbarazza molto che ... konjv **2** (äußerste) {GENAUIGKEIT, ORDNUNG, SAUBERKEIT} meticoloso, scrupoloso Ⓑ adv **1** (unangenehm) {BERÜHREN, ÜBERRASCHEN} spiacevolmente: **von etw (dat) ~ berührt sein**, ₍essere imbarazzato₎/[sentirsi in imbarazzo] per qc; **von etw (dat) ~ überrascht sein**, essere spiacevolmente sorpreso da qc **2** (genau) {BEACHTEN, EINHALTEN} scrupolosamente, meticolosamente: **~ genau sein**, essere estremamente meticoloso; **es war ~ sauber**, era estremamente pulito.

Peinlichkeit f <-, -en> **1** <nur sing> (das Unangenehme) {+ÄUSSERUNG, HANDLUNG, SITUATION} imbarazzo m, penosità f **2** (peinliche Äußerung oder Situation) cosa f imbarazzante/penosa.

Peitsche <-, -n> f frusta f; (Reitpeitsche) frustino m, sferza f, scudiscio m: **die ~ führen/schwingen**, agitare la frusta; **mit der ~ knallen**, far schioccare la frusta; **jdm/etw mit der ~ eins überziehen** fam, dare una frustata a qu/qc.

peitschen Ⓐ tr <haben> (mit der Peitsche schlagen) **jdn/etw ~** {MENSCH, TIER} frustare qu/qc, prendere a frustate qu/qc, sferzare qu/qc Ⓑ itr <sein> (schlagen) **irgendwohin ~**: **der Regen peitsche ₍ihr ins Gesicht₎/[gegen die Fenster]**, la pioggia ₍la colpì al viso₎/[batteva contro le finestre]; **der Sturm peitscht über das Meer**, la tempesta infuria sul mare.

Peitschenhieb m frustata f, sferzata f, scudisciata f.

Peitschenknall m schiocco m di frusta.

Peitschenschlag m → Peitschenhieb.

pejorativ adj geh bes. ling {GEBRAUCH, SINN, WORT} spregiativo.

Pekinese <-n, -n> m zoo (cane m) pechinese m.

Peking <-s, ohne pl> n geog Pechino f.

Pekinger① <inv> adj pechinese, di Pechino.

Pekinger② <-s, -> m (**Pekingerin** f) pechinese mf.

Pektin <-s, -e> n biol pectina f.

pektoral adj anat {MUSKEL} pettorale.

Pektorale <-(s), -s oder Pektoralien> n relig croce f pettorale.

pekuniär geh Ⓐ adj {LAGE, SITUATION} economico Ⓑ adv {GUT AUSGESTATTET SEIN, GUT/SCHLECHT GEHEN} dal punto di vista economico.

Pelerine <-, -n> f pellegrina f, mantellina f.

Pelikan <-s, -e> m ornith pellicano m.

Pelle <-, -n> f region **1** (Schale) {+KARTOFFEL, OBST} buccia f **2** (Haut) {+WURST} pelle f ● **jdm nicht von der ~ gehen** fam, stare ₍col fiato sul collo₎/[addosso] a qu; **jdm auf der ~ liegen/sitzen** fam, stare (sempre) alle costole/calcagna di qu fam; **jdm auf die ~ rücken** fam (sich dicht zu jdm legen, setzen, stellen), stare addosso a qu fam, appiccicarsi a qu fam; (jdn bedrängen), stare addosso a qu fam, incalzare qu.

pellen norddt Ⓐ tr (schälen) **etw ~** {APFELSINE, BANANE, WÜRSTCHEN} sbucciare qc; {KARTOFFEL} auch pelare qc Ⓑ rfl **sich ~** {HAUT} spellarsi.

Pellkartoffel f <meist pl> gastr patata f lessa con la buccia.

Pelz <-es, -e> m **1** (Fell) {+BÄR, BIBER, HERMELIN, WOLF} pelo m, pelliccia f **2** (Bekleidungsstück) pelliccia f ● **jdm/etw eins auf den ~ brennen**, sparare a bruciapelo a qu/qc; **jdm auf den ~ rücken** fam, stare addosso a qu fam, incalzare qu.

Pelzbesatz m guarnizione f di pelliccia.

pelzbesetzt adj {ÄRMEL, KRAGEN} guarnito di pelliccia.

Pelzfutter n fodera f/interno m di pelliccia.

pelzgefüttert adj {JACKE, MANTEL, MÜTZE} foderato/imbottito di pelliccia.

Pelzgeschäft n pellicceria f.

Pelzhandel m commercio m di pellicce.

Pelzhändler m (**Pelzhändlerin** f) pellicciaio (-a) m (f).

Pelzhandschuh m guanto m (foderato) di pelliccia.

pelzig adj **1** (mit Härchen besetzt) {APRIKOSE, BLATT, PFIRSICH} coperto di peluria, lanuginoso; {HAUT} auch peloso **2** (belegt) {MUND, ZUNGE} impastato, patinoso **3** (gefühllos) {LIPPEN, WANGE} insensibile, intorpidito.

Pelzimitation f pelliccia f sintetica.

Pelzkragen m bavero m/collo m di pelliccia.

Pelzmantel m pelliccia f.

Pelzmütze f berretto m di pelliccia, colbacco m.

Pelzstiefel m <meist pl> stivale m (foderato) di pelliccia.

Pelztier n animale m da pelliccia.

Pelztierfarm f allevamento m di animali da pelliccia.

Pelztierjäger m (**Pelztierjägerin** f) cacciatore (-trice) m (f) di animali da pelliccia.

Penalty <-(s), -s> m sport **1** Eishockey penalty m oder f **2** A CH Fußball (calcio m di) rigore m.

PEN-Club m PEN m.

Pendant <-s, -s> n geh pendant m: **das ~ zu etw (dat) sein**, essere il pendant di qc; **dieses Armband ist das ~ zu der Kette dort**, questo braccialetto è il pendant di quella collana; **das ~ zu etw (dat) bilden**, fare da pendant a qc; **der neue Anbau bildet ein perfektes ~ zum alten Teil des Gebäudes**, l'ala nuova fa da pendant perfetto alla parte vecchia dell'edificio.

Pendel <-s, -> n **1** phys pendolo m: **das ~**

schwingt/[geht gleichmäßig]/[steht still], il pendolo oscilla/[va regolarmente]/[sta fermo]; **nach der jüngsten Korruptionsaffäre schlug das ~ der öffentlichen Meinung wieder zum Gegenkandidaten hin aus** fig, dopo la recente tangentopoli la bilancia pende di nuovo a favore del candidato dell'opposizione **2** (in der Esoterik) pendolo m.

Pendelbewegung f moto m pendolare, oscillazione f.

pendeln itr **1** <haben> (schwingen) {PENDEL} oscillare; {LAMPE} auch pendolare, dondolare: **mit den Armen ~**, far ciondolare/penzolare le braccia **2** <sein> (hin- und herfahren) {PERSON} fare il pendolare/la spola; {BUS} fare la navetta/spola: **₁von Köln nach Bonn₁/[zwischen Köln und Bonn] ~**, fare il pendolare/la spola tra Colonia e Bonn **3** (in der Esoterik) usare il pendolino.

Pendeltür f porta f battente.

Penduhr f orologio m a pendolo, pendola f.

Pendelverkehr m **1** (Pendeldienst) servizio m navetta **2** (Berufsverkehr) traffico m pendolare, pendolarismo m.

Pendelzug m treno m pendolare/navetta.

Pendler <-s, -> m (**Pendlerin** f) pendolare mf.

Penes pl von Penis.

penetrant **A** adj **1** (durchdringend) {GERÄUSCH, GESCHMACK} forte; {GERUCH} auch penetrante, pungente, acuto **2** pej (aufdringlich) {PERSON} invadente, entrante: **so ein ~er Typ!**, che rompiscatole! fam **B** adv (durchdringend): **~ riechen/schmecken**, avere un odore penetrante/pungente, avere un sapore forte; **hier riecht's aber ~ nach Kohl!**, qui c'è un gran puzzo di cavolo!

Penetranz <-, ohne pl> f **1** (aufdringliche Art) invadenza f, petulanza f: **mit unglaublicher ~ wiederholte sie ihre Fragen**, ripeteva le sue domande con incredibile petulanza; **der hat vielleicht eine ~ am Leib!**, ma guarda com'è entrante quello! **2** biol penetranza f.

Penetration <-, -en> f **1** bes. tech (Eindringen eines Stoffes, Materials) penetrazione f **2** geh (in der Sexualkunde) penetrazione f **3** ökon (im Marketing) {+MARKT} penetrazione f.

penetrieren <ohne ge-> tr **1** (durchsetzen) etw ~ {MARKT} penetrare qc **2** form jdn {FRAU} ~ penetrare qu.

peng interj (Schussgeräusch) pam!, pum!

penibel <attr penible(r, s)> adj geh {MENSCH} pignolo, pedante; {ART, ORDNUNG, VERHALTEN} pedantesco, pignolesco: **in etw (dat) ganz ~ sein**, essere molto scrupoloso in qc.

Penicillin A n → Penizillin.

Penis <-, -se oder Penes> m pene m.

Penisneid m psych invidia f del pene.

Penizillin <-s, -e> n med penicillina f.

Penizillinspritze f med iniezione f di penicillina.

Pennäler <-s, -> m (**Pennälerin** f) fam obs studente (-essa) m (f) di scuola superiore.

Pennbruder m fam pej barbone (-a) m (f) fam, vagabondo (-a) m (f).

Penne <-, -n> f slang scuola f (superiore): **ich geh' noch auf die ~** slang, vado ancora a scuola.

pennen itr fam **1** (schlafen) dormire, fare una dormita fam: **eine Runde ~** slang, schiacciare un pisolino fam **2** (nicht aufpassen): **das heißt, du hast wohl wieder mal gepennt!**, vuol dire, come al solito, dormivi! **3** slang (Beischlaf haben) **mit jdm ~**

scopare con qu volg, fare l'amore con qu.

Penner <-s, -> m (**Pennerin** f) slang pej **1** (Obdachloser) barbone (-a) m (f) fam, clochard m, pezzente mf pej **2** (Langschläfer) dormiglione (-a) m (f) fam **3** (langsame Person) posapiano mf fam, polentone (-a) m (f) fam.

Pensa, Pensen pl von Pensum.

Pension① <-, ohne pl> f **1** (Ruhestand) pensione f: **in ~ sein/gehen**, essere/andare in pensione **2** (Ruhegehalt) pensione f: **eine niedrige/hohe/unzureichende ~ haben**, avere una pensione bassa/alta/insufficiente.

Pension② <-, -en> f **1** (Unterkunft) pensione f, locanda f: **eine kleine/ruhige/schön gelegene] ~**, una pensione piccola/tranquilla/[in bella posizione] **2** <nur sing> (Verpflegung) vitto m: **die ~ ist gut/hervorragend/zufrieden stellend**, il vitto è buono/eccellente/soddisfacente.

Pensionär <-s, -e> m (**Pensionärin** f) **1** (Mensch im Ruhestand) pensionato (-a) m (f) **2** CH (Pensionsgast) pensionante mf, ospite mf (di una pensione).

Pensionat <-(e)s, -e> n obs pensionato m, collegio m, convitto m.

pensionieren <ohne ge-> tr jdn ~ {BEAMTEN, LEHRER} mandare in pensione qu: **sich frühzeitig/vorzeitig ~ lassen**, andare in pensione anticipatamente/[prima del tempo]; **jdn früh ~**, prepensionare qu, mandare qu in pensione anticipatamente.

pensioniert adj pensionato, in pensione; bes. mil a riposo.

Pensionierung <-, -en> f pensionamento m.

Pensionsalter n età f pensionabile/[di pensionamento]: **das ~ erreicht haben**, aver raggiunto ₁l'età pensionabile₁/[i limiti d'età per la pensione].

Pensionsanspruch m diritto m alla pensione; (Betrag) pensione f: **wie hoch ist Ihr ~?**, quale somma percepisce come pensione?

pensionsberechtigt adj avente diritto alla pensione.

Pensionsempfänger m (**Pensionsempfängerin** f) percettore (-trice) m (f) form di una pensione, pensionato (-a) m (f).

Pensionsfonds m (bei Unternehmen, Versicherungen) fondi m pl pensione; (in öffentlicher Verwaltung) casse f pl di previdenza.

Pensionsgast m pensionante mf, ospite mf (di una pensione).

Pensionsgeschäft n Börse operazione f pronti contro termine, vendita f con patto di riacquisto.

Pensionskasse f fondi m pl pensioni.

pensionsreif adj fam {PERSON} pronto per la pensione; {ALTER} pensionabile.

Pensionsrückstellung f ökon accantonamento m a fini pensionistici.

Pensum <-s, -sen oder Pensa> n **1** (Arbeitspensum) (quantità f di) lavoro m (da sbrigare entro un dato periodo di tempo): **sein tägliches ~ erledigen**, ₁adempiere alla₁/[sbrigare la] mole di lavoro quotidiano **2** (Unterrichtspensum) programma m.

Pentagon n **1** <-s, -e> geom (Fünfeck) pentagono m **2** <-s, ohne pl> pol (amerikanisches Verteidigungsministerium) Pentagono m.

Penthaus n, **Penthouse** <-, -s> n attico m.

Pentium® <-, ohne pl> m inform **1** → **Pentiumcomputer 2** (Chip) chip m pentium.

Pentiumcomputer, Pentium-Computer m inform pentium® m.

Pentiumprozessor, Pentium-Prozessor m inform processore m pentium.

Pentop <-s, -s> m inform pentop m.

Pep <-s, ohne pl> m fam brio m, slancio m: **das ist ein Typ mit Pep!**, è un tipo sprint! fam; **richtig Pep haben** fam {MUSIK, PERSON}, essere uno schianto slang/sballo slang; **der Song hat richtig Pep!**, questa canzone dà proprio la carica! fam.

Peperoni <-, -> f <meist pl> peperone m: **eingelegte ~**, peperoni sott'olio.

Pepita <-s, -s> m oder n tessuto m a quadretti(ni).

peppig fam **A** adj: **~e Mode**, moda sbarazzina; **~e Musik**, musica frizzante; **~ aussehen**, essere da sballo slang/urlo slang **B** adv {VORTRAGEN} con brio/verve.

Pepsin <-s, -e> n biol med pepsina f.

per präp **1** (mit, durch) per, via: **per Anhalter fahren**, viaggiare in autostop; **per Einschreiben**, per raccomandata; **per Fax**, via fax; **per Luftpost**, per via aerea; **ein Buch per Nachnahme schicken**, spedire un libro contrassegno; **per Post**, per/[a mezzo] posta; **per Schiff**, via mare **2 com** (zum, für) entro: **die Rechnung ist per 31. Mai zu bezahlen**, la fattura è da pagare entro il 31 maggio; **per sofort**, subito **3** (pro) a: **80 Pulsschläge per Minute**, 80 battiti/pulsazioni al minuto; **per Stück**, il/al pezzo, l'uno (-a) • **mit jdm per du/Sie sein**, darsi del tu/Lei con qu; **per pedes** fam scherz, a piedi; **per saldo com**, a saldo; **per se geh**, da sé.

Percussion <-, -s> f mus percussioni f pl, strumenti m pl musicali a percussione: **an der ~ heute Abend: Fritz Maier!**, stasera alle percussioni: Fritz Maier!

Percussionist <-en, -en> m (**Percussionistin** f) mus percussionista mf.

per definitionem adv geh per definizione.

Perestroika <-, ohne pl> f pol perestrojka f, perestroika f.

perfekt **A** adj **1** (vollkommen) perfetto: **damit war die Blamage/Niederlage ~**, e così la figuraccia/sconfitta fu completa **2** <präd> fam (abgeschlossen) concluso, fatto: **die Sache ist ~!**, (l')affare (è) fatto!; **ein Geschäft/einen Vertrag ~ machen**, concludere un affare/contratto **B** adv {BEHERRSCHEN, SPRECHEN} perfettamente, alla perfezione: **sie spricht ~ Französisch**, parla ₁il francese perfettamente₁/[un francese perfetto].

Perfekt <-(e)s, -e> n gram passato m prossimo; (historisches ~) passato m remoto; (im Deutschen) perfetto m.

Perfektion <-, ohne pl> f perfezione f; {+FORM} auch compiutezza f: **in/mit höchster ~**, con assoluta perfezione; **etw zur ~ bringen**, portare qc alla perfezione.

Perfektionismus <-, ohne pl> m perfezionismo m.

Perfektionist <-en, -en> m (**Perfektionistin** f) perfezionista mf.

perfektionistisch adj perfezionista.

perfid, perfide geh **A** adj {BETRUG, HANDELN} perfido, malvagio **B** adv {HANDELN, VERLEUMDEN} perfidamente, malvagiamente, in modo perfido/malvagio.

Perfidie <-, rar -n> f geh perfidia f, malvagità f.

Perforation <-, -en> f **1** (Lochung) perforazione f **2** med (Durchbruch) perforazione f.

perforieren <ohne ge-> **A** tr (lochen) **etw ~** {BELEGE, KARTEN, UNTERLAGEN} perforare qc **B** itr <sein oder haben> med (durchbrechen) {GESCHWÜR} essere perforante.

Performance <-, -s> f **1** (Darbietung) performance f **2** inform performance f.

Performanz <-, -en> f *ling* performance f, esecuzione f.

performen **A** *itr* **1** *slang* performare, fare una performance **2** *ökon* (*ein best. Ergebnis erzielen*) **irgendwie** ~ {AKTIEN, FONDS GUT, SCHLECHT, POSITIV, NEGATIV} avere una + adj + performance **B** *tr slang* (*etw darbieten, präsentieren*) **etw** ~ performare *qc*.

Pergament <-(e)s, -e> n **1** <*nur sing*> (*Tierhaut*) pergamena f **2** (*alte Handschrift*) pergamena f.

Pergamentpapier n carta f oleata.

Pergola <-, Pergolen> f (*Laube*) pergola f, pergolato m; (*~gang*) pergolato m.

Periode <-, -n> f **1** (*Zeitabschnitt*) periodo m, tempo m **2** *biol* mestruazione f: **sie hat ihre ~**, ha ⌊il ciclo mestruale⌋/[le mestruazioni] **3** *astr math mus* periodo m.

Periodensystem n *chem* sistema m periodico.

periodisch **A** *adj* {PUBLIKATION} periodico; {AUFTRETEN, ERSCHEINUNG, KRANKHEIT} *auch* ciclico: **in ~en Abständen**, a intervalli regolari **B** *adv* {AUFTRETEN, ERSCHEINEN, WIEDERKEHREN} periodicamente, ciclicamente, a intervalli regolari.

peripher **A** *adj* **1** *geh* (*am Rande liegend*) {ORT, STADTTEIL} periferico, di periferia; {FRAGE, INTERESSE, PROBLEM} periferico, marginale, secondario, di secondo piano **2** *anat med* {DURCHBLUTUNG, NERVENSYSTEM} periferico **3** *inform* periferico **B** *adv* {AUFTRETEN, BETREFFEN, INTERESSIEREN} marginalmente, in via secondaria.

Peripherie <-, -n> f **1** (*Stadtrand*) periferia f **2** *geom* (*Umfassungskreis*) circonferenza f **3** *inform* (*periphere Geräte*) periferiche f pl.

Peripheriegerät n *inform* (unità f) periferica f.

Periphrase <-, -n> f *geh* perifrasi f.

periphrasieren <*ohne* ge-> *tr geh* **etw** ~ perifrasare *qc rar*.

Periskop <-s, -e> n *naut* periscopio m.

periskopisch *adj* periscopico.

Peristaltik <-, *ohne* pl> f *med* (+DARM, MAGEN, SPEISERÖHRE) peristalsi f.

peristaltisch *adj* peristaltico.

Perkussion <-, -en> f **1** *mus* → **Percussion** **2** *med* percussione f.

Perkussionist m (**Perkussionistin** f) *mus* → **Percussionist**.

Perkussionsgewehr n *mil* fucile m a percussione.

Perkussionsinstrument n strumento m a percussione; <pl> *auch* percussioni f pl.

Perle <-, -n> f **1** (*Schmuckperle*) perla f: **echte/falsche/kostbare/künstliche ~**, perla vera/falsa/preziosa/artificiale **2** (*Schweiß~, Wasserperle*) goccia f, stilla f *lit*; (*Tauperle*) perla f; (*Sektperle*) *auch* bollicina f *fam* **3** *pharm* (*Kügelchen*) perla f **4** (*wertvolle Person oder Sache*) perla f: **diese Kirche ist eine ~ der romanischen Baukunst**, questa chiesa è una perla/un gioiello dell'architettura romanica; (*tüchtige Hausangestellte*) perla f: **~ für Arztfamilie mit drei Kindern gesucht** (*in Anzeigen*), cercasi angelo per famiglia di medico con tre figli ● **~n vor die Säue werfen** *fam*, dare/gettare (le) perle ai porci.

perlen *itr* **1** <*haben oder sein*> (*sprudeln*) {WASSER} fare le bollicine *fam*; {SEKT, WEIN} *auch* mussare **2** (*glänzen*) {SCHWEIß, TAU} formare delle perle: **der Schweiß perlte ihm** ⌊**auf der Stirn**⌋/[**im Gesicht**], il sudore gli imperlava la fronte/il viso **3** *geh* <*sein*> (*tröpfeln*) **von etw** (dat) ~ {REGENTROPFEN VOM SCHIRM} gocciolare (giù) da *qc*; {SCHWEIß VON DER STIRN} *auch* stillare (giù) da *qc* ● **~d** {CHAMPAGNER}, mussante; {WEIN} *auch*, frizzante; **ein ~des Lachen**, una risata argentina.

perlenbesetzt *adj* tempestato/guarnito/ornato di perle.

Perlenfischer m (**Perlenfischerin** f) pescatore (-trice) m (f) di perle.

Perlenkette <-, -en> f collana f/filo m di perle.

Perlentaucher m (**Perlentaucherin** f) pescatore (-trice) m (f) subacqueo (-a) di perle.

Perlenzucht f coltivazione f di perle.

Perlhuhn n *ornith* (gallina f) faraona f.

Perlmuschel f *zoo* ostrica f perlifera.

Perlmutt <-s, *ohne* pl> n, **Perlmutter** <-, *ohne* pl> f *oder* <-s, *ohne* pl> n madreperla f.

perlmuttern *adj* **1** (*aus Perlmutt*) di/in madreperla **2** (*perlmuttfarben*) color madreperla, madreperlaceo.

perlmuttfarben *adj* madreperlaceo, color madreperla.

Perlon® <-s, *ohne* pl> n perlon® m.

Perlonstrumpf m calza f di perlon.

Perlwein m vino m frizzante.

Permafrostboden m *geol* permafrost m, permagelo m.

permanent *geh* **A** *adj* {ANSPANNUNG, BELÄSTIGUNG, GEFAHR, LÄRM, ÜBERFORDERUNG} permanente, continuo **B** *adv* {ANGREIFEN, BELÄSTIGEN, KRITISIEREN} di continuo, continuamente, incessantemente.

Permanenz <-, *ohne* pl> f *geh* {+INTERNATIONALE BEZIEHUNGEN, VERTRÄGE} permanenza f ● **in ~**, in permanenza.

Permanganat <-s, -e> n *chem* permanganato m.

Permeabilität <-, *ohne* pl> f **1** (*Durchlässigkeit eines Stoffes*) permeabilità f **2** *biochem geol phys* permeabilità f.

permissiv *adj geh* {ERZIEHUNG, GESELLSCHAFT, VERHALTEN} permissivo.

perniziös *adj* **1** *med* maligno **2** *geh* (*unheilvoll*) pernicioso.

Pernod® <-(s), -(s)> m Pernod® m.

Peroxid, **Peroxyd** <-s, -e> n *chem* perossido m.

Perpetuum mobile <- -, - -(s) *oder* Perpetua mobilia> n *mus tech* moto m perpetuo.

perplex *adj fam* (*verblüfft*) sbalordito, sbigottito, allibito; (*verwirrt*) sconcertato, perplesso.

Perron <-s, -s> m *CH* marciapiede m.

Persenning <-, -e(n)> f **1** *naut* (*Schutzbezug*) telone m impermeabile **2** <*nur sing*> text (in)cerata f.

Perser <-s, -> m (**Perserin** f) **1** (*Einwohner von Persien*) persiano (-a) m (f) **2** <*nur m*> → **Perserteppich**.

Perserkatze f *zoo* gatto m persiano.

Perserteppich m (tappeto m) persiano m.

Pershing-Rakete f, **Pershingrakete** f missile m Pershing: **Pershing-Raketen stationieren**, dislocare missili Pershing.

Persianer <-s, -> m *zoo* (pelliccia f di agnello) persiano m.

Persien <-s, *ohne* pl> n *geog* Persia f.

Persiflage <-, -n> f *geh* ~ (**auf jdn/etw**) parodia f (*di qu/qc*).

persiflieren <*ohne* ge-> *tr geh* **jdn/etw** ~ fare una parodia *di qu/qc*.

Persilschein m **1** *hist* certificato m di denazificazione **2** *fam scherz* (*Entlastung*): **jdm einen ~ ausstellen**, rilasciare a qu un certificato di buona condotta *iron*.

persisch *adj* persiano; *geog* persico: **das Persisch, das Persische**, il persiano, la lingua persiana ● **der Persische Golf** *geog*, il Golfo Persico.

Person <-, -en> f **1** (*Mensch*) persona f; (*Individuum*) individuo m; <pl> (*Leute*) gente f: **eine ~ weiblichen/männlichen Geschlechts**, un individuo di sesso femminile/maschile **2** <*nur sing*> *gram* persona f: **setzen Sie das Verb in die zweite ~ Plural**, metta il verbo alla seconda persona plurale **3** *film lit theat* figura f, personaggio m: **in diesem Stück gibt es nur zwei ~en**, in questa pièce ci sono soltanto due personaggi **4** *fam* (*Frau, Mädchen*) creatura f: **sie ist eine hübsche ~!**, che bella creatura!; **sie ist eine gescheite ~**, è una tipa intelligente *fam* ● **ich für meine ~ ...**, ⌊in quanto a me⌋/[per quanto mi riguarda] ...; **in** (*eigener*) **~**, di persona, personalmente; **juristische/natürliche ~** *jur*, persona giuridica/fisica; **pro ~**, a testa, a persona, pro capite; **etw in ~ sein** (DIE BOSHAFTIGKEIT, FAULHEIT, FRECHHEIT, GÜTE, KLUGHEIT), essere qc ⌊in persona⌋/[personificato], essere la personificazione di qc; **sie ist die Güte in ~**, è la bontà ⌊in persona⌋/[personificata]; **etw in einer ~ sein**, essere qc contemporaneamente/[allo stesso tempo]; **sie ist Choreografin und Tänzerin in einer ~**, è contemporaneamente coreografa e ballerina; **zur ~: Angaben zur ~ machen**, dare le proprie generalità.

personal *adj* personale.

Personal <-s, *ohne* pl> n personale m; {+GROSSES UNTERNEHMEN} organico m: **fliegendes ~**, personale aeronavigante; **~ abbauen**, sfoltire/diminuire/tagliare il personale; **beim ~ sparen**, risparmiare sul personale.

Personalabbau m sfoltimento m/diminuzione f/riduzione f del personale, tagli m pl al personale.

Personalabteilung f ufficio m (del) personale.

Personalakte f fascicolo m personale.

Personalaufwand m impiego m di personale; *ökon* costi m pl di personale.

Personalausbildung f formazione f (professionale) del personale.

Personalauswahl f selezione f/scelta f del personale.

Personalausweis m carta d'identità.

Personalberater m (**Personalberaterin** f) consulente mf risorse umane.

Personalberatung f consulenza f risorse umane.

Personalbogen m scheda f personale.

Personalbüro n → **Personalabteilung**.

Personalchef m (**Personalchefin** f) direttore (-trice) m (f)/capo m del personale.

Personal Computer m *inform* personal computer m, PC m, personal m *fam*.

Personaldecke f *ökon* organico m, personale m: **eine dünne ~ haben**, avere ⌊un organico scarso⌋/[troppo poco personale].

Personal Digital Assistant <- -s, - -s> m *inform* (*Abk* PDA) assistente m informatico personale (*Abk* PDA).

Personaleinsparung f <*meist* pl> tagli m pl al personale, riduzione f del personale.

Personalentscheidung f decisioni f pl sul personale.

Personalentwicklung f *ökon* sviluppo m professionale.

Personalien *subst* <*nur* pl> generalità f pl, dati m pl: **seine ~ angeben**, dare/declinare le proprie generalità; **jds ~ aufnehmen**, registrare le generalità di qu; **jds ~ feststellen**, accertare l'identità di qu.

personalintensiv adj {ARBEITSPROZESS, FERTIGUNG, PRODUKTION, VERFAHREN} che richiede (l'impiego di) molto personale.

personalisieren <ohne ge-> tr **1** geh (auf einzelne Personen ausrichten) *etw* ~ {AUSEINANDERSETZUNG, KRITIK} personalizzare qc **2** (individuell gestalten) *etw* ~ {COMPUTER, GESCHENK, TEXT} personalizzare qc.

Personalisierung <-, -en> f personalizzazione f.

Personalityshow, Personality-Show f TV spettacolo m incentrato su un solo artista.

Personalkosten subst <nur pl> costi m pl per il personale.

Personalkredit m *bank* prestito m personale.

Personalleiter m → **Personalchef**.

Personalmangel m mancanza f/scarsità f di personale.

Personalplanung f pianificazione f del personale.

Personalpolitik f politica f del personale.

Personalpronomen n *gram* pronome m personale.

Personalrat m rappresentanza f del personale.

Personalstand m, **Personalstärke** f organico m, effettivi m pl.

Personalunion f unione f personale: **er ist Finanz- und Wirtschaftsminister in ~**, è contemporaneamente ministro delle finanze e dell'economia.

Personalvermittlung f **1** (*Agentur*) agenzia f di reclutamento del personale **2** (*Tätigkeit*) reclutamento m del personale.

Personalvertretung f rappresentanza f del personale.

Personalvertretungsgesetz n legge f sulla rappresentanza del personale.

Personalverwaltung f → **Personalabteilung**.

Personalwesen n gestione f risorse umane, personal management m.

Persona non grata <- - -, ohne pl> f geh persona f non gradita.

Persönchen <-s, -> n dim *von Person* (*zarte Frau, zartes Mädchen*) creatura f: **sie ist ein zierliches ~**, è una creatura/personcina fragile.

personell adj {ABBAU, ERWEITERUNG, VERÄNDERUNG} del personale; {AUFWENDUNGEN} per il personale: **~e Veränderungen in der Regierung/Firma**, rimpasto governativo/ricambio di personale nella ditta; **etw wird ~ Konsequenzen haben** {ENTSCHEIDUNG, FUSION}, qc avrà delle ripercussioni sul personale.

Personenaufzug m ascensore m (per persone).

Personenbeförderung f *form* trasporto m passeggeri.

Personenbeschreibung f connotati m pl; (*im Steckbrief*) dati m pl segnaletici: **können Sie uns eine ~ des Diebs geben?**, può darci una descrizione del ladro?

personenbezogen adj {DATEN, INFORMATIONEN, MERKMALE} personale.

Personendelikt n *jur* reato m contro la persona.

personengebunden adj {AUSWEIS, GENEHMIGUNG} personale.

Personengedächtnis n memoria f per le persone: **ein gutes ~ haben**, essere un buon/[una buona] fisionomista; **ein schlechtes ~ haben**, non essere/[essere poco] fisionomista.

Personengesellschaft f *ökon* società f di persone.

Personenkraftwagen m (Abk PKW, Pkw) (auto)vettura f, automobile f.

Personenkreis m cerchia f di persone: **einen großen ~ ansprechen**, rivolgersi a una vasta cerchia di persone; **erfasster ~** (*in Statistik, Umfrage*), gruppo di persone oggetto di indagine.

Personenkult m *pej* culto m della personalità: **einen (richtigen/regelrechten) ~ um jdn treiben**, creare un (vero e proprio) culto della personalità intorno a qu.

Personennahverkehr m trasporti m pl pubblici urbani e suburbani.

Personenname m nome m (di persona).

Personenregister n registro m dei nomi.

Personenschaden m danno m alle persone: **bei dem Unfall gab es keinen ~**, nell'incidente non c'è stato alcun danno alle persone.

Personenschutz m scorta f (personale).

Personenstand m stato m civile.

Personensteuer f *Steuer* imposta f personale.

Personensuchanlage f cercapersone m, beeper m.

Personenverkehr m trasporto m di persone: **öffentlicher ~**, trasporti pubblici.

Personenversicherung f assicurazione f che copre i rischi personali.

Personenwaage f (bilancia f) pesapersone f.

Personenwagen m → **Personenkraftwagen**.

Personenzug m treno m passeggeri.

Personifikation <-, -en> f geh **1** (*Vermenschlichung*) {+BEGRIFF, NATURKRÄFTE} personificazione f **2** (*Verkörperung*) {+GROSSZÜGIGKEIT, GÜTE, RUHE} personificazione f, incarnazione f.

personifizieren <ohne ge-> tr *etw* ~ {BEGRIFF, EIGENSCHAFT} personificare qc.

personifiziert adj in persona, personificato: **sie ist die ~e Geduld**, (lei) è la pazienza fatta persona.

persönlich A adj **1** (*die eigene Person betreffend*) {ANGELEGENHEIT, ANSICHT, INTERESSE, ÜBERZEUGUNG, VERANTWORTUNG} personale: **meine ~e Meinung dazu ist, dass ...**, la mia opinione personale al riguardo è che ... **2** (*individuell*) {ENTFALTUNG, FREIHEIT, RECHTE} personale: **die ~en Bedürfnisse stehen oft denen der Kollektivität entgegen**, i bisogni individuali contrastano spesso con quelli della collettività **3** (*zwischenmenschlich*) {AUSTAUSCH, BEKANNTSCHAFT, BEZIEHUNG, GESPRÄCH} personale **4** (*besonders*) {ATMOSPHÄRE, STIL, UMGEBUNG, WORT} particolare: **der Hauseinrichtung eine ~e Note verleihen**, personalizzare l'arredamento della casa; **das hat eine ganz ~e Note**, ciò ha un tocco (del) tutto particolare **5** (*vertraulich*) {ANGABEN, BRIEF} personale, riservato: **ich habe Ihnen eine streng ~e Mitteilung zu machen**, devo farLe una comunicazione strettamente riservata **6** (*gegen jdn gerichtet*) {ANGRIFF, BELEIDIGUNG, FEINDSCHAFT} personale: **nehmen Sie das nicht als einen ~en Affront!**, per favore, non lo prenda come un attacco personale! **7** (*direkt*) {EINGREIFEN, TEILNAHME} personale: **sein ~es Dazwischentreten konnte das Schlimmste verhindern**, il suo intervento personale permise di evitare il peggio; **der König ~**, il re in persona B adv **1** (*selbst*) {SICH EINSETZEN, SICH INTERESSIEREN, SICH KÜMMERN} personalmente, di persona: **~ für etw (akk) haften**, garantire di persona di qc; **das habe ich ~** komponiert, l'ho composto io personalmente; **etw ~ übergeben**, consegnare qc di persona **2** (*tatsächlich*) {KENNEN} personalmente, di persona **3** (*im persönlichen Bereich*) {ANGREIFEN, BELEIDIGEN} sul piano personale **4** (*jds Meinung ausdrückend*): **ich ~ finde, dass ...**, personalmente trovo che ... • *etw* ~ **meinen**, essere offensivo; **ich hab's nicht ~ gemeint**, non intendevo offenderti/offenderLa; *etw* ~ **nehmen**, prendere qc sul personale *fam*/[come un'offesa]; **~ werden**, andare sul personale *fam*.

Persönlichkeit <-, -en> f **1** <nur sing> (*Gesamtstruktur einer Person*) **2** (*tatsächlich*) {KENNEN} personalità f: **eine introvertierte/extravertierte ~**, una personalità introversa/estroversa **2** (*Person mit ausgeprägtem Charakter*) personalità f: **eine schwache/starke ~**, una personalità debole/forte **3** (*Prominenter*) personalità f, personaggio m.

persönlichkeitsbewusst (a.R. persönlichkeitsbewußt) adj {AUFTRETEN, VERHALTEN} conscio della propria personalità: **in Waldorfschulen legt man viel Wert auf eine ~e Entwicklung**, nelle scuole Waldorf si attribuisce molta importanza allo sviluppo della personalità.

Persönlichkeitsentfaltung f sviluppo m della personalità.

Persönlichkeitsmerkmal n <meist pl> *psych* tratto m distintivo della personalità.

Persönlichkeitsprofil n *psych* profilo m psicologico; (*für einen Arbeitsplatz*) profilo m dei requisiti e delle competenze richiesti.

Persönlichkeitsspaltung f *psych* sdoppiamento m della personalità; *med* schizofrenia f.

Persönlichkeitsstörung f *psych* disturbo m della personalità.

Persönlichkeitsstruktur f *psych* struttura f della personalità.

Persönlichkeitstest m test m (psicologico).

Persönlichkeitswahl f *pol* elezione f uninominale.

Perspektive <-, -n> f **1** *arch kunst* prospettiva f **2** (*Blickwinkel*) punto m di vista, profilo m, ottica f: **in einer soziologischen/politischen ~**, sotto un profilo/[da un punto di vista] sociologico/politico **3** geh (*Zukunftsaussicht*) prospettiva f: **eine gute/neue ~**, una buona/nuova prospettiva; **der Wissenschaft neue ~n eröffnen**, aprire nuovi orizzonti alla scienza.

perspektivisch *arch kunst* A adj {EFFEKT, TIEFE, VERZERRUNG, WIRKUNG} prospettico, di prospettiva B adv {DARSTELLEN, SEHEN, VERZERREN, ZEICHNEN} in prospettiva, prospetticamente.

perspektivlos adj privo di/[senza] prospettive.

Perspektivlosigkeit <-, ohne pl> f assenza f/mancanza f di prospettive.

Peru <-s, ohne pl> n *geog* Perù m: **in ~**, in/nel Perù.

Peruaner <-s, -> m (**Peruanerin** f) peruviano (-a) m (f).

peruanisch adj peruviano.

Perücke <-, -n> f parrucca f.

pervers A adj **1** *psych* {ANLAGE, PRAKTIKEN, VERHALTENSWEISE} perverso; {MENSCH} auch pervertito, depravato **2** *slang* (*unnormal*) assurdo *fam*, pazzesco *fam*, folle *fam*: **das ist ja ~, wie der sich aufführt!**, (è) incredibile come si comporta quello lì! *fam* B adv (*abartig*): **~ veranlagt sein**, avere una natura perversa/[tendenze perverse].

Perversion <-, -en> f *psych* perversione f, pervertimento m: **geistige/moralische/se-**

xuelle ~, perversione spirituale/morale/sessuale.

Perversität <-, -en> f psych perversione f, perversità f.

pervertieren <ohne ge-> **A** itr <sein> (ausarten) (**zu etw** dat) ~ pervertirsi (in qc), degenerare (in qc); (**zu** {GESCHMACK, SITTEN} auch corrompersi **B** tr <haben> (verfälschen) **jdn/etw** ~ {GEMÜT, INDIVIDUUM, INSTINKT} pervertire qu/qc, corrompere qu/qc, far degenerare qc: **schlechter Einfluss hat seinen Sinn für Gerechtigkeit völlig pervertiert**, influssi negativi hanno completamente corrotto il suo senso della giustizia.

Perzent n A → **Prozent**.

perzentuell adj A → **prozentual**.

Perzeption <-, -en> f philos psych percezione f.

perzipieren <ohne ge-> tr **etw** ~ **1** philos psych percepire qc **2** biol med percepire qc.

pesen itr <sein> norddt fam (**durch etw** akk) ~ {DURCH DIE GÄNGE, STADT} sfrecciare per qc: **pes nicht so!** (fahr nicht so schnell), non correre tanto!

Peseta <-, Peseten> f **1** hist (Währung) peseta f **2** <nur pl> slang (Geld) grana f slang, quattrini m pl: **für so was fehlen mir die Peseten**, per una cosa del genere mi mancano i quattrini.

Pessar <-s, -e> n med pessario m.

Pessimismus <-, ohne pl> m pessimismo m: **zu ~ neigen**, essere incline al pessimismo.

Pessimist <-en, -en> m (**Pessimistin** f) pessimista m f: **ein unheilbarer ~ sein**, essere un inguaribile pessimista.

pessimistisch **A** adj {CHARAKTER, PERSON} pessimista; {SICHT, WELTANSCHAUUNG} pessimistico, da pessimista: **da bin ich etwas ~**, su questo sono piuttosto pessimista **B** adv {BEURTEILEN} in modo pessimistico, con pessimismo; {SICH ÄUßERN} auch in termini pessimistici: **~ eingestellt sein**, avere un atteggiamento pessimistico verso la vita.

Pest <-, ohne pl> f med peste f • **jdn wie die ~ fürchten** fam, temere qu come la morte; **jdm die ~ an den Hals wünschen** slang, augurare ogni male possibile a qu; **ich wünsch' ihm die ~ an den Hals!**, gli venisse un colpo!; **jdn/etw wie die ~ hassen** fam, non sopportare qu/qc; **jdn/etw wie die ~ meiden/scheuen** fam, evitare/(s)fuggire qu/qc come la peste fam; **wie die ~ stinken** slang, puzzare come una capra fam.

pestartig adj pej {AUSDÜNSTUNG, GESTANK} pestilenziale, pestifero, fetido.

Pestbeule f med bubbone m • **eine ~ sein** fam, essere un/una rompicoglioni vulg/rompiscatole fam.

Pestepidemie f (epidemia f di) peste.

Pestizid <-s, -e> n chem pesticida m.

Pestizidrückstand m <meist pl> residuo m di pesticidi.

PET[1] **f** Abk **von** Polyethylenterephthalat: PET (Abk **von** Polietilentereftalato).

PET[2] **f** Abk **von** Positronenemissionstomographie: PET f (tomografia ad emissione di positroni).

Peter m (Vorname) Pietro, Piero • **schwarzer/Schwarzer ~** (Kartenspiel), Uomo nero; **jdm den schwarzen ~ zuschieben/zuspielen** (jdm die Schuld für etw geben), scaricare la responsabilità su qu; **jetzt hab' ich den schwarzen ~**, adesso mi tocca togliere le castagne dal fuoco.

Petersdom m, **Peterskirche** <-, ohne pl> f basilica f di San Pietro.

Petersfisch m fisch (pesce m) sampietro m/[San Pietro] m.

Petersilie <-, -n> f bot prezzemolo m: **ein Bund ~**, un mazzetto di prezzemolo; **~ hacken**, tritare il prezzemolo • **jdm [hat es/ist] die ~ verhagelt** fam, qu ha una faccia da funerale: **na, warum hat es denn dir die ~ verhagelt?**, dimmi un po', perché fai questa faccia?

Petersplatz m piazza f San Pietro.

PET-Flasche f bottiglia f di PET: **auf PET-Flaschen sind 20 Cent Pfand**, per le bottiglie di PET c'è un deposito di 20 centesimi.

Petition <-, -en> f pol petizione f, domanda f, istanza f, richiesta f: **eine ~ abfassen/einreichen**, fare/inoltrare una petizione.

Petra f (Vorname) Piera.

Petrochemie f **1** chem petrochimica f **2** industr → **Petrolchemie**.

petrochemisch adj petrochimico.

Petrodollar m slang ökon petro(l)dollaro m.

Petrol <-s, ohne pl> n CH → **Petroleum**.

Petrolchemie f industr petrolchimica f.

petrolchemisch adj petrolchimico.

Petroleum <-s, ohne pl> n petrolio m.

Petroleumlampe f lampada f a petrolio.

Petrus m (Vorname) Pietro • **der heilige ~** relig, San Pietro.

Petrusbrief m bibl lettera f di (San) Pietro.

Petticoat <-s, -s> m sottogonna f (ampia e rigida).

Petting <-(s), -s> n petting m, preliminari m pl: **~ machen**, fare petting.

petto adv **etw in ~ haben** fam {ÜBERRASCHUNG}, avere/tenere in serbo qc.

Petunie <-, -n> f bot petunia f.

Petze <-, -en> f fam pej spia f: **alte ~!**, brutta spia!

petzen fam pej **A** itr fare la spia **B** tr **jdm etw** ~ andare/venire a dire qc a qu, spifferare qc a qu fam.

Petzer <-s, -> m (**Petzerin** f) fam pej spia f.

peu à peu adv poco a poco.

Pf hist Abk **von** Pfennig(e): pfennig.

Pfad <-(e)s, -e> m **1** (Weg) sentiero m, viottolo m, viottola f **2** inform percorso m, path m • **vom ~ der Tugend abkommen/abweichen**, mettersi su una cattiva strada, smarrire la retta via; **auf dem ~ der Tugend wandeln**, seguire il sentiero della virtù, seguire la retta via; **jdn auf den ~ der Tugend zurückführen**, riportare qu sulla via retta; **die ausgetretenen ~e verlassen**, uscire dagli schemi consueti; **auf krummen ~en wandeln**, prendere una brutta strada.

Pfadfinder m (**Pfadfinderin** f) scout mf, boy-scout m, guida f, giovane esploratore (-trice) m (f).

Pfadname m inform pathname m, nome m percorso m.

Pfaffe <-n, -n> m fam pej pretacchione m pej, pretaccio m pej.

Pfahl <-(e)s, Pfähle> m palo m; (Stützpfahl) sostegno m, tutore m • **einen ~ einschlagen**, conficcare un palo.

Pfahlbau <-(e)s -ten> m palafitta f, costruzione f su palafitta: **-ten hist**, le palafitte.

Pfahlwurzel f bot radice f a fittone.

Pfalz[1] <-, ohne pl> f geog **die ~**, il Palatinato.

Pfalz[2] <-, -en> f hist (Residenz) palazzo m imperiale/reale.

Pfälzer[1] **A** <inv> adj del Palatinato **B** <-s, -> m vino m del Palatinato.

Pfälzer[2] <-s, -> m (**Pfälzerin** f) **1** (in der Pfalz wohnend) abitante mf del Palatinato **2** (aus der Pfalz gebürtig) originario (-a) m (f) del Palatinato.

pfälzisch adj del Palatinato.

Pfand <-(e)s, Pfänder> n **1** (Bürgschaft) pegno m: **gegen ~**, su pegno; **etw als ~ behalten**, tenere qc in/come pegno; **ein ~ einlösen**, riscattare un pegno; **etw als/zum ~ geben**, dare qc in pegno **2** (für Flaschen) deposito m (per il vuoto): **auf der Flasche sind 10 Cent ~**, per la bottiglia c'è un deposito di 10 centesimi **3** geh (Beweis, Zeichen) {+FREUNDSCHAFT, LEIDENSCHAFT, LIEBE} pegno m **4** (im Spiel): **ein ~ geben**, dare un pegno.

pfändbar adj {EIGENTUM, GEHALT, IMMOBILIEN} pignorabile.

Pfandbrief m bank ökon obbligazione f fondiaria.

Pfandeinlösung f riscatto m di un pegno.

pfänden tr **etw** (**bei jdm**) ~ {BILDER, GEHALT, MÖBEL} pignorare qc (a qu): **jdn ~ (lassen)**, pignorare i beni di qu.

Pfänderspiel n gioco m dei pegni.

Pfandflasche f vuoto m a rendere.

Pfandhaus n obs → **Leihhaus**.

Pfandleihe <-, -n> f **1** (das Leihen) prestito m su pegno **2** (Leihhaus) banco m dei pegni, monte m di pietà hist.

Pfandleiher <-s, -> m (**Pfandleiherin** f) prestatore (-trice) m (f) su pegno.

Pfandobjekt n (seitens des Pfandgebers) oggetto m dato in pegno; (seitens des Gläubigers) oggetto m ricevuto in pegno.

Pfandrecht n privilegio m.

Pfandsache f → **Pfandobjekt**.

Pfandschein m polizza f di pegno.

Pfändung <-, -en> f pignoramento m.

Pfändungsverfügung f jur disposizione f di pignoramento.

Pfanne <-, -n> f **1** (Stielpfanne) padella f; (Henkelpfanne) tegame m: **Fleisch in der ~ braten**, cuocere la carne in padella **2** (Dachpfanne) tegola f **3** anat (Hüftgelenkpfanne) acetabolo m; (Schultergelenkpfanne) cavità f glenoidale • **etwas auf der ~ haben** fam, essere in gamba; **jdn in die ~ hauen** fam (jdm übel mitspielen), fare uno sgambetto a qu a qu fam; (hart kritisieren), stroncare qu, strapazzare qu fam; (schlagen, vernichten), mettere in ginocchio qu fam; sport auch, stracciare qu fam; **etw in die ~ hauen** fam {EIN EI, SCHNITZEL}, farsi fam/cuocersi qc.

Pfannkuchen m **1** (Eierkuchen) crespella f, crêpe f **2** norddt (Berliner ~) bombolone m, krapfen m.

Pfarramt n ufficio m parrocchiale.

Pfarrbezirk m parrocchia f.

Pfarre <-, -n> f, **Pfarrei** <-, -en> f parrocchia f.

Pfarrer <-s, -> m (**Pfarrerin** f) (katholisch) parroco m; (evangelisch) pastore (-a) m (f).

Pfarrersfrau f moglie f del pastore.

Pfarrgemeinde f **1** (Bezirk) parrocchia f **2** (Gläubigen) parrocchiani m pl, parrocchia f.

Pfarrhaus n (katholisch) casa f parrocchiale, canonica f; (evangelisch) casa f del pastore.

Pfarrkirche f (chiesa f) parrocchiale f.

Pfarrstelle f (katholisch) posto m di parroco; (evangelisch) posto m di pastore.

Pfau <-(e)s oder A -en, -en oder A -e> m zoo pavone m: **der ~ schlägt ein Rad**, il pavone fa la ruota • **ein eitler ~, eitel wie ein ~**, vanitoso come un pavone.

Pfauenauge n zoo pavonia f.

Pfauenfeder f penna f di pavone.

Pfd. Abk **von** Pfund: lb (Abk **von** libbra).

Pfeffer <-s, -> m pepe m: **grüner/schwarzer/weißer ~**, pepe verde/nero/bianco; ge-

mahlener ~, pepe macinato • **bleib**/[**geh hin**], **wo der** ~ **wächst!** *fam*, va' ₍a quel paese₎/[all'inferno]! *fam*; ~ **im Hintern haben** *slang*, avere il ₍fuoco al₎/[pepe nel] culo *slang*; **jdm** ~ **machen**/[**in den Hintern pusten**] *slang*, mettere il fuoco al culo a qu *slang*; ~ **und** *Salz text*, sale e pepe.
Pfefferkorn n grano m di pepe.
Pfefferkuchen m *gastr* panpepato m.
Pfefferminz <-es, -e> n **1** <inv, ohne art> (*Aroma*) (essenza f di) menta f piperita **2** (*Bonbon*) (caramella f alla/di) menta f.
Pfefferminzbonbon m *oder süddt A* n (caramella f di) menta f.
Pfefferminze f *bot* menta f piperita.
Pfefferminzlikör m liquore m alla/di menta.
Pfefferminzschokolade f cioccolato m (farcito) alla menta.
Pfefferminztee m foglie f pl di menta; (*aufgebrüht*) tisana f/infuso m alla menta.
Pfeffermühle f pepaiola f, macinapepe m.
pfeffern *tr* **1** *gastr etw* ~ (ESSEN, FLEISCH, GERICHT) (im)pepare *qc* **2** *slang* (*schleudern*) *etw* (*irgendwohin*) ~ (BUCH, TASCHE IN DIE ECKE) schiaffare *slang*/sbattere *fam*/scaraventare *fam qc + compl di luogo* • **jdm eine** ~ *slang*, dare/mollare una sberla/uno schiaffo/un ceffone a qu *fam*.
Pfeffernuss (a.R. Pfeffernuß) f *gastr* dolcetto m di panpepato.
Pfeffersteak n bistecca f al pepe.
Pfefferstreuer <-s, -> m spargipepe m.
pfeffrig, pfefferig adj (GERICHT, SPEISE) pepato.
Pfeife <-, -n> f **1** (*Rauchgerät*) pipa f: ~ **rauchen**, fumare la pipa; **die** ~ **stopfen**, caricare la pipa **2** (*Gerät mit schrillem Ton*) fischio m, fischietto m **3** *mus* piffero m; (*Hirtenpfeife*), zufolo m; (*Orgelpfeife*) canna f (d'organo) **4** *fam pej* (*Versager*) frana f *fam*, schiappa f *fam* **5** *vulg* (*Penis*) randello m *vulg*, mazza f *vulg* • **jdn/etw in der** ~ **rauchen können** *fam*: **das neue Videogerät kannst du doch in der** ~ **rauchen!**, il videoregistratore nuovo ₍non vale un fico secco *fam*₎/[te lo puoi friggere *fam*]!; **nach jds** ~ **tanzen**, farsi comandare a bacchetta da qu *fam*.
Pfeifenkopf m fornello m della pipa.
Pfeifenraucher m (**Pfeifenraucherin** f) fumatore (-trice) m (f) di pipa.
Pfeifenreiniger <-s, -> m scovolino m.
Pfeifenstopfer <-s, -> m curapipe m.
Pfeifentabak m tabacco m da pipa.
Pfeifkonzert n *fam* coro m/salva f di fischi.
Pfeifton m fischio m; (*auf Anrufbeantworter*) segnale m acustico.
Pfeil <-(e)s, -e> m **1** (*Geschoss*) freccia f: ~**e abschießen**, scoccare/tirare frecce; **mit** ~**e**

und Bogen, con arco e freccia; ~**e des Spotts** *geh*, frecciate ironiche **2** (*grafisches Zeichen*) freccia f • ~ **auf**/**ab**/**rechts**/**links** *inform*, tasto di spostamento verso l'alto/il basso/destra/sinistra; **der grüne** ~ *autom* (*Verkehrszeichen*), via libera a destra!; **noch einen** ~ **in seinem** *Köcher* **haben**, avere ancora una freccia al proprio arco; **alle** ~**e verschossen haben**, non avere più cartucce (da sparare) *fam*; **wie ein** ~ **vorbeischießen**, passare come una freccia.
Pfeiler <-s, -> m **1** *bau* (*Stütze*) pilastro m; {+BRÜCKE) pilone m, pila f; {+FENSTER, TÜR} montante m **2** (*moralische Stütze*) {+BETRIEB, FAMILIE} pilastro m, colonna f (portante), perno m: **der** ~ **der Nation sein**, essere il pilastro della nazione; **auf schwachen**/**starken** ~**n ruhen**, poggiare su basi fragili/solide.
pfeilgerade A adj dritto come un fuso/un palo B adv (GEHEN, LAUFEN, SCHIEßEN) dritto come un fuso/un palo.
Pfeilgift n curaro m.
pfeilschnell adj veloce come una freccia/un fulmine/un lampo, velocissimo.
Pfeiltaste f *inform* tasto m freccia/[(di controllo) del cursore].
Pfeilzeiger m *inform* dispositivo m di puntamento, puntatore m.
Pfennig <-s, -e oder bei Mengenangabe -> m *hist* (Abk Pf) pfennig m: **20** ~, **20 pfennig** • **nicht für fünf** ~ **fam**, neanche per sogno/idea *fam*; **für jdn**/**etw keinen** ~ **geben**, non dare una lira per qu/qc; **auf den** ~ **genau**, esatto al centesimo; **keinen** ~ **(Geld) haben**, non avere ₍un soldo₎/[il becco di un quattrino *fam scherz*]; **jeden** ~ **(dreimal) umdrehen** *fam*, ₍badare al₎/[contare il] centesimo *fam*; **keinen** ~ **wert sein**, non valere una lira/un centesimo *fam*/un soldo *fam*; **wer den** ~ **nicht ehrt, ist des Talers nicht wert** *prov*, la ricchezza comincia da zero *prov*.
Pfennigabsatz m tacco m a spillo.
Pfennigbetrag m poche lire f pl, importo m minimo: **dabei handelt es sich nur um Pfennigbeträge**, si tratta solo di ₍poche lire₎/[qualche spicciolo].
Pfennigfuchser <-s, -> m (**Pfennigfuchserin** f) *fam pej* spilorcio (-a) m (f) *fam*, taccagno (-a) m (f), tirchio (-a) m (f).
pfenniggroß adj grande quanto una monetina.
Pfennigkraut <-, *ohne pl*> n *bot* nummolaria f.
Pfennigstück n *hist* moneta f da un pfennig.
Pferch <-(e)s, -e> m recinto m, stabbio m, stazzo m.
pferchen *tr* **jdn**/**etw in etw** (akk) ~ {MENSCHEN, TIERE} ammassare qu/qc in/dentro qc, stipare qu/qc in/dentro qc, pigiare qu/qc in/dentro qc.
Pferd <-(e)s, -e> n **1** *zoo* cavallo m: **ein** ~ **reiten**, cavalcare/montare un cavallo; **aufs**/**vom** ~ **steigen**, ₍montare a₎/[smontare da] cavallo; **zu** ~, a cavallo **2** *sport Turnen* cavallo m • **wie ein** ~ **arbeiten**/**schuften** *fam*, lavorare/sgobbare come ₍una bestia₎/[un ciuco] *fam*; **das hält ja kein** ~ **aus!** *slang*, non ce la fa nessuno!; **keine zehn** ~**e bringen jdn irgendwohin**: **keine zehn** ~**e brächten mich in einen Kurort!** *fam*, per ₍tutto l'oro del₎/[niente al] mondo in una località termale! *fam*; **jdm gehen die** ~**e durch** *fam*, qu perde la staffe *fam*, qu esce dai gangheri *fam*; **einen vom** ~ **erzählen** *slang*, raccontare balle *slang*; **immer langsam**/**sachte mit den jungen** ~**en!** *fam*, calma e gesso! *fam*, al tempo!; **man hat schon** ~**e kotzen sehen!** *slang*, se ne sono viste di cot-

te e di crude! *fam*; **die** ~**e scheu machen** *fam*, seminare il panico, suscitare allarme; **das** ~ **am**/**beim Schwanz aufzäumen**, mettere il carro davanti ai buoi; **aufs falsche**/**richtige** ~ **setzen** *fam*, puntare sul cavallo perdente/vincente *fam*; **das beste** ~ **im Stall**, l'elemento migliore, il miglior pezzo *fam*; **mit jdm** ~**e stehlen können** *fam*, potersi fidare ciecamente/[a occhi chiusi] di qu; **ich glaub', mich tritt ein** ~! *slang*, roba da chiodi! *fam*; **das Trojanische** ~, il cavallo di Troia.
Pferdeapfel m sterco m equino.
Pferdeausstellung f mostra f ₍di cavalli₎/[equina].
Pferdedieb m (**Pferdediebin** f) ladro (-a) m (f) di cavalli.
Pferdefleisch n carne f ₍di cavallo₎/[equina].
Pferdefuß m **1** (*Fuß des Teufels*) piede m caprino **2** *med* piede m equino **3** (*Nachteil*) inconveniente m, neo m, pecca f, magagna f *fam*: **der** ~ **an der Sache**/[**in der Geschichte**] **ist** ..., l'inghippo è che ... *fam*.
Pferdegebiss (a.R. Pferdegebiß) n **1** (*Gebiss eines Pferdes*) dentatura f del cavallo **2** *fam* (*menschliches Gebiss mit großen Zähnen*) denti m pl ₍da cavallo₎/[cavallini].
Pferdegesicht n *fam* faccia f cavallina.
Pferdehändler m (**Pferdehändlerin** f) cavallaio (-a) m (f), mercante mf di cavalli.
Pferdehuf m zoccolo m di cavallo.
Pferdeknecht m stalliere m.
Pferdekoppel f recinto m per cavalli, paddock m.
Pferdekuss (a.R. Pferdekuß) m *fam* ginocchiata f nella coscia.
Pferdelänge f lunghezza f: **um eine**/[**eine halbe**] ~ **gewinnen**, vincere per una/mezza lunghezza.
Pferderennbahn f ippodromo m.
Pferderennen n corsa f di cavalli.
Pferdeschlitten m slitta f a cavalli.
Pferdeschwanz m **1** *zoo* coda f di cavallo **2** (*Frisur*) coda f di cavallo.
Pferdesport m ippica f.
Pferdestall m scuderia f.
Pferdestärke f *obs* (Abk PS) cavallo m vapore, potenza f in cavalli: **ein Motor mit 20** ~**n**, un motore ₍della potenza di₎/[da] 20 cavalli.
Pferdewagen m carro m a cavalli; (*Kutsche*) carrozza f a cavalli.
Pferdezucht f allevamento m ₍di cavalli₎/[equino].
Pferdezüchter m (**Pferdezüchterin** f) allevatore (-trice) m (f) di cavalli.
pfiff 3. pers sing imperf *von* pfeifen.
Pfiff <-(e)s, -e> m **1** (*Ton*) fischio m **2** <*nur sing*> (*Reiz*) **ein Hut mit** ~, un cappello originale; **der Schal gibt dem Kleid erst den richtigen** ~!, è lo scialle che dà ₍quel certo non so che₎/[il tocco giusto] a quel vestito!
Pfifferling <-s, -e> m *bot* gallinaccio m, galletto m, finferlo m *norditaliano* • **keinen**/[**nicht einen**] ~ **wert sein** *fam*, non valere un fico secco *fam*.
pfiffig adj (BEMERKUNG, IDEE) originale; {KERL} sveglio, vispo.
Pfiffigkeit <-, *ohne pl*> f {+IDEE} originalità f; {+KERL} prontezza f di spirito.
Pfiffikus <- *oder* -ses, -se> m *fam scherz* furbetto m *fam*.
Pfingsten <-, -> n *relig* Pentecoste f: **über**/**zu** ~, per/a Pentecoste.
Pfingstferien subst <*nur pl*> ferie f pl/vacanze f pl di Pentecoste.

Pfingstfest n → **Pfingsten**.
Pfingstmontag m lunedì m di Pentecoste.
Pfingstrose f *bot* peonia f.
Pfingstsonntag m domenica f di Pentecoste.
Pfingstwoche f settimana f dopo Pentecoste.
Pfirsich <-(e)s, -e> m pesca f.
Pfirsichbaum m *bot* pesco m.
Pfirsichblüte f **1** fiore m di pesco **2** (*Blütezeit*) fioritura f dei peschi.
Pfirsichhaut f buccia f della/di pesca: **die ~ abziehen**, ⌊sbucciare la⌋/[togliere la buccia alla] pesca ● **eine ~ haben**, avere la pelle ⌊di pesca⌋/[vellutata].
Pfirsichkern m nocciolo m della/di pesca.
Pfirsichsaft m *gastr* succo m di pesca.
Pflanze <-, -n> f pianta f: **eine blühende ~**, una pianta in fiore; **~n düngen/gießen/ziehen**, concimare/annaffiare/coltivare le piante; **eine Fleisch fressende ~**, una pianta carnivora; **eine immergrüne ~**, una pianta sempreverde ● **eine echt Berliner ~!** *fam scherz*, una vera berlinese!; **eine komische/seltsame ~ sein** *fam*, essere un tipo particolare/strano.
pflanzen **A** tr **1** (*etw in die Erde setzen*) **etw** (**in etw** akk) **~** {BAUM, BLUME, SALAT} piantare *qc* (*in qc*): **in dieses Beet will ich nur Rosen ~**, in quest'aiuola voglio metterci solo rose *fam* **2** (*festmachen*) **etw** (**irgendwohin ~**) {FAHNE, FLAGGE} piantare/rizzare *qc* (+ *compl di luogo*) **B** rfl *fam* **sich irgendwohin ~** (*sich breit hinsetzen oder -stellen*) {AUF DAS SOFA, VOR DEN EINGANG} piantarsi/piazzarsi + *compl di luogo fam* **C** tr *A fam* (*zum Narren halten*) **jdn ~** prendere in giro *qu*.
Pflanzenextrakt m *oder* n estratto m di piante.
Pflanzenfaser <-, -n> f fibra f vegetale.
Pflanzenfett n grasso m vegetale.
Pflanzenfresser <-s, -> m fitofago m, erbivoro m.
Pflanzengift n **1** (*aus Pflanzen*) veleno m vegetale **2** (*gegen Unkraut*) diserbante m, erbicida m.
Pflanzenkunde f botanica f.
Pflanzenöl n olio m vegetale.
Pflanzenreich n regno m vegetale/[delle piante].
Pflanzenschädling m parassita m delle piante.
Pflanzenschutz m difesa f/protezione f delle piante/colture: **biologischer ~**, disinfestazione con tecniche biologiche.
Pflanzenschutzmittel n pesticida m.
Pflanzenwelt f mondo m vegetale, flora f.
Pflanzer <-s, -> m (**Pflanzerin** f) piantatore (-trice) m (f).
pflanzlich **A** adj <attr> **1** (*vegetarisch*) {KOST, NAHRUNG} vegetariano **2** (*aus Pflanzen*) {FASER, FETT, ÖL} vegetale **B** adv: **sich ~ ernähren**, seguire ⌊una dieta vegetariana⌋/[un regime vegetariano].
Pflanzung <-, -en> f **1** (*kleine Plantage*) piantagione f **2** (*das Pflanzen*) {+BAUM, BUSCH, STRAUCH} piantare m *qc*.
Pflaster① <-s, -> n pavimentazione f; (*Steinpflaster*) lastrico m, selciato m ● **ein gefährliches/heißes ~**, un posto pericoloso, una zona calda; **nicht mehr das richtige ~ für jdn sein**, non essere più il posto adatto per qu; **Hamburg ist nicht mehr das richtige ~ für mich**, Amburgo non è più la città per me; **ein teures ~** *fam*, un posto (molto) caro.

Pflaster② n **1** (*Heftpflaster*) cerotto m **2** (*Wundpflaster*) impiastro m.
Pflastermaler m (**Pflastermalerin** f) madonnaro (-a) m (f).
pflastern tr **etw ~** pavimentare *qc*; (*mit Steinen*) lastricare *qc*, selciare *qc*.
Pflasterstein m selce f/pietra f da pavimentazione.
Pflaume <-, -n> f **1** (*Frucht*) susina f; (*bes. Trockenpflaume*) prugna f **2** → **Pflaumenbaum 3** *fam* (*unfähiger Mensch*) frana f *fam*, schiappa f *fam*.
Pflaumenbaum m *bot* susino m, prugno m.
Pflaumenkuchen m *gastr* crostata f di prugne.
Pflaumenmus n *gastr* mousse f/passato m di prugne; (*Marmelade*) marmellata f di prugne.
Pflaumenschnaps m grappa f di prugne.
Pflege <-, ohne pl> f **1** (*Pflegen*) {+HAUT, KÖRPER, ZÄHNE} cura f **2** (*Fürsorge*) {+BEHINDERTE, KRANKE} assistenza f; {+ALTE LEUTE, KINDER, PFLANZEN, TIERE} cura f pl **3** (*Wartung*) {+AUTO, HAUSHALTSGERÄT, MASCHINE} manutenzione f **4** (*Ausübung*) {+BEZIEHUNG, ALTES BRAUCHTUM, INTERESSEN, MUSIK, SPRACHE} coltivare m *qc* ● **jdn/etw bei/zu jdm in ~ geben** {PERSON, PFLANZE, TIER}, affidare qu/qc alle cure di qu; **jdn/etw in ~ nehmen**, prendersi cura di qu/qc.
pflegebedürftig adj **1** (*auf Pflege angewiesen*) {BEHINDERTER, KRANKER, ALTER MENSCH} bisognoso di assistenza/cure **2** (*Versorgung erfordernd*) {PFLANZE} bisognoso di cure; {HAUSTIER} *auch* bisognoso di essere governato **3** (*Pflege erfordernd*) {GERÄT, MASCHINE} che richiede una manutenzione particolare.
Pflegebedürftige <dekl wie adj> mf chi ha ⌊bisogno di⌋/[diritto all'] assistenza.
Pflegebedürftigkeit f bisogno m di assistenza/cure.
Pflegeberuf m lavoro m nel settore assistenziale: **in den ~en fehlt oft Personal**, nel settore dell'assistenza manca spesso il personale.
Pflegedienst m (servizio m di) assistenza f domiciliare.
Pflegeeltern subst <nur pl> genitori m pl affidatari.
Pflegefall m persona f ⌊non autosufficiente⌋/[bisognosa di assistenza]: **ein ~ sein/werden**, essere/diventare bisognoso (-a) di assistenza.
Pflegegeld <-s, ohne pl> n "sussidi m pl (del servizio sanitario) per spese di assistenza medica a domicilio".
Pflegeheim n casa f di cura (per persone non autosufficienti).
Pflegekind n bambino (-a) m (f)/minore mf dato (-a)/preso (-a) in affidamento.
Pflegekosten subst <nur pl> "spese f pl di assistenza per ⌊una persona non autosufficiente⌋/[un malato cronico]".
pflegeleicht adj {KLEIDUNGSSTÜCK, STOFF} che non richiede particolari cure; {FUßBODEN} di facile manutenzione: **ein ~es Kleidungsstück**, un indumento lava e indossa ● **~ sein** *fam* {CHEF}, essere accomodante; {EHEMANN}, essere ⌊di bocca buona *fam*⌋/[facile da accontentare]; {KIND}, essere tranquillo/facile.
Pflegemutter f madre f affidataria.
pflegen <pflegte, gepflegt *oder* obs pflog, gepflogen> **A** tr **1** (*sorgen für*) **etw ~** {GARTEN, HAUS, TIER} curare *qc*, avere cura di *qc*, prendersi cura di *qc*, badare *a qc* **2** (*betreuen*) **jdn ~** {BEDÜRFTIGEN, ELTERN, KRANKEN} assistere *qu* **3** (*in gutem Zustand erhalten*) **etw ~** {HAARE, KÖRPER, NÄGEL} curare *qc*: **sein Äußeres ~**, curare il proprio aspetto **4** (*hegen*) **etw ~** {FREUNDSCHAFT, INTERESSEN, LEKTÜRE} coltivare *qc* **5** (*gewöhnlich tun*) **etw** (**zu tun**) **~** essere solito fare *qc*, essere abituato a fare *qc*: **er pflegt jeden Mittag eine Stunde zu schlafen**, ⌊è solito⌋/[ha l'abitudine di] dormire un'ora dopo pranzo; **wie man zu sagen pflegt**, come si suol dire **B** rfl (*auf sein Äußeres achten*) **sich ~** curarsi, aver cura di sé.
Pflegenotstand m mancanza f di personale di assistenza; (*im Krankenhaus*) *auch* mancanza f di personale paramedico.
Pflegepersonal n personale m di assistenza (sanitaria); (*im Krankenhaus*) *auch* personale m paramedico.
Pfleger <-s, -> m (**Pflegerin** f) **1** (*Krankenpfleger*) infermiere (-a) m (f) **2** *jur* curatore (-trice) m (f).
pflegerisch adj {BERUF, TÄTIGKEIT} paramedico: **haben Sie eine ~e Ausbildung?**, ha una formazione infermieristica?
Pflegesatz m (costo m della) retta f ospedaliera giornaliera.
Pflegeserie f linea f di (prodotti) cosmetici.
Pflegeset n *oder* m set m di (prodotti) cosmetici.
Pflegeshampoo n shampoo m curativo.
Pflegesohn m figlio m dato/preso in affidamento.
Pflegespülung f balsamo m.
Pflegestation f **1** (*Abteilung im Krankenhaus*) reparto m di assistenza medica/sanitaria (a persone non autosufficienti); (*im Altenheim*) reparto m di assistenza medica **2** → **Pflegeheim**.
Pflegetochter f figlia f data/presa in affidamento.
Pflegevater m padre m affidatario.
Pflegeversicherung f "assicurazione f obbligatoria che copre il rischio di cure prolungate per persone non autosufficienti".
pfleglich **A** adj {ART, BEHANDLUNG, UMGEHEN} delicato, premuroso, attento **B** adv {ANFASSEN} delicatamente; {BEHANDELN, UMGEHEN} *auch* con cura/premura.
Pflegling <-s, -e> m **1** (*gepflegte Person*) persona f assistita: **jds ~ sein** {KIND, TIER}, essere affidato alle cure di qu **2** *jur* pupillo m.
Pflegschaft <-s, -en> f *jur* (*Fürsorge mit fest umrissenen Wirkungskreis*) curatela f.
Pflegschaftsgericht n *jur* giudice mf tutelare.
Pflicht <-, -en> f **1** dovere m, obbligo m: **die ~ haben, etw zu tun**, avere il dovere/l'obbligo di fare *qc*; **es ist meine ~, das zu tun**, è mio dovere farlo; **gleiche Rechte und ~en**, gli stessi diritti e doveri; **etw als seine ~ ansehen/betrachten**, ritenere (il) proprio dovere fare *qc*; **etw für seine ~ halten**, ritenere/considerare proprio dovere fare *qc*; **sie nimmt ihre ~en als Ärztin sehr genau**, prende molto sul serio i suoi doveri di medico **2** <nur sing> *sport* esercizi m pl obbligatori ● **sich auf seine ~en besinnen**, ricordarsi dei propri doveri; **sich seiner ~en entziehen**, sottrarsi ai propri doveri; **seine ~(en) (gegenüber jdm/etw) erfüllen/tun**, ⌊adempiere al/il⌋/[compiere il] proprio dovere (nei confronti di qu/qc); **die ~ fordert/gebietet/verlangt, dass ...**, il dovere richiede/impone/esige che ...; **jdn in die ~ nehmen** *geh*, richiamare qu al dovere; **jdn in**

nehmen CH (jdn in ein Amt setzen), attribuire/dare una carica a qu; **es mit seinen ~en nicht so genau nehmen**, non prendere troppo sul serio i propri doveri; **die ~ ruft!** fam, il dovere (mi/ci) chiama!; **es ist deine (verdammte/verfluchte** fam**) ~ und Schuldigkeit, das zu tun**, è il tuo sacrosanto dovere (farlo); **seine ~ verletzen**, venire meno al proprio dovere; **seine ~(en) (gegenüber jdm/etw) vernachlässigen**, ₍mancare ai₎/[trascurare i] propri doveri (nei confronti di qu/qc).

Pflichtarbeit f lavoro m obbligatorio.

Pflichtbeitrag m contributo m obbligatorio.

Pflichtbesuch m visita f di cortesia/dovere: **einen ~ sollten wir auch der romanischen Kirche abstatten**, una visitina alla chiesa romanica sarebbe d'obbligo, la chiesa romanica sarebbe una tappa obbligata.

pflichtbewusst (a.R. pflichtbewußt) **A** adj {ANGESTELLTER, BEAMTER, VERHALTEN} consapevole/cosciente del proprio dovere, coscienzioso; **~ sein**, avere il senso del dovere **B** adv {HANDELN, SICH VERHALTEN} con senso del dovere.

Pflichtbewusstsein (a.R. Pflichtbewußtsein) n consapevolezza f/coscienza f del (proprio) dovere, coscienziosità f.

Pflichteifer m zelo m nell'adempimento del (proprio) dovere.

pflichteifrig A adj {ANGESTELLTER, KELLNER} ₍zelante nell'adempimento del₎/[ansioso di compiere il] proprio dovere **B** adv {ERLEDIGEN, SICH KÜMMERN} con lo zelo di chi è ansioso di compiere il proprio dovere.

Pflichteinlage f ökon quota f di capitale sottoscritta dall'accomandante.

Pflichteinstellung f (nur in Betrieben ab 10 Mitarbeiter) obbligo m di assunzione di persone disabili/invalide.

Pflichterfüllung <-, ohne pl> f adempimento m del (proprio) dovere.

Pflichtexemplar n copia f/esemplare m d'obbligo.

Pflichtfach n materia f obbligatoria.

Pflichtgefühl <-s, ohne pl> n senso m del dovere.

Pflichtgegenstand m A → **Pflichtfach**.

pflichtgemäß A adj {ANWESENHEIT, ERFÜLLUNG} conforme al dovere **B** adv {ABGEBEN, SICH EINFINDEN, SICH VORSTELLEN} conformemente al dovere, come dovuto.

Pflichtlauf m sport esercizio m obbligatorio.

Pflichtlektüre f Schule univ lettura f obbligatoria: **etw ist/wird als ~ angegeben**, qc è indicato come lettura obbligatoria; **~ sein** oft scherz, essere un libro indispensabile; **für jeden Interneteinsteiger ist dieses Buch ~**, questo è un libro indispensabile per tutti coloro che si avvicinano per la prima volta a Internet.

Pflichtprogramm n: **sein ~ erledigen**, svolgere il programma d'obbligo; **zum ~ gehören**, essere ₍un must₎/[obbligatorio]; {BAUWERK, STADT BEI EINER REISE} essere una tappa obbligata.

Pflichtreserve f ökon riserva f (minima) obbligatoria.

pflichtschuldig, pflichtschuldigst adv {NICKEN} nel modo dovuto, come si deve: **~ lächeln**, fare un sorriso di circostanza/prammatica; **jdm ~ zuhören**, ascoltare qu con la dovuta attenzione.

Pflichtschule f scuola f dell'obbligo.

Pflichtteil m oder n jur (quota f di) legittima f.

pflichttreu A adj {DIENER, HAUSHALTSHILFE} fedele al dovere **B** adv {ETW ERLEDIGEN, SICH UM ETW KÜMMERN} non mancando al proprio dovere.

Pflichttreue f fedeltà f₍verso il₎/[al] (proprio) dovere: **eine Aufgabe mit der nötigen ~ erledigen**, sbrigare un compito con la dovuta fedeltà al dovere.

Pflichtübung f sport esercizio m obbligatorio • **das Seminar war eine reine ~ für mich**, ho partecipato a quel seminario solo per dovere.

Pflichtumtausch m ökon cambio m obbligatorio.

pflichtvergessen adj dimentico dei propri doveri.

Pflichtvergessenheit <-, ohne pl> f dimenticanza f dei (propri) doveri.

Pflichtverletzung f mancato adempimento m dei propri doveri.

Pflichtversäumnis n mancanza f: **sich häufiger Pflichtversäumnisse schuldig machen**, mancare spesso ai propri doveri.

pflichtversichert adj coperto dall'assicurazione obbligatoria.

Pflichtversicherung f assicurazione f obbligatoria.

Pflichtverteidiger m (**Pflichtverteidigerin** f) jur difensore m d'ufficio.

pflichtwidrig form **A** adj {VERHALTEN} contrario al proprio dovere **B** adv {HANDELN} in modo contrario al (proprio) dovere.

Pflock <-(e)s, Pflöcke> m palo m.

Pflotsch <-(e)s, ohne pl> m CH (Schneematsch) poltiglia f di neve; (Straßenschmutz) poltiglia f di fango.

pflücken tr etw ~ {BLUMEN, KIRSCHEN, PFLAUMEN, SALAT} cogliere qc; {BAUMWOLLE, BOHNEN, ERBSEN, KAFFEE} raccogliere qc.

Pflücker <-s, -> m (**Pflückerin** f) raccoglitore (-trice) m (f).

pflückreif adj {OBST} (abbastanza) maturo per essere raccolto.

Pflug <-(e)s, Pflüge> m **1** agr aratro m **2** Ski spazzaneve m: **~ fahren**, sciare a spazzaneve • **unter den ~ kommen** geh {BRACHLAND, WALD}, essere trasformato in terreno coltivabile; **unter dem ~ sein** geh {BRACHLAND, WALD}, essere terreno coltivabile.

pflügen A tr etw ~ {ACKER, FELD} arare qc **B** itr (mit etw dat) ~ {MIT DEM PFERD, TRAKTOR} arare (con qc).

Pflugschar <-, -en> f agr vomere m.

Pfortader f anat vena f porta.

Pforte <-, -n> f **1** (kleine Tür) {+GARTEN, HOF, PARK} porticina f **2** (bewachter Eingang) {+KLOSTER, KRANKENHAUS} entrata f, cancello m: **etw an der ~ abgeben**, lasciare/consegnare qc in portineria **3** geog (Talsenke): Westfälische/Burgundische ~, Porta Vestfalica/[di Borgogna] • **die ~ in der Hölle ~**, le porte dell'inferno; **die ~ öffnen/schließen** geh {BETRIEB}, aprire/chiudere i battenti.

Pförtner① <-s, -> m anat piloro m.

Pförtner② <-s, -> m (**Pförtnerin** f) portiere (-a) m (f), portinaio (-a) m (f).

Pförtnerloge f portineria f.

Pfosten <-s, -> m **1** (Stützpfosten) {+FENSTER, TÜR} stipite m; {+BETT} gamba f; bau montante m **2** sport (Torpfosten) palo m, montante m • **~! Fußball**, palo!; **zwischen den ~n stehen** Fußball {TORWART}, essere fra i pali; **nur den ~ treffen** Fußball, colpire/prendere il palo.

Pfostenschuss (a.R. Pfostenschuß) m Fußball tiro m contro il palo, palo m slang.

Pfötchen <-s, -> n dim von Pfote zampina f: **~ geben/machen**, dare la zampina • **(gib) ~!** (zum Hund), dammi la zampina!

Pfote <-, -n> f **1** zoo {+BÄR, HASE, KATZE} zampa f **2** fam oft pej (Hand) zampa f fam, mano f: **nimm deine dreckigen ~n da weg!** fam, togli di lì le tue manacce sporche! fam • **sich** (dat) **die ~n verbrennen**, rimanere scottato (-a); **~ weg!**, giù le zampe!

Pfriem <-(e)s, -e> m lesina f.

Pfropf <-(e)s, -e> m **1** tappo m; (aus Watte) tampone m **2** med (Blutgerinnsel) coagulo m, embolo m, grumo m di sangue.

pfropfen① tr **1** (verschließen) etw ~ {FLASCHEN} tappare qc, turare qc **2** fam (hineinzwängen) etw in etw (akk) ~ {KLEIDER IN DEN KOFFER} stipare qc in qc.

pfropfen② tr bot etw ~ {OBSTBAUM, WEINREBE} innestare qc, fare l'innesto a qc.

Pfropfen <-s, -> m tappo m, turacciolo m.

Pfropfung <-, -en> f agr innesto m; (Ausführung) innesto m.

Pfründe <-, -n> f hist prebenda f, sinecura f, beneficio m ecclesiastico • **eine einträgliche/fette ~ (für jdn) sein** {AMT, POSTEN}, essere una sinecura lucrosa/remunerativa (per qu).

pfui interj puh! puah!; (zu Hunden) (pussa) via! • **~ Teufel!** fam, che schifo! fam.

Pfui <-s, -s> n pfui m: **im Publikum waren etliche ~s zu hören**, dal pubblico si levavano dei bu, bu, bu.

Pfuiruf m bu m: **oft wurde der Redner von ~en unterbrochen**, l'oratore fu spesso interrotto da cori di bu.

Pfund <-(e)s, -e oder bei Maßangaben -> n **1** (Abk Pfd) (Gewicht) mezzo kilo m, libbra f: **ein ~ Äpfel**, mezzo kilo di mele; **drei ~**, un kilo e mezzo; **das Neugeborene wiegt gute acht ~**, il neonato pesa quattro kili abbondanti **2** (Währung) (lira f) sterlina f: **ein englisches ~**, un Sterling, una lira sterlina • **sich** (dat) **überflüssige ~e abtrainieren**, buttare giù peso facendo sport; **den ~en zu Leibe rücken**, prendere di petto la ciccia fam; **ein paar ~ zunehmen**, mettere su ₍qualche kilo₎/[peso].

pfundig adj süddt A fam {MÄDCHEN, ÜBERRASCHUNG} forte fam, formidabile.

Pfundnote f banconota f da una sterlina.

Pfundskerl m süddt fam tipo m in gamba.

Pfundsspaß m süddt fam divertimento m pazzesco: **wir haben einen ~ gehabt**, ci siamo divertiti (-e) un mondo.

Pfundsstimmung f süddt fam atmosfera f fantastica.

pfundweise adv {(VER)KAUFEN} a(l) mezzo kilo: **ich könnte ~ Schokolade essen!**, potrei mangiarmi cioccolato a kili!

Pfusch <-(e)s, ohne pl> m, **Pfuscharbeit** f **1** fam pej abborracciatura f, lavoro m raffazzonato/abborracciato/[pasticciato fam]/[fatto male] **2** A (Schwarzarbeit) lavoro m nero.

pfuschen itr **1** fam pej (oberflächlich arbeiten) abborracciare fam, lavorare con i piedi, tirare via **2** A (schwarzarbeiten) lavorare in nero.

Pfuscher <-s, -> m (**Pfuscherin** f) **1** (jd, der oberflächlich arbeitet) abborracciatore (-trice) m (f) fam, pasticcione (-a) m (f), ciarlone (-a) m (f) **2** A (Schwarzarbeiter) lavoratore (-trice) m (f) in nero.

Pfuscherei <-, -en> f fam abborracciatura f, lavoro m raffazzonato/abborracciato/[pasticciato fam]/[fatto male].

Pfütze <-, -n> f (große ~) pozzanghera f; (kleine ~) pozza f: **auf dem Weg bildeten sich viele ~n**, sulla strada si formarono tante pozzanghere.

PH <-, -s> f → **pädagogisch**.
Phalanx <-, rar Phalangen> f **1** geh (geschlossene Front) falange f **2** anat (Finger-, Zehenknochen) falange f.
Phallen, Phalli pl von Phallus.
phallisch adj geh **1** (wie ein Phallus aussehend) fallico **2** (den Phallus betreffend) {PHASE, STUFE} fallico.
Phallos m → **Phallus**.
Phallus <-, -lli oder -llen oder -se> m geh fallo m.
Phalluskult m culto m fallico.
Phallussymbol n simbolo m fallico.
Phänomen <-s, -e> n **1** (Erscheinung) fenomeno m: **ein historisches/physikalisches ~**, un fenomeno storico/fisico **2** (Besonderheit) fenomeno m: **der Mann ist ein ~!**, quell'uomo è un fenomeno! **3** (Rätsel) enigma m: **das ist ein ~ für mich, wie sie Haushalt, Familie und Beruf zusammen bewältigt**, per me è un enigma/mistero come lei riesca a gestire insieme (la) casa, (la) famiglia e (il) lavoro.
phänomenal A adj **1** philos fenomenico **2** (einzigartig) {DARBIETUNG, PERSON, VERHALTEN} fenomenale fam, mitico slang: **das ist ja ~!** fam, è mitico! B adv {DARSTELLEN, SINGEN, SPIELEN} in modo fenomenale.
Phänomenologie <-, ohne pl> f philos (bei Hegel und Husserl) fenomenologia f: **die ~ des Geistes**, la fenomenologia dello spirito.
phänomenologisch adj fenomenologico.
Phantasie f → **Fantasie**.
phantasiearm adj → **fantasiearm**.
phantasiebegabt adj → **fantasiebegabt**.
Phantasiegebilde n → **Fantasiegebilde**.
phantasielos adj → **fantasielos**.
Phantasielosigkeit f → **Fantasielosigkeit**.
phantasiereich adj → **fantasiereich**.
phantasieren itr → **fantasieren**.
phantasievoll adj → **fantasievoll**.
Phantasiewelt f → **Fantasiewelt**.
Phantasma <-s, Phantasmen> n psych allucinazione f, (Trugbild) allucinazione f visiva; (sensitive Täuschung) allucinazione f sensitiva; (akkustische Täuschung) allucinazione f uditiva.
Phantasmagorie <-, -n> f geh fantasmagoria f.
Phantast m (Phantastin f) → **Fantast**.
Phantasterei f → **Fantasterei**.
Phantastin f → **Phantast**.
phantastisch adj → **fantastisch**.
Phantom <-s, -e> n **1** (Trugbild) fantasma m (della mente): **~en nachjagen**, inseguire delle chimere **2** med (nachgebildeter Körperteil) arto m/organo m fantasma.
Phantombild n identikit m, Photofit® m, fotofit m: **ein ~ entwerfen/erstellen**, tracciare un identikit.
Phantomschmerz m med dolore m fantasma.
Pharao <-s, -nen> m hist faraone m.
Pharaonengrab n tomba f faraonica/[di un faraone].
Pharaonenreich n hist impero m del/[di un] faraone.
pharaonisch adj faraonico.
Pharisäer <-s, -> m (Pharisäerin f) **1** relig fariseo (-a) m (f) **2** geh (Heuchler) fariseo (-a) m (f) **3** gastr "caffè m bollente con rum e panna montata".

pharisäerhaft adj geh (hochmütig) {EIFER, MENSCH} farisaico.
Pharisäerin f → **Pharisäer**.
Pharmaberater m → **Pharmareferent**.
Pharmaforschung f ricerca f farmaceutica/farmacologica.
Pharmaindustrie f industria f farmaceutica.
Pharmaka pl von Pharmakon.
Pharmakeule f slang bombardamento m/[uso m massiccio] di farmaci: **(bei jdm) die ~ einsetzen**, imbottire qu di farmaci.
Pharmakologe <-n, -n> m (Pharmakologin f) farmacologo (-a) m (f).
Pharmakologie <-, ohne pl> f farmacologia f.
Pharmakologin f → **Pharmakologe**.
pharmakologisch adj farmacologico.
Pharmakon <-s, Pharmaka> n med farmaco m.
Pharmakonzern m gruppo m industriale farmaceutico.
Pharmakotherapie f med psych terapia f ₍a base di farmaci₎/[farmacologica].
Pharmareferent m (Pharmareferentin f) informatore (-trice) m (f) ₍scientifico (-a) del farmaco₎/[farmaceutico].
Pharmaunternehmen n casa f/industria f farmaceutica.
Pharmazeut m (Pharmazeutin f) laureato (-a) m (f) in farmacia non (ancora) iscritto (-a) all'albo.
pharmazeutisch adj farmaceutico.
pharmazeutisch-technisch adj: **der/die pharmazeutisch-technische Assistent(in)** (Abk PTA), assistente farmaceutico (-a).
Pharmazie <-, ohne pl> f **1** (Arzneimittelkunde) farmaceutica f **2** univ farmacia f.
Pharmaziestudent m (Pharmaziestudentin f) univ studente (-essa) m (f) di farmacia.
Phase <-, -n> f **1** geh (Abschnitt) fase f: **dramatische/heiße/kritische ~**, fase drammatica/calda/critica; **eine schwierige ~ durchmachen**, attraversare un periodo difficile; **in einer schwierigen ~ stecken**, trovarsi in un periodo difficile; **die Gespräche sind in die entscheidende ~ getreten**, i colloqui sono entrati nella fase decisiva **2** astr {+MERKUR, MOND, VENUS} fase f **3** phys fase f **4** chem fase f: **feste/flüssige/gasförmige ~**, fase solida/liquida/gassosa **5** el fase f.
Phasengeschwindigkeit f phys velocità f di fase.
Phasenmesser <-s, -> m el phys fasometro m, cosfimetro m.
Phasenmodulation f (beim Funk) modulazione f di fase.
Phenol <-s, -e> n chem fenolo m, acido m fenico.
Phenolharz n chem resina f fenolica, fenoplasto m.
Phenylgruppe f chem gruppo m fenolo: **unterschiedliche ~n**, differenti gruppi fenolo.
Pheromon <-s, -e> n biol feromone m.
Philanthrop <-en, -en> m (Philanthropin f) filantropo (-a) m (f).
Philanthropie <-, ohne pl> f geh filantropia f.
Philanthropin f → **Philanthrop**.
philanthropisch A adj {EINSTELLUNG} filantropico; {MENSCH} filantropo B adv {DENKEN} filantropicamente, da filantropo (-a); {HANDELN} auch con spirito filantropico.
Philatelie <-, ohne pl> f filatelia f.

Philatelist <-en, -en> m (Philatelistin f) filatelista mf.
Philharmonie f **1** mus (Orchester) (orchestra f) filarmonica f **2** (Gebäude) filarmonica f.
Philharmoniker <-s, -> m (Philharmonikerin f) filarmonico m: **die Wiener ~**, ₍l'orchestra filarmonica₎/[i Filarmonici] di Vienna.
philharmonisch adj filarmonico.
Philipp m (Vorname) Filippo.
Philippika <-, -s oder ohne pl> f geh filippica f: **er hielt eine ~ gegen den moralischen Verfall**, ha tenuto una filippica contro la decadenza morale.
Philippinen subst <nur pl> geog: **die ~**, le Filippine.
Philippiner <-s, -> m (Philippinerin f) filippino (-a) m (f).
Philippinin f → **Philippiner**.
Philister <-s, -> m (Philisterin f) pej filisteo (-a) m (f), piccolo (-a) borghese mf.
Philisterei <-, ohne pl> f geh → **Philistertum**.
philisterhaft adj {VERHALTEN, WESEN} filisteo.
Philistertum <-s, ohne pl> n geh filisteismo m.
Philodendron <-s, Philodendren> m bot filodendro m.
Philologe <-n, -n> m (Philologin f) univ (Sprach- und Literaturwissenschaftler) filologo (-a) m (f); (nach Fremdsprachenstudium) laureato (-a) m (f) in lingue; (nach Italienischstudium) laureato (-a) m (f) in lettere: **sie ist studierte Philologin**, ₍si₎ è laureata₎/[è dottoressa] in filologia; **er ist promovierter Philologe**, ha fatto un dottorato di ricerca in filologia; (Fremdsprachenstudent) studente (-essa) m (f) di/in lingue; (Italienischstudent) studente (-essa) m (f) di lettere.
Philologie <-, -n> f filologia f: **Studium der germanischen/romanischen ~**, studi di lingue (e letterature) germaniche/romanze; **sie studiert italienische/klassische ~**, (lei) fa ₍lettere (moderne)₎/[lettere antiche].
Philologiestudium n univ studi m pl di filologia; (Studiengang) corso m di laurea in lettere: **was macht man mit einem abgeschlossenem ~?**, che cosa si fa con una laurea in lettere?
Philologin f → **Philologe**.
philologisch adj filologico; {WERK} auch di filologia.
Philosoph <-en, -en> m (Philosophin f) **1** wiss filosofo (-a) m (f); univ (Student(in) der Philosphie) studente (-essa) m (f) di filosofia; pej (für Studentin) filosofessa f: **sie ist studierte ~in**, ₍si è laureata₎/[è dottoressa]/ [ha la laurea] in filosofia; **er ist promovierter ~**, ha fatto un dottorato di ricerca in filosofia **2** fam (jd, der gern philosophiert) filosofino (-a) m (f).
Philosophie <-, -n> f **1** wiss filosofia f: **die ~ Hegels/Kants**, la filosofia di Hegel/Kant; **Geschichte der ~**, storia della filosofia **2** univ filosofia f: **einen Abschluss in ~ haben**, avere la laurea in filosofia; **Studium der ~**, studi di filosofia; **sich in ~ einschreiben**, iscriversi a filosofia; **in ~ promovieren**, fare un dottorato di ricerca in filosofia; **~ studieren**, fare/studiare filosofia **3** (persönliche Lebensanschauung) filosofia f: **seine ~ war: immer mit der Ruhe**, la sua filosofia era: calma e gesso.
philosophieren <ohne ge-> itr geh (über etw akk) ~ {ÜBER GOTT, DAS LEBEN} filosofare (su qc).

Philosophiestudium n univ studi m pl di filosofia; (*Studiengang*) corso m di laurea in filosofia: **ein abgeschlossenes ~ in der Tasche haben**, avere in tasca la laurea in filosofia.

Philosophievorlesung f univ lezione f di filosofia: **~en besuchen/hören**, ⌊frequentare un corso⌋/[seguire le lezioni] di filosofia.

Philosophin f → Philosoph.

philosophisch A adj filosofico: **mit ~er Gelassenheit/Ruhe nimmt er die unangenehmen Seiten des Lebens hin**, prende con filosofia i lati sgradevoli della vita B adv {BETRACHTEN} da un punto di vista filosofico, filosoficamente.

Phiole <-, -n> f bes. chem fiala f.

Phlegma <-s, ohne pl> n flemma f, indolenza f: **~ haben**, essere un tipo flemmatico.

Phlegmatiker <-s, -> m (**Phlegmatikerin** f) persona f flemmatica, tipo m flemmatico.

phlegmatisch A adj {CHARAKTER, TYP, VERHALTEN} flemmatico B adv {BETRACHTEN} in modo flemmatico, flemmaticamente; {REAGIEREN} auch con flemma.

pH-neutral adj {SEIFE, WASCHMITTEL} a pH neutro.

Phobie <-, -n> f med fobia f.

phobisch adj med psych fobico.

Phon <-s, -s oder bei Maßangaben -> n phys phon m.

Phonem <-s, -e> n ling fonema m.

Phonematik <-, ohne pl> f ling fonematica f.

Phonetik <-, ohne pl> f ling fonetica f.

Phonetiker <-s, -> m (**Phonetikerin** f) ling fonetista mf.

phonetisch A adj {SCHRIFT} fonetico B adv {WIEDERGEBEN} foneticamente.

Phönix <-(es), -e> m myth fenice f ● **wie (ein/der) ~ aus der Asche (auf)steigen** geh, risorgere dalle (proprie) ceneri.

Phonograph <-en, -en> m hist fonografo m.

Phonographie <-, -n> f tech fonografia f.

Phonologie <-, ohne pl> f ling fonologia f.

phonologisch adj fonologico.

Phonotechnik f tecnica f del suono.

Phonotypist <-en, -en> m (**Phonotypistin** f) dattilografo (-a) m (f) che scrive con il dittafono.

Phonstärke f volume m dei phon: **eine Box mit hoher ~**, una cassa con molti phon; **für das Konzert ist eine bestimmte ~ festgesetzt worden**, per il concerto è stato stabilito un determinato limite di phon.

Phosphat <-(e)s, -e> n chem fosfato m.

Phosphatdünger m concime m fosfatico.

phosphatfrei adj senza/[privo di] fosfati: **~es Waschmittel**, detersivo senza fosfati.

phosphathaltig adj fosfatico, contenente fosfati.

Phosphatrückstand m <meist pl> residuo m ⌊di fosfati⌋/[fosfatico]: **in der Nordsee wurde ein hohes Niveau an Phosphatrückständen gemessen**, nel Mare del Nord è stato rilevato un alto livello di residui fosfatici.

Phosphor <-s, -e> m chem fosforo m.

Phosphorbombe f bomba f al fosforo.

Phosphoreszenz <-, ohne pl> f chem fosforescenza f.

phosphoreszieren <ohne ge-> itr essere fosforescente, fosforeggiare rar.

phosphoreszierend adj fosforescente.

phosphorhaltig adj fosforato, che contiene fosforo.

Phosphorsäure f chem acido m fosforico.

Phosphorvergiftung f intossicazione f da fosforo.

Photo a.R. von Foto → **Foto**①, **Foto**②.

Photoalbum a.R. von Fotoalbum → **Fotoalbum**.

Photoamateur m (**Photoamateurin** f) a.R. von Fotoamateur, Fotoamateurin → **Fotoamateur**.

Photoapparat a.R. von Fotoapparat → **Fotoapparat**.

Photoatelier a.R. von Fotoatelier → **Fotoatelier**.

Photoausrüstung a.R. von Fotoausrüstung → **Fotoausrüstung**.

Photoausstellung a.R. von Fotoausstellung → **Fotoausstellung**.

Photochemie f → **Fotochemie**.

Photoeffekt m → **Fotoeffekt**.

photoelektrisch adj → **fotoelektrisch**.

Photoelektrizität f → **Fotoelektrizität**.

Photoelektron n → **Fotoelektron**.

Photofinish a.R. von Fotofinish → **Fotofinish**.

photogen adj → **fotogen**.

Photogeschäft a.R. von Fotogeschäft → **Fotogeschäft**.

Photograph m (**Photographin** f) → **Fotograf**.

Photographie f → **Fotografie**.

photographieren tr itr a.R. von fotografieren → **fotografieren**.

Photographin f → **Photograph**.

photographisch adj → **fotografisch**.

Photohandy a.R. von Fotohandy → **Fotohandy**.

Photokopie f → **Fotokopie**.

photokopieren tr → **fotokopieren**.

Photokopiergerät n → **Fotokopiergerät**.

Photolabor a.R. von Fotolabor → **Fotolabor**.

Photometer m → **Fotometer**.

Photometrie f → **Fotometrie**.

Photomodell a.R. von Fotomodell → **Fotomodell**.

Photomontage a.R. von Fotomontage → **Fotomontage**.

Photon n → **Foton**.

Photopapier a.R. von Fotopapier → **Fotopapier**.

Photoreportage a.R. von Fotoreportage → **Fotoreportage**.

Photoreporter m (**Photoreporterin** f) a.R. von Fotoreporter, Fotoreporterin → **Fotoreporter**.

Photosafari a.R. von Fotosafari → **Fotosafari**.

Photosatz m → **Fotosatz**.

Photoshooting a.R. von Fotoshooting → **Fotoshooting**.

Photosphäre f → **Fotosphäre**.

Photosynthese f → **Fotosynthese**.

Phototasche a.R. von Fototasche → **Fototasche**.

Photothek a.R. von Fotothek → **Fotothek**.

Phototherapie f → **Fototherapie**.

Photovoltaik f → **Fotovoltaik**.

photovoltaisch adj → **fotovoltaisch**.

Photozelle f → **Fotozelle**.

Phrase <-, -n> f pej **1** (*Redensart*) frase f fatta/stereotipata, luogo m comune: **abgestandene ~n**, frasi stantie/[ripetute a pappagallo]; **das sind alles nur leere/abgedroschene ~n**, sono solo discorsi vuoti/triti, è solo aria fritta fam **2** ling (*Satzglied*) sintagma m **3** mus frase f ● **~n dreschen** fam, sciorinare belle frasi, fare della retorica; **jdm mit hohlen ~n kommen**, fare dei gran discorsoni a qu fam.

Phrasendrescher m (**Phrasendrescherin** f) pej parolaio (-a) m (f).

phrasenhaft adj {REDE, SATZ} vuoto, trito, retorico.

Phraseologie <-, -n> f ling fraseologia f.

phraseologisch A adj {EINHEIT, WÖRTERBUCH} fraseologico; {AUSDRUCK} idiomatico B adv {AUSDRÜCKEN} in modo fraseologico/idiomatico, con un'espressione idiomatica.

phrasieren <ohne ge-> itr mus fraseggiare.

pH-Wert m (valore m del) pH m.

Physik <-, ohne pl> f **1** wiss fisica f: **angewandte/experimentelle/theoretische ~**, fisica applicata/sperimentale/teorica **2** univ fisica f: **einen Abschluss in ~ haben**, ⌊avere la laurea⌋/[essere laureato] in fisica; **Studium der ~**, studi di fisica; **sich in ~ einschreiben**, iscriversi a fisica; **in ~ promovieren**, fare un dottorato di ricerca in fisica; **~ studieren**, fare/studiare fisica **3** Schule (*Fach*) fisica f; (*Stunde*) (lezione f/ora f di) fisica f: **eine Vier in ~ bekommen**, prendere sei in fisica.

Physika pl von Physikum.

physikalisch A adj {BEWEISE, GESETZE, THEORIE} fisico; {EXPERIMENT} di fisica B adv {ERKLÄREN} fisicamente, dal punto di vista della fisica.

Physikarbeit f Schule compito m di fisica: **morgen schreiben wir eine ~**, domani facciamo il compito di fisica.

Physikbuch n Schule libro m/manuale m di fisica.

Physiker <-s, -> m (**Physikerin** f) **1** wiss fisico (-a) m (f) **2** univ fisico (-a) m (f): **sie ist diplomierte ~in**, ⌊si è laureata⌋/[ha la laurea]/[è dottoressa] in fisica; **er ist promovierter ~**, ha fatto un dottorato di ricerca in fisica.

Physiklehrer m (**Physiklehrerin** f) Schule professore (-essa) m (f)/insegnante mf di fisica.

Physikochemie f wiss fisicochimica f.

Physikstudium n univ studi m pl di fisica: (*als Studiengang*) corso m di laurea in fisica.

Physikum <-s, Physika> n obs "esame m del corso di laurea in medicina da sostenere alla fine del primo biennio".

Physikunterricht m Schule (lezioni f pl di) fisica f: **acht Stunden ~ pro Woche**, otto ore di fisica alla settimana.

Physikvorlesung f univ lezione f di fisica; (*gesamter Zyklus*) corso m di fisica: **~en besuchen/hören**, ⌊frequentare un corso⌋/[seguire le lezioni].

Physiognomie <-, -n> f **1** geh fisionomia f; {+GESICHT} fattezze f pl, tratti m pl, lineamenti m pl: **eine außergewöhnliche/einprägsame/interessante ~ haben**, avere una fisionomia particolare/[facile da ricordare]/[interessante]; {+LANDSCHAFT, STADT} fisionomia f **2** anat biol bot {+LEBEWESEN, PFLANZE, TIER} caratteristica f pl.

Physiognomik <-, ohne pl> f psych fisiognomica f, fisiognomia f.

Physiologe <-en, -en> m (**Physiologin** f) wiss fisiologo (-a) m (f).

Physiologie <-, ohne pl> f fisiologia f.

Physiologin f → **Physiologe**.

physiologisch A adj fisiologico B adv fisiologicamente, a livello fisiologico: **eine ~ bedingte Krankheit**, una malattia di natura organica.

Physiotherapeut m (**Physiotherapeutin** f) *med* fisioterapista mf.
physiotherapeutisch **A** adj {BEHANDLUNG, BETREUUNG} fisioterapico: **eine ~e Ausbildung haben**, avere una formazione fisioterapica **B** adv {BEHANDELN} con la fisioterapia.
Physiotherapie <-, ohne pl> f fisioterapia f, terapia f fisica.
physisch **A** adj **1** (*körperlich*) {ANSTRENGUNG, KRANKHEIT, SCHMERZ, ÜBERLEGENHEIT} fisico **2** *geog* {GEOGRAPHIE, KARTE} fisico **B** adv {DEUTLICH WERDEN, SICH ZEIGEN} fisicamente: **jdm ~ unterlegen sein**, essere inferiore a qu dal punto di vista fisico.
Phytopharmazie f *med* fitofarmacia f.
Phytoplankton n *biol* fitoplancton m.
Phytotherapie f *med* fitoterapia f.
Pi <-(s), -s> n **1** (*griechischer Buchstabe*) pi m oder f **2** *math* m in greco • **Pi mal Daumen** *fam*, a occhio e croce *fam*.
Pianist <-en, -en> m (**Pianistin** f) *mus* pianista mf.
Piano <-s, -s> n *obs oder scherz*, **Pianoforte** <-s, -s> n *scherz* piano(forte) m.
Piaster <-s, -> m (*Währung*) piastra f.
Piccolo m → **Pikkolo**.
picheln *region fam* **A** itr sbevazzare *fam*, alzare il gomito *fam* **B** tr *etw* ~ {ALKOHOL, BIER, WEIN} bevucchiare *qc fam*, bevicchiare *qc* • **einen ~ gehen** *fam*, andare a farsi un bicchierino *fam*, andare a bagnarsi l'ugola/il becco *fam*.
Picke <-, -n> f → **Pickel**①.
Pickel① <-s, -> m (*Spitzhacke*) piccone m; (*Eispickel*) piccozza f (da ghiaccio).
Pickel② <-s, -> m brufolo m, pustola f, bolla f *fam*, foruncoletto f: **einen ~ ausdrücken**, schiacciarsi una pustola; **jd bekommt ~**, a qu vengono i brufoli; **~ haben**, avere i brufoli.
pickelig, **picklig** adj {GESICHT, HAUT} brufoloso, pieno di brufoli, foruncoloso.
picken **A** itr (*mit dem Schnabel schlagen*) {GANS, HUHN, VOGEL} beccare; **nach etw** (dat) ~ beccare *qc*: **die Gans hat nach meinem Finger gepickt**, l'oca mi ha beccato il dito **B** tr **1** (*Nahrung aufnehmen*) *etw* ~ {KÖRNER} beccare *qc* **2** *fam* (*herausnehmen*) *etw aus etw* (dat): **ein paar Gurken aus dem Glas ~** *fam*, pescare un paio di cetriolini dal vasetto.
Picknick <-s, -e oder -s> n picnic m: **~ machen**, fare (un) picnic, mangiare al sacco *fam*.
picknicken itr fare (un) picnic, mangiare al sacco *fam*.
Picknickkorb m cestino m da picnic.
Pick-up <-s, -s> m **1** *tech* pick-up m, fonorilevatore m **2** *autom* pick-up m **3** → **Pick-up-Shop**.
Pick-up-Shop <-s, -s> m negozio m con trasporto fai-da-te.
picobello <inv> *fam* **A** adj <präd>: **~ sein**, essere impeccabile/perfetto; **du bist ja richtig ~ heute!**, ti sei messo (-a) proprio in ghingheri oggi! **B** adv {ANGEZOGEN} in modo impeccabile/perfetto: **hier ist ja ~ aufgeräumt!**, è tutto perfettamente in ordine!
Piedestal <-s, -e> n **1** *arch* piedistallo m **2** *geh* (*für Statuen, Vasen*) piedistallo m.
Piefke <-s, -s> m *norddt fam pej* bellimbusto m, sbruffone m.
piekfein *fam* **A** adj {LEUTE} molto fine; {AUSSTATTUNG, RESTAURANT} di lusso; {ANZUG, KLEID} chic, elegantissimo, fighetto *fam* **B** adv {EINGERICHTET} in modo esclusivo: **er ist heute aber ~ angezogen!**, oggi è proprio

pieksauber *fam* **A** adj {FINGERNÄGEL} pulitissimo; {HAUS, WOHNUNG} auch splendente: **~ sein**, essere lucido come uno specchio **B** adv: **~ geputzt**, tirato a lucido.
Piemont <-s, ohne pl> n *geog* Piemonte m.
piep interj pio pio!, cip cip! • **nicht (einmal) ~ sagen** *fam* (*schweigen*), non fare pio *fam*, non aprire bocca *fam*; **nicht mal/mehr ~ sagen können** *fam*, non avere più neanche la forza di parlare.
Piep <-s, -e> m *fam* → **Pieps**.
piepe, **piepegal** adj *fam*: **das ist mir ~!**, me ne impipo! *fam*, me ne infischio! *fam*, me ne faccio un baffo! *fam*.
piepen, **piepsen** itr **1** (*hohe Laute abgeben*) {KÜKEN} pigolare; {VOGEL} fare cip cip; {MAUS} squittire; {MENSCH} squittire **2** (*Signaltöne abgeben*) {EMPFANGSGERÄT, PERSONENSUCHANLAGE} emettere un/dei bip; (*Pfeiftöne abgeben*) {FERNSEHER, RADIO} fischiare • **bei dir piept's wohl?** *fam*, sei matto (-a)? *fam*, ti manca un venerdì? *fam*; **das war zum Piepen!** *fam*, c'era da scoppiare/sbellicarsi/sganasciarsi dalle risa(te)! *fam*.
Piepen subst <nur pl> *slang* euro m pl: **eine Menge ~ verdienen**, guadagnare un sacco di soldi/quattrini *fam*.
Piepmatz <-es, Piepmätze> m *Kindersprache* uccellino m.
Pieps <-es, -e> m *fam* cip cip m • **einen ~ haben** *fam*, essere un po' suonato *fam*/tocco *fam*; **keinen ~ mehr von sich geben** *fam*, non aprire più bocca, non dire/spiccicare (una) parola.
Piepser <-s, -> m *fam* cercapersone m, cicalino m, beeper m.
piepsig adj *fam* {TON} cinguettante: **mit ~er Stimme singen/sprechen**, cantare/parlare con una vocina cinguettante.
Piepton m bip m, segnale m acustico: **nach dem ~ können Sie eine Nachricht hinterlassen**, dopo il bip potete lasciare un messaggio.
Pier <-s, -e oder -s> m oder <-, -s> f molo m.
piercen tr *jdn* ~ fare il piercing *a qu*: **sich ~ lassen**, farsi fare il piercing; **sich** (dat) **etw ~ lassen** {BRUSTWARZE, ZUNGE}, farsi fare il piercing *a qc*.
Piercing <-s, ohne pl> n piercing m.
piesacken tr *fam jdn* ~ tormentare *qu*, assillare *qu*: **das Kind piesackt mich schon den ganzen Tag, ich soll ihm ein Fahrrad kaufen**, è tutto il giorno che il bambino mi assilla perché gli compri la bicicletta.
pieseln itr *fam* fare la pipì, pisciare *vulg* • **es pieselt** *fam*, pioviggina.
Pietät <-, ohne pl> f *geh* (*profondo*) rispetto m, riverenza f: **Mangel an ~**, mancanza di rispetto, irriverenza f; **etw aus ~ tun**, fare *qc* per rispetto; **die ~ gegenüber jdm/etw wahren** {GEGENÜBER MORALVORSTELLUNGEN, TRADITIONEN}, conservare il rispetto di *qu/qc* • **das gebietet allein schon die ~!**, è un'elementare questione di rispetto!
pietätlos *geh* **A** adj {BEMERKUNG, VERHALTEN, WESEN} irriverente, irrispettoso, irriguardoso **B** adv {AUFTRETEN, SICH VERHALTEN} in maniera irriverente/irrispettosa/irriguardosa.
Pietätlosigkeit <-, ohne pl> f *geh* mancanza f di rispetto, irriverenza f.
pietätvoll adj *geh* rispettoso, riverente.
Pietismus <-, ohne pl> m *relig hist*: **der ~**, il pietismo.
Pietist <-en, -en> m (**Pietistin** f) pietista mf.
pietistisch adj pietistico.
piff paff interj *Kindersprache* pam, pam!,

pum, pum!
Pigment <-(e)s, -e> n **1** *biol med* pigmento m **2** *chem* pigmento m.
Pigmentbildung f pigmentazione f.
Pigmentfleck m *med* macchia f cutanea.
pigmentieren <ohne ge-> **A** tr *etw* ~ {HAUT} pigmentare *qc* **B** itr pigmentare.
Pigmentierung <-, -en> f *biol med* pigmentazione f.
Pik① m: **einen Pik auf jdn haben** *fam*, avercela con qu *fam*, avere il dente avvelenato con(tro) qu *fam*.
Pik② <-s, -s> n (*Spielkartenfarbe*) picche f pl.
pikant **A** adj **1** *gastr* piccante **2** (*anzüglich*) {WITZ} spinto, piccante; {BEMERKUNG, GESCHICHTE} auch salace, audace, osé **B** adv: **~ schmecken**, avere un sapore/[essere] piccante.
Pikanterie <-, -n> f *geh* **1** <nur sing> (*gewisser Reiz*) nota f piccante: **seine Geschichten entbehren nicht einer gewissen ~**, alle sue storie non manca mai una nota piccante **2** (*anzügliche Geschichte*) racconto m piccante; (*anzüglicher Witz*) barzelletta f spinta/piccante; (*anzügliche Bemerkung*) commento m audace/salace/osé.
Pikdame f *Karten* donna f/regina f di picche.
Pike <-, -n> f: **von der ~ auf dienen** *fam*, venire dalla/[fare (la)] gavetta *fam*; **etw von der ~ auf lernen** *fam*, imparare *qc* dai primi rudimenti.
piken *fam* **A** tr (*leicht stechen*) *jdn* (*mit etw* dat) ~ punzecchiare *qu* (con *qc*) **B** itr (*stechen*) {DORN, HEU, RAUER STOFF} bucare *fam*, pungere: **dieser Pullover pikt auf der Haut**, questo golf buca la pelle.
pikiert *geh* **A** adj {AUSDRUCK, GESICHT, MIENE} offeso, risentito, piccato **B** adv: **~ reagieren**, fare l'offeso (-a); **~ verließ sie das Zimmer**, lasciò la stanza con un'espressione offesa.
Pikkolo <-s, -s> m **1** *fam* (*kleine Flasche Sekt*) bottiglietta f di spumante (per una persona), nano® m **2** (*Kellnerlehrling*) aiuto m cameriere, piccolo m *fam*.
Pikkoloflöte f *mus* ottavino m.
pikobello adj adv → **picobello**.
piksen tr itr → **piken**.
Piksieben f *Karten* sette m di picche • **dastehen wie (die) ~** *fam*, starsene lì impalato (-a) *fam*/imbambolato (-a) *fam*.
Piktogramm <-s, -e> n pittogramma m.
Pilaster <-s, -> m *arch* parasta f.
Pilatus m → **Pontius**.
Pilger <-s, -> m (**Pilgerin** f) *relig* pellegrino (-a) m (f).
Pilgerfahrt f *relig* pellegrinaggio m.
Pilgerin f → **Pilger**.
pilgern itr <sein> *irgendwohin* ~ **1** (*wallfahren*) andare/recarsi in pellegrinaggio + *compl di luogo* **2** *fam* (*wandern*): **am Sonntag sind wir alle nach Schloss Schönbrunn gepilgert**, domenica ci siamo fatti tutti una bella camminata fino al castello di Schönbrunn.
Pilgerreise f → **Pilgerfahrt**.
Pilgerzug m processione f di pellegrini.
Pille <-, -n> f **1** (*Tablette*) pillola f: **eine ~ (gegen etw** akk) **(ein)nehmen**, prendere una pillola (per *qc*) **2** <nur sing> (*Antibaby~*) pillola f (anticoncezionale): **die ~ nehmen**, prendere la pillola (anticoncezionale); **die ~ danach**, la pillola del giorno dopo; **die ~ für den Mann**, la pillola per l'uomo, il pillolo *scherz* • **eine bittere ~ für jdn (sein)** *fam*, (essere) una pillola amara per qu *fam*; **die**

(bittere) ~ *schlucken fam*, inghiottire/ingoiare una pillola amara *fam*; **jdm eine bittere ~ *versüßen fam***, addolcire/indorare la pillola a qu *fam*.
Pillendöschen n portapillole m, pilloliera f.
Pillendreher m **1** *zoo* scarabeo m **2** *fam scherz* (*Apotheker*) speziale m *lit oder region*.
Pillenknick m effetto m pillola.
Pilot <-en, -en> m (**Pilotin** f) *aero autom* pilota mf: **der zweite ~**, il copilota, il secondo pilota ● **automatischer ~**, pilota automatico.
Pilotanlage f *tech* impianto m pilota.
Pilotenschein m brevetto m di/da pilota.
Pilotfilm m film m pilota.
Pilotin f → **Pilot**.
Pilotprojekt n progetto m pilota: **ein ~ starten**, fare partire un progetto pilota.
Pilotsendung f *TV* trasmissione f pilota.
Pilotstudie f studio m pilota: **eine ~ durchführen**, realizzare uno studio pilota.
Pils <-, -> n, **Pilsener**, **Pilsner** <-s, -> n (birra f) Pilsen f: **ein frisch gezapftes ~ trinken**, bere una Pils appena spillata ● **ein kleines/großes ~**, una Pils piccola/grande.
Pilz <-es, -e> m **1** *bot* fungo m: **~ e suchen**, andare per/[a cercare] funghi; **essbare/giftige ~e**, funghi ₍mangerecci/commestibili₎/[velenosi] **2** *bot pharm* (*Krankheitserreger o. Basis von Antibiotika*) micete m, fungo m **3** *fam med* (*Hautpilz*) fungo m (della pelle), micosi f *wiss* ● **wie ~e aus ₍der Erde₎/[dem Boden] schießen *fam***, spuntare come (i) funghi *fam*.
Pilzbefall m infestazione f da funghi: **die Pflanzen vor ~ schützen**, proteggere le piante dalle infestazioni da funghi.
Pilzberatungsstelle f centro m (di controllo) micologico.
Pilzerkrankung f *med* micosi f.
Pilzgericht n piatto m a base di funghi.
Pilzkopf m *fam* (acconciatura f a) caschetto m.
Pilzkrankheit f *med* micosi f.
Pilzkultur f *bot* coltura f di funghi.
Pilzkunde f *bot* micologia f, micetologia f.
Pilzsammler m (**Pilzsammlerin** f) ₍cercatore (-trice) m(f)₎/[raccoglitore (-trice) m(f)] di funghi.
Pilzvergiftung f avvelenamento m/intossicazione f da funghi.
Pimmel <-s, -> m *fam* pisellino m, pistolino m *fam*.
Pimpf <-(e)s, -e> m *fam* tapp(in)o m *fam*, nanerottolo m *fam*.
Pinakothek <-, -en> f pinacoteca f.
PIN-Code m codice m PIN.
pingelig, **pinglig** adj *fam pej* pignolo, pedante, fiscale.
Pingpong <-s, ohne pl> n *fam sport* ping-pong® m: **~ spielen**, giocare a ping-pong.
Pinguin <-s, -e> m *zoo* pinguino m.
Pinie <-, -n> f *bot* pino m.
Pinienkern m pinolo m.
Pinienwald m pineta f.
Pinienzapfen m *bot* pigna f.
pink, **pinkfarben** <inv> A adj rosa shocking B adv: **sich ~ anziehen**, vestirsi (di) rosa shocking.
Pinke, **Pinkepinke** <-, ohne pl> f *slang* grana f *slang*, quattrini m pl *fam*, palanche f pl *fam region*.
Pinkel ① <-s, - oder -s> m *fam pej* (*Mann*) bellimbusto m.
Pinkel ② <-, -n> f *norddt gastr* tipo di salsiccia.

pinkeln itr *slang* pisciare *slang*, fare (la) pipì *fam*; **an/auf/gegen etw** (akk) **~** pisciare su/contro qc.
Pinkelpause f *fam* pausa f per fare (la) pipì; (*auf der Reise*) sosta f per fare (la) pipì.
PIN-Kode m → **PIN-Code**.
PIN-Nummer f (codice m) PIN m, numero m di codice personale: **bitte geben Sie Ihre PIN-Nummer ein!**, La preghiamo di digitare il Suo (numero di) codice personale.
Pinnwand f pannello m da affissione, bacheca f.
Pinscher <-s, -> m (cane m) grifone m.
Pinsel <-s, -> m pennello m ● **ein eingebildeter ~** *fam pej*, un pallone gonfiato *fam*.
pinseln A tr **1** *fam* (*malen*) **etw ~** {BILD} dipingere qc; **etw irgendwohin ~** {SPRUCH AN DIE WAND} scrivere qc (con un pennello) + *compl di luogo* **2** (*mit dem Pinsel auftragen*) **etw ~** {BRATEN, RACHENMANDELN} (s)pennellare qc, dare una (s)pennellata a qc B itr (*malen*) (s)pennellare.
Pinselstrich m (s)pennellata f.
Pinte <-, -n> f *norddt fam* birreria f, pub m.
Pin-up-Girl <-s, -s> n ragazza f copertina, pin-up f (girl f).
Pinzette <-, -n> f pinzetta f.
Pionier <-s, -e> m (**Pionierin** f) **1** <nur m> *mil* (*Soldat*) geniere m **2** *geh* (*Wegbereiter*) {+RAUMFAHRT, SOZIALISMUS, WISSENSCHAFT} pioniere (-a) m (f), antesignano (-a) m (f).
Pionierarbeit f opera f/impresa f pionieristica: **mit seinen Krebsstudien hat er ~ geleistet**, con i suoi studi ha aperto nuove strade alla ricerca sul cancro.
Pioniergeist m pionierismo m, spirito m pionieristico: **von ~ angetrieben sein**, essere animato/spinto da pionierismo.
Pionierin f → **Pionier**.
Pionierleistung f → **Pionierarbeit**.
Pionierorganisation f *ostdt hist* "organizzazione f giovanile comunista di massa della ex RDT, per bambini tra i 6 e i 14 anni".
Pionierunternehmen n *ökon* impresa f ₍d'avanguardia₎/[pioniere]: **auf diesem Gebiet hat sich der Pharmakonzern zu einem ~ entwickelt**, in questo settore il gruppo farmaceutico è diventato un apripista.
Pionierzeit f *hist* (*in Nordamerika*) periodo m dei pionieri del West.
Pipapo <-s, ohne pl> n *fam*: **... mit allem ~** {AUTO, HOTEL, WOHNUNG}, con ₍tutte le comodità₎/[tutti i comfort]; {KÜCHENEINRICHTUNG, STEREOANLAGE} con tutti gli accessori.
Pipeline <-, -s> f (*für Erdöl*) oleodotto m, pipeline f; (*für Erdgas*) gasdotto m.
Pipette <-, -n> f *chem* pipetta f.
Pipi <-s, ohne pl> n *Kindersprache* pipì f: **~ machen**, fare (la) pipì.
Pipifax <-, ohne pl> m *fam* cretinate f pl *fam*, sciocchezze f pl, stupidaggini f pl: **das ist doch alles ~**, sono tutte cavolate! *fam*.
Piranha <-(-), -s> m piranha m.
Pirat <-en, -en> m pirata m, corsaro m.
Piratenfilm m film m con i pirati.
Piratenschiff n nave f pirata/corsara.
Piratensender m radio f/emittente f pirata.
Piraterie <-, -n> f **1** (*Seeräuberei*) pirateria f **2** (*illegale Nutzung von Gütern*) pirateria f.
Pirol <-s, -e> m *ornith* rigogolo m.
Pirouette <-, -n> f *sport* piroetta f: **eine ~ drehen**, fare una piroetta.
Pirsch <-, ohne pl> f caccia f alla cerca: **auf die ~ gehen**, andare a caccia.
pirschen A itr <sein> (*schleichen*) **irgendwohin ~** muoversi quatto (-a) quatto (-a) +

compl di luogo B rfl <haben> (*sich (an)schleichen*) **sich irgendwohin ~** avvicinarsi ₍di soppiatto₎/[furtivamente] a qc: **er pirschte sich ins Zimmer**, si introdusse furtivamente nella stanza.
PISA-Studie f, **Pisa-Studie** f indagine f OCSE-PISA, studio m PISA.
Pisse <-, ohne pl> f *vulg* piscia f *vulg*, piscio m *vulg*.
pissen itr *vulg* pisciare *vulg*.
Pisser <-s, -> m (**Pisserin** f) *vulg* coglione (-a) m (f) *vulg* ● **du alter ~!**, (sei un vero) coglione!
Pissoir <-s, -e oder -s> n orinatoio m, vespasiano m.
pisswarm (a.R. pißwarm) adj *vulg* {WASSER} tiepido come il piscio *vulg*.
Pistazie <-, -n> f **1** *bot* pistacchio m **2** (*Kern*) pistacchio m.
Pistazienkern m (seme m di) pistacchio m.
Piste <-, -n> f **1** *sport* pista f: **eine vereiste ~**, una pista ghiacciata; **die ~ runterbrettern** *fam*, precipitarsi/fiondarsi *fam* giù per la pista; **die ~ für die Skifahrer präparieren**, battere la pista per gli sciatori **2** *aero* pista f (aeroportuale): **auf die ~ aufsetzen**, atterrare **3** (*unbefestigter Weg*) ● **auf der ~ sein** *fam*, essere in giro per locali.
Pistenraupe f gatto m delle nevi, battipista m.
Pistensau f *fam pej*, **Pistenschreck** m *fam pej* (*rücksichtsloser Skifahrer*) terrore m delle piste *fam*.
Pistill <-s, -e> n **1** *pharm* (*Stößel*) pestello m **2** *bot* pistillo m.
Pistole <-, -n> f pistola f ● **jdm die ~ auf die Brust setzen**, stare con la pistola alla gola di qu, mettere qu con le spalle al muro *fam*; **wie aus der ~ geschossen** *fam* {ANTWORTEN}, di botto *fam*, sparato (-a) *fam*.
Pistolenschuss (a.R. Pistolenschuß) m colpo m di pistola, pistolettata f, revolverata f.
Pitbull <-s, -s> m, **Pitbullterrier** <-s, -> m *zoo* pit bull terrier m.
pitsch interj *Kindersprache*: **~**, **patsch**, ciaf!, ciaffete!; **~**, **patsch machen**, fare ciaf, ciaf.
pitschnass (a.R. pitschnaß) adj *fam* bagnato fradicio, zuppo.
pittoresk adj *geh* {ANSICHT, LANDSCHAFT, ORT} pittoresco.
Pixel <-(s), -> n *inform* pixel m.
Pizza <-, -s oder Pizzen> f *gastr* pizza f.
Pizzabäcker m (**Pizzabäckerin** f) pizzaiolo (-a) m (f).
Pizzaservice <-(s), -(s)> m servizio m pizza a domicilio.
Pkt. Abk *von* Punkt: punto m.
Pkw, **PKW** <-(s), -s> m Abk *von* Personenkraftwagen: autovettura f.
Placebo <-s, -s> n *med* placebo m.
Placeboeffekt m effetto m placebo.
placieren a.R. *von* platzieren → **platzieren**.
Placierung a.R. *von* Platzierung → **Platzierung**.
placken rfl *fam* **sich ~** faticare, sgobbare *fam*, strapazzarsi *fam*.
Plackerei <-, -en> f *fam* fatica(ccia) f *fam*.
pladdern itr *norddt* (*auf etw* akk) **~** {AUF DAS AUTO, DACH} scrosciare (su qc): **heut' hat's ganz schön gepladdert!**, oggi ha scrosciato a più non posso!
plädieren <ohne ge-> itr **1** *jur* (*beantragen*) **auf/für etw** (akk) **~** chiedere qc: **auf Freispruch/schuldig ~**, chiedere l'assoluzione/la condanna; **der Staatsanwalt plädierte**

auf zehn Jahre, il pubblico ministero ha chiesto una condanna a dieci anni **2** *geh* (*sich aussprechen*) **für etw** (akk) ~ essere esprimersi *per/*[*in favore di*] *qc*, caldeggiare *qc;* **gegen etw** (akk) ~, essere contrario *a qc:* **ich plädiere dafür, vorerst gar nichts zu unternehmen**, sarei dell'avviso di non fare assolutamente niente per il momento.

Plädoyer <-s, -s> n **1** *jur* {+VERTEIDIGER} arringa f; {+STAATSANWALT} requisitoria f **2** *geh* (*Stellungnahme*) ~ **für jdn/etw** difesa f *di qu/qc*, appello m per *qu/qc*, presa f di posizione *in favore di qu/qc* ● **ein ~ halten** *jur* {VERTEIDIGER}, fare/pronunciare un'arringa; {STAATSANWALT}, fare/pronunciare una requisitoria.

Plafond <-s, -s> m **1** A (*Zimmerdecke*) soffitto m **2** *bank* castelletto m, plafond m (di credito).

Plage <-, -n> f **1** (*Qual*) tormento m: **zu einer ~ werden**, diventare un tormento; **die Stechmücken sind eine wahre ~**, le zanzare sono un vero tormento; (*Übel, Unheil*) piaga f **2** *fam* (*Mühe*) fatica f: **man hat so seine ~(n)!**, ognuno ha la sua croce! *fam* ● **der Kerl ist eine echte ~!**, che piaga quel tipo!; **es ist eine ~ mit dir!**, ma sei davvero un tormento!

Plagegeist m *fam* piaga f *fam*, rompiscatole mf *fam*, scocciatore (-trice) m (f), impiastro m *fam*.

plagen **A** tr (*quälen*) jdn ~ {HITZE, KOPFSCHMERZEN} tormentare *qu*; {GEDANKEN, GEWISSEN, SORGEN} angosciare *qu*; {belästigen} seccare *qu*; **jdn** (**mit etw** dat) ~ assillare *qu* (*con qc*): **die Kinder ~ mich schon den ganzen Tag, ich soll mit ihnen ins Kino gehen**, è da stamani che i bambini non mi danno pace perché vada con loro al cinema **B** *rfl* (*sich abmühen*) **sich** (**mit etw** dat) ~ penare (*per qc*); tribolare (*per qc*).

Plagiat <-(e)s, -e> n *geh* plagio m.

Plagiator <-s, -en> m (**Plagiatorin** f) *geh* plagiario (-a) m (f).

plagiieren <ohne ge-> tr *geh etw* ~ plagiare *qc*.

Plakat <-(e)s, -e> n manifesto m, affisso m; (*bes. Werbeplakat*) cartellone m (pubblicitario) ● **ein ~ ankleben/anschlagen**, attaccare/affiggere un manifesto/cartellone; **~e anbringen verboten!**, divieto di affissione!, vietata l'affissione!.

plakatieren <ohne ge-> itr attaccare/affiggere manifesti: **wir müssen noch für den Wahlkampf ~**, dobbiamo ancora fare attacchinaggio per la campagna elettorale.

plakativ adj **1** (*bewusst herausgestellt*) {SLOGAN} a(d) effetto; {VERHALTEN} ostentato **2** (*wie ein Plakat wirkend*) {AUFMACHUNG} vistoso; {FARBEN} *auch* suggestivo; {DARSTELLUNG} incisivo, suggestivo.

Plakatmalerei f cartellonistica f.

Plakatsäule f colonna f per manifesti/affissioni.

Plakatwand f tabellone m pubblicitario.

Plakatwerbung f pubblicità f affissionale/[d'affissione]/[su manifesti].

Plakette <-, -n> f **1** (*Aufkleber am Auto*) bollino m; (*kleine Scheibe aus Metall*) targhetta f, placca f **2** (*Abzeichen*) distintivo m, piastrina f: **sich** (dat) **eine ~ anstecken**, appuntarsi un distintivo.

plan adj *geh* piano, piatto.

Plan <-(e)s, Pläne> m **1** (*Vorhaben*) progetto m, piano m: **ein verbrecherischer ~**, un disegno criminoso; **habt ihr schon Pläne für den Sommer?**, avete già (dei) progetti/programmi per l'estate? **2** (*Absicht*) intenzione f **3** *tech* (*Entwurf*) progetto m: **einen ~ für**

etw (akk) **entwerfen/zeichnen**, abbozzare/disegnare un progetto per *qc* **4** (*Karte*) carta f (generale), pianta f, mappa f: **dieses Haus ist nicht in dem ~ eingezeichnet**, questa casa non è riportata sulla carta ● **jds ~/ Pläne durchkreuzen/vereiteln**, intralciare/[mandare a monte] i progetti di *qu*; **nach ~ gehen/verlaufen**, andare/procedere secondo i piani/disegni, andare come previsto; **keinen ~ haben** *fam*, non avere progetti; **ich habe noch keinen ~, was ich diesen Sommer machen werde**, non ho ancora alcun progetto per l'estate; **Pläne machen/schmieden**, fare progetti; **jdn/etw auf den ~ rufen**, chiamare in causa *qu/qc*; **voller Pläne stecken** *fam*, essere pieno di idee, avere mille progetti; **auf dem ~ stehen**, essere in programma; **sich mit dem ~ tragen, etw zu tun** *geh*, accarezzare l'idea di fare *qc*; **auf den ~ treten**, entrare in scena.

Plane <-, -n> f telone m.

planen tr *etw* ~ **1** (*genau ausarbeiten*) pianificare *qc*, progettare *qc*, programmare *qc* **2** (*vorhaben*) aver intenzione/[in mente] *di fare qc*, progettare/programmare (*di fare*) *qc*: **wir ~ eine Reise in die USA**, abbiamo intenzione di fare un viaggio negli USA; **habt ihr für das Wochenende schon etwas geplant?**, avete già ⌊in proprio qualcosa⌋/[dei programmi] per il fine settimana? **3** *arch* (*entwerfen*) progettare *qc*, fare il progetto *per qc*.

Planer <-s, -> m (**Planerin** f) progettista mf; (*von Entwicklung, Wirtschaft*) pianificatore (-trice) m (f).

planerisch **A** adj {AUSARBEITUNG, PHASE} progettuale **B** adv ⌊a livello⌋/[sul piano] progettuale.

Planet <-en, -en> m pianeta m ● *auf* unserem ~en, sul nostro pianeta; **der Blaue ~**, il pianeta Terra; **der Rote ~** (*Mars*), il pianeta rosso.

planetarisch adj planetario.

Planetarium <-s, Planetarien> n **1** (*Gebäude*) planetario m **2** (*Gerät*) planetario m.

Planetenbahn f *astr* orbita f planetaria/[di un pianeta].

Planetengetriebe n *tech* ingranaggio m epicicloidale/planetario.

Planetenkonstellation f *astr* costellazione f ⌊dei pianeti⌋/[planetaria].

Planetensystem n *astr* sistema m planetario.

Planfeststellung f *adm* deliberazione f sulle espropriazioni.

Planfeststellungsverfahren n *adm* iter m di delibera(zione) sulle espropriazioni: **das ~ läuft**, è stata avviata la procedura di delibera(zione) sulle espropriazioni.

plangemäß adv → **planmäßig**.

planieren <ohne ge-> tr *etw* ~ spianare *qc*, livellare *qc*.

Planierraupe f apripista m, bulldozer m.

Plankalkulation f *ökon* calcolo m dei costi standard.

Planke <-, -n> f **1** (*Brett*) tavolone m, asse f **2** (*Zaun*) steccato m.

Plänkelei <-, -en> f *fam* scaramuccia f, scaramuccia f.

plänkeln itr *mit jdm* ~ avere una (piccola) schermaglia/scaramuccia *con qu*.

Plankosten subst <nur pl> costi m pl standard.

Plankostenrechnung f *ökon* calcolo m dei costi standard.

Plankton <-s, ohne pl> n *biol* plancton m.

planlos **A** adj (*unüberlegt*) {VORGEHEN} privo di metodo/sistema, non metodico/sistematico **B** adv (*aufs Geratewohl*) {HERUMLAUFEN} a caso, a casaccio, alla cieca; {HANDELN, VORGEHEN} *auch* senza sistema/metodo.

Planlosigkeit <-, ohne pl> f mancanza f di metodo/sistema.

planmäßig **A** adj **1** (*nach Plan*) {ARBEIT, AUSFÜHRUNG} conforme al piano, regolare; {VORGEHEN} *auch* sistematico, metodico **2** (*fahrplanmäßig*) {ABFAHRT, ANKUNFT, RÜCKKEHR} previsto, puntuale **B** adv **1** (*nach Plan*) {AUSFÜHREN, VERLAUFEN, VORGEHEN} come stabilito, secondo i piani: **eine Aufklärungskampagne ~ betreiben**, portare avanti in modo sistematico una campagna d'informazione **2** (*fahrplanmäßig*) {AB-, WEITERFAHREN, ANKOMMEN, EINLAUFEN} in orario, come da orario, all'orario previsto.

Planmäßigkeit <-, ohne pl> f conformità f al piano, regolarità f; {+VORGEHEN} *auch* sistematicità f.

Planschbecken n piscina f (gonfiabile) per bambini.

planschen itr (**in etw** dat) ~ {IM WASSER} sguazzare (*in qc*).

Planscherei <-, -en> f sguazzare m, sguazzamento m: **wenn die Kinder baden, dann ist das immer eine einzige ~**, quando i bambini fanno il bagno è tutt'uno sguazzare.

Planstelle f *ökon* posto m in organico: **~n schaffen**, creare posti in organico.

Plantage <-, -n> f piantagione f.

Plantschbecken n → **Planschbecken**.

plantschen itr → **planschen**.

Plantscherei <-, -en> f → **Planscherei**.

Planung <-, -en> f progettazione f; {+ENTWICKLUNG, VORHABEN} pianificazione f, programmazione f: **im Stadium der** ⌊/[in] ~ **sein**, essere in fase di progettazione; **die ~ einer Intrige**, l'orditura di un intrigo.

Planungsabteilung f, **Planungsbüro** n ufficio m (di) progettazione.

Planungskommission f commissione f ⌊responsabile della⌋/[per la] progettazione: **eine ~ einsetzen**, istituire una commissione per la progettazione.

Planungsstadium n fase f ⌊progettuale⌋/[di progettazione]: **im ~ sein**, essere in fase di progettazione.

Planwagen m carro m coperto.

Planwirtschaft f economia f pianificata.

Plappermaul n *fam pej* chiacchierone (-a) m (f) *fam*.

plappern *fam* **A** itr chiacchierare **B** tr *etw* ~ {UNSINN, DUMMES ZEUG} blaterare *qc fam*, dire *qc*.

Plaque <-, -s> f *med* placca f.

plärren itr *fam* **1** (*laut rufen*) urlare; (*weinen*) {BABY} frignare **2** (*schreiend tönen*) {LAUTSPRECHER, RADIO, STIMME} urlare.

Plasma <-s, Plasmen> n **1** (*Blutplasma*) plasma m **2** *phys* plasma m.

Plaste f *ostdt fam* → **Plastik**①.

Plastik① <-s, ohne pl> f (*Kunststoff*) plastica f: **aus ~**, di plastica.

Plastik② <-, -en> f **1** (*Werk*) scultura f **2** (*Bildhauerkunst*) scultura f, plastica f **3** <nur sing> (*Anschaulichkeit*) {+DARSTELLUNG} plasticità f **4** *med* plastica f.

Plastikbecher m bicchiere m di plastica.

Plastikbeutel m → **Plastiktüte**.

Plastikbombe f bomba f al plastico.

Plastikfolie f pellicola f di plastica; (*für Lebensmittel*) pellicola f per alimenti.

Plastikgeld n *fam*, **Plastikkarte** f *fam* carta f di credito.

Plastikgeschirr n stoviglie f pl di plastica.

Plastikkarte f carta f elettronica; (*Kreditkarte*) carta f di credito.
Plastikmüll m rifiuti m di plastica.
Plastik-Recycling n *tech* riciclaggio m della plastica.
Plastik-Recycling-Anlage f *tech* impianto m per il riciclaggio della plastica.
Plastikspielzeug n (*Gegenstand*) giocattolo m in/di plastica; (*Gesamtheit von Spielzeugen*) giocattoli m pl in/di plastica.
Plastiktüte f sacchetto m/busta f di plastica/polietilene.
Plastilin <-s, ohne pl> n plastilina f.
plastisch A adj 1 (*bildhauerisch*) plastico, scultoreo 2 (*räumlich*) {EINDRUCK, WIRKUNG} plastico 3 (*formbar*) {MASSE, MATERIAL} plastico 4 (*anschaulich*) {BERICHT, ERZÄHLUNG, SCHILDERUNG} plastico, icastico 5 *med* {CHIRURGIE, OPERATION} plastico, ricostruttivo B adv 1 (*räumlich*) {HERVORTRETEN, MODELLIEREN} in modo plastico, plasticamente 2 (*anschaulich*) {BESCHREIBEN, DARSTELLEN} in modo plastico/concreto, con plasticità, plasticamente: **das kann ich mir ~ vorstellen!**, me lo immagino!, è come se lo vedessi! *fam*.
Plastizität <-, ohne pl> f plasticità f.
Platane <-, -n> f *bot* platano m.
Plateau <-s, -s> n *geog* altopiano m, plateau m *geh*.
Plateauschuh m <*meist* pl> scarpa f con la zeppa f.
Plateausohle f zeppa f.
Platin <-s, ohne pl> n platino m.
platinblond adj biondo platino: **sie ist ~**, è una bionda platinata, ha i capelli biondo platino; **sich (dat) die Haare ~ färben**, tingersi i capelli di biondo platino.
Platindraht m *el* filo m di platino.
Platine <-, -n> f *el* circuito m stampato.
platinhaltig adj platinifero, che contiene platino.
platiniert adj platinato.
Platitude f → **Plattitüde**.
Platoniker <-s, -> m (**Platonikerin** f) *philos* platonico (-a) m (f).
platonisch A adj 1 *philos* {SCHRIFT, WERK} platonico, di Platone 2 (*rein geistig*) {BEZIEHUNG, LIEBE, ZUNEIGUNG} platonico B adv (*rein geistig*) {LIEBEN} platonicamente, in modo platonico.
Platonismus <-, ohne pl> m *philos* platonismo m.
platsch interj ciaf(fete)!, splash!, ciac!
platschen A itr *fam* 1 <*sein*> (*klatschend fallen*) **irgendwohin ~** {BALL INS BECKEN} cadere con un tonfo *in qc*; {WELLEN GEGEN KLIPPEN} sciabordare *contro qc*; {REGEN AUF DIE DÄCHER} battere *su qc*, scrosciare *su/qc* 2 <*haben oder sein*> (*geräuschvoll im Wasser gehen*): **durch die Pfützen ~**, sguazzare nelle pozzanghere B itr <*haben*> unpers *region fam*: **es platscht** (*es regnet heftig*), piove a scroscio *fam*.
plätschern itr 1 <*sein*> (*plätschernd fließen*) {BACH, FLÜSSCHEN} gorgogliare, mormorare 2 <*haben*> (*planschen*) sguazzare ● **vor sich hin ~** {UNTERHALTUNG}, scorrere piacevolmente.
platschnass (a.R. platschnaß) adj *fam* → **pitschnass**.
platt A adj 1 (*flach*) {LAND} piatto, piano; {NASE} camuso, piatto, schiacciato: **einen ~en Reifen/[Platten] haben** *fam*, avere ˌun pneumatico sgonfioˌ/[una gomma a terra *fam*] 2 *pej* (*geistlos*) piatto, banale B adv (*flach*): **etw ~ drücken/machen/treten/walzen**, schiacciare qc; **~ auf dem Boden liegen**, stare sdraiato (-a) sul pavimento;

sich (dat) die Füße ~ laufen → **platt|laufen** ● **~ sein** *fam* (*baff sein*), rimanere di stucco *fam*; (*erledigt sein*), essere cotto *fam*/sfinito *fam*.
Platt <-s, ohne pl> n *ling* basso tedesco m: **~ sprechen**, parlare il basso tedesco.
Plättchen <-s, ohne pl> n 1 (*dünne Metallplatte*) lamierino m; (*Namensschildchen*) targhetta f 2 *mil* (*Erkennungsmarke*) piastrino m, piastrina f.
plattdeutsch, **platt** adj basso tedesco; {TEXT, WORT} in basso tedesco.
Plattdeutsch <-(s), ohne pl> n, **Plattdeutsche** <*dekl wie adj*> n *ling* basso tedesco m: **~ sprechen**, parlare il basso tedesco.
platt|drücken tr → **platt**.
Platte <-, -n> f 1 (*Fläche aus Stein*) lastra f; (*aus Metall*) auch lamiera f; (*aus Holz*) tavola f 2 *fot obs* (*Fotoplatte*) lastra f 3 (*Fußbodenplatte*) mattonella f, piastrella f: **~ n verlegen**, mettere le piastrelle, piastrellare 4 (*Grabplatte, Gedenktafel*) lapide f 5 (*Herdplatte*) piastra f: **etw ˌauf die ~ stellenˌ/ˌvon der ~ nehmenˌ**, ˌmettere qc sulˌ/ˌtogliere qc dalˌ fuoco; **der neue Herd hat vier ~n**, la nuova cucina è a quattro fuochi 6 (*Tischplatte*) piano m 7 (*Schallplatte*) disco m: **eine ~ auflegen**, mettere un disco; **etw auf ~ aufnehmen**, incidere qc su disco 8 *inform* disco m 9 *el* placca f 10 (*Servierteller*) vassoio m 11 (*angerichtete Speisen*) piatto m: **kalte ~**, piatto freddo; **gemischte ~**, piatto misto 12 *fam* (*Glatze*) (zucca) pelata f 13 *bau* → **Plattenbau** ● (*jetzt*) *leg* **mal** (**ei**)**ne neue auf!** *fam*, cambia disco!; **hell auf der ~ sein** *fam* (*intelligent sein*), essere sveglio/vispo *fam*; **die ~ kenne ich!** *fam*, conosco il ritornello *fam*; **ständig die alte/gleiche/dieselbe ~ laufen lassen**, ripetere sempre la solita musica, sembrare un disco rotto.
Plätteisen n *norddt* → **Bügeleisen**.
plätten tr *norddt* → **bügeln**.
Plattenaufnahme f 1 (*das Aufnehmen*) incisione f su disco: **für die ~ ins Studio gehen**, andare in sala d'incisione 2 (*aufgenommene Platte*) incisione f/registrazione f su disco.
Plattenbau <-(e)s, -ten> m *bau* "caseggiato m dell'edilizia socialista (molto frequente nei paesi dell'Est)": **in der DDR wurden viele Wohnhäuser in ~ gebaut**, nella RDT molti palazzi sono stati costruiti con pannelli prefabbricati in cemento armato.
Plattenbauweise f *bau* "(tipo m di) costruzione f in pannelli prefabbricati di cemento armato (molto frequente nei paesi dell'Est)".
Plattencover <-s, -(s)> n copertina f del disco.
Plattenfirma f casa f discografica.
Plattenhülle f → **Plattencover**.
Plattenlabel n etichetta f discografica: **die Plattenfirma hat ein neues ~ herausgebracht**, la casa discografica ha fatto uscire una nuova etichetta.
Plattenleger m (**Plattenlegerin** f) piastrellista mf, piastrellaio (-a) m (f).
Plattensammlung f collezione f di dischi, discoteca f.
Plattenspieler m giradischi m.
Plattentektonik f *geol* tettonica f ˌa zolleˌ/ˌdelle placcheˌ.
Plattenteller m piatto m giradischi.
Plattform f 1 (*Fläche*) piattaforma f 2 *bes. pol* (*Basis*) piattaforma f: **eine gemeinsame ~ für etw (akk) schaffen** {FÜR POLITISCHE, SOZIALE AKTIVITÄTEN, DISKUSSIONEN}, creare una piattaforma comune per qc 3 *inform* piattaforma f.
Plattfuß m 1 *med* piede m piatto 2 *fam* (*Reifenpanne*) gomma f a terra *fam*.
plattfüßig adj {MENSCH} ˌcon iˌ/ˌ[dai] piedi piatti.
Plattfußindianer m *fam* persona f con i piedi piatti.
Plattheit <-, -en> f 1 (*das Plattsein*) piattezza f 2 → **Plattitüde**.
plattieren <ohne ge-> tr *tech* **etw ~** placcare qc.
Plattitüde <-, -n> f *geh* luogo m comune, banalità f.
platt|laufen <*irr*> rfl: **sich (dat) die Füße ~**, consumare i piedi (a forza di camminare).
platt|machen tr 1 (*flach machen*) → **platt** 2 *slang* (*etw zerstören*) **etw ~** distruggere qc 3 *slang* (*jdn umbringen*) **jdn ~** fare fuori *qu fam*; (*jdn ruinieren*) rovinare *qu*.
platt|treten <*irr*> tr → **platt**.
platt|walzen tr → **platt**.
Platz <-es, Plätze> m 1 (*Stelle, Ort*) posto m, luogo m, sito m *lit*: **etw an seinen ~ tun**, mettere a posto qc; **das beste Hotel am ~(e)**, il miglior albergo del luogo/posto 2 <*nur sing*> (*verfügbarer Raum*) spazio m, posto m: **in etw (dat) ~ haben**, avere/trovare posto in qc, starci in qc; **in unserer Gesellschaft gibt es keinen ~ für Außenseiter**, nella nostra società non c'è posto per gli emarginati; **für etw (akk) ~ schaffen**, fare posto per qc; **der Schrank nimmt zu viel ~ ein/weg**, l'armadio ˌoccupa/prende troppo posto/spazioˌ/ˌ[è troppo ingombrante]ˌ 3 (*Stellung*) posto m: **seinen ~ behaupten**, difendere il proprio posto; **jds ~ einnehmen**, prendere il posto di qu 4 (*Sitzplatz*) posto m: **~ behalten** *geh*, rimanere/(re)stare seduto (-a); **ein ~ ist frei/besetzt**, un posto è libero/occupato; **hältst du mir einen ~ frei?**, mi prendi/tieni un posto?; **jdm ~ machen**, far posto a qu; **~ nehmen**, accomodarsi; **einen ~ reservieren**, prenotare un posto 5 (*umgrenzte Fläche*) piazza f; (*Vorplatz*) piazzale m 6 *mil sport* campo m: **auf die Plätze, fertig, los!**, ai vostri posti, pronti, via!; **jdn vom ~ verweisen**, espellere qu (dal campo) 7 (*Aufnahme-, Teilnahmemöglichkeit*) posto m: **für diese Fahrt sind schon alle Plätze ausgebucht**, per questa gita i posti sono già tutti prenotati 8 *sport* (*Platzierung*) posto m, piazzamento m: **den dritten ~ belegen**, piazzarsi/arrivare terzo (-a) ● **~!** (*zum Hund*), (a) cuccia!; **~ (da)!** *fam*, largo!, fate posto! *fam*; **sich fehl am ~ fühlen** *fam*, sentirsi fuori posto; **fehl am ~(e) sein**, essere ˌfuori luogoˌ/ˌ[inopportuno]ˌ; **~ raubend** → **platzraubend**; **ein ~ an der Sonne** *fam*, un posto al sole; **~ sparend** → **platzsparend**; **die Gegner auf die Plätze verweisen**, surclassare gli avversari.
Platzangst f 1 *psych* agorafobia f 2 *fam* claustrofobia f ● **~ bekommen** *fam*, soffrire di claustrofobia.
Platzanweiser <-s, -> m (**Platzanweiserin** f) *film theat* maschera f.
Plätzchen <-s, -> n *dim von* Platz 1 (*angenehmer Ort*) posticino m, angolino m: **ein hübsches ~**, un bel posticino, un bell'angolino 2 <*meist* pl> (*süßes Kleingebäck*) biscotto m (fatto in casa).
Platzdeckchen n tovaglietta f all'americana, set m da tavola.
platzen itr <*sein*> 1 (*bersten*) {BLASE, LUFTBALLON, REIFEN} esplodere, scoppiare: **noch ein Bissen und ich platze!** *fam*, ancora un boccone e scoppio! *fam* 2 (*auf-, zerreißen*) {TROMMELFELL} spaccarsi, rompersi; {NAHT}

auch aprirsi **3** *fam (sich nicht beherrschen können)* **vor etw** (dat) ~ {VOR LACHEN} scoppiare *da qc*; {VOR WUT} esplodere *da qc*: **vor Lachen** ~, scoppiare ₍dalle risa₎/[dal ridere]; **vor Ärger/Neid** ~, crepare ₍dalla/di rabbia₎/[d'invidia] *fam*; **am Ende platzte ihm** ₍die Hutschnur₎/[der Kragen] *fam*, alla fine ₍scoppiò *fam*₎/[perse le staffe *fam*] **4** *fam (nicht zustande kommen)* {TERMIN, VERABREDUNG, VERANSTALTUNG, VERHANDLUNG} andare a monte *fam*, saltare *fam*; *(scheitern)* {VERHANDLUNGEN} fallire; **etw ~ lassen** {TERMIN, VERABREDUNG}, far saltare *qc fam*, mandare a monte *qc fam* **5** *fam (aufgedeckt werden)* {BETRUG, SCHWINDEL} essere/venire scoperto (-a), venire a galla **6** *fam (hineinplatzen)* **in etw** (akk) ~ {IN EINE GESELLSCHAFT, VERSAMMLUNG} piombare *in qc fam*, irrompere *in qc*: **(jdm) ins Haus** ~, piombare in casa di qu.

platzen|lassen <irr, part perf hat platzengelassen oder platzenlassen> tr → **platzen**.

Platzhalter m **1** *(Variable)* ~ **(für etw** akk) {FÜR EINE UNBEKANNTE, NOCH ZU BERECHNENDE GRÖßE} variabile f *(di qc)* **2** *inform* carattere m jolly **3** *(Person)* "persona f che tiene il posto per un altro".

Platzhalterzeichen n *inform* carattere m jolly.

Platzhirsch m **1** *zoo* cervo m più forte del branco **2** *fam (dominierende Person)* boss m; *(dominierendes Unternehmen)* leader m.

platzieren <ohne ge-> **A** tr **1** *(an einer bestimmten Stelle aufstellen, anordnen)* **jdn/etw irgendwo/irgendwohin** ~ {POLIZISTEN, WACHEN AN ALLEN AUSGÄNGEN} porre/mettere *qu + compl di luogo*; {ANZEIGE, ARTIKEL, WERBUNG AUF DIE TITELSEITE} collocare *qc + compl di luogo*; {AUSSTELLUNGSGEGENSTAND, BILD, SKULPTUR AN EINE BESTIMMTE STELLE} *auch* piazzare/sistemare *qc + compl di luogo* **2** *(jdn hinsetzen)* **jdn/etw** *(irgendwo)* ~ {GAST AN DEN TISCH} *far* sedere/accomodare *qu (+ compl di luogo)*: **Sie werden platziert!**, il Suo posto Le verrà assegnato! **3** *CH (unterbringen)* **jdn in etw** (dat) ~ {IN EINEM HEIM, EINEM INTERNAT, EINER SCHULE} sistemare *qu in qc* **4** *sport* **etw** ~ {BALL, TREFFER} piazzare *qc*; {SCHLAG} *auch* assestare *qc*: **einen Schlag ~ Boxen**, piazzare un pugno/colpo; **ein gut platzierter Schuss**, un tiro ben mirato **5** *ökon (Kapital anlegen)* **etw** ~ collocare *qc*, *com (anbringen)* {WARE} collocare *qc*, piazzare *qc* **B** rfl **1** *sport* **sich** ~ piazzarsi, classificarsi: **sich gut/schlecht** ~, ottenere un buon/cattivo piazzamento; **er platzierte sich auf dem dritten Platz**, si piazzò terzo/[al terzo posto]; **er konnte sich nicht** ~, non riuscì a piazzarsi tra i primi **2** *fam oft scherz (sich hinsetzen)* **sich irgendwohin** ~ ₍mettersi a sedere₎/[piazzarsi *fam*] + *compl di luogo*.

Platzierung <-, -en> f **1** *sport* piazzamento m: **sich** (dat) **eine gute ~ erhoffen**, aspettarsi un buon piazzamento **2** *(Platzanweisung)* {GÄSTE, ZUSCHAUER} sistemazione f.

Platzkarte f *(im Zug)* (biglietto m di) prenotazione f.

Platzkonzert n concerto m ₍all'aperto₎/[in piazza *fam*].

Platzmangel m mancanza f di posto/spazio.

Platzmiete f **1** *theat* abbonamento m a una poltrona **2** *(zur Nutzung eines öffentlichen Platzes)* canone m occupazione suolo pubblico.

Platzordner m *(Platzordnerin* f*)* componente mf del servizio d'ordine.

Platzpatrone f cartuccia f a salve • **mit ~n schießen**, sparare a salve.

platzraubend **A** adj {AUFSTELLUNG, KONSTRUKTION, MÖBEL} ingombrante, che prende molto spazio **B** adv {ANORDNEN, AUFSTELLEN, PARKEN} in modo (da risultare) ingombrante.

Platzregen m acquazzone m, rovescio m d'acqua, scroscio m di pioggia.

Platzreservierung f prenotazione f.

Platzrunde f **1** *Leichtathletik* giro m del campo: **eine ~ laufen**, fare un giro di corsa intorno al campo **2** *aero* giro m sul campo.

platzsparend adj {KONSTRUKTION, UNTERBRINGUNG} salvaspazio, che fa guadagnare spazio; {EINBAUSCHRANK, KLAPPBETT, MÖBEL} poco ingombrante, salvaspazio.

Platzverhältnisse subst <nur pl> *sport* condizioni f pl/stato m del terreno (di gioco): **bei guten ~n spielen**, giocare su un campo in buone condizioni.

Platzverweis <-es, -e> m *sport* espulsione f (dal campo) • **einen ~ bekommen**, essere espulso.

Platzvorteil m *sport* fattore m campo.

Platzwart <-(e)s, -e> m custode m di (un) campo sportivo.

Platzwechsel m cambio m di posto; *sport*; *(beim Tanzen)* cambio m di posizione: **an der Tabellenspitze** *sport*, cambio della guardia in testa alla classifica.

Platzwette f *(im Pferdesport)* scommessa f sui piazzati.

Platzwunde f ferita f lacero-contusa.

Plauderei <-, -en> f chiacchierata f, conversazione f piacevole.

Plauderer <-s, -> m *(Plauderin* f*)* conversatore (-trice) m (f).

plaudern itr **1** *(sich unterhalten)* **(über etw** akk) ~ conversare *(di qc)*, fare quattro chiacchiere *(su qc)*, chiacchierare *(di qc)* **2** *fam (aus-)* spifferare *qc* (₍la destra e a sinistra₎/[ai quattro venti]) *fam*.

Plauderstündchen n chiacchieratina f *fam*, due chiacchiere f pl *fam*.

Plaudertasche f *fam scherz oder pej* chiacchierone (-a) m (f), boccalone (-a) m (f) *fam scherz oder pej*.

Plauderton <-, ohne pl> m tono m discorsivo/leggero.

Plausch <-(e)s, -e> m **1** *fam* chiacchierata f **2** *CH (Spaß)* divertimento m: **das wird ein ~!**, sarà uno spasso!

plauschen itr *fam* **1** *süddt A (plaudern)* chiacchierare, fare due chiacchiere *fam* **2** *A (lügen)* mentire.

plausibel <attr plausible, (r, s)> **A** adj {ERKLÄRUNG, GRUND, VERHALTEN} plausibile, convincente: **jdm etw ~ machen**, rendere plausibile *qc a qu*, spiegare *qc a qu*; **was du da sagst, klingt ganz ~**, quel/ciò che dici mi risulta/suona plausibile **B** adv {AUSEINANDERLEGEN, DARSTELLEN, ERKLÄREN} in modo plausibile/convincente, plausibilmente, con plausibilità.

Plausibilität <-, ohne pl> f {+BEGRÜNDUNG, ERKLÄRUNG, THEORIE} plausibilità f.

Play-back, **Playback** <-s, -s> n **1** playback m: **zum Play-back singen**, cantare in playback **2** <nur sing> → **Play-back-Verfahren**.

Play-back-Verfahren, **Playbackverfahren**, **Playback-Verfahren** n *tech* playback m.

Playboy <-s, -s> m playboy m.

Playgirl <-s, -s> n playgirl f.

Play-off, **Playoff** <-(s), -s> n *sport* play off m.

Play-off-Runde, **Playoffrunde**, **Play-off-Runde** f *sport* girone m di play off.

PlayStation® <-, -s> f PlayStation® f.

Plazenta <-, -s oder *Plazenten*> f **1** *anat* placenta f **2** *bot* placenta f.

Plazet <-s, -s> n geh {+BEHÖRDE, KOMMISSION, PERSON} placet m, beneplacito m, approvazione f: **das ~ zu etw** (dat) **geben**, dare/concedere il placet a *qc*; **das ~ zu etw** (dat) **erhalten**, ottenere il placet per *qc*.

plazieren a.R. *von* platzieren → **platzieren**.

Plazierung a.R. *von* Platzierung → **Platzierung**.

Plebejer <-s, -> m *(Plebejerin* f*)* **1** *hist* plebeo (-a) m (f) **2** <nur m> geh pej *(gewöhnlicher Mensch)* plebeo m, popolano m.

plebejisch adj **1** *hist* plebeo **2** geh *(ordinär)* plebeo.

Plebiszit <-(e)s, -e> n *pol* plebiscito m.

plebiszitär adj {ABSTIMMUNG, BESCHLUSS} plebiscitario.

Plebs① <-, ohne pl> f *hist* plebe f.

Plebs② <-es, ohne pl> m oder A <-, ohne pl> f *geh pej* plebe f, plebaglia f, volgo m.

pleite adj <präd> *fam* **1** *(bankrott)*: **~ sein** {FIRMA}, essere fallito **2** *scherz (mittellos)*: **~ sein**, essere ₍al verde *fam*₎/[in bolletta *fam*]/[senza il becco d'un quattrino *fam*].

Pleite <-, -n> f *fam* **1** *(Bankrott)* bancarotta f, fallimento m: **(kurz) vor der ~ stehen**, essere sull'orlo del fallimento **2** *(Misserfolg)* fiasco m, fallimento m: **eine solche ~ habe ich selten mit jemandem erlebt**, mi è capitato raramente di prendere una tale fregatura da qualcuno *fam* • **~ machen** *fam*, fallire, fare bancarotta.

pleite|gehen <irr> itr <sein> *fam* fallire, fare bancarotta.

Pleitegeier m *fam* ₍minaccia f di₎/[spauracchio m del] fallimento.

Pleitier <-s, -s> m *fam* bancarottiere m.

Plektron, **Plektrum** <-s, *Plektren* oder *Plektra*> n *mus* plettro m.

plemplem <inv> adj *slang pej* (di) fuori *slang*, suonato *fam*, toccato *fam*: **du bist wohl ~!** *fam*, (ma) sei matto (-a) per caso?! *fam*.

Plenarsaal m sala f per assemblee plenarie.

Plenarsitzung f seduta f plenaria.

Plenarversammlung f assemblea f plenaria.

Plenum <-s, *Plenen*> n **1** *(Vollversammlung)* plenum m, assemblea f plenaria **2** *(Diskussionsrunde, an der alle teilnehmen)* riunione f generale: **die Ergebnisse der Arbeitsgruppen werden anschließend im ~ diskutiert**, i risultati dei gruppi di lavoro saranno discussi in seguito da tutti nella riunione generale.

Pleonasmus <-, *Pleonasmen*> m *ling lit* pleonasmo m.

pleonastisch adj **1** *ling lit* {AUSDRUCK} pleonastico **2** *(überflüssig)* {ERKLÄRUNG, PRÄZISIERUNG} superfluo, inutile, ridondante.

Plethi → **Krethi und Plethi**.

Pleuel <-s, -> m *mot* biella f.

Pleuelstange f *mot* biella f.

Plexiglas® <-es, ohne pl> n plexiglas® m.

plietsch adj *norddt* vispo, furbo.

Plissee <-s, -s> n *text* plissé m, tessuto m plissettato.

Plisseerock m gonna f plissettata/plissé.

plissieren <ohne ge-> tr **etw** ~ plissettare *qc*, pieghettare *qc*.

PLO <-, ohne pl> f *Abk von engl* Palestine Liberation Organization: OLP f *(Abk von* Organizzazione per la Liberazione della Palestina).

PLO-Chef m capo m dell'OLP.

Plockwurst f "insaccato m stagionato fatto to di carne bovina, carne di maiale e speck".

PLO-Führung f leadership f dell'OLP.
Plombe <-, -n> f **1** (*Bleisiegel*) piombino m, piombo m **2** (*Zahnfüllung*) piombatura f.
plombieren <ohne ge-> tr *etw* ~ **1** (*versiegeln*) {GÜTERWAGEN, STROMZÄHLER} piombare qc **2** (*mit einer Füllung versehen*) {ZAHN} otturare qc.
Plombierung <-, -en> f piombatura f.
Plörre <-, -n> f norddt pej (*wässriges Getränk*) sciacquatura f di bicchieri *fam pej*; (*bes. Kaffee*) ciufeca f *südital fam pej*.
plosiv adj *ling* occlusivo.
Plosiv <-s, -e> m *ling*, **Plosivlaut** m *ling* (consonante f) occlusiva f.
Plot <-s, -s> m oder n **1** *lit* plot m, trama f **2** *inform* disegno m eseguito con il plotter.
Plotter <-s, -> m *inform* plotter m.
Plötze <-, -n> f *fisch* → **Rotauge**.
plötzlich **A** adj (*unerwartet*) {ERSCHEINEN, VERÄNDERUNG, WECHSEL, WENDE} improvviso, repentino; (*unvermittelt*) {AUFWACHEN, BEWEGUNG, BREMSUNG} brusco **B** adv {ABBRECHEN, ÄNDERN, AUFTAUCHEN, EINTRETEN, UMKEHREN} all'improvviso, improvvisamente, repentinamente, (tutto) ad un tratto, di colpo ● **aber etwas ~!**, su, presto! *fam*, muoversi! *fam*; **ganz ~**, (in modo) del tutto inaspettato.
Plötzlichkeit <-, ohne pl> f {+BEWEGUNG, TOD} repentinità f, subitaneità f.
Pluderhose f (*bis zu den Knöcheln reichend*) pantaloni m pl alla turca; (*bis zu den Knien reichend*) pantaloni m pl alla zuava.
pluderig, pludrig adj a sbuffo.
Plumeau <-s, -s> n *obs* piumone® m.
plump **A** adj **1** (*schwerfällig*) {KÖRPER} goffo; {BEWEGUNG, MENSCH} *auch* impacciato, sgraziato **2** (*schwerfällig*) {GANG} pesante; *pej* (*dreist*) {LÜGE, SCHERZ} grossolano: **eine ~e Lüge**, una menzogna spudorata; *pej* (*taktlos*) {ANSPIELUNG, BEMERKUNG} grossolano, pesante; **ein ~er Annäherungsversuch**, un goffo tentativo di avance **B** adv (*ungeschickt*) {AUFTRETEN, SICH BEWEGEN, SICH NÄHERN} goffamente, in modo goffo: **wie konntest du ihm das so ~ sagen?**, come hai potuto dirglielo così, senza alcun tatto?; {LÜGEN} spudoratamente, sfrontatamente, sfacciatamente.
Plumpheit <-, -en> f (*Schwerfälligkeit*) {+BEWEGUNG, KÖRPER, MENSCH} goffaggine f; {+GANG} pesantezza f; (*Derbheit*) grossolanità f.
plumps interj patapum!, patapunfete!, tonfete!
Plumps <-es, -e> m *fam* tonfo m: **mit einem ~ fiel das Kind auf den Po**, con un tonfo il bambino cadde sul sedere.
plumpsen itr <sein> *fam* *irgendwohin* ~ {KÖRPER, LAST, SACK} cadere con un tonfo + compl di luogo: **sich irgendwohin ~ lassen** {AUF DEN BODEN, IN DEN SESSEL, AUF DEN STUHL, INS WASSER}, lasciarsi cadere con un tonfo + compl di luogo.
Plumpsklo, Plumpsklosett n *fam* wc m a caduta.
plumpvertraulich, plump-vertraulich **A** adj {GESTE} che ostenta una confidenza imbranata ed eccessiva **B** adv con eccessiva confidenza.
Plunder <-s, ohne pl> m **1** *fam pej* cianfrusaglie f pl, ciarpame m **2** <nur sing> *gastr* (*~gebäck*) sfogliatella f; (*~teig*) pasta f sfoglia.
Plünderer <-s, -> m, **Plünderin** f, **Plündrer** <-s, -> m (**Plünderin** f) saccheggiatore (-trice) m f.
Plundergebäck n *gastr* → **Plunder** 2.
plündern tr *etw* ~ **1** (*ausrauben*) {GESCHÄFT, HAUS, STADT} saccheggiare qc, depre-

dare qc **2** *fam* (*leeren*) {KÜHLSCHRANK, WEINKELLER} saccheggiare qc, svuotare qc; {VORRÄTE} fare man bassa *di qc fam*, fare piazza pulita *di qc fam*, fare razzia *di qc*; {KONTO} saccheggiare qc, prosciugare qc, ripulire qc *fam*.
Plunderstück n *gastr* sfogliatella f.
Plunderteig m pasta f sfoglia.
Plünderung <-, -en> f saccheggio m, razzia f.
Plündrer m → **Plünderer**.
Plural <-s, -e> m *gram* plurale m: **im ~**, al plurale.
Pluralangabe f *gram* indicazione f del plurale.
Pluralbildung f *gram* formazione f del plurale.
Pluralendung f *gram* desinenza f del plurale.
Pluralform f *gram* forma f plurale.
Pluralis Majestatis <-, *Plurales* -> m *ling* pluralis maiestatis m.
Pluralismus <-, ohne pl> m *geh* **1** *pol* pluralismo m: **gesellschaftlicher/kultureller ~**, pluralismo all'interno della società; {culturale} **2** *philos* pluralismo m.
pluralistisch adj {GESELLSCHAFT, HALTUNG, PHILOSOPHIE} pluralistico, pluralista.
Pluralität <-, -en> f *von etw* (dat pl) {VON ANSCHAUUNGEN, IDEEN, INTERESSENGRUPPEN, MEINUNGEN} pluralità f *di qc*.
plus **A** konj (*und*) più: **eins ~ eins ist/macht zwei**, uno più uno è uguale a [fa] due **B** präp + gen (*zuzüglich*) più: **die Summe ~ der Zinsen**, la somma più gli interessi **C** adv **1** *math* (*größer als null*) più: **~ zehn Grad**, zehn Grad ~, dieci gradi sopra zero; **minus vier mal minus vier ist ~ sechzehn**, meno quattro per meno quattro fa più sedici **2** (*besser als*) più: **für die Übersetzung habe ich eine Drei ~ bekommen**, nella traduzione ho preso (un) sette più **3** *el*: **der Strom fließt von ~ nach minus**, la corrente va dal positivo al negativo.
Plus <-, -> n **1** (*Überschuss*) eccedenza f; *bes. com* profitto m: **im ~ sein**, avere un bilancio/saldo positivo; **ein ~ machen**, realizzare un profitto **2** (*Vorteil*) punto m di (*vantaggio*): **das ist ein ~ für mich**, questo è un punto di vantaggio per me [a mio favore] **3** *math* (*~zeichen*) più m **4** *el* (*positive Ladung*) polo m positivo, più m.
Plusabmaß n *mech* scostamento m positivo.
Plusbestand m *com* eccedenza f di magazzino.
Plusbetrag m *ökon* (somma f in) eccedenza f, utile m, avanzo m: **einen ~ erwirtschaften**, ricavare un utile.
Plüsch <-(e)s, -e> m **1** (*samtähnlicher Stoff*) peluche m **2** (*gestrickter oder gewirkter Stoff*) velluto m.
Plüschaugen subst <nur pl> *fam* occhioni m pl *fam*: **jdn mit großen ~ angucken**, guardare qu con due occhioni così.
Plüschbär m orsacchiotto m/orsetto m di peluche.
plüschen, plüschig adj **1** (*aus Plüsch*) {VORHANG} di velluto **2** *iron* (*spießig*) kitsch, piccolo-borghese.
Plüschsessel m poltrona f rivestita di velluto.
Plüschsofa n sofà m/divano m rivestito di velluto.
Plüschtier n (animaletto m di) peluche m.
Plusdruck m *tech* pressione f (nella presa) a monte.
Plusklemme f *el* morsetto m positivo.

Pluspol m **1** *el* polo m positivo **2** *phys* polo m positivo.
Pluspunkt m **1** (*Stärke*) punto m di forza [/a favore]: **die Benutzerfreundlichkeit ist ein ~ für das Produkt**, la facilità d'uso è senz'altro un punto di forza del prodotto **2** (*Vorteil*) punto m (di vantaggio): **~e erzielen/machen**, ottenere/fare punti (di vantaggio); **~e geben** (*beim Spiel*), dare (ulteriori) punti; **wenn man auf das rote Feld kommt, gibt das ~e**, quando si arriva sulla casella rossa, sono [altri punti]/[punti in più].
Plusquamperfekt n *gram* (*im Deutschen*) piuccheperfetto m; (*im Italienischen*) trapassato m.
Pluszeichen n (segno m del) più m.
Pluto[1] <-s, ohne pl> m *myth* Plutone m.
Pluto[2] <-s, ohne pl> m *astr* Plutone m.
Plutokrat <-en, -en> m (**Plutokratin** f) *geh pej* plutocrate mf.
Plutokratie <-, -en> f *pol* plutocrazia f.
Plutokratin f → **Plutokrat**.
plutokratisch adj plutocratico.
Pluton <-s, ohne pl> m → **Pluto**[2].
Plutonium <-s, ohne pl> n *chem* plutonio m.
Plutoniumfabrik f *slang* (*Industrieanlage zur Wiederaufbereitung von Plutonium*) impianto m per la rigenerazione del plutonio.
Plutoniumgewinnung <-, ohne pl> f produzione f di plutonio.
Plutoniumwirtschaft f industria f del plutonio.
pluvial adj *geol* pluviale: **~es Abflussregime**, fiume a regime pluviale.
Pluviale <-s, -(s)> n *relig* piviale m.
Pluvialzeit f *meteo* stagione f/periodo m delle piogge.
Pluviograf, Pluviograph m *meteo* pluviografo m.
Pluviometer n *meteo* pluviometro m.
PLZ f *Abk von* Postleitzahl: CAP m (*Abk von* Codice d'Avviamento Postale).
Pneu <-s, -s> m A CH (*Reifen*) pneumatico m.
Pneumatik[1] <-, -en> f **1** <nur sing> *phys* fisica f dei gas, pneumatica f *obs* **2** *tech* sistema m/impianto m pneumatico.
Pneumatik[2] <-s, -s> m (*Reifen*) pneumatico m.
pneumatisch adj *tech* {BOHRGERÄT, BREMSE, GEWEHR, PUMPE} pneumatico: **~e Kammer** *med*, camera a pressione.
Pneumograf, Pneumograph m *med* pneumografo m.
Pneumokokke <-, -n> f *med*, **Pneumokokkus** <-, *Pneumokokken*> m *med* pneumococco m.
Pneumonie <-, -n> f *med* pneumonia f *med rar*, polmonite f.
Po[1] <-(s), ohne pl> m *geog* Po m.
Po[2] <-s, -s> m *fam* sedere m: **knackiger/runder Po**, un sedere [bello sodo]/[tondo]; **jdn in den Po kneifen**, dare un pizzicotto sul sedere/culetto a qu.
Pöbel <-s, ohne pl> m *pej* plebe f, plebaglia f *pej*, volgo m: **den ~ aufhetzen**, aizzare la plebaglia.
Pöbelei <-, -en> f *fam* aggressione f verbale.
pöbelhaft **A** adj plebeo, volgare; (*gewöhnlich*) villano **B** adv {AUFTRETEN, SICH BENEHMEN, SICH VERHALTEN} in modo villano/volgare.
pöbeln itr *fam pej* provocare con male parole.
pochen itr *geh* **1** (*klopfen*) {BLUT} pulsare; {*bes.* HERZ} *auch* battere: **vor Angst/Aufregung/Freude pocht jdm das Herz bis zum**

Hals, ⌊qu si sente battere forte il cuore⌋/[qu ha il cuore in gola] ⌊dalla paura⌋/[dall'eccitazione]/[dalla gioia] **2** (*leise anklopfen*) **an/gegen etw** (akk) ~ {AN/GEGEN DAS FENSTER, DIE TÜR} bussare *a qc*; (*klopfen*) **auf/gegen etw** (akk) ~ {AUF DEN TISCH} picchiare *su qc*; {GEGEN DIE WAND} bussare *a qc* **3** (*bestehen*) **auf etw** (akk) ~ {AUF PRIVILEGIEN, SEIN RECHT} insistere *su qc*, ribadire *qc*, reclamare *qc*.

pochieren <*ohne* ge-> tr *etw* ~ {EIER, FISCH} affogare *qc*: **pochierte Eier**, uova affogate/[in camicia].

Pocke <-, -n> f *med* pustola f/vescicola f vaiolosa.

Pocken subst <*nur pl*> *med* vaiolo m; (*leichter Fall von* ~) vaioloide f.

Pockenepidemie f *med* epidemia f di vaiolo.

Pockenfall m *med* caso m di vaiolo.

Pockenimpfung f *med* **1** (*das Impfen*) (vaccinazione f) antivaiolosa **2** (*Schutzmittel*) vaccino m antivaioloso.

Pockennarbe f *med* buttero m.

pockennarbig adj {GESICHT} butterato.

Pockenschutzimpfung f *med* → **Pockenimpfung**.

Pockenvirus n *oder* m *med* virus m del vaiolo.

Pocketkamera <-, -s> f *fot* macchina f fotografica tascabile.

Podcast <-s, -s> m podcast m.

Podcasting <-(s), *ohne pl*> n podcasting m.

Podest <-(e)s, -e> n *oder* m (*kleines Podium*) podio m; (*Sockel*) piedistallo m.

Podex <-(es), -e> m *fam* didietro m *fam scherz*, fondoschiena m *fam*: **rück mal mit deinem** ~ **ein Stück zur Seite!**, sposta un po' in là le chiappe!

Podium <-s, *Podien*> n podio m: **das** ~ **besteigen**, salire sul podio.

Podiumsdiskussion f, **Podiumsgespräch** n tavola f rotonda, dibattito m pubblico.

Poebene f *geog* Pianura f/Val f Padana.

Poem <-s, -e> n *lit oder scherz* poema m.

Poesie <-, *ohne pl*> f **1** (*Kunstgattung*) poesia f **2** (*poetische Stimmung*) {+SOMMERNACHT, SONNENUNTERGANG} poesia f.

Poesiealbum n "album m che possiedono soprattutto le ragazze, in cui gli amici scrivono piccole dediche o brevi poesie".

poesielos adj *geh* ⌊privo di⌋/[senza] poesia; (*nüchtern*) {MENSCH} scabro.

Poesielosigkeit f *geh* mancanza f/assenza f di poesia.

Poet <-en, -en> m (**Poetin** f) *geh* poeta (-essa) m (f).

Poetik <-, -en> f *lit* **1** (*Lehre von der Dichtkunst*) poetica f: **die ~ der Antike**, la poetica classica **2** (*Abhandlung über Dichtkunst*) poetica f.

Poetin f → **Poet**.

poetisch adj *geh* **1** (*dichterisch*) {GEHALT, METAPHER, WERK} poetico **2** (*stimmungsvoll*) {FILM, GEMÜT, STIL, STIMMUNG} poetico.

poetisieren <*ohne* ge-> tr *geh etw* ~ {EREIGNIS, LEBEN, WELT} poetizzare qc, poeticizzare *qc*.

pofen itr *fam* (*schlafen*) farsi una ronfata *fam*.

Pogrom <-s, -e> m *oder* n pogrom m.

Pogromnacht f notte f di un pogrom; *hist* (*Kristallnacht am 9.11.1938*) notte f dei cristalli.

Pogromstimmung f aria f di pogrom: **die Bevölkerung war aufgestachelt worden, und es herrschte ~**, la popolazione era stata aizzata e c'era aria di pogrom.

Pointe <-, -n> f {+ERZÄHLUNG} effetto m finale/[a sorpresa], finale m a sorpresa; {+WITZ} *auch* battuta f finale, battuta f (a effetto): **die ~ verderben**, rovinare la battuta.

Pointer <-s, -> m *zoo* pointer m.

pointieren <*ohne* ge-> **A** tr *etw* ~ mettere in rilievo/evidenza *qc* **B** itr: **der Redner weiß sehr wohl zu ~**, l'oratore sa cogliere ⌊il punto⌋/[l'essenziale].

pointiert *geh* **A** adj {ANTWORT, BEMERKUNG, FORMULIERUNG} acuto, arguto **B** adv {ANTWORTEN, DARSTELLEN, FORMULIEREN, SAGEN} con acume/arguzia, argutamente.

Pointillismus <-, *ohne pl*> m *kunst* divisionismo m, pointillisme m, puntinismo m.

Pointillist <-en, -en> m (**Pointillistin** f) *kunst* divisionista mf.

pointillistisch adj *kunst* divisionistico: **-e Technik**, tecniche divisionistiche.

Pokal <-s, -e> m **1** (*kostbarer Trinkbecher*) coppa f **2** *sport* (*Trophäe*) coppa f: **den ~ gewinnen**, vincere la coppa; (*~spiel*) (partita f di) coppa f; **einen ~ austragen**, disputare una coppa.

Pokalendspiel n *sport* finale f di coppa.

Pokalrunde f *sport* girone m di coppa.

Pokalsieger m *sport* vincitore m di coppa.

Pokalspiel n *sport* partita f di coppa.

Pokalturnier n *sport* (torneo m di) coppa f.

Pokalverteidiger m *sport* detentore m ⌊della coppa⌋/[del titolo].

Pokalwettbewerb m *sport* → **Pokalturnier**.

Pökelfleisch n *gastr* carne f in salamoia.

Pökelhering m aringa f sotto sale.

pökeln tr *etw* ~ {FISCH, FLEISCH} mettere in salamoia *qc*; {ZUNGE} salmistrare *qc*.

Pökelsalz n sale m per salamoia.

Poker <-s, *ohne pl*> n *oder* m *Karten* poker m: **eine Runde ~ spielen**, giocare una partita a poker; **beim ~ verlieren**, perdere a poker • **sich (mit jdm) auf einen ~ einlassen**, rischiare forte con qu.

Pokerface n → **Pokergesicht**.

Pokergesicht n, **Pokermiene** f faccia f impenetrabile: **ein Pokergesicht machen, eine Pokermiene aufsetzen**, fare una faccia impassibile/impenetrabile, assumere un'espressione imperturbabile.

pokern itr **1** (*Poker spielen*) giocare a poker **2** (*wagen*) puntare forte, rischiare: **bei diesem Geschäft ist sehr hoch gepokert**, in quest'affare hanno rischiato forte.

Pol <-s, -e> m **1** *geog* polo m: **der nördliche/südliche Pol der Erde**, il polo nord/sud (della terra) **2** *astr* polo m (celeste) **3** *el* {+BATTERIE, KABEL} polo m **4** *phys* polo m: **gleiche Pole stoßen sich ab, ungleiche Pole ziehen sich an**, i poli uguali si respingono, i poli opposti si attraggono **5** *math* (*punto m*) polare m • **der ruhende Pol**, l'unico che mantiene la calma (nei momenti difficili).

polar adj **1** *meteo* {GEGEND, KÄLTE, STRÖMUNG, WIND} polare **2** *astr* polare **3** *geh* (*gegensätzlich*) {KRÄFTE} opposto; {MEINUNGEN, SYSTEME} *auch* antitetico, polare *rar*.

Polarbär m *zoo* orso m polare/bianco.

Polareis n *geol* ghiaccio m polare.

Polarexpedition f spedizione f polare.

Polarforscher m (**Polarforscherin** f) esploratore (-trice) m (f) polare.

Polarfront f *meteo* fronte m polare.

Polarfuchs m *zoo* volpe f polare/bianca.

Polargebiet n regioni f pl polari.

Polarhund m cane m da slitta.

Polarisation <-, -en> f **1** *chem* polarizzazione f **2** *phys* {+LICHT} polarizzazione f: **dielektrische/elektrische/magnetische/elliptische/lineare/zirkulare ~**, polarizzazione dielettrica/elettrica/magnetica/ellittica/rettilinea/circolare **3** *geh* (*Hervortreten von Gegensätzen*) polarizzazione f, radicalizzazione f.

Polarisationsebene f *phys* piano m di polarizzazione.

Polarisationsfilter m *oder* n *fot* (filtro m) polaroide m, filtro m polarizzante.

Polarisationsmikroskop n *opt* microscopio m polarizzante.

Polarisationsstrom m *phys* corrente f di polarizzazione.

Polarisator m *opt phys* polarizzatore m.

polarisieren <*ohne* ge-> **A** tr *phys etw* ~ {LICHT} polarizzare *qc* **B** rfl *geh* (*als Gegensatz hervortreten*) **sich** ~ ({MEINUNGEN}) differire/divergere (sempre di più); {GEGENSÄTZE, UNTERSCHIEDE} acuirsi, accentuarsi, radicalizzarsi.

Polarisierung <-, -en> f **1** *phys* {+LICHT} polarizzazione f **2** *geh* (*Hervortreten von Gegensätzen*) polarizzazione f, radicalizzazione f; {+FRONTEN, LAGER} spaccatura f.

Polarität <-, -en> f **1** *astr geog phys* polarità f **2** *geh* (*Gegensätzlichkeit*) {+ANSCHAUUNGEN, GESCHLECHTER, THEORIEN} polarità f.

Polarkappe f *geog* calotta f polare.

Polarkreis m circolo m polare: **nördlicher/südlicher ~**, circolo polare artico/antartico.

Polarlicht n aurora f polare.

Polarluft f *meteo* aria f polare.

Polarmeer n *geog* mare m glaciale.

Polarnacht f notte f polare.

Polaroidkamera f *fot* Polaroid® f.

Polarstern m stella f polare.

Polartag m giorno m polare.

Polarzone f zona f polare.

Polder m <-s, -> *geog* polder m.

Pole <-n, -n> m (**Polin** f) polacco (-a) m (f).

Polemik <-, -en> f *geh* **1** (*unsachlicher Angriff*) polemica f **2** <*nur sing*> (*polemischer Charakter*) polemicità f, spirito m polemico: **etw mit viel ~ vortragen** {ANLIEGEN, STRITTIGEN PUNKT}, esporre *qc* con spirito/tono molto polemico.

Polemiker <-s, -> m (**Polemikerin** f) polemista mf.

polemisch *geh* **A** adj {ARTIKEL, ÄUSSERUNG, KRITIK, REAKTION} polemico **B** adv {ANMERKEN, SICH ÄUSSERN, KRITISIEREN} in modo polemico, polemicamente.

polemisieren <*ohne* ge-> itr *geh* (*gegen jdn/etw*) ~ polemizzare contro *qu/su qc*.

polen tr *el phys etw* ~ collegare *qc* a un polo.

Polen <-s, *ohne pl*> n *geog* Polonia f • **noch ist ~ nicht verloren** *prov*, non tutto è perduto.

Polente <-, *ohne pl*> f *slang obs* (*Polizei*) pula f *slang*, madama f *slang*.

Police <-, -n> f polizza f (⌊d'assicurazione⌋/[assicurativa]).

Polier <-s, -e> m *bau* capomastro m.

polieren <*ohne* ge-> tr (*blank reiben*) *etw* ~ {FUSSBODEN, MÖBEL} lucidare *qc*, lustrare *qc*; {HOLZ, MARMOR} lucidare *qc*; {METALL} brunire *qc*: **etw glatt ~** {MÖBELSTÜCK}, lucidare bene *qc*, lustrare *qc*; **blank poliert**, tirato a lucido.

Poliermittel n lucido m, lucidante m.

Poliertuch n panno m per lucidare.

Polierwachs n cera f per lucidare.
Poliklinik f (ambulatorio m di) pronto soccorso m.
Polin f → **Pole**.
Polio <-s, ohne pl> f med polio f fam.
Polioimpfung f (vaccinazione f) antipolio f.
Poliomyelitis <-, ohne pl> f med poliomielite f.
Politbarometer n oder m D **1** (Umfrage zu politischen Themen) "sondaggio m che serve da barometro della situazione politica" **2** (Popularitätsskala der Politiker) indice m di gradimento.
Politbühne f slang scena f politica: **nach wie vor sind wenig Frauen auf der ~ anzutreffen**, si vedono tuttora poche donne sulla scena politica.
Politbüro n hist politburo m.
Politesse <-, -n> f vigilessa f ausiliaria addetta alle contravvenzioni.
Politik <-, rar -en> f **1** {+LAND, REGIERUNG, STAAT} politica f: **eine konservative/liberale ~**, una politica conservatrice/liberale; **sich für ~ interessieren**, interessarsi di politica; **in die ~ gehen**, ⌊darsi alla⌋/[entrare in] politica; **eine ~ der Entspannung/[kleinen Schritte] betreiben**, perseguire una politica ⌊di distensione⌋/[dei piccoli passi] **2** (Taktik) politica f • **~ studieren**, studiare scienze politiche.
Politika pl von Politikum.
Politiker <-s, -> m (**Politikerin** f) (uomo m) politico m, politico m donna.
Politikum <-s, rar Politika> n pol questione f politica: **ein ~ darstellen**, essere una questione politica; **zu einem ~ werden**, assumere rilevanza politica.
Politikverdrossenheit f disaffezione f alla politica.
Politikwissenschaft <-, ohne pl> f scienze f pl politiche.
politisch **A** adj **1** (die Politik betreffend) politico m: **ein ~er Gefangener**, un prigioniero politico **2** (taktisch) {ENTSCHEIDUNG} politico **B** adv politicamente: **~ aktiv sein**, essere impegnato in politica; **~ interessiert sein**, ⌊essere interessato alla⌋/[seguire la] politica.
politisieren <ohne ge-> **A** itr (laienhaft von Politik reden) parlare di politica **B** tr **1** (politisch bewusst machen) **jdn/etw** → politicizzare qu/qc: **durch die 68er-Bewegung wurden weite Teile der Gesellschaft politisiert**, con il movimento del '68 vasti settori della società furono politicizzati **2** (einer Sache eine politische Dimension verleihen) **etw** → {FORDERUNGEN, LEBENSBEREICHE} politicizzare qc **C** rfl **sich ~** politicizzarsi: **im Zuge des Streiks politisierte sich die Arbeiterschaft zusehends**, durante lo sciopero gli operai si politicizzarono sempre di più.
Politisierung <-, -en> f {+BEWEGUNG, FORDERUNG} politicizzazione f: **die ~ breiter Gesellschaftsschichten**, la politicizzazione di ampi strati della società.
Politökonomie <-, ohne pl> f economia f politica.
Politologe <-n, -n> m (**Politologin** f) politologo m (f), studioso (-a) m (f) di scienze politiche; (Unidozent) docente mf di scienze politiche.
Politologenslang m fam slang m/gergo m dei politologi.
Politologie f politologia f, scienze f pl politiche.
Politologin f → **Politologe**.
Politprominenz f personalità f pl politiche di spicco/[primo piano]: **auf dem Neu-** jahrskonzert war die gesamte ~ vertreten, al concerto di capodanno erano presenti tutte le personalità politiche di spicco.
Politrock m slang mus rock m politico.
Politsatire f satira f politica.
Politur <-, -en> f **1** (Glanz) lucido m **2** (Poliermittel) lucido m.
Polizei <-, rar -en> f **1** (Institution) polizia f: **bei der ~ sein**, essere nella/in polizia; **jdm die ~ auf den Hals hetzen**, mettere la polizia alle costole/calcagna di qu; **die ~ holen/rufen/verständigen**, chiamare/avvertire la polizia **2** (Gebäude) (commissariato m di) polizia f: **sich bei der ~ melden**, presentarsi alla polizia; **zur ~ gehen**, andare alla polizia • **jdn bei der ~ anzeigen**, denunciare qu alla polizia; **dümmer sein, als es die ~ erlaubt** fam scherz, avere un cervello di gallina fam; **die ~, dein Freund und Helfer**, la polizia al servizio del cittadino; **sich der ~ stellen**, costituirsi (alla polizia).
Polizeiabsperrung f → **Polizeisperre**.
Polizeiaktion f operazione f di/della polizia: **eine nächtliche ~**, un'operazione notturna della polizia.
Polizeiapparat m forze f pl di polizia: **der gesamte ~ wurde in Gang gesetzt, um den vermissten Jungen zu suchen**, tutte le forze di polizia sono state mobilitate per cercare il ragazzo scomparso.
Polizeiaufgebot n spiegamento m di forze ⌊di polizia⌋/[dell'ordine].
Polizeiaufsicht f sorveglianza f/vigilanza f speciale: **unter ~ stehen**, essere sotto la vigilanza della polizia.
Polizeiauto n macchina f/auto f fam della polizia.
Polizeibeamte <dekl wie adj> m (**Polizeibeamtin** f) funzionario (-a) m (f) di polizia.
Polizeibehörde f adm → **Polizeidienststelle**.
Polizeibericht m rapporto m di/della polizia.
Polizeibezirk m adm compartimento m di polizia.
Polizeibuße f CH (Geldstrafe) ammenda f, multa f.
Polizeichef m capo m della polizia: **der ~ von Berlin**, il capo della polizia (della città) di Berlino.
Polizeidienststelle f adm posto m di polizia: **sachdienliche Hinweise nimmt jede ~ entgegen**, chiunque sia in possesso di informazioni utili è pregato di rivolgersi al più vicino posto di polizia.
Polizeidirektion f direzione f della polizia.
Polizeidirektor m comandante m supremo della polizia.
Polizeieinsatz m intervento m della polizia: **während der Demonstration kam es wiederholt zu Polizeieinsätzen**, durante la manifestazione la polizia intervenne più volte.
Polizeieskorte f scorta f della polizia.
Polizeifunk m (frequenze f pl) radio f della polizia.
Polizeigewahrsam m arresto m/fermo m (di/della polizia): **jdn in ~ nehmen**, arrestare qu, trarre in arresto qu.
Polizeigewalt <-, ohne pl> f **1** (polizeiliche Gewalt) potere m della polizia **2** (von der Polizei ausgeübte Gewalt): **das besetzte Haus wurde mit ~ geräumt**, la polizia sgomberò la casa occupata con l'uso della forza.
Polizeigriff m: **jdn im ~ abführen**, portare via qu con le braccia immobilizzate dietro la schiena.
Polizeihund m cane m poliziotto.
Polizeikette f cordone m di polizia.
Polizeikommissar m (**Polizeikommissarin** f) commissario mf di polizia.
Polizeikontingent n → **Polizeiaufgebot**.
Polizeikontrolle f controllo m di/della polizia; (Verkehrskontrolle) (posto m di) controllo m di/della polizia: **in eine ~ geraten**, finire/imbattersi in un controllo della polizia.
Polizeikräfte subst <nur pl> forze f pl di polizia.
polizeilich **A** adj <attr> {ANORDNUNG, EINSCHREITEN, ERMITTLUNG, UNTERSUCHUNG} di/della polizia: **das ~e Kennzeichen eines Fahrzeugs**, la targa di un automezzo **B** adv: **sich ~ ab-/anmelden**, notificare il proprio trasferimento/[cambio di residenza] alla questura; **~ gemeldet**, iscritto all'anagrafe (del comune di residenza); **~ gesucht**, ricercato dalla polizia; **~ verboten**, vietato dalla polizia.
Polizeipräsident m questore m: **der ~ von Berlin**, il questore (della città) di Berlino.
Polizeipräsidium n questura f.
Polizeirevier n commissariato m di zona, distretto m di polizia.
Polizeischutz m protezione f della polizia: **~ anfordern**, chiedere la ⌊protezione della polizia⌋/[scorta fam].
Polizeisperre f posto m di blocco: **eine ~ durchbrechen**, forzare un posto di blocco.
Polizeispitzel m informatore m/spia f della polizia.
Polizeistaat m pej stato m di polizia.
Polizeistreife f pattuglia f di polizia, volante f.
Polizeistunde f orario m di chiusura dei ritrovi pubblici.
Polizeiwache f posto m/stazione f di polizia.
Polizist <-en, -en> m (**Polizistin** f) agente mf di polizia, poliziotto (-a) m (f): **~ in Einsatzausrüstung**, poliziotto in assetto antisommossa.
Polizze f A → **Police**.
Polka <-, -s> f polca f, polka f.
Pollen <-s, -> m bot polline m.
Pollenallergie f pollinosi f, allergia f ai pollini.
Pollenanalyse f bot analisi f pollinica/[dei pollini].
Pollenblume f (pianta f) fanerogama f.
Pollenflugvorhersage f "previsioni f pl sulla presenza e la concentrazione di polline nell'aria".
Pollensack m bot sacca f pollinica.
Pollenschlauch m tubo m pollinico.
Pollenwarnung f "avviso m sulla presenza e la concentrazione di polline nell'aria".
Pollution <-, -en> f med polluzione f (notturna).
polnisch adj polacco: **auf ~**, in polacco.
Polnisch <-(s), ohne pl> n, **Polnische** <dekl wie adj> n polacco m; → auch **Deutsch**, **Deutsche**[2].
Polo <-s, ohne pl> n sport polo m: **~ spielen**, giocare a polo.
Polohemd n (maglietta f) polo f.
Polonäse, **Polonaise** <-, -n> f polacca f, polonaise f: **~ tanzen**, ballare la polacca/polonaise.
Polonium <-s, ohne pl> n chem polonio m.
Polster <-s, -> n oder m **1** (weiche Unterlage) {+BANK, SESSEL, SOFA, STUHL} imbottitura

f; (*Schulterpolster*) spallina f; (*fest*) imbottitura f **2** *A* (*Kissen*) cuscino m **3** *fam* (*Rücklage*) gruzzolo m *fam*, riserva f: **sich** (dat) **ein finanzielles ~ schaffen**, mettere da parte ₍un bel gruzzoletto₎/[una bella sommetta] **4** *fam* (*Fettpolster*) cuscinetto m *fam*.

Pölsterchen <-s, *ohne pl*> n *dim von* Polster **1** *text* spallina f **2** *fam scherz* (*Fettpölsterchen*) cuscinetto m.

Polsterer <-s, -> m (**Polsterin** f) tappezziere (-a) m (f).

Polstergarnitur f divano m e poltrone f pl, salotto m.

Polsterin f → **Polsterer**.

Polstermöbel subst <*nur pl*> mobili m pl imbottiti.

polstern tr *etw* ~ {KLEIDUNG, SOFA} imbottire *qc*; *etw mit etw* (dat) ~ {MIT SCHAUMSTOFF, WATTE, WOLLE} imbottire *qc* di *qc* ● **er ist wirklich recht gut gepolstert!** *fam scherz* (*er ist dick*), ha proprio dei bei cuscinetti! *fam*.

Polstersessel m poltrona f imbottita.

Polsterung <-, -en> f imbottitura f.

Polterabend m "addio m al celibato/nubilato (durante il quale si rompono, per buono auspicio, le stoviglie)".

Poltergeist m poltergeist m (*spirito burlone o maligno che la tradizione popolare germanica voleva responsabile di avvenimenti o rumori di cui non si sapeva spiegare l'origine*).

poltern itr **1** <*haben*> (*laute Geräusche machen*) far chiasso, strepitare **2** <*sein*> (*sich geräuschvoll bewegen*) *irgendwohin* ~ {ÜBER DIE BRÜCKE, DEN HOF, DURCH DEN ORT} muoversi facendo un gran rumore + *compl di luogo*: **der Karren polterte durch die Straßen**, il carro passava con gran fracasso per le strade; **er poltert immer durchs Haus**, cammina sempre a passi pesanti per (la) casa; (*geräuschvoll fallen*) {ERDSCHOLLEN, KOFFER, MÖBEL, STEINE} cadere rumorosamente/ [con fragore] **3** <*haben*> (*schimpfen*) tuonare, inveire **4** <*haben*> *fam* (*Polterabend feiern*) festeggiare l'addio al celibato/nubilato.

Polyacryl <-s, *ohne pl*> n (*tessuto m*) poliacrilico m.

Polyamid <-(e)s, -e> n *chem* poliammide f.

Polyarthritis <-, *Polyarthritiden*> f *med* poliartrite f.

Polyäthylen <-s, -e> n *chem* polietilene m.

polychrom adj policromo.

Polychromie <-, *ohne pl*> f {+FOTOGRAFIE, KERAMIK, MALEREI} policromia f.

Polyeder <-s, -> n *geom* poliedro m.

Polyester <-s, -> m *chem tech* poliestere m.

polyfon adj *mus* polifonico.

Polyfonie f *mus* polifonia f.

polygam **A** adj poligamo, poligamico; *bot* poligamo **B** adv {LEBEN} in poligamia, poligamicamente.

Polygamie <-, *ohne pl*> f poligamia f; *bot* poligamia f ● **in ~ leben**, praticare la poligamia.

Polygamist <-en, -en> m (**Polygamistin** f) poligamo (-a) m (f).

polygen adj **1** *biol* poligene **2** (*vielfachen Ursprung habend*) poligenico, poligenetico, polimerico.

polyglott adj *geh* (*mehrere Sprachen sprechend*) poliglotta; (*vielsprachig*) {AUSGABE, BUCH, ERKLÄRUNG} *auch* multilingue.

Polyglotte <*dekl wie adj*> mf *geh* poliglotta mf.

Polygon <-s, -e> n *math* poligono m.

polygonal adj *math* poligonale.

polymer adj *chem* polimero; {VERBINDUNG} *auch* polimerico; *biol* polimerico, poligenico.

Polymer <-s, -e> n *chem*, **Polymere** <-n, -n> n *chem* polimero m.

Polymerie <-, -n> f *chem* polimerismo m, polimeria f; *biol* polimeria f.

Polymerisat <-(e)s, -e> n *chem* composto m polimerico/[di polimerizzazione].

Polymerisation <-, *ohne pl*> f *chem* polimerizzazione f.

polymerisieren <*ohne ge*-> tr **1** *chem* (*zu einem Polymer machen*) *etw* ~ polimerizzare *qc* **2** (*zu einem Polymer werden*): **polymerisiert werden**, polimerizzarsi.

Polymerisierung <-, -en> f *chem*, **Polymerisation** f *chem* polimerizzazione f.

polymorph adj polimorfo, polimorfico.

Polymorphie <-, *ohne pl*> f, **Polymorphismus** <-, *ohne pl*> m polimorfia f, polimorfismo m.

Polynesien <-s, *ohne pl*> n *geog* Polinesia f.

Polynesier <-s, -> m (**Polynesierin** f) polinesiano (-a) m (f).

polynesisch adj polinesiano.

Polynom <-s, -e> n *math* polinomio m.

Polyp <-en, -en> m **1** *zoo* polpo m *fam*, polipo m **2** *med* polipo m: **jdm die ~en herausnehmen**, asportare/togliere i polipi a qu **3** *slang pej* (*Polizist*) piedipiatti m.

polyphon adj → **polyfon**.

Polyphonie f → **Polyfonie**.

Polypol n *ökon* polipolio m.

Polypropylen <-s, *ohne pl*> n *chem* polipropilene m.

polysem adj *ling* polisemico.

Polysemie <-, *ohne pl*> f *ling* polisemia f.

Polysyndeton <-s, *Polysyndeta*> n *ling* polisindeto m.

Polytechnikum <-s, *Polytechnika oder Polytechniken*> n politecnico m.

Polytheismus <-, *ohne pl*> m politeismo m.

Polyvinylchlorid n *chem* (*Abk* PVC) polivinilcloruro m, vinile m di policloruro (*Abk* PVC).

Pomade <-, -n> f brillantina f: **sich** (dat) ~ **ins Haar schmieren**, mettersi la brillantina.

pomadig adj **1** (*mit Pomade eingerieben*) {HAAR} imbrillantinato, impomatato **2** *region pej* (*blasiert*) con la puzza sotto il naso *fam* **3** *fam* (*träge*) lento.

Pomeranze <-, -n> f *bot* **1** (*Baum*) melangolo m, arancio m amaro **2** (*Frucht*) melangola f, arancia f amara.

Pomeranzenöl n olio m di melangola.

Pommern <-s, *ohne pl*> n *geog* Pomerania f.

Pommes subst <*nur pl*> *fam*, **Pommes frites** subst <*nur pl*> patat(in)e f pl fritte: **~ mit Majo oder Ketschup**, patat(in)e fritte con la maionese o il ketchup.

Pommesbude f *fam* bancarella f ₍dove si vendono le₎/[delle] patatine fritte.

Pomologe <-n, -n> m (**Pomologin** f) *wiss* pomologo (-a) f (m).

Pomologie <-, *ohne pl*> f *wiss* pomologia f *wiss*.

Pomologin f → **Pomologe**.

Pomp <-(e)s, *ohne pl*> m pompa f, sfarzo m ● **mit ~ fam** *pej*, in pompa magna.

Pompeji, **Pompei** <-s, *ohne pl*> n *geog* Pompei f: **die Ausgrabungen/Fresken in ~**, gli scavi/affreschi pompeiani.

pompejisch adj pompeiano, di Pompei.

Pompon <-s, -s> m pompon m, nappa f.

pompös **A** adj {EINRICHTUNG, VILLA} pomposo, sfarzoso, lussuoso **B** adv {AUFMACHEN, AUSSTATTEN, EINRICHTEN} in modo pomposo, con grande pompa/sfarzo.

Poncho <-s, -s> m poncho m.

Pontifex <-, *Pontifizes oder Pontifices*> m pontefice m massimo.

pontifikal adj *relig* (*katholische Kirche*) vescovile; (*im antiken Rom*) pontificale.

Pontifikalamt n *relig* pontificale m.

Pontifikat <-(e)s, -e> n oder m *relig* {+PAPST} pontificato m, papato m; {+BISCHOF} episcopato m.

Pontius m: **von ~ zu Pilatus laufen** *fam*, fare il giro delle sette chiese *fam*, bussare a tutte le porte *fam*, andare da Ponzio a Pilato.

Ponton <-s, -s> m *mil naut* pontone m, barcone m.

Pontonbrücke f ponte m di pontoni/barconi.

Pony① <-s, -s> n *zoo* pony m.

Pony② <-s, -s> m (*an Frisur*) frangia f, frangetta f.

Ponyfrisur f pettinatura f con la frangetta.

Pool① <-s, -s> m (*Schwimmbecken*) piscina f.

Pool② <-s, -s> m **1** *ökon* (*Zusammenfassungen von Beteiligungen*) pool m **2** *ökon* (*Fondbildung unterschiedlicher Unternehmen*) pool m **3** (*Arbeitsgemeinschaft*) pool m, gruppo m di lavoro.

Pool③ <-s, *ohne pl*> n, **Poolbillard** <-s, *ohne pl*> n biliardo m (italiano).

Poolbillard <-s, *ohne pl*> n biliardo m (italiano).

Pop <-s, *ohne pl*> m *kunst lit mus* pop m: **Pop hören/spielen**, ascoltare/suonare musica pop.

Popanz <-es, -e> m **1** (*Schreckgespenst*) spaurracchio m **2** *pej* (*willenloser Mensch*) fantoccio m, marionetta f ● **einen ~ aufbauen** *fam*, montare un caso.

Pop-Art <-, *ohne pl*> f *kunst* pop art f.

Popcorn <-s, *ohne pl*> n popcorn m.

Popel <-s, -> m *fam* **1** (*Nasenschleim*) caccola f **2** *pej* (*unbedeutender Mensch*) caccola f *fam pej* **3** *pej* (*aufgeblasener Mensch*) pallone m gonfiato m *fam* **4** *pej* (*geiziger Mensch*) avaraccio m *fam*, spilorcio m *fam* ● **so ein ~!** (*aufgeblasener Mensch*), che pallone gonfiato!; (*geiziger Mensch*), che taccagno (-a)!

popelig, **poplig** adj *fam pej* **1** (*dürftig*) {GESCHENK, WARENANGEBOT, WOHNUNG} misero *fam*, meschino *fam*: **nur ~e zwei Euro hat er mir gegeben**, mi ha dato solo due miseri euro **2** (*unwichtig*) banale: **wegen jeder ~en Erkältung zum Arzt gehen**, andare dal medico per ogni minimo raffreddore; **jeder ~e Supermarkt führt diesen Artikel**, qualsiasi supermercato vende quest'articolo **3** (*geizig*) {PERSON} spilorcio m.

Popelin <-s, -e> m, **Popeline** <-, -s> m o <-, -> f popeline m, popelin m, popelina f.

popeln itr *fam*: **in der Nase ~**, mettersi le dita nel naso *fam*, scaccolarsi *fam*.

Popfarbe f colore m chiassoso/sgargiante.

popfarben adj {KLEIDUNG} in colori sgargianti.

Popfestival n festival m di musica pop.

Popgruppe f complesso m/gruppo m pop.

poplig adj → **popelig**.

Popliteratur f letteratura f pop.

Popmusik f musica f pop, pop music f.

Popo <-s, -s> m *fam* popò m *fam*, sederino m *fam*, culetto m *fam*.

Poposcheitel m *fam scherz* riga f/scriminatura f nel mezzo.

poppen *slang* **A** itr scopare *vulg*, trombare *vulg* **B** tr *jdn* ~ scopare *qu vulg*, trombare *qu vulg*.

Popper <-s, -> m preppy mf.

poppig *fam* **A** adj {FARBE, KLEIDER, STIL} chiassoso, vistoso **B** adv {AUFMACHEN} in modo chiassoso/vistoso.
Popsänger m (**Popsängerin** f) cantante mf pop.
Popstar m pop star f.
Popszene f scena f (della musica) pop.
populär **A** adj **1** (*sehr bekannt*) {FUSSBALLSPIELER, POLITIKER, SÄNGER, SENDUNG, THEORIE} popolare, noto **2** (*allgemein verständlich*) {DARSTELLUNG, SCHREIBWEISE, VORTRAG} alla portata di tutti, accessibile/comprensibile a tutti **B** adv {SICH AUSDRÜCKEN, BESCHREIBEN} in modo comprensibile a tutti: ~ **handeln**, agire in modo da riscuotere unanimi consensi.
popularisieren <ohne ge-> tr *geh etw* ~ fare conoscere qc ai cittadini; {WISSENSCHAFTLICHE ERKENNTNISSE} divulgare qc, popolarizzare qc *rar*, volgarizzare qc.
Popularität <-, *ohne pl*> f {+POLITIKER, SÄNGER, SCHAUSPIELER} popolarità f: **sich (bei jdm) großer ~ erfreuen**, godere di grande popolarità presso qu; **jds ~ ist im Schwinden**, la popolarità di qu va/sta calando; **an ~ zulegen/verlieren**, acquistare/perdere popolarità.
populärwissenschaftlich **A** adj {LITERATUR, WERK} (a/di carattere) divulgativo: **ein ~er Schriftsteller**, uno scrittore divulgatore/[che fa opera di divulgazione] **B** adv {DARSTELLEN, ERKLÄREN} in modo divulgativo.
Population <-, *-en*> f *biol* popolazione f.
Populismus <-, *ohne pl*> m *lit pol* populismo m.
Populist <-*en*, *-en*> m (**Populistin** f) populista mf.
populistisch adj *pol* populistico m.
Pop-up <-s, *-s*> n *inform* popup m, pop-up m.
Pore <-, *-n*> f *anat* {+HAUT} poro m; {+FLEISCH, SCHWAMM} poro m: **aus allen ~n schwitzen**, ⌊essere in un bagno di⌋/[grondare] sudore *fam*.
porentief **A** adj (*tief in die Poren eindringend*) {GESICHTSCREME, REINIGUNGSWASSER} che agisce in profondità; (*tief in den Poren wirkend*) {REINIGUNG, WIRKUNG} (che pulisce) in profondità **B** adv {EINDRINGEN, REINIGEN} in profondità: ~ **wirken**, agire in profondità.
porig adj {HAUT, HOLZ} poroso.
Porno <-s, *-s*> m *fam* (*Film*) film m porno(grafico), pornofilm m; (*Buch*) libro m porno(grafico): **harter ~**, porno hard-core.
Pornoaufnahme f foto(grafia) f porno(grafica).
Pornodarsteller m (**Pornodarstellerin** f) attore (-trice) m(f) porno.
Pornofilm m film m porno(grafico), pornofilm m: **ein harter ~**, un porno hard-core.
Pornografie <-, *-n*> f pornografia f.
pornografisch adj {FILM, HEFT} pornografico.
Pornographie f → **Pornografie**.
pornographisch adj → **pornografisch**.
Pornoheft n rivista f pornografica, pornorivista f.
Pornokino n cinema m porno.
Pornoladen m → **Pornoshop**.
Pornoroman m romanzo m porno(grafico).
Pornoshop <-s, *-s*> m pornoshop m, sex-shop m.
Pornostar <-s, *-s*> m pornostar f, pornodivo (-a) m (f).
Pornovideo n pornovideo m, pornocassetta f, cassetta f porno(grafica), video m porno(grafico).
porös adj poroso.

Porosität <-, *ohne pl*> f porosità f.
Porphyr <-s, *-e*> m *geol* porfido m.
Porree <-s, *-s*> m *bot* porro m.
Port <-s, *-s*> m **1** *inform* (*Schnittstelle*) porta f **2** *med* → **Portkatheter**.
Portal <-s, *-e*> n **1** {+KIRCHE, KLOSTER, SCHLOSS} portale m **2** *inform* portale m.
Portefeuille <-s, *-s*> n **1** *geh obs* (*Brieftasche*) portafoglio m **2** *pol* (*Geschäftsbereich*): **ein Minister ohne ~**, un ministro senza portafoglio **3** *ökon* → **Portfolio**.
Portemonnaie n → **Portmonee**.
Porteur <-s, *-s*> m *CH* (*Gepäckträger*) facchino m, portabagagli m.
Portfolio <-s, *-s*> n *ökon* portafoglio m.
Portfolio-Differenzierung f *ökon* diversificazione f del portafoglio.
Portfolio-Ertrag m *ökon* rendimento m del portafoglio.
Portfolio-Investition f *ökon* investimento m di portafoglio.
Portfolio-Zwang m *ökon* vincolo m di portafoglio.
Porti pl *von* **Porto**.
Portier <-s, *-s*> m (*Hotelportier*) portiere m; {+WOHNGEBÄUDE} portinaio m.
portieren <ohne ge-> tr *CH* (*jdn zur Wahl vorschlagen*) **jdn ~** candidare qu.
Portierloge, **Portiersloge** f portineria f.
Portiersfrau f **1** (*Frau des Portier*) moglie f del portinaio/portiere **2** (*weiblicher Portier im Hotel*) portiera f; (*im Wohnhaus*) auch portinaia f.
Portion <-, *-en*> f **1** (*beim Essen*) porzione f: **eine ~ Kaffee**, una bricco di caffè; **eine ~ Pommes frites**, una porzione di patat(in)e fritte; (*Gericht*) *auch* piatto m **2** *fam* (*nicht geringe Menge*) dose f: **dazu braucht man schon eine ~ Unverschämtheit** *fam*, per questo ci vuole davvero una buona dose di sfacciataggine *fam*; **dazu gehört schon eine reichliche/tüchtige ~ Frechheit/Geduld/Glück**, ci vuole davvero ⌊una bella faccia tosta⌋/[una gran pazienza]/[un bel colpo di fortuna] ● **eine halbe ~** *fam scherz*, una mezza cartuccia *fam*, un soldo di cacio *fam*.
portionenweise, **portionsweise** **A** adj <attr> {VERTEILUNG} in porzioni **B** adv {AUSTEILEN, BEKOMMEN} a/in porzioni.
portionieren <ohne ge-> tr *etw* ~ {ESSEN, VORRÄTE} dividere qc in porzioni, porzionare qc.
Portionierung <-, *-en*> f divisione f in porzioni.
Portkatheter m *med* port-a-cath m.
Portmonee <-s, *-s*> n portafoglio m; (*für Münzen*) portamonete m, borsellino m ● **ein dickes ~ haben** *fam*, avere il portafoglio gonfio.
Porto <-s, *-s oder* **Porti**> n affrancatura f, tariffa f postale.
Portoausgaben subst <nur pl> → **Portokosten**.
portofrei adj senza/[esente da] affrancatura, in franchigia postale.
Portokasse f *fam* cassa f per le piccole spese ● **etw aus der ~ zahlen**, pagare qc con gli spiccioli; **das zahlen die aus der ~!**, ⌊tanto ⌊per loro sono solo nocciole⌋/[paga Pantalone]!
Portokosten subst <nur pl> spese f pl di affrancatura.
portopflichtig adj soggetto ad affrancatura.
Portrait a.R. *von* **Porträt** → **Porträt**.
Porträt <-s, *-s*> n **1** *kunst* ritratto m **2** (*Beschreibung*) ritratto m: **das ~ einer Stadt**, il ritratto di una città ● **jdm ~ sitzen**, posare per qu.
Porträtaufnahme f ritratto m fotografico.
Porträtbild n → **Porträt**.
Porträtfotograf m (**Porträtfotografin** f) (fotografo (-a) m (f)) ritrattista mf.
porträtieren <ohne ge-> tr **1** (*ein Porträt anfertigen*) **jdn ~** fare il ritratto a/di qu, ritrarre qu **2** (*künstlerisch darstellen*) **jdn als etw** (akk) **~** ritrarre qu come qc, rappresentare qu come qc: **jdn in einem Roman als Bösewicht ~**, ritrarre qu in un romanzo come il cattivo.
Porträtmaler m (**Porträtmalerin** f) (pittore (-trice) m (f)) ritrattista mf.
Porträtmalerei f ritrattistica f.
Porträtphotograph m (**Porträtphotographin** f) → **Porträtfotograf**.
Porträtstudie f *kunst* studio m per un ritratto.
Porträtzeichnung f *kunst* (*mit Bleistift*) ritratto m a matita; (*mit Kohle*) ritratto m a carboncino.
Portugal <-s, *ohne pl*> n *geog* Portogallo m: **in ~**, in Portogallo.
Portugiese <-n, *-n*> m (**Portugiesin** f) portoghese mf.
portugiesisch adj portoghese.
Portugiesisch <-(s), *ohne pl*> n, **Portugiesische** <dekl wie adj> n portoghese m; → *auch* **Deutsch**, **Deutsche**[2].
Portwein m porto m.
Porzellan <-s, *-e*> n **1** (*Werkstoff*) porcellana f: ~ **brennen**, cuocere porcellana; **etw mit ~ überziehen** {BADEWANNE, TOPF}, porcellanare qc **2** <*nur sing*> (*Geschirr aus* ~) porcellane f pl, stoviglie f pl di porcellana: **altes/feines/kostbares ~**, porcellane vecchie/raffinate/preziose; ~ **sammeln**, collezionare porcellane/[stoviglie di porcellana] ● **wie aus ~ sein** (*sehr zart sein*), sembrare di porcellana; ~ **zerschlagen**, fare un bel po' di danni; **beim letzten Streit wurde viel ~ zerschlagen**, durante l'ultima lite se ne sono dette troppe.
Porzellanerde f *min* caolino m.
Porzellanfigur f (statuetta f di) porcellana f.
Porzellangeschirr n stoviglie f pl di porcellana; (*Service*) *auch* servizio m di porcellana.
Porzellankrone f capsula f di/in porcellana: **Zahn mit ~**, dente incapsulato in porcellana.
Porzellanladen m negozio m di porcellane.
Porzellanmanufaktur f manifattura f di porcellane.
Porzellantasse f tazza f di porcellana.
Porzellanteller m piatto m di porcellana.
Posaune <-, *-n*> f *mus* trombone m: ~ **spielen**, s(u)onare il trombone.
posaunen <ohne ge-> **A** itr s(u)onare il trombone **B** tr *fam*: **etw in alle Welt ~**, strombazzare qc a destra e a manca *fam*, sbandierare qc ai quattro venti *fam*.
Posaunenbläser m (**Posaunenbläserin** f) *mus* trombonista mf, suonatore (-trice) m (f) di trombone.
Posaunenengel m **1** (*Engelsgestalt*) putto m/angioletto m che suona il trombone **2** *fam* (*pausbäckiges Kind*) bambino (-a) m (f) ⌊paffuto (-a)⌋/[con delle belle guanciotte].
Posaunenklang m *mus* suono m dei tromboni.
Posaunist <-en, *-en*> m (**Posaunistin** f)

mus → **Posaunenbläser**.

Pose <-, -n> f **1** (*Körperhaltung*) posa f: **sich in ~ setzen**, mettersi in posa **2** *pej* (*Effekt heischende Haltung*) posa f, atteggiamento m: **er gefällt sich in der ~ des Gelangweilten**, si compiace ₍nella posa₎/[nel ruolo] dell'annoiato ◆ **das ist alles nur ~!**, è tutta/solo una posa!, è solo un atteggiamento!

posieren <*ohne* ge-> *itr* **1** *geh* (*eine Pose einnehmen*) **für jdn ~** posare *per qu* **2** (*sich gekünstelt benehmen*) atteggiarsi, posare: **was findest du nur so Besonderes an ihr? Sie posiert doch nur!**, cosa ci trovi di tanto speciale in lei? Si atteggia e basta!

Position <-, -en> f **1** (*berufliche Stellung*) posizione f, posto m: **eine gesicherte/wichtige ~ haben**, avere una posizione sicura/importante; **eine leitende ~ innehaben**, trovarsi in una posizione direttiva/[di comando] **2** (*bestimmte Stellung*) posizione f: **den Hebel in eine andere ~ bringen**, spostare la leva in un'altra posizione **3** (*Körperstellung*) posizione f; (*beim Geschlechtsverkehr*) posizione f: **eine bequeme ~ einnehmen**, assumere/prendere una posizione comoda **4** (*Einstellung*) posizione f: **~ beziehen**, prendere posizione **5** *com* (*Posten*) voce f **6** (*Lage*) posizione f, condizione f: **sich in einer starken ~ befinden**, trovarsi in una posizione di forza **7** *sport* posizione f: **in führender ~ liegen**, essere in testa; (*Posten innerhalb der Mannschaft*) posizione f; **auf welcher ~ spielst du?**, in quale posizione giochi?; **in der ~ des Verteidigers spielen**, giocare in difesa **8** (*Standort*) {+FLUGZEUG, RAUMSCHIFF, SCHIFF} posizione f: **die ~ eines Flugzeugs/ Schiffs bestimmen**, localizzare un aereo/ una nave **9** (*im Ballett, Yoga*) posizione f ◆ **in ~ gehen** *mil*, mettersi in posizione.

positionieren <*ohne* ge-> **A** *tr* **etw** (*irgendwo*) **~ 1** (*in eine bestimmte Position oder Stellung bringen*) posizionare *qc* (+ *compl di luogo*) **2** *com* (*etw auf dem Markt einordnen*) {NEUERSCHEINUNG, PRODUKT} piazzare *qc* posizionare *qc* (+ *compl di luogo*) **3** *inform* {CURSOR, MAUS} posizionare *qc* (+ *compl di luogo*) **B** *rfl* **sich** (*irgendwo*) **~** {AUF DEM MARKT} posizionarsi (+ *compl di luogo*).

Positionierung <-, -en> f *com* posizionamento m.

Positionsausgleich m *ökon* pareggio m delle posizioni/voci.

Positionslampe f *aero naut*, **Positionsleuchte** f *aero naut* fanale m/luce f di posizione: **die rote ~**, la luce (rossa) di posizione.

Positionslicht <-(e)s, -er> n *aero* luce f/fanale m di posizione/via; *naut auch* luce f/fanale m di navigazione.

Positionsmeldung f *aero aut naut* comunicazione f della (propria) posizione.

Positionspapier n *pol* documento m (programmatico).

Positionswinkel m *astr* angolo m di posizione.

positiv **A** *adj* **1** (*bejahend*) {EINSTELLUNG, REAKTION, WELTANSCHAUUNG} positivo; {ANTWORT} *auch* affermativo: **jdm/etw ~ gegenüberstehen**, avere un atteggiamento positivo ₍nei confronti di₎/[verso] qu/qc; (*günstig*) {AUSWIRKUNGEN, EINFLUSS, ERGEBNIS, FOLGEN} positivo; (*gut*) {CHARAKTER, HALTUNG} positivo **2** *math* (*größer als null*) positivo **3** *chem phys* positivo **4** *med* {BEFUND, TESTERGEBNIS} positivo **5** *geh* (*tatsächlich*) {ERGEBNISSE} positivo **B** *adv* **1** (*bejahend*) {ANTWORTEN} positivamente, affermativamente, in modo affermativo; {DENKEN, REAGIEREN} in modo positivo, positivamente: **sich ~ ₍über etw (akk)₎/[zu etw (dat)] äußern**, espri-

mersi positivamente su *qc* **2** (*günstig*) {BEURTEILEN, BEWERTEN} positivamente, favorevolmente: **sich ~ (ver)ändern**, cambiare in meglio/[(senso) positivo] **3** *fam* (*sicher*) {WISSEN} di positivo *fam*, positivamente *fam*, certamente, con certezza: **ich weiß ~, dass er es war**, so ₍con certezza₎/[di positivo] che era lui.

Positiv① <-s, -e> n *fot* (*Bild*) positivo m.

Positiv② <-s, -e> m *ling* grado m positivo.

Positivismus <-, *ohne* pl> m *philos* positivismo m.

Positivist <-en, -en> m (**Positivistin** f) *philos* positivista mf.

positivistisch *adj* **1** *philos* positivistico, positivista **2** *geh* {FORSCHUNGSARBEIT} compilativo.

Positivum <-s, *Positiva*> n *geh* lato m/aspetto m positivo.

Positron <-s, -en> n *phys* positrone m.

Positur <-, -en> f **1** <*meist sing*> *meist iron* (*Haltung*) posa f, atteggiamento m: **sich in ~ setzen** *fam*/**stellen** *fam*/**werfen** *fam*, mettersi in posa **2** *sport* Boxen Fechten (*Stellung*) posizione f: **in ~ gehen/sein**, mettersi/essere in posizione.

Posse <-, -n> f *theat* farsa f.

Possen <-s, -> m *obs* (*Unfug*) buffonata f: **~ reißen**, fare buffonate/pagliacciate, fare il buffone/burlone/pagliaccio.

possenhaft *adj* {DARSTELLUNG, ÜBERTREIBUNG} farsesco, buffonesco.

Possenreißer <-s, -> m (**Possenreißerin** f) buffone (-a) m (f), burlone (-a) m (f).

Possessiv <-s, -e> n → **Possessivpronomen**.

Possessivpronomen n *ling* pronome m possessivo; (*adjektivisch gebraucht*) aggettivo m possessivo.

Possessivum <-s, *Possessiva*> n → **Possessivpronomen**.

possierlich *adj* {HÜNDCHEN, KÄTZCHEN} carino, bellino *fam*, grazioso, divertente: **~ aussehen**, ₍avere un aspetto₎/[essere] grazioso.

Post① <-, *rar* -en> f **1** (*Einrichtung*) posta f, servizio m postale: **mit gleicher/[der nächsten] ~**, con la ₍stessa posta₎/[prossima levata]; **etw mit der ~ schicken**, spedire *qc* per posta; **bei der ~ arbeiten**, lavorare alle poste **2** (*Gebäude*) posta f, ufficio m postale: **auf die**/[**zur**] **~ gehen**, andare alla posta **3** <*nur sing*> (*Brief-, Versandgut*) posta f, corrispondenza f: **eingehende/ausgehende ~**, posta in arrivo/partenza; **die ~ abholen/ aufgeben**, ritirare/spedire la posta; **ist ~ für mich da?**, c'è posta per me?; **auf die ~ warten**, aspettare la posta ◆ (**und**) **ab** (**geht**) **die ~!** *fam* (*wenn jd losfährt*), e via!; (*es geht los*), muoviamoci!, diamoci una mossa! *fam*; **da ging die ~ ab!** *slang* (*auf einem Fest, Konzert*), la gente è impazzita!; **elektronische ~** *inform*, posta elettronica.

Post② <-s, -s> n *oder* m *inform* post m.

Postabholer m (**Postabholerin** f) *post* abbonato (-a) m (f) ad una casella postale.

Postadresse f → **Postanschrift**.

postalisch *adj* **1** (*die Post betreffend*) {ANSCHRIFT, EINRICHTUNG, ZWECKE} postale **2** (*durch die Post*) {ÜBERMITTLUNG, ZUSTELLUNG}per posta: **auf ~em Weg(e)**, per posta.

Postamt n *uffico* m postale.

Postanschrift f indirizzo m/recapito m (postale): **~ des Absenders/Empfängers**, indirizzo del mittente/destinatario.

Postanweisung f vaglia m (postale): (*Formular*) modulo m per vaglia postale.

Postauto n furgone m postale.

Postbank <-, -en> f istituto m bancario delle poste tedesche.

Postbarscheck m assegno m postale.

Postbeamte <*dekl wie adj*> m (**Postbeamtin** f) impiegato (-a) m (f) delle poste.

Postbezirk m → **Zustellbezirk**.

Postbote m (**Postbotin** f) postino (-a) m (f), portalettere mf.

Pöstchen <-s, *ohne* pl> n *dim von* Posten *fam pej oder scherz* (*Arbeitsplatz*) posticino m: **jdm ein ~ zuschachern**, ₍far avere₎/[trovare] un posticino a qu.

Postdienst m **1** (*Dienst bei der Post*): Beamter im **~**, funzionario delle poste **2** <*nur sing*> (*Aufgabenbereich der Post bis zur Postreform*) servizio m postale; (*seit der Postreform nur noch das Briefwesen*) servizio m postale (con l'esclusione di operazioni bancarie e di telefonia).

Postdirektion f direzione f delle poste.

Posteingang <-s, *ohne* pl> m *adm*: **der ~**, la posta/corrispondenza in arrivo; **die Sekretärin kümmert sich um den ~**, la segretaria si occupa della corrispondenza in arrivo.

Posteingangsstempel m timbro m di (avvenuto) ricevimento (della posta).

postembryonal *adj* *biol med* {ENTWICKLUNG, STADIUM} postembrionale.

posten① *CH* **A** *tr* (*einkaufen*) **etw ~** comprare *qc* **B** *itr* (*Aufträge erledigen*) fare commissioni.

posten② *tr itr inform* (**etw**) **~** postare (*qc*).

Posten① <-s, -> m (*Stellung*) posto m, impiego m; (*Amt in Gewerkschaft, Partei*) carica f: **ein bescheidener/[gut bezahlter]/[ruhiger]/[verantwortungsvoller] ~**, un posto/ impiego modesto/[ben pagato]/[tranquillo]/[di responsabilità]; **ein guter ~**, un buon posto/impiego; **einen führenden ~ in der Industrie/Wirtschaft haben**, avere un posto di comando nell'industria/economia; **den ~ des Geschäftsführers innehaben**, ricoprire/rivestire la carica di amministratore delegato ◆ **an seinem ~ kleben** *fam pej*, essere incollato/inchiodato alla poltrona *fam*.

Posten② <-s, -> m **1** *mil* posto m di guardia: **seinen ~ beziehen/verlassen**, occupare/ abbandonare il posto di guardia **2** (*kleiner Polizeiposten*) posto m di polizia **3** (*Wache*) guardia f, sentinella f: **~ stehen**, essere di sentinella; {+STREIK} picchetto m ◆ **auf dem ~: auf dem sein** *fam* (*gesund sein*), essere in forma, stare bene di salute; (*wachsam sein*), stare all'erta, stare sul chi vive *fam*, essere sul chi va là *fam*; **sich nicht (ganz) auf dem ~ fühlen** *fam* (*sich körperlich nicht fit fühlen*), non sentirsi a posto, non essere in forma; **sich wieder auf dem ~ fühlen** *fam*, sentirsi di nuovo a posto, esser di nuovo in forma; **auf verlorenem ~ kämpfen/stehen** (*keine Aussicht auf Erfolg haben*), battersi/lottare per una causa persa.

Posten③ <-s, -> m *com* **1** (*Warenmenge*) partita f, lotto m **2** (*Position*) voce f, partita f: **laufende ~**, partite correnti; **offene ~**, partite in sospeso; **einen ~ verbuchen**, registrare una voce.

Postenbuch n *ökon* partitario m.

Poster <-s, -(s)> n *oder* m poster m, manifesto m.

Postfach n (*auf der Post*) casella f postale; (*Standort aller Postfächer*) casellario m postale; (*im Hotel*) cassetta f (per le lettere).

postfaschistisch *adj* {GESELLSCHAFTSMODELL, PARTEI} postfascista.

Postflugzeug n (aereo m) postale m.

postfrisch *adj* {BRIEFMARKEN} nuovo.

Postgebühr f tariffa f postale.

Postgeheimnis n segreto m postale: **das ~ verletzen/wahren**, violare/rispettare il segreto postale.

Postgirokonto n conto m corrente postale.

postglazial adj geol postglaciale, olocenico.

Postgut n ₍merce f spedita₎/[oggetto m spedito] per posta.

Posthorn n corno m del/da postiglione.

posthum, postum geh Ⓐ adj {EHRUNG, REHABILITATION, RUHM, VERÖFFENTLICHUNG} postumo Ⓑ adv {ANERKENNEN, AUSZEICHNEN, EHREN, VERÖFFENTLICHEN} post mortem.

postieren <ohne ge-> Ⓐ tr jdn irgendwo ~ {AUFPASSER, SCHÜTZEN, WACHE} (ap)postare qu + compl di luogo Ⓑ rfl **sich irgendwo ~** appostarsi + compl di luogo.

Postillion <-s, -e> m hist postiglione m.

Postimpressionismus m kunst lit postimpressionismo m.

postimpressionistisch adj postimpressionista, postimpressionistico.

postindustriell adj {ENTWICKLUNG, GESELLSCHAFT} postindustriale.

Posting <-s, -s> n inform post m.

Post-it® <-s, -> n oder m Post-it® m.

Postkarte f (Ansichtskarte) cartolina f; (Postkarte mit Wertzeichen) cartolina f postale/doppia.

postkommunistisch adj {PARTEI} postcomunista.

Postkutsche f obs diligenza f (postale).

postlagernd Ⓐ adj {BRIEF, SENDUNG} fermo posta Ⓑ adv {SCHICKEN, SCHREIBEN} fermo posta.

Postleitzahl f (Abk PLZ) Codice m di Avviamento Postale (Abk CAP).

Postler <-s, -> m süddt A impiegato m postale/[delle poste].

Postminister m (**Postministerin** f) hist (durch die Postreform abgeschafft) ministro m delle Poste e Telecomunicazioni.

Postministerium n hist (durch die Postreform abgeschafft) Ministero m delle Poste e Telecomunicazioni.

postmodern adj postmoderno.

Postmoderne f 1 (Strömung) postmodernismo m 2 (Epoche) periodo m postmoderno, postmodernità f rar.

postmortal adj med post mortem.

postnatal adj med postnatale.

postnuklear adj postnucleare.

postnumerando adv com: **~ zahlbar**, a pagamento posticipato; **~ zahlen**, pagare posticipatamente.

Postnumeration <-, -en> f com pagamento m posticipato.

postoperativ med Ⓐ adj postoperatorio Ⓑ adv in fase postoperatoria.

Postpaket n pacco m postale.

Postregal <-s, ohne pl> n monopolio m postale (statale).

Postsack m sacco m postale/[della posta].

Postschalter <-s, -> m sportello m delle poste.

Postscheck m hist → **Postbarscheck**.

Postscheckamt n hist → **Postbank**.

Postscheckkonto n hist → **Postgirokonto**.

Postschiff n (nave f) postale m.

Postscriptdatei f inform (file m) PostScript m.

Postsendung f spedizione f postale.

Postskript <-e(s), -e> n, **Postskriptum** <-s, Postskripta> n (Abk PS) post scriptum m, poscritto m (Abk PS).

Postsparbuch n hist libretto m di risparmio postale.

Postsparkasse f hist bancoposta m.

Poststelle f ufficio m postale (ausiliario).

Poststempel m timbro m postale: **Bewerbungsfrist ist der 1. März 2007, ausschlaggebend ist der ~**, termine di presentazione delle domande (è il) primo marzo del 2007, fa fede il timbro postale.

posttertiär adj geol successivo al terziario.

posttraumatisch adj med posttraumatico.

Postulat <-(e)s, -e> n 1 geh (Forderung) postulato m: **ein ethisches/moralisches/politisches ~**, un postulato etico/morale/politico 2 philos postulato m: **ein ~ aufstellen**, formulare un postulato 3 relig postulato m 4 CH pol "richiesta f da parte del Parlamento al governo svizzero di verificare la necessità di una legge o di altre misure".

postulieren <ohne ge-> tr geh etw ~ 1 (fordern) {FREIHEIT, GLEICHBERECHTIGUNG, MITBESTIMMUNG, RECHTE} postulare qc 2 (als wahr annehmen) {EXISTENZ, PRINZIP} postulare qc.

postum adj → **posthum**.

Postverbindung f servizio m postale: **auch nach dem 2. Weltkrieg besaß nicht jeder Ort eine ~**, anche dopo la seconda guerra mondiale non tutti i paesi usufruivano del servizio postale.

Postverkehr m 1 (gesamte Postbeförderung) traffico m postale 2 adm (Briefwechsel) corrispondenza f, posta f: **der ~ der Häftlinge unterliegt einer strengen Zensur**, la corrispondenza/posta dei detenuti è sottoposta a una severa censura 3 D (bis 1982 Reiseverkehr der Post) trasporti m pl automobilistici (gestiti dalle poste).

Postversand m spedizione f per/[a mezzo] posta: **unsere Waren erhalten Sie per ~**, Le spediamo i nostri articoli per/[a mezzo] posta.

Postverwaltung f amministrazione f delle poste.

Postweg <-(e)s, ohne pl> m: **auf dem ~** {SCHICKEN, VERSENDEN, ZUSTELLEN}, per/[a mezzo] posta.

postwendend adv 1 (mit der nächsten Post) {ANTWORTEN, ERHALTEN, KOMMEN, SCHICKEN} a stretto giro di posta 2 fam (umgehend) {AUFHÖREN, UMKEHREN, UNTERBRECHEN} immediatamente, all'istante, sull'istante, subito.

Postwertzeichen n adm (Briefmarke) affrancatura f (postale) adm, francobollo m.

Postwesen n poste f pl, sistema m postale.

Postwurfsendung f pubblicità f distribuita per posta.

Postzug m (treno m) postale m.

Postzustellung <-, -en> f consegna f della posta.

Pot① <-s, ohne pl> n slang erba f slang: **Pot rauchen**, fumare erba.

Pot② <-s, ohne pl> m slang (beim Pokerspiel) piatto m slang: **den Pot gewinnen**, farsi il piatto slang.

potent adj 1 (sexuell fähig) {MANN} virile, sessualmente potente 2 geh (einflussreich) potente, influente.

Potentat <-en, -en> m pej potentato m.

Potential n → **Potenzial**.

potentiell adj → **potenziell**.

Potenz <-, -en> f 1 (sexuelle Fähigkeit) potenza f sessuale/virile 2 geh (Leistungsfähigkeit) {+GEIST, KÜNSTLER, WIRTSCHAFT} potenza f, forza f 3 math potenza f: **eine Zahl in die zweite ~ setzen**, elevare un numero ₍al quadrato₎/[alla seconda (potenza)]; **eine Zahl in die dritte ~ erheben**, elevare un numero al cubo; **in der vierten ~**, alla quarta (potenza) ● **das ist Dummheit in höchster ~** fam, questa è stupidità ₍all'ennesima potenza fam₎/[al quadrato fam].

Potenzangst f ansia f da prestazione sessuale (dell'uomo).

Potenzial <-s, -e> n 1 geh (Gesamtheit aller Möglichkeiten) potenziale m 2 phys potenziale m.

potenziell adj geh {BEDROHUNG, GEFAHR} potenziale; {GEGNER, KÄUFER} auch virtuale, possibile.

potenzieren <ohne ge-> tr etw ~ 1 math elevare a potenza qc: **eine Zahl mit sechs ~**, elevare un numero alla sesta (potenza) 2 geh (steigern) {KRAFT} potenziare qc, incrementare qc; {LEISTUNG, WIRKUNG} auch rafforzare qc.

Potenzpille f Viagra® m, pillola f per la potenza sessuale.

Potenzstörung f problema m di impotenza.

Potpourri <-s, -s> n 1 mus pot-pourri m (musicale) 2 geh (buntes Gemisch) pot-pourri m, accozzaglia f, guazzabuglio m.

Pott <-(e)s, Pötte> m norddt fam 1 (Topf) pentola f 2 (Nachttopf) vaso m da notte; (Klo) cesso m fam: **auf dem ~ sein/sitzen**, essere sul cesso fam 3 (Schiff) nave f; (altes Schiff) bagnarola f fam ● **die beiden passen zusammen wie ~ und Deckel** fam, quei due sono no pappa e ciccia fam; **das ist doch ~ wie Deckel** fam, se non è zuppa è pan bagnato fam; **mit etw (dat) zu ~(e) kommen** fam, farcela a fare qc; **ich komm mit der neuen Arbeit einfach nicht zu ~e!**, non ce la faccio proprio con il nuovo lavoro!; **kommst du zu ~e oder sollich dir helfen?**, ti arrangi o vuoi che ti aiuti?; **in die Pötte kommen** fam, (cominciare a) carburare fam.

Pottasche <-, ohne pl> f chem potassa f.

potthässlich (a.R. potthäßlich) adj fam {GEGEND, KLEIDUNGSSTÜCK, PERSON, STADT} bruttissimo, brutto come la fame fam/il peccato fam: **eine ~e Frau**, una racchia fam, una scorfana fam.

Pottwal m zoo (Zahnwal) capodoglio m.

potz interj obs: **~, Blitz!**, fulmini e saette!

Poularde <-, -n> f pollo m (con peso superiore a 1200 grammi).

Poulet <-s, -s> n CH (junges Masthähnchen) pollastro m.

Power <-, ohne pl> f slang {+MUSIK, TYP} forza f, grinta f; {+AUTO, MOTORRAD} sprint m fam, potenza f ● **tierisch viel ~ haben** slang, scoppiare di energia; **die hat vielleicht ~!**, quella è proprio tosta! slang; **mit voller ~** fam, a tutta birra fam/forza.

Powerfrau f slang tipa f grintosa slang.

powern slang Ⓐ itr (sich voll einsetzen) darci dentro fam/sotto fam: **ich muss noch voll ~, um bis heute Abend fertig zu werden**, devo mettermi sotto per finire entro stasera; **auf den letzten Metern powerte der Schwimmer voll**, negli ultimi metri il nuotatore mise il turbo fam Ⓑ tr 1 (mit allen Mitteln fördern) jdn/etw ~ {NEUES PRODUKT} spingere qc fam, pubblicizzare qc; {VERANSTALTUNG} sponsorizzare qc; {POLITIKER, SÄNGER} spingere qu fam 2 tech etw ~ alimentare qc, far funzionare qc.

Powidl <-s, ohne pl> m A (Pflaumenmus) mousse f/passato m di prugne.

pp., ppa. Abk von per procura: p.p. (Abk von per procura).

PR Abk von Public Relations: PR f pl (Abk von

pubbliche relazioni).
Präambel <-, -n> f ~ (**zu etw** dat) {+GESETZ, URKUNDE, VERFASSUNG} preambolo m (a qc): **die ~ zu dem neuen Vertrag**, il preambolo al nuovo contratto.
PR-Abteilung f ufficio m ᴸ(delle) PRᴶ/ [(delle) pubbliche relazioni].
Pracht <-, ohne pl> f {+FARBEN} splendore m, magnificenza f; {+AUSSTATTUNG, EINRICHTUNG, KLEIDER} auch sontuosità f ● **es ist eine (wahre) ~!** fam, ma è magnifico!, è davvero uno splendore!; **er spielt Klavier, dass es eine wahre ~ ist** fam, suona il pianoforte che è una meraviglia fam.
Prachtausgabe f edizione f ᴸdi lussoᴶ/ [sontuosa].
Prachtbau <-(e)s, -ten> m edificio m sontuoso/sfarzoso.
Prachtexemplar <-s, -e> n fam (Blume, Kollektionsstück, Tier) magnifico esemplare m; scherz (Kind) meraviglia f; (Person) tipo m straordinario/eccezionale fam.
prächtig A adj **1** (prunkvoll) {AUSSTATTUNG, KIRCHE, KLEIDER, LICHT, PALAST} splendido, magnifico, sontuoso, superbo **2** (sehr gut) {ARBEIT, AUSSEHEN, MENSCH, WETTER} magnifico, formidabile, splendido: **du siehst ~ aus**, hai un aspetto splendido B adv **1** (prunkvoll) {AUSSTATTEN, EINRICHTEN} in modo magnifico/splendido/sontuoso/superbo, magnificamente, splendidamente, sontuosamente **2** fam (großartig) {SICH UNTERHALTEN, SICH VERSTEHEN} splendidamente, a meraviglia fam; {SICH AMÜSIEREN} alla grande fam.
Prachtkerl m fam **1** (Mensch) tipo m formidabile fam/eccezionale fam **2** → **Prachtstück**.
Prachtstraße f via f di lusso.
Prachtstück n fam (Blume, Kollektionsstück, Tier) magnifico esemplare m.
prachtvoll adj → **prächtig**.
Prachtwetter n fam tempo m magnifico.
Prädestination <-, ohne pl> f **1** relig predestinazione f **2** geh (Vorherbestimmtsein) predestinazione f.
prädestinieren <ohne ge-> tr geh **jdn für etw** (akk)/**zu etw** (dat) ~ predestinare qu a qc.
prädestiniert adj geh predestinato; **für etw** (akk)/**zu etw** (dat) ~ **sein** {FÜR DIE NACHFOLGE, ZUM MUSIKER} essere predestinato a (fare) qc: **bei seiner schöpferischen Ader ist er zum Künstler ~**, con quella sua vena creativa è predestinato a diventare un artista.
Prädikat <-(e)s, -e> n **1** com (Bewertung von Film, Ware) giudizio m: **ein Wein mit ~**, un vino a denominazione d'origine controllata **2** gram (Satzaussage) predicato m ● ~ **besonders wertvoll** (Filmbewertung), di particolare valore artistico.
prädikativ A adj gram {ADJEKTIV} predicativo B adv {VERWENDEN} predicativamente, come predicato, con funzione predicativa.
Prädikatsexamen n D univ laurea f con un punteggio medio-alto.
Prädikatsnomen n gram predicato m nominale.
Prädikatswein m ≈ vino m a denominazione di origine controllata e garantita (Abk DOCG).
prädisponiert adj geh med: **für etw** (akk) ~ **sein** {FÜR BESTIMMTE KRANKHEITEN} essere predisposto a qc.
Prädisposition <-, -en> f med ~ **für etw** (akk) predisposizione f a qc.
Präfekt <-en, -en> m prefetto m.
Präfektur <-, -en> f prefettura f.

Präferenz <-, -en> f geh **1** (Vorliebe) ~ **für etw** akk) preferenza f (per qc) **2** com (Zollvergünstigung) preferenza f tariffaria doganale.
Präferenzliste f geh scala f delle preferenze: **eine ~ aufstellen**, fare una scala delle (proprie) preferenze.
Präferenzzoll m ökon dazio m preferenziale.
Präfix <-es, -e> n ling prefisso m.
Prag <-s, ohne pl> n geog Praga f ● **der ~er Frühling** pol, la primavera di Praga.
prägen A tr **1** (herstellen) **etw** ~ {MEDAILLEN, MÜNZEN} coniare qc **2** (mit einem Bild, Schriftzeichen versehen) **etw auf/in etw** (akk) ~ {MOTIV, SYMBOL IN LEDER, METALL} imprimere qc in/su qc: **geprägtes Papier**, carta stampata **3** (formen) **jdn/etw** ~ {CHARAKTER, MENSCHEN} formare qu/qc, plasmare qu/qc, forgiare qc: **die traumatischen Erlebnisse seiner Kindheit haben ihn fürs Leben geprägt**, le esperienze traumatiche della sua infanzia l'hanno segnato a vita; {EPOCHE, STIL, THEORIE, WERK} caratterizzare qc: **die moderne Kunst ist durch Picasso nachhaltig geprägt worden**, l'arte moderna è stata profondamente influenzata da Picasso **4** ling (schöpfen) **etw** ~ {BEGRIFF, WORT} coniare qc **5** biol (fixieren) **etw** ~ dare l'imprinting a qc B rfl geh (haften bleiben): **sich ins Gedächtnis ~**, imprimersi nella memoria; **ein Ereignis, das sich mir unauslöschlich ins Gedächtnis prägte**, un evento che mi se impresse indelebilmente nella memoria.
PR-Agentur f agenzia f di PR/[pubbliche relazioni].
Pragmatik <-, -en> f pragmatica f.
Pragmatiker <-s, -> m (**Pragmatikerin** f) pragmatico (-a) m (f).
pragmatisch adj pragmatico.
Pragmatismus <-, ohne pl> m pragmatismo m.
prägnant A adj {AUSDRUCK, BEGRIFF, DARLEGUNG, SATZ, STIL} conciso, sintetico B adv {AUSDRÜCKEN, BEZEICHNEN, DARSTELLEN} in modo conciso/sintetico, concisamente, sinteticamente.
Prägnanz <-, ohne pl> f geh {+AUSDRUCK, DARSTELLUNG, STIL} concisione f.
Prägung <-, -en> f **1** <nur sing> (Herstellung) {+MEDAILLEN, MÜNZEN} coniatura f, coniazione f **2** (das Einprägen: auf Leder, Papier) impressione f; (auf Metall) incidere m qc, incisione f **3** (Aufdruck: auf Leder, Papier) impressione f; (auf Metall) incisione f **4** ling (Wortschöpfung) coniazione f, creazione f (linguistica) **5** (das Formen) {+CHARAKTER, PERSON} plasmare m qc **6** geh (Art) stampo m, impronta f, tipo m: **Verkaufsstrategien amerikanischer ~**, strategie di vendita di stampo americano **7** biol (Fixierung) imprinting m.
prähistorisch adj preistorico.
prahlen itr pej fare il fanfarone/lo spaccone/il gradasso/lo smargiasso/il millantatore; **mit etw** (dat) ~ vantarsi di qc, millantare qc, vanagloriarsi di qc: **er ist einer, der gern prahlt**, gli piace fare lo spaccone.
Prahler <-s, -> m (**Prahlerin** f) pej fanfarone (-a) m (f), gradasso (-a) m, smargiasso (-a) m (f), millantatore (-trice) m (f).
Prahlerei <-, -en> f <nur sing> (dauerndes Prahlen) vanteria f, millanteria f **2** (Äußerung) millantata f, vanteria f, spaccaonata f, smargiassata f.
Prahlerin f → **Prahler**.
prahlerisch A adj {ÄUßERUNG, HALTUNG} vanaglorioso, fanfaronesco; {MENSCH} mil-

lantatore, vanaglorioso B adv in modo vanaglorioso, da smargiasso/gradasso.
Prahlhans <-es, -hänse> m fam fanfarone m, smargiasso m, millantatore m, gradasso m.
Präimplantationsdiagnostik f med (Abk PID) diagnostica f preimpianto.
Präjudiz <-es, -e> n **1** jur precedente m **2** (für ähnliche Fälle maßgebliche Entscheidung) precedente m; bes. pol (Vorentscheidung): **diese Entscheidung ist kein ~ für die künftigen Verhandlungen**, questa decisione non intende pregiudicare le future trattative.
präjudizieren <ohne ge-> tr {ENTSCHEIDUNG, WAHL} anticipare qc; jur {FALL, PROBLEM} decidere pregiudizialmente qc.
Praktik <-s, -en> f **1** <meist pl> (Methoden) pratica f, metodo m: **nach bewährter ~**, secondo la prassi consolidata **2** <nur pl> pej (Machenschaften) maneggi m pl, metodi m pl: **dunkle ~en**, manovre oscure.
Praktika pl von Praktikum.
praktikabel <praktikable(r, s)> adj {LÖSUNG, METHODE, VORSCHLAG} praticabile, attuabile.
Praktikant <-en, -en> m (**Praktikantin** f) tirocinante mf, praticante mf, stagista mf.
Praktikerin pl von Praktik.
Praktiker <-s, -> m (**Praktikerin** f) **1** (Person der praktischen Erfahrung) persona f pratica/pragmatica: **er ist ein reiner ~**, è una persona concreta **2** med (praktischer Arzt) medico m generico.
Praktikum <-s, Praktika> n tirocinio m (formativo), pratica f, stage m, praticantato m rar: **ein ~ bei einem Architekten machen**, fare pratica/tirocinio presso un architetto.
praktisch A adj **1** (wirklichkeitsbezogen) {ANWENDUNG, ERFAHRUNG, UNTERRICHT} pratico: **~es Jahr**, anno di pratica/tirocinio **2** (konkret) {BEISPIEL, ERGEBNIS} pratico, concreto **3** (zweckmäßig) {GERÄT, KLEIDER, RATSCHLAG} pratico, utile; {AUSRÜSTUNG, EINRICHTUNG} funzionale **4** (geschickt) {MENSCH} pratico **5** med (allgemein): **~er Arzt**, medico generico B adv **1** fam (so gut wie) praticamente: **es hat ~ nur einmal geregnet**, praticamente ha piovuto solo una volta; **er ist ~ nur ein Jahr älter**, ᴸa guardar beneᴶ/[in fondo] ha solo un anno di più **2** (wirklich): **etw ~ anwenden**, mettere in pratica qc; **etw ~ ausprobieren**, sperimentare concretamente qc **3** (zweckmäßig) {EINRICHTEN} in modo pratico/funzionale: **denken**, ᴸessere dotato diᴶ/[avere] spirito pratico **4** (geschickt): **~ veranlagt sein**, avere senso pratico.
praktizieren <ohne ge-> A tr **1** (in die Praxis umsetzen) **etw** ~ {METHODE} praticare qc, mettere in pratica qc, applicare qc **2** relig (nachleben) **etw** ~ {GLAUBEN} praticare qc: **ein ~der Katholik**, un cattolico praticante **3** fam (geschickt gelangen lassen) **etw in etw** (akk) ~ {KANINCHEN IN DEN LAUFSTALL} infilare qc dentro/in qc B itr (als Beruf ausüben) (**als etw** nom) ~ {ALS ANWALT, ARZT, STEUERBERATER} esercitare/praticare (la professione di qc).
Prälat <-en, -en> m relig prelato m.
Praline <-, -n> f cioccolatino m ripieno, pralina f.
Praliné <-s, -s> n A CH, **Pralinee** <-s, -s> n A CH → **Praline**.
Pralinenschachtel f scatola f di cioccolatini (ripieni).
prall A adj **1** (sehr voll) {BALL, FUßBALL, REIFEN} gonfio; {SACK} auch rigonfio; {BRIEFTASCHE, PORTMONEE} (bello) gonfio, pieno zeppo fam, strapieno; {SEGEL} teso, tirato **2** (dick, straff) {ARME, MUSKELN, SCHENKEL}

sodo; {Brust} *auch* turgido; {Licht} diretto, pieno: **in der ~en Sonne**, in pieno sole **B** *adv*: **der Fußball ist zu ~ aufgeblasen**, il pallone è stato gonfiato troppo; **die Taschen sind schon alle ~ gefüllt**, le borse sono già tutte piene da scoppiare; **die Sonne schien ins Zimmer**, la camera era in pieno sole.

prallen *itr* **1** <*sein*> (*auftreffen*) **auf/gegen etw ~** {Auf ein Fahrzeug, gegen eine Scheibe, Wand} sbattere *contro qc*, cozzare *contro qc*, urtare *contro qc*: **das Auto ist gegen die Mauer geprallt**, la macchina è andata a sbattere contro il muro; {Ball} rimbalzare *su qc* **2** <*haben*> (*scheinen*) **auf etw** (akk) **~** {Licht, Sonne} battere *su qc*, picchiare *su qc fam*.

prallvoll *adj fam* {Koffer, Tasche} pieno da scoppiare, strapieno.

Präludium <*-s, Präludien*> *n* **1** *mus* preludio *m* **2** *geh* (*Vorspiel*) preludio *m*.

Prämie <*-, -n*> *f* **1** (*Versicherungsbeitrag*) premio *m* (di assicurazione) **2** *ökon* (*Leistungsprämie*) premio *m*, gratifica *f*, bonus *m* **3** (*Sparprämie*) premio *m* di risparmio **4** (*Belohnung*) premio *m*, ricompensa *f*.

Prämiengeschäft *n Börse* operazione f a premio.

Prämiensparen <*-s, ohne pl*> *n* risparmio *m* a premio.

prämieren, prämiieren <*ohne ge-*> *tr jdn/etw ~* {Autor, Buch, Film, Künstler} premiare *qu/qc*.

Prämierung, Prämiierung <*-, -en*> *f* premiazione *f*.

Prämisse <*-, -n*> *f geh* premessa *f*, presupposto *m*: **unter/mit der ~, dass ...**, a condizione che ... *konjv*; **von falschen ~n ausgehen**, partire da presupposti sbagliati.

pränatal *adj med* prenatale.

prangen *itr* **1** (*auffällig angebracht sein*) **an/auf etw** (dat) **~** {Abzeichen, Orden an, auf der Uniform} risaltare *su qc*, spiccare *su qc*; {Wappen auf der Fahne} campeggiare *su qc* **2** *geh* (*glänzend erscheinen*) **in etw** (dat) **~** (ri)splendere *in qc*.

Pranger <*-s, ->* *m hist* gogna *f*, berlina *f* ● **jdn an den ~ stellen**, mettere alla berlina/gogna qu; **etw an den ~ stellen**, mettere sotto accusa qc, puntare l'indice contro qc.

Pranke <*-, -n*> *f* **1** *zoo* (*Tatze*) zampa *f* **2** *fam pej* (*Hand*) manona *f*.

Präparat <*-(e)s, -e*> *n* **1** (*Arzneimittel*) preparato *m* **2** *biol med* (*präpariertes Objekt*) preparato m anatomico.

Präparator <*-s, -en*> *m* (**Präparatorin** *f*) imbalsamatore (-trice) *m* (*f*).

präparieren <*ohne ge-*> **A** *tr* **etw ~** **1** *biol med* (*haltbar machen*) {Leichnam, totes Tier} imbalsamare *qc*; (*sezieren*) {Muskeln, Sehnen} sezionare *qc*, dissecare *qc*, anatomizzare *qc* **2** (*vorbereiten*) {Lektion, Unterrichtsstunde, Vorlesung} preparare *qc* **3** (*vorbereitend bearbeiten*) {Holz, Piste, Rennstrecke} preparare *qc* **B** *rfl geh* (*sich vorbereiten*) **sich für etw** (akk) **~** {Für eine Prüfung, einen Vortrag} prepararsi *a qc*.

Präposition <*-, -en*> *f gram* preposizione *f*.

präpositional *adj* {Fügung, Wendung} preposizionale.

PR-Arbeit *f* attività *f* di PR.

Prärie <*-, -n*> *f geog* prateria *f*.

Präriewolf *m zoo* lupo *m* delle praterie, coyote *m*.

Präsens <*-, rar Präsentia oder Präsenzien*> *n ling* (tempo *m*) presente *m*.

präsent *adj* <*meist präd*> *geh* **1** (*anwesend*) presente: **~ sein**, essere presente **2** (*gegenwärtig*): **etw ~ haben** {Daten, Ereignis, Na-

men}, avere presente qc, avere in mente qc, ricordare qc.

Präsent <*-(e)s, -e*> *n geh* (*Geschenk*) presente *m geh*, dono *m*, regalo *m*.

Präsentation <*-, -en*> *f* **1** *geh* (*Vorstellung*) {+Buch, Kandidat, Mannschaft, Theaterstück} presentazione *f* **2** *ökon* (*Vorlage eines Wechsels*) presentazione *f*.

Präsentia *pl von* Präsens.

präsentieren <*ohne ge-*> **A** *tr* **1** (*vorlegen*) *jdm etw ~* {Forderung, Rechnung, Unterlagen} presentare *qc a qu* **2** (*vorstellen*) *jdn/etw (jdm) ~* {Freund(in)} presentare *qu/qc a qu*; {Buch, Platte} *auch* lanciare *qc* **3** *mil*: **das Gewehr ~**, presentare l'arma; **präsentiert das Gewehr!**, presentat'arm! **B** *rfl* (*sich vorstellen*) **sich jdm** (**als etw** nom) **~** {Den Mitarbeitern, der Öffentlichkeit} presentarsi *a qu* (*come/[in veste di] qu*): **sie hat sich heute in einem unmöglichen Aufzug präsentiert**, oggi si è esibita in una tenuta improbabile.

Präsentierteller *m*: **wie auf dem ~ sitzen** *fam*, essere in vetrina *fam*.

Präsentkorb *m* cest(in)o *m* regalo.

Präsenz <*-, ohne pl*> *f* **1** *geh* (*Anwesenheit*) presenza *f*; (*geistige Präsenz*) presenza *f* di spirito **2** (*Ausstrahlung*) presenza *f*: **~ haben**, avere presenza.

Präsenzbibliothek *f* biblioteca f di consultazione.

Präsenzdienst *m A mil* servizio *m* militare/[di leva].

Präsenzien *pl von* Präsens.

Praseodym <*-s, ohne pl*> *n chem* praseodimio *m*.

Präser <*-s, ->* *m slang* → **Präservativ**.

Präservativ <*-s, -e*> *n* preservativo *m*, profilattico *m*, condom *m*.

Präsident <*-en, -en*> *m* (**Präsidentin** *f*) **1** *pol* (*Staatsoberhaupt*) presidente *mf* **2** (*Leiter*) {+Institution, Organisation, Verband} presidente (-essa) *m* (*f*).

Präsidentschaft <*-, rar -en*> *f* presidenza *f*.

Präsidentschaftskandidat *m* (**Präsidentschaftskandidatin** *f*) candidato (-a) *m* (*f*) alla presidenza.

Präsidentschaftswahl *f* <*meist pl*> *pol* (elezioni *f pl*) presidenziali *f pl*.

präsidial *adj pol* presidenziale.

Präsidialdemokratie *f pol* democrazia *f* presidenziale.

Präsidialgewalt <*-, ohne pl*> *f pol* potere *m* presidenziale.

Präsidialkabinett *n pol* → **Präsidialregierung**.

Präsidialregierung *f pol* governo *m* presidenziale.

Präsidialsystem *n pol* sistema *m* presidenziale, presidenzialismo *m*.

präsidieren <*ohne ge-*> **A** *itr* (*vorsitzen*) **etw** (dat) **~** presiedere *qc* **B** *tr CH* (*leiten*) **etw ~** presiedere *qc*.

Präsidium <*-s, Präsidien*> *n* **1** (*Gremium*) (comitato *m*) direttivo *m*, direzione *f* **2** (*Leitung, Vorsitz*) presidenza *f* **3** (*Polizeipräsidium*) questura *f*.

präskriptiv *adj geh oder wiss* prescrittivo.

prasseln *itr* **1** <*haben*> (*laut knistern*) {Feuer} crepitare, scoppiettare: **~ des Feuer**, fuoco scoppiettante **2** <*sein*> (*prallen*) {Schüsse} crepitare; {Regen} *auch* cadere/scendere a dirotto, scrosciare; **auf/gegen etw** (akk) **~** {Hagel, Regen, Tropfen} battere *su/contro qc*, tamburellare/picchiettare *su qc*: **~der Beifall**, applausi scroscianti.

prassen *itr pej* **1** (*verschwenderisch sein*) scialare *fam*, scialacquare *fam*, sperperare **2** (*schlemmen*) gozzovigliare.

Prasser <*-s, ->* *m* (**Prasserin** *f*) dissipatore (-trice) *m* (*f*), scialatore (-trice) *m* (*f*), scialacquatore (-trice) *m* (*f*) *fam*, spendaccione (-a) *m* (*f*) *fam*, scialacquone (-a) *m* (*f*) *fam*.

Prasserei <*-, -en*> *f* **1** (*Verschwendung*) scialo *m*, sperpero *m* **2** (*Schlemmerei*) gozzoviglia *f*.

Prasserin *f* → **Prasser**.

prätentiös *adj geh* pretenzioso.

Präteritum <*-s, Präterita*> *n ling* preterito *m*, passato *m*.

Pratze <*-, -en*> *f süddt* → **Pranke**.

Prävention <*-, -en*> *f* prevenzione *f*.

präventiv *geh* **A** *adj* {Maßnahmen, Medizin, Therapie, Untersuchung} preventivo, profilattico **B** *adv* {Handeln, Erfolgen, Untersuchen, Wirken} preventivamente, in modo preventivo, in via preventiva/profilattica.

Präventivangriff *m mil* attacco *m* preventivo.

Präventivbehandlung *f med* cura *f* preventiva/profilattica, profilassi *f*, trattamento *m* profilattico.

Präventivkrieg *m* guerra *f* preventiva.

Präventivmaßnahme *f* misura *f* preventiva, provvedimento *m* preventivo, profilassi *f*.

Präventivmedizin *f* medicina *f* preventiva.

Präventivschlag *m mil* attacco *m* preventivo.

Präventivverkehr *m* rapporto *m* sessuale protetto.

Praxis① <*-, ohne pl*> *f* **1** (*praktische Anwendung*) pratica *f*: **etw in die ~ umsetzen**, mettere in pratica qc; **in der ~ sieht das alles ganz anders aus**, ₁all'atto pratico₁/[nella (vita) pratica] *f* ₁tutto completamente diverso₁/[tutta un'altra cosa] **2** (*Handlungsweise*) prassi *f*, procedura *f* **3** (*Erfahrung*) pratica *f*, esperienza *f*: **berufliche ~**, esperienza professionale; **viel/wenig ~ haben**, avere molta/poca pratica.

Praxis② <*-, Praxen*> *f* **1** *med* {+Krankenkassenarzt} ambulatorio *m* **2** (*Privatpraxis*) studio *m* (medio): **eine ~ eröffnen**, aprire uno studio; **die ~ von Dr. Müller geht sehr gut**, lo studio del dott. Müller va a gonfie vele *fam*.

praxisbezogen *adj* {Ausbildung} pratico; {Unterricht} *auch* che prevede applicazioni pratiche.

Praxisbezug *m* rapporto *m* con la realtà.

praxisfern *adj* {Ausbildung, Unterricht} non pratico, (puramente) teorico: **ein solcher Vorschlag ist völlig ~**, una proposta del genere non tiene assolutamente conto della realtà.

Praxisgebühr *f med* "ticket *m* sanitario che, in Germania, ogni mutuato è tenuto a pagare per le visite mediche una volta al trimestre".

praxisnah *adj* basato sulla pratica.

praxisorientiert *adj* imperniato sulla pratica.

Präzedenzfall *m geh* precedente *m*: **einen ~ schaffen**, creare un precedente.

präzise, präzis *geh* **A** *adj* **1** (*genau*) {Vorstellung} preciso, esatto; {Angabe, Formulierung} *auch* puntuale: **eine ~e Darstellung des Vorfalls ist uns leider nicht möglich**, ci è purtroppo impossibile fare un resoconto esatto dell'accaduto **2** *tech* (*exakt*) {Messgerät, Uhr, Waage} esatto, preciso **B** *adv* {Ausdrücken, Berechnen, Beschreiben, Formulieren} in modo preciso/esatto, con precisione,

puntualmente.
präzisieren <ohne ge-> tr geh etw ~ {AUSSAGE, MEINUNG, VORSTELLUNG} precisare qc, puntualizzare qc.
Präzisierung <-, -en> f geh precisazione f, puntualizzazione f.
Präzision <-, ohne pl> f precisione f, esattezza f.
Präzisionsarbeit f lavoro m di precisione.
Präzisionsgerät n tech strumento m/apparecchio m di precisione.
Präzisionswaage f bilancia f di precisione.
PR-Berater m (**PR-Beraterin** f) ökon consulente mf ₍per le₎ PR₎/[per le pubbliche relazioni].
predigen **A** itr relig (*über etw* akk) ~ {ÜBER DIE SÜNDE, VERFÜHRUNG} predicare (su qc), fare/tenere la predica (su qc); (*gegen etw* akk) ~ {GEGEN DEN HASS, GEGEN DEN KRIEG} predicare (contro qc) **B** tr **1** relig etw ~ {EVANGELIUM} predicare qc **2** fam (zu etw ermahnen) (jdm) etw ~ {FLEISS, MORAL, TOLERANZ} predicare qc (a qu), esortare (qu) a qc.
Prediger <-s, -> m (**Predigerin** f) relig predicatore (-trice) m (f).
Predigt <-, -en> f relig predica f, sermone m: eine ~ (über etw akk) **halten**, fare una predica (su qc) ● jdm eine ~ halten fam, fare la/una paternale fam/un predicozzo fam/sermone/pistolotto fam a qu.
Preis① <-es, -e> m com (Kaufpreis) prezzo m: der ~ beträgt 55 Euro, il prezzo ammonta a 55 euro ● *alles hat seinen* ~, ogni cosa ha il suo prezzo; **die -e drücken**, ribassare i prezzi; **die -e einfrieren**, congelare i prezzi; **die -e erhöhen/heraufsetzen₎/[senken/herabsetzen]**, ₎aumentare/alzare₎/[abbassare/ridurre] i prezzi; **zu ermäßigten -en**, a prezzi ribassati/ridotti; **gepfefferte/gesalzene/satte/stolze -e** fam, prezzi ₎salati fam₎/[esorbitanti fam]/[da capogiro fam]; **zum halben ~**, a metà prezzo; **zu einem hohen ~**, a caro prezzo; **um jeden ~**, a(d) ogni costo, a tutti costi; **um keinen ~**, a nessun costo; **jdm einen guten ~ machen**, fare un buon prezzo a qu; **nicht auf den ~ sehen**, non badare a spese; **die ~e steigen/sinken**, i prezzi salgono/scendono; **unter ~ anbieten/verkaufen**, offrire/vendere sottocosto/sottoprezzo; **einen ~ vereinbaren**, pattuire un prezzo; **zum vollen ~**, a prezzo intero; **zum ~ von ...**, al prezzo di ...
Preis② <-es, -e> m (im Spiel, Wettbewerb) premio m: **einen ~ ausschreiben**, bandire un premio; **den ersten ~ gewinnen**, vincere il primo premio.
Preisabsprache f ökon accordo m sui prezzi, cartello m (sui prezzi).
Preisänderung f variazione f/cambiamento m/modifica f di prezzo: **–en vorbehalten**, salvo cambiamenti di prezzo.
Preisangabe f indicazione f del prezzo.
Preisanpassung f adeguamento m dei prezzi.
Preisanstieg m ökon aumento m/incremento m/rialzo m dei prezzi: **plötzlicher ~**, impennata dei prezzi.
Preisaufschlag m ökon maggiorazione f del prezzo.
Preisausschreiben n concorso m a premi.
preisbewusst (a.R. preisbewußt) **A** adj attento ₍ai prezzi₎/[a ciò che spende] **B** adv: **~ einkaufen**, fare la spesa con un occhio al portafoglio.

Preisbildung f ökon formazione f dei prezzi.
Preisbindung f ökon (auf Verlagserzeugnisse) imposizione f dei prezzi.
Preisbrecher <-s, -> m ökon (hard) discount m, chi vende sottocosto/[a prezzi stracciati].
Preisdifferenz f differenza f di prezzo.
Preiseinbruch <-(e)s, -brüche> m ökon crollo m dei prezzi.
Preiselastizität f elasticità f di prezzo.
Preiselbeere f bot **1** (Frucht) mirtillo m rosso **2** (Strauch) mirtillo m rosso.
Preisempfehlung f ökon prezzo m indicativo: **unverbindliche ~**, prezzo consigliato.
preisen <preist, pries, gepriesen> tr geh jdn/etw ~ {JDS BESCHEIDENHEIT, PERSON, JDS QUALITÄTEN, JDS VERDIENSTE} lodare qu/qc, elogiare qu/qc, encomiare qu/qc: **Gott ~**, lodare Dio/Iddio; **er pries ihn als den größten Dichter aller Zeiten**, lo esaltò come il più grande poeta di tutti i tempi ● **sich glücklich ~**, considerarsi/ritenersi fortunato (-a).
Preisentwicklung f ökon andamento m/tendenza f dei prezzi.
Preiserhöhung f ökon aumento m/rialzo m dei prezzi, rincaro m.
Preisermäßigung f ökon riduzione f/ribasso m dei prezzi.
Preisexplosion f boom m/esplosione f dei prezzi.
Preisfrage f **1** (vom Preis abhängige Entscheidung) questione f di prezzo **2** (bei Preisausschreiben) quiz m di concorso a premi **3** fam (schwierige Frage) domanda f da un milione fam.
Preisgabe f geh **1** (Aufgabe) {+GEBIETE, PRIVILEGIEN, SELBSTÄNDIGKEIT} abbandono m, rinuncia f (a qc) **2** (Offenbarung) {+FORMEL, GEHEIMNIS} rivelazione f.
preis|geben <irr> tr geh **1** (ausliefern) jdn/etw jdm/etw ~ consegnare qu/qc a qu/qc: **jdn dem Hohn/Spott₎/[der Verachtung] ~**, esporre qu ₎alla derisione/allo scherno₎/[al disprezzo]; **jdn dem öffentlichen Gelächter preisgeben**, consegnare qu al pubblico ludibrio; **sie gaben das Land dem sicheren Verfall preis**, mandarono il paese incontro ad una sicura rovina; **jdm/etw preisgegeben sein**, essere ₍in balia₎/[alla mercé] di qu/qc **2** (aufgeben) etw ~ {GEBIETE, PRIVILEGIEN} abbandonare qc, rinunciare a qc, sacrificare qc; {IDEALE} auch tradire qc **3** (verraten) etw ~ {FORMEL} rivelare qc; {GEDANKEN, GEHEIMNIS} auch tradire qc.
preisgebunden adj calmierato, a prezzo controllato.
Preisgefälle n divario m tra i prezzi.
preisgekrönt adj {DICHTER, FILM, SIEGER} premiato, insignito di un premio.
Preisgericht n giuria f (di un concorso/una gara).
Preisgestaltung f bank politica f tariffaria.
preisgünstig **A** adj conveniente, economico, a buon mercato/prezzo **B** adv {ANBIETEN, ERSTEHEN, KAUFEN} a buon mercato/prezzo, a poco (prezzo).
Preisindex m indice m dei prezzi.
Preiskalkulation f ökon calcolo m ₍del prezzo₎/[dei prezzi].
Preiskartell n ökon cartello m di prezzi.
Preiskarussell n altalena f dei prezzi: **das ~ für Rohstoffe dreht sich mit atemraubender Geschwindigkeit**, l'altalena dei prezzi delle materie prime si muove a ritmo

vertiginoso.
Preisklasse f ökon → **Preislage**.
Preiskontrolle f controllo m dei prezzi.
Preiskrieg m ökon guerra f dei prezzi.
Preislage f ökon livello m/categoria f di prezzo: **in jeder ~**, a/di tutti i prezzi, per tutte le tasche fam; **in welcher ~?**, in che fascia di prezzo?
Preis-Leistungs-Verhältnis n rapporto m qualità-prezzo.
preislich **A** adj {UNTERSCHIEDE} di prezzo **B** adv dal punto di vista del prezzo: **das Angebot ist ~ interessant**, l'offerta è interessante ₍quanto al₎/[per il] prezzo.
Preislimit n fam ₍limite m (massimo)₎/[tetto m] (di) spesa: (**mit etw dat**) **am (eigenen) ~ sein** {MIT EINEM TEUREN AUTO, EINER REISE, EINER THEATERKARTE}, aver toccato il massimo di ciò che si può spendere (comprando qc); **sich (dat) ein ~ setzen**, porsi un limite/tetto di spesa.
Preisliste f listino m (dei prezzi).
Preis-Lohn-Spirale f ökon spirale f salari-prezzi.
Preisnachlass (a.R. Preisnachlaß) m sconto m, ribasso m, riduzione f.
Preisniveau n livello m dei prezzi.
Preispolitik f politica f dei prezzi.
Preisrätsel n quiz m a premio.
Preisrichter m (**Preisrichterin** f) giudice mf di gara.
Preisrückgang m ribasso m/riduzione f/calo m/diminuzione f dei prezzi.
Preisschild n cartellino m/etichetta f del prezzo.
Preisschlager m fam offerta f speciale.
Preisschwankung f <meist pl> oscillazione f dei prezzi.
Preissenkung f riduzione f/diminuzione f/flessione f dei prezzi.
Preisspanne f fascia f di prezzo.
Preisstabilität f ökon stabilità f dei prezzi.
Preissteigerung f → **Preiserhöhung**.
Preissteigerungsrate f ≈ indice m ISTAT, indice m di aumento medio dei prezzi.
Preisstopp m ökon blocco m dei prezzi.
Preissturz m crollo m dei prezzi: **der ~ in der Computerbranche hält weiter an**, i prezzi nel settore informatico sono ancora in picchiata.
Preistafel f tabella f dei prezzi, listino m prezzi.
Preisträger m (**Preisträgerin** f) premiato (-a) m (f), vincitore (-trice) m (f).
Preistreiberei <-, -en> f pej rialzo m abusivo dei prezzi.
Preisüberwachung f controllo m dei prezzi.
Preisunterschied m differenza f di prezzo.
Preisvergleich m confronto m dei/[fra i] prezzi.
Preisverleihung <-, -en> f premiazione f, conferimento m di un premio.
Preisvorteil m convenienza f di prezzo.
preiswert adj → **preisgünstig**.
Preiszuschlag m supplemento m (di prezzo).
prekär adj **1** geh {LAGE, SITUATION, ZUSTAND} precario **2** (befristet) {ARBEIT, BESCHÄFTIGUNG} precario.
Prekariat <-s, ohne pl> n precariato m.
Prekarisierung <-, -en> f precarizzazione f.

Prekarität <-, ohne pl> f precarietà f.
Prellbock m Eisenb paraurti m, fermacarri m ● **der ~ sein** fam, fare da cuscinetto fam.
prellen ① tr (betrügen) **jdn** (**um etw** akk) ~ truffare ₍qu (di qc)₎/[qc a qu], frodare qc a qu, imbrogliare qu: **die Zeche ~**, non pagare il conto.
prellen ② rfl (sich durch Stoßen verletzen) **sich** (dat) **etw ~** {ARM, SCHULTER} contundersi qc, procurarsi una contusione a qc.
Prellung <-, -en> f med contusione f.
Premier <-s, -s> m → **Premierminister**.
Premiere <-, -n> f {+FILM, KOMPOSITION, THEATERSTÜCK} prima f: **der Film von Spielberg hat nächste Woche ~**, la settimana prossima ci sarà la prima del film di Spielberg.
Premierenpublikum n pubblico m della prima: **im ~ konnte man viele bekannte Gesichter entdecken**, tra il pubblico presente alla prima c'erano tanti volti noti.
Premierminister m (**Premierministerin** f) pol primo ministro m, presidente mf del consiglio, premier m.
Prepaidkarte f tel scheda f prepagata (per telefono cellulare).
Presbyterium <-s, Presbyterien> n **1** arch (Chorraum einer Kirche) presbiterio m **2** (ev. Kirche: Leitungsgremium einer Gemeinde) presbiterio m.
preschen itr <sein> fam **irgendwohin ~** sfrecciare + compl di luogo: **er preschte nach Hause**, volò fam a casa.
Presse ① <-, -n> f **1** tech (Koks-, Metall-, Schrottpresse) pressa f; (Weinpresse) torchio m; (Olivenpresse) auch frantoio m; typ obs (Druckermaschine) torchio m **2** (Zitruspresse) spremiagrumi m; (Saftpresse) spremifrutta m; (Entsafter) centrifuga f.
Presse ② <-, ohne pl> f stampa f ● **durch die ~ gehen**, ₍essere ripreso dai₎/[finire sui] giornali; **eine gute/schlechte ~ haben**, avere una buona/cattiva stampa, godere/[non godere] di (una) buona stampa; **von der ~ sein**, essere ₍della stampa₎/[giornalista].
Presseagentur f agenzia f di stampa.
Presseamt n ufficio m stampa; (Bundespresseamt) ufficio m stampa del governo federale.
Presseausweis m tesserino m/tessera f di giornalista.
Pressebüro n ufficio m stampa.
Pressechef m (**Pressechefin** f) capo mf (dell')ufficio stampa.
Pressedienst m servizio m stampa.
Presseempfang m ricevimento m della stampa.
Presseerklärung f comunicato m stampa.
Pressefotograf m (**Pressefotografin** f) fotoreporter mf, fotocronista mf.
Pressefreiheit f libertà f di stampa.
Pressejargon m giornalese m pej, gergo m della stampa.
Pressekampagne f campagna f di stampa.
Pressekommentar m commento m ₍sulla stampa₎/[sui giornali].
Pressekonferenz f conferenza f stampa: **eine ~ einberufen**, convocare la stampa.
Pressekorrespondent m (**Pressekorrespondentin** f) corrispondente mf.
Pressemeldung f notizia f di agenzia, agenzia f slang.
Pressemitteilung f **1** → **Pressemeldung 2** (Presseerklärung) comunicato m stampa.

pressen A tr **1** tech (mit einer Presse herstellen) **etw ~** {BRIKETT, GLASOBJEKT, PRESSSPAN} pressare qc; {SCHALLPLATTE} stampare qc **2** (zusammen~) **etw ~** {BLUMEN} schiacciare qc **3** (aus~) **etw ~** {OBST, OLIVEN} spremere qc; {TRAUBEN} torchiare qc, pigiare qc **4** (drücken) **etw an/auf/gegen etw** (akk) **~** {NASE AN/GEGEN DIE SCHEIBE} schiacciare qc su/contro qc; {HAND AUF DEN MUND} premere qc su/contro qc: **jdn an die Brust ~**, stringere al petto qu; **jdn/etw an sich ~**, stringere a sé qu/qc **5** (zwängen): **jdn/etw in ein Schema ~**, costringere qu/qc in uno schema; **mit gepresster Stimme**, con voce strozzata B itr (drücken) (GEBÄRENDE) spingere.
Pressenotiz f trafiletto m ₍sulla stampa₎/[sui giornali].
Presseorgan n {+INSTITUTION, PARTEI, VEREINIGUNG} organo m di stampa.
Pressephotograph m (**Pressephotographin** f) → **Pressefotograf**.
Presseraum m sala f stampa.
Pressereferent m (**Pressereferentin** f) {+FIRMA, ORGANISATION} addetto (-a) m (f) stampa.
Presseschau f rassegna f (della) stampa.
Pressesprecher m (**Pressesprecherin** f) (auch amtlich) addetto (-a) m (f) stampa.
Pressestelle f → **Pressebüro**.
Pressestimme f **1** <meist pl> (Presseschau) rassegna f (della) stampa **2** (einzelner Pressekommentar) commento m della stampa.
Pressetribüne f tribuna f (della) stampa.
Pressevertreter m (**Pressevertreterin** f) rappresentante mf/esponente mf della stampa.
Pressewesen n (mondo m della) stampa f.
Pressezensur f censura f della stampa.
Pressezentrum n sala f stampa.
Pressglas (a.R. Preßglas) n (Material) vetro m stampato; (Glas) bicchiere m di vetro stampato.
pressieren <ohne ge-> süddt A CH fam A itr {ANGELEGENHEIT, SACHE} essere urgente B unpers (eilig sein): **es pressiert**, c'è fretta; **mir pressiert es**, ho fretta.
Pressluft (a.R. Preßluft) f aria f compressa.
Pressluftbohrer (a.R. Preßluftbohrer) m tech piccone m pneumatico.
Presslufthammer (a.R. Preßlufthammer) m tech martello m pneumatico.
Presssack, Press-Sack (a.R. Preßsack) <-es, ohne pl> m gastr soppressata f, coppa f di testa nordital.
Pressspan, Press-Span (a.R. Preßspan) m cartone m pressato.
Pressspanplatte, Press-Spanplatte (a.R. Preßspanplatte) f tavola f di cartone presspan.
Pressung <-, -en> f {+OBST, OLIVEN, TRAUBEN} spremitura f: **Olivenöl aus erster ~**, olio di oliva ₍di prima spremitura₎/[extravergine].
Pressure-Group, Pressuregroup f gruppo m di pressione, lobby f.
Presswehe (a.R. Preßwehe) f <meist pl> doglia f della fase espulsiva.
Prestige <-s, ohne pl> n geh prestigio m.
Prestigedenken n (mentalità f improntata alla) ricerca f di prestigio (sociale).
Prestigefrage f questione f di prestigio.
Prestigegewinn m aumento m di prestigio.
Prestigeobjekt n fiore m all'occhiello: **das neue Messegelände ist ein ~ für die Stadt**, il nuovo polo fieristico è il fiore all'oc-

chiello per la città.
prestigeträchtig adj molto prestigioso.
Prestigeverlust m perdita f di prestigio.
Prêt-à-porter <-s, -s> n text (abbigliamento m) prêt-à-porter m.
Prêt-à-porter-Kollektion f collezione f prêt-à-porter.
Pretiosen subst <nur pl> → **Preziosen**.
Preuße <-n, -n> m (**Preußin** f) prussiano (-a) m (f).
Preußen n hist Prussia f.
Preußin f → **Preuße**.
preußisch adj prussiano.
preußischblau adj blu di prussia.
Preziosen subst <nur pl> preziosi m pl.
PR-Fachfrau f incaricata f delle pubbliche relazioni, pierre f.
PR-Fachmann m incaricato m delle pubbliche relazioni, pierre m.
PR-Frau f fam → **PR-Fachfrau**.
prickeln itr **1** (leicht stechen) {FÜSSE, HÄNDE, HAUT} frizzare a qu: **meine Haut prickelt**, mi frizza la pelle **2** (perlen) {CHAMPAGNER, COCA-COLA, SEKT} spumeggiare.
prickelnd adj **1** (leicht stechend) {GEFÜHL} di prurito, pruriginoso; {LUFT, SEKT} frizzante **2** (erregend) {ATMOSPHÄRE, UNRUHE} frizzante, elettrizzante, eccitante: **der Abend war ja nicht gerade ~**, la serata non è stata esattamente elettrizzante.
Priel <-(e)s, -e> m geog "stretto canale m in cui l'acqua rimane anche con la bassa marea".
Priem <-(e)s, -e> m tabacco m da masticare.
priemen itr ciccare fam.
pries 1. und 3. pers sing imperf von preisen.
Priester <-s, -> m (**Priesterin** f) **1** relig (Geistlicher) prete m, sacerdote m **2** (heidnisch) sacerdote (-essa) m (f) ● **jdn zum ~ weihen**, ordinare qu sacerdote, conferire a qu l'ordine; **~ werden**, farsi prete, ricevere l'ordine.
Priesteramt n relig sacerdozio m.
Priesterin f → **Priester**.
priesterlich A adj {GEWAND, SEGEN, TALAR} sacerdotale B adv {GEKLEIDET} da sacerdote/prete.
Priesterseminar n relig seminario m.
Priesterweihe f relig ordinazione f sacerdotale.
prima <inv> fam A adj {ESSEN, IDEE, STIMMUNG, TYP} formidabile m, fantastico fam, stupendo: **das find' ich ~**, ₍mi sembra₎/[lo trovo] ottimo; **du siehst ~ aus heute**, hai un aspetto formidabile oggi, sei in gran forma oggi B adv {FUNKTIONIEREN} in modo eccellente/perfetto, ottimamente: **das schmeckt ja ~!**, è davvero squisito! ● **~!**, ottimo!, benissimo!
Primaballerina f prima ballerina f.
Primadonna <-, Primadonnen> f **1** theat primadonna f **2** (jd, der im Mittelpunkt stehen will) primadonna f: **die ~ spielen**, ₍fare la₎/[atteggiarsi a] primadonna.
primär geh A adj **1** (wesentlich) {BEDEUTUNG} primario, principale, prioritario; {ANLIEGEN, FRAGE} auch di primaria importanza **2** (ursprünglich) {BEDEUTUNG} primario, iniziale B adv (vor allem) {(SICH) INTERESSIEREN, KONZENTRIEREN} in primo luogo, primariamente, principalmente.
Primärenergie f energia f primaria.
Primärkreis m el (circuito m) primario m.
Primarlehrer m (**Primarlehrerin** f) CH (Grundschullehrer) maestro (-a) m (f) di scuola elementare.
Primärliteratur f letteratura f primaria,

testi m pl, fonti f pl.
Primärmarkt m *ökon* mercato m primario/[delle nuove emissioni].
Primärschule f *CH* (*Grundschule*) scuola f elementare.
Primärspule f *el* avvolgimento m primario.
Primärstufe f *Schule* scuola f primaria (in Germania di 4 anni).
Primärtumor m *med* tumore m primitivo/primario.
Primas <-, -se *oder* Primaten> m *relig* primate m.
Primat① <-(e)s, -e> m *oder* n *geh* primato m, superiorità f: **der/das ~ des Geistes über den Körper**, il primato dello spirito sul corpo.
Primat② <-en, -en> m *zoo* primate m.
Primaten① pl *von* Primas.
Primaten② pl *von* Primat②.
Primel <-, -n> f *bot* primula f ● **eingehen wie eine ~ Primel** *fam*, intristirsi, deprimersi.
Primerate <-, ohne pl> f, **Prime Rate** <-, ohne pl> f *bank* prime rate m, tasso m primario.
Primetime <-, -s> f, **Prime Time** <-, -, -s> f *TV* prime time m, prima serata f.
primitiv A adj 1 (*nicht zivilisiert*) {KULTUR, VÖLKER} primitivo; {ENTWICKLUNGSSTUFE} *auch* primordiale; (*ursprünglich*) {BEDÜRFNISSE} elementare; {INSTINKTE, REGUNGEN} primitivo, primordiale, primigenio *lit* 2 (*elementar*) {MECHANISMUS, METHODEN, WERKZEUG} primitivo, rudimentale, elementare: **die ~sten Regeln des Anstands**, le più elementari regole della buona educazione; *pej* (*ärmlich*) {EINRICHTUNG, UNTERKUNFT} misero, povero, squallido; **in ~en Verhältnissen leben**, vivere in condizioni squallide 3 *pej* (*geistig anspruchslos*) {MENSCH} primitivo, incivile, rozzo, terra terra *fam*; {GESINNUNG} terra terra *fam*; {BEMERKUNG, WITZ} *auch* grossolano, rozzo B adv 1 (*einfach*) {AUSSTATTEN} in modo elementare/rudimentale 2 (*nicht zivilisiert*) {LEBEN} allo stato primitivo 3 (*ärmlich*) {LEBEN, WOHNEN} in condizioni squallide.
Primitive <dekl wie adj> mf *obs* primitivo (-a) m (f).
Primitivität <-, ohne pl> f 1 (*Einfachheit*) {+BEHAUSUNG, KONSTRUKTION, LEBENSWEISE} primitività f, semplicità f 2 (*Mangel an Bildung*) primitività f; {+BEMERKUNG, VERHALTEN} rozzezza f.
Primitivling <-s, -e> m *pej* cafone m, buzzurro m *fam*, rozzone m, zoticone m *fam*.
Primus <-, -se *oder* Primi> m *obs* primo m della classe.
Primzahl f *math* numero m primo.
Printe <-, -n> f <*meist* pl> *gastr*: **Aachener ~n**, panpepato di Aquisgrana.
Printmedium n <*meist* pl> organo m di stampa; **Printmedien**, mezzi m pl di stampa, carta f stampata.
Print-out n → **Ausdruck**③.
Printprodukt n prodotto m stampato.
Printserver m *inform* printserver m.
Printwerbung f pubblicità f a mezzo stampa.
Prinz <-en, -en> m (**Prinzessin** f) principe (-essa) m (f) ● **die Prinzessin auf der Erbse** (sein) *fam iron*, (essere come) la principessa sul pisello *fam*.
Prinzgemahl m principe m consorte.
Prinzip <-s, -ien> n 1 (*Grundsatz*) {+GEWALTENTEILUNG, GLEICHBERECHTIGUNG} principio m 2 *biol tech* (*Gesetzmäßigkeit*) principio m, legge f 3 (*Richtschnur des Handelns*) principio m,

massima f, regola f: **es geht hier ums ~**, è (una) questione di principio ● **aus ~**, per principio; **an seinen ~ien festhalten**, rimanere fedele ai propri principi; **auf einem ~ herumreiten** *fam*, spaccare il capello in quattro *fam*; **im ~**, in linea di massima/principio; **sich (dat) etw zum ~ machen**, darsi qc come regola; **ein Mensch mit ~ien**, una persona di principi.
prinzipiell A adj (*wesentlich*) {ERWÄGUNG, ÜBERLEGUNG} di principio, fondamentale; {FRAGE, UNTERSCHIED} di fondo, essenziale, sostanziale B adv 1 (*aus Prinzip*) {ABLEHNEN, FRÜH AUFSTEHEN, NICHT RAUCHEN, NICHT TRINKEN} per principio 2 (*theoretisch*) {GUT, MÖGLICH, RICHTIG SEIN, EINVERSTANDEN SEIN} in linea di massima/principio, in fondo 3 *fam* (*immer*) {ZU SPÄT KOMMEN} regolarmente, sistematicamente; {DAGEGEN SEIN} *auch* per partito preso.
prinzipienfest adj fedele ai propri principi.
Prinzipienfrage f questione f di principio.
Prinzipienreiter m (**Prinzipienreiterin** f) *pej* pedante mf, "persona f che non transige sui propri principi".
prinzipientreu adj → **prinzipienfest**.
Prior <-s, -en> m (**Priorin** f) *relig* priore (-a) m (f).
Priorität <-, -en> f *geh* 1 <*nur* sing> (*Vorrang*) priorità f, precedenza f: **absolute ~ haben**, avere priorità assoluta; **~ (vor etw dat) genießen/haben**, avere la priorità/precedenza (su qc) 2 <*nur* pl> (*Schwerpunkte*): **~en setzen**, stabilire delle priorità.
Prioritätenliste f scala f delle priorità ● **ganz oben auf der ~ stehen**, occupare il primo posto nella scala delle priorità, essere in testa alle priorità.
Prise <-, -n> f 1 *gastr* (*kleine Menge*) ~ + subst (nom) {PFEFFER, SALZ, ZUCKER} presa f di qc, pizzico m di qc: **eine ~ Tabak**, una presa di tabacco 2 *naut* (*Kriegsbeute*) preda f (marittima).
Prisma <-s, Prismen> n *math opt* prisma m.
prismatisch adj prismatico.
Prismen pl *von* Prisma.
prismenförmig adj → **prismatisch**.
Prismenglas n lente f prismatica.
Pritsche <-, -n> f 1 (*Liege*) branda f 2 (*Ladefläche*) {+LASTKRAFTWAGEN} pianale m di carico.
pritschen itr 1 *region* (*mit der Peitsche schlagen*) frustrare 2 *sport Volleyball* palleggiare.
privat A adj 1 (*persönlich*) {GEFÜHL} personale; {ANGELEGENHEIT, AUSGABEN, BESITZ, GRUND, VERMÖGEN} *auch* privato 2 (*außerdienstlich*) {ANSICHT, MEINUNG} personale; {INTERESSE} *auch* privato: **eine ~e Mitteilung**, una comunicazione riservata/privata 3 (*nicht öffentlich*) {EINGANG, PARTY, RÄUME, VORSTELLUNG} privato, riservato 4 (*nicht staatlich*) {EIGENTUM, KRANKENHAUS, SCHULE, UNTERNEHMEN, VERSICHERUNG} privato B adv 1 (*als Privatperson*) {AUFTRETEN, SICH ÄUSSERN, EINSETZEN} in veste/forma privata, a titolo personale; {JDN KENNEN} in privato: **mit jdm ~ sprechen**, parlare con/a qu in privato, avere un colloquio privato con qu; **mit jdm ~ verkehren**, avere contatti personali con qu; **~ ist er ein angenehmer Mensch**, nel privato è una persona molto gradevole; **ist er ~ zu erreichen?**, lo si può rintracciare a casa?; **~ wohnen**, abitare ₍da un privato₎/[in una famiglia] 2 (*nicht öffentlich*) {FINANZIEREN, UNTERSTÜTZEN} privatamente: **das Projekt wird ~ finanziert**, il progetto è fi-

nanziato da privati; {BEHANDELT WERDEN, VERSICHERT SEIN} privatamente; **~ liegen** *fam*, essere ricoverato in un reparto per (pazienti) paganti ● **an ~**, vendita a privati; **von ~**, acquisto da privati.
Privatadresse f, **Privatanschrift** f indirizzo m privato/[di casa]/[dell'abitazione].
Privatangelegenheit f affare m privato/personale, faccenda f privata/personale.
Privatanschluss (a.R. Privatanschluß) m *tel* numero m (telefonico) di abitazione privata.
Privataudienz f udienza f privata.
Privatauto n automobile f/macchina f personale.
Privatbank f banca f privata.
Privatbesitz m proprietà f privata: **das Schloss befindet sich in ~**, il castello è (di) proprietà privata.
Privatdetektiv m (**Privatdetektivin** f) investigatore (-trice) m (f) privato (-a).
Privatdozent m (**Privatdozentin** f) *univ* libero (-a) docente mf.
Privateigentum n proprietà f privata.
Privatfahrzeug n → **Privatauto**.
Privatfernsehen n *fam* televisione f privata/commerciale.
Privatgebrauch m uso m personale: **zum ~**, per uso personale.
Privatgespräch n colloquio m privato/riservato, conversazione f privata/riservata; *tel* chiamata f *fam* personale/privata, telefonata f personale/privata.
Privathand f: **aus ~**, da privati; **in ~**, (di) proprietà privata; **der Park ist in ~**, il parco è ₍(di) proprietà privata₎/[in mano a privati].
Privatinitiative f iniziativa f privata.
Privatinteresse n interesse m personale.
privatisieren <ohne ge-> A tr *ökon* (*in Privateigentum überführen*) **etw** ~ {FIRMA, KONZERN, UNTERNEHMEN} privatizzare qc B itr *geh obs* (*von seinem Vermögen leben*) vivere di rendita.
Privatisierung f *ökon* {+STAATSBETRIEB} privatizzazione f.
Privatisierungstendenz f *ökon* tendenza f alla privatizzazione.
Privatklage f *jur* querela f: **~ erheben**, sporgere querela.
Privatkläger m (**Privatklägerin** f) *jur* querelante mf.
Privatklinik f clinica f privata.
Privatkrieg m *fam* guerra f personale/privata: **mit jdm/etw ~ führen** {MIT DEN BEHÖRDEN, NACHBARN}, condurre una guerra personale contro qu/qc.
Privatleben n vita f privata, privacy f: **in jds ~ eindringen**, violare la privacy di qu; **er hat kein ~ mehr, weil er zu viel arbeitet**, non ha più vita privata perché lavora troppo; **sich ins ~ zurückziehen**, ritirarsi a vita privata.
Privatlehrer m (**Privatlehrerin** f) insegnante mf privato (-a).
Privatlektüre f letture f pl personali.
Privatmann <-(e)s, -leute *oder rar* -männer> m privato m.
Privatmittel subst <*nur* pl> finanziamenti m pl/mezzi m pl privati: **etw aus ~n finanzieren**, finanziare qc con mezzi privati.
Privatnummer f *tel* numero m ₍di casa₎/[privato].
Privatpatient m (**Privatpatientin** f) paziente mf pagante/[a pagamento].
Privatpension f 1 (*private Rente*) pensione f integrativa 2 (*Unterkunft*) pensione f (a

gestione) familiare.
Privatperson f privato m: **die Villa gehört einer ~**, la villa appartiene a un privato; **der Präsident nahm als ~ an der Zeremonie teil**, il presidente partecipò alla cerimonia ˌin veste privataˌ/[come privato cittadino].
Privatquartier n alloggio m in una famiglia.
Privatrecht n jur diritto m privato.
privatrechtlich adj jur di diritto privato, privatistico.
Privatsache f faccenda f privata, questione f personale: **das ist meine ~!**, sono fatti/affari miei!
Privatschule f scuola f privata: **staatlich anerkannte ~**, scuola privata legalmente riconosciuta.
Privatsekretär m (**Privatsekretärin** f) segretario (-a) m (f) personale/particolare.
Privatsender <-s, -> m TV emittente f privata.
Privatsphäre f intimità f, privacy f, sfera f personale/privata.
Privatstation f (in Klinik, Krankenhaus) reparto m per (pazienti) paganti.
Privatstunde f lezione f privata; (Nachhilfestunde) ripetizione f.
Privatunternehmen n impresa f/azienda f privata.
Privatunterricht m lezioni f pl private.
Privatvergnügen n fam diletto m/piacere m personale ● **das ist dein ~** fam, è affar tuo, sbrogliatela da te fam; **meinst du, ich mach den Job zu meinem ~?**, pensi che faccia questo lavoro ˌperché mi divertoˌ/[per divertimento]?
Privatvermögen n patrimonio m personale.
privatversichert adj → **versichert**.
Privatversicherung f assicurazione f privata.
Privatwagen m vettura f personale.
Privatweg m strada f privata.
Privatwirtschaft f economia f privata, (settore m) privato m.
Privatwohnung f abitazione f (privata).
Privileg <-(e)s, -ien oder -e> n geh privilegio m: **viele ~ien genießen**, godere di molti privilegi.
privilegieren <ohne ge-> tr geh jdn ~ privilegiare qu: **eine privilegierte Person/Stellung**, una persona/posizione privilegiata.
PR-Kampagne f campagna f pubblicitaria/[di lancio].
PR-Mann m fam → **PR-Fachmann**.
pro A präp + akk (für, je) a, per: **pro Kopf/Person**, a testa/persona, per persona; **pro Minute**, al minuto; **fünf Euro pro Stück**, cinque euro il/al pezzo B adv (dafür, zugunsten) {EINGESTELLT SEIN} a favore di, per: **pro Grünen sein**, essere pro verdi.
Pro <-, ohne pl> n: **(das) Pro und (das) Kontra** geh, il pro e il contro; **das Pro und Kontra (einer S. gen) abwägen**, valutare i pro e i contro (di qc).
Proband m (**Probandin** f) med psych soggetto m di test, cavia f fam.
probat adj geh {METHODE, MITTEL, VERFAHREN} provato, sperimentato, collaudato.
Probe <-, -n> f 1 (Prüfung) prova f: **auf/zur ~**, in prova; **jdn auf/zur ~ einstellen**, assumere qu in prova 2 com (Warenprobe) campione m, saggio m 3 (Testmaterial) {+BLUT, BODEN, GESTEIN, GEWEBE} campione m: **eine ~ von etw (dat) entnehmen**, prelevare un campione di qc 4 mus theat prova f: **sie gab eine ~ ihres gesanglichen Könnens**, dette un saggio delle sue capacità canore ● **die ~ bestehen**, superare la prova; **die ~ aufs Exempel machen**, fare la prova (della verità); **etw ~ fahren** {AUTO}, provare qc, fare una/[un giro di] prova; **jdn/etw auf die ~ stellen**, mettere alla prova qu/qc; **jds Geduld/Großzügigkeit/Gutmütigkeit auf eine harte ~ stellen**, mettere a dura prova la pazienza/generosità/bontà di qu.
Probeabzug m prova f/bozza f di stampa.
Probealarm m allarme m di prova.
Probearbeit f prova f.
Probeaufnahme f 1 film TV provino m 2 mus prova f di registrazione.
Probebohrung f prospezione f.
Probedruck m typ prova f di stampa.
Probeentnahme f (prelievo m) campione m.
Probeexemplar n 1 com (Musterexemplar) campione m 2 Verlag saggio m, copia f in visione.
probe|fahren a.R. von Probe fahren → **Probe**.
Probefahrt f autom prova f su strada: **eine ~ machen/unternehmen**, fare una/[un giro di] prova.
probehalber adv → **probeweise**.
Probejahr n anno m di/in prova.
Probelauf m 1 tech prova f di funzionamento, collaudo m 2 sport (Autosport) giro m di prova; (Leichtathletik) corsa f di prova; (Ski) discesa f di prova.
proben A itr (üben) (für etw akk) ~ {FÜR EINE AUFFÜHRUNG, INSZENIERUNG, PREMIERE} provare (per qc) B tr (einstudieren) **etw ~** {ARIE, KONZERT, ROLLE, STÜCK} provare qc.
Probenummer f {+ZEITSCHRIFT} numero m di prova.
Probepackung f confezione f prova/omaggio m; (Kosmetikartikel) campioncino m.
Probeseite f <meist pl> Verlag specimen m.
Probesendung f spedizione f di campioni.
Probespiel n 1 sport partita f di prova 2 mus prova f.
Probeübersetzung f traduzione f di prova.
probeweise A adv {EINSTELLEN} in prova; {GEBEN, NEHMEN, ZUR VERFÜGUNG STELLEN} auch ˌa titolo diˌ/[per] prova B adj <attr> fam {EINSTELLUNG} in prova; {EINFÜHRUNG, GEBRAUCH} auch ˌa titolo diˌ/[per] prova.
Probezeit f periodo m di prova.
probieren <ohne ge-> A tr 1 (aus~) **etw ~** {METHODE, MITTEL} sperimentare qc; {MOTOR} provare qc 2 (versuchen): **es mit etw (dat) ~** {MIT EINEM DREH, SCHLÜSSEL, EINER ZANGE}, provar(ci) con qc, tentar(ci) con qc; **ich hab's mit allen Mitteln probiert**, ci ho provato in tutti i modi; **~, etw zu tun**, provare a fare qc, tentare di fare qc; **er hat erst probiert, es allein zu machen**, ha prima tentato di farlo da solo 3 (kosten) **etw ~** {ESSEN, GERICHT, SALAT, WEIN} provare qc, assaggiare qc; {WEIN} auch degustare qc: **willst du mal ~?**, vuoi provare?; **zur Probe anziehen** **etw ~** {HOSE, KLEID} provar(si) qc B itr 1 (kosten) **(von etw** dat) ~ prendere un assaggio (di qc) 2 (versuchen) provare, tentare: **probier wenigstens mal!**, fa' perlomeno un tentativo!, prova perlomeno! ● **Probieren geht über Studieren** prov, val più la pratica che la grammatica prov, tentar non nuoce prov.
Problem <-s, -e> n 1 geh (schwierige Aufgabe) problema m: **das ist nicht mein ~!** fam, non è affar mio! fam 2 <meist pl> fam (Ärger) problema m: **ich habe ständig ~e mit meinem Wagen**, ho continuamente problemi alla macchina; **der Junge macht mir nur ~e!**, il ragazzo non ˌfa che crearmiˌ/[mi crea che] problemi ● **ein ~ angehen**, affrontare un problema; **kein ~!** fam, non c'è problema!; **ein ~ lösen**, risolvere un problema; **vor einem ~ stehen**, trovarsi di fronte a un problema; **~e wälzen** fam, rimuginare; **zum ~ werden**, diventare un problema.
Problemabfall m <meist pl> → **Problemmüll**.
Problematik <-, ohne pl> f 1 (Problemkomplex) problematica f 2 (Schwierigkeit) {+AUFGABE, FRAGE, SITUATION} problematicità f.
problematisch adj 1 (Probleme mit sich bringend) {ANGELEGENHEIT, FALL, LAGE, VERHÄLTNIS} problematico 2 (schwierig) {CHARAKTER, KIND} problematico ● **jetzt wird's ~**, la cosa si fa critica.
problematisieren <ohne ge-> tr geh **etw ~** {THEMATIK} porre qc come problema.
problembeladen adj {MENSCH} carico di problemi.
Problembewusstsein (a.R. **Problembewußtsein**) n consapevolezza f ˌdi un problemaˌ/[dei problemi]: **das ~ der Bevölkerung schärfen**, sensibilizzare l'opinione pubblica.
Problemfall m 1 (schwierige Angelegenheit) caso m problematico, faccenda f problematica 2 (schwierige Person) caso m (problematico).
Problemhaut f pelle f problematica/difficile.
Problemkind n bambino (-a) m (f) difficile.
Problemkreis m complesso m di problemi, problematica f.
problemlos A adj {BESEITIGUNG, ENTSORGUNG, PARKEN, REINIGUNG, WARTUNG} senza/[che non crea] problemi B adv {ANWENDEN, BENUTZEN, HERSTELLEN} senza problemi.
Problemmüll m rifiuti m pl inquinanti.
problemorientiert A adj finalizzato (alla risoluzione dei problemi): **~es Lernen**, apprendimento per problemi B adv in modo finalizzato: **~ lernen**, apprendere per problemi.
Problemstellung f definizione f del problema.
Problemzone f euph 1 (des Körpers) punto m critico 2 (gefährliche Gegend oder Region) zona f a rischio.
Procedere <-, -> n geh → **Prozedere**.
Producer <-s, -> m (**Producerin** f) film produttore (-trice) m (f) cinematografico (-a); TV produttore (-trice) m (f) televisivo (-a); mus produttore (-trice) m (f) discografico (-a).
Product-Placement n, **Productplacement** <-s, ohne pl> n pubblicità f velata.
Produkt <-(e)s, -e> n 1 (Erzeugnis) prodotto m: **ein industrielles/landwirtschaftliches ~**, un prodotto industriale/agricolo 2 geh (Ergebnis) {+ANSTRENGUNG, BEMÜHUNG, FANTASIE, ÜBERLEGUNG} prodotto m, frutto m 3 math prodotto m.
Produkteigenschaft f <meist pl> caratteristica f di un prodotto.
Produktgestaltung f design m di un prodotto.
Produkthaftung f jur ökon responsabilità f del produttore.
Produktion <-, -en> f 1 nur sing ökon (Erzeugung) {+GÜTER, WAREN} produzione f: **die ~ drosseln/einstellen/erhöhen**, ridurre/sospendere/aumentare la produzione; **in ~**

gehen/sein, andare/essere in produzione **2** (*Erzeugnisse*) produzione f **3** *film* produzione f: **dieser Film ist eine ~ von Rias Berlin**, questo film è una produzione della Rias Berlino **4** *fam* (*Betriebsbereich*) produzione f: **in der ~ arbeiten**, lavorare in/nella produzione.
Produktionsablauf m ciclo m produttivo/[di produzione].
Produktionsanlage f impianto m [di produzione]/[produttivi].
Produktionsanstieg m → **Produktionssteigerung**.
Produktionsausfall m perdita f di produzione.
Produktionsauslagerung f *ökon* terziarizzazione f, outsourcing m.
Produktionsbereich m settore m produttivo/[della produzione].
Produktionsengpass (a.R. Produktionsengpaß) m difficoltà f/impasse f di produzione.
Produktionsfaktor m *‹meist pl›* fattore m [di produzione]/[produttivo].
Produktionsgenossenschaft f *ostdt hist* cooperativa f.
Produktionsgüter subst *‹nur pl›* *ökon* beni m pl strumentali.
Produktionsindex m indice m [di produzione]/[produttivo].
Produktionskapazität f capacità f produttiva, produttività f.
Produktionskosten subst *‹nur pl›* costi m pl di produzione.
Produktionskreislauf m ciclo m produttivo/[di produzione].
Produktionsleiter m (**Produktionsleiterin** f) **1** *industr* responsabile mf della produzione **2** *film TV* direttore (-trice) m (f) di produzione.
Produktionsmethode f metodo m di produzione.
Produktionsmittel subst *‹nur pl›* mezzi m pl [di produzione]/[produttivi].
Produktionspotenzial, **Produktionspotential** n potenziale m produttivo.
Produktionsprozess (a.R. Produktionsprozeß) m processo m produttivo.
produktionsreif adj pronto/[sufficientemente sviluppato] per andare in produzione.
Produktionsreife f essere m pronto per andare in produzione: **vom Entwurf bis zur ~**, dalla progettazione alla produzione.
Produktionsrückgang m calo m di produzione, regresso m della produzione.
Produktionsstätte f luogo m di produzione, stabilimento m (di produzione).
Produktionssteigerung f aumento m/incremento m produttivo/[della produzione].
Produktionsstopp m blocco m della produzione.
Produktionsüberschuss (a.R. Produktionsüberschuß) m surplus m di produzione.
Produktionsverfahren n procedimento m produttivo.
Produktionszweig m ramo m produttivo.
produktiv adj **1** (*rentabel*) {INDUSTRIEZWEIG} produttivo **2** (*ergiebig*) {ARBEIT, METHODE, TÄTIGKEIT} fecondo, fruttuoso, proficuo **3** (*schöpferisch*) {KÜNSTLER, MENSCH} creativo; (*jd, der sehr viel produziert*) prolifico, fecondo **4** *ling* produttivo.
Produktivität *‹-, ohne pl›* f **1** *com* (*Ergiebigkeit*) produttività f **2** (*Schaffenskraft*) {+KÜNSTLER, MENSCH} creatività f; (*reiche Produktion*) prolificità f, fecondità f **3** *ling* produttività f.
Produktivitätssteigerung f, **Produktivitätszuwachs** m aumento m/incremento m delle produttività.
Produktlinie f linea f di prodotti.
Produktmanagement n *ökon* product management m.
Produktmanager m (**Produktmanagerin** f) product manager mf.
Produktpalette f gamma f/ventaglio m di prodotti.
Produktpiraterie f contraffazione f di marchi; (*bezogen auf Bücher, CD, Informatik*) pirateria f.
Produktwerbung f **1** (*Tätigkeit*) pubblicità f per/a un prodotto **2** (*Abteilung*) reparto m pubblicità: **Herr Meier ist in der ~ tätig**, il signor Meier lavora nel reparto pubblicità.
Produzent *‹-en, -en›* m (**Produzentin** f) **1** (*Hersteller*) produttore (-trice) m (f) **2** (*Filmproduzent*) produttore (-trice) m (f).
produzieren *‹ohne ge-›* **A** tr *etw* ~ **1** *com* (*herstellen*) {LEBENSMITTEL} produrre qc; {AUTOS, COMPUTER, TEXTILIEN} auch fabbricare qc **2** *com* (*finanzieren*) {FILM, SCHALLPLATTE} produrre qc **3** (*hervorbringen*) {ANLAGE, INDUSTRIE, PRODUKTIONSVERFAHREN} ABFALL, MÜLL, RÜCKSTAND} produrre qc; (*fam machen*) {QUATSCH, UNSINN} combinare qc *fam*, fare qc **4** (*schaffen*) produrre qc, creare qc **5** *med* (*bilden*) {BLUT, DRÜSE, ORGAN LEUKOZYTEN, SEKRET, SPEICHEL} produrre qc **B** rfl *fam pej* (*sich aufspielen*) **sich ~** mettersi in mostra, esibirsi, farsi notare.
Prof. Abk *von* Professor: prof. (Abk *von* professore).
profan adj *geh* **1** *‹attr›* (*weltlich*) {GÜTER} secolare, terreno; {KUNST} profano **2** (*alltäglich*) {ANGELEGENHEIT, BESCHÄFTIGUNG, SORGEN} banale, di poco conto.
professionalisieren *‹ohne ge-›* **A** tr *geh etw* ~ **1** (*zum Beruf machen*) {HOBBY, TÄTIGKEIT} far diventare qc una professione **2** (*etw so verbessern, dass es professionell wird*) {BEREICH, BRANCHE, METHODE} professionalizzare qc **B** rfl (*professioneller werden*) **sich ~** professionalizzarsi.
Professionalisierung *‹-, -en›* f professionalizzazione f.
Professionalität *‹-, ohne pl›* f professionalità f.
professionell **A** adj *‹attr›* **1** (*als Beruf ausübend*) {DIEB, EINBRECHER, KILLER} professionista; {BOXER, RENNFAHRER} auch di professione **2** (*fachmännisch*) {ARBEIT} da professionista/specialista, professionale **B** adv {ANGEHEN, AUSFÜHREN, VORGEHEN} professionalmente, da professionista, con professionalità.
Professor *‹-s, -en›* m (**Professorin** f) (Abk Prof.) **1** (*Hochschullehrer*) professore (-essa) m (f) (universitario (-a)) **2 A** (*Gymnasiallehrer*) professore (-essa) m (f) di liceo ● **außerordentlicher ~**, professore associato/[di seconda fascia] *adm*; **jdn zum ~ berufen**, offrire una cattedra a qu; **ordentlicher ~**, (professore) ordinario, professore di prima fascia *adm*; **er ist wirklich ein zerstreuter ~** *fam scherz*, è il classico distratto/svagato.
professoral adj *geh pej* {ART, HALTUNG, TON} cattedratico, professorale.
Professur *‹-, -en›* f *univ* **1** (*Lehrstuhl*) cattedra f (universitaria): **eine ~ bekommen**, ottenere/vincere una cattedra; **eine ~ innehaben**, essere titolare di una cattedra **2** (*Lehramt*) professorato m *rar*.
PR-Offensive f offensiva f pubblicitaria:
eine PR-Offensive für ein neues Produkt starten, lanciare un'offensiva pubblicitaria per un nuovo prodotto.
Profi *‹-s, -s›* m **1** (*Berufssportler*) professionista mf, pro(f) mf *fam* **2** *fam* (*Spezialist*) professionista mf **3** (*Berufsverbrecher*) professionista m.
Profifußballer m (**Profifußballerin** f) calciatore (-trice) m (f) professionista.
Profil *‹-s, -e›* n **1** (*Seitenansicht*) {+GESICHT, KOPF} profilo m: **im ~**, di profilo; **jdn im ~ darstellen**, rappresentare qu di profilo **2** *geh* (*Ausstrahlungskraft*) carattere m, personalità f: **die Partei hat an ~ gewonnen**, il partito ha acquisito un chiaro profilo; **~ haben**, avere carattere/personalità; **ein Politiker mit ~**, un politico di una certa statura/caratura **3** (*kennzeichnende Eigenschaften*) {+BEWERBER, FIRMA} profilo m **4** *Schule* (*Ausrichtung*) indirizzo m **5** (*Oberflächenstruktur*) {+REIFEN} scolpitura f, battistrada m; {+SCHUHSOHLE} intaglio m.
Profilager n *fam sport* professionismo m, sport m professionistico: **ins ~ (über)wechseln**, passare al professionismo.
profilieren *‹ohne ge-›* rfl *geh* **sich (als etw** nom) **(in etw** dat) **~** distinguersi/emergere/ [farsi un nome]/[affermarsi]/[mettersi in luce] (*come qc*) (*in qc*).
profiliert adj *geh* {EXPERTE, WISSENSCHAFTLER} affermato, autorevole, eminente, di una certa statura/caratura.
Profilierung *‹-, -en›* f affermazione f: **er nutzte die Diskussion zu seiner ~**, sfruttò il dibattito per mettersi in luce.
Profilneurose f mania f/ansia f di protagonismo (nella vita professionale).
Profilsohle f carrarmato m.
Profisport m sport m professionistico.
Profit *‹-(e)s, -e›* m **1** *oft pej* (*materieller Gewinn*) guadagno m: **~ machen**, realizzare (facili) guadagni; **aus etw** (dat) **~ schlagen/ziehen**, trarre profitto/vantaggio da qc, approfittare di qc **2** *ökon* profitto m: **große ~e erzielen**, realizzare grandi profitti/guadagni ● **~ bringend** {GESCHÄFT}, lucrativo, lucroso, redditizio; {TÄTIGKEIT} auch, proficuo; {ANWENDEN, EINSETZEN, HANDELN}, in modo proficuo/redditizio, proficuamente.
profitabel *‹attr profitable(r,s)›* adj {GESCHÄFT, UNTERNEHMEN} redditizio, fruttuoso, lucroso.
profitbringend adj → **Profit**.
Profitdenken n *pej* mentalità f improntata al guadagno.
Profitgier f *pej* avidità f di guadagno.
profitieren *‹ohne ge-›* itr **1** (*Gewinn erzielen*) **bei etw** (dat) **~** {BEI EINEM GESCHÄFT, EINER SPEKULATION, EINER TRANSAKTION} trarre profitto *da qc* **2** (*Vorteil ziehen*) **von etw** (dat) **~** {VON EINEM ANGEBOT, JDS KENNTNISSEN} profittare *di qc*, trarre profitto/vantaggio *da qc*, sfruttare qc **3** *pej* (*ausnutzen*) **von jdm/etw ~** {FREUNDLICHKEIT, GELEGENHEIT, GROẞZÜGIGKEIT, GUTGLÄUBIGKEIT, KLASSENKAMERADEN} abusare *di qc*, approfittare *di qu/qc*, sfruttare *qu/qc*.
Profitmacher m (**Profitmacherin** f) *oft pej* affarista mf, faccendiere (-a) m (f).
Profitmacherei f *pej* affarismo m.
Profitmaximierung f *ökon* massimizzazione f dei profitti.
Profitstreben n desiderio m di guadagno.
Profitsucht f → **Profitgier**.
pro forma adv *geh* pro forma.
Pro-forma-Rechnung f *com* (*Scheinrechnung*) fattura f pro forma.
profund adj *geh* {KENNTNISSE} profondo.

Progesteron <-s, ohne pl> n med pharm progesterone m.

Prognose <-, -n> f **1** geh (Voraussage) previsione f, pronostico m: **eine ~ stellen/wagen**, fare/azzardare una previsione/un pronostico **2** med prognosi f: **eine ~ stellen**, fare una prognosi **3** meteo (Wetterprognose) previsioni f pl del tempo.

prognostizieren <ohne ge-> tr etw ~ **1** geh (voraussagen) {ENTWICKLUNG, KLIMA-VERÄNDERUNG} prevedere qc, pronosticare qc **2** med {KOMPLIKATIONEN, KRANKHEITSVERLAUF} pronosticare qc.

Programm <-s, -e> n **1** (Vorhaben) programma m, programmi m pl: **wie ist euer ~ fürs Wochenende?**, ˌquali sono i vostri programmiˌ/[cosa avete in programma] per il fine settimana? **2** (geplanter Ablauf) {+KONFERENZ, KONZERT, SENDUNG, VERANSTALTUNG} programma m: **nach ~ ablaufen**, svolgersi secondo (il) programma **3** radio TV programma m; film theat auch cartellone m: **auf dem ~ stehen**, essere in programma; **etw aus dem ~ nehmen/streichen**, togliere qc dal programma **4** mus theat (~heft) programma m **5** radio TV (Kanal) canale m: **im ersten ~ kommt heute Abend ein guter Film**, stasera sul primo (canale) danno un buon film **6** (Richtlinien) {+BEWEGUNG, PARTEI, POLITIKER} programma m **7** (Arbeitsgang) {+SPÜL-, WASCHMASCHINE} programma m **8** inform programma m: **ein ~ installieren**, installare un programma; **ein ~ starten**, lanciare/avviare un programma **9** com (Sortiment) gamma f, assortimento m; (Verlagsprogramm) programma m ● **ein volles ~ haben** (viel zu tun haben), avere molto da fare, essere molto impegnato, avere un'agenda fitta di impegni; **auf jds ~ stehen**, essere nei programmi/piani di qu; **das stand gar nicht auf dem ~** fam (das war nicht geplant), è stato un fuoriprogramma fam.

Programmablauf m svolgimento m del programma m: **der ~ sieht folgendermaßen aus: ....**, la scaletta/[tabella di marcia] è la seguente:....

Programmabsturz m inform crash m/blocco m (di un programma).

Programmanbieter m TV: **privater ~**, emittente televisiva privata.

Programmänderung f modifica f del/al programma.

Programmatik <-, rar -en> f geh programma m, finalità f pl.

programmatisch adj programmatico.

Programmdirektor m (**Programmdirektorin** f) radio TV direttore (-trice) m (f) ˌdei programmiˌ/[del palinsesto].

Programmerstellung <-, -en> f inform elaborazione f di un programma.

Programmfehler m inform errore m di programma.

programmgemäß **A** adj <attr> {ABLAUF, ENTWICKLUNG, VORGANG} secondo programma **B** adv {ABLAUFEN, FUNKTIONIEREN, LAUFEN, SENDEN} secondo programma/[i programmi].

Programmgestaltung f programmazione f.

programmgesteuert adj inform comandato/diretto/gestito da programma.

Programmheft n mus theat programma m.

Programmhinweis m informazione f sui programmi.

programmieren <ohne ge-> tr etw ~ **1** (festlegen) {ABLAUF, ENTWICKLUNG, REISE} programmare qc **2** inform {COMPUTER} programmare qc.

Programmierer <-s, -> m (**Programmiererin** f) inform programmatore (-trice) m (f).

Programmierfehler m inform errore m di programmazione.

Programmiersprache f inform linguaggio m di programmazione.

programmiert adj: **auf Erfolg ~ sein**, essere programmato per il successo; **auf Karriere ~ sein**, essere proiettato verso la carriera.

Programmierung <-, -en> f **1** inform programmazione f **2** radio TV palinsesto m.

Programmkino n film cinema m d'essai.

Programmmusik, Programm-Musik f musica f a programma.

Programmpunkt m punto m ˌdi (un) programmaˌ/[programmatico].

Programmsteuerung f inform controllo m da programma.

Programmübersicht f radio TV palinsesto m: **hier nun die ~ für heute Abend ...**, uno sguardo ai programmi della serata ...

Programmvorschau f presentazione f dei programmi; (im Kino) "prossimamente".

Programmzeitschrift f guida f ai programmi radiotelevisivi.

Progression <-, -en> f **1** geh (Fortschreiten) progressione f **2** Steuer progressività f ˌdelle imposteˌ/[dell'imposizione fiscale]: **in eine höhere ~ kommen**, passare ad un'aliquota più alta.

progressiv geh **A** adj **1** (fortschreitend) {ENTWICKLUNG, VERSCHLECHTERUNG, ZUWACHS} progressivo **2** (fortschrittlich) {DENKWEISE, EINSTELLUNG, HALTUNG} progressista **B** adv **1** (in fortschreitendem Maße) {ABNEHMEN, STEIGEN, ZUNEHMEN} in modo progressivo, progressivamente **2** (fortschrittlich): **~ denken/[eingestellt sein]**, essere di idee progressiste.

Projekt <-(e)s, -e> n progetto m: **ein ~ ausarbeiten/entwerfen/verwirklichen**, elaborare/ideare/realizzare un progetto.

Projektarbeit f lavoro m fatto nell'ambito di un progetto.

Projektfinanzierung f finanziamento m di progetti: **~ aus öffentlicher Hand**, progetti finanziati con denaro pubblico.

Projektgruppe f gruppo m incaricato di elaborare un progetto.

Projektidee f idea f per un progetto: **eine ~ haben**, avere un'idea su come realizzare un progetto.

Projektil <-s, -e> n tech proiettile m.

Projektion <-, -en> f **1** math proiezione f **2** (vergrößerte Wiedergabe) proiezione f **3** psych proiezione f.

Projektionsebene f math piano m di proiezione.

Projektionsfläche f math superficie f di proiezione.

Projektleiter m (**Projektleiterin** f) capoprogetto mf, responsabile mf del/[di un] progetto.

Projektmanagement n project management m.

Projektmanager m (**Projektmanagerin** f) project manager mf.

Projektor <-s, -en> m (Apparat) proiettore m.

Projektplanung f pianificazione f del progetto.

Projektwoche f Schule "settimana f in cui gli studenti non hanno le lezioni tradizionali, ma lavorano in gruppi alla realizzazione di progetti interdisciplinari".

projizieren <ohne ge-> tr etw **1** opt (mit einem Projektor zeigen) **etw an/auf etw** (akk) **~** {DIAS, FILM AN DIE WAND, AUF EINE LEINWAND} proiettare qc su qc **2** psych (übertragen) **etw auf jdn/etw ~** {AGGRESSIONEN, GEFÜHLE AUF DEN PARTNER, DIE UMWELT} proiettare qc su qu/qc.

Prokaryonten, Prokaryoten subst <nur pl> biol procarioti m pl, monere f pl.

Proklamation <-, -en> f geh {+MENSCHENRECHTE, UNABHÄNGIGKEIT, WAHLRECHT} proclamazione f.

proklamieren <ohne ge-> tr geh **etw ~** {FREIHEIT, GLEICHHEIT, KRIEGSZUSTAND} proclamare qc.

Pro-Kopf-Einkommen n reddito m pro capite.

Pro-Kopf-Verbrauch m consumo m pro capite.

Prokura <-, Prokuren> f jur ökon (Vollmacht) procura f ● **jdm ~ erteilen**, dare/conferire la procura a qu; **~ haben**, avere la procura.

Prokurist <-en, -en> m (**Prokuristin** f) ökon procuratore (-trice) m (f).

Prolet <-en, -en> m (**Proletin** f) pej cafone (-a) m (f), villano (-a) m (f), zoticone (-a) m (f) fam.

Proletariat <-(e)s, -e> n pol hist proletariato m.

Proletarier <-s, -> m (**Proletarierin** f) pol hist proletario (-a) m (f) ● **~ aller Länder, vereinigt euch!** pol hist, proletari di tutto il mondo, unitevi!

proletarisch adj {FAMILIE, HERKUNFT, KLASSENBEWUSSTSEIN} proletario.

proletenhaft adj fam {BENEHMEN} da zoticone fam, da cafone.

Prolo <-s, -s> m slang cafone m, zoticone m fam, buzzurro m.

Prolog <-(e)s, -e> m lit theat prologo m.

Prolongationsgeschäft n Börse contratto m di riporto.

Promenade <-, -n> f **1** (breiter Spazierweg) passeggiata f **2** obs (Spaziergang) passeggiata f.

Promenadendeck <-s, -s> n naut ponte m di passeggio.

Promenadenmischung f scherz bastardo m.

promenieren <ohne ge-> itr <sein> geh obs andare a passeggio, passeggiare.

Promi <-s, -s> m fam scherz und <-, -s> f fam scherz vip mf.

Promille <-(s), -> n tasso m alcolico per mille (nel sangue): **sie ist mit 0,8 ~ gefahren** fam, ha guidato con un tasso alcolico (nel sangue) di 0,8 per mille.

Promillegrenze f limite m consentito del tasso alcolico (nel sangue): **die ~ liegt bei 0,5**, il tasso alcolico massimo (nel sangue) è dello 0,5 per mille.

Promillemesser <-s, -> m etilometro m.

prominent adj {JOURNALIST, MODERATOR, POLITIKER, SCHAUSPIELER} di primo piano, in vista; {PERSÖNLICHKEIT} auch eminente, insigne, illustre: **ein ~er Gast**, un ospite di riguardo.

Prominente <dekl wie adj> mf vip mf, personaggio m ˌin vistaˌ/[di primo piano].

Prominenz <-, ohne pl> f **1** (Gesamtheit von Prominenten) vip m pl, personalità f pl (eminenti/[in vista]) **2** (Prominentsein) celebrità f: **die gesamte ~ der Stadt war anwesend**, erano presenti tutti i notabili/maggiorenti della città.

Promiskuität <-, ohne pl> f geh promiscuità f (sessuale).

promoten <ohne ge-> tr **jdn ~** {SÄNGER,

SPORTLER} curare la campagna pubblicitaria di qu, fare il/la promoter *di qu*; **etw ~** {PRODUKT} promuovere *qc*, propagandare *qc*; {PROJEKT} *auch* farsi promotore *di qc*.

Promoter <-s, -> m (**Promoterin** f) **1** (*Veranstalter*) {+FESTIVAL, KONZERT, TOURNEE} promotore (-trice) m (f), promoter mf, organizzatore (-trice) m (f) **2** *com* (*Salespromoter*) promoter mf.

Promotion① <-, -en> f *univ* dottorato m (di ricerca).

Promotion② <-, *ohne* pl> f *com* promozione f, promotion f.

Promotionskampagne f campagna f promozionale.

Promotionsordnung f *univ* norme f pl che regolano i dottorati di ricerca.

Promotionsrecht <-s, *ohne* pl> n *univ* diritto m di conferire il titolo di dottore (a qu).

Promotiontour <-, -en> f tour m promozionale.

Promovend <-en, -en> m (**Promovendin** f) dottorando (-a) m (f).

promovieren <*ohne* ge-> **A** tr (*jdm den Doktorgrad verleihen*) **jdn** ~ conferire il titolo di dottore *a qu* (a conclusione di un dottorato di ricerca): **jdn zum Doktor der Philologie ~**, conferire a qu il titolo di dottore in filologia: **er ist promovierter Kunsthistoriker**, è dottore di ricerca in storia dell'arte **B** itr **1** (*den Doktorgrad erlangen*) fare un dottorato di ricerca: **sie promoviert bei Prof. Müller**, fa un dottorato di ricerca con il Prof. Müller **2** (*seine Doktorarbeit über etw schreiben*) **über etw** (akk) ~ scrivere la tesi di dottorato *su qc*: **sie hat über Jean Genet promoviert**, ha fatto la tesi di dottorato su Jean Genet.

prompt **A** adj {REAKTION} pronto, immediato; {ANTWORT} *auch* sollecito; {BEDIENUNG, LIEFERUNG} pronto, rapido; {EINGRIFF, HILFE} tempestivo **B** adv **1** (*unverzüglich*) {AUSFÜHREN, BEDIENEN, REAGIEREN} prontamente, immediatamente, con prontezza; {ANTWORTEN} *auch* con sollecitudine **2** *fam iron* (*tatsächlich*) immancabilmente, naturalmente, subito: **ich bin ~ darauf hereingefallen**, ci sono cascato (-a) ⌊come un pivello⌋/[come una pivella]/[in pieno].

Promptheit <-, *ohne* pl> f {+BEDIENUNG, SERVICE} prontezza f, rapidità f; {+ANTWORT} *auch* sollecitudine f; {+EINGRIFF, HILFE} tempestività f.

Pronomen <-s, - *oder Pronomina*> n *gram* pronome m.

prononciert *geh* **A** adj {STELLUNGNAHME, VERFECHTER} determinato, deciso **B** adv {SICH FÜR/GEGEN ETW AUSSPRECHEN} in modo deciso/determinato, nettamente.

Propädeutik <-, *ohne* pl> f *wiss* propedeutica f.

propädeutisch adj {SCHRIFT, WERK} propedeutico.

Propaganda <-, *ohne* pl> f **1** *pol* propaganda f: **(für etw akk) ~ machen**, fare propaganda (per qc) **2** *ökon* (*Werbung*) propaganda f, pubblicità f.

Propagandaapparat <-s, *ohne* pl> m apparato m propagandistico.

Propagandachef m (**Propagandachefin** f) capo m ⌊dell'apparato propagandistico⌋/[della propaganda].

Propagandafeldzug m campagna f propagandistica/[di propaganda].

Propagandafilm m film m/filmato m propagandistico/[di propaganda].

Propagandalüge f menzogna f propagandistica.

Propagandamaterial n materiale m propagandistico.

Propagandaschrift f scritto m propagandistico.

Propagandasendung f → **Propagandafilm**.

propagandawirksam **A** adj di grande impatto propagandistico: **das Radio ist ein ~es Medium**, la radio è un mezzo che veicola efficacemente la propaganda **B** adv {(AUS)NÜTZEN} a fini propagandistici, a scopo propagandistico.

Propagandist <-en, -en> m (**Propagandistin** f) **1** *pol* propagandista mf **2** *ökon* (*Werbefachmann*) propagandista mf.

propagandistisch **A** adj **1** *pol* (*die Propaganda betreffend*) {MITTEL, ZWECK} propagandistico, di propaganda **2** *ökon* (*die Werbung betreffend*) {AKTION, MASSNAHMEN, WIRKUNG} propagandistico, di propaganda, pubblicitario **B** adv {AUSNUTZEN, VORBEREITEN} propagandisticamente, a scopo propagandistico.

propagieren <*ohne* ge-> tr *geh* **etw ~** {LEHRE, PRINZIP, ÜBERZEUGUNG} propagare *qc*.

Propan <-s, *ohne* pl> n, **Propangas** n *chem* propano m.

Propeller <-s, -> m **1** *aero* (*Antriebsschraube*) elica f **2** *naut* (*Schiffsschraube*) elica f.

Propellerantrieb <-s, *ohne* pl> m *tech* propulsione f a elica.

Propellerblatt n pala f d'elica.

Propellerflugzeug n aereo m a elica.

Propellermaschine f → **Propellerflugzeug**.

proper *fam* **A** adj {ERSCHEINUNG, PERSON} curato; {MÄDCHEN} carino, grazioso; {WOHNUNG, ZIMMER} ben tenuto, lindo, pulito **B** adv: **sich ~ kleiden**, vestirsi tutto (-a) perbenino.

Prophet <-en, -en> m (**Prophetin** f) *relig* profeta (-essa) m (f) • **ich bin doch kein ~!** *fam*, ma non sono mica indovino (-a)!; **der ~ gilt nichts im eigenen Land(e)** *prov*, nessuno è profeta in patria *prov*.

Prophetie f *geh* → **Prophezeiung**.

prophetisch **A** adj {WORTE} profetico **B** adv {ÄUSSERN} profeticamente.

prophezeien <*ohne* ge-> tr (*jdm*) **etw ~** {GLÜCK, KATASTROPHE, KRANKHEIT, WELTUNTERGANG} profetizzare *qc* (*a qu*), profetare *qc*, pronosticare *qc* (*a qu*), predire *qc* (*a qu*): **ich habe dir ja prophezeit, dass du bei der Prüfung durchfällst!** *fam*, te l'avevo detto io che non passavi l'esame! *fam*.

Prophezeiung <-, -en> f profezia f, predizione f.

prophylaktisch *med* **A** adj {BEHANDLUNG, MASSNAHME, THERAPIE, UNTERSUCHEN} profilattico, preventivo **B** adv {ANORDNEN, EINNEHMEN, UNTERSUCHEN} preventivamente, profilatticamente, a scopo profilattico/preventivo.

Prophylaxe <-, -n> f profilassi f, prevenzione f.

Propolis <-, *ohne* pl> f propoli f *oder* m.

Proportion f **1** (*Größenverhältnis*) {+KÖRPER, RAUM, ZEICHNUNG} proporzione f **2** <*nur* pl> (*Ausmaße*) {+ARBEITSLOSIGKEIT, KRISE} porzioni f pl, dimensioni f pl **3** *math* (*Verhältnisgleichung*) proporzione f.

proportional **A** adj **1** *geh* (*dem Anteil entsprechend*) {AUSGLEICH, BESTEUERUNG, VERTEILUNG} proporzionale **2** *math* proporzionale **B** adv {ERHÖHEN, STEIGEN, VERTEILEN} proporzionalmente, in proporzione • **direkt/umgekehrt ~ (zu etw dat)** *math*, direttamente/inversamente proporzionale (a qc).

Proportionalschrift f *inform* scrittura f proporzionale.

proportioniert adj *geh* proporzionato: **gut/schlecht ~**, ben/[non ben] proporzionato; **wohl ~** → **wohlproportioniert**.

Proporz <-es, -e> m **1** *pol* (*rappresentanza f*) proporzionale f **2** *CH pol* = **Verhältniswahl** • **etw im/nach ~ besetzen/vergeben**, attribuire qc secondo il sistema proporzionale.

Proporzdenken n *pej* logica f della spartizione (delle cariche) *pej*, logica f da manuale Cencelli.

Proppen <-s, -> m *norddt* → **Pfropfen**.

proppenvoll, propvoll adj *fam* {BUS, MENSA, PLATZ, RAUM, ZUG} pieno ⌊zeppo *fam*⌋/[da scoppiare *fam*].

Propst <-(e)s, Pröpste> m *relig* prevosto m, preposto m.

Prorektor <-s, -en> m (**Prorektorin** f) *univ* prorettore (-trice) m(f).

Prosa <-, *ohne* pl> f *lit* prosa f: **erzählende ~**, narrativa.

prosaisch adj **1** *geh pej* (*nüchtern*) {BETRACHTUNG, MENSCH, VORTRAG} prosaico **2** *lit rar* {TEXT, ÜBERSETZUNG, VERSION} di/in prosa, prosastico.

Prosaliteratur f *lit* letteratura f in prosa.

Prosaschriftsteller m (**Prosaschriftstellerin** f) prosatore (-trice) m (f), scrittore (-trice) m (f) di prosa.

Prosatext m testo m ⌊in prosa⌋/[di narrativa].

Prosaübersetzung f (*von Lyrik*) trasposizione f in prosa.

Prosawerk n *lit* opera f in prosa.

Proseminar n *univ* "corso m introduttivo per studenti dei primi anni".

prosit interj → **prost**.

Prosit <-s, -s> n brindisi m: **ein ~ auf ...**, un (ev)viva a ...; **ein ~ auf jdn ausbringen**, fare un brindisi a qu.

Prosodie <-, *ohne* pl> f *ling lit* prosodia f.

Prospekt <-(e)s, -e> m **1** (*bebilderte Werbeschrift*) {+GERÄT, MUSEUM, STADT} opuscolo m, dépliant m, pieghevole m **2** *ökon* (*Offenlegung der Finanzlage*) prospetto m informativo **3** *theat* prospettiva f **4** *kunst* prospettiva f.

prosperieren <*ohne* ge-> itr *geh bes. ökon* prosperare.

prost interj (alla) salute!, cincin!: **~ Neujahr!**, buon anno! • **na dann/denn ~!** *fam iron*, buon divertimento! *fam iron*, andiamo bene! *fam iron*.

Prostata <-, *rar* -tae> f *anat* prostata f.

Prostatakrebs m *med* cancro m/tumore m alla prostata.

Prostataleiden n patologia f prostatica.

Prostataoperation f operazione f/intervento m alla prostata.

prosten itr (**auf jdn/etw**) ~ brindare (a qu/qc), fare un brindisi (a qu/qc).

prösterchen interj *scherz*: ~!, cincin!

prostituieren <*ohne* ge-> rfl **1** (*sich sexuell verkaufen*) **sich ~** prostituirsi **2** (*sich herabwürdigen*) **sich ~ für etw** akk) ~ {FÜR DEN ERFOLG, DIE KARRIERE} prostituirsi (per qc), vendersi (per qc).

Prostituierte <*dekl wie adj*> mf prostituto (-a) m (f).

Prostitution <-, *ohne* pl> f prostituzione f.

Protactinium <-s, *ohne* pl> n *chem* protoattinio m, protattinio m.

Protagonist <-en, -en> m (**Protagonistin** f) **1** *film lit theat* protagonista mf **2** *geh* (*zentrale Figur*) protagonista mf **3** *geh* (*Vorkämpfer*) alfiere m, antesignano (a-) m (f).

Protegé <-s, -s> m geh protetto m, favorito m.
protegieren <ohne ge-> tr geh jdn ~ favorire qu, appoggiare qu, proteggere qu: **(von jdm) protegiert werden**, venire appoggiato (-a)/protetto (-a) da qu.
Protein <-s, -e> n biochem proteina f.
Protektion <-, -en> f (Förderung) protezione f, appoggio m; pej (Begünstigung) favoritismo m.
Protektionismus <-, ohne pl> m ökon protezionismo m.
Protektionskind n pej → **Protegé**.
Protektionswirtschaft f pol pej clientelismo m, sistema m clientelare.
Protektorat <-(e)s, -e> n **1** geh (Schirmherrschaft) patronato m, patrocinio m **2** pol protettorato m.
Protest <-(e)s, -e> m **1** (Widerspruch) protesta f: ~ **gegen etw (akk) erheben**, sollevare una protesta contro qc, protestare contro qc; **aus ~**, per/[in segno di] protesta; **unter ~**, protestando; **die Abgeordneten verließen unter ~ den Saal**, protestando i deputati abbandonarono l'aula (parlamentare); **es hagelte ~e**, ci fu una pioggia di proteste/contestazioni **2** jur {+WECHSEL} protesto m: ~ **erheben**, levare il protesto • **etw zu ~ gehen lassen** {WECHSEL}, mandare in protesto qc, protestare qc.
Protestaktion f azione f di protesta.
Protestant <-en, -en> m (**Protestantin** f) relig protestante mf.
protestantisch A adj protestante B adv {DENKEN} da protestante; {ERZIEHEN} ₁nella fede₁/[nello spirito] protestante; {HEIRATEN} secondo il rito protestante.
Protestantismus <-, ohne pl> m relig protestantesimo m.
Protestbewegung f movimento m di protesta, contestazione f: **die ~ der Studenten**, la contestazione studentesca.
Protesthaltung f atteggiamento m contestatario/[di protesta/contestazione].
protestieren <ohne ge-> A itr (Protest einlegen) (**gegen etw** akk) ~ {GEGEN EINE ENTSCHEIDUNG, MASSNAHME, UNGERECHTIGKEIT, EIN VORGEHEN} protestare (contro qc), contestare qc B itr ökon: **einen Wechsel ~**, protestare una cambiale.
Protestkundgebung f manifestazione f di protesta.
Protestler <-s, -> m (**Protestlerin** f) fam contestatore (-trice) m (f), protestatore (-trice) m (f).
Protestmarsch m marcia f di protesta.
Protestruf m <meist pl> grido m di protesta.
Protestschreiben n lettera f di protesta.
Protestsong m canzone f di protesta.
Protestwähler m (**Protestwählerin** f) pol elettore (-trice) m (f), che dà un voto di protesta: **diese Partei zieht viele ~ an**, questo partito conquista molti voti di protesta.
Protestwelle f ondata f di proteste.
Prothese <-, -n> f **1** (künstlicher Körperteil) protesi f **2** (Zahnprothese) dentiera f, protesi f dentaria.
Protokoll <-s, -e> n **1** (Niederschrift) {+DISKUSSION, SITZUNG, VERHÖR} verbale m; (bei internationalen Verhandlungen) protocollo m: **ein ~ aufnehmen/aufsetzen**, stendere/redigere un verbale; **(das) ~ führen**, fare/redigere il verbale; **etw zu ~ geben**, far mettere₁/[iscrivere] a verbale qc; **etw zu ~ nehmen**, mettere a verbale qc **2** wiss rapporto m (clinico) **3** <nur sing> pol (Zeremoniell) protocollo m: **das ~ verletzen**, contravvenire al protocollo **4** inform protocollo m.

Protokollant m (**Protokollantin** f) → **Protokollführer**.
protokollarisch A adj **1** (als, durch Protokoll festgehalten) {AUSSAGE, EINTRAGUNG, NIEDERSCHRIFT} protocollare; {AKT} auch di protocollo **2** pol (dem Zeremoniell entsprechend) protocollare B adv: **etw ~ aufzeichnen**, registrare qc in forma protocollare; **etw ~ dokumentieren/festhalten**, mettere a verbale qc.
Protokolldatei f inform file m di log/registro, log file m.
Protokollführer m (**Protokollführerin** f) protocollista mf.
protokollieren <ohne ge-> A tr (in einem Protokoll festhalten) **etw ~** {BESPRECHUNG, SITZUNG, VERHANDLUNG} stendere/redigere il verbale di qc; {AUSSAGE} verbalizzare qc B itr (Protokoll führen) verbalizzare, stendere il verbale.
Proton <-s, -en> n phys protone m.
Protoplasma n biol protoplasma m.
Prototyp m **1** geh (Inbegriff) ~ **einer P.S.** (gen) {+GESCHÄFTSMANN, LEHRMEISTER, SPORTLER} prototipo m di qu/qc, classico esempio m di qu/qc **2** (Urform) prototipo m **3** tech (Testmodell) {+AUTO, FLUGZEUG, GERÄT, MASCHINE} prototipo m.
prototypisch adj prototipo, prototipico.
Protozoon <-s, Protozoen> n <meist pl> biol protozoo m.
Protz <-en oder -es, -e> m fam pej tipo m pacchiano; (Angeber) spaccone m.
protzen tr fam pej **mit etw** (dat) ~ {MIT DEM AUTO, BRILLANTEN, DEM PELZ} fare sfoggio di qc, sfoggiare qc; {MIT BEZIEHUNGEN, ERFOLG, KENNTNISSEN} vantarsi di qc; {MIT BILDUNG, REICHTUM} esibire qc, ostentare qc.
protzig adj fam pej {AUTO, KLEIDUNG, WOHNUNGSEINRICHTUNG} pacchiano, vistoso.
Provenienz <-, -en> f geh provenienza f.
Proviant <-s, rar -e> m viveri m pl, provviste f pl (di cibo); bes. mil vettovaglie f pl: **sich mit ~ versehen**, fare provviste, approvvigionarsi, rifornirsi.
Proviantkorb m → **Picknickkorb**.
Proviantlager n magazzino m/deposito m per le provviste/scorte.
Provider <-s, -> m inform provider m, fornitore m d'accesso.
Providergebühr f <meist pl> inform canone m/costi m pl di connessione.
Provinz <-, -en> f **1** (Verwaltungsgebiet) provincia f **2** <nur sing> (ländliche, rückständige Gegend) provincia f: **das ist finsterste/tiefste ~ hier**, questa è la più profonda provincia.
Provinzblatt n giornale m di provincia; pej giornale m provinciale/[da quattro soldi], giornalaccio m pej, giornaluccio m pej.
Provinzbühne f pej teatruccio m di provincia.
Provinzhauptstadt f capoluogo m di provincia.
provinziell A adj {ANGEWOHNHEITEN, ANSICHTEN, VERHÄLTNISSE} provinciale B adv {DENKEN, SICH KLEIDEN} in modo provinciale, da provinciale.
Provinzler <-s, -> m (**Provinzlerin** f) pej provinciale mf.
Provinznest n fam pej paesucolo m di provincia.
Provinzstadt f città f di provincia.
Provinzzeitung f → **Provinzblatt**.
Provision <-, -en> f com provvigione f: **auf/gegen ~ arbeiten**, lavorare a provvigione; **eine ~ erhalten/bekommen**, ricevere/prendere una provvigione.

Provisionsbasis f com: **auf ~, a/su** provvigione.
Provisionsgeschäft n ökon operazione f/affare m su/a provvigione.
Provisionssatz m ökon (percentuale f di) provvigione f.
provisorisch A adj **1** (vorläufig) {LÖSUNG} provvisorio; {REGIERUNG} auch transitorio; {ZUSTAND} temporaneo, provvisorio; {ANSTELLUNG} auch precario **2** (behelfsmäßig) {BEHANDLUNG, REPARATUR} provvisorio; {UNTERKUNFT} auch temporaneo, precario B adv (behelfsmäßig) {UNTERBRINGEN} provvisoriamente, in modo provvisorio; {AUSBESSERN, BEFESTIGEN, BEHEBEN, REPARIEREN} auch alla meno peggio fam, alla bell'e meglio fam.
Provisorium <-s, Provisorien> n geh **1** (Übergangslösung) ripiego m, soluzione f provvisoria/[di ripiego] **2** (vorläufige Regelung) ordinamento m provvisorio **3** (für Zähne) protesi f provvisoria; (einzelner Zahn) capsula f provvisoria; (Füllung) otturazione f provvisoria.
provokant geh A adj {ANTWORT, AUFTRETEN, MIENE, VERHALTEN} provocatorio B adv {BEMERKEN, SICH BEWEGEN, SICH VERHALTEN} in modo provocatorio, provocatoriamente.
Provokateur <-s, -e> m (**Provokateurin** f) geh provocatore (-trice) m (f).
Provokation <-, -en> f geh provocazione f.
provokativ geh, **provokatorisch** geh A adj provocatorio B adv in modo provocatorio, provocatoriamente.
provozieren <ohne ge-> A tr **1** (reizen) {PERSON} provocare qu; {STURHEIT, TRÄGHEIT} irritare qu, infastidire qu **2** (hervorrufen) **etw ~** {LEICHTSINN UNFALL; ÄUSSERUNG ZWISCHENFALL} provocare qc, causare qc; {DISKUSSION} auch scatenare qc **3** (verleiten) jdn (mit etw dat) (zu etw dat) ~ {MIT EINER ÄUSSERUNG, BEMERKUNG, VERHALTEN ZU EINER ANTWORT, HANDLUNG, REAKTION} spingere qu a (fare) qc, portare qu a (fare) qc B itr (herausfordern) provocare.
provozierend adj → **provokant**.
Proxyserver <-s, -> m inform proxy server m.
Prozedere <-, -> n geh procedura f, iter m.
Prozedur <-, -en> f **1** (langwieriges Verfahren) procedura f; (bürokratische) trafila f burocratica: **eine lästige/umständliche ~** fam, una procedura noiosa/complicata **2** inform (Nebenprogramm) procedura f • **einen ~ über sich ergehen lassen (müssen)** (bürokratisch), (dover) fare tutta la trafila; (bei medizinischen Eingriffen), ₁dover subire₁/[doversi sottoporre a] un trattamento spiacevole.
Prozent <-(e)s, -e oder bei Mengenangaben -> n **1** (Hundertstel) percento m rar: **zehn ~ der Beteiligten**, il dieci percento dei partecipanti; **die Bank gibt nicht mehr als drei ~**, la banca non dà più del tre percento (di interessi); **etw in ~en ausrechnen**, calcolare qc ₁in percentuale₁/[percentualmente] **2** <meist pl> (Alkoholanteil) grado m: **auch ein leichter Rotwein hat mindestens 11 ~**, anche un vino rosso leggero ha come minimo 11 gradi **3** fam <nur pl> (Ermäßigung) sconto m: **in diesem Geschäft bekomme ich ~e** fam, in questo negozio mi fanno lo sconto **4** <nur pl> (Gewinnanteil) ~ (auf etw akk) percentuale f (su qc) • **er war sich hundert ~ sicher** fam, era sicuro al cento per cento.
Prozentbasis f: **auf ~, a/su** percentuale.
Prozentpunkt m punto m percentuale.
Prozentrechnung f math calcolo m percentuale.
Prozentsatz m ~ ₁+ gen₁/[an etw (dat)]

{DER BESUCHER, AN BESUCHERN} percentuale f di qc.

Prozentspanne f ökon margine m percentuale.

prozentual A adj {ANTEIL, BETEILIGUNG} percentuale B adv {BETEILIGEN, STEIGEN} in percentuale, percentualmente.

Prozess① (a.R. Prozeß) <-es, -e> m jur (Gerichtsverfahren) processo m, causa f: **einen ~ gegen jdn anstrengen**, fare/muovere causa contro/a qu, intentare un'azione legale/giudiziaria nei confronti di qu; **einen ~ gegen jdn einleiten**, procedere contro qu, promuovere un procedimento contro qu, mandare/mettere qu sotto processo; (im Zivilprozess) auch istruire ⌊una causa⌋/[un processo] contro qu; **einen ~ gegen jdn führen**, intentare ⌊un processo⌋/[una causa] contro qu; **einen ~ gewinnen/verlieren**, vincere/perdere un processo/una causa; **jdm den ~ machen**, fare il processo a qu, processare qu ● **mit jdm/etw kurzen ~ machen** fam (energisch mit jdm verfahren), non andare (tanto) per il sottile con qu/qc fam; (jdn töten), fare fuori qu fam, eliminare qu, liquidare qu slang; **kurzen ~ machen** fam, andare per le spicce fam; **jetzt machen wir kurzen ~!**, tagliamo la testa al toro! fam.

Prozess② (a.R. Prozeß) <-es, -e> m (Vorgang) processo m: **den ~ der wirtschaftlichen Umstrukturierung beschleunigen**, accelerare il processo di ristrutturazione economica.

Prozessakte (a.R. Prozeßakte) f <meist pl> atto m processuale.

Prozessbeobachter (a.R. Prozeßbeobachter) m (**Prozessbeobachterin** f) osservatore (-trice) m (f) processuale/[del processo].

prozessfähig (a.R. prozeßfähig) adj jur capace di stare in giudizio.

Prozessfähigkeit (a.R. Prozeßfähigkeit) f jur capacità f processuale.

Prozessgegner (a.R. Prozeßgegner) m (**Prozessgegnerin** f) parte f avversaria, controparte f.

prozessieren <ohne ge-> itr jur fare causa: **gegen jdn ~** fare causa a qu, intentare ⌊un processo⌋/[una causa] contro qu; **mit jdm um etw** (akk) **~** fare causa a qu per qc.

Prozession <-, -en> f relig processione f.

Prozesskosten (a.R. Prozeßkosten) subst <nur pl> spese f pl processuali: **die ~ tragen müssen**, dover pagare le spese processuali.

Prozesskostenhilfe (a.R. Prozeßkostenhilfe) f jur gratuito patrocinio m jur: **~ beantragen**, richiedere il gratuito patrocinio jur.

Prozessor <-s, -en> m inform processore m.

Prozessordnung (a.R. Prozeßordnung) f jur codice m di procedura.

Prozessrecht (a.R. Prozeßrecht) n jur diritto m processuale.

Prozessverschleppung (a.R. Prozeßverschleppung) f jur ostruzionismo m processuale jur.

Prozessvollmacht (a.R. Prozeßvollmacht) f jur procura f alle liti jur.

prüde adj pej {ANSICHTEN, MENSCH, VERHALTEN} pudico, puritano, prude geh.

Prüderie <-, ohne pl> f pej pruderie f geh.

Prüfbit n inform bit m di controllo/verifica.

Prüfbyte n inform byte m di controllo/verifica.

prüfen A tr 1 (untersuchen) **etw ~** {GERÄT, MASCHINE, MATERIAL} testare qc: **ein Gerät auf seine Sicherheit ~**, accertare/verificare la sicurezza di un apparecchio; **das Material auf seine Widerstandsfähigkeit ~**, testare la resistenza del materiale; (Metall proben) {GOLD, PLATIN, SILBER} saggiare qc 2 (über~) **etw ~** {RECHNUNG, REISEPASS} controllare qc: **eine Urkunde auf ihre Echtheit ~**, verificare/accertare l'autenticità di un documento; **die Abrechnungen ~**, revisionare i conti 3 (bestimmte Eigenschaften feststellen) **etw ~** {WASSERTEMPERATUR, ZUCKERGEHALT DES WEINS} controllare qc; {ECHTHEIT EINES GEMÄLDES} auch accertare qc; {JDS REAKTIONSVERMÖGEN, SCHNELLIGKEIT, ZUVERLÄSSIGKEIT} mettere alla prova qc, verificare qc 4 (abwägen) **etw ~** {ANGEBOT, ANTRAG, SACHVERHALT, VORSCHLAG} esaminare qc, vagliare qc, considerare qc 5 (Kenntnisse feststellen) **jdn (in etw dat) ~** {IN ENGLISCH, IN MATHEMATIK} esaminare qu (in qc), interrogare qu (in qc): **einen Schüler mündlich/schriftlich ~**, esaminare un allievo oralmente/[per iscritto], fare un esame orale/scritto a un allievo 6 geh (schwer belasten) **jdn ~** {KRANKHEIT, LEID, SCHICKSALSSCHLAG} provare duramente qu, mettere a dura prova qu B rfl (sich klar werden) **sich ~** far(si) un esame di coscienza: **du musst dich ~, ob du wirklich dafür geeignet bist**, devi cercare di renderti conto se ci sei veramente portato (-a).

prüfend adj <attr> {BLICK} indagatore, scrutatore geh.

Prüfer <-s, -> m (**Prüferin** f) 1 Schule univ esaminatore (-trice) m (f) 2 autom tech collaudatore (-trice) m (f) 3 ökon revisore m (dei conti).

Prüfgerät n tech apparecchio m di controllo/collaudo.

Prüfling <-s, -e> m candidato (-a) m (f), esaminando (-a) m (f).

Prüfstand m tech banco m di prova ● **auf dem ~ stehen** {NEUER KOLLEGE, LEHRPLAN}, essere messo alla prova.

Prüfstein m ~ (**für jdn/etw**) {FÜR JDS INTELLIGENZ, DEN NEUEN KOLLEGEN} banco m di prova (per qu/di qc).

Prüfung <-, -en> f 1 (Untersuchung) {+FUNKTIONSFÄHIGKEIT, MATERIAL} esame m, controllo m; {+GERÄT} auch collaudo m 2 (Kontrolle) {+BÜCHER, DATEN, DOKUMENT, RECHNUNG} controllo m, revisione f, verifica f 3 (Erwägung) {+ANGEBOT, FRAGE, SACHVERHALT, VORSCHLAG} esame m, vaglio m: **bei genauer/näherer ~**, a un attento esame; **etw einer gründlichen ~ unterwerfen/unterziehen**, passare/sottoporre qc ad a vaglio, sottoporre qc a un esame approfondito 4 Schule univ esame m, prova f: **eine ~ (in etw dat) ablegen/machen**, sostenere/fare un esame/una prova (di qc), dare un esame (in qc); **eine ~ bestehen**, superare/[passare (a)] un esame; **in einer ~ durchfallen, durch eine ~ fallen** fam, essere/[essere bocciato] a un esame; **auf/für eine ~ lernen**, studiare per un esame, prepararsi a/per un esame; **schriftliche/mündliche ~**, esame scritto/orale, prova scritta/orale; **während der ~**, in sede di esame 5 geh (Schicksalsschlag) prova f: **eine harte/schwere ~ durchstehen**, superare una prova dura/difficile ● **~ vor Ort**, ispezione in loco.

Prüfungsanforderungen subst <nur pl> conoscenze f pl richieste per l'esame.

Prüfungsangst f paura f degli esami.

Prüfungsarbeit f prova f d'esame.

Prüfungsausschuss (a.R. Prüfungsausschuß) m commissione f ⌊d'esame⌋/[esaminatrice].

Prüfungsbedingungen subst <nur pl> regolamento m dell'esame/degli esami.

prüfungsbefugt adj {DOZENT, PROFESSOR} autorizzato a esaminare.

Prüfungsergebnis n risultato m/esito m dell'esame.

Prüfungsfach n materia f d'esame.

Prüfungsgebühr f tassa f d'esame.

Prüfungsgegenstand m oggetto m/tema m d'esame.

Prüfungsgesellschaft f ökon società f di revisione.

Prüfungskandidat m candidato (-a) m (f) a un esame, esaminando (-a) m (f).

Prüfungskommission f → **Prüfungsausschuss**.

Prüfungsordnung f regolamento m d'esame.

Prüfungstermin m giorno m/data f dell'esame, appello m.

Prüfungsunterlagen subst <nur pl> materiale m informativo (su un esame): **die ~ anfordern**, richiedere (per posta) la documentazione per l'esame.

Prüfungsverfahren n procedura f ⌊dell'esame⌋/[degli esami].

Prüfungsvermerk m timbro m/visto m di controllo.

Prüfungsvoraussetzung f <meist pl> requisito m necessario per sostenere l'esame/gli esami.

Prüfungszeugnis n certificato m/attestato m d'esame; (Abitur-, Examenszeugnis) diploma m.

Prüfverfahren n tech procedura f di controllo/verifica.

Prüfzeichen n marchio m di controllo.

Prügel <-s, -> m pl fam (Hiebe) bastonate f pl, botte f pl fam, legnate f pl fam 2 region (Stock) bastone m: **~ austeilen**, darle, menare fam; **~ beziehen/kriegen**, buscarle fam, prenderle; **eine Tracht ~ bekommen** fam, prendersi/beccarsi fam un sacco/fracco di botte/legnate fam.

Prügelei <-, -en> f rissa f, zuffa f.

Prügelknabe m fam capro m espiatorio.

prügeln A tr **jdn/etw ~** bastonare qu/qc, picchiare qu/qc, prendere a botte qu/qc: **er hat ihn fast zu Tode geprügelt**, lo ha ridotto in fin di vita, lo ha quasi ammazzato di botte B rfl **sich (mit jdm) (um etw** akk) **~** darsele con qu (per qc) fam, fare/prendersi a botte (con qu) (per qc), picchiarsi (con qu) (per qc): **sie haben sich um die letzten Eintrittskarten für das Konzert geprügelt**, hanno fatto a pugni per (avere) gli ultimi biglietti per il concerto ● **jdn windelweich ~** fam, darle a qu di santa ragione fam, picchiare sodo qu fam.

Prügelstrafe f pena f corporale.

Prügelszene f scazzottata f, rissa f, zuffa f: **während der Demonstration kam es immer wieder zu ~n**, durante la manifestazione si arrivò più volte alla rissa.

Prunk <-(e)s, ohne pl> m {+EINRICHTUNG, KIRCHE, SAAL} fasto m, sfarzo m, sontuosità f.

Prunkbau m edificio m sfarzoso/fastoso.

prunken itr 1 geh (prachtvoll erscheinen) **irgendwo ~** {GEMÄLDE AN DER WAND} ⌊fare bella mostra di sé⌋/[campeggiare] + compl di luogo; {LÜSTER AUF DER TAFEL} ⌊fare bella mostra di sé⌋/[troneggiare] + compl di luogo 2 (prahlen) **mit etw** (dat) **~** {MIT LUXUS, REICHTUM, SCHMUCK} far sfoggio di qc, sfoggiare qc, ostentare qc.

Prunkstück n pezzo m forte fam.

Prunksucht f mania f ⌊dello sfarzo⌋/[del lusso].

prunksüchtig adj amante dello sfarzo.

prunkvoll A adj {EINRICHTUNG, GEBÄUDE} sfarzoso; {KLEID} sontuoso B adv {AUSSTAT-

TEN, EINRICHTEN} con fasto/sfarzo, sontuosamente, lussuosamente.
prusten itr sbuffare: **~d kam sie wieder an die Wasseroberfläche**, con una sbuffata ritornò in superficie; **vor Lachen ~**, scoppiare dal ridere.
PS <-, -> n **1** Abk von Pferdestärke: CV (Abk von Cavallo Vapore) **2** Abk von Postskriptum: PS (Abk von postscriptum).
Psalm <-s, -en> m relig salmo m.
Psalter <-s, -> m relig salterio m.
pscht interj → **pst**.
Pseudokrupp <-s, ohne pl> m med pseudocrup m wiss, laringite f stridula.
Pseudonym <-s, -e> n pseudonimo m: **unter einem ~ schreiben**, scrivere sotto pseudonimo.
pseudowissenschaftlich adj pej pseudoscientifico.
Psoriasis <-, Psoriasen> f med psoriasi f.
pst interj (still!) pss!, pst!
Psyche <-, -n> f geh psiche f.
psychedelisch adj **1** med (bewusstseinsverändernd) {DROGE, SUBSTANZEN, WIRKUNG} psichedelico **2** geh (in Euphorie versetzend) {KLÄNGE, LICHTEFFEKTE, RHYTHMUS} psichedelico.
Psychiater <-s, -> m (**Psychiaterin** f) med psichiatra m.
Psychiatrie <-, ohne pl> f med **1** (Fach) psichiatria f **2** (Abteilung) (reparto m di) psichiatria f.
psychiatrisch [A] adj psichiatrico: **in ~er Behandlung sein**, essere in cura da uno psichiatra [B] adv: **jdn ~ behandeln**, sottoporre qu a (un) trattamento psichiatrico.
psychisch [A] adj <attr> psichico [B] adv {SICH AUSWIRKEN, BELASTEN, LABIL, STABIL SEIN, LEIDEN, ÜBERFORDERN} psichicamente, a livello psichico.
Psychoanalyse f med psicoanalisi f.
Psychoanalytiker m (**Psychoanalytikerin** f) psic(o)analista mf, analista mf.
psychoanalytisch adj psic(o)analitico.
Psychodrama n **1** film lit psicodramma m **2** psych psicodramma m **3** (Tragödie) (psico)dramma m.
Psychodroge f psicofarmaco m.
psychogen adj med psych psicogeno.
Psychogramm <-s, -e> n psicogramma m.
Psycholinguistik f ling psicolinguistica f.
Psychologe <-n, -n> m (**Psychologin** f) psicologo (-a) m (f).
Psychologie <-, ohne pl> f psicologia f.
Psychologin f → **Psychologe**.
psychologisch [A] adj <attr> psicologico: **er hat viel ~es Einfühlungsvermögen**, è un ottimo psicologo [B] adv {AUSBILDEN, EXPERIMENTIEREN, SCHULEN} in psicologia; {EINFÜHLSAM, GESCHICKT} psicologicamente, sotto il profilo psicologico.
psychologisieren <ohne ge-> [A] itr oft pej interpretare tutto in chiave psicologica, fare psicologia spicciola pej: **musst du immer alles ~?**, possibile che attribuisci a tutto un significato psicologico? fam [B] tr lit **jdn/etw ~** {PERSON, ROMANFIGUR} dare una chiave di lettura psicologica a qu/qc.
Psychologisierung <-, -en> f interpretazione f psicologica.
Psychopath <-en, -en> m (**Psychopathin** f) med psicopatico (-a) m (f).
psychopathisch adj psicopatico.
Psychopharmakon <-s, Psychopharmaka> n psicofarmaco m.
Psychose <-, -n> f med psicosi f.
Psychosomatik <-, ohne pl> f (medicina f) psicosomatica f.
psychosomatisch [A] adj psicosomatico [B] adv: **sich ~ auswirken**, avere effetti psicosomatici; **~ bedingt sein**, avere cause/origini psicosomatiche.
psychosozial adj psicosociale.
Psychoterror m terrorismo m psicologico.
Psychotest m test m psicologico.
Psychotherapeut m (**Psychotherapeutin** f) (psico)terapeuta mf, (psico)terapista mf.
Psychotherapeutin f → **Psychotherapeut**.
psychotherapeutisch [A] adj psicoterapeutico, psicoterapico: **in ~er Behandlung sein**, essere in cura da uno psicoterapeuta [B] adv: **jdn ~ behandeln**, sottoporre qu a psicoterapeuta.
Psychotherapie f psicoterapia f.
Psychothriller m thriller m psicologico, giallo m.
Psychotiker <-s, -> m (**Psychotikerin** f) psicotico (-a) m (f).
psychotisch adj psicotico.
PTA <-, -s> m oder f Abk von pharmazeutisch-technische(r) Assistent(in): assistente farmaceutico (-a).
pubertär adj geh **1** (für die Pubertät typisch) {PHASE, PROBLEME, VERHALTEN} puberale, della pubertà **2** (in der Pubertät befindlich) {JUNGE, MÄDCHEN} in/nell'età puberale, nella pubertà **3** pej (unreif) {VERHALTEN} immaturo, infantile.
Pubertät <-, ohne pl> f pubertà f: **in der ~ sein**, essere nella pubertà/[in età puberale].
Pubertätsakne f med acne f giovanile.
Pubertätserscheinung f fenomeno m della pubertà.
pubertieren <ohne ge-> itr geh essere in piena pubertà.
Public-Domain-Programm n inform software m/programma n di pubblico dominio.
Publicity <-, ohne pl> f **1** (Bekanntheit) notorietà f **2** (Reklame) pubblicità f, réclame f: **negative ~**, pubblicità negativa; **für ~ sorgen**, tirarsi addosso la luce dei riflettori.
publicityscheu adj {AUTOR, POLITIKER, PROMINENTER} defilato, che rifugge dai [evita i] riflettori.
publicitysüchtig adj pej {POLITIKER, SCHAUSPIELER} in cerca di pubblicità/notorietà.
Public Relations subst <nur pl> (Abk PR) pubbliche relazioni f pl, public relations f pl (Abk PR).
Public-Relations-Abteilung f ufficio m pubbliche relazioni.
publik adj <präd> pubblico: **~ sein/werden**, essere/diventare di pubblico dominio; **etw ~ machen**, rendere pubblico (-a) qc, mettere in pubblico qc.
Publikation <-, -en> f geh **1** (Veröffentlichung) {+AUTOR, SCHRIFTSTELLER, WISSENSCHAFTLER} pubblicazione f **2** <nur sing> (das Publizieren) {+BAND, BUCHREIHE} pubblicazione f.
Publikationsverbot n divieto m di pubblicazione.
publik|machen tr → **publik**.
Publikum <-s, ohne pl> n **1** (Zuhörer) {+DICHTERLESUNG, KONZERT, VORTRAG} pubblico m, ascoltatori m pl, uditorio m, platea f **2** (Zuschauer) {+AUFFÜHRUNG, FILM} pubblico m, spettatori m pl **3** (Leserschaft) lettori m pl **4** (Gäste) {+KURORT} ospiti m pl, visitatori m pl; {+HOTEL, LOKAL} ospiti m pl, clientela f: **wir haben hier ein sehr gemischtes ~**, qui abbiamo un pubblico molto eterogeneo • **vor das ~ treten**, presentarsi al pubblico.
Publikumsandrang m affluenza f di pubblico.
Publikumserfolg m successo m presso il [di] pubblico; (Buch) best seller m, successo m editoriale; (Film) film m di cassetta, successo m cinematografico.
Publikumsliebling m beniamino m del pubblico.
Publikumsmagnet m forte richiamo m/grande attrazione f (per il pubblico), calamita f fam.
Publikumsrenner m successone m di pubblico: **ein ~ sein** {FILM}, essere un campione d'incassi.
Publikumsresonanz f risonanza f presso il pubblico, eco f positiva (da parte) del pubblico.
Publikumsverkehr m <nur sing> **1** (Öffnungszeiten) apertura f al pubblico: **samstags kein ~**, il sabato chiuso al pubblico; **~ von 8.30 bis 12.30**, aperto al pubblico dalle 8.30 alle 12.30 **2** (Publikum): **in diesen Tagen hatten wir sehr starken ~**, in questi giorni abbiamo avuto una grande affluenza di pubblico.
publikumswirksam [A] adj che fa presa sul pubblico [B] adv {EINSETZEN, GESTALTEN} in modo da fare presa sul pubblico.
Publikumswirkung f effetto m presso il [sul] pubblico.
publizieren <ohne ge-> [A] tr etw ~ pubblicare qc [B] itr **bei/in etw** (dat) **~** {BEI EINEM VERLAG, IN EINER ZEITSCHRIFT} pubblicare presso/su qc.
Publizist <-en, -en> m (**Publizistin** f) pubblicista mf.
Publizistik <-, ohne pl> f **1** journ radio TV pubblicistica f **2** (Wissenschaft der Medien) scienze f pl della comunicazione **3** univ scienze f pl della comunicazione: **~ studieren**, fare scienze della comunicazione.
Publizistin f → **Publizist**.
publizistisch adj **1** {JARGON, WERBUNG} pubblicistico; {ARBEIT, TÄTIGKEIT, VOLONTARIAT} pubblicistica, di pubblicista **2** (das Studienfach betreffend) {AUSBILDUNG, PRAKTIKUM, STUDIUM} di scienza delle comunicazioni.
Puck <-s, -s> m sport disco m (per hockey su ghiaccio).
Pudding <-s, -e oder -s> m gastr budino m, pudding m.
Puddingpulver n gastr budino m in polvere.
Pudel <-s, -> m zoo barboncino m, (cane m) barbone m • **wie ein begossener ~ abziehen** fam, andarsene con la coda tra le gambe fam; **wie ein begossener ~ dastehen** fam, starsene lì come un cane bastonato fam; **das also ist/war des ~s Kern** fam (der wahre Grund), ecco il nocciolo della questione.
Pudelmütze f "berretto m di maglia di lana con pompon".
pudelnackt adj fam nudo come un verme.
pudelnass (a.R. pudelnaß) adj fam bagnato come un pulcino, zuppo fam.
pudelwohl adv fam: **sich ~ fühlen**, stare magnificamente.
Puder <-s, -> m oder fam n (Kosmetikpuder) cipria f: **~ auftragen**, mettersi la cipria; (Heilpuder) talco m, borotalco® m.
Puderdose f portacipria m.
pudern [A] tr (mit Puder bestäuben) **jdn/etw ~** {FÜSSE, KIND, POPO} dare/mettere il

talco a qu/su qc (di qu); (mit Kosmetikpuder bestäuben) etw ~ {Gesicht, Nase, Stirn} incipriare qc B rfl sich ~ (mit Heilpuder) darsi/mettersi il talco; (mit Kosmetikpuder) incipriarsi, darsi la cipria; sich (dat) etw ~ {Gesicht, Nase, Wangen} incipriarsi qc, darsi la cipria a qc.
Puderquaste f piumino m per la cipria.
Puderzucker m zucchero m a velo.
Puerto-Ricaner (**Puerto-Ricanerin** f), **Puerto Ricaner** (**Puerto Ricanerin** f) <-s, -> m portoricano (-a) m (f).
puerto-ricanisch adj portoricano.
Puerto Rico <- -s, ohne pl> n geog Portorico m.
Puff① <-(e)s, Püffe oder rar -e> m fam (leggera) spinta f, spintarella f; (mit der Faust) (leggero) pugno m; (mit dem Ellbogen) gomitata f: jdm einen ~ in die Seite geben, dare a qu una gomitata nel fianco; jdm einen freundlichen ~ geben, dare un colpetto amichevole a qu ● ein paar Püffe aushalten/vertragen können fam, avere la buccia/pelle/scorza dura.
Puff② <-s, -s> m oder n fam (Bordell) bordello m, casino m fam.
Puff③ <-s, -e oder -s> m 1 (Wäschepuff) portabiancheria m 2 (Sitzhocker) pouf m, puf m.
Puffärmel m manica f a sbuffo/palloncino.
puffen A tr fam (stoßen) jdn in etw (akk) ~ {in die Rippe, Seite} dare un colpetto a qu in qc; (mit dem Ellbogen) dare una gomitata a qu in qc B itr (dumpf knallen) {Dampfkessel, Lokomotive} sbuffare.
Puffer <-s, -> m 1 Eisenb respingente m 2 inform → **Pufferspeicher** 3 (Kartoffelpuffer) frittella f di patate ● als ~ dienen, fare da cuscinetto fam.
Pufferbatterie f el batteria f tampone.
Pufferbestand m <meist pl> ökon scorta f cuscinetto/tampone.
Pufferspeicher m inform memoria f tampone, buffer m.
Pufferstaat m pol stato m cuscinetto.
Pufferzone f mil zona f cuscinetto.
Puffmutter f fam pej maîtresse f euph, tenutaria f di un bordello.
Puffreis m gastr riso m soffiato.
puh interj 1 (bei Abneigung) puah! 2 (bei Erleichterung) ah!
pulen norddt fam A itr (herumfummeln) an etw (dat) ~ {an einem Pickel, einer Kruste} toccar(si) qc, stuzzicar(si) qc: in der Nase ~, metter(si) le dita nel naso B tr (entfernen) etw aus/von etw (dat) ~ {Rosinen aus dem Kuchen} piluccare qc da qc; {Essensreste, Traubenkerne aus dem Zahn} togliere qc da qc.
Pulk <-(e)s, -s oder -e> m 1 (Ansammlung) ~ (von jdm/etw dat pl) {von Fahrzeugen} gruppo m (di qc); {von Demonstranten, Personen} auch capannello m (di qu), crocchio m (di qu) 2 aero mil formazione f.
Pull-down-Menü n inform menu m a tendina.
Pulle <-, -n> f slang (Flasche) bottiglia f: einen Schluck aus der ~ nehmen, prendere un sorso dalla bottiglia ● volle ~ fahren fam (mit Vollgas), andare a tavoletta/[tutta birra fam]/[tutta randa fam].
pullern itr fam → **pieseln**.
Pulli <-s, -s> m fam → **Pullover**.
Pullover <-s, -> m pullover m, maglia f, golf m; (dicker ~) maglione m.
Pullunder <-s, -> m gilet m (senza bottoni), pullover m senza maniche.
Puls <-es, -e> m 1 (Druckschwankung der Puls-

adern) polso m: ein beschleunigter/schwacher ~, un polso accelerato/debole 2 med (Pulsfrequenz) battito m del polso: jdm den ~ fühlen/messen, sentire/tastare il polso a qu; wie ist der ~?, com'è il polso? ● jdm auf den ~ fühlen (jds Meinung ergründen), tastare il polso a qu; am ~ der Zeit, al passo coi tempi.
Pulsader f arteria f radiale, vena f del polso: sich (dat) die ~n aufschneiden, tagliarsi le vene/i polsi.
Pulsfrequenz f → **Pulsschlag**.
pulsieren <ohne ge-> itr in etw (dat)/durch etw (akk) ~ {Blut in den/durch die Adern} pulsare in qc ● die ~de Großstadt, la metropoli pulsante; hier pulsiert das Leben!, qui si sente la vita pulsare!
Pulsschlag m 1 med (Pulsfrequenz) pulsazione f, battito m del polso: einen schnellen ~ haben, avere il polso frequente, avere le pulsazioni accelerate; mehr als 120 Pulsschläge pro Minute, più di 120 battiti/pulsazioni al minuto 2 (fühlbares Leben) pulsare m: der ~ der Großstadt/Zeit, il pulsare della grande città/[del tempo].
Pulswärmer <-s, -> m scaldapolsi m.
Pulszahl f frequenza f (dei battiti) del polso.
Pult <-(e)s, -e> n 1 (Schreibpult) scrittoio m; (Lehrerpult) cattedra f; (Rednerpult) tribuna f; (Dirigentenpult) podio m; (Lese-, Notenpult) leggio m 2 (Schaltpult) quadro m di comando.
Pultdach n arch tetto m a uno spiovente.
Pulver <-s, -> n 1 (fein gemahlener Stoff) polvere f 2 med pharm polvere f, polverina f 3 (Schieß~) polvere f da sparo 4 slang (Geld) grana f slang ● das ~ nicht erfunden haben fam, non essere esattamente una cima fam; sein ~ trocken halten fam, tenere asciutte le polveri; sein (ganzes) ~ verschossen haben fam, aver sparato tutte le cartucce fam.
Pulverfass (a.R. Pulverfaß) n barile m di polvere ● einem ~ gleichen, essere una polveriera; auf einem ~ sitzen, star seduto (-a) su una polveriera/un vulcano.
pulverfein A adj {Kaffee} fine come polvere; {Schnee} polveroso B adv: etw ~ mahlen, ridurre qc in polvere, polverizzare qc.
Pulverform f: in ~, in polvere.
pulverig, pulvrig adj → **pulverfein**.
pulverisieren <ohne ge-> tr etw ~ {Kaffee, Kräuter, Kreide, Steine} polverizzare qc.
Pulverkaffee m gastr caffè m solubile/[in polvere].
pulvern tr fam: Geld aus dem Fenster ~, buttare i soldi dalla finestra; Silvester werden Millionenbeträge in den Himmel gepulvert, a capodanno se ne vanno miliardi in botti.
Pulverschnee m neve f farinosa/polverosa.
Puma <-s, -s> m zoo puma m.
Pummel <-s, -> m fam, **Pummelchen** <-s, -> n fam bambino (-a) m (f) cicciottello (-a).
pummelig, pummlig adj fam {Junge, Mädchen} cicciottello, grassottello.
Pump <-s, ohne pl> m fam: auf ~ kaufen, comprare a chiodo; auf ~ leben, vivere di chiodi fam.
Pumpe <-, -n> f 1 tech pompa f 2 fam (Herz) cuore m: die ~ will nicht mehr, il cuore non va più/[si è fermato].
pumpen① A tr 1 (hineinbefördern) etw in etw (akk) ~ {Luft in den Reifen} pompare qc in qc; (herausbefördern) etw aus etw (dat) ~ {Wasser aus dem Keller} pompare qc

da qc 2 fam (investieren) etw in etw (akk) ~ {Geld, finanzielle Hilfe in Anlage, Bauobjekt, Geschäft, Unternehmen} mettere qc in qc fam, investire qc in qc B itr 1 (das Pumpen besorgen) pompare 2 (als Pumpe arbeiten) {Herz, Maschine} pompare 3 fam sport fare flessioni sulle braccia.
pumpen② fam A tr (leihen) jdm etw ~ {Gartengerät, Geld} prestare qc a qu, dare in prestito qc a qu B rfl (ausleihen) sich (dat) etw bei/von jdm ~ {Auto, Geld} farsi prestare/[dare in prestito] qc da qu, chiedere qc in prestito a qu.
Pumpenschwengel <-s, -> m tech asta f della pompa.
Pumpernickel <-s, ohne pl> m gastr Pumpernickel m (pane nero di segale senza crosta).
Pumphose f pantaloni m pl/calzoni m pl alla zuava.
Pumps <-, -> m (scarpa f) décolleté m.
Pumpspeicherwerk <-(e)s, -e> n tech centrale f a ripompaggio, centrale f ad accumulo con pompaggio.
Pumpstation f tech stazione f di pompaggio.
Punk <-(s), -s> m 1 <nur sing> (Protestbewegung) movimento m punk 2 mus → **Punkmusik** 3 → **Punker**.
Punker <-s, -> m (**Punkerin** f) punk mf.
punkig fam A adj (Aussehen, Kleidung) punk B adv (Aufgemacht, Gekleidet sein) da punk.
Punkmusik f musica f punk.
Punkrock, **Punk-Rock** <-s, ohne pl> m mus punk-rock m.
Punkt <-(e)s, -e> m 1 (eine runde Stelle) punto m: der Zug war nur noch ein ~ am Horizont, il treno era ormai solo un punto all'orizzonte; die Bluse ist weiß mit grünen ~en, la camicetta è bianca a pallini/pois verdi 2 (Stelle) punto m: ein strategisch wichtiger/zentraler ~, un punto di importanza strategica/centrale; von diesem ~ hat man einen guten Ausblick, da questo punto si ha un buon panorama 3 gram typ punto m: einen ~ machen/setzen, mettere un punto 4 mus punto m: die Note hat einen ~, la nota ha un punto 5 geom punto m 6 (Bewertungseinheit) punto m: vier ~e Rückstand/Vorsprung haben, avere un svantaggio/un vantaggio di quattro punti; 200 ~e erreichen/erzielen, raggiungere/ottenere 200 punti; nach ~en siegen, vincere ai punti 7 (Zeitpunkt) momento m, punto m: es ist der ~ gekommen, an dem man Farbe bekennen muss, è arrivato il momento in cui bisogna scoprire le carte; jetzt sind wir an einem ~, wo Entscheidungen gefällt werden müssen, adesso siamo arrivati (-e) a un punto in cui nuove prese delle decisioni 8 fam (mit Zeitangabe: genau um) in punto: die Probe beginnt ~ neun (Uhr), le prove cominciano alle nove in punto 9 (Gegenstand) {+Auseinandersetzung, Diskussion, Erörterung, Thema} punto m: ein heikler/kritischer/strittiger ~, un punto delicato/critico/controverso; einen ~ erörtern/klären, discutere/chiarire un punto; etw ~ für ~ durchsprechen, discutere qc punto per punto; in diesem ~, a questo riguardo/proposito 10 Börse punto m ● an einem toten ~ ankommen/sein, [arrivare/giungere]/[essere] a un punto morto; etw auf den ~ bringen, puntualizzare qc; um die Frage/das Problem auf den ~ zu bringen ..., per mettere i puntini sulle i ...; ein dunkler ~ (in jds Leben), un punto oscuro/[una zona d'ombra] (nella vita di qu); bis zu einem ge-

wissen ~, fino a un certo punto; **der grüne/Grüne** ~ *ökol*, "simbolo che indica che un imballaggio è riciclabile"; **ohne** ~ **und Komma reden** *fam*, parlare come una mitragliatrice *fam*; **auf den** ~ **kommen**, venire/arrivare al punto; **nun mach (aber) mal 'nen** ~! *fam*, ora però basta!, falla finita! *fam*; **der neuralgische/schwache** ~, il punto nevralgico/debole; **der springende** ~ **ist, dass ...**, il punto saliente è che...; **ein wunder** ~, un punto/tasto dolente; **einen wunden** ~ **treffen**, toccare un tasto dolente.

Pünktchen <-s, -> *n dim von* Punkt puntino m, puntolino m ● **wie das** ~ **auf dem i passen** *fam*, essere come il cacio sui maccheroni *fam*.

punkten *itr* **1** *sport* mettere a segno dei punti, fare/segnare dei punti **2** (*einen Erfolg verbuchen*) avere successo, segnare dei punti (a proprio favore).

Punktgewinn m *sport* conquista f di punti: **mit einem dreifachen** ~ **hat das Team die Tabellenspitze übernommen**, con i tre punti conquistati la squadra si è portata al comando della classifica.

punktgleich *sport* **A** *adj* (alla) pari: ~**e Mannschaften**, squadre (che sono) alla pari **B** *adv* {LIEGEN, STEHEN} alla pari, in parità, ex aequo, a pari merito.

punktieren <ohne ge-> *tr* **1** (*durch Punkte darstellen*) **etw** ~ {FLÄCHE, LINIE} punteggiare qc **2** *med* **etw** ~ {LUNGE, RÜCKENMARK} siringare qc.

Punktiernadel f *med* ago m (per paracentesi).

punktiert *adj mus* {NOTE} puntato.

Punktion <-, -en> f *med* paracentesi f.

pünktlich **A** *adj* puntuale: **um** ~**es Erscheinen wird gebeten**, si prega di essere puntuali; **sie ist immer auf die Minute** ~, è sempre puntuale al/[spacca sempre il] minuto **B** *adv* {ANFANGEN, AUFHÖREN, EINTREFFEN, SICH EINSTELLEN, KOMMEN} puntualmente, puntuale, con puntualità.

Pünktlichkeit <-, ohne pl> f puntualità f: **um** ~ **wird gebeten**, si prega di essere puntuali.

Punktmatrix f *inform* matrice f a punti.

Punktrichter m (**Punktrichterin** f) giudice mf di gara.

Punktsieg m vittoria f ai punti.

Punktsieger m (**Punktsiegerin** f) vincitore (-trice) m (f) ai punti.

Punktspiel n *sport* gioco m a punti.

Punktstrahler m spot m.

punktuell *geh* **A** *adj* {KONTROLLE} (a) campione **B** *adv* {AUFTRETEN} episodicamente, in maniera episodica.

Punktum *interj obs* (**und damit**) ~!, e basta!/amen!

Punktwertung f *Schule sport* (sistema m di) valutazione f a punti.

Punktzahl f punteggio m.

Punsch <-(e)s, -e oder Pünsche> m punch m, ponce m.

Pup <(e)s, -e oder -s> m *fam* → **Pups**.

Pupille <-, -n> f *anat* pupilla f.

Pupillenerweiterung f dilatazione f ₍delle pupille₎/[pupillare].

Pupillenverengung f restringimento m ₍delle pupille₎/[pupillare].

Puppe① <-, -n> f **1** (*Kinderspielzeug*) bambola f, pupazzo m **2** (*Marionette*) marionetta f; (*Handpuppe*) burattino m, pupazzo m **3** *fam* (*Frau*) bambola f *fam*, pupa f *slang* ● **bis in die** ~**n** *fam* {SCHLAFEN}, fino a tardi; {TANZEN, SICH UNTERHALTEN}, fino a ₍notte fonda₎/[tardi]; **bis in die** ~**n feiern** *fam*, fare le

ore piccole *fam*; **die** ~**n tanzen lassen** *fam* (*sich autoritär durchsetzen*), far ballare su/sopra un quattrino; (*ausgelassen feiern*), far baldoria *fam*.

Puppe② <-, -n> f *zoo* crisalide f, pupa f.

Puppengesicht n viso m/faccia f da bambola.

Puppenhaus n casa f delle bambole.

Puppenspiel n spettacolo m di burattini/marionette.

Puppenspieler m (**Puppenspielerin** f) **1** (*Handpuppenspieler*) burattinaio (-a) m (f) **2** (*Marionettenspieler*) marionettista mf.

Puppenstadium <-s, ohne pl> n *zoo* stadio m di pupa/crisalide.

Puppenstube f → **Puppenhaus**.

Puppentheater n teatro m ₍dei burattini₎/[delle marionette].

Puppenwagen m carrozzina f delle bambole.

Pups <-es, -e> m *fam* peto m, flatulenza f, scoreggia f *vulg*: **einen** ~ (**fahren**) **lassen**, sganciare un peto.

pupsen *itr fam* fare (dei) peti, scoreggiare *vulg*.

pur **A** *adj* <attr> **1** (*unverfälscht*) {SILBER, WASSER, WOLLE} puro; {GOLD} *auch* schietto **2** (*nichts anderes als*) {BLÖDSINN, HÖFLICHKEIT, NEID, NEUGIER, WAHNSINN, WAHRHEIT} puro, mero *geh*, semplice: **aus purem Zufall**, per puro caso; **das ist doch purer Unsinn!**, sono tutte sciocchezze! **3** <nachgestellt> (*ohne Wasser oder Eis*): **Wein pur**, vino schietto; **Whisky pur**, whisky liscio **B** *adv*: **eine Lösung pur auftragen**, applicare una soluzione (in forma) non diluita; **einen Fruchtsaft pur trinken**, bere un succo di frutta non allungato; **den Whisky pur trinken**, bere il whisky liscio.

Püree <-s, -s> n *gastr* **1** (*passiertes Gemüse*) purea f/passato m (di verdura) **2** (*Kartoffelpüree*) purè m, purea f.

pürieren <ohne ge-> *tr* **etw** ~ {GEMÜSE, KARTOFFEL} passare.

Pürierstab m frullatore m a immersione.

Purismus <-, ohne pl> m **1** *ling* purismo m **2** *kunst* purismo m.

Purist <-en, -en> m (**Puristin** f) *geh* purista mf.

puristisch *adj geh* purista; {BEWEGUNG, THEORIE} *auch* puristico.

Puritaner <-s, -> m (**Puritanerin** f) **1** *hist relig* puritano (-a) m (f) **2** *pej* (*sittenstrenger Mensch*) puritano (-a) m (f).

puritanisch *adj* **1** *hist relig* {BEWEGUNG, REVOLUTION} puritano **2** *geh pej* (*sittenstreng*) {EINSTELLUNG, STRENGE} puritano.

Purpur <-s, ohne pl> m porpora f.

purpurfarben *adj* → **purpurrot**.

purpurn *adj geh* → **purpurrot**.

purpurrot *adj geh* {HIMMEL, SONNENUNTERGANG, UMHANG} (color) porpora, porporino, purpureo *lit*: ~ **werden**, farsi/diventare di porpora, imporporarsi.

Purzelbaum m *fam* capriola f: **einen** ~ **machen/schlagen**, fare una capriola.

purzeln *itr* <sein> **1** (*vornüberfallen*) *irgendwohin* ~ {AUF DEN BODEN, IN DEN SCHNEE} capitombolare/ruzzolare + *compl di luogo*, fare un capitombolo/rotolone/ruzzolone + *compl di luogo*: **aus dem Bett** ~, ruzzolare (giù) dal letto **2** *ökon* (*stürzen*) {PREISE} precipitare, crollare.

puschen *tr* → **pushen**.

Puscher <-s, -> m (**Puscherin** f) → **Pusher**.

pushen *slang* **A** *tr* **1** (*gezielt Werbung ma-*

chen) **etw** ~ {MARKE, PRODUKT, WARE} promuovere qc, spingere qc **2** (*dealen*) **etw** ~ {RAUSCHGIFT} spacciare qc **3** (*durchsetzen*) **jdn** ~ {KANDIDATEN} dare una spinta *fam*/spintarella *fam* a qu **B** *itr* (*dealen*) spacciare, fare il/la pusher *slang*.

Pusher <-s, -> m (**Pusherin** f) *slang* pusher mf *slang*, spacciatore (-trice) m (f) *slang*.

Puste <-, ohne pl> f *fam* (*Atemluft*) fiato m ● **jdm geht die** ~ **aus** *fam* (*jd kriegt keine Luft mehr*), qu rimane/resta senza fiato; (*jd hat keine Kraft mehr*), qu comincia a perdere i colpi; **außer/[aus der]** ~ **sein**, essere senza fiato, avere il fiatone/[fiato grosso].

Pusteblume f *fam bot* soffione m.

Pustekuchen *interj*: (**ja**) ~!, *fam*, un corno! *fam*, col cavolo! *slang*, ma te lo sogni! *fam*.

Pustel <-, -n> f pustola f.

pusten **A** *tr* (*blasen*) **etw von etw** ~ (*dat*) {KRÜMEL, STAUB VON DER DECKE, FLUSEN VOM PULLOVER} soffiare via qc da qc **B** *itr* **1** (*blasen*) (**in etw** *akk*) ~ {IN DIE FLAMME, DEN KAFFEE, DIE SUPPE} soffiare (su qc) **2** (*keuchen*) ansare, ansimare **3** (*heftig wehen*) {WIND} soffiare ● **jdm (et)was** ~ *fam*, rispondere picche a qu.

Pute <-, -n> f **1** *zoo* (*Truthenne*) tacchina f **2** *fam pej* (*Frau, Mädchen*) oca f *fam*: **eine alberne/dumme** ~ *fam pej*, un'oca giuliva *fam*.

Putenfleisch n (carne f di) tacchino m.

Putenschinken m arrosto m di tacchino (freddo).

Putenschnitzel n fetta f/fettina f di tacchino.

Puter <-s, -> m *zoo* tacchino m.

puterrot *adj*: ~ **anlaufen/werden**, diventare rosso (-a) come un tacchino/peperone.

Putsch <-(e)s, -e> m *pol* colpo m di stato, golpe m, putsch m.

putschen *itr pol* fare un ₍colpo di stato₎/[golpe]/[putsch].

Putschist <-en, -en> m (**Putschistin** f) golpista mf, putschista mf.

Putschversuch m tentativo m di golpe/putsch/[colpo di stato].

Putte <-, -n> f putto m, amorino m.

Putz <-es, ohne pl> m intonaco m: **der** ~ **blättert/bröckelt ab**, l'intonaco si sta sgretolando; **ein Kabel unter** ~ **legen**, installare un cavo sotto l'intonaco; **ein Kabel auf** ~ **legen**, installare un cavo a giorno ● **auf den** ~ **hauen** *fam* (*angeben*), spararle grosse *fam*; (*ausgelassen sein*), scatenarsi *fam*; (*protestieren*), fare la voce grossa *fam*.

Putzdienst m (*Dienstleistung*) servizio m delle pulizie; (*Schicht*) turno m delle pulizie: **wer hat** ~? *fam*, a chi tocca fare le pulizie?

putzen **A** *tr* **1** (*reinigen*) **etw** ~ {BRILLE, HAUS, SCHUHE, ZIMMER} pulire qc; {FENSTER, FUSSBODEN, TREPPE} *auch* lavare qc **2** (*säubern*) **etw** ~ {GEMÜSE, SALAT} pulire qc, lavare qc, nettare qc *tosk* **3** (*polieren*) **etw** ~ {SCHUHE, SILBER} lucidare qc, lustrare qc; {METALL} *auch* forbire qc **4** (*den Docht kürzen*) **etw** ~ {KERZE} smoccolare qc **5** *slang sport* (*besiegen*) **jdn/etw** ~, battere qu/qc **6** *slang* <meist verneint> (*keinen Erfolg haben*): **nichts** ~, restare a mani vuote **B** *itr* (*reinigen*) pulire, fare le pulizie **C** *rfl* **1** (*sich säubern*) **sich** (*dat*) **etw** ~ {KATZE FELL; VOGEL FEDERN} pulirsi qc **2** (*sich säubern*) **sich** (*dat*) **etw** ~: **sich die Nase** ~, pulirsi/soffiarsi il naso; **sich die Zähne** ~, lavarsi i denti **3** (*wischen*) **sich** (*dat*) **etw aus/von etw** (*dat*) ~ {KRÜMEL AUS DEN MUNDWINKELN, VOM PULLOVER} togliersi qc da qc ● (**zu jdm**) ~ **gehen** *fam*, andare a fare le pulizie (da qu).

Putzerei <-, -en> f *fam* continuo pulire m.

Putzfimmel m *fam pej* fissa f *fam*/mania f delle pulizie: **einen ~ haben**, essere fissato con le pulizie *fam*.

Putzfrau f donna f delle pulizie: **~ gesucht**, cercasi donne delle pulizie.

Putzhilfe f → **Putzfrau**.

putzig adj *fam* {HÜNDCHEN, KÄTZCHEN} carino, grazioso.

Putzkolonne f squadra f di addetti alle pulizie.

Putzlappen m strofinaccio m, straccio m/cencio m (per le pulizie).

Putzlumpen m *süddt* → **Putzlappen**.

Putzmann m uomo m delle pulizie.

Putzmittel n detersivo m, detergente m; (*zum Polieren*) lucido m: **umweltverträgliche/[biologisch abbaubare] ~**, detersivi ecocompatibili/biodegradabili.

putzmunter adj *fam* sveglissimo, vispissimo.

Putzstelle f lavoro m/posto m come donna delle pulizie.

Putzsucht f mania f dell'eleganza.

Putztag m giorno m delle (grandi) pulizie.

Putzteufel m: **einen ~ haben** *fam* {*bes.* FRAU}, essere una maniaca/fanatica delle pulizie *fam*.

Putztick m → **Putzfimmel**.

Putztuch n → **Putzlappen**.

Putzwolle f cascami m pl di lana.

Putzwut f → **Putzfimmel**.

putzwütig adj fissato con le pulizie.

Putzzeug n roba f *fam*/occorrente m/necessario m per le pulizie.

puzzeln itr fare un puzzle.

Puzzle <-s, -s> n, **Puzzlespiel** n puzzle m: **ein Puzzle legen**, fare un puzzle.

Puzzleteil n tessera f/pezzo m di un puzzle.

PVC <-(s), ohne pl> n *chem* Abk von Polyvinylchlorid: PVC m (Abk von PoliVinilCloruro).

Pygmäe <-n, -n> m (**Pygmäin** f) pigmeo (-a) m (f).

pygmäenhaft adj pigmeo.

Pygmäin f → **Pygmäe**.

Pyjama <-s, -s> m *oder A CH* n pigiama m.

Pyjamahose f pantaloni m pl del pigiama.

Pyjamajacke f giacca f del pigiama.

Pylon <-en, -en> m *bau* pilone m (di ponti strallati).

Pyramide <-, -n> f piramide f.

pyramidenförmig A adj 1 {KONSTRUKTION, TURM} piramidale, a piramide 2 (hierarchisch) {AUFBAU, GESTALTUNG, ORGANISATION} piramidale, a piramide B adv 1 (*wie eine Pyramide*) {ANORDNEN, STAPELN} a (forma di) piramide 2 {AUFBAUEN, ORGANISIEREN} piramidalmente, a piramide.

Pyrenäen subst <*nur pl*> *geog*: **die ~**, i Pirenei.

Pyrenäenhalbinsel f *geog*: **die ~**, la penisola iberica.

Pyrit <-s, -e> m *min* pirite f.

Pyrolyse <-, -n> f *chem* pirolisi f.

pyroman adj piromane.

Pyromane <-n, -n> m (**Pyromanin** f) piromane mf.

Pyromanie f *med* piromania f.

Pyromanin f → **Pyromane**.

Pyrotechnik <-, ohne pl> f pirotecnica f.

Pyrotechniker m (**Pyrotechnikerin** f) pirotecnico (-a) m (f).

pyrotechnisch adj pirotecnico.

Pyrrhussieg m *geh* vittoria f di Pirro.

pythagoreisch adj *math*: **~er Lehrsatz**, teorema di Pitagora.

Python <-s, -s> m *fachspr oder* <-, -s> f *zoo*, **Pythonschlange** f *zoo* pitone m.

Q, q

Q, q <-, - oder fam -s> n Q, q f oder m ● **Q wie Quelle**, q come Quarto; → auch **A, a**.

q A CH Abk von Zentner: q (Abk von quintale).

QbA m Abk von Qualitätswein aus bestimmten Anbaugebieten: vino m DOC/[a denominazione di origine controllata].

qua① präp geh **1** (durch, mittels) con, per (mezzo di): **etw qua Gesetz festlegen**, stabilire qc per legge **2** (gemäß, entsprechend) secondo, in conformità a: **etw qua Amt veranlassen**, disporre qc ₌d'ufficio₌/[in forza del proprio ufficio].

qua② konj (in der Eigenschaft als jd/etw) come, quale: **qua Richter**, in qualità di giudice.

quabbelig, quabblig adj norddt fam → **wabbelig**.

Quacksalber <-s, -> m pej ciarlatano m, guaritore m.

Quacksalberei <-, -en> f pej ciarlataneria f.

Quaddel <-, -n> f pomfo m.

Quader <-s, -> m **1** geom parallelepipedo m rettangolare **2** bau concio m, pietra f squadrata.

Quaderstein m concio m, pietra f squadrata.

Quadrant <-en, -en> m **1** astr geog geom quadrante m **2** astr hist quadrante m.

Quadrat <-(e)s, -e> n **1** geom (Viereck) quadrato m **2** math (zweite Potenz) quadrato m: **eine Zahl ins ~ erheben**, elevare/innalzare un numero ₌al quadrato₌/[alla seconda]; **16 zum ~**, 16 al quadrato **3** (Häuserblock) isolato m: **ums ~ gehen**, fare il giro dell'isolato ● **das war Pech im ~**, è stata sfortuna all'ennesima potenza.

quadratisch adj **1** math quadratico: **~e Gleichung**, equazione ₌di secondo grado₌/[quadratica] **2** (quadratförmig) {GARTEN, WEIDE} quadrato; {FENSTER, FLIESEN, TISCHPLATTE} auch quadro.

Quadratkilometer m (Abk km²) chilometro m quadrato/quadro.

Quadratlatschen subst <nur pl> fam **1** (große Schuhe) barche f pl fam **2** (große Füße) piedoni m pl fam, fette f pl region fam.

Quadratmeter m oder n (Abk m²) metro m quadrato/quadro.

Quadratmeterpreis m prezzo m al/per metro quadro.

Quadratschädel m fam **1** (großer, eckiger Schädel) testone m, capoccione m fam **2** (starrsinniger Mensch) testone m fam, testa f quadra.

Quadratur <-, -en> f geom quadratura f: **die ~ des Kreises/Zirkels** geh, la quadratura del cerchio.

Quadratwurzel f math radice f quadrata: **die ~ aus 16 ziehen**, estrarre la radice quadrata di 16; **die ~ aus 36 ist 6**, la radice quadrata di 36 è 6.

Quadratzahl f math quadrato m.

Quadratzentimeter m oder n (Abk cm²) centimetro m quadrato/quadro.

quadrieren <ohne ge-> tr **math etw ~** elevare/innalzare qc ₌al quadrato₌/[alla seconda (potenza)], quadrare qc rar.

quadrofon adj quadrifonico.

Quadrofonie <-, ohne pl> f quadrifonia f.

quadrofonisch adj → **quadrofon**.

quadrophon adj → **quadrofon**.

Quadrophonie f → **Quadrofonie**.

quadrophonisch adj → **quadrofon**.

Quai <-s, -s> m oder n **1** (Uferbefestigung im Hafen) → **Kai 2** CH (Uferstraße: am See) lungolago m; (am Fluss) lungofiume m.

quak interj (von Enten, Gänsen) qua qua!; (von Fröschen) cra cra!, gre gre!

quaken itr **1** {ENTE, GANS} schiamazzare, fare qua qua; {FROSCH} gracidare, fare ₌cra cra₌/[gre gre] **2** fam pej (viel und unnütz reden) blaterare fam.

quäken itr fam **1** (wimmern) {BABY, SÄUGLING} frignare, piagnucolare **2** pej (unangenehm tönen) {LAUTSPRECHER, RADIO} gracchiare; {STIMME} auch gracidare.

Quäker <-s, -> m (**Quäkerin** f) relig quaccchero (-a) m (f), quacquero (-a) m (f).

Qual <-, -en> f **1** <nur sing> (Quälerei) strazio m, tormento m: **die Prüfung war eine richtige ~**, l'esame è stato un vero supplizio; **eine seelische ~**, un travaglio interiore **2** <meist pl> (Leiden) pena f, sofferenza f, tormento m, patimento m: **am Ende wurde er von seinen ~en erlöst**, alla fine venne liberato dalle sue sofferenze ● **die ~ der Wahl (haben)** scherz, (avere) l'imbarazzo della scelta.

quälen A tr **1** (misshandeln) jdn/etw ~ {MENSCH, TIER} tormentare qu/qc, torturare qu/qc, maltrattare qu/qc **2** (peinigen) jdn ~ {ALLERGIE, HUSTEN, MIGRÄNE, ZAHNSCHMERZEN} tormentare qu, torturare qu; {GEDANKE, SCHLECHTES GEWISSEN, REUE, ZWEIFEL} auch angustiare qu, assillare qu **3** (lästig werden) jdn (mit etw dat) ~ {MIT ANLIEGEN, BITTEN, FRAGEN} assillare qu (con qc), tormentare qu (con qc) B rfl **1** (leiden) sich ~ {SCHWERKRANKER, VERLETZTES TIER, VERLETZTER} soffrire, patire, penare **2** (sich herum~) **sich mit etw (dat) ~** {MIT GEDANKEN} essere tormentato da qc; {MIT REUE, ZWEIFELN} auch essere dilaniato da qc: **er quälte sich mit Schuldgefühlen**, era tormentato/angustiato dai sensi di colpa **3** (sich abmühen) **sich (mit etw dat) ~** {MIT DER HAUSARBEIT} affannarsi (con qc); {MIT EINER SCHWEREN LAST} affaticarsi (con qc) **4** (sich schleppend bewegen): **sich irgendwohin ~: der Kranke quälte sich die Treppe hinauf**, il malato salì le scale a fatica/stento,

il malato fece fatica a salire le scale; **stundenlang quälten sie sich durch den Schnee**, arrancarono nella neve per ore e ore; **mühsam quälten wir uns ans Ziel**, a stento/fatica raggiungemmo la meta.

quälend adj {DURST, JUCKEN} tormentoso; {UNGEWISSHEIT, ZWEIFEL} auch assillante; {ANBLICK, SCHMERZEN} auch straziante.

Quälerei <-, -en> f **1** <nur sing> (Anstrengung) faticaccia f fam, sfacchinata f fam **2** (das Lästigfallen) tormentone m fam, tormento m continuo **3** (das Sichquälen) strazio m **4** (Misshandlung) tortura f, maltrattamento m.

quälerisch adj <attr> geh {GEDANKEN, ZWEIFEL} tormentoso, assillante.

Quälgeist m fam scocciatore (-trice) m (f) fam, rompiscatole mf fam, rompipalle mf fam, tormento m fam: **du bist so'n richtiger ~!** fam, sei proprio uno (bella) palla! fam.

Quali① <-(s), ohne pl> m (qualifizierender Hauptschulabschluss) qualifica f aggiuntiva alla licenza media.

Quali② <-, -s> f sport qualificazione f.

Qualifikation <-, -en> f geh **1** (Voraussetzung für eine Tätigkeit) qualifica f (professionale), requisito m, titolo m: **seine ~en sind nicht ausreichend für diese Arbeit**, non ha i requisiti/titoli necessari per questo lavoro **2** (Kompetenz) preparazione f, competenza f: **seine ~ als Arzt steht außer Frage**, le sue competenze mediche non sono in discussione **3** (Ausbildung) formazione f **4** <meist sing> sport qualificazione f.

Qualifikationsnachweis m "certificato m che attesta le competenze e la preparazione di una persona in una determinata materia".

Qualifikationsprofil n (Abk QP) profilo m delle competenze (professionali).

Qualifikationsrunde f sport girone m di qualificazione; (in der Leichtathletik) batteria f.

Qualifikationsspiel n sport partita f/incontro m di qualificazione.

qualifizieren <ohne ge-> A tr **1** geh (klassifizieren) **etw als etw** (akk) ~ qualificare qc come qc **2** (geeignet machen) **jdn zu etw** (dat) ~ abilitare/[rendere idoneo (-a)] qu a fare qc: **seine besonderen Kenntnisse auf dem Gebiet ~ ihn zum Leiter des Projekts**, le sue specifiche conoscenze in quel campo lo abilitano a dirigere il progetto B rfl **1** (eine Befähigung erlangen) **sich (für etw** akk/**zu etw** dat) ~ {ZUM FACHARBEITER, LEITER} ottenere la qualifica di qc; {FÜR EINE POSITION, STELLUNG, TÄTIGKEIT} dimostrarsi adatto (-a) a qc **2** (sich beruflich weiterbilden) aggiornarsi professionalmente **3** sport (eine Qualifikation erringen) **sich (für etw** akk) ~ {FÜR DAS ENDSPIEL, DEN EUROPACUP, DIE WELTMEISTERSCHAFT}

qualificarsi *per qc*.
qualifiziert *adj geh* **1** (*von Sachkenntnis zeugend*) {ÄUSSERUNG, BEITRAG, KOMMENTAR} qualificato **2** (*besondere Kenntnisse voraussetzend*) {ARBEIT} qualificato: **ein ~er Mitarbeiter**, un collaboratore qualificato: **hoch ~**, altamente qualificato **3** *jur* {MEHRHEIT} qualificato.
Qualifizierung <-, -*en*> *f* qualificazione *f*.
Qualifizierungsmaßnahme *f* (*als Konzept*) provvedimento m di riqualificazione (professionale); (*Kurs*) corso m di riqualificazione (professionale); **~n für Langzeitarbeitslose**, corsi di riqualificazione professionale per disoccupati di lungo periodo.
Qualität <-, -*en*> *f* **1** <*meist sing*> (*Beschaffenheit*) qualità *f*: **unser Name bürgt für ~**, il nostro nome ⌊è sinonimo di⌋/[sta per] qualità; **der Stoff ist von schlechter ~**, la stoffa è di qualità scadente; **man sollte lieber auf ~ als auf Quantität achten**, sarebbe preferibile badare alla qualità che (non) alla quantità **2** <*meist pl*> (*gute Eigenschaften*) qualità *f* pl, doti *f* pl: **niemand wird ihre menschlichen ~en leugnen**, nessuno può negare le sue qualità umane.
qualitativ A *adj* <attr> {UNTERSCHIED, VERBESSERUNG} qualitativo B *adv* {BESSER, GUT, SCHLECHT} qualitativamente: **~ gesehen, ...**, a livello di qualità ..., qualitativamente parlando ...; **etw ~ verbessern** {PRODUKT}, migliorare qc ⌊dal punto di vista⌋/[sotto l'aspetto] della qualità.
Qualitätsanforderung *f* qualità *f* richiesta.
Qualitätsanspruch *m*: **einen hohen ~ haben**, pretendere un alto livello qualitativo.
Qualitätsarbeit *f* lavoro m di qualità.
Qualitätsaudit *n industr ökon* audit m di qualità.
Qualitätsbeanstandung *f* reclamo m sulla qualità.
qualitätsbewusst (a.R. qualitätsbewußt) A *adj* {KUNDE} ⌊attento alla⌋/[che bada alla]/[che tiene conto della] qualità B *adv* {(EIN)KAUFEN} attento (-a) alla qualità.
Qualitätsbewusstsein *n* (a.R. Qualitätsbewußtsein) *n* attenzione *f* alla qualità.
Qualitätserwartung *f* aspettative *f* pl sulla qualità.
Qualitätserzeugnis *n* prodotto m di qualità.
Qualitätskontrolle *f* controllo m di/della qualità.
Qualitätskriterium *n* criterio m di qualità.
Qualitätsmanagement *n ökon* (Abk QM) management m di qualità, gestione *f* della qualità.
Qualitätsmarke *f* marca *f* di qualità.
Qualitätsmerkmal *n* caratteristica *f* qualitativa.
Qualitätsminderung *f* calo m/scadimento m di/della qualità.
Qualitätsprüfung *f com industr ökon* controllo m della qualità.
Qualitätssicherung *f ökon* garanzia *f* di/della qualità.
Qualitätssiegel *n com industr ökon* sigillo m di qualità.
Qualitätssprung *m* salto m ⌊di qualità⌋/[qualitativo].
Qualitätssteigerung *f* miglioramento m di/della qualità.
Qualitätsunterschied *m* differenza *f* di qualità.
Qualitätsverlust *m* perdita *f* di qualità.

qualitätsvoll, qualitätvoll *adj* di (alta) qualità.
Qualitätsware *f* merce *f* di (prima) qualità.
Qualitätswein *m* vino m di qualità.
Qualitätswettbewerb *m ökon* competizione *f* a livello qualitativo.
Qualitätszeichen *n* marchio m di qualità.
Qualitätszertifikat *n com industr ökon* certificato m di qualità.
Qualle <-, -*n*> *f zoo* medusa *f*.
Qualm <-*s*, *ohne pl*> *m* fumo m denso.
qualmen A *itr* **1** (*Qualm verbreiten*) {KAMIN, SCHORNSTEIN, ZIGARRE} fumare, fare/mandare fumo: **guck mal, wie es da qualmt!**, guarda là che fumo! **2** *fam* (*rauchen*) {PERSON} fumare: **der qualmt unentwegt**, fuma come un turco *fam* B *tr fam* (*rauchen*) **etw ~** {PFEIFE, ZIGARRE} fumare *qc*.
Qualmerei <-, -*en*> *f fam*: **nach der ~ von gestern Abend muss man unbedingt die Fenster öffnen**, dopo l'affumicamento di ieri sera bisogna assolutamente aprire le finestre; **ihre ~ finde ich wirklich lästig**, fuma una sigaretta dietro l'altra e questo mi dà proprio fastidio.
qualmig *adj* <attr> *pej* {KNEIPE, RESTAURANT, ZIMMER} fumoso, pieno di fumo, affumicato.
qualvoll A *adj* {KRANKHEIT, TOD, ZUSTAND} straziante; {WARTEN} spasmodico; {UNGEWISSHEIT, ZWEIFEL} lacerante B *adv*: **~ sterben**/[**zugrunde gehen**], morire in mezzo a mille sofferenze.
Quant <-*s*, -*en*> *n phys* quanto m.
Quäntchen <-*s*, -> *n* <*meist sing*> *obs*: **ein ~ Glück**, un pizzico di fortuna; **ein ~ Hoffnung**, un filo/barlume di speranza • **der hat aber auch nicht ein ~ Verstand!**, ma non ha neanche un briciolo di cervello!
Quanten *subst* **1** *pl von* Quant, Quantum **2** <*nur pl*> *slang* (*große Füße*) fettoni m pl *fam*, piedacci m pl *fam*, piedoni m pl; (*große Schuhe*) barche *f* pl *fam*.
Quantenchemie *f* chimica *f* quantistica.
Quantenelektronik *f phys* elettronica *f* quantistica.
Quantenfeldtheorie *f* teoria *f* quantistica dei campi.
Quantenmechanik *f phys* meccanica *f* quantistica.
Quantenphysik *f* fisica *f* quantistica.
Quantensprung *m phys* salto m quantico.
Quantentheorie *f phys* teoria *f* dei quanti.
quantifizieren <ohne ge-> *tr geh* **etw ~** quantificare *qc*: **können Sie die Ausmaße des Schadens ~?**, può quantificare l'entità del danno?
Quantität <-, -*en*> *f* **1** <*nur sing*> (*Anzahl*) {+LEUTE, MATERIAL} quantità *f* **2** (*eine bestimmte Menge*) {+ALKOHOL, FETT, KAFFEE} quantità *f*, quantitativo m.
quantitativ A *adj* <attr> {ANALYSE, ANGABE, RICHTLINIEN} quantitativo B *adv* {BEMESSEN, BEURTEILT, GESEHEN} quantitativamente.
Quantitätstheorie *f ökon* teoria *f* quantitativa della moneta.
Quantum <-*s*, Quanten> *n* dose *f*; {+GELD, GLÜCK, ZEIT} quantità *f*; **sein tägliches ~ Bier**, la sua dose giornaliera di birra.
Quappe <-, -*n*> *f* **1** *fisch* bottatrice *f* **2** *zoo* (*Kaulquappe*) girino m.
Quarantäne <-, -*n*> *f* quarantena *f*: **jdn/etw unter ~ stellen** {MENSCHEN, TIER}, mettere qu/qc in quarantena; **die ~ aufheben**, togliere la quarantena.

Quarantänestation *f med* reparto m contumaciale.
Quark① <-*s*, *ohne pl*> *m* **1** *gastr* quark m, (formaggio m fresco tipo) ricotta *f* **2** *fam pej* (*Unsinn*) cavolata *f fam*, sciocchezza *f fam*, scemenza *f fam*: **was erzählst du denn da für'n ~?!** *fam*, ma che cavolate vai raccontando?! *fam*.
Quark② <-*s*, -*s*> *n phys* quark m.
Quarkkuchen *m gastr* torta *f* a base di quark.
Quarkspeise *f gastr* dessert m a base di quark.
Quarktasche *f gastr* pasta *f* ripiena di quark.
Quart① <-, -*en*> *f mus* → Quarte.
Quart② <-*s*, *ohne pl*> *n typ* (*~format*) (formato m in) quarto m.
Quartal <-*s*, -*e*> *n* trimestre m.
Quartalsabschluss (a.R. Quartalsabschluß) *m ökon* bilancio m trimestrale.
Quartalsende *n* fine *f* del trimestre.
Quartalssäufer *m* (**Quartalssäuferin** *f*), **Quartalsäufer** *m* (**Quartalsäuferin** *f*) *fam pej* persona *f* che si ubriaca periodicamente, dipsomane mf *med*.
quartalsweise, quartalweise *adv rar* trimestralmente, ogni trimestre/[tre mesi].
Quartär <-*s*, *ohne pl*> *n geol* quaternario *m*, neozoico m.
Quarte <-, -*n*> *f mus* quarta *f*.
Quartett <-(*e*)*s*, -*e*> *n* **1** *mus* (*Komposition*) quartetto m **2** *mus* (*vier Musiker*) quartetto m **3** *fam scherz* (*Gruppe von vier Personen*) quartetto m **4** *poet* quartina *f*.
Quartformat *n typ* formato m in quarto.
Quartier <-*s*, -*e*> *n* **1** (*Unterkunft*) alloggio m, sistemazione *f*: **ein ~ suchen**, cercare una sistemazione **2** *mil* acquartieramento m: **irgendwo ~ beziehen**/**machen**, acquartierarsi + *compl di luogo* **3** *A CH* (*Stadtteil*) quartiere m, rione m.
Quartiersmanagement *n pol soziol* rivalorizzazione *f*/[(misure *f* pl per il) miglioramento m] del quartiere.
Quarz <-*es*, -*e*> *m min* quarzo m.
Quarzglas *n tech* vetro m di quarzo.
quarzhaltig *adj* {GESTEIN} quarzifero, quarzoso.
Quarzit <-*s*, -*e*> *m geol min* quarzite *f*.
Quarzlampe *f tech* lampada *f* al quarzo.
Quarzsand *m* sabbia *f* quarzosa/quarzifera.
Quarzuhr *f* orologio m al quarzo.
Quasar <-*s*, -*e*> *m astr* quasar m *oder f*.
quasi *adv* per così dire, in un certo senso, praticamente: **ich bin ~ fertig**, ho praticamente/quasi finito.
Quasselbude *f fam pej*: **etliche Bürger halten das Parlament für eine reine ~**, non pochi cittadini considerano il Parlamento il regno del blablà.
Quasselei <-, *ohne pl*> *f* chiacchiericcio m, blaterare m: **Ruhe! Eure ~ geht mir auf die Nerven!**, zitti (-e)! Il vostro chiacchiericcio mi dà sui nervi!
quasseln *tr itr fam pej* (**etw**) ~ blaterare (*qc*) *fam*, cianciare *fam*: **dummes Zeug ~**, dire scemenze *fam*.
Quasselstrippe *f fam pej*, **Quasseltante** *f fam pej* chiacchierone (-a) m (*f*) *fam*: **hängst du immer noch an der ~?!** *fam scherz* (*am Telefon*), sei ancora attaccato (-a) alla cornetta?!
Quaste <-, -*n*> *f* **1** (*an Hut, Uniform*) nappa *f* **2** (*Puderquaste*) piumino m (per la cipria).
Quatsch <-(*e*)*s*, *ohne pl*> *m fam pej* scemen-

ze f pl fam, sciocchezze f pl, stupidaggini f pl, idiozie f pl fam: **mach keinen ~!**, non fare sciocchezze!; **red doch keinen ~!**, non dire cavolate! fam; **etw aus ~ sagen**, dire qc per scherzo ● **~ (mit Soße)!** fam, fesserie! fam, sciocchezze! fam; **ach, ~!**, macché!, ma che dici!, ma va' là!

quatschen fam [A] tr (schwätzen) **etw ~** {BLÖDSINN, UNSINN} dire qc, blaterare qc fam: **quatsch kein dummes Zeug!**, non dire idiozie! fam [B] itr **1** (dumm und viel reden) chiacchierare, cianciare fam: **quatsch nicht so dumm!** fam, smettila di dire sciocchezze! **2** (sich unterhalten) **mit jdm ~** chiacchierare con qu, cianciare con qu fam **3** (ausplaudern) parlare: **irgendwer hat gequatscht!** fam, qualcuno ha ⌊cantato slang⌋/[spifferato tutto]!

Quatschkopf m fam pej chiacchierone (-a) m (f) fam, ciarlone (-a) m (f) fam.

Quatschmacher m (**Quatschmacherin** f) fam buffone (-a) m (f) ● **so ein alter ~!**, che buffone!

Quebec <-s, ohne pl> n geog (Hauptstadt) Quebec f; (Provinz) Quebec m.

Quebecer <-s, -> m (**Quebecerin** f) quebecchese mf.

Quecke <-, -n> f bot gramigna f.

Quecksilber n chem mercurio m, argento m vivo fam ● **im Leib haben**, avere l'argento vivo addosso; **der ist ja ein richtiges ~!** fam (ein extrem lebhaftes Kind), è un vero giamburrasca! fam.

Quecksilberdampf m vapore m di mercurio.

quecksilberhaltig adj che contiene mercurio, mercurifero.

Quecksilbersäule f colonnina f di mercurio.

Quecksilberthermometer n termometro m a mercurio.

Quecksilberverbindung f chem composto m di mercurio.

Quecksilbervergiftung f avvelenamento m/intossicazione f da mercurio; med (chronische ~) mercurialismo m.

quecksilbrig adj {KIND} che ha l'argento vivo addosso, irrequieto, vivacissimo.

Quell <-(e)s, rar -e> m **1** geh (Ursprung) {FREUDE, GLÜCK, LEBEN} fonte f, sorgente f **2** lit rar (Quelle) fonte f.

Quellbewölkung f meteo nuvolosità f cumuliforme, nubi f pl cumuliformi.

Quellcode m inform codice m sorgente.

Quelle <-, -n> f **1** (Wasserquelle) fonte f, sorgente f, polla f: **eine mineralhaltige/schwefelhaltige/warme ~**, una sorgente ⌊d'acqua minerale⌋/[sulfurea]/[calda]; **eine ~ erschließen**, scoprire una fonte; (Flussquelle) sorgente f; (Ölquelle) pozzo m petrolifero **2** geh (Ursache) {+BESORGNIS, FREUDE, HEITERKEIT, UNZUFRIEDENHEIT} fonte f **3** (Informationsstelle) fonte f: **aus geheimer/halbamtlicher/zuverlässiger ~**, da fonte segreta/ufficiosa/fidata **4** lit (überlieferter Text) fonte f: **~n heranziehen/überprüfen/zitieren**, consultare/esaminare/citare delle fonti; **historische ~n**, fonti storiche **5** (Einkaufsquelle): **für Kaschmirpullis habe ich eine gute ~**, conosco un posto dove si comprano molto bene i golf di cachemire ● **an der ~ sitzen** fam (zur Beschaffung von Waren u. Ä.), avere un canale preferenziale; (für Informationen u. Ä.), avere notizie/informazioni di prima mano.

quellen <quillt, quoll, gequollen> itr <sein> **1** (hervorquellen) **aus etw** (dat) **~** {+TRÄNEN AUS DEN AUGEN; WASSER AUS DEM ROHR} sgorgare da qc, uscire da qc; {BLUT AUS DER WUN-DE} auch fuor(i)uscire da qc; {DAMPF AUS DER WASCHKÜCHE} uscire da qc, fuor(i)uscire da qc **2** (anschwellen) {BOHNEN, ERBSEN, HAFERFLOCKEN, LINSEN, REIS} rinvenire; {TEIG} gonfiarsi; {HOLZ} auch dilatarsi.

Quellenangabe f lit indicazione f delle fonti.

Quellenforschung f lit studio m delle fonti.

Quellenkritik f (in der Geschichtswissenschaft) critica f delle fonti.

Quellenlage f (bei Forschungsarbeiten) stato m delle fonti: **die ~ für dieses Thema ist schlecht**, su questo argomento le fonti sono lacunose.

Quellennachweis m → **Quellenangabe**.

Quellenprogramm n inform programma m sorgente.

Quellensammlung f lit raccolta f/antologia f di fonti (storiche).

Quellensteuer f ökon ritenuta f/tassazione f alla fonte.

Quellenstudium n lit → **Quellenforschung**.

Quellentext m lit fonte f.

Quellgebiet n geog bacino m sorgentifero/sorgentizio.

Quellkode m → **Quellcode**.

Quellwasser n acqua f ⌊di sorgente⌋/[sorgiva].

Quellwolke f cumulo m, nube f/nuvola f cumuliforme.

Quengelei <-, -en> f fam piagnucolio m, piagnisteo m fam.

quengelig, **quenglig** adj fam (nörgelig) lagnoso; (weinerlich) piagnucoloso fam.

quengeln itr fam **1** (weinerlich klagen) {KIND, SÄUGLING} piagnucolare **2** (jammernd fordern) {KINDER} piagnucolare, frignare **3** pej (nörgeln) (**über etw** akk) **~** {ÜBER DAS ESSEN, DIE UNTERKUNFT, DAS WETTER} brontolare (per qc), lagnarsi (di qc).

Quengler <-s, -> m (**Quenglerin** f) fam piagnucolone (-a) m (f) fam, frignone (-a) f fam, lagna f fam, lagnone (-a) m (f) fam.

Quentchen a.R. von Quäntchen → **Quäntchen**.

quer adv **1** (der Breite nach) {LEGEN, LIEGEN, NEHMEN, STEHEN, STELLEN} di/per traverso, trasversalmente: **die Schlossallee verläuft ~ zur Parkstraße**, la Schlossallee è una traversa della Parkstraße **2** (mitten) **~ durch/über etw** (akk) {DURCH DIE STADT, ÜBER DEN ACKER, DEN PLATZ, DIE STRAßE} attraverso qc: **er lief ~ durch den Garten**, ha attraversato il giardino; **sie ging ~ durch die Menge**, passò in mezzo alla folla; **die Korruption zieht sich ~ durch alle Parteien**, la corruzione tocca trasversalmente tutti i partiti.

Querachse f asse f trasversale.

Querbalken m bau traversa f; {+KREUZ} trave f trasversale.

querbeet adv fam {GEHEN, LAUFEN} a casaccio fam.

Querdenker m (**Querdenkerin** f) non-conformista mf, spirito m libero.

querdurch adv: **immer ~**, sempre dritto!

Quere <-, ohne pl> f fam direzione f/senso m trasversale ● **jd kommt jdm in die ~** fam (jd läuft jdm über den Weg) qu si imbatte in qu; (jd hindert jdn an etw) qu mette i bastoni tra le ruote a qu fam.

quer|ein|steigen <irr> itr <sein> univ "cambiare facoltà e passare a un'altra dove viene riconosciuta una buona parte degli esami sostenuti", (in der Politik) "scendere in campo provenendo da tutt'altra sede".

Quereinsteiger m (**Quereinsteigerin** f) **1** univ "studente (-essa) m (f) che cambia indirizzo/corso di studi" **2** (in der Politik) tecnico m.

Quereinstieg m **1** univ "cambio m di indirizzo di studi" **2** (in der Politik) "ingresso m in politica di persone provenienti da altri settori".

Querele <-, -n> f <meist pl> geh controversia f, polemica f.

querfeldein adv {LAUFEN} attraverso/per i campi.

Querfeldeinrennen n corsa f campestre.

Querflöte f mus flauto m traverso.

Querformat n formato m orizzontale.

quer|gehen <irr> itr <sein> andare ⌊per il verso sbagliato⌋/[storto (-a)]: **von dem Moment an ging alles quer**, da quel momento in poi andò tutto di traverso.

quergestreift adj → **gestreift**.

Querkopf m fam pej bastian m contrario fam.

querköpfig adj fam pej da bastian contrario fam.

Querlage f med {+FÖTUS} presentazione f/posizione f trasversale.

Querlatte f **1** {+BETT, ZAUN} traversa f **2** sport {+TOR} traversa f.

quer|legen rfl fam **sich ~** opporsi (con decisione), fare muro fam.

Querleiste f listello m trasversale.

Querlinie f linea f trasversale.

Querpass (a.R. Querpaß) m Fußball cross m, traversone m.

Querruder n aero alettone m.

quer|schießen <irr> itr mettere i bastoni tra le ruote.

Querschiff n arch navata f trasversale, transetto m.

Querschläger m **1** (Geschoss) colpo m ⌊di rimbalzo⌋/[deviato] **2** fam pej → **Querkopf**.

Querschnitt m **1** (Schnitt) {+BAUMSTAMM} taglio m trasversale; (Ansicht m ~) {+GEBÄUDE} sezione f (trasversale) **2** (Überblick) rassegna f, spaccato m, panoramica f: **ein repräsentativer ~ der Gesellschaft**, un rappresentativo spaccato della società.

querschnittsgelähmt, **querschnittgelähmt** adj paraplegico m.

Querschnittsgelähmte, **Querschnittgelähmte** <dekl wie adj> mf paraplegico (-a) m (f).

Querschnittslähmung, **Querschnittlähmung** f med paraplegia f.

quer|stellen rfl **1** fam (sich widersetzen) **sich ~** opporsi, mettersi di traverso fam **2** (den Weg versperren) → **stellen**.

Querstraße f traversa f, via f trasversale: **fahren Sie die dritte ~ links!**, prenda la terza a sinistra!

Querstreifen m striscia f/riga f orizzontale.

Querstrich m lineetta f/trattino m/barra f orizzontale.

Quersubventionierung <-, -en> f sussidiazione f incrociata.

Quersumme f math "somma f delle (singole) cifre di un numero".

Querträger m bau traversa f; (großer ~) traversone m.

Quertreiber m (**Quertreiberin** f) fam pej intrigone (-a) m (f) fam: **ein ~ sein**, mettere i bastoni tra le ruote.

Quertreiberei <-, -en> f fam pej intrighi m pl.

Querulant <-en, -en> m (**Querulantin** f) geh pej piantagrane mf fam.

Querverbindung f 1 (*Verbindungsroute*) collegamento m (trasversale) diretto 2 (*Verbindung zwischen Gebieten, Themen u. Ä.*) collegamento m: **eine ~ herstellen/schaffen**, stabilire/creare un collegamento.

Querverweis m ~ (**auf etw** akk) rinvio m (*a qc*), rimando m (*a qc*).

quetschen A tr 1 (*drücken*) jdn/**etw an/gegen etw** (akk) ~ {GESICHT, NASE AN DIE SCHEIBE, WAND} schiacciare *qu/qc contro/a qc* 2 (*verletzen*) (*jdm*) *etw* ~ schiacciare *qc a qu*: **eine Betonplatte hat ihm den Brustkorb gequetscht**, una lastra di cemento gli ha schiacciato il torace 3 (*pressen*) *etw aus etw* (dat) ~ {MAYONNAISE, SHAMPOO, ZAHNPASTA AUS DER TUBE} spremere *qc da qc*, strizzare *qc da qc* 4 (*zwängen*) **etw in etw** (akk) ~ {KLEIDER IN DIE KISTE, DEN KOFFER} pigiare *qc in qc*, stipare *qc in qc* 5 *region* (*zu Mus machen*) *etw* ~ {BANANEN, KARTOFFELN} schiacciare *qc* B rfl 1 (*sich klemmen*) **sich** (dat) *etw* ~ {ARM, FUß, HAND} schiacciarsi *qc* 2 *fam* (*sich zwängen*) **sich in etw** (akk) ~ {IN EIN ABTEIL, EIN AUTO, EINEN BUS} stiparsi *in qc*: **wenn wir uns ein bisschen ~, passen wir alle ins Auto**, se ci stringiamo un po', in macchina c'entriamo tutti 3 (*sich zwängen*) **sich durch etw** (akk) ~ {DURCH EINE HALB OFFENE TÜR, EIN ZAUNLOCH} passare a fatica/stento *attraverso qc*.

Quetschung <-, -en> f, **Quetschwunde** f contusione f.

Queue <-s, -s> n *oder* A m stecca f da/del biliardo.

Quiche <-, -s> f quiche f.

Quickie <-s, -s> m *slang* sveltina f *vulg*, scopatina f (veloce) *slang*.

quicklebendig adj {KIND, PERSON} vivacissimo, vispo come un grillo.

quieken itr 1 (*quiekende Laute ausstoßen*) {MAUS} squittire 2 *fam* (*hohe, schrille Laute ausstoßen*) (**vor etw** dat) ~ {VOR FREUDE, VERGNÜGEN} squittire *di qc*.

quietschen itr 1 (*lang gezogenen Ton von sich geben*) {BREMSE, REIFEN} stridere; {FENSTER, SCHLOSS, TÜR} *auch* cigolare: **er fuhr mit ~den Reifen an**, partì sgommando; **dieses ständige Quietschen geht mir auf die Nerven!**, questo continuo stridio mi dà sui nervi!

vi! 2 *fam* (*schrille Laute ausstoßen*) (**vor etw** dat) ~ strillare (*di qc*), lanciare ₁piccole grida₁/[urletti] (*di qc*).

quietschfidel adj *fam*, **quietschvergnügt** adj *fam* contento come una pasqua *fam*.

quillt 3. pers sing präs *von* quellen.

Quinte <-, -n> f *mus* quinta f.

Quintessenz f *geh* quintessenza f.

Quintett <-(e)s, -e> n *mus* quintetto m.

Quirl <-(e)s, -e> m 1 (*Küchengerät*) frullino m 2 *fam scherz* (*lebhafte Person*) trottola f *fam* 3 *bot* verticillo m.

quirlen tr *etw* (*mit etw* dat) (*zu etw* dat) ~ frullare *qc* (*con qc*) (*per ottenere qc*).

quirlig adj *fam* {KIND} vivacissimo.

quitt adj *fam*: (**mit jdm**) ~ **sein** (*keine Schulden mehr haben*), essere pari (con qu); (*mit jdm abgerechnet haben*), essere pari (con qu); (*mit jdm nichts mehr zu tun haben wollen*), aver chiuso con qu *fam*.

Quitte <-, -n> f 1 *bot* (*Baum*) (melo m) cotogno m 2 (*Frucht*) (mela f) cotogna f.

Quittengelee n *oder* m *gastr* cotognata f.

quittieren <ohne ge-> tr 1 (*Empfang durch Unterschrift bestätigen*) *etw* ~ {BETRAG, RECHNUNG, SENDUNG} firmare per quietanza *qc*, quietanzare *qc* 2 (*zur Kenntnis nehmen*) *etw* (*mit etw* dat) ~ reagire *a qc* (*con qc*), rispondere *a qc* (*con qc*): **meinen Einwand quittierte er mit einem abschätzigen Grinsen**, liquidò la mia obiezione con un (sog)ghigno sprezzante 3 *obs* (*ein Amt niederlegen*) *etw* ~ {STELLUNG} lasciare *qc*, abbandonare *qc*.

Quittung <-, -en> f 1 (*Empfangsbescheinigung*) ricevuta f, quietanza f: **eine ~ über etw** akk **ausstellen**, rilasciare (una) ricevuta (di qc); **über eine Rechnung** rilasciare una quietanza (di qc); **gegen ~**, contro/dietro ricevuta 2 (*unangenehme Folge*) risultato m: **das ist die ~ für deine Frechheit!**, ecco cosa hai combinato con la tua sfacciataggine!

Quittungsblock <-(e)s, Quittungsblöcke> m blocco m delle ricevute.

Quiz <-, -> n (gioco m a) quiz m.

Quizfrage f quiz m.

Quizmaster <-s, -> m presentatore (-trice)

m (f) di un (gioco a) quiz.

Quizsendung f *TV* quiz m (televisivo), programma m di quiz.

quoll 3. pers sing imperf *von* quellen.

Quorum <-s, *ohne* pl> n *geh* quorum m: **das ~ erreichen**, raggiungere il quorum.

Quote <-, -n> f 1 (*Anteil*) quota f: **die ~ von etw** (dat) **ermitteln**, calcolare la quota di *qc*; **die ~ der Aidskranken ist um 3% gestiegen**, il numero dei malati di AIDS è cresciuto del 3% 2 *radio TV* (*Einschaltquote*) indice m di ascolto, audience f, share m: **~ machen**, fare audience.

Quotenbringer <-s, -> m *TV* → **Quotenrenner**.

Quotenfrau f "donna f che occupa un posto/una carica grazie alle quote rosa": **die ist doch nur die ~ für die Partei**, il partito l'ha messa in quel posto solo perché donna.

Quotenregelung f 1 (*Regelung zur Präsenz von Frauen v.a. in der Politik*) quote f pl rosa (*percentuale f obbligatoria di funzioni pubbliche da assegnare a donne*) 2 (*Verteilungsschlüssel*) sistema m di quote.

Quotenrenner m *TV* campione m di ascolti *slang*: **die neue Serie ist ein unglaublicher ~**, il nuovo serial ha portato alle stelle l'indice di gradimento del pubblico.

Quotensystem n → **Quotenregelung** 2.

Quotient <-en, -en> m *math* quoziente m.

quotieren <ohne ge-> tr *etw* ~ 1 *ökon* {KURS, PREIS} quotare *qc*: **welcher Kurs wird heute für den Euro quotiert?**, qual è la quotazione dell'euro oggi? 2 (*eine Kalkulation machen*) *etw* ~ {PREISE} calcolare *qc* 3 (*durch das Quotensystem regeln*) {KANDIDATENLISTE, KOMMISSIONSBESETZUNG, PARTEIÄMTER} applicare le percentuali obbligatorie a *qc*: **die Rednerliste ist quotiert**, la lista degli interventi prevede l'alternanza di donne e uomini.

Quotierung <-, -en> f *ökon* quotazione f.

QWERTY-Tastatur f *inform* tastiera f qwerty.

QWERTZ-Tastatur f *inform* tastiera f qwertz.

QZERTY-Tastatur f *inform* tastiera f qzerty.

R, r

R, r <-, - oder fam -s> n (Buchstabe) R, r f oder m ● **R wie** *Richard*, r come Roma; **das R rollen**, arrotare la erre.

Rabatt <-(e)s, -e> m sconto m, ribasso m, riduzione f: **bei/von jdm ~ bekommen**, ottenere uno sconto/una riduzione presso/da qu; **jdm (auf etw akk) ~ geben/gewähren** *geh*, fare/accordare *geh* a qu uno sconto su qc; **die Klubmitglieder erhalten 10% ~ auf das gesamte Warenangebot**, i soci del club hanno uno sconto del 10% su tutta la merce.

Rabatte <-, -n> f bordura f.

Rabattgesetz n *jur* legge f sugli sconti commerciali.

Rabatz <-es, *ohne pl*> m *fam* **1** (*lärmendes Feiern*) baldoria f *fam*, casino m *slang*, gazzarra f **2** (*lautstarkes Protestieren*) casino m *slang* ● **~ machen**, fare ˌcasino *slang*ˌ/[il finimondo *fam*].

Rabauke <-n, -n> m *fam* bullo m.

Rabbi <-(s), -nen oder -s> m *relig* rabbi m.

Rabbiner <-s, -> m *relig* rabbino m.

Rabe <-n, -n> m *ornith* corvo m ● **klauen/stehlen wie** ˌein ~ˌ/[die ~n] *fam*, rubare a man salva; **schwarz wie** ˌein ~ˌ/[die ~n] *fam*, nero come un corvo; (*extrem dreckig*), nero come un carbonaio *fam*/paiolo *fam*.

Rabenaas n *fam pej* carogna f.

Rabeneltern subst <*nur pl*> *fam pej* genitori m pl degeneri.

Rabenkrähe f *ornith* cornacchia f.

Rabenmutter f *fam pej* madre f snaturata/degenere.

rabenschwarz adj {HAARE} corvino; {NACHT} nero come la pece; {AUGEN} nerissimo.

Rabenvater m *fam pej* padre m snaturato/degenere.

Rabenvogel m *ornith* Corvide m.

rabiat A adj **1** (*gewalttätig, roh*) {BURSCHE, KERL} brutale, violento **2** (*wutentflammt*) {AUSEINANDERSETZUNG, STREIT} furioso, furibondo, violento: **pass auf, die kann überaus ~ werden**, sta' attento (-a), (lei) può diventare proprio una belva *fam* **3** (*rigoros*) {ART, VERHALTEN, VORGEHEN} brutale: **~e Methoden**, metodi stalinisti/[da nazisti] B adv {ANSCHREIEN, BRÜLLEN} furiosamente, violentemente: **~ durchgreifen**, adottare misure draconiane.

Rache <-, *ohne pl*> f vendetta f: **nach ~ dürsten** *geh*, essere assetato di vendetta; **(an jdm) (für etw akk) ~ nehmen/üben** *geh*, prendersi la propria vendetta (su qu) (per qc), vendicarsi (su qu) (per qc); **auf ~ sinnen**, meditare vendetta; **etw aus ~ tun**, fare qc per vendetta ● **~ ist süß**, vendetta, tremenda vendetta!; dolce vendetta; **die ~ des kleinen** *Mannes fam scherz*, la vendetta dell'uomo comune.

Racheakt m atto m di vendetta.

Rachedurst m *geh* sete f di vendetta.

Racheengel m angelo m vendicatore.

Rachefeldzug m spedizione f/azione f punitiva.

Rachegedanke m <*meist pl*> idea f di vendetta.

Rachegefühl n <*meist pl*> sentimento m di vendetta.

Rachegelüste subst <*nur pl*> *geh* → **Rachedurst**.

Rachegöttin f dea f della vendetta: **wie eine ~**, come una furia.

Rachen <-s, -> m **1** *anat* (*Schlund*) faringe f **2** *zoo* {+RAUBTIER} fauci m pl ● **den ~ nicht voll (genug) kriegen (können)** *fam*, essere insaziabile/sfondato *fam*; **jdm etw in den ~ werfen/schmeißen** *fam*, regalare i soldi a qu *iron*; **für die Scheidung musste er ihr einen Haufen Geld in den ~ werfen**, per ottenere il divorzio ha dovuto scucirle un sacco di soldi *fam*.

rächen A tr **1** (*Vergeltung verschaffen*) *jdn* ~ vendicare qu **2** (*Vergeltung üben*) *etw* ~ {VERBRECHEN} vendicare qc B rfl **1** (*Rache nehmen*) **sich (an jdm) (für etw akk) ~**, vendicarsi (su qu) (per qc); **sie rächte sich für seine ständige Untreue**, si vendicò (su di lui) per la sua infedeltà cronica **2** (*sich übel auswirken*) **sich ~** {ARROGANZ, FRECHHEIT, LEICHTSINN} costare caro (-a) a qu: **so eine Unvorsichtigkeit wird sich noch einmal ~**, un'imprudenza così ˌla dovrai pagare (a caro prezzo)ˌ/[ti costerà cara].

Rachenentzündung f *med* faringite f.

Rachenhöhle f *anat* cavità f faringea, faringe f.

Rachenkatarrh, **Rachenkatarr** m *med* → **Rachenentzündung**.

Rachenmandel f <*meist pl*> *anat* tonsilla f.

Rachenputzer m *fam scherz* (*scharfes, alkoholisches Getränk*) sturalavandini m *fam scherz*.

Racheplan m <*meist pl*> proposito m di vendetta: **Rachepläne schmieden**, macchinare la vendetta.

Rächer <-s, -> m (**Rächerin** f) vendicatore (-trice) m (f).

Racheschwur m giurare m vendetta.

Rachitis <-, *ohne pl*> f *med* rachitismo m.

rachitisch adj *med* {KIND, VERFORMUNG} rachitico.

Rachsucht <-, *ohne pl*> f *geh* brama f di vendetta.

rachsüchtig adj *geh* {MENSCH} bramoso/assetato di vendetta, vendicativo.

Racker <-s, -> m *fam* monello m *fam*, birbone m *fam*, birbante m *fam*.

rackern itr *fam* sfacchinare *fam*, sgobbare *fam*.

Racket <-s, -s> n *sport Tennis* racchetta f.

Raclette <-s, -s> n oder <-, -s> f *gastr* raclette f, fonduta f di formaggio.

Rad <-(e)s, Räder> n **1** {+AUTO, FAHRRAD, KARREN, MOTORRAD} ruota f: **ein Rad montieren/wechseln**, montare/cambiare una ruota **2** *mech* (*Zahnrad*) ruota f dentata **3** *fam* (*Fahrrad*) bici f *fam*: **Rad fahren**, andare in bicicletta; **ich konnte schon mit drei Jahren Rad fahren**, a tre anni sapevo già andare in bicicletta; **sich aufs Rad schwingen**, inforcare la bici; **aufs Rad steigen**, montare/salire sulla bici **4** *sport* (*Überschlag*) ruota f **5** *hist* (*Folterinstrument*) ruota f ● **du hast doch ein Rad ab/locker!** *slang*, ma ti manca una rotella! *fam*; **Rad fahren** *fam pej* (*unterwürfig sein*), ruffianeggiare, fare il ruffiano, fare il debole con i forti e il forte con i deboli; **das Rad der Geschichte/Zeit** *geh*, il corso ˌdella storiaˌ/[del tempo]; **das Rad der Geschichte kann man nicht zurückdrehen**, non si può fermare il corso della storia; **unter die Räder kommen** *fam*, (*völlig herunterkommen*), andare a ramengo, finire male; *sport* subire una (sonora) sconfitta; **ein Rad schlagen** *sport*, fare la ruota; **der Pfau schlägt ein Rad**, il pavone fa la ruota; **das fünfte Rad am Wagen sein** *fam*, essere l'ultima ruota del carro *fam*.

Radachse f assale m.

Radantrieb m *tech* trasmissione f a ruote.

Radar <-s, -e> m *oder* n radar m.

Radarastronomie f radarastronomia f.

Radarfalle f *fam autom*: **die Geschwindigkeit mit ~ messen**, controllare la velocità con l'autovelox®; **in eine ~ geraten**, essere beccato *fam* dall'autovelox®.

Radargerät n (apparecchio m) radar m; (*für Verkehrskontrollen*) autovelox® m.

Radarkontrolle f controllo m elettronico della velocità.

Radarnase f *slang* → **Radom**.

Radarnetz n rete f di stazioni radar.

Radarsatellit m satellite m radar.

Radarschirm m schermo m radar.

Radarstation f stazione f radar.

Radartechnik f radartecnica f.

Radartechniker m (**Radartechnikerin** f) radarista m f.

Radarwagen m {+VERKEHRSPOLIZEI} autoveicolo m dotato di autovelox®.

Radarwelle f *phys tech* onda f radar.

Radau <-s, *ohne pl*> m *fam* cagnara f *fam*, casino m *fam*, baccano m, chiasso m: **~ machen**, fare schiamazzi/cagnara/baccano.

Radaubruder m *fam pej* casinista m *fam*, caciarone m *röm fam*.

Radaufhängung f *autom* sospensione f (della ruota).

Radball m *sport* **1** (*Spiel*) ciclopalla f

2 (*Ball*) palla f da ciclopalla.
Rädchen <-s, - oder *Räderchen*> n dim *von* Rad rotell(in)a f ● **nur ein ~ im *Getriebe* sein**, non essere che una rotella dell'ingranaggio; **bei jdm ist ein ~** *locker fam*, a qu manca una rotella.
Raddampfer m piroscafo m a ruote.
radebrechen <*radebrecht, radebrechte, geradebrecht*> tr *etw* ~ {SPRACHE} masticare *qc*, biascicare *qc*, parlucchiare *qc*: **ich radebreche auch etwas/[ein paar Brocken] Arabisch**, mastico anche ⌞un po'⌟/[qualche parola] di arabo.
radeln <*sein*> itr *bes. süddt A fam* (*irgendwohin*) ~ andare in bicicletta (+ *compl di luogo*): **er radelt jeden Morgen zum Bahnhof**, va tutte le mattine in bicicletta alla stazione.
Rädelsführer m (**Rädelsführerin** f) *pej* {+KRIMINELLE BANDEN} caporione (-a) m (f) *pej*, capoccia m *pej*; *bes.* {+AUFSTÄNDISCHE} capopopolo m.
Rädergetriebe n *mech* rotismo m.
rädern tr *hist jdn* ~ sottoporre *qu* al supplizio della ruota.
Rädertier n *zoo* Rotifero m.
Räderwerk <-s, *ohne pl*> n **1** *mech* (*Rädergetriebe*) {+MASCHINE, UHR} ingranaggio m, rotismo m **2** (*System*) ingranaggio m, meccanismo m: **das ~ der Justiz**, l'ingranaggio della giustizia.
rad|fahren a.R. *von* Rad fahren → **Rad**.
Radfahrer m (**Radfahrerin** f) **1** ciclista mf **2** *fam pej* (*unterwürfige Person*) leccapiedi mf, lecchino (-a) m (f).
Radfahrweg m pista f ciclabile.
Radfelge f cerchione m.
Radgestell n telaio m di una bicicletta.
Radi <-s, -> m *süddt A fam bot* (*Rettich*) rafano m.
radial A adj {BELASTUNG, KRAFT} radiale **B** adv {ANGEORDNET, VERLAUFEND} radialmente: ~ **verlaufende Straßen**, strade ⌞disposte a raggiera⌟/[radialmente].
Radialgeschwindigkeit f *astr* velocità f radiale.
Radialreifen m *autom* → **Gürtelreifen**.
Radiant <-en, -en> m *math* radiante m.
Radiation <-, -en> f *geh* radiazione f.
Radiator <-s, -en> m *geh* (*Heizkörper*) radiatore m.
Radicchio <-s, *ohne pl*> m radicchio m.
Radien pl *von* Radius.
radieren <*ohne ge*-> **A** itr (*mit dem Radiergummi entfernen*) cancellare con la gomma **B** tr itr *kunst* (*etw*) ~ incidere (*qc*) all'acquaforte: **eine radierte Stadtansicht**, una veduta di città all'acquaforte.
Radierer① <-s, -> m *fam* → **Radiergummi**.
Radierer② <-s, -> m (**Radiererin** f) *kunst* acquafortista mf.
Radiergummi m gomma f per cancellare.
Radiernadel f *kunst* puntasecca f.
Radierung <-, -en> f *kunst* **1** <*nur sing*> (*Verfahren*) acquaforte f **2** (*Stich*) acquaforte f.
Radieschen <-s, -> n *bot* ravanello m, radice f *tosk* ● **sich** (dat) **die ~ von unten angucken/anschauen** *fam scherz* (*gestorben sein*), vedere l'erba dalla parte delle radici *fam*.
radikal A adj **1** (*tiefgreifend*) {UMGESTALTUNG, VERÄNDERUNG} radicale **2** (*grundlegend*) {KUR, METHODE, REFORM} radicale, drastico **3** *pol pej* (*extremistisch*) {GRUPPE, IDEEN, POSITION, TENDENZEN} radicale, estremista, estremistico, oltranzista **B** adv **1** (*völlig*) {ABLEHNEN, VERNEINEN} radicalmente, recisamente **2** (*tiefgreifend*) {ÄNDERN, VERRINGERN} radicalmente, drasticamente: ~ **durchgrei-**

fen/vorgehen, adottare misure drastiche **3** *pol* (*extremistisch*): ~ **denken/[eingestellt sein]**, essere di idee estremiste/radicali; **sich ~ verhalten**, assumere atteggiamenti estremistici.
Radikal <-s, -e> n *chem math* radicale m ● **freie ~e** *chem med* radicali liberi.
Radikale <*dekl wie adj*> mf *pol* radicale mf, estremista mf, oltranzista mf.
Radikalenerlass (a.R. Radikalenerlaß) <-es, *ohne pl*> m *D pol* "decreto m che, in Germania, impedisce agli estremisti di ottenere impieghi statali".
Radikalfänger, **Radikalenfänger** m *med pharm* antiossidante m; <pl> antiradicali m pl liberi.
Radikalinski <-s, -s> m *fam* radicale m, estremista m.
radikalisieren <*ohne ge*-> **A** tr (*radikal machen*) **jdn**/*etw* ~ {ARBEITER} portare *qu* su posizioni estremistiche; {ANSICHTEN, IDEEN} radicalizzare *qc*, estremizzare *qc* **B** rfl (*radikal werden*) **sich ~** {HALTUNG, ÜBERZEUGUNG, VERHALTEN} radicalizzarsi, diventare/farsi più radicale, estremizzarsi.
Radikalisierung <-, -en> f *pol* radicalizzazione f.
Radikalismus <-, *ohne pl*> m *pol* radicalismo m, estremismo m, oltranzismo m.
Radikalität <-, *ohne pl*> f radicalismo m.
Radikalkur f **1** *med* cura f radicale **2** (*drastische Maßnahmen*) cura f radicale, misure f pl drastiche, cura f da cavallo *fam*.
Radikaloperation f *med* intervento m radicale.
Radio <-s, -s> n **1** *tech* (*Gerät*) (apparecchio m) radio f: **das ~ anmachen/anschalten/anstellen/einschalten**, accendere la radio; **das ~ abstellen/ausmachen/ausschalten**, spegnere la radio; **das ~ lauter/leiser stellen**, abbassare/alzare (il volume del)la radio; **das habe ich vorhin in den Nachrichten im ~ gehört**, l'ho sentito poco fa al giornale radio; **morgen geben/übertragen sie im ~ den Tannhäuser**, domani alla radio danno/trasmettono il Tannhäuser **2** <*nur sing*> (*Radioanstalt*) radio f, emittente f/stazione f radio(fonica).
radioaktiv *phys* **A** adj {ABFALL, ELEMENT, STRAHLUNG, VERSEUCHUNG} radioattivo **B** adv {VERSEUCHT, VERSTRAHLT} da radioattività, da radiazioni radioattive.
Radioaktivität <-, *ohne pl*> f *phys* radioattività f.
Radioamateur m (**Radioamateurin** f) radioamatore (-trice) m (f).
Radioapparat m → **Radio**.
Radioastronomie f *phys* radioastronomia f.
Radiobiologie f radiobiologia f.
Radiochemie f radiochimica f.
Radiodurchsage f annuncio m alla radio.
Radioelement n *chem* radioelemento m.
Radioempfang m ricezione f radio(fonica): **wir haben hier schlechten ~**, qui la radio si sente/prende *fam* male.
Radioempfänger m *tech* radioricevitore m, (apparecchio m) radio ricevente m.
Radiofachfrau f radiotecnico m.
Radiofachmann m radiotecnico m.
Radiofrequenzstrahlung, **Radiostrahlung** f *astr phys* radiazione f a radiofrequenza.
Radiogerät n → **Radio**.
Radiogramm <-s, -e> n radiogramma m.
Radiohörer m (**Radiohörerin** f) radioascoltatore (-trice) m (f).

Radiokompass (a.R. Radiokompaß) m *aero naut* radiobussola f.
Radiologe <-n, -n> m (**Radiologin** f) *med* radiologo (-a) m (f).
Radiologie <-, *ohne pl*> f *med* **1** (*Wissenschaft*) radiologia f **2** (*Abteilung*) (reparto m di) radiologia f.
Radiologin f → **Radiologe**.
radiologisch adj radiologico.
Radiometer n *phys* radiometro m.
Radiometrie <-, *ohne pl*> f *phys* radiometria f.
Radioökologie f radioecologia f.
Radioprogramm n programma m radiofonico/[(alla) radio].
Radioquelle f *astr phys* radiosorgente f: **galaktische/extragalaktische ~**, radiosorgente galattica/extragalattica.
Radiorekorder, **Radiorecorder** m radioregistratore m.
Radiosender m stazione f/emittente f radio(fonica).
Radiosendung f trasmissione f radio(fonica).
Radiosprecher m (**Radiosprecherin** f) annunciatore (-trice) m (f) radiofonico (-a).
Radiostation f **1** → **Rundfunkstation** **2** (*Station eines Funkgeräts*) stazione f radiotrasmittente, radiostazione f.
Radiostrahlung f *astr phys* → **Radiofrequenzstrahlung**.
Radioteleskop n *astr* radiotelescopio m.
Radiotherapie f *med* radioterapia f.
Radiowecker m radiosveglia f.
Radiowelle f <*meist pl*> *phys* onda f radio, radioonda f.
Radium <-s, *ohne pl*> n *chem* radio m.
Radiumbestrahlung f *med obs*, **Radiumtherapie** f *med obs* radioterapia f.
Radius <-, *Radien*> m **1** *math* (*Halbmesser*) raggio m **2** (*im Umkreis von*): **im ~ von etw** (dat), nel raggio di qc; **im ~ von zwei Kilometern haben sie schon alles abgesucht**, nel raggio di due kilometri hanno già perlustrato tutto.
Radkappe f *autom* coppa f della ruota, coprimozzo m, borchia f.
Radkasten m *autom* posto m per la ruota di scorta.
Radler① <-s, -> m *süddt A gastr* "bevanda f a base di birra e gassosa".
Radler② <-s, -> m (**Radlerin** f) *fam* (*Radfahrer*) ciclista mf.
Radlerhose f *sport* pantaloncini m pl da ciclista.
Radlerin f → **Radler**②.
Radlermaß f *süddt A* boccale m da un litro per il Radler.
Radmantel m copertone m (della ruota).
Radnabe f mozzo m della ruota.
Radom <-s, -s> n *aero naut* radome m.
Radon <-s, *ohne pl*> n *chem* radon m.
Radrennbahn f velodromo m.
Radrennen n corsa f/gara f ciclistica.
Radrennfahrer m (**Radrennfahrerin** f) ciclista mf (professionista).
Radrennsport m ciclismo m.
Radrennsportler m (**Radrennsportlerin** f) → **Radrennfahrer**.
Radsport m ciclismo m.
Radstand m *autom* interasse m, passo m (di un veicolo).
Radtour f giro m/gita f in bicicletta: **wollen wir eine ~ machen?**, facciamo/[vogliamo fare] un giro in bici(cletta)?
Radwanderung f escursione f/gita f ⌞in

bicicletta f/[con la mountain bike].

Radwechsel m cambio m [di una]/[della] ruota: **(einen) ~ machen**, cambiare una ruota.

Radweg m → **Radfahrweg**.

RAF <-, ohne pl> f pol hist Abk von Rote-Armee--Fraktion: RAF f (Frazione dell'Armata Rossa).

R.A.F. <-, ohne pl> f Abk von engl Royal Air Force: RAF f (Reale Aviazione Militare).

Raffael <-s, ohne pl> m (Vorname) Raffaello m, Raffaele m; (italienischer Maler) Raffaello (Sanzio): **ein Fresko von ~**, un affresco di Raffaello /[del Sanzio].

raffaelisch adj kunst raffaellesco, di Raffaello Sanzio: **eine ~e Madonna**, una Madonna raffaellesca/[del Sanzio].

raffen tr **1** pej (an sich bringen) **etw (an sich** akk) **~** {BESITZ, GELD, SCHMUCK} arraffare qc fam **2** (eilig ergreifen) **etw (an sich** akk) **~** afferrare qc, agguantare qc: **sie raffte ihre Taschen an sich**, afferrò (in fretta e furia) le borse **3** (in Falten legen) **etw ~** {STOFF, VORHANG} drappeggiare qc **4** (kürzen) **etw ~** {ARTIKEL, BERICHT, TEXT} sintetizzare qc, riassumere brevemente qc, fare una sintesi di qc: **in gerafter Form**, in sintesi/[forma concisa]; **ich kann euch die Handlung des Films gerafft wiedergeben**, posso farvi un breve sunto della trama del film **5** slang (verstehen) **etw ~** capire qc, afferrare qc: **er rafft's nicht!**, non ci arriva!

Raffgier f avidità f, cupidigia f lit, rapacità f.

raffgierig adj rapace, avido.

Raffinade <-, -n> f zucchero m raffinato.

Raffination <-, ohne pl> f {+ERDÖL, ZUCKER} raffinazione f.

Raffinement <-s, -s> n geh **1** (bes. Feinheit) raffinatezza f, finezza f **2** <nur sing> (Gerissenheit) astuzia f, furbizia f, scaltrezza f.

Raffinerie <-, -n> f raffineria f.

Raffinesse <-, -n> f **1** <nur sing> (Gerissenheit) astuzia f, furbizia f, scaltrezza f **2** <meist pl> (technische Detail) optional m: **ein Wagen mit allen ~n**, una macchina superaccessoriata/[con tutti i comfort].

raffinieren <ohne ge-> tr **etw ~** {ERDÖL, FETTE, ZUCKER} raffinare qc: **Rohöl zu Treibstoff ~**, trasformare il greggio in carburante.

raffiniert <u>A</u> adj **1** (ausgeklügelt) {MECHANISMUS, METHODE, PATENT, SYSTEM} ingegnoso **2** (durchtrieben) {IDEE, PLAN} astuto, furbo; {BETRÜGER, PERSON} auch scaltro **3** geh (bes. fein) {ANORDNUNG, FARBKOMPOSITION, SCHNITT} raffinato, ricercato, sofisticato; {GESCHMACK, SPEISE} auch soprafino <u>B</u> adv **1** (durchtrieben) {HANDELN, SICH VERHALTEN, VORGEHEN} con astuzia/scaltrezza, astutamente, scaltramente **2** geh (bes. fein) {ANGEORDNET, GEDECKT, ZUBEREITET} in modo raffinato/ricercato/sofisticato.

Raffke <-s, -s> m fam pej oder scherz arraffone m fam.

Raffzahn m fam **1** scherz (hervorstehender Schneidezahn) dente m [da coniglio]/[in fuori] **2** pej → **Raffke**.

Rafting <-s, ohne pl> n sport rafting m.

Rag <-s, ohne pl> m mus → **Ragtime**.

Rage <-, ohne pl> f fam rabbia f, furore m: **jdn in ~ bringen**, [far andare]/[mandare] in bestia qu fam; **in ~ geraten/kommen**, andare [su tutte le furie fam]/[in bestia fam], diventare una belva fam; **in ~ sein**, essere su tutte le furie.

ragen <haben oder sein> itr **1** (emporreichen) **irgendwohin ~**, ergersi/innalzarsi + compl di luogo: **eine einsame Pappel ragte in den blauen Himmel**, un pioppo solitario svetta-

va nel cielo azzurro **2** (vorgucken) **aus etw (dat) ~** sporgere da qc, spuntare da qc.

Raglanärmel m manica f (alla) raglan.

Raglanschnitt m taglio m (alla) raglan.

Ragout <-s, -s> n gastr ragù m.

Ragtime <-, ohne pl> m mus ragtime m.

Rah <-, -en> f, **Rahe** <-, -n> f naut pennone m.

Rahm <-s, ohne pl> m süddt A CH (Sahne) panna f ● **den ~ abschöpfen** fam, fare la parte del leone, prendersi la parte migliore.

rahmen tr **etw ~** {FENSTER} mettere una cornice a qc; {BILD, FOTO, SPIEGEL} auch incorniciare qc, mettere in cornice qc: **ein Bild ~ lassen**, far incorniciare un quadro.

Rahmen <-s, -> m **1** (für Bilder, Dias, Fotos, Spiegel) cornice f **2** (Fensterrahmen, Türrahmen) telaio m, infisso m, intelaiatura f **3** mech (Fahrgestell) {+AUTO, FAHRRAD, MOTORRAD} telaio m, châssis m **4** <nur sing> (bestimmtes Gepräge) cornice f, contesto m: **ein feierlicher/würdiger ~**, una solenne/degna cornice; **der geschichtliche/soziale ~**, il contesto storico/sociale ● **den ~ für etw (akk) abgeben**, fare da cornice a qc; **im ~ bleiben**, rimanere [entro i]/[nei] limiti; **aus dem ~ fallen**, uscire dagli schemi; **die Feierlichkeiten sollen in kleinem/großem ~ stattfinden**, saranno festeggiamenti in piccolo/grande; **im ~ einer S. (gen)** {DER ENTWICKLUNG, DER REFORM}, nell'ambito di qc; **im ~ des Möglichen** form, nei limiti del possibile; **nicht in den ~ passen**, essere fuori luogo/posto; **die Diskussion sprengt den ~ des Themas**, la discussione esula dall'argomento.

Rahmenabkommen n pol accordo m quadro/[di massima].

Rahmenbedingung f <meist pl> condizione f generale.

Rahmenbruch m mech rottura f del telaio.

Rahmenerzählung f lit (racconto m) cornice m.

Rahmengesetz n legge f quadro.

Rahmenhandlung f lit azione f di cornice.

Rahmenplan m piano m generale.

Rahmenprogramm n {+VERANSTALTUNG} programma m cornice.

Rahmenrichtlinie f <meist pl> norma f quadro.

Rahmentarif m → **Manteltarifvertrag**.

rahmig adj region (sahnig) cremoso.

Rahmsoße f gastr → **Sahnesoße**.

Rahmung <-, -en> f **1** (Rahmen) cornice f **2** <nur sing> (das Einrahmen) incorniciatura f.

Rahsegel n naut vela f quadra.

Raimund m (Vorname) Raimondo.

Rain <-(e)s, -e> m (Feldrand) bordo m/margine m non coltivato (di un campo).

Rainer m (Vorname) Ranieri.

räkeln rfl → **rekeln**.

Rakete <-, -n> f **1** (Flugkörper) missile m, razzo m: **eine ~ starten/zünden**, lanciare un missile; **eine ~ in den Weltraum schießen**, lanciare un missile nello spazio **2** mil (Waffe) missile m: **eine ferngesteuerte ~**, un missile teleguidato **3** (Feuerwerkskörper) razzo m ● **wie eine ~** fam, come un razzo; **er schoss wie eine ~ davon**, partì a/[come un] razzo.

Raketenabschussbasis (a.R. Raketenabschußbasis), **Raketenbasis** f base f di lancio missilistica.

Raketenabschussrampe (a.R. Raketenabschußrampe) f rampa f lanciamissili.

Raketenabwehr f mil difesa f antimissile.

Raketenabwehrrakete f mil missile m antimissile.

Raketenabwehrschirm m mil schermo m antimissilistico.

Raketenabwehrsystem n mil sistema m antimissile.

Raketenantrieb m propulsione f a razzo.

Raketenbasis f → **Raketenabschussbasis**.

raketenbestückt adj {FLUGZEUG, SCHIFF, U-BOOT} lanciamissili.

Raketenfrühwarnsystem n mil sistema f di preallarme antimissilistico.

Raketenstart m lancio m di un missile.

Raketenstufe f aero stadio m (di un missile/un razzo).

Raketenstützpunkt m mil base f missilistica.

Raketentreibstoff m aero propellente m per missili.

Raketentriebwerk n aero propulsore m del/[di un] missile/razzo.

Raketenwerfer m mil lanciarazzi m.

Rakett n → **Racket**.

Ralf m (Vorname) Ra(o)ul.

Rallye <-, -s> f oder CH <-s, -s> n rally m: **die Paris-Dakar fahren**, fare la Parigi-Dakar.

Rallyefahrer m (**Rallyefahrerin** f) pilota mf di rally, rallista mf.

RAM <-(s), -(s)> n inform Abk von engl random access memory: RAM f (memoria ad accesso casuale).

Ramadan <-(s), ohne pl> m relig ramadan m.

Rambazamba <-(s), ohne pl> m oder n slang **1** (aufgeheizte Stimmung) casotto m fam **2** (Randale) cagnara f fam ● **~ machen** (die Stimmung aufheizen), fare casino fam/bordello fam; (Randale machen) fare cagnara fam.

Rambo <-s, -s> m slang (Muskel-, Kraftprotz) rambo m fam.

Rammbock m hist ariete m.

rammdösig adj fam (r)intontito, stordito: **in der Sonne ~ werden**, stordirsi stando al sole.

Ramme <-, -n> f bau battipalo m, berta f.

rammeln itr **1** (sich paaren) {HASEN, KANINCHEN} accoppiarsi **2** vulg (koitieren) scopare vulg, trombare vulg, chiavare vulg **3** fam (herumbalgen) {KINDER} azzuffarsi.

rammen <u>A</u> tr <haben> **1** (in den Boden stoßen) **etw in etw (akk) ~** {PFAHL, PFEILER, PFLOCK IN DIE ERDE} (con)ficcare qc in qc, piantare qc in qc **2** (anfahren) **jdn/etw ~** {AUTO, BUS} andare addosso a qu/qc fam; (von hinten) tamponare qu/qc; {SCHIFF} speronare qc <u>B</u> itr <sein> (stoßen) **gegen etw (akk) ~** {GEGEN EINE MAUER, EINEN PFOSTEN, EINE WAND} urtare contro qc, cozzare contro qc.

Rammler <-s, -> m **1** (männliches Kaninchen) coniglio m (maschio), maschio m del coniglio; (männlicher Hase) lepre f maschio, maschio m della lepre **2** (Schafbock) montone m **3** vulg (sexuell aktiver Mann) stallone m slang.

Rampe <-, -n> f **1** (Verladefläche) rampa f (di carico) **2** (schräge Auffahrt) rampa f **3** (Bühnenbegrenzung) ribalta f.

Rampenlicht n luci f pl della ribalta ● **im ~ stehen**, essere/trovarsi [sotto i riflettori]/[molto in vista].

ramponieren <ohne ge-> tr fam **etw ~ 1** (beschädigen) {AUTO, MÖBEL, SCHUHE} danneggiare qc, sciupare qc, rovinare qc **2** (beeinträchtigen): **sein Selbstvertrauen ist ganz schön ramponiert**, la sua fiducia in se stesso ha subito un duro colpo; **nach der**

langen Krankheit sieht sie ganz schön ramponiert aus, dopo la lunga malattia ha un aspetto parecchio sbattuto *fam*.

Ramsch <-(e)s, ohne pl> m *fam pej* **1** (*Ausschussware*) merce f di scarto, scarti m pl, fondi m pl di bottega: **im ~ kaufen/verkaufen**, comprare/vendere in blocco sottoprezzo **2** (*wertloser Plunder*) bric-à-brac m, cianfrusaglie f pl.

Ramschladen m *fam pej* negozio m di cianfrusaglie/[bric-à-brac].

RAM-Speicher m *inform* (memoria f) RAM f.

ran A adv *fam* → **heran** B interj: **los, ran an die Arbeit!**, su via, al lavoro!

Ranch <-, -(e)s> f ranch m, fattoria f (con allevamento di bestiame).

Rand <-(e)s, Ränder> m **1** (*äußere Begrenzung*) {+ABGRUND, GRABEN, SCHACHT} orlo m, margine m; {+BRUNNEN, FELSPLATEAU, SCHWIMMBAD} bordo m **2** (*obere Begrenzungslinie*) {+BECHER, GLAS, KANNE, KRUG, TASSE, TELLER} orlo m; {BLATT, BRIEFBOGEN, BRIEFMARKE} *auch* bordo m: **das Glas bis zum ~ vollmachen**, riempire il bicchiere fino all'orlo **3** (*Kante*) {+SESSEL, STUHL, TISCH} bordo m **4** (*freier Streifen*) {+BLATT, BUCH, HEFT, TEXT, ZEITUNG} margine m: **die wichtigsten Dinge habe ich am ~ notiert**, mi sono annotato (-a) le cose più importanti a margine **5** (*schmutziger Streifen*) (*an der Badewanne, auf einem Stoff*) alone m: **dunkle Ränder um die Augen haben**, avere le profonde occhiaie; **sie hat rote Ränder um die Augen**, ha gli occhi cerchiati di rosso **6** (*Einfassung*) {+BRILLE} montatura f: **eine Brille ohne ~**, un paio di occhiali con (la) montatura a giorno • **am ~e** {BEMERKEN, ERWÄHNEN}, di sfuggita, marginalmente, en passant; {MITBEKOMMEN, MITERLEBEN}, marginalmente; {BETRIFFT} *auch*, di striscio; **das nur am ~e bemerkt**, questo detto solo per inciso/[la cronaca]; **dieser Aspekt interessiert nur am ~**, questo aspetto interessa solo marginalmente; **am ~e einer S.** (gen) {DES WALDES}, ai margini di qc; **am ~e einer Stadt** *auch*, in periferia; **am ~e der Gesellschaft leben**, vivere ai margini della società; **am ~e der Legalität**, ai margini della legalità; (**vor Freude/Überraschung/Wut**) **außer ~ und Band geraten** *fam*, perdere la testa [per la gioia]/[per lo stupore]/[per la rabbia]; **außer ~ und Band sein** *fam* {KINDER}, essere scatenatissimo *fam*; **jdn an den ~ des Grabs/Ruins/der Verzweiflung bringen**, portare qu sull'orlo [della fossa]/[del fallimento]/[della disperazione]; **halt den ~!** *slang*, chiudi il becco! *fam*; **mit etw** (dat) **nicht zu ~e kommen** *fam*, non venire a capo di qc; **mit jdm nicht zu ~e kommen** *fam*, non riuscire a spuntarla su qu; **am ~e des Grabs/Ruins/Wahnsinns stehen**, essere sull'orlo [della fossa]/[del fallimento]/[della follia].

Randale <-, ohne pl> f *fam*: **~ machen**, compiere atti di vandalismo/teppismo.

randalieren <ohne ge-> itr comportarsi da/come vandali/teppisti.

Randalierer <-s, -> m (**Randaliererin** f) vandalo (-a) m (f), teppista mf (*im Fußballstadion*) teppista mf, hooligan m.

Randausgleich m *inform typ* giustificazione f.

Randbelegschaft f *industr* precariato m.

Randbemerkung f (*beiläufige Bemerkung*) commento m/osservazione f marginale: **etw in einer ~ erwähnen**, menzionare qc en passant **2** (*Notiz am Rand*) nota f a/in margine /[marginale].

Randbereich m → **Randgebiet**.

Randbezirk m zona f periferica: **die ~ ei-**ner Stadt, la periferia di una città.

Ränder pl *von* Rand.

Randerscheinung f fenomeno m marginale; (*Nebenwirkung*) effetto m collaterale.

Randexistenz f **1** (*am Rande der Gesellschaft lebende Person*) emarginato (-a) m (f), chi vive ai margini della società **2** (*am Rande der Gesellschaft geführtes Leben*) vita f ai margini (della società) **3** (*unwichtige Rolle*): **eine ~ führen**, essere marginale.

Randfigur f figura f marginale/[di contorno].

Randgebiet n **1** {+STADT} periferia f, zona f periferica; {+WALD} margine m **2** (*Sachgebiet*) area f/settore m marginale.

Randglosse f glossa f a margine.

Randgruppe f *soziol* gruppo m (che vive) ai margini della società, gruppo m marginale.

randlos adj **1** (*ohne Rand*) {BRIEFPAPIER, BRIEFUMSCHLAG} senza bordo (decorativo) **2** (*ohne Einfassung*) {BRILLE} montato a giorno.

Randomisierung <-, -en> f (*in der Statistik*) randomizzazione f.

randständig adj *soziol* {GRUPPE, PERSON} emarginato, (che vive) ai margini della società, marginale: **eine ~e Bevölkerungsgruppe**, una fascia marginale della popolazione.

Randständige <dekl wie adj> mf emarginato (-a) m (f), marginale mf.

Randstein m *süddt A CH* → **Bordstein**.

Randstreifen m {+AUTOBAHN} banchina f.

randvoll adj {EIMER, GLAS, TELLER} pieno fino all'orlo, colmo • **~ sein** *fam* (*sehr voll sein*) {AUTO, BUS, SAAL} essere pieno zeppo/[strapieno]; *fam* (*sehr satt sein*) essere pieno come un uovo; *fam* (*betrunken sein*), essere pieno fino agli occhi *fam*.

Randzone f zona f periferica; {LAND} *auch* zona f di confine.

rang 1. und 3. pers sing imperf *von* ringen.

Rang <-(e)s, Ränge> m **1** (*Stellung*) rango m, posizione f: **einen hohen ~ bekleiden**, rivestire un'alta carica **2** *mil* (*Dienstgrad*) grado m: **er hat den** [steht im] **~ eines Generals**, ha il grado di generale **3** (*nur sing*) (*Stellenwert*) rango m, calibro m, livello m: **eine Darstellung von hohem künstlerischen ~**, una rappresentazione di alto livello artistico; **die Schaubühne ist zweifellos ein Theater ersten ~es**, la Schaubühne è indubbiamente un teatro di prim'ordine; **ein Wissenschaftler von internationalem ~**, uno scienziato di rango internazionale; **ein Politiker von ~**, un politico di calibro; **ein Regisseur von ~ wie Visconti**, un regista della levatura di Visconti **4** *sport* (*Platz*) posto m, posizione f: **den zweiten ~ belegen**, occupare il secondo posto (in classifica) **5** *film theat* (*hintere Reihen*) galleria f, balconata f • **jdm/etw den ~ ablaufen** *fam*, spodestare qu/qc, prendere il posto di qu/qc; **alles, was ~ und Namen hat**, i notabili, tutti quelli che contano, i vip; **zu ~ und Würden/Ehren kommen**, assurgere ai più alti onori.

Rangabzeichen n *mil obs* (*Dienstgradabzeichen*) grado m.

Rangälteste <dekl wie adj> mf: **der/die ~**, *mil*, la persona con (la) maggiore anzianità di grado.

Range <-, -n> f *oder rar* <-n, -n> m *region* monello (-a) m (f), birichino (-a) m (f).

ran|gehen itr <sein> *fam* **1** (*in Angriff nehmen*) **an etw** (akk) **~** {AN EINE PLANUNG, EIN PROJEKT} buttarsi in qc *fam*: **an eine Arbeit ~**, mettersi a fare un lavoro; **da hättest du mit mehr Umsicht ~ sollen**, l'avresti dovuto affrontare con maggior cautela **2** (*umwerben*) (**an jdn**) **~** {AN EINE FRAU} abbordare qu *fam*, provarci con qu *fam*: **der geht ganz schön ran**, ci prova, eccome! **3** *sport* (*aggressiv spielen*) giocare duro.

Rangelei <-, -en> f *fam* baruffa f.

rangeln itr *fam* (**mit jdn**) (**um etw**) akk) **~**, azzuffarsi (con qu) (per qc), accapigliarsi (con qu) (per qc): **die Kinder rangelten wie üblich um das Spielzeug**, come al solito i ragazzi si azzuffavano per i giocattoli.

Rangfolge f gerarchia f, ordine m gerarchico.

ranghoch adj di rango/grado elevato: **ein ranghoher Beamter**, un funzionario di alto rango; **der ranghöchste Offizier**, l'ufficiale più alto in grado.

Ranghöhere <dekl wie adj> mf persona f gerarchicamente superiore.

Rangierbahnhof m stazione f di smistamento.

rangieren <ohne ge-> A tr *Eisenb* etw ~ {LOK, WAGONS, ZUG} manovrare qc B itr **1** (*einen bestimmten Rang haben*) *irgendwo* ~ {SPORTLER AUF DEM ERSTEN, ZWEITEN PLATZ} essersi classificato/piazzato + adj: **die Mannschaft rangiert auf Platz zwei**, la squadra occupa il secondo posto/[si è classificata seconda]; {ASPEKT, FRAGE, PROBLEM AUF DEM ERSTEN, LETZTEN PLATZ, GANZ VORNE, WEIT HINTEN} occupare un posto + adj: **Sport rangiert bei mir ganz weit vorn**, per me lo sport occupa un posto primario/[molto importante]; **der neue Teilhaber rangiert ganz klar hinter dem Chef**, rispetto al capo il nuovo socio è chiaramente il numero due **2** (*eingeordnet sein*) **unter/in etw** (dat) ~ {UNTER EINER BEZEICHNUNG} figurare a qc; {IN EINEM REGISTER} figurare **in** qc: **die Neuzugänge ~ unter «Diverses»**, i nuovi arrivi si trovano alla/sotto la voce «varie».

Rangierer <-s, -> m (**Rangiererin** f) *Eisenb* manovratore (-trice) m (f).

Rangiergleis n *Eisenb* binario m di manovra.

Rangierlok f *Eisenb* locomotiva f di manovra.

Rangliste f **1** *sport* (*Platzierungstabelle*) classifica f **2** *adm* (*Verzeichnis der Beamten*) graduatoria f.

Rangordnung f **1** → **Rangfolge** **2** *sport* (*Rangliste*) classifica f.

Rangstreitigkeit f <*meist pl*> lotta f per il predominio.

Rangstufe f grado m: **mit jdm auf der gleichen ~ stehen**, avere lo stesso grado di qu.

Rangunterschied m **1** (*unterschiedlich hohe Stellung*) differenza f di posizione/rango **2** *mil* (*unterschiedlicher Dienstgrad*) differenza f di grado.

ran|halten <irr> rfl <haben> *fam* **1** (*sich bei einer Arbeit beeilen*) **sich** (**mit etw** dat) **~** {MIT HAUSAUFGABEN, PUTZEN} [darsi da fare]/[sbrigarsi]/[spicciarsi] *fam* (con qc): **wenn wir uns ~, können wir es noch schaffen**, se ci diamo dentro/[spicciamo] possiamo farcela *fam* **2** (*tüchtig zulangen*) **sich ~** servirsi a piacere: **haltet euch nur ran, es ist genug von allem da** *fam*, sotto, ragazzi,/[mangiate quanto volete], ce n'è per tutti.

rank adj *geh*: **~ und schlank**, snello e flessuoso, bello snello.

Ranke <-, -n> f *bot* (*Kletterpflanze*) viticcio m, cirro m; (*bes. Weinstock*) tralcio m.

Ränke subst <*nur pl*> *geh obs* intrighi m pl, tresche f pl: **~ schmieden**, ordire intrighi/tresche, tramare.

ranken A itr <sein> (*emporwachsen*) *ir-*

gendwo ~ {Kletterpflanzen, Reben, Schlingpflanzen an der Mauer} arrampicarsi/avviticchiarsi + *compl di luogo* **B** rfl <*haben*> **1** (*sich winden*) **sich irgendwohin ~** arrampicarsi + *compl di luogo*: **die Glyzinie hat sich schon bis zur Dachrinne gerankt**, il glicine si è già arrampicato fino alla grondaia; **Efeu rankte sich um den Baum**, l'edera si avviticchiava/attorcigliava all'albero **2** (*umgeben*) **sich um jdn/etw ~** {Erzählungen, Geschichten, Legenden} ruotare *intorno a qu/qc*: **um die alte Mühle ~ sich viele seltsame Legenden**, ⌊intorno al⌋/[sul] vecchio mulino circolano un gran numero di strane leggende.

Rankengewächs n *bot* (pianta f) rampicante m.

Rankenornament n *kunst* viticcio m.

Rankenwerk <-(e)s, ohne pl> n **1** *bot* viticcio m **2** *arch kunst* viticcio m.

Ränkeschmied m (**Ränkeschmiedin** f) *geh obs* intrigante m f, macchinatore (-trice) m (f) *rar*.

Ränkespiel n *geh obs* intrighi m pl, macchinazioni f pl.

Ranking <-s, -s> n **1** (*Rangliste, Bewertung*) ranking m, classifica f, graduatoria f **2** *inform* {+Suchmaschine} ranking m, posizionamento m.

ran|klotzen itr *slang* farsi il mazzo *slang*, lavorare sodo *fam*.

ran|kommen <irr> itr *fam* → **heran|kommen**.

ran|kriegen tr *fam* **1** *jdn ~* (*jdm eine Arbeit aufbürden*) fare *a qu* il mazzo *a qu slang*, far lavorare sodo *qu fam*: **ich werde dich schon rankriegen!** *fam*, ci penso io a farti sudare! *fam* **2** (*jdn zur Verantwortung ziehen*) *jdn* ~ incastrare *qu* **3** (*jdn für sich gewinnen*) *jdn ~* (riuscire a) coinvolgere *qu* **4** (*etw beschaffen*) *etw ~* (riuscire a) procurarsi *qc* **5** (*jdn ans Telefon bekommen*) *jdn ~* riuscire a parlare *con qu*.

ran|lassen <irr> tr *fam* **1** (*annähern lassen*) *jdn* (*an jdn/etw*) ~ far/lasciare avvicinare *qu* (*a qu/qc*), fare toccare (*qu/qc*) *a/da qu*: **an seinen Computer lässt er niemanden ran**, il suo computer non lo ⌊può toccare⌋/[fa toccare] *a* nessuno **2** (*versuchen lassen*) *jdn ~* far/lasciare provare *qu*: **lass mich doch auch mal ran!** *fam*, fai provare anche (a) me (una buona volta)! **3** *slang* (*den Geschlechtsverkehr zulassen*) *jdn ~* farsi scopare/chiavare *da qu vulg*: **die lässt mich nicht ran!** *slang*, non me la dà/[vuole dare]! *vulg*.

ran|machen rfl *fam* **1** (*heranmachen*) **sich** (*an etw akk*) ~ {An eine Arbeit} mettere mano *a qc*, mettersi a (fare) *qc* **2** (*sich nähern*) **sich** (*an jdn*) ~ {An eine Frau, ein Mädchen} abbordare *qu fam*, provarci *con qu fam*.

ran|müssen <irr> itr *fam* (*an etw akk*) ~ dover(ci) mettersi sotto (*con qc*) *fam*: **hier müssen alle ran, da kann keiner kneifen!** *fam*, qui devono mettersi sotto tutti, non se la può filare/battere nessuno! *fam*.

rann 3. pers sing imperf *von* rinnen.

ran|nehmen <irr> tr *fam* → **heran|nehmen**.

rannte 1. und 3. pers sing imperf *von* rennen.

ran|schaffen tr *fam* → **heran|schaffen**.

ran|schleichen <irr> rfl *fam* → **heran|schleichen**.

ran|schmeißen <irr> rfl *slang* **sich** (*an jdn*) ~ {An einen Gesprächspartner} appiccicarsi *a qu fam*, incollarsi *a qu fam*; {An einen Mann} buttarsi addosso *a qu fam*.

ran|trauen rfl *fam* → **heran|trauen**.

Ranunkel <-, -n> f *bot* ranuncolo m.

ran|wagen rfl *fam* → **heran|wagen**.

Ranzen <-s, -> m **1** (*Schulranzen*) cartella f **2** *mil* (*Tornister*) zaino m **3** *fam* (*dicker Bauch*) pancia f, trippa f *fam*, panza f *region scherz*, buzzo m *fam* ● **sich** (dat) **den ~ vollschlagen**, riempirsi la pancia, rimpinzarsi.

ranzig **A** adj {Butter, Nüsse, Öl} rancido **B** adv: **~ schmecken**, ⌊avere un sapore⌋/[sapere di] rancido; **hier riecht's ~**, (qui) c'è odore di rancido.

Rap <-(s), -s> m *mus* (musica f) rap m.

Raphael <-s, *ohne* pl> m (*Vorname*) Raffaele m, Raffaello m: **der Erzengel ~**, l'arcangelo Raffaele.

Raphaela, Raffaela f (*Vorname*) Raffael(l)a.

rapide, rapid **A** adj {Anstieg, Entwicklung, Veränderung, Zunahme} rapido, veloce **B** adv {Ansteigen, sich verändern, wachsen} rapidamente, velocemente.

Rappe <-n, -n> m *zoo* morello m.

Rappel <-s, *ohne* pl> m *fam*: **einen ~ haben**, avere una crisi ⌊di nervi⌋/[isterica]; **ich krieg' einen ~ bei diesem Lärm!** *fam*, divento matto (-a)/[vado fuori di testa *fam*] con questo chiasso!; **du hast wohl einen ~!?** *fam*, ti ha dato di volta il cervello!? *fam*.

rappeldürr adj *region* magro/secco come un chiodo.

rappelig adj *fam* {Kind} agitato, irrequieto; {Erwachsene} *auch* nervoso, nevrastenico.

rappeln itr *fam* **1** (*klappern*) {Fensterläden} (s)battere, sbatacchiare **2** (*rasseln*) {Wecker} suonare.

rappelvoll adj *fam* pieno zeppo.

rappen itr *mus* rappare.

Rappen <-s, -> m *CH* centesimo m: **ein Franken hat 100 ~**, 100 centesimi fanno un franco.

Rappenspalter m (**Rappenspalterin** f) *CH* ▶ **Pfennigfuchser**.

Rapper <-s, -> m (**Rapperin** f) *mus* cantante mf di rap, rapper mf.

Räppli <-s, -> n *CH region* → **Rappen**.

Rapport① <-(e)s, -e> m *adm* rapporto m: **jdn zum ~ bestellen**, chiamare/convocare qu a rapporto; **zum ~ erscheinen**, presentarsi a rapporto; **einen ~ machen/schreiben**, fare/compilare un rapporto; **sich zum ~ melden** *mil*, presentarsi a rapporto *mil*.

Rapport② <-(e)s, -e> m *text* rapporto m.

Raps <-es, -sorten oder rar -e> m *bot* colza f.

Rapsöl n *gastr* olio m di (semi di) colza.

Raptus <-, - oder -se> m *psych* raptus m.

Rapunzel, Rapunze <-, -n> f *bot* (*Feldsalat*) valerianella f.

rar adj <präd>: **rar sein** {Experten, gute Freunde, Tierarten}, essere raro m; **gute Handwerker sind heute rar**, oggi i buoni artigiani sono una ⌊merce rara *fam*⌋/[rarità].

Rarität <-, -en> f **1** *nur sing* (*Seltenheit*) rarità f **2** (*Liebhaberstück*) rarità f.

Raritätensammlung f collezione f di pezzi/oggetti rari.

rar|machen rfl *fam* **sich ~** farsi vedere poco.

rasant **A** adj **1** (*sehr schnell*) {Geschwindigkeit, Tempo} impressionante; {Entwicklung, Wachstum, Zunahme} fulmineo **2** *fam* (*aufregend*) {Ausschnitt, Frau, Kleid} mozzafiato **B** adv {Anwachsen, sich entwickeln, zunehmen} in modo fulmineo, con estrema rapidità: **~ fahren**, andare ⌊come un fulmine⌋/[velocissimo *fam*].

Rasanz <-, *ohne* pl> f *fam* **1** (*erstaunliche Geschwindigkeit*) (impressionante) rapidità f/velocità f **2** (*durch Schnelligkeit bewirkte Faszination*): **ein Film voller ~**, un film mozzafiato.

rasch **A** adj {Abfertigung, Gang, Tempo} rapido, veloce: **eine ~e Auffassungsgabe**, un'intelligenza pronta/vivace; **eine ~e Entscheidung**, una decisione rapida **B** adv {Besorgen, einkaufen, erledigen} velocemente, in fretta: **zieh dich ~ an!**, vestiti alla svelta!

rascheln **A** itr **1** (*ein scharrendes Geräusch verursachen*) {trockenes Laub, Papier, Stroh} frusciare, produrre un fruscio: **ein Igel raschelte im Laub**, un riccio faceva frusciare le foglie **2** (*knistern*) **mit etw** (dat) ~ {mit Alufolie, Geldscheinen, Papier, Zeitung} fare rumore *con qc* **B** unpers: **es raschelt irgendwo**, c'è un fruscio + *compl di luogo*; **was raschelt denn da in der Ecke?**, cos'è quel fruscio là nell'angolo?

rasen **A** itr **1** <sein> (*sehr schnell fahren*) (**in/mit etw** dat) (**durch/über etw** akk) ~ correre/sfrecciare (*con qc*) (+ *compl di luogo*): **er rast mit seinem neuen Wagen wie ein Verrückter**, con la macchina nuova corre come un forsennato; **sie raste mit mehr als 200 Stundenkilometern über die Autobahn**, sfrecciava sull'autostrada a più di 200 kilometri ⌊all'ora⌋/[orari]; (*sehr schnell laufen*) filare/correre (+ *compl di luogo*); **er rast ständig von einem Termin zum nächsten**, corre sempre da un appuntamento all'altro **2** <sein> (*sehr schnell vergehen*) {Zeit} passare (troppo) in fretta, volare **3** <haben> (*sehr schnell schlagen*) {Herz, Puls} battere all'impazzata **4** <haben> (*toben*) {Sturm, Unwetter} imperversare, infuriare; {See} essere in tempesta; {Mensch} andare su tutte le furie: **ich könnte ~, wenn ich nur daran denke!**, ⌊al solo pensiero⌋/[se solo ci penso] divento una furia; **vor etw** (dat) ~ {vor Eifersucht, Schmerzen, Wut} essere fuori di sé *da/per qc*.

Rasen <-s, -> m **1** (*Grasfläche*) prato m (all'inglese) **2** *slang sport* campo m.

rasenbewachsen adj {Fläche, Platz} coperto di erba, erboso.

rasend **A** adj **1** (*sehr schnell*) {Fahrt, Wechsel} velocissimo; {Tempo} vertiginoso: **bei/mit ~er Geschwindigkeit**, a velocità folle **2** *fam* (*überaus stark*) {Durst, Hunger, Schmerzen} tremendo *fam*, pazzesco *fam*; {Eifersucht} *auch* furioso: **ich habe ~e Lust auf Schokolade**, ho una voglia matta di cioccolata **B** adv *fam* (*sehr*) {nett, teuer} molto; {verliebt sein} *auch* follemente: **ich hab' wirklich ~ viel zu tun**, ho davvero un sacco di cose da fare; **sie findet ihn ~ gut**, lui le piace ⌊da matti⌋/[una cifra *slang*]; **das war ~ komisch!**, da sganasciarsi! *fam*, da scompisciarsi! *fam* ● **jdn ~ machen**, far uscire dai gangheri *qu fam*, mandare in bestia *qu fam*; **~ werden**, andare su tutte le furie.

Rasende <dekl wie adj> mf pazzo (-a) m (f), folle mf.

Rasendecke f manto m/tappeto m erboso.

Rasendünger m concime m per prati.

Rasenfläche f (superficie f a) prato m.

Rasenmäher m tagliaerba m, rasaerba m, tosaerba m.

Rasenplatz m *sport* campo m erboso.

Rasensport m (*Fußball, Golf*) sport m su prato.

Rasensprenger m irrigatore m da giardino.

Rasentennis n tennis m sull'erba.

Raser <-s, -> m (**Raserin** f) "chi corre come un pazzo".

Raserei <-, *ohne* pl> f **1** (*Schnellfahren*) corsa f pazza **2** (*Toben*) furia f, furore m: **sie bringt mich noch zur ~**, mi farà perdere il lume della ragione; **in einem Anfall von ~ hat er alles kurz und klein geschlagen**, in

un accesso di furore ha spaccato tutto.
Raserin f → **Raser**.
Rasierapparat m **1** (*Handrasierer*) rasoio m (di sicurezza) **2** (*Elektrorasierer*) rasoio m elettrico.
Rasiercreme f crema f da barba.
rasieren <ohne ge-> **A** tr **1** (*den Bart entfernen*) **jdn** ~ radere/[fare la barba a] qu: **er war frisch rasiert**, si era rasato di fresco, si era appena fatto la barba **2** (*Haare entfernen*) **etw** ~ {ACHSELHÖHLEN, BEINE} radere qc, depilare qc **B** rfl **1** (*sich den Bart entfernen*) **sich** ~ radersi, farsi la barba, sbarbarsi, rasarsi: **sich nass/trocken** ~, farsi la barba con ₁la lametta₁/[il rasoio elettrico]; **sich ~ lassen**, farsi radere/[fare la barba] **2** (*Haare entfernen*) **sich** (dat) **etw** ~ {ACHSELHÖHLE, BEINE} radersi qc; depilarsi qc.
Rasierer <-s, -> m *fam* (*Rasierapparat*) rasoio m elettrico.
Rasierklinge f lametta f (da barba).
Rasierkrem, **Rasierkreme** f → **Rasiercreme**.
Rasiermesser n rasoio m.
Rasierpinsel m pennello m da/[per la] barba.
Rasierschaum m schiuma f da barba.
Rasierseife f sapone m da barba.
rasiert adj: **glatt ~** {KINN}, ben rasato, liscio, glabro *lit*.
Rasierwasser n dopobarba m, lozione f da barba, aftershave m.
Rasierzeug n *fam* occorrente m per radersi/[farsi la barba].
Räson <-, ohne pl> f *geh* (*Vernunft*): **zur ~ kommen**, mettere giudizio, mettere la testa a posto/partito; **jdn zur ~ bringen**, ricondurre qu alla ragione, far ragionare qu.
räsonieren <ohne ge-> itr **über etw** (akk) **~ 1** *geh* (*sich wortreich äußern*) dilungarsi *su qc* **2** *fam* (*nörgeln*) brontolare (*per qc*), borbottare (*per qc*); lit.
Raspel① <-, -n> f **1** (*Küchenreibe*) grattugia f **2** (*grobes Feilwerkzeug*) raspa f.
Raspel② <-s, -n> m <meist pl> (*Apfelraspel*, *Kokosraspel*, *Schokoladenraspel*) scaglietta f (grattugiata); (*Holzraspel*) raspatura f.
raspeln tr **1** (*reiben*) **etw ~** grattugiare qc: **ich mag die Möhren am liebsten, wenn sie fein geraspelt sind**, le carote le preferisco (quando sono) grattugiate fini fini **2** (*feilen*) **etw ~** {HOLZ} raspare qc.
Rasse <-, -n> f **1** (*Menschengruppe*) razza f **2** (*Tierart*) razza f **3** *biol* sottospecie f • ~ **haben** {HUND, PFERD} essere di razza; {WEIN} avere carattere; **die Frau hat** ~, quella donna ₁ha temperamento₁/[è focosa].
Rassehund m *zoo* cane m di razza.
Rassel <-, -n> f **1** (*Spielzeug für Babys*) sonaglio m, sonaglino m **2** (*Musikinstrument*) sonaglio m **3** *zoo* {+KLAPPERSCHLANGE} sonaglio m.
Rasselbande f *fam scherz* banda f di monelli.
rasseln itr **1** <haben> (*metallisches Geräusch verursachen*) {KETTE} sferragliare; {WECKER} trillare **2** <haben> (*sich mit viel Geräusch fortbewegen*) {KETTENFAHRZEUG, PANZER} sferragliare **3** <haben> (*sich mit Rasseln erzeugen*) **mit etw** (dat) ~ {MIT EINER KETTE, SCHLÜSSELN} fare un gran rumore *con qc* **4** <sein> *fam* (*durchfallen*) **durch etw** (akk) ~ {DURCH EIN EXAMEN, EINE PRÜFUNG} essere segato *slang*/bocciato *fam a qc*.
rasselnd adj **1** (*metallisch klingend*) {GERÄUSCH} strepitante: **~e Ketten**, catene che sferragliano con fragore **2** *med*: **einen ~en Atem haben**, rantolare.

Rassendiskriminierung f discriminazione f razziale.
Rassenfanatiker m (**Rassenfanatikerin** f) razzista mf.
Rassenfrage f → **Rassenproblem**.
Rassengesetz n <meist pl> *pol hist* legge f razziale.
Rassenhass (a.R. Rassenhaß) m odio m razziale.
Rassenhetze f istigazione f al razzismo.
Rassenhygiene f (*im Nationalsozialismus*) pulizia f della razza, eugenetica f; (*einzelne Maßnahmen*) provvedimenti m pl per la difesa della razza.
Rassenintegration f integrazione f razziale.
Rassenkonflikt m conflitto m razziale.
Rassenkrawall m scontro m razziale.
Rassenkunde f *wiss* studio m delle razze (umane).
Rassenmerkmal n caratteristica f razziale.
Rassenmischung f miscuglio m di razze.
Rassenpolitik f politica f razziale.
Rassenproblem n problema m/questione f razziale.
Rassenschranke f barriera f razziale.
Rassentrennung f segregazione f razziale; (*bes. in Südafrika*) apartheid f *oder* m.
Rassenunruhen subst <nur pl> disordini m pl razziali.
Rassenvorurteil n pregiudizio m razziale.
Rassepferd n *zoo* cavallo m di razza, purosangue m.
rasserein adj → **reinrassig**.
Rassestandard, **Rassenstandard** m {+HUNDERASSE, KATZENRASSE} caratteristiche f pl standard della/[di una] razza.
Rasseweib n *fam* donna f tutta fuoco.
rassig adj {FRAU, SÜDLÄNDER} di temperamento, focoso; {PFERD, WEIN} di carattere.
rassisch adj {KENNZEICHEN, MERKMALE} razziale.
Rassismus <-, ohne pl> m *pej* razzismo m.
Rassist m (**Rassistin** f) *pej* razzista m f.
rassistisch adj *pej* {MENSCH} razzista; {HALTUNG, IDEEN} auch razzistico.
Rast <-, -en> f <meist sing> sosta f: **lass uns eine kurze ~ machen**, fermiamoci un momento • **ohne ~ und/noch Ruh** *geh*, senza posa.
Rasta <-s, -s> m, **Rastafari** <-s, -s> m rasta mf, rastafariano (-a) m (f).
rasten itr fermarsi, sostare, fare una sosta: **ich werd' nicht ~ und nicht ruhen, bis ich es wiedergefunden habe**, non mi darò pace finché non l'avrò ritrovato • **wer rastet, der rostet** *prov*, chi non lavora si arrugginisce *prov*.
Raster① <-s, -> m **1** *typ* (*Gerät*) retino m; (*Rasterung*) retinatura f **2** *opt* (*Gitterblende*) reticolo m.
Raster② <-s, -> n **1** *TV* (*Gesamtheit der Bildpunkte*) quadro m **2** (*Beurteilungssystem*) schema m, griglia f; **etw in ein ~ einordnen**, costringere qc in uno schema.
Rasterbildschirm m *inform TV* schermo m raster.
Rasterfahndung f investigazione f computerizzata.
Rastermikroskop n microscopio m elettronico a scansione lineare.
Rasterung <-, -en> f *typ* retinatura f.
Rasthaus n, **Rasthof** m → **Raststätte**.
rastlos **A** adj **1** (*unermüdlich*) {TREIBEN} continuo; {EIFER, EINSATZ} *auch* incessante, instancabile **2** (*unruhig*) {LEBEN} frenetico,

irrequieto; {GESCHÖPF, MENSCH} *auch* che non si ferma mai, che non si concede soste **B** adv {ARBEITEN, IM EINSATZ SEIN} senza sosta/[fermarsi mai].
Rastlosigkeit <-, ohne pl> f **1** (*Unermüdlichkeit*) instancabilità f **2** (*Unruhe*) irrequietezza f.
Rastplatz m **1** (*Ort zum Rasten*) luogo m di/[per la] sosta **2** (*Raststelle an der Autobahn*) piazzola f/area f di sosta; (*mit Rasthaus*) area f di servizio.
Raststätte f *autom* autogrill® m, posto m/punto m di ristoro.
Rasur <-, -en> f rasatura f.
Rat① <-(e)s, ohne pl> m consiglio m • **auf jds Rat hin**, dietro/su suggerimento di qu; **jds Rat befolgen**, seguire il consiglio di qu; **einem Rat folgen**, seguire un consiglio/suggerimento; **jdn um Rat bitten/fragen**, chiedere consiglio a qu; **Erweiterter Rat** *ökon pol*, Consiglio generale; **Europäischer Rat** *pol*, Consiglio europeo; **jdm einen (guten) Rat geben**, dare a qu un (buon) consiglio; **mit sich** (dat) **zu Rate gehen**, farsi l'esame/un esame di coscienza; **da ist guter Rat teuer!**, è un bel guaio!; **sich** (dat) **bei jdm Rat holen**, **sich** (dat) **jds Rat einholen**, chiedere consiglio a qu; **auf jds Rat hören**, dare ascolto/retta *fam* ai consigli di qu; **Rat schaffen**, trovare una soluzione; **Rat suchend**, in cerca di un consiglio: **er wandte sich Rat suchend an mich**, si rivolse a me per avere un consiglio; **Rat Suchende** → **Ratsuchende**; **jdm mit Rat und Tat zur Seite stehen**, aiutare/assistere qu in tutti i modi (possibili); **sich** (dat) **keinen Rat (mehr) wissen**, non sapere (più) a che santo votarsi, non sapere ₁dove sbattere la testa *fam*₁/[che pesci pigliare *fam*]; **jdn zu Rate ziehen**, ricorrere al consiglio di qu, consultare qu.
Rat② <-(e)s, Räte> m consiglio m • **Großer Rat** *CH*, Gran Consiglio.
Rat③ <-(e)s, Räte> m (**Rätin** f) **1** (*Ratsmitglied*) consigliere (-a) m (f) **2** (*hoher Beamtentitel*) consigliere m.
rät 3. pers sing präs *von* **raten**.
Ratatouille <-, -s> f *oder* <-s, -s> n *gastr* ratatouille f.
Rate <-, -n> f **1** (*Teilzahlung*) rata f: **monatliche ~**, mensilità f **2** (*Verhältnis zwischen zwei Größen*) tasso m: **die ~ der Arbeitslosen ist gestiegen**, il tasso di disoccupazione è aumentato • **etw auf ~n kaufen**, comprare qc a rate; **etw in ~n (be)zahlen**, pagare qc a rate.
Rätedemokratie f *pol* democrazia f consiliare.
raten① <rät, riet, geraten> itr **1** (*einen Rat geben*) **jdm zu etw** (dat) ~ consigliare qc a qu: **jdm dazu ~, etw zu tun**, consigliare a qu di fare qc; **wozu ~ Sie mir?**, (che) cosa mi consiglia? **2** (*einen Vorschlag machen*) suggerire qc a qu: **ich rate zu äußerster Vorsicht ~**, suggerisco ₁la massima prudenza₁/[di essere estremamente prudente] • **lass dir das geraten sein!** *fam*, mettitelo/cacciatelo bene in testa! *fam*; **das möchte ich dir auch geraten haben!** *fam*, vorrei ben/anche vedere! *fam*.
raten② <rät, riet, geraten> **A** itr *fam* (*schätzen*) indovinare: **rate mal, wie alt ich bin!**, prova a indovinare quanti anni ho! **B** tr *fam* (*erraten*) **etw ~** indovinare qc; {ANTWORT} *auch* azzeccare qc: **das rät der nie!** *fam*, non lo indovinerà mai!; **dreimal darfst du ~!** *fam*, prova un po' a indovinare!
Ratenkauf m acquisto m rateale/[a rate].
ratenweise **A** adj <attr> {ZAHLUNG} rateale, a rate **B** adv {ZAHLEN} a rate, ratealmente.

Ratenzahlung f pagamento m ⌐a rate⌐/[rateale].

Räterepublik f pol hist repubblica f dei consigli.

Ratespiel n indovinello m; TV quiz m.

Ratgeber① <-s, -> m manuale m, guida f.

Ratgeber② <-s, -> m (**Ratgeberin** f) consigliere (-a) m (f) ● ⌐ein schlechter⌐/[kein guter] ~ sein, essere un cattivo consigliere.

Rathaus n 1 (Institution) municipio m, comune m 2 (Gebäude) municipio m, palazzo m comunale.

Rathauspartei f pol partito m rappresentato nel consiglio comunale.

Rathaussaal m sala f/salone m del consiglio comunale.

Ratifikation <-, -en> f jur pol → **Ratifizierung**.

ratifizieren <ohne ge-> tr jur pol etw ~ {VÖLKERRECHTSVERTRAG} ratificare qc.

Ratifizierung <-, -en> f jur pol ratifica f, ratificazione f.

Rätikon <-(s), ohne pl> n oder m geog Alpi f pl Retiche.

Rätin f → **Rat**③.

Rating <-s, -s> n ökon psych soziol rating m.

Ratingagentur f ökon pol agenzia f di rating.

Ratio <-, ohne pl> f geh ragione f, raziocinio m.

Ration <-, -en> f razione f ● eiserne ~ mil, razione di emergenza; jdn auf halbe ~ setzen fam, mettere qu a dieta/regime.

rational geh A adj {DENKEN, HANDELN, VERHALTEN} razionale, dettato dalla ragione B adv {BEGRÜNDEN, ERKLÄREN} razionalmente, in modo razionale, con razionalità.

rationalisieren <ohne ge-> A tr 1 (wirtschaftlicher gestalten) etw ~ {ARBEITSABLÄUFE, BETRIEB, PRODUKTION, UNTERNEHMEN} razionalizzare qc 2 (zweckmäßiger gestalten) etw ~ {METHODEN, ZUR VERFÜGUNG ⌐STEHENDER RAUM,⌐/[STEHENDE ZEIT]} razionalizzare qc 3 psych (Affekthandlungen nachträglich vernünftig erklären) razionalizzare qc B itr (wirtschaftlicher gestalten) attuare misure di razionalizzazione/ristrutturazione.

Rationalisierung <-, -en> f 1 razionalizzazione f; {+BETRIEB, FIRMA} auch ristrutturazione f 2 psych (nachträgliche vernünftige Erklärung von Affekthandlungen) razionalizzazione f.

Rationalisierungsmaßnahme f misura f di razionalizzazione/ristrutturazione.

Rationalisierungsschutz m ökon "misure f pl ⌐per la⌐/[in] difesa dei posti di lavoro".

Rationalismus <-, ohne pl> m 1 philos razionalismo m 2 (vom Rationalismus geprägtes Denken) razionalismo m.

Rationalist <-en, -en> m (**Rationalistin** f) geh razionalista mf.

Rationalität <-, ohne pl> f geh razionalità f.

rationell A adj {AUFTEILUNG, BAUWEISE, METHODE} funzionale, razionale B adv {ARBEITEN} in modo razionale/funzionale, razionalmente ● es muss ~er produziert werden, occorre razionalizzare la produzione.

rationieren <ohne ge-> tr etw ~ {BENZIN, BROT, FLEISCH, WASSER} razionare qc.

Rationierung <-, -en> f razionamento m.

ratlos A adj {BLICK, SCHULTERZUCKEN} perplesso: ~ sein, essere perplesso/disorientato; ich bin völlig ~, non so assolutamente cosa fare B adv: ~ dastehen, rimanersene lì perplesso (-a); ein Phänomen, dem unsere Politiker nach wie vor ~ gegenüberstehen, un fenomeno che continua a lasciare perplessi i nostri politici.

Ratlosigkeit f perplessità f, disorientamento m.

Rätoromane m (**Rätoromanin** f) ladino (-a) m (f).

rätoromanisch adj {BRAUCH, TRADITION} ladino; {LITERATUR, SPRACHE} auch retoromanzo: die ~en Mundarten, i dialetti retoromanzi; das Rätoromanisch(e), il retoromanzo.

ratsam adj {VERHALTEN, VORGEHEN} opportuno: ~ sein, essere consigliabile/opportuno; es ist ~, nur die nötigsten Papiere bei sich zu haben, è consigliabile portare con sé soltanto i documenti indispensabili; wir würden es für ~ halten, die Anfänger in Gruppen einzuteilen, riterremmo opportuno suddividere i principianti in gruppi; hier ist es absolut ~ zu schweigen, qui il silenzio è d'uopo lit.

ratsch interj (Geräusch des Zerreißens) zaff!

Ratsche <-, -n> f süddt A, **Rätsche** <-, -n> f süddt CH 1 (Instrument) raganella f 2 fam pej (klatschsüchtige Frau) boccalona f fam pej, rana f dalla bocca larga fam scherz.

ratschen itr süddt A 1 (die Ratsche drehen) suonare la raganella 2 fam (schwatzen) chiacchierare, cianciare.

Ratschlag <-(e)s, Ratschläge> m consiglio m: jdm einen guten ~ geben, dare un buon consiglio a qu; dein ~ hat sich als sehr wertvoll erwiesen, il tuo consiglio è risultato molto prezioso.

Rätsel <-s, -> n 1 (Geheimnis) enigma m, mistero m: der Mann ist mir ein ~!, per me quest'uomo è un enigma/mistero/rebus!; es bleibt/ist mir ein ~, warum sie sich nicht meldet, non capisco perché non si fa(ccia) viva; wir sind ihm ~ auf ~ gekommen sind, rimarrà un mistero come siano entrati (-e) in casa; auch die Wissenschaft steht noch vor einem ~, anche la scienza si trova tuttora di fronte a un enigma 2 (Denkaufgabe) indovinello m; (Kreuzworträtsel) cruciverba m, parole f pl incrociate ● jdm ~ aufgeben, porre un quesito/[quesiti] a qu; das ist des ~s Lösung!, ecco la chiave del mistero!; in ~n sprechen, parlare per enigmi.

Rätselecke f angolo m enigmistico, pagina f enigmistica.

rätselhaft adj {PHÄNOMEN, UMSTÄNDE, WEISE} misterioso; {MENSCH, VERHALTEN} auch enigmatico: es ist mir völlig ~, wie man so etwas tun kann fam, non riesco proprio a capire come si possa fare una cosa del genere.

Rätselheft n settimanale m enigmistico/[di enigmistica], rivista f di enigmistica.

rätseln itr (über etw akk) ~ cercare di capire (qc): wir haben lange darüber gerätselt, wie er das gemeint hat, ci siamo arrovellati (-e) a lungo il cervello per capire cosa aveva voluto dire.

Rätselraten n 1 (Lösen von Rätseln) enigmistica f 2 (Mutmaßen) congetture f pl.

Ratsherr m obs consigliere m (comunale).

Ratskeller m "ristorante m ubicato nelle cantine del municipio".

Ratssitzung f seduta f del consiglio.

ratsuchend adj → **Rat**①.

Ratsuchende <dekl wie adj> mf chi desidera ⌐avere un consiglio⌐/[essere consigliato].

Ratsversammlung f riunione f del consiglio.

Rattan <-s, ohne pl> n canna f d'India, rattan m.

Ratte <-, -n> f 1 zoo (Nagetier) ratto m, topo m delle fogne 2 fam pej (ekliger Kerl) verme m fam pej ● die ~n verlassen das sinkende Schiff, i topi abbandonano la nave che affonda.

Rattenbekämpfung f (misure f pl di) derattizzazione f.

Rattenfänger m demagogo m, trascinatore m di folle ● der ~ von Hameln lit, il pifferaio ⌐di Hamelin⌐/[magico].

Rattengift n ratticida m, topicida m.

Rattenplage f invasione f di ratti/topi.

Rattenschwanz m 1 (Schwanz der Ratte) coda f di ratto 2 fam (Reihe unangenehmer Folgen) ~ von etw (dat pl) {VON BESCHWERDEN, PROBLEMEN} sfilza f di qc 3 fam (Frisur) codino m.

Rattenvernichtung f derattizzazione f.

rattern itr 1 <haben> (knattern) {MASCHINENGEWEHR} crepitare; {AUSPUFF} battere 2 <sein> (sich knatternd fortbewegen) irgendwohin ~ {ZUG} sferragliare + compl di luogo.

ratzekahl adv fam: er hat sich (dat) die Haare ~ abschneiden lassen, si è fatto ⌐rasare i capelli a zero⌐/[la rapa fam]; nach wenigen Minuten hatten sie schon alles ~ aufgefuttert fam, dopo pochi minuti avevano già ⌐fatto piazza pulita fam⌐/[spolverato tutto fam].

ratzen itr fam dormire come un ghiro/sasso.

rau adj 1 (nicht glatt) {HÄNDE, PAPIER, PUTZ, SCHALE, STOFF} ruvido; {OBERFLÄCHE} auch scabroso; {LIPPEN} screpolato 2 (unwirtlich) {KLIMA, WETTER} rigido, inclemente, aspro; {WIND} tagliente; {GEGEND} aspro, inospitale 3 (stürmisch) {SEE} burrascoso, tempestoso, grosso 4 (kratzig) {HALS, KEHLE} irritato, infiammato; {STIMME} rauco, roco 5 (schroff) {MANIEREN, VERHALTEN} ruvido, burbero; {GESELLEN, TON} auch rude ● rau, aber herzlich fam, rude, ma di cuore; in rauen Mengen fam, in quantità industriali fam.

Raub <-s, ohne pl> m 1 (brutale Entwendung) rapina f: einen ~ begehen/verüben, commettere una rapina; einem ~ zum Opfer fallen, ⌐essere vittima di⌐/[subire] una rapina 2 (Entführung) rapimento m, sequestro m 3 (Raubgut) refurtiva f, bottino m, rapina f ● der ~ der Sabinerinnen hist, il ratto delle Sabine.

Raubbau <-s, ohne pl> m 1 (rücksichtslose Ausbeutung) ~ (an etw dat) sfruttamento m selvaggio (di qc): mit seiner Gesundheit ~ treiben, strapazzarsi la salute; er hat mit seinen Kräften einfach ~ getrieben, non si è mai risparmiato 2 agr (extreme Bodennutzung) sfruttamento m selvaggio.

Raubdruck m {+BUCH} edizione f pirata.

Raubein n fam orso m, burbero m.

raubeinig adj fam {ART, HERZLICHKEIT, KERL} burbero, rude.

rauben A tr 1 (mit Gewalt wegnehmen) (jdm) etw ~ rapinare ⌐qu (di qc)⌐/[qc (a qu)]: sie haben ihr den gesamten Schmuck geraubt, l'hanno rapinata di tutti i suoi gioielli 2 zoo (reißen) etw ~ {FUCHS HUHN; LÖWE ANTILOPE} prendere qc 3 (hindern) jdm etw ~ {RUHE} privare qu di qc, togliere qc a qu: jdm den Schlaf ~, rubare il sonno a qu; jdm den Verstand ~, far uscire di senno qu; ich werde Ihnen nicht viel Zeit ~, non Le ruberò molto tempo 4 obs (entführen) jdn ~ rapire qu, sequestrare qu B itr (mit Gewalt wegnehmen) commettere una rapina.

Räuber <-s, -> m (rar **Räuberin** f) 1 (jd, der einen Raub begeht) rapinatore (-trice) m (f), razziatore (-trice) m (f); hist (Straßenräuber) predone (rar -a) m (f), brigante m; (Krimineller) bandito (rar -a) m (f), delinquente mf,

masnadiere (*rar* -a) m (f) **2** *fam pej* (*jd, der überhöhte Preise fordert*) ladro(ne) m *fam*, ladr(on)a f *fam* **3** *zoo* (*räuberisches Tier*) (animale m) predatore m ● **~ und Gendarm spielen**, giocare a guardie e ladri.

Räuberbande f banda f/masnada f di briganti.

Räubergeschichte f **1** (*Geschichte über Räuber*) storia f di briganti **2** *fam* (*unglaubwürdige Geschichte*) storia f, storiella f.

Räuberhauptmann m capobandito m, capo m dei banditi.

Räuberhöhle f covo m di banditi ● **hier sieht es ja aus wie in einer ~!** *fam*, ma che bordello che c'è qui! *fam*.

Räuberin f → **Räuber**.

räuberisch adj brigantesco; {TIER} predatore; **~e Erpressung**, estorsione aggravata; **~er Überfall**, aggressione a scopo di rapina.

räubern A itr rubare B tr *etw* ~ rubare *qc*; {WOLF HÜHNER} depredare *qc*.

Räuberzivil n *fam scherz* cenci m pl *fam*, abiti m pl/vestiti m pl trasandati; **irgendwo im ~ erscheinen**, presentarsi con addosso due stracci + *compl di luogo*; **in ~ sein**, indossare vestiti malconci.

Raubfisch m *fisch* pesce m predatore.

Raubgier f *geh* rapacità f.

raubgierig adj *geh* rapace; {MENSCH} *auch* famelico, cupido.

Raubkatze f *zoo* felino m.

Raubkopie f copia f pirata.

raubkopieren <*ohne* ge-> tr *etw* ~ {CD, DVD, FILM, VIDEO} fare una copia pirata *di qc*, copiare illegalmente *qc*.

Raubkopierer m (**Raubkopiererin** f) {+CD, DVD, FILM, VIDEO} chi fa copie pirata.

Raubmord m omicidio m a scopo di rapina.

Raubmörder m (**Raubmörderin** f) rapinatore (-trice) m (f) omicida.

Raubritter m *hist* cavaliere m predone.

Raubtier n (animale m) predatore m, animale m da preda.

Raubtierkäfig m gabbia f degli animali feroci; **hier stinkt's wie im ~**, qui c'è un puzzo tale che sembra di essere in una stalla.

Raubüberfall m aggressione f a scopo di rapina: **bewaffneter ~**, rapina a mano armata.

Raubvogel m uccello m predatore, rapace m, uccello m di rapina.

Raubzug m razzia f, scorreria f.

Rauch <-s, *ohne pl*> m fumo m: **beißender/ dichter/schwarzer ~**, un fumo acre/denso/nero; **~ steigt auf**, si alza del fumo ● **in ~ aufgehen fam, sich in ~ auflösen** *fam* (*nicht zustandekommen*), andare in fumo; **kein ~ ohne Flamme** (*da muss etwas Wahres dran sein*), ci deve essere un fondo di verità.

Rauchabzug m canna f fumaria.

raucharm adj {MOTOR} a bassa produzione di gas combustibili.

Rauchbombe f bomba f fumogena.

rauchen A itr **1** (*Pfeife, Zigarre, Zigarette und Ä. ~*) fumare: **zu ~ aufhören, das Rauchen aufgeben**, smettere di fumare **2** (*qualmen*) {FEUERSTELLE, SCHORNSTEIN, VULKAN} fumare: **der Kamin raucht**, il camin(ett)o fa fumo B tr (*Qualm inhalieren*) *etw* ~ {JOINT, PFEIFE, ZIGARETTE, ZIGARRE} fumare *qc* C unpers: **es raucht** (*irgendwo*), c'è del fumo (+ *compl di luogo*) ● *passiv* ~, subire il fumo degli altri; **passives Rauchen**, fumo passivo; **Rauchen *verboten*!**, vietato fumare!

Rauchentwicklung <-, *ohne pl*> f fuoriuscita f/sviluppo m di fumo.

Raucher① m <*ohne art*> *fam* (*Raucherabteil*) scompartimento m (per) fumatori; (*im Kino, Restaurant*) zona f fumatori.

Raucher② <-s, -> m (**Raucherin** f) (*jd, der raucht*) fumatore (-trice) m (f): **ein starker ~ sein**, essere un gran/accanito fumatore ● **passiver ~**, fumatore passivo.

Raucheraal m *gastr* anguilla f affumicata.

Raucherabteil n *Eisenb* scompartimento m (per) fumatori.

Raucherbein n *med* morbo m di Bürger.

Raucherecke f angolo m dei fumatori.

Räucherfass (a.R. Räucherfaß) n *relig*, **Räuchergefäß** n *relig* → **Rauchfass**.

Räucherhering m *gastr* aringa f affumicata.

Raucherhusten m *med* tosse f cronica da fumo.

Raucherin f → **Raucher**②.

Räucherkammer f affumicatoio m.

Räucherkerze f cono m di incenso.

Räucherlachs m *gastr* salmone m affumicato.

räuchern A tr *gastr etw* ~ {FISCH, FLEISCH, SCHINKEN, SPECK, WURST} affumicare *qc* B itr (*Räuchermittel verbrennen*) (**mit *etw dat*) ~** {MIT RÄUCHERKERZEN, RÄUCHERSTÄBCHEN}, bruciare *qc*; (**mit Weihrauch**) **~**, bruciare l'incenso.

Räucherschinken m *gastr* prosciutto m affumicato.

Räucherspeck m *gastr* pancetta f affumicata.

Räucherstäbchen n bastoncino d'incenso.

Raucherzimmer n stanza f/sala f per fumatori.

Raucherzone f zona f per fumatori.

Rauchfahne f pennacchio m/voluta f di fumo.

Rauchfang <-(e)s, *Rauchfänge*> m **1** cappa f del camino **2** A (*Schornstein*) camino m.

rauchfarben, rauchfarbig adj fumé, color fumo.

Rauchfass (a.R. Rauchfaß) n *relig* incensiere m, turibolo m.

Rauchfleisch n *gastr* carne f affumicata.

rauchfrei adj {SAAL} dove è vietato fumare: **die ~e Ecke/Zone** (*im Restaurant*), l'angolo/ la zona per i non fumatori.

Rauchgas n gas m di combustione /[combusto], fumi m pl industriali.

Rauchgasentschwefelungsanlage f *tech* impianto m di desolforizzazione dei fumi industriali.

Rauchgeruch m puzzo m di fumo.

rauchgeschwärzt adj {DECKE, GESICHT, HÄNDE, WAND} annerito/nero dal fumo.

Rauchglas <-es, *ohne pl*> n vetro m fumé/ [grigio fumo].

Rauchglocke f cappa f di fumo.

rauchgrau adj {KLEID, PELZ} (color) grigio fumo /[fumo di Londra].

rauchig adj **1** (*voller Rauch*) {LOKAL, RAUM} fumoso, pieno di fumo **2** (*rauchfarben*) {GLAS} (color) fumé **3** (*nach Rauch schmeckend*) {FLEISCH, WHISKY} che sa di fumo **4** (*tief und rau*) {STIMME} cavernoso, profondo e roco.

rauchlos A adj {KERZE, PULVER} che non produce/fa fumo B adv {VERBRENNEN} senza (produrre/fare) fumo.

Rauchmelder m rilevatore m di fumo, allarme m antifumo.

Rauchsäule f colonna f di fumo.

Rauchschwaden m cortina f di fumo.

Rauchschwalbe f *ornith* rondine f (comune).

Rauchsignal n segnale m di fumo.

Rauchverbot n divieto m di fumare: **strengstes ~**, assoluto divieto di fumare.

Rauchvergiftung f intossicazione f da fumo.

Rauchverzehrer m mangiafumo m.

Rauchware f **1** <*nur pl*> → **Tabakwaren** **2** <*meist pl*> (*Pelzwaren*) pellicceria f.

Rauchwolke f nuvola f di fumo.

Räude f *med* (*Hautkrankheit bei Tieren*) rogna f.

räudig adj {HUND, KATZE} rognoso.

rauf adv *fam* → **herauf, hinauf** ● **~ und runter**, su e giù.

Raufasertapete f carta f da parati ruvida.

rauf|bitten <*irr*> tr *fam* → **herauf|bitten, hinauf|bitten**.

Raufbold <-(e)s, -e> m *pej* rissaiolo m, attaccabrighe m.

rauf|bringen <*irr*> tr *fam* → **herauf|bringen, hinauf|bringen**.

rauf|dürfen <*irr*> itr *fam* → **herauf|dürfen, hinauf|dürfen**.

raufen A itr (*sich balgen*) (**mit jdm**) ~ azzuffarsi (*con qu*) B rfl (*sich balgen*) **sich** (**mit jdm**) (**um *etw* akk**) ~ azzuffarsi/accapigliarsi (*con qu*) (*per qc*) ● **sich** (dat) **die Haare ~** → **Haar**.

Rauferei <-, -en> f rissa f, zuffa f.

rauf|fahren <*irr*> *fam* A tr <*sein*> **1** (*bergauf fahren*) *etw* ~ {BERG, STRASSE} salire *su per qc* (con un veicolo) **2** <*haben*> (*nach oben befördern*) **jdn/etw** ~ {AUTO, GEPÄCK} portare su *qu/qc*; {PERSON} *auch* accompagnare su *qu* B itr <*sein*> **1** (*bergauf fahren*) **auf *etw*** (akk) ~ **AUF DEN BERG**) salire su *per qc* (con un veicolo) **2** (*nach Norden fahren*) andare su.

rauf|führen tr *fam* → **herauf|führen, hinauf|führen**.

rauf|gehen <*irr*> itr <*sein*> → **hinauf|gehen**.

rauf|holen tr *fam* → **herauf|holen**.

rauf|kommen <*irr*> itr *fam* → **herauf|kommen, hinauf|kommen**.

rauf|können <*irr*> itr *fam* → **herauf|können, hinauf|können**.

rauf|lassen <*irr*> tr *fam jdn/etw* (*irgendwohin*) ~ lasciar/far salire *qu/qc* (+ *compl di luogo*).

rauflustig adj {TYP} rissoso.

rauf|müssen <*irr*> itr *fam* dover salire/[andare su].

rauf|rufen <*irr*> tr *fam* → **herauf|rufen**.

rauf|schicken tr *fam jdn* ~ mandare su *qu*.

rauf|setzen tr *fam etw* ~ {MIETEN} aumentare *qc*; {PREISE} *auch* alzare *qc*.

rauh a.R. *von* rau → **rau**.

Rauhaardackel m *zoo* bassotto m a pelo ruvido.

rauhaarig adj {HUND} a pelo ruvido.

Rauhbein a.R. *von* Raubein → **Raubein**.

rauhbeinig a.R. *von* raubeinig → **raubeinig**.

Rauheit <-, -en> f **1** <*nur sing*> (*Unebenheit*) {HAUT, PAPIER, PUTZ, SCHALE, STEIN, STOFF} ruvidezza f; (*OBERFLÄCHE*) *auch* scabrosità f **2** <*nur sing*> (*Unwirtlichkeit*) {KLIMA, WETTER} rigidezza f, rigidità f, asprezza f; (*GEGEND*) inospitalità f, asprezza f **3** (*Schroffheit*) {CHARAKTER, MANIEREN} ruvidezza f, rudezza f.

Rauhfasertapete a.R. *von* Raufasertapete → **Raufasertapete**.

Rauhhaardackel a.R. von Rauhhaardackel → **Rauhaardackel**.

Rauhputz a.R. von Rauputz → **Rauputz**.

Rauhreif a.R. von Raureif → **Raureif**.

Rauke <-, -n> f bot rucola f.

Raum <-(e)s, Räume> m **1** (Zimmer) camera f, stanza f, locale m: **dieser ~ eignet sich bestens für ein Atelier**, questa stanza è ideale per un atelier **2** astr math philos phys (Ausdehnung) spazio m: **der luftleere ~**, il vuoto **3** <nur sing> (Platz) spazio m, posto m: **viel/wenig ~ beanspruchen/einnehmen**, occupare/[non occupare] molto spazio, prendere/[non prendere] molto posto; **sie leben alle auf engstem ~ zusammen**, vivono tutti insieme in uno spazio molto ristretto; **dieser riesige Schrank nimmt zu viel ~ ein**, questo armadione è troppo ingombrante; **wir versuchen, den wenigen ~ optimal zu nutzen**, cerchiamo di sfruttare al meglio quel poco spazio che c'è **4** (Gebiet) zona f: **der ~ um das Industriezentrum**, la zona intorno al centro industriale; **im ~ Oldenburg kam es auch an diesem Wochenende zu starken Unruhen**, anche questo fine settimana nella zona di Oldenburg si sono verificati gravi disordini ● **den ~ decken** sport, marcare a zona; **etw (dat) mehr/weniger ~ geben**, dare più/meno spazio a qc; **~ sparend** {KÜCHENZEILE, SCHRANKWAND}, che occupa poco spazio, poco ingombrante; **wir suchen eine ~ sparendere Lösung für unser Schlafzimmer**, cerchiamo una soluzione che risolva meglio i problemi di spazio in camera nostra; **die Frage steht nach wie vor ungeklärt in ~ fam**, la questione rimane tuttora in sospeso; **etw in den ~ stellen** fam, mettere una questione sul tappeto.

Raumakustik f tech acustica f architettonica/[degli ambienti]/[ambientale].

Raumanzug m tuta f spaziale.

Raumaufteilung f suddivisione f/distribuzione f degli spazi.

Raumausstatter m (**Raumausstatterin** f) arredatore (-trice) m (f).

Raumausstattung f arredamento m (interno).

Raumbild n tech immagine f stereoscopica.

Raumbildverfahren n tech stereoscopia f.

räumen tr **1** (entfernen) **etw aus/von etw** (dat) ~ levare qc da qc, togliere qc da qc: **Kinder, räumt bitte eure Hefte vom Tisch!**, bambini, togliete i vostri quaderni dal tavolo per favore! **2** (einsortieren) **etw in etw** (akk) ~ mettere qc in qc, sistemare qc in qc: **ich räume noch schnell das Geschirr in die Spülmaschine**, metto un attimo i piatti nella lavastoviglie; **die Bücher müssen noch in die neuen Regale geräumt werden**, i libri devono ancora essere sistemati negli scaffali nuovi **3** (frei machen) **etw ~** {HAUS, WOHNUNG, ZIMMER} liberare qc, lasciare qc, sgomb(e)rare qc; {LAGER} svuotare qc: **zum nächsten Ersten müssen wir die Wohnung ~**, il primo del prossimo mese abbiamo lo sfratto **4** (unter Aufforderung verlassen) **etw ~** {AULA, LOKAL, SAAL, WOHNHAUS} abbandonare qc, sgomb(e)rare qc: **die Polizei ließ sofort das ganze Viertel ~**, la polizia fece immediatamente sgomb(e)rare l'intero quartiere; (im Notfall) evacuare qc **5** (ein Hindernis beseitigen) **etw ~** {SCHNEE, SCHUTT} spalare qc.

Raumersparnis f risparmio m di spazio.

Raumfähre f navetta f spaziale, shuttle m.

Raumfahrer m (**Raumfahrerin** f) → **Astronaut**.

Raumfahrt <-, ohne pl> f navigazione f spaziale, astronautica f, cosmonautica f ● **bemannte/unbemannte ~**, volo/missione spaziale con/senza equipaggio.

Raumfahrtbehörde f ente m/agenzia f per la ricerca spaziale.

Raumfahrtmedizin f med medicina f spaziale.

Raumfahrtprogramm n programma m spaziale.

Raumfahrttechnik f tecnologia f spaziale.

Raumfahrtzentrum n centro m per la ricerca spaziale.

Raumfahrzeug n veicolo m/navicella f spaziale, astronave f.

Räumfahrzeug m mot veicolo m di sgomb(e)ro; {FÜR SCHNEE} auch spazzaneve m, spalaneve m.

Raumflug m volo m spaziale.

Raumforschung f ricerca f spaziale.

Raumgestalter m (**Raumgestalterin** f) → **Raumausstatter**.

Raumgestaltung f architettura f di interni, arredamento m.

Rauminhalt m geom volume m, cubatura f.

Raumkapsel f aero capsula f spaziale.

Raumklima n clima m ambientale/[di un ambiente].

Räumkommando n squadra f di sgomb(e)ro.

Raumlabor n aero laboratorio m spaziale, spacelab m.

Raumlehre f geom geometria f.

räumlich A adj **1** (den Raum betreffend) spaziale; {GEGEBENHEITEN, LAGE} di spazio: **die ~e Gliederung**, la suddivisione dello spazio; **die ~e Beengtheit**, la ristrettezza di spazio; **unsere Beziehung leidet sehr unter der ~en Entfernung**, la nostra relazione soffre molto della distanza **2** (dreidimensional) {EMPFINDEN, WAHRNEHMUNG} dello spazio; {SEHEN} tridimensionale; {HÖREN} stereofonico B adv **1** (was den Platz betrifft) {BEENGT, EINGESCHRÄNKT} quanto a spazio: **wir leben ~ sehr beengt**, viviamo in un'estrema ristrettezza di spazio **2** (dreimensional): **~ sehen**, avere una visione tridimensionale.

Räumlichkeit <-, -en> f **1** <meist pl> (Räume) locale m, spazio m **2** <nur sing> (Plastizität) {+BILD, DARSTELLUNG} spazialità f, plasticità f.

Raummangel m → **Platzmangel**.

Raummaß n geom misura f di capacità.

Raummeter m oder n geom stero m.

Raumordnung f adm ordinamento m territoriale.

Raumpfleger m (**Raumpflegerin** f) addetto (-a) m (f) alle pulizie, uomo m/donna f delle pulizie.

Raumplanung f adm pianificazione f territoriale.

Raumschiff n astronave f, cosmonave f, navicella f spaziale.

Raumsonde f sonda f spaziale/orbitale.

raumsparend adj → **Raum**.

Raumstation f stazione f spaziale.

Raumteiler m (elemento m) divisorio m.

Raumtemperatur f temperatura f ambiente.

Raumtransporter m aero → **Raumfähre**.

Raumtrupp m → **Räumkommando**.

Räumung <-, -en> f **1** (das Freimachen) {+KREUZUNG, UNFALLORT} sgomb(e)ro m **2** (Evakuierung) {+GEBIET, HÄUSERBLOCK, KINO} evacuazione f ● **Aufforderung zur ~**, jur, intimazione f di sfratto.

Räumungsarbeiten subst <nur pl> (nach Katastrophen, Unfällen) lavori m pl di sgomb(e)ro.

Räumungsbefehl m jur ordine m di sfratto.

Räumungsfrist f jur termine m di sfratto.

Räumungsklage f jur intimazione f di sfratto.

Räumungsverkauf m liquidazione f totale, svendita f (per rinnovo locali o per cessata attività).

Raumzeit f spazio-tempo m.

raumzeitlich adj spazio-temporale.

raunen geh A itr (flüstern) sussurrare: **leicht raunte der Wind in den Bäumen**, il vento sussurrava lievemente/dolcemente tra gli alberi; **ein Raunen ging durch die Menge/den Saal**, un mormorio percorse la folla/sala B tr **1** (flüstern) **etw ~** bisbigliare qc, sussurrare qc: **er raunte mir ein paar Worte ins Ohr**, mi bisbigliò qualche parola all'orecchio **2** (klatschen): **man raunt, dass ...**, si mormora/bisbiglia che ...; **man raunte, er hätte eine Geliebte**, si mormorava/bisbigliava che avesse un'amante.

raunzen itr fam brontolare.

Raupe① <-, -n> f zoo bruco m.

Raupe② <-, -n> f (Kettenfahrzeug) (veicolo m) cingolato m; (Planierraupe) apripista m, bulldozer m.

Raupenfahrzeug n (veicolo m) cingolato m.

Raupenkette f tech cingolo m.

Raupenschlepper m trattore m a cingoli.

Rauputz m intonaco m rustico.

Raureif <-s, ohne pl> m brina f.

raus fam A interj fuori! B adv **1** (hinaus) fuori: **Mama, darf ich ~?** fam, mamma, posso uscire? **2** auch **heraus, hinaus**.

raus|bekommen <irr, ohne ge-> tr fam → **heraus|bekommen**.

raus|bringen <irr> tr fam → **heraus|bringen, hinaus|bringen**.

Rausch <-(e)s, Räusche> m **1** <nur sing> (euphorischer Zustand) ebbrezza f, esaltazione f, ubriacatura f: **im ~ seines jüngsten Erfolges hält er sich für weiß Gott wen**, esaltato dal suo ultimo successo si crede chissà chi; **im ~ der Leidenschaften**, nell'ebbrezza dei sensi **2** (nach Alkoholkonsum) sbornia f fam, sbronza f fam, ubriacatura f: **wir hatten alle schon einen leichten ~**, eravamo tutti (-e) quanti (-e) già un po' alticci (-e); **sich (dat) einen ~ antrinken**, prendersi una sbornia fam/sbronza fam/ubriacatura fam; **seinen ~ ausschlafen**, smaltire la sbornia fam; **im ~ sagte er schreckliche Dinge**, in preda all'alcol disse cose terribili.

rauscharm adj tech {VERSTÄRKER} a basso rumore, low noise.

Rauschebart m obs scherz **1** (langer Vollbart) barbone m, barbona f **2** (Mann mit Vollbart) barbone m.

rauschen A itr **1** <haben> (ertönen) {BACH, REGEN, WASSERFALL} scrosciare; {WALD, WIND} mormorare; {BLÄTTER} auch stormire; {MEER} mugghiare, muggire; {KLEID, SEIDE} frusciare **2** <sein> (sich mit Rauschen bewegen) → {BACH DEN BERG HINUNTER} scrosciare + compl di luogo **3** fam (schnell irgendwohin gehen) **irgendwohin ~**: **sie rauschte pikiert aus dem Zimmer**, risentita lasciò in tutta fretta la stanza B unpers: **es rauscht in der Leitung**, c'è un fruscio sulla linea.

rauschend adj **1** (stark) {BEIFALL} scrosciante: **der Auftritt des Pianisten wurde von ~em Beifall begleitet**, l'entrata del pianista fu accompagnata da scroscianti applausi **2** (*prunkvoll*) {ABEND, NÄCHTE} magnifico, splendido; {FEST} *auch* sontuoso.

rauschfrei adj {APPARAT, CD-PLAYER, RADIO} dal suono limpido; {FUNKVERBINDUNG, TELEFONVERBINDUNG} senza interferenze.

Rauschgift n stupefacente m, droga f, roba f *slang*: ~ **nehmen**, fare uso di stupefacenti/droga, drogarsi.

Rauschgiftbekämpfung f → **Drogenbekämpfung**.

Rauschgiftdezernat n sezione f narcotici.

Rauschgiftentzug m disintossicazione f (dalla droga).

Rauschgifthandel m narcotraffico m, traffico m di stupefacenti/droga.

Rauschgifthändler m (**Rauschgifthändlerin** f) narcotrafficante mf, trafficante mf di stupefacenti/droga; (*Verteiler*) spacciatore (-trice) m (f).

Rauschgiftkriminalität f criminalità f/delinquenza f legata al mondo della droga.

Rauschgiftring m rete f di spacciatori.

Rauschgiftschmuggel m narcotraffico m, contrabbando m/traffico m di stupefacenti/droga.

Rauschgiftsucht f tossicomania f, tossicodipendenza f.

rauschgiftsüchtig adj {PERSON} tossicodipendente, tossicomane, drogato.

Rauschgiftsüchtige <dekl wie adj> mf tossicodipendente mf, tossicomane mf, drogato (-a) m (f), tossico (-a) m (f) *slang*.

Rauschgifttote <dekl wie adj> mf morto (-a) m (f) per droga.

Rauschgold n orpello m.

Rauschgoldengel m "angioletto m di orpello (usato come addobbo per l'albero di Natale)".

Rauschmittel n narcotico m, stupefacente m.

raus|ekeln tr *fam* → **hinaus|ekeln**.

raus|fahren <irr> itr *fam* → **heraus|fahren**, **hinaus|fahren**.

raus|fallen <irr> itr *fam* → **heraus|fallen**, **hinaus|fallen**.

raus|finden <irr> tr *fam* → **heraus|finden**, **hinaus|finden**.

raus|fischen tr rfl *fam* → **heraus|fischen**.

raus|fliegen <irr> itr <sein> *fam* **1** (*hinausgeworfen werden*) (**aus etw** dat) ~ {AUS DEM BETRIEB, DER KLASSE, DER SCHULE} essere buttato fuori (*da qc*) *fam*: **wenn ihr nicht aufhört zu quatschen, fliegt ihr gleich raus!**, se non la smettete di chiacchierare, vi sbatto fuori! *fam* **2** *fam* (*weggeworfen werden*) {KLAMOTTEN, KREMPEL} finire nella spazzatura • *achtkantig* ~ *fam* {PERSON}, essere buttato/cacciato fuori *fam*.

raus|geben <irr> tr itr *fam* → **heraus|geben**.

raus|gehen <irr> itr *fam* → **heraus|gehen**, **hinaus|gehen**.

raus|gucken itr *fam* → **heraus|gucken**, **hinaus|gucken**.

raus|haben tr *etw* ~ **1** (*können*) {KNIFF, TRICK} sapere *qc*: **der hat es raus, wie man mit Frauen umgeht!**, quello sì che ha capito come si fa con le donne! **2** (*erraten haben*) {LÖSUNG} aver trovato *qc*, essere arrivato *a qc*: **ich hab' endlich raus, wie das Ding funktioniert**, finalmente ho capito come funziona questo aggeggio!

raus|halten <irr> tr rfl *fam* → **heraus|halten**, **hinaus|halten**.

raus|hängen tr itr *fam* → **heraus|hängen**, **hinaus|hängen**.

raus|helfen <irr> itr *fam* → **heraus|helfen**.

raus|holen tr *fam* → **heraus|holen**.

raus|hören tr *fam* → **heraus|hören**.

raus|kehren tr *fam* → **heraus|kehren**.

raus|kommen itr *fam* → **heraus|kommen**, **hinaus|kommen**.

raus|können <irr> itr *fam* → **heraus|können**, **hinaus|können**.

raus|kriegen tr *fam etw* ~ {LÖSUNG} riuscire a trovare *qc*, riuscire ad arrivare *a qc*; {GEHEIMNIS, SCHLOSSKOMBINATION} riuscire a scoprire *qc*: **sie haben lange gebraucht, aber dann haben sie es rausgekriegt** *fam*, ci hanno messo un bel po' ma alla fine ci sono arrivati (-e) *fam*.

raus|lassen <irr> tr *fam* → **heraus|lassen**, **hinaus|lassen**.

raus|müssen <irr> itr *fam* → **heraus|müssen**, **hinaus|müssen**.

raus|nehmen <irr> tr *fam* → **heraus|nehmen**.

räuspern rfl *sich* ~ schiarirsi la gola/voce.

raus|platzen itr *fam* → **heraus|platzen**.

raus|reden rfl *fam* → **heraus|reden**.

raus|reißen <irr> tr *fam* → **heraus|reißen**.

raus|rücken *fam* **A** tr <haben> (*hergeben*) *etw* ~ sganciare *qc fam*, tirare fuori *qc*; {GELD} *auch* scucire *qc fam*: **jetzt rück endlich den Pullover raus, den du mir weggenommen hast!**, su, tira fuori quel maglione che mi hai preso! **B** itr <sein> (*sprechen*): **mit der Sprache** ~, sputare il rospo *fam*.

raus|rutschen itr *fam* → **heraus|rutschen**.

raus|schicken tr *fam jdn* ~ {AUS DEM ZIMMER} spedire fuori *qu fam*.

raus|schinden <irr> tr *fam* → **heraus|schinden**.

raus|schlagen <irr> tr itr *fam* → **heraus|schlagen**.

raus|schmeißen <irr> tr *fam* **1** (*entfernen*) *jdn* (**aus etw** dat) ~ {AUS DER FIRMA, SCHULE, AUS DEM LOKAL} buttare fuori *qu* (*da qc*) *fam*, sbattere fuori *qu* (*da qc*) *fam* **2** (*wegwerfen*) *etw* ~ {KRAM, ALTE MÖBEL} buttare via *qc*, far fuori *qc fam*: **das ist rausgeschmissenes Geld**, sono soldi buttati (via) *fam* • *jdn hochkant* ~ *fam*, sbattere fuori *qu* in malo modo.

Rausschmeißer <-s, -> m (**Rausschmeißerin** f) *fam* buttafuori mf.

Rausschmiss (a.R. Rausschmiß) <-es, -e> m *fam* (*aus der Arbeit*) allontanamento m, mettere m alla porta *fam*; (*aus der Schule*) espulsione f; (*aus einem Lokal*) cacciata f.

raus|schmuggeln tr *fam* → **heraus|schmuggeln**, **hinaus|schmuggeln**.

raus|schrauben tr *fam* → **heraus|schrauben**.

raus|springen <irr> itr *fam* → **heraus|springen**.

raus|strecken tr *fam* → **heraus|strecken**, **hinaus|strecken**.

raus|tun <irr> tr *fam* → **heraus|tun**.

raus|waschen <irr> tr *fam* → **heraus|waschen**.

raus|werfen <irr> tr *fam* → **heraus|werfen**, **hinaus|werfen**.

raus|wollen <irr> itr *fam* → **heraus|wollen**, **hinaus|wollen**.

Raute <-, -n> f *geom* rombo m, losanga f.

rautenförmig adj a (forma di) rombo/losanga, romboidale.

Rave <-(s), -s> m *mus* rave m.

Ravioli subst <nur pl> ravioli m pl.

Rayon <-s, -s> m A CH distretto m.

Razzia <-, *Razzien oder rar* -s> f retata f, rastrellamento m: **eine ~ machen/durchführen/veranstalten**, fare/effettuare/compiere una retata.

RB **A** <-, *ohne pl*> f Abk *von* Regionalbahn: "ferrovie regionali" **B** <-, *ohne pl*> m Abk *von* Radio Bremen: "rete radiotelevisiva regionale tedesca con sede a Brema".

rd. Abk *von* rund: c, ca. (Abk *von* circa).

Reader <-s, -> m reading m.

Reagens <-, *Reagenzien*> n, **Reagenz** <-es, -ien> n reagente m.

Reagenzglas n provetta f.

Reagenzpapier n carta f reattiva.

reagieren <ohne ge-> itr **1** (*eine Reaktion zeigen*) (**auf etw** akk) (*irgendwie*) ~ reagire (*a qc*) (+ *compl di modo*): **sie hat mit äußerster Gelassenheit reagiert**, ha reagito con estrema pacatezza; **warum hast du so wütend reagiert?**, perché sei andato (-a) su tutte le furie? *fam* **2** *chem* (**mit etw** dat) ~ {ELEMENT, STOFF MIT ELEMENT, STOFF} reagire *con qc*, avere una reazione *con qc*.

Reaktanz <-, *-en*> f *el* reattanza f.

Reaktion <-, *-en*> f **1** (*Antworthandlung*) ~ (**auf etw** akk) reazione f (*a qc*): **eine sofortige/heftige ~ auslösen/bewirken**, provocare/suscitare/scatenare una reazione immediata/violenta; **eine prompte/schnelle ~**, una reazione pronta/rapida; **wie war denn seine ~?**, e qual è stata la sua reazione?, e lui come ha reagito? **2** (*im Körper*) reazione f: **eine allergische ~**, una reazione allergica **3** *chem* reazione f: **eine saure/synthetische ~**, una reazione basica/sintetica **4** <nur sing> *pol pej* (*fortschrittsfeindliche Kräfte*) reazione f.

reaktionär *pol* **A** adj {GRUPPIERUNG, IDEEN, POLITIKER} reazionario, codino **B** adv: **~ denken/[eingestellt sein]**, essere reazionario, avere idee/[essere di tendenze] reazionarie.

Reaktionär <-s, -e> m (**Reaktionärin** f) *pol* reazionario (-a) m (f), codino (-a) m (f).

reaktionsfähig adj **1** (*zu einer Reaktion fähig*) {MENSCH, TIER} capace di reagire **2** *chem* {ELEMENT, STOFF} reattivo.

Reaktionsfähigkeit f **1** → **Reaktionsvermögen** **2** *chem el* reattività f.

Reaktionsgeschwindigkeit f velocità f di reazione.

reaktionsschnell adj {MENSCH, TIER} dai riflessi pronti: **~ sein**, avere i riflessi pronti, scattare come una molla *fam*.

Reaktionsvermögen n (+MENSCH, TIER) capacità f di reagire.

Reaktionswärme f *chem* calore m di reazione.

Reaktionszeit f tempo m di reazione.

reaktiv adj **1** *psych* (*rückwirkend*) {MECHANISMEN} reattivo **2** *chem* (*reaktionsfähig*) reattivo.

reaktivieren <ohne ge-> tr **1** (*wieder in Dienst nehmen*) *jdn* ~ {BEAMTE} riammettere *qu* in servizio **2** (*wieder in Betrieb nehmen*) *etw* ~ {EISENBAHNLINIE, VERBINDUNG} riattivare *qc*, rimettere in funzione *qc*, ripristinare *qc* **3** *med* (*eine Funktion wiederherstellen*) *etw* ~ {KREISLAUF} riattivare *qc*.

Reaktor <-s, *-en*> m *nukl phys* reattore m nucleare.

Reaktorblock <-(e)s, *-blöcke*> m *nukl phys* (edificio m del) reattore m.

Reaktorkern m *nukl phys* nucleo m/nocciolo m del reattore, core m.

Reaktormantel m *nukl phys* schermatura

f del reattore.

Reaktorsicherheit f sicurezza f del reattore.

Reaktorunfall m incidente m al reattore.

real geh **A** adj **1** (*wirklich*) {TATSACHE, WELT} reale **2** (*realitätsbezogen*) {EINSCHÄTZUNG} realistico; {INTERESSE} concreto: **sie hatte ~e Chancen zu gewinnen**, aveva concrete possibilità di vincere **3** ökon {EINKOMMEN, KAUFKRAFT, WERT} reale, effettivo **B** adv **1** (*realitätsbezogen*): **~ denken**, essere realista, ragionare in termini concreti; **etw ~ einschätzen**, valutare realisticamente qc **2** ökon (*effektiv*) {SINKEN, ZUNEHMEN} realmente, effettivamente, in termini reali.

Realeinkommen n ökon reddito m reale.

Realisation <-, -en> f **1** (*das Realisieren*) → **Realisierung 2** film realizzazione f.

Realisator <-s, -en> m (**Realisatorin** <-, -nen> f) film TV produttore (-trice) m (f)/regista mf (di un film o una trasmissione televisiva).

realisierbar adj {IDEE, VORHABEN} realizzabile, concretizzabile; {PROGRAMM, PROJEKT} auch attuabile.

Realisierbarkeit <-, ohne pl> f geh {+IDEE, VORHABEN} realizzabilità f; {+PLAN, PROJEKT} auch attuabilità f.

realisieren <ohne ge-> tr geh **1** (*verwirklichen*) **etw ~** {IDEE, VORHABEN} realizzare qc; {PROGRAMM, PROJEKT} auch attuare qc **2** (*begreifen*) **etw ~** {EREIGNIS, GEFAHR, GESCHEHEN, VERÄNDERUNG} realizzare qc, rendersi conto di qc **3** ökon (*in Geld umwandeln*) **etw ~** {GEWINN, REINERLÖS} realizzare qc.

Realisierung <-, -en> f **1** <meist sing> (*Verwirklichung*) {+IDEE, VORHABEN} realizzazione f; {+PROGRAMM, PROJEKT} auch attuazione f **2** ökon (*Umwandlung*) {+GEWINN} realizzo m.

Realismus <-, ohne pl> m **1** (*Nüchternheit*) realismo m **2** kunst lit realismo m.

Realist <-en, -en> m (**Realistin** <-, -nen> f) **1** (*sachlicher Mensch*) realista mf, persona f concreta/[con i piedi per terra] **2** kunst lit (*Vertreter des Realismus*) realista mf.

realistisch **A** adj **1** (*wirklichkeitsnah*) {EINSCHÄTZUNG, ÜBERLEGUNG} realistico; {HALTUNG, SICHT} auch realista **2** kunst lit {DARSTELLUNG, FILM, LITERATUR} realistico, realista **B** adv **1** (*wirklichkeitsnah*) {BEURTEILEN, DENKEN, SEHEN} realisticamente, in modo realistico, in termini concreti, con realismo **2** kunst lit {DARSTELLEN, SCHREIBEN} secondo i canoni del realismo.

Realität <-, -en> f **1** <nur sing> (*Wirklichkeit*) realtà f **2** <meist pl> (*Gegebenheiten*) {POLITISCHE, SOZIALE, WIRTSCHAFTLICHE} realtà f, condizioni f pl **3** <nur pl> A ökon (*Immobilien*) beni m pl immobili • **virtuelle ~**, realtà virtuale.

Realitätenhändler m (**Realitätenhändlerin** f) A agente mf immobiliare.

realitätsbezogen adj ₁che tiene conto della₁/[aderente alla] realtà.

realitätsfern adj {EINSCHÄTZUNG, INTERPRETATION, SICHT} non/poco realistico, estraneo alla realtà, poco aderente/attinente alla realtà: **~ sein** {PERSON}, essere fuori/avulso dalla realtà.

realitätsfremd adj → **realitätsfern**.

Realitätsleugnung f psych negazione f della realtà.

realitätsnah **A** adj {DARSTELLUNG, DEUTUNG, PLANUNG} realistico, aderente/attinente alla realtà: **~ bleiben** {MENSCH} rimanere con i piedi per terra fam **B** adv {DARSTELLEN} realisticamente.

Realitätsprinzip n psych principio m di realtà.

Realitätssinn <-s, ohne pl> m senso m della realtà.

Realitätsverlust m psych perdita f del senso della realtà.

realiter adv geh in realtà/verità.

Realityshow, **Reality-Show** f TV reality show m, trasmissione f verità.

Reality-TV n reality tv f, tv f verità.

Realkapital n ökon capitale m d'azienda.

Reallexikon n dizionario m enciclopedico (specialistico).

Reallohn m salario m/retribuzione f reale.

Reallohnabbau m diminuzione f del salario reale.

Reallohnverlust m ökon erosione f del salario reale.

Realo <-s, -s> m slang pol "esponente mf di una corrente dei Verdi tedeschi che si pone obiettivi più realistici".

Realpolitik f pol **1** hist Realpolitik f **2** (*Politik ohne abstrakten Überbau*) realismo m politico, pragmatismo m politico, Realpolitik f.

Realpolitiker m (**Realpolitikerin** f) pol politico (rar -a) m (f) realista/pragmatico (-a).

Realschule f Schule "scuola f secondaria inferiore (a carattere tecnico-professionale)".

Realschüler m (**Realschülerin** f) "alunno (-a) m (f) di scuola secondaria inferiore (a carattere tecnico-professionale)".

Realsozialismus <-, ohne pl> m pol socialismo m reale.

Realwert m valore m reale.

Realzeit f tempo m reale.

Reanimation <-, ohne pl> f med rianimazione f.

reanimieren <ohne ge-> tr med **jdn ~** rianimare qu.

Rebe <-, -n> f bot **1** (*Weinstock*) vite f **2** (*Ranke*) viticcio m, cirro m, sarmento m.

Rebekka f (*Vorname*) Rebecca.

Rebell <-en, -en> m (**Rebellin** f) **1** pol (*Aufständischer*) ribelle mf, rivoltoso (-a) m (f) **2** geh (*aufbegehrender Mensch*) ribelle mf.

rebellieren <ohne ge-> itr **1** pol (*mit Gewalt verändern wollen*) (**gegen jdn/etw**) **~** ribellarsi (₁a/contro qu₁/[a qc]), rivoltarsi (contro qu/qc), sollevarsi contro qu/qc **2** geh (*aufbegehren*) (**gegen jdn/etw**) **~** ribellarsi (₁a/contro qu₁/[a qc]), rivoltarsi (contro qu/qc).

Rebellion <-, -en> f **1** pol (*Aufstand*) ribellione f, rivolta f, insurrezione f: **eine ~ unterdrücken**, reprimere una ribellione **2** geh (*Aufbegehren*) ribellione f.

rebellisch adj **1** pol (*aufständisch*) {TRUPPE, VOLK} ribelle, in rivolta; {GEFANGENE} auch rivoltoso **2** geh (*aufmüpfig*) {ALTER, JUGENDLICHER, PHASE} ribelle: **~ werden**, ribellarsi, rivoltarsi; **brüll nicht so, du machst ja das ganze Haus ~!** fam, non urlare così, metti in subbuglio tutta la casa!

Rebenblatt n bot pampino m.

Rebenmehltau m agr malbianco m/oidio m delle viti.

Rebensaft <-s, ohne pl> m geh oder scherz (*Wein*) vino m.

Rebhuhn n zoo pernice f.

Reblaus f zoo fillossera f.

Rebling <-s, -e> m bot sarmento m/tralcio m di vite.

Rebschnitt m agr potatura f delle viti.

Rebsorte f bot vitigno m, varietà f di vite.

Rebstock m bot vite f.

Rebus <-, -se> m oder n (*Bilderrätsel*) rebus m.

Receiver <-s, -> m tech sintoamplificatore m.

Rechaud <-s, -s> m oder n scaldavivande m; (*für Fondue*) fornellino m.

rechen bes. süddt A CH **A** tr etw **~** {BLÄTTER, GRAS} rastrellare qc **B** itr passare il rastrello.

Rechen <-s, -> m bes. süddt A CH rastrello m.

Rechenanlage f inform calcolatore m/elaboratore m elettronico, computer m.

Rechenart f sistema m di calcolo: **die vier ~en**, le quattro operazioni aritmetiche.

Rechenaufgabe f problema m/esercizio m matematico.

Rechenautomat m calcolatrice f.

Rechenbrett n (*früher*) abaco m.

Rechenbuch n obs → **Mathematikbuch**.

Rechenexempel n calcolo m matematico.

Rechenfehler m errore m di calcolo: **einen ~ machen**, ₁fare un errore di₁/[sbagliare il] calcolo.

Rechenheft n quaderno m di aritmetica.

Rechenkünstler m (**Rechenkünstlerin** f) campione (-essa) m (f) di aritmetica.

Rechenmaschine f **1** (*Gerät*) macchina f da calcolo, calcolatrice f **2** (*Rechenbrett: mit Steinen*) abaco m; (*mit Kugeln*) pallottoliere m.

Rechenschaft <-, ohne pl> f conto m, ragione f: **von jdm (über etw akk) ~ fordern/verlangen**, chiedere conto a qu di qc; **jdm über etw (akk) ~ geben/ablegen**, rendere conto a qu di qc; **jdm über etw (akk) ~ schuldig sein**, dover rendere conto a qu di qc; **darüber bin ich Ihnen keine ~ schuldig**, non devo rendere conto a Lei; **jdn zur ~ ziehen**, chiedere conto/ragione di qc a qu.

Rechenschaftsbericht m adm rendiconto m, resoconto m.

Rechenschieber m regolo m calcolatore.

Rechen- und Speichereinheit <-, -en> f inform unità f di memoria e di calcolo.

Rechenwerk n inform unità f logico-aritmetica.

Rechenzentrum n inform centro m di calcolo.

Recherche <-, -n> f <meist pl> ricerca f, indagine f: **über jdn/etw ~n anstellen**, fare delle indagini/ricerche su qu/qc; **die ~n aufgeben/einstellen**, fermare/sospendere le ricerche.

recherchieren <ohne ge-> geh **A** itr (**in etw** dat) **~** {IN EINER ANGELEGENHEIT, SACHE} fare/svolgere ricerche/indagini (su qc) **B** tr **etw ~** {FALL} indagare su qc; {HINTERGRÜNDE, ZUSAMMENHÄNGE} auch ricercare qc.

rechnen **A** itr **1** math fare/eseguire un calcolo: **die Kinder lernen ~**, i bambini imparano a far di conto; **im Kopf ~**, calcolare a mente; **ich habe ewig an der Aufgabe gerechnet**, ci ho messo un'eternità a risolvere il problema; **falsch ~**, sbagliare il calcolo/conto; **richtig ~**, fare bene il calcolo/conto **2** (*voraussehen*) **mit etw (dat) ~** aspettarsi qc, prevedere qc: **mit einem Erfolg ~**, aspettarsi/prevedere un successo; **es muss damit gerechnet werden, dass sein Zustand sich verschlechtert**, c'è da aspettarsi che le sue condizioni peggiorino, c'è da mettere in conto un peggioramento delle sue condizioni; **mit dem Schlimmsten ~**, temere/aspettarsi il peggio; **bei ihr muss man mit allem ~**, da lei c'è da aspettarsi di tutto; **wenn du so weitermachst, musst du damit ~, dass ...**, se continui così devi mettere in conto che ... **3** fam (*erwarten*) **auf jdn/etw, mit jdm/etw ~** {AUF JDS/MIT JDS UNTERSTÜTZUNG, VERSCHWIEGENHEIT} contare su qu/qc, fare conto/affidamento/assegnamento/calcolo *su qu/qc*: **dürfen wir auf einen Beitrag von Ihnen ~?**, possiamo contare/[fare affidamento] su un Suo contributo?; **ich hatte mit ihrer Hilfe gerechnet**, avevo contato sul suo aiuto, mi aspettavo che mi aiutasse; **so früh hatte ich noch gar nicht mit dir gerechnet**, non mi aspettavo che venissi così presto **4** *fam* (*sparen müssen*) dover risparmiare: **ich muss mit jedem Pfennig/Cent ~**, devo stare attento (-a) a ogni centesimo che spendo **B** *tr* **1** *math* (*zu lösen versuchen*) **etw ~** {AUFGABE} calcolare *qc*: **eine Aufgabe/Gleichung ~**, eseguire un calcolo/un'equazione **2** (*veranschlagen*) **etw für/pro jdn ~** {EINEN HALBEN LITER WEIN PRO GAST} calcolare *qc a/per qu*; **etw für etw** (*akk*) **~** {2 STUNDEN FÜR DIE FAHRT} calcolare *qc per qc* **3** (*einbeziehen*) **jdn/etw unter/zu etw** (*dat*) **~** annoverare *qu/qc fra qc*: **bis gestern habe ich ihn zu meinen Freunden gerechnet**, fino a ieri lo annoveravo fra i miei amici; **man kann sie sicher unter die großen Schriftstellerinnen unserer Zeit ~**, di sicuro va annoverata fra le grandi scrittrici della nostra epoca **C** *rfl slang ökon* (*rentabel sein*) **sich ~** rendere, essere vantaggioso/redditizio.

Rechnen <-s, ohne pl> *n* **1** (*Mathematik*) aritmetica f **2** (*das Ausrechnen*) calcolo m.

Rechner① <-s, -> *m* (*Computer*) calcolatore m/elaboratore m elettronico, computer m; (*Taschenrechner*) calcolatrice f.

Rechner② <-s, -> *m* (**Rechnerin** f) (*Person*) calcolatore (-trice) m (f): **er ist ein guter ~**, è abile nel calcolo.

rechnerabhängig *adj inform* on line.
Rechnergeneration f *inform* generazione f di elaboratori/calcolatori.
rechnergesteuert *adj inform* guidato/gestito dal calcolatore/computer.
rechnergestützt *adj inform* assistito da(l) calcolatore/computer.
Rechnerin f → Rechner②.
rechnerisch A *adj* <*attr*> **1** (*errechnet*) {GRÖSSE, WERT} aritmetico **2** (*das Rechnen betreffend*) {BEGABUNG} di calcolo **B** *adv* (*durch Rechnen*) {AUSMACHEN, ERMITTELN, LÖSEN} aritmeticamente, per via di calcolo: **~ falsch/richtig**, aritmeticamente ⌊sbagliato/errato⌋/[esatto/giusto].
Rechnerkonfiguration f *inform* configurazione f del computer.
Rechnernetz *n inform* rete f di calcolatori/elaboratori.
rechnerunabhängig *adj inform* off line.
Rechnung <-, -en> f **1** *ökon* (*im Hotel, Restaurant*) conto m: **das geht auf meine ~!**, offro/pago io!; **der Kaffee geht auf meine ~**, il caffè va sul mio conto *fam*, il caffè lo pago io; **Ober, die ~ bitte!**, cameriere, il conto per favore!; (*beim Kauf*) fattura f; **eine ~ ausstellen/begleichen**, rilasciare/saldare una fattura; **auf ~ bezahlen**, pagare su fattura **2** *math* (*Ausrechnung*) conto m, calcolo m: **die ~ geht auf/[nicht auf]**, il conto torna/[non torna] ● **mit jdm eine ~ begleichen**, regolare/sistemare i conti con qu; **auf eigene ~ (und Gefahr)**, a proprio rischio (e pericolo); **das geht auf meine ~**, è colpa mia, me ne assumo io la responsabilità; **die ~ für etw** (*akk*) ⌊**präsentiert bekommen**⌋/[**bezahlen müssen**], dover pagare lo scotto di qc *fam*; **sie hat die ~ für ihre Unverschämtheit präsentiert bekommen**, le hanno presentato il conto per la sua sfacciataggine *fam*; **jdm etw in ~ stellen**, mettere in conto qc a qu; **etw** (*dat*) **~ tragen**, tener conto di qc; **die ~ ohne den Wirt machen** *fam*, fare i conti senza l'oste *fam*.
Rechnungsabschluss (*a.R.* Rechnungsabschluß) m *ökon* chiusura f dei conti.

Rechnungsart f *math* → **Rechenart**.
Rechnungsbetrag m *com* importo m/ammontare m della fattura.
Rechnungsbuch n *com* libro m contabile.
Rechnungseinheit f *ökon* unità f monetaria.
Rechnungsführer m (**Rechnungsführerin** f) **1** (*Kassenwart*) tesoriere (-a) m (f) **2** (*in der Landwirtschaft*) contabile mf, ragioniere (-a) m (f).
Rechnungsführung f contabilità f, gestione f contabile.
Rechnungshof m Corte f dei conti.
Rechnungsjahr n *ökon pol* anno m/esercizio m finanziario.
Rechnungslegung f *com ökon* bilancio m consuntivo, chiusura f dei conti.
Rechnungsnummer f *com* numero m di fattura.
Rechnungsprüfer m (**Rechnungsprüferin** f) *ökon* revisore (*rar* -a) m (f) dei conti.
Rechnungsprüfung f *ökon* revisione f dei conti.
Rechnungswesen n *com ökon* contabilità f.

recht A *adj* **1** (*passend*) {MITTEL, MOMENT, ORT, PERSON} giusto: **ich bin nicht in der ~en Stimmung**, non sono dell'umore giusto; **ganz ~!**, giustissimo!; **zur ~en Zeit, am ~en Ort**, al posto giusto, nel momento giusto; **der Rechte**, la persona giusta; **sie hat noch nicht den Rechten gefunden**, non ha ancora trovato chi/[quello che] fa per lei **2** (*anständig*) giusto: **es war nicht ~, ihn so lange warten zu lassen**, non è stato giusto farlo aspettare così a lungo **3** <**präd**> (*genehm*): **jdm ~ sein** {ENTSCHEIDUNG, MITTEL}, andare/stare bene a qu; **es ist mir ~, dass Sie heute früher gehen**, mi sta/va bene che Lei oggi se ne vada prima; **ist es dir ~, wenn wir das auf nächste Woche verschieben?**, ti/[per te] va bene se lo rimandiamo alla prossima settimana? **4** <*attr*> <*nur verneint*> (*richtig*) {APPETIT, INTERESSE, LUST} vero: **auf dem Fest wollte keine ~e Stimmung aufkommen**, la festa non decollava *fam*; **er gibt sich keine ~e Mühe**, non si applica abbastanza seriamente **B** *adv* **1** <*meist verneint*> (*richtig*) {HÖREN, SEHEN, VERSTEHEN} bene: **hab' ich ~ gehört!?**, ho capito bene!?; **verstehen Sie mich bitte ~**, per favore, ⌊non mi fraintenda⌋/[cerchi di capirmi]; **wenn ich ~ verstehe**, se capisco bene …, se ho capito bene …; **er weiß noch nicht so ~, was er will**, ancora non sa bene cosa vuole **2** (*verstärkend*: *ziemlich*) abbastanza, piuttosto: **sie schienen mir alle ~ zufrieden**, mi sembravano tutti (-e) abbastanza contenti (-e); **die Sache ist ~ schwierig**, la faccenda è piuttosto complicata; **~ herzliche Grüße!**, cordiali saluti! ● **alles, was ~ ist, aber das geht nun doch zu weit!** *fam*, va tutto bene, ma questo è davvero troppo! *fam*; **das ist nur ~ und billig**, questo è più che giusto; **da bist du an den Rechten gekommen!** *fam iron*, sei inciampato (-a) nella persona giusta! *iron*; **das geschieht dir ~**, ti sta bene!, ben ti sta! *fam*; **du kommst mir gerade ~!** *fam iron*, capiti proprio a proposito! *fam*; **es jdm ~ machen**, accontentare qu; **man kann ihr nichts ~ machen!**, non le va mai bene niente! *fam*; **nun erst ~!**, ora più che mai!; **nun erst ~ nicht!**, ora meno che mai!; **~ und schlecht**, alla (meno) peggio; **nach dem Rechten sehen**, guardare se va tutto bene; **so ist's ~!, ~ so!**, così va bene!, bravo (-a)!; **soll mir ~ sein!** *fam*, (*einwilligend*) (mi) va bene!; (*nachgebend*), e va be'! *fam*; **was dem einen ~ ist, ist dem andern billig** *prov*, ciò che vale per uno, vale per tutti.

Recht <-(e)s, -e> *n* **1** <*nur sing*> *jur* (*Rechtsordnung*) diritto m; (*gesetztes ~*) legge f: **bürgerliches/kanonisches/öffentliches ~**, diritto civile/canonico/pubblico; **objektives/positives/subjektives ~**, diritto oggettivo/positivo/soggettivo; **das ~ anwenden/vertreten**, applicare/rappresentare la legge; **das ~ ist auf seiner Seite**, la legge è dalla sua parte; **nach dem geltenden ~**, secondo la legge vigente **2** (*zuerkannter Anspruch*) diritto m: **ein ~ auf etw** (*akk*) **haben**, aver diritto a qc; **ein ~ ausüben/wahrnehmen**, esercitare un diritto; **das ~ auf Arbeit**, il diritto al lavoro; **das ist mein gutes ~!**, è mio pieno diritto!; **seine ~e geltend machen**, far valere i propri diritti; **sich** (*dat*) **das ~ zu etw nehmen**, arrogarsi il diritto di fare qc; **das ~ (dazu) haben, etw zu tun**, avere il diritto di fare qc; **sein ~ behaupten/fordern/verlangen**, reclamare i propri diritti; **Sie haben das ~, die Aussage zu verweigern**, ha (la) facoltà di non rispondere; **die politischen/verfassungsmäßigen ~e**, i diritti politici/costituzionali **3** *jur* (*Justiz*) giustizia f: **~ sprechen**, amministrare la giustizia; **sich** (*dat*) **~ verschaffen**, ottenere giustizia ● **~/recht behalten**, avere ragione; **jdm ~/recht geben**, dar ragione a qu; **gleiches ~ für alle**, pari diritti per tutti; **~/recht haben**, avere ragione; **jd kommt zu seinem ~**, qu ottiene/riceve ciò che gli spetta, qu ottiene giustizia; **mit/zu ~**, a diritto/ragione; **er hat zu ~ die Auskunft verweigert**, a buon diritto non ha dato l'informazione; **jds ~e und *Pflichten***, i diritti e i doveri di qu; **im ~ sein**, essere ⌊nel giusto⌋/[dalla parte della ragione]; **das ~ des *Stärkeren***, la legge ⌊del più forte⌋/[della giungla]; **jdm zu seinem ~ verhelfen**, aiutare qu a ottenere giustizia; **mit vollem ~**, a ⌊buon diritto⌋/[ragione]/[pieno/giusto titolo]; **alle ~e vorbehalten**, tutti i diritti riservati; **von ~s wegen**, di diritto; **jdm von ~s wegen zustehen**, spettare di diritto a qu; **mit welchem ~?**, con quale diritto?, a che/quale titolo?; **mit welchem ~ hat er das getan?**, con quale diritto l'ha fatto?, che diritto aveva di farlo?

rechte *adj* → **rechter**.
Rechte① <-n, -n> f <*nur sing*> (*Hand*) (mano f) destra f: **in der ~n hielt er ein Glas**, nella destra teneva un bicchiere **2** *geh* (*Seite*) destra f, lato m destro: **zu meiner ~n**, alla mia destra; **zur ~n des Gastgebers stand der Koch**, alla destra dell'ospite c'era il cuoco **3** *Boxen* (*Schlag mit rechts*) destro m **4** <*meist sing*> *pol* (*konservative Gruppierungen*): **die ~**, la destra; **die radikale ~**, l'estrema destra; <*meist pl*> (*Exponenten*): **die ~n**, gli esponenti di/della destra.
Rechte② <*dekl wie adj*> mf *pol* **1** (*Parteimitglied*) esponente mf/militante mf di destra **2** (*Parteianhänger*) persona f/uno (-a) m (f) *fam* di destra, destrorso (-a) m (f) *scherz*, destroide mf.
Rechteck n *geom* rettangolo m.
rechteckig *adj* rettangolare.
rechtens A *adj* (*rechtmäßig*): **~ sein** {ANORDNUNG, VORGEHEN}, essere legale; {ANSPRUCH, FORDERUNG} essere legittimo **B** *adv* (*zu Recht*) a ragione.
rechter, rechte, rechtes *adj* <*attr*> **1** (*nicht der linke*) {ARM, BEIN, SCHUH, SEITE, UFER} destro (-a); {EINGANG, FENSTER, TÜR} a/sulla destra; {SPUR, WAND} *auch* di destra **2** (*äußerer*): **die rechte Seite** {+KLEID, STOFF, TISCHTUCH}, il diritto **3** *pol* (*konservativ*) {PARTEI, POLITIK} di destra: **der rechte Flügel**, l'ala destra.
rechtfertigen A *tr* **1** (*als berechtigt hinstellen*) **jdn/etw** (**gegenüber/vor jdm**) **~** {ENTSCHEIDUNG, FEHLER, VERSÄUMNIS} giustifi-

care/legittimare *qu/qc* (₍₁*davanti a*₁₎/*[nei confronti di] qu*): **so ein Verhalten ist einfach mit/durch nichts zu ~**, non c'è niente che possa giustificare un tale comportamento **2** (*als berechtigt erscheinen lassen*) **etw ~** giustificare *qc*: **die Qualität des Weins kann so einen Preis ~**, la qualità del vino può giustificare un simile prezzo **B** rfl **sich** (*gegenüber/vor jdm*) (*für etw* akk) **~** giustificarsi (₍₁*davanti a*₁₎/*[nei confronti di] qu*) (*per qc*).

Rechtfertigung f **1** (*Berechtigung*) giustificazione f: **zur ~ seiner Handlungsweise**, a giustificazione del suo modo d'agire **2** (*Entlastung*) discolpa f, difesa f: **zu ihrer ~ muss man sagen, dass ...**, a sua discolpa bisogna dire che ...

Rechtfertigungsgrund m *jur* causa f di giustificazione.

Rechtfertigungsschrift f scritto m giustificativo/giustificatorio.

Rechtfertigungsversuch m tentativo m di giustificazione/giustificarsi.

rechtgläubig adj *relig* ortodosso.

Rechthaberei <-, *ohne pl*> f *pej* pretendere m di avere sempre l'ultima parola.

rechthaberisch adj *pej* {Art} prepotente; {Person} *auch* che vuol avere sempre ragione/l'ultima parola, che la sa sempre più lunga *fam*.

rechtlich **A** adj {Anspruch, Grundlage, Problem, Voraussetzung} giuridico, legale **B** adv {Eindeutig, geschützt, verankert} dal punto di vista giuridico/legale, giuridicamente, legalmente: **~ zulässig/unzulässig sein**, essere legale/illegale.

rechtlos adj {Mensch} ₍privo di₁/₎[senza] diritti.

Rechtlosigkeit <-, *ohne pl*> f mancanza f di diritti.

rechtmäßig **A** adj {Besitz, Besitzer, Eigentum, Eigentümer, Mittel, Vorgehen} legittimo: **etw für ~ erklären**, legittimare qc **B** adv: **jdm ~ zustehen**, spettare di diritto a qu.

Rechtmäßigkeit <-, *ohne pl*> f {+Besitz, Eigentum, Mittel, Vorgehen} legittimità f.

rechts **A** adv **1** (*auf der rechten Seite*) a destra: **nach/von ~**, ₍a/verso₁/₎[da] destra; **hinten/vorn**, ₍in fondo₁/₎[davanti] sulla destra; **vom/neben dem Haus**, a destra della casa; **nach ~ abbiegen**, girare/prendere *fam*/(s)voltare a destra; **sich ~ einordnen**, mettersi sulla/[nella corsia di] destra; **~ fahren**, tenere la destra; **~ überholen**, sorpassare a destra; **~ vor links**, precedenza a destra **2** (*auf/von der rechten Seite*): **den Stoff ~ bügeln**, stirare il tessuto da/a diritto; **der Schal ist zwei ~ zwei links gestrickt**, la sciarpa è fatta a due diritti e due rovesci **3** *pol* (*konservativ*): **~ eingestellt sein**₍/₎[stehen], essere di destra; **~ wählen**, votare a destra **B** präp + gen a destra di: **~ der Autobahn**, a destra dell'autostrada ● **~ außen spielen** *Fußball* giocare come ala destra; **halb ~ abbiegen/fahren/gehen**, prendere leggermente a destra; **halb ~ spielen** *Fußball*, giocare ₍nel ruolo di₁/₎[da *fam*] mezzala destra.

Rechtsabbieger <-*s*, -> m (**Rechtsabbiegerin** f) *autom* persona f/veicolo m che svolta a destra.

Rechtsabbiegerspur f *autom* preselezione f (del traffico) a destra.

Rechtsabteilung f *adm* ufficio m legale.

Rechtsangelegenheit f faccenda f/questione f legale: **in ~en wenden Sie sich bitte an Herrn X**, per le questioni legali si rivolga al signor X.

Rechtsanspruch m **~** (**auf etw** akk) diritto m (*a qc*), pretesa f giuridica (*a qc*).

Rechtsanwalt m (**Rechtsanwältin** f) avvocato (-essa) m (f), legale mf.

Rechtsanwaltsbüro n, **Rechtsanwaltskanzlei** f studio m legale.

Rechtsanwaltschaft f avvocatura f.

Rechtsanwaltskammer f ordine m degli avvocati.

Rechtsauffassung f **1** (*Rechtsbegriff*) concetto m di/del diritto **2** (*Auslegung*) interpretazione f del diritto.

Rechtsauskunft f consulenza f legale/giuridica.

rechtsaußen a.R. *von* rechts außen → **rechts**.

Rechtsaußen <-, -> m **1** *Fußball* ala f destra **2** *fam pol* esponente m più a destra (di un partito).

Rechtsbegriff m concetto m di/del diritto; (*einzelner ~*) concetto m giuridico.

Rechtsbeistand m *jur* **1** (*Sachkundige*) patrocinatore (-trice) m (f) legale **2** (*Tätigkeit des Sachkundigen*) patrocinio m legale, consulenza f/assistenza f legale.

Rechtsbelehrung f *jur* **1** (*Aufklärung über jds Rechte*) informazione f sui diritti (in una determinata questione giuridica) **2** *bes. inform* (*Haftungsausschluss*) disclaimer m.

Rechtsberater m (**Rechtsberaterin** f) consulente mf legale.

Rechtsberatung f consulenza f legale.

Rechtsbeschwerde f *jur* (*Sonderform der Beschwerde, ähnlich der Revision*) ricorso m.

Rechtsbeugung f *jur* "applicazione f volutamente erronea del diritto da parte di un giudice (in sede di decisione di una controversia)".

Rechtsbrecher m (**Rechtsbrecherin** f) "persona che viola la legge", trasgressore m della legge.

Rechtsbruch m *jur* violazione f del diritto.

rechtsbündig *typ* **A** adj allineato a destra: **e Anordnung**, allineamento a destra **B** adv {Schreiben} allineando a destra, con allineamento a destra; **etw ~ anordnen**, allineare qc a destra.

rechtschaffen *obs* **A** adj **1** (*redlich*) {Mensch} retto, integro, probo *lit*, onesto **2** *fam* (*beträchtlich*) {Durst, Hunger} grande: **ich habe einen ~en Hunger**, ho una bella fame **B** adv **1** (*redlich*) {Handeln} rettamente, onestamente, in modo retto/probo *lit* **2** *fam* (*ziemlich*) {Durstig, Hungrig} molto: **er war ~ müde**, era stanchissimo **3** *fam* (*wirklich*) veramente: **sich ~ anstrengen/bemühen**, fare del proprio meglio.

Rechtschaffenheit <-, *ohne pl*> f rettitudine f, probità f *lit*, onestà f.

rechtschreiben itr <*nur inf*> scrivere correttamente/[secondo l'ortografia]: **im Rechtschreiben ist er schwach**, ha molti problemi nel corretto uso dell'ortografia, è molto debole in ortografia.

Rechtschreibfehler m errore ₍di ortografia₁/₎[ortografico].

Rechtschreibhilfe f *inform* controllo m ortografico.

Rechtschreibprogramm n *inform* programma f di correzione ortografica, correttore m ortografico.

Rechtschreibreform f riforma f ortografica/[dell'ortografia].

Rechtschreibung f ortografia f.

Rechtsdrall m **1** *tech* {+Ball, Billardkugel, Geschoss} deviazione f a destra; {+Gewehrlauf} rigatura f destrorsa **2** *fam pol* (*Orientierung nach rechts*) tendenza f destrorsa/destroide, destrismo m *scherz*: **ganz Europa hat einen ~**, l'Europa intera tende a destra ● **einen ~ haben** {Ball, Billardkugel, Geschoss} deviare a destra {Auto} tirare a destra.

rechtsdrehend adj **1** *tech* {Gewinde} destrorso **2** *chem* destrogiro; *phys auch* destrorso.

Rechtsdrehung f *tech* rotazione f destrorsa.

Rechtsempfinden <-*s*, *ohne pl*> n senso m della giustizia.

Rechtsextremismus <-, *ohne pl*> m pol estremismo m di destra.

Rechtsextremist m (**Rechtsextremistin** f) *pol* estremista mf di destra.

rechtsextremistisch adj {Gruppe, Verbindung} di estrema destra.

rechtsfähig adj *jur* {Organisation, Verein} avente capacità giuridica.

Rechtsfähigkeit <-, *ohne pl*> f *jur* capacità f giuridica.

Rechtsfall m caso m giuridico.

Rechtsform f forma f giuridica/legale.

Rechtsfrage f questione f giuridica.

rechtsfrei adj: **~er Raum**, spazio senza/[al di fuori della] legge.

Rechtsgang <-*s*, *ohne pl*> m *jur* {+Prozess, Verfahren} procedura f (di definizione della lite).

Rechtsgelehrte <*dekl wie adj*> mf giurista mf, giureconsulto m, giurisperito m.

rechtsgerichtet adj *pol* {Partei, Politiker, Regierung} orientato a destra.

Rechtsgeschäft n *jur* negozio m giuridico.

Rechtsgeschichte f storia f del diritto.

Rechtsgewinde n *tech* filettatura f destra/destrorsa.

Rechtsgrundlage f *jur* fondamento m giuridico, base f giuridica.

Rechtsgrundsatz m *jur* principio m giuridico.

rechtsgültig adj *jur* {Abkommen, Vertrag} giuridicamente/legalmente valido: **etw in ~er Form abschließen**, fare qc in modo conforme alla legge.

Rechtsgültigkeit f *jur* {+Rechtsgeschäft, Verwaltungsakt} validità f (giuridica).

Rechtsgutachten n *jur* perizia f legale.

Rechtshänder <-*s*, -> m (**Rechtshänderin** f) destrimano m.

rechtshändig **A** adj {Mensch} destrimano **B** adv {Arbeiten, Schreiben} con la (mano) destra.

Rechtshändigkeit <-, *ohne pl*> f destrismo m.

Rechtshandlung f *jur* atto m giuridico.

rechtshängig adj *jur* pendente: **~e Klage/Sache** *jur*, causa pendente.

rechtsherum adv {Bewegen, Drehen, Gehen} a/verso destra.

Rechtshilfe f (commissione f) rogatoria f: **internationale ~**, rogatoria internazionale.

Rechtshilfeersuchen n *jur* richiesta f di rogatoria.

Rechtsinstitut n *jur* istituto m (giuridico).

rechtskonservativ adj *pol* di destra, conservatore.

Rechtskraft f *jur* {+Urteil} autorità f di cosa giudicata, (valore m di) giudicato m; {+Verwaltungsakt} forza f giuridica: **Eintritt der ~**, passaggio in giudicato; **das Urteil hat ~ erlangt**, la sentenza è passata in giudicato.

rechtskräftig **A** adj *jur* {Verwaltungsakt}

che ha forza giuridica; {URTEIL} passato in giudicato: ~ **werden** {URTEIL}, passare in giudicato B adv *jur* {VERURTEILEN} con sentenza passata in giudicato.
rechtskundig adj {MENSCH} esperto di diritto/legge.
Rechtskurve f curva f a destra.
Rechtslage f situazione f giuridica/legale.
rechtslastig adj **1** (*rechts zu stark belastet*) {LASTWAGEN, SCHIFF} troppo carico a destra **2** *slang pol* {PARTEI, PROGRAMM} destrorso, destroide.
Rechtsmittel <-s, -> n *jur* (mezzo m di) impugnazione f, gravame m: **ein ~ einlegen**, proporre (l')impugnazione, impugnare una sentenza.
Rechtsmittelbelehrung f *jur* indicazione f delle possibilità di impugnazione.
Rechtsnachfolge f *jur* successione f (nella posizione giuridica).
Rechtsnachfolger <-s, -> m (**Rechtsnachfolgerin** f) *jur* avente m causa, successore m, succeditrice f *rar*.
Rechtsnorm f *jur* norma f giuridica.
Rechtsordnung f *jur* ordinamento m giuridico, legislazione f.
rechtsorientiert adj *pol* → **rechtsgerichtet**.
Rechtspartei f *pol* partito m di destra.
Rechtsperson f *jur* persona f giuridica.
Rechtspflege f *jur* (amministrazione f della) giustizia f.
Rechtspfleger m (**Rechtspflegerin** f) "titolare mf di funzioni giudiziarie".
Rechtspopulist m (**Rechtspopulistin** f) populista mf di destra.
Rechtsprechung <-, -en> f **1** (*richterliche Entscheidungen*) giurisprudenza f: **ständige ~**, giurisprudenza f costante **2** (*Jurisdiktion*) giurisdizione f, funzione f giurisdizionale.
rechtsradikal A adj *pol* {IDEOLOGIE, KREISE} di estrema destra B adv: **~ eingestellt sein**, essere di estrema destra.
Rechtsradikale <dekl wie adj> mf *pol* estremista mf di destra.
Rechtsradikalismus <-, ohne pl> m *pol* estremismo m di destra.
Rechtsregierung f *pol* governo m di destra.
rechtsrheinisch adj sulla/della riva destra del Reno.
Rechtsruck <-(e)s, ohne pl> m *slang pol* (*bei Wahlen*) brusco spostamento m a destra; (*innerhalb der Partei*) auch virata f/sterzata f a destra.
rechtsrum adv *fam* → **rechtsherum**.
Rechtssache f *jur* causa f, lite f.
Rechtsschutz m tutela f giudiziaria/legale, protezione f giuridica ● **gewerblicher ~**, proprietà industriale.
Rechtsschutzversicherung f assicurazione f di tutela giudiziaria/legale.
rechtsseitig A adj {LÄHMUNG} a destra B adv {BELASTET} a destra, sul lato destro; {GELÄHMT} auch dal lato destro.
Rechtssicherheit <-, ohne pl> f certezza f del diritto.
Rechtssprache f linguaggio m giuridico/forense.
Rechtsspruch m giudizio m, sentenza f; (*Urteil der Geschworenen*) verdetto m.
Rechtsstaat m *pol* stato m di diritto.
rechtsstaatlich adj *pol* {GRUNDSATZ, VERFASSUNG} di uno stato di diritto.
Rechtsstaatlichkeit <-, ohne pl> f (carattere m di) stato m di diritto.
rechtsstehend adj → **stehend**.

Rechtsstreit m *jur* controversia f (giudiziaria), causa f, lite f, contesa f.
Rechtssubjekt n *jur* soggetto m giuridico.
Rechtstitel m *jur* → **Rechtsanspruch**.
rechtsum adv: **~!** *mil*, fianco destr'!; **~ kehrt!** *mil*, per fila destr'!, destr'!
Rechtsunsicherheit f non certezza f del diritto.
rechtsverbindlich adj *jur* {AUSKUNFT, GUTACHTEN} giuridicamente vincolante.
Rechtsverdreher <-s, -> m (**Rechtsverdreherin** f) *pej* leguleio (-a) m (f) *pej* **2** *fam scherz* (*Jurist*) azzeccagarbugli m.
Rechtsverfahren n procedimento m legale/giudiziario, azione f giudiziaria/legale.
Rechtsverkehr m *autom* circolazione f a destra; **in den meisten europäischen Ländern ist ~**, nella maggior parte dei paesi europei si guida a destra.
Rechtsverletzung f *jur* violazione f del diritto.
Rechtsverordnung f *jur pol* ordinanza f (legislativa).
Rechtsvertreter m (**Rechtsvertreterin** f) rappresentante mf legale.
Rechtsweg m *jur* via f legale: **auf dem ~**, per via legale; **den ~ beschreiten**, adire le vie legali; **unter Ausschluss des ~s**/[**~ausgeschlossen**], escludendo le vie legali.
rechtswidrig *jur* A adj {VERHALTEN} illecito; {HANDLUNG, VORGEHEN} illegale, contrario alla legge; {VERWALTUNGSAKT} illegittimo; {PARKEN, POSITION} irregolare B adv {HANDELN, SICH VERHALTEN, VORGEHEN} illegalmente, illecitamente, in modo illegale/illecito, in contrasto con la legge.
Rechtswidrigkeit <-, ohne pl> f *jur* illegalità f, illiceità f.
rechtswirksam adj: **~ werden** *jur* acquistare efficacia.
Rechtswissenschaft <-, -en> f *jur* giurisprudenza f, legge f.
Rechtswörterbuch n dizionario m giuridico/[di diritto].
rechtwinklig, **rechtwinkelig** *geom* A adj {DREIECK} rettangolo B adv ad angolo retto.
rechtzeitig A adj **1** (*pünktlich*) {ABFAHRT, BEGINN} puntuale **2** (*frühzeitig*) {BENACHRICHTIGUNG, EINGRIFF, MASSNAHME, VORSORGE} tempestivo B adv **1** (*pünktlich*) {ABFAHREN, ANKOMMEN, AUFHÖREN, BEGINNEN} puntualmente, in tempo: **er ist ~ angekommen**, è arrivato puntuale **2** (*frühzeitig*) {EINGREIFEN, KONTROLLIEREN, PRÜFEN, UNTERSUCHEN} per tempo, tempestivamente, in tempo (utile).
Reck <-(e)s, -e oder -s> n *sport* sbarra f.
recken A tr (*strecken*) **etw ~** {HALS} allungare qc; {ARME, BEINE} auch stendere qc, stirare qc: **den Kopf aus dem Fenster ~**, sporgere la testa dalla finestra B rfl (*sich strecken*) **sich ~** stirarsi, stiracchiarsi ● **sich ~ und strecken** *fam*, stirarsi.
Recorder m *jur* → **Rekorder**.
recycelbar adj {BLECH, GLAS, MATERIAL, PRODUKT} riciclabile.
recyceln tr **etw ~** {BLECH, GLAS, PAPIER, VERPACKUNG} riciclare qc.
Recycling <-s, ohne pl> n *ökol* riciclaggio m.
Recyclingpapier n *ökol* carta f riciclata.
Recyclingverfahren n *ökol* sistema m di riciclaggio.
Redakteur <-s, -e> m (**Redakteurin** f) redattore m (-trice) f.
Redaktion <-, -en> f **1** *nur sing* (*das Redigieren*) redazione f **2** (*Redaktionsmitglieder*) redazione f **3** (*Büroräume*) redazione f.
redaktionell A adj {BEARBEITUNG, KONTROLLE, ÜBERPRÜFUNG} redazionale B adv {TÄTIG SEIN} in redazione; {BEARBEITEN, ÜBERARBEITEN} auch redazionalmente.
Redaktionsschluss (a.R. Redaktionsschluß) m chiusura f (del lavoro redazionale): **vor ~**, prima di andare in macchina *slang*; **nach ~**, dopo la chiusura (in redazione).
Redaktor <-s, -en> m (**Redaktorin** f) CH → **Redakteur**.
Rede <-, -n> f **1** (*Ansprache*) discorso m: **eine ~ halten**, tenere un discorso; **eine feierliche/improvisierte ~**, un discorso solenne/improvvisato; **die ~n Ciceros**, le orazioni di Cicerone **2** <meist pl> (*Äußerungen*) discorsi m pl: **lose ~n führen**, parlare a briglia sciolta; **ich gebe nichts auf die ~n der anderen**, non bado ai discorsi degli altri **3** (*Gespräch*) discorso m: **es ist die ~ von etw** (dat), si parla di qc; **wovon ist denn die ~?**, di (che) cosa si parla? *fam*, qual è l'argomento?; **davon war gar nicht die ~!**, chi l'ha mai detto!; **die ~ auf etw/jdn bringen**, portare/[far cadere] il discorso su qu/qc; **sie brachte die ~ auf ein heißes Thema**, (lei) portò il discorso su un argomento scottante **4** (*Gerücht*) diceria f: **es geht die ~, dass ...**, corre voce che ... *konjv* **5** *ling* (*Aussage*) discorso m: **direkte/indirekte ~**, discorso diretto/indiretto; **gebundene/ungebundene ~**, (poesia/versi/lirica)/[prosa] ● **jdm (für etw akk) ~ und Antwort stehen**, rendere conto/ragione a qu (di qc), dare spiegazioni a qu (su qc); **erlebte ~**, *lit*, discorso indiretto libero; **~ und Gegenrede**, botta e risposta; **das ist doch**/[**war schon immer**] **meine ~!** *fam*, è quello che ho sempre detto/[ripeto da sempre]!; **große ~n schwingen**/**führen** *fam fig*, fare grandi discorsi *fam*; **davon kann gar keine**/[**nicht die**] **~ sein**, è fuori discussione, non se ne parla nemmeno; **langer**/[**der langen**] **~ kurzer Sinn** *fam*, in poche parole, in breve; **jdn (wegen etw gen oder fam dat) zur ~ stellen**, chiedere spiegazioni a qu (di qc); **nicht der ~ wert!** *fam* (*keine Ursache*), non c'è di che!; **das ist nicht der ~ wert**, non vale la pena parlarne.
Redeuell n duello m oratorio, faccia a faccia m.
Redefigur f (*in der Rhetorik*) figura f retorica.
Redefluss (a.R. Redefluß) <-es, ohne pl> m flusso m di parole: **jds ~ unterbrechen**, interrompere qu nel bel mezzo di un discorso.
Redefreiheit <-, ohne pl> f libertà f di parola.
redegewandt adj eloquente: **~ sein**, avere la parola facile.
Redegewandtheit f eloquenza f, facilità f di parola.
Redekunst <-, ohne pl> f arte f oratoria, retorica f.
reden A itr **1** (*sprechen*) (*mit jdm*) (*über jdn/etw, von jdm/etw*) **~** parlare (con qu) (di qu/qc)/[su qc]): **man kann mit ihr nicht ~**, con lei non si può parlare; **ich kann mit ihnen über alles offen ~**, con loro posso parlare di tutto liberamente; **sie ~ nicht mehr miteinander**, non si parlano più; **darüber haben wir noch nicht geredet** (*betont*), di questo non abbiamo ancora parlato; (*unbetont*) non abbiamo ancora parlato; **~ wir nicht mehr davon**, non parliamone/[ne parliamo] più; **er redete leise vor sich hin**, parlottava tra sé e sé; **was ~ Sie denn da!**, ma cosa dice?!; **sie redet wirklich ununterbrochen**, parla in continuazione **2** (*klatschen*) (*über jdn/etw*) **~** parlare (di qu/qc): **es wird viel davon geredet**, se ne parla parecchio in giro; **man redet über nichts anderes**, non si parla d'altro; **die**

ganze Stadt redet darüber, tutta la città ne parla; **sie haben schlecht über ihn geredet**, hanno sparlato/[parlato male] di lui **3** (*eine Rede halten*) (*irgendwo*/[*vor*/*zu jdm*]) (*über etw* akk) ~ parlare (*di qc*)₁ (+*compl di luogo*)₁/[(*davanti*) *a qu*]: **der Präsident wird heute vor der Ministerkonferenz ~**, il presidente parlerà stasera (davanti) alla conferenza dei ministri **4** (*Informationen preisgeben*) parlare: **sie haben ihn zum Reden gebracht**, l'hanno fatto parlare B tr (*sagen*) *etw* ~ dire *qc*: **er redet viel Unsinn**, dice tante sciocchezze; **Gutes/Schlechtes über jdn ~**, dire bene/male di qu; **kein Wort ~**, non ₁dire una₁/[prof(f)erire] parola C rfl (*sich in einen bestimmten Zustand bringen*) **sich in etw** (akk) **~**: **sich in Wut/Rage ~**, infiammarsi parlando; **sich in Begeisterung ~**, esaltarsi parlando; **sie hat sich heiser geredet**, ha parlato ₁fino a₁/[tanto da] diventare rauca, è diventata rauca a forza di parlare • *gut*/*leicht* **~ haben**, avere un bel dire; **du hast gut ~!**, parli bene tu!; **jd lässt mit sich** (dat) **~**, con qu si può parlare/discutere; **nicht mit sich** (dat) **~ lassen**, non intendere ragione; **darüber lässt sich ~**, se ne può parlare; **von sich** (dat) **~ machen**, far parlare di sé; **~ um zu ~**, parlare perché si ha la lingua *fam*; **Reden ist Silber, Schweigen ist Gold** *prov*, la parola è d'argento, il silenzio è d'oro.

Redensart f **1** *ling* (*feststehender Ausdruck*) modo m di dire **2** <*meist pl*> *pej* (*Phrasen*) frase f fatta, luogo m comune: **er hat ihn mit leeren ~en abgespeist** *fam*, lo ha liquidato con qualche frase di circostanza *fam*.

Redenschreiber m (**Redenschreiberin** f) ghost-writer mf, negro m *pej scherz*.

Rederei <-, -en> f **1** <*nur sing*> (*oberflächliches Reden*) chiacchiere f pl, ciance f pl **2** <*meist pl*> (*Klatsch*) chiacchiera f, pettegolezzo m: **die ~en über jdn**, le ₁voci che circolano₁/[chiacchiere] sul conto di qu; **zu ~en Anlass geben**, dare adito a chiacchiere.

Redeschwall m *pej* fiume m/torrente m di parole.

Redeverbot n divieto m di parlare: **jdm ~ erteilen**, vietare a qu di parlare; **jd hat auf/bei etw** (dat) **~** {AUF EINER VERSAMMLUNG, BEI EINER VERANSTALTUNG}, a qu è vietato/[stato vietato di] parlare in/a qc, qu ha il divieto di parlare in/a qc.

Redeweise f modo m di parlare/esprimersi.

Redewendung f *ling* espressione f/frase f idiomatica, locuzione f.

Redezeit f tempo m a disposizione per parlare.

redigieren <*ohne ge*-> tr *etw* ~ {ARTIKEL, BUCH, TEXT} fare l'editing *di qc*, editare *qc*.

redlich A adj **1** (*aufrichtig*) {GESINNUNG, HALTUNG} retto, onesto; {MENSCH} *auch* probo *lit* **2** (*ziemlich*) grande, notevole: **sich** (dat) **~e Mühe geben**, darsi un gran daffare B adv (*ziemlich*) {SICH ANSTRENGEN, BEMÜHEN, KÜMMERN} seriamente, veramente.

Redlichkeit <-, *ohne* pl> f {+MENSCH} rettitudine f, onestà f, probità f *lit*.

Redner <-s, -> m (**Rednerin** f) **1** (*jd, der eine Rede hält*) oratore -trice) m (f); (*auf einer Konferenz*) relatore (-trice) m (f) **2** (*jd, der eine Rede in bestimmter Weise hält*) oratore (-trice) m (f): **ein brillanter/guter/[sehr schlechter] ~**, un brillante/buon/[pessimo oratore.

Rednerbühne f palco m/tribuna f degli oratori; (*bei einer Wahlversammlung*) palco m dei comizi.

Rednerin f → **Redner**.

rednerisch A adj {FÄHIGKEIT, TALENT} oratorio B adv: **~ begabt sein**, essere dotato di buona retorica/oratoria.

Rednerpult n podio m degli oratori.

redselig adj {ART, PERSON} loquace: **ein ~er Typ** *fam*, un tipo ciarliero.

Redseligkeit f loquacità f, parlantina f *fam*.

Reduktion <-, -en> f **1** *geh* {+KOSTEN} riduzione f, diminuzione f; {+PREISE} *auch* ribasso m **2** *biol chem phys* riduzione f **3** *philos* riduzione f **4** *ling* riduzione f.

Reduktionsmittel n *chem* (agente m) riducente m/riduttore m.

reduktiv adj *geh* riduttivo.

redundant adj *geh* ridondante.

Redundanz <-, -en> f *geh* ridondanza f.

reduzieren <*ohne ge*-> A tr *etw* (*um etw* akk) (*auf etw* akk) ~ {AUSGABEN, ENERGIEVERBRAUCH, KOSTEN, PREIS, UM DIE HÄLFTE, AUF EIN MINIMUM} ridurre *qc* (*di qc*) (*a qc*) B rfl **sich** (*um etw* akk) (*auf etw* akk) **~** ridursi (*di qc*) (*a qc*).

Reduzierstück n *tech* riduzione f.

Reduzierung f → **Reduktion** 1.

Reede <-, -n> f *naut* rada f: **auf der ~ liegen**, essere ormeggiato in rada.

Reeder <-s, -> m (**Reederin** f) *naut* armatore (-trice) m (f).

Reederei <-, -en> f *naut* compagnia f/società f armatrice, impresa f armatoriale.

Reederin f → **Reeder**.

reell adj **1** (*anständig*) {GESCHÄFT, KAUFMANN, UNTERNEHMER, VORSCHLAG} onesto, serio **2** (*tatsächlich*) {AUSSICHT, CHANCE, MÖGLICHKEIT} reale, concreto **3** *fam* (*handfest*) {ESSEN, PORTION} vero, serio.

Reep <-(e)s, -e> n *naut* gomena f, cima f.

Refektorium <-s, *Refektorien*> n refettorio m.

Referat <-(e)s, -e> n **1** (*Vortrag*) relazione f, comunicazione f: **ein ~ über jdn/etw halten**, fare/tenere una relazione su qu/qc; (*kurzer Bericht*) rapporto m; *Schule univ* ricerca f **2** *adm* (*Dienststelle*) reparto m, sezione f, ufficio m: **ein ~ leiten/übernehmen**, dirigere/[assumere la responsabilità di] un reparto; (*im Stadtrat*) assessorato m.

Referatsleiter m (**Referatsleiterin** f) capodipartimento mf, caposezione mf: **der ~ (für) Öffentlichkeitsarbeit**, il responsabile (delle) pubbliche relazioni.

Referendar <-s, -e> m (**Referendarin** f) **1** *Schule* "insegnante mf che fa tirocinio prima dell'abilitazione" **2** *jur* praticante procuratore (-trice) m (f), uditore (-trice) m (f).

Referendariat <-(e)s, -e> n **1** *Schule* "tirocinio m per futuri insegnanti prima dell'abilitazione" **2** *jur* "periodo m di pratica forense", uditorato m.

Referendarin f → **Referendar**.

Referendarzeit f *Schule* → **Referendariat**.

Referendum <-s, *Referenda oder Referenden*> n *pol* referendum m, consultazione f referendaria: **ein ~ abhalten/ansetzen**, tenere/indire un referendum.

Referent <-en, -en> m (**Referentin** f) **1** (*Vortragender*) relatore (-trice) m (f) **2** *adm* (*Leiter eines Referats*) responsabile mf, caposezione mf; (*im Stadtrat*) assessore m: **der persönliche ~ des Ministers**, il segretario personale del ministro **3** (*Gutachter einer wissenschaftlichen Arbeit*) relatore (-trice) m (f) **4** <*nur m*> *ling* referente m.

Referenz <-, -en> f *geh* **1** <*meist pl*> (*Empfehlung*) referenze f pl: **sich mit guten ~en vorstellen**, presentarsi con buone referenze; **~en über jdn einholen**, prendere delle informazioni su qu **2** (*Quelle der Referenz*) conoscenza f, referenza f; **jdn als ~ angeben**, indicare qu come referenza.

Referenzwert m valore m di riferimento.

referieren <*ohne ge*-> A itr **1** (*ein Referat halten*) (**über jdn**/**etw**) **~** fare/tenere una relazione (*su qu*/*qc*) **2** (*zusammenfassend berichten*) **über etw** (akk) **~** riferire *su qc* B tr *etw* **~** riferire *su qc*: **können Sie uns kurz den Inhalt des Films ~?**, può riferirci in ₁poche parole₁/[breve] il contenuto del film?

Reff <-s, -s> n *naut* **1** (*Vorrichtung*) matafione m di terzarolo **2** (*Segelbahn*) terzarolo m.

reffen tr *naut etw* ~ {SEGEL} terzarolare *qc*.

refinanzieren <*ohne ge*-> tr *ökon etw* ~ rifinanziare *qc*.

Refinanzierung <-, -en> f *ökon* rifinanziamento m.

reflektieren <*ohne ge*-> A tr **1** *phys* (*zurückwerfen*) *etw* ~ {GLASSCHEIBE, METALLPLATTE, SPIEGEL LICHT, SONNE, STRAHLEN} riflettere *qc* **2** *geh* (*bedenken*) *etw* ~ {LAGE, ZUSTAND} valutare *qc*, considerare *qc*: **man sollte die Lage kritisch ~**, bisogna valutare la situazione criticamente **3** *geh* (*widerspiegeln*) *etw* ~ {BUCH, FILM VERHÄLTNISSE, ZEITGEIST} riflettere *qc*, rispecchiare *qc*: **die Sprache reflektiert die technologischen Veränderungen**, la lingua riflette i cambiamenti tecnologici B itr **1** (*zurückstrahlen*) {GLASSCHEIBE, SPIEGEL, WASSEROBERFLÄCHE} riflettere **2** *geh* (*nachdenken*) **über etw** (akk) **~** {ÜBER EIN PROBLEM, EIN THEMA} riflettere *su qc*, meditare *su qc*: **reflektiert über das, was ich euch gesagt habe**, pensate bene a quello che vi ho detto **3** *fam* (*erreichen wollen*) **auf etw** (akk) **~** {AUF EINEN POSTEN, EINE STELLUNG} aspirare *a qc*, mirare *a qc*.

reflektierend adj {MATERIAL, OBERFLÄCHE} riflettente: **nicht ~e Brillengläser**, lenti antiriflesso; **nicht ~er Rückspiegel**, specchietto retrovisore antiriflesso.

reflektiert adj **1** *phys* {LICHT, STRAHLEN} riflesso **2** *geh* (*durch Nachdenken charakterisiert*) {HANDLUNG, MENSCH} riflessivo.

Reflektor <-s, -en> m **1** (*Hohlspiegel*) riflettore m **2** *radio* (*Teil einer Antenne*) riflettore m **3** *astr* (telescopio m) riflettore m **4** *nukl phys* riflettore m nucleare **5** (*reflektierende Figur*) figura f catarifrangente.

Reflex <-es, -e> m **1** (*Nervenreflex*) riflesso m: **bedingter ~**, riflesso condizionato; **gute ~e haben**, avere (dei) buoni riflessi **2** *phys* (*Lichtreflex*) riflesso m.

Reflexbewegung f atto m riflesso.

Reflexhandlung f reazione f riflessa.

Reflexion <-, -en> f **1** *phys* riflessione f **2** *geh* (*Nachdenken*) riflessione f: **~en über etw** (akk) **anstellen**, fare delle riflessioni su qc.

Reflexionswinkel m *phys* angolo m di riflessione.

reflexiv *gram* A adj (*rückbezüglich*) {PRONOMEN, VERB} riflessivo B adv {GEBRAUCHEN} in forma riflessiva.

Reflexivpronomen n *gram* pronome m riflessivo.

Reflexzonenmassage f *med* riflessologia f, riflessoterapia f.

Reform <-, -en> f riforma f: **eine politische/soziale ~**, una riforma politica/sociale; **~en fordern/durchführen**, chiedere/attuare delle riforme.

Reformation <-, -en> f **1** <*nur sing*> *relig hist* Riforma f **2** *geh obs* (*Erneuerung*) rinnovamento m, riforma f.

Reformationsfest n *relig* festa f della Riforma (che ricorda il giorno in cui Lutero affisse le 95 tesi).

Reformationszeit f hist (periodo m/età f della) Riforma f.

Reformator <-s, -en> m (**Reformatorin** f) **1** relig hist riformatore (-trice) m (f) **2** (jd, der eine Reform durchführt) riformatore (-trice) m (f), riformista mf.

reformatorisch adj **1** relig hist {Gedankengut, Schriften} della Riforma **2** geh (erneuern wollend) {Eifer} riformatore.

reformbedürftig adj che ha bisogno di ˻una riforma˼/[essere riformato]: **das Wahlsystem der Vereinigten Staaten ist dringend ~**, il sistema elettorale degli Stati Uniti ha urgentemente bisogno di una riforma.

Reformer <-s, -> m (**Reformerin** f) pol riformista mf, riformatore (-trice) m (f).

reformerisch adj {Ansatz, Bemühungen, Unternehmung} riformatore, riformistico.

reformfreudig adj {Direktor, Partei, Politiker, Regierung} aperto/favorevole alle riforme.

Reformhaus n negozio m di prodotti dietetici naturali, ≈ erboristeria f.

reformieren <ohne ge-> tr etw ~ {Partei, Steuersystem, Verfassung, Wahlrecht} riformare qc.

reformiert adj relig {Kirche} riformato.

Reformierte <dekl wie adj> mf relig riformato (-a) m (f).

Reformierung <-, -en> f riforma f.

Reformismus <-, ohne pl> m pol pej riformismo m.

Reformist <-en, -en> m (**Reformistin** f) pol pej riformista mf.

reformistisch adj pol pej riformistico, riformista.

Reformkost f gastr alimenti m pl dietetici/naturali.

Reformkurs m pol politica f delle riforme: **einen ~ steuern**, perseguire una politica ˻delle riforme˼/[riformista]/[riformatrice].

Reformpolitik f politica f riformatrice/riformistica/[delle riforme].

Reformprozess (a.R. Reformprozeß) m processo m di riforma.

Reformstau m pol ostruzionismo m alle riforme.

Reformwerk n opera f di riforma, riforme f pl.

Refrain <-s, -s> m mus ritornello m, refrain m.

Refraktion <-, -en> f astr phys rifrazione f.

Refraktor <-s, -en> m astr rifrattore m.

Refugium <-s, Refugien> n geh rifugio m.

Regal① <-s, -e> n scaffale m, scansia f; (Bücherregal) auch libreria f.

Regal② <-s, -e> n mus (tragbare Orgel) regale m, rigabello m.

Regalbrett n ripiano m.

Regalwand f scaffalatura f.

Regatta <-, Regatten> f naut regata f.

Reg.-Bez. Abk von Regierungsbezirk D: "in alcuni Länder distretto amministrativo con funzioni particolari, come p. es. il controllo delle amministrazioni comunali", ≈ Prov (Abk von provincia).

rege A adj **1** (lebhaft) {Betrieb, Treiben, Verkehr} intenso, grande; {Austausch} animato, vivace; {Anteilnahme, Beteiligung} attivo, vivo **2** (wach) {Geist, Intelligenz, Fantasie} vivo, vivace: **sie hat eine sehr ~ Fantasie**, ha un'immaginazione veramente fervida; **sie sind beide für ihr Alter noch sehr ~**, sono tutti e due ancora molto vispi/arzilli per la loro età B adv (lebhaft) {Anteil nehmen} vivamente; {sich beteiligen, mitmischen} auch vivacemente, attivamente: **das neue Restaurant wird schon ~ besucht**, nel nuovo ristorante c'è già un vivace viavai, il nuovo ristorante è già molto frequentato.

Regel <-, -n> f **1** (Norm) {+Orden, Rechtschreibung, Verkehr} regola f: **eine ~ aufstellen**, stabilire/enunciare una regola; **die ~n beachten**, osservare le regole; **sich an die ~n halten**, attenersi/stare alle regole; **die ~n verletzen**, violare le regole; **gegen die ~n verstoßen**, ˻infrangere le˼/[contravvenire alle] regole; **die ~n des zivilen Zusammenlebens**, le regole della convivenza civile **2** <nur sing> (Gewohnheit) regola f: **sich (dat) etw zur ~ machen**, fare di qc una regola/abitudine; **das ist bei ihr doch die ~!**, per lei è la regola! **3** <nur sing> fam (Menstruation) ciclo m, mestruazione f: **die ~ haben**, avere ˻il ciclo˼/[le mestruazioni] • **keine ~ ohne Ausnahme**, non c'è regola senza eccezione prov; **eine goldene ~**, una regola d'oro; **in der/aller ~**, di regola/norma, normalmente, d'ordinario; **nach allen ~n der Kunst**, a regola d'arte, con tutte le regole.

Regelarbeitszeit f fascia f oraria lavorativa obbligatoria.

Regelblutung f mestruazione f.

Regelfall <-s, ohne pl> m norma f, regola f: **das ist der ~**, questa è la norma; **im ~**, di norma.

regellos adj {Existenz} sregolato; {Verhältnisse} disordinato.

regelmäßig A adj **1** (ebenmäßig) {Form, Gesicht, Schrift, Züge} regolare **2** (in zeitlich gleichem Abstand) {Dienst, Erscheinen, Unterricht} regolare; {Auftreten, Besuch, Wiederkehr} auch periodico; {Herzklopfen} ritmico, regolare: **in ~en Abständen**, periodicamente, a intervalli regolari **3** ling {Verben} regolare **4** fam (wiederholt) {Ausbleiben, Vergessen} ripetuto B adv **1** (in gleichem zeitlichen Abstand) {Besuchen, Erscheinen, Mitmachen, Stattfinden} regolarmente: **sie treibt ~ Sport**, fa/pratica sport regolarmente **2** (immer wieder) {Fehlen, zu spät kommen, verschlafen} regolarmente.

Regelmäßigkeit f <meist sing> **1** (Ebenmäßigkeit) {+Bauwerk, Form, Gesicht, Züge} regolarità f **2** (die regelmäßige Aufeinanderfolge) {+Bewegung, Mahlzeiten, Übung} regolarità f • **in/mit schöner/schönster ~**, con sorprendente/stupefacente regolarità.

regeln A tr **1** (regulieren) etw ~ {Heizung, Mischung, Temperatur, Thermostat} regolare qc **2** (in Ordnung bringen) etw ~ {Angelegenheit, Frage, Sache} regolare qc, sistemare qc **3** (reglementieren) etw ~ {Bestimmung, Vorschrift Verhalten, Verkehr} regolamentare qc, disciplinare qc B rfl (sich klären) **sich ~** {Angelegenheit, Fall, Sache} sistemarsi, risolversi: **die Sache hat sich schon von selbst geregelt**, la faccenda si è già sistemata da sé • **ich hab' das schon geregelt** fam (ich habe schon bezahlt), ho già fatto io fam.

regelrecht fam A adj <attr> {Angriff, Beleidigung, Streit, Unverschämtheit} vero e proprio: **das war ein ~er Überfall**, è stata un'aggressione in piena regola B adv {Beleidigt, wütend, zornig sein} proprio, veramente.

Regelsatz m adm (+Sozialhilfeleistung) "parametro m di riferimento per il calcolo delle prestazioni fornite dall'assistenza sociale".

Regelstudienzeit f "tempo m previsto per un corso di laurea": **die ~ überschreiten**.

Regelung <-, -en> f **1** (das Regulieren) {+Heizung, Lautstärke, Temperatur} regolazione f **2** (Erledigung) {+Angelegenheit, Sache} (ri)soluzione f **3** (Vorschrift) regolamento m: **eine einheitliche ~**, un regolamento unitario; **sich an die ~en halten**, attenersi ai regolamenti; **eine ~ tritt in Kraft**, un regolamento entra in vigore **4** adm (das Regeln) {+Verkehr} regolamentazione f.

Regelungstechnik f cibernetica f.

Regelverstoß m sport irregolarità f.

Regelwerk n regolamento m, regole f pl.

regelwidrig A adj {Verhalten} contrario alle regole; sport {Spiel, Verhalten} irregolare B adv {sich verhalten} in modo contrario alle regole; **~ spielen** sport, fare gioco irregolare.

Regelwidrigkeit <-, -en> f → **Regelverstoß**.

regen A tr geh (bewegen) **etw ~** {Arme, Beine, Finger} muovere qc B rfl **1** (sich bewegen) **sich ~** muoversi: **nach dem Unfall konnte er sich für Monate kaum ~**, dopo l'incidente è rimasto parzialmente immobilizzato per mesi; **es regte sich kein einziges Lüftchen**, non spirava neanche un alito di vento **2** geh (spürbar werden) **sich ~** {Ehrgeiz, Eifersucht, Gewissen, Wunsch, Zweifel} destarsi geh, svegliarsi: **ein geheimer Groll fing an, sich in ihm zu ~**, un segreto rancore si stava destando in lui.

Regen <-s, -> m **1** meteo pioggia f: **es wird ~ geben**, pioverà; **anhaltender/heftiger/prasselnder ~**, pioggia insistente/battente/scrosciante; **bei strömendem ~**, sotto una/la pioggia torrenziale; **der ~ klatsche gegen die Scheiben**, la pioggia batteva contro i vetri; **in den ~ kommen**, prendere l'acqua; **der Himmel sieht nach ~ aus**, il cielo minaccia/promette pioggia **2** (eine große Zahl) **~ von etw** (dat pl) pioggia f di qc: **ein ~ von Blumen/Glückwünschen/Vorwürfen**, una pioggia di fiori/congratulazioni/rimproveri • **saurer ~** ökol, piogge acide; **auf/nach ~ folgt/kommt Sonnenschein**, dopo la pioggia torna il ˻sereno˼/[bel tempo]; **jdn im ~ stehen lassen**, piantare in asso qu fam, lasciare nelle secche qu fam, lasciare qu a piedi; **vom ~ in die Traufe kommen**, cadere dalla padella nella brace fam; **ein warmer ~** fam, una manna (dal cielo).

regenarm adj {Gebiet, Jahreszeit} poco piovoso, con scarse precipitazioni, a bassa piovosità.

Regenbö, **Regenböe** f folata f/raffica f di pioggia.

Regenbogen m arcobaleno m.

Regenbogenfarbe f <meist pl> colore m dell'arcobaleno.

Regenbogenhaut f anat iride f.

Regenbogenpresse <-, ohne pl> f stampa f rosa/scandalistica/sensazionalistica.

Regendach n pensilina f, tettoia f.

regendicht adj {Anorak, Dach, Fenster} impermeabile.

Regeneration <-, ohne pl> f **1** geh (Neubelebung) {+Kräfte} rigenerazione f: **eine geistige und moralische ~**, un rinnovamento spirituale e morale **2** biol med {+Gewebe, Haare, Pflanzenteile} rigenerazione f, riproduzione f **3** tech {+Gummi, Wolle} rigenerazione f: **~ eines Reifens**, ricostruzione f ˻di un pneumatico˼/[del battistrada].

regenerativ adj **1** ökol tech {Energie, Energiequelle} rinnovabile **2** biol med {Fähigkeit, Prozess} rigenerativo.

regenerierbar adj rigenerabile.

regenerieren <ohne ge-> A tr **1** geh (neu beleben) **jdn/etw ~** {Erholung, Kur, Mittel Kräfte, Menschen} rigenerare qu/qc, ricreare qu/qc **2** tech (aufbereiten) **etw ~** {Gummi, Öl} rigenerare qc B rfl **1** geh (sich beleben) **sich ~** rigenerarsi, ricaricarsi: **sich geistig und körperlich ~**, rinnovarsi nel corpo e nella mente 2 *biol med* (*sich neu bilden*) **sich ~** {HAARE, HAUT, ZELLEN} rigenerarsi, riprodursi.

Regenfall m <*meist pl*> *meteo* pioggia f, precipitazione f.

Regengebiet n *meteo* zona f di bassa pressione.

Regenguss (a.R. Regenguß) m acquazzone m.

Regenhaut® f impermeabile m.

Regenjacke f (giubbotto m) impermeabile m.

Regenmacher m (**Regenmacherin** f) sciamano m delle piogge.

Regenmantel m impermeabile m.

regennass (a.R. regennaß) adj {FAHRBAHN} bagnato dalla pioggia; {KLEIDER} *auch* bagnato di pioggia.

Regenpfeifer <-*s, ->* m *ornith* piviere m.

regenreich adj {GEBIET, JAHRESZEIT, LAND} (molto) piovoso, con abbondanti precipitazioni, ad alta piovosità.

Regenrinne f grondaia f.

Regensburg <-*s, ohne pl*> n *geog* Ratisbona f.

Regenschauer m *meteo* piovasco m, scroscio m/rovescio m di pioggia.

Regenschirm m ombrello m: **den ~ aufspannen/öffnen**, aprire l'ombrello; **den ~ zumachen/zuklappen**, chiudere l'ombrello • **gespannt sein wie ein ~** *fam scherz* essere curioso come una scimmia *slang*.

Regenschutz m protezione f antipioggia.

Regent <-*en, -en*> m (**Regentin** f) 1 (*Herrscher*) regnante mf 2 (*Vertreter des Herrschers*) reggente mf.

Regentag m giorno m piovoso/[di pioggia], giornata f piovosa/[di pioggia].

Regentin f → **Regent**.

Regentonne f cisterna f dell'acqua piovana.

Regentropfen m goccia f di pioggia.

Regentschaft <-*, -en*> f 1 (*Herrschaft*) reggenza f 2 (*Amtszeit des Vertreters eines Herrschers*) reggenza f.

Regenwald m *geog* foresta f pluviale: **der tropische ~**, la foresta pluviale equatoriale.

Regenwasser n acqua f piovana.

Regenwetter n tempo m piovoso.

Regenwolke f nube f (carica/gonfia) di pioggia.

Regenwurm m *zoo* lombrico m.

Regenzeit f *meteo* stagione f/periodo m delle piogge.

Reggae <-*(s), ohne pl*> m *mus* reggae m.

Regie <-*, -n*> f 1 *film radio theat TV* regia f 2 *geh* (*Leitung*) direzione f, gestione f: **unter staatlicher ~**, sotto controllo statale • **(etw) in eigener ~ (machen/tun)**, (fare qc) per conto proprio; **bei jdm (dat) (die) ~ führen** *film theat*, curare la regia di qc, essere il/la regista di qc; (*ein Projekt*), essere il/la responsabile di qc; *unter jds ~ auch film theat*, sotto la direzione di qu.

Regieanweisung f (*in Bühnenstücken und Drehbüchern*) didascalia f, indicazione f per la regia.

Regieassistent m (**Regieassistentin** f) aiuto mf regista, assistente mf alla regia.

Regiebetrieb m *adm* azienda f (autonoma) di stato/[un ente locale].

Regiefehler m 1 *radio theat TV* errore m di/della regia 2 *oft scherz* (*Fehler in der Organisation*) errore m organizzativo, incidente m di percorso.

Regiefilm m: **ihr erster ~**, il ₍suo primo film da regista₎/[primo film diretto da lei].

Regiepult n *radio* consol(l)e f.

regierbar adj governabile.

regieren <*ohne ge-*> A tr 1 (*lenken*) *jdn/etw ~* {LAND, STAAT, VOLK} governare *qu/qc*: **ein demokratisch/kommunistisch regierter Staat**, un paese ₍governato democraticamente₎/[retto da un governo comunista] 2 *gram etw ~* (PRÄPOSITION DATIV, AKKUSATIV) reggere qc B itr (*herrschen*) **über jdn/etw ~** {ÜBER LAND, STAAT, VOLK} regnare su qu/qc: **Frieden/Not/Korruption regiert im Land**, nel paese regna la pace/la miseria/la corruzione.

Regierung <-*, -en*> f 1 (*Kabinett*) governo m: **an die ~ kommen**, arrivare/giungere al governo; **eine ~ bilden/stürzen**, ₍formare/costituire₎/[rovesciare] un governo; **an der ~ sein**, essere/stare al governo; **eine ~ tritt zurück**, un governo si dimette; **die ~ übernehmen**, prendere/assumere il governo; **eine ~ umbilden**, rimpastare un governo 2 (*Regierungsgewalt*) governo m; {+HERRSCHER} regno m: **unter jds ~**, sotto il governo di qu.

Regierungsabkommen n *pol* accordo m intergovernativo/[tra governi].

regierungsamtlich adj *form* ufficiale (del governo).

Regierungsantritt m insediamento m del governo; {+KÖNIG} ascesa f/salita f al trono.

Regierungsauftrag m *pol* incarico m di governo.

Regierungsbeamte m <*dekl wie adj*> m (**Regierungsbeamtin** f) funzionario (-a) m (f) ₍di governo₎/[governativo].

Regierungsbezirk m *D adm* (*Abk* Reg.-Bez.*) "in alcuni Länder distretto amministrativo con funzioni particolari, come p. es. il controllo delle amministrazioni comunali; ≈ Provincia f.

Regierungsbildung f *pol* formazione f/costituzione f del governo.

Regierungsbündnis n *pol* coalizione f tra i partiti di governo.

Regierungschef m (**Regierungschefin** f) capo m del governo.

Regierungserklärung f dichiarazione f (d'intenti) del governo.

regierungsfähig adj *pol* {KOALITION} in grado di governare.

regierungsfeindlich adj antigovernativo, ostile al governo.

Regierungsform f *pol* (forma f di) governo m, regime m: **monarchische/republikanische ~**, governo monarchico/republicano.

regierungsfreundlich adj filogovernativo.

Regierungsgebäude n palazzo m governativo/[del governo].

Regierungsgeschäfte subst <*nur pl*> attività f di governo.

Regierungskoalition f coalizione f di governo.

Regierungskreise subst <*nur pl*> *pol* ambienti m pl governativi: **das verlautete aus ~n**, è stato reso noto da fonti governative.

Regierungskrise f *pol* crisi f di governo.

Regierungsmitglied n membro m del governo.

regierungsnah adj vicino al governo.

Regierungspartei f partito m di governo.

Regierungspräsident m (**Regierungspräsidentin** f) *adm* "presidente m di un Regierungsbezirk"; ≈ presidente m di una Provincia f.

Regierungsrat A m (**Regierungsrätin** f) *adm* alto funzionario m statale B <*nur m*> *CH* governo m cantonale.

Regierungsseite f: **von ~**, da parte del governo.

Regierungssitz m 1 (*Gebäude*) palazzo m governativo/[del governo] 2 (*Stadt*) sede f governativa/[del governo].

Regierungssprecher m (**Regierungssprecherin** f) *pol* portavoce mf del governo.

Regierungssystem n sistema m [di governo]/governativo.

regierungstreu adj {SOLDATEN, TRUPPEN} fedele al governo.

Regierungsumbildung f *pol* rimpasto m ministeriale/governativo.

Regierungsverantwortung f *pol* responsabilità f di governo.

Regierungsvorlage f *pol* disegno m di legge (presentato dal governo).

Regierungswechsel m *pol* cambio m di governo.

Regierungszeit f (durata f del) mandato m: **während der ~ Adenauers**, durante il governo (di) Adenauer; {+HERRSCHER, KÖNIG} regno m, reggenza f.

Regime <-*s, - oder rar -s*> n *pol pej* regime m (politico): **ein autoritäres/totalitäres ~**, un regime autoritario/totalitario.

Regimegegner m (**Regimegegnerin** f) *pol* oppositore (-trice) m (f) del regime.

Regimekritiker m (**Regimekritikerin** f) *pol* dissidente mf.

regimekritisch adj critico verso il regime.

Regiment① <-*(e)s, -e*> n *geh* (*Leitung*) comando m: **ein strenges ~ führen**, avere la mano pesante *fam*; **ein mildes ~ führen**, ₍avere la₎/[andarci con] mano leggera *fam*; **sie führt das ~ im Haus** *fam*, è lei che comanda/[porta i pantaloni]/[detta legge] in casa.

Regiment② <-*(e)s, -er*> n *mil* reggimento m.

regimetreu adj fedele al regime.

Regina, Regine f (*Vorname*) Regina.

Region <-*, -en*> f regione f • **in höheren ~en schweben** *scherz oder iron*, vivere nelle nuvole.

regional A adj 1 *geog* (*örtlich*) {BESONDERHEITEN, UNTERSCHIEDE} regionale 2 *pol* (*die einzelnen Regionen betreffend*) {NACHRICHTEN, POLITIK, WAHLEN} regionale B adv {UNTERSCHIEDLICH SEIN} da regione a regione: **~ bedingt**, dovuto a differenze regionali.

Regionalfernsehen n *TV* televisione f/emittente f regionale.

Regionalförderung f *ökon pol* sovvenzionamento m delle regioni arretrate.

Regionalliga f *sport* seconda divisione f.

Regionalprogramm n *radio TV* programma m regionale.

Regionalsender m *radio TV* stazione f/emittente f regionale.

Regionalsprache f *ling* lingua f regionale.

Regionalwahl f <*meist pl*> elezioni f pl regionali.

Regisseur <-*s, -e*> m (**Regisseurin** f) *film theat* regista mf.

Register <-*s, ->* n 1 (*alphabetisches Verzeichnis*) indice m 2 *adm* (*öffentliches Verzeichnis*) registro m 3 *mus* registro m • **alle ~ ziehen**, fare ricorso alle proprie arti; **alle psychologischen ~ ziehen**, tentarle tutte *fam*; **andere ~ ziehen**, cambiare registro/tattica.

Registertonne f (*Abk* RT) tonnellata f di

stazza.

Registratur <-, -en> f **1** (*Aktenraum*) archivio m **2** *mus* registri m pl **3** (*Eintragung*) registrazione f.

registrieren <ohne ge-> **A** tr **1** (*in ein Register eintragen*) *jdn/etw* ~ {FAHRZEUG, NAMEN, PERSONALIEN, ZAHLUNG} registrare *qu/qc* **2** (*verzeichnen*) *jdn/etw* ~ {KAMERA BESUCHER; PRESSE EREIGNIS; SEISMOGRAF ERDBEBEN} registrare *qu/qc*: **ein Wort in einem Wörterbuch** ~, registrare una parola in un vocabolario **3** (*wahrnehmen*) *etw* ~ {ABWESENHEIT, ERSCHEINEN} notare *qc*; {GERÄUSCH, VERÄNDERUNG} *auch* percepire *qc*, avvertire *qc*: **sein Erscheinen wurde von allen registriert**, la sua comparsa venne notata da tutti; **während der Feiertage sind viele schwere Unfälle registriert worden**, durante il periodo delle feste ₗsi sono₁/[sono stati] registrati molti gravi incidenti **B** *itr fam* (*zur Kenntnis nehmen*) registrare: **mit Genugtuung registrierte sie, dass das Publikum ihr aufmerksam zuhörte**, registrò con soddisfazione che il pubblico l'ascoltava attentamente.

Registrierkasse f registratore m di cassa.

Registrierung <-, -en> f **1** *adm* (*Eintragung*) registrazione f **2** *mus* (*Wahl der Register*) registrazione f.

Reglement <-s, -s oder CH -e> n *geh bes. sport* regolamento m.

reglementieren <ohne ge-> tr *geh etw* ~ {ARBEIT} regolamentare *qc*.

Regler <-s, -> m *tech* {+FREQUENZ, LAUTSTÄRKE, TEMPERATUR} regolatore m.

reglos adj → **regungslos**.

regnen unpers **1** piove: **es regnet**, piove; **es regnet leicht**, piove piano, pioviggina; **es regnet stark/heftig**, piove forte **2** (*niedergehen*) piovere, fioccare *fam*: **es regnet Beschwerden/Proteste**, piovono/fioccano *fam* reclami/proteste.

Regner <-s, -> m irrigatore m a pioggia.

regnerisch adj (*grau und nass*) {HIMMEL, TAG, WETTER} piovoso, piovigginoso.

Regress (a.R. Regreß) <-es, -e> m *jur* (azione f di regresso m: **von jdm** ~ **fordern**, ₗan jdm₁/[auf jdn] ~ **nehmen**, ₗagire in₁/[esercitare l'azione di] regresso contro/[nei confronti di] qu.

Regressanspruch (a.R. Regreßanspruch) m *jur* diritto m di regresso/rivalsa.

Regressforderung (a.R. Regreßforderung) f *jur* domanda f di regresso/rivalsa.

Regression <-, -en> f **1** *geh* (*Rückschritt*) regressione f, regresso m: **wirtschaftliche** ~, regressione economica **2** *biol geol* regressione f **3** *psych* regressione f **4** *Statistik* regressione f.

regressiv adj **1** *geh* (*rückschrittlich*) regressivo **2** *psych* che mostra segni di regressione **3** *philos* regressivo **4** *biol* regressivo **5** *jur* di regresso.

Regressklage (a.R. Regreßklage) f *jur* azione f di regresso.

Regresspflicht (a.R. Regreßpflicht) f *jur* obbligo m di regresso.

regresspflichtig (a.R. regreßpflichtig) adj *jur* obbligato al regresso.

regsam adj *geh* {MENSCH} attivo; {GEIST} vivace.

regulär A adj **1** (*vorschriftsmäßig*) {ARBEITSZEIT, BEZAHLUNG, EINSTELLUNG, PAUSE} regolare; {PREIS} normale, intero; {SPIELZEIT} regolamentare **2** *mil* {HEER, TRUPPEN} regolare **B** adv {BEZAHLEN, EINSTELLEN} regolarmente, secondo le regole.

Regulativ <-s, -e> n *geh* **1** (*steuerndes Element*) (elemento m) regolatore m **2** (*Vorschrift*) direttiva f, disposizione f.

regulierbar adj *tech* {HÖHE, LAUTSTÄRKE, LÜFTUNG, TEMPERATUR} regolabile.

regulieren <ohne ge-> **A** tr **1** (*einstellen*) *etw* ~ {KONTRAST, LAUTSTÄRKE, LUFTZUFUHR, TEMPERATUR} regolare *qc*: **die Zähne Ihres Sohnes müssen reguliert werden**, i denti di Suo figlio hanno bisogno di ₗessere corretti₁/[una correzione] **2** (*regeln*) *etw* ~ {PRODUKTION, VERKEHR} regolare *qc* **3** (*begradigen*) *etw* ~ {FLUSS} regolare *qc* **B** rfl (*sich regeln*) **sich (selbst)** ~ {MARKT, SYSTEM} (auto)regolarsi.

Regulierung <-, -en> f regolazione f.

Regung <-, -en> f **1** (*Bewegung*) movimento m (lieve): **eine leichte** ~ **der Luft**, un filo d'aria; **ohne jede** ~ **lag sie da**, giaceva lì immobile **2** (*Empfindung*) moto m dell'animo, emozione f: **in einer** ~ **von Wehmut**, in un moto di nostalgia; **keiner menschlichen** ~ **fähig sein**, essere incapace di sentimenti umani.

regungslos A adj **1** (*unbewegt*) {AUSDRUCK, GESICHT, MIENE, ZÜGE} impassibile: ~ **bleiben**, rimanere impassibile **2** (*bewegungslos*) {WASSERFLÄCHE} immobile; {GESTALT, KÖRPER} *auch* inerte, immoto *lit* **B** adv **1** (*unbewegt*) con impassibilità **2** {(DA)LIEGEN, DASITZEN} immobile, senza muoversi.

Reh <-(e)s, -e> n *zoo* capriolo m.

Reha f *fam* **1** Abk *von* Rehabilitation: riabilitazione f: **zur** ~ **gehen**, andare a fare riabilitazione **2** Abk *von* Rehabilitationsklinik, Rehabilitationszentrum: centro m di riabilitazione.

Rehabilitation <-, -en> f **1** (*Wiedereingliederung*) {+BEHINDERTE, KRANKE} riabilitazione f; {+DROGENSÜCHTIGE} reinserimento m, recupero m **2** *geh* (*Wiederherstellung der Ehre*) {+PERSON} riabilitazione f.

Rehabilitationsklinik f *med* centro m di riabilitazione.

Rehabilitationszentrum n *med* centro m di riabilitazione.

rehabilitieren <ohne ge-> **A** tr **1** (*wiedereingliedern*) *jdn* ~ {BEHINDERTE, KRANKE} riabilitare *qu*; {DROGENSÜCHTIGE} reinserire *qu*, recuperare *qc* **2** *geh* (*jds Ehre wiederherstellen*) *jdn* ~ {PERSON} riabilitare *qu* **B** rfl *geh* (*seine Ehre wiederherstellen*) **sich** ~ riabilitarsi; riscattarsi.

Rehabilitierung <-, -en> f (*Wiederherstellung der Ehre*) {+PERSON} riabilitazione f.

Rehaklinik f *fam med* → **Rehabilitationsklinik**.

Rehazentrum n *fam med* → **Rehabilitationszentrum**.

Rehbock m *zoo* capriolo m (maschio).

Rehbraten m *gastr* arrosto m di capriolo, capriola f.

rehbraun adj marrone rossiccio.

Rehgeiß <-, -en> f *zoo* capriolo m femmina, femmina f del capriolo, capriola f.

Rehkeule f *gastr* cosciotto m di capriolo.

Rehkitz n capriolo m giovane, capriolotto m.

Rehrücken m *gastr* lombata f di capriolo.

Reibach <-s, ohne pl> m *slang pej* grosso guadagno m: ~ **mit etw (dat) machen**, fare un affarone (con qc) *fam*.

Reibe <-, -n> f, **Reibeisen** n grattugia f.

Reibekuchen m *region gastr* → **Kartoffelpuffer**.

Reibelaut m *ling* fricativa f.

reiben <reibt, rieb, gerieben> **A** tr **1** (*über etw hin- und herfahren*) (*jdm*) *etw* (*mit etw dat*) ~ {AUTO, MÖBEL, SCHUHE MIT EINEM LAPPEN, TUCH} strofinare/(s)fregare *qc* con *qc* (*a qu*); {GESICHT MIT DEN HÄNDEN} strofinare/(s)fregare *qc a qu* (*con qc*): **etw blank** ~, lucidare/lustrare a specchio *qc* **2** (*durch Reiben eindringen*) (*jdm*) *etw auf/in etw* (akk) ~ {CREME, LOTION INS GESICHT, AUF DIE HAUT} spalmare (frizionando/massaggiando) *qc su qc a qu* **3** (*durch Reiben entfernen*) **sich etw aus/von etw** (dat) ~ {FLECK, SCHMUTZRAND, STAUB} strofinare/sfregare *qc* per togliere *qc*, togliere *qc da qc* strofinando/sfregando: **ich habe den Fleck mit etwas Alkohol aus der Jacke gerieben**, sono riuscita a togliere la macchia dalla giacca sfregandola con un po' di alcol **4** (*zerkleinern*) *etw* ~ {KÄSE} grattugiare *qc*, grattare *qc* **B** rfl **1** (*scheuern*) **sich (dat) etw** ~ {DIE HÄNDE, DIE NASE} (s)fregarsi *qc*; {DIE AUGEN} *auch* stropicciarsi *qc* **2** (*scheuern*) **sich** (**an etw** dat) ~ {KATZE, PFERD AM BAUM} strofinarsi *a/contro qc*, strusciarsi *a/contro qc* **3** *fam* (*sich mit jdm/etw auseinandersetzen*) **sich mit jdm** ~ ₗavere un attrito₁/[urtarsi] *con qu* **4** (*sich verletzen*): **sich (dat) etw blutig/wund** ~ {ARME, GESÄß, HÄNDE}, escoriarsi *qc*, sbucciarsi *qc* **C** *itr* (*scheuern*) (**an etw** dat) ~ {KRAGEN AM HALS; SCHUHE AN DEN FERSEN} (s)fregare *contro/a qc*.

Reiberei <-, -en> f <*meist pl*> *fam* attrito m, contrasto m.

Reibfläche f {+STREICHHOLZSCHACHTEL} superficie f di sfregamento; {+REIBE} superficie f/lato m su cui si grattugia.

Reibung <-, -en> f **1** *phys* attrito m, frizione f **2** *fam* (*Auseinandersetzungen*) → **Reiberei**.

Reibungselektrizität f *phys* elettricità f di/per strofinio, triboelettricità f.

Reibungsfläche f **1** *tech* superficie f d'attrito **2** (*Anlass zu Auseinandersetzungen*) motivo m d'attrito/contrasto.

Reibungskraft f *phys* forza f di attrito.

reibungslos A adj privo di difficoltà; {ZUSAMMENARBEIT} senza/[privo di] attriti **B** adv {ABLAUFEN, FUNKTIONIEREN} senza difficoltà/intoppi: **der Abend ist** ~ **über die Bühne gegangen**, la serata è passata liscia.

Reibungswärme f *phys* calore m di attrito.

Reibungswiderstand m *phys* resistenza f di attrito.

reich A adj **1** (*wohlhabend*) {LAND, STAAT, STADT} ricco; {PERSON} *auch* danaroso: ~ **werden**, diventare ricco (-a), arricchirsi; **Tochter aus** ~**em Hause**, figlia di genitori ricchi; **schwer** ~ *fam*, ricco sfondato *fam*, ricchissimo, straricco; **das ist ein schwer** ~**er Kerl**, è un vero Paperon de' Paperoni! *fam* **2** (*prachtvoll*) {AUSSTATTUNG, DEKORATION} ricco **3** (*kostbar*) {JUWELEN, SCHMUCK} ricco, prezioso **4** (*reichhaltig*) {AUSBEUTE, ÖLQUELLE} abbondante, copioso: **eine** ~**e Ernte**, un ricco/cospicuo raccolto **5** (*versehen mit*) ~ **an etw** (dat) {AN ERFAHRUNGEN, IDEEN, FANTASIE, WISSEN} ricco *di qc*; (*reichhaltig vorkommend*) ~ **an etw** (dat) {AN BODENSCHÄTZEN, KALORIEN, WASSER} ricco *di qc* **6** (*umfassend*) {BETÄTIGUNGSFELD, MÖGLICHKEITEN} ampio; {AUSWAHL, BESTAND} *auch* ricco; {ERFAHRUNGEN, KENNTNISSE} vasto **B** adv **1** (*in hohem Maße*) {BELOHNEN, BESCHENKEN, ENTGELTEN} lautamente, generosamente **2** (*prachtvoll*) {AUSSTATTEN, SCHMÜCKEN} riccamente, lussuosamente.

Reich <-(e)s, -e> n **1** (*Herrschaftsbereich*) {+DIKTATOR, KAISER, KÖNIG, MONARCH} impero m, regno m; (*Lebensbereich*) {+PFLANZEN, TIERE} regno m **2** (*Vorherrschaft*) {+BÖSE, GUTE, TEUFEL} regno m: **im** ~ **der Schatten** *lit*, nel regno delle tenebre *lit* **3** (*ideelle Sphäre*) {+MÄRCHEN, FANTASIE, TRÄUME} regno m, mondo m **4** *fam* (*privater Raum*) regno m: **sie hat**

sich (dat) dort oben ein eigenes kleines ~ eingerichtet, si è creata il suo piccolo regno lassù; **sein ~ ist die Küche**, la cucina è il suo regno • **das** *Deutsche* **~** *hist*, l'impero germanico, il Reich; **das** *Dritte* **~** *hist*, il Terzo Reich; **das ~** *Gottes*, il regno di Dio; **das** *Heilige* Römische **~** Deutscher Nation *hist*, il Sacro Romano Impero della Nazione Germanica; **das ~** *der Mitte geh* (*China*), il celeste Impero; **das ~** *der aufgehenden Sonne* (*Japan*), l'Impero del Sol Levante.
Reiche <*dekl wie adj*> *mf* ricco (-a) *m* (f).
reichen A *tr geh* **1** (*geben*) *jdm etw ~* {BUCH, MANTEL, ÖL, TASCHE} porgere *qc a qu*, passare *qc a qu*: **sie reichte ihm die Hand**, gli porse la mano; **würden Sie mir bitte das Salz ~?**, mi passerebbe il sale, per cortesia? **2** (*anbieten*) *jdm etw ~* {APERITIF, ERFRISCHUNGEN, GEBÄCK, TEE} offrire *qc a qu*, servire *qc a qu*, porgere *qc a qu geh* B *itr* **1** (*genügen*) {BROT, GELD, MATERIAL, VORRÄTE} bastare, essere sufficiente: **danke, das reicht mir**, grazie, (mi) basta così; **das Geld muss bis zum Monatsende ~**, questi soldi devono bastare fino alla fine del mese; **solange der Vorrat reicht**, finché durano le provviste; **die Wolle reicht mir für den ganzen Pullover**, la lana è sufficiente/[basta] per finire il golf **2** (*sich erstrecken*) *irgendwohin ~* giungere/arrivare/estendersi *fino a qc*: **bald wird er mir schon bis an die Schulter ~**, tra poco mi arriverà alla spalla; **das Grundstück reicht bis zum Fluss**, il terreno arriva/[si estende] fino al fiume; **die Pappeln ~ hoch in den Himmel**, i pioppi si elevano/[svettano] alti nel cielo; **so weit das Auge reicht**, fin dove giunge lo sguardo **3** (*gelangen*) (*mit etw* dat) *bis irgendwohin ~* arrivare (*con qc*) *fino a qc*: **sie reicht** (**mit der Hand**) **bis an das oberste Regal**, (con la mano) arriva fino all'ultimo ripiano dello scaffale • *jetzt reicht's mir aber! fam*, ora ne ho abbastanza/[basta]! *fam*; *weit* ~d → **weitreichend**.
reichhaltig *adj* **1** (*reich bestückt*) {BIBLIOTHEK, SAMMLUNG} ricco, fornitissimo **2** (*reichlich*) {FRÜHSTÜCK, MAHLZEIT} abbondante, ricco **3** (*vielfältig*) {ANGEBOT, AUSWAHL, PROGRAMM} ricco, vario, ampio.
Reichhaltigkeit <-, *ohne pl*> f **1** (*reiche Bestückung*) {+BIBLIOTHEK, SAMMLUNG} ricchezza f **2** (*Reichlichkeit*) {+FRÜHSTÜCK, MAHLZEIT} abbondanza f, ricchezza f **3** (*Vielfältigkeit*) {+ANGEBOT, AUSWAHL, PROGRAMM} ricchezza f, varietà f.
reichlich A *adj* **1** (*mehr als üblich*) {ANGEBOT, GESCHENKE, MAHLZEIT, PORTIONEN} ricco, abbondante; {ERNTE, NIEDERSCHLAG} *auch* copioso; {GEWINN} lauto, consistente; {BELOHNUNG, TRINKGELD} *auch* generoso **2** <*inv*> (*mehr als genügend*) {GELD, GELEGENHEIT, ZEIT} (più als genügend): **setz dich, du hast noch ~ Zeit**, mettiti a sedere, hai tempo a sufficienza **3** <*präd*> (*eher zu groß*) {JACKE, SCHUHE} abbondante **4** (*etwas mehr als*) abbondante: **sie hatte wie immer eine ~e Stunde Verspätung**, aveva, come sempre, un'ora buona/abbondante di ritardo B *adv* **1** (*mehr als gewöhnlich*) {BESCHENKEN} abbondantemente, riccamente; {BELOHNEN} *auch* lautamente: **das ist ~ gerechnet**, è calcolato generosamente **2** (*mehr als genügend*) {SICH BEMÜHEN, SCHLAFEN} abbastanza, a sufficienza, sufficientemente: **~ vorhanden sein**, abbondare **3** *fam* (*ziemlich*) {ALT, GROß, KLEIN, SPÄT, UNVERSCHÄMT} piuttosto, parecchio • **das ist aber ~ wenig!** *fam*, è piuttosto poco/scarso!
Reichsadler m *D hist* "aquila f imperiale (sullo stemma del Deutsches Reich)".
Reichsgebiet n *D hist* territorio *m* del Reich.
Reichsinsignien *subst* <*nur pl*> *D hist* insegne f pl imperiali.
Reichskanzler m *D hist pol* cancelliere *m* del Reich.
Reichspräsident m *D hist pol* "presidente *m* della repubblica di Weimar".
Reichsstadt f *hist*: *freie* ~, libera città imperiale.
Reichstag <-(e)s, *ohne pl*> m **1** (*Gebäude*) Reichstag *m* (*antica sede del parlamento tedesco a Berlino, tornata a essere tale dopo la riunificazione*) **2** *hist* (*Parlament von 1871-1933*) Reichstag *m*, parlamento *m* tedesco.
Reichstagsbrand m *D hist* incendio *m* del Reichstag.
Reichswehr f *D hist mil* forze armate tedesche del Reich (dal 1921-1935).
Reichtum <-s, *Reichtümer*> m **1** <*nur sing*> (*Vermögen*) ricchezza f **2** <*nur pl*> (*Güter*) {+ERDE, LAND} ricchezze f pl **3** <*nur sing*> (*Reichhaltigkeit*) *~ an etw* (dat) {AN ARTEN, FARBEN, FORMEN, IDEEN} ricchezza f *di qc*, abbondanza f *di qc*; {AN ARGUMENTEN, EINZELHEITEN} *auch* dovizia f *di qc*.
Reichweite f **1** (*Erreichbarkeit*) portata f: *in ~ sein*, essere a portata di mano; *außer ~ sein*, essere fuori portata; *etw in ~ haben*, avere qc a portata di mano/[sottomano] **2** (*Tragweite*) portata f **3** *radio* portata f **4** *mil* {+GESCHOSS, GESCHÜTZ} gittata f, portata f **5** *aero* autonomia f.
reif *adj* **1** (*ernte~*) {GEMÜSE, GETREIDE, OBST} maturo **2** (*ausgereift*) {KÄSE, WEIN} maturo, stagionato **3** (*erwachsen*) {FRAU, MANN, PERSON} maturo: *in ~erem Alter*, in età più/piuttosto matura; *er gehört inzwischen zu den ~en Semestern*, non è più una matricola **4** *biol* {EIZELLE} maturo **5** *fam* <*präd*> (*fertig*): *~ für etw* (akk) *sein* {BUCH FÜR VERÖFFENTLICHUNG; IDEE FÜR VERWIRKLICHUNG} essere pronto per qc; {PERSON FÜR DIE PENSIONIERUNG, DEN URLAUB} essere maturo per qc *fam*: **du bist gleich ~ für eine Ohrfeige!**, un altro po' e te buschi! *fam*, ora ti becchi un ceffone! *fam*; **die Kinder sind ~ fürs Bett**, i bambini cascano dal sonno; **der scheint mir ~ fürs Irrenhaus**, quello mi sembra da manicomio **6** (*ausgewogen*) {ARBEIT, GEDANKEN, WERK} ponderato, (ben) meditato: *eine ~e Leistung fam*, una prestazione brillante; **die Zeit ist ~**, i tempi sono maturi • **~ werden** {FRUCHT, PERSON, WEIN}, diventare maturo (-a), maturare.
Reif① <-(e)s, *ohne pl*> m *meteo* brina f.
Reif② <-(e)s, -e> m **1** *geh oder lit* (*Ring*) anello *m* **2** (*Armreif*) bracciale *m*, braccialetto *m* **3** (*Haarreif*) cerchietto *m*.
Reife <-, *ohne pl*> f **1** (*das Reifen*) {+GEMÜSE, GETREIDE, OBST} maturazione f **2** (*das Reifsein*) {+REIFESTADIUM} {+CHARAKTER, FRAU, MANN} maturità f • *mittlere ~*, "diploma che si ottiene al termine della Realschule o dopo il 10° anno del Gymnasium".
Reifegrad m **1** a. *jur* (*geistige Reife*) grado *m* di maturità **2** {+TRAUBEN} grado *m* di maturazione **3** *ökon* (*im Projektmanagement*) grado *m*/livello *m* di maturità.
reifen A *itr* <*sein*> **1** (*reif werden*) {GEMÜSE, GETREIDE, OBST, WEIN} maturare **2** (*innerlich wachsen*) {JUGENDLICHE} maturare: **er ist in kurzer Zeit zum Mann gereift**, in poco tempo si è fatto (un) uomo **3** (*Gestalt annehmen*) *in jdm ~* {ENTSCHLUSS, IDEE, PLAN} maturare *in qu*: **der anfängliche Verdacht war zu schmerzlicher Gewissheit gereift**, il sospetto iniziale si era fatto dolorosa certezza B *tr geh* <*haben*> **1** (*wachsen lassen*) *jdn ~* {ERFAHRUNGEN, ERLEBNISSE} (far) maturare *qu* **2** (*reif werden lassen*) *etw ~* {SONNE TRAU- BEN} far maturare *qc*, rendere maturo (-a) *qc*.
Reifen <-s, -> m **1** (*Metallband*) cerchio *m* **2** *autom* (*Fahrzeugreifen*) pneumatico *m*, gomma f: **ein abgefahrener/rundumerneuerter ~**, una gomma consumata/ricostruita; **einen ~ aufpumpen**, gonfiare una gomma; **einen platten ~ haben**, avere una gomma a terra *fam*; **mit quietschenden ~**, sgommando; **schlauchloser ~**, pneumatico senza camera d'aria, (pneumatico) tubeless; **den ~ wechseln**, cambiare la gomma **3** (*Gymnastik-, Dressurreifen*) cerchio *m*.
Reifendecke f *autom* copertone *m*.
Reifendienst m vendita f e assistenza f pneumatici, (officina f del) gommista *m*.
Reifendruck m *autom* pressione f dei pneumatici.
Reifengröße f misura f delle gomme.
Reifenhändler m gommista *m*.
Reifenpanne f foratura f (di un pneumatico): **eine ~ haben**, aver bucato/forato *fam*.
Reifenprofil n profilo *m*/scolpitura f dei pneumatici.
Reifensatz m treno *m* di gomme.
Reifenschaden m guasto *m* a un pneumatico/una gomma.
Reifenwechsel m cambio *m* di pneumatico/gomma.
Reifeprozess (a.R. Reifeprozeß) m processo *m* di maturazione.
Reifeprüfung f *geh Schule* (*Abitur*) esame *m* di maturità.
Reifezeit f **1** (*das Heranreifen*) {+GEMÜSE, GETREIDE, OBST} tempo *m* di maturazione **2** *biol* (*Pubertät*) pubertà f.
Reifezeugnis n *obs Schule* diploma *m* di maturità.
reiflich A *adj* {NACHDENKEN, ÜBERLEGUNG} maturo: *nach ~er Überlegung*, dopo matura riflessione B *adv* {BEDENKEN, ERWÄGEN} bene, a lungo: **es sich** (dat) **~ überlegen**, pensarci ben bene, rifletterci a lungo.
Reifrock m *text* crinolina f.
Reigen <-s, -> m *hist* ridda f, girotondo *m*.
Reih *subst* *in ~ und Glied* {ANTRETEN, STEHEN}, in fila/riga.
Reihe <-s, -n> f **1** (*gerade Linie*) *~ von jdm/etw* {VON BÄNKEN, GLÄSERN, HÄUSERN, STÜHLEN, SCHUHEN} fila f (*di qc*); {VON BÄUMEN} filare *m* (*di qc*): **eine ~ von acht Mann**, una fila di otto (persone); **durch die ~n gehen**, passare fra le file; **sich in eine ~ stellen**, mettersi in fila; **die ~n lichten sich**, le file cominciano a diradarsi; **in der vierten ~ sitzen**, sedere in quarta fila; **in der zweiten ~ parken**, parcheggiare in doppia fila; *mil* fila f, riga f: **die Truppen marschierten in ~n zu dreien** *mil*, le truppe marciavano a file di/[in file per] tre; **die ~n öffnen/schließen** *mil*, rompere/serrare le file/le righe **2** (*größere Anzahl*) *~ von jdm/etw* pl/+ gen {VON FEHLERN, FRAGEN; +FEHLER, FRAGEN} sfilza f *di qc*, serie f *di qu/qc*; {VON UNANNEHMLICHKEITEN, UNFÄLLEN; +UNANNEHMLICHKEITEN, UNFÄLLE} sequela f: **eine ~ von glücklichen Zufällen/[glücklicher Zufälle]**, una serie di fortunate coincidenze; **einer ganzen ~ von Mitarbeitern ist gekündigt worden**, un gran numero di collaboratori è stato licenziato; **eine ~ von Sälen/Zimmern**, una fuga di sale/stanze **3** *math* (*Folge*) progressione f, serie f: *arithmetische/geometrische ~*, progressione aritmetica/geometrica **4** <*nur pl*> (*Gemeinschaft*) file f pl, ranghi m pl, schiere f pl: **die Kritik am Kanzler kam aus den eigenen ~n**, le critiche al cancelliere partivano da file del suo partito **5** (*Serie: von Produktionen, Sendungen*) serie f; (*von Filmen*,

Konzerten, Vorträgen) ciclo m: **sein Buch ist in einer neuen ~ erschienen**, il suo libro è uscito in una nuova collana ● **etw ist an der ~** (*etw steht auf dem Programm*), qc è all'ordine del giorno; **jd ist an der ~** (*jd wird bedient oder behandelt*), è il turno di qu, tocca/sta a qu; (*jd darf oder muss etw tun*), è il turno di qu, tocca/sta a qu; **außer der ~**, fuori appuntamento; **etw auf die ~ bringen** *fam* | **kriegen** *fam* (*etw bewältigen*), farcela *fam*; {DIE BEZIEHUNG, DAS EIGENE LEBEN} riuscire a gestire qc; **hilfst du mir mal, das Regal zusammenzubauen? Ich krieg's allein nicht auf die ~**, puoi aiutarmi a montare lo scaffale? Da solo (-a) non ce la faccio; **ich krieg's nicht auf die ~** *fam* (*ich verstehe es nicht*), non ci arrivo *fam*; **in einer ~**, l' das kommt schon alles wieder in die ~, vedrai, le cose ₁torneranno a posto₁/[si risistemeranno]; **der ~ nach** (*räumlich*), l'uno (-a) dopo l'altro (-a); (*ordnungsgemäß*), per ordine; **erzähl mal schön der ~ nach**, racconta per bene ₁una cosa dopo l'altra₁/[le cose in ordine]; **in ~ schalten** *el*, collegare in serie; **in der ersten ~ sitzen** *fam*, avere un posto al sole; **aus der ~ tanzen** *fam*, volersi distinguere, fare diversamente dagli altri; (*in Bezug auf Ansichten, Haltungen*) *auch*, cantare fuori dal coro.

reihen Ⓐ *tr* **1** (*aufeinander folgen*) **etw auf etw** (*akk*) **~** {MUSCHELN, PERLEN AUF EINE SCHNUR} infilare qc in qc **2** (*mit großen Stichen heften*) **etw ~** {FUTTER, SAUM, STOFF} imbastire qc Ⓑ *rfl* (*auf etw folgen*) **sich an etw** (*akk*) **~: ein Protest reiht sich an den anderen**, le proteste si s'eguono.

Reihenfolge *f* ordine *m*, successione *f*: **in alphabetischer/chronologischer ~**, in ordine alfabetico/cronologico; **die ~ ändern**, cambiare l'ordine; **der ~ nach**, in ordine; **in dichter/kurzer ~**, in rapida successione.

Reihenhaus *n bau* villetta *f* a schiera.

Reihenhaussiedlung *f bau* complesso *m* di villette a schiera.

Reihenschaltung *f el* collegamento *m* in serie.

Reihenuntersuchung *f med* screening *m*.

reihenweise *adv* **1** *fam* (*in großer Zahl*) {BESTRAFEN, KRANK WERDEN, STERBEN} in massa: **die Soldaten kamen ~ um**, i soldati morivano come (le) mosche **2** (*in Reihen*) {ABMARSCHIEREN, VORTRETEN} in fila/riga, a file.

Reiher <-s, -> *m ornith* airone *m* ● **kotzen wie ein ~** *slang*, vomitare l'anima *fam*.

reihern *itr slang* vomitare l'anima *fam*.

Reihfaden *m*, **Reihgarn** *n* filo *m* per imbastire.

reihum *adv* {BLICKEN, GEHEN} in giro/cerchio: **lasst das Buch bitte ~ gehen**, fate passare il libro; **die Flasche ging ~**, la bottiglia venne fatta circolare/girare.

Reim <-(e)s, -e> *m* **1** (*Endreim*) rima *f* **2** (*Reimspruch*) versi *m pl*, rime *f pl*, rima *f* ● **sich** (*dat*) **seinen ~ auf etw** (*akk*) **machen** *fam*: darauf kann sich jeder selbst seinen ~ machen, se uno fa due più due…; ciascuno può trarre le sue conclusioni; **ich kann mir keinen ~ darauf machen** *fam*, non riesco a capirci niente.

reimen Ⓐ *rfl* (*einen Reim bilden*) **sich (auf etw akk/mit etw dat) ~** {NAME, WORT} fare rima (*con qc*) Ⓑ *tr* (*einen Reim bilden*) **etw auf** (*akk*)/**mit etw** (*dat*) **~** {WORT AUF EIN ANDERES WORT, MIT EINEM ANDEREN WORT} rimare *qc con qc* Ⓒ *itr* (*Reime machen*) scrivere versi, rimare *rar* ● **das reimt sich nicht** *fam*, (questo) non torna/quadra; **wie reimt sich das?** (*wie erklärt sich das?*), come si spiega (questo)?

reimlos *adj* {VERS} sciolto, libero.

Reimport <-(e)s, -e> *m ökon* **1** (*Wiedereinfuhr*) reimportazione *f* **2** (*wiedereingeführtes Produkt*) prodotto *m* reimportato.

Reimund *m* (*Vorname*) → **Raimund**.

rein① Ⓐ *adj* **1** (*unvermischt*) {ALKOHOL, EISEN, METALL, SEIDE, WOLLE} puro; {FARBEN, GOLD} *auch* schietto; {WEIN} genuino, schietto, pretto *lit* **2** (*sauber*) {BETTWÄSCHE, KLEIDER, WASSER} pulito: **sie hält mir das Haus ~**, mi tiene pulita la casa **3** (*unverdorben*) {GEDANKE, LIEBE} puro; {GEWISSEN} pulito, cristallino, lindo **4** (*klar*) {TON} chiaro, limpido; {KLANG, STIMME} *auch* cristallino **5** (*akzentfrei*) {DEUTSCH, FRANZÖSISCH, ITALIENISCH} corretto, perfetto, schietto, pulito *fam* **6** (*nichts anderes als*) {HYPOTHESE, ZUFALL} puro, semplice, mero: **eine ~e Freude**, un vero piacere; **die ~e Wahrheit**, la pura/semplice verità **7** (*pur*) {BLÖDSINN, GLÜCK} puro, vero: **das war ~e Boshaftigkeit**, è stata pura/autentica cattiveria; **das ist ja der ~ste Wahnsinn**, (questa) è pazzia bella e buona **8** (*ausschließlich*) **das ist ein ~es Arbeiterviertel**, (questo) è un quartiere esclusivamente operaio **9** *fam* (*absolut*) {CHAOS, LANGEWEILE} vero e proprio, totale *fam* Ⓑ *adv* (*klar*) {ERKLINGEN, ERTÖNEN} con limpidezza: **die Geige klingt nicht ganz ~**, il violino non ha un suono limpido ● **etw ins Reine bringen**, chiarire qc, sistemare qc; **ich habe die Sache mit ihm ins Reine gebracht**, ho chiarito la faccenda con lui, ho messo in chiaro le cose con lui; **mit jdm ins Reine kommen**, chiarirsi con qu; **mit sich** (*dat*) (**selbst**) **ins Reine kommen**, chiarirsi le idee; **ins Reine schreiben**, scrivere in bella (copia); **mit jdm im Reinen sein**, aver chiarito/[messo in chiaro] le cose con qu.

rein② *partik* **1** (*ausschließlich*) {PERSÖNLICH, PRIVAT, SYMBOLISCH} puramente, prettamente: **die Mitteilung ist ~ vertraulich**, la comunicazione è strettamente personale; **ich schaffe das ~ zeitlich nicht**, non ce la faccio per motivi di tempo; **~ zufällig**, per puro caso **2** *fam* (*völlig*) proprio: **das ist ~ aus der Luft gegriffen**, (questo) è del tutto campato in aria; **aus dem ist ~ gar nichts rauszukriegen**, da quello non ₁caverai proprio₁/[verrai a sapere] un bel niente.

rein③ *adv fam* → **herein**, **hinein**.

rein|beißen <*irr*> *itr fam* → **hinein|beißen** ● **zum Reinbeißen aussehen/sein** {MÄDCHEN}, essere ₁da mordere₁/[molto appetitosa] *fam*; {BABY, KINDERPOPO}, essere da mordere, essere da (prendere a) morsi.

rein|bohren *rfl fam* **sich in etw** (*akk*) **~** fissarsi *su qc*, incaponirsi *in qc*.

rein|bringen <*irr*> *tr fam* → **herein|bringen**, **hinein|bringen**.

rein|buttern *tr fam* → **hinein|buttern**.

rein|denken <*irr*> *rfl fam* → **hinein|denken**.

rein|drängen *itr fam* → **herein|drängen**, **hinein|drängen**.

rein|dürfen <*irr*> *itr fam* → **herein|dürfen**, **hinein|dürfen**.

Reineclaude *f bot* → **Reneklode**.

Reinemachefrau *f* donna *f* delle pulizie.

Reinemachen <-s, *ohne pl*> *n* pulizia *f*: **sie war noch beim ~**, stava ancora facendo le pulizie, era ancora a pulire ● **das wird jetzt in der Partei ein großes ~ geben**, ora nel partito ci sarà un gran(de) repulisti.

Reiner *m* (*Vorname*) → **Rainer**.

Reinerlös *m*, **Reinertrag** *m* ricavo *m* netto.

Reinette *f bot* → **Renette**.

rein|fahren <*irr*> *itr fam* → **hinein|fah-**
ren.

Reinfall <-s, -fälle> *m fam* fregatura *f fam*, bidonata *f fam*: **mit dem habe ich einen schönen ~ erlebt**, con lui ho preso proprio una bella fregatura; (*von Buch, Film, Theaterstück*) fiasco *m*, flop *m slang*; **die Premiere war ein absoluter ~**, la prima è stata un flop colossale.

rein|fallen <*irr*> *itr* <*sein*> **1** *fam* (*eine schlechte Wahl treffen*) **mit jdm/etw ~** rimanere fregato (-a) *da qu*/*qc fam*, prendersi una fregatura/bidonata ₁*da qu*₁/[*con qc*] *fam* **2** *fam* (*betrogen werden*) cascarci *fam*; **auf jdn/etw ~** farsi imbrogliare/fregare *da qu*/*qc*, lasciarsi abbindolare *da qu fam*: **er ist natürlich drauf reingefallen**, naturalmente ci è cascato; **sie ist einfach auf den Typ reingefallen**, si è proprio fatta imbrogliare da quel tipo **3** → **herein|fallen**, **hinein|fallen**.

Reinfektion *f med* reinfezione *f*.

rein|fliegen <*irr*> *itr* <*sein*> *fam* **1** → **herein|fliegen 2** (*getäuscht oder betrogen werden*) cascarci *fam*; **auf etw** (*akk*) **~** farsi imbrogliare/fregare: **ich bin natürlich drauf reingeflogen**, naturalmente ci sono cascato (-a).

rein|gehen <*irr*> *itr fam* → **hinein|gehen**.

rein|geraten <*irr*> *itr fam* → **hinein|geraten**.

Reingewicht *n* peso *m* netto.

Reingewinn *m* guadagno *m*/utile *m* netto, profitto *m*.

rein|gucken *itr fam* → **herein|sehen**, **hinein|sehen**.

Reinhaltung *f* {+TOILETTEN, ZIMMER} pulizia *f*; {+LUFT, WASSER} tutela *f* della qualità.

rein|hängen *rfl fam* **sich in etw** (*akk*) **~** {IN EINE ANGELEGENHEIT, ARBEIT} buttarsi (a capofitto) *in qc fam*, impegnarsi a fondo *in qc*: **häng dich mal etwas in dein Studium rein!**, dacci un po' dentro allo studio! *fam*.

Reinhard *m* (*Vorname*) Rainardo.

rein|hauen <*haute rein oder hieb rein*, *reingehauen*> *fam* Ⓐ *tr*: **jdm eine ~**, mollare un ceffone a qu *fam* Ⓑ *itr* **1** (*tüchtig essen*) abbuffarsi *fam*, rimpinzarsi *fam* **2** (*stark wirken*) {SEKT, WEIN} dare alla testa.

Reinheit <-, *ohne pl*> *f* **1** (*Unverfälschtheit*) {+EDELSTEIN, FORM, SPRACHE, STIL} purezza *f* **2** (*Ursprünglichkeit*) {+ÖL} genuinità *f*; {+WEIN} *auch* schiettezza *f* **3** (*Sauberkeit*) {+HAUT, WÄSCHE} pulizia *f*; {+LUFT, WASSER} purezza *f*.

Reinheitsgebot *n* (*im Brauereiwesen*) legge *f* sulla genuinità della birra.

Reinheitsgrad *m chem* grado *m* di purezza.

rein|helfen <*irr*> *tr fam* → **hinein|helfen**.

Reinhold *m* (*Vorname*) Rinaldo.

rein|holen *tr fam* → **herein|holen**.

reinigen Ⓐ *tr* **etw ~ 1** (*säubern*) {TEPPICH, VORHANG} pulire *qc*: **den Pullover lasse ich lieber chemisch ~**, è meglio che faccia lavare il maglione a secco; **jdm etw ~** {HÄNDE, NÄGEL, OHREN, WUNDE} pulire *qc a qu* **2** *tech* {ABWÄSSER, WASSER} depurare *qc* **3** *med* {BLUT} depurare *qc*, purgare *qc*; {WUNDE} pulire *qc* Ⓑ *rfl* (*sich befreien*) **sich von etw** (*dat*) **~** {VON EINER ANSCHULDIGUNG, VOM SCHLECHTEM GEWISSEN, VON EINEM VERDACHT} purgarsi *di qc*.

Reiniger <-s, -> *m fam* → **Reinigungsmittel**.

Reinigung <-, -en> *f* **1** <*nur sing*> (*das Reinigen*) {+HAUS, WOHNUNG} pulizia *f*; {+KLEIDER, WÄSCHE} lavaggio *m* **2** <*nur sing*> *tech* (*Säuberung*) depurazione *f*; {+LUFT, WASSER} *auch* purificazione *f* **3** <*nur sing*> *med* (*Desinfekti-*

on) {+Wunde} pulizia f **4** <nur sing> (Läuterung) {+Seele} purificazione f **5** (~sgeschäft) lavanderia f (a secco), lavasecco m, tintoria f: *etw in die/zur ~ bringen*, portare qc in lavanderia/tintoria • *chemische ~*, lavaggio a secco.

Reinigungscreme, **Reinigungskrem**, **Reinigungskreme** f crema f detergente.

Reinigungslotion f lozione f detergente.

Reinigungsmilch f latte m detergente.

Reinigungsmittel n *chem* detergente m; (*für Flecken*) smacchiatore m.

rein|interpretieren tr *fam* → **hinein|interpretieren**.

Reinkarnation <-, -en> f *relig* reincarnazione f.

rein|knallen *fam* **A** <*sein*> (*reinfahren*) *in etw* (akk) ~ {in ein anderes Auto} tamponare *qc*, andare addosso *a qc*: *er hatte einen Unfall, ihm ist ein Motorrad reingeknallt*, ha avuto un incidente, è stato tamponato da una moto **B** tr <*haben*> → **knallen** B 3 • *jdm eine ~ fam*, mollare un ceffone/ [una sberla] a qu.

rein|knien rfl *fam* → **hinein|knien**.

rein|kommen <irr> itr *fam* → **herein|kommen**, **hinein|kommen**.

rein|können <irr> itr *fam* → **herein|können**, **hinein|können**.

rein|kriechen <irr> itr *fam* → **herein|kriechen**, **hinein|kriechen**.

rein|kriegen tr *fam* → **herein|kriegen**, **hinein|kriegen**.

Reinkultur f: *in ~ fam*, allo stato puro, autentico; *das ist Kitsch in ~*, questo è kitsch allo stato puro.

rein|lassen <irr> tr *fam* → **herein|lassen**, **hinein|lassen**.

rein|laufen <irr> itr *fam* → **herein|laufen**, **hinein|laufen**.

rein|legen tr *fam* → **herein|legen**, **hinein|legen**.

reinlich A adj **1** (*sauberkeitsliebend*) {Tier} pulito; {Mensch} *auch* amante della pulizia **2** *obs* (*sehr sauber*) {Haushalt, Stadt} pulito, netto *geh obs*; {Kleidung, Wäsche} *auch* lindo **3** (*sorgfältig*) {Trennung, Unterscheidung} netto **B** adv **1** (*sehr sauber*) {sich anziehen, kleiden} con abiti puliti **2** (*sorgfältig*) {Trennen, Unterscheiden} nettamente.

Reinlichkeit <-, ohne pl> f **1** (*Sauberkeitsliebe*) {+Mensch} amore m per la pulizia; {+Tier} essere m pulito **2** (*Sauberkeit*) {+Kleidung, Wäsche} pulizia f, lindore m *geh*; {+Haushalt, Stadt} nettezza f.

rein|müssen <irr> itr *fam* → **herein|müssen**.

rein|passen itr *fam* → **hinein|passen**.

rein|pfuschen itr *fam* → **hinein|pfuschen**.

rein|platzen itr *fam* → **herein|platzen**, **hinein|platzen**.

rein|pumpen tr *fam* → **hinein|pumpen**.

reinrassig adj *zoo* {Tier} di razza (pura); {Pferd} purosangue.

rein|reden tr rfl *fam* → **hinein|reden**.

rein|reißen <irr> tr *fam* **1** (*hineinziehen*) *jdn in etw* (akk) (mit) ~ {in einen Prozess, einen Skandal} trascinare *qu in qc fam*, tirare dentro *qu in qc fam*, invischiare *qu in qc* **2** (*hohe Ausgaben verursachen*) *jdn ~* {Anschaffung, Hauskauf, Umbau, Urlaub} rovinare *qu fam*.

rein|reiten <irr> *fam* **A** tr (*hineinziehen*) *jdn ~* mettere nei guai *qu fam*; *jdn in etw* (akk) ~ {in eine Schwierigkeit, unangenehme Situation} trascinare *qu in qc fam*, coinvolgere *qu in qc fam*; *sich in etw* (akk) ~ {in eine schwierige, unangenehme Situation} cacciarsi nei guai *fam*; *sich in etw* (akk) ~ {in eine schwierige, unangenehme Situation} cacciarsi in *qc fam*.

rein|riechen <irr> itr *fam* **in etw** (akk) ~ {in einen Betrieb, ein Buch, ein Studium} farsi un'idea *di qc*; → **hinein|riechen**.

rein|rufen <irr> tr *fam* **1** → **herein|rufen**.

rein|schauen itr *fam* **1** (*einen kurzen Besuch machen*) (*bei jdm*) ~ passare a trovare *qu*, fare una scappatina/un salto *da qu* **2** (*einen kurzen Blick hineinwerfen*) *in etw* (akk) ~ {in ein Buch, eine Zeitung} dare un'occhiata *a qc* **3** (*hereinsehen*) guardare dentro; *zum Fenster/[zur Tür] ~*, guardare nella finestra/porta.

rein|schieben <irr> tr *fam* → **herein|schieben**.

rein|schlagen <irr> tr *fam* → **hinein|schlagen**; *jdm eine ~ slang*, appioppare/mollare uno schiaffo a qu *fam*; *ein Gesicht zum Reinschlagen haben slang*, avere una gran faccia da schiaffi; *da könnt' ich ~! slang*, queste cose mi fanno uscire di testa!

rein|schleichen <irr> rfl *fam* → **herein|schleichen**.

rein|schlingen <irr> tr *fam* → **hinein|schlingen**.

rein|schmuggeln tr *fam* → **herein|schmuggeln**.

rein|schneien itr <*sein*> *fam* (*bei jdm*) ~ piombare a casa di/[da] qu *fam*.

rein|schnuppern itr *fam* (*in etw* akk) ~ {in einen Beruf, einen Kurs} farsi un'idea di *qc* dare un'occhiata (*a qc*), provare (*qc*).

rein|schreiben <irr> tr *fam* → **hinein|schreiben**.

Reinschrift f **1** trascrizione f in bella (copia): *eine ~ von etw* (dat) *machen*, trascrivere *qc* in bella (copia) **2** (*Ergebnis*) bella (copia) f • *in ~*, in bella (copia).

rein|schütten tr *fam* → **hinein|schütten**.

reinseiden adj di pura seta: *eine ~e Bluse*, una camicia di pura seta.

rein|setzen tr rfl *fam* → **hinein|setzen** • *da könnt' ich mich ~! fam* (*etw schmeckt wahnsinnig gut*), pancia mia, fatti capanna! *fam*.

rein|sollen <irr> itr *fam* → **hinein|sollen**.

rein|stecken tr *fam* → **hinein|stecken** • *es jdm vorn(e) und hinten ~ fam*, viziare qu.

rein|steigern rfl *fam* → **hinein|steigern**.

rein|stopfen tr *fam* → **hinein|stopfen**.

rein|strecken tr *fam* → **herein|strecken**.

rein|strömen itr *fam* → **herein|strömen**.

rein|stürzen itr *fam* → **herein|stürzen**.

rein|tragen <irr> tr *fam* → **herein|tragen**, **hinein|tragen**.

rein|treten <irr> *fam* **A** itr <*sein*> **1** → **herein|treten** **2** (*in etw treten*) *in etw* (akk) ~ {in Hundekot, in einen Kaugummi, in Scherben} ~ pestare *qc* **B** tr <*haben*> (*einen Tritt geben*) *jdn/etw* (*mit etw* dat) (*irgendwohin*) ~ {Menschen, Tier mit dem Fuß, Stiefeln} dare una pedata/[un calcio] *a qu* (*con qc*) (+ *compl di luogo*).

rein|tun <irr> tr *fam* → **hinein|tun**.

rein|versetzen rfl *fam* → **hinein|versetzen**.

reinvestieren <ohne ge-> tr *etw* ~ reinvestire qc.

rein|wachsen <irr> itr *fam* → **hinein|wachsen**.

rein|wagen rfl *fam* → **herein|wagen**.

rein|waschen <irr> **A** rfl *sich von etw* (dat) ~ {von einer Anschuldigung, einem Verdacht} scagionarsi *da qc*; {von einer Schuld} *auch* discolparsi *da qc*: *sich von jeder Schuld/[jedem Verdacht] ~ wollen*, volersi lavare da ogni colpa/sospetto; *sich von Sünden ~*, mondarsi dal peccato **B** tr **1** (*von etw befreien*) *jdn von etw* ~ (dat) ~ {von einem Verdacht} scagionare *qu da qc*; {von einer Anschuldigung, Schuld} *auch* discolpare *qu da qc* **2** (*säubern*) *etw ~* → **waschen**.

rein|wollen <irr> itr *fam* → **herein|wollen**, **hinein|wollen**.

reinwollen adj di pura lana: *ein ~er Pullover*, un maglione di pura lana.

rein|würgen tr *fam etw* ~ mandare/buttare giù *qc* a fatica/[controvoglia]; (*mit Hast*) ingoiare *qc*, buttare giù *qc* • *jdm eine/eins ~ slang*, farla a qu *fam*, giocare un tiro mancino/[brutto tiro] a qu *fam*.

rein|ziehen <irr> **A** rfl *slang* (*konsumieren*) *sich* (dat) *etw ~* {Joint, Prise} farsi *qc fam*; {Zigarette} fumarsi *qc*; {eine Flasche Wein} *auch* scolarsi *qc fam*, tracannarsi *qc fam*; {Buch, Gelaber, Palaver, Sendung} sorbirsi *qc fam*, sciropparsi *qc fam*; *sich* (dat) *einen Hamburger ~*, farsi un hamburger *fam* **B** tr itr → **hinein|ziehen**, **herein|ziehen**.

Reis[1] <-es, -e oder -arten> m riso m: *polierter ~*, riso brillato; *geschälter ~*, riso mondato; *ungeschälter ~*, risone, riso vestito/greggio; *~ anbauen*, coltivare il riso; *~ kochen*, fare del riso; *~ als Beilage nehmen*, prendere il riso come contorno.

Reis[2] <-es, -er> n **1** *geh* (*Zweiglein*) ramoscello m, rametto m; (*Schössling*) rampollo m **2** (*Pfropfreis*) marza f.

Reisanbau <-(e)s, ohne pl> m risicoltura f, coltivazione f del riso.

Reisauflauf m timballo m/sformato m di riso.

Reisbauer m (**Reisbäuerin** f) coltivatore (-trice) m(f) di riso.

Reisbrei m riso m al latte, pappa f di riso.

Reise <-, -n> f viaggio m; (*Rundreise*) giro m; (*Geschäftsreise*) viaggio m d'affari: *auf der ~/[~n]*, in viaggio; *eine ~ mit dem Auto*, un viaggio in macchina; *eine ~ mit dem Flugzeug/der Bahn*, un viaggio in aereo/treno; *eine ~ nach Italien*, un viaggio in Italia; *Portugal ist eine ~ wert*, il Portogallo val bene un viaggio • *eine ~ buchen*, prenotare un viaggio; *auf die ~/[~n] gehen*, intraprendere un viaggio; *glückliche/gute ~!*, buon viaggio!; *eine ~ machen*, fare un viaggio; *sich auf die ~ machen*, mettersi in viaggio; *eine ~ um die Welt*, un giro del mondo.

Reiseandenken n ricordo m di viaggio, souvenir m.

Reiseapotheke f astuccio m di pronto soccorso da viaggio.

Reisebegleiter m (**Reisebegleiterin** f) **1** (*Mitreisender*) compagno (-a) m (f) di viaggio **2** (*Reiseführer einer Gruppe*) accompagnatore (-trice) m (f) turistico.

Reisebekanntschaft f conoscenza f fatta in viaggio.

Reisebericht m resoconto m di viaggio.

Reisebeschreibung f reportage m/racconto m di viaggio: *~ Indien*, viaggio in India.

Reisebranche f settore m dei viaggi/ [del turismo].

Reisebüro n agenzia f (di) viaggi.

Reisebus m, **Reisecar** m *CH* pullman m.

reisefertig adj {Person} pronto per il viaggio/[partire], pronto a partire.

Reisefieber n *fam* ansia f della partenza.

Reiseführer m (**Reiseführerin** f) **1** (*Per-*

son) guida f (turistica) **2** <*nur m*> (*Buch*) guida f.

Reisegefährte m (**Reisegefährtin** f) compagno (-a) m (f) di viaggio.

Reisegepäck n bagaglio m.

Reisegesellschaft f **1** (*Reisegruppe*) comitiva f (di turisti) **2** <*nur sing*> (*Begleitung auf einer Reise*) compagnia f di viaggio.

Reisegruppe f comitiva f (di turisti).

Reisejournalist m (**Reisejournalistin** f) giornalista mf di viaggio.

Reisekader m *ostdt hist* "cittadino m della ex RDT cui era consentito viaggiare all'ovest".

Reisekoffer m valigia f.

Reisekosten subst <*nur pl*> spese f pl di viaggio.

Reisekostenabrechnung f calcolo m/ conteggio m delle spese di viaggio.

Reisekostenvergütung f indennità f di trasferta.

Reisekrankheit f *med* chinetosi f.

Reiseland n paese m turistico.

Reiseleiter m (**Reiseleiterin** f) capocomitiva mf, guida f (turistica).

Reiselektüre f lettura f per il viaggio: *etw als ~ mitnehmen*, portarsi dietro qc da leggere in/[durante il] viaggio.

Reiseliteratur f (*Literatur über Reisen*) letteratura f di viaggio; (*Reiseführer*) guide f pl turistiche, libri m pl per il viaggio.

Reiselust f passione f per i viaggi, voglia f di viaggiare.

reiselustig adj amante dei viaggi: *jd ist ~*, a qu piace molto viaggiare, qu ama viaggiare.

Reisemitbringsel n *fam* souvenir m, ricordo m di viaggio.

Reisemobil n → **Wohnmobil**.

reisen itr <*sein*> **1** (*Reisen unternehmen*) viaggiare: *sie reist gern*, le piace viaggiare; *er ist weit gereist*, ha viaggiato molto; *irgendwohin ~* andare/[fare un viaggio] + *compl di luogo*: ₁*nach Rom*₁/[*nach Italien*]/ [*ins Ausland*] *~*, andare ₁a Roma₁/[in Italia]/[all'estero], fare un viaggio ₁a Roma₁/ [in Italia]/[all'estero]; *wohin ~ sie?*, dove vanno?; *wir ~ über Frankfurt*, passiamo per Francoforte **2** (*abreisen*) partire: *wann ~ Sie denn?*, quando parte? **3** *com* (*als Vertreter unterwegs sein*) *in etw* (*dat*) *~* viaggiare *in qc*, fare il rappresentante *di qc*.

Reisende (*dekl wie adj*) mf **1** (*derjenige, der eine Reise unternimmt*) viaggiatore (-trice) m (f); (*Fahrgast*) passeggero (-a) m (f); *allein ~* → **Alleinreisende 2** *com obs* (*Vertreter*) commesso viaggiatore m obs, piazzista m *obs*, rappresentante mf (di commercio).

Reisepass (a.R. Reisepaß) m passaporto m.

Reiseplan m **1** <*nur pl*> (*Pläne für eine Reise*) programmi m pl (di viaggio) **2** (*Reiseroute*) programma m di viaggio, itinerario m **3** (*Zugstrecke*) tragitto m, percorso m.

Reiseprospekt m dépliant m turistico.

Reiseproviant m provviste f pl per il viaggio.

Reiseroute f itinerario m di viaggio.

Reiserücktrittsversicherung f assicurazione f annullamento viaggio.

Reiseruf m *radio* "appello m via radio per rintracciare persone in viaggio".

Reisescheck m traveller's chèque m.

Reiseschreibmaschine f *obs* macchina f da scrivere portatile.

Reisetagebuch n diario m di viaggio.

Reisetasche f borsa f da viaggio.

Reiseunterlagen subst <*nur pl*> documenti m pl di viaggio.

Reiseunternehmen n → **Reiseveranstalter**.

Reiseveranstalter m operatore m turistico, tour operator m.

Reiseverkehr m traffico m vacanziero.

Reiseversicherung f assicurazione f viaggi: *eine ~ abschließen*, stipulare un'assicurazione viaggi.

Reisevorbereitung f <*meist pl*> preparativi m pl del/[per il] viaggio.

Reisewecker m sveglia f da viaggio.

Reisewelle f ondata f di turisti.

Reisewetterbericht m bollettino m meteorologico per chi viaggia.

Reisezeit f stagione f turistica: *die beste ~ für Sizilien ist Mai oder Juni*, il miglior periodo per fare un viaggio in Sicilia sono i mesi di maggio e giugno.

Reiseziel n **1** (*Ziel einer Reise*) meta f del viaggio, destinazione f **2** (*allgemein beliebtes Ziel*) meta f turistica.

Reisfeld n risaia f.

Reisgericht n *gastr* piatto m a base di riso; (*Risotto*) risotto m.

Reisig <*-s, ohne pl*> n rami m pl secchi; (*zum Feuermachen*) sterpi m pl.

Reisigbesen m scopa f di saggina, ramazza f, granata f *tosk*.

Reisigbündel n fascina f.

Reismehl n *gastr* farina f di riso.

Reispapier n carta f di riso.

Reisrand m *gastr* anello m di riso: *Huhn auf ~*, pollo su letto di riso.

Reißaus m: (*vor jdm/etw*) *~ nehmen*, darsela a gambe (davanti a qu/qc) *fam*, tagliare la corda (davanti a qu/qc) *fam*.

Reißbrett n tavolo m da disegno.

Reisschnaps m *gastr* arrak m, acquavite f di riso.

reißen <*reißt, riss, gerissen*> Ⓐ tr <*haben*> **1** (*auseinander~*) *etw* (in Stücke) *~* {BILD, BRIEF, PAPIER, STOFF} strappare *qc* (in pezzi), stracciare *qc*: *der Hund hat die Jacke in Fetzen gerissen*, il cane ha fatto a brandelli la giacca; *den Stoff in Streifen ~*, fare a strisce la stoffa; *ein Foto in tausend Fetzen ~*, stracciare una foto in mille pezzi; *ich reiße ihn in Stücke*, wenn ich ihn erwische *fam*, **2** (*hinein~*) (*jdm*) *etw in etw* (akk) *~*: *der Hund hat ihm ein Loch in die Hose gerissen*, il cane gli ha fatto un buco nei pantaloni; *die Bombe riss ein tiefes Loch in den Boden*, la bomba scavò una profonda buca nel terreno **3** (*ent~, weg~*) *etw aus/von etw* (dat) *~* {BLATT AUS DEM BUCH, TAPETE VON DER WAND} strappare *qc da qc*; {KLEIDER AUS DEM SCHRANK} tirare fuori *qc da qc*: *jdm etw aus der Hand/Händen ~* {BRIEF, TASCHE}, strappare qc di mano a qu; *sie rissen der Mutter das Kind aus den Armen*, strapparono al bambino dalle braccia della madre **4** (*entnehmen*) *etw aus etw* (dat) *~* {AUSSAGE, ZITAT AUS DEM KONTEXT, ZUSAMMENHANG} isolare *qc da qc*, estrapolare *geh qc da qc*: *so aus dem Zusammenhang gerissen kann man ihre Bemerkung nur falsch verstehen*, avulsa/staccata così dal contesto la sua osservazione non può che essere fraintesa **5** (*für sich beanspruchen*) *etw an sich ~* {FÜHRUNG, LEITUNG, MACHT} impadronirsi *di qc*, impossessarsi *di qc*; {ERFOLG} appropriarsi *di qc* **6** (*stürmisch umarmen*) *jdn an sich ~*, attirare *qu* a sé **7** (*unsanft unterbrechen*) *jdn aus etw* (dat) *~* {KLINGELN, STIMME, TELEFON AUS DEN TRÄUMEREIEN, AUS DEN ÜBERLEGUNGEN} strappare *qu a qc*: *der Wecker hatte sie unsanft aus dem Schlaf gerissen*, la sveglia l'aveva ₁strappata al sonno₁/[bruscamente svegliata] **8** (*rasch ziehen*) *jdn/etw irgendwohin ~* {IN DEN ABGRUND, IN DIE TIEFE} trascinare *qu/qc* con sé + *compl di luogo*: *die Wucht der Welle riss ihn zu Boden*, la forza dell'onda lo scaraventò a terra; *im Fallen hat sie die Tischdecke mit sich* (dat) *gerissen*, cadendo ha tirato giù la tovaglia **9** (*fangen und totbeißen*) *etw ~* {TIER ANDERES TIER} sbranare *qc*, fare a brandelli *qc* **10** *sport etw ~* {LATTE} buttare giù *qc* Ⓑ itr **1** <*sein*> (*zer~*) {FADEN, NAHT, SEIL, TAU} strapparsi; {PAPIER, STOFF} auch lacerarsi, stracciarsi **2** <*sein*> (*ein~*) *~* {KLEID, PAPIER, STOFF AM RAND, IN DER MITTE, OBEN, SEITLICH, UNTEN} strapparsi + *compl di luogo* **3** <*haben*> (*zerren*) *an etw* (dat) *~* {AN EINER KETTE, AN EINEM VORHANG} dare strattoni *a qc*, strattonare *qc* **4** <*haben*> *sport* buttare giù l'asticella Ⓒ rfl **1** (*sich etw hinein~*) *sich* (dat) *etw in etw* (akk) *~*: *sich* (dat) *ein Loch in den Mantel ~*, farsi uno strappo nel cappotto **2** (*sich befreien*) *sich aus etw* (dat) *~* {AUS DER UMARMUNG, UMKLAMMERUNG} liberarsi *da qc* **3** *fam* (*sich heftig bemühen*) *sich um jdn/ etw ~* azzuffarsi *per qu/qc fam*: *ich reiße mich nicht darum, ihn vom Flughafen abzuholen*, non ci tengo particolarmente ad andare a prenderlo all'aeroporto; *ich reiße mich nicht darum, diese Arbeit zu kriegen*, non farò certo a pugni/cazzotti per avere questo lavoro; *die Vereine rissen sich um den Fußballstar*, le società si contesero accanitamente il campione.

reißend adj **1** (*gefährlich*) {FLUSS, STROM, STRÖMUNG} impetuoso **2** *zoo* (*wild*) feroce, rapace **3** *fam* (*enorm*): *~en Absatz finden*, andare a ruba *fam*.

Reißer <*-s, -*> m *fam* (*Erfolgsware*) articolo m molto gettonato *fam*, successo m di vendita; (*Buch*) best seller m; (*Film*) successo m di cassetta.

reißerisch *pej* Ⓐ adj {ARTIKEL, PLAKAT, SCHLAGZEILEN, TITEL} sensazionalistico Ⓑ adv {AUFMACHEN} in modo sensazionalistico.

Reißfeder f tiralinee m.

reißfest adj {GARN, GEWEBE} resistente (agli strappi), antistrappo.

Reißfestigkeit f *tech* resistenza f allo strappo.

Reißleine f *sport* fune f di strappo.

Reißnagel m puntina f da disegno.

Reißstärke f *gastr* amido m di riso.

Reissuppe f *gastr* minestra f di riso.

Reißverschluss (a.R. Reißverschluß) m (chiusura f) lampo f, cerniera f, zip m *oder* f: *der ~ klemmt*, la zip si è incastrata/bloccata; *den ~ zuziehen*, chiudere la zip.

Reißverschlusssystem, **Reißverschluss-System** (a.R. Reißverschlußsystem) n *autom* circolazione f a senso unico alternato.

Reißwolf m **1** (*Papierzerreißmaschine*) distruggidocumenti m **2** (*Stoffzerkleinerungsmaschine*) sfilacciatrice f.

Reißzahn m zanna f.

Reißzwecke f puntina f da disegno.

Reiswein m *gastr* sakè m.

Reitbahn f maneggio m, cavallerizza f *tech*.

Reitclub m → **Reitklub**.

Reitdress (a.R. Reitdreß) m tenuta f da equitazione.

reiten <*reitet, ritt, geritten*> Ⓐ itr <*sein*> **1** (*sich auf einem Pferd fortbewegen*) (*auf etw* dat) *~* andare a cavallo, cavalcare: *sie reitet*, (lei) ₁va a cavallo₁/[fa equitazione]/[è una cavallerizza]; *auf etw* (dat) *~* {AUF EINEM ESEL, KAMEL, PFERD} cavalcare *qc*, montare *qc*: (*im*) *Schritt/Trab/Galopp ~*, andare al

passo/trotto/galoppo; **das Reiten**, l'equitazione; **heute hat mir das Reiten Spaß gemacht**, oggi mi sono divertito (-a) ˌad andare a cavalloˌ/[a montare]; **irgendwohin ~** {ÜBERS LAND, DURCH DEN WALD} andare a cavallo + *compl di luogo*; **wo ~ wir heute hin?**, dove andiamo oggi a cavallo? **2** (*rittlings sitzen*) **auf etw** (dat) **~** stare a cavalcioni *su qc*; **das Kind reitet auf einem Schaukelpferd**, il bambino va su un cavallo a dondolo **B** tr **1** <haben> *etw ~* {ESEL, KAMEL, PFERD, RAPPEN, SCHIMMEL} montare *qc*, cavalcare *qc*; **das Pferd müde ~**, sfiancare il cavallo **2** <haben oder sein> *etw ~*: **sie ist/hat schon einige Turniere geritten**, (lei) ha già partecipato ad alcuni concorsi ippici; **wir sind/haben gestern fünf Stunden geritten**, ieri ˌabbiamo cavalcato/montatoˌ/[siamo andati a cavallo] (per) cinque ore **C** rfl <haben> **sich irgendwie ~**: **sich müde ~**, stancarsi/sfinirsi cavalcando; **sich wund ~**, sbucciarsi *fam* cavalcando.
Reiter① <-s, -> m (*auf Karteikarten*) cavalierino m.
Reiter② <-s, -> m (**Reiterin** f) **1** cavaliere m, amazzone f, cavallerizza f **2** *mil* (*Soldat*) soldato m di cavalleria • **hoppe, hoppe ~!**, arri, arri, cavallino!
Reiterei <-, -en> f **1** *mil obs* (*Kavallerie*) cavalleria f **2** <*nur sing*> *fam sport* (*das Reiten*) equitazione f.
Reiterin f → **Reiter**②.
Reiterstandbild n, **Reiterstatue** f *kunst* statua f/monumento m equestre.
Reitgerte f frustino m, scudiscio m.
Reithalle f maneggio m coperto.
Reithose f calzoni m pl/pantaloni m pl ˌalla cavallerizzaˌ/[da equitazione].
Reitklub m centro m ippico/[d'equitazione], club m ippico.
Reitlehrer m (**Reitlehrerin** f) istruttore (-trice) m (f)/maestro (-a) m (f) di equitazione, cavallerizzo (-a) m (f).
Reitpeitsche f frustino m, scudiscio m.
Reitpferd n cavallo m da sella.
Reitschule f scuola f di equitazione; (*Ort*) centro m ippico, maneggio m.
Reitsport m equitazione f, ippica f, sport m equestre/ippico.
Reitstall m scuderia f.
Reitstiefel m <*meist pl*> stivale m da equitazione/cavallerizzo.
Reitstunde f lezione f di equitazione.
Reittier n animale m da sella.
Reitturnier n concorso m ippico, gara f ippica.
Reitunterricht m → **Reitstunde**.
Reitweg m sentiero m riservato ai cavalli.
Reiz <-es, -e> m **1** *biol* (*Einwirkung*) stimolo m: **ein chemischer/mechanischer/schwacher/starker ~**, uno stimolo chimico/meccanico/debole/forte **2** (*Verlockung*) {+NEUE, UNBEKANNTE, VERBOTENE} fascino m; {+PERSON, LAND, STADT} *auch* attrattiva f: **die Frau übte einen starken ~ auf ihn aus**, la donna esercitava ˌuna forte attrattivaˌ/[un gran fascino] su di lui; **die Risiken der Reise erhöhen ihren ~**, i rischi di questo viaggio ne aumentano il fascino; **immer mehr an ~ verlieren**, perdere sempre più fascino • **etw** (dat) **keinen ~ abgewinnen können**, non trovarci niente di particolare/interessante in qc; **ihre ~e spielen lassen** {FRAU}, sfoggiare tutto il proprio charme, fare ricorso a tutte le proprie armi; **weibliche ~e**, grazie femminili.
reizbar adj {CHARAKTER, MENSCH} irritabile, suscettibile.

Reizbarkeit <-, ohne pl> f irritabilità f, suscettibilità f.
Reizblase f vescica f irritabile, cistalgia f *med*.
reizen A tr **1** (*herausfordern*) *jdn ~* stuzzicare *qu*: **du hast ihn so lange gereizt, dass er schließlich böse wurde**, lo hai stuzzicato tanto che alla fine si è arrabbiato; **jdn aufs Äußerste ~**, irritare estremamente qu **2** *med* (*angreifen*) *etw ~* {ABGAS AUGEN, BRONCHIEN, HAUT, LUFTWEGE} irritare *qc* **3** (*verlocken*) *jdn ~* attrarre *qu*, attirare *qu*: **es würde mich ~, einen neuen Beruf zu lernen**, mi interesserebbe imparare un nuovo mestiere; **die neue Aufgabe reizt mich sehr**, il nuovo impegno mi attrae molto; **jds Neugier ~**, suscitare/stuzzicare/solleticare la curiosità di qu; **jds Fantasie ~**, stimolare/stuzzicare la fantasia di qu; **das reizt mich nicht**, non mi interessa, non mi tira *slang* **B** itr **1** (*herausfordern*) **zu etw** (dat) **~** {ARROGANZ, AUFTRETEN ZU WIDERSPRUCH} suscitare *qc*, provocare *qc*: **die Szene reizte einfach zum Lachen**, quella scena suscitava il riso **2** *Karten* (*hochtreiben*) rilanciare.
reizend adj **1** (*entzückend*) {KIND, MÄDCHEN, PERSON} carino, grazioso, delizioso: **es ist ganz ~ von Ihnen, uns abzuholen**, è molto gentile da parte Sua venirci a prendere **2** (*hübsch*) {GEGEND, WOHNUNG} carino, delizioso **3** *fam iron* (*unangenehm*): **das ist ja ~!**, magnifico! *fam iron*; **das sind ja ~e Aussichten!**, che prospettiva eccitante! *fam iron*; **das ist ja eine ~e Idee!**, che idea geniale! *fam iron*.
Reizgas n *chem* gas m irritante.
Reizhusten m *med* tosse f secca.
Reizklima n **1** *meteo* clima m tonificante **2** (*gereizte Stimmung*) clima m teso, atmosfera f elettrica.
reizlos adj {GEGEND} privo di fascino, insignificante; {TÄTIGKEIT} privo di interesse; {FIGUR, GESICHT} insignificante.
Reizmittel n *med* stimolante m.
Reizschwelle f *med psych* soglia f dello stimolo.
Reizstoff m **1** (*aggressive Substanz*) sostanza f irritante **2** *med* → **Reizmittel**.
Reizthema n argomento m scottante; (*in der Öffentlichkeit*) questione f scottante.
Reizüberflutung f *psych* sovrabbondanza f di stimoli.
Reizung <-, -en> f *med* {+BINDEHAUT, BRONCHIEN, HAUT} irritazione f.
reizvoll adj **1** (*attraktiv*) {AUFGABE, TÄTIGKEIT} interessante; {ANGEBOT} allettante, invitante **2** (*schön*) {GEGEND, LAGE, PLÄTZCHEN, UMGEBUNG} incantevole, delizioso.
Reizwäsche <-, ohne pl> f *fam* ˌbiancheria f intimaˌ/[lingerie f] sexy.
Reizwort n "termine m/parola f che suscita irritazione".
rekapitulieren <ohne ge-> tr *geh etw ~* {DEN INHALT, DIE WICHTIGSTEN PUNKTE} ricapitolare *qc*, riepilogare *qc*.
rekeln rfl *fam* **sich ~** stirarsi, stiracchiarsi *fam*.
Reklamation <-, -en> f reclamo m: **eine ~ machen**, fare un reclamo.
Reklamationsfrist f *com* termine m entro cui si può presentare un reclamo.
Reklame <-, -n> f **1** (*Werbung*) pubblicità f, réclame f: **für jdn/etw ~ machen**, fare pubblicità/réclame a qu/qc **2** (*Werbeprospekte*) réclame f, pubblicità f • **mit etw** (dat) **~ machen** (*angeben*), fare sfoggio di qc.
Reklamerummel m *fam pej* battage m, tamtam m pubblicitario.
Reklameschild n cartellone m pubblici-

tario.
reklamieren <ohne ge-> **A** itr (*beanstanden*) (**bei jdm**) (**wegen etw** gen oder fam dat) **~** {BEI EINER FIRMA, EINEM GESCHÄFT WEGEN EINES DEFEKTS, MANGELS} reclamare/fare reclamo! (*presso qu*) (*per qc*) **B** tr **1** (*beanstanden*) *etw ~* {DEFEKT, MANGEL} fare reclamo *per qc*, protestare *per qc*: **ich werde die Hose ~, der Reißverschluss ist defekt**, andrò a reclamare perché la lampo del pantaloni è difettosa **2** *geh* (*beanspruchen*) *etw* **für sich ~** {ERFOLG, RECHT} rivendicare *qc*.
rekonstruierbar adj **1** (*wiederherstellbar*) {BAUTEN} ricostruibile **2** (*im Nachhinein darstellbar*) {ABLAUF, GESPRÄCH, HERGANG, VERBRECHEN, VORFALL} ricostruibile.
rekonstruieren <ohne ge-> tr *etw ~* **1** (*wiederherstellen*) {GEBÄUDE} ricostruire *qc* **2** (*im Nachhinein darstellen*) {ABLAUF, GESPRÄCH, HERGANG, VERBRECHEN, VORFALL} ricostruire *qc*.
Rekonstruktion f **1** (*Wiederherstellung*) ricostruzione f **2** (*Darstellung von Vergangenem*) ricostruzione f.
rekonvaleszent adj *med* convalescente.
Rekonvaleszent <-en, -en> m (**Rekonvaleszentin** f) *med* convalescente mf.
Rekonvaleszenz <-, ohne pl> f *med* (periodo m di) convalescenza f.
Rekord <-(e)s, -e> m **1** *sport* (*Höchstleistung*) record m, primato m: **einen ~ aufstellen/[halten/innehalten]**, stabilire/detenere un record; **einen ~ brechen/schlagen**, battere un record; **einen ~ einstellen**, uguagliare un record **2** (*Höchstmaß*) record m, primato m • **alle ~e brechen** *fam*/**schlagen**, battere tutti i record; **ein trauriger ~** *fig*, un triste primato.
Rekordbesuch m affluenza f record.
Rekordeinnahme f <*meist pl*> incasso m record.
Rekorder <-s, -> m **1** (*Kassettenrekorder*) registratore m, mangianastri m *obs* **2** (*Videorekorder*) videoregistratore m.
Rekordhalter m (**Rekordhalterin** f), **Rekordinhaber** m (**Rekordinhaberin** f) primatista mf, detentore (-trice) m (f) del record, recordman m, recordwoman f.
Rekordhöhe f *sport* altezza f record.
Rekordleistung f prestazione f (da) record.
Rekordmarke f record m, primato m.
Rekordmeister m (**Rekordmeisterin** f) *sport* squadra f/atleta mf che ha vinto il maggior numero di campionati.
Rekordpreis m prezzo m record.
Rekordverkauf m vendite f pl record.
Rekordversuch m: **einen ~ machen**, tentare di stabilire un nuovo record.
Rekordweite f *sport* lunghezza f/distanza f record.
Rekordzeit f tempo m record: **in ~**, a tempo di record.
Rekrut <-en, -en> m (**Rekrutin** f) *mil* recluta f.
rekrutieren <ohne ge-> **A** tr (*einstellen*) *jdn ~* {NEUE MITARBEITER, PERSONAL} reclutare *qu* **B** rfl (*sich zusammensetzen*) **sich aus jdm/etw** (pl) **~** {MITARBEITER, TEAM AUS HOCHSCHULABGÄNGERN, JUNGEN WISSENSCHAFTLERN} comporsi *di qu/qc*, essere formato *da qu/qc*.
Rekrutierung <-, -en> f {+ARBEITSKRÄFTE, MITARBEITER} reclutamento m.
Rekrutin f → **Rekrut**.
Rekta pl *von* Rektum.
rektal *med* **A** adj rettale **B** adv {MESSEN, UNTERSUCHEN} per via rettale.

Rektion <-, -en> f gram {+VERB} reggenza f.
Rektor <-s, -en> m (**Rektorin** f) **1** (von Grundschule) direttore (-trice) m (f); (von Haupt-, Realschule) preside mf **2** univ rettore (-trice) m (f).
Rektorat <-(e)s, -e> n **1** (in Grundschule) direzione f; (in Haupt-, Realschule) presidenza f **2** univ rettorato m.
Rektorin f → **Rektor**.
Rektoskopie <-, -n> f med rettoscopia f.
Rektum <-s, Rekta> n med (Mastdarm) retto m.
Rekurs <-es, -e> m **1** geh (Bezug, Rückgriff) riferimento m: **auf etw** (akk) ~ **nehmen**, fare riferimento a qc **2** jur A CH (Einspruch, Beschwerde) ricorso m.
Relais <-, -> n el relè m, relais m.
Relaisstation f el stazione f ripetitrice/ritrasmittente.
Relation <-, -en> f geh rapporto m, relazione f: **der Preis der Produkte steht in keiner ~ zu ihrer Qualität**, non c'è alcun rapporto fra il prezzo dei prodotti e la loro qualità.
relativ A adj {BEGRIFF, GRÖSSE, VERBESSERUNG, VERSCHLECHTERUNG, WERT} relativo B adv (ziemlich) {ALT, GROSS, HEISS, KALT, KLEIN, KURZ, LANG, NAH, SCHLAU} relativamente, abbastanza ● **alles ist ~**, tutto è relativo.
relativieren <ohne ge-> tr geh etw ~ {AUSSAGE, BEGRIFF, BEHAUPTUNG, ERKENNTNISSE} relativizzare qc.
Relativismus <-, ohne pl> m philos relativismo m.
relativistisch adj relativistico.
Relativität <-, ohne pl> f relatività f.
Relativitätstheorie f phys teoria f della relatività.
Relativpronomen n gram pronome m relativo.
Relativsatz m gram (proposizione f/frase f) relativa f.
relaxen <ohne ge-> itr fam rilassarsi, riposarsi: **ich muss unbedingt ein bisschen ~**, ho assolutamente bisogno di un po' di relax/riposo.
relevant adj geh ~ (**für jdn/etw**) rilevante (per qu/qc), importante (per qu/qc): **der Aspekt ist absolut nicht ~**, quest'aspetto non è di nessun(issim)a importanza.
Relevanz <-, ohne pl> f geh rilevanza f, importanza f.
Relief <-s, -s oder -e> n **1** kunst rilievo m **2** geog orografia f.
Reliefkarte f geog carta f orografica.
Religion <-, -en> f **1** relig (Glaube) religione f: **die christliche/jüdische/muslimische ~**, la religione cristiana/ebraica/musulmana **2** (Glaubensgemeinschaft) religione f: **einer ~ angehören**, appartenere a una religione **3** (nur sing, ohne art) Schule (~sunterricht) religione f.
Religionsbekenntnis n relig professione f di fede; (Konfession) confessione f.
Religionsfreiheit f relig libertà f religiosa/[di culto].
Religionsgemeinschaft f relig comunità f religiosa.
Religionsgeschichte f storia f delle religioni.
Religionskrieg m hist guerra f di religione.
Religionslehrer m (**Religionslehrerin** f) Schule insegnante m di religione.
religionslos adj {BEVÖLKERUNG} ateo, non credente; {MENSCH} auch areligioso; {ERZIEHUNG} areligioso.
Religionsunterricht m (Lehrfach) insegnamento m della religione; (Unterricht) le-

zione f/ora f di religione.
Religionszugehörigkeit f confessione f, appartenenza f religiosa.
religiös A adj **1** (die Religion betreffend) {BEWEGUNG, ERZIEHUNG, GESINNUNG, LITERATUR, ÜBERZEUGUNG} religioso **2** (fromm) {GEMEINSCHAFT, MENSCH} religioso: **~e Kunst**, arte sacra B adv (im Geiste einer Religion): **jdn ~ erziehen**, dare un'educazione religiosa a qu; ~ **leben**, vivere religiosamente/[secondo i precetti della religione].
Religiosität <-, ohne pl> f geh religiosità f.
Relikt <-(e)s, -e> n **1** geh (Überrest) residuo m: **die ~e der Vergangenheit**, le vestigia del passato **2** biol ling relitto m.
Reling <-, -s oder -e> f <meist sing> naut parapetto m di murata.
Reliquiar <-s, -e> n relig reliquiario m.
Reliquie <-, -n> f reliquia f.
Reliquienschrein m relig reliquiario m.
Remake <-s, -s> n film remake m, versione f nuova, rifacimento m.
Rembours <-s, -s> m bank com rimborso m di/su banca.
Remboursgeschäft n bank operazione f di rimborso di/su banca.
Reminiszenz <-, -en> f geh **1** (Erinnerung) ~ (**an jdn/etw**) reminiscenza f (di qu/qc), ricordo m (di qu/qc): **~an eine ihre frühe Kindheit**, reminiscenza della sua prima infanzia **2** <meist pl> (Anklang) ~ (**an jdn/etw**) reminiscenza f (di qu/qc): **ein Konzert mit klaren ~en an Schubert**, un concerto con evidenti reminiscenze schubertiane.
remis <inv> Schach A adj <präd>: ~ **bleiben** {BEGEGNUNG, SPIEL}, finire patta B adv: ~ **ausgehen/enden**, finire patta.
Remis <-, -oder -en> n Schach patta f.
Remission <-, -en> f Verlag resa f di libri con difetti all'editore.
Remittende <-, -n> f Verlag (Rücksendung fehlerhaften Materials) resa f.
Remittent <-en, -en> m (**Remittentin** f) prenditore (-trice) m (f)/beneficiario (-a) m (f) di una cambiale.
Remmidemmi <-s, ohne pl> n fam baraonda f fam, cagnara f fam, casino m fam: ~ **machen** fam/**veranstalten** fam, fare cagnara fam.
Remoulade <-, -n> f, **Remouladensoße** <-, -n> f gastr "salsa f a base di maionese con aggiunta di erbe aromatiche".
Rempelei <-, -en> f **1** fam (das Rempeln) spintoni m pl **2** (Rauferei) rissa f **3** sport carica f.
rempeln tr jdn ~ **1** fam (jdn stoßen) urtare qu, spintonare qu, dare uno spintone a qu **2** sport caricare qu.
REM-Phase f (während des Schlafes) fase f REM.
Ren <-s, -s oder -e> n zoo renna f.
Renaissance <-, -n> f **1** <nur sing> hist (Epoche) Rinascimento m: **das Zeitalter der ~**, l'età/l'epoca del Rinascimento **2** kunst (Stil) (stile m) rinascimento m **3** geh (neues Aufleben) rinascita f, rinascimento m, rinascenza f geh: **eine ~ erleben**, avere/vivere una rinascita.
Renaissancebau m edificio m rinascimentale.
Renaissancekünstler m (**Renaissancekünstlerin** f) artista mf del Rinascimento/[rinascimentale].
Renaissancemaler m (**Renaissancemalerin** f) pittore (-trice) m (f) del Rinascimento/[rinascimentale].
Renaissancemalerei f pittura f del Ri-

nascimento/[rinascimentale].
Renaissancemusik f musica f del Rinascimento/[rinascimentale].
Renaissanceschloss (a.R. Renaissanceschloß) n castello m rinascimentale.
Renaissancestil m stile m rinascimentale/rinascimento.
Renate f (Vorname) Renata.
Rendezvous <-, -> n, **Rendez-vous** CH <-, -> n **1** obs (Stelldichein) appuntamento m/incontro m galante/amoroso, rendez-vous m geh, tête-à-tête m: (**mit jdm**) **ein ~ haben/verabreden**, avere/fissare un appuntamento galante con qu; **zu einem ~ gehen**, andare a un appuntamento galante **2** aero (Ankoppelung) appuntamento m spaziale/[in orbita], rendez-vous m spaziale ● **sich** (dat) **irgendwo ein ~ geben** {FILMSTARS, JOURNALISTEN AUF DEM FILMFESTIVAL}, darsi appuntamento + compl di luogo.
Rendite <-, -n> f ökon rendita f.
Renditenhaus n CH (Mietshaus) casa f d'affitto.
Renegat <-en, -en> m (**Renegatin** f) geh rinnegato (-a) m (f), apostata mf.
Reneklode <-, -n> f gastr (susina f) regina Claudia f.
Renette <-, -n> f (mela f) renetta f.
renitent geh A adj {VERHALTEN} ribelle; {GESCHÖPF, KERL} auch recalcitrante B adv {AUFTRETEN, SICH VERHALTEN} in modo ribelle.
Rennbahn f sport **1** (Leichtathletik) pista f **2** (Pferderennbahn) ippodromo m **3** (Radrennbahn) velodromo m **4** (Autorennbahn) autodromo m.
rennen <rennt, rannte, gerannt> A itr <sein> **1** (schnell laufen) (irgendwohin) ~ correre (+ compl di luogo): **er rannte auf die Straße**, corse in strada; **wenn wir ~, schaffen wir es noch**, se corriamo ce la facciamo **2** fam oft pej (ständig hingehen): **dauernd/ständig irgendwohin/[zu jdm] ~** {IN DIE DISKO, AUF DEN FUSSBALLPLATZ} andare in continuazione fam [+ compl di luogo]/[da qu]; {ZUM ARZT, VORGESETZTEN} auch correre da qu **3** (prallen) **an/gegen etw** (akk) ~ {AN EINEN SPIEGEL, GEGEN EINEN LATERNENPFAHL} (andare a) sbattere/urtare/cozzare contro qc: **sie ist mit voller Wucht gegen den Baum gerannt**, è andata a sbattere con violenza contro l'albero B tr **1** <haben oder sein> sport (laufen) etw ~ {HUNDERTMETERLAUF} correre qc: **einen Rekord ~**, stabilire un record nella corsa **2** <haben> fam (um~): **jdn über den Haufen ~**, buttare a terra qu (con uno spintone) **3** <haben> (stoßen) **jdm etw in etw** (akk) ~ {EIN DOLCH, EIN MESSER IN DEN BAUCH, IN DIE RIPPEN} conficcare/piantare fam qc in qc a/di qu **4** (geraten) <sein> **in etw** (akk) ~: **ins Unglück/[in sein Verderben] ~**, rovinarsi con le proprie mani.
Rennen <-s, -> n corsa f, gara f ● **das ~ aufgeben** sport, abbandonare la corsa; (nicht weiterkämpfen), abbandonare la partita; **das ~ ist gelaufen** fam, la corsa è decisa; (die Sache ist entschieden), (ormai) è fatta, (la cosa) è andata fam; **gut im ~ liegen** fam sport, essere ben piazzato; (gute Erfolgsaussichten haben), avere buone chance (di riuscita); **das ~ machen** fam, vincere (la gara); (am erfolgreichsten sein), vincere, essere vincente; **keiner kann wissen, wer das ~ machen wird**, nessuno può sapere chi sarà il/uscirà vincitore; **jdn ins ~ schicken**, mandare qu a gareggiare; (jdn kandidieren) mettere in lizza qu.
Renner <-s, -> m **1** (Pferd) cavallo m da corsa **2** fam (Verkaufsschlager) articolo m che va a ruba fam; (von Büchern) best seller m.
Rennerei <-, -en> f fam pej (ständige Eile)

Rennfahrer m (**Rennfahrerin** f) *sport* **1** (*Autorennfahrer*) corridore m (automobilista), pilota m *rar* f; (*Motorrennfahrer*) corridore m (motociclista), pilota m *rar* f **2** (*Radrennfahrer*) corridore m (ciclista).

Rennpferd n cavallo m da corsa.

Rennplatz m → **Rennbahn**.

Rennrad n bicicletta f da corsa.

Rennreiter m (**Rennreiterin** f) fantino (-a) m (f), jockey m.

Rennsport m gare f pl di corsa, corse f pl; (*Pferderennsport*) ippica f, corse f pl (dei cavalli).

Rennstall m *sport* **1** *Reitsport* scuderia f **2** (*im Motorsport*) scuderia f.

Rennstrecke f percorso m, tracciato m; (*Rundstrecke*) circuito m.

Rennwagen m auto(mobile) f/macchina f da corsa.

Renommee <-s, -s> n *geh* rinomanza f *geh*, reputazione f: **ein gutes ~ haben**, avere/ [godere di] una buona reputazione; **ein zweifelhaftes/schlechtes ~ haben**, avere una ⌊dubbia fama⌋/[cattiva nomea].

renommieren <ohne ge-> itr *geh* (**mit etw** dat)~ {MIT BEZIEHUNGEN, TITEL} vantarsi *di qc*, gloriarsi *di qc*; {MIT WISSEN} fare sfoggio *di qc*.

Renommierstück n *geh* fiore m all'occhiello.

Renommiersucht f *geh pej* mania f di vantarsi.

renommiert adj *geh* rinomato, famoso, celebre: **der Ort ist wegen seiner Thermalquellen sehr ~**, questa località è molto rinomata per le sue sorgenti termali.

renovieren <ohne ge-> tr *etw* ~ {GEBÄUDE, ZIMMER} rinnovare *qc*, rimettere a nuovo *qc*, ristrutturare *qc*; {KIRCHE} *auch* restaurare *qc*.

Renovierung <-, -en> f {+GEBÄUDE, ZIMMER} ristrutturazione f; {+KIRCHE} *auch* restauro m: **wegen ~ geschlossen**, chiuso per rinnovo locali.

Renovierungsarbeit f <meist pl> lavoro m di ristrutturazione; {+ALTES BAUDENKMAL, KIRCHE} lavoro m di restauro/risanamento.

renovierungsbedürftig adj che necessita di ristrutturazione; {ALTES BAUDENKMAL, KIRCHE} che necessita di restauro/risanamento.

rentabel <attr rentable(r, s)> **A** adj {GESCHÄFT, JOB, UNTERNEHMEN} redditizio, rimunerativo **B** adv {ARBEITEN, WIRTSCHAFTEN} in modo proficuo, proficuamente.

Rentabilität <-, ohne pl> f *com* redditività f, rimuneratività f.

Rentabilitätsprüfung f *ökon* verifica f della redditività.

Rentabilitätsrechnung f *ökon* calcolo m della redditività.

Rente <-, -n> f **1** (*Alterspension*) pensione f: **dynamisierte ~**, pensione indicizzata; **in ~ gehen/sein**, andare/essere in pensione **2** *ökon* (*Rendite*) rendita f.

Rentenalter n età f pensionabile/[della pensione].

Rentenanpassung f adeguamento m/ indicizzazione f delle pensioni.

Rentenanspruch m diritto m alla pensione.

Rentenbasis f *ökon*: **auf ~**, dietro corresponsione di una rendita (vitalizia).

Rentenbeitrag m → **Rentenversicherungsbeitrag**.

Rentenbemessungsgrundlage f "parametro m di riferimento per il calcolo delle pensioni".

rentenberechtigt adj che ha diritto alla pensione.

Rentenberechtigte <dekl wie adj> mf avente mf diritto alla pensione.

Rentenbesteuerung f tassazione f delle pensioni.

Rentenempfänger m (**Rentenempfängerin** f) beneficiario (-a) m (f)/titolare mf di una pensione, pensionato (-a) m (f).

Rentenerhöhung f aumento m delle pensioni.

Rentenfinanzierung f finanziamento m delle pensioni.

Rentenfonds m "fondo m comune di investimento mobiliare con titoli a reddito fisso".

Rentenkasse f cassa f pensioni; (*in Italien*) ≈ INPS m.

Rentenmarkt m *Börse* mercato m dei titoli a reddito fisso.

Rentenpapier n *bank* titolo m a reddito fisso.

Rentenpolitik f politica f delle pensioni.

Rentenreform f riforma f ⌊delle pensioni⌋/[pensionistica].

Rentensystem n sistema m pensionistico/[delle pensioni].

Rentenversicherung f ≈ previdenza f sociale, INPS f.

Rentenversicherungsbeitrag m contributo m pensionistico; (*in Italien*) *auch* contributo m INPS.

Rentier n *zoo* → **Ren**.

rentieren <ohne ge-> rfl **sich** (**für jdn**) ~ {GESCHÄFT} rendere (*a qu*); {INVESTITION} *auch* fruttare (*a qu*): **unsere Anstrengungen haben sich rentiert**, i nostri sforzi hanno dato i loro frutti; **das rentiert sich nicht** (*das ist nicht Gewinn bringend*), non rende; (*das lohnt sich nicht*) non vale la pena.

Rentner <-s, -> m (**Rentnerin** f) pensionato (-a) m (f).

Reorganisation <-, rar -en> f riorganizzazione f.

Rep <-s, -s> m *Abk von* Republikaner: esponente mf/simpatizzante mf del partito tedesco di estrema destra.

reparabel <attr reparable(r, s)> adj *geh* {DEFEKT, SCHADEN} riparabile.

Reparationen subst <nur pl>, **Reparationsleistung** f <meist pl> *pol* riparazioni f pl di guerra.

Reparatur <-, -en> f riparazione f: **etw** (**bei jdm**) **in/zur ~ geben**, fare riparare qc (da/a qu), mandare a riparare qc da qu, dare qc a riparare (a qu); **ich muss das Auto zur ~ bringen**, devo portare la macchina a riparare; **in ~ sein**, essere ⌊a riparare⌋/[in riparazione]; **eine ~ vornehmen** *geh*, effettuare/ eseguire una riparazione.

reparaturanfällig adj {AUTO, FERNSEHER, MODELL} delicato, soggetto a guastarsi facilmente.

reparaturbedürftig adj {AUTO, FAHRRAD, FERNSEHEN, HAUSHALTSGERÄTE} che ⌊ha bisogno⌋/[necessita] di riparazioni: **die Stühle sind absolut ~**, le sedie sono assolutamente da riparare.

Reparaturkosten subst <nur pl> spese f pl di riparazione.

Reparaturwerkstatt f (aut)officina f (di riparazioni).

reparierbar adj riparabile.

reparieren <ohne ge-> tr (**jdm**) **etw** ~ {AUTO, FAHRRAD, FERNSEHEN, HAUSHALTSGERÄTE} riparare qc (*a qu*), accomodare qc (*a qu*), aggiustare qc (*a qu*).

repatriieren <ohne ge-> tr *jdn* ~ **1** (*jdn wieder einbürgern*) rinaturalizzare *qu* **2** (*jdn in sein Land zurückschicken*) rimpatriare *qu*.

Repatriierung <-, -en> f **1** (*Wiedereinbürgerung*) rinaturalizzazione f **2** (*Zurückschicken eines fremden Staatsbürgers in sein Heimatland*) rimpatrio m (forzato/coatto).

Repeater <-s, -> m *el inform opt tel* ripetitore m.

Repertoire <-s, -s> n *lit mus theat* repertorio m: **etw ins ~ aufnehmen**, mettere/includere qc in/nel repertorio; **ein breit gefächertes ~**, un repertorio vario/diversificato; **etw aus dem ~ streichen**, togliere qc dal repertorio; **ein ~ zusammenstellen**, mettere insieme/su un repertorio • **ein großes ~ an etw** (dat) **haben** *fam*, avere un bel repertorio di qc.

Repertoirestück n opera f/pièce f di repertorio.

Repetiergewehr n *mil* fucile m a ripetizione.

Replik <-, -en> f **1** *kunst* replica f **2** *geh* (*Erwiderung*) replica f.

Reply <-s, -s> f *inform* reply f.

Report <-(e)s, -e> m **1** (*systematischer Bericht*) rapporto m, relazione f **2** *bank* (*Kursaufschlag*) riporto m.

Reportage <-, -n> f servizio m, reportage m: **eine ~ (über jdn/etw) machen**, fare un servizio (su qu/qc).

Reporter <-s, -> m (**Reporterin** f) cronista mf, reporter mf.

repräsentabel <attr repräsentable(r, s)> adj *geh* {HAUS} di prestigio/rappresentanza.

Repräsentant <-en, -en> m (**Repräsentantin** f) *geh* **1** (*Vertreter*) rappresentante mf **2** *com* (*Verkaufsleiter*) rappresentante mf.

Repräsentantenhaus n *parl pol* (*Abgeordnetenhaus in den USA*) Camera f dei Rappresentanti, Congresso m.

Repräsentantin f → **Repräsentant**.

Repräsentation <-, -en> f *geh* **1** (*Vertretung*) rappresentanza f **2** <nur sing> (*gesellschaftliche Darstellung*) rappresentanza f.

repräsentativ adj **1** *geh* (*typisch*) {KÜNSTLER, MALER, SCHRIFTSTELLER} rappresentativo, tipico, emblematico: **Böll ist ein ~er Autor der deutschen Nachkriegsliteratur**, Böll è un autore rappresentativo della letteratura tedesca del dopoguerra **2** *geh* (*eine Mehrheit darstellend*) {BEFRAGUNG, BILD, ERGEBNIS, QUERSCHNITT, UMFRAGE} rappresentativo **3** *pol* (*stellvertretend*) {DEMOKRATIE, VERTRETUNG} rappresentativo **4** (*wirkungsvoll*) {AUTO, EINRICHTUNG} prestigioso, importante **5** (*der Repräsentation dienend*) di rappresentanza: **~e Pflichten**, compiti di rappresentanza; **zu ~en Zwecken**, per motivi di rappresentanza.

repräsentieren <ohne ge-> **A** tr *geh* **1** (*vertreten*) **jdn/etw** ~ {FIRMA, INTERESSENGRUPPE, LAND, PARTEI, STAAT} rappresentare *qu/qc* **2** (*darstellen*) **etw** ~ (*AUSSTELLUNG DAS GESAMTWERK; BUCH EINE SCHAFFENSPERIODE; KÜNSTLER EINE EPOCHE, EINEN STIL*) essere rappresentativo *di qc* **3** (*verkörpern*) **den Typ + gen** ~ {DES JUNGGESELLEN, DES KAUZES, DES KÜNSTLERS, DES WISSENSCHAFTLERS}, rappresentare/incarnare il tipico + *subst*: **er repräsentiert den Typ des zerstreuten Professors**, rappresenta il tipico/[tipo del] professore distratto, è ⌊il tipico esempio⌋/[l'immagine classica] del professore distratto **4** (*einen Wert darstellen*) **etw** ~ {ANLAGE, IMMOBILIE, SCHMUCK KAPITAL, VERMÖGEN, WERT} rappresentare qc **B** itr (*auftreten*) sapersi muovere in società.

Repressalie <-, -n> f <meist pl> *geh* rappresaglia f, misura f repressiva: **~n ausüben**, usare strumenti di rappresaglia; **gegen jdn ~n ergreifen**, ricorrere ad azioni di rappresaglia contro qu; **Amerika hat mit wirtschaftlichen ~n geantwortet**, l'America ha risposto con delle rappresaglie economiche; **etw als ~ tun**, fare qc per rappresaglia.

Repression <-, -en> f geh repressione f.

repressiv adj geh {MAßNAHMEN, METHODEN, SYSTEM} repressivo.

Reprint <-s, -s> m typ reprint m, ristampa f anastatica.

reprivatisieren <ohne ge-> tr etw ~ {BESITZ, FABRIK, UNTERNEHMEN} riprivatizzare qc.

Reprivatisierung <-, -en> f riprivatizzazione f.

Reproduktion f geh **1** typ (das Nachbilden) riproduzione f **2** kunst (Kopie) {+GEMÄLDE, MÖBELSTÜCK} riproduzione f, copia f **3** biol (Fortpflanzung) {+ART, PFLANZEN, TIERE} riproduzione f.

Reproduktionsmedizin f med medicina f della riproduzione.

reproduzierbar adj riproducibile.

reproduzieren <ohne ge-> **A** tr geh (Reproduktionen herstellen) etw ~ {BILD, DOKUMENT, FOTO} riprodurre qc **B** rfl biol (sich fortpflanzen) sich ~ {MENSCHEN, PFLANZEN, TIERE} riprodursi.

Reptil <-s, -ien oder rar -e> n zoo rettile m.

Reptilienfonds m iron fondi m pl neri.

Republik <-, -en> f repubblica f: **eine demokratische/sozialistische ~**, una repubblica democratica/socialista • **Deutsche Demokratische ~** hist, Repubblica Democratica Tedesca.

Republikaner <-s, -> m (**Republikanerin** f) pol **1** <nur pl> (rechtsextremistische Partei in Deutschland) "partito m tedesco di estrema destra" **2** (Mitglied oder Anhänger der rechtsextremistischen Partei in Deutschland) esponente mf/simpatizzante mf del partito tedesco di estrema destra **3** (in den USA) repubblicano (-a) m (f).

republikanisch adj pol **1** (zur Republik gehörig) {PRINZIPIEN, REGIERUNG, VERFASSUNG} repubblicano **2** (die Republikaner betreffend) {PARTEI} (tedesco) di estrema destra, dei Repubblikaner; {IDEOLOGIE} del movimento di estrema destra (tedesco), dei Republikaner.

Republikflucht f hist fuga f dalla RDT.

republikflüchtig adj ostdt hist: **~ werden**, emigrare illegalmente dalla RDT.

Republikflüchtling m ostdt hist "chi emigrava illegalmente dalla RDT."

Reputation <-, -en> f geh reputazione f.

Requiem <-s, -s oder A Requien> n **1** mus requiem m **2** relig messa f da/di requiem.

requirieren <ohne ge-> tr mil etw ~ requisire qc (per scopi militari).

Requisit n **1** <meist pl> theat (Zubehör) attrezzeria f, trovarobato m **2** geh (wichtiges Zubehör) accessorio m: **das Telefon ist zu einem unentbehrlichen ~ der Verständigung geworden**, il telefono è diventato un accessorio indispensabile per la comunicazione.

Requisiteur <-s, -e> m (**Requisiteurin** f) theat trovarobe mf, attrezzista mf.

Resektion <-, -en> f med resezione f.

Reservat <-(e)s, -e> n geog **1** (den Indianern zugesprochenes Gebiet) riserva f **2** (Schutzgebiet für Tiere und Pflanzen) riserva f (naturale).

Reserve <-, -n> f **1** <meist pl> (Rücklage) ~ (**an etw** dat) {AN GELD, KAPITAL, LEBENSMITTELN} riserva f (di qc): **seine/[die letzten] ~n angreifen**, intaccare/consumare le proprie/ ultime riserve; **~n anlegen**, fare riserva/ scorta; **~n an Benzin/Lebensmitteln/Wasser anlegen**, fare scorta di benzina/viveri/ acqua **2** (Zurückhaltung) riservatezza f, riserbo m **3** (Kräfte) risorsa f: **körperliche/ psychische ~n haben**, avere (ancora) risorse fisiche/psichiche; **keine körperlichen/ psychischen ~n mehr haben**, essere in riserva da un punto di vista fisico/psicologico **4** mil riserva f: **Offizier der ~**, ufficiale della riserva **5** sport riserva f: **bei der ~ spielen**, giocare in/come riserva • **auf ~ fahren/ sein** (bei Benzin), essere/viaggiare in riserva; **auf ~ stehen** (TANK), essere in riserva; **eiserne ~**, scorte f pl/riserva f di emergenza; **etw in ~ haben** (etw zur Verfügung haben), avere/tenere qc di riserva; **etw in ~ halten**, tenere qc in/di riserva; **jdn in ~ halten**, tenere qu come riserva; **jdn aus der ~ locken** fam {JOURNALIST POLITIKER}, fare uscire qu dal riserbo; (in persönlichen Dingen), far uscire qu dal guscio; **stille ~n** ökon, riserve occulte/ latenti/nascoste.

Reservebank f sport panchina f: **auf der ~ sitzen**, stare in panchina.

Reservebestand m riserva f.

Reservefonds m ökon fondo m di riserva.

Reservekanister m tanica f di riserva/ scorta.

Reserveoffizier m ufficiale m della riserva.

Reserverad n ruota f di scorta.

Reservereifen m gomma f di scorta.

Reservespieler m (**Reservespielerin** f) riserva f.

Reservetank m (serbatoio m di) riserva f.

Reservetruppe f <meist pl> mil truppa f di riserva.

reservieren <ohne ge-> tr (freihalten) etw ~ {FLUG, TISCH, ZIMMER} prenotare qc, riservare qc; **jdm**/[**für jdn**] etw ~ {EINTRITTSKARTE, PLATZ, TISCH, ZIMMER} prenotare/riservare qc a/per qu: **ein Hotelzimmer ~ lassen**, prenotare/fissare/[farsi riservare] una camera d'albergo; **der Tisch ist für ein Uhr reserviert**, il tavolo è (stato) prenotato per l'una; **wir haben Ihnen den besten Platz reserviert!**, Le abbiamo riservato il posto migliore/

reserviert geh **A** adj {ART, CHARAKTER, VERHALTEN} riservato: **sie ist uns allen gegenüber sehr ~**, è molto riservata con tutti noi **B** adv {AUFTRETEN, SICH VERHALTEN} con riservatezza, in modo riservato.

Reserviertheit <-, ohne pl> f riservatezza f.

Reservierung <-, -en> f {+FLUG, KARTE, TISCH} prenotazione f.

Reservierungsbüro n ufficio m prenotazioni.

Reservist <-en, -en> m (**Reservistin** f) **1** mil riservista mf **2** sport riserva f.

Reservoir <-s, -e> n geh **1** (Sammelbecken) serbatoio m, bacino m collettore/[di raccolta] **2** (Vorrat) **~ an etw** (dat pl) {AN EINFÄLLEN, IDEEN} miniera f/fonte f di qc.

Reset <-s, -s> n oder m inform reset m.

Reset-Taste, **Resettaste** f inform (tasto m) reset m.

Residenz <-, -en> f **1** (Wohnsitz) {+BISCHOF, KÖNIG} residenza f **2** (~stadt) {+FÜRST, KÖNIG} residenza f.

Residenzstadt f residenza f.

residieren <ohne ge-> itr geh **irgendwo ~** {KÖNIG, PRÄSIDENT} risiedere + compl di luogo.

Resignation <-, rar -en> f geh rassegnazione f.

resignieren <ohne ge-> itr geh rassegnarsi, darsi per vinto (-a); **vor etw** (dat) **~ scoraggiarsi**/[perdersi d'animo] di fronte a qc: **du darfst nicht gleich vor so kleinen Schwierigkeiten ~**, non devi scoraggiarti subito di fronte a problemi così piccoli.

resigniert A adj {HALTUNG, PERSON} rassegnato; {BLICK} auch di rassegnazione **B** adv con rassegnazione: **sie schüttelte ~ den Kopf**, scosse rassegnata la testa.

resistent adj biol med **~ (gegen etw** akk) {GEGEN BAKTERIEN, IMPFSTOFFE} resistente (a qc).

Resistenz <-, ohne pl> f biol med **~ (gegen etw** akk) {GEGEN BAKTERIEN, IMPFSTOFFE} resistenza f (a qc).

resolut A adj {ART, AUFTRETEN, MENSCH} risoluto, deciso, determinato: **sie ist eine ganz ~e Person**, (lei) è una persona ₍che ha₎/[di] polso **B** adv {AUFTRETEN, SICH VERHALTEN} in modo risoluto/deciso/determinato; {ÄUßERN, SAGEN} con determinazione/risolutezza.

Resolutheit <-, ohne pl> f risolutezza f, determinazione f.

Resolution <-, -en> f pol risoluzione f: **eine ~ einbringen/annehmen/verabschieden**, presentare/accettare/approvare una risoluzione.

Resonanz <-, -en> f **1** mus (Schwingung) risonanza f **2** geh (Echo) **~ (auf etw** akk) {AUF EIN EREIGNIS} risonanza f (a qc), eco f (a qc): **die Resonanz auf die neue Initiative war groß**, la nuova iniziativa ha avuto ₍vasta eco₎/[grande risonanza]; **die Vorschläge** ₍stießen auf₎/[fanden] **geringe ~**, le proposte hanno suscitato/avuto scarsa risonanza/ eco.

Resonanzkasten m mus, **Resonanzkörper** m mus cassa f armonica/[di risonanza].

Resopal® <-s, ohne pl> n "tipo di laminato plastico simile alla formica®".

resorbieren <ohne ge-> tr biol med etw **~** assorbire qc.

Resorption <-, -en> f biol med assorbimento m.

resozialisieren <ohne ge-> tr **jdn ~** {KRIMINELLE} reinserire qu nella società/[vita sociale].

Resozialisierung f {+KRIMINELLE} reinserimento m nella società/[vita sociale].

resp. Abk von respektive: rispettivamente.

Respekt <-(e)s, ohne pl> m **1** (Achtung) **~ (vor jdm/etw)** rispetto m (₍per/verso qu₎/ [per qc]): **jdn mit extremem ~ begegnen**, trattare qu con ₍estremo riguardo₎/[il massimo rispetto]; **jdm ~ einflößen**, incutere rispetto a qu; **~ vor jdm/etw haben**, avere rispetto per qu/qc; **sich (dat) (bei jdm) ~ verschaffen**, farsi rispettare (da qu); **ich habe jeglichen ~ vor ihm verloren**, ho perso tutto il rispetto che avevo per lui **2** (Angst) soggezione f: **vor unserem Mathelehrer habe ich großen ~**, il nostro insegnante di matematica mi mette molta soggezione; **vor dem Vater haben die Kinder einen höllischen ~**, i ragazzi hanno un timore reverenziale per il padre • **allen/meinen ~!** fam (hervorragend), complimenti!, tanto di cappello!; **bei allem ~ (vor ...), aber ...**, con tutto il rispetto (per ...), ma ...

respektabel <attr respektable(r, s)> adj geh **1** (achtbar) {PERSON} rispettabile, stimabile **2** (zu respektieren) {ENTSCHEIDUNG, GRUND, MEINUNG} degno di rispetto, rispettabile, serio **3** (beachtlich) {LEISTUNG} di tutto rispetto; {EINKOMMEN, VERMÖGEN} auch rispettabile.

respektieren <ohne ge-> tr **1** (achten) **jdn/etw ~** {ELTERN, GESETZE, LEHRER} rispettare qu/qc **2** (anerkennen) etw **~** {ENTSCHEI-

DUNG, GEFÜHLE, GRUND, MEINUNG, NEIGUNGEN, WÜNSCHE} rispettare qc.

respektive adv geh (Abk resp.) → **beziehungsweise**.

respektlos **A** adj {BEMERKUNG, PERSON, TON, VERHALTEN} irriverente, irrispettoso **B** adv {ANTWORTEN, SICH VERHALTEN} in modo irriverente/irrispettoso, con irriverenza, irrispettosamente.

Respektlosigkeit <-, -en> f **1** (respektlose Art) mancanza f di rispetto, irriverenza f **2** (respektlose Bemerkung) irriverenza f.

Respektsperson f persona f di riguardo.

respektvoll **A** adj {ÄUSSERUNG, GESTE, GRUSS, HALTUNG, TON} rispettoso, pieno di rispetto **B** adv {GRÜSSEN, SICH VERHALTEN} rispettosamente, in modo rispettoso, con rispetto.

Ressentiment <-s, -s> n <meist pl> geh risentimento m: **~s gegen jdn haben/hegen** geh, avere/provare risentimento per/verso/contro qu, serbare rancore a qu; **~s gegen etw (akk) haben**, avere/provare avversione per qc.

Ressort <-s, -s> n **1** (Zuständigkeitsbereich) competenza f, settore m: **das ist mein ~**, questo è di mia competenza **2** (Abteilung) dipartimento m, sezione f, divisione f, ripartizione f: **ein ~ leiten**, dirigere un dipartimento/una sezione; **ein ~ übernehmen**, assumere la direzione di un dipartimento/una sezione.

Ressortchef m (**Ressortchefin** f) ministro m.

Ressortleiter m (**Ressortleiterin** f) caposezione mf, capodivisione mf; {+ZEITUNG} caposervizio mf.

Ressource <-, -n> f <meist pl> geh **1** (Rohstoff) risorsa f: **neue ~n erschließen/nutzen**, sfruttare/utilizzare nuove risorse **2** (Geldmittel) risorsa f (finanziaria), mezzo m (finanziario): **meine ~n sind erschöpft**, ho esaurito le risorse.

Rest <-(e)s, -e> m **1** (übrig Gebliebenes) resto m: **willst du den letzten ~ Kuchen noch?**, vuoi finire il ‧/[l'ultimo pezzetto di] dolce?; (Flüssigkeitsrest) fondo m, residuo m **2** (~betrag) resto m: **den ~ kannst du mir morgen geben**, il resto puoi darmelo domani **3** (Warenrest) rimanenza f; <meist pl> (Essensreste) avanzi m pl: **heute Mittag gibt's die ~e von gestern**, per pranzo ci sono gli avanzi di ieri; <meist pl> (Stoffreste) scampoli m pl **4** math resto m: **zehn geteilt durch drei ist drei, ~ eins**, dieci diviso tre fa tre ‧col resto di‧/[e avanza] uno **5** <nur sing> (das zur Vollständigkeit Fehlende) resto m: **den ~ des Weges gingen wir zu Fuß**, il resto della strada l'abbiamo fatto a piedi; **er braucht für den ~ seines Lebens nicht mehr zu arbeiten**, non dovrà più lavorare per il resto ‧della (sua) vita‧/[dei suoi giorni] • **jdm/etw den ~ geben** fam, dare il colpo di grazia a qu/qc; **die letzte Auseinandersetzung hat ihr den ~ gegeben**, l'ultima discussione le ha dato il colpo di grazia; **(das ist) der ~ vom Schützenfest**, (è) tutto quel che rimane; **der ~ ist Schweigen**, il resto è silenzio.

Restalkohol m residuo m di alcol: **noch ~ im Blut haben**, avere ancora ‧delle tracce‧/[dei residui] di alcol nel sangue.

Restaurant <-s, -s> n ristorante m: **ins ~ gehen**, andare al ristorante.

Restaurantführer m guida f dei ristoranti.

Restaurantkette f com catena f di ristoranti.

Restauration <-, ohne pl> f **1** geh → **Restaurierung** **2** pol hist restaurazione f.

Restaurator <-s, -en> m (**Restauratorin**

f) restauratore (-trice) m (f).

restaurieren <ohne ge-> tr geh etw ~ **1** (wiederherstellen) {FRESKEN, GEMÄLDE, KIRCHE, MÖBEL} restaurare qc **2** pol {ALTES, FRÜHERES SYSTEM} restaurare qc.

Restaurierung <-, -en> f {+FRESKEN, GEMÄLDE, MÖBEL} restauro m.

Restbestand m rimanenza f/giacenza f (di magazzino), fondo m di magazzino.

Restbetrag m ökon importo m residuo, saldo m, resto m.

Resteessen n fam (pasto m che consiste di) avanzi m pl.

Resteverwertung f (von Speisen) (ri)utilizzo m degli avanzi; (von Waren) riutilizzo m (di scarti o rimanenze).

Restforderung f com saldo m.

Restguthaben n credito m residuo.

Restitution <-, -en> f jur restituzione f.

Restitutionsklage f jur istanza f di riapertura di un processo.

Restlaufzeit f ökon termine m a scadenza.

restlich adj <attr> {ARBEIT, TEIL, ZEIT} restante, rimanente; {BETRAG, SUMME} auch residuo: **das ~ Geld gebe ich dir nächste Woche**, il resto te lo do la settimana prossima.

restlos **A** adj completo, totale **B** adv **1** fam (völlig) {BEGEISTERT} assolutamente; {HINGERISSEN, GLÜCKLICH} completamente, totalmente: **er war ~ fertig**, era completamente sfinito **2** (bis auf den letzten Rest) {AUFLÖSEN, ENTFERNEN} completamente; {BESEITIGEN, VERNICHTEN} auch radicalmente, totalmente: **heute hat sie alles ~ aufgegessen**, oggi ha mangiato/spolverato tutto fino all'ultima briciola.

Restmüll m ökol rifiuti m pl non riciclabili.

Restposten m com rimanenza f.

Restriktion <-, -en> f <meist pl> geh restrizione f • **jdm ~en auferlegen**, imporre delle restrizioni a qu; **etw ~en unterwerfen**, imporre delle restrizioni a qc.

restriktiv geh **A** adj {MASSNAHMEN, POLITIK} restrittivo **B** adv in modo restrittivo, restrittivamente.

Restrisiko n bes. nukl rischio m residuale.

Restrukturierung <-, -en> f (bes. eines Unternehmens) ristrutturazione f, riorganizzazione f.

Restschuld f debito m residuo.

Reststoff m agr industr residuo m.

Reststrafe f pena f residua.

Restsumme f importo m residuo, saldo m, resto m.

Resturlaub m ferie f pl residue.

Restware f (merce f in) rimanenza f, rimanenza f (di merce).

Restzahlung f com (pagamento m a) saldo m.

Resultante <-, -n> f phys risultante m oder f.

Resultat <-(e)s, -e> n geh **1** (Ausgang) {+BEMÜHUNGEN, FORSCHUNGEN, UNTERSUCHUNGEN, VERSUCHE} esito m, risultato m: **gute ~e erzielen**, raggiungere/ottenere buoni risultati **2** (Ergebnis) {+AUSZÄHLUNG, MESSUNG, RECHNUNG} risultato m.

resultieren <ohne ge-> itr geh **1** (sich ergeben) **aus etw** dat) ~ risultare da qc, derivare da qc, conseguire da qc: **daraus resultiert, dass ...**, ne consegue che ..., da questo risulta che ... **2** (zur Folge haben) **in etw** (dat) ~ avere come risultato/conseguenza qc; (münden) sfociare in qc.

Resümee <-s, -s> n geh **1** (zusammenfassender Bericht) riassunto m, riepilogo m, sunto m **2** (Schlussfolgerung) {+AUSFÜHRUNGEN, WORTE} conclusione f: **das ~ (aus etw dat) zie-**

hen, tirare le somme/fila (di qc).

retardierend adj geh {FAKTOR, MOMENT, WIRKUNG} ritardante.

Retardkapsel f pharm capsula f retard/[a lento rilascio].

Retardpräparat n pharm farmaco m retard/[a lento rilascio].

Retina <-, Retinae> f med retina f.

Retinol <-s, ohne pl> n (Vitamin A) retinolo m.

Retorte <-, -n> f chem storta f, alambicco m • **eine Stadt aus der ~** fam, una città creata in laboratorio.

Retortenbaby n bambino (-a) m (f) concepito (-a) in provetta.

Retortenstadt f fam pej città f creata in laboratorio.

retour adv obs oder süddt A CH (zurück): **eine Fahrkarte nach St. Gallen und ~**, un biglietto per San Gallo andata e ritorno; **alles ~!**, dietro front!; **hin laufen wir und ~ fahren wir mit dem Bus**, all'andata andiamo a piedi, al ritorno prendiamo l'autobus.

Retourbillett <-s, -s> n CH biglietto m di andata e ritorno.

Retoure <-, -n> f com (Ware) merce f resa.

Retourgeld n CH resto m.

Retourkutsche f fam: **jdm eine ~ geben**, **eine ~ fahren**, rendere la pariglia (a qu).

Retoursendung f com rispedizione f.

Retourspiel n A sport → **Rückspiel**.

Retrospektive <-, -n> f **1** geh (Rückblick) sguardo m retrospettivo **2** bes. film kunst retrospettiva f.

Retrovirus n oder m <meist pl> med retrovirus m.

retten **A** tr **1** (bewahren) **jdn** (**aus/vor etw** dat) ~ {AUS DEN FLAMMEN, EINER GEFAHR, EINER NOTLAGE, VOR DEM ERTRINKEN, DEM FINANZIELLEN RUIN, DEM TOD} salvare qu (da qc): **jdm das Leben ~**, salvare la vita a qu **2** (erhalten) **etw** (**vor etw** dat) ~ {BAUMBESTAND VOR DEM EINGEHEN, GEBÄUDE VOR DEM EINSTURZ} salvare qc (da qc), preservare qc (da qc): **wir müssen ~, was noch zu ~ ist**, dobbiamo cercare di salvare il salvabile **3** (hinüber~) **etw durch/über etw** (akk) ~ {KAPITALIEN, KUNSTSCHÄTZE DURCH DIE KRIEGSJAHRE, ÜBER DEN KRIEG} salvare qc attraverso qc **4** (den Erfolg sichern) **etw** ~ {DIE SITUATION} salvare qc: **wenn der witzige Typ auch kommt, ist der Abend gerettet**, se viene anche quel tipo divertente la serata è salva **B** rfl **1** (sich in Sicherheit bringen) **sich** ~ salvarsi, mettersi in salvo **2** (sich in Sicherheit bringen) **sich irgendwohin** ~ {INS AUSLAND, ÜBER DIE GRENZE, MAUER, UNTER EIN DACH} salvarsi/[mettersi in salvo]/[trovare scampo] + compl di luogo: **sich ‧ins Freie‧/[ans Ufer] ~**, mettersi in salvo ‧uscendo fuori‧/[andando a riva]; **sich durch einen Sprung aus dem Fenster ~**, salvarsi saltando/[con un salto] dalla finestra; **er hat sich gerade noch ~ können**, ce la si è salvato ‧per il rotto della cuffia‧/[in extremis]/[per un pelo]; **sich in Ironie ~** fig, salvarsi con l'ironia **C** itr sport: **auf der Linie ~**, salvare sulla linea; **mit einer Parade ~**, salvare la porta con una parata • **rette sich, wer kann!**, si salvi chi può!; **sich vor jdm/etw nicht mehr ‧~ können‧/[zu ~ wissen]**, sie kann sich vor Verehrern nicht mehr ~, non sa più come difendersi dagli spasimanti; **wir können uns vor Aufträgen kaum noch ~**, ‧siamo sommersi (a ~)‧/[non ci salviamo più] dalle ordinazioni fam; **nicht mehr zu ~ sein** fam, essere irrecuperabile fam; **bist du noch zu ~?** fam, ti ha dato di volta il cervello? fam, sei impazzito (-a)?

rettend adj {EINFALL, IDEE} risolutivo, salvi-

fico, risolutore.
Retter <-s, -> m (**Retterin** f) geh salvatore (-trice) m (f) ● **der ~ in der Not**, deus ex machina, salvatore in extremis.
Rettich <-s, -e> m bot rafano m.
Rettung <-, -en> f **1** (*das Retten*) salvataggio m; (*das Gerettetsein*) salvezza f: **jdm ~ bringen**, portare soccorso a qu, venire in aiuto di qu; **auf ~ hoffen**, sperare di salvarsi **2** (*Bewahrung*) {+BAUMBESTÄNDE, BAUDENKMÄLER, KUNSTWERKE} salvataggio m **3** A (*~swagen*) (auto)ambulanza f ● **du bist meine letzte ~** fam, sei la mia ultima spiaggia/speranza; **das war ~** ¡in letzter Minute¡/[in/aus höchster Not], è stato un salvataggio in extremis.
Rettungsaktion f (oper)azione f di salvataggio/soccorso.
Rettungsanker m ancora f di salvezza ● **du bist mein ~!**, sei la mia ancora di salvezza!
Rettungsarbeit f <*meist* pl> operazione f di salvataggio.
Rettungsarzt m (**Rettungsärztin** f) → **Notarzt**.
Rettungsboot n **1** (*Motorboot*) motoscafo m/battello m di salvataggio **2** (*Beiboot*) scialuppa f/lancia f/canotto m di salvataggio, tender m.
Rettungsdienst m servizio m di soccorso, soccorsi m pl.
Rettungsflugwacht <-, ohne pl> f elisoccorso m.
Rettungshubschrauber m eliambulanza f, elicottero m di soccorso/salvataggio.
rettungslos adv **1** (*hoffnungslos*) {DURCHEINANDER, VERLOREN} irrimediabilmente **2** fam (*völlig*): **~ betrunken**, ubriaco fradicio/marcio fam; **~ verliebt sein**, essere perdutamente innamorato.
Rettungsmannschaft f squadra f di salvataggio/soccorso.
Rettungsring m salvagente m, ciambella f.
Rettungssanitäter m (**Rettungssanitäterin** f) paramedico m impegnato nei servizi di soccorso.
Rettungsschwimmen n sport "nuoto m di addestramento al salvataggio in acqua".
Rettungsschwimmer m (**Rettungsschwimmerin** f) "persona f addestrata al salvataggio in acqua".
Rettungsstation f posto m di pronto soccorso.
Rettungsversuch m tentativo m di salvataggio.
Rettungswagen m (auto)ambulanza f.
Rettungsweste f giubbotto m ¡salvagente¡/[di salvataggio].
Return <-s, -s> m Tennis risposta f.
Return-Taste, **Returntaste** f tasto m return/[di ritorno a capo].
Retusche <-, -n> f fot typ ritocco m.
retuschieren <ohne ge-> tr fot typ etw ~ {GEMÄLDE, FOTO} ritoccare qc.
Reue <-, ohne pl> f pentimento m, rimorso m: **über etw** (akk) **~ empfinden**, provare rimorso per qc; **ehrliche/tiefe ~ zeigen**, mostrare un sincero/profondo pentimento; **sie zeigte keine Spur von ~**, (lei) non mostrò il minimo rimorso/[segno di pentimento].
reuen tr geh **1** (*Reue hervorrufen*): **etw reut jdn** {GEMEINHEIT, HÄRTE, UNFREUNDLICHKEIT}, qu si pente di qc, qu sente/prova rimorso per qc **2** (*leidtun*): **etw reut jdn** {AUSGABE, INVESTITION, KAUF}, qu si pente di qc, qu si dispiace di/per qc; **mich reut die viele Zeit, die ich dieser Sache geopfert habe**, mi dispiace per tutto il tempo che ho dedicato a questa faccenda.
reuevoll adj geh pentito, contrito.
reuig adj geh {KRIMINELLER} pentito; {SÜNDER} auch penitente.
reumütig A adj → **reuig** B adv {EINGESTEHEN, ZUGEBEN, ZURÜCKKEHREN} pentito, preso da rimorso.
Reuse <-, -n> f nassa f.
reüssieren <ohne ge-> itr geh ¡(**als etw** nom)¡/[**mit etw** (dat)] {ALS AUTOR, MIT EINEM BUCH, WERK} ~ avere/riscuotere successo (come qc/con qc).
Revanche <-, -n> f **1** sport rivincita f: **von jdm ~ fordern**, chiedere la rivincita a qu; **jdm ~ geben**, concedere/dare la rivincita a qu **2** geh (*Vergeltung*) rivincita f, rivalsa f, vendetta f: **~ nehmen**, prendersi la rivincita **3** geh (*Gegenleistung*) ~ (**für etw** akk) {FÜR EINE EINLADUNG, EINEN GEFALLEN} contraccambio m (di qc), ricambio m (di qc): **als ~ für etw** (akk), in contraccambio (di qc).
Revanchepartie f, **Revanchespiel** n (partita f/match m di) rivincita f.
revanchieren <ohne ge-> rfl **1** (*sich rächen*) **sich** (**an jdm**) (**für etw** akk) ~ far pagare qc a qu, prendersi la rivincita (su qu), vendicarsi (su/con qu) (di qc), rendere la pariglia a qu (per qc); **sie wird sich für seine Gemeinheiten ~**, gli farà pagare care le sue meschinità **2** (*sich erkenntlich zeigen*) **sich** (**bei jdm**) (**für etw** akk) ~ sdebitarsi (di qc) (con qu), contraccambiare qc, ricambiare qc: **wie kann ich mich für Ihre Hilfe ~?**, come posso sdebitarmi ¡per il¡/[del] Suo aiuto **3** sport sich ~ prendersi la rivincita.
Revanchismus <-, ohne pl> m pol revanscismo m.
Reverenz <-, -en> f geh riverenza f, rispetto m, deferenza f: **jdm seine ~ erweisen**, rendere ossequio a qu.
Revers <-, -> n oder A m risvolto m, revers m.
reversibel <attr reversible(r, s)> adj geh {ENTSCHEIDUNG, URTEIL} revocabile; {MECHANISMUS, PROZESS, VORGANG} reversibile.
revidieren <ohne ge-> tr etw ~ **1** (*rückgängig machen*) {ENTSCHEIDUNG, MEINUNG, URTEIL} rivedere qc: **seine Einstellung ~**, rivedere il proprio atteggiamento **2** (*abändern*) {ARTIKEL, ENTWURF, PARAGRAPHEN, VORSCHRIFT} rivedere qc, fare la revisione di qc, modificare qc: **revidierte Auflage**, edizione riveduta e corretta **3** (*prüfen*) {GESCHÄFTSBÜCHER} fare la revisione di qc; {DRUCKFAHNEN} auch rivedere qc; {KASSE} fare la verifica/il controllo di qc.
Revier <-s, -e> n **1** (*Tätigkeitsbereich*) campo m, regno m, ambito m: **der Garten ist mein ~**, il giardino è il mio regno **2** (*Polizeirevier*) commissariato m (di polizia) **3** mil (*Sanitätsbereich*) infermeria f **4** (*Forstrevier*) distretto m forestale; (*Jagdrevier*) riserva f di caccia **5** zoo (*Territorium*) territorio m **6** <nur sing> fam m (*Industriegebiet*): **das ~**, il bacino carbonifero della Ruhr.
Revision <-, -en> f **1** (*Überprüfung*) {+GESCHÄFTSBÜCHER, UNTERLAGEN, VERTRÄGE} revisione f; {+KASSE} verifica f, controllo m **2** {+DRUCKFAHNEN} revisione f **3** jur (*Urteilsanfechtung*) ricorso m in/per cassazione: **gegen ein Urteil** ¡~ **einlegen**¡/[**in die ~ gehen**], presentare ricorso contro una sentenza **4** geh (*Änderung*) {+MEINUNG, URTEIL} revisione f: **das wird ihn zu einer ~ seiner Zielsetzungen veranlassen**, ciò lo indurrà a rivedere/modificare i suoi obiettivi.
Revisionismus <-, ohne pl> m pol **1** (*Bestrebung, bestehende Verhältnisse zu verändern*) revisionismo m **2** (*innerhalb der internationalen Arbeiterbewegung*) revisionismo m.
Revisionist <-en, -en> m (**Revisionistin** f) **1** (*jd, der bestehende Verhältnisse zu verändern sucht*) revisionista m f **2** (*innerhalb der internationalen Arbeiterbewegung*) revisionista mf.
revisionistisch adj revisionista, revisionistico.
Revisionsantrag m jur domanda f del ricorrente.
Revisionsgericht n jur (corte f di) cassazione f.
Revisionsurteil n jur sentenza f di cassazione.
Revisor <-s, -en> m (**Revisorin** f) **1** com (*Buchprüfer*) revisore (rar -a) m (f) **2** {+DRUCKFAHNEN} revisore (rar -a) m (f) di bozze.
Revolte <-, -n> f rivolta f, insurrezione f: **eine ~ ersticken/niederschlagen**, soffocare/stroncare una rivolta.
revoltieren <ohne ge-> itr geh (**gegen jdn/etw**) ~ insorgere (contro qu/qc), rivoltarsi ¡a/contro qu¡/[a qc].
Revolution <-, -en> f **1** pol (*Umsturz*) rivoluzione f: **eine ~ bricht aus**, scoppia una rivoluzione; **eine ~ niederschlagen**, stroncare una rivoluzione **2** (*umwälzende Neuerung*) rivoluzione f ● **die Französische ~** hist, la Rivoluzione Francese; **die industrielle ~**, la rivoluzione industriale; **die technische ~**, la rivoluzione tecnologica.
revolutionär A adj **1** pol {GRUPPEN, IDEEN, ZIELE} rivoluzionario **2** (*umwälzend*) {ENTDECKUNG, ERFINDUNG, NEUERUNG} rivoluzionario B adv in modo rivoluzionario.
Revolutionär <-s, -e> m (**Revolutionärin** f) rivoluzionario (-a) m (f).
revolutionieren <ohne ge-> tr etw ~ rivoluzionare qc.
Revolutionsführer m (**Revolutionsführerin** f) capo m rivoluzionario.
Revolutionsregierung f pol governo m rivoluzionario.
Revolutionstribunal n pol tribunale m rivoluzionario.
Revoluzzer <-s, -> m (**Revoluzzerin** f) pol pej sovversivo (-a) m (f).
Revolver <-s, -> m rivoltella f, revolver m.
Revolverblatt n giornale m scandalistico.
Revolverheld m pej pistolero m fam.
Revolverlauf m canna f di (una) rivoltella.
Revue <-, -n> f mus theat rivista f, varietà f ● **etw ~ passieren lassen**, ripercorrere le tappe di qc; {EREIGNISSE}, ripercorrere qc.
Revuegirl n ballerina f del varietà.
Revuetheater n (teatro m di) varietà m/rivista f.
Rezensent <-en, -en> m (**Rezensentin** f) recensore (rar -a) m (f), critico m.
rezensieren <ohne ge-> tr etw ~ {AUFFÜHRUNG, BUCH, FILM} recensire qc, fare la recensione di qc.
Rezension <-, -en> f recensione f, critica f.
Rezensionsexemplar n Verlag copia f (omaggio) per recensione.
Rezept <-(e)s, -e> n **1** med (*Verordnung*) ricetta f (medica): **ein ~ ausstellen/ausschreiben**, fare/rilasciare una ricetta; **dieses Medikament gibt es nur auf ~**, questo farmaco possiamo darlo solo ¡su ricetta¡/[dietro prescrizione medica] **2** gastr ricetta f: **nach ~ kochen**, seguire la ricetta **3** fam (*sicherer Tipp*) ricetta f: **weißt du nicht ein ~ gegen Liebeskummer?**, non avresti una ricetta contro/per il mal d'amore? ● **nach bewährtem ~**, secondo un metodo/sistema (ormai) collaudato.
Rezeptbuch n ricettario m (di cucina), li-

bro m di ricette.
rezeptfrei adj {MEDIKAMENT} non soggetto a prescrizione medica, da banco.
Rezeptgebühr f pharm quota f ricetta, ticket m (sui medicinali).
Rezeption① <-, -en> f (Empfang) reception f: **an der ~ arbeiten**, lavorare alla reception.
Rezeption② <-, ohne pl> f lit (Aufnahme) {+BUCH, IDEEN, KUNSTWERK, TEXT} ricezione f.
rezeptiv adj geh {CHARAKTER, NATUR} ricettivo.
Rezeptor <-s, -en> m <meist pl> biol recettore m, ricettore m.
Rezeptpflicht f obbligo m di ricetta.
rezeptpflichtig adj {MEDIKAMENTE} da vendersi soltanto dietro prescrizione/[presentazione di ricetta] medica.
Rezeptur <-, -en> f **1** pharm (Herstellungsanweisung) preparazione f galenica **2** pharm (Herstellung des Medikaments) preparazione f della/[di una] ricetta **3** pharm (Raum zur Arzneimittelherstellung) laboratorio m.
Rezession <-, -en> f ökon recessione f.
rezessionsbedingt adj ⌊dovuto alla⌋/[causato dalla] recessione.
rezessiv adj biol {ERBFAKTOR} recessivo.
rezidiv adj med {KRANKHEIT, SCHMERZ} recidivo.
rezipieren <ohne ge-> tr geh etw ~ {IDEEN, KULTUR} recepire qc.
reziprok adj biol ling math reciproco.
Rezitativ <-s, -e> n mus recitativo m.
rezitieren <ohne ge-> tr etw ~ {GEDICHT, VERSE} recitare qc.
R-Gespräch n telefonata f/chiamata f ⌊con addebito al⌋/[a carico del] destinatario.
rh med Abk von Rhesusfaktor negativ: Rh -.
RH med Abk von Rhesusfaktor positiv: Rh +.
Rhabarber <-s, ohne pl> m bot **1** (Staude) rabarbaro m **2** (Stängel) rabarbaro m.
Rhabarberkompott n composta f di rabarbaro.
Rhabarberkuchen m crostata f di rabarbaro.
Rhapsodie <-, -n> f mus rapsodia f.
Rhein <-s, ohne pl> m geog: **der ~**, il Reno **; am ~**, sul Reno; **Ludwigshafen am ~**, Ludwigshafen sul Reno.
Rheinbrücke f ponte m sul Reno.
Rheinfall <-es, ohne pl> m geog cascate f pl di Sciaffusa.
rheinisch adj <attr> {BERGLAND, DIALEKT, KÜCHE, TIEFEBENE} renano.
Rheinland n geog: **das ~**, la Renania.
Rheinländer <-s, -> m (**Rheinländerin** f) renano (-a) m (f).
rheinländisch adj {DIALEKT, FRÖHLICHKEIT, KÜCHE} renano.
Rheinland-Pfalz n geog Renania-Palatinato f.
Rhein-Main-Donaukanal m canale m Reno-Meno-Danubio.
Rheinwein m vino m del Reno.
Rhesusaffe m zoo reso m.
Rhesusfaktor m med (fattore m) Rh m • **positiv** (Abk Rh), Rh + (positivo); **~ negativ** (Abk rh), Rh - (negativo).
Rhetorik <-, ohne pl> f **1** (Redekunst) retorica f **2** (Lehre) retorica f.
Rhetoriker <-s, -> m (**Rhetorikerin** f) retore m; (Redner) oratore (-trice) m (f): **ein guter ~ sein**, essere un buon oratore.
rhetorisch A adj **1** lit {ELEMENT, FIGUR} retorico: **~e Frage**, domanda retorica **2** (rednerisch) {BEGABUNG} retorico **3** pej (phrasenhaft) {AUSDRUCK, STIL} retorico B adv **1** (rednerisch): **~ begabt sein**, essere

dotato di buona retorica **2** (phrasenhaft) {SICH AUSDRÜCKEN} retoricamente, in modo retorico.
Rheuma <-s, ohne pl> n med reumatismo m, reumi m pl: **~ haben**, ⌊avere i⌋/[soffrire di] reumatismi.
Rheumabehandlung f med cura f/terapia f antireumatica/[contro i reumatismi].
Rheumadecke f med coperta f termica.
Rheumamittel n pharm (farmaco m) antireumatico m.
Rheumapflaster n pharm cerotto m antireumatico.
Rheumasalbe f pharm pomata f antireumatica.
Rheumatiker <-s, -> m (**Rheumatikerin** f) reumatico (-a) m (f), persona f che soffre di reumatismi, soggetto m reumatico.
rheumatisch adj {BESCHWERDEN, KRANKHEIT, SCHMERZEN, VERFORMUNGEN} reumatico.
Rheumatismus <-, Rheumatismen> m med reumatismo m.
Rheumatologe <-n, -n> m (**Rheumatologin** f) med reumatologo (-a) m (f).
Rheumatologie <-, ohne pl> f med reumatologia f.
Rhinozeros <- oder -ses, -se> n **1** zoo rinoceronte m **2** fam (Dummkopf) idiota mf, testa f d'asino fam.
Rhizom <-s, -e> n bot rizoma f.
Rhizosphäre f biol rizosfera f.
Rh-negativ adj med Rh negativo.
Rhodium <-s, ohne pl> n chem rodio m.
Rhododendron <-s, Rhododendren> m oder n bot rododendro m.
Rhombus <-, Rhomben> m geom rombo m.
Rhone <-, ohne pl> f geog: **die ~**, il Rodano.
Rh-positiv adj med Rh positivo.
Rhythmen pl von Rhythmus.
Rhythmik <-, ohne pl> f ritmica f.
rhythmisch A adj {GYMNASTIK, INSTRUMENT} ritmico; {BEWEGUNG, MUSIK} auch ritmato: **~es Gefühl haben**, avere il senso del ritmo B adv {SICH BEWEGEN, TANZEN} ritmicamente.
Rhythmus <-, Rhythmen> m **1** mus (Takt) ritmo m **2** (Gleichmaß) {+GEZEITEN, HERZSCHLAG, JAHRESZEITEN, PENDEL} ritmo m.
Rhythmusgitarre f mus chitarra f ritmica.
Ribisel <-, -(n)> f A bot (Johannisbeere) ribes m.
Ribonukleinsäure f biochem (Abk RNS) acido m ribonucleico (Abk RNA).
Ribosom <-s, -en> n <meist pl> ribosoma m.
Richard m (Vorname) Riccardo.
Richtantenne f antenna f direzionale.
richten① A tr **1** (lenken) **etw auf jdn/etw ~** {FERNGLAS, FINGER} puntare qc verso qu/qc; {WAFFE} puntare qc contro qu/qc; {BLICK, SCHRITTE} indirizzare/(ri)volgere/dirigere qc verso qu/qc; {BLICK} puntare qc su qu/qc; {AUFMERKSAMKEIT, GEDANKEN} (ri)volgere qc a qu/qc, dirigere qc su qu/qc, indirizzare qc a qu/qc **2** (adressieren) **etw an jdn ~** {ANTRAG, BITTE, FRAGE, SCHREIBEN, VORWURF} rivolgere qc a qu, indirizzare qc a qu/qc: **der Brief war nur an dich gerichtet**, la lettera era rivolta/diretta/destinata solo a te; **das Wort an jdn ~**, rivolgere la parola a qu **3** (einstellen) (jdm) **etw ~** {ANTENNE, GERÄT, UHR} regolare qc (a qu) **4** bes. süddt A CH (reparieren) (jdm) **etw ~** {AUTO, FERNSEHER, HEIZUNG} riparare qc (a qu), aggiustare qc (a qu), accomodare qc (a qu) **5** bes. süddt A CH (vorbereiten) (jdm) **etw ~** {BAD, BETT, ESSEN, FRÜHSTÜCK, ZIMMER} preparare qc (a/per qu); {BETT, TISCH} auch approntare qc (a/per

qu) geh; {BETT} rifare qc (a/per qu): **ist schon alles gerichtet für die Reise?**, è già tutto pronto per il viaggio? B rfl **1** (bestimmt sein) **sich an jdn ~** {AUFFORDERUNG, BITTE, FRAGE, VORWURF} essere rivolto a qu, essere diretto a qu, essere indirizzato a qu **2** (sich halten) **sich nach jdm/etw ~** {NACH JDS IDEEN, WÜNSCHEN} conformarsi a qc, adeguarsi a qc, uniformarsi a qc; {NACH JDS BEFEHLEN, VORSCHRIFTEN} auch attenersi a qc/qc: **ich richte mich ganz nach dir**, mi regolo in base alle tue esigenze fam; **richte dich (gefälligst) danach!**, regolati di conseguenza! **3** (abhängen) **sich nach etw (dat) ~** {ANGEBOT NACH DER NACHFRAGE; BEZAHLUNG NACH DER LEISTUNG} dipendere da qc, essere determinato da qc: **unsere Urlaubspläne ~ sich nach dem Wetter**, i nostri programmi per le vacanze dipendono dal tempo; **das richtet sich danach, ob/wann/(wie viel)...**, dipende se/quando/quanto ... **4** (sich wenden) **sich gegen jdn/etw ~** {ANGRIFF, ATTENTAT} essere diretto contro qu/qc; {BEMERKUNG, KRITIK} auch riferirsi a qu/qc; {VERDACHT} cadere su qu/qc: **seine Vorwürfe richteten sich hauptsächlich gegen sie**, i suoi rimproveri erano diretti principalmente contro di lei **5** bes. süddt A CH (zurechtmachen) **sich (dat) etw ~** {HAARE, SCHLIPS} sistemarsi qc, aggiustarsi qc **6** (wenden) **sich auf jdn/etw ~** {AUGEN, BLICKE} dirigersi su/verso qu/qc, (ri)volgersi su/verso qu/qc **7** gram (abhängig sein) **sich nach etw** (dat) **~** concordare con qc.
richten② geh A itr (urteilen) (**über jdn/etw**) **~** giudicare (qu/qc) B rfl (Selbstmord begehen) **sich selbst ~** euph suicidarsi.
Richter <-s, -> m (**Richterin** f) giudice mf, magistrato m: **sie ist ~ in am Jugendgericht**, (lei) è giudice al tribunale dei minorenni • **sich zum ~ über jdn/etw aufwerfen** geh, ergersi a giudice di qu/qc; **jdn vor den ~ bringen**, portare qu ⌊in tribunale fam⌋/[davanti al giudice], citare in giudizio jur; **vorsitzender ~** jur, presidente (della corte).
Richteramt n jur carica f/ufficio m di giudice, magistratura f.
Richterin f → **Richter**.
richterlich adj <attr> jur {ANORDNUNG, GENEHMIGUNG, VERFÜGUNG} giudiziario, giudiziale, giurisdizionale, giurisprudenziale, del giudice.
Richterschaft f jur magistratura f.
Richterskala <-, ohne pl> f geol: **die ~**, la scala Richter f.
Richterspruch m → **Urteilsspruch**.
Richtfest n "festa f in occasione della copertura del tetto di una nuova casa".
Richtfunk m radio trasmissione f per ponte radio.
Richtgeschwindigkeit f (auf der Autobahn) velocità f consigliata.
richtig A adj **1** (korrekt) {ANNAHME, ANTWORT, FRAGE, LÖSUNG, RECHNUNG} corretto, esatto; {FÄHRTE, HAUS, SEITE, TÜR, WEG} giusto: **auf dem ~en Weg sein**, essere sulla strada giusta; **bin ich hier ~ nach Bonn?**, vado bene di qui per Bonn?; **es ist nicht ~, wie du ihn behandelst**, non ⌊è giusto⌋/[va bene] come lo tratti; **etw ~ machen**, fare bene qc; **hab ich das ~ gemacht?**, l'ho fatto bene? **2** (angebracht) {ENTSCHEIDUNG, HALTUNG, MOMENT, ORT, VERHALTEN, ZEITPUNKT} giusto, opportuno: **es ist ~, dass du ihm klar deine Meinung gesagt hast**, è stato giusto dirgli chiaramente come la pensi; **der ~e Mann im ~en Moment**, l'uomo giusto al momento giusto; **es wäre ~ gewesen, die Polizei zu rufen**, sarebbe stato opportuno chiamare la polizia **3** (wirklich) {GELD, NAME} ve-

ro; (*echt*) {SCHMUCK, UNTERSCHRIFT} autentico: **sie ist nicht ihre ~e Mutter**, non è la sua vera madre; **ihren ~en Namen hat man nie erfahren**, nessuno ha mai saputo il suo vero nome **4** *fam* (*regelrecht*) {AUFSCHNEIDER, FAULPELZ, IDIOT} autentico, vero: **du bist ein ~er Feigling**, sei un vero/proprio un vigliacco! *fam*; **er ist noch ein ~es Kind**, è rimasto davvero un bambino, è ancora molto infantile **5** (*passend*) {FRAU, MANN, PARTNER} giusto: **sie hat noch nicht den ~en Mann gefunden**, non ha ancora trovato l'uomo che fa per lei/[giusto] **6** (*ordentlich*) {AUSBILDUNG, BERUF, SOMMER} vero, come si deve: **wir haben schon lange keinen ~en Winter mehr gehabt**, è da molto che non abbiamo più avuto un vero inverno/[vero come si deve] **7** *fam* (*in Ordnung*) a posto: **dein Freund ist ~!**, il tuo amico è a posto! **B** *adv* **1** (*korrekt*) {LÖSEN, SCHREIBEN, ÜBERSETZEN} correttamente; {ANTWORTEN, KÖNNEN, VERSTEHEN} *auch* bene; {KALKULIEREN, RECHNEN} giusto, bene, correttamente: **du hast ~ geraten**, hai indovinato; **meine Uhr geht nicht ~**, il mio orologio non è esatto/[va bene] **2** (*angebracht*) {ENTSCHEIDEN, HANDELN, REAGIEREN, SICH VERHALTEN, VORGEHEN} bene, in modo giusto/adeguato: **man muss die Sache nur ~ anfassen**, basta cominciarla nel verso giusto *fam* **3** (*ordentlich*): **ich muss mal wieder ~ Urlaub machen**, ho proprio bisogno di una vacanza come si deve/[vera vacanza]; **du hast das Fenster nicht ~ zugemacht**, non hai chiuso bene la finestra **4** (*passend*) {PASSEN, SITZEN} giusto: **passt dir die Jacke ~?**, ti sta giusta la giacca?; {HÄNGEN, STEHEN} bene; **du kommst gerade ~**, arrivi proprio al momento giusto **5** *fam* (*regelrecht*) proprio, veramente, davvero: **er hat ihn ~ übers Ohr gehauen**, lo ha raggirato ben bene; **jetzt bin ich aber ~ erleichtert** *fam*, adesso sono proprio sollevato (-a) **6** (*in Antworten*: *genau*) giusto: **wir könnten ihm ein Fahrrad schenken. – Richtig!**, perché non le regaliamo una bicicletta? – Giusto! • (**das ist**) **~!**, giusto!; **hör' sie ~?!**, ho sentito bene?!; **ich *höre* doch wohl nicht ~?!**, non credo alle mie orecchie!; *sehr* **~!**, giustissimo!; **nicht ganz ~ (im Kopf)** *sein fam*, non essere tutto (-a) giusto (-a) di testa *fam*, essere un po' tocco.

Richtige <*dekl wie adj*> **A** *mf* **1** (*der, die Passende*) persona f giusta: **er hat noch nicht die ~ gefunden**, non ha ancora trovato la donna giusta; **für diese Arbeit ist er genau der ~**, è l'uomo giusto per questo lavoro **2** (*Treffer*) numero m azzeccato: **fünf ~ im Lotto haben**, avere azzeccato cinque numeri al lotto, avere fatto una cinquina **B** *n* **1** (*das Passende*) cosa f giusta: **das einzig ~ wäre nicht zu bezahlen**, l'unica cosa giusta sarebbe non pagare; **seid ihr immer noch auf Haussuche? – Ja, aber wir haben noch nicht das ~ gefunden**, – Sì, ma non abbiamo ancora trovato quello che fa per noi **2** (*etwas Ordentliches*) qualcosa m di decente: **wir haben den ganzen Tag noch nichts ~s gegessen**, in tutto il giorno non abbiamo ancora mangiato niente di decente • **da bist du bei mir an den ~n geraten/gekommen!** *fam iron*, hai proprio sbagliato persona/indirizzo (con me)! *fam*; **genau/gerade der ~ sein!**: **du bist mir gerade der ~!** *fam iron*, ah,/[ma senti], proprio tu!, ma sentilo lui! *fam*.

richtiggehend **A** *adj* **1** (*genau anzeigend*) → **gehend** **2** *fam* (*regelrecht*) {BLAMAGE, REINFALL} autentico, vero (e proprio) **B** *adv* (*regelrecht*) {AUSNUTZEN, HINTERGEHEN, ÜBERVORTEILEN} proprio, veramente: **die haben ihn ~ für blöd verkauft**, l'hanno fregato ben bene *fam*.

Richtigkeit <-, *ohne pl*> f **1** (*Korrektheit*) {+ANNAHME, ANTWORT, FRAGE, LÖSUNG, RECHNUNG} giustezza f, esattezza f; {+AUSSAGE} veridicità f; {+ÜBERSETZUNG} esattezza f, fedeltà f; {+ABSCHRIFT, KOPIE} conformità f **2** (*Angebrachtheit*) {+ENTSCHEIDUNG, MAßNAHMEN, VERHALTEN} giustezza f, opportunità f • **das hat schon seine ~!** *fam*, sarà senz'altro giusto!; **es muss alles seine ~ haben** *fam*, ogni cosa deve essere al suo posto.

richtig|liegen <*irr*> *itr* <*haben oder süddt A CH sein*> (*Recht haben*) (**mit etw** dat) **~** {MIT EINER ANNAHME, EINER VERMUTUNG} azzeccarci (*con qc*) *fam*: **mit einem Blumenstrauß liegst du immer richtig**, con un mazzo di fiori non sbagli mai.

richtig|stellen *tr etw* **~** {+ÄUßERUNG, BEHAUPTUNG, BEMERKUNG, IRRTUM} rettificare *qc*, correggere *qc*, fare una precisazione su *qc*.

Richtigschnur f **1** *bau* corda f (per tracciare) **2** <*nur sing*> (*Grundsatz*) principio m guida/informatore: (**sich** *dat*) **etw zur ~ seines Handelns machen**, prendere qc come punto fermo delle proprie azioni.

Richtigstellung f (+ÄUßERUNG, BEMERKUNG, IRRTUM) rettifica f, correzione f.

Richtlinie f <*meist pl*> **1** (*Anweisung*) criterio m di massima, direttiva f, linea f guida **2** *jur* (*EU-Rechtsakt*) direttiva f • **~n vorgeben**, impartire delle direttive; **sich an die ~n halten**, attenersi alle direttive.

Richtmikrofon, **Richtmikrophon** n microfono m direzionale.

Richtplatz m luogo m dell'esecuzione (capitale).

Richtpreis m prezzo m indicativo: **unverbindlicher ~**, prezzo raccomandato.

Richtschnur f **1** *bau* corda f (per tracciare) **2** <*nur sing*> (*Grundsatz*) principio m guida/informatore: (**sich** *dat*) **etw zur ~ seines Handelns machen**, prendere qc come punto fermo delle proprie azioni.

Richtstrahler m *radio* trasmettitore m direzionale.

Richtung <-, *-en*> f **1** (*Himmelsrichtung*) {+BAHN, FLUSS, GLEISE, STRAßE} direzione f, senso m: **die ~ ändern/wechseln**, cambiare direzione; **die ~ beibehalten/einhalten**, (man)tenere la (stessa) direzione; **eine andere ~ nehmen/einschlagen**, prendere un'altra direzione; **aus welcher ~ kommt er?**, da quale direzione/[che parte] viene?; **in ~ Osten/Norden**, in direzione/[verso] est/nord; **in entgegengesetzter/umgekehrter ~ weitergehen**, proseguire in senso/[nel verso] contrario/inverso; **in ~ Stadtmitte/Berlin**, in direzione (del) centro/[(di) Berlino]; **in die richtige/falsche ~ fahren**, andare nella direzione giusta/sbagliata **2** (*Entwicklung*) {+DEBATTE, GESPRÄCH} piega f, corso m, taglio m; {+ENTWICKLUNG} direzione f; {+FORSCHUNG} orientamento m, indirizzo m: **eine andere ~ einschlagen/nehmen**, prendere un'altra piega/direzione; **dem Gespräch eine andere ~ geben**, spingere la conversazione in un'altra direzione; **die Genforschung hat eine gefährliche ~ eingeschlagen**, la ricerca genetica ha preso una piega pericolosa; (*Hinsicht*) senso m: **der erste Versuch, der in dieser ~ unternommen wird**, il primo tentativo che viene intrapreso in quella direzione/[in quel senso]; **sich nach keiner ~ hin festlegen**, non impegnarsi in nessun senso, tenersi sul vago **3** (*Bewegung*) {KÜNSTLERISCHE, LITERARISCHE, PHILOSOPHISCHE, POLITISCHE} corrente f, orientamento m: **eine gemäßigte/radikale ~ vertreten**, rappresentare una corrente moderata/radicale; **der Hauptvertreter dieser musikalischen ~**, il maggiore rappresentante di questa corrente musicale • **aus allen ~en**, da tutte le direzioni; **in** *der*/*dieser* **~** (*was das angeht*), in quel/questo senso; **in allen/[nach allen] ~en**, in tut-

te le direzioni; {AUSEINANDERSTIEBEN, SICH ZERSTREUEN}, ai quattro venti, ai quattro angoli della terra; *irgendwas* **in dieser ~** *fam*, qualcosa di questo tipo/genere; **in jeder ~** (*in jeder Hinsicht*), da ogni punto di vista; **die ~ stimmt** *fam*, siamo/sei sulla buona strada.

Richtungsänderung f **1** *autom* cambiamento m della/di direzione **2** *pol* inversione f di rotta.

Richtungskampf m *pol* lotta f fra le diverse correnti politiche; <*nur pl*> *auch* lotte f pl intestine.

richtungslos *adj* senza direzione; (*orientierungslos*) disorientato.

Richtungswechsel m → **Richtungsänderung**.

richtungsweisend *adj* <*präd*> {ERFINDUNG, FORSCHUNGSERGEBNIS, METHODE, UNTERSUCHUNG} determinante, che apre nuovi orizzonti/[nuove prospettive]; {BESCHLUSS, KRITERIEN} direttivo, normativo.

Richtwert m valore m indicativo.

Ricke <-, *-n*> f *zoo* femmina f del capriolo, capriolo m femmina, capriola f *lit*.

rieb 1. und 3. pers sing imperf *von* reiben.

riechen <*riecht, roch, gerochen*> **A** *tr* **1** (*einen Geruch wahrnehmen*) **etw ~** odorare *qc*, sentire *qc*: **riech mal!**, senti/annusa un po'!; **riechst du nicht den Duft der Rosen?**, non senti il profumo delle rose?; {TIER} annusare *qc*, fiutare *qc* **2** *fam* (*vorhersehen*) **etw ~** {BETRUG, GEFAHR, UNGLÜCK} fiutare *fam qc*, subodorare *qc*: **soll ich das etwa ~?**, come facevo a saperlo?; **er hat den Schwindel gerochen**, ha subodorato l'inganno **B** *itr* **1** (*duften*) *irgendwie* **~** {ROSEN ANGENEHM, ERFRISCHEND, GUT} odorare/profumare + *compl di modo*, avere/mandare un odore/profumo + *adj*: **das Parfüm riecht betäubend**, il profumo stordisce/inebria **2** (*stinken*) (*irgendwie*) {FAULE EIER, SCHWEIß} UNANGENEHM, WIDERLICH} odorare + *compl di modo*, avere/mandare un odore + *adj*: **der Abfluss riecht schlecht**, lo scarico manda cattivo odore; **das Fleisch riecht schon** (**schlecht**), la carne comincia a puzzare; **nach etw** (*dat*) **~** {KLEIDER, ZIMMER NACH RAUCH} sapere *di qc*; {MENSCH NACH SCHWEIß, ZIGARETTEN} puzzare *di qc*; {KÜCHE NACH ZWIEBELN} odorare *di qc*; **aus dem Mund ~**, avere l'alito cattivo **3** (*vermuten lassen*) **nach etw** (*dat*) **~**: **das riecht nach Bestechung** *fam*, c'è puzza/odore di corruzione **4** (*schnuppern*) **an jdm/etw ~** odorare *qu/qc*, annusare *qu/qc*; {TIER} *auch* fiutare *qu/qc* **C** *unpers*: **es riecht irgendwie** {EKELHAFT, GUT, KÖSTLICH, SCHLECHT, WIDERLICH}, c'è/[si sente] un odore + *adj*; **es riecht angebrannt**, c'è odore di bruciato; **hier riecht es ja furchtbar!**, c'è un puzzo terribile qui!, che puzzo che c'è qui!; **in diesem Zimmer riecht es komisch**, in questa stanza si sente/[c'è] uno strano odore; **im Flur riecht es modrig**, l'ingresso sa di muffa; **es riecht nach etw** (*dat*) **~** {NACH GAS, KNOBLAUCH, RAUCH, SCHWEIß, ZWIEBELN}, c'è/[si sente] odore/puzzo di qc • **jdn nicht ~ können** *fam*, non poter soffrire/vedere qu.

riechend *adj*: **übel ~** {FLÜSSIGKEIT}, maleodorante, puzzolente; **wohl ~** → **wohlriechend**.

Riecher <-s, -> m *fam* (*Nase*) naso m • **einen guten ~** (**für etw** *akk*) **haben** *fam*, avere buon fiuto/naso (per qc).

Riechkolben m *fam scherz* (*Nase*) nappa f *fam scherz*.

Riechsalz n sali m pl (da inalare).

Ried <-(*e*)*s, -e*> n **1** *bot* (*Riedgräser und Schilf*) carici f pl e canne f pl di palude **2** (*Moorgebiet mit Riedgräsern und Schilf*) cariceto m.

Riedgras n bot carice f.
rief 1. und 3. pers sing imperf von rufen.
Riege <-, -n> f sport (Mannschaft) squadra f.
Riegel <-s, -> m 1 (Verschluss: am Fenster) chiavistello m, paletto m; (an der Tür) auch catenaccio m: **den ~ vorlegen**, mettere il chiavistello/catenaccio 2 **Fußball** catenaccio m 3 (Schokoladenriegel) barretta f ● etw (dat) **einen ~ vorschieben**, mettere un freno/argine a qc.
Riemen① <-s, -> m (an Koffer, Tasche) cinghia f, correggia f; (Gürtel) cintura f; (Schuhriemen) stringa f, laccio m ● **sich am ~ reißen** fam (mit Einsatz arbeiten, lernen und Ä.), darci dentro fam, darsi da fare fam, mettersi sotto fam; (sich zusammennehmen), darsi una regolata fam/calmata fam; **den ~ enger schnallen**, tirare la cinghia fam.
Riemen② <-s, -> m naut (Ruder) remo m ● **sich in die ~ legen** naut, mettersi a remare; fam (sich sehr anstrengen) darsi da fare, darci dentro fam.
Riemenantrieb <-(e)s, rar -e> m tech trasmissione f a cinghia.
Ries <-es, -e> n (Papiermaß) risma f (di carta): **vier ~ Papier**, quattro risme di carta.
Riese <-n, -n> (Riesin f) gigante (-essa) m (f) ● **ein ~ von einem Mann/Menschen/Kerl**, un gigante d'uomo, un colosso.
Rieselfeld n ökol campo m irrigato a scorrimento, marcita f.
rieseln A itr 1 <sein> (rinnen) (irgendwohin) ~ {KÖRNER, SALZ, SAND, ZUCKER ZU BODEN, AUF DIE ERDE} scorrere (+ compl di luogo): **das Blut rieselte mir über die Hand**, un rivoletto di sangue mi scorreva sulla mano; **ein Schauder rieselte ihr über den Rücken**, un brivido le corse per la schiena; (aus etw dat) ~ {BLUT AUS DER WUNDE, WASSER AUS DEM FELSEN} stillare da qc; **das Mehl rieselt aus der Tüte**, la farina sta uscendo dal sacchetto 2 <haben> (leise fallen) {REGEN, SCHNEE} cadere lentamente: **der Schnee rieselt auch**, nevischia 3 <sein> (herunterrinnen) **von etw** (dat) ~ {KALK, PUTZ VON DER DECKE, VON DEN WÄNDEN} cadere lentamente da qc B unpers: **es rieselt**, pioviggina.
Riesenarbeit f lavorone m.
Riesenbaby n fam bambinone (-a) m (f).
Riesendummheit f fam enorme sciocchezza f/cavolata f fam, castroneria f fam.
Riesenenttäuschung f fam delusione f colossale fam/enorme.
Riesenerfolg m fam successo m colossale fam/strepitoso/enorme, successone m.
Riesenfehler m errore m madornale/colossale.
Riesenfortschritt m fam: **~e machen**, fare passi da gigante.
Riesenfreude f grande gioia f: **damit hast du mir eine ~ gemacht!**, mi hai fatto (-a) proprio ˌcontento (-a)ˌ/[felice]!
Riesengebirge n geog: **das ~**, i Monti dei Giganti.
riesengroß adj fam 1 (sehr groß) {BAUM, KERL, MENSCH, TIER} gigantesco, colossale, enorme 2 (enorm) {PLEITE, REINFALL, SAUEREI, SCHWACHSINN} colossale fam, pazzesco fam, enorme; {SUMME} da capogiro: **eine ~e Angst**, un sacro terrore, una paura del diavolo fam.
riesenhaft adj gigantesco.
Riesenhunger m fam fame f da lupi fam.
Riesenkraft f fam forza f enorme/erculea.
Riesenrad n ruota f panoramica.
Riesenschlange f zoo boide m; (Boa) boa m.
Riesenschritt m fam 1 (sehr großer Schritt) passo m da gigante: **mit ~en herankommen/davoneilen**, avvicinarsi/andarsene a grandi passi 2 (schneller Fortschritt): **~ machen**, fare passi da giganti.
Riesenslalom m Ski (slalom m) gigante m.
Riesenspaß m fam: **einen ~ haben** fam, divertirsi un mondo fam/[da matti fam].
Riesenüberraschung f fam sorpresona f fam, megasorpresa f fam.
Riesenunterschied m differenza f enorme: **es besteht ein ~ zwischen tiefgefrorenen und frischen Speisen**, c'è un abisso tra cibo surgelato e cibo fresco.
Riesenwuchs m med gigantismo m, macrosomia f.
riesig A adj (außerordentlich groß) {ANLAGE, HAUS, KONZERN, SAAL} enorme, gigantesco, immenso; {ANSTRENGUNG, FREUDE} immenso, enorme; {SUMME} auch ingente; {DURST} terribile; {HUNGER} da lupo fam B adv (sehr) moltissimo, enormemente: **sich ~ amüsieren**, divertirsi un mondo fam; **sich ~ freuen**, essere contentissimo/[contento come una pasqua fam]; **~ interessant**, interessantissimo; **~ komisch**, buffo da morire fam.
Riesin f → **Riese**.
Riesling <-s, ohne pl> m (Weinsorte) Riesling m.
Riesterrente, Riester-Rente f pol pensione f integrativa cofinanziata da contributi statali.
riet 1. und 3. pers sing imperf von raten.
Riff <-(e)s, -e> n geog scogliera f.
Riffelung <-, -en> f 1 (rillenförmige Vertiefung in Glas, Metall, Stein etc.) scanalatura f 2 text pettinatura f.
rigid, rigide adj geh rigido.
Rigips® <inv> m lastre f pl in cartongesso.
rigoros A adj {DURCHGREIFEN, MAßNAHMEN, PERSON} rigoroso B adv {ABLEHNEN, DURCHSETZEN} in modo rigoroso; {VORGEHEN} energicamente.
Rigorosität <-, ohne pl> f geh rigorosità f.
Rigorosum <-s, Rigorosa oder A Rigorosen> n univ "esame m orale di dottorato".
Rikscha <-, -s> f risciò m.
Rille <-, -n> f 1 mech {+GESCHOSS} rigatura f 2 arch {+SÄULE} scanalatura f 3 (Schallplattenrille) solco m.
Rind <-(e)s, -er> n 1 zoo bovino m 2 gastr (~fleisch) manzo m.
Rinde <-, -n> f 1 bot {+BAUM} corteccia m 2 gastr {+BROT, KÄSE} crosta f 3 anat {+HIRN, NIERE} corteccia f.
Rinderbraten m gastr arrosto m di manzo.
Rinderfilet n gastr filetto m di manzo.
Rindergulasch n gastr spezzatino m di manzo.
Rinderherde f mandria f/branco m di bovini.
Rinderschmorbraten m gastr stufato m di manzo.
Rinderseuche f → **Rinderwahn**.
Rinderwahn, Rinderwahnsinn m fam med (sindrome f della) mucca f pazza journ, encefalopatia f bovina spongiforme wiss.
Rinderzucht f allevamento m di bovini.
Rindfleisch n gastr (carne f di) manzo m.
Rindfleischsuppe f gastr brodo m di manzo.
Rindsleder n vacchetta f.
Rindsuppe f A gastr → **Rindfleischsuppe**.
Rindvieh n → **Rindvieh** 1.
Rindvieh n 1 <nur sing> zoo (Rinder) bovini m pl 2 fam pej (Idiot) animale m fam, fesso (-a) m (f) fam, idiota mf.
Ring <-(e)s, -e> m 1 (kreisförmiger Gegenstand) anello m; (Fingerring) anello m; (Ehering) fede f: **die ~e tauschen/wechseln** geh, scambiarsi gli anelli; **einen ~ tragen**, portare un anello 2 sport (Boxring) ring m: **in den ~ steigen/klettern**, salire sul ring; (im Motorsport) circuito m 3 <nur pl> (Turngerät) anelli m pl 4 (Kreis) {+MENSCHEN} cerchio m 5 (Organisation) {+DEALER, HÄNDLER, HEHLER} organizzazione f, cartello m, giro m fam 6 (~straße) circonvallazione f: **äußerer/innerer ~**, circonvallazione esterna/interna; **über den ~ fahren**, prendere la circonvallazione/tangenziale ● **dunkle ~e unter den Augen haben**, avere ˌle occhiaieˌ/[gli occhi cerchiati].
Ringbuch n quaderno m ad anelli.
Ringbucheinlage f ricambio m per quaderno ad anelli.
Ringel <-s, -> m {+BUTTER} ricciolino m; {+HAARE} boccolo m; {+RAUCH} spirale f, voluta f.
Ringelblume f bot calendola f, calendula f.
Ringellocke f boccolo m.
ringeln A tr etw (um etw akk) ~ {HUND, KATZE DEN SCHWANZ} attorcigliare qc; {SCHLANGE IHREN LEIB UM EINE BEUTE} attorcigliarsi intorno a qc, avvinghiarsi a qc B rfl **sich ~** {HAARE} arricciarsi.
Ringelnatter f ornith biscia fˌd'acquaˌ/[dal collare], natrice f.
Ringelreigen, Ringelreihen <-s, -> m girotondo m.
Ringelspiel n A (Karussell) giostra f, carosello m.
Ringeltaube f ornith colombaccio m.
ringen <ringt, rang, gerungen> A itr 1 (kämpfen) (mit jdm) ~ lottare (con qu), combattere (con qu), ˌfare laˌ/[ingaggiare una] lotta con qu; sport fare la lotta 2 (sich heftig auseinandersetzen) **mit etw** (dat) ~ {MIT EINEM PROBLEM} lottare con qc: **mit dem Tod ~**, lottare con/contro la morte; **mit den Tränen ~**, trattenere a stento le lacrime; **mit sich** (dat) **selbst ~**, lottare con se stesso (-a): **ich rang lange mit mir, bevor ich diese Entscheidung traf**, ero molto combattuto (-a) finché non ho preso questa decisione 3 (heftig atmen): **nach Atem ~**, boccheggiare, respirare affannosamente 4 (sich bemühen) **um etw** (akk) ~ {UM DIE FREIHEIT} lottare per qc; {UM BEHERRSCHUNG, FASSUNG, HALTUNG} sforzarsi di mantenere qc; **um Anerkennung ~**, lottare per essere riconosciuto/apprezzato; **er rang verzweifelt nach den richtigen Worten**, si affannava disperatamente a trovare le parole giuste B tr 1 (winden): **die Hände ~**, torcersi le mani 2 (entwinden) **jdm jdn/etw aus etw** (dat) ~ {KIND AUS DEM ARM} strappare qu/qc a qu da qc; {PISTOLE AUS DER HAND} strappare qc di mano a qu.
Ringen <-s, ohne pl> n sport lotta f.
Ringer m (**Ringerin** f) sport lottatore (-trice) m (f).
Ringfahndung f ricerche f plˌa tappetoˌ/[ad ampio raggio].
Ringfinger m (dito m) anulare m.
ringförmig adj anulare, circolare, ad anello.
Ringkampf m sport lotta f.
Ringkämpfer m (**Ringkämpferin** f) sport → **Ringer**.
Ringordner m raccoglitore m ad anelli.
Ringrichter m (**Ringrichterin** f) Boxen arbitro (-a) m (f) (di boxe).
rings adv {BEMALEN, BEPFLANZEN} tutt'intorno: **er sah sich ~ im Kreis um**, si guardò intor-

no/[in giro]; ~ **von jdm/etw umgeben sein**, essere circondato da qu/qc.

ringsherum adv tutt'intorno: ~ **nur flaches Land**, tutt'intorno solo la campagna piatta.

Ringstraße f (viale m di) circonvallazione f.

ringsum adv → **ringsherum**.

ringsumher adv → **ringsherum**.

Rinne <-, -n> f **1** (Vertiefung) solco m: **der Regen hat tiefe ~n in den Boden gegraben**, la pioggia ha scavato profondi solchi nel terreno **2** bau (Wasserrinne) canaletto m (di scolo) **3** (Dachrinne) grondaia f, doccia f.

rinnen <rinnt, rann, geronnen> itr **1** <sein> (stetig fließen) (irgendwohin) ~ {REGEN, TRÄNEN} scorrere + compl di luogo; {BLUT, SCHWEIß, WASSER} auch colare + compl di luogo: **Tränen rannen ihr übers Gesicht**, le lacrime scorrevano sul suo viso/[le rigavano/solcavano il viso]; **das Wasser rinnt vom Dach**, l'acqua gocciola dal tetto; **der Schweiß rann ihm von der Stirn**, il sudore gli colava dalla fronte **2** <sein> (rieseln) (irgendwohin) ~ {SALZ, SAND, ZUCKER} colare + compl di luogo **3** <haben> (undicht sein) {FASS, SCHÜSSEL, TOPF, WASSERHAHN} perdere, colare: **die Kanne rinnt**, la brocca perde/cola.

Rinnsal <-(e)s, -e> n geh **1** geog (sehr kleiner Wasserlauf) rigagnolo m, rivolo m **2** (rinnende Flüssigkeit) ~ **von etw dat**) {VON BLUT, ÖL} rigagnolo m (di qc), rivolo m (di qc).

Rinnstein m **1** (Gosse) canaletto m di scolo, cunetta f **2** → **Bordstein**.

Rippchen <-s, -> n dim von Rippe costina f, co(s)toletta f (di maiale).

Rippe <-, -n> f **1** anat (Knochen) costola f: **sich (dat) eine ~ anbrechen/brechen**, incrinarsi/fratturarsi una costola; **sich (dat) die ~n prellen/quetschen**, riportare una contusione alle/[schiacciarsi le] costole **2** bot costa f, nervatura f **3** arch costolone m, costola f, nervatura f **4** mech (Bauteil) {+KÜHLAGGREGAT} aletta f; {+HEIZKÖRPER} elemento m (di termosifone/radiatore) **5** text {+CORDHOSE, PULLOVER} costa f • **nichts auf den ~n haben** fam, essere pelle ed ossa fam, mostrare le costole; **sich (dat) etw nicht aus den ~n schneiden können** fam, non avere la bacchetta magica; **man kann bei jdm alle/die ~n zählen**, a qu si contano le costole (una ad una).

Rippenbruch m med frattura f di una costola.

Rippenfell n anat pleura f.

Rippenfellentzündung f med pleurite f.

Rippengewölbe n arch volta f a cordonata/nervatura.

Rippenstoß m gomitata f (nelle costole/[nei fianchi]).

Rippenstück n costata f.

Rippli <-s, -> n CH → **Rippchen**.

Rips <-es, -e> m text reps m, canneté m.

Risiko <-s, -s oder Risiken> n rischio m • **auf jds ~**, a rischio (e pericolo) di qu; **auf eigenes ~**, a proprio rischio (e pericolo); **ein ~ eingehen/[auf sich nehmen]**, correre/assumersi un rischio; **ich möchte kein ~ eingehen**, non voglio correre rischi/[rischiare niente]; **das ~ fürchten/lieben**, temere/amare il rischio; **(bei etw dat) ein ~ laufen**, correre un rischio/[dei rischi] (facendo qc); **das ~ laufen, etw zu tun**, correre il rischio/[rischiare] di fare qc; **das ~ übernehmen/tragen**, assumersi un rischio.

Risikobereitschaft f temerarietà f, audacia f.

Risikobewertung f valutazione f del rischio.

Risikofaktor m fattore m/elemento m di rischio.

risikofreudig adj {EINSTELLUNG, UNTERNEHMEN} arrischiato, temerario; {MENSCH} auch spericolato: **er ist ~**, ama il rischio.

Risikogebiet n pol zona f a rischio.

Risikogeburt f med parto m a rischio.

Risikogruppe f med categoria f/gruppo m a rischio.

Risikokapital n ökon capitale m di rischio.

risikolos adj senza/[privo di] rischio: **für jdn ~ sein**, non presentare/comportare alcun rischio per qu.

Risikopatient m (**Risikopatientin** f) paziente mf a rischio.

risikoreich adj pieno di rischi, molto rischioso.

Risikoschwangerschaft f med gravidanza f a rischio.

Risikostreuung f ökon diversificazione f dei rischi.

riskant adj {AKTION, MANÖVER, PLAN, UNTERNEHMEN} rischioso, azzardato, arrischiato: **~ sein** auch, presentare/comportare dei rischi.

riskieren <ohne ge-> tr **1** (aufs Spiel setzen) **etw ~** {GELD, KARRIERE, LEBEN, RUF, STELLUNG} rischiare qc, mettere a rischio/repentaglio qc: **dafür hätte ich auch mein gesamtes Vermögen riskiert**, per questo mi sarei giocato (-a) anche tutto il mio patrimonio **2** (wagen) **etw ~** {WORT} arrischiare qc, osare dire qc; {BLICK, LÄCHELN} azzardare qc: **ein Urteil ~**, arrischiare/azzardare un giudizio **3** (die Gefahr von etw heraufbeschwören) **etw ~** {KRACH, NIEDERLAGE, SPOTT, STRAFZETTEL, UNFALL} rischiare qc: **warum sollte sie (es) ~, einen Strafzettel zu bekommen?**, perché dovrebbe rischiare di prendere una multa?; **du riskierst (es), lange warten zu müssen, wenn du ohne Voranmeldung zum Arzt gehst**, rischi di dover aspettare a lungo se vai dal medico senza appuntamento • **alles/viel/wenig ~**, rischiare tutto/molto/poco; **nichts ~**, non rischiare niente.

Rispe <-, -n> f bot pannocchia f.

riss (a.R. riß) 1. und 3. pers sing imperf von reißen.

Riss (a.R. Riß) <-es, -e> m **1** (in Stoff, Papier) strappo m; (in Gestein) fenditura f; (in Glas, Metall, Porzellan) incrinatura f; (in der Haut) screpolatura f; (in Decke, Wand) auch crepa f: **das Mauerwerk hat etliche ~e bekommen**, nel muro si sono formate diverse crepe **2** (Knacks: in Beziehung, Freundschaft) incrinatura f **3** tech (Zeichnung) tracciato m.

rissig adj **1** {DECKE, MAUERWERK, WÄNDE} crepato, screpolato; {ERDE, FELSEN} pieno di crepacci; {PORZELLAN} incrinato; {POLSTER, STOFF} strappato **2** {HÄNDE, HAUT, LIPPEN} screpolato, crepato.

Rist <-es, -e> m **1** anat (Fußrücken) collo m del piede **2** zoo (Widerrist) garrese m.

Riten pl von Ritus.

ritt 1. und 3. pers sing imperf von reiten.

Ritt <-(e)s, -e> m cavalcata f.

Ritter <-s, -> m hist cavaliere m • **arme ~** gastr, "fette di pane bianco inzuppate nel latte e poi fritte"; **fahrender ~** hist, cavaliere errante; **~ ohne Furcht und Tadel**, cavaliere senza macchia e senza paura; **der ~ von der traurigen Gestalt** lit (Don Quichotte), il cavaliere dalla triste figura; **jdn zum ~ schlagen** hist, fare/creare/armare qu cavaliere.

Ritterburg f hist castello m feudale, maniero m.

Rittergut n hist feudo m.

Ritterkreuz n croce f di cavaliere.

ritterlich adj **1** hist {IDEAL, VERHALTEN} cavalleresco **2** (galant) cavalleresco, cortese.

Ritterlichkeit <-, ohne pl> f (Galanterie) cavalleria f, galanteria f.

Ritterorden m ordine m cavalleresco.

Ritterroman m lit romanzo m cavalleresco.

Ritterrüstung f hist armatura f del cavaliere.

Ritterschlag m hist accollata f.

Ritterspiel n torneo m, giostra f.

Rittersporn m <-(e)s, -e> m bot speronella f, sprone m del cavaliere.

Rittertum n hist cavalleria f.

rittlings adv {(AUF)SITZEN} a cavalcioni.

Ritual <-s, -e oder -ien> n **1** relig (Zeremonie) rituale m **2** scherz (Zeremoniell) rituale m, rito m: **der Spaziergang nach dem Mittagessen ist inzwischen ein ~**, la passeggiata dopo pranzo è ormai un rito.

ritualisieren <ohne ge-> tr **etw ~** ritualizzare qc.

rituell A adj {HANDLUNG, OPFERUNG, VERHALTENSWEISE} rituale B adv {HANDELN, OPFERN} ritualmente.

Ritus <-, Riten> m rito m.

Ritz <-es, -e> m **1** (Kratzer) scalfittura f, graffio m **2** → **Ritze**.

Ritze <-, -n> f fessura f, interstizio m: **der Wind pfeift durch alle ~n**, il vento fischia da tutte le fessure; **die Ameisen kommen aus den ~n im Fußboden**, le formiche escono dagli interstizi del pavimento.

ritzen A tr **1** (mit einem Ritz versehen) **etw ~** {EDELSTEIN, GLAS} scalfire qc **2** (einkerben) **etw auf/in etw** (akk) ~ {INITIALEN, NAMEN, ZEICHEN AN DIE OF THE BANK, IN HOLZ} incidere qc su/in qc, intagliare qc su/in qc B rfl (sich leicht verletzen) **sich (an etw dat) ~** {AN EINEM DORN, NAGEL} graffiarsi (con qc), scalfirsi (con qc).

Rivale <-n, -n> m (**Rivalin** f) rivale mf.

rivalisieren <ohne ge-> itr geh **mit jdm (um jdn/etw) ~** {UM EINE FRAU} rivaleggiare con qu (per qu/qc); {UM DEN ERSTEN PLATZ, DIE VORRANGSTELLUNG} auch competere/[essere in competizione] con qu (per qu/qc).

Rivalität <-, -en> f geh rivalità f.

Riverrafting, **River-Rafting** n sport rafting m.

Riviera <-, ohne pl> f geog: **die (italienische) ~**, la Riviera; **die (französische) ~**, la Costa Azzurra.

Rizinus <-, - oder -se> m **1** bot ricino m **2** <nur sing> fam (~öl) olio m di ricino.

Rizinusöl n olio m di ricino.

RNS <-, ohne pl> f Abk von Ribonukleinsäure: RNA m (Abk von acido ribonucleico).

Roaming <-s, ohne pl> n tel roaming m.

Roastbeef <-s, -s> n roast-beef m.

Robbe <-, -n> f zoo foca f.

robben itr <sein> **durch etw** (akk) ~ {DURCH EINEN GANG, EIN ROHR, EINEN TUNNEL} avanzare/strisciare pancia a terra attraverso qc.

Robbenfang m caccia f alle foche.

Robbenfänger m (**Robbenfängerin** f) cacciatore (-trice) m (f) di foche.

Robbenfell n pelle f di foca.

Robe <-, -n> f **1** geh (Abendkleid) abito m da sera **2** (Amtstracht) {+ANWALT, RICHTER} toga f; {+GEISTLICHE} abito m talare • **in großer ~ geh**, in gran gala, in pompa magna.

Robert m (Vorname) Roberto.

Robinie <-, -n> f bot robinia f, falsa acacia f.

Roboter <-s, -> m **1** tech (Automat) robot m,

automa m **2** fam pej (mechanisch handelnder Mensch) automa m, robot m.
Robotertechnik f → **Robotik**.
Robotik <-, ohne pl> f robotica f.
robust adj **1** (widerstandsfähig) {GESUNDHEIT, KONSTITUTION, MENSCH, NATUR} robusto **2** (strapazierfähig) {APPARAT, MATERIAL, MOTOR, STOFF} robusto, resistente.
Robustheit <-, ohne pl> f **1** (Widerstandsfähigkeit) {+GESUNDHEIT, KONSTITUTION, MENSCH, NATUR} robustezza f **2** (Strapazierfähigkeit) {+MATERIAL, MÖBELSTÜCK, MOTOR, STOFF} robustezza f, resistenza f.
roch 1. und 3. pers sing imperf von riechen.
röcheln itr rantolare.
Röcheln <-s, ohne pl> n rantolo m.
Rochen <-s, -> m fisch razza f.
Rock① <-(e)s, Röcke> m **1** (Damenrock) gonna f, sottana f **2** obs (Herrenjacke) giacca f (da uomo) **3** CH (Kleid) vestito m ● **hinter jedem ~ ₗherlaufen fam₁/[her sein fam]**, correre dietro alle sottane fam.
Rock② <-(s), -(s)> m **1** <nur sing> (Musik) (musica f) rock m **2** (Tanz) rock m (and roll m).
Rockband <-, -s> f complesso m/gruppo m rock.
rocken itr fam (Rockmusik machen) fare del rock, suonare il rock; (zu Rockmusik tanzen) ballare il rock.
Rocker <-s, -> m (**Rockerin** f) **1** (Rockmusiker) rocker mf **2** <nur m> biker m (persona f facente parte di un gruppo di motociclisti vestiti in pelle nera e con tendenze aggressive).
Rockerbande f banda f di biker.
Rockfalte f piega f della gonna.
Rockfestival n festival m (di musica) rock.
Rockgruppe f gruppo m rock.
rockig adj rock.
Rockkonzert n concerto m rock.
Rockmusik f (musica f) rock m.
Rockmusiker m (**Rockmusikerin** f) musicista mf rock, rocker mf.
Rocksänger m (**Rocksängerin** f) cantante mf rock, rocker mf.
Rocksaum m orlo m della gonna.
Rockstar m rockstar f, divo (-a) m (f) del rock.
Rockszene f scena f rock, mondo m del rock.
Rockzipfel m: **jdn (gerade noch) am/beim ~ erwischen**, acciuffare qu all'ultimo minuto fam, acchiappare qu al volo fam; **an jds ~ hängen**, essere attaccato/cucito alle sottane/gonnelle di qu, essere/stare appiccicato (-a) a qu.
Rodel <-s, -> m oder süddt A <-, -n> f slittino m, slitta f.
Rodelbahn f pista f per slittini.
rodeln itr **1** <haben oder sein> (Schlitten fahren) andare in slittino/slitta **2** <sein> (mit dem Schlitten über etw fahren) **irgendwohin ~** andare in slittino/slitta + compl di luogo: **wir sind über den vereisten See gerodelt**, siamo andati (-e) in slitta sul lago ghiacciato.
Rodelschlitten m → **Schlitten**.
roden A tr etw ~ **1** (urbar machen) {ÖDLAND} dissodare qc; {GEBIETE, WÄLDER} auch disboscare qc **2** (herausreißen) {BÄUME, GEHÖLZ, WURZELSTOCK} sradicare qc B itr (urbar machen) disboscare.
Rodler <-s, -> m (**Rodlerin** f) persona f che va in slittino/slitta; sport slittinista mf.
Rodung <-, -en> f **1** (gerodete Fläche) radura f **2** <nur sing> (das Roden) dissodamento

m, disboscamento m.
Rogen <-s, -> m zoo uova f pl di pesce.
Roger m (Vorname) Ruggero.
Roggen <-s, -> m bot segale f.
Roggenbrot n pane m di segale.
Roggenmehl n gastr farina f di segale.
roh A adj **1** (ungekocht, ungebraten) {EI, FISCH, FLEISCH, GEMÜSE, KOST} crudo **2** (unbearbeitet) {DIAMANT, HOLZ, MARMORBLOCK, ZUCKER} grezzo; {LEDER, SEIDE} crudo; {METALL} auch greggio **3** (brutal) {KERL, MENSCH, TYP} rozzo, brutale: **rohe Gewalt**, forza bruta **4** (rau) {SITTEN, SPÄßE, UMGANGSFORMEN} rozzo, rude, grossolano; {WORTE} crudo **5** obs (wund): **die Wunde hatte das rohe Fleisch freigelegt**, la ferita aveva scoperto la carne viva B adv **1** (in rohem Zustand) {ESSEN, ZU SICH NEHMEN, VERZEHREN} crudo **2** (rau) {ANFASSEN, BEHANDELN} rudemente, in modo rude, brutalmente **3** (unfertig): **etw roh behauen**, sgrossare qc.
Rohbau <-(e)s, -ten> m bau scheletro m di un edificio, casa f in costruzione: **im ~ sein** {HAUS}, essere (ancora) in costruzione.
Rohbilanz f ökon bilancio m provvisorio.
Rohdiamant m diamante m grezzo.
Roheisen n ferro m grezzo.
Roheit a.R. von Rohheit → **Rohheit**.
Rohentwurf m {+TEXT} (primo) abbozzo m, bozza f; **der ~ eines Projekts**, un progetto di massima.
Roherzeugnis n prodotto m grezzo.
Rohfassung f {+TEXT} prima versione f/stesura f, versione f non definitiva.
Rohgewicht n peso m lordo.
Rohgummi m oder n gomma f greggia.
Rohheit <-, -en> f **1** <nur sing> (Rauheit) {+SITTEN, SPÄßE} grossolanità f, rozzezza f, rudezza f; {+UMGANGSFORMEN} auch crudezza f **2** (rohe Handlung oder Äußerung) brutalità f, crudezza f, rudezza f.
Rohkost f **1** (ungekochtes Obst und Gemüse) (frutta f e) verdure f pl crude, crudità f pl, crudités f pl **2** (Ernährung) alimentazione f ₗa base di frutta e verdura crude₁/[crudista] f.
Rohling① <-s, -e> m pej (roher Mensch) bruto m, barbaro m.
Rohling② <-s, -e> m **1** tech (Werkstück) pezzo m grezzo **2** (unbespielte CD) CD m vergine; (unbespielte DVD) DVD m vergine.
Rohmaterial n materiale m grezzo.
Rohmetall n metallo m grezzo.
Rohöl n (petrolio m) greggio m.
Rohr① <-(e)s, -e> n **1** tech tubo m, condotto m: **~e verlegen**, installare tubi; **ein verstopftes ~**, un tubo intasato; (Anlage) tubatura f, tubazione f, conduttura f **2** {+OFEN} tubo m; {+GESCHÜTZ} canna f **3** süddt A (Backofen) forno m ● **volles ~ fahren** slang (mit Vollgas fahren), andare ₗa tutta birra fam₁/[a tutta velocità fam]/[a tutto gas slang].
Rohr② <-s, ohne pl> n bot **1** (Schilfrohr) canna f: **spanisches ~**, rattan, canna d'India **2** (Röhricht) canneto m ● **ein schwankendes ~ im Winde sein** geh, **wie ein ~ im Winde schwanken** geh, essere come una canna al vento.
Rohrammer f ornith migliarino m di palude, ortolano m ₗdei canneti₁/[d'acqua].
Rohrbruch m scoppio m/rottura f di un tubo.
Röhrchen <-s, -> n dim von Röhre **1** (kleiner Behälter für Tabletten) tubetto m; (Kanüle) tubicino m **2** (kleines Reagenzglas) provetta f **3** (Alkoholteströhrchen) palloncino m: **ins ~ blasen**, fare la prova del palloncino.
Rohrdommel <-, -n> f ornith tarabuso m.
Röhre <-, -n> f **1** tech tubo m **2** el tubo m;

radio TV tubo m (termoelettronico), valvola f fam **3** (Backofen) forno m **4** fam pej (Fernsehgerät) tivù f fam, tele f fam ● **in die ~ gucken** fam, rimanere a ₗbocca asciutta₁/[mani vuote].
röhren itr **1** zoo (brüllen) {HIRSCH} bramire **2** fam (Lärm machen) {AUTO, MOTOR, MOTORRAD} rombare, ruggire.
röhrenförmig adj tubolare, a (forma di) tubo.
Röhrenhose f fam pantaloni m pl a tubo.
Röhrenknochen m osso m lungo.
Röhrenpilz m → **Röhrling**.
Rohrgeflecht n canniccio m, incanniciata f.
Rohricht <-s, -e> n canneto m.
Rohrkrepierer m slang flop m, fiasco m fam.
Rohrleitung f tubazione f, tubatura f, conduttura f.
Röhrling <-s, -e> m bot boleto m.
Rohrmöbel n <meist pl> (aus Korb) mobile m di vimini; (aus Bambusrohr) mobile m di bambù.
Rohrpost f posta f pneumatica.
Rohrspatz m ornith → **Rohrammer** ● **schimpfen wie ein ~** fam, imprecare come ₗun dannato₁/[una dannata].
Rohrstock m canna f.
Rohrstuhl m (aus Korb) sedia f di/in vimini; (aus Bambusrohr) sedia f di bambù.
Rohrzange f tech giratubi m.
Rohrzucker m gastr zucchero m di canna.
Rohseide f seta f cruda.
Rohstoff m materia f prima, prodotto m del sottosuolo ● **nachwachsende ~e**, risorse rinnovabili.
rohstoffarm adj {GEBIET, LAND} povero di materie prime.
Rohstofflieferant m fornitore m di materie prime.
Rohstoffmangel m penuria f di materie prime.
Rohstoffmarkt m mercato m delle materie prime.
Rohstoffpreis m prezzo m delle materie prime.
Rohstoffquelle f fonte f di materie prime.
rohstoffreich adj {GEBIET, LAND} ricco di materie prime.
Rohstoffreserve f <meist pl> riserva f di materie prime.
Rohstoffverarbeitung f lavorazione f delle materie prime.
Rohübersetzung f (primo) abbozzo m di traduzione.
Rohwolle f lana f grezza/greggia.
Rohzucker m zucchero m grezzo.
Rohzustand m: **im ~**, allo stato grezzo.
Rokoko <-(s), ohne pl> n **1** arch kunst lit (Stil) (stile m) rococò m **2** (Epoche) (periodo m) rococò m.
Roland m (Vorname) Orlando, Rolando.
Rolf m → **Rudolf**.
Rollladen a.R. von Rollladen → **Rollladen**.
Roll-back, Rollback <-(s), -s> n geh (Rückgang) regresso m.
Rollbahn f aero pista f di rullaggio.
Rollbalken m inform → **Bildlaufleiste**.
Rollbraten m gastr rollè m.
Rollbrett n sport skate-board m: **~ fahren**, andare sullo skate-board.
Rollcontainer m contenitore m in filo metallico (su ruote).
Rolle① <-, -n> f **1** (aufgerolltes Material)

{+KLEBEBAND, KLOPAPIER, PAPIER, STOFF} rotolo m; {+DRAHT, FOTOMATERIAL} bobina f; (*Garnrolle*) rocchetto m **2** (*Rollenformat*) {+DROPS, GELDSTÜCKE} rotolo m **3** *tech* (*Laufrolle*) {+ROLLWAGEN, STAUBSAUGER, STUHL, TEEWAGEN} rotella f **4** (*Walze*) cilindro m, rullo m **5** *mech* (*Gleitrad*) {+FLASCHENZUG, SEILWINDE} carrucola f, puleggia f; {+ANGEL} mulinello m **6** *sport* capriola f: **eine ~ vorwärts/rückwärts machen**, fare una capriola ⌊in avanti⌋/[all'indietro].

Rolle② <-, -n> f **1 film theat** (*Verkörperung*) ruolo m, parte f: **eine kleine/schwierige/unbedeutende ~**, una particina/[una parte difficile/insignificante]; **eine ~ mit jdm besetzen**, assegnare un ruolo/una parte a qu; **eine ~ spielen**, fare/sostenere una parte; **die ~ des Othello spielen**, recitare nel ruolo di Otello, fare l'Otello *fam* **2** (*soziale Stellung*) ruolo m: **die ~ der Frau in der Gesellschaft hat sich sehr verändert**, il ruolo della donna nella società è cambiato molto; **die ~n tauschen**, scambiarsi i ruoli; **sie hat eine wichtige ~ bei der Verwirklichung des Projekts gespielt**, ha avuto/giocato un ruolo importante nella realizzazione del progetto; **unser Beitrag hat eine entscheidende ~ gespielt**, il nostro contributo è risultato di cruciale importanza ● **aus der ~ fallen** *fam* (*die Beherrschung verlieren*), perdere le staffe *fam*; (*sich unpassend verhalten*), fare una gaffe; **sich in seine ~ finden**, entrare ⌊nel proprio ruolo⌋/[nella propria parte]; **keine ~ spielen**, non avere (nessuna) importanza, non importare; **bei ihnen spielt Geld keine ~**, per loro i soldi non hanno importanza; **sie haben dabei überhaupt keine ~ gespielt**, loro non c'entravano proprio per niente; **es spielt keine ~, ob/wie er das macht**, ⌊non importa⌋/[ha poca importanza] se/come lo fa; **(völlig/ganz) von der ~ sein** *fam* (*durcheinander, aus der Fassung sein*), aver perso la bussola *fam*; essere (completamente) fuori fase *fam*.

rollen **A** tr <*haben*> **1** (*zusammen~*) *etw ~* {BADETUCH, LANDKARTE, PAPIER, STOFFBAHN, TEPPICH} arrotolare *qc*, avvolgere *qc* **2** (*drehend fortbewegen*) *etw ~* {BAUMSTAMM, FELSBLOCK DEN HANG HINUNTER, FASS IN DEN KELLER} far rotolare *qc* (+ *compl di luogo*) **3** (*rollend fortbewegen*) *jdn/etw irgendwohin ~* {KRANKEN AUF DIE TERRASSE, STUHL AUS DEM ZIMMER} spingere *qu/qc* + *compl di luogo* **4** (*verdrehen*) *etw ~* {AUGEN} roteare *qc* {KOPF} ruotare *qc* **5** *gastr* (*aus~*) *etw ~* {TEIG} spianare *qc* **B** itr <*sein*> **1** (*sich drehend fortbewegen*) (*irgendwohin*) ~ {BALL ÜBER DIE STRABE} rotolare (+ *compl di luogo*); {RAD} girare: **eine riesige Lawine hat sich gelöst und ist zu Tal gerollt**, una slavina enorme si è staccata ed è precipitata a valle; **ich habe so viel gegessen, ich werde jetzt nach Hause ~**, ho mangiato così tanto che ora rotolerò a casa **2** (*sich auf Rädern bewegen*) {AUTO, BUS, ZUG} muoversi su ruote: **das Flugzeug rollt langsam über die Piste**, l'aereo rulla lentamente sulla pista; **der Zug rollt langsam aus der Bahnhofshalle**, lentamente il treno sta uscendo dalla stazione **3** (*fließen*): **dicke Tränen rollten ihr über die Wangen**, grosse lacrime le ⌊scorrevano sulle⌋/[scendevano per le] guance **4** (*rollendes Geräusch hervorbringen*) {ECHO, DONNER} rimbombare **5** <*haben*> (*im Kreis bewegen*): **mit den Augen ~**, roteare gli occhi **C** rfl <*haben*> (*sich drehen*) **sich ~** rotolarsi, voltolarsi: **sie rollte sich auf die andere Seite**, si girò dall'altra parte; **der Hund rollte sich im Gras**, il cane si voltolava/rotolava nell'erba **2** (*sich ein~*) **sich** *in etw* (akk) ~ {IN EIN BETTLAKEN, EINE DECKE} avvolgersi *in qc* **3** (*sich zusammen~*) **sich ~** {BILD, PAPIER, TAPETE} arrotolarsi; {HAARE} arricciarsi ● *etw* **ins Rollen bringen** *fam*, dare il via/la stura *fam* a qc, mettere in moto qc; **ins Rollen kommen** *fam*, prendere il via, avviarsi; **das R ~**, arrotare la erre.

Rollenbesetzung f assegnazione f delle parti, casting m.

Rollenbild n ruolo m: **das traditionelle ~ der Frau hat sich grundlegend verändert**, il tradizionale ruolo della donna è profondamente cambiato.

Rollenerwartung f *soziol* aspettativa f di ruolo: **die ~ der heutigen Gesellschaft an die Jugend**, ciò che la società di oggi si aspetta dai giovani.

Rollenkoffer m trolley m, valigia f con ruote/rotelle.

Rollenkonflikt m *soziol* conflitto m di ruoli.

Rollenlager n *tech* cuscinetto m a rulli.

rollenspezifisch adj conforme al (proprio) ruolo (sociale).

Rollenspiel n *soziol* gioco m delle parti.

Rollentausch m *soziol* scambio m dei ruoli.

Rollenverhalten n *soziol* modello m comportamentale.

Rollenverteilung f **1** → **Rollenbesetzung 2** *soziol* distribuzione f dei ruoli.

Rollenwandel m mutamento m dei ruoli (sociali).

Rollenzwang m imperativo m del ruolo sociale, pressione f dovuta al ruolo sociale.

Roller <-s, -> m **1** (*Spielzeug*) monopattino m **2** (*Motorroller*) vespa f, scooter m: **~ fahren**, andare in vespa **3** (*bes. große Welle*) cavallone m.

rollerbladen <rollerbladete, rollergebladet oder gerollerbladed, meist inf> itr <*sein*> → **inlinen**.

Rollerblades® subst <*nur pl*> → **Inlineskates**.

Rollfeld n pista f (di atterraggio e di decollo).

Rollfilm m rullino m (di pellicola).

Rolli <-s, -s> m *fam* → **Rollkragenpullover**.

Rollkoffer m → **Rollenkoffer**.

Rollkommando n commando m, squadra f d'assalto.

Rollkragen m collo m alto.

Rollkragenpullover m maglione m a collo alto, (maglione m a) dolcevita f *oder* m.

Rollladen, Roll-Laden <-s, Rollläden *oder* rar -> m avvolgibile m, tapparella f; (*an Garagen und Geschäften*) saracinesca f, bandone m: **die Rollläden hochziehen**, alzare/[tirare su] gli avvolgibili; **die Rollläden herunterlassen**, abbassare/[tirare giù] gli avvolgibili.

Rollmops m *gastr* "aringa f arrotolata (e marinata)".

Rollo <-s, -s> n (*aus Stoff*) tenda f a rullo; (*aus festem Material*) avvolgibile m interno.

Rollrasen m prato m a rotoli, tappeto m erboso a rotoli.

Rollschinken m prosciutto m arrotolato.

Rollschrank m armadio m/mobile m a serranda.

Rollschuh m pattino m a rotelle: **~ laufen**, pattinare (con i pattini a rotelle), schettinare.

Rollschuhläufer m (**Rollschuhläuferin** f) pattinatore (-trice) m (f) a rotelle.

Rollsplitt m pietrisco m catramato.

Rollstuhl m sedia f a rotelle: **an den ~ gefesselt sein**, essere inchiodato alla sedia a rotelle.

Rollstuhlfahrer m (**Rollstuhlfahrerin** f) disabile mf in sedia a rotelle.

rollstuhlgerecht adj {ARCHITEKTUR} concepito per⌋/[a misura di] chi è in sedia a rotelle; {WOHNUNG} senza barriere architettoniche.

Rolltreppe f scala f mobile.

Rom① <-s, *ohne pl*> n *geog* Roma f.

Rom② <-s, -, -s> mf rom mf.

ROM <-(s), -(s)> n *inform Abk von* read-only memory: ROM f (*memoria a sola lettura*).

Roma pl *von* Rom②.

Roman <-s, -e> m *lit* romanzo m: **ein historischer ~**, un romanzo storico; **einen spannenden ~ lesen**, leggere un romanzo avvincente; **einen ~ schreiben**, scrivere un romanzo ● **einen ganzen ~ erzählen** *fam*, raccontare qc per filo e per segno; **erzähl keinen ~!** *fam*, falla breve!, vieni al dunque/sodo!, taglia!; **darüber könnte ich einen ~ schreiben!** *fam*, ci potrei scrivere su un romanzo!

Romancier <-s, -s> m *geh* romanziere m.

Romane <-n, -n> m (**Romanin** f) latino (-a) m (f).

Romanfigur f personaggio m ⌊di un⌋/[del] romanzo.

romanhaft adj **1** (*in der Art eines Romans*) {DARSTELLUNG} romanzato **2** (*wie in einem Roman*) {ABENTEUER, ELEMENTE, ZÜGE} romanzesco.

Romanik <-, *ohne pl*> f *arch kunst* romanico m.

Romanin f → **Romane**.

romanisch adj **1** *ling* {LITERATUR, SPRACHEN} romanzo, neolatino **2** *kunst* {ARCHITEKTUR, KIRCHE} romanico **3** *geog* {LAND, VOLK} latino.

Romanist <-en, -en> m (**Romanistin** f) romanista mf.

Romanistik <-s, *ohne pl*> f *univ* romanistica f, filologia f romanza.

Romanistin f → **Romanist**.

romanistisch adj romanistico.

Romanschriftsteller m (**Romanschriftstellerin** f) romanziere (-a) m (f), scrittore (-trice) m (f) di romanzi.

Romantik <-, *ohne pl*> f **1** *kunst lit mus philos* (*romantische Bewegung*) romanticismo m **2** (*Epoche*) romanticismo m **3** (*romantische Stimmung*) {+FRÜHLINGSNACHT, LANDSCHAFT, MELODIE} romanticismo m.

Romantiker <-s, -> m (**Romantikerin** f) **1** (*Künstler der Romantik*) artista mf romantico, romantico (-a) m (f) **2** *oft pej* (*Träumer*) romantico (-a) m (f), sognatore (-trice) m (f).

romantisch **A** adj **1** *kunst lit mus* (*zur Romantik gehörend*) {AUTOR, DICHTER, KOMPONIST, KUNST, MALER, MALEREI, MUSIK} romantico **2** (*schwärmerisch*) {GEFÜHLSWELT, MENSCH, NATURSCHILDERUNG} romantico, sentimentale **3** (*reizvoll*) {BURGRUINE, LANDSCHAFT, PARK, TAL} romantico, pittoresco **4** (*stimmungsreich*) {ABENDESSEN, BOOTSFAHRT, KERZENLICHT, SPAZIERGANG} romantico **B** adv (*reizvoll*): **~ liegen/[gelegen sein]**, essere in una posizione pittoresca.

Romantisierung <-, -en> f *geh* romanticizzazione f.

Romanverfilmung f adattamento m cinematografico di un romanzo.

Romanze <-, -n> f **1** *lit mus* romanza f **2** (*Liebesverhältnis*) storia f d'amore (romantico).

Römer① <-s, -> m coppa f da vino bianco (del Reno).

Römer② <-s, -> m (**Römerin** f) romano (-a)

m (f): **die alten ~**, gli antichi romani.
Römerbrief m *bibl* lettera f ai Romani.
Römerin f → **Römer**Ⓡ.
Römerstraße f *hist* strada f/via f romana.
Römertopf® m casseruola f ovale in terracotta (da forno).
römisch adj **1** (*Rom betreffend*) {EINWOHNER, MUSEEN, VERKEHR, VERWALTUNG} romano **2** *hist* (*das antike Rom betreffend*) {GESCHICHTE, IMPERIUM, KOLONIEN, LEGIONÄRE, RECHT} romano **3** *math* {ZAHL} romano.
römisch-katholisch adj *form* cattolico apostolico romano.
Rommee, Rommé <-s, -s> n *Karten* ramino m.
Romni <-, -> f → **Rom**Ⓡ.
ROM-Speicher m *inform* memoria f ROM.
röntgen tr *med* **jdn/etw** ~ {ARM, BEIN, BRUSTKORB, UNTERLEIB, ZÄHNE} fare una radiografia di/a qu/qc: **sich ~ lassen**, farsi fare una radiografia, farsi una lastra *fam*.
Röntgenapparat m → **Röntgengerät**.
Röntgenarzt m (**Röntgenärztin** f) *med* → **Röntgenologe**.
Röntgenaufnahme f radiografia f: **eine ~ machen**, fare una radiografia.
Röntgenbild n radiografia f, lastra f *fam*.
Röntgenblick m sguardo m scrutatore/[a raggi x].
Röntgendiagnose f *med* radiodiagnosi f.
Röntgendiagnostik f *med* radiodiagnostica f.
Röntgengerät n apparecchio m radiologico.
Röntgeninstitut n *med* istituto m ⌊di radiologia⌋/[radiologico].
Röntgenologe <-n, -n> m (**Röntgenologin** f) *med* radiologo (-a) m (f).
Röntgenologie <-, ohne pl> f *med* radiologia f.
Röntgenologin f → **Röntgenologe**.
röntgenologisch adj *med* radiologico.
Röntgenreihenuntersuchung f *med* screening m radiologico.
Röntgenschirm m schermo m fluorescente per raggi X.
Röntgenstrahlen subst <nur pl> raggi m pl X/röntgen.
Röntgentherapie f *med* radioterapia f, röntgenterapia f.
Röntgenuntersuchung f *med* esame m radiologico, radioscopia f.
Rooming-in, Roomingin <-(s), ohne pl> n rooming-in m, "degenza f della gestante nella stessa stanza con il neonato".
rosa <inv> adj {FARBE, KLEID, ROSEN} rosa: **ein ~nes** *fam* **Tuch**, un foulard rosa.
Rosa <-(s), - oder *fam* -s> n rosa m.
rosafarben, rosarot adj {BLUSE, ROSEN, SONNENUNTERGANG} (color) rosa.
Röschen <-s, -> n *dim von* Rose **1** (*kleine Rosenblüte*) rosellina f, rosina f **2** *gastr* (*Fruchtstand*) {+ROSENKOHL} cavolini m pl/cavoletti m pl di Bruxelles.
Rose <-, -n> f *bot* **1** (*Strauch*) (pianta f di) rosa f **2** (*Blüte*) rosa f: **japanische ~**, camelia f, **wilde ~**, rosa canina/[di macchia] ● **nicht auf ~n gebettet sein** *fam*, non stare su un letto di rose; **keine ~ ohne Dornen** *prov*, non c'è rosa senza spine *prov*.

Rosengarten m *bot* roseto m, rosaio m.
Rosengewächs n *bot* rosacea f.
Rosenknospe f *bot* bocciolo m di rosa.
Rosenkohl m cavolino m/cavoletto m di Bruxelles.
Rosenkranz m *relig* (corona f del) rosario m: **den ~ beten**, dire/recitare il rosario.
Rosenmontag m lunedì m grasso.
Rosenöl n olio m (essenziale) di rose.
Rosenquarz m *min* quarzo m di rosa.
Rosenstock m *bot*, **Rosenstrauch** m *bot* (pianta f di) rosa f, rosaio m.
Rosenwasser n acqua f di rose.
Rosenzucht f *bot* rosicoltura f, coltivazione f di rose.
Rosette <-, -n> f **1** (*Verzierung an Kleidern*) rosetta f **2** *arch* rosone m.
Roséwein m *form* → **Rosé**.
rosig adj **1** (*von hellroter Farbe*) {HAUT, LIPPEN, TEINT} roseo **2** *fam* (*höchst erfreulich*) {ZEITEN} roseo: **das sind ja ~e Aussichten** *fam iron*, ci prospetta davvero rosee *fam iron*; **alles in ~em Licht sehen**, vedere tutto rosa; **keine ~e Zukunft**, un futuro poco roseo.
Rosine <-, -n> f chicco m di uva passa; <pl> uva f passa, uvetta f *fam* ● **nur ~n im Kopf haben** *fam*, aver solo grilli per la testa *fam*; **sich** (dat) **die (größten/dicksten) ~n aus dem Kuchen picken** *fam*, prendersi il meglio (per sé), fare la parte del leone.
Rosmarin <-s, ohne pl> m *bot* rosmarino m.
Ross (a.R. Roß) <-es, -e oder Rösser> n **1** <pl *Rosse*> *geh* (*Reitpferd*) destriero m *lit*, corsiero m *lit*, cavallo m **2** <pl *Rösser*> *fam* süddt A CH (*Pferd*) cavallo m ● **von seinem hohen ~ heruntersteigen/herunterkommen (müssen)**, scendere dal piedistallo/pero; **hoch zu ~ geh**, a cavallo; **~ und Reiter nennen** *fam*, chiamare ⌊le cose con il loro nome⌋/[la gatta gatta e non micia *rar*], dire pane al pane (e vino al vino); **sich aufs hohe ~ setzen** *fam*, salire/montare in superbia *geh*; **auf dem hohen ~ sitzen**, darsi delle arie.
Rossapfel (a.R. Roßapfel) m *bes. süddt A CH* → **Pferdeapfel**.
Rosshaar (a.R. Roßhaar) <-s, ohne pl> n crine m (di cavallo).
Rosskastanie (a.R. Roßkastanie) f (*bot*) **1** (*Baum*) castagno m d'India, ippocastano m **2** (*Frucht*) castagna f ⌊d'India⌋/[dell'ippocastano].
Rosskur (a.R. Roßkur) f *fam* cura f da cavallo *fam*.
Rost① <-(e)s, -e> m **1** (*Gitter*) graticola f, griglia f **2** (*Grillrost*) griglia f: **vom ~**, ai ferri, alla griglia; **etw auf dem ~ braten**, fare qc ⌊ai ferri⌋/[alla griglia] **3** *region* (*Bettrost*) rete f.
Rost② <-(e)s, ohne pl> m **1** *chem* ruggine f: **~ ansetzen**, arrugginire, fare la ruggine, arrugginire **2** *bot* (*Pilzkrankheit*) ruggine f.
rostbeständig adj antiruggine.
Rostbraten m carne f fatta alla griglia/brace.
Rostbratwurst f salsiccia f alla brace.
rostbraun adj {MANTEL, WAND} (color) ruggine, rugginoso; {HAARE} color rame; {PFERD} sauro.
rosten itr <sein oder haben> {AUTO, EISEN, FAHRRAD, KAROSSERIE} arrugginire, fare/prendere la ruggine.
rösten tr **etw ~ 1** (*braun und knusprig werden lassen*) {FLEISCH, KARTOFFELN, KASTANIEN} arrostire qc, cuocere ⌊ai ferri⌋/[alla griglia] qc; {BROT} tostare qc; {KAFFEE} *auch* torrefare qc **2** (*in Wasser legen*) {HANF, FLACHS} macerare qc.

rostend adj: **nicht ~** {STAHL}, inossidabile.
rostfarben, rostfarbig adj → **rostbraun**.
Rostfleck m macchia f di ruggine.
rostfrei adj **1** (*ohne Rost*) {STELLE} non arrugginito, senza ruggine **2** (*nicht rostend*) {BESTECK, EDELSTAHL, PFANNE, TOPF} inossidabile.
röstfrisch adj {KAFFEE} appena tostato.
Rösti subst <nur pl> *CH* "patate f pl sminuzzate e arrostite in padella".
rostig adj {AUTO, FAHRRAD, KAROSSERIE, NAGEL, SCHRAUBE} arrugginito.
Röstkartoffel f <*meist* pl> patata f arrostita/arrosto.
Rostlaube f *fam scherz* vecchia carretta f arrugginita.
Rostschutz m protezione f antiruggine.
Rostschutzfarbe f vernice f antiruggine.
Rostschutzmittel n antiruggine m.
Rostumwandler <-s, -> m *chem* inibitore m di ruggine.
Röstung <-, -en> f **1** (*das Rösten*) {+KAFFEEBOHNEN} tostatura f, torrefazione f; (*am Grill*) abbrustolimento m **2** *min* arrostimento m **3** *text* macerazione f.
Roswitha f (*Vorname*) Rosvita *rar*.
rot <-er oder röter, -este oder röteste> Ⓐ adj **1** (*von roter Farbe*) {BLUME, BUNTSTIFT, FARBE, FRUCHT, HEMD, WEIN} rosso: **rotes Haar**, capelli rossi **2** (*stark durchblutet*) {GESICHT, KOPF, NASE, OHREN, WANGEN} rosso; {AUGEN} arrossato: **einen roten Kopf bekommen**, diventare rosso (-a) come un peperone *fam*, **rot werden**, diventare rosso (-a), arrossire; **es ist rot** (*Ampel*), il semaforo è rosso **3** *fam pol* (*links*) {BÜRGERMEISTER, MINISTER, POLITIKER} rosso *fam*, comunista Ⓑ adv (*FÄRBEN, STREICHEN*) di rosso; {SCHREIBEN} in rosso: **rot gestreift**, a strisce rosse.
Rot <-s, - oder *fam* -s> n (colore m) rosso m: **die Innenausstattung war ganz in Rot**, gli interni erano interamente in rosso; **bei Rot über die Straße gehen**, attraversare col rosso; **bei Rot durchfahren**, passare col rosso; **die Ampel steht auf Rot**, il semaforo è rosso.
Rotalge f *bot* alga f rossa.
Rotation <-, -en> f **1** *phys* (*Drehbewegung*) rotazione f **2** *pol* rotazione f.
Rotationsachse f *phys* asse m di rotazione.
Rotationsbewegung f movimento m rotatorio.
Rotationsdruck <-(e)s, -e> m *typ* stampa f rotativa.
Rotationsgeschwindigkeit f *math phys* velocità f di rotazione.
Rotationsmaschine f *typ* macchina f rotativa.
Rotationsprinzip n *pol* principio m della rotazione (delle cariche).
Rotauge n *fisch* leucisco m rosso, gardon m.
rotbackig adj, **rotbäckig** adj {GESICHT, KIND} dalle guance rosse.
Rotbarsch m *fisch* scorfano m ⌊di Norvegia⌋/[del nord].
Rotbart m **1** *fam* (*Mann mi rotem Bart*) uomo m dalla/[con la] barba rossiccia **2** <nur sing> *hist* (*Beiname Kaiser Friedrichs I.*): **Friedrich ~**, (Federico I) Barbarossa.
rotblond adj {HAARE} biondo-rossiccio, fulvo.
rotbraun adj {KLEIDUNG, HOLZ} rosso bruno, marrone-rossiccio; {HAAR} castano; {FELL, PFERD} baio.
Rotbuche f *bot* faggio m rosso.

Rotbusch m bot roiboos m.
Rotdorn m bot biancospino m rosso.
Rote <dekl wie adj> mf **1** pol rosso (-a) m (f) fam, comunista mf, socialista mf **2** (rothaarige Person) rosso (-a) m (f), persona f dai capelli rossi.
Röte <-, ohne pl> f geh {+Abendhimmel, Feuer, Gesicht, Mohnfeld} rossore m.
Rote-Armee-Fraktion <-, ohne pl> f (Abk RAF) hist Frazione f dell'Armata Rossa (Organizzazione terroristica di estrema sinistra nella RFT).
Roteisenerz n min, **Roteisenstein** m min ematite f rossa.
Rote Khmer subst <nur pl> khmer m pl rossi.
Röteln subst <nur pl> med rosolia f.
Rötelzeichnung f kunst (disegno m a) sanguigna f.
röten geh **A** tr **1** (rot werden lassen) (jdm) etw ~ {Hitze, Scham, Sonne, Wut Gesicht, Wangen} arrossare qc (a qu) **2** (rot färben) etw ~ {Feuer, Sonnenaufgang, Sonnenuntergang Himmel} arrossare qc, tingere di rosso qc **B** rfl sich ~ **1** (rot werden) {Haut, Wangen} arrossarsi, diventare rosso (-a) **2** (sich rot färben) {Himmel, Taschentuch, Wasser} arrossarsi, tingersi di rosso.
Rotfilter m oder n fot filtro m rosso.
Rotfuchs m zoo **1** (Fuchs) volpe f rossa **2** (Pferd mit rötlichem Fell) sauro m.
Rotgardist <-en, -en> m (**Rotgardistin** f) hist (in Russland) guardia f rossa.
rotgestreift adj → rot.
rotgeweint adj → geweint.
rotglühend adj → glühend.
Rotglut <-, ohne pl> f metall calor m rosso.
Rotgold n oro m rosso.
rotgrün, rot-grün A adj {Bündnis} tra socialdemocratici e verdi: Rotgrün, Rot-grün, coalizione rossoverde **B** adv: ~ wählen, votare per la coalizione rossoverde.
Rotgrünkoalition f D pol coalizione f rossoverde (tra socialdemocratici e verdi).
rothaarig adj dai capelli rossi.
Rothaut f scherz (Indianer) pellerossa m.
Rothirsch m zoo cervo m nobile.
rotieren <ohne ge-> itr **1** (sich um die eigene Achse drehen) (um etw akk) ~ {Kreisel, Planet, Plattenteller, Propeller} ruotare (intorno a qc) **2** fam (hektisch aktiv werden) correre, girare come una trottola fam: ich muss noch ganz schön ~, wenn ich die Arbeit pünktlich abliefern will, dovrò trottare parecchio se voglio consegnare il lavoro in tempo; wenn etwas Unvorhergesehenes passiert, ist er immer gleich am Rotieren, basta che succeda qualcosa d'imprevisto e lui va in tilt fam **3** pol (ein Amt turnusmäßig wechseln) susseguirsi nelle cariche.
Rotkäppchen <-s, ohne pl> n lit (im Märchen) Cappuccetto m rosso.
Rotkehlchen <-s, -> n ornith pettirosso m.
Rotkohl m, **Rotkraut** n süddt A gastr cavolo m rosso.
rötlich adj {Farbe, Schimmer, Tönung} rossastro; {Haar} auch rossiccio.
Rotlicht n **1** phys luce f rossa **2** form (Ampelsignal) rosso m: bei ~ über die Straße gehen, attraversare la strada col rosso **3** med (Infrarotlicht) raggi m pl infrarossi.
Rotlichtlampe f lampada f a (raggi) infrarossi.
Rotlichtmilieu n ambiente m/giro m della prostituzione: das ist einer aus dem ~, è uno del giro della prostituzione.
Rotlichtsünder m (**Rotlichtsünderin** f) autom chi passa col rosso.

Rotlichtviertel n quartiere m a luci rosse.
Rotor <-s, -en> m **1** tech (der sich drehende Teil einer Maschine) rotore m **2** aero (Drehflügel eines Hubschraubers) rotore m.
Rotschwanz m, **Rotschwänzchen** <-s, -> n ornith codirosso m.
rot|sehen <irr> itr fam veder rosso come i tori, non vederci più dalla rabbia, perdere le staffe.
Rotstift m adm matita f rossa ● **dem ~ zum Opfer fallen**, subire dei tagli; **den ~ ansetzen**, fare/operare dei tagli.
rot|streichen <irr> tr → streichen.
Rottanne f bot abete m rosso.
Rotte <-, -n> f **1** pej (Gruppe) banda f, masnada f **2** aero mil naut formazione f a due **3** zoo (Tierrotte) branco m.
Rötung <-, -en> f arrossamento m.
rotunterlaufen adj → unterlaufen².
Rotwein m gastr vino m rosso.
Rotwelsch <-(s), ohne pl> n, **Rotwelsche** <-n, ohne pl> n lingua f furfantina (nata in Germania nel Basso Medioevo).
Rotwild <-s, ohne pl> n zoo cervi m pl.
Rotz <-es, ohne pl> m **1** vulg (Nasenschleim) moccio m, moccolo m **2** slang (Krempel) roba f fam **3** zoo (Infektionskrankheit) morva f ● **frech wie (der) ~ slang**, incredibilmente sfacciato; **und Wasser heulen** fam, piangere come una vite tagliata fam.
Rotzbengel m fam pej mocciso m.
rotzen itr vulg **1** (laut schnäuzen) soffiarsi (rumorosamente) il naso **2** (spucken) sputare.
Rotzfahne f fam (Taschentuch) moccichino m fam.
rotzfrech adj fam pej, **rotzig** adj fam pej {Göre, Kerl} sfacciato.
Rotzjunge m fam pej → Rotzbengel.
Rotznase f fam pej **1** (Nase) naso m pieno di moccio **2** (Kind) moccioso (-a) m (f) fam.
Rouge <-s, -s> n **1** (Make-up) fard m **2** (Farbe) {+Roulett} rouge m, rosso m.
Roulade <-, -n> f gastr involtino m (di carne).
Rouleau <-s, -s> n → Rollo.
Roulett <-(e)s, -e oder -s> n, **Roulette** <-s, -s> n roulette f: **beim ~ gewinnen/verlieren**, vincere/perdere alla roulette; **russisches ~**, roulette russa.
Route <-, -n> f itinerario m, percorso m; {+Flugzeug, Schiff} rotta f.
Routenplaner m autom navigatore m satellitare.
Router <-s, -> m inform router m.
Routine <-, ohne pl> f **1** (Gewandtheit) pratica f: **ich habe inzwischen eine gewisse ~ in meiner Arbeit**, ormai ho acquisito una certa pratica nel mio lavoro **2** meist pej (Angewohnheit) routine f: **zur ~ erstarren/werden**, diventare (mera) routine.
Routinearbeit f lavoro m di routine.
Routinekontrolle f controllo m di routine.
routinemäßig A adj (regelmäßig erfolgend) {Angelegenheit, Besuch, Kontrolle, Untersuchung} di routine **B** adv (regelmäßig) {Abwickeln, Kontrollieren, Prüfen, Untersuchen} di routine.
Routinesache f routine f, ordinaria amministrazione f: **das ist eine reine ~**, è una semplice routine.
Routineuntersuchung f **1** med visita f di controllo **2** {+Polizei} controllo m di routine.
Routinier <-s, -s> m esperto m, "chi ha molta esperienza nel proprio campo di lavoro".

routiniert A adj <attr> {Arzt, Fahrer, Spieler} esperto; {Politiker} navigato **B** adv {Arbeiten} con mano esperta/sicura; {Spielen} con bravura, magistralmente.
Rowdy <-s, -s> m pej teppista m.
rowdyhaft adj pej {Auftreten, Benehmen, Verhalten} teppistico, vandalico, da teppista.
Royalist <-en, -en> m (**Royalistin** f) monarchico (-a) m (f), realista mf.
Rp CH Abk von Rappen: centesimo m (di franco svizzero).
Ruanda <-s, ohne pl> n geog Ruanda m.
Rubbellos n (biglietto m della lotteria) gratta e vinci.
rubbeln bes. norddt **A** tr (kräftig reiben) etw (mit etw dat) ~ {Bluse, Hose, Oberfläche mit Lappen, Bürste} strofinare energicamente/[con forza] qc (con qc) **B** itr (kräftig reiben) (an etw dat) ~ {an einem Fleck, an einer Stelle mit einer Bürste, mit einem Lappen} strofinare (qc) (con qc) **C** rfl (sich kräftig reiben) sich (mit etw dat) ~ {mit einer Bürste, einem Handtuch, Schwamm} strofinarsi con qc.
Rübe <-, -n> f bot gastr **1** rapa f: **Gelbe ~ süddt A**, carota; **Rote ~**, barbabietola **2** fam (Kopf) testa f, zucca f fam ● **jdm eins auf/über die ~ geben** fam, dare uno scapaccione a qu; **eins auf/über die ~ kriegen** fam, prendere una botta in testa.
Rubel <-s, -> m (Währung) rublo m ● **der ~ rollt** fam (es wird viel Geld verdient und ausgegeben), qui girano un sacco di soldi!
Rübenkraut <-s, ohne pl> n region gastr melassa f.
Rübenzucker m zucchero m di barbabietola.
rüber adv fam → herüber, hinüber.
rüber|bringen tr fam **1** → herüber|bringen, hinüber|bringen **2** (verständlich machen) etw ~ {Anliegen, Information, Inhalt, Message} far arrivare qc.
rüber|kommen <ohne ge-> itr fam **1** → herüber|kommen, hinüber|kommen **2** (verstanden werden) {Anliegen, Gefühle, Inhalt} passare; {Message} arrivare.
Rubidium <-s, ohne pl> n chem rubidio m.
Rubikon <-(s), ohne pl> m: **den ~ überschreiten** geh, passare il Rubicone.
Rubin <-s, -e> m min rubino m.
rubinrot adj (rosso) rubino.
Rubrik <-, -en> f geh **1** (Spalte) {+Liste, Tabelle, Zeitung} rubrica f, colonna f: **unter der ~ ...**, alla rubrica ... **2** (Kategorie) categoria f.
ruchbar adj geh: **~ werden**, venire fuori/[a galla].
ruchlos adj geh {Mörder, Tat} scellerato, infame; {Tyrann} empio.
Ruchlosigkeit <-, ohne pl> f geh {+Mörder, Tat} scelleratezza f, infamia f; {+Tyrann} empietà f.
ruck interj adv → ruck, zuck.
Ruck <-(e)s, -e> m **1** (stoßartige Bewegung) sbalzo m, scossa f, scossone m, strattone m: **mit einem ~ drehte er sich um**, si voltò di scatto; **der Zug fuhr mit einem ~ an**, con una scossa il treno partì **2** fam pol (Verschiebung) spostamento m, slittamento m: **ein ~ nach rechts/links**, uno spostamento a destra/sinistra ● **sich (dat) einen ~ geben** fam, fare uno sforzo, farsi forza; **mit einem ~**, di colpo/botto.
Rückansicht f veduta f posteriore.
Rückantwort f risposta f: **um umgehende ~ wird gebeten**, si prega di rispondere sollecitamente.

ruckartig A adj {AUFSTEHEN, BEWEGUNG, BREMSEN, DREHUNG} brusco; {ANFAHREN} a sbalzi/strattoni B adv {AUFSTEHEN, SICH BEWEGEN, BREMSEN, SICH DREHEN, WENDEN} bruscamente.

Rückbesinnung f ~ (*auf etw* akk) ritorno m (*a qc*): **die ~ auf alte Werte**, il ritorno a vecchi valori.

rückbezüglich adj gram {PRONOMEN} riflessivo.

Rückbildung f 1 med (*Heilung*) {+BLUTERGUSS, SCHWELLUNG, TUMOR} regressione f 2 biol (*Verkümmerung*) {+DRÜSE, ORGAN} regressione f; {+GEBÄRMUTTER} involuzione f.

Rückblende f *film* til flashback m.

Rückblick m 1 (*Betrachtung von Vergangenem*) sguardo m retrospettivo 2 (*Bericht, Ausstellung von vergangenen Ereignissen*) retrospettiva f, rassegna f: **die Ausstellung ist ein ~ auf die dreißiger Jahre**, la mostra è una retrospettiva degli anni Trenta ● **im ~ auf etw** (akk) gettando uno sguardo retrospettivo su qc; **im ~ kann ich sagen, dass ich richtig gehandelt habe**, a posteriori posso dire di aver agito bene.

rückblickend A adj {BEOBACHTUNG, URTEIL} retrospettivo B adv {BEOBACHTEN, FESTSTELLEN, URTEILEN} in retrospettiva, retropetivamente: **~ kann man sagen, dass ..., a posteriori si può dire che ...

Rückbuchung f com (registrazione f di) storno m.

rück|datieren <ohne ge-> tr *etw* ~ {BRIEF, DOKUMENT, RECHNUNG, SCHECK} retrodatare *qc*.

rückeln itr → **rucken**.

rucken itr 1 (*sich ruckartig bewegen*) {AUTO, MOPED, ZUG} avanzare a scatti 2 (*ruckartig bewegen*) **an etw** (dat) ~ {AN DER KISTE, KOMMODE, TRUHE, DEM SCHRANK} spostare a scatti *qc*.

rücken A tr <haben> 1 (*verschieben*) *etw* ~ (*irgendwohin*) ~ {KISTE, STUHL, SCHRANK, TRUHE AN DIE WAND} spostare *qc* spingendolo + *compl di luogo*: **rück doch den Stuhl etwas näher an den Tisch**, accosta la sedia un po' di più al tavolo 2 (*zurechtrücken*): **er rückte die Mütze tief in die Stirn**, si calcò il berretto sulla testa 3 (*zum Gegenstand machen*) *etw* ~ (*irgendwohin*) ~ : **einen Aspekt/ein Thema in den** [Mittelpunkt der Diskussion]/[Vordergrund] **rücken**, porre un aspetto/argomento [al centro della discussione]/[in primo piano] B itr <sein> 1 (*weiterrücken*) (*irgendwohin*) ~ {NACH LINKS, RECHTS, VORN, ZUR SEITE} spostarsi (+ *compl di luogo*): **sie rückte unaufgefordert in die Ecke**, si spostò da sé nell'angolo; **er rückte ihr immer näher**, le si avvicinava sempre di più; **der Zeiger rückte auf 6**, la lancetta andò sul 6; **rück mal ein bisschen!** *fam*, spostati un po'! *fam*, fatti un po' più in là! *fam* 2 (*verrücken*) **an etw** (dat) ~ {AN DER BRILLE, DER KRAWATTE, DEN UHRZEIGERN} aggiustare *qc* 3 (*gelangen*) *irgendwohin* ~ {PROBLEM, WUNSCH, ZIEL IN DEN MITTELPUNKT DES INTERESSES, IN GREIFBARE NÄHE, IN WEITE FERNE} passare + *compl di luogo*: **der Politiker rückte in den Vordergrund des allgemeinen Interesses**, il politico accentrò l'interesse generale; **etw rückt in den Bereich des Möglichen**, *qc* diventa più probabile 4 (*näher kommen*): **näher ~** {ABREISE, GEBURTSTAG, OSTERN, TRENNUNG, WEIHNACHTEN}, avvicinarsi; **das Ende der Ferien rückte näher**, la fine delle vacanze ci si stava avvicinando 5 mil (*ausziehen*) *irgendwohin* ~: **ins Feld ~**, andare in guerra, partire per il fronte.

Rücken <-s, -> m 1 anat schiena f, dorso m; {+FUSS, HAND, NASE} dorso m: **auf dem ~ liegen/schlafen**, giacere/dormire supino (-a); zoo {+TIER} dorso m, groppa f: **auf dem ~ eines Pferdes**, a dorso di cavallo 2 gastr {+SCHWEIN} arista f; {+HAMMEL} sella f 3 (*obere Seite*) {+BERG} dorsale f; {+MESSER} costa f; (*länglicher Teil*) {+BUCH} costola f, dorso m 4 <*nur sing*, *ohne art*> *sport* dorso: **100 m ~**, 100 m dorso ● **an ~**, schiena a schiena; **einen breiten ~ haben**, avere le spalle larghe; **jdm in den ~ fallen**, pugnalare qu alle spalle; **sich** (dat) **den ~ freihalten**, coprirsi le spalle; **jdn/etw im ~ haben** (*Unterstützung von jdm haben*), avere le spalle coperte da qu/qc; **hinter jds ~**, [alle spalle di] / [di nascosto a] qu; **mir lief es heiß und kalt den ~ hinunter**, mi corsero i brividi per la schiena; **den Wind/die Sonne im ~ haben**, avere il vento/il sole alle spalle; **jdm/etw den ~ kehren** fig, voltare le spalle a qu/qc; **jdm den ~ stärken**, fare coraggio a qu; **etw auf dem ~ tragen**, portare qc in spalla; **der verlängerte ~** *scherz*, il fondoschiena *fam scherz*; **mit dem ~ zur Wand sein/stehen** (*keine andere Möglichkeit haben*), essere con le spalle al muro; **jdm den ~ zuwenden**, voltare le spalle a qu.

Rückendeckung f 1 mil (*Deckung*) copertura f alle spalle 2 (*Absicherung*) copertura f, protezione f: **jdm ~ geben**, coprire le spalle a qu.

Rückenflosse f zoo pinna f dorsale.

rückenfrei adj {KLEID} con scollatura sulla schiena.

Rückenlage f posizione f supina: **in ~ schwimmen**, nuotare sul dorso.

Rückenlehne f schienale m, spalliera f: **verstellbare ~**, schienale regolabile.

Rückenmark n anat midollo m spinale.

Rückenmarksanästhesie, **Rückenmarkanästhesie** f med anestesia f spinale.

Rückenmarksentzündung, **Rückenmarkentzündung** f med mielite f.

Rückenmarkspunktion, **Rückenmarkpunktion** f med puntura f lombare.

Rückenmarksverletzung, **Rückenmarkverletzung** f med lesione f del midollo spinale.

Rückenmuskulatur f anat muscolatura f dorsale.

Rückennummer f sport numero m (portato) sulla schiena.

Rückenpartie f {+MENSCH} (parte f della) schiena f; {+KLEID} dietro m.

Rückenschmerz m <*meist pl*> med dolore m alla schiena, mal m di schiena.

Rückenschwimmen n sport (nuoto m sul) dorso m.

Rückentwicklung f biol regressione f.

Rückenwind m vento m in poppa; sport vento m favorevole.

Rückerinnerung f reminiscenza f, il riandare m/tornare m con il pensiero a qc.

rück|erstatten <ohne ge-> tr *jdm etw* ~ {AUSLAGEN, FAHRPREIS, KOSTEN, SPESEN, STEUERN} rimborsare *qc a qu*.

Rückerstattung f rimborso m.

Rückfahrkarte f, **Rückfahrschein** m biglietto m di andata e ritorno.

Rückfahrscheinwerfer m autom fanale m di retromarcia.

Rückfahrt f (viaggio m di) ritorno m: **auf der ~**, al ritorno.

Rückfall m 1 med (*Rezidiv*) recidiva f, ricaduta f: **einen ~ befürchten/erleiden/haben**, temere/subire/avere una ricaduta 2 (*Zurückfallen*) **~ in etw** (akk) {IN ALTE FEHLER, SCHLECHTE GEWOHNHEITEN, DEN ALTEN TROTT} ricaduta f *in qc* 3 *jur* recidiva f.

rückfällig adj 1 *jur* {TÄTER} recidivo 2 med {PATIENT} recidivante 3 (*etwas Ungesundes, Illegales wieder praktizierend*) {FIXER, RAUCHER} che ha avuto una ricaduta.

Rückfallquote f percentuale f di recidività.

Rückfalltäter m (**Rückfalltäterin** f) *jur* recidivo (-a) m (f).

Rückfenster n autom lunotto m.

Rückflug m (volo m di) ritorno m.

Rückflugticket n biglietto m ([del volo]/[aereo]) di ritorno.

Rückfluss (a.R. Rückfluß) m 1 ökon {+GELDER, KAPITALIEN} riflusso m 2 med {+BLUT} riflusso m.

Rückforderung f ökon richiesta f di restituzione.

Rückfrage f domanda f/richiesta f di chiarimento.

rück|fragen itr **bei jdm** ~ chiedere chiarimenti *a qu*.

Rückgabe f restituzione f.

Rückgaberecht n *jur* diritto m di restituzione.

Rückgang <-s, *ohne pl*> m 1 (*Abnahme*) {+GEBURTENRATE, PREISE, PRODUKTIONSRATE, UNFALLOPFER, URLAUBERZAHLEN} diminuzione f, riduzione f: **wir verzeichnen einen kontinuierlichen ~ der Besucherzahlen**, registriamo un costante calo del numero di visitatori 2 com ökon (*Konjunkturrückgang*) recessione f, flessione f.

rückgängig adj 1 (*abnehmend in der Zahl*) {GEBURTENRATE, UNFALLOPFER} in diminuzione/calo 2 (*für ungültig erklären*): **etw ~ machen** {BESCHLUSS}, revocare qc; {GESCHÄFT, KAUF, TERMIN}, annullare qc; {VERABREDUNG}, auch disdire qc; {VERTRAG}, rescindere qc: **nicht ~ zu machen** {ENTWICKLUNG, PROZESS}, irreversibile.

Rückgewinnung f recupero m.

Rückgrat <-(e)s, -e> n 1 anat (*Wirbelsäule*) spina f dorsale, colonna f vertebrale 2 (*Stehkraft*) forza f di carattere: **in der Angelegenheit hat er wirklich ~ bewiesen**, in quella faccenda ha dimostrato veramente polso 3 (*Stütze*) **~ unserer Wirtschaft**, la colonna portante della nostra economia ● **jdm das ~ brechen** *fam*, spezzare le reni a qu; **kein ~ haben**, essere [uno smidollato *fam*] / [senza spina dorsale].

Rückgriff m 1 (*Wiederaufgreifen*) **~ auf etw** (akk) {AUF ALTERPROBTE, BEWÄHRTE METHODEN, ERFOLGREICHE MODEN, TECHNIKEN} ricorso m *a qc* 2 *jur* (*Regress*) (azione f di) regresso m/rivalsa f.

Rückhalt m <*meist sing*> appoggio m, sostegno m: **einen festen/moralischen ~ an jdm haben**, avere un sostegno solido/morale in qu; **sie sagte ohne ~, was sie von ihm dachte** (*ganz offen*), gli disse apertamente/[senza peli sulla lingua] cosa pensava di lui ● **den ~ verlieren**, andare alla deriva.

rückhaltlos A adj 1 (*bedingungslos*) {BEIFALL, EINSATZ, VERTRAUEN} senza riserve 2 (*uneingeschränkt*) {KRITIK, OFFENHEIT} senza riserva/scrupoli B adv (*bedingungslos*) {SICH EINSETZEN, JDN UNTERSTÜTZEN, JDM VERTRAUEN} senza riserve.

Rückhand f Tennis Tischtennis rovescio m.

Rückkauf m *jur* (*beim Kaufvertrag*) riscatto m.

Rückkaufsrecht n com diritto m di riacquisto/riscatto.

Rückkehr <-, *ohne pl*> f 1 ritorno m, rientro m: **bei meiner ~**, al mio ritorno; {EMIGRANTEN, FLÜCHTLINGE} rimpatrio m 2 (*Wiederaufnahme*) **~ in etw** (akk)/**zu etw** (dat) {IN DIE POLITISCHE AKTIVITÄT, DIE ALTE TÄTIGKEIT,

ZU FRÜHEREN GEWOHNHEITEN} ritorno m *a qc*; {IN DEN BERUF} rientro m *in qc*.

Rückkehrer m (**Rückkehrerin** f) chi ritorna (in patria).

Rückkopplung, Rückkoppelung f 1 (*Feedback*) feedback m; (*Rücksprache*) consultazione f, dialogo m 2 *el radio* accoppiamento m a reazione.

Rücklage f 1 <*meist pl*> (*Ersparnisse*) risparmi m pl 2 *ökon* (fondo m di) riserva f.

Rücklauf m 1 (*das Zurücklaufen*) {+GEWÄSSER} riflusso m; (*GESCHÜTZROHR*) rinculo m 2 (*das Zurückspulen*) {+KASSETTENREKORDER, TONBAND} riavvolgimento m rapido 3 *inform* {+SCANNER} ritorno m 4 (*von Fragebögen*) risposte f pl di ritorno.

rückläufig adj 1 (*abnehmend*) {BEVÖLKERUNGSWACHSTUM, GEBURTEN} in diminuzione/calo 2 (*sich umkehrend*) {ENTWICKLUNG, PROZESS, TENDENZ} inverso, contrario.

Rücklauftaste f tasto m indietro.

Rücklicht <-(*e*)*s*, -*er*> n (*am Auto, am Fahrrad*) luce f posteriore.

rücklings adv 1 (*rückwärts*) {HINFALLEN, UMKIPPEN} all'indietro 2 (*verkehrt herum*) {SITZEN} di spalle; {LIEGEN} supino, sulla schiena 3 (*von hinten*) {ANGREIFEN, ERSCHLAGEN, ÜBERFALLEN} da dietro, alle spalle ● ~ **an/zu etw** (*dat*) **lehnen/sitzen**, stare appoggiato (-a)/seduto (-a) con le spalle contro qc.

Rückmarsch m *mil* (marcia f di) ritirata f.

Rückmeldefrist f *univ* "termine m entro cui gli studenti universitari in Germania sono tenuti a confermare l'iscrizione per il semestre successivo".

Rückmeldegebühr f *univ* tassa f d'iscrizione (che si paga alla conferma per il semestre successivo).

rück|melden rfl *univ* **sich** ~ confermare l'iscrizione per il semestre successivo.

Rückmeldung f 1 *univ* conferma f semestrale dell'iscrizione all'università 2 (*Reaktion*) reazione f; (*Feedback*) feedback m.

Rücknahme <-, -*n*> f <*meist sing*> con: **unter bestimmten Bedingungen ist der Verkäufer zur ~ der Ware verpflichtet**, in determinati casi il venditore è tenuto a prendere indietro la merce.

Rücknahmepflicht f *jur* obbligo m di ritiro.

Rückporto n *post* francobollo m accluso per la risposta.

Rückprall m {+BALL, GESCHOSS, KUGEL} rimbalzo m.

Rückreise f (viaggio m di) ritorno m: **auf der ~**, al ritorno; **auf der ~ sein**, essere sulla via del ritorno.

Rückreiseverkehr m traffico m di rientro (dalle vacanze).

Rückreisewelle f ondata f di rientro dalle vacanze.

Rückruf m 1 (*Rückanruf*) richiamare m 2 (*Zurückbeorderung*) {+AUTOS MIT MÄNGELN, DEFEKTE GERÄTE} invito m di restituzione da parte del produttore ● **um ~ wird gebeten tel**, si prega di richiamare.

Rückrufaktion f "iniziativa f con cui le case produttrici invitano la clientela a restituire i modelli difettosi".

Rucksack m zaino m.

Rucksacktourist m (**Rucksacktouristin** f) "turista mf che gira con lo zaino", saccopelista *mf pej*.

Rückschau f sguardo m retrospettivo: ~ **auf etw** (*akk*) **halten**, passare in rassegna qc, ripercorrere qc; ~ **auf das vergangene Jahr halten**, guardare indietro all'anno trascorso.

Rückschein m *adm* ricevuta f di ritorno.

Rückschlag m 1 (*Verschlechterung*) batosta m, (brutto) colpo m: **er hat ein paar derbe Rückschläge einstecken müssen**, ha dovuto incassare delle belle batoste 2 (*Rückstoß*) {+GEWEHR} contraccolpo m 3 *sport* ribattuta f, risposta f.

rück|schließen <*irr*> itr <*nur im inf und part perf*: *rückgeschlossen*> desumere, arguire, dedurre; **auf etw** (akk) ~ far pensare *a qc*.

Rückschluss m (a.R. Rückschluß) m conclusione f ● **aus etw** (dat) **Rückschlüsse ziehen**, trarre delle conclusioni da qc: **daraus ziehe ich meine eigenen Rückschlüsse, so io che conclusioni trarne; das lässt Rückschlüsse auf die finanzielle Lage der Firma zu**, ciò permette di trarre delle conclusioni sulla situazione finanziaria dell'impresa.

Rückschritt m <-*s*, *ohne pl*> m 1 (*Entwicklung zu einem schlechteren Zustand*) regresso m: **die Maßnahmen der neuen Regierung bedeuten unzweifelhaft einen ~**, le misure prese dal nuovo governo significano indubbiamente un passo indietro 2 *biol psych* regressione f.

rückschrittlich adj 1 (*einen Rückschritt darstellend*) {ENTWICKLUNG, MAßNAHME} regressivo, che rappresenta un regresso/[passo indietro] 2 (*reaktionär*) {IDEEN, IDEOLOGIE} retrogrado, reazionario.

Rückschritttaste, **Rückschritt-Taste** f (tasto m di) backspace m.

Rückseite f {+BILD, SEITE} tergo m; {+BLATT, MEDAILLE} *auch* retro m; {+STOFF, TEPPICH} rovescio m; {+GEBÄUDE, HAUS, SCHRANK} parte f posteriore ● **auf der ~ von etw** (dat), sul retro di qc; **siehe ~**, vedi retro, {+BUCHSEITE, KATALOGSEITE}, vedi a tergo.

rückseitig A adj {ANMERKUNG, INFORMATION, UNTERSCHRIFT} sul retro B adv {ANMERKEN, BEFEUCHTEN, SCHREIBEN} sul retro.

Rücksendung f rispedizione: **gegen ~ des Kupons erhalten Sie ...**, rispedendo il coupon avrà ...

Rücksicht① f 1 <*meist sing*> (*Taktgefühl*) riguardo m, rispetto m 2 <*nur pl*> (*Gründe*) considerazioni f pl ● **keine ~ kennen**, non aver riguardi per nessuno, non guardare in faccia a nessuno; **mit ~ auf jdn/etw**, con riguardo a qu/qc, in considerazione di qc; **auf jdn ~ nehmen**, avere riguardo per qu; **auf etw** (akk) ~ **nehmen**, tenere ₁in considerazione₁/[conto di] qc; **ohne ~ auf jdn/etw**, senza riguardo per qu/qc; **jdm gegenüber ~ üben**, mostrare riguardi per qu; **ohne ~ auf Verluste** *fam*, costi quel che costi.

Rücksicht② f <*nur sing*> *autom* (*Sicht nach hinten*) visibilità f all'indietro.

Rücksichtnahme <-, *ohne pl*> f riguardo m.

rücksichtslos A adj *pej* 1 (*ohne Rücksicht*) {VERHALTEN, VORGEHEN} privo di scrupoli, senza riguardo; (*GESCHÄFTSMANN, UNTERNEHMER*) senza scrupoli, inesorabile: **ein ~er Autofahrer**, un pirata della strada; ~ **sein**, non guardare in faccia a nessuno 2 (*schonungslos*) {KRITIK} inesorabile, implacabile, crudele B adv (*ohne Rücksicht*) {AUSNUTZEN, SICH VERHALTEN, VORGEHEN} senza riguardo/scrupoli 2 (*schonungslos*) {AUFDECKEN, KRITISIEREN} inesorabilmente, implacabilmente, senza misericordia, brutalmente.

Rücksichtslosigkeit <-, -*en*> f <*meist sing*> 1 (*Missachtung anderer*) mancanza f di riguardo 2 (*Handlung, die andere missachtet*) inciviltà f; (*Schonungslosigkeit*) brutalità f.

rücksichtsvoll A adj {GAST, MIETER, NACHBAR, VERHALTEN} pieno di riguardi, riguardoso; ~ ₁**gegen jdn**₁/[**jdm gegenüber**] **sein** essere pieno di riguardi verso/[nei confronti di] qu: **er ist mir gegenüber immer sehr ~**, è sempre pieno di riguardi nei miei confronti B adv {SICH BENEHMEN, SICH VERHALTEN, SICH ZEIGEN} con molto riguardo, con premura.

Rücksitz <-*es*, -*e*> m {+AUTO} sedile m posteriore; {+MOTORRAD} sellino m posteriore.

Rückspiegel m *autom* specchietto m retrovisore.

Rückspiel n *sport* partita f di ritorno.

Rücksprache f colloquio m, consultazione f, abboccamento m ● **mit jdm ~ halten**/**nehmen**, consultarsi con qu; **nach ~ mit jdm**, d'intesa con qu.

Rückspulautomatik f *tech* riavvolgimento m automatico (della pellicola).

Rückstand m 1 (*Zurückbleiben hinter der Norm*) {IN DER ARBEIT, IN DER PRODUKTION} arretrato m 2 <*meist pl*> *ökon* (*ausstehende Zahlung*) arretrati m pl 3 *chem* (*Rest*) {+ANTIBIOTIKA, HORMONE, KONSERVIERUNGSMITTEL, SCHÄDLINGSBEKÄMPFUNGSMITTEL} residuo m; (*Bodensatz*) residuo m, sedimento m; {+KAFFEE, WEIN} deposito m 4 *Schule* (*Zurückbleiben in der Leistung*): **ihr Kind ist den anderen gegenüber im ~**, suo bambino è indietro rispetto agli altri 5 *sport* (*Leistungsabstand*) svantaggio m, scarto m ● **im ~ sein**, essere indietro/[in arretrato].

rückständig adj 1 (*unterentwickelt*) {LAND, PRODUKTIONSMETHODEN, WIRTSCHAFT} arretrato 2 (*rückschrittlich*) {EINSTELLUNG, MENSCH} retrivo, retrogrado 3 *ökon obs* (*überfällig*) {SCHULDNER} moroso; {BETRAG} arretrato.

Rückständigkeit <-, *ohne pl*> f 1 (*Zustand der Unterentwicklung*) arretratezza f 2 (*Rückschrittlichkeit*) essere m retrivo/retrogrado 3 *ökon obs* (*Überfälligkeit*) {+SCHULDNER} morosità f.

rückstandsfrei, **rückstandfrei** adj senza (lasciare) residui.

Rückstau m 1 *tech* {+WASSER} ristagno m 2 {+AUTOS} ingorgo m; {+PERSONEN} intasamento m.

Rückstelltaste f tasto m di reset/azzeramento.

Rückstellung f 1 *ökon* accantonamento m 2 (*Zurückstellung*) {+PLAN, PROJEKT, PRÜFUNG} accantonamento m.

Rückstoß m 1 *tech* (*Rückschlag*) {+WAFFE} contraccolpo m, rinculo m 2 *phys* (*Antriebskraft*) {+RAKETE} propulsione f, reazione f.

Rückstrahler m *autom* catarifrangente m.

Rücktaste f (tasto m di) backspace m.

Rücktransport m (trasporto m di) ritorno m; (*von Verletzten etc. in das Heimatland*) rimpatrio m.

Rücktritt m 1 (*Amtsniederlegung*) dimissioni f pl 2 *jur* (*vom Vertrag*) recesso m 3 *fam* → **Rücktrittbremse** ● **seinen ~ erklären**, rassegnare le dimissioni.

Rücktrittbremse f freno m a contropedale.

Rücktrittserklärung f annuncio m delle dimissioni.

Rücktrittsfrist f *jur* termine m per il recesso (da un contratto).

Rücktrittsgesuch n domanda f di dimissioni.

Rücktrittsrecht n *jur* diritto m di recesso.

Rückübersetzung f ritraduzione f.

Rückumschlag m busta f preaffrancata con indirizzo (per la risposta).

rück|vergüten <*ohne ge*-> tr **jdm etw** ~ {BEITRAG, GEZAHLTE SUMME} rimborsare *qc a qu*.

Rückvergütung f rimborso m • ~ **der Versicherungsprämie** *jur*, riscatto di una polizza di assicurazione.

rück|versichern <ohne ge-> **A** rfl (*sich absichern*) **sich ~** chiedere conferma **B** tr ökon (*finanziell absichern*) **etw ~** riassicurare qc.

Rückversicherung f **1** (*Absicherung*) conferma f **2** ökon (*finanzielle Absicherung*) riassicurazione f.

Rückwand f parete f posteriore.

rückwärtig adj <attr> {AUSGANG, EINGANG, TEIL} di dietro, posteriore.

rückwärts adv **1** (*nach hinten*) {FAHREN, GEHEN, LAUFEN} (all')indietro, a ritroso: **eine Rolle ~ machen**, fare una capriola (all')indietro **2** (*von vorne nach hinten*) {BUCHSTABIEREN, LESEN, SPULEN} all'indietro **3** *süddt A* (*hinten*) dietro.

Rückwärtsbewegung f movimento m a ritroso.

rückwärts|fahren <irr> itr <sein> fare ⌊marcia indietro⌋/[retromarcia].

Rückwärtsgang m *autom* retromarcia f.

rückwärtsgewandt adj rivolto al passato.

Rückweg m (*via* f *del*) ritorno m: **auf dem ~**, al ritorno; **den ~ antreten**, mettersi sulla via del ritorno.

ruckweise adv {SICH BEWEGEN, FAHREN} a scosse.

rückwirkend adm **A** adj {BESTEUERUNG, LOHNERHÖHUNG, ZAHLUNG} retroattivo; {+VERWALTUNGSAKT} *auch*, con effetto retroattivo **B** adv {BESTEUERN, GELTEN, ZAHLEN} retroattivamente.

Rückwirkung f **1** adm (*rückwirkende Gültigkeit*) retroattività f **2** (*Auswirkung*) ripercussione f.

rückzahlbar adj {DARLEHEN, KREDIT, SUMME} rimborsabile.

Rückzahlung f {+KREDIT, SUMME} rimborso m.

Rückzieher <-s, -> m **1** *fam*: **einen ~ machen**, fare ⌊marcia indietro *fam*⌋/[dietro front] **2** *Fußball* rovesciata f.

ruck, zuck **A** interj su, in fretta! **B** adv {SICH ANZIEHEN, SICH FERTIG MACHEN} in un baleno: **das geht ruck, zuck!**, è un attimo!; non ci vuole niente!

Rückzug m **1** *mil* (*das Zurückziehen der Truppen*) ritirata f **2** (*Ausscheiden aus einer Tätigkeit*) ritiro m: **der ~ aus dem beruflichen Leben**, il ritiro dalla vita professionale **3** *CH* (*Geldabhebung von einem Konto*) prelievo m: **den ~ antreten, zum ~ blasen**, battere in ritirata.

Rückzugsgebiet n biol (ambiente m di) rifugio m.

Rucola <-, ohne pl> f oder m bot rucola f.

rüde **A** adj {BENEHMEN, KERL, MANIEREN, TON} brusco, rude **B** adv {AUFTRETEN, INS WORT FALLEN, UNTERBRECHEN} in modo brusco/rude, bruscamente, rudemente.

Rüde <-n, -n> m zoo (*männlicher Hund und Hundeartiger*) maschio m.

Rudel <-s, -> n zoo branco m.

Ruder <-s, -> n {+BOOT} remo m; {+FLUGZEUG, SCHIFF} timone m • **am ~ bleiben**, rimanere al timone, mantenere il potere; **ans ~ gelangen/kommen**, prendere il timone; **das ~ fest in der Hand haben**, reggere il timone; **das ~ herumwerfen**, cambiare rotta; **aus dem ~ laufen**, sfuggire al controllo; **am ~ sein**, essere al timone, avere in mano le redini.

Ruderboot n barca f a remi.

Ruderer <-s, -> m (**Ruderin** f) rematore

(-trice) m (f).

rudern **A** itr <haben oder sein> **1** remare: **heute habe ich vier Stunden gerudert**, oggi ho remato quattro ore **2** *irgendwohin* ~ {STROMAUFWÄRTS, ÜBER DEN FLUSS/SEE} andare in barca a remi (+ compl di luogo) **3** sport fare canottaggio; (*an einem Wettkampf teilnehmen*) (**gegen jdn/etw**) **~** {GEGEN EINEN KONKURRENTEN, EINE ANDERE MANNSCHAFT} partecipare a una gara di canottaggio (contro qu/qc) **4** (*rudernd bewegen*) **mit etw** (dat) **~** {ENTE MIT DEN FÜSSEN} vogare con qc, remigare lit: **er rudert beim Gehen mit den Armen**, quando cammina agita le braccia come un mulinello **B** tr <haben> **1** (*mit dem Ruderboot befördern*) **jdn/etw irgendwohin ~** {ÜBER DEN FLUSS, SEE} portare qu/qc in barca (a remi) (+ compl di luogo) **2** (*rudernd zurücklegen*) **etw ~** {EINE STRECKE, 100 M} percorrere a remi qc **3** *sport*: **eine neue Bestzeit ~**, stabilire un nuovo tempo record nel canottaggio.

Ruderregatta f sport gara f di canottaggio.

Rudersport m sport canottaggio m.

Ruderverein m sport circolo m (dei) canottieri.

Rudi m → **Rudolf**.

Rüdiger m (*Vorname*) Ruggero.

Rudiment <-(e)s, -e> n **1** geh (*Überbleibsel*) residuo m **2** biol rudimento m.

rudimentär adj {KENNTNISSE} rudimentale.

Rudolf <-s, ohne pl> m (*Vorname*) Rodolfo.

Rudrer m (**Rudrerin** f) → **Ruderer**.

Ruf <-(e)s, -e> m **1** (*Schrei, Ausruf*) grido m **2** (*Aufruf*) chiamata f; (*des Herzens*) voce f, richiamo m **3** <nur sing> (*Berufung in ein Amt*) invito m: **er hat einen Ruf an die Universität Köln erhalten**, gli è stata offerta una cattedra all'università di Colonia **4** <nur sing> (*Ansehen*) reputazione f; (*Ruhm*) fama f: **einen guten/schlechten Ruf haben**, godere (di) una buona/cattiva fama; **er ist besser als sein Ruf**, è migliore di quel che si dice **5** <nur sing> tel (*Rufnummer*) numero m telefonico.

Rufanlage f → **Sprechanlage**.

Rufbereitschaft f reperibilità f: **~ haben**, essere reperibile.

rufen <ruft, rief, gerufen> **A** itr **1** (*ausrufen*) gridare; (*anrufen*) chiamare **2** (*verlangen*) **nach jdm/etw ~** {NACH DEM ARZT, DEM KELLNER, DER MUTTER} chiamare qu/qc **3** (*Erfüllung fordern*) {ARBEIT, PFLICHT} chiamare **4** (*durch akustisches Signal auffordern*) **zu etw** (dat) **~** {GLOCKE, KLINGEL, SIRENE ZUM GEBET, ZUM UNTERRICHT, ZUR ARBEIT} chiamare a qc; (*auffordern*) **zu etw** (dat) **~** {ZUM ESSEN} chiamare a qc: **jdn zur Ordnung ~**, richiamare qu all'ordine **B** tr **1** (*ausrufen*) **etw ~** gridare qc: **sie rief etwas Unverständliches**, gridò delle parole incomprensibili **2** (*zum Kommen veranlassen*) **jdn/etw ~** {ARZT, FEUERWEHR, KLEMPNER, POLIZEI} chiamare qu/qc: **hast du mich gerufen?**, mi hai chiamato (-a)?; **Frau N., lassen Sie bitte den Verantwortlichen ~!**, Signora N., faccia chiamare per favore il responsabile! **3** (*nennen*) **jdn** + **Name ~** chiamare qu + nome: **sie heißt Kirsten, aber alle ~ sie Kitty**, (lei) si chiama Kirsten, ma tutti la chiamano Kitty **4** (*zurück~*): **jdm etw ⌊in Erinnerung⌋/[ins Gedächtnis] ~**, richiamare qc alla memoria/mente di qu **C** rfl: **sich heiser ~**, chiamare fino a perdere la voce.

Rüffel <-s, -> m fam rabbuffo m fam, sgridata f fam.

Rufmord m calunnia f, diffamazione f.

Rufname m nome m.

Rufnummer f tel numero m telefonico.

Rufnummernübermittlung f tel identificazione f del chiamante.

Rufsäule f colonnina f di soccorso.

Rufumleitung f tel trasferimento m di chiamata.

Rufweite f: **in/außer ~ sein**, ⌊essere⌋/[non essere] a portata di voce.

Rufzeichen n **1** tel segnale m di libero **2** A (*Ausrufezeichen*) punto m esclamativo.

Rugby <-(s), ohne pl> n sport rugby m.

Rüge <-, -n> f biasimo m, rimprovero m.

rügen tr **jdn** (*für etw* akk)/(**wegen etw** gen oder fam) **~** {DAS KIND FÜR SEINE FAULHEIT, FRECHHEIT} biasimare/rimproverare qu (per/[a causa di] qc).

Ruhe <-, ohne pl> f **1** (*Unbewegtheit*) {+KÖRPER, PENDEL} quiete f **2** (*Stille*) silenzio m, calma f, quiete f **3** (*Erholung*) riposo m: **dringend ~ brauchen**, avere un gran bisogno di riposarsi **4** (*Frieden*) tranquillità f, calma f, pace f: **die öffentliche ~ stören**, disturbare la quiete pubblica **5** (*Gelassenheit*) serenità f, calma f • **~!**, silenzio! zitti! fam; **angenehme ~!** geh, buon riposo!; **sich zur ~ begeben** geh, coricarsi; **~ bewahren**, mantenere la calma; **nicht aus der ~ zu bringen sein**, non perdere mai la calma; **die ewige ~** geh, l'eterno riposo; **~/[keine ~] geben**, dare/[non dare] pace; **nun gib doch endlich ~!**, lasciami in pace finalmente!; **sich (dat) keine ~ gönnen**, non concedersi tregua; **immer mit der ~!** fam, calma e sangue freddo!; **in (aller) ~**, con calma, in tutta tranquillità, con tutto comodo; **zur ~ kommen**, trovare un momento di pace; **nicht zur ~ kommen, keine ~ finden**, non trovare requie; **jdn mit etw** (dat) **in ~ lassen**, lasciare in pace qu con qc; ⌊**jdm keine**⌋/[**jdn nicht in**] **~ lassen**, non dar pace a qu; **die Sache lässt ihm keine ~**, la faccenda non gli dà pace; **abends möchte sie in ~ gelassen werden**, la sera vuole essere lasciata in pace; **~ liebend** → **ruheliebend**; **sie ist die ~ selbst**, è la calma ⌊fatta persona⌋/[in persona]/[personificata]; **sich zur ~ setzen** (*GESCHÄFTSMANN*) ritirarsi dagli affari; (*ANGESTELLTER*) andare in pensione; **die ~ vor dem Sturm**, la quiete prima della tempesta; **der hat aber wirklich die ~ weg**, è imperturbabile come un budda.

Ruhebedürfnis n bisogno m di riposo.

ruhebedürftig adj bisognoso/[che ha bisogno] di tranquillità.

Ruhegehalt n form (indennità f di) pensione f.

Ruhelage f **1** bes. med (*entspannte Körperlage*) posizione f di riposo **2** (*Stillstand*) {+PENDEL} stato m di quiete.

ruheliebend adj ⌊amante della⌋/[che ama/cerca la] tranquillità.

ruhelos adj **1** (*von innerer Unruhe erfüllt*) {GEIST, MENSCH, SEELE} inquieto **2** (*unruhig*) {NACHT} irrequieto, agitato; med {BEINE} senza riposo.

Ruhelosigkeit <-, ohne pl> f **1** (*innere Unruhe*) inquietudine f **2** (*Unrast*) irrequietezza f, agitazione f.

ruhen itr **1** geh (*aus~*) riposare, riposarsi: **ich werde nicht eher ~, als bis ich es geschafft habe**, non avrò pace fino a quando non ce l'avrò fatta **2** (*verweilen*) **auf jdm/etw ~** {AUGEN, BLICK, HAND AUF JDM, AUF JDS ERSCHEINUNG, GESICHT, SCHULTER} essere posato su qu/qc: **ihr Blick ruhte liebevoll auf ihrem Baby**, il suo sguardo amorevole accarezzava il piccolo; **ihre Hand ruhte in der seinen**, la sua mano era abbandonata nella sua **3** geh (*sich stützen*) **auf etw** (dat) **~**

{BRÜCKE, DACH, GEWÖLBE AUF BALKEN, AUF TRÄ-GERN, AUF PFEILERN} poggiare *su qc*; **ihr Kopf ruhte müde in den Kissen**, la sua testa posava stanca nei cuscini; {VERANTWORTUNG AUF DER JUNGEN FRAU, AUF SEINEN SCHULTERN} gravare *su qu*, pesare *su qu* **4** (*vorübergehend eingestellt sein*) {ARBEIT, BETRIEB, PRODUKTION} essere fermo; {ANGELEGENHEIT} essere sospeso; {WAFFEN} tacere **5** *geh* (*schlafen*) dormire: **ich wünsche, wohl geruht zu haben** *geh*, spero (che) abbia(te) riposato bene **6** *geh* (*begraben sein*) riposare: **hier ruht** (*als Grabinschrift*)..., qui riposa/giace ...; **ruhe in Frieden** (*als Grabinschrift*), riposa in pace ● **etw ~ lassen** {ARBEIT, FALL, PROBLEM}, mettere (temporaneamente) da parte qc, accantonare qc; **eine Angelegenheit ~ lassen**, far decantare una questione; **nicht/weder ~ noch rasten, bis ...** *geh*, non avere tregua finché non ...

ruhen|lassen <*irr, part perf ruhenlassen oder rar ruhengelassen*> *tr* → **ruhen**.

Ruhepause *f* pausa f • **am Ende trat eine ~ ein**, alla fine ci fu una tregua.

Ruhestand *m* pensione f ● **in den ~ gehen/treten**, andare in pensione; *im* ~ (*Abk i. R.*), a riposo, in pensione; **jdn in den ~ versetzen**, collocare qu a riposo.

Ruheständler <*-s, ->* m (**Ruheständlerin** f) pensionato (-a) m (f).

Ruhestätte <*-, -n>* f *geh*: **die letzte ~**, l'ultima dimora.

Ruhestellung *f* posizione f di riposo.

ruhestörend *adj* {LÄRM} che disturba la quiete pubblica.

Ruhestörung *f* disturbo m della quiete pubblica: **nächtliche ~**, schiamazzi notturni.

Ruhetag *m* (*von Restaurant etc.*) giorno m di riposo; (*von Geschäft*) chiusura f settimanale.

Ruhezustand *m* **1** (*Bewegungslosigkeit*) {+KÖRPER, MUSKELN} stato m di riposo **2** *inform tech tel* {+COMPUTER, HANDY} stand by m.

ruhig A *adj* **1** (*still*) {GEGEND, HOTEL, LAGE, STRASSE} tranquillo, silenzioso **2** (*leise*) {GÄSTE, MIETER, NACHBARN} tranquillo **3** (*unbewegt*) {LUFT, MEER, SEE} calmo, fermo **4** (*gelassen*) {NACHDENKEN} tranquillo; {MENSCH, STIMME} calmo, pacato: **bei ~em Überlegen muss man zugeben, dass sie Recht hatte**, a mente fredda bisogna ammettere che (lei) aveva ragione; **wir haben eine ganz ~e Unterredung gehabt**, abbiamo avuto una discussione del tutto serena/pacata **5** (*geruhsam*) {FEIERTAG, LEBEN, WOCHENENDE} tranquillo: **einen ~en Lebensabend verbringen**, passare la vecchiaia in serenità **6** (*reibungslos*) {FAHRT, FLUG} tranquillo **7** (*sicher*) {HAND} fermo **8** (*gedämpft*) {FARBEN, LICHT} calmo, smorzato B *partik* **1** *fam* (*unbesorgt*) {ANRUFEN, JDM VERTRAUEN, SICH AN JDN WENDEN} tranquillamente, pure: **komm ~ herein!**, accomodati pure! **2** (*meinetwegen*): **du kannst ~ mitgehen!** *fam*, puoi anche venire se vuoi!, per me puoi anche venire! **3** (*durchaus*) anche: **du könntest mir ~ helfen!**, potresti anche darmi una mano! C *adj* (*untätig*) {DABEISTEHEN, MIT ANSEHEN, ZULASSEN, ZUSEHEN} senza ⌊battere ciglio⌉/[scomporsi]: **er stand ~ da und schaute den anderen bei der Arbeit zu**, se ne stava lì con le mani in tasca a guardare gli altri lavorare **2** (*gelassen*) {NACHDENKEN, ÜBERLEGEN} con calma: **er sagte ganz ~, was ihm an der Sache nicht passte**, disse pacatamente (che) cosa non gli andava in quella faccenda **3** (*gleichmäßig*) {VERLAUFEN} tranquillamente **4** (*beruhigt*) {HEIMKEHREN, SCHLAFEN} tranquillo (-a), tranquillamente ● **~ bleiben**, restare calmo m, **sich ~ verhalten**, (*still sein*) sta-

re calmo (-a); (*Ruhe bewahren*) *auch* mantenere la calma; **~ werden**: **um jdn ist es ~ geworden**, non si parla più di qu.

ruhig|stellen *tr* **1** (*unbeweglich machen*) → **stellen 2** *med* (*durch Medikamente beruhigen*) *jdn* ~ sedare qu.

Ruhigstellung *f med* immobilizzazione f.

Ruhm <*-(e)s, ohne pl*> *m* gloria f, fama f ● **er hat sich nicht gerade mit ~ bekleckert** *fam iron*, non ha certo fatto una gran figura!; **einen zweifelhaften ~ erlangen**, farsi una dubbia fama; **zu ~ kommen**, arrivare alla fama.

rühmen A *tr* (*preisen*) *jdn*/*etw* ~ {LEISTUNG, MUT, PERSON, SCHÖNHEIT} lodare *qu*/*qc*, esaltare *qu*/*qc*, vantare *qu*/*qc*, celebrare *lit qu*/*qc* B *rfl* **sich *etw*** (*gen*) ~ gloriarsi di qc, vantarsi di qc, fregiarsi di qc ● **ohne mich ~ zu wollen**, non per vantarmi, senza vanto.

Ruhmesblatt *n*: **kein ~ sein**, non essere una pagina gloriosa; **kein ~ für jdn sein**, non essere motivo di vanto per qu.

rühmlich *adj* {AUSNAHME} lodevole; {TAT, VERHALTEN} degno di lode; {ENDE} glorioso.

ruhmlos *adj* {ENDE} inglorioso.

ruhmreich *adj*, **ruhmvoll** *adj* {FELDHERR, KRIEGER, SCHLACHT} glorioso.

Ruhmsucht *f* brama f/sete f di gloria.

ruhmsüchtig *adj* assetato di gloria.

Ruhr① <*-, ohne pl*> *f geog*: **die ~**, la Ruhr.

Ruhr② <*-, rar -en*> *f med* dissenteria f.

Rührei *n gastr* uovo m strapazzato.

rühren A *tr* **1** (*um~*) *etw* ~ {BREI, PUDDING, SOSSE, TEIG} mescolare qc, rimestare qc; *etw in etw* (*akk*) ~ {EI, MEHL IN DIE CREME, DIE MILCH} aggiungere qc a qc mescolando **2** (*bewegen*) *etw* ~ {BEINE, FINGER, HAND} muovere qc: **er konnte vor Kälte kaum die starren Finger ~**, faceva fatica a muovere le mani intirizzite dal freddo; **keinen Finger ~** *fam*, non muovere un dito *fam* **3** (*weich stimmen*) *jdn*/*etw* ~ {ANBLICK, TRÄNEN, WORTE GEMÜT, HERZ} commuovere *qu*/*qc*, toccare *qu*/*qc*; **jdn zu Tränen ~**, commuovere qu fino alle lacrime; **das rührt ihn überhaupt nicht**, non gli fa né caldo né freddo *fam* **4** *geh obs* (*schlagen*) *etw* ~ {TROMMEL} battere qc; {HARFE, LEIER} toccare qc, pizzicare qc B *itr* **1** (*um~*) mescolare, rimestare **2** (*die Rede auf etw bringen*) *an etw* (*akk*) ~ {AN EINE ANGELEGENHEIT, JDS KUMMER, EIN PROBLEM, EINEN HEIKLEN PUNKT} accennare *a qc*: **Schluss jetzt, lass uns nicht mehr an das Thema ~!**, basta adesso, non tocchiamo più questo argomento! **3** *geh* (*herrühren*) **von etw** (*dat*) ~ dipendere *da qc*, derivare *da qc*: **das rührt daher, dass ...**, ciò dipende dal fatto che ... C *rfl* **sich ~ 1** (*sich bewegen*) muoversi: **ich kann mich vor Schmerzen kaum ~**, non riesco quasi più a muovermi dai dolori; **kein Lüftchen rührte sich**, non c'era un alito di vento **2** (*sich bemerkbar machen*) {GEWISSEN, MITLEID, REUE, WIDERWILLE, ZUNEIGUNG} svegliarsi **3** *fam* (*sich melden*) **sich** (*bei jdm*) ~ farsi vivo (-a) (*con qu*): **sie hatte sich monatelang überhaupt nicht gerührt**, non si era fatta viva per dei mesi **4** *geh* (*aktiv werden*) **sich ~**, darsi da fare: **du musst dich ~, wenn du etwas erreichen willst**, devi darti da fare se vuoi ottenere qualcosa ● **rührt euch!** *mil*, riposo!; **da rührt sich nichts!** *fam* (*es gibt keine Reaktion*), non dà/danno segni di vita!

rührend A *adj* (*ergreifend*) {ANBLICK, GESTE, SZENE} commovente, toccante; (*hingebungsvoll*) {EINSATZ, PFLEGE, SORGE} commovente: **das ist aber ~ von Ihnen, mich zu besuchen**, è davvero molto gentile da parte Sua farmi visita B *adv* (*hingebungsvoll*) {SICH

KÜMMERN, PFLEGEN} ⌊in modo⌉/[con una dedizione] commovente.

Ruhrgebiet *n geog*: **das ~**, la regione della Ruhr; (*Kohlenpott*) bacino m carbonifero della Ruhr.

rührig *adj* attivo, dinamico; (*unternehmungslustig*) intraprendente.

Rührlöffel *m* mestolo m.

Rührmaschine *f* impastatrice f.

Rührmichnichtan <*-, ->* *n bot* noli me tangere f.

Ruhrpott <*-(e)s, ohne pl*> *m fam* → **Ruhrgebiet**.

rührselig *adj pej* **1** (*zu Rührung neigend*) {MENSCH} sentimentale **2** (*übertrieben gefühlvoll*) {BUCH, FILM, LIED} lacrimevole, sentimentale, strappalacrime *pej*.

Rührseligkeit <*-, ohne pl*> *f* {+MENSCH} sentimentalismo m.

Rührteig *m gastr* pasta f margherita.

Rührung <*-, ohne pl*> *f* commozione f: **mir kommen die Tränen vor ~** *oft iron*, mi vengono le lacrime per la commozione.

Ruin <*-s, ohne pl*> *m* rovina f: **jds finanzieller/wirtschaftlicher ~**, la rovina finanziaria/economica di qu; **zu jds ~ führen**, portare alla rovina di qu; **kurz vor dem ~ stehen**, essere a un passo dalla rovina ● **jds ~ sein** *fam*, essere la rovina di qu.

Ruine <*-, -n>* *f* rovina f: **die ~ einer Festung**, i resti di una fortezza; **von der Kirche steht nur noch eine ~**, della chiesa non rimangono che rovine.

ruinieren <*ohne ge->* A *tr* **1** (*zu Grunde richten*) *jdn*/*etw* ~ {GESUNDHEIT} rovinare qc; {FAMILIE, GESCHÄFT, KONKURRENTEN} *auch* mandare in rovina *qu*/*qc* **2** (*beschädigen*) (*jdm*) *etw* ~ {KLEID, SCHUHE, TISCHDECKE} rovinare qc (*a qu*), sciupare qc (*a qu*): **sein Verhalten hat mir den Abend ruiniert**, il suo comportamento mi ha rovinato la serata B *rfl* (*sich zu Grunde richten*) **sich ~** rovinarsi: **er ruiniert sich aus Eigensinn**, si è rovinato per la sua testardaggine.

ruinös *adj* **1** (*zum Ruin führend*) rovinoso **2** (*verfallen*) in rovina, fatiscente, cadente.

Rukola *f oder m* → **Rucola**.

rülpsen *itr fam* ruttare.

Rülpser <*-s, ->* *m fam* rutto m.

rum *adv fam* → **herum**.

Rum <*-s, -s oder süddt A Ch -e>* *m* rum m.

rum|albern *itr fam* → **herum|albern**.

Rumäne <*-n, -n>* *m* (**Rumänin** f) romeno (-a) m (f), rumeno (-a) m (f).

Rumänien <*-s, ohne pl*> *n geog* Romania f.

Rumänin *f* → **Rumäne**.

rumänisch A *adj* {BEVÖLKERUNG, SPRACHE} romeno B *adv* {ESSEN, KOCHEN} alla romena.

Rumänisch <*-(s), ohne pl*> *n*, **Rumänische** <*dekl wie adj*> *n* romeno m; → *auch* **Deutsch, Deutsche**②.

Rumba <*-, -s>* *f* (*kubanischer Tanz*) rumba f.

rum|fummeln *itr fam* → **herum|fummeln**.

rum|gammeln *itr fam* (*irgendwo*) ~ ciondolare *fam*/gingillarsi (* compl di luogo*): **statt was Vernünftiges zu arbeiten, gammelt er immer nur rum**, invece di lavorare seriamente se ne sta tutto il giorno a ⌊ciondolare⌉/[grattarsi la pancia] *fam*.

rum|haben <*irr*> *tr* **1** *slang* (*überreden*) *jdn* ~ convincere qu: **hast du sie endlich rum?**, l'hai finalmente convinta? **2** *fam* (*etw hinter sich gebracht haben*) *etw* ~ {PRÜFUNGEN, WEHRDIENST} aver finito qc.

rum|hängen <*irr*> *itr fam* → **herum|hängen**.

rum|kriegen *tr* **1** *slang* (*überreden*) *jdn*

(zu etw dat**)** ~ convincere *qu* (*a fare qc*): **sie hat ihre Eltern rumgekriegt, sie alleine in Urlaub fahren zu lassen**, è riuscita a strappare₁/[ha strappato] ai suoi il permesso di fare le vacanze da sola **2** *fam* (*hinter sich bringen*) *etw* ~: **er weiß die Zeit bis zur Abfahrt kaum rumzukriegen**, non sa come ammazzare il tempo prima della partenza; **die Tage vor der Operation sind schwer rumzukriegen**, i giorni prima dell'intervento sono difficili da passare; **die Kinder kriegen die Zeit bis Weihnachten kaum rum**, i bambini aspettano Natale con impazienza **3** *slang* (*zum Geschlechtsverkehr überzeugen*) *jdn* ~, riuscire a portarsi a letto *qu fam*.

rum|labern *itr fam* → **herum|labern**.

rum|laufen <*irr*> *itr fam* → **herum|laufen**.

rum|machen A *tr fam* (*herumbinden*) *etw* (*um etw* akk) ~ {SCHNUR UM EIN PAKET, VERBAND UM DIE HAND} mettere *qc* ((*intorno*) *a qc*) B *itr* **1** *slang* (*sich mit jdm einlassen*) **mit jdm** ~ bazzicare *qu fam* **2** (*trödeln*) gingillarsi, baloccarsi; **jetzt mach nicht so lange rum, komm endlich!**, dai, datti una mossa, vieni! **3** *slang* (*an etw herumfummeln*) **an etw** (dat) ~ armeggiare *a qc*.

Rummel <-*s*, *ohne pl*> m *fam* **1** (*Trubel*) casino m *fam*, confusione f, bailamme m, trambusto m **2** (*Aufheben*) chiasso m: **einen ~ um etw** (akk) **machen**, fare un gran chiasso intorno a qc **3** *norddt* (*Kirmes*) fiera f.

Rummelplatz m *fam* luna park m, fiera f: **auf den ~ gehen**, andare alle giostre.

rum|motzen *itr fam* (**an etw** dat) ~ brontolare (*per qc*), borbottare (*per qc*).

rum|murksen *itr fam* **an etw** (dat) ~ {AN EINEM GEGENSTAND} armeggiare *a qc*; {AN EINER ARBEIT, ÜBERSETZUNG} gingillarsi *con qc fam*.

rumoren <*ohne ge*-> A *itr* **1** (*geräuschvoll hantieren*) rumoreggiare **2** (*kreisen*) **in etw** (dat) ~ {GEDANKE, FIXE IDEE IM GEHIRN, KOPF} girare ossessivamente *in qc* B *unpers* (*Geräusche verursachen*): **es rumort irgendwo** {IM BAUCH, GEDÄRM, MAGEN}, *qc* brontola/borbotta.

Rumpelkammer f *fam* ripostiglio m.

rumpeln *itr fam* **1** <*haben*> (*poltern*) fare fracasso **2** <*sein*> (*sich polternd fortbewegen*) **irgendwohin** ~ {KARREN, KUTSCHE, WAGEN} passare con fracasso + *compl di luogo*.

Rumpf <-(*e*)*s*, *Rümpfe*> m **1** *anat* tronco m, torso m **2** *naut* scafo m **3** *aero* fusoliera f, carlinga f.

Rumpfbeuge f *sport* flessione f/piegamento m del busto.

rümpfen *tr*: **über etw** (akk) **die Nase** ~, arricciare/storcere il naso per qc.

rum|pfuschen *itr fam* → **herum|pfuschen**.

rum|plagen *rfl fam* → **herum|plagen**.

Rumpsteak n costata f di manzo.

rum|reden *itr fam* → **herum|reden**.

rum|rennen <*irr*> *itr fam* → **herum|rennen**.

rum|stehen <*irr*> *itr fam* → **herum|stehen**.

Rumtopf m **1** *gastr* frutta f sotto rum **2** (*Topf für* ~) vaso m smaltato per la frutta sotto rum.

rum|treiben <*irr*> *rfl fam* → **herum|treiben**.

Rumtreiber <-*s*, ~> m (**Rumtreiberin** f) *fam* → **Herumtreiber**.

Run <-*s*, -*s*> m **Run auf etw** (akk) **corsa** f *a qc*: **es hat einen enormen Run auf die neuen Skateboards gegeben**, c'è stata una ressa enorme per i nuovi skate-board.

rund A *adj* **1** (*kreisförmig*) {FENSTER, TISCH, VASE} rotondo, tondo **2** (*füllig*) {BAUCH, FIGUR, HÜFTEN, PO} rotondetto, tondo, rotondo; {GESICHT} rotondo, pieno **3** <*attr*> *fam* (*ganz*) buono: **die Überfahrt hat eine ~e Woche gedauert**, la traversata è durata una settimana intera; (*überschlägig*) {PREIS, SUMME, ZAHL} tondo **4** (*ausgeglichen*) {GESCHMACK} rotondo; {KLANG, TON} pieno, tondo B *adv* **1** (*ungefähr*) (all'in)circa: ~ **gerechnet**, all'incirca **2** (*im Kreis*) ~ **um jdn/etw** {FÜHREN, GEHEN, LEITEN} intorno *a qu/qc*: **der Spazierweg führt ~ um den See**, il sentiero porta tutt'intorno al lago; **eine Sendung ~ um den Computer**, una trasmissione intorno/dedicata al computer **3** (*rundweg*) {ABLEHNEN, ABLEUGNEN, ABSCHLAGEN, VERWEIGERN} di netto, nettamente, recisamente ● ~ **laufen** (*klappen*) filare liscio (-a); **eine Reise ~ um die Erde**, un viaggio intorno alla terra, il giro del mondo; ~ **um die Uhr**, senza interruzione, non stop, ventiquattr'ore su ventiquattro.

Rundbau <-(*e*)*s*, -*ten*> m *arch* rotonda f.

Rundblick m panorama m, vista f panoramica.

Rundbogen m *arch* arco m a tutto sesto.

Rundbrief m (lettera f) circolare f.

Runde <-, -*n*> f **1** (*Gesellschaft*) cerchia f, circolo m, giro m: **in fröhlicher ~ beisammensitzen**, essere in allegra compagnia; **wir haben ihn in unsere ~ aufgenommen**, l'abbiamo accolto nel nostro gruppo/giro **2** (*Rundgang*) giro m: **eine ~ durch die Kneipen drehen**, fare un giro per le birrerie; **eine ~ durch die Museen machen**, fare un giro per i musei; {+POLIZIST, STREIFE, WACHPOSTEN} ronda f **3** (*Umkreis*) giro m: **in die ~ blicken/schauen**, guardarsi in giro **4** (*Phase*) {+GESPRÄCH, KONFERENZ, VERHANDLUNG} round m **5** *sport* (*Durchgang auf einer Lauf-, Rennstrecke*) giro m; (*Durchgang in einem Wettkampf, Turnier*) turno m; (*Boxen*) ripresa f, round m **6** **Karten** mano f **7** *gastr* (*Lage*) {+BIER, SCHNAPS, SEKT} giro m: **eine ~ ausgeben/spendieren/schmeißen** *slang*, offrire un giro ● **eine ~ drehen** *fam*, fare un giro; **jdm über die ~n helfen**, dare una mano a qu; **über die ~n kommen** *fam*, farcela a stento *fam*; **er kommt gerade so über die ~n**, tira avanti proprio col minimo; **die ~ machen**, fare il giro; **es machte das Gerücht die ~, der Minister wolle zurücktreten**, correva voce che il ministro pensasse alle dimissioni; **eine Platte mit den anderen machte die ~**, sul tavolo passava un vassoio dopo l'altro.

runden A *tr* **1** (*eine runde Form verleihen*) *etw* ~ {LIPPEN, RÜCKEN} arrotondare *qc*; {ECKEN, KANTEN} stondare *qc* **2** *math etw* ~ {ZAHL} arrotondare *qc* B *rfl* **1** (*rundlich werden*) **sich** ~ {BAUCH, BRUST, HÜFTEN, WANGEN} arrotondarsi, diventare rotondo (-a) **2** (*Form annehmen*) **sich** ~ {BILD, VORSTELLUNG} concretizzarsi, prendere forma; {EINDRUCK} trovare conferma.

runderneuern <*ohne ge*-> *tr etw* ~ {REIFEN} rigenerare *qc*, vulcanizzare *qc*.

Runderneuerung f rigenerazione f, vulcanizzazione f.

Rundfahrt f **1** (*Besichtigungsfahrt*) giro m turistico **2** *sport* giro m.

Rundflug m giro m in aereo.

Rundfrage f inchiesta f.

Rundfunk m **1** *tech* radio f, radiodiffusione f **2** (*Einrichtung*) radio f, emittente f radiofonica: **beim ~ arbeiten**, lavorare alla radio; **im ~**, alla radio; **durch den ~, per radio; etw über den ~ verbreiten**, radiodiffondere qc, diffondere qc per radio.

Rundfunkanstalt f emittente f/stazione f radiofonica.

Rundfunkempfang m ricezione f radio/radiofonica.

Rundfunkempfänger m → **Rundfunkgerät**.

Rundfunkgebühr f <*meist pl*> canone m radiofonico.

Rundfunkgerät n (apparecchio m) radio f.

Rundfunkhörer m (**Rundfunkhörerin** f) radioascoltatore (-trice) m (f).

Rundfunknachrichten *subst* <*nur pl*> radiogiornale m, giornale m radio.

Rundfunkprogramm n programma m radiofonico.

Rundfunksender m **1** (*Einrichtung*) emittente f/stazione f radiofonica, radio f **2** (*Apparat*) radiotrasmettitore m.

Rundfunksendung f trasmissione f radiofonica.

Rundfunksprecher m (**Rundfunksprecherin** f) annunciatore (-trice) m (f) alla/della radio.

Rundfunkstation f stazione f radiofonica, radiostazione f.

Rundfunkteilnehmer m (**Rundfunkteilnehmerin** f) radioabbonato (-a) m (f), utente *mf* della radio.

Rundfunkübertragung f → **Rundfunksendung**.

Rundfunkwerbung f pubblicità f radiofonica.

Rundgang m giro m (a piedi); *mil* ronda f.

rund|gehen <*irr*, *sein*> A *itr* **1** (*herumgereicht werden*) {BROTKORB, FLASCHE, PLATTE} fare il giro, circolare **2** (*herumerzählt werden*) {GERÜCHT, NEUIGKEIT, SKANDAL} fare il giro, circolare B *unpers fam* **1** (*es gibt viel Arbeit*): **es geht irgendwo rund** {IM BETRIEB, IM GESCHÄFT, IN DER FIRMA}, c'è un sacco da fare *fam* + *compl di luogo*; **im Geschäft ging es heute so richtig rund**, in negozio oggi c'era la ressa *fam* **2** (*es gibt Ärger*): **es geht irgendwo rund** {IM BETRIEB, IM BÜRO, IN DER FIRMA}, tira una brutta aria (+ *compl di luogo*): **gestern ging's im Büro rund, weil der Chef schlecht aufgelegt war**, ieri in ufficio tirava una brutta aria perché il capo era di cattivo umore.

rundheraus *adv* {ERKLÄREN} francamente, direttamente; {ERKLÄREN, FRAGEN, SAGEN} apertamente: **sie hat ihm ~ gesagt, was sie von ihm hält**, gli ha detto chiaro e tondo cosa pensa di lui.

rundherum *adv* **1** (*ringsherum*) (tutt')intorno **2** (*in die Runde*) {BLICKEN, SCHAUEN} tutt'intorno **3** *fam* (*völlig*) → **rundum**.

rundlich *adj* {FORMEN, RÜCKEN, SCHULTERN, WANGEN} (ro)tondeggiante, rotondo; {MENSCH} grassoccio, grassottello, cicciottello *fam*, pienotto, rotondetto.

Rundreise f viaggio m a tappe: **eine ~ durch Frankreich machen**, fare il giro della Francia.

Rundschreiben n (lettera f) circolare f.

Rundstricknadel f ferro m (da calza) circolare.

rundum *adv* **1** (*ringsum*) tutt'intorno/attorno **2** (*völlig*) completamente, del tutto: ~ **zufrieden sein**, essere pienamente contento.

Rundumschlag m colpi m pl a destra e a manca.

Rundumschutz m **1** *Versicherung* copertura f **2** *inform* protezione f totale.

Rundung <-, -*en*> f **1** (*Wölbung*) {+BOGEN, FENSTER, KUPPEL} curvatura f **2** <*nur pl*> *fam* (*füllige Formen*) {+FRAU, KÖRPER} rotondità f pl, curve f pl.

Rundwanderweg m sentiero m (per escursioni) circolare.

rundweg adv {ABLEHNEN, ABSTREITEN, LEUGNEN} nettamente, decisamente, in modo reciso.

Rune <-, -n> f hist runa f.

Runenalphabet n hist alfabeto m runico.

Runenschrift f hist caratteri m pl runici.

Runkel <-, -n> f A CH, **Runkelrübe** f barbabietola f da foraggio.

runter adv fam → **herunter, hinunter**.

runter|fahren <irr> tr itr fam → **herunter|fahren, hinunter|fahren**.

runter|fallen <irr> itr fam → **herunter|fallen, hinunter|fallen**.

runter|fliegen <irr> itr fam → **herunter|fallen, hinunter|fliegen**.

runter|gehen <irr> itr fam → **herunter|gehen, hinunter|gehen**.

runter|hauen <haute runter oder hieb runter, runtergehauen> tr fam (ohrfeigen): jdm eine ~, mollare una sberla a qu fam.

runter|holen tr fam → **herunter|holen** ● jdm/sich einen ~ vulg, ˌfare a quˌ/[farsi] una sega vulg.

runter|kommen <irr> itr fam → **herunter|kommen, hinunter|kommen**.

runter|kriegen tr fam → **herunter|kriegen**.

runter|laden <irr> tr fam → **herunter|laden**.

runter|lassen <irr> tr fam → **herunter|lassen, hinunter|lassen**.

runter|machen tr fam → **herunter|machen**.

runter|putzen tr fam → **herunter|machen**.

runter|rutschen itr fam → **herunter|rutschen, hinunter|rutschen**.

runter|schlucken tr fam → **herunter|schlucken**.

runter|setzen tr fam → **herunter|setzen, herab|setzen**.

runter|wirtschaften tr fam → **herunter|wirtschaften**.

runter|würgen tr fam → **herunter|würgen**.

runter|ziehen <irr> tr itr fam → **herunter|ziehen**.

Runzel <-, -n> f grinza f, ruga f.

runzelig, runzlig adj {GESICHT, HAUT} rugoso, coperto/pieno di rughe; {FRUCHT} ragggrinzito.

runzeln A tr (krausen) etw ~ {STIRN} corrugare qc; {BRAUEN} aggrottare qc B rfl (Runzeln bekommen) sich ~ {HAUT} raggrinzirsi, diventare rugoso (-a).

runzlig adj → **runzelig**.

Rüpel <-s, -> m pej villano m, cafone m pej, zotico(ne) m.

Rüpelei <-, -en> f pej villania f.

rüpelhaft adj pej {ART} villano; {BENEHMEN, VERHALTEN} auch da cafone pej/zoticone.

rupfen tr 1 (zupfen) etw ~ {GEFLÜGEL} spennare qc 2 (ausreißen) etw ~ {aus/von etw aus} ~ {BLÄTTER VOM STRAUCH, UNKRAUT AUS DER ERDE} strappare qc (da qc) 3 fam (übervorteilen) jdn ~ spennare qu fam.

Rupfen <-s, -> m text tela f di iuta.

ruppig pej A adj 1 (unfreundlich) {ANTWORT, ART, BENEHMEN} scortese, sgarbato, vil-

lano 2 (struppig) {FELL, HAARE} arruffato B adv {ANTWORTEN, ENTGEGNEN, SICH VERHALTEN} in modo sgarbato/scortese, sgarbatamente, con villania, villanamente.

Rüsche <-, -n> f ruche f, volant m; (am Rocksaum) auch balza f.

Rushhour <-, -s> f ora f di punta.

Ruß <-es, rar -e> m fuliggine f.

Russe <-n, -n> m (**Russin** f) russo (-a) m (f).

Rüssel <-s, -> m 1 zoo {+ELEFANT, INSEKT} proboscide f; {+SCHWEIN} grugno m 2 fam scherz (Nase) proboscide f.

rußen itr {KAMIN, OFEN} produrre fuliggine; {KERZE, LAMPE} far(e) fumo.

rußig adj {GESICHT, KAMINABZUG, WAND} fuligginoso, nero di fuliggine.

Russin f → **Russe**.

russisch adj russo ● **~e Eier** gastr. uova alla russa.

Russisch <-(s), ohne pl> n, **Russische** <dekl wie adj> n russo m; → auch **Deutsch, Deutsche**®.

russisch-orthodox adj russo-ortodosso.

Russland (a.R. **Rußland**) n geog Russia f.

Russlanddeutsche (a.R. **Rußlanddeutsche**) <dekl wie adj> mf russo (-a) m (f) di origine tedesca.

Rußpartikelfilter m (bei Dieselmotoren) filtro m antiparticolato.

rüsten A itr mil (auf~) armarsi: **zum Krieg ~**, armarsi per la guerra B rfl geh (sich bereitmachen) **sich** {für etw akk} ~ {FÜR EINE AUFGABE, EINE REISE} prepararsi a qc.

Rüster <-, -n> f bot (Ulme) olmo m.

rüstig A adj (leistungsfähig) arzillo: **für sein Alter noch ~ sein**, essere ancora ˌmolto vispoˌ/[in forma] considerata l'età B adv geh (kraftvoll) {AUSSCHREITEN} in modo vigoroso.

rustikal A adj (in stile) rustico B adv {EINGERICHTET} in stile rustico.

Rüstung <-, -en> f 1 <meist sing> mil (Aufrüstung) armamento m 2 hist (Ritterrüstung) armatura f.

Rüstungsbegrenzung f, **Rüstungsbeschränkung** f limitazione f degli armamenti.

Rüstungsbetrieb m fabbrica f di armi.

Rüstungsetat m bilancio m militare.

Rüstungsexport m esportazione f di armi.

Rüstungsfabrik f → **Rüstungsbetrieb**.

Rüstungsgegner m (**Rüstungsgegnerin** f) sostenitore (-trice) m (f)/fautore (-trice) m (f) del disarmo.

Rüstungsindustrie f industria f degli armamenti.

Rüstungskontrolle f controllo m degli armamenti.

Rüstungskontrollverhandlungen subst <nur pl> negoziati m pl sul controllo degli armamenti.

Rüstungsmüll m rifiuti m pl dell'industria degli armamenti.

Rüstungspotenzial, Rüstungspotential n potenziale m bellico.

Rüstungsstopp m stop m agli armamenti.

Rüstungsunternehmen n → **Rüstungsbetrieb**.

Rüstungswettlauf m corsa f agli arma-

menti.

Rüstzeug <-s, ohne pl> n 1 (Ausrüstung) attrezzatura f, equipaggiamento m 2 (Kenntnisse) requisiti m pl, bagaglio m: **für so eine Tätigkeit braucht man das entsprechende ~**, per un'attività del genere ci vuole il know-how.

Rute <-, -n> f 1 (Gerte) verga f, bacchetta f; (zur Züchtung) bacchetta f 2 (Angelrute) canna f 3 Jagd (Tierschwanz) coda f; (Tierpenis) verga f 4 (Wünschelrute) bacchetta f del rabdomante ● **mit eiserner ~ regieren**, adoperare la frusta.

Rutengänger <-s, -> m (**Rutengängerin** f) rabdomante mf.

Ruth f (Vorname) Ruth.

Rutsch <-(e)s, -e> m 1 (Abrutsch) scivolone m, scivolata f; pol virata f, sterzata f 2 (Erdrutsch) frana f, smottamento m 3 fam (kleiner Ausflug) giro m; (Spritztour) puntata f, scappata f ● (einen) **guten ~ (ins neue Jahr)!** fam, buon anno!; **in einem ~** fam, in una volta sola, tutto d'un colpo/fiato.

Rutschbahn f → **Rutsche**.

Rutsche <-, -n> f tech (Beförderungsband) scivolo m.

rutschen itr <sein> 1 (aus~) {MENSCH} scivolare, sdrucciolare, fare uno scivolone; {ABHANG, ERDREICH} franare, smottare 2 (gleiten) **auf etw** (dat) ~ {REIFEN, WAGEN AUF DEM ABHANG, DEM EIS, IM SCHNEE} slittare su qc, scivolare su qc 3 fam (rücken) **mit etw** (dat) **irgendwohin** ~ {MIT STÜHLEN, TISCHEN NACH VORN, ZUR SEITE} spostarsi con qc + compl di luogo: **was rutscht du denn so ungeduldig auf deinem Stuhl hin und her?**, perché ti agiti in continuazione sulla sedia?; **rutsch doch mal ein Stück zur Seite, bitte!**, fatti un po' in là, per favore! fam 4 (hinunter~) (irgendwohin) ~ {BRILLE, ROCK} scivolare (+ compl di luogo): **die Hose ist mir zu weit, sie rutscht**, i pantaloni mi stanno troppo larghi, ˌ(mi) calanoˌ/[scivolano giù] 5 (entgleiten): **aus der Hand ~** {GLAS, FLASCHE, VASE}, scappare di mano ● **(vor jdm) auf den Knien/dem Bauch ~**, inginocchiarsi davanti a qu.

rutschfest adj {BELAG, SOHLE, STOFF} antiscivolo, antisdrucciolevole.

Rutschgefahr f: Achtung, ~!, attenzione, strada sdrucciolevole!

rutschig adj {BODEN, FLÄCHE, UNTERGRUND} scivoloso, sdrucciolevole.

Rutschpartie f scherz scivolata f ● **eine ~ machen**, fare uno scivolone.

rutschsicher adj → **rutschfest**.

rütteln A tr 1 (kräftig schütteln) etw ~ {FLASCHE, KORB, SIEB} scuotere qc 2 (hin und her bewegen) **jdn an etw** (dat) ~ {AM ARM, AN DER SCHULTER} prendere qu per qc e scuoterlo: **jdn aus dem Schlaf ~**, scuotere qu dal sonno B itr 1 (ruckartig fahren) {KARREN, KUTSCHE, ZUG} muoversi traballando 2 (hin und her bewegen) **an etw** (dat) ~ {AM GITTER, AM SCHLOSS, AN DER TÜR} scuotere qc 3 (in Frage stellen) **an etw** (dat) ~ {AN DEN GRUNDFESTEN, DEM SELBSTVERSTÄNDNIS EINER GESELLSCHAFT} scuotere qc, dare uno scossone a qc ● **daran gibt's nichts zu ~!** fam, non ci si può fare più nulla!, è così e basta!

Rüttelschwelle f autom dosso m artificiale.

Rüttelsieb n tech vibrovaglio, crivello m vibrante.

S, s

S, s ‹-, -› n S, s f oder m ● *Größe* S, taglia/misura S; *scharfes* S, la lettera tedesca ß; S **wie** *Siegfried D A/Samuel D/Sophie CH,* s come Savona; → *auch* **A, a**.

s. Abk von siehe: V., v. (Abk von vedi).

S 1 Abk von Süd(en): S (Abk von sud) **2** *hist* Abk von Schilling: S (Abk von scellino austriaco).

S. Abk von Seite: p. (Abk von pagina).

s. a. 1 Abk von siehe auch: Cfr., cfr. (Abk von confronta) **2** Abk von sine anno (*ohne Jahr*): s. a.

SA ‹-, *ohne pl*› f *hist* Abk von Sturmabteilung: SA f pl (*formazioni d'assalto del partito nazionalsocialista*).

Saal ‹-(e)s, *Säle*› m sala f.

Saar ‹-, *ohne pl*› f *geog* Saar f.

Saarbrücken ‹-s, *ohne pl*› n *geog* Saarbrücken f.

Saarland n *geog* (regione f della) Saar f.

Saarländer m (**Saarländerin** f) abitante mf (della regione) della Saar.

saarländisch adj della (regione della) Saar.

Saat ‹-, *-en*› f **1** ‹*nur sing*› (*das Säen*) semina f, sementa f *rar* **2** ‹*meist sing*› (*Samenkörner*) semente f, sementa f, semi m pl **3** (*Spross*) germoglio m, seme m **4** (*das Verbreiten*) {HASS, ZWIETRACHT} seme m ● **die ~ geht auf,** il grano germoglia.

Saatgut ‹-, *ohne pl*› n semente f, semenza f.

Saatzeit f (periodo m della) semina f, sementa f *rar.*

Sabbat ‹-s, *-e*› m *relig* sabato m (ebraico).

Sabbatjahr n anno m sabbatico.

Sabberlätzchen n bavaglino m.

sabbern *fam* A itr (*Speichel ausfließen lassen*) {BABY, HUND, ALTER MENSCH} sbavare B tr (*dumm reden*) *etw* ~ blaterare *qc* fam.

Säbel ‹-s, -› m sciabola f ● **mit dem ~ rasseln** *pej*, mostrare i muscoli.

Säbelgerassel n *pej* → **Säbelrasseln**.

Säbelhieb m sciabolata f.

Säbelrasseln n *pej* dimostrazione f di forza.

Sabine f (*Vorname*) Sabina.

Sabotage ‹-, *ohne pl*› f sabotaggio m.

Sabotageakt m atto m di sabotaggio ● **einen ~ an etw** (dat) **verüben,** commettere un atto di sabotaggio contro/[ai danni di] qc.

Saboteur ‹-s, *-e*› m (**Saboteurin** f) sabotatore (-trice) m (f).

sabotieren ‹*ohne ge-*› A tr **1** (*durch Sabotage stören*) *etw* ~ {ANLAGE, MASCHINE, PRODUKTION} sabotare qc **2** (*hintertreiben*) *etw* ~ {BEFÖRDERUNG, KANDIDATUR, KONFERENZ, WAHLEN} sabotare qc B itr (*Sabotage begehen*) commettere atti di sabotaggio.

Sachanlage f ‹*meist pl*› *ökon* bene m patrimoniale.

Sacharin, Saccharin *fachspr* ‹-s, *ohne pl*› n saccarina f.

Sachbearbeiter m (**Sachbearbeiterin** f) incaricato (-a) m (f), addetto (-a) m (f).

Sachbegriff m termine m (tecnico): **die Enzyklopädie ist nach ~en geordnet,** l'enciclopedia ha un ordinamento tematico.

Sachbeschädigung f *adm* danni m pl materiali/[alle cose].

sachbezogen A adj {ANGABEN, AUSSAGE, KRITIK} obiettivo, che si attiene ai fatti; {FRAGE} pertinente B adv {ARGUMENTIEREN} con pertinenza, in modo pertinente, attenendosi ai fatti.

Sachbuch n libro m/testo m di saggistica, saggio m: **Sachbücher,** saggistica.

sachdienlich adj *adm* {ANGABEN, HINWEISE} utile: **~e Hinweise nimmt jede Polizeidienststelle entgegen,** chi avesse informazioni al riguardo è pregato di rivolgersi al più vicino posto di polizia.

Sache ‹-, *-n*› f **1** (*Angelegenheit*) faccenda f, affare m, questione f: **das ist eine ganz unangenehme ~,** è una faccenda veramente spiacevole **2** ‹*meist pl*› (*Ding*) cosa f, roba f *fam*: **in diesem Laden gibt's nur teure ~n,** in questo negozio hanno solo ⌊cose costose⌋/[roba cara] **3** *jur* (*Fall*) causa f: **in ~n Roth,** nella/[riguardo alla] causa Roth **4** ‹*nur pl*› (*persönlicher Besitz*) cose f pl, roba f *fam*: **nimm deine ~n und verschwinde!,** prendi ⌊la tua roba⌋/[le tue cose] e vattene! **5** ‹*nur pl*› (*Kleider*) roba f *fam*, vestiti m pl: **warme ~n,** roba pesante, cose pesanti **6** ‹*nur pl*› (*Lebensmittel*) roba f *fam*, cose f pl *fam*: **hier gibt's leckere ~n zu essen,** qui si mangiano delle cose squisite **7** ‹*nur pl*› (*Utensilien*) roba f *fam*, cose f pl: **wo sind meine ~n zum Malen?,** dov'è la mia roba per dipingere? **8** ‹*nur pl*› *fam* (*Geschwindigkeit*): **der Wagen macht mehr als 180 ~n,** la macchina fa/[va a] più di 180 kilometri all'ora **9** ‹*nur pl*› (*Werke*) cose f pl ● **das ist eine andere ~,** è tutt'altra cosa; **das ist beschlossene ~,** è deciso; **bei der ~ bleiben,** restare in argomento, non divagare; **in eigener ~,** per una questione personale; **das ist so eine ~** (mit etw dat) *fam* (*das ist gar nicht so einfach*), è un problema (con qc); **das ist eine ~ für sich,** è una cosa a sé/parte; **nicht zur ~ gehören,** non entrarci; **das gehört nicht zur ~,** non c'entra; **eine gerechte ~,** una giusta causa; **das ist eine ~ des Geschmacks,** è (una) questione di gusti; **eine gute ~** (*wohltätiges Werk*), un'opera buona; (*angenehme ~*), un'ottima cosa; **das ist 'ne/eine ~!,** questa sì che è roba! *fam*; **die ~ ist die, dass ...,** il fatto è che ...; **nicht jedermanns ~ sein** (*nicht jedem gefallen*), non essere cose per tutti; (*nicht jedem gelingen*), non essere cose da tutti; **so eine Kreuzfahrt ist nicht meine ~** *fam*, queste crociere non fanno/[sono cose] per me *fam*; **zur ~ kommen,** venire al dunque/sodo *fam*; **wieder zur ~ kommen,** tornare a bomba; **gemeinsame ~ mit jdm machen,** far combutta *fam*/comunella *fam* con qu; **seine ~ gut machen,** sapere il fatto proprio; **keine halben ~n machen** (*etw zu Ende führen*), non fare le cose a metà; **mach keine ~n!** *fam* (*tu das nicht*), non fare sciocchezze/stupidaggini!; (*was du nicht sagst!*), cose da pazzi! *fam*; **seine ~n packen** *fam*, fare fagotto *fam*; **das ist eine runde ~!** *fam*, è una bella cosa!; **jdm sagen, was ~ ist** *fam*, dire a qu come stanno le cose; **scharfe ~n** (*Alkoholisches*), superalcolici, roba forte *fam*; **jds ~ sein** (*jds Aufgabe sein*), spettare a qu; **es ist Ihre ~ klarzustellen, ob ...,** spetta a Lei chiarire se ...; **es ist auch ~ der Bürger, für eine saubere Stadt zu sorgen,** è anche compito dei cittadini far sì che la città sia pulita; **das ist deine ~** (*das ist deine Angelegenheit*), sono affari/fatti tuoi; **nicht bei der ~ sein,** non esserci con la testa *fam*; **seiner ~ sicher sein,** essere sicuro del fatto proprio; **die ~ steht gut/schlecht,** si mette bene/male; **das tut nichts zur ~,** non c'entra; **etw von der ~ verstehen,** essere del mestiere; **was machst du bloß für ~n!** *fam*, ma che (cosa) stai combinando? *fam*; **was sind denn das für ~n?,** che storia è questa?; **zur ~ (, Schätzchen** *fam***)!,** veniamo ai fatti!

Sachertorte f *gastr* Sachertorte f, (torta f) Sacher f.

Sachfrage f questione f tecnica.

sachfremd adj non pertinente.

Sachgebiet n materia f, ambito m, campo m, ramo m: **in dem ~ kennt er sich gut aus,** è molto competente in materia.

sachgemäß A adj {ANWENDUNG, BEDIENUNG, BEHANDLUNG} appropriato, adeguato, corretto B adv {ANWENDEN, BEDIENEN, BEHANDELN, UMGEHEN} in modo appropriato/adeguato, correttamente.

sachgerecht adj → **sachgemäß**.

Sachkapital n *ökon* capitale m reale.

Sachkenntnis f **1** (*Fachwissen*) competenza f (specifica), conoscenza f specifica **2** (*Kenntnis der Sachlage*) cognizione f di causa.

Sachkompetenz f competenza f (specifica).

Sachkritik f critica f sostanziale/obiettiva.

Sachkunde f, **Sachunterricht** m *D Schule* "nella scuola elementare materia f composta da storia, geografia, biologia ed educazione civica".

sachkundig A adj {ERKLÄRUNG, INFORMATION, KOMMENTAR} tecnico; {FÜHRUNG} istruttivo, esperto; {BERATER, FÜHRER, LEITER} documentato, esperto, competente B adv {AUS-

FÜHREN, BERATEN, ERKLÄREN, INFORMIEREN} con competenza, con cognizione di causa.
Sachlage <-, ohne pl> f geh stato m delle cose, situazione f (di fatto).
Sachleistung f prestazione f in natura; {+KRANKENKASSE, VERSICHERUNG} prestazione f.
sachlich **A** adj 1 (objektiv) {ARGUMENTATION, BERICHT, ERKLÄRUNG, HINWEIS} obiettivo, imparziale, {KRITIK, URTEIL} auch, spassionato, sereno, {FRAGE} pertinente, {GRUND} oggettivo: ~ **bleiben**/**sein**, attenersi ai fatti, essere obiettivo 2 (von der Sache her) {UNTERSCHIED} concreto, effettivo: **die ~e Richtigkeit der Ausführung steht außer Frage**, l'esattezza dell'esposizione è fuori discussione 3 (nüchtern) {EINRICHTUNG} funzionale, sobrio; {FASSADE, STIL} auch disadorno **B** adv 1 (objektiv) {ARGUMENTIEREN, ERKLÄREN, FESTSTELLEN, URTEILEN} con obiettività/imparzialità, obiettivamente 2 (inhaltlich) {FALSCH, RICHTIG, ZUTREFFEND} oggettivamente, (in) quanto al contenuto.
sächlich adj gram {ARTIKEL, GESCHLECHT} neutro.
Sachlichkeit <-, ohne pl> f 1 (Objektivität) {+KRITIK, PERSON, URTEIL} obiettività f 2 (Nüchternheit) {+EINRICHTUNG, STIL} sobrietà f, funzionalità f ● **Neue ~ kunst lit**, nuova oggettività.
Sachmangel m jur vizio m della cosa.
Sachregister n indice m analitico.
Sachschaden m danno m materiale/[alle cose].
Sachse <-n, -n> m (**Sächsin** f) sassone mf.
sächseln itr parlare con accento sassone.
Sachsen <-s, ohne pl> n geog Sassonia f.
Sachsen-Anhalt <-s, ohne pl> n Sassonia-Anhalt f.
Sächsin f → **Sachse**.
sächsisch adj sassone.
Sachspende f offerta f/aiuto m in natura.
sachte **A** adj 1 (sanft) {BERÜHRUNG, BEWEGUNG} leggero, lieve; {STREICHELN} auch delicato, dolce 2 (leicht) {GEFÄLLE, STEIGUNG} leggero, lieve **B** adv 1 (sanft) {BERÜHREN, STREICHELN} lievemente, delicatamente 2 (leicht) {ANSTEIGEN} leggermente, dolcemente 3 (behutsam) {UMGEHEN} con delicatezza/dolcezza: **jdm etw ~ beibringen**, dire qc a qu con tatto ● ~, ~! fam, immer (hübsch) ~! fam, **nun mal ~!** fam (immer mit der Ruhe), piano!, adagio!.
Sachverhalt <-(e)s, -e> m fatti m pl; bes. jur circostanze f pl di fatto, fattispecie f.
Sachverstand m competenza f.
Sachverständige <dekl wie adj> mf 1 jur perito (-a) m (f), consulente m tecnico: **amtlich bestellter ~r**, perito (nominato) d'ufficio, consulente tecnico d'ufficio (Abk CTU) 2 (Experte) esperto (-a) m (f).
Sachverständigengutachten n perizia f, consulenza f tecnica.
Sachverständigenrat m consiglio m di esperti.
Sachwert m ökon 1 (nur sing) (realer Wert) valore m reale/intrinseco 2 <meist pl> (Wertobjekt) beni m pl rifugio.
Sachwissen n conoscenze f pl specifiche/[in materia].
Sachwörterbuch n dizionario m (enciclopedico): **~ der Literatur**, dizionario dei termini letterari.
Sachzwang m soziol necessità f (oggettiva): **Sachzwängen unterliegen**, essere condizionato/costretto dalle circostanze.
Sack <-(e)s, Säcke> m 1 (Stoffbehälter) sacco m 2 süddt A CH (Hosentasche) tasca f (dei

pantaloni) 3 slang (Hodensack) coglioni m pl vulg, palle f pl slang 4 <meist pl> (Tränensack) sacco m lacrimale 5 slang fam (Mann) coglione m vulg: **wenn ich den alten ~ schon sehe, wird mir schlecht**, solo a vedere quel vecchio coglione mi viene male ● **in ~ und Asche gehen** geh, cospargersi il capo di cenere, recitare il mea culpa; **fauler ~!** fam, poltrone fam; **jdm auf den ~ gehen** slang, rompere ¦ i coglioni vulg ¦/[il cazzo vulg] a qu; **wie ein nasser ~ hinfallen/umkippen/zusammenklappen** fam, cascare come un sacco di patate; **mit ~ und Pack**, con armi e bagagli; **jdn in den ~ stecken** fam, mangiarsi qu in un boccone fam, mettersi qu in tasca fam; **~ Zement!**, Dio Cristo! fam, Cristo santo! fam; **den ~ schlagen und den Esel meinen** prov, battere il basto invece dell'asino.
Sackbahnhof m Eisenb stazione f di testa.
Säckchen <-s, -> n dim von Sack sacchetto m.
Säckel m 1 süddt A (Hosentasche) tasca f; obs (Geldbörse) portafoglio m 2 iron (Kasse einer Institution) casse f pl.
sacken itr <sein> **irgendwohin ~** (MENSCH NACH HINTEN/VORN, NACH RECHTS/LINKS, ZU BODEN) accasciarsi ~ compl di luogo.
sackförmig adj {KLEID} a sacco.
Sackgasse f 1 (nicht durchgehende Straße) vicolo m cieco, strada f senza uscita 2 (festgefahrene Situation) vicolo m cieco ● **in eine ~ geraten** fig, finire in un vicolo cieco; **in einer ~ stecken** fig, trovarsi in un vicolo cieco.
Sackhüpfen <-s, ohne pl> n corsa f nei sacchi.
Sackkleid n abito m a sacco.
Sackleinen n tela f per sacchi.
Sacktuch <-(e)s, -tücher> n 1 süddt A CH fazzoletto m 2 → **Sackleinen**.
sackweise adv 1 (in Säcken) a sacchi: **Zwiebeln ~ kaufen**, comprare cipolle a sacchi 2 (haufenweise) {DRECKIGE WÄSCHE, ALTE ZEITUNGEN} a sacchi/saccate.
Sadismus <-, ohne pl> m 1 psych (anormale Veranlagung) sadismo m 2 (Quälerei) sadismo m.
Sadist <-en, -en> m (**Sadistin** f) sadico (-a) m (f).
sadistisch **A** adj {MENSCH, VERANLAGUNG} sadico **B** adv {BEHANDELN, SCHIKANIEREN} con sadismo, sadicamente, in modo sadico.
Sadomaso <-, ohne pl> m slang, **Sadomasochismus** m psych sadomasochismo m.
Sadomasochist m (**Sadomasochistin** f) sadomasochista mf.
sadomasochistisch adj sadomasochistico.
säen **A** tr etw ~ 1 (aussäen) {BLUMEN, GETREIDE, GRAS, KORN} seminare qc 2 (hervorrufen) {ARGWOHN, HASS, MISSGUNST, MISSTRAUEN, ZWIETRACHT} seminare qc **B** itr (die Säen vornehmen) seminare ● **dünn gesät sein** (GUTE BÜCHER, LOYALE POLITIKER}, scarseggiare, essere una merce rara.
Safari <-, -s> f safari m.
Safaripark m parco m safari.
Safe <-s, -s> m oder n cassaforte f.
Safer Sex <-(es), ohne pl> m sesso m sicuro.
Safer-Sex-Kampagne f campagna f per il sesso sicuro.
Saffian <-s, ohne pl> m text, **Saffianleder** n text marocchino m.
Safran <-s, -e> m gastr zafferano m.
Saft <-(e)s, Säfte> m 1 (Obstsaft) succo m; (frisch gepresst) spremuta f 2 (Bratensaft) sugo m 3 (Pflanzensaft) linfa f 4 fam (Strom) corrente f ● **ohne ~ und Kraft** fam {DISKUSSION, VORTRAG}, senza sugo/brio; **ein Mensch ohne ~ und Kraft**, un mollaccione fam, un loffio

fam; **jdn im eigenen ~ schmoren lassen** fam, lasciare cuocere qu nel proprio brodo.
saftig adj 1 (FLEISCH) sugoso; {FRUCHT, OBST} auch succoso 2 (frischgrün) {WIESE} verdeggiante; {GRÜN} brillante, intenso 3 fam (deftig) {PREIS, RECHNUNG} salato fam; {ANTWORT, BRIEF} pungente, mordace; {OHRFEIGE} sonoro.
Saftladen <-s, ohne pl> m fam pej baracca f fam.
saftlos adj 1 (ohne Saft) {FRUCHT, OBST} senza/[privo di] succo 2 (ohne Schwung) {REDE, VORTRAG} senza sugo/brio/verve.
Saftpresse f spremifrutta m, spremitoio m.
Saftsack m slang pej brutto ignorante m, citrullo m.
Saga <-, -s> f lit saga f.
Sage <-, -n> f leggenda f; (Heldensage) saga f.
Säge <-, -n> f sega f.
Sägeblatt n lama f di sega.
Sägebock m pietica f, cavalletto m (per segare).
Sägefisch m fisch pesce m sega.
Sägemehl n segatura f.
Sägemesser n coltello m a sega.
sagen **A** tr 1 (äußern) **etw (zu jdm) ~** dire qc (a qu) 2 (mitteilen) **jdm etw ~** dire qc a qu 3 (meinen) **etw zu etw (dat) ~** dire qc (a proposito) di qc: **was ~ Sie dazu?**, cosa ne dice?; **zu dieser Frage möchte ich lieber nichts ~**, preferirei non pronunciarmi sulla questione 4 (befehlen) **jdm etw ~** dire qc a qu **B** itr (sich äußern) dire: **~ Sie mal, was Sie davon halten**, ci dica un po' cosa ne pensa ● **das sagt alles**, questo dice/spiega tutto; **das sagt doch schon alles über ihn**, questo già la dice lunga su di lui; **besser gesagt**, o meglio, o per meglio dire; **sag bloß!**, (ma) non mi dire!; **dagegen ¦ist nichts zu¦/[lässt sich nichts] ~**, non c'è niente da dire; **damit ist nicht gesagt, dass ... fam**, con questo non è detto che ... konjv: **wenn ich so ~ darf**, se così si può dire; **das/so etwas sagt man nicht**, (questo) non si dice, queste cose non si dicono; **du/Sie zu jdm ~**, dare del tu/Lei a qu; **¦du sagst¦/[Sie ~] es! fam (genau!)**, l'hai/l'ha detto!; **jdm etwas sagen (MUSIK, TITEL)**, dire qc a qu; **sagt dir der Name (et)was?**, questo nome ti dice qualcosa?; **genauer gesagt**, più precisamente; **gesagt, getan geh**, detto fatto; **leichter gesagt, als getan**, è più facile a dirsi che a farsi; **ich hab's (dir) doch gleich gesagt! fam**, te l'avevo detto io!; **irgendwo das Sagen haben**, comandare + compl di luogo; **(et)was/nichts zu ~ haben** (viel/wenig Einfluss haben), avere/[non avere] voce in capitolo; **(etwas/nichts hinzuzufügen haben)**, ¦avere qualcosa¦/[non avere nulla] da dire; **Sie haben mir nichts zu ~**, non prendo ordini da Lei; **sich (dat) nichts mehr zu ~ haben**, non avere più nulla da dirsi; **sich (dat) viel zu ~ haben**, avere molto/[molte cose] da dirsi; **das hat nichts zu ~**, (questo) non vuol dire (niente); **was hat das schon zu ~?!**, e che vuol dire?; **jetzt sage ich gar nichts mehr (da bin ich sprachlos)**, sono senza parole; **das kann man wohl/laut ~ (allerdings)**, lo puoi ¦ben dire¦/[dire forte]; **man kann ~, was man will ... fam (und doch)**, si può dire quello che si vuole ...; **das hätte ich dir gleich ~ können!**, se lo chiedevi a me...; **könnten Sie mir ~, wie/wo ...?**, mi potrebbe dire come/dove ...?; **sich (dat) nichts ~ lassen**, non intendere ragione; **sie lässt sich einfach nichts ~**, non ascolta proprio quel che le si dice; **ich hab' mir ~ lassen, dass ...**, ho sentito dire che ...; **es sich (dat) nicht zweimal

~ lassen, non farselo dire due volte; *lass dir das gesagt sein! (schreib dir das hinter die Ohren)*, mettitelo bene in testa!; **das ist leicht gesagt!, das sagt sich so leicht!**, facile a dirsi!, è una parola! *fam*; *man sagt, dass ...,* [si dice]/[dicono] che ... *konjv/ind*; **das möchte/will/würde ich nicht ~** *(das will ich nicht unbedingt behaupten)*, questo non lo direi; **ich muss schon ~ ...**, devo dire ...; *jdm nichts ~ (jdm nicht gefallen, unverständlich sein)*, non dire niente/nulla a qu; *(jdm unbekannt sein)*, non dire niente/nulla a qu; **dieser Name sagt mir nichts**, questo nome non [mi che nulla]/[l'ho mai sentito]; **moderne Kunst sagt ihm nichts**, l'arte moderna non gli dice niente; **sag mal, ..., di' un po', ...; sage und schreibe**, nientepopodimeno che; **wie soll ich ~?**, come posso dire?; **... um nicht zu ~ ...,** ... per non dire ...; **er ist sehr zurückhaltend, um nicht zu ~ schüchtern**, è molto riservato, per non dire timido; **unter uns gesagt**, detto fra noi; **etw vor sich hin ~**, dire qc fra sé e sé; **was** [du nicht sagst]/[Sie nicht ~]! *fam*, (ma) non mi dire/dica!; **wem ~ Sie das?!** *fam*, (e) a chi lo dice?!; **na, wer sagt's denn?** *fam (ich hab' es doch gewusst)*, hai/avete visto, lo sapevo io!; cosa ti/vi avevo detto?!; *wie* **(schon) gesagt**, come ho già detto; *wie man (so schön) sagt fam*, come si suol dire; **~ wir ...** *(einigen wir uns auf...)*, diciamo.., facciamo ...; **was wollen Sie damit ~?**, cosa intende dire?; **was ich noch ~ wollte**, a proposito ...
sägen A *tr* 1 *(durchtrennen)* **etw** *(in etw akk)* ~ {HOLZ, PLATTE, STAMM IN SCHEIBEN, IN VERSCHIEDENE STÜCKE, ZWEI TEILE} segare qc *(in qc)*: **einen Stamm in Stücke ~**, segare un tronco in diversi pezzi 2 *(durch Sägen herstellen)* **etw ~** {BRETTER, PLATTEN} segare qc B *itr* 1 *(mit der Säge arbeiten)* segare 2 *fam (schnarchen)* ronfare *fam*.
sagend A *adj*: **nichts ~** {ANTWORT}, che non dice niente; {GESPRÄCH, PERSON} *auch*, insignificante, insulso; {GESICHT}, inespressivo; **viel ~** {GESTE}, eloquente, significativo; {BLICK, LÄCHELN, SCHWEIGEN} *auch*, che la dice lunga *fam*; **er machte eine viel ~e Handbewegung**, fece un gesto eloquente B *adv*: **jdn viel ~ ansehen**, lanciare uno sguardo eloquente a qu; **sich viel ~ ansehen**, scambiarsi (degli) sguardi eloquenti; **viel ~ lächeln**, fare un sorriso che la dice lunga; **er hat viel ~ geschwiegen**, il suo silenzio era carico di significati.
Sagengestalt *f* figura *f* leggendaria, personaggio *m* mitico.
sagenhaft A *adj* 1 *(legendär)* {GESTALT} leggendario, favoloso 2 *fam (hervorragend)* {GLÜCK, WETTER} favoloso, incredibile, grandioso *fam*; {BEGABUNG, GEDÄCHTNIS} *auch* prodigioso 3 *fam (übel)* {PECH, REINFALL} incredibile, clamoroso B *adv fam (unglaublich)* {BILLIG, GÜNSTIG, TEUER} incredibilmente: **er spielt ~ gut Tennis**, gioca a tennis in modo favoloso *fam*.
sagenumwoben *adj geh* {BURG, WALD} leggendario, avvolto dalla leggenda, ammantato di leggenda *geh*.
Sägespäne *subst <nur pl>* segatura *f*.
Sägewerk *n* segheria *f*.
Sago *<-s, ohne pl> m oder A n gastr* sagù *m*.
Sagopalme *f bot* palma *f* del sagù.
sah 1. *und* 3. *pers sing imperf von* sehen.
Sahara *<-, -s> f geog*: **die ~**, il (deserto del) Sahara.
Sahne *<-, ohne pl> f gastr* 1 *(Rahm)* crema *f*, panna *f* 2 *(Schlagsahne)* panna *f*: **süße/saure ~**, panna [da montare]/[acida]; **die ~ schlagen**, montare la panna ● **allererste sein** *slang* essere il top *fam*/massimo *fam*, essere di ottima qualità.
Sahnebonbon *m oder n* caramella *f* alla crema.
Sahneeis *n* gelato *m* a base di panna.
Sahnejoghurt, Sahnejogurt *m* yogurt *m* con crema di latte.
Sahnequark *m* "specie di ricotta *f* molto cremosa".
Sahnesoße *f* salsa *f* alla panna: **Nudeln mit ~**, pasta alla/[al sugo di] panna.
Sahnetorte *f* torta *f* alla/di panna.
Sahneyoghurt *a.R. von* Sahnejoghurt → **Sahnejoghurt**.
sahnig *adj* cremoso.
Saibling *<-s, -e> m fisch* salmerino *m*.
Saison *<-, -s> f* 1 *(Haupturlaubszeit)* stagione *f* (turistica): **in der ~**, in alta stagione; **außerhalb der ~**, in bassa stagione, fuori stagione 2 *(Zeitabschnitt im Modejahr)* stagione *f*: **die neue ~ sieht wieder knöchellange Mäntel vor**, la nuova/prossima stagione ripropone cappotti (fino) alla caviglia 3 *sport theat (Spielzeit)* stagione *f* ● **~ haben** *fam* {MINIRÖCKE}, andare di moda; **die Lebkuchen haben nur in der Weihnachtszeit ~**, la stagione del panpepato è limitata al periodo natalizio.
saisonal *adj* → **saisonbedingt**.
Saisonarbeit *f* lavoro *m* stagionale.
Saisonarbeiter *m (Saisonarbeiterin f)* lavoratore (-trice) *m (f)* stagionale *mf*.
saisonbedingt *adj* {ARBEITSLOSIGKEIT, KONJUNKTUR, KURZARBEIT, VERKAUFSRÜCKGANG} dovuto alla stagione.
Saisonbeginn *m* inizio *m* di/della stagione.
saisonbereinigt *adj adm* {ARBEITSLOSENQUOTE} destagionalizzato.
Saisonbeschäftigung *f* occupazione *f*/impiego *m* stagionale.
Saisonbetrieb *m* esercizio *m*/attività *f* stagionale.
Saisoneröffnung *f* apertura *f* della stagione.
Saisongeschäft *n* attività *f* stagionale.
Saisonschluss *m (a.R.* Saisonschluß) *m* fine *f* di/della stagione.
Saisonwanderung *f* spostamento *m* di lavoratori stagionali.
saisonweise *adv* stagionalmente; {BESCHÄFTIGEN, EINSTELLEN} *auch* per la stagione: **irgendwo ~ beschäftigt sein**, fare la stagione + *compl di luogo fam*.
Saite *<-, -n> f mus* corda *f* (musicale) ● **andere/strengere ~n aufziehen** *fam*, cambiare musica *fam*/registro *fam*.
Saiteninstrument *n* strumento *m* a corda.
Sake *<-, ohne pl>* sakè *m*.
Sakko *<-s, -s> m oder süddt A n* giacca *f* (da uomo).
sakral *adj* 1 {AKT, HANDLUNG} sacrale; {BAU, FEIER, KUNST, MUSIK} sacro 2 *anat (das Kreuzbein betreffend)* sacrale.
Sakralbau *<-(e)s, -ten> m* edificio *m* sacro.
Sakrament *<-(e)s, -e> n relig* 1 *(ritueller Akt)* {EHE, TAUFE} sacramento *m* 2 *(Hostie)* Sacramento *m*: **das ~ austeilen**, distribuire il Sacramento/l'ostia ● **~ (noch mal)!** *slang (verdammt!)*, Dio Cristo! *fam*, Dio benedetto! *fam*, Cristo santo! *fam*.
Sakramentshäuschen *n relig* tabernacolo *m*.
Sakrileg *<-s, -e> n geh* sacrilegio *m*, bestemmia *f*, empietà *f*: **ein ~ begehen**, commettere (un) sacrilegio.
sakrisch *süddt fam* A *adj (verflucht)* {POLITIKER, SCHWIEGERMUTTER} maledetto B *adv (sehr)* enormemente, straordinariamente: **sich ~ ärgern**, arrabbiarsi tremendamente; **sich ~ gut unterhalten**, divertirsi un sacco *fam*.
Sakristei *<-, -en> f relig* sagrestia *f*.
säkular A *adj* 1 *(weltlich)* secolare 2 *(außergewöhnlich)* {EREIGNIS} straordinario B *adv (weltlich)*: **~ gesinnt sein**, avere una mentalità laica.
Säkularisation *<-, -en> f* 1 *(Verstaatlichung von Kirchenbesitz)* secolarizzazione *f* 2 *geh (Verweltlichung)* {+KUNST, LEBENSWEISE, LEHRE} secolarizzazione *f*, laicizzazione *f*.
säkularisieren *<ohne ge-> tr etw ~* 1 *(Kirchenbesitz verstaatlichen)* secolarizzare qc 2 *geh (verweltlichen)* {KUNST, LEBENSWEISE, LEHRE} secolarizzare qc, laicizzare qc.
Säkularisierung *f* → **Säkularisation**.
Salamander *<-s, -> m zoo* salamandra *f*.
Salami *<-, -s> f gastr* salame *m*.
Salamitaktik *f fam* politica *f* dei piccoli passi.
Salär *<-s, -e> n süddt A CH* salario *m*, stipendio *m*.
Salat *<-(e)s, -e> m* 1 *(Blattsalat)* insalata *f*: **grüner ~**, lattuga 2 *(Speise)* insalata *f*: **den ~ anmachen**, condire l'insalata; **gemischter ~**, insalata mista ● **da haben wir den ~!** *fam (das musste ja passieren!)*, che bel pasticcio! *fam*, che bella frittata! *fam*.
Salatbesteck *n* posate *f pl* da/[per l']insalata.
Salatblatt *n* foglia *f* di insalata.
Salatbüfett *n* buffet *m* di insalate.
Salatdressing *n* → **Salatsoße**.
Salatgurke *f* cetriolo *m*.
Salatkartoffel *f <meist pl>* patata *f* da insalata.
Salatkopf *m* cespo *m* d'insalata.
Salatöl *n* olio *m* per (condire) l'insalata.
Salatplatte *f* piatto *m* di insalata e verdure miste, crudità *f pl*.
Salatschleuder *f* centrifuga *f* per l'insalata.
Salatschüssel *f* insalatiera *f*.
Salatsoße *f* condimento *m* (per l'insalata).
Salatteller *m* → **Salatplatte**.
Salbaderei *<-, -en> f fam pej (Gerede)* sproloquio *m*.
salbadern *itr fam pej* sproloquiare.
Salbe *<-, -n> f* pomata *f*, unguento *m*, crema *f*.
Salbei *<-s, ohne pl> m bot* salvia *f*.
salben *tr jdn ~* {KAISER, KÖNIG} ungere *qu*: **jdn zum König ~**, ungere re qu.
Salbung *f bes. relig* unzione *f*.
salbungsvoll *pej* A *adj* {PREDIGT, REDE, TON, WORTE} ampolloso, altisonante B *adv* {SICH AUSDRÜCKEN, REDEN, SPRECHEN} in modo ampolloso: **er hat sehr ~ gepredigt**, ha fatto una predica molto ampollosa.
Salden, Saldi *pl von* Saldo.
Saldo *<-s, -s oder Saldi oder Salden> m bank* saldo *m*.
Säle *pl von* Saal.
Saline *<-, -n> f* salina *f*.
Salizylsäure *f chem* acido *m* salicilico.
Salm[1] *<-(e)s, -e> m fisch* salmone *m*.
Salm[2] *<-s, rar -e> m norddt fam pej (Gerede)* sproloquio *m*.
Salmiak *<-s, ohne pl> m chem* cloruro *m* d'ammonio.
Salmiakgeist *m chem* ammoniaca *f*.
Salmonelle *<-, -n> f <meist pl> biol* salmonella *f*.

Salmonellenvergiftung f med salmonellosi f wiss.

salomonisch geh **A** adj {ENTSCHEIDUNG, RICHTSPRUCH} salomonico: **~es Urteil**, giudizio salomonico **B** adv {ENTSCHEIDEN, RICHTEN} salomonicamente; **~ urteilen**, pronunciare una sentenza salomonica.

Salon <-s, -s> m **1** (*Frisörsalon*) negozio m di parrucchiere, salone m *region*; (*Kosmetiksalon*) salone m di bellezza **2** (*Gesellschaftszimmer*) salone m, sala f **3** (*Ausstellungsraum*) salone m **4** *hist* (*Zirkel*) salotto m, circolo m.

salonfähig adj {ANZUG, KLEID} decoroso, presentabile: **jds Auftreten/Benehmen ist nicht ~**, il ₍modo di presentarsi₎/[comportamento] di qu non è decoroso.

Salonkommunist m (**Salonkommunistin** f) *iron* radical-chic mf.

Salonlöwe m *pej* uomo m salottiero/mondano.

salopp **A** adj **1** (*sportlich-bequem*) {KLEIDUNG, SCHUHE} informale, casual **2** (*ungezwungen*) {AUSDRUCKSWEISE} colloquiale, familiare, informale; {HALTUNG} disinvolto; {PERSON} *auch* spigliato **B** adv **1** (*sportlich-bequem*) {KLEIDEN} casual, in modo informale **2** (*ungezwungen*) {AUFTRETEN, SICH VERHALTEN} con disinvoltura/spigliatezza, in modo disinvolto/spigliato; {SICH AUSDRÜCKEN} *auch* in modo colloquiale/familiare/informale: **~ gesagt**, (detto) fuori dai denti.

Salpeter <-s, *ohne pl*> m *chem* nitrato m di potassio, salnitro m.

Salpetersäure f *chem* acido m nitrico.

Salsa <-, *ohne pl*> m (*Tanz*) salsa f.

Salt, **SALT** Abk *von engl* Strategic Arms Limitation Talks: SALT (*trattative per la limitazione delle armi strategiche*).

Salto <-s, -s *oder* Salti> m **1** *sport* salto m mortale: **ein doppelter ~**, un doppio salto mortale; **ein ~ vorwärts/rückwärts**, un salto ₍in avanti₎/[all'indietro]; **einen ~ machen/springen**, fare/eseguire un salto mortale **2** *aero* looping m ● **~ mortale**, triplo salto mortale.

salü interj *fam bes. CH* ciao!, salve!

Salut <-(e)s, *ohne pl*> m *mil* saluto m (con le artiglierie) ● **~ schießen**, salutare con salve d'artiglieria.

salutieren <*ohne* ge-> itr *mil* (**vor jdm/etw**) **~** salutare (militarmente) (*qu/qc*), fare il saluto militare (*a qu*).

Salvadorianer m (**Salvadorianerin** f) salvadoregno (-a) m (f).

Salvator <-s, Salvatoren> m *geh*: **der ~**, il Salvatore, Gesù Cristo.

Salve <-, -n> f **1** *mil* salva f: **eine ~ abfeuern**, sparare una salva **2** (*von Gelächter*) scroscio m, salva f.

Salz <-es, -e> n **1** <*nur sing*> sale m; {+MEERWASSER} salsedine f: **~ abbauen**, estrarre il sale; **feines/grobes ~**, sale fine/grosso; **etw in ~ legen**, mettere qc sotto sale; **an/in etw** (akk) **~ tun**, mettere il sale in qc, salare qc; **etw mit ~ und Pfeffer würzen**, condire qc con sale e pepe **2** *chem* sale m: **basisches/saures/neutrales ~**, sale basico/acido/neutro ● **jdm nicht das ~ in der Suppe gönnen** *fam*, invidiare a qu anche l'aria che respira *fam*; **das ~ in der Suppe einer S.** (gen) **sein**, essere il sale di qc; **jdm ~ auf/in die Wunde streuen**, spargere sale sulle ferite a qu/di qu, rigirare il coltello nella piaga a qu.

salzarm **A** adj {ERNÄHRUNG, DIÄT, KOST} iposodico **B** adv {KOCHEN} con poco sale: **~ essen**, mangiare cibi poco salati.

Salzbergwerk n miniera f di salgemma, salina f.

Salzburg <-s, *ohne pl*> n *geog* Salisburgo f.

Salzburger① <inv> adj di Salisburgo, salisburghese: **die ~ Festspiele**, il festival di Salisburgo.

Salzburger② <-s, -> m (**Salzburgerin** f) salisburghese mf.

salzen tr **etw ~** {ESSEN} salare qc, mettere il sale in qc.

Salzgebäck n *gastr* salatini m pl.

Salzgehalt m {+SPEISEN} contenuto m di sale, salinità f; {+MEER} salsedine f.

Salzgurke f *gastr* cetriolino m (in salamoia).

salzhaltig adj {BODEN} salifero; {LÖSUNG} salino; {LUFT} salmastro, salso; {WASSER} *auch* salato.

Salzhering m *gastr* aringa f salata.

salzig **A** adj **1** → **salzhaltig** **2** {ESSEN, SPEISEN} salato **B** adv: **~ schmecken**, essere salato, sapere di sale.

Salzkartoffeln subst <*nur pl*> *gastr* patate f pl lesse.

Salzkorn n granello m di sale.

Salzlake f salamoia f.

salzlos **A** adj senza/[privo di] sale **B** adv {KOCHEN} senza sale: **~ essen**, mangiare cibi ₍senza sale₎/[insipidi].

Salzlösung f soluzione f salina.

Salzsäule f: **zur ~ erstarren**, rimanere di sale.

Salzsäure <-, *ohne pl*> f *chem* acido m cloridrico/muriatico *fam*.

Salzsee m *geog* lago m salato.

Salzstange f *gastr* bastoncino m salato, salatino m.

Salzstreuer <-s, -> m saliera f, spargisale m.

Salzteig m pasta f di sale.

Salzwasser n acqua f salata; (*Meerwasser*) *auch* acqua f salmastra.

Salzwüste f deserto m salino.

SA-Mann <-(e)s, -Männer *oder rar* -Leute> m *hist* appartenente m alle Sturmabteilungen (*formazioni d'assalto nella Germania hitleriana*).

Samariter <-s, -> m *geh* samaritano m ● **der Barmherzige ~** *bibl u. fig*, il buon samaritano.

Samba <-, -s> f *oder* A <-s, -s> m samba m *oder* f.

Same <-ns, -n> m *geh* → **Samen**.

Samen <-s, -> m **1** *bot* seme m **2** <*nur sing*> (*Saat*) semente f **3** (*Sperma*) seme m, sperma m **4** <*nur sing*> (*Keim*) **~ einer S.** (gen) {+BÖSE} seme m/germe m di qc.

Samenbank <-, -en> f banca f del seme.

Samenerguss (a.R. Samenguß) m eiaculazione f.

Samenfaden m *biol* spermatozoo m.

Samenflüssigkeit f *biol* liquido m seminale, sperma m.

Samenkapsel f *bot* capsula f (seminifera).

Samenkorn n seme m, chicco m.

Samenleiter m *anat* dotto m/canale m deferente.

Samenspender m donatore m di sperma/spermatozoi.

Samenzelle f *biol* spermatozoo m.

Sämerei <-, -en> f <*meist pl*> semente f, semenza f.

sämig adj {JOGHURT, QUARK, SOßE} denso.

Sämischleder n pelle f scamosciata.

Sämling <-s, -e> m *bot* plantula f.

Sammelaktion f campagna f di raccolta.

Sammelalbum n album m (per collezione).

Sammelband m raccolta f di testi, antologia f.

Sammelbecken n **1** bacino m collettore/[di raccolta], ricettacolo m **2** (*Treffpunkt*) ricettacolo m, punto m di confluenza: **die neue Partei ist ein ~ aller antiliberalen Strömungen**, il nuovo partito è un ricettacolo di tutte le tendenze antiliberali.

Sammelbegriff m *ling* termine m generico; (*Kollektivum*) nome m collettivo.

Sammelbestellung f *com* ordinazione f collettiva, ordine m collettivo.

Sammelbüchse f cassetta f per le offerte.

Sammelcontainer m container m per la raccolta differenziata.

Sammelfahrkarte f, **Sammelfahrschein** m (*für mehrere Personen*) biglietto m cumulativo/[di gruppo]; (*für mehrere Fahrten*) biglietto m multiplo.

Sammelklage f *jur* azione f collettiva, class action f.

Sammellager n (*für Flüchtlinge*) centro m di raccolta.

Sammelleidenschaft f passione f per il collezionismo.

Sammelmappe f classificatore m, raccoglitore m.

sammeln **A** tr **1** (*an~*) **etw ~** {ANTIQUITÄTEN, BILDER, MODERNARIAT} collezionare *qc*; {BRIEFMARKEN, MINERALIEN, MÜNZEN} *auch* fare la raccolta/collezione *di qc* **2** (*pflücken*) **etw ~** {BEEREN, BLUMEN, KRÄUTER} (rac)cogliere *qc*; {PILZE} **~**, andare per/a funghi **3** (*auf~*) **etw ~** {BRENNHOLZ, KARTOFFELN, RÜBEN} raccogliere *qc*; {EICHELN, KASTANIEN} *auch* raccattare *qc* **4** (*ein~*) **etw ~** {ALTKLEIDER, ALTPAPIER} raccogliere *qc*, fare la raccolta *di qc*: **Geld ~**, raccogliere fondi, fare una colletta **5** (*zusammentragen*) **etw ~** {BELEGE, BEWEISE, INFORMATIONEN, UNTERSCHRIFTEN} raccogliere *qc* **6** (*ver~*) **jdn** (**um sich**) **~** {ANHÄNGER, FAMILIE, FREUNDE, TRUPPEN} (r)adunare *qu* (intorno a sé), riunire *qu* (intorno a sé) **7** (*mehren*) **etw ~** {EINDRÜCKE, ERFAHRUNGEN} acquisire *qc*; {SCHLECHTE ERFAHRUNGEN} collezionare *qc*: **seine Kräfte ~**, chiamare a raccolta le proprie forze **B** rfl **1** (*zusammenkommen*) **sich** *irgendwo* **~** (*AUSFLÜGLER, REISEGRUPPE, TEILNEHMER*) riunirsi/raccogliersi/ (r)adunarsi + *compl di luogo* **2** *geh* (*sich konzentrieren*) raccogliersi, concentrarsi **C** itr **1** (*eine Sammlung durchführen*) **für jdn/etw ~** {FÜR DIE KRIEGSOPFER, DIE OBDACHLOSEN, DIE DRITTE WELT} fare una colletta ₍/[raccogliere fondi] per/[in favore di] *qu*/*qc*: **für einen guten Zweck ~**, fare una colletta a scopo di beneficenza **2** (*Dinge zusammentragen*) avere la passione del collezionismo.

Sammelnummer f *tel* numero m del centralino.

Sammelplatz m **1** (*vereinbarter Treffpunkt*) luogo m di adunata/incontro **2** (*für Material*) punto m di raccolta.

Sammelpunkt m → **Sammelplatz**.

Sammelsurium <-s, Sammelsurien> n *fam pej* accozzaglia f *fam*, guazzabuglio m, congerie f.

Sammeltaxi n taxi m collettivo.

Sammelwut f mania f del collezionismo.

Sammler <-s, -> m (**Sammlerin** f) collezionista mf.

Sammlerstück n pezzo m da collezione.

Sammlerwert m valore m da collezionista.

Sammlung <-, -en> f **1** (*das Sammeln*) raccolta f; (*Ersammeltes*) colletta f, raccolta f di fondi **2** (*Kunstsammlung*) collezione f, raccolta f **3** <*nur sing*> *geh* (*Konzentration*) racco-

glimento m, concentrazione f.
Samowar <-s, -e> m samovar m.
sampeln A tr **1** mus etw ~ fare una compilation (di qc) **2** com etw ~ campionare qc B itr fare una compilation.
Sample <-(s), -s> n **1** (Meinungsstichprobe) campione m **2** (Warenprobe) campione m.
Sampler <-s, -> m mus compilation f.
Samstag <-(e)s, -e> m sabato m • **verkaufsoffener/langer ~** (früher), "sabato m in cui i negozi in Germania restavano aperti fino alle 18.30"; → auch **Freitag**.
Samstagabend (a.R. Samstag abend) m sabato m sera: **am ~** (am kommenden oder am vergangenen), sabato sera; (immer) il sabato sera.
Samstagnachmittag (a.R. Samstag nachmittag) m sabato m pomeriggio.
samstags adv (jeden Samstag) di/il sabato.
samt präp (zusammen mit) ~ + dat (insieme con, insieme a: **das Haus ~ allen Nebengebäuden kostet 500 000 Euro**, la casa con tutti gli annessi costa 500 000 euro • **~ und sonders**, tutti quanti, ₍senza eccezione₎/[nessuno escluso].
Samt <-(e)s, -e> m velluto m: **sie hat eine Haut wie ~**, ha la pelle vellutata/[di velluto].
samten adj geh **1** (aus Samt) {HOSE, JACKE, KLEID} di velluto **2** (wie Samt) {FELL, HAUT, PELZ} vellutato.
Samthandschuh m: **jdn mit ~en anfassen** fam, trattare qu coi guanti, usare il guanto di velluto con qu.
Samthose f pantalone m di velluto.
samtig adj **1** → **samtweich 2** (wie Samt) {FELL, HAUT, PELZ} vellutato.
Samtkleid n vestito m di velluto.
sämtlich A indef pron <attr> **1** <nur sing> (gesamt) {BESITZ, VERMÖGEN} tutto (-a): **sein ~es Geld**, tutto il suo denaro **2** <nur pl> (alle) {ANWESENDEN, BÜRGER, TEILNEHMER, UNTERZEICHNENDEN} tutti (-e): **~ Werke Schlegels**, l'opera omnia di Schlegel B adv: **seine alten Freunde waren ~ anwesend**, i suoi vecchi amici erano presenti al gran completo; **die Leute waren ~ zu Fuß gekommen**, la gente era venuta tutta a piedi; **er führte seine Kunststücke ~ ohne Netz aus**, eseguì tutte quante le sue acrobazie senza rete.
samtweich adj morbido come il velluto.
Sanatorium <-s, Sanatorien> n casa f di cura; (Lungenheilstätte) sanatorio m.
Sand <-(e)s, rar -e> m sabbia f, (a)rena f: **feiner ~**, sabbiolina, sabbia fine; **grober ~**, sabbione, sabbia grossa • **jdm ~ in die Augen streuen**, gettare/buttare sabbia/fumo negli occhi di qu; **auf ~ gebaut**, costruito/fondato ₍sulla sabbia₎/[sull'arena]; **da ist ~ im Getriebe** fam, il meccanismo si è inceppato; **den Kopf in den ~ stecken**, fare lo struzzo, mettere la testa sotto la sabbia; **wie ~ am Meer**, a bizzeffe/[non finire]; **etw in den ~ setzen** fam, fare ₍un buco nell'acqua₎/[cilecca]/[fiasco] con qc; **im ~e verlaufen**, arenarsi.
Sandale <-, -n> f sandalo m.
Sandalette <-, -n> f sandalo m (elegante da donna).
Sandbahn f sport pista f di sabbia.
Sandbank <-, Sandbänke> f banco m di sabbia.
Sandboden m terreno m sabbioso.
Sandburg f castello m di sabbia.
Sanddorn m bot olivello m spinoso.
Sandelholz n **1** bot (Holz) (legno m di) sandalo m **2** (Duftnote) (essenza f di) sandalo m.

sandfarben adj {HOSE, PULLOVER, TEPPICH} (color) sabbia.
Sandförmchen n formina f.
Sandgebäck n gastr biscotti m pl di pasta frolla.
Sandgrube f cava f di sabbia.
Sandhose f turbine m di sabbia.
sandig adj **1** (Sand enthaltend) {BODEN, HEIDE, WEG} sabbioso, arenoso **2** (mit Sand beschmutzt) {BADETUCH, HÄNDE, SCHUHE} pieno di sabbia.
Sandkasten m "buca f piena di sabbia per far giocare i bambini".
Sandkastenfreund m (**Sandkastenfreundin** f) compagno (-a) m (f) d'asilo: **sie sind ~e**, ₍hanno giocato insieme₎/[si conoscono fin] da piccoli (-e), sono compagni (-e) d'asilo.
Sandkorn n granello m di sabbia/(a)rena.
Sandkuchen m gastr pan m di Spagna.
Sandmann m, **Sandmännchen** n fam mago m Sabbiolino.
Sandpapier n carta f vetrata.
Sandplatz m Tennis campo m in terra battuta: **auf Sandplätzen spielen**, giocare sulla terra battuta.
Sandra f (Vorname) Sandra.
Sandsack m **1** (mit Sand gefüllter Sack) sacco m di sabbia **2** sport Boxen punching bag m, sacco m.
Sandstein m (pietra f) arenaria f.
sandstrahlen <nur im inf und part perf: gesandstrahlt oder fachspr sandgestrahlt> tr tech **etw ~** sabbiare qc.
Sandstrahlgebläse n tech sabbiatrice f.
Sandstrand m spiaggia f₍di sabbia₎/[sabbiosa], arenile m.
Sandsturm m tempesta f di sabbia.
sandte 1. und **3. pers sing imperf von senden**.
Sanduhr f clessidra f.
Sandwich <-(e)s, -(e)s oder -e> n oder m gastr sandwich m; (mit Toastbrot) tramezzino m.
Sandwichman m, **Sandwichmann** m uomo m sandwich.
Sandwüste f deserto m di sabbia.
sanft A adj **1** (gütig) {ART, GEMÜT, MENSCH, WESEN} dolce, mite, mansueto; {AUGEN} auch pieno di dolcezza **2** (sacht) {HÄNDEDRUCK} leggero; {BERÜHRUNG, BEWEGUNG, MASSAGE} auch delicato, dolce **3** (verhalten) {MURMELN, RAUSCHEN, TON} dolce; {MUSIK, STIMME} auch soave **4** (gedämpft) {BELEUCHTUNG, LICHT} tenue, soffuso; {FARBE, FARBTON} delicato, tenue **5** (leicht) {ANHÖHE, STEIGUNG} lieve; {ABHANG, HÜGEL} dolce **6** (schwach) {HAUCH, LÜFTCHEN, WIND} leggero; {BRISE} auch lieve, dolce: **ein ~er Regen**, una pioggerellina fine (fine) **7** (vorsichtig) {KRITIK} cauto, prudente, discreto; {TADEL, VORWURF} blando; {DRUCK, GEWALT, ZWANG} dolce **8** (umweltfreundlich) {ENERGIE, TECHNOLOGIE} dolce; {CHEMIE, TOURISMUS} che rispetta l'ambiente B adv **1** (sacht) {BERÜHREN, MASSIEREN, STREICHELN} con dolcezza/delicatezza, dolcemente, delicatamente **2** (gedämpft) {ERTÖNEN, PLÄTSCHERN, RAUSCHEN} dolcemente **3** (leicht) {ABFALLEN, ANSTEIGEN} leggermente **4** (vorsichtig) {ERMAHNEN, RÜGEN, TADELN} cautamente, con delicatezza/discrezione.
Sänfte <-, -n> f lettiga f, portantina f.
Sanftheit <-, ohne pl> f **1** (sanfte Wesensart) dolcezza f, mitezza f, mansuetudine f **2** (sanfte Beschaffenheit) {+BERÜHRUNG, HÄNDEDRUCK} delicatezza f, dolcezza f, leggerezza f; {+MUSIK, STIMME, TON} auch soavità f.

Sanftmut <-, ohne pl> f mansuetudine f, mitezza f, dolcezza f (d'animo).
sanftmütig adj geh mansueto, mite, dolce.
sang 1. und **3. pers sing imperf von singen**.
Sang <-(e)s, ohne pl> m: **mit ~ und Klang durchfallen** fam iron, essere sonoramente trombato a un esame fam.
Sänger <-s, -> m (**Sängerin** f) cantante mf.
Sangesfreude f, **Sangeslust** f voglia f di cantare.
Sanguiniker <-s, -> m (**Sanguinikerin** f) geh temperamento m sanguigno.
sanguinisch adj geh {TEMPERAMENT, TYP} sanguigno.
sang- und klanglos adv: **sang- und klanglos verschwinden/verschwinden** fam, andarsene ₍alla chetichella₎/[all'inglese], filarsela all'inglese; **jdm sang- und klanglos kündigen** fam, licenziare qu ₍su due piedi fam₎/[in tronco fam].
sanieren <ohne ge-> A tr **1** bau (renovieren) **etw ~** {WOHNUNG} ristrutturare qc; {ALTBAU, ALTSTADT, STADTVIERTEL} auch risanare qc **2** (modernisieren) **etw ~** {GESUNDHEITSWESEN, LANDWIRTSCHAFT, PRODUKTIONSZWEIG} risanare qc, riorganizzare qc, ristrutturare qc **3** ökon (wieder rentabel machen) **etw ~** {BETRIEB, FIRMA} (ri)sanare qc, riassestare qc, rimettere in sesto qc B rfl (wieder rentabel werden) **sich ~** {BETRIEB, FIRMA} ristabilirsi, rimettersi in sesto, riassestarsi: **die Partei hat sich auf Kosten ihrer Mitglieder saniert** iron pej, il partito ha rimpinguato le casse a spese dei suoi tesserati.
Sanierung <-, ohne pl> f **1** bau (Renovierung) {+WOHNUNG} ristrutturazione f; {+ALTBAU, STADTVIERTEL} auch risanamento m **2** ökon {+BETRIEB, FIRMA, UNTERNEHMEN} risanamento m, riassestamento m.
Sanierungsarbeit f <meist pl> **1** (im Bauwesen) (lavoro m di) ristrutturazione f/risanamento m **2** (in der Wirtschaft) (lavoro m di) risanamento m.
sanierungsbedürftig adj {BAUWERK} da ristrutturare, che necessita di ristrutturazione; {UNTERNEHMEN} da risanare, che necessita di risanamento.
Sanierungsgebiet n zona f di risanamento.
Sanierungsmaßnahme f <meist pl> misura f di risanamento.
Sanierungsplan m piano m di risanamento.
sanitär adj <attr> {ARMATUREN, EINRICHTUNG} sanitario; {BEDINGUNGEN, MASSNAHMEN} auch igienico: **~e Anlagen**, impianti sanitari/igienici/[igienico-sanitari], sanitari.
Sanitäter <-s, -> m (**Sanitäterin** f) **1** med infermiere (-a) m (f) del pronto soccorso **2** mil soldato (-essa) m (f) di sanità.
Sanitätsdienst m mil (corpo m di) sanità f militare.
Sanitätsoffizier m mil ufficiale m sanitario/[di sanità].
Sanitätswagen m ambulanza f.
Sanitätszelt n mil infermeria f da campo.
sank 1. und **3. pers sing imperf von sinken**.
Sankt <inv> adj relig santo: **~ Nikolaus**, San Nic(c)olò; **~ Elisabeth**, Santa Elisabetta; **~ Gallen** geog, San Gallo.
Sanktion <-, -en> f **1** <nur pl> ökon pol (Druckmaßnahmen) sanzioni f pl: **~en gegen jdn/etw verhängen**, decretare sanzioni nei confronti di qu/qc **2** jur (Bestätigung) sanzione f **3** geh adm (Billigung) sanzione f.
sanktionieren <ohne ge-> tr **etw ~ 1** geh adm (gutheißen) {MASSNAHMEN, PLÄNE, VORHABEN} avvallare qc, legittimare qc **2** soziol (be-

strafen) sanzionare qc.
Sanktionierung <-, rar -en> f bes. jur sanzionamento m.
Sankt-Nimmerleins-Tag m *scherz*: **am Sankt-Nimmerleins-Tag**, il giorno del mai; **etw auf den Sankt-Nimmerleins-Tag verschieben**, rimandare qc alle calende greche, rinviare qc al giorno del giudizio/[poi e all'anno del mai].
Sanktuarium <-s, Sanktuarien> n santuario m.
sann 1. *und* 3. *pers sing imperf von* sinnen.
Sanskrit <-s, ohne pl> n *ling lit* sanscrito m.
Sanskritforscher m (**Sanskritforscherin** f) studioso (-a) m (f) di sanscrito.
Saphir <-s, -e> m *min* zaffiro m.
Saphirnadel f puntina f di zaffiro.
Sarabande <-, -n> f **1** (*Tanz*) sarabanda f **2** *mus* sarabanda f.
Sarah f (*Vorname*) Sara.
Sarde <-n, -n> m (**Sardin** f) sardo (-a) m (f).
Sardelle <-, -n> f acciuga f.
Sardellenfilet n *gastr* filetto m d'acciuga.
Sardellenpaste f *gastr* pasta f d'acciughe.
Sardin f → **Sarde**.
Sardine <-, -n> f *zoo* sardina f • **im Aufzug drängten wir uns wie die ~n**, in ascensore stavamo pigiati (-e) come sardine.
Sardinenbüchse f scatola f/scatoletta f di sardine.
Sardinien <-s, ohne pl> n *geog* Sardegna f.
sardinisch adj → **sardisch**.
sardisch adj {BEVÖLKERUNG, DIALEKT} sardo; {ESEL} sardegnolo; {PFERD} *auch* sardo: **das Sardisch, das Sardische**, il sardo, la lingua sarda.
sardonisch adj {GRINSEN, LACHEN} sardonico.
Sarg <-(e)s, Särge> m bara f, cassa f da morto.
Sargnagel m **1** chiodo m della bara **2** *fam scherz* (*Zigarette*) cicca f *fam* • **jds ~ sein** *fam*, essere la croce di qu.
Sargträger m (**Sargträgerin** f) portatore (-trice) m (f) di bare.
Sari <-(s), -s> m sari m.
Sarkasmus <-, Sarkasmen> m *geh* **1** <*nur sing*> (*Hohn*) sarcasmo m **2** (*sarkastische Äußerung*) sarcasmo m.
sarkastisch *geh* A adj {ART, BEMERKUNG, SPOTT} sarcastico B adv {ÄUßERN, ERWIDERN} con sarcasmo, sarcasticamente, in tono sarcastico.
Sarkom <-s, -e> n *med*, **Sarkoma** <-s, Sarkomata> n *med* sarcoma m.
Sarkophag <-(e)s, -e> m sarcofago m.
SARS, Sars <-, ohne pl> f SARS f.
saß 1. *und* 3. *pers sing imperf von* sitzen.
Satan <-s, ohne pl> m **1** *relig* (*Teufel*) Satana m, Lucifero m **2** *fam pej* (*böser Mensch*) demonio m, diavolo m.
satanisch *pej* A adj {FREUDE} satanico, diabolico; {GRINSEN, PLAN} *auch* mefistofelico B adv {SICH FREUEN, GRINSEN, LÄCHELN} satanicamente.
Satanismus <-, ohne pl> m satanismo m.
Satanist <-en, -en> m (**Satanistin** f) satanista mf.
Satansbraten m *fam scherz* demonio m *fam*, diavolo m *fam*.
Satellit <-en, -en> m **1** *astr* (*Himmelskörper*) satellite m **2** *aero* {+FLUGKÖRPER} satellite (artificiale) m: **dank ~ en kann das Wetter wesentlich genauer vorhergesagt werden**, grazie ai satelliti le previsioni del tempo sono diventate molto più precise **3** *pej* (*~enstaat*) stato m satellite.
Satellitenaufnahme f → **Satellitenfoto**.
Satellitenbahn f orbita f di un satellite.
Satellitenbild n bes. *meteo* immagine f satellitare.
Satellitenempfang m ricezione f satellitare.
Satellitenfernsehen n *TV* televisione f via satellite/[satellitare].
Satellitenfoto n foto f satellitare.
satellitengestützt adj assistito da satellite.
Satellitennavigationssystem n sistema m di navigazione satellitare.
Satellitenphoto a.R. *von* Satellitenfoto → **Satellitenfoto**.
Satellitenprogramm n *TV* programma m satellitare.
Satellitenschüssel f *fam TV* antenna f parabolica.
Satellitenstaat m *pej* stato m satellite.
Satellitenstadt f città f satellite.
Satellitentelefon n (a.R. Satellitentelephon) n telefono m satellitare.
Satellitenübertragung f *TV* trasmissione f via satellite.
Satin <-s, -s> m satin m.
satiniert adj satinato.
Satire <-, -n> f **1** (*Gattung*) satira f: **Kurt Tucholsky war ein Meister der politischen ~**, Kurt Tucholsky era un maestro della satira politica **2** (*Werk*) satira f, opera f satirica: **eine bitterböse ~ auf die 68er Bewegung**, una satira pungente sul movimento del Sessantotto.
Satiriker <-s, -> m (**Satirikerin** f) **1** (*Schriftsteller*) satirico (-a) m (f) **2** (*bissig-spöttischer Mensch*) spirito m caustico.
satirisch adj satirico, caustico.
Satisfaktion <-, rar -en> f *geh obs* soddisfazione f: **~ fordern/erhalten**, chiedere/ottenere soddisfazione.
satt A adj **1** (*gesättigt*) sazio, pieno *fam*, satollo *tosk oder lit* **2** (*intensiv*) {+FARBE} saturo; {GELB, GRÜN, ROT} *auch* intenso, carico; {KLANG, SOUND} pieno **3** <*meist attr*> (*selbstgefällig*) {MIENE} pieno di sé, soddisfatto, compiaciuto: **ein ~er Wohlstandsbürger**, un grasso borghese **4** *fam* (*ansehnlich*) {EINKOMMEN} lauto; {GEWINN} *auch* grasso; {SUMME} grosso, lauto: **mit ~er Mehrheit**, a larga maggioranza; **er hat ~e 10 000 Euro dabei verdient**, ci ha guadagnato la bellezza di 10 000 euro B adv (*reichlich*) a bizzeffe *fam*, in gran quantità: **sich ~ essen**, mangiare a sazietà; **die Kinder sind nicht ~ zu kriegen**, non si riesce a sfamarli, questi ragazzi; **er verdient ~**, guadagna ₁dei bei soldoni *fam*₁/ [soldi a palate *fam*]; **heute im Fernsehen Fußball ~** *fam*, oggi in televisione calcio a volontà • **~ machen**, saziare, riempire; **jdn ~ sein**, non sopportare/reggere più qu; **etw ~ sein**, essere stanco/stufo *fam* di qc, averne abbastanza di qc.
Sattel <-s, Sättel> m **1** (*Reitsattel*) sella f: **sich in den ~ schwingen**, saltare in sella; **ohne ~ reiten**, cavalcare/montare ₁a pelo₁/[senza sella] **2** (*Fahrzeugsattel*) {+MOTORRAD} sella f; {+FAHRRAD} *auch* sellino m **3** *geog* (*Bergsattel*) sella f, passo m • **sich im ~ halten**, ₁saper stare₁/[tenersi] in sella; (*seine Stellung verteidigen können*), restare/rimanere in sella; **jdn aus dem ~ heben**, sbalzare di sella qu, disarcionare qu; (*jdn aus seiner Stellung verdrängen*), disarcionare qu *rar*, sbalzare qu di sella; **jdn in den ~ heben**, **jdm** **den ~ helfen**, mettere qu in sella, aiutare qu a salire in sella; (*jdn in eine Stellung bringen*), sponsorizzare qu; **fest im ~ sitzen**, essere saldamente in sella.
Satteldach n *bau* tetto m a capanna/[due spioventi/falde].
Satteldecke f sottosella m; (*zur Verzierung*) gualdrappa f.
sattelfest adj *fam*: **in etw** (dat) **~ sein**, essere ferrato in qc.
Sattelgurt m sottopancia m.
satteln tr **etw ~** {REITTIER} sellare qc; {PACKTIER} mettere il basto *a* qc.
Sattelschlepper m motrice f (per autoarticolato/autotreno).
Satteltasche f (*am Pferdesattel*) bisaccia f; (*am Fahrradsattel*) borsetta f portaccessori.
Sattelzeug n bardatura f, finimenti m pl.
Sattelzug m autoarticolato m, bilico m.
satt|haben <irr> tr **jdn ~** non sopportare/reggere più qu; **etw ~** essere stanco/stufo *fam* di qc, averne abbastanza *di* qc: **ich habe seine Überheblichkeit langsam satt**, comincio ₁ad averne abbastanza₁/[a essere stufo (-a)] della sua arroganza.
Sattheit <-, ohne pl> f **1** (*Sattsein*) sazietà f **2** (*Wohlgefälligkeit*) {+BÜRGER} compiacimento m **3** (*Intensität*) {+FARBE} intensità f; {+KLANG} pienezza f.
sättigen A tr **1** *geh* (*jds Hunger stillen*) **jdn ~** saziare qu **2** *geh* (*stillen*) **etw ~** {NEUGIER, WISSENSDRANG} saziare qc, appagare qc, soddisfare qc **3** *chem phys* **etw ~** {SÄURE} saturare qc: **die Lösung ist gesättigt**, la soluzione è satura **4** *ökon* (*bis zu einem Grenzwert steigern*) **etw ~** saturare qc: **der Markt ist gesättigt**, il mercato è saturo B itr (*satt machen*) {MEHLSPEISEN} saziare C rfl (*von seinen Hunger stillen*) **sich** (an/mit etw dat) **~** {MIT BROT, AN OBST, SALAT} saziarsi *con* qc.
sättigend adj {FRÜHSTÜCK, MAHLZEIT} che sazia/riempie, sostanzioso.
Sättigung <-, -en> f **1** (*das Sättigen*) saziare m qu/qc **2** (*das Sattsein*) sazietà f **3** *chem phys* saturazione f **4** *ökon* {+MARKT} saturazione f.
Sättigungspunkt m *chem* punto m di saturazione.
Sattler <-s, -> m (**Sattlerin** f) sellaio (-a) m (f).
Sattlerei f, -en> f **1** <*nur sing*> (*Handwerk*) mestiere m del sellaio **2** (*Werkstatt*) selleria f, bottega f del sellaio.
satt|machen tr → **satt**.
sattsam adv *geh meist pej* {BEKANNT, DISKUTIERT, ERÖRTERT} fin troppo: **es ist ~ bekannt** *auch*, è stranoto/arcinoto.
satt|sehen <irr> rfl: **sich an etw** (dat) **nicht ~ können**, non saziarsi/stancarsi di guardare qc, non poter staccare gli occhi da qc.
saturieren <ohne ge-> tr *geh* **jdn**/**etw ~** {EINEN GLÄUBIGER, SEINE BEDÜRFNISSE} soddisfare qu/qc.
saturiert adj *geh* **1** *pej* (*satt*) {KONSUMGESELLSCHAFT} sazio, compiaciuto, appagato **2** (*ausbezahlt*) {GLÄUBIGER} soddisfatto.
Saturn① <-s, ohne pl> m *astr* Saturno m.
Saturn② <-s, ohne pl> m *myth* Saturno m.
Satyr <-s oder -n, -(e)n> m *myth* satiro m.
Satz① <-es, Sätze> m **1** *ling* frase f, proposizione f *gram*: **einen ~ bilden**, costruire una frase; **mitten im ~ abbrechen**, interrompersi nel bel mezzo della frase **2** <*nur sing*> *philos wiss* principio m; *math* teorema m **3** *mus* movimento m **4** *sport* (*Spielabschnitt*) {+BADMINTON, TENNIS, TISCHTENNIS, VOLLEYBALL} set m **5** *adm* (*Beitragssatz*) quota f; (*Ge-*

bührensatz) tariffa f 6 (Set) {+BRIEFMARKEN} serie f; {+SCHLÜSSEL, SCHRAUBENSCHLÜSSEL, UNTERSETZER} set m; {+KOCHTÖPFE} auch batteria f; {+REIFEN} treno m 7 <nur sing> typ (Schriftsatz) composizione f; (Vorlagetext) composizione f: **einen Text in ~ geben**, mandare un testo in composizione/tipografia.

Satz[2] <-es, Sätze> m (Sprung) salto m, balzo m: **einen ~ machen**, fare un salto/balzo m: **mit einem**, con un balzo.

Satz[3] <-es, Sätze> m (Bodensatz) {+KAFFEE} fondo m; {+SAFT, WEIN} auch sedimento m, deposito m, posatura f.

Satzanalyse f ling analisi f logica.

Satzaussage f gram predicato m.

Satzball m sport Tennis Tischtennis Volleyball set ball m, set point m.

Satzbau <-(e)s, ohne pl> m ling costruzione f/struttura f della frase, sintassi f.

Satzbauplan m schema m sintattico, modello m di frase.

Satzergänzung f gram complemento m.

satzfertig adj typ {MANUSKRIPT} pronto per la composizione.

Satzfetzen m frammento m di frase: **durch das offene Fenster waren ein paar ~ des Gesprächs zu hören**, dalla finestra aperta arrivavano brandelli della conversazione.

Satzgefüge n gram periodo m.

Satzglied n gram parte f della proposizione.

Satzlehre f ling sintassi f.

Satzmelodie f ling intonazione f/melodia f della frase.

Satzstellung f ordine m sintattico.

Satzteil m gram componente f/elemento m della frase.

Satzung <-, -en> f jur {+GESELLSCHAFT, KÖRPERSCHAFT, VEREIN} statuto m.

satzungsgemäß Ⓐ adj {VORGEHEN} conforme allo statuto f; {VERPFLICHTUNG} statutario Ⓑ adv ˌconformemente alloˌ/[secondo lo] statuto.

Satzzeichen n gram segno m di interpunzione/punteggiatura.

Sau <-, Säue oder Jagd -en> f 1 zoo (Haussau) scrofa f, troia f; (Wildsau) cinghiale m femmina, femmina f del cinghiale 2 region (Hausschwein) maiale m 3 vulg pej (unanständige Person) maiale m fam, porco m fam ● **wie eine gesengte Sau fahren**, guidare all'impazzata; **keine Sau** slang: **keine Sau war da**, non c'era un cane fam; **das interessiert doch keine Sau!**, non interessa a nessuno!; **jdn zur Sau machen** slang, fare un culo vulg/mazzo vulg così a qu, fare una parte di merda a qu slang; **die Sau rauslassen** slang, scatenarsi; **nachdem ich die letzten Monate sehr hart gearbeitet habe, habe ich auf diesem Fest so richtig die Sau rausgelassen!**, dopo aver lavorato sodo per tutti questi mesi, alla festa mi sono letteralmente scatenato (-a)!; **unter aller Sau sein** JDS BENEHMEN, FILM, SPRACHKENNTNISSE, essere da cani fam.

sauber Ⓐ adj 1 (nicht schmutzig) {FENSTER, FUSSBODEN, GESCHIRR, HÄNDE, HEMD, WÄSCHE} pulito 2 ökol (rein) {FLUSS, INDUSTRIE, LUFT, WASSER} pulito; {UMWELT} sano 3 (wenig Schadstoffe enthaltend) {ENERGIE} pulito 4 (sorgfältig) {ARBEIT, HANDSCHRIFT, SCHRIFT} preciso, pulito 5 (anständig) {CHARAKTER} perbene, onesto; {MENSCH} auch pulito: **diese Sache ist aber gar nicht ~**, questa faccenda non è per niente pulita 6 (einwandfrei) {ANALYSE, AUSFÜHRUNG} preciso, puntuale; {LÖ-

SUNG, VERFAHREN} adeguato, giusto; {AUSSPRACHE} corretto, chiaro 7 mus {KLANG, TON} pulito 8 fam iron (übel) {FREUND, FRÜCHTCHEN, KERL, VEREIN} bello iron: **das ist ja ~!**, questa sì che è bella! Ⓑ adv 1 (sorgfältig) {ABWISCHEN, FEGEN, PUTZEN, SPÜLEN} con cura 2 (einwandfrei) {LÖSEN} correttamente; {ANALYSIEREN, DARSTELLEN} in modo appropriato ● **~ sein** (keine Windel mehr brauchen) (KIND), non farsela più addosso fam; (stubenrein sein) {TIER}, non sporcare in casa, essere pulito; (keine Drogen mehr nehmen), non farsi più slang, essere fuori (dal giro della droga) slang; **nicht ganz ~ sein** slang: **du bist wohl nicht ganz ~?!**, ci sei o ci fai?! fam.

sauber|halten a.R. von sauber halten → halten.

Sauberkeit <-, ohne pl> f 1 (Reinlichkeit) pulizia f 2 (Sorgfalt) {+ARBEIT, HANDSCHRIFT, NAHT} accuratezza f, precisione f 3 ökol (Reinheit) {+LUFT, WASSER} purezza f; {+FLUSS} stato m di salute 4 (Anständigkeit) onestà f.

Sauberkeitsfimmel m fam pallino m fam/fissa f fam delle pulizie.

säuberlich Ⓐ adj {ORDNUNG} meticoloso; {TRENNUNG} rigoroso Ⓑ adv {AUSEINANDERHALTEN, TRENNEN, UNTERSCHEIDEN} rigorosamente; {ABSCHREIBEN, ORDNEN} meticolosamente.

sauber|machen tr rfl → machen.

Saubermann <-(e)s, Saubermänner> m scherz 1 (ordentlicher, anständiger Mensch) personcina f a modo 2 (Moralapostel) moralizzatore m, moralista f.

säubern tr 1 (reinigen) **etw ~** pulire qc 2 euph (befreien) **etw von jdm/etw ~** {BUCH VON ANSTÖSSIGKEITEN} ripulire qc da qu; {PARTEI VON RADIKALEN ELEMENTEN} epurare qc da qu/qc.

Säuberung <-, -en> f 1 (Reinigung) pulizia f 2 euph (das Entfernen Unerwünschter) ripulita f; pol epurazione f, purga f ● **ethnische ~ euph**, pulizia etnica.

Säuberungsaktion f euph pol epurazione f, purga f.

saublöd, **saublöde** adj fam → **saudumm**.

Saubohne f bot fava f.

Sauce <-, -n> f → **Soße**.

Sauciere <-, -n> f salsiera f.

Saudi <-s, -s> m fam → **Saudi-Araber**.

Saudi-Araber m (Saudi-Araberin f) (arabo (-a) m (f)) saudita mf.

Saudi-Arabien n geog Arabia f Saudita.

saudi-arabisch adj saudita, saudiano rar.

saudumm fam Ⓐ adj {ANTWORT, FEHLER, SPRUCH, VERHALTEN} stupidissimo, cretino; {MENSCH} auch fesso fam, deficiente Ⓑ adv {SICH ANSTELLEN} in modo stupidissimo, da cretino (-a); {SICH VERHALTEN} auch da perfetto stupido (-a): **~ antworten**, dare (delle) risposte cretine.

sauer <attr sg r, s)> Ⓐ adj 1 (nicht süß) {OBST, SAFT, WEIN} aspro; {ORANGE, ZITRONE} auch agro; {DROPS} agli agrumi; (unreif) {OBST} acerbo 2 (geronnen) {MILCH, SAHNE} acido 3 (verdorben) {BIER, MILCH, SAHNE, SUPPE} acido, andato fam 4 (eingelegt) {GEMÜSE, GURKE} sottaceto; {HERING, ROLLMOPS} marinato 5 (basisch) {BODEN, ERDE} acido 6 chem ökol (säureverschmutzt) {BODEN, REGEN} acido; chem (Säure enthaltend) {GESTEIN, LÖSUNG, SALZ} acido 7 (beschwerlich) {ARBEIT} duro, faticoso 8 fam (missmutig) {GESICHT, MENSCH, MIENE} seccato, incavolato fam Ⓑ adv 1 gastr: **~ schmecken**, sapere d'aceto, avere un sapore acido 2 chem: **~ reagieren**, avere una reazione acida 3 (mühselig) {ERARBEITET, ERSPART} duramente, faticosamente, col sudore della fronte: **~**

verdientes Geld, soldi sudati 4 (missmutig) {REAGIEREN} in modo irritato/stizzito, con malumore/stizza; {ANTWORTEN} auch in/con tono irritato/stizzito: **auf etw akk) ~ reagieren**, prendersela a male (per qc) ● **jdm ~ aufstoßen fam** {BEMERKUNG}, restare sullo stomaco a qu; **gib ihm Saures! fam** (verprügle ihn!), dagliele ˌdi santa ragioneˌ/[sode]! fam, dagli una bella suonata! fam; (sag ihm die Meinung) fagliela vedere! fam; **(auf jdn) ~ sein fam**, avercela con qu fam, essere incavolato fam/incazzato slang (con qu); **~ werden fam** (böse werden), seccarsi, incavolarsi fam, incazzarsi slang; (gerinnen) {MILCH, SAHNE}, inacidirsi; (WEIN) inasprirsi; (schlecht werden) inacidirsi, prendere l'acido, andare a male; **sich (dat) etw ~ werden lassen fam**, dannarsi l'anima per fare qc.

Sauerampfer <-s, -> m bot acetosa f.

Sauerbraten m gastr "carne f di manzo marinata e brasata".

Sauerei <-, -en> f fam pej 1 (Schmutz und Unordnung) porcheria f, schifezza f 2 (Gemeinheit) carognata f fam, porcata f fam 3 (Obszönität) sconcezza f, porcheria f, maialata f vulg.

Sauerkirsche f bot 1 (Frucht) amarena f, visciola f; (Maraska-Kirsche) (a)marasca f 2 (Baum) amareno m, visciolo m, (a)marasco m.

Sauerklee m bot acetosella f.

Sauerkraut <-(e)s, ohne pl> n gastr crauti m pl.

Sauerland <-(e)s, ohne pl> n geog Sauerland m.

säuerlich Ⓐ adj 1 (leicht sauer) {JOGHURT} acidulo; (FRUCHT, WEIN) asprigno 2 (schlecht gelaunt) {ANTWORT, LÄCHELN} acidulo; {GESICHTSAUSDRUCK} scocciato Ⓑ adv 1 (leicht sauer): **~ schmecken**, avere un sapore acidulo 2 (schlecht gelaunt) {REAGIEREN} acidamente; {ANTWORTEN} auch con tono acidulo: **~ lächeln**, fare un sorrisino acido.

Sauermilch f latte m cagliato.

Sauerrahm <-s, ohne pl> m panna f acida.

Sauerstoff <-s, ohne pl> m ossigeno m.

sauerstoffarm adj povero d'ossigeno.

Sauerstoffflasche, **Sauerstoff-Flasche** f bombola f d'ossigeno.

Sauerstoffgerät n respiratore m.

Sauerstoffmangel m carenza f/mancanza f d'ossigeno.

Sauerstoffmaske f maschera f a ossigeno.

sauerstoffreich adj ricco d'ossigeno, ossigenato.

Sauerstofftherapie f med ossigenoterapia f.

Sauerstoffzelt n tenda f a ossigeno.

Sauerstoffzufuhr f ossigenazione f.

sauersüß adj → **süßsauer**.

Sauerteig m gastr lievito m (del pane).

Sauertopf m fam pej musone m.

sauertöpfisch adj fam pej {GESICHT} imbronciato; {MIENE} auch immusonito.

Saufbold m fam pej → **Säufer**.

saufen <säuft, soff, gesoffen> Ⓐ tr 1 (trinken) **etw ~** {TIER WASSER} bere qc 2 fam pej (übermäßig trinken) **etw ~** {MENSCH SCHNAPS, WEIN} trincare qc fam; (mit Mengenangaben) auch scolarsi qc fam, farsi qc fam Ⓑ itr 1 (trinken) {TIER} bere 2 fam pej (übermäßig trinken) {MENSCH} sbevazzare fam, trincare fam; (regelmäßig) bere, essere alcolizzato: **das Saufen**, il bere.

Säufer <-s, -> m (Säuferin f) fam pej ubriacone (-a) m (f), beone (-a) m (f) fam, sbevazzone (-a) m (f) fam.

Sauferei ‹-, -en› f fam pej **1** ‹nur sing› (*Trunksucht*) bere m **2** (*Gelage*) trincata f fam, gran bevuta f.

Säuferin f → **Säufer**.

Säuferleber f fam fegato m cirrotico (per abuso di alcol).

Säufernase f fam naso m paonazzo/[da ubriacone].

Saufgelage n fam pej trincata f fam, gran bevuta f.

Saufkumpan m (**Saufkumpanin** f) fam pej compagno (-a) m (f) di bevute.

säuft 3. pers sing präs von saufen.

Sauftour f fam pej giro m delle birrerie.

saugen ‹saugt, sog oder saugte, gesogen oder gesaugt› **A** itr **1** ‹saugte, gesaugt› (*staub~*) (*irgendwo*) ~ passare l'aspirapolvere (+ compl di luogo) **2** (*ein~*) **an etw** (dat) ~ {TIERJUNGES AN DER ZITZE; BABY AN DER BRUST, AM SCHNULLER} succhiare qc, poppare a qc fam: **an einem Strohhalm ~**, succhiare la cannuccia; **an einer Zigarette ~**, dare un tiro alla sigaretta **B** tr ‹saugte, gesaugt› **1** (*staub~*) **etw** ~ {POLSTER, TEPPICH} passare l'aspirapolvere su qc; **die Wohnung ~**, passare/dare l'aspirapolvere in casa **2** (*ein~*) **etw** (*aus etw* dat) ~ {BIENE NEKTAR AUS DER BLÜTE; PFLANZEN FEUCHTIGKEIT AUS DEM BODEN} succhiare qc (da qc); {BABY MILCH AUS DER BRUST, FLASCHE} poppare qc (da qc); {FLÜSSIGKEIT, LUFT AUS EINEM BEHÄLTER} aspirare qc (da qc) ● **Staub ~** → **staubsaugen**.

säugen tr **1** obs (*stillen*) **jdn** ~ {SÄUGLING} allattare qu **2** zoo **etw** ~ {JUNGES, KÄLBCHEN, KITZ} allattare qc.

Sauger ‹-s, -› m **1** (*auf Babyfläschchen*) tettarella f; (*Schnuller*) ciuccio m, succhiotto m **2** fam (*Staubsauger*) aspirapolvere f.

Säuger ‹-s, -› m form, **Säugetier** n zoo mammifero m.

saugfähig adj {PAPIER, STOFF, WINDEL} assorbente.

Saugfähigkeit f potere m assorbente.

Saugflasche f biberon m, poppatoio m.

Saugglocke f **1** med ventosa f (*ostetrica*) **2** (*zum Abflussreinigen*) sturalavandini m.

Saugheber m sifone m.

Säugling ‹-s, -e› m lattante mf, poppante mf, neonato m, bebè m.

Säuglingsalter n primissima infanzia f: **im ~**, nei primi mesi di vita, da neonato (-a).

Säuglingsnahrung f alimentazione f/alimenti m pl per lattanti.

Säuglingspflege f med puericultura f.

Säuglingsschwester f med puericultrice f.

Säuglingsstation f med reparto m neonatale/neonati.

Säuglingssterblichkeit f mortalità f infantile.

Saugnapf m **1** zoo ventosa f **2** tech ventosa f.

Saugpumpe f pompa f aspirante.

Saugreflex m riflesso m della suzione.

Saugrohr n tubo m di aspirazione.

Saugrüssel m **1** zoo {+INSEKT} proboscide f, tromba f **2** (*an der Zapfpistole einer Tanksäule*) pompa f a vuoto.

Saugwirkung f effetto m della suzione.

Sauhaufen m slang pej branco m di casinisti slang.

säuisch adj **1** vulg (*unanständig*) {BEMERKUNG, WITZ} sporco, sconcio **2** → **saumäßig**.

saukalt adj fam {WASSER} gelato: **heute ist es ~**, oggi fa un freddo cane fam/boia/bestiale fam₁/[si gela].

Saukälte f slang freddo m cane fam/boia fam/bestiale fam.

Saukerl m slang carogna f slang, bastardo m slang.

Sauladen m vulg pej → **Saftladen**.

Säule ‹-, -n› f arch colonna f.

Säulenfuß m arch base f (della colonna).

Säulengang m arch colonnato m.

Säulenhalle f arch loggia f; (*bes. als Vorbau*) porticato m.

Säulenordnung f arch ordine m.

Säulenportal n arch portale m a colonnine.

Saum ‹-(e)s, Säume› m **1** (*zu vernähender Rand*) {+MANTEL, ROCK, VORHANG} orlo m **2** geh (*Rand*) {+FELD, WALD, WIESE} bordo m, margine m.

saumäßig fam pej **A** adj **1** (*miserabel*) {LEISTUNG, SCHRIFT} pessimo, da cani fam **2** (*unheimlich*) {GLÜCK} sfacciato fam; {KÄLTE, PECH, SCHMERZEN} terribile, tremendo, bestiale fam **B** adv **1** (*miserabel*) {SCHREIBEN, SICH VERHALTEN} malissimo, da cani fam **2** (*unheimlich*) {SICH AUFREGEN} terribilmente, tremendamente: **er hat sich ~ geärgert**, si è incazzato come una bestia slang; **es ist ~ kalt**, fa un freddo cane fam; **mir ist ~ kalt**, muoio dal freddo fam; **das tut ~ weh**, fa un male cane fam/bestiale fam.

säumen① tr **1** (*den Rand vernähen*) **etw** ~ {HOSE, ROCK, TISCHDECKE} orlare qc, fare l'orlo a qc, bordare qc **2** geh (*begrenzen*) **etw** ~ {BÄUME, STRÄUCHER DIE ALLEE, DIE STRASSE; ZUSCHAUER PLATZ} fiancheggiare qc.

säumen② itr geh obs indugiare, esitare.

säumig adj geh ökon {SCHULDNER} moroso; {ZAHLUNG} arretrato.

Säumnis ‹-, -se› f oder ‹-, ses, -se› n **1** geh (*Zögern*) indugio m **2** (*Verspätung*) ritardo m **3** jur contumacia f.

Saumpfad m mulattiera f.

Saumtier n bestia f da soma.

Sauna ‹-, -s oder Saunen› f sauna f: **in die ~ gehen**, andare a fare la sauna.

saunen itr farsi la sauna: **eine Runde ~ gehen**, farsi una sauna; **Saunen stärkt die Abwehrkräfte**, la sauna rinvigorisce/aumenta le difese immunitarie.

saunieren itr → **saunen**.

Säure ‹-, -n› f **1** chem acido m **2** ‹nur sing› {+APFEL, BIER, ESSIG, GURKE} acidità f; {+WEIN} asprezza f.

säurearm adj {WEIN} a bassa acidità.

säurebeständig adj, **säurefest** adj {PLASTIK, PORZELLAN} resistente agli acidi.

Säuregehalt m chem (*tasso m di*) acidità f.

Sauregurkenzeit, **Saure-Gurken-Zeit** f fam scherz stagione f morta, morta f slang.

säurehaltig adj {ESSIG, WEIN} acido.

Saurier ‹-s, -› m zoo sauro m.

Saus m: **in ~ und Braus leben**, fare la bella vita.

sauschwer adj fam **1** (*sehr schwer*) {KOFFER, RUCKSACK} pesante da morire fam **2** (*sehr schwierig*) maledettamente difficile fam.

säuseln itr **1** (*leise rauschen*) sussurrare, mormorare, stormire: **die Baumwipfel ~ im Wind**, le fronde sussurrano al vento **2** fam (*mit leiser Stimme sprechen*) sussurrare.

sausen itr **1** ‹sein› (*rennen*) (*irgendwohin*) ~ {UM DIE ECKE, AUS DEM HAUS, ÜBER DEN PLATZ} correre (+ compl di luogo): **kaum hörte er die Hupe, sauste er aus dem Haus**, appena sentì il clacson si precipitò fuori di casa **2** ‹sein› (*sich schnell bewegen*)

{GESCHOSS} fendere l'aria; fam {FAHRZEUG} filare fam, sfrecciare fam, correre **3** ‹sein› fam (*durchfallen*) **durch etw** ~ (akk) ~ {DURCH DAS EXAMEN, DIE PRÜFUNG} essere bocciato a qc fam, essere cannato a qc fam **4** ‹haben› (*rauschen*) **irgendwo** ~ {STURM, WIND} sibilare/fischiare + compl di luogo: ₁**mir ~ die**₁/[es **saust mir in den**] **Ohren**, mi fischiano le orecchie; {KOPF} ronzare ● **etw ~ lassen** fam (*verzichten*) {ANGEBOT, EINLADUNG, PLAN}, lasciar perdere qc; **eine Verabredung ~**, saltare un appuntamento; **einen ~ lassen** slang (*furzen*), tirare un peto fam; **jdn ~ lassen** (*Schluss machen*), mollare qu fam, piantare qu fam.

sausen|lassen ‹irr, part perf sausenlassen oder sausengelassen› tr → **sausen**.

Saustall m **1** (*Schweinestall*) porcile m, porcilaia f **2** ‹nur sing› fam pej (*unordentliches Zimmer*) porcile m fam, troiaio m vulg.

sauteuer adj fam carissimo.

Sauwetter n fam tempaccio m fam, tempo m₁[da cani fam₁/[di merda slang].

sauwohl adv fam: **sich ~ fühlen**, sentirsi benone/[uno splendore].

Savanne ‹-, -n› f geog savana f.

Saxofon ‹-(e)s, -e› n mus sassofono m.

Saxofonist ‹-en, -en› m (**Saxofonistin** f) mus sassofonista mf.

Saxophon n → **Saxofon**.

Saxophonist m (**Saxophonistin** f) → **Saxofonist**.

SB f Abk von Selbstbedienung: self-service m.

S-Bahn f (Abk von Schnellbahn, Stadtbahn): metropolitana f di superficie (che collega le grandi città alle zone suburbane).

S-Bahnhof m stazione f della metropolitana di superficie.

S-Bahn-Station f fermata f della metropolitana di superficie.

SBB f Abk von Schweizer Bundesbahn: "Ferrovie f pl Svizzere".

SB-Bank ‹-, -en› f bank sportello m automatico, bancomat® m.

SB-Karte f bank (tessera f/carta f) bancomat m.

SB-Laden m (*negozio m*) self-service m.

s. Br. Abk von südlicher Breite: lat S (Abk von latitudine sud).

SB-Tankstelle f distributore m/[pompa f di benzina] self-service.

scannen tr inform **etw** ~ scannerizzare qc.

Scanner ‹-s, -› m **1** inform scanner m **2** (*Lichtgriffel an der elektronischen Kasse*) penna f ottica, lettore m ottico.

Scannerkasse f registratore m di cassa elettronico.

Scene ‹-, rar -s› f slang {+AUTONOME, DROGENABHÄNGIGE, SKINHEADS} mondo m, ambiente m.

sch interj **1** (*Aufforderung zum Stillsein*) pss!: **sch, uns darf keiner hören!**, pss, nessuno deve sentirci! **2** (*um jdn zu verscheuchen*) sciò!: **sch, hau ab!**, sciò, sparisci!

Schabe ‹-, -n› f zoo **1** (*Küchen~*) blatta f, scarafaggio m **2** süddt CH (*Motte*) tarma f.

schaben tr **1** (*ab~*) **etw** ~ (*aus/von etw* dat) ~ {DRECK AUS DEN FUGEN, LACK VOM BRETT} raschiare via qc (da qc) **2** (*zerkleinern*) **etw** ~ {MÖHREN, SELLERIE} grattugiare qc, grattare qc.

Schabernack ‹-(e)s, -e› m burla f, scherzo m ● **jdm einen ~ spielen**, fare uno scherzo a qu; **mit jdm seinen ~ treiben**, farsi beffe di qu, prendere in giro qu.

schäbig A adj **1** (*abgenutzt*) {KOFFER} liso, logoro, consunto; {HUT, LEDER, ROCK} auch

frusto **2** (*gemein*) {Ausrede, Verhalten} meschino; {Mensch, Typ} *auch* gretto; (*geizig*) spilorcio, tirchio **3** *fam* (*armselig*) {Bezahlung, Rest, Trinkgeld} misero, miserabile; {Gehalt} *auch* da fame **B** *adv* **1** (*armselig*) {Angezogen, Gekleidet} miseramente, come un pezzente **2** (*gemein*) {Jdn behandeln, mit jdm umgehen, sich verhalten} in modo meschino/gretto.

Schablone <-, -n> *f* **1** (*Vorlage*) sagoma f, forma f, mascherina f **2** *pej* (*Schema*) schema m fisso, cliché m: **in ~n denken**, ragionare per stereotipi/cliché.

schablonenhaft *pej* **A** *adj* stereotipato **B** *adv* {Denken} per stereotipi.

Schach <-s, -s> *n* (*Spiel*) (gioco m degli) scacchi m pl; (*Stellung*) scacco m: **~ spielen**, giocare a scacchi; **~ (dem König)!**, scacco (al re)!; (*etw dat*) **~ bieten**, dare scacco (a qc); **jdm/etw ~ bieten** *geh* (*energischen Widerstand leisten*), contrastare fortemente qu/qc; **jdn in ~ halten** *fam fig*, tenere in scacco qu.

Schachbrett *n* scacchiera f.

schachbrettartig **A** *adj* {Muster} a scacchi; {Verlegung} a scacchiera **B** *adv* {Gemustert} a scacchi; {Verlegen} a scacchiera.

Schachbrettmuster *n* motivo m/disegno m a scacchi.

Schacher <-s, *ohne pl*> *m pej* mercimonio m; **~ mit etw** (*dat*) **treiben**, fare mercimonio di qc.

Schächer <-s, -> *m bibl* ladrone m ● **die beiden ~**, *bibl*, i due ladroni.

schachern *itr pej* (*mit jdm*) (*um etw* akk) **~** {Um Ämter, Einfluss, Posten} mercanteggiare (*con qu*) (*qc*); {Preis} mercanteggiare (*con qu*) (*su qc*).

Schachfigur *f Schach* pezzo m degli scacchi, scacco m.

schachmatt *adj* **1** *Schach* scacco matto: **jdn ~ setzen**, dare scacco matto a qu **2** <*präd*> *fam* (*völlig erschöpft*): **~ sein**, essere sfinito/esausto/[a pezzi *fam*].

Schachmeister *m* (**Schachmeisterin** f) campione (-essa) m (f) di scacchi.

Schachmeisterschaft *f* campionato m di scacchi.

Schachpartie *f* partita f a/di scacchi.

Schachspiel *n* (gioco m degli) scacchi m pl.

Schachspieler *m* (**Schachspielerin** f) scacchista mf, giocatore (-trice) m (f) di scacchi.

Schacht <-(e)s, Schächte> *m* **1** (*Brunnenschacht*) pozzo m: **einen ~ ausheben**, scavare un pozzo **2** *min* (*Förderschacht*) pozzo m (di miniera) **3** (*Fahrstuhlschacht*) vano m/pozzo m (dell'ascensore).

Schachtel <-, -n> *f* (*Packung*) **~ + subst** {Kekse, Pralinen, Streichhölzer, Zigarren} scatola f *di qc*: **eine kleine ~**, una scatolina/scatoletta; **eine ~ Zigaretten**, un pacchetto di sigarette ● **eine alte ~** *fam pej*, una befana.

Schachtelhalm *m bot* equiseto m.

Schachtelsatz *m gram* periodo m involuto, frase f arzigogolata/contorta.

schächten *tr*: **ein Tier ~**, "sgozzare un animale prima di macellarlo per far uscire tutto il sangue (secondo la tradizione ebraica)".

Schachturnier *n* torneo m di scacchi.

Schachweltmeister *m* (**Schachweltmeisterin** f) campione (-essa) m (f) mondiale di scacchi.

Schachweltmeisterschaft *f* campionato m mondiale di scacchi.

Schachzug *m* **1** *Schach* mossa f **2** (*ge-*

schickte Handlung) mossa f, manovra f: **ein geschickter/raffinierter ~**, una mossa abile/astuta.

Schadbild *n ökol* rilevamento m danni ambientali.

schade *adj* <*präd*> **1** (*bedauerlich*) (un) peccato: **es ist ~, dass ...**, è (un) peccato che ... *konjv*; **es ist wirklich (zu) ~, dass wir nicht mehr Zeit haben**, è un vero/[proprio un] peccato che non abbiamo più tempo; **ich finde es ~, dass sie uns so selten besuchen**, è un peccato che vengano a trovarci così di rado; **wie ~!**, che peccato!; **um jdn/etw ist es ~**, è un peccato per qu/qc; (**es ist**) **~ um die vergeudete Zeit**, peccato per il tempo sprecato; **um die alte Schreibmaschine ist es nicht ~!**, quella vecchia macchina da scrivere non è una gran perdita!; **mach dir nichts draus, um den Typ ist es nicht ~!**, non te la prendere per quel tipo, non hai perso niente! **2** (*gut*): **für jdn/etw zu ~ sein**, essere sprecato per qu/qc; **dieses Öl ist zum Kochen zu ~**, quest'olio è sprecato per cucinare; **dafür wird sie sich zu ~ sein**, non si abbasserà certo a questo; **er ist sich für nichts zu ~**, (lui) si presta a tutto.

Schädel <-s, -> *m* **1** *anat* cranio m; (*Totenkopf*) teschio m **2** *fam* (*Kopf*) testa f, zucca f *fam* ● **jdm brummt der ~** *fam* (*jd hat Kopfschmerzen*), a qu scoppia la testa, qu ha mal di testa; **einen dicken ~ haben** *fam* (*Kopfschmerzen haben*), avere la testa pesante; **einen dicken/harten ~ haben** (*ein Dickschädel sein*), avere la testa dura, essere uno zuccone/un testone; **sich** (*dat*) (**an etw** *dat*) **den ~ einrennen**, rompersi le corna (su qc) *fam*, rompersi la testa contro il muro; **jdm den ~ einschlagen**, rompere la testa a qu; **jdm nicht in den ~ hineinwollen**, non voler entrare nel cranio a qu; **jdm raucht der ~ fam** (*jd ist müde vom Nachdenken*), a qu fuma la testa.

Schädelbasisbruch *m med* frattura f della base cranica.

Schädelbruch *m med* frattura f cranica.

Schädeldecke *f anat* calotta f cranica.

schaden *itr jdm/etw* (**mit etw** *dat*) **~** nuocere *a qu/qc* (*con qc*), recare danno *a qu/qc* (*con qc*), far male *a qu* (*con qc*): **das hat seinem Ansehen geschadet**, ciò ha nociuto al suo prestigio; **Rauchen schadet der Gesundheit**, il fumo nuoce alla salute; **eine konstruktive Kritik hat noch niemandem geschadet**, una critica costruttiva non ha mai fatto male a nessuno ● **nichts ~: es kann nichts ~, die Leute über die Lage aufzuklären**, non può essere che un bene informare la gente sulla situazione; **etwas mehr Freundlichkeit deinerseits könnte nichts ~**, un po' più di gentilezza da parte tua non guasterebbe; **das schadet dir gar nichts** *fam*, ben ti sta *fam*; **es würde euch nichts ~, wenn ihr früher aufstehen würdet** *iron*, non vi farebbe affatto male alzarvi un po' prima.

Schaden <-s, Schäden> *m* **1** (*Beschädigung*) danno m: **im finanziellen/materieller ~**, un danno economico/materiale; **der ~ beläuft sich auf 1000 Euro**, il danno ammonta a 1000 euro; **den ~ der Versicherung melden**, denunciare il danno all'assicurazione; *tech* avaria f, guasto m **2** (*Nachteil*) danno m **3** (*Verlust*) perdita f **4** (*gesundheitliche Beeinträchtigung*) danno m, lesione f: **körperliche/organische/psychische Schäden**, danni fisici/organici/psichici ● **~ anrichten/verursachen**, causare/provocare danni; **für den ~ haften/aufkommen**, rispondere dei danni; **zu ~ kommen, ~(er)leiden/nehmen** *geh* {Sache}, riportare un danno;

{Person}, riportare lesioni; **es soll Ihr ~ nicht sein**, (Lei) non se ne pentirà; **den ~ tragen** *form*, pagare/rifondere i danni; **den ~ wiedergutmachen**, risarcire i danni; **zu jds ~**, a danno/svantaggio/scapito di qu; **jdm ~ zufügen**, recare danno a qu; **durch ~ wird man klug** *prov*, sbagliando s'impara *prov*; **wer den ~ hat, braucht für den Spott nicht zu sorgen** *prov*, oltre al danno anche la beffa.

Schadenersatz *m* risarcimento m (dei) danni, indennizzo m ● **~ beanspruchen/fordern**, chiedere il risarcimento dei danni; **auf ~ klagen**, fare causa per il risarcimento dei danni; (**jdm**) **~ leisten**, risarcire (i danni) a qu, rifondere i danni (a qu).

Schadenersatzanspruch *m jur* diritto m al risarcimento dei danni.

Schadenersatzleistung *f jur* risarcimento m dei danni.

Schadenersatzpflicht *f jur* obbligo m [a risarcire i]/[di risarcimento] danni.

schadenersatzpflichtig *adj jur* {Person} obbligato/tenuto a risarcire i danni.

Schadenfeststellung *f* accertamento m del danno.

Schadenfreiheitsrabatt *m Versicherung* bonus m, riduzione f del premio.

Schadenfreude *f* gioia f maligna, soddisfazione f cinica.

schadenfroh **A** *adj* {Person} che gioisce delle disgrazie altrui; {Grinsen} maligno **B** *adv* {Grinsen} con cinica soddisfazione, malignamente.

Schadensbegrenzung *f* contenimento m/limitazione f dei danni ● **ich habe zurzeit so viel zu tun, dass ich im Haushalt nur noch ~ machen kann** *fam scherz*, al momento ho così tanto da fare che in casa riesco a fare solo lo stretto indispensabile.

Schadensersatz *m* → **Schadenersatz**.

Schadensfall *m* sinistro m: **im ~**, in caso di sinistro.

schadhaft *adj* **1** (*beschädigt*) danneggiato, rovinato **2** (*einen Defekt aufweisend*) {Elektrogerät, Hi-Fi-Anlage, Wagen} difettoso.

schädigen *tr* **etw** (**durch etw** akk/**mit etw** dat) **~** {JDS Gesundheit} danneggiare *qc* (*con qc*), nuocere *a qc* (*con qc*); {JDS Ansehen, Ruf} *auch* recare danno *a qc* (*con qc*); {JDS Interessen} ledere *qc* (*con qc*); **jdn ~** danneggiare *qu*, nuocere *a qu*: **jdn finanziell ~**, danneggiare qu economicamente, causare dei danni economici a qu; **jdn gesundheitlich ~**, [danneggiare la]/[nuocere alla] salute di qu.

Schädigung <-, -en> *f* **1** (*das Schädigen*) danneggiamento m **2** (*das Schaden*) danno m, danneggiamento m: **gesundheitliche/körperliche ~en**, danni [alla salute]/[fisici].

schädlich *adj* **~** (**für jdn/etw**) {Mittel, Stoff, Zusatz} dannoso ([per qu]/[a qc]); (*bes. gesundheits~*) nocivo ([per qu]/[a qc]): **für den Menschen äußerst ~e Stoffe**, sostanze [particolarmente nocive]/[deleterie] per l'uomo; **besonders ~ ist es, sich in den heißen Mittagsstunden zu sonnen**, è particolarmente nocivo prendere il sole nelle ore più calde del giorno.

Schädlichkeit <-, *ohne pl*> *f* dannosità f; (*bes. für die Gesundheit*) nocività f.

Schädling <-s, -e> *m bot zoo* parassita m.

Schädlingsbekämpfung *f* disinfestazione f.

Schädlingsbekämpfungsmittel *n* antiparassitario m, disinfestante m.

schadlos *adv*: **sich an jdm ~ halten**, rivalersi su qu, rifarsi con/su qu; **sich an etw** (dat) ~ **halten**, rifarsi su qc.

Schadstoff m sostanza f nociva; (*umweltschädlich*) *auch* (agente m) inquinante m.

schadstoffarm adj poco inquinante: ~**es Benzin** *auch*, benzina verde/[senza piombo].

Schadstoffausstoß m emissione f di sostanze nocive/tossiche.

Schadstoffbelastung f(livello m di) inquinamento m.

Schadstoffemission f → **Schadstoffausstoß**.

schadstofffrei adj privo di sostanze nocive, non inquinante.

schadstoffgeprüft adj senza sostanze nocive/tossiche.

Schadstoffkonzentration f tasso m d'inquinamento.

Schaf <-(e)s, -e> n **1** *zoo* pecora f: **die ~e blöken**, le pecore belano; **die ~e hüten**, badare/guardare le pecore **2** *fam pej* (*Dummkopf*) sciocco (-a) m (f), tonto (-a) m (f) *fam*, tordo m *fam* ● **das schwarze ~** (*der Familie*) **sein**, essere la pecora nera (della famiglia).

Schafbock m *zoo* montone m.

Schäfchen <-s, -> n *dim von* Schaf **1** (*kleines Schaf*) pecorella f **2** <*nur pl*> (*Gemeinde*) pecorelle f pl, gregge m ● **sein(e) ~ ins Trockene bringen** *fam*, mettere da parte un bel gruzzoletto *fam*; **sein(e) ~ im Trockenen haben** *fam*, aver messo da parte un bel gruzzoletto *fam*; **~ zählen** *fam* (*zum besseren Einschlafen vor sich hinzählen*), contare le pecore.

Schäfchenwolke f <*meist pl*> *fam* pecorella f *fam*; <pl> cielo m a pecorelle *fam*, cirrocumuli m pl *wiss*.

Schäfer <-s, -> m (**Schäferin** f) pastore (-a) m (f), pecoraio (-a) m (f).

Schäferdichtung f *lit* poesia f/letteratura f bucolica/pastorale.

Schäferhund m *zoo* (cane m) pastore m ● **Deutscher ~**, pastore tedesco, cane lupo.

Schäferin f → **Schäfer**.

Schäferroman m *lit* romanzo m pastorale.

Schäferspiel n *lit* commedia f pastorale.

Schäferstündchen n convegno m amoroso.

Schaffell n pelle f di pecora.

schaffen① <*schafft, schuf, geschaffen*> **A** tr **1** (*er~*) **etw ~** {KÜNSTLER, SCHRIFTSTELLER BILD, ROMANFIGUR, WERK; GOTT WELT} creare qc **2** <*auch schafft, schaffte, geschafft*> (*herstellen*) **etw ~** {ARBEITSPLÄTZE, MÖGLICHKEITEN, VERHÄLTNISSE, VORAUSSETZUNGEN} creare qc; {ERSATZ} procurare qc; {ORDNUNG} fare qc, mettere qc {RUHE} importre qc ● **Klarheit in etw** (dat) **~**, fare chiarezza in qc; **etw** (dat) **Abhilfe ~**, porre rimedio a qc, ovviare a qc, rimediare a qc **3** (*verursachen*) **etw ~** {ÄRGER, UNANNEHMLICHKEITEN, UNRUHE, VERDRUSS} causare qc, provocare qc **B** rfl: **sich** (dat) **Freunde/Feinde ~**, farsi ⌊degli amici⌉/[dei nemici].

schaffen② <*schafft, schaffte, geschafft*> **A** tr **1** (*bewältigen*) **etw ~** {ARBEIT, PENSUM, SOLL} portare a termine qc, riuscire a fare qc; {PRÜFUNG} passare qc *fam*, superare qc: **er hat mal wieder nichts geschafft heute**, anche oggi non ha combinato niente; **wir haben's geschafft!**, ce l'abbiamo fatta! **2** *fam* (*erreichen*) **etw ~** {BUS, U-BAHN, ZUG} farcela a prendere qc: **renn, dann ~ wir den Bus noch**, se corri ce la facciamo a prendere l'autobus **3** *fam* (*aufessen*) **etw ~** {PIZZA, PORTION, STÜCK} farcela a finire qc **4** (*befördern*) **jdn**/**etw irgendwohin ~** portare qu/

qc + compl di luogo: **sie schafften ihn umgehend zur Polizei**, lo portarono immediatamente alla polizia; **der Mann muss sofort ins Krankenhaus geschafft werden**, quest'uomo va ricoverato subito in ospedale **5** *fam* (*sehr anstrengen*) **jdn ~** sfinire qu, distruggere qu, mettere K.O. qu *fam*: **ich bin völlig geschafft** *fam*, sono ⌊stanco (-a) morto (-a) *fam*⌋/[fuso (-a) *slang*]; (*psychisch*) *auch* estenuare qu, esaurire qu **B** itr *region* (*arbeiten*) lavorare ● **frohes Schaffen!** *fam scherz*, buon lavoro!; **mit jdm/etw nichts zu ~ haben** (*wollen*) *fam*, non (volere) avere niente a che fare/spartire con qu/qc; **damit habe ich nichts zu ~!**, non c'entro niente!, non ho niente a che fare con questo!; **sich** (dat) **an etw** (dat) **zu ~ machen**, trafficare intorno a qc, darsi da fare intorno a qc; **jdm** (**sehr**) **zu ~ machen** (*Schwierigkeiten bereiten*), dare *fam*/creare (molti) problemi a qu; (*seelisch belasten*) *auch*, pesare (molto) a qu; **etw aus der Welt ~**, eliminare qc; **~ wir das zeitlich?**, faremo in tempo?

Schaffen <-s, *ohne pl*> n opera f, produzione f (*artistica*).

Schaffensdrang m, **Schaffensfreude** f impulso m creativo, energia f creativa.

Schaffenskraft f creatività f.

Schaffensprozess (a.R. Schaffensprozeß) m processo m creativo.

Schaffhausen <-s, *ohne pl*> n *geog* Sciaffusa f.

Schaffleisch n *gastr* (carne f di) pecora f.

Schaffner <-s, -> m (**Schaffnerin** f) controllore (*rar* -a) m (f), bigliettaio (-a) m (f).

Schafgarbe f *bot* achillea f ● **Gemeine ~**, millefoglio, millefoglie.

Schafherde f gregge m di pecore.

Schafhirt m (**Schafhirtin** f) pastore m, pecoraio (-a) m (f).

Schafkälte f *meteo* "improvvisa ondata f di freddo a metà giugno".

Schafkopf <-(e)s, *ohne pl*> m *Karten* "vecchio gioco m di carte tedesco".

Schafmilch f *gastr* latte m di pecora.

Schafott <-(e)s, -e> n *hist* patibolo m.

Schafskälte f → **Schafkälte**.

Schafskäse m formaggio m di pecora, (*tipisch italienischer ~*) pecorino m.

Schafskopf m *fam pej* imbecille m *fam*, cretino m *fam*, testa f di rapa *fam*.

Schafspelz m pelliccia f di pecora.

Schafstall m ovile m.

Schafstelze f *ornith* cutrettola f.

Schaft <-(e)s, Schäfte> m **1** (*Stiel*) {+AXT, MESSER, SPATEN} manico m; {+BAUM, SÄULE} fusto m; {+GEWEHR} calcio m **2** (*Stiefelschaft*) gambale m **3** *CH* (*Regal*) scaffalatura f.

Schaftstiefel m stivalone m.

Schafwolle f lana f di pecora.

Schafzucht f allevamento m di pecore.

Schah <-s, -s> m *hist* scià m.

Schakal <-s, -e> m *zoo* sciacallo m.

schäkern itr *fam* **mit jdm ~ 1** (*scherzen*) scherzare con qu **2** (*flirten*) civettare con qu.

schal adj **1** (*abgestanden*) {BIER, WASSER, WEIN} stantio **2** (*reizlos*) {DASEIN, LEBEN} insipido, scialbo, vuoto; **ein ~es Gefühl**, una sensazione f di tedio; **~e Späße**, scherzi insulsi.

Schal <-s, -s> m (*länglicher Wollschal*) sciarpa f; (*Umschlagtuch*) scialle m; (*Seidentuch*) foulard m.

Schälchen <-s, -> n *dim von* Schale scodellina f, ciotolina f.

Schale① <-, -n> f **1** (*Sektschale*) coppa f;

(*Teeschale*) tazza f; (*Schüssel*) scodella f, ciotola f; (*Obstschale, dekorative ~*) piatto m **2** *bes. A* (*Tasse*) tazza f.

Schale② <-, -n> f **1** (*Hülle*) {+KARTOFFEL, OBST} buccia f: **etw mit der ~ essen/kochen**, mangiare/cuocere qc con la buccia; {+ORANGE, ZITRONE} *auch* scorza f; {+EI, HÜLSENFRUCHT, NUSS, SCHALENTIER} guscio m; **die ~ aufbrechen/knacken**, rompere/schiacciare il guscio; {+MUSCHEL} conchiglia f **2** *region* (*Rinde*) {+KÄSE} cortecciaf, buccia f ● **eine raue ~ haben**, ⌊avere la⌋/[essere di] scorza dura; **sich in ~ werfen** *fam*, mettersi in ghingheri *fam*; **in einer rauen ~ steckt oft ein weicher Kern** *prov*, sotto una scorza dura si cela spesso un animo gentile.

schälen A tr **1** (*die Schale ablösen*) **etw ~** {APFEL, BIRNE, ORANGE} sbucciare qc; {KARTOFFEL} *auch* pelare qc; {EI, MANDEL} sgusciare qc; {KASTANIE} *auch* sbucciare qc; {REIS} mondare qc **2** (*die Rinde ablösen*) **etw ~** {BAUMSTAMM} scortecciare qc **3** (*herauslösen*) **etw aus etw** (dat) **~** {BLUMEN, BONBON, PRALINE AUS DEM PAPIER, AUS DER UMHÜLLUNG; KNOCHEN AUS DEM FLEISCH, SCHINKEN} togliere qc da qc, levare qc da qc: **Blumen/[ein Geschenk] aus dem Papier ~**, scartare i fiori/un regalo **B** rfl **1** (*sich ablösen*) **sich ~** {HAUT} spellarsi; *med* squamarsi **2** (*eine sich schälende Haut haben*) **sich an etw** (dat) **~** {AN DEN BEINEN, DER NASE, AM RÜCKEN} spellarsi + *compl di luogo* **3** *fam* (*sich ein Kleidungsstück ausziehen*) **sich aus etw** (dat) **~** {AUS EINEM KLEID, MANTEL} togliersi qc (con fatica), liberarsi *di* qc.

Schalenobst n *bot* frutta f secca (col guscio).

Schalensitz m *autom* sedile m a guscio.

Schalentier n *zoo* crostaceo m.

Schalk <-(e)s, -e *oder* Schälke> m *obs* mattachione m *fam*, burlone m *fam*; (*kleiner Junge*) birichino m *fam* ● **jdm guckt der ~ aus den Augen**, qu ha ⌊lo sguardo birichino/furbetto⌋/[gli occhietti maliziosi]; **jdm sitzt der ~** [**jd hat den**] **~ im Nacken**, qu è un gran burlone.

schalkhaft A adj {MENSCH} burlone; {LÄCHELN} malizioso, birichino **B** adv {LÄCHELN} con aria maliziosa/furbetta.

Schall <-(e)s, -e *oder rar* Schälle> m **1** <*nur sing*> *phys* (*Schwingung*) suono m **2** (*Klang*) suono m **3** (*Widerhall*) eco m *oder* f ● **~ und Rauch sein** (*vergänglich sein*), essere effimero; (*bedeutungslos sein*), essere tutto/solo fumo.

schalldämmend adj {MATERIAL, WAND, WIRKUNG} fonoassorbente, insonorizzante, fonoisolante; {MAßNAHME} antirumore.

Schalldämmung <-, *ohne pl*> f insonorizzazione f, isolamento m acustico; (*Maßnahme*) misura f antirumore.

schalldämpfend adj → **schalldämmend**.

Schalldämpfer m **1** {+AUSPUFF} marmitta f, silenziatore m **2** {+WAFFE} silenziatore m **3** *mus* sordina f.

schalldicht adj {FENSTER, TÜR, WAND} a isolamento acustico; {ZIMMER} insonorizzato, isolato acusticamente: **etw ~ machen**, insonorizzare qc.

schallen <*schallte oder scholl, geschallt oder geschollen*> itr {BEIFALL, GELÄCHTER, GLOCKENKLANG, STIMME} (ri)suonare.

schallend A adj **1** (*laut tönend*) {GELÄCHTER} sonoro, fragoroso; {APPLAUS, BEIFALL} scrosciante **2** (*knallend*) {OHRFEIGE} sonoro, solenne **B** adv {LACHEN} sonoramente.

Schallgeschwindigkeit f velocità f sonica/[del suono].

Schallmauer f muro m/barriera f del suono • **die ~ durchbrechen**, superare/sfondare il muro del suono; *slang* (*die Höchstgrenze überschreiten*) {BENZIN, FAHRPREIS}, schizzare alle stelle *fam*; **der Eintrittspreis hat die ~ von zehn Euro durchbrochen**, il prezzo d'ingresso ha sfondato il muro dei dieci euro.

Schallplatte f disco m: **eine ~ auflegen**, mettere un disco; **etw auf ~ aufnehmen**, incidere qc su disco; **eine ~ hören**, sentire/ascoltare un disco.

Schallplattenalbum n album m.

Schallplattenaufnahme f incisione f su disco.

Schallplattengeschäft n negozio m di dischi.

Schallplattenindustrie f industria f discografica.

Schallplattensammlung f collezione f/raccolta f di dischi, discoteca f.

schallschluckend adj {MATERIAL, VERKLEIDUNG} fonoassorbente.

Schallschutz m protezione f acustica/[dal rumore].

Schallwelle f *phys* onda f sonora.

Schalmei f *mus* (*Blasinstrument*) piffero m.

Schalotte <-, -n> f *bot* scalogno m.

schalt 1. *und* 3. *pers sing imperf von* **schelten**.

Schaltanlage f *el* centralina f di comando.

Schaltbrett n → **Schalttafel**.

schalten A *itr* 1 *autom* (*einen Gang einlegen*) cambiare marcia: **in den vierten Gang ~**, mettere *fam*/innestare/ingranare la quarta 2 *fam* (*verstehen*) (*irgendwie*) ~ afferrare/capire (+ *compl di modo*): **blitzschnell ~**, capire al volo; (*reagieren*) reagire (+ *compl di modo*); **richtig ~**, reagire bene 3 *radio TV* (*verbinden*) *irgendwohin* ~ {NACH BERLIN, ZUR NACHRICHTENREDAKTION, ZUM WDR} collegarsi con qc 4 (*die Farbe wechseln*) **auf etw** (akk) ~ {AMPEL AUF GELB, GRÜN, ROT} passare a qc B tr 1 (*einstellen*) **etw auf etw** (akk) ~ {RADIO, REKORDER AUF BATTERIEBETRIEB, NETZ} mettere qc a qc; {WASCHMASCHINE AUF SCHLEUDERN} mettere qc su qc: **ich habe die Heizung auf «warm» geschaltet**, ho acceso il riscaldamento; **auf «aus»/«ein» ~**, spegnere/accendere; **auf Automatik ~**, mettere l'automatico; **wir haben die Heizung so geschaltet, dass immer warmes Wasser da ist**, abbiamo regolato/predisposto il riscaldamento in modo che ci sia sempre acqua calda 2 (*einschieben*) **etw ˌin etw** (akk)⌋/[**zwischen etw** (akk) **und etw** akk)] ~ {WERBESPOT IN DIE SENDUNG, PAUSE ZWISCHEN ARBEITSGESPRÄCHE} inserire qc ˌin qc⌋/[tra qc (e qc)]: **zwischen ein Konzert und das andere will er ein paar Tage Ferien ~**, tra un concerto e l'altro vuole ritagliarsi alcuni giorni di vacanza C rfl (*sich betätigen lassen*): **sich ~: die Gänge ~ sich sehr leicht/schwer**, le marce s'innestano ˌmolto facilmente⌋/[con difficoltà] • **auf stur ~** *fam*, fare muro *fam*, irrigidirsi; (*nach Belieben*) ~ **und walten, ~ und walten (können)** (, **wie man will**), (poter) agire liberamente, avere mano libera.

Schalter① <-s, -> m *el* interruttore m; (*Umschalter*) commutatore m: **den ~ betätigen**, azionare l'interruttore.

Schalter② <-s, -> m *bank Eisenb post* sportello m: **am ~ Schlange stehen**, essere in coda (davanti) allo sportello.

Schalterbeamte <dekl wie adj> m (**Schalterbeamtin** f) sportellista mf, addetto (-a) m (f) allo sportello.

Schalterhalle f sala f degli sportelli; {+BAHNHOF} biglietteria f.

Schalterstunden subst <nur pl> orario m di sportello/[apertura al pubblico].

Schalthebel m 1 *mech* leva f di comando 2 *autom* leva f del cambio • **an den ~n der Macht sitzen**, avere in mano le leve del comando, essere nella stanza dei bottoni.

Schaltjahr n anno m bisestile.

Schaltkasten m *el* quadro m di comando.

Schaltknüppel m 1 *autom* cloche f (del cambio) 2 *aero* cloche f.

Schaltkreis m *el* circuito m di commutazione.

Schaltplan m schema m elettrico/[di circuito].

Schaltpult n console f (di comando).

Schaltstelle f {+MACHT} centro m; {+POLITIK, WISSENSCHAFT} centro m decisionale/[di potere].

Schalttafel f *el* pannello m/quadro m di comando.

Schalttag m giorno m intercalare/bisestile.

Schaltuhr f *el* timer m, temporizzatore m.

Schaltung <-, -en> f 1 *el* circuito m: **integrierte ~**, circuito integrato 2 *autom* → **Gangschaltung** 3 *radio TV* collegamento m.

Schaltzentrale f 1 *tech* sala f comandi 2 (*Machtzentrum*) stanza f dei bottoni: **die ~n der Macht**, le stanze del potere.

Schaluppe <-, -n> f *naut* scialuppa f.

Scham <-, ohne pl> f 1 (*Beschämung*) vergogna f: **tiefe ~ empfinden**, provare una profonda vergogna 2 (*~gefühl*) pudore m 3 *obs* → **Schamteile** • **jd möchte vor ~ in die Erde versinken**, qu vorrebbe sprofondare sotto terra dalla vergogna; **vor ~ erröten** (*aus Beschämung*), arrossire di vergogna, (*aus Schamgefühl*), arrossire di pudore; **aus falscher ~**, per un falso senso del pudore; **nur keine falsche ~!** *fam*, non ˌti vergognare⌋/[si vergogni]!; **keine/[kein bisschen] ~ im Leib(e) haben**, non avere il minimo pudore, essere ˌsenza pudore⌋/[uno spudorato (-a)]/svergognato (-a)].

Schamane <-n, -n> m sciamano m.

Schambein n *anat* pube m, osso m pubico.

Schamberg m, **Schamhügel** m → **Venusberg**.

Schamdreieck n triangolo m dei peli pubici.

schämen rfl 1 (*schamhaft sein*) **sich** (*vor jdm*) ~ vergognarsi ((in presenza di qu), essere vergognoso (in presenza di qu): **sie kommt sicher nicht mit zum Tanzen, sie schämt sich**, (lei) non viene di sicuro a ballare, si vergogna; **geh besser aus dem Zimmer, während sie sich umzieht. Sie schämt sich vor dir**, è meglio che tu esca dalla stanza mentre lei si cambia. Lei si vergogna [se ci sei tu] 2 (*Scham empfinden*) **sich ˌfür jdn/etw⌋/[jds/etw** gen]/[**wegen etw** (gen *oder fam* dat)] ~ vergognarsi di/per qu/qc, provare vergogna di/per qu/qc: **sie schämte sich ihrer/[für ihre]/[wegen ihrer] billigen Kleider**, provò vergogna ˌdei suoi⌋/[per i suoi] vestiti da quattro soldi; **er schämt sich nicht, offen von seinen unlauteren Geschäften zu sprechen**, non si vergogna a parlare apertamente dei suoi loschi affari • (**pfui**) **schäm dich!**, vergogna(ti)!; **du solltest dich (was) ~!**, dovresti vergognarti!

Schamgefühl <-s, ohne pl> n (senso m del) pudore m.

Schamgegend f *anat* pube m.

Schamhaar n 1 <nur sing> (*Behaarung*) peli m pl pubici/[del pube] 2 (*einzelnes Haar*) pelo m pubico/[del pube].

schamhaft A adj {BLICK, LÄCHELN, ZURÜCKHALTUNG} vergognoso, pudico B adv {ERRÖTEN, LÄCHELN} pudicamente: **sie schlug ~ die Augen nieder**, imbarazzata abbassò lo sguardo.

Schamhaftigkeit <-, ohne pl> f pudicizia f *lit*, pudore m, verecondia f *obs*.

Schamlippe f <meist pl> *anat* labbro m (della vulva): **die großen/kleinen ~n**, le grandi/piccole labbra.

schamlos A adj 1 (*unanständig*) {BLICK, REDEN, VERHALTEN} impudico, spudorato, privo di pudore, inverecondo *geh*; {PERSON} *auch* svergognato 2 (*unverschämt*) {LÜGE, FRECHHEIT, FORDERUNG, REDEN} spudorato, impudente, sfacciato B adv 1 (*unanständig*) {SICH KLEIDEN, SICH VERHALTEN} impudicamente 2 (*skrupellos*) {ANLÜGEN, BETRÜGEN, HINTERGEHEN} spudoratamente, impudentemente, vergognosamente, senza pudore/vergogna.

Schamlosigkeit <-, -en> f 1 <nur sing> (*mangelndes Schamgefühl*) spudoratezza f, impudicizia f 2 (*schamlose Äußerung*) spudoratezza f, impudenza f, sfacciataggine f, sfrontatezza f.

Schamott <-(e)s, ohne pl> m 1 *fam pej* (*Kram*) ciarpame m *pej*, cianfrusaglie f pl *pej* 2 *südd A CH* → **Schamotte**.

Schamotte <-, ohne pl> f chamotte f, argilla f refrattaria.

schamponieren <ohne ge-> tr **etw ~** {HAARE} fare lo shampoo a qc.

Schampus <-, ohne pl> m *fam* champagne m; (*Sekt*) spumante m.

schamrot adj {GESICHT} rosso di vergogna: **~ werden**, arrossire di vergogna.

Schamröte <-, ohne pl> f rossore m: **die ~ stieg ihr ins Gesicht**, arrossì/avvampò di vergogna.

Schamteile subst <nur pl> *anat* genitali m pl, pudenda f pl *obs oder euph*, vergogne f pl *obs*.

Schande <-, ohne pl> f vergogna f, disonore m, infamia f, onta f *geh*, ignominia f *lit*: **es ist eine (wahre) ~, dass alle geschwiegen haben!**, è una vergogna che nessuno abbia aperto bocca!; **ich muss zu meiner (großen) ~ gestehen, dass ...**, debbo confessare, con mia grande vergogna che ... • **sich mit ~ bedecken**, coprirsi di vergogna/infamia/ignominia *lit*; **~ über jdn bringen**, disonorare qu, infamare qu, gettare fango addosso a qu; **jdm/etw ~ machen**, disonorare qu/qc; **mach mir keine ~!** *fam*, non farmi fare ˌbrutte figure⌋/[figuracce]! *fam*; **zu ~n ~ zuschanden**.

schänden tr 1 *geh* (*Schande bereiten*) **etw ~** {JDS ANSEHEN, NAMEN, RUF} disonorare qc, infamare qc 2 (*entweihen*) **etw ~** {FRIEDHOF, GRAB, KIRCHE} profanare qc 3 *obs* (*vergewaltigen*) **jdn ~** {FRAU, MÄDCHEN} violare qu, violentare qu.

Schandfleck m *fam* (*bes. Gebäude*) pugno m in un occhio *fam*, obbrobrio m: **der ~ der Familie**, il disonore della famiglia.

schändlich A adj 1 (*niederträchtig*) {ABSICHT, LÜGE, TAT} infame, ignobile, vergognoso 2 *fam* (*unerhört*) {BEHANDLUNG, BENEHMEN, ZUSTAND} vergognoso, scandaloso, indecente B adv 1 (*niederträchtig*) {BEHANDELN, BELÜGEN, BETRÜGEN, HINTERGEHEN} ignobilmente, in modo infame, vergognosamente 2 *fam* (*überaus*) {SCHLECHT, TEUER, VERNACHLÄSSIGT} terribilmente, scandalosamente, vergognosamente.

Schandmal n *geh* → **Schandfleck**.

Schandtat f infamia f, scelleratezza f, ne-

fandezza f● **zu** ₗ**jeder ~**ˌ/[**allen ~en**] **bereit sein** *fam scherz*, essere aperto/pronto a tutto.
Schändung <-, *-en*> f **1** (*Entweihung*) {+FRIEDHOF, GRAB, KIRCHE} profanazione f **2** *obs* (*Vergewaltigung*) violenza f carnale, stupro m.
Schankbetrieb m → **Schankwirtschaft**.
Schänke <-s, *-n*> f *obs* (*kleine Gastwirtschaft*) osteria f; (*Ausschank*) mescita f.
Schanker <-s, -> m *med*: **harter ~**, ulcera sifilitica/dura, sifiloma primario; **weicher ~**, ulcera venerea/molle.
Schankerlaubnis f, **Schankkonzession** f licenza f per la vendita di bevande alcoliche.
Schanktisch m banco m di mescita.
Schankwirt m (**Schankwirtin** f) oste (-essa) m (f).
Schankwirtschaft f fiaschetteria f, mescita f *tosk*.
Schanze <-, *-n*> f **1** *Ski* trampolino m (di salto) **2** *mil* ridotto m, ridotta f **3** *naut* cassero m.
Schar <-, *-en*> f {+JUGENDLICHE, NEUGIERIGE, SÄNGER, WANDERER} schiera f, frotta f, sciame m, stuolo m: **in ~en**, a frotte; {+FISCHE} b(r)anco m; {+VÖGEL} stormo m.
Scharade <-, *-n*> f sciarada f.
Schäre <-, *-n*> f *geog* faraglione m.
scharen **A** tr (*um sich sammeln*) **jdn um sich ~**, radunare *qu* intorno a sé, raccogliere *qu* intorno a sé **B** rfl (*sich versammeln*) **sich um jdn/etw ~**, radunarsi/riunirsi/affollarsi/assembrarsi intorno a *qu*/*qc*.
scharenweise adv {ANKOMMEN, ZUSAMMENSTRÖMEN} a frotte, a schiere.
scharf <*schärfer, schärfste*> **A** adj **1** (*gut geschliffen*) {KLINGE, MESSER, SCHERE, SCHWERT} affilato, tagliente **2** (*spitz*) {ECKE, KANTE} vivo; {ZÄHNE} aguzzo; {KRALLEN} ad artiglio; {HÖRNER} appuntito **3** *gastr* (*stark gewürzt*) {MEERRETTICH, SOßE, SPEISE, WURST} piccante; {ESSIG, GESCHMACK, PFEFFER, SENF} forte **4** (*ätzend*) {SÄURE} corrosivo, caustico; {REINIGUNGS-, SCHEUERMITTEL} aggressivo **5** (*beißend*) {GERUCH} acre, penetrante; {GERUCH NACH ZITRONE} aspro **6** *fam* (*hochprozentig*) {GETRÄNK, SCHNAPS} forte **7** (*schneidend*) {FROST, KÄLTE} rigido, pungente; {LUFT, WIND} *auch* frizzante **8** (*hart*) {MAßNAHME, REGEL} drastico, energico; {DURCHGREIFEN, VORGEHEN} *auch* duro **9** (*streng*) {AUFSICHT, BEWACHUNG, KONTROLLE} stretto, rigido; {URTEIL} severo; {AUFSEHER, POLIZIST, PRÜFER} intransigente **10** (*heftig*) {ANTWORT, KOMMENTAR, URTEIL, ZUNGE} tagliente, mordace; {AUSEINANDERSETZUNG, KRITIK, VORWURF} aspro, duro; {PROTEST} duro, forte, vibrato *geh*, veemente; {TON} perentorio; {WORTE} pungente, caustico; {WIDERSTAND} accanito **11** (*genau*) {ANALYSE, INTELLIGENZ} acuto, penetrante, sottile; {VERSTAND} *auch* perspicace, {ANALYTIKER, BEOBACHTER, BEOBACHTUNG} fine, acuto, perspicace **12** (*sehr gut wahrnehmend*) {GEHÖR, GERUCHSSINN} fine: **~e Augen, ~es Sehvermögen**, vista acuta **13** (*durchdringend*) {STIMME, TON} acuto, penetrante; {LICHT} accecante, forte **14** (*deutlich*) {GRENZE, TRENNUNG} netto; **in ~em Gegensatz zu etw** (dat) **stehen**, essere in forte/netto/stridente contrasto con qc **15** *opt fot* (*klar abbildend*) {BILD, FOTO} nitido; {BRILLE, LINSE} forte **16** (*stark ausgeprägt*) {GESICHTSZÜGE, NASE, PROFIL} marcato, pronunciato **17** (*schnell*) {GANGART, MARSCH, RITT} sostenuto; {RHYTHMUS} *auch* serrato, incalzante; {GALOPP, TRAB} sostenuto, serrato **18** (*abrupt*) {KEHRE, KURVE} stretto; {WENDE}

auch brusco **19** (*bissig*) {HUND} mordace **20** *mil* {BOMBE, GRANATE, SPRENGSATZ} innescato: **mit ~er Munition schießen**, sparare a palla/pallottola **21** *sport* (*wuchtig*) {SCHUSS, WURF} potente **22** *ling*: **das ~e S**, la lettera tedesca ß, la doppia esse tedesca *fam* **23** *slang* (*sexuell erregend*) {FILM, FOTO, FRAU} arrapante *slang*, attizzante *slang*, eccitante: **~ sein** *fam*, essere arrapato *slang*/allupato *slang* **24** *fam* (*beeindruckend*) {AUTO, KLEIDER, WOHNUNG} forte *fam*, da sballo *slang*, fantastico; {FILM} *auch* geniale *fam*: **ein ~er Typ**, un figo *slang* **B** adv **1** (*gut*) {GESCHLIFFEN} molto **2** (*pikant*): **~ gewürzt**, piccante; **~ kochen**, cucinare piccante **3** (*hart*) {DURCHGREIFEN, VORGEHEN} in modo drastico/energico, duramente **4** (*streng*): (**jdn/etw**) **~ kontrollieren/bewachen**, tenere (qu/qc) sotto ₗstretto controlloˌ/[stretta sorveglianza] **5** (*heftig*) {ABLEHNEN} recisamente, categoricamente; {ANGREIFEN, KRITISIEREN, ZURECHTWEISEN} aspramente, fortemente, duramente; {BEKÄMPFEN} con accanimento: **jdn aufs Schärfste kritisieren**, criticare aspramente qu; {PROTESTIEREN} con forza/veemenza; {VERURTEILEN} severamente; {WIDERSPRECHEN} energicamente **6** (*genau*) {ANALYSIEREN} con acutezza; {ANSEHEN, BEOBACHTEN, ZUHÖREN} con attenzione, attentamente; {DARSTELLEN} con precisione/esattezza: **~ aufpassen**, fare bene attenzione; **denk mal ~ nach**, pensaci bene, concentrati **7** (*in hohem Tempo*) {FAHREN, MARSCHIEREN, REITEN} a gran velocità; {GALOPPIEREN} *auch* a briglia sciolta **8 com** (*präzise*) {KALKULIEREN, RECHNEN} al centesimo *fam*, esattamente **9** *fot*: **~ einstellen**, mettere a fuoco **10** (*abrupt*) {ANFAHREN, BREMSEN, WENDEN} bruscamente, di scatto **11** (*dicht*): **~ an etw** (akk) **heranfahren**, rasentare qc **12** (*deutlich*): **~ hören**, avere l'orecchio fine, essere di udito fine; **ich kann noch immer ~ sehen**, ci vedo ancora benissimo ● **das ist das Schärfste!** *slang*, questa (sì che) è bella! *fam*; **das Schärfste kommt noch**, il meglio deve ancora venire; **~ machen** (*zünden*) {BOMBE, SPRENGSATZ}, innescare qc; (*schleifen*) {MESSER}, affilare qc; **~ schießen** *mil*, sparare a palla/pallottola; **auf etw** (akk) **~ sein** *fam* (*etw mit Vorliebe essen*), essere ghiotto/ingordo di qc; **auf jdn/etw ~ sein** *fam* (*wild auf jdn/etw sein*), sbavare ₗdietro a quˌ/[per qc] *slang*, smaniare per qc *fam*; **sie war ganz ~ darauf, Inge von ihrem Abenteuer zu erzählen**, moriva dalla voglia di raccontare la sua avventura a Inge.
Scharfblick <-s, *ohne pl*> m perspicacia f, acume m.
Schärfe <-, *-n*> f **1** (*guter Schliff*) {+KLINGE, MESSER, SCHNEIDE} taglio m, filo m **2** (*Spitze*) {+ECKE, KANTE} acutezza f **3** (*besondere Würze*) {+GERICHT, SPEISE} sapore m piccante/forte **4** (*durchdringender Charakter*) {+STIMME, TON} acutezza f; {+GERUCH} intensità f **5** (*Strenge*) {+BEWACHUNG, PRÜFER, URTEIL} rigore m, severità f **6** (*Heftigkeit*) {+ANTWORT, KOMMENTAR} mordacità f, salacità f, causticità f; {+AUSEINANDERSETZUNG, KRITIK, VORWURF} asprezza f; {+TON, WORTE} *auch* causticità f; {+PROTEST} durezza f, veemenza f: **er wies den Vorschlag in aller ~ zurück**, respinse con forza la proposta **7** (*Genauigkeit*) {+AUFFASSUNGSGABE, INTELLIGENZ, VERSTAND} acutezza f; {+ANALYSE} precisione f **8** *fot opt* (*klare Abbildung*) {+BILD, FOTO} nitidezza f; {+EINSTELLUNG} precisione f; {+UMRISSE} nettezza f, nitidezza f **9** (*Feinheit*) {+AUGEN, GEHÖR} acutezza f; {+GERUCHSSINN} finezza f.
Schärfeinstellung <-, *-en*> f *fot* messa a fuoco.
schärfen **A** tr **1** (*scharf machen*) **etw ~** {KLINGE, MESSER, SCHERE, SCHNEIDE} affilare

qc **2** (*verfeinern*) **etw ~**, {AUGEN, GESPÜR, VERSTAND} acuire qc, aguzzare qc, affinare qc **B** rfl (*sich verfeinern*) **sich ~** {GEIST, GESPÜR} acuirsi, affinarsi: **den Blick für etw** (akk) **~**, affinare la sensibilità per qc; **das öffentliche Bewusstsein für etw** (akk) **~**, sensibilizzare l'opinione pubblica su qc.
scharfkantig adj {PLATTE, TISCH} a spigoli vivi.
scharf|machen tr **1** (*aufwiegeln*) aizzare *qu*, sobillare *qu*, istigare *qu* **2** → **machen 3** *fam* (*sexuell provozieren*) **jdn ~** arrapare *qu slang*, attizzare *qu slang*, allupare *qu slang*.
Scharfmacher m (**Scharfmacherin** f) *fam* agitatore (-trice) m (f), sobillatore (-trice) m (f), istigatore (-trice) m (f).
Scharfrichter m *hist* boia m, giustiziere m, carnefice m.
Scharfschütze m (**Scharfschützin** f) tiratore (-trice) m (f) scelto (-a).
scharfsichtig adj {MENSCH} perspicace, acuto.
Scharfsinn m acume m, sagacia f, perspicacia f.
scharfsinnig adj {ANTWORT, BEMERKUNG} acuto, sagace; {MENSCH} *auch* perspicace.
scharfzüngig adj {BEMERKUNG, KOMMENTAR} caustico, mordace, salace; {JOURNALIST, PERSON} dalla lingua affilata/tagliente.
Scharia <-, *ohne pl*> f *relig* sharia f.
Scharlach① <-s, *rar -e*> m (*Farbe*) (colore m) scarlatto m.
Scharlach② <-s, *ohne pl*> m *med* scarlattina f.
scharlachrot adj (rosso) scarlatto.
Scharlatan <-s, *-e*> m *pej* ciarlatano m.
Scharm <-s, *ohne pl*> m → **Charme**.
scharmant adj → **charmant**.
Scharmeur m → **Charmeur**.
Scharmützel <-s, -> n *mil obs* scaramuccia f.
Scharnier <-s, *-e*> n cerniera f.
Schärpe <-, *-n*> f fusciacca f; {+UNIFORM} sciarpa f, fascia f.
scharren itr *fam* (*kratzen*) (*mit etw* dat) (*irgendwo*) **~** {HUND, KATZE MIT DEN KRALLEN, TATZEN AUF DEM BODEN, IM DRECK, MIST} raspare (con qc) (+ *compl di luogo*); {HUHN} *auch* razzolare (con qc) (+ *compl di luogo*); {PFERDE} scalpitare (con qc) (+ *compl di luogo*): **mit den Füßen ~**, strusciare i piedi per terra.
Scharte <-, *-n*> f **1** (*Kerbe*) {+KLINGE, SCHNEIDE} tacca f **2** *hist* (*Schieß~*) feritoia f ● **eine ~ auswetzen**, riparare a un errore.
schartig adj {KLINGE, MESSER, SCHNEIDE, SENSE} intaccato.
scharwenzeln <*ohne* ge-> itr <*haben oder sein*> *fam pej* **um jdn ~** ronzare intorno a *qu fam*; **vor jdm ~** strisciare davanti a *qu fam*, leccare i piedi a *qu fam*.
Schaschlik <-s, *-s*> m *oder* n *gastr* "spiedini m pl piccanti di carne, peperoni, cipolle e pancetta".
schassen tr *fam* **jdn ~** {SCHÜLER} cacciare *qu fam*, buttare fuori *qu fam*, espellere *qu*; {FUNKTIONÄR, MINISTER} silurare *qu*, cacciare *qu*.
Schatten <-s, -> m **1** (*schattige Stelle*) ombra f: **im ~ liegen**, essere/trovarsi all'ombra; **die Bäume spenden ~**, gli alberi danno/fanno ombra; **suchen wir uns einen schönen Platz im ~**, cerchiamoci un bel posto ombreggiato/[all'ombra] **2** (*dunkles Spiegelbild*) {+BAUM, GEBÄUDE, PERSON} ombra f: **im ~ von hohen Linden**, all'ombra di alti tigli **3** (*schemenhafte Figur*) ombra f: **ein ~ huschte durch den Garten**, un'ombra sci-

volò attraverso il giardino 4 (*Fleck auf Foto, Röntgenbild*) ombra f ● **~ unter den Augen haben**, avere ₁le occhiaie₁/[gli occhi pesti]; **jdm wie ein ~ folgen**, seguire qu come un'ombra, essere l'ombra di qu; **sich vor seinem eigenen ~ fürchten**, avere paura della propria ombra; **jd hat einen ~** *fam* (*ist nicht ganz normal*), a qu manca un venerdì *scherz*; **einen ~ nachjagen geh**, correre dietro alle ombre; **ein ~ seiner selbst sein**, essere/sembrare l'ombra di se stesso (-a); **über seinen ~ springen**, forzare la propria natura, farsi violenza; **in jds ~ stehen**, vivere all'ombra di qu, essere eclissato da qu; **jdn/etw in den ~ stellen**, mettere in ombra qu/qc, eclissare qu/qc, oscurare qc; **die ~ der Vergangenheit**, le ombre/i fantasmi del passato; **seine ~ vorauswerfen** {Ereignisse}, farsi sentire (in anticipo).

Schattenarbeit f lavoro m sommerso.
Schattenboxen n *sport* tai chi (chuan) m.
Schattendasein n: **ein ~ fristen/führen** (*unbeachtet bleiben*), rimanere/restare nell'ombra.
schattenhaft ⓐ adj {Gestalt, Umriss} indistinto, nebuloso, incerto; {Erinnerung} *auch* vago ⓑ adv {sich abzeichnen, ausmachen} in modo indistinto/incerto/vago, indistintamente.
Schattenkabinett n *pol* governo m/gabinetto m ombra.
Schattenmorelle f *bot* 1 (*Baum*) visciolo m, agriotto m 2 (*Frucht*) visciola f, agriotta f.
Schattenreich n *myth* regno m delle ombre.
Schattenriss (a.R. Schattenriß) m *kunst* silhouette f.
Schattenseite f 1 (*im Schatten liegende Seite*) parte f in ombra 2 (*Nachteil*) lato m/aspetto m negativo ● **die ~n des Lebens**, gli aspetti negativi/brutti della vita.
Schattenspiel n 1 → **Schattentheater** 2 (*Schattentheaterstück*) pièce f di teatro delle ombre 3 (*Kinderspiel*) ombre f pl cinesi.
Schattentheater n teatro m delle ombre (cinesi).
Schattenwirtschaft f economia f sommersa.
schattieren <ohne ge-> tr *kunst* **etw ~** ombreggiare qc.
Schattierung <-, -en> f 1 <*nur sing*> *kunst* ombreggiatura f 2 <*meist pl*> (*Ausprägung*): **Politiker aller ~en**, politici di tutte le colorature; **alle ~en eines Problems**, tutte le sfumature di un problema 3 (*Nuance*) {+Farbe, Tönung} sfumatura f, gradazione f.
schattig adj {Platz, Stelle, Tal} ombreggiato, ombroso: **hier ist es ~**, qui c'è ombra.
Schatulle <-, -n> f *geh* cassettina f, scrigneto m; {Schmuckschatulle} portagioie m.
Schatz <-es, Schätze> m 1 (*kostbare Dinge*) tesoro m: **einen ~ suchen/finden**, cercare/trovare un tesoro; **das Museum birgt reiche Schätze**, il museo custodisce preziosi tesori 2 *geh* (*wertvolles Gut*) tesoro m 3 *fam* (*Liebling*) tesoro m: **danke, du bist ein (wahrer) ~!**, grazie, sei (veramente) un tesoro!; **sei ein ~ und geh noch schnell Brot kaufen!**, sii gentile, fai un salto a prendere il pane!; **aus dem ~ seiner Erfahrungen schöpfen**, attingere al proprio bagaglio di esperienze; **etw nicht für alle Schätze der Welt hergeben**, non cedere qc neanche per tutto l'oro del mondo.
Schatzanweisung <-, -en> f <*meist pl*> *bank* buono m del tesoro.
Schätzchen <-s, -> n *fam* tesoro m.
schätzen① ⓐ tr 1 (*ungefähr bestimmen*)

jdn/etw₁**auf etw** akk₁/[**irgendwie**] **~**: **ich schätze ihn so auf 40**, gli darei più o meno 40 anni; **ihr Alter ist schwer zu ~**, è difficile dire quanti anni abbia/ha *fam*; **wie alt schätzt du sie?**, quanti anni le dai?; **ich hätte sie jünger geschätzt**, le avrei dato meno, l'avrei creduta/detta/fatta *fam* più giovane; **wie hoch schätzt du den Wolkenkratzer?**, quanto pensi sia alto il grattacielo?; **was schätzt du, wie schwer ein Elefant ist?**, quanto pensi possa pesare un elefante? 2 (*den Wert ein~*) **etw** (*auf etw* akk) **~** {Antiquität, Erbe, Haus, Schmuck auf einen Wert} stimare qc (qc), valutare qc (qc): **ihre Bibliothek wird auf über 100 000 Euro geschätzt**, la sua/loro biblioteca è valutata oltre 100 000 euro; **der Schaden ist auf 4000 Euro geschätzt worden**, il danno è stato valutato (in) 4000 euro; **etw ~ lassen** {Gemälde, Grundstück, Schmuckstück}, far stimare/valutare qc ⓑ itr (*annehmen*) pensare, ritenere: **meinst du, dass sie morgen aus dem Urlaub kommen? – Ich schätze ja/schon**, credi che tornino domani dalle vacanze? – Penserei/Direi di sì; **ich schätze, dass die Arbeit morgen fertig ist**, ritengo che domani il lavoro sia finito ● **schätz mal!**, prova a indovinare/dire!

schätzen② tr 1 (*hoch achten*) **jdn** (**als etw** akk) **~** {als Freund, Mitarbeiter, Ratgeber} stimare qu (come qc), apprezzare qu (come qc): **an der Uni war er sehr geschätzt**, all'università lui era molto stimato/apprezzato/considerato 2 (*wertvoll erachten*) **etw** ~ {gutes Essen, Höflichkeit} apprezzare qc: **ich schätze es sehr, wenn man sich offen auseinandersetzt**, apprezzo molto il confronto aperto; **sie ~ an ihm vor allem seine Zuverlässigkeit**, apprezzano di lui soprattutto l'affidabilità; **er weiß ihre Unterstützung wohl zu ~**, sa apprezzare il suo/loro aiuto ● **jdn/etw gering ~** (*gering achten*), tenere in ₁poco conto₁/[poca/scarsa considerazione] qu/qc, disistimare qu/qc; (*verachten*), disprezzare qu/qc; **die Gefahr/Folgen nicht gering ~**, non sottovalutare ₁il pericolo₁/[le conseguenze]; **sich glücklich ~**, ritenersi fortunato (-a); **jdn hoch ~**, stimare (molto) qu, tenere in grande stima qu; **jdn/etw ~ lernen**, imparare ad apprezzare qu/qc: **ich habe seinen Humor mit der Zeit schätzen gelernt**, col tempo ho imparato ad apprezzare il suo humour.

schätzen|lernen a.R. *von* schätzen lernen → **schätzen**②.

schätzenswert adj {Eigenschaft, Geste, Verhalten} apprezzabile, stimabile.

Schätzer <-s, -> m (**Schätzerin** f) stimatore (-trice) m (f).

Schatzgräber <-s, -> m (**Schatzgräberin** f) *hist* cercatore (-trice) m (f) di tesori.

Schatzkammer f 1 *hist* (*Raum*) tesoro m 2 *fig* (*Goldgrube*) miniera f d'oro.

Schatzkästchen, **Schatzkästlein** <-s, -> n *obs auch scherz* scrigneto m.

Schatzmeister m (**Schatzmeisterin** f) tesoriere (-a) m (f).

Schatzsuche f caccia f al tesoro; (*Kinderspiel*) caccia f al tesoro.

Schätzung <-, -en> f 1 (*Veranschlagung*) {+Ausgaben, Ausmaß, Opfer, Schaden} stima f, valutazione f: **offizielle/vorläufige ~en**, stime ufficiali/provvisorie 2 (*das Taxieren*) {+Antiquität, Grundstück, Wertobjekt} stima f, valutazione f ● **nach meiner ~**, secondo i miei calcoli.

schätzungsweise adv 1 (*ungefähr*) approssimativamente, all'incirca, a occhio e croce *fam* 2 (*vermutlich*) probabilmente.

Schätzwert m stima f, valore m stimato.

Schau <-, -en> f 1 (*Ausstellung*) mostra f, esposizione f 2 *geh* (*Blickwinkel*) punto m di vista, visuale f ● **eine ~ abziehen** *fam*, **auf ~ machen** *fam*, mettersi in mostra, fare il proprio show *fam*, dare spettacolo; **mach doch nicht so eine ~!** *fam*, non fare tante scene! *fam*; **eine ~ sein** *slang*: **die Fete war eine ~**, la festa è stata da sballo *slang*; **der Typ ist eine ~**, quel tipo è uno schianto *slang*; **jdm die ~ stehlen** *fam*, rubare la scena a qu *fam*; **etw zur ~ stellen** {Waren}, mettere in mostra qc; {seine Bildung, sein Wissen}, ostentare qc, esibire qc; **etw zur ~ tragen** {Gefühle, freundliche Miene, Trauer}, mettere in mostra qc; **etw zur ~ tragen** {Gleichgültigkeit, Heiterkeit, Leid}, mettere in mostra qc.

Schaubild n 1 (*Diagramm*) diagramma m, grafico m 2 (*vereinfachende Zeichnung*) disegno m/schema m illustrativo.

Schaubude <-, -n> f baraccone m da fiera.

Schauder <-s, -> m 1 (*Kälteschauer*) brivido m: **ein ~ lief ihm den Rücken hinunter**, un brivido gli corse giù per la schiena 2 (*Gefühl der Angst oder des Ekels*) fremito m, brivido m: **von einem ~ ergriffen werden**, essere colto da un brivido/fremito; **~ erregend** {Anblick, Szene}, raccapricciante.

schaudererregend adj → **Schauder**.

schauderhaft *fam pej* ⓐ adj {Hitze, Kälte} spaventoso *fam*, terribile *fam*; {Einrichtung, Film, Geschmack, Wetter} *auch* orribile *fam* ⓑ adv {grell, kalt, laut, schlecht} terribilmente *fam*; {singen, spielen} in modo spaventoso *fam*, da far paura *fam*.

schaudern ⓐ unpers 1 (*frösteln*): **jdn schaudert**, **es schaudert jdn**, qu rabbrividisce 2 (*Grauen empfinden*): **jdn schaudert (es) bei etw** (dat) {bei dem Anblick, Gedanken} qu rabbrividisce a qc, a qu vengono i brividi a qc: **mich/mir schaudert bei dem Gedanken an die letzte Begegnung**, rabbrividisco/[mi vengono i brividi] se ripenso all'ultimo incontro ⓑ itr (*zittern*) (**vor etw** dat) ~ {vor Angst, Ekel, Kälte, Schrecken} rabbrividire (*per/di qc*).

schauen ⓐ itr 1 (*blicken*) **irgendwohin ~** {durch das Fernrohr, in die Schränke, unter den Tisch} guardare + *compl di luogo*: **aus dem Fenster ~**, guardare (fuori) dalla finestra; **sie schaute vor sich hin**, guardava fissa davanti a sé; **die Sonne schaute durch die Bäume**, il sole faceva capolino tra gli alberi; **die Terrasse schaut nach Süden**, il terrazzo guarda a sud; **auf die Uhr ~**, guardare l'orologio; **jdm in die Augen ~**, guardare qu negli occhi 2 *südditt A CH* (*gucken*) **irgendwie ~** {ärgerlich, freundlich, verwundert} ₁fare una faccia₁/[avere un'aria] + *adj* 3 *südditt A CH* (*sich kümmern*) **nach jdm/etw ~** {nach den Blumen, dem Feuer, den Kindern, einem Kranken} dare un'occhiata/uno sguardo a qu/qc 4 *südditt A CH* (*suchen*) **irgendwohin ~** guardare + *compl di luogo*: **ich kann meine Sonnenbrille nicht finden. – Schau doch mal auf dem Sofa!**, non riesco a trovare gli occhiali. – Prova a guardare sul divano! 5 *südditt A CH* (*nachsehen*) andare a vedere: **schau mal bitte, ob wir Post haben**, ₁vai a vedere₁/[guarda un po'] per favore, se c'è posta; **kannst du mal ~, ob der Ofen noch an ist?**, puoi guardare se il forno è ancora acceso? 6 *fam südditt A CH* (*achten*) **auf etw** (akk) **~** {auf Höflichkeit, Ordnung, Sauberkeit} guardarci a qc *fam*, tenerci a qc 7 *südditt A CH* (*zusehen*) ~, **dass ...**, vedere di ...; **schaut, dass ihr rechtzeitig am Bahnhof seid**, vedete di arrivare in tempo alla stazione; **schau, dass du damit endlich klar kommst**, vedi di sbrigartela da solo (-a) ⓑ tr *südditt A CH* (*ansehen*) **etw ~** {Bilder, Dias,

FERNSEHEN, FILM} guardare *qc* • **schau, schau!** *fam*, ma guarda (un po')!, guarda, guarda!; **schau (mal)** (**, du musst versuchen, mich zu verstehen**), vedi/ascolta (, devi cercare di capirmi); **weit ~d** → **weitschauend**.

Schauer <-s, -> *m* **1** *meteo* (*Regenschauer*) rovescio *m*, acquazzone *m*; (*Hagelschauer*) grandinata *f*; (*Schneeschauer*) nevicata *f*: **örtliche/vereinzelte ~ im Süden Deutschlands**, locali/isolati rovesci nel sud della Germania **2** → **Schauder**.

Schauergeschichte *f* **1** (*Gruselgeschichte*) storia *f* dell'orrore, racconto *m* del brivido **2** *fam* (*übertriebene Erzählung*) storia *f* assurda: **er erzählt wieder mal ~n!** *fam*, racconta le solite storie assurde!

schauerlich A *adj* **1** (*grausig*) {ANBLICK, SCHREI, TAT} orribile, spaventoso, terrificante **2** *fam* (*sehr schlecht*) orribile, orrendo B *adv fam* → **schauderhaft**.

Schauermann <-(e)s, Schauerleute> *m naut* portuale *m*.

Schauermärchen *n* → **Schauergeschichte**.

schauern A *itr* **1** (*frösteln*) (**vor etw** *dat*) ~ {VOR KÄLTE} rabbrividire (*da/di/per qc*) **2** (*schaudern*) (**vor etw** *dat*) ~ {VOR ENTSETZEN, SCHRECKEN} rabbrividire (*da/di/per qc*) B *unpers* **1** *itr* rabbrividire: **jdn schauert es**ˌ/[**es schauert jdn**] **vor Kälte**, qu rabbrividisce dal/di/[per il] freddo **2** (*schaudern*) rabbrividire: **es schauerte sie beim Anblick des Toten**, rabbrividì/rabbrividirono alla vista del morto **3** (*heftig regnen*): **draußen schauert es**, fuori sta venendo giù il diluvio.

Schaufel <-, -n> *f* **1** (*Schippe*) pala *f*: **kleine ~**, paletta **2** (*~inhalt*) → + *subst* {ERDE, SAND} palata *f di qc* **3** (*Geweihende*) {+DAMWILD, HIRSCH} palco *m* **4** *sport* (*Blatt*) {+PADDEL, RUDER} pala *f* **5** *tech* {+BAGGER, SCHAUFELRAD, TURBINE} pala *f* meccanica.

schaufeln A *tr* **1** (*mit einer Schaufel wegschaffen*) **etw (aus/von etw** (*dat*)/*irgendwohin*) ~: **Schnee** ~, spalare la neve; **Erde aus der Grube** ~, togliere la terra dalla fossa (con la pala); **Sand in den Eimer** ~, mettere la sabbia nel secchio (con la pala) **2** (*durch Schaufeln herstellen*) **etw (mit etw** *dat*) ~ {LOCH MIT DEN HÄNDEN, DER SCHAUFEL} scavare *qc* (*con qc*) B *itr* (*mit einer Schaufel arbeiten*) lavorare con la pala.

Schaufenster *n* vetrina *f*.

Schaufensterauslage *f* (*esposizione f della merce in*) vetrina *f*.

Schaufensterbummel *m*: **einen ~ machen**, andare per vetrine (fare un giro per) andare a vedere le vetrine.

Schaufensterdekorateur *m* (**Schaufensterdekorateurin** *f*) vetrinista *mf*.

Schaufensterdekoration *f* allestimento *m* di/delle vetrine.

Schaufensterkrankheit <-, ohne pl> *f med* claudicatio *f* intermittente.

Schaufensterpuppe *f* manichino *m*.

Schaukampf *m Boxen* incontro *m* esibizione/amichevole.

Schaukasten *m* teca *f*, vetrinetta *f*, bacheca *f*.

Schaukel <-, -n> *f* altalena *f*.

schaukeln A *itr* **1** (*mit der Schaukel hin und her schwingen*) fare l'altalena, andare in altalena; **auf/in/mit etw** (*dat*) ~ {AUF DEM STUHL, IM SCHAUKELSTUHL} dondolarsi *su/in qc*: **auf/mit dem Schaukelpferd** ~, andare sul cavallo a dondolo **2** (*hin und her schwanken*) {BOOT, KAHN, LAMPE, LAMPION} dondolare, oscillare, ondeggiare B *tr* **1** (*hin und her wiegen*) **jdn/etw** (*irgendwo*) ~ {BABY, KIND AUF DEN ARMEN, AUF DEN KNIEN, IN DER WIEGE} cullare/*qu/qc* (+ *compl di luogo*) **2** *fam* (*bewerkstelligen*) **etw** ~ {ANGELEGENHEIT, DING, SACHE} sistemare *qc*.

Schaukelpferd *n* cavallo *m* a dondolo.

Schaukelpolitik *f pej* trasformismo *m pej*.

Schaukelstuhl *m* sedia *f* a dondolo.

Schaulaufen <-s, ohne pl> *n sport* esibizione *f* di pattinaggio artistico; (*bei WM, Olympiade*) (gran) gala *m* di pattinaggio artistico.

schaulustig *adj* {MENGE, PASSANTEN, PERSON} curioso.

Schaulustige <dekl wie adj> *mf* curioso (-a) *m* (*f*): **eine Menge von ~n**, una folla di curiosi.

Schaum <-(e)s, rar Schäume> *m* **1** (*blasige Masse*) {+SEIFE} schiuma *f*; {+BIER, WELLEN} *auch* spuma *f*: **das Eiweiß zu ~ schlagen**, montare il bianco d'uovo a neve **2** (*Geifer*) schiuma *f*, bava *f*: **er hatte ~ vor dem Mund**, aveva la bava/schiuma alla bocca • **schlagen** *fam pej*, vendere fumo.

Schaumbad *n* bagnoschiuma *m*.

schäumen *itr* **1** (*Schaum entwickeln*) {SEIFE, SPÜLMITTEL} fare schiuma, schiumare; {SEKT, SPRUDEL} spumeggiare, spumare: **das Bier schäumte über den Rand des Glases**, la birra traboccò spumeggiando dal bicchiere; {MEER, WASSERFALL, WELLEN} spumeggiare **2** *geh* (*außer sich sein*): **vor Wut** ~, ˌschiumare di ˌ/[spumare dalla] rabbia.

Schaumgebäck *n gastr* meringa *f*, spumino *m*.

Schaumgummi *m* gommapiuma *f*.

schaumig *adj* **1** (*aus Schaum bestehend*) {DESSERT, EIER} spumoso **2** (*Schaum entwickelnd*) {SEIFE} schiumoso **3** (*mit Schaum bedeckt*) {BIER, MEER, WEIN} spumeggiante, spumoso, schiumoso B *adv*: **das Eiweiß/Eigelb ~ schlagen** *gastr*, ˌmontare il bianco d'uovoˌ/[sbattere il tuorlo (d'uovo)]; **Eier und Zucker ~ rühren**, sbattere le uova con lo zucchero fino ad ottenere una crema spumosa.

Schaumkrone *f* {+WELLEN} cresta *f* (spumosa) dell'onda; {+BIER, SEKT} schiuma *f*, spuma *f*.

Schaumschläger *m* (**Schaumschlägerin** *f*) *pej* venditore (-trice) *m* (*f*) di fumo, fanfarone (-a) *m* (*f*), millantatore (-trice) *m* (*f*).

Schaumschlägerei <-, -en> *f pej* fanfaronata *f*, millanteria *f*: **alles nur ~!**, tutto fumo!

Schaumstoff *m* materiale *m* espanso.

Schaumwein *m* spumante *m*.

Schauplatz *m* (*Ort des Geschehens*) luogo *m*; (*Ort denkwürdiger Ereignisse*) {+KATASTROPHE, KRIEG, VERBRECHEN} teatro *m*, scenario *m*; *film lit theat TV* luogo *m*: **der ~ der Handlung**, il teatro degli avvenimenti, il luogo dell'azione; **~ des Romans ist Lübeck**, il romanzo è ambientato a Lubecca.

Schauprozess (a.R. Schauprozeß) *m* processo *m* spettacolo.

schaurig A *adj* **1** (*unheimlich*) {ANBLICK, GESCHICHTE} terrificante, da brivido, orrendo; (*GESTALT*) *auch* sinistro; {ORT} lugubre, sinistro **2** *fam* (*sehr schlecht*) {WETTER} orrido *fam*, spaventoso *fam*, terribile *fam*, orrendo *fam* B *adv* **1** (*sehr schlecht*) {SINGEN, SPIELEN, SPRECHEN} malissimo, in modo spaventoso **2** *fam* (*sehr*) {KALT, SCHLECHT} spaventosamente, terribilmente: **~ schön**, terribilmente bello.

Schauspiel <-(e)s, -e> *n* **1** (*Theaterstück*) opera *f* teatrale, pièce *f* **2** <nur sing> (*Gattung*) dramma *m* (con finale positivo) **3** <meist sing> (*Anblick*) spettacolo *m*, scena *f*: **ein einzigartiges/erhabenes ~**, uno spettacolo unico/sublime.

Schauspieler *m* (**Schauspielerin** *f*) **1** *film theat TV* attore (-trice) *m* (*f*): **ein guter ~ sein**, essere un buon/bravo attore; **ein schlechter ~ sein**, essere un pessimo attore, non saper recitare **2** (*Heuchler*) attore (-trice) *m* (*f*), commediante *mf*.

Schauspielerei <-, ohne pl> *f pej* **1** (*im Fernsehen, Kino*) mestiere *m* d'attore; (*am Theater*) *auch* teatro *m* **2** *pej* (*Verstellung*) commedia *f*, scena *f*, messinscena *f*.

Schauspielerin *f* → **Schauspieler**.

schauspielerisch A *adj* {BEGABUNG} drammatico, di attore, attoriale; **~e Leistung**, interpretazione, recitazione B *adv* {GUT, HERVORRAGEND, SCHLECHT} a livello di interpretazione/recitazione.

schauspielern *itr* **1** *fam* (*laienhaft Theater spielen*) recitare (per diletto) **2** *pej* (*vorspielen*) recitare (la commedia).

Schauspielhaus *n* teatro *m* (di prosa).

Schauspielkunst *f* recitazione *f*, arte *f* drammatica.

Schauspielschule *f* scuola *f* di recitazione/[arte drammatica].

Schauspielunterricht *m* lezioni *m pl* di recitazione, corso *m* di teatro: **~ nehmen**, prendere lezioni di recitazione.

Schausteller <-s, -> *m* (**Schaustellerin** *f*) baracconista *mf*.

Schautafel *f* tabellone *m*.

Scheck <-s, -s> *m bank* assegno *m*, chèque *m*: **ein ~ über 2000 Euro**, un assegno di 2000 euro; **jdm einen ~ ausschreiben**, fare un assegno a qu; **einen ~ (auf jdn) ausstellen**, emettere un assegno (all'ordine di qu); **einen ~ einlösen**, incassare/riscuotere un assegno/uno chèque; **ein ungedeckter ~**, un assegno ˌa vuotoˌ/[scoperto].

Scheckbetrug *m jur* truffa *f* con assegni scoperti.

Scheckformular *n* → **Scheckvordruck**.

Scheckheft *n bank* libretto *m*/carnet *m* degli assegni.

scheckig *adj* **1** (*mit weißen, braunen und schwarzen Flecken*) {KUH, PFERD, RIND} pezzato, chiazzato **2** (*gefleckt*) {GESICHT, HAUT} chiazzato • **sich ~ lachen (über jdn/etw)** *fam*, ridere a crepapelle (di qu/qc) *fam*.

Scheckkarte *f bank* carta *f* assegni.

Scheckverkehr *m bank* transazioni *f pl*/operazioni *f pl* mediante assegno.

Scheckvordruck *m* assegno *m*.

Scheckzahlung *f* pagamento *m* a mezzo assegno.

scheel *fam* A *adj* {BLICK} bieco, torvo: **er sah mich mit ~em Blick an**, mi guardò storto/[di traverso] B *adv* {ANGUCKEN, ANSCHAUEN, BEÄUGEN, BETRACHTEN} storto, di traverso, di sbieco.

scheffeln *tr fam pej* **etw** ~ {GELD, MILLIONEN, VERMÖGEN} ammucchiare *qc*, accumulare *qc*.

Scheibchen *n dim von* Scheibe fettina *f*.

scheibchenweise *adv* **1** (*in dünnen Scheibchen*) {ESSEN, KOSTEN, VERZEHREN} a fette, fettina per fettina **2** *fam* (*nach und nach*) {BERICHTEN, ERZÄHLEN} a pezzi e bocconi *fam*, un po' alla volta: **er gab uns die Auskunft nur ~**, ci dette le informazioni col contagocce.

Scheibe <-, -n> *f* **1** (*runder Gegenstand*) disco *m* **2** (*Glasscheibe*) {+AUTO, FENSTER, TÜR} vetro *m*; cristallo *m*; (*Windschutzscheibe*) pa-

rabrezza m; (*Heckscheibe*) lunotto m **3** (*dünnes Stück*) {+Brot, Käse, Wurst, Zitrone} fetta f: **etw in ~n schneiden**, tagliare qc a fette, affettare qc **4** *tech* (*Unterlegscheibe*) rondella f, rosetta f **5** *fam* (*Schallplatte*) disco m ● **sich (dat) von jdm/etw eine ~ abschneiden (können)** *fam*, (poter) prendere ˌesempio da qu/qcˌ/[qu/qc come modello].
Scheibenbremse f *mech* freno m a disco.
Scheibenkleister interj *fam euph* cavolo! *fam*.
Scheibenschießen n *sport* tiro m a segno.
Scheibenwaschanlage f *autom* lavacristallo m.
scheibenweise adv {abpacken, verkaufen} a fette.
Scheibenwischer <-s, -> m *autom* tergicristallo m.
Scheibenwischerblatt n *autom* spazzola f del tergicristallo.
Scheich <-(e)s, -e oder -s> m **1** (*arabischer Herrschertitel*) sceicco m **2** *slang* (*Kerl*) tizio m *fam*; (*Freund*) uomo m *fam*.
Scheichtum <-s, Scheichtümer> n sceiccato m.
Scheide① <-, -n> f *anat* vagina f.
Scheide② <-, -n> f (*Hülle*) {+Degen, Dolch, Schwert} fodero m, guaina f: **das Schwert** ˌ**aus der ~ ziehen**ˌ/[in die ~ stecken], sguainare/rinfoderare la spada.
scheiden <scheidet, schied, geschieden> **A** tr <haben> **1** jur (*eine Ehe auflösen*) **jdn** ~ sciogliere il matrimonio *di qu*: **sich (von jdm) lassen**, divorziare (da qu) **sie haben sich ~ lassen**, hanno divorziato; **eine Ehe ~**, sciogliere un matrimonio; **ihre Ehe ist rechtlich geschieden**, il loro matrimonio è stato sciolto legalmente **2** (*trennen*) **jdn/etw ~** {Unterschiedliche Kultur, Meinung, Religion Menschen, Völker} dividere *qu/qc*, separare *qu/qc* **3** *geh* (*unter~*) **etw von etw (dat) ~** {das Gute vom Bösen, Schlechten} discernere *qc da qc*, distinguere *qc da qc* **B** itr <sein> *geh* **1** (*auseinandergehen*) **von jdm ~** accomiatarsi *da qu*, congedarsi *da qu*, separarsi *da qu*: **sie schieden unausgesöhnt (voneinander)**, si separarono nel rancore; **lass uns als Freunde ~!**, lasciamoci da amici! **2** (*aufgeben*) **aus etw (dat) ~** {aus dem Beruf, Dienst} ritirarsi *da qc*, lasciare *qc*: **er ist vorzeitig aus dem Amt geschieden**, ha lasciato il servizio anzitempo **C** rfl <haben> (*sich unterscheiden*) **sich (an/in etw dat) ~** {Ansichten, Meinungen an einem Aspekt, in einer bestimmten Frage} divergere (*su qc*), differire (*su qc*).
Scheidenentzündung f *med* vaginite f, colpite f.
Scheidewand f **1** (*Trennwand*) parete f divisoria, muro m divisorio **2** *anat* setto m.
Scheideweg m: **am ~ stehen**, ˌessere giuntoˌ/[trovarsi] a un bivio.
Scheidung <-, -en> f *jur* divorzio m: **die ~ beantragen/einreichen**, chiedere il divorzio; **in ~ leben**, essere in attesa di divorzio.
Scheidungsanwalt m (**Scheidungsanwältin** f) (avvocato (-essa) m (f)) divorzista mf.
Scheidungsgrund m causa f/motivo m di divorzio.
Scheidungskind n figlio (-a) m (f) di (genitori) divorziati.
Scheidungsklage f *jur* domanda f di divorzio.
Scheidungsprozess (a.R. Scheidungsprozeß) m *jur* causa f di divorzio.
Scheidungsrate f tasso m dei divorzi.

Scheidungsurteil n *jur* sentenza f di divorzio.
Schein① <-(e)s, -e> m **1** (*Bescheinigung*) attestato m, certificato m **2** (*Banknote*) biglietto m, banconota f: **große/kleine ~e**, banconote di grande/piccolo taglio **3** *univ* (*Teilnahmeschein*) "certificato m che attesta la frequenza a un corso universitario": **mir fehlt noch ein ~ in Geschichte**, devo ancora fare (l'esame di) storia *fam*.
Schein② <-(e)s, ohne pl> m **1** (*Licht*) {+Kerze, Lampe, Sonne} chiarore m; {+Feuer, Flammen} bagliore m **2** (*Glanz*) splendore m.
Schein③ <-(e)s, ohne pl> m apparenza f ● **den (äußeren) ~ aufrechterhalten/retten/wahren**, salvare le apparenze; **dem ~ nach**, in apparenza; **der ~ trügt**, l'apparenza inganna *prov*; **dem ~ nach zu urteilen ...**, a giudicare dalle apparenze ...; **(nur) zum ~**, solo per finta; **etw zum ~ tun**, fare finta di fare qc.
Scheinargument n argomento m specioso.
Scheinasylant m (**Scheinasylantin** f) finto (-a)/falso (-a) rifugiato (-a) m (f) politico (-a).
scheinbar A adj {Gelassenheit, Kühle, Ruhe} apparente **B** adv {lesen, nachgeben, ruhig sein, zuhören} apparentemente, in apparenza.
scheinen① <scheint, schien, geschienen> itr **1** (*Helligkeit ausstrahlen*) {Mond, Sonne} splendere, risplendere: **heute scheint die Sonne**, oggi ˌc'èˌ/[splende] il sole; **der Mond scheint hell**, c'è un bel chiaro di luna **2** (*Licht aussenden*) *irgendwie* ~: **die Lampe scheint matt/schwach**, la lampada ˌdàˌ/fa poca luceˌ/[manda una luce debole/fioca]; **die Scheinwerfer ~ grell**, i fari mandano una luce accecante; **die Sonne schien heiß vom Himmel**, il sole ardeva **3** (*strahlen*) (*jdm*) *irgendwohin* ~: **die Sonne schien ˌins Zimmerˌ/[durchs Fenster]**, il sole ˌilluminava la stanzaˌ/[entrava dalla finestra]; **die Sonne schien ihr direkt ins Gesicht**, il sole le batteva in faccia.
scheinen② <scheint, schien, geschienen> **A** itr **1** (*so vorkommen, als ob*) **jdm ~ + adj** sembrare *a qu + adj*, parere *a qu + adj*: **die Angelegenheit schien mir suspekt**, la faccenda mi pareva sospetta; **die Lage schien ihm immer brenzliger zu werden**, gli sembrava che la situazione si facesse sempre più critica; **die Stimmung scheint sich langsam aufzuheizen**, sembra che l'atmosfera si stia a poco a poco scaldando; **die Probleme schienen mir immer größer zu werden**, mi sembrava che i problemi diventassero sempre più grossi **2** (*den Eindruck erwecken*) **~ + adj (+ zu sein)** sembrare (+ *essere*) + *adj*: **du scheinst glücklich/traurig (zu sein)**, sembri/[hai l'aria] felice/triste; **~ + subst + zu sein** sembrare/parere + *essere* + *subst*: **er scheint ein Schriftsteller zu sein**, sembra/pare che sia uno scrittore; **sie scheint die neue Ärztin zu sein**, sembra che sia la nuova dottoressa **B** itr unpers (*den Anschein haben*): **es scheint (jdm), dass/als/[als ob]/[als wenn] ...**, sembra (a qu) che ... konjv, parere (a qu) che ... konjv; **es scheint, als wäre keiner da**, sembra (che non ci sia ˌ/[non esserci] nessuno; **es schien (mir), dass er kein Interesse an dieser Sache hatte**, (mi) pareva che questa faccenda non gli interessasse affatto; **es scheint nur so**, sembra soltanto, è solo (un')apparenza; **etw zu sein ~**, sembrare (essere) qc, parere (essere) qc; **das scheint Elfenbein zu sein**, sembra/pare (essere) avorio; **wie es scheint, ist er schon weg**, a quanto pare/sembra è già

andato via; **ich glaube, der Sommer ist schon vorbei. – Scheint so!**, credo che l'estate sia ormai finita. – ˌPare proprio di sìˌ/[Così pare]!
Scheinfirma f *ökon* società f fittizia/[di comodo].
scheinheilig *fam pej* **A** adj {Art, Getue} ipocrita; {Augenaufschlag, Mensch, Miene} *auch* sornione **B** adv {antworten, lächeln} in modo ipocrita, con ipocrisia, da ipocrita: **tu bloß nicht so ~!**, non fare l'ipocrita/[la gattamorta *fam*]!, non fare lo gnorri!
Scheinheiligkeit f *fam pej* ipocrisia f.
Scheinlösung f soluzione f fittizia.
Scheinproblem n falso problema m, pseudoproblema m, problema m fittizio.
Scheinschwangerschaft f *med* gravidanza f isterica/immaginaria, pseudogravidanza f.
Scheinstudent m (**Scheinstudentin** f) *univ* falso (-a) studente (-essa) m (f).
Scheintod f *med* morte f apparente, catalessi f.
scheintot A adj **1** *med* morto in apparenza, apparentemente morto **2** *slang* (*sehr alt*): **~ sein**, essere una mummia *slang* **B** adv: **sich ~ stellen**, fingersi morto (-a), fare il morto (-a).
Scheinvertrag m contratto m fittizio/simulato *jur*.
Scheinwelt f mondo m fittizio/immaginario: **in einer ~ leben**, vivere in un mondo immaginario.
Scheinwerfer <-s, -> m **1** (*Strahler*) riflettore m, proiettore m **2** *autom* faro m, fanale m, proiettore m: **die ~ aufblenden**, accendere gli abbaglianti; **die ~ abblenden**, abbassare i fari, mettere gli anabbaglianti.
Scheinwerferlicht n **1** luce f dei proiettori/riflettori **2** *autom* luce f dei fari ● **im ~ (der Öffentlichkeit) stehen**, essere sotto i riflettori, avere tutti i riflettori puntati addosso.
Scheiß <-, ohne pl> m *fam pej* stronzata f *slang* ● **mach keinen ~!**, non fare stronzate *slang*/cazzate *slang*!; **so'n ~!**, ma che palle! *slang*; **wer hat denn den ~ verzapft?**, e chi ha sparato queste cazzate? *slang*.
Scheißdreck m *vulg* merda f *vulg*, cazzata f *slang* ● **das geht dich einen ~ an!**, ˌfatti iˌ/[non sono] cazzi tuoi! *slang*; **sich einen ~ um jdn/etw kümmern**, fottersene di qu/qc *vulg*, sbattersene di qu/qc *vulg*; **so ein ~!**, cazzo! *slang*, merda! *vulg*; **wegen jedem ~**, per ogni (minima) cazzata *slang*.
Scheiße <-, ohne pl> f *vulg pej* **1** (*Darminhalt*) merda f *vulg*, cacca f **2** (*Mist*) cazzata f *slang*, stronzata f *slang*: **das ist ganz große ~, was du da erzählst!**, stai raccontando un mucchio di cazzate! *slang* ● **~!** *slang*, cazzo! *slang*, merda! *vulg*; **(nur) ~ bauen**, combinare (soltanto) cazzate *slang*/stronzate *slang*; **jdm steht die ~ bis zum Hals** (*jd ist in einer heiklen Lage*), qu è nella merda fino al collo *vulg*; **~ sein** *vulg pej* {Film, Party, Reise}, essere una cazzata *slang*/stronzata *slang*/puttanata *slang*, fare cacare *slang*; **in der ~ sitzen** (*Ärger haben*), essere nella merda *vulg*; **verdammte ~!**, cazzo! *slang*, porca puttana! *vulg*.
scheißegal adj <präd> *slang pej*: **etw ist jdm ~**, qu se ne sbatte/fotte altamente di qc *vulg*, qu se ne strafotte di qc *vulg*, a qu gliene importa una sega *vulg*/un cazzo *vulg* di qc.
scheißen <schiss, geschissen> itr *vulg* **1** (*den Darm entleeren*) cacare *vulg*, cagare *vulg*, fare la cacca *fam*: **sich (dat) vor Angst/Aufregung in die Hosen ~**, farsela addosso/sotto ˌdalla pauraˌ/[dall'emozione] **2** (*auf etw*

verzichten können **auf jdn/etw** ~ fregarsene di qu/qc *slang*, sbattersene di qu/qc *slang*, fottersene di qu/qc *slang*: **scheiß drauf!**, fregatene! *slang*, fottitene! *slang*, sbattitene! *slang*.

Scheißer <-s, -> m *vulg pej* stronzo m *slang*: **das ist doch nur ein kleiner ~!**, è soltanto uno stronzetto! *slang*.

Scheißerei <-, *ohne pl*> f *vulg*, **Scheißeritis** <-, *ohne pl*> f *slang* cacarella f *fam*: **jd kriegt die ~**, ha la cacarella.

scheißfreundlich *adj slang pej* {PERSON} mieloso, zuccheroso, sdolcinato.

Scheißhaus n *vulg* cacatoio m *vulg*, cesso m *slang*.

Scheißkerl m *vulg* stronzo m *slang*, pezzo m di merda *vulg*.

Scheißwetter n *slang* tempo m ₁di merda *slang*₁/[merdoso *slang*].

Scheit <-(e)s, -e *oder süddt A CH* -er> n ceppo m, ciocco m.

Scheitel <-s, -> m riga f, divisa f, scriminatura f: **jdm einen ~ ziehen**, fare la riga a qu • **vom ~ bis zur Sohle**, dalla testa ai piedi.

scheiteln *tr etw* ~ {HAAR} fare la riga/divisa (ai capelli).

Scheitelpunkt m **1** (*höchster Punkt*) {+KURVE} vertice m; {+GEWÖLBE} chiave f (di volta) **2** *astr* (*Zenith*) zenit m.

Scheiterhaufen m *hist* rogo m, pira f *lit*: **auf dem ~ sterben**, morire sul rogo.

scheitern *itr* <*sein*> **1** (*erfolglos aufgeben*) (**mit etw** *dat*) ~ {MIT BEMÜHUNGEN, PLÄNEN} fallire (*in qc*): **er ist mit seinem Projekt gescheitert**, il suo progetto è fallito **2** (*fehlschlagen*) (**an jdm/etw**) ~ {BEMÜHUNGEN, PLÄNE, PROJEKT, VORHABEN AN DEN UMSTÄNDEN, JDS WIDERSTAND} fallire (*a causa di qu/qc*), naufragare (*a causa di qu/qc*): **seine Firma scheiterte an der harten Konkurrenz**, la sua impresa fallì a causa della spietata concorrenza; **an mir soll's nicht ~**, non sarò certo io il problema • **etw zum Scheitern bringen** {PLAN, VERHANDLUNGEN}, far naufragare/fallire qc; **zum Scheitern verurteilt (sein)**, (essere) destinato a fallire; **von vornherein zum Scheitern verurteilt sein**, essere condannato già in partenza al fallimento.

Schelf <-s, -e> m *oder* n *geol* piattaforma f continentale.

Schellack <-(e)s, -e> m gommalacca f, gomma lacca f.

Schelle① <-, -n> f **1** (*Glöckchen*) campanellino m **2** *süddt* (*Türklingel*) campanello m **3** <*nur pl*> (*Spielkartenfarbe*) "colore m corrispondente ai quadri nel gioco delle carte tedesche".

Schelle② <-, -n> f *tech* fascetta f.

schellen *süddt CH* A *itr* (**bei jdm**) ~ suonare (*a qu*): **haben Sie bei Müller geschellt?**, ha suonato ai Müller? B *unpers* suonare: **es hat an der Tür geschellt. Geh mal bitte gucken, wer da ist!**, hanno suonato alla porta. Per favore vai a vedere chi è!

Schellfisch m *fisch* eglefino m.

Schelm <-(e)s, -e> m **1** (*Schalk*) briccone m *fam*, furfante m *fam*; (*Kind*) *auch* birbante m *fam*, discolo m *fam* **2** *hist pej* (*Gauner*) picaro m **3** *CH* (*Dieb*) ladro m.

Schelmenroman m *lit* romanzo m picaresco.

schelmisch *adj* {KIND} birichino, discolo; {GESICHTSAUSDRUCK, LÄCHELN} *auch* malizioso, sbarazzino.

Schelte <-, *ohne pl*> f *geh* rampogna f *lit*, rimprovero m, sgridata f.

schelten <*schilt, schalt, gescholten*> *geh* A *itr* (*schimpfen*) (**mit jdm**) ~ inveire (*contro qu*),

rimproverare qu, sgridare qu B *tr* **1** (*ausschimpfen*) **jdn** ~ rimproverare qu, sgridare qu, sgridare qu **2** *obs pej* (*jdn als etw hinstellen*) **jdn etw** (*akk*) ~ {EINEN FAULPELZ, EINEN NICHTSTUER, EINEN TROTTEL} dare di qc a qu: **jdn einen Dummkopf ~**, dare dello (-a) stupido (-a) a qu.

Schema <-s, -s *oder* Schemata *oder* Schemen> n **1** (*Konzept*) schema m **2** (*grafische Darstellung*) {+PROJEKT, ELEKTRISCHE SCHALTUNG} schema m • **nach ~ F** *pej*, secondo il solito schema; **inzwischen geht hier alles nach ~ F**, ormai qui tutto procede sempre secondo il solito schema; **sich in ein ~ fügen**, adeguarsi a uno schema; **in kein ~ passen**, non rientrare in nessuno schema, uscire dagli schemi; **etw in ein ~ pressen**, ridurre qc a schema; **etw lässt sich in kein ~ pressen**, qc esce da ogni schema.

schematisch A *adj* **1** (*einem Schema entsprechend*) {ABRISS, DARSTELLUNG, ZEICHNUNG} schematico **2** *meist pej* (*routinemäßig*) {ARBEIT, HANDELN, TÄTIGKEIT, VORGEHEN} meccanico, automatico, di routine; {DENKEN, ÜBERLEGUNG} automatico B *adv* **1** (*in einem Schema*) {DARSTELLEN} in modo schematico **2** *meist pej* (*routinemäßig*) {ARBEITEN, BEARBEITEN, HANDELN, VORGEHEN} meccanicamente, in modo automatico; {DENKEN} in modo schematico.

schematisieren <*ohne ge*-> *tr etw* ~ **1** (*schematisch darstellen*) {ARBEITSABLAUF, PHÄNOMEN, SACHVERHALT} schematizzare qc **2** *pej* (*extrem vereinfachen*) {PROBLEMATIK, SACHVERHALT} semplificare troppo qc.

Schematisierung <-, -en> f schematizzazione f.

Schematismus <-, Schematismen> m *geh pej* schematismo m.

Schemel <-s, -> m **1** (*Hocker*) sgabello m **2** *süddt* (*Fußbank*) poggiapiedi m.

Schemen① pl von Schema.

Schemen② <-s, -> m *oder* n *geh* ombra f.

schemenhaft *geh* A *adj* {GESTALT} indistinto; {UMRISS} *auch* incerto B *adv* {SICH ABHEBEN, SICH ABZEICHNEN, ERKENNEN, SEHEN} in modo indistinto, indistintamente.

Schenke f → Schänke.

Schenkel <-s, -> m **1** *anat* coscia f **2** *geom* {+WINKEL} lato m **3** (*Element*) {+SCHERE, ZANGE} branca f; {+ZIRKEL} asta f • **einem Pferd die ~ geben**, dare gambe al cavallo; **sich** (*dat*) (**vor Freude**) **auf die ~ klopfen**/**schlagen**, non stare in sé dalla gioia.

Schenkelhals m *anat* collo m del femore.

Schenkelknochen m *anat* {+OBERSCHENKEL} femore m; {+UNTERSCHENKEL} tibia f.

schenken A *tr* **1** (*zum Geschenk machen*) **jdm etw** (*zu etw* *dat*) ~ {ZUM GEBURTSTAG, ZUR HOCHZEIT, ZU WEIHNACHTEN} regalare qc a qu (*per qc*), fare qc a qu (*come regalo di qc*), donare qc a qu (*per qc*) *geh*: **zum Abitur haben sie ihr ein Auto geschenkt**, per la maturità le hanno regalato/fatto *fam* la macchina; **von meinen Eltern lasse ich mir Geld ~**, dai miei genitori mi faccio regalare dei soldi; **zu Weihnachten haben sie ihm eine Uhr geschenkt**, come regalo di Natale gli hanno fatto/donato un orologio **2** (*erlassen*) **jdm etw** ~ {DREI JAHRE, STRAFE} condonare qc a qu **3** *geh* (*zuteilwerden lassen*) **jdm etw** ~ {FREIHEIT, LEBEN, LIEBE, VERTRAUEN} dare qc a qu, concedere qc a qu; {GLAUBEN} prestare qc a qu; {GEHÖR} *auch* prestare qc a qu; {AUFMERKSAMKEIT} *auch* dedicare qc a qu; {ZEIT} dedicare qc a qu: **sie hat einem Jungen das Leben geschenkt**, ha dato alla luce un maschio; **du solltest deinen Mitmenschen mehr Vertrauen ~**, dovresti avere più fiducia nel tuo prossimo; **wenn man allem Glauben ~ wollte**, se si dovesse ₁prestar fede₁/[credere] a tutto quello che si sente dire ...; **sie schenkte ihm nicht einen Blick**, non lo degnò (neanche) di uno sguardo; **sie haben dem Löwen die Freiheit geschenkt**, hanno ridato la libertà al leone B *rfl* **1** (*sich Geschenke machen*) **sich** (*dat*) (**gegenseitig**) **etw** ~ regalarsi qc (a vicenda) **2** *fam* (*sich sparen*) **sich ~** {ARBEIT, BESUCH, MÜHE} risparmiarsi qc: **den Besuch im Museum haben wir uns geschenkt**, abbiamo rinunciato a una visita al museo; **so eine Hilfe kannst du dir ~!**, di un aiuto così faccio anche a meno! *fam*; **schenk dir jeden Kommentar!**, i tuoi commenti tienili per te! *fam* C *itr* (*Geschenke machen*) fare regali: **sie ~ gern**, a loro piace fare regali • **geschenkt!** *fam* (*das ist nicht wichtig, lass nur!*), (ma) figurati!; **etw geschenkt bekommen**, ricevere qc in regalo/dono; **geschenkt ist geschenkt!**, un regalo non si rende!; **das ist ja (fast) geschenkt**, ma è regalato!; **das möchte ich nicht geschenkt haben!** *fam*, non lo vorrei neanche regalato!, neanche se me lo regalassero!; **es wird einem nichts geschenkt**, non ti regalano nulla *fam*, niente ti arriva gratis; **ich will nichts geschenkt (haben)** *fam*, non voglio che mi regalino niente.

Schenkung <-, -en> f *jur* donazione f.

Schenkungssteuer f *jur* imposta f sulle donazioni.

Schenkungsurkunde f *jur* atto m di donazione.

scheppern *itr fam* **1** (*metallisch klappern*) {AUSPUFF} sferragliare; {BÜCHSEN} tintinnare; (**mit etw** *dat*) ~ {MIT TÖPFEN}₁fare fracasso₁/[battere] (*con qc*) **2** *unpers fam* (*es ist ein Unfall passiert*): **irgendwo hat es gescheppert** {AUF DER AUTOBAHN, AN DER ECKE, MITTEN AUF DER KREUZUNG}, hanno battuto + compl di luogo.

Scherbe <-, -n> f {+BLUMENTOPF, GLAS, SCHÜSSEL, TELLER} coccio m, pezzo m, frammento m: **vor den ~n seiner Ehe stehen**, trovarsi davanti alle rovine del proprio matrimonio • **in ~n gehen**, andare in frantumi; **in tausend ~n zerspringen**, andare in mille pezzi; **~n bringen Glück** *prov*, i cocci portano fortuna.

Scherbengericht n *hist* ostracismo m • **ein ~ über jdn veranstalten** *geh*, dare un giudizio stroncante su qu.

Scherbenhaufen m: **vor einem ~ stehen**, trovarsi davanti a un mucchio di macerie; **vor dem ~ seiner Existenz stehen**, trovarsi davanti alle macerie della propria vita.

Schere <-, -n> f **1** (*Werkzeug*) (paio m di) forbici f pl; *tech* (*Blechschere*) cesoia f, trancia f **2** <*meist pl*> *zoo* {+HUMMER, KREBS, SKORPION} chela f, pinza f *fam*, forbici f pl *fam* **3** *ökon* ~ (*zwischen etw dat und etw dat*) {ZWISCHEN PREISEN UND LÖHNEN, EINNAHMEN UND AUSGABEN} forbice f (*tra qc e qc*) **4** *sport Ringen* Turnen forbice f • **die ~ im Kopf**, l'autocensura; **mein Artikel ist der ~ zum Opfer gefallen**, il mio articolo è stato tagliato.

scheren① <*schor, geschoren*> *tr* **1** (*das Fell schneiden*) **etw** ~ {LAMM, PUDEL, SCHAF} tosare qc **2** (*die Haare ganz kurz schneiden*) **jdn** ~ tosare qu *fam scherz*, fare la rapa a qu *fam*: **dich haben sie ja richtig geschoren**, ti hanno proprio tosato (-a)/rapato (-a) *fam scherz*; **etw ~** {BART} rasare qc; {HAARE} *auch* radere/rasare a zero qc; **jdm etw ~** {HAARE} radere qc a qu; **jdm den Bart ~**, radere qu **3** (*kürzen*) **etw** ~ {HECKE, STRÄUCHER} rasare qc, potare qc, tosare qc • **jdn kahl ~**, rapare qu *fam* (a zero), pelare qu, tosare qu *scherz*;

etw kahl ~ {HUND, PFERD, SCHAF}, tosare qu. **scheren**② <*scherte, geschert*> <*meist* verneint oder in Frageform> *fam* **A** rfl (*sich kümmern*) **sich um** *jdn*/*etw* ~ curarsi *di qu/qc*, preoccuparsi *di qu/qc*: **sie schert sich herzlich wenig um Traditionen**, si cura assai poco delle tradizioni; **du könntest dich mal etwas mehr um die Kinder ~!**, potresti anche (pre)occuparti un po' di più dei bambini; **scher dich um deinen eigenen Kram!** *fam*, fatti gli affari tuoi! *fam*; **um die Regelungen schert sich doch eh keiner!** *fam*, tanto tutti se ne fregano dei regolamenti! *fam*; **ich scher' mich einen Teufel um das Gerede der Leute!** *fam*, me ne strafrego delle chiacchiere della gente! *fam* **B** tr (*angehen*) *jdn* ~ fregare *a qu di qc fam*, importare *a qu di qc*: **es schert mich überhaupt nicht, ob sie einverstanden sind oder nicht**, non me ne frega proprio niente/[m'importa assai] se loro sono o non sono d'accordo; **was schert mich das?!**, che ˌme ne fregaˌ/[m'importa]?

scheren③ <*scherte, geschert*> rfl *fam* **sich irgendwohin ~** filare + *compl di luogo*: **schert euch ins Bett!** *fam*, (filate) a letto! *fam*.

Scherenschleifer <*-s, -*> m (**Scherenschleiferin** f) arrotino (-a) m (f).

Scherenschnitt m *kunst* silhouette f.

Scherei <*-, -en*> f <*meist pl*> *fam* grana f *fam*, rogna f *fam*, bega f *fam*, noia f • (*wegen etw gen oder fam dat*) **mit** *jdm* **-en bekommen/haben**, avere delle grane *fam*/noie con qu (per qc); *jdm* **-en machen**, piantare grane a qu *fam*.

Scherflein <*-s, -*> n <*meist sing*> *geh*: **ein/sein ~ zu etw** (dat) **beitragen/beisteuern**, dare il proprio ˌpiccolo contributoˌ/[obolo *geh*] per qc.

Scherge <*-n, -n*> m *geh pej bes. pol* sgherro m *pej*, sbirro m *pej*, scherano m *lit*.

Scherkopf m {+ELEKTRORASIERER} testina f.

Scherz <*-es, -e*> m **1** (*Spaß*) scherzo m: ˌeinen ˌ/[~e] **machen**, fare ˌuno scherzoˌ/[(degli)] scherzi; **2** <*nur pl*> *fam* (*Unsinn*) sciocchezze f pl, stupidaggini f pl • **ein alberner ~**, uno scherzo stupido/[da prete]; **aus/im/zum ~**, per scherzo; **~ beiseite!**, scherzi a parte!; **auf einen ~ eingehen**, stare a uno scherzo; **sich (dat) einen ~ mit** *jdm* **erlauben**, permettersi di scherzare con qu; **seine ~ mit** *jdm*/*etw* **machen**, scherzare su qu/qc; **mach keine ~e!** *fam* (*mach keine Dummheiten!*), non fare sciocchezze/stupidaggini!; **mach ˌkeinen ~ˌ/[keine ~e]!** *fam* (*das kann doch nicht wahr sein!*), vorrai scherzare!, (che) stai scherzando?!; **(ganz) ohne ~** *fam*, senza scherzi, sul serio; **ein schlechter ~**, uno scherzo di cattivo gusto; **mit** *jdm* **seine ~e treiben**, prendere in giro qu; **ein übler ~**, un brutto scherzo.

Scherzartikel m <*meist pl*> "oggetto m con cui si fanno scherzi soprattutto a carnevale".

Scherzbold <-(e)s, -e> m *fam* → **Witzbold**.

scherzen itr **1** (*Scherze machen*) (**mit** *jdm*) **~** scherzare (*con qu*); **über** *jdn* ~ (*in Anwesenheit*) prendere in giro qu; (*in Abwesenheit*) fare delle battute *su qu*; **über etw** (akk) **~** fare battute *su qc*, scherzare *su qc*: **sie scherzten über seine großen Füße**, lo prendevano in giro per i suoi piedoni **2** (*schäkern*) **mit** *jdm* **~** civettare *con qu* • **immer zum Scherzen aufgelegt (sein)**, (essere) sempre pronto a scherzare; **nicht zum Scherzen aufgelegt sein**, non essere in vena di scherzi; **Sie belieben zu ~** *iron obs*, vorrà scherzare?!, ma Lei scherza?!; **darüber scherzt man nicht!**, su questo/[queste cose] non si scherza; **mit** *jdm*/*etw* **ist nicht zu ~**, non si scherza con qu/qc; **damit ist nicht zu**

~!, su queste cose ˌnon si scherzaˌ/[c'è poco da scherzare]!; **du scherzt wohl!** (*das kann nicht dein Ernst sein!*), vorrai scherzare?!, stai scherzando?!

scherzhaft A adj {ART, ÄUßERUNG, BEMERKUNG, FRAGE} scherzoso **B** adv {ANTWORTEN, FRAGEN, SAGEN} scherzando, in tono scherzoso; {AUFNEHMEN} come scherzo; {MEINEN} per scherzo: **das war doch nur ~ gemeint!**, era soltanto uno scherzo!

Scherzkeks m *fam* buffone m, burlone m: **du bist vielleicht ein ~!** *iron*, sei proprio un bel tipo! *iron*.

scheu adj **1** (*schüchtern*) {BLICK, GESTE, LÄCHELN} timido; {MENSCH, PERSON, WESEN} *auch* schivo, ritroso **2** (*menschenscheu*) {REH} pauroso, timido; {PFERD} ombroso: **~ werden**, adombrarsi.

Scheu <*-, ohne pl*> f **1** (*scheues Wesen*) timidezza f **2** (*Angst*) **~ (vor** *jdm*/*etw*) timore m (*di qu/qc*), paura f (*di qu/qc*), soggezione f (*di qu/qc*): **~ empfinden**, avere/provare soggezione/timore; **seine ~ überwinden**, superare/[mettere da parte] la propria timidezza; **ohne ~**, senza timori; **er empfand eine instinktive ~ vor dem neuen Besucher**, provò istintivamente soggezione di fronte al nuovo ospite; **mit ehrfürchtiger ~**, con timore reverenziale; **sie hatte ~, offen über das Thema zu sprechen**, provava vergogna a parlare apertamente di quell'argomento; **deine ~ vor dem Wasser ist wirklich übertrieben**, la tua paura dell'acqua è veramente esagerata.

scheuchen tr **1** (*fortjagen*) **etw aus/von etw** (dat) **~** {FLIEGEN AUS DEM ZIMMER, KATZE VOM TISCH} scacciare *qc da qc*, cacciare via *qc da qc*: **scheuch die Wespen vom Kuchen**, caccia via le vespe dal dolce **2** *fam* (*hintreiben*) *jdn* **irgendwohin/zu** *jdm* **~**: *jdn* **an die Arbeit ~**, spingere qu a lavorare; *jdn* **zum Arzt ~**, spingere qu ad andare dal medico **3** *fam* (*herumkommandieren*) *jdn* **~** mettere sotto qu *fam*, far trottare qu *fam*.

scheuen A tr (*zu vermeiden suchen*) **etw ~** {AUSEINANDERSETZUNG, GESPRÄCH} temere qc, aver timore *di qc*; {LICHT} temere qc, (s)fuggire *a qc*; {MÜHE} scansare qc; {ENTSCHEIDUNG, VERANTWORTUNG} rifuggire *da qc*: **keine Mühe ~**, non risparmiarsi; **keine Kosten ~**, non badare a spese **B** rfl (*vor etw zurückschrecken*) **sich vor etw** (dat) **~** avere timore/paura *di qc*, rifuggire *da qc*, temere *qc*: **er scheute sich davor, ihr die Wahrheit zu sagen**, aveva paura di dirle la verità; **sie scheut sich vor nichts und niemandem, wenn es um ihre Kinder geht**, (lei) non teme nulla e nessuno quando si tratta dei suoi figli **C** itr (*in Panik geraten*) (**vor etw** dat) **~** {PFERD VOR DEM HINDERNIS, TRAKTOR} adombrarsi/imbizzarrir(si) (*davanti a qc*).

Scheuerbürste f bruschino m.

Scheuerlappen m strofinaccio m.

Scheuerleiste f **1** (*Fußleiste*) battiscopa m **2** *naut* parabordo m.

scheuern A tr (*putzen*) **etw ~** {FUßBODEN, KACHELN, TOPF, WASCHBECKEN} strofinare qc, pulire qc strofinando **B** itr (*reiben*) (*jdn*) **(an etw** dat) **~** {KRAGEN AM HALS; RIEMEN AUF DER SCHULTER; SCHUHE AN DEN FERSEN} sfregare *a qu a qc* **C** rfl (*reiben*) **sich (an etw** dat) **~** sfregarsi *contro/a qc*, sfregarsi *contro/a qc*: **die Katze scheuerte sich an meinem Bein**, la gatta si strofinò alla mia gamba; **sich (an) etw** (dat) **~** sfregarsi *qc contro/a qc*: **das Pferd scheuert sich am Rücken am Baum**, il cavallo si gratta/sfrega la schiena contro l'albero; **ich habe mir die Hände wund gescheuert**, mi sono sbucciata (-a) le mani a forza di pulire • *jdm* **eine ~**

fam, mollare *fam* un ceffone/una sberla/uno schiaffo *a qu*; **du kriegst/bekommst gleich eine gescheuert!** *fam*, vedrai che ora le buschi *fam*/prendi *fam*!

Scheuklappe f <*meist pl*> paraocchi m • **~n (vor den Augen) haben** *fam*, avere i paraocchi.

Scheune <*-, -n*> f fienile m.

Scheunendrescher m: **essen/fressen wie ein ~** *slang*, mangiare a quattro palmenti, abbuffarsi *fam*.

Scheusal <*-s, -e oder -säler*> n *pej* **1** (*Tier*) mostro m **2** (*roher Mensch*) mostro m.

scheußlich A adj **1** (*abscheulich*) {ANBLICK, AUSSEHEN} mostruoso, orribile, orrendo **2** (*widerlich*) {GERUCH, GESCHMACK} orribile, schifoso, disgustoso, abominevole **3** (*entsetzlich*) {VERBRECHEN} mostruoso, orribile, abominevole, atroce **4** *fam* (*schrecklich*) {KÄLTE, KLIMA, WETTER} terribile *fam*, spaventoso *fam*; {SCHMERZEN} *auch* atroce **B** adv **1** (*widerlich*): **es riecht ja ~ hier**, c'è un puzzo orribile qui; **~ schmecken**, avere un sapore schifoso/disgustoso **2** *fam* (*schrecklich*) {HEIß, LAUT} terribilmente *fam*; **ich habe mich ~ kalt** *fam*, fa un freddo ˌboia *fam*ˌ/[cane *fam*]/[della malora *fam*]; **ich hab' mich ~ erkältet** *fam*, mi sono buscato (-a) un terribile raffreddore.

Scheußlichkeit <*-, -en*> f <*meist pl*> **1** (*scheußliche Tat*) mostruosità f, orrore m, atrocità f **2** (*scheußlicher Gegenstand*) mostruosità f, orrore m.

Schi usw m → **Ski** usw.

Schicht① <*-, -en*> f **1** (*einheitliche Masse*) ~ + *subst* {DRECK, ÖL, ROST, STAUB, WACHS} strato m *di qc*; {FARBE, LACK} *auch* mano f *di qc*: **alles war von einer hauchdünnen ~ Ruß überzogen**, tutto era ricoperto da un velo di fuliggine; *gastr* {MARMELADE, TEIG} strato m *di qc* **2** *geol* (*Lage*) ~ + *subst* {GESTEIN, SAND} strato m *di qc* **3** *soziol* (*Gesellschaftsschicht*) strato m sociale, ceto m, classe f: **die begüterte ~**, la classe abbiente.

Schicht② <*-, -en*> f (*Arbeitsabschnitt*) turno m di lavoro; (*Gruppe von Arbeitern*) turno m: **sie arbeiten in drei ~en zu je acht Stunden**, fanno tre turni di otto ore • **~ arbeiten**, fare i turni; **~ machen** *fam*, fare festa *fam*, andare a casa.

Schichtarbeit <*-, ohne pl*> f (lavoro m a) turni m pl.

Schichtarbeiter m (**Schichtarbeiterin** f) turnista m f.

schichten A tr **etw ~** {HOLZ} accatastare qc; {HEU} ammassare qc; {STEINE, ZIEGEL} impilare qc: **Handtücher in den Schrank ~**, impilare gli asciugamani nell'armadio **B** rfl *geol* **sich ~** {GESTEIN} stratificarsi.

Schichtwechsel m cambio m di turno.

schichtweise① adv (*in Schichten*) {ANORDNEN, AUFBAUEN, LEGEN} a strati, strato per strato.

schichtweise② adv (*Gruppe für Gruppe*) {ANTRETEN, ARBEITEN} a turni.

schick adj **1** (*chic*) {FRAU, FRISUR, HUT, KLEID, SCHUHE, TASCHE} chic, elegante **2** *fam* (*modisch*) {AUTO, EINRICHTUNG} sciccoso *fam*, in, chic: **es ist ~, einen Ring in der Nase zu tragen**, fa molto tendenza/chic/in portare un anellino al naso.

Schick <-(e)s, ohne pl> m chic m, eleganza f.

schicken① **A** tr **1** (*senden*) (*jdm*) **etw/**(**an** *jdn*) **~** {BLUMEN} mandare qc (*a qu*), inviare qc (*a qu*); {BRIEF, BUCH, PAKET, TELEGRAMM} *auch* spedire qc (*a qu*) **2** (*entsenden*) *jdn* **zu** *jdm*/**irgendwohin ~** {ZUM ARZT, BÄCKER, BAHNHOF, ZUR NACHBARIN, POST} mandare qu *da qu/a qc*, spedire qu *da qu/a/in qc*

schicken① *fam*: **jdn zum Einkaufen ~**, mandare qu a fare la spesa; **jdn zur Apotheke/Bank ~**, mandare qu in farmacia/banca **3** (*kommen lassen*) **jdm jdn ~** {EINEN BOTEN, EINE HILFE, DIE SCHWESTER, EINEN TECHNIKER, EINE VERKÄUFERIN} mandare *qu a qu* **4** (*jdn etw tun heißen*) **jdn + inf ~** {EINKAUFEN, SCHLAFEN, SPIELEN, ÜBEN} mandare *qu a fare qc* **5** (*holen lassen*) **jdn um jdn/etw ~** {UM DEN ARZT, GÄRTNER, KLEMPNER} mandare *qu a chiamare qu/qc* B *itr* (*holen lassen*) **nach jdm/etw ~** {NACH DEM ARZT, PRIESTER, KRANKENWAGEN} mandare a₁/[far] chiamare *qu/qc*, far venire *qu/qc*.

schicken② A *rfl* (*sich gehören*) **sich (für jdn/etw) ~** addirsi (*a qu/qc*), convenirsi (*a qu/qc*) *geh*, confarsi (*a qu/qc*) *geh*: **solche Reden ~ sich nicht in eurem Alter**, discorsi del genere non si addicono/confanno alla vostra età; **dein Verhalten schickt sich nicht für einen verheirateten Mann**, il tuo comportamento non si conviene ad un uomo sposato; **das Kleid schickt sich nicht für so einen Anlass**, il vestito non si addice a un'occasione del genere B *unpers*: **es schickt sich nicht, etw zu tun**, non sta bene fare *qc*; **es schickt sich nicht für jdn, etw zu tun**, non si conviene/confà *geh*/addice a fare *qc*; **es schickt sich nicht für ein junges Mädchen, so spät allein aus dem Haus zu gehen**, non sta bene che una ragazza esca così tardi da sola.

schicken③ *rfl* (*sich fügen*) **sich in etw** (*akk*) ~ {IN SEINE LAGE, DIE UMSTÄNDE, DIE VERHÄLTNISSE} rassegnarsi *a qc*.

schicken④ *rfl fam süddt* A (*sich beeilen*) **sich ~** muoversi *fam*, spicciarsi *fam*, sbrigarsi, fare presto.

Schickeria <-, *ohne pl*> *f fam pej* gente *f* in, jet set *m*, jet society *f*, gente *f* bene, bel mondo *m*, bella gente *f iron*: **die Münchner ~**, la gente in di Monaco.

Schickimicki <-s, -s> *m fam pej* fichetto (-a) *m* (*f*) *fam*, fighettone (-a) *m* (*f*) *slang*, elegantone (-a) *m* (*f*) *iron*: **all diese ~s**, tutta questa gente sciccosa.

schicklich *adj geh* {AUFTRETEN, KLEIDUNG, VERHALTEN} decente, decoroso; {MOMENT, ZEITPUNKT} adatto, opportuno; {REDEN, WORTE} *auch* appropriato: **es ist nicht ~, dass Sie um diese Zeit noch Herrenbesuche empfangen**, non sta bene che Lei riceva uomini a quest'ora.

Schicksal <-(e)s, -e> *n* **1** (*Geschick*) destino *m*, sorte *f*, fato *m lit*: **ein schweres/trauriges ~**, una mala/triste sorte *f*, un brutto/triste destino **2** <*nur sing*> (*Schicksalsmacht*) destino *m*, sorte, fato *m* ● **sich mit seinem ~ abfinden**, rassegnarsi al proprio destino; **sich in sein ~ ergeben**, arrendersi/rassegnarsi (all'evidenza); **sich in sein ~ fügen**, sottomettersi al proprio destino; **vom ~ geschlagen sein**, essere messo a dura prova dal destino; **das ~ hat es so gewollt**, il fato/la sorte ha voluto così; **mit seinem ~ hadern** *geh*, prendersela col destino; **das ist ~!** *fam*, è destino!; (**gern**) ~ **spielen (wollen)** *fam* (*etwas zu beeinflussen suchen*), sostituirsi/[(volersi sostituire)] al destino; **jdn seinem ~ überlassen**, abbandonare qu al proprio destino₁/[alla propria sorte].

schicksalhaft *adj* **1** (*unabwendbar*) {ENTWICKLUNG, EREIGNIS, PROZESS, VERLAUF} ineluttabile, inevitabile **2** (*lebensentscheidend*) {BEGEGNUNG, ENTSCHEIDUNG, EREIGNIS, WENDUNG} fatale, fatidico, decisivo, risolutivo.

schicksalsergeben *adj* rassegnato (al proprio destino).

Schicksalsfrage *f* questione *f*/problema *m* cruciale.

Schicksalsfügung *f* disegno *m* del destino.

Schicksalsgefährte *m* (**Schicksalsgefährtin** *f*) compagno (-a) *m* (*f*) di sventura.

Schicksalsgemeinschaft *f* comunità *f* di destino, persone *f pl* accomunate dallo stesso destino.

Schicksalsschlag *m* disgrazia *f*, duro colpo *m*, batosta *f fam*.

Schiebedach *n autom* tettuccio *m* apribile.

Schiebefenster *n* finestra *f* scorrevole.

schieben <schiebt, schob, geschoben> A *tr* **1** (*etw vorwärtsrollen*) **etw ~** {EINKAUFSWAGEN, FAHRRAD, KINDERWAGEN} spingere *qc*: **ihr müsst mir helfen, das Auto zu ~**, dovete darmi una mano a spingere la macchina **2** (*rücken*) **etw irgendwohin ~** {KISTE IN DIE ECKE, SCHRANK NACH RECHTS, STUHL AN DEN TISCH} spingere *qc + compl di luogo*: **der Schrank muss zur Seite geschoben werden**, l'armadio va spostato di lato; **schieb den Auflauf in den Ofen**, metti lo sformato in forno; **er schob die Hände tiefer in die Taschen**, affondò le mani nelle tasche **3** (*stecken*) **jdm etw irgendwohin ~** {BRIEF, GELDSCHEIN, NACHRICHT, ZETTEL IN DIE HAND, DIE TASCHE} infilare/mettere *qc a qu + compl di luogo* **4** (*drängen*) **jdn irgendwohin ~** {INS AUTO, BEISEITE, AUF DEN GANG, INS ZIMMER} spingere *qu + compl di luogo*: **er schob die Kinder in den Bus**, spinse i bambini sull'autobus **5** (*verantwortlich machen*) **etw auf jdn/etw ~** (VERANTWORTUNG) addossare *qc a qu*; (SCHULD) gettare/scaricare *qc addosso a qu*; (VERDACHT) far (ri)cadere *qc su qu*: **er schiebt die Verantwortung immer auf andere**, la responsabilità addossa sempre agli altri; **sie schoben die Verspätung auf das schlechte Wetter**, dettero la colpa del ritardo al cattivo tempo **6** (*von sich weisen*) **etw von sich** (*dat*) ~ (SCHULD, VERANTWORTUNG, VERDACHT) respingere *qc* **7** (*auf~*) **etw von etw** (*dat*) **zu etw** (*dat*)/ **auf etw** (*dat*) ~ {ARBEIT, BESUCH, REISE VON EINEM TAG, JAHR ZUM ANDEREN, VON EINER WOCHE ZUR ANDEREN} rimandare *qc da qc a qc*, rinviare *qc da qc a qc* **8** *fam* (*machen*) **Schicht/Wache ~**, essere di turno/guardia **9** *fam* (*betrügerisch mit etw handeln*) **etw ~** {DEVISEN, WECHSEL} trafficare (*in*) *qc* B *itr* **1** (*vorwärtsbewegen*) spingere: **du musst fester ~**, devi spingere più forte **2** *fam* (*illegale Geschäfte machen*) (**mit etw**) ~ {MIT DROGEN, KAFFEE, ZIGARETTEN} trafficare (*con/in qc*), far traffici (*di qc*) C *rfl* (*sich langsam vorwärtsbewegen*) **sich irgendwohin ~** spingersi + *compl di luogo*: **er schob sich bis an den äußersten Rand des Abgrunds**, si spinse fino all'orlo estremo del precipizio; **sich durch die Menge ~**, farsi largo attraverso la folla; **eine dicke Wolke schob sich langsam vor die Sonne**, una grossa nuvola stava lentamente passando davanti al sole; **eine Schlechtwetterfront schiebt sich über Europa**, una perturbazione sta avanzando sull'Europa ● **er muss immer zu allem geschoben werden** *fam*, bisogna spronarlo sempre.

Schieber① <-s, -> *m* **1** (*Riegel*) catenaccio *m*, chiavistello *m*, paletto *m* **2** (*Essgerät für Kinder*) paletta *f* **3** *region* (*Bettpfanne*) padella *f*.

Schieber② *m* (**Schieberin** *f*) *fam* trafficante *mf*, borsanerista *mf*, borsaro (-a) *m* (*f*) nero (-a) *röm*.

Schiebetür *f* **1** porta *f* scorrevole **2** *autom Eisenb* (*Ladetür*) portiera *f* scorrevole.

Schiebung <-, -en> *f* <*meist sing*> *fam* **1** (*illegales Geschäft*) affare *m*/traffico *m* illecito/losco **2** (*Begünstigung*) truffa *f*; *sport auch* combine *f*: **das ist ~!**, è una truffa!

schied **1**. *und* **3**. *pers sing imperf von* scheiden.

Schiedsgericht *n* **1** *jur* arbitrato *m*, collegio *m* arbitrale **2** *sport* (*Jury*) giuria *f*.

schiedsgerichtlich *adj jur* {ENTSCHEIDUNG, URTEIL} arbitrale.

Schiedsrichter *m* (**Schiedsrichterin** *f*) **1** *jur* arbitro *m* **2** *sport* arbitro (-a) *m* (*f*), direttore (-trice) *m* (*f*) di gara: **als ~ fungieren**, arbitrare.

Schiedsrichterentscheidung *f sport* decisione *f* arbitrale.

schiedsrichterlich *adj jur sport* {ENTSCHEIDUNG} arbitrale.

schiedsrichtern *itr sport* arbitrare.

Schiedsspruch *m jur* lodo *m* (arbitrale), giudizio *m* arbitrale, arbitrato *m*.

Schiedsverfahren *n jur* arbitrato *m*, procedimento *m*/procedura *f* arbitrale.

schief A *adj* **1** (*nicht gerade*) {EBENE} inclinato, obliquo; {MAUER, TISCH, WAND} storto, sbilenco, sghembo, sbieco: **der ~e Turm von Pisa**, la torre pendente (di Pisa); **er hat eine ~e Nase**, ha il naso storto **2** (*scheel*) {BLICK} storto, obliquo, bieco *lit*; {LÄCHELN} forzato, stentato **3** (*verzerrt*) {BILD, EINDRUCK, URTEIL} distorto, falsato **4** *fam* (*anrüchig*) {SACHE} losco **5** (*unlogisch*) {ARGUMENTATION} sbilenco B *adv* **1** (*nicht gerade*) {HINSTELLEN, PARKEN, SITZEN, WACHSEN} storto: **das Bild hängt ~**, il quadro è storto **2** (*scheel*) {ANSCHAUEN, GUCKEN} storto, di sbieco/traverso; {LÄCHELN} forzatamente, stentatamente.

Schiefer <-s, -> *m geol* scisto *m*; (*Dachschiefer*) ardesia *f*.

Schieferdach *n* tetto *m* d'ardesia.

schiefergrau *adj* (*color*) ardesia.

Schiefertafel *f* lavagna *f*.

schief|gehen <irr> *itr* <*sein*> andare storto/male: (**keine Angst,**) **es wird schon ~!** *iron*, niente paura, andrà tutto bene!

schiefgewickelt *adj*: **da bist du aber ~!** *fam*, ti sbagli/[sei sbagliato (-a)] di grosso!

schief|lachen *rfl* **sich ~**, piegarsi in due dal ridere, contorcersi/spanciarsi *fam* dalle risate.

schief|laufen <irr> *itr* <*sein*> andare storto *fam*/male *fam*.

schief|liegen <irr> *itr* <*haben oder süddt A CH sein*> (**mit etw**) ~ {MIT EINER ANSICHT, EINEM URTEIL, EINER VORAUSSICHT} essere fuori strada *fam* (*con qc*), sbagliarsi di grosso (*con qc*), scazzare *qc slang*: **du hast mit deiner Prognose völlig schiefgelegen**, con la tua previsione sei andato (-a) completamente fuori strada.

schief|treten <irr> *tr* → **treten**.

schielen *itr* **1** (*einen Sehfehler haben*) essere strabico: **auf einem Auge ~**, essere strabico da un occhio **2** *fam* (*verstohlen gucken*) **irgendwohin ~** {AUF EIN AUTO, SCHMUCKSTÜCK, ÜBER DIE MAUER, DURCHS SCHLÜSSELLOCH} dare una sbirciat(in)a₁ (*a qc*)₁/[+ *compl di luogo*], sbirciare *qc*/[+ *compl di luogo*]: **er schielte auf das Heft seines Banknachbarn**, sbirciò il quaderno del suo compagno di banco; **die Kinder schielten neugierig um die Ecke**, i bambini sbirciarono curiosi dietro l'angolo **3** (*heimlich begehren*) **nach jdm ~**, occhieggiare *qu*, adocchiare *qu*, mettere gli occhi su *qu*; **nach etw ~** {NACH EINER BEFÖRDERUNG, EINER ERBSCHAFT, EINEM PREIS} mettere gli occhi *su qc*.

Schielen <-s, *ohne pl*> *n* strabismo *m*.

schien **1**. *und* **3**. *pers sing imperf von* scheinen.

Schienbein *n anat* tibia *f*, stinco *m*: **jdm**

gegen/vor das ~ treten, dare un calcio negli stinchi a qu.

Schiene <-, -n> f **1** autom Eisenb (Laufschiene) rotaia f: **bei dem Aufprall ist ein Wagon aus den ~n gesprungen**, l'urto ha fatto deragliare un vagone **2** (Leitschiene für Gardinenröllchen, Schiebetür) guida f **3** med (Stützschiene) stecca f **4** slang (Kurs, Weg): **die Diskussion auf die politische ~ bringen**, portare la discussione sul piano politico; **es auf der emotionalen ~ versuchen**, fare leva sui sentimenti; **der Sender ist auf die kulturelle ~ umgestiegen**, l'emittente si è buttata sul (genere) culturale fam.

schienen tr med etw ~ {ARM, BEIN, BRUCH} steccare qc.

Schienenbus m Eisenb elettromotrice f.

Schienenfahrzeug n veicolo m/mezzo m su rotaie.

Schienennetz n rete f dei binari.

Schienenstrang m (tronco m di) rotaie f pl.

Schienenverkehr m traffico m su rotaia.

schier① adj <attr> **1** (rein) {BUTTER, FETT} puro; (FLEISCH) magro e disossato; (GOLD) schietto, puro **2** (evident) {BOSHEIT, DUMMHEIT, HOHN, NEID} puro, mero.

schier② adv quasi, pressoché: **es ist ~ zum Verrücktwerden**, è proprio da impazzire.

Schierling <-s, ohne pl> m bot cicuta f maggiore.

Schierlingsbecher m: **den ~ leeren/nehmen/trinken** geh, prendere/bere le cicuta.

Schießbefehl m mil ordine m di sparare/[fare fuoco].

Schießbude f baraccone m del tiro a segno.

Schießbudenfigur f fam pej figura f da baraccone, caricatura f ● **wie eine ~ aussehen**, essere combinato come un pagliaccio.

Schießeisen n fam scherz cannone m slang.

schießen <schießt, schoss, geschossen> A itr **1** <haben> (feuern) (**mit etw sei**) (**auf jdn/etw**) ~ {MIT EINEM GEWEHR, EINER PISTOLE AUF EINE PERSON, EIN TIER} sparare (con qc) (a qu/qc), tirare (con qc) (a qu/a, su qc/), fare fuoco (con qc) (su/contro qu/qc), esplodere un colpo: **die Bankräuber schossen blindlings auf die Passanten**, i rapinatori sparavano alla cieca sui passanti; **mit Pfeilen ~**, tirare frecce; **auf/nach Tontauben ~**, tirare al piattello; **nach jdm ~** sparare a qu, tirare a qu, fare fuoco su/contro qu **2** (durch einen Schuss verletzen) **jdm irgendwohin ~** {IN DEN ARM, DIE BRUST, INS BEIN, HERZ} sparare/tirare a qu + compl di luogo **3** (feuern) **irgendwie ~** {GEWEHR, PISTOLE, SCHARFSCHÜTZE GUT, SCHLECHT} sparare + compl di modo: **scharf ~**, sparare a palla/pallottola **4** Fußball (**an/auf/in etw** akk) ~ {AN DIE LATTE, DEN PFOSTEN} tirare (una fucilata) su qc; {INS NETZ, AUF/INS TOR} tirare (una fucilata) in qc **5** <sein> (**ins Kraut** ~) {SALAT} spigare: **wie Pilze aus dem Boden ~**, venire su come i funghi; (schnell wachsen): **in die Höhe ~** (KIND), crescere a vista d'occhio **6** <sein> fam (sich schnell bewegen) **irgendwohin ~** sfrecciare/[passare come un fulmine/lampo] + compl di luogo; **irgendwoher ~**: **hohe Flammen schossen aus den Fenstern**, alte fiamme uscivano dalle finestre; **der Wagen kam um die Ecke geschossen**, la macchina arrivò sparata da dietro l'angolo **7** <sein> (jdn durchfahren) **jdm irgendwohin ~**: **da schoss ihm plötzlich ein Gedanke durch den Kopf**, all'improvviso gli balenò un'idea; **Tränen des Zorns schossen ihr in die Augen**, lacrime d'ira le salirono agli occhi **8** <sein> (ungestüm fließen) **aus etw** (dat) ~ {BLUT AUS DER WUNDE; WASSER AUS DEM ROHR; WEIN AUS DEM FASS} zampillare da qc, sgorgare da qc, spriccare da qc B tr **1** (feuern) **etw irgendwohin ~** {KUGEL IN DIE LUFT, DIE MAUER} sparare qc + compl di luogo; {RAKETE, SATELLITEN INS ALL} lanciare qc + compl di luogo: **die NASA hat einen neuen Satelliten in die Umlaufbahn geschossen**, la NASA ha lanciato/messo in orbita un nuovo satellite; **sie schoss vorwurfsvolle/wütende Blicke auf ihn**, gli lanciava sguardi [di rimprovero]/[infuriati]; **jdm etw irgendwohin ~** {KUGEL DURCH DIE BRUST, INS HERZ, IN DIE SCHLÄFE, DURCH DIE WADE} sparare/tirare qc a qu + compl di luogo; **jdn in etw** (akk) ~ sparare a qu a qc; **die Killer hatten ihn in die Beine geschossen**, i sicari [lo avevano gambizzato]/[gli avevano sparato alle gambe] **2** Fußball **etw irgendwohin ~** {BALL, LEDER INS AUS, NETZ, TOR, AN DEN PFOSTEN} tirare/calciare qc + compl di luogo: **ein Tor ~**, segnare una rete, fare un gol **3** (erlegen) **etw ~** {BOCK, REH, VOGEL} abbattere qc, uccidere qc **4** fot (machen) **etw ~** {BILD, FOTO} scattare qc ● **jdm eine ~** fam, tirare/appioppare/mollare un ceffone a qu fam.

Schießen <-s, ohne pl> n sport gara f a tiro ● **das ist zum ~!** fam, c'è da morir/[rotolarsi in terra] dal ridere!

Schießerei <-, -en> f sparatoria f.

Schießhund m: **wie ein ~ aufpassen** fam, fare il cane da guardia.

Schießplatz m poligono m (di tiro).

Schießpulver n polvere f da sparo.

Schießscharte f feritoia f.

Schießscheibe f bersaglio m.

Schießstand m poligono m (di tiro).

Schiff <-(e)s, -e> n **1** naut nave f: **auf dem ~**, a bordo; **das ~ ist pünktlich ausgelaufen**, la nave è salpata puntualmente; **mit dem ~ fahren**, andare in nave **2** arch (Kirchenraum) navata f, nave f rar ● **klar ~ machen** fam (Klarheit schaffen), mettere le cose in chiaro; (aufräumen), fare un po' di pulito fam; **bevor ich in Urlaub fahre, möchte ich zu Hause erst mal klar ~ machen**, prima di partire per le ferie vorrei sistemare un po' la casa.

Schiffahrt usw a.R. von **Schifffahrt** → **Schifffahrt** usw.

schiffbar adj naut {FLUSS, KANAL} navigabile.

Schiffbau <-(e)s, ohne pl> m naut costruzioni f pl navali.

Schiffbruch m naut naufragio m ● ~ **erleiden** naut, fare naufragio, naufragare; (**bei/mit etw** dat) ~ **erleiden**: **mit seinem Projekt hat er ~ erlitten**, il suo progetto è naufragato; **sie hat mit ihrer Ehe ~ erlitten**, il suo matrimonio ha fatto naufragio.

schiffbrüchig adj {MANNSCHAFT, PASSAGIER} naufragato.

Schiffbrüchige <dekl wie adj> mf naufrago (-a) m (f).

Schiffchen <-s, -> n dim von Schiff **1** (Spielzeug) barchetta f **2** fam (Kopfbedeckung) bustina f **3** tech {+NÄHMASCHINE, WEBSTUHL} navetta f.

schiffen A itr **1** <sein> naut obs (mit dem Schiff fahren) **irgendwohin ~** navigare + compl di luogo **2** <haben> slang (urinieren) pisciare slang B unpers <haben> slang (stark regnen): **es schifft**, viene/piove a catinelle fam, diluvia.

Schiffer <-s, -> m (**Schifferin** f) navigatore (-trice) m (f); (Matrose) marinaio m.

Schifferklavier n fam fisarmonica f.

Schifferknoten m nodo m alla marinara.

Schiffermütze f berretto m da marinaio.

Schifffahrt, **Schiff-Fahrt** f naut navigazione f.

Schifffahrtsgesellschaft f naut compagnia f/società f marittima/[di navigazione].

Schifffahrtslinie f **1** (Route) rotta f marittima, linea f marittima **2** (Unternehmen) compagnia f marittima/[di navigazione].

Schifffahrtsrecht n jur naut diritto m della navigazione.

Schifffahrtsweg m naut **1** (Wasserweg) via f [d'acqua]/[navigabile] **2** (Schiffsroute) rotta f marittima.

Schiffsanlegestelle f naut ormeggio m, approdo m.

Schiffsarzt m (**Schiffsärztin** f) medico m di bordo.

Schiffsbauch m fam interno m/pancia f fam della nave.

Schiffsbauer m (**Schiffsbauerin** f) costruttore (-trice) m (f) navale.

Schiffsbesatzung f naut equipaggio m, personale m di bordo.

Schiffschaukel f (altalena f a) nave f.

Schiffsjunge m naut mozzo m.

Schiffskapitän m naut capitano m di nave.

Schiffskoch m (**Schiffsköchin** f) naut cuoco (-a) m (f) di bordo.

Schiffsladung f carico m (della nave).

Schiffspapiere subst <nur pl> naut documenti m pl di bordo.

Schiffsreise f viaggio m in nave.

Schiffsrumpf m naut scafo m.

Schiffsschraube f naut elica f.

Schiffstaufe f naut battesimo m di una nave.

Schiffsverkehr m (auf See) traffico m marittimo; (auf einem Fluss) traffico m fluviale.

Schiffswerft f cantiere m navale.

Schiismus <-, ohne pl> m relig sciismo m.

Schiit <-en, -en> m (**Schiitin** f) relig sciita mf.

schiitisch adj relig sciita.

Schikane <-, -n> f **1** (kleinliche Quälerei) angheria f, vessazione f: **das ist reine ~**, questa è pura angheria **2** sport chicane f ● **mit allen ~n** fam (AUTO), con tutti gli optional.

schikanieren <ohne ge-> tr jdn (**mit etw** dat) ~ vessare qu (con qc), angariare qu (con qc), tartassare qu (con qc): **jetzt, da er Direktor ist, schikaniert er die Angestellten in einem fort**, ora che è (diventato) direttore non fa che angariare i dipendenti; (**von jdm**) **schikaniert werden**, subire angherie/vessazioni (da parte di qu).

schikanös A adj {BEHANDLUNG, MASSNAHME, WEISE} vessatorio B adv: **jdn ~ behandeln**, vessare qu.

Schikoree <-s, ohne pl> m oder <-, ohne pl> f → **Chicorée**.

Schild① <-(e)s, -er> n **1** (Nummernschild) targa f **2** (Straßenschild) cartello f stradale; (Verkehrsschild) cartello m **3** (Ladenschild) cartello m, insegna f **4** (Namensschild auf dem Koffer) targhetta f; (an der Tür) auch targa f **5** com (Preisschild) cartellino m del prezzo, etichetta f, targhetta f; (Warenschild) etichetta f.

Schild② <-(e)s, -e> m **1** mil hist scudo m **2** nukl (Schutzschild) schermatura f, schermaggio m ● **etw** (**gegen jdn**) **im ~e führen**, lavorare sott'acqua, tramare qc (ai danni di qu); **jdn auf den ~ heben** geh, portare qu sugli scudi.

Schildbürgerstreich m pej idiozia f (da

burocrati).
Schilddrüse f *anat* tiroide f.
Schilddrüsenhormon n *med* ormone m tiroideo.
Schilddrüsenüberfunktion f *med* ipertiroidismo m.
Schilddrüsenunterfunktion f *med* ipotiroidismo m.
schildern tr **1** (*ausführlich darstellen*) (*jdm*) *etw* ~ {Ereignis, Hergang, Unfall} descrivere *qc* (*a qu*): **er hat mir seine Reiseeindrücke geschildert**, mi ha descritto le sue impressioni del viaggio; **den Vorfall in allen Einzelheiten** ~, illustrare l'accaduto nei minimi particolari **2** (*beschreiben*) *jdm* ~ descrivere *qu*, fare il ritratto *di qu*.
Schilderung <-, -en> f **1** (*das Schildern*) descrizione f **2** (*erklärende Beschreibung*) {+Ablauf, Hergang, Vorgang} illustrazione f, descrizione f; *lit* {+Abenteuer, Reise} narrazione f, racconto m.
Schildkröte f *zoo* tartaruga f, testuggine f.
Schildlaus f *zoo* cocciniglia f.
Schildmütze f berretto m con visiera.
Schildpatt <-(*e*)*s, ohne pl*> n tartaruga f.
Schilf <-(*e*)*s, -e*> n *bot* <*meist sing*> **1** (*~rohr*) canna f palustre **2** (*~fläche*) canneto m.
schilfig adj {Niederung, Ufer} (ri)coperto di canne.
Schilfrohr n *bot* canna f palustre.
Schillerlocke f *gastr* **1** (*Fisch*) "involtino m di spinarolo affumicato" **2** (*Süßspeise*) "cannolo m ripieno di panna montata o di crema".
schillern itr {Edelstein, Perlmutt, Seide} cangiare (di colore), avere dei riflessi: **dein schwarzes Hemd schillert bläulich**, la tua camicia nera ha dei riflessi bluastri.
schillernd adj *meist* <*attr*> **1** (*verschiedenfarbig glänzend*) {Nagellack, Stein, Stoff} cangiante, iridescente **2** (*schwer durchschaubar*) {Charakter, Persönlichkeit} dalle mille sfaccettature, complesso.
Schilling <-*s, -oder -e*> m (*Abk* S) *hist* scellino m.
schilt 3. pers sing präs *von* schelten.
Schimäre <-, -n> f *geh* chimera f: **einer** ~ **nachjagen**, inseguire una chimera.
Schimmel① <-*s, ohne pl*> m *bot* muffa f: ~ **ansetzen**, prendere/fare la muffa.
Schimmel② <-*s*, -> m *zoo* cavallo m bianco.
schimmelig, schimmlig A adj {Brot, Käse, Wurst} ammuffito: **die Pfirsiche sind nach zwei Tagen schon** ~, dopo due giorni le pesche ₍sono già ammuffite₎/[hanno già preso la muffa] B adv: ~ **riechen**, sapere di muffa.
schimmeln itr <*sein oder haben*> ammuffire, prendere/fare la muffa.
Schimmelpilz m *bot* muffa f, ficomiceto m *wiss*.
Schimmer <-*s*, -> m **1** (*matter Schein*) {+Kerze, Lampe} lume m, chiarore m; {+Gold, Perlen, Seide, Silber} luccichio m, scintillio m; {+Haar} lucentezza f **2** *fam* (*leise Spur*) ~ ₍**einer S.** (gen)₎/[**von etw** (dat)] {von Hoffnung, Intelligenz} barlume m *di qc*: **der** ~ **eines Lächelns lag auf ihren Lippen**, ₍il bagliore di un sorriso aleggiava₎/[c'era un sorriso appena percettibile] sulle sue labbra • ₍**keinen (blassen)**₎/[**nicht den geringsten**] ~ **von etw** (dat) **haben** *fam*, non avere la ₍più pallida₎/[minima] idea *di qc*.
schimmern itr {Kerze, Licht} mandare un bagliore; {Gold, Perlen, Seide, Silber} luccicare, scintillare; {Haare} rilucere.
schimmlig adj → **schimmelig**.

Schimpanse <-*n, -n*> m *zoo* scimpanzé m.
Schimpf <-(*e*)*s, ohne pl*> m: **jdn mit** ~ **und Schande davonjagen**, cacciare ignominiosamente *qu*.
Schimpfe <-, *ohne pl*> f *fam* risciacquata f *fam*, sgridata f.
schimpfen A itr **1** (*seinem Ärger Ausdruck geben*) imprecare, brontolare: **hör auf, ständig zu** ~!, smettila di brontolare in continuazione! **2** (*jdn ärgerlich zurechtweisen*) **mit jdm** ~ sgridare *qu* **3** (*wettern*) **auf/über jdn/etw** ~ inveire *contro qu/qc*, imprecare *contro qu/qc* B tr **1** (*aus~*) **jdn** (**wegen etw** gen *oder fam* dat) ~ sgridare *qu* **2** (*nennen*) **jdn etw** ~ {Einen Geizkragen, Idioten} dare *di qc a qu*: **jdn einen Dummkopf** ~, dare dello (-a) stupido (-a) *a qu* C rfl *fam iron* (*sich ausgeben*) **sich etw** ~ spacciarsi *per qc*: **er schimpft sich Journalist**, ha il coraggio di dire che è un giornalista.
Schimpfkanonade f *fam* raffica f di parolacce, scarica f di improperi.
schimpflich *geh* A adj {Behandlung, Verhalten, Worte} ignominioso *geh* B adv: **jdn** ~ **davonjagen**, cacciare ignominiosamente *qu*.
Schimpfname m epiteto m/appellativo m ingiurioso, titolo m *iron*.
Schimpfwort <-(*e*)*s, -e oder* Schimpfwörter> n improperio m, parolaccia f • **jdm -e an den** *Kopf* **werfen**, scagliare insulti *contro qu*; **jdn mit -en überhäufen**, coprire *qu* di improperi/ingiurie.
Schindel <-, -n> f *bau* scandola f.
schinden <*schindet, schindete oder rar schund, geschunden*> A tr **1** (*quälen*) **jdn/etw** ~ {Tier} maltrattare *qc*, sfiancare *qc*; {Angestellte, Arbeiter, Untergebene} strapazzare *qu*, massacrare *qu*, mettere alla frusta *qu* **2** *fam* (*herausschlagen*): **Zeit** ~ *fam*, guadagnare/prendere tempo, tirarla per le lunghe *fam*; (**bei jdm**) **Eindruck** ~ *fam*, cercare di far colpo (su qu) *fam*; (**bei jdm**) **Mitleid** ~ *fam*, cercare di suscitare compassione (in qu); **Applaus** ~, strappare applausi B rfl (*sich abmühen*) **sich** ~ strapazzarsi, sfinirsi.
Schinder <-*s*, -> m (**Schinderin** f) *pej* aguzzino (-a) m (f), vessatore (-trice) m (f), schiavista mf, negriero m.
Schinderei <-, -en> f *pej* strapazzata f, faticaccia f, strapazzo m.
Schindluder n: **mit jdm** ~ **treiben** *fam*, bistrattare *qu*, trattare *qu* ₍a pesci in faccia *fam*₎/[come un cane *fam*]; **mit etw** (dat) ~ **treiben** *fam* {Mit seiner Gesundheit, seinen Kräften}, abusare *di qc*, strapazzarsi *qc*; {Mit einem Begriff, Ideal, Wort} bistrattare *qc*.
Schinken <-*s*, -> m **1** *gastr* prosciutto m **2** *fam pej* (*Gemälde*) (enorme) crosta f *fam*; (*Buch*) mattone m *fam*; (*Film*) *auch* polpettone m *fam* **3** *gastr* (*Oberschenkel*) coscia f; (*Gesäß*) chiappe f pl *fam*, sedere m • **gekochter** ~, prosciutto cotto; **Prager** ~, prosciutto di Praga; **roher** ~, prosciutto crudo; **Schwarzwälder** ~, prosciutto della Foresta Nera.
Schinkenwurst f *gastr* "insaccato m di carne magra di maiale, pancetta e prosciutto macinati grossolanamente".
Schippe <-, -n> f **1** *bes. norddt* (*Schaufel*) pala f; (*Kinderschippe*) paletta f **2** *fam scherz* (*nach unten gezogene Mundwinkel*) muso m (lungo): **eine** ~**ziehen/machen**, ₍mettere su₎/[tenere]/[fare] il muso • **jdn auf die** ~ **nehmen** *fam*, sfottere *qu fam*, prendere in giro *qu*.
schippen tr *bes. norddt* (*schaufeln*) **etw** ~ {Kohlen, Sand, Schnee, Schutt} spalare *qc*.
schippern *fam* A itr (*sein*) (*mit dem Schiff*

fahren) navigare B tr <*haben*> (*mit dem Schiff befördern*) **etw irgendwohin** ~ trasportare *qc per/in nave*.
Schiri <-*s, -s*> m *slang sport* → **Schiedsrichter**.
Schirm① <-(*e*)*s, -e*> m **1** (*Regenschirm*) ombrello m; (*Sonnenschirm*) parasole m **2** (*Korolle*) {+Pilz} cappella f **3** (*Wandschirm*) paravento m; (*Lampenschirm*) paralume m; (*Ofenschirm*) parafuoco m **4** (*Schild*) {+Helm, Mütze} visiera f.
Schirm② <-(*e*)*s, -e*> m *TV* (*Bildschirm*) schermo m: **die Sendung ist vor kurzem über den** ~ **gegangen**, la trasmissione è passata poco tempo fa sugli schermi.
Schirmfutteral n → **Schirmhülle**.
Schirmherr m (**Schirmherrin** f) {+Festspiele, Kongress} patrocinatore (-trice) m (f).
Schirmherrschaft f patrocinio m, patronato m: **unter jds** ~ **stehen** {Filmtage, Theaterfestival}, essere sotto il patrocinio/patronato di qu.
Schirmhülle f fodera f/guaina f dell'ombrello.
Schirmling <-*s, -e*> m *bot* lepiota m: **Großer** ~, mazza di tamburo, bubbola.
Schirmmütze f berretto m con visiera.
Schirmpilz m → **Schirmling**.
Schirmständer m portaombrelli m.
Schirokko <-*s, -s*> m *meteo* scirocco m.
schirren tr **etw an/vor etw** (akk) ~ {Ochsen an/vor den Karren} attaccare *qc a qc*.
Schisma <-*s, Schismen oder Schismata*> n *relig* scisma m • **Abendländisches** ~ *relig hist*, scisma d'Occidente; **Morgenländisches** ~ *relig hist*, scisma d'Oriente.
schismatisch adj *relig* scismatico.
Schismen pl *von* Schisma.
schiss (a.R. schiß) 1. *und* 3. pers sing imperf *von* scheißen.
Schiss (a.R. Schiß) <-*es, ohne pl*> m *slang* strizza f *fam*, cacarella f *fam oder slang*, fifa f *fam*: ~ **haben**, farsela addosso *fam*/sotto *fam*, cacarsi sotto *vulg*; ~ **kriegen**, avere/prendersi strizza *fam*.
Schisser <-*s*, -> m (**Schisserin** f) *slang pej* cacasotto mf *fam pej*, fifone (-a) m (f) *fam scherz*.
schizoid adj *med psych* schizoide.
schizophren adj **1** *med psych* schizofrenico **2** *geh* (*absurd*) {Idee, Situation, Verhalten} schizofrenico, assurdo, grottesco.
Schizophrene <*dekl wie adj*> mf schizofrenico (-a) m (f).
Schizophrenie <-, *rar -n*> f **1** *med psych* schizofrenia f **2** *geh* (*Widersinn*) {+Lage, Verhalten} assurdità f: **das ist reine** ~!, è ₍pura follia₎/[veramente assurdo]!
schlabberig adj *fam* **1** (*locker und weich*) {Hemd, Hose, Kleid, Stoff} floscio e vaporoso **2** (*wässrig*) {Brei, Wein} acquoso: **der Kaffee ist entsetzlich** ~, questo caffè è una brodaglia/risciacquatura di piatti *fam*.
schlabbern A itr *fam* **1** (*Essen verschütten*) strogolarsi *fam*, sbrodolarsi: **beim Essen/Trinken** ~, sbrodolarsi mangiando/bevendo **2** (*weit fallen*) (**jdm**) ~ {Hose, Kleid, Pullover} ballare *addosso a qu*: **der Mantel schlabbert ihr richtig um die Figur**, il cappotto le ₍balla letteralmente addosso₎/[casca letteralmente da tutte le parti] *fam* B tr (*auflecken*) **etw** ~ {Hund, Katze Milch, Wasser} lappare *qc*.
Schlacht <-, -en> f **1** *mil* (*großes Gefecht*) battaglia f; (*einzelnes Gefecht*) combattimento m: **die** ~ **wütete/tobte tagelang**, la battaglia infuriò per giorni e giorni; **eine** ~ **gewin-**

nen/verlieren, vincere/perdere una battaglia; **die ~ bei Austerlitz**, la battaglia di Austerlitz 2 *(Ringen)* ~ **(um etw** akk**)** lotta f *(per qc)*: **geht die ~ um die Karten schon so früh los?**, la lotta per i biglietti comincia già così presto? • **die ~ am kalten Büfett** *scherz*, l'assalto al buffet; **jdm eine ~ liefern** *geh*, dare battaglia a qu; **eine ~ (gegen jdn) schlagen** *hist*, combattere una battaglia (contro qu); **in die ~ ziehen** *hist*, andare in battaglia.

Schlachtbank f banco m ⌊del macellaio⌋/[della macelleria].

schlachten tr *etw* ~ {TIER} macellare *qc*, abbattere *qc*.

Schlachtenbummler <-s, -> m (**Schlachtenbummlerin** f) *fam sport* tifoso (-a) m (f) (che segue la propria squadra nelle trasferte).

Schlachter <-s, -> m (**Schlachterin** f) *norddt* (*Fleischer*) macellaio (-a) m (f).

Schlächter <-s, -> m (**Schlächterin** f) 1 *norddt* (*Fleischer*) macellaio (-a) m (f) 2 *pej* (*grausamer Mörder*) macellatore (-trice) m (f), boia m.

Schlachterei <-, -en> f 1 *norddt* (*Fleischerei*) macelleria f 2 *pej* (*grausames, massenweises Töten*) macello m, carneficina f, massacro m, eccidio m.

Schlachterin f → **Schlachter**.
Schlächterin f → **Schlächter**.

Schlachtfeld n *mil* campo m di battaglia • **in eurem Zimmer sieht es (ja) aus wie auf einem ~!** *fam*, la vostra camera sembra veramente un campo di battaglia!

Schlachthof m macello m, mattatoio m.

Schlachtplan m *mil* piano m di battaglia • **einen ~ aushecken**, escogitare un piano di battaglia *fam*.

Schlachtplatte f *gastr* "piatto m misto di insaccati e carni".

schlachtreif adj {KALB, SCHWEIN} pronto per ⌊la macellazione⌋/[essere macellato].

Schlachtruf m grido m di battaglia.

Schlachtschiff n *mil naut* nave f da battaglia, corazzata f.

Schlachtung <-, -en> f macellazione f.

Schlachtvieh n bestiame m da macello.

Schlacke <-, -n> f 1 *metall* scoria f 2 *geol* {+VULKAN} scoria f 3 *<meist pl>* (*Ballaststoff*) fibra f.

schlackern itr 1 (*schlenkern*) penzolare, dondolare 2 (*mit etw hin- und herpendeln*) **mit etw** (dat) ~ {MIT DEN ARMEN, BEINEN} (far) dondolare/penzolare qc 3 (*wackeln*) {RAD} ondeggiare, traballare.

Schlaf <-(e)s, *ohne pl*> m sonno m • **aus dem ~ auffahren/hochfahren/schrecken**, svegliarsi di soprassalto; **sich** (dat) **den ~ aus den Augen reiben**, stropicciarsi/sfregarsi gli occhi; **jdn um den ~ bringen**, togliere il sonno a qu, non far dormire qu; **das fällt mir im ~ nicht ein** *fam*, neanche per sogno!, non me lo sogno nemmeno!; **aus dem ~ erwachen**, svegliarsi; **in einen tiefen ~ fallen**, cadere in un sonno profondo; **keinen ~ finden** *geh*, non prendere sonno; **er hat die ganze Nacht keinen ~ gefunden**, non ha chiuso occhio (per) tutta la notte; **den ~ des Gerechten schlafen**, dormire il sonno del giusto; **einen festen/leichten/unruhigen ~ haben**, avere il sonno pesante/leggero/[agitato/inquieto]; **im ~**, nel sonno; **etw im ~ können/beherrschen** *fam*, saper fare qc a occhi chiusi *fam*; **in tiefstem ~ liegen**, essere nel più bello del sonno; **jdm den ~ rauben**, rubare il sonno a qu; **jdn aus dem ~ reißen**, strappare qu dal sonno; **ein Kind in den ~ singen**, ninnare un bambino; **in ~ sinken** *geh*, sprofondare nel sonno; **im ~ spre-**

chen, parlare nel sonno; **jdn aus dem ~ trommeln** *fam*, buttare giù dal letto qu; **vom ~ übermannt/überwältigt werden**, essere vinto dal sonno; **ein Baby in den ~ wiegen**, cullare un bebè per farlo addormentare.

Schlafanzug m pigiama m.

Schläfchen <-s, -> n *fam dim von* Schlaf sonnellino m, pisolino m *fam*, pennichella f *fam*: **ein ~ machen** *fam*, fare un sonnellino/una dormitina, schiacciare un pisolino *fam*.

Schlafcouch f divano letto m.

Schläfe <-, -n> f *anat* tempia f • **graue ~n haben**, avere le tempie brizzolate.

schlafen <*schläft, schlief, geschlafen*> A itr 1 dormire: **gut/schlecht ~**, dormire bene/male; **~ gehen**, andare a dormire; **fest ~**, dormire sodo; **lange ~**, dormire fino a tardi, fare una bella dormita; **tief ~**, dormire profondamente/[della grossa *fam*]; **sich ~ legen**, (andare a) coricarsi; **ein Kind ~ legen**, mettere a letto/nanna *fam* un bambino; **darüber will ich noch ~**, voglio ancora dormirci sopra; **schlaf/[~ Sie] gut!**, dormi/dorma bene!, sogni d'oro!; **mit offenen Augen ~**, dormire a occhi aperti 2 (*übernachten*) **bei jdm/irgendwo ~** {BEI BEKANNTEN, FREUNDEN, IM AUTO, HOTEL, ZELT} dormire ⌊da qu⌋/[+ *compl di luogo*] 3 *fam* (*mit jdm Beischlaf haben*) **mit jdm ~** dormire con qu, andare a letto con qu, fare l'amore con qu 4 (*nicht aufpassen*) (*während etw* gen) ~ {WÄHREND EINER KONFERENZ, DES UNTERRICHTS} dormire (*durante* qc): **in Erdkunde schläft die ganze Klasse**, durante le lezioni di geografia tutta la classe dorme B *unpers*: **es schläft sich irgendwie irgendwo** {IM AUTO, AUF DEM SOFA; GUT, NICHT GUT, SCHLECHT}, si dorme + *compl di modo* + *compl di luogo*; **es schläft sich blendend in deinem neuen Sessel**, si dorme a meraviglia nella tua nuova poltrona C *rfl*: **sich gesund ~**, guarire dormendo/[con una bella dormita]; **sich auf einen Posten ~** *fam pej*, andare a letto con tutti per avere un lavoro *fam pej*.

Schläfenbein n *anat* osso m temporale.

schlafend A adj che dorme: **eine ~e Frauenfigur**, una figura di donna dormiente B adv: **sich ~ stellen**, fare finta di dormire.

Schlafengehen <-s, *ohne pl*> n andare m a dormire: **vor dem ~**, prima di coricarsi.

Schlafenszeit f ora f di dormire: **Kinder, es ist ~**, ragazzi, è ora di dormire/[andare a letto].

Schlafentzug m privazione f del sonno.

Schläfer <-s, -> m (**Schläferin** f) 1 (*schlafende Person*) persona f che dorme, dormiente mf *lit* 2 (*noch nicht aktiver Agent oder Terrorist*) dormiente m.

schlaff A adj 1 (*nicht straff*) {FAHNE, SEIL} lento, allentato; {HAUT} flaccido, cascante; {KÖRPER} moscio 2 (*kraftlos*) {GLIEDER, HÄNDEDRUCK, PERSON} fiacco, debole; (*nicht trainiert*) {FLEISCH, MUSKEL} floscio, flaccido: **die Hitze macht ihn total ~**, il caldo lo fiacca completamente 3 (*nachlässig*) {DISZIPLIN, MORAL} rilassato, lassista 4 *fam pej* (*langweilig*) {MUSIK, PARTY, TYP} fiacco, moscio *fam*, loffio *fam*: **das Konzert war echt ~!** *slang pej*, il concerto è stato una vera palla! *fam pej*; **so ein ~er Typ!** *fam pej*, che loffione/pappamolle/rammollito, quel tipo! *fam pej* B *adv* (*kraftlos*): **er hing ~ im Sessel**, se ne stava sbattuto in poltrona; **der Sack fiel ~ in sich zusammen**, il sacco si afflosciò.

Schlaffheit <-, *ohne pl*> f 1 (*Untrainiertheit*) {+FLEISCH, KÖRPER, MUSKEL} flaccidità f 2 (*Kraftlosigkeit*) {+HÄNDEDRUCK, PERSON} fiacchezza f, debolezza f.

Schlaffi <-s, -s> m *fam* moscio m *fam*.

Schlafgelegenheit f posto m letto/[per dormire].

Schlaffittchen <-s, *ohne pl*> n: **jdn am/beim ~ packen/kriegen/nehmen** *fam*, prendere qu per la collottola *fam*.

Schlafkrankheit f malattia f del sonno.

Schlafkur f cura f del sonno.

Schlaflied n ninnananna f.

schlaflos A adj {NACHT} insonne, in bianco B adv {SICH HIN UND HER WÄLZEN} insonne, senza (riuscire a) addormentarsi/[prendere sonno].

Schlaflosigkeit <-, *ohne pl*> f insonnia f: **an ~ leiden**, soffrire d'insonnia.

Schlafmittel n sonnifero m.

Schlafmittelsucht f dipendenza f da sonniferi.

Schlafmütze f 1 *obs* (*Kopfbedeckung*) berretto m da notte 2 *fam scherz* (*Langschläfer*) dormiglione (-a) m (f) *fam*, marmotta f *fam* 3 *fam pej* (*langsamer Mensch*) addormentato (-a) m (f), morto (-a) m (f) di sonno.

Schlafraum m (*in der Jugendherberge, im Internat, Heim*) dormitorio m.

schlafrig adj 1 (*schlafbedürftig*) {KIND, MENSCH} assonnato, insonnolito, sonnacchioso; {AUGEN} *auch* sonnolento: **~ aussehen**, avere l'aria assonnata; **~ sein**, avere sonno; **jdn ~ machen**, mettere/[far venire] sonno a qu; **er fühlte sich angenehm ~**, provava una gradevole sensazione di sonnolenza; **nach einem Glas Wein werde ich schon ~**, basta un bicchiere di vino per farmi venire sonno 2 (*lahm*) {BEWEGUNG, GESTE, STIMME} addormentato, indolente, sonnacchioso.

Schläfrigkeit <-, *ohne pl*> f 1 (*Verschlafenheit*) sonnolenza f 2 (*Lahmheit*) torpore m, indolenza f.

Schlafrock m *obs* vestaglia f, veste f da camera • **Äpfel im ~** *gastr*, fagottini di mele.

Schlafsaal m {+KLOSTER} dormitorio m; {+INTERNAT, JUGENDHERBERGE} *auch* camerata f.

Schlafsack m sacco m a pelo.

Schlafsacktourist m (**Schlafsacktouristin** f) saccopelista mf.

Schlafstadt f *oft pej* (città f) dormitorio m.

Schlafstörung f <*meist pl*> *med* disturbo m del sonno: **unter ~en leiden**, soffrire di disturbi del sonno.

schläft 3. *pers sing präs von* schlafen.

Schlaftablette f sonnifero m, pastiglia f per dormire *fam*: **eine ~ nehmen**, prendere un sonnifero • **jd hat ~n genommen** *fam euph*, qu ha tentato il suicidio prendendo dei sonniferi; **eine ~ sein** *fam* {PERSON}, essere soporifero.

Schlaftherapie f *med* terapia f del sonno.

schlaftrunken *geh* A adj tutto assonnato/insonnolito, impastato di sonno, ubriaco di sonno *fam* B adv {ANGUCKEN} con occhi pieni/impastati di sonno.

Schlafwagen m *Eisenb* vagone letto m.

Schlafwagenabteil n *Eisenb* cabina f di/del vagone letto.

Schlafwagenkarte f *Eisenb* prenotazione f per il vagone letto.

Schlafwagenplatz m *Eisenb* posto m in vagone letto.

schlafwandeln itr <*haben oder sein*> essere un sonnambulo: **sie hat heute Nacht wieder geschlafwandelt**, stanotte ha avuto un altro attacco di sonnambulismo.

Schlafwandeln <-s, *ohne pl*> n sonnambulismo m.

Schlafwandler <-s, -> m (**Schlafwandle-**

rin f) sonnambulo (-a) m (f).
schlafwandlerisch adj: **mit ~er Sicherheit**, con estrema/assoluta sicurezza; **er ging mit ~er Sicherheit auf das Versteck zu**, andò a colpo sicuro verso il nascondiglio; **etw mit ~er Sicherheit beherrschen**, saper fare qc a occhi chiusi.
Schlafzimmer n **1** (*Raum*) camera f (da letto): **meine Eltern haben ⌊ein gemeinsames⌋/[getrennte] ~**, i miei genitori ⌊dormono nella stessa camera⌋/[hanno camere separate] **2** (*Einrichtung*) camera f.
Schlafzimmerblick m fam sguardo m languido/sensuale.
Schlag <-(e)s, Schläge> m **1** (*Hieb*) colpo m, botta f: **er versetzte ihm einen ~ in die Rippen**, gli assestò un colpo alle costole; **(~ mit der offenen Hand)** manata f; **(~ auf den Kopf)** scapaccione m; **er begrüßte ihn mit einem freundschaftlichen ~ auf die Schulter**, lo salutò con una pacca sulla spalla **2** <*nur pl*> (*Prügel*) botte f pl, percosse f pl geh; (*mit dem Stock*) bastonate f pl, legnate f pl *fam*: **(von jdm) Schläge beziehen/bekommen/kriegen**, ⌊buscarle *fam*⌋/[prenderle]/[essere picchiato (-a)] (da qu) **3** (*Schicksalsschlag*) (duro) colpo m, botta f, bastosa f *fam*, disgrazia f, mazzata f *fam*: **das war ein schwerer/harter ~ für mich!**, è stato un brutto/duro colpo per me! **4** *fam* (*Wesensart*) razza f, specie f: **von ganz anderem ~ sein**, essere di tutt'altra pasta/razza; **die Ostfriesen sind Leute von ganz eigenem ~**, gli abitanti della Frisia orientale ⌊sono una razza/specie⌋/[fanno razza] a sé; *pej* risma f; **mit Typen von seinem ~ will ich nichts zu tun haben**, non voglio aver niente a che fare con gente della sua risma **5** (*dumpfes Geräusch*) tonfo m **6** (*kurzer Klang*) {+GLOCKE} rintocco m; {+UHR} tocco m: **acht Uhr**, alle otto in punto **7** (*gleichmäßige Bewegung*) {+HERZ} battito m; {+PULS} pulsazione f **8** *med* (*~anfall*) colpo m (apoplettico), ictus m **9** (*Stromschlag*) scossa f: **einen leichten ~ bekommen**, prendere una leggera scossa **10** *fam* (*Portion*) ~ + *subst* {GEMÜSE, PUDDING, PÜREE, SUPPE} porzione f *di qc* **11** <*nur sing*> A (*~sahne*) panna f montata: **ich nehme einen Kaffee mit ~**, prendo un caffè con panna **12** (*Taubenschlag*) colombaia f, piccionaia f **13** *obs* (*Wagentür*) portiera f • **vom alten ~**, di vecchio stampo; **das ist noch ein Lehrer vom alten ~**, questo è ancora un insegnante di vecchio stampo; **~ auf ~**: **es ging ~ auf ~**, gli eventi si susseguirono rapidamente; (*dramatisch*) ein colpo di scena precipitavano; **es kam ~ auf ~** (*ein Schicksalsschlag nach dem anderen*), arrivò una batosta dietro l'altra; **~ auf ~ zogen sich alle von dem Geschäft zurück**, uno dopo l'altro si ritirarono tutti dall'affare; **etw auf einen ~ tun** *fam*, fare qc in un colpo solo; **zum entscheidenden ~ ausholen**, assestare il colpo decisivo; **ein ~ ins Gesicht**, uno schiaffo (morale); **ein ~ unter die Gürtellinie** *fam*, un colpo basso; **bei jdm einen ~ haben** *slang* {ANGESTELLTER BEI EINEM CHEF}, essere nella manica di qu *fam*; **er hatte einen ~ bei seiner Tante**, sua zia aveva un debole per lui; **einen ~ (weg)haben** *slang*, essere un po' picchiato *fam*/partito *fam*; **ein ~ ins Kontor** *fam*, una brutta sorpresa; **mit ~ einem ~**, *fam*, di colpo *fam*: **ich denk', mich trifft/rührt der ~** *fam*, **da trifft/rührt mich doch ~ ein ~** *fam* (*ich bin völlig überrascht*), che mi venga un colpo! *fam*; **keinen ~ tun** *fam*, non muovere un dito; **ein ~ ins Wasser** *fam*, un buco nell'acqua *fam*.
Schlagabtausch <-(e)s, ohne pl> m **1** Boxen scambio m ravvicinato di colpi **2** (*heftiges Wortgefecht*) botta e risposta m, schermaglia f.
Schlagader f *anat* arteria f.
Schlaganfall m *med* colpo m apoplettico, ictus m: **er hat mitten in der Nacht einen ~ gehabt**, ⌊ha avuto⌋/[gli è venuto] un ictus in piena notte.
schlagartig A adj <attr> {BEGREIFEN, VERÄNDERUNG, VERBESSERUNG, VERSCHLECHTERUNG} fulmineo, improvviso B adv {BEGREIFEN, SICH VERÄNDERN} di colpo/botto, all'improvviso.
schlagbar adj {KONKURRENT, MANNSCHAFT} battibile.
Schlagbaum m {+GRENZE} sbarra f; {+BAHNÜBERGANG} *auch* barriera f: **den ~ öffnen/herunterlassen**, alzare/abbassare la sbarra.
Schlagbohrer m trapano m a percussione.
Schlägel <-s, -> m **1** (*Trommelschlägel*) mazza f, mazzuolo m; (*Glockenschlägel*) martelletto m **2** (*Holzhammer*) mazzuolo m.
schlagen <schlägt, schlug, geschlagen> A tr <haben> **1** (*Schläge versetzen*) jdn/etw ~ {PERSON, TIER} picchiare *qu/qc*, battere *qu/qc*, percuotere *qu*; (*mit einem Stock*) bastonare *qu/qc*; **jdn/etw irgendwohin ~**: **jdn ins Gesicht ~**, colpire qu ⌊al volto⌋/[in faccia]; **jdn auf die Finger ~**, colpire/battere qu sulle dita; **jdn auf den Rücken ~**, colpire qu alla schiena; **die Hände vors Gesicht ~**, coprirsi il viso con le mani; **jdn/etw mit etw (dat) ~** {MIT DER FAUST, HAND, PEITSCHE} colpire *qu/qc* con *qc*; **jdn wiederholt mit der Faust/Hand/Peitsche ~**, prendere qu a ⌊pugni/cazzotti⌋/[schiaffi/ceffoni]/[frustate]; **sie haben ihn mit einem Stock geschlagen**, lo hanno bastonato **2** (*jdn mit etw treffen*) **jdm etw irgendwohin ~** colpire *qu con qc* + *compl di luogo*: **er schlug ihm die Faust in den Magen**, ⌊gli ha tirato⌋/[lo ha colpito con] un pugno allo stomaco; **jdm ein Loch in den Kopf ~**, fare un buco in testa a qu, procurare a qu una ferita alla testa **3** (*durch Schläge zurichten*) **jdn/etw irgendwie ~**: **sie wurde bewusstlos geschlagen**, l'hanno picchiata fino a farle perdere i sensi; **er hat ihn gleich in der ersten Runde K.O. geschlagen**, lo ha messo K.O. subito al primo round; **jdn blutig ~**, picchiare/pestare qu a sangue; **jdn krankenhausreif ~**, mandare all'ospedale qu *fam*; **er hat ihn windelweich geschlagen**, gliele ha date di santa ragione, lo ha picchiato sodo *fam*; **etw ⌊in Stücke⌋/[kurz und klein] ~**, fare a pezzi qc; **alles zu Scherben ~**, ridurre tutto in frantumi **4** (*entfernen*): **jdm etw aus der Hand ~**, togliere di mano qc a qu (con un colpo); **er versuchte, ihr den Ball aus der Hand zu ~**, con un colpo tentò di toglierle il pallone di mano **5** (*irgendwohin befördern*) **etw irgendwohin (akk) ~** {EINEN NAGEL IN DIE WAND, EINEN PFAHL, PFLOCK IN DEN BODEN} conficcare *qc in qc*, piantare *qc in qc*: **einen Ball ins Aus ~** *sport*, mandare fuori il pallone **6** (*entstehen lassen*) **etw irgendwohin ~** fare *qc in qc* (battendo/picchiando): **ein Loch in die Mauer ~**, fare un buco nel muro **7** *mus* (*ein bestimmtes Instrument spielen*) **etw ~** *obs* {HARFE, LAUTE} suonare *qc*; {PAUKE, TROMMEL} *auch* battere *qc* **8** (*angeben*): **den Takt ~** (*für sich selbst*), battere il tempo; (*für die anderen*) dare il tempo **9** (*energisch rühren*) **etw ~** {SAHNE} montare *qc*; {EIWEIß} *auch* sbattere *qc*: **das Eiweiß steif/schaumig/[zu Schaum] ~**, montare a neve gli albumi **10** (*etw fällen*) **etw ~** {HOLZ} tagliare *qc*; {BAUM} *auch* abbattere *qc* **11** (*auf~*): **ein Ei in die Pfanne ~**, fare un uovo in padella **12** (*besiegen*) **jdn/etw ~** {FEIND, GEGNER, KONKURRENZ, MANNSCHAFT} battere *qu/qc*, sconfiggere *qu/qc*: **wir haben sie vier zu eins geschlagen**, li/le abbiamo battuti (-e)/sconfitti (-e) quattro a uno; **eine Mannschaft vernichtend ~**, stracciare una squadra *fam*; **jdn/etw in etw (dat) ~** {IN EINER DISZIPLIN, EINEM FACH, EINEM SPIEL} battere *qu/qc in qc*, in **Russisch schlägt sie niemand**, in russo ⌊non la batte nessuno⌋/[è imbattibile]; **im Weitsprung schlägt er alle Konkurrenten**, nel salto in lungo batte tutti gli avversari **13** *pol* (*hinzufügen*) **etw zu etw (dat) ~** (*EIN GEBIET ZU EINEM LAND*) annettere *qc a qc* **14** (*übertragen*) **etw auf etw (akk)/zu etw (dat) ~** {STEUERN, UNKOSTEN AUF DEN PREIS, DIE WARE} ricaricare *qc su qc*: **die Zinsen zum Kapital ~**, capitalizzare gli interessi **15** (*einwickeln*) **etw in/um etw (akk) ~** avvolgere *qc in qc*: **etw in Papier ~**, avvolgere qc nella carta, incartare qc **16** (*mit einer raschen Bewegung tun*) **etw irgendwohin ~**: **er schlug eine Plane über den Holzstapel**, coprì la catasta di legna con un telone; **sie schlug ein Bein über das andere**, accavallò le gambe; **ich habe die Decke zur Seite geschlagen**, ho gettato la coperta di lato B *itr* **1** <haben> (*Schläge versetzen*) **irgendwohin ~** battere/picchiare + *compl di luogo*: **sie schlug mit den Händen gegen die Tür**, batté con le mani contro la porta; **mit der Faust auf den Tisch ~**, battere/picchiare il pugno sul tavolo; **wild um sich ~**, dimenarsi, dibattersi **2** <haben> (*hauen*) **jdm (mit etw dat) irgendwohin ~** colpire *qu* (*con qc*) + *compl di luogo*; (*bes. mit den Händen*) picchiare *qu* (*con qc*) *su qc*: **er schlug ihm mit der Faust mitten ins Gesicht**, lo colpì con un pugno in pieno viso **3** <sein> (*stoßen*) **(mit etw dat) irgendwohin ~** battere/picchiare ((con) *qc*) + *compl di luogo*: **mit dem Kopf gegen die Wand ~**, battere (con) la testa contro il muro **4** <haben> (*anzeigen*) **~ + Zeitangabe** {UHR} suonare + *compl di tempo*: **die Turmuhr hat (12 Uhr) Mittag geschlagen**, l'orologio del campanile ha suonato mezzogiorno **5** <haben oder sein> (*gegen etw prallen*) **an/gegen etw (akk) ~** {WELLEN AN DAS UFER, GEGEN DAS SCHIFF} battere *contro qc*; {HAGEL, REGEN, TROPFEN GEGEN DIE FENSTER, SCHEIBEN} *auch* picchiare *contro qc*: **der Regen schlug gegen die Scheiben**, la pioggia batteva/picchiava sui vetri **6** <haben> (*sich hin und her bewegen*) {FAHNEN, FENSTERLADEN, TÜR IM WIND} sbattere: **die Tasche schlug ihr beim Laufen immer gegen die Beine**, nel correre la borsa le sbatteva contro le gambe **7** <haben> (*sich rhythmisch bewegen*) (*irgendwie*) ~ {HERZ, PULS} battere (+ *compl di modo*): **das Herz schlägt regelmäßig/schwach**, il cuore ha un battito regolare/debole; **sein Herz schlug schnell**, gli batteva forte il cuore, il suo cuore aveva il battito accelerato; **ihr Herz hatte aufgehört zu schlagen**, il suo cuore aveva smesso di battere **8** <sein oder haben> (*mit großer Wucht irgendwo auftreffen*) **in etw (akk) ~** {BOMBE, GESCHOSS IN EIN GEBÄUDE} colpire *qc*, cadere *su qc*; {BLITZ} *auch* abbattersi *su qc* **9** <haben oder sein> (*hervordringen*) **aus etw ~** {FEUER, FLAMMEN AUS EINEM GEBÄUDE, DEM INNERN} (fuori)uscire *da qc*; **irgendwohin ~** alzarsi/levarsi + *compl di luogo*: **eine enorme Stichflamme schlug zum Himmel**, un'enorme fiammata si alzò verso il cielo **10** <sein> (*ähnlich sein*) **nach jdm ~** {NACH DER MUTTER, DEM VATER} assomigliare *a qu*, aver preso *da qu*: **er schlägt ganz nach dem Großvater**, assomiglia tutto a suo nonno **11** <haben> (*singen*) {FINK, NACHTIGALL} cantare **12** <haben> (*heftig bewegen*) **mit etw (dat) ~** battere *qc*: **die Gänse schlugen mit den Flügeln**, le oche

battevano le ali **13** <sein> (*in Mitleidenschaft ziehen*) (*bei*) *jdm auf etw* (akk) ~: **die Aufregung ist ihr auf den Magen geschlagen**, l'agitazione le ha ₍chiuso lo₎/[fatto venire il male di] stomaco; **zu fettes Essen schlägt mir sofort auf die Leber**, quando mangio cose troppo grasse ne risente subito il fegato; **das feuchtkalte Wetter schlägt ihm auf die Gelenke**, il tempo freddo (e) umido gli fa venire i dolori alle articolazioni **C** rfl <haben> **1** (*sich prügeln*) **sich** (*mit jdm*) ~ picchiarsi (*con qu*), fare a botte (*con qu*) *fam*: **sie haben sich geschlagen**, hanno fatto a botte, se le sono date *fam* **2** *meist sport* (*sich behaupten*) **sich** *irgendwie* ~ battersi + *compl di modo*: **sich gut/tapfer ~**, battersi bene/[valorosamente/da leoni]; **die Mannschaft hat sich hervorragend geschlagen**, la squadra si è battuta in modo eccellente; **in dieser Debatte hat er sich ganz gut geschlagen**, nella discussione si è difeso abbastanza bene *fam* **3** (*sich in eine bestimmte Richtung wenden*) **sich** *irgendwohin* ~: **sich in den Wald ~**, entrare nel bosco; **sich nach Osten/Westen ~**, andare verso oriente/occidente **4** (*rangeln*) **sich** *um etw* (akk) ~ {UM KONZERT-, THEATERKARTEN} fare a pugni/botte *per* (*ottenere*) *qc fam* **5** (*sich auswirken*) **sich** *jdm auf etw* (akk) ~ ripercuotersi *a qu su qc*: **der Ärger schlägt sich ihm auf die Leber**, le arrabbiature gli prendono il fegato *fam* **D** *unpers* <haben> (*die Uhrzeit angeben*): **es hat Mitternacht geschlagen**, è suonata la mezzanotte • **jetzt schlägts (aber) dreizehn!** *fam*, ora basta!; **ehe ich mich ~ lasse!** *fam*, se proprio insisti/insiste!; **etw** *kaputt ~ fam* spaccare *qc*, rompere *qc* {MÖBELSTÜCK} *auch*, sfasciare *qc*, sgangherare *qc*.

schlagend **A** *adj* **1** (*treffend*) {ARGUMENTATION} stringente, schiacciante; {VERGLEICH} calzante **2** (*stichhaltig*) {BEWEIS} schiacciante **B** *adv* (*stichhaltig*) {BEWEISEN, WIDERLEGEN} in modo schiacciante/convincente.

Schlager <-s, -> *m* **1** *mus* (*eingängiges Lied*) canzone *f*, canzonetta *f pej*; (*Hit*) canzone *f* di successo, hit *m* **2** *com* (*Erfolg*) successone *m*, articolo *m* che va a ruba; (*Buch*) best seller *m*.

Schläger① <-s, -> *m sport* {+FEDERBALL, TENNIS, TISCHTENNIS} racchetta *f*; {+BASEBALL, GOLF} mazza *f*; {+HOCKEY} bastone *m*.

Schläger② <-s, -> *m* **1** (*sich Schlägerin f*) **1** *pej* (*Raufbold*) picchiatore (-trice) *m* (*f*), uno (-a) *m* (*f*) che picchia **2** *sport* (*Baseball*) battitore (-trice) *m* (*f*).

Schlägerbande *f* → **Schlägertrupp**.

Schlägerei <-, -en> *f* rissa *f*, zuffa *f fam*, pestaggio *m*.

Schlagerfestival *n* festival *m* della canzone.

Schlagerin *f* → **Schläger**②.

Schlagermusik *f* musica *f* leggera.

Schlägermütze *f fam* berretto *m* con visiera.

Schlagersänger *m* (**Schlagersängerin** *f*) cantante *mf* di musica leggera.

Schlagerstar *m* star *f* della musica leggera.

Schlagertext *m* testo *m*/parole *f pl* di una canzone.

Schlagertexter *m* (**Schlagertexterin** *f*) paroliere (-a) *m* (*f*).

Schlägertrupp *m*, **Schlägertruppe** *f* banda *f* di teppisti/picchiatori.

Schlägertyp *m* teppista *mf*, attaccabrighe *mf*, picchiatore (-trice) *m* (*f*).

Schlagerwettbewerb *m* → **Schlagerfestival**.

schlagfertig **A** *adj* {PERSON} che ha la battuta pronta; {ANTWORT, BEMERKUNG} pronto **B** *adv* {ANTWORTEN, REAGIEREN} con prontezza (di spirito), prontamente.

Schlagfertigkeit *f* prontezza *f* di battuta/parola.

Schlaghose *f* pantalone *m* a campana/ [zampa di elefante].

Schlaginstrument *n mus* strumento *m* a percussione.

Schlagkraft *f* **1** (*Stärke*) {+BOXER, FAUSTSCHLAG, HAKEN} forza *f*, potenza *f* **2** (*Wirkungskraft*) {+ARGUMENT, BEWEISFÜHRUNG} efficacia *f*, forza *f* (di persuasione) **3** *mil* (*Kampfstärke*) {+ARMEE, TRUPPEN} forza *f* d'urto.

schlagkräftig *adj* **1** {BOXER, FAUSTSCHLAG, HAKEN} forte, potente **2** *mil* (*kampfkräftig*) potente **3** (*überzeugend*) {ARGUMENT, BEISPIEL} convincente, persuasivo.

Schlaglicht *n* {+LASTWAGEN} fascio *m* di luce • **ein ~ auf jdn/etw werfen** (*zeigen, wie jemand/etwas wirklich ist*), rivelare la vera natura di *qu/qc*.

Schlagloch *n* buca *f*.

Schlagobers <-, ohne pl> *n A* → **Schlagsahne**.

Schlagrahm <-(e)s, ohne pl> *m bes. süddt* → **Schlagsahne**.

Schlagring *m* tirapugni *m*.

Schlagsahne *f* (*flüssig*) panna *f* da montare; (*geschlagen*) panna *f* montata: **Eis mit ~**, gelato con panna.

Schlagseite *f naut* {+SCHIFF} sbandamento *m* • **~ haben** *naut*, sbandare; *fam scherz* (*betrunken torkeln*), barcollare, andare barcolloni, camminare ondeggiando.

Schlagstock *m* manganello *m*, sfollagente *m*.

schlägt 3. *pers sing präs von* **schlagen**.

Schlagwerk *n* {+SCHLAGUHR} s(u)oneria *f*.

Schlagwort <-(e)s, -e *oder rar* Schlagwörter> *n* **1** (*Parole*) parola *f* d'ordine, motto *m*, slogan *m* **2** *meist pej bes. pol* (*Gemeinplatz*) luogo *m* comune, slogan *m* **3** <-(e)s, Schlagwörter> (*Stichwort*) voce *f*: **unter dem « ~ » nachschlagen**, vedere alla voce «Design».

Schlagwortkatalog *m* catalogo *m* per soggetti.

Schlagzeile *f journ* titolo *m* (a lettere cubitali), titolone *m* • **~ machen** *fam*, **für ~n sorgen** *fam*, finire in prima pagina.

schlagzeilen *tr slang* **etw** ~ mettere/riportare *qc* ₍come titolone₎/[a lettere cubitali]: «...», **schlagzeilten die Zeitungen**, «...», titolavano i giornali.

Schlagzeug <-(e)s, -e> *n mus* batteria *f*.

Schlagzeuger <-s, -> *m* (**Schlagzeugerin** *f*) batterista *mf*.

schlaksig *adj fam* {JUNGE, KERL} dinoccolato: **einen ~en Gang haben**, avere un'andatura dinoccolata.

Schlamassel <-s, ohne pl> *m oder süddt A n fam* pasticcio *m fam*, guaio *m*: **da haben wir den ~**, che pasticcio! *fam* • **mitten im (dicksten/gröbsten/tiefsten) ~ sitzen/stecken** *fam*, ₍essere nei guai *fam*₎/[trovarsi nei pasticci *fam*] (fino al collo).

Schlamm <-(e)s, rar -e *oder* Schlämme> *m* **1** (*breiige Erde*) fango *m*, melma *f* **2** (*Schlick*) limo *m*.

Schlammbad *n med* (bagno *m* di) fango *m*, fangatura *f*: **Schlammbäder machen**, fare i fanghi.

schlammig *adj* **1** (*mit Schlamm bedeckt*) {WEG} fangoso, melmoso; {HOSE, SCHUHE} *auch* ricoperto di fango **2** (*mit Schlamm vermengt*) {TEICH, WASSER} limaccioso, melmoso.

Schlammschlacht *f fam bes. pol*: **sich** (dat) **eine ~ liefern**, buttarsi/gettarsi fango addosso *fam*.

Schlampe <-, -n> *f pej* **1** *fam* (*unordentliche Frau*) sciattona *f fam*, cialtrona *f* **2** *vulg* (*Frau, die mehrere sexuelle Beziehungen unterhält*) puttana *f vulg*, troia *f vulg*, sgualdrina *f*.

schlampen *itr fam pej* pasticciare, lavorare alla carlona *fam*, tirare via; **bei etw** (dat) **~** {BEI EINER ARBEIT, REPARATUR, DER WARTUNG} pasticciare *qc*, raffazzonare *qc*, fare *qc* alla carlona *fam*.

Schlamper <-s, -> *m* (**Schlamperin** *f*) sciattone (-a) *m* (*f*).

Schlamperei <-, -en> *f* **1** (*Nachlässigkeit*) sciatteria *f*, trascuratezza *f*, cialtroneria *f* **2** <nur sing> (*Durcheinander*) disordine *m*, caos *m*, casino *m fam*.

schlampig **A** *adj* **1** (*ungepflegt*) {ÄUßERES, KLEIDUNG, MENSCH} trasandato, trascurato, sciatto; (*unordentlich*) disordinato **2** (*nachlässig*) {ARBEIT} abborracciato, raffazzonato, pasticciato **B** *adv* **1** (*ungepflegt*) {HERUMLAUFEN} in modo trasandato/trascurato/sciatto, sciattamente; {ANGEZOGEN SEIN} *auch* con sciatteria/trascuratezza **2** (*nachlässig*) {ARBEITEN, AUSFÜHREN} sciattamente, con sciatteria, alla carlona: **die Reparatur war äußerst ~ ausgeführt**, la riparazione era stata fatta proprio con i piedi *fam*.

schlang 1. *und* 3. *pers sing imperf von* **schlingen**.

Schlange① <-, -n> *f* **1** *zoo* serpe *f*, serpente *m*; (*Natter*) biscia *f*: **die ~ züngelt/zischt**, la serpe ₍fa guizzare la lingua₎/[sibila]; **die ~ schlängelt sich durchs Gras**, la serpe striscia nell'erba **2** *pej* (*heuchlerische Person*): (*falsche*) **~**, serpe, serpente, vipera; **das ist vielleicht eine giftige ~!**, ma che vipera è quella! • **eine ~ am Busen nähren** *geh*, allevare/scaldarsi/nutrire una serpe in seno.

Schlange② <-, -n> *f* {+AUTOS, MENSCHEN} coda *f*, fila *f*: **(an/vor etw** dat**) ~ stehen**, fare la coda/fila (a/[davanti a] *qc*); **sich in die ~ stellen**, mettersi in coda/fila; **an der Kasse hatte sich eine lange ~ gebildet**, davanti alla cassa si era formata una lunga coda/fila.

schlängeln *rfl* **1** (*sich winden*) **sich** *irgendwohin* ~ {SCHLANGE DURCH DAS LAUB, ÜBER DEN WEG} strisciare/snodarsi + *compl di luogo*: **die Schlange schlängelt sich durchs/im Gras**, la serpe striscia nell'erba **2** (*sich kurvenreich winden*) **sich** *irgendwohin* ~ {FLUSS, PFAD, STRASSE, WEG DURCHS TAL, DIE WIESEN, ÜBER DIE BERGE, HÜGEL} serpeggiare/snodarsi + *compl di luogo*: **der Weg schlängelt sich durch die Felder**, il sentiero serpeggia per/attraverso i campi **3** (*sich hindurchbewegen*) **sich** *irgendwohin* ~: **sich schlängelte sich durch die Menge (bis) zum Ausgang**, zigzagando/[muovendosi a zigzag] tra la folla raggiunse l'uscita.

Schlangenbeschwörer <-s, -> *m* (**Schlangenbeschwörerin** *f*) incantatore (-trice) *m* (*f*) di serpenti.

Schlangenbiss (a.R. **Schlangenbiß**) *m* morso *m* di serpente.

Schlangengift *n* veleno *m* di serpente.

Schlangenleder *n* (pelle *f* di) serpente *m*: **Schuhe aus ~**, scarpe di serpente.

Schlangenlinie *f* serpentina *f*: **er fuhr in ~n um die Pfützen herum**, andava a zigzag per scansare le pozzanghere.

Schlangenmensch *m* contorsionista *mf*.

schlank *adj* {ARME, BEINE, FINGER, LEIB} snello; {FIGUR, GESTALT} *auch* slanciato, svelto; {FESSEL, HANDGELENK, TAILLE} sottile: **~**

werden, snellirsi; **durch den vielen Sport ist er sehr viel ~er geworden**, facendo tanto sport si è snellito molto; **von ~em Wuchs sein**, avere una figura slanciata/svelta ● **jdn ~ machen** {Diät}, far dimagrire qu; {Farbe, Kleidung, Schnitt}, snellire qu, slanciare qu, dimagrire qu; **der Schnitt des Mantels macht besonders ~**, il taglio del cappotto snellisce/slancia particolarmente; **Schwarz macht ~**, il nero dimagrisce/assottiglia.

Schlankheit <-, ohne pl> f {+Glieder, Körperteile, Wuchs} snellezza f, sveltezza f; {+Mensch} auch figura f slanciata.

Schlankheitskur f cura f/dieta f dimagrante.

schlank|machen tr → **schlank**.

Schlankmacher m fam prodotto m dimagrante.

schlankweg adv fam {Sagen} chiaro e tondo, apertamente; {Behaupten} senza mezzi termini; {Ablehnen, Bestreiten, Leugnen} semplicemente, seccamente, nettamente; **jdm etw ~ ins Gesicht sagen**, dire qc a qu ⌊sul viso/muso fam⌋/[in faccia fam].

schlapp adj **1** (erschöpft) fiacco, spompato fam **2** fam pej (initiativelos) {Person, Typ} moscio, rammollito, smidollato, loffio region: **das ist vielleicht ein ~er Typ!**, è proprio uno smidollato **3** (schlaff) {Seil} floscio **4** slang (schwach) {Kurs, Leistung} debole: **die Reaktion der Börse war ~**, la borsa ha reagito fiaccamente **5** slang (mies) misero: **nur 10 ~e Euro kosten**, costare ⌊10 miseri euro⌋/[la misera somma di 10 euro].

Schlappe <-, -n> f fam batosta f fam, scacco m, smacco m, scorno m ● **eine schwere ~** ⌊einstecken müssen⌋/[erleiden], prendersi una bella batosta fam, ⌊dover subire⌋/[subire] un grave scacco/smacco/scorno.

schlappen fam A tr <haben> (Flüssigkeit aufnehmen) **etw ~** {Hund, Katze, Tier Milch, Wasser} lappare qc B itr <sein> (latschen) ciabattare: **ich schlappte lustlos in die Schule**, mi trascinavo svogliatamente verso la scuola.

Schlappen <-s, -> m fam ciabatta f, babbuccia f.

Schlapphut m cappello m floscio

schlapp|machen itr fam (vor etw dat) ~ {vor Hitze, Hunger, Müdigkeit} crollare (da qc), non farcela più (da qc): **sie hat vor Müdigkeit schlappgemacht**, è crollata dalla stanchezza; **du wirst doch wohl jetzt nicht ~?! fam**, non vorrai mica mollare ora?! fam.

Schlappohr n zoo orecchio m pendente.

Schlappschwanz m fam pej pappamolle m fam, rammollito m fam, loffio m region, smidollato m fam.

Schlaraffenland n paese m della cuccagna, (paese m del) bengodi m.

schlau A adj (Idee, Plan, Zug) furbo, scaltro, astuto; {Person, Typ} auch dritto; {Grinsen} furbesco: **du bist mir ja ein ganz Schlauer!**, sei proprio ⌊un bel furbacchione⌋/[una lenza fam]!; **du kommst dir wohl ganz besonders ~ vor?**, credi di essere tanto furbo (-a), eh?; **das war ja wieder sehr ~ von dir!** fam iron, ecco un'altra delle tue prodezze! B adv {Anfangen, Anpacken, Anstellen, Einfädeln} con scaltrezza/furbizia/astuzia, scaltramente; {Grinsen, Lächeln} furbescamente: **sich ~ anstellen**, mostrarsi abile ● **aus jdm nicht ~ werden** fam, non riuscire a capire niente di qu, non raccapezzarsi con qu; **ich bin bis heute nicht ~ aus ihr geworden**, a tutt'oggi è un mistero per me; **aus etw (dat) nicht ~ werden**, non capirci nulla in qc fam.

Schlauberger <-s, -> m fam furbacchione m, volpone m fam, drittone m fam, lenza f fam.

Schlauch <-(e)s, Schläuche> m **1** (Kunststoff- oder Gummiröhre) tubo m (flessibile) (di gomma/plastica); (Gartenschlauch) pompa f fam, sistola f **2** (Luftschlauch) {+Auto, Fahrrad} camera f d'aria **3** obs (Lederbeutel für Wasser oder Wein) otre m ● **ein ~ sein** fam, essere una faticaccia/strapazzata; **die Tournee war ein schrecklicher ~!**, la tournée è stata una faticaccia terribile!; **auf dem ~ stehen** slang, essere un po' lento fam.

Schlauchboot n gommone m, canotto m pneumatico.

schlauchen fam A tr jdn ~ sfiancare qu fam, spompare qu fam, sfinire qu fam B itr {Arbeit} essere spompante fam.

schlauchlos adj {Reifen} senza camera d'aria, tubeless.

Schläue <-, ohne pl> f furbizia f, scaltrezza f, astuzia f, furberia f: **er glaubt immer, alles mit ~ lösen zu können**, crede sempre di poter risolvere tutto con la furbizia.

schlauerweise adv furbamente, scaltramente, astutamente: **oh, jetzt habe ich ~ den Schlüssel vergessen!** iron, da quel genio che sono mi sono dimenticato (-a) le chiavi!

Schlaufe <-, -n> f **1** (Schlinge) {+Paketschnur} cappio m; {+Gürtel} passante m; {+Stiefel} tirante m **2** (Halteschlaufe) sostegno m.

Schlauheit <-, ohne pl> f → **Schläue**.

schlau|machen rfl fam sich ~ informarsi.

Schlaumeier <-s, -> m fam → **Schlauberger**.

Schlawiner <-s, -> m fam scherz oder pej mascalzone m, furfante m.

schlecht A adj **1** (mangelhaft) {Leistung} brutto, scarso; {Essen, Qualität, Ware} cattivo, scadente: **ein ~er Wein** auch, un vinaccio; {Ernte} scarso, misero; **eine ~e Arbeit**, un brutto lavoro; **eine ~e Straße**, una brutta strada, una stradaccia; **unser Haus ist wirklich in ~em Zustand**, la nostra casa è veramente ⌊in pessime condizioni⌋/[malridotta] **2** (unzureichend) {Aussprache, Note} brutto; {Beschreibung, Kenntnisse} scadente; {Arzt, Schüler} scadente: **er spricht ein ~es Deutsch**, parla un pessimo tedesco, parla male tedesco; **eine ~e Note bekommen**, prendere un brutto voto **3** (ungünstig) {Stimmung} brutto; {Eindruck, Nachricht, Zeichen} auch cattivo; {Tausch} sfavorevole: **er ist ~er Laune**, (lui) è di cattivo umore, ha la luna (storta/[di traverso]) fam; **ein ~er Trost**, una magra consolazione; **~es Wetter**, brutto/cattivo tempo, tempaccio; **~e Zeiten**, tempi duri/difficili **4** (zu niedrig) {Trinkgeld} misero; {Bezahlung, Einkommen, Gehalt, Verdienst} auch basso **5** (nicht gut) {Durchblutung, Gedächtnis, Verdauung} cattivo; {Herz, Lunge} debole: **~e Augen haben**, non avere ⌊gli occhi buoni⌋/[la vista buona]; ⌊ein **~es Gehör**⌋/[~e Ohren] haben, essere duro d'orecchi/udito, avere l'udito debole; **hast du ~e Ohren?**, ci senti?, non hai sentito?, sei sordo (-a)? **6** (unangenehm) {Angewohnheit, Geruch, Manieren} cattivo: **sie hat ein ~es Benehmen**, non conosce le buone maniere, è una maleducata; **das ist eine ~e Eigenart von ihm**, è un suo vizio/vizieccio **7** (präd) (verdorben) {Fleisch, Joghurt, Milch, Sahne} guasto, andato a male, avariato; {Obst} auch marcio: ~ **werden**, andare a male; {Luft} viziato **8** (moralisch nicht gut) {Mensch, Tat} cattivo; {Ruf} auch brutto: **einen ~en Charakter haben**, avere un ⌊brutto carattere⌋/[caratteraccio]; **in ~er Gesellschaft verkehren**, frequentare cattive compagnie B adv **1** (mangelhaft) male: **~ hören/sehen**, sentirci/vederci poco/male; **die Wunde heilt ~**, la ferita stenta a rimarginare/guarire **2** (ungut) {Behandeln, Beraten, Denken, Reden} male: **~ aufgelegt/drauf slang/gelaunt sein**, essere di ⌊cattivo umore⌋/[malumore]; auch, essere alla luna di traverso fam; **mit jdm ~ auskommen**, trovarsi male con qu **3** (ungünstig) male: **bei einer Prüfung ~ abschneiden**, andare male a un esame; **die Sache steht ~**, la faccenda va male; **wir sind dabei ~ weggekommen**, ci abbiamo rimesso; **morgen geht/passt es ~**, per domani c'è qualche problema; **die Prüfung ist ~ gegangen**, l'esame è andato male **4** (gering) {Bezahlen, Entlohnen, Verdienen, Zahlen} male: **sie zahlen wirklich mehr als ~!**, pagano davvero una miseria! **5** (kaum) {Ablehnen, Absagen, Abschlagen} difficilmente: **man kann zu der Einladung ~ Nein sagen**, difficilmente si potrà rifiutare quest'invito; **ich werde mich ~ so früh freimachen können**, sarà difficile che riesca a liberarmi così presto; **sie kann ~ Nein sagen**, ⌊non sa⌋/[le riesce difficile] dire di no; **sich ~ an etw (akk) gewöhnen können**, fare molta fatica ad abituarsi a qc; **man kann ihr ~ die Wahrheit sagen**, non si può dirle la verità!, come fai/[si fa] a dirle la verità?; **das kann ich ~ tun**, non lo posso fare, ho dei problemi a farlo ● **~ ausgehen**, (andare a) finire male; **~ aussehen** (krank aussehen), avere una brutta cera; (keine guten Aussichten versprechen), mettersi male fam; **es sieht ~ aus** (mit etw dat), ⌊la vedo male⌋/[sarà un problema] (per qc); **es sieht ~ aus mit jdm**, le cose si mettono male per qu; **~ beisammen sein**, non stare (troppo) bene; **etw bekommt jdm ~** {Hitze}, qu supporta/regge male qc; {Essen}, qu non digerisce qc; **das wird ihr ~ bekommen!**, non gliene verrà niente di buono!; **es** (⌊bei jdm⌋/[irgendwo]) **~ haben**, (mit jdm/etw) **~ dran sein fam**, passarsela male (presso qu/+ compl di luogo); **sie hat es doch nicht ~!**, non se la passa poi/mica tanto male!; **jdm ist/wird es ~**, qu si sente male; **da kennst du mich aber ~!**, allora non mi conosci!; **mehr ~ als recht**, ~ **und recht**, alla meno peggio; **nicht ~!**, mica/niente male! fam, però! fam; **auf jdn ~ zu sprechen sein**, avercela con qu; **nicht ~ staunen** fam, rimanere non poco sorpreso (-a); **um jdn/etw steht es ~** → **stehen**.

schlechtberaten adj → **beraten**.

schlechtbezahlt adj → **bezahlt**.

schlechterdings adv obs assolutamente.

schlecht|gehen <irr> itr <sein> → **gehen**.

schlechtgelaunt adj → **gelaunt**.

Schlechtheit <-, ohne pl> f obs → **Schlechtigkeit**.

schlechthin adv **1** (in reinster Form) per eccellenza/antonomasia/definizione: **er ist der Musiker ~**, è il musicista per eccellenza/antonomasia **2** (absolut) assolutamente: **es ist ~ unmöglich, dass sie mich gesehen hat**, è assolutamente impossibile che mi abbia visto **3** (einfach) semplicemente: **Sie sind ~ beleidigend**, Lei è semplicemente offensivo (-a).

Schlechtigkeit <-, -en> f **1** <nur sing> (das Schlechtsein) {+Charakter, Person, Tat} cattiveria f, malvagità f **2** (schlechte Handlung) cattiveria f, malvagità f.

schlecht|machen tr jdn ~ denigrare qu, screditare qu; **etw ~** screditare qc.

schlecht|stehen <irr> itr <haben oder süddt A CH sein> → **stehen**.

schlechtweg adv → **schlechthin**.

Schlechtwetter <-s, ohne pl> n maltempo m, brutto tempo m.

Schlechtwetterfront f *meteo* perturbazione f, fronte m di maltempo: **eine ~ ist im Anzug**, è in arrivo una perturbazione.

Schlechtwettergeld n *bau* indennità f di cattivo tempo (per operai edili).

schlecken **A** tr **1** *bes. süddt A CH* (*lecken*) etw ~ {KINDER EIS} leccare qc; {HUND, KATZE MILCH, WASSER} auch lappare qc **2** *bes. norddt* (*naschen*) **etw** ~ {BONBONS, PUDDING, SCHOKOLADE, STÜCK TORTE} mangiare golosamente qc **B** itr **1** *bes. norddt* (*vernascht sein*) essere goloso di dolciumi **an etw** (dat) ~ {KINDER AM DAUERLUTSCHER, EIS} leccare qc: **lass mich mal an deinem Eis ~!**, fammi dare una leccatina al tuo gelato!

Schleckerei <-, -en> f *bes. süddt A* ghiottoneria f, leccornia f.

Schleckermaul n *bes. süddt A fam scherz* ghiottone (-a) m (f), golosone (-a) m (f).

Schlegel <-s, -> m **1** a.R. *von* **Schlägel** → **Schlägel 2** *süddt A CH* (*Keule*) {+LAMM} cosciotto m; {+HIRSCH, REH} coscio m; {+HUHN, PUTE} coscia f.

Schlehdorn <-(e)s, -e> m *bot* prugno m selvatico, prugnolo m.

Schlehe <-, -n> f *bot* **1** (*Frucht*) prugnola f **2** (*Strauch*) prugno m selvatico, prugnolo m.

schleichen <schleicht, schlich, geschlichen> **A** itr <sein> **1** (*sich leise fortbewegen*) avanzare silenziosamente; **irgendwohin** ~ {IN DEN KELLER, INS HAUS} andare ₁quatto (-a) quatto (-a)₁/[di soppiatto] + *compl di luogo*, introdursi di soppiatto + *compl di luogo*: **sie schlich unbemerkt in den Saal**, entrò di soppiatto nella sala; **es schleicht jemand ums Haus**, qualcuno si aggira intorno alla casa; **aus etw** (dat) ~ {AUS DEM HAUS, ZIMMER} sguisciare *fuori da qc*, sgattaiolare *fuori da qc*, scivolare fuori *da qc* **2** (*müde gehen*) **irgendwohin** ~ {NACH HAUSE, DIE TREPPE HINAUF} trascinarsi/arrancare + *compl di luogo* **3** (*nur langsam vorbeigehen*): **in diesem Kaff schleicht die Zeit**, in questo paesino il tempo non passa mai **4** *fam* (*langsam fahren*) andare pianissimo/[come una lumaca *fam*] **B** rfl <haben> (*sich leise bewegen*) **sich irgendwohin** ~ {INS HAUS, ZIMMER} entrare/introdursi ₁di soppiatto₁/[furtivamente] + *compl di luogo*; **sich aus etw** (dat) ~ {AUS DEM HAUS, ZIMMER} uscire ₁di soppiatto₁/[furtivamente] *da qc*, sguisciare/sgattaiolare fuori *da qc*, scivolare fuori *da qc*: **er schlich sich wie ein Dieb aus dem Haus**, sgattaiolò fuori di casa come un ladro ● **schleich dich!** *süddt A fam*, sparisci *fam*!, levati di torno! *fam*, sgomma! *slang*.

schleichend **A** adj {INFLATION} strisciante; {GIFT, KRANKHEIT} lento **B** adv {SICH AUSBREITEN, SICH ENTWICKELN, WIRKEN} lentamente.

Schleichweg m scorciatoia f: **auf ~en**, per vie traverse ● **etw auf ~en erfahren** *fam*, (venire a) sapere qc per vie traverse.

Schleichwerbung f pubblicità f occulta.

Schleie <-, -n> f *fisch* tinca f.

Schleier <-s, -> m **1** (*netzartiges Gewebe*) velo m: **den ~ ₁hochnehmen/zurückschlagen₁/[tragen]**, alzare/portare il velo; (*am Hut*) veletta f **2** (*Dunst*) {+NEBEL, RAUCH} velo m, cortina f: **ein dichter ~ von Nebel lag über den Wiesen**, una fitta cortina di nebbia (ri)copriva i prati **3** (*dünne Schicht*) {+STAUB} velo m ● **einen ~ vor den Augen haben** (*schlecht sehen*), avere la vista velata/appannata/annebbiata; (*etwas nicht durchschauen*), avere gli occhi foderati di prosciutto *fam*, avere le bende agli occhi; **den ~ (des Vergessens) über etw** (akk) **breiten** *geh*, stendere un velo (d'oblio) su qc; **den ~ (des Geheimnisses) lüften**, sollevare il velo/la cortina del mistero; **den ~ nehmen** *geh relig*, prendere il velo; **alles wie durch einen ~ sehen**, vedere tutto come attraverso un velo.

Schleiereule f *ornith* barbagianni m.

schleierhaft adj: **es ist/bleibt mir (völlig) ~, wie/warum/wann ...** *fam*, ₁per me è un mistero₁/[mi è (assolutamente) incomprensibile] come/perché/quando ...

Schleierkraut n *bot* velo m della sposa, gipsofila f.

Schleierzwang m (*im Islam*) obbligo m del velo.

Schleife <-, -n> f **1** (*doppelte Schlinge*) fiocco m: **eine ~ ₁am Kleid₁/[im Haar]**, un fiocco ₁sul vestito₁/[nei capelli]; (*am Schuh*) nodo m **2** (*Biegung*) {+STRAßE} curva f, svolta f; {+FLUSS} *auch* ansa f: **kurz vor der Mündung macht der Fluss eine riesige ~**, poco prima della foce il fiume descrive un'enorme ansa **3** *aero* (*Kehre*) gran volta f, cerchio m della morte, looping m **4** *inform* loop m.

schleifen① <schleift, schliff, geschliffen> tr **1** (*schärfen*) **etw** ~ {KLINGE, MESSER, SCHERE} affilare qc, arrotare qc **2** (*formen und glätten*) **etw** ~ {DIAMANTEN} tagliare qc; {GLAS} molare qc; {MARMOR, STEIN} *auch* levigare qc; {HOLZ} carteggiare qc, levigare qc; **etw glatt ~** {GLAS}, molare qc; {HOLZ}, levigare bene qc; {MARMOR} *auch*, molare qc; {WASSER FELSBLOCK, KIESEL}, lisciare qc, levigare qc **3** *slang mil* (*drillen*) **jdn** ~ {REKRUTEN, SOLDATEN} addestrare qu con durezza e prepotenza.

schleifen② <schleift, schleifte, geschleift> **A** tr <haben> **1** (*über den Boden ziehen*) **jdn/etw** (*irgendwohin*) ~ trascinare/strascicare *qu/qc* + *compl di luogo* **2** *fam scherz* (*jdn überreden, irgendwohin mitzukommen*) **jdn irgendwohin** ~ trascinare/[portare di peso] *scherz qu* + *compl di luogo*: **sie schleiften ihn in die Disko**, lo trascinarono in discoteca **3** *mil* (*niederreißen*) **etw** ~ {FESTUNGSANLAGEN, STADTMAUERN} radere al suolo qc, smantellare qc **B** itr <haben oder rar sein> (*reibend berühren*) **irgendwo/irgendwohin** ~ strascicare/strusciare + *compl di luogo*: **der Vorhang schleift am/[auf dem] Boden**, la tenda struscia/strascica ₁per terra₁/[sul pavimento]; **das Rad schleift am Schutzblech**, la ruota struscia contro il parafango; **die Kupplung ~ lassen**, far slittare la frizione ● **~ lassen** *fam* → **schleifen|lassen**.

schleifen|lassen <irr, hat schleifenlassen oder schleifengelassen> tr *fam* **etw** ~ {ARBEIT, STUDIUM} trascurare qc; **alles/[die Dinge] ~** *fam*, lasciar andare tutto/[le cose].

Schleifer <-s, -> m (**Schleiferin** f) **1** (*von Glas und Diamanten*) molatore (-trice) m (f); (*von Marmor und Stein*) levigatore (-trice) m (f) **2** *slang* istruttore m (militare) carogna f.

Schleiflack m vernice f carteggiabile.

Schleifmaschine f (*für Metall*) smerigliatrice f; (*für Glas, Marmor*) molatrice f; (*für Holz*) levigatrice f.

Schleifpapier n carta f vetrata.

Schleifscheibe f mola.

Schleifstein m (*Stein*) cote f; (*Schleifscheibe*) mola f.

Schleim <-(e)s, -e> m **1** (*schleimiges Sekret*) {+MENSCH} muco m; *med* (*in Entzündungsphase*) catarro m {+SCHNECKE} bava f; {+PFLANZE} mucillagine f **2** (*Brei*) pappa f.

Schleimbeutel m *anat* borsa f sinoviale.

Schleimbeutelentzündung f *med* borsite f.

schleimen itr **1** (*Schleim absondern*) {AUGE, NASE} secernere muco **2** *fam pej* (*schmeicheln*) fare il lecchino *fam*/l'adulatore *fam*/il leccapiedi *fam*/il leccaculo *vulg*.

Schleimer m (**Schleimerin** f) *pej* → **Schleimscheißer**.

Schleimhaut f mucosa f.

schleimig **A** adj **1** (*aus Schleim bestehend*) {ABSONDERUNG, AUSWURF} mucoso, vischioso; {HUSTEN} grasso, catarroso **2** (*glitschig*) {REGENWURM, SCHNECKE} viscido **3** *pej* (*freundlich und heuchlerisch*) {ART, GETUE, GRINSEN} viscido; {TYP} *auch* servile **B** adv {GRINSEN} vischiamente, in modo viscido.

Schleimscheißer <-s, -> m (**Schleimscheißerin** f) *slang pej* leccaculo *mf vulg*, viscidone (-a) m (f) *fam*.

schlemmen **A** itr (*gut und üppig speisen*) mangiare bene **B** tr (*genussvoll verzehren*) **etw** ~ farsi una bella mangiata di qc.

Schlemmer <-s, -> m (**Schlemmerin** f) ghiottone (-a) m (f), buongustaio (-a) m (f).

Schlemmerei <-, -en> f (*bella*) mangiata f.

Schlemmerin f → **Schlemmer**.

schlendern itr <sein> (*irgendwohin*) ~ {DURCH DIE STADT, STRAßEN} ₁bighellonare *fam*₁/[andare in giro]/[andare a zonzo]/[girellare]/[girovagare] (+ *compl di luogo*): **zum See ~**, andare pian piano verso il lago.

Schlendrian <-(e)s, ohne pl> m *fam pej* tran tran m *fam*: **hier herrscht der alte/übliche ~**, qui è ₁il solito tran tran₁/[il tran tran di sempre]; **jetzt ist Schluss mit diesem ~**, è ora di finirla con quest'andazzo *fam*.

Schlenker <-s, -> m *fam* **1** (*mit dem Auto*) sterzata f, scarto m **2** (*Umweg*): **einen ~ über etw** (akk) **machen**, fare una deviazione per qc.

schlenkern **A** itr **1** (*mit etw hin- und herpendeln*) **mit etw** (dat) ~ {MIT DEN ARMEN, BEINEN} (far) dondolare/penzolare qc: **mit ~den Armen**, con le braccia ciondoloni/penzoloni **2** (*hin- und herschwingen*) {ARME} dondolare, penzolare: **das Kleid schlenkerte ihr um die Beine**, il vestito le ondeggiava intorno alle gambe; **der Laster begann in der Kurve gefährlich zu ~**, il camion cominciò a sbandare pericolosamente in curva **B** tr (*etw hin- und herpendeln*) **etw** ~ {ARME, BEINE} dondolare qc.

Schlepp <-s, ohne pl> m → **Schlepptau**.

Schleppdampfer m *naut* rimorchiatore m.

Schleppe <-, -n> f strascico m: **ein Kleid mit einer langen ~**, un vestito con un lungo strascico.

schleppen **A** tr **1** (*mit großer Mühe tragen*) **jdn/etw** (*irgendwohin*) ~ {EINKAUFSTASCHEN, KIND, KISTE} portare *qu/qc* (con grande fatica) (+ *compl di luogo*): **die Koffer zum Bahnhof ~**, trascinare le valige fino alla stazione **2** *autom naut* (*ab~*) **etw** ~ {SCHLEPPER DAMPFER, SCHIFF; TRECKER AUTO} rimorchiare qc, trainare qc **3** *fam* (*jdn irgendwohin schleifen*) **jdn irgendwohin** ~ {ZUM ARZT, IN EINEN FILM, VORS GERICHT, INS MUSEUM} trascinare/portare qu ₁a viva forza₁/[di peso] + *compl di luogo*: **jdn von einem Lokal ins andere ~**, trascinare qu da un locale all'altro; **jdn zum Arzt ~**, portare qu a viva forza dal medico **4** (*als Beute wegtragen*) **etw irgendwohin** ~ {FUCHS ERLEGTES TIER} trascinare qc + *compl di luogo*; {HUND KNOCHEN; KATZE MAUS, VOGEL} portare (via) qc + *compl di luogo* **B** rfl **1** (*sich mühsam irgendwohin bewegen*) **sich irgendwohin** ~ {INS, ZUM BETT, ANS, ZUM TELEFON, ZUM SESSEL} trascinarsi/strascicarsi/arrancare + *compl di luogo*: **mit letzter Kraft schleppte er sich bis zum Aufzug**, con le ultime forze arrancò fino all'ascensore **2** (*sich hinziehen*) {PROZESS, VERHANDLUNGEN} trascinarsi: **der**

Prozess schleppt sich nun schon über vier Jahre, il processo si trascina ormai da oltre quattro anni **C** *itr fam pej* (*Fluchthilfe leisten*) fare il passatore.

schleppend A *adj* **1** (*schwerfällig*) {AUSSPRACHE, GANG, GESANG, SCHRITTE} strascicato **2** (*zögerlich*) {ABFERTIGUNG, BEARBEITUNG, BEDIENUNG} lento; {GESPRÄCH, UNTERHALTUNG} stentato, che si trascina **B** *adv* **1** (*schwerfällig*) {GEHEN} a passo strascicato **2** (*gedehnt*) {SINGEN, SPIELEN} (troppo) lentamente; {SPRECHEN} in modo stentato, a fatica: **~ sprechen** *auch*, strascicare le parole **3** (*zögerlich*) {VORANKOMMEN} a rilento/stento, lentamente: **die Arbeiten gehen nur ~ voran**, i lavori procedono a rilento/stento.

Schlepper① <-s, -> *m* **1** *autom* trattore *m* **2** *naut* rimorchiatore *m*.

Schlepper② <-s, -> *m* (**Schlepperin** *f*) **1** *fam pej* (*Kundenbeschaffer für ein Bordell, einen Nachtklub*) procacciatore (-trice) *m* (*f*) di clienti **2** *fam pej* (*Fluchthelfer*) passatore (-trice) *m* (*f*).

Schleppkahn *m naut* chiatta *f* a rimorchio.

Schlepplift *m* sciovia *f*, skilift *m*.

Schleppnetz *n naut* rete *f* a strascico, paranza *f*.

Schleppseil *n* cavo *m* di traino/rimorchio.

Schlepptau *n*: **jdn im ~ haben**, avere qu ₍al seguito₎/[a rimorchio/traino *fam*]; **im ~ *fam***, al seguito; **er erschien mit einer neuen Freundin im ~**, comparve con una nuova ragazza ₍al seguito₎/[a rimorchio]; **jdn/etw ins ~ nehmen** (*abschleppen*), prendere a rimorchio qu/qc; **jdn ins ~ nehmen** (*jdm helfen*), dare una mano a qu; **in jds ~ sein**, essere ₍a rimorchio₎/[al seguito/traino] di qu.

Schlesien <-s, *ohne pl*> *n geog* Slesia *f*.

Schlesier <-s, -> *m* (**Schlesierin** *f*) slesiano (-a) *m* (*f*).

schlesisch *adj* slesiano.

Schleswig-Holstein <-s, *ohne pl*> *n geog* Schleswig-Holstein *m*.

schleswig-holsteinisch *adj* dello Schleswig-Holstein.

Schleuder <-, -n> *f* **1** (*Waffe*) fionda *f* **2** (*Wäscheschleuder*) centrifuga *f*.

Schleuderball *m sport* palla *f* vibrata.

Schleudergang *m* {+WASCHMASCHINE} centrifuga *f*: **die Waschmaschine ist im ~**, la lavatrice sta centrifugando.

Schleudergefahr *f*: **~!**, strada sdrucciolevole!

schleudern A *tr* <*haben*> **1** (*werfen*) **jdn/etw irgendwohin** ~ scaraventare qu/qc + *compl di luogo*, sbalzare qu + *compl di luogo*; {BÜCHER, STEINE} scagliare qc + *compl di luogo*: **sie schleuderte die Tasche aufs Bett**, scaraventò la borsa sul letto; **bei dem Aufprall wurde er gegen einen Baum geschleudert**, nell'urto venne sbalzato contro un albero; **aus dem Auto geschleudert werden**, essere catapultato fuori dall'auto **2** *sport etw* (*irgendwohin*) ~ {BALL, HAMMER, WURFSCHEIBE} lanciare qc (+ *compl di luogo*) **3** (*wringen*) *etw* ~ {HONIG, WÄSCHE} centrifugare qc: **trocken~** → **trocken**|**schleudern B** *itr* <*sein*> (*hin und her schlingern*) {AUTO, MOTORRAD} sbandare: **das Auto geriet ins Schleudern**, la macchina cominciò a sbandare; **irgendwohin** ~ {AUTO, MOTORRAD GEGEN EINEN BAUM, DIE LEITPLANKE, EINE WAND} andare a sbattere (sbandando) + *compl di luogo* • **jdn ins Schleudern bringen** *fam* (*jdn verunsichern*), mandare ₍nel pallone₎/[in tilt] qu *fam*; **ins Schleudern geraten/kommen** *fam* (*unsicher werden*), andare ₍nel pallone *fam*₎/[in tilt *fam*].

Schleuderpreis *m fam* prezzo *m* stracciato *fam*, prezzaccio *m fam*: **etw zu ~en verkaufen**, vendere qc a prezzi stracciati/[di realizzo].

Schleudersitz *m* **1** *aero* sedile *m* eiettabile **2** *fam* (*unsicherer Posten*) poltrona *f* che scotta, posto *m* scomodo.

Schleuderspur *f autom* traccia *f* dello sbandamento.

Schleudertrauma *n med* colpo *m* di frusta.

Schleuderware *f fam* merce *f* in liquidazione/svendita.

schleunig *geh* **A** *adj* <*attr*> {EINGREIFEN, ERLEDIGUNG} pronto; {SCHRITTE} rapido; {ANTWORT} *auch* sollecito, pronto **B** *adv* {EINGREIFEN, ERLEDIGEN} rapidamente, in fretta; {ANTWORTEN} sollecitamente, con sollecitudine.

schleunigst *adv* immediatamente, subito, al più presto, in fretta: **bereiten Sie ~ die Unterlagen vor!**, prepari al più presto i documenti!; **mach ~ die Musik leiser!**, abbassa subito/immediatamente il volume (della musica)!

Schleuse <-, -n> *f* **1** *naut* (*Absperrvorrichtung*) chiusa *f*, cateratta *f*, paratoia *f*; (*~nkammer*) conca *f* di navigazione: **die ~n öffnen**, aprire le cateratte/chiuse **2** *tech* (*Raum zum Druckausgleich*) camera *f* ₍di decompressione₎/[iperbarica] • **es regnet wie aus ~n** *fam*, piove a cateratte/catinelle *fam*.

schleusen *tr* **1** *naut* (*durch eine Schleuse bringen*) *etw* ~ {SCHIFF} far passare qc per la chiusa **2** (*geleiten*) **jdn/etw durch/über *etw*** (akk) ~ {DURCH DIE MENGE, DEN VERKEHR} guidare qu/qc attraverso qc **3** *fam* (*schmuggeln*) **jdn über *etw*** (akk) ~ {FLÜCHTLING ÜBER DIE GRENZE} far passare clandestinamente qc a qu; (*einschmuggeln*) ***etw* durch/über *etw*** (akk) ~ far entrare qc attraverso qc; (*herausschmuggeln*) ***etw* durch/über *etw*** (akk) ~ far uscire qc attraverso qc; **jdn in *etw*** (akk) ~ {AGENTEN, INFORMANTEN, SPITZEL IN EINE GEHEIMORGANISATION, PARTEI} infiltrare qu in qc, introdurre qu in qc.

Schleusenkammer *f naut* conca *f* di navigazione.

Schleusentor *n naut* porta *f* della chiusa.

Schleusenwärter *m* (**Schleusenwärterin** *f*) *naut* guardiano (-a) *m* (*f*) della chiusa.

Schleuser <-s, -> *m* (**Schleuserin** *f*) → **Schlepper**②.

schlich **1.** *und* **3.** *pers sing imperf von* schleichen.

Schliche *subst* <*nur pl*> trucchi *m pl*, astuzie *f pl* • **alle ~ kennen**, conoscere tutti i trucchi, saperne una più del diavolo *fam*; **jdm auf die ~ kommen, hinter jds ~ kommen**, **jds ~ durchschauen**, scoprire le astuzie/i trucchi/il gioco di qu.

schlicht① **A** *adj* **1** (*einfach*) {BEGRÄBNIS, FEIER, VERHÄLTNISSE} semplice; {MAHLZEIT} *auch* frugale; {ELEGANZ, FORM, KLEID, KLEIDUNG} sobrio, semplice; {STIL} disadorno, semplice **2** (*wenig gebildet*) {GEMÜT} semplice; {LEUTE} *auch* sempliciotto **3** (*rein*) {FAKTEN, WAHRHEIT} semplice: **sich auf die ~en Fakten beschränken**, attenersi ai fatti e solo a quelli **B** *adv* (*einfach*) {SICH EINRICHTEN, KLEIDEN} con semplicità/sobrietà, in modo semplice/sobrio, semplicemente.

schlicht② *partik* (*ganz einfach*) {ABSTREITEN, FALSCH, GELOGEN, UNVORSTELLBAR, UNWAHR} semplicemente • **~ und einfach/ergreifend** *fam*, semplicemente; **das ist ~ und ergreifend eine Lüge**, è una bugia ₍bell'e buona₎/[pura e semplice].

schlichten A *tr etw* ~ {AUSEINANDERSETZUNG, ZWIST} appianare qc, aggiustare qc, accomodare qc; {STREIT} *auch* comporre qc **B** *itr* (*in etw* dat) ~ fare ₍da/il paciere₎/[da/l'arbitro] (*in qc*): **~d** (**in etw akk**) **eingreifen**, intervenire (in qc) per calmare le acque.

Schlichter <-s, -> *m* (**Schlichterin** *f*) paciere (-a) *m* (*f*), mediatore (-trice) *m* (*f*), arbitro (-a) *m* (*f*).

Schlichtheit <-, *ohne pl*> *f* {+AUSDRUCK, FEIER, VERHÄLTNISSE} semplicità *f*; {+EINRICHTUNG, STIL} *auch* sobrietà *f*.

Schlichtung <-, -en> *f* appianamento *m*, aggiustamento *m*, accomodamento *m*; {+STREIT} *auch* composizione *f*.

Schlichtungsausschuss (a.R. Schlichtungsausschuß) *m* (*bei Tarifkonflikten*) commissione *f* ₍di conciliazione₎/[arbitrale].

Schlichtungsgespräch *n* colloquio *m* di conciliazione.

Schlichtungskommission *f* → **Schlichtungsausschuss**.

Schlichtungsverfahren *n* (*bei Tarifkonflikten*) procedimento *m* di conciliazione.

Schlichtungsversuch *m* tentativo *m* di conciliazione.

schlichtweg *adv* {FALSCH, UNMÖGLICH} semplicemente: **das ist ~ gelogen!**, è una bugia bell'e buona!

Schlick <-(e)s, -e> *m* limo *m*, melma *f*.

schlief 1. *und* **3.** *pers sing imperf von* schlafen.

Schliere <-, -n> *f* (*auf Glasscheibe, Spiegel*) strisciata *f*.

schließen① <*schließt, schloss, geschlossen*> **A** *tr* **1** (*zumachen*) *etw* ~ {FENSTER, TOR, TÜR} chiudere qc: **schließ bitte die Tür!**, chiudi la porta per favore! **2** (*mit einem Deckel zumachen*) *etw* ~ {BUCH, DOSE, FLASCHE, KISTE, KOFFER} chiudere qc: **sie schloss das Glas sorgfältig**, chiuse accuratamente il vasetto; **er las einen Abschnitt und schloss das Buch dann wieder**, lesse un paragrafo e richiuse il libro **3** (*zusammentun*) *etw* ~ {AUGEN, BEINE, LIPPEN, MUND} chiudere qc: **sie lag mit geschlossenen Augen auf der Couch**, era sdraiata sul divano ad occhi chiusi **4** (*einschließen*) **jdn/etw irgendwohin** ~ {WERTSACHEN IN DEN SAFE} chiudere qu/qc + *compl di luogo*; {HÄFTLING IN DIE ZELLE, TIER IN DEN STALL} *auch* rinchiudere qu/qc + *compl di luogo* **5** (*den Betriebeinstellen*) *etw* ~ {FIRMA, GESCHÄFT} chiudere qc **6** (*auffüllen*) *etw* ~ {LÜCKE} colmare qc, riempire qc: **sein Tod hat eine Lücke gerissen, die niemand ~ kann**, la sua morte ha creato un vuoto che nessuno potrà colmare; **die Reihen ~ *mil***, serrare le file; **einen Stromkreis ~ *el***, chiudere un circuito elettrico **7** (*undurchlässig machen*) *etw* ~ {GRENZE, ÜBERGANG} chiudere qc **8** *geh* (*beenden*) *etw* ~ {KONFERENZ, REDE, SITZUNG, VORTRAG} chiudere qc, concludere qc, terminare qc; {SITZUNG} togliere qc: **er schloss seine Rede mit einem Aufruf an die Bevölkerung**, concluse il suo discorso con un appello alla popolazione; **die Sitzung ist geschlossen**, la seduta è tolta **9** (*ab~*) *etw* ~ {PAKT, VERTRAG} concludere qc, stipulare qc; {BÜNDNIS, FREUNDSCHAFT} fare qc, stringere qc; {EHE} contrarre qc: **Frieden ~**, fare la pace; **einen Kompromiss ~**, fare un compromesso **10** (*umfangen*) **jdn/etw irgendwohin** ~ {IN DIE ARME, AN DIE BRUST} stringere qu/qc + *compl di luogo*: **jdn in die Arme ~**, stringere qu tra le braccia, abbracciare qu; **sie schloss das Geldstück fest in ihre Hand**, strinse con forza la moneta nella mano **11** (*festmachen*) **etw an etw** (akk) ~ {FAHRRAD, MOFA AN DAS GELÄNDER} assicurare qc a qc (col lucchetto) **12** *geh obs* (*beinhalten*) **etw in sich** (dat) ~

{MÖGLICHE FRAGEN, RÄTSEL, WIDERSPRUCH} racchiudere in sé *qc*, contenere in sé *qc*: **seine These schließt einen Widerspruch in sich**, la sua tesi racchiude (in sé) una contraddizione B *itr* **1** (*zugehen*) **irgendwie ~** {DECKEL, FENSTER, SCHLOSS, TÜR, VERSCHLUSS DICHT, GUT, NICHT RICHTIG, SCHLECHT} chiudere(-si) + *compl di modo*: **der Deckel schließt nicht**, il tappo non chiude; **das Fenster schließt schlecht**, la finestra ˌnon chiude beneˌ/[chiude male]; **das Schloss schließt einwandfrei**, la serratura chiude perfettamente; **die Tür schließt automatisch**, la porta (si) chiude ˌda sé/solaˌ/[automaticamente] **2** (*das Schloss betätigen*) dare ˌun giro di chiaveˌ/[una mandata]: **einmal ~ reicht nicht**, una mandata sola non basta; **der Schlüssel schließt nicht**, la chiave non chiude **3** *com* (*zeitweilig zumachen*) {GESCHÄFT, LADEN, MUSEUM, RESTAURANT} chiudere: **wann schließt der Bäcker?**, quando chiude il fornaio?; **samstags ~ wir erst um zwei (Uhr)**, il sabato chiudiamo soltanto alle due; **die meisten Geschäfte haben über Mittag geschlossen**, quasi tutti i negozi chiudono/[sono chiusi] all'ora di pranzo **4** (*endgültig zumachen*) {FABRIK, FIRMA, GESCHÄFT} chiudere (i battenti): **das Unternehmen musste ~**, l'impresa ha dovuto chiudere (i battenti) **5** (*enden*) **mit etw** (*dat*) **~** chiudersi *con qc*, concludersi *con qc*, terminare *con qc*: **der Brief schloss mit einem Gruß an die ganze Familie**, la lettera terminava con un saluto a tutta la famiglia; **die Veranstaltung schloss mit einer Podiumsdiskussion**, l'incontro si chiuse/concluse con un dibattito aperto al pubblico **6** *Börse* (*abschließen*) **irgendwie ~** chiudere + *compl di modo*: **die Börse schließt mit Gewinn/Verlust**, la borsa chiude al rialzo/ribasso C *rfl* **1** (*zugehen*) **sich** (*irgendwie*) **~** {TOR, TÜR} chiudersi **2** (*sich zuziehen*) **sich ~** {BLÜTE} chiudersi; {WUNDE} auch rimarginarsi **3** (*sich anschließen*) **sich an etw** (*akk*) **~** seguire *a qc*: **an den Vortrag schloss sich eine Besichtigung der Burg**, alla conferenza seguì una visita al castello.

schließen[2] <*schließt, schloss, geschlossen*> A *tr* (*folgern*) **etw** (*aus etw* dat) **~** dedurre *qc* (*da qc*), desumere *qc* (*da qc*), arguire *qc* (*da qc*) *geh*, evincere *qc* (*da qc*) *geh*: **aus deinen Worten/Reaktionen schließe ich, dass ...**, dalle tue parole/reazioni deduco/desumo/arguisco che ...; **daraus kann man ~, dass alles geklappt hat**, ˌse ne può desumereˌ/[da ciò si conclude] che è andato tutto bene B *itr* (*schlussfolgern*) **von jdm/etw auf jdn/etw ~** risalire *da qu/qc a qu/qc*, trarre (delle) conclusioni *da qc su qu/qc*: **man kann von der Schrift auf den Charakter einer Person ~**, dalla calligrafia si può dedurre il carattere di una persona; **du solltest nicht von dir auf andere ~**, non pensare sempre che gli altri siano tutti come te.

Schließfach n (*Bankschließfach*) cassetta f di sicurezza; (*Postschließfach*) casella f postale; (*Gepäckschließfach*) armadietto m (per deposito bagagli).

schließlich A *adv* (*am Ende*) alla fine, infine: **~ waren alle einverstanden**, alla fine erano tutti d'accordo; **erst hatte er keine Lust, aber ~ hat er mir geholfen**, lì per lì non aveva voglia, maˌpoi ha finito per aiutarmiˌ/[alla fine mi ha aiutato] B *partik* (*immerhin*) in fondo, in fin dei conti, pur sempre, dopo tutto: **sprich nicht so schlecht über ihn, er ist ~ dein Freund** non parlare così male di lui, è pur sempre tuo amico; **ich werde nicht den ersten Schritt tun, ich habe ~ den Streit nicht angefangen**, non sarò certo io a fare il primo passo, in fin dei con-

ti non ho cominciato io a litigare; **du schuldest ihnen ~ was**, dopo tutto gli devi qualcosa; **du bist ~ nicht die Einzige, die Probleme hat**, non sei mica l'unica ad avere dei problemi ● **~ und endlich**, alla fine.

Schließmuskel m *anat* sfintere m.

Schließung <-, -*en*> f **1** *com* (*Betriebsaufgabe*) chiusura f **2** (*Beendigung*) {+SITZUNG} conclusione f, chiusura f.

schliff **1.** *und* **3.** *pers sing imperf von* schleifen[1].

Schliff <-(*e*)*s*, -*e*> m **1** <*nur sing*> (*das Schleifen*) {+KLINGE, MESSER} affilatura f; {+DIAMANT} taglio m; {+GLAS, SPIEGEL} molatura f **2** (*Schärfe*) {+KLINGE, MESSER} filo m: **das Messer hat keinen ~ mehr**, il coltello ha perso il filo **3** (*geschliffene Fläche*) {+DIAMANT} taglio m, sfaccettatura f; {+GLAS, SPIEGEL} molatura f; {+KLINGE, MESSER} taglio m: **ein glatter/welliger ~**, un taglio liscio/dentellato **4** <*nur sing*> (*Umgangsformen*) buone maniere f pl, garbo m, creanza f: **ihr muss noch ~ beigebracht werden**, le vanno insegnate le buone maniere; **ihm fehlt jeder ~**, non ha proprio garbo/creanza ● **etw** (*dat*) **den letzten ~ geben** *fam*, dare ˌl'ultimo toccoˌ/[il tocco finale] a *qc*.

schlimm A *adj* **1** (*übel*) {ERLEBNIS, FOLGEN, NACHRICHT, VORFALL, ZUSTÄNDE} brutto: **das war eine ~e Nachricht**, è stata una brutta notizia; **das hätte ~e Folgen haben können**, ciò avrebbe potuto avere delle brutte conseguenze; **sie hat eine ~e Krankheit**, ha una brutta malattia; **er hat eine ~e Operation hinter sich**, ˌha subitoˌ/[è reduce da] un grosso intervento; **~e Zeiten**, tempi brutti; **ein ~es Ende nehmen**, fare una brutta fine, finire male; **was ist schon Schlimmes dabei?**, che male c'è?, che c'è di male?; **ich kann nichts Schlimmes dabei finden**, non ci trovo niente di male; **~er**, peggio; **es gibt Schlimmeres**, c'è di peggio; **das Schlimmste**, il peggio; **das Schlimmste befürchten**, temere il peggio; **das Schlimmste, was mir passieren konnte**, ˌil peggioˌ/[la peggiore cosa] che mi poteva capitare; **das war die ~ste Arbeit, die ich je machen musste**, è stato il peggior lavoro che abbia mai dovuto fare **2** (*schwerwiegend*) {FEHLER, IRRTUM, VERGEHEN} grave: **ist es ~, wenn ich später komme?**, è grave se vengo più tardi? **3** (*böse*) {MENSCH, TAT} cattivo, malvagio **4** *fam* (*schmerzend*) {BEIN, HALS} malconcio *fam*: **einen ~en Zahn haben**, avere un dente dolente B *adv* **1** (*übel*) {AUSGEHEN, ENDEN} male; {SICH BENEHMEN} malissimo: **er ist ~ zugerichtet worden**, è stato conciato male/[per le feste] *fam* **2** (*gravierend*) {SICH IRREN, TÄUSCHEN} di grosso *fam* **3** *fam* (*stark*) {SICH VERLETZEN} gravemente: **sich ~ entzünden**, infiammarsi molto **4** *fam* (*sehr*): **es ist ~ kalt**, fa un freddo cane/boia/terribile *fam*; **sie hat ~ gehustet**, ha avuto un brutto attacco di tosse ● **~ dran sein** *fam*, essere messo male *fam*; **das ist halb so ~!**, non è poi ˌtanto graveˌ/[una tragedia]!; **aus dem Schlimmsten heraus sein**, aver superato il peggio; **es kommt noch ~er**, il peggio deve ancora venire; **was noch ~er ist ...**, quel che è peggio ...; **mit dem Schlimmsten rechnen**, auf das Schlimmste gefasst sein, essere preparato al peggio; **nicht ~ sein**: (**das**) **ist nicht ~!**, non è grave, non fa niente!, non importa!; **es steht ~**, la situazione è grave, le cose si mettono male; **es steht ~ um jdn**, la situazione di qu è grave; **das Schlimmste überstanden**/[hinter sich (*dat*)] **haben**, aver superato il peggio; **das Schlimmste haben wir hinter uns!**, il peggio lo abbiamo passato!; ˌ**umso**ˌ/[desto] **~er**, tanto peggio, peggio anco-

ra; **~er werden**, peggiorare, andare peggio; **immer ~er werden**, andare di male in peggio *fam*; **noch ~er kann es nicht werden!**, peggio di così si muore! *fam*.

schlimmstenfalls *adv* nel peggiore dei casi, nella peggiore delle ipotesi, tutt'al più, alla peggio *fam*, alla brutte *fam*: **~ schlafen wir im Auto**, alle brutte dormiamo in macchina *fam*.

Schlinge <-, -*n*> f **1** (*Schlaufe*) cappio m, laccio m: **eine ~ knüpfen/machen**, fare un cappio; **die ~ zuziehen**, stringere il cappio; **jdm die ~ um den Hals legen**, mettere il laccio al collo di qu **2** *med* sciarpa f: **den Arm in der ~ tragen**, portare il braccio al collo ● **sich in seiner eigenen ~ fangen**, tirarsi la zappa sui piedi *fam*, fregarsi con le proprie mani *fam*; **in die ~ gehen**, cadere in trappola; **jdm eine ~ legen**, tendere una trappola a qu.

Schlingel <-*s*, -> m *fam* birbante m *fam*, birichino m *fam*, birbone m *fam*.

schlingen[1] <*schlingt, schlang, geschlungen*> A *tr* (*winden*) **etw um etw** (*akk*) **~** {SCHAL, TUCH UM DEN KOPF, DIE SCHULTERN; BAND, SCHNUR UM EIN GESCHENK, PAKET} avvolgere *qc attorno a qc*: **sie schlang ihm die Arme um den Hals**, gli buttò/gettò le braccia al collo B *rfl* **1** *bot* (*sich ranken*) **sich um etw** (*akk*) **~** {EFEU UM EINEN BAUM} avviticchiarsi *a qc* **2** (*sich etw umlegen*) **sich** (*dat*) **etw um etw** (*akk*) **~** {ARMBAND UMS HANDGELENK, KETTE UM DEN HALS} mettersi *qc attorno a qc*.

schlingen[2] <*schlingt, schlang, geschlungen*> *fam* A *itr* strafogarsi *fam*, ingozzarsi B *tr* **etw ~** {LÖWE BEUTE} ingoiare *qc*; {MENSCH ESSEN} *auch* tranguggiare *qc*, ingozzare *qc*.

schlingern *itr* **1** *naut* {BOOT, KAHN, SCHIFF} rollare **2** *autom* {ANHÄNGER, AUTO} sbandare.

Schlingpflanze f *bot* (pianta f) rampicante m.

Schlips <-*es*, -*e*> m cravatta f: **sich** (*dat*) **den ~ binden**, annodarsi la cravatta ● **sich auf den ~ getreten fühlen** *fam*, sentirsi offeso (-a), risentirsi; **jdm auf den ~ treten** *fam*, offendere qu.

Schlitten <-*s*, -> m **1** (*Rodelschlitten*) slitta f, slittino m **2** (*Fahrzeug mit Kufen*) slitta f **3** *slang* (*Auto*) macchinone m: **ein dicker/schicker ~**, un bel macchinone m; **der fährt einen heißen ~!**, guida/[viaggia in] un macchinone da schianto!; **was für ein alter ~!** *pej*, che vecchia carcassa! *pej* **4** {+SCHREIBMASCHINE} carrello m ● **~ fahren**, andare in slitta/slittino; **mit jdm ~ fahren** *fam pej* (*jdn grob zurechtweisen*), dare una (bella) ˌlavata di capoˌ/[strigliata] a qu, *fam* schikanieren), trattare qu come una pezza da piedi.

Schlittenbahn f pista f per slittini.

Schlittenfahren n: **zum ~ gehen**, andare a fare qualche discesa col lo slittino.

Schlittenfahrt f corsa f/giro m in slitta.

Schlittenhund m cane m da slitta.

schlittern *itr* **1** <*sein*> (*rutschen*) **irgendwohin ~**: **sie schlitterten über die vereiste Brücke**, avanzavano a fatica sul ponte ghiacciato **2** <*haben oder sein*> (*mit Anlauf über eine glatte Fläche rutschen*) **irgendwo ~** {AUF DEM ZUGEFRORENEN SEE} scivolare + *compl di luogo*: **die Kinder schlitterten auf dem vereisten See**, i ragazzi scivolavano sul lago ghiacciato **3** <*sein*> (*ausrutschen*) **irgedwo ~** {AUTO, MOTORRAD AUF DER VEREISTEN STRAßE} slittare/scivolare + *compl di luogo* **4** <*sein*> *fam* (*in etw hineingeraten*) **in etw** (*akk*) **~** {IN EIN ABENTEUER, DEN KONKURS, DIE PLEITE} finire *in qc*.

Schlittschuh m pattino m (da ghiaccio): **~**

laufen/fahren, pattinare (sul ghiaccio), andare sui pattini; **gehen wir ~ laufen?**, andiamo a pattinare (sul ghiaccio)?
Schlittschuhlaufen <-s, ohne pl> n sport pattinaggio m su ghiaccio.
Schlittschuhläufer m (**Schlittschuhläuferin** f) sport pattinatore (-trice) m (f) (su ghiaccio).
Schlitz <-es, -e> m 1 (*Ritze*) {+AUTOMAT} feritoia f; {+BRIEFKASTEN, MAUER, TÜR} fessura f; {+SCHRAUBE} taglio m 2 (*längliche Öffnung*) {+KLEID} spacco m; fam {+HOSE} bottega f fam.
Schlitzauge n <meist pl> occhio m a mandorla.
schlitzen tr etw ~ {KLEID, MANTEL, ROCK} fare uno spacco a qc.
Schlitzohr n fam drittone m fam, furbacchione m fam, volpone m fam.
schlitzohrig adj fam furbo, scaltro.
schlohweiß adj {HAAR, HAARE} bianco candido, bianchissimo.
schloss (a.R. schloß) 1. und 3. pers sing imperf von schließen.
Schloss① (a.R. Schloß) <-es, Schlösser> n arch castello m: auf dem/[im] ~ wohnen, abitare nel castello.
Schloss② (a.R. Schloß) <-es, Schlösser> n 1 {+SCHRANK, TRUHE, TÜR} serratura f: **die Tür fiel ins ~**, la porta si chiuse di scatto; (*Schlüsselloch*) toppa f 2 (*Vorhängeschloss*) lucchetto m 3 (*Verschluss*) {+AKTENKOFFER, KOFFER, TASCHE} chiusura f ● **hinter ~ und Riegel**; **jdn hinter ~ und Riegel bringen** fam, mettere sotto chiave/[dietro le sbarre] qu; **hinter ~ und Riegel sitzen** fam, essere dietro le sbarre/[dentro fam].
Schlosser <-s, -> m (**Schlosserin** f) fabbro m: industr (*Facharbeiter*) operaio (-a) m (f) metalmeccanico (-a).
Schlosserei <-, -en> f 1 (*Werkstatt*) officina f del fabbro 2 (*Beruf*) mestiere m/lavoro m di fabbro.
Schlosserhandwerk n mestiere m di fabbro.
Schlosserin f → **Schlosser**.
Schlosserwerkstatt f → **Schlosserei** 1.
Schlossherr (a.R. Schloßherr) m (**Schlossherrin** f) castellano (-a) m (f).
Schlosshund (a.R. Schloßhund) m: **wie ein ~ heulen** fam, piangere come una vite tagliata fam/[un vitello fam].
Schlot <-(e)s, -e oder rar Schlöte> m 1 (*Schornstein*) {+FABRIK} ciminiera f; {+SCHIFF} auch fumaiolo m 2 geol {+VULKAN} camino m ● **rauchen/qualmen wie ein ~** fam, fumare come una ciminiera fam/un turco fam.
schlotterig adj → **schlottrig**.
schlottern itr 1 (*zittern*) (vor etw dat) ~ {VOR ANGST, KÄLTE} tremare (da/per qc): **ihr schlotterten die Knie vor Angst**, le ginocchia le facevano giacomo giacomo, le tremavano le ginocchia dalla paura 2 (*um die Figur schlenkern*) {HOSE, MANTEL, PULLOVER} stare/andare largo (-a): **die Hose schlotterte ihr um die Figur**, i pantaloni le ballavano addosso fam/[cascavano da tutte le parti fam].
schlottrig adj 1 (*zitternd*) {BEINE, KNIE} tremante, che fa giacomo giacomo 2 (*zu weit*) {HOSE, KLEID, PULLOVER} che balla addosso, largo.
Schlucht <-, -en> f gola f, forra f, orrido m.
schluchzen itr singhiozzare: **heftig/ herzzerreißend ~**, singhiozzare convulsamente/[in modo straziante]/[da spezzare il

cuore]; **in Schluchzen ausbrechen**, prorompere/scoppiare in singhiozzi; **mit ~der Stimme**, con la voce rotta dai singhiozzi.
Schluchzer <-s, -> m singhiozzo m, singulto m: **einen ~ unterdrücken**, frenare/reprimere i singhiozzi.
Schluck <-(e)s, -e oder rar Schlücke> m sorso m: **gibst du mir einen ~ zu trinken?** fam, mi dai un sorso di qualcosa?/[qualcosa da bere]?; **kann ich einen ~ von deiner Milch haben?** fam, posso prendere un sorso del tuo latte?; **er trank seinen Tee langsam, ~ für ~**, beveva piano il suo tè, sorso dopo sorso; sorseggiava piano piano il suo tè; **sie trank ihr Glas Wein in einem ~**, bevve il suo bicchiere di vino in un sorso solo/[tutto d'un fiato]; **in kleinen ~en trinken**, bere a piccoli sorsi/[sorsetti]; **ein tüchtiger ~**, una bella sorsata.
Schluckauf <-s, ohne pl> m singhiozzo m, singulto m: **einen ~ haben**, avere il singhiozzo; **vom Bier kriege ich immer ~** fam, la birra mi fa venire sempre il singhiozzo.
Schluckbeschwerden subst <nur pl> med difficoltà f pl di deglutizione: **hast du nur Husten oder auch ~?**, hai solo tosse o anche difficoltà a deglutire?
schlucken A tr 1 (*hinunter~*) etw ~ {BISSEN, PILLE, TABLETTE} inghiottire qc, ingoiare qc, mandar giù qc fam: **ich schlucke immer Wasser beim Schwimmen**, bevo sempre quando nuoto fam 2 slang (*trinken*) etw ~ {BIER, WEIN, SCHNAPS, SEKT} scolarsi qc fam, trincare qc fam: **seine zwei Bierchen am Tag schluckt er**, le sue due birre(tte) al giorno se le fa fam/scola fam 3 fam (*hinnehmen*): etw ~ (*müssen*) {BELEIDIGUNG, VORWURF}, (dover) mandar giù qc, (dover) ingoiare qc 4 fam (*glauben*) etw ~ {AUSREDE, GESCHICHTE, STORY, VERSION} ber(si) qc fam 5 fam (*verbrauchen*) etw ~ {ANSCHAFFUNG, UMBAU, REISE ERSPARNISSE, DAS GANZE GELD} mangiare qc fam, divorare qc; {MOTOR, WAGEN BENZIN} bere qc fam, consumare qc: **der Prozess hat unser gesamtes Vermögen geschluckt**, il processo ci ha mangiato tutto il patrimonio fam 6 fam (*absorbieren*) etw ~ {ABDICHTUNG, FENSTER, TÜR LÄRM, SCHALL} assorbire qc; (*aufsaugen*) etw ~ {BODEN, ERDE WASSER} assorbire qc 7 com fam (*einverleiben*) etw ~ {GROSSUNTERNEHMER, KONZERN, MULTINATIONALE KLEINE FIRMA, MITTLERES UNTERNEHMEN} fagocitare qc, inghiottire qc, assorbire qc, inglobare qc B itr 1 (*Schluckbewegungen machen*) inghiottire, deglutire: **ich kann kaum ~ vor lauter Halsschmerzen**, non riesco quasi a deglutire dal mal di gola 2 slang (*gerne trinken*) sbevazzare fam, trincare fam: **unser Alter schluckt gern**, il nostro vecchio sbevazza fam.
Schlucker <-s, -> m fam 1 (*bedauernswerter Mensch*): **armer ~**, povero diavolo fam/cristo fam 2 fam → **Schluckspecht**.
Schluckimpfung f med vaccinazione f (per via) orale.
Schluckspecht m fam scherz beone m, sbevazzone m fam, trincone m fam.
schluckweise adv {LEEREN, ZU SICH NEHMEN, TRINKEN} a sorsi/sorsate, sorso a sorso.
Schluderei <-, -en> f fam pej sciatteria f, cialtroneria f.
schluderig fam pej A adj {ARBEIT} abborracciato, raffazzonato, tirato via, sciatto; {KLEIDUNG} sciatto, trascurato: **sie ist entsetzlich ~**, è una terribile cialtrona B adv {ARBEITEN, AUSFÜHREN, NÄHEN} alla carlona, sciattamente; {SICH ANZIEHEN, KLEIDEN} sciattamente, con trascuratezza, con sciatteria.
schludern itr fam pej fare le cose/[lavorare] alla carlona/[con sciatteria], tirare

via; **bei etw** (dat) ~ **fare qc** alla carlona/[con sciatteria], tirare via facendo qc.
schludrig adj → **schluderig**.
schlug 1. und 3. pers sing imperf von **schlagen**.
Schlummer <-s, ohne pl> m geh sonno m leggero, sopore m: **ein leichter ~**, un leggero sopore; **das Kind lag im friedlichsten ~**, il bambino era immerso nel più tranquillo sopore; **in (den) ~ sinken**, assopirsi.
schlummern itr 1 geh (*im Schlummer liegen*) sonnecchiare, essere assopito: **sanft/ ruhig ~**, sonnecchiare tranquillamente 2 (*verborgen liegen*) **in jdm ~** {KRÄFTE, TALENT} essere latente in qu, nascondersi in qu: **in ihr schlummert eine Künstlerin**, in lei si nasconde un'artista.
Schlumpf <-(e)s, Schlümpfe> m 1 region (*Schlingel*) birbante m fam, birichino m fam 2 (*Comicfigur*) puffo m 3 (*kleiner Mensch*) nanerottolo m, puffo m.
Schlund <-(e)s, Schlünde> m 1 (*Rachen*) gola f, anat faringe f; {+TIER} fauci f pl: **der Löwe riss den ~ auf**, il leone spalancò le fauci 2 geh (*Öffnung*) {+KANONE} bocca f; {+HÖHLE, KRATER} auch fauci f pl; (*tiefer Abgrund*) voragine f, abisso m, baratro m: **der ~ der Hölle/ des Meeres**, il baratro infernale/[gli abissi del mare].
schlüpfen itr <sein> 1 ornith zoo (*aus~*) {KÜKEN, VOGEL} sgusciare, uscire dal guscio: **die Küken sind schon geschlüpft**, i pulcini sono già sgusciati/[usciti dal guscio]; **aus dem Ei ~**, uscire dall'uovo 2 (*sich rasch gleitend bewegen*) **irgendwohin ~** sgusciare/ scivolare/sgattaiolare + compl di luogo: **sie schlüpfte unter die Decke**, scivolò sotto le coperte; **der Dieb schlüpfte durch die Maschen des Gesetzes**, il ladro sgusciò tra le maglie della legge; **wir sind durch den kaputten Zaun geschlüpft**, siamo sgattaiolati attraverso lo steccato rotto; **aus etw** (dat) **~** sgusciare fuori da qc, sgattaiolare fuori da qc; **ungesehen schlüpfen er aus dem Haus**, senza essere visto sgattaiolò (fuori) di casa; **die Kinder schlüpften aus ihrem Versteck**, i bambini sgusciarono fuori dal loro nascondiglio; **jdm aus der Hand ~**, sgusciare di mano a qu 3 (*schnell anziehen*) **in etw** (akk) **~** {KLEID, MANTEL, PULLOVER, SCHUHE} infilarsi qc; (*schnell ausziehen*) **aus etw** (dat) **~** **sie schlüpfte aus dem Bademantel und stieg unter die Dusche**, si sfilò l'accappatoio e andò sotto la doccia.
Schlüpfer <-s, -> m obs mutandine f pl, slip m.
Schlupfloch n 1 (*Durchschlupf*) buco m, pertugio m 2 → **Schlupfwinkel**.
schlüpfrig adj 1 (*rutschig*) {BODEN, FAHRBAHN, TREPPE} sdrucciolevole, scivoloso 2 pej (*anzüglich*) {BEMERKUNG, WITZ} scurrile, salace; {REDEN, ROMAN} auch lascivo.
Schlüpfrigkeit <-, -en> f 1 <nur sing> {+BODEN} scivolosità f 2 (*Anzüglichkeit*) {+BEMERKUNG, WITZ} scurrilità f, salacità f; {+REDEN, ROMAN} lascivia f.
Schlupfwinkel m nascondiglio m.
schlurfen itr <sein> strascicare i piedi, ciabattare: **der Alte schlurfte über den Flur**, il vecchio passò ciabattando per il corridoio.
schlürfen A tr etw ~ 1 (*geräuschvoll trinken*) {KAFFEE, MILCH, SUPPE, TEE} bere rumorosamente qc 2 (*mit Genuss langsam trinken*) {KAFFEE, LIKÖR, WEIN} sorbire qc, sorseggiare qc B itr (*geräuschvoll trinken*) bere rumorosamente/[facendo rumore]/[succhiando]: **musst du immer so ~ beim Trinken?**, devi sempre fare questi rumori quando bevi?
Schluss① (a.R. Schluß) <-es, Schlüsse> m 1 (*Ende*) fine f, termine m, conclusione f;

{+BRIEF, ESSAY, REDE} fine f, conclusione f, chiusa f: **am ~ einer S.** (gen), ⌊alla fine⌋/[al termine] di qc; **nach ~ der Vorstellung**, a spettacolo finito; **ein Krimi mit einem spannenden ~**, un giallo con una fine/un epilogo/un finale mozzafiato; **zum ~ haben wir noch eine Überraschung!**, e per finire abbiamo una sorpresa!; **zum/am ~ war er einverstanden**, alla fine era d'accordo; **zum ~ der Sendung eine Reportage über Indien**, a conclusione/chiusura della trasmissione un servizio sull'India; **der Brief hat einen sehr förmlichen ~**, la lettera ha una chiusa molto formale **2** *‹nur sing›* (~*teil*) {+SCHLANGE, ZUG} fine f, coda f: **der Speisewagen befindet sich am ~ des Zuges**, il vagone ristorante si trova ⌊in coda/fondo al⌋/[alla fine del] treno **3** *com* (*Geschäftsschluss, Ladenschluss*) chiusura f **4** *mus* (*abschließende Tonfolge*) coda f; (*Kadenz*) cadenza f ● **~!**, basta!; ~ *damit!*, basta!, finiscila!/finitela! *fam*, piantala!/piantatela! *fam*, falla/fatela finita! *fam*; **~ für *heute!***, per oggi basta!; ~ *jetzt!*, jetzt ist ~!, adesso/ora basta!; ~ *machen fam* (*sich umbringen*), farla finita *euph*; **mit etw** (dat) **~ *machen* *fam* (*aufhören, etw zu tun*) {MIT DEM RAUCHEN, TRINKEN}, dare un taglio a qc *fam*, farla finita con qc *fam*; **(mit jdm) ~ *machen* (*sich trennen*)**, lasciare qu, rompere (con qu), farla finita con qu; **sie haben ~ gemacht** *fam*, si sono lasciati; **mach jetzt ~**, **es ist spät**, smetti adesso, è tardi; **ich muss jetzt** (**mit dem Gespräch**) **~ machen ...**, ti devo lasciare/salutare ...

Schluss② (a.R. **Schluß**) <-es, *Schlüsse*> m conclusione f: **zu dem ~ kommen/gelangen** *geh*, **dass ...**, arrivare/giungere alla conclusione che ...; **falsche/voreilige Schlüsse ziehen**, trarre delle conclusioni sbagliate/affrettate; **die Umstände lassen keinen anderen ~ zu**, le circostanze non lasciano spazio ad altre ipotesi.

Schlussakte (a.R. **Schlußakte**) f *pol* atto m finale.

Schlussbemerkung (a.R. **Schlußbemerkung**) f considerazione f conclusiva, osservazione f finale; (*zu einem Essay, Buch*) conclusioni f pl.

Schlussbilanz (a.R. **Schlußbilanz**) f *com* bilancio m annuale/[di chiusura].

Schlüssel① <-s, -> m **1** {+AUTO, KOFFER, SCHLOSS, SCHRANK, TÜR} chiave f: **den ~ herumdrehen**, girare la chiave; **den ~ ins Schlüsselloch/Schloss stecken**, mettere/infilare la chiave nella toppa/serratura; **der ~ klemmt/passt nicht**, la chiave ⌊si è incastrata⌋/[non entra]; **der ~ steckt**, la chiave è ⌊sulla porta⌋/[nella toppa]; **den ~ stecken lassen**, lasciare la chiave infilata sulla porta; **den ~ abziehen**, levare/togliere la chiave dalla toppa **2** *tech* (*Schraubenschlüssel*) chiave f **3** *mus* (*Notenschlüssel*) chiave f.

Schlüssel② <-s, -> m **1** (*Mittel zum Verständnis*) **~ zu etw** (dat) {ZU JDS CHARAKTER, ZUM ERFOLG, ZUM PROBLEM} chiave f *di qc* **2** (*Chiffrenschlüssel*) (*zu etw* dat) {ZU EINEM CODE, GEHEIMTEXT} chiave f (*di qc*): **einen Geheimtext mit einem ~ entziffern**, decodificare un testo segreto con una chiave **3** *adm* (*Verteilerschlüssel*) criterio m (di assegnazione/distribuzione) **4** *Schule univ* (*Lösungsanhang*) chiave f.

Schlüsselanhänger m portachiavi m.

Schlüsselbegriff m concetto m chiave.

Schlüsselbein n *anat* clavicola f.

Schlüsselblume f *bot* primavera f odorosa.

Schlüsselbrett n pannello m per le chiavi.

Schlüsselbund <-(e)s, -e> m *oder* n mazzo m di chiavi.

Schlüsseldienst m servizio m chiavi.

Schlüsselerlebnis n *psych* esperienza f chiave.

Schlüsseletui <-s, -s> n portachiavi m.

schlüsselfertig adj {HAUS} chiavi in mano, pronto per la consegna.

Schlüsselfigur f {+AFFÄRE, PROZESS, SKANDAL} figura f/personaggio m chiave.

Schlüsselindustrie f industria f chiave.

Schlüsselkind n "bambino (-a) m (f) che deve provvedere a se stesso (-a) perché i genitori lavorano e perciò porta la chiave di casa appesa al collo".

Schlüsselkompetenz f competenza f chiave.

Schlüsselloch n buco m della serratura, toppa f: **durchs ~ gucken**, guardare/sbirciare dal buco della serratura.

Schlüsselposition f → **Schlüsselstellung**.

Schlüsselqualifikation f *‹meist pl›* competenza f chiave/essenziale.

Schlüsselring m portachiavi m (ad anello).

Schlüsselrolle f ruolo m chiave: **jdm kommt eine ~ zu**, qu riveste un ruolo chiave.

Schlüsselstellung f posizione f chiave.

Schlüsselszene f scena f madre/clou.

Schlüsseltechnologie f tecnologia f chiave.

Schlüsselübergabe f consegna f delle chiavi.

Schlüsselwort n parola f chiave; *inform* keyword f.

schlussfolgern (a.R. **schlußfolgern**) tr **etw** (*aus etw* dat) ~ dedurre *qc da qc*, desumere *qc da qc*, evincere *qc da qc*: **aus seinen Aussagen schlussfolgere ich, dass ...**, dalle sue affermazioni deduco/desumo/evinco/arguisco/concludo che ...

Schlussfolgerung (a.R. **Schlußfolgerung**) f conclusione f, deduzione f: **eine logische/überzeugende/zwingende ~**, una conclusione logica/convincente/stringente ● **zu der ~ kommen/gelangen, dass ...**, arrivare/giungere alla conclusione che ...; **aus etw** (dat) **eine ~ ziehen**, trarre una conclusione da qc; **ich ziehe daraus die ~, dass ...**, ne ⌊traggo la conclusione⌋/[deduco che ...]

Schlussformel (a.R. **Schlußformel**) f {+BRIEF} chiusa f.

schlüssig adj {BEWEIS} convincente; {ARGUMENTATION} *auch* stringente, concludente ● **sich** (dat) (**über etw** akk) **~ sein**, avere le idee chiare su qc; **ich bin mir immer noch nicht ~, ob ich das Angebot annehmen soll oder nicht**, ⌊non ho ancora deciso⌋/[sono ancora indeciso (-a)] se accettare o meno l'offerta; **sich** (dat) (**über etw** akk) **~ werden**, decidere/[prendere una decisione] riguardo/[in relazione a qc]; **ihr solltet euch langsam ~ werden**, sarebbe (l')ora che decideste/[prendeste una decisione].

Schlussleuchte (a.R. **Schlußleuchte**) f *autom* fanale m/luce f posteriore, fanalino m di coda.

Schlusslicht (a.R. **Schlußlicht**) n **1** *autom* luce f posteriore, fanalino m di coda **2** *fam* (*der Letzte*) fanalino m di coda: **das ~ bilden/machen**, essere il fanalino di coda.

Schlusspfiff (a.R. **Schlußpfiff**) m *sport* fischio m finale.

Schlussphase (a.R. **Schlußphase**) f fase f finale/conclusiva.

Schlusspunkt (a.R. **Schlußpunkt**) m punto m finale ● **einen ~ unter/hinter etw** (akk) **setzen**, mettere la parola fine a qc, considerare qc ⌊concluso (-a)⌋/[un capitolo chiuso], chiudere definitivamente con qc.

Schlussrunde (a.R. **Schlußrunde**) f *sport* ultimo giro m; *Boxen* ultimo round m, ultima ripresa f.

Schlusssatz, **Schluss-Satz** (a.R. **Schlußsatz**) m **1** frase f finale/conclusiva **2** *mus* (movimento m) finale m.

Schlussstein, **Schluss-Stein** (a.R. **Schlußstein**) m **1** *arch* chiave f di volta **2** (*Abschluss*) atto m finale, ultimo m tassello.

Schlussstrich, **Schluss-Strich** (a.R. **Schlußstrich**) m: **einen ~ unter etw** (akk) **ziehen**, mettere la parola fine a qc, considerare qc ⌊concluso (-a)⌋/[un capitolo chiuso], chiudere definitivamente con qc.

Schlussverkauf (a.R. **Schlußverkauf**) m svendita f/saldi m pl/liquidazione f (di fine stagione).

Schlusswort (a.R. **Schlußwort**) <-(e)s, -e> n parole f pl conclusive, commento m finale/conclusivo; (*zu einem Buch*) postfazione f: **das ~ sprechen**, pronunciare le parole conclusive, concludere.

Schmach <-, *ohne pl*> f *geh* onta f *geh*, smacco m, disonore m ● **jdm eine ~ antun/zufügen**, recare un'onta a qu *geh*, infliggere un'umiliazione a qu; **etw als ~ empfinden**, sentire qc come un'umiliazione/onta; **eine ~ ertragen/erleiden**, subire un'onta/uno smacco.

schmachten itr *geh* **1** (*leiden*) **irgendwo ~** {IM GEFÄNGNIS, IN DER HITZE, DER WÜSTE} languire + *compl di luogo*; **vor etw** (dat) **~** {VOR DURST, HUNGER} languire *per qc* **2** (*sich sehnen*) **nach jdm ~** {NACH DEM, DER GELIEBTEN} struggersi *per qu*; **nach etw** (dat) **~** anelare (a) *qc*, agognare (a) *qc*: **sie schmachtete nach einem Glas Wasser**, anelava un bicchiere d'acqua; **der Gefangene schmachtete nach seiner Befreiung**, il prigioniero anelava alla sua liberazione; **das Volk schmachtet nach Freiheit**, il popolo agogna/anela alla libertà ● **jdn ~ lassen**, tenere ⌊in sospeso⌋/[sulla corda *fam*] qu.

schmachtend adj *scherz* {JÜNGLING} che langue/[si strugge]; {MELODIE} struggente; {BLICK} languido.

Schmachtfetzen m *fam pej* (*Lied*) canzone f strappalacrime; (*Film*) film m strappalacrime; (*Buch*) libro m strappalacrime.

schmächtig adj {FIGUR, GESTALT, KÖRPER, PERSON} mingherlino, smilzo, esile: **ein ~es Kerlchen**, un ragazzino smilzo.

Schmächtlappen m *fam pej* **1** (*Schwächling*) pappamolle m *fam* **2** (*schmachtender Jüngling*) spasimante m **3** → **Schmachtfetzen**.

Schmächtlocke f *fam scherz* tirabaci m.

schmachvoll adj *geh* disonorevole, ignominioso.

schmackhaft A adj {WEIN} gustoso, saporito; {ESSEN, SPEISE} *auch* appetitoso B adv {ANRICHTEN, ZUBEREITEN} in modo ⌊da stuzzicare l'appetito⌋/[stuzzicante] ● **jdm etw ~ machen**, rendere allettante/appetibile qc a qu.

Schmäh <-s, -(s)> m A *fam* **1** (*Trick*) trucco m *fam* **2** (*Unwahrheit*) balle f pl, storie f pl **3** *‹nur sing›* (*witzige Art*): **Wiener ~**, lo spirito dei viennesi.

schmähen tr *geh* **jdn/etw ~** oltraggiare qu/qc, ingiuriare qu, vituperare qu/qc.

schmählich *geh* A adj {NIEDERLAGE} vergognoso; {VERLEUMDUNG, VERRAT} *auch* ignominioso, infame, ignobile B adv **1** (*schändlich*) {IM STICH LASSEN} in modo ignobile/infame/vergognoso **2** (*sehr*) {SICH TÄUSCHEN}

tremendamente, terribilmente. **Schmährede** f invettiva f: **eine ~ gegen jdn halten**, lanciare un'invettiva contro qu.
Schmähung <-, -en> f geh ingiuria f, oltraggio m, vituperio m lit.
schmal <-er oder schmäler, -ste oder rar schmälste> adj **1** (nicht breit) {FENSTER, HÜFTEN, SCHULTERN, TÜR} stretto; {GELENKE, GESICHT, HÄNDE, LIPPEN} sottile: **du bist aber ~ geworden!**, come sei dimagrito (-a)!; **die Lippen ~ machen**, stringere le labbra **2** geh (unzureichend) {AUSWAHL} limitato, ristretto; {KOST} magro; {EINKOMMEN} auch scarso.
schmälern tr **1** (herabwürdigen) etw ~ {BEDEUTUNG, VERDIENST, WERT} sminuire qc **2** (verringern) {+EINKOMMEN, GEHALT} ridurre qc (a qu), diminuire qc (a qu); {RECHTE} limitare qc (a qu).
Schmälerung <-, -en> f **1** (Herabwürdigung) {+BEDEUTUNG, VERDIENST, WERT} svalutazione f **2** (Verringerung) {+EINKOMMEN, GEHALT} riduzione f, diminuzione f; {+RECHTE} limitazione f.
Schmalfilm m film fot pellicola f a passo ridotto, (pellicola f) superotto f.
Schmalfilmkamera f film fot cinepresa f a passo ridotto, superotto f.
Schmalhans m fam obs: **bei jdm ist ~ Küchenmeister**, qu mangia pane e cipolla, qu è a stecchetto fam/[pane e acqua fam].
Schmalspur f Eisenb scartamento m ridotto.
Schmalspurbahn f Eisenb ferrovia f a scartamento ridotto.
Schmalz① <-es, -e> n **1** (ausgelassenes Fett) strutto m, sugna f: **~ auslassen**, far sciogliere lo strutto **2** (Ohrenschmalz) cerume m.
Schmalz② <-es, ohne pl> m fam pej **1** (Sentimentalität) sentimentalismo m sdolcinato, sdolcinatezza f **2** → **Schmachtfetzen**.
schmalzig fam pej **A** adj {BUCH, FILM, SCHLAGER, STIMME} sdolcinato, stucchevole, sciropposo, zuccheroso **B** adv {SINGEN} in modo sdolcinato/stucchevole.
Schmalztolle f fam scherz {+ELVIS} banana f impomatata.
Schmankerl <-s, -n> n süddt A ghiottoneria f, leccornia f: **jetzt bieten wir Ihnen noch einige musikalische ~n**, e ora vi faremo ascoltare alcune chicche/ghiottonerie musicali.
schmarotzen <ohne ge-> itr **1** pej (auf Kosten anderer leben) scroccare fam, vivere a scrocco fam, fare il parassita fam: **bei jdm ~** {BEI DEN ELTERN, FREUNDEN} vivere a spese/[alle spalle] di qu **2** bot zoo **auf/in etw** (dat) ~ {FLÖHE IM FELL; WÜRMER IM DARM} vivere da parassita su/in qc; {ORCHIDEE AUF EINER PFLANZE} auch parassitare qc.
Schmarotzer <-s, -> m (**Schmarotzerin** f) **1** pej mangiaufo mf fam, parassita mf, scroccone (-a) m (f) fam **2** bot zoo parassita m.
Schmarren, Schmarrn <-s, -> m süddt A **1** gastr (süße Mehlspeise) frittata f dolce sminuzzata **2** fam pej (Unsinn) sciocchezze f pl, fesserie f pl ● **das geht dich einen ~ an!** fam, fatti i cavoli tuoi! fam; **das interessiert mich einen ~!** fam, non me ne importa un fico secco fam/[tubo fam]!
Schmatz <-es, -e oder Schmätze> m <meist sing> fam bacio m con lo schiocco.
schmatzen itr schiacciare fam, mangiare rumorosamente: **hör auf, so zu ~!**, smettila di biascicare in questo modo! fam; **mit den Lippen ~**, schioccare le labbra; **er küsste sie ~d auf die Wangen**, le schioccò un bacio sulle guance.

schmauchen tr itr (etw) ~ {PFEIFE, ZIGARRE, ZIGARETTE} fumare con gusto (qc).
Schmaus <-es, Schmäuse> m scherz oder obs banchetto m, lauto pranzo m.
schmausen itr scherz oder obs banchettare.
schmecken A itr **1** (munden) essere buono: **der Auflauf schmeckt!**, è buono lo sformato!; **jdm ~** piacere a qu: **schmeckt dir/euch das Fleisch?**, ti/vi piace/[è buona] la carne? **2** (einen bestimmten Geschmack haben) **irgendwie ~** {GUT, SALZIG, SAUER, SCHARF} sapere a qualcosa + adj: **das Brot schmeckt gut**, il pane è buono; **das Fleisch schmeckt scheußlich**, la carne è cattiva/[ha un saporaccio]; **die Butter schmeckt ranzig**, il burro sa di/[ha un sapore] rancido; **die Möhren ~ süß**, le carote sono dolci/[hanno un sapore dolce]; **nach etw ~** (dat) ~ sapere di qc: **die Sahne schmeckt nach Vanille ~**, la panna sa di vaniglia; **der Käse schmeckt nach gar nichts**, il formaggio non sa di niente **3** fam (gefallen) **jdm ~** {NEUE ARBEIT, AUFGABE, JOB} piacere a qu: **der Vorwurf schmeckte ihm gar nicht**, quel rimprovero non gli piacque affatto/[andò giù] **B** unpers: **es schmeckt, es ist buono; schmeckt's?**, è buono?; **es schmeckt jdm**, piace a qu; **schmeckt es dir/euch?**, ti/vi piace?, è buono?; **(wie) schmeckt es Ihnen?**, Le piace?; **(im Café/Restaurant) va bene?**; **ihr schmeckt es** (sie hat Appetit), ha un bell'appetito **C** tr (den Geschmack von etw wahrnehmen) **etw ~** sentire il gusto/sapore di qc: **ich bin so erkältet, ich schmecke gar nichts**, sono così raffreddato (-a) che non riesco a sentire i sapori; **die Sahne in der Nudelsoße ~**, sentire la panna nel sugo della pasta ● **etw zu ~ bekommen** fam {DIE PEITSCHE, DEN STOCK}, assaggiare qc; **nicht nach ihm und nicht nach ihr ~** fam, non sapere assolutamente di niente; **lass es dir**/[**lasst es euch**] ~!, buon appetito!; **sie ließen sich** (dat) **alle ~**, tutti mangiarono con appetito/[di gusto]/[di buon appetito]; **das schmeckt nach mehr fam**, bisogna fare il bis; **wohl ~d = wohlschmeckend**.
Schmeichelei <-, -en> f adulazione f, lusinga f, piaggeria f, lisciata f fam; (Schleimerei) ruffianeria f; (Kompliment) complimento m.
schmeichelhaft adj {REDEN, WORTE} lusinghiero, adulatorio: **das ist ein sehr ~es Foto von ihm**, questa foto lo abbellisce parecchio; **(für jdn/etw) wenig ~ sein**, essere poco lusinghiero (per qu/qc).
Schmeichelkätzchen n fam, **Schmeichelkatze** f fam gattina f.
schmeicheln itr **1** (übertrieben loben) **jdm ~** lusingare qu, adulare qu, lisciare qu fam, sviolinare qu: **alle ~ ihr, seit sie Firmenchefin ist**, tutti la lusingano da quando è lei la direttrice dell'azienda; (schleimen) fare il ruffiano con qu, ruffianeggiare con qu **2** (jds Selbstwertgefühl heben): **es schmeichelt ihm, dass er von der Fachwelt beachtet wird**, lo lusinga il fatto di essere stimato dagli esperti del settore **3** (vorteilhaft aussehen lassen) **jdm ~** {FARBE, KLEID, SCHNITT} donare a qu, stare bene a qu: **das Porträt ist entschieden geschmeichelt**, il ritratto è decisamente idealizzato.
Schmeichler <-s, -> m (**Schmeichlerin** f) lusingatore (-trice) m (f), adulatore (-trice) m (f); (Schleimer) ruffiano (-a) m (f), lecchino (-a) m (f) fam pej.
schmeichlerisch adj {REDE, TON, WORTE} adulatorio.
schmeißen <schmeißt, schmiss, geschmissen> fam **A** tr **1** (werfen) **etw irgendwohin ~** {KISSEN, TASCHE AUF DEN BODEN, IN DIE ECKE}

schiaffare fam/buttare qc + compl di luogo: **er schmeißt seine Klamotten immer auf den Boden**, butta/schiaffa la sua roba sempre in terra; **etw in den Abfall ~**, buttare/gettare qc nella spazzatura; **wütend schmiss er ihr das Buch an den Kopf**, con rabbia le tirò il libro in testa; **die Tür ins Schloss ~**, sbattere/sbatacchiare la porta; **etw aus dem Fenster ~**, buttare/gettare qc (fuori) dalla finestra; **jdn aus dem Bett ~**, tirare/buttare qu giù dal letto **2** (abbrechen) **etw ~** {AUSBILDUNG, JOB, LEHRE, SCHULE, STUDIUM} piantare qc fam, mollare qc fam: **von einem zum anderen Tag hat er alles geschmissen**, ha mollato tutto da un giorno all'altro **3** (bewältigen) **etw ~** {ANGELEGENHEIT, SACHE} sbrigare qc, sistemare qc fam: **keine Angst, die Sache ~ wir schon!**, niente paura, la sistemeremo questa faccenda!; **sie ist es, die den ganzen Haushalt/Laden schmeißt**, è lei che manda/tira avanti tutta la casa/baracca fam **4** (spendieren) **etw ~**: **eine Runde ~**, offrire da bere a tutti **5** (organisieren) (jdm/für jdn) **etw ~** {PARTY} organizzare qc (per/a qu), fare qc (per/a qu) **6** (hinausweisen) **jdn aus/von etw ~** (dat) ~ {AUS DEM ZIMMER, VON DER SCHULE} buttare qu fuori da qc fam, sbattere qu fuori da qc fam: **der Professor hat ihn aus dem Hörsaal geschmissen**, il professore l'ha buttato fuori dall'aula; **jdn aus dem Haus ~**, buttare qu fuori di casa **B** itr **1** (werfen) **mit etw** (dat) **(nach jdm/auf jdn) ~** tirare qc (a qu): **die Demonstranten haben mit faulen Eiern nach den Politikern geschmissen**, i dimostranti hanno tirato uova marce (addosso) ai politici; **mit etw** {STEINEN} auch scagliare qc contro qu **2** (ständig im Mund haben) **mit etw** (dat) **um sich ~** {MIT FACHAUSDRÜCKEN, FREMDWÖRTERN, SLOGANS} avere sempre in bocca qc **3** (in großer Menge aus-, ausgeben) **mit etw** (dat) **um sich ~**: **mit Geschenken um sich ~**, fare un sacco di regali; **mit Geld um sich ~**, spendere e spandere **C** rfl **1** (werfen) **sich auf/in etw** (akk) ~ {AUFS BETT, IN DEN SESSEL, AUFS SOFA} buttarsi su/in qc, schiaffarsi su/in qc fam: **er schmiss sich sofort in den bequemsten Sessel**, si schiaffò subito nella poltrona più comoda **2** (sich festlich kleiden) **sich in etw** (akk) ~ {IN DAS BESTE KLEID, DEN SMOKING} mettersi qc fam: **sich in Schale ~**, mettersi in ghingheri.
Schmeißfliege f zoo moscone m.
Schmelz <-es, -e> m **1** (Glasur) smalto m **2** (Zahnschmelz) smalto m.
Schmelze <-, -n> f **1** metall (das Schmelzen) fusione f; (geschmolzene Masse) massa f fusa, metallo m fuso **2** (Schneeschmelze) disgelo m **3** geol roccia f vulcanica/eruttiva.
schmelzen <schmilzt, schmolz, geschmolzen> **A** itr <sein> **1** (weich werden) {BUTTER, EIS, SCHNEE, WACHS} sciogliersi, fondersi: **der Schnee schmolz an der Sonne**, la neve si sciolse al sole; tech {METALL} fondere: **Eisen schmilzt bei 1535 Grad**, il ferro fonde a 1535 gradi; **etw zum Schmelzen bringen**, far fondere qc **2** geh (schwinden) {ÄRGER, HOFFNUNG} svanire; {ZWEIFEL} dissiparsi **B** tr <haben> (zergehen lassen) **etw ~** {METALL} fondere qc; {BUTTER, SCHNEE, WACHS} auch sciogliere qc.
schmelzend adj {BLICK} languido.
Schmelzhütte f metall fonderia f.
Schmelzkäse m gastr formaggio m fuso.
Schmelzofen m metall forno m fusorio.
Schmelzpunkt m phys punto m di fusione.
Schmelztiegel m **1** metall crogiolo m **2** (Ort der Völkermischung) crogiolo m: **viele Großstädte sind ~ unterschiedlichster Na-**

tionalitäten, molte metropoli sono un crogiolo delle nazionalità più diverse.

Schmelzwasser n acqua f di disgelo.

Schmerbauch m *fam pej* pancione m *fam*, trippa f *fam*, trippone m *fam*.

Schmerz <-es, -en> m **1** <*meist pl*> (*körperliche Empfindung*) dolore m: **ein dumpfer/quälender/stechender ~**, un dolore sordo/straziante/lancinante; **von ~en geplagt/gequält**, tormentato dal dolore; **beim Einatmen/Schlucken hat er ~en**, sente dolore a respirare/inghiottire; **die ~en klingen langsam ab**⌊/[**lassen langsam nach**], i dolori si attenuano pian piano; **ich habe starke ~en in der Nierengegend**, ⌊ho forti dolori⌋/[sento un gran male] ai reni; **er krümmte sich vor ~en**, si piegava in due dai dolori **2** <*nur sing*> (*großer Kummer*) dolore m, dispiacere m: **bei einer Trennung tiefen ~ empfinden**, provare un profondo dolore per una separazione ● **hast du sonst noch ~en?** *fam iron*, sì, e poi!? *fam*; **geteilter ~ ist halber ~** *prov*, mal comune mezzo gaudio *prov*.

Schmerzambulanz f *med* centro m di terapia del dolore.

Schmerzbehandlung f *med* → **Schmerztherapie**.

schmerzempfindlich adj {STELLE, WUNDE} sensibile (al dolore).

schmerzen *geh* **A** *itr* (*wehtun*) (*jdm*) ~ {VERLETZUNG, WUNDE} dolere (*a qu*), far male (*a qu*) **B** *tr* (*traurig machen*) **jdn** ~ addolorare *qu*, rattristare *qu*: **die harten Vorwürfe schmerzten sie sehr**, quei duri rimproveri la rattristarono profondamente; **es schmerzt mich, dass sie sich nie mehr gemeldet hat**, mi addolora che non si sia più fatta viva.

Schmerzensgeld n *jur* risarcimento m per danni morali: **auf ~ klagen**, fare causa per ottenere il risarcimento dei danni morali.

Schmerzensmann m *kunst*: **der ~**, l'ecce homo m.

Schmerzensmutter f *kunst*: **die ~**, l'Addolorata, la Madonna addolorata.

schmerzensreich adj *geh* {MUTTERGOTTES} addolorato.

Schmerzensschrei m grido m di dolore.

schmerzfrei adj {KRANKER} senza/[privo di] dolori: **der Patient ist inzwischen ~**, il paziente ormai non ha più dolori.

Schmerzgrenze f **1** *med* soglia f del dolore **2** (*Grenze des Erträglichen*) limite m del sopportabile: **2000 Euro, damit ist unsere finanzielle ~ erreicht**, 2000 euro è la cifra massima che possiamo spendere.

schmerzhaft adj **1** (*Schmerz verursachend*) {VERLETZUNG, WUNDE} doloroso **2** → **schmerzlich**.

schmerzlich A adj (ERFAHRUNG, TRENNUNG, VERLUST) doloroso: **~es Verlangen**, un desiderio ardente **B** adv (*sehr*): **wir waren ~ getroffen von ihrem plötzlichen Tod**, siamo rimasti (-e) dolorosamente colpiti (-e) dalla sua morte improvvisa; **etw ~ entbehren**, sentire profondamente la mancanza di qc; **sie wurde von allen ~ vermisst**, mancava terribilmente a tutti *fam*, tutti sentivano profondamente la sua mancanza.

schmerzlindernd A adj {SALBE} lenitivo: **~es Mittel**, lenitivo, antidolorifico **B** adv: **~ wirken**, avere un effetto calmante.

schmerzlos adj {BEHANDLUNG, EINGRIFF} indolore.

Schmerzmittel n *pharm* analgesico m, antidolorifico m.

Schmerzpatient m (**Schmerzpatientin** f) *med* paziente mf affetto (-a) da dolori (cronici).

schmerzstillend A adj analgesico, antidolorifico: **~es Mittel**, analgesico, antidolorifico **B** adv: **~ wirken**, avere un effetto analgesico/antidolorifico.

Schmerztablette f *pharm* analgesico m, compressa f analgesica, cachet m *fam*.

Schmerztherapeut m (**Schmerztherapeutin** f) *med* algologo (-a) m (f).

Schmerztherapie f *med* terapia f del dolore.

schmerzunempfindlich adj insensibile (al dolore).

schmerzverzerrt adj {GESICHT, MIENE} stravolto/sfigurato dal dolore.

schmerzvoll adj *geh* → **schmerzlich**.

Schmetterball m *Tischtennis* schiacciata f; *Tennis Volleyball* auch smash m.

Schmetterling <-s, -e> m **1** *zoo* farfalla f: **~e sammeln**, collezionare farfalle **2** <*nur sing, ohne art*> *sport* → **Schmetterlingsstil**.

Schmetterlingsnetz n (retino m) acchiappafarfalle m.

Schmetterlingssammlung f collezione f di farfalle.

Schmetterlingsschwimmen n nuoto m a farfalla.

Schmetterlingsstil <-(e)s, ohne pl> m *sport* (stile m a) farfalla f.

schmettern A tr <*haben*> **1** (*werfen*) **jdn/etw irgendwohin** ~ scaraventare *qu/qc + compl di luogo*: **er schmetterte die Flasche an die Wand**, scaraventò la bottiglia contro il muro; **die Tür ins Schloss ~**, sbattere la porta con violenza **2** *sport* (*schlagen*) **etw ~** {BALL} schiacciare *qc* **3** (*laut ertönen lassen*) **etw ~** {CHOR, SÄNGER LIED} cantare a squarciagola *qc*; {BLÄSER, ORCHESTER FANFARE} suonare *qc*: **er schmetterte einen Gruß in die Menge**, lanciò un saluto tuonante in mezzo alla folla **B** *itr* **1** <*sein*> (*aufprallen*) **irgendwohin** ~ ⌊andare a sbattere⌋/[schiantarsi] + *compl di luogo*: **er ist mit dem Wagen gegen einen Baum geschmettert**, ⌊è andato a sbattere⌋/[si è schiantato] con la macchina contro un albero; **ich bin mit dem Kopf gegen den Türrahmen geschmettert**, ho sbattuto la testa contro lo stipite della porta **2** <*haben*> *Tischtennis* fare una schiacciata; *Tennis Volleyball* auch fare uno smash **3** <*haben*> (*laut ertönen*) {TROMPETE} squillare; **seine Stimme schmetterte über den Korridor**, la sua voce tuonò per il corridoio.

Schmied <-(e)s, -e> m (**Schmiedin** f) fabbro m; (*Hufschmied*) maniscalco m.

Schmiede <-, -n> f fucina f.

Schmiedeeisen n ferro m battuto.

schmiedeeisern adj {GELÄNDER, GITTER, TOR} di/in ferro battuto.

schmieden tr **1** (*glühendes Metall formen*) **etw ~** {GITTER, HUFEISEN, KLINGE} forgiare *qc*, fucinare *qc*; {EISEN} battere *qc*: **den Stahl zu einem Gitter ~**, forgiare l'acciaio per un'inferriata **2** (*befestigen*) **jdn** (**an etw** akk) ~: **einen Gefangenen an eine Kette ~**, mettere un prigioniero in catene **3** (*aushecken*) **etw** (**gegen jdn**) ~ {PLAN} architettare *qc* (*contro qu*), escogitare *qc* (*contro qu*), ideare *qc* (*contro qu*); {INTRIGE, KOMPLOTT, RÄNKE} ordire *qc* (*contro qu*), tramare *qc* (*contro qu*): **Pläne für den Urlaub ~**, fare progetti per le vacanze; **einen teuflischen Plan ~**, architettare un piano diabolico.

Schmiedin f → **Schmied**.

Schmiege <-, -n> f **1** *tech* metro m pieghevole **2** *naut* angolo m fuori squadra.

schmiegen A *rfl* **1** (*sich drücken*) **sich an jdn/etw ~** {KIND AN DIE MUTTER, DEN HUND} stringersi *a qu/qc*; **sich in etw** (akk) ~ {IN JDS ARME} rifugiarsi *in qc*; {IN EINE DECKE} avvolgersi *in qc*; {IN DIE SOFAECKE} rannicchiarsi *in qc*, raggomitolarsi *in qc* **2** (*weich umspielen*) **sich an/um etw** (akk) ~ {KLEID, PULLOVER AN DIE FIGUR} aderire *a qc*, modellare *qc* **B** *tr* (*drücken*) **etw in/an etw** (akk) ~ {KOPF AN DIE KOPFLEHNE, DIE SCHULTER, IN JDS SCHOß} appoggiare *qc + compl di luogo*.

schmiegsam adj **1** (*sich leicht anpassend*) {LEDER, MATERIAL, SCHUHE, STIEFEL} morbido **2** *geh* (*geschmeidig*) {KÖRPER} flessuoso, flessibile.

Schmierblock m *fam* blocco m per appunti.

Schmierblutung f *med* perdite f pl di sangue.

Schmiere <-, -n> f **1** (*Fett*) grasso m, lubrificante m **2** *fam pej* (*Provinztheater*) teatrino m di ⌊quart'ordine⌋/[provincia] ● **~ stehen** *fam*, fare il palo *fam*.

schmieren A tr **1** *tech* (*fetten*) **etw ~** {FAHRRADKETTE, MASCHINE, MOTOR, ZAHNRAD} ingrassare *qc*, lubrificare *qc*, ungere *qc*; (*mit Öl*) *auch* oliare *qc* **2** *fam* (*streichen*) **etw irgendwohin** ~ {MARMELADE AUFS BROT, AUF DIE SCHNITTE} spalmare *qc + compl di luogo*: **Butter aufs Brot ~**, spalmare il burro sul pane, imburrare il pane **3** *fam* (*liederlich hinschreiben*) **etw irgendwohin** ~ {HAUSAUFGABEN INS HEFT} scarabocchiare *qc + compl di luogo*: **Parolen an die Wände ~**, imbrattare i muri di slogan **4** *fam pej* (*nachlässig schreiben*) **etw ~** {ARTIKEL, AUFSATZ, BERICHT} scribacchiare *qc*, scarabocchiare *qc* **5** *fam pej* (*bestechen*) **jdn** ~ ungere *qu fam*, corrompere *qu* **B** *itr* **1** (*unleserlich schreiben*) scrivere male **2** (*klecksen*) {FÜLLER, KUGELSCHREIBER} macchiare **C** *rfl* **sich** (dat) **etw irgendwohin** ~ {CREME AUF DIE ARME, INS GESICHT} spalmarsi *qc + compl di luogo* ● **jdm eine ~** *fam*, mollare un ceffone/una sberla a qu *fam*.

Schmierentheater n *pej* teatrino m di ⌊quart'ordine⌋/[provincia].

Schmiererei <-, -en> f *fam pej* **1** (*unleserliche Schrift*) scarabocchi m pl; (*einzelnes unleserliches Wort*) scarabocchio m, sgorbio m **2** (*schlechte Malerei*) scarabocchio m, sgorbio m.

Schmierfett n *tech* (grasso m) lubrificante m.

Schmierfilm m pellicola f/strato m lubrificante.

Schmierfink m *fam pej* **1** (*Autor, Journalist*) scribacchino (-a) m (f), imbrattacarte mf *fam* **2** (*Kind, das unleserlich schreibt*) scarabocchione (-a) m (f); (*Kind, das sich schmutzig macht*) sudicione (-a) m (f) *fam*, sporcaccione (-a) m (f) *fam* **3** (*Wandbeschmierer*) imbrattamuri mf.

Schmiergeld n *pej* bustarella f *fam*, mazzetta f *fam*, tangente f.

Schmierheft n *fam* (*bes. für die Schule*) scartafaccio m, quaderno m per appunti, quaderno m di/[per la] brutta.

schmierig adj **1** (*schmutzig und klebrig*) {FUßBODEN, HAAR, HÄNDE, TISCHDECKE} unto; (*rutschig*) {FAHRBAHN, STRAßE} viscido, sdrucciolevole **2** *pej* (*widerlich*) {TYP} viscido, scivoloso: **so ein ~er Kerl!**, che individuo viscido **3** *pej* (*zweideutig*) {BEMERKUNG, WITZ} sudicio, sconcio, sporco.

Schmiermittel n *tech* lubrificante m.

Schmieröl n *tech* (olio m) lubrificante m.

Schmierpapier n carta f per appunti.

Schmierseife f sapone m molle/[in pasta].

Schmierung f {+GETRIEBE, MASCHINE, MOTOR} lubrificazione f, ingrassaggio m.

Schmierzettel m brutta copia f, minuta f; (*Zettel für Notizen*) foglietto m per appunti.

schmilzt 3. pers sing präs *von* schmelzen.

Schminke <-, -n> f trucco m, make-up m, maquillage m; **~ auftragen/auflegen** *geh*, farsi il trucco, truccarsi; **die ~ abmachen**, togliere il trucco, struccarsi.

schminken A tr *jdn/etw* ~ truccare *qu/qc*; *jdm etw* ~ {DIE AUGEN, DAS GESICHT, DEN MUND} truccare *qc a qu* B *rfl* **sich ~** truccarsi; **sich (dat)** *etw* ~ {DIE AUGEN, DAS GESICHT, DEN MUND} truccarsi *qc* ● **geschminkt sein** {ERGEBNISSE}, essere truccato/ritoccato.

Schminkkoffer m beauty (case) m.

Schminktäschchen n portatrucco m.

Schminktisch m toilette f.

Schminktopf m vasetto m per trucchi ● **die ist wohl in einen ~ gefallen!** *fam scherz*, sembra un mascherone!

schmirgeln tr (*mit Schmirgelpapier glätten*) *etw* ~ {GELÄNDER, STUHL} smerigliare *qc* 2 (*durch Schmirgeln entfernen*) *etw von etw* (dat) ~ {FARBE, LACK, ROST VOM HOLZ, METALL} togliere *qc da qc* smerigliando.

Schmirgelpapier n carta f smeriglio.

schmiss (a.R. schmiß) 1. *und* 3. pers sing imperf *von* schmeißen.

Schmiss (a.R. Schmiß) <-es, -e> m 1 *slang univ* (*Mensurnarbe*) sfregio m, cicatrice f 2 <*nur sing*> *slang obs* (*Schwung*) brio m, slancio m.

Schmöker <-s, -> m *fam* librone m *fam*.

schmökern itr *fam in etw* (dat) ~ {IN EINEM BUCH, ROMAN} immergersi nella lettura *di qc*.

Schmollecke f → **Schmollwinkel**.

schmollen itr (*mit jdm*) ~ tenere il broncio/muso (*a qu*) *fam*, essere imbronciato.

Schmollmund m broncio m, muso m lungo: **einen ~ machen/ziehen**, fare/mettere il broncio/muso; (*Mund mit vollen Lippen*): **der ~ der BB**, le labbra carnose di BB.

Schmollwinkel m: **im ~ sitzen** *fam*, tenere il broncio/muso, essere imbronciato; **sich in den ~ zurückziehen** *fam*, fare/mettere il broncio/muso.

schmolz 1. *und* 3. pers sing imperf *von* schmelzen.

Schmorbraten m *gastr* stufato m, brasato m, stracotto m.

schmoren A tr *gastr* (*anbraten und langsam garen*) *etw* ~ {GEMÜSE} stufare *qc*; {BRATEN, FLEISCH} *auch* brasare *qc*, cuocere *qc* in umido B itr 1 *gastr* (*garen*) {BRATEN, FLEISCH, GEMÜSE} cuocere a fuoco lento 2 *fam* (*schwitzen*) **irgendwo ~: in der Sonne ~**, rosolarsi/arrostirsi/cuocersi al sole; **in der Sauna ~**, sciogliersi/lessarsi *fam* nella sauna 3 *fam* (*unbearbeitet herumliegen*) **irgendwo ~** {AKTE, ANGELEGENHEIT, ANTRAG} ⌊fare la muffa⌋/[dormire] + *compl di luogo* ● **jdn ~ lassen** *fam*, cuocere/cucinare qu a fuoco lento; **nach der Prüfung haben sie mich zwei Monate ~ lassen, bevor ich das Ergebnis erfuhr**, dopo l'esame mi hanno tenuto ⌊sulle spine⌋ per due mesi prima di darmi il risultato.

Schmortopf m casseruola f.

Schmu <-, *ohne pl*> m *fam* 1 (*Lügen*) fandonie f pl, storie f pl *fam*, balle f pl *fam*, frottole f pl *fam*: **erzähl keinen ~!**, non raccontare balle/frottole! 2 (*leichter Schwindel*) intrallazzo m *fam*, raggiro m: **~ machen**, intrallazzare *fam*, fare degli intrallazzi *fam*.

schmuck adj *obs* {HAUS, MÄDCHEN, PAAR} grazioso, carino: **~ aussehen**, avere un aspetto grazioso.

Schmuck <-(e)s, *ohne pl*> m 1 gioielli m pl, gioie f pl: **echter/falscher ~**, gioielli veri/falsi; **sie ist immer mit ~ behängt**, è sempre tutta ingioiellata, sembra sempre un albero di Natale *fam*; (*~stück*) gioiello m 2 (*Verzierung*) ornamento m, decorazione f.

schmücken A tr (*dekorieren*) *etw* (*mit etw* dat) ~ {TISCH MIT BLUMEN, KERZEN, WEIHNACHTSBAUM MIT KUGELN} (ad)ornare *qc* (*di qc*), decorare *qc* (*con qc*), addobbare *qc* (*con qc*): **große Blumenarrangements schmückten den Saal**, grandi composizioni floreali ornavano la sala; **ein festlich geschmückter Tisch**, una tavola imbandita a festa B *rfl* **sich** (*mit etw* dat) ~ adornarsi (*con qc*), farsi bello (-a) (*con qc*): **sie schmückt sich gerne**, le piace agghindarsi/[mettersi in ghingheri].

Schmuckindustrie f industria f dei gioielli.

Schmuckkästchen n portagioie m, portagioielli m.

schmucklos adj {PROSA, STIL} disadorno, spoglio; {RAUM, WÄNDE} *auch* nudo; {KLEID} sobrio, sguarnito.

Schmuckstück n 1 (*Schmuckteil*) gioiello m 2 *fam* (*das beste Stück*) {+AUSSTELLUNG, KOLLEKTION, SAMMLUNG} gioiello m, pezzo m forte *fam*.

Schmuckwaren subst <*nur pl*> (articoli m pl di) gioielleria f, gioielli m pl; (*Modeschmuck*) (articoli m pl di) bigiotteria f.

schmuddelig, **schmuddlig** adj *fam* (*schmutzig*) {KITTEL, LOKAL, TISCHDECKE} poco pulito, sporco, sudicio; (*ungepflegt*) {ANZUG, KLEIDER} trasandato.

Schmuddelkind n *fam pej* ragazzo m di strada.

Schmuddelwetter n *fam* tempo m freddo e piovoso.

Schmuggel <-s, *ohne pl*> m contrabbando m.

schmuggeln A itr (*illegal ein- und ausführen*) praticare il contrabbando B tr 1 (*illegal oder heimlich irgendwohin schaffen*) *jdn/etw irgendwohin* ~ ⌊far entrare⌋/[introdurre] di nascosto *qu/qc* + *compl di luogo*: **Briefe ins Gefängnis ~**, ⌊far entrare⌋/[introdurre] di nascosto lettere in prigione; **drei Flaschen Whisky auf die Schulparty ~**, portare di nascosto tre bottiglie di whisky alla festa della scuola; *jdn/etw aus etw* (dat) ~ far uscire *qu/qc da qc* 2 (*illegal ein- und ausführen*) *etw* ~ {ALKOHOL, DROGEN, WAFFEN} contrabbandare *qc*, fare il contrabbando *di qc*: *jdn/etw* **über die Grenze ~**, fare passare la frontiera clandestinamente a qu, portare *qc* illegalmente oltre frontiera; *jdn/etw* **ins (In)land ~**, introdurre/[far entrare] *qu/qc* clandestinamente/illegalmente nel paese; *jdn/etw* **ins Ausland ~**, portare *qu/qc* clandestinamente/illegalmente all'estero.

Schmuggelware f merce f di contrabbando.

Schmuggler <-s, -> m (**Schmugglerin** f) contrabbandiere (-a) m (f).

Schmugglerbande f banda f di contrabbandieri.

Schmugglerin f → **Schmuggler**.

Schmugglerring m → **Schmugglerbande**.

Schmugglerschiff n nave f contrabbandiera.

schmunzeln itr (*über jdn/etw*) ~ ⌊ridere sotto i baffi⌋/[ridere a fior di labbra]/[sorridere divertito] (*di qu/qc*): **zufrieden ~**, sorridere contento *e qu/qc*: **bei dieser Ausrede konnte der Lehrer ein Schmunzeln nicht unterdrücken**, di fronte a quella scusa l'insegnante non poté fare a meno di sorridere.

Schmus m *fam* chiacchiere f pl.

Schmusekatze f *fam* coccolona f *fam*.

Schmusekurs m *fam iron bes. pol* politica f di avvicinamento: **auf ~ (mit jdm/etw) gehen**, cercare il dialogo (con qu/qc): **aus mit ~ zwischen Apple und Google**, finito il flirt tra Apple e Google.

schmusen itr *fam*: **gern ~**, essere un/una coccolone (-a); *mit jdm* ~ fare le coccole a *qu*; (*zwischen Partnern*) *auch* pomiciare *con qu*, scambiarsi carezze/tenerezze *con qu*: **die Kinder kommen oft und wollen mit mir ~**, i bambini vengono spesso da me a farsi coccolare; **miteinander ~**, farsi le coccole.

Schmuserei f pomiciare m.

Schmutz <-es, *ohne pl*> m sporco m, sporcizia f, sudicio m, sudiciume m: **den ~ von etw** (dat) **abmachen/entfernen**, togliere lo sporco/il sudicio da qc; **~ abweisend** {LACK}, che respinge lo sporco; **der Umbau hat viel ~ mit sich gebracht**, i lavori di ristrutturazione hanno creato un sacco di sporco ● **jdn mit ~ bewerfen**, infangare qu, gettare/[tirare] fango su qu; **jdn/etw in/durch den ~ ziehen**, trascinare nel fango qu/qc, infangare *qu/qc*.

schmutzabweisend adj → **Schmutz**.

schmutzen itr {WEIßES HEMD, HELLER STOFF} sporcarsi, insudiciarsi: **leicht/schnell ~**, sporcarsi facilmente/subito.

Schmutzfänger m 1 (*Gegenstand, an dem sich Schmutz festsetzt*) ricettacolo m per la polvere: **diese Nippsachen sind doch nur ~!**, questi soprammobili attirano solo la polvere! 2 {+FAHRRAD} paraspruzzi m 3 *tech* {+ROHR} filtro m.

Schmutzfink m *fam* 1 (*jd, der sich oder etw schmutzig macht*) sudicione (-a) m (f), sporcaccione (-a) m (f) 2 *pej* (*moralisch verwerfliche Person*) sporcaccione (-a) m (f) *fam pej*, sudicione (-a) m (f) *fam pej*, porcone (-a) m (f) *fam pej*.

Schmutzfleck m macchia f di sporco/sudicio.

schmutzig adj 1 (*dreckig*) {FUßBODEN, GARDINEN, HÄNDE, SCHUHE} sporco, sudicio, sozzo; (*mit etw beschmiert*) imbrattato 2 (*viel Schmutz machend*) {ARBEIT} che sporca 3 (*anzüglich*) {BEMERKUNG, GESTE, WITZ} sporco, sconcio, sudicio, osceno: **~e Reden**, discorsi sudici 4 *pej* (*anrüchig*) {GESCHÄFT, GEWERBE}, sporco, sudicio 5 (*unrein*) {FARBE} sporco: **ein ~es Weiß**, un bianco sporco ● **sich ~ machen**, sporcarsi, insudiciarsi; **sich (dat) etw ~ machen** {GESICHT, HÄNDE, HEMD, HOSE}, sporcarsi qc, insudiciarsi qc; **~ werden**, sporcarsi, insudiciarsi.

Schmutzwäsche f biancheria f sporca [da lavare].

Schnabel <-s, Schnäbel> m 1 *ornith* becco m 2 *süddt* A (*dünnes Ausgussrohr*) {+KANNE, KRUG, SCHNABELTASSE} beccuccio m, becco m 3 *fam* (*Mund*) becco m *fam* 4 *fam* becco m, bocchino m ● *halt* (*endlich*) **den ~!**, (*ora*) chiudi il becco! *fam*; **reden/sprechen, wie einem der ~ gewachsen ist** *fam*, parlare schietto/[senza peli sulla lingua *fam*].

schnäbeln itr {VÖGEL} strofinarsi il becco; {LIEBESPAAR} sbaciucchiarsi.

Schnabeltasse f ochetta f.

Schnabeltier n *zoo* ornitorinco m.

schnabulieren <*ohne ge->* tr *fam etw* ~ {KUCHEN, PRALINE, SCHOKOLADE} gustarsi *qc*.

Schnack <-(e)s, *ohne pl*> m *norddt fam* chiacchierata f: **einen ~ halten**, fare ⌊una chiacchierata⌋/[due chiacchiere].

schnackeln itr *süddt fam mit etw* (dat) ~ {MIT DEN FINGERN, DER ZUNGE} (far) schioccare *qc* ● **es hat geschnackelt** {AN DER KREUZUNG}, c'è stato un incidente/uno scontro; {IN

der Familie, zu Hause), c'è stata una lite/una baruffa; **(es hat geklappt)**; è andata bene; **bei jdm hat es geschnackelt** *(jd hat endlich verstanden)*, qu ci è arrivato (-a); *(jd hat sich verliebt)* qu ha preso una cotta *fam.*

schnacken itr *norddt fam* **(mit jdm) (über etw** akk**)** ~ chiacchierare *(con qu) (di qc)*.

Schnake <-, -n> f *zoo* **1** *(Weberknecht)* tipula f **2** *fam (Stechmücke)* zanzara f.

Schnalle <-, -n> f **1** *(Schließe)* {+GÜRTEL, RIEMEN, SCHUH, TASCHE} fibbia f **2** *süddt A (Klinke)* maniglia f **3** *slang pej (Prostituierte)* troia f *vulg*, zoccola f *vulg*, puttana f, sgualdrina f **4** *slang pej (Frau)* tipa f.

schnallen ① **A** tr **1** *(fest~)*: **etw enger ~** {GÜRTEL, RIEMEN}, stringere qc; **etw weiter ~**, allentare qc **2** *(auf~)* **etw irgendwohin** {GÜRTEL UM DIE HÜFTE} allacciare qc + *compl di luogo*; {RUCKSACK AUF DEN RÜCKEN} *auch* legare qc + *compl di luogo*: **die Tasche auf den Gepäckträger ~**, fissare la borsa sul portapacchi **3** *(los~)* **etw von etw (dat)** ~ {KOFFER VON DACHTRÄGER} slegare qc *da* qc: **die Skier von den Füßen ~**, togliersi gli sci, slacciare gli sci dai piedi **B** rfl *(auf~)* **sich (dat) etw irgendwohin** ~ {GURT UM DIE HÜFTEN} allacciarsi qc *intorno a* qc; {RUCKSACK AUF DEN RÜCKEN} *auch* legarsi qc + *compl di luogo*.

schnallen ② tr *slang (verstehen)* **etw ~** arrivarci *a* qc, capire qc, afferrare qc: **der schnallt's sowieso nicht!**, tanto non ci arriva! *fam*.

schnalzen itr **mit etw (dat)** ~ {MIT DEN FINGERN, DER PEITSCHE} schioccare qc: **mit der Zunge ~**, (far) schioccare la lingua.

schnapp interj clac!

Schnäppchen <-s, -> n *fam* affarone m *fam*, superofferta f: **zehn Euro für die Bluse, wenn das kein ~ ist!**, dieci euro per la camicetta, se questo non è un affare!

Schnäppchenführer m guida f ₗalla spesa₎/₍allo shopping₎ intelligente.

schnappen A itr **1** *<haben>* *(mit dem Maul packen)* **nach jdm/etw ~** {HUND NACH EINEM KNOCHEN} cercare di addentare/azzannare qu/qc; {KATZE NACH EINER MAUS} cercare di acchiappare/prendere qc; {HUND, PFERD NACH JDM, JDS FINGER} cercare di mordere qu/qc **2** *<sein> (schnellen)* **von etw (dat)** ~ {DECKEL VON DER BÜCHSE} saltare via *da* qc: **irgendwohin ~**: **die Tür ist ins Schloss geschnappt**, la porta si è chiusa di scatto **B** tr *<haben>* **1** *fam (ergreifen)* **etw ~** {MANTEL, SCHIRM, TASCHE} afferrare qc, prendere qc: **der Dieb schnappte die Tasche**, il ladro agguantò la borsa; **jdm am Ärmel ~**, afferrare qu per il braccio **2** *(fassen)* **etw ~** {HUND DIE WURST} addentare qc; {BEUTE} *auch* azzannare qc **3** *fam (erwischen)* **jdn** ~ {DIEB, EINBRECHER, MÖRDER} acchiappare qu *fam*, acciuffare qu *fam* **C** rfl **1** *fam (nehmen)* **sich (dat) etw** ~ prendere qc, pigliare qc: **schnapp dir deine Jacke, wir gehen!**, prendi la giacca, andiamo! **2** *(abpassen)* **sich (dat) jdn** ~ agganciare qu *fam* • **nach Luft ~** *fam*, boccheggiare; ₗein bisschen₎/₍etwas₎ **frische Luft ~**, prendere una boccata d'aria.

Schnappmesser n coltello m a serramanico.

Schnappschloss (a.R. Schnappschloß) n serratura f a scatto.

Schnappschuss (a.R. Schnappschuß) m fot (fotografia f) istantanea f.

Schnaps <-es, Schnäpse> m acquavite f; *(Tresterbranntwein)* grappa f: **einen ~ trinken**, bere un grappino.

Schnapsbrennerei f distilleria f di acquavite.

Schnapsbruder m *fam pej* ubriacone m.

Schnäpschen n *dim von* Schnaps grappino m.

Schnapsfahne f: **eine ~ haben**, puzzare di grappa.

Schnapsflasche f *(mit Schnaps)* bottiglia f di grappa; *(für Schnaps)* bottiglia f da grappa.

Schnapsglas n bicchierino m da grappa.

Schnapsidee f *fam* idea f balorda *fam*/balzana *fam*/assurda: **wer ist denn auf die ~ gekommen, das Zimmer rosa zu streichen?**, a chi è saltato il ghiribizzo di dipingere di rosa la stanza?

Schnapsleiche f *fam scherz* ubriacone m.

Schnapsnase f naso m paonazzo (da ubriacone).

Schnapszahl f *scherz* "numero m composto da cifre identiche".

schnarchen itr **1** *(beim Schlafen rasselnd atmen)* russare, ronfare **2** *fam (schlafen)* dormire.

Schnarcher <-s, -> m *(Schnarcherin f)* russatore (-trice) m (f).

schnarren itr *{*DEFEKTE KLINGEL, STIMME, WECKER*}* gracchiare.

schnattern itr **1** *zoo* {ENTE, GANS} schiamazzare **2** *fam (schwatzen)* {JUNGE MÄDCHEN} starnazzare *scherz*, schiamazzare.

schnauben *(auch oder obs schnob, geschnaubt oder obs geschnoben)* itr **1** *(laut die Luft hinausblasen)* {PFERD} sbuffare; {LOKOMOTIVE} *auch* ansimare **2** *(außer sich sein)* **(vor etw dat)** ~ {VOR ÄRGER, ENTRÜSTUNG, WUT} sbuffare *(per qc)*; soffiare *(per qc)*: **er schnaubte vor Ungeduld**, sbuffava dall'/per l'impazienza.

schnaufen itr **1** *<haben> (schwer atmen)* ansimare, ansare, respirare affannosamente, avere il ₗrespiro affannoso₎/₍fiato grosso *fam*₎: **er musste nach dem schnellen Lauf ganz schön ~**, dopo quella corsa ansimava/ansava parecchio; **beim Treppensteigen kommt sie immer ins Schnaufen**, facendo le scale finisce sempre per ansimare **2** *<sein> fam (schwer atmend gehen)* **irgendwohin ~** {DEN BERG HINAUF, DIE TREPPE HINAUF} salire *con* fatica, ansando: **er schnaufte über den Korridor**, passò ansando per il corridoio **3** *<haben> süddt (atmen)* respirare.

Schnaufer <-s, -> m *fam* respiro m (affannoso) • **bis zum letzten ~** *fam euph*, fino all'ultimo respiro.

Schnauferl <-s, - *oder* A -n> n *süddt A (Oldtimer)* auto f d'epoca.

Schnauz <-es, Schnäuze> m *CH (Schnurrbart)* baffi m pl.

Schnauzbart m **1** *(großer Schnurrbart)* baffoni m pl, mustacchi m pl **2** *fam (Mann mit Schnauzbart)* baffone m *fam*.

Schnauze <-, -n> f **1** *(Maul)* {+BÄR, FUCHS, HUND, KATZE, WOLF} muso m; {+SCHWEIN} grugno m **2** *fam (Vorderteil)* {+FAHRZEUG, FLUGZEUG} muso m *fam* • **(mit etw dat) auf die ~ fallen** *slang (scheitern)*, sbattere il muso (su qc) *fam*, finire col culo per terra (con qc) *slang*, prenderla in tasca (con qc) *fam*; **frei nach ~** *fam*, a occhio *fam*; **jdn hat es auf die ~ gehauen** *slang (jd ist gestürzt)*, qu ha battuto una bella musata *fam*; **eine große ~ haben**, sparare le grosse *fam*; **halt die ~!** *slang*, chiudi il becco! *fam*; **jdm die ~ polieren** *slang*, **jdm eine/eins in die ~ hauen** *slang*, spaccare il muso a qu *slang*, rompere il grugno a qu *slang*; **die ~ (gestrichen) voll haben von jdm/etw** *slang*, averne piene le palle/scatole di qu/qc *slang*.

schnauzen itr *fam* sbraitare, urlare.

schnäuzen rfl sich ~ soffiarsi il naso: **sich**

(dat) die Nase ~, soffiarsi il naso.

Schnauzer m **1** *zoo* schnauzer m **2** *fam (Schnauzbart)* baffoni m pl, mustacchi m pl.

Schnecke <-, -n> f **1** *zoo* {+*meist* pl} *gastr* lumaca f **3** *gastr (Hefeteilchen)* pappatacio m, "pasta f a forma di chiocciola" **4** *anat* coclea f, chiocciola f **5** *mus* {+CELLO, GEIGE, KONTRABASS} chiocciola f, riccio m **6** *mech* vite f perpetua; [senza fine] • **jdn zur ~ machen** *fam*, dare una lavata di capo a qu *fam*, fare il culo a qu *slang*.

Schneckenhaus n guscio m della chiocciola • **sich in sein ~ zurückziehen**, chiudersi nel proprio guscio.

Schneckentempo n: **im ~** {SICH BEWEGEN, ETW TUN}, a passo di lumaca; **im ~ fahren**, andare ₗa passo di lumaca₎/₍piano come una lumaca₎.

Schnee <-s, *ohne* pl> m **1** *meteo* neve f: **pappiger/pulveriger/nasser ~**, neve papposa/farinosa/bagnata; **ewiger ~**, nevi perenni; **~ räumen**, spazzare la neve; **~ schaufeln/schippen**, spalare la neve; **der ~ fiel langsam und gleichmäßig**, la neve cadeva lenta e costante **2** *gastr (Eischnee)*: **das Eiweiß zu ~ schlagen**, montare a neve la chiara d'uovo **3** *slang (Kokain)* neve f *slang*, cocaina f • **~ von gestern/vorgestern** *fam*, acqua passata *fam*.

Schneeball m **1** *(Ball aus Schnee)* palla f di neve **2** *bot* viburno m, palla f di neve, pallone m di maggio.

Schneeballeffekt m → **Dominoeffekt**.

Schneeballschlacht f battaglia f a palle di neve: **eine ~ machen/veranstalten**, fare a ₗpalle di neve₎/₍pallate₎.

Schneeballsystem n **1** *com (Warenabsatzform)* (sistema m di) vendita f piramidale **2** *(Verbreitung einer Nachricht)* catena f di Sant'Antonio.

schneebedeckt adj {HÄUSER, STRAẞEN, WIESEN} coperto di neve; {BERGE, HÜGEL} *auch* innevato, nevoso.

Schneebericht m bollettino m della neve.

Schneebesen m frusta f.

schneeblind adj affetto da oftalmia da neve.

Schneeblindheit f oftalmia f da neve.

Schneebrille f occhiali m pl da neve.

Schneebruch m "danno m fatto alle piante dal peso della neve".

Schneedecke f manto m/coltre f di neve.

Schneefall m nevicata f, precipitazione f nevosa: **starke Schneefälle**, abbondanti/forti/copiose nevicate.

Schneeflocke f fiocco m/falda f di neve.

Schneefräse f sgombraneve m a turbina.

schneefrei adj {PASS, STRAẞE} sgombro/libero dalla neve • **~ haben**, non dover andare a scuola a causa di abbondanti nevicate.

Schneegestöber <-s, -> n *meteo* bufera f di neve.

Schneeglätte f strada f ghiacciata.

Schneeglöckchen <-s, -> n *bot* bucaneve m.

Schneegrenze f: **bei 1300 Metern**, nevica sopra i 1300 metri.

Schneehuhn n *ornith* pernice f bianca.

Schneekanone f cannone m sparaneve.

Schneekette f *<meist* pl*> autom* catena f ₗda neve₎/₍antineve₎: **die ~n aufziehen/abnehmen**, ₗmontare/mettere₎/₍togliere₎ le catene.

Schneekönig m: **sich freuen wie ein ~** *fam*, essere felice come una pasqua/un re.

Schneemann m pupazzo m di neve: **einen ~ bauen**, fare un pupazzo di neve.

Schneematsch m poltiglia f/fanghiglia f di neve.

Schneemensch m yeti m, uomo m delle nevi.

Schneemobil n motoslitta f.

Schneepflug m **1** (*Räumfahrzeug*) spazzaneve m, sgombraneve m **2** *Ski* spazzaneve m: **(im) ~ fahren**, ₍fare lo₎/[andare a] spazzaneve.

Schneeräumer m, **Schneeräumgerät** n spartineve m, spazzaneve m, sgombraneve m.

Schneeraupe f gatto m delle nevi.

Schneeregen m *meteo* pioggia f mista a neve, nevischio m.

Schneeschauer m nevicata f.

Schneeschaufel f, **Schneeschippe** f *region* pala f da neve.

Schneeschmelze f (*periodo* m *del*) disgelo m.

Schneeschuh m racchetta f da neve.

Schneescooter m motoslitta f.

schneesicher adj: **das ist ein ~es Gebiet**, è una zona dove si è sicuri di trovare sempre (la) neve.

Schneesturm m *meteo* bufera f/tempesta f di neve, tormenta f.

Schneetreiben n *meteo* → **Schneegestöber**.

Schneeverhältnisse subst <*nur pl*> condizioni f pl della neve.

Schneeverwehung f cumulo m di neve (formato dal vento).

Schneewasser n (acqua f ricavata da) neve f sciolta.

Schneewehe f → **Schneeverwehung**.

schneeweiß adj {HAAR} bianco come la neve, candido.

Schneewittchen <-s, *ohne pl*> n *lit* Biancaneve f: **~ und die sieben Zwerge**, Biancaneve e i sette nani.

Schneid <-(e)s, *ohne pl*> m *fam* coraggio m, fegato m *fam*: **~/[keinen ~] haben**, avere/[non avere] fegato *fam*; **jdm den ~ abkaufen**, smontare qu *fam*, scoraggiare qu; **sich (dat) den ~ abkaufen lassen** *fam*, farsi smontare.

Schneidbrenner m *tech* fiamma f ossidrica.

Schneide <-, -n> f **1** (*Kante*) {+KLINGE} filo m: **eine scharfe/stumpfe ~**, un filo aguzzo/smussato **2** (*Klinge*) {+MESSER, SCHERE} lama f.

Schneidebrett n tagliere m.

schneiden <*schneidet, schnitt, geschnitten*> **A** *tr* **1** (*zerteilen*) **etw ~** {BRATEN, BROT, KÄSE, KUCHEN, WURST} tagliare qc: **etw in Streifen/Stücke ~**, tagliare qc ₍a strisce₎/[a/in pezzi]; **etw in Scheiben ~**, affettare qc, tagliare qc a fette; **etw klein ~** {FLEISCH, KARTOFFELN}, tagliare a pezzettini qc; {GEMÜSE} *auch* sminuzzare qc; {KNOBLAUCH, ZWIEBEL} tritare qc: **könntest du das Fleisch noch kleiner schneiden?**, potresti spezzettare ancora di più la carne? **2** (*abtrennen*) **etw ~** {AST, HOLZ, ROSEN, ZWEIGE} tagliare qc; {KORN} mietere qc **3** (*in etwas schneidend einen Schnitt machen*) **etw in etw ~** {LOCH, SCHLITZ IN DIE HOSE, TISCHDECKE} fare qc in qc (*tagliando*): **ich habe ein Loch in den Stoff geschnitten**, ho fatto un taglio nel tessuto **4** *gastr* (*hinzufügen*) **etw in etw** (akk) **~** {GEMÜSE, KRÄUTER IN DEN SALAT, SUPPE} aggiungere qc a qc **5** (*kreuzen*) **etw ~** {BAHNLINIE STRAßE, GERADE KREIS} tagliare qc **6** (*kürzen*) (*jdm*) **etw ~** {FINGERNÄGEL, GRAS, HAARE} tagliare qc (a qu); {HECKE, OBSTBÄUME, STRÄUCHER} potare qc (a qu): **sich** (dat) **die Haare ~ lassen**, farsi tagliare i capelli; **die Spitzen ~**, spuntare i/₍dare una spuntatina ai₎ capelli **7** *film radio TV* (*cutten*) **etw ~** {FILM, TONBAND} montare qc **8** (*durch Schneiden herstellen*) **etw ~** {BOHLEN, BRETTER} tagliare qc: **einen Baumstamm zu Brettern ~**, tagliare un tronco d'albero per farne delle assi **9** (*durch Schneiden herausarbeiten*) **etw in etw** (akk) **~** {FIGUREN IN HOLZ, STEIN, NAMEN IN DIE RINDE} incidere qc in qc, scolpire qc su qc: **ein Gewinde in eine Schraubenmutter ~**, filettare un dado **10** (*durch Schneiden entfernen*) **etw aus etw** (dat) **~** {EINE FAULE STELLE AUS DEM APFEL} togliere qc da qc: **einen Artikel aus der Zeitung ~**, ritagliare un articolo dal giornale **11** (*mit dem Gesicht darstellen*) **etw ~** {FRATZE, GESICHTER, GRIMASSE} fare qc: **er schneidet dauernd Grimassen**, fa continuamente ₍delle smorfie₎/[le boccacce] **12** (*zu-*) **etw ~** {KLEID, STOFF} tagliare qc: **das Kleid ist elegant geschnitten**, il vestito ha un taglio elegante **13** *fam* (*meiden*) **jdn ~** non filare qu *fam*, ignorare qu *fam*, snobbare qu **14** (*operieren*) **jdn ~** tagliare qu *fam*, aprire qu *fam*; (*bei der Geburt*) fare l'episiotomia a qu *fam*, tagliare qu *fam*; **etw ~** {ABSZESS} incidere qc, tagliare qc; {TUMOR} operare qc **15** *autom* (*nicht ausfahren*) **etw ~** {KURVE} tagliare qc; (*knapp einscheren*) **jdn/etw ~** tagliare la strada a qu/qc **16** *sport Tennis Tischtennis* ~ {BALL} tagliare qc **B** *itr* **1** (*trennen*) **irgendwie ~** {GUT, NICHT, SCHLECHT} tagliare + *compl di modo*: **das Messer schneidet gut/schlecht**, questo coltello taglia bene/male **2** (*schmerzen*) **jdn irgendwohin ~**: **eine eisige Kälte schnitt ihr ins Gesicht**, un freddo pungente le tagliò la faccia; **jedes seiner Worte schnitt mir ins Herz**, ogni sua parola mi straziava il cuore **3** (*versehentlich einen Schnitt beibringen*) (**mit etw** dat) **in etw** (akk) **~** {MIT DER SCHERE IN DEN STOFF, DIE TAPETE} tagliare qc (*con qc*), fare un taglio in qc (*con qc*) **4** (*operieren*) tagliare *fam*, aprire *fam*; (*bei der Geburt*) tagliare *fam*, fare l'episiotomia **5** *Karten* **mit etw** (dat) **~** {MIT DEM KÖNIG} tagliare con qc **C** *rfl* **1** (*abschneiden*) **sich** (dat) **etw ~** {DIE FINGERNÄGEL, DIE HAARE} tagliarsi qc **2** (*verletzen*) **sich ~** tagliarsi; **sich** (dat) (**bei etw** dat) **in etw** (akk) **~** {BEIM BROTSCHNEIDEN IN DEN FINGER} tagliarsi qc (*facendo qc*), farsi/procurarsi un taglio a qc (*facendo qc*); **sich an etw** (dat) **~** {AN EINER SCHARFEN KANTE} tagliarsi a qc; {AN EINER SCHERBE} tagliarsi con qc **3** *math* (*sich kreuzen*) {GERADE, LINIE} intersecarsi ● **zum Schneiden: hier ist eine Luft zum Schneiden**, qui c'è un'aria irrespirabile.

schneidend **A** adj **1** (*durchdringend*) {KÄLTE, WIND} tagliente, pungente; {SCHMERZ} lancinante **2** (*verletzend*) {HOHN, SPOTT} tagliente, pungente **3** (*scharf*) {STIMME, TON} tagliente **B** adv: **heute ist es ~ kalt**, oggi fa freddo è tagliente.

Schneider① <-s, -> m (**Schneiderin** f) sarto (-a) m (f) ● **frieren wie ein ~** *fam*, battere i denti per il freddo *fam*.

Schneider② <-s, -> m *Karten*: **im/[aus dem] ~ sein**, ₍non avere₎/[avere] raggiunto trenta punti ● **aus dem ~ sein** *fam*, aver superato il peggio.

Schneiderei <-, -en> f **1** (*Werkstatt*) sartoria f **2** <*nur sing*> (*Tätigkeit*) mestiere m di sarto (-a) m.

Schneiderin f → **Schneider**①.

schneidern **A** *tr* (*als Schneider anfertigen*) (*jdm*) **etw ~** {KLEID, KOSTÜM, MANTEL} cucire qc (a qu), confezionare qc (a qu) **B** *rfl* **sich** (dat) **etw ~** cucirsi qc: **sie schneidert sich fast ihre gesamte Kleidung selbst**, si fa da sé quasi tutti i vestiti *fam*.

Schneiderpuppe f manichino m.

Schneidersitz <-es, *ohne pl*> m: **im ~ sitzen**, stare seduto (-a) ₍a gambe incrociate₎/[all'indiana].

Schneidetisch m moviola f.

Schneidezahn m (dente m) incisivo m.

schneidig *süddt A fam* **A** adj {AUFTRETEN, BURSCHE, OFFIZIER} baldanzoso, spavaldo **B** adv {GRÜßEN} baldanzosamente, spavaldamente: **er fährt sehr ~**, ha una guida molto disinvolta.

schneien **A** *unpers* <*haben*> **1** *meteo*: **es schneit**, nevica; **es schneit leicht/stark**, nevica appena/forte; **es hat die ganze Nacht geschneit**, è/ha nevicato tutta la notte; **es schneit in dicken Flocken**, sta nevicando fitto/[a grossi fiocchi]/[a larghe falde] **2** *meteo*: **es schneit dicke Flocken**, la neve cade fitta/[a grossi fiocchi]/[a larghe falde] **3** (*in großer Menge herabfallen*): **es schneit etw**, piove qc; **es schneite Konfetti**, piovevano/[veniva giù una pioggia di] coriandoli **B** *itr* <*sein*> *fam* (*unerwartet kommen*): **jdm ins Haus ~** {BRIEF}, arrivare inaspettatamente a qu; {BESUCH} piovere/piombare in casa a qu *fam*.

Schneise <-, -n> f **1** (*Waldschneise*) fascia f disboscata **2** (*Flugschneise*) corridoio m aereo.

schnell① **A** adj **1** (*mit großer Geschwindigkeit*) {BEWEGUNG, DREHUNG, FAHRT, RITT} veloce, rapido; {GANG} *auch* spedito, svelto **2** (*zügig*) {ANTWORT, BEDIENUNG, ENTSCHEIDUNG, ERLEDIGUNG, HANDELN} rapido, pronto, veloce, celere: **eine ~e Auffassungsgabe haben**, comprendere le cose ₍al volo *fam*₎/[con prontezza]; **mit einem ~en Blick**, con una rapida occhiata; **auf dem ~sten Weg**, nel modo più veloce **3** (*eine hohe Geschwindigkeit erreichend*) {AUTO, FLUGZEUG, MOTORRAD, SCHIFF, ZUG} veloce, rapido **4** (*bald eintretend*) {ENDE, TOD, WIRKUNG} rapido, veloce **5** *fam* (*leicht realisierbar*) {GELD, VERDIENST} facile **B** adv **1** (*mit hoher Geschwindigkeit*) velocemente, a gran velocità, rapidamente: **~ fahren**, andare veloce; **~ gehen** *auch*, camminare ₍a passo spedito₎/[svelto (-a)]; **~er gehen**, allungare il passo; **~ laufen**, andare di corsa **2** (*unverzüglich*) {ARBEITEN, AUSFÜHREN, ERFOLGEN, HANDELN} velocemente, rapidamente, in fretta; {ANTWORTEN, KOMMEN} *auch* prontamente, subito: **möglichst ~, so ~ wie möglich, auf dem ~sten Weg**, il più presto possibile, al più presto; **los, mach ~!** *fam*, su, ₍fa' presto₎/[alla svelta]/[svelto (-a)]!; **das Schmerzmittel wird ~ wirken**, l'analgesico farà effetto velocemente; **mit dem Zug kommen Sie ~er ans Ziel**, col treno fa prima *fam* ● **das ist aber ~ gegangen!**, hai/ha/avete fatto presto/[alla svelta]!; **wie ~ geht das?**, quanto (tempo) ci vuole?; **nicht so ~!**, piano!

schnell② *partik fam* (*gleich*): **wie hieß er noch ~?**, com'è che si chiamava?

Schnellbahn f → **S-Bahn**.

Schnellboot n motovedetta f.

Schnelldienst m servizio m rapido.

Schnelle f: **auf die ~** *fam* (*in Eile und flüchtig*) {ETW ERLEDIGEN, MACHEN}, in fretta e furia; (*in kürzester Zeit*) {GELD, MEDIZIN BESCHAFFEN} in fretta; **wo soll ich so auf die ~ 1000 Euro hernehmen?**, dove li trovo così in fretta 1000 euro?; **so auf die ~ kann ich dir nicht antworten**, non ti posso rispondere così su due piedi.

schnellen *itr* <*sein*> **1** (*heftig bewegen*) **irgendwohin ~**: **in die Höhe ~**, balzare ₍in alto₁/[su]; {FEDER} scattare; **ein Pfeil schnellte durch die Luft**, una freccia fendette l'aria; *aus etw* (dat) ~ schizzare *fuori da qc*; **aus dem Bett** ~, schizzare fuori dal letto; **ein Fisch schnellte aus dem Wasser**, un pesce schizzò fuori dall'acqua; **sie schnellte aus dem Sessel, als er eintrat**, balzò su dalla sedia quando lui entrò **2** (*stark steigen*): ₗ**in die Höhe**₁/[**nach oben**] ~ {TEMPERATUR}, subire un'impennata; {KURS, PREISE} *auch* andare/salire alle stelle *fam*.

Schnellfeuerwaffe f arma f a tiro/fuoco rapido.

Schnellgericht n *gastr* piatto m rapido/veloce.

Schnellhefter m raccoglitore m, classificatore m.

Schnelligkeit <-, -en> f **1** (*Geschwindigkeit*) {+AUTO, FLUGZEUG, ZUG} velocità f, rapidità f, celerità f **2** (*Zügigkeit*) {+BEARBEITUNG, BEDIENUNG, LIEFERUNG} rapidità f, sveltezza f, velocità f, celerità f; {+ANTWORT, AUSFÜHRUNG, REAKTION} prontezza f, velocità f, celerità f.

Schnellimbiss (a.R. Schnellimbiß) m snack-bar m.

Schnellkochplatte f (*am Elektroherd*) piastra f a riscaldamento rapido.

Schnellkochtopf m pentola f a pressione.

Schnellkurs m corso m rapido/accelerato.

schnelllebig, schnell-lebig adj {EPOCHE, ZEIT} effimero.

Schnelllebigkeit, Schnell-Lebigkeit <-, ohne pl> f {+EPOCHE, ZEIT} essere m/carattere m effimero.

Schnellpaket n pacco m celere.

Schnellrestaurant n fast food m, tavola f calda.

Schnellrücklauf m (*am CD-Player, Videorekorder*) riavvolgimento m rapido.

Schnellschuss (a.R. Schnellschuß) m *fam* (*vorschnelle Handlung*) gesto m precipitoso; (*vorschnelle Entscheidung*) decisione f affrettata; (*Buch*) instant-book m.

schnellstens adv al più presto, quanto prima.

Schnellstraße f superstrada f.

Schnellverfahren n **1** *bes. tech* procedimento m rapido **2** *jur* processo m per direttissima: **im** ~, per direttissima.

Schnellvorlauf m (*am CD-Player, Videorekorder*) avanzamento m rapido.

Schnellzug m *Eisenb obs* (treno m) rapido m.

Schnepfe <-, -n> f **1** *zoo* beccaccia f **2** *fam pej* (*dumme Frau*) oca f *fam*, stupida f.

schnetzeln tr *süddt CH etw* ~ {FLEISCH} tagliare *qc* a fettine/striscioline.

schneuzen a.R. *von* schnäuzen → **schnäuzen**.

Schnickschnack <-s, *ohne pl*> m *fam meist pej* **1** (*Kram*) cianfrusaglie f pl, paccottiglia f; (*Nippsachen*) gingilli m pl *fam*, ninnoli m pl *fam*; (*unnötiges Beiwerk*) fronzoli m pl, orpelli m pl **2** (*Geschwätz*) chiacchiere f pl, ciance f pl *fam*.

schniegeln *fam pej* Ⓐ tr *etw* ~ {HAAR} sistemarsi *qc* con estrema cura Ⓑ rfl **sich** ~ agghindarsi, addobbarsi.

schnieke adj *norddt fam* {ANZUG, EINRICHTUNG} elegante, chic, fico *slang*.

schnipp interj (*Geräusch einer schneidenden Schere*) zacchete!, zicchete!: ~ **schnapp!**, zic zac!

Schnippchen <-s, -> n: **jdm ein** ~ **schlagen** *fam*, fare un bello scherzetto a qu *fam*, giocare un ₗbrutto tiro₁/[tiro mancino] a qu *fam*.

Schnippel <-s, -> m *oder* n *fam* → **Schnipsel**.

schnippeln *norddt fam* Ⓐ itr (*schneiden*) (**an etw** dat) ~ {AN EINEM FOTO, DEN HAAREN} tagliuzzare *qc* Ⓑ tr (*schneiden*) **etw** ~ {PAPIER} tagliuzzare *qc*.

schnippen Ⓐ tr *etw irgendwohin* ~ {ASCHE IN DEN ASCHER, FLUSE, KRÜMEL AUF DEN BODEN} buttare/scuotere *qc* (con un colpetto del dito) + *compl di luogo* Ⓑ itr: (**mit den Fingern**) ~, schioccare con le dita; **man braucht nur mit den Fingern zu** ~, **dann kommt die Bedienung schon**, basta un minimo gesto e la cameriera accorre.

schnippisch *pej* Ⓐ adj {ANTWORT, BEMERKUNG} impertinente; {MÄDCHEN} *auch* sfacciatello: **in** ~**em Ton**, ₗcon un₁/[in] tono irreverente Ⓑ adv {ANTWORTEN, ETW SAGEN} con fare impertinente.

schnips! interj → **schnipp**.

Schnipsel <-s, -> m *oder* n *ritaglio* m, pezzetto m.

schnipseln tr itr *fam* → **schnippeln**.

schnipsen tr itr → **schnipsen**.

schnitt 1. *und* 3. *pers sing imperf von* schneiden.

Schnitt <-(e)s, -e> m **1** (*das Schneiden*) taglio m **2** (~*wunde*) taglio m, ferita f **3** (*Haarschnitt*) taglio m **4** (*Zuschnitt*) {+JACKE, KLEID, MANTEL} taglio m, linea f **5** (~*muster*) cartamodello m **6** (*Form*) {+AUGEN, WOHNUNG} taglio m; {+PROFIL} linea f; {+GESICHT} lineamenti m pl; tratti m pl **7** *film TV* (*das Cutten*) montaggio m **8** *film TV* (*Wechsel von einer Einstellung zur nächsten*) stacco m **9** *geom* (~*punkt*) punto m d'intersezione; (*Längsschnitt, Querschnitt*) sezione f **10** *fam* (*Durchschnitt*) media f: **sie verdient im** ~ **300 Euro am Tag**, guadagna ₗin media₁/[mediamente] 300 euro al giorno ● **einen/seinen** ~ (**bei etw** dat) **machen** *fam*, ricavare/trarre il proprio utile da *qc*, avere il proprio tornaconto (in *qc*) ● **der goldene** ~ *math*, la sezione aurea.

Schnittblume f <*meist* pl> fiore m da taglio; (*geschnittene Blume*) fiore m reciso.

Schnittbohne f <*meist* pl> fagiolino m.

Schnittchen n *dim von* Schnitte (*kleine Scheibe Brot*) tartina f.

Schnitte <-, -n> f *norddt* (*Scheibe Brot*) fetta f (di pane): **eine** ~ **mit Salami**, una fetta di pane col salame.

schnittfest adj {KARTOFFELN, TOMATEN, WURST} compatto.

Schnittfläche f **1** {+BAUM, STEIN} superficie f di taglio **2** *math* sezione f.

schnittig adj {BOOT, SPORTWAGEN} con una bella linea.

Schnittkäse m formaggio m duro.

Schnittlauch m *bot* erba f cipollina.

Schnittmenge f *math* intersezione f (di due insiemi).

Schnittmuster n cartamodello m.

Schnittpunkt m **1** *geom* punto m d'intersezione **2** (*Kreuzung*) {+STRABE, STRECKE} (punto m d')incrocio m.

Schnittstelle f *inform* interfaccia f.

Schnittwunde f ferita f da taglio.

Schnitzel① <-s, -> n *gastr* (*Rinderschnitzel, Schweineschnitzel*) fettina f, braciola f; (*Kalbsschnitzel*) *auch* scaloppina f; (*Hähnchenschnitzel, Putenschnitzel*) petto m ● **Wiener** ~, cotoletta alla milanese.

Schnitzel② <-s, -> n *oder* m (*Papierschnitzel*) ritaglio m, pezzetto m (di carta).

Schnitzeljagd f **1** *sport* caccia f alla carta **2** (*Spiel*) caccia f al tesoro.

schnitzen Ⓐ tr **1** (*schnitzend herstellen*) {+FIGUR, FLÖTE AUS HOLZ} scolpire *qc* (*in qc*) **2** (*schneiden*) **etw in etw** (akk) ~ {INITIALEN, NAMENSZUG IN EINEN BAUM, DIE SCHULBANK, ORNAMENT IN EINE KANZEL, TAFEL} intagliare *qc in qc*, scolpire *qc su qc* Ⓑ itr (**an etw** dat) ~ {AN EINEM STÜCK HOLZ, EINER SKULPTUR, EINER STATUE} intagliare (*qc*), lavorare d'intaglio (*a qc*).

Schnitzer① <-s, -> m *fam* (*Fehler*) grosso errore m; (*bei sportlichen Wettkämpfen*) papera f, svarione m; (*im Benehmen, in der Unterhaltung*) gaffe f; (*beim Schreiben*) strafalcione m, svarione m ● **sich** (dat) **einen groben** ~ **leisten** *fam*, fare un errore madornale; **einen** ~ **machen** *fam*, prendere una cantonata *fam*.

Schnitzer② <-s, -> m {Schnitzerin f} intagliatore (-trice) m (f).

Schnitzerei <-, -en> f **1** (*geschnitzte Arbeit*) (lavoro m d')intaglio m **2** (*das Schnitzen*) intaglio m.

Schnitzerin f → **Schnitzer**②.

schnob 1. *und* 3. *pers sing imperf obs von* schnauben.

schnoddrig, schnodderig adj *bes. norddt fam pej* {ART, BENEHMEN, KERL, TON} troppo disinvolto.

schnöde, schnöd *geh* Ⓐ adj **1** (*verachtenswert*) {GEIZ, GEWINNSUCHT, HABSUCHT, INTERESSE, MOTIV} vile, basso, sordido; {FEIGHEIT} squallido; {UNDANK, VERRAT} ignobile: **der** ~**e Mammon**, il vile denaro **2** (*gemein*) {TON} spregevole, cattivo Ⓑ adv (*gemein*) {AUSNUTZEN, HINTERGEHEN, IM STICH LASSEN, VERRATEN} in modo ignobile/spregevole, ignobilmente.

Schnorchel <-s, -> m **1** *sport* (+TAUCHER) boccaglio m **2** *naut* {+U-BOOT} Schnorchel m.

schnorcheln itr fare snorkeling.

Schnörkel <-s, -> m **1** (*Ornament an einer Säule*) voluta f; (*an Möbeln, Toren*) *auch* riccio m **2** {+SCHRIFT} arabesco m *fam*, svolazzo m, ghirigoro m; {+STIL} fronzolo m, orpello m, svolazzo m ● **ohne** ~, senza fronzoli.

schnörkellos adj {SPRACHE, STIL} sobrio, senza fronzoli.

schnorren itr tr *fam* (**etw**) (**bei jdm**) ~ {KLEINGELD, ZIGARETTE} scroccare (*qc*) (*a qu*) *fam*.

Schnorrer <-s, -> m {Schnorrerin f} scroccone (-a) m (f) *fam*, scroccatore (-trice) m (f) *fam*.

Schnösel <-s, -> m *fam pej* sbruffoncello m *fam pej*: **so ein eingebildeter** ~!, che pallone gonfiato!

Schnuckelchen <-s, -> n *zoo* (*kleines Schaf*) pecorella f ● **mein süßes** ~!, tesoruccio mio!, stellina mia!

schnuckelig, schnucklig adj *fam scherz* {BABY, KIND} carino: **was für ein** ~**es Baby!**, che bambino delizioso!

Schnucki <-s, -s> n *fam*, **Schnuckiputz** <-s, -e> m *fam* tesoruccio m *fam*.

schnüffeln itr **1** *zoo* (*schnuppern*) (**an jdm/etw**) ~ fiutare *qu/qc*, annusare (*qu/qc*) **2** *fam* (*die Nase hochziehen*) tirare su col naso *fam* **3** *fam pej* (*spionieren*) **in etw** (dat) ~ {IN DEN BRIEFEN, DER TASCHE, IM ZIMMER} ficcare il naso *in qc*, curiosare/frugare *in/tra qc* **4** *slang* (*sich an Dämpfen berauschen*) sniffare *slang* (collanti).

Schnüffler <-s, -> m {Schnüfflerin f} **1** *fam* (*Detektiv*) detective m, segugio m **2** *fam pej* (*jd, der jdm nachspioniert*) curiosone (-a) m (f), ficcanaso mf *fam*, impiccione (-a) m (f) *fam* **3** *slang* (*jd, der sich an Dämpfen berauscht*) sniffatore (-trice) m (f) *slang*.

Schnuller <-s, -> m succhiotto m, ciuccio m *fam*.

Schnulze <-, -n> f *fam pej* (*Film*) film m

schnulzig adj *fam pej* {LIED, SCHLAGER} sdolcinato, sentimentale; {BUCH, FILM} *auch* strappalacrime, drammone m sentimentale; (*Lied*) canzonetta f sdolcinata.

schnupfen **A** *itr* **1** (*Schnupftabak nehmen*) fiutare/annusare tabacco **2** *slang* (*Kokain aspirieren*) sniffare *slang*/fiutare/tirare *slang* cocaina **3** (*die Nase hochziehen*) tirare su col naso *fam* **B** *tr* (*aspirieren*) *etw* ~ {SCHNUPFTABAK} fiutare qc, annusare qc; {KOKAIN} sniffare qc *slang*, tirare qc *slang*.

Schnupfen <-s, *ohne pl*> m *med* raffreddore m: **ein leichter/starker/schlimmer** ~, un leggero/[forte/[fortissimo/brutto] raffreddore; (**einen**) ~ **bekommen/kriegen** *fam*, raffreddarsi, prendere/beccarsi *fam* un raffreddore; (**einen**) ~ **haben**, essere raffreddato, avere il raffreddore; **sich** (**dat**) **einen** ~ **holen**, prendersi/buscarsi *fam* un raffreddore.

Schnupftabak m tabacco m da fiuto.
Schnupftabakdose, **Schnupftabaksdose** f tabacchiera f.

schnuppe adj *fam*: **jd/etw ist jdm (völlig)** ~, qu se ne infischia *fam*/frega *fam*/sbatte *slang* (altamente) di qu/qc, qu se ne ha un baffo di qu/qc *fam*; **der Typ ist mir (völlig)** ~, me ne infischio/frego (altamente) di quel tipo; **es ist mir völlig** ~, **ob du einverstanden bist oder nicht**, non mi importa un tubo se sei d'accordo o no *slang*.

Schnupperabo n *fam* abbonamento m di prova.
Schnupperangebot n *fam* offerta f di prova.
Schnupperkurs m *fam* corso m/lezione f di prova; (*im schulisch-universitären und Arbeitsbereich*) corso m di orientamento.
Schnupperlehre f *fam* apprendistato m/tirocinio m di prova.
schnuppern **A** *itr* **1** (*riechen*) (**an jdm/etw**) ~ {HUND, KATZE, PFERD} annusare (qu/qc) **2** *fam* (*ausprobieren wollen*) **irgendwo** ~ provare (qc) **B** *tr fam* (*für kurze Zeit einatmen wollen*) *etw* ~ {LANDLUFT} respirare qc: **ich wollte mal wieder Großstadtluft** ~, avevo voglia di respirare un po' l'aria della metropoli.
Schnupperpreis m *fam* prezzo m di prova.
Schnupperstudium n *fam* (corso m di) orientamento m universitario.

Schnur <-, Schnüre> f **1** (*Bindfaden*) spago m; {+KABEL, KETTE} filo m **2** *fam* (*Kabel an einem elektrischen Gerät*) filo m.
Schnürchen <-s, -> n: **wie am** ~ **gehen/klappen/laufen** *fam*, andare/filare liscio come l'olio.

schnüren **A** *tr* **1** (*zubinden*) (**jdm**) *etw* ~ {PAKET} legare qc (a qu); {SCHUHE, STIEFEL} *auch* allacciare qc (a qu) **2** (*verschnüren*) *etw zu etw* (dat) ~ {ALTPAPIER zu einem Paket ~}, fare un pacco di carta straccia; **Kleider zu einem Bündel**, fare un fagotto di vestiti **3** (*befestigen*) *etw auf etw* (akk) ~ {BÜNDEL AUF DEN RÜCKEN, KOFFER AUF DEN DACHTRÄGER} legare qc su qc **B** *itr* (*zu eng sein*) {BODY, SCHUHE, VERBAND} stringere **C** *rfl* **sich** (**dat**) (**die Taille**) ~, stringersi il bustino (in vita).

schnurgerade *fam* **A** adj {LINIE, STRASSE} diritto, rettilineo **B** adv: **die Straße verläuft** ~, la strada corre tutta dritta.
schnurlos adj: **ein ~es Telefon**, un cordless/telefono senza filo].
Schnürlregen m *süddt A* pioggerellina f continua/incessante.
Schnurrbart m baffi m pl: **einen** ~ **haben/tragen**, avere/portare i baffi.
schnurrbärtig adj *meist* <attr> {MANN, POLIZIST} baffuto, con i baffi.
schnurren *itr zoo* {KATZE} fare le fusa, ronfare.
Schnürschuh m scarpa f con i lacci/le stringhe.
Schnürsenkel <-s, -> m laccio m/stringa f (da scarpa)/[delle scarpe].
Schnürstiefel m stivale m con i lacci.
schnurstracks adv *fam* {AUF JDN/ETW ZUGEHEN} dritto, difilato; ~ **auf jdn/etw zusteuern**, dirigersi dritto (-a)/difilato (-a) verso qu/qc.
schnurz adj, **schnurzegal** adj *slang*: **etw ist jdm** ~, qu se ne frega *fam*/infischia *fam* di qc; **es ist mir doch völlig** ~, **was er denkt**, me ne strafrego *fam*/[non mi importa un accidente] di quello che pensa (lui).
Schnute <-, -n> f *fam bes. norddt* {+KIND} bocca f, bocchina f *fam* ● **eine ~ ziehen**, mettere il broncio *fam*/muso *fam*.

schob 1. *und* 3. *pers sing imperf von* schieben.
Schober <-s, -> m **1** (*Feldscheune für Heu*) fienile m; (*für Stroh*) pagliaio m **2** *süddt A* (*Heuhaufen*) mucchio m di fieno; (*Strohhaufen*) pagliaio m.
Schock <-(e)s, -s *oder rar* -e> m **1** (*seelische Erschütterung*) shock m, choc m, colpo m: **die Nachricht war ein schrecklicher ~ für sie**, la notizia è stata un terribile colpo/shock per loro **2** *med* shock m: **einen ~ auslösen**, provocare uno shock; **einen ~ haben/erleiden** *geh*, avere/subire uno shock; **unter ~ stehen**, essere sotto/[in stato di] shock.
Schockbehandlung f → **Schocktherapie**.
schocken *tr fam* **jdn** ~ {HORRORFILM, KRIMI} sciocare qu, shoccare qu, shockare qu, sconvolgere qu, turbare profondamente qu; {UNFALL} *auch* traumatizzare qu: **von etw** (dat) **geschockt sein**, essere/rimanere scioccato (-a) da qc.
Schocker <-s, -> m *fam* (*Film*) film m shock; (*Buch*) libro m shock.
Schockfarbe f colore m shocking.
schockieren *tr* **jdn** (**durch etw** akk/**mit etw** dat) ~ {MIT BRUTALEN ÄUSSERUNGEN, DURCH SKANDALÖSE KLEIDUNG} scandalizzare qu (con qc), sconvolgere qu (con qc): **sie haben alle Anwesenden durch ihr vulgäres Benehmen schockiert**, hanno scandalizzato tutti i presenti con il loro comportamento volgare; **lass dich nicht von solchen Kleinigkeiten** ~!, non ti scandalizzare per così poco!; **von etw** (dat) **schockiert sein**, essere scandalizzato/scioccato da qc.
Schocktherapie f *med* shockterapia f.
Schockwirkung f: **noch unter ~ stehen**, essere ancora sotto/[in stato di] shock.
schofel <attr schofle(r, s)> *fam pej* **A** adj (*GESINNUNG, VERHALTEN*) meschino, spregevole: **das war sehr ~ von ihm**, è stato molto meschino da parte sua; **so ein schofles Verhalten!**, che comportamento meschino! **B** adv (*SICH VERHALTEN*) in modo meschino/spregevole, con meschinità.
Schöffe <-n, -n> m (**Schöffin** f) *jur* giudice mf popolare.
Schöffengericht n *D* "collegio m penale composto da un pretore e da due giudici popolari".
Schokokuss (a.R. Schokokuß) m *gastr* "meringa f morbida ricoperta di cioccolata".
Schokolade <-, -n> f **1** (*zum Essen*) cioccolato m, cioccolata f: **ein Riegel/eine Tafel** ~, una barretta/tavoletta di cioccolato/cioccolata **2** (*Getränk*) cioccolata f: **eine Tasse heiße** ~, **bitte!**, una (tazza) di cioccolata calda per favore!
schokoladenbraun, **schokoladebraun** adj color cioccolato.
Schokoladenei n uovo m di cioccolata; (*Osterei*) uovo m di Pasqua.
Schokoladeneis n gelato m al cioccolato.
Schokoladenglasur f, **Schokoladenguss** (a.R. Schokoladenguß) m glassa f di cioccolato: **ein Kuchen mit** ~, un dolce ricoperto di cioccolato.
Schokoladenpudding m budino m al cioccolato.
Schokoladenriegel m barretta f di cioccolato.
Schokoladenseite f *fam*: ~ **einer P./S.** (gen) lato m migliore *di qu/qc*: **sich von seiner ~ zeigen** *fam*, [mostrare il proprio/] [mostrarsi dal] lato migliore.
Schokoladensoße f cioccolato m (fuso).
Schokoladenstreusel subst <nur pl> granelli m pl di cioccolato.
Schokoriegel m *fam* → **Schokoladenriegel**.
Scholastik <-, *ohne pl*> f *philos* scolastica f.
Scholastiker <-s, -> m (**Scholastikerin** f) *philos* scolastico (-a) m (f).
scholl 3. *pers sing imperf von* schallen.
Scholle① <-, -n> f **1** (*Erdklumpen*) zolla f **2** *geh* (*Ackerland*) (pezzo m di) terra f **3** (*Eischolle*) lastra f/lastrone m di ghiaccio.
Scholle② <-, -n> f *fisch* platessa f, passera f di mare.

schon **A** adv **1** (*früher als erwartet*) già: **willst du ~ gehen?**, vuoi già andartene?; **sie kommen heute ~ zurück**, tornano già oggi; **als er kam, waren sie ~ dabei abzufahren**, quando arrivò stavano già partendo; **sie stehen immer ~ um sieben Uhr auf**, di solito alle sette sono già alzati (-e); **jetzt sind wir ~ bald am Monatsende**, ormai siamo quasi alla fine del mese **2** (*mehr oder weniger als angenommen*) già: ~ **über 80**, ha (già) più di 80 anni; **wir sind ~ zu fünft im Wagen, mehr passen nicht hinein**, siamo già cinque in macchina, in più non ci stiamo; **wenn ich eine mittelmäßige Note kriegte, wäre ich ~ zufrieden**, se prendessi un voto medio sarei già contento (-a) **3** (*früher bereits geschehen*) già: **habt ihr ~ gegessen?**, avete già mangiato?; **sie malte ~ früher/[als Kind] gern**, già prima/[da piccola] le piaceva dipingere; **wie ~ gesagt**, come già detto; **das wusste ich ~**, lo sapevo già. **B** partik **1** (*verstärkend: wirklich*) davvero, proprio: **es ist ~ ein Elend mit ihm!**, (lui) è proprio un caso disperato!; **das ist ~ eine bedauerliche Geschichte**, è davvero una storia increscosa; **das kannst du mir ~ glauben!**, puoi credermi!; **das kann ~ möglich sein!**, possibilissimo!; **du wirst ~ sehen!**, vedrai!, starai a vedere! **2** (*allein*) già, solo: ~ **die Vorstellung, dass er auf mich wartet, macht mich nervös**, già l'idea che mi sta aspettando mi rende nervoso (-a), alla sola idea che mi sta aspettando divento nervoso (-a) **3** *fam* (*verärgert*): **was hast du denn da ~ wieder angestellt?**, ma che cosa hai combinato questa volta?; (*endlich*): **hör ~ auf zu schimpfen!**, smettila di brontolare una buona volta!; **nun komm ~!**, dai, vieni!, muoviti! **4** (*nun mal*): **wenn** ~ ..., **wenn du ~ mit meinem Wagen fährst, dann tank (aber) auch!**, se proprio vuoi andare con la mia macchina, metti perlomeno (la) benzina!; **wenn du ~ putzt, (dann) mach es auch gründlich!**, visto che pulisci, [sei a pulire], fallo bene! **5** (*zwar*): **ich hätte ~ Lust mitzugehen, aber ich muss arbei-**

ten, (certo che) avrei voglia di venire, ma devo lavorare; **geht es dir nicht besser? – Ja, ~, aber richtig fit fühle ich mich noch nicht**, non stai meglio? – Sì, un po' meglio, ma ancora non sono proprio in forma; **er hat ~ recht**, in fondo ha ragione, non ha mica torto *fam*; **das ist ~ wahr**, in effetti, è vero; **ist ~ gut, sprechen wir nicht mehr davon**, va bene, non parliamone più; **interessant ist die Arbeit ~, aber gut bezahlt ist sie nicht**, certo, il lavoro è interessante, ma non è pagato bene **6** (*Verachtung ausdrückend*): **was heißt heute ~ Moral?**, ma cosa vuoi che significhi oggi ancora la parola «morale»?; **was verstehst du ~ davon?**, e tu che cosa ne sai?; **was hat sie ~ für eine Ahnung vom Theater?**, e che cosa vuoi che ne capisca lei di teatro? **7** (*einen Widerspruch ausdrückend: doch*) sì: **ihr hat der Film nicht besonders gefallen, mir ~**, a lei il film non è piaciuto un granché, a me sì **8** (*sicher*): **das kriegst du ~ hin!**, vedrai che ce la fai!; **die Aufführung wird ~ klappen!**, vedrai che lo spettacolo andrà bene!; **du wirst sehen, er wird sich ~ melden**, vedrai che si farà vivo; **sie wird ~ noch kommen, aber vermutlich spät**, (per) venire verrà, ma probabilmente tardi; **es wird ~ wieder (werden)**, coraggio/[vedrà/vedrai], piano piano andrà meglio • **wenn ~, denn ~: willst du wirklich 200 Leute zu deiner Hochzeit einladen? – Wenn ~, denn ~!**, ma vuoi proprio invitare 200 persone al (tuo) matrimonio? – Abbiamo fatto trenta, facciamo (anche) trentuno *fam*; se è da fare si fa *fam*; **wenn doch ~ …**, se … konjv II): **ich hätte die Prüfungen doch ~ alle hinter mir hätte!**, se solo avessi già fatto tutti gli esami!; **wenn es doch ~ Weihnachten wäre!**, se solo fosse già Natale!

schön Ⓐ *adj* **1** (*sehr anziehend*) bello: **er hat ausgesprochen ~e Hände**, ha delle mani veramente belle; **wir fanden den Abend alle sehr ~**, a detta di tutti è stata proprio una bella serata; **was für ~e Blumen!**, che bei fiori!; **habt ihr ein paar ~e Tage am Meer verbracht?**, avete passato qualche bella giornata al mare? **2** (*positiv*) {CHARAKTERZUG, GESTE} bello, carino: **das war nicht sehr ~ von ihm**, non è stato molto carino da parte sua; **was machst du Schönes?**, che fai di bello? **3** *fam* (*beträchtlich*) bello: **er hat wirklich ein ~es Alter erreicht**, ha raggiunto o davvero una bella età; **da hast du ein ~es Sümmchen Geld verdient**, ti sei guadagnato (-a) un bel gruzzolo *fam*;/[una bella sommetta *fam*]; **sie haben heute ein ~es Stück Arbeit geschafft**, hanno sbrigato un bel po' di lavoro oggi **4** *fam iron* (*unerfreulich*) bello: **das sind ja ~e Aussichten!**, belle prospettive!; **das ist ja eine ~e Bescherung!**, ma che bel pasticcio!; **von dir hört man ja ~e Sachen!**, se ne sentono delle belle sul tuo conto!; **das Schönste war, dass sie dann auch noch frech wurde!**, il bello è che dopo è diventata pure sfacciata! **5** *fam iron* (*unglaublich*) {FRECHHEIT, UNVERFRORENHEIT} bello: **er ruft mit ~er Regelmäßigkeit an, wenn wir beim Essen sind**, telefona regolarmente/immancabilmente quando siamo a tavola Ⓑ *adv* **1** (*gut*) bene: **das hast du ~ gemacht**, l'hai fatto bene; **sie haben sehr ~ gespielt**, hanno suonato molto bene; **die Wohnung ist ~ eingerichtet**, l'appartamento è ben arredato **2** *fam* (*sehr*) molto: **heute ist es ~ heiß**, c'è un bel caldo oggi; **der Reifen ist aber ~ krumm**, la ruota è pure storta; **gib mir ~ viel Soße**, dammi un bel po' di/[tanto] sugo; **wir mussten ganz ~ rennen, um den Zug noch zu erwischen**, abbiamo dovuto fare una bella corsa per prendere il treno **3** *fam iron* (*richtig*): **da** hat er sich ~ blamiert, ha fatto proprio una bella gaffe/[figuraccia]; **du hast uns aber ~ erschreckt**, ci hai fatto prendere un bello spavento; **sie hat sich ganz ~ aufgeregt**, si è proprio arrabbiata di brutto *slang*, si è presa una bella arrabbiatura Ⓒ *partik fam* (*als Aufforderung bes. an Kinder: ganz*): **sei ~ brav, fa' il/la bravo (-a)**, mi raccomando; **du musst ~ aufpassen in der Schule**, a scuola devi fare molta attenzione/[stare molto attento (-a)]; **seid ~ leise**, fate silenzio, da bravi (-e) • **bitte ~, Ihre Fahrkarte! – Danke ~!**, prego, il Suo biglietto! – Grazie!; **das ist alles ~ und gut, aber … fam**, va tutto bene/[d'accordo], ma …; **es (irgendwo) ~ haben**, stare/passarsela bene (+ *compl di luogo*); **wie es so ~ heißt** *fam iron*, come si suol dire; **na ~**, va bene; **na ~, ich geb' dir noch 100 Euro für den Rest des Monats**, va bene allora, ti do ancora 100 euro per arrivare alla fine del mese; **sehr ~!**, benissimo!, molto bene!; **sehr ~, dann sind wir uns also einig!?** *fam*, benissimo, allora siamo d'accordo!?; **da ist/wäre zu ~, um wahr zu sein** *fam*, (non ci credo), sarebbe troppo bello per essere vero; **das wäre ja noch ~er!** *fam*, ci mancherebbe altro!, sarebbe davvero il colmo/massimo!; **das wird ja immer ~er!** *fam iron*, andiamo bene! *fam*, di bene in meglio! *fam*.

Schonbezug *m* fodera *f*; (*für Autositz*) coprisedile *m*; (*für Sofas*) copridivano *m*.

Schöne <*dekl wie adj*> *f fam meist scherz* bella *f*, bellezza *f*: **na, ihr zwei ~n, wo soll's denn hingehen?**, ciao bellezze, dove andiamo?

schonen Ⓐ *tr* **1** (*pfleglich behandeln*) **etw ~** {KLEIDER, POLSTER} tenere con cura *qc*, tener da conto *qc*: **schon deine neuen Schuhe ein bisschen!**, stai attento (-a) a non sciuparle le scarpe nuove! **2** (*nicht strapazieren*) **etw ~** {GESUNDHEIT} aver cura/riguardo di *qc*; {AUGEN, KRÄFTE, STIMME} auch risparmiare *qc* **3** (*mild wirken*) **etw ~** {WASCHMITTEL FASER, GEWEBE} rispettare *qc*; {SEIFE, SPÜLMITTEL HAUT, HÄNDE} auch proteggere *qc* **4** (*rücksichtsvoll behandeln*) **jdn/etw ~** {KRANKEN, NERVEN, PATIENTEN} aver riguardo per *qu/qc*, usare riguardi *a qu* **5** (*ver~*) **jdn ~** {FEIND, GEGNER} risparmiare *qc* Ⓑ *rfl* (*sich nicht strapazieren*) **sich ~** riguardarsi: **der Arzt hat ihm gesagt, er soll sich ~**, il dottore gli ha detto di riguardarsi.

schönen *tr* → **schön|färben**.

schonend Ⓐ *adj* **1** (*pfleglich*) {BEHANDLUNG, UMGANG} delicato, cauto, prudente **2** (*rücksichtsvoll*) {AUFKLÄRUNG, WORTE} pieno di riguardo/tatto **3** (*mild*) {LOTION, WASCHMITTEL} delicato, che protegge la pelle Ⓑ *adv* **1** (*pfleglich*) {BEHANDELN, MIT ETW UMGEHEN} con cura/delicatezza **2** (*rücksichtsvoll*) {AUFKLÄREN, SPRECHEN} pieno di riguardo, con tatto: **jdm etw ~ beibringen**, dire *qc a qu* con tatto **3** (*mild*) {WASCHEN} delicatamente, con delicatezza.

Schoner <*-s, -*> *m naut* schooner *m*.

schön|färben *tr* **etw ~** {ANGABEN, DATEN} (*positiv interpretieren*) interpretare *qc* ottimisticamente; (*manipulieren*) ritoccare *qc*; {FAKTEN, WAHRHEIT} edulcorare *qc*, mistificare *qc*.

Schönfärberei <*-, ohne pl*> *f* mistificazione *f*: **das ist ja die reinste ~!**, è una mistificazione bella e buona!

Schonfrist *f* tregua *f*: **jdm eine ~ gewähren**, concedere una tregua *a qu*.

Schongang *m* **1** → **Overdrive 2** → **Schonwaschgang** • **den ~ einlegen**, rallentare, tirare il fiato.

Schöngeist *m meist iron* esteta *mf*, amante *mf* dell'arte e della letteratura.

schöngeistig *adj* {DINGE} artistico: **~e Literatur**, le belle lettere, l'alta letteratura.

Schönheit <*-, -en*> *f* **1** <*nur sing*> (*das Schönsein*) bellezza *f*: **sie war von klassischer/überwältigender ~**, (lei) era di una bellezza classica/travolgente **2** (*schöner Mensch*) bellezza *f* **3** (*das besonders Schöne*) {+LANDSCHAFT, STADT} bellezza *f*.

Schönheitschirurg *m* (**Schönheitschirurgin** *f*) chirurgo *m* estetico

Schönheitschirurgie *f med* chirurgia *f* estetica.

Schönheitschirurgin *f* → **Schönheitschirurg**.

Schönheitsempfinden *n* → **Schönheitssinn**.

Schönheitsfarm *f* beauty farm *f*.

Schönheitsfehler *m* **1** (*Mangel im äußeren Erscheinungsbild*) inestetismo *m* **2** (*unwesentlicher Makel*) (piccolo) neo *m*.

Schönheitsfleck *m* neo *m*.

Schönheitsideal *n* ideale *m* di bellezza.

Schönheitskönigin *f* reginetta *f* (di bellezza), miss *f*.

Schönheitsoperation *f med* intervento *m* di chirurgia estetica.

Schönheitspflästerchen *n* neo *m* finto.

Schönheitspflege *f* cosmesi *f*, cure *f pl* estetiche: **sie achtet sehr auf ~**, si cura molto.

Schönheitsreparatur *f* ritocco *m*, piccola riparazione *f*: **dem Auto fehlt nichts, ein paar ~en und es ist wie neu**, la macchina è in buono stato, qualche ritocco ed è come nuova; **für ~en in der Wohnung ist der Mieter zuständig**, negli appartamenti in affitto le piccole riparazioni spettano all'inquilino.

Schönheitssalon *m* salone *m*/istituto *m* di bellezza.

Schönheitssinn *m* senso *m* estetico/[della bellezza].

Schönheitswettbewerb *m* concorso *m* di bellezza.

Schonkost <*-, ohne pl*> *f* alimentazione *f* leggera.

Schönling <*-s, -e*> *m pej* damerino *m*, bellimbusto *m*.

schön|machen *fam* Ⓐ *tr* (*zurechtmachen*) **etw ~** a.R. *von* schön machen → **machen** Ⓑ *itr* (*Männchen machen*) {HUND} alzarsi sulle zampe posteriori Ⓒ *rfl* **1** (*sich zurechtmachen*) → **machen 2** (*Männchen machen*) {HUND} alzarsi sulle zampe posteriori.

schön|rechnen *tr bes. pol* **etw ~** {STATISTIK, ZAHLEN} ritoccare *qc*; {KOSTEN} valutare ottimisticamente *qc*.

schön|reden *tr* **etw ~** {PROBLEME, SCHLECHTE LEISTUNGEN} minimizzare *qc*; {WAHLERGEBNISSE} dare una lettura positiva *di qc*.

Schönredner *m* (**Schönrednerin** *f*) mistificatore (-trice) *m* (*f*), chi dà sempre una lettura positiva delle cose.

schön|schreiben <*irr*> *itr* scrivere in/con bella calligrafia.

Schönschreiben *n Schule* calligrafia *f*.

Schönschrift *f* **1** (*ordentliche Schrift*) calligrafia *f*, bella scrittura *f* **2** *fam* (*Reinschrift*) bella copia *f*: **in ~**, in bella copia.

Schöntuer *m* (**Schöntuerin** *f*) lusingatore (-trice) *m* (*f*), lecchino (-a) *m* (*f*) *fam*, adulatore (-trice) *m* (*f*).

Schöntuerei *f fam* sviolinata *f fam*, lusinga *f*, adulazione *f*.

Schöntuerin *f* → **Schöntuer**.

schöntuerisch *adj fam* adulatorio.

schön|tun itr fam jdm ~ sviolinare qu, adulare qu, lusingare qu.

Schonung① <-, ohne pl> f **1** (pflegliche Behandlung) {+KLEIDER, POLSTER} cura f **2** (Entlastung) {+GESUNDHEIT} cura f/riguardo m (per qc); {+KRÄFTE} risparmio m; {+AUGEN, STIMME} auch cura f **3** (Schutz) {+HAUT, WÄSCHE} rispetto m, cura f **4** (Rücksichtnahme) {+GEFÜHLE, MENSCH} riguardi m pl (per qu/qc) **5** (Verschonung) {+FEIND, GEGNER} clemenza f (verso qu).

Schonung② <-, -en> f zona f di rimboschimento (protetta).

schonungslos A adj {KRITIK, OFFENHEIT} spietato B adv {ANPRANGERN, AUFDECKEN} senza riguardo/pietà, impietosamente; {KRITISIEREN} auch spietatamente.

schonungsbedürftig adj {PATIENT, REKONVALESZENT} che deve riguardarsi.

Schonungslosigkeit <-, ohne pl> f spietatezza f: **mit großer** ~, senza pietà.

Schonwaschgang m {+WASCHMASCHINE} programma m per (capi) delicati.

Schönwetterlage f meteo (condizioni f pl di) bel tempo m, alta pressione f.

Schonzeit f **1** Jagd periodo m di chiusura della caccia **2** (Zeit zum Eingewöhnen) periodo m di rodaggio: **den Lehrlingen räumen wir eine ~ von ein paar Monaten ein**, agli apprendisti concediamo un periodo di rodaggio di qualche mese ● **Ende der ~**, fine della tregua.

Schopf <-es, Schöpfe> m **1** (Haarschopf) capigliatura f, chioma f lit oder scherz **2** bes. CH (Schuppen) rimessa f ● **jdn beim ~ fassen/packen** fam, prendere qu per il ciuffo/i capelli; **die Gelegenheit beim ~ packen**, cogliere al volo l'occasione (propizia), prendere/cogliere/afferrare la palla al balzo; **das Glück beim ~ packen**, prendere la fortuna per il ciuffo/i capelli.

schöpfen tr **1** (entnehmen) **etw aus etw** (dat) ~ {MILCH AUS DER KANNE, SUPPE AUS DER SCHÜSSEL} prendere qc da qc; {WASSER AUS DEM BACH, BRUNNEN} attingere qc da/a qc: **Suppe in die Teller ~**, servire la minestra nel piatto **2** (leeren) **etw aus etw** (dat) ~ {WASSER AUS DEM AUTO, KAHN} levare/togliere qc (con un recipiente) da qc **3** geh (gewinnen) **etw ~** riacquistare qc, riprendere qc: ₍neue Hoffnung₎/[frischen Mut]/[wieder Zuversicht] ~, riprendere speranza/coraggio/fiducia; **Verdacht ~**, insospettirsi **4** (neubilden) **etw ~** {AUSDRUCK, WORT} coniare qc, creare qc ● **aus dem Vollen ~**, attingere a piene mani.

Schöpfer① m → **Schöpfkelle**.

Schöpfer② <-s, -> m (Schöpferin f) **1** (Erschaffer) {+BAUWERK, KUNSTWERK, MODE} creatore (-trice) m (f); {+HANDWERKLICHES ERZEUGNIS} auch artefice mf; (Erfinder) {+WORT} auch inventore (-trice) m (f), coniatore (-trice) m (f); onomaturgo (-a) m (f) **2** <nur sing relig (Gott): **der ~**, il Creatore, il Sommo artefice.

schöpferisch A adj {ARBEIT, MENSCH, FANTASIE} creativo: **eine ~e Begabung haben**, avere ₍doti creative₎/[talento creativo]; **essere un creativo** B adv {ARBEITEN} creativamente, in modo creativo; **~ tätig sein**, fare un lavoro creativo; **~ veranlagt sein**, essere creativo, avere doti creative.

Schöpfkelle f, **Schöpflöffel** m mestolo m, ramaiolo m.

Schöpfung <-, -en> f **1** <nur sing> (Erschaffung) {+BAUWERK, DICHTUNG, KUNSTWERK, WELT} creazione f; (das Erschaffene) auch opera f **2** <nur sing> relig: **die ~**, la Creazione; **die Wunder der ~**, le meraviglie del creato

3 (Kreation) {+FRISUR, MODE} creazione f; {+AUSDRUCK, WORT} auch coniazione f, invenzione f.

Schöpfungsgeschichte f relig: **die ~**, la Genesi.

Schoppen <-s, -> m süddt A quartino m (di vino).

schor 1. und 3. pers sing imperf von scheren.

Schorf <-(e)s, ohne pl> m crosta f: **sich** (dat) **den ~ abkratzen**, togliersi la crosta, scrostarsi.

schorfig adj crostoso, ricoperto di croste.

Schorle <-, -n> f oder <-s, -s> n gastr: **saure ~**, "bevanda f di vino o succo di mela allungati con acqua minerale gassata"; **süße ~**, "bevanda f di vino o succo di mela allungati con limonata".

Schornstein <-(e)s, -e> m {+HAUS} camino m, comignolo m, fumaiolo m; {+FABRIK, LOKOMOTIVE, SCHIFF} ciminiera f, camino m, fumaiolo m ● **etw in den ~ schreiben** fam, fare una croce sopra a qc.

Schornsteinfeger <-s, -> m (Schornsteinfegerin f) spazzacamino m.

Schose <-, -n> f → **Chose**.

schoss (a.R. schoß) 1. und 3. pers sing imperf von schießen.

Schoß <-es, Schöße> m **1** anat grembo m: **das Kind wollte auf ihren ~**, il bambino voleva andarle in braccio/collo **2** geh (Mutterleib) grembo m, seno m lit, ventre m: **sie trug ein Kind im ~**, portava un bimbo in grembo/seno lit; {+ERDE} seno m lit, grembo m **3** text {+FRACK, ROCK} lembo m, falda f ● **jdm in den ~ fallen**, piovere dal cielo a qu; **der Arbeitsplatz ist ihr so richtig in den ~ gefallen**, il posto di lavoro le è proprio piovuto dal cielo; **der Erfolg fällt einem nicht so einfach in den ~**, il successo non piove dal cielo; **in den ~ einer S.** (gen) **zurückkehren** {+FAMILIE, KIRCHE, PARTEI}, tornare in seno lit/grembo a qc.; **in den ~ der Familie zurückkehren** auch, tornare all'ovile.

Schoßhund m, **Schoßhündchen** n cane m da salotto.

Schössling (a.R. Schößling) <-s, -e> m bot **1** (junger Trieb) rampollo m, pollone m **2** (junge Pflanze) germoglio m.

Schot <-, -en> f naut scotta f.

Schote① <-, -n> f bot (Erbsen-, Bohnenschote) baccello m; (Paprika-, Pfefferschote) peperone m.

Schote② <-, -n> f slang storiella f fam (inventata).

Schott <-(e)s, -en oder rar -e> n naut paratia f ● **~en dicht!** naut, chiudere le paratie; **die ~en dicht machen** norddt fam, sprangare porte e finestre.

Schotte <-n, -n> m (Schottin f) scozzese mf.

Schottenkaro n, **Schottenmuster** n (tessuto m) scozzese m, tartan m.

Schottenrock m **1** (Damenrock) gonna f scozzese **2** (Kilt) kilt m.

Schottenwitz m barzelletta f sugli/[sull'avarizia] degli] scozzesi.

Schotter <-s, ohne pl> m **1** bau ghiaia f, pietrisco m, breccia f **2** geol (Geröll von Flüssen) ghiaia f, breccia f.

schottern tr bau **etw ~** {FAHRWEG, HOF, STRASSE} ricoprire di ghiaia qc, inghiaiare qc.

Schotterstraße f strada f (ri)coperta di ghiaia/brecciolino; (unasphaltiert) strada f sterrata/bianca.

Schottin f → **Schotte**.

schottisch adj scozzese.

Schottland <-s, ohne pl> n geog Scozia f.

schraffieren <ohne ge-> tr **etw ~** {KARTE, ZEICHNUNG} tratteggiare qc.

Schraffierung <-, -en> f **1** (das Schraffieren) tratteggio m **2** → **Schraffur**.

Schraffur <-, -en> f tratteggio m: **etw durch ~ hervorheben/kennzeichnen** {EINE FIGUR, EINE FLÄCHE}, ₍mettere in risalto₎/[indicare] qc con il tratteggio.

schräg A adj **1** (nicht gerade) {LAGE, STELLUNG, WAND} inclinato, obliquo; {DACH, EINFAHRT, FLÄCHE} in pendenza, inclinato; {KANTE} obliquo; {LINIE} auch diagonale: **~er Blick**, sguardo sbieco/[in tralice] **2** fam (komisch) {ANSICHTEN, KLEIDUNG, MUSIK} strambo, strano; {IDEEN, TYP} auch bislacco: **~e Methoden**, metodi poco ortodossi B adv (nicht gerade) {AUFSETZEN, HALTEN, HÄNGEN, LEGEN, STELLEN} di traverso, trasversalmente, obliquamente; {VERLAUFEN} auch in diagonale, diagonalmente: **den Kopf ~ halten**, inclinare la testa; **einen Stoff ~ schneiden**, tagliare un tessuto in tralice; **die Straße ~ überqueren**, attraversare la strada ₍di sbieco₎/[in diagonale]; **~ gegenüber jdm wohnen**, abitare quasi dirimpetto a qu; **sie guckte mich ~ an**, mi guardò ₍di sbieco₎/[in tralice].

Schräge <-, -n> f **1** (schräge Fläche) piano m inclinato: **ein Zimmer mit ~n**, una stanza con il soffitto inclinato **2** (schräge Beschaffenheit) {+WAND} inclinazione f, obliquità f; {+DACH} inclinazione f, pendenza f.

Schrägheck n → **Fließheck**.

Schräglage f posizione f inclinata.

Schrägstrich m typ barra f (obliqua), slash m.

Schramme <-, -n> f (am Arm, im Gesicht, am Knie, im Lack, auf der Tischplatte) scalfittura f, graffio m, graffiatura f.

Schrammelmusik f A "musica f popolare viennese".

schrammen A tr (an~) **etw ~** {AUTO, LATERNENPFAHL, MAUER} graffiare qc, rigare qc, scalfire qc B rfl (sich leicht verletzen) **sich** (dat) **etw an etw** (dat) ~ {ARM, ELLBOGEN, KNIE AN EINEM AST} graffiarsi qc (a qc), procurarsi/farsi ₍un graffio₎/[dei graffi] a qc (con qc), scalfirsi qc a qc: **er hat sich die Arme blutig geschrammt**, si è graffiato le braccia a sangue.

Schrank <-(e)s, Schränke> m armadio m: **etw in den ~ hängen/legen**, appendere/mettere qc nell'armadio; (Küchenschrank) credenza f, mettitutto m; (Speiseschrank) dispensa f; (Geräteschrank) mobiletto m ● **ein ~ (von einem Mann)** fam, un armadio fam.

Schrankbett n armadio-letto m.

Schränkchen <-s, -> n dim von Schrank armadietto m.

Schranke <-, -n> f **1** (Eisenbahn-, an der Straße, Grenze) sbarra f, barriera f, barra f: **die ~n des Bahnübergangs öffnen/schließen**, alzare/abbassare le sbarre del passaggio a livello; **die ~ passieren**, passare il confine **2** <meist pl> (gesetzte Grenze) {+ALTER, KONVENTIONEN, TAKT} limite m: **die ~n des Anstands überschreiten**, (oltre)passare i limiti della decenza ● **die ~n durchbrechen**, abbattere le barriere; **jdn vor die ~n des Gerichts laden**, convocare qu in tribunale; **etw in ~n halten**, mettere/porre freno a qc; **sich in ~n halten** {BEGEISTERUNG}, mantenersi nei limiti; **keine ~n kennen**, non conoscere limiti, essere senza limiti; **wenn sie einmal feiern, kennen sie keine ~n mehr**, una volta che fanno baldoria, non conoscono/hanno (più) limiti; **etw** (dat) **~n setzen**, porre dei limiti a qc; **für jdn in die ~n treten**, scendere in campo a favore di qu, schierarsi dalla parte di qu; **die ~n überwinden**, superare le

barriere; **jdn in seine ~n** *weisen*/*verweisen geh*, richiamare all'ordine qu, rimettere in riga qu.

schrankenlos *adj* {FREIHEIT} illimitato; {GRAUSAMKEIT, HASS, RACHSUCHT, VERTRAUEN} *auch* sconfinato, senza limiti; {GENUSS-, KAUFSUCHT} sfrenato: **sie sind ~ in ihrem Machtstreben**, non conoscono limiti alla smania di potere.

Schrankenwärter <-s, -> *m* (**Schrankenwärterin** *f*) *Eisenb* casellante *mf*, guardabarriere *mf*.

Schrankkoffer *m* baule *m* armadio.

Schrankwand *f* parete *m* di elementi componibili.

Schraubdeckel *m* (*für Glas*) coperchio *m* a vite; (*für Flasche*) tappo *m* a vite.

Schraube <-, -n> *f* 1 *tech* vite *f*; (*mit Mutter*) bullone *m*: **eine ~ eindrehen**/**anziehen**, avvitare/stringere una vite; **eine ~ lockern**/**lösen**, allentare/svitare una vite 2 *naut* (*Schiffsschraube*) elica *f* 3 *sport* (*beim Eiskunstlauf, Turnen*) avvitamento *m*; (*beim Kunstspringen*) vite *f* ● **die ~ fester anziehen**, dare un giro di vite; **bei jdm ist eine ~ locker** *fam*, a qu manca una rotella *fam*.

schrauben A *tr* 1 (*an~*) **etw an**/**in etw** (akk) ~ {HAKEN IN DIE WAND} avvitare *qc in qc*, fissare *qc a qc*; {NAMENSSCHILD AN DIE EINGANGSTÜR} avvitare *qc a qc*, fissare *qc in qc*; (*los~*) **etw aus**/**von etw** (dat) ~ {HAKEN AUS DER WAND, NUMMERNSCHILD VOM AUTO, SCHILD VON DER TÜR} svitare *qc da qc* 2 (*festdrehen*) **etw irgendwohin** ~ {DECKEL AUF DAS GLAS, GLÜHBIRNE IN DIE LAMPE, SCHLAUCH AN DEN WASSERHAHN} avvitare *qc + compl di luogo*: **den Deckel auf das Marmeladenglas ~**, avvitare il coperchio sul vasetto della marmellata; (*losdrehen*) **etw aus**/**von etw** (dat) ~ {BIRNE AUS DER LAMPE, DECKEL VOM GLAS, SCHLAUCH VOM WASSERHAHN} svitare *qc da qc* 3 (*drehen*); **etw höher**/**niedriger ~** {KLAVIERSCHEMEL, SCHREIBTISCHSTUHL}, alzare/abbassare *qc* (facendolo girare su se stesso) 4 *fam* (*steigen lassen*) **etw** (*pl*) **irgendwie ~**: **sie hatte ihre Erwartungen zu hoch geschraubt**, aveva delle aspettative troppo alte₁[esagerate]; **den Rekord über 100 m auf 9 Sekunden ~**, portare/abbassare a 9 secondi il record dei 100 metri B *rfl* (*sich in die Höhe bewegen*) **sich irgendwohin ~**: **das Flugzeug schraubte sich in die Höhe**, l'aereo saliva descrivendo ampie volute.

Schraubendreher *m* → **Schraubenzieher**.

Schraubenschlüssel *m* chiave *f* per dadi.

Schraubenzieher *m* cacciavite *m*.

Schraubstock *m* morsa *f*: **etw in den ~ spannen**, fissare *qc* nella morsa.

Schraubverschluss (a.R. Schraubverschluß) *m* chiusura *f* a vite; (*bei Flaschen, Gläsern*) tappo *m* a vite.

Schrebergarten *m* orto *m* urbano.

Schrebergärtner *m* (**Schrebergärtnerin** *f*) "chi coltiva un orto urbano" ● *geistiger ~ fam pej*, cervello meschino/gretto.

Schreck <-s, *ohne pl*> *m* spavento *m*, terrore *m*: **sie wurde bleich vor ~**, impallidì per la paura; **ein ~ durchfuhr sie**, trasalì per lo spavento; **der ~ hatte ihn völlig gelähmt**, era paralizzato dal terrore ● **auf den ~ (hin)** *fam*, per riavermi/riaversi dallo spavento, dopo questo spavento; **auf den ~ muss ich mich erst mal setzen**, dopo questo spavento bisogna che mi sieda; **einen ~ bekommen**/**kriegen** *fam*, spaventarsi, prendersi uno spavento; **ach du (mein) ~!**, Dio mio! Santa Madonna!; **jdm einen ~ einjagen** *fam*,

mettere/incutere spavento a qu, far prendere uno spavento a qu; **sich von einem ~ erholen**, rimettersi/riprendersi/riaversi da uno spavento; **~, lass nach!** *fam scherz*, non è possibile!

schrecken① *tr geh* → **erschrecken**①.

schrecken② A <schreckt, schreckte, geschreckt> *tr* <*haben*> (*auf~*) **jdn aus etw** (dat) ~ {AUS SEINEN GEDANKEN, TRÄUMEREIEN, ÜBERLEGUNGEN} strappare *qu a qc* B <schreckt oder obs schrickt, schreckte oder obs schrak, geschreckt> *itr* <*sein*> (*auf~*) **aus etw** (dat) ~ {AUS DEN GEDANKEN, DEN TRÄUMEREIEN} (ri)scuotersi *da qc*: **aus dem Schlaf ~**, scuotersi dal sonno, svegliarsi di soprassalto.

Schrecken <-s, -> *m* 1 <*nur sing*> (*Furcht*) spavento *m*, paura *f*, terrore *m*: **die Vorstellung erfüllte sie mit ~**, l'idea la terrorizzava; **Angst und ~ verbreiten**, spargere paura e terrore 2 <*nur pl*> *geh* (*das Schreckenerregende*) {+KRIEG} orrori *m* pl 3 (*jd, der Angst macht*) **~ einer P.** (gen) terrore *m di qu*: **der Prüfer war der ~ der Kandidaten**, il commissario d'esame era il terrore dei candidati ● **einen ~ bekommen**/**kriegen** *fam*, spaventarsi, prendersi un bello spavento; **mit dem**/**einem ~ davonkommen**, cavarsela con uno spavento; **jdm einen ~ einjagen** *fam*, mettere spavento a qu, far prendere uno spavento a qu, spaventare qu; **~ erregend** {ANBLICK, AUSMASS, ENTWICKLUNG, EREIGNIS}, spaventoso, terribile, terrificante; {BRÜLLEN, DONNERN, SCHREIEN, TOBEN}, in modo spaventoso, spaventosamente, da far paura *fam*; **~ erregend aussehen**, avere un aspetto terrificante/[da far spavento]; **mit ~**, con (grande) spavento; **etw** (dat) **den ~ nehmen**, rendere meno traumatico (-a) qc; **jdn in ~ versetzen**, spaventare qu; **zu jds ~**, con grande spavento di qu.

schreckenerregend *adj adv* → **Schrecken**.

Schreckensbilanz *f* terribile bilancio *m*.

schreckensbleich *adj* {GESICHT, MENSCH} pallido per lo spavento: **sie wurde ~**, impallidì/[sbiancò in viso] per lo spavento.

Schreckensherrschaft *f pol* regime *m* di terrore *m*.

Schreckensmeldung *f*, **Schreckensnachricht** *f* terribile notizia *f*.

Schreckensszenario, **Schreckenszenario** *n* scenario *m* apocalittico.

Schreckenstat *f* atto *m* terribile/spaventoso, azione *f* terribile/spaventosa.

Schreckensvision *f* visione *f* apocalittica, scenario *m* apocalittico.

Schreckenszeit *f* tempo *m*/periodo *m* di terrore.

Schreckgespenst *n* 1 (*Alptraum*) spauracchio *m*, bestia *f* nera: **die Prüfungen sind ein ~ für die Schüler**, gli esami sono uno spauracchio per gli studenti 2 (*drohende Gefahr*) **~ einer S.** gen {+DÜRRE, HOCHWASSER, HUNGER} spettro *m* (*di qc*): **das ~ eines atomaren Krieges heraufbeschwören**/[**an die Wand malen**], agitare lo spettro di una guerra nucleare.

schreckhaft *adj* {MENSCH, TIER} pauroso, che si spaventa facilmente.

Schreckhaftigkeit <-, *ohne pl*> *f* {+MENSCH, TIER} natura *f* paurosa, carattere *m* pauroso.

schrecklich A *adj* 1 (*furchtbar*) {ANBLICK, NACHRICHT, UNGLÜCK} terribile, spaventoso, tremendo, terrificante, orribile: **er machte eine ~e Entdeckung**, fece una scoperta spaventosa/terribile/tremenda; **das Bild, das sich ihnen bot, war ~**, la scena che si pre-

sentò loro era terrificante; **sie hatten Schreckliches erlebt**, avevano fatto delle esperienze terribili 2 *fam* (*unerträglich*) terribile: **sie hat ~e Stimmungsschwankungen**, ha dei terribili sbalzi d'umore; **du bist ~!**, sei terribile/tremendo (-a)!; **es ist ~ mit ihm, an allem hat er was zu beanstanden!**, è terribile, ha sempre da ridire su tutto! 3 *fam* (*sehr groß*) {ANGST, KRACH} terribile, tremendo; {DURST, HITZE, KÄLTE} atroce: **ich habe ~en Hunger**, ho una fame tremenda/terribile/atroce; **sie haben ~es Glück gehabt**, hanno avuto una fortuna dannata *fam*/sfacciata *fam*; **sie haben ~e Kälte!**, che freddo tremendo/terribile! B *adv* 1 (*furchtbar*) {ZURICHTEN} in modo terribile/spaventoso; {MISSHANDELN, QUÄLEN} terribilmente, spaventosamente 2 *fam* (*unerträglich*) {BRÜLLEN, SCHIMPFEN, SCHREIEN} in modo terribile/spaventoso, spaventosamente 3 *fam* (*sehr*) {HEISS, KALT, NETT, TRAURIG} terribilmente: **ich hab mich ~ gelangweilt**, mi sono terribilmente annoiato (-a); **ich hab ihn ~ gern**, gli voglio un bene ₁dell'anima *fam*₁/[pazzesco *slang*]; **sie sind ~ reich**, sono spaventosamente ricchi *fam*, sono ricchi da far paura *fam*.

Schrecknis <-ses, -se> *n geh* → **Schrecken**.

Schreckschraube *f fam pej* megera *f*, strega *f*, vecchiaccia *f fam*, arpia *f fam*.

Schreckschuss (a.R. Schreckschuß) *m* 1 (*Schuss in die Luft*) colpo *m* in aria: **einen ~ abgeben**/**abfeuern**, sparare un colpo in aria 2 (*Warnung*) avvertimento *m*.

Schreckschusspistole (a.R. Schreckschußpistole) *f* (*pistola f*) scacciacani *f oder m*.

Schrecksekunde *f* attimo *m* di panico.

Schredder <-s, -> *m* trituratore *m*.

schreddern *tr etw ~* triturare *qc*.

Schrei <-(e)s, -e> *m* 1 (*schriller Laut*) {+MENSCH} grido *m*, urlo *m*; {+MÖWE} grido *m*; {+AFFE} *auch* urlo *m*; {+EULE} stridio *m*; {+HAHN} canto *m*: **einen ~ ausstoßen**, fare/lanciare/cacciare un grido/urlo; **ein ~ der Empörung**, un grido di indignazione; **ein gellender ~**, uno strillo; **man hörte einen markerschütternden ~**, si sentì un urlo agghiacciante 2 *fig* (*Forderung*) **~ nach etw** (dat): **der ~ nach Gerechtigkeit wurde immer lauter**, il grido di giustizia divenne sempre più forte ● **der letzte ~** *fam*, l'ultimo grido.

Schreibbedarf *m* (*articoli m pl*/*oggetti m pl di*) cancelleria *f*.

Schreibblock *m* blocco *m* per appunti, bloc-notes *m*.

Schreibe *f fam* 1 (*Stil*) stile *m*, modo *m* di scrivere: **er hat eine gute**/**tolle ~**, scrive bene/[molto bene] 2 (*Schreibutensil*) penna *f*.

schreiben <schreibt, schrieb, geschrieben> A *itr* 1 (*Schriftzeichen hervorbringen*) (*irgendwie*) ~ {GROSS, LANGSAM, MIT LINKS/RECHTS, SAUBER, SCHÖN, UNLESERLICH} scrivere (+ *compl di modo*): **sie lernt jetzt ~**, sta imparando a scrivere; **mit links ~**, scrivere con la sinistra; **du musst etwas leserlicher ~**, devi cercare di scrivere in modo più leggibile; **mit etw** (dat) (**auf etw** dat *oder* akk) ~ {MIT EINEM BLEISTIFT, FÜLLER, KULI AUF WEIßEM/WEIßES PAPIER} scrivere *con qc* (*su qc*); **der Brief ist mit Bleistift geschrieben**, la lettera è scritta a matita; **ich schreibe lieber mit Füller**, preferisco scrivere con la penna stilografica; **einen Brief ₁mit der Hand**/**Maschine₁**/[**am Computer**] **~**, scrivere una lettera ₁a mano/macchina₁/[al computer]; **irgendwie ~** {BLEISTIFT, FÜLLER, KULI} GUT, HART, SCHLECHT, WEICH} scrivere + *compl di modo*/*adj*: **der Kuli schreibt viel zu dick**, la biro

Schreiben | Schriftform

scrive troppo grosso *fam* **2** (*an etw arbeiten*) **an etw** (dat) ~ {AN EINEM BERICHT, BUCH, DER EXAMENSARBEIT, DER HABILITATION, SEINEN MEMOIREN} scrivere *qc*: **sie schreibt immer noch an ihrer Doktorarbeit,** ˌsta ancora scrivendoˌ/[è ancora alle prese *fam* con] la tesi di dottorato **3** (*schriftlich formuliert*) *irgendwie* ~ {FLÜSSIG, GUT, LEBENDIG, SPANNEND} scrivere + *compl di modo*: **sie schreibt sehr schön anschaulich,** scrive in modo molto vivace/plastico **4** (*eine schriftliche Nachricht senden*) *jdm* ~ scrivere *a qu*: **er hat ihr zum Geburtstag geschrieben,** le ha scritto per il suo compleanno **5** (*schriftstellerisch oder journalistisch tätig sein*) **über etw** (akk) ~ {ÜBER EIN THEMA, PROBLEM} scrivere *su qc*; {ÜBER GESCHICHTE, POLITIK, PHILOSOPHIE} scrivere *di qc*: **er hat viel über Kunst/die Gegenwartskunst geschrieben,** ha scritto molto ˌdi arteˌ/[sull'arte contemporanea]; ˌin einerˌ/[für eine] Zeitung ~, scrivere su/per un giornale; **für/gegen etw** (akk) ~ {FÜR DIE ABTREIBUNG, GEGEN DEN KRIEG} scrivere ˌa favore diˌ/[contro] *qc* **B** tr **1** (*Schriftzeichen hervorbringen*) *etw* (*irgendwohin*) ~ {SATZ INS HEFT, SPRUCH AN DIE MAUER, WORT AN DIE TAFEL} scrivere *qc* + *compl di luogo*: **ich schreibe jetzt meinen Namen an die Tafel,** scriverò il mio nome alla/sulla lavagna; *etw irgendwie* ~: scrivere *qc* + *compl di modo*; **das Wort «Rebe» wird nur mit einem «e» geschrieben,** la parola «Rebe» si scrive con una «e» sola; **das hast du richtig/falsch geschrieben,** ˌl'hai scritto beneˌ/[hai sbagliato a scriverlo] **2** (*verfassen*) *etw* ~ {ARTIKEL, AUFSATZ, BERICHT, BRIEF, GEDICHT, ROMAN} scrivere *qc*: **wir haben heute ein Diktat in Französisch geschrieben,** oggi abbiamo fatto un dettato in francese **3** (*schriftlich mitteilen*) *jdm etw* ~ {BRIEF, KARTE, MITTEILUNG, NACHRICHT} scrivere *qc a qu* **4** (*auf bestimmte Art formulieren*) *etw* ~ {EIN GUTES, SCHLECHTES DEUTSCH} scrivere *in qc*: **sie schreibt einen guten Stil,** sa scrivere molto bene **5** (*ausstellen*) *jdm etw* (*über etw* akk) ~ {QUITTUNG, RECHNUNG, SCHECK ÜBER 150 EURO, 1000 EURO} fare *qc di qc* **6** *obs* (*bei Datumsangaben*): ˌwir ~ heuteˌ/[man schrieb] den 18. Januar, ˌoggi èˌ/[correva] il 18 gennaio **7** (*verbuchen*): **große Verluste** ~, registrare grosse perdite; **rote Zahlen** ~, essere in rosso/perdita; **schwarze Zahlen** ~, essere in attivo **C** rfl **1** (*in Briefkontakt sein*) **sich** ~ {BRIEFFREUNDE} scriversi: **schreibt ihr euch noch?,** vi scrivete ancora? **2** (*eine bestimmte Schreibweise haben*) **sich** *irgendwie* ~ {NAME, WORT} scriversi + *compl di modo*: **«Straße» schreibt sich mit ß,** «Straße» si scrive con la ß ● **jdn krank**, a.R. *von* krankschreiben ● **krankschreiben**; *etw* **ins** *Reine* ~, scrivere/mettere *qc* in bella (copia).

Schreiben <-s, -> *n adm oder geh* lettera f, missiva f *geh*: **ein amtliches/vertrauliches** ~, una lettera ufficiale/riservata; **in Antwort auf ihr ~ vom 12.4 teilen wir Ihnen mit, dass ...,** in risposta alla Sua (lettera) del 12.4 Le comunichiamo che ...; **mit Bezug auf Ihr ~ vom ...,** in riferimento alla Sua del ...

Schreiber① <-s, -> m (**Schreiberin** f) **1** (*Verfasser*) {+BRIEF} autore (-trice) m (f): **wissen Sie, wer der ~ dieser Zeilen ist?,** sa chi è l'autore di queste righe? **2** *obs* (*Schriftführer*) scrivano m *obs*, segretario m.

Schreiber② <-s, -> m *fam penna* f: **gibst du mir mal 'nen ~?,** mi dai qualcosa per scrivere?

Schreiberling <-s, -e> m *pej* imbrattacarte m *pej*, scribacchino m, scrittore m da strapazzo, scrittorucolo m *pej*.

schreibfaul *adj* pigro a scrivere.
Schreibfaulheit f pigrizia f nello scrivere.
Schreibfehler m errore m ˌdi scrittura/ortografiaˌ/[ortografico].
Schreibgerät n strumento m per scrivere.
Schreibkraft f dattilografo (-a) m (f).
Schreibmaschine <-, -n> f macchina f da/per scrivere: **etw auf der ~ schreiben/tippen,** scrivere/battere *qc* a macchina; **sie kann sehr gut ~ schreiben,** sa scrivere molto bene a macchina.
Schreibmaschinenpapier n carta f per macchine da scrivere.
Schreibpult n scrittoio m (con piano inclinato/ribaltabile).
Schreibschrift f (scrittura f in) corsivo m.
Schreibstube f **1** *mil* (*Büro*) fureria f **2** *hist* scrittoio m *hist*.
Schreibtisch m scrivania f, scrittoio m: **zurzeit sitze ich den ganzen Tag am ~,** in questo periodo passo tutto il giorno (seduto (-a)) al tavolino.
Schreibtischlampe f lampada f da scrivania.
Schreibtischtäter m (**Schreibtischtäterin** f) **1** *pej* (*jd, der staatliche Machtstrukturen ausnutzt, um Verbrechen zu begehen*) burocrate mf della morte **2** *scherz* (*wer viel am Schreibtisch arbeitet*) "chi sta molto alla scrivania" **3** *iron* (*Bürokrat*) burocrate mf.
Schreibung <-, -en> f → **Schreibweise**.
Schreibunterlage f sottomano m.
Schreibwaren *subst* <*nur pl*> (articoli m pl di) cancelleria f.
Schreibwarengeschäft n cartoleria f.
Schreibweise f **1** (*Art der Schreibung*) (orto)grafia f: **eine veraltete/moderne** ~, una grafia antiquata/moderna **2** (*Stil*) stile m, modo m di scrivere.
Schreibzeug n → **Schreibgerät**.
schreien <*schreit, schrie, geschrien*> **A** itr **1** (*unartikulierte Schreie ausstoßen*) (**vor etw** dat) ~ {PERSON VOR ANGST, SCHMERZEN, WUT} gridare *di qc*, urlare *da qc*; {EULE} stridere; {MÖWE} gracchiare; {AFFE} urlare: **das Publikum schrie vor Begeisterung,** il pubblico urlava entusiasta; **sie schrie aus Leibeskräften,** con quanta voce aveva (in corpo)ˌ/[a più non posso]; **laut** ~, gridare/urlare forte; **schrill** ~, strillare **2** (*laut weinen*) (**vor etw** dat) ~ {KLEINKIND VOR HUNGER, ZAHNWEH} gridare *di*/*per qc*, piangere (*di*/*per qc*); **die Kleine hat heute Nacht stundenlang geschrien,** la piccola stanotte ha strillato per ore **3** (*laut reden*) gridare, urlare: **bei dieser lauten Musik muss man ~, damit einen die anderen verstehen,** con la musica così alta bisogna urlare perché gli altri ti capiscano **4** (*lautstark verlangen*) **nach jdm/etw** ~ {NACH DEM ARZT, DER POLIZEI, DER WACHE} chiamare *qu* gridando; {NACH GLEICHBERECHTIGUNG, STRENGEREN MAẞNAHMEN} reclamare *qc/qc* gridando; {NACH VERGELTUNG} gridare *qc*: **das Kind schreit nach der Mutter,** il bambino reclama la madre; **die Leute schrien um Hilfe,** la gente gridava aiuto **5** (*dringend brauchen*) **nach etw** (dat) ~ {AUTO NACH WÄSCHE, BAUCH NACH NAHRUNG, NERVEN NACH RUHE} reclamare *qc a gran voce* **B** tr (*laut rufen*) *etw* ~ {ANORDNUNG, BEFEHL, NAMEN} gridare *qc*, urlare *qc*: **"mir reicht's jetzt!" schrie sie und verließ wutentbrannt die Wohnung,** "adesso basta!" urlò, e uscì di casa furiosa **C** rfl (*sich in einen bestimmten Zustand bringen*) **sich** *irgendwie* ~: **sich heiser** ~, ˌdiventare raucoˌ/[seccarsi la gola *fam*] a forza di urlare; **sich müde** ~, stancarsi a forza di gridare; **sich in etw** (akk) ~: **er schrie sich immer mehr in Rage,** più urlava e più andava in bestia *fam*; **der Kleine hat sich in den Schlaf geschrien,** il piccolo ˌha finito per addormentarsiˌ/[s'è addormentato] strillando ● **das ist ja zum Schreien!** *fam*, è da schiantare dal ridere! *fam*.

schreiend *adj* **1** (*grell*) {KONTRAST} stridente; {FARBE} *auch* sgargiante **2** (*krass*) {UNGERECHTIGKEIT, UNRECHT} che grida/reclama vendetta, inaudito, inconcepibile.

Schreier <-s, -> m (**Schreierin** f) *pej* **1** (*jd, der viel herumschreit*) strillone (-a) m (f), sbraitone (-a) m (f), urlone (-a) m (f), urlatore (-trice) m (f) **2** (*jd, der etw laut fordert*) contestatore (-trice) m (f).
Schreihals m *fam pej* (*bes. kleines Kind*) strillone (-a) m (f).
Schreikrampf m crisi f isterica, attacco m isterico: **sie hat einen ~ bekommen,** ha avuto ˌun attacco istericoˌ/[una crisi isterica].
Schrein <-(e)s, -e> m *geh* **1** (*verziertes Behältnis*) scrigno m **2** *relig* (*Reliquienschrein*) reliquiario m, teca f.
Schreiner m (**Schreinerin** f) *region* → **Tischler**.
Schreinerei <-, -en> f *region* → **Tischlerei**.
Schreinerhandwerk n → **Tischlerhandwerk**.
Schreinerin f → **Schreiner**.
schreinern tr itr *region* → **tischlern**.
Schreinerwerkstatt f → **Tischlerwerkstatt**.
schreiten itr <*sein*> **1** *geh* (*langsam und feierlich gehen*) *irgendwie* ~: **das Brautpaar schritt langsam zum Altar,** gli sposi si avvicinarono con passo solenne all'altare; **hoch erhobenen Hauptes schritt sie durch den Saal,** a testa alta, con incedere solenne, attraversò la sala **2** (*mit etw beginnen*) **zu etw** (dat) ~ {ZUR ABSTIMMUNG, WAHL} procedere *a qc*, passare *a qc*: **zur Tat** ~, passare ai fatti; **jetzt werden wir zu anderen Maßnahmen ~,** adesso ricorreremo ad altri mezzi.
schrickst 2. pers sing präs *obs von* **schrecken**.
schrickt 3. pers sing präs *obs von* **schrecken**.
schrie 1. und 3. pers sing imperf *von* **schreien**.
schrieb 1. und 3. pers sing imperf *von* **schreiben**.
Schrieb <-s, -e> m *fam pej* lettera f, letteraccia f *pej*.
Schrift <-, -en> f **1** (*Schriftzeichen*) scrittura f, caratteri m pl: **die arabische/chinesische/kyrillische/lateinische** ~, la scrittura araba/cinese/cirillica/latina **2** (*Aufschrift*) scritta f: **die ~ auf dem Grabstein war völlig verwittert,** la scritta sulla lapide era completamente corrosa dalle intemperie **3** (*Handschrift*) calligrafia f, scrittura f, grafia f: **eine gleichmäßige/schöne ~,** una (calli)grafia regolare/bella; **eine unleserliche ~ haben,** avere una calligrafia illeggibile **4** (*Abhandlung*) scritto m: **die gesammelten ~en des Autors werden jetzt neu verlegt,** l'opera completa dell'autore è attualmente in ristampa **5** *typ* (*Schriftart*) carattere m: **etw in kursiver ~ drucken,** stampare qualcosa in corsivo **6** <*nur pl*> **CH** (*Papiere*) documenti m pl ● **die Heilige** ~ *relig*, la Sacra Scrittura, le Sacre Scritture.

Schriftart f *typ* font m, tipo m di carattere/stampa.
Schriftbild n calligrafia f, scrittura f; (*in einem Buch*) grafica f.
Schriftdeutsch n, **Schriftdeutsche** n tedesco m standard.
Schriftenreihe f *Verlag* collana f.
Schriftform <-, ohne pl> f *geh*: **etw bedarf**

der ~ {Antrag}, qc va presentato in forma scritta.
Schriftführer m (**Schriftführerin** f) segretario (-a) m (f) (che redige il verbale).
Schriftgelehrte <dekl wie adj> m bibl hist scriba m: **die ~n**, i dottori della legge.
Schriftgrad m typ corpo m.
schriftlich A adj {Abmachung, Erklärung, Prüfung, Unterlagen, Vereinbarung} scritto: **im Schriftlichen** fam **habe ich eine gute Note bekommen**, allo scritto ho preso un bel voto; **auf ~em Weg**, per iscritto B adv {Beantworten, Mitteilen} per iscritto ● **jdm etw ~ geben**, mettere qc a qu ⌊per iscritto⌋/[nero su bianco]; **das kann ich dir ~ geben!** fam, te lo garantisco io!; **etw ~ haben**, avere qc ⌊per iscritto⌋/[nero su bianco].
Schriftprobe f **1** typ prova f di stampa **2** (Handschriftprobe) prova f grafologica.
Schriftsatz m **1** jur (schriftliche Erklärung) comparsa f, memoria f **2** typ composizione f.
Schriftsetzer m (**Schriftsetzerin** f) tipografo (-a) m (f).
Schriftsprache f lingua f scritta.
schriftsprachlich A adj {Ausdruck, Wendung} della lingua scritta B adv {sich ausdrücken} in modo formale.
Schriftsteller m (**Schriftstellerin** f) scrittore (-trice) m (f), autore (-trice) m (f).
Schriftstellerei <-, ohne pl> f attività f/ mestiere m dello scrittore, scrivere m.
Schriftstellerin f → **Schriftsteller**.
schriftstellerisch A adj {Arbeit, Begabung, Tätigkeit, Werk} letterario B adv: **~ tätig sein**, fare lo scrittore; **~ begabt/talentiert sein**, avere ⌊un⌋ talento letterario.
Schriftstück n adm documento m: **ein ~ aufsetzen/verlesen/unterzeichnen**, redigere/leggere/firmare un documento.
Schrifttype f typ tipo m.
Schriftverkehr <-s, ohne pl> m adm, **Schriftwechsel** m corrispondenza f: **den ~ durchsehen**, guardare/scorrere la corrispondenza.
Schriftzeichen n typ carattere m.
Schriftzug m **1** (in bestimmter Weise geschriebenes Wort oder Worte) scritta f tratto m **2** <nur pl> (charakteristisches Bild) {+Handschrift} mano f: **unleserliche/verschnörkelte Schriftzüge**, ⌊dei ghirigori⌋/[degli svolazzi].
schrill A adj {Farbe} stridente; {Klang, Schrei, Stimme, Ton} acuto, stridulo: **sie hat eine so schreckliche ~e Stimme**, ha una voce che sfonda/rompe i timpani B adv: **~ erklingen/tönen**, emettere/mandare un suono acuto; **das Telefon tönte ~ durch das ganze Haus**, lo squillo acuto del telefono risuonò in tutta la casa; **sie lachte ~ auf**, scoppiò in una risata stridula.
schrillen itr {Klingel, Telefon, Wecker} fare uno squillo acuto.
Schrimp <-s, -s> m ⌊meist pl⌋ → **Shrimp**.
schritt 1. und 3. pers sing imperf von schreiten.
Schritt <-(e)s, -e> m **1** (Tritt) passo m: **eilige ~e**, passi frettolosi; **kleine ~e**, piccoli passi, passettini; **große ~e**, lunghi passi, ampie falcate; **er ging mit schnellem ~ aus dem Lokal**, uscì dal locale a passo spedito; **mach bitte einen ~ zur Seite!**, spostati un po', per favore!; **treten Sie bitte einen ~ näher!**, si avvicini, per favore!; **wollen wir ein paar ~ gehen?**, vogliamo fare due/quattro passi?; **die Kleine macht jetzt ihre ersten ~e**, la piccola comincia ora a fare i primi passi; **sie lenkte ihre ~e zielsicher zum Schalter**, geh si diresse senza esitare verso lo sportello **2** <nur sing> (Gleichschritt) passo m: **es ist schwer, mit ihm im ~ zu gehen**, è difficile ⌊tenere il⌋/[stare al] passo con lui; **aus dem ~ kommen**, perdere il passo **3** <nur sing> (langsame Gangart) {+Pferd} passo m: **im ~ gehen** {Pferd}, andare al passo; **(im) ~ fahren** {Autos}, andare/procedere/avanzare a passo d'uomo **4** <nur sing> (Gang) andatura f, passo m: **man erkennt ihn schon am ~**, lo si riconosce già dal passo; **er hat einen sehr gleichmäßigen ~**, ha un'andatura molto regolare **5** (Entfernung) passo m: **es ist nur ein paar ~e von hier**, è a pochi passi da qui; **noch wenige ~e und wir haben es geschafft**, ancora pochi passi e ce l'abbiamo fatta **6** (Bundlänge) cavallo m: **die Hose ist im ~ zu kurz**, i pantaloni sono corti di cavallo **7** (Maßnahme) passo m, misura f, mossa f: **das war ein entscheidender/unüberlegter ~**, è stato un passo decisivo/avventato; **die nötigen ~e (zu etw dat) veranlassen/einleiten**, compiere/intraprendere i passi necessari (per (fare) qc); **mein Anwalt hat die ersten ~e gegen ihn unternommen**, il mio avvocato si è già mosso nei suoi confronti; **fürs Erste behalte ich mir alle weiteren ~e vor**, per il momento mi riservo di compiere ulteriori passi ● **der erste ~**, il primo passo; **den ersten ~ tun**, fare il primo passo; **~ fahren!** (Verkehrsschild), procedere a passo d'uomo; **~ für ~**, passo (dopo) passo, un passo ⌊alla volta⌋/[dopo l'altro]; **einen ~ zu weit gehen**, passare il segno, andare (troppo) oltre fam; **mit jdm/etw ~ halten** {mit der Entwicklung, Forschung, Konkurrenz}, andare/ stare al passo con qu/qc; **man muss mit der Zeit ~ halten**, bisogna stare al passo coi tempi; **einen guten ~ am Leib haben**, camminare di buon passo; **jdm auf ~ und Tritt folgen**, seguire qu passo passo; **einen ~ vor und zwei zurück machen/tun**, fare un passo avanti e due indietro; **einen ~ weiter sein**, essere un passo avanti; **den zweiten ~ vor dem ersten tun**, mettere il carro davanti ai buoi.
Schrittfolge f {+Tango, Walzer} sequenza f/successione f di passi.
Schrittmacher m **1** sport Radsport battistrada m; Reitsport pacemaker m; Leichtathletik lepre f **2** (Vorreiter) pioniere m, precursore m, antesignano m **3** med (Herzschrittmacher) pacemaker m.
Schrittmesser <-s, -> m contapassi m, pedometro m.
Schritttempo, Schritt-Tempo m: **im ~ fahren**, andare/procedere/avanzare a passo d'uomo.
schrittweise A adj {Annäherung, Veränderung} graduale, progressivo B adv {Geschehen, Verändern} gradualmente, progressivamente, per gradi; {sich annähern, vorwärtskommen} auch passo passo.
Schritttzähler m → **Schrittmesser**.
schroff A adj **1** (ruppig) {Art, Reaktion, Verhalten} brusco, ruvido; {Ablehnung, Weigerung} secco, brusco: **ist er immer so ~?**, ha sempre questi modi bruschi? **2** (steil) {Abhang, Fels, Felswand} scosceso, erto, dirupato **3** (unvermittelt) {Ende, Übergang} repentino, brusco B adv **1** (ruppig) {Ablehnen, sich weigern} seccamente, in modo secco; {jdn behandeln, danken, reagieren} in modo brusco, bruscamente **2** (steil) {Abfallen} a picco/precipizio.
Schroffheit <-, -en> f **1** <nur sing> (ruppige Art) modi m pl bruschi, ruvidezza f **2** (ruppige Äußerung) uscita f brusca.
schröpfen tr jdn ~ **1** fam pej (ausnehmen) salassare qu fam, spolpare qu fam, (bes. mit List) pelare qu fam, spennare qu fam, spellare qu fam **2** med salassare qu, fare un salasso a qu.
Schröpfkopf m med ventosa f, coppetta f.
Schrot <-(e)s, ohne pl> m oder n **1** (Getreidekörner) cereali m pl macinati grossi **2** Jagd (Munition) pallini m pl (di piombo): **mit ~ schießen**, sparare a pallini ● **von altem/ echtem ~ und Korn** obs {Person}, di vecchio stampo; **ein Mann von echtem ~ und Korn**, un uomo tutto d'un pezzo; **ein Sozialist von altem ~ und Korn**, un socialista della vecchia guardia.
Schrotbrot n gastr pane m integrale (di frumento o segale).
schroten tr etw ~ {Getreide} macinare grosso (-a) qc.
Schrotflinte f fucile m ⌊a pallini⌋/[da caccia].
Schrotkugel f pallino m (di piombo).
Schrott <-(e)s, ohne pl> m **1** (Alteisen) rottami m pl, ferraglia f, ferrivecchi m pl **2** fam pej (wertloses Zeug) ciarpame m, robaccia f fam ● **viel ~ erzählen** fam pej, raccontare un sacco di balle fam/fesserie fam; **etw zu ~ fahren**, sfasciare qc, ridurre qc a un rottame, demolire qc.
Schrotthalde f → **Schrottplatz**.
Schrotthandel m commercio m di rottami/ferrivecchi.
Schrotthändler <-s, -> m (**Schrotthändlerin** f) ferrovecchio m, rottamaio (-a) m (f); (für Autos) sfasciacarrozze m region, (auto)demolitore m.
Schrotthaufen m **1** (Ansammlung von Schrott) mucchio m di rottami **2** fam pej (altes Auto) ferrovecchio m, rottame m.
Schrottkiste f fam (Auto, Fernseher, Computer) rottame m.
Schrottplatz m autodemolizioni f pl, sfasciacarrozze m region.
schrottreif adj {Auto} da rottamare, buono per il ferrovecchio fam.
Schrottwert m valore m della rottamazione: **die alte Kiste kannst du nicht mehr verkaufen, die hat nur noch ~**, quel vecchio catorcio di macchina non lo vendi più, puoi portarlo soltanto a rottamare.
schrubben fam A tr (mit einer Bürste scheuern) etw ~ {Badewanne, Fliesen} strofinare qc, dare una strofinata a qc; {Fußboden, Treppe} auch passare lo spazzolone su qc; **jdm etw ~** {die Füße, den Hals, den Rücken} strofinare qc a qu B itr (mit der Bürste oder dem Schrubber scheuern) dare/passare lo spazzolone: **sie schrubbt und scheuert den ganzen Tag**, non fa che pulire e strofinare tutto il giorno.
Schrubber <-s, -> m spazzolone m, scopettone m.
Schrulle <-, -n> f **1** (seltsame Angewohnheit) fisima f, mania f, fissazione f, fissa f fam **2** fam pej (alte, seltsame Frau) vecchia f stramba/stravagante.
schrullig adj {Alte} stravagante, strambo, bizzarro, strampalato; {Idee, Typ} auch bislacco.
schrumpelig, schrumplig adj {Apfel, Birne, Pflaume} avvizzito, vizzo; {Haut} auch grinzoso, rugoso.
schrumpfen itr **1** (an Volumen verlieren) {Apfel, Aprikose, Birne, Pflaume} avvizzire; {Pullover, Unterwäsche} ritirarsi, restringersi; {Ball, Luftballon} sgonfiarsi, afflosciarsi; {Muskel, Organ} atrofizzarsi **2** (abnehmen) {Proviant, Vorräte} assottigliarsi, diminuire, ridursi; {Einkünfte, Umsatz, Verkaufszahlen} auch calare: **unsere Einnah-**

men sind auf die Hälfte geschrumpft, le nostre entrate sono calate della metà.

Schrumpfkopf m (*Kriegstrophäe*) cranio trofeo m, tsantsa m.

Schrumpfleber f *med* fegato m atrofico, cirrosi f epatica.

Schrumpfniere f *med* rene m atrofico.

Schrumpfung <-, -en> f **1** (*das Schrumpfen*) {+APFEL, BIRNE, PFLAUME} avvizzimento m; {+PULLOVER, T-SHIRT, UNTERWÄSCHE} restringimento m; {+BALL, LUFTBALLON} sgonfiamento m, afflosciamento m; {+MUSKEL, ORGAN} atrofizzazione f, atrofia f **2** (*Rückgang*) {+EINNAHME, UMSATZ} riduzione f, diminuzione f, calo m.

schrumplig adj → **schrumpelig**.

Schrunde <-, -n> f *med* ragade f.

schrundig adj *region* {HÄNDE, HAUT} screpolato.

Schub <-(e)s, Schübe> m **1** *phys* (*Vortrieb*) spinta f **2** *med psych* esacerbazione f, poussée f *med*: **schizophrener ~, poussée schizofrenica 3** (*Gruppe*) ~ + *subst* (*pl*) /*von jdm*/*etw* {BESUCHER, FLÜCHTLINGE, REISENDE} ondata f *in di qu/qc*: **die Zuschauer kamen in Schüben**, gli spettatori arrivavano a ondate; **der erste ~ Plätzchen ist schon fertig**, la prima infornata di biscotti è già pronta.

Schuber <-s, -> m **1** (*Schutzkarton für Bücher*) custodia f, cofanetto m **2** A (*Riegel*) chiavistello m, paletto m.

Schubfach n → **Schublade**.

Schubkarre f, **Schubkarren** m carriola f.

Schubkasten m → **Schublade**.

Schubkraft f *phys* spinta f.

Schublade <-, -n> f cassetto m: **eine ~ herausziehen/hineinschieben**, aprire/chiudere un cassetto; **etw in die ~ legen/tun**, mettere qc nel cassetto; **etw aus der ~ nehmen/holen**, prendere qc dal/nel cassetto ● **in der ~ bleiben** {PLAN, PROJEKT} rimanere nel cassetto; **in ~n denken**, ragionare a compartimenti stagni; **jd passt in keine ~**, non si riesce a collocare qu in uno schema; **jdn in eine ~ stecken**, etichettare qu; **nur, weil mein Freund lange Haare hat, brauchst du ihn noch lange nicht in die ~ «arbeitsscheu» zu stecken**, solo perché il mio ragazzo ha i capelli lunghi non devi etichettarlo come fannullone ● **das ist unterste ~!** *fam*, è veramente di bassa lega!

Schubladendenken n mentalità f schematica: **wir müssen das ~ überwinden**, dobbiamo smettere di pensare a compartimenti stagni.

Schubleistung f *phys* potenza f di spinta.

Schubs <-es, -e> m *fam* leggera spinta f, spintarella f: **jdm einen ~ geben**, dare una ₁leggera spinta₁/[spintarella] a qu.

schubsen *fam* A tr (*leicht stoßen*) **jdn ~** dare una spintarella/[leggera spinta] *a qu*; **jdn irgendwohin** {INS GEBÜSCH, ZUR SEITE, INS WASSER} spingere *qu + compl di luogo*; **jdn von etw** (dat) **~** {VOM STUHL} spingere *qu giù da qc* B itr dare spintarelle/[leggere spinte], spingere: **hör auf, so zu ~!**, smettila di spingere!

schubweise adv **1** (*gruppenweise*) {ANKOMMEN, EINLASSEN} a ondate/gruppi **2** *med* (*in Schüben*) {AUFTRETEN, SICH ENTWICKELN} con esacerbazioni.

Schubwirkung f *phys* (effetto m) spinta f.

schüchtern A adj **1** (*zurückhaltend*) {GESTE, LÄCHELN, MENSCH} timido f: **sie sieht ~ aus**, ₁ha l'aria₁/[sembra] timida **2** (*vorsichtig*) {BEIFALL, VERSUCH} timido; {HOFFNUNG} *auch* vago: **ein ~er Sonnenstrahl brach aus der Wolkendecke hervor**, un timido raggio di sole fece capolino tra le nuvole B adv {FRAGEN, GRÜSSEN, LÄCHELN, SCHWEIGEN} timidamente.

Schüchternheit <-, ohne pl> f timidezza f.

schuf 1. *und* 3. *pers sing imperf von* schaffen①.

Schuft <-(e)s, -e> m *pej* canaglia f, farabutto m, mascalzone m.

schuften itr *fam* sgobbare *fam*, sfacchinare *fam*: **ich hab' mein Leben lang nur geschuftet!**, per tutta la vita non ho fatto altro che sgobbare!

Schufterei <-, -en> f *fam* sgobbata f *fam*, sfacchinata f *fam*: **der Umbau war vielleicht eine ~!** *fam*, ristrutturare la casa è stata una faticaccia!

Schuh <-(e)s, -e> m scarpa f: **flache/hohe/bequeme/leichte ~e**, scarpe basse/alte/comode/leggere; (sich dat) **die ~e an-/ausziehen**, mettersi/togliersi le scarpe; **der ~ ist dir aufgegangen**, ti si è slacciata la scarpa; (sich dat) **die ~e zumachen/zubinden**, allacciarsi/legarsi le scarpe; **die ~e putzen**, pulire le scarpe; **die ~e sind mir zu eng**, le scarpe mi stanno strette; **passen dir die ~e?**, (come) ti vanno/calzano le scarpe? ● **den ~ ₁würde ich mir nicht anziehen₁/[zieh ich nicht an]!**, non ₁mi sentirei₁/[sentirti] ₁in colpa₁/[chiamato (-a) in causa]!; **wo drückt denn der ~?** *fam*, che problema c'è?, dov'è il problema?, cos'è che non va?; **jdm etw in die ~e schieben** {SCHULD, VERANTWORTUNG}, (cercare di) scaricare qc su qu; **er wollte seiner Schwester die Schuld in die ~e schieben**, voleva dare la colpa a sua sorella; **sich** (dat) **gegenseitig die Schuld in die ~e schieben**, fare a scaricabarile *fam*; **ich möchte nicht in seinen/ihren ~en stecken** *fam*, non vorrei essere ₁nei suoi panni₁/[al posto suo]; **umgekehrt wird ein ~ draus** *fam*, è l'esatto contrario; **wissen, wo jdn der ~ drückt** *fam*, conoscere i problemi/guai di qu.

Schuhanzieher <-s, -> m calzascarpe m, calzante m, calzatoio m.

Schuhbändel (a.R. Schuhbendel) n oder m *bes. südd* A laccio m, stringa f.

Schuhbürste f spazzola f da scarpe.

Schuhcreme f lucido m da scarpe.

Schuhfabrik f calzaturificio m, fabbrica f di scarpe.

Schuhgeschäft n negozio m di scarpe/calzature.

Schuhgröße f numero m di scarpe: **~ 40 haben**, portare il 40 di scarpe; **welche ~ haben Sie?**, che numero di scarpe porta?

Schuhkarton m scatola f da scarpe.

Schuhkrem, Schuhkreme f → **Schuhcreme**.

Schuhlöffel m → **Schuhanzieher**.

Schuhmacher m (**Schuhmacherin** f) calzolaio (-a) m (f).

Schuhnummer f → **Schuhgröße**.

Schuhplattler m *südd* A "danza f popolare bavarese e tirolese".

Schuhputzer <-s, -> m (**Schuhputzerin** f) lustrascarpe mf.

Schuhputzmittel n → **Schuhcreme**.

Schuhriemen m → **Schnürsenkel**.

Schuhschachtel f → **Schuhkarton**.

Schuhschrank m scarpiera f.

Schuhsohle f suola f della scarpa.

Schuhspanner m tendiscarpe m, forma f per scarpe.

Schuhspitze f punta f della scarpa.

Schuhwerk <-s, ohne pl> n scarpe f pl, calzature f pl: **zum Wandern braucht man gutes ~**, per fare trekking ci vogliono delle scarpe buone.

Schuhwichse f *fam* → **Schuhcreme**.

Schukostecker® m *el* spina f (particolarmente sicura) con messa a terra, spina f schuko®.

Schulabbrecher m (**Schulabbrecherin** f) chi abbandona la scuola: **die Zahl der ~senken**, ridurre il numero degli abbandoni scolastici.

Schulabgänger m (**Schulabgängerin** f) {+GYMNASIUM, HAUPTSCHULE, REALSCHULE} diplomato (-a) m (f).

Schulabschluss (a.R. Schulabschluß) m titolo m di studio: **diese Ausschreibung ist nur für Kandidaten mit ~ Abitur**, questo concorso è solo per candidati che abbiano conseguito il diploma di maturità.

Schulalter n età f scolare: **sie hat zwei Kinder im ~**, ha due figli che vanno a scuola; **mein Neffe kommt jetzt auch schon ins ~**, ora mio nipote comincerà ad andare a scuola.

Schulamt n *adm* provveditorato m agli studi.

Schulanfang m (*morgens*) inizio m delle lezioni; (*nach den Ferien*) riapertura f delle scuole, rientro m a scuola; (*Schuljahresbeginn*) *auch* inizio m dell'anno scolastico.

Schulanfänger m (**Schulanfängerin** f) alunno (-a) m (f) che comincia la scuola elementare.

Schularbeit f **1** <meist pl> (*Hausaufgaben*) compiti m pl (per casa): **heute haben wir viele ~en auf**, oggi ₁ci hanno dato₁/[abbiamo] molti compiti per casa; **er macht nie seine ~en**, non fa mai i compiti (a casa) **2** (*Klassenarbeit*) compito m in classe: **gestern haben wir eine ~ geschrieben**, ieri abbiamo fatto un compito in classe.

Schularzt m (**Schulärztin** f) medico m scolastico.

Schulaufgabe f **1** <meist pl> (*Hausaufgaben*) compito m (per casa) **2** (*Klassenarbeit*) compito m in classe.

Schulaufsichtsbehörde f ispettorato m scolastico.

Schulausflug m gita f scolastica.

Schulbank <-, Schulbänke> f *obs* banco m di scuola ● (**noch**) **die ~ drücken** *fam*, andare (ancora) a scuola; **mit jdm die ~ gedrückt haben** *fam*, essere stati compagni di classe.

Schulbeginn m → **Schulanfang**.

Schulbehörde f → **Schulamt**.

Schulbeispiel n esempio m da manuale: **ein ~ für etw** (akk), un esempio tipico di qc.

Schulbesuch m frequenza f scolastica: **vom ~ suspendiert sein**, essere sospeso dalla frequenza scolastica; **zum ~ verpflichtet sein**, ₁avere l'obbligo di₁/[essere obbligato a] frequentare la scuola.

Schulbibliothek f biblioteca f della scuola.

Schulbildung <-, ohne pl> f istruzione f, formazione f scolastica: **eine gute ~ haben**, avere una buona istruzione/[formazione scolastica].

Schulbuch n libro m di testo, libro m di scuola *fam*.

Schulbuchverlag m ₁casa f editrice₁/[editore m] di libri scolastici.

Schulbus m scuolabus m, pulmino m della scuola.

Schulchor m coro m della scuola.

schuld adj: (**an etw** dat) **~ sein**, essere colpevole (di qc); **an einem Unfall ~ sein**, avere la colpa di un incidente; **du bist ~ daran, wenn wir den Bus versäumen**, è colpa tua se perdiamo l'autobus; **wer ist ~ daran?**, di chi è la colpa?; **es will mal wieder keiner ~ gewesen sein**, come al solito non è stato nessuno *fam*.

Schuld ① <-, *ohne pl*> *f* ▪ (**an etw** (dat)/**für etw** (akk)) {AN EINEM MISSERFOLG, FÜR EINEN/ AN EINEM UNFALL, EINEM VERSAGEN} colpa *f di qc*, responsabilità *f di qc*; {AN EINEM VERBRECHEN} colpevolezza *f di qc*: (**an etw dat**) ~ **haben**, avere (la) colpa (di qc); **jdm/etw ~ an etw** (dat) **geben**, dare a qu/qc la colpa di qc, incolpare qu/qc di qc; **warum gebt ihr immer mir ~, wenn etwas schief geht?**, perché date sempre la colpa a me se qualcosa va storto?; **das ist nicht meine ~**, non è colpa mia, non ho colpa io; **ihn trifft keine ~**, lui non ₗha colpa₁/[è colpevole]; **wessen ~ ist es?**, di chi è la colpa?; **es ist nicht meine ~, dass du den Zug verpasst hast**, non è colpa mia se hai perso il treno; **er hat/trägt keine ~ an dem Unfall**, non ha nessuna responsabilità nell'incidente; **die ~ des Angeklagten beweisen**, provare la colpevolezza dell'imputato; **der Angeklagte wurde von jeder ~ freigesprochen**, l'imputato è stato prosciolto da ogni accusa; **durch meine ~ hat er seinen Arbeitsplatz verloren**, per colpa mia ha perso il posto di lavoro ● **die ~ auf jdn** *abwälzen*/**schieben**, scaricare la colpa su qu; **seine ~ *bekennen***, ammettere/riconoscere la propria colpa; **sich** (dat) **keiner ~ bewusst sein**, non avere nulla da rimproverarsi, avere la coscienza a posto; **seine ~ *leugnen***, negare la propria colpa; **die ~ (für etw akk) auf sich *nehmen***, assumersi/prendersi/addossarsi la responsabilità (di qc); **sich gegenseitig die ~ in die Schuhe schieben**, fare a scaricabarili; **... und vergib uns unsere ~** *relig*, ... rimetti a noi i nostri debiti; **zu ~en** → **zuschulden**; **jdm die ~ an etw** (dat) **zuschieben**, addossare la colpa di qc a qu, rovesciare la colpa di qc addosso a qu; **jdm/etw die ~ *zuschreiben***, attribuire la colpa a qu/qc.

Schuld ② <-, *-en*> *f* <*meist pl*> debito *m*: **ich habe bei meinem Bruder noch 10 000 Euro ~en**, ho ancora un debito di 10 000 euro con mio fratello, devo ancora 10 000 euro a mio fratello ● **~en *abzahlen***, finire di pagare i debiti; **~en *begleichen***, saldare un debito; **seine ~en *bezahlen***, pagare i propri debiti; **~en *eintreiben***, riscuotere un credito/i crediti; **jdm seine ~en *erlassen***, cancellare/rimettere *jur* il debito di qu; **mehr ~en als Haare auf dem Kopf haben** *fam*, essere indebitato fino al collo *fam*, affogare nei debiti *fam*; **~en haben**, avere debiti; **~en machen**, fare/[contrarre dei] debiti, indebitarsi; **tief in ~en *stecken***, essere indebitato fino al collo *fam*, avere un mare di debiti *fam*, essere oberato dai debiti; (**tief**) **in jds ~ *stehen* geh** (*jdm für etwas dankbar sein*), essere debitore a qu, sentirsi/essere in (grande) debito con qu; **sich in ~en *stürzen***, indebitarsi, riempirsi di debiti; **~en *tilgen***, estinguere/ammortizzare un debito.

Schuldbekenntnis *n* ammissione *f* di colpa/colpevolezza, confessione *f jur*: **ein ~ *ablegen***, fare una confessione, ammettere la propria colpa, confessarsi.

Schuldbeweis *m* prova *f* di colpevolezza.

schuldbewusst (a.R. schuldbewußt) A *adj* {MENSCH} conscio/consapevole della propria colpa; {BLICK} colpevole B *adv* {ANBLICKEN} con aria colpevole; {SCHWEIGEN} consapevole della propria colpa.

Schuldbewusstsein (a.R. Schuldbewußtsein) *n* consapevolezza *f* della propria colpa.

Schuldbuch *n ökon* Gran libro *m* del debito pubblico.

Schuldbuchforderung *f ökon* prestito *m* iscritto nel Gran libro del debito pubblico.

schulden *tr* **1** (*zahlen müssen*) **jdm etw ~** {BETRAG} dovere *qc a qu*, essere debitore di *qc a qu*: **wie viel₁/[was] schulde ich Ihnen für die Theaterkarten?**, quanto Le devo per i biglietti?; **2** (*verpflichtet sein*) **jdm etw ~** {ANERKENNUNG, ANTWORT, DANK, RESPEKT} dovere *qc a qu*: **du schuldest mir eine Erklärung**, mi devi una spiegazione.

Schuldenberg *m fam* montagna *f* di debiti.

Schuldendienst *m bank ökon* servizio *m* del debito.

Schuldenerlass (a.R. Schuldenerlaß) *m* cancellazione *f*/remissione *f jur* dei debiti.

schuldenfrei *adj* esente da debiti: **~ sein** {PERSON}, non avere debiti; {GRUNDSTÜCK, HAUS} non essere ipotecato, essere libero/esente da ipoteca.

Schuldenkrise *f pol* crisi *f* finanziaria (dovuta ad eccessivo indebitamento).

Schuldenlast <-, *ohne pl*> *f* carico *m* di debiti.

Schuldenpolitik *f* politica *f* di indebitamento.

Schuldentilgung *f* estinzione *f* di un debito.

schuldfähig *adj jur* imputabile.

Schuldfähigkeit <-, *ohne pl*> *f jur* imputabilità *f*.

Schuldfrage *f* questione *f* della colpevolezza *jur*/responsabilità *f*.

Schuldgefühl *n* senso *m* di colpa: **~e haben**, avere sensi di colpa, sentirsi in colpa; **jdm ~e machen**, **~ in jdm (er)wecken**, colpevolizzare qu; **von ~en geplagt werden**, essere tormentato dai sensi di colpa.

Schuldgeständnis *n* ammissione *f* di colpa/colpevolezza, confessione *f jur*: **ein ~ *ablegen* jur**, fare una confessione, ammettere la propria colpa, confessare.

schuldhaft A *adj* {VERHALTEN, VERSÄUMNIS} colpevole B *adv*: **einen Verkehrsunfall ~ *verursachen***, essere responsabile di un incidente stradale.

Schuldienst <-*es*, *ohne pl*> *m adm* scuola *f*, insegnamento *m* ● **aus dem ~ *ausscheiden***, lasciare l'insegnamento/la scuola; **in den ~ gehen**, diventare insegnante; **nach dem Abschluss seines Studiums will er in den ~ gehen**, dopo aver terminato gli studi vuole entrare nella scuola; **im ~ (tätig) sein**, essere insegnante.

schuldig *adj* **1** (*verantwortlich*) colpevole **2** *jur* (*strafrechtlich verantwortlich*) {ANGEKLAGTER, TÄTER} colpevole: **etw** (gen) **~ sein** {EINER TAT, EINES VERBRECHENS}, essere colpevole di qc; **sich eines Mordes ~ *bekennen***, dichiararsi colpevole di un omicidio **3** *geh* (*gebührend*) {ACHTUNG, ANERKENNUNG, DANK} dovuto: **jdm den ~en Respekt zollen**, tributare a qu il dovuto/debito rispetto **4** (*zahlungspflichtig*): **jdm etw ~ sein**, dovere qc a qu, essere debitore di qc a qu, avere un debito di qc verso qu; **was bin ich Ihnen ~?**, quanto Le devo? **5** (*verpflichtet*): **jdm/etw etw ~ sein** {ACHTUNG, ANERKENNUNG, DANK, RESPEKT} dovere qc a qu/qc: **erkläre ihr deinen Entschluss! Das bist du ihr einfach ~!**, spiegale la tua decisione! Glielo devi!; **das ist er seiner gesellschaftlichen Stellung ~**, la sua posizione sociale lo richiede; **wir sind ihm Dank ~**, abbiamo un debito di gratitudine con lui, ci sentiamo obbligati (~) verso di lui; **ich bin dir (darüber) keine Rechenschaft ~**, non devo rendere conto a te ● **sich ~ *bekennen***, dichiararsi colpevole/reo (-a); **jdm nichts ~ *bleiben***, rispondere ₗa to-

no₁/[per le rime] a qu; **jdn etw** (gen) **für ~ *erklären* jur**, dichiarare qu colpevole di qc; **sich** (etw gen) **~ *fühlen***, sentirsi ₗcolpevole (di qc)₁/[in colpa (per qc)]; **sich etw** (gen) **~ *machen* jur**, rendersi colpevole di qc; **jdn ~ *sprechen* jur**, dichiarare qu colpevole.

Schuldige <*dekl wie adj*> *mf* colpevole *mf*.

Schuldigkeit <-, *ohne pl*> *f* dovere *m*, obbligo *m* ● **seine ~ *getan* haben** {AUTO, GEBRAUCHSGEGENSTAND}, aver fatto il suo servizio; **seine (Pflicht und) ~ tun**, fare il proprio dovere.

schuldig₁sprechen <*irr*> *tr* → **schuldig**.

Schuldkomplex *m* complesso *m* di colpa.

schuldlos A *adj* senza colpa, innocente: (**an etw dat**) **~ sein** {AN EINEM FEHLER, MISSERFOLG, UNFALL}, non essere responsabile (di qc), non avere colpa (di qc) B *adv* {IN ETWAS VERWICKELT WERDEN} incolpevolmente.

Schuldner <*-s*, *-*> *m* (**Schuldnerin** *f*) debitore (-trice) *m* (*f*).

Schuldnerland *n*, **Schuldnerstaat** *m* paese *m* debitore.

Schuldschein *m* riconoscimento *m* scritto di un debito.

Schuldspruch *m jur* verdetto *m* di colpevolezza.

Schuldunfähigkeit *f ökon* non imputabilità *f*.

Schuldverschreibung *f ökon* obbligazione *f*.

Schuldzuweisung *f* attribuzione *f* di colpa.

Schule <-, *-n*> *f* **1** (*Lehranstalt*) scuola *f*: **in Deutschland kommen die Kinder mit sechs Jahren in die ~**, in Germania i bambini vanno a scuola a sei anni; **zur/[in die] ~ gehen**, andare a scuola; **sie unterrichtet an einer höheren ~**, (lei) insegna in una scuola media superiore; **in/auf eine höhere ~ gehen**, andare alla scuola media superiore; **die öffentliche/[staatlich anerkannte] ~**, la scuola pubblica/parificata; ₗ**allgemein bildende₁/[berufsbildende] ~**, scuola ₗdi formazione generale₁/[professionale]; **wir sind zusammen in die ~ gegangen**, siamo stati (-e) compagni (-e) di classe **2** (*Schulgebäude*) scuola *f*, edificio *m* scolastico **3** (*Unterricht*) scuola *f*, lezioni *f pl*: **heute ist die ~ schon um 12 Uhr aus**, oggi le lezioni terminano a mezzogiorno; **morgen ₗist keine ~₁/[fällt die ~ aus]**, domani non c'è scuola **4** <*nur sing*> (*Schüler und Lehrer*) scuola *f* **5** *kunst wiss* (*bestimmte Richtung*) scuola *f*: **die ~ Raffaels**, la scuola di Raffaello **6** <*nur sing*> (*Erziehung*) scuola *f*, educazione *f* ● **von der ~ *abgehen* (die ~ *abbrechen*)**, abbandonare gli studi, ritirarsi da scuola; (**die ~ *beenden***), finire/terminare la scuola; **der alten ~** {KAVALIER, LEHRER}, di vecchio stampo/[altri tempi]; **von der alten ~ sein**, appartenere alla vecchia scuola; **an der ~ sein** *fam* {LEHRER}, insegnare; **die ~ *besuchen***, frequentare la scuola; **von der ~ *fliegen fam*₁/[*gewiesen werden*]**, essere ₗbuttato fuori *fam*₁/[espulso] da scuola; **bei jdm in die ~ *gehen* (*ein Handwerk von jdm lernen*)**, andare a scuola da qu, imparare un mestiere da qu; **durch eine harte ~ *gehen* *geh***, essere cresciuto a una dura scuola; **~ *haben***, avere scuola/lezione; **die hohe ~ Reitsport**, l'alta scuola; **die hohe ~ + gen** {+BAUKUNST, MALEREI}, l'arte di qc; **~ *machen* {ANGEWOHNHEIT, METHODE, VERHALTEN}**, fare scuola; **aus der ~ *plaudern***, lasciarsi sfuggire delle indiscrezioni; **die ~ *schwänzen***, marinare la scuola, bigiare (la scuola) *norditl*, fare forca *tosk*; **in der ~ *sitzen bleiben***, essere bocciato.

schuleigen *adj* {BÜCHER, GELÄNDE} (di pro-

schulen tr **1** (*weiterbilden*) *jdn* ~ {Fachkräfte, Meister, Vertreter} addestrare *qu*, formare *qu*: **jdn politisch ~**, dare una formazione politica a qu; **das Personal wird psychologisch geschult**, il personale riceve una formazione psicologica **2** (*trainieren*) *etw* ~ {Auge, Ohr} educare *qc*: **diese Übungen ~ das Gedächtnis**, questi esercizi allenano la memoria; **einen Hund ~**, addestrare un cane.
Schulenglisch n inglese m scolastico.
Schüler <-s, -> m (**Schülerin** f) **1** (*in Grundschule*) scolaro (-a) m (f), alunno (-a) m (f), allievo (-a) m (f); (*in höheren Schulen*) studente (-essa) m (f), allievo (-a) m (f): **ein fleißiger/guter ~,** ͺun alunno/allievoͺ/ͺuno studenteͺ diligente/bravo **2** (*wer von einem Meister ausgebildet wird*) {+Architekt, Künstler, Wissenschaftler} allievo (-a) m (f); {+Philosoph} discepolo (-a) m (f).
Schüleraustausch m scambio m (di studenti di diverse nazionalità).
Schülerausweis m "tessera f di studente delle scuole superiori".
Schülerin f → **Schüler**.
Schülerkarte f (*für öffentliche Verkehrsmittel*) abbonamento m (mensile/settimanale) per studenti.
Schülerlotse m (**Schülerlotsin** f) "studente (-essa) m (f) che, davanti alla scuola, aiuta i compagni ad attraversare la strada".
Schülermitverwaltung f **1** (*Teilnahme der Schüler an der Organisation*) partecipazione f degli studenti alla gestione della scuola **2** (*Vertretung der Schüler*) rappresentanza f degli studenti di una scuola.
Schülerschaft <-, -en> f scolaresca f.
Schülersprache f gergo m/linguaggio m studentesco.
Schülersprecher m (**Schülersprecherin** f), **Schülervertreter** m (**Schülervertreterin** f) rappresentante mf degli studenti.
Schülerzeitung f giornalino m della scuola.
Schulfach n materia f scolastica/[d'insegnamento].
Schulferien subst <*nur pl*> vacanze f pl scolastiche.
Schulfernsehen n programmi m pl televisivi per la scuola.
schulfrei adj {Nachmittag, Samstag} senza scuola, libero m: **heute** ͺ**haben wir**ͺ/[ist] ~, oggi non ͺc'è scuolaͺ/[si fa lezione]; **~er Tag**, giorno di vacanza.
Schulfreund m (**Schulfreundin** f) compagno (-a) m (f) di scuola.
Schulfunk m programmi m pl radiofonici per la scuola.
Schulgebäude n edificio m scolastico.
Schulgebrauch m: **ein Atlas für den ~**, un atlante per ͺuso scolasticoͺ/[la scuola]; **für den ~ bestimmt/gedacht**, per uso scolastico.
Schulgeld n (*für eine Privatschule*) tassa f scolastica • **sich** (dat) **sein ~ zurückgeben lassen**: **lass dir dein ~ zurückgeben!** *fam*, ma che cosa ti hanno insegnato a scuola?
Schulgeldfreiheit <-, *ohne pl*> f esonero m dalle tasse scolastiche: **in Deutschland besteht/herrscht ~**, in Germania l'istruzione è gratuita.
Schulgrammatik f (*Buch*) grammatica f scolastica/[per le scuole].
Schulheft n quaderno m di scuola.
Schulhof m cortile m della scuola.
schulisch A adj <attr> **1** (*die Schule betreffend*) {Angelegenheit, Fragen, Probleme} scolastico, della scuola **2** (*den Unterricht betreffend*) {Arbeit, Leistungen} scolastico; {Verhalten} in classe B adv {sich verbessern, sich verschlechtern} sul piano scolastico.
Schuljahr n **1** (*Zeitraum*) anno m scolastico **2** (*Klasse*) anno m: **mein ältester Sohn geht ins vierte ~**, il mio figlio maggiore ͺè inͺ/[fa la] quarta (elementare).
Schuljunge m *fam* scolaro m • **jdn wie einen ~n behandeln**, trattare qu come uno scolaretto; **wie ein ~ erröten**, arrossire come uno scolaretto.
Schulkamerad m (**Schulkameradin** f) compagno (-a) m (f) di scuola.
Schulkenntnisse subst <*nur pl*> nozioni f pl scolastiche: **er hat nur ~ in Englisch**, sa l'inglese solo a livello scolastico.
Schulkind n scolaretto (-a) m (f).
Schulkindergarten m "anno m supplementare di scuola materna per bambini che non sono ancora maturi per frequentare la scuola elementare".
Schulklasse f classe f.
Schullandheim n colonia f.
Schullehrer m (**Schullehrerin** f) *fam* insegnante mf; {+Grundschule} *auch* maestro (-a) m (f).
Schulleiter m (**Schulleiterin** f) direttore (-trice) m (f) di scuola; (*an höheren Schulen*) preside mf.
Schulleitung f direzione f (di una scuola).
Schulmädchen n *fam* scolara f, scolaretta f.
Schulmappe f cartella f.
Schulmedizin <-, *ohne pl*> f medicina f tradizionale/ufficiale/ortodossa.
Schulmeister m **1** *obs* (*Grundschullehrer*) maestro m di scuola elementare **2** *pej* (*Besserwisser*) pedante m.
schulmeisterlich *pej* A adj pedante, pedantesco, professorale; {Auftreten, Ton} *auch* cattedratico B adv: **~ auftreten**, darsi arie da professore.
schulmeistern *pej* A tr *jdn* ~ riprendere *qu* in modo pedante B itr montare/salire in cattedra, pontificare, fare il professore.
Schulnote f voto m scolastico.
Schulorchester n orchestra f scolastica/[della scuola].
Schulordnung <-, *ohne pl*> f regolamento m scolastico.
Schulpädagogik f pedagogia f della scuola.
Schulpflicht <-, *ohne pl*> f obbligo m scolastico.
schulpflichtig adj {Kind} soggetto all'obbligo scolastico: **im ~en Alter**, in età scolare.
Schulpolitik f politica f scolastica.
Schulpraktikum n tirocinio m (nella scuola).
Schulranzen m zainetto m, cartella f (a zaino).
Schulrat m (**Schulrätin** f) ispettore (-trice) m (f) scolastico (-a).
Schulrecht <-(*e*)*s*, *ohne pl*> n legislazione f scolastica.
Schulreform f riforma f scolastica.
schulreif adj {Kind} "che è sufficientemente capace e maturo per andare a scuola".
Schulsachen subst <*nur pl*>: **hast du deine ~ mitgenommen?**, hai preso le cose per la scuola?
Schulschiff n *naut* nave scuola f.
Schulschluss (a.R. Schulschluß) <*-es*, *ohne pl*> m (*Ende des täglichen Unterrichts*) fine f/termine m delle lezioni; (*vor den Ferien*) fine f della scuola, chiusura f delle scuole.
Schulspeisung f mensa f/refezione f scolastica.
Schulsport m sport m ͺa scuolaͺ/[scolastico].
Schulsprecher m (**Schulsprecherin** f) rappresentante mf degli studenti.
Schulstress (a.R. Schulstreß) m stress m scolastico.
Schulstunde f (ora f di) lezione f.
Schulsystem n sistema m scolastico.
Schultag m giorno m di scuola: **Martin ist sechs Jahre alt und morgen ist sein erster ~**, Martin ha sei anni e domani è il suo primo giorno di scuola.
Schultasche f → **Schulmappe**.
Schulter <-, -n> f **1** *anat* spalla f: **breite/schmale ~n**, spalle larghe/strette; **hängende ~n**, spalle cadenti/cascanti; **die linke/rechte ~**, la spalla sinistra/destra; **sie legte ihm die Hand auf die ~**, gli mise la mano sulla spalla; **den Arm um jds ~n legen**, mettere il braccio intorno alle spalle di qu; **den Kopf an jds ~ legen**, appoggiare la testa sulla spalla di qu **2** (*Schulterpartie*) spalla f: **eine Jacke mit gefütterten ~n**, una giacca con le spalle imbottite **3** *gastr* (*Schulterstück*) spalla f • **an ~**, spalla a spalla; **jdn über die ~ ansehen**, guardare qu dall'alto in basso; **mit gebeugten ~n**, con le spalle (ri)curve; **die ~n hängen lassen** (*mutlos sein*), sentirsi cadere le braccia *fam*; **die ~n hochziehen**, alzare le spalle; **jdm auf die ~ klopfen** (*aufmerksam machend*), battere sulla spalla di qu; (*anerkennend*), dare una pacca sulla spalla di qu; **auf jds ~n lasten/liegen/ruhen** {Bürde, Last, Verantwortung}, gravare/pesare sulle spalle di qu; **etw auf die leichte ~ nehmen** *fam* {Angelegenheit, Problem, Symptom}, prendere qc ͺalla leggeraͺ/[sottogamba]; **jdm über die ~ sehen**, guardare da dietro le spalle di qu; **jdn auf den ~n tragen** {Kind}, portare qu sulle spalle; **jdm die kalte ~ zeigen** *fam*, trattare qu con freddezza/indifferenza; ͺ**mit den**ͺ/[**die**] **~n zucken**, fare spallucce, scrollare/alzare le spalle, stringersi nelle spalle.
Schulterblatt n *anat* scapola f.
schulterfrei adj {Kleid} che lascia scoperte le spalle.
Schultergelenk n *anat* articolazione f della spalla.
Schulterhöhe f: **in ~**, all'altezza delle spalle.
Schulterklappe f *mil* controspallina f, spallina f.
schulterlang adj {Haare} ͺlungo finoͺ/[che arriva] alle spalle.
schultern tr *etw* ~ **1** (*über die Schulter legen*) {Gewehr, Rucksack} mettersi *qc* in spalla **2** (*auf sich nehmen*) {Kosten, Last} sostenere *qc*; {Aufgabe} affrontare *qc* **3** *Judo* (*auf den Rücken legen*) mettere *qu* al tappeto, atterrare *qu fam*.
Schulterpolster n {+Jacke, Kleid, Mantel} spallina f.
Schulterriemen m tracolla f, spallaccio m.
Schulterschluss (a.R. Schulterschluß) <*-es*, *ohne pl*> m {+Gewerkschaften, Koalitionsparteien, Verbände} coesione f: **im ~ mit jdm gehen** {Minister mit Soldaten}, solidarizzare con qu.
Schultersieg m *Ringen* vittoria f al tappeto.
Schulterstück n **1** *mil* controspallina f, spallina f **2** *gastr* pezzo m di spalla.
Schultertasche f (borsa f a) tracolla f.

Schulträger m "ente m che sovvenziona/finanzia una scuola".

Schultüte f "contenitore m colorato a forma di cono pieno di dolciumi che i genitori regalano ai bambini per il primo giorno di scuola".

Schulung ‹-, -en› f **1** (*Ausbildung*) {+FACHKRÄFTE, MITARBEITER, PERSONAL} addestramento m, formazione f; {+GEDÄCHTNIS} allenamento m, esercizio m; {+STIMME} *auch* educazione f: **politische ~**, formazione politica **2** (*Lehrgang*) corso m di formazione: **an einer ~ teilnehmen**, partecipare a un corso di formazione.

Schulungsdiskette f *inform* dischetto m didattico.

Schulunterricht m lezioni f pl.

Schulversagen n fallimento m scolastico.

Schulversager m (**Schulversagerin** f) fallito (-a) m (f) negli studi.

Schulversuch m sperimentazione f scolastica.

Schulwechsel m cambio m di scuola.

Schulweg m tragitto m tra casa e scuola: **auf dem ~**, sulla strada per andare a scuola; **ich habe ihn auf dem ~ getroffen**, l'ho incontrato andando a scuola.

Schulwesen ‹-s, ohne pl› n sistema m scolastico, scuola f.

Schulwissen n → **Schulkenntnisse**.

Schulzeit f anni m pl di scuola, periodo m scolastico.

Schulzeugnis n pagella f.

schummeln itr *fam* (*bei etw* dat/*in etw* dat) **~** {BEIM KARTENSPIEL} barare (*a qc*); {BEI DER KLASSENARBEIT} copiare (*a qc*).

schummrig, **schummerig** adj **1** (*schwach*) {BELEUCHTUNG, LICHT} debole, fioco **2** (*dämmerig*) {BAR, ZIMMER} mal illuminato, con luci basse **3** *fam* (*schwindlig*): **ein ~es Gefühl haben**, avere una sensazione strana; **mir wird ganz ~**, mi gira la testa.

schund 1. *und* **3.** pers sing imperf *obs von* schinden.

Schund ‹-(e)s, ohne pl› m *pej* (*schlechte Ware*) robaccia f *fam*, ciarpame m, paccottiglia f: **was liest du denn da für einen ~?**, ma che porcherie leggi? *fam*.

Schundfilm m *pej* film m da quattro soldi, filmaccio m.

Schundheft n *pej* giornalaccio m.

Schundliteratur f *pej* letteratura f da quattro soldi/[di quart'ordine].

Schundroman m *pej* romanzo m spazzatura, romanzaccio m.

schunkeln itr dondolarsi (al ritmo della musica) tenendosi sottobraccio.

Schupo ‹-s, -s› m *fam obs* Abk *von* Schutzpolizist.

Schuppe ‹-n› f **1** *meist pl* {+FISCH, REPTIL, SCHLANGE} scaglia f, squama f **2** ‹*nur pl*› (*Kopfschuppe*) forfora f: **er hat ~n**, ha la forfora; **Shampoo gegen ~n**, shampoo antiforfora/[contro la forfora] • **jdm fällt es wie ~n von den Augen**, a qu cade la benda dagli occhi, a qu si aprono finalmente gli occhi, qu ci vede finalmente chiaro.

schuppen A tr (*von Schuppen befreien*) **etw ~** {FISCH} (de)squamare qc B itr (*Schuppen bilden*) {KOPFHAUT} (de)squamarsi: **meine Haare ~**, ho la forfora C rfl (*Schuppen absondern*) **sich ~** {GESICHT, KOPFHAUT} squamarsi.

Schuppen ‹-s, -› m **1** (*Verschlag*) rimessa f, capannone m **2** *fam meist pej* (*Lokal*) baracca f: **die neue Disko ist ein ganz vornehmer ~**, la nuova discoteca è un posto molto chic.

schuppenartig adj a scaglie/squame,squamiforme.

Schuppenbildung f formazione f di forfora: **ein Haarwasser gegen ~**, una lozione antiforfora/[contro la forfora].

Schuppenflechte f *med* psoriasi f.

Schuppentier n *zoo* pangolino m, manide m.

schuppig adj {FISCH, HAUT, REPTIL} squamoso, scaglioso, squamato; {HAAR} pieno di forfora, forforoso.

Schur ‹-, -en› f {+SCHAFE} tosatura f, tosa f rar.

schüren tr **1** (*anfachen*) **etw ~** {FEUER, GLUT} (r)attizzare qc **2** (*anstacheln*) **etw ~** {ARGWOHN, FEINDSCHAFT, NEID} fomentare qc; {EIFERSUCHT, HOFFNUNG} alimentare qc; {HASS} *auch* attizzare qc.

schürfen A tr *min etw ~* {BODENSCHÄTZE, GOLD} estrarre qc B itr **1** (*graben*) (**nach etw** dat) **~** {NACH BODENSCHÄTZEN, GOLD} esplorare il terreno/[eseguire prospezioni] (*alla ricerca di qc*) **2** (*schleifen*) **über etw** (akk) **~** {ÜBER DEN BODEN, DIE STEINE} passare su qc (raschiando) C rfl (*die Haut verletzen*) **sich** (dat) **etw/an etw** (dat) **~** {(AM) ELLENBOGEN, (AN DER) HAND, HAUT} escoriarsi qc, scorticarsi qc, sbucciarsi qc *fam*.

schürfend adj: *meist iron*, profondo, scrupoloso; **eine tief ~e Untersuchung**, un'analisi che scava in profondità; **bis spät in die Nacht hinein führten sie tief ~e Gespräche** *iron*, discussero dei massimi sistemi fino a tarda notte.

Schürfung ‹-, -en› f **1** (*Verletzung*) → **Schürfwunde 2** *min* ricerca f di minerali, prospezione f.

Schürfwunde f escoriazione f, scorticatura f, sbucciatura f *fam*.

Schürhaken m attizzatoio m.

Schurke ‹-n, -n› m (**Schurkin** f) farabutto m, furfante mf, canaglia f, mascalzone (-a) m (f).

Schurkenstreich m tiro m mancino.

Schurkerei f mascalzonata f, furfanteria f.

Schurkin f → **Schurke**.

schurkisch A adj {TAT, VERHALTEN, WEISE} da furfante, canagliesco, furfantesco B adv {SICH BENEHMEN, VERHALTEN} da mascalzone/farabutto/canaglia.

Schurwolle f lana f vergine: **reine ~**, pura lana vergine.

Schurz ‹-es, -e› m grembiule m; (*Lendenschurz*) perizoma m.

Schürze ‹-, -n› f grembiule m: (**sich**) **eine ~ umbinden**, mettersi un grembiule • **jdm an der ~ hängen** *fam*, essere attaccato alla gonnella di qu.

schürzen tr **etw ~ 1** (*in der Hüfte befestigen*) {KLEID, ROCK} tirare su qc, alzare qc **2** (*kräuseln*): **die Lippen ~**, arricciare le labbra.

Schürzenjäger m *fam pej* donnaiolo m *fam*: **ein ~ sein**, essere un donnaiolo, correre dietro alle sottane/gonnelle.

Schürzentasche f tasca f del grembiule.

Schuss (a.R. **Schuß**) ‹-es, Schüsse› m **1** (*Abschuss*) colpo m, sparo m: **ein ~** ⌐**geht los**⌐/[löst sich], parte un colpo; **einen ~ in die Luft feuern**, sparare/esplodere un colpo in aria; **mehrere Schüsse wurden abgegeben**, sono ⌐stati sparati⌐/[partiti] diversi colpi; **sie hörten einen ~**, sentirono uno sparo **2** *sport* tiro m: **der ~ ins Tor**, il tiro in porta **3** (*Munition*) colpo m **4** ‹*nur sing*› (*kleine Menge*) **~ +** subst {ESSIG, WEIN, ZITRONENSAFT} spruzzata f *di qc*: **ein Espresso mit einem ~ Milch/Schnaps**, un caffè macchiato/[corretto]/[con lo schizzo] di; **ein ~ Ironie/Fantasie**, un pizzico di ironia/fantasia **5** ‹*nur sing*› *Ski*: **~ fahren**, scendere in picchiata **6** *fam* (*Drogeninjektion*) buco m *fam*, pera f *slang*, iniezione f (di droga): **sich** (dat) **einen ~ drücken/setzen** *slang*, bucarsi *fam*, farsi (una pera) *slang* **7** *text* trama f • **einen ~ (auf jdn/etw) abfeuern/abgeben**, sparare/tirare un colpo (a qu/qc); **einen guten ~ im linken/rechten Bein haben** *fam* Fußball, avere un buon sinistro/destro; **ein ~ ins Blaue**, un tentativo; **einen ~ ins Blaue abgeben**, fare un tentativo; **etw (wieder) in ~ bringen** *fam* {AUTO}, rimettere in sesto qc; {WOHNUNG}, (ri)mettere in ordine qc; **ein ~ vor den Bug** *fam*, un avvertimento; **einen ~ vor den Bug bekommen/kriegen** *fam*, ricevere un avvertimento; **jdm einen ~ vor den Bug geben/setzen** *fam*, dare un avvertimento a qu; **der ~ ging daneben**, il colpo non è andato a segno; **ein ~ mit dem Gewehr**, un colpo di fucile; **ein gezielter ~**, un colpo mirato; **sich** (dat) **den goldenen ~ setzen** *fam*, iniettarsi un'overdose; **einen ~ haben** *fam*, essere schizzato *slang*; **in ~: etw in ~ halten** {AUTO}, tenere in perfetto stato qc; {WOHNUNG}, tenere in ordine qc; **(wieder) in ~ kommen** {PERSON}, tornare in forma; **gut in/im ~ sein** *fam* {PERSON}, essere in gran forma; {AUTO}, essere in ⌐buono stato⌐/[buone condizioni]; {FIRMA}, essere florido; **zum ~ kommen** *sport*, arrivare al tiro; {JAGD}, arrivare a sparare; *slang* (*beim Sex*), venire *slang*; **nicht zum ~ kommen** *fam* (*in einer Debatte, Diskussion*), non riuscire ad aprire bocca; (*nicht handeln können*), non riuscire a passare all'azione; **ein ~ ins Leere**, un tentativo fallito/[a vuoto]; **der ~ ging nach hinten los** *fam*, qc ha avuto un effetto boomerang *fam*; **einen ~ machen** {KIND}, fare un balzo nella crescita; **etw mit einem ~ niederstrecken** {TIER}, abbattere qc (con un colpo); **ein ~ in den Ofen** *slang*, un buco nell'acqua; **keinen ~ Pulver wert sein** *fam*, non valere ⌐una cicca⌐/[un fico secco]; **etw ist ein ~ ins Schwarze** *fam*, qc ⌐colpisce nel segno⌐/[fa centro]; **weit(ab) vom ~ fam** {LIEGEN, WOHNEN}, lontanissimo, fuorimano; **weit vom ~ sein** *fam* (*außerhalb des Gefahrenbereichs*), essere fuori tiro.

schussbereit (a.R. **schußbereit**) adj **1** (*bereit zum Schießen*) {SCHÜTZE} pronto a far fuoco; {GEWEHR, PISTOLE} con il colpo in canna **2** *fam* (*bereit zum Fotografieren*) {FOTOGRAF, KAMERA} pronto a scattare.

Schüssel ‹-s, -› m *fam oft pej* sbadato m.

Schüssel ‹-, -n› f **1** (*große Schale*) scodella f, ciotola f; (*Suppenschüssel*) zuppiera f; (*Salatschüssel*) insalatiera f; (*Terrine*) terrina f **2** (*Menge in einer ~*): **eine ~ Nudeln/Reis**, una scodella di pasta/riso **3** (*Waschschüssel*) bacinella f, catinella f; (*größer*) catino m **4** (*Satellitenschüssel*) (antenna f) parabolica f **5** (*WC-Becken*) tazza f (del water).

schüsselig adj {MENSCH} sbadato.

Schüsseligkeit ‹-, ohne pl› f sbadataggine f *fam*.

Schussfahrt (a.R. **Schußfahrt**) f *Ski* discesa f in picchiata.

Schussfeld (a.R. **Schußfeld**) n campo m di tiro • **freies ~ haben**, avere libero il campo; **ins ~ (der Öffentlichkeit) geraten** {POLITIKER}, finire nel mirino (della pubblica opinione), trovarsi sotto tiro.

schussfest (a.R. **schußfest**) adj {GLAS, WESTE} antiproiettile, a prova di proiettile.

Schussgelegenheit (a.R. **Schußgelegenheit**) f *sport* occasione f da go(a)l.

Schusskraft (a.R. **Schußkraft**) ‹-, ohne pl› f *sport* potenza f di tiro.

schusslig (a.R. **schußlig**) adj → **schusse-**

lig.
Schussligkeit (a.R. Schußligkeit) f → **Schusseligkeit**.
Schusslinie (a.R. Schußlinie) f linea f di tiro • **sich in die ~ begeben**, prestare il fianco alle critiche; **in die/jds ~ geraten**, finire nel mirino di qu, trovarsi sotto tiro; **jdn aus der ~ nehmen**, sottrarre qu alle critiche.
Schussverletzung (a.R. Schußverletzung) f ferita f da arma da fuoco.
Schusswaffe (a.R. Schußwaffe) f arma f da fuoco.
Schusswaffengebrauch (a.R. Schußwaffengebrauch) m uso m di arma da fuoco.
Schusswechsel (a.R. Schußwechsel) m conflitto m/scontro m a fuoco, sparatoria f: **er wurde bei einem ~ erschossen**, ha perso la vita in un conflitto a fuoco • **sich einen ~ liefern**, scontrarsi in un conflitto a fuoco.
Schussweite (a.R. Schußweite) f portata f, gittata f • **außer ~ sein, sich außer ~ befinden**, essere fuori tiro; **in ~ sein, sich in ~ befinden**, essere a tiro.
Schusswinkel (a.R. Schußwinkel) m *sport* angolo m di tiro.
Schusswunde (a.R. Schußwunde) f ferita f da arma da fuoco.
Schuster <-s, -> m calzolaio m; (*Flickschuster*) ciabattino m • **auf ~s Rappen** *scherz*, a piedi; **~, bleib bei deinem Leisten!** *prov*, a ciascuno il suo mestiere!
Schusterhandwerk <-s, ohne pl> n mestiere m di calzolaio.
Schusterlehrling m apprendista m calzolaio.
schustern *itr* 1 *obs fam* (*als Schuster arbeiten*) fare il calzolaio 2 *fam pej* (*pfuschen*) tirar via *fam*, acciabattare.
Schusterwerkstatt f bottega f del calzolaio.
Schutt <-(e)s, ohne pl> m 1 (*Reste von Mauerwerk*) macerie f pl, detriti m pl; (*Bauschutt, bes. Gipsschutt*) calcinacci m pl 2 *geol* (*Reste von Gesteinsmassen*) detriti m pl • **~ abladen verboten!**, divieto di scarico!; **etw in ~ und Asche legen** {HÄUSER, STADT}, ridurre qc in cenere/[a un cumulo di macerie], mettere a ferro e fuoco *qc obs*; **etw liegt in ~ und Asche** {STADT}, qc è ridotto in cenere.
Schuttabladeplatz m discarica f.
Schüttelfrost m *med* brividi m pl/tremiti m pl di febbre.
Schüttellähmung f *med* morbo m di Parkinson.
schütteln A *tr* 1 (*rütteln*) **etw ~** {BAUM} scuotere *qc*; (FLASCHE, MEDIZIN) *auch* agitare *qc*: **vor Gebrauch ~**, agitare prima dell'uso; **jdn ~** scuotere *qu*; **jdn am Arm ~**, scuotere qu per il braccio; **jdm die Hand ~**, stringere la mano a qu; **den Kopf ~**, scuotere/scrollare la testa 2 (*erzittern lassen*) **jdn ~**: **Fieber schüttelte sie**, tremava per la febbre; **von Angst/Fieber geschüttelt sein/werden**, avere brividi per la paura/febbre 3 (*ab~*) **etw von etw** (dat) **~** {BIRNEN, NÜSSE VOM BAUM} far cadere *qc da qc*; **Krümel von der Tischdecke ~**, scuotere la tovaglia per togliere le briciole; **den Staub aus den Kleidern ~**, scuotere i vestiti per liberarli dalla polvere B *rfl* (*schnelle Bewegungen mit dem Körper machen*) **sich ~** {HUND} scuotersi: **sich vor Angst/Kälte ~**, rabbrividire/tremare per la paura/il freddo; **sich vor Ekel ~**, rabbrividire per il disgusto; **sich vor Lachen ~**, sbellicarsi dalle risate C *unpers*: **es schüttelt mich, wenn ich nur daran denke**, rabbrividisco al solo pensiero.
Schüttelreim m "rima f scherzosa con inversione delle consonanti iniziali di parole o sillabe".
Schüttelrutsche f *tech* convogliatore m a scossa.
schütten A *tr* **etw irgendwohin ~** {FLÜSSIGKEIT IN EINE FLASCHE, EIN GLAS; MEHL, SALZ, ZUCKER IN EINE DOSE} versare *qc + compl di luogo*; {DRECK, MÜLL INS MEER} gettare/buttare *qc + compl di luogo*: **Kaffee auf/über die Tischdecke ~**, rovesciare/versare il caffè sulla tovaglia B *unpers*: **es schüttet** *fam*, piove a dirotto *fam*.
schütter *adj* {HAAR} rado.
Schutthalde f 1 (*Anhäufung von Schutt*) accumulo m di detriti 2 *geol* falda f detritica.
Schutthaufen m mucchio m/cumulo m di macerie.
Schüttstein m *CH* lavandino m, acquaio m.
Schutz <-es, ohne pl> m 1 (*Sicherheit*) protezione f, difesa f 2 (*Zuflucht, Obdach*) rifugio m, riparo m, ricovero m *obs*: **die Bergsteiger suchten ~ vor der Kälte**, gli alpinisti cercarono riparo dal freddo 3 (*Obhut*) tutela f, salvaguardia f: **Maßnahmen zum ~ der Minderheiten**, provvedimenti per la tutela delle minoranze • **jdm ~ bieten/gewähren**, offrire/accordare protezione a qu; **im ~(e) der Dunkelheit/Nacht**, col favore delle tenebre; **irgendwo ~ finden**, trovare/cercare rifugio/riparo + *compl di luogo*; **jds ~ genießen**, godere della protezione di qu; **unter dem ~ des Gesetzes stehen**, essere sotto la tutela della legge; **der ~ der Menschenrechte**, la tutela dei diritti umani; **jdn** (**vor jdm/etw**)**/**[**gegen jdn/etw**] **in ~ nehmen**, prendere le difese di qu (contro qu/qc), prendere qu (da qu/qc); **unter polizeilichem ~**, sotto scorta (della polizia); **irgendwo ~ (vor etw dat) suchen** {VOR GEWITTER, KÄLTE, REGEN}, cercare rifugio/riparo (*da qc*) + *compl di luogo*; **unter einem Dach ~ suchen**, ripararsi sotto un tetto; **der ~ der Umwelt**, la tutela/difesa dell'ambiente; **zu jds ~**, per la sicurezza di qu; **zu ihrem persönlichen ~ hatte sie einen Leibwächter angestellt**, per la sua sicurezza personale aveva assunto una guardia del corpo; **zum ~ einer S.** (gen), a tutela di qc; **zum ~ der Pressefreiheit**, a tutela della libertà di stampa; **zum ~ der Umwelt**, (in difesa/[a tutela] dell'ambiente; **zum ~ (vor etw dat/gegen etw akk)**: **zum ~ gegen Grippe ließ er sich impfen**, per proteggersi dall'influenza si è fatto vaccinare; **alle Parteien fordern ein Gesetz zum ~ der Kinder vor Misshandlungen**, tutti i partiti chiedono una legge per proteggere i minori dai maltrattamenti.
Schutzanstrich m vernice f protettiva.
Schutzanzug m tuta f protettiva.
Schutzbedürfnis <-ses, ohne pl> n bisogno m di protezione.
schutzbedürftig *adj* {BABY, KIND, SCHWERBEHINDERTER} bisognoso di protezione; {LANDSCHAFT, TIERART} che ha bisogno di essere salvaguardato.
Schutzbefohlene <dekl wie adj> mf *jur* protetto m.
Schutzbehälter m contenitore m di sicurezza.
Schutzbehauptung f "affermazione f difensiva per coprire la propria responsabilità".
Schutzblech n {+FAHRRAD} parafango m.
Schutzbrief m 1 *pol obs* salvacondotto m 2 (*Kfz-Versicherung*) polizza f di assicurazione globale.
Schutzbrille f occhiali m pl protettivi/[di protezione].
Schutzdach n (*vor Hauseingängen*) tettoia f; (*an Haltestellen*) pensilina f.
Schütze <-n, -n> m 1 (*Mitglied eines ~nvereins*) tiratore m 2 (*mit einer Waffe Schießender*) tiratore m 3 *mil* (*unterster Dienstgrad*) soldato m semplice 4 *sport* marcatore m 5 <*meist pl*> (*in Südtirol*) Schützen m pl 6 <*nur sing*> *astr* Sagittario m 7 (*jd, der im Zeichen des Schützen geboren ist*) (segno m del) Sagittario m; **er/sie ist (ein) ~**, è (del/un) Sagittario.
schützen A *tr* 1 (*beschirmen*) **jdn/etw** (**vor jdm/etw**)**/**(**gegen jdn/etw**) **~** proteggere *qu/qc* (*da qu/qc*): **zieh die dicke Jacke an, sie schützt dich gegen Kälte**, mettiti il giaccone, ti ripara/protegge dal freddo; **diese Creme schützt Ihre Haut vor den Sonnenstrahlen**, questa crema protegge la vostra pelle dai raggi solari; **Kulturgut ~**, salvaguardare il patrimonio artistico 2 (*geschützt aufbewahren*) **etw vor etw** (dat)**/gegen etw** (akk) **~** {HOLZ, LEBENSMITTEL, PRÄPARAT} proteggere *qc da qc*, preservare *qc da qc*: **das Holz muss vor Nässe geschützt werden**, bisogna proteggere il legno dall'umidità; **den Pelzmantel gegen Motten ~**, preservare la pelliccia dalle tarme 3 (*unter Naturschutz stellen*) **etw ~** {BEDROHTE LANDSCHAFT, PFLANZE, TIER} proteggere *qc*, salvaguardare *qc*, difendere *qc*, tutelare *qc*: **geschützte Tierarten**, specie animali protette 4 (*patentieren*) **etw ~** {DESIGN, ERFINDUNG, FIRMENZEICHEN} proteggere *qc* (con un brevetto): **gesetzlich geschützt**, protetto dalla legge; **gesetzlich geschütztes Warenzeichen**, marchio registrato/depositato; **urheberrechtlich geschützt**, tutelato dalla legge sul diritto d'autore B *itr* **vor etw** (dat)**/**[**gegen etw** (akk)] **~** {BLITZABLEITER VOR BLITZSCHLAG; LAUBDACH VOR SONNENSTRAHLEN} proteggere *da qc* C *rfl* **sich vor etw** (dat)**/**[**gegen etw** (akk)] **~** {VOR ERKÄLTUNG, GEGEN SONNENBRAND} proteggersi *da qc*; {GEGEN KÄLTE} *auch* difendersi *da qc*; {GEGEN ANSPRÜCHE, SCHADEN} salvaguardarsi *da/contro qc*, tutelarsi *da/contro qc*: **sich vor dem Wind ~**, ripararsi dal vento.
schützend A *adj* {DACH} che ripara, {GRABEN, MAUER} di protezione B *adv* in modo protettivo: **er stellte sich ~ vor sie**, le si mise davanti per proteggerla.
Schützenfest n 1 (*Volksfest*) festa f di tiro a segno 2 (*in Südtirol*) festa f degli Schützen.
Schutzengel m angelo m custode.
Schützengraben m *mil* trincea f: **im ~ liegen**, essere/stare in trincea.
Schützenhaus n sede f di una società di tiro a segno.
Schützenhilfe f *fam* appoggio m, sostegno m, aiuto m: **jdm (bei etw dat) ~ geben** *fam*/**leisten** *fam*, appoggiare qu (in qc), dare un sostegno a qu (in qc).
Schützenkönig m (**Schützenkönigin** f) campione (-essa) m (f) di tiro a segno.
Schützenpanzer m *mil* mezzo m corazzato m (per trasporto truppe e combattimento).
Schützenverein m 1 (*Sportverein*) società f di tiro a segno 2 (*in Südtirol*) associazione f degli Schützen.
Schutzfarbe f 1 (*Tarnfarbe*) colore m mimetico 2 (*gegen Rost, Witterungseinflüsse schützende Farbe*) vernice f protettiva.
Schutzfilm m pellicola f protettiva.
Schutzfrist f periodo m di tutela del diritto d'autore.
Schutzgebiet n 1 *pol* protettorato m 2 (*Naturschutzgebiet*) area f protetta, riserva f.
Schutzgebühr f 1 contributo m di parte-

cipazione alle spese: ~ **für einen Katalog erheben**, chiedere una partecipazione alle spese per un catalogo **2** *fam* → **Schutzgeld**.

Schutzgeld n *fam* mazzetta f *fam*, pizzo m *sudital fam*, tangente f: ~ **zahlen**, pagare il pizzo/la tangente.

Schutzgitter n **1** (*an Fenster, Tür*) grata f, inferriata f **2** (*am Kinderbett*) sponda f **3** (*vor Ofen, Lüfter*) griglia f di protezione.

Schutzglas n vetro m di protezione.

Schutzhandschuh m guanto m protettivo.

Schutzhaube f **1** *tech* schermo m ₍di protezione₎/[protettivo] **2** *autom* cofano m.

Schutzheilige <*dekl wie adj*> mf *relig* (santo (-a) m (f)) patrono f (-a).

Schutzhelm m casco m protettivo/[di protezione].

Schutzherrschaft f **1** *pol* protettorato m **2** → **Schirmherrschaft**.

Schutzhülle f involucro m protettivo; {+INSTRUMENT} custodia f; {+BUCH} fodera f, foderina f; {+WAFFE} fodero m.

Schutzhütte f rifugio m.

schutzimpfen tr *jdn* (**gegen etw**) akk) ~ {GEGEN EINE INFEKTIONSKRANKHEIT} vaccinare qu (*contro qc*): **sich ~ lassen**, farsi vaccinare, vaccinarsi *fam*.

Schutzimpfung f *med* vaccinazione f (profilattica/preventiva), vaccinoprofilassi f.

Schutzkleidung f indumenti m pl protettivi.

Schutzkontakt m *el* contatto m di terra.

Schutzkontaktsteckdose f *el* presa f (particolarmente sicura) con messa a terra, presa f schuko®.

Schutzkontaktstecker m *el* (Abk Schuko) spina f (particolarmente sicura) con messa a terra, spina f schuko®.

Schutzleute pl *von* Schutzmann.

Schützling <-s, -e> m protetto m.

schutzlos **A** adj {KIND} indifeso **B** adv: **jdm/etw ~ ausgeliefert sein**, essere completamente in balia di qu/qc.

Schutzlosigkeit <-, *ohne pl*> f essere in difeso.

Schutzmacht f *pol* potenza f protettrice.

Schutzmann <-(e)s, -männer *oder* -leute> m *obs fam* guardia f *obs*, poliziotto m.

Schutzmarke f *com* marchio m di fabbrica: **eingetragene ~**, marchio depositato/registrato f.

Schutzmaske f maschera f/mascherina f protettiva.

Schutzmaßnahme f misura f ₍di protezione₎/[protettiva].

Schutzmauer f muro m di protezione.

Schutzpatron m (**Schutzpatronin** f) *relig* patrono (-a) m (f).

Schutzpolizei f *form* pubblica sicurezza f.

Schutzraum m rifugio m; (*Luftschutzraum*) rifugio m antiaereo; (*gegen Radioaktivität*) rifugio m antiatomico.

Schutzschicht f strato m protettivo/[di protezione].

Schutzschild m **1** (*schützender Schild*) scudo m ₍di protezione₎/[protettivo] **2** *fig* (*Schutz*) scudo m (protettivo).

Schutzschirm m schermo m ₍di protezione₎/[protettivo].

Schutzumschlag m {+BUCH} sopraccoperta f.

Schutzvorrichtung f dispositivo m di sicurezza.

Schutzwald m foresta f protetta.

Schutzwall m **1** *mil* vallo m (di difesa) *hist* **2** *fig* (*Schutzmaßnahme*) bastione m: **ein ~ gegen jdn/etw**, un bastione contro qu/qc ● **antifaschistischer ~** *hist ostdt euph*, bastione di difesa antifascista, muro di Berlino.

Schutzweg m *A* strisce f pl pedonali.

Schutzzoll m dazio m protettivo.

Schutzzollpolitik <-, *ohne pl*> f *pol* protezionismo m.

schwabbelig, **schwabblig** adj *fam* {FETTBAUCH} floscio, flaccido; {GELEE, WACKELPUDDING} gelatinoso.

schwabbeln itr *fam* tremolare.

Schwabe <-n, -n> m (**Schwäbin** f) svevo (-a) m (f).

schwäbeln itr *fam* parlare con accento svevo.

Schwaben <-s, *ohne pl*> n *geog* Svevia f.

Schwäbin f → **Schwabe**.

schwäbisch adj {LANDSCHAFT, SPEZIALITÄT, STADT} svevo: **das Schwäbische**, **das Schwäbische**, lo svevo, il dialetto svevo.

schwach <*schwächer, schwächste*> **A** adj **1** (*nicht kräftig*) {ARME, BEINE, MENSCH} debole: **für etw nicht ~ genug sein**, essere troppo debole per fare qc **2** (*wenig leistend*) {GEGNER, KANDIDAT, SCHÜLER, SPORTLER} debole; {MITARBEITER} poco efficiente, di scarso rendimento: ~ **in etw** (dat) **sein**, essere debole/scarso in qc: **mein Sohn ist sehr ~ in Mathematik**, mio figlio è scarsissimo in matematica; **sie gehört mit zu den schwächsten Schülerinnen**, è una delle allieve meno brave **3** (*nicht belastbar*) {NERVEN} debole; {GESUNDHEIT} cagionevole, delicato, malfermo; {KONSTITUTION} gracile; {MAGEN} debole, delicato: **ein ~es Herz haben**, essere debole di cuore **4** (*weich*) {CHARAKTER} debole: **einen ~en Willen haben**, avere poca (forza di) volontà; **sie ist viel zu ~, um mit ihren vier Kindern streng zu sein**, è troppo debole per essere severa con i suoi quattro figli; **in** ₍**einem ~en Augenblick**₎/[**einer ~en Stunde**], in un momento di debolezza **5** (*gering*) {ANZEICHEN} debole; {DRUCK, WIDERSTAND} *auch* leggero, lieve; {HOFFNUNG} tenue, debole, vago; {APPLAUS, BETEILIGUNG, NACHFRAGE, RESONANZ} scarso; {INTERESSE} *auch* fiacco, debole; {DUFT} lieve, leggero; {TROST} magro, misero; (*WIRKUNG*) blando **6** (*mit geringer Leistung*) {LICHT} fioco, debole; {BATTERIE, MAGNET, MAGNETFELD, MOTOR} poco potente; {BRILLE} non forte: **der Motor ist zu ~, um den Wohnwagen ziehen zu können**, il motore non ha abbastanza potenza per trainare la roulotte **7** (*leicht*) {ATMUNG, HERZSCHLAG, PULS} debole; {BEWEGUNG} leggero; {STRÖMUNG, WIND} *auch* debole **8** (*unzureichend*) {GEHÖR, SEHVERMÖGEN} debole; {GERUCHSSINN} scarso: **~e Augen haben**, essere debole di vista, avere la vista debole; **eine ~e Blase haben**, essere debole di vescica **9** (*dünn*) {AST, EISDECKE} sottile, fragile **10** (*ungenau*) {BILD, ERINNERUNG} vago, pallido, sbiadito: **eine ~e Vorstellung von etw** (dat) **haben**, avere una vaga idea di qc **11** (*dürftig*) {ARGUMENT} debole; {AUSREDE} *auch* magro; {ARTIKEL, BUCH, FILM, THEATERSTÜCK} debole, di scarso valore, mediocre; {LEISTUNG} scarso, mediocre; {FEST, PARTY} fiacco, moscio *fam* **12** (*nicht stark*) {TEE} leggero; {KAFFEE} *auch* lungo; {MEDIKAMENT} blando, leggero; {LAUGE, LÖSUNG, SÄURE} poco concentrato **13** *ling* {ADJEKTIVE, SUBSTANTIVE, VERBEN} debole: «**fragen**» **ist ein ~es Verb**, «fragen» è un verbo debole **B** adv **1** (*spärlich*) {BESETZT, BESIEDELT, BEVÖLKERT, ENTWICKELT} scarsamente, poco: **die Ausstellung war nur ~ besucht**, la mostra è ₍richiamato pochi visitatori₎/[avuto una scarsa affluenza di pubblico] **2** (*leicht*) {DUFTEN, HÖREN, PULSIEREN, SCHLAGEN, SPÜREN} leggermente; {PROTESTIEREN} debolmente: **das Geräusch war nur ~ zu vernehmen**, il rumore era appena percettibile **3** (*mild*) {GEPFEFFERT, GESALZEN, GEWÜRZT} leggermente, poco, appena appena **4** *ling*: ~ **dekliniert/konjugiert werden**, avere una declinazione/coniugazione debole ● ~ **aktiv** {ATOMMÜLL}, a bassa radioattività; **sich ~ fühlen**, sentirsi debole; **jdn/etw ~ machen** (*schwächen*), indebolire qu/qc, rendere debole qu/qc; ~ **werden** (*Kraft verlieren*), indebolirsi; (*der Versuchung erliegen*), non (saper) resistere, cedere; **bei jdm ~ werden**, sdilinquirsi davanti a qu; **bei dir wird mir ganz ~!** *fam*, mi fai girare la testa! *fam*; **nur nicht ~ werden!** *fam* (*nicht nachgeben!*), tieni duro! *fam*, non cedere!; **schwächer werden** {MENSCH} indebolirsi, debilitarsi, diventare più debole, perdere le forze; {MAGNETFELD} diventare più debole; {LICHT} *auch* diminuire; {ATEM} rallentare; {HERZSCHLAG, PULS} *auch* indebolirsi; {STIMME, TON} affievolirsi; **jdm wird ~ fam**, qu si sente svenire/mancare; **die wirtschaftlich Schwachen**, le fasce economicamente deboli.

schwachaktiv a.R. *von* schwach aktiv → **schwach**.

schwachatmig adj dal respiro debole.

schwachbegabt adj → **begabt**.

schwachbesiedelt adj → **besiedelt**.

schwachbetont adj → **betont**.

Schwäche <-, -n> f **1** <*nur sing*> (*geringe Stärke*) {+MENSCH} debolezza f: **körperliche ~**, debolezza/fiacchezza fisica; **vor lauter ~ konnte sie kaum aufstehen**, non riuscì così ad alzarsi tanto era debole **2** <*nur sing*> (*nachlassende Funktionsfähigkeit*) {+AUGEN, HÖRVERMÖGEN} debolezza f: ~ **des Herzens/Kreislaufs**, insufficienza cardiaca/circolatoria **3** (*mangelndes Können*) debolezza f: **die strategische ~ eines Gegners**, la debolezza strategica dell'avversario; **eine ~ in etw** (dat) {IN EINEM FACH}, una carenza in qc; **sie hat noch einige ~n in Deutsch und Englisch**, è ancora carente in tedesco e inglese; **seine ~n in den naturwissenschaftlichen Fächern**, le sue carenze nelle materie scientifiche **4** <*nur sing*> (*Vorliebe*) debole m: **eine ~ für jdn/etw haben** {FÜR CHAMPAGNER, SCHÖNE FRAUEN, TEURE SPORTWAGEN, SÜSSIGKEITEN}, avere un debole per qu/qc **5** (*Unzulänglichkeit*) {+ARTIKEL, BUCH, MANNSCHAFT, SPORTLER, SYSTEM} debolezza f, punto m debole, difetto m **6** (*Charakterschwäche*) debolezza f: **er kennt seine ~n**, conosce le proprie debolezze; **jeder hat kleine ~n**, ognuno ha ₍i suoi piccoli difetti₎/[le sue debolezze].

Schwächeanfall m mancamento m.

Schwächegefühl n sensazione f di debolezza.

schwächeln itr *fam* mostrare segni di debolezza.

schwächen **A** tr **1** (*jds Kräfte vermindern*) *jdn* ~ {ANSTRENGUNG, FIEBER, KRANKHEIT} indebolire qu, debilitare qu, infiaccare qu, fiaccare qu: **eine geschwächte Patientin**, una paziente debilitata; **etw ~** {GESUNDHEIT, IMMUNSYSTEM, KONSTITUTION} indebolire qc **2** (*mindern*) **etw ~** {ANSEHEN, EINFLUSS, MACHT} indebolire qc, diminuire qc, far calare qc: **der Misserfolg hat sein Prestige geschwächt**, l'insuccesso ha ₍fatto calare₎/[indebolito] il suo prestigio **B** itr {FIEBER, KRANKHEIT} debilitare.

Schwachheit <-, -en> f debolezza f ● **bilde dir (bloß) keine ~en ein!** *fam*, non farti illusioni!

Schwachkopf m *fam pej* imbecille m *fam*,

cretino m *fam*, deficiente m *fam*.
schwächlich adj {KONSTITUTION} delicato; {GESUNDHEIT} *auch* cagionevole, malfermo; {MENSCH} deboluccio, debolino, (*kränklich*) malaticcio.
Schwächling <-s, -e> m *pej* pappamolle m; (*Feigling*) codardo m, vigliacco m.
schwach|machen tr **1** (*schwächen*) → **schwach 2** *fam* (*verführen*) **jdn** ~ far crollare *qu*: **mach mich nicht schwach!** *fam* (*nerv mich nicht!*), non mi rompere le scatole! *fam*; (*das kann ich nicht glauben*), non ci posso credere!, non mi dire!
Schwachpunkt m → **Schwachstelle**.
Schwachsinn m **1** *med* insufficienza f/deficienza f mentale, demenza f **2** *fam pej* (*Blödsinn*) idiozie f pl, scemenze f pl.
schwachsinnig adj **1** *med* {MENSCH, PATIENT} demente, debole di mente **2** *fam pej* imbecille *fam*, demente *fam*.
Schwachsinnige <dekl wie adj> mf *med* deficiente mf, malato (-a) m (f) di mente, frenastenico (-a) m (f) *wiss*.
Schwachstelle f **1** (*störungsanfällige Stelle*) punto m debole **2** (*Schwäche*) {+MENSCH} punto m/lato m debole.
Schwachstrom m *el* corrente f a bassa tensione.
Schwachstromanlage f *el* impianto m elettrico a bassa tensione.
Schwachstromleitung f *el* linea f a bassa tensione.
Schwächung <-, ohne pl> f **1** (*Minderung*) {+ABWEHRKRAFT, IMMUNSYSTEM, KONSTITUTION, KRÄFTE} indebolimento m {+MENSCH} *auch* debilitamento m, debilitazione f **2** (*Verminderung der Stärke*) {+GEGNER, KAMPFKRAFT} indebolimento m.
schwach|werden <irr> itr <sein> (*der Versuchung erliegen, nachgeben*) → **schwach**.
Schwaden <-s, -> m <meist pl> (*Rauchschwaden, Dampfschwaden*) nube f, nuvola f; (*Nebelschwaden*) addensamento m (nebbioso), coltre f (di nebbia).
schwadronieren <ohne ge-> itr (*über etw* akk) ~ fare grandi discorsi (*su qc*), tenere comizi (*su qc*), sproloquiare *pej*.
Schwafelei <-, -en> f *fam pej* chiacchiere f pl, ciance f pl.
schwafeln *fam* **A** tr **etw** ~ blaterare *qc fam*: **dummes Zeug** ~, parlare a vanvera, dire stupidaggini **B** itr (*über etw* akk/*von etw* dat) ~ blaterare (*di qc*), sproloquiare (*di qc*).
Schwafler <-s, -> m (**Schwaflerin** f) chiacchierone (-a) m (f).
Schwager <-s, Schwäger> m (**Schwägerin** f) cognato (-a) m (f).
Schwalbe <-, -n> f **1** *ornith* rondine f **2** *sport Fußball* simulazione f • **eine ~ macht noch keinen Sommer** *prov*, una rondine non fa primavera *prov*.
Schwalbennest n nido m di rondine.
Schwalbenschwanz m **1** (*Schwanz der Schwalbe*) coda f di rondine **2** *fam obs* (*Frack*) coda f di rondine *fam*; (*Rockschoß*) falda f **3** *zoo* (*Schmetterling*) macaone m.
Schwall <-(e)s, -e> m <meist sing> ~ **einer S.** (gen) *von etw* (dat) **1** (*Flut*) {VON WORTEN} fiume m *di qc*, profluvio m *di qc*; {VON SCHIMPFWÖRTERN} profluvio m *di qc* **2** (*Guss*) {VON BLUT} fiotto m *di qc*; {VON WASSER} flusso m *di qc*, getto m *di qc*.
schwamm 1. *und* **3.** pers sing imperf *von* schwimmen.
Schwamm <-(e)s, Schwämme> m **1** (*zur Reinigung*) spugna f **2** *zoo* spugna f, porifero m *wiss*, spongiario m *wiss* **3** *südd A CH* (*essbarer Pilz*) fungo m **4** *südd A CH* (*Hausschwamm*) fungo m ˌdelle caseˌ/[del legno] • ~ **drüber!** *fam*, mettiamoci una pietra sopra!, non parliamone più!
schwammartig adj spugnoso.
Schwämmchen <-s, -> n spugnetta f.
Schwammerl <-s, -(n)> m *oder* n *südd A CH* fungo m.
schwammig **A** adj **1** (*weich*) {MATERIAL, PILZ, STRUKTUR} spugnoso **2** (*aufgedunsen*) {GESICHT} gonfio **3** *pej* (*vage*) {BEGRIFF, FORMULIERUNG} vago, impreciso, fumoso **B** adv {SICH AUSDRÜCKEN, FORMULIEREN} in modo vago/[poco preciso]/[fumoso].
Schwan <-(e)s, Schwäne> m cigno m • **mein lieber ~!** *fam* (*überrascht*), accidenti! *fam*, alla faccia! *fam*; (*drohend*), stammi bene a sentire!
schwand 1. *und* **3.** pers sing imperf *von* schwinden.
schwanen itr *fam*: **mir schwant** ˌ**nichts Gutes**ˌ/[**Ungutes**]/[**etwas**], ho un brutto presentimento; **jdm schwant, dass ...**, qu sente/[ha la sensazione] che ...
Schwanengesang m *geh* (*letztes Werk*) canto m del cigno.
schwanenweiß adj {BLUSE, TISCHDECKE} bianchissimo, candido.
schwang 1. *und* **3.** pers sing imperf *von* schwingen.
Schwang m *fam*: **im ~(e) sein**, andare di moda, essere in voga.
schwanger adj incinta, gravida *obs*: ~ **sein**/**werden**, essere/[rimanere/restare] incinta; **sie ist im achten Monat ~**, è incinta di otto mesi, è all'ottavo mese di gravidanza; **von jdm ~ sein**, essere incinta di qu • **mit etw** (dat) ~ **gehen** *fam* {MIT EINEM GEDANKEN, EINER IDEE}, rimuginare qc, covare qc; {MIT EINEM PLAN, VORHABEN}, avere in mente qc, avere qc in gestazione.
Schwangere <dekl wie adj> f donna f incinta, gestante f.
Schwangerenberatung f **1** (*Tätigkeit*) consulenza f per (le) gestanti **2** (*Stelle*) consultorio m familiare.
schwängern tr **1** *oft pej* (*in den Zustand der Schwangerschaft versetzen*) **jdn** ~ ingravidare *qu obs*, mettere incinta *qu* **2** (*erfüllen*) **etw mit etw** (dat) ~ {LUFT MIT RAUCH} impregnare qc con qc: **mit etw** (dat) **geschwängert sein**, essere impregnato/pregno/saturo di qc.
Schwangerschaft <-, -en> f gravidanza f, gestazione f: **eine ~ feststellen**, accertare una gravidanza; **eine geplante/ungewollte ~**, una gravidanza pianificata/indesiderata.
Schwangerschaftsabbruch m interruzione f volontaria della gravidanza, aborto m: **einen ~ vornehmen**, praticare un aborto.
Schwangerschaftsberatung f → **Schwangerenberatung**.
Schwangerschaftsberatungsstelle f consultorio m per la pianificazione familiare.
Schwangerschaftsbeschwerden subst <nur pl> disturbi m pl gravidici/[della gravidanza].
Schwangerschaftserbrechen n vomito m gravidico.
Schwangerschaftsgymnastik f ginnastica f preparto/[di preparazione al parto].
Schwangerschaftskonfliktberatung f → **Schwangerenberatung**.
Schwangerschaftsstreifen subst <nur pl> smagliature f pl dovute alla gravidanza.
Schwangerschaftstest m test m di gravidanza.
Schwangerschaftsunterbrechung f → **Schwangerschaftsabbruch**.
Schwangerschaftsurlaub m *fam* (*congedo m per*) maternità f: ~ **haben**, essere in maternità.
Schwangerschaftsverhütung f contraccezione f.
Schwank <-(e)s, Schwänke> m **1** *lit theat* farsa f **2** *fam* (*lustige Erzählung*) storiella f divertente: **erzähl mir mal einen ~ aus deinem Leben!**, raccontami un aneddoto della tua vita!
schwanken itr **1** <haben> (*schwingen*) {ÄSTE, BÄUME} muoversi (di qua e di là), ondeggiare; {BOOT} dondolare, ondeggiare, oscillare; {BODEN} tremare, ondeggiare, traballare; {MAUER} tentennare, vacillare: **das Gerüst schwankte bedenklich hin und her**, l'impalcatura traballava/ondeggiava in modo preoccupante **2** <sein> (*~d gehen*) {BETRUNKENER} barcollare, vacillare, ondeggiare: **sie schwankten ins Haus**, barcollando entrarono in casa **3** <haben> (*sich verändern*) {PREISE, TEMPERATUR, ZAHLEN} oscillare, variare; {BÖRSENKURSE, WÄHRUNGSKURSE} fluttuare, oscillare; {STIMMUNG} essere altalenante; {MEINUNGEN} oscillare: **die Höchsttemperaturen ~ im Sommer zwischen 25 und 30 Grad**, in estate le temperature massime oscillano tra i 25 e i 30 gradi **4** <haben> (*unentschlossen sein*) (**zwischen etw dat und etw dat**) ~ oscillare (*fra qc e qc*), essere indeciso (*fra qc e qc*): **hat sie schon eine Entscheidung getroffen? – Nein, sie schwankt noch**, ha già preso una decisione? – No, è ancora indecisa; **er schwankt zwischen Aufhören und Weitermachen**, è indeciso se smettere o continuare; **sie schwankt noch, ob/wie ...**, è ancora indecisa se/[su come] ... • **ins Schwanken geraten** (*unsicher werden*) {PERSON}, cominciare a vacillare; (*zu schwingen anfangen*) {BRÜCKE, GERÜST, MAST}, cominciare a oscillare/ondeggiare.
schwankend **A** adj **1** (*taumelnd*) {GANGART} vacillante, barcollante **2** (*fluktuierend*) {PREISE, TEMPERATUR} oscillante, variabile; {MEINUNGEN} oscillante; {BÖRSENKURSE, WECHSELKURSE} *auch* fluttuante **3** <oft präd> (*zögernd*) esitante, titubante, indeciso **B** adv {GEHEN, LAUFEN} barcollando, tentennando, vacillando.
Schwankung <-, -en> f **1** (*Schwingung*) {+BRÜCKE, GERÜST, MAST} oscillazione f, ondeggiamento m **2** (*Veränderung*) {+TEMPERATUR, ZAHLEN} oscillazione f, variazione f; {+KURSE, PREISE} *auch* fluttuazione f: **die Wechselkurse unterliegen ~en**, il cambio è soggetto a oscillazioni • **etw ist in Versetzen** {ERDBEBEN, STURM BRÜCKE, PLATTFORM}, far oscillare/barcollare/vacillare qc; {BODEN}, far tremare/traballare qc.
Schwanz <-es, Schwänze> m **1** (*Verlängerung der Wirbelsäule*) {+FISCH, HUND, KATZE} coda f: **mit dem ~ wedeln**, scodinzolare, agitare la coda **2** {+FLUGZEUG, KOMET, SPIELDRACHEN} coda f **3** *vulg* (*Penis*) uccello m *vulg*, cazzo m *vulg* **4** <nur sing> *fam* (*Reihe*) ~ + subst (gen pl)/**von etw** (dat pl) {VON KONSEQUENZEN} serie f *di qc*, sfilza f *di qc*; {VON EREIGNISSEN} appendice f *di qc*, coda f *di qc* **5** (*Schluss*) {+FESTZUG, WANDERGRUPPE} coda f • **den ~ einziehen** *fam*, mettersi la coda fra le gambe; **sich auf den ~ getreten fühlen** *slang*, sentirsi offeso (-a); **den ~ hängen lassen** {HUND}, mettere la coda fra le gambe; *fam* (*bedrückt sein*), essere abbattuto/abbacchiato *fam*; **kein ~** *slang*, nessuno; **kein ~ war zu**

sehen, non c'era ₍un cane *fam*₎/[anima viva].

schwänzeln itr {HUND} scodinzolare.

schwänzen *fam* A tr: **die Schule ~**, marinare la scuola, bigiare *nordital* (la scuola), fare forca *tosk* B itr marinare la scuola, bigiare *nordital* (la scuola), fare forca *tosk*.

Schwanzfeder f *ornith* penna f ₍della coda₎/[caudale].

Schwanzflosse f *zoo* pinna f caudale.

Schwanzwirbel m vertebra f caudale.

schwapp interj ciaf!, ciac!

schwappen itr 1 <*haben*> (*hin und her*) {BADEWASSER, FLÜSSIGKEIT} sciabordare, sciaguattare 2 <*sein*> (*über-~*) *irgendwohin* ~ traboccare/fuoriuscire + *compl di luogo*: **der Wein schwappte aus den Gläsern auf die Tischdecke**, il vino fuoriuscì dai bicchieri rovesciandosi sulla tovaglia; **auf den Boden/Tisch ~**, rovesciarsi sul pavimento/tavolo.

Schwarm① <-(e)s, *Schwärme*> m 1 ~ + *subst* (gen pl)/**von etw** (dat pl) {+BIENEN, HEUSCHRECKEN, HORNISSEN, MÜCKEN} sciame m *di qc*: **ein ~ (von) Wespen**, uno sciame di vespe; {+VÖGEL} stormo m *di qc*; {+FISCHE} branco m *di qc*, banco m *di qc* 2 (*Menschenmenge*) ~ + *subst* (gen pl)/**von jdm** (dat pl) sciame m *di qu*, schiera f *di qu*, frotta f *di qu*, stuolo m *di qu*: **ein ~ (von) Kinder(n)**, uno sciame/una frotta di bambini; **ein ~ von Besuchern strömte ins Museum**, uno stuolo di visitatori si riversò nel museo; **ein ~ von Verehrern**, un codazzo di spasimanti.

Schwarm② <-(e)s, *Schwärme*> m passione f, idolo m.

schwärmen① itr 1 <*haben*> (*sich im Schwarm bewegen*) {BIENEN, HORNISSEN, WESPEN} sciamare 2 <*sein*> (*sich irgendwohin bewegen*) *irgendwohin* ~ {BIENEN, FLIEGEN} svolazzare + *compl di luogo* 3 <*sein*> (*sich in Mengen bewegen*) *irgendwohin* ~ {BESUCHER, KÄUFER, TOURISTEN INS KAUFHAUS, MUSEUM} sciamare + *compl di luogo*.

schwärmen② itr 1 (*begeistert reden*) **von jdm/etw** ~ {VON EINER GEGEND, EINEM LAND, RESTAURANT, GUTEM WEIN} parlare con entusiasmo *di qu/qc* 2 (*begeistert verehren*) **für jdn/etw** ~ essere entusiasta *di qu/qc*, adorare *qu/qc*, avere una passione *per qu/qc*: **als junges Mädchen habe ich für diese Musik geschwärmt**, da ragazza ₍andavo matta₎/[impazzivo] *fam* per questa musica; **er schwärmt für Tennis**, adora il tennis • (*über etw akk*) **ins Schwärmen geraten** {ÜBER EINE BESTIMMTE MUSIK, EINE REISE}, entusiasmarsi (per qc), andare in estasi (per qc); **wenn er über seinen Aufenthalt in Italien spricht, dann gerät er ins Schwärmen**, quando parla del suo soggiorno in Italia si entusiasma.

Schwärmer① <-s, -> m 1 <*nur pl*> *zoo* sfingidi m pl 2 (*Feuerwerkskörper*) serpentello m.

Schwärmer② <-s, -> m (**Schwärmerin** f) sognatore (-trice) m (f).

Schwärmerei <-, *-en*> f 1 (*Begeisterung*) entusiasmo m, infatuazione f, passione f 2 (*Träumerei*) fantasticheria f • **sich in ~en (über etw akk) ergehen** {ÜBER EINE HERRLICHE LANDSCHAFT, SCHÖNE URLAUBSTAGE}, entusiasmarsi (per qc), parlare con passione/trasporto di qc.

Schwärmerin f → **Schwärmer**②.

schwärmerisch A adj 1 (*begeistert*) {BEGEISTERUNG, ENTZÜCKUNG} appassionato, {STIMME} entusiasta, entusiastico; {LEIDENSCHAFT} romantico 2 (*träumerisch*) sognatore B adv {REDEN} con entusiasmo/trasporto.

Schwarte <-, *-n*> f 1 *gastr* cotenna f, cotica f *region* 2 *fam pej* (*dickes Buch*) tomo m, librone m: **diese dicke ~ muss ich für die Prüfung lesen**, questo malloppo *fam*/mattone *fam* lo devo leggere per l'esame.

Schwartenmagen m *gastr* soppressata f, soprassata f *tosk*.

schwarz <*schwärzer, schwärzeste*> A adj 1 (*eine tiefdunkle Farbe aufweisend*) {AUGEN, FARBE, KAFFEE, KOHLE, LACK, WOLKEN} nero: **~ wie Pech**, nero come la pece; **ihre Haare waren ~ wie Ebenholz**, i suoi capelli erano neri come l'ebano 2 (*dunkel vor Schmutz*) {FINGERNÄGEL, HALS, HÄNDE, HEMDKRAGEN} nero: **du bist ganz ~ am Kragen**, hai il colletto nero 3 (*dunkel(häutig*)) {AFRIKANER} di colore/[pelle nera], {HAUTFARBE} nero: **der Schwarze Kontinent**, il continente nero 4 <*attr*> *fam* (*illegal*) {ARBEIT, MARKT} nero: {BANKKONTO} segreto; {BRENNEN, HERSTELLUNG} clandestino, illegale; {WAREN} di contrabbando; {ERWERB} al nero 5 <*meist präd*> *fam* (*stark konservativ*) {PARTEI, POLITIKER} conservatore; (*katholisch*) cattolico 6 <*attr*> (*unheilvoll*) {TAG} nero: **das war vielleicht ein ~er Tag heute!** *fam*, che ₍giornata nera₎/[giornataccia] oggi!; **ein ~er Freitag**, un venerdì nero 7 (*abgründig*) {GEDANKEN, HUMOR, FANTASIE, SEELE} nero; {IRONIE, SARKASMUS} macabro B adv 1 (*mit ~er Farbe*) {ANSTREICHEN, FÄRBEN, SICH KLEIDEN, LACKIEREN} di nero: **~ gestreift**, a strisce/righe nere 2 *fam* (*auf illegale Weise*) {DIE GRENZE ÜBERSCHREITEN} clandestinamente: **Waffen/Zigaretten ~ verkaufen**, vendere armi/sigarette di contrabbando; **etw ~ kaufen**, comprare qc ₍al mercato nero₎/[di contrabbando]; **mein Nachbar hat seine Garage ~ gebaut**, il mio vicino ha costruito il garage abusivamente/[senza permesso] • **es sieht ziemlich ~ aus**, la vedo brutta *fam*/nera *fam*; **~ gekleidet sein** (*Trauerkleidung tragen*), vestire di nero, portare il lutto; (*schwarze Kleidung tragen*), vestire di nero; **sich ~ machen**, sporcarsi; **von etw dat**) **~ sein** {HIMMEL VON HEUSCHRECKEN, VÖGELN}, essere oscurato da qc; {PLATZ VON MENSCHEN}, essere gremito di qu; **etw ~ trinken** {KAFFEE, TEE}, bere qc senza latte; **~ wählen** *fam*, votare per i conservatori; **da kannst du warten, bis du ~ wirst** *fam*, campa cavallo che l'erba cresce *fam*; **das kann ich dir ~ auf weiß geben**, te lo posso mettere nero su bianco; **etw ~ auf weiß haben**, avere qc ₍nero su bianco₎/[per iscritto]; **~ werden** (MAUER, WAND), annerire; {HIMMEL}, oscurarsi; {HÄNDE}, sporcarsi; **da hinten wird es ganz ~**, laggiù ₍diventa tutto nero *fam*₎/[il cielo si sta oscurando].

Schwarz <-(es), *ohne pl*> n nero m • **in ~ gehen** (*Trauerkleidung*), vestire di nero, portare il lutto; **auf ~ setzen** (*beim Roulette*), puntare sul nero; **~ tragen** (*Trauerkleidung*), vestire di nero, portare il lutto; (*schwarze Kleidung*), vestire di nero, portare il nero; **aus ~ Weiß machen (wollen)**, far vedere il nero per il bianco.

Schwarzafrika n *geog* Africa f nera.

Schwarzafrikaner m (**Schwarzafrikanerin** f) abitante mf dell'Africa nera.

schwarzafrikanisch adj dell'Africa nera.

Schwarzarbeit f lavoro m nero/sommerso: **etw in ~ machen**, fare qc lavorando in nero.

schwarz|arbeiten itr lavorare in nero.

Schwarzarbeiter m (**Schwarzarbeiterin** f) lavoratore (-trice) m (f) in nero.

schwarz|ärgern rfl **sich ~** *fam* arrabbiarsi da morire *fam*: **ich hab mich schwarzgeärgert** *fam*, ero incavolato (-a) nero (-a).

schwarzäugig adj {MENSCH} dagli occhi neri.

Schwarzbär m *zoo* orso m nero.

Schwarzbeere f *süddt* A → **Heidelbeere**.

schwarzblau adj {FARBE, LACK, PULLOVER} blu notte.

schwarzbraun adj {HAARE} bruno scuro; {FARBE, HOLZ} *auch* testa di moro, marrone che dà sul nero.

schwarz|brennen <*irr*> tr: **Schnaps ~**, distillare grappa clandestinamente.

Schwarzbrennerei f distilleria f clandestina.

Schwarzbrot n *gastr* pane m nero.

Schwarze① <*dekl wie adj*> n 1 <*nur sing*>: **etwas ~s**, qualcosa di nero 2 (*in der Zielscheibe*): **das ~**, il centro • **jdm nicht das ~ unter den Fingernägeln gönnen**, invidiare a qu anche l'aria che respira; **das kleine ~**, il vestito da sera nero e corto; (**mit etw dat**) **ins ~ treffen** *fam* {MIT EINER ANTWORT, BEMERKUNG, VORAUSSAGE}, far centro (con qc), cogliere nel segno (con qc).

Schwarze② <*dekl wie adj*> mf 1 (*dunkelhäutiger Mensch*) nero (-a) m (f), persona f di colore, negro (-a) m (f) *meist pej*: **die ~n Amerikas**, i neri d'America 2 *fam pol* conservatore (-trice) m (f).

Schwärze <-, *ohne pl*> f 1 (*Dunkelheit*) oscurità f 2 (*Farbe*) nero m; (*Druckerschwärze*) inchiostro m (da stampa) • **in der ~ der Nacht**, nell'oscurità della notte.

schwärzen tr **etw ~** {RUß, STAUB GESICHT, HÄNDE} annerire qc, tingere qc di nero: **der Ruß hat die Dächer geschwärzt**, la fuliggine ha annerito i tetti.

schwarz|fahren <*irr*> itr <*sein*> 1 (*ohne Fahrkarte*) viaggiare senza biglietto (sui mezzi pubblici) 2 (*ohne Führerschein*) guidare senza patente.

Schwarzfahrer m (**Schwarzfahrerin** f) 1 (*ohne Fahrkarte*) passeggero (-a) m (f) senza biglietto 2 (*ohne Führerschein*) chi guida senza patente.

schwarzgekleidet adj → **schwarz**.

Schwarzgeld n denaro m guadagnato in nero; {+UNTERNEHMEN} fondi m pl neri.

schwarzgeändert adj → **geändert**.

schwarzgestreift adj → **schwarz**.

schwarzhaarig adj moro, dai capelli neri.

Schwarzhaarige <*dekl wie adj*> mf moro (-a) m (f), persona f dai capelli neri.

Schwarzhandel m commercio m clandestino, mercato m nero, borsanera f • **etw im ~ kaufen**, comprare qc al mercato nero; **mit etw (dat) treiben**, fare commercio clandestino di qc.

Schwarzhändler m (**Schwarzhändlerin** f) borsanerista mf, borsaro (-a) m (f) nero (-a) m (f) *röm*.

Schwarzhemd n *hist* (*in Italien: Faschist*) camicia f nera.

schwarz|hören itr *radio* ascoltare la radio senza pagare il canone.

Schwarzhörer m (**Schwarzhörerin** f) *radio* (radio)ascoltatore (-trice) m (f) che non paga il canone.

schwärzlich adj {REGENWOLKE, SCHATTIERUNG, WASSER} nerastro.

schwarz|malen tr *pej* **etw ~** {ZUKUNFT} fare un quadro nero *di qc*, dipingere *qc* a tinte fosche: **alles ~**, vedere tutto nero.

Schwarzmaler m (**Schwarzmalerin** f) *pej* uccello m del malaugurio, gufo m, pessimista mf, disfattista mf.

Schwarzmalerei f pessimismo m, catastrofismo m: **hör auf mit deiner ewigen ~!**, smettila di vedere sempre tutto nero!
Schwarzmalerin f → **Schwarzmaler**.
Schwarzmarkt m mercato m nero, borsa nera f: **etw auf dem ~ kaufen/verkaufen**, comprare/vendere qc al mercato nero.
Schwarzmarktpreis m prezzo m da mercato nero.
Schwarzpappel f bot pioppo m nero.
Schwarzpulver n polvere f nera.
Schwarzrotgold, **Schwarz-Rot-Gold** n "nero-rosso-oro, i colori della bandiera tedesca dopo il 1945".
schwarzrotgolden, **schwarz-rot-golden** adj {FAHNE, FLAGGE} nero-rosso-oro.
schwarz|sehen <irr> **A** tr itr (pessimistisch einschätzen) (**für jdn/etw**) ~ essere pessimista (quanto/riguardo a qu/qc): **für die Finanzierung unseres Projekts sehe ich ziemlich schwarz**, quanto al finanziamento del nostro progetto sono piuttosto pessimista; **immer nur ~**, vedere tutto nero, essere disfattista; **alles ~**, vedere tutto nero **B** itr TV (ohne Anmeldung fernsehen) guardare la televisione senza pagare il canone.
Schwarzseher m (**Schwarzseherin** f) **1** (Pessimist) disfattista mf, pessimista mf **2** TV teleutente mf/[utente mf televisivo (-a)] che non paga il canone.
Schwarzseherei <-, ohne pl> f fam pessimismo m, disfattismo m, catastrofismo m.
Schwarzseherin f → **Schwarzseher**.
Schwarzsender m emittente f clandestina.
Schwarzspecht m ornith picchio m nero.
Schwarzstorch m ornith cicogna f nera.
schwarzumrandet adj → **umranden**.
Schwärzung <-, -en> f {+DACH, FASSADE, SKULPTUR} annerimento m.
Schwarzwald m geog: **der ~**, la Foresta/ Selva Nera; **im ~**, nella Foresta Nera.
Schwarzwälder[1] <inv> adj {KIRSCHTORTE, KURORT, TRACHT, TRADITION} della Foresta Nera.
Schwarzwälder[2] m (**Schwarzwälderin** f) abitante mf della Foresta Nera: **sie ist ~in**, è della Foresta Nera.
schwarz-weiß, **schwarzweiß** **A** adj **1** fot {BILD, FILM, FOTO} (in) bianco e nero **2** (Schwarz und Weiß aufweisend) {MUSTER, STREIFEN} in bianco e nero: **eine schwarz--weiße Kuh**, una mucca nera pezzata di bianco **B** adv **1** fot {FILMEN, FOTOGRAFIEREN} in bianco e nero **2** (schwarz und weiß) {GEFLECKT, GEMUSTERT} bianco e nero **3** (undifferenziert) {DARSTELLEN} senza sfumature/ [mezzi toni].
Schwarz-Weiß-Aufnahme, **Schwarzweißaufnahme** f fot fotografia f in bianco e nero.
Schwarz-Weiß-Denken, **Schwarzweißdenken** n pensiero m manicheo, mentalità f manichea.
Schwarz-Weiß-Fernsehen, **Schwarzweißfernsehen** n televisione f in bianco e nero.
Schwarz-Weiß-Fernseher, **Schwarzweißfernseher** m fam televisore m in bianco e nero.
Schwarz-Weiß-Film, **Schwarzweißfilm** m film fot **1** (Filmrolle für Aufnahmen) pellicola f in bianco e nero **2** (Fernseh-, Kinofilm) film m in bianco e nero.
Schwarz-Weiß-Foto, **Schwarzweißfoto** n → **Schwarz-Weiß-Aufnahme**.
schwarzweiß|malen a.R. von schwarz--weiß malen → **malen**.

Schwarz-Weiß-Malerei, **Schwarzweißmalerei** <-, ohne pl> f divisione f netta in buoni e cattivi.
Schwarzweißphoto a.R. von Schwarzweißfoto → **Schwarz-Weiß-Foto**.
Schwarzwild n cinghiali m pl.
Schwarzwurzel f bot scorzonera f.
Schwatz <-es, ohne pl> m fam chiacchierata f: **einen ~ mit jdm halten**, fare due chiacchiere con qu, fare una chiacchierata con qu.
Schwatzbase f fam pej pettegola f, chiacchierona f.
Schwätzchen n fam chiacchierata f fam: **ein ~ halten**, fare ˪una chiacchierata˩/[due chiacchiere].
schwatzen **A** itr **1** (sich lebhaft unterhalten) (**über etw** akk) ~ chiacchierare (di qc); **mit jdm ~** chiacchierare con qu **2** (tratschen) spettegolare, cianciare, chiacchierare **3** pej (etw ausplaudern): **ihr kann man nichts anvertrauen, sie schwatzt**, non le si può fare nessuna confidenza, non riesce a tenere il becco chiuso; **da muss wieder jemand geschwatzt haben!**, qualcuno deve aver parlato/chiacchierato! **B** tr etw ~ {BLÖDSINN, UNSINN} dire qc, raccontare qc.
schwätzen tr itr süddt A → **schwatzen**.
Schwätzer <-s, -> m (**Schwätzerin** f) pej **1** (Klatschmaul) pettegolo (-a) m (f), chiacchierone (-a) m (f) **2** (Schwafler) chiaccherone (-a) m (f).
schwatzhaft adj pej **1** (geschwätzig) chiacchierone, ciarliero **2** (klatschsüchtig) pettegolo, maldicente.
Schwatzhaftigkeit <-, ohne pl> f loquacità f; (Klatschsucht) vizio m/mania f di sparlare/spettegolare, maldicenza f.
Schwebe <-, ohne pl> f **1** (frei schwebend): **etw in der ~ halten** {GEGENSTAND}, tenere qc sich in der ~ halten, tenersi in equilibrio **2** (noch offen): **in der ~ sein** {ENTSCHEIDUNG, FRAGE, PROZESS, VERFAHREN}, essere in sospeso; **das ist noch in der ~** (das ist noch unsicher), è ancora incerto/[in forse], non è ancora deciso.
Schwebebahn f **1** (an einer Schiene hängende Bahn) monorotaia f (sospesa) **2** (Drahtseilbahn) teleferica f.
Schwebebalken m Turnen trave f, asse f d'equilibrio.
schweben itr **1** <haben oder süddt A CH sein> (in der Luft gleiten) (**irgendwo**) ~ {WOLKE AM HIMMEL} librarsi (+ compl di luogo) ~ {DRACHEN, LUFTBALLON, VOGEL IN DER LUFT} sembrare sospeso (-a) + compl di luogo; {SEIFENBLASE} auch galleggiare + compl di luogo **2** <sein> (durch die Luft gleiten) **irgendwohin** ~ {LUFTBALLON AUF DAS WASSER} scivolare + compl di luogo; {BLATT, FEDER ZU BODEN, ÜBER DEN SEE} cadere/scendere piano piano + compl di luogo; {SEGELFLUGZEUG ÜBER DAS LAND} sorvolare + compl di luogo; {VOGEL DURCH DIE LUFT} librarsi + compl di luogo **3** <haben> (unentschieden sein) {ANGELEGENHEIT, VERFAHREN} essere ˪in sospeso˩/[pendente] **4** <haben oder süddt A CH sein> (sich befinden): **in Gefahr ~**, essere in pericolo; **zwischen Angst und Hoffnung ~**, oscillare tra la paura e la speranza; **zwischen Leben und Tod ~**, essere ˪in bilico˩/[sospeso] tra la vita e la morte; **mir ~ immer noch diese Bilder vor Augen**, ho ancora negli occhi quelle immagini.
schwebend adj <attr> {VERFAHREN} in sospeso, pendente.
Schwebezustand m condizione f/stato m/situazione f di incertezza: **die Lage im Balkan bleibt/ist im ~**, la situazione nei Balcani rimane incerta ● **sich im ~ befinden**

{ANGELEGENHEIT}, essere in sospeso; {VERFAHREN}, essere pendente.
Schwebstaub m polveri f pl sospese.
Schwebstoff m <meist pl> chem sostanza f in sospensione.
Schwede <-n, -n> m (**Schwedin** f) svedese mf.
Schweden <-s, ohne pl> n geog Svezia f.
Schwedin f → **Schwede**.
schwedisch adj {DIALEKT, REGION, SPRACHE} svedese.
Schwedisch <-(s), ohne pl> n, **Schwedische** <adj> n svedese m: **wo hast du denn ~ gelernt?**, dove hai imparato lo svedese?; → auch **Deutsch**, **Deutsche**®.
Schwefel <-s, ohne pl> m chem zolfo m.
Schwefelbad n **1** (medizinisches Bad) bagno m sulfureo **2** (Kurort) stazione f/località f termale con acque sulfuree.
Schwefeldioxid, **Schwefeldioxyd** n chem anidride f solforosa, biossido m/diossido m di zolfo.
schwefelfarben, **schwefelfarbig** adj color zolfo.
schwefelgelb adj giallo zolfo.
schwefelhaltig adj sulfureo, contenente/[che contiene] zolfo: **ein ~es Shampoo**, uno shampoo allo zolfo; **sehr/stark ~**, ad alto contenuto di zolfo.
schwefelig adj → **schweflig**.
Schwefelkohlenstoff m chem solfuro m di carbonio.
Schwefelkur f cura f con acque sulfuree.
schwefeln tr etw ~ {OBSTBÄUME, REBEN} dare lo zolfo a qc, solforare qc, solfare qc.
Schwefelpuder m med polvere f allo zolfo.
Schwefelquelle f sorgente f (di acqua) sulfurea.
Schwefelsalbe f chem pomata f allo zolfo.
Schwefelsäure f chem acido m solforico.
Schwefelwasserstoff m chem acido m solfidrico, idrogeno m solforato.
schweflig **A** adj {BÄDER, DÄMPFE} sulfureo; {SÄURE} solforoso **B** adv: **es riecht ~**, ˪c'è˩/ [si sente] odore di zolfo.
Schweif <-(e)s, -e> m **1** geh (buschiger Schwanz) {+PFERD} coda f **2** (Kometenschweif) coda f.
schweifen itr **irgendwohin** ~ **1** geh (ziellos wandern) {DURCH DIE STADT, DIE WÄLDER, ÜBER DIE WIESEN} vagare + compl di luogo: **in die Ferne ~**, girare il mondo **2** (streifen) {BLICK, GEDANKEN} vagare/errare + compl di luogo: **den Blick ~ lassen**, lasciar vagare/scorrere lo sguardo.
Schweigegeld n prezzo m del silenzio: **er bot ihm ~ an**, gli offrì dei soldi perché tacesse/[non parlasse].
Schweigemarsch m marcia f di protesta silenziosa.
Schweigeminute f minuto m di silenzio ● **eine ~ (zum Gedenken an jdn/etw) einlegen**, osservare un minuto di silenzio (˪per commemorare˩/[in memoria/onore di] qu/qc).
schweigen <schweigt, schwieg, geschwiegen> itr **1** (still sein) tacere, stare/rimanere in silenzio: **beharrlich/eisern ~**, tacere ostinatamente; **schweig!**, taci!, fa silenzio! **2** (nicht erwähnen) (**über etw** akk) ~ {MENSCH, PRESSE ÜBER VORFALL} tacere (su qc): **über diesen Vorfall darf niemand etwas erfahren, ihr müsst ~**, nessuno deve sapere nulla dell'accaduto, vi raccomando il più assoluto silenzio; **darüber müsst ihr ~**, su quel fatto bisogna tacere **3** (nicht antwor-

ten) (*auf etw* akk/*zu etw* dat) ~ {ZU EINER ANSCHULDIGUNG, ZU EINEM VORWURF} tacere (*di fronte a qc*): **er schwieg auf alle Fragen,** non rispose a nessuna domanda **4** *geh* (*aufhören*) {KANONEN, MUSIK, WAFFEN} tacere ● **ganz zu ~ von etw** (dat), per ˌnon parlareˌ/[tacere] di qc; ~ **können,** saper tacere/[mantenere il silenzio].

Schweigen <-s, ohne pl> n silenzio m ● **das ~ brechen,** rompere il silenzio; **betretenes/eisiges ~,** silenzio imbarazzante/glaciale; **jdn zum ~ bringen** (*jdn verstummen lassen*), far tacere qu, zittire qu; (*euph* (*jdn töten*), far tacere qu, ridurre qu al silenzio, chiudere per sempre la bocca a qu; **sich in ~ hüllen** {ÜBER EINEN VORFALL, ZUSTAND}, chiudersi nel silenzio; (**es ist/herrscht) ~ im** *Walde* *fam scherz* (c'è un) silenzio di tomba.

schweigend **A** adj {GEMEINDE, MEHRHEIT} silenzioso **B** adv {DASITZEN, ZUHÖREN} in silenzio, muto (-a), zitto (-a).

Schweigepflicht f segreto m professionale: **die ärztliche ~,** il segreto professionale del medico ● **der ~ unterliegen** {ARZT, RECHTSANWALT}, ˌessere vincolato alˌ/[avere l'obbligo del] segreto professionale; {GEISTLICHER}, essere vincolato al segreto confessionale; **die ~ verletzen,** violare il segreto professionale.

schweigsam adj {MENSCH} taciturno, silenzioso: **du bist heute wirklich sehr ~,** non sei molto loquace oggi.

Schweigsamkeit <-, ohne pl> f carattere m taciturno; (*Diskretion*) riservatezza f.

Schwein <-(e)s, -e> n **1** *zoo* maiale m, suino m, porco m: **das ~ grunzt,** il maiale grugnisce; **er züchtet ~e,** alleva maiali **2** (*~efleisch* (carne f di) maiale m, carne f suina **3** *fam pej* (*schmutziger Mensch*) porco m *fam*, maiale m *fam:* **guck mal, wie das Zimmer aussieht, ihr seid vielleicht ~e!,** ma guardate com'è ridotta la stanza, siete veramente dei porci/maiali! *fam pej* **4** *fam pej* (*moralisch schlechter Mensch*) porco m: **dieses verdammte ~ hat uns alle betrogen,** questo maledetto porco ci ha truffati tutti **5** <*nur sing*> *fam* (*unverdientes Glück*) (botta f di) fortuna f, (colpo m di) culo m *slang*: **da hast du wieder mal ~ gehabt!,** hai avuto proprio ˌun gran culo *slang*ˌ/[una gran fortuna]!; **Gott sei Dank bist du nicht verletzt worden, da hast du noch mal ~ gehabt!,** grazie al cielo non sei rimasto (-a) ferito (-a), hai avuto un culo sfacciato! *slang* ● **armes ~** *fam,* povero diavolo, poveraccio; **kein ~** *fam pej* (*niemand*), nemmeno un cane *fam*, nessuno; **kein ~ war zu sehen,** non c'era ˌun cane *fam*ˌ/[anima viva]; **das interessiert doch kein ~!,** non gliene frega niente a nessuno!; **wie ein ~** {SICH BENEHMEN, ESSEN, FRESSEN, SAUFEN}, come un porco *fam*.

Schweinchen n dim *von* Schwein **1** (*kleines Schwein*) maialino m, porcellino m, porcello m **2** *fam pej* (*schmutziger Mensch*) porcello (-a) m (f) *fam;* (*Kind*) porcellino (-a) m (f) *fam,* maialino (-a) m (f) *fam.*

Schweinebauch m *gastr* pancetta f (di maiale).

Schweinebraten m *gastr* arrosto m di maiale, maiale m arrosto, arista f *tosk*.

Schweinefett n grasso m di maiale; (*ausgelassenes ~*) strutto m.

Schweinefilet n *gastr* filetto m di maiale.

Schweinefleisch n *gastr* (carne f di) maiale m, carne f suina.

Schweinefraß m *slang pej* porcheria f, schifezza f *fam:* **für den ~ in der Mensa soll man auch noch Geld bezahlen!,** e pretendono di essere pagati per quelle por-

cherie che ti fanno mangiare alla mensa!

Schweinefutter n mangime m per maiali/porci.

Schweinegeld <-(e)s, ohne pl> n *fam* casino m *fam*/fottio m *slang*/barcata f *fam* di soldi: **der Umbau der Wohnung kostet mich ein ~,** la ristrutturazione della casa mi costa un ˌocchio della testaˌ/[casino] *fam*; **er hat mit Börsengeschäften ein ~ verdient,** investendo in borsa ha guadagnato un fottio di quattrini.

Schweinehackfleisch n *gastr* carne f macinata di maiale/suino.

Schweinehund m *vulg* porco m *vulg*, canaglia f *fam*, carogna f *fam* ● **den inneren ~ überwinden** *fam*, farsi forza.

Schweinekotelett n *gastr* bistecca f/cotoletta f di maiale.

Schweinelende f *gastr* lombata f di maiale.

Schweinepest f *med* peste f suina.

Schweinerei <-, -en> f *fam pej* **1** (*schmutzige Unordnung*) porcaio m **2** (*Gemeinheit*) porcata f *fam*, porcheria f *fam*, stronzata f *slang*: **es ist eine ~, dass du die Stelle nicht bekommen hast,** è una porcheria/uno schifo che non ti abbiano dato il posto!; **so eine ~!,** che vigliaccata/porcheria! **3** <*meist pl*> (*Obszönität*) porcheria f *fam,* porcata f *fam,* maialata f *fam*.

Schweinerippchen n *gastr* costoletta f di maiale.

Schweineschmalz n *gastr* strutto m.

Schweineschnitzel n *gastr* scaloppina f di maiale.

Schweinestall m **1** (*Stall für Schweine*) porcile m, stalla f dei porci, porcilaia f **2** *fam pej* (*verdreckter Raum*) porcile m *fam,* troiaio m *fam:* **hier sieht's ja aus wie im ~!,** sembra di essere in un porcile!

Schweinezucht f *agr* allevamento m di suini/maiali, suinicoltura f.

Schweinezüchter m (**Schweinezüchterin** f) *agr* allevatore (-trice) m (f) di suini/maiali, suinicoltore (-trice) m (f).

Schweinigel <-s, -> m *fam pej oder scherz* **1** (*obszöner Mensch*) porco m *fam,* sporcaccione m *fam,* maialone m *fam,* sudicione m *fam* **2** (*schmutziger Mensch*) maiale m *fam,* porco m *fam,* sudicione m *fam,* sozzone m *region*.

schweinisch *fam pej* **A** adj {BUCH, FILM, FOTO, WITZ} sconcio, sporco **B** adv {SICH BENEHMEN} da maiale/porco/sporcaccione.

Schweinsäuglein n <*meist pl*> *fam* occhio m porcino.

Schweinsborste f setola f di maiale.

Schweinsbraten m *süddt A CH* → **Schweinebraten**.

Schweinsfuß m *gastr* zampetto m di maiale.

Schweinsgalopp m: **im ~** *fam scherz,* in fretta e furia.

Schweinshaxe f *süddt gastr* stinco m di maiale.

Schweinskotelett n *süddt gastr* → **Schweinekotelett**.

Schweinsleder n pelle f di maiale/porco.

schweinsledern adj {BEZUG, BUCHRÜCKEN, HANDSCHUH} di pelle di maiale.

Schweiß <-es, ohne pl> m sudore m ● **im ~e seines** *Angesichts,* sudando sette camicie; {SEIN BROT VERDIENEN}, con il sudore della fronte; **in ~ ausbrechen/geraten,** cominciare a sudare; **jdm bricht der kalte ~ aus,** a qu vengono i sudori freddi; **in ~ gebadet sein,** essere ˌin un bagnoˌ/[madido] di sudore; **~ hemmend** → **schweißhemmend**; **viel ~ kosten,** costare molto sudore; **nach ~**

riechen, puzzare di sudore; **jdm steht der ~ auf der Stirn,** qu ha il sudore sulla fronte, qu ha la fronte imperlata di sudore; **jdm tritt der ~ auf die Stirn: ihm trat der ~ auf die Stirn,** il sudore gli imperlò la fronte; **sich den ~ von der Stirn trocknen/wischen,** asciugarsi/tergersi il sudore dalla fronte.

Schweißabsonderung f sudorazione f, traspirazione f.

Schweißausbruch m accesso m di sudore.

Schweißband n *sport* fascia f tergisudore.

schweißbedeckt adj {GESICHT, STIRN} coperto di sudore.

Schweißbildung f sudorazione f.

Schweißbrenner m *tech* cannello m ossidrico.

Schweißbrille f occhiali m pl (di protezione) da saldatore.

Schweißdrüse f *anat* ghiandola f sudoripara.

schweißen **A** tr etw ~ {BLECH, KAROSSERIE, ROHR} saldare qc **B** itr fare delle saldature.

Schweißer <-s, -> m (**Schweißerin** f) saldatore (-trice) m (f).

Schweißfleck m macchia f/chiazza f/alone m di sudore.

Schweißfuß m <*meist pl*>: **jd hat Schweißfüße,** a qu sudano i piedi, qu ha i piedi sudati.

schweißgebadet **A** adj {HEMD} bagnato di sudore; {MENSCH} *auch* madido di sudore, sudato fradicio **B** adv {AUFWACHEN} bagnato (-a) di sudore, in un bagno/lago di sudore.

Schweißgeruch m puzzo m di sudore.

schweißhemmend adj {DEO} antitraspirante.

schweißig adj {FÜSSE, HÄNDE} (molto) sudato, sudaticcio.

Schweißnaht f *tech* cordone m di saldatura f.

schweißnass (a.R. **schweißnaß**) adj {HAAR} bagnato di sudore; {GESICHT} *auch* sudaticcio, sudatissimo: **nach dem Training war er ~,** dopo gli allenamenti era ˌfradicio di sudoreˌ/[sudato fradicio].

Schweißperle f <*meist pl*> goccia f di sudore: **~n traten ihm auf die Stirn,** il sudore gli imperlò la fronte.

Schweißpore f *anat* poro m sudorifero/sudoriparo.

Schweißstelle f *tech* (tratto m/punto m di) saldatura f, punto m saldato.

schweißtreibend adj {ARZNEI, MEDIKAMENT, TEE} sudorifero: **eine ~e Arbeit** *scherz,* un lavoro che fa sudare.

schweißtriefend adj {GESICHT, STIRN} ˌgrondante diˌ/[stillante] sudore.

Schweißtropfen m <*meist pl*> goccia f di sudore: **der Umbau des Hauses hat uns so manchen ~ gekostet** *fam scherz,* la ristrutturazione della casa ci è costata non poco sudore.

Schweiz <-, ohne pl> f *geog* (Abk CH): **die ~,** la Svizzera; **die italienische/französische ~,** la Svizzera italiana/[francese/romanda]; **in der ~ leben/wohnen,** vivere/abitare in Svizzera; **in die ~ fahren,** andare in Svizzera; **er kommt aus der ~,** viene dalla Svizzera, è svizzero ● **Fränkische ~** *geog,* la Svizzera francone.

Schweizer① <inv> adj <attr> {ALPEN, BERG} svizzero, elvetico; {HAUPTSTADT, KANTON, REGIERUNG, STADT} *auch* della Svizzera: **~ Käse,** (formaggio m) svizzero m, emmental m.

Schweizer② <-s, -> m (*päpstlicher Gardist*) guardia f svizzera, svizzero m.

Schweizer③ <-s, -> m (**Schweizerin** f) (*Bewohner der Schweiz*) svizzero m (-a) m (f).
schweizerdeutsch adj *ling* {AUSDRUCK, WORT} svizzero tedesco.
Schweizerdeutsch <-(s), ohne pl> n, **Schweizerdeutsche** <dekl wie adj> n svizzero m tedesco; → *auch* **Deutsch**, **Deutsche**②.
Schweizergarde <-, ohne pl> f: **die ~**, la Guardia svizzera.
Schweizerin f → **Schweizer**③.
schweizerisch adj svizzero, elvetico.
Schwelbrand m combustione f ˌsenza fiammaˌ/[lenta].
schwelen itr **1** (*ohne Flamme brennen*) {FEUER} bruciare ˌsenza fiammaˌ/[lentamente] **2** (*untergründig wirken*) **in jdm** ~ {FEINDSCHAFT, HASS} covare *in qu*.
schwelgen itr **1** *geh* (*genießen*) **in etw** (dat) ~ {IN ERINNERUNGEN, GEFÜHLEN} crogiolarsi *in qc*, indulgere *a qc*, farsi/lasciarsi cullare *da qc*, abbandonarsi *a qc*: **in Eindrücken ~**, pascersi di impressioni; **im Überfluss ~**, nuotare nell'abbondanza **2** (*genussvoll und viel essen und trinken*) straviziare: **in Sekt und Kaviar ~**, banchettare a caviale e champagne.
schwelgerisch *geh* **A** adj {GASTMAHL} luculliano **B** adv: **~ leben**, gozzovigliare.
Schwelle <-, -n> f **1** (*Türschwelle*) soglia f: **über die ~ treten**, varcare la soglia; **seinen Fuß nicht mehr über jds ~ setzen**, non mettere più piede in casa di qu, non varcare più la soglia della casa di qu **2** (*Eisenbahnschwelle*) traversina f **3** *psych* (*Reizschwelle*) soglia f **4** (*neuer Abschnitt*) soglia f: **an der ~ zum 21. Jahrhundert**, alle soglie del ˌXXI secoloˌ/[Duemila]; **an der ~ eines neuen Zeitalters stehen**, essere sulle soglie di una nuova era; **auf der ~ zu etw** (dat) **stehen** {ZUM KONKURS, RUIN}, essere sull'orlo di qc; {ZUM GREISENALTER}, essere alla soglia ˌ/[alle soglie] di qc.
schwellen① <*schwillt, schwoll, geschwollen*> itr <sein> **1** *med* (*anschwellen*) {DRÜSE, MANDELN} ingrossarsi; {HALSADERN} inturgidirsi, ingrossarsi; {BACKE, KNÖCHEL} gonfiarsi; {ARM, BEIN, FINGER, FUSS, KNIE, ZEH} *auch* tumefarsi *med*; **~de Lippen**, labbra turgide **2** (*sich verstärken*) {BACH, FLUSS} ingrossare, crescere; {DRÖHNEN, GERÄUSCH, LÄRM, WIND} crescere, aumentare; **zu etw** (dat) ~ {LÄRM ZU EINEM DRÖHNEN} crescere *fino a diventare qc*; {BACH, FLUSS ZUM STROM} *auch* ingrossare *fino a diventare qc*.
schwellen② <*schwellt, schwellte, geschwellt*> tr <haben> **1** *geh* (*blähen*) **etw ~** {FREUDE, STOLZ BRUST; STURM SEGEL} gonfiare qc **2** *CH* (*kochen*) **etw ~** *med* {KARTOFFELN} (*far*) cuocere qc.
Schwellenangst f *psych* paura f del nuovo: **~ vor etw** (dat), paura f di avvicinarsi a qc.
Schwellenland n paese m emergente.
Schwellenmacht f potenza f emergente.
Schwellenwert m *psych tech* valore m (di) soglia.
Schweller <-s, -> m *mus* (+HARMONIUM) ginocchiera f.
Schwellkörper m *anat* corpo m cavernoso/erettile.
Schwellung <-, -en> f **1** (*das Angeschwollensein*) {+DRÜSE, MANDELN} ingrossamento m; {+LEBER, ORGAN} *auch* tumefazione f *med*, intumescenza f *med* **2** (*geschwollene Stelle*) gonfiore m, rigonfiamento m: **eine ~ ˌauf dem Handrückenˌ/[am Knie]**, un rigonfiamento ˌsul dorso della manoˌ/[al ginocchio].
Schwemme <-, -n> f **1** (*auf Dinge bezogen*) invasione f; (*auf Personen bezogen*) pletora f **2** (*Viehschwemme*) guazzatoio m *tosk* **3** *fam* (*Kneipe*) osteria f, taverna f.
schwemmen tr **jdn/etw irgendwohin** ~ {FLUT, WASSER MÜLL, TOTE FISCHE AN DEN STRAND, ANS UFER} portare/sospingere qc + compl di luogo: **an(s) Land geschwemmt werden** {LEICHE, TREIBHOLZ}, essere/venire sospinto (-a) a terra.
Schwemmland <-(e)s, ohne pl> n terreno m alluvionale.
Schwemmsand m sabbia f alluvionale.
Schwengel <-s, -> m **1** (*Pumpenschwengel*) leva f della pompa **2** (*Klöppel*) batacchio m **3** *vulg* (*Penis*) cazzo m *vulg*.
Schwenk <-(e)s, -s> m **1** *film TV* carrellata f **2** (*Richtungsänderung*) {+MARSCHKOLONNE, TRUPPE} conversione f: **einen ~ nach rechts**, una conversione a destra **3** *pol* sterzata f, virata f.
Schwenkarm m *tech* {+KAMERA, MIKROFON, SCHREIBTISCHLAMPE} braccio m orientabile.
schwenkbar adj {KAMERA, KRAN} girevole, orientabile.
schwenken **A** tr <haben> **1** (*hin und her schwingen*) **etw ~** {FAHNE, TUCH, ZEITUNG} sventolare qc; {ARME, BLUMENSTRAUSS, HUT} agitare qc **2** (*in eine bestimmte Richtung drehen*) **etw irgendwohin** ~ {+MIKROFON, SCHREIBTISCHLAMPE, SCHWENKARM, WASSERHAHN} girare qc (+ compl di luogo); {ANTENNE} *auch* orientare qc (+ compl di luogo) **3** *gastr* (*hin und her bewegen*) **etw in etw** (dat) ~ {GEMÜSE IN ZERLASSENER BUTTER} saltare qc con qc **4** (*spülen*) **etw in etw** (dat) ~ {GLÄSER IN SAUBEREM WASSER, WÄSCHE IN LAUGE} sciacquare qc in qc **B** itr <sein> **irgendwohin** ~ *mil* fare una conversione + compl di luogo; {AUTO, MOTORRAD NACH LINKS, RECHTS, ZUR SEITE} *auch* (s)voltare + compl di luogo • **~de Kamera** *film*, carrellata f.
Schwenkkartoffeln subst <nur pl> "patate f pl lesse e saltate nel burro".
schwer **A** adj **1** (*gewichtig*) {GEGENSTAND, MENSCH, TIER} pesante: **Sie sind viel zu ~, Sie müssen unbedingt abnehmen**, Lei pesa troppo, deve assolutamente dimagrire; **wie ~ ist denn das Paket?**, quanto pesa il pacco?; **euer Gepäck ist aber ~!**, ma quanto pesano i vostri bagagli!, come sono pesanti i vostri bagagli!; **du sollst doch nichts Schweres tragen!**, lo sai che non dovresti portare pesi!; **ein drei Kilo ~er Fisch**, un pesce di/[che pesa] tre kili; **eine mehrere Millionen ~e Frau**, una donna che vale diversi milioni (di euro) **2** (*schwierig*) {AUFGABE, ENTSCHEIDUNG} difficile; {MOMENT, PRÜFUNG} *auch* duro **3** (*anspruchsvoll*) {LEKTÜRE} difficile **4** (*körperlich belastend*) {KRANKHEIT, UNFALL, VERLETZUNG} grave; {GESUNDHEITSSCHADEN} *auch* serio; {GEBURT, OPERATION} difficile: **sie hat einen ~en Schock erlitten**, ha subito un forte choc **5** (*ernst, stark*) {BEEINTRÄCHTIGUNG, MANGEL, SCHADEN} grave, serio **6** (*gravierend*) {BELEIDIGUNG} grave, pesante; {ENTTÄUSCHUNG} grande, forte; {BEDENKEN, SORGE, UNRECHT} grave, grande; {VERDACHT} *auch* pesante; {FEHLER} grave, grosso: **~e Verluste erleiden**, subire pesanti/gravi perdite **7** (*folgen~*) {SCHULD, VERGEHEN} grave: **~e Anschuldigungen**, pesanti accuse **8** (*hart*) {AMT} arduo, difficile; {AUFGABE} *auch* gravoso; {SCHLAG, STRAFE} duro; {JAHR, LEBEN, ZEIT} difficile, duro: **ein ~es Schicksal**, una dura sorte; **ich habe eine ~e Zeit hinter mir**, ho passato un periodo difficile; **Schweres durchmachen**, attraversare momenti difficili/duri **9** <attr> *meteo* (*heftig*) {GEWITTER, ORKAN, SCHNEETREIBEN, STURM, UNWETTER} forte, violento **10** <attr> (*groß*) {LKW, MOTORRAD, WAGEN} potente, grosso: **eine ~e Maschine**, una moto potente/grossa **11** <attr> *mil* (*große Kaliber aufweisend*) {ARTILLERIE, GESCHÜTZ} pesante **12** (*den Organismus belastend*) {ESSEN, GERICHT, KOST} pesante; {TABAK, WEIN, ZIGARRE} forte **13** (*intensiv*) {DUFT, PARFÜM, RASIERWASSER} forte, intenso; {SCHWÜL} {LUFT} pesante, greve **14** *agr* (*nicht leicht zu bearbeiten*) {ACKERBODEN, LEHMBODEN} pesante **B** adv **1** (*hart*) {ARBEITEN, SICH ABRACKERN, SCHUFTEN} sodo, faticosamente, duramente **2** (*mit viel Gewicht*) {BELADEN/BEPACKT SEIN} molto: **~ wiegen**, essere pesante, pesare (molto); **~ heben/tragen**, sollevare/portare pesi **3** (*tief*) {TREFFEN} duramente, profondamente; {KRÄNKEN, VERLETZEN} profondamente; {BELEIDIGEN} *auch* pesantemente **4** (*mit Mühe*) {HÖREN} male; {ATMEN} *auch* a fatica, con difficoltà: **~ zu verstehen sein**, essere difficilmente comprensibile; **sie kann sich nur ~ entscheiden**, le riesce difficile ˌ/[fa molta fatica a] decidersi **5** (*ernstlich*) {SICH ERKÄLTEN, ERKRANKEN} seriamente; {SICH VERLETZEN, VERWUNDET WERDEN} gravemente, in modo grave: **~ verunglücken**, avere un grave incidente **6** (*nicht einfach*): **~ zu tun sein**, essere difficile da fare; **das ist ~ zu sagen**, è difficile ˌa dirsiˌ/[dirlo]; **ihr Alter ist ~ zu schätzen**, è difficile ˌindovinare la sua etàˌ/[darle un'età precisa]; **sie ist ~ zu ertragen**, è difficile sopportarla/[da sopportare] **7** (*stark*) {BESTRAFEN} duramente **8** (*unverträglich*): **~ essen**, mangiare pesante, mangiare cibi pesanti/indigesti; **~ kochen**, cucinare cibi pesanti **9** (*intensiv*) {UNTER ETW LEIDEN} profondamente: **~ geprüft sein**, essere messo a dura prova **10** *fam* (*sehr*) {AUFPASSEN, SICH IN ACHT NEHMEN} molto: **das will ich ~ hoffen!** *fam*, lo spero bene! **11** *fam* (*als Verstärkung vor adj*): **~ beleidigt sein**, essere profondamente offeso; **~ betrunken sein**, essere ubriaco fradicio *fam*; **~ bewaffnet sein**, essere armato fino ai denti; **~ verdaulich**, indigesto, pesante **12** *fam* (*umfänglich*): **~ verdienen**, guadagnare una barca *fam*/un casino *fam* di soldi • **sich ~ blamieren**, fare una gran figuraccia; **etw ~ büßen müssen**, dover pagare caro (-a) qc; **~ einen draufmachen** *fam*, fare bisboccia; **sich** (dat) **etw ~ erkämpfen (müssen)**, (dover) faticare/lottare molto per (ottenere) qc, doversi sudare qc *fam*; **es ~ haben**, avere la vita difficile; **es ~ mit jdm haben**, fare una vitaccia con qu; **sich ~ vor jdm/etw hüten**, guardarsi bene da qu/qc; **~er machen**: **mach nicht alles noch ~er!**, non ˌcomplicare ulteriormenteˌ/[rendere ancora più difficili] le cose!; **sich ~ täuschen**, sbagliarsi ˌdi grossoˌ/[alla grande *slang*]; **~ an etw** (dat) **zu tragen haben**, soffrire molto per qc; {AN EINER SCHULD}, dover portare il peso di qc.
Schwerarbeit <-, ohne pl> f lavoro m pesante/[di fatica].
Schwerarbeiter m (**Schwerarbeiterin** f) *industr* uomo m di fatica, operaio (-a) m (f) addetto (-a) ai lavori pesanti.
Schwerathlet m (**Schwerathletin** f) *sport* atleta mf che pratica l'atletica pesante.
Schwerathletik f *sport* atletica f pesante.
schwerbehindert adj *bes. adm* (*mit einer schweren körperlichen Behinderung*) portatore di un handicap grave.
Schwerbehinderte <dekl wie adj> mf *adm* portatore (-trice) m (f) di un handicap grave, grande invalido (-a) m (f) *adm*.
Schwerbehindertenausweis m *adm* tessera f di invalidità.
schwerbeladen adj → **beladen**②.
schwerbepackt adj → **bepackt**.

schwerbeschädigt adj **1** (*mit einer schweren Kriegsverletzung*) mutilato, invalido **2** (*mit einem schweren Schaden*) → **beschädigt**.

Schwerbeschädigte <*dekl wie adj*> mf *adm* mutilato (-a) m (f), grande invalido (-a) m (f) *adm*, portatore (-trice) m (f) di un handicap grave.

schwerbewaffnet adj → **bewaffnet**.

schwerblütig adj *geh* malinconico.

Schwere <-, *ohne pl*> f **1** (*nur Gewicht*) peso m, pesantezza f: **in den Beinen das Gefühl einer bleiernen ~ haben**, sentirsi le gambe pesanti come piombo, sentire una grande pesantezza nelle gambe; **die ~ seines Koffers**, il peso della sua valigia **2** (*gravierende Beschaffenheit*) {+TAT, VERBRECHEN, VERSTOSS} gravità f **3** (*ernsthafte Art*) {+ERKRANKUNG, KRANKHEIT, VERLETZUNG} gravità f **4** *phys* (*Schwerkraft*) gravità f **5** (*Schwierigkeit*) {+EINGRIFF, OPERATION, PRÜFUNG} difficoltà f; {+ARBEIT, AUFGABE} *auch* gravosità f **6** (*Ausmaß*) {+ANKLAGE, SCHULD} gravità f **7** (*Stärke*) {+GEWITTER, ORKAN} violenza f **8** (*Härte*) {+ARBEIT} pesantezza f, durezza f; {+AMT} difficoltà f, onere m **9** (*Intensität*) {+PARFÜM} intensità f **10** (*Gehalt*) {+WEIN} pesantezza f; {+GERICHT} *auch* scarsa digeribilità f.

Schwerefeld n *phys* campo m gravitazionale.

Schweregefühl n (senso m di) pesantezza f.

schwerelos adj **1** *phys* {ASTRONAUT, GEGENSTAND, KÖRPER} privo di gravità **2** (*scheinbar ohne Gewicht*) leggero.

Schwerelosigkeit <-, *ohne pl*> f **1** *phys* mancanza f/assenza f di gravità **2** (*Leichtigkeit*) leggerezza f.

Schwerenöter <-s, -> m *scherz obs* rubacuori m *scherz*, donnaiolo m, dongiovanni m.

schwererziehbar adj → **erziehbar**.

schwer|fallen <*irr*> itr <*sein*> jdm ~ {ENTSCHLUSS, KOMPROMISS} risultare/riuscire difficile *a qu*: **diese Arbeit fällt mir sehr schwer**, questo lavoro mi pesa molto; **die Entscheidung ist mir schwergefallen**, è stata una decisione molto difficile per me, questa decisione mi è pesata/costata molto; **es fällt jdm schwer, etw zu tun**, a qu riesce/ è/risulta difficile fare qc; **es fällt mir schwer, dir zu glauben**, mi è/riesce difficile crederti.

schwerfällig **A** adj **1** (*körperlich*) {BEWEGUNG, GANG, SCHRITTE} pesante; {MENSCH} *auch* lento; (*geistig*) lento **2** (*nicht elegant*) {STIL, ÜBERSETZUNG} pesante; {FORM} massiccio **B** adv {SICH BEWEGEN, GEHEN} con pesantezza, in modo pesante.

Schwerfälligkeit <-, *ohne pl*> f {+STIL} pesantezza f; {+BEWEGUNG, MENSCH} *auch* lentezza f.

Schwergewicht n **1** (*nur sing*) *sport* (*Gewichtsklasse*) pesi m pl massimi **2** *sport* (*Schwergewichtler*) peso m massimo **3** *fam scherz* (*schwergewichtige Person*) peso m massimo **4** (*Schwerpunkt*) massima importanza f: **das ~ auf etw (akk) legen**, mettere/porre l'accento su qc, dare ⌊il massimo peso⌋/⌊la massima importanza⌋ a qc: **das ~ einer Arbeit/Untersuchung liegt auf etw (dat)**, qc è l'aspetto prioritario di un lavoro/una ricerca.

schwergewichtig adj {MENSCH} molto pesante: **~ sein**, essere pesantissimo, pesare molto.

Schwergewichtler m (**Schwergewichtlerin** f) *sport* peso m massimo.

Schwergewichtsmeisterschaft f *sport* campionato m dei pesi massimi.

schwerhörig adj duro d'orecchio(o)/d'udito ● **bist du ~?** *fam*, sei sordo (-a)?; **sich ~ stellen**, fare orecchi da mercante.

Schwerhörige <*dekl wie adj*> mf persona f dall'udito debole.

Schwerhörigkeit <-, *ohne pl*> f *med* debolezza f d'udito, ipoacusia f *med*.

Schwerindustrie f industria f pesante.

Schwerkraft f *phys* forza f di gravità: **das Gesetz der ~**, la legge di gravità.

schwerkrank adj → **krank**.

Schwerkranke <*dekl wie adj*> mf malato (-a) m (f) grave.

Schwerkriegsbeschädigte <*dekl wie adj*> mf mutilato (-a) m (f)/invalido (-a) m (f) di guerra.

Schwerlastverkehr <-s, *ohne pl*> m traffico m di (auto)mezzi pesanti.

schwerlich adv *geh* difficilmente: **es wird ~ zu verwirklichen sein**, ⌊sarà difficile⌋/ [dubito] che si possa realizzare.

schwerlöslich adj → **löslich**.

schwer|machen tr rfl → **machen**.

Schwermetall n *chem* metallo m pesante.

Schwermut <-, *ohne pl*> f malinconia f, melancolia f *lit*, profonda tristezza f: **in ~ sinken/verfallen**, sprofondare/cadere in uno stato di malinconia, lasciarsi prendere dalla malinconia.

schwermütig adj malinconico, melanconico *lit*: **~ werden**, diventare/farsi malinconico (-a).

Schwermütigkeit <-, *ohne pl*> f → **Schwermut**.

schwer|nehmen <*irr*> tr *etw* ~ prendersela troppo *per qc*, prendere *qc* troppo sul serio.

Schweröl n *chem* olio m pesante.

Schwerpunkt m **1** *phys* centro m di gravità, baricentro m **2** (*Hauptgewicht*) {+AUSSTELLUNG, FORSCHUNG, VORTRAG} punto m centrale/focale; {+DISKUSSION, PROBLEM, THEORIE} fulcro m; (*in der Schule*) materia f principale ● **den ~ auf etw (akk) legen**, dare la massima importanza a qc, porre l'accento su qc, privilegiare qc; **der ~ einer S.** (*gen*) **liegt auf etw (akk)**, in qc l'accento è posto su qc; **~e setzen**, fissare/stabilire delle priorità; **den ~ verlagern**, stabilire nuove priorità; **den ~ auf etw (akk) verlagern**, spostare l'attenzione su qc.

schwerpunktmäßig adv in primo luogo, principalmente.

Schwerpunktstreik m sciopero m mirato.

Schwerpunktthema n argomento m centrale, tema m principale/prioritario.

schwerreich adj *fam* ricchissimo, ricco sfondato *fam*.

Schwerstarbeit f lavoro m pesante/[di fatica].

Schwert <-(e)s, -er> n **1** (*Waffe*) spada f **2** *naut* {+SEGELBOOT} deriva f ● **zum ~ greifen**, impugnare la spada; **das ~ gürten**, cingere la spada; (**mit jdm**) **die ~er kreuzen geh**, incrociare le spade/lame (con qu); **das ~ in die Scheide stecken**, (ri)mettere/(ri)porre la spada nel fodero; **das ~ ziehen/zücken**, ⌊sguainare/snudare⌋/[brandire] la spada; **ein zweischneidiges ~**, un'arma a doppio taglio.

Schwertfisch m *zoo* pesce m spada.

schwertförmig adj spadiforme, a forma di spada.

Schwertlilie f *bot* giaggiolo m, iris f, iride f, ireos m.

Schwertliliengewächs n *bot* iridacea f.

Schwerttransport m trasporto m/convoglio m eccezionale.

Schwerttransporter m mezzo m pesante.

Schwertschlucker m (**Schwertschluckerin** f) mangiatore (-trice) m (f) di spade.

Schwertstreich m <*meist sing*> colpo m di spada.

Schwerttanz m (*Folkloretanz*) danza f della spada.

schwer|tun <*irr*> rfl **sich (bei/mit etw dat) ~** {BEI/MIT EINER ARBEIT, BESCHÄFTIGUNG, MIT EINER NEUEN SPRACHE} avere difficoltà (con qc): **mit dem Erlernen einer Fremdsprache tut man sich in einem gewissen Alter schwer**, a una certa età si ⌊fa fatica⌋/ [ha difficoltà] a imparare una lingua straniera.

Schwertwal m *zoo* orca f.

Schwerverbrecher m (**Schwerverbrecherin** f) "chi si è macchiato di delitti particolarmente gravi".

schwerverdaulich adj → **verdaulich**.

schwerverkäuflich adj → **verkäuflich**.

Schwerverkehrsabgabe f *bes. CH* tassa f di circolazione sui mezzi pesanti.

schwerverletzt adj → **verletzt**.

Schwerverletzte <*dekl wie adj*> mf ferito (-a) m (f) grave.

schwerverständlich adj → **verständlich**.

Schwerwundete <*dekl wie adj*> mf ferito (-a) m (f) grave.

Schwerwasserreaktor m *tech* reattore m ad acqua pesante.

schwerwiegend adj → **wiegend**.

Schwester <-, -n> f **1** (*Geschwisterteil*) sorella f: **meine ältere ~**, la mia sorella maggiore/[più grande] **2** (*Krankenschwester*) infermiera f: **können Sie bitte ~ Anna rufen?**, per favore, può chiamare l'infermiera Anna? **3** (*Nonne*) suora f, sorella f; (*in der Anrede*) sorella f **4** (*Mitmensch*) sorella f: **beten wir für unsere Brüder und ~n in Jugoslawien!**, preghiamo per i nostri fratelli e le nostre sorelle della Jugoslavia! **5** *slang* (*Homosexueller*) gay m.

Schwesterchen n *dim* von Schwester sorellina f.

Schwesterfirma f *ökon* (azienda f) consorella f/consociata f.

Schwestergesellschaft f *ökon* società f consorella.

Schwesterherz <-es *oder* -ens, *ohne pl*> n *fam scherz* sorellina f: **na ~, wie geht es dir?**, allora, sorellina, come stai?

Schwesterlein n → **Schwesterchen**.

schwesterlich **A** adj <*attr*> {FÜRSORGE, FREUNDSCHAFT, LIEBE, ZUNEIGUNG} da sorella **B** adv {JDN LIEBEN} come una sorella; {SICH LIEBEN} come (due) sorelle: **~ verbunden sein**, essere come sorelle.

Schwesternhaube f cuffia f da infermiera.

Schwesternhelferin f infermiera f ausiliaria.

Schwesternorden m *relig* ordine m (religioso) di suore.

Schwesternschaft f (*im Krankenhaus*) personale m infermieristico (femminile), infermiere f pl.

Schwesternschule f scuola f per infermiere.

Schwesternschülerin f allieva f infermiera.

Schwesterntracht f **1** (*Berufskleidung der Krankenschwester*) divisa f da infermiera **2** (*Kleidung der Ordensschwester*) tonaca f, abito m da suora.

Schwesternwohnheim n pensionato m per infermiere.

Schwesterpartei f partito m fratello: **die CSU ist die bayrische ~ der CDU**, la CSU è la consorella bavarese della CDU.

Schwesterschiff n *naut* nave f gemella.

schwieg 1. *und* 3. *pers sing imperf von* schweigen.

Schwiegereltern *subst* <*nur pl*> suoceri m pl.

Schwiegermutter f suocera f.

Schwiegersohn m genero m.

Schwiegertochter f nuora f.

Schwiegervater m suocero m.

Schwiele <-, -n> f callo m, durone m, callosità f: **~n an den Händen haben**, avere i calli alle mani.

schwielig *adj* {HÄNDE} calloso.

schwierig *adj* **1** (*nicht einfach*) {ENTSCHEIDUNG, PRÜFUNG} difficile; {ARBEIT, AUFGABE} *auch* difficoltoso **2** (*verwickelt*) {FALL, LAGE, PROBLEM, SITUATION} difficile, complicato, complesso, spinoso **3** (*problematisch*) {CHARAKTER, MENSCH} difficile, complicato; {KUNDE} difficile (da accontentare).

Schwierigkeit <-, -en> f **1** <*nur sing*> (*schwierige Beschaffenheit*) {+ARBEIT, AUFGABE, PRÜFUNG} difficoltà f; {+FALL, LAGE, SITUATION} *auch* complessità f: **die ~ besteht darin, dass ...**, la difficoltà sta nel ... **2** <*meist pl*> (*Probleme*) problemi m pl, difficoltà f pl • **~en bereiten/machen** {ARBEIT, AUFGABE}, creare delle difficoltà; **jdn in ~en bringen**, mettere ⌊in difficoltà⌋/[nei guai] qu; **finanzielle ~en haben**, avere problemi economici; **(mit jdm/etw) ~en haben**, avere ⌊delle difficoltà⌋/[dei problemi] (con qu/qc); **in ~en kommen/geraten**, (ri)trovarsi ⌊in difficoltà⌋/[nei guai], cominciare ad avere dei problemi; **(jdm) ~en machen** {FREUND, GESCHÄFTSPARTNER}, fare delle difficoltà (a qu), creare dei problemi (a qu); **nun mach doch keine ~en!** *fam*, non fare storie! *fam*, non piantare grane!; **etw macht jdm keine ~en**, qc non ⌊crea alcun problema⌋/[dà problemi] a qu; **in ~en sein**, essere in difficoltà; **auf ~en stoßen**, incontrare/[trovare]/[imbattersi in] delle difficoltà.

Schwierigkeitsgrad m grado m di difficoltà.

schwillt 3. *pers sing präs von* schwellen①.

Schwimmbad n piscina f: **gehst du mit ins ~?**, vieni in piscina?

Schwimmbassin n, **Schwimmbecken** n piscina f; (*einzelnes Becken*) vasca f.

Schwimmblase f *fisch* vescica f natatoria.

Schwimmbrille f occhialini m pl da nuoto.

Schwimmdock n bacino m galleggiante.

schwimmen <*schwimmt, schwamm, geschwommen*> A *itr* **1** <*haben oder süddt A CH sein*> (*sich im Wasser fortbewegen*) nuotare: **kannst du ~?**, sai nuotare?; **er schwimmt sehr gut**, nuota molto bene; **die Kinder lernen ~**, i bambini imparano a nuotare; **gehen wir ~?**, andiamo a fare ⌊il bagno⌋/[fare una nuotata]?; **wart ihr heute schon ~?**, siete già stati (-e) a nuotare oggi?; **gestern haben/sind wir lange geschwommen**, ieri abbiamo fatto una lunga nuotata; **auf dem Rücken ~**, nuotare sul/a dorso; **in etw** (*dat*) **~** {FISCHE, MENSCH IM FLUSS, MEER, SEE} nuotare in qc; **kannst du auch unter Wasser ~?**, sai nuotare anche sott'acqua?; **weit draußen ~**, nuotare al largo **2** <*sein*> **irgendwohin ~**: **über den Fluss ~**, attraversare il fiume a nuoto; ⌊**zur Insel**⌋/[**ans andere Ufer**] **~**, raggiungere l'isola/[l'altra riva] a nuoto; **stromabwärts ~**, nuotare seguendo la corrente **3** <*haben oder süddt A CH sein*> (*im Wasser treiben*) (**in** *etw* **dat**/**auf** *etw* **dat**) **~** {KORK, MÜLL, PAPIER, TREIBGUT AUF DEM/IM WASSER} galleggiare *su qc*; {FLEISCHSTÜCKE, GEMÜSE, POMMES FRITES IM FETT} nuotare in qc, galleggiare in qc: **etw im ~den Fett ausbacken**, friggere qc in ⌊molto olio⌋/[un mare d'olio] **4** <*sein*> *fam* (*voller Wasser sein*) essere allagato/[sott'acqua]: **wenn du duschst, dann schwimmt gleich das ganze Bad**, ogni volta che fai la doccia si allaga tutto il bagno; **ihre Augen schwammen**, i suoi occhi erano piene di lacrime **5** <*sein*> *fam* (*zu viel haben*) **in etw** (*dat*) **~** {IM GELD, IM ÜBERFLUSS} nuotare in qc, sguazzare in qc B *tr* <*sein oder haben*> **etw ~**: **100 m Kraul ~**, nuotare i 100 (m) stile libero; **eine lange Strecke ~**, fare un lungo tratto a nuoto; ⌊**eine neue Bestzeit**⌋/[**einen neuen Rekord**] **~**, stabilire un nuovo record di nuoto.

Schwimmen <-s, *ohne pl*> n nuoto m: **wir gehen zum ~**, andiamo a nuotare/[fare il bagno]/[fare una nuotata] • **ins Schwimmen geraten/kommen** *fam* (*bei einer Prüfung o. Ä.*) andare nel pallone *fam*; (*bei einem Spiel, in der Politik*) andare in crisi *fam*.

schwimmend A *adj* {HOTEL} galleggiante; {INSEL} navigante B *adv* {ETW ERREICHEN} a nuoto, nuotando.

Schwimmer① <-s, -> m *naut tech* galleggiante m.

Schwimmer② <-s, -> m (**Schwimmerin** f) *sport* **1** (*schwimmender Mensch*) nuotatore (-trice) m (f): **sie ist eine sehr gute ~in**, è un'ottima nuotatrice **2** (*Person, die schwimmen kann*) persona f che sa nuotare: **gibt es ~ unter euch?**, qualcuno di voi sa nuotare?; **dieses Becken ist nur für ~**, questa vasca è solo per chi sa nuotare.

Schwimmerbecken n vasca f per nuotatori.

Schwimmerin f → **Schwimmer**②.

Schwimmflosse f pinna f.

Schwimmflügel m <*meist pl*> bracciolo m/bracciale m (salvagente).

Schwimmgürtel m cintura f ⌊di salvataggio⌋/[salvagente].

Schwimmhalle f piscina f coperta.

Schwimmhaut f *zoo* membrana f interdigitale.

Schwimmkurs m corso m di nuoto.

Schwimmlehrer m (**Schwimmlehrerin** f) insegnante mf/istruttore (-trice) m (f) di nuoto.

Schwimmmeister m (**Schwimmmeisterin** f), **Schwimm-Meister** m (**Schwimm-Meisterin** f) bagnino (-a) m (f).

Schwimmmeisterschaft, **Schwimm-Meisterschaft** f *sport* campionato m di nuoto.

Schwimmreifen m salvagente m, ciambella f (salvagente).

Schwimmsport m nuoto m agonistico.

Schwimmstil m *sport* stile m di nuoto.

Schwimmverein m associazione f (di) nuoto.

Schwimmvogel m *ornith* (uccello m) palmipede m.

Schwimmweste f giubbotto m di salvataggio.

Schwimmwettkampf m *sport* gara f di nuoto.

Schwindel① <-s, *ohne pl*> m *fam pej* imbroglio m, truffa f, bidone m *fam* • **alles ~!** *fam*, tutte storie!; **ein ~ fliegt auf**/⌊**kommt heraus**⌋, una truffa viene scoperta; **einen ~ aufdecken**, scoprire un imbroglio; **ein ausgemachter ~**, una truffa bell'e buona *fam*/[in piena regola]; **~ erzählen** (*lügen*), raccontare fandonie/frottole; **auf einen ~ reinfallen**, prendere un bidone *fam*; **auf jeden ~ reinfallen**, farsi sempre fregare *fam*.

Schwindel② <-s, *ohne pl*> m *med* vertigini f pl, capogiro m, giramento m di testa; (*Höhenschwindel*) vertigini f pl • **~ erregend** (*Schwindel auslösend*) {HÖHE}, vertiginoso, che dà/provoca le vertigini; (*unglaublich hoch*) {KOSTEN, PREISE}, vertiginoso, da capogiro, che fa venire le vertigini; **an/unter ~ leiden**, soffrire di vertigini; **~ überkommt jdn**, qu viene colto (-a) da vertigini/[un capogiro], a qu vengono le vertigini.

Schwindelanfall m *med* crisi f vertiginosa *med*, (attacco m di) vertigini f pl, capogiro m, giramento m di testa; (*auf der Höhe*) attacco m di vertigini.

Schwindelei <-, -en> f bugie f pl, storie f pl: **hör endlich auf mit deinen ~en!**, smettila di raccontare frottole/balle! *fam*.

schwindelerregend *adj* → **Schwindel**②.

schwindelfrei *adj* {MENSCH} che non soffre di vertigini: **~ sein**, non soffrire di vertigini.

Schwindelgefühl n giramento m di testa; (*auf der Höhe*) senso m di vertigine.

schwindelig, **schwindlig** *adj* <*präd*>: **mir ist ~** (*mir dreht sich der Kopf*), mi gira la testa; (*aus der Höhe nach unten schauend*) ho le vertigini; **mir wird ~** (*mir dreht sich der Kopf*), comincia a girarmi la testa; (*aus der Höhe nach unten schauend*) mi vengono le vertigini; **beim Tanzen wird (es) mir ~**, quando ballo mi vengono i giramenti di testa.

schwindeln① A *itr fam* (*lügen*) dire/raccontare bugie/frottole *fam*: **er will die Deutschprüfung mit «sehr gut» bestanden haben! Ob er da mal nicht schwindelt?**, dice di aver passato l'esame di tedesco con «ottimo»! ⌊**Mi sa che racconta frottole!**⌋/[Non saranno balle?!] B *tr* **1** (*erfinden*) **etw ~**: **das ist doch alles nur geschwindelt!**, è tutto inventato!, sono solo frottole! **2** (*schmuggeln*) **etw irgendwohin ~** {DURCH DEN ZOLL} far passare qc di straforo + *compl di luogo* C *rfl* (*mit unehrlichen Methoden erreichen*) **sich durch etw** (*akk*) **~** {DURCHS ABITUR, DURCH EIN EXAMEN} passare qc barando.

schwindeln② *itr unpers*: **jdm schwindelt (es)** (*jdm dreht sich alles*), a qu gira la testa; (*aus der Höhe nach unten schauend*) a qu vengono le vertigini; **mir schwindelt** (*mir dreht sich alles*), mi gira la testa; (*aus der Höhe nach unten schauend*) ho le vertigini; **in ~den Höhen**, a un'altezza/altitudine vertiginosa • **jdn ~ machen** {GEDANKE, VORSTELLUNG, ZAHLEN}, far girare la testa a qu, dare le vertigini a qu.

schwinden <*schwindet, schwand, geschwunden*> *itr* <*sein*> *geh* **1** (*abnehmen*) {BESTÄNDE, RESSOURCEN, VORRÄTE} scemare, diminuire (sempre di più) **2** (*schwächer werden*) {KRÄFTE} scemare, declinare *geh*, affievolirsi; {INTERESSE} calare, scemare, diminuire; {SCHMERZEN} attenuarsi, diminuire; {ERINNERUNG} impallidire; {HOFFNUNG, MUT} svanire; {ANGST, VERTRAUEN} scemare • **im Schwinden begriffen sein** {HOFFNUNG}, andar svanendo; **die natürlichen Ressourcen sind im Schwinden begriffen**, le risorse naturali si stanno esaurendo.

Schwindler <-s, -> m (**Schwindlerin** f) **1** (*Lügner*) bugiardo (-a) m (f) **2** (*Betrüger*) imbroglione (-a) m (f), truffatore (-trice) m (f), truffaldino (-a) m (f) *scherz*.

schwindlerisch adj *pej* {GESCHÄFT, PERSON} truffaldino: **in ~er Absicht**, con intento truffaldino; **ein ~er Kerl**, un truffatore.

schwindlig adj → **schwindelig**.

Schwindsucht f *med obs* mal m sottile *obs*, tubercolosi f, tisi f.

schwindsüchtig adj *med obs* tisico.

Schwinge <-, -n> f **1** *geh* (*Flügel*) {+ADLER, ENGEL, FALKE} ala f: **die ~n ausbreiten**, spiegare le ali **2** *tech* braccio m oscillante.

schwingen <schwingt, schwang, geschwungen> Ⓐ tr <haben> *etw* ~ **1** (*wedeln*) {+FAHNE} sventolare qc; {TASCHENTUCH} *auch* sventolare qc **2** (*ausholen*) {HAMMER, SÄBEL, SCHWERT} brandire qc: **die Peitsche ~**, far schioccare la frusta Ⓑ itr <haben oder sein> **1** (*vibrieren*) {MEMBRAN, SAITE} vibrare: **etw zum Schwingen bringen**, far vibrare qc; {BRÜCKE} oscillare **2** (*pendeln*) {LOT, PENDEL} oscillare; {LAMPION} *auch* muoversi dolcemente, dondolare **3** *Ski* fare lo scodinzolo, scendere a serpentina **4** *geh* (*mit-*) **in etw** (dat) ~ {KRITIK, TADEL IN JDS STIMME} vibrare *in qc*, avvertirsi *in qc*, trasparire *da qc*: **ein leiser Vorwurf schwingt in seinen Worten**, nelle sue parole vibrava una leggera nota di rimprovero; **in ihrer Stimme schwang Angst**, nella sua voce vibrava l'angoscia **5** (*nachklingen*) *irgendwo* ~ {MUSIK, SCHLUSSAKKORDE IM SAAL} risuonare + compl di luogo Ⓒ rfl <haben> **1** (*sich schwungvoll bewegen*) **sich auf etw** (akk)/**in etw** (akk) ~ {IN DEN SATTEL} saltare *in qc*, balzare *in qc*, montare *in qc*; {AUFS PFERD} saltare *su qc*, balzare *su qc*, montare *su qc*; {AUFS FAHRRAD} *auch* inforcare qc: **sich in die Luft ~** {VOGEL}, ˌspiccare ilˌ/[alzarsi in] volo **2** (*überspringen*) **sich über etw** (akk) ~ {ÜBER DEN BARREN, DIE MAUER, DEN ZAUN} saltare qc **3** (*sich erstrecken*) **sich irgendwohin** ~ {BUCHT, SANDSTRAND} allungarsi + compl di luogo: **die Brücke schwingt sich über das Tal**, il ponte scavalca/[si getta oltre] la valle.

Schwinger <-s, -> m *Boxen* sventola f, swing m.

Schwingkreis m *el* circuito m oscillante.

Schwingschleifer m *tech* levigatrice f orbitale.

Schwingtür f porta f a vento.

Schwingung <-, -en> f {+LOT, PENDEL} oscillazione f; {+MEMBRAN, SAITE} vibrazione f ● **in ~ geraten/kommen** {LOT, PENDEL}, entrare in oscillazione; {MEMBRAN, SAITE}, entrare in vibrazione, cominciare a vibrare; **etw in ~(en) versetzen** {LOT, PENDEL}, far oscillare qc; {MEMBRAN, SAITE}, mettere in vibrazione qc, far vibrare qc.

Schwingungsdauer f *phys* periodo m di oscillazione.

Schwingungsfrequenz f *phys* frequenza f di oscillazioni.

Schwippschwager m (**Schwippschwägerin** f) cognato (-a) m (f) acquisito (-a).

Schwips <-es, -e> m *fam* leggera sbornia f *fam* ● **einen (leichten) ~ haben**, essere un po' brillo *fam*/alticcio *fam*/allegro.

schwirren itr **1** <haben> (*surren*) {BIENEN, FLIEGEN, MÜCKEN, PFEIL} ronzare **2** <sein> (*sich surrend bewegen*) *irgendwohin* ~ {BIENEN, INSEKTEN DURCH DIE NACHT, ÜBER DAS WASSER, KUGEL, PFEIL DURCH DIE LUFT} ronzare + compl di luogo; {VÖGEL} passare con gran frullio d'ali + compl di luogo **3** <sein> (*auf jdn*

einwirken*): **jdm durch den Kopf ~** {GEDANKEN, IDEEN}, ronzare ˌper la testaˌ/[in capo] a qu **4** <haben> (*erfüllt sein*): **das ganze Dorf schwirrt von seltsamen Gerüchten**, tutto il paese è percorso da strane voci.

Schwitzbad n bagno m turco.

Schwitze <-, -n> f *gastr* "soffritto m di farina (usato per legare o addensare minestre e simili)".

schwitzen itr **1** (*Schweiß absondern*) {MENSCHEN} sudare, fare una sudata: **stark ~**, sudare molto; **unter den Achseln/Armen ~**, sudare sotto le ascelle; **vor Angst/Aufregung ~**, sudare per la paura/l'emozione; **jdm ~ die Füße/Hände, jd schwitzt an den Füßen/Händen**, a qu sudano i piedi/le mani **2** (*Kondenswasser absondern*) {MAUERN, WÄNDE} trasudare; {FENSTER} appannarsi ● **etw nass ~** {BLUSE, HEMD}, inzuppare qc di sudore; **sich nass ~**, fare una gran sudata, bagnarsi di sudore.

Schwitzen <-s, ohne pl> n sudata f: **ins ~ geraten/kommen**, fare una sudata, cominciare a sudare; **bei der Gartenarbeit kann man ganz schön ins ~ kommen**, lavorando in giardino (ci) si fanno delle belle sudate; **bei diesen Temperaturen gerät man leicht ins ~**, con queste temperature si suda facilmente.

Schwitzkasten m: **jdn in den ~ nehmen**, prendere qu in un clinch.

Schwitzwasser n (acqua f di) condensa f.

Schwof <-(e)s, -e> m *fam* ballo m (in un locale pubblico): **zum ~ gehen**, andare a ballare.

schwofen itr *fam* (*mit jdm*) ~ fare quattro salti (*con qu*) *fam*, ballare (*con qu*).

schwoll 3. pers sing imperf von schwellen①.

schwören <schwört, schwor, geschworen> Ⓐ tr **1** (*etw beeiden*) **etw** ~ giurare qc: **einen Eid ~**, fare/prestare un giuramento; **einen Meineid ~**, spergiurare, giurare il falso; **er schwor, die Wahrheit zu sagen**, giurò di dire la verità; **er schwor feierlich, dass er die Tat nicht begangen hatte**, giurò solennemente di non aver commesso il fatto; **bei jdm/etw ~** (, **etw zu tun**) {BEI JDS EHRE, JDS LEBEN} giurare *su qu/qc* (*di fare qc*) **2** (*durch einen Schwur besiegeln*) (**jdm**) **etw** ~ {IMMER WÄHRENDE FREUNDSCHAFT, EWIGE LIEBE, TREUE} giurare qc (*a qu*) **3** (*versichern*) (**jdm**) **etw** ~ giurare qc (*a qu*): **sie schwor Rache**, giurò vendetta; **ich schwöre (dir), dass ich von all dem nichts wusste**, (ti) giuro che di tutto questo non sapevo nulla; **wenn du sie nicht in Ruhe lässt, dann kriegst du es mit mir zu tun, das schwöre ich dir!**, se non la lasci in pace, te la dovrai vedere con me, te lo giuro! **4** *fam* (*sicher sein*): **ich könnte ~, dass ich ihn schon mal irgendwo gesehen habe**, l'ho già visto da qualche parte, ci ˌpotrei giurareˌ/[giurerei] Ⓑ itr **1** (*einen Eid leisten*) giurare; **auf etw** (akk) ~ giurare *su qc*: **auf die Bibel/die Verfassung ~**, giurare sulla Bibbia/sulla costituzione; **bei Gott ~**, giurare davanti a Dio **2** (*für geeignet halten*) **auf jdn/etw** ~ {AUF EINEN ARZT} fidarsi ciecamente *di qu*; {AUF BESTIMMTE HEILKRÄUTER, EIN MEDIKAMENT} scommettere un occhio *su qc fam*: **meiner Meinung nach ist er ein schlechter Arzt, aber meine Mutter schwört auf ihn**, secondo me è un pessimo medico, ma mia madre si fida ciecamente di lui Ⓒ rfl **sich** (dat) **etw** ~ giurare *qc a se stesso* (-a): **ich habe mir geschworen, nie wieder mit ihm zu sprechen**, ho giurato a me stesso (-a) di non parlargli mai più.

Schwuchtel <-, -n> f *vulg pej* frocio m *vulg*,

checca f *vulg*, finocchio m *vulg*.

schwul adj *fam* gay, omosessuale; {KNEIPE, LOKAL} gay, per omosessuali.

schwül adj **1** (*feuchtwarm*) {TAG, WETTER} afoso, soffocante: **heute ist es ~**, oggi ˌè afosoˌ/[c'è afa]/[fa un caldo afoso] **2** (*bedrückend*) {ATMOSPHÄRE, STIMMUNG} opprimente, soffocante, pesante **3** (*betörend*) {DUFT, PARFUM} inebriante; {FANTASIEN, TRÄUME} che trabocca sensualità.

Schwule <dekl wie adj> m *fam* gay m, omosessuale m, finocchio m *vulg*, frocio m *vulg*, checca f *vulg*.

Schwüle <-, ohne pl> f **1** (*feuchte Hitze*) afa f: **eine unerträgliche ~**, un'afa insopportabile **2** (*schwüle Stimmung*) atmosfera f soffocante/opprimente/pesante **3** (*Sinnlichkeit*) sensualità f.

Schwulenbewegung f movimento m omosessuale/gay.

Schwulenkneipe f locale m ˌper omosessualiˌ/[(per) gay].

Schwulenszene f ambienti m pl gay: **in der ~**, negli ambienti gay/omosessuali.

Schwulität <-, -en> f *meist pl> fam* difficoltà f ● **jdn in ~en bringen** *fam*, mettere qu ˌnei guai famˌ/[in difficoltà]; **in ~en geraten/kommen**, finire nei guai *fam*/pasticci *fam*.

Schwulsein n omosessualità f.

Schwulst <-(e)s, Schwülste> m *pej* ampollosità f, pomposità f, magniloquenza f, opulenza f.

schwulstig adj **1** {LIPPEN} tumido, carnoso, turgido **2** A → **schwülstig**.

schwülstig *pej* Ⓐ adj {ARCHITEKTUR, ORNAMENT} pomposo, opulento; {AUSDRUCKSWEISE, REDEWEISE, STIL} *auch* ampolloso, gonfio, magniloquente Ⓑ adv {REDEN, SCHREIBEN, SPRECHEN} ampollosamente, in modo ampolloso.

schwummrig adj: **ein ~es Gefühl haben**, avere un senso di vertigine; **mir wird ganz ~ vor Augen**, mi sento girare la testa; **in zwei Tagen muss ich die Prüfung ablegen, bei dem bloßen Gedanken wird mir ~**, fra due giorni devo dare l'esame, al solo pensiero mi sento/viene male.

Schwund <-(e)s, ohne pl> m **1** (*Rückgang*) {+BESTÄNDE, EINWOHNERZAHLEN, VORRÄTE} diminuzione f, calo m **2** *ökon* (*Verlust*) perdita f **3** *com* (*Gewichtsverringerung*) perdita f/calo m di peso **4** *med* atrofia f **5** *radio* fading m, evanescenza f.

Schwung <-(e)s, Schwünge> m **1** (*Bewegung: mit dem Arm*) slancio m; {+SKILÄUFER} curva f: **das Fenster mit einem ~ zuwerfen**, chiudere la finestra con impeto **2** <nur sing> (*Antriebskraft*) {+MENSCH} slancio m, energia f, brio m, verve f: **nach dem Wochenende ging er wieder mit viel ~ an seine Arbeit**, dopo il fine settimana si è rimesso al lavoro con molto slancio/dinamismo **3** <nur sing> (*mitreißende Kraft*) {+MUSIK, REDE} impeto m **4** (*Linienführung*) arco m **5** <nur sing> *fam* (*Menge*): **ein ~ + subst** (gen pl) {BRIEFE, ZEITUNGEN} un mucchio m *fam*/una montagna f *fam di qc*; {TOURISTEN} ondata f *di qu* ● **jdn (wieder) in ~ bringen** {KUR, MEDIKAMENT}, (ri)mettere in sesto qu, (ri)dare energia a qu; {URLAUB} *auch* (ri)caricare qu *fam*, (ri)dare la carica a qu *fam*; **etw in ~ bringen** {NACHFRAGE, VERKAUF, WIRTSCHAFTSWACHSTUM}, dare impulso/slancio/[nuova linfa] a qc, stimolare qc; ˌetw in ~ˌ/[in etw (akk)] ~ **bringen** {(IN) EINEN BETRIEB}, rilanciare qc; {(IN) EINE PARTY}, movimentare qc, vivacizzare qc; **Los, lasst uns mal ein bisschen ~ in die Bude bringen** *fam*, Forza, ˌportiamo un po' di vita inˌ/[animiamo un po'] questa ba-

racca!; **etw in ~ halten** *fam* {DIE ABTEILUNG, DEN HAUSHALT}, far funzionare qc, mandare avanti qc; **sie hält den Betrieb ganz schön in ~**, la fa funzionare l'azienda!; **jdn in ~ halten** {SPORT}, mantenere ␣attivo (-a.)␣/[in forma] qu; **~ holen**, prendere lo slancio; **in ~ kommen** {BETRIEB}, prendere l'avvio/il via, cominciare a funzionare; **in den letzten Monaten ist die Konjunktur wieder in ~ gekommen**, in questi ultimi mesi la congiuntura ha ripreso vigore; **in ~ kommen** *fam* {PERSON}, mettersi in moto, cominciare a muoversi; **um morgens in ~ zu kommen, muss ich erst mal kalt duschen**, la mattina per carburare devo prima farmi una doccia fredda; {PARTY}, animarsi, vivacizzarsi; **in etw** (akk) **kommt ~**, qc si muove; (**richtig**) **in ~ sein** *fam* {PERSON}, essere/sentirsi in forma, avere molta verve, essere lanciato *slang*; **in ~ sein** *fam* {BETRIEB, LADEN}, andare bene, tirare *fam*; **Ihr Betrieb ist sehr gut in ~** *fam*, la Sua azienda è molto ben avviata; **den ~ verlieren**, perdere lo slancio/l'entusiasmo.
Schwụngbein *n sport* arto m di stacco.
Schwụngfeder *f ornith* penna f maestra.
schwụnghaft **A** *adj* {GESCHÄFT, HANDEL} vivace, dinamico, fiorente **B** *adv* {SICH ENTWICKELN} in modo dinamico.
Schwụngkraft *f phys* forza f centrifuga.
Schwụngrad *n tech* volano m; {+UHR} bilanciere m.
schwụngvoll **A** *adj* **1** (*weit ausholend*) {BEWEGUNG, UNTERSCHRIFT} pieno di slancio; {BOGEN} slanciato; {ZEICHNUNG} pieno di movimento **2** (*mitreißend*) {AUFFÜHRUNG, MUSIK, REDE} vivace, animato, pieno/ricco di verve, brioso **3** (*tatkräftig*) {PERSON} pieno di slancio/verve/dinamismo **B** *adv* {AUFSTEHEN, SICH BEWEGEN} con slancio; {ETW AUFFÜHREN, SPIELEN} con vivacità/brio/verve.
schwụpp *interj* oplà!
schwụppdiwụpp *interj* oplà!: **~ hatte sie die ganze Küche aufgeräumt**, e voilà, in un batter d'occhio aveva messo a posto tutta la cucina.
schwụps *interj* → **schwupp**.
Schwụr <-(e)s, Schwüre> *m* **1** (*Eid*) giuramento m: **der Zeuge hebt die Hand zum ~**, il testimone alza la mano per il giuramento; **einen ~ auf die Verfassung leisten**, giurare/[prestare giuramento] sulla costituzione **2** *geh* (*feierliches Versprechen*) solenne promessa f, giuramento m ● **einen ~ ablegen/leisten**, prestare giuramento; **einen ~ brechen**, violare/tradire un giuramento; **seinen ~ halten**, ␣tenere fede al␣/[mantenere/osservare il] giuramento.
Schwụrgericht *n jur* corte f d'assise.
Schwụrgerichtsverfahren *n jur* processo m/procedimento m davanti alla corte d'assise.
Schwyz <-, *ohne pl> n geog* (*Stadt*) Schwyz f; (*Kanton*) Schwyz m.
Schwyzerdütsch, **Schwyzertütsch** <-(s), *ohne pl> n* → **Schweizerdeutsch**.
Sciencefiction, **Science-Fiction** <-, *ohne pl> f* fantascienza f, science fiction f.
Sciencefictionerzählung, **Science-Fiction-Erzählung**, **Sciencefiction-Erzählung** *f* racconto m di fantascienza/[science fiction].
Sciencefictionfilm, **Science-Fiction-Film**, **Sciencefiction-Film** *m* film m di fantascienza.
Sciencefictionroman, **Science-Fiction-Roman**, **Sciencefiction-Roman** *m* romanzo m di fantascienza.
Scientology® <-, *ohne pl> f* scientology f.
Scoop <-s, -s> *m* scoop m: **einen ~ landen**, fare uno scoop.
Scooter <-s, -> *m* → **Skooter**.
scrollen *tr inform etw* ~ (far) scorrere *qc*.
Scylla <-, *ohne pl> f myth* → **Szylla**.
SDI <-, *ohne pl> f Abk von engl* strategic defense initiative: SDI (*iniziativa di difesa strategica*).
SDR <-(s), *ohne pl> m Abk von* Süddeutscher Rundfunk: "rete f radiotelevisiva regionale tedesca con sede a Stoccarda".
Seal <-s, -s> *m oder n* pelliccia f di foca.
Séance <-, -n> *f* seduta f spiritica: **eine ~ halten**, fare una seduta spiritica.
Sebạstian *m* (*Vorname*) Sebastiano.
Seborrhö (a.R. Seborrhöe) <-, -en> *f med* seborrea f *med*.
sec *Abk von* Sekunde: sec. (*Abk von* secondo).
sechs <inv> *zahladj* **1** (*Zahl*) sei: **vier plus/und zwei gibt/ist ~**, quattro più due fa sei; **in ~ Tagen**, fra sei giorni **2** (*Uhrzeit*) sei: **es ist ~ (Uhr)**, sono le sei; **es ist halb ~**, sono le cinque e mezzo/trenta; (*nachmittag*) *auch* sono le diciassette e trenta; **ich komme gegen/nach ~**, vengo verso/dopo le sei; **wir schließen um ~**, chiudiamo alle sei; **es ist Viertel vor ~**, sono le sei meno un quarto, manca un quarto alle sei **3** (*Alter*) sei anni: **mein Bruder ist erst ~ (Jahre alt)**, mio fratello ha soltanto sei anni; **nächste Woche wird sie ~ (Jahre alt)**, la prossima settimana compie/fa sei anni; **mit ~ (Jahren) kommen die Kinder in die Schule**, i bambini vanno a scuola a sei anni **4** *sport* (*Punkt*) sei: **~ zu eins/zwei/... gewinnen/verlieren**, vincere/perdere sei a uno/due/...; → *auch* **vier**.
Sechs <-, -en> *f* **1** (*Zahl*) sei m **2** *fam* (*Transport*): **die ~** (*Bus-, Straßenbahnlinie*), il sei; (*U-Bahnlinie*) la linea sei; **wenn Sie zum Bahnhof wollen, dann müssen Sie die ~ nehmen**, se vuole andare alla stazione deve prendere il sei **3** *fam sport*: **die ~** (*Rennwagen*), la sei; (*Sportler, Rennpferd*) il (numero) sei **4** D (*schlechteste Schulnote*) ≈ quattro m, insufficienza f piena: **in der Mathearbeit hat er eine ~ bekommen** *fam*, nel compito di matematica ha preso quattro; **in Englisch hat er eine ~**, in inglese ha l'insufficienza piena **5** CH (*beste Schulnote*) ≈ nove m, ottimo m **6** *Karten* Würfel sei m; → *auch* **Vier**.
sechsarmig *adj* {LEUCHTER} a sei bracci; {UNGEHEUER} con sei braccia.
sechsbändig *adj* {WERK} in sei volumi.
Sechseck *n geom* esagono m.
sechseckig *adj geom* {BAUWERK, FIGUR, MUSTER} esagonale.
sechseinhạlb <inv> *zahladj* **1** (*6,5*) sei e mezzo: ~ **Stunden**, sei ore e mezza **2** *fam* (*6500 Euro*) seimilacinquecento euro.
Sechser <-s, -> *m fam* **1** (*Buslinie*): **der ~**, il sei **2** (*im Lotto*) sei m, "sei numeri vincenti al superenalotto" **3** *fam* D *Schule* (*schlechteste Note*) ≈ quattro m: **einen ~ in Mathe haben**, avere un quattro/un'insufficienza in matematica; *CH Schule* (*beste Note*) ≈ nove m, ottimo m.
Sechsergruppe *f* gruppo m di sei.
Sechserpack *m* confezione f da sei.
Sechserreihe *f*: **in ~n sich** {AUFSTELLEN, STEHEN} in fila per sei.
sechsfach **A** *adj* **1** (*sechsmal so groß*) sestuplo, sei volte tanto/[di più]: **wir haben die ~e Menge verkauft**, abbiamo venduto sei volte tanto/[di più]; **er hat den ~en Preis bezahlt**, ha pagato ␣sei volte tanto␣/[un prezzo sei volte maggiore]/[il sestuplo] **2** (*sechsmal erfolgt*) {FUẞBALLMEISTER} sei volte **3** (*sechsmal erstellt*) **ein Brief in ~er Ausfertigung**, una lettera in sei copie **B** *adv* {AUSFERTIGEN} in sei copie/esemplari; {UNTERSCHREIBEN, VERGRÖẞERN} sei volte; → *auch* **vierfach**.
Sechsfache <*dekl wie adj*> *n*: **das ~** (**an etw** *dat*), il sestuplo (di qc); **das ~ an Fläche**, una superficie sei volte più grande; **das ~ an Leistung**, un rendimento sestuplo/[(di) sei volte superiore]; **er verdient das ~**, guadagna ␣sei volte tanto␣/[il sestuplo]; **die Preise sind um das ~ gestiegen**, i prezzi sono ␣aumentati di sei volte␣/[sestuplicati].
sechsgeschossig **A** *adj* {GEBÄUDE, WOHNHAUS} a/di sei piani **B** *adv* {BAUEN} a sei piani.
sechshundert <inv> *zahladj* seicento; → *auch* **vierhundert**.
Sechshundertjahrfeier *f* (celebrazione f del) sesto centenario m.
sechshundertjährig *adj* <*meist attr*> **1** (*600 Jahre alt*) {BAUM} ␣che ha␣/[di] seicento anni: **die ~e Geschichte dieser Stadt**, la storia di questa città vecchia di sei secoli; **das ~e Bestehen des Dorfes**, i seicento anni della fondazione del villaggio **2** (*600 Jahre dauernd*) {REICH} di seicento anni.
sechshundertster, **sechshundertste**, **sechshundertstes** *adj* **1** (*an 600. Stelle*) {BESUCHER, KUNDE} seicentesimo (-a) **2** (*zum 600. Mal*) seicentesimo (-a): **der sechshundertste Jahrestag**, il sesto centenario.
sechshunderttausend <inv> *zahladj* seicentomila.
sechsjährig *adj meist* <*attr*> **1** (*sechs Jahre alt*) {KIND} (dell'età) di sei anni **2** (*sechs Jahre lang*) {AMTSZEIT, AUSLANDSAUFENTHALT} (della durata) di sei anni.
Sechsjährige <*dekl wie adj*> *mf* bambino (-a) m (f) di sei anni, seienne mf.
Sechskant <-(e)s, -e> *m oder n* esagono m.
Sechskantschlüssel *m* chiave f esagonale.
Sechskantschraube *f* vite f a testa esagonale.
sechsköpfig *adj* <*attr*> {DELEGATION, FAMILIE} di sei persone/componenti, composto di sei persone.
sechsmal *adv* sei volte: **ich habe dieses Buch schon ~ gelesen**, questo libro l'ho già letto sei volte; **~ so groß wie ...**, sei volte più grande di ...; → *auch* **viermal**.
sechsmalig *adj* {KANDIDAT} sei volte: **nach ~em Versuch**, dopo il sesto tentativo; **nach ~em Klopfen ...**, dopo aver bussato sei volte ...; → *auch* **viermalig**.
sechsmonatig *adj* **1** (*sechs Monate alt*) {KIND, TIER} (dell'età) di sei mesi **2** (*sechs Monate lang*) {AUSLANDSAUFENTHALT, PROBEZEIT} (della durata) di sei mesi: **ein ~er Kurs**, un corso semestrale.
sechsmonatlich **A** *adj* {ABRECHNUNG, KONTROLLE} che si ripete ogni sei mesi, semestrale **B** *adv* {ABRECHNEN, ERSCHEINEN} ogni sei mesi: **eine ~ erscheinende Zeitschrift**, ␣un periodico␣/[una rivista] semestrale.
Sechspfünder <-s, -> *m* (*Brot*) filone m di pane m da tre kili.
sechsseitig *adj meist* <*attr*> **1** (*sechs Seiten umfassend*) {REISEPROSPEKT} di sei pagine **2** *geom* esagonale, con sei lati.
sechsstellig *adj* {ZAHL} di sei cifre: **ein ~es Jahreseinkommen**, un reddito annuo compreso tra centomila e un milione di euro.
sechsstöckig *adj* {GEBÄUDE, WOHNHAUS} di/a sei piani: **das Haus ist ~**, il palazzo ha sei piani.
sechsstündig *adj* <*attr*> {KONFERENZ} (del-

sechsstündlich [A] adj <attr> {ABLÖSUNG, WECHSEL} che avviene ogni sei ore: **in ~en Abständen**, a intervalli di sei ore [B] adv {ABLÖSEN} ogni sei ore.

sechst adv: **zu ~**, in sei.

Sechstagerennen n sport (Fahrradrennen) seigiorni f.

sechstägig adj <attr> {AUFENTHALT, REISE, SEMINAR} (della durata) di sei giorni.

sechstausend <inv> zahladj seimila.

Sechstausender <-s, -> m fam (6000 m hoher Berg) montagna f/vetta f di/alta seila metri; (zwischen 6000 und 7000 m) montagna f/vetta f tra i seimila e i settemila metri.

sechste zahladj → **sechster**.

Sechste <dekl wie adj> mf **1** (6. Tag des Monats): **der ~**, il sei m; **heute ist der ~**, oggi è il sei **2** (6. Monat des Jahres): **der erste/zweite/… ~**, il primo/due/… (di) giugno **3** (Reihenfolge) sesto (-a) m (f): **im Hürdenlauf ist er ~r geworden**, nella corsa a ostacoli è arrivato sesto; **als ~r/~**, in sesta posizione; **Sie sind als ~r dran**, Lei è il sesto/la sesta; **jeder ~**, ⌊una persona⌋/[uno] su ogni sei; → auch **Vierte**.

sechsteilig adj **1** (aus sechs Teilen) {AUSGABE, ROMAN, SERIE} in sei parti; {FERNSEHSENDUNG} auch in sei puntate; {FILM} in sei episodi **2** (aus sechs Stücken) {SATZ, SERVICE} di sei pezzi; {BESTECK} per sei persone.

Sechstel <-s, -> n sesto m: **ein ~** ⌊einer S. (gen)⌋/[von etw (dat)], un sesto di qc, la sesta parte di qc.

sechstens adv (in) sesto (luogo).

sechster, sechste, sechstes zahladj <meist attr> **1** (Datum) sei: **heute ist der sechste Juni**, oggi è il sei giugno; **sie ist am sechsten April geboren**, è nata il sei aprile **2** (Jahreszahl) sesto (-a): **das sechste Jahrhundert**, il sesto secolo **3** (Reihenfolge) sesto (-a): **er ist auf dem sechsten Platz**, è al sesto posto, è sesto **4** math sesto (-a): **der sechste Teil von etw (dat)**, la sesta parte di qc, un sesto di qc; → auch **vierter**.

sechswöchentlich [A] adj <attr> {KURS, SEMINAR} che si svolge ogni sei settimane [B] adv {ABGEHALTEN WERDEN, STATTFINDEN} ogni sei settimane.

sechswöchig adj <attr> {KURS, URLAUB} (della durata) di sei settimane.

sechszeilig adj {STROPHE} di sei righe.

Sechszimmerwohnung f appartamento m di sei vani/stanze.

Sechszylinder m tech **1** (Auto) sei cilindri f **2** (Motor) motore m a sei cilindri.

sechzehn <inv> zahladj **1** (Kardinalzahl) sedici **2** (Alter) sedici anni: **sie ist ~**, ha sedici anni; **(im) nächsten Monat wird sie ~**, il mese prossimo compie/fa sedici anni; **mit ~ (Jahren) darf man in den USA schon den Führerschein machen**, negli Stati Uniti a sedici anni si può già prendere la patente **3** (Uhrzeit) sedici: **es ist ~ Uhr**, sono le (ore) sedici; → auch **vierzehn**.

Sechzehn <-, -en> f **1** (Zahl) sedici m **2** fam (Transport): **die ~** (Bus-, Straßenbahnlinie), il sedici; (U-Bahnlinie) la linea sedici **3** fam sport il/la sedici.

sechzehneinhalb <inv> zahladj sedici e mezzo.

Sechzehner <-s, -> m fam (Buslinie): **der ~**, il sedici.

sechzehnfach [A] adj **1** (sechzehn so groß) {BETRAG, SUMME} sedici volte maggiore/[più alto] **2** (sechzehnmal erfolgt) sedici volte **3** (sechzehnmal erstellt) {KOPIE} sedici [B] adv {AUSFERTIGEN} in sedici copie/esemplari; → auch **vierfach**.

sechzehnhundert <inv> zahladj milleseicento: **im Jahre ~**, nel(l'anno) milleseicento.

sechzehnjährig zahladj <meist attr> **1** (sechzehn Jahre alt) {JUNGE, MÄDCHEN} sedicenne, di/[che ha] sedici anni **2** (sechzehn Jahre dauernd) {FRIEDE, KRIEG} (della durata) di sedici anni.

Sechzehnjährige <dekl wie adj> mf ragazzo (-a) m (f) di sedici anni, sedicenne mf; → auch **Vierjährige**.

Sechzehnmeterraum m Fußball area f di rigore.

sechzehnt adv: **zu ~**, in sedici.

sechzehnte zahladj → **sechzehnter**.

Sechzehnte <dekl wie adj> mf **1** (Datum): **der ~**, il sedici **2** (Reihenfolge) sedicesimo (-a) m (f): **im Weitsprung ist er ~r geworden**, nel salto in lungo è arrivato sedicesimo **3** (bei historischen Namen): **Ludwig XVI** (gesprochen der Sechzehnte), Luigi XVI (gesprochen sedicesimo); → auch **Vierzehnte**.

Sechzehntel n sedicesimo m: **ein ~** ⌊einer S. (gen)⌋/[von etw (dat)], un sedicesimo di qc, la sedicesima parte di qc.

Sechzehntelnote f mus semicroma f.

sechzehntens adv (in) sedicesimo (luogo).

sechzehnter, sechzehnte, sechzehntes zahladj <meist attr> **1** (Datum) sedici: **heute ist der sechzehnte Juni**, oggi è il sedici giugno **2** (Jahreszahl) sedicesimo (-a): **das sechzehnte Jahrhundert**, il sedicesimo secolo, il Cinquecento **3** (Reihenfolge) sedicesimo (-a): **er ist auf dem sechzehnten Platz**, è al sedicesimo posto, è sedicesimo **4** math sedicesimo (-a): **der sechzehnte Teil von etw (dat)**, la sedicesima parte di qc, un sedicesimo di qc; → auch **vierzehnter**.

sechzig <inv> zahladj **1** (Kardinalzahl) sessanta **2** (Alter) sessant'anni: **er ist ~**, ha sessant'anni; **mit ~ (Jahren) nächste Woche wird er ~**, la prossima settimana compie/fa sessant'anni; **sie ist etwa ~ (Jahre alt)**, ha una sessantina d'anni, è sulla sessantina **3** (Stundenkilometer) sessanta (km orari): **mit ~ (Sachen) fuhr er durch die Stadt**, attraversò la città (andando) a sessanta km orari; → auch **vierzig**.

Sechzig <-, -en> f sessanta m: **er ist um die ~**, ha una sessantina d'anni, è sui sessant'anni.

sechziger <inv> adj <attr> **1** (Jahrzehnt von 60-69): **die ~ Jahre**, gli anni Sessanta; **in den ~ Jahren**, negli anni Sessanta **2** (Wein aus dem Jahre 1960): **ein ~ Jahrgang**, un vino del 1960; **ich hätte gerne einen ~ Chianti**, vorrei un Chianti del Sessanta/1960.

Sechziger① <-s, -> m (Wein) vino m del 1960.

Sechziger② <-s, -> m (Sechzigerin f) fam "persona f di età compresa fra 60 e 69 anni".

Sechzigerjahre, sechziger Jahre, 60er Jahre, 60er-Jahre subst <nur pl> **1** (Jahrzehnt von 60-69): **die ~**, gli anni Sessanta **2** (Lebensalter von 60-69): **in den ~n sein**, avere tra i sessanta e i settant'anni.

sechzigjährig [A] adj <meist attr> **1** (sechzig Jahre alt) {BAUM, TIER} di sessant'anni; {MENSCH} auch sessantenne **2** (sechzig Jahre dauernd) {LEBEN} (della durata) di sessant'anni; {OKKUPATION} auch sessantennale [B] adj {STERBEN} sessantenne, a sessant'anni.

Sechzigjährige <dekl wie adj> mf sessantenne mf: **als ~r**, a sessant'anni, sessantenne.

sechzigmal adv sessanta volte.

sechzigste zahladj → **sechzigster**.

Sechzigstel <-s, -> n sessantesimo m: **ein ~** ⌊einer S. (gen)⌋/[von etw (dat)], un sessantesimo di qc, la sessantesima parte di qc.

sechzigster, sechzigste, sechzigstes zahladj <meist attr> **1** (Reihenfolge) sessantesimo (-a) **2** (zum 60. Mal) {AUFLAGE, GEBURTSTAG} sessantesimo (-a) **3** math sessantesimo (-a): **der sechzigste Teil von etw (dat)**, un sessantesimo di qc, la sessantesima parte di qc.

Secondhandkleidung f vestiti m pl/abiti m pl ⌊di seconda mano⌋/[usati].

Secondhandladen m, **Secondhandshop** m negozio m di roba usata.

SED <-, ohne pl> f hist Abk von Sozialistische Einheitspartei Deutschlands: partito m socialista unitario della ex RDT.

Sedativum <-s, Sedativa> n med sedativo m.

Sediment <-(e)s, -e> n geol sedimento m.

Sedimentgestein n geol roccia f sedimentaria.

See① <-s, -n> m lago m; (kleiner See) laghetto m: **kann man in diesem See baden?**, si può fare il bagno in questo lago?; **ich hätte gern ein Haus am See**, mi piacerebbe avere una casa sul lago; **durch den See schwimmen**, attraversare il lago a nuoto; **auf dem See surfen**, fare il surf sul lago; **Zimmer mit Blick auf den See**, camera con vista sul lago.

See② <-, ohne pl> f (Meer) mare m: **im Sommer bin ich am liebsten an der See**, in estate preferisco stare al mare ● **eine aufgewühlte See**, un mare agitato; **an die See fahren**, andare al mare; **zur See fahren** naut, essere in marina; **in See gehen/stechen**, salpare, mettersi in mare; **glatte/ruhige See**, mare piatto/calmo; **auf hoher See**, in alto mare; **auf offener See**, in mare aperto, al largo; **schwere/stürmische See**, mare grosso/tempestoso.

Seeaal m gastr anguilla f marinata.

Seeadler m ornith aquila f marina.

Seeanemone f zoo attinia f wiss, anemone m di mare.

Seebad n (Ort) località f/stazione f balneare.

Seebär m **1** fam (erfahrener Seemann) scherz lupo m di mare **2** zoo: **Nördlicher ~**, callorino m (dell'Alaska), otaria f orsina.

Seebarbe <-, -n> f fisch triglia f.

Seebarsch m fisch spigola f, branzino m region, labrace m.

Seebeben n maremoto m.

Seeblick m (Blick auf einen See) vista f sul lago; (Blick auf Meer) vista f sul mare: **Zimmer mit ~**, camera con vista mare.

Seeelefant, **See-Elefant** m zoo elefante m marino.

Seefahrer m obs navigatore m.

Seefahrt f **1** <nur sing> (Schifffahrt) navigazione f marittima **2** (einzelne) viaggio m per mare: **eine ~ machen**, fare un viaggio per mare.

Seefahrtbuch, **Seefahrtsbuch** n naut libretto m di navigazione.

Seefahrtschule, **Seefahrtsschule** f istituto m nautico.

seefest adj **1** → **seetüchtig 2** (nicht seekrank werdend) {MENSCH} che non soffre il mal di mare.

Seefisch m gastr zoo pesce m di mare.

Seeforelle f trota f di lago.

Seefracht f carico m di una nave.

Seefrachtbrief m polizza f di carico (marittimo).

Seegang <-(e)s, ohne pl> m moto m ondoso:

leichter ~, mare calmo; **hoher/starker ~**, mare grosso/agitato.
Seegefecht n mil scontro f navale.
seegestützt adj {RAKETE} posizionato su nave lanciamissili.
Seegras n bot zostera f, fieno m marino; (*Neptungras*) posidonia f; (*zum Polstern*) crine m vegetale (di pianta marina).
seegrün adj verde mare.
Seegurke f zoo oloturia f wiss, cetriolo m di mare.
Seehafen m porto m marittimo/[di mare].
Seehandel m commercio m marittimo.
Seehecht m fisch nasello m.
Seeheilbad n stazione f talassoterapica.
Seeherrschaft f dominio m/sovranità f sui mari.
Seehund m zoo foca f.
Seehundfänger m cacciatore m di foche.
Seehundfell n pelliccia f di foca.
Seehundsterben n moria f di foche.
Seeigel m zoo riccio m di mare.
Seejungfrau f myth → **Meerjungfrau**.
Seekadett m mil cadetto m, allievo m ufficiale dell'accademia navale.
Seekarte f carta f nautica.
Seekatze f fisch chimera f.
seeklar adj {SCHIFF} pronto a salpare: **etw ~ machen**, preparare qc a salpare.
Seeklima n clima m marittimo/marino.
seekrank adj che soffre il mal di mare: **~ sein**, avere il mal di mare; **ich werde ~**, mi viene il mal di mare.
Seekrankheit <-, ohne pl> f mal m di mare, naupatia f med.
Seekrieg m mil guerra f navale.
Seekuh f zoo sirenide m.
Seelachs m fisch merluzzo m nero/carbonaro.
Seelachsfilet n gastr filetto m di merluzzo nero.
Seele <-, -n> f **1** relig anima f **2** <nur sing> psych anima f **3** <nur pl> obs (*Einwohner*) anima f: **eine Gemeinde mit 800 ~n**, un comune di 800 anime ● **arme ~** (*Verstorbener*) povera anima f; (*bedauernswerter Mensch*) povero diavolo m; **seine ~ aushauchen geh euph**, spirare, esalare l'ultimo respiro geh euph; **es brennt jdm auf der ~, etw zu tun** fam, qu ₍muore dalla voglia₎/[arde dal desiderio scherz] di fare qc; **zwei ~n wohnen in jds Brust** lit, in qu convivono due anime; **mit ganzer ~** {AN DER ARBEIT SEIN, DABEI SEIN}, anima e corpo; **zwei ~n und ein Gedanke**, questa è telepatia!; **gleich gestimmte ~n**, anime gemelle; **eine gute ~ sein**, essere un pezzo di pane; (*in bezug auf Männer*) *auch* essere una pasta d'uomo; **sich (dat) die ~ aus dem Leib(e) brüllen** fam/**schreien** fam, gridare come un dannato; **jdm die ~ aus dem Leib fragen** fam, rompere l'anima a qu con troppe domande fam; **sich (dat) die ~ aus dem Leib kotzen** fam, vomitare anche l'anima fam; **jdm (schwer) auf der ~ liegen**, essere un peso sul cuore di qu; **er ist eine ~ von einem Mensch(en)**, è buono come il pane; **sich (dat) etw von der ~ reden/schreiben**, sfogarsi parlando/scrivendo di qc; **nun hat die arme ~ Ruh!** fam iron, e siamo tutti contenti! fam; **eine schwarze ~ (haben)**, (essere) un'anima nera; **die ~ einer S. (gen) sein** {+ABTEILUNG, BETRIEB, GESCHÄFT}, essere l'anima di qc; **jdm aus der ~ sprechen/reden** fam, leggere nel pensiero di qu; **Sie sprechen mir wirklich aus der ~!**, mi ha letto nel pensiero!; **seine ~ dem Teufel verschreiben**, vendere l'anima al diavolo; **aus tiefster ~**, con tutta l'anima, dal più profondo del cuore; **jdn aus tiefster ~ hassen/lieben**, odiare/amare ₍qu con tutta l'anima₎/[profondamente qu]; **eine treue ~ sein**, essere un amico/un'amica fedele; **jdm tut etw in der ~ weh**, a qu si spezza il cuore; **verwandte ~n**, anime affini.

Seelenamt n relig messa f di suffragio.
Seelenangst f psych angoscia f.
Seelenarzt m (**Seelenärztin** f) fam medico m dell'anima fam.
Seelenbriefkasten m scherz posta f del cuore.
Seelenfrieden, **Seelenfriede** m geh pace f interiore: **seinen ~ finden/verlieren**, trovare/perdere la serenità.
Seelengröße f grandezza f d'animo, magnanimità f.
seelengut adj {MENSCH} di buon cuore, buono d'animo.
Seelenheil n relig salvezza f dell'anima.
Seelenklo n scherz spalla f su cui piangere.
Seelenkunde <-, ohne pl> f geh obs psicologia f.
Seelenleben <-s, ohne pl> n geh vita f interiore, psiche f.
seelenlos adj **1** (*ohne Seele*) senz'anima **2** (*ohne Gefühl*) senza cuore, privo di sentimenti.
Seelenmassage f fam sostegno m psicologico, incoraggiamento m.
Seelenqual f tormento m interiore/[dell'anima].
Seelenruhe f serenità f/tranquillità f ₍d'animo₎/[di spirito]: **in/mit aller ~**, con tutta calma, calmo (-a) e tranquillo (-a), prendendosela con calma.
seelenruhig adv (*mit großer Ruhe*) bello (-a) tranquillo (-a); (*ohne einzugreifen*) in modo impassibile: **die Kosovaren müssen ihre Heimat verlassen und wir sehen ~ zu**, i kosovari sono costretti a lasciare la propria patria e noi assistiamo impassibili.
Seelentröster m (**Seelentrösterin** f) consolatore (-trice) m (f).
Seelenverkäufer m pej naut bagnarola f.
seelenverwandt adj {GEISTER, MENSCHEN} spiritualmente affine: **sie sind ~**, hanno molte affinità.
Seelenverwandtschaft f affinità f spirituale.
Seelenwanderung f relig trasmigrazione f dell'anima, metempsicosi f.
Seelenzustand m stato m d'animo.
Seeleute pl von Seemann gente f di mare.
seelisch A adj {BELASTUNG, KONFLIKT, PROBLEM} psicologico; {ERSCHÜTTERUNG, GLEICHGEWICHT, STÖRUNG} psichico; {GESUNDHEIT, GRAUSAMKEIT} mentale B adv psicologicamente: **~ bedingt sein** {KRANKHEIT}, essere di origine psicologica; **~ krank sein**, avere disturbi di origine psicologica; **~ labil sein**, essere psicologicamente labile.
Seelöwe m zoo leone m marino, otaria f dalla criniera.
Seelsorge <-, ohne pl> f relig assistenza f spirituale.
Seelsorger <-s, -> m (**Seelsorgerin** f) relig pastore m di anime: **jds ~**, il padre spirituale di qu.
seelsorgerisch A adj {DIENST, PFLICHT} pastorale B adv: **~ tätig sein**, dedicarsi all'assistenza spirituale.
Seeluft f aria f di mare.
Seemacht f potenza f marittima/navale.
Seemann <-(e)s, -leute> m uomo m di mare; (*Matrose*) marinaio m.

seemännisch A adj {AUSBILDUNG} da marinaio; {ERFAHRUNG} di marinaio; {TRADITION} marinaresco B adv: **~ erfahren sein**, essere un marinaio esperto.
Seemannsausdruck m espressione f marinaresca.
Seemannsbrauch m usanza f marinaresca.
Seemannsbraut f donna f di un marinaio.
Seemannsgarn n fam: **~ spinnen**, raccontare storie incredibili (di marinai).
Seemannsgrab n geh: **ein ~ finden**, trovare la morte in mare.
Seemannsleben n vita f di marinaio.
Seemannslied n canto m marinaresco.
Seemannssprache f gergo m marinaresco/[dei marinai].
Seemannstod <-(e)s, ohne pl> m: **den ~ finden/sterben**, morire in mare.
Seemeile f (Abk sm) miglio m marino.
Seemine f mil mina f navale.
Seemöwe f zoo gabbiano m di mare.
Seenot <-, ohne pl> f pericolo m di naufragio ● **sich in ~ befinden**, rischiare il naufragio; **in ~ geraten** {SCHIFF, SEELEUTE}, rischiare il naufragio; **jdn aus ~ retten**, salvare qu da un'imbarcazione in pericolo.
Seenotrettungsdienst m naut salvataggio m/soccorso m marittimo.
Seenotrettungskreuzer m naut nave f utilizzata nelle operazioni di salvataggio.
Seenotruf m SOS m.
Seenplatte f geog regione f dei laghi: **die Mecklenburgische ~**, la regione dei laghi del Meclemburgo.
seenreich adj {LANDSCHAFT} ricco di laghi.
Seeotter m zoo lontra f marina.
Seepferdchen, **Seepferd** n zoo cavalluccio m marino, ippocampo m wiss, ippuro m.
Seepromenade f lungolago m.
Seeräuber m pirata m.
Seeräuberei <-, ohne pl> f pirateria f.
Seeräuberflagge f bandiera f dei pirati.
Seeräuberschiff n nave f pirata.
Seerecht <-(e)s, ohne pl> n jur diritto m marittimo.
Seereise f viaggio m ₍in nave₎/[per mare].
Seerose f **1** bot ninfea f **2** zoo anemone m di mare, attinia f wiss.
Seesack m sacca f da marinaio.
Seeschifffahrt f naut navigazione f marittima.
Seeschifffahrtsgesellschaft f compagnia f di navigazione marittima.
Seeschlacht f mil battaglia f navale.
Seeschlange f **1** zoo serpente m ₍di mare₎/[marino] **2** myth serpente m di mare.
Seestern m zoo stella f marina/[di mare], asteria f wiss.
Seestreitkräfte subst <nur pl> forze f pl navali/[di mare].
Seetang m bot alga f marina.
Seeteufel m fisch rana f pescatrice, coda f di rospo.
seetüchtig adj {SCHIFF} atto/idoneo alla navigazione.
Seeufer n riva f/sponda f di un lago.
Seeungeheuer n myth mostro m marino.
Seevogel m ornith uccello m marino.
seewärts adv in direzione del mare, verso il mare.
Seewasser n **1** (*Wasser eines Binnensees*) acqua f di lago **2** (*Meerwasser*) acqua f di mare.

Seeweg m via f marittima: **auf dem ~** {BEFÖRDERN, SCHICKEN}, via mare; {ERREICHEN} auch dal mare; {REISEN} per mare.

Seewind m vento m marino/[di mare]: **bei ~**, quando il vento viene dal mare, quando tira vento di mare *fam*.

Seezeichen n *naut* segnale m marittimo: **schwimmendes ~**, segnale galleggiante; <pl> (sistema m di) segnalazione f.

Seezunge f *fisch* sogliola f.

Segel <-s, -> n *naut* vela f • **die ~ aufziehen/hissen**, alzare/issare le vele; **die ~ einholen/einziehen**, ammainare/calare le vele; **die ~ reffen/streichen**, terzarolare/raccogliere le vele; **die ~ setzen**, spiegare le vele; **die ~ streichen** *geh* (den Widerstand aufgeben), ammainare le vele, tirare i remi in barca; **mit vollen ~n**, a gonfie vele.

Segelboot n *naut* barca f/imbarcazione f a vela.

Segelclub m → **Segelklub**.

segelfertig adj *naut* pronto a salpare.

segelfliegen itr <nur inf> *sport* praticare il volo a vela, veleggiare.

Segelfliegen <-s, ohne pl> n *sport* volo m a vela, volovelismo m.

Segelflieger m (**Segelfliegerin** f) volovelista mf, aliantista mf.

Segelflug m *sport* 1 (Flug) volo m in aliante 2 → **Segelfliegen**.

Segelflugplatz m aerodromo m per alianti.

Segelflugschule f scuola f di volo a vela.

Segelflugzeug n aliante m.

Segeljacht f *naut* yacht m/panfilo m a vela.

Segelklub m circolo m/club m velico/[della vela], yacht club m.

Segelkurs m corso m di vela.

Segelmacher m (**Segelmacherin** f) velaio (-a) m (f).

segeln ▲ itr 1 <haben oder sein> (mit einem Segelschiff fahren) andare in barca a vela, veleggiare; *sport* fare vela: **wir wollen morgen ~**, domani vogliamo uscire in barca a vela; **wir haben/sind den ganzen Tag gesegelt**, abbiamo veleggiato/[navigato a vela] tutto il giorno; **ich möchte gerne ~ lernen**, vorrei imparare ad andare in barca a vela; **früher hat/ist er viel gesegelt**, una volta andava spesso in barca a vela; **irgendwo ~** {IM MITTELMEER, AUF DEM SEE} [andare in barca a vela]/[veleggiare] + compl di luogo 2 <sein> **irgendwohin ~** veleggiare + compl di luogo: **übers Meer ~**, veleggiare per il mare; **nach Osten/Westen ~**, veleggiare verso oriente/occidente; **um die ganze Welt ~**, fare il giro del mondo in barca a vela; **gegen den Wind ~**, navigare sottovento; **hart am Wind ~**, andare di bolina; **vor dem Wind ~**, navigare sopravvento/[col vento in poppa] 3 <sein> (fliegen) **durch etw (akk)/an etw (dat) ~** {VÖGEL AM HIMMEL, DURCH DIE LUFT} volare in qc, librarsi in qc; {SEGELFLUGZEUG DURCH DIE LUFT} veleggiare in qc, volare in qc 4 <sein> *fam* (durchfallen) **durch etw (akk) ~** {DURCHS ABITUR, EIN EXAMEN, EINE PRÜFUNG} essere bocciato a qc, essere cannato a qc *slang* 5 <sein> *fam* (rausgeschleudert werden) **aus etw (dat) ~** {AUTO AUS DER KURVE} volare fuori da qc *fam* 6 <sein> *fam* (fallen) **irgendwohin ~** {PERSON AUF DEN BODEN} volare/[fare un volo] + compl di luogo ▣ tr <haben oder sein> **etw ~** {DISTANZ, STRECKE} percorrere qc (in barca a vela); {EINE REGATTA} partecipare a qc (con un'imbarcazione a vela) ▣ rfl: **ein Boot/eine Jacht segelt sich gut/schlecht**, una barca a vela/uno yacht si governa bene/male ▣ unpers: **heute segelt es sich gut**, è la giornata adatta per andare in barca a vela.

Segeln <-s, ohne pl> n (navigazione f a) vela f, velismo m: **zum ~ gehen**, fare vela, andare in barca a vela.

Segelohren subst <nur pl> *fam* orecchie f pl a sventola.

Segelregatta f regata f/gara f velica/[di vela].

Segelschiff n *naut* imbarcazione f a vela; *hist* veliero m.

Segelschuh m <meist pl> scarpa f da barca.

Segelsport m *sport* (sport m della) vela f, velismo m.

Segeltörn m, **Segeltour** f giro m/crociera f in barca a vela.

Segeltuch <-(e)s, ohne pl> n (tela f) olona f, telo m da vele: **Turnschuhe aus ~**, scarpe da ginnastica di tela.

Segelyacht f → **Segeljacht**.

Segen <-s, -> m 1 *relig* benedizione f: **der göttliche/päpstliche/väterliche Segen**, la benedizione [di Dio]/[papale]/[paterna]; **der ~ Gottes**/[Gottes ~], la benedizione [di Dio]/[divina] 2 (Wohltat) benedizione f, fortuna f, manna f: **nach diesen heißen Tagen ist der Regen ein wahrer ~**, dopo il caldo di questi giorni la pioggia è una vera benedizione; **die unverhoffte Erbschaft war ein wahrer ~**, l'eredità inaspettata è stata una vera provvidenza/manna; **(es ist) ein ~, dass du dich von ihm getrennt hast!**, che fortuna che tu l'abbia lasciato! 3 *fam iron* (große Menge): **im Garten gibt es dieses Jahr so viele Erdbeeren, dass ich nicht mehr weiß, wohin mit dem ganzen ~**, quest'anno nell'orto ci sono così tante fragole che non so più cosa farne di tutta questa roba • **jdm den ~ erteilen/spenden** {BISCHOF, PFARRER}, dare/impartire la benedizione a qu; **seinen ~ zu etw (dat) geben** *fam* {ZU EINEM PLAN, VORHABEN}, dare la propria benedizione a qc; **jds ~ haben** *fam*, avere la benedizione di qu; **du willst ihn heiraten? Meinen ~ hast du!**, vuoi sposarlo? Hai la mia benedizione!; **ohne seinen ~ geschieht hier nichts**, senza il suo benestare qui non si fa niente; **über jdn/etw den ~ sprechen**, benedire qu/qc, dare la benedizione a qu/qc.

segensreich adj *geh* {EINRICHTUNG, ENTDECKUNG, ENTWICKLUNG} benefico; {ERNTE, ZUKUNFT} prospero.

Segler① <-s, -> m 1 (Segelschiff) imbarcazione f a vela; *hist* veliero m 2 (Segelflugzeug) aliante m.

Segler② <-s, -> m (**Seglerin** f) *sport* velista mf.

Segment <-(e)s, -e> n 1 (Abschnitt) segmento m 2 *geom* segmento m 3 *inform* segmento m 4 *anat med* segmento m 5 *zoo* segmento m.

segmentieren <ohne ge-> tr *geh* **etw ~** segmentare qc.

Segmentierung <-, -en> f 1 *geh* (Zerlegung in Segmente) segmentazione f 2 *inform* segmentazione f 3 *ling* segmentazione f 4 *zoo* metameria f.

segnen tr 1 *relig* **jdn/etw ~** {BISCHOF, PFARRER BROT UND WEIN} benedire qu/qc; {DAS BRAUTPAAR, DIE GLÄUBIGEN} auch dare l'impartire la benedizione a qu: **Gott segne dich!**, (che) Dio ti benedica! 2 *obs* (preisen) **etw ~** {DIE STUNDE, DEN TAG} benedire qc: **ich segne den Tag, an dem ich dich traf**, benedetto sia il giorno in cui ti ho incontrato.

Segnung <-, -en> f 1 *relig* benedizione f 2 <nur pl> (Vorzüge): **die ~en einer S.** (gen) {EINER ENTDECKUNG, DER MODERNEN MEDIZIN, EINES VERFAHRENS}, i benefici di qc.

Segregation① <-, -en oder engl -s> f *soziol* segregazione f.

Segregation② <-, -en> f (in der Genetik) segregazione f.

sehbehindert adj {PERSON} videoleso, con disturbi/difetti [della vista]/[visivi]: **~ sein**, essere videoleso, avere un difetto della vista.

sehen <sieht, sah, gesehen> ▲ tr 1 (erblicken) **jdn/etw ~** vedere qu/qc: **er sah sie schon von weitem**, la vide già da lontano; **haben Sie gesehen, in welche Richtung der Dieb geflüchtet ist?**, ha visto in quale direzione è fuggito il ladro?; **als sie den Bankräuber sah, fing sie an zu schreien**, alla vista del rapinatore cominciò a gridare; **ich habe ihn über den Platz laufen ~/rar gesehen**, l'ho visto attraversare la piazza; **bei diesem Nebel kann man nichts ~**, con questa nebbia non si vede niente; **ich sehe, dass du beschäftigt bist**, vedo che sei occupato (-a); **jdn/etw wieder ~** rivedere qu/qc; **nach vielen Jahren sah er sie wieder**, dopo tanti anni la rivide 2 (an~) **etw ~** {BALLETT, FERNSEHSENDUNG, FILM, THEATERSTÜCK} vedere qc: **habt ihr die Ausstellung schon gesehen?**, avete già visto la mostra?; **den Film musst du unbedingt ~!**, quel film lo devi assolutamente vedere! 3 (treffen) **jdn ~** vedere qu, incontrare qu: **ich will ihn nicht mehr ~**, non voglio più vederlo; **wenn du Peter siehst, dann sag ihm bitte, er soll mich anrufen**, se vedi Peter digli di telefonarmi; **gestern habe ich deinen Sohn im Bus gesehen**, ieri ho visto tuo figlio in autobus 4 (erkennen) **etw ~** vedere qc: **du hast doch inzwischen selbst gesehen, dass das keine gute Idee war**, avrai visto anche tu che non è stata una buona idea; **siehst du jetzt, dass du ihm unrecht getan hast?**, adesso lo vedi/riconosci che gli hai fatto un torto? 5 (einschätzen) **etw irgendwie ~** {AUSSICHTEN, DINGE, LAGE} vedere qc + compl di modo: **ich sehe das anders**, la vedo diversamente, vedo le cose diversamente; **sieh doch nicht alles so negativ!**, non vedere tutto in modo così negativo! 6 (in jdm etw betrachten) **in jdm etw ~** {DEN BESCHÜTZER, FREUND, KONKURRENTEN} vedere qc in qu; **jdn als etw (akk) ~** vedere qu come qc: **warum siehst du ihn nur als deinen Rivalen?**, perché lo vedi soltanto come rivale? 7 (erleben) **jdn irgendwie ~** vedere qu + adj: **habt ihr sie schon jemals so fröhlich gesehen?**, l'avete mai vista così allegra? ▣ itr 1 (Sehvermögen haben) (irgendwie) **~** veder(ci) (+ compl di modo): **gut ~**, veder(ci) bene, avere la vista buona; **schlecht ~**, veder(ci) male, non avere la vista buona; **ich sehe immer schlechter**, (ci) vedo sempre peggio, la mia vista sta peggiorando 2 (sich um jdn/etw kümmern) **nach jdm/etw ~** {NACH EINER ALTEN PERSON, EINEM KRANKEN} guardare qu/qc; {NACH DEN KINDERN} auch badare a qu/qc: **könntest du während unserer Abwesenheit nach dem Garten ~?**, potresti dare un'occhiata al giardino durante la nostra assenza?; **sieh ein bisschen nach ihm! Er ist so allein**, occupati un po' di lui! Si sente molto solo; **kannst du mal nach den Nudeln ~?**, puoi andare a controllare la pasta? 3 (achten) **auf etw (akk) ~** {AUF FLEIß, ORDNUNG, PÜNKTLICHKEIT, ZUVERLÄSSIGKEIT} guardare a qc; {AUF DEN EIGENEN VORTEIL} auch badare a qc 4 (blicken) **irgendwohin ~** {NACH LINKS, OBEN, RECHTS, UNTEN} guardare + compl di luogo; {BALKON, FENSTER AUF DEN GARTEN} auch dare/affacciarsi + compl di luogo: **aus dem Fenster ~**, guardare dalla finestra 5 *geh* (herausragen) **aus etw (dat) ~** {GEGEN-

STAND, WRACK AUS DEM WASSER} spuntare *da qc*, emergere *da qc* **C** rfl **1** (*sich treffen*) **sich ~ vedersi: wir ~ uns morgen**, ci vediamo domani; **sich wieder ~** rivedersi **2** (*sich fühlen*) **sich irgendwie ~** vedersi + *part perf*: **sich von jdm enttäuscht ~**, sentirsi deluso (-a) da qu; **sich gezwungen ~, etw zu tun**, vedersi costretto (-a) a fare qc; **sich nicht imstande/[in der Lage] ~, etw zu tun**, non essere/ritenersi in grado di fare qc; **sich mit etw (dat) konfrontiert ~**, vedersi confrontato (-a) con qc; **sich verraten ~**, vedersi tradito (-a) **3** (*sich glauben*) **sich als etw** (akk) **~** {ALS STAR} vedersi *qc* ● **siehst!** *fam*, hai visto!; **jdm ähnlich ~** (*ähnlich aus-*), (as)somigliare a qu; **jdn/etw nicht zu ~ bekommen** *fam*, non riuscire a vedere qu/qc; **darf ich mal ~?**, posso vedere?; **alles doppelt ~**, vedere tutto doppio; **das ₍darfst du₎/[darf man] nicht so eng ~**, bisogna essere un po' elastici/flessibili; **es nicht gern ~, wenn ...** *fam*, non vedere di buon occhio che ...; **er sieht es nicht gern, wenn ich mit Freunden allein ausgehe**, non vede di buon occhio che io esca solo (-a) con gli amici; **jd sieht mir nicht gern**, a qu non piace qc; **Krimis sehe ich nicht gern**, non mi piacciono i (film) gialli; **jdn gern ~**, vedere ₍con piacere₎/[volentieri] qu; **und gesehen werden**, vedere ed essere visti; **das hättest du ~ sollen!**, avresti dovuto vedere!, (se) avessi visto!; **ich kann es nicht ~, wenn ...**, non posso vedere + *inf*; **jdn kommen ~**, veder arrivare qu; **jdn/etw nicht mehr ~ können** *fam* (*nicht mehr ertragen können*), non poter più vedere qu/qc; **ich kann ihn nicht mehr ~!**, non lo posso più vedere!; **sich (bei jdm) ~ lassen** *fam* (*jdn kurz besuchen*), farsi vedere (da qu); **Sie haben sich aber lange nicht ~ lassen!**, è un pezzo che non si fa più vedere!; **sich doch mal wieder bei mir ~!**, fatti vedere qualche volta!; **lass dich bloß nicht mehr ~!**, non farti più vedere!; **sich ~ lassen können** *fam* (*gut aus-*) {HAUS, WOHNUNG}, non essere niente/affatto male; {PERSON} *auch* presentarsi bene; **dein neuer Freund kann sich wirklich ~ lassen!**, il tuo ragazzo non è per niente male!; **sich mit jdm/etw ~ lassen können** *fam*, fare ₍bella figura₎/[un figurone] con qu/qc; **mit solchen Noten kannst du dich überall ~ lassen!**, con questi voti puoi presentarti ovunque!; **lass (mal) ~!**, fai (un po') vedere!; **sieh mal!**, guarda (un po')!; **mal ~! fam**, vedremo!; **gehst du heute Abend mit ins Kino? – Mal ~!**, vieni al cinema con noi stasera? – Vedremo!; **mal ~, ob/was/wie/...**, vediamo se/[che cosa]/[come]/...; **das möchte ich ₍doch mal₎/[aber] ~!**, voglio proprio vederlo!; **den/die möchte ich mal ~!**, vorrei proprio vederlo (-a)!; **den möchte ich ~, der das alles mitmacht!**, vorrei proprio vedere chi può sopporta tutto questo!; **jd muss ~, wo er bleibt** *fam* (*jd denkt an seinen Vorteil*), ognuno tira l'acqua al suo mulino *fam*; (*jdn muss irgendwie zurechtkommen*), qu si deve arrangiare come può; **niemand ist zu ~**, non si vede nessuno; **siehe oben/unten**, vedi sopra/sotto; **jdn/etw nicht (genau/deutlich) vor sich ~**, avere qu/qc ancora davanti agli occhi; **ich seh' sie noch deutlich vor mir**, me la vedo ancora davanti (agli occhi); **wen sieht man denn da!**, (to'), guarda chi si vede!; **wenn man ihn/sie/... (so) sieht**, a vederlo (-a)/...; **wir werden ja/schon ~!**, staremo a vedere!, vedremo!; **(so) wie ich das sehe**, per come la vedo io *fam*; **oder wie sehe ich das?** *fam*, o mi sbaglio?; **da sieht man es mal wieder!** *fam*, e ti pareva!! *fam*; **du wirst schon ~, dass ...** (*belehrend*), ₍stai a vedere₎/[vedrai] che ...; **wir wollen/werden ~**, vedremo, si

vedrà; **das wollen wir (doch erst (ein)mal) ~!**, voglio proprio vedere!; **von etw (dat) ist nichts mehr zu ~** {VON EINEM SCHNITT, EINER VERLETZUNG, WUNDE}, non c'è più traccia di qc; **von deiner Narbe am Arm ist nichts mehr zu ~**, la cicatrice sul braccio non ti si vede più.

Sehen <-s, *ohne pl*> n: **jdn vom ~ kennen**, conoscere qu di vista.

sehen|lassen <irr> rfl sich ~ → **sehen**.

sehenswert adj {BAUDENKMAL, KIRCHE} degno d'esser visto, da vedere: **die Gemäldesammlung ist ~**, la collezione di quadri è notevole/interessante; **der Film ist ~**, il film è da vedere; **das Schloss und der angrenzende Park sind wirklich ~**, il castello ed il parco annesso meritano senz'altro una visita.

Sehenswürdigkeit <-, -en> f attrattiva f, attrazione f, bellezza f: **die ~en einer Stadt**, ₍i luoghi d'interesse₎/[le bellezze] di una città.

Seher <-s, -> m (**Seherin** f) *obs* veggente mf.

Seherblick <-s, *ohne pl*> m occhio m profetico.

Sehergabe <-, *ohne pl*> f (*dono m della*) veggenza f.

Seherin f → **Seher**.

seherisch adj <attr> {FÄHIGKEITEN, GABE} divinatorio, profetico.

Sehfehler m *med* difetto m ₍della vista₎/[visivo].

Sehfeld n campo m visivo.

Sehhilfe f *form* lenti f pl correttive della vista.

Sehkraft f vista f, facoltà f visiva.

Sehne <-, -n> f **1** *anat* tendine m **2** (*Bogensehne*) corda f (dell'arco) **3** *math* corda f ● **die ~ spannen/straffen**, tendere la corda; **sich (dat) eine ~ zerren**, stirarsi un tendine.

sehnen rfl sich nach jdm/etw ~ {NACH EINEM FREUND, DEM/DER GELIEBTEN} avere/provare/sentire nostalgia *di qu*, struggersi di nostalgia *per qu*; {NACH RUHE} sognare *qc*: **wenn du wüsstest, wie sehr ich mich nach dir gesehnt habe!**, sapessi quanta nostalgia ho avuto di te!; **ich sehne mich danach, endlich in Urlaub fahren zu können**, non vedo l'ora di andare in ferie; **ich sehne mich nach einer Pizza und einem guten (Glas) Bier**, ho una gran voglia di (mangiare) una pizza e di (bere) una bella birra.

Sehnen <-s, *ohne pl*> n *geh* ~ **nach jdm/etw** {NACH LIEBE, DEM PARTNER} nostalgia f *di qu/qc*.

Sehnenentzündung f *med* tendinite f.

Sehnenriss (a.R. Sehnenriß) m *med* rottura f del tendine.

Sehnenscheidenentzündung f *med* tendovaginite f *med*, tenosinovite f *med*.

Sehnenzerrung f *med* stiramento m del/[di un] tendine.

Sehnerv m *anat* nervo m ottico.

sehnig adj **1** (*zäh*) {FLEISCH} tiglioso, fibroso **2** (*drahtig*) {GESTALT} nerboruto; {BEINE} muscoloso.

sehnlich, **sehnlichst** **A** adj <attr> {WUNSCH} ardente; {HOFFNUNG} profondo; {ERWARTUNG} trepidante **B** adv {HOFFEN, WÜNSCHEN} ardentemente; {ERWARTEN} trepidante, con trepidazione.

Sehnsucht f <*meist* sing> ~ (**nach jdm/etw**) {NACH DER FAMILIE, DER HEIMAT, NACH LIEBE, DEM PARTNER} nostalgia f (*di qu/qc*), struggimento m: **Italien war schon immer das Land seiner ~**, l'Italia era da sempre il paese per cui si struggeva ● **von ~ erfüllt**, pervaso di nostalgia; **~ nach jdm haben/verspüren**, avere/provare/sentire nostalgia

di qu, avere un desiderio struggente di qu; **jdn mit ~ erwarten** *fam*, aspettare qu con trepidazione; **vor ~ vergehen, sich vor ~ verzehren** *geh*, struggersi di nostalgia.

sehnsüchtig **A** adj <attr> {AUGEN, BLICK} pieno di (struggente) desiderio; {BRIEF, GEDANKEN} pieno di nostalgia, nostalgico; {VERLANGEN, WUNSCH} ardente, struggente, nostalgico; {ERWARTUNG} trepidante **B** adv {ERWARTEN, HERBEIWÜNSCHEN} ardentemente, con trepidazione; {AN JDN DENKEN} con struggimento.

sehnsuchtsvoll adj *geh* → **sehnsüchtig**.

Sehorgan n *anat* organo m della vista.

sehr <*mehr, am meisten*> adv **1** (*verstärkend bei Verb*) molto: **er liebt sie ~**, l'ama molto; **ich freue mich ~ über deinen Erfolg**, mi rallegro molto del tuo successo; **ich danke Ihnen ~ für Ihre Hilfe**, La ringrazio molto/tanto per il Suo aiuto; **das tut ~ weh**, fa ₍molto male₎/[malissimo] **2** (*verstärkend vor Adj oder Adv*) molto, assai: **sie ist ~ schön**, è ₍molto bella₎/[bellissima]; **eine ~ interessante Vorstellung**, uno spettacolo estremamente interessante; **sie begrüßte ihn ~ herzlich**, lo salutò molto cordialmente; **ein ~ bekannter Schauspieler**, un attore ₍molto famoso₎/[famosissimo]/[arcinoto *fam*]; **ich bin ~ müde**, sono ₍molto stanco₎/[distrutto (-a) *fam*]; **die Erdbeertorte schmeckt ~ gut**, la torta di fragole è buonissima ● **allzu ~**, troppo; **ich mag ihn nicht allzu ~**, non è che mi piaccia troppo; ~ **bald**, prestissimo; **bitte ~!** (*Höflichkeitsformel*), prego!; **danke ~!**, molte grazie!, tante grazie!, grazie tanto!; ~ **geehrte Damen und Herren!**, signore e signori!; ~ **geehrter Herr Braun!** (*Anredeform im Brief*), gentile signor Braun!; ~ **sogar!** *fam*, e come!; **hat dir der Kuchen geschmeckt? – Sehr sogar!**, ti è piaciuto il dolce? – Tantissimo!; **wie ~ auch ...**, per quanto ... *konjv*; **etw ~ wohl wissen**, sapere ₍molto bene₎/[benissimo] qc; **zu ~**, troppo; **er hat zu ~ gelitten**, ha sofferto troppo.

Sehschärfe f acutezza f visiva.

Sehstörung f disturbo m ₍della vista₎/[visivo].

Sehtest m esame m della vista.

Sehvermögen <-s, *ohne pl*> n vista f, facoltà f visiva.

Seicento <-(s), *ohne pl*> n *kunst* seicento m.

seicht adj **1** (*flach*) {GEWÄSSER, STELLE, WASSER} poco profondo, basso **2** *pej* (*oberflächlich*) {BUCH, FILM, THEATERSTÜCK} piatto, banale.

seid 2. pers pl präs *von* sein.

Seide <-, -n> f **1** (*Faden*) seta f **2** *text* (*Gewebe*) seta f: **reine ~**, seta pura; **aus reiner ~**, di pura seta.

Seidel <-s, -> n boccale m (da birra).

Seidelbast m *bot* mezereo m.

seiden adj <attr> {BLUSE, HEMD, KRAWATTE, UNTERWÄSCHE} di seta, serico.

Seidenatlas m *text* raso m di seta.

Seidenband n nastro m di seta.

Seidenbluse f camicia f/camicetta f di seta.

Seidenbrokat m *text* broccato m di seta.

Seidendamast m *text* damasco m di seta.

Seidenfaden m filo m di seta.

Seidengewebe n tessuto m di seta.

Seidenglanz m lucentezza f della seta.

Seidenhemd n camicia f di seta.

Seidenkleid n abito m/vestito m di seta.

Seidenmalerei f pittura f su seta.

Seidenpapier n carta f velina.

Seidenraupe f zoo baco m da seta, bombice m (del gelso).

Seidenraupenzucht f bachicoltura f, allevamento m di bachi da seta.

Seidenschal m scialle m di seta.

Seidenschwanz m ornith beccofrusone m.

Seidenspinner m bot (Schmetterling) bombice m del gelso.

Seidenspinnerei f **1** (das Verspinnen) filatura f della seta **2** (Betrieb) setificio m, seteria f.

Seidenstoff m stoffa f di seta.

Seidenstrumpf m calza f di seta.

Seidentuch n foulard m di seta.

seidenweich adj {GEWEBE, HAUT, PAPIER} morbido come la seta.

seidig adj {GLANZ, SCHIMMER} setoso, di seta; {HAAR} serico.

Seife <-, -n> f sapone m: **ein Stück ~**, un pezzo di sapone, una saponetta; (Toilettenseife) saponetta f ● **flüssige ~**, sapone liquido; **sich (dat) etw mit ~ waschen** {DIE HÄNDE}, lavarsi qc con il sapone.

Seifenblase f bolla f di sapone ● **~n machen**, fare bolle di sapone; **wie eine ~ zerplatzen** {HOFFNUNG, TRAUM}, svanire come neve al sole.

Seifendose f portasapone m, saponiera f.

Seifenfabrik f saponificio m.

Seifenflocken subst <nur pl> sapone m in scaglie.

Seifenkiste f fam macchinina f/automobilina f di legno (per bambini).

Seifenkraut n bot saponaria f.

Seifenlauge f saponata f.

Seifenoper f fam TV soap opera f.

Seifenpulver n sapone m/detersivo m in polvere.

Seifenschale f portasapone m.

Seifenschaum m schiuma f di sapone.

Seifenspender m dosatore m/dispenser m per sapone liquido.

Seifenwasser n (acqua f) saponata f.

seifig **A** adj **1** (eingeseift) {GESICHT, HÄNDE, KÖRPER} insaponato, saponoso, pieno di sapone **2** (Seife ähnelnd) {GESCHMACK} saponoso, di sapone **B** adv: **der Käse schmeckt ~**, questo formaggio sa di sapone.

seihen tr etw ~ {KAFFEE} filtrare qc; {MILCH, SUPPE} auch colare qc.

Seiher <-s, -> m region colino m.

Seil <-(e)s, -e> n **1** (dünnes Tau) corda f, fune f **2** (Drahtseil) cavo m ● **am ~ gehen** {BERGSTEIGER}, andare in cordata; **das ~ ist gerissen**, la corda si è spezzata; **in den ~en hängen** fam (körperlich erschöpft sein), essere spompato fam/sfinito; (psychisch), essere di corda; **ein ~ spannen**, tendere una corda; **über das ~ springen** {KINDER}, saltare la corda.

Seilakrobat m (Seilakrobatin f) equilibrista mf, funambolo (-a) m (f), acrobata mf.

Seilbahn f (Seilschwebebahn: für Personen) funivia f; (für Waren) teleferica f; (Standseilbahn) funicolare f.

Seilerwaren subst <nur pl> cordami m pl.

seil|hüpfen <nur inf und part präs und part perf> itr <sein> → **seil|springen**.

Seilschaft <-, -en> f **1** (Gruppe von Bergsteigern) cordata f **2** pej (verschworener Clan) cordata f.

Seilschwebebahn f funivia f.

Seilsicherung f (beim Bergsteigen) assicurazione f con corda.

seil|springen <nur inf und part präs und part perf: seilgesprungen> itr <sein> saltare la corda.

Seilspringen n salto m della corda.

Seiltanz m: **das war vielleicht ein ~!**, è stata una bella prova di equilibrismo! ● **(wahre) Seiltänze vollführen** fam, fare dei salti mortali.

seil|tanzen <nur inf und part perf> itr fare acrobazie sulla corda.

Seiltänzer m (Seiltänzerin f) → **Seilakrobat**.

Seilwinde f verricello m, argano m.

Seilzug m {+KUPPLUNG} comando m flessibile.

sein① poss pron von er, es **1** (adjektivisch: wird im Ital. im Allg. in Verbindung mit dem Artikel verwendet) suo (-a) m (f): **das ist ~ Zimmer**, questa è la sua camera, questa è camera sua; **das ist ~ Mofa**, questo è il suo motorino; **das sind ~e Schlüssel**, queste sono le sue chiavi, queste chiavi sono sue; **einer ~er Freunde**, uno dei suoi amici; **das kleine Mädchen spielt mit ~en Puppen**, la bambina gioca con le sue bambole; **ist das ~ Pullover?**, è suo questo maglione?; (bei Verwandtschaftsbeziehungen ohne Adj im sing ohne Artikel): **~ Vater/Sohn**, suo padre/figlio; **~e Mutter/Tochter**, sua madre/figlia; **~e Neffen/Vettern**, i suoi nipoti/cugini; **~e Tanten/Nichten**, le sue zie/nipoti; (in Verbindung mit einem Adj immer mit Artikel): **~ armer Bruder**, il suo povero fratello, quel poveretto di suo fratello; (bei Kosenamen im sing immer mit Artikel): **~e Mutti**, la sua mamma; **~ Papa**, il suo papà; **~e Oma**, (la) sua nonna; **~ Opa**, (il) suo nonno **2** fam (zirka): **er mag ~e 60 Jahre alt sein**, avrà i suoi 60 anni/[una sessantina d'anni].

sein② Vollverb <ist, war, gewesen> **A** itr <sein> **1** (existieren) essere, esistere: **ich denke, also bin ich**, penso, dunque sono **2** (darstellen) etw ~ {EINE BEDEUTENDE ERFINDUNG, EIN GAUNER, INTRIGANT} essere qc: **er ist ein Schuft**, è un farabutto; **sie ist ein lieber Mensch**, è una cara persona **3** (einen Beruf ausüben) etw ~ {ANGESTELLTER, BEAMTER, LEHRER} essere qc: **er ist Arzt**, fa il medico, fa il medico; **er ist Leiter der Personalabteilung**, è (il) capo dell'ufficio (del) personale **4** (einem Volk angehören) etw ~ {AFRIKANER, DÄNE, ENGLÄNDER, ITALIENERIN} essere qc: **sie ist Deutsche**, è tedesca **5** (stammen) irgendwoher ~ {PERSON AUS DEUTSCHLAND, ENGLAND, ITALIEN, KÖLN, DER SCHWEIZ; GEMÜSE, OBST AUS ITALIEN} essere/venire + compl di luogo: **die Apfelsinen sind aus Italien**, le arance vengono dall'Italia, sono arance italiane; **sie ist aus Hamburg**, (viene da)/[è di] Amburgo, è amburghese; **er ist aus Spanien**, viene dalla Spagna, è spagnolo; **von jdm ~** essere di qu; **dieses Bild ist von Rembrandt**, questo quadro è di Rembrandt **6** (sich befinden) irgendwo ~ essere/trovarsi + compl di luogo: **zu Hause ~**, essere a casa; **die Kinder sind im Schwimmbad**, i ragazzi sono (andati) in piscina; **unsere Nachbarn sind in/im Urlaub**, i nostri vicini sono in vacanze/ferie; **können Sie mir sagen, wo der Bahnhof ist?**, sa dirmi (dove si trova)/[dov'è] la stazione?; **bei schönem Wetter sind wir immer draußen**, col bel tempo siamo/stiamo sempre fuori; **weißt du vielleicht, wo wir sind?**, sai per caso dove siamo/[ci troviamo]?; **wir waren gestern Abend im Theater**, ieri sera siamo stati (-e)/andati (-e) a teatro **7** (stattfinden) irgendwann ~ essere + compl di tempo: **die Prüfung ist am Montag**, l'esame è lunedì; irgendwo ~ essere + compl di luogo: **der Kongress ist in München**, il congresso si tiene/svolge a Monaco; **weißt du, in welchem Raum das Seminar ist?**, sai in quale aula è il seminario? **8** (bei Altersangabe) avere: **meine Tochter ist 22 (Jahre alt)**, mia figlia ha ventidue anni; **wie alt bist du?**, quanti anni hai?; **er ist um die Vierzig**, ha una quarantina d'anni, è sui quaranta **9** (von jdm kommen) **von jdm ~** venire da qu: **von wem sind die Blumen? – Von meinem Kollegen**, da chi vengono questi fiori? – Dal mio collega **10** (verwandt sein): **Anna ist meine Kusine**, Anna è mia cugina; **das ist Roberts Bruder**, è il fratello di Roberto **11** (eine Eigenschaft haben oder sich irgendwie verhalten) ~ + adj {PERSON BÖSE, GROSS, GUT, KLEIN, KLUG, LIEB; AUTO, SCHUHE ALT, NEU, TEUER} essere + adj: **sie ist geschieden**, è divorziata; **sei doch nicht so traurig!**, non essere così triste!; **euer Garten ist aber groß!**, ma il vostro giardino è proprio grande!; **jdm böse ~**, essere arrabbiato con qu, avercela con qu; **er war sehr nett zu mir**, è stato molto carino/gentile con me; **jdm zu + adj ~**: **der ist mir einfach zu ordinär**, è decisamente troppo volgare per i miei gusti; **ich nehme die Bluse nicht, sie ist mir zu teuer**, non la prendo la camicetta, mi sembra troppo cara; **der Rock ist dir zu eng**, gonna ti sta troppo stretta **12** (hergestellt sein) **aus etw (dat) ~** {KLEID AUS SEIDE; TISCH AUS HOLZ} essere di qc **13** fam (etw betreiben): **wo wart ihr denn letzte Woche? – Wir waren segeln**, dove siete stati (-e) la settimana scorsa? – Siamo stati (-e)/andati (-e) in barca (a vela); **die Kinder sind schwimmen** fam, i ragazzi sono andati a nuotare **14** (gerade etw machen) (gerade) **bei am + substantiviertes Verb** ~ stare + Gerund: **ich bin gerade beim Essen**, sto mangiando; **sie war (gerade) dabei, unter die Dusche zu gehen, als das Telefon klingelte**, stava entrando nella doccia quando squillò il telefono; **ich bin am Arbeiten, stör mich bitte nicht!**, sto lavorando, non mi disturbare per favore! **15** (als Ergebnis haben) fare: **zwei und/plus drei ist fünf**, due più tre fa cinque **16** fam (gefallen): **die Tasche wäre mir lieber gewesen**, avrei preferito la borsa; **ich mag keine Pommes, ein Eis ist/wäre mir lieber**, non mi piacciono le patatine fritte, preferisco/preferirei un gelato **17** (in Verbindung mit substantiviertem Verb): **das ist zum Weinen**, è da mettersi a piangere **18** (in einer bestimmten Lage ~) essere: **außer Atem ~**, essere senza fiato; **in Gefahr ~**, essere in pericolo; **zu Gast ~**, essere ospite; **aus der Mode ~**, essere fuori moda **19** (als Passivvariante: etw muss/soll getan werden): **vor dem Verlassen des Büros sind alle Fenster zu schließen**, prima di lasciare l'ufficio bisogna chiudere tutte le finestre; **der Brief ist vor Montag abzuschicken**, la lettera (deve essere)/[va fam] spedita prima di lunedì; **alle nötigen Unterlagen sind dem Antrag beizulegen** adm, alla domanda (devono essere)/[vanno] allegati tutti i documenti necessari; **was ist noch zu machen?**, cosa (è rimasto)/[c'è] ancora da fare? **20** (als Passivvariante: etw kann getan werden): **das war nicht vorauszusehen**, non era prevedibile, non lo si poteva prevedere; **mit den roten Haaren war sie nicht mehr zu erkennen**, con i capelli rossi non (la) si riconosceva più; **das ist leicht/schwer zu sagen**, è facile/difficile a dirsi **B** itr unpers <sein> **1** (nach Angabe eines Zeitpunkts): **es ist ..., es ..., sono ...**, sono le sette; **es ist Sonntag**, è domenica; **es ist Frühling**, è primavera; **es ist früh/spät**, è presto/tardi; **es ist Nacht**, è notte **2** (fühlen): **jdm ist + adj**: **mir ist kalt/warm**, ho/sento/[mi fa] freddo/caldo; (mir ist)/[es ist mir] schlecht, mi sento male; **mir ist nicht gut**, non sto/[mi sento] bene; **mir ist schwind(e)lig**, mi gira la testa, ho le vertigini; ˌ**es ist mir**ˌ/[**mir ist**], **als** ˌ**ob ich ihn schon mal gesehen hätte**ˌ/[**hätte ich ihn schon mal gesehen**], ho l'impressione/la sensazione di averlo già visto **3** *meteo* essere, fare: **es ist kalt/warm**, è/fa freddo/caldo; **heute ist es sehr schwül**, c'è molta afa oggi, è molto afoso oggi, oggi fa un caldo afoso; **es ist schön(es Wetter)**, è/fa bello, è/fa bel tempo ● **ab ~** (*abgetrennt ~*) *fam* {HAKEN, KNOPF}, essersi staccato; {SCHNÜRSENKEL}, essersi strappato; **an deiner Jacke sind zwei Knöpfe ab**, alla tua giacca mancano due bottoni, dalla tua giacca si sono staccati due bottoni; **die ganze Farbe ist ab**, è andato via tutto il colore; (*entfernt ~*) **weit von etw** (dat) **ab ~** {DORF, HÜTTE}, essere lontano/distante da qc; (*kraftlos ~*) *fam* essere sfinito/spompato *fam*; **nach acht Stunden Arbeit bin ich am Abend total ab**, dopo otto o re di lavoro la sera sono a pezzi *fam*; **an ~** (*brennen*) {BIRNE, LICHT}, essere acceso; (*in Betrieb ~*) {ELEKTROGERÄT, FERNSEHER, HEIZUNG, MOTOR}, essere acceso; (*aufgedreht ~*) {GAS, WASSER}, essere aperto; {STROM}, esserci; **es ist an jdm, (etw) zu tun**, spetta/sta/tocca a qu fare (qc); **es ist an dir** ˌ**zu entscheiden**ˌ/[, **eine Entscheidung zu treffen**], tocca a te decidere/[prendere una decisione]; **auf ~** (*offen stehen*) {FENSTER, TÜR}, essere aperto; **das Fenster war die ganze Nacht auf**, la finestra è rimasta aperta (per) tutta la notte; (*nicht abgeschlossen ~*) {HAUS, TÜR, WOHNUNG}, essere aperto, non essere chiuso a chiave; **ihr könnt schon mal einsteigen, das Auto ist auf**, potete già salire, la macchina è aperta; (*geöffnet ~*) {AMT}, essere aperto; **ob die Geschäfte wohl noch auf sind?**, saranno ancora aperti i negozi?; (*aufgestanden ~*) essere alzato/[in piedi]; **was, seid ihr immer noch auf?!**, come, siete ancora ˌalzati (-e)ˌ/[in piedi]?!; **gestern ist sie zum ersten Mal auf gewesen**, ieri si è alzata per la prima volta; **aus ~** (*zu Ende ~*) *fam* {KONZERT, STUNDE, UNTERRICHT, VORSTELLUNG}, essere terminato; **wenn der Film aus ist, wird der Fernseher ausgemacht**, quando finisce il film spegniamo la TV; **um ein Uhr ist die Schule aus**, la scuola finisce/termina all'una; (*nicht mehr brennen*) {FEUER, KERZE}, essere spento; (*nicht an ~*) {FERNSEHER, LICHT, OFEN, RADIO}, essere spento/chiuso *fam*; **ist die Heizung aus?**, è spento il riscaldamento?; *sport* {BALL}, essere fuori (campo); **(mit jdm) aus ~** (*ausgegangen ~*) uscire (con qu), essere uscito/fuori *fam* (con qu); **sie sind fast jeden Abend aus**, escono quasi tutte le sere; **ich war die ganze Woche noch nicht einen Abend aus**, in tutta questa settimana non sono uscito (-a) neanche una sera; **auf etw** (akk) **aus ~** (*etw haben wollen*) {AUF EIN AUTO, EINE HI-FI-ANLAGE, EIN PAAR NEUE SCHUHE}, desiderare qc, voler avere qc; {AUF ABENTEUER}, essere in cerca di qc; {AUF ANERKENNUNG, ERFOLG}, *auch* ambire a qc, mirare a qc, cercare qc; **er ist auf die Stelle im Ausland aus**, mira a quel posto all'estero; **auf jdn aus ~** cercare di adescare qu; *unpers* (*sterben müssen*) *fam* **mit ihm ist es aus**, per lui non c'è più speranza/[niente da fare], lui è spacciato *fam*; (*zu Ende ~*): **zwischen uns ist es aus**, fra noi è finita; **mit ihm ist es schon lange aus**, con lui è finita da un po'; (*vorbei sein*) **jetzt ist es aus mit der absoluten Freiheit**, è finita adesso con la libertà incondizionata; **mit dem schönen Leben ist es aus**, la bella vita è finita; **jetzt ist es aus mit den Träumereien**, è finita con i sogni/le fantasie; **au-**

ßer sich ~, essere fuori di sé; **beieinander ~** {PERSONEN}, stare insieme; {SACHEN} essere in ordine; **jd ist nicht ganz beieinander** (*bei nicht so guter Gesundheit ~*), qu non sta perfettamente bene, qu non è del tutto in forma; (*nicht recht bei Verstand ~*), a qu manca ˌun/qualche venerdìˌ/[una/qualche rotella]; **gut beieinander ~** (*bei guter Gesundheit ~*), star bene, essere in forma *fam*/gamba *fam*; (*geistig*) {ALTE LEUTE}, essere arzillo; (*wohlgenährt sein*) *süddt*, essere grassottello/[ben pasciuto]; **schlecht/[nicht recht] beieinander ~**, stare male, non essere in forma *fam*; **irgendwie beisammen ~** stare + *compl di modo*; **gut beisammen ~** (*körperlich*), stare bene, essere in forma *fam*; (*geistig*) {ALTE LEUTE}, essere arzillo; **schlecht beisammen ~** (*körperlich*), stare male, essere acciaccato *fam*; (*geistig*) {ALTE LEUTE}, non esserci più con la testa *fam*; **da ~** (*anwesend ~*) {NICHT, NOCH, SCHON, IMMER, NIE, OFT, SELTEN, LANGE, KURZ u. Ä.}, essere presente, esserci; **da bin ich!**, eccomi qua! *fam*; **ich bin gleich wieder da!**, torno subito!; **(es ist) alles schon (einmal) da gewesen**, (sono) tutte cose già viste; **ein(e) noch nie da gewesene(r, s) ~** {ERFOLG, LEISTUNG}, un (-a) ... ˌmai visto (-a)ˌ/[senza precedenti]; **das/[so etwas] ist noch nie da gewesen!**, non si è mai vista una cosa simile!; (*gekommen ~*): **vielleicht ist Post für mich da!**, forse è arrivata (della) posta per me!; **ist jemand da gewesen?**, è venuto qualcuno?; **da ist jemand für dich da**, c'è qualcuno per te; (*am Leben ~*), essere, esistere, vivere; (*vorhanden ~*) {GETRÄNKE, SPEISEN}, esserci; **ist noch Kaffee da?**, c'è ancora (del) caffè?; {ARTIKEL, WAREN} *auch*, essere disponibile; (*geistig anwesend ~*): **er hat so lange geschlafen, er ist noch nicht ganz da**, ha dormito molto e non c'è ancora del tutto (con la testa) *fam*; (*wieder gesund ~*) **ich bin wieder voll da**, sono di nuovo in forma; **für jdn da ~** (*bereit ~, jdm zu helfen*), ˌessere a disposizione di jdnˌ/[esserci per] qu *fam*; **dazu da ~, dass ...** (*dienen*), servire ˌa ... *inf*ˌ/[a + *subst*] (**bei etw** dat) (**mit**) **dabei ~** (*anwesend ~*), presenziare (a qc), essere presente (a qc); **auch er war bei dem Fest dabei**, c'era anche lui alla festa; (*mitmachen*), partecipare (a qc), prendere parte (a qc); **das ist auch (per) ich bin (mit) dabei!**, ci sto! *fam*; **mit etw** (dat) **dabei ~** (*sich finanziell beteiligen*) {MIT 10 EURO} partecipare con qc; (*verbunden sein*): **mit dabei ~: aber ein bisschen Angst war doch mit dabei!**, beh, però un po' di paura c'era!; **dabei ~, etw zu tun** stare per fare qc, essere in procinto di fare qc, essere sul punto di fare qc; **ich bin schon dabei zu ...**, ho già cominciato a ...; **ich bin erst dabei!**, lo sto ancora facendo!; **sie war gerade dabei, den Brief zu schreiben, als ...**, stava scrivendo la lettera quando ...; **dafür ~**, essere favorevole/[a favore]; **dagegen ~**, essere contrario/contro; **daneben ~** (*verwirrt sein*), essere nel pallone *fam*, essere di fuori *slang*; **das darf nicht ~**, è inammissibile!, non è ammissibile/tollerabile; **das war's/wär's** *fam* (*beim Einkaufen*), è tutto; **darf es noch etwas ~? – Nein, danke, das wär's!**, Le serve altro? – No grazie, ˌnient'altroˌ/[è tutto]!; (*wenn man mit einer Arbeit fertig ist*), ecco fatto!; **da dies/dem so ist**, ..., se le cose stanno così ...; **sei doch nicht so!** *fam*, su, non fare così!; **gut drauf ~** *fam*, essere ˌin forma *fam*ˌ/[pimpante]; **schlecht drauf ~**, essere ˌgiù (di morale) *fam*ˌ/[giù di tono *fam*]; **(bei jdm) drin ~** (*möglich ~*) {MEHR GELD, GEHALTSERHÖHUNG}, starci *slang*; **das ist nicht drin**, non è possibile; **in etw drin ~** (*vertraut ~ mit*) {IN EINER ARBEIT}, esse-

re addentro in qc; **durch ~** (*durchgefahren ~*) {BUS, ZUG}, essere (già) passato; (*eine Prüfung bestanden haben*), essere passato (a un esame); (**mit etw** dat) **durch ~** {ARBEIT}, aver finito (*qc*); {BUCH}, aver finito (di leggere *qc*); (*durchgescheuert ~*) {HOSE}, essere logorato/consumato; (*gar ~*) *gastr* {GEMÜSE, STEAK}, essere cotto; **es war einmal ...**, c'era una volta ...; **es sei denn (, dass) ...**, a meno che ... *konjv*; **sei es ..., sei es ... geh**, sia ..., sia ...; **für etw** (akk) **~** {FÜR UMWELTSCHUTZ}, essere ˌfavorevole aˌ/[a favore di] qc; **gegen etw** (akk) **~** {GEGEN DIE TODESSTRAFE}, essere contrario a qc, essere contro qc; **her ~** (*zeitlich zurückliegen*): **es ist ... her**: **es ist schon zehn Jahre her, dass ich mein Abitur gemacht habe**, sono già dieci anni che ho fatto la maturità; **ich kann mich nicht erinnern, das ist schon so lange her**, non mi ricordo più, ormai è passato tanto tempo; **wie lange ist es her, dass wir uns zum ersten Mal begegnet sind?**, quanto tempo è passato dal nostro primo incontro?; **wie lange ist es her, dass wir zusammen/miteinander telefoniert haben?**, da quanto (tempo) non ci sentivamo (per telefono)?, quando è stata l'ultima volta che ci siamo sentiti (-e) (per telefono)?; *unpers* **mit etw** (dat) **ist es nicht weit her**, qc non è poi un granché; **mit seiner Arbeit ist es nicht weit her**, il suo lavoro non vale poi un granché; **mit seinen Englischkenntnissen ist es nicht weit her**, non è che sappia tanto bene l'inglese; **mit seiner Zuverlässigkeit ist es nicht weit her**, non c'è da fare troppo affidamento su di lui; **irgendwo her ~** (*herstammen*) essere di qc, venire da qc; **wo ist er/sie denn her?**, di dov'è?, da dove viene?; **heraus ~** (*veröffentlicht ~*) {BUCH, PROGRAMM, ZEITSCHRIFT}, essere uscito; (*entschieden ~*) essere (stato) deciso/stabilito; **die Sache ist noch nicht heraus!**, la cosa non è ancora (stata) decisa!; (*gesagt worden ~*): **nun ist es endlich heraus!**, finalmente l'ha/hai detto!; *med* {GESCHWULST}, essere stato tolto; {BLINDDARM, MANDELN} *auch*, aver fatto qc; **ihr Blinddarm ist schon längst heraus**, è da un pezzo che ha fatto l'appendicite; **der Tumor des Patienten ist heraus**, il paziente è stato operato del tumore; (**aus etw** dat) **heraus ~** {SPLITTER AUS DEM AUGE}, essere stato tolto/[tirato fuori *fam*] (da qc); (*hinter sich haben*) {AUS DER SACHE}, aver superato qc, essere uscito da qc; **aus dem Alter bist du doch schon längst heraus!**, quell'età l'hai già ampiamente superata!; **herum ~** (*zu Ende ~*) {FILM, VERANSTALTUNG}, essere finito; (*vorbei ~*) {ZEIT}, essere passato; (*verbreitet ~*) {NEUIGKEIT, NACHRICHT}, aver(e) fatto il giro; **mittlerweile ist das Gerücht überall herum**, ormai la voce si è sparsa (dappertutto); **um jdn/etw herum ~** (*in der Nähe ~*) stare intorno a qu/qc; **herunter ~** {JALOUSIE, ROLLLADEN}, essere abbassato/(tirate) giù *fam*; {FIEBER, PREISE}, essere sceso/calate; **mit den Nerven herunter ~** (*gestresst ~*), avere i nervi a pezzi, essere giù di nervi *fam*; **hier ~**, esserci, essere qui; **hier bin ich wieder!**, eccomi di nuovo qui/qua!; **hin ~** (*kaputt ~*) {GEGENSTAND}, essere rotto/andato *fam*/partito *fam*; (*vergangen ~*) {ZEIT} essere passato; (*begeistert ~*), essere estasiato; **er war total hin, als ich ihm das erzählt habe**, al mio racconto rimase estasiato; **irgendwohin/[zu jdm] hin ~** (*weggegangen ~*), essere andato ˌ+ *compl di luogo*ˌ/[da qu]; **wo ist er hin?**, dov'è andato?; (**aus etw** dat) **hinaus ~** (*hinausgegangen ~*) {AUS EINEM GEBÄUDE, ZIMMER}, essere uscito (da qc); **über etw** (akk) **hinaus ~** (*überwunden haben*) {ÜBER EIN BESTIMMTES ALTER, EINE BESTIMMTE ANSICHT} avere superato qc; **hinter**

jdm/etw her ~ (*verfolgen*) {JÄGER HINTER DEM TIER; POLIZEI HINTER DEM TÄTER, WAGEN}, dare la caccia a qu/qc, stare dietro a qu/qc *fam*, stare inseguendo qu/qc; (*haben wollen*) {MANAGER, UNTERNEHMER HINTER EINEM GESCHÄFT}, star(e) dietro a qu/qc; (*eine Beziehung haben wollen*) {MANN HINTER EINER FRAU}, star/correre dietro a qu; **hinterher** ~ (*kontrollieren*): **sehr hinterher** ~, **dass ...**, fare molta attenzione perché ... *konjv*; **jdm hinterher** ~ (*verfolgen*) {POLIZEI HINTER DEN DIEBEN}, stare dietro a qu, stare alle costole/calcagna di qu *fam*; **etw** (*dat*) **hinterher** ~ (*intensiv suchen*) {SAMMLER HINTER EINEM BILD}, fare la posta/corte *fam* a qc; **mit/in etw** (*dat*) **hinterher** ~ (*hinterherhinken*), essere indietro con/in qc; **hinüber** ~ (*verdorben* ~) {NAHRUNGSMITTEL}, essere andato (a male); (*kaputt* ~) {GERÄT, MASCHINE, MOTOR}, essere andato *fam*/partito *fam*; (*hingerissen* ~) essere partito *fam*; **ganz/völlig hinüber** ~, essere completamente partito *fam*/[in estasi]; (*betrunken sein*), essere partito *fam*, *slang* (*tot* ~), essere andato *fam*, aver tirato le cuoia *fam*; (**zu jdm**) **hinüber** ~ {PERSON} essere andato di là da qu; **hinunter** ~ {PERSON} essere sceso; **über etw** (*akk*) **hinweg** ~ {ÜBER DIE SCHEIDUNG, EINEN VERLUST}, aver(e) superato qc; **was nicht ist, kann noch werden** *fam*, non è detta l'ultima parola; **das kann doch nicht** ~! *fam*, non è (mica) possibile! *fam*; (**das**) **kann/mag** ~ *fam*, può darsi, sarà; **es könnte sehr wohl** ~, **dass ...**, (potrebbe darsi benissimo:)/[è possibilissimo] che ... *konjv*; **etw** ~ **lassen** *fam*, lasciar stare/perdere/correre *fam* qc; **lass es** ~!, lascia perdere/stare!; **lass es gut** ~!, non ti preoccupare!; **nicht mehr** ~ *euph*, non essere più *euph*; **das muss doch nicht** ~! *fam*, **muss das** ~? *fam*, è proprio necessario?; **was** ~ **muss, muss** ~, se deve essere, sia; **jdm ist nicht nach etw** (*dat*) {NACH FEIERN, LACHEN, TANZEN}, qu non se la sente di fare qc; **gehst du mit in die Disko?** – **Nein, mir ist heute nicht danach**, vieni in discoteca? – No, oggi non [me la sento]/[sono in vena]; **es ist** *nichts* **mit etw** (*dat*) *fam*, non se ne fa niente di qc; **wenn es morgen regnet, dann ist es nichts mit unserem Ausflug**, se domani piove della gita non se ne [fa niente]/[parla]; **entweder du mähst den Rasen oder mit dem Taschengeld ist nichts**, o tagli l'erba o la paghetta te la scordi; **und das neue Moped?** – **Damit ist nichts mehr!**, e il motorino nuovo? – Neanche a parlarne!; **das ist** *nichts* **für euch/ihn/Sie!**, non fa/[sono cose] per voi/lui/Lei!; **als ob/wenn** *fam* **nichts (geschehen) wäre**, come se niente fosse (successo); **tu (so), als ob nichts wäre!**, fai finta di niente!; **so ist es**, è così; **um** ~ {PAUSE, SCHULSTUNDE}, essere finito; {FRIST}, *auch* essere scaduto; **schade, dass die Ferien schon um sind**, peccato che le vacanze siano già passate/finite; **wenn das Jahr um ist, ...**, alla fine dell'anno ..., a fine anno ...; **die Pause ist in fünf Minuten um**, la pausa finisce tra cinque minuti; **die Zeit ist um**, il tempo è finito/scaduto; **bei jdm unten durch** ~: **er ist bei mir unten durch**, con lui ho chiuso; **ist** *was*? *fam*, che cosa c'è?, c'è qualcosa che non va? *fam*; **was ist mit Ihnen/ihm/ihr/...?**, che cos'ha?; **was ist das?**, che cos'è?; **was ist denn (schon wieder)?** *fam*, e ora che c'è ([di nuovo]/[ancora])?; **sei es auch noch so** *wenig*, per [quanto poco]/[poco che] sia; **wenn jd** *nicht* **wäre**, se con ci fosse qu; **wenn jd** *nicht* **gewesen wäre, dann hätten wir die Genehmigung nie bekommen**, se non ci fosse stato lui non avremmo mai ottenuto il permesso; **wenn du nicht wär(e)st!**, se non ci fossi tu!; **wenn ich du/er/sie/...wäre ...**, se fossi [in te/lui/lei/...]/[al posto tuo/suo/ ...]; **wenn (et)was ist, ...**, se c'è qualcosa ...; **wenn (et)was ist, dann rufen Sie mich bitte an!**, se c'è qualcosa mi chiami/telefoni per favore!; **wer** ~ *fam* (*hohes Ansehen genießen*), essere qualcuno; **Sie wissen wohl nicht, wer ich bin!?**, Lei forse non sa chi sono io!; **früher war er nur ein kleiner Angestellter, aber heute ist er wer**, prima era solo un impiegatuccio, ma oggi è qualcuno; **wer war es?**, chi è stato?; **wie dem auch sei**, comunque sia; **wie war's?**, com'è andata?; **wie wäre es mit etw** (*dat*)?, che ne diresti/direbbe di qc?; **wie wäre es mit einem Glas Wein?**, che ne diresti/direbbe di un bicchiere di vino?; **wann sehen wir uns nun?** – **Wie wär's mit morgen?**, allora, quando ci vediamo? – Andrebbe bene domani?; **wie wäre es, wenn ...** *konjv*, che ne direbbe/diresti se ... *konjv*; **zu** ~ (*verschlossen* ~), essere chiuso/serrato; (*geschlossen* ~) {BÜRO, LADEN, POST}, essere chiuso; *fam* (*emotional blockiert sein*) essere completamente bloccato, non riuscire ad aprirsi; *slang* (*betrunken* ~), essere sbronzo/[ubriaco fradicio] *slang*; (*durch Drogen betäubt* ~), essere sballato *slang*/flippato *slang*/fuori *slang*/fatto *slang*; **der war so zu, dass er nichts mehr mitbekommen**, era talmente pieno [d'alcol]/[di droga] da non capire più nulla; (**von etw dat**) **zurück** ~ {VON EINEM AUSFLUG, EINER REISE}, essere di ritorno da qc; **zusammen** ~ (*beieinander* ~), stare insieme, essere insieme; (*ein Paar* ~), stare insieme, uscire insieme; **mit jdm zusammen** ~ essere con qu, stare con qu; stare con/[insieme a] qu, uscire [insieme a]/[con] qu *fam*; **bald werden wir wieder zusammen** ~, tra poco saremo di nuovo insieme; **die beiden sind jetzt schon fünf Jahre zusammen**, sono cinque anni che i due [stanno/sono insieme]/[sono una coppia]; **warst du schon mit ihm zusammen?**, [sei già stata (a letto) *fam*]/[hai già fatto all'amore] con lui?
sein③ Hilfsverb **1** (*zur Perfekt- und Plusquamperfektbildung*) ~ + *part perf* essere/avere + *part perf*: **wir sind lange gelaufen**, abbiamo camminato a lungo; **bist du schon mal in Berlin gewesen?**, sei mai stato (-a) a Berlino?; **sie sind ins Kino gegangen**, sono andati (-e) al cinema; **als wir im Hotel ankamen, waren unsere Freunde bereits abgereist**, quando siamo arrivati (-e) in albergo i nostri amici erano già partiti; **die Inflationsrate ist in allen Ländern der EU gesunken**, il tasso di inflazione è sceso in tutti i paesi dell'UE **2** (*zur Bildung des Vorgangspassiv*) ~ + *part perf* + **worden** essere stato (-a) + *part perf*: **das neue Schwimmbad ist gestern eröffnet worden**, la nuova piscina è stata inaugurata ieri **3** (*zur Bildung des Zustandspassiv*) ~ + *part perf* essere + *part perf*: **das Schloss ist aufgebrochen**, hanno forzato la serratura; **der Wagen ist gestohlen** (quella) è una macchina rubata, quella macchina è rubata.
Sein <-s, *ohne pl*> n *philos* essere m; (*Dasein*) esistenza f.
seine *poss pron* **1** (*adjektivisch*) → **sein**① **2** (*substantivisch*) → **seiner**②.
Seine <-, *ohne pl*> f *geog* Senna f.
seiner① *pers pron* (*gen von* **er, es**) *obs lit* di lui: **gedenkt/erinnert euch** ~, ricordatevi di lui.
seiner②, **seine**, **seines** *poss pron von* **er, es** (*substantivisch*) **1** ((*zu*) *ihm Gehörendes*) il suo, la sua: **ist das dein Heft oder sein(e)s?**, questo quaderno è tuo o suo?; **unser Garten liegt direkt neben seinem**, il nostro giardino è proprio accanto al suo; **ist das Roberts Computer?** – **Nein, seiner steht im Arbeitszimmer**, è il computer di Roberto? – No, il suo è nello studio **2** <*nur pl*> (*Angehörige*): **die Seinen/seinen**, i suoi (cari/familiari), la sua famiglia **3** (*seine Aufgabe*): **das Seine/seine** *geh*, il suo; **er hat das Seine getan, jetzt seid ihr dran**, lui ha fatto, ora tocca/sta a voi **4** *geh* (*das ihm Gehörige*): **das Seine/seine**, il suo, i suoi averi; **jeder hat das Seine bekommen**, ognuno ha avuto il suo ● **jedem das Seine/seine** *prov*, a ciascuno il suo; **den Seinen/seinen gibt's der Herr im Schlaf** *prov*, tutte le fortune capitano a le/voi.
seinerseits *adv* da/per parte sua: **er hat nichts dagegen einzuwenden**, da parte sua non ci sono obiezioni; **er** ~ (*was ihn betrifft*), lui dal canto suo.
seinerzeit *adv* allora, all'epoca, a quei tempi.
seinesgleichen <*inv*> *pron oft pej* uno m/gente f/quelli m pl come lui: **von ihm und** ~ **habe ich genug**, ne ho abbastanza di gente/persone come lui; **hier ist er unter** ~, qui è tra [i suoi pari]/[gente come lui] ● **jdn als** ~ **behandeln**, trattare qu da pari a pari; **nicht** ~ **haben** (*im positiven und negativen Sinne*), non avere pari, non avere uguali, essere senza pari; ~ **suchen** (*im positiven und negativen Sinne*) {BAUWERK, GEMÄLDE}, non avere pari, non avere uguali, essere senza pari.
seinetwegen *adv* **1** (*wegen ihm*) a causa sua: ~ **brauchst du dir keine Sorgen zu machen**, per lui non devi preoccuparti; (*negativ*) per colpa sua, a/per causa sua; ~ **müssen wir jetzt noch einmal von vorne anfangen**, per colpa sua dobbiamo (ri)cominciare un'altra volta daccapo **2** (*ihm zuliebe*) per lui: ~ **brauchst du nicht darauf zu verzichten**, non devi rinunciarci per lui **3** *fam* (*von ihm aus*) per lui, per quanto lo riguarda: ~ **kannst du machen, was du willst**, per lui puoi fare quello che vuoi.
seinetwillen *adv obs*: **um** ~, per lui, per amor suo.
seinige *poss pron* <*nur mit best. art*> (*substantivisch*) *geh obs* → **seiner**②.
sein|lassen <*irr*, *part perf* **seinlassen**> *tr* → **sein**②.
seins, **seines** *poss pron* (*substantivisch*) → **seiner**②.
Seismik <-, *ohne pl*> f sismica f.
seismisch *adj* {ERSCHÜTTERUNG, GEBIET} sismico.
Seismograf, **Seismograph** <-en, -en> m sismografo m.
Seismologe <-n, -n> m (**Seismologin** f) sismologo (-a) m (f).
Seismologie <-, *ohne pl*> f sismologia f.
Seismologin f → **Seismologe**.
seismologisch *adj* sismologico.
seit **A** *präp* + *dat* (*von einem bestimmten Zeitpunkt in der Vergangenheit an*) da: **ich warte** ~ **einer Stunde**, aspetto da un'ora; ~ **wann arbeiten Sie hier?**, da quando lavora qui?; **ich kenne ihn** ~ **letztem Sommer**, lo conosco dall'estate scorsa; **er spielt** ~ **seinem achten Lebensjahr Klavier**, suona il piano dall'età di otto anni; **er arbeitet schon** ~ **über einem Jahr an seiner Diplomarbeit**, sta lavorando alla tesi da oltre un anno **B** *konj* da quando, dacché *geh*: ~ **er verheiratet ist, geht er auf keine Party mehr**, da quando è sposato non va più alle feste ● **eh** ~ **und je**, da che mondo è mondo, da sempre; ~ **kurzem/Kurzem**, da poco; ~ **langem/Langem**, da molto.
seitdem A *adv* da allora/[quel momento]: **ich habe ihn vor einigen Monaten im**

Theater getroffen, ~ hat er sich nicht mehr gemeldet, l'ho incontrato qualche mese fa a teatro, da allora non si è più fatto vivo **B** konj da quando, dacché *geh:* **~ ich auf dem Land wohne, bin ich viel ruhiger geworden,** da quando vivo in campagna sono diventato (-a) molto più tranquillo (-a).

Seite <-, -n> f **1** (*Fläche eines Körpers*) {+KISTE} lato m; {+FAHRZEUG, SCHIFF, SCHRANK} *auch* fiancata f; {+DENKMAL} lato m, fianco m; {+GEBÄUDE} *auch* fiancata f; (*dünne Fläche*) {+MUSIKKASSETTE} lato m; {+MEDAILLE, MÜNZE} *auch* faccia f: **die vordere ~ des Schranks möchte ich weiß streichen,** la parte anteriore dell'armadio vorrei dipingerla di bianco; **die vordere ~ eines Gebäudes,** la facciata di un edificio **2** (*Teil eines Raumes*) lato m, parte f: **die linke ~ des Zimmers ist zu dunkel,** la parte sinistra della stanza è troppo buia; **die Bibliothek liegt auf der rechten ~ der Straße,** la biblioteca si trova sul lato destro della strada **3** (*Körperteil*) fianco m, lato m: **auf einer ~ gelähmt sein,** essere paralizzato da un lato; **auf der rechten ~ schlafen,** dormire sul fianco/lato destro; **sich auf die andere ~ drehen,** girarsi ˌdall'altra parteˌ/[dall'altra parte]/[sull'altro fianco]; **mir tut die linke ~ weh,** mi fa male il fianco sinistro; **sich auf die ~ legen,** mettersi sul fianco **4** (*Aspekt*) {+GESCHICHTE, PROBLEM, SITUATION} lato m, aspetto m: **von dieser ~ aus gesehen,** visto sotto quest'aspetto **5** (*Meinungsgruppe*) parte f: **auf der ~ der Bürger,** dalla parte dei cittadini; **jdn auf seine ~ bringen/ziehen,** portare/tirare qu dalla propria parte **6** (*Verhandlungspartner*) parte f: **man sollte immer beide ~n hören,** si dovrebbero sempre sentire tutte e due le campane **7** (*Eigenart*) {+MENSCH} lato m: **von dieser ~ kannte ich ihn gar nicht,** non gli conoscevo questo lato; **ganz neue ~n an jdm aufdecken,** scoprire dei lati completamente nuovi in qu **8** *math* {+DREIECK, TRAPEZ, WÜRFEL} lato m f; {+GLEICHUNG} termine m **9** (*von Partei*) ala f; *mil sport* fianco m: **die linke ~ einer Partei,** l'ala sinistra di un partito **10** (*Druckwerk*) pagina f; (*einzelne Blattseite*) facciata f: **ein Artikel von drei ~n,** un articolo di tre facciate; **das Buch hat über 500 ~n,** questo libro ha più di 500 pagine; **leere ~n,** pagine bianche; **schlagt bitte das Buch auf ~ 13 auf!,** per favore, aprite il libro a pagina 13!; **siehe ~ 20,** vedi/vedere a pagina 20 **11** (*genealogische Linie*) parte f, lato m: **das sind alles Verwandte der mütterlichen ~,** sono tutti parenti ˌda parte di madreˌ/[dal lato materno] **12** (*Teil eines Gebiets*) {+BERG, GEBIRGE} lato m, fianco m ● **auf** *allen* **~n,** da ogni parte, da tutte le parti; **nach** *allen* **~n** (*in jede Richtung*) {AUSEINANDERLAUFEN, UMSEHEN}, in tutte le direzioni; **nach allen ~n offen sein,** essere aperto a tutto; **von** *allen* **~n** {HERBEIEILEN, KOMMEN, ZUSAMMENLAUFEN}, da ˌtutte le partiˌ/[ogni parte]; **von allen ~n betrachten** {GEGENSTAND}, osservare qc da ogni lato; {PROBLEM}, esaminare qc sotto tutti gli aspetti; **von** *amtlicher*/**offizieller** **~,** da fonti ufficiali; **wie von offizieller ~ verlautete,** come si è appreso da fonti ufficiali; **~ an ~,** fianco a fianco; **an** jds (GEHEN, SITZEN), a fianco/lato di qu, di fianco a qu; **von** *anderer* **~** (*von anderen Leuten*) {ETW HÖREN}, da altri; **jdn von der ~ ansehen,** guardare qu di traverso/sbieco; *auf* **der anderen ~,** d'altra parte, d'altro canto; *auf* **der einen ~ ..., auf der anderen ~ ...** (*einerseits ..., andererseits ...*), da un lato ..., dall'altro ...; *auf* **einer ~ ..., dall'altra ...; *auf* ~n → aufseiten; auf beiden ~n,** da ambo/ambedue le parti; **auf die andere ~ gehen** (*Straßenseite*), passare ˌdall'altra parteˌ/[dall'altra parte], cambiare lato; **auf die** ˌ/[zur] **~ gehen,** farsi/tirarsi da parte, scostarsi; **geh zur ~!,** scostati!; **Gelbe ~®,** Pagine Gialle®; **etw auf der ~ haben** {GELD, GESPARTES}, avere qc da parte; **etw auf die ~ legen** {BUCH}, mettere da parte qc, posare qc; (*Geld sparen*), mettere da parte qc; **er hat ganz schön was auf die ~ gelegt** *fam,* ha messo da parte un bel gruzzolo *fam;* **linke ~** {+STOFF}, rovescio; **etw auf der linken ~ tragen** {PULLOVER}, avere/portare qc a rovescio; **etw von der heiteren/angenehmen ~ nehmen** {DAS LEBEN}, prendere il lato buono di qc; **jdn** ˌauf dieˌ/[zur] **~ nehmen** (*jdn unter vier Augen sprechen*), prendere qu da parte qu; **rechte ~** (*von Stoff*), diritto; **zur ~ rücken,** fare un po' di posto, farsi un po' in là, spostarsi un po'; **etw zur ~ schaffen** *fam* (*unerlaubt für sich selbst nehmen*), portare via qc, far sparire qc *fam,* mettersi in tasca qc *fam;* **seit sie in der Kosmetikabteilung arbeitet, hat sie eine Menge Cremes zur ~ geschafft,** da quando lavora al reparto cosmetici ha sgraffignato un sacco di creme; **jdn auf die ~ schaffen** *fam euph* (*jdn ermorden*), fare fuori qu *fam,* togliere di mezzo qu *fam;* **sich auf jds ~ schlagen** {DES FEINDES, DER OPPOSITIONSPARTEI}, passare dalla parte di qu; **jds schwache ~ (sein),** (essere) il punto debole di qu; **Männer sind ihre schwache ~,** gli uomini sono il suo (lato/punto) debole; **auf jds ~ sein** {GESETZ, RECHT}, essere dalla parte di qu; **jds starke ~ (sein),** (essere) il forte di qu; **Mathematik ist nicht gerade meine starke ~,** la matematica non è esattamente il mio forte; **jdm zur ~ stehen,** essere/stare al fianco di qu, fiancheggiare qu; **auf jds ~ stehen,** essere/stare dalla parte di qu, parteggiare per qu; **die ~ umdrehen,** voltare pagina; *von* **~ ~ von unseiten; die ~ wechseln** *sport,* cambiare campo; **jdm nicht von der ~ weichen/gehen,** seguire qu come un'ombra, non staccarsi da qu; **sich von seiner besten ~ zeigen,** mostrarsi dal/[mostrare il] proprio lato migliore; **etw zur ~ ziehen** {GARDINE, VORHANG}, scostare qc; **zu ~n → zuseiten; alles hat (seine) zwei ~n,** ogni medaglia ha il suo rovescio.

Seitenairbag m *autom* airbag m laterale.
Seitenaltar m altare m laterale.
Seitenangabe f indicazione f della pagina: **eine ~ machen,** indicare (il numero del)la pagina.
Seitenansicht f vista f/veduta f laterale/[di fianco].
Seitenarm m {+FLUSS} braccio m laterale/secondario.
Seitenaufbau m *inform* **1** (*Struktur*) struttura f della pagina **2** (*Ladung*) caricamento m della pagina.
Seitenaufprallschutz m {+AUTO} paraurti m laterale, barra f antintrusione.
Seitenaufruf m *inform* visita f.
Seitenaus <-, *ohne pl*> n: **der Ball rollt/fliegt ins ~,** la palla finisce fuori/[in fallo laterale].
Seitenausgang m uscita f laterale.
Seitenblick m occhiata f: **jdm einen ~ zuwerfen,** guardare qu con la coda dell'occhio.
Seiteneingang m entrata f/ingresso m laterale.
Seiteneinsteiger m (**Seiteneinsteigerin** f) "persona f che proviene da un altro settore": **für ~ gibt es besonders in der Informatikbranche sehr gute Aufstiegsmöglichkeiten,** nel settore informatico ci sono ottime possibilità di carriera anche per chi proviene da altre esperienze professionali.
Seitenfach n scomparto m laterale.

Seitenflügel m *arch* ala f laterale; {+FLÜGELALTAR} pannello m laterale, ala f, sportello m.
Seitengebäude n (edificio m) annesso m, dépendance f.
Seitenhieb m *fam* (*bissige Bemerkung*) stoccata f ● **jdm einen ~ versetzen,** tirare una frecciata a qu, dare una stoccata a qu.
Seitenlage f posizione f su un fianco: **in ~ schwimmen/schlafen,** nuotare/dormire sul fianco ● **stabile ~** *autom,* stabilità in curva.
seitenlang **A** *adj* {ARTIKEL} di ˌpagine e pagineˌ/[varie pagine]: **er schreibt ~e Briefe,** scrive lettere lunghissime **B** *adv* {ETW BESCHREIBEN, DARSTELLEN} riempiendo pagine su pagine.
Seitenlänge f **1** (*Länge einer Seite*) {+DREIECK, TRAPEZ} lunghezza f di un lato; {+GEGENSTAND, GRUNDSTÜCK} lunghezza f **2** (*Umfang einer Manuskriptseite*) lunghezza f (di una pagina).
Seitenlehne f bracciolo m.
Seitenlinie f **1** *sport* linea f laterale (del campo di gioco) **2** *Eisenb* linea f secondaria **3** (*Genealogie*) linea f (col)laterale.
Seitennaht f {+KLEID, TASCHE} cucitura f laterale.
Seitennummerierung (a.R. Seitennumerierung) f numerazione f delle pagine, paginazione f.
seitens *präp + gen geh* da parte di: **~ der Regierung,** da parte del governo.
Seitenscheitel m riga f da una parte.
Seitenschiff n *arch* navata f laterale.
Seitensprung m scappatella f *fam:* **einen ~ machen,** fare una scappatella, avere un'avventura.
Seitenstechen <-s, *ohne pl*> n fitte f pl al fianco: **(von etw dat) ~ haben** {VOM LAUFEN}, avere/sentire delle fitte al fianco (per qc); **vom Joggen bekomme ich immer ~,** quando vado a correre mi vengono sempre delle fitte al fianco.
Seitenstraße f strada f/via f laterale.
Seitenstreifen m {+STRASSE} banchina f; {+AUTOBAHN} corsia f d'emergenza: **~ nicht befahrbar** (*auf Verkehrsschildern*), banchina non transitabile/percorribile; **~ nicht befestigt,** banchina non consolidata.
Seitental n valle f laterale.
Seitentasche f tasca f laterale.
Seitenumbruch m *inform typ* impaginazione f.
seitenverkehrt **A** *adj* <*meist* präd> {DIA, FOTO} rovesciato **B** *adv* {ETW AUFNEHMEN, EINLEGEN} alla rovescia.
Seitenwand f {+GEBÄUDE} parete f laterale, fiancata f.
Seitenwechsel m *sport* cambio m di campo.
seitenweise **A** *adj* {BESCHREIBUNG, ERZÄHLUNG} di molte pagine **B** *adv* {BESCHREIBEN} riempiendo pagine su pagine.
Seitenwind m vento m laterale.
Seitenzahl f **1** (*Gesamtzahl*) numero m di/delle pagine **2** (*auf einer Seite*) numero m di/della pagina.
Seitenzugriff m *inform* accesso m (alla pagina).
seither *adv* da allora: **wir hatten letzten Monat einen kleinen Streit, ~ habe ich ihn nicht mehr gesehen,** il mese scorso abbiamo avuto un piccolo diverbio, da allora non l'ho più visto.
seitlich **A** *adj* <attr> {BEGRENZUNG, WIND} laterale **B** *adv* {ZUSAMMENSTOSSEN} lateralmen-

te, di lato; ~ **von jdm/etw** *fam* a lato/fianco *di qu/qc*, accanto *a qu/qc* **C** *präp* + *gen* a lato/fianco di, di fianco a: ~ **des Rathauses befindet sich die Post**, ˻a fianco del˼/[di fianco al] municipio c'è la posta.

seitwärts *adv* **1** (*in eine Richtung*) {SICH DREHEN, ZEIGEN} di lato, lateralmente, di profilo **2** (*auf einer Seite*) {SICH BEFINDEN, STEHEN} di lato, lateralmente, a fianco: ~ **geneigt**, inclinato lateralmente/[di lato].

sek., Sek. *f Abk von* Sekunde: s m, sec m (*Abk von* secondo).

Sekante <-, -n> *f math* secante *f*.

sekkieren <*ohne* ge-> *tr süddt* **A** *jdn* ~ tormentare *qu*, vessare *qu*.

Sekret <-(e)s, -e> *n med* secreto *m*, secrezione *f*.

Sekretär① <-s, -e> *m* (*Möbelstück*) secrétaire *m*.

Sekretär② <-s, -e> *m* (*Sekretärin f*) segretario (-a) *m* (*f*).

Sekretariat <-(e)s, -e> *n* {+AMT, BÜRO, SCHULE, UNIVERSITÄT} segreteria *f*.

Sekretärin *f* → **Sekretär**②.

Sekretion <-, -en> *f* secrezione *f*.

Sekretolytikum <-s, Sekretolytika> *n pharm* espettorante *m*.

Sekt <-(e)s, -e> *m* (vino) spumante *m*: **süßer/trockener ~**, spumante dolce/secco; **der ~ schäumt/perlt/moussiert (im Glas)**, lo spumante ˻fa schiuma *fam*˼/[frizza]/[mussa] (nella coppa).

Sekte <-, -n> *f relig* setta *f*: **einer ~ angehören/anhängen**, ˻appartenere a˼/[essere membro di]/[far parte di] una setta; **einer ~ beitreten**, ˻aderire a˼/[entrare a far parte di] una setta.

Sektenbeauftragte <*dekl wie adj*> *mf pol* responsabile *mf* della squadra antisette.

Sektenführer *m* (**Sektenführerin** *f*) ˻capo *m*/guida f˼/[maestro m (spirituale)] di una setta, guru *m*, santone *m*.

Sektengründer *m* (**Sektengründerin** *f*) fondatore (-trice) *m* (*f*) di una setta.

Sektenmitglied *n* membro *m* di una setta.

Sektenwesen *n* sette *f pl*: **das ~ ist ein typisches Phänomen unserer Zeit**, quello delle sette è un fenomeno tipico dei nostri tempi.

Sektflasche *f* **1** (*Flasche für Sekt*) bottiglia *f* da spumante **2** (*Flasche Sekt*) bottiglia *f* di spumante.

Sektflöte *f* flûte *f*.

Sektfrühstück *n gastr* "abbondante colazione *f* con spumante".

Sektglas *n* **1** (*Glas für Sekt*) calice *m*/coppa *f* da spumante, flûte *f* **2** (*Glas Sekt*) bicchiere *m* di spumante.

Sektierer <-s, -> *m* (**Sektiererin** *f*) **1** *relig* (*Sektenanhänger*) seguace *mf*/adepto (-a) *m* (*f*) di una setta, aderente *mf* a una setta, settario (-a) *m* (*f*) *rar* **2** *pol* (*Abweichler*) deviazionista *mf* **3** *ostdt hist pol* (*Linksabweichler*) deviazionista *mf* di sinistra.

sektiererisch *adj* **1** (*einer Sekte angehörend*) settario *m* **2** *pol* (*abweichlerisch*) deviazionista.

Sektierertum <-s, *ohne pl*> *n* **1** (*sektiererisches Verhalten*) settarismo *m* **2** *pol* deviazionismo *m*.

Sektion <-, -en> *f* **1** (*Abteilung*) sezione *f*: **die deutsche ~ von Amnesty International**, la sezione tedesca di Amnesty International **2** *geh med* autopsia *f*, dissezione *f*, sezione *f*: **eine ~ durchführen/vornehmen**, eseguire/effettuare un'autopsia/una dissezione/una sezione.

Sektionsbefund *m med* referto *m* autoptico.

Sektionschef *m* (**Sektionschefin** *f*) **1** (*Leiter einer Sektion*) caposezione *mf* **2** *A adm* direttore (-trice) *m* (*f*) di divisione di un ministero, capodivisione *mf*.

Sektkelch *m* calice *m* da spumante, flûte *f*.

Sektkellerei *f* cantina *f* (per la produzione) di spumante.

Sektkorken *m* tappo *m*/sughero *m* da spumante.

Sektkübel *m*, **Sektkühler** *m* secchiello *m* del ghiaccio (per lo spumante).

Sektlaune <-, *ohne pl*> *f scherz* euforia *f* (causata da spumante/alcol: **sie hat aus einer ~ heraus gekündigt**, le è venuto/saltato il ghiribizzo e si è licenziata.

Sektor <-s, -en> *m* **1** (*Bereich*) settore *m*, campo *m*, ambito *m*: **auf einem ~ Fachmann sein**, essere esperto in un settore **2** *math* (*Ausschnitt*) settore *m* **3** *geog hist* (*Besatzungszone*) settore *m*: **nach dem Krieg wurde Berlin in vier ~en geteilt**, dopo la guerra Berlino fu divisa in quattro settori.

Sektorengrenze *f hist* confine *m* di settore.

Sektschale *f* coppa *f* da spumante.

Sekundant *m* (**Sekundantin** *f*) **1** *Boxen Schach* secondo *m*, assistente *mf* **2** *hist* (*Duellbetreuer*) secondo *m*, padrino *m*.

sekundär *geh* **A** *adj* {BEDEUTUNG} secondario, (ROLLE, STELLE} di secondo piano: **dieses Problem erscheint mir ganz ~**, questo problema mi sembra del tutto secondario; **etw für ~ halten**, considerare/ritenere qc secondario/[di secondaria importanza]; **etw für ~ erklären**, dichiarare qc secondario/[di secondaria importanza] **B** *adv* secondariamente, indirettamente: **das betrifft mich nur ~**, ciò mi riguarda solo indirettamente/[di riflesso].

Sekundararzt *m* (**Sekundarärztin** *f*) *A med* assistente *mf* (del/[di un] primario).

Sekundärinfektion *f med* infezione *f* secondaria.

Sekundärliteratur *f* **1** (*Werke*) critica *f* (letteraria), testi *m pl* critici, letteratura *f* secondaria/critica **2** (*Verzeichnis*) bibliografia *f*.

Sekundarschule *f CH* scuola *f* media/[secondaria inferiore].

Sekundärstrom *m el* corrente *f* secondaria/indotta.

Sekundarstufe *f* scuola *f* secondaria/media: **~ I**, scuola secondaria inferiore (dal 5° al 10° anno scolastico); **~ II**, scuola secondaria superiore (dall'11° al 13° anno scolastico).

Sekündchen <-s, -> *n dim von* Sekunde secondino *m*, momentino *m*, attimino *m*.

Sekunde <-, -n> *f* **1** (*Abk* sek) (*Bruchteil einer Minute*) (minuto *m*) secondo *m*: **er hat für diese Strecke genau 15 ~n gebraucht**, per percorrere questa distanza ˻ci ha messo *fam*˼/[ha impiegato] esattamente 15 secondi **2** *fam* (*Augenblick*) secondo *m*, momento *m*, attimo *m*: **eine ~ bitte!**, un secondo/momento, per favore!; **nun warte doch, ich bin in zwei ~n wieder da**, su, aspetta, torno fra un attimo/secondo! **3** (*Winkelmaß*) secondo *m* **4** *mus* seconda *f* • **auf die ~ (genau)**: **hier kommt es auf die ~ an**, ogni secondo è prezioso; **der Zug lief auf die ~ (genau) im Bahnhof ein**, il treno arrivò ˻spaccando il minuto *fam*˼/[puntualissimo] in stazione; **es ist auf die ~ (genau) 12 Uhr**, sono le 12 spaccate *fam*, è mezzogiorno in punto.

Sekundenbruchteil *m* frazione *f* di secondo.

sekundenlang **A** *adj* {SCHWEIGEN, ZÖGERN} di alcuni secondi, che dura qualche secondo **B** *adv* (per) qualche secondo: **er zögerte ~, bevor er antwortete**, esitò (per) qualche secondo prima di rispondere.

Sekundenmesser <-s, -> *m* contasecondi *m*.

Sekundenschnelle *f*: **in ~**, ˻nel giro di˼/[in] pochi secondi, in un attimo, in quattro e quatt'otto, in men che non si dica.

Sekundenzeiger *m* lancetta *f* dei secondi.

sekundieren <*ohne* ge-> *itr* **1** *geh* (*unterstützen*) **jdm** (**bei etw** *dat*) ~ assistere *qu* (in *qc*), sostenere *qu* (in *qc*) **2** *hist* (*beim Duell/Wettkampf betreuen*) **jdm** ~ fare da padrino a *qu*.

sekündlich *adv* (a) ogni secondo.

Sekurit® <-s, *ohne pl*> *n tech* (*nicht splitterndes Glas*) vetro *m* di sicurezza.

sel. *Abk von* selig: b. (*Abk von* beato).

selbdritt *adv obs* (*zu dritt*) in tre: **die heilige Anna ~ kunst**, Madonna con Bambino e Sant'Anna, Sant'Anna Metterza.

selber① <inv> dem pron *fam* → **selbst**.

selber②, **selbe**, **selbes** dem pron stesso (-a), medesimo (-a) *geh*: **im selben Augenblick**, nello stesso istante; **zur selben Stunde**, alla stessa ora; **am selben Tag**, (nel)lo stesso giorno, il medesimo giorno.

Selbermachen *n* fai *m* da te: **Möbel zum ~**, mobili fai da te • **~ spart Zeit und Geld**, chi fa da sé fa per tre *prov*.

selbig dem pron *obs* quello stesso: **er verstarb noch am ~en Tage**, morì quello stesso giorno.

selbst <inv> **A** dem pron **1** (*persönlich*) stesso: **ich habe ihn ~ zum Bahnhof gebracht**, io stesso (-a) l'ho accompagnato alla stazione; **das habe ich ~ gesehen**, l'ho visto con i miei occhi; **daran ist er ~ schuld**, la colpa è tutta/solo sua; (*seinerseits*): **der Fahrer ~ blieb unverletzt**, il guidatore invece rimase illeso **2** (*in eigener Person*) stesso, in/di persona, personalmente: **der Chef ~ hat ihn zu sich beordert**, il principale stesso lo ha convocato; **der Minister ist ~ gekommen**, è venuto il ministro in/di persona; **das hat der Direktor ~ geschrieben**, l'ha scritto il direttore personalmente/di [mano sua]/[suo pugno] **3** (*allein, ohne fremde Hilfe*) da solo, da sé: **sie näht ihre Kleider ~**, si cuce i vestiti da sé; **er hat sich sein Haus ~ gebaut**, si è costruito la casa ˻da solo˼/[con le sue mani]; **das Kind ist den ganzen Tag sich ~ überlassen**, il bambino è abbandonato/lasciato a se stesso per tutto il giorno; **das weiß ich ~**, lo so da me; **das musst du ~ wissen**, sei tu che lo devi sapere, se non lo sai tu…! **4** (*an sich*) stesso, in/per/[di per] sé (*attrib.*): **das Haus ~ ist ja ganz schön, aber die Gegend ist hässlich**, la casa in sé è anche carina ma la zona è orribile **5** (*in Person*) {GÜTE, RUHE, ZUVERLÄSSIGKEIT} stesso, in persona, personificato: **er ist die Ruhe ~**, è la tranquillità stessa/[in persona], è la calma personificata **6** (*völlig verändert*): **jd ist nicht mehr er ~**, qu non è più lo stesso; **du bist gar nicht mehr du ~**, non sei più ˻lo stesso/la stessa˼/[tu] **7** (*auch*) anche: **mir ist es ~ peinlich**, è imbarazzante/increscioso anche per me; **das tut mir ~ leid**, dispiace anche a me **8** (*von allein*): **von ~**, da sé/solo; **die Tür schließt (sich) von ~**, la porta (si) chiude da sé; **hast du ihn eingeladen? – Nein, er ist von ~ gekommen**, l'hai invitato tu? – No, è venuto di sua iniziativa; **von ~ wäre ich nie darauf gekommen**, (da solo (-a)) non ci sarei mai arrivato (-a); **das geht ja wie von ~**, è facilissimo, è come andare sul velluto; **das kommt ganz von ~**, viene da sé; **das versteht sich von ~**, si capisce (da sé), è ovvio; **es versteht sich von ~, dass ...**, va da sé, che ... ◼ *adv* (*sogar*) perfino, persino, stesso: **~ seine Freunde kritisieren ihn**, ₍perfino i suoi₎/[i suoi stessi] amici lo criticano; **~ sein Vater würde das nicht dulden**, neanche/neppure suo padre lo permetterebbe; **~ wenn**, anche se..., quand'anche...; **~ konjv ● eine(r, s)! *fam* (*du auch!*): Blödmann!** – **Selbst einer!**, Imbecille! – Imbecille sarai tu!, Senti chi parla!; **mir geht's gut. Und ~?**, io sto bene. E tu/Lei?; **~ schuld!**, peggio per te/lei/lui!; **~ verschuldet → selbstverschuldet**; **~ verwaltet → selbstverwaltet**.

selbst. Abk *von* selbständig: a. (Abk *von* autonomo).

Selbst <-, *ohne pl*> *n geh* (*Ich*) io m, sé m: **mein besseres ~**, il mio io migliore, la parte migliore di me; **mein ganzes ~**, tutto il mio essere; **mein zweites ~**, il mio secondo io; **sein wahres ~ finden**, trovare se stesso.

Selbstabholer m <*meist* pl> "chi va a prendere/ritirare qc da sé": **~ zahlen die Hälfte**, chi ritira da sé paga la metà.

Selbstachtung f autostima f, rispetto m per/di se stesso.

Selbstanalyse f *psych* autoanalisi f.

selbständig ◼ *adj* **1** (*eigenständig*) autonomo, indipendente: **ein ~er Mensch**, una persona indipendente/autonoma; **das Kind ist für sein Alter schon sehr ~**, il bambino è già molto indipendente/autonomo per la sua età; **sie hat eine ~e Entscheidung getroffen**, ha deciso autonomamente/[da sola] (*ohne fremde Hilfe lebend*) {ALTER MENSCH, KRANKER MENSCH} autosufficiente **2** *pol* (*unabhängig*) {LAND, STAAT} indipendente: **das Land ist ~ geworden**, il paese è diventato indipendente/autonomo, il paese ha raggiunto l'autonomia/indipendenza **3** (*beruflich*) {BERUF} autonomo; (*freiberuflich tätig*) da libero professionista: **er übt einen ~en Beruf aus**, svolge ₍un lavoro autonomo₎/[un'attività da libero professionista]; **er ist ~er Kaufmann**, è commerciante in proprio; **er ist ~**, lavora ₍in proprio₎/[per conto suo]; (*freiberuflich tätig*) fa il libero professionista ◼ *adv* {DENKEN} autonomamente; {ENTSCHEIDEN, HANDELN} auch da sé, per conto proprio ● **~ arbeiten**/[tätig sein], lavorare in proprio; **sich ~ machen** (*sich unabhängig machen*), rendersi indipendente; (*beruflich*), mettersi in proprio; (*fam scherz* (*abhanden kommen*), sparire; **der Ball hat sich ~ gemacht**, alla palla sono spuntate le gambe, la palla si è volatilizzata; **das Kind hat sich unterwegs ~ gemacht**, cammin facendo il bambino è scappato.

Selbständige <*dekl wie adj*> mf (lavoratore (-trice) m (f)) autonomo (-a) m (f).

Selbständigkeit f <-, *ohne* pl> f autonomia f, indipendenza f.

Selbstanklage f *jur* autoaccusa f.

Selbstansteckung f *med* autoinfezione f.

Selbstanzeige f *jur* autodenuncia f.

Selbstaufgabe f rinuncia f alla propria personalità/identità, negazione f di sé: **sie unterwirft sich bis zur ~**, si sottomette fino a perdere la propria identità.

Selbstauflösung f *psych* dissoluzione f dell'io.

Selbstaufopferung f *geh* abnegazione f, sacrificio m di sé: **sich bis zur ~ für etw** (akk) **einsetzen**, impegnarsi per qc fino all'autoannullamento.

Selbstaufzug m *mech* {+UHR} carica f automatica.

Selbstauslöser m *fot* autoscatto m.

Selbstbedienung f *com* self-service m: **hier ist ~**, qui c'è self-service; **keine ~!**, no self-service!

Selbstbedienungsladen m *com* negozio m self-service, piccolo supermercato m.

Selbstbedienungsrestaurant n (ristorante m (con)) self-service m.

Selbstbefreiung f *psych* liberazione f dell'io.

Selbstbefriedigung f <-, *ohne* pl> f autoerotismo m, masturbazione f, onanismo m.

Selbstbefruchtung f *bot* autofecondazione f.

Selbstbehauptung f <-, *ohne* pl> f autoaffermazione f.

selbstbeherrscht *adj* {PERSON} controllato, che si sa dominare, compassato.

Selbstbeherrschung f autocontrollo m, dominio m/padronanza f di sé ● **seine ~ bewahren**, mantenere l'autocontrollo/[il sangue freddo]/[la calma]; **~ üben** *geh*, esercitare l'autocontrollo *geh*; **die ~ verlieren**, perdere l'autocontrollo/la calma.

Selbstbeköstigung f → **Selbstverpflegung**.

Selbstbemitleidung f autocommiserazione f, vittimismo m.

Selbstbesinnung f introspezione f, meditazione f/riflessione f su se stesso: **zur ~ kommen**, arrivare a riflettere su se stesso.

Selbstbespiegelung f narcisismo m.

Selbstbestätigung f *psych* conferma f (del proprio valore) ● **bei/in jdm ~ suchen/finden**, cercare conferme da/in qu, trovare conferme in qu; **in etw** (dat)/**durch etw** (akk) **~ suchen/finden**, cercare/trovare conferme in/facendo qc.

Selbstbestäubung f *bot* autoimpollinazione f, impollinazione f diretta.

Selbstbestimmung f *pol soziol* autodeterminazione f, autodecisione f.

Selbstbestimmungsrecht n *pol* diritto m di/all'autodeterminazione/autodecisione.

Selbstbeteiligung f **1** *Versicherung* franchigia f: **bei/mit einer ~ von 100 Euro**, con una franchigia di 100 euro **2** (*bei Krankenkassen*) ticket m.

Selbstbetrug m → **Selbsttäuschung**.

Selbstbeweihräucherung f *fam* autoincensamento m.

Selbstbewirtschaftung f *com* gestione f diretta, esercizio m in proprio.

selbstbewusst (a.R. selbstbewußt) ◼ *adj* **1** (*selbstsicher*) {MENSCH} sicuro di sé (stesso), consapevole/cosciente del proprio valore: **ein ~er junger Mann**, un giovanotto sicuro di sé; {AUFTRETEN, VERHALTEN} sicuro, deciso; **sein ~es Auftreten öffnet ihm alle Türen**, il suo fare sicuro gli apre tutte le porte **2** *philos* autocosciente, consapevole di sé ◼ *adv* in modo consapevole, consapevolmente, con consapevolezza: **sie kann ganz schön ~ auftreten, wenn es darauf ankommt**, se (è) necessario sa farsi valere.

Selbstbewusstsein (a.R. selbstbewußtsein) n **1** (*Selbstsicherheit*) sicurezza f (di sé), fiducia f in se (stesso): **ein ausgeprägtes ~ haben**, avere molta autostima **2** *philos* coscienza f di sé, autocoscienza f ● **wenig ~ haben**, avere poca autostima/[fiducia in sé]; **jds ~ erschüttern**, distruggere l'autostima di qu; **an jds ~ kratzen** *fam*, intaccare/scalfire la fiducia di qu in se stesso; **jds ~ stärken**, rafforzare l'autostima di qu.

Selbstbezogenheit f egocentrismo m.

Selbstbild n immagine f di sé.

Selbstbildnis n *kunst* autoritratto m.

Selbstbräuner <-s, -> m (prodotto m) autoabbronzante m.

Selbstdarsteller m (**Selbstdarstellerin** f) esibizionista mf.

Selbstdarstellung f **1** (*Selbstinszenierung*) esibizionismo m: **sie braucht die teuren Kleider nur zur ~**, i vestiti costosi le servono soltanto per mettersi in mostra **2** (*Image*) immagine f di sé **3** *kunst* → **Selbstbildnis**.

Selbstdisziplin <-, *ohne* pl> f autodisciplina f.

Selbsteinschätzung f autovalutazione f.

Selbstentfaltung f sviluppo m personale.

Selbstentfremdung f *psych* alienazione f.

Selbstentlader m **1** *autom* autocarro m con cassone ribaltabile **2** *Eisenb* carro m/vagone m a scarico automatico.

Selbstentzündung f *chem* autocombustione f.

Selbsterfahrung f *psych* autocoscienza f.

Selbsterfahrungsgruppe f *psych* gruppo m di autocoscienza.

Selbsterhaltung f autoconservazione f.

Selbsterhaltungstrieb m *biol* istinto m di autoconservazione.

Selbsterkenntnis <-, *ohne* pl> f conoscenza f di se (stesso) ● **~ ist der erste Schritt zur Besserung** *prov*, conoscersi per migliorarsi.

selbsternannt *adj* → **ernannt**.

Selbsterniedrigung f <-, *ohne* pl> f *geh* autoumiliazione f.

Selbsterzeuger m (**Selbsterzeugerin** f) "chi vive di ciò che produce".

Selbstfahrer m (**Selbstfahrerin** f) "chi guida da sé": **Urlaub für ~**, vacanze per chi viaggia in macchina.

Selbstfinanzierung f *ökon* autofinanziamento m.

Selbstfindung f *geh* trovare m se stesso, prendere m coscienza della propria identità.

selbstgebacken *adj* → **gebacken**.

selbstgebastelt *adj* → **gebastelt**.

selbstgedreht *adj* → **gedreht**.

selbstgefällig ◼ *adj* {MENSCH} pieno di sé, compiaciuto; {MIENE, VERHALTEN} compiaciuto ◼ *adv* con compiacimento: **sich ~ im Spiegel betrachten**, guardarsi allo specchio con compiacimento.

Selbstgefälligkeit <-, *ohne* pl> f autocompiacimento m.

Selbstgefühl <-s, *ohne* pl> n → **Selbstbewusstsein**.

selbstgemacht *adj* → **gemacht**.

selbstgenügsam *adj* che basta a se stesso, che si accontenta; (*bescheiden*) modesto: **ein ~es Leben führen**, condurre una vita senza pretese.

Selbstgenügsamkeit f bastare m a se stesso; (*Bescheidenheit*) modestia f.

selbstgerecht *adj* pieno di sé, presuntuoso, protervo.

Selbstgerechtigkeit f presunzione f, protervia f.

selbstgeschrieben *adj* → **geschrieben**.

Selbstgespräch n <*meist* pl> monologo m, soliloquio m *geh*: **~e führen/halten**, parlare tra sé e sé, fare dei monologhi/soliloqui; **in ein ~ vertieft sein**, essere assorto in un soli-

loquio.
selbstgestrickt adj → **gestrickt**.
selbstgezogen adj → **gezogen**.
selbsthaftend adj → **selbstklebend**.
Selbstheilung f autoguarigione f.
selbstherrlich pej A adj {MENSCH} prepotente, dispotico, autoritario B adv {ETW ANORDNEN, SICH BENEHMEN, ETW ENTSCHEIDEN} con prepotenza, in modo dispotico/autoritario.
Selbstherrlichkeit f pej dispotismo m, autoritarismo m, prepotenza f.
Selbsthilfe f 1 (Eigeninitiative) iniziativa f personale: **die Eltern haben in ~ einen Kindergarten organisiert**, i genitori hanno organizzato un asilo autogestito 2 (Notwehr) difesa f personale, autodifesa f: **Frauen sollten zur ~ Judo lernen**, per difesa personale le donne dovrebbero imparare il judo 3 jur autotutela f, autodifesa f ● **zur ~ greifen/schreiten** (sich selbst helfen), prendere l'iniziativa, farsi ragione/giustizia da sé jur, fare da sé fam.
Selbsthilfegruppe f gruppo m/associazione f di autoaiuto.
Selbstinszenierung f geh autorappresentazione f, modo m di (auto)presentarsi.
Selbstironie f autoironia f.
Selbstjustiz f jur farsi m giustizia da sé: **(an jdm) ~ üben**, farsi giustizia da sé (nei confronti di qu).
Selbstkasteiung <-, -en> f 1 (das Sich-Selbst-Kasteien) autoflagellazione f 2 (Selbstbestrafung) autoflagellazione f.
Selbstklebeetikett n etichetta f autoadesiva.
Selbstklebefolie f pellicola f autoadesiva.
selbstklebend adj autoadesivo.
Selbstkontrolle f psych autocontrollo m.
Selbstkosten subst <nur pl> ökon spese f pl vive.
Selbstkostenpreis m ökon prezzo m di costo ● **etw zum ~ abgeben/verkaufen**, dare/vendere qc a prezzo di costo; **etw unter dem ~ verkaufen**, vendere qc sottocosto.
Selbstkostenrechnung f ökon calcolo m dei costi di produzione.
Selbstkritik <-, ohne pl> f autocritica f: **~ üben**, fare autocritica.
selbstkritisch adj autocritico.
Selbstlader m fam arma f automatica.
Selbstläufer m: **ein/kein ~ sein**, essere/[non essere] automatico.
Selbstlaut m gram vocale f.
Selbstlerner <-s, -> m (**Selbstlernerin** f) autodidatta mf.
Selbstlernmethode f metodo m autodidattico.
Selbstlob n → **Eigenlob**.
selbstlos A adj {MENSCH} disinteressato, altruista B adv {HANDELN} disinteressatamente, in modo altruista: **sie setzt sich ~ für ihre Kollegen ein**, si adopera per i suoi colleghi con altruismo.
Selbstlosigkeit <-, ohne pl> f altruismo m, disinteresse m.
Selbstmedikation f med automedicazione f.
Selbstmitleid n pej autocommiserazione f, vittimismo m.
Selbstmord m 1 (das Sich-selbst-Töten) suicidio m: **versuchter ~**, tentato suicidio; **~ aus Liebeskummer**, suicidio per amore 2 (riskantes Verhalten) suicidio m: **Rauchen ist ~ auf Raten**, il fumo è un lento suicidio, il fumo uccide lentamente; **moralischer/politischer ~**, suicidio morale/politico; **unter**

solchen Bedingungen zu arbeiten, ist ~, lavorare in tali condizioni è un suicidio ● **~ begehen/verüben**, commettere suicidio, suicidarsi; **mit ~ drohen**, minacciare il suicidio; **durch ~ enden**, morire suicida; **das ist ja glatter/reiner ~!** fam, (questo) è un vero suicidio!; **jdn in den/[zum] ~ treiben**, spingere/portare qu al suicidio.
Selbstmordanschlag m → **Selbstmordattentat**.
Selbstmordattentat n attentato m suicida.
Selbstmordattentäter m (**Selbstmordattentäterin** f) attentatore (-trice) m (f) suicida.
Selbstmorddrohung f minaccia f di suicidio.
Selbstmörder m (**Selbstmörderin** f) suicida mf.
selbstmörderisch adj 1 (den Selbstmord bezweckend) suicida: **in ~er Absicht**, con l'intenzione di suicidarsi, con intento/proposito suicida 2 (sehr gefährlich) {PLAN, VORHABEN} suicida.
Selbstmordgedanke m <meist pl> idea f di suicidarsi: **~n haben**, pensare al suicidio; **sich mit ~n tragen** geh, meditare il suicidio.
selbstmordgefährdet adj {HÄFTLING, PATIENT} con tendenze suicide.
Selbstmordkandidat m (**Selbstmordkandidatin** f) aspirante mf suicida.
Selbstmordkommando n mil commando m suicida/kamikaze.
Selbstmordrate f percentuale f dei suicidi: **die ~ unter Schülern ist erschreckend gestiegen**, la percentuale dei suicidi tra studenti è aumentata in modo spaventevole.
Selbstmordversuch m tentativo m di/[tentato] suicidio m: **einen ~ machen**, tentare il suicidio/[di suicidarsi]; **sie hat bereits drei ~e hinter sich**, ha tentato già tre volte di suicidarsi.
Selbstporträt n → **Selbstbildnis**.
selbstquälerisch A adj masochistico, che tormenta se stesso: **die ~ Suche nach den eigenen Fehlern**, la tormentosa ricerca dei propri difetti B adv masochisticamente, in modo masochistico, con masochismo.
selbstredend adv fam naturalmente, ovviamente.
Selbstreflexion f autoriflessione f.
selbstreinigend adj tech autopulente.
Selbstreinigung f biol {+GEWÄSSER} autocorrezione f, autoepurazione f.
Selbstschuss (a.R. Selbstschuß) m tech sparo m automatico.
Selbstschutz m psych autodifesa f: **ihre Aggressivität ist nichts weiter als eine Art ~**, la sua aggressività non è altro che una sorta di autodifesa.
selbstsicher A adj {MENSCH} sicuro di sé; {AUFTRETEN, WESEN} sicuro: **~ sein**, essere sicuro di sé, avere dell'aplomb B adv con sicurezza: **~ auftreten**, muoversi con sicurezza, apparire molto sicuro (-a) di sé.
Selbstsicherheit <-, ohne pl> f sicurezza f di sé, aplomb m.
selbstständig adj → **selbständig**.
Selbstständige <dekl wie adj> mf → **Selbständige**.
Selbstständigkeit f → **Selbständigkeit**.
Selbststilisierung f autoesaltazione f.
Selbststudium <-s, ohne pl> n studi m pl da autodidatta: **sich (dat) etw im ~ aneignen**, acquisire qc (studiando) da autodidatta.

Selbstsucht <-, ohne pl> f egoismo m.
selbstsüchtig adj {MENSCH} egoista; {VERHALTEN} auch egoistico, da egoista.
selbsttätig A adj {ABSPERRVORRICHTUNG} automatico B adv automaticamente, da sé/solo: **die Türen schließen ~**, le porte chiudono automaticamente; **~ schließende Türen**, porte a chiusura automatica.
Selbsttäuschung f illusione f: **einer ~ erliegen/[zum Opfer fallen]**, essere vittima di un'illusione; **sich einer ~ hingeben**, abbandonarsi a un'illusione, farsi illusioni, illudersi.
Selbsttötung f adm → **Selbstmord**.
selbsttragend adj tech autoportante.
Selbstüberschätzung f pej sopravalutazione f di sé, presunzione f.
Selbstüberwindung f: **es kostet jdn ~, etw zu tun**, a qu costa molto sforzo fare qu.
Selbstunterricht m → **Selbststudium**.
Selbstverachtung f disprezzo m di sé.
selbstverantwortlich adj → **eigenverantwortlich**.
Selbstverantwortung f → **Eigenverantwortung**.
Selbstverbrennung <-, ohne pl> f suicidarsi m dandosi fuoco.
selbstverdient adj → **verdient**.
selbstvergessen A adj assente, svagato, dimentico di sé lit B adv: **~ dasitzen**, starsene (là) seduto (-a) con la testa fra le nuvole.
Selbstvergessenheit f assenza f, svagatezza f.
Selbstverlag m: **im ~**, a spese dell'autore/[degli autori]; **das Buch erscheint im ~**, il libro è pubblicato a spese dell'autore.
Selbstverleugnung f abnegazione f.
selbstverliebt adj {MENSCH} narcisista.
Selbstvernichtung f autoannientamento m.
Selbstverpflegung f vitto m a proprie spese: **Ferienwohnung mit ~**, appartamento per vacanze, senza vitto.
Selbstverschulden n adm (in Versicherungspolicen u. Ä.) propria responsabilità f, colpa f propria.
selbstverschuldet adj {UNFALL} per colpa propria: **sich in einer ~en Notlage befinden**, trovarsi per propria colpa in una situazione d'emergenza.
Selbstversorger <-s, -> m (**Selbstversorgerin** f) "chi si nutre di alimenti di propria produzione"; scherz (im Urlaub) "chi (in vacanza) provvede personalmente ai pasti".
selbstverständlich A adj {TATSACHE, WAHRHEIT} naturale, ovvio, evidente, scontato; {HILFE} spontaneo: **das ist doch ~, dass ich dir helfe**, è naturale/ovvio che ti aiuti/aiuto fam; **er empfing uns mit ~er Liebenswürdigkeit**, ci accolse con naturale/spontanea gentilezza, con tutta naturalezza; **seine Hilfsbereitschaft ist durchaus nicht ~**, la sua disponibilità è tutt'altro che scontata B adv (natürlich) naturalmente, ovviamente, certo, pacifico: **ich tue das ~ gern**, lo faccio volentieri, si intende; **tun Sie mir den Gefallen? – Selbstverständlich!**, mi farebbe questo favore? – Naturalmente!, Certo!, Senz'altro!; **~ hast du Recht**, è ovvio/pacifico che hai ragione, certo che hai ragione; **sie nahmen ihn ganz ~ bei sich auf**, lo accolsero spontaneamente a casa loro; **billigt er ihr Verhalten? – Selbstverständlich nicht!**, approva il suo comportamento? – Ovviamente no!; **wie ~**, come se fosse ovvio/naturale; **er setzte sich wie ~ mit an den Tisch**, si sedette a tavola come se fosse a casa sua ● **etw ~ finden/[als ~ be-**

trachten]/[für ~ halten], trovare/considerare/ritenere qc naturale/ovvio (-a)/evidente; **etw als (ganz) ~ hinnehmen**, dare qc per scontato (-a).

Selbstverständlichkeit f **1** (*selbstverständliche Tatsache*) cosa f ovvia, ovvietà f: **einen Computer zu haben, ist heute schon fast eine ~**, oggi avere un computer è quasi una ˻cosa ovvia˼/[ovvietà]; **er hält es für eine ~, dass ich ihn finanziell unterstütze**, la ritiene una cosa scontata/naturale che io lo sostenga finanziariamente; **es ist doch eine ~, hier Hilfe zu leisten**, ˻dare aiuto˼/[aiutare] in questo caso è una cosa ovvia/scontata **2** (*Unbefangenheit*) naturalezza f, disinvoltura f: **etw mit der größten ~ tun**, fare qc con ˻la massima naturalezza˼/[totale disinvoltura].

Selbstverständnis <-*ses, ohne pl*> n immagine f/idea f di se stesso: **das ~ einer Partei**, l'immagine che un partito ha di se stesso; **mein ~ als berufstätige Frau**, l'immagine che ho di me come donna che lavora.

Selbstverstümmelung f autolesionismo m; *jur* automutilazione f.

Selbstversuch m *med wiss* esperimento m ˻su se stesso˼/[sul proprio corpo]: **etw im ~ testen**, sperimentare/provare qc su se stesso.

Selbstverteidigung f autodifesa f, difesa f personale.

Selbstverteidigungskurs m corso m di autodifesa.

Selbstvertrauen n fiducia f in se stesso.

selbstverwaltet adj {Jugendzentrum, Kindergarten} autogestito; {Gemeinde} autogovernato.

Selbstverwaltung f {+Gemeinde} amministrazione f autonoma, autonomia f amministrativa, autogoverno m; {+Jugendzentrum, Kindergarten} autogestione f, gestione f autonoma: **Hochschule mit ~**, università con amministrazione autonoma.

Selbstverwirklichung f *philos psych* realizzazione f ˻di se stesso˼/[del proprio io], autorealizzazione f.

Selbstvorwurf m senso m di colpa: **nach dem Tod ihres Mannes quält sie sich mit Selbstvorwürfen**, dopo la morte di suo marito è tormentata dai sensi di colpa.

Selbstwählferndienst m *tel* teleselezione f.

Selbstwahrnehmung f *geh* percezione f di sé.

Selbstwertgefühl <-, *ohne pl*> n *psych* autostima f.

Selbstzensur <-, *ohne pl*> f autocensura f.

Selbstzerfleischung f *geh* tormento m interiore, dilaniarsi m, lacerarsi m: **die ~ der rot-grünen Koalition**, le lotte intestine nella coalizione rossoverde.

selbstzerstörerisch adj autodistruttivo.

Selbstzerstörung <-, *ohne pl*> f autodistruzione f.

selbstzufrieden adj → **selbstgefällig**.

Selbstzufriedenheit f → **Selbstgefälligkeit**.

Selbstzündung f *phys* autoaccensione f.

Selbstzweck m fine m a se stesso: **etw als/zum ~ betreiben**, fare qc per il puro gusto di farlo; **reiner ~ sein**, essere fine a se stesso.

Selbstzweifel m dubbio m interiore: **voller ~ sein**, essere pieno di dubbi interiori.

selchen tr *süddt A etw ~* affumicare qc.

Selchfleisch n *süddt A* carne f affumicata.

selektieren <*ohne* ge-> tr *etw ~* {Saatgut, Zuchttiere} selezionare qc.

Selektion <-, -*en*> f **1** *biol* (*Auslese*) selezione f: **natürliche/künstliche ~**, selezione naturale/artificiale **2** <*nur sing*> *geh* (*Auswahl*) selezione f.

Selektionstheorie f *wiss* teoria f della selezione naturale.

selektiv *geh* A adj selettivo B adv in modo selettivo, selettivamente: **etw ~ wahrnehmen**, percepire solo determinate cose.

Selen <-*s, ohne pl*> n *chem* selenio m.

Selfmademan <-(*s*), *Selfmademen*> m self-made man m.

selig adj **1** (*glückselig*) beato, felice: **ein ~es Lächeln**, un sorriso beato/felice; **~e Zeiten, tempi beati/felici**; **sich (dat) ~ in den Armen liegen**, abbracciarsi felici; **jdn (mit etw dat) ~ machen**, rendere felice qu (con qc); **sie war ~, dass sie die Prüfung bestanden hatte**, era felice/arcicontenta *fam* di aver passato l'esame; **in ~en Schlaf sinken**, sprofondare in un sonno beato **2** *obs* (*verstorben*): **ihr ~er Vater**, il suo povero padre, la buonanima di suo padre; **die Tochter des ~en Professors**, la figlia del fu/defunto professore; **der ~e Heinrich sagte immer ...**, il povero Enrico soleva dire ... **3** (*am ewigen Leben teilhaben*): **~ entschlafen**, rendere lo spirito/l'anima a Dio; **bis ans ~e Ende**, fino alla morte/[fine dei giorni]; **Gott habe ihn/sie ~**, Dio l'abbia in gloria **4** *relig* (*seliggesprochen*) beato: **der ~e Pater Pius**, il beato Padre Pio ● **allein ~ machend** *relig*, al di fuori del quale non c'è salvezza; *fam* (*das einzig Wahre*): **er hält Esoterik für allein ~ machend**, crede che l'esoterismo sia la chiave del paradiso; ~ **werden** *iron*: **soll er doch mit seinem Geld ~ werden!**, che vada a farsi benedire, lui e i suoi soldi! *fam*.

Selige <*dekl wie adj*> mf **1** *fam* (*verstorbener Ehegatte*): **ihr ~r**, il suo povero marito, la buonanima di suo marito; **seine ~**, la sua povera moglie, la buonanima di sua moglie **2** (*der/die Gesprochene*) beato (-a) m (f) **3** <*nur pl*> *myth relig* beati m pl.

Seligkeit <-, *ohne pl*> f **1** (*Glücksgefühl*) beatitudine f, felicità f, gioia f: **in ~ schwimmen**, scoppiare di felicità **2** *relig* beatitudine f, ultima salute f *lit*: **die ewige ~ erlangen**, raggiungere ˻l'eterna beatitudine˼/[l'ultima salute] ● **jds ~ hängt (nicht) von etw (dat) ab** *fam*, la felicità di qu (non) dipende da qc.

seligmachend adj: **allein ~** → **selig**.

selig|sprechen <*irr*> tr *relig jdn ~* beatificare qu.

Seligsprechung <-, -*en*> f *relig* beatificazione f.

Selinunt <-*s, ohne pl*> n *geog* Selinunte f.

Sellagruppe f *geog* (massiccio m/gruppo m del) Sella m.

Sellerie <-*s, -*(*s*)> m *oder* <-, -> f *bot gastr* sedano m.

Selleriesalat m *gastr* insalata f di sedano rapa.

selten A adj **1** (*kaum vorkommend*) {Exemplar, Fall, Pflanze, Tier} raro **2** (*außergewöhnlich*) raro, singolare, insolito: **ein Mensch von ~er Begabung**, una persona di raro/singolare talento/ingegno; **sie besitzt die ~e Gabe des Zuhörens**, ha l'insolita dote di saper ascoltare; **ein ~er Gast**, un ospite che viene di rado; **solche Unternehmen gehen in den ~sten Fällen gut**, solo in pochissimi casi imprese del genere giungono a buon fine; **sehr/höchst ~**, rarissimo B adv **1** (*nicht oft*) {jdn anrufen, sich sehen} raramente, di rado: **er spielt Klavier wie ~ einer** *fam*, suona il pianoforte come pochi altri;

nicht (eben) ~, non di rado, abbastanza/assai spesso; **es kommt nicht ~ vor, dass ...**, ˻non di rado˼/[spesso] capita che ... **2** *fam* (*verstärkend: sehr*) particolarmente: **ein ~ guter Film**, un film particolarmente bello; **eine ~ dumme Frage**, una domanda stupidissima.

Seltenheit <-, -*en*> f **1** <*nur sing*> (*seltenes Vorkommen*) rarità f: **diese Pflanzen stehen wegen ihrer ~ unter Naturschutz**, queste piante sono protette per la loro rarità **2** (*etwas selten Vorkommendes*) rarità f, cosa f rara: **diese Plattenaufnahme von Caruso ist heute eine ~**, oggi questa incisione discografica di Caruso è una rarità; **im Parlament sind Frauen auch heute noch eine ~**, nel parlamento le donne sono ancora oggi una rarità; (*seltener Fall*) rarità f, caso m raro: **es ist schon eine ~, dass er zahlt**, è davvero un miracolo/[caso raro] che paghi lui; (*seltenes Stück*) pezzo m/esemplare m raro: **diese Münze gehört zu den ~en der Sammlung**, questa moneta è uno dei pezzi rari della collezione.

Seltenheitswert <-(*e*)*s, ohne pl*> m: **er besitzt Kunstwerke mit/von ~**, possiede opere d'arte ˻di particolare valore˼/[particolarmente preziose]; **~ haben** {Bild, Buch}, essere una rarità.

Selters <-, *ohne pl*> n *fam*, **Selterswasser**, **Selterwasser** <-*s, ohne pl*> n acqua f minerale (gas(s)ata).

seltsam A adj {Aussehen, Ereignis, Mensch} strano, singolare, curioso; {Idee} *auch* peregrino: **das sind ja ~e Geschichten!**, ma senti che storie strane!; **mir ist ganz ~ zumute**, mi sento molto strano (-a); **das kommt mir ~ vor**, mi sembra strano; **er ist alt und ~ geworden**, ormai è vecchio e strambo; **mir ist heute etwas Seltsames passiert**, oggi mi è successo una cosa strana B adv {sich benehmen, sich verhalten} in modo strano/singolare: **die Milch schmeckt so ~**, questo latte ha un sapore così strano.

seltsamerweise adv stranamente: **~ hat er noch nichts von sich hören lassen**, stranamente/[è strano, ma] non si è ancora fatto vivo; **es hat geklingelt, aber ~ war niemand an der Tür**, hanno suonato, ma curiosamente alla porta non c'era nessuno.

Seltsamkeit <-, -*en*> f stranezza f, singolarità f.

Semantik <-, *ohne pl*> f *ling* semantica f.

Semantiker m (**Semantikerin** f) semantista mf, studioso (-a) m (f) di semantica.

semantisch adj *ling* semantico.

Semester <-*s, ->* n **1** *univ* (*Studienhalbjahr*) semestre m (accademico): **er ist/steht mittlerweile im achten ~ Jura**, è ormai al quarto anno di legge; **sie hat sechs ~ Philosophie studiert**, ha fatto tre anni di filosofia **2** *fam univ*: **erstes ~**, matricola, studente (-essa) del primo semestre ● **älteres/höheres ~** *fam univ*, studente (-essa) degli ultimi anni; *scherz* (*älterer Mensch*), persona avanti [in là] con gli anni, matusa *fam*; **ihr Lebensgefährte gehört auch schon zu den älteren ~n**, il suo compagno ˻è abbastanza in là con gli anni˼/[non è più dell'erba d'oggi *fam*]; **jüngeres ~**, persona giovane.

Semesteranfang m *univ*, **Semesterbeginn** m *univ* inizio m ˻(del) semestre˼/[dei corsi].

Semesterende n *univ* fine f (del) semestre.

Semesterferien subst <*nur pl*> *univ* vacanze f pl tra due semestri.

Semifinale n *sport* semifinale f.

Semikolon <-*s, -s oder Semikola*> n *gram* punto e virgola m.

Seminar <-s, -e oder A CH Seminarien> n **1** univ (Lehrveranstaltung) seminario m: **ein ~ (über etw akk) abhalten/leiten**, tenere un seminario (su qc); **ein ~ belegen**, iscriversi a un seminario; (berufliche oder sonstige Fortbildung) seminario m; (psychologische Schulung) seminario m **2** (Institut) istituto m, seminario m: **das germanistische/philosophische/... ~**, l'istituto di germanistica/filosofia/... **3** (Studiensemester) "corso m biennale di formazione per futuri insegnanti" **4** relig (Priesterseminar) seminario m: **er besucht das ~**, è (un) seminarista, frequenta il seminario.

Seminararbeit f univ tesina f, relazione f (seminariale).

Seminarist <-en, -en> m bes. relig seminarista m.

Seminarschein m univ attestato m di frequenza a un seminario.

Semiotik <-, ohne pl> f **1** ling philos semiotica f, semiologia f **2** med semeiotica f.

Semit <-en, -en> m (**Semitin** f) semita mf.

semitisch adj {Kultur, Sprache} semitico; {Volk} auch semita.

Semmel <-, -n> f süddt A panino m, rosetta f, michetta f nordital **wie warme ~n weggehen** fam, andare (via) come il pane fam, andare a ruba fam.

semmelblond adj {Haar} biondo paglierino; {Mädchen} dai capelli biondo paglierino.

Semmelbrösel <-s, -> m oder n <meist pl> süddt A pangrattato m.

Semmelknödel m süddt A gnocco m di pane.

Semmelmehl n pangrattato m (fino).

sen. Abk von senior: senior.

Senat <-(e)s, -e> m **1** pol (Kammer des Parlaments) senato m; (Landesregierung von Berlin, Bremen, Hamburg) governo m regionale: **der Berliner ~**, il governo di Berlino **2** jur (bei Gericht) sezione f **3** univ senato m accademico.

Senator <-s, -en> m (**Senatorin** f) **1** pol senatore (-trice) m (f) **2** (der Landesregierung von Berlin, Bremen, Hamburg) ministro m del governo regionale.

Senatsbeschluss (a.R. Senatsbeschluß) m pol decisione f/deliberazione f del senato.

Senatspräsident m (**Senatspräsidentin** f) pol **1** (in Berlin, Bremen, Hamburg) presidente mf del governo regionale **2** (in Italien) presidente mf del senato.

Senatssitzung f pol seduta f del senato.

Senatssprecher m (**Senatssprecherin** f) pol portavoce mf del senato.

Senatsvorlage f pol progetto m (di legge) del senato.

Sendeanlage f el → **Sendegerät**.

Sendeanstalt f emittente f: **~en** auch, emittenza f.

Sendeantenne f antenna f trasmittente.

Sendebereich m radio TV area f/zona f di diffusione, zona f coperta.

Sendefolge f radio TV (Programm) programma m delle trasmissioni; rar (Teil einer Serie) puntata f, episodio m.

Sendeformat n radio TV format m.

Sendegebiet n → **Sendebereich**.

Sendegerät n **1** (zum Funken) trasmettitore m **2** radio TV apparecchio m trasmittente.

Sendehaus n → **Funkhaus**.

Sendeleiter m (**Sendeleiterin** f) radio TV direttore (-trice) m (f) di produzione.

Sendemast m ripetitore m.

senden① <sendet, sandte, gesandt> tr geh **1** (schicken) [jdm] etw]/[etw (an jdn)] ~ {Blumen, Grüße} inviare qc (a qu), mandare qc (a qu); {Brief, Paket} auch spedire qc (a qu): **etw mit der Post ~**, mandare/inviare/spedire qc per posta **2** (hinschicken) jdn/etw irgendwohin ~ {Helfer, Hilfsmittel in ein Erdbebengebiet, nach Afrika} inviare qu/qc + compl di luogo: **Truppen in ein Katastrophengebiet ~**, inviare truppe in una zona disastrata/sinistrata.

senden② <sendet, sendete, gesendet> tr radio TV etw ~ trasmettere qc, mandare in onda qc.

Sendepause f radio TV intervallo m (tra due trasmissioni) • **~ haben** fam: **du hast jetzt erst mal ~!** (du bist jetzt still), spegni la radio! fam; **er hat gerade ~** fam (er ist geistesabwesend), ha un momento di blackout fam; **zwischen den beiden ist/herrscht ~** fam, tra i due si sono interrotte le comunicazioni fam, tra i due c'è silenzio radio/stampa fam.

Sender <-s, -> m **1** el (Sendegerät) (stazione f) trasmittente f, trasmettitore m **2** (Sendestation) TV stazione f/emittente f/rete f (televisiva), canale m (televisivo); radio stazione f/emittente f/rete f radio(fonica): **ein öffentlicher/privater ~**, un'emittente pubblica/privata; **einen ~ gut/schlecht empfangen/hereinbekommen** fam, ricevere/prendere fam bene/male una stazione/un canale; **einen ~ einstellen**, sintonizzarsi su una stazione/un canale; **auf einen anderen ~ umschalten**, cambiare stazione/canale.

Senderaum m radio TV studio m (di trasmissione).

Sendereihe f radio TV serie f di trasmissioni.

Sendersuchlauf <-s, ohne pl> m radio TV: **automatischer ~**, ricerca/sintonia automatica (dei canali).

Sendesaal m radio TV auditorio m.

Sendeschluss (a.R. Sendeschluß) <-es, ohne pl> m radio TV fine f delle trasmissioni: **zum ~ noch die Kurznachrichten**, in chiusura ecco le notizie flash.

Sendestation f radio TV stazione f trasmittente.

Sendetermin m radio TV orario m di trasmissione/[messa in onda].

Sendezeichen n TV segnale m di trasmissione; radio segnale m radio.

Sendezeit f radio TV **1** (Zeit für eine Sendung) tempo m [a disposizione per una]/[di] trasmissione: **für dieses Thema steht uns eine Stunde ~ zur Verfügung**, per trattare questo argomento abbiamo a disposizione un'ora di trasmissione **2** (Zeit, in der Sendungen ausgestrahlt werden) fascia f oraria (di trasmissione).

Sendezentrale f radio TV studio m (radiofonico/televisivo), studi m pl: **... und damit gebe ich zurück an die ~**, ... (restituisco la) linea allo studio.

Sendung① <-, -en> f radio TV (Programm) trasmissione f, programma m: **eine ~ in Farbe/Stereo**, una trasmissione/un programma [a colori]/[in stereofonia]; **im Radio läuft gerade eine ~ über Literatur**, alla radio stanno trasmettendo un programma di letteratura • **eine ~ bringen/übertragen** [mettere/mandare in onda]/[trasmettere] una trasmissione/un programma; **auf ~ gehen**, andare in onda; **Achtung, ~ läuft!**, attenzione, siamo in onda!; **auf ~ sein**, essere in onda.

Sendung② <-, -en> f **1** com (gesandte Warenmenge) invio m, spedizione f: **leider ha-** ben wir Ihre letzte ~ noch nicht erhalten, purtroppo non abbiamo ancora ricevuto il Vostro ultimo invio **2** com post (Versand) spedizione f, invio m: **bitte, bestätigen Sie die ~ vom ...**, Vi preghiamo di confermare la spedizione/l'invio del ...

Sendung③ <-, ohne pl> f geh obs (Auftrag) missione f.

Sendungsbewusstsein (a.R. Sendungsbewußtsein) n spirito m missionario.

Senegal① <-s, ohne pl> m geog (Fluss): **der ~**, il (fiume) Senegal.

Senegal② <-s, ohne pl> m geog (Staat): **der ~**, il Senegal.

Senegaler <-s, -> m (**Senegalerin** f), **Senegalese** <-n, -n> m (**Senegalesin** f) senegalese mf.

senegalesisch adj, **senegalisch** adj senegalese.

Senf <-(e)s, -e> m **1** gastr senape f, mostarda f: **ein Paar Würstchen mit ~**, due würstel con la senape; **scharfer/süßer ~**, senape/mostarda piccante/dolce; **mit ~ zubereitet**, alla senape **2** bot saves (• **überall**) **seinen ~ dazugeben (müssen)**, (dover) mettere becco/bocca dappertutto fam; **er muss überall seinen ~ dazugeben**, deve sempre dire la sua fam.

senffarben adj, **senffarbig** adj (di color) senape.

Senfgas n gas m mostarda.

Senfglas n vasetto m di senape.

Senfgurke f gastr "cetriolino m sott'aceto ai semi di senape".

Senfkorn n <meist pl> seme m di senape.

Senfsoße f gastr salsa f di senape.

Senftopf m vasetto m di terracotta per senape.

Senftube f tubetto m di senape.

Senge subst <nur pl> region → **Prügel**.

sengen A tr etw ~ **1** gastr {Geflügel} fiammeggiare qc, strinare qc, passare qc sulla fiamma, abbruciacchiare qc **2** rar (an~) {Hemdkragen} (ab)bruciacchiare qc, strinare qc B itr **1** (anbrennen) bruciacchiarsi **2** (heiß scheinen) {Sonne} dardeggiare geh, scottare, bruciare.

sengend A adj <präd> {Sonne} cocente, ardente: **er wanderte bei ~er Hitze**, camminava nel caldo torrido B adv obs: **~ und brennend durch das Land ziehen**, mettere il paese a ferro e fuoco.

senil adj **1** pej (greisenhaft und kindisch) {Mensch} decrepito: **ein ~er Alter**, un vecchio bacucco; **~ werden**, diventare arteriosclerotico (-a) **2** med (das Greisenalter betreffend) senile.

Senilität <-, ohne pl> f senilità f.

senior <inv> adj senior: **Herr Müller ~**, il signor Müller senior/padre.

Senior <-s, -en> m (**Seniorin** f) **1** <nur sing> com (älterer Geschäftspartner) socio (-a) m (f) anziano (-a) **2** <meist pl> (Person im Rentenalter) anziano (-a) m (f), pensionato (-a) m (f): **Universität für ~en**, università della terza età **3** <meist pl> sport senior mf: **er startet bei den ~en**, gareggia con i seniores **4** (Alterspräsident) decano m, veterano m.

Seniorchef m (**Seniorchefin** f) com titolare m (padre), vecchio m fam.

Seniorenalter n terza età f.

Seniorenheim n [casa f di riposo]/[ricovero m] (per anziani).

Seniorenklasse f sport (categoria f) seniores m pl.

Seniorenmannschaft f sport squadra f di seniores.

Seniorenmeister m (**Seniorenmeisterin** f) *sport* campione (-essa) m (f) dei seniores.
Seniorenmeisterschaft f *sport* campionato m dei seniores.
Seniorenpass (a.R. Seniorenpaß) m *Eisenb* ≈ carta f d'argento.
Seniorenresidenz f residenza f per anziani.
Seniorensport m sport m per anziani.
Seniorenstudium n università f/[studi m pl universitari] ₗdell'età liberaⱼ/[della terza età].
Seniorenteller m *gastr* porzione f ridotta per anziani.
Seniorentreff <-s, ohne pl> m ₗcircolo m ricreativoⱼ/[centro m sociale] per anziani.
Seniorin f → **Senior**.
Senkblei <-(e)s, -e> n *bau* piombino m, filo m a piombo.
Senke <-, -n> f *geog* depressione f, avvallamento m.
Senkel m: **jdm auf den ~ gehen** *fam*, rompere le scatole a qu *fam*; → **Schnürsenkel**.
senken ◭ tr 1 *geh* (abwärtsbewegen) *etw* ~ {ARM, HAND, TAKTSTOCK, WAFFE} abbassare *qc*; {FAHNE} *auch* ammainare *qc*; {AUGEN, BLICK} abbassare *qc*; {KOPF} *auch* chinare *qc*: **die Stimme ~**, abbassare/smorzare la voce 2 *ökon* (herabsetzen) *etw* ~ {GEBÜHREN, KOSTEN, STEUERN} abbassare *qc*, ridurre *qc*, diminuire *qc*; {PREISE} *auch* ribassare *qc* 3 (niedriger machen) *etw* ~ {BLUTDRUCK, FIEBER, GRUNDWASSERSPIEGEL, WASSERSTAND} abbassare *qc*, far scendere/calare *qc* 4 (hinabgleiten lassen) *jdn*/*etw in etw* (akk) ~ {FÖRDERKORB, PERSON IN DEN SCHACHT} calare/[far scendere] *qu*/*qc in qc* ◯ *rfl* 1 (niedriger werden) *sich* (um etw akk) ~ {BODEN, WASSERSPIEGEL} abbassarsi (di *qc*): **das Haus hat sich um 20 cm gesenkt**, la casa si è abbassata di 20 cm 2 (abfallen) *sich* ~ {GELÄNDE} scendere, digradare 3 (sich nieder~) *sich* ~ calare, scendere: **der Vorhang senkt sich**, cala il sipario; **die Zweige ~ sich unter der Last des Schnees**, i rami si piegano sotto il peso della neve; **die Nacht senkt sich auf das Land** *geh*, la notte cala/scende sulla campagna; **Schlaf senkte sich auf ihre Augen** *geh*, il sonno le ₗappesantiva le palpebreⱼ/[chiudeva gli occhi].
Senkfuß m *med* piede m piatto.
Senkgrube f fossa f biologica/settica, pozzo m nero.
Senklot n → **Senkblei**.
senkrecht ◭ *adj* 1 *geom* (einen rechten Winkel bildend) perpendicolare, ortogonale 2 (lotrecht) perpendicolare, verticale 3 *fam CH* (aufrichtig) {JUNGE, MANN, TYP} retto, sincero, onesto ◯ *adv* perpendicolarmente, verticalmente, a perpendicolo: **~ aufeinanderstehen**, essere perpendicolari; ~ ₗaufsteigen, ansteigenⱼ/[in die Höhe steigen], salire verticalmente/[a perpendicolo]; **~ abfallen/abstürzen** {FELSWAND} scendere a picco/piombo ● **bleib ~! fam (fall nicht!)**, attento (-a) a non cadere!; **immer schön ~ bleiben!** *fam* (immer Haltung bewahren), non ti abbattere!, non buttarti giù! *fam*.
Senkrechte <dekl wie adj> f perpendicolare f, verticale f ● **in der ~n bleiben** (auf den Beinen bleiben), rimanere ₗ(d)ritto (-a)ⱼ/[in piedi]; **das einzig ~ fam** (das einzig Richtige), l'unica cosa sensata.
Senkrechtstart m *aero* decollo m verticale.
Senkrechtstarter① m *aero* aeroplano m a decollo verticale.
Senkrechtstarter② m *fam* 1 (schnell *Aufgestiegener*) "persona f che fa o ha fatto una carriera folgorante": **ein ~** ₗin der Politikⱼ/[im Showgeschäft], un astro nascente ₗdella politicaⱼ/[dello show business] 2 (überraschend erfolgreiches Produkt) fenomeno m commerciale.
Senkrechtstarterin f → **Senkrechtstarter**② 1.
Senkung <-, -en> f 1 *ökon* {+STEUERN} riduzione f, diminuzione f; {+PREISE} *auch* ribasso m 2 (Absinken) {+BODEN, WASSERSPIEGEL} abbassamento m 3 (Bodensenkung) avvallamento m, depressione f *geol* 4 *lit* (Verssilbe) tesi f 5 *med* (Blutsenkung) sedimentazione f.
Senkungsgeschwindigkeit f *med* velocità f di sedimentazione.
Senkwaage f areometro m.
Senn <-(e)s, -e> m *süddt A CH* → **Senner**.
Senne <-, -n> f *oder* <-n, -n> m *süddt A* (Alm) malga f, pascolo m (alpino).
sennen *itr süddt A* fare il malgaro.
Senner m (**Sennerin** f) *süddt A* malgaro (-a) m (f).
Sennerei <-, -en> f *süddt A CH* malga f.
Sennerin f → **Senner**.
Sennhütte f → **Sennerei**.
Sensation <-, -en> f 1 (Aufsehen) sensazione f, scalpore m: **ihr Kleid wird ~ machen**, il suo vestito farà sensazione 2 (Aufsehen erregendes Ereignis) fatto m/evento m sensazionale: **die ~ des Tages**, il fatto/l'evento del giorno; **ihr Auftritt war die ~ des Abends**, la sua esibizione è stata il clou della serata; **sein neuer Roman ist eine literarische ~**, il suo nuovo romanzo è un vero fenomeno/evento letterario; **das Publikum verlangt nach ~en**, il pubblico pretende sensazioni/emozioni forti; **etw zur ~ aufbauschen**, gonfiare *qc*, pompare *qc*, montare *qc*; **im Endspiel kam es zu einer ~**, nella finale c'è stato un colpo di scena.
sensationell ◭ *adj* {EREIGNIS, MELDUNG} sensazionale ◯ *adv* in modo sensazionale: **etw ~ aufmachen**, presentare *qc* in modo sensazionalistico; **eine ~ aufgemachte Love Story**, una love story piena di sensazioni forti; **~ schnell**, velocissimo, incredibilmente veloce.
Sensationsbedürfnis n bisogno m di sensazioni forti.
sensationsgeil *adj slang* → **sensationslüstern**.
Sensationsgier <-, ohne pl> f *pej* {+MENSCHENMENGE} ricerca f di sensazioni forti; {+PRESSE} sensazionalismo m.
sensationshungrig *adj* avido di sensazioni forti.
Sensationslust f {+MENSCHENMENGE} ricerca f di sensazioni forti; {+PRESSE} sensazionalismo m.
sensationslüstern *adj pej* {PRESSE} sensazionalistico; {MENSCHENMENGE} in cerca di sensazioni forti.
Sensationsmache f *pej* sensazionalismo m: **die Berichterstattung in dieser Zeitung ist reine ~**, il modo di dare/presentare le notizie in questo giornale è puro sensazionalismo.
Sensationsmeldung f, **Sensationsnachricht** f notizia f sensazionale, scoop m.
Sensationspresse f *pej* stampa f sensazionalistica/scandalistica.
Sensationsprozess (a.R. Sensationsprozeß) m processo m spettacolo.
Sensationssieg m vittoria f a sorpresa.
Sensationssucht f *pej* → **Sensationsgier**.
Sense <-, -n> f falce f (fienaia): **mit der ~ mähen**, mietere con la falce, falciare ● **bei jdm ist ~ fam**, qu ne ha le tasche piene *fam*, qu si è rotto le scatole *slang*; **jetzt ist (aber) ~! fam**, adesso basta!, falla/fatela finita!, smettila/smettetela!; **es ist ~ mit etw** (dat), basta con *qc*.
Sensenblatt n lama f della falce.
Sensenmann m *euph* (Tod) morte f secca.
sensibel <attr sensible(r, s)> ◭ *adj* 1 (empfindsam) {MENSCH} sensibile; (überempfindlich) sensitivo 2 (zart) {HAUT} delicato, sensibile ◯ *adv*: **sie reagiert sehr ~ auf Kritik**, è molto sensibile alle critiche.
Sensibelchen <-s, -> n *fam pej* animo m sensibile: **ein ~ sein**, essere uno (-a) sensibilone (-a).
Sensibilisator <-s, -en> m *fot* sensibilizzatore m.
sensibilisieren <ohne ge-> tr *geh* 1 (empfindungsfähig machen) *jdn* (für etw akk) ~ sensibilizzare *qu* (a *qc*): **man muss die Jugend politisch ~**, occorre sensibilizzare ₗi giovani alla politicaⱼ/[politicamente i giovani] 2 *fot etw* ~ sensibilizzare *qc* 3 *med jdn*/*etw gegen etw* (akk) ~ {MENSCH, ORGANISMUS} sensibilizzare *qu*/*qc* a *qc*.
Sensibilisierung <-, ohne pl> f sensibilizzazione f.
Sensibilität <-, ohne pl> f sensibilità f.
sensitiv *adj geh* {CHARAKTER} ipersensibile.
Sensomotorik f *psych* psicomotricità f.
Sensor <-s, -en> m *tech* sensore m.
sensorisch ◭ *adj* <attr> {NERVEN, STÖRUNGEN} sensoriale, sensorio ◯ *adv*: **~ gestört sein**, avere disturbi sensoriali.
Sensortaste f *el* interruttore m a tocco/sfioramento.
Sensualismus <-, ohne pl> m *philos* sensismo m.
Sensualität <-, ohne pl> f *med* sensibilità f.
Sentenz <-, -en> f *geh* sentenza f, massima f.
sentenziös *adj geh* sentenzioso.
Sentiment <-s, -s> n *geh* sentimento m.
sentimental *adj oft pej* (gefühlvoll) {PERSON} sentimentale; (rührselig) {FILM, GESCHICHTE} sentimentale, sentimentalistico, stucchevole: **bei dieser Musik kann man richtig ~ werden**, con questa musica uno si commuove.
Sentimentalität <-, -en> f sentimentalismo m.
separat ◭ *adj* {BLATT, LISTE} separato, a parte: **Zimmer mit ~em Eingang**, camera con ingresso indipendente ◯ *adv* {ABRECHNEN, ARBEITEN, WOHNEN} separatamente.
Separateingang m ingresso m indipendente.
Separatismus <-, ohne pl> m *pol* separatismo m.
Separatist <-en, -en> m (**Separatistin** f) separatista mf.
separatistisch *adj pol* separatista, separatistico.
Séparée, **Separee** <-s, -s> n séparé m.
Sephardim subst <nur pl> sefarditi m pl.
Sepia <-, Sepien> f 1 *zoo* seppia f 2 <nur sing> *kunst* (Farbstoff) (nero m di) seppia f.
Sepiaknochen m, **Sepiaschale** f osso m di seppia.
Sepiazeichnung f disegno m a inchiostro di china.
Sepien pl *von* Sepia.
Sepp, **Seppel** m (Vorname) Beppe, Pino.
Seppelhose, **Sepplhose** f *süddt* "pantaloni m pl corti di cuoio del costume bavarese".
Sepsis <-, Sepsen> f *med* sepsi f.
Sept. Abk *von* September: sett. (Abk *von* set-

September <-(s), -> m settembre m: **im ~, im Monat ~**, a/in settembre, nel mese di settembre; ₍**in diesem**₎/**[diesen]** ~, questo settembre; **heute ist der erste ~**, oggi è il primo (di) settembre; **am dritten ~ fahren wir nach ...**, il tre (di) settembre partiamo per ...; **Anfang/Ende/Mitte ~**, ₍all'inizio di₎/[alla fine di]/[a metà] settembre; **der ~ hat 30 Tage**, settembre ha 30 giorni; **das Volksfest fällt dieses Jahr in den ~**, quest'anno la sagra cade di settembre; (*im Briefkopf*): **Krefeld, (den) 5. ~ 1996**, Krefeld, (il/li *adm*) 5 settembre 1996 ● **der 11. ~** (*Terroranschlag auf New York 2001*), l'Undici Settembre.

Septett <-s, -e> n *mus* settimino m.

Septim <-, -en> f *A*, **Septime** <-, -n> f *mus* settima f.

septisch adj *med* settico.

sequentiell adj → **sequenziell**.

Sequenz <-, -en> f **1** *geh* (*Folge von Gleichartigem*) **~ von etw** (dat pl) sequenza f *di qc* **2** *film* sequenza f **3** *mus* sequenza f **4** *Karten* scala f **5** *wiss* {+CHEMISCHE BAUSTEINE, CHROMOSOME} sequenza f **6** *inform* sequenza f.

sequenziell adj *inform* sequenziale.

Sequenzierung <-, -en> f *wiss* {+CHEMISCHE BAUSTEINE, CHROMOSOME} sequenziamento m.

Sera pl *von* Serum.

Serbe <-n, -n> m (**Serbin** f) serbo (-a) m (f).

Serbien <-s, *ohne* pl> n *geog* Serbia f.

Serbin f → **Serbe**.

serbisch **A** adj serbo **B** adv {BEHERRSCHT, GEPRÄGT} dai serbi: **das Serbisch, das Serbische**, il serbo, la lingua serba.

serbokroatisch adj serbocroato.

Serbokroatisch <-(s), *ohne* pl> n, **Serbokroatische** <*dekl wie adj*> n serbocroato m; → *auch* **Deutsch, Deutsche**②.

Seren pl *von* Serum.

Serenade <-, -n> f *mus* serenata f.

Serie <-, -n> f **1** (*Reihe gleichartiger Dinge*) serie f: **eine ~ (von) Briefmarken/Fotos/Münzen/...**, una serie di francobolli/foto/monete/...; **Dürers ~ der Landschaftsaquarelle**, la serie di acquarelli paesaggistici di Dürer **2** *com* (*Erzeugnisse gleicher Ausführung*) serie f, linea f: **die ~ (dieser Hi-Fi-Geräte) läuft aus**, questa linea (di apparecchi hi-fi) sta uscendo di produzione; **etw in ~ bauen/fertigen/herstellen**, costruire/fabbricare/produrre qc in serie; **in ~ gehen**, essere prodotto in serie; **das neue Modell geht noch dieses Jahr in ~**, il nuovo modello verrà prodotto in serie entro quest'anno **3** (*Folge von Ereignissen*) serie f, sequela f: **eine ~ von Erfolgen**, una serie di successi; **eine ~ von Rückschlägen/Niederlagen**, una serie/sequela di batoste/sconfitte **4** *radio TV* serie f radiofonica/televisiva, trasmissione f a puntate, serial m; (*von Büchern*) collana f; (*bei Zeitschriften*) serie f, servizio m/pubblicazione f a puntate: **als/[in einer] ~ erscheinen**, essere pubblicato in una collana.

seriell adj *inform mus* seriale.

Serienanfertigung f → **Serienfabrikation**.

Serienartikel m *com* articolo m di serie.

Serienausstattung f *autom* dotazione f di serie.

Serienauto n auto f di serie.

Serienbau <-s, *ohne* pl> m costruzione f in serie.

Seriendrucker m *inform* stampante f seriale.

Serienfabrikation f, **Serienfertigung** f fabbricazione f/lavorazione f/produzione f in serie.

serienmäßig *com* **A** adj **1** (*in Serie produziert*) {ARTIKEL, MODELL} di serie; {HERSTELLUNG} in serie **2** (*eingebaut, im Preis enthalten*) di serie **B** adv **1** (*in Serie*) {BAUEN, HERSTELLEN, PRODUZIEREN} in serie **2** (*als Serienartikel*) {AUSGERÜSTET SEIN, GELIEFERT WERDEN} di serie.

Serienmörder m (**Serienmörderin** f) serial killer mf, omicida mf seriale.

Seriennummer f numero m di serie.

Serienproduktion f → **Serienfabrikation**.

serienreif adj *com* pronto per la produzione in serie: **das neue Produkt ist ~**, il nuovo prodotto ha tutti i requisiti per la produzione in serie.

Serienschaltung f *el* collegamento m in serie.

Serientäter m (**Serientäterin** f) "chi ripete i propri crimini con le stesse modalità".

Serienwagen m → **Serienauto**.

serienweise adv **1** (*als Serien*) {FERTIGEN, PRODUZIEREN} in serie **2** *fam* (*in großen Mengen*) in grande quantità, in gran numero, in massa.

Serigrafie, **Serigraphie** <-, -n> f *typ* serigrafia f.

seriös adj **1** (*Vertrauen erweckend*) serio: **ein ~er, älterer Herr**, un signore serio di una certa età; (*gediegen*) sobrio; **~e Kleidung erwünscht**, è gradito un abbigliamento sobrio **2** *com* (*vertrauenswürdig*) {ANGEBOT} serio; {GESCHÄFTSPARTNER} *auch* fidato: **diese Firma macht keinen ~en Eindruck**, questa ditta non dà l'impressione di essere seria; **~ wirken**, sembrare serio (-a).

Seriosität <-, *ohne* pl> f *geh* seriosità f.

Sermon <-s, -e> m *fam pej* **1** (*langweilige Gerede*) sermone m, lungagnata f *fam* **2** *obs* (*Strafpredigt*) sermone m, predica f, predicozzo m, paternale f.

Serodiagnostik f *med* sierodiagnosi f.

Serologe <-n, -n> m (**Serologin** f) *med* sierologo (-a) m (f).

Serologie <-, *ohne* pl> f *med* sierologia f.

Serologin f → **Serologe**.

serologisch adj <attr> {UNTERSUCHUNGEN} sierologico.

seronegativ adj *med* sieronegativo, (*bei Aidstest*) *auch* HIV negativo.

seropositiv adj *med* sieropositivo, (*bei Aidstest*) *auch* HIV positivo.

Serotonin <-s, -e> n *biol* serotonina f.

Serotonin-Wiederaufnahmehemmer m *pharm* (*Abk* SSRI) inibitore m selettivo della ricaptazione della serotonina (Abk SSRI).

Serpentin <-s, -e> m *min* serpentino m.

Serpentine <-, -n> f **1** (*Weg, Straße*) strada f/sentiero m a serpentina **2** (*steile Kehre*) tornante m, serpentina f.

Serpentinenstraße f strada f a serpentina.

Serum <-s, Sera *oder* Seren> n *biol med* siero m.

Serumbehandlung f *med* sieroterapia f.

Serumkonserve f *med* plasma m conservato.

Serumtherapie f *med* → **Serumbehandlung**.

Servelatwurst f → **Zervelatwurst**.

Server <-s, -> m *inform* server m.

Service① <-(s), -> n (*Tafelgeschirr*) servizio m (da tavola).

Service② <-, -s> m *oder* n **1** *tech* (*Kundendienst*) assistenza f tecnica **2** *com* (*Bedienung*) servizio m **3** *Tennis* (*Aufschlag*) servi-zio m, battuta f; (*Aufschlagball*) palla f di servizio.

Serviceangebot n offerta f di servizi, servizio m offerto.

Serviceleistung f **1** (*Dienstleistung*) (prestazione f di) servizio m **2** <*nur* pl> (*Serviceangebot*) servizi m pl offerti.

Servicenetz n *com tech* rete f di assistenza.

Serviceprovider m *inform* provider m, gestore m di rete.

Servicestation, **Service-Station** f centro m di assistenza.

servieren <*ohne* ge-> **A** tr **1** (*auftragen*) (*jdm*) *etw* ~ servire qc (*a qu*): **sie servierte ihren Gästen Kaffee und Kuchen**, offrì a/ai suoi ospiti caffè e dolci; **darf ich jetzt die Nachspeise ~?**, posso servire/portare il dessert adesso? **2** *fam* (*vorsetzen*) **jdm etw ~**: **der Chef hat ihm heute Morgen die Kündigung serviert**, stamani il capo gli ha messo in mano la lettera di licenziamento; **sie hat mir eine unglaubliche Geschichte serviert**, mi ha propinato una storia inverosimile **3** *sport Fußball*: **(jdm) den Ball ~**, servire la palla (*a qu*) **B** itr **1** (*bedienen*) servire (a tavola): **wer serviert an diesem Tisch?**, chi serve a questo tavolo?; **beim Frühstück ~**, servire a colazione **2** *Tennis obs* servire, essere al servizio ● **es ist serviert!**, il pranzo è servito!, la cena è servita!, è in tavola! *fam*.

Serviererin f *gastr* cameriera f.

Serviertisch m tavolino m d'appoggio.

Serviertochter f *CH* → **Serviererin**.

Servierwagen m carrello m (portavivande).

Serviette <-, -n> f tovagliolo m.

Serviettenring m (anello m) portatovagliolo m.

servil *geh pej* **A** adj {MENSCH, VERHALTEN} servile **B** adv {SICH VERHALTEN} in modo servile.

Servilität <-, *ohne* pl *oder rar* -en> f *geh pej* servilità f.

Servobremse f *tech* servofreno m.

Servolenkung f *autom* servosterzo m.

Servomotor m *tech* servomotore m.

servus interj *süddt A fam* salve!, ciao!

Sesam <-s, -s> m *bot* sesamo m; (*Samen*) semi m pl di sesamo ● **~, öffne dich!** *scherz*, apriti, sesamo!

Sesambrot n pane m (ai semi) di sesamo.

Sesambrötchen n *gastr* panino m al sesamo.

Sesamöl n olio m di sesamo.

Sesamsemmel f *süddt A* → **Sesambrötchen**.

Sessel <-s, -> m **1** (*Polstersessel*) poltrona f: **es sich (dat) in einem ~ bequem machen**, adagiarsi in poltrona; **ein bequemer/drehbarer ~**, una poltrona comoda/girevole **2** *A* (*Stuhl*) sedia f, seggiola f ● **sich aus/von einem ~ erheben**, alzarsi da una poltrona; **sich in einen ~ setzen**, sedersi in/su (una) poltrona; **in einen ~ sinken/fallen**, sprofondarsi in/[lasciarsi cadere] in (una) poltrona; **in einem ~ sitzen**, essere seduto in una poltrona.

Sesselbahn f → **Sessellift**.

Sessellehne f bracciolo m (di poltrona).

Sessellift m seggiovia f.

sesshaft (a.R. **seßhaft**) adj **1** (*bodenständig*) {VOLK} stanziale, sedentario: **ein ~es Leben führen**, fare una vita senza grandi spostamenti **2** (*ansässig*): **sich irgendwo ~ machen** {FIRMA, PERSON}, stabilirsi + *compl di luogo*, prendere ₍domicilio fisso₎/[residenza fissa] + *compl di luogo*; (**irgendwo**) ~ **werden** {STAMM, VOLK}, ⌊diventare stanziale⌋/[stabilirsi]/[stanziarsi] + *compl di luogo*.

Session <-, *-en*> *f geh* sessione f.

Set① <-(s), *-s*> *n oder m* **1** (*Satz*) set m, completo m **2** (*Platzdeckchen*) tovaglietta f (all'americana) **3** *Tennis* set m.

Set② <-(s), *-s*> *m film TV* set m.

Setter <-s, *->* *m zoo* setter m.

setzen A *tr* <*haben*> **1** (*platzieren*) **etw irgendwohin** ~ mettere qc + *compl di luogo*: **den Hut auf den Kopf** ~, mettere(si) il cappello in testa; **das Glas an die Lippen/den Mund** ~, portare il bicchiere ⌊alle labbra⌋/[alla bocca]; **etw in Anführungszeichen/Klammern** ~, mettere qc tra virgolette/parentesi; **etw in die Zeitung** ~, mettere *fam*/pubblicare qc sul giornale; **er hat den Wagen an den Laternenpfahl gesetzt** *fam*, è andato con la macchina addosso al palo della luce **2** (*hinsetzen*) **jdn irgendwohin** ~ ⌊mettere (a sedere)⌋/[far sedere] qu + *compl di luogo*: **ein Kind auf** ⌊**das Töpfchen**⌋/[**jds Schoß**] ~, mettere un bambino (a sedere) ⌊sul vasino⌋/[sulle ginocchia di qu] **3** *fam* (*rauswerfen*): **jdn auf die Straße** ~ {MIETER}, mettere qu sulla strada; {EINEN MITARBEITER} mettere qu in mezzo a una strada *fam* **4** *sport* (*klassifizieren*): **einen Tennisspieler auf den ersten Platz** ~, assegnare a un tennista la testa di serie n. 1 **5** (*einpflanzen*) **etw** ~ {KARTOFFELN, SCHÖSSLING} piantare qc **6** (*montieren*) **etw** ~ {OFEN} montare qc, installare qc; {HOLZ} accatastare qc **7** (*aufziehen*) **etw** ~ {SEGEL} issare qc **8** (*errichten*) **jdm etw** ~ {DENKMAL, MONUMENT} erigere qc a qu, innalzare qc a qu **9** (*bestimmen*) (**jdm**) **etw** ~ {FRIST} fissare qc (a qu), stabilire qc (a/per qu); {GRENZEN, SCHRANKEN} porre qc (a qu), mettere qc (a qu): **etw** (*dat*) **ein Ende** ~, porre fine a qc **10** (*festlegen*) **etw** ~ {PRIORITÄTEN} stabilire qc, fissare qc: **Akzente** ~ *geh*, lasciare/dare un'impronta (personale); **neue Akzente** ~ *geh*, dare nuovi impulsi, aprire nuove strade; **Zeichen** ~ *geh*, dare precisi segnali **11** (*hinschreiben*) **etw irgendwohin** ~ {BETRAG AUF DIE RECHNUNG} mettere qc + *compl di luogo*; {NAME, UNTERSCHRIFT} auch apporre qc + *compl di luogo* **12** (*hinüberbringen*): **jdn über den Fluss/See** ~, portare qu sull'altra sponda/riva del fiume/lago **13** *typ* **etw** ~ comporre qc **14** (*wetten*) **etw auf jdn/etw** ~ {BETRAG, SUMME} puntare qc su qu/qc **15** (*verwenden*) **etw an etw** (*akk*) ~ {ARBEITSSTUNDEN, ENERGIE, GELD AN DEN UMBAU} mettere qc in qc **16** (*Spielfiguren rücken*) **etw** ~ muovere qc: **jdn schachmatt** ~, dare scacco matto a qu **17** (*richten*) **etw auf/in jdn/etw** ~ {HOFFNUNG, VERTRAUEN} riporre qc in qu/qc B *itr* **1** <*haben*> (*wetten*) (**auf jdn/etw**) ~ puntare *su qu/qc*: **beim Roulette auf eine Nummer** ~, ⌊puntare su⌋/[giocare] un numero alla roulette; **hoch/niedrig** ~, puntare forte/poco **2** <*haben*> (*vertrauen*) **auf jdn/etw** ~ {AUF JDS VERTRAUEN} contare *su qu/qc*: **ich setze auf dich**, conto su di te **3** <*sein oder haben*> (*überqueren*) **über etw** (*akk*) ~ oltrepassare qc, {ÜBER EINEN GRABEN, EIN HINDERNIS, EINE MAUER, EINEN ZAUN} *auch* saltare qc; {ÜBER EIN GEWÄSSER} oltrepassare qc a nuoto, traversare qc C *rfl* <*haben*> **1** (*sich niederlassen*) **sich** (**irgendwohin**) ~ {MENSCH IN DEN SESSEL, DIE SONNE, AUF DEN STUHL} sedersi/[mettersi a sedere] (+ *compl di luogo*): **sich bequem** ~, mettersi comodamente a sedere; **setz dich!**, siediti!, accomodati!; **sich zu jdm** ~, sedersi/[mettersi a sedere] vicino/accanto a qu; **wollen Sie sich nicht zu uns** ~?, non vuole unirsi a noi?; **sich zu Tisch** ~, mettersi a tavola; {BIENE, SCHMETTERLING, VOGEL} posarsi + *compl di luogo* **2** (*niedersinken*) **sich** ~ {KAFFEE, LÖSUNG, TEE} depositarsi + *compl di luogo*; {ERDREICH} assestarsi **3** (*eindringen*) **sich irgendwohin** ~ {FEUCHTIGKEIT, GERUCH, GIFTSTOFFE, STAUB} penetrare/infiltrarsi/insinuarsi + *compl di luogo* **4** *slang* (*spritzen*): **sich** (*dat*) **eine Nadel/einen Schuss** ~, bucarsi *slang*, farsi una pera/uno schizzo *slang* ● ~!, seduti!, a sedere!; **es setzt was/Hiebe!** *fam*, sono botte! *fam*.

Setzer <-s, *->* *m* (**Setzerin** *f*) *typ* compositore (-trice) m (f).

Setzerei <-, *-en*> *f typ* sala f/reparto m (di) composizione.

Setzerin *f* → **Setzer**.

Setzfehler *m typ* errore m di composizione.

Setzkasten *m typ* cassa f tipografica; (*im heutigen Gebrauch*) bacheca f.

Setzlatte *f bau* regolo m.

Setzling <-s, *-e*> *m* **1** *agr* (*junge Pflanze*) piantone m **2** (*junger Fisch*) avannotto m.

Seuche <-, *-n*> *f* **1** *med* (*von Menschen*) epidemia f; (*von Tieren*) epizoozia f: **im Mittelalter wütete in ganz Europa eine verheerende** ~, nel Medioevo un'epidemia devastante infuriò in tutta l'Europa; **eine** ~ **breitet sich aus**, un'epidemia si diffonde; **an einer** ~ **sterben**, morire di/per un'epidemia **2** (*Plage*) epidemia f, flagello m, calamità f: **sich wie eine** ~ **verbreiten**, diffondersi/propagarsi come un'epidemia; **die Mücken sind hier am Fluss eine richtige** ~, le zanzare qui vicino al fiume sono ⌊una vera calamità⌋/[un vero flagello].

seuchenartig A *adj* epidemico B *adv* {SICH AUSBREITEN} come un'epidemia.

Seuchenbekämpfung *f* lotta f contro le epidemie; (*Verhütung*) misure f pl per la prevenzione di epidemie.

Seuchengebiet *n* zona f contaminata/infetta.

Seuchengefahr *f* pericolo m di epidemia.

Seuchenherd *m* focolaio m ⌊di epidemia⌋/[epidemico].

seufzen A *itr* **1** sospirare, fare/mandare/tirare sospiri: **tief** ~, sospirare profondamente, fare/mandare/tirare un sospiro profondo; **erleichtert** ~, tirare un sospiro di sollievo; **vor Liebe/Kummer/Sehnsucht** ~, sospirare ⌊di/per amore⌋/[di dolore]/[di nostalgia]; **was seufzt du?**, cos'hai da sospirare? **2** (*leiden*) **unter etw** (*dat*) ~ gemere *sotto qc geh*: **das Volk seufzte unter dem Joch des Tyrannen**, il popolo gemeva sotto il giogo del tiranno B *tr* (*seufzend sagen*) **etw** ~ sospirare qc, dire qc sospirando.

Seufzer <-s, *->* *m* sospiro m: **ein heimlicher/stiller** ~, un sospiro nascosto/silenzioso; **einen tiefen** ~ **der Erleichterung ausstoßen**, tirare un gran sospiro/respiro di sollievo; **einen** ~ **unterdrücken**, reprimere un sospiro ● **seinen letzten** ~ **tun** *euph*, dare/mandare/rendere l'ultimo/l'estremo sospiro.

Seufzerbrücke *f arch* (*in Venedig*) Ponte m dei Sospiri.

Sevilla <-s, *ohne pl*> *n geog* Siviglia f.

Sex <-(*es*), *ohne pl*> *m* **1** (*Sexualität*) sesso m: **billiger/primitiver Sex**, sesso ⌊da quattro soldi⌋/[primitivo/rozzo]; (**mit jdm**) **Sex haben/machen**, fare sesso (con qu) *fam*, avere rapporti sessuali (con qu); **Sex im Alter** *als Schlagzeile*, la terza età e il sesso; **Sex im Alter ist heute kein Tabu mehr**, il sesso a una certa età oggi non è più un tabù **2** (*sexuelle Anziehungskraft*) → **Sexappeal**.

sexaktiv *adj* {FRAU, MANN} sessualmente attivo.

Sexappeal, **Sex-Appeal** <-s, *ohne pl*> *m* sex appeal m: ~ **haben**, avere sex appeal, essere sexy, essere sessualmente attraente.

Sexbombe *f fam* bomba f sexy.

Sexfilm *m* film m erotico, soft porno m.

Sexidol *n* sex symbol m.

Sexismus <-, *ohne pl*> *m* sessismo m.

Sexist <-*en*, *-en*> *m* (**Sexistin** *f*) sessista mf.

sexistisch A *adj* sessista B *adv*: ~ **eingestellt sein**, essere sessista.

Sexmagazin *n* rivista f erotica.

Sexmuffel *m fam* "persona f poco interessata al sesso".

Sexobjekt *n* oggetto m sessuale.

Sexologe <-*n*, *-n*> *m* (**Sexologin** *f*) sessuologo (-a) m (f).

Sexologie <-, *ohne pl*> *f* sessuologia f.

Sexologin *f* → **Sexologe**.

sexologisch *adj* sessuologico.

Sexorgie *f* orgia f.

Sexprotz *m fam* gallo m *fam*.

Sexshop <-s, *-s*> *m* sex shop m.

Sexsymbol *n* sex symbol m.

Sextant <-*en*, *-en*> *m naut* sestante m.

Sexte <-, *-n*> *f mus* **1** (*Note*) sesta nota f **2** (*Intervall*) (intervallo m di una) sesta f.

Sextelefon *m*, (a.R. **Sextelephon**) *n* telefono m erotico.

Sextett <-(*e*)*s*, *-e*> *n mus* sestetto m.

Sextourismus *m* turismo m sessuale.

Sextourist *m* (**Sextouristin** *f*) turista mf del sesso.

Sexualatlas *m* manuale m (illustrato) sul sesso.

Sexualaufklärung *f* → **Sexualerziehung**.

Sexualdelikt *n* → **Sexualverbrechen**.

Sexualerziehung *f* educazione f sessuale.

Sexualforscher *m* (**Sexualforscherin** *f*) sessuologo (-a) m (f).

Sexualforschung *f* sessuologia f.

Sexualhormon *n* ormone m sessuale.

Sexualhygiene <-, *ohne pl*> *f* igiene f intima.

sexualisieren <*ohne* ge-> *tr* **etw** ~ sessualizzare qc.

Sexualisierung <-, *-en*> *f* sessualizzazione f.

Sexualität <-, *ohne pl*> *f* sessualità f.

Sexualkunde *f Schule* educazione f sessuale.

Sexualkundeunterricht *m Schule* lezioni f pl di educazione sessuale.

Sexualleben <-s, *ohne pl*> *n* vita f/attività f sessuale.

Sexualmoral *f* morale f sessuale.

Sexualmord *m* omicidio m a sfondo sessuale.

Sexualmörder *m* (**Sexualmörderin** *f*) maniaco (-a) m (f) omicida.

Sexualneurose *f med psych* nevrosi f sessuale.

Sexualobjekt *n* oggetto m sessuale.

Sexualorgan *n* organo m sessuale.

Sexualpädagogik *f* pedagogia f dell'educazione sessuale.

Sexualpartner *m* (**Sexualpartnerin** *f*) partner mf (sessuale).

Sexualpraktik *f* <*meist pl*> pratica f sessuale.

Sexualpsychologie *f wiss* psicologia f della sessualità.

Sexualstraftat *f* → **Sexualverbre-**

chen.
Sexualtäter m (**Sexualtäterin** f) → **Sexualverbrecher**.
Sexualtherapie f terapia f sessuale.
Sexualtrieb m istinto m sessuale, pulsioni f pl/impulsi m pl sessuali.
Sexualverbrechen n delitto m a sfondo sessuale.
Sexualverbrecher m (**Sexualverbrecherin** f) "chi compie un delitto sessuale", bruto m; (*Vergewaltiger(in)*) stupratore (-trice) m (f).
Sexualverhalten n comportamento m sessuale.
Sexualwissenschaft <-, ohne pl> f sessuologia f.
Sexualwissenschaftler m (**Sexualwissenschaftlerin** f) → **Sexologe**.
Sexualzyklus m biol med ciclo m sessuale.
sexuell A adj <attr> {KONTAKTE, TABUS, VERHALTEN} sessuale: **~e Handlungen** jur, atti (di libidine)/[osceni]; **~er Missbrauch von Kindern**, abuso sessuale di minori B adv sessualmente: **~ erregt sein**, essere eccitato; **sich ~ an jdm vergehen, jdn ~ missbrauchen**, abusare sessualmente di qu; **mit jdm ~ verkehren**, avere rapporti sessuali con qu.
Sexus <-, -> m gram sesso m.
Sexwelle f fam periodo m di grande libertà sessuale.
sexy <inv> adj fam sexy: **in diesem Kleid siehst du sehr ~ aus**, con questo vestito sei molto sexy.
Seychellen subst <nur pl> geog: **die ~**, le Seychelles/Seicelle.
sezernieren <ohne ge-> tr biol med etw ~ secernere qc.
Sezession <-, -en> f **1** pol secessione f **2** kunst (*Absonderung einer Künstlergruppe*) secessione **3** <nur sing> kunst (*Jugendstil in Österreich*) Secessione f.
Sezessionist <-en, -en> m (**Sezessionistin** f) kunst pol secessionista mf.
sezessionistisch adj secessionista, secessionistico.
Sezessionskrieg <-(e)s, ohne pl> m hist (*in den USA*) guerra f di secessione.
sezieren <ohne ge-> A tr **1** med jdn/etw ~ sezionare qu/qc, dissezionare qu/qc, dissecare qu/qc, anatomizzare qu/qc **2** (*zergliedern*) etw ~ {GEDANKENGANG, GEDICHT} sviscerare qc, anatomizzare qc, dissezionare qc B itr med eseguire una dissezione.
Sezierkurs m univ corso m di anatomia.
Seziermesser n med coltello m anatomico.
Seziersaal m univ sala f anatomica/[di dissezione].
Seziertisch m med tavolo m anatomico/[di dissezione].
SFB <-, ohne pl> m Abk von Sender Freies Berlin: "emittente f radiofonica di Berlino".
S-förmig, **s-förmig** adj a (forma di) s; {KURVE} auch sinuoso.
sfr, **sFr** Abk von Schweizer Franken: CHF (*franco svizzero*).
Sgraffito <-s, -s oder Sgraffiti> n → **Graffiti**.
Shake <-s, -s> m (*Mischgetränk*) frappé m.
Shaker <-s, -> m shaker m.
shakespearesch, **shakespearisch**, **Shakespeare'sch** adj scespiriano, shakespeariano.
Shampoo, **Shampoon** <-s, -s> n shampoo m: **ein ~ gegen Schuppen**, uno shampoo antiforfora.
shampoonieren tr → **schamponieren**.
Shareware <-, -s> f inform shareware m.

Sheriff <-s, -s> m (*in den USA*) sceriffo m.
Sherry <-s, -s> m sherry m.
Shetlandinseln, **Shetland-Inseln** subst <nur pl> geog (isole f pl) Shetland f pl.
Shetlandpony n zoo pony m Shetland.
Shetlandwolle f (lana f) shetland m.
Shifttaste f inform tasto m shift.
Shirt <-s, -s> n maglietta f (di cotone), T-shirt f.
Shit <-s, ohne pl> m oder n slang (*Haschisch*) merda f slang: **~ rauchen**, fumare merda.
shocking adj <präd> scioccante, shockante.
Shooting <-s, -s> n → **Fotoshooting**.
Shootingstar <-s, -s> m fam rivelazione f, nuova stella f.
Shop <-s, -s> m negozio m.
shoppen itr fare shopping.
Shopper <-s, -> m borsa f della/[per la] spesa, sporta f.
Shopping <-s, ohne pl> n shopping m: **~ gehen/machen**, andare a fare shopping/compere.
Shoppingcenter, **Shopping-Center** <-s, -> n shopping center m.
Shorts subst <nur pl> shorts m pl, pantaloncini m pl/calzoncini m pl (corti)
Show <-, -s> f show m, (spettacolo m di) varietà m: **eine bunte ~**, uno spettacolo di varietà ● **eine ~ abziehen/machen** fam, fare il proprio show/numero; **jdm die ~ stehlen** fam, rubare la scena a qu.
Showbusiness (a.R. Showbusineß) <-, ohne pl> n → **Showgeschäft**.
Show-down, **Showdown** <-(s), -s> m oder n geh (*entscheidende Konfrontation*) showdown m; (*Kraftprobe*) prova f di forza, resa f dei conti.
Showgeschäft <-(e)s, ohne pl> n show business m, mondo m dello spettacolo.
Showgirl <-s, -s> n showgirl f.
Showman <-s, Showmen> m showman m.
Showmaster <-s, -> m (**Showmasterin** f) presentatore (-trice) m (f)/conduttore (-trice) m f (di show/spettacoli).
Shredder <-s, -> m → **Schredder**.
Shrimp <-s, -s> m <meist pl> gamberetto m.
Shunt <-s, -s> m **1** el shunt m **2** med shunt m.
Shuttle <-s, -s> m **1** aero (space) shuttle m, navetta f spaziale **2** (*~-Service*) shuttle m, servizio m navetta **3** (*Pendelfahrzeug*) shuttle m, navetta f.
Shuttlebus, **Shuttle-Bus** m (autobus m) navetta f.
Shuttleservice, **Shuttle-Service** <-, -s> m servizio m navetta, shuttle m.
Siamese <-n, -n> m (**Siamesin** f) hist siamese mf.
siamesisch adj siamese: **~e Zwillinge**, gemelli siamesi.
Siamkatze f zoo (gatto m) siamese m.
Sibirer <-s, -> m **1** → **Sibirier 2** zoo (*Katze*) (gatto m) siberiano m.
Sibirien <-s, ohne pl> n geog Siberia f.
Sibirier <-s, -> m (**Sibirierin** f) siberiano (-a) m (f).
sibirisch adj geog siberiano: **~e Kälte**, freddo siberiano/polare.
Sibylle f (*Vorname*) Sibilla ● **die ~ von Cumae** myth, la Sibilla cumana.
sibyllinisch adj geh sibillino.
sich rfl pron **1** akk von er, sie①, sie②, Sie① (*unbetont*) si: **er ärgert ~ über ihre Unpünktlichkeit**, si arrabbia per la sua mancanza di puntualità; **wundern Sie ~ nicht!**, non si meravigli!; (*mit Pronomenkombination*)

se; **wundern Sie ~ nicht darüber!**, non se ne meravigli!; (*betont*) sé (stesso); **mit diesem Verhalten betrügt sie ~ und die anderen**, con questo comportamento inganna sé (stessa) e gli altri; (*einander*) si; **zur Begrüßung küssten sie ~ auf die Wange**, per salutarsi si baciarono sulla guancia; **sie trafen ~ zufällig in der Stadt**, s'incontrarono per caso in città **2** dat von er, sie①, sie②, es, Sie① (*unbetont*) si: **er kauft ~ jeden Monat einen neuen Anzug**, ogni mese si compra un vestito nuovo; **sie bindet ~ nie richtig die Schuhe zu**, non si allaccia mai bene le scarpe; (*mit Pronomenkombination*) se; **das hätten Sie ~ denken können!**, (Lei) avrebbe potuto immaginarselo!; (*betont oder nachgestellt*) sé (stesso); **damit schadet sie ~ und ihrer Familie**, facendo così nuoce a sé (stessa) e alla sua famiglia; (*einander*) si; **sie erzählten ~ ihr Leben**, si raccontarono la propria/loro vita; **die Schüler helfen ~** (*gegenseitig*) **bei den Hausaufgaben**, gli allievi s'aiutano (a vicenda) nel fare i compiti **3** unpers (*man*): **auf dieser Straße fährt es ~ schlecht**, su questa strada si guida male; **hier lebt es ~ gut**, qui si vive bene **4** (*nach präp*) sé (stesso): **er denkt nur an ~**, pensa solo a sé (stesso); **die Sache an ~**, la cosa in/[di per] sé; **etw an ~ haben**, avere un che/[certo non so che]; **sie konnte vor Wut kaum an ~ halten**, dalla rabbia riusciva a stento a trattenersi; **etw hat nichts auf ~**, qc non ha importanza, qc non significa niente; **was hat es damit auf ~?**, cosa significa?; **etw bei ~ (dat) denken**, pensare qc tra sé e sé; **etw bei ~ (dat) haben**, avere qc con sé; **nicht (ganz) bei ~ (dat) sein** (*nach Ohnmacht*), non essere (del tutto) in sé; (*nicht bei Verstand sein*) non essere (del tutto) normale fam; (*zerstreut sein*) non esserci con la testa fam; **das ist eine Sache für ~**, è una cosa a sé/parte; **jeder für ~**, ognuno per sé; **etw hat viel für ~**, qc ha molti lati/aspetti positivi; **es in ~ haben**: **dieser Wein hat es in ~**, questo vino è più forte di quello che sembra; **das ist eine Aufgabe, die es in ~ hat**, (questo) è un compito piuttosto complicato/difficile; **sie sind mit ~ sehr zufrieden**, sono molto contenti (-e) di sé (stessi (-e)); **jdn unter ~ haben**, avere un sotto di sé, comandare qu; **etw unter ~ aufteilen**, dividersi qc tra sé; **von ~ aus**, da sé/solo, di propria iniziativa/volontà; **etw noch vor ~ haben**, avere ancora qc da fare, dover ancora fare qc; **was denken Sie denn, wen Sie vor ~ haben?**, con chi pensa di avere a che fare?; **jdn zu ~ einladen**, invitare qu a casa propria; **jdn zu ~ holen**, prendere qu in casa (propria), accogliere qu in casa propria; **wieder zu ~ kommen**, tornare in sé, riaversi, riprendersi.
Sichel <-, -n> f **1** (*Gerät*) falce f **2** (*Mondsichel*) falce f (della luna).
sichelförmig adj a forma di falce, falciforme, falcato.
Sichelhieb m falciata f.
sicheln tr etw ~ falciare qc.
sicher A adj **1** (*ungefährdet*) sicuro: **ein ~er Zufluchtsort**, un rifugio sicuro; **noch nicht ~ auf den Beinen sein** {KLEINES KIND}, non essere ancora saldo sulle gambe; (*nach einer Krankheit*), essere ancora malfermo; **etw aus ~er Entfernung beobachten**, osservare qc mantenendosi a (debita distanza)/[distanza di sicurezza]; **jdm ~es Geleit gewähren**, concedere a qu il salvacondotto; **seines Lebens nicht mehr ~ sein**, non essere più sicuro; (am ~sten)/[das Sicherste] wäre es, wenn du mit der Bahn führest, la cosa più sicura sarebbe che (tu) andassi in treno; **irgendwo ~ sein**, essere al sicuro +

compl di luogo; **(irgendwo) vor jdm/etw ~ sein**, essere al sicuro da qu/qc (+ *compl di luogo*) **2** (*gewiss*) certo, sicuro, garantito: **diese Aufführung wird ein ~er Erfolg**, il successo dello spettacolo è garantito, lo spettacolo sarà sicuramente un successo; **das ist das ~e Ende für ihn**, è la sua sicura rovina, questo per lui è il colpo di grazia; **jdn vor dem ~en Tod bewahren**, salvare qu da morte sicura/certa; **es ist ~, dass ...**, è sicuro/certo/garantito che ... *präs oder fut*; **es ist nicht ~, ob ...**, non è sicuro che ... *präs konj oder fut*; **sich (dat) (jds/etw) ~ sein**, essere sicuro (di qu/qc); **sich (dat) ~ sein, dass ...**, essere sicuro che ... *präs oder fut*, essere convinto che ... *präs ind/konj oder fut*; **(sich dat) seiner Sache ~ sein**, essere sicuro del fatto proprio; **sich seiner (selbst) ~ sein**, essere sicuro di sé (stesso); **etw ist jdm ~** (*etwas steht jdm unwiderruflich bevor*): **der Sieg ist ihm ~**, la sua vittoria è sicura/garantita, ha la vittoria assicurata; **es ist so gut wie ~, dass ...**, è praticamente/quasi sicuro che ... *präs konj oder fut*; **etw ist ein ~es Zeichen für vie** (*akk*), qc è un segno infallibile di qc **3** (*zuverlässig*) {BEWEIS, GELDANLAGE, METHODE} sicuro: **aus ~er Quelle**, da fonte sicura; **eine ~e Methode**, un metodo sicuro; **ich habe das ~e Gefühl, dass ...**, ho la netta sensazione che ... *präs konj oder fut* **4** (*geübt*) {FAHRER, PILOT, REITER, SCHWIMMER} sicuro, esperto, provetto: **ein ~er Schütze**, un tiratore infallibile; **etw mit ~em Blick erkennen**, riconoscere qc a colpo sicuro; **eine ~e Hand (in etw dat) haben**, avere la mano sicura/ferma (in/facendo qc); **er fühlt sich noch nicht ~ beim Autofahren**, non si sente ancora sicuro alla guida **5** (*treffsicher*) sicuro: **ein ~es Urteil in etw (dat) haben**, dare un giudizio sicuro su qc; **einen ~en Geschmack haben**, avere buon gusto; **er sucht seine Mitarbeiter immer mit ~em Instinkt aus**, ha sempre un intuito sicuro nella scelta dei suoi collaboratori **6** (*fest*): **eine ~e Zusage zu etw (dat) geben/machen** (*bei Einladung oder ä.*), dare qc per certo (-a); (*in Bezug auf Versprechen*) dare assicurazione di qc; **mit ~er Stimme**, con voce ferma **7** (*gesichert*) {ARBEITSPLATZ, JOB, POSITION, STELLUNG} sicuro; {EINKOMMEN} *auch* garantito **8** (*selbstsicher*) sicuro (di sé): **ein ~es Auftreten**, un modo di fare sicuro; **bei der Prüfung machte sie einen vollkommen ~en Eindruck**, all'esame dette l'impressione di essere assolutamente sicura di sé; **er wirkt ~er als er eigentlich ist**, sembra più sicuro di quanto (non) sia in realtà **B** *adv* **1** (*bestimmt, gewiss*) certamente, sicuramente, per certo, di sicuro, senz'altro: **er wird dir ~ schreiben**, certamente/sicuramente ti scriverà, ti scriverà ₍di sicuro₎/[senz'altro]; **da lässt sich ~ etwas machen**, sicuramente si può fare qualcosa; **etw ~ wissen**, sapere qc ₍per certo₎/[di sicuro]; **weißt du das ~?**, ne sei sicuro (-a)/certo (-a)? **2** (*gesichert*) al sicuro: **bei mir ist das Geld ~ aufbewahrt**, da me i soldi sono al sicuro; **dort ist er ~ untergebracht**, là è al sicuro; **er hat sein Geld ~ angelegt**, ha fatto investimenti sicuri **3** (*geübt*) con molta sicurezza: **sie fährt sehr ~**, guida con molta sicurezza, è molto sicura alla guida; **er schießt schnell und ~**, spara veloce e con mano infallibile **4** (*selbstsicher*) con sicurezza/disinvoltura: **~ auftreten**, avere un (modo di) fare sicuro, muoversi con disinvoltura ♦ **aber ~! fam, ~ doch!** *fam*, ma certo!, come no!; **~ ist ~**, la prudenza non è mai troppa *prov*; **~ ist, dass ...**, certo è che ...; ..., **dessen kannst du ~ sein!**, ..., ₍puoi esserne sicuro (-a)/certo (-a)₎/[stanne certo (-a)]/[puoi contarci]!; **langsam, aber ~ fam** (*bei*

negativer Entwicklung), lentamente ma inesorabilmente; (*bei positiver Entwicklung*), con passo lento ma sicuro; **so ~ wie nur was fam**, più che sicuro; **..., soviel ist ~!**, ..., (questo) è poco ma sicuro!, ..., ₍e qui *fam*₎/[su questo] non ci piove *fam*; **soviel ist ~, dass ...**, fatto sta che ...

sịcher|gehen <*irr*> *itr* <*sein, meist im inf*> andare sul sicuro, essere sicuro: **sie wollte ~ und holte Erkundigungen über die Firma ein**, voleva andare sul sicuro e raccolse informazioni sulla ditta; **jd will/kann (ganz) ~, dass ...**, qu vuole/può essere (assolutamente) sicuro/certo che ...; **um ganz sicherzugehen**, per essere assolutamente sicuri, per maggiore sicurezza.

Sịcherheit <-, -en> *f* **1** <*nur sing*> (*gesicherter Zustand*) sicurezza *f*: **öffentliche ~**, pubblica sicurezza *f*; **soziale ~**, sicurezza sociale; **das Netz sozialer ~en**, la rete di sicurezze sociali; **~ und Ordnung**, ordine e sicurezza; **~ am Arbeitsplatz**, sicurezza nei luoghi di lavoro; **in ~ sein, sich in ~ befinden**, essere al sicuro, essere in salvo; **zu jds (eigener) ~**, per la sicurezza (personale) di qu **2** <*nur sing*> (*Gewissheit*) certezza *f*, sicurezza *f*: **etw wird mit ~ eintreten/geschehen/passieren**, qc avverrà/accadrà/succederà ₍con certezza₎/[di sicuro]; **etw mit ~ wissen**, sapere qc ₍con certezza/sicurezza₎/[per certo]; **zur ~ werde ich noch den Arzt fragen**, per (maggior) sicurezza chiederò consiglio al medico **3** <*nur sing*> (*Zuverlässigkeit*) sicurezza *f*: **etw auf seine ~ prüfen**, verificare la sicurezza di qc; {+MITTEL, METHODE} *auch* affidabilità *f* **4** <*nur sing*> (*Gewandtheit*) sicurezza *f*: **in etw (dat) ~ erwerben**, acquisire/acquistare sicurezza in qc **5** (*Bürgschaft*) garanzia *f*: **~en geben/leisten**, dare/prestare garanzie; **~en fordern/verlangen**, esigere/pretendere delle garanzie; (*Kaution*) cauzione *f* ● **etw mit ~ behaupten (können)**, (poter) affermare qc con certezza/sicurezza; **~ bieten**, offrire sicurezza; **sich/[jdn/etw] in ~ bringen**, mettersi/[mettere qu/qc] ₍al sicuro₎/[in salvo]; **sich in ~ glauben**, credersi/sentirsi al sicuro; **etw als ~ hinterlegen** {GELDSUMME, PASS}, lasciare qc come garanzia; **(etw) mit schlafwandlerischer ~ (machen)**, (fare qc) a occhi chiusi; **mit an ~ grenzender Wahrscheinlichkeit**, con ogni probabilità; **sich in ~ wiegen/wähnen**, illudersi di essere al sicuro.

Sịcherheitsabstand *m autom* distanza *f* di sicurezza: **den ~ einhalten**, mantenere la distanza di sicurezza.

Sịcherheitsbeamte <*dekl wie adj*> *m* (**Sịcherheitsbeamtin**) *f* addetto (-a) *m* (*f*) alla sicurezza.

Sịcherheitsbeauftragte <*dekl wie adj*> *mf* incaricato (-a) *m* (*f*) della sicurezza interna di un'azienda.

Sịcherheitsbehälter *m* contenitore *m* di sicurezza.

Sịcherheitsbehörde *f* (autorità *f* di) pubblica sicurezza *f*.

Sịcherheitsberater *m* (**Sịcherheitsberaterin** *f*) *pol* consigliere *m* per la sicurezza.

Sịcherheitsbestimmung *f* <*meist pl*> norma *f*/disposizione *f* di sicurezza.

Sịcherheitsbindung *f Ski* attacco *m* di sicurezza.

Sịcherheitsbügel *m Ski* staffa *f* di sicurezza.

Sịcherheitsdenken *n* **1** (*Angst vor Kriminalität etc.*) ossessione *f* della sicurezza, pensare *m* alla sicurezza **2** (*wirtschaftlich*) mentalità *f* prudente.

Sịcherheitsdienst *m* servizio *m* di sicurezza.

Sịcherheitsexperte *m* (**Sịcherheitsexpertin** *f*) esperto (-a) *m* (*f*) di sicurezza.

Sịcherheitsfach *n* → **Geheimfach**.

Sịcherheitsfaktor *m* **1** (*die Sicherheit betreffender Faktor*) fattore *m* di sicurezza **2** *tech* grado *m*/coefficiente *m* di sicurezza.

Sịcherheitsfanatiker *m* (**Sịcherheitsfanatikerin** *f*) fanatico (-a) *m* (*f*) della sicurezza.

Sịcherheitsfarbe *f* (*bei Kleidung von Straßenarbeitern*) colore *m* ben visibile.

Sịcherheitsgarantie *f bes. pol* garanzia *f*.

Sịcherheitsglas *n* vetro *m* ₍di sicurezza₎/[infrangibile], securit® *m*; (*bei Kraftfahrzeugen*) vetro *m* float.

Sịcherheitsgründe *subst* <*nur pl*> motivi *m pl* di sicurezza: **aus ~n**, per motivi di sicurezza.

Sịcherheitsgurt *m aero aut* cintura *f* di sicurezza: **den ~ anlegen/abnehmen**, ₍allacciare/mettere₎/[sganciare/togliere] la cintura di sicurezza.

sịcherheitshalber *adv* {KONTROLLIEREN, SPEICHERN, ZUSCHLIESSEN} per sicurezza/precauzione.

Sịcherheitskette *f* catena *f* della porta.

Sịcherheitskonferenz *f pol* conferenza *f* sulla sicurezza.

Sịcherheitskontrolle *f* (*am Flughafen*) controlli *m pl* di sicurezza.

Sịcherheitskopie *f inform* copia *f* di sicurezza/backup.

Sịcherheitskräfte *subst* <*nur pl*> forze *f pl* dell'ordine.

Sịcherheitsleistung *f jur ökon* prestazione *f*/rilascio *m* di garanzia; (*Kaution*) deposito *m* cauzionale, cauzione *f* ● **nur gegen ~**, solo su cauzione.

Sịcherheitsmaßnahme *f* misura *f* di sicurezza: **~n ergreifen/treffen**, adottare/prendere misure di sicurezza.

Sịcherheitsnadel *f* spillo *m* ₍di sicurezza₎/[da balia].

Sịcherheitsorgane *subst* <*nur pl*> servizi *m pl* (di informazione) di sicurezza.

Sịcherheitspolitik *f* politica *f* della sicurezza.

Sịcherheitsrat <-*es, ohne pl*> *m pol*: **der ~ der UNO**, il consiglio di sicurezza dell'ONU.

Sịcherheitsrisiko <-*s, -s oder Sicherheitsrisiken*> *n* **1** (*Gefahr für die Sicherheit*) minaccia *f* alla sicurezza **2** *fam* (*Person*) pericolo *m* pubblico *fam*: **ein ~ sein/darstellen**, essere/rappresentare un pericolo pubblico.

Sịcherheitsschloss (a.R. **Sịcherheitsschloß**) *n* serratura *f* di sicurezza.

Sịcherheitsstandard *m* standard *m pl* di sicurezza.

Sịcherheitstruppe *f* <*meist pl*> truppa *f* di sicurezza.

Sịcherheitsventil *n tech* valvola *f* di sicurezza.

Sịcherheitsverschluss (a.R. **Sịcherheitsverschluß**) *m* chiusura *f* di sicurezza, sicura *f*.

Sịcherheitsvorkehrung *f* → **Sịcherheitsmaßnahme**.

Sịcherheitsvorschrift *f* → **Sịcherheitsbestimmung**.

sịcherlich *adv* sicuramente, di sicuro.

sịchern A *tr* **1** (*verschließen*) **etw (mit etw dat) ~** {FENSTERLÄDEN} fermare qc (con qc), fissare qc (con qc), assicurare qc (con qc): **das Fahrrad mit einem Schloss ~**, mettere il lucchetto alla bicicletta **2** (*schützen*) ***etw*** (***gegen etw*** akk) ~ rendere sicuro (-a) *qc* (*contro qc*): **die Grenzen eines Staates ~**, rendere sicuri i confini di uno stato **3** (*beim Bergsteigen*) ***jdn*** ~ assicurare *qu* **4** (*blockieren*) ***etw*** ~ {Schusswaffe} mettere la sicura *a qc*, mettere *qc* in sicura; {Maschine, Wagentür} mettere la sicura/il fermo *a qc*, bloccare *qc* **5** (*garantieren*) (***jdm***) ***etw*** ~ {Existenz, Versorgung, Zukunft} assicurare *qc a qu*, garantire *qc a qu*/*qc*: **jds Nachfolge ~**, assicurare la successione a qu; (*verschaffen*) *auch* procurare *qc a qu* **6** (*festigen*) ***etw*** ~ {Position} consolidare *qc* **7** (*sicherstellen*) ***etw*** ~ {Fingerabdrücke, Spuren} rilevare *qc* **8** *inform* (*speichern*) ***etw*** ~ {Datei, Daten} salvare *qc* **B** *rfl* **1** (*sich verschaffen*) **sich** (*dat*) ***etw*** ~ assicurarsi *qc*, garantirsi *qc*: **sich einen guten Platz ~**, assicurarsi un buon posto **2** (*sich absichern*) **sich** (***gegen etw*** akk) ~ cautelarsi (*contro qc*), premunirsi (*contro qc*), mettersi al sicuro (*da qc*); {Bergsteiger} assicurarsi.

sicher|stellen *tr* **1** *jur* (*in Gewahrsam nehmen*) ***etw*** ~ {Behörde, Polizei, Zoll Diebesgut} sequestrare *qc*, mettere/porre *qc* sotto sequestro **2** (*garantieren*) ***etw*** ~ assicurare *qc*, garantire *qc*: **die Anwesenheit der Polizei stellte sicher, dass die Demonstration friedlich verlief**, la presenza della polizia garantì un pacifico svolgimento della manifestazione.

Sicherstellung <-, *ohne pl*> f **1** *jur* sequestro m **2** (*das Garantieren*) garanzia f: **die Stadt hatte alle notwendigen Maßnahmen zur ~ eines friedlichen Demonstrationsverlaufs ergriffen**, il comune aveva adottato tutte le misure necessarie per garantire un pacifico svolgimento della manifestazione.

Sicherung <-, -en> f **1** <*nur sing*> (*Schutz*) tutela f, salvaguardia f, difesa f: **die ~ der Arbeitsplätze**, la tutela/difesa dei posti di lavoro; **die ~ des Weltfriedens**, la salvaguardia della pace mondiale **2** *ökon* (*Absicherung*) {Existenz, Zukunft} assicurazione f, garanzia f: **das Netz sozialer ~en**, la rete delle garanzie sociali **3** *tech* (*Schutzvorrichtung*) dispositivo m di sicurezza; {+Schusswaffe} sicura f **4** *el* salvavita® m, interruttore m di sicurezza: **die ~ ist herausgesprungen**, il salvavita® is è saltato fam; {Schmelzsicherung} fusibile m, valvola f: **die ~ ist durchgebrannt**, il fusibile si è bruciato **5** <*nur sing*> *inform* salvataggio m **6** *mil* (*Deckung*) copertura f ● **bei jdm ist eine/die ~ durchgebrannt** *fam*, a qu ha dato di volta il cervello *fam*, qu è andato fuori di testa *fam*.

Sicherungskasten *el* m quadro m di distribuzione f/[degli interruttori *fam*].

Sicherungskopie f *inform* (copia f di) backup m, copia f di sicurezza.

Sicherungsverwahrung f *jur* custodia f di sicurezza.

sicherwirkend adj → **wirkend**.

Sicht <-, *ohne pl*> f **1** (*~verhältnisse*) visibilità f: **heute ist [gute/klare]/[schlechte] ~**, oggi la visibilità è buona/scarsa; **aufgrund von Nebel ist die ~ behindert/eingeschränkt**, a causa della nebbia la visibilità è limitata/ridotta; **die ~ beträgt weniger als 50 Meter**, la visibilità è inferiore ai 50 metri **2** (*Aussicht*) vista f, visuale f: **von hier oben hat man eine weite ~**, da quassù si [gode un'ampia vista]/[vede lontano]; **jdm die ~** (**auf etw** akk) **verstellen/versperren/nehmen**, coprire/impedire/togliere la vista/visuale (di qc) a qu; **die Bäume behindern die freie ~ auf den See**, gli alberi coprono la vista del lago **3** (*Sichtweite*) vista f: **in/außer ~ sein**, essere in/[fuori (di)] vista; **in/außer ~ kommen**, [apparire alla]/[uscire di/dalla] vista; **Land in ~!**, terra in vista! **4** (*Betrachtungsweise*) punto m di vista, modo m di vedere: **aus/in meiner ~**, dal mio punto di vista, a mio modo di vedere; **aus ökologischer ~**, in una prospettiva ecologica *fin* vista: **Wechsel auf ~**, cambiale (pagabile) a vista; **30 Tage nach ~**, a 30 giorni vista ● **da ist etwas/nichts in ~** *fam*, [c'è qualcosa]/[non c'è niente] in vista; **auf kurze/lange ~**, a breve/lunga scadenza, a breve/lungo termine.

sichtbar **A** adj **1** (*wahrnehmbar*) visibile: **die ~e Welt**, il mondo visibile; **gut/deutlich ~ sein**, essere ben/chiaramente visibile; **schlecht/kaum ~ sein**, essere scarsamente/appena visibile; **in klaren Nächten sind die Sterne besser ~**, nelle notti limpide si vedono meglio; **etw ~ machen**, rendere visibile qc, visualizzare qc; **~ werden**, apparire, manifestarsi; **auf dem Röntgenbild ist die Fraktur deutlich ~**, la frattura è evidenziata chiaramente dalla radiografia **2** (*offenkundig*) {Fortschritte, Veränderung, Verbesserung} visibile, manifesto, evidente: **die Creme soll eine ~e Besserung der Haut bewirken**, pare che la crema procuri visibili miglioramenti alla pelle; (*beachtlich*) *auch* sensibile **B** adv **1** (*erkennbar*) visibilmente, in modo evidente: **sie hat ~ abgenommen**, è visibilmente dimagrita, è dimagrita in modo evidente **2** (*beachtlich*) sensibilmente: **seine Leistungen haben sich ~ gebessert**, il suo rendimento è sensibilmente migliorato.

Sichtbarkeit <-, *ohne pl*> f visibilità f.

Sichtbehinderung f visibilità f ridotta/limitata.

Sichtbeton m *bau* calcestruzzo m a vista.

Sichtblende f paravento m.

Sichteinlage f *bank* deposito m a vista.

sichten *tr* **1** (*erblicken*) ***jdn/etw*** ~ {Flugzeug, Land, Schiff} avvistare *qc* **2** (*durchsehen*) ***etw*** ~ {Akten, Briefe, Material} visionare *qc*, prendere visione di *qc*.

Sichtfenster n *inform* finestra f.

Sichtflug m *aero* volo m/navigazione f a vista.

Sichtgerät n monitor m; *inform* *auch* unità f/terminale m video, unità f di visualizzazione.

Sichtgrenze f limite m di visibilità.

Sichtkarte f → **Zeitkarte**.

Sichtkontakt m contatto m visivo.

sichtlich **A** adj <*attr*> {Begeisterung, Freude} visibile, evidente: **zu seiner ~en Erleichterung**, con suo grande sollievo **B** adv visibilmente, evidentemente: **es war ihm ~ peinlich**, era evidentemente imbarazzato.

Sichtung <-, -en> f **1** *naut* avvistamento m **2** <*nur sing*> (*Durchsicht*) visione f.

Sichtverhältnisse subst <*nur pl*> (*condizioni* f pl *di*) visibilità f.

Sichtvermerk m *form* visto m, vidimazione f: **etw mit einem ~ versehen**, apporre il visto a/su qc, vistare qc, vidimare qc.

Sichtwechsel m *bank* cambiale f a vista.

Sichtweise f modo m di vedere, punto m di vista.

Sichtweite f visibilità f (orizzontale), vista f: **außer ~ geraten**, uscire dalla vista.

Sickergrube f pozzo m nero.

sickern *itr* <*sein*> **1** (*rinnen*) *irgendwohin* ~ filtrare/trapelare/colare + *compl di luogo*: **das Regenwasser sickert in den Boden**, l'acqua piovana filtra/trapela nel terreno; **von/aus etw** (*dat*) ~ colare *da qc*: der Schweiß sickerte ihm von der Stirn, il sudore gli colò dalla fronte; **aus der Wunde sickert Blut**, la ferita stilla sangue **2** (*heimlich gelangen*) filtrare, trapelare: **in die Presse ~** {Nachricht}, filtrare/trapelare alla stampa.

Sickerwasser n acqua f d'infiltrazione.

Sideboard <-s, -s> n credenza f, buffet m.

sie① <*ihrer, ihr, sie*> pers pron 3. pers sing **A** nom **1** (*in Bezug auf weibliche Person*) (*unbetont: meist nicht übersetzt*) lei, ella *geh*: **sie ist eine sympathische junge Frau**, (lei) è una giovane donna simpatica; (*betont*) lei: **ist sie es wirklich?**, è davvero lei?; **Müllers kommen beide, er und sie**, i Müller vengono tutti e due, lui e lei; **sie selbst**, lei/ella *geh* stessa; **nicht einmal sie selbst hätte das besser machen können**, nemmeno lei (stessa) avrebbe potuto farlo meglio; **wenn ich sie wäre ...**, (se) fossi in lei ...; (*in Ausrufesätzen nach Vergleichen*) lei: **er ist älter als sie**, (lui) è più vecchio di lei; **da ist sie (ja)!**, eccola! **2** (*in Bezug auf Sachen oder weibliches Tier*) (*unbetont: meist nicht übersetzt*) essa, esso: **ich bringe die Nähmaschine zurück, sie funktioniert nicht**, riporto indietro la macchina da cucire, non funziona; **die Hündin muss an die Leine, sie läuft immer weg**, bisogna mettere la cagna al guinzaglio, scappa sempre; **ist sie denn meine Tasche? Ah, da ist sie ja!**, ma dov'è la mia borsa? Ah, eccola! **B** akk (*unbetont*) la: **er hat sie gestern angerufen**, l'ha chiamata ieri, le ha telefonato ieri; **die Waschmaschine ist kaputt, wir müssen sie reparieren lassen**, la lavatrice è guasta, dobbiamo farla riparare; **die Katze ist krank, ich bringe sie morgen zum Tierarzt**, la gatta è malata, domani la porto dal veterinario; (*betont*) lei: **er will sie und keine andere**, vuole lei e nessun'altra; **er hat sie angerufen und nicht ihn**, ha chiamato lei e non lui *fam*, ha telefonato a lei e non a lui; (*nach präp*) lei: **rufen Sie Frau Bauer, wir können ohne sie nicht anfangen**, chiami la signora Bauer, senza (di) lei non possiamo iniziare; **morgen hat meine Schwester Geburtstag, ich habe ein Geschenk für sie gekauft**, domani è il compleanno di mia sorella, [le ho comprato un regalo]/[ho comprato un regalo per lei]; (*in Kombination mit anderen Pronomina*) lo, la; **er wollte deine Telefonnummer wissen, ich habe sie ihm gegeben**, voleva sapere il tuo numero di telefono, glielo dato; **das ist meine Tasche, gib sie mir sofort zurück!**, questa [è la mia borsa]/[borsa è mia], ridammela subito!

sie② <*ihrer, ihnen, sie*> pers pron 3. pers pl **1** nom (*als betontes Subjekt*) loro mf pl *form*, essi m pl *form*, esse f pl *form*: **sind sie es wirklich?**, sono davvero loro?; **wenn ich sie wäre ...**, se fossi in loro ...; **nicht einmal sie hätten das besser machen können**, nemmeno loro avrebbero potuto farlo meglio; **wo habe ich nur meine Bücher hingelegt? – Da sind sie doch!**, dove avrò messo i miei libri? – Eccoli!; **hast du meine Schuhe gesehen? – Da sind sie!**, hai visto le mie scarpe? – Eccole!; (*als unbetontes Subjekt meist nicht übersetzt*) essi, esse, loro: **sie haben uns besucht**, ci hanno fatto visita, sono venuti (-e) a trovarci; **sie sind aus Berlin**, [sono di]/[vengono da] Berlino; **hast du meine Schlüssel gesehen? – Sie liegen in deinem Zimmer**, hai visto le mie chiavi? – Sono nella tua stanza; **er hat vier Töchter, sie gehen alle noch zur Schule**, ha quattro figlie, (esse) vanno ancora tutte a scuola; (*nach Vergleichen*): **ihr seid so groß wie sie**, siete alti (-e) quanto loro; **wir sind schneller als sie**, siamo più veloci di loro **2** (*unpers: man*): **sie haben schon wieder die Steuern erhöht**, hanno di nuovo aumentato le tasse **3** akk (*unbetont*) li, le: **wann siehst du sie wieder?**, quando li/le rivedi?; **die beiden Frauen beobachten uns schon eine ganze Weile, kennst du sie?**, quelle due (donne) ci stanno osservando da un bel po', le conosci?; (*betont*) loro: **wir wollen sie sehen und nicht euch**, vogliamo vedere loro e non voi; (*nach präp*) loro mf: **ich werde den Brief an sie direkt adressieren**, indirizzerò la lettera direttamente a loro; **unsere Kinder sind noch sehr klein, wir fahren ohne sie in den Urlaub**, i nostri bambini sono ancora molto piccoli, andiamo in vacanza senza di loro; **ich habe etwas für sie gekauft**, ho comprato qualcosa per loro; (*in Kombination mit anderen Pronomina*) li, le: **du brauchst einhundert Euro? Ich kann sie dir gerne leihen**, hai bisogno di cento euro? Te li presto volentieri.

Sie① <*Ihrer, Ihnen, Sie*> pers pron (*Höflichkeitsform*) **1** nom sing (*betont*) Lei: **ach, Sie sind's?**, ah, è Lei?; **Sie Armer!**, povero Lei!; **Sie Glückliche!**, fortunata/beata Lei!; **he, Sie!**, ehi, Lei!; (*nach Vergleichen*): **er ist älter als Sie**, è più vecchio di Lei; (*unbetont: meist nicht übersetzt*): **haben Sie meinen Brief erhalten?**, ha ricevuto la mia lettera?; **wann sind Sie angekommen?**, quando è arrivato (-a)? **2** nom pl (*als betontes Subjekt: meist nicht übersetzt*) voi, Loro form obs: **möchten Sie etwas zu trinken?**, desiderate/desiderano qualcosa da bere?; (*betont*) voi, Loro form obs: **sind Sie Herr und Frau Krause?**, ₍siete voi₎/[sono Loro] il signor e la signora Krause? **3** akk sing La: **darf ich Sie zu einer Tasse Tee einladen, Frau Müller?**, posso invitarLa a bere una tazza di tè, signora Müller?; **es tut mir leid, Herr Schmidt, aber ich habe Sie nicht kommen hören**, mi dispiace, signor Schmidt, ma non L'ho sentita arrivare; (*nach präp*) Lei: **für Sie haben wir ein besonders schönes Zimmer reserviert**, ₍per Lei₎/[Le] abbiamo riservato una camera particolarmente bella **4** akk pl vi, Li, Le form obs: **darf ich Sie kurz stören?**, posso disturbarvi/disturbarLi/Le form obs un attimo? **5** (*Imperativ: nicht übersetzt*): **sprechen Sie!**, <*sing*> parli!; <*pl*> parlate/parlino!

Sie② <-, ohne pl> n Lei m: **jdn mit Sie anreden, mit jdm per Sie sein** form, dare del Lei a qu.

Sie③ <-, -s> f fam donna f, femmina f: **man weiß nicht, ob es ein Er oder eine Sie ist**, non si sa se è ₍maschio o femmina₎/[uomo o donna]; **Kontaktanzeige: Er, 29, gut aussehend, sucht zärtliche Sie**, annunci personali: lui, ventinovenne, bella presenza, cerca tenera compagna.

Sieb <-(e)s, -e> n **1** (*Küchensieb: für Nudeln*) (s)colapasta m; (*für Gemüse*) passaverdura m, passatutto m; (*für Flüssigkeiten*) colino m, colabrodo m, passino m; (*für Mehl*) setaccio m, staccio m: **etw durch ein ~ gießen**, colare qc; **etw durch ein ~ rühren/streichen**, passare qc al setaccio, dare una setacciata a qc **2** (*~ zum Putzen*) agr min crivello m, vaglio m; *bau* vaglio m, cola f **3** *tech* (*Filtersieb*) filtro m ● **wie ein ~ durchlöchert sein**, essere bucherellato come un crivello, essere crivellato.

Siebdruck <-(e)s, -e> m serigrafia f.

sieben① **A** tr **1** *etw* ~ {GOLD, MEHL} setacciare qc, passare qc al setaccio; {ERDE, SAND} *auch* vagliare qc al crivello; {GETREIDE} vagliare qc; {FLÜSSIGKEIT} colare qc, filtrare qc **2** *fam* (*aussondern*) *jdn/etw* ~ {PERSONEN} selezionare qu; {MATERIAL} *auch* vagliare qc **B** itr *fam* (*aussondern*) fare/operare una selezione/cernita: **vor der Prüfung wird noch einmal gründlich gesiebt**, prima dell'esame viene fatta ancora un'altra ₍scrematura fam₎/[severa selezione].

sieben② <inv> zahladj **1** (*Zahl*) sette: **drei plus/und vier gibt/ist/macht ~**, tre più/e quattro fa sette; **in ~ Tagen**, fra sette giorni **2** (*Uhrzeit*): **es ist ~ (Uhr)**, sono le sette, (*abends*) *auch* sono le (ore) diciannove; **es ist halb ~**, sono le sei e mezzo/trenta, (*abends*) *auch* sono le diciotto e trenta; **ich komme gegen/nach ~**, vengo verso/dopo le sette; **wir schließen um ~**, chiudiamo alle sette; **es ist Viertel vor ~**, sono le sette meno un quarto, manca un quarto alle sette **3** (*Alter*) sette anni: **meine Schwester ist erst ~ (Jahre alt)**, mia sorella ha soltanto sette anni; **nächste Woche wird er ~ (Jahre alt)**, la prossima settimana compie/fa sette anni; **mit ~ (Jahren)**, a sette anni **4** *sport* (*Punkt*) sette: **~ zu eins/zwei/... gewinnen**, vincere sette a uno/due/...; → *auch* **vier**.

Sieben <-, - oder -en> f **1** (*Zahl*) sette **2** *fam* (*Transport*): **die ~** (*Bus, Straßenbahnlinie*), il sette; (*U-Bahnlinie*) la linea sette **3** *fam sport*: **die ~** (*Rennwagen*), la sette; (*Sportler, Rennpferd*) il (numero) sette **4** *Karten* sette m.

siebenarmig adj {LEUCHTER} a sette bracci.

siebenbändig adj {LEXIKON} in sette volumi.

Siebenbürgen <-s, ohne pl> n *geog* Transilvania f.

Siebenbürger m (**Siebenbürgerin** f) (*in Siebenbürgen wohnend*) abitante mf della Transilvania; (*aus Siebenbürgen stammend*) originario (-a) m (f) della Transilvania.

siebenbürgisch adj transilvanico: **das Siebenbürgische**, il tedesco della Transilvania.

Siebeneck <-(e)s, -e> n *geom* ettagono m.

siebeneckig adj ettagonale.

siebeneinhalb <inv> zahladj (*7,5*) sette e mezzo: **~ Stunden**, sette ore e mezza.

Siebener <-s, -> m *fam* (*Buslinie*): **der ~**, il sette.

siebenfach A adj **1** (*siebenmal so groß*) {SUMME} settuplo, sette volte maggiore **2** (*siebenmal erfolgt*) {WELTMEISTER} sette volte **3** (*siebenmal erstellt*) {KOPIE} sette, settuplo **B** adv {AUSFERTIGEN} sette volte; {UNTERSCHREIBEN} sette volte; → *auch* **vierfach**.

Siebenfache <dekl wie adj> n: **das ~ an etw** (*dat*), il settuplo di qc; **das ~ bezahlen**, pagare sette volte tanto.

siebengeschossig A adj {GEBÄUDE} di/a sette piani **B** adv {BAUEN} a sette piani.

Siebengestirn <-s, ohne pl> n *astr* Pleiadi f pl.

siebenhundert <inv> zahladj settecento; → *auch* **vierhundert**.

Siebenhundertjahrfeier f (celebrazione f del) settimo centenario.

siebenhundertjährig adj <meist attr> **1** (*700 Jahre alt*) {DORF, STADT} ₍che ha₎/[di] settecento anni **2** (*700 Jahre dauernd*) {REICH} di settecento anni.

siebenhundertster, **siebenhundertste**, **siebenhundertstes** adj meist <attr> {BESUCHER} settecentesimo (-a): **den siebenhundertsten Geburtstag eines Komponisten feiern**, celebrare il settimo centenario della nascita di un compositore.

siebenhunderttausend <inv> zahladj settecentomila.

siebenjährig adj <meist attr> **1** (*sieben Jahre alt*) {KIND} (dell'età) di sette anni, settenne **2** (*sieben Jahre lang*) settennale, (della durata) di sette anni ● **der Siebenjährige Krieg** hist, la Guerra dei Sette Anni.

Siebenjährige <dekl wie adj> mf bambino (-a) m (f)/ragazzino (-a) m (f) ₍di sette anni₎/[settenne].

siebenköpfig adj <attr> {FAMILIE} di sette persone/componenti; {UNGEHEUER} a sette teste.

siebenmal adv {ANFERTIGEN, KOPIEREN} sette volte: **~ so ...** {LANG, SCHNELL, TEUER}, sette volte tanto; → *auch* **viermal**.

siebenmalig adj {KANDIDAT} sette volte: **nach ~em Versuch**, dopo il settimo tentativo; **nach ~er Wiederholung**, alla settima volta.

Siebenmeilenstiefel subst <nur pl> *lit* stivali m pl delle sette leghe: **mit ~n scherz**, a passi da gigante.

Siebenmeter m *sport Hockey* punizione f.

siebenmonatig adj <attr> {SÄUGLING} di sette mesi; {REISE} (della durata) di sette mesi.

Siebenmonatskind n settimino (-a) m (f).

Siebensachen subst <nur pl> *fam* carabattole f pl: **seine ~ (zusammen)packen und gehen/abhauen**, far fagotto *fam*, andarsene con armi e bagagli; **seine ~ zusammensuchen**, raccogliere ₍le proprie carabattole₎/[i propri quattro stracci].

Siebenschläfer m **1** *zoo* ghiro m **2** *fam* (*27. Juni*) 27 di giugno.

siebenseitig adj {BRIEF, LISTE} di sette pagine.

siebenstellig adj {BETRAG, (TELEFON)NUMMER, SUMME} di sette cifre.

siebenstöckig A adj {GEBÄUDE} di/a sette piani **B** adv {BAUEN} a sette piani.

siebenstufig adj {LEITER} di sette gradini.

siebenstündig adj <attr> {KONFERENZ} (della durata) di sette ore.

siebenstündlich A adj <attr> ogni sette ore; {KONTROLLE} che si ripete ogni sette ore **B** adv {EINNEHMEN, ERFOLGEN} ogni sette ore.

siebentägig adj meist <attr> {AUFENTHALT, REISE} (della durata) di sette giorni.

siebentausend <inv> zahladj settemila.

Siebentausender <-s, -> m (*7000 m hoher Berg*) vetta f/montagna f di/alta settemila metri; (*zwischen 7000 und 8000 m*) vetta f/montagna f tra i settemila e gli ottomila metri.

siebentausendjährig adj meist <attr> {REICH} (della durata) di settemila anni.

siebt <inv> adv: **zu ~**, in sette.

siebte zahladj → **siebter**.

Siebte <dekl wie adj> mf **1** (*7. Tag des Monats*): **der ~**, sette m; **heute ist der ~**, oggi è il sette **2** (*7. Monat des Jahres*): **der erste/zweite/... ~**, il primo/due/... (di) luglio **3** (*Reihenfolge*) settimo (-a) m (f): **als ~r/~**, in settima posizione; **jeder ~**, una persona₍ f ₎/[uno] su/ogni sette; **im Weitsprung ist sie ~ geworden**, nel salto in lungo è arrivata settima; → *auch* **Vierte**.

Siebtel <-s, -> n settimo m: **ein ~ ₍einer S. (gen)₎/[von etw (dat)]**, un settimo di qc, la settima parte di qc.

siebtens adv (in) settimo (luogo).

siebter, siebte, siebtes zahladj <attr> **1** (*Datum*) sette: **heute ist der siebte Mai**, oggi è il sette maggio; **er ist am siebten September geboren**, è nato il sette settembre **2** (*Jahreszahl*) settimo (-a): **das siebte Jahrhundert**, il settimo secolo **3** (*Reihenfolge*) settimo (-a): **sie ist auf dem siebten Platz**, è al settimo posto **4** *math* settimo (-a): **der siebte Teil von etw** (*dat*), la settima parte di qc, un settimo di qc; → auch **vierter**.

siebzehn <inv> zahladj **1** (*Zahl*) diciassette **2** (*Uhrzeit*) diciassette: **es ist ~ Uhr**, sono le (ore) diciassette **3** (*Alter*) diciassette anni: **sie ist ~**, ha diciassette anni **4** *sport* (*Punkte*) diciassette; → auch **vierzehn**.

Siebzehn <-, -en> f **1** (*Zahl*) diciassette m **2** *fam* (*Transport*): **die ~** (*Bus-, Straßenbahnlinie*), il diciassette; (*U-Bahnlinie*) la linea diciassette **3** *fam sport* il/la diciassette.

siebzehneinhalb <inv> zahladj diciassette e mezzo; → auch **viereinhalb**.

Siebzehner <-s, -> m *fam* (*Buslinie*): **der ~**, il diciassette.

siebzehnhundert <inv> zahladj millesettecento: **im Jahre ~**, nel(l'anno) millesettecento.

siebzehnjährig adj <meist attr> **1** (*siebzehn Jahre alt*) {HAUS, TIER} (che ha)/(hi) di diciassette anni; (*JUNGE, MÄDCHEN*) auch diciassettenne **2** (*siebzehn Jahre lang*) {FRIEDE, KRIEG} (della durata) di diciassette anni.

Siebzehnjährige <dekl wie adj> mf ragazzo (-a) m (f) di diciassette anni, diciassettenne mf.

siebzehnt adv: **zu ~**, in diciassette.

siebzehntägig adj <attr> {REISE} di diciassette giorni.

siebzehnte zahladj → **siebzehnter**.

Siebzehnte <dekl wie adj> mf **1** (*Datum*) diciassette m: **heute ist der ~**, oggi è il diciassette **2** (*Reihenfolge*) diciassettesimo (-a) m (f) **3** (*bei historischen Namen*): **Ludwig XVII** (*gesprochen der Siebzehnte*), Luigi XVII (*gesprochen diciassettesimo*); → auch **Vierzehnte**.

Siebzehntel n diciassettesimo m: **ein ~ einer S.** (gen)/(von etw (dat)), un diciassettesimo di qc, la diciassettesima parte di qc.

siebzehnter, siebzehnte, siebzehntes zahladj <meist attr> **1** (*Datumsangaben*) diciassette **2** (*Jahreszahl*) diciassettesimo (-a): **das siebzehnte Jahrhundert**, il diciassettesimo secolo, il Seicento **3** (*Reihenfolge*) diciassettesimo (-a) **4** (*zum siebzehnten Mal*) {GEBURTSTAG} diciassettesimo (-a) **5** *math* diciassettesimo (-a); → auch **vierzehnter**.

siebzig <inv> zahladj **1** (*Kardinalzahl*) settanta **2** (*Alter*) settant'anni: **sie ist ~**, ha settant'anni; **mit ~**, a settant'anni; **nächste Woche wird er ~**, la prossima settimana compie/fa settant'anni; **sie ist etwa ~** (*Jahre alt*), ha una settantina d'anni, è sulla settantina **3** (*Stundenkilometer*) settanta (km orari) **4** *sport* (*Punkte*) settanta; → auch **vierzig**.

Siebzig <-, -en> f settanta m: **an die ~ sein**, avere una settantina d'anni, essere sulla settantina; → auch **vierzig**.

siebziger <inv> adj <attr> **1** (*Jahrzehnt von 70-79*) **die ~ Jahre**, gli anni Settanta; **in den ~ Jahren**, negli anni Settanta **2** (*Wein aus dem Jahre 1970*): **ein ~ Jahrgang**, un vino del 1970.

Siebziger① <-s, -> m (*Wein*) vino m del 1970.

Siebziger② <-s, -> m (**Siebzigerin** f) *fam* "persona f di età compresa tra 70 e 79 anni": **eine rüstige ~in**, una robusta arzilla/[in forma/gamba].

Siebzigerjahre, siebziger Jahre, 70er Jahre, 70er-Jahre subst <nur pl> **1** (*Jahrzehnt von 70-79*): **die ~**, gli anni Settanta **2** (*Lebensalter von 70-79*): **in den ~n sein**, avere tra i settanta e gli ottant'anni.

siebzigjährig adj <meist attr> **1** (*siebzig Jahre alt*) {BAUM, TIER} di settant'anni; {MENSCH} *auch* settantenne **2** (*siebzig Jahre*

dauernd) {LEBEN} (della durata) di settanta anni; {OKKUPATION} *auch* settantennale adv settantenne, a settant'anni.

Siebzigjährige <dekl wie adj> mf settantenne mf, uomo m/donna f [sui settant'anni]/[sulla settantina]: **Klub der ~n**, club dei settantenni; **er wurde erst als ~r Opa**, diventò nonno solo a settant'anni.

siebzigprozentig adj *meist* <attr> (*ERHÖHUNG*) del settanta percento; {SCHNAPS} che ha settanta gradi.

siebzigste zahladj → **siebzigster**.

Siebzigstel <-s, -> n settantesimo m: **ein ~ einer S.** (gen)/(von etw (dat)), un settantesimo di qc, la settantesima parte di qc.

siebzigster, siebzigste, siebzigstes zahladj <meist attr> **1** (*Reihenfolge*) {BESUCHER, KUNDE} settantesimo (-a) **2** (*zum 70. Mal*) {AUFLAGE, GEBURTSTAG} settantesimo (-a) **3** *math* settantesimo (-a): **der siebzigste Teil von etw** (dat), la settantesima parte di qc, un settantesimo di qc.

siech adj *geh obs* cachettico *med*, decrepito.

Siechtum <-s, ohne pl> n *obs* cachessia f *med*.

siedeln itr *irgendwo* ~ stabilirsi/insediarsi + *compl di luogo*.

sieden <siedete oder sott, gesiedet oder gesotten> itr bollire, andare in ebollizione: **Wasser siedet bei 100 °C**, l'acqua bolle/[va in ebollizione] a 100 °C; **man muss den Tee aufgießen, sobald das Wasser siedet**, (non) appena l'acqua bolle va versata sul tè; **etw zum Sieden bringen**, portare qc a ebollizione, far bollire qc tr *region* (*zum Kochen bringen*) **etw ~** (far) bollire qc; (*im Wasser kochen*) {FLEISCH, KARTOFFELN} lessare qc.

siedend adj bollente: **etw in ~em Öl braten**, friggere qc in/nell'olio bollente; **~ heiß sein** {ÖL, WASSER}, essere bollente; **~e Hitze**, caldo torrido.

siedendheiß a.R. *von* siedend heiß → **heiß**.

Siedepunkt m **1** *phys* punto m di ebollizione **2** (*Höhepunkt*): **auf dem ~ angelangt sein** {PERSON}, essere arrivato al punto di saturazione; {STIMMUNG} essersi surriscaldato.

Siedetemperatur f *phys* temperatura f di ebollizione.

Siedler <-s, -> m (**Siedlerin** f) colono (-a) m (f).

Siedlung <-s, -en> f **1** (*Niederlassung, Ort*) (centro m) abitato m, insediamento m: **viele deutsche Städte gehen auf römische ~en zurück**, molte città tedesche prendono origine da insediamenti romani **2** (*Gruppe von Wohnhäusern*) quartiere m/complesso m residenziale: **er wohnt in einer ~ am Rande der Stadt**, abita in un quartiere in periferia **3** (*Bewohner einer Wohnsiedlung*) (abitanti m pl di un) quartiere m: **am 1. Mai organisierte die ganze ~ ein Straßenfest**, il primo maggio tutto il quartiere organizzò una festa rionale.

Siedlungsdichte f densità f abitativa/[di popolazione].

Siedlungsgebiet n zona f di insediamento.

Siedlungsgeschichte f storia f degli insediamenti umani.

Siedlungshaus n casa f di un complesso residenziale.

Siedlungsland <-(e)s, ohne pl> n terra f per nuovi insediamenti.

Siedlungspolitik f politica f di insediamento.

Sieg <-(e)s, -e> m vittoria f, trionfo m: **ein knapper/deutlicher ~**, una vittoria [di stret-

ta misura]/[netta]; **ein glänzender/überwältigender ~**, una vittoria sfolgorante/[strepitosa/schiacciante]; **den ~ über jdn davontragen/erringen**, riportare/ottenere la vittoria su qu; **jdm den ~ entreißen**, strappare la vittoria a qu; **sich (in/bei etw dat) den ~ holen/sichern**, conquistare/assicurarsi la vittoria (in qc); **um den ~ kämpfen**, lottare/combattere per la vittoria; **von ~ zu ~ schreiten**, passare di trionfo in trionfo ● **auf ~ spielen** *sport*, giocare per vincere; **den ~ schon in der Tasche haben**, avere già la vittoria in tasca/pugno; **etw (dat) zum ~ verhelfen** {DEM GUTEN, DEM RECHT, DER WAHRHEIT}, far trionfare qc.

Siegel <-s, -> n **1** (*Abdruck*) sigillo m: **etw mit einem ~ versehen** {BRIEF, URKUNDE}, apporre un sigillo a qc, sigillare qc; **ein ~ aufbrechen/öffnen**, rompere un sigillo **2** (*Stempel*) sigillo m **3** (*Dienstsiegel*) sigillo m: **die Polizei hatte die Tür mit einem ~ verschlossen**, la polizia aveva [sigillato la]/[messo i sigilli alla] porta **4** (*Kennzeichen*) impronta f, marchio m: **das Bild trug unverkennbar das ~ des großen Künstlers**, il quadro recava l'impronta/il marchio inconfondibile del grande artista **5** com (*Gütesiegel*) marchio m (di qualità); (*Frischesiegel*) sigillo m (di garanzia) ● **unter dem ~ der Verschwiegenheit** *geh*, sotto il sigillo della segretezza.

Siegellack m ceralacca f.

siegeln tr *etw ~* {BRIEF, URKUNDE} sigillare qc, apporre un sigillo *a qc*.

Siegelring m anello m sigillo.

siegen itr (*über jdn/etw*) ~ vincere (*qu/qc*), trionfare (*su qu/qc*): **er hat über alle anderen Konkurrenten gesiegt**, ha vinto/battuto[avuto la meglio su] tutti gli altri concorrenti; **im Kampf ~**, vincere in battaglia; **nach Punkten ~**, vincere ai punti; **im letzten Spiel hat unsere Mannschaft zwei zu null gesiegt**, nell'ultima partita la nostra squadra ha vinto (per) due a zero; **am Schluss wird doch die Wahrheit ~**, alla fine trionferà comunque la verità.

Sieger <-s, -> m (**Siegerin** f) vincitore (-trice) m (f): **~ werden**, vincere, risultare vincitore (-trice); **aus etw (dat) als ~ hervorgehen**, uscire vincitore (-trice) da qc, risultare vincitore (-trice) di/in qc; **er wurde zum ~** [nach Punkten]/[durch K.O.] **erklärt**, fu proclamato vincitore [ai punti]/[per K.O.] ● **zweiter ~ sein/bleiben** *slang sport*, essere/rimanere secondo (-a).

Siegerehrung f (cerimonia f di) premiazione f.

Siegerin f → **Sieger**.

Siegerkranz m corona f d'alloro, alloro m della vittoria.

Siegermacht f <meist pl> *pol* potenza f vincitrice: **die Siegermächte des Zweiten Weltkriegs**, le potenze vincitrici della seconda guerra mondiale.

Siegermannschaft f *sport* squadra f vincitrice.

Siegermiene f espressione f/aria f trionfante/[di trionfo/vittoria].

Siegerpodest n *sport* → **Siegertreppchen**.

Siegerpokal m *sport* coppa f.

Siegerpose f atteggiamento m trionfante/[di trionfo/vittoria]: **in ~**, in atteggiamento di trionfo.

Siegerstraße f *slang sport*: **auf der ~ sein**, avere la vittoria a portata di mano, avviarsi a vincere.

Siegertreppchen <-s, -> n *sport* podio m (dei vincitori).

Siegerurkunde f *sport* "attestato m di merito per una prestazione sportiva".

siegesbewusst (a.R. siegesbewußt) **A** adj trionfante **B** adv {AUFTRETEN, SICH GEBEN} con aria trionfante.

Siegesfreude f euforia f [della vittoria]/[del trionfo].

siegesgewiss (a.R. siegesgewiß) adj → **siegessicher**.

Siegesgöttin f *myth* (dea f della) Vittoria f.

Siegeskranz m → **Siegerkranz**.

Siegeslorbeer m *geh* alloro m della vittoria.

Siegespalme f *lit* palma f (della vittoria): **die ~ erringen**, riportare la palma.

Siegessäule f colonna f trionfale/[della vittoria].

Siegesserie f *sport* serie f di vittorie/successi.

siegessicher **A** adj {MENSCH} certo/sicuro [della vittoria]/[di vincere], trionfante; {BLICK, LÄCHELN} trionfante, di trionfo: **~ sein**, cantare vittoria **B** adv in modo trionfante, con la certezza di vincere: **er baute sich ~ vor mir auf**, mi si parò davanti trionfante; **~ lächeln**, sorridere con aria trionfante.

Siegestaumel <-s, *ohne* pl> m ebbrezza f della vittoria.

Siegestreffer m *sport Fußball Handball* gol m della vittoria.

siegestrunken adj *geh* ebbro per la vittoria.

Siegeswille m volontà f di vincere.

Siegeszug m marcia f trionfale: **den ~ antreten**, iniziare la marcia trionfale.

Siegfried m (*Vorname*) Sigfrido.

sieggewohnt adj {MANNSCHAFT, SPORTLER} abituato a vincere.

sieglos adj {MANNSCHAFT, SPORTLER} che non ha riportato vittorie.

Siegprämie f *Fußball* premio m partita.

siegreich **A** adj **1** (*den Sieg errungen habend*) vittorioso; {MENSCH, MANNSCHAFT} *auch* vincitore: **die ~e Athletin konnte an der Preisverleihung nicht teilnehmen**, l'atleta vincitrice non poté partecipare alla premiazione **2** (*mit Sieg enden*) {FELDZUG, SCHLACHT} vittorioso **B** adv (*als Sieger*) vittoriosamente, da vincitore, con [la vittoria]/[successo]: **~ aus einer Schlacht zurückkehren**, ritornare vittoriosi/[di una battaglia]; **ein Spiel ~ beenden**, concludere vittoriosamente una partita/gara.

Siegwette f *Reitsport* scommessa f.

sieh, siehe imper sing *von* sehen. **~ mal (einer) an!**, (ma) guarda un po'!; **sieh(e) da, ecco!**; **... und sieh(e) da, sie waren alle verschwunden**, ... ed ecco che tutti erano spariti; **siehe oben/unten**, vedi sopra/[sotto/oltre].

siehst 2. pers sing präs *von* sehen.

sieht 3. pers sing präs *von* sehen.

Siena <-s, *ohne* pl> n *geog* Siena f.

Sienaerde f *kunst* terra f di Siena.

Sienese <-n, -n> m (**Sienesin** f) senese mf.

sienesisch adj senese.

Sierra Leone <- -s, *ohne* pl> n *geog* Sierra Leone f.

Siesta <-, *Siesten oder* -s> f siesta f • **(eine) ~ halten**, fare la siesta.

Sievert <-s, -> n *phys* sievert m.

siezen tr *jdn* ~ dare del lei *a qu*: **obwohl sie sich schon Jahre kennen, ~ sie sich immer noch**, nonostante (che) si conoscano da anni, continuano a darsi del lei.

Sigel <-s, -> n *geh* abbreviazione f.

Sightseeing <-(s), -s> n giro m turistico (della città): **~ machen**, fare un giro turistico.

Sightseeingtour, Sightseeing-Tour f giro m turistico; (*über Land*) *auch* tour m: **ihre Eltern machen gerade eine ~ durch Amerika**, i suoi genitori stanno facendo un giro turistico attraverso l'America.

Signal <-s, -e> n **1** (*Zeichen*) segnale m: **akustisches/optisches ~**, segnale acustico/ottico, segnalazione acustica/ottica; **zum Angriff/Aufbruch, il segnale [d'attacco]/[di partenza]**; **ein ~ überhören/übersehen**, non sentire/vedere un segnale, ignorare un segnale **2** *Eisenb* segnale m: **das ~ steht auf Halt**, il segnale indica l'alt **3** *CH* (*Verkehrszeichen*) segnale m stradale • **ein ~ beachten**, [fare/prestare attenzione a]/[rispettare] un segnale; **~e empfangen/aussenden**, ricevere/emettere segnali; (**jdm**) **das ~ zu etw (dat) geben**, dare il segnale di qc (a qu); (**mit etw dat**) **~e setzen** *geh* (*Anstöße geben*), dare precisi segnali (con qc); (*richtungsweisend sein*), aprire nuove strade (con qc).

Signalanlage f impianto m di segnalazione.

Signalement <-s, -s *oder* -e> n *CH* dati m pl segnaletici, connotati m pl.

Signalfarbe f colore m fosforescente.

Signalfeuer n fuoco m di segnalazione.

Signalflagge f *naut* bandiera f di segnalazione.

Signalglocke f campana f d'allarme.

signalisieren <*ohne* ge-> tr **1** (*andeuten*) (**jdm**) **etw** ~ segnalare/[far capire/intendere] qc (a qu), lasciare intendere qc (a qu): **ihr Blick signalisierte ihm, dass sie gesprächsbereit war**, il suo sguardo gli fece capire/intendere che lei era pronta al dialogo **2** (*bedeuten*) **etw** ~ segnalare qc: **der erhobene Arm des Polizisten signalisierte «freie Fahrt!»**, il braccio alzato del vigile segnalò il via libera; **die Meinungsverschiedenheiten am Ende der Regierungskoalition ~ das Ende der Regierungskoalition**, le divergenze di opinione tra i deputati sono il segnale della fine della coalizione governativa **3** *CH* (*ausschildern*) **etw** ~ dotare/munire qc di segnaletica.

Signallampe f lampada f di segnalazione.

Signallicht n **1** (*weit sichtbares Licht*) segnale m luminoso, luce f di segnalazione **2** *CH* (*Ampel*) semaforo m.

Signalmast m **1** *Eisenb* (albero m del) semaforo m **2** *naut* albero m (per segnalazioni).

Signalpfeife f fischietto m d'allarme.

Signalton m segnale m acustico.

Signalwirkung f: **das Gerichtsurteil hatte ~ und löste eine ganze Reihe ähnlicher Prozesse aus**, la sentenza costituì un segnale che dette il via a tutta una serie di processi simili.

Signatarmacht f *pol* potenza f firmataria.

Signatur <-, -en> f **1** *kunst* (*Namenszeichen*) sigla f; (*Namenszug*) firma f **2** (*Buchnummer in Bibliothek*) segnatura f, collocazione f **3** *geog* segno m convenzionale.

Signet <-s, -s> n **1** *typ* (*Druckerzeichen*) sigla f del tipografo; (*Verlegerzeichen*) sigla f dell'editore **2** (*Markenzeichen*) logo m.

signieren <*ohne* ge-> **A** tr **etw** ~ **1** (*etw mit seinem Namenszeichen versehen*) {BILD, BUCH} firmare qc, apporre la propria firma a qc: **ein vom Autor eigenhändig signiertes Exemplar**, una copia firmata dall'autore **2** *geh* (*unterzeichnen*) {VERTRAG} firmare qc **B** itr firmare, apporre la propria firma.

Signierung <-, -en> f: **der Autor wird zur ~ präsent sein**, l'autore sarà presente per firmare le copie.

signifikant adj *geh* **1** (*bedeutsam*) {UNTERSCHIED} significativo **2** (*charakteristisch*) {MERKMALE} caratteristico.

Signifikant <-en, -en> m *ling* significante m.

Signifikat <-(e)s, -e> n *ling* significato m.

Sikh <-(s), -s> m *oder* <-, -s> f *relig* sikh mf.

Silbe <-, -n> f *gram* sillaba f: **betonte/unbetonte ~**, sillaba [accentata/tonica]/[atona]; **offene/geschlossene ~**, sillaba aperta/chiusa; **die Betonung liegt auf der ersten ~**, l'accento cade/[si trova] sulla prima sillaba; **ein Wort ~ für ~ buchstabieren**, sillabare una parola; **ein Wort nach ~n trennen**, dividere una parola in sillabe, sillabare una parola; **beim Sprechen die ~n verschlucken**, mangiare le parole • **etw mit keiner ~ erwähnen**, non dire una sillaba a proposito di qc, non fare il minimo accenno a qc; **jdm keine ~ glauben**, non credere una parola di quel che uno dice; **keine ~ (von etw dat) verstehen**, non capire una (sola) sillaba/parola (di qc).

Silbenrätsel n "gioco enigmistico consistente nel rispondere alle definizioni usando le sillabe date".

Silbenschrift f scrittura f sillabica.

Silbentrennung f *gram* divisione f [in sillabe]/[sillabica], sillabazione f.

Silber <-s, *ohne* pl> n **1** (*Edelmetall*) argento m: **echtes ~**, argento puro; **etw mit ~ überziehen**, placcare/rivestire qc d'argento, argentare qc **2** (*Tafelsilber*) argenteria f, argenti m pl: **das ~ putzen**, lucidare l'argenteria **3** (*Farbe*) argento m, color m argento **4** *fam sport* (*medaglia f d'*) *argento*: **~ holen**, prendere l'argento *fam* • **Reden ist ~, Schweigen ist Gold** *prov*, la parola è d'argento, il silenzio d'oro *prov*.

Silberader m *min* filone m argentifero.

Silberarbeit <-, -en> f lavoro m in argento.

Silberauflage f placcatura f in/d'argento.

Silberbarren m lingotto m d'argento.

Silberbergwerk n *min* miniera f d'argento.

Silberbesteck n posateria f/posate f pl d'argento.

Silberblick m *fam scherz* strabismo m di Venere: **einen ~ haben**, avere lo strabismo di Venere.

Silberbromid n *chem* bromuro m d'argento.

Silberdistel f *bot* carlina f.

Silberdraht m filo m d'argento.

Silbererz n *min* minerale m argentifero.

Silberfaden m filo m d'argento: **mit Silberfäden durchwirkt**, intessuto (di fili) d'argento.

silberfarben adj, **silberfarbig** adj argenteo, (di) color argento.

Silberfischchen n *zoo* lepisma m, pesciolino m d'argento *fam*, acciughina f *fam*.

Silberfolie f foglia f/lamina f d'argento.

Silberfuchs m *zoo* volpe f argentata.

Silbergabel f forchetta f d'argento.

Silbergehalt m contenuto m in/di argento, titolo m d'argento.

Silbergeld <-(e)s, *ohne* pl> n moneta f d'argento.

Silbergeschirr n argenteria f.

silbergrau adj grigio argento/argentato: **~es Haar**, capelli argentei/argentati/[d'argento].

silberhaltig adj ₁che contiene₁/[contenente] argento; {GESTEIN, ERDSCHICHTEN} auch argentifero.

silberhell adj {KLANG, LACHEN, STIMME} argentino.

Silberhochzeit f nozze f pl d'argento.

Silberkette f collana f/catena f d'argento.

Silbermedaille f sport medaglia f d'argento.

Silbermedaillengewinner m (**Silbermedaillengewinnerin** f) vincitore (-trice) m (f) della medaglia d'argento.

Silbermine f → **Silberbergwerk**.

Silbermöwe f zoo gabbiano m reale.

Silbermünze f moneta f d'argento.

silbern adj **1** (aus Silber) {LÖFFEL, RING} d'argento **2** (silberfarben) argenteo **3** (silberhell) {KLANG} argentino.

Silberpapier n (carta f) stagnola f.

Silberpappel f bot gattice m, pioppo m bianco.

Silberscheibe f fam → **CD**.

Silberschmied m (**Silberschmiedin** f) argentiere (-a) m (f).

Silberschmuck m gioielli m pl d'argento.

Silberstreifen, **Silberstreif** <-(e)s, -e> m striscia f ₁d'argento₁/[argentea] ● **einen ~ am Horizont sehen** geh (Anlass zur Hoffnung haben), intravedere ₁una schiarita (all'orizzonte)₁/[un raggio di luce in fondo al tunnel].

Silbertablett n vassoio m d'argento.

Silbertanne f bot abete m bianco.

silberweiß adj {HAAR, METALL} bianco-argento.

Silberzwiebel f bot cipollina f.

silbrig, **silberig** adj argenteo.

Silentium interj silenzio!

Silhouette <-, -n> f silhouette f, profilo m: **der Kirchturm hob/zeichnete sich als ~ gegen den nächtlichen Himmel ab**, la silhouette del campanile si stagliava contro il cielo notturno.

Silicium <-s, ohne pl> n chem silicio m.

Silikat <-(e)s, -e> n chem silicato m.

Silikon <-s, -e> n chem silicone m.

Silikose <-, -n> f med silicosi f.

Silizium <-s, ohne pl> n chem → **Silicium**.

Silke f (Vorname) → **Cäcilia**, **Gisela**.

Silo <-s, -s> m oder n silo m: **etw im ~ einlagern**, insilare qc.

Silofutter <-s, ohne pl> n (foraggio m) insilato m.

Silvaner <-s, -> m (Rebsorte) Sylvaner m; (Wein) Silvaner m.

Silvester <-s, -> n oder m San Silvestro m, ultimo m dell'anno: **~ feiern**, festeggiare l'ultimo dell'anno; **was macht ihr an/zu ~?**, cosa fate (per) l'ultimo dell'anno?

Silvesterabend m → **Silvester**.

Silvesternacht f notte f ₁di San Silvestro₁/[dell'ultimo dell'anno].

Silvesterparty f festa f dell'ultimo dell'anno.

Silvia, **Sylvia** f (Vorname) Silvia.

Simbabwe <-s, ohne pl> n geog Zimbabwe m.

Simbabwer <-s, -> m (**Simbabwerin** f) (in Simbabwe wohnend) abitante mf dello Zimbabwe; (aus Simbabwe stammend) originario (-a) m (f) dello Zimbabwe.

simbabwisch adj dello Zimbabwe.

SIM-Karte f tel carta f SIM.

Simon m (Vorname) Simone.

Simone f (Vorname) Simona.

simpel <attr simple(r, s)> adj **1** (einfach) {AUFGABE, BEISPIEL, METHODE} semplice, elementare: **er kennt die ~sten Grammatikregeln nicht**, non conosce le più elementari regole di grammatica; {PERSON} semplice; **trotz ihres Hochschulstudiums hat sie es nur zur simplen Sekretärin gebracht**, nonostante gli studi universitari non è riuscita a diventare altro che una semplice segretaria **2** pej (einfältig) semplicione fam, sempliciotto fam, ingenuo, sciocco: **einen simplen Eindruck machen**, dare l'impressione di essere ₁un semplicione₁/[una sempliciotta]; **ein simples Gemüt haben**, avere un animo ingenuo, essere ingenuo.

Simpel <-s, -> m süddt fam pej imbecille m, cretino m.

simplifizieren <ohne ge-> tr geh etw ~, semplificare qc.

Sims <-es, -e> m oder n arch **1** (Fenstersims) davanzale m **2** (Gesims) cornice f, cornicione m.

Simsalabim interj abracadabra!

simsen fam **A** itr (eine SMS schicken) messaggiare, mandare un SMS/messaggino **B** tr (etw per SMS mitteilen) etw ~ messaggiare qc.

Simulant <-en, -en> m (**Simulantin** f) simulatore (-trice) m (f).

Simulation <-, -en> f **1** (Vortäuschung) simulazione f **2** tech (wirklichkeitsgetreue Nachahmung) simulazione f: **eine ~ am Computer**, una simulazione al computer.

Simulator <-s, -en> m tech simulatore m.

simulieren <ohne ge-> **A** tr **1** (vortäuschen) etw ~ {KRANKHEIT} simulare qc, fingere qc **2** tech (wirklichkeitsgetreu nachahmen) etw ~ simulare qc: **etw am Computer ~**, simulare qc al computer **B** itr (vortäuschen) simulare.

simultan geh **A** adj simultaneo: **~es Dolmetschen**, traduzione simultanea **B** adv simultaneamente: **~ dolmetschen/übersetzen**, fare traduzione simultanea; **~ Schach spielen**, giocare a scacchi simultaneamente contro più avversari.

Simultandolmetschen <-s, ohne pl> n traduzione f simultanea.

Simultandolmetscher m (**Simultandolmetscherin** f) interprete mf simultaneo (-a), simultaneista mf.

Simultanspiel n Schach partita f in simultanea.

Simultanübersetzung f → **Simultandolmetschen**.

sin Abk von Sinus: sen (Abk von seno).

Sinai <-(s), ohne pl> m geog (monte m) Sinai m.

Sinaihalbinsel f geog penisola f del Sinai.

sind 1. und 3. pers pl präs von sein①.

Sinfonie <-, -n> f **1** mus sinfonia f **2** (Fülle) ~ + gen/von etw (dat pl) sinfonia f di qc: **eine ~ betörender Düfte**, una sinfonia di fragranze/profumi inebrianti.

Sinfoniekonzert n mus concerto m sinfonico.

Sinfonieorchester n mus orchestra f sinfonica.

Sinfoniker <-s, -> m (**Sinfonikerin** f) mus **1** (Komponist) sinfonista mf **2** <nur pl> (musicisti m pl dell')orchestra f sinfonica: **die Heidelberger ~**, l'orchestra sinfonica di Heidelberg.

sinfonisch adj mus sinfonico: **~e Dichtung**, poema sinfonico.

Singapur <-s, ohne pl> n geog Singapore f.

singen <singt, sang, gesungen> **A** itr (eine Melodie produzieren) {MENSCH} cantare: **falsch/richtig ~**, stonare/[essere intonato]; **zweistimmig ~**, cantare a due voci; **vom Blatt ~**, cantare a prima vista; **nach Gehör/Noten ~**, cantare ₁a orecchio₁/[seguendo lo spartito]; **im Chor**₁/[solo] **~**, cantare ₁in coro₁/[da solista]; **zur Gitarre ~** (wenn der Sänger selbst spielt), cantare accompagnandosi con la chitarra; (wenn ein anderer spielt) cantare accompagnato (-a) dalla chitarra; **unter fröhlichem Singen**, cantando allegramente; {VOGEL} cantare **2** (als Sänger tätig sein) cantare, fare il/la cantante: **sie singt an der Oper**, canta all'opera; **er singt im Kirchenchor**, canta nel coro della chiesa **3** slang (verraten) cantare: **nach drei Tagen Verhör hat er gesungen**, dopo tre giorni di interrogatorio ha cantato; **jdn zum Singen bringen**, far cantare qu **B** tr etw ~ {LIED, MELODIE} cantare qc: **eine Arie/ein Duett ~**, cantare un'aria/un duetto; **Sopran/Alt ~**, cantare da soprano/contralto; **die zweite Stimme ~**, fare la seconda voce **C** rfl **1** sich irgendwie ~: **sich heiser ~**, ₁diventare rauco (-a)₁/[perdere la voce] a furia di cantare; **sich die Kehle wund ~**, cantare a squarciagola **2** unpers: **dieses Lied singt sich leicht**, questa canzone è facile da cantare; **bei dieser Akustik singt es sich schlecht**, con questa acustica si canta male ● **vor sich hin ~**, canterellare/canticchiare (tra sé e sé); **etw schon** (in allen Tonlagen) **~ können** fam, saper qc ₁a memoria₁/[come l'avemaria/il paternostro].

Singerei <-, ohne pl> f fam **1** (monotones Singen) cantare m/canticchiare m continuo e noioso **2** (berufsmäßiges Singen): **er hat die ~ aufgegeben**, ha smesso di fare il cantante.

Singhalese <-n, -n> m (**Singhalesin** f) singalese mf.

singhalesisch adj singalese.

Single① <-, -s> f (Schallplatte) (disco m a) 45 giri m, single m.

Single② <-(s), -s> m (alleinlebende Person) single mf: **er/sie ist ein ~**, (lui/lei) è un/una single; **sie lebt als ~**, è una single, vive sola.

Single③ <-(s), -(s)> n Tennis singolare m, (incontro m) singolo m, single m.

Singlebar f locale m notturno per single.

Singlehaushalt m ménage m da single.

Singlereise, **Single-Reise** f viaggio m per single.

Singletreff m luogo m di incontro per single.

Singsang <-s, ohne pl> m cantilena f.

Singspiel n Singspiel m.

Singstimme f **1** (Gesangsteil) cantato m **2** (Stimme) voce f (da canto).

Singular <-s, -e> m gram **1** <nur sing> (Numerus) singolare m: **im ~ stehen**, essere al singolare **2** (Wort im ~) singolare m.

singulär adj geh **1** (nicht häufig) {ERSCHEINUNG} singolare, raro **2** (einzig) {SCHÖPFUNG} singolare.

Singularendung f gram desinenza f del singolare.

Singularform f gram (forma f) singolare m.

singularisch adj gram {ENDUNG} al singolare.

Singvogel m uccello m canoro/canterino.

sinister <attr sinistre(r, s)> adj geh sinistro.

sinken <sinkt, sank, gesunken> itr <sein> **1** (ver~) {SCHIFF, BOOT} affondare, andare a fondo, colare a picco, inabissarsi: **auf den Grund des Meeres ~**, finire in fondo al mare; {SONNE} calare, tramontare, declinare lit: **beim Sinken der Sonne**, al ₁calar(e) del sole/[tramonto]; **sein Stern ist im/am Sinken**, la sua stella è in declino/[sta tramontando]; **der Tag sinkt**, cade/cala la sera **2** (*herab~*) {BALLON, FLUGZEUG} scendere; {NEBEL, VORHANG} *auch* calare **3** (*niedriger werden*) {FIEBER, TEMPERATUR} calare, abbassarsi, scendere, diminuire: **auf/unter null ~**, scendere a/sotto zero; {WASSERPEGEL} calare, scendere, abbassarsi; {PREISE, KURSE} *auch* diminuire **4** (*nieder~*) ***irgendwohin*** (lasciarsi) cadere (lentamente)/[abbandonarsi] + *compl di luogo*: in jds Arme/[an jds Brust] ~, abbandonarsi tra le braccia/[sul petto] di qu; **sich** (dat) **in die Arme ~**, lasciarsi andare uno (-a) nelle braccia dell'altro (-a); **die Arme ~ lassen**, abbassare le braccia; **ins Bett ~**, lasciarsi cadere/[abbandonarsi] sul letto; **auf den/[zu] Boden ~**, cadere a/per terra; **zu jds Füßen ~**, cadere ai piedi di qu; **in die Knie ~**, cadere in ginocchio; **den Kopf auf die Brust/[jds Schulter] ~ lassen**, abbandonare la testa sul petto/[sulla spalla di qu]; **der Kopf war ihm auf die Brust gesunken**, aveva chinato/reclinato la testa sul petto; **in Ohnmacht ~**, perdere i sensi, svenire, venir(e) meno; **auf einen Stuhl ~**, lasciarsi cadere/andare su una sedia; **in einen Sessel ~**, sprofondarsi in poltrona; **nach vorn ~**, cadere in avanti; **in Schlaf ~**, sprofondare nel sonno **5** (*ein~*) ***irgendwohin*** ~ affondare/sprofondare + *compl di luogo*: **in den Schlamm/Schnee ~**, affondare/sprofondare nella melma/neve **6** (*schwinden*) {HOFFNUNG, MUT} diminuire: **die Hoffnung ~ lassen**, perdere la speranza; **den Mut ~ lassen**, perdere il coraggio, perdersi d'animo; {ANSEHEN, EINFLUSS} diminuire, scendere, scemare, calare **7** (*schlechter werden*) calare, decadere, scendere, cadere: **in jds Ansehen/Achtung ~**, calare/decadere/scendere nella considerazione/stima di qu; **in jds Gunst ~**, perdere il favore di qu; **im Niveau ~**, calare di tono; **die Stimmung sank auf den Nullpunkt** *fam*, il morale è sceso a zero, *fam*; **tief ~**, cadere in basso.

sinkend *adj* che cala/scende: **~e Preise/Temperaturen**, prezzi/temperature in calo/diminuzione/discesa; **das ~e Schiff verlassen**, abbandonare la nave che affonda.

Sinn <-(e)s, -e> m **1** <*meist pl*> (*Sinnesorgan*) senso m: **etw mit den ~en wahrnehmen**, percepire qc con i sensi; **die ~e schärfen**, affinare i sensi **2** <*nur pl*> (*Bewusstsein*) sensi m pl: **jdm schwinden die ~e**, qu perde i sensi; **jds ~e trüben/umnebeln/verwirren**, offuscare/annebbiare/confondere la mente a qu **3** <*nur sing*> (*Bedeutung*) senso m, significato m: **der ~ eines Gedichtes**, il senso/significato di una poesia; **im engeren/weiteren ~**, in senso stretto/lato; **im eigentliche/übertragenen ~**, in senso proprio/[figurato/traslato]; **im wahrsten ~(e) des Wortes**, nel vero senso della parola/[del termine] (*buchstäblich*) letteralmente; **den tieferen/verborgenen ~ einer Sache erkennen**, afferrare il senso/significato più profondo/[recondito] di una cosa; **keinen ~ ergeben**, risultare privo (-a) di senso, non avere alcun/nessun senso; **etw dem ~(e) nach wiedergeben**, riferire/riportare il senso di qc; **sie hat den ~ des Gedichtes in wenigen Worten wiedergegeben**, ha reso il senso della poesia in poche parole **4** <*nur sing*> *geh* (*Denken*): **anderen ~es sein**, essere d'altro avviso/parere; **anderen ~es werden**, cambiare idea/parere; **mit jdm eines ~es sein**, essere dello stesso parere di qu; **in jds ~e, ich glaubte, ganz in Ihrem ~e zu handeln**, credevo di agire proprio secondo le Sue intenzioni; **das ist nicht nach meinem ~**, non è di mio gradimento; **jdn im ~ haben**, avere in mente qu, pensare a qu; **etw im ~ haben**, avere in mente/testa qc, avere intenzione/[pensare] di fare qc; **was hat er im ~?**, che intenzioni ha?, (che) cos'ha in mente?; **für diese Rolle hat man einen ganz bestimmten Schauspieler im ~**, per questo ruolo si pensa a un attore ben preciso; **jdm in den ~ kommen**, venire in mente a qu; **so etwas wäre mir nie in den ~ gekommen**, una cosa del genere non mi sarebbe mai venuta in mente, a una cosa del genere non avrei mai pensato; **das käme mir nie in den ~!**, non mi passerebbe nemmeno per la testa!; **jdm aus dem ~ kommen**, passare/uscire di mente a qu **5** <*nur sing*> (*Gefühl, Verständnis*) senso m, sensibilità f: **der ~ für Gerechtigkeit geht ihm völlig ab**, gli manca completamente il senso della giustizia; **~ für etw** (*akk*) **haben**, avere il senso di qc; **keinen ~ für Humor haben**, non avere il senso dell'humour/dell'umorismo, mancare di humour; **sie hat ~ für Blumen**, ha sensibilità per i fiori, le piacciono i fiori; **in einem gewissen Alter hat man wenig ~ für solche Vergnügungen**, a una certa età non si ha più la testa per tali divertimenti **6** <*nur sing*> (*Ziel, Zweck*) senso m, scopo m: **der ~ des Lebens**, il senso della vita; **ein Leben ohne ~ und Zweck**, una vita senza scopo/senso; **~ und Zweck dieser Sache ist, dass ...**, il fine di questa cosa è ...; **es hat wenig ~, jetzt in Urlaub zu fahren**, non ha molto senso andare in vacanza adesso; **was für einen ~ soll das eigentlich haben?**, ma che senso ha (tutto ciò)?; **frag ihn lieber nicht, es hat ja doch keinen ~**, è meglio non domandarglielo, tanto è inutile **7** <*nur pl*> *geh* (*sexuelles Verlangen*) sensi m pl: **jds ~e erregen**, eccitare i sensi di qu; **im Frühling erwachen die ~e**, in primavera si risvegliano i sensi • **in diesem ~(e) ...** *fam* (*am Ende eines Gesprächs*), con questo ...; **das ist nicht im ~e des Erfinders** *fam*, non era pensato per questo; **frohen/leichten ~es**, con animo allegro/leggero; **seine fünf ~e nicht beisammenhaben** *fam*, non essere in sé; **seine fünf ~e zusammennehmen** *fam*, concentrarsi al massimo; **jdm durch den ~ gehen**, passare per la mente/testa a qu; **jdm nicht aus dem ~ gehen (wollen)**, non (voler) uscire dalla mente/testa a qu; **im ~e des Gesetzes**, ai sensi di legge; **in gewissem ~e**, in un certo senso; **nichts Gutes/[Böses] im ~ haben**, non covare niente di buono; **(keinen) ~ haben**, (non) avere senso, essere (in)sensato; **mit jdm/etw nichts im ~ haben**, non volere avere a che fare con qu/qc, non apprezzare qu/qc; **jd redet, wie es ihm gerade in den ~ kommt**, qu dice quello che gli passa per la testa; **jd tut, was ihm gerade in den ~ kommt**, qu fa quello che gli passa per la testa; **~ machen** *fam*, tornare *fam*, avere senso; **keinen ~ machen** *fam*, essere insensato, essere assurdo; **seiner ~e nicht mehr mächtig sein** *geh*, non essere più padrone di sé (stesso); **das war nicht der ~ der Sache**, non era questo lo scopo, non era nelle intenzioni; **sich** (dat) **jdn/etw aus dem ~ schlagen**, togliersi/levarsi dalla testa/mente qu/qc, farci una croce/un crocione sopra/su qu/qc *fam*; **einen sechsten ~ für etw** (akk) **haben**, avere un sesto senso per qc; **nicht bei ~en sein**, essere fuori di sé, aver perso la testa, essere uscito di senno; **bist du noch bei ~en?**, ti ha dato di volta il cervello?, sei impazzito (-a)?; **(wie) von ~en sein**, essere fuori di sé/[impazzito]; **sie war vor Angst wie von ~en**, era quasi impazzita dalla paura; **jdm steht der ~ nach etw** (dat), qu ha voglia di (fare) qc, qu se la sente di fare qc; **man weiß nie, wonach ihr am nächsten Tag der ~ steht**, non si sa mai (che) cosa gli frulla per la testa il giorno dopo; **jdm steht der ~ nicht nach etw** (dat), qu non ha voglia di (fare) qc, qu non ha la testa per (fare) qc *fam*, qu non se la sente di fare qc; **etw hat weder ~ noch Verstand**, qc non ha né capo né coda *fam*, qc è privo di senso; **etw ohne ~ und Verstand tun**, fare qc senza ragionare minimamente; **jdm nicht in den ~ wollen**, non voler entrare in testa a qu.

Sinnbild n simbolo m, emblema m: **die Waage als ~ der Gerechtigkeit**, la bilancia come simbolo/emblema della giustizia.

sinnbildlich A *adj* simbolico, emblematico B *adv* simbolicamente, in modo simbolico: **etw ~ darstellen**, rappresentare qc simbolicamente, simboleggiare qc.

sinnen <*sinnt, sann, gesonnen*> *itr* **1** (*nachdenken*) (*über etw* akk) ~ riflettere (*su qc*), meditare (*su qc*), pensare (*a qc*): **er sann und sann, aber es fiel ihm kein Ausweg ein**, meditò a lungo ma non trovò una via d'uscita **2** (*nach etw trachten*) **auf etw** (akk) ~ meditare qc, progettare (di nascosto) qc, tramare qc: **auf Flucht/Mord ~**, meditare la fuga/un omicidio; **auf Rache ~**, meditare (la)/[covare pensieri di] vendetta • **all jds/[jds ganzes] Sinnen und Trachten**, tutti i pensieri di qu.

Sinnenfreude f **1** <*nur sing*> (*Sinnlichkeit*) sensualità f **2** <*nur pl*> (*sinnliche Genüsse*) piaceri m pl/delizie f pl dei sensi.

sinnentleert *adj* vuoto/privo di senso.

sinnentstellend *adj* {ÜBERSETZUNG, WIEDERGABE} che altera/distorce/travisa il senso.

Sinnenwelt f *philos* mondo m sensibile.

Sinnesänderung f → **Sinneswandel**.

Sinneseindruck m impressione f (dei sensi), sensazione f.

Sinneserfahrung f esperienza f sensoriale.

Sinnesorgan n organo m sensoriale/[di senso].

Sinnesreiz m stimolo m sensoriale/[dei sensi].

Sinnesschärfe f acuità f sensoriale.

Sinnesstörung f disturbo m sensoriale.

Sinnestäuschung f allucinazione f sensoriale.

Sinneswahrnehmung f percezione f sensoriale/[dei sensi].

Sinneswandel <-s, *ohne pl*> m ripensamento m: **plötzlicher ~**, voltafaccia; **einen ~ vollziehen**, cambiare idea.

sinnfällig *geh* A *adj* chiaro: **~en Ausdruck in etw** (dat) **finden**, manifestarsi chiaramente in qc B *adv* {AUSDRÜCKEN, DARSTELLEN} in modo chiaro, chiaramente, con chiarezza: **etw ~ zum Ausdruck bringen**, esprimere qc in modo chiaro/[con chiarezza].

Sinnfrage f quesito m esistenziale: **die ~ stellen**, chiedersi il senso (di qc); (*über den Sinn des Lebens*) interrogarsi sul senso della vita.

sinngemäß A *adj* {ÜBERSETZUNG, WIEDERGABE} conforme al senso/significato B *adv* a senso: **etw ~ übersetzen**, tradurre qc a senso/[il senso di qc]; **etw ~ wiedergeben**, riferire/riportare il senso di qc.

sinnieren <*ohne ge-*> *itr* (*über etw* akk) ~ rimuginare (*su qc*): **Opa sitzt am Ofen und sinniert**, il nonno ne sta seduto a rimuginare vicino alla stufa; **vor sich hin ~**, almanaccare tra sé (e sé); **über die Zukunft ~**, almanaccare sul/[intorno al] futuro.

sinnig *adj meist iron* **1** (*sinnvoll*) {GEDANKE,

Vorschlag} sensato, intelligente; {Geschenk} adatto, indovinato **2** (*sinnreich*) {Vorrichtung} ingegnoso **3** (*geistreich*) {Bemerkung, Spruch} spiritoso ● **sehr ~!** *fam iron*, geniale!, che scoperta!

Sinnkrise f crisi f esistenziale.

sinnlich A adj **1** (*erotisch*) {Blick, Lippen, Mund} sensuale, voluttuoso: **~e Begierden**, desideri carnali; **~e Freuden/Genüsse**, piaceri ₍dei sensi₎/{della carne}; **ein ~er Mensch**, (*erotisch*) una persona sensuale; (*genussfreudig*) una persona che ama i piaceri della vita **2** (*die Sinnesorgane betreffend*) {Eindruck, Reiz, Wahrnehmung} sensoriale, dei sensi; {Erfahrung} sensibile; {Empfindung} fisico B adv **1** (*sexuell*) {Begehren, Lieben} fisicamente: **jdn ~ erregen**, eccitare i sensi di qu **2** (*durch die Sinne*): **etw ~ wahrnehmen**, percepire qc con i sensi.

Sinnlichkeit <-, *ohne pl*> f sensualità f.

sinnlos A adj **1** (*unsinnig*) senza senso, insensato: **~es Zeug daherreden**, parlare a vanvera/casaccio **2** (*widersinnig*) {Krieg} assurdo, insensato; {Opfer} inutile: **es wäre ~, für so etwas Geld auszugeben**, sarebbe assurdo spendere soldi per una cosa del genere **3** (*vergeblich*) {Bemühungen, Hoffnung} inutile, vano: **das ist doch alles ~!**, è tutto inutile! **4** <attr> (*maßlos*) {Hass, Zorn} sfrenato: **sie schlug in ~er Wut auf ihn ein**, accecata dall'ira lo colpì ripetutamente B adv **1** (*ohne Sinn*) in modo assurdo/insensato **2** (*ohne Grund*) {Sich ärgern, aufregen} senza motivo **3** (*äußerst*) completamente ● **~ betrunken sein**, essere ubriaco ₍fradicio fam₎/[marcio *fam*].

Sinnlosigkeit <-, *ohne pl*> f assurdità f; {+Anstrengung, Bemühung} *auch* inutilità f, vanità f.

Sinnspruch m sentenza f, aforisma m.

sinnverwandt adj sinonimico: **~e Wörter**, sinonimi.

sinnvoll A adj **1** (*zweckmäßig*) {Einrichtung, Erfindung} utile, intelligente **2** (*findig*) {Mechanismus, Vorrichtung} ingegnoso **3** (*Erfüllung bietend*) {Aufgabe, Leben, Tätigkeit} pieno di soddisfazioni, gratificante, appagante **4** (*Sinn ergebend*) {Aussage, Satz} sensato **5** (*vernünftig*) sensato, ragionevole: **~en Gebrauch von etw** (*dat*) **machen**, fare buon uso di qc, usare/utilizzare qc in modo sensato/intelligente B adv (*vernünftig*) {Sich beschäftigen, seine Fähigkeiten nutzen} in modo sensato/ragionevole/intelligente.

sinnwidrig A adj {Auslegung, Deutung} distorto, falsato; {Verhalten} assurdo, contrario al buon senso, insensato B adv {Etw auslegen} in senso contrario/opposto.

Sinnzusammenhang m contesto m.

Sinologe <-n, -n> m (*Sinologin* f) sinologo (-a) m (f).

Sinologie <-, *ohne pl*> f *wiss* sinologia f.

Sinologin f → **Sinologe**.

Sinterglas n vetro m sinterizzato.

Sinterung <-, *ohne pl*> f *metall* sinterizzazione f.

Sintflut f diluvio m universale ● **nach mir die ~** *fam*, dopo di me il diluvio.

sintflutartig adj diluviale: **~e Regenfälle**, piogge diluviali/torrenziali.

Sinti pl *von* Sinto.

Sintifrau, Sinti-Frau f sinti f.

Sintiza <-, -s> f sinti f.

Sinto <-, *Sinti*> m <*meist pl*> sinti m.

Sinus <-, - *oder* -se> m *math* seno m.

Sinusitis <-, *Sinusitiden*> f *med* sinusite f.

Sinuskurve f *math* sinusoide f, curva f sinusoidale.

Siphon <-s, -s> m **1** (*Geruchsverschluss*) sifone m **2** (*Flasche*) sifone m.

Sippe <-, -n> f **1** (*Stamm*) clan m: **in ~ leben**, vivere in clan **2** *fam scherz* (*Verwandtschaft*) banda f, tribù f: **sie kam mit ihrer ganzen ~ angereist**, arrivò con tutta la sua tribù; **er und seine ganze ~ können mir gestohlen bleiben**, non me ne importa niente di lui e di tutta la sua banda.

Sippenforschung f genealogia f.

Sippenhaftung f *hist* "detenzione f/reclusione f dei parenti dell'imputato (anche se innocenti)", responsabilità f (penale) collettiva.

Sippschaft <-, *-en*> f *meist pej* **1** (*Verwandtschaft*) banda f, tribù f: **er taucht immer mit seiner ganzen ~ auf**, (lui) si presenta sempre con tutta la banda/truppa **2** (*Gesindel*) gentaglia f.

Sirene① <-, -n> f *tech* sirena f: **vor den Bombenangriffen heulten immer die ~n**, prima dei bombardamenti urlavano sempre le sirene; **die ~ ertönt zur Mittagspause**, la sirena suona per la pausa pranzo.

Sirene② <-, -n> f *myth* sirena f: **der Gesang der ~n**, il canto delle sirene.

Sirenengeheul n urlo m delle sirene.

sirenenhaft adj ammaliatore, ammaliante.

sirren itr **1** <haben> (*summen*) {Libelle, Mücke} ronzare: **ein ~der Pfeil**, una freccia sibilante; **das Sirren**, il ronzio **2** <sein> (*fliegen*) *irgendwohin* ~ ronzare + *compl di luogo*: **eine Libelle sirrte über das Wasser**, una libellula ronzava sopra l'acqua.

Sirup <-s, *ohne pl*> m **1** (*dickflüssiger Fruchtsaft*) sciroppo m **2** (*Zuckerrübensaft*) melassa f.

Sisal <-s, *ohne pl*> m *bot* sisal f.

Sisalfaden m filo m di sisal.

Sisalteppich m tappeto m di sisal.

Sisyphusarbeit f fatica f di Sisifo.

Sitcom <-, -s> f *TV* sit-com f.

Sit-in, Sitin <-(s), -s> n sit-in m: **ein Sit-in veranstalten**, organizzare un sit-in.

Sitte <-, -n> f **1** (*Brauch*) costume m, tradizione f, usanza f: **nach alter ~**, secondo l'antica tradizione/usanza; **~n und Gebräuche**, usi e costumi; **jedes Volk hat seine ~n**, ogni popolo ha le sue usanze; **bei uns auf dem Land herrschen noch strenge ~**, da noi in campagna vige ancora una certa severità di costumi **2** (*Gewohnheit*) abitudine f, consuetudine f, uso m: **bei uns ist es ~, um sieben (Uhr) zu Abend zu essen**, è nostra abitudine₎/[da noi] usa] cenare alle sette **3** (*sittliches Verhalten*) decenza f, buoncostume m *obs*: **~ und Anstand bewahren**, mantenere il decoro; **gegen die guten ~n verstoßen**, offendere la decenza; **die Verrohung der ~n**, l'imbarbarimento dei costumi **4** <meist pl> (*Manieren*) maniere f pl, costumi m pl: **ein Mensch mit/von feinen/rohen ~n**, una persona ₍dai modi raffinati₎/[dalle maniere rozze]; **sie halten sehr darauf, ihren Kindern gute ~n anzuerziehen**, ci tengono molto a educare i loro figli alle buone maniere **5** <nur sing> *slang* (*Sittenpolizei*) buoncostume f, squadra f del buoncostume ● **hier reißen ja ~n ein!** *fam*, qui si sta prendendo una bella abitudine! *fam iron*; **das sind ja feine ~n!** *fam iron*, ma che belle maniere! *fam iron*; **das ist hier so/nicht ~** (*nicht*) *üblich*), qui non si (non si) usa così; **das sind ja ganz neue ~n!** *fam*, questa poi! *fam*.

Sittenbild n **1** (*Beschreibung der Sitten*) quadro m dei costumi: **mit diesem Roman ist dem Autor ein ~ unserer Zeit gelungen**, in questo romanzo l'autore è riuscito a tracciare un quadro dei costumi del nostro tempo **2** (*Genrebild*) pittura f di genere.

Sittendezernat n squadra f del buoncostume.

Sittengeschichte f storia f del costume: **eine ~ der Antike**, vita e costumi nel mondo classico.

Sittenkodex m codice m morale.

Sittenlehre f filosofia f morale, etica f.

sittenlos adj {Gesellschaft, Leben} dissoluto, immorale; {Person} *auch* scostumato.

Sittenlosigkeit <-, *ohne pl*> f scostumatezza f, dissolutezza f dei costumi, immoralità f.

Sittenpolizei f → **Sittendezernat**.

Sittenrichter m (**Sittenrichterin** f) *meist iron* censore (-a) m (f), moralista mf: **sich zum ~ aufwerfen**, ergersi a censore.

Sittenroman m *lit* romanzo m di costume.

sittenstreng adj *obs* {Eltern} puritano, austero.

Sittenstrolch m *pej* maniaco m sessuale.

Sittenverfall m decadenza f morale, degenerazione f dei costumi.

sittenwidrig *bes. jur* A adj {Verhalten} contrario alla morale B adv {Sich verhalten} in modo contrario alla morale.

Sittich <-s, -e> m *ornith* pappagallino m.

sittlich A adj **1** (*die Moral betreffend*) morale, etico: **~e Bedenken/Forderungen**, scrupoli/esigenze morali; **ein Mensch ohne jeden ~en Halt**, una persona senza alcun principio morale; **ihm fehlt die ~e Reife für diesen Posten**, gli manca la statura/levatura morale per questo incarico; **das ~e Weltbild einer Epoche**, la concezione etica/morale di un'epoca **2** (*moralisch einwandfrei*) virtuoso B adv moralmente: **~ gefestigt sein**, essere moralmente integro, avere saldi principi morali.

Sittlichkeit <-, *ohne pl*> f **1** (*Moral*) moralità f, morale f **2** (*sittliches Verhalten*) moralità f.

Sittlichkeitsdelikt, **Sittlichkeitsverbrechen** n → **Sexualverbrechen**.

Sittlichkeitsverbrecher m (**Sittlichkeitsverbrecherin** f) → **Sexualverbrecher**.

sittsam *obs* A adj **1** (*gesittet*) {Benehmen} costumato, morigerato; {Mensch} *auch* di buoni costumi **2** (*keusch*) pudico B adv **1** (*gesittet*) {Sich benehmen, sich verhalten} educatamente, morigeratamente: **sich ~ kleiden**, vestire con decenza **2** (*keusch*) pudicamente: **die Augen niederschlagen**, abbassare pudicamente gli occhi.

Situation <-, -en> f situazione f: **die wirtschaftliche/politische ~ eines Landes**, la situazione economica/politica di un paese; **jds berufliche/familiäre ~**, la situazione professionale/familiare di qu; **eine schwierige/heikle ~**, una situazione difficile/delicata; **sich in eine ausweglose ~ begeben/hineinmanövrieren**, mettersi/cacciarsi *fam* in una situazione senza via d'uscita; **Herr der ~ bleiben**, rimanere padrone della situazione ● **mit einer ~ nicht *fertig* werden**, non venire a capo di una situazione; **einer ~ gewachsen sein**, essere all'altezza di una situazione; **eine verfahrene ~ retten**, salvare una situazione che sembrava compromessa; **sich in jds ~ versetzen**, mettersi ₍nei panni₎/[al posto] di qu.

situationsbedingt A adj dettato dalle circostanze B adv secondo le circostanze.

Situationskomik f comicità f (situazionale).

Situationskomödie f **1** *theat* commedia f degli equivoci **2** *TV* → **Sitcom**.

situativ A *adj* situazionale B *adv*: ~ bedingt, dettato dalle circostanze.

situiert *adj* {DAME, FAMILIE, HERR}, benestante, agiato: **gut/wohl** *geh* ~ **sein**, essere di condizione agiata.

Sitz <-es, -e> *m* **1** (*~platz*) posto *m* (a sedere): **jdm seinen ~ anbieten**, offrire il proprio posto a qu; **einen ~ belegen/freihalten**, occupare/tenere libero un posto; **die Gäste ⌊nahmen ihre ~ ein⌋/[erhoben sich von ihren ~en]**, gli ospiti ⌊presero posto⌋/[si alzarono dai loro posti] **2** (*~fläche*) sedile *m*: **gepolsterte/lederne ~e**, sedili imbottiti/[di pelle]; **den ~ hochklappen/herunterklappen**, tirare su/giù il sedile, alzare/abbassare il sedile **3** (*Platz mit Stimmberechtigung*) seggio *m*: **die Regierungspartei verlor fünf ~ an die Opposition**, il partito di governo dovette cedere cinque seggi all'opposizione; **~ und Stimme haben**, avere diritto di voto; **mit ~ und Stimme im Parlament vertreten sein**, essere rappresentato in parlamento **4** (*Standort*) sede *f*: **diese Stadt ist ~ der Regierung**, questa città è la sede del governo; **die Firma hat ihren ~ in Berlin**, la ditta ha sede a Berlino **5** (*nur sing*) (*Passform*) **ein Kostüm mit/von tadellosem ~**, un tailleur di ottima vestibilità; **das Kleid hat einen guten/schlechten ~**, l'abito cade bene/male **6** (*Hosenboden*) **die Hose ist am ~ abgewetzt**, i pantaloni sono consumati sul sedere **7** (*nur sing*) (*~haltung*) portamento *m*: **der Reiter hat einen guten/schlechten ~**, il cavaliere ha un buon/brutto assetto • **auf einen ~** *fam* (*hintereinander, ohne Unterbrechung*), uno (-a) dietro l'altro (-a); **er hat auf einen ~ zwei Teller Spaghetti gegessen**, ha mangiato due piatti di spaghetti ⌊in un solo colpo⌋/[uno dietro l'altro]; **sie hat das Bier auf einen ~ ausgetrunken**, ha bevuto la birra tutto d'un fiato.

Sitzbad *n* semicupio *m*: **ein ~ nehmen**, fare un semicupio.

Sitzbadewanne *f* semicupio *m*.

Sitzbank *f* panca *f*, panchina *f*.

Sitzbein *n anat* ischio *m*.

Sitzblockade *f* sit-in *m*.

Sitzecke *f* **1** (*aus Polstermöbeln*) "gruppo *m* con divano e poltrone disposto ad angolo intorno a un tavolino" **2** (*aus Holz*) "gruppo *m* con panchina ad angolo, sedie e tavolo".

sitzen <*sitzt, saß, gesessen*> *itr* <*haben oder südd A CH sein*> **1** (*in Sitzstellung sein*) (*irgendwo*) ~ {AFFE, HUND, KATZE, MENSCH} sedere (+ *compl di luogo*), essere/stare ⌊a sedere⌋/[seduto (-a)] (+ *compl di luogo*): **bequem/weich ~**, stare seduto (-a) comodamente; **gerade ~**, sedere diritto (-a); **sie hat gesessen**, (lei) era seduta; **~ bleiben**, restare/rimanere ⌊a sedere⌋/[seduto (-a)]; **bleiben Sie ~!**, stia comodo (-a)!; **jdn ~ lassen**, far sedere/accomodare qu; **zu viel ~**, stare troppo a sedere, non fare moto; **ich sitze lieber im Sessel**, preferisco sedermi/[star seduto (-a)] in poltrona; **⌊im Schatten⌋/[in der Sonne] ~**, sedere ⌊all'ombra⌋/[al sole]; **auf diesem Stuhl sitzt man unbequem/schlecht**, questa sedia si sta scomodi/male; **auf dem Klo ~** *fam*, essere al cesso *slang*/gabinetto, essere in seduta *fam*; **still ~** → **still|sitzen**; **im Sitzen**, seduto, in posizione seduta; **sie ist noch nicht eine Minute zum Sitzen gekommen**, non è riuscita a sedersi neanche un minuto; **vom ständigen/vielen Sitzen**, a forza di stare sempre seduto (-a); {HASE, KANINCHEN} essere/stare accovacciato (-a) (+ *compl di luogo*; {HUHN, VOGEL} essere/star appollaiato (-a) + *compl di luogo*; **die Henne sitzt auf den Eiern** (*sie brütet*), la gallina cova; {INSEKT, SCHMETTER-LING} essere (fermo (-a)) + *compl di luogo* **2** (*irgendwo die Zeit verbringen*) **irgendwo ~** stare/starsene + *compl di luogo*: **immer zu Hause ~**, starsene rintanato (-a) sempre in casa; **Abend für Abend in der Kneipe ~**, passare tutte le sere in birreria; **sie sitzt den ganzen Tag im Büro**, (lei) ⌊se ne sta⌋/[passa] tutto il giorno in ufficio; **ich habe gestern stundenlang beim Arzt gesessen**, ieri ho aspettato delle ore dal medico **3** (*mit etw beschäftigt sein*) **an/über etw** (*dat*) **~**: **sie sitzt immer noch an ihrer Examensarbeit**, è ancora/sempre ⌊alle prese con la⌋/[dietro alla *fam*] tesi; **er hat lange an dem Artikel gesessen**, ha passato tanto tempo su questo articolo; **über den Büchern ~**, ⌊stare curvo (-a)⌋/[sgobbare] sui libri **4** (*im Sitzen tun*) **bei etw** (*dat*) **~**: **bei/zu Tisch ~**, sedere/essere/stare a tavola; **sie saßen gerade beim Frühstück/Abendessen, als ...**, stavano ⌊facendo colazione⌋/[cenando] quando ...; **sie ~ beim Kartenspiel**, stanno giocando a carte **5** (*ansässig sein*) **irgendwo ~** {AMT, FIRMA, REGIERUNG} ⌊avere (la propria) sede⌋/[risiedere] + *compl di luogo*: **die hessische Landesregierung sitzt in Wiesbaden**, il governo dell'Assia ⌊ha sede⌋/[risiede] a Wiesbaden; **er sitzt in irgendeinem Nest am Lande** *fam*, si è rintanato in qualche buco in campagna *fam* **6** (*angehören*) **in etw** (*dat*) **~** {IM AUFSICHTSRAT, IM PARLAMENT, IM VORSTAND} sedere *in qc*, essere membro *di qc*, far parte *di qc* **7** (*eine Sitzung abhalten*) essere in seduta: **der Rat sitzt**, il consiglio è in seduta **8** (*sich befinden*) **irgendwie/irgendwo ~** essere/stare + *compl di modo/luogo*: **der Griff sitzt an der falschen Stelle**, il manico è messo male; **die Schraube sitzt fest**, la vite è fissa/[fissata bene]; **am Strauch ~ Tausende von kleinen Blüten**, sul cespuglio ci sono migliaia di piccoli fiori **9** (*stecken*) **in etw** (*dat*) **~** {KUGEL, NAGEL, SPLITTER} essere piantato/conficcato *in qc*: **die Angst saß ihm noch in den Gliedern/Knochen**, aveva ancora la paura addosso **10** (*Modell ~*) **jdm ~** posare *per qu* **11** (*haben*) (*passen*) (*irgendwie*) **~** andare/stare + *compl di modo*; {HOSE, KLEID, MANTEL} *auch* cadere + *compl di modo*: **die Jacke sitzt ⌊gut/schlecht⌋/[wie angegossen]**, la giacca ⌊cade bene/male⌋/[sembra cucita addosso a qu]; **sitzt meine Frisur?**, ⌊sono a posto⌋/[possono andare] i miei capelli?; **deine Brille sitzt schief**, i tuoi occhiali sono storti **12** (*haben*) (*treffen*) {ANTWORT, BEMERKUNG, OHRFEIGE, SCHUSS} andare a segno, colpire in pieno, fare centro: **das sitzt!/[hat gesessen]!** *fam*, centrato! *fam* **13** (*haben*) (*eingeübt sein*) {EINMALEINS, VOKABELN} rimanere impresso (-a) (nella memoria): **die Vokabeln müssen ~**, i vocaboli devono essere ben assimilati; {BEWEGUNG, HANDGRIFF} essere perfetto **14** <*haben*> *fam* (*im Gefängnis sein*) essere/stare ⌊dentro *fam*⌋/[al fresco *fam*], essere in galera **15** *med* **irgendwo ~** essere situato/localizzato/[trovarsi] + *compl di luogo*: **der Stein sitzt in der Nierengegend**, il calcolo è localizzato nella zona renale • **sitz!** (*Befehl an einen Hund*), seduto (-a)!; **auf etw** (*dat*) **~** *fam* (*etw nicht hergeben wollen*) essere attaccato a qc; **~ bleiben** *fam Schule* → **sitzen|bleiben**; **~ bleiben** (*keinen Tanzpartner oder Ehemann finden*) → **sitzen|bleiben**; **~ bleiben** (*etw nicht verkaufen können*) → **sitzen|bleiben**; **einen ~ haben** *fam* (*betrunken sein*), essere brillo *fam*/alticcio *fam*; **jdn ~ lassen** *fam* (*im Stich lassen*) {FAMILIE, FRAU, MANN}, piantare (in asso) *qu fam*, mollare *qu fam*; (*eine Verabredung nicht einhalten*), fare/tirare un bidone *a qu fam*, dare buca *a qu fam*; ~ **lassen** *fam Schule*, bocciare *qu slang*; **jdn auf etw** (*dat*) **~ lassen** (*jdm etw nicht abkaufen/abnehmen*), piantare qu con qc; **sie haben ihn einfach auf seiner Ware ~ gelassen**, l'hanno piantato lì con la sua merce; **etw nicht auf sich** (*dat*) **~ lassen**, non passare sopra a qc, non poter accettare qc; **das lasse ich nicht auf mir ~**, a questo non ci passo sopra; **tief ~** (*einen tiefen Grund haben*), avere radici profonde.

sitzen|bleiben <irr> *itr* <*sein*> **1** *fam Schule* essere bocciato *fam*/segato *slang*/respinto, non essere promosso **2** (*keinen Tanzpartner finden*) fare (da) tappezzeria *fam*, non trovare cavalieri; *obs* (*keinen Ehemann abkriegen*) restare/rimanere zitella **3** (*etw nicht verkaufen können*) **auf etw** (*dat*) **~** non riuscire a vendere/smerciare *qc*.

Sitzenbleiber <-s, -> *m* (**Sitzenbleiberin** *f*) *fam Schule* bocciato (-a) *m* (*f*) *fam*.

sitzend *adj* **1** (*im Sitzen stattfindend*) sedentario: **~e Tätigkeit**, attività sedentaria **2** (*passend*) **ein schlecht ~es Kleid**, un vestito che cade male.

sitzen|lassen <irr, *part perf* sitzenlassen *oder rar* sitzengelassen> *tr* → **sitzen**.

Sitzfläche *f* sedile *m*.

Sitzfleisch *n fam scherz*: **~ haben** (*nicht aufbrechen wollen*), aver messo radici, non voler più andarsene; **kein ~ haben** (*nicht lange still sitzen können*), non riuscire a stare fermo (-a); (*keine Ausdauer haben*) non avere costanza.

Sitzgelegenheit *f* posto *m* a sedere.

Sitzgruppe *f* salotto *m*.

Sitzkissen *n* **1** (*Sitzauflage*) cuscino *m* **2** (*Sitz*) pouf *m*.

Sitzordnung *f* disposizione *f* dei posti.

Sitzplatz *m* posto *m* a sedere.

Sitzstreik *m* sit-in *m*.

Sitzung <-, -en> *f* **1** (*Konferenz*) riunione *f*: **die Abteilungsleiter sind alle auf einer ~**, i capireparto sono tutti in riunione/seduta; **eine ~ abhalten**, tenere una riunione; **eine ~ anberaumen/einberufen**, indire/convocare una riunione; **eine ~ eröffnen/schließen/vertagen**, aprire/chiudere/[rimandare/rinviare] una riunione/seduta **2** *parl* seduta *f*: **eine ~ aufheben**, levare/sciogliere/togliere una seduta; **eine außerordentliche ~**, una seduta straordinaria **3** *jur* udienza *f* **4** *med* seduta *f* **5** *kunst* seduta *f*, posa *f* • **eine ~ abhalten** *fam* (*auf der Toilette sitzen*), essere in seduta *fam*; **die ~ ist geschlossen!**, *jur* l'udienza è tolta!; *parl* la seduta è tolta!; **spiritistische ~**, seduta spiritica.

Sitzungsbericht *m* → **Sitzungsprotokoll**.

Sitzungsgeld *n pol* gettone *m* di presenza.

Sitzungsperiode *f pol* sessione *f*.

Sitzungsprotokoll *n* (processo *m*) verbale *m* (⌊di una⌋/[della seduta]).

Sitzungssaal *m* (*von Konferenzen*) sala *f* (delle) riunioni; *jur* aula *f* delle udienze.

Sitzungszimmer *n* saletta *f* (per le) riunioni, stanza *f* delle/[per le] riunioni.

Sitzverteilung *f parl* assegnazione *f* dei seggi.

Sixpack <-s, -s> *n oder m* **1** (*Sechserpack*) confezione *f* da sei (lattine o bottiglie) **2** → **Waschbrettbauch**.

sixtinisch *adj* sistino • **die Sixtinische Kapelle**, la cappella Sistina.

Sizilianer <-s, -> *m* (**Sizilianerin** *f*) siciliano (-a) *m* (*f*).

sizilianisch *adj* siciliano.

Sizilien <-s, *ohne pl*> *n geog* Sicilia *f*: **auf ~ sein**, essere in Sicilia.

Skai® <-(s), ohne pl> n skai® m.

Skala <-, -s oder Skalen> f **1** (Gradmesser) scala (graduata) f **2** geh (Palette) scala f, gamma f **3** mus scala f, gamma f.

Skalp <-s, -e> m hist scalpo m.

Skalpell <-s, -e> n med bisturi m.

skalpieren <ohne ge-> tr jdn ~ scalpare qu, scotennare qu.

Skandal <-s, -e> m scandalo m: **einen ~ heraufbeschwören/verursachen**, provocare/scatenare uno scandalo; **einen ~ machen** fam, fare uno scandalo; **es kommt zu einem ~ (um etw akk)**, scoppierà/[ci sarà] uno scandalo (per qc); **es darf zu keinem ~ kommen**, bisogna evitare lo scandalo; **in einen ~ verwickelt sein**, essere coinvolto in uno scandalo; **es ist ein ~, wie man hier bedient wird**, il servizio qui è ₁uno scandalo₁/[scandaloso].

Skandalblatt n, **Skandalblättchen** n giornale m scandalistico.

skandalös adj {BENEHMEN, VERHALTEN, VORFALL} scandaloso: **~e Zustände**, condizioni scandalose/vergognose.

Skandalpresse f stampa f scandalistica.

skandalumwittert adj (già) ₁al centro di₁/[coinvolto in] scandali.

skandieren <ohne ge-> tr itr geh (etw) ~ scandire (qc).

Skandinavien <-s, ohne pl> n geog Scandinavia f.

Skandinavier <-s, -> m (**Skandinavierin** f) scandinavo (-a) m (f).

skandinavisch adj scandinavo.

Skandinavistik f scandinavistica f, studio m delle lingue e delle civiltà scandinave.

Skarabäus <-, Skarabäen> m **1** zoo scarabeo m **2** (Gemme) scarabeo m.

Skat <-(e)s, -e oder -s> m Karten (gioco m dello) skat m (gioco m di carte molto diffuso in Germania, che si gioca in tre con trentadue carte): **~ klopfen** fam/**spielen**, giocare a skat.

Skatabend m serata f di skat.

Skatbruder m fam **1** (Mitspieler) compagno m di skat **2** (Skatbegeisterter) appassionato m di skat.

Skateboard <-s, -s> n skateboard m: **~ fahren**, andare sullo skateboard.

Skateboardfahrer m (**Skateboardfahrerin** f), **Skateboard-Fahrer** m (**Skateboard-Fahrerin** f) skater mf.

skaten[1] itr fam (Skat spielen) giocare a scat.

skaten[2] itr <sein> **1** → **inlinen** **2** (Skateboard fahren) andare sullo skate-board.

Skater[1] <-s, -> m fam → **Skatspieler**.

Skater[2] <-s, -> m (**Skaterin** f) **1** → **Inlineskater**[2] **2** → **Skateboardfahrer**.

Skatrunde f compagnia f di giocatori di skat; → auch **Skat**.

Skatspiel n → **Skat**.

Skatspieler m (**Skatspielerin** f) giocatore (-trice) m (f) di skat; → auch **Skat**.

Skelett <-(e)s, -e> n **1** anat scheletro m **2** bau scheletro m, intelaiatura f, ossatura f • **zum ~ abgemagert sein**, essere ridotto/diventato ₁uno scheletro₁/[pelle e ossa]; **ein wandelndes ~ sein** fam, sembrare un morto che cammina fam, essere un cadavere ambulante fam.

Skepsis <-, ohne pl> f scetticismo m: **jdm/etw mit/voller ~ begegnen/gegenüberstehen**, affrontare qu/qc con/[con estremo] scetticismo; **etw (dat) mit einiger/[einer gewissen] ~ entgegensehen**, guardare a qc con una certa sfiducia; **eine gesunde ~ gegenüber etw (dat) haben**, avere una sfiducia salutare/fondata/giustificata riguardo a qc; **gegenüber etw (dat) voller ~ sein**, essere molto scettico su/[riguardo a] qc.

Skeptiker <-s, -> m (**Skeptikerin** f) scettico (-a) m (f).

skeptisch A adj scettico: **da bin ich noch ~**, su questo avrei ancora ₁dei dubbi₁/[delle perplessità] B adv scetticamente, in modo scettico, con scetticismo: **etw ~ betrachten/beurteilen**, considerare/giudicare qc con scetticismo; **er klang sehr ~**, apparve molto scettico; **sie schaute mich ~ an, als ich ihr diesen Vorschlag machte**, mi guardò con aria scettica quando le feci questa proposta.

Sketsch <-(es), -e(s) oder -s>, **Sketch** <-(es), -e> m sketch m.

Ski <-s, -er oder -> m sci m: **Ski fahren/laufen**, sciare, fare (dello) sci; (**sich dat**) **die Ski/Skier anschnallen/abschnallen**, ₁allacciarsi/mettersi₁/[togliersi] gli sci.

Skianzug m tuta f da sci.

Skiausrüstung f attrezzatura f/equipaggiamento m da sci.

Skibindung f attacco m dello/degli sci.

Skibrille f occhiali m pl da sci.

Skier pl von **Ski**.

Skifahren <-s, ohne pl> n → **Skilaufen**.

Skifahrer m (**Skifahrerin** f) sciatore (-trice) m (f).

Skifliegen <-s, ohne pl> n, **Skiflug** <-s, ohne pl> m volo m con gli sci.

Skigebiet n zona f sciistica.

Skigymnastik f (ginnastica f) presciistica f.

Skihaserl <-s, -(n)> n süddt A scherz sciatrice f carina.

Skihose f pantaloni m pl da sci.

Skikleidung f abbigliamento m da sci.

Skikurs m corso m di sci.

Skilanglauf <-s, ohne pl> m sci m di fondo.

Skilauf <-s, ohne pl> m sci m: **alpiner/nordischer ~**, sci alpino/nordico.

Skilaufen <-s, ohne pl> n sciare m: **sich (dat) beim ~ das Bein brechen**, rompersi la gamba sciando; **wir fahren eine Woche zum ~**, andiamo a fare la settimana bianca.

Skiläufer m (**Skiläuferin** f) → **Skifahrer**.

Skilehrer m (**Skilehrerin** f) maestro (-a) m (f)/istruttore (-trice) m (f) di sci.

Skilift m ski-lift m, sciovia f.

Skimütze f berretto m da sci.

Skin <-s, -s> m skin mf.

Skinhead <-s, -s> m skinhead mf, (teppista m dalla) testa rasata f.

Skipass (a.R. **Skipaß**) m ski-pass m.

Skipiste f pista f da sci.

Skipper m (**Skipperin** f) slang naut skipper mf.

Skirennen n gara f di sci alpino.

Skischuh m scarpone m (da sci).

Skischule f scuola f di sci.

Skisport m sci m.

Skispringen n salto m ₁con gli sci₁/[dal trampolino].

Skispringer m (**Skispringerin** f) saltatore (-trice) m (f) (nello sci nordico).

Skistiefel m scarpone m da sci.

Skistock m racchetta f (da sci), bastoncino m da sci.

Skistopper <-s, -> m ski-stopper m.

Skitour f escursione f di sci alpinismo.

Skiträger m portasci m.

Skiunfall m incidente m ₁di sci₁/[sciistico].

Skiurlaub m settimana f bianca, vacanze f pl sulla neve.

Skiwachs n sciolina f.

Skiwandern n sci m escursionismo.

Skiwasser n "bevanda f a base di sciroppo diluito con acqua ghiacciata".

Skizirkus m slang **1** (System von Skiliften) comprensorio m sciistico **2** (alpines Skirennen) circo m bianco.

Skizze <-, -n> f **1** (Zeichnung) schizzo m, bozzetto m: **eine flüchtige ~**, un rapido schizzo; **eine ~ ₁anfertigen/machen₁/[hinwerfen]**, ₁tracciare/fare₁/[buttare giù] uno schizzo **2** (Textentwurf) {+REDE} abbozzo m, traccia f **3** (Aufzeichnung) appunto m, annotazione f; lit ritratto m.

Skizzenblock m blocco m da disegno.

skizzenhaft A adj abbozzato B adv a grandi linee, per sommi capi.

skizzieren <ohne ge-> tr etw ~ **1** (mit wenigen Strichen zeichnen) {GEBÄUDE, LANDSCHAFT} fare lo schizzo di qc **2** (mit wenigen Worten entwerfen) {REDE, TEXT} abbozzare qc, schizzare qc.

Sklave <-n, -n> m (**Sklavin** f) schiavo (-a) m (f): **jdn wie einen ~n behandeln**, trattare qu come uno schiavo; **~n halten**, avere degli schiavi; **jdn zum ~n machen**, fare/rendere qu schiavo, ridurre qu in schiavitù • **seiner Gewohnheiten/Leidenschaften sein**, essere schiavo delle proprie abitudini/passioni.

Sklavenarbeit f **1** fam (Schufterei) lavoro m da schiavi/bestie fam **2** hist lavoro m degli schiavi.

Sklavenhaltergesellschaft f pej società f schiavista.

Sklavenhandel m commercio m/tratta f/traffico m degli schiavi.

Sklavenhändler m mercante m di schiavi; (von afrikanischen Sklaven) negriero m.

Sklaventreiber <-s, -> m (**Sklaventreiberin** f) fam pej schiavista mf, negriero (-a) m (f).

Sklaverei <-, ohne pl> f **1** hist schiavitù f: **die ~ abschaffen**, abolire la schiavitù; **jdn in die ~ führen**, ridurre qu in schiavitù; **in der ~ leben**, vivere in schiavitù **2** fam pej (harte Arbeit) lavoro m da schiavi/bestie fam, fatica f bestiale fam.

Sklavin f → **Sklave**.

sklavisch A adj pej **1** (willenlos) {PERSON, GEHORSAM, UNTERWERFUNG} servile **2** <attr> (ideenlos) {NACHAHMUNG} servile, pedissequo B adv **1** (pedantisch) servilmente, in modo servile: **jdm ~ ergeben sein**, essere servilmente devoto a qu, avere una devozione servile per qu **2** (pedantisch) pedissequamente: **er hält sich ~ an die Vorgaben des Architekten**, si attiene pedissequamente alle disposizioni dell'architetto.

Sklerose <-, -n> f med sclerosi f: **multiple ~**, sclerosi multipla/[a placche].

sklerotisch adj sclerotico.

Skonto <-s, -s oder rar Skonti> m oder n sconto m: **jdm auf etw (akk) 3% ~ geben**, fare/praticare a qu uno sconto del 3% su qc; **5% ~ auf etw (akk) gewähren**, accordare/concedere uno sconto del 5% su qc; **10% ~ bekommen**, avere uno sconto del 10%.

Skooter <-s, -> m autoscontro m.

Skorbut <-(e)s, ohne pl> m med scorbuto m.

Skorpion <-s, -e> m **1** zoo scorpione m **2** <nur sing> astr Scorpione m **3** (jd, der im Zeichen des Skorpions geboren ist) (segno m dello) scorpione m: **welches Sternzeichen bist du? – Ich bin (ein) ~**, che/[di quale] segno sei? – Sono (uno/dello) Scorpione.

Skript <-(e)s, -en oder -s> n **1** film TV copio-

ne m, sceneggiatura f, script m **2** (*Manuskript*) manoscritto m **3** *univ* dispensa f (universitaria).
Skriptgirl <-s, -s> n *film* segretaria f di edizione/produzione, script-girl f.
Skrupel <-s, -> m *meist pl* scrupolo m: **ohne jeden/[den geringsten] ~**, senza nessuno/[il minimo] scrupolo; **keine ~ haben/kennen**, non avere scrupoli; **sich (dat) (wegen etw gen *oder fam* dat) ~ machen**, farsi scrupoli (per qc).
skrupellos A *adj* {MENSCH} senza/[privo di] scrupoli, spregiudicato; {AUSBEUTUNG, VORGEHEN} spietato B *adv* senza scrupoli.
Skrupellosigkeit <-, *ohne pl*> f spregiudicatezza f, mancanza f di scrupoli.
Skulptur <-, -en> f scultura f.
Skulpturensammlung f collezione f di sculture.
skurril *adj geh* stravagante, strambo, bizzarro, strano: **~e Ansichten haben**, avere idee strambe; **eine etwas ~e ältere Dame**, una signora anzianotta piuttosto stravagante/[sui generis].
Skurrilität <-, -en> f stravaganza f, stramberia f, stranezza f.
S-Kurve f curva f a s.
Skyline <-, -s> f skyline m *oder* f, profilo m: **die ~ von New York**, la skyline di New York.
Slalom <-s, -s> m *sport* slalom m ● **~ fahren** *sport*, fare lo slalom; *fam* (*in Schlangenlinien fahren*), fare lo slalom *fam* (con un veicolo).
Slalomlauf m *sport* slalom m.
Slalomläufer m (**Slalomläuferin** f) slalomista mf.
Slang <-s, -s> m **1** *oft pej* (*saloppe Sprache*) gergo m, slang m: **~ sprechen**, parlare [in gergo]/[lo slang] **2** (*Fachjargon*) gergo m, linguaggio m; **der psychologische ~**, il gergo/il linguaggio psicologico.
Slangausdruck m espressione f/termine m gergale/slang.
Slapstick <-s, -s> m slapstick m.
Slawe <-n, -n> m (**Slawin** f) slavo (-a) m (f).
slawisch *adj* slavo.
Slawist <-en, -en> m (**Slawistin** f) slavista mf.
Slawistik <-, *ohne pl*> f *ling* slavistica f.
Slawistin f → **Slawist**.
Slibowitz <-(es), -e> m slivoviz m.
Slingpumps <-, -> m *meist pl* chanel m.
Slip <-s, -s> m slip m, mutandina f.
Slipeinlage f salva-slip m, proteggi-slip m.
Slipper <-s, -> m mocassino m.
Sliwowitz m → **Slibowitz**.
Slogan <-s, -s> m slogan m: **ein einprägsamer/werbewirksamer ~**, uno slogan di [facile presa]/[grande effetto pubblicitario].
Slowake <-n, -en> m (**Slowakin** f) slovacco (-a) m (f).
Slowakei <-, *ohne pl*> f *geog*: **die ~**, la Slovacchia.
Slowakin f → **Slowake**.
slowakisch *adj* slovacco.
Slowakisch <-(s), *ohne pl*> n, **Slowakische** <*dekl wie adj*> n slovacco m; → *auch* **Deutsch, Deutsche**②.
Slowene <-n, -n> m (**Slowenin** f) sloveno (-a) m (f).
Slowenien <-s> n *geog* Slovenia f.
Slowenin f → **Slowene**.
slowenisch *adj* sloveno.
Slowenische <-(s), *ohne pl*> n, **Slowenische** <*dekl wie adj*> n sloveno m; → *auch* **Deutsch, Deutsche**②.
Slum <-s, -s> m *meist pl* slum m, baraccopoli f, bidonville f.
Slumbewohner m (**Slumbewohnerin** f) abitante mf degli slum.
Slumviertel n slum m, quartiere m povero.
sm *Abk von* Seemeile: M (*Abk von* miglio marino).
small <inv> *adj* di taglia piccola: **welche Größe ist das? – Small**, che taglia è? – È una small.
Smalltalk <-s, -s>, **Small Talk** <-s, - -s> m *oder* n conversazione f banale/leggera: **~ machen**, fare un po' di conversazione, scambiarsi parole di circostanza.
Smaragd <-(e)s, -e> m smeraldo m.
Smaragdeidechse f *zoo* ramarro m.
smaragdgrün *adj* verde smeraldo, smeraldino.
smart A *adj* **1** *meist pej* (*clever*) {GESCHÄFTSMANN, POLITIKER} scaltro, dritto *fam*, astuto: **ein ~er Typ**, un drittone **2** (*schick*) {KLEIDUNG} chic, elegante, fine: **~ aussehen**, avere un'aria chic B *adv* (*schick*): **sich ~ kleiden**, vestirsi con molto chic.
Smog <-(s), -s> m smog m.
Smogalarm m allarme m antismog.
Smogalarmstufe f livello m di guardia (per lo smog).
Smogverordnung f regolamento f antismog.
Smogwarnstufe f soglia f/livello m di attenzione (per lo smog).
Smoking <-s, -s> m smoking m: **im ~ gehen**, portare/indossare lo smoking.
SMS <-, -> f *tel*, **SMS-Nachricht** f *tel* SMS *m*, messaggino m: **jdm eine SMS schicken**, mandare un messaggino a qu.
Snack <-s, -s> m spuntino m, snack m: **einen ~ (ein)nehmen**, fare uno spuntino, farsi uno snack.
Snackbar f snack-bar m.
sniffen *tr itr slang* (*etw*) **~** sniffare (*qc*) *slang*, tirare (*qc*) *slang*.
Snob <-s, -s> m *pej* snob mf.
Snobismus <-, Snobismen> m *pej* snobismo m.
snobistisch *adj* snobistico, (da) snob.
Snowboard <-s, -s> n *sport* snowboard m.
so A *adv* **1** (*derart*) so + *adj/adv* così + *adj/adv*: **ist es hier immer so kalt?**, fa sempre così freddo qui?; **so groß!**, grande/alto così; **er war so freundlich und ...**, è stato così gentile da ... *inf*; **sei so nett und hol mir die Brille!**, sii così gentile [da portarmi]/[e portami] gli occhiali!; **so ..., dass** così/tanto/talmente ... che; **sie war so müde, dass sie gleich zu Bett ging**, era così/talmente stanca che è andata subito a letto; **er war so froh, dass er sie endlich wiedersah**, era così/tanto contento di rivederla, finalmente; (*in Vergleichen*): **so ... wie** (così) ... come, (tanto) ... quanto; **sie ist so klein wie ihre Schwester**, è piccola come/quanto sua sorella; **er ist nicht so dumm, wie er aussieht**, non è così stupido come sembra, non è tanto stupido quanto sembra; **so schnell wie möglich**, il più presto possibile, al più presto; **so weiß wie Schnee**, bianco come la neve; **sie fand das Haus so vor, wie sie es verlassen hatte**, trovò la casa (così) come l'aveva lasciata; **so viel** tanto, **so viel wie**, tanto quanto; **er wiegt so viel wie sein Bruder**, pesa (tanto) quanto suo fratello; **iss so viel (wie) du willst!**, mangia quanto vuoi!; **das ist so viel wie eine Absage**, [in pratica è]/[questo equivale a] una disdetta; **das bedeutet so viel wie ...**, questo equivale/corrisponde a ...; **noch einmal so viel**, altrettanto; **doppelt/dreimal so viel**, due/tre volte tanto; **er arbeitet halb/doppelt so viel wie sein Kollege**, lavora la metà/il doppio del suo collega; **so viel wie/als rar möglich**, il più possibile; **so viel für heute** *fam*, per oggi è tutto; **so weit (auch immer)** fin dove; **so weit das Auge reicht, gehört alles ihm**, le sue proprietà si estendono [a perdita d'occhio]/[fin dove giunge lo sguardo]; (*bisher*) per ora; **so weit geht es uns gut**, per ora stiamo bene; **so weit ist alles in Ordnung**, per ora è tutto a posto; (*an einem bestimmten Punkt*): **bist du schon so weit, dass du dich in Italienisch unterhalten kannst?**, sei già in grado di poter sostenere una conversazione in italiano?; **sie treibt es noch so weit, dass der Chef sie rauswirft**, se continua così il capo la butterà fuori; (*bis hierher*) fin qui, fino a questo punto; **so weit kann ich ihm noch folgen, aber dann ...**, fin qui riesco ancora a seguirlo ma poi ...; (*bereit*): **so weit sein**, essere pronto; **ich bin so weit, wir können gehen**, sono pronto (-a), possiamo andare; **es ist so weit**, ci siamo, è l'ora, è arrivato il momento; **so weit sind wir noch nicht**, non ci siamo ancora; **es ist so weit, dass ...**, è arrivato il momento [che ... *konj*]/[di ... *inf*], è l'ora [che ... *konj*]/[di ... *inf*]; **so wenig altrettanto/tanto poco ich weiß darüber so wenig wie du**, ne so quanto te, non ne so più di te; **so wenig wie/als rar möglich**, il meno possibile **2** (*derart*) + *verb* tanto + *verbo*: **wir haben so gelacht**, abbiamo riso tanto; **sie hat sich (ja) so gefreut!**, le ha fatto (davvero) tanto piacere!; **so ..., dass** talmente/così/tanto ... che; **sie haben sich so geärgert, dass ...**, si sono talmente arrabbiati (-e) che ... **3** (*auf diese Weise*) così: **so wird das gemacht!**, così si fa!; **versuch es doch einmal so!**, perché non provi (a fare) così?; **hast du das wirklich so gemeint?**, dicevi proprio sul serio?; **so kannst du dich nicht sehen lassen**, così/[in questo stato] non puoi farti vedere!; **so kannst du ihm das unmöglich sagen!**, non glielo puoi dire così/[in questo modo]!; **so geht's nicht!**, così non va!, così no!; **vielleicht ist es besser so**, forse è meglio così **4** (*solch*): **so ein/(et)was + subst/adj**: **so ein Esel!**, che pezzo d'asino!; **so (et)was Peinliches!**, che imbarazzo!; **ach, so einer/eine ist das**, ah, è uno/una così/[di quelli/quelle lì]; **mit so einem kann man nicht reden!**, con uno così non si riesce a parlare!; **so was nennt man nun Gerechtigkeit!**, e questa sarebbe/[la chiamano] giustizia! **5** (*etwa*) circa, suppergiù, pressappoco: **er muss so gegen fünf kommen**, dovrebbe arrivare [più o meno]/[suppergiù] verso le cinque; **sie muss noch einkaufen und so**, deve ancora fare la spesa e qualche altra cosa; **sie heißt doch Ziemez oder so**, credo che si chiami Ziemez o qualcosa del genere; **er muss so an/um die dreißig sein**, dovrebbe avere trent'anni o giù di lì **6** (*folgernd*) dunque, allora, quindi; **so hat er sich's doch anders überlegt**, dunque ha cambiato idea **7** (*ohne das normalerweise Übliche*): **das hat er einfach so bekommen**, l'ha avuto semplicemente così; **geht es so, oder brauchen Sie Hilfe?**, ce la fa o Le serve aiuto (una mano)? **8** (*im Zitat*) così: "Die Europäische Union", so der Bundeskanzler, "...", "L'Unione europea", così il cancelliere, "..."; **Der Ödipuskomplex, so Freud, ...**, il complesso di Edipo, dice/afferma Freud, ... B *konj* **1** (*weshalb*): **so dass ...**, cosicché ..., tanto che ...; **das Wetter war schlecht, so dass ich zu Hause blieb**, il tempo era brutto cosicché/[per cui] sono rimasto (-a) a casa **2** (*wie ... auch*) per quanto ... *konj*: **so reich**

er auch sein mag, ..., per quanto sia ricco ...; **so leid es mir (auch) tut,** per quanto mi dispiaccia **C partik 1** (*signalisiert Ende einer Handlung oder abschließende Bemerkung*): **so, das wär's für heute!**, bene, per oggi basta così! **2** (*ja*) ecco: **ach, so!**, ah, ecco!; (*erstaunt*): **was so alles in den Zeitungen steht,** cosa non scrivono i giornali; (*zweifelnd*) ah sì?, davvero?, veramente? **3** (*auffordernd*) dai, suvvia: **so komm doch schon/endlich!**, dai/suvvia, vieni! **4** (*leicht dahingesagt*): **ich hab da so meine eigenen Vorstellungen,** mah, su questo ho le mie idee **5** (*als Gesprächsfloskel*): **was machst du denn so?,** (che) cosa fai di bello? **6** (*wirklich: verstärkend*) proprio, veramente: **ich hab so die Nase voll!** fam, sono proprio stufo (-a)! **7** (*ätsch*) tiè ●**so, so!**, ma guarda un po'!, ah sì!, toh!; **wie geht's dir?** – ⌊**So, so**⌋/[**So la la**], come stai? – Così (e) così/cosà; **so, als ob** ..., come se ...; **mir ist so, als** ..., mi sembra di ... *inf*; **so siehst du aus!** fam, stai fresco (-a)! fam, ti piacerebbe, eh?! fam; **um so besser,** tanto meglio; **so weit erforderlich,** in caso di bisogno, se necessario; **so etwas,** una cosa simile/[del genere] **so (et)was wie** ..., qualcosa come ..., una specie di ...; **er ist so was wie ein leitender Angestellter,** è una specie di dirigente; **und so fort**/**weiter**, e così via, eccetera; **so gut es geht,** al meglio, il meglio possibile; **wo gibt's denn so was!** fam, ma dove siamo!; **gut/recht so!**, (così) va bene!, bene bene!, proprio così!; **so gut wie,** quasi, praticamente; **ach, so ist das (also)!**, ah, è così (allora)!; **ist das eben fam,** è così (e basta); **so ist er nun mal,** (lui) è fatto così; **wenn dem so ist,** se è così, se le cose stanno così; **so weit wie/als rar möglich,** per quanto possibile; **so oder so,** in un modo o nell'altro; **er wird die Prüfung so oder so bestehen,** passerà l'esame comunque/[in ogni caso]; **so nicht!**, così no!; **wenn man so sagen darf,** se così si può dire; **er sagt (das) nur so,** (lo) dice tanto per dire; **so sehr,** tanto; **so sehr, dass** ..., a tal punto che ...; **ich war unheimlich enttäuscht, so sehr, dass ich mich völlig zurückzog,** ero deluso (-a) a tal punto che mi sono chiuso (-a) completamente in me stesso (-a); **sei doch nicht so!,** non fare così!; **du tust nur so,** fai solo finta; **so und so oft,** tante ⌊e tante⌋/[di quelle] volte; **na, so was!** fam (*erstaunt*), ma guarda che roba!, questa poi!; **so was von + subst**/*adj fam*: **so was von Unverstand!**, questa sì che è irragionevolezza!; **so was von unverschämt!,** che sfacciataggine!; **so ziemlich,** pressappoco; **und zwar so,** e precisamente così.

s.o. *Abk von* siehe oben: v.s. (*Abk von* vedi sopra).

SO *Abk von* Südost(en): SE (*Abk von* Sud-Est).

sobald *konj* (non) appena: **sag mir Bescheid, ~ du Genaueres weißt,** dammi notizie (non) appena sai qualcosa di più preciso.

Söckchen <-s, -> n dim *von* Socke calzettino m.

Socke <-, -n> f calzino m: **dicke/warme/wollene ~n,** calzini pesanti/caldi/[di lana] ● **sich auf die ~n machen** fam (*aufbrechen*), muoversi, levare le tende fam; **Rote ~n** pol, "nome ironico per riferirsi ai politici della PDS tedesca", veterocomunisti; **(ganz) von den ~n sein** fam (*sehr überrascht sein*), restare/rimanere di stucco/sale/sasso.

Sockel <-s, -> m **1** (*Basis*) {+SÄULE, STATUE} base f, basamento m, zoccolo m, piedistallo m **2** (*unterer Abschnitt*) {+GEBÄUDE, MAUER, MÖBEL} base f, basamento m, zoccolo m **3** *el* zoccolo m **4** *geol* zoccolo m, placca f **5** *ökon* → Sockelbetrag ● **jdn vom ~ stürzen,** togliere qu dal piedistallo.

Sockelbetrag m *ökon* base f d'aumento salariale.

Sockelleiste f {+MÖBELSTÜCK} zoccolo m; {+WAND} battiscopa f, salvamuro m.

Socken <-s, -> m *süddt A CH* → Socke.

Soda <-, ohne pl> f *oder* <-s, ohne pl> n **1** *chem* soda f **2** <-s, -s> f *od* n (~*wasser*) soda® f: **Whisky mit ~,** whisky con soda.

sodass (a.R. so daß) *konj* → so.

Sodawasser n (acqua f di) soda f.

Sodbrennen <-s, ohne pl> n bruciore m di stomaco, pirosi f *med*.

Sodom <-s, ohne pl> n *geog hist* Sodoma f ● **das ist das reinste ~ und Gomorrha** geh, è un luogo di perdizione geh.

Sodomie <-, ohne pl> f zoofilia f (erotica), bestialità f, *rar* zooerastia f *med rar*.

soeben adv **1** (*in diesem Moment*) in questo istante, proprio ora: **er ist ~ dabei, dir einen Brief zu schreiben,** ti sta scrivendo una lettera proprio in questo momento **2** (*kurz zuvor*) appena, or ora, poco fa: **das Buch ist ~ erschienen,** il libro è appena uscito ● **~ erschienen!** (*von Buch, CD u. Ä.*), (ultima/ultime) novità!

Sofa <-s, -s> n divano m, sofà m.

Sofakissen n cuscino m (da divano).

sofern *konj* se, purché ..., *konjv*, sempre che ... *konjv*: **~ ... nicht,** a meno che non ... *konjv*, salvo che ... *konjv*.

soff 1. und 3. pers sing imperf *von* saufen.

Sofia <-s, ohne pl> n *geog* Sofia f.

sofort adv **1** (*augenblicklich*) subito, immediatamente, all'istante: **komm her, und zwar ~!,** vieni qui immediatamente/subito!; **er kam ~ zur Sache,** venne subito al dunque; **sie war ~ tot,** è morta subito/[sul colpo]; **ab ~ machst du deine Hausaufgaben unter meiner Aufsicht!,** a partire da adesso farai i compiti sotto il mio controllo!; **ab ~ gültig,** con decorrenza immediata; **die Waren sind ~ lieferbar,** le merci sono disponibili per una pronta consegna; (*als Antwort*) subito!, arrivo! **2** (*innerhalb kürzester Zeit*) fra/tra poco/pochissimo: **er muss ~ kommen,** dovrebbe arrivare tra poco/pochissimo, stai per arrivare.

Sofortbild n (fotografia f) istantanea f, foto f polaroid® f.

Sofortbildkamera f (macchina f) polaroid® f.

Sofortbuchung f prenotazione f immediata.

Soforthilfe f primi aiuti m pl/soccorsi m pl.

Soforthilfeprogramm n piano m ⌊d'intervento immediato⌋/[di pronto intervento].

sofortig adj immediato, istantaneo: **für den ~en Verzehr bestimmt,** da consumarsi subito; **mit ~er Wirkung,** con effetto immediato; **wir bitten um ~e Erledigung unseres Auftrages,** Vi preghiamo di evadere il nostro ordine con cortese sollecitudine.

Sofortmaßnahme f misura f immediata, provvedimento m immediato.

Sofortprogramm n piano m d'emergenza.

soft adj **1** *mus* soft **2** fam (*weich*) {MANN} tenero, dolce.

Softdrink, Soft Drink m soft drink m, bevanda f (non alcolica).

Softeis n (gelato m) mantecato m.

Softie <-s, -s> m fam oft pej uomo m sensibile, tenerone m fam.

Softporno m softcore m.

Soft Skill <-s, - -s> m *oder* n <meist pl> *ökon* competenza f trasversale, soft skill f.

Software <-, ohne pl *oder* -s> f *inform* software m.

Software-Engineering, Softwareengineering <-s, ohne pl> n *inform* ingegneria f del software.

Softwareexperte m (**Softwareexpertin** f), **Software-Experte** m (**Software-Expertin** f) *inform* esperto (-a) m (f) di software, softwarista mf.

Softwarefirma f azienda f/società f di software, software house f.

Softwarehersteller m produttore m/fornitore m di software.

Softwareherstellung f produzione f di software.

Softwarepaket n *inform* pacchetto m (di) software, kit m di software.

Softwarepiraterie f pirateria f di software.

sog 1. und 3. pers sing imperf *von* saugen.

sog. Abk *von* sogenannt: cd. (*Abk von* cosiddetto).

Sog <-(e)s, -e> m **1** (*saugende Kraft*) risucchio m **2** (*Einflussbereich*) vortice m: **in den Sog der Großstadt geraten,** finire/⌊lasciarsi trascinare⌋ nel vortice/gorgo della metropoli **3** *naut* (onda f di) risucchio m, risacca f.

sogar adv perfino, persino, addirittura: **~ ihr Vater wusste es,** perfino/persino suo padre lo sapeva; **er hat ihr nicht nur den Flug, sondern ~ den ganzen Urlaub bezahlt,** non le ha pagato solo il volo, ma addirittura tutta la vacanza; **sie sind arm, ~ sehr arm,** sono poveri (-e), ⌊per non dire⌋/[anzi] poverissimi (-e).

sogenannt adj → genannt.

sogleich adv → sofort.

Sogwirkung f forza f d'attrazione: **eine Metropole mit ungeheurer ~,** una metropoli di enorme attrattiva.

Sohle <-, -n> f **1** (*Schuhsohle*) suola f: **durchgelaufene ~n,** suole consumate/consunte **2** (*Fuß~*) pianta f (del piede): **mit nackten ~n,** a piedi nudi, scalzo **3** (*Einlegesohle*) soletta f, sottopiede m **4** (*Strumpfsohle*) soletta f **5** *geog* fondo m; (*Talsohle*) fondovalle m ● **auf leisen ~n,** a passi felpati, di soppiatto, quatto quatto; **eine kesse/heiße ~ aufs Parkett legen,** scatenarsi sulla pista da ballo.

sohlen tr → besohlen.

Sohn <-(e)s, Söhne> m **1** (*männliches Kind*) figlio m, figliolo m: **der ~ älteste/jüngste ~,** il figlio maggiore/minore; **sie haben zwei Söhne und eine Tochter,** hanno due maschi e una femmina; **der ~ des Hauses,** il figlio maschio; **der ~ des Hauses empfing die Gäste,** fu il figlio maschio ad accogliere gli ospiti; **sein eigener ~,** suo figlio legittimo; **er ist ganz der ~ seines Vaters,** è degno figlio di suo padre; **er liebt ihn wie seinen eigenen ~,** lo ama come un figlio; **jdn an ~es statt annehmen,** adottare qu **2** (*nur sing*) (*als Anrede an einen Jungen*) figlio m, figliolo m: **na, mein ~?,** allora, ⌊figlio mio⌋/[figliolo]? ● **der berühmteste ~ unserer Stadt** (*der berühmten Einwohner*), il figlio più illustre della nostra città, il nostro più illustre cittadino; **der ~ Gottes,** il figlio di Dio; **der verlorene ~** *bibl*, il figliol prodigo.

Söhnchen <-s, -> n dim *von* Sohn **1** (*kleiner Sohn*) figlioletto m **2** (*Bürschchen*) giovanotto m.

Sohnemann <-s, ohne pl> m fam scherz figliolo m, figlioletto m.

Soiree <-, -n> f serata f, soirée f.

Soja <-, Sojen> f *bot*, **Sojabohne** f *bot* **1** (*Pflanze*) soia f, fagiolo m cinese **2** (*Frucht*)

seme m di soia.
Sojabrot n pane m di soia.
Sojamehl n farina f di soia.
Sojaöl n olio m di soia.
Sojasoße f salsa f di soia.
Sojasprossen subst *<nur pl>* germogli m pl di soia.
Soko *<-, -s>* f Abk *von* Sonderkommission: commissione speciale.
Sokrates m (*Vorname*) Socrate.
solang, **solange** Ⓐ konj **1** (*während, in der Zeit*) finché, fino a quando: **~ der Fernseher läuft, kann ich nicht arbeiten**, finché il televisore resta acceso non posso lavorare; **du kannst schlafen, ~ du willst**, puoi dormire finché vuoi; **~ ... nicht ...** finché non ..., fintantoché ...; **ich lass' ihm keine Ruhe, ~ er mir nicht die Wahrheit sagt**, non gli darò pace fintantoché non mi dirà la verità; **~ ich lebe, ist mir so etwas noch nicht passiert**, in tutta la mia vita non mi è mai capitata una cosa del genere **2** *fam* (*vorausgesetzt*) se, purché ... konjv: **~ du keine Scheiben einschlägst, kannst du ruhig Ball spielen**, se non rompi i vetri puoi anche giocare a palla Ⓑ adv (*währenddessen*) intanto, nel frattempo: **mach dich in Ruhe fertig, ich lese ~ Zeitung**, fai con calma, intanto leggo il giornale.
solar adj *geh* solare.
Solararchitektur f architettura f solare.
Solarbatterie f → **Sonnenbatterie**.
Solarenergie f → **Sonnenenergie**.
Solargenerator m → **Sonnengenerator**.
Solarheizung f riscaldamento m (a energia) solare, impianto m termico a energia solare.
Solarium *<-s, Solarien>* n solarium m; (*Studio*) *auch* centro m (di) abbronzatura.
Solarkollektor m → **Sonnenkollektor**.
Solarkraftwerk n → **Sonnenkraftwerk**.
Solartechnik f solare m, tecnologia f solare.
Solaruhr f orologio m ad alimentazione solare.
Solarzelle f *el phys* cella f/cellula f solare.
Solbad n **1** (*Kurort*) stabilimenti m pl di bagni salini, stazione f termale salina **2** *med* bagno m d'acqua salina.
solch *<inv>* dem pron così, ... come quello/quella: **~ einen schönen Mann habe ich noch nie gesehen**, un uomo ˌbello cosìˌ/[bello come quello/lui] non l'avevo mai visto; **er zahlt eine ~ horrende Miete, dass ...**, paga un affitto talmente esagerato che ...; **ich hab' ~ einen Durst!**, ho una tale sete!; **~ eine Überraschung!**, che sorpresa!; **red nicht ~ einen Unfug!**, non dire sciocchezze!
solcher, **solche**, **solches** dem pron **1** *<attr>* (*so geartet*) del/[di questo genere, simile, come questo (-a)/quello (-a), tale, così *fam*: **solche Geräte sind sehr empfindlich**, strumenti di questo genere sono molto sensibili; **eine solche Handlungsweise**, un simile/tale comportamento; **solche alten Häuser sind unbezahlbar**, case antiche come quelle sono inaccessibili; **einen Menschen (von) solcher Art habe ich noch nie kennen gelernt**, una persona simile non l'avevo mai conosciuto; **... und solche Dinge, ... e cose così/simili**; **in solchen Fällen**, in casi simili/[del genere]; **mit solchen Leuten**, con gente così/simile; **ich habe solche Angst/solchen Hunger**, ho ˌuna taleˌ/[tanta] paura/fame **2** (*substantivisch*): **ein solcher/eine solche/ein solches**, uno/una co-

sì; **einen solchen findest du nie**, uno così non lo troverai mai; **du hast tolle Kleider, solche hätte ich auch gern**, hai dei bei vestiti, anche a me piacerebbe averne; **für Kenner und solche, die es werden wollen**, per intenditori e coloro che lo vogliono diventare; **solche wie der/die ...**, gente come lui/lei ...; **als solcher/solche/solches**, come/[in quanto] tale; **die Arbeit als solche ist nicht übel**, il lavoro ˌin quanto taleˌ/[di per sé] non è male ● **es gibt solche und solche** *fam*, c'è persona e persona *fam*; **sie ist keine solche** *fam*, non è una di quelle.
solcherart *geh* Ⓐ *<inv>* dem pron (FEHLER, MÄNGEL, MENSCHEN) simile, del genere Ⓑ adv {SICH BILDEN, ENTSTEHEN} in tale modo.
solcherlei *<inv>* dem pron *geh* del/[di questo/quel] genere.
solchermaßen adv *geh* {SICH SCHÄMEN} in tal modo.
Sold *<-(e)s, ohne pl>* m *mil* paga f, soldo m ● **jdn in ~ nehmen**, assoldare qu; **in jds ~ stehen**, essere al soldo/servizio di qu.
Soldat *<-en, -en>* m (**Soldatin** f) soldato (-essa) m (f), militare m: **bei den ~en sein** *fam*, fare il soldato/militare; **als ~ dienen**, prestare servizio militare; **~ werden**, andare soldato ● **aktiver ~**, soldato di carriera; **einfacher/gemeiner ~**, soldato semplice; **~ auf Zeit**, soldato di carriera; **der Unbekannte ~**, il milite ignoto.
Soldatenfriedhof m cimitero m di guerra.
Soldatenleben n vita f militare/[da soldato].
Soldatenlied n canto m militare.
Soldatensprache f gergo m militare/militaresco.
Soldateska *<-, Soldatesken>* f *pej* soldatesca f, soldataglia f.
Soldatin f → **Soldat**.
soldatisch adj militare, da soldato, soldatesco *pej*: **mit ~em Gruß**, con (il) saluto militare.
Söldner *<-s, ->* m mercenario m; *hist auch* soldato m di ventura.
Söldnerheer n esercito m di mercenari, milizie f pl mercenarie.
Sole *<-, -n>* f acqua f salina/salsa.
Solebad n → **Solbad**.
Solequelle f fonte f/sorgente f salina/salsa.
Soli① pl *von* Solo.
Soli② *<-s, ohne pl>* m → **Solidaritätszuschlag**.
solid adj → **solide**.
Solidarbeitrag m contributo m di solidarietà.
Solidargemeinschaft f comunità f solidale; (*das soziale System*) sistema m sociale.
Solidarhaftung f *jur ökon* responsabilità f ˌin solidoˌ/[solidale].
solidarisch Ⓐ adj solidale: **mit jdm ~ sein**, essere solidale con qu Ⓑ adv {HANDELN} solidalmente, in modo solidale ● **sich (mit jdm) ~ erklären/fühlen**, dichiararsi/sentirsi solidale (con qu), solidarizzare con qu.
solidarisieren *<ohne ge->* Ⓐ tr *jdn ~*, coinvolgere *qu* in un'azione di solidarietà: **wir müssen versuchen, die gesamte Belegschaft zu ~**, dobbiamo tentare di coinvolgere tutti i dipendenti Ⓑ rfl **sich (mit jdm/etw) ~**, solidarizzare (*con qu/qc*).
Solidarität *<-, ohne pl>* f **~** (*mit jdm*) solidarietà f (*con/a qu*): **aus ~**, per solidarietà; **jdm ~ bezeugen**, mostrare/esprimere solidarietà a qu.
Solidaritätsgefühl n sentimento m di

solidarietà.
Solidaritätsstreik m sciopero m di solidarietà.
Solidaritätszuschlag m *D* "imposta f addizionale che contribuisce a coprire i costi della riunificazione".
Solidarpakt m *pol* patto m di solidarietà.
solide, **solid** Ⓐ adj **1** (*stabil*) {MAUERN} solido **2** (*gründlich*) {AUSBILDUNG, BILDUNG, WISSEN} solido; {ARBEIT} serio **3** (*nicht ausschweifend*) {MENSCH} serio, affidabile; {LEBENSWANDEL} regolato **4** *ökon* {FIRMA, UNTERNEHMEN} (economicamente) solido; {PREISE} onesto, ragionevole Ⓑ adv **1** (*nicht ausschweifend*) {LEBEN} come si deve, senza eccessi: **du solltest solider leben**, dovresti fare una vita più regolata **2** (*stabil*) {GEBAUT, KONSTRUIERT} solidamente, in modo solido.
Solidität *<-, ohne pl>* f **1** {+FIRMA} solidità f **2** (*Festigkeit*) {+BAU, MATERIAL} solidità f **3** (*Zuverlässigkeit*) {+PERSON} serietà f, affidabilità f.
Solist *<-en, -en>* m (**Solistin** f) solista mf.
Solitär *<-s, -e>* m **1** (*Edelstein*) solitario m **2** (*Brettspiel*) solitario m.
Soll *<-(s), -(s)>* n **1** bank com (*~seite*) dare m: **etw** ˌ**ins ~ eintragen**ˌ/[**im ~ buchen**], registrare qc ˌnel dareˌ/[a debito]; (*bei einem Geldinstitut*) scoperto m (di conto), passivo m; **im ~ sein**, essere in rosso/passivo; **er ist mit 1000 Euro im ~**, ha uno scoperto di 1000 euro **2** (*Produktionsnorm*) standard m di produzione ● **das ~ erfüllen**, raggiungere l'obiettivo previsto (di produzione); **sein ~ erfüllen**, fare il (lavoro) dovuto; **~ und Haben**, dare e avere.
Sollbruchstelle, **Soll-Bruchstelle** f *tech* punto m di rottura predeterminato.
sollen① *<soll, sollte, hat sollen>* Modalverb **1** (*Auftrag, Vereinbarung, Verpflichtung*) **etw tun ~** dover fare *qc*: **was soll ich tun/machen?**, (che) cosa devo fare?; (*was soll meine Aufgaben*) *auch* (che) cosa sono tenuto (-a) a fare?; **ich soll Ihnen sagen, dass ...**, devo dirLe che ...; **ich soll dir Grüße von Walter ausrichten/bestellen**, devo ˌportarti i salutiˌ/[salutarti da parte] di Walter; **er sagte ihr, sie solle ihn um fünf anrufen**, le ha detto di chiamarlo alle cinque; **er soll reinkommen**, fallo/[lo faccia] entrare; **du sollst doch nicht rauchen!**, non devi fumare!; **sollte er nicht schon gestern anfangen?**, (ma) non doveva cominciare ieri? **2** (*Gebot, Verbot: meist mit Imperativ übersetzt*): **er soll sofort kommen!**, che venga subito!, digli/[gli dica] di venire subito!; **ihr sollt endlich still sein!**, volete stare un po' zitti (-e)!, state zitti (-e) una buona volta!; **du sollst nicht töten!** *bibl*, non ammazzare! *bibl* **3** (*Vorschlag*): **soll ich (jetzt) gehen?**, me ne devo andare (adesso)?, allora, me ne vado?; **soll ich dir morgen helfen?**, devo aiutarti/[darti una mano] domani?, vuoi, che ti aiuti domani? **4** (*Höflichkeit: nur in der Frage*): **soll es so, oder soll ich Ihnen helfen?**, ce la fa o vuole che ˌLa aiutiˌ/[Le dia una mano]? **5** *fam* (*Ärger*): **wie oft soll ich's ihm denn noch sagen?**, ma quante volte glielo devo/dovrò ancora ripetere?; **soll er doch selbst sehen, wie er damit fertig wird!**, veda un po' lui come cavarsela!, che si arrangi!, se la veda lui! **6** (*Gerücht, Annahme*): **sie soll ja eine Schönheit sein**, ˌsi diceˌ/[dicono] che (lei) è molto bella; **er soll gesagt haben, dass ...**, avrebbe detto che ...; **auf der Autobahn soll ein Unfall passiert sein**, pare che sull'autostrada sia successo un incidente **7** (*Erwartung*): **er soll morgen ankommen**, dovrebbe arrivare domani, sembra che arrivi/arriverà domani; **und da soll man nicht aus der**

Haut fahren/lachen?, come si fa a non arrabbiarsi/incazzarsi slang/[ridere]?, e uno non si dovrebbe arrabbiare/incazzare slang/[dovrebbe ridere]? **8** (*Entschlossenheit*): **so soll es sein!**, così deve essere/[sarà]!; **niemand soll sagen, dass ...**, (che) nessuno dica che ... **9** *fam* (*Einwilligung*): **er will noch mal mit dir darüber reden – Dann soll er's doch tun!**, vuole riparlarne con te – Allora lo faccia! **10** (*Ungewissheit*): **was soll ich nur machen?**, che devo fare?; **er weiß nicht, was er tun soll**, non sa che/cosa fare; **was hätte ich denn tun ~?, was sollte ich denn tun?**, che (cosa) avrei dovuto fare? **11** (*Versprechen, Wunsch: meist im konjv II*): **es soll euch an nichts fehlen**, non vi farò/faremo mancare niente!; **es soll alles so sein, wie du es wünschst!**, sarà tutto come tu desideri!; **so sollten die Ferien immer sein!**, le vacanze dovrebbero essere sempre così!; **er sollte sich öfter sehen lassen**, dovrebbe farsi vedere più spesso **12** (*Empfehlung: nur im konjv II*): **du solltest trotzdem hingehen**, sarebbe bene che (tu) ci andassi lo stesso, dovresti andarci ugualmente/comunque; **du solltest nicht so viel rauchen**, non dovresti fumare tanto; **du solltest besser ins Bett gehen**, faresti meglio a(d) andare a letto **13** (*Erstaunen*): **und das soll ich sein?**, e questo (-a) sarei io?; **wer soll (denn) das sein?**, e quello (-a), chi sarebbe?; **was soll das denn werden?**, e cosa dovrebbe diventare? **14** (*Absicht, Plan*): **hier soll das neue Museum entstehen**, qui sorgerà il nuovo museo; **der Film soll nächste Woche anlaufen**, il film dovrebbe entrare in programmazione la prossima settimana; **Herr Krause soll Abteilungsleiter werden**, vogliono/intendono promuovere il signor Krause a) caporeparto **15** (*Herausforderung*): **der soll nur kommen!**, venga pure!, che provi a venire!; **das ~ sie unter sich abmachen**, (che) se la sbroglino/sbrighino tra di loro *fam* **16** (*können, mögen*): **mir soll es gleich sein**, per me è lo stesso/[non fa differenza]; **das/[so etwas] soll es geben**, queste cose accadono/succedono, sembra che certe cose esistano; **man sollte glauben/meinen, dass ...**, si potrebbe pensare che ..., si direbbe che ...; **man sollte meinen, es wäre leicht**, lo si crederebbe facile, si direbbe che è facile; **sollte das möglich sein?**, è possibile?; **sollte das wahr sein?**, sarà vero?; **sollte sie krank sein?**, che sia (am)malata? **17** (*konditional*): falls es regnen sollte/[sollte es regnen], ..., se dovesse piovere ..., se/casomai piovesse ...; **sollte die Sache nicht klappen, lass es mich wissen!**, se la cosa non dovesse funzionare, fammelo sapere!; **sollte das passieren, ...**, (se) dovesse succedere questo ...; **sollte ich dir zu nahe getreten sein, tut es mir leid**, mi dispiacerebbe averti ferito (-a); **sollten Sie ihn zufällig treffen**, se per caso (Lei) lo incontrasse **18** (*konjunktivisch*): **was hätte ich deiner Meinung nach tun ~?**, secondo te, cosa avrei dovuto fare?; **so etwas sollte man vermeiden**, una cosa simile la si dovrebbe evitare/[bisognerebbe evitarla]; **du hättest nicht gehen ~**, non saresti dovuto andare via; **du hättest nicht lachen ~**, non avresti dovuto ridere; **das hättest du sehen ~!**, avresti dovuto vederlo!; **se avessi visto! 19** (*Vorwegnahme von Zukünftigem*): **viele Jahre sollten vergehen, bevor ...**, dovevano/dovettero passare molti anni prima che ... *konjv*; **sie hatte Italienisch studiert, was ihr später von Nutzen sein sollte**, aveva studiato italiano, cosa che in seguito le sarebbe stata utile ● **soll das schon** *alles* **gewesen sein?**, (è) tutto qui?; **wie soll das en-**

den?, come andrà a finire?; **es soll geschehen**, succederà, accadrà; **es hat nicht** (~ **sollen**)/[**sein** ~], si vede che era scritto; **was soll das heißen?**, che cosa vuol dire (questo)?, cosa significa (questo)?; **wo soll das noch hinführen?**, ma dove andremo a finire?; **es sollte so kommen, dass ...**, doveva succedere che ..., il destino volle che ...; **was soll das kosten?**, quanto costa?, quant'è?; **du sollst mal sehen ...**, vedrai ...; **was soll schon sein?**, che vuoi che ci sia?; **Sie ~ wissen, dass ...**, (desidero che Lei) sappia che ..., (Lei) deve sapere che ...

sollen② <*soll, sollte, hat gesollt*> Vollverb *fam* A *itr* **1** (*fahren, gehen ~*) *irgendwohin ~* (*Aufforderung*) dover andare + *compl di luogo*: **er soll sofort zur Polizei**, deve andare subito alla polizia; **Mutti sagt, ihr sollt ins Bett**, (la) mamma vuole che andiate a letto; (*Einladung, Empfehlung*): **der Neue kommt gut an, er soll schon nächste Woche auf einen Kongress**, il nuovo collega è piaciuto, la prossima settimana lo mandano già a un congresso **2** (*irgendwohin gebracht werden ~*): **etw ~ irgendwohin**, qc va + *compl di luogo*: **wo soll das Klavier hin?**, dove va/mettiamo il pianoforte?; **der Schrank ist zu groß, er soll weg**, l'armadio è troppo grande, va portato/[bisogna portarlo] via **3** (*tun ~*): **das könnte ich doch für dich erledigen, soll ich?**, questo potrei sbrigarlo io, vuoi?; **soll ich oder soll ich nicht?**, devo o non devo?, lo faccio o no?; **was soll ich damit?**, cosa me ne faccio?; **was soll ich dort?**, che ci faccio?; **was soll der/die hier?**, cosa ci sta a fare qui quello/quella (là)? B *tr* (*tun ~*) *etw ~* dover fare *qc*: **er hat das ganze Haus gestrichen! – Das sollte er doch nicht!**, ha imbiancato tutta la casa! – Non doveva/[avrebbe dovuto] farlo! ● **soll er/sie (doch)!** *fam* (*das ist mir egal*), faccia pure! *fam*, si accomodi! *fam*; **was soll (denn) das?** *fam* (*was hat das zu bedeuten*), come sarebbe?, che significa?, e questa?; (*wozu*), a che pro?, a che serve (questo)?, che scopo ha?; **was soll der *Quatsch*?** *fam*, ma che storia è questa? *fam*; **was soll's** *fam* (*daran kann ich auch nichts ändern*), che ci vuoi fare? *fam*, tanto (è uguale), tant'è.

Söller <-s, -> *m* **1** *arch* altana *f* **2** *CH* (*Fußboden*) pavimento *m* **3** *region* (*Dachboden*) soffitta *f*, solaio *m*, sottotetto *m*.

Sollseite, Soll-Seite *f bank com* colonna *f* del dare.

Sollstärke, Soll-Stärke *f mil* effettivi *m pl*.

Sollzinsen, Soll-Zinsen *subst* <*nur pl*> interessi *m pl* passivi/debitori.

solo A *adj* <präd> **1** *mus* solo: **eine Suite für Violine ~**, una suite per violino solo **2** *fam* (*allein*) (da) solo: **heute bin ich ausnahmsweise mal ~**, oggi, eccezionalmente, sono solo (-a) B *adv* **1** *mus* (da) solo, da solista: **~ spielen**, suonare da solo (-a); ~ **tanzen**, ballare da solo (-a) **2** *fam* (*allein*) (da) solo: **kommst du ~ oder in/mit Begleitung?**, verrai da solo (-a) o in compagnia?

Solo <-s, -s *oder* Soli> *n* **1** *mus theat* assolo *m* **2** (*Solist*) solo *m*: **ein Konzert für Soli, Chor und Orchester**, un concerto per soli, coro e orchestra **3** *sport* assolo *m*.

Soloalbum *n mus* album *m* solista.

Sologesang *m mus* canto *m* da solista.

Soloinstrument *n* strumento *m* solista.

Solopart <-s, *ohne pl*> *m*, **Solopartie** <-, -n> *f* (parte *f* di) assolo *m*.

Solos *pl von* Solo.

Solostimme *f* voce *f* (da) solista.

Solotänzer *m* (**Solotänzerin** *f*) ballerino (-a) *m* (*f*) solista, primo (-a) ballerino *m* (*f*).

Solothurn <-s, *ohne pl*> *n geog* Soletta *f*.

solvent *adj ökon* solvente.

Solvenz <-, -en> *f ökon* solvenza *f*, solvibilità *f*.

Somali *pl von* Somalier.

Somalia, Somalien <-s, *ohne pl*> *n geog* Somalia *f*.

Somalier <-s, - *oder* Somali> *m* (**Somalierin** *f*) somalo (-a) *m* (*f*).

somalisch *adj* somalo.

somatisch A *adj* somatico B *adv*: **~ krank sein**, avere una malattia organica; ~ **bedingt**, di origine/natura organica.

somit *adv* **1** (*folglich*) di conseguenza, quindi, perciò: **er hat die Fragen richtig beantwortet und ~ die Prüfung bestanden**, ha risposto bene alle domande e ha quindi superato l'esame **2** (*damit*) con ciò, con questo: **und ~ komme ich zum Ende meines Vortrags**, e con questo arrivo alla conclusione del mio intervento.

Sommer <-s, -> *m* estate *f*: **im ~**, d'estate, in estate; **im ~ (des Jahres) 1995**, nell'estate del(l'anno) 1995; **im letzten/nächsten ~**, l'estate scorsa/prossima; **den ganzen ~ lang/über**, per/durante tutta l'estate; **mitten im ~**, in piena estate; **es wird ~**, arriva l'estate ● **~ wie Winter**, estate e inverno; **das Vieh ist ~ wie Winter auf der Weide**, il bestiame è sempre al pascolo, estate e inverno.

Sommerabend *m* sera *f* d'estate, serata *f* d'estate/[estiva].

Sommeranfang *m* inizio *m* dell'estate.

Sommerblume *f* fiore *m* estivo.

Sommerfahrplan *m* orario *m* estivo.

Sommerferien *subst* <*nur pl*> *Schule* vacanze *f pl* estive: **in die ~ fahren**, andare in vacanza.

Sommerfrische *f* villeggiatura *f*: **sie fahren zur ~ in die Berge**, vanno in/[a fare la] villeggiatura in montagna.

Sommergast *m* villeggiante *mf*.

Sommerhalbjahr *n* semestre *m* estivo.

Sommerhitze *f* solleone *m*.

Sommerkleid *n* abito *m*/vestito *m* estivo.

Sommerkleidung *f* vestiti *m pl*/abiti *m pl* estivi, abbigliamento *m* estivo.

Sommerkollektion *f* collezione *f* estiva: **die ~ 2007**, la collezione estiva 2007.

sommerlich A *adj* {HITZE, KLEIDUNG, TEMPERATUREN, WETTER} estivo B *adv* da estate: **es ist ~ warm**, fa un caldo estivo; **es herrscht Frühlingswetter mit ~ warmen Temperaturen**, fa un tempo primaverile con temperature estive/[da estate]; **~ gekleidet sein**, essere vestito da estate.

Sommerloch *n journ* vuoto *m* estivo/[periodo *m* morto] (dovuto a scarsa attività politica).

Sommermantel *m* soprabito *m* leggero, spolverino *m*.

Sommermode *f* moda *f* estiva.

Sommermonat *m* mese *m* estivo/[d'estate]: **sie verbringen die ~e am Meer**, passano i mesi estivi al mare.

Sommernacht *f* notte *f* d'estate/[estiva].

Sommernachtstraum *m*: **Ein ~** *lit* (*Komödie von Shakespeare*), Sogno di una notte di mezza estate.

Sommerolympiade *f sport* olimpiadi *f pl* estive.

Sommerpause *f bes. pol theat* pausa *f* estiva: **die Kommission nimmt ihre Tätigkeit erst nach der ~ wieder auf**, la commissione riprenderà la sua attività solo dopo la pausa estiva.

Sommerreifen m pneumatico m da estate.

Sommerresidenz f {+PAPST} residenza f estiva.

sommers adv geh d'estate • ~ **wie winters**, estate e inverno.

Sommersachen subst <nur pl> fam roba f estiva fam, abiti m pl/vestiti m pl estivi.

Sommersaison f stagione f estiva, alta stagione f: **die ~ 2006**, la stagione estiva 2006.

Sommerschlussverkauf (a.R. Sommerschlußverkauf) m saldi m pl/liquidazione f/svendite f pl di fine stagione (estiva), saldi m pl estivi.

Sommersemester n univ semestre m estivo.

Sommersitz m residenza f estiva; hist auch villa f (estiva): **die Medici verbrachten die heißen Monate in/auf ihrem ~**, i Medici trascorrevano i mesi più caldi ⌊nella loro residenza estiva⌋/[in villa].

Sommersonnenwende f solstizio m d'estate.

Sommerspiele subst <nur pl> **1** (Olympische ~) olimpiadi f pl estive **2** (sommerliches Kulturprogramm) (programma m di) spettacoli m pl estivi.

Sommersprosse f <meist pl> lentiggine f, efelide f med.

sommersprossig adj lentigginoso.

Sommertag m giornata f d'estate.

Sommerurlaub m ferie f pl/vacanze f pl estive: **wann nimmst du dieses Jahr deinen ~?**, quando prendi le ferie quest'estate?

Sommerzeit f **1** (Uhrzeit) ora f legale: **auf ~ umstellen**, passare all'ora legale: **die Uhr(en) auf ~ (um)stellen**, mettere/impostare l'ora legale **2** (Jahreszeit): ⌊in der⌋/[zur] ~, d'estate, in estate.

Sonate <-, -n> f mus sonata f.

Sonde <-, -n> f **1** med sonda f: **eine ~ in den Magen einführen**, introdurre una sonda nello stomaco; **jdn mit der ~ ernähren**, alimentare/nutrire qu con la sonda **2** (Raumsonde) sonda f (spaziale).

Sonderabfall m → **Sondermüll**.

Sonderabgabe f <meist pl> tassa f/imposta f straordinaria.

Sonderaktion f bes. com promozione f, offerta f promozionale.

Sonderanfertigung f **1** (Tätigkeit) produzione f fuoriserie **2** (Stück) modello m/esemplare m fuoriserie/unico.

Sonderangebot n **1** (preisgünstiges Angebot) offerta f (speciale/promozionale): **~e!**, offerte (speciali)!, occasioni!; **etw im ~ haben**, avere qc in offerta (speciale); **etw im ~ kaufen**, comprare qc in offerta (speciale); **im ~ sein**, essere in offerta **2** (Ware) (articolo m/merce f in) offerta f speciale: **das Geschäft macht zu, die haben jetzt lauter ~e**, il negozio chiude, ora hanno un sacco di offerte.

Sonderausführung f versione f/modello m speciale; {+AUTO} auch fuoriserie f.

Sonderausgabe f **1** (Zeitung) edizione f speciale, (Buch) edizione f speciale **2** <meist pl> (Geldbetrag) spesa f/uscita f straordinaria/extra.

Sonderausstattung f optional m.

sonderbar A adj (merkwürdig) strano, bizzarro, curioso: **ein ~er Heiliger**, un tipo bislacco/bizzarro, un marziano fam scherz; **ein ~er Zufall**, una strana coincidenza; **er ist eine ~e Mischung aus/von Schüchternheit und Draufgängertum**, (lui) è un curioso miscuglio di timidezza e spavalderia; **es ist doch sehr ~, dass er nichts mehr von sich hören lässt**, è davvero molto strano/curioso che non si faccia più sentire B adv stranamente, in modo strano: **sich ~ benehmen**, comportarsi in modo strano.

sonderbarerweise adv stranamente, curiosamente: **~ sehe ich sie seit Wochen nicht**, stranamente/[cosa strana ma] non la vedo da settimane.

Sonderbeauftragte <dekl wie adj> mf incaricato (-a) m (f) speciale.

Sonderbehandlung f trattamento m speciale/privilegiato/[di favore]: **jdn eine ~ angedeihen/[zuteilwerden] lassen**, concedere a qu un trattamento privilegiato.

Sonderbeilage f supplemento m speciale.

Sonderbericht m rapporto m speciale; journ TV servizio m speciale.

Sonderberichterstatter m (**Sonderberichterstatterin** f) inviato (-a) m (f) speciale.

Sonderbotschafter m (**Sonderbotschafterin** f) ambasciatore (-trice) m (f) straordinario (-a).

Sonderbriefmarke f emissione f speciale (di un francobollo).

Sonderdeponie f → **Sondermülldeponie**.

Sonderdruck m typ estratto m.

Sondereinsatz m intervento m speciale: **im ~ sein**, essere in missione speciale.

Sondererlaubnis f → **Sondergenehmigung**.

Sonderermäßigung f riduzione f/sconto m speciale.

Sonderfahrt f (von Linienbussen, Zügen etc.) corsa f straordinaria; (von Reisebussen) gita f/viaggio m speciale.

Sonderfall m caso m particolare/straordinario/eccezionale: **nur in Sonderfällen**, solo in casi particolari/eccezionali.

Sonderflug m volo m speciale.

Sonderfrieden, **Sonderfriede** m pace f separata.

Sondergenehmigung f autorizzazione f/permesso m speciale.

Sondergipfel m pol (incontro m al) vertice m straordinario, summit m.

sondergleichen <inv> adj (dem Subst nachgestellt) senza pari: **eine Dreistigkeit ~**, una sfacciataggine ⌊senza pari⌋/[unica].

Sonderklasse f fam (besondere Qualität) qualità f eccezionale/superiore: **~ sein**, essere speciale/straordinario: **ein Thriller der ~**, un thriller ⌊di prima categoria⌋/[davvero speciale].

Sonderkommando n **1** unità f speciale **2** hist (in den Konzentrationslagern) Sonderkommando m (squadra f di deportati costretti a collaborare nei campi di sterminio nazisti).

Sonderkommission f commissione f speciale/straordinaria.

Sonderkonto n conto m (corrente) speciale.

Sonderkosten subst <nur pl> spese f pl extra/straordinarie.

sonderlich A adj <attr> (nur in verneinten Sätzen: besonders) particolare: **der Junge hat keine ~e Begabung für musische Fächer**, il ragazzo non ha una particolare inclinazione per le materie artistiche; (übermäßig) auch eccessivo B adv particolarmente: **er ist nicht ~ begeistert von dieser Idee**, non è (che sia) tanto entusiasta di quest'idea; **sich nicht ~ fühlen**, non sentirsi particolarmente/[un granché] bene; **wie geht's ihm? – Nicht ~**, come sta (lui)? – Insomma.

Sonderling <-s, -e> m pej tipo (-a) m (f) strano (-a)/strambo (-a), marziano m fam scherz.

Sondermarke f → **Sonderbriefmarke**.

Sondermüll m rifiuti m pl speciali/tossici.

Sondermüllbeseitigung f smaltimento m dei rifiuti speciali/tossici.

Sondermülldeponie f discarica f per rifiuti speciali/tossici.

sondern① konj (nach Verneinung) ma; (verstärkend) bensì: **nicht nur ..., sondern auch ...**, non solo ..., ma anche ..; **wir fahren diesmal nicht ans Meer – Sondern?**, questa volta non andiamo al mare – E dove allora?

sondern② tr geh **jdn/etw von jdm/etw ~** separare qu/qc da qu/qc.

Sondernummer f {+ZEITSCHRIFT} numero m speciale; {+ZEITUNG} edizione f straordinaria.

Sonderparteitag m pol congresso m straordinario (di un partito).

Sonderpreis m prezzo m speciale: **zu ~en**, a prezzi speciali; **zum ~ von zehn Euro**, al prezzo speciale di dieci euro; **er hat mir einen ~ gemacht**, mi ha fatto un prezzo di favore.

Sonderrecht n privilegio m (speciale), prerogativa f: **~e genießen**, godere di privilegi; **jdm ~e einräumen**, concedere dei privilegi a qu.

Sonderregelung, **Sonderreglung** f regolamento m speciale.

sonders adv → **samt**.

Sonderschule f "scuola f per bambini e giovani disabili o disadattati".

Sonderschüler m (**Sonderschülerin** f) alunno (-a) m (f) disabile e/o con difficoltà di apprendimento.

Sonderschullehrer m (**Sonderschullehrerin** f) insegnante mf ⌊di sostegno⌋/[d'appoggio].

Sondersendung f radio TV speciale m.

Sondersitzung f seduta f straordinaria.

Sonderstatus m status m speciale.

Sonderstellung <-, ohne pl> f {+PERSON} posizione f privilegiata; {+SACHE} posizione f particolare.

Sondertarif m tariffa f speciale.

Sondertreffen n → **Sondergipfel**.

Sonderurlaub m (periodo m di) aspettativa f; mil licenza f straordinaria.

Sonderwunsch m richiesta f particolare: **Sonderwünsche können wir leider nicht berücksichtigen**, purtroppo non possiamo tenere conto di eventuali richieste particolari.

Sonderzeichen n carattere m speciale; inform auch simbolo m.

Sonderzug m (außerplanmäßig) treno m straordinario; (aus besonderem Anlass) treno m speciale.

Sonderzulage f compenso m straordinario, gratifica f, premio m.

sondieren <ohne ge-> A tr **1** geh (erkunden) **etw ~** sondare qc, saggiare qc: **die öffentliche Meinung ~**, sondare l'opinione pubblica; **die Lage/das Terrain ~**, sondare/tastare/saggiare il terreno **2** med **etw ~** sondare qc B itr geh (vorfühlen) **(bei jdm) ~** sondare il terreno (con qu): **das Meinungsforschungsinstitut sondierte (bei der Wählerschaft), welche Erfolgsaussichten der Kandidat habe**, l'istituto demoscopico sondò le intenzioni/gli umori dell'elettorato per individuare le possibilità di successo del

candidato.
Sondierung <-, ohne pl> f sondaggio m.
Sondierungsgespräch n colloquio m esplorativo.
Sonett <-(e)s, -e> n lit sonetto m.
Song <-s, -s> m **1** (*Popsong*) canzone f **2** (*Sprechgesang mit sozialkritischem Inhalt*) song m.
Sonja f (*Vorname*) Sonia.
Sonnabend m *norddt* → **Samstag**.
Sonne <-, -n> f **1** sole m: **die ~ geht auf**, il sole ₍si alza/leva₎/[nasce]/[sorge]/[spunta]; **die ~** ₍**geht unter**₎/[**sinkt**], il sole tramonta/cala/scende/cade/muore *poet*; **die ~ versinkt im Meer**, il sole scompare nel mare; **bei aufgehender/untergehender ~**, al ₍levar/sorgere₎/[calar] del sole; **das Land der aufgehenden ~**, il Sol levante; **die ~ steht am Himmel**, il sole splende in cielo; **die ~ steht hoch/tief**, il sole è alto/basso (all'orizzonte); **die ~ steht** ₍**senkrecht am Himmel**₎/[**im Zenit**], il sole è a picco; **die ~ scheint/brennt/sticht**, il sole splende/scotta/[picchia/batte]; **schau doch mal, ob die ~ scheint!**, guarda un po' se c'è il sole!; **das Zimmer hat viel/wenig ~**, la stanza è molto/poco soleggiata; **mein Balkon hat den ganzen Tag ~**, il mio balcone è esposto al sole tutto il giorno; **in die ~ blicken/schauen**, guardare verso il sole; **die ~** ₍**blendet mich**₎/[**scheint mir in die Augen**], il sole mi abbaglia; **die ~ im Gesicht/Rücken haben**, avere il sole ₍in faccia₎/[alle spalle]; **sich in die ~ legen**, mettersi/sdraiarsi al sole; **in der ~ liegen**, stare (disteso (-a)/sdraiato (-a)) al sole, prendere il sole; **an der ~ schmelzen**, sciogliersi al sole; **jdm in der ~ stehen**, coprire il sole a qu, fare ombra qu; **gegen die ~ fotografieren**, fotografare controsole; **gegen die ~ spielen**, giocare con il sole contro; **keine ~ vertragen**, non sopportare/tollerare il sole **2** *astron* (*zentraler Stern eines Sonnensystems*) stella f, sole m ● **geh mir aus der ~!** (*geh mir aus dem ~nicht*), togliti dal sole!; (*mach, dass du wegkommst*), levati dai piedi!, sparisci!, vattene!; **heute lacht die ~**, oggi ₍c'è un bellissimo₎/[splende il] sole; **unter südlicher ~ leben**, vivere nei paesi del sole; **nichts Neues unter der ~**, niente di nuovo sotto il sole; **in der prallen ~**, in pieno sole; **unter der sengenden ~**, sotto il sole cocente; **die ~ bringt es an den Tag**, la verità viene a galla *prov*.

sonnen *rfl* **1** (*~baden*) **sich ~** prendere il sole, stare al sole **2** (*etw genießen*) **sich in etw** (dat) **~** crogiolarsi *in qc*, compiacersi *di qc*, godersi *qc*; **sich im Glück ~**, godersi la felicità; **sich im Erfolg/Ruhm ~**, crogiolarsi ₍nel successo₎/[nella fama]; **sich in jds Gunst ~**, godere del favore di qc.
Sonnenallergie f *med* allergia f al sole.
Sonnenanbeter m (**Sonnenbeterin** f) *scherz* amante mf del sole.
Sonnenaufgang m sorgere m/levare m/ levata f del sole: **bei/nach/vor ~**, al/[dopo il]/[prima del] levar del sole.
Sonnenbad n bagno m di sole: **ein ~ nehmen**, fare un bagno di sole.
sonnen|baden *itr* <*nur im inf und part perf*> fare un bagno di sole, prendere il sole.
Sonnenbahn f *astr* orbita f solare.
Sonnenbank f lettino m solare: **warst du auf der ~?**, hai fatto la lampada? *fam*.
Sonnenbatterie f *phys* batteria f solare.
sonnenbeheizt adj *tech* riscaldato a energia solare.
sonnenbeschienen adj soleggiato.
Sonnenblende f **1** *autom* aletta f parasole **2** *fot* paraluce m, parasole m.
Sonnenblocker m schermo m totale.
Sonnenblume f *bot* girasole m.
Sonnenblumenkern m seme m di girasole.
Sonnenblumenöl n olio m di semi di girasole.
Sonnenbrand m scottatura f (solare): **einen ~ bekommen, sich** (dat) **einen ~ holen**, scottarsi/bruciarsi al sole, prendersi una scottatura; **einen ~ haben**, essersi scottato/ bruciato al sole.
Sonnenbräune f abbronzatura f, tintarella f *fam*.
Sonnenbrille f occhiali m pl da sole.
Sonnencreme f crema f solare/abbronzante.
Sonnendach n tenda f da sole, parasole m.
Sonnendeck n *naut* ponte m scoperto, solarium m.
Sonneneinstrahlung f *meteo* insolazione f.
Sonnenenergie f energia f solare.
Sonnenfarm f *tech* centrale m a energia solare.
Sonnenfinsternis f eclissi f solare: **eine totale/partielle ~**, un'eclissi totale/parziale.
Sonnenfleck m *astr* macchia f solare.
sonnengebräunt adj {GESICHT, HAUT} abbronzato.
Sonnengel n gel m solare/abbronzante.
Sonnengenerator m *el phys* generatore m solare.
sonnengereift adj maturato al sole.
Sonnengott m *myth* dio m (del) Sole.
Sonnenheizung f → **Solarheizung**.
sonnenhungrig adj: **sie ist ~**, è una patita della tintarella *fam*.
Sonnenhungrige <dekl wie adj> mf *fam* amante mf/patito (-a) m (f) *fam* ₍del sole₎/ [della tintarella].
Sonnenhut m cappello m da sole.
Sonnenjahr n *astr* anno m solare.
sonnenklar adj *fam* chiaro come ₍il sole₎/ [la luce del sole], evidente: **jdm ~ sein**, essere chiarissimo a qu.
Sonnenkollektor m pannello m/collettore m solare.
Sonnenkönig <-s, ohne pl> m *hist*: **der ~** (*Ludwig XIV.*), il re Sole.
Sonnenkraftwerk n centrale f a energia solare.
Sonnenkrem, Sonnenkreme f → **Sonnencreme**.
Sonnenkult m culto m del sole, elioteismo m ● **einen ~ (be)treiben** *fam* (*den ganzen Tag in der Sonne liegen*), adorare il sole, avere una vera e propria adorazione per il sole.
Sonnenlicht n luce f solare/[del sole].
Sonnenmilch f latte m solare/abbronzante.
Sonnenöl n olio m solare/abbronzante.
Sonnenschein m luce f solare, sole m: **draußen ist herrlichster ~**, fuori c'è un bellissimo sole; ₍**bei strahlendem**₎/[**im strahlenden**] **~**, con un sole splendente ● (**alles**) **eitel ~ sein**, essere a posto; **es herrscht nicht nur eitel ~**, non è tutto rose e fiori.
Sonnenschirm m ombrellone m; (*kleiner ~*) ombrellino m, parasole m.
Sonnenschutz m **1** (*Schutz gegen die Sonne*) protezione f ₍contro il sole₎/[antisolare] **2** (*Sonnencreme*) → **Sonnenschutzmittel**.
Sonnenschutzfaktor m fattore m di protezione solare.
Sonnenschutzmittel n prodotto m ₍solare protettivo₎/[antisolare].
Sonnensegel n **1** (*Schutzdach*) tenda f da sole **2** *aero* pannello m solare.
Sonnenseite f **1** (*Südseite*) parte f ₍esposta al sole₎/[soleggiata], solatio m: **auf der ~, a solatio 2** (*positive Seite*) lato m bello/positivo ● **auf der ~ des Lebens stehen** (*Glück im Leben haben*), essere baciato dalla fortuna, avere fortuna nella vita.
Sonnenstand m posizione f del sole.
Sonnenstich <-s, ohne pl> m insolazione f, colpo m di sole *fam*: **einen ~ bekommen, sich** (dat) **einen ~ holen** *fam*, prendersi/ beccarsi *fam* un'insolazione/[un colpo di sole] ● **du hast wohl einen ~?** *fam* (*bist du nicht ganz bei Trost?*), il caldo ti ha dato alla testa? *fam*.
Sonnenstrahl m raggio m ₍di sole₎/[solare].
Sonnenstudio n centro m (di) abbronzatura, solarium m: **ins ~ gehen**, fare la lampada *fam*.
Sonnensystem n sistema m solare.
Sonnentag m **1** (*Tag voller Sonne*) giornata f di sole **2** *astr* giorno m solare.
Sonnenterrasse f solarium m.
Sonnenuhr f orologio m solare, meridiana f.
Sonnenuntergang m calar m del sole, tramonto m: **bei/nach/vor ~**, al/[dopo il]/ [prima del] tramonto.
Sonnenwende f solstizio m.
Sonnenwind m *astr* vento m solare.
Sonnenzelle f *phys* → **Solarzelle**.
sonnig adj **1** (*mit viel Sonne*) {ORT, PLATZ} soleggiato, pieno di sole, assolato; {TAG} di sole; {WETTER} bello: **sich auf eine ~e Bank setzen**, sedersi su una panchina al sole; **hier ist es mir zu ~**, per i miei gusti qui ₍batte troppo il₎/[c'è troppo] sole **2** (*heiter*) {MENSCH, GEMÜT, WESEN} solare ● **du bist ja ~!** *fam iron*, sei proprio un/una ingenuo (-a)!; **der ~e Süden**, i paesi caldi/[del sud].
Sonntag m domenica f: **am ~**, la domenica; **am ~ gehen sie in die Kirche**, la/di domenica vanno in chiesa; **jeden ~**, tutte le domeniche ● **Weißer ~** *relig*, domenica ₍in albis₎/[bianca]; → *auch* **Freitag**.
Sonntagabend (a.R. Sonntag abend) m domenica f sera: **am ~ gehen wir essen**, domenica sera andiamo a mangiare fuori; **eines ~s**, una sera di domenica, una domenica sera.
sonntäglich **A** adj <attr> {RUHE} domenicale; {AUSFLUG, MITTAGESSEN, SPAZIERGANG} *auch* della domenica **B** adv: **sich ~ anziehen**, vestirsi a festa, mettersi il vestito della domenica.
Sonntagmorgen (a.R. Sonntag morgen) m: (**am**) **~**, domenica mattina, la mattina(ta) di domenica; (*immer am ~*), la/di domenica mattina.
Sonntagnachmittag (a.R. Sonntag nachmittag) m domenica f pomeriggio.
sonntags adv domenica, di/la domenica, ogni domenica.
Sonntagsarbeit f lavoro m domenicale.
Sonntagsausflug m gita f/escursione f domenicale.
Sonntagsausflügler m (**Sonntagsausflüglerin** f) gitante mf ₍della domenica₎/[domenicale].
Sonntagsdienst m **1** (*an Sonntagen zu leistender Dienst*) {+APOTHEKE, ARZT, KRANKENSCHWESTER} turno m domenicale: **~ haben**

{APOTHEKE, ARZT, KRANKENSCHWESTER}, essere di servizio/turno la domenica 2 (*Arzt*) medico m di turno; (*Apotheke*) farmacia f di turno: **den ~ rufen**, chiamare la guardia medica.

Sonntagsfahrer m (**Sonntagsfahrerin** f) *fam pej* automobilista mf ˻della domenica⌟/[da strapazzo].

Sonntagskind n: **ein ~ sein**, essere nato con la camicia, essere un figlio della fortuna, essere nato di domenica.

Sonntagsmaler m (**Sonntagsmalerin** f) *iron* pittore (-trice) m (f) ˻della domenica⌟/[dilettante].

Sonntagsspaziergang m passeggiata f domenicale.

Sonntagsstaat <-s, ohne pl> m *scherz* vestito m della domenica/festa: **im ~ stecken**, essere vestito a festa.

Sonntagszeitung f giornale m della domenica.

Sonn- und Feiertage subst <nur pl> domenica f e giorni m pl festivi: **an Sonn- und Feiertagen geschlossen**, chiuso la domenica e i giorni festivi.

sonn- und feiertags adv la domenica e i giorni festivi.

sonn- und werktags adv la domenica e i giorni feriali.

Sonografie, **Sonographie** <-, -n> f *med* ecografia f, sonografia f.

sonor adj *geh* {STIMME} sonoro.

sonst adv 1 (*andernfalls*) altrimenti, se no, in caso contrario: **zieh dich warm an, ~ erkältest du dich!**, copriti bene, altrimenti/[se no] prendi un raffreddore! 2 (*darüber hinaus*) altro ~ **einer/jemand**, qualcun altro, qualcun'altra; **kommt ~ keiner/niemand?**, non viene nessun altro?; ~ **nichts**, nient'altro; ~ **nirgends**, da nessun'altra parte, in nessun altro luogo/posto; ~ **noch etwas**, qualcos'altro; ~ **was** *fam* (*irgendetwas anderes*) qualcos'altro, altro; **geh ins Kino oder mach ~ was, aber lass mich jetzt in Ruh'!**, vai al cinema o fai quello che vuoi/[ti pare], ma ora lasciami in pace!; ~ **was** *fam* (*etwas Besonderes*) chissà (che) cosa *fam*: **der bildet sich ~ was ein** (*der ist sehr eingebildet*), quello si crede chissà chi; (*der stellt sich etwas Besonderes vor*) quello s'immagina chissà cosa; ~ **was** *fam* (*etwas Unvorstellbares*) qualunque/qualsiasi cosa; **ich hätte ~ was dafür gegeben, nur um ...**, avrei fatto qualunque cosa pur di ...; **dem hätte ich am liebsten ~ was an den Kopf geschmissen!** *fam*, gliene avrei dette volentieri di tutti i colori!; *fam*; **da hätte ja ~ was passieren können!**, sarebbe potuto succedere di tutto!; ~ **wer** *fam* (*jemand Beliebiger*) qualcun altro, chiunque; **ob Sie das machen oder ~ wer, ist mir völlig egal**, se lo fa Lei o qualcun altro, per me è uguale; **da hätte sich ja ~ wer als Professor ausgeben können**, allora chiunque avrebbe potuto spacciarsi per professore; **das kannst du sonst wem auf die Nase binden** *fam*, vai a raccontarlo a qualcun altro; ~ **wer** *fam* (*jemand Besonderer*) chissà chi *fam*: **die glaubt, sie ist ~ wer**, quella crede di essere chissà chi, ma chi si crede di essere?; ~ **wie** *fam* (*anderswie*) in qualche/qualsiasi altro modo; **das kannst du so oder ~ wie machen**, puoi farlo così o come ti pare; ~ **wie** *fam* (*wer weiß wie*): **wenn er hinter dem Steuer sitzt, fühlt er sich ~ wie**, quando è al volante si sente chissà chi; **er meint, er kann uns damit ~ wie imponieren**, facendo così pensa di poter far colpo su di noi; ~ **wo** *fam* (*anderswo*) da qualche altra parte, in qualche altro posto, altrove; (*wer weiß wo*)

chissà dove *fam* 3 (*abgesehen davon*) per il resto, a parte questo: ~ **gibt es nichts zu berichten**, per il resto non c'è niente da raccontare; **das Wetter war nicht so toll, aber ~ war der Urlaub herrlich**, il tempo non è stato un granché ma a parte questo le vacanze sono state magnifiche; ~ **geht es ihnen einigermaßen gut**, per il resto stanno abbastanza bene 4 (*für gewöhnlich*) in genere, di solito, generalmente, solitamente: **mach schon, du bist doch ~ nicht so ängstlich**, dai, coraggio, di solito non sei così pauroso (-a); **in dem ~ so stillen Tal war plötzlich die Hölle los**, nella valle, solitamente così silenziosa, si era di colpo scatenato l'inferno; **anders als ~**, diverso dal solito; **wie ~ come al solito⌟/[sempre]** 5 (*anders*) altro; (*in Bezug auf Personen*) *auch* altri *geh*: **was könnte man ~ für ihn tun?**, (che) cos'altro si potrebbe fare per lui?; **wer könnte das ~ gewesen sein?**, chi altro/altri potrebbe essere stato? 6 (*früher*) un tempo, una volta: **abgesehen von ein paar neuen Häusern war alles wie ~**, a parte qualche casa nuova era rimasto tutto come ˻una volta⌟/[prima] ● ~ **geht's dir (aber) danke?** *fam* (*was fällt dir eigentlich ein?*), ma ci sei con la testa? *fam*; **wenn's ~ nichts ist**, se è tutto (qui), se non c'è (nient')altro; ~ **noch was?** *fam* (*beim Einkaufen*), (desidera) altro?; (*gibt es ~ noch was?*), c'è dell'altro?; (~ *noch Wünsche?*) *iron*, e poi, che altro (vuoi)? *iron*; **wann/was/wie/wo (denn) ~?**, e quando/cosa/come/dove allora?

sonsteiner a.R. *von* sonst einer → **sonst**.

sonstig adj <attr> 1 (*weiter*) altro 2 (*anderweitig*) ulteriore 3 (*gewöhnlich*) {BENEHMEN, VERHALTEN} abituale, solito ● **Sonstiges** *journ* (*Rubrik*), varie.

sonstjemand a.R. *von* sonst jemand → **sonst**.

sonstwas a.R. *von* sonst was → **sonst**.

sonstwer a.R. *von* sonst wer → **sonst**.

sonstwie a.R. *von* sonst wie → **sonst**.

sonstwo a.R. *von* sonst wo → **sonst**.

sooft konj ogni volta che, tutte le volte che, ogniqualvolta: ~ **sie ihn sieht, erzählt er ihr die gleichen Geschichten**, ogni volta che (lei) lo vede (lui) le racconta le stesse storie; ~ **ich auch darüber nachdenke, mir fällt nichts Besseres ein**, per quanto ci pensi spesso non mi viene in mente niente di meglio.

Sophia, **Sophie** f (*Vorname*) Sofia.

Sophist <-en, -en> m (**Sophistin** f) sofista mf.

Sophisterei <-, ohne pl> f *geh* sofistícheria f, cavillosità f, sofismi m pl.

sophistisch adj 1 *geh* (*haarspalterisch*) {ARGUMENTATION, TRICK} sofistico, cavilloso 2 *philos* sofistico.

Sopran <-s, -e> m 1 <nur sing> (*Stimme*) soprano m, voce f (di) soprano; (*Knabensopran*) *auch* voce f bianca: ~ **singen**, cantare da soprano 2 (*Partie*) (parte di) soprano m 3 (*Sängerin*) soprano m oder f.

Sopranflöte f *mus* flauto m soprano.

Sopranist <-en, -en> m (*Knabe mit Sopranstimme*) sopranista m.

Sopranistin f (*Sängerin mit Sopranstimme*) soprano m oder f.

Sopranschlüssel m *mus* chiave f di soprano.

Sopranstimme f *mus* voce f (di) soprano.

Sorbet <-s, -s> m oder n, **Sorbett** <-(e)s, -e> m oder n sorbetto m.

Sorbinsäure f *chem* acido m sorbico.

Sorge <-, -n> f 1 <meist pl> (*Kummer*) preoc-

cupazione f, pensiero m: **jdm ~n bereiten/machen**, dare ˻dei pensieri⌟/[delle preoccupazioni]/[dei grattacapi] a qu, far stare qu in pensiero/ansia, mettere qu in apprensione; **große/schwere ~n (wegen etw gen oder fam dat) haben**, avere ˻grandi/gravi preoccupazioni⌟/[grossi pensieri] (a causa di qc); **mit jdm ~n haben**, essere preoccupato/[in pensiero] per qu; **ohne/voller ~n sein**, essere senza/[pieno di] pensieri/preoccupazioni; **mit ~ an etw (akk) denken**, pensare con ansia/apprensione a qc; **sich (dat) um jdn/etw ~n machen**, preoccuparsi per qu/qc, darsi pensiero per qu/qc; **um jdn in ~ sein**, essere/stare in pensiero/ansia/apprensione per qu, essere preoccupato per qu 2 <nur sing> (*Fürsorge*) cura f, premura f: **die elterliche ~ für die Kinder**, le premure dei genitori per i figli; **für etw (akk) ~ tragen** *geh*, (pre)occuparsi di qc; **dafür ~ tragen, dass ... geh**, provvedere ˻a ... *inf*⌟/[affinché ... *konjv*], avere cura di ... *inf*; **ich werde dafür ~ tragen, dass Ihnen die Unterlagen rechtzeitig vorliegen**, ˻sarà mia premura⌟/[provvederò a] farLe avere i documenti in tempo ● **seine ~n im Alkohol ertränken**, affogare i propri problemi nell'alcol; **diese ~ bin/wäre ich los** *fam*, mi sono tolto (-a) un pensiero; **wenn das seine/ihre einzige ~ ist ...**, se tutti i suoi problemi sono questi ...; **das ist meine geringste ~**, è la mia ultima preoccupazione; **deine ~n möchte ich haben!** *fam iron*, li avessi io i tuoi problemi! *fam iron*; **keine ~ haben, dass ...**, non avere dubbi che ...; **du hast (vielleicht) ~n!** *fam iron*, questi sì che sono problemi! *fam iron*; **sonst hast du keine ~n?** *fam iron*, (è) tutto qui?; **keine ~!** *fam*, non ˻si preoccupi⌟/[preoccuparti]!, non c'è problema! *fam*; **lass das nur meine ~ sein!**, ci penso io!, lascia che ci pensi io!, lascia fare a me!; **lass das mal seine ~ sein!**, (lascia che) ˻ci pensi un po' lui⌟/[se la veda lui]!; **sich unnötige ~n machen**, preoccuparsi inutilmente.

sorgeberechtigt adj: ~ **sein**, avere l'affidamento di un figlio.

Sorgeberechtigte <dekl wie adj> mf persona f che ha l'affidamento di un figlio.

sorgen A *itr* 1 (*sich kümmern*) **für jdn/etw ~** avere/prendersi cura di qu/qc, provvedere a qu/qc, badare a qu/qc, pensare a qu/qc: **dafür ~, dass ...**, fare in modo che ... *konjv*, provvedere a ... *inf*; **ich werde dafür ~**, ci penserò io, provvederò io; **wer sorgt in meiner Abwesenheit für die Kinder?**, chi baderà/[ci pensa] ai bambini durante la mia assenza? 2 (*aufkommen*) **für jdn/etw ~** provvedere a qu/qc: **er muss für ˻seine geschiedene Frau⌟/[den Erhalt der Familie] ~**, (lui) deve provvedere ˻alla ex moglie⌟/[al mantenimento della famiglia] 3 (*be~*) **für etw** (akk) ~, provvedere a qc, occuparsi di qc: **wer sorgt für Speisen und Getränke?**, chi ci pensa al mangiare e al bere?; **dafür ist gesorgt**, si è provveduto 4 (*bewirken*) **für etw** (akk) ~, {FÜR AUFSEHEN, ÜBERRASCHUNG, WIRBEL} causare qc, provocare qc: **für Schlagzeilen ~**, finire in prima pagina B *rfl* (*sich Sorgen machen*) **sich (um jdn/etw)** ~ essere in pensiero/apprensione (per qu/qc), essere preoccupato (per qu/qc).

Sorgenfalte f ruga f sulla fronte (per le troppe preoccupazioni).

sorgenfrei adj senza pensieri/preoccupazioni, spensierato: **ein ~es Leben**, una vita spensierata; **eine ~e Zukunft**, un futuro/avvenire senza preoccupazioni.

Sorgenkind n bambino (-a) m (f) che dà molti pensieri: **er war immer schon ihr ~**, il bambino è stato per lei una continua fonte di preoccupazioni; **Aktion ~**, «in Germania iniziativa per aiutare i bambini disabili».

sorgenvoll A *adj* pieno di pensieri/preoccupazioni: **mit ~er Miene**, con aria preoccupata; **mit ~er Stirn**, con la fronte corrucciata B *adv* (molto) preoccupato.

Sorgepflicht <-, *ohne pl*> f *jur* obblighi m pl genitoriali.

Sorgerecht <-(e)s, *ohne pl*> n *jur* potestà f genitoriale; (*bei Trennung oder Scheidung*) affidamento m (dei minori): **gemeinsames ~**, affidamento congiunto; **jdm das ~ für jdn zusprechen**, affidare qu a qu, dare l'affidamento di qu a qu *fam*.

Sorgfalt <-, *ohne pl*> f cura f, accuratezza f, scrupolosità f: **etw mit ~ tun**, fare qc con cura; **~ auf etw (akk) verwenden**, porre cura in qc.

sorgfältig A *adj* {PERSON} scrupoloso; {ARBEIT, AUSWAHL, VORBEREITUNG} *auch* accurato B *adv* {ETW VORBEREITEN, ZUSAMMENLEGEN} accuratamente, con cura/accuratezza: **~ arbeiten**, lavorare accuratamente/[con scrupolo]; **mit etw (akk) ~ umgehen**, trattare qc con cura.

Sorgfaltspflicht f *jur* dovere m professionale/deontologico.

sorglos A *adj* 1 (*unbekümmert*) {MENSCH} spensierato 2 (*unachtsam*) {HANDHABUNG, UMGANG} leggero, irresponsabile B *adv* 1 (*unbekümmert*) spensieratamente: **~ in den Tag hineinleben**, vivere alla giornata 2 (*unachtsam*) {BEHANDELN, HANDHABEN, UMGEHEN} con noncuranza/leggerezza.

Sorglosigkeit <-, *ohne pl*> f 1 (*Unbekümmertheit*) spensieratezza f 2 (*Unachtsamkeit*) noncuranza f, leggerezza f.

sorgsam *geh* A *adj* {BEHANDLUNG, PFLEGE} premuroso B *adv* con cura; (*liebevoll*) premurosamente.

Sorrent <-s, *ohne pl*> n *geog* Sorrento f.

Sorte <-, *-n*> f 1 (*Art*) qualità f, specie f; *com auch* marca f: **verschiedene ~n von Äpfeln**, diverse qualità di mele; **wir führen alle ~n Kaffee**, abbiamo caffè di tutte le qualità/ marche 2 *bot* varietà f 3 *fam meist pej* (*Menschenschlag*) razza f, specie f, sorta f: **(nicht) zu der ~ gehören, die ...**, (non) essere di quelli che ...; **(von) der schlimmsten/ übelsten ~**, della peggior specie, della più bell'acqua *iron* 4 <*nur pl*> (*Devisen*) valute f pl.

Sortenkurs m *bank* → **Devisenkurs**.

Sorter <-s, -> m → **Sortiermaschine**.

sortieren <*ohne ge*-> tr 1 (*ordnen*) **etw** (*nach etw* dat) ~ assortire/ordinare qc (*secondo qc*); {BRIEFMARKEN, PAPIERE, UNTERLAGEN} classificare qc (*secondo qc*): **Briefe ~**, smistare le lettere; **seine Gedanken ~** *fam*, riordinare le idee, fare mente locale 2 (*einordnen*) **etw in etw** (akk) ~ ordinare qc in qc, disporre qc in qc 3 *inform* **etw** ~ ordinare qc.

Sortierlauf <-(e)s, *Sortierläufe*> m *inform* passata f/elaborazione f di ordinamento.

Sortiermaschine f selezionatrice f.

Sortierschlüssel m *inform* chiave f di ordinamento.

sortiert *adj* 1 (*ein Sortiment habend*) assortito: **eine gut ~e Buchhandlung**, una libreria con un buon assortimento 2 (*erlesen*) {WEINE, ZIGARREN} scelto, selezionato.

Sortiment <-(e)s, *-e*> n 1 *com* assortimento m: **ein breites/reiches ~ an/von etw** (dat), un vasto/ricco assortimento di qc; **etw im ~ haben**, avere qc in assortimento 2 (*~sbuchhandel*) commercio m librario.

SOS <-, -> n SOS m: **SOS funken**, lanciare l'SOS.

sosehr *konj* per quanto ... *konjv*: **~ sie es auch wünscht, sie wird ihn nie ändern können**, per quanto (lei) lo desideri non riuscirà mai a farlo cambiare.

SOS-Kinderdorf n villaggio m SOS (per accogliere bambini abbandonati o orfani).

soso A *adv fam* (*so lala*) così così B *interj* (*sieh mal einer an!*) to'!, ma guarda (un po')!

SOS-Ruf m SOS m, mayday m.

Soße <-, *-n*> f 1 *gastr* salsa f; (*Bratensoße*) sugo m; (*Spaghettisoße*) sugo m, salsa f 2 *fam pej* (*Brühe*) broda f, brodaglia f.

Soßenlöffel m cucchiaio m da salsa.

Soßenschüssel f salsiera f.

sott 3. pers sing imperf *von* sieden.

Soufflé, Soufflee <-s, *-s*> n *gastr* soufflé m.

Souffleur <-s, *-e*> m (**Souffleuse** <-, *-n*> f) *theat* suggeritore (-trice) m (f).

Souffleurkasten m buca f del suggeritore.

Souffleuse f → **Souffleur**.

soufflieren <*ohne ge*-> A *tr geh* (*zuflüstern*) **jdm etw** ~ suggerire qc a qu B *itr theat* (**jdm**) ~ suggerire (a qu), fare il suggeritore (*a qu*).

Sound <-s, *-s*> m *mus* sound m: **ein harter/ weicher ~**, un sound duro/morbido.

Soundkarte f *inform* scheda f audio.

soundso A *adv* (*nachgestellt*) tal dei tali: **der Paragraph ~**, l'articolo tal dei tali/ [xy]; **auf Seite ~**, alla tal pagina B *adv fam*: **~ breit/lang/tief**, largo/lungo/profondo tanto; **das hat ~ viel gekostet**, è costato tot; **ich habe ihm das schon ~ oft gesagt**, gliel'ho già detto tante di quelle/[non so quante] volte; **er hat uns ~ lange nicht mehr besucht**, non viene più a trovarci da non so quanto tempo ● **ein Herr/eine Frau Soundso**, un signore/una signora tal dei tali, un/una tale *fam*.

soundsovielter, soundsovielte, soundsovieltes zahladj 1 (*gewisse*) tal e tal: **am soundsovielten Dezember**, il tal e tal giorno/[giorno x] di dicembre 2 (*x-te*) ennesimo (-a): **beim soundsovielten Versuch**, all'ennesimo tentativo; **sie ist die soundsovielte Kundin, die sich beschwert**, è l'ennesima cliente che reclama.

Soundtrack <-s, *-s*> m colonna f sonora, soundtrack m.

Soutane <-, *-n*> f *relig* sottana f.

Souterrain <-s, *-s*> n seminterrato m: **im ~ wohnen**, abitare nel seminterrato.

Souterrainwohnung f (abitazione f/ appartamento m nel) seminterrato m.

Souvenir <-s, *-s*> n souvenir m, ricordo m: **ein ~ aus dem Urlaub mitbringen**, riportare un souvenir/ricordo dalle vacanze.

Souvenirladen m negozio m di souvenir.

souverän A *adj* 1 *pol* {STAAT} sovrano; *hist* {HERRSCHER} assoluto 2 (*überlegen*) sicuro di sé; {HALTUNG, MENSCH} disinvolto; {LÄCHELN} che mostra sicurezza B *adv* 1 (*uneingeschränkt*) {HERRSCHEN, REGIEREN} da sovrano 2 (*überlegen*) {BEHERRSCHEN, HANDHABEN, MEISTERN} alla perfezione, con maestria: **~ lächeln**, sorridere sicuro (-a) di sé.

Souverän <-s, *-e*> m 1 *hist* sovrano m 2 *CH* corpo m elettorale, elettorato m.

Souveränität <-, *ohne pl*> f 1 *pol* sovranità f 2 (*Überlegenheit*) sicurezza f (di sé): **eine Situation mit ~ meistern**, gestire una situazione con disinvoltura.

soviel A *adv a.R. von* so viel → **so** B *konj*

per quanto ... *konjv*: **~ er auch liest, er wird nie ein Intellektueller**, per quanto legga non diventerà mai un intellettuale; **~ ich weiß, hat er gekündigt**, per quanto ne so/ sappia (io) ha dato le dimissioni; **~ ich gehört habe**, a quanto sento.

soweit A *adv a.R. von* so weit → **so** B *konj* per quanto: **~ ich weiß**, per quanto ne so/ sappia; **~ ich mich erinnere**, se ben ricordo/[ricordo bene]; **~ es uns betrifft**, per quanto ci riguarda.

sowenig A *adv a.R. von* so wenig → **so** B *konj*: **~ ... auch**, per poco che ... *konjv*: **~ sie auch verdient, ...**, per quanto poco guadagni ..., malgrado guadagni poco ...

sowie *konj* 1 *form* (*und auch*) nonché, e anche, come anche/pure: **ich habe einen Rock und eine Bluse ~ einen Gürtel gekauft**, ho comprato una gonna e una camicia nonché/[e anche] una cintura 2 *fam* (*sobald*) (non) appena.

sowieso *adv* comunque, in ogni caso: **ich gehe ~ hin**, ci vado comunque/[in ogni caso]; **du brauchst ihn gar nicht zu fragen, er hat ~ nie Zeit**, è inutile chiederglielo, tanto non ha mai tempo ● **das ~!** *fam*, (questo) s'intende!; **Herr/Frau Sowieso**, il signor/la signora tal dei tali.

Sowjet <-s, *-s*> m *hist* soviet m: **die ~s**, i sovietici ● **der Oberste ~** *pol hist*, il Soviet supremo.

Sowjetbürger m (**Sowjetbürgerin** f) *hist* (cittadino (-a) m (f)) sovietico (-a) m (f).

sowjetisch *adj hist* sovietico.

Sowjetrepublik f *hist*: **die ~en**, le Repubbliche sovietiche.

Sowjetrusse m (**Sowjetrussin** f) *hist* russo (-a) m (f) sovietico (-a).

Sowjetstern m *hist* stella f rossa.

Sowjetunion <-, *ohne pl*> f *hist*: **die ~**, l'Unione Sovietica.

sowohl *konj*: **~ ... als auch ...**, tanto ... quanto ..., sia ... sia/che: **sie kann ~ Italienisch als auch Spanisch**, (lei) parla tanto l'italiano quanto lo spagnolo/[sia l'italiano sia/che lo spagnolo]; **~ er als auch sie laufen Ski**, tanto lui quanto lei/[sia lui che lei] sciano.

Sozi <-s, *-s*> m *fam pej* socialdemocratico m.

Sozia <-, *-s*> f 1 *ökon* socia f 2 *oft scherz* → **Soziusfahrer**.

sozial A *adj* sociale: **~e Einrichtungen/ Leistungen**, istituzioni/enti/servizi/[prestazioni] sociali; **~e Frage**, questione sociale; **~e Marktwirtschaft**, economia di mercato sociale; **die ~en Verhältnisse**, le condizioni sociali; **~er Wandel**, mutamento m sociale; **~er Wohnungsbau**, edilizia popolare; **einen ~en Beruf ausüben**, lavorare nel sociale; **eine ~e Ader haben** *fam*, essere sensibile ai problemi sociali B *adv* socialmente: **~ aufsteigen**, salire nella scala sociale; **~ denken/[eingestellt sein]**, avere il senso del sociale; **~ engagiert sein**, essere impegnato nel sociale/[socialmente]; **~ handeln**, agire nell'interesse sociale.

Sozialabbau m *pol* smantellamento m dello stato sociale, tagli m pl al sistema previdenziale/[welfare].

Sozialabgaben subst <*nur pl*> contributi m pl previdenziali, oneri m pl sociali.

Sozialamt n ufficio m servizi sociali.

Sozialarbeit f assistenza f sociale.

Sozialarbeiter m (**Sozialarbeiterin** f) assistente mf/operatore (-trice) m (f) sociale.

Sozialausgaben subst <*nur pl*> spese f pl sociali.

Sozialausschuss (a.R. Sozialausschuß) m *parl* commissione f affari sociali.
Sozialbeiträge subst <nur pl> → **Sozialabgaben**.
Sozialberuf m lavoro m nel (settore) sociale.
Sozialdemokrat m (**Sozialdemokratin** f) socialdemocratico (-a) m (f).
Sozialdemokratie f socialdemocrazia f.
Sozialdemokratin f → **Sozialdemokrat**.
sozialdemokratisch adj socialdemocratico: **die Sozialdemokratische Partei Deutschlands**, il partito socialdemocratico tedesco.
Sozialeinkommen n reddito m da sussidio statale, minimo m vitale (garantito dallo stato).
Sozialfall m: **ein ~ sein**, essere un caso sociale.
Sozialgeschichte f storia f sociale.
Sozialgesetzgebung f *pol* legislazione f sociale.
Sozialhilfe f 1 (*staatliche Hilfe für arme Menschen*) assistenza f sociale 2 (*monatliche Zahlung*) sussidio m sociale (che lo stato tedesco garantisce ai cittadini più indigenti).
Sozialhilfeempfänger m (**Sozialhilfeempfängerin** f) beneficiario (-a) m (f) di sussidio sociale.
Sozialisation <-, ohne pl> f *psych soziol* socializzazione f: **frühkindliche ~**, socializzazione primaria.
sozialisieren <ohne ge-> tr 1 *ökon pol* (*verstaatlichen*) **etw ~** socializzare qc 2 *psych soziol* **jdn ~** socializzare qu.
Sozialisierung <-, ohne pl> f *bes. ökon pol* socializzazione f.
Sozialismus <-, ohne pl> m socialismo m.
Sozialist <-en, -en> m (**Sozialistin** f) socialista mf.
sozialistisch adj 1 (*marxistisch*) {LAND, PARTEI, REGIERUNG} socialista; {TENDENZEN} *auch* socialistico 2 A (*sozialdemokratisch*) socialdemocratico ● **die ~e Internationale**, l'Internazionale socialista.
Sozialkompetenz f competenza f sociale.
Sozialkritik f critica f sociale.
sozialkritisch adj {ANALYSE, BEITRAG, ROMAN} di critica sociale.
Sozialkunde f *D* educazione f civica.
Soziallasten subst <nur pl> oneri m pl sociali.
Sozialleistungen subst <nur pl> prestazioni f pl sociali.
sozialliberal adj liberalsocialista: **~e Koalition**, coalizione f social-liberale/[tra socialdemocratici e liberali].
Soziallohn m paga f sociale.
Sozialökonomie f economia f sociale.
Sozialordnung f ordine m sociale.
Sozialpädagoge m (**Sozialpädagogin** f) educatore (-trice) m (f) sociale/extrascolastico (-a).
Sozialpädagogik <-, ohne pl> f pedagogia f sociale.
Sozialpädagogin f → **Sozialpädagoge**.
Sozialpartner m <meist pl> *pol* parte f sociale.
Sozialplan m *jur* (*im Arbeitsrecht*) patto m di solidarietà (che prevede l'uso di ammortizzatori sociali in caso di ristrutturazioni aziendali).
Sozialpolitik f politica f sociale.

sozialpolitisch adj sociopolitico; {MAßNAHME} di politica sociale.
Sozialprestige n prestigio m sociale.
Sozialprodukt n *ökon* prodotto m nazionale.
Sozialreform f riforma f sociale.
Sozialstaat m stato m sociale, welfare m.
Sozialstation f centro m di assistenza sociale.
Sozialstruktur f struttura f sociale.
Sozialverhalten n comportamento f sociale.
Sozialversicherung f previdenza f/assicurazione f sociale.
Sozialversicherungsausweis m "tessera con nome, cognome e codice fiscale del lavoratore".
Sozialversicherungsbeitrag m <meist pl> → **Sozialabgaben**.
Sozialversicherungsnummer f numero m di previdenza sociale.
Sozialversicherungsträger m ente m previdenziale; (*staatlicher ~ in Italien*) ≈ INPS f.
sozialverträglich adj {MAßNAHME} socialmente sostenibile.
Sozialwissenschaften subst <nur pl> scienze f pl sociali.
Sozialwissenschaftler m (**Sozialwissenschaftlerin** f) studioso (-a) m (f) di scienze sociali.
Sozialwohnung f casa f/alloggio m popolare.
Sozialzulage f ≈ assegni m pl familiari.
Sozietät f (*Gesellschaft*) società f; (*Zusammenschluss von Freiberuflern*) studio m associato.
Sozii pl *von* Sozius.
Soziogramm n sociogramma m.
soziokulturell adj socioculturale.
Soziolekt <-(e)s, -e> m *ling* socioletto m.
Soziolinguistik f sociolinguistica f.
Soziologe <-n, -n> m (**Soziologin** f) sociologo (-a) m (f).
Soziologie <-, ohne pl> f sociologia f.
Soziologin f → **Soziologe**.
soziologisch adj sociologico.
sozioökonomisch adj socioeconomico.
Sozius <-, -se *oder* Sozii> m 1 <pl *meist* Sozii> *ökon* (*Kompagnon*) socio m 2 <pl -se> → **Soziussitz** 3 <pl -se> → **Soziusfahrer**.
Soziusfahrer m (**Soziusfahrerin** f) passeggero (-a) m (f) sul sellino posteriore (di una moto).
Soziussitz m sellino m posteriore (di una moto).
sozusagen adv per così dire.
Spacelab <-s, -s> n *aero* spacelab m, laboratorio m spaziale orbitante.
Spaceshuttle <-s, -s> m *aero* navetta f spaziale, space shuttle m.
Spachtel <-s, -> m 1 (*Werkzeug*) spatola f 2 <nur sing> (*~masse*) stucco m.
spachteln A tr 1 (*füllen*) **etw ~** {MAUERFUGEN, RITZE} stuccare qc 2 (*auftragen*) **etw** (*irgendwohin*) **~** stendere/spargere qc con la spatola (+ *compl di luogo*) B itr fam (*kräftig essen*) abbuffarsi *fam*, farsi una bella scorpacciata *slang*.
Spagat① <-(e)s, -e> m *oder* n 1 *sport* spaccata f: (**einen**) **~ machen**, fare una spaccata; **in den ~ gehen**, andare in spaccata 2 (*schwierige Vereinbarkeit*) difficile conciliazione f/equilibrio m: **sie versucht, den ~ zwischen Familie und Beruf zu bewältigen**, (lei) tenta la difficile conciliazione tra

gli impegni familiari e professionali.
Spagat② <-(e)s, -e> m *süddt A* spago m.
Spagetti subst <nur pl> → **Spaghetti**.
Spagettifresser m (**Spagettifresserin** f) → **Spaghettifresser**.
Spagettiträger m → **Spaghettiträger**.
Spaghetti subst <nur pl> spaghetti m pl.
Spaghettifresser m (**Spaghettifresserin** f) *pej* (italiano (-a) m (f)) mangiaspaghetti mf.
Spaghettiträger m spallina f, bretellina f.
spähen itr 1 (*suchend blicken*) **aus etw** (dat) **~** {AUS DEM FENSTER} spiare *da qc*; **durch etw** (akk) **~** {DURCH EINEN TÜRSPALT} spiare *da qc*: **durch die Gardine/das Schlüsselloch ~**, spiare ⌊da dietro la tenda⌋/[dal buco della serratura]; **über den Zaun ~**, spiare da dietro il recinto 2 (*Ausschau halten*) **nach jdm/etw ~** cercare *qu/qc* con gli occhi 3 *mil* (*auskundschaften*) esplorare, andare in ricognizione.
Späher <-s, -> m (**Späherin** f) *mil* esploratore (-trice) m (f).
Spähtrupp m *mil* pattuglia f di ricognizione.
Spalier① <-s, -e> n (*Lattengerüst*) spalliera f: **Rosen am ~ ziehen**, cultivare rose sulla spalliera.
Spalier② <-s, -e> n (*Ehrengasse*) ala f: **ein ~ bilden**, **~ stehen**, fare ala; **durch ein ~ gehen**, passare tra due ali di qu/qc; **jdm ~ stehen**, fare ala ⌊al passaggio di⌋/[a] qu.
Spalierbaum m albero m a spalliera.
Spalierobst n frutti m pl da albero a spalliera.
Spalt <-(e)s, -e> m (*Schlitz*) fessura f, fenditura f; (*Mauerspalt*) crepa f; (*Felsspalt, Gletscherspalt*) crepaccio m; (*Fensterspalt, Türspalt*) spiraglio m: **die Tür einen ~** (**breit/weit**) **öffnen**, aprire appena la porta ● **~ breit** → **Spaltbreit**.
spaltbar adj *nukl* fissile, fissionabile.
spaltbreit adj: **eine ~e Öffnung**, un'apertura minima.
Spaltbreit m: **etw einen ~ öffnen**, aprire appena qc; **etw einen ~ offen lassen**, lasciare qc ⌊socchiuso (-a)⌋/[appena aperto (-a)].
Spalte <-, -n> f 1 (*Felsspalte, Mauerspalte*) crepa f; (*Gletscherspalte*) crepaccio m 2 *typ* colonna f: **etw in ~n setzen**, comporre qc in colonne.
spalten <part perf *gespaltet oder* gespalten> A tr 1 (*zerteilen*) **etw** (**mit etw** dat) **~** {HOLZ, STEINE} fendere qc (con qc), spaccare qc (con qc): **jdm den Schädel ~**, fendere il capo a qu 2 (*uneinig machen*) **etw** (**in etw** akk) **~** spaccare qc (in qc), scindere qc (in qc), dividere qc (in qc): **eine Partei ~**, scindere/spaccare un partito 3 *nukl* **etw ~** fissionare qc 4 *chem* **etw ~**, scindere qc B rfl 1 (*zerteilen*) **sich ~** spaccarsi, fendersi; {FINGERNÄGEL} spaccarsi; {HAARE} avere le doppie punte 2 (*uneinig werden*) **sich** (**in etw** akk) **~** spaccarsi (in qc), scindersi (in qc), dividersi (in qc).
Spaltenbreite f *typ* giustezza f.
Spaltmaterial n *nukl* materiale m fissile/fissionabile.
Spaltprodukt n *nukl* prodotto m di scissione/fissione.
Spaltung <-, -en> f 1 (*Zerteilung*) fenditura f, spaccatura f 2 (*Aufteilung in Fraktionen*) spaccatura f, divisione f, scissione f; (*Glaubensspaltung*) scisma m 3 *nukl* scissione f, fissione f 4 *chem* scissione f 5 *med psych* {+BEWUSSTSEIN} dissociazione f (mentale);

{+Persönlichkeit} scissione f, sdoppiamento m.

Spamfilter m *inform* filtro m antispam.

Spammail, **Spam-Mail** f *inform* spam m.

spammen itr *inform* mandare/inviare spam, spammare *slang*.

Spammer <-s, -> m (**Spammerin** f) *inform* spammer mf.

Span <-(e)s, Späne> m truciolo m ● **arbeiten, dass die Späne (nur so) fliegen**, lavorare di gran lena; **wo gehobelt wird, da fallen Späne** *prov*, non si fa la frittata senza rompere le uova *prov*.

Spanferkel n maialino m ⌊da/di latte⌋/[lattone].

Spange <-, -n> f 1 (*Schnalle*) fermaglio m; (*Haarspange*) *auch* fermacapelli m; (*Gürtelspange*, *Schuhspange*) fibbia f 2 (*Lederriemen am Schuh*) cinturino m 3 (*Armspange*) braccialetto m, bracciale m 4 (*Zahnspange*) apparecchio m (ortodontico), macchinetta f *fam*.

Spaniel <-s, -s> m *zoo* spaniel m.

Spanien <-s, *ohne pl*> n *geog* Spagna f.

Spanier <-s, -> m (**Spanierin** f) spagnolo (-a) m (f) ● **stolz wie ein ~ sein**, avere la fierezza di un hidalgo *lit*.

spanisch A adj spagnolo B adv (in) spagnolo ● **jdm ~ vorkommen** *fam*, parere/sembrare strano a qu.

Spanisch <-(s), *ohne pl*> n, **Spanische** <dekl wie adj> n spagnolo m, lingua f spagnola: **Spanisch können/lernen**, sapere/studiare lo spagnolo; **(kein) Spanisch verstehen**, (non) capire lo spagnolo; **etw ⌊ins Spanische⌋/[aus dem Spanischen] übersetzen**, tradurre qc in/dallo spagnolo; → *auch* **Deutsch**, **Deutsche**②.

spann 1. *und* 3. *pers sing imperf von* spinnen.

Spann <-(e)s, -e> m collo m/dorso m del piede.

Spannbeton m *bau* calcestruzzo m precompresso.

Spannbetttuch n lenzuolo m con angoli (elasticizzati).

Spanne <-, -n> f 1 (*Zeitspanne*) intervallo m, lasso m di tempo 2 *com* (*Gewinnspanne*, *Handelsspanne*) margine m; (*Preisspanne*) fascia f.

spannen A tr 1 (*straffen*) **etw ~** {Bogen, Saite, Seil, Wäscheleine} tendere qc; {Zügel} tirare qc 2 (*darüber ziehen*) **etw über etw** (akk) **~** {Plane} stendere qc sopra qc 3 (*an~*) **etw ~** {Muskel} contrarre qc, tendere qc 4 (*festklemmen*) **etw ⌊in/zwischen etw⌋** (akk) **~** {Werkstück in den Schraubstock} stringere qc in/tra qc, serrare qc in/tra qc; {Papierbogen in die Schreibmaschine, Film in die Kamera} mettere qc *in* qc: **etw in einen Rahmen ~**, intelaiare qc 5 (*auf~*) **etw auf etw** (akk) **~** {Leinwand auf den Rahmen} fissare qc su qc: **Saiten auf ein Instrument ~**, incordare uno strumento 6 (*an~*, *schirren*) **etw an/vor etw** (akk) **~** {Zugtier an den Pflug, vor den Wagen} attaccare qc a qc 7 (*zum Auslösen bereitmachen*): **den Abzug/Hahn (einer Schusswaffe) ~**, alzare il cane (di un'arma da fuoco) 8 (*übertreiben*): **den Bogen zu straff ~**, tirare troppo la corda; **seine Erwartungen zu hoch ~**, nutrire delle aspettative esagerate; **seine Hoffnungen zu hoch ~**, nutrire delle speranze eccessive 9 *fam region* (*merken*) **etw ~** notare qc, accorgersi di qc: **du spannst aber auch alles!**, noti proprio tutto! B *rfl* 1 (*sich straffen*) **sich ~** tendersi 2 *geh* (*sich wölben*) **sich über etw** (akk) **~** {Aquädukt, Brücke, Regenbogen} inarcarsi su/sopra qc 3 *geh* (*sich fest schließen*) **sich um etw** (akk) **~**

{Faust, Hand um den Stock} stringere qc C itr 1 (*zu eng sitzen*) (*irgendwo*) **~** stringere/[essere stretto] (+ *compl di luogo*): **das Hemd spannt an den Schultern**, la camicia stringe/tira sulle spalle; **der Hosenbund spannt**, i pantaloni stringono troppo in vita 2 (*zu straff sein*) (*irgendwo*) **~** {jds Haut} tirare a qu (+ *compl di luogo*).

spannend A adj 1 (*fesselnd*) {Film, Roman} avvincente, appassionante: **ein ~er Krimi**, un giallo ⌊pieno di suspense⌋/[avvincente] 2 (*erregend*) {Ereignis, Moment} emozionante: **ein ~es Spiel**, una partita emozionante/appassionante B adv {Erzählen, Schreiben} in modo avvincente/appassionante ● **etw ~ machen** *fam*, farla lunga *fam*, menare il can per l'aia; **mach's nicht so ~!** *fam*, non farla tanto lunga! *fam*.

Spanner① <-s, -> m 1 (*für Tennisschläger*) pressa f 2 (*Schuhspanner*) tendiscarpe m.

Spanner② <-s, -> m *zoo* falena f.

Spanner③ <-s, -> m (**Spannerin** f) *fam* (*Voyeur*) guardone (-a) m (f) *fam*, voyeur m.

Spannkraft f, *ohne pl* f 1 *tech* forza f di tensione; (*von Springfeder*) elasticità f 2 (*Muskelspannkraft*) tonicità f, elasticità f 3 (*Energie*) energia f, vigore m.

Spannlaken n → **Spannbetttuch**.

Spannung① <-, -en> f 1 *mech* (*Gespanntsein*) tensione f 2 *phys* {+Bogen, Brücke, Gewölbe} tensione f 3 *el* tensione f, voltaggio m: **eine ~ von 220 Volt**, un voltaggio pari a 220, una tensione di 220 volt; **unter ~ stehen**, essere sotto tensione.

Spannung② <-, -en> f 1 <*nur sing*> (*gespannte Erwartung*) tensione f, attesa f impaziente: **die ~ im Saal wuchs/[wurde unerträglich]**, la tensione in sala aumentò/[divenne insopportabile]; **unter den Zuschauern herrschte atemlose ~**, la tensione teneva gli spettatori col fiato sospeso; **jdn in ~ halten**, tenere qu ⌊in sospeso⌋/[col fiato sospeso]/[sulla corda]/[sulle spine]; **jdn/etw mit/voller ~ erwarten**, attendere qu/qc con impazienza, essere in ansiosa attesa di qu/qc; **jdn ⌊durch etw akk⌋/[mit etw dat] in ~versetzen**, far stare sulle spine qu (con qc); **sie las den Brief mit wachsender ~**, lesse la lettera con ansia crescente; **sie verfolgten das Spiel mit größter ~**, seguirono la partita col fiato sospeso; (*innere Erregung*) tensione f: **ein Zustand innerer ~**, uno stato di tensione (interiore) 2 <*nur sing*> (*Dramatik*) {+Film, Roman, Theaterstück} suspense f, tensione f: **ein Film voller ~**, un film pieno di suspense; **der zweite Akt zeichnete sich durch dramatische ~ aus**, il secondo atto si distinse per l'alta tensione drammatica 3 <*meist pl*> (*Unstimmigkeit*) tensione f: **politische/soziale/wirtschaftliche ~en**, tensioni politiche/sociali/economiche; **mit jdm in ~(en) leben**, avere rapporti tesi con qu.

Spannungsabfall m *el* caduta f di tensione.

Spannungsausgleich m *el* stabilizzazione f della tensione.

Spannungsfeld n: **im ~ gegensätzlicher Interessen liegen**, essere al centro di interessi contrapposti.

Spannungsgebiet n *pol* area f/zona f di tensioni, area f/zona f calda.

Spannungsgefälle n *el* → **Spannungsabfall**.

spannungsgeladen adj {Atmosphäre, Verhältnis} carico di tensioni, teso; {Film, Szene} appassionante, avvincente, ricco/carico di suspense.

Spannungsherd m *pol* focolaio m di tensioni/conflitti, area f/zona f calda.

Spannungsmesser <-s, -> m *el* voltmetro m.

Spannungsmoment n elemento m suspense.

Spannungsprüfer m *el* cercapoli m.

Spannungsregler m *el* stabilizzatore m di tensione.

Spannungsverhältnis n conflitto m: **Terrorismusbekämpfung im ~ zwischen Sicherheit und Bürgerrechten**, la lotta al terrorismo tra sicurezza e diritti civili.

Spannweite f 1 {+Flügel} apertura f alare 2 *bau* luce f, campata f.

Spanplatte f (pannello m) truciolare m, (pannello m di) truciolato m, masonite® f.

Sparbrief m *bank* certificato m di deposito.

Sparbuch n *bank* libretto m di risparmio: **ein ~ anlegen**, aprire un libretto di risparmio; **500 Euro vom ~ abheben**, ritirare 500 euro dal libretto di risparmio.

Sparbüchse f, **Spardose** f salvadanaio m.

Spareinlage f *bank* deposito m a risparmio.

sparen A tr 1 *ökon* **etw** (*für etw* akk) **~** {Geld, 10 000 Euro} risparmiare qc (*per qc*) 2 (*ein~*) **etw ~** {Energie, Kraft, Strom, Wasser} risparmiare qc, economizzare qc: **Zeit ~**, risparmiare/guadagnare tempo; **diese Maßnahmen helfen Kosten ~**, queste misure fanno risparmiare sulle spese 3 (*er~*) **jdm etw ~** {Arbeit, Ärger, Mühe} risparmiare qc a qu B itr 1 *ökon* (**auf/für etw** akk) **~** risparmiare (*per fare qc*): **auf/für einen Computer ~**, ⌊risparmiare per comprare⌋/[mettere da parte i soldi per l'acquisto di] un nuovo computer 2 (*sparsam sein*) (**an/mit etw** dat) **~** risparmiare (*su qc*), economizzare (*su qc*), fare economia (*di qc*): **nicht ~ können**, non saper risparmiare/[fare economia]; **~ müssen**, dover fare economia; **am Essen ~**, risparmiare sul mangiare; **am falschen Ende/Ort ~**, risparmiare dove non occorre; **bei dem Fest wurde an nichts gespart**, alla festa non hanno badato a spese 3 (*geizen*) **mit etw** (dat) **~** essere avaro/parco *di qc*, lesinare *su qc*: **mit Lob ~**, essere parco di lodi C *rfl* 1 (*sich er~*) **sich** (dat) **etw ~** risparmiarsi qc: **~ Sie sich die Mühe zu ...**, si risparmi la fatica di ... 2 (*sich enthalten*) **sich** (dat) **etw ~** risparmiarsi qc, tenere qc per sé: **deine unnützen Ratschläge kannst du dir ~!**, i tuoi consigli inutili ⌊puoi risparmiarteli⌋/[li puoi tenere per te]!

Sparer <-s, -> m (**Sparerin** f) risparmiatore (-trice) m (f).

Sparerfreibetrag m *bank* quota f (di risparmio) esente da ritenute fiscali.

Sparerin f → **Sparer**.

Sparflamme f 1 (*kleine Flamme beim Gasherd*) fiamma f bassa/[al minimo] 2 (*Kontrollflamme am Gasboiler*) fiamma f pilota ● **etw auf ~ halten** *fam* {Kontakt, Verhältnis}, limitare qc al minimo indispensabile; **auf ~ kochen** *fam* (*sich nicht anstrengen*), prendersela con calma, prenderla comoda *fam*; **auf ~ laufen** *fam*, essere ridotto al minimo; **auf ~ schalten** *fam*, (cominciare a) tirare la cinghia.

Spargel <-s, -> m *bot* asparago m: **ein Bund ~**, un mazzo di asparagi; **eine Stange ~**, un asparago; **~ stechen**, raccogliere asparagi.

Spargeld n risparmi m pl.

Spargelspitze f punta f di asparago.

Spargelsuppe f *gastr* crema f di asparagi.

Spargroschen m *fam* gruzzolo m *fam*, piccoli risparmi m pl.

Sparguthaben n deposito m (in banca).

Sparheft n *CH* → **Sparbuch**.

Sparkasse f cassa f di risparmio.
Sparkassenangestellte <dekl wie adj> mf impiegato (-a) m (f) di una cassa di risparmio.
Sparkassenfiliale f agenzia f di una cassa di risparmio.
Sparkonto n deposito m a risparmio, libretto m di risparmio *fam*.
Sparkurs m: **auf ~ gehen**, seguire una politica di rigore/austerità.
spärlich A adj 1 (*dünn*) {BESIEDLUNG} scarso; {VEGETATION} *auch* rado 2 (*kümmerlich*) {AUSBEUTE, RESTE} magro, scarso 3 (*ärmlich*) {EINKOMMEN, KOST, RATION} esiguo, misero, scarso 4 (*schütter*) {HAAR} rado B adv {BELEUCHTET, BESIEDELT} scarsamente; {BEKLEIDET} poco: **~ besucht**, poco frequentato; **~ wachsen**, crescere rado (-a); **die Gelder fließen nur ~**, i soldi arrivano col contagocce.
Sparmaßnahme f <meist pl> misura f di austerità, taglio m.
Sparpackung f confezione f risparmio/economica.
Sparpaket n *pol* misure f pl di risparmio.
Sparpolitik f politica f ⌊di risparmio/austerità/rigore⌋/⌊dei tagli⌋.
Sparprämie f premio m di risparmio.
Sparpreis m *com* → **Spartarif**.
Sparprogramm n 1 *pol* programma m/piano m di risparmi 2 (*von Haushaltsgeräten*) programma m risparmio.
Sparren <-s, -> m *bau* falso puntone m ● **einen ~ (zu viel/wenig) haben** *fam*, essere un po' tocco/matto *fam*, avere qualche rotella fuori posto *fam*.
Sparring <-s, ohne pl> n *Boxen* allenamento m.
Sparringspartner m *Boxen* sparring partner m.
sparsam A adj 1 (*nicht verschwenderisch*) {LEBENSWEISE} parsimonioso; {MENSCH} *auch* economo, risparmiatore: **mit Worten ~ sein**, essere parco di parole 2 (*wirtschaftlich*) {WASCHPULVER} che fa risparmiare; {AUTO, MASCHINE} *auch* che consuma poco: **~ im Verbrauch sein**, fare risparmiare, consumare poco 3 (*essenziell*) {AUSDRUCKSWEISE, AUSSTATTUNG} essenziale, sobrio B adv 1 (*nicht verschwenderisch*) parsimoniosamente, con parsimonia: **~ leben**, vivere con poco; **etw ~ auftragen** {CREME, FARBE, LACK}, applicare qc con moderazione; **mit etw (dat) ~ umgehen**, fare economia di qc, servirsi di qc con moderazione; **~ von etw (dat) Gebrauch machen**, usare qc con parsimonia 2 (*wirtschaftlich*) in modo economico.
Sparsamkeit <-, ohne pl> f parsimonia f, senso m del risparmio.
Sparschwein n salvadanaio m (a forma di porcellino) ● **das ~ schlachten** *fam*, rompere il salvadanaio.
Sparstrumpf m *fam*: **etw in den ~ tun**, mettere da parte.
Spartaner <-s, -> m (**Spartanerin** f) *hist* spartano (-a) m (f).
spartanisch adj 1 *hist* spartano 2 (*sehr bescheiden*) spartano, austero 3 (*sehr streng*) spartano, rigido.
Spartarif m *com*: **zum ~**, a tariffa speciale; **zum ~ telefonieren**, telefonare a tariffa ridotta.
Sparte <-, -n> f 1 (*Teilgebiet*) settore m; (*Wissenszweig*) ramo m; (*Geschäftszweig*) *auch* branca f, settore m 2 *sport* specialità f 3 *journ* rubrica f, pagina f: **unter der ~ «Reisen»**, sotto la rubrica «viaggi»; **die ~ Politik**, le pagine della politica 4 (*Bereich bei Preisen oder Wettbewerben*) sezione f.
Spartenkanal m *radio TV* canale m tematico.
Spartensender m *radio TV* rete f tematica, canale m tematico.
Sparvertrag m contratto m di risparmio.
Spaß <-es, Späße> m 1 <*nur sing*> (*Vergnügen*) divertimento m, spasso m; (*Freude*) piacere m: **~ (an etw dat) haben**, divertirsi (con/[a fare] qc); **viel ~ mit jdm haben**, divertirsi un mondo *fam*/monte *slang*/sacco *fam* con qu; **etw macht jdm ~**, qc fa divertire qu, qc è divertente per qu, qc piace a qu; **es macht ihm ~, sie ein bisschen zu ärgern**, ⌊si diverte a⌋/[gli piace] farla arrabbiare un po'; **~ an etw (dat) finden**, trovare divertente qu, provare piacere a fare qc; **jdm den ~ verderben**, rovinare il divertimento a qu; (*jds Pläne durchkreuzen*) guastare la festa a qu 2 (*Scherz*) scherzo m, burla f: **ein alberner/derber/gelungener ~**, uno scherzo stupido/pesante/riuscito; **einen ~/[Späße] machen**, scherzare, fare ⌊uno scherzo⌋/[scherzi]; **ich habe doch nur ~ gemacht**, stavo solo scherzando, era solo uno scherzo; **sich (dat) einen ~ daraus machen, etw zu tun**, divertirsi/[provare gusto] a fare qc ● **da hört der ~ auf!**, questo è troppo!, ora basta!, adesso si sta esagerando!; **(etw) aus/im/zum ~ (sagen)**, (dire qc) per scherzo/gioco/ridere; **immer zu Späßen aufgelegt sein**, essere sempre ⌊in vena di scherzare⌋/[pronto allo scherzo]; **~ beiseite!, ohne ~!**, scherzi a parte!, senza scherzi!; **aus ~ an der Freude** *fam*, per il piacere di farlo; **gönn/lass ihm doch seinen/den ~!**, lascia che si diverta!; **das ist kein ~: 1500 km an einem Tag zu fahren, das ist kein ~!**, fare 1500 km in un giorno, non è uno scherzo!; **was kostet der ~?**, quanto costa (il) tutto?; **mach ⌊keinen ~⌋/[keine Späße]!**, stai scherzando?, vuoi scherzare?!; **du machst mir ~!** *fam*, sei proprio un bel tipo!; **~ muss sein!**, si fa per scherzare; **ein teurer ~ sein**, essere un lusso *fam*; **seinen ~ mit jdm treiben**, farsi/prendersi gioco di qu, burlarsi di qu, prendere in giro qu; **jdm ist der ~ vergangen** *fam*, qu non si diverte più; **(keinen) ~ verstehen/vertragen**, (non saper) stare allo scherzo; **in etw (dat) keinen ~ verstehen**, non tollerare che si scherzi su qc, non ammettere scherzi su qc; **viel ~!**, buon divertimento!; **zum ~** (*zum Vergnügen*), per puro divertimento.
Spaßbremse f *fam* guastafeste mf, rompiscatole mf *fam*.
Späßchen <-s, -> n *dim von* Spaß scherzetto m: **er macht mal wieder seine dummen ~!**, ecco che si rimette a fare il cretino!
spaßen itr (*mit jdm/etw*) ~ scherzare (*con qu/qc*) ● **mit jdm/etw ist nicht zu ~**, non c'è da scherzare con qu/qc, non si scherza con qu/qc; **mit jdm lässt sich nicht ~**, c'è poco da scherzare con qu.
spaßeshalber adv per scherzo/gioco.
Spaßgesellschaft f società f edonistica.
spaßhaft adj {BEMERKUNG, WORTE} scherzoso, divertente.
spaßig adj {GESCHICHTE} divertente, spassoso, ameno; {MENSCH} *auch* scherzoso, arguto.
Spaßmacher m (**Spaßmacherin** f) burlone (-a) m (f) *fam*, buontempone m (f), mattacchione (-a) m (f) *fam*, pagliaccio (-a) m (f).
Spaßverderber <-s, -> m (**Spaßverderberin** f) guastafeste mf *fam*.
Spaßvogel m → **Spaßmacher**.
Spasti <-s, -s> m *slang* (*unbeholfener Mensch*) spastico m *fam pej*.
Spastiker <-s, -> m (**Spastikerin** f) 1 *med* spastico (-a) m (f) 2 *slang* → **Spasti**.
spastisch *med* A adj spastico B adv: **~-gelähmt sein**, essere affetto da paralisi spastica.
Spat <-(e)s, -e oder Späte> m *min* spato m.
spät A adj 1 (*die Tageszeit betreffend*) tardo m: **am ~en Morgen/Abend**, in tarda mattinata/serata; **bis in die ~e Nacht (hinein)**, fino a tarda notte, fino a notte avanzata/inoltrata/fonda; **zu ~er Stunde**, a tarda ora; **es ist/wird ~**, è/[si sta facendo] tardi; **es ist noch nicht zu ~, um ...**, non è ancora troppo tardi per..., siamo sempre a tempo per ...; **er nimmt heute den ~en Zug** (*den Abendzug*), oggi prende il treno della sera; (*einen späteren Zug als gewöhnlich*) oggi prende il treno successivo/dopo *fam*; **wie ~ ⌊ist es⌋/[haben wir]?** *fam*, che ore sono?; **jdn fragen, wie ~ es ist**, chiedere ⌊l'ora a qu⌋/[a qu che ore sono]; **ich hatte nicht gemerkt, wie ~ es schon war**, non avevo visto l'ora/[che era tardi], non mi ero accorto l'ora/[dell'ora 2 (*ausgehend*) tardo: **im ~en Mittelalter**, nel tardo/basso Medioevo; **in den ~en 70er Jahren**, alla fine degli anni '70; **die ~en Werke Picassos**, le opere tarde di Picasso; **der ~e Picasso**, l'ultimo Picasso, il Picasso dell'ultimo periodo; **ein ~er Picasso** (*ein Spätwerk Picassos*), un Picasso ⌊ultima maniera⌋/[dell'ultimo periodo] 3 (*überfällig*) tardivo: **ein ~er Sommer**, un'estate tardiva; **eine ~e Schwangerschaft**, una gravidanza tardiva; (*spät reifend*) *auch* serotino; **~e Kirschen**, cilieg(i)e tardive/serotine 4 (*verspätet*) {EINSICHT, GLÜCK, REUE} tardivo B adv 1 (*zu fortgeschrittener Zeit*) tardi: **⌊am Abend⌋/[abends]**, la sera tardi; **im Jahr**, verso la fine dell'anno; **~ aufstehen**, alzarsi tardi; **zu ~**, troppo tardi; **zu ~ kommen**, arrivare in ritardo, fare tardi; **wie kann ich bei euch noch anrufen?**, fino a che ora posso chiamarvi?; **der Zug kam eine Stunde zu ~**, il treno arrivò con un'ora di ritardo, il treno ritardò di un'ora 2 (*danach*) sie: **stieg eine Haltestelle zu ~ aus**, scese (per sbaglio) ⌊una fermata dopo⌋/[alla fermata successiva] 3 (*verspätet*) tardivamente ● **wir sind ~ dran**, siamo in ritardo; **von früh bis ~**, dalla mattina alla sera; **besser ~ als nie** *prov*, meglio tardi che mai *prov*.
Spätaufsteher m (**Spätaufsteherin** f) chi si alza tardi, dormiglione (-a) m (f).
Spätaussiedler m (**Spätaussiedlerin** f) *D* "persona f di origine tedesca proveniente dall'Europa dell'Est che si trasferisce in Germania".
Spätbarock <-(s), ohne pl> m *oder* n tardo barocco m.
Spätdienst m servizio m/turno m di sera, secondo turno m: **~ haben**, fare il turno di sera, essere in servizio/turno la sera.
Spatel <-s, -> m *oder* A <-, -n> f 1 *med* spatola f 2 A (*Spachtel*) spatola f.
Spaten <-s, -> m vanga f.
Spatenstich m colpo m di vanga, vangata f: **der erste ~** (*der Baubeginn*), il primo colpo di piccone, la prima posa della pietra.
Spätentwickler m (**Spätentwicklerin** f) *med psych* bambino (-a) m (f)/ragazzo (-a) m (f) dallo sviluppo tardivo.
später adv 1 (*danach*) più tardi, dopo, poi: **~ ging er nach Frankreich**, più tardi andò in Francia; **wir sehen uns ~**, ci vediamo dopo; **einige Zeit ~**, qualche tempo dopo 2 (*künftig*) in futuro, in seguito, in un secondo momento, più avanti, più in là: **er will sich ~ (einmal) als Kinderarzt niederlassen**, in futuro vuole aprire uno studio da pe-

diatra; **~ wirst du verstehen, warum ich mich so verhalten habe**, più avanti/[in là]/[tardi] capirai perché mi sono comportato (-a) così; **das hat Zeit bis ~**, questo si può fare ⌊in un secondo momento⌋/[poi], per questo c'è ancora tempo **3** (*die Zukunft*): **an ~ denken**, pensare al futuro/dopo/poi; **jdn auf ~ vertrösten**, rimandare qu a domani *fam*; **was soll ~ aus ihm werden?**, che cosa ne sarà di lui (un domani)? • *bis* **~!**, a ⌊più tardi⌋/[dopo]!; *nicht* **~ als**, non più tardi di, al più tardi.

späterer, spätere, späteres <kompar von spät> adj **1** (*nachkommend*) successivo (-a), più tardo (-a): **die späteren Generationen**, le generazioni successive/posteriori; **in späteren Zeiten**, in epoca più tarda, successivamente; **zu einem späteren Zeitpunkt**, in un secondo momento **2** (*die Tageszeit betreffend*): **sie nimmt morgen den späteren Flug**, domani prenderà il volo che parte più tardi; **sie kommt mit einem späteren Bus**, arriva con un autobus che parte più tardi **3** (*zukünftig*) futuro (-a): **hier lernte sie ihren späteren Mann kennen**, qui conobbe il suo futuro marito.

späteste adj → **spätester**.

spätestens adv al più tardi: **~ morgen/[in einer Woche]**, al più tardi domani/[tra una settimana]; **du musst ~ um acht Uhr am Bahnhof sein**, devi essere alla stazione ⌊al più tardi alle⌋/[non più tardi delle] otto.

spätester, späteste, spätestes <superl von spät> adj ultimo (-a): **der späteste Flug/Zug**, l'ultimo volo/treno (della sera).

spätestmöglich adj <attr> : **der ~e Termin**, l'ultima data possibile; **zum ~en Zeitpunkt**, il più tardi possibile.

Spätfolge f <meist pl> conseguenza f tarda, postumo m: **die ~n einer Krankheit**, i postumi di una malattia.

Spätgebärende <dekl wie adj> f primipara f attempata.

Spätgeburt f **1** (*verspätete Geburt*) parto m tardivo/serotino **2** (*Kind*) bambino (-a) m (f) postmaturo (-a).

Spätgotik f *kunst* tardo gotico m.

spätgotisch adj tardogotico.

Spätherbst m tardo autunno m, fine f dell'autunno m: **~**, a fine autunno, ad autunno inoltrato.

Spätlese f **1** (*Weintraubenernte*) vendemmia f tardiva (fatta a fine autunno) **2** (*Wein*) vendemmia f tardiva.

Spätmittelalter n Basso Medioevo m.

Spätnachmittag m tardo pomeriggio m: **am ~**, sul tardi.

Spätnachrichten subst <nur pl> *radio TV* ultime notizie f pl; *TV auch* telegiornale m/tig⌋ m *fam* della notte.

Spätromantik f secondo/tardo romanticismo m.

Spätschaden m <meist pl> danno m che si manifesta a distanza: **die Spätschäden einer Krankheit**, i postumi di una malattia.

Spätschicht f **1** (*Spätdienst*) secondo turno m, turno m di lavoro **2** (*Arbeiter*) operai m pl/squadra f del) secondo turno m.

Spätsommer m tarda estate f, fine f dell'estate f: **im ~**, a fine estate, a estate inoltrata.

Spätstadium n stadio m/fase f terminale, ultimo stadio m.

Spätvorstellung f *film theat* secondo/ultimo spettacolo m.

Spätwerk n opera m tarda/[della maturità]: **ein ~ Michelangelos**, un Michelangelo ultima maniera.

Spatz <-en oder -es, -en> m **1** *ornith* passero m (domestico): **junger ~**, passerotto **2** (*als Kosewort*) passerotto m *fam*, uccellino m *fam*, pisello m *fam* • **die ~en pfeifen es (schon) von den/allen Dächern** *fam*, è scritto sui muri, è un segreto di Pulcinella; **wie ein ~ essen**, mangiare come un uccellino/canarino; **besser ein ~ in der Hand als eine Taube auf dem Dach** *prov*, meglio un uovo oggi che una gallina domani *prov*.

Spätzchen <-s, -> n *fam dim von* Spatz passerotto m.

Spatzenhirn, **Spatzengehirn** n *fam pej* cervello m di gallina.

Spätzle subst <nur pl>, **Spätzli** *CH* subst <nur pl> *gastr* "tipo di pasta molto comune nella Svevia e in Svizzera".

Spätzünder <-s, -> m (**Spätzünderin** f) *scherz* **1** (*begriffsstutziger Mensch*) tardone (-a) m (f), testone (-a) m (f): **ein ~ sein**, essere duro di comprendonio *fam* **2** → **Spätentwickler**.

Spätzündung f *mot* ritardo m di accensione, accensione f ritardata • **~ haben** *fam*, capire a scoppio ritardato *fam*.

spazieren <ohne ge-> itr <sein> **1** (*schlendern*) (*irgendwohin*) ~ passeggiare (+ *compl di luogo*), andare a passeggio/spasso (+ *compl di luogo*): **auf und ab ~**, passeggiare/andare ⌊su e giù⌋/[avanti e indietro]; **durch die Stadt ~**, passeggiare per la città; **wir waren gestern im Park ~**, ieri siamo andati (-e) a passeggio nel parco **2** (*sich begeben*) *irgendwohin* ~ andare + *compl di luogo*: **stolz erhobenen Hauptes spazierte der Angeklagte in den Gerichtssaal**, l'imputato entrò a testa alta nell'aula del tribunale • **~ fahren**, fare una passeggiata/un giro (con un veicolo), scarrozzare; **jdn/etw ~ fahren**, portare ⌊a passeggio⌋/[in giro] qu/qc (con un veicolo), scarrozzare qu/qc; **jdn/etw ~ führen** {KRANKEN, ALTEN MENSCHEN}, portare a passeggio qu, portare qu a fare una passeggiata; {HUND, KIND} *auch*, portare a spasso qu/qc; **ein neues Kleid ~ führen** *scherz*, sfoggiare un vestito nuovo; **~ gehen**, andare a passeggio/spasso, fare una passeggiata; **im Park ~ gehen**, fare una passeggiata nel parco; **mit dem Hund ~ gehen**, portare ⌊a spasso⌋/[fuori] il cane; **nach dem Essen geht er immer ein bisschen ~**, dopo mangiato va sempre a fare una passeggiatina.

spazieren|fahren a.R. *von* spazieren fahren → **spazieren**.

spazieren|führen a.R. *von* spazieren führen → **spazieren**.

spazieren|gehen a.R. *von* spazieren gehen → **spazieren**.

Spazierfahrt f gita f, giro m (in un veicolo): **eine ~ ins Grüne**, una scampagnata; **eine ~ machen**, fare un giro in macchina.

Spaziergang m passeggiata f, giro m, girata f: **einen ausgedehnten/weiten ~ machen**, fare una lunga passeggiata • **im All**, passeggiata nello spazio; **etw ist kein ~** (*etw ist nicht leicht*), qc non è (mica) una passeggiata.

Spaziergänger <-s, -> m (**Spaziergängerin** f) chi va a passeggio, passeggiatore (-trice) m (f).

Spazierstock m bastone m da passeggio.

Spazierweg m sentiero m per passeggiate.

SPD <-, ohne pl> f *Abk von* Sozialdemokratische Partei Deutschlands: "partito m socialdemocratico tedesco".

SPD-Mitglied n iscritto (-a) m (f) alla SPD.

SPD-nah adj {KREISE} vicino alla SPD.

Specht <-(e)s, -e> m *picchio* m: **hörst du den ~ klopfen/pochen?**, senti il martellare del picchio?

spechten itr *fam* **auf etw** (akk) **~** {AUF EINEN ARBEITSPLATZ, EINE ERBSCHAFT, EINEN VORTEIL} puntare *a qc fam*, avere delle mire *su qc*.

Special <-s, -s> n *radio TV* servizio m speciale, special m.

Speck <-(e)s, -e> m **1** *gastr* lardo m: **geräucherter ~**, lardo affumicato; **durchwachsener ~**, pancetta; **Eier mit ~**, uova ⌊al bacon⌋/[e pancetta] **2** *fam* (*Fettpolster*) ciccia m *fam*, grasso m **3** (*Fettgewebe von Walen und Robben*) grasso m • **~ ansetzen**, mettere su pancia/trippa *fam*; **ran an den ~!** *fam*, sotto!, coraggio!, forza!; **anständig ~ auf den Rippen/Knochen haben** *fam*, essere bene in carne *fam*; (**wie die Made**) **im ~ sitzen** (*im Überfluss leben*), vivere come un pascià; **mit ~ fängt man Mäuse** *prov*, si pigliano più mosche in una goccia di miele che in un barile di aceto *prov*.

Speckbauch m *fam pej* **1** (*dicker Bauch*) pancione m *fam*, trippone m *fam*, trippa f *fam*: **einen ~ kriegen**, mettere su pancia/trippa *fam* **2** (*fettleibige Person*) palla f di lardo *fam*, pancione m *fam*, trippone m *fam*.

speckig adj *pej* **1** (*fettglänzend*) {HUT, KRAGEN} unto e bisunto **2** (*feist*) {BACKEN, NACKEN} grasso.

Speckscheibe f *gastr* fetta f di lardo.

Speckschwarte f cotenna f, cotica f • **wie eine ~ glänzen**, essere unto e bisunto; **seine Nase glänzt wie eine ~**, ha il naso lustro.

Speckstein m *min* steatite f.

Speckstreifen m *gastr* lardello m.

Spediteur <-s, -e> m (**Spediteurin** f) spedizioniere m.

Spedition <-, -en> f **1** (*Versendung*) spedizione f **2** (*Transportunternehmen*) impresa f di spedizioni/trasporti **3** (*Umzugsunternehmen*) impresa f di traslochi; (*Aufschrift auf Lastwagen*) traslochi m pl **4** (*~sabteilung*) (reparto m) spedizioni f pl.

Speditionsfirma f *com* ditta f/impresa f di spedizioni, spedizioniere m.

Speditionsgut n *com* merce f (spedita).

Speditionskauffrau f "impiegata f diplomata f che lavora nel settore del trasporto e immagazzinaggio merci".

Speditionskaufmann m "impiegato m diplomato che lavora nel settore del trasporto e immagazzinaggio merci".

Speditionskosten subst <nur pl> spese f pl di spedizione.

Speer <-(e)s, -e> m **1** (*Waffe*) giavellotto m; (*Lanze*) lancia f **2** *sport* giavellotto m.

Speerspitze f punta f di giavellotto; (*von Lanze*) punta f di lancia • **die ~ einer S.** (gen) **sein** {PERSON}, essere l'uomo di punta di qc; {SACHE}, essere la punta di diamante di qc.

Speerwerfen <-s, ohne pl> n *sport* lancio m del giavellotto.

Speerwerfer m (**Speerwerferin** f) *sport* lanciatore (-trice) m (f) di giavellotto, giavellottista mf.

Speerwurf m lancio m del giavellotto.

Speiche <-, -n> f **1** (*Radspeiche*) raggio m **2** *anat* radio m • **dem Schicksal/[Rad der Geschichte] in die ~n greifen**, cercare di fermare il destino/[il corso degli eventi].

Speichel <-s, ohne pl> m saliva f: **~ absondern**, secernere saliva, salivare.

Speichelabsonderung f secrezione f di saliva, salivazione f.
Speicheldrüse f *anat* ghiandola f salivare.
Speichelfluss (a.R. Speichelfluß) m *med* salivazione f (eccessiva).
Speichellecker m (**Speichelleckerin** f) *pej* leccapiedi mf, ruffiano (-a) m (f), lecchino (-a) m (f).
Speicher <-s, -> m **1** (*Lagerhaus*) magazzino m, deposito m **2** *region* (*Dachboden*) solaio m, sottotetto m, soffitta f: **auf dem ~**, in soffitta/solaio **3** *tech* bacino m di raccolta **4** *inform* memoria f.
Speicherbecken n bacino m di raccolta.
Speicherchip <-s, -s> m *inform* chip m di memoria.
Speicherfunktion f *inform* funzione f di memorizzazione.
Speicherkapazität f **1** *inform* (capacità f di) memoria f **2** (*Fassungsvermögen*) capacità f (di un magazzino).
Speicherkarte f *inform* scheda f di memoria, memory card f.
Speichermedium <-s, -medien> n *inform* supporto m dati.
speichern tr *etw* ~ **1** (*aufbewahren*) immagazzinare qc **2** (*ansammeln*) {WÄRME} accumulare qc; (ENERGIE) *auch* immagazzinare qc **3** *inform* {DATEN, INFORMATIONEN} memorizzare qc, immagazzinare qc; {GERADE GESCHRIEBENEN TEXT} salvare qc.
Speicherplatz m *inform* spazio m di memoria.
speicherresident adj *inform* residente (nella memoria principale).
Speicherschreibmaschine f *el* macchina f da scrivere elettronica con memoria.
Speicherschutz m *inform* protezione f di memoria.
Speicherung <-, ohne pl> f **1** (*von Vorräten, Waren*) stoccaggio m, immagazzinamento m; (*von Energie, Wärme*) accumulo m **2** *inform* {+DATEN, INFORMATIONEN} memorizzazione f; {+GERADE GESCHRIEBENER TEXT} salvataggio m.
speien <speit, spie, gespien> **A** *itr* **1** (*aus~*) *irgendwohin* ~ sputare + *compl di luogo*: **auf den Boden ~**, sputare per terra **2** (*sich erbrechen*) vomitare **B** tr (*spucken*) *etw* ~ {BLUT, FEUER, LAVA} sputare qc, vomitare qc.
Speise <-, -n> f vivanda f, cibo m, piatto m, pietanza f: **die ~n auftragen**, servire le vivande, portare le vivande in tavola; **die ~n zubereiten**, preparare il cibo/le vivande; **warme und kalte ~n**, piatti caldi e freddi; **~n und Getränke**, cibi e bevande • **vielen Dank für Speis und Trank** *obs*, grazie per l'ospitalità.
Speiseeis n gelato m.
Speisekammer f dispensa f.
Speisekarte f menu m, lista f delle vivande: **nach der ~ essen**, mangiare alla carta; **etw auf die ~ setzen**, mettere qc sul menu; **Herr Ober, die ~ bitte!**, cameriere, ci porti il menu, per favore!; **was steht heute auf der ~?**, quali sono i piatti del giorno?, qual è il menu di oggi?
Speiselokal n ristorante m.
speisen **A** *itr geh* (*essen*) mangiare, pasteggiare: **zu Abend/Mittag ~**, cenare/pranzare; **wir haben vorzüglich gespeist**, abbiamo mangiato in modo eccellente: **mit Kaviar und Champagner ~**, pasteggiare a caviale e champagne **B** tr **1** *geh* (*essen*) *etw* ~ mangiare qc **2** *tech* (*versorgen*) *etw mit/aus etw* (dat) ~ alimentare qc a/da qc **3** *geh* (*zu essen geben*) *jdn* ~ {BEDÜRFTIGE, HUNGRIGE} nutrire qu, dar da mangiare a qu.

Speisenaufzug m montavivande m.
Speisenfolge f ordine m delle portate, menu m.
Speiseöl n olio m commestibile/[(per uso) alimentare].
Speisepilz m *bot* fungo m commestibile/mangereccio.
Speiseplan m menu m.
Speisequark m *gastr* quark m (*formaggio* m *fresco tipo ricotta*).
Speiserest m **1** <meist pl> (*übrig gebliebene Speisen*) avanzi m pl **2** (*zwischen den Zähnen*) resto m/residuo m (di cibo).
Speiseröhre f *anat* esofago m.
Speisesaal m sala f da pranzo; {+INTERNAT, KLOSTER} refettorio m.
Speisesalz n sale m (da cucina).
Speisestärke f *gastr* fecola f.
Speisewagen m *Eisenb* carrozza f/vagone m ristorante.
Speisezettel m menu m.
Speisezimmer n → **Speisesaal**.
Speisung <-, -en> f **1** *tech* (*Versorgung*) alimentazione f **2** *geh* (*Beköstigung*) früher kümmerte sich die Kirche um die ~ der Armen, un tempo la chiesa provvedeva a dare da mangiare ai poveri.
speiübel adj *fam*: **jdm ist/wird ~**, a qu viene da vomitare, a qu viene la nausea; **jdm ist/wird von/bei etw** (dat) ~, qc fa vomitare qu, qc dà la nausea/il voltastomaco a qu.
Spektakel[1] <-s, -> m *fam* **1** (*Lärm*) baccano m, chiasso m, fracasso m **2** (*Streit*) scenata f, piazzata f: **ein unwürdiges ~**, un'indegna gazzarra.
Spektakel[2] <-s, -> n **1** *geh* (*interessantes Ereignis*) spettacolo m **2** *obs theat* (*Aufführung*) spettacolo m (teatrale).
spektakulär adj spettacolare, spettacoloso.
Spektra pl *von* Spektrum.
spektral adj *phys* spettrale.
Spektralanalyse f *chem phys* analisi f spettrale.
Spektralfarbe f <meist pl> colore m dello spettro (ottico).
Spektrum <-s, Spektren oder Spektra> n **1** *phys* spettro m (ottico) **2** (*Vielfalt*) gamma f; {+ANGEBOT, MÖGLICHKEITEN} *auch* ventaglio m.
Spekula pl *von* Spekulum.
Spekulant <-en, -en> m (**Spekulantin** f) speculatore (-trice) m (f).
Spekulation <-, -en> f **1** *ökon* speculazione f: **eine geglückte/verfehlte ~**, una speculazione riuscita/sbagliata; **~ mit Aktien/Immobilien**, speculazione sulle azioni/[immobiliare] **2** *geh* (*Mutmaßung*) congettura f, supposizione f: **~en (über etw akk) anstellen**, fare ipotesi/congetture (su qc); **das ist reine ~**, queste sono pure illazioni **3** *philos* speculazione f.
Spekulationsgeschäft n *ökon* speculazione f, operazione f speculativa.
Spekulationsgewinn m *ökon* guadagno m/profitto m speculativo.
Spekulationsobjekt n *ökon* oggetto f di speculazione.
Spekulatius <-, -> m *gastr* "biscotto m pl natalizi di pasta frolla aromatizzata".
spekulativ adj **1** *ökon* speculativo, speculatorio **2** *philos* speculativo **3** (*mutmaßlich*): **etw ist ~**, qc è ipotetico.
spekulieren <ohne ge-> *itr* **1** *fam* (*mit etw rechnen*) **auf etw** (akk) ~ contare su qc, puntare su qc, avere delle mire su qc **2** *ökon*

(*mit etw* dat) ~ speculare (*su qc*): **an der Börse ~**, speculare in borsa **3** (*mutmaßen*) (*über etw* akk) ~ fare congetture (*su qc*), congetturare (*su qc*) *rar*.
Spekulum <-s, Spekula> n *med* speculo m, speculum m.
Spelunke <-, -n> f *fam pej* (*Lokal*) bettola f; (*Unterkunft*) spelonca f, stamberga f, antro m.
spendabel <attr spendable(r, s)> adj *fam* generoso.
Spende <-, -n> f (*Gabe*) offerta f, donazione f: **um eine ~ bitten**, chiedere un'offerta/[un piccolo contributo/aiuto] • **eine kleine ~ für die Armen!**, un obolo/un'offerta per i poveri!
spenden **A** tr **1** (*geben*) *etw* **für** *jdn/etw* ~ {LEBENSMITTEL, MEDIKAMENTE} donare/offrire qc (per qu/qc): **Geld ~**, fare un'offerta (in denaro); **Geld für wohltätige Zwecke ~**, dare soldi/[elargire denaro] in beneficenza **2** *med etw* ~ {BLUT, ORGAN} donare qc, dare qc **3** (*produzieren*) *etw* ~ {LICHT, WÄRME, SCHATTEN} dare qc, fare qc **B** *itr* (*für jdn/etw*) ~ fare un'offerta (per qu/qc), dare un contributo (per qu/qc).
Spendenaffäre f *pol* scandalo m dei finanziamenti illeciti (ai partiti).
Spendenaktion f sottoscrizione f, colletta f.
Spendenaufruf m appello m alla solidarietà, richiesta f di offerte (a scopo di beneficenza).
Spendenbescheinigung f ricevuta f fiscale (per denaro versato in beneficenza).
Spendengeld <-(e)s, -er> n <meist pl> (ricavato m dalle) offerte f pl/donazioni f pl.
Spendenkonto n conto m (corrente) di solidarietà.
Spendensammler m (**Spendensammlerin** f) "chi raccoglie fondi/offerte a scopo di solidarietà".
Spendensammlung f raccolta f di fondi (a scopo di solidarietà).
Spender[1] <-s, -> m (*Gerät*) distributore m, dispenser m.
Spender[2] <-s, -> m (**Spenderin** f) **1** (*jd, der spendet*) chi fa un'offerta, donatore (-trice) m (f) **2** *med* donatore (-trice) m (f) • **wer ist der edle ~?** *fam scherz*, chi si deve ringraziare?
Spenderherz n *med* cuore m di un donatore (di organi).
Spenderniere f *med* rene m di un donatore (di organi).
spendieren <ohne ge-> tr *fam* (*jdm*) *etw* ~ offrire qc (a qu).
spendierfreudig adj → **spendabel**.
Spendierhosen subst <nur pl>: **seine ~ anhaben** *fam*, fare il generoso/la generosa.
Spengler <-s, -> m *süddt A CH* → **Klempner**.
Sperber <-s, -> m *ornith* sparviero m.
Sperenzchen subst <nur pl> *fam*, **Sperenzien** subst <nur pl> *fam*: **~ machen**, fare storie *fam*.
Sperling <-s, -e> m *ornith* passero m.
Sperma <-s, Spermen oder Spermata> n sperma m.
Spermatozoon <-s, Spermatozoen> n → **Spermium**.
Spermen pl *von* Sperma.
Spermium <-s, Spermien> n spermatozoo m.
sperrangelweit adv *fam*: **~ offen sein/stehen**, essere (tutto) spalancato.
Sperrbezirk m **1** (*nicht allgemein zugängliches Gebiet*) zona f vietata **2** (*für Prostitution*) zona f vietata alla prostituzione.

Sperre <-, -n> f **1** (*Schranke*) barriera f, sbarramento m **2** (*Straßensperre*) {+POLIZEI} blocco m; {+DEMONSTRANTEN} barricata f **3** (*Kontrollstelle*) cancello m, barriera f **4** (*Sperrvorrichtung*) {+AUTOTÜR, WASCHMASCHINE} sicura f, fermo m, blocco m di sicurezza **5** *com pol* blocco m, embargo m: **über etw** (akk) **eine ~ verhängen**, mettere l'embargo su qc **6** *sport* squalifica f, sospensione f: **über jdn eine ~ (von drei Monaten) verhängen**, comminare una squalifica (di tre mesi) a qu, squalificare qu (per tre mesi) ● **eine ~ haben** *fam*, avere un blocco (psicologico/emotivo).

sperren A tr **1** (*ver~*) *etw* (*für jdn/etw*) ~ sbarrare qc (a qu/qc), bloccare qc (a qu/qc), chiudere qc (a qu/qc): **eine Straße für den Verkehr ~**, chiudere una strada al traffico **2** (*unterbinden*) *etw* ~ {EINFUHR, AUSFUHR} bloccare qc; {HANDEL} interdire qc, proibire qc: **jdm den Urlaub ~**, sospendere le ferie a qu **3** (*blockieren*) *etw* ~ {GEHALT, KONTO, KREDIT} bloccare qc, congelare qc; {SCHECK} bloccare qc, mettere il fermo *su qc*: **ein Konto ~ lassen**, far bloccare un conto corrente **4** (*abstellen*) {*jdm*} *etw* ~ {GAS} togliere qc (a qu); {STROM} *auch* tagliare qc (a qu); {TELEFON} staccare qc (a qu) **5** *typ etw* ~ spaziare qc, spazieggiare qc **6** *sport* (*die Teilnahme am Wettkampf verbieten*) *jdn* ~ {SPIELER} sospendere qu, squalificare qu **7** (*einschließen*) *jdn/etw in etw* (akk) ~ (rin)chiudere qu/qc in qc: **einen Vogel in den Käfig ~**, mettere in gabbia/[ingabbiare] un uccello B *itr süddt A* (*nicht schließen*) {FENSTER, SCHUBLADE, TÜR} non chiuder(si) C rfl (*sich widersetzen*) *sich* (**gegen etw** akk) ~ opporsi (a qc), fare muro (contro qc) ● **Sperren ohne Ball** *sport*, ostruzione f.

Sperrfeuer n *mil* fuoco m di sbarramento.
Sperrfrist f *jur* (*bei Berufsverbot, Führerscheinentzug*) periodo m di sospensione.
Sperrgebiet n zona f vietata.
Sperrgut n merce f ingombrante.
Sperrholz n (legno m) compensato m.
sperrig adj **1** (*unhandlich*) ingombrante **2** (*wenig kooperativ*) poco disponibile.
Sperrklausel f *pol* clausola f di sbarramento.
Sperrkonto n *bank* conto m vincolato.
Sperrmauer f {+TALSPERRE} diga f di sbarramento.
Sperrminorität f *ökon pol* minoranza f ostruzionista.
Sperrmüll m rifiuti m pl ingombranti: **heute kommt der ~**, oggi passano a ritirare i rifiuti ingombranti.
Sperrmüllabfuhr f rimozione f dei rifiuti ingombranti.
Sperrsitz m *film theat* (posto m) distinto m.
Sperrstunde f ora f di chiusura (dei locali pubblici).
Sperrung <-, -en> f **1** (*Versperren*) sbarramento m, blocco m **2** (*Blockierung*) {+GEHALT, KONTO} blocco m, congelamento m; {+SCHECK} blocco m, fermo m **3** *sport* squalifica f, sospensione f **4** *inform* {+BENUTZER, INTERNETSEITEN} oscuramento m, blocco m.
Sperrvermerk m nota f restrittiva.
Spesen subst <nur pl> **1** (*zu erstattende Unkosten*) spese f pl, costi m pl: **auf ~ essen/reisen**, mangiare/viaggiare a spese della ditta **2** *bank* (*Gebühren*) commissione f bancaria ● **außer ~ nichts gewesen** *fam* (*die Mühe war umsonst*), nulla di fatto; (*das Geschäft war nicht rentabel*), è più la spesa che l'impresa *fam*.
spesenfrei adj senza spese, esente da spese.
Spesenrechnung f nota f spese.
Speyer <-s, ohne pl> n *geog* Spira f.
Spezi① <-s, -s> m *süddt A fam* (*amico* m) intimo m.
Spezi② <-, -s> m *oder* n *gastr* "bevanda f a base di aranciata e Coca-Cola®".
Spezialausbildung f formazione f specifica, specializzazione f.
Spezialausführung f versione f/modello m speciale.
Spezialeinheit f {+MILITÄR, POLIZEI} reparto m/unità f speciale, corpo m/unità f d'élite.
Spezialfall m caso m speciale/particolare.
Spezialgebiet n specialità f.
spezialisieren <ohne ge-> rfl *sich* (**auf etw** akk) ~ specializzarsi (*in qc*).
spezialisiert adj specializzato: **auf etw** (akk) **~ sein**, essere specializzato in qc; **hoch ~**, altamente specializzato.
Spezialisierung <-, -en> f specializzazione f.
Spezialist <-en, -en> m (**Spezialistin** f) **1** (*Facharzt*) (medico m) specialista mf: **ein ~ für Nierenkrankheiten**, uno specialista in malattie renali **2** (*Experte*) specialista mf, esperto (-a) m (f): **ein ~ für alte Sprachen**, uno specialista di lingue antiche; **ein ~ in Rechtsfragen**, un esperto in questioni giuridiche.
Spezialität <-, -en> f **1** *gastr* (*typisches Produkt*) specialità f: **eine ~ des Hauses**, una specialità della casa; (*Lieblingsgericht*) piatto m preferito **2** (*besondere Fähigkeit*) specialità f.
Spezialitätenrestaurant n ristorante m con cucina tipica.
Spezialtraining n **1** *sport* allenamento m speciale **2** (*im Beruf*) training m speciale.
speziell A adj (*von besonderer Art*) particolare, specifico: **für diese Arbeit sind ~e Kenntnisse erforderlich**, per questo lavoro ci vogliono delle conoscenze specifiche; **wenn Sie ~e Wünsche haben ...**, se ha delle richieste particolari ... B adv **1** (*in besonderem Maße*) particolarmente, in particolare, specialmente **2** (*eigens*) appositamente, apposta ● **auf dein/Ihr (ganz) Spezielles!**, alla tua/vostra (salute)!
Spezies <-, -> f **1** *biol* (*Art*) specie f **2** *fam* (*besondere Sorte*) genere m.
Spezifikum <-s, Spezifika> n *geh* **1** (*Besonderheit*) specificità f, caratteristica f specifica **2** *pharm* (*rimedio* m) specifico m.
spezifisch A adj **1** (*arteigen*) peculiare, specifico **2** (*speziell*) {KENNTNISSE, QUALIFIKATION} specifico **3** (*typisch*) tipico, caratteristico B adv (*typisch*) tipicamente, specificamente: **eine ~ deutsche Vorstellung von Sauberkeit**, un concetto di pulizia tipicamente tedesco.
spezifizieren <ohne ge-> tr *geh etw* ~ specificare qc, precisare qc.
Spezifizierung <-, -en> f specificazione f, precisazione f.
Sphäre <-, -n> f *geh* sfera f: **die private/berufliche ~**, la sfera privata/professionale ● **in höheren ~n schweben** (*abgehoben vom täglichen Leben sein*), vivere su un altro pianeta/[fuori dal mondo] *fam*; (*zerstreut sein*), avere la testa fra le nuvole.
Sphärenmusik f musica f celestiale ● **das ist die reinste ~** (*so schön, dass sie von überirdischen Wesen zu kommen scheint*), è come se suonassero gli angeli.
sphärisch adj *geom* sferico.

Sphinx <-, -e *oder* Sphingen> f **1** <nur sing> *myth* sfinge f: **das Rätsel der ~**, l'enigma della sfinge **2** *archäol* sfinge f **3** <nur sing> (*rätselhafte Person*) sfinge f, persona f enigmatica ● **wie eine ~ lächeln**, avere un sorriso enigmatico.
Spickaal m *norddt gastr* anguilla f affumicata.
spicken① tr **1** *gastr etw* ~ {BRATEN, FLEISCH} lardellare qc: **den Braten mit Knoblauch ~**, steccare l'arrosto con l'aglio **2** *fam* (*mit etw anfüllen*) *etw mit etw* (dat) ~ {REDE, TEXT} infarcire qc di qc, lardellare qc di qc, inzeppare qc di qc.
spicken② *itr fam* (*unerlaubt abschreiben*) (**bei jdm**) ~ scopiazzare (da qu), copiare (da qu).
Spickzettel m *fam* foglietto m per copiare.
spie 1. *und* 3. *pers sing imperf von* speien.
Spiegel <-s, -> m **1** (*reflektierende Glasfläche*) specchio m; (*Taschenspiegel*) specchietto m tascabile/[da borsetta]; *autom* (*Rückspiegel*) specchietto m retrovisore: **ein blinder ~**, uno specchio cieco/opaco; **sich im ~ betrachten**, guardarsi allo/nello specchio, specchiarsi; **in den ~ blicken/schauen/sehen/gucken** *fam*, guardare nello specchio **2** (*Abbild*) specchio m, riflesso m: **Kunstwerke sind ein ~ ihrer Zeit**, le opere d'arte sono lo specchio fedele del loro tempo **3** (*Wasseroberfläche*) specchio m, superficie f **4** (*Wasserstand*) livello m **5** (*schematische Übersicht*) specchietto m, specchio m **6** (*Querschnitt*) panoramica f, rassegna f: **das Deutschlandbild im ~ der italienischen Presse**, la Germania vista attraverso la/[agli occhi della] stampa italiana; **der deutsche Film im ~**, uno sguardo sul/[una panoramica del] cinema tedesco **7** *med* (*Spekulum*) specolo m **8** *med* (*Gehalt*) livello m, tasso m ● **jdm einen ~ vorhalten**, mettere qu di fronte a se stesso.
Spiegelbild n **1** (*vom Spiegel reflektiertes Bild*) immagine f riflessa/speculare: **Narziss erblickte sein ~ im Wasser**, Narciso vide la sua immagine riflessa nell'acqua **2** (*Abbild*) specchio m, riflesso m.
spiegelbildlich adj speculare.
spiegelblank A adj lucido come uno specchio; {BODEN, PARKETT} *auch* a specchio: **~ sein**, brillare/luccicare/splendere come uno specchio B adv: **etw ~ putzen**, lucidare/tirare qc a specchio.
Spiegelei n *gastr* uovo m al tegamino, (uovo m all')occhio m di bue.
Spiegelfechterei <-, -en> f finta f, bluff m: **~en treiben**, fare finta, bluffare; **die Diskussion ist nichts als ~**, il dibattito non è altro che una grande sceneggiata/[il solito teatrino].
spiegelfrei adj {BILDSCHIRM, BRILLE, GLAS} antiriflesso.
Spiegelglas n vetro m per specchi.
spiegelglatt adj liscio come uno specchio: **~ sein** {FAHRBAHN, STRASSE}, essere una lastra di ghiaccio.
spiegeln A tr **1** (*das Spiegelbild zurückwerfen*) *etw* ~ {FENSTERSCHEIBE, WASSER} JDS GESICHT} riflettere qc, rispecchiare qc **2** (*wider-*) *etw* ~ riflettere qc, rispecchiare qc: **die abgedroschenen Phrasen der Politiker ~ den Ungeist unserer Zeit**, la vuota retorica dei politici riflette il degrado culturale del nostro tempo **3** *med etw* ~ esaminare qc con lo specolo: **den Darm ~**, eseguire una rettoscopia B *itr* **1** (*glänzen*) {PARKETT} risplendere, brillare **2** (*reflektieren*) {BILDSCHIRM, BRILLE, GLAS} fare riflesso C *rfl* **1** (*sich wider~*) *sich in/auf etw* (dat) ~ (ri-

specchiarsi/riflettersi *in/su qc*: **der Mond spiegelt sich im See**, la luna si specchia nel lago **2** *rar* (**sich betrachten**) **sich in etw** (dat) ~ specchiarsi *in qc*.

spiegelnd adj **1** (*reflektierend*) {GLAS, SCHEIBE} riflettente **2** (*glänzend*) {GEWÄSSER, OBERFLÄCHE} lucente, splendente.

Spiegelreflexkamera f *phot* (macchina f fotografica) reflex f.

Spiegelsaal m sala f degli specchi.

Spiegelschrank m armadio m a specchio; (*Badezimmerschrank*) armadietto m a specchio.

Spiegelschrift f scrittura f speculare/[a specchio]: **etw in ~ schreiben**, scrivere da destra a sinistra.

Spiegeltisch m specchiera f.

Spiegelung <-, -en> f **1** (*Spiegelbild*) riflesso m **2** *med* endoscopia f **3** (*Luftspiegelung*) miraggio m.

spiegelverkehrt adj → **seitenverkehrt**.

Spiel <-(e)s, -e> n **1** (*spielerische Aktivität*) gioco m **2** (*Gesellschaftsspiel*) gioco m: **ein unterhaltendes/lehrreiches ~**, un gioco divertente/educativo; **ein ~ für Erwachsene/Kinder**, un gioco per adulti/bambini; **ein ~ gewinnen/verlieren**, vincere/perdere a un gioco; **bist du noch im ~?** (*bist du noch nicht ausgeschieden?*), sei ancora dentro/[in gioco]? **3** (*Glücksspiel*) gioco m (d'azzardo): **beim ~ gewinnen/verlieren**, vincere/perdere al gioco; **dem ~ verfallen sein**, avere la passione/il vizio del gioco; **Glück im ~ haben**, essere fortunato al gioco; **machen Sie Ihr ~!** (*machen Sie Ihren Einsatz!*), fate il vostro gioco!; **Karten** partita f, si sta giocando; (*Satz*) mazzo m **4** (*Teil eines ~s*) *Karten* giro m; *Tennis* gioco m, game m **5** *sport* partita f, match m, incontro m, gara f: **wie steht das ~?**, a quanto stanno?; **das ~ ging unentschieden aus**, la partita è terminata in parità **6** *nur sing* (~*weise*) gioco m, modo m di giocare: **ein offensives/defensives ~**, un gioco offensivo/difensivo; **dem Gegner sein ~ aufzwingen**, imporre il proprio gioco all'avversario; **das ~ bestimmen/machen** *fam* {SPIELER}, dettare legge; {MANNSCHAFT} *auch* fare la partita *fam* **7** *theat* (*Bühnenstück*) rappresentazione f teatrale, recita f **8** *nur sing* (*künstlerische Darbietung*) {+SCHAUSPIELER} interpretazione f, recitazione f; {+MUSIKER} interpretazione f, esecuzione f **9** *nur sing* *tech* gioco m: **~ haben**, avere gioco **10** *nur sing* (*Bewegungsfreiheit*) gioco m, movimento m: **das ~ der Wellen/[von Licht und Schatten]**, il gioco delle onde/[di luce e ombra]; **das ~ der Hände/Muskeln**, il gioco/movimento delle mani/[dei muscoli] **11** *nur sing* (*unbedachte Handlungsweise*) gioco m: **das ist doch alles nur ~ für ihn**, tutto questo per lui è solo un gioco; **das ist ein ~ mit dem Leben**, questo è scherzare con la morte ● **das ist doch ein abgekartetes ~!**, è la solita pastetta!, è il solito accordo sottobanco!; *bes. sport*, è tutt'una combine!; **das ~ aufgeben/[verloren geben]**, dare partita vinta/[forfait], darsi per vinto (-a); **das ~ ist aus!** (*die Sache ist verloren*), è finita!; (*wenn sich das Spiel jds doppeltes ~ aufgedeckt wird*), il gioco è finito!; **aus dem ~ bleiben**, restare/rimanere fuori (dal gioco); **jdn/etw (mit) ins ~ bringen**, tirare in ballo qu/qc; **ein doppeltes/falsches ~ (mit jdm) treiben/spielen**, fare il doppio gioco (con qu); **jds ~ durchschauen**, scoprire il gioco di qu; **ein ~ mit dem Feuer** (*gefährliches Tun*), un gioco rischioso/pericoloso; **das ist ein ~ mit dem Feuer, sei bloß vorsichtig!**, stai giocando col fuoco, fa' attenzione!; **(bei jdm/etw) gewonnenes ~ haben**, avere partita vinta (con qu/qc); **(bei/mit jdm) leichtes ~ haben**, avere gioco facile (con qu), avere buon gioco (su qu); **jdn/etw (bei etw dat) aus dem ~ lassen**, lasciare fuori qu/qc (da qc), non tirare in ballo qu/qc, non coinvolgere/immischiare qu (in qc); **lass mich dabei aus dem ~!**, lasciami fuori da questa faccenda!; **ins ~ kommen**, entrare in gioco/ballo; **die Olympischen ~e**, i giochi olimpici; **ein ~ des Schicksals**, un gioco del destino/[della sorte]; **(mit) im ~ sein**, essere in gioco/ballo, entrarci; **etw aufs ~ setzen**, mettere in gioco/[a rischio/repentaglio] qc, giocarsi qc; {RUF, ZUKUNFT} *auch*, compromettere qc; **alles aufs ~ setzen**, rischiare il tutto per tutto, andare allo sbaraglio; **auf dem ~ stehen**, essere in gioco; **sein Leben/Ruf steht auf dem ~**, è in gioco la/[ne va della] sua vita/reputazione; **es steht sehr viel auf dem ~**, la posta in gioco è molto alta; **das ~ zu weit treiben**, andare oltre, tirare troppo la corda; **sein ~ mit jdm treiben**, prendersi gioco di qu; **ein übles/grausames ~ mit jdm treiben/spielen**, giocare sporco/pesante con qu; **jdm das ~ verderben** *fam*, guastare la festa a qu, mettere il bastone tra le ruote a qu; **wie im ~**, come/quasi per gioco; **ein ~ des Zufalls**, un gioco del caso.

Spielabbruch m *sport* sospensione f della partita.

Spielalter n età f dei giochi.

Spielanfang m inizio m [della partita]/[del gioco].

Spielart f (*Erscheinungsform*) variante f, forma f, espressione f.

Spielautomat m slotmachine f.

Spielball m **1** (*Ball*) palla f, pallone m **2** *Tennis* game ball m **3** (*anderen ausgelieferte Person oder Sache*) giocattolo m, pedina f; {PERSON} *auch* burattino m, fantoccio m, marionetta f: **ein ~ in jds Händen sein**, essere un giocattolo nelle mani di qu; **zum ~ von jdm/etw werden**, cadere in balia di qu/qc; **ein ~ der Wellen sein**, essere in balia delle onde.

Spielbank <-, -en> f casinò m, casa f da gioco.

Spielbeginn m *sport* inizio m della partita.

Spielbein n **1** *sport* gamba f libera **2** *kunst* gamba f flessa.

Spielbrett n (*bei Brettspielen*) tavoliere m; (*für Dame, Schach*) scacchiera f.

Spielecke f angolo m riservato ai giochi (dei bambini).

spielen **A** tr **1** (*mit einem Spiel beschäftigt sein*) **etw ~** giocare (*a*) *qc*: **Fußball/Tennis ~**, giocare a calcio/pallone *fam*/[tennis]; **Karten/Schach/Roulette ~**, giocare [a scacchi]/[alla roulette]; **Lotto/Toto ~**, giocare al lotto/[a totocalcio]; **eine Partie/Runde Karten ~**, fare una partita a carte; **um Geld ~**, giocare di soldi; **um 100 Euro ~**, giocarsi 100 euro **2** *Karten* (*aus~*) **etw ~** giocare qc: **eine Farbe ~**, giocare un seme **3** *mus* **etw ~** suonare *qc*: **Flöte/Gitarre/[ein Lied]/Mozart ~**, suonare [il flauto]/[la chitarra]/[una canzone]/[Mozart]; **etw auf** {der Gitarre}/{dem Klavier} **~**, suonare qc [alla chitarra]/[al pianoforte]; **Jazz/Popmusik ~**, suonare musica jazz/pop **4** (*beherrschen*) **etw ~** {SPIEL} (saper) giocare *a qc*: **Schach ~**, sai giocare a scacchi?; {INSTRUMENT} (saper) suonare *qc*: **sie spielt gut Klavier**, [sa suonare]/[suona] bene il pianoforte, è brava a suonare il pianoforte **5** (*befördern*) **etw irgendwohin ~** passare qc + *compl di luogo*: **den Ball** ins **Abseits**/[vors Tor] **~**, passare il pallone in fuorigioco/[sotto rete]; **etw in jds Hände ~**, far arrivare qc di nascosto a qu **6** *film theat* (*darstellen*) **jdn/etw ~** {DEN HAMLET, OTHELLO, WERTHER} recitare (il ruolo/la parte di) *qu/qc*, interpretare (il ruolo/la parte di) *qu/qc*, fare la parte di *qu/qc*: **die Hauptrolle ~**, recitare la parte principale/[come protagonista] **7** (*aufführen*) **etw ~** {FILM, OPER, THEATERSTÜCK} dare *qc*: **was wird heute** [im Kino]/[im Theater]/[an der Oper] **gespielt?**, (che) cosa danno oggi [al cinema]/[a teatro]/[all'opera]?; {KONZERT, SINFONIE} suonare *qc*, eseguire *qc* **8** (*vorgeben*) **etw ~** fare *il/la qc*, atteggiarsi *a qc*, fingersi *qc*: **den Märtyrer ~**, fare il/[atteggiarsi a] martire; **sie spielt die Beleidigte**, fa l'offesa, recita la parte dell'offesa; **heute spiele ich mal die Gastgeberin**, oggi faccio un po' (io) la padrona di casa; **gespielt**, finto/simulato; **das ist alles nur gespielt**, è solo una finta/finzione **9** *fam* (*ertönen lassen*) **etw ~** {PERSON} mettere *qc*: **eine Kassette/CD ~**, mettere una cassetta/un CD; **von zehn bis zwölf spielt das Radio klassische Musik**, dalle dieci a mezzogiorno la radio manda in onda/[trasmette] musica classica **B** itr **1** (*mit Spielen beschäftigt sein*) (*irgendwo*) **~** giocare (+ *compl di luogo*); **mit jdm/etw** {MIT EINEM AUTO, EINEM FREUND, EINER PUPPE} **~** giocare *con qu/qc* **2** *film theat* **irgendwo ~** essere attore (-trice)/[recitare] + *compl di luogo*: **sie spielt am städtischen Theater**, è attrice al teatro comunale; **er spielt in dem neuen Film von Wenders**, fa una parte nel nuovo film di Wenders; **irgendwie ~** (saper) recitare + *compl di modo*; **sie spielt gut/schlecht**, recita bene/male, è una brava attrice/[attrice mediocre] **3** (*als Szenario haben*) **irgendwann/irgendwo ~** essere ambientato/[svolgersi] + *compl di tempo/luogo*: **die Szene spielt in Paris**, la scena è ambientata/[si svolge] a Parigi **4** *mus* **irgendwie ~** suonare + *compl di modo*: **auswendig/[nach Noten] ~**, suonare a memoria/[seguendo lo spartito]; [zum Tanz]/[zur Unterhaltung] **~**, suonare musica [da ballo]/[leggera] **5** *sport* (*irgendwann/irgendwo*) **(gegen jdn) ~** giocare (+ *compl di tempo/luogo*) (contro qu) **6** *fam* (*ertönen*): **bei dem Fest spielte flotte Musik**, alla festa c'era della musica allegra; **bei ihm spielt dauernd das Radio**, in casa sua la radio è sempre accesa **7** (*nicht ernst nehmen*) **mit jdm/etw ~** {MIT EINEM MENSCHEN, JDS GEFÜHLEN} giocare *con qu/qc* **8** (*übergehen*) **in etw** (akk) **~** {IN EINEN FARBTON} dare *su qc*, tendere *a qc*, tirare *a qc*, sfumare *in qc*: **die Farbe seiner Augen spielt ins Graue**, il colore dei suoi occhi dà sul grigio **9** (*spielerisch bewegen*) **irgendwo/mit etw** (dat) **~** giocare/scherzare *lit* + *compl di luogo/con qc*: **der Wind spielt in** [den Zweigen]/[ihrem Haar], il vento scherza tra i rami/[tra i capelli]; **er spielte gedankenverloren mit seinen Händen**, perso nei suoi pensieri si trastullava/[giocherellava] con le mani **C** unpers: **bei solchem Wetter spielt es sich schlecht**, con un tempo così si gioca male ● **hoch ~**, giocare forte; **etw ~ lassen** {MUSKELN}, mostrare *qc*; {BEZIEHUNGEN, CHARME, EINFLUSS, GELD, REIZE}, mettere in campo *qc*, sfruttare *qc*; **was wird hier gespielt?**, che (cosa) succede?

spielend **A** adj (*übergehend*): **ein ins Rötliche ~er Farbton**, una tonalità che dà sul rossiccio **B** adv (*mit Leichtigkeit*) {BEWÄLTIGEN, LERNEN, SCHAFFEN} quasi per gioco, facilmente: **~ mit jdm/etw fertig werden**, avere facilmente la meglio su qu, risolvere facil-

mente qc; **das ist ~ leicht**, è ⌊uno scherzo⌋/ [facilissimo].
Spielende <-s, ohne pl> n sport fine f della partita.
spielen|lassen <irr, hat spielenlassen> tr → **spielen**.
spielentscheidend adj decisivo per la partita: **das ~e Tor**, il gol che ha deciso ⌊la partita⌋/[l'incontro].
Spieler <-s, -> m (**Spielerin** f) **1** bes. sport giocatore (-trice) m (f) **2** (Glücksspieler) giocatore (-trice) m (f) d'azzardo: **zum ~ werden**, diventare un giocatore accanito.
Spielerei <-, -en> f **1** <nur sing> (dauerndes Spielen): **lass die ~!**, smettila di gingillarti/giocherellare! **2** <nur sing> (leichte Aufgabe) giochetto m, gioco m da ragazzi, scherzo m **3** <meist pl> (Kinkerlitzchen) aggeggio m inutile, gingillo m.
Spielerin f → **Spieler**.
spielerisch A adj **1** (verspielt) giocoso, scherzoso: **mit ~er Eleganz**, con nonchalance/disinvoltura; **mit ~er Leichtigkeit**, con estrema/grande facilità **2** (das Spiel betreffend) ludico; **~e Betätigung**, attività ludica **3** (die Spieltechnik betreffend) {KÖNNEN, LEISTUNG} sport di gioco, tecnico; theat recitativo B adv **1** (verspielt) giocosamente **2** (mit Leichtigkeit) con ⌊grande facilità⌋/[disinvoltura] **3** sport (was die Spieltechnik betrifft) sul piano del gioco, tecnicamente: **sich ~ hervorheben**, eccellere nel gioco; theat ⌊sul piano della⌋/[a livello di] recitazione.
Spielernatur <-, -en> f: **eine ~ sein**, essere ⌊un giocatore nato⌋/[una giocatrice nata].
Spielerwechsel m sport **1** (Wechsel während des Spiels) sostituzione f **2** (Wechsel zu einem anderen Verein) trasferimento m (di un giocatore).
Spielfarbe f Karten seme m.
Spielfeld n campo m (da gioco), terreno m di gioco.
Spielfeldhälfte f sport metà f campo.
Spielfigur f pezzo m (del gioco); (beim Schachspiel) auch scacco m; (Spielstein) pedina f.
Spielfilm m lungometraggio m, film m.
spielfrei adj sport theat: **~er Tag**, giorno di riposo.
Spielführer m (**Spielführerin** f) sport capitano m (di squadra).
Spielgefährte m (**Spielgefährtin** f) compagno (-a) m (f) di giochi.
Spielgeld n **1** (unechtes Geld) soldi m pl finti (per giocare) **2** (Einsatz) posta f, messa f rar; Karten auch piatto m.
Spielhälfte f: **in der ersten/zweiten ~**, nel primo/secondo tempo.
Spielhalle f sala f giochi.
Spielhölle f pej bisca f pej.
Spielkamerad m (**Spielkameradin** f) → **Spielgefährte**.
Spielkarte f carta f da gioco.
Spielkasino n → **Spielbank**.
Spielklasse f sport categoria f.
Spielleidenschaft f passione f del gioco.
Spielleiter m (**Spielleiterin** f) **1** film theat (Regisseur) regista mf **2** radio TV presentatore (-trice) m (f), conduttore (-trice) m (f) **3** sport (Schiedsrichter) arbitro m.
Spielleitung <-, ohne pl> f **1** film theat regia f **2** sport arbitraggio m.
Spielleute pl von Spielmann.
Spielmacher m (**Spielmacherin** f) slang sport uomo m partita.
Spielmann <-(e)s, -leute> m **1** hist giullare m **2** (Mitglied einer Musikkapelle, die an Umzü-

gen teilnimmt) bandista m.
Spielmannszug m {+VEREIN} banda f (musicale).
Spielmarke f gettone m, fiche f.
Spielminute f sport minuto m (di gioco).
Spielothek <-, -en> f **1** (Spieleverleih) ludoteca f **2** (Spielhalle) sala f giochi.
Spielplan m **1** film theat cartellone m, programma m: **auf den ~ stehen**, essere in cartellone; **etw auf den ~ setzen**, mettere qc in cartellone **2** (Programmplakat) locandina f **3** sport cartellone m; (für die ganze Saison) calendario m.
Spielplatz m giardinetti m pl fam, parco m giochi.
Spielraum m **1** (Bewegungsfreiheit) margine m (di manovra/azione), libertà f/spazio m di manovra; **jdm ~ einräumen/gewähren/zugestehen**, concedere a qu ⌊un certo margine d'azione⌋/[una certa libertà di manovra]; **jdm freien ~ lassen**, lasciare ⌊campo libero⌋/[mano libera] a qu; **jdm keinen ~ lassen**, non lasciare alcun margine ⌊di autonomia⌋/[d'azione] a qu; **der Auslegung ~ lassen** {GESETZ, PARAGRAPH}, lasciare un margine di interpretazione; **er hat in seinem Terminkalender keinen ~ mehr**, non ha più un buco libero nella sua agenda fam **2** mech gioco m.
Spielregel f **1** <meist pl> (von Gesellschaftsspiel) regola f di gioco: **die ~n beachten/einhalten**, osservare/rispettare le regole del gioco **2** <nur pl> (Verhaltenskodex) regole f pl del gioco: **sich an die ~n halten**, (at)tenersi/stare alle regole del gioco; **gegen die ~n verstoßen**, ⌊andare contro⌋/[trasgredire] le regole (del gioco).
Spielrunde f **1** (bei Gesellschaftsspielen) partita f **2** sport (Teil eines Wettkampfs) turno m.
Spielsaal m sala f da gioco.
Spielsachen subst <nur pl> giocattoli m pl.
Spielsaison f sport theat stagione f.
Spielschluss (a.R. Spielschluß) m fine f ⌊della partita⌋/[del gioco].
Spielschuld f <meist pl> debito m di gioco.
Spielschule f "corso m per bambini caratteriali dove imparano a giocare".
Spielstand m (risultato m) parziale m, punteggio m, situazione f (di gioco): **bei einem ~ von 2:1 hat der Schiedsrichter einen Elfmeter gepfiffen**, sul punteggio di 2:1 l'arbitro ha fischiato un rigore; **wie ist der ~?**, a quanto stanno?
Spielstärke f sport {+MANNSCHAFT} forza f.
Spielstein m pedina f.
Spielstraße f "strada f chiusa ai non residenti o con forte limitazione di velocità per consentire ai bambini di giocare".
Spielstunde f ora f di ricreazione.
Spielsucht f vizio m del gioco (d'azzardo).
Spielsüchtige <dekl wie adj> mf maniaco (-a) m (f) del gioco.
Spieltag m sport giornata f.
Spielteufel m demone m del gioco: **vom ~ besessen sein, den ~ im Leib haben**, essere posseduto dal demone del gioco; **in jdn ist der ~ gefahren**, qu è divorato dalla passione del gioco.
Spieltherapie f psych ludoterapia f.
Spieltisch m tavolo m da gioco.
Spieltrieb m desiderio m/voglia m di giocare: **das Kind hat einen ausgeprägten ~**, il bambino ha una spiccata propensione per il gioco.
Spieluhr f orologio m a carillon.
Spielunterbrechung f interruzione f

del gioco.
Spielverbot n sport squalifica f, sospensione f: **jdm ~ auferlegen, über jdn ein ~ verhängen**, infliggere/comminare una squalifica/sospensione a qu; **~ haben**, essere squalificato/sospeso.
Spielverderber <-s, -> m (**Spielverderberin** f) fam guastafeste mf fam: **sei kein ~!**, non fare il guastafeste!
Spielverlängerung f sport (tempo m) supplementare m; (wegen Verletzung oder Verzögerung) auch (minuti m pl) recupero m.
Spielverlauf m sport (corso m/andamento m del) gioco m: **im weiteren ~ ...**, ⌊nel prosieguo⌋/[nelle fasi successive] della partita ...
Spielwaren subst <nur pl> giocattoli m pl.
Spielwarengeschäft n negozio m di giocattoli.
Spielwarenhändler m (**Spielwarenhändlerin** f) negoziante mf di giocattoli, giocattolaio (-a) m (f).
Spielweise f modo m di giocare, gioco m.
Spielwerk n suoneria f.
Spielwiese f **1** (Grünfläche zum Spielen) prato m/[area f verde] per giocare, ⌊spazio m destinato⌋/[area f verde destinata] al gioco **2** (Experimentierfeld): **der öffentliche Dienst wird bisweilen zur ~ der Politiker**, il servizio pubblico a volte si trasforma in giocattolo personale dei politici.
Spielzeit f **1** theat (Saison) stagione f (teatrale) **2** (Zeit, während der ein Film, eine Oper, ein Theaterstück auf dem Programm steht) (periodo m/tempo m di) programmazione: **der Film hat zwei Wochen ~**, il film resterà in programmazione per due settimane; **nach dreimonatiger ~ setzte man das Stück ab**, dopo tre mesi di recite la pièce è stata tolta dal cartellone **3** (Spieldauer) {+CD, FILM, SPIEL} durata f **4** sport durata f: **reguläre ~**, tempo regolamentare.
Spielzeug n **1** (Gegenstand zum Spielen) giocattolo m, balocco tosk oder obs; (für Kleinkinder) auch ninnolo m: **Finger weg vom Computer, das ist kein ~!**, giù le mani dal computer, non è un giocattolo!; (als Sammelbegriff) giocattoli m pl; **räum den ~ weg!**, metti a posto i tuoi giocattoli! **2** (willenlose Person) fantoccio m, pupazzo m, marionetta f, giocattolo m.
Spielzeugauto n macchinina f.
Spielzeugeisenbahn f trenino m.
Spieß① <-es, -e> m **1** gastr spiedo m: **das Fleisch am ~ braten**, cuocere la carne allo spiedo; (für Fleischstückchen) spiedino m **2** hist (Stichwaffe) spiedo m; (Wurfspieß) giavellotto m ● **wie am ~ brüllen/schreien** fam, urlare come un dannato/ossesso fam; **den ~ umdrehen** fam/**umkehren**, rendere pan per focaccia, passare al contrattacco.
Spieß② <-es, -e> m slang mil maresciallo m.
Spießbraten m gastr arrosto m allo spiedo.
Spießbürger m (**Spießbürgerin** f) pej benpensante mf, perbenista mf, piccolo borghese mf, borghesuccio (-a) m (f), filisteo (-a) m (f) geh.
spießbürgerlich adj pej {ANSICHTEN, LEBENSWEISE, VORURTEILE} perbenistico, piccolo borghese, filisteo geh: **~ sein**, essere un perbenista/benpensante/borghesuccio.
Spießbürgertum n pej **1** (Gesamtheit der Spießbürger) piccola borghesia f **2** (Lebensart der Spießbürger) perbenismo m, filisteismo m geh, conformismo m (piccolo borghese).
Spießchen n dim von Spieß gastr spiedino m.

spießen tr *etw auf etw* (akk) ~ {FLEISCH AUF DIE GABEL} infilzare qc con qc; {FLEISCHSTÜCKCHEN, HAMMEL AUF DEN SPIEß} infilzare qc in/su qc, infilare qc in/su qc; **jdn/etw auf einen Pfahl** ~, impalare qu/qc.

Spießer <-s, -> m (**Spießerin** f) *pej* → **Spießbürger**.

spießerhaft adj *pej* → **spießbürgerlich**.

Spießermoral f *pej* morale f (da) piccolo borghese.

Spießertum n → **Spießbürgertum**.

Spießgeselle m (**Spießgesellin** f) *pej* complice mf, compare m.

spießig adj *fam pej* → **spießbürgerlich**.

Spießigkeit <-, ohne pl> f perbenismo m.

Spießruten subst <nur pl>: ~ **laufen**, passare sotto le forche caudine.

Spike <-s, -s> m **1** (*Metalldorn*) chiodo m **2** <meist pl> (*Sportschuhe*) scarpa f chiodata; (*für Leichtathletik*) scarpetta f chiodata **3** <nur pl> (~*reifen*) pneumatici m pl/copertoni m pl chiodati.

Spikereifen, **Spikesreifen** m *autom* pneumatico m/copertone m chiodato.

Spin <-s, -s> m *nukl phys* spin m.

spinal adj *med* spinale. ~**e Kinderlähmung**, poliomielite (in forma) spinale.

Spinat <-(e)s, ohne pl> m **1** *bot* spinacio m: ~ **pflücken/ernten**, raccogliere spinaci **2** *gastr* spinaci m pl.

Spinatwachtel f *fam pej* befana f *fam*, vecchia megera f *fam*.

Spind <-(e)s, -e> m oder n *bes. mil* armadietto m.

Spindel <-, -n> f **1** (*beim Spinnen*) fuso m **2** *tech* mandrino m.

spindeldürr adj *fam* {MENSCH} magro/secco come un chiodo *fam*/uno stecco *fam*; {ARME, BEINE, HALS} secco, magrissimo.

spindelförmig adj a forma di fuso, fusiforme.

Spindeltreppe f → **Wendeltreppe**.

Spinett <-(e)s, -e> n *mus* spinetta f.

Spinnaker <-s, -> m *naut* spinnaker m.

Spinne <-, -n> f ragno m: **die** ~ **spinnt/webt ihr Netz**, il ragno tesse la tela ● **wie eine** ~ **im** *Netz* **sitzen**, volteggiare sulla preda come un avvoltoio; *pfui* ~!, ih, che schifo!

spinnefeind adj *fam*: (mit) jdm ~ **sein**, avercela a morte con qu; **sich** (dat)/**einander** ~ **sein**, essere ˌnemici giuratiˌ/[come cane e gatto].

spinnen① <spinnt, spann, gesponnen> **A** tr **1** (*am Spinnrad*) *etw* ~ {FLACHS, GARN, WOLLE} filare qc **2** (*Fäden erzeugen*) *etw* ~ {KOKON, SPINNENNETZ} tessere qc; {PERLON, NYLON} filare qc (artificialmente) **3** (*ersinnen*): **ein Lügengewebe/[Netz von Lügen]** ~, tessere una ragnatela di menzogne **B** itr filare: ˌam Spinnradˌ/[mit der Hand] ~, filare ˌalla roccaˌ/[a mano]; **maschinell** ~, filare a macchina.

spinnen② <spinnt, spann, gesponnen> itr *fam* (*leicht verrückt sein*) essere matto/[suonato *fam*]/[fuori di testa *slang*]/[svitato *fam*]: **der Karl spinnt ein bisschen**, Karl è un po' suonato ● **spinn doch nicht!**, non dire stupidaggini/scemenze!, non fare lo/la stupido (-a)!; **ich glaub', ich spinne!**, non ci posso credere!, sto sognando!; *ich* **spinn' doch nicht!**, fossi matto (-a)!; **das ist doch gesponnen!**, sono tutte balle *slang*/fesserie *slang*!; **sag mal, spinn' ich, oder ...?** *fam*, sto dando i numeri o che...?, sto sognando o ...?; **du spinnst** *wohl*!, **spinnst Du?**, sei fuori di testa! *fam*, ma che sei matto (-a)?, (che) stai dando i numeri!?; **ich dein Auto waschen?!**

Du spinnst wohl!, io lavare la tua macchina? Stai delirando!

Spinnen <-s, ohne pl> n filatura f.

Spinnennetz n ragnatela f, tela f di ragno.

Spinnenphobie f *med* aracnofobia f.

Spinnentier n *zoo* aracnide m.

Spinner① <-s, -> m (**Spinnerin** f) (*Facharbeiter*) filatore (-trice) m (f).

Spinner② <-s, -> m (**Spinnerin** f) *fam* (*leicht verrückte Person*) matto (-a) m (f), svitato (-a) *fam*, squinternato (-a) m (f); (*jd, der Lügengeschichten erzählt*) raccontafavole mf, raccontaballe mf *fam*.

Spinnerei① <-, -en> f (*Betrieb*) filanda f.

Spinnerei② <-, -en> f *fam* (*Blödsinn*) idea f strampalata/bislacca, ghiribizzo m, grillo m.

Spinnerin f *rar* → **Spinner**②.

Spinnfaser f *text* fibra f tessile.

Spinngewebe n → **Spinnennetz**.

Spinnmaschine f *text* filatoio m.

Spinnrad n arcolaio m.

Spinnwebe <-, -n> f **1** (*Spinnennetz*) ragnatela f, tela f di ragno **2** (*Faden*) filo m di ragno.

Spin-off <-(s), -s> n oder m spin-off m, derivato m.

spintisieren <ohne ge-> itr *fam pej* (*über etw* akk) ~ almanaccare (*su qc*), fantasticare (*su qc*).

Spion① <-s, -e> m (*Guckloch*) spioncino m, spia f.

Spion② <-s, -e> m (**Spionin** f) spia f; (*Geheimagent*) *auch* agente m segreto/[dello spionaggio]: **jdn als** ~ **entlarven**, scoprire che qu è una spia; **einen** ~ **überführen**, scoprire una spia.

Spionage <-, ohne pl> f spionaggio m: ~ **(be)treiben**, svolgere attività spionistica, fare dello spionaggio; **unter dem Verdacht der** ~ **stehen**, essere sospettato di spionaggio.

Spionageabwehr f (servizio m di) controspionaggio m.

Spionageaffäre f vicenda f/caso m di spionaggio.

Spionageapparat <-(e)s, ohne pl> m apparato m spionistico.

Spionagedienst m servizio m segreto.

Spionagefilm m film m di spionaggio.

Spionagenetz n rete f ˌdi spionaggioˌ/[spionistica].

Spionagering m rete f di spionaggio.

Spionagesatellit m satellite m spia.

spionieren <ohne ge-> itr **1** (*Spionage treiben*) (*für/gegen jdn/etw*) ~ fare ˌla spiaˌ/[spionaggio] (*per/contro qu/qc*), svolgere attività spionistica (*per/contro qu/qc*) **2** *pej* (*herumschnüffeln*) *irgendwo* ~ fare la spia + *compl di luogo*: **im Betrieb** ~, fare la spia in azienda; **an der Tür** ~, spiare da dietro la porta; **in jds Schubladen** ~, ˌficcare il naso *fam*ˌ/[frugare (di nascosto)] nei cassetti di qu.

Spionin f → **Spion**②.

Spiralbohrer m *tech* punta f elicoidale/[a elica] (per trapano).

Spirale <-, -n> f **1** (*Linie*) spirale f: **eine** ~ **beschreiben**, descrivere/disegnare una spirale; **in** ~**n verlaufen**, procedere a spirale **2** (*spiralförmiger Gegenstand*) spirale f **3** (*wechselseitige Steigerung*) spirale f, vortice m: **die** ~ **der Staatsverschuldung**, la spirale dell'indebitamento dello stato **4** *fam med* (*Pessar*) spirale f *fam*: **sich** (dat) **eine** ~ **einsetzen lassen**, farsi mettere la spirale.

Spiralfeder f molla f a spirale.

spiralförmig adj (a forma di) spirale, spiraliforme: ~ **sein**, avere la forma di una spirale.

spiralig adj a spirale.

Spiralwindung f spira f.

Spiritismus <-, ohne pl> m spiritismo m.

Spiritist <-en, -en> m (**Spiritistin** f) spiritista mf.

spiritistisch adj spiritico, spiritistico: ~**e Sitzung**, seduta spiritica.

Spiritualismus <-, ohne pl> m *relig* spiritualismo m.

spirituell adj *geh* spirituale.

Spirituose <-, -n> f <meist pl> superalcolico m, liquore m.

Spiritus <-, ohne pl> m spirito m, alcol m: **etw in** ~ **legen**, mettere qc sotto spirito.

Spirituskocher m fornello m a spirito.

Spital <-s, Spitäler> n *A CH* ospedale m.

spitz **A** adj **1** (*in einer Spitze endend*) {DORN, NADEL, NAGEL, PFEIL, ZAHN} aguzzo, acuminato, appuntito; {FINGERNAGEL} *auch* affilato, a punta; {BLEISTIFT} appuntito; {KINN, NASE} a punta, aguzzo, {MESSER, SCHERE} a punta, appuntito; {SCHUHE} a punta; {FINGER} affusolato; {ELLBOGEN, KNIE} puntuto: ~**e Ausschnitt**, scollatura a V/punta; ~**e Klammern**, parentesi uncinate **2** *geom* {WINKEL} acuto **3** (*bissig*) {BEMERKUNG} pungente, tagliente, mordace; {ZUNGE} affilato, tagliente: ~ **sein/werden**, essere/diventare sarcastico **4** *fam* (*kränklich*): **ein ~es Gesicht haben**, avere un viso affilato **5** (*hoch und kurz*) {SCHREI} acuto **6** *slang* (*lüstern*) arrapato *slang*, eccitato (sessualmente): **jdn** ~ **machen**, arrapare qu *slang*, eccitare qu (sessualmente) **B** adv **1** (*mit einer Spitze*): ~ **zulaufen**, finire/terminare a punta; **etw** ~ **feilen**, affilare qc **2** (*bissig*) {ANTWORTEN} con tono mordace, in modo pungente ● ~ **auf jdn/etw sein** *fam*, avere voglia di qu, avere una gran voglia di qc.

Spitz① <-es, -e> m *zoo* (*cane m*) volpino m.

Spitz② <-es, -e> m *A CH* → **Spitze**① ● **es steht** ~ **auf Knopf** *süddt* (*bei einer Entscheidung, einem Spiel*), si deciderà sul filo di lana, sarà un testa a testa.

Spitzbart m pizzo m, pizzetto m.

spitzbärtig adj col pizzetto.

Spitzbauch m pancia f prominente; {+SCHWANGERE FRAU} *auch* pancia f.

spitz|bekommen <irr, ohne ge-> tr *fam etw* ~ scoprire qc, capire qc; **sie hat längst** ~, **dass er fremdgeht**, già da molto (lei) ha scoperto che (lui) la tradisce.

Spitzbogen m *arch* arco m a sesto acuto, ogiva f.

Spitzbube <-n, -n> m **1** *pej* (*Gauner*) farabutto m, furfante m, mascalzone m, canaglia f **2** *fam* (*Schelm*) birba f, birbante m, birichino m.

spitzbübisch adj {LÄCHELN} (da) birichino/birbante.

spitze <inv> adj *fam* → **klasse**.

Spitze① <-, -n> f **1** (*spitzes, scharfes Ende*) {+BLEISTIFT, NADEL, SCHWERT} punta f; {+LANZE, PFEIL} *auch* cuspide f **2** (*spitz zulaufendes Ende*) {+FINGER, NASE, SCHUH, TURM} punta f: **deine Haare sind an den** ~**n gespalten**, i tuoi capelli hanno le doppie punte; {+BLEISTIFT ECK} vertice f **3** (*höchster Punkt*) {+BAUM, BERG, TURM} cima f, punta f, vetta f **4** (*vorderer Teil*) {+KOLONNE, ZUG} testa f, capofila m **5** (*Führung*) testa f, vertice m: **er wurde an die** ~ **des Unternehmens gestellt**, fu messo a capo dell'azienda **6** <nur pl> (*führende Persönlichkeiten*) vertici m pl, uomini m pl/personalità f pl di punta, massime personalità f pl;

die ~n der Gesellschaft/Partei, ₍i vertici₎/ [le alte sfere] ₍della società₎/[del partito] **7** (*Höchstwert*) punta f massima: **in manchen Gegenden erreicht die Bevölkerungsdichte ~n von 200 Personen/km²**, in alcune zone la densità di popolazione raggiunge punte massime di 200 abitanti/km²; *fam* (*Höchstgeschwindigkeit*) velocità f massima; **sein neues Auto fährt 220 (km/h) ~**, la sua nuova macchina ₍arriva a₎/[ha una velocità massima di] 220 (km/h) **8** (*Seitenhieb*) frecciata f, frecciatina f: **hast du gemerkt? Das war eine ~ gegen dich**, te ne sei accorto (-a)? Questa era una frecciata per te! **9** (*Zigarrenspitze, Zigarettenspitze*) bocchino m **10** *sport* (*Stürmer*) punta f: **mit zwei/drei ~n spielen**, giocare con/a due/tre punte • **du bist einfach ~!**, sei davvero fantastico (-a)/top *fam*/geniale!; **das ist nur die ~ des** *Eisbergs*, questa ₍è solo₎/[non è che] la punta dell'iceberg; **die ~ halten** *sport*, rimanere in testa; **das ist (absolute/einsame) ~!** *fam*, questo è davvero il massimo!; **an der ~ liegen** *sport*, essere in testa; **etw (dat) die ~ nehmen** (*etw abmildern*), smussare gli angoli di qc; **sich an die ~ setzen, die ~ übernehmen** *sport*, passare in testa; **sich an die ~ einer S. (gen) setzen**, mettersi alla testa di qc; **an der ~ (einer S. gen) stehen**, essere al vertice di qc; **etw auf die ~ treiben**, spingere qc all'estremo, esasperare qc; **treib es nicht auf die ~!**, non esagerare!, non tirare troppo la corda!

Spitze② <-s, -n> f *text* merletto m, pizzo m, trina f: **mit ~n besetzte Unterwäsche**, biancheria intima ₍con il pizzo₎/[merlettata] • **Brüsseler ~**, merletti di Bruxelles/Fiandra.

Spitzel <-s, -> m spia f, spione m; (*Polizeispitzel*) informatore m (della polizia), delatore m; (*jd, der interne Informationen an kriminelle Organisationen weitergibt*) talpa f.

spitzeln itr (*für jdn*) ~ fare la spia (*per qu*).

spitzen tr *etw* ~ {BLEISTIFT, FARBSTIFT} appuntire qc, temperare qc, affilare qc, fare la punta *a qc*: **die Lippen/den Mund ~**, fare boccuccia; **die Ohren ~**, drizzare/aguzzare gli orecchi, tendere l'orecchio.

Spitzenbelastung f **1** *el tech* carico m massimo/[di punta] **2** *ökol* inquinamento m massimo.

Spitzenbesatz m merlettatura f, guarnizione f di merletti/pizzo.

Spitzenbluse f camicetta f/blusa f di pizzo.

Spitzendeckchen n centrino m (di merletto/pizzo).

Spitzeneinkommen n reddito m molto alto.

Spitzenerzeugnis n prodotto m di ₍alta/gran qualità₎/[primissima scelta].

Spitzenfunktionär m (**Spitzenfunktionärin** f) alto funzionario m.

Spitzengehalt n stipendio m molto alto.

Spitzengeschwindigkeit f velocità f massima.

Spitzengruppe f *sport* gruppo m di testa.

Spitzenhöschen n slip m pl/mutandine f pl di pizzo.

Spitzenkandidat m (**Spitzenkandidatin** f) *pol* (*an der Spitze einer Wahlliste*) capolista mf; (*Erfolg versprechender Kandidat*) candidato (-a) m (f) di punta/spicco.

Spitzenklasse f **1** *sport*: **zur ~ gehören**, far parte dell'élite, essere un fuoriclasse **2** (*höchste Qualität*) primissima qualità f/scelta f, altissimo livello m: **ein Auto/Hotel der ~**, una macchina/un hotel di classe • **~!** *fam*, fantastico!

Spitzenklöppelei f pizzo m al tombolo.

Spitzenklöpplerin f merlettaia f.

Spitzenkraft f persona f altamente qualificata: **er ist die absolute ~ des Unternehmens**, è ₍la punta di diamante₎/[l'uomo di punta] di quest'impresa.

Spitzenlast f *el* carico m massimo.

Spitzenleistung f **1** (*Höchstleistung*) {+ARBEITSKRAFT, MASCHINE} rendimento m massimo **2** (*Rekord*) exploit m, performance f di alto livello: **die Kernspaltung gehört zu den ~en der Wissenschaft**, la fissione nucleare è uno dei massimi traguardi raggiunti dalla scienza.

Spitzenlohn m retribuzione f molto alta, salario m molto alto.

Spitzenmann m uomo m di punta; {+PARTEI} esponente m di punta.

Spitzenmannschaft f *sport* grande squadra f, squadra f di punta, squadrone m.

spitzenmäßig *fam* **A** adj: **etw ist ~**, qc è ₍il massimo₎/[fantastico]/[fortissimo] *fam*; **~ aussehen** {FRAU}, essere bellissima/discreta *fam*; {MANN} essere un bel fico *slang* **B** adv benissimo, alla grande *fam*.

Spitzenpolitiker m (**Spitzenpolitikerin** f) politico m di punta/[primo piano].

Spitzenposition f **1** *sport* posizione f di testa **2** (*leitende Position*) posizione f ₍al vertice₎/[di primo piano]: **eine ~ innehaben**, essere ai vertici.

Spitzenqualität f primissima qualità f, qualità f superiore.

Spitzenreiter m (**Spitzenreiterin** f) **1** *sport* capoclassifica mf, leader mf, numero mf uno **2** (*tonangebende Persönlichkeit*) leader mf, numero mf uno **3** *com* (*erfolgreiches Produkt*) (prodotto m di) successo m: **der ~ der Hitparade**, il (disco)/la (canzone) numero uno della hit-parade; **der neue Golf ist der ~ der Saison**, la nuova Golf è la macchina più venduta della stagione; **~ sein**, essere ₍in testa₎/[il/la numero uno].

Spitzensportler m (**Spitzensportlerin** f) campione (-essa) m (f), fuoriclasse mf, campionissimo (-a) m (f).

Spitzenstellung f → **Spitzenposition**.

Spitzensteuersatz m *ökon* aliquota f massima.

Spitzentanz m danza f sulle punte.

Spitzentechnologie f tecnologia f ₍d'avanguardia₎/[più avanzata].

Spitzenverband m organizzazione f/gruppo m leader.

Spitzenverdiener m (**Spitzenverdienerin** f) persona f che ₍percepisce uno stipendio molto alto₎/[guadagna molto].

Spitzenverkehrszeit f ora f di punta.

Spitzenwein m vino m di primissima qualità.

Spitzenwert m valore m massimo, punta f massima, picco m.

Spitzenzeit f **1** (*Zeit der Höchstbelastung*) ora f di punta **2** *com* (*Hauptverkaufsperiode*) periodo m di punta delle vendite **3** *sport* tempo m record: **eine ~ fahren/laufen**, fare un tempo (da) record.

Spitzer <-s, -> m *fam* temperamatite, temperalapis m, appuntalapis m.

spitzfindig A adj (*übergenau*) {BETRACHTUNG, UNTERSCHEIDUNG} sottile; (*haarspalterisch*) {PERSON} cavilloso, capzioso; {ERKLÄRUNG, ÜBERLEGUNG} *auch* sofistico: **~ sein**, essere cavilloso, cavillare **B** adv {ARGUMENTIEREN} cavillosamente, sofisticamente, capziosamente.

Spitzfindigkeit <-, -en> f *pej* cavillosità f, sofisticheria f, sottigliezza f, sofisma m.

Spitzgiebel m *arch* cuspide f.

spitz|haben <irr> tr *fam* **etw ~** scoprire qc.

Spitzhacke f piccone m.

Spitzkehre f curva f a U/gomito.

spitz|kriegen tr *fam* → **spitz|bekommen**.

Spitzmaus f **1** *zoo* toporagno m **2** (*weibliche Person mit spitzem Gesicht*) donna f/ragazza f col viso da topino.

Spitzname m nomignolo m, soprannome m: **jdm einen ~n geben**, soprannominare qu, dare/affibbiare un nomignolo/soprannome a qu; **mit dem ~n ...**, soprannominato (-a) ...

Spitzwegerich m *bot* piantaggine f.

spitzwinklig, spitzwinkelig A adj {DREIECK} acutangolo; {GASSE} ad angolo acuto **B** adv formando un angolo acuto.

spitzzüngig adj dalla lingua tagliente/affilata.

Spleen <-s, -e oder -s> m (*seltsame Angewohnheit*) fisima f, fissazione f, fissa f *fam*: **das ist ein richtiger ~ von ihm, immer bei offenem Fenster zu schlafen**, ha la fisima di dormire sempre con la finestra aperta • **der hat ja einen ~!** *fam*, è un po' tocco!

spleenig adj {MENSCH} bizzarro, strambo; {EINFALL} *auch* balzano.

Splint <-(e)s, -e> m *tech* copiglia f.

Spliss (a.R. Spliß) <-es, ohne pl> m (*gespaltene Haarspitzen*) doppie punte f pl.

splissanfällig (a.R. splißanfällig) adj {HAAR} soggetto a doppie punte.

Split <-s, ohne pl> n *geog* Spalato f.

Splitt <-(e)s, -e> m pietrisco m, brecciame m.

splitten tr *etw* ~ **1** *ökon* {AKTIEN} frazionare qc **2** *pol* {WÄHLERSTIMMEN} ripartire qc.

Splitter <-s, -> m frammento m, pezzetto m; (*Diamantensplitter, Glassplitter, Holzsplitter, Knochensplitter*) scheggia f: **ich habe mir einen ~ in den Daumen eingezogen**, una scheggia mi ₍si è conficcata₎/[è entrata] nel pollice; **sich (dat) einen ~ herausziehen**, togliersi una scheggia; (*Metallsplitter*) pagliuzza f; (*größer*) scaglia f; (*Bombensplitter, Granatsplitter*) scheggia f, frammento m • **den ~ im Auge des/der ander(e)n sehen, aber nicht den Balken im eigenen**, vedere la pagliuzza nell'occhio altrui e non la trave nel proprio.

Splitterbombe f *mil* bomba f dirompente.

Splitterbruch m *med* frattura f comminuta, comminuzione f.

splitterfrei adj {GLAS} infrangibile.

Splittergruppe f *pol* frangia f, gruppuscolo m.

splittern itr **1** <sein> (*in Splitter zerbrechen*) {GLAS} scheggiarsi, frantumarsi **2** <haben> (*Splitter bilden*) {HOLZ} sverzarsi.

splitternackt, splitterfasernackt adj *fam* nudo come ₍un verme₎/[mamma l'ha fatto] *fam*.

Splitterpartei f *pol* partitino m, partito m minore.

Splitting <-s, -s> n **1** <nur sing> *Steuer* splitting m **2** *ökon* frazionamento m, ripartizione f; (*von Aktien*) frazionamento m azionario **3** *pol* panachage m.

SPÖ <-, ohne pl> f *Abk* von Sozialdemokratische Partei Österreichs: "partito m socialdemocratico austriaco".

Spoiler <-s, -> m **1** *autom* spoiler m, alettone m **2** *aero* disruttore m, spoiler m **3** *Ski* spoiler m.

Spolien subst <nur pl> arch materiale f di spoglio.

sponsern tr jdn/etw ~ sponsorizzare qu/qc.

Sponsor <-s, -en> m (**Sponsorin** f) sponsor mf, sponsorizzatore (-trice) m (f).

Sponsoring <-s, ohne pl> n sponsorizzazione f.

spontan A adj spontaneo B adv spontaneamente: etw ~ entscheiden, decidere qc lì per lì; sich ~ verhalten, comportarsi con spontaneità; ~ zusagen, accettare subito.

Spontaneität, Spontanität <-, ohne pl> f geh spontaneità f.

Sponti <-s, -s> m slang pol spontaneista mf.

sporadisch A adj sporadico B adv sporadicamente.

Spore <-, -n> f bot spora f, sporula f.

Sporen pl von Spore, Sporn①.

Sporentierchen n zoo sporozoo m.

Sporn① <-(e)s, Sporen> m 1 <meist pl> (am Reitstiefel) sperone m, sprone m ebs: einem Pferd die Sporen geben, spronare un cavallo 2 zoo (hornige Kralle) sperone m, sprone m • sich (dat) die (ersten) Sporen verdienen, guadagnarsi i (primi) galloni.

Sporn② <-(e)s, -e> m geog sperone m.

spornstreichs adv obs a spron battuto.

Sport <-(e)s, rar -e> m 1 (körperliche Betätigung) sport m: ~ machen fam/treiben, fare sport/[attività sportiva] 2 (~art) sport m: Schwimmen ist ein sehr gesunder ~, il nuoto è uno sport molto salutare 3 (Liebhaberei) sport m, passatempo m: sein neuester ~ sind Videospiele, il suo nuovo passatempo sono i videogiochi; etw aus/zum ~ betreiben, fare qc per sport 4 (Schulfach) educazione f fisica • sich (dat) einen ~ daraus machen, etwas zu tun, divertirsi a fare qc.

Sportabzeichen n "distintivo m attribuito a chi ha superato determinate prove sportive".

Sportangler m (**Sportanglerin** f) pescatore (-trice) m (f) ⌞sportivo (-a)⌟/[per hobby].

Sportanlage f impianto m sportivo.

Sportanzug m tuta f (sportiva/[da ginnastica].

Sportart f (tipo m di) sport m, disciplina f (sportiva).

Sportartikel m <meist pl> com articolo m sportivo.

Sportarzt m (**Sportärztin** f) med specialista mf in medicina dello sport.

Sportausrüstung f attrezzatura f sportiva, equipaggiamento m sportivo.

sportbegeistert adj appassionato di sport.

Sportbeilage f journ supplemento m sportivo.

Sportbericht m, **Sportberichterstattung** f journ cronaca f sportiva.

Sportclub m → **Sportverein**.

Sportdress (a.R. Sportdreß) m tenuta f sportiva.

sporteln itr fam fare un po' di sport, fare sport per divertimento.

Sportereignis n evento m sportivo.

Sportfan m tifoso m.

Sportfest n Schule "manifestazione f sportiva con gare e giochi".

Sportflieger m (**Sportfliegerin** f) 1 (Pilot) pilota m sportivo 2 <nur pl> → **Sportflugzeug**.

Sportflugzeug n aereo m da turismo.

Sportfreund m (**Sportfreundin** f) 1 (Sportbegeisterter) appassionato (-a) m (f) di sport, sportivo (-a) m (f) 2 (Sportkamerad) compagno (-a) m (f) di sport.

Sportfunktionär m (**Sportfunktionärin** f) funzionario (-a) m (f) di un'organizzazione sportiva.

Sportgeist <-(e)s, ohne pl> m spirito m sportivo, sportività f.

Sportgerät n attrezzo m sportivo.

Sportgeschäft n negozio m di ⌞articoli sportivi⌟/[sport].

Sporthalle f 1 (für Sportveranstaltungen) palazzetto m/palazzo m dello sport, palasport m 2 (Turnhalle) palestra f.

Sporthemd n 1 (Trikothemd) maglia f 2 (Freizeithemd) camicia f sportiva/casual.

Sportherz n med → **Sportlerherz**.

Sporthochschule f ≈ Istituto m Superiore di Educazione Fisica (Abk ISEF).

Sporthotel n albergo m dello sport (attrezzato per clienti che praticano sport, soprattutto sci e alpinismo).

sportiv adj {TYP} sportivo.

Sportjournalist m (**Sportjournalistin** f) giornalista mf sportivo (-a).

Sportkleidung f abbigliamento m sportivo, sportswear m.

Sportklub m → **Sportverein**.

Sportlehrer m (**Sportlehrerin** f) Schule insegnante mf di ginnastica/[educazione fisica form].

Sportler <-s, -> m (**Sportlerin** f) (uomo m/donna f) sportivo (-a) m (f), atleta mf.

Sportlerherz n med cuore m d'atleta, cardioipertrofia f wiss.

Sportlerin f → **Sportler**.

sportlich A adj 1 (den Sport betreffend) {LEISTUNG, SPIEL, WETTKAMPF} sportivo 2 (vom Sport geprägt) {FIGUR, TYP} sportivo (durchtrainiert) atletico: ~ aussehen/wirken, avere un aspetto sportivo/atletico; ~ sein, essere un tipo sportivo 3 (fair) sportivo 4 (flott) {FRISUR, SCHNITT, SCHUHE} sportivo; {KLEIDUNG} auch casual 5 (schnell) {AUTO, FAHRWEISE, MOTORRAD, STIL} sportivo B adv 1 (was den Sport betrifft): ~ gesehen, dal punto di vista sportivo, a livello sportivo 2 (flott) {SICH ANZIEHEN, SICH KLEIDEN} in modo sportivo, casual, sportivamente 3 (fair) {SICH BENEHMEN, SICH VERHALTEN} sportivamente • sich ~ betätigen, ~ aktiv sein, fare sport/[attività sportiva]; ~ fahren, avere una guida sportiva.

Sportlichkeit <-, ohne pl> f 1 {+MENSCH} carattere m sportivo 2 (Fairness) spirito m sportivo, sportività f, fair play m.

Sportmaschine f → **Sportflugzeug**.

Sportmedizin f medicina f sportiva/[dello sport].

Sportmediziner m (**Sportmedizinerin** f) → **Sportarzt**.

Sportmeldung f notizia f sportiva/[di sport].

Sportmütze f berretto m sportivo.

Sportnachrichten subst <nur pl> notizie f pl sportive, notiziario m sportivo.

Sportplatz m campo m sportivo.

Sportpresse f stampa f sportiva.

Sportredakteur m (**Sportredakteurin** f) redattore (-trice) m (f) sportivo (-a), cronista mf sportivo (-a).

Sportreportage f cronaca f sportiva.

Sportreporter m (**Sportreporterin** f) cronista mf/giornalista mf sportivo (-a).

Sportschuh m 1 (sportlicher Schuh) scarpa f sportiva 2 (Turnschuh) scarpa f/scarpetta f da ginnastica.

Sportseite f journ pagina f dello sport; <pl> cronaca f sportiva.

Sportsendung f radio TV trasmissione f sportiva/[di sport], programma m sportivo.

Sportsfreund m fam: he, ~!, eh, amico!; wenn der ~ da ..., se quel tipo là ...

Sportskanone f fam asso m dello sport.

Sportsprache f linguaggio m sportivo/[dello sport].

Sportstadion n stadio m.

Sportstudent m (**Sportstudentin** f) studente (-essa) m (f) dell'istituto superiore di educazione fisica.

Sporttaucher m (**Sporttaucherin** f) subacqueo (-a) m (f), sub mf.

Sportteil m journ pagine f pl dello sport, cronaca f sportiva.

Sportunfall m infortunio m (subito praticando uno sport).

Sportunterricht m Schule (lezione f di) educazione f fisica.

Sportveranstaltung f manifestazione f sportiva.

Sportverband m federazione f sportiva.

Sportverein m circolo m/club m sportivo, società f sportiva.

Sportverletzung f lesione f contratta durante l'attività sportiva.

Sportwagen m 1 (Auto) macchina f/auto f sportiva 2 (Kinderwagen) passeggino m.

Sportwart m (**Sportwartin** f) addetto (-a) m (f) alla manutenzione di un impianto sportivo.

Sportwelt <-, ohne pl> f mondo m/ambiente m dello sport.

Sportwissenschaft f scienza f dello sport.

Sportzeitung f giornale m sportivo.

Spot <-s, -s> m 1 radio TV (Werbefilm, Werbetext) spot m 2 (Punktstrahler in Wohnräumen) spot m, faretto m; film fot theat spot m, faro m, riflettore m; {AUF DER BÜHNE} auch occhio m di bue.

Spotgeschäft n ökon operazione f a pronti.

Spotlight <-s, -s> n 1 film fot theat spot m, faro m, riflettore m: im ~, sotto i fari/riflettori 2 (Punktstrahler) spot m, faretto m.

Spotmarkt m com mercato m a pronti.

Spott <-(e)s, ohne pl> m derisione f, dileggio m, scherno m: beißender ~, sarcasmo; Gegenstand des allgemeinen ~(e)s sein geh, essere oggetto di scherno/derisione, essere lo scherno/zimbello di tutti • jdn/etw dem ~ (der anderen/Leute) preisgeben geh, esporre qu/qc al ⌞pubblico ludibrio geh⌟/[dileggio della gente], mettere qu/qc in ridicolo; seinen ~ mit jdm/etw treiben, deridere/schernire qu/qc, farsi beffe di qu/qc; jdn mit ~ überschütten, coprire qu di ridicolo.

Spottbild n obs caricatura f.

spottbillig fam A adj che ha un prezzo irrisorio: ~ sein, non costare niente, essere regalato B adv {BEKOMMEN, KAUFEN} a un prezzo irrisorio/stracciato, per due lire.

Spöttelei <-, -en> f canzonatura f, dileggio m, sfottimento m fam.

spötteln itr (über jdn/etw) ~ canzonare qu, ironizzare (su qu/qc), fare dell'ironia (su qu/qc).

spotten itr 1 (höhnen) (über jdn/etw) ~ deridere qu, sfottere (qu) fam, prendere in giro (qu), beffarsi di qu, fare dell'ironia (su qu/qc): er spottet über ihren neuen Look, la ⌞prende in giro⌟/[sfotte] per il suo nuovo look 2 geh (sich hinwegsetzen) etw (gen) ~ {EINER GEFAHR, JDS WARNUNGEN} ridersene di *qc geh*, farsi beffe *di qc* **3** *geh* (*sich entziehen*): **etw spottet jeder Beschreibung**, ˌnon vi sono parole perˌ/[è impossibile] descrivere qc, qc è indescrivibile; **etw spottet jeder Vorstellung**, qc supera ogni immaginazione, qc è inimmaginabile.

Spötter <-s, -> *m* (**Spötterin** *f*) (s)beffeggiatore (-trice) *m* (*f*), canzonatore (-trice) *m* (*f*), sfottitore (-trice) *m* (*f*) *fam*.

Spottgedicht *n lit* satira *f*, poesia *f* satirica.

Spottgeld *n fam* → **Spottpreis**.

spöttisch A *adj* {MENSCH} beffardo, sfottente *fam*; {BEMERKUNG, BLICK, LÄCHELN} *auch* canzonatorio B *adv* {ANSEHEN, LÄCHELN} beffardamente, con aria beffarda/canzonatoria/[di derisione]/[sfottente *fam*]; {BEMERKEN, SAGEN} con tono beffardo/canzonatorio/derisorio/sfottente *fam*.

Spottpreis *m fam* prezzo *m* irrisorio: ˌfür einenˌ/[zu einem] ~, per/a un prezzo irrisorio, per due lire.

sprach **1.** *und* **3.** *pers sing imperf von* sprechen.

Sprachanalyse *f* analisi *f* linguistica.

Sprachatlas *m* atlante *m* linguistico.

Sprachausgabe *f inform* risposta *f* audio/vocale.

Sprachbarriere *f* (*mangelnde Sprachkompetenz*) competenza *f* linguistica insufficiente; (*zwischen Sprachgruppen*) barriera *f* linguistica.

sprachbegabt *adj* portato-/[che ha predisposizione] per le lingue.

Sprachbegabung *f* talento *m* linguistico/[per le lingue], predisposizione *f* per le lingue.

Sprachcomputer *m* dizionario *m* elettronico.

Sprache <-, -n> *f* **1** (*Kommunikationssystem*) lingua *f*: **die deutsche/italienische ~**, la lingua tedesca/italiana; **die geschriebene/gesprochene ~**, la lingua scritta/parlata; **die klassischen ~n**, le lingue classiche; **alte/neuere ~n**, lingue antiche/moderne; **eine lebende/tote ~**, una lingua viva/morta; **künstliche ~n**, lingue artificiali; **verwandte ~n**, lingue affini; **eine ~ beherrschen**, einer ~ (*gen*) **mächtig sein**, padroneggiare/dominare/[avere la padronanza di] una lingua; **eine fremde ~ (er)lernen/sprechen/verstehen**, studiare/parlare/capire una lingua straniera; **eine ~ radebrechen**, masticare male una lingua; **wie viele ~n sprichst du?**, quante lingue sai/parli? **2** <*nur sing*> (*Sprechfähigkeit*) (uso *m* della) parola *f*, favella *f* *lit*: **die ~ verlieren**, perdere ˌ(l'uso del)-la parolaˌ/[la favella]; **die ~ wiederfinden/wiedergewinnen**, riacquistare ˌ(l'uso del)la parolaˌ/[la favella]; **der Schreck nahm/raubte ihm die ~**, rimase senza parole per lo spavento **3** <*nur sing*> (*Ausdrucksweise*) lingua *f*, linguaggio *m*; (*Jargon*) *auch* gergo *m*, parlata *f*, slang *m*: **die menschliche ~**, il linguaggio umano; **eine einfache/gekünstelte ~**, un linguaggio semplice/affettato; **die ~ des täglichen Lebens**, la lingua quotidiana/[di tutti i giorni]; **die ~ der Kunst/Musik/Philosophen**, il linguaggio ˌdell'arteˌ/[della musica]/[dei filosofi]; **die ~ der Jugendlichen/Unterwelt**, il gergo/la parlata ˌdei giovaniˌ/[della malavita] **4** (*Sprechweise*) parlata *f*: **jdn an seiner ~ erkennen**, riconoscere qu dalla parlata; **der ~ nach könnte er aus Hamburg stammen**, dalla parlata si direbbe che viene da Amburgo ● **die ~ auf etw** (*akk*) **bringen**, portare/[far cadere] il discorso su qc; **etw zur ~ bringen** {THEMA}, mettere sul tappeto qc; {PROBLEM} *auch*, sollevare qc; **nicht mit der ~** ˌ*herausrücken* (**wollen**)ˌ/[herauswollen *fam*], non voler aprire bocca *fam*; **zur ~ kommen**, essere affrontato; {PROBLEM} *auch*, essere sollevato (-a); (**he**)***raus mit der ~!** *fam*, sputa il rospo! *fam*, parla!; **eine deutliche/unmissverständliche ~ mit jdm sprechen**, parlare chiaro/[senza mezzi termini] con qu; **die gleiche ~ sprechen**, parlare la stessa lingua; (**zwei**) **verschiedene ~n sprechen**, parlare due lingue diverse; **er spricht jetzt**/[**auf einmal**] **eine ganz andere ~**, ha improvvisamente cambiato tono; **etw spricht eine deutliche/klare ~**, qc parla chiaro/[da solo], qc è eloquente; **sag schon, oder hast du die ~ verloren?**, su, parla, o hai perso la lingua?; **jdm bleibt die ~ weg**, **jdm verschlägt es die ~**, qu resta/rimane ˌsenza paroleˌ/[a bocca aperta]/[ammutolito (-a)].

spräche **1.** *und* **3.** *pers sing konjv II von* sprechen.

Sprachebene *f* livello *m*/registro *m* linguistico.

Spracheingabe *f inform* input *m* vocale, entrata *f* fonica.

Sprachempfinden *n* → **Sprachgefühl**.

Sprachendienst *m* servizio *m* traduzione e interpretariato.

Sprachenfrage <-, *ohne pl*> *f* questione *f* linguistica.

Sprachengewirr *n* confusione *f*/babele *f* linguistica ● **babylonisches ~** *bibl*, confusione delle lingue.

Sprachentwicklung *f psych* sviluppo *m* linguistico.

Sprachenzentrum *n univ* centro *m* linguistico.

Spracherkennung *f inform* riconoscimento *m* vocale.

Spracherwerb *m* {+MUTTERSPRACHE} acquisizione *f*/apprendimento *m* del linguaggio; {+FREMDSPRACHE} apprendimento *m* di una lingua.

Sprachfamilie *f* famiglia *f* linguistica/[di lingue].

Sprachfehler *m* difetto *m*/vizio *m* di pronuncia.

Sprachforscher *m* (**Sprachforscherin** *f*) → **Sprachwissenschaftler**.

Sprachforschung <-, *ohne pl*> *f* → **Sprachwissenschaft**.

Sprachführer *m* manuale *m* di conversazione.

Sprachgebrauch *m* uso *m* (linguistico): **im allgemeinen ~**, nella lingua corrente, nell'uso comune; **im deutschen/italienischen ~**, ˌnel tedescoˌ/[nell'italiano] corrente; **im ~ der Journalisten/Soziologen**, nel linguaggio/uso giornalistico/sociologico.

Sprachgefühl <-s, *ohne pl*> *n* sensibilità *f* linguistica: **nach meinem ~ ist dieses Wort falsch übersetzt**, per il mio orecchio questa parola è tradotta male.

Sprachgemeinschaft *f* comunità *f* linguistica.

Sprachgenie *n* persona *f* particolarmente dotata per le lingue.

Sprachgeschichte *f* storia *f* della lingua.

Sprachgesellschaft *f* accademia *f* linguistica.

sprachgestört *adj* affetto da disturbi del linguaggio.

sprachgewaltig *adj* {DICHTER, SCHRIFTSTELLER} che è ˌvirtuoso della linguaˌ/[dotato di una grande forza di linguaggio]; {REDNER} magniloquente.

sprachgewandt *adj* eloquente, facondo *lit*: **~ sein**, avere il dono della parola, sapersi esprimere molto bene.

Sprachgewandtheit *f* eloquenza *f*, abilità *f* linguistica.

Sprachgrenze *f* confine *m* linguistico.

Sprachinsel *f* isola *f* linguistica.

Sprachkenntnisse *subst* <*nur pl*> conoscenza *f* delle lingue (straniere), conoscenze *f pl* linguistiche: **gute ~ im Italienischen haben**, avere una buona conoscenza della lingua italiana; **Sekretärin mit englischen ~n gesucht**, cercasi segretaria con conoscenza dell'inglese; **haben Sie irgendwelche ~?**, sa qualche lingua?; **~ erwünscht**, richiesta la conoscenza di lingue straniere.

Sprachkompetenz *f* competenza *f* linguistica.

sprachkundig *adj* che conosce/sa le lingue.

Sprachkurs, **Sprachkursus** *m* corso *m* di lingua.

Sprachlabor *n* laboratorio *m* linguistico.

Sprachlehre *f* grammatica *f*.

Sprachlehrer *m* (**Sprachlehrerin** *f*) insegnante *mf* di lingue.

sprachlich A *adj* {FÄHIGKEITEN} linguistico; (*stilistisch*) {FEINHEITEN} stilistico B *adv* {FALSCH, RICHTIG, UNGENAU} linguisticamente, dal punto di vista linguistico; (*stilistisch*) {GUT, SCHLECHT} stilisticamente.

sprachlos A *adj* **1** (*ohne Sprache*) {TRAUER} muto: **in ~em Erstaunen**, muto/sbalordito dallo stupore, senza parole per lo stupore **2** (*sehr überrascht*): (**vor etw** *dat*) **~ sein**, restare/rimanere ˌsenza paroleˌ/[muto] (da/per qc); {VOR STAUNEN, ÜBERRASCHUNG} *auch* rimanere interdetto (-a) (per qc); **jetzt bin ich aber wirklich ~!**, non ho parole! *fam*, mi cascano le braccia! B *adv*: **sie sah ihn ~ an**, lo guardò interdetta/sbalordita.

Sprachlosigkeit *f* mancanza *f* di parole, (*auf die Stimmung bezogen*) mutismo *m*; (*Verblüffung*) stupore *m*, sbalordimento *m*.

Sprachnorm *f ling* norma *f* linguistica.

Sprachraum *m* area *f* linguistica: **im deutschen ~**, nei paesi ˌdi lingua tedescaˌ/[germanofoni].

Sprachregelung *f pol* formula *f* (ufficiale).

Sprachreise *f* viaggio *m* studio (per imparare una lingua).

Sprachrohr *n* **1** (*Megaphon*) megafono *m* **2** (*Mensch*) portavoce *m*: **jds ~ sein**, essere il portavoce di qu; **sich zum ~ einer S.** (*gen*) **machen**, farsi portavoce/interprete di qc **3** (*Zeitung*) portavoce *m*, organo *m*.

Sprachschatz *m* → **Wortschatz**.

Sprachschranke *f* barriera *f* linguistica.

Sprachschule, **Sprachenschule** *f* scuola *f* di lingue.

Sprachschwierigkeit *f* <*meist pl*> (*im Verständnis*) problema *m* (a livello) di lingua; (*beim Sprechen*) difficoltà *f* ˌnel parlareˌ/[di espressione].

Sprachsoziologie *f* sociolinguistica *f*.

Sprachstil *m* stile *m*.

Sprachstörung *f* disturbo *m* del linguaggio, logopatia *f wiss*.

Sprachstudium, **Sprachenstudium** *n* studio *m* delle lingue: **bei einem ~ ist ein Auslandsaufenthalt unerlässlich**, quando si studiano le lingue un soggiorno all'estero è indispensabile.

Sprachtalent *n* → **Sprachbegabung**.

Sprachübung *f* esercizio *m* linguistico/[di lingua].

Sprachunterricht m insegnamento m di lingua (straniera): **~ geben/nehmen/erteilen**, dare/prendere/impartire lezioni di lingua.

Sprachurlaub m vacanza f studio (per imparare una lingua).

Sprachwandel m *ling* evoluzione f linguistica/[della lingua], mutamento m linguistico.

Sprachwissenschaft f linguistica f; *univ* (*bes. im allgemeinen historischen Überblick*) glottologia f; (*Philologie*) filologia f: **allgemeine ~**, linguistica generale; **vergleichende ~**, linguistica comparata.

Sprachwissenschaftler m (**Sprachwissenschaftlerin** f) linguista mf; (*Philologe*) filologo (-a) m (f).

sprachwissenschaftlich adj linguistico.

Sprachzentrum n (*im Gehirn*) centro m del linguaggio.

sprang 1. *und* 3. pers sing imperf *von* springen.

spränge 1. *und* 3. pers sing konjv II *von* springen.

Spray <-s, -s> m *oder* n spray m.

Spraydose f bomboletta f (spray).

sprayen A tr 1 (*sprühen*) **etw auf/in etw** (akk) **~** {FESTIGER AUFS/INS HAAR} spruzzare qc su qc 2 (*mit Spray bemalen*) **etw** (*auf etw* akk) **~** {PAROLE} scrivere qc (*su qc*) con vernice spray; {ZEICHNUNG} dipingere qc (*su qc*) con vernice spray B intr (*Spray versprühen*) **gegen etw** (akk) **~** {GEGEN SCHLECHTEN GERUCH, UNGEZIEFER} dare lo spray contro qc.

Sprayer <-s, -> m (**Sprayerin** f) graffitista mf (che usa vernice spray).

Sprechakt m *ling* atto m linguistico.

Sprechakttheorie f *ling* teoria f degli atti linguistici.

Sprechanlage f citofono m.

Sprechblase f fumetto m.

Sprechchor m coro m: **im ~, in Sprechchören**, in coro, all'unisono; **Parolen in Sprechchören rufen**, gridare in coro degli slogan.

sprechen <spricht, sprach, gesprochen> A itr 1 (*reden*) parlare: **jetzt spreche ich!**, adesso parlo io!; **das Kind kann noch nicht ~**, il bambino non sa ancora parlare; **~ Sie!**, parli!, dica!; **sprich doch endlich!**, su, parla!, di' qualcosa!; ₍aus Erfahrung₎/[in Rätseln] **sprechen**, parlare per esperienza/enigmi; **mit jdm** (*über etw* akk) **~** parlare *con qu* (*di qc*); **sie ~ nicht mehr miteinander**, non si parlano più; **so spricht man nicht mit seinem Chef**, non è questo il modo di rivolgersi al proprio superiore; **über jdn/etw ~** parlare *di qu/qc*; **~ wir nicht mehr darüber!**, non parliamone più!; **darüber spricht man nicht!**, di queste cose non si parla! 2 (*sich artikulieren*) *irgendwie ~* parlare + *compl di modo*: **deutlich/undeutlich ~**, parlare in modo chiaro/[poco comprensibile]; **sprich deutlich!**, parla per bene!; **laut ~**, parlare forte, parlare ad alta voce; **leise ~**, parlare piano/[a bassa voce]/[sottovoce]; **mit/ohne Akzent ~**, parlare con/senza accento; **mit den Händen ~**, parlare ₍con le mani₎/[a gesti]; **im Schlaf/Traum ~**, parlare nel sonno/sogno; **vor Angst/Freude nicht ~ können**, non riuscire a parlare dalla paura/gioia, non poter parlare per la paura/gioia 3 (*erwähnen*) (*jdm*) **von jdm/etw ~** parlare (*a qu*) *di qu/qc*: **wir haben gerade von dir gesprochen**, stavamo parlando proprio di te; **ich weiß nicht, wovon Sie ~!**, non so di che cosa sta parlando!; **sie ~ schon von Heirat**, (loro) parlano già di matrimonio; **sie spricht davon, dass sie ins Ausland gehen will**, (lei) parla di andare all'estero 4 (*telefonieren*): **hallo, hier spricht Meier**, pronto, sono Meier; **mit wem spreche ich?**, con chi parlo?; **ich möchte mit Herrn/Frau Schäfer ~**, vorrei parlare ₍col signor₎/[con la signora] Schäfer; **hallo, wer spricht denn da?**, pronto, chi parla? *fam* 5 (*eine Rede halten*) (*irgendwo*) **~** parlare (+ *compl di luogo*): ₍auf einer Versammlung₎/[vor dem Publikum] **~**, parlare ₍in una riunione₎/[(di fronte) al pubblico]; **im Rundfunk/Fernsehen ~**, parlare alla radio/televisione; (*als Sprecher tätig sein*) fare lo speaker alla radio/televisione; **es spricht/sprechen ... *radio***, al microfono ...; **zu jdm** (*über etw* akk) **~** parlare *a qu* (*di qc*); **er sprach zu allen Versammelten**, parlò a tutti i presenti; **zu etw** (dat) **~** parlare *di qc*; **zum Thema ... ~**, parlare/[tenere un discorso/una relazione] sul tema ...; **auf der Versammlung wird zum Thema «Umweltschutz» gesprochen**, alla riunione si parlerà di «tutela dell'ambiente» 6 (*tratschen*) **über jdn/etw ~** parlare *di qu/qc*: **gut über jdn ~**, parlare/dire bene di qu; **schlecht über jdn ~**, parlare/₍sparlare₎ di qu 7 (*stellvertretend sagen*) ₍für jdn₎/[in jds Namen] **~** (*in jds Sinn*) parlare *per*/[*a nome di*] *qu*; (*in jds Auftrag*) parlare *in nome di qu*: **ich spreche wohl** ₍für alle₎/[im Namen aller], **wenn ...**, penso di parlare per/[a nome di] tutti se ... 8 (*auf etw hindeuten*): **etw spricht für jdn/etw**, qc parla a favore di qu/qc; **es spricht für jdn/etw, dass ...**, parla a favore di qu/qc il fatto che ... *ind/konjv*; **es spricht durchaus für ihn, dass er ein so bescheidenes Leben führt**, parla/depone senz'altro a suo favore il fatto che conduca una vita così modesta; **alles spricht dafür, dass ...**, tutto fa pensare che ... *konjv*; **es spricht vieles dafür, dass ...**, ci sono tanti motivi per/[che fanno] pensare che ... *konjv*; **etw spricht gegen jdn**, qc depone a sfavore/contro qu; **die Beweise ~ gegen ihn**, le prove depongono ₍contro di lui₎/[a suo sfavore]; **die Ergebnisse der Autopsie ~ gegen die Unfalltheorie**, i risultati dell'autopsia sembrano smentire l'ipotesi di un incidente; **die Verkaufszahlen ~ gegen eine Erweiterung des Betriebs**, le vendite sembrano sconsigliare un ampliamento dell'azienda; **was spricht eigentlich dagegen, dass wir das so machen?**, cosa ci impedisce di farlo così? 9 (*erkennbar sein*): **etw spricht aus etw** (dat) {AUS JDS AUGEN, GESTEN, WORTEN}, qc si legge in qc, qc traspare da qc; {AUS JDS MIENE, ZÜGEN} qc si legge su qc; **aus ihr spricht die Verzweiflung**, in lei è evidente la disperazione B tr 1 (*können*) **etw ~** {SPRACHE, WORTE} (*saper*) parlare *qc*: **ein paar Brocken Deutsch/Italienisch ~**, masticare un po' di tedesco/italiano; **ein gutes Englisch ~**, parlare ₍bene l'inglese₎/[un buon inglese]; **Dialekt ~**, parlare (in) dialetto 2 (*aufsagen*) **etw ~** {GEBET, GEDICHT} dire qc, recitare qc 3 (*aussprechen*) **etw ~** {SATZ, WORT} dire qc, pronunciare qc: **kein Wort ~**, non dire una parola, non proferire parola **geh**; **den Segen ~**, dare/impartire la benedizione; **das Urteil ~**, pronunciare la sentenza 4 (*sich unterreden*) **jdn ~** parlare *a/con qu*: **kann ich bitte Herrn/Frau Mai ~?**, posso parlare con il signor/la signora Mai?; **ich hätte gern Herrn Kunz gesprochen**, vorrei parlare col signor Kunz; **kann ich Sie** ₍einen Augenblick₎/[kurz] **~?**, Le posso parlare un attimo?, ha un minuto per me? ● *also* **sprach ... *lit***, così parlò ...; **~ wir von etwas anderem!**, parliamo d'altro!, cambiamo argomento/discorso!; **von *diesem* und *jenem* ~**, parlare del più e del meno; **frei ~**, parlare a braccio; **für jdn ~** (*sich für jdn einsetzen*), intervenire/parlare in favore di qu; **für jdn zu ~ sein**, (essere pronto a) ricevere qu, esserci per qu; **für Sie bin ich jederzeit zu ~**, sono sempre a Sua disposizione; **nicht für jdn zu ~ sein**, non esserci per qu, non ricevere qu; **für niemanden zu ~ sein**, non esserci per nessuno; **er spricht *für sich* (selbst)**, qc parla da sé/solo; ₍nicht *gut*₎/[*schlecht*] **auf jdn zu ~ sein**, avercela con qu *fam*; **auf etw** (akk) **zu ~ kommen**, cominciare/mettersi a parlare di qc; **dann kamen wir auf die Regierungskrise zu ~**, poi ₍ci siamo messi (-e) a parlare della₎/[il discorso è caduto sulla] crisi di governo; **etw ~ lassen** {DAS HERZ, DIE VERNUNFT}, lasciar parlare qc; **Bilder/Fakten für sich ~ lassen**, far parlare le immagini/i fatti; **wir ~ uns *noch*!**, non è detta l'ultima parola!, non finisce qui!, ne riparleremo!; **jdn *schuldig* ~**, giudicare/riconoscere qu colpevole; **mit sich *selbst* ~**, parlare ₍tra sé e sé₎/[da solo]; **vor sich *hin* sprechen**, parlare tra sé e sé; **wie** ₍**~ Sie**₎/[**sprichst du**] **mit mir?**, con chi crede/credi di parlare?

Sprechen <-s, *ohne pl*> n (*meist verbal übersetzt*) parlare m: **verstehen kann ich Italienisch ganz gut, aber mit dem ~ hapert's noch**, capire lo capisco abbastanza bene l'italiano, ma zoppico ancora nel parlare; **jdn am ~ hindern**, impedire a qu di parlare; **beim ~**, parlando ● **jdn zum ~ bringen**, far parlare qu, far sciogliere la lingua a qu.

sprechend adj 1 (*menschliche Laute von sich gebend*) {PAPAGEI, PUPPE} parlante, che parla 2 (*etw ausdrückend*) {AUGEN} espressivo, che parla; {BLICK} *auch* eloquente 3 (*überzeugend*) {BEISPIEL, BEWEIS, TATSACHEN} eloquente, che parla da solo/sé.

sprechen|lassen <irr, part perf sprechenlassen> tr → **sprechen**.

Sprecher <-s, -> m (**Sprecherin** f) 1 (*Wortführer*) {+BÜRGERINITIATIVE, VEREIN} portavoce mf 2 *adm* portavoce mf; {+SCHULKLASSE} capoclasse mf 3 *radio TV* (*Nachrichtensprecher*) annunciatore (-trice) m (f), speaker mf; (*für Dokumentarfilme*) speaker mf, lettore (-trice) m (f); (*für Hörspiele*) attore (-trice) m (f), voce f recitante; (*für Erzählungen, Gedichte*) lettore (-trice) m (f); (*Synchronsprecher*) doppiatore (-trice) m (f) 4 *ling* parlante mf, locutore (-trice) m (f): **ein muttersprachlicher ~**, un madrelingua.

Sprechererziehung f dizione f.

sprechfaul adj 1 (*mundfaul*) poco loquace 2 (*noch nicht sprechend*) {KIND} lento nell'imparare a parlare.

Sprechfunk m radiotelefonia f: **über ~**, per radio.

Sprechfunkgerät n radiotelefono m; (*tragbar*) *auch* walkie-talkie m.

Sprechgesang m *mus* Sprechgesang m, canto m parlato.

Sprechmuschel f *tel* microfono m (del telefono).

Sprechorgane subst <*nur pl*> *anat* → **Sprechwerkzeuge**.

Sprechrolle f (*bei Gesangspiel, Operette, Oper*) parte f recitata.

Sprechstunde f 1 (*von Ärzten*) orario m di visita/ambulatorio: **der Arzt hat täglich von 9 bis 12 Uhr ~**, il medico ₍fa ambulatorio₎/[riceve] tutti i giorni dalle 9 alle 12; **lässt du den Arzt kommen oder gehst du in die ~?**, fai venire il medico a casa o vai in ambulatorio? 2 (*von Lehrern, Rechtsanwäl-*

ten) (ore f pl di) ricevimento m: **wann hat dein Anwalt ~?**, quando riceve il tuo avvocato?

Sprechstundenhilfe f → **Arzthelfer**.

Sprechweise f modo m di parlare, parlata f.

Sprechwerkzeuge subst <nur pl> anat organi m pl fonatori/[della fonazione].

Sprechzeit f **1** (*Redezeit*) (*im Gefängnis*) durata f del colloquio **2** *tel* durata f della conversazione/comunicazione **3** (*bei Diskussion, Rede*): **jeder Teilnehmer hat fünf Minuten ~**, ogni partecipante ha cinque minuti per parlare/[il proprio intervento] **4** → **Sprechstunde**.

Sprechzimmer n studio m; (*beim Arzt*) *auch* ambulatorio m (medico).

Spreizdübel m *mech* tassello m a espansione.

spreizen A tr *etw* ~ **1** (*auseinanderstrecken*) {ARME, FINGER, ZEHEN} allargare *qc*; {BEINE} *auch* divaricare *qc* **2** (*ausbreiten*) {FLÜGEL} spiegare *qc*, aprire *qc*; {FEDERN, GEFIEDER} drizzare *qc* B rfl **1** (*sich zieren*) **sich ~ fare il prezioso/la preziosa, fare storie**: **du brauchst dich nicht zu zu ~**, non c'è bisogno di farla tanto lunga; (*sich aufblähen*) *auch* pavoneggiarsi **2** (*sich sträuben*) **sich gegen etw** akk) **~** fare resistenza, opporsi (*a qc*).

Spreizfuß m *med* piede m piatto trasverso.

Sprengarbeit f <*meist pl*> lavoro m (di demolizione) con esplosivi.

Sprengbombe f bomba f dirompente.

Sprengel <-s, -> m **1** (*kirchlicher Amtsbezirk*) {+PFARRER} parrocchia f; {+BISCHOF} diocesi f **2** A (*Verwaltungsbezirk*) distretto m amministrativo.

sprengen① A tr *etw* ~ **1** (*mit Sprengstoff*) {BRÜCKE, FELSEN, GEBÄUDE} far saltare *qc*: **etw in die Luft ~**, far saltare in aria *qc*; **einen Tunnel durch den Berg ~**, aprire una galleria nella montagna con gli esplosivi **2** (*bersten lassen*) {EIS WASSERROHRE} spaccare *qc*, rompere *qc* **3** (*aufbrechen*) {TÜRSCHLOSS, TRESOR} forzare *qc*, scassinare *qc*; {FESSELN, KETTEN} spezzare *qc* **4** (*gewaltsam auflösen*) {VERANSTALTUNG, VERSAMMLUNG} sciogliere *qc* (con la forza): **die Polizei sprengte die Demonstration**, la polizia disperse i manifestanti; **die Bank ~** (*eine Spielbank zahlungsunfähig machen*), ⌊far saltare⌋ [sbancare] il banco B itr (*mit Sprengstoff*) (*irgendwo*) **~** usare gli esplosivi + *compl di luogo*: **im Steinbruch wird heute gesprengt**, oggi nella cava lavorano con gli esplosivi.

sprengen② tr *etw* ~ **1** (*berieseln*) {BLUMEN, GARTEN, RASEN} annaffiare *qc*, innaffiare *qc*; {STRASSE} annaffiare *qc*, bagnare *qc* (con l'innaffiatrice) **2** (*befeuchten*) {WÄSCHE} inumidire *qc*.

sprengen③ itr <sein> lit (*reiten*) **irgendwohin ~** andare ⌊al galoppo⌋/[a briglia sciolta]/[di gran carriera] + *compl di luogo*: **die Reiter sprengten durchs Stadttor hinaus**, i cavalieri uscirono dalla porta della città a spron battuto.

Sprenger <-s, -> m irrigatore m.

Sprengkopf m *mil* testata f: **atomarer/nuklearer ~**, testata nucleare.

Sprengkörper m ordigno m esplosivo.

Sprengkraft <-, ohne pl> f **1** {+BOMBE} forza f esplosiva **2** (*Brisanz*) forza f esplosiva, esplosività f.

Sprengladung f carica f esplosiva.

Sprengmeister m (**Sprengmeisterin** f) artificiere m.

Sprengsatz m → **Sprengladung**.

Sprengstoff m esplosivo m • (einigen) **~ bergen/enthalten** {PROBLEM, THEMA}, avere (una certa) carica esplosiva.

Sprengstoffanschlag m, **Sprengstoffattentat** n attentato m dinamitardo: **einen ~ auf jdn verüben**, compiere un attentato dinamitardo contro qu.

Sprengung <-, -en> f esplosione f: **die ~ des alten Gebäudes**, l'abbattimento del vecchio edificio con esplosivi.

Sprengwagen m *autom* autobotte f annaffiatrice f.

Sprenkel <-s, -> m macchiolina f.

sprenkeln tr *etw* ~ picchiettare *qc*, macchiettare *qc*.

Spreu <-, ohne pl> f pula f, lolla f, loppa f • **die ~ vom Weizen trennen**, distinguere il grano dal loglio.

sprich① 2. pers imper von sprechen.

sprich② partik (*nämlich*) cioè, vale a dire, ossia, ovvero: **die Massmedien, ~ Rundfunk, Fernsehen und Presse**, i mass media, cioè/[vale a dire] la radio, la televisione e la stampa.

spricht 3. pers sing präs von sprechen.

Sprichwort <-(e)s, Sprichwörter> n proverbio m.

sprichwörtlich adj proverbiale.

sprießen <sprießt, spross, gesprossen> itr <sein> {BLUMEN, GRAS, SAAT} germogliare, spuntare: **aus der Erde ~**, spuntare dalla terra; {KNOSPEN} spuntare; {BART, HAARE} spuntare.

Springbrunnen m fontana f a zampillo/getto.

springen① <springt, sprang, gesprungen> A itr <sein> **1** {MENSCH, TIER} saltare; (*einen Satz machen*) *auch* fare un salto/balzo: **irgendwohin ~**, saltare/balzare + *compl di luogo*: **in die Höhe/Luft ~**, saltare in alto; **in die Tiefe ~**, buttarsi/gettarsi/[fare un salto] nel vuoto; **ins Wasser ~**, tuffarsi/buttarsi in acqua; **zur Seite ~**, fare un salto/balzo di lato, scansarsi; **über etw** (akk) **~** {MAUER, ZAUN} saltare *qc*; **das Kind sprang über die Straße**, il bambino attraversò di corsa la strada; **auf die Beine/Füße ~**, balzare in piedi; **aufs Pferd ~**, saltare a cavallo; **auf den fahrenden Zug ~**, saltare sul treno in corsa; **aus dem Bett ~**, saltare/balzare giù dal letto; ⌊**aus dem Fenster**⌋/[**vom Turm**] **~**, saltare/buttarsi giù dalla finestra/torre **2** (*hüpfen*) (*irgendwohin*) **~**: **die Kinder sprangen ausgelassen über die Wiese**, i bambini saltellavano allegri sul prato; **der Ball springt ins Aus**, il pallone va/finisce fuori **3** *fam* (*Anordnungen schnell ausführen*) filare dritto (-a) **4** region (*eilen*) **zu jdm/irgendwohin ~** fare un salto da qu/+ *compl di luogo*: **spring mal schnell ins Dorf und hol Milch**, fai un salto in paese a prendere il latte **5** (*durch die Luft schnellen*) {FUNKEN} schizzare **6** (*sich ruckartig lösen*) **aus/von etw** (dat) **~** {KNOPF VON DER JACKE; PERLEN VON DER KETTE} staccarsi/saltare da *qc*; {ACHSE AUS DEM LAGER; RAD AUS DER HALTERUNG; ZUG AUS DEM GLEIS} uscire da *qc*: **ihm war ein fünf Mark Stück aus der Hand gesprungen**, una moneta gli era caduta di mano **7** (*ruckartig vorrücken*) **auf etw** (akk) **~** {AMPEL, NADEL, ZEIGER} passare (di colpo) *a qc*; {UHRZEIGER} andare *su qc* **8 geh** (*hervorsprudeln*) **aus etw** (dat) **~** {QUELLE, WASSER} zampillare da *qc*, sgorgare da *qc* **9** (*plötzlich das Thema wechseln*) **von etw** (dat) **zu etw** (dat) **~** saltare da *qc* a *qc* **10** (*je nach Bedarf den Arbeitsplatz wechseln*) fare il jolly **11** (*bei Brettspielen*) (*mit etw* dat) **~** muovere *qc* (liberamente) B tr <sein oder haben> *sport* **etw ~** {5 M} saltare *qc*; {EINEN REKORD} stabilire *qc*

(nel salto) • (et)was (für jdn) ~ lassen *fam*, offrire qualcosa (a qu); **Geld ~ lassen**, sborsare/scucire *fam*/sganciare *fam* dei soldi.

springen② <springt, sprang, gesprungen> itr <sein> **1** (*Risse bekommen*) {EISFLÄCHE, GLAS, GLASUR, PORZELLAN} incrinarsi: **in tausend Scherben ~**, andare in frantumi/[mille pezzi]; {HAUT} screpolarsi **2** (*reißen*) {SAITE} spezzarsi.

springend adj: **das ist der ~e Punkt!**, è questo il punto!

springen|lassen <irr, part perf springenlassen> tr → **springen**①.

Springer① <-s, -> m **1** (*Schachfigur*) cavallo m **2** (*je nach Bedarf einsetzbarer Arbeitnehmer*) jolly m: **in einer Firma als ~ arbeiten**, fare il jolly in una ditta.

Springer② <-s, -> m (**Springerin** f) *sport* saltatore (-trice) m (f); (*beim Wassersport*) tuffatore (-trice) m (f).

Springerstiefel m <*meist pl*> anfibio m.

Springflut f *naut* marea f sizigiale, grande marea f.

Springform f *gastr* teglia f con fondo staccabile.

springlebendig adj vivacissimo.

Springpferd n *sport* saltatore m, ostacolista m.

Springreiten n *sport* salto m (a) ostacoli.

Springreiter m (**Springreiterin** f) *sport* cavaliere m/cavallerizza f specializzato (-a) nel salto ostacoli.

Springrollo n tenda f a rullo.

Springseil n corda f per saltare.

Sprinkler <-s, -> m irrigatore m (a pioggia).

Sprint <-s, -s> m *sport* **1** (*Kurzstreckenlauf*) corsa f/gara f di velocità **2** (*Beschleunigung beim Laufen*) sprint m, scatto m: **kurz vor dem Ziel legte der Marathonläufer einen ~ ein**, in prossimità del traguardo il maratoneta sprintò.

sprinten A itr <sein> **1** *sport* fare uno sprint/scatto, sprintare, scattare **2** *fam* (*schnell laufen*) **irgendwohin ~** fare una corsa/un salto/una volata + *compl di luogo* B tr <haben> *sport* **etw ~** {LÄUFER} correre *qc*.

Sprinter m (**Sprinterin** f) *sport* velocista mf, scattista mf, sprinter mf.

Sprit <-(e)s, -e> m **1** *fam* (*Treibstoff*) benzina f; (*für Diesel*) gasolio f **2** *fam* (*Schnaps*) alcol m, liquore m **3** (*Äthylalkohol*) alcol m etilico.

Spritzbeton m *bau* calcestruzzo m per iniezioni.

Spritzbeutel m *gastr* tasca f da pasticciere.

Spritzdüse f *mech* ugello m.

Spritze <-, -n> f **1** (*Injektionsspritze, Tortenspritze*) siringa f: **eine ~ aufziehen**, preparare una siringa **2** (*Injektion*) iniezione f, puntura f: **eine ~ bekommen/kriegen** *fam*, (farsi) fare un'iniezione/una puntura; **jdm eine ~ geben/setzen**, fare un'iniezione/una puntura a qu **3** (*Feuerspritze*) pompa f antincendio **4** (*fam*) (*Feuerwehr*) arma f da fuoco **5** *fam* (*Finanzspritze*) iniezione f: **der Betrieb braucht unbedingt eine ~**, l'azienda ha urgente bisogno di ossigeno • **an der ~ hängen** *slang*, bucarsi *fam*, farsi (le pere) *slang*, essere un tossico *slang*; **sich** (dat) **eine ~ setzen** *slang* (*sich Heroin spritzen*), farsi un buco *slang*/una pera *slang*.

spritzen A tr <haben> **1** (*versprühen*) **etw irgendwohin ~** spruzzare *qc* + *compl di luogo*: **Wasser auf die Scheiben ~**, spruzzare acqua sui vetri **2** (*besspritzen*) **jdm etw auf etw** (akk) **~** {FETT, SOSSE, WASSER AUF DIE BLUSE, DIE HOSE, DAS KLEID} schizzare *a qu qc* *di qc*: **beim Servieren hat sie ihm Soße auf das Jackett gespritzt**, servendo gli ha schizzato la giacca di sugo **3** (*bewässern*) **etw ~** {Tennisplatz} bagnare qc; {Rasen, Straße} *auch* annaffiare qc **4** (*besprühen*) **etw** (**mit etw** dat)/(**gegen etw** akk) **~** {Obstbäume, Reben} trattare qc (*con qc*)/(*contro qc*): **die Pflanzen ˻mit einem Insektizid˼/[gegen Blattläuse] ~**, trattare le piante ˻con un insetticida˼/[contro gli afidi]; **du solltest die Äpfel schälen, sie sind gespritzt**, dovresti sbucciare le mele, sono (state) trattate **5** (*lackieren*) **etw ~** {Auto} verniciare qc a spruzzo **6 med** (*jdm*) **etw ~** fare un'iniezione/una puntura *fam di qc* (*a qu*), iniettare qc (*a qu*) **B** *itr* **1** <*haben*> (*Tropfen verbreiten*) {Heisses Fett, Wasser} schizzare: **es spritzte gewaltig, als der Junge in die Pfütze trat**, quando il ragazzo mise il piede nella pozzanghera l'acqua schizzò da tutte le parti **2** <*sein*> (*heraussprudeln*) **irgendwohin ~** sprizzare/spruzzare + *compl di luogo*: **das Blut spritzt aus der Wunde**, il sangue zampilla/sprizza dalla ferita **3** <*haben*> *med* fare ˻un'iniezione˼/[delle iniezioni] **4** <*haben*> *fam* (*drogenabhängig sein*) farsi *slang*, bucarsi *fam* **5** <*haben*> (*mit Mineralwasser versetzen*) **etw ~** allungare qc con acqua (minerale) {Wein} *auch* annacquare qc **C** *rfl* <*haben*> (*sich eine Spritze geben*) **sich** (dat) (**etw**) **~** farsi un'iniezione/una puntura (*di qc*).

Spritzenhaus *n obs* → **Feuerwehrhaus**.

Spritzer <*-s, ->* m **1** (*Tropfen*) schizzo m, spruzzo m; (*kleine Flüssigkeitsmenge*) goccio m: **ein Fruchtcocktail mit einem ~ Rum/ Zitrone**, un cocktail di frutta con uno spruzzo/una spruzzata di rum/limone **2** (*Fleck*) schizzo m; (*Schlammspritzer*) zacchera f.

Spritzgebäck n *gastr* "pasticcini m pl di pastafrolla fatti con la siringa".

spritzig A *adj* **1** (*prickelnd*) {Wein} nervoso, vivace **2** (*flott*) {Auto, Motor} scattante **3** (*geistreich*) {Komödie, Rede, Stil} brioso, effervescente, pieno di spirito **B** *adv* **1** (*geistreich*) {etw darstellen, schreiben} con brio, in modo brioso, con uno stile effervescente **2** (*flott*): **~ fahren**, avere una guida scattante.

Spritzpistole f **1** (*Spielzeug*) pistola f ad acqua **2** *tech* (*zum Lackieren*) pistola f/verniciatore m a spruzzo, aerografo m.

Spritztour f *fam* giro m/giretto m (in macchina).

spröde *adj* **1** (*brüchig*) {Glas, Kunststoff, Leder} fragile: **~s Haar**, capelli sfibrati **2** (*rau*) {Haut, Lippen} secco, screpolato; {Stimme} rauco, roco **3** (*schwer zu bearbeiten*) {Stoff, Thema} arduo, ostico **4** (*abweisend*) {Mädchen, Wesen} scostante, ritroso; {Charme, Schönheit} austero.

Sprödigkeit <*-, ohne pl*> f **1** (*Beschaffenheit*) {+Metall} fragilità f **2** (*abweisende Haltung*) {+Person} ritrosia f.

spross (a.R. **sproß**) 1. und 3. *pers sing imperf von* sprießen.

Spross (a.R. **Sproß**) <*-es, -e oder -en*> m **1** *bot* getto m, germoglio m, pollone m, virgulto m *lit* **2** <*pl meist -e*> *geh* (*einziges Kind*) rampollo m *geh*, virgulto m *lit*.

Sprosse <*-, -n*> f (*Leitersprosse*) piolo m **2** (*Fenstersprosse*) traversa f • **auf der untersten ~ der Karriere stehen**, essere al primo gradino della carriera.

Sprossenkohl m A (*Rosenkohl*) cavolino m/cavoletto m di Bruxelles.

Sprossenwand f *sport* spalliera f.

Sprössling (a.R. **Sprößling**) <*-s, -e*> m *fam scherz* rampollo m.

Sprotte <*-, -n*> f *fisch* spratto m.

Spruch <*-(e)s, Sprüche*> m **1** (*Ausspruch*) detto m; (*Wahlspruch*) motto m; (*Weisheitsspruch*) massima f, sentenza f; (*Lehrspruch*) aforisma m; (*Bibelspruch*) versetto m **2** *jur* (*Urteilsspruch*) pronuncia f, sentenza f; (*im Strafprozess*) verdetto m; (*Schiedsspruch*) lodo m, arbitrato m **3** (*Orakelspruch*) oracolo m, responso m *lit*; (*Zauberspruch*) formula f magica **4** <*meist pl*> *fam pej* (*leeres Gerede*) parolonimpl, chiacchiere f pl: **das sind doch nur Sprüche!**, (queste) sono soltanto chiacchiere!; **lass doch die albernen/dummen Sprüche!**, smettila con questi discorsi stupidi! • **Sprüche machen/klopfen** *fam pej*, fare grandi discorsi *fam*; **ein weiser ~!** *fam iron*, belle parole! *iron*; **mit weisen Sprüchen um sich werfen**, sputare sentenze.

Spruchband <*-(e)s, Spruchbänder*> n **1** (*Transparent*) striscione m **2** *kunst* cartiglio m.

Sprücheklopfer m (**Sprücheklopferin** f) *fam pej* (*Schwätzer*) parolaio (-a) m (f), chiacchierone (-a) m (f); (*Angeber*) fanfarone (-a) m (f), spaccone (-a) m (f).

Sprüchlein <*-s, -*> n *dim von* Spruch: **sein ~ aufsagen/herbeten/herunterleiern**, recitare la solita tiritera/filastrocca, fare il solito discorsino.

spruchreif *adj* <*meist präd*> maturo (per una decisione): **die Sache ist noch nicht ~**, la cosa/faccenda non è ancora ben definita.

Sprudel <*-s, -*> m (*Mineralwasser*) acqua f (minerale) gas(s)ata/frizzante: **~ mit Geschmack** (*mit Orangengeschmack*), aranciata f; (*mit Zitronengeschmack*) limonata f; **~ ohne Geschmack**, acqua (minerale) gas(s)ata.

sprudeln *itr* **1** <*haben*> (*schäumen*) {Kochendes Wasser} bollire; {Sekt} spumeggiare; {Limonade, Wasser} essere effervescente **2** <*sein*> (*hervor-*) **aus etw** (dat) **~** {Quelle, Wasser aus dem Felsen} sgorgare da qc: **die Worte sprudelten ˻aus ihrem Mund˼/[über ihre Lippen]**, ˻dalla sua bocca˼/[dalle sue labbra] uscì un fiume di parole **3** <*sein*> (*schäumend fließen*) **irgendwohin ~**: **der Bach sprudelt über das Gestein**, il torrente spumeggia tra le rocce; **der Sekt sprudelt ins Glas**, lo spumante scende nel bicchiere spumeggiando **4** <*haben*> (*überschäumen*) **vor etw** (dat) **~** {vor Freude, guter Laune} traboccare *di qc*.

sprudelnd *adj* {Bach, Quelle} spumeggiante; {Getränk} *auch* frizzante; {Fantasie} *auch* esuberante; {Temperament} *auch* esuberante.

Sprudelwasser n → **Sprudel**.

Sprue <*-, ohne pl*> f *med* celiachia f, morbo m celiaco.

Sprühdose f (bomboletta f) spray m, aerosol m.

sprühen A *tr* <*haben*> (*in Partikeln verteilen*) **etw auf etw** (akk) **~** {Lack aufs Auto, Spray aufs Haar, Wasser auf die Pflanzen} spruzzare qc su qc, dare qc a qc *fam*: **das Feuer sprüht Funken**, il fuoco manda scintille **B** *itr* **1** <*sein*> (*sich in Partikeln verteilen*) (**irgendwohin**) **~** {Funken, Gischt, Wasser} schizzare/sprizzare (+ *compl di luogo*) **2** <*haben*> (*glitzern*) {Augen, Diamant} sfavillare, brillare **3** <*haben*> (*lebhaft sein*) **vor etw** (dat) **~** {vor Geist, Witz} brillare *per qc*; {vor Begeisterung, Lebenslust} sprizzare qc da tutti i pori; {vor Temperament} essere particolarmente esuberante: **ihre Augen sprühten vor Freude/Zorn**, i suoi occhi ˻sprizzavano di gioia˼/[lampeggiavano d'ira].

sprühend *adj* {Geist, Witz} brillante; {Laune} brioso; {Temperament} *auch* effervescen-

te, esuberante.

Sprühflasche f bottiglietta f spray/[con nebulizzatore/atomizzatore]; (*für Parfüm*) vaporizzatore m.

Sprühgerät n nebulizzatore m; (*für Schädlingsbekämpfungsmittel*) spruzzatore m.

Sprühpflaster n *med* cerotto m spray.

Sprühregen m pioggerellina f, acquerugiola f.

Sprung① <*-(e)s, Sprünge*> m **1** (*Satz*) {+Mensch, Tier} salto m, balzo m: **einen ~ machen**, fare/spiccare un salto; **einen ~ aus/von etw machen** {aus dem Bett, vom Sprungbrett}, fare un salto da qc; **einen ~ in etw** (akk) **machen**, fare un salto in qc; **einen ~ über die Mauer machen**, saltare il muro; **zum ~ ansetzen**, prendere lo slancio (per saltare), accingersi/apprestarsi/prepararsi a saltare **2** *sport* salto m; (*beim Schwimmsport*) tuffo m: **ein ~ ˻aus 2 Metern Höhe˼/[von 3 Metern Weite]**, un salto ˻da un'altezza di 2 metri˼/[lungo 3 metri] **3** *fam* (*kleine Entfernung*): **von mir bis zum Flughafen ist es nur ein ~**, abito a due passi dall'aeroporto, da casa mia all'aeroporto è un attimo, casa mia è a un tiro di schioppo dall'aeroporto **4** *fam* (*kurze Zeit*): **auf einen ~ irgendwohin gehen**, fare ˻un salto˼/[una scappata/capata] + *compl di luogo*; **ich geh' nur auf einen ~ weg**, vado e torno; **bei jdm auf einen ~ vorbeikommen/vorbeischauen**, fare un salto/una capatina (da qu) • **ein ~ ins** *Dunkle*/**Ungewisse**, un salto nel buio/vuoto; **ein großer ~ nach vorn**, un bel salto in avanti; **jdm auf die Sprünge helfen** *fam* (*jdm weiterhelfen*), dare una mano a qu, venire in aiuto a qu; **dir werd' ich auf die Sprünge helfen!** *fam*, ti farò vedere io!; **einen ~ nach vorn machen**, compiere un balzo in avanti; **keine großen Sprünge machen können** *fam* (*wenig Geld haben*), non potersi permettere follie/pazzie, non poter scialare *fam*; **auf dem ~ sein** *fam*, essere di corsa, avere fretta; **auf dem ~ sein, etw zu tun** *fam*, essere sul punto di fare qc; **den ~ (ins kalte Wasser) wagen**, fare il grande passo, saltare il fosso.

Sprung② <*-(e)s, Sprünge*> m (*feiner Riss*) (in Glas oder Porzellan) crepa f, incrinatura f; (in Holz) fenditura f, spaccatura f; (in Haut) screpolatura f • **einen ~ in der Schüssel haben** *fam*, avere qualche rotella fuori posto.

Sprungbecken n vasca f per i tuffi.

Sprungbein <*-s, ohne pl*> n **1** *sport* gamba f d'appoggio **2** *anat* astragalo m.

sprungbereit *adj* **1** {Sportler, Tier} pronto per ˻il salto˼/[saltare] **2** *fam* (*ausgehfertig*) pronto per uscire; (*reisefertig*) pronto per partire.

Sprungbrett n *sport Turnen* pedana f (per il volteggio); (*Schwimmsport*) trampolino m • **etw als ~ für etw** (akk) **benutzen**, utilizzare qc come trampolino di lancio per qc; **ein ~ für etw** (akk) **sein**, essere un (buon) trampolino di lancio per qc.

Sprungfeder f molla f (a elica cilindrica).

Sprungfedermatratze f materasso m a molle.

Sprunggelenk n *anat* articolazione f del piede; {+Pferd} garretto m.

Sprunggrube f *sport* buca f per il salto.

sprunghaft A *adj* **1** (*unstet*) {Mensch, Wesen} volubile, incostante, mutevole, instabile, discontinuo **2** (*unzusammenhängend*) {Denken} sconnesso, discontinuo **3** (*abrupt*) {Anstieg, Entwicklung, Stimmungswandel} improvviso, repentino: **ein ~er Preisanstieg**, un'impennata dei prezzi **B** *adv* {(An-)steigen, sich entwickeln, sich verändern} di

colpo, improvvisamente: **die Preise sind ~ gestiegen**, i prezzi hanno subito una brusca impennata.
Sprunghaftigkeit <-, ohne pl> f **1** (*Unbeständigkeit*) volubilità f, incostanza f **2** {+GEDANKEN} discontinuità f, sconnessione f.
Sprungschanze f trampolino m (per il salto con gli sci).
Sprungseil n → **Springseil**.
Sprungtuch n telo m di salvataggio.
Sprungturm m piattaforma f (per tuffi).
SPS <-, ohne pl> f Abk von Sozialdemokratische Partei der Schweiz: "partito m socialdemocratico svizzero".
Spucke <-, ohne pl> f fam saliva f; (*ausgespuckt*) sputo m ● **jdm bleibt die ~ weg** fam (*vor Überraschung*), qu resta/rimane di sasso fam/stucco fam; (*vor Bewunderung*), qu resta/rimane a bocca aperta.
spucken A itr **1** (*aus~*) (*irgendwohin*) ~ sputare + compl di luogo: **auf den Boden**/[**ins Taschentuch**] ~, sputare ˪per terra˩/[nel fazzoletto] ~, ˪**nach jdm**˩/[**jdm ins Gesicht**] ~, sputare addosso/[in faccia] a qu; **der Vulkan spuckt mal wieder**, il vulcano ha ripreso a eruttare/[sputare lava] **2** fam (*sich erbrechen*) vomitare, rimettere, dare di stomaco: – **müssen**, dover vomitare **3** fam (*nicht richtig funktionieren*) {MOTOR} andare a singhiozzo: **der Wasserhahn spuckt**, dal rubinetto l'acqua arriva a singhiozzo B tr (*etw auswerfen*) *etw* (*irgendwohin*) ~ {MENSCH, VULKAN} sputare qc (+ compl di luogo) ● **auf jdn/etw ~** slang, sputare su qu/qc.
Spucknapf m sputacchiera f.
Spuk <-(e)s, rar -e> m **1** (*Geistererscheinung*) apparizione f (di fantasmi): **um Mitternacht trieben die Geister ihren ~**, verso mezzanotte apparivano i fantasmi; **der ~ begann kurz nach dem Tod der Schlossherrin**, le apparizioni cominciarono poco dopo la morte della castellana; (*gespenstische Erscheinung*) *auch* fantasma m; **wie ein ~ verschwand die seltsame Gestalt im Nebel**, lo strano personaggio scomparve nella nebbia come un fantasma **2** (*gespenstische Zustände*) incubo m: **der ~ der nationalsozialistischen Vergangenheit**, l'incubo del passato nazista ● **dem ~ ein Ende bereiten**/**machen**, mettere fine a un incubo; **als die Polizei kam, machte sie dem ganzen ~ ein Ende**, l'intervento della polizia ristabilì l'ordine; **wie ein ~ verflogen sein**, essere svanito nel nulla; **nach ein paar Minuten war der ~ vorbei**, dopo un paio di minuti tutto era ritornato alla normalità.
spuken A itr **1** (*als Gespenst umgehen*) *irgendwo* ~ {GEIST, ARME SEELE} aggirarsi/apparire + compl di luogo: **der Verstorbene soll noch heute im Palast ~**, si dice che il fantasma del defunto si aggiri ancora oggi nel palazzo **2** fam (*jds Gedanken heimsuchen*): **in jds Kopf ~** {VERGANGENES EREIGNIS, ERINNERUNG, GEDANKE}, tormentare qu, perseguitare qu; **hier spukt ein romantisierendes DDR-Bild in den Köpfen**, qui aleggia un'immagine romantica della RDT B unpers: ˪**in dem alten Haus**˩/[**auf dem Friedhof**] **spukt es**, ˪nella vecchia casa˩/[nel cimitero] si aggirano i fantasmi.
Spukgeschichte f storia f di fantasmi.
Spukschloss (a.R. Spukschloß) n castello m dei fantasmi.
Spülbecken n **1** (*zum Geschirrspülen*) lavello m, acquaio m, lavandino m (da cucina) **2** (*beim Zahnarzt*) sputacchiera f, gruppo m idraulico.
Spülbürste f spazzola f per stoviglie/[piatti].

Spule <-, -n> f **1** *el film* bobina f, spoletta f; (*Nähmaschinenspule*) rocchetto m, spoletta f; (*Garnspule*) bobina f, spola f, rocchetto m: *etw* ˪**auf eine**˩/[**von einer**] **~ wickeln**, ˪avvolgere qc su˩/[svolgere/srotolare qc da] una bobina.
Spüle <-, -n> f (*mobile m del*) lavello m, (mobile m dell')acquaio m.
spulen A tr (*wickeln*) *etw auf etw* (akk) ~ avvolgere qc su qc; *etw von etw* (dat) ~ svolgere qc da qc, srotolare qc da qc B itr (*auf einer Spule laufen*) {FILM, TONBAND} girare.
spülen A tr **1** (*ab~*) *etw* ~ {GESCHIRR} lavare qc, rigovernare qc **2** (*aus~*) *etw* ~ {WUNDE} lavare qc; {MUND} sciacquare qc **3** (*nach~*) *etw* ~ {HAAR, WÄSCHE} (ri)sciacquare qc: **die Seife aus der Wäsche ~**, sciacquare il bucato per eliminare/togliere il sapone, eliminare il sapone dal bucato col risciacquo **4** (*schwemmen*) *jdn/etw irgendwohin* ~ {MEER, STRÖMUNG, WASSER ANS UFER, ÜBER BORD} gettare qu/qc + compl di luogo; {STRÖMUNG INS MEER} trascinare/trasportare qu/qc + compl di luogo B itr **1** (*abwaschen*) rigovernare, lavare/fare i piatti **2** (*die Wasserspülung betätigen*) tirare lo sciacquone/l'acqua fam **3** (*im Spülgang laufen*) {SPÜLMASCHINE, WASCHMASCHINE} (ri)sciacquare, fare il risciacquo **4** (*sich ergießen*) **an etw** (akk) ~ {WELLEN ANS UFER} sciabordare contro qc, sciacquare su qc.
Spülgang m → **Spülprogramm**.
Spülkasten m cassetta f (scaricatrice), sciacquone m.
Spüllappen m panno m/straccetto m per i piatti.
Spülmaschine f lavastoviglie f, lavapiatti f.
spülmaschinenfest adj {GESCHIRR} lavabile in lavastoviglie.
Spülmittel n detersivo m per stoviglie/[piatti]; (*für Spülmaschine*) detergente m/detersivo m per lavastoviglie.
Spülprogramm n programma m di risciacquo.
Spülschüssel f bacinella f per lavare i piatti.
Spültuch n → **Spüllappen**.
Spülung <-, -en> f **1** (*Toilettenspülung*) sciacquone m **2** med lavanda f, irrigazione f, lavaggio m **3** tech lavaggio m.
Spülwasser n (ri)sciacquatura f ● **wie ~ schmecken** {GETRÄNK}, essere (ri)sciacquatura di bicchieri; {SUPPE}, essere (ri)sciacquatura di piatti.
Spulwurm m zoo ascaride m, vermi m pl fam.
Spund① <-(e)s, -e oder Spünde> m (*am Fass*) zaffo m.
Spund② <-(e)s, -e> m fam: **junger ~**, sbarbatello fam.
Spur① <-, -en> f **1** (*Abdruck*) impronta f, traccia f; (*Fuß~*) *auch* orma f, pedata f, pesta f: **~en sichern**/**verwischen**, rilevare/cancellare le impronte **2** (*hinterlassenes Zeichen*) traccia f, segno m: **keine ~en hinterlassen** {TÄTER}, non lasciare tracce/[alcuna traccia] **3** (*Fährte*) traccia f, pista f: **eine ~ aufnehmen**, cominciare a seguire una pista; **einer ~ nachgehen**, **eine ~ verfolgen**, seguire/battere una pista **4** (*Loipe*) tracciato m, pista f: **eine ~ legen**, tracciare una pista **5** (*Fahrspur*) corsia f: **in der ~ bleiben**, restare/rimanere in corsia; **sich in die linke**/**rechte ~ einordnen**, mettersi nella corsia sinistra/destra; **auf**/**in der falschen**/**richtigen ~ sein**, essere nella corsia sbagliata/giusta;

die ~ wechseln, cambiare corsia **6** *el pista* f; *inform* traccia f **7** <nur pl> (*sichtbare Folgen*) tracce f pl, segni m pl: **die ~en einer untergegangenen Zivilisation**, le tracce/vestigia di una civiltà scomparsa; **die ~en des Alters**˩/[**einer Krankheit**], i segni ˪della vecchiaia˩/[di una malattia]; **die Stadt trägt noch die ~en des letzten Krieges**, la città porta ancora i segni dell'ultima guerra **8** (*~weite*) {+AUTO} carreggiata f; {+ZUG} scartamento m **9** autom (*Radstellung*) convergenza f: **lassen Sie nach 5000 km die ~ kontrollieren!**, dopo 5000 km faccia controllare la convergenza! **10** autom (*gerade Fahrtrichtung*): **die ~ halten**, avere una buona tenuta di strada, tenere bene la strada; **aus der ~ geraten**, derapare, scartare **11** (*Gleisspur*) rotaia f ● **jdn auf eine falsche ~ bringen**, **jdn von einer ~ abbringen**, portare/mettere qu su una ˪falsa pista˩/[pista sbagliata], depistare qu; **jdn auf die richtige ~ bringen**, portare/mettere qu sulla pista buona/giusta; **von jdm fehlt jede ~**, di qu non c'è traccia, qu scompare senza lasciare tracce; **jds ~en folgen**, **auf jds ~en wandeln** (*jds Vorbild folgen*), calcare/seguire le orme di qu; **eine heiße ~** fam, una pista calda; **~en hinterlassen** (*Abdrücke, Zeichen hinterlassen*), lasciare tracce; (*Folgen haben*), lasciare il segno; **bei jdm (seine) ~en hinterlassen** {DEPRESSION, KRANKHEIT}, lasciare il segno su qu, segnare qu; **jdm**/**etw auf die ~ kommen** {EINEM VERBRECHER}, individuare qu; {EINEM VERBRECHEN}, scoprire qc; **jdm**/**etw auf der ~ sein**, essere sulle tracce di qu/qc; **auf der richtigen**/**falschen ~ sein**, essere sulla pista ˪buona/giusta˩/[sbagliata].
Spur② <-, -en> f **1** (*kleine Menge*) {+SALZ, PFEFFER, ZUCKER} pizzico m, pochino m, tantino m: **an der Suppe fehlt noch eine ~ Salz**, alla minestra manca ˪un pizzico˩/[un'idea] di sale; **eine ~ schärfer**/**süßer**, **eine ~ zu scharf**/**süß**, un pochino più piccante/dolce, un pochino troppo piccante/dolce; {+CHEMISCHES ELEMENT, GIFT, MEDIKAMENT} traccia f, quantità f minima **2** (*Fünkchen*) {+ANSTAND, MENSCHLICHKEIT, TALENT} briciolo m: **keine**/[**nicht die leiseste**] **~ von ~** (dat) **haben**, non avere neanche ˪un briciolo˩/[l'ombra] di qc; **nicht die ~ von einer Ahnung haben** fam, non avere la minima/[più pallida] idea (di qc) fam; **von Liebe keine ~** fam, di amore neanche a parlarne fam ● **keine ~!** fam, **nicht die ~!** fam, neanche un po'! fam; **hast du keine Angst? – Nicht die ~!**, non hai paura? – Neanche un po'!
spürbar A adj **1** (*merklich*) {PREISANSTIEG, TEMPERATURRÜCKGANG} sensibile **2** (*wahrnehmbar*) {UNTERSCHIED, VERÄNDERUNG} percettibile, avvertibile **3** (*sichtlich*) {ERLEICHTERUNG, VERÄRGERUNG} visibile: **deutlich ~ sein**/**werden**, farsi sentire (chiaramente/[con forza]) B adv {KÄLTER, WÄRMER} sensibilmente; {ERLEICHTERT, VERÄRGERT, ZURÜCKHALTENDER} visibilmente.
Spurbreite f → **Spurweite**.
spuren① itr fam (*gehorchen*) (**bei jdm**) ~ filare/rigare dritto (-a) (con qu) fam: **der Hund spurt nicht**, il cane non ubbidisce; **wer nicht spurt, fliegt!**, chi non riga dritto vola fuori!
spuren② A itr Ski (*eine Spur ziehen*) lasciare una traccia (sciando fuori pista) B tr *etw* ~ {LOIPE} tracciare qc.
spüren A tr **1** (*körperlich empfinden*) *etw* (*irgendwo*) ~ {BERÜHRUNG, KÄLTE, SCHMERZ} sentire/avvertire qc (+ compl di luogo): **ich spüre die Feuchtigkeit in allen Gliedern**/**Knochen**, l'umidità mi è entrata in ˪tutto il corpo˩/[tutte le ossa]; **wenn ich mich bü-**

cke, spüre ich sofort meinen Rücken, quando mi chino ˌsento subito un dolore alla₁ʃ/[mi fa subito male la] schiena; **ich spürte, wie der Schmerz langsam nachließ,** sentivo che il dolore si stava attenuando **2** *(unter den Auswirkungen von etw leiden)* **etw ~** risentire *di qc*: **ich spüre immer noch den Wein von gestern Abend,** sento ancora gli effetti del vino di ieri sera; **sein Alter ~,** sentire il peso degli anni **3** *(merken)* **etw ~** sentire *qc*: **er spürte, dass sie nicht ehrlich zu ihm war,** sentiva che (lei) non era sincera con lui; {JDS MISSTRAUEN, ZORN, ZUNEIGUNG} avvertire *qc*; **jdn etw ~ lassen,** far sentire qc a qu; **jdn ~ lassen, dass ...,** far capire a qu che ...; **nichts/wenig von etw (dat) ~,** ˌnon accorgersi (neanche)ˌ/[accorgersi appena] di qc; **von etw (dat) ist (bei jdm) nichts zu ~,** non c'è traccia di qc (in qu) **B** *itr* **(nach etw dat)** – {HUND} seguire le tracce *(di qc)* • **etw zu ~ bekommen** {DEN KNÜPPEL, DIE PEITSCHE}, dover assaggiare qc; **ich habe seine ganze Verachtung zu ~ bekommen,** mi ha fatto sentire tutto il suo disprezzo; **sie bekam es deutlich zu ~, dass sie unerwünscht war,** le avevano fatto capire chiaramente che la sua presenza non era gradita; **du wirst noch zu ~ bekommen, wie man sich in einer solchen Lage fühlt!,** un giorno proverai sulla tua pelle come ci si sente in una situazione del genere!

Spurenelement *n* microelemento *m*, oligoelemento *m*.

Spurensicherung *f* **1** *(Aufnehmen der Spuren)* rilevamento *m* delle impronte **2** *(Polizeiabteilung)* (polizia *f*) scientifica *f*.

Spurensuche *f* ricerca *f* di/delle tracce: **auf historischer ~ gehen,** andare alla ricerca del passato.

Spürhund *m* **1** *zoo* segugio *m*, cane *m* da seguito; *(Polizeihund)* cane *m* poliziotto; *(bei Drogenfahndung)* cane *m* antidroga **2** *fam (Detektiv)* segugio *m fam*.

spurlos *adv* senza lasciare traccia/tracce: **~ untertauchen/verschwinden,** sparire/svanire/scomparire nel nulla, volatilizzarsi/scomparire senza lasciare traccia; **~ an jdm vorübergehen,** non lasciar traccia su qu; **die Kriegserlebnisse sind nicht ~ an ihr vorübergegangen,** le esperienze della guerra ˌl'hanno segnataˌ/[le hanno lasciato il segno].

Spürnase *f*: **eine gute ~ haben** *fam*, avere buon naso; **eine ~ für etw (akk) ~ haben** *fam*, avere naso/fiuto per qc *fam*.

Spurrille *f* <*meist pl*> *autom* solco *m*.

spursicher *adj autom* che ha una buona tenuta di strada.

Spürsinn <-*(e)s, ohne pl*> *m* {+MENSCH, HUND} fiuto *m*.

Spurt <-*s, -s oder -e*> *m sport* **1** *(Beschleunigung)* scatto *m*, sprint *m*; *(Endspurt)* sprint *m*; *(bes. Radrennen) auch* volata *f*: **zum ~ ansetzen,** lanciare lo sprint/la volata, scattare, sprintare; **im ~ gewinnen,** vincere in volata **2** *(Sportvermögen) (capacità f di) scatto m,* sprint *m*: **einen guten ~ haben,** avere/[essere dotato di] un buono scatto **3** *fam (schneller Lauf)* corsa *f*, volata *f fam*: **einen ~ zum Bahnhof machen,** fare una corsa/volata alla stazione.

spurten A *itr* **1** <*sein oder haben*> *sport* sprintare, scattare; *(zum End~ ansetzen auch)* lanciare lo sprint **2** <*sein*> *fam (schnell laufen) (irgendwohin)* ~ fare una corsa/volata (+ *compl di luogo*) **B** *tr* <*sein*> *sport* **etw ~** {DIE LETZTE RUNDE, DIE LETZTEN 100 M} sprintare *a/in qc*, scattare *a/in qc*.

Spurwechsel *m* cambio *m* di corsia.

Spurweite *f autom* carreggiata *f*; *Eisenb* scartamento *m*.

sputen *rfl fam* **sich ~** affrettarsi, sbrigarsi.

Sputnik <-*s, -s*> *m* sputnik *m*.

Squash <-*, ohne pl*> *n* squash *m*: **~ spielen,** giocare a squash.

Squashcenter *n*, **Squashhalle** *f* centro *m* squash.

SRG *f Abk von* Schweizerische Radio- und Fernsehgesellschaft: "radiotelevisione *f* svizzera".

Sri Lanka <-*-s, ohne pl*> *n geog* Sri Lanka *m*: **auf Sri Lanka,** nello Sri Lanka.

Sri-Lanker *m* **(Sri-Lankerin** *f***), Sri-Lanker** **(Sri Lankerin** *f***)** abitante *mf* dello Sri Lanka.

sri-lankisch *adj* dello Sri Lanka.

S-Rohr *n* tubo *m* a s/esse.

ß <-, -> *n* scharfes S *f*, doppia esse *f* tedesca *fam*.

SS① *n univ Abk von* Sommersemester: semestre *m* estivo.

SS② *f hist Abk von* Schutzstaffel: SS *f pl* (*unità paramilitari d'élite naziste*).

SSD <-, *ohne pl*> *m ost hist Abk von* Staatssicherheitsdienst: polizia *f* politica segreta della ex RDT.

SS-Mann *m hist* membro *m* delle SS, SS *m*.

SSO *Abk von* Südsüdost: SSE (*Abk von* Sud-Sud-Est).

SSV *m Abk von* Sommerschlussverkauf: saldi *m pl* estivi.

SS-Verbrechen *n* crimine *m* delle SS.

SSW *Abk von* Südsüdwest: SSO (*Abk von* Sud-Sud-Ovest).

st *interj* st!, sst!, sss!

s. t. *adv univ Abk von* sine tempore (*ohne akademisches Viertel*): senza il quarto d'ora accademico, puntualmente, in punto.

St. 1 *Abk von* Sankt: S., s. (*Abk von* santo) **2** *Abk von* Stück: pz (*Abk von* pezzo) **3** *Abk von* Stunde: h (*Abk von* ora).

Staat <-*(e)s, -en*> *m* **1** *(Land)* stato *m*: **benachbarte ~en,** stati confinanti; **einen ~ anerkennen/gründen/regieren,** riconoscere/fondare/governare uno stato; **im Interesse des ~es,** nell'interesse ˌdello statoˌ/ [nazionale]; **der ~ Israel,** lo Stato d'Israele **2** *(staatliche Institutionen)* stato *m*: **beim ~ arbeiten/[angestellt/beschäftigt sein],** essere impiegato (-a) statale, essere uno/una statale *fam*, avere un impiego statale; **vom ~ subventioniert/unterstützt werden,** essere sovvenzionato dallo stato, ricevere un sussidio statale; **das höchste Amt im ~ innehaben,** rivestire la più alta carica dello stato **3** *zoo* società *f*: **~en bilden,** vivere in società **4** <*nur pl*> *fam (USA)*: **die ~en,** gli Stati Uniti • **etwas ist faul im ~e Dänemark** *(Zitat aus Hamlet)*, c'è del marcio in Danimarca; **mit etw (dat) keinen ~ machen können** *fam*, non si può certo fare grande sfoggio con qc; **ein ~ im ~ sein,** costituire/formare uno stato nello stato; **in vollem ~** *(in festlicher Kleidung)*, in gran gala, in pompa magna *scherz*; *(von Würdenträgern)*, in gran tenuta; **von ~s wegen,** dallo stato, per mano dello stato.

staatenbildend *adj* → **Staat**.

Staatenbund <-*(e)s, -bünde*> *m pol* confederazione *f* (di stati).

Staatenbündnis *n pol* federazione *f* di stati.

Staatengemeinschaft *f* comunità *f* degli Stati: **die internationale ~,** la comunità internazionale; **die europäische ~,** l'Unione Europea.

staatenlos *adj* apolide, senza nazionalità.

Staatenlose <*dekl wie adj*> *mf* apolide *mf*.

staatenübergreifend *adj* transnazionale.

staatlich A *adj* **1** *pol* {INTERESSEN, UNABHÄNGIGKEIT} nazionale **2** <*attr*> (*vom Staat ausgehend*) {FÖRDERUNG, MAßNAHME, UNTERSTÜTZUNG} statale, dello stato **3** *(staatseigen)* {BETRIEB, EINRICHTUNG, INSTITUTION, UNTERNEHMEN} statale, dello stato; {AMT, BEHÖRDE} pubblico **B** *adv*: **~ anerkannt** {AUSBILDUNG, BERUF, INSTITUT}, riconosciuto dallo stato, riconosciuto legalmente; **eine ~ anerkannte Schule,** una scuola parificata/pareggiata; **~ geprüft** {PERSON}, abilitato; {SACHE} a norma di legge; **~ subventioniert/unterstützt,** sovvenzionato ˌdallo statoˌ/[con fondi statali].

staatlicherseits *adv* da parte dello stato.

Staatsaffäre *f*: **eine ~ aus etw (dat) machen** *fam*, fare di qc un affare di stato.

Staatsakt *m* cerimonia *f* ufficiale.

Staatsaktion *f* → **Staatsaffäre**.

Staatsangehörige <*dekl wie adj*> *mf* cittadino (-a) *m* (*f*): **deutscher ~r sein,** essere cittadino tedesco, avere la cittadinanza tedesca.

Staatsangehörigkeit *f* cittadinanza *f*, nazionalità *f*: **die deutsche ~ annehmen/besitzen/haben,** ˌprendere/acquisireˌ/ [possedere]/[avere] la cittadinanza tedesca; **deutscher ~ sein,** essere di nazionalità tedesca, avere la cittadinanza tedesca.

Staatsangehörigkeitsnachweis *m adm* certificato *m* di cittadinanza.

Staatsangestellte <*dekl wie adj*> *mf* (impiegato (-a) *m* (*f*)) statale *mf*.

Staatsanleihe *f* **1** *(Schulden des Staates)* prestito *m* pubblico/nazionale **2** *(Schuldverschreibung)* titolo *m* di stato.

Staatsanwalt *m* **(Staatsanwältin** *f***)** *jur (bei Ermittlungen)* procuratore (-trice) *m* (*f*); *(Ankläger vor Gericht)* pubblico ministero *m*.

Staatsanwaltschaft *f* procura *f* della repubblica; *(Ankläger vor Gericht)* pubblico ministero *m*.

Staatsapparat *m* apparato *m* statale.

Staatsarchiv *n* archivio *m* di stato.

Staatsausgabe *f* <*meist pl*> spesa *f* pubblica.

Staatsbank *f* istituto *m* di credito di diritto pubblico.

Staatsbankrott *m* bancarotta *f* di stato.

Staatsbeamte <*dekl wie adj*> *m* **(Staatsbeamtin** *f***)** impiegato (-a) *m* (*f*) statale; *(höherer Beamter)* pubblico funzionario *m*, funzionario *m* statale.

Staatsbegräbnis *n* funerali *m pl* di stato.

Staatsbesitz *m* proprietà *f* dello stato: **(in) ~ sein,** essere di proprietà dello stato, appartenere allo stato; {BETRIEB, UNTERNEHMEN} *auch* essere nazionalizzato/statalizzato; {LÄNDEREIEN, WALD} essere un bene demaniale, appartenere al demanio.

Staatsbesuch *m* visita *f* ufficiale.

Staatsbibliothek *f* biblioteca *f* nazionale.

Staatsbürger *m* **(Staatsbürgerin** *f***)** cittadino (-a) *m* (*f*).

Staatsbürgerkunde *f A CH und ostdt hist Schule* educazione *f* civica.

staatsbürgerlich *adj form* civico: **~e Pflichten,** doveri civici/[del cittadino]; **~e Rechte,** diritti civili/[del cittadino].

Staatsbürgerschaft *f* cittadinanza *f*, nazionalità *f*: **die deutsche ~ annehmen/**

besitzen/haben, ₁prendere/acquisire₁/ [possedere]/[avere] la cittadinanza tedesca; **doppelte ~**, doppia cittadinanza.

Staatschef m (**Staatschefin** f) capo m di/dello stato.

Staatsdiener m (**Staatsdienerin** f) meist iron servitore (-trice) m (f) dello stato scherz, statale mf.

Staatsdienst m impiego m statale: **im ~ stehen/sein**, avere un impiego statale, essere al servizio dello stato.

staatseigen adj <attr> {BETRIEB, UNTERNEHMEN} di/dello stato, statale, nazionalizzato; {ARCHIV, BIBLIOTHEK} statale, nazionale; {LÄNDEREIEN, WALD} demaniale, statale, dello stato.

Staatseigentum n proprietà f dello stato.

Staatseinnahme f <meist pl> entrata f pubblica/[dello stato]/[dell'erario].

Staatsempfang m ricevimento m ufficiale.

Staatsetat m → **Staatshaushalt**.

Staatsexamen n esame m di stato: **erstes ~** (für Lehrer, Juristen), esami finali del corso di laurea; **zweites ~** (für Lehrer), ≈ esame m di abilitazione; (für Juristen) ≈ esame m di stato.

Staatsfeiertag m → **Nationalfeiertag**.

Staatsfeind m (**Staatsfeindin** f) pej nemico (-a) m (f) ₁dello stato₁/[pubblico].

staatsfeindlich A adj {BEWEGUNG, ORGANISATION} sovversivo; {AKTION, PAROLEN, UMTRIEBE} auch contro lo stato B adv: **~ agitieren**, fare propaganda sovversiva/[contro lo stato]; **sich ~ verhalten**, avere un atteggiamento sovversivo.

Staatsfinanzen subst <nur pl> finanze f pl pubbliche/[dello stato].

Staatsflagge f → **Nationalflagge**.

Staatsform f forma f di governo, regime m: **demokratische ~**, regime/sistema democratico.

Staatsforst m foresta f demaniale.

Staatsführung f 1 (das Lenken eines Staates) guida f (₁di uno₁/[dello] stato) 2 (Regierung) governo m, vertici m pl dello stato.

Staatsgebiet n territorio m nazionale/ [dello stato].

staatsgefährdend A adj sovversivo B adv: **sich ~ verhalten**, attentare alla sicurezza dello stato.

Staatsgeheimnis n segreto m di stato • **kein ~ sein** fam, non essere un segreto di stato fam.

Staatsgelder subst <nur pl> denaro m pubblico, fondi m pl pubblici/statali: **etw mit ~n finanzieren**, finanziare qc con ₁fondi pubblici/statali₁/[il denaro pubblico].

Staatsgeschäft n <meist pl> affare m ₁di stato₁/[pubblico].

Staatsgewalt f 1 <nur sing> (Herrschaftsgewalt) autorità f ₁dello stato₁/[statale] 2 (Exekutive, Judikative, Legislative) potere m 3 (Polizei) forza f pubblica, forze f pl dell'ordine.

Staatsgrenze f confine m di stato, frontiera f (nazionale).

Staatsgründung f costituzione f/fondazione f ₁di uno₁/[dello] stato.

Staatshaushalt m bilancio m pubblico.

Staatshoheit f sovranità f dello stato.

Staatskanzlei f D adm cancelleria f del/ [di un] Land; CH cancelleria f del/[di un] cantone.

Staatskapitalismus m capitalismo m di stato.

Staatskarosse f 1 (Kutsche) carrozza f di gala 2 scherz (Dienstwagen des Premiers) automobile f di rappresentanza, autoblù f fam.

Staatskasse f casse f pl dello stato, erario m (pubblico), fisco m: **in die ~ fließen**, finire nelle casse dello stato.

Staatskirche f chiesa f di stato.

Staatskosten subst <nur pl>: **auf ~** {LEBEN, UNTERHALTEN, VERREISEN}, a spese dello stato.

Staatslehre f dottrina f dello stato.

Staatslotterie f lotteria f nazionale.

Staatsmacht f potere m dello stato.

Staatsmann m uomo m di stato, statista m, (uomo m) politico m.

staatsmännisch A adj {GESCHICK, VERHALTEN, WEITSICHT} da statista, da uomo di stato B adv {AUFTRETEN, SICH GEBEN} da statista, da uomo di stato.

Staatsminister m (**Staatsministerin** f) 1 (Minister) ministro m 2 (Minister ohne Portefeuille) ministro m senza portafoglio 3 D (parlamentarischer Staatssekretär) ≈ sottosegretario m.

Staatsmonopol n monopolio m di stato.

Staatsoberhaupt n capo m di/dello stato.

Staatsoper f opera f di stato: **die Wiener ~**, la Staatsoper di Vienna.

Staatsorgan n organo m di stato.

Staatspapier n <meist pl> ökon titolo m di stato.

Staatspartei f partito m unico.

Staatsphilosophie f filosofia f politica.

Staatspolizei f polizia f ₁di stato₁/[politica] • **die Geheime ~** hist, la Gestapo.

Staatspräsident m (**Staatspräsidentin** f) presidente m della repubblica.

Staatsprüfung f → **Staatsexamen**.

Staatsräson f ragion f di stato.

Staatsrat m CH und ostdt hist 1 (Institution) consiglio m di stato 2 (Person) consigliere m di stato.

Staatsrecht n jur pol diritto m pubblico.

Staatsrechtler m (**Staatsrechtlerin** f) jur esperto (-a) m (f) di diritto pubblico.

Staatsreligion f religione f di stato.

Staatsschatz m tesoro m dello stato.

Staatsschuld f <meist pl> debito m pubblico.

Staatssekretär m (**Staatssekretärin** f) ≈ sottosegretario (-a) m (f) di stato • **parlamentarischer ~**, "parlamentare che affianca il cancelliere o un ministro".

Staatssicherheitsdienst m hist (Abk Stasi) "polizia f politica segreta della ex RDT", Stasi f.

Staatsstreich m colpo m di stato, golpe m.

Staatstheater n teatro m nazionale.

staatstragend adj (PARTEI) di governo; {REDE, SENDUNG} filogovernativo; {INSTANZ} di stato.

Staatstrauer f lutto m nazionale.

staatstreu adj ₁fedele alo₁/[leale verso lo] stato: **ein ~er Beamter**, un fedele servitore dello stato; **~es Verhalten**, fedeltà (verso lo stato).

Staatsverbrechen n delitto m/crimine m contro lo stato • **das ist doch kein ~!** fam, non è poi la fine del mondo!

Staatsverdrossenheit f ₁disaffezione f allo₁/[tedio m verso lo] stato.

Staatsverfassung f costituzione f.

Staatsverschuldung f indebitamento m pubblico/[dello stato].

Staatsvertrag m pol (zwischen Staaten) trattato m internazionale; (zwischen Bundesländern) trattato m fra stati federali.

Staatswald m foresta f demaniale.

Staatswesen n geh stato m.

Stab① <-(e)s, Stäbe> m 1 (Stock) bastone m: **dünner ~**, bacchetta, stecca; **kurzer ~**, bastoncino, bastoncello; (Bischofsstab) pastorale m 2 (Eisenstab) barra f; {+GITTER, KÄFIG} sbarra f 3 mus bacchetta f 4 sport (Staffelstab) testimone m; (Stabhochsprungstab) asta f • **den ~ über jdn brechen** geh, gettare/ mettere la croce addosso a qu; **den ~ führen** geh mus, dirigere (l'orchestra).

Stab② <-(e)s, -e> m 1 mil (Führungsgruppe) stato m maggiore 2 (Experten, Mitarbeiter) staff m, équipe f, squadra f, team m.

Stabantenne f antenna f ad asta.

Stäbchen <-s, -> n dim von Stab 1 (kleiner Stab) bastoncino m, bacchettina f 2 <nur pl> (Eß~) bacchette f pl 3 anat bastoncello m 4 fam scherz (Zigarette) cicca f fam scherz.

stäbchenförmig adj {BAKTERIE} a (forma di) bastoncello.

Stabhochspringer m (**Stabhochspringerin** f) sport saltatore (-trice) m (f) con l'asta, astista mf.

Stabhochsprung m sport salto m con l'asta.

stabil A adj 1 (strapazierfähig) {SCHRANK, STUHL, TISCH} solido; {LEITER} stabile 2 (beständig) {GLEICHGEWICHT, PREISE, WÄHRUNG, WETTERLAGE, WIRTSCHAFT} stabile; {BEZIEHUNG, PARTNERSCHAFT} auch solido, durevole 3 (nicht anfällig) {GESUNDHEIT, KONSTITUTION} robusto B adv: **ein ~ gebautes Haus**, una casa solida.

Stabilisator <-s, -en> m 1 autom el stabilizzatore m 2 chem stabilizzatore m, stabilizzante m.

stabilisieren <ohne ge-> A tr 1 (standfester machen) etw (mit etw dat/durch etw akk) ~ {GERÜST, KONSTRUKTION} consolidare qc (con qc), rinforzare qc (con qc) 2 (beständig machen) etw ~ {PREISE, WÄHRUNG} stabilizzare qc, rendere stabile qc 3 med etw ~ {BLUTDRUCK, KREISLAUF} (ri)stabilizzare qc, regolarizzare qc: **jds Gesundheit ~**, rimetterre qu in salute; **die Therapie hat ihn wieder einigermaßen stabilisiert**, la terapia gli ha restituito un certo vigore B rfl 1 (beständig werden) **sich ~** {AKTIENKURSE, MARKT, WIRTSCHAFTSLAGE} stabilizzarsi; {BEZIEHUNG} auch consolidarsi 2 med **sich ~** {BLUTDRUCK, KREISLAUF} (ri)stabilizzarsi, regolarizzarsi: **seine Gesundheit hat sich stabilisiert**, si è ristabilito.

Stabilisierung <-, -en> f 1 {+MARKT, WIRTSCHAFTSLAGE} stabilizzazione f; {+BEZIEHUNG} consolidamento m 2 med {+BLUTDRUCK, KREISLAUF} stabilizzazione f.

Stabilität <-, ohne pl> f 1 (Haltbarkeit) {+BAUWERK, KONSTRUKTION, STUHL, TISCH} solidità f 2 (Beständigkeit) {+PREISE, WÄHRUNG, WIRTSCHAFT} stabilità f; {+BEZIEHUNG, PARTNERSCHAFT} auch solidità f.

Stabilitätspakt m pol patto m di stabilità.

Stablampe f el torcia f elettrica.

Stabreim m poet alliterazione f.

Stabsarzt m (**Stabsärztin** f) mil capitano m medico.

Stabschef m (**Stabschefin** f) mil capo m di stato maggiore.

Stabsoffizier m (**Stabsoffizierin** f) mil ufficiale m di stato maggiore.

Stabwechsel m sport passaggio m del testimone.

stach 1. *und* 3. *pers sing imperf von* stechen.
Stachel <-s, -n> m **1** *bot* spina f, aculeo m **2** *zoo* {+IGEL} aculeo m, spina f; {+BIENE, WESPE} pungiglione m, ago m; {+SKORPION} pungiglione m, pinza f *fam* **3** (*Metallspitze*) punta f (metallica) • **der ~ bleibt**, resta una ferita; **der ~ des Ehrgeizes**, il pungolo dell'ambizione; **der ~ der Eifersucht**, il tormento/ tarlo della gelosia; **jd/etw ist jdm ein ~ im Fleische** *geh*, qu/qc è una spina nel fianco di qu; **etw** (**dat**) **den ~ nehmen**, smorzare l'effetto di qc; **der ~ des Zweifels**, il tarlo del dubbio.
Stachelbeere f *bot* uva f spina.
Stachelbeerstrauch m *bot* (arbusto m di) uva f spina.
Stacheldraht m filo m spinato.
Stacheldrahtverhau m reticolato m.
Stacheldrahtzaun m reticolato m.
stachelig adj → **stachlig**.
Stachelschwein n porcospino m, istrice m *oder rar* f.
stachlig adj **1** *bot* spinoso, irto di spine, aculeato **2** *zoo* dotato di aculei, aculeato **3** (*stoppelig*) {BART} ispido, pungente, irto; {KINN} ispido, ruvido.
Stadel <-s, -> m *süddt A CH* fienile m.
Stadion <-s, *Stadien*> n *sport* stadio m.
Stadium <-s, *Stadien*> n {+KRANKHEIT} stadio m, fase f: **im frühen ~**, allo stadio iniziale; **im letzten ~**, all'ultimo stadio, in fase terminale; **im vorgerückten/fortgeschrittenen ~**, in stadio avanzato; {+ENTWICKLUNG, PLANUNG, VERHANDLUNG} fase f.
Stadt <-, *Städte*> f **1** (*Ort*) città f: **die ~ München/Zürich**, la città di Monaco/Zurigo; **in/ außerhalb der ~ wohnen**, abitare in/fuori città; **am Rande der ~ wohnen**, abitare ⌊in periferia⌋/[fuoriporta]; **die Leute aus der ~**, (la) gente di città; **in den Mauern unserer ~** *geh*, tra le mura della nostra città; **vor den Toren der ~** *geh*, fuoriporta **2** (*~zentrum*) centro m (città), città f: **zum Einkaufen in die ~ gehen/fahren**, andare a fare spese/ compere/shopping in centro; (*wer vom Land kommt*) andare a fare spese/compere/shopping in città **3** <*nur sing*> (*~verwaltung*) comune m: **sie arbeitet bei der ~** *fam*, lavora in comune; **die ~ hat einen neuen Park anlegen lassen**, il comune ha fatto costruire un nuovo parco **4** <*nur sing*> (*~bevölkerung*) città f, cittadinanza f: **die ganze ~ war versammelt, um ...**, tutta la città era riunita per ... • **die Ewige ~** (*Rom*), la Città eterna; *freie* ~ *D hist*, città libera; **die Goldene ~** (*Prag*), la città d'oro; **die Heilige ~** (*Jerusalem*), la città santa; **in ~ und Land**, in tutto il paese, dappertutto, ovunque; *offene* **~**, città aperta.
Stadtansicht f veduta f (di una città): **eine ~ von Venedig**, una veduta di Venezia.
Stadtarchiv n archivio m comunale/municipale.
stadtauswärts adv {FAHREN, FÜHREN, VERLAUFEN} (in direzione) fuori città, verso la periferia.
Stadtauto n city car f, auto(mobile) f da città.
Stadtautobahn f autostrada f urbana.
Stadtbad n piscina f comunale.
Stadtbahn f "ferrovia f metropolitana che collega una grande città con le aree suburbane".
stadtbekannt adj notorio, noto a/in tutta la città: **das ist doch ~!**, lo sa tutta la città!; **es ist ~, dass ...**, è notorio che ...
Stadtbevölkerung f (*Bevölkerung einer Stadt*) popolazione f cittadina, cittadinanza f; (*Bevölkerung der Städte im Allg.*) popolazione f urbana.
Stadtbewohner m (**Stadtbewohnerin** f) abitante mf della città, cittadino (-a) m (f).
Stadtbezirk m (circoscrizione f di) quartiere m.
Stadtbibliothek f biblioteca f civica/comunale.
Stadtbild n <-(e)s, *ohne pl*> m fisionomia f/ immagine f della città: **enge Gässchen und mittelalterliche Kirchen prägen das ~**, viuzze e chiese medievali danno un'impronta inconfondibile alla città; **Frankfurts ~ wird von Wolkenkratzern bestimmt**, il panorama/lo skyline di Francoforte è fortemente caratterizzato dalla presenza dei grattacieli.
Stadtbücherei f biblioteca f civica (di quartiere).
Stadtbummel m *fam* passeggiata f/giro m in centro: **einen ~ machen**, fare ⌊una passeggiata⌋/[un giro]/[quattro passi] in centro.
Städtchen <-s, -> n *dim von* Stadt cittadina f, piccola città f.
Stadtchronik f cronaca f cittadina.
Städtebau <-(e)s, *ohne pl*> m urbanistica f.
städtebaulich A adj urbanistico B adv {BERATEN, INTERVENIEREN, PLANEN} dal punto di vista urbanistico, urbanisticamente.
Städtebilder subst <*nur pl*> *kunst* vedute f pl di città.
Städtebund m *hist* lega f.
stadteinwärts adv verso il centro (della città): **~ kommt man an einer großen Kirche vorbei**, andando verso il centro si passa davanti a una grande chiesa.
Städtepartnerschaft f gemellaggio m.
Städteplanung f → **Stadtplanung**.
Städter <-s, -> m (**Städterin** f) cittadino (-a) m (f).
Städtetag m convegno m dei sindaci.
Stadtflucht f esodo m dalle città, abbandono m delle città, fuga f dalle metropoli.
Stadtführer m (**Stadtführerin** f) **1** <*nur m*> (*Buch*) guida f alla/della città **2** (*Person*) guida f (turistica) della città.
Stadtführung f visita f guidata della città.
Stadtgas n gas m di città.
Stadtgebiet n territorio m comunale.
Stadtgespräch n **1** *tel* conversazione f/ chiamata f urbana **2** (*in der ganzen Stadt besprochenes Thema*): **jd/etw ist (das) ~**, tutta la città parla di qc/qu, qc/qu è sulla bocca di tutti *fam*; **jd/etw wird (zum) ~**, qu/qc diventa il pettegolezzo di tutta la città.
Stadtgrenze f confine m della città; <*pl*> perimetro m della città.
Stadtguerilla f *pol* guerriglia f urbana.
Stadthalle f palazzetto m per manifestazioni culturali.
Stadtinnere n → **Stadtkern**.
städtisch A adj **1** *adm* {BEAMTE, BEHÖRDEN, VERWALTUNG} comunale; {POLIZEI} municipale; {BIBLIOTHEK, MUSEUM} comunale, civico; {ALTERSHEIM, KINDERGARTEN, SCHULE, THEATER} comunale; {MÜLLABFUHR} urbano; {ANLAGEN, VERKEHRSMITTEL} pubblico **2** *geh* (*urban*) {BAUWEISE, KOMFORT, LEBENSQUALITÄT} urbano, cittadino; {KULTURELLES ANGEBOT} della città B adv {VERWALTET WERDEN} dal comune.
Stadtkämmerei f *adm* tesoreria f comunale.
Stadtkämmerer m (**Stadtkämmerin** f) tesoriere (-a) m (f) comunale.
Stadtkasse f cassa f comunale.
Stadtkern m centro m/cuore m della città: **der alte ~**, il centro storico.
Stadtleben n vita f ⌊di/in città⌋/[cittadina].
Stadtmauer f mura f pl (cittadine/[della città]).
Stadtmensch m animale m di città *scherz*: **~en**, gente di città.
Stadtmitte f centro m (della) città.
Stadtmöbel subst <*nur pl*> arredo m urbano.
stadtnah adj vicino alla città; (*in der Nähe des Stadtzentrums*) vicino al centro.
Stadtpark m parco m cittadino, giardino m pubblico.
Stadtplan m pianta f della città.
Stadtplaner m (**Stadtplanerin** f) urbanista mf.
Stadtplanung f pianificazione f urbanistica.
Stadtrand m periferia f: ⌊**am ~ wohnen**⌋/ [**an den ~ ziehen**], abitare/trasferirsi in periferia.
Stadtrandsiedlung f quartiere m di periferia.
Stadtrat[1] m consiglio m comunale; (*als Exekutivorgan*) giunta f comunale.
Stadtrat[2] m (**Stadträtin** f) consigliere m comunale; (*Mitglied des Exekutivorgans*) assessore m.
Stadtreinigung f nettezza f urbana.
Stadtrundfahrt f giro m turistico della città.
Stadtstaat m *pol* città f stato; *hist auch* comune m.
Stadtstreicher <-s, -> m (**Stadtstreicherin** f) barbone m, vagabondo (-a) m (f).
Stadtteil m quartiere m, rione m.
Stadtteilzeitung f giornale m di quartiere.
Stadttheater n teatro m comunale.
Stadttor n porta f della città.
Stadtväter subst <*nur pl*> *scherz* consiglieri m pl comunali.
Stadtverkehr m traffico m urbano/[in città]: **sie hat erst vor kurzem den Führerschein gemacht und traut sich noch nicht in den ~**, ha preso la patente da poco e non si azzarda ancora a guidare in città.
Stadtverwaltung f amministrazione f comunale.
Stadtviertel n → **Stadtteil**.
Stadtwappen n stemma m della città.
Stadtwerke subst <*nur pl*> "azienda f comunale/municipale deputata ai trasporti pubblici, all'erogazione di luce, gas ecc.".
Stadtwohnung f appartamento m/casa f di/in città.
Stadtzentrum n → **Stadtmitte**.
Staffage <-, -n> f (*Beiwerk*) ornamenti m pl accessori m pl.
Staffel <-, -n> f **1** *sport* (*beim Staffellauf*) staffetta f **2** *sport* (*Gruppe*) squadra f **3** *mil* (*von Flugzeugen*) squadriglia f; (*von Schiffen*) squadra f **4** *TV* serie f, stagione f.
Staffelei <-, -en> f *kunst* cavalletto m.
Staffellauf m (corsa f a) staffetta f.
Staffelläufer m (**Staffelläuferin** f) *sport* staffettista mf.
Staffelmiete f affitto m con aumenti scaglionati.
staffeln tr **etw** (**nach etw** dat) ~ {GEBÜHREN, GEHÄLTER, KINDERGELD, PREISE, STEUERN} differenziare/graduare qc (*in base a qc*): **nach Dienstalter gestaffelte Gehälter**, stipendi differenziati per anzianità di servizio.
Staffelschwimmen n *sport* nuoto m a

staffetta.

Staffelstab m sport testimone m.

Staffeltarif m tariffa f differenziale.

Staffelung <-, -en> f {+GEBÜHREN, GEHÄLTER, PREISE, STEUERN} differenziazione f.

Stagflation <-, -en> f ökon stagflazione f.

Stagnation <-, -en> f ökon stagnazione f, ristagno m.

stagnieren <ohne ge-> itr geh {KONJUNKTUR, PREISE} ristagnare; {WIRTSCHAFT} auch languire.

stagnierend adj {KONJUNKTUR, PREISE, WIRTSCHAFT} stagnante.

stahl 1. und 3. pers sing imperf von stehlen.

Stahl <-(e)s, Stähle oder -e> m **1** (Metall) acciaio m: **gehärteter/rostfreier ~**, acciaio temperato/inossidabile, – **verarbeitende Industrie**, industria siderurgica/[dell'acciaio] **2** lit (blanke Waffe) acciaio m lit, acciaio m lit, ferro m lit, lama f lit • **hart wie ~ sein**, essere duro come (l')acciaio.

Stahlarbeiter m (**Stahlarbeiterin** f) (operaio (-a) m (f)) siderurgico (-a) m (f).

Stahlbau m **1** <nur sing> bau (Bautechnik) costruzioni f pl metalliche **2** arch (Bauwerk) costruzione f in acciaio.

Stahlbeton m bau cemento m armato.

stahlblau adj blu acciaio.

Stahlblech n lamiera f d'acciaio.

stähle 1. und 3. pers sing konjv II von stehlen.

stählen A tr etw ~ {KÖRPER, MUSKELN, WILLEN} temprare qc, fortificare qc, rafforzare qc B rfl sich (durch etw akk) ~ temprarsi (con qc), fortificarsi (con qc).

stählern adj **1** (aus Stahl) {BRÜCKE} d'acciaio; {GERÜST} auch tubolare **2** geh (fest) {KÖRPER, MUSKELN, WILLE} d'acciaio.

Stahlgerüst n bau **1** (Baugerüst) impalcatura f/ponteggio m (d'acciaio) tubolare **2** (tragende Struktur) intelaiatura f/ossatura f/scheletro m d'acciaio.

stahlgrau adj grigio acciaio.

stahlhart adj {LEGIERUNG, MATERIAL} duro come l'acciaio; {BLICK, CHARAKTER, MUSKELN} d'acciaio.

Stahlhelm m mil elmetto m.

Stahlhütte f → **Stahlwerk**.

Stahlindustrie f industria f siderurgica/[dell'acciaio], siderurgia f.

Stahlkammer f camera f blindata, caveau m.

Stahlkocher m (**Stahlkocherin** f) fam → **Stahlarbeiter**.

Stahlmantel m tech rivestimento m in/d'acciaio.

Stahlrohr n tubo m d'acciaio: **aus ~(en)**, (d'acciaio) tubolare.

Stahlrohrmöbel subst <nur pl> mobili m pl in acciaio tubolare.

Stahlross (a.R. Stahlroß) n fam scherz bici f fam.

Stahlträger m bau → **Eisenträger**.

stahlverarbeitend adj → **Stahl**.

Stahlwerk n acciaieria f.

Stahlwolle f lana f d'acciaio.

stak obs 1. und 3. pers sing imperf von stecken.

staken tr naut etw (irgendwohin) ~ {BOOT, GONDEL, KAHN} spingere qc con una pertica (+ compl di luogo).

Stakkato <-s, -s oder Stakkati> n mus staccato m.

staksen itr <sein> fam (irgendwohin) ~ camminare con le gambe rigide (+ compl di luogo).

staksig adj {GANG} rigido; {FOHLEN} dal passo incerto/malfermo.

Stalagmit <-en oder -s, -e(n)> m geol stalagmite f.

Stalaktit <-en oder -s, -e(n)> m geol stalattite f.

Stalinismus <-, ohne pl> m pol hist stalinismo m.

Stalinist <-en, -en> m (**Stalinistin** f) pol hist stalinista mf.

stalinistisch adj stalinista.

Stalker <-s, -> m (**Stalkerin** f) stalker mf.

Stalking <-s, ohne pl> n stalking m.

Stall <-(e)s, Ställe> m **1** (Kuhstall) stalla f; (Pferdestall) scuderia f; (für Arbeitspferde) auch stalla f; (Hühnerstall) pollaio m; (Kaninchenstall) conigliera f; (Schafstall) ovile m; (Schweinestall) porcile m: **den ~ ausmisten**, (ri)pulire la stalla (dal letame); **die Pferde im ~ halten**, tenere i cavalli nella stalla; **das Vieh aus dem ~ holen**, far uscire il bestiame dalla stalla; **die Kühe in den ~ treiben**, spingere le mucche nella/[dentro la] stalla **2** (Viehbestand) stalla f, bestiame m **3** fam (Rennstall) scuderia f **4** scherz (Hosenschlitz) bottega f scherz: **mit offenem ~ herumlaufen**, andare in giro con la bottega aperta • **den ~ ausmisten müssen** (Ordnung schaffen müssen), dover fare ordine; **wie ein ~ aussehen** (WOHNUNG, ZIMMER), sembrare una stalla; **ein (ganzer) ~ voll Kinder**, un mucchio di bambini, una bella figliolanza scherz; **aus demselben ~ kommen** fam (aus demselben Milieu), provenire dallo stesso ambiente; (aus demselben Rennstall, derselben Autofirma), essere della stessa scuderia; **aus einem guten ~ kommen** fam (aus gutem Haus), essere di buona famiglia.

Stallbursche m (in einem Viehstall) garzone m/mozzo m/ragazzo m di stalla; (in einem Renn- oder Reitstall) auch garzone m/mozzo m di scuderia, stalliere m.

Ställchen n dim von Stall (Laufgitter für Kleinkinder) box m.

Stalldung m, **Stalldünger** m agr stallatico m, stabbio m.

Stallfütterung f agr foraggiamento m.

Stallhaltung f zoo stabulazione f.

Stallhase m coniglio m (domestico).

Stallknecht m stalliere m.

Stallmist m stallatico m.

Stallung <-, -en> f <meist pl> (für Vieh) stalla f; (für Pferde) scuderia f.

Stamm <-(e)s, Stämme> m **1** (Baumstamm) tronco m, fusto m **2** ling tema m **3** (Volksstamm) tribù f **4** (fester Bestand) {+BELEGSCHAFT, HEER, MANNSCHAFT, MITARBEITER} nucleo m: **ein fester ~ von Kunden/Mitarbeitern**, [una clientela f fissa]/[un nucleo stabile di collaboratori] **5** (Abstammung) stirpe f, ceppo m: **aus dem ~e Davids** bibl, della stirpe di Davide; **aus königlichem ~**, di stirpe reale **6** biol tipo m **7** biol (in der Mikrobiologie) ceppo m • **vom ~e Nimm sein** fam scherz, essere un arraffone fam.

Stammaktie f ökon azione f ordinaria.

Stammbaum m **1** (von Menschen) albero m genealogico: **einen ~ aufstellen**, fare un albero genealogico; **seinen ~ zurückverfolgen**, risalire alle proprie origini **2** (von Tieren) pedigree m.

Stammcafé n fam caffè m/bar m abituale/preferito.

Stammdatei f inform file m principale/permanente.

Stammdaten subst <nur pl> inform dati m pl permanenti.

Stammeinlage f ökon quota f/deposito m iniziale.

stammeln A tr etw ~ {EINE ENTSCHULDIGUNG, EIN PAAR WORTE} balbettare qc B itr (aus/vor etw dat) ~ {AUS/VOR ANGST, AUFREGUNG, VERLEGENHEIT} balbettare (per qc), barbugliare (per qc).

Stammeltern subst <nur pl> progenitori m pl.

stammen itr **1** (gebürtig sein) **aus etw** (dat) ~ {MENSCH, PFLANZE, TIER AUS EINEM LAND} essere (originario) di qc, provenire da qc; {MENSCH AUS EINER FAMILIE} auch discendere da qc: **aus ärmlichen Verhältnissen ~**, essere di origini modeste **2** (ursprünglich gehören) **von jdm** ~ essere (originariamente) di qu: **der Ring stammt (noch) von meiner Mutter**, questo anello [era di]/[apparteneva a] mia madre **3** (gemacht sein) **von jdm/etw** ~ essere di qu/qc: **das Bild/die Signatur stammt von Picasso**, il quadro/la firma è di Picasso; **dieser Fleck kann nur von Blut ~**, questa macchia non può che essere (di) sangue; **das Kind stammt nicht von ihm**, (questo) non è figlio suo **4** (herrühren) **aus etw** (dat) ~ provenire da qc: **aus zuverlässiger Quelle ~**, provenire da una fonte attendibile; **die Urkunden ~ aus einem Kloster**, i documenti provengono da un monastero; (entnommen sein) {SATZ, ZITAT AUS EINEM ROMAN, AUS EINEM STÜCK} essere tratto da qc; (übernommen sein) {WORT AUS EINER SPRACHE} derivare da qc; (in einer bestimmten Zeit entstanden sein) {BAUWERK, BRAUCH, GEGENSTAND AUS DER ANTIKE, DEM MITTELALTER} risalire a qc.

Stammesbewusstsein (a.R. Stammesbewußtsein) n coscienza f etnica.

Stammesführer m → **Stammeshäuptling**.

Stammesfürst m hist: **die schottischen ~en**, i capi dei clan scozzesi.

Stammesgeschichte f biol filogenesi f.

Stammeshäuptling m capotribù m.

Stammeskunde f etnologia f.

Stammessprache f idioma m della tribù.

Stammeszugehörigkeit f appartenenza f etnica.

Stammform f **1** gram {+VERB} forma f tematica **2** (älteste Form eines Lebewesens) antenato m.

Stammgast m habitué mf, frequentatore (-trice) m (f) abituale, ospite mf fisso (-a).

Stammhalter m scherz erede m (maschio).

Stammhaus n {+FIRMA} casa f madre.

stämmig adj {BURSCHE, KERL} massiccio; {ARME, BEINE} robusto, tozzo.

Stammkapital n capitale m sociale.

Stammkneipe f fam birreria f abituale/preferita, pub m abituale/preferito.

Stammkunde m (**Stammkundin** f) {+GESCHÄFT} cliente mf fisso (-a)/abituale; {+LOKAL} auch habitué mf.

Stammkundschaft f clientela f fissa/abituale/affezionata.

Stammlokal n locale m preferito.

Stammmutter, **Stamm-Mutter** f progenitrice f.

Stammpersonal n personale m fisso/stabile.

Stammplatz m posto m preferito.

Stammpublikum n {+GESCHÄFT} clienti m pl fissi/abituali; {+THEATER} pubblico m di affezionati.

Stammsilbe f ling sillaba f tematica.

Stammsitz m {+FIRMA} casa f madre, sede f centrale; {+ADELSFAMILIE} residenza f (d'origine).

Stammspieler m (**Stammspielerin** f) *sport* titolare mf.

Stammtisch m **1** (*Tisch für Stammgäste*) tavolo m riservato ai clienti abituali **2** (*Gruppe von Stammgästen*) gruppo m dei clienti abituali: **samstags haben wir immer unseren ~**, il sabato ci incontriamo tra amici nel solito locale.

Stammtischpolitik f politica f da bar/osteria.

Stammtischpolitiker m (**Stammtischpolitikerin** f) *pej* politicante mf da quattro soldi.

Stammvater m progenitore m.

stammverwandt adj {WÖRTER} con la stessa radice.

Stammvokal m *ling* vocale f tematica.

Stammwähler m (**Stammwählerin** f) elettore (-trice) m (f) tradizionale: **die ~ einer Partei**, lo zoccolo duro di un partito.

Stammzelle f *biol* cellula f staminale: **embryonale ~n**, cellule staminali embrionali; **adulte ~n**, cellule staminali adulte.

Stammzellforscher m (**Stammzellforscherin** f) *wiss* genetista mf che studia le cellule staminali, staminalista mf.

Stammzellforschung, Stammzellenforschung f *wiss* ricerca f sulle cellule staminali.

stampfen A *itr* **1** *<haben> (auf~)*: (**mit den Füßen**) **~**, battere/pestare i piedi; **aus/vor Wut auf den Boden ~**, pestare i piedi per la rabbia; **das Pferd stampft (mit den Hufen)**, il cavallo scalpita **2** *<sein> (stapfen) irgendwohin* ~ {DURCH DEN SCHNEE} camminare con passo pesante + *compl di luogo*: **sie stampfte wütend die Treppe hinauf**, salì le scale furibonda a passi pesanti **3** *<haben> tech* (MASCHINE, MOTOR) ansimare, sbuffare **4** *<haben oder sein> fam naut* {SCHIFF} beccheggiare B *tr <haben>* **1** (*fest~*) *etw ~* {LEHM, SCHOTTER} calcare qc, (cal)pestare qc: **einen Pfahl in den Boden ~**, conficcare un palo nel terreno **2** *<haben>* (*zer~*) *etw ~* {KARTOFFELN, GEMÜSE} schiacciare qc; {TRAUBEN} pigiare qc; (*im Mörser*) pestare qc **3** (*den Takt schlagen*): **den Rhythmus/Takt mit dem Fuß ~**, battere il ritmo/tempo con il piede • *etw aus dem Boden ~*, creare qc dal nulla.

Stampfer *<-s, ->* m (*Küchengerät*) schiacciapatate m, passapatate m.

stand 1. *und* **3.** *pers sing imperf von* stehen.

Stand① *<-(e)s, Stände>* m **1** *<nur sing>* (*Lage*) {+ERMITTLUNGEN, VERHANDLUNGEN} stato m; {+GESCHÄFTE, PROJEKT} situazione f: **der gegenwärtige ~ der Technik/des Wissens**, lo stato attuale della tecnica/delle conoscenze|; **etw befindet sich noch auf dem ~ von vor zwei Jahren** {FORSCHUNG, PROJEKT, UNTERSUCHUNG}, qc è sempre |allo stadio|/[al punto] di due anni fa **2** *<nur sing>* (*Anzeige*) {+BAROMETER, THERMOMETER, WASSERUHR} livello m; (*Kilometerstand*) chilometraggio m; (*Zählerstand*) lettura f **3** (*Höhe*) {+AKTIE} quotazione f; {+ALPHABETISIERUNG, INDUSTRIALISIERUNG} livello m; {+KASSE, PREISE} situazione f; {+KONTO} *auch* saldo m; {+MOND, SONNE, STERNE} posizione f; {+WÄHRUNG} cambio m; {+WASSER} livello m **4** *<nur sing>* (*Stehen*) posizione f eretta: **einen/keinen festen/sicheren ~ haben** {MENSCH}, essere/[non essere] fermo sulle gambe; {SCHRANK, TISCH} essere/[non essere] stabile; **auf dem Eis hat man nirgends einen sicheren ~**, sul ghiaccio non si ¸è mai sicuri sulle gambe /[riesce a stare in piedi]; **aus dem ~ springen**, saltare da fermo (-a); **den Motor im ~ laufen las-**

sen, far girare il motore ˌa vuotoˌ/[in folle] **5** *<nur sing> sport* (*Spielstand*) (risultato m) parziale m, punteggio m, situazione f: **beim ~ von 3:1 ...**, sul risultato/parziale di 3:1 ... **6** (*~platz*) {+BEOBACHTER, SCHÜTZE} posizione f, posto m; (*Taxistand*) posteggio m (di tassì); (*im Stall*) box m **7** (*Verkaufsstand*) banco m; (*Bücherstand*) bancarella f, banchetto m; (*Informationsstand, Messestand*) stand m • *aus* **dem ~ (heraus)** *fam* (*ohne Vorbereitung*), su due piedi *fam*, sul momento; *außer* **~e** → **außerstande**; *etw* **auf den neuesten ~ bringen**, aggiornare qc; **beim jetzigen ~ der Dinge**, allo stato attuale delle cose; **wie ist der ~ der Dinge?**, come stanno le cose?, com'è la situazione?; **seinen höchsten ~ erreichen** {AKTIENKURS, DOLLAR}, raggiungere il massimo storico; {SONNE, STERN}, essere allo zenit; {WASSER}, raggiungere il livello più alto; **bei jdm einen guten/schlechten ~ haben**, essere benvisto/malvisto da qu; ˌbei **jdm**ˌ/[jdm gegenüber]/[in etw (dat)] ˌeinen leichten|/[einen schweren] **~ haben** *fam*, non avere vita facile ˌcon quˌ/[in qc], essere in una posizione difficile ˌnei confronti di quˌ/[in qc]; **in ~ halten → instand**; *im* **~e sein → imstande**; **auf dem** *neuesten* **~ sein**, essere aggiornatissimo; **der neueste ~ der Forschung**, lo stato attuale delle ricerche, la ricerca più avanzata; **auf dem neuesten ~ der Technik sein** {APPARAT, COMPUTER, GERÄT}, essere (tecnologicamente) all'avanguardia; **in ~ sein → instand**; **jdn in den ~ setzen, etw zu tun**, mettere qu in grado/condizione di fare qc, permettere a qu di fare qc.; **in ~ setzen → instand**; *zu* **~e** → **zustande**.

Stand② *<-(e)s, Stände>* m **1** *obs* (*Gesellschaftsschicht*) classe f, ceto m, stato m: **die mittelalterliche Gesellschaft war in drei Stände unterteilt**, la società medievale era divisa in tre stati; **die niederen/höheren Stände**, le classi inferiori/superiori; **der geistliche/weltliche ~**, il clero/la nobiltà **2** (*Berufsstand*) categoria f; *hist auch* arte f, corporazione f **3** (*Familienstand*) stato m civile **4** *CH* cantone m • *der dritte*/**vierte ~** *hist* (*Bürgertum/Arbeiterklasse*), il terzo/quarto stato; **in den (heiligen) ~ der Ehe treten** *form*, contrarre/[unirsi in] matrimonio; **unter seinem ~ heiraten**, sposarsi con qu di classe/[livello sociale] inferiore, fare una mésaillance.

Standard *<-s, -s>* m **1** (*Maßstab*) standard m, norma f: ˌeinen ˌ/[~s] **setzen**, stabilire uno/degli standard **2** (*Qualitätsniveau*) standard m, livello m; (*Lebensstandard*) tenore m/livello m di vita: **eine Spülmaschine gehört heute zum ~ jedes modernen Haushalts**, la lavastoviglie è ormai di norma in ogni casa moderna.

Standardabweichung f (*in der Statistik*) deviazione f standard.

Standardausführung f *com* modello m standard/[di serie].

Standardausrüstung f attrezzatura f/equipaggiamento m standard/[di serie].

Standardbrief m lettera f standard.

Standardeinstellung f *inform* impostazione f standard/[di base].

Standardformat n formato m standard.

standardisieren *<ohne ge->* tr *etw ~* standardizzare qc, normalizzare qc, uniformare qc.

Standardisierung *<-, ohne pl>* f standardizzazione f, normalizzazione f, uniformazione f.

Standardkosten *subst <nur pl> ökon* costi m pl standard.

Standardmodell n modello m standard/[di serie].

Standardpreis m prezzo m standard.

Standardsituation f *sport Fussball* calcio m da fermo.

Standardsprache f lingua f standard.

Standardtanz m *sport* ballo m standard.

Standardwerk n opera f fondamentale, testo m (di) base, classico m.

Standardzeit f → **Normalzeit**.

Standarte *<-, -n>* f **1** (*kleine Fahne*) bandierina f; *hist* stendardo m **2** *hist* (*Einheit der SA oder SS*) squadra f delle SA/SS.

Standbein n **1** *sport* gamba f d'appoggio; *kunst* gamba f portante **2** (*Stütze*): **die Elektronik, das ~ der japanischen Wirtschaft**, l'elettronica, il pilastro dell'economia giapponese; **ein zweites ~**, una seconda fonte di reddito.

Standbild n **1** *kunst* statua f **2** *film* → **Standfoto**.

Stand-by, Standby *<-(s), -s>* n **1** *aero* volo m stand by **2** *el inform tel* stand by m: **etw auf Stand-by schalten**, mettere qc in stand by.

Stand-by-Betrieb, Standbybetrieb m *el inform* modalità f stand by.

Stand-by-Ticket, Standbyticket n *aero* biglietto m stand by.

Ständchen *<-s, ->* n serenata f: **jdm ein ~ bringen**, fare una serenata a qu.

Ständer *<-s, ->* m **1** (*Gestell*) supporto m, sostegno m; (*Kleiderständer*) attaccapanni m; (*Notenständer*) leggio m, (*Schirmständer*) portaombrelli m; (*Zeitungsständer*) portariviste m, portagiornali m; (*Fahrradständer*) rastrelliera f (per biciclette) **2** *slang* (*erigierter Penis*): **jd bekommt einen ~**, a qu si rizza *vulg*; **einen ~ haben**, avercelo duro *vulg*.

Ständerat① m *CH* Consiglio m degli Stati.

Ständerat② m (**Ständerätin** f) *CH* deputato (-a) m (f) (del Consiglio degli Stati).

Ständerlampe f *CH* → **Stehlampe**.

Standesamt n anagrafe f; (*für Hochzeiten*) ufficio m di stato civile: **auf dem ~ heiraten**, sposarsi ˌcon rito civileˌ/[in comune *fam*].

standesamtlich A adj {BESCHEINIGUNG, URKUNDE} di stato civile; {HEIRAT, TRAUUNG} civile: **gestern war die ~e Trauung**, ieri si sono sposati in comune *fam* B *adv* {HEIRATEN, SICH TRAUEN LASSEN} con rito civile, in comune *fam*.

Standesbeamte *<dekl wie adj>* m (**Standesbeamtin** f) ufficiale m di stato civile.

Standesbewusstsein (a.R. Standesbewußtsein) n coscienza f del proprio rango/status.

Standesdünkel m snobismo m, spocchia f: **~ haben**, avere la puzza sotto il naso *fam*, essere spocchioso.

standesgemäß A adj adeguato/conforme ˌalla propria condizione/posizione socialeˌ/[al proprio rango] B adv: **nicht ~ heiraten**, sposare una persona dello stesso rango; **~ leben/wohnen**, avere ˌun tenore di vitaˌ/[un'abitazione] conforme al proprio status sociale.

Ständestaat m *hist* stato m dei ceti.

Standesunterschied m differenza f di classe (sociale).

standfest adj **1** (*stabil*) {LEITER, TISCH} stabile **2** → **standhaft** • **nicht mehr ganz ~ sein** (*infolge Trunkenheit leicht schwanken*), non reggersi più in piedi.

Standfestigkeit *<-, ohne pl>* f **1** (*Stabilität*) stabilità f **2** → **Standhaftigkeit**.

Standfoto n *film* foto m di scena.
Standgas n *autom* minimo m.
Standgeld n *com* canone m per l'occupazione di suolo pubblico.
Standgericht n corte f marziale: **jdn vor ein ~ stellen**, deferire qu alla corte marziale.
standhaft **A** adj fermo, saldo: (**bei etw dat**) ~ **bleiben**, rimanere fermo (-a) (in qc); **trotz aller Versuchungen war/blieb er ~**, resistette a tutte le tentazioni **B** adv {ABLEHNEN, SICH WEIGERN} fermamente, con fermezza; {ETW ERTRAGEN} pazientemente • **bleib ~!**, tieni duro! *fam*.
Standhaftigkeit <-, ohne pl> f fermezza f.
stand|halten <irr> itr **1** (*widerstehen*) **jdm/etw** ~ {EINEM ANGRIFF, DER KRITIK, EINER VERSUCHUNG} reggere *a qc*, resistere *a qu/qc*; {EINEM GEGNER} *auch* tener testa *a qu*: **einem Blick ~**, reggere/sostenere uno sguardo **2** (*aushalten*) **etw** (dat) ~ {EINEM STOß} reggere *a qc*, resistere *a qc* {EINER BELASTUNG, DEM DRUCK} reggere *qc*, sostenere *qc* **3** (*vor etw bestehen*) **etw** (dat) ~ {EINER KONTROLLE, PRÜFUNG, ÜBERPRÜFUNG} superare *qc*.
Standheizung f *autom* riscaldamento m autonomo (che funziona anche a motore spento).
ständig **A** adj <attr> **1** (*dauernd*) {AUSSCHUSS, EINRICHTUNG, INSTITUTION, MITGLIED} permanente; {ANWESENHEIT, MITARBEIT} continuo, costante **2** (*fest*) {AUFENTHALT, WOHNSITZ} fisso, stabile; {EINKOMMEN, MITARBEITER} fisso: **ihr ~er Begleiter**, il suo accompagnatore fisso **3** (*häufig*) {BITTEN, KRITIK, VORWÜRFE} continuo, costante: **ihre ~en Klagen**, le sue continue lamentele; **ein ~er Gast**, un ospite fisso **B** adv continuamente, costantemente, di continuo, sempre: ~ **etwas an jdm auszusetzen haben**, trovare sempre/continuamente qualcosa da ridire su qu; ~ **unter Druck/Stress stehen**, essere sempre sotto pressione/stress; ~ **wachsen/zunehmen**, crescere/aumentare continuamente; **passiert Ihnen das oft? – Ständig!**, Le succede spesso? – ₍Di continuo₎/[In continuazione]!
Standing Ovations subst <nur pl> standing ovation f.
ständisch adj corporativo.
Standleitung f *tel* linea f aperta/diretta; *inform* linea f dedicata.
Standlicht <-(e)s, ohne pl> n *autom* luce f di posizione.
Standmiete f (*bes. auf Messen*) affitto m dello stand.
Standort m **1** (*Ort, an dem sich jd/etw gerade befindet*) {+BEOBACHTER, FLUGZEUG, SCHIFF} posizione f: **den ~ angeben/feststellen** *naut*, fare/prendere il punto; {+BILD, STATUE IM MUSEUM; +BUCH IN DER BIBLIOTHEK} collocazione f **2** (*Sitz*) {+BETRIEB, MUSEUM, UNTERNEHMEN} sede f: **seinen ~ wechseln**, cambiare sede, trasferirsi in un'altra sede **3** *ökon* (*für wirtschaftliche Aktivität geeigneter Ort*) sito m: **ein günstiger ~ für einen neuen Supermarkt**, una ₍buona sede₎/[ottima collocazione] per un nuovo supermercato; **den ~ Berlin attraktiv machen**, rendere Berlino più interessante per gli investimenti economici; ~ **Deutschland ist nicht mehr gefragt**, le imprese non scelgono più la Germania come sede per le proprie attività; **die Vorzüge des ~s Deutschland für die Chemieindustrie**, i vantaggi che offre la scelta della Germania come sede di industrie chimiche **4** <nur sing> *pol* (*Standpunkt*) posizione f, collocazione f, linea f **5** *biol* {+TIER-, PFLANZENART} ambiente m naturale, habitat m **6** *mil* guarnigione f, presidio m.
Standortbestimmung f *pol* {+PARTEI}

definizione f della propria posizione/linea: **eine ~ vornehmen**, definire la propria posizione/linea.
Standortdebatte f *pol* dibattito m sulle opportunità infrastrutturali che offre una città/un luogo/un paese (per l'attività economica).
Standortfaktor m *ökon* fattore m infrastrutturale/logistico.
Standortkatalog m (*in Bibliotheken*) catalogo m per collocazione.
Standpauke f *fam*: **jdm eine ~ halten**, fare una paternale a qu *fam*, fare il predicozzo/la predica a qu, fare una ramanzina a qu.
Standphoto a.R. von Standfoto → **Standfoto**.
Standpunkt m punto m di vista: **von jds ~ aus**, dal punto di vista di qu; **vom kulturellen/politischen ~ aus**, ₍dal punto di vista₎/[sotto il profilo] culturale/politico; **von diesem ~ aus magst du Recht haben**, da/sotto questo punto di vista potresti avere ragione; **auf seinem ~ beharren/bestehen/verharren**, restare ₍sulle proprie posizioni₎/[del proprio parere]/[della propria opinione]; **etw von einem bestimmten ~ aus betrachten**, considerare qc da un certo punto di vista; **jdm seinen ~ klarmachen**, chiarire a qu il proprio punto di vista; **das ist mein ~ und dabei bleibe ich!**, io la penso così e basta!; **das ist ₍doch kein₎/[vielleicht ein] ~!** *iron*, che atteggiamento/[modo di pensare/ragionare] è questo?; ₍**sich auf den ~ stellen**₎/[**auf dem ~ stehen**]/[**den ~ vertreten**], **dass ...**, restare ₍dell'opinione₎/[del parere] che ... *konjv*; **das ist ein vernünftiger ~!**, questa è una posizione ragionevole!
Standrecht <-s, ohne pl> n *mil* legge f marziale.
standrechtlich *mil* **A** adj {ERSCHIEßUNG, HINRICHTUNG, VERFAHREN} sommario **B** adv: **jdn ~ erschießen**, fucilare qu senza processo, passare per le armi qu *obs*.
Standspur f *autom* corsia f d'emergenza.
Standuhr f orologio m a pendolo, pendola f.
Standvermögen n tenacia f, fermezza f.
Stange <-, -n> f **1** (*Stab: aus Holz*) palo m, stanga f; (*für Boote*) pertica f, (*aus Metall*) barra f, sbarra f, spranga f; (*Querstange*) sbarra f; (*Ballettstange, Turnstange*) sbarra f (*Fahnenstange*) pennone m, asta f; (*Kleiderstange, Teppichstange*) stanga f; (*Gardinenstange*) asta f; (*Fahrradstange*) canna f; (*Kletterstange*) pertica f; (*Hühnerstange*) posatoio m **2** (*längliches Stück*): **eine ~ Vanille/Zimt**, un bastoncino di vaniglia/cannella; **eine ~ Brot**, un filone/bastone (di pane); **zwei ~n Sellerie/Spargel**, due ₍gambi di sedano₎/[asparagi]; **eine ~ Zigaretten**, una stecca di sigarette **3** (*Teil der Kandare*) morso m • **eine ~ angeben** *fam*, fare ₍lo smargiasso₎/[il grande e grosso]; **bei der ~ bleiben** *fam*, tener duro *fam*, non mollare *fam*; **eine (ganze/hübsche/schöne) ~ Geld** *fam*, un (bel) sacco/mucchio di quattrini/soldi *fam*; **jdn bei der ~ halten** *fam*, convincere qu a non mollare *fam*, schierarsi con qu; **von der ~** *fam* {ANZUG, KLEID, MANTEL}, confezionato, prêt-à-porter; **von der ~ kaufen**, comprare abiti/vestiti confezionati/prêt-à-porter.
Stängel <-s, -> m *bot* gambo m, stelo m; {+BLATT} picciolo m; {+BLÜTE, FRUCHT} *auch* peduncolo m, pedicello m • (**jdm**) **vom ~ fallen** *fam* (*vor Schwäche umfallen*): **wenn du so weitermachst, fällst du mir noch vom ~**, se continui di questo passo, sarai da raccogliere col cucchiaino *fam*; **beinahe/fast vom ~**

fallen *fam* (*baff sein*), rimanere di sasso/stucco *fam*.
Stangenbohne f *bot* fagiolo m rampicante.
Stangenbrot n (*französisches Brot*) baguette f, sfilatino m, frusta f.
Stangensellerie m *oder* f *bot* sedano m (a coste).
Stangenspargel m *bot* asparago m.
stank 1. *und* 3. *pers sing imperf von* stinken.
Stänkerei <-, -en> f *fam pej* piantare m grane *fam*.
Stänkerer m (**Stänkerin** f) *fam pej* rompiscatole mf *fam*, piantagrane mf *fam*.
stänkern itr *fam pej* (**gegen jdn/etw**) ~ avere da ridire (*su qu/qc*): **gegen den Chef ~**, mettere su i colleghi contro il capo.
Stanniol <-s, -e> n stagnola f.
Stanniolpapier n carta f stagnola.
Stanzbiopsie f *med* biopsia f incisionale.
Stanze① <-, -n> f **1** *lit poet* ottava f, stanza f *rar* **2** <nur pl> *kunst* stanze f pl: **die ~n des Raffael**, le Stanze di Raffaello.
Stanze② <-, -n> f (*Lochstanze*) punzonatrice f; (*für Pappe*) fustellatrice f; (*Prägestempel*) punzone m.
Stanze③ <-, -n> f *med* → **Stanzbiopsie**.
stanzen tr **1** (*aus-*) **etw** ~ {BLECH, FORM} tranciare *qc*; {PAPIER, PAPPE} fustellare *qc*; **etw aus etw** (dat) ~ {FORMEN AUS BLECH, PAPPE} fustellare *qc di qc*; {FORMEN AUS BLECH} stampare *qc in qc* **2** (*prägen*) **etw in/auf etw** (akk) ~ {MUSTER} stampare *qc su qc*, imprimere *qc su qc*: **Löcher in etw** (akk) ~, praticare fori in qc.
Stapel① <-s, -> m (*geschichteter Haufen*) ~ (+ *subst*) {BRIEFE, BÜCHER, HANDTÜCHER, WÄSCHE, ZEITUNGEN} pila f (*di qc*); {HOLZ} *auch* catasta (*di qc*).
Stapel② <-s, -> m *naut*: **ein Schiff ₍auf ~ legen₎/[vom ~ (laufen) lassen]**, impostare/varare una nave; **vom ~ laufen**, essere varato • **etw vom ~ lassen** *fam* {DUMME BEMERKUNGEN}, sparare *qc*; {BESCHIMPFUNGEN}, lanciare *qc*; {WITZE}, tirare fuori *qc fam*.
Stapellauf <-s, ohne pl> m varo m.
stapeln **A** tr **etw** (*irgendwo*) ~ {BRIEFE, BÜCHER, WÄSCHE, ZEITUNGEN} impilare *qc* (+ *compl di luogo*); {HOLZ} accatastare *qc* (+ *compl di luogo*) **B** rfl **sich** (*irgendwo*) ~ {BRIEFE, BÜCHER, ZEITUNGEN} accumularsi (+ *compl di luogo*), ammucchiarsi (+ *compl di luogo*).
stapelweise adv a cataste.
stapfen itr *<sein>* **durch etw** (akk) ~ {DURCH DEN SCHNEE, SCHLAMM} camminare a fatica affondando *in qc*.
Stapler <-s, -> m → **Gabelstapler**.
Star① <-(e)s, -e> m *ornith* storno m.
Star② <-(e)s, ohne pl> m *med* cataratta f: **grauer ~**, cataratta; **grüner ~**, glaucoma m; **den ~ haben**, avere la cataratta; **jdn am ~ operieren**, operare qu di cataratta.
Star③ <-s, -s> m **1** *film theat* divo (-a) m (f), star f, stella f, vedette f **2** (*Berühmtheit*) star f, celebrità f, personaggio m di spicco; *sport auch* asso m, campione m, fuoriclasse m: **der ~ des Abends**, la star/₍il personaggio di spicco₎/[la celebrità] della serata; **ein neuer ~ in der Rockmusik**, ₍un astro nascente₎/[una nuova star] della musica rock.
Starallüren subst <nur pl> arie f pl/pose f pl da divo/star, atteggiamenti m pl divistici: **~ annehmen**, assumere pose da divo; **~ ₍an den Tag legen₎/[zeigen]**, atteggiarsi a divo/star.
Staranwalt m (**Staranwältin** f) avvocato

(-essa) m (f) di grido, principe m del foro.
Staraufgebot n parata f di stelle; (*eines Films*) cast m stellare.
starb 1. und 3. pers sing imperf *von* sterben.
Starbesetzung f *film theat* cast m ⌊d'eccezione⌋/[di attori famosi]; *sport* compagine f/formazione f di fuoriclasse.
Stardirigent m (**Stardirigentin** f) celebre bacchetta f.
Starenkasten m 1 *zoo* cassetta f di nidificazione per storni 2 *fam* (*Radaranlage*) (scatola f dell') autovelox m.
Stargast m (*in einer Show, Talkshow etc.*) ospite mf ⌊d'onore⌋/[d'eccezione].
stark <*stärker, stärkste*> **A** *adj* 1 (*kräftig*) {MENSCH, TIER, ARME, MUSKELN} forte, robusto, poderoso; **groß und ~ werden**, diventare grande e grosso (-a); **~ wie ein Bär**, forte come un leone 2 (*willens~*) {CHARAKTER, PERSÖNLICHKEIT, WILLE} forte; {GLAUBE} *auch* saldo; **~ in etw** (dat) **bleiben/sein** (IN EINER SCHWIERIGEN SITUATION, IM UNGLÜCK), restare/essere forte in qc; **sich ~ genug fühlen, etw zu tun**, sentirsi abbastanza forte per fare qc 3 (*belastbar*) {HERZ} forte; {NERVEN} *auch* saldo: **wenn er so viel trinkt, muss er eine ~e Leber haben**, se beve così tanto deve avere un fegato molto resistente 4 (*mächtig*) {LAND, ORGANISATION, PARTEI, REGIERUNG} forte: **etw mit ~er Hand führen/leiten**, gestire/dirigere qc con mano forte 5 (*leistungs~*) {GETRIEBE, GLÜHBIRNE, MOTOR} potente, forte: **er braucht eine stärkere Brille**, ha bisogno di occhiali ⌊più forti⌋/[di gradazione superiore] 6 (*dick*) {AST, BAUM, STAMM} grosso; {BRETT, MAUER, PAPPE} spesso: **das Brett ist 20 cm ~**, l'asse è spessa 20 cm; **eine gut 200 Seiten ~e Dokumentation**, una documentazione di ben 200 pagine 7 <*meist kompar*> *euph* (*korpulent*) {DAME, HERR} forte, robusto: **Kostüme für stärkere Damen**, tailleur per taglie forti 8 *meteo* {GEWITTER, SONNE, STURM, WIND} forte; {REGEN(FÄLLE), SCHNEEFÄLLE} *auch* abbondante; {FROST, HITZE} grande, intenso 9 *med* {ERKÄLTUNG, FIEBER} forte; {BLUTUNG} *auch* abbondante 10 (*von ~er Wirkung*) {DOSIS, MEDIKAMENT, MITTEL, SCHNAPS, WEIN} forte; {KAFFEE, TEE} *auch* carico: **diese Zigaretten sind mir zu ~**, queste sigarette sono troppo forti per me; **eine ~e Wirkung haben** {MEDIKAMENT, SPRITZE}, essere ⌊molto efficace⌋/[potente] 11 (*geruchsintensiv*) {PARFÜM} forte, carico 12 (*beträchtlich*) {ABNEIGUNG, GEFÜHL, LIEBE, HASS, ZUNEIGUNG} forte; {BEDENKEN, EINDRUCK, EINFLUSS, ZWEIFEL} forte; {JUCKEN, SCHMERZ} forte; {VERKEHR} intenso: **ein ~er Esser**, un gran mangiatore; **~es Gefälle**, discesa ripida; **ein ~er Raucher/Trinker**, un forte/gran fumatore/bevitore, un fumatore/bevitore accanito; **~en Widerhall finden**, avere ⌊una forte risonanza⌋/[grande eco] 13 (*sehr gut*) {SCHÜLER} forte, ferrato, bravo; {GEGNER, SPIELER} forte, bravo: **in etw** (dat) **~ sein**, andare/essere forte in qc; **das ist sein ⌊stärkstes Buch⌋/ [stärkster Film]**, (questo) è il suo libro/film ⌊più importante⌋/[migliore]; **etw ist jds ~e Seite**, qc è il forte di qu 14 (*heftig*) {BEIFALL, DRUCK, GERÄUSCH, RAUSCHEN, SCHLAG, STOSS} forte 15 (*zahlen~*) {ARMEE, SCHULKLASSE} grande; {AUFGEBOT AN ETW, AUFLAGE EINES BUCHES, EINER ZEITUNG} forte: **eine zehn Mann ~e Bande**, una banda di dieci uomini 16 *fam* (*toll*) forte *slang*: **der Typ ist echt ~!**, quel tipo è veramente forte!; **~ aussehen**, essere fantastico (-a); **jdn/etw ~ finden**, trovare forte *slang*/fantastico *fam* qu/qc; **etw ist eine ~e Leistung**, qc è forte *slang*/fantastico *fam*; **eine ~e Leistung bringen** {AUTO, COMPUTER, CD-PLAYER}, essere forte *slang*/

fantastico *fam*; **der hat gestern Abend eine ~e Leistung gebracht!**, è stato grande *slang*/mitico *slang* ieri sera! 17 *gram* {DEKLINATION, KONJUGATION, SUBSTANTIV, VERB} forte **B** *adv* 1 *meteo* {REGNEN, SCHNEIEN} molto, forte 2 *med* {BLUTEN} molto: **~ erkältet sein**, essere molto raffreddato, avere un forte raffreddore! 3 (*intensiv*): **~ duften/riechen**, mandare un forte profumo/odore; **es riecht ~ nach angebranntem Fleisch**, c'è un forte odore di carne bruciata 4 (*beträchtlich*) {ABGENUTZT, BESCHÄDIGT, BESCHÄFTIGT, BESIEDELT, BEVÖLKERT} fortemente, molto: **ein ~ besuchtes Lokal**, un locale frequentatissimo/[molto frequentato]; **eine ~ besuchte Ausstellung**, una mostra con grande affluenza di visitatori; **~ verschuldet sein**, essere indebitato fino al collo *fam* 5 (*kräftig*) {DRÜCKEN, ZIEHEN} forte, fortemente 6 (*in großer Menge*) {PFEFFERN, SALZEN, WÜRZEN} molto: **zu ~ gesalzen**, troppo salato; **~ rauchen**, fumare molto/forte *fam* 7 (*in höherem Maße*) {BEEINDRUCKEN, ÜBERTREIBEN} fortemente, molto: **Männer sind in der Politik stärker vertreten als Frauen**, in politica gli uomini sono più numerosi delle donne; **jdn ~ in Verdacht haben**, nutrire forti sospetti su qu 8 *fam* (*toll*) {SINGEN, SPIELEN, TANZEN} in modo fantastico/pazzesco 9 *fam* (*bald*) quasi: **es geht ~ auf Mitternacht**, è quasi mezzanotte; **sie geht ~ auf die dreißig zu**, è vicina ai trent'anni 10 *fam* (*gut*): **sie ist ~ in den Fünfzigern**, ha cinquant'anni buoni/suonati 11 *gram*: **~ dekliniert/konjugiert werden**, avere la declinazione/coniugazione forte • **das ist ~!** *fam* (*das ist eine Unverschämtheit*), questa è bella *fam*/grossa *fam*!, questo è il colmo!; **jdn/etw ~ machen** (*körperlich stärken*) {JDS KÖRPER, PERSON} fortificare qu/qc; (*jds Position stärken*) {GEGNER} rafforzare qu.
Starkbier n *gastr* birra f forte.
Stärke① <-, -n> f 1 (*Kraft*) forza f, vigore m 2 (*Willensstärke*) forza f, saldezza f 3 (*Macht*) forza f: **eine Position der ~ vertreten**, assumere una posizione di forza; **um ~ zu demonstrieren**, per dare una dimostrazione di forza 4 (*Dicke*) {+BRETT, MAUER, PAPIER} spessore m; {+AST, STAMM} grossezza f; {+KABEL, ROHR} diametro m 5 (*Gehalt*) {+ALKOHOL, GIFT, KAFFEE, PARFÜM, TEE} concentrazione f 6 (*Intensität*) {+BEBEN, WIND} forza f, violenza f: **ein Erdbeben der ~ 7 auf der Richterskala**, un terremoto del 7° grado della scala Richter; **ein Wind der ~ 10 auf der Beaufort-Skala**, un vento del 10° grado della scala Beaufort; {+DRUCK, EMPFINDUNG, LEIDENSCHAFT, LICHT, SCHMERZEN} intensità f; {+BRILLE} gradazione f 7 (*Leistungsfähigkeit*) {+MOTOR} forza f, potenza f 8 (*Anzahl*) {+GRUPPE, KLASSE, MANNSCHAFT} numero m di componenti; {+ARMEE, POLIZEI} effettivi m pl 9 (*Vorteil*) forza f: ⌊**in etw liegt**⌋/[**etw ist**] **jds ~**, qc è il punto di forza di qu, qc è la forza di qu.
Stärke② <-, -n> f 1 (*Substanz in Kartoffeln, Reis etc.*) amido m 2 (*Wäschestärke*) amido m 3 (*~mehl*) fecola f.
Stärkemehl n fecola f.
stärken① **A** *tr* 1 (*kräftigen*) **etw ~** {KREISLAUF} stimolare qc; {KONSTITUTION} rinforzare qc, fortificare qc, rinvigorire qc, irrobustire qc; {KÖRPER, MUSKULATUR} *auch* tonificare qc; {KRÄFTE} corroborare qc 2 (*verbessern*) **etw ~** {JDS ANSEHEN, EINFLUSS, SELBSTBEWUSSTSEIN, VERTRAUEN} rafforzare qc; {POSITION} *auch* consolidare qc; {KONZENTRATIONSFÄHIGKEIT, WIDERSTANDSKRAFT} aumentare qc 3 (*bestätigen*) **jdn in etw** (dat) ~ {IN JDS ENTSCHLUSS, IN JDS VERTRAUEN} rafforzare qu in

qc 4 (*erfrischen*) **jdn ~** {DAS GUTE ESSEN} rifocillare qu, ristorare qu; {DER SCHLUCK AUS DER FLASCHE} corroborare qu, ristorare qu; {SCHLAF, TRAINING} rinvigorire qu, rimettere in forza qu; {GEBIRGSLUFT} *auch* tonificare qu **B** *itr* (*kräftigen*) {ESSEN} fortificare, rinvigorire, rimettere in forza; {GETRÄNK} *auch* corroborare **C** *rfl* (*etw essen o trinken*) **sich** (⌊**mit etw** dat⌋/[**durch etw** akk]) **~** rifocillarsi (*con* qc), ristorarsi (*con* qc), riprendere forza (*con* qc).
stärken② *tr* **etw ~** {KLEIDUNGSSTÜCK, KRAGEN, WÄSCHE} inamidare qc.
stärkend *adj* {MAHLZEIT, MITTEL} fortificante, ricostituente; {GETRÄNK} corroborante; {KREISLAUFMITTEL} tonificante.
stark|machen A *rfl fam* **sich für jdn/etw ~** impegnarsi molto *per* qu/qc, darsi da fare *per* qu/qc **B** *tr* (*stärken*) → **stark**.
Starkstrom m *el* corrente f ad alta tensione.
Starkstromkabel n *el* cavo m per alta tensione.
Starkstromleitung f *el* linea f di alta tensione.
Starkult m *pej* divismo m.
Stärkung <-, -en> f 1 <*nur sing*> {+EINFLUSS, MACHT, PARTEI} rafforzamento m {+POSITION} *auch* consolidamento m 2 (*Kräftigung*) ristoro m: **etw zur ~ essen/trinken**, mangiare/ bere qc per ristorarsi/[riprendere le forze]/ [rifocillarsi]; **eine kleine ~ zu sich nehmen**, concedersi uno spuntino.
Stärkungsmittel n *pharm* ricostituente m; (*Getränk*) corroborante m.
Staroperation f *med* operazione f di cataratta.
Starparade f sfilata f/parata f di star/ stelle.
starr A *adj* 1 (*steif*) rigido: **~ vor Kälte**, intirizzito dal freddo; **~ werden** {FINGER, GLIEDER}, irrigidirsi, intirizzirsi 2 (*reglos*) {AUGEN, BLICK} fisso, immobile: **~e Miene**, faccia di pietra 3 (*nicht flexibel*) {PRINZIP, REGELUNG} rigido; {HALTUNG} *auch* intransigente, inflessibile; {PERSÖNLICHKEIT} rigido 4 (*erstarrt*): **~ vor etw** (dat) **sein** {VOR ENTSETZEN/ SCHRECK}, essere/rimanere impietrito (-a)/ pietrificato (-a)/paralizzato (-a) da/per qc; **~ vor Erstaunen/Verblüffung sein**, rimanere stupefatto (-a)/sbalordito (-a), restare di sale/stucco *fam* **B** *adv* {ANSEHEN, BLICKEN} (in modo) fisso; {AN ETW FESTHALTEN} rigidamente • **~ und steif** {DASITZEN, DASTEHEN}, tutto (-a) rigido (-a), impalato (-a), rigido (-a) come un palo.
Starre <-, *ohne pl*> f 1 (*Steifheit*) {+FINGER, GLIEDER} rigidità f 2 (*Reglosigkeit*) {+BLICK} fissità f, immobilità f 3 (*unflexible Haltung*) rigidità f 4 *med* (*Totenstarre*) rigidità f (cadaverica), rigor mortis m.
starren *itr* 1 (*starr blicken*) avere lo sguardo fisso: **was starrst du so?**, (che) cos'hai da sbarrare/sgranare gli occhi?; **auf jdn/ etw ~** fissare gli occhi/lo sguardo *su* qu/qc, fissare qu/qc: **die ganze Familie starrte wie gebannt auf den Eindringling/die Tür**, tutta la famiglia fissò come ipnotizzata l'intruso/la porta; **irgendwohin ~** {IN DEN HIMMEL, AN DIE WAND} guardare fisso (-a) qc, avere lo sguardo fisso *+ compl di luogo*, fissare lo sguardo *+ compl di luogo*; **jdm ins Gesicht ~**, fissare qu in faccia; **ins Dunkle ~**, fissare il buio; **ins Leere ~**, fissare il vuoto, avere lo sguardo perso nel vuoto; **vor sich hin ~**, guardare fisso (-a) davanti a sé 2 (*bedeckt sein*) **von/vor etw** (dat) **~** essere (ri)coperto/pieno *di* qc: **von/vor Dreck/Schmutz ~**, essere lurido; **von/vor Fett ~**, essere unto e

bisunto; **vor/von Waffen ~**, essere armato fino ai denti.

Starrheit <-, ohne pl> f rigidezza f, rigidità f.

starrköpfig adj → **starrsinnig**.

Starrsinn <-s, ohne pl> m pej testardaggine f, cocciutaggine f, ostinatezza f, caparbietà f.

starrsinnig adj testardo, cocciuto, ostinato, caparbio.

Start <-(e)s, -s oder rar -e> m **1** aero {+FLUGZEUG} decollo m ¦ [**eine Maschine zum ~**₁/ **[den ~ einer Maschine] freigeben**, autorizzare il decollo di un aereo; {+RAKETE, SATELLIT} lancio m; **(~platz)** pista f di decollo; **zum ~ rollen** {FLUGZEUG}, rullare verso la pista di decollo **2** sport (Wettkampfbeginn) partenza f; (**~zeichen**) via m, start m; (**~platz**) (linea f di) partenza f, via m: **fliegender/stehender ~**, partenza lanciata/[da fermo]; **einen guten/schlechten ~ haben**, fare una bella/ brutta partenza, partire bene/male; **das Zeichen zum ~ geben, den ~ freigeben**, dare il segnale di partenza, dare il via/lo start; **am ~ sein**, essere ₁al via₁/[sulla linea di partenza]; **an den ~ gehen**, presentarsi alla partenza **3** (Anfang): **der ~ ins Berufsleben**, l'inizio della vita professionale; **einen guten/schlechten ~ (bei/in etw dat) haben** {BEI JDS ARBEIT, IN JDS BERUF, IN JDS STELLUNG}, iniziare bene/male (qc), esordire bene/male in qc, fare un buon/brutto esordio in qc; **der Betrieb hatte einen guten ~**, l'azienda è decollata/partita bene.

Startautomatik f autom starter m (automatico).

Startbahn f aero pista f di decollo.

startbereit adj sport pronto ₁per la partenza₁/[a partire]/[al via]; aero pronto al decollo.

Startbildschirm m inform schermata f d'avvio.

Startblock m sport blocco m di partenza.

starten Ⓐ itr <sein> **1** aero {FLUGZEUG, MASCHINE} decollare; {RAKETE, SATELLIT} partire, essere/venire lanciato (-a): **wegen des schlechten Wetters konnten wir nicht ~**, a causa del maltempo non siamo potuti decollare **2** sport (beginnen) (**zu etw dat**) ~ {ZUR LETZTEN ETAPPE, ZUM RENNEN} partire (per qc) **3** sport (teilnehmen) **für etw** (akk) ~ {FÜR EIN LAND, EINEN VEREIN} gareggiare per qc; {PFERD FÜR EINEN RENNSTALL; RENNFAHRER FÜR EINE AUTOFIRMA; LÄUFER FÜR EIN LAND, EINEN VEREIN} correre per qc **4** (beginnen) {AKTION, PROJEKT} decollare, prendere il via, partire **5** (abreisen) **in etw** (akk)/**zu etw** (dat) ~ {IN DIE FERIEN, DEN URLAUB, ZU EINER EXPEDITION} partire per qc **6** autom (anspringen) {MOTOR, WAGEN} avviarsi, mettersi in moto Ⓑ tr <haben> **1** (anlassen) etw ~ {MOTOR, MOTORRAD, WAGEN} avviare qc, mettere in moto qc; {MASCHINE} far partire qc; {COMPUTER, PROGRAMM} avviare qc **2** (abschießen) etw ~ {RAKETE, SATELLITEN, WETTERBALLON} lanciare qc **3** (beginnen lassen) etw ~ {AKTION, EXPEDITION, KAMPAGNE} avviare qc, dare il via a qc; {PROJEKT, UNTERNEHMEN} auch far decollare qc, lanciare qc; {RENNEN, WETTKAMPF} dare il via a qc.

Starter① <-s, -> m autom starter m: **den ~ betätigen/ziehen**, azionare/tirare lo starter, tirare l'aria fam.

Starter② m (**Starterin** f) sport starter m.

Starterlaubnis f **1** aero autorizzazione f al decollo **2** sport autorizzazione f a partecipare.

Startflagge f bandierina f di partenza.

Startgeld n sport (Gage) cachet m.

Starthilfe <-, ohne pl> f **1** (finanzielle Hilfe) aiuto m/contributo m (economico) iniziale: **jdm ~ geben**, aiutare qu ad avviare qc **2** autom: **jdm ~ geben**, aiutare qu a far partire la sua auto con i cavi.

Starthilfekabel n mot cavi m pl di avviamento (per la batteria dell'auto).

Startkapital n capitale m iniziale.

startklar adj → **startbereit**.

Startkommando n → **Startsignal**.

Startlinie f sport linea f di partenza.

Startliste f elenco m dei partecipanti/concorrenti (a una gara).

Startloch n: **(schon) in den Startlöchern stehen** fam, essere (già) ai blocchi/nastri di partenza.

Startnummer f sport (numero m di) pettorale m: **die ~ 3 haben**, avere il 3 di pettorale; **eine hohe/niedrige ~ haben**, avere un pettorale alto/basso.

Startpistole f sport pistola f dello starter.

Startrampe f aero (für Raketen) rampa f di lancio.

Startschuss (a.R. Startschuß) m sport segnale m di partenza (dato dallo starter con la pistola) ● **den ~ ₁für etw** (akk)₁/[**zu etw** (dat)] **geben** (grünes Licht geben), dare ₁via libera₁/[disco verde] a qc; **der ~ ₁für etw** (akk)₁/[**zu etw** (dat)] **sein**, essere il segnale d'inizio di qc.

Startseite f inform pagina f iniziale.

Startsignal n segnale m di partenza, via m, start m.

Start-und-Landebahn f aero pista f (di decollo e atterraggio).

Start-up <-s, -s> n, **Start-up-Unternehmen** n start up m.

Startverbot n **1** sport sospensione f **2** aero divieto m di decollo.

Startzeichen n → **Startsignal**.

Stasi① <-, ohne pl> f oder <-(s), ohne pl> m hist fam Abk von Staatssicherheitsdienst: Stasi f (polizia f politica segreta della ex RDT).

Stasi② <-s, -s> m hist fam (Angehöriger des Staatsdienstes) agente m della Stasi.

Statement <-s, -s> n geh dichiarazione f (ufficiale); {+PRESSESPRECHER} comunicazione f ufficiale: **ein ~ abgeben**, rilasciare una dichiarazione (ufficiale).

Statik <-, ohne pl> f **1** bau {+BRÜCKE, GEBÄUDE} statica f **2** phys (Lehre) statica f **3** geh (statischer Zustand) staticità f.

Statiker <-s, -> m (**Statikerin** f) (ingegnere m) strutturista mf.

Station <-, -en> f **1** (Haltestelle) fermata f: **vier ~en (weit) fahren** {PASSAGIER}, scendere alla quarta fermata **2** (Krankenhausabteilung) reparto m: **jdn auf ~ bringen**, portare qu in reparto; **auf der chirurgischen ~ liegen**, essere ricoverato in/[nel reparto di] chirurgia; **auf der neurologischen/psychiatrischen ~ arbeiten**, lavorare nel reparto di neurologia/psichiatria; **auf ~ sein** fam {ARZT, KRANKENSCHWESTER}, essere in reparto **3** (Etappe) tappa f: **die wichtigsten ~en ₁seiner Reise₁/[seines Lebens]**, le tappe più importanti ₁del suo viaggio₁/[della sua vita] **4** (Basis für eine bestimmte Tätigkeit) stazione f: **eine meteorologische/missionarische ~**, una stazione meteorologica/missionaria **5** radio TV (Sender) stazione f ● **die ~en des Kreuzwegs**, le stazioni della via crucis: **irgendwo ~ machen**, fare tappa/sosta + compl di luogo.

stationär med Ⓐ adj {AUFENTHALT} ospedaliero; {BEHANDLUNG, ENTBINDUNG} in ospedale, in clinica: **~e Aufnahme/Einweisung**, ricovero (in ospedale), ospedalizzazione f Ⓑ adv {BEHANDELN, ENTBINDEN} in ospedale, in clinica: **jdn ~ aufnehmen/einweisen**, ricoverare qu (in ospedale), ospedalizzare qu.

stationieren <ohne ge-> tr mil **jdn/etw ~** {ATOMWAFFEN, RAKETEN, SOLDATEN, TRUPPEN} dislocare qu/qc: **irgendwo stationiert sein** {ATOMWAFFEN, RAKETEN}, essere dislocato + compl di luogo; {SOLDATEN, TRUPPEN} auch essere di stanza + compl di luogo.

Stationierung <-, -en> f mil {+TRUPPEN, WAFFEN} dislocamento m.

Stationsarzt m (**Stationsärztin** f) med medico m/dottore (-essa) m (f) fam (responsabile) del reparto.

Stationspfleger m (infermiere m) caposala m.

Stationsschwester f (infermiera f) caposala f.

Stationsvorsteher m (**Stationsvorsteherin** f) Eisenb capostazione mf.

statisch Ⓐ adj **1** bau phys statico; {GESETZ} della statica **2** geh (unbeweglich) statico Ⓑ adv staticamente.

Statist <-en, -en> m (**Statistin** f) **1** film theat comparsa f, figurante m: **in einem Film als ~ auftreten**, fare la comparsa in un film **2** pej (unbedeutende Person) figurante m, comparsa f: **bei etw** (dat) **nur ~ sein**, fare da comparsa in qc; **zum ~en degradiert werden**, essere declassato a comparsa.

Statistenrolle f film theat parte f/ruolo m di comparsa, comparsata f: **in diesem Film hat Marlon Brando nur eine ~**, in questo film Marlon Brando fa solo una fugace apparizione.

Statistik <-, -en> f statistica f: **eine ~ erstellen/auswerten**, ₁fare/elaborare₁/[analizzare/interpretare] una statistica; **laut ~**, secondo le statistiche.

Statistiker <-s, -> m (**Statistikerin** f) esperto (-a) m (f) di statistica, statistico (-a) m (f).

Statistin f → **Statist**.

statistisch Ⓐ adj statistico Ⓑ adv {AUSWERTEN, ERFASSEN, NACHWEISEN} statisticamente: **~ gesehen**, ₁dal punto di vista₁/[a livello] statistico, statisticamente parlando.

Stativ <-s, -e> n fot treppiede m/treppiedi m/ cavalletto m della macchina fotografica.

statt Ⓐ präp + gen — **jds/etw** al posto di qu/qc, invece di qu/qc: **~ deiner/seiner**, al posto tuo/suo; **du solltest ~ der Schokolade lieber einen Apfel essen**, faresti meglio a mangiare una mela invece della cioccolata Ⓑ konj invece di/che, anziché: **versehentlich gab ich das Buch ihm ~ ihr**, per sbaglio ho dato il libro a lui anziché/[invece che] a lei; **~ etw zu tun, ...**, invece di fare qc ...; **~ Geld für solchen Unsinn auszugeben, solltest du besser ein bisschen sparen**, invece di spendere soldi per queste stupidaggini, faresti bene a risparmiare qualcosa; **~ dass er faul rumliegt, sollte er besser sein Zimmer aufräumen**, invece di poltrire farebbe meglio a mettere a posto la sua stanza ● **an meiner/seiner ~ form**, in mia/sua vece form, al posto mio/suo.

stattdessen adv invece: **eigentlich müsste sie arbeiten, ~ liegt sie in der Sonne**, veramente dovrebbe lavorare, invece se ne sta a prendere il sole.

Stätte <-, -n> f geh luogo m, sito m lit: **eine heilige/historische ~**, un luogo ₁santo/sacro₁/[storico]; **die ~n der Kindheit aufsuchen**, rivisitare i luoghi dell'infanzia; **eine ~ der Ruhe**, un'oasi di pace.

statt|finden <irr> itr aver luogo, svolgersi: **die Prüfung findet unter Ausschluss der**

Öffentlichkeit statt, l'esame si svolgerà a porte chiuse; **morgen findet keine Vorstellung statt** *film theat*, lo spettacolo di domani ₍non avrà luogo₎/[è stato cancellato].

statt|geben <*irr*> *itr adm geh etw* (dat) ~ {EINER EINGABE, FORDERUNG} soddisfare *qc*; {EINEM ANTRAG, EINER BESCHWERDE, BITTE, EINEM EINSPRUCH} accogliere *qc*: **einem Gesuch ~**, dar corso a un'istanza.

statthaft *adj* <*präd*> *geh* permesso; {KLEIDUNG, VERHALTEN} ammissibile; *jur* {EINSPRUCH, FRAGE, KLAGE} ammissibile.

Statthalter *m hist* governatore *m*.

stattlich *adj* **1** (*eindrucksvoll*) {ERSCHEINUNG, GEBÄUDE} imponente; {FRAU, MANN} prestante, aitante, di bella presenza; {TIER} magnifico **2** (*beträchtlich*) {ANZAHL, GRÖSSE, SAMMLUNG, SUMME, VERMÖGEN} considerevole, ragguardevole.

Statue <-, -*n*> *f kunst* statua *f*: **eine ~ aus Marmor**, una statua ₍di marmo₎/[marmorea]; **eine ~ aufstellen/enthüllen**, collocare/scoprire una statua; **jdm eine ~ errichten**, innalzare/erigere una statua a qu; **auf dem Hauptplatz steht/[befindet sich] eine ~ von Bismarck**, sulla piazza principale ₍c'è₎/[si trova] una statua di Bismarck.

statuenhaft *adj* (*SCHÖNHEIT*) statuario; (*unbewegt*) {LÄCHELN} di olimpica imperturbabilità; {HALTUNG} statuario, olimpico.

statuieren *tr*: **ein jdm**₎/[mit etw dat] **ein Exempel ~** → **Exempel**.

Statur <-, -*en*> *f geh* **1** (*Körperbau*) corporatura *f*, fisico *m*: **von der ~ ist sie eher kräftig/schmächtig**, di corporatura è piuttosto robusta/esile; **sie hat die ~ ihrer Mutter**, ha il fisico di sua madre **2** (*Körpergröße*) statura *f*: **von kleiner/mittlerer ~ sein**, essere di statura piccola/media; (*bei Tieren*) taglia *f*.

Status <-, -> *m geh* **1** (*Zustand*) condizione *f*, situazione *f*: **der wirtschaftliche/politische ~ eines Landes**, ₍le condizioni economiche₎/[la situazione politica] di un paese **2** *geh* (*Stellung*) status *m*, stato *m* (sociale), posizione *f* (sociale): **die Villa, in der sie leben, entspricht ihrem gesellschaftlichen ~**, la villa dove abitano corrisponde al loro status sociale; **in dieser Behörde genießt er den ~ eines Beamten**, in quest'ufficio gli viene riservato il trattamento di un funzionario statale **3** *jur* status *m*, stato *m* giuridico.

Status quo <-, *ohne pl*> *m jur pol* status quo *m*: **den Status quo aufrechterhalten, am Status quo festhalten**, mantenere lo status quo.

Statussymbol *n* status symbol *m*, simbolo *m* di successo: **der Mercedes ist für ihn nur ein ~**, per lui la Mercedes è soltanto uno status symbol.

Statuszeile *f inform* barra *f* di stato.

Statut <-(*e*)*s*, -*en*> *n* {+VEREIN} statuto *m*, regolamento *m*: **~en aufstellen**, elaborare uno statuto; **gegen die ~en verstoßen**, violare lo statuto.

Stau <-(*e*)*s*, -*s oder* -*e*> *m* **1** (*Verkehrsstau*) ingorgo *m* (stradale), congestione *f* del traffico, imbottigliamento *m*/intasamento *m* (del traffico): ₍**ein ~ von 5 km**₎/[**5 km ~**], ₍una coda di 5 km₎/[5 km di coda]; **in einen ~ geraten sein**, essere finito in un ingorgo *fam*; **im ~ stehen/stecken**, essere bloccato (-a) in un ingorgo, essere imbottigliato (-a) nel traffico **2** (*Wasserstau*) ristagno *m*: **durch angeschwemmte Baumstämme kam es zu einem gefährlichen ~ des Flusses**, tronchi d'albero trasportati dalla corrente bloccarono pericolosamente il flusso dell'acqua.

Stauanlage *f* → **Stauwerk**.

Staub <-(*e*)*s*, -*e oder tech* Stäube> *m* polvere *f*; (*feinster ~*) pulviscolo *m*: **auf dem Regal liegt der ~ fingerdick**, sullo scaffale c'è un dito di polvere; **~ saugen** → **staubsaugen**; **~ wischen**, spolverare ● **~ abweisend** {GEWEBE}, antistatico, antipolvere; (*viel*) **~ aufwirbeln** *fam*, alzare/sollevare un (gran) polverone *fam*, fare (molto) scalpore; **sich aus dem ~ machen** *fam*, svignarsela *fam*, squagliarsela *fam*, darsela a gambe *fam*, tagliare la corda *fam*; **radioaktiver ~**, pulviscolo radioattivo; (*wieder*) **zu ~ werden** *bibl*, ritornare polvere.

staubabweisend *adj* → **Staub**.

staubbedeckt *adj* {MÖBEL} coperto di polvere, impolverato, polveroso.

Staubbeutel *m* **1** *bot* antera *f* **2** (*vom Staubsauger*) sacchetto *m* (raccoglipolvere).

Staubblatt *n bot* → **Staubgefäß**.

Staubecken *n* bacino *m* idrico; (*zur Stromerzeugung*) bacino *m* idroelettrico.

stauben A *itr* **1** (*Staub machen*) fare polvere: **der alte Sessel staubte gewaltig, als sich Opa darin niederließ**, dalla vecchia poltrona si sollevò una gran polvere quando il nonno ci si sprofondò **2** (*staubig sein*) essere polveroso: **die Decke staubt**, la coperta è polverosa B *unpers*: **beim Teppichklopfen staubt es**, battendo i tappeti si fa/solleva polvere; **bei Trockenheit staubt es mehr**, c'è più polvere nell'aria quando il clima è asciutto.

stäuben A *tr etw auf/über etw* (akk) ~ spolverizzare *qc di/con qc*, cospargere *qc di qc*: **Puderzucker auf den Kuchen ~**, spolverizzare la torta di/con zucchero a velo B *itr* {SCHNEE, WASSER} nebulizzarsi.

Staubfaden *m bot* filamento *m*.

Staubfänger <-*s*, -> *m fam pej* ricettacolo *m* di polvere, cianfrusaglia *f*/oggetto *m* ₍che attira₎/[dove si annida] la polvere.

Staubflocke *f* laniccio *m*.

staubfrei *adj* senza polvere: **Allergiker müssen in ~en Räumen leben**, le persone allergiche devono vivere in ambienti liberi da polveri.

Staubgefäß *n* <*meist pl*> *bot* stame *m*.

staubig *adj* polveroso, impolverato, pieno di polvere: **auf dem Dachboden ist es sehr ~**, nel sottotetto c'è molta polvere.

Staubkorn *n* granello *m* di polvere.

Staublappen *m* panno *m*/straccio *m* per spolverare.

Staublunge *f med* pneumoconiosi *f*.

Staubmantel *m text* spolverino *m*/soprabito *m* (di popeline).

Staubpartikel *n oder f* particella *f* di polvere.

staubsaugen, Staub saugen <*part perf* gestaubsaugt *oder* Staub gesaugt> A *itr* (*irgendwo*) ~ passare/dare *fam* l'aspirapolvere (+ *compl di luogo*) B *tr etw* ~ {FLUR, ZIMMER} passare/dare *fam* l'aspirapolvere in *qc*; {SITZMÖBEL, TEPPICH} passare/dare *fam* l'aspirapolvere *su qc*.

Staubsauger *m* aspirapolvere *m*.

Staubschicht *f* strato *m* di polvere.

Staubteilchen *n* → **Staubpartikel**.

staubtrocken *adj* molto secco.

Staubtuch *n* → **Staublappen**.

Staubwedel *m* piumino *m* (per spolverare).

Staubwolke *f* nuvola *f*/nube *f* di polvere, polverone *m*: **~n aufwirbeln**, sollevare nuvole di polvere.

Staubzucker *m* → **Puderzucker**.

stauchen *tr tech etw* ~ {BOLZEN, NIETEN} ricalcare *qc*.

Stauchung *f* **1** *med* distorsione *f*, slogatura *f*, storta *f* **2** *tech* ricalcatura *f*.

Staudamm *m* diga *f* di sbarramento.

Staude <-, -*n*> *f bot* **1** (*immer wieder austreibende Pflanze*) pianta *f* perenne **2** *süddt A CH* (*Busch*) arbusto *m* **3** *region* (*Kopf*) cespo *m*: **eine ~ Salat**, un cespo/cesto d'insalata.

stauen A *tr* (*das Weiterfließen blockieren*) *etw* ~ {BACH, WASSERLAUF} bloccare (il corso/flusso di) *qc*; (*durch Staumauern*) {FLUSS} sbarrare *qc*; {BLUT} arrestare (il flusso di) *qc*, fermare (il flusso di) *qc* B *rfl* **1** (*sich anstauen*) **sich** (*in/hinter etw* dat) ~ {WASSER} ristagnare/ raccogliersi/ ingorgarsi/ accumularsi (*in/dietro qc*); {BLUT} ristagnare (*in qc*), non circolare più (*in qc*) **2** *autom* **sich** (*irgendwo*) ~ {AUTOS} formare ₍una coda₎/[un ingorgo] (+ *compl di luogo*); {VERKEHR} congestionarsi (+ *compl di luogo*) **3** (*sich ansammeln*) **sich** *irgendwo* ~ {MENSCHEN} ammassarsi/[formare una coda] + *compl di luogo*; **sich** *in jdm* ~ {ÄRGER, WUT, ZORN} accumularsi (*dentro qu*).

Staufe <-*n*, -*n*> *m* (**Staufin** *f*) → **Staufer**.

Staufer <-*s*, -> *m* (**Stauferin** *f*) *hist* membro *m* della casata ₍sveva₎/[degli Hohenstaufen]: **der ~ Friedrich II**, Federico II di Svevia/Hohenstaufen.

Staufin *f* → **Staufe**.

Staugefahr *f autom* rischio *m* di congestione/ingorgo del traffico: **~ am Frankfurter Kreuz**, probabili code allo svincolo di Francoforte.

Staumauer *f* diga *f* di sbarramento.

staunen *itr* (*über jdn/etw*) ~ stupirsi (*di qu/qc*), meravigliarsi (*di qu/qc*): **~, dass/wie ...**, stupirsi/sorprendersi che/[di come] ... *konjv*: **ich staune, dass du den Brief schon erhalten hast**, mi stupisce/sorprende che tu abbia già ricevuto la lettera; **sie sah mich ~d an**, mi guardò stupita/stupefatta/meravigliata; **vor dem ~den Publikum**, davanti al pubblico strabiliato ● *da* **staunst du, was?**, non te l'aspettavi, eh?; **über etw** (akk) *kann man nur* **~**, non si può che stupirsi di *qc*; {ÜBER EINE GUTE LEISTUNG} *auch*, non si può che ammirare *qc*; **da kann man nur ~**, c'è da strabiliare, cose da far strabiliare; **nicht schlecht ~** *fam*, fare tanto d'occhi *fam*, meravigliarsi/stupirsi non poco; **er staunte nicht schlecht, als sie ihm die Rechnung präsentierte**, fece tanto d'occhi quando lei gli presentò il conto.

Staunen <-*s*, *ohne pl*> *n* stupore *m*, meraviglia *f*: **er nahm mit ~ zur Kenntnis, dass sie die Scheidung eingereicht hatte**, con grande stupore prese atto che lei aveva presentato domanda di divorzio; **in ~ geraten**, essere colto da stupore; **jdn in ~ versetzen**, riempire qu di stupore, meravigliare qu, stupire qu, stupefare qu; **voller ~**, con vivo/sommo stupore ● **aus dem ~ nicht herauskommen** *fam*, non riaversi dallo stupore.

Staupe <-, -*n*> *f med* cimurro *m*.

Stauraum *m autom* bagagliaio *m*: **der neue Wagen hat viel ~**, la nuova macchina ha un bagagliaio molto capiente/spazioso; *aero naut* stiva *f*; (*in der Wohnung*) ripostiglio *m*; **in meiner neuen Wohnung habe ich zu wenig ~**, nel mio nuovo appartamento non ho abbastanza spazio per riporre le cose.

Stausee *m* lago *m*/invaso *m* artificiale, bacino *m* di ritenuta.

Stauung <-, -*en*> *f* **1** *autom* ingorgo *m*, congestione *m* del traffico **2** <*nur sing*> (*Ansammlung*) {+WASSER} ristagno *m*; {+WASSERLAUF} sbarramento *m*: **zur ~ des Flusses**, per sbarrare il corso del fiume; **~ des Blutes**, congestione *f*; (*durch Abbinden*) arresto *m*; (*in den Bei-*

nen) cattiva circolazione **3** (*Stockung*) arresto m, stasi f.

Stauwasser n acqua f di ritenuta.

Stauwerk n sbarramento m idrico.

Std. *Abk. von* Stunde: h (*ora*).

Steak <-s, -s> n *gastr* bistecca f (di lombo di vitello o manzo).

stechen <sticht, stach, gestochen> **A** tr **1** (*verletzen*) **jdn/etw** (*mit etw* dat) ~ {MIT EINER NADEL, EINEM STACHEL} pungere *qu/qc* (*con qc*); **jdn ⌊in etw⌋** (akk)⌋/[**an etw** (dat)] ~ pungere ⌊qc a qu⌋/[qu su qc]: **die Mücke hat ihn ⌊in den Finger⌋/[am Rücken]** gestochen, la zanzara ⌊gli ha punto un dito⌋/[lo ha punto sulla schiena]; **jdn mit einem Messer** ~, dare/tirare *fam* una coltellata a qu, ferire qu con un coltello; **ein Loch⌋/[Löcher] in etw** (akk) ~, forare qc **2** (*schlachten*) **etw** ~ {KALB, SCHWEIN} scannare *qc*, sgozzare *qc* **3 Karten etw** (*mit etw* dat) ~ prendere *qc* (*con qc*), ammazzare *qc* con *un fam* **4 kunst etw** (*in etw* akk) ~ incidere *qc* (*su/in qc*): **wer hat diese Madonna gestochen?**, chi ha inciso questa Madonna? **5** (*aus~*) **etw** ~ {RASEN, TORF} scavare *qc*; {SPARGEL} (rac)cogliere *qc* **B** itr **1** (*einen Stachel haben*) {DISTEL, DORN, INSEKT, ROSE} pungere, bucare *region* **2** (*hinein~*) **mit etw** (dat) **in etw** (akk) ~ {MIT EINER NADEL} infilare *qc in qc*; {MIT EINEM MESSER} conficcare *qc in qc*, piantare *qc in qc*; (**mit etw** dat) **durch etw** (akk) ~ (per)forare *qc con qc*: **mit einem Messer nach jdm** ~, cercare di accoltellare qu, aggredire qu con il coltello **3** (*brennen*) *irgendwo* ~ {BEIßENDER GERUCH, RAUCH, SÄURE IN DEN AUGEN, DER NASE} pungere *qc*: **die Sonne sticht**, il sole picchia **4** (*schmerzen*) {HERZ} dare delle fitte **5 Karten** prendere, ammazzare *fam*: **Ass sticht**, l'asso prende **6** (*übergehen*) **in etw** (akk) ~ dare *su qc*, tendere *a qc*: **ins Bläuliche** ~, dare sul bluastro **7 sport** disputare il barrage **8** (*die Stechuhr betätigen*) timbrare il cartellino **C** rfl (*sich verletzen*) **sich** (**an/mit etw** dat) ~ {AN EINER ROSE, MIT EINER NADEL} pungersi (*con qc*); **sich** (akk *oder* dat) **in etw** (akk) ~ pungersi *qc*: **ich habe mich/mir in den Daumen gestochen**, mi sono punto (-a) il pollice **D** *unpers*: **es sticht** (**jdm/jdn**) *irgendwo*, qu sente ⌊delle fitte⌋/[un dolore acuto/lancinante] + *compl di luogo*: **es sticht mich/mir in der Seite**, sento delle fitte al fianco.

Stechen <-s, *ohne pl*> n **1 sport** barrage m: **ins** ~ **kommen**, accedere al barrage **2** (*Schmerz*) fitta f, puntura f.

stechend adj {SCHMERZ} lancinante, acuto, cocente; {AUGEN, BLICK, GERUCH} pungente, penetrante; {SONNE} cocente, che picchia.

Stecher <-s, -> m (**Stecherin** f) *kunst* → Kupferstecher.

Stechkarte f cartellino m di presenza.

Stechmücke f *zoo* zanzara f.

Stechpalme f *bot* agrifoglio m.

Stechschritt m *mil* passo m ⌊dell'oca⌋/[di parata]: **im** ~ **marschieren**, fare il passo dell'oca.

Stechuhr f orologio m marcatempo.

Stechzirkel m balaustrino m a punte fisse.

Steckbrief m scheda f segnaletica.

steckbrieflich adv: **jdn** ~ **suchen**, ricercare qu diffondendone la scheda segnaletica; ~ **gesucht**, ricercato.

Steckdose f *el* presa f (di corrente).

stecken A itr <steckte *oder obs* stak, gesteckt> **1** (*festsitzen*) (*irgendwo*) ~ {KUGEL, SPLITTER} essere conficcato + *compl di luogo*; {DORN, NADEL} essere infilato + *compl di luo*go: **in der Lunge des Verletzten steckte eine Kugel**, il ferito aveva una pallottola (conficcata) in un polmone; **der Pfahl steckt fest in der Erde**, il palo è ben piantato ⌊nel terreno⌋/[in terra]; {MENSCH, FAHRZEUG IM SCHNEE} essere bloccato *da qc*; **im Morast, Schlamm** ~, essere impantanato; ⌊**im Gefängnis⌋/[hinter Gittern]** ~, essere ⌊in galera⌋/[dietro le sbarre] **2** (*eingesteckt sein*) *irgendwo* ~ essere (infilato) + *compl di luogo*, trovarsi + *compl di luogo*: **der Schlüssel steckt**, la chiave è (infilata) ⌊nella toppa⌋/[sulla porta]; **ein Geldschein steckte zwischen den Buchseiten**, c'era una banconota infilata tra le pagine del libro; *irgendwo etw* ~ **haben** {EINE NELKE IM KNOPFLOCH, EINE BROSCHE AM PULLOVER}, avere *qc* + *compl di luogo* **3** *fam* (*verborgen sein*) *irgendwo* ~ essere + *compl di luogo*; {PERSON} *auch* essersi cacciato *fam*/ficcato *fam* + *compl di luogo*: **wo stecken bloß die Kinder?**, dove cavolo sono i bambini?; **wo hast du denn gesteckt?**, dove ti eri cacciato (-a)/ficcato (-a), dov'eri andato (-a) a finire?; **wo mag nur meine Brille** ~?, dove ⌊saranno finiti⌋/[si saranno ficcati] i miei occhiali?; **hinter seiner rauen Schale steckt ein weiches Herz**, dietro quella corazza si nasconde un cuore tenero **4** (*verwickelt sein*) **in etw** (dat) ~ essere/trovarsi + *compl di luogo*: **in Schwierigkeiten** ~, essere/trovarsi in difficoltà; **mitten in der Arbeit** ~, essere pieno di lavoro; **bis über die beide Ohren in Schulden** ~, essere indebitato fino al collo **5** (*in sich haben*) **in jdm/etw** ~ esser(ci) *in qu/qc*: **der Junge ist so blass, bestimmt steckt eine Krankheit in ihm**, il ragazzo è così pallido che sicuramente sta covando una malattia; **in ihr** ~ **verborgene Talente**, ha delle doti nascoste; **in ihrem Haus steckt ein Haufen Geld**, hanno investito un sacco di soldi nella casa; **in dem Artikel steckt viel Arbeit**, dietro quest'articolo c'è molto lavoro **6** *fam* (*verantwortlich sein*) **hinter jdm/etw** ~ essere/nascondersi dietro *a qu/qc*: **hinter dem Attentat steckt bestimmt irgendein Geheimdienst**, dietro l'attentato c'è sicuramente qualche servizio segreto, nell'attentato c'è sicuramente lo zampino di qualche servizio segreto **B** tr <steckte, gesteckt> **1** (*auf~, an~, ein~*) **etw irgendwohin** ~ mettere *qc* + *compl di luogo*, infilare *fam qc* + *compl di luogo*: **den Brief in den Briefkasten** ~, imbucare la lettera; **die Bücher in die Schultasche** ~, ficcare/infilare i libri nella cartella; **das Hemd in die Hose** ~, infilare la camicia nei pantaloni; **die Hände in die Taschen** ~, metter(si)/infilar(si)/ficcar(si) le mani in tasca; (**sich dat**) **etw in die Tasche** ~ (*etw an sich bringen*), mettersi in tasca qc, intascare qc; **jdm einen Ring an den Finger** ~, infilare un anello al dito di qu; **die Kerzen auf den Kuchen/Leuchter** ~, mettere le ⌊candeline sulla torta⌋/[candele sul candelabro] **2** (*fest~*) **etw** *irgendwohin* ~ attaccare/fissare *qc* + *compl di luogo*; (*mit Nadeln*) appuntare *qc* + *compl di luogo*: **jdm ein Abzeichen/eine Brosche an den Kragen** ~, attaccare un distintivo⌋/[appuntare una spilla] al colletto di qu; **einen Saum** ~, (ap)puntare l'orlo con gli spilli **3** *fam* (*zwingen*) **jdm** *irgendwohin* ~ mettere *qu* + *compl di luogo*: **jdn ins Bett** ~, mettere qu a letto; **jdn ins Gefängnis** ~, mettere/sbattere qu ⌊dentro *fam*⌋/[in galera o prigione]; **jdn in eine Uniform/Zwangsjacke** ~, mettere/infilare una divisa *fam*, costringere qu a portare una camicia di forza a qu **4** *fam* (*investieren*) **etw in etw** (akk) ~ {ARBEIT, AUFWAND, KRAFT, MÜHE} mettere *qc in qc*; {GELD} investire *qc in qc*; {ZEIT} *auch* dedicare *qc a qc* **5** *fam* (*verraten*) **jdm etw** ~ spifferare *qc a qu*, spiat-

tellare *qc a qu fam* **6** *fam* (*aufgeben*) **etw** ~ {ARBEIT, STUDIUM} mollare *qc fam*: **den Urlaub können wir** ~!, le vacanze ce le possiamo scordare! ● (**in etw** dat) ~ **bleiben** (*haften bleiben*) {DORN, STACHEL}, restare/rimanere infilato (-a) in *qc*; {GESCHOSS}, restare/rimanere conficcato (-a) in *qc*; {BISSEN, GRÄTE}, fermarsi in *qc*, rimanere in *qc*; (*festsitzen bleiben*) {FAHRER, FAHRZEUG IM SCHNEE}, restare/rimanere bloccato (-a) da *qc*; {IM VERKEHR}, rimanere bloccato (-a)/imbottigliato (-a) in *qc*; **im Schlamm** ~ **bleiben**, impantanarsi; **wir sind auf dem Weg nach Hause stecken geblieben**, tornando a casa siamo rimasti (-e) in panne; ~ **bleiben** (*stocken*) → **stecken|bleiben 2**; *es jdm* ~ *fam*, dirne quattro *a qu fam*; **dem hab' ich's ganz schön gesteckt**, gliene ho dette quattro *fam*, glie l'ho fatta vedere io *fam*; **in jdm steckt etwas** (*jd hat große Fähigkeiten*), qu ha della stoffa *fam*; **bei der Gelegenheit hat er gezeigt, was in ihm steckt**, in quell'occasione ha dimostrato di avere della stoffa; **sich hinter jdn** ~, attaccarsi alle falde di qu; **das kannst du dir sonst wohin** ~! *fam*, cacciatelo (-a) (in quel posto)! *fam*; **etw** (**irgendwo**) ~ **lassen** (*nicht abziehen*) {SCHLÜSSEL, STECKER}, lasciare (infilato (-a)) *qc* + *compl di luogo*; **den Schlüssel ⌊im Schloss⌋/[in der Tür]** ~ **lassen**, lasciare la chiave (infilata) ⌊nella toppa/serratura⌋/[sulla porta]; ~ **lassen** (*nicht herausziehen*) → **stecken|lassen 2**.

Stecken <-s, -> m *süddt CH* bastone m.

stecken|bleiben <irr> itr <*sein*> **1** (*haften bleiben*) a.R. *von* stecken bleiben → **stecken 2** (*stocken*) (**in etw** dat) ~ {IN EINEM GEDICHT, EINER REDE} impappinarsi/impaperarsi (*nel bel mezzo di qc*); {PROJEKT, VERHANDLUNGEN} arenarsi, impantanarsi.

stecken|lassen <irr, part perf steckenlassen *oder rar* steckengelassen> tr **1** (*nicht abziehen*) a.R. *von* stecken lassen → **stecken 2** *fam* (*nicht herausziehen*): **lass dein Geld/Portmonee nur stecken!**, lascia stare!, ci penso io!

Steckenpferd n **1** (*Spielzeug*) cavalluccio m di legno **2** (*Hobby*) hobby m, passione f, passatempo m preferito: **etw ist jds** ~, qc è l'hobby/la passione di qu, qu ha l'hobby/la passione di qc; **sein** ~ **reiten**, coltivare il proprio hobby.

Stecker <-s, -> m *el* spina f: **den** ~ **hineinstecken/herausziehen**, inserire/⌊togliere/staccare⌋ la spina.

Steckkarte f *inform* scheda f di espansione.

Steckling <-s, -e> m talea f.

Stecknadel f spillo m ● **eine** ~ **im Heuhaufen/Heuschober suchen**, cercare un ago in un pagliaio; **man hätte eine** ~ **fallen hören können**, non si sentiva volare una mosca; **jdn/etw wie eine** ~ **suchen**, cercare qu/qc ⌊col lanternino *fam*⌋/[in tutti gli angoli].

Steckplatz m *inform* slot m, posto m scheda.

Steckrübe f *bot* navone m.

Steckschloss (a.R. Steckschloß) n serratura f incassata.

Steckschlüssel m *mech* chiave f a tubo.

Steckschuss (a.R. Steckschuß) m proiettile m conficcato nel corpo.

Steckzwiebel f *bot* bulbo m (di cipolla).

Stefan, Stephan m (*Vorname*) Stefano.

Stefanie, Stephanie f (*Vorname*) Stefania.

Steg <-(e)s, -e> m **1** (*Fußgängerbrücke*) passerella f **2** (*Landungssteg*) pontile m **3** *mus* ponticello m **4** (*an der Brille*) ponticello m **5** (*an ~hosen*) staffa f, sottopiede m.

Steghose f fuseaux m pl (con staffa), pantacollant m pl.

Stegreif m: **aus dem ~**, improvvisando; **aus dem ~ dichten**, improvvisare dei versi; **eine Rede aus dem ~ halten**, improvvisare un discorso, tenere un discorso a braccio; **aus dem ~ spielen** *theat*, recitare a soggetto/braccio; **so aus dem ~ kann ich das nicht entscheiden** *fam*, non posso deciderlo così su due piedi *fam*.

Stegreifdichter m (**Stegreifdichterin** f) poeta (-essa) m (f) estemporaneo (-a), stornellatore (-trice) m (f).

Stegreifübersetzung f traduzione f ₍all'improvvista₎/[a braccio].

Stehaufmännchen n **1** (*Spielzeug*) misirizzi m **2** *fam* (*jd, der sich nicht entmutigen lässt*): **ein ~ sein**, essere indistruttibile.

Stehausschank m "locale m dove si servono bevande al banco", mescita f *tosk*.

Stehbierhalle f "birreria f dove si beve la birra al banco".

Stehbündchen n (*an Blusen, Kleidern*) colletto m alla coreana.

Stehcafé n bar m.

Stehempfang m (ricevimento m con) rinfresco m (in piedi).

stehen <*steht, stand, gestanden*> **A** *itr* <*haben oder süddt A CH sein*> **1** (*in aufrechter Stellung sein*) (*irgendwo*) **~** {MENSCH} stare (in piedi) (+ *compl di luogo*); {GEGENSTAND} stare (d)ritto (-a) (+ *compl di luogo*); **aufrecht/g(e)rade ~**, tenersi dritto (-a); **setzen Sie sich doch! – Danke, ich ₍stehe lieber₎/[bleibe lieber ~]**, si accomodi! – Grazie, preferisco rimanere in piedi; **ich habe keine Lust, hier stundenlang zu ~**, non ho voglia di aspettare in piedi per ore; **ich ₍kaum noch₎/[nicht mehr] ~**, non mi reggo più in piedi; **das Kind kann schon ~**, il bambino ₍si regge₎/[sta] già in piedi da solo; **wir mussten die ganze Fahrt über ~**, abbiamo dovuto fare tutto il viaggio in piedi; **ich stand vor Ihnen hier!**, ero qui prima di Lei!; **plötzlich stand er vor mir**, improvvisamente mi apparve davanti; **jdm auf den Fuß ~**, pestare un piede a qu; **von dem alten Gebäude ~ nur noch die Außenmauern**, del vecchio edificio sono rimasti in piedi solo i muri esterni; **die Bücher sollten im Regal ~, nicht liegen**, sarebbe meglio se i libri stessero in verticale nello scaffale e non in orizzontale **2** (*sich befinden*) **irgendwo ~** essere/trovarsi + *compl di luogo*: **die Gläser ~ schon auf dem Tisch**, i bicchieri sono già in tavola; **der Schrank steht an der Wand**, l'armadio è contro la parete; **auf dem Hauptplatz steht ein Denkmal**, sulla piazza principale ₍c'è₎/[si trova] un monumento; **früher standen hier Bäume**, un tempo qui c'erano degli alberi; **der Mond steht am Himmel**, c'è la luna; **nach der Überschwemmung stand das Wasser kniehoch in den Kellern**, dopo l'alluvione l'acqua nelle cantine arrivava fino alle ginocchia; **der Schweiß stand ihm auf der Stirn**, aveva la fronte imperlata di sudore; **Tränen standen ihr in den Augen**, aveva le lacrime agli occhi **3** (*gedruckt sein*) **irgendwo ~** essere (scritto) + *compl di luogo*: **das steht in der Bibel**, così ₍è scritto nella₎/[dice la] bibbia; **das steht bei Goethe**, così dice Goethe; **es stand gestern in der Zeitung**, c'era sul giornale di ieri; **in der Zeitung steht, dass ...**, sul giornale dicono/scrivono/[c'è scritto] che ...; **auf ₍dem Programm₎/[der Speisekarte/Tagesordnung/Warteliste] ~**, essere ₍in

programma₎/[sul menu]/[all'ordine del giorno]/[in lista d'attesa]; **sie/[ihr Name] steht nicht auf der Liste**, lei/[il suo nome] non figura sulla lista; **hier steht nirgends Ihr Name**, qui il Suo nome non risulta; **was steht in dem Brief?**, che cosa c'è scritto nella lettera?, che dice la lettera?; **davon steht nichts im Brief**, (di questo) la lettera non ne parla **4** (*nicht mehr in Bewegung sein*) {FLIEẞBAND, MASCHINE, MOTOR, UHR} essere fermo; {VERKEHR} *auch* essere bloccato **5** *fam* (*geparkt haben*) **irgendwo ~** {FAHRER} avere (parcheggiato) la macchina + *compl di luogo*: **wo ₍stehst du₎/[~ Sie]?**, dove hai/ha (parcheggiato/messo *fam*) la macchina?; {FAHRZEUG} essere parcheggiato/posteggiato + *compl di luogo* **6** (*von etw betroffen sein*) **unter etw** (dat) **~**, sentirsi impotente di fronte a qc {UNTER ALKOHOL, DROGEN, RAUSCHGIFT} essere *sotto l'effetto di qc*; {UNTER DRUCK, SCHOCK, UNTER DEM EINFLUSS, DER WIRKUNG VON ETW} essere *sotto qc*: **unter Arrest ~**, essere agli arresti; **unter Wasser ~**, essere allagato/sommerso dall'acqua **7** (*konfrontiert sein*) **vor etw** (dat) **~** {VOR DEM BANKROTT, RUIN} essere *sull'orlo di qc*; {VOR EINER ENTSCHEIDUNG, EINEM PROBLEM, RÄTSEL} trovarsi *di fronte a qc*: **machtlos vor etw** (dat) **~**, sentirsi impotente di fronte a qc **8** *gram* (**in etw** (dat) **~**) {IM PLURAL, SINGULAR, IN DER VERGANGENHEIT, ZUKUNFT} essere *a qc*; **mit etw** (dat) **~** {MIT AKKUSATIV, DATIV} reggere *qc*; **nach etw** (dat) **~** {NACH DEM SUBSTANTIV, AKKUSATIVOBJEKT} seguire *qc*; **vor etw** (dat) **~** {VOR DEM VERB} precedere *qc*, essere davanti/prima *di qc* **9** (*zu jdm passen*) **jdm ~** {FARBE, FRISUR, KLEIDUNGSSTÜCK} stare (bene) *a qu*, donare *a qu*: **das Kleid steht dir ausgezeichnet**, il vestito ti dona molto; **dieser Haarschnitt steht dir nicht**, questo taglio non ti ₍sta bene₎/[dona] **10** (*geahndet werden*) **auf etw** (akk) **~** {GEFÄNGNIS, STRAFE, STRAFMAẞ AUF EINE TAT, EIN VERBRECHEN} essere previsto *per qc* **11** (*ausgesetzt sein*) **auf etw** (akk) **~** {BELOHNUNG, GELD} esserci *per qc*: **auf die Ergreifung des Flüchtigen steht eine Belohnung (in Höhe) von ...**, per la cattura del latitante è prevista una ricompensa di ... **12** *sport*: **das Spiel steht eins zu null**, la partita è sull'uno a zero; **es steht 2:1 für Borussia Dortmund**, stanno 2-1 per il Borussia Dortmund *fam* **13** (*sich entwickeln*) **irgendwie ~**: **die Aussichten/Chancen ~ gut**, ci sono delle buone probabilità; **wie steht die Sache?**, com'è la situazione?, come stanno le cose?; **die Sache steht schlecht**, la faccenda va male **14** *ökon* (*bewertet werden*) **irgendwie ~** {AKTIE, WÄHRUNG} essere quotato + *compl di modo*: **die Aktien ~ gut**, le azioni vanno bene; **der Dollar steht augenblicklich ziemlich schlecht**, in questo momento il dollaro è abbastanza debole; **wie steht der Euro?**, ₍quanto vale₎/[com'è quotato] l'euro?; **vor ein paar Jahren stand das Pfund bei 1,3 Euro**, qualche anno fa la sterlina era quotata/[a quota] un euro e trenta **15** *fam* (*fest, fertig sein*) {DOKTORARBEIT, PROJEKT, VORTRAG} essere (praticamente) pronto; {ABMACHUNG, VERTRAG} essere concluso; {TERMIN} essere fissato; {TEAM, MANNSCHAFT} essere fatto **16** (*an etw festhalten*) **zu etw** (dat) **~** {ZU EINEM BESCHLUSS, EINER ENTSCHEIDUNG} essere fermo *in qc*; {ZU SEINEM VERSPRECHEN, SEINEM WORT} mantenere *qc*, tenere fede *a qc*; {ZU EINER ZUSAGE} *auch* rispettare *qc*; {ZU SEINER ÜBERZEUGUNG} restare fedele *a qc*, essere fermo *in qc*; {ZU EINER Abmachung/Vereinbarung **~**, stare ai patti **17** (*zu jdm halten*) **zu jdm ~** stare dalla parte *di qu*, essere con qu *fam*, essere solidale con qu **18** (*stellvertretend eingesetzt sein*) **für etw** (akk) **~** {ABKÜRZUNG, ZEICHEN} signi-

ficare qc, stare *per qc*; {SYMBOL, ZAHL} rappresentare *qc*, stare *per qc*: **dieser Name steht für Qualität**, ₍questo nome₎/[questa firma] è sinonimo/[(una) garanzia] di qualità; **seine Meinung steht für die vieler seiner Kollegen**, la sua opinione rappresenta quella di molti suoi colleghi **19** (*eingestellt sein*): **wie stehst du zu ₍dieser Sache₎/[ihm]?**, che cosa ne pensi di ₍questa faccenda₎/[lui]?; **positiv/negativ zu etw** (dat) **~**, essere favorevole/contrario a qc; **wo steht er politisch?**, dove si colloca politicamente?; **er steht links/rechts**, è di sinistra/destra; **auf der falschen Seite ~**, essere schierato dalla parte sbagliata **20** (*unterstützen*) **hinter jdm/etw ~**, sostenere qu/qc, appoggiare qu/qc: **in dieser Angelegenheit steht er voll hinter ihr**, in questa faccenda ₍lei₎ ha tutto il suo appoggio/[(lui) è completamente dalla sua parte]; **wer steht hinter ihm?**, chi lo sostiene?, chi c'è dietro a lui?; **hinter diesem Motto steht das Gedankengut der Aufklärung**, dietro questo motto c'è il patrimonio ideale dell'illuminismo **21** (*anzeigen*) **auf etw ~** {BAROMETER, THERMOMETER, ZEIGER} segnare *qc*, indicare *qc*: **das Barometer steht auf Schön**, il barometro segna bel tempo; **die Ampel steht auf Rot**, il semaforo è rosso **22** *fam* (*gut finden*) **auf jdn/etw ~** avere un debole *per qu/qc*: **er steht auf ₍blonde Frauen₎/[Blond]**, ₍ha un debole per₎/[gli piacciono] le bionde; **nicht auf jdn/etw ~**, non andare matto (-a) per qu/qc **23** *fam* (*etw satthaben*): **etw steht jdm bis da/[hier (oben)]**, qu ne ha fin qui/[sopra i capelli] *fam* di qc, qu ne ha le tasche piene *fam* di qc **24** (*jdm gegenüber in einer bestimmten Position sein*) **über/unter jdm ~**, essere di grado superiore/inferiore a qu, essere sopra fam/sotto fam *di qu* **25** (*erhaben sein*) **über etw** (dat) **~**, essere *al di sopra di qc*, essere superiore *a qc*: **über den Dingen ~**, essere al di sopra di tutto/[ogni cosa] **26** (*steif sein*): **etw steht vor Dreck/Schmutz** {KLEIDUNGSSTÜCK}, qc è talmente sporco che sta in piedi da solo **B** *tr* **etw ~** {MODELL, PATE} fare *da qc*; {SCHLANGE} fare *qc*: **Schmiere ~**, fare il/da palo; **Wache ~**, essere di guardia **C** *unpers*: **es steht schlecht um jdn**, le cose vanno male per qu, qu è in una brutta situazione; (*finanziell*) *auch* qu naviga in cattive acque; **es steht schlecht um jdn/[jds Gesundheit]**, qu è in cattive condizioni di salute, qu sta male di salute; **es steht gut/schlecht um etw** (akk) (*für etw bestehen gute/[keine guten] Aussichten*) {UM DIE GESCHÄFTE}, qc va bene/male; **es steht gut/schlecht um seine Zukunft**, il suo futuro si prospetta bene/male; **wie steht's?** (*wie geht's*), come va (la vita)?, come vanno le cose?; (*was ist*) cosa c'è?; (*wie steht das Spiel*) a quanto stanno?; **wie steht's mit ihm/[seiner Firma]?**, come ₍gli vanno le cose₎/[va la sua ditta]?; **wolltest du mir nicht das Geld zurückgeben? Und, wie steht's damit?**, non volevi restituirmi i soldi? E allora, che fine hanno fatto? • **es steht (ganz allein) bei jdm, ob ...**, sta/spetta (solo) a qu decidere se ...; **es steht zu befürchten/erwarten/hoffen, dass ...**, c'è da temere/aspettarsi/sperare che ... *konjv*; (*irgendwo*) **~ bleiben** (*nicht weitergehen*) {MENSCH, TIER}, fermarsi (+ *compl di luogo*); – **bleiben!**, alt!; (*irgendwo*) **~ bleiben** (*anhalten; verbleiben; vergessen werden; stehen gelassen werden*) → **stehenbleiben**; **~ bleiben** (*nicht verändert werden; nicht zerstört werden*) → **stehenbleiben**; **mit jdm/etw steht und fällt etw**, qc dipende unicamente su/[in tutto e per tutto] da qu/qc; **mit ihm steht und fällt die Firma**, la ditta poggia interamente su di lui; *frei* ~ → **frei|stehen** 2; *gerade* ~ *(aufrecht* ~*)*, stare ˪diritto (-a)˩/[in posizione eretta]; **ich bin so müde, dass ich nicht mehr gerade** ~ **kann**, sono così stanco (-a) che non mi reggo più in piedi; **einen** ~ *haben vulg*, avercelo ritto *vulg*/duro *vulg*; **etw** *(irgendwo)* ~ **lassen** *(belassen)* {GEGENSTAND}, lasciare qc (+ compl di luogo); **sie haben das ganze (schmutzige) Geschirr** ~ **gelassen**, hanno lasciato tutti i piatti sporchi; **lass die Leiter stehen, ich brauche sie noch!**, lascia la scala dov'è, mi serve ancora!; **lass die Vase bitte stehen!**, per favore, non toccare il vaso!; **er hat seinen Wagen** ~ **gelassen**, non ha preso la macchina; **etw** ~ **lassen** *(nicht verzehren)* {ESSEN, GETRÄNK}, non toccare qc; **das Kind hat seine Suppe** ~ **gelassen**, il bambino non ha mangiato/toccato la minestra; **ihr werdet mir doch den Pudding nicht** ~ **lassen!**, mica mi farete avanzare il budino!; **etw** *(irgendwo/*[**bei jdm**]*)* ~ **lassen** *(vergessen)*, dimenticare qc (˪+ compl di luogo˩/[a casa di qu]); **ich habe meinen Schirm bei euch** ~ **gelassen**, ho lasciato l'ombrello a casa vostra; **jdn** ~ **lassen** *(allein lassen)*, mollare qu *fam*, piantare qu *fam*; **für etw (akk) alles andere** ~ **lassen**, lasciar perdere tutto (il resto) per qc; **für einen gegrillten Steinpilz lasse ich jedes Steak stehen**, un porcino sulla griglia non lo cambierei nemmeno con una bistecca; **sie hat ihn einfach** ~ **gelassen**, l'ha mollato/piantato lì; **alles stehen und** *liegen* **lassen**, piantare ˪baracca e burattini˩/[tutto]; *offen* ~ *(geöffnet sein)* {FENSTER, TÜR}, essere aperto; **so** *wahr* **ich hier stehe!**, com'è vero che sono qui!, com'è vero Dio!

Stehen <-s, ohne pl> n: **das viele** ~ **macht mich müde**, stare sempre in piedi mi stanca; **vom ständigen** ~ **tun mir die Beine weh**, a forza di rimanere/stare sempre in piedi mi fanno male le gambe; **etw im** ~ **tun**, fare qc (stando) in piedi • **etw zum** ~ **bringen**, arrestare qc, fermare qc; **zum** ~ **kommen**, arrestarsi, fermarsi.

stehen|bleiben <irr> itr 1 *(nicht weitergehen)* a.R. *von* stehen bleiben → **stehen** 2 *(nicht weiterlaufen)* fermarsi; {FAHRZEUG, MASCHINE, RÄDER} auch arrestarsi: **meine Uhr ist stehengeblieben**, il mio orologio si è fermato; **in dem kleinen Dorf schien die Zeit stehengeblieben zu sein**, in quel paesino sembrava che il tempo si fosse fermato 3 *(verbleiben)* *(irgendwo)* ~ rimanere + *compl di luogo*: **wo sind/waren wir stehengeblieben?**, dove eravamo rimasti (-e)?; **das Kind ist in seiner Entwicklung stehengeblieben**, lo sviluppo del bambino si è arrestato 4 *(vergessen werden)* *(irgendwo)* ~ rimanere + *compl di luogo*: **hier ist ein Koffer stehengeblieben**, qui è rimasta/˪[hanno lasciato] una valigia 5 *(stehen gelassen werden)* *(irgendwo)* ~ {ESSEN, GETRÄNK} rimanere (+ *compl di luogo*): **gestern Abend ist das ganze Essen stehengeblieben**, ieri sera ˪non hanno mangiato niente˩/[è avanzato tutto] 6 *(nicht verändert werden)* {FORMULIERUNG, SATZ} rimanere (˪così com'è˩/[tale (e) quale]): **soll das so** ~**?**, si lascia così (com'è)?, deve rimanere così?; **etw kann so nicht** ~ {AUSSAGE, BEHAUPTUNG}, qc non è accettabile/sostenibile 7 *(nicht zerstört werden)* restare/rimanere in piedi.

stehend adj <attr> 1 *(nicht sitzend)* {MENSCH} (che sta) in piedi 2 *(nicht in Bewegung)* {FAHRZEUG} fermo, in sosta, posteggiato 3 *(stagnierend)* {GEWÄSSER} stagnante 4 *(ständig)* {EINRICHTUNG, HEER} permanente • **rechts**/**links** ~ *pol*, di destra/sinistra; *tief* ~ *(in einer Rangordnung)*, (collocato) in basso; **die Einzeller sind in der zoologischen Einteilung am tiefsten stehend**, nella tassonomia degli animali i protozoi si collocano sul gradino più basso; *(niedrige Position einnehmend)*: **die tief** ~**e Sonne warf lange Schatten**, il sole al tramonto allungava le ombre; *unten* ~, indicato (qui) sotto, sottoindicato.

stehen|lassen <irr, part perf stehenlassen oder rar stehengelassen> tr → **stehen**.

Stehimbiss (a.R. Stehimbiß) m "bar m dove si mangia in piedi".

Stehkneipe f → **Stehausschank**.

Stehkragen m *(an Blusen, Kleidern)* colletto m alla coreana; *(am Pullover)* collo m/colletto m alto/[a lupetto].

Stehlampe f piantana f, lampada f a stelo.

Stehleiter f scala f a libretto, scaleo m.

stehlen <stiehlt, stahl, gestohlen> A tr *(jdm)* **etw** ~ {GEGENSTAND, GELD, IDEE, KUSS} rubare qc *(a qu)*: **jdm die Zeit** ~, ˪rubare il tempo˩/[far perdere tempo] a qu B itr rubare: **du sollst nicht** ~ *bibl*, non rubare; **in diesem Stadtteil wird viel gestohlen**, ci sono tanti furti in questo quartiere; **jdn beim Stehlen erwischen**, sorprendere qu a rubare C rfl 1 *(sich schleichen)* **sich aus etw** (dat) ~ {AUS DEM HAUS, DEM ZIMMER} uscire ˪alla chetichella˩/[di soppiatto] da qc, sgusciare/sgattaiolare via da qc; **sich in etw** (akk) ~ entrare ˪alla chetichella˩/[di soppiatto] in qc, introdursi (di nascosto) in qc 2 *(erscheinen)* **sich** *irgendwohin* ~: **ein Lächeln stahl sich auf ihre Lippen**, sulle sue labbra apparve un timido sorriso; **die Sonne stiehlt sich durch die Wolken**, il sole fa capolino tra le nuvole 3 *(sich drücken vor)* **sich aus etw** (dat) ~ {AUS EINER AUSEINANDERSETZUNG, AUS DER VERANTWORTUNG} sottrarsi a qc.

Stehplatz m posto m in piedi.

Stehpult n scriviritto m.

Stehtisch m tavolino m alto (da bar).

Stehvermögen <-s, ohne pl> n tenacia f, fermezza f.

Steiermark <-, ohne pl> f geog Stiria f.

steif A adj 1 *(starr)* {KARTON, PAPPE} rigido; *(vor Frost, Kälte)* {FINGER} intirizzito, irrigidito 2 *(unbeweglich)* {KÖRPERTEIL} rigido; {GELENK} auch anchilosato; **er hat einen** ~**en Hals**, ha il torcicollo; ~ **werden**, irrigidirsi; {GELENK} auch anchilosarsi 3 *(ungelenk)* {BEWEGUNGEN, GANG, HALTUNG} rigido 4 *(erigiert)* duro *vulg*: **ein** ~**es Glied haben**, avere un'erezione 5 *(dickflüssig)* {PUDDING} compatto: **der Pudding ist** ~ **geworden**, il budino è diventato compatto; {SAHNE} montato 6 *(gestärkt)* {KRAGEN, WÄSCHE} inamidato, apprettato 7 *(förmlich)* {BEGRÜSSUNG, BENEHMEN, EMPFANG, MENSCH} formale; {AUSDRUCKSWEISE, UNTERHALTUNG} auch forzato 8 *fam* *(stark)* {BRISE, GROG, PUNCH, WIND} forte B adv 1 *(ungelenk)* rigidamente 2 *(förmlich)* in modo formale • ~ **und fest**: ~ **und fest behaupten** *fam*, insistere ˪nell'affermare˩/[nel dire] qc; **an etw** (akk) ~ **und fest glauben** *fam*, credere fermamente in qc; **etw** ~ **schlagen** {EIWEISS, SAHNE}, montare bene qc.

Steifftier® n peluche m.

steif|halten <irr> tr → **Ohr**.

steif|schlagen <irr> tr → **steif**.

Steig <-(e)s, -e> m sentiero m ripido.

Steigbügel m 1 *(Fußstütze)* staffa f 2 *anat* staffa f • **jdm den** ~ **halten**, dare una mano/spinta a qu.

Steigbügelhalter m (**Steigbügelhalterin** f) *fam* stampella f.

Steige <-, -n> f süddt A 1 *(Obstkiste)* cassetta f 2 → **Steig**.

Steigeisen n rampone m.

steigen <steigt, stieg, gestiegen> A itr <sein> 1 *(klettern)* **auf etw** (akk) ~ {AUF EIN GERÜST, EINE LEITER, EINEN TURM} salire *su qc*, montare *su qc*; {AUF EINEN BAUM, EINEN BERG} arrampicarsi/salire *su/[in cima a] qc*; {**aus dem**/[**durchs**] **Fenster**} ~, uscire/entrare (passando) dalla finestra; **über etw** (akk) ~ {ÜBER EINE MAUER, EINEN ZAUN} scavalcare qc 2 *(be*~*)* **auf etw** (akk) ~ {AUFS FAHRRAD, MOTORRAD} montare *in*/*su qc*, salire *in*/*su qc*; {AUFS PFERD} montare *a qc*, salire *a qc*; {AUF EINEN TRAKTOR} salire *su qc*, montare *su qc* 3 *(ein*~*)* **in etw** (akk) ~ {INS AUTO, TAXI} salire *in*/*su qc*; {IN DEN BUS, DAS FLUGZEUG, DIE STRAßENBAHN, DEN ZUG} salire *su qc* 4 *(aus*~*)* **aus etw** (dat) ~ {AUS DEM AUTO, BUS, ZUG} scendere *da qc*; *(aus einem Flugzeug/Schiff)* **an Land** ~, scendere (da un aeroplano/una nave) a terra 5 *(ab*~*)* **von etw** (dat) ~ scendere *da qc*; {VOM PFERD} *auch* smontare *da qc* 6 *(sich aufwärtsbewegen)* *(irgendwohin)* ~ salire (+ *compl di luogo*); {DRACHEN, FLUGZEUG} auch prendere quota, alzarsi; {NEBEL} salire, alzarsi; {PFERD} impennarsi: **etw** ~ **lassen** {BALLON, DRACHEN}, far volare qc; **jdm steigt etw in die Nase** {DUFT, GERUCH, GESTANK}, qc ˪entra nel naso˩/[sale alle narici] a qu; **jdm steigt etw** ˪**in den**˩/[**zu**] **Kopf** {BLUT}, qc sale/va alla testa a qu; {WEIN} qc dà/sale alla testa a qu; {ERFOLG} auch qc monta la testa a qu 7 *fam* *(sich begeben)* **aus etw** (dat) ~ {AUS DER BADEWANNE, DEM WASSER} uscire *da qc*; {AUS DEM BETT} scendere *da qc*; **in etw** (akk) ~ {IN DIE BADEWANNE, INS WASSER} entrare *in qc*; {INS BETT} auch andare *a qc*; **mit jdm ins Bett** ~, ˪andare a letto˩/[fare (all')amore] con qu; **in die Hose/Kleider** ~, infilarsi i pantaloni/vestiti 8 *fam* *(treten)* **auf etw** (akk) ~ {AUFS GASPEDAL} schiacciare qc, premere qc; **jdm auf den Fuß** ~, pestare un piede a qc 9 *(sich erhöhen)* *(um etw* akk*)* ~ {FIEBER, TEMPERATUR, WASSER} aumentare (*di qc*), salire (*di qc*): **der Fluss/Wasserstand ist um 20 cm gestiegen**, il livello ˪del fiume˩/[dell'acqua] è salito di 20 cm; {EINKOMMEN, GEHALT, PREISE} auch crescere (*di qc*); **auf etw** (akk) ~ salire *a qc*; **das Fieber ist auf 39 °C gestiegen**, la febbre è salita a 39 °C; **im Preis/Wert** ~, aumentare di prezzo/valore 10 *(sich intensivieren)* {MISSTRAUEN, UNRUHE, VERTRAUEN} aumentare, crescere; {SPANNUNG} auch salire; {ANSPRÜCHE, AUSSICHTEN, CHANCEN FÜR ETW, LEISTUNGEN} aumentare: **die allgemeine Stimmung stieg**, l'atmosfera si animò; **meine Stimmung stieg**, il mio umore migliorò; **in jds Achtung** ~, salire/crescere nella stima di qu 11 *fam* *(stattfinden)* *(bei jdm)* ~ {FETE, PARTY} esserci *(da qu)*: **bei Dieter steigt am Samstag eine Party**, sabato Dieter dà un party, da Dieter sabato ci sarà una festa 12 *fam* *(durchschauen)* **hinter etw** (akk) ~ {HINTER JDS ABSICHTEN, PLÄNE} riuscire a capire qc B tr <sein> {TREPPEN, STUFEN} salire: **in seinem Alter kann er kaum noch Treppen** ~, alla sua età fa molta fatica a salire le scale • **wer hoch steigt, fällt tief** *prov*, chi troppo sale dà maggior percossa *prov*, la superbia partì a cavallo e tornò a piedi *prov*.

steigend adj 1 *ökon* {PREISE} in aumento/rialzo, crescente; *(TENDENZ)* al rialzo 2 *(sich intensivierend)* {INTERESSE} crescente: **die** ~ **Bedeutung der Informatik**, la sempre maggiore importanza dell'informatica.

Steiger <-s, -> m *min* caposquadra m.

Steigerer m (**Steigerin** f) offerente mf (a un'asta).

steigern Ⓐ tr **1** (*erhöhen*) *etw* (*um etw* akk) ~ {AUFLAGE, GESCHWINDIGKEIT} aumentare *qc* (*di qc*); {PREIS} *auch* maggiorare *qc* (*di qc*): **die Profite ~**, aumentare/incrementare gli utili; {ARBEITSTEMPO, PRODUKTION, UMSATZ} incrementare *qc* (*di qc*); **etw auf etw** (akk) **~** portare *qc* a *qc* **2** (*verbessern*) *etw* ~ {JDS LEISTUNG, QUALITÄT} migliorare *qc*: **den Wert von etw** (dat) **~**, accrescere/aumentare il valore di *qc* **3** (*verstärken*) *etw* ~ {GEFAHR, SPANNUNG} aumentare *qc*; {GEFÜHL} intensificare *qc*; {WIRKUNG} *auch* aumentare *qc* **4** *gram* ~ {ADJEKTIV, ADVERB} formare i gradi di comparazione *di qc*, mettere *qc* al comparativo e al superlativo Ⓑ rfl **1** (*sich erhöhen*) **sich** (**um etw** akk) **~** crescere (*di qc*), aumentare (*di qc*); **sich auf etw** (akk) **~** passare a *qc* **2** (*sich intensivieren*) **sich ~** {INTERESSE, MISSTRAUEN, SPANNUNG, UNGEDULD, UNRUHE, WUT, ZORN} crescere, aumentare: **die Spannungen zwischen ihnen haben sich ins Unerträgliche gesteigert**, le tensioni tra di loro si sono talmente esasperate da diventare insostenibili; **seine Wut steigerte sich ins Maßlose**, la sua ira aumentò a dismisura **3** (*seine Leistungen verbessern*) **sich ~** {SPORTLER} migliorare (le proprie prestazioni) **4** (*sich hineinsteigern*) **sich in etw** (akk) **~** {IN EINEN WAHN} fissarsi *su qc*: **sich in Wut ~**, montare in collera Ⓒ itr (*bei Auktionen*) fare un'offerta (all'asta).

Steigerung <-, -en> f **1** (*Erhöhung*) aumento m; {+ABSATZ, PRODUKTION, UMSATZ} *auch* incremento m; {+PREISE} aumento m, incremento m, rialzo m, rincaro m **2** (*Verbesserung*) {+JDS LEISTUNG, QUALITÄT} miglioramento m; {+WERT} incremento m, crescita f **3** *gram* comparazione f: **die Formen der ~**, i gradi di comparazione, le forme del comparativo e del superlativo **4** *CH* → **Versteigerung**.

steigerungsfähig adj **1** (*verbesserbar*) {LEISTUNGEN} migliorabile, perfezionabile **2** *gram* che può formare il comparativo e il superlativo.

Steigerungsform f *gram* → **Vergleichsform**.

Steigerungsrate f *ökon* tasso m di crescita.

Steigerungsstufe f *gram* grado m di comparazione: 1. **~**, comparativo; 2. **~**, superlativo.

Steigflug m *aero* (fase f di) salita f.

Steigung <-, -en> f **1** (*Gefälle*) {+HANG, STRAßE} pendenza f **2** (*ansteigende Strecke*) salita f: **eine ~ überwinden**, superare un dislivello.

steil Ⓐ adj **1** (*stark abfallend*) {ABHANG, BERGWAND, KLIPPE, UFER} ripido, erto, scosceso **2** (*stark ansteigend*) {BERG, STRAßE, TREPPE, WEG} ripido, erto; {HANDSCHRIFT} verticale **3** (*sehr rasch*) {AUFSTIEG, KARRIERE} rapido, folgorante, vertiginoso **4** *Fußball* {PASS, VORLAGE} in profondità Ⓑ adv {SICH AUFRICHTEN, IN DIE HÖHE STEIGEN} tutto diritto (-a); {ABFALLEN} a picco: **~ ansteigen**, essere in forte salita; **~ schreiben**, avere una (calli)grafia verticale.

Steilabfahrt f *Ski* discesa f ripida.

Steildach n tetto m spiovente.

Steilhang m pendio m ripido/scosceso; *geog* balza f; *Ski* muro m.

Steilheck <-s, -e oder -s> n *autom* portellone m verticale.

Steilküste f *geol* costa f ripida/[a picco/ strapiombo], falesia f.

Steilpass (a.R. Steilpaß) m *Fußball* passaggio m in profondità, allungo m.

Steilufer n *geol* sponda f ripida/scoscesa.

Steilvorlage f → **Steilpass**.

Steilwand f *geol* parete f rocciosa a picco/ strapiombo; (*im Alpinismus*) appicco m.

Steilwandfahrer m (**Steilwandfahrerin** f) *sport* acrobata mf che esegue il cerchio della morte.

Steilwandzelt n tenda f a casetta.

Stein <-(e)s, -e> m **1** *geol* pietra f, roccia f: **in nur zwei Metern Tiefe trifft man auf nackten ~**, a solo due metri di profondità ₁si trova₁/[s'incontra] la nuda roccia **2** (*Gesteinsstück*) pietra f, sasso m; (*kleiner ~*) sassolino m; (*riesiger ~*) macigno m, masso m; (*Kieselstein*) ciottolo m: **~e auflesen/sammeln**, raccogliere sassi; **jdn mit ~en bewerfen**, **mit ~en nach jdm werfen**, prendere a sassate qu, tirare sassi a qu; **er hat ihn mit einem ~ am Kopf getroffen**, lo ha colpito in testa con una pietra/un sasso; **einen ~ im Schuh haben**, avere un sassolino nella scarpa **3** (*Baustein, Bruchstein*) pietra f; (*Backstein, Ziegel*) mattone m: (*roher/unbehauener*)/[*bearbeiteter/behauener*] **~**, pietra grezza/lavorata; **ein Haus/eine Statue aus ~**, una casa/statua di pietra; **etw in ~ hauen/meißeln**, scolpire qc nella pietra **4** (*Grabstein*) pietra f sepolcrale/tombale, lapide f **5** (*Edelstein*) pietra f preziosa; (*in Uhren*) rubino m **6** (*Kern*) nocciolo m **7** *med* calcolo m **8** (*Spielstein*) pedina f, pezzo m • **der/ein ~ des Anstoßes** *geh* (*Hindernis*), uno scoglio, un inciampo; (*Person oder Sache, die Anstoß erregt*), la pietra dello scandalo; **es friert ~ und Bein**, fa un freddo glaciale; **~ und Bein schwören**, giurare e spergiurare *fam*; **kein ~ bleibt auf dem anderen**, non resterà pietra su pietra; **bei jdm einen ~ im Brett haben** *fam*, essere ₁nella manica₁/ [nelle (buone) grazie] di qu; **etw könnte einen ~ erbarmen/erweichen**, qc farebbe ₁piangere (anche) le pietre/i sassi₁/[compassione anche ai sassi]; **zu ~ erstarren/ werden** {KNOCHEN, LAVA, MUSCHELN}, pietrificarsi, impietrire; {MENSCH} *auch*, farsi/diventare di pietra, restare/rimanere di pietra/ sasso; **hart wie ~ (sein)** {BROT}, (essere) duro come un sasso/macigno; {MATERIAL} *auch*, (essere) duro come il marmo; **jdm fällt ein ~ vom Herzen**, qu tira un sospiro di sollievo; **jdm würde kein ~ aus der Krone fallen, wenn ...**, qu non si sciuperebbe certo se ...; **keinen ~ auf dem ander(e)n lassen** *fam*, non lasciare pietra su pietra; **den ~ ins Rollen bringen** *fam*, innescare un meccanismo; **wie ein ~ schlafen** *fam*, dormire come un sasso; **nicht aus ~ sein**, non essere di sasso/ pietra; **jdm ~e in den Weg legen**, mettere i bastoni fra le ruote a qu; **jdm die ~e aus dem Weg räumen**, spianare la strada a qu; **der ~ der Weisen**, la pietra filosofale; **den ersten ~ (auf jdn) werfen** *bibl*, scagliare la prima pietra (contro qu) *bibl*.

Steinadler m *orn* aquila f reale.

steinalt adj {MENSCH} vecchio come ₁il cucco *fam*₁/[Matusalemme]/[Noè].

Steinblock m blocco m di pietra, masso m.

Steinbock m **1** *zoo* stambecco m **2** <*nur sing*> *astr* Capricorno m **3** (*jd, der im Zeichen des Steinbocks geboren ist*) (segno m del) Capricorno m: **er/sie ist (ein) ~**, (lui/lei) è (del/un) Capricorno.

Steinboden m **1** (*Boden voller Steine*) terreno m pietroso/sassoso, sassaia f, sasseto m **2** (*Fußboden*) pavimento m in pietra.

Steinbohrer m *tech* punta f da roccia.

Steinbrocken m masso m.

Steinbruch m cava f di pietra: **im ~ arbeiten**, lavorare nella cava.

Steinbutt m *fisch* rombo m chiodato/gigante.

Steindruck m *kunst typ* litografia f.

Steineiche f *bot* leccio m.

Steinerbarmen n, **Steinerweichen** n: **etw ist zum ~**, qc è da far piangere/commuovere le pietre/i sassi; **zum ~** {HEULEN, SCHLUCHZEN, WEINEN}, da spezzare il cuore.

steinern adj <attr> **1** (*aus Stein bestehend*) {BAU, HAUS, MAUER} di/in pietra **2** (*hart*) {BLICK, HERZ} di pietra/sasso.

Steinfraß m erosione f (della pietra).

Steinfrucht f *bot* drupa f, frutto m col nocciolo.

Steinfußboden m pavimento m in pietra.

Steingarten m giardino m roccioso.

steingrau adj grigio (come la) pietra.

Steingut <-s, ohne pl> n terraglia f, gres m.

Steinhagel m sassaiola f, grandine f di sassi.

steinhart adj *fam oft pej* duro come un sasso/la pietra: **das Brot ist ~ geworden**, il pane è diventato ₁duro come un sasso/macigno₁/[un macigno].

steinig adj **1** (*mit Steinen bedeckt*) sassoso, pietroso; (*Steine enthaltend*) *auch* pieno di sassi: **eine ~e Küste**, una costa rocciosa **2** (*mühevoll*) {STRAßE, WEG ZUM ERFOLG} irto di ostacoli.

steinigen tr *jdn* ~ lapidare *qu*.

Steinigung f lapidazione f.

Steinkohle <-, ohne pl> f *min* carbon m fossile.

Steinkohlenbergbau <-s, ohne pl> m *min* industria f carbonifera.

Steinkohlenbergwerk n miniera f di carbone (fossile).

Steinkohlenförderung f *min* estrazione f di carbone.

Steinkohlenlager n *min* giacimento m carbonifero/[di carbone].

Steinkohlenzeche f *min* → **Steinkohlenbergwerk**.

Steinlawine f frana f.

Steinleiden n *med* calcolosi f, litiasi f.

Steinmarder m *zoo* faina f.

Steinmetz <-en, -en> m (**Steinmetzin** f) scalpellino (-a) m (f), marmista mf.

Steinobst n *bot* drupe f pl, frutta f drupacea/[col nocciolo].

Steinpilz m *bot* porcino m.

steinreich adj *fam* ricco sfondato *fam*, straricco *fam*.

Steinsalz n *min* salgemma m.

Steinsarg m sarcofago m.

Steinschlag <-(e)s, ohne pl> m caduta f massi: **Achtung ~!**, caduta massi!

Steinwurf m sassata f, lancio m di sassi • **nur einen ~ weit (entfernt)**, a un tiro di sasso/schioppo.

Steinwüste f **1** *geog* deserto m roccioso, ham(m)ada m **2** (*Betonstadt*) colata f di cemento.

Steinzeit <-, ohne pl> f età f della pietra: **ältere/mittlere/jüngere ~**, paleolitico/mesolitico/neolitico • **du kommst wohl aus der ~?** *fam* (*zu jd, der technisch völlig unbedarft ist*), ma dove vivi? *slang*.

steinzeitlich adj **1** *archäol* dell'età della pietra, preistorico **2** (*völlig veraltet*) preistorico, antidiluviano.

Steinzeitmensch m uomo m ₁dell'età della pietra₁/[preistorico].

Steiß <-es, -e> m **1** *anat* → **Steißbein 2** *fam* (*Hintern*) didietro m *fam*, sedere m, deretano m.

Steißbein n *anat* coccige m.

Steißgeburt f med parto m podalico.
Steißlage f med presentazione f podalica.
Stele <-, -n> f stele f.
Stellage <-, -n> f scaffalatura f.
Stellagegeschäft n Börse stellage m.
stellar adj astr stellare.
Stelldichein <-(s), -(s)> n obs appuntamento m; (zwischen Verliebten) auch convegno m amoroso: **sich ein ~ geben**, darsi (un) appuntamento.
Stelle <-, -n> f **1** (Platz) posto m, luogo m: **er parkt sein Auto immer an der gleichen ~**, parcheggia la macchina sempre nello stesso posto; **an dieser ~ stand früher eine Kirche**, in questo luogo un tempo sorgeva una chiesa **2** (Bereich) parte f, zona f; (Fleck) punto m: **eine entzündete/wunde ~ am Finger**, un punto infiammato sul/[una ferita al] dito; **der Hund hat kahle ~n im Fell**, in alcuni punti il cane è senza pelo; **schneide die faulen ~n aus dem Apfel!**, leva le parti marce/[il marcio] dalla mela! **3** (Platz in einer Rangordnung) posto m; (in Hierarchie) auch posizione f: **an erster/führender ~ stehen**, essere al primo posto; **er sitzt an wichtiger ~**, è in una posizione importante; **an erster ~** [in der Hitparade]/[auf der Tagesordnung], in testa [alla hit-parade]/[all'ordine del giorno]; **an erster/zweiter ~ gehen es um ...**, in primo/secondo luogo si tratta di ... **4** (Textstelle) punto m, passo m, brano m, passaggio m: **das ist die schwächste ~ im Text**, (questo) è il punto più debole del testo; **diese ~ hat er aus einem anderen Werk übernommen**, questo passo l'ha ripreso da un'altra opera **5** mus passo m **6** math cifra f: **eine Zahl mit fünf ~n**, un numero a cinque cifre; **zwei ~n hinter dem Komma**, due cifre dopo la virgola/[(numeri) decimali] **7** (Arbeitsplatz) posto m (di lavoro), lavoro m, impiego m: **freie/offene**/[zu besetzende] **~**, posto vacante; **eine ~ als Sekretärin/Verkäuferin**, un impiego/posto di/come segretaria/commessa; **(s)eine ~ (als ...) antreten**, iniziare a lavorare (come ...); **eine ~ ausschreiben** (in der Zeitung), offrire un posto (con un'inserzione sul giornale); (an einer Behörde, Universität) bandire un concorso per un posto (di lavoro); **sich um eine ~ bewerben** (in einer Firma), fare domanda per un posto/impiego; (im öffentlichen Dienst) candidarsi a/[concorrere per] un posto; **eine ~ suchen/finden**, cercare/trovare un impiego/[(posto di) lavoro]; **ohne ~ sein**, essere senza lavoro/[disoccupato]; **eine ~ streichen**, tagliare un posto di lavoro; **jdm eine ~ vermitteln**, procurare un impiego/[posto di lavoro] a qu; **die ~ wechseln**, cambiare (il posto di) lavoro **8** (Dienststelle) ufficio m; (Behörde) autorità f: **zuständige ~**, ufficio competente; **eine Anordnung von höherer ~**, un ordine dall'alto; **an höherer ~** {SICH BESCHWEREN}, con l'autorità preposta; {SICH ERKUNDIGEN} dall'autorità preposta • **an anderer ~** (zu einem anderen Zeitpunkt), in altra sede, in un altro momento; (an einem anderen Ort), altrove; **an dieser ~** (an diesem Ort), qui, in questo punto; (in diesem Zusammenhang), qui, a questo punto; **an jds ~**, al posto di qu; **an deiner ~**, al posto tuo; **an deiner ~ würde ich ...**, (fossi) al tuo posto/[in te]/[nei tuoi panni] farei ...; **an ~ →anstelle**; **auf der ~** (sofort), all'istante, immediatamente, subito; **er war auf der ~ tot**, è morto sul colpo; **(bei jdm) an erster/letzter ~ kommen**, essere/venire al primo/[all'ultimo posto] (per qu); **(mit etw dat) nicht von der ~ kommen** fam, non andare/[fare un passo] avanti (in qc); **sich zur ~ melden**, presentarsi;

nicht an jds ~ sein mögen, non voler essere al posto di qu; **[nei panni fam] di qu**; **offene ~n** (Zeitungsrubrik), offerte d'impiego/[di lavoro]; **an passender/unpassender ~**, nel/al momento giusto/opportuno/[sbagliato]; **irgendwo/[bei jdm] an der richtigen ~ sein** fam, essere capitato bene [+ compl di luogo]/[con qu] iron, essere cascato male con qu fam, aver sbagliato indirizzo fam; **an jds ~ rücken/treten**, prendere/occupare il posto di qu, subentrare a qu, succedere a qu; **sich nicht von der ~ rühren**, non muoversi di un passo; **jds schwache ~**, il punto debole di qu; **zur ~ sein**, essere presente, esserci; **sie ist immer zur ~, wenn man sie braucht**, (lei) c'è sempre quando ce n'è bisogno; **an die ~ einer S.** (gen) /[von etw (dat)] **treten**, rimpiazzare qc; **auf der ~ treten**, segnare il passo; **nicht von der ~ weichen**, non spostarsi di un passo; fig auch, non spostarsi di una virgola/un millimetro; **zur ~!** mil, presente!

stellen 🅰 tr **1** (hin-~) **jdn/etw irgendwohin ~**, mettere qu/qc + compl di luogo, porre/collocare qc + compl di luogo: **das Kind in den Laufstall ~**, mettere il bambino nel box; **jdn wieder auf die Füße ~**, rimettere in piedi qu; **die Blumen auf den Tisch ~**, mettere i fiori sul tavolo; **das stellt ihm jeden Abend eine Flasche Wein auf den Tisch**, ogni sera gli mette in tavola una bottiglia di vino; **den Stuhl an den Tisch ~**, mettere la sedia vicino/[accostare la sedia] al tavolo; **eine Leiter/einen Schrank an die Wand ~**, appoggiare una scala/[accostare un armadio] alla parete; **die Bücher ins Regal ~**, mettere/porre i libri nello scaffale; **der Künstler stellte seine Skulptur in die Mitte des Saals**, l'artista mise/collocò la sua scultura al centro della sala **2** (ab-~) **etw irgendwohin ~** {FAHRZEUG} mettere qc + compl di luogo **3** (in aufrechte Position bringen) **etw ~** {GEGENSTAND} mettere qc diritto/[in verticale]: **du solltest die Disketten nicht legen, sondern ~**, sarebbe meglio che tu mettessi i dischetti diritti/[in verticale] e non in orizzontale; (HUND DIE OHREN, DEN SCHWANZ) (d)rizzare qc **4** (auslegen) **etw ~** {FALLEN, NETZE} mettere qc, collocare qc, piazzare qc: **jdm eine Falle ~**, tendere una trappola a qu **5** (ein-~) **etw irgendwie ~**, mettere/regolare qc + compl di modo: **etw laut/leise ~**, mettere qc al alto/[a basso] volume; **stell das Radio lauter/leiser!**, alza/abbassa (il volume del)la radio!; **etw höher/[kleiner/niedriger] ~**, alzare/aumentare/[abbassare] qc; **etw kälter/wärmer ~**, abbassare/alzare la temperatura di qc; **die Uhr ~**, regolare/registrare l'orologio; **die Weichen ~**, manovrare gli scambi; **etw auf etw** (akk) **~** {THERMOSTAT, WECKER} mettere qc a qc; {ZEIGER} mettere qc su qc **6** (zur Aufgabe zwingen) **jdn/etw ~** {FLÜCHTIGEN, TÄTER} fermare qu, arrestare qu; {WILD} fermare qc **7** (zur Aussage zwingen) **jdn ~** chiedere conto/spiegazioni a qu **8** (vorgeben) (jdm) **etw ~** {BEDINGUNG, FRAGE} porre qc (a qu); {AUFGABE, THEMA} assegnare qc (a qu), dare qc (a qu) **9** (richten) **etw (an jdn) ~** {ANTRAG} presentare qc (a qu), fare qc (a qu); {FORDERUNG} auch avanzare qc (a qu): **jdm etw in Rechnung ~**, mettere in conto qc a qu; **jdm eine hohe Rechnung ~**, presentare un conto salato a qu **10** (überlassen): **etw in jds Belieben/Ermessen ~** form, lasciare qc alla discrezione di qu, rimettere qc al giudizio di qu; **es bleibt in Ihr Ermessen gestellt, ob ...**, sta a Lei/voi giudicare/decidere se ... **11** (konfrontieren) **jdn vor etw** (akk) **~** {VOR EIN PROBLEM, RÄTSEL} mettere qu di fronte a

qc, porre qc a qu; {VOR EINE AUFGABE, EIN ULTIMATUM} dare qc a qu: **jdn vor die Entscheidung ~, ob ...**, costringere qu a decidere se ...; **jdn vor vollendete Tatsachen ~**, mettere qu di fronte al fatto compiuto **12** (arrangieren) **etw ~** {AUFNAHME, SZENE} preparare qc **13** (er-~) **etw ~** {DIAGNOSE, PROGNOSE} fare qc, formulare qc **14** (beschaffen) **jdn/etw ~** {KAUTION} dare qc; {SICHERHEITEN} auch fornire qc; {BÜRGSCHAFT} prestare qc: **einen Bürgen ~**, farsi garantire da un fideiussore; {VERTRETER} designare qu; {ZEUGEN} produrre qu **15** (zur Verfügung ~) **jdn/etw ~** {GERÄT, FAHRZEUG, MITARBEITER, RÄUMLICHKEITEN} mettere a disposizione qu/qc, fornire qu/qc; {GETRÄNKE, SPEISEN FÜR EINE FEIER} fornire qc, offrire qc 🅱 rfl **1** (sich hin-~) **sich irgendwohin ~**, mettersi (in piedi) + compl di luogo: **manche Leute mussten sich ~, um besser sehen zu können**, alcune persone dovettero mettersi in piedi/[alzarsi] per vedere meglio; **um ans oberste Brett zu kommen, muss sie sich auf die Leiter/einen Stuhl ~**, per arrivare al ripiano più alto deve salire sulla scala/[su una sedia]; **sich auf die Zehenspitzen ~**, mettersi/alzarsi in punta di piedi **2** (entgegentreten) **sich jdm/etw ~** affrontare qu/qc, far fronte a qc: **sich einer Aufgabe/den Fragen ~**, affrontare un compito/[delle domande]; **sich der Herausforderung ~**, accettare la sfida; **sich jdm in den Weg ~** (jdm den Weg versperren), sbarrare la strada a qu; (jds Pläne durchkreuzen) mettersi sulla strada di qu **3** (sich verhalten) **sich irgendwie zu jdm/etw ~**, porsi + compl di modo nei confronti di qu/qc: **wie werden sich die Kollegen zu dem neuen Chef ~?**, come sarà accolto il nuovo capo dai colleghi?; **wie hat er sich zu dem Vorschlag gestellt?**, come ha reagito alla proposta?; **wie stellst du dich dazu?**, cosa ne pensi? **4** (Position ergreifen) **sich gegen jdn/etw ~**, mettersi contro qu/qc, opporsi a qu/qc; **sich hinter jdn/etw ~**, appoggiare qu/qc, spalleggiare qu; **sich vor jdn ~**, difendere qu, prendere le parti di qu; **sich auf jds Seite ~**, schierarsi con qu, mettersi dalla parte di qu **5** (sich melden) **sich (jdm) ~** {TÄTER DER POLIZEI} costituirsi (a qu); {WEHRPFLICHTIGER} presentarsi (a qu) **6** (sich als etw erscheinen lassen) **sich irgendwie ~** fingersi + adj, far finta di essere + adj: **sich krank/taub ~**, fingersi malato (-a)/sordo (-a); **sich schlafend ~**, far finta di dormire **7** (sich präsentieren) **sich (jdm) ~** {FRAGE, PROBLEM} porsi (a qu): **es stellt sich die Frage, ob ...**, ci si domanda/chiede se ... • **sich dumm ~**, fare il/la finto tonto (-a); **etw fertig ~**, ultimare qc, completare qc, finire qc; **sich gut mit jdm ~**, (cercare di) entrare in buoni rapporti con qu; **etw kalt ~** (in den Kühlschrank ~) {BIER, WEIN}, mettere in fresco qc; **etw klein ~** {FLAMME, GAS}, abbassare qc, mettere qc al minimo; **sich quer ~** {LKW}, mettersi di traverso; **etw ruhig ~** {ARM, BEIN}, immobilizzare qc; **sich stur ~**, incaponirsi fam, impuntarsi fam; **sich tot ~**, fingersi morto (-a), fare il/la morto (-a); **jdn zufrieden ~** (zufrieden machen), accontentare qu, soddisfare qu; **leicht/schwer zufrieden zu ~ sein**, essere facile/difficile da (ac)contentare, essere uno che si/[non si] accontenta facilmente; **etw zufrieden ~** (befriedigen) {JDS EHRGEIZ, FORSCHUNGSDRANG}, soddisfare qc, appagare qc: **ein zufrieden ~des Resultat**, un risultato soddisfacente.

Stellenabbau m riduzione f dei/[tagli m pl ai] posti di lavoro.
Stellenangebot n offerta f d'impiego/[di lavoro]: **jdm ein ~ machen**, fare un'of-

ferta d'impiego⌋/[offrire un posto di lavoro] a qu.

Stellenanzeige f **1** (*Gesuch*) domanda f ⌊d'impiego⌋/[di lavoro] **2** (*Angebot*) offerta f ⌊d'impiego⌋/[di lavoro] • **~n** (*Zeitungsrubrik*), offerte di lavoro.

Stellenausschreibung f (*privat*) offerta f di un posto; (*im öffentlichen Dienst*) bando m di concorso.

Stellengesuch n domanda f/richiesta f ⌊d'impiego⌋/[di lavoro].

stellenlos adj disoccupato.

Stellenmarkt m → **Arbeitsmarkt**.

Stellennachweis m → **Arbeitsnachweis**.

Stellenplan m organigramma m.

Stellenstreichung f taglio m ai posti di lavoro.

Stellensuche f: **auf ~ sein**, essere in cerca di ⌊(un posto di) lavoro⌋/[occupazione].

Stellenvermittlung f (*privat*) agenzia f di collocamento m; (*im Arbeitsamt*) (ufficio m di) collocamento.

stellenweise adv qua e là, in qualche punto; (*manchmal*) talvolta.

Stellenwert m **1** *math* valore m (posizionale) **2** (*Bedeutung*) importanza f: **einen hohen/niedrigen ~ besitzen/haben**, avere ⌊una grande⌋/[poca] importanza; **einen ⌊bestimmten/gewissen⌋/[hohen] ~ für jdn haben**, avere un certo/grande valore per qu, essere di ⌊una certa⌋/[grande] importanza per qu; **einen hohen ~ einnehmen**, rivestire un ruolo importante; **etw hat seinen ~**, qc ha la sua importanza; **in diesem Artikel geht es um den ~ der Kinder in unserer Gesellschaft**, questo articolo parla del posto che i bambini occupano nella nostra società.

Stellfläche f superficie f d'appoggio.

Stellplatz m posto m auto/macchina.

Stellrad n rotella f di registro/regolazione.

Stellschraube f vite f di registro/regolazione.

Stellung <-, -en> f **1** (*Körperhaltung*) posizione f: **in hockender/sitzender ~**, in posizione accovacciata/seduta, accovacciato/seduto; **in kniender ~**, in ginocchio; **eine ~ einnehmen**, assumere una posizione **2** (*Posten*) posto m, posizione f; (*Amt*) carica f: **eine hohe/verantwortungsvolle ~ innehaben**, ⌊rivestire una carica⌋/[occupare una posizione] importante/[di responsabilità]; **in eine leitende ~ aufrücken**, essere promosso a una carica dirigenziale; **ohne ~ sein**, essere ⌊senza impiego⌋/[disoccupato] **3** <*nur sing*> (*Rang*) posizione f, funzione f: **in seiner ~ als Bürgermeister**, nella sua posizione/funzione di sindaco; **jds gesellschaftliche/soziale ~**, ⌊la posizione/condizione⌋/[lo status] sociale di qu **4** (*Position*) posizione f: **im Laufe von Jahrtausenden haben die Sterne ihre ~ gewechselt**, nel corso di millenni le stelle hanno cambiato la loro posizione; **in senkrechter ~ des Schalters ist das Radio aus**, quando l'interruttore è in posizione verticale la radio è spenta **5** *mil* posizione f, postazione f: **die feindlichen ~en auskundschaften**, esplorare le postazioni nemiche; **in ~ gehen**, prendere posizione; **etw in ~ bringen** {GESCHÜTZ, RAKETENWERFER}, mettere qc in posizione; {ABSCHUSSRAMPE} installare qc; **die ~ behaupten**, difendere le proprie posizioni • **~ beziehen**, prendere posizione; **er hat in dieser Angelegenheit nie ~ bezogen**, in questa faccenda non ⌊ha mai preso posizione⌋/[si è mai pronunciato]; **die ~ halten**, *mil* mantenere la propria posizione, *fam* difendere la postazione

scherz; **für/gegen jdn/etw ~ nehmen/beziehen**, prendere posizione ⌊a favore di⌋/[contro] qu/qc; **zu etw (dat) ~ nehmen**, prendere posizione riguardo/[in merito] a qc; **zu etw (dat) kritisch ~ nehmen**, assumere/prendere ⌊una posizione critica⌋/[un atteggiamento critico] nei confronti di qc.

Stellungnahme <-, -n> f **1** (*das Beziehen einer Position*) presa f di posizione: **eine/jds ~ zu etw (dat)**, ⌊una presa di posizione⌋/[la presa di posizione di qu] ⌊riguardo a⌋/[su] qc; **die Bevölkerung erwartet von der Regierung eine eindeutige ~**, la gente si aspetta dal governo una chiara presa di posizione **2** (*geäußerte Meinung*) posizione f, parere m, punto m di vista: **eine ~ zu etw (dat) abgeben**, esprimere la propria posizione riguardo/[in merito] a qc; **sich einer ~ enthalten**, non pronunciarsi, non prendere posizione; **mit der Bitte um ~** *form*, con la preghiera di comunicare il Suo parere in merito *form*.

Stellungsbefehl m *mil* → **Einberufungsbefehl**.

Stellungskrieg m guerra f di posizione.

Stellungssuche f: **auf ~ sein**, essere in cerca di lavoro/[un impiego].

Stellungssuchende <*dekl wie adj*> mf chi è in cerca di un impiego.

Stellungswechsel m cambiamento m di lavoro: **einen ~ planen**, meditare/progettare un cambiamento di lavoro, avere intenzione di cambiare lavoro.

stellvertretend A adj (*von Amts wegen*) vice-: **der ~e Direktor**, il vicedirettore, il sostituto del direttore; **der ~e Minister**, il viceministro; (*vorübergehend*) supplente, facente funzione; **~ für jdn**, al posto di qu; **der ~e Arzt**, il sostituto del medico, il medico interino B adv: **etw ~ für jdn tun**, fare qc ⌊a nome⌋/[in rappresentanza]/[al posto] di qu.

Stellvertreter m (**Stellvertreterin** f) sostituto (-a) m (f), facente mf funzione, vice mf *fam*; {+ARZT} interino (-a) m (f), sostituto (-a) mf *fam* • **der ~ Christi** *relig*, il vicario di Cristo.

Stellvertretung f sostituzione f: **in ~ von**, in sostituzione di; **die ~ von jdm übernehmen**, sostituire qu, supplire qu.

Stellwand f tramezzo m (mobile).

Stellwerk n *Eisenb* cabina f di manovra/blocco.

Stelze <-, -n> f **1** <*meist pl*> (*Stange zum Gehen*) trampolo m: **auf ~n gehen**, camminare sui trampoli **2** *ornith* motacilla f; (*Schafstelze*) cutrettola f; (*Bachstelze*) ballerina f (bianca f); (*Gebirgsstelze*) ballerina f gialla **3** A *gastr* (*Hachse*) stinco m.

stelzen itr <*sein*> **1** (*auf Stelzen gehen*) camminare sui trampoli **2** (*mit steifen Schritten gehen*) camminare in modo rigido.

Stelzvogel m *ornith* trampoliere m.

Stemmbogen m *Ski* cristiania m.

Stemmeisen n scalpello m da legno.

stemmen A tr **1** (*hochdrücken*) **jdn/etw irgendwohin ~** {GEWICHT, HANTEL NACH OBEN, IN DIE LUFT} sollevare qu/qc (+ *compl di luogo*) **2** (*stützen*) **etw irgendwohin ~** mettere qc + *compl di luogo*: **die Arme in die Seiten/Hüften ~**, piantarsi le mani sui fianchi; **die Füße gegen die Wand ~**, puntare i piedi contro la parete B *rfl* **1** (*sich drücken*) **sich {mit etw dat} gegen etw (akk) ~** fare forza (*con* qc) *contro* qc, spingere (*con* qc) *contro* qc; **sie stemmten sich mit ⌊dem Rücken⌋/[aller Kraft] gegen die Tür**, ⌊con la schiena fecero forza⌋/[spinsero con tutta la loro forza] contro la porta **2** (*sich sträuben*) **sich gegen etw (akk) ~** opporsi a qc C itr

Ski fare il cristiania • **einen ~** *fam*, farsi un paio di bicchieri (di birra); **er stemmt gern einen**, trinca volentieri *fam*.

Stempel <-s, -> m **1** (*Gummistempel*) timbro m: **einen ~ anfertigen/herstellen/schneiden**, fare un timbro **2** (*~abdruck*) timbro m; (*auf Dokumenten, Urkunden*) *auch* bollo m; (*Viehstempel*) bollo m, marchio m: **einen ~ tragen**, recare un timbro/bollo, essere timbrato/bollato; **etw mit einem ~ versehen**, apporre/mettere un timbro a/su qc **3** (*geprägtes Zeichen auf Gold, Silber*) marchio m **4** *bot* pistillo m • **jdm/etw den/seinen ~ aufdrücken**, dare la propria impronta a qu/qc; (*in Bezug auf Vergangenes*) *auch*, lasciare la propria impronta su qu/qc; ⌊**jds ~**⌋/[**den ~ von jdm/etw**] **tragen**, recare l'impronta/il marchio di qu/qc.

Stempelfarbe f inchiostro m per timbri.

Stempelgeld n *fam obs* sussidio m di disoccupazione.

Stempelkissen n tampone m per timbri.

Stempelmaschine f timbratrice f.

stempeln A tr **1** (*etw mit einem Stempel versehen*) **etw ~** {STECHKARTE} timbrare qc; {BRIEF, DOKUMENT, FORMULAR} *auch* bollare qc; {SCHMUCKSTÜCK AUS GOLD ODER SILBER} marchiare qc, apporre il marchio a qc **2** (*entwerten*) **etw ~** {BRIEFMARKE} annullare qc; {EINTRITTSKARTE, FAHRSCHEIN} obliterare qc **3** (*bedrucken*) **etw auf etw (akk) ~** {ADRESSE AUF DEN BRIEFBOGEN, UMSCHLAG} stampigliare qc su qc **4** (*negativ kennzeichnen*) **jdn zu etw (dat) ~** {ZUM DIEB, LÜGNER} bollare qu come qc *fam* B itr (*Stechuhr betätigen*) timbrare il cartellino • **~ (gehen)** *fam obs* (*arbeitslos sein*), percepire il sussidio di disoccupazione.

Stempeluhr f → **Stechuhr**.

Stengel a.R. *von* Stängel → **Stängel**.

Steno① <-, *ohne pl*> f *fam Abk von* Stenografie: stenografia f: **kannst du ~?**, sai stenografare?

Steno② <-s, -s> n *fam Abk von* Stenogramm: stenogramma m, stenoscritto m.

Stenoblock m → **Stenogrammblock**.

Stenograf <-en, -en> m (**Stenografin** f) stenografo (-a) m (f).

Stenografie f stenografia f.

stenografieren <*ohne ge->* A tr **etw ~** stenografare qc, scrivere qc in stenografia B itr stenografare, scrivere in stenografia.

Stenografin f → **Stenograf**.

stenografisch adj stenografico.

Stenogramm <-s, -e> n stenogramma m, stenoscritto m: **ein ~ (von etw dat) aufnehmen**, stenografare (qc), ⌊scrivere (qc)⌋/[registrare qc] in stenografia.

Stenogrammblock <-(e)s, -blöcke *oder* -s> m blocco m per stenografia, stenoblocco m.

Stenograph m (**Stenographin** f) → **Stenograf**.

Stenographie f → **Stenografie**.

stenographieren <*ohne ge->* tr itr → **stenografieren**.

Stenographin f → **Stenograph**.

stenographisch adj → **stenografisch**.

Stenose, Stenosis <-, *Stenosen*> f *med* stenosi f.

Stenotypist <-en, -en> m (**Stenotypistin** f) stenodattilografo (-a) m (f).

Stepp (a.R. Step) <-s, -s> m (*~tanz*) tip tap m: **~ tanzen**, ballare il tip tap.

Steppanorak m piumino m; (*langer*) piumone m.

Steppdecke f trapunta f, coperta f imbot-

tita, coltrone m.
Steppe <-, -n> f steppa f.
steppen ① itr (*Stepp tanzen*) ballare il tip tap.
steppen ② tr (*nähen*) **etw** ~ {NAHT, SAUM} impuntire qc, impunturare qc; {WATTIERTEN STOFF} *auch* trapuntare qc.
Steppenbewohner m (**Steppenbewohnerin** f) abitante mf della steppa.
Steppenbrand m incendio m della steppa.
Steppenwolf m *zoo* lupo m delle praterie, coyote m • **Der** ~ *lit* (*Roman von H. Hesse*), Il lupo della steppa.
Stepper m (**Stepperin** f) → **Stepptänzer**.
Steppke <-(s), -s> m *norddt fam* ragazzino m, ometto m *fam*.
Stepptanz (a.R. Steptanz) m tip tap m.
Stepptänzer (a.R. Steptänzer) m (**Stepptänzerin** f) ballerino (-a) m (f) di tip tap.
Sterbeamt n *relig* → **Totenamt**.
Sterbebett n letto m di morte: **auf dem** ~ **liegen**, essere in punto di morte, essere/giacere sul letto di morte *lit*.
Sterbebuch n registro m dei decessi.
Sterbefall m → **Todesfall**.
Sterbegeld n indennità f per spese funerarie.
Sterbehilfe f eutanasia f: **aktive/passive** ~, eutanasia attiva/passiva; **jdm** ~ **geben, bei jdm** ~ **leisten**, praticare l'eutanasia a qu, aiutare qu a morire.
Sterbeklinik f "clinica f per malati terminali".
sterben <*stirbt, starb, gestorben*> <*sein*> Ⓐ itr 1 (*sein Leben enden*) (**an etw** dat) ~ morire (di qc): **jung/[in hohem Alter]** ~, morire giovane/[in tarda età]; **an Altersschwäche/Herzversagen/[einem Herzinfarkt]** ~, morire ˌdi vecchiaiaˌ/[per un collasso cardiaco]/[d'infarto]; **an Krebs** ~, morire di cancro; **an Malaria/[einer Epidemie]** ~, morire ˌdi malariaˌ/[di/in/per un'epidemia]; **an ˌeiner Verletzungˌ/[seinen Verletzungen]** ~, morire ˌin seguito ad una feritaˌ/[per le ferite riportate]; ˌ**bei einem**ˌ/[**durch einen**] **Unfall** ~, morire in/[a causa di] un incidente; **an den Folgen** ˌ**einer S.** (gen)ˌ/[**von etw** (dat)] ~, morire in seguito a qc; **eines frühen Todes** ~, morire prematuramente; **eines gewaltsamen/natürlichen Todes** ~ *geh*, morire di morte violenta/naturale; **plötzlich/unerwartet** ~, morire ˌall'improvvisoˌ/[inaspettatamente]; **als er fühlte, dass er** ~ **musste, rief er seine Kinder zu sich**, quando sentì che la morte era vicina chiamò i figli al suo capezzale; **wir müssen alle einmal** ~, prima o poi tutti dobbiamo morire; **als etw** (nom) ~ {ALS HELD, KIND, ARMER TEUFEL} morire *da* qc; **als junger Mann** ~, morire giovane; **durch etw** (akk) ~ {DURCH EINEN SCHUSS AUS DER TODESWAFFE} morire *per* qc; **durch Erhängen** ~, morire impiccato (-a); **durch das Fallbeil** ~, morire sulla ghigliottina; **durch jds Hand** ~, morire per mano di qu; **für jdn/etw** ~ morire *per qu/qc*; **über etw** (dat) ~: **er ist über seinem letzten Roman gestorben**, è morto mentre stava lavorando al suo ultimo romanzo 2 (*vergehen*) **vor etw** (dat) (*fast*) ~ {VOR ANGST, HUNGER, LANGEWEILE, NEUGIERDE} morire (quasi) *di* qc: **ich bin/wäre vor Angst fast gestorben**, ˌsono quasi mortoˌ (-a)/[credevo di morire] dalla paura; **ich sterbe vor Hunger**, sto morendo di fame, ho una fame da morire; **er ist vor Schreck fast gestorben**, era spaventato a morte 3 *fam* (*jdm durch Tod genommen werden*) **jdm** ~ morire *a qu fam*: **ihm ist heute die Frau gestorben**, oggi gli è morta la moglie 4 (*erlöschen*) {HOFFNUNG} morire, andarsene; {LIEBE} *auch* finire Ⓑ tr: **einen ... Tod** ~ {LEICHTEN, SANFTEN, SCHÖNEN, QUALVOLLEN}, avere/fare una morte + *adj*; **den Heldentod/Hungertod** ~, morire ˌda eroeˌ/[di fame] • **daran/davon stirbt man nicht gleich, daran wirst du (schon) nicht** ~! *fam*, non è mica la morte di nessuno!; *fam*, non si muore per così poco!
Sterben <-s, *ohne pl*> n morire m, morte f: **Angst vor dem** ~ **haben**, ˌavere paura dellaˌ/[temere la] morte; **wenn es ans** ~ **geht**, quando arriva la morte; **jdm beim** ~ **helfen**, aiutare qu a morire; **zum** ~ **verurteilt sein** (*todkrank sein*), essere condannato a morire • **das große** ~ (*Massensterben*), la grande moria; **im** ~ **liegen**, essere in ˌpunto di morteˌ/[fin di vita], essere moribondo, stare per morire; **zum** ~ {ELEND, ÜBEL}, da morire; {LANGWEILIG} *auch*, mortalmente; {EINSAM, ÖDE, TRIST}, terribilmente, da morire; **jdn zum** ~ **langweilen**, annoiare qu ˌda morireˌ/[a morte]/[mortalmente]; **sich zum** ~ **langweilen**, annoiarsi ˌda morireˌ/[a morte].
sterbend adj morente, moribondo, che sta per morire.
Sterbende <*dekl wie adj*> mf moribondo (-a) m (f), morente mf.
Sterbensangst f paura f da morire.
sterbenselend adj *fam*: ˌ**jdm ist**ˌ/[**jd fühlt sich**] ~, qu si sente ˌmale da morireˌ/[terribilmente male].
Sterbensforschung f *wiss* tanatologia f.
sterbenskrank adj 1 → **sterbenselend** 2 → **todkrank**.
sterbenslangweilig adj noioso/palloso *slang* da morire, mortalmente noioso, di una noia mortale.
Sterbensseele f: **keine/[nicht eine]** ~, assolutamente nessuno; **du darfst keiner** ~ **etwas davon sagen**, non ne devi parlare ˌad anima vivaˌ/[assolutamente a nessuno].
Sterbenswort n, **Sterbenswörtchen** n: **kein/[nicht ein]** ~, ˌneanche/nemmenoˌ neppure unaˌ/[non una sola] parola; **sie hat kein** ~ **darüber verlauten lassen**, non ha detto una sola parola in proposito; **du darfst kein** ~ **darüber verlieren**, non devi farti sfuggire neanche una parola; **hat er etwas zu seiner Verteidigung gesagt? – Kein** ~!, ha detto qualcosa a sua difesa? – Neanche una/mezza parola!
Sterbesakramente subst <*nur pl*> *relig* estremi conforti m pl, conforti m pl religiosi: **die** ~ **empfangen**, ricevere gli estremi conforti; **jdm die** ~ **geben**, dare gli estremi conforti a qu.
Sterbeurkunde f certificato m di morte.
Sterbeziffer f → **Sterblichkeitsrate**.
Sterbezimmer n: **Hölderlins** ~, la stanza in cui morì Hölderlin.
sterblich adj mortale: **jds** ~**e (Über)reste**, le spoglie mortali di qu; ~ **sein**, essere mortale.
Sterbliche <*dekl wie adj*> mf mortale mf: **auch er ist nur ein gewöhnlicher** ~**r**, anche lui ˌè soloˌ/[non è altro che] un comune mortale.
Sterblichkeit <-, *ohne pl*> f 1 (*das Sterblichsein*) mortalità f 2 (*~rate*) (tasso m di) mortalità f.
Sterblichkeitsrate f, **Sterblichkeitsziffer** f (tasso m di) mortalità f.
stereo adv in stereo(fonia).
Stereo <-, *ohne pl*> n stereofonia f: **in** ~, in stereo(fonia).
Stereoanlage f impianto m stereo(fonico), stereo m, (impianto m) hi-fi m.
Stereoaufnahme f registrazione f stereo(fonica).
Stereobox f cassa f (acustica).
Stereoeffekt m effetto m stereo.
Stereoempfang m ricezione f stereo(fonica)/[in stereofonia].
stereofon Ⓐ adj stereofonico Ⓑ adv in stereo(fonia).
Stereofonie <-, *ohne pl*> f stereofonia f.
Stereolautsprecher m altoparlante m stereo(fonico).
stereophon adj adv → **stereofon**.
Stereophonie f → **Stereofonie**.
Stereosendung f *radio TV* trasmissione f ˌin stereofoniaˌ/[stereo].
Stereoskop <-s, -e> n stereoscopio m.
Stereoturm m rack m.
stereotyp *geh* Ⓐ adj {ANTWORT, LÄCHELN, REDEWENDUNG, URTEIL, VERHALTEN} stereotipato Ⓑ adv {ETW WIEDERHOLEN} in modo stereotipato, meccanicamente; {SICH VERHALTEN} secondo stereotipi/[un cliché].
steril adj 1 (*keimfrei*) {INSTRUMENTE, VERBAND} sterile, asettico: **etw** ~ **machen**, rendere qc sterile, sterilizzare qc 2 *biol med* (*unfruchtbar*) sterile 3 (*unpersönlich*) {ATMOSPHÄRE, EINRICHTUNG, UMGEBUNG} asettico, freddo.
Sterilisation <-, -en> f sterilizzazione f.
sterilisieren <*ohne ge*-> tr **jdn/etw** ~ sterilizzare qu/qc: **sich** ~ **lassen**, farsi sterilizzare, sottoporsi a una sterilizzazione.
Sterilisierung <-, -en> f sterilizzazione f.
Sterilität <-, *ohne pl*> f 1 (*Keimfreiheit*) sterilità f 2 *biol med* (*Unfruchtbarkeit*) sterilità f.
Sterling <-s, -e> m sterlina f: **Pfund** ~, lira sterlina.
Stern <-(e)s, -e> m 1 *astr* stella f, astro m: **die** ~**e stehen am Himmel**, nel cielo ci sono le stelle; **mit** ~**en übersät**, trapunto/disseminato di stelle, stellato 2 (*Gegenstand mit fünf Zacken*) stella f 3 (*Qualitätszeichen*) stella f: **ein Cognac/Hotel mit 3** ~**en**, un cognac/hotel a tre stelle 4 *mil* (*Rangabzeichen*) stelletta f 5 *typ* (*Textzeichen*) asterisco m, stelletta f, stella f • **jds** ~ ˌ**geht auf**ˌ/[**ist im Aufgehen**], la stella di qu è in ascesa; **mit jdm geht ein neuer** ~ **auf**, con qu nasce una nuova stella; **die** ~**e befragen**, interrogare le stelle/gli astri; **ein neuer** ~ **am Filmhimmel/Theaterhimmel sein**, essere un astro/una stella nascente (nel firmamento) del cinema/teatro; **unter fremden** ~**en** *lit*, sotto un ˌaltro cieloˌ/[cielo straniero] *lit*; **unter einem ˌguten/glücklichen/günstigenˌ/[bösen]** ~ **geboren sein** {MENSCH}, essere nato sotto una buona/cattiva stella; **nach den** ~**en greifen**, die ~ vom Himmel holen wollen, chiedere/volere/pretendere la luna; **ein/jds guter** ~, ˌuna buona stellaˌ/[la buona stella di qu]; **jdm/[für jdn] die** ~**e vom Himmel holen**, fare ˌl'impossibileˌ/[qualsiasi cosa] per qu; **auf einem anderen** ~ **leben**, vivere su un altro pianeta; **in den** ~**en lesen**, leggere ˌnelle stelleˌ/[negli astri]; **was sagen die** ~**e?** (*Zeitungsrubrik*), cosa dicono gli astri?; ~**e sehen** *fam*, vedere le stelle *fam*; **jds** ~ **sinkt/[ist im Sinken]**, la stella di qu ˌsta tramontandoˌ/[è al tramonto]; **in den** ~**en (geschrieben) stehen**, essere scritto; **unter einem/keinem ˌguten/glücklichen/günstigenˌ** ~ **stehen** {PROJEKT, UNTERNEHMEN}, essere/[non essere] nato sotto ˌuna buona stellaˌ/[buoni auspici]; **das steht noch in den** ~**en**, (questo) è ancora

tutto da vedere, solo Dio lo sa; **der ~** ₍**der Weisen**₎/[**von Bethlehem**], la stella ₍dei Re Magi₎/[di Betlemme].
Sternbild n *astr* costellazione f.
Sternchen <-s, -> n *dim von* Stern **1** (*kleiner Stern*) stellina f, stelletta f **2** *typ* asterisco m, stelletta f **3** (*Filmsternchen*) stellina f, starlet f.
Sternchennudel f *gastr* (pastina f a forma di) stellina f.
Sterndeuter m (**Sterndeuterin** f) astrologo (-a) m (f).
Sterndeutung f astrologia f.
Sternenbanner n: **das ~** (*die Fahne der USA*), la bandiera a stelle e strisce.
sternenbedeckt adj {HIMMEL} stellato.
sternenhell adj → sternhell.
Sternenhimmel m cielo m stellato: **Veränderungen am ~**, cambiamenti di costellazione; **am nördlichen/südlichen ~**, nell'emisfero (celeste) ₍settentrionale/boreale₎/[meridionale/australe].
sternenklar adj → sternklar.
Sternenkrieg m *hist* guerre f pl stellari, scudo m stellare.
sternenlos adj → sternlos.
Sternenzelt n *poet* volta f stellata.
Sternfahrt f **1** *sport* rally m, raduno m; (*mit Autos*) *auch* autoraduno m **2** *pol* → **Sternmarsch**.
sternförmig ⓐ adj a (forma di) stella; {GRUNDRISS} *auch* stellato ⓑ adv {ANGELEGT SEIN} a (forma di) stella.
Sternforscher m (**Sternforscherin** f) astronomo (-a) m (f).
sternhagelblau adj *fam pej*, **sternhagelvoll** adj *fam pej* ubriaco fradicio *fam*/ marcio *fam*.
Sternhaufen m *astr* ammasso m stellare.
sternhell adj (HIMMEL, NACHT) illuminato dalle stelle, stellato.
Sternjahr n anno m sidereo/siderale.
Sternkarte f *astr* carta f celeste, planisfero m.
sternklar adj (HIMMEL, NACHT) stellato, illuminato/rischiarato dalle stelle.
Sternkunde f astronomia f.
sternlos adj (HIMMEL, NACHT) senza stelle.
Sternmarsch m *pol* "marcia f di protesta che parte da luoghi diversi per confluire in un unico punto".
Sternschnuppe f stella f cadente/filante.
Sternsinger m (**Sternsingerin** f) <*meist* pl> "bambino (-a) m (f) travestito (-a) da re magio che, nel periodo dell'Epifania, va di casa in casa assieme ad altri bambini cantando e raccogliendo offerte e doni".
Sternstunde f *geh* grande momento m, momento m magico; **jds ~** il/un grande momento nella vita di qu: **die Erfindung des Penizillins war eine ~ für die Medizin**, la scoperta della penicillina segnò una svolta nella medicina.
Sternsystem n *astr* sistema m stellare, galassia f.
Sternwarte <-, -n> f osservatorio m astronomico.
Sternzeichen n *astr* segno m zodiacale; [dello zodiaco].
Sterz <-es, -e> m (*Schwanzende von Vögeln*) codrione m.
Sterzing <-s, ohne pl> n *geog* Vipiteno f.
stet adj *geh obs* → stetig.
Stethoskop <-s, -e> n *med* stetoscopio m.
stetig ⓐ adj <*attr*> (*kontinuierlich*) {ANSTIEGEN, ENTWICKLUNG, SINKEN} costante; (*stän-*

dig) {WANDEL, WECHSEL} continuo ⓑ adv {ABNEHMEN, SINKEN, STEIGEN, ZUNEHMEN} costantemente; {SICH ÄNDERN, WANDELN} continuamente.
Stetigkeit <-, ohne pl> f continuità f.
stets adv *geh* sempre: ~ **zu Ihren Diensten form**, sempre al Vostro servizio *form*; **Sie sind bei uns ~ willkommen**, (Lei) è sempre il/la benvenuto (-a) ● ~ **Ihr/Ihre ...** (*Briefschluss*), sempre Vostro/Vostra ...
Steuer① <-s, -> n **1** *autom* volante m, sterzo m *fam*; **jdn ans ~ lassen**, lasciar guidare qu, lasciare il volante a qu; **sich ans ~ setzen**, mettersi al volante; **am/[hinter dem] ~ sitzen** *fam*, essere/stare/sedere al volante, essere alla guida **2** *naut* timone m: **am ~ sein/ stehen**, essere/stare al timone **3** *aero* cloche f, barra f di comando ● **das ~ (fest) in der Hand haben**, avere/tenere (saldamente) in pugno la situazione; **das ~ herumwerfen/herumreißen**, *autom* sterzare bruscamente, fare una brusca sterzata; *pol* cambiare/[invertire la] rotta; **das ~ übernehmen** (*die Führung übernehmen*), prendere ₍in mano la situazione₎/[il comando]; (*jdm beim ~n ablösen*), dare il cambio a qu (alla guida).
Steuer② <-, -n> f **1** (*Abgabe*) imposta f, tassa f *fam*, tributo m: **~n abführen/zahlen**, versare/pagare le imposte/tasse; **etw von der ~ absetzen**, detrarre qc dalle tasse; **jdn von der ~ befreien**, esentare/esonerare qu dalle imposte/tasse; **etw mit einer ~ belegen**, gravare qc di imposte/tasse/tributi, tassare qc; **direkte/indirekte ~n**, imposte dirette/indirette; **~n einziehen**, riscuotere le imposte/tasse; **~n auf etw (akk) erheben**, applicare/mettere *fam* delle tasse su qc; **die ~n erhöhen/senken**, aumentare/ridurre le imposte/tasse; **~n hinterziehen**, evadere il fisco/le tasse *fam*, frodare il fisco; **der ~ unterliegen**, essere soggetto a imposta; **nach Abzug der ~n**, ₍detratte le₎/[al netto delle] imposte; **von meinem Gehalt gehen fast 40% ~n ab** *fam*, quasi il 40% del mio stipendio se ne va in ritenute, sul mio stipendio pago quasi il 40% di tasse; **in Deutschland zahlt man ziemlich hohe ~n**, in Germania le tasse sono abbastanza alte **2** <*nur sing*> *fam* (*Finanzamt*) fisco m; (*~kontrolle*) finanza f *fam*.
Steuerabkommen n convenzione f fiscale.
Steuerabzug m (*vom Gehalt*) ritenuta f fiscale, trattenuta f; (*vom Honorar bei freiberuflich Tätigen*) ritenuta f d'acconto.
Steueraufkommen n gettito m fiscale.
Steuerausfall m minor gettito m fiscale, minori entrate f pl fiscali.
Steuerausgleich m conguaglio m fiscale.
steuerbar adj governabile, manovrabile.
Steuerbeamte <*dekl wie adj*> m (**Steuerbeamtin** f) *obs* → **Finanzbeamte**.
Steuerbefehl m *inform* istruzione f di comando.
Steuerbefreiung f esenzione f/esonero m fiscale.
steuerbegünstigt adj {INVESTITIONEN, SPAREINLAGEN, WERTPAPIERE} che gode di agevolazioni fiscali: **~es Sparen**, "forma f di risparmio che permette agevolazioni fiscali".
Steuerbehörde f → **Finanzbehörde**.
Steuerbeleg m ricevuta f fiscale.
Steuerbemessungsgrundlage f (base f) imponibile m.
Steuerberater m (**Steuerberaterin** f) commercialista mf, fiscalista mf, consulente mf fiscale/tributario (-a).
Steuerbescheid m cartella f delle tasse.

Steuerbetrug m frode f fiscale.
Steuerbord <-s, ohne pl> n *naut* dritta f, tribordo m *lit*.
Steuerdelikt n reato m tributario.
Steuereinnahmen subst <*nur pl*> introiti m pl/entrate f pl fiscali, prelievo m fiscale.
Steuererhöhung f aumento m delle imposte/tasse.
Steuererklärung f dichiarazione f/denuncia f dei redditi: **die ~ machen/abgeben**, fare/presentare la dichiarazione dei redditi.
Steuererlass (a.R. Steuererlaß) m esonero m/esenzione f fiscale; (*Amnestie*) condono m fiscale.
Steuererleichterung f agevolazione f fiscale.
Steuerermäßigung f sgravio m/alleggerimento m fiscale.
Steuererstattung f → **Steuerrückerstattung**.
Steuerfahnder m (**Steuerfahnderin** f) funzionario (-a) m (f)/ispettore (-trice) m (f) della ₍polizia tributaria₎/[guardia di finanza], finanziere m.
Steuerfahndung f **1** (*Kontrolle*) controllo m/ispezione f fiscale **2** (*Behörde*) (polizia f) tributaria f, (guardia f di) finanza f; (*in Italien auch*) fiamme f pl gialle.
Steuerflucht f evasione f fiscale (con trasferimento di capitali all'estero).
steuerfrei ⓐ adj {ZINSEN} esente da imposte/tasse; {BETRAG, EINKÜNFTE, HONORAR, NEBENVERDIENST} *auch* non imponibile, esentasse ⓑ adv {KASSIEREN, VERDIENEN} senza pagare le imposte/tasse; (*illegal*) al nero.
Steuerfreibetrag m abbattimento m alla base, quota f (del reddito) esente da imposte/[di reddito].
Steuerfreiheit f esenzione f fiscale.
Steuergeheimnis n segreto m fiscale.
Steuergeld n <*meist* pl> denaro m pubblico/[dei contribuenti]: **Veruntreuung von Steuergeldern**, distrazione di denaro pubblico.
Steuergerät n **1** *radio* sintoamplificatore m **2** *el* apparecchio m di controllo/comando.
Steuergesetz n legge f fiscale/tributaria.
Steuergesetzgebung f legislazione f fiscale.
Steuergruppe f → **Steuerklasse**.
Steuerguthaben n credito m d'imposta.
Steuerharmonisierung f armonizzazione f fiscale.
Steuerhinterziehung f evasione f fiscale.
Steuerkarte f → **Lohnsteuerkarte**.
Steuerklasse f fascia f di contribuenti/ [di reddito], scaglione m fiscale/[di reddito].
Steuerknüppel m *aero* cloche f, barra f di comando.
Steuerlast f onere m/carico m fiscale, carico m tributario.
steuerlich ⓐ adj {BELASTUNG, ENTLASTUNG, NACHTEIL, VERGÜNSTIGUNG, VORTEIL} fiscale ⓑ adv {BELASTEN} di imposte/tasse; {ENTLASTEN} da imposte/tasse; {ABSETZBAR} dalle imposte/tasse; {GÜNSTIG, UNGÜNSTIG} fiscalmente, dal punto di vista fiscale; {BERÜCKSICHTIGEN} *auch* a livello fiscale.
steuerlos *naut* ⓐ adj privo di timoniere ⓑ adv: ~ **auf dem Meer treiben**, essere alla deriva.
Steuermann <-(e)s, -leute oder rar -männer> m *naut* **1** (*Seeoffizier*) secondo m, ufficiale m in seconda **2** *sport* (*Bootsmann*) timoniere m,

pilota m: **Vierer mit/ohne ~**, quattro con/senza.

Steuermarke f marca f da bollo; (*für Hunde*) medaglietta f.

steuern **A** tr <*haben*> **1** (*das Steuer von etw bedienen*) **etw** ~ {KRAFTFAHRZEUG} guidare *qc*; {SPORT-, RENNWAGEN} *auch* pilotare *qc*; {FLUGZEUG} pilotare *qc*; {BOOT, SCHIFF} governare *qc* **2** *naut* (*lotsen*) **etw irgendwohin** ~ pilotare/manovrare/dirigere/condurre *qc* (+ *compl di luogo*) **3** (*regulieren*) **etw** ~ regolare *qc*; *tech auch* comandare *qc*: **automatisch gesteuert**, a guida automatica **4** (*in die gewünschte Richtung bringen*) **etw** (*irgendwohin*) ~ {DISKUSSION, GESPRÄCH, POLITIK, PROZESS, VERHANDLUNG, WIRTSCHAFT} pilotare *qc* (+ *compl di luogo*), orientare/portare *qc* + *compl di luogo* **5 inform etw** ~ {CURSOR} comandare *qc*; {ÜBERTRAGUNG} gestire *qc* **B** itr **1** <*sein*> (*eine bestimmte Richtung einschlagen*) **irgendwohin** ~ {FLUGZEUG, SCHIFF} ⌊fare rotta⌋/[dirigersi]/[puntare] + *compl di luogo*: **wohin steuert unsere Wirtschaft?**, dove va la nostra economia? **2** <*haben*> *autom* (*am Steuer sein*) guidare, essere al volante; *naut* essere al timone; *aero* essere ai comandi: **nach links/rechts** ~ {AUTOFAHRER}, sterzare a sinistra/destra.

Steuernummer f codice f fiscale.

Steueroase f *fam* → **Steuerparadies**.

Steuerpaket n pacchetto m di misure fiscali.

Steuerparadies n *fam* paradiso m/rifugio m fiscale.

Steuerpflicht f obbligo m di pagare le imposte/tasse: **der** ~ **unterliegen** *form* {EINKOMMEN, EINNAHMEN}, essere soggetto a imposta *form*; {PERSON} essere soggetto a tassazione/[imposizione fiscale].

steuerpflichtig adj {BÜRGER} soggetto a tassazione/[imposizione fiscale]; {EINKOMMEN, EINKÜNFTE} *auch* imponibile.

Steuerpflichtige <*dekl wie adj*> mf soggetto m passivo d'imposta, contribuente mf.

Steuerpolitik f politica f fiscale.

Steuerprogression f progressività f dell'imposizione fiscale.

Steuerprüfer m (**Steuerprüferin** f) verificatore (-trice) m (f) fiscale.

Steuerprüfung f verifica f fiscale.

Steuerrad n *naut* ruota f del timone; *autom* volante m.

Steuerrecht n diritto m tributario.

Steuerrechtler m (**Steuerrechtlerin** f) tributarista mf.

steuerrechtlich **A** adj {ÄNDERUNG, FACHMANN, MAẞNAHMEN} di diritto tributario **B** adv {NICHT ZULÄSSIG} dal diritto tributario.

Steuerreform f riforma f fiscale/tributaria.

Steuerrückerstattung f, **Steuerrückzahlung** f rimborso m fiscale/[delle tasse].

Steuerruder n *naut* timone m.

Steuersatz m aliquota f ⌊d'imposta⌋/[fiscale].

Steuerschlupfloch n nicchia f fiscale.

Steuerschraube f: **die** ~ **anziehen** *fam*, **an der** ~ **drehen** *fam*, aumentare la pressione fiscale.

Steuerschuld f debito m d'imposta.

Steuersenkung f riduzione f delle imposte/tasse.

Steuersünder m (**Steuersünderin** f) evasore m/elusore m fiscale.

Steuersystem n sistema m fiscale/impositivo/tributario, fiscalità f.

Steuertaste f *inform* tasto m di direzione.

Steuerung <-, -en> f **1** <*nur sing*> (*das Steuern*) {+AUTO} guida f, {+FLUGZEUG} pilotaggio m; {+SCHIFF} *auch* governo m; {+PRODUKTIONSPROZESS, VORGÄNGE} controllo m **2** *tech* (*Regulierung*) {+HEIZUNG, TEMPERATUR} regolazione f, controllo m **3** (*Steuervorrichtung*) *aero* naut comandi m pl, organi m pl di pilotaggio; *tech* (*dispositivo m di*) comando m/controllo m: **automatische** ~, pilota automatico, autopilota **4** *inform* controllo m.

Steuerveranlagung f accertamento m fiscale/tributario/[dell'imposta].

Steuervergehen n illecito m/reato m fiscale.

Steuervergünstigung f agevolazione f fiscale.

Steuervergütung f *bes. com* rimborso m fiscale.

Steuervorauszahlung f acconto m d'imposta.

Steuervorteil m vantaggio m fiscale.

Steuerwerk n *inform* unità f di controllo.

Steuerzahler m (**Steuerzahlerin** f) contribuente mf.

Steuerzeichen n *inform* carattere m ⌊di comando/governo⌋/[funzionale].

Steward <-s, -s> m *aero* steward m, assistente m di volo.

Stewardess (a.R. Stewardeß) <-, -en> f *aero* hostess f, assistente f di volo.

StGB <-(s), -> n Abk *von* Strafgesetzbuch: ≈ C.P. (**Abk** *von* Codice Penale).

stibitzen <*ohne* ge-> tr *fam* (*jdm*) **etw** ~ grattare *qc* (*a qu*) *fam*, sgraffignare *qc* (*a qu*) *fam*.

stich 2. pers sing imper *von* stechen.

Stich <-(e)s, -e> m **1** (*Messerstich o. Ä.*) coltellata f, pugnalata f; (*Degenstich*) stoccata f; **ein** ~ **in/durch etw** (akk), una coltellata/pugnalata a/[di fianco a] *qc*: **er versetzte ihm mit dem Messer einen** ~ **in den Rücken**, le dette una coltellata nella schiena **2** (*Insektenstich*) puntura f **3** (*stechender Schmerz*) fitta f, puntura f, stilettata f: **ich verspüre** ~ **in der Herzgegend**, sento delle fitte nella regione del cuore **4** (*Nadelstich*) punto m: **du musst engere** ~**e machen**, devi fare punti più ravvicinati **5** *kunst* (*Kupferstich, Stahlstich*) incisione f **6** (*Farbschattierung*) ~ **in etw** (akk) punta f di *qc*: **Blau mit einem** ~ **ins Grüne**, blu con una punta di verde, blu che dà sul verde **7** *Karten* presa f: **einen** ~ **machen**, fare una presa ● **jdm einen** ~ **geben**/**versetzen** (*jdn sehr treffen*), ferire profondamente qu; **einen** ~ **haben** *fam* (*leicht verdorben sein*), essere andato a male; {MILCH, SAHNE} *auch*, sapere di acido; {WEIN}, avere lo spunto; (*leicht verrückt sein*), essere un po' matto/tocco *fam*/suonato *fam*; **jdn im** ~ **lassen** (*jdm den Dienst versagen*) {ERINNERUNG, GEDÄCHTNIS}, tradire qu; **jdn (bei/in etw dat) im** ~ **lassen** (*jdm in einer schwierigen Situation nicht helfen*), piantare in asso qu (in *qc*) *fam*, abbandonare qu, lasciare qu solo (-a) (in *qc*); **etw im** ~ **lassen** abbandonare *qc*, lasciare *qc*; (**gegen jdn**) **keinen** ~ **machen** *fam*, non avere nessuna chance (con qu).

Stichel <-s, -> m *kunst* bulino m.

Stichelei <-, -en> f **1** (*das Sticheln*) punzecchiamento m **2** (*Bemerkung*) punzecchiatura f, frecciata f.

sticheln itr (**gegen jdn**) ~ punzecchiare (qu).

stichfest adj → **hieb- und stichfest**.

Stichflamme f fiammata f, vampata f.

Stichfrage f domanda f di spareggio.

stichhaltig adj, **stichhältig** adj A {ALIBI, ARGUMENT, ARGUMENTATION, BEGRÜNDUNG} convincente, valido, plausibile; {BEWEIS, INDIZ} certo, consistente.

Stichhaltigkeit <-, ohne pl> f, **Stichhältigkeit** f A validità f; {+BEWEIS} consistenza f.

Stichling <-s, -e> m *fisch* spinarello m.

Stichprobe f controllo m a campione; *soziol* indagine f a campione: ~ **n machen/vornehmen** (*bei Produkten, Waren*), fare/eseguire dei controlli a campione; (*bei Umfragen*) fare/effettuare un'indagine campione.

Stichpunkt m <*meist pl*> appunto m: **sich** (*dat*) ~**e machen**, prendere appunti.

sticht 3. pers sing präs *von* stechen.

Stichtag m *adm* giorno m stabilito.

Stichwaffe f arma f bianca.

Stichwahl f *pol* ballottaggio m.

Stichwort n **1** <-(e)s, Stichwörter> {+NACHSCHLAGEWERK} lemma m, voce f **2** <-(e)s, -e> (*Einsatzzeichen*) spunto m; *theat auch* battuta f: **jdm das** ~ **geben**, dare lo spunto a qu **3** <-(e)s, -e> <*nur pl*> (*kurze Notiz*) appunto m: **sich (für etw akk) ~e machen**, prendere appunti (per *qc*); **etw in ~en aufschreiben**, annotare i punti essenziali di *qc*; **etw in ~n wiedergeben**, riferire *qc* per sommi capi.

stichwortartig **A** adj {AUFZEICHNUNG, WIEDERGABE, ZUSAMMENFASSUNG} a grandi linee, sintetico **B** adv {INFORMIEREN, WIEDERGEBEN, ZUSAMMENFASSEN} a grandi linee, brevemente, sinteticamente; {FESTHALTEN, MITSCHREIBEN} sotto forma di appunti.

Stichwortkatalog m catalogo m per soggetti.

Stichwortverzeichnis n **1** (*in Sachbüchern*) indice m (analitico) **2** (*in Wörterbüchern*) lemmario m.

Stichwunde f ferita f da ⌊arma bianca⌋/[punta].

sticken **A** tr **1** (*mit Stichen herstellen*) **etw** (**auf etw** akk) ~ {MONOGRAMM, ORNAMENT} ricamare *qc* (*su qc*) **2** (*be-*) **etw** ~ {BLUSE, DECKE, KRAGEN} ricamare *qc* **B** itr (**an etw** dat) ~ {AN EINER DECKE, EINEM MOTIV} ricamare (*qc*).

Sticker① m (**Stickerin** f) ricamatore (-trice) m (f).

Sticker② <-s, -> m (*Aufkleber*) autoadesivo m.

Stickerei <-, -en> f ricamo m.

Stickerin f → **Sticker**①.

Stickgarn n filo m da ricamo.

stickig adj {LUFT} soffocante, viziato, di (rin)chiuso; {ZIMMER} mal ventilato, di (rin)chiuso: **mach mal das Fenster auf, hier ist es furchtbar** ~, apri un po' la finestra, c'è un'aria viziata terribile.

Stickmuster n disegno m per ricamo.

Sticknadel f ago m da ricamo.

Stickoxid, **Stickoxyd** n *chem* ossido m d'azoto.

Stickrahmen m telaio m da ricamo.

Stickstoff <-(e)s, ohne pl> m *chem* azoto m.

stickstoffhaltig adj che contiene azoto, azotato.

Stickstoffoxid, **Stickstoffoxyd** n → **Stickoxid**.

stieben <*stiebt, stob oder stiebte, gestoben oder gestiebt*> itr **1** <*haben oder sein*> (*sprühen*) (**irgendwohin**) ~ {FUNKEN, SCHNEE} schizzare (+ *compl di luogo*); {WASSER} *auch* sprizzare (+ *compl di luogo*) **2 sein** (*sich plötzlich in verschiedene Richtungen bewegen*) **irgendwohin** ~ schizzare via + *compl di luogo*.

Stiefbruder m fratellastro m.

Stiefel <-s, -> m **1** (*Schuh*) stivale m **2** (*Trinkgefäß*) stivale m ● **einen** ~ (**zusammen**)**fahren** *fam*, guidare ⌊come un cane

*fam*₁/[con i piedi *fam*]; **jdm die ~ lecken**, lustrare gli stivali a qu, leccare i piedi a qu; **einen ordentlichen ~ vertragen (können)** *fam*, reggere bene l'alcol *fam*; **seinen alten ~ weitermachen** *fam*, continuare con/[a fare] il solito tran tran *fam*; **einen ~ zusammenreden** *fam*, dire un sacco di sciocchezze; **das sind zweierlei ~ fam**, sono due cose completamente diverse, è un altro paio di maniche *fam*.
Stiefelabsatz m tacco m di stivale: **der ~ Italiens**, il tacco dello stivale, la penisola del Salento.
Stiefelette <-, -n> f stivaletto m.
Stiefelknecht m cavastivali m.
stiefeln itr <sein> *irgendwohin* ~ camminare a ₍grandi passi₎/[passi lunghi] + *compl di luogo*.
Stiefelschaft m gambale m.
Stiefeltern subst <nur pl> matrigna f e patrigno m.
Stieffamilie f famiglia f ricostituita.
Stiefgeschwister subst <nur pl> (*Stiefbrüder (und Stiefschwestern)*) fratellastri m pl; (*Stiefschwestern*) sorellastre f pl.
Stiefkind n 1 (*Kind des Ehepartners*) figliastro (-a) m (f) 2 (*vernachlässigte Person oder Sache*) cenerentola f ● **ich bin ein richtiges ~ des Glücks**, a me la fortuna non sorride mai.
Stiefmutter f matrigna f.
Stiefmütterchen n *bot* viola f del pensiero, pensée f, pansé f *fam*.
stiefmütterlich A *adj* {BEHANDLUNG} da cenerentola B *adv*: **jdn/etw ~ behandeln**, trattare qu come se fosse il figlio della serva *fam*, trascurare qc.
Stiefschwester f sorellastra f.
Stiefsohn m figliastro m.
Stieftochter f figliastra f.
Stiefvater m patrigno m.
stieg 1. *und* 3. *pers sing imperf von* **steigen**.
Stiege <-, -n> f 1 (*steile Holztreppe*) (ripida) scala f di legno 2 *süddt A* (*Treppe*) scala f.
Stiegenhaus n *süddt A* → **Treppenhaus**.
Stieglitz <-es, -e> m *ornith* cardellino m.
stiehlt 3. *pers sing präs von* **stehlen**.
Stiel <-(e)s, -e> m 1 (*Griff*) {+BESEN, LÖFFEL, PFANNE, WERKZEUG} manico m; {+MESSER} *auch* impugnatura f; {+EIS, LUTSCHER} bastoncino m: **Eis am ~**, gelato da passeggio; (*mit Schokoladenüberzug*) pinguino m 2 (*Stängel*) {+BLUME} gambo m, stelo m; {+BLATT} picciolo m; {+FRUCHT} *auch* peduncolo m, pedicello m 3 (*Verbindungsstück zwischen Fuß und Kelch*) {+GLAS} gambo m, stelo m.
Stielauge n: **~n machen** *fam*/**kriegen** *fam*, sgranare/strabuzzare gli occhi; **er wird ~n machen, wenn er hört, dass sie mir den Job gegeben haben**, gli usciranno/schizzeranno gli occhi dalle orbite quando verrà a sapere che hanno dato il lavoro a me.
Stielkamm m pettine m a coda.
stier A *adj* {BLICK} fisso B *adv*: **~ blicken/starren**, avere lo sguardo fisso.
Stier <-(e)s, -e> m 1 *zoo* toro m 2 <nur sing> *astr* Toro m 3 (*jd, der im Zeichen des Stiers geboren ist*) (segno m del) Toro m: **er/sie ist (ein) ~**, è (del/un) Toro ● **wie ein ~ brüllen**, urlare come un ossesso/un'ossessa; **den ~ bei den Hörnern fassen/packen**, prendere il toro per le corna; **wie ein ~ auf jdn losgehen**, scagliarsi contro qu a testa bassa.
stieren itr **auf jdn/etw ~** fissare qu/qc, guardare fisso (-a) qu/qc; *irgendwohin* ~ fissare qc, guardare fisso qc: **er stierte lüstern auf ihren Ausschnitt**, le fissò la

scollatura con (uno) sguardo libidinoso.
Stierkampf m corrida f.
Stierkampfarena f arena f.
Stierkämpfer m (**Stierkämpferin** f) torero (-a) m (f), toreador m.
Stiernacken m collo m taurino.
stieß 1. *und* 3. *pers sing imperf von* **stoßen**.
Stift① <-(e)s, -e> m 1 perno m; (*Nagel*) chiodo m, punta f 2 (*Buntstift, Farbstift*) matita f; (*Bleistift*) *auch* lapis m; (*Filzstift*) pennarello m; (*Kugelschreiber*) penna f (a sfera), biro f: **ich brauche mal irgendeinen ~**, mi serve qualcosa per scrivere.
Stift② <-(e)s, -e> n 1 (*kirchliche Institution*) fondazione f, istituto m 2 *obs* (*konfessionelle Mädchenschule*) educandato m *obs*, istituto m 3 *A* (*Kloster*) convento m, monastero m 4 (*Altersheim*) ospizio m, casa f di riposo, ricovero m.
Stift③ <-(e)s, -e> m *fam* (*Lehrjunge*) apprendista m, garzone m.
stiften tr 1 (*spenden*) **etw ~** {GELD, SUMME} donare qc: **Geld für ein Krankenhaus ~**, donare soldi a favore di un ospedale; **die Getränke (für ein Fest) ~**, offrire le bevande (per una festa) 2 (*gründen*) **etw ~** {KIRCHE, KLOSTER, KRANKENHAUS} fondare qc; {PREIS, STIPENDIUM} istituire qc 3 (*verursachen*) **etw ~** creare qc, provocare qc; {UNFRIEDEN} seminare qc; {UNHEIL} arrecare qc, causare qc; {VERWIRRUNG} portare scompiglio; **eine Ehe ~**, combinare un matrimonio ● **~ gehen** *fam*, svignarsela *fam*, squagliarsela *fam*, tagliare la corda *fam*.
stiften|gehen a.R. *von* **stiften gehen** → **stiften**.
Stifter <-s, -> m (**Stifterin** f) 1 (*Gründer*) fondatore (-trice) m (f) 2 (*Spender*) donatore (-trice) m (f), benefattore (-trice) m (f), (e)largitore (-trice) m (f) *lit*.
Stiftskirche f (chiesa f) collegiata f.
Stiftung <-, -en> f 1 (*Organisation*) fondazione f, istituzione f: **wohltätige ~**, opera pia 2 (*Schenkung*) donazione f, elargizione f 3 (*Gründung*) fondazione f, istituzione f.
Stiftzahn m *med* dente m a perno.
Stigma <-s, -ta> n *geh* 1 (*negatives Merkmal*) stigma m *geh*, marchio m: **er ist mit dem ~ des Kinderschänders behaftet**, ha lo stigma del pedofilo 2 <meist pl> *relig* (*Wundmal*) stigmate f pl, stimmate f pl.
Stil <-(e)s, -e> m 1 *lit* stile m: **sie schreibt einen/[in einem] flüssigen/schwerfälligen ~**, (lei) scrive in uno stile scorrevole/pesante 2 (*Verhaltensweise*) stile m, modo m: **ihr ~, die Leute zu behandeln, ist etwas eigenartig**, il suo modo di trattare la gente è un po' strano; **das ist nicht mein ~**, non è ₍nel mio stile₎/[il mio modo di fare] 3 *kunst* {+EPOCHE, BAUWERK, KUNSTWERK} stile m: **ein Portal im romanischen ~**, un portale ₍in stile₎/[di gusto] romanico; **der Maler entwickelte bald seinen ganz persönlichen ~**, presto il pittore maturò uno stile tutto personale; **diese Bilder sind dem ~ Liebermanns nachempfunden**, questi quadri ₍si ispirano allo stile₎/[sono alla maniera] di Liebermann; **Möbel im Stil Ludwigs XVI.**, mobili (in stile) Luigi XVI 4 *sport* (*Technik*) stile m ● **alten ~s** {GENTLEMAN, KAVALIER}, di vecchio stampo, vecchio stile; **im großen ~, großen ~, in großem ~**, in grande stile; **das Jubiläum wurde im großen ~ begangen**, l'anniversario fu celebrato/festeggiato in grande stile; **ein Leben in großem ~**, una vita in grande stile; {PERSON}, avere stile/classe; **das neue Museum hat ~**, il nuovo museo ha un suo stile

particolare; **das ist schlechter ~**, è mancanza di stile; **... und in dem ~ geht es weiter**, **... und so in dem ~**, ... e avanti su questo tono, ... e via di questo passo.
Stilanalyse f *kunst lit* analisi f stilistica/[dello stile].
stilbildend A *adj* che crea uno stile B *adv*: **~ wirken**, creare uno stile.
Stilblüte f *iron* perla f *iron*, chicca f *iron*.
Stilbruch m *kunst lit* frattura f stilistica, salto m stilistico.
Stilebene f *ling lit* livello m/piano m/registro m stilistico.
stilecht A *adj* {MÖBEL} in stile; {ATMOSPHÄRE} autentico B *adv*: **~ eingerichtet**, arredato in stile.
Stilelement n elemento m stilistico.
Stilempfinden n → **Stilgefühl**.
Stilett <-s, -e> n stiletto m.
Stilfigur f figura f retorica/stilistica.
Stilgefühl n senso m dello stile; *ling* sensibilità f stilistica.
stilisieren <ohne ge-> tr *kunst* **etw ~** stilizzare qc.
stilisiert A *adj* 1 *kunst* (ABBILDUNG, DARSTELLUNG, ORNAMENT, PFLANZE, TIER) stilizzato 2 *meist pej* (*vereinfacht*) {BESCHREIBUNG, DARSTELLUNG} schematico, semplificato B *adv kunst*: **etw ~ abbilden/darstellen**, rappresentare qc in forma stilizzata, stilizzare qc.
Stilisierung <-, -en> f *kunst* 1 (*das Stilisieren*) stilizzazione f 2 (*Darstellung*) rappresentazione f stilizzata.
Stilist m (**Stilistin** f) maestro m di stile, stilista mf.
Stilistik <-, -en> f 1 (*Lehre*) stilistica f 2 (*Handbuch*) manuale m di stile.
Stilistin f → **Stilist**.
stilistisch A *adj* {EIGENART, FEHLER, SCHWÄCHE} stilistico: **sein Roman hat ~e Schwächen**, il suo romanzo ha delle carenze stilistiche B *adv* {GELUNGEN, GESEHEN, ÜBERARBEITEN, VERBESSERN} stilisticamente, ₍dal punto di vista₎/[sul piano] stilistico.
Stilkunde f → **Stilistik**.
Stilkünstler m (**Stilkünstlerin** f) → **Stilist**.
still A *adj* 1 (*ruhig*) {MENSCH} silenzioso: **sie hat eine ~e, zurückhaltende Art**, ha un'indole calma e riservata; **du bist ja heute so ~, was ist denn los?**, sei così silenzioso (-a) oggi, che cos'è successo?; **(sei/seid) ~!**, ₍(sta')₎ zitto (-a)₎/[(state) zitti (-e)]!; **seid endlich ~, ich muss mich konzentrieren!**, ₍fate silenzio₎/[state zitti (-e)]!, mi devo concentrare!; **im Laufe des Abends wurde er immer ~er**, nel corso della serata diventò sempre più silenzioso; **es ist (irgendwo) ~**, c'è silenzio/calma (+ *compl di luogo*), qc è silenzioso/tranquillo; **im Haus ist es so ~**, c'è un gran silenzio in questa casa; **endlich wurde es ~ im Zimmer**, finalmente nella stanza ₍tornò il₎/[si fece] silenzio 2 (*beschaulich*) {LEBEN, TAG} tranquillo: **in einer ~en Stunde**, in un momento di tranquillità 3 (*verschwiegen*) {DORF, ECKCHEN, PLÄTZCHEN, WINKEL} quieto, tranquillo, silenzioso 4 (*reglos*) {LUFT} calmo, quieto; {MEER, WASSER} *auch* tranquillo, placido 5 (*heimlich*) {HOFFNUNG, WUNSCH, ZUNEIGUNG} segreto, nascosto; {RESERVEN, RÜCKLAGEN} occulto; {EINVERNEHMEN, VORBEHALT, ZUSTIMMUNG} tacito; {LIEBE} segreto, non confessato; {VERACHTUNG, WUT} nascosto, segreto, inespresso; {VORWURF} muto, implicito: **ein ~er Seufzer**, un sospiro silenzioso/nascosto; **in ~er Trauer**, **in ~em Schmerz**, con profondo cordoglio/dolore 6 (*ohne Kohlensäure*): **~es Wasser**,

acqua (minerale) naturale/liscia B *adv* {ETW ERDULDEN, VOR SICH HINWEINEN} in silenzio; {DASITZEN} *auch* silenzioso (-a): **ihr müsst euch jetzt ~ verhalten**, adesso dovete ₋fare silenzio₋/[stare zitti (-e)] ● **~ halten** (*sich nicht bewegen*), stare fermo (-a), non muoversi; **etw ~ halten** {ARME, FÜßE, HÄNDE, KOPF}, tenere fermo (-a) qc, non muovere qc; **halte den Kopf ~!**, smettila di muovere la testa!; **~ und *heimlich*/leise**, zitto (-a) zitto (-a), di nascosto; **im Stillen** (*heimlich*), in segreto, di nascosto; (*bei sich*), tra sé e sé, dentro di sé; **ich dachte mir im Stillen ...**, tra me e me pensai ...; **um jdn ist es ~ geworden**, non si parla più di qu, su qu è calato il silenzio.

Stille <-, *ohne pl*> *f* silenzio *m*, calma *f*, quiete *f*: **sonntägliche ~**, quiete domenicale; **es herrscht ~**, c'è silenzio; **in dem alten Haus herrschte gespenstische ~**, nella vecchia casa regnava un silenzio spettrale; **die ~ der Nacht**, il silenzio della notte, la quiete notturna ● **in aller ~** (*lautlos*), in assoluto silenzio; (*unbemerkt*) {BEISETZEN, HEIRATEN, STATTFINDEN}, in forma privata; {SICH DAVONMACHEN}, zitto (-a) zitto (-a), di nascosto.

stillen A *tr* **1** (*säugen*) **jdn ~** {BABY, SÄUGLING} allattare *qu* **2** (*befriedigen*) **etw ~** {DURST} placare *qc*, appagare *qc*; {HUNGER} *auch* saziare *qc*, appagare *qc*; {BEDÜRFNIS, NEUGIER} soddisfare *qc*, appagare *qc* **3** *med* **etw ~** {BLUT} fermare *qc*; {BLUTUNG} *auch* arrestare *qc*; {HUSTEN, SCHMERZ} calmare *qc*, sedare *qc* B *itr* allattare: **~de Mütter**, madri che allattano.

Stillgeld <-(*e*)*s, ohne pl*> *n ostdt hist* "indennità *f* che lo Stato corrispondeva alle donne durante l'allattamento".

stillgelegt *adj* {BAHNLINIE} abbandonato, dismesso; {BERGWERK, BETRIEB, FABRIK} *auch* chiuso.

still|halten <*irr*> A *itr* **1** (*sich nicht bewegen*) a.R. *von* still halten → **still 2** (*sich nicht wehren*) a.R. *von* still halten → **still fam**, tacere, stare zitto (-a): **in dieser Situation kann man nicht länger ~**, in questa situazione non si può continuare a ₋stare zitti₋/[tacere] B *tr* (*etw nicht bewegen*) a.R. *von* still halten → **still**.

Stillleben, **Still-Leben** *n kunst* natura *f* morta.

still|legen *tr* **etw ~** {BETRIEB, ZECHE} chiudere *qc*; {BAHNLINIE} sopprimere *qc*; **irgendwo den Verkehr ~**, chiudere qc al traffico.

Stilllegung, **Still-Legung** <-, *-en*> *f* chiusura *f*; {+BAHNLINIE} soppressione *f*.

still|liegen <*irr*> *itr* <*haben oder süddt A CH sein*> {BERGWERK, BETRIEB, FABRIK} essere chiuso/fermo/dismesso; {MASCHINE} essere fermo/[fuori servizio]; {BAHNLINIE} essere ₋fuori servizio₋/[soppresso]/[dismesso].

stillos *adj* **1** (*ohne einen bestimmten Stil*) senza stile, privo/[che manca] di stile **2** (*geschmacklos*): **das ist ~!**, è mancanza di stile!

still|schweigen <*irr*> *itr geh* (*zu etw dat*) **~** ₋restare in silenzio₋/[tacere] (*di fronte a qc*).

Stillschweigen *n*: ~ (*über etw akk*) silenzio *m* (*su qc*): **jdm ~ auferlegen**, imporre il silenzio a qu; **ich muss Sie zu strengstem ~ auffordern**, La invito a mantenere il più stretto riserbo; **über etw (akk) ~ bewahren**, mantenere il silenzio su qc; **etw mit ~ übergehen**, **über etw (akk) mit ~ hinweggehen/hinwegsehen**, ignorare volutamente qc.

stillschweigend A *adj* {EINVERSTÄNDNIS, ÜBEREINKUNFT, ZUSTIMMUNG} tacito; {VORAUSSETZUNG} implicito B *adv* {AKZEPTIEREN, HIN-

NEHMEN} in silenzio, senza dire niente; {VEREINBAREN} tacitamente: **über etw (akk) ~ hinweggehen/hinwegsehen**, ignorare volutamente qc; **etw ~ voraussetzen**, dare per scontato (-a) qc.

still|sitzen <*irr*> *itr* <*haben oder süddt A CH sein*> stare fermo (-a) (a sedere), non muoversi: **das Kind kann nicht ~**, il bambino non riesce a stare fermo (a sedere).

Stillstand <*-s, ohne pl*> *m* arresto *m*; {+VERHANDLUNGEN} *auch* sospensione *f*: **in etw** (*dat*) **ist ein ~ eingetreten** {IN DER ENTWICKLUNG, FORSCHUNG, PRODUKTION, DEN VERHANDLUNGEN}, qc ha subito una battuta d'arresto, qc è in una situazione di stallo, qc si è fermato; **etw zum ~ bringen** {MASCHINE, MOTOR}, arrestare qc, fermare qc; {PRODUKTION} interrompere qc, sospendere qc; {VERKEHR} bloccare qc, paralizzare qc; {BLUTUNG} arrestare qc; **zum ~ kommen** {MASCHINE, MOTOR}, fermarsi, arrestarsi, bloccarsi; {PRODUKTION} fermarsi, interrompersi; {VERKEHR} fermarsi, bloccarsi, ristagnare; {BLUTUNG} arrestarsi, fermarsi; **die Verhandlungen sind zum ~ gekommen**, le trattative hanno subito una battuta d'arresto.

still|stehen <*irr*> *itr* <*haben oder süddt A CH sein*> essere fermo; {VERKEHR} *auch* essere bloccato/paralizzato; {JDS HERZ} essersi arrestato/fermato: **die Zeit schien stillzustehen**, sembrava che il tempo si fosse fermato; **ihr Mund(werk) steht nie still**, non tiene mai la bocca chiusa ● **stillgestanden!** *mil*, attenti!

stillvergnügt *adj* intimamente soddisfatto.

Stillzeit *f* (periodo *m* di) allattamento *m*.

Stilmittel *n* mezzo *m* stilistico, stilema *m*.

Stilmöbel *n* mobile *m* in stile.

Stilrichtung *f* corrente *f* (stilistica).

Stilübung *f* esercizio *m* stilistico/[di stile].

stilvoll A *adj* {EINRICHTUNG, MOBILIAR} di buon gusto, di classe B *adv* {EINRICHTEN, MÖBLIEREN} con gusto.

Stilwörterbuch *n* dizionario *m* fraseologico.

Stimmabgabe *f* votazione *f*.

Stimmband <-(*e*)*s, Stimmbänder*> *n* <*meist pl*> *anat* corda *f* vocale: **seine Stimmbänder strapazieren**, sforzare le corde vocali.

stimmberechtigt *adj* avente diritto al voto: **~ sein**, avere il diritto di voto.

Stimmberechtigte <*dekl wie adj*> *mf* avente *mf* diritto al voto, votante *mf*.

Stimmbezirk *m* → **Wahlbezirk**.

Stimmbruch *m* muta *f* della voce: **im ~ sein**, cambiare voce.

Stimmbürger *m* (**Stimmbürgerin** *f*) *CH* cittadino (-a) *m* (*f*) con diritto di voto, votante *mf*.

Stimme① <-, *-n*> *f* **1** (*Lautäußerung*) voce *f*; {+TIER} *auch* verso *m*; {+VOGEL} voce *f*, canto *m*, verso *m*: **die ~ heben/senken**, alzare/abbassare la voce; **mit halber/leiser ~**, a mezza/bassa voce, sottovoce; **mit lauter ~**, ad alta voce; **mit schwacher/[kaum hörbarer] ~**, con un filo di voce; **mit unterdrückter/ zitternder ~**, con voce sommessa/tremante; **gut bei ~ sein**, essere in ₋[star bene di] voce; **nicht bei ~ sein**, non essere in voce **2** (*Gefühl*) **~ einer S.** (gen) {DES HERZENS, GEWISSENS, DER VERNUNFT} voce *f* di qc: **der ~ des Herzens/der Vernunft folgen**, ascoltare/seguire la voce ₋del cuore₋/[della ragione]; **die innere ~**, la voce interiore; **eine innere ~ sagte ihm, dass er sich nicht darauf einlassen dürfe**, una voce dentro di sé gli diceva di non farsi coinvolgere in quella fac-

cenda **3** *mus* (*Partie*) parte *f*; (*bei einem Lied*) voce *f*: **die erste/zweite ~ singen**, essere/fare la prima/seconda voce ● **seine ~ erheben** *geh* (*zu sprechen beginnen*), cominciare a parlare; **gegen jdn seine ~ erheben**, ₋alzare la voce₋/[fare la voce grossa] con/contro qu; **mit erhobener ~**, a voce alta, ad alta voce; **~n hören**, sentire le voci; **jdm versagt die ~** (**vor etw** *dat*) {VOR FREUDE}, qu rimane senza parole/fiato (per/da qc); {VOR SCHMERZ}, qu ammutolisce (per/da qc); **seine ~ verstellen**, contraffare la (propria) voce.

Stimme② <-, *-n*> *f* **1** (*Votum*) voto *m*, suffragio *m*: **abgegebene/gültige/ungültige ~**, voto espresso/valido/nullo; **seine ~ (für jdn/etw) abgeben**, **jdm/[einer Partei] seine ~ geben**, votare (per qu/qc), dare il proprio voto a qu/[un partito]; **sich der ~ enthalten**, astenersi dal voto; **eine/keine ~ haben** (*bei Wahlen*), avere/[non avere] diritto di voto; (*bei Entscheidungen*), avere/[non avere] voce in capitolo; **im Parlament keine ~ haben**, non essere rappresentato in parlamento; **alle ~n auf sich vereinigen**, raccogliere su di sé tutti i voti/consensi **2** (*Meinungsäußerung*) voce *f*: **die ~ ₋der Öffentlichkeit₋/[des Volkes]**, ₋l'opinione pubblica₋/[la voce del popolo]; **es werden zunehmend ~n laut, die sich gegen das Projekt aussprechen**, si levano sempre più voci contrarie al progetto; **jds ~ zählt/[gilt viel]**, il parere di qu conta/[conta molto].

stimmen① *itr* **1** (*zutreffen*) {ANGABEN, DARSTELLUNG, VERSION} essere giusto/esatto; {VERMUTUNG} *auch* essere fondato: **stimmt es, dass ...?**, è vero che ...?; **sie sagt, sie sei krank, aber das stimmt nicht**, dice di essere malata, ma non è vero **2** (*korrekt sein*) {BERECHNUNG, RECHNUNG} essere esatto/giusto: **die Zahlen ~ nicht**, le cifre non ₋sono esatte₋/[tornano] ● (**das) stimmt!**, (è) vero!, giusto!; (*du hast Recht*), hai ragione!; **bei jdm/etw stimmt** (*einfach*) **alles**, qu/qc è perfetto; **da/hier stimmt** (**doch**) **was nicht!**, qui c'è qualcosa che non va/quadra *fam*/torna; **das *kann* unmöglich/[doch nicht/niemals] ~!** (*das kann nicht wahr sein!*), non può essere (vero)!; (*nicht richtig sein*) {RECHNUNG}, non può ₋essere giusto₋/[tornare]!; **mit jdm/etw stimmt etwas nicht**, qu/qc ha qualcosa che non va; **stimmt's, oder hab' ich recht?** *fam scherz*, è giusto o mi sbaglio?, ho ragione o no?; **stimmt so/schon!** *fam* (*zur Bedienung*), va bene così!

stimmen② A *tr* **1** (*in eine Stimmung versetzen*) **jdn irgendwie ~** rendere *qu* + *adj*: **jdn fröhlich/heiter/traurig ~**, mettere allegria/tristezza a qu, rendere qu allegro (-a)/triste, rallegrare/rattristare qu; **solche Musik stimmt mich traurig**, questo tipo di musica mi mette tristezza; **das stimmte mich nachdenklich** (*gab mir zu denken*), questo mi ₋fece riflettere₋/[dette da pensare]; (*da versank ich in Gedanken*) questo mi mise malinconia **2** *mus* **etw ~** {GITARRE, KLAVIER} accordare *qc* B *itr mus* accordare gli strumenti C *unpers*: **es stimmt traurig/wehmütig, dass ...**, mette tristezza/malinconia il fatto che ... *konjv*; **es stimmt nachdenklich, dass ...**, (il fatto) che ... *konjv* dà da pensare.

stimmen③ *itr* **für jdn/etw ~** votare *per*/[a favore di] *qu/qc*; **gegen jdn/etw ~** votare contro *qu/qc*: **mit Ja/Nein ~**, votare sì/no.

Stimmenanteil *m* percentuale *f* di voti.

Stimmenauszählung *f pol* spoglio *m* ₋dei voti₋/[delle schede].

Stimmenfang *m fam*: **auf ~ gehen**, andare a caccia di voti.

Stimmengewirr <-s, ohne pl> n brusio m.
Stimmengleichheit f parità f di voti.
Stimmenkauf m compravendita f di voti: **dieser Politiker konnte seinen Sitz im Parlament nur durch ~ sichern**, questo politico si è potuto assicurare un seggio in parlamento solo grazie al voto di scambio.
Stimmenmehrheit f maggioranza f di voti.
Stimmenthaltung f 1 <nur sing> (*Verzicht auf die Stimmabgabe*) astensione f (dal voto): **~ üben**, astenersi dal voto 2 (*neutrales Votum*) scheda f bianca.
Stimmgabel f *mus* diapason m, corista m.
stimmhaft *ling* **A** adj {AUSSPRACHE, KONSONANT, LAUT} sonoro **B** adv: **das S ~ aussprechen**, pronunciare una esse sonora.
stimmig adj: **(in sich) ~ sein** {SYSTEM}, essere logico; {ARGUMENTATION, SCHLUSSFOLGERUNG} *auch* tenere, reggere.
Stimmlage f *mus* registro m.
stimmlos *ling* **A** adj {AUSSPRACHE, KONSONANT, LAUT} sordo **B** adv: **das S ~ aussprechen**, pronunciare una esse sorda.
Stimmrecht n diritto m di/al voto.
Stimmung <-, -en> f 1 (*Gemütslage einer Person*) umore m: **(in) guter/schlechter ~ sein**, essere di buon/cattivo umore; **(in) gehobener ~ sein**, essere su (di morale); **gedrückter ~ sein**, essere giù (di morale); **wie ist heute seine ~?**, di che umore è oggi?; **ich traf ihn in miserabler ~ an**, lo trovai di pessimo umore 2 <nur sing> (*Atmosphäre in einer Gruppe*) atmosfera f, clima m, aria f: **die ~ bei uns zu Hause ist äußerst gespannt**, a casa nostra c'è ⌊un clima molto teso⌋/[un'aria molto pesante] *fam*; **wir hatten eine tolle ~**, eravamo tutti (-e) molto allegri (-e), c'era una grande allegria; **die ~ unter den Arbeitern/Soldaten wird von Tag zu Tag schlechter**, ⌊fra gli operai il malumore aumenta⌋/[il morale delle truppe peggiora] di giorno in giorno 3 (*öffentliche Einstellung*) umori m pl: **die ~ ⌊unter den Wählern⌋/[in der Bevölkerung] sondieren**, sondare gli umori ⌊degli elettori⌋/[della gente]; **die (öffentliche) ~ war für den Kandidaten**, l'opinione pubblica era a favore del candidato 4 (*Wirkung*) suggestività f, atmosfera f: **die ~ eines Sonnenuntergangs**, la suggestività/[l'atmosfera suggestiva] di un tramonto; **etw strahlt eine feierliche ~ aus**, qc emana un'atmosfera solenne • **jdn in ~ bringen**, mettere qu di buon umore; **mit seinen witzigen Einfällen brachte der Diskjockey die Leute erst richtig in ~**, con le sue battute spiritose il disc-jockey riuscì a ⌊(ri)scaldare l'atmosfera⌋/[far andare su di giri la gente] *fam*; **in ~ kommen**, scaldarsi *fam*; **für jdn/etw ~ machen**, fare propaganda/pubblicità per qu/qc; **gegen jdn/etw ~ machen**, fare propaganda contro qu/qc; **nicht in ~ sein**, non essere in vena, essere giù (di morale/tono); **nicht in der ~ sein, etw zu tun**, non essere/sentirsi in vena di fare qc; **nicht in der richtigen ~ sein, etw zu tun**, non essere nello spirito giusto per fare qc; **für ~ sorgen**, creare un'atmosfera allegra, ravvivare l'atmosfera; **jdm die ~ verderben**, guastare la festa a qu.
Stimmungsaufheller m *med pharm* antidepressivo m.
Stimmungsbarometer n: **das ~ steht auf null** *fam* (*auf einem Fest*), non c'è atmosfera; (*in der Bevölkerung*) il morale è a terra *fam*; **das ~ steigt**, l'atmosfera si ravviva.
Stimmungsbild n: **ein ~ von etw (dat) geben**, descrivere/rendere l'atmosfera di qc.

Stimmungskanone f *fam* compagnone m, mattatore m.
Stimmungsmache <-, ohne pl> f *fam pej* propaganda f.
Stimmungsmensch m persona f umorale.
Stimmungsschwankung f <meist pl> sbalzo m d'umore.
Stimmungsumschwung m cambiamento m d'umore; *pol* brusco spostamento m dell'opinione pubblica.
stimmungsvoll adj {GEDICHT, GEMÄLDE, SCHILDERUNG} suggestivo, pieno/ricco d'atmosfera.
Stimmvieh n *fam pej* serbatoio m di voti.
Stimmwechsel m → **Stimmbruch**.
Stimmzettel m scheda f elettorale.
Stimulans <-, Stimulanzien oder Stimulantia> n *pharm* stimolante m.
Stimulation <-, ohne pl> f → **Stimulierung**.
stimulieren <ohne ge-> tr 1 *geh* (*anspornen*) **jdn ~** stimolare qu; **jdn zu etw** (dat) **~** stimolare qu a (fare) qc, incitare qu a (fare) qc: **sein Erfolg als Journalist hat ihn zum Schreiben eines Buches stimuliert**, i suoi successi giornalistici lo hanno stimolato a scrivere un libro 2 (*sexuell reizen*) **jdn ~** eccitare qu 3 *med* **etw ~** stimolare qc.
Stimulierung <-, ohne pl> f *geh* stimolazione f.
Stinkbombe f bombetta f puzzolente.
Stinkefinger m *fam* (*beleidigende, obszöne Geste*) gesto m del dito medio alzato: **jdm den ~ zeigen**, mostrare il dito medio a qu.
stinken <stinkt, stank, gestunken> **A** itr 1 (*unangenehm riechen*) (**nach etw** dat) **~** {NACH FAULEN EIERN, FISCH} puzzare (di qc): **der Fisch stank zum Erbrechen**, il pesce puzzava da dare il voltastomaco; **jd stinkt aus dem Mund ~**, qu ha l'alito cattivo, a qu puzza il fiato/l'alito 2 *fam* (*etw im Übermaß haben*): **vor Faulheit ~**, essere pigro da fare schifo; **nach Geld ~**, essere ⌊ricco da fare schifo⌋/[pieno di soldi] 3 *fam* (*zuwider sein*) **jdm ~** rompere a qu *fam*, rompere ⌊le scatole *fam*⌋/[le palle *slang*]/[il cazzo *vulg*] a qu, stare sul culo a qu *vulg* 4 *fam* (*aussehen*) **nach etw ~** {NACH BESTECHUNG, VERRAT} puzzare di qc **B** unpers 1 (*unangenehm riechen*): **es stinkt (nach etw** dat), c'è puzzo (di qc) 2 *fam* (*zuwider sein*): **jdm stinkt es (, etw tun zu müssen)**, qu è stufo⌋/[si è rotto (le scatole *fam*/le palle *slang*)] (di dover fare qc); **mir stinkt's**, ne ho le scatole *fam*/tasche *fam*/palle *slang* piene, mi sono rotto (-a) (il cazzo *vulg*) 3 *fam* (*Verdacht erregen*): **an etw** (dat) **stinkt etwas** {AN EINEM GESCHÄFT, EINER SACHE}, c'è qualcosa ⌊che puzza⌋/[di losco] in qc.
stinkend adj puzzolente, fetido, fetente.
Stinker m *fam pej* 1 (*Person, die stinkt*) puzzone m 2 (*Schimpfwort für einen Mann*) fetente m.
stinkfaul adj *fam pej* pigro da far schifo.
stinkfein adj *fam pej* snob.
stinkig adj *fam pej* 1 (*stinkend*) puzzolente, fetido 2 (*verärgert*) incavolato *fam*, incazzato *slang*.
stinklangweilig adj *fam pej* pallosissimo *slang*, noioso da morire *fam*.
stinknormal adj *fam* normalissimo: **ein ~er Typ sein**, essere un tipo qualsiasi/qualunque/[come un altro].
stinkreich adj *fam* ricco ⌊da fare schifo *fam*⌋/[sfondato].
stinksauer adj *fam* incavolato *fam*/incaz-

zato *slang* nero/[come una bestia].
Stinkstiefel m *slang pej* rompiscatole m *fam*.
Stinktier n *zoo* moffetta f, puzzola f americana.
stinkvornehm adj → **stinkfein**.
Stinkwut f *fam*: **eine ~ (im Bauch) haben**, essere incavolato *fam*/incazzato *slang* nero; **eine ~ auf jdn haben**, essere incavolato *fam*/incazzato *slang* nero con qu.
Stipendiat <-en, -en> m (**Stipendiatin** f) borsista mf.
Stipendium <-s, Stipendien> n borsa f di studio.
stippen tr *norddt* **etw in etw** (akk) **~** intingere qc in qc, inzuppare qc in qc.
Stippvisite f *fam* visitina f, capatina f *fam*: **bei jdm eine ~ machen**, fare una visitina a qu.
stirbt 3. pers sing präs von **sterben**.
Stirn <-, -en> f fronte f: **eine fliehende/hohe ~**, una fronte sfuggente/alta; **die ~ runzeln, die ~ in Falten legen**, corrugare/affrondare/aggrottare/increspare la fronte • **jdm/etw die ~ bieten**, tener fronte/testa a qu, far fronte a qc; **da kann man sich (dat) nur an die ~ fassen/greifen**, (c')è (proprio) da mettersi le mani nei capelli; **die ~ haben/besitzen, etw zu tun**, avere la ⌊faccia (tosta)⌋/[sfrontatezza]/[sfacciataggine] di fare qc; **über jdn/etw die ~ runzeln**, storcere il naso davanti a qu/qc; **sich an/vor die ~ schlagen, sich an die ~ tippen**, battersi la fronte; **etw steht jdm auf der ~ geschrieben** *geh* {DAS SCHLECHTE GEWISSEN, EINE LÜGE}, qu ha/porta qc stampato (-a)/scolpito (-a) in fronte, a qu si legge qc in fronte/faccia; **jdm steht auf der ~ geschrieben, dass ...**, c'è l'ha scritto/stampato ⌊in fronte⌋/[sul viso] che ...
Stirnband <-(e)s, Stirnbänder> n fascia f (per i capelli).
Stirnfalte f ruga f sulla fronte.
Stirnglatze f fronte f calva.
Stirnhöhle f *anat* seno m frontale.
Stirnhöhlenentzündung f *med*, **Stirnhöhlenvereiterung** f *med* sinusite f.
Stirnlocke f ricciolo m sulla fronte.
Stirnrunzeln <-s, ohne pl> n corrugamento m/aggrottamento m della fronte, cipiglio m.
stirnrunzelnd **A** adj che aggrotta/corruga la fronte **B** adv aggrottando/corrugando la fronte.
Stirnseite f fronte f, parte f anteriore; *arch* auch facciata f.
stob 1. und 3. pers präs imperf von **stieben**.
stöbern itr *irgendwo* (**nach etw** dat) **~** {AUF DEM DACHBODEN, IM KELLER, IN DEN SCHUBLADEN NACH ALTEN SACHEN} frugare in qc (alla ricerca di qc), rovistare (in) qc (alla ricerca di qc).
stochern itr (**mit etw** dat) **in etw** (dat) **~** smuovere qc (con qc); {IM FEUER} attizzare qc (con qc); **im Essen ~**, razzolare nel piatto; **in den Zähnen ~**, stuzzicarsi i denti.
Stock[1] <-(e)s, Stöcke> m 1 (*Holzstange*) bastone m; (*Spazierstock*) bastone m (da passeggio); (*Krückstock*) gruccia f, stampella f; (*Billardstock*) stecca f (da biliardo); (*Rohrstock*) canna f; (*Skistock*) racchetta f, bastoncino m; (*Taktstock, Zeigestock*) bacchetta f 2 *bot* (*strauchartige Pflanze*) pianta f; (*Rebstock*) vite f, vitigno m; (*Rosenstock*) rosa f, rosaio m: **diesen Winter sind im Rosengarten einige Stöcke erfroren**, quest'inverno il freddo ha bruciato alcune piante del roseto • **am ~ gehen** (*auf den ~ gestützt gehen*), camminare col bastone; *fam* (*sehr krank*

sein), reggere l'anima coi denti *fam*; *fam (kein Geld haben)*, essere sulle grucce *fam*; **über ~ und Stein** {LAUFEN, SPRINGEN}, per monti e per valli; **er stand da, als hätte er einen ~ verschluckt**, se ne stava lì dritto come se avesse ingoiato un palo/[manico di scopa]; **(steif)** *wie ein* ~ {DASITZEN, DASTEHEN}, rigido come un palo.

Stock② <-(e)s, - oder -werke> *m arch* piano *m*: **im ersten/zweiten ~ wohnen**, abitare al primo/secondo piano; **das Gebäude hat drei Stockwerke**, l'edificio ha tre piani.

stockbesoffen *adj fam*, **stockbetrunken** *adj fam* ubriaco fradicio *fam*.

Stockbett *n* → **Etagenbett**.

Stöckchen *n dim von* Stock bastoncino *m*, bacchetta *f*; (*kleiner Zweig*) ramoscello *m*.

stockdumm *adj fam* arcistupido *fam*: ~ **sein**, essere un idiota patentato *fam*.

stockdunkel *adj fam*, **stockduster** *adj fam* buio pesto *fam*.

Stöckelabsatz *m* tacco *m* a spillo.

stöckeln *itr* <sein> *fam* camminare sui tacchi a spillo.

Stöckelschuh *m* scarpa *f* con tacco a spillo.

stocken *itr* **1** (*innehalten*) interrompersi; **bei/in etw** (dat) ~ {BEIM LESEN, IN DER REDE, IM SATZ} interrompere (bruscamente) *qc*; {BEIM SCHREIBEN, SPRECHEN} interrompersi (improvvisamente) *nel fare qc* **2** (*stillstehen*) {ABWICKLUNG, ARBEITEN} essersi interrotto; {PRODUKTION} *auch* aver subito una battuta d'arresto; {VERHANDLUNGEN} aver subito una battuta d'arresto, essersi incagliato/arenato, procedere a singhiozzo; {GESPRÄCH} languire, arenarsi; {VERKEHR} essersi incagliato, ristagnare, muoversi a singhiozzo; {PULS, HERZ} arrestarsi, fermarsi: **ihm stockte der Atem**, gli mancò il respiro **3** <haben oder sein> *süddt A CH* (*gerinnen*) {MILCH} diventare acido, inacidire: **das Blut stockte ihm in den Adern**, gli si (rag)gelò il sangue nelle vene ● **ins Stocken geraten/kommen** {DISKUSSION, GESPRÄCH, UNTERHALTUNG}, cominciare a languire; {VERHANDLUNGEN}, subire una battuta d'arresto.

stockend A *adj* {GESPRÄCH} che langue: **~er Verkehr**, rallentamenti B *adv* {ANTWORTEN, SPRECHEN} con esitazione; {VORANKOMMEN} a singhiozzo/rilento/stento.

stockfinster *adj* → **stockdunkel**.

Stockfisch *m gastr* stoccafisso *m*; (*gesalzen*) baccalà *m*.

Stockfleck *m* macchia *f* di umido/muffa.

Stockhieb *m* colpo *m* di bastone, bastonata *f*, legnata *f fam*, randellata *f*.

Stockholm <-s, ohne pl> *n geog* Stoccolma *f* ● **~-Syndrom** *psych*, sindrome *f* di Stoccolma.

Stockholmer *m* (**Stockholmerin** *f*) abitante *mf* di Stoccolma.

stockkatholisch *adj* arcicattolico, cattolico fino al midollo, cattolicissimo.

stockkonservativ *adj* ultraconservatore, arciconservatore.

stocknüchtern *adj fam* completamente sobrio; **er war plötzlich ~**, gli passò subito la sbronza *fam*.

stocksauer *adj fam* incavolato *fam*/incazzato *slang* nero/[a morte]/[come una bestia] *fam*; **auf jdn ~ sein**, essere incavolato *fam*/incazzato *slang* nero con qu.

Stockschirm *m* ombrello *m* a bastone.

Stockschlag *m* → **Stockhieb**.

stocksteif *fam* A *adj* {GANG, HALTUNG} rigidissimo: **er saß in ~er Haltung auf seinem Stuhl**, stava seduto sulla sedia rigido come

un bastone/palo; {BENEHMEN} freddissimo, glaciale B *adv* {DASITZEN, DASTEHEN} rigido (-a) come un bastone/palo.

stocktaub *adj fam* sordo come una campana *fam*.

Stockung <-, -en> *f* {+DISKUSSION, GESPRÄCH} interruzione *f*, arresto *m*; {+VERHANDLUNGEN} *auch* battuta *f* d'arresto, arenamento *m*; {+PRODUKTION} battuta *f* d'arresto, ristagno *m*; {+VERKEHR} rallentamento *m*, congestione *f*; {+BLUT} ristagno *m*: **ohne ~en** {ETW BEENDEN, VERLAUFEN}, senza interruzioni/intoppi.

Stockwerk *n* piano *m*: **im obersten/untersten ~**, all'ultimo piano/[al pianterreno].

Stoff① <-(e)s, -e> *m* (*Gewebe*) stoffa *f*, tessuto *m*: **ich suche einen einfarbigen/gemusterten ~ für ein Kleid**, sto cercando un tessuto/una stoffa a tinta unita/[fantasia] per un vestito; **einen ~ für etw** (akk)/[zu etw (dat)] **zuschneiden** {FÜR EINEN/ZU EINEM MANTEL, ROCK}, tagliare una stoffa per *qc*; **etw mit ~ bespannen/beziehen**, ricoprire/rivestire *qc* di/[con (della)] stoffa.

Stoff② <-(e)s, -e> *m* **1** (*Material*) materiale *m*: ~ **für ein Buch/eine Doktorarbeit zusammenstellen**, raccogliere (il) materiale per un libro/[una tesi di laurea] **2** (*thematisches Material*) materia *f*, argomento *m*, tema *m*, soggetto *m*: **einen ~ bearbeiten**, lavorare su una materia/un argomento; **einen ~ beherrschen**, conoscere perfettamente una materia/un argomento; **einen ~ verfilmen**, adattare un soggetto per lo schermo/il cinema **3** *chem phys* (*Substanz*) materia *f*, sostanza *f*: **organische/pflanzliche/tierische ~e**, materie/sostanze organiche/vegetali/animali **4** <nur sing> *philos* materia *f* **5** <nur sing> (*Anregung*): ~ **für eine Diskussion/ein Gespräch bieten/geben/liefern**, fornire l'argomento/[dare/fornire lo spunto] per una discussione/conversazione; **ihr abenteuerliches Leben gäbe ~ für einen Roman**, sulla sua vita avventurosa si potrebbe scrivere un romanzo; **jdm ~ zum Nachdenken geben**, dare motivo di riflessione a qu **6** <nur sing> *slang* (*Rauschgift*) roba *f slang*; (*Alkohol*) alcol *m* ● **jdm geht der ~ aus** (*Gesprächsstoff*), qu è a corto di argomenti; (*Ideen für ein Buch oder Ä.*), a qu cominciano a mancare le idee; **aus anderem/demselben ~ (gemacht) sein**, essere fatto di un'altra/[della stessa] pasta.

Stoffbahn *f* (lunghezza *f* della) pezza *f*.

Stoffballen *m* balla *f* di stoffa.

Stoffel <-s, -> *m fam pej* cafoncello *m*.

stoffelig, **stofflig** *adj* maleducato.

Stofffetzen, **Stoff-Fetzen** *m* brandello *m*/pezzetto *m* di stoffa; (*zerlumpt*) straccio *m*, cencio *m*.

Stoffpuppe *f* bambola *f* di pezza.

Stoffrest *m* scampolo *m*, avanzo *m*/ritaglio *m* di stoffa.

Stoffsammlung *f* raccolta *f* di materiali.

Stofftier *n* animale *m* di pezza.

Stoffwechsel *m* <meist sing> metabolismo *m*, ricambio *m*.

Stoffwechselkrankheit *f med* malattia *f* del metabolismo/ricambio/[dismetabolica].

Stoffwechselstörung *f med* disturbo *m*/scompenso *m*/alterazione *f* del metabolismo: **sie leidet unter ~en**, soffre di dismetabolismo.

stöhnen *itr* gemere, lamentarsi: **warum stöhnst du so?**, che cos'hai da lamentarti in quel modo?; **«Auch das noch!», stöhnte er**,

«Ci mancava anche questa!», disse con voce lamentosa/[in tono lamentoso]; **über etw** (akk) ~ {ÜBER DIE SCHWERE ARBEIT, DIE SCHLECHTE BEHANDLUNG, DIE HITZE} lamentarsi di/per *qc*; **vor etw** (dat) ~ {VOR ANSTRENGUNG, SCHMERZ} mugolare *di qc*, gemere per *qc*; **sie stöhnte vor Lust**, mugolava/[emetteva gemiti] di piacere; **unter etw** (dat) ~ {UNTER DER STEUERLAST, DER TYRANNEI} gemere *sotto qc*; **unter der Hitze ~**, soffrire per il caldo.

Stöhnen <-s, ohne pl> *n* gemito *m*, lamento *m*, mugolio *m*: **unter ~**, gemendo, mugolando.

stöhnend *adj* {PATIENT, VERLETZTER} che geme; {STIMME} lamentoso, lagnoso: **~e Laute**, gemiti, mugolii.

Stoiker <-s, -> *m* (**Stoikerin** *f*) **1** *philos* stoico (-a) *m* (*f*) **2** *geh* (*gelassener Mensch*) stoico (-a) *m* (*f*).

stoisch *geh* A *adj* stoico: **mit ~er Gelassenheit/Ruhe**/[~ **im Gleichmut**], con stoicismo B *adv* {ETW ERTRAGEN, HINNEHMEN} stoicamente, con stoicismo; {SICH VERHALTEN} *auch* da stoico.

Stola <-, Stolen> *f* stola *f*.

Stollen① <-s, -> *m min* galleria *f*.

Stollen② <-s, -> *m gastr* "dolce *m* natalizio di forma allungata farcito con canditi, uvetta e mandorle".

Stollen③ <-s, -> *m* (*an Sportschuhen*) tacchetto *m*.

stolpern *itr* <sein> **1** (*zu fallen drohen*) (**über etw** akk) ~ inciampare (*in qc*), incespicare (*in qc*), inciampicare (*in qc*) *fam*: **er ist über einen Stein gestolpert**, è inciampato in un sasso; **über die eigenen Füße ~**, inciampare a ogni passo **2** (*als auffallend bemerken*) **über etw** (akk) ~ {ÜBER EINEN AUSDRUCK, EINE BEMERKUNG, EINEN NAMEN} bloccarsi *su qc*; (*an etw Anstoß nehmen*) scandalizzarsi *per qc* **3** (*seine Stellung verlieren*) **über jdn/etw ~** scivolare *su qc*: **er ist über die Geschichte mit dem Callgirl gestolpert**, lo ha fregato la storia con la [callgirl]/[ragazza squillo] *fam*.

Stolperstein *m* **1** (*Hindernis*) pietra *f* d')inciampo *m* **2** (*Gedenkplatte*) "placca *f* commemorativa di vittime dell'olocausto inserita nel pavimento stradale vicino alla loro vecchia abitazione".

stolz *adj* **1** (*von sich überzeugt*) {BLICK, MENSCH} orgoglioso, fiero, superbo: **sie ist zu ~, um sich so behandeln zu lassen**, è troppo orgogliosa per farsi trattare in questo modo; **er ist wohl zu ~, um zu grüßen?**, chi si crede di essere per non salutare?; **mit ~er Haltung**, a testa alta, con un atteggiamento orgoglioso **2** (*hocherfreut*) {MENSCH} contento, felice: **mit ~er Miene**, con aria soddisfatta/compiaciuta; **auf jdn/etw ~ sein**, essere/andare orgoglioso (-a)/fiero (-a) di qu/qc; **er ist sehr ~ auf seinen beruflichen Erfolg**, va molto fiero del suo successo professionale **3** (*imposant*) {BAU, BURG, SCHIFF} imponente, maestoso **4** *fam* (*beträchtlich*) {BETRAG, EINKOMMEN, SUMME} bello *fam*: **ein ~er Preis**, una bella cifra; **diese Bruchbude hat sie die ~e Summe von 200 000 Euro gekostet**, questa catapecchia le è costata la bellezza di 200 000 euro.

Stolz <-es, ohne pl> *m* **1** (*Selbstwertgefühl*) orgoglio *m*, fierezza *f*, amor *m* proprio: **auch ich habe meinen ~**, ho anch'io il mio orgoglio; **überhaupt keinen ~ haben**, non avere neanche un briciolo/po' di orgoglio; **aus falschem/verletztem ~**, per un malinteso senso dell'orgoglio/[orgoglio ferito]; **jds ~ verletzen**, ferire l'orgoglio di qu/[qu nell'orgoglio] **2** *pej* (*Hochmut*) orgoglio m, superbia f **3** (*Zufriedenheit*) ~ (**auf jdn/etw**) orgoglio m (*per qu/qc*): **jds ganzer/größter ~ sein**, essere il ˌgrande orgoglioˌ/[maggior vanto] di qu.

stolzgeschwellt *adj geh:* **mit ~er Brust**, con il petto gonfio d'orgoglio, tutto impettito.

stolzieren <ohne ge-> *itr* <sein> **durch etw** (akk) ~ camminare impettito (-a)/tronfio (-a) *per qc*, attraversare *qc* impettito (-a)/tronfio (-a); *in etw* (akk) ~ entrare *in qc* impettito (-a)/tronfio (-a); **vor jdm auf und ab ~**, pavoneggiarsi davanti a qu.

stop *interj* (*auf Verkehrsschild*) stop!, alt!

Stop a.R. *von* Stopp → **Stopp** 3.

Stop-and-go-Verkehr m traffico m a singhiozzo.

Stopball a.R. *von* Stoppball → **Stoppball**.

stopfen A *tr* **1** (*hineinzwängen*) **etw in etw** (akk); {KLEIDER IN DEN KOFFER, GEGENSTÄNDE IN DIE TASCHE} cacciare *qc in qc fam*, ficcare *qc in qc fam*; {HEMD IN DIE HOSE} infilare *qc in qc* **2** (*füllen*) **etw** (mit **etw** dat) ~ riempire *qc con qc*; {PFEIFE} *auch* caricare *qc*; {KISSEN} imbottire *qc* (*con qc*): **das Kissen ist zu prall gestopft**, il cuscino è troppo gonfio/imbottito; {LOCH IN DEN FINANZEN, DER WAND, RITZE IN DER MAUER} tappare *qc* (*con qc*); **eine Gans ~**, ingozzare/ingrassare un'oca **3** (*ausbessern*) **etw** ~ {LOCH, SOCKEN} rammendare *qc* B *tr* **1** (*flicken*) rammendare, fare rammendi **2** (*sättigen*) {KARTOFFELN, SAHNETORTE} riempire, saziare **3** (*die Verdauung erschweren*) {SCHOKOLADE} costipare, causare/dare fare stitichezza C *rfl* (*hineinzwängen*) **sich** (dat) **etw in etw** (akk) ~ cacciarsi *qc in qc fam*, ficcarsi *qc in qc fam*: **sich einen Bissen in den Mund ~**, ficcarsi un boccone in bocca; **sich Watte in die Ohren ~**, turarsi/tapparsi le orecchie con il cotone (idrofilo); **stopf dir mal das Hemd in die Hose!**, infilati la camicia nei pantaloni!

Stopfen m *region* → **Pfropfen**, **Stöpsel**.

Stopfgarn n filo m da rammendo.

Stopfnadel f ago m da rammendo.

stopp! *interj* alt!, fermo!

Stopp <-s, -s> m **1** *autom* (*Halt*) fermata f, sosta f: **ohne ~ über alle Ampeln fahren können**, poter passare tutti i semafori senza fermarsi; **einen ~ einlegen**, fare una sosta (durante un viaggio in macchina) **2** *ökon* {+EXPORT, GEHÄLTER, IMPORT, LIEFERUNGEN, LÖHNE, PREISE} blocco m, congelamento m **3** *Tennis Tischtennis* → **Stoppball**.

Stoppball m *Tennis Tischtennis* smorzata f.

Stoppel <-, -n> f **1** <*meist* pl> (*Getreidestoppel*) stoppia f **2** (*Bartstoppel*) pelo m (della barba) ispido.

Stoppelbart m barba f ispida/irsuta.

Stoppelfeld n campo m di stoppie.

Stoppelhaar n capelli m pl a spazzola.

stoppelig, **stopplig** *adj* {KINN} irsuto; {BART} *auch* ispido.

stoppen A *tr* **1** (*anhalten*) **jdn/etw** ~ {FAHRER} fermare *qu/qc*; {FAHRZEUG, MASCHINE, ZUG} *auch* arrestare *qc* **2** (*zum Stillstand bringen*) **etw** ~ {EINSTELLUNG VON ARBEITSKRÄFTEN, PROJEKT, VORHABEN} bloccare *qc*, fermare *qc*; {ENTWICKLUNG, PRODUKTION} *auch* arrestare *qc*; {GEHÄLTER, LÖHNE, PREISE} bloccare *qc*, congelare *qc* **3** *sport* (*Zeit nehmen*) **jdn/etw** ~ {FAHRER, LÄUFER, SCHWIMMER, JDS ZEIT} cronometrare *qu/qc* **4** *sport Fußball* (*unter Kontrolle bringen*) **jdn/etw** ~ {GEGNER} fermare *qu*; {BALL} stoppare *qc*; *Boxen* {GEGNER} parare l'attacco *di qu*; {SCHLAG} parare *qc* B *itr* **1** (*anhalten*) (**vor etw** dat) ~ {FAHRER} fermarsi (*davanti a qc*); {FAHRZEUG} *auch* arrestarsi (*davanti a qc*) **2** *fam* (*trampen*) fare l'autostop.

Stopper <-s, -> m **1** *Fußball* stopper m **2** (*Bremsvorrichtung*) (**an** Skiern) ski-stopper m; (**an** Rollschuhen) freno **3** *naut* (*zum Festmachen der Ankerkette*) stopper m, arrestatoio m; (*Fallenstopper*) strozzascotte m.

Stopplicht n *autom* → **Bremslicht**.

stopplig *adj* → **stoppelig**.

Stoppschild n *autom* (ˌcartello m delloˌ/[segnale di]) stop m: **ein ~ überfahren**, non fermarsi allo stop.

Stoppstraße f *autom* strada f senza diritto di precedenza.

Stoppuhr f cronometro m.

Stöpsel <-s, -> m **1** (*Pfropfen*) {+BADEWANNE, WASCHBECKEN} tappo m **2** *fam* (*Knirps*) ometto m *fam*.

stöpseln *tr* **etw in etw** (akk) ~ {STECKER IN DIE STECKDOSE} mettere *qc in qc*, infilare *qc in qc*.

Stör <-(e)s, -e> m *fisch* storione m.

störanfällig *adj tech* soggetto ˌai disturbiˌ/[alle interferenze]; {+KERNKRAFTWERK} a rischio.

Storch <-(e)s, Störche> m *ornith* cicogna f: **Störche klappern**, le cicogne schiamazzano ● **wie der ~ im Salat gehen** *fam*, camminare (come) sui trampoli.

Storchennest n nido m di cicogne.

Storchin f *ornith* cicogna f femmina, femmina f della cicogna.

Store <-s, -s> m *oder bes.* CH <-, -n> f (*Vorhang*) tenda f (trasparente).

stören A *tr* **1** (*hindern*) **jdn** (**bei etw** dat) ~ disturbare *qu* (*in*/[*mentre*/*quando fa*] *qc*): **ich störe dich jetzt ungern, aber ...**, ˌmi dispiaceˌ/[non vorrei] disturbarti adesso ma ...; **entschuldigen Sie, wenn ich Sie bei der Arbeit störe, aber ...**, mi scusi se La disturbo mentre lavora ma ...; **die Musik stört mich beim Lesen**, la musica mi disturba/ [dà fastidio/noia] mentre/quando leggo **2** (*unterbrechen*) **etw** (**durch etw** akk) ~ {REDE, UNTERRICHT, VERANSTALTUNG} disturbare *qc* (*con qc*); {FEIER, HANDLUNGSABLAUF, PROZESS} *auch* turbare *qc* **3** (*belästigen*) **jdn** ~ {LÄRM, LAUTE MUSIK, JDS RAUCHEN} disturbare *qu*, dare fastidio/noia *a qu*, infastidire *qu*: **mach das Fenster zu, der Straßenlärm stört mich!**, chiudi la finestra, il rumore della strada mi dà fastidio! **4** (*beeinträchtigen*) **etw** ~ {RADIO-, FERNSEHEMPFANG, LEITUNG} disturbare *qc*; {FRIEDEN, ÖFFENTLICHE ORDNUNG, JDS RUHE} *auch* turbare *qc* **5** (*nicht gefallen*): **etw stört jdn** (**an jdm**) {EIGENART, VERHALTEN}, qc (in/di qu) ˌdà fastidio aˌ/[infastidisce] qu: **was mich an ihm stört, ist seine dauernde Nörgelei**, quello che mi dà fastidio in lui è il suo continuo criticare; **etw stört jdn** (**an etw** dat) {DETAIL, ZIERRAT AN EINER FASSADE, FORMULIERUNG; TON AN EINEM BRIEF, VERTRAG}, qc ˌdà fastidio aˌ/ [infastidisce] qu (*in qc*); **es stört jdn, wenn jd etw tut**, a qu dà fastidio/noia se qu fa qc; **stört es Sie, wenn ich rauche?**, Le ˌdà fastidioˌ/[dispiace/[scoccia *fam*] se fumo? B *tr* **1** (*unterbrechen*) disturbare, essere di disturbo: **störe ich?**, disturbo?; **darf ich einen Augenblick ~?**, posso disturbare un attimo?; **entschuldigen Sie, wenn ich störe!**, scusi il disturbo, mi scusi se La disturbo; **der Schüler stört**, lo scolaro ˌdisturba (i compagni)ˌ/[crea scompiglio in classe] **2** (*lästig sein*) (**bei etw** dat) ~ {LÄRM, MUSIK BEI DER ARBEIT, BEIM LESEN} disturbare/ [dare fastidio] (*quando si fa qc*): **hau ab, du störst!** *fam*, vattene, (mi) dai noia! *fam* **3** (*unangenehm auffallen*) (**irgendwo**)

{GROßE NASE IM GESICHT} disturbare (+ *compl di luogo*); {ÜBERFLÜSSIGER ZIERRAT AN DER FASSADE; DIALEKT BEIM SPRECHEN} *auch* dare fastidio (+ *compl di luogo*) C *rfl fam* (*als negativ empfinden*) **sich an etw** (dat) ~ {AN EINEM DETAIL, EINER KLEINIGKEIT, JDS VERHALTEN} provare fastidio *per qc*, formalizzarsi *per qc* ● **bitte nicht ~!**, si prega di non disturbare!, non disturbare (prego)!; **sich nicht ~ lassen**, non disturbarsi; **lass dich nicht ~!, lassen Sie sich nicht ~!**, non disturbarti/incomodarti!, non ˌsi disturbiˌ/[s'incomodi!]; **lass dich durch mich nicht ~!**, non disturbarti per me!; **sich durch nichts ~ lassen**, non farsi né in qua né in là *fam*, non scomporsi minimamente; **das stört mich nicht, das soll mich nicht weiter ~**, (questo) non mi preoccupa più di tanto; *wen* **stört das?**, chi se ne frega! *fam*; **nicht länger ~ wollen**, togliere il disturbo.

störend *adj* fastidioso, seccante: **eine ~e Begleiterscheinung**, un effetto secondario indesiderato; **ein ~er Umstand**, un inconveniente; **etw als ~ empfinden**, provare fastidio per qc.

Störenfried <-(e)s, -e> m *fam* rompiscatole m *fam*, rompiballe m *fam*, scocciatore (-trice) m (f), seccatore (-trice) m (f); (*bes. der öffentlichen, politischen Ordnung*) contestatore (-trice) m (f).

Störer m (**Störerin** f) disturbatore (-trice) m (f).

Störfaktor m fattore m/elemento m di disturbo.

Störfall m (*im Kernkraftwerk*) incidente m.

Störgeräusch n *radio tel TV* disturbo m, interferenza f, fruscio m.

Störmanöver n azione f di disturbo.

Storni pl *von* Storno.

stornieren <ohne ge-> *tr* **etw** ~ **1** *com* (*rückgängig machen*) {AUFTRAG, BESTELLUNG} stornare *qc*; {FLUG, REISE} annullare *qc*, cancellare *qc* **2** *bank com* (*rückbuchen*) {BUCHUNG, GUTSCHRIFT} stornare *qc*.

Stornierung <-, -en> f {+AUFTRAG, BESTELLUNG} cancellazione f, annullamento m; {+BETRAG, GUTSCHRIFT} storno m; {+FLUG, REISE} *auch* annullamento m, cancellazione f.

Storno <-s, Storni> m *oder* n **1** (*das Rückgängigmachen*) {+AUFTRAG, BESTELLUNG} storno m, annullamento m; {+FLUG, REISE} annullamento m della prenotazione; **bei einem ~**, in caso di annullamento **2** *bank com* (*Rückbuchung*) {+BUCHUNG, GUTSCHRIFT} storno m.

Stornogebühr f penalità f.

störrisch *adj* {ESEL} cocciuto, testardo; {MENSCH} *auch* caparbio; {KIND} cocciuto, testardo, caparbio, ribelle, ricalcitrante; {PFERD} ribelle, restio; {HAAR} ribelle.

Störschutz m *radio* protezione f antidisturbi.

Störsender m *radio* stazione f disturbatrice, trasmettitore m di jamming.

Störung <-, -en> f **1** (*Unterbrechung*) {+FEST, VERANSTALTUNG, VORTRAG} disturbo m; {+RUHE, ORDNUNG} *auch* turbamento m: **bitte keine ~, ich bin in einer Besprechung**, che non mi disturbi nessuno, sono in riunione; **während der Demonstration kam es zu ~en**, durante la dimostrazione si verificarono degli incidenti; **ich verbitte mir jegliche ~ bei der Arbeit!**, non tollero che mi si disturbi durante il lavoro! **2** *radio tel TV* disturbo m, interferenza f **3** (*technischer Defekt*) guasto m: **infolge technischer ~en**, ˌin seguito aˌ/ [per] guasti tecnici; **eine ~ beheben/beseitigen**, riparare un guasto **4** *med* disturbo m, disfunzione f: **gesundheitliche/nervöse ~en**, ˌproblemi di saluteˌ/[disturbi nervosi]

5 *meteo* perturbazione f: **atmosphärische ~en**, perturbazioni atmosferiche.
störungsfrei [A] adj **1** *radio* senza interferenze/disturbi **2** (*ohne Unterbrechung*) {ABWICKLUNG, VERLAUF} senza intoppi/problemi [B] adv {VERLAUFEN} senza intoppi/problemi.
Störungsstelle f *tel* (servizio m) segnalazione f guasti.
Story <-, -s> f fam **1** (*Film-, Romanhandlung*) storia f, trama f **2** (*unglaubwürdige Begebenheit*) storia f, storiella f: **die ˌkauf' ich dir nicht ab!**, raccontala a qualcun altro!, questa non la bevo!, non me la bevo questa!; **erzähl mir keine ~s!**, su, non raccontarmi storie/fandonie! **3** *journ* storia f, articolo m: **er sucht eine ~ fürs Titelblatt**, sta cercando una storia di richiamo per la prima pagina.
Stoß① <-es, Stöße> m **1** (*Schubs*) spinta f, spintone f; (*kräftiger ~*) colpo m, botta f; (*mit dem Messer*) *auch* coltellata f; (*mit dem Ellenbogen*) gomitata f; (*mit dem Kopf*) testata f; (*mit den Hörnern*) cozzo m, cornata f: **jdm einen ~ in die Rippen geben**, dare a qu un colpo/una botta nelle costole **2** *sport* (*Kugelstoß*) lancio m, tiro m **3** (*Erdstoß*) scossa f **4** (*ruckartige Bewegung: beim Schwimmen*) bracciata f; (*beim Rudern*) colpo m, palata f: **ein ~ der Wellen**, un colpo di mare **5** *med* (*hohe Dosis*) dose f (d')urto ● **jdm einen ~ versetzen**, dare un colpo/una mazzata *fam* a qu; **das hat mir einen richtigen ~ versetzt** (*hat mich sehr erschüttert*), è stato ˌun duro colpoˌ/ˌuna brutta mazzataˌ per me.
Stoß② <-es, Stöße> m (*Stapel*) ~ (+ *subst*/**von etw** dat pl) {(VON) AKTEN, BRIEFE, BÜCHER, WÄSCHE, ZEITUNGEN} pila f (*di qc*); {(VON) HOLZ} catasta f *di qc*.
Stoßband n, **Stoßborte** f *text* (*an Hosen*) battitacco m.
Stoßdämpfer m *autom* ammortizzatore m.
Stößel <-s, -> m pestello m.
stoßen <stößt, stieß, gestoßen> [A] tr <haben> **1** (*schubsen*) **jdn ~** (*unabsichtlich*) urtare *qu*; (*absichtlich*) spintonare *qu*, dare una spinta a *qu*; **jdn in etw** (akk) **~** {IN DEN BAUCH, DIE RIPPEN} colpire *qu* a *qc*; **jdn mit dem Ellbogen in die Rippen ~**, tirare/dare una gomitata nelle costole a qu; {IN DIE ECKE, INS HAUS, IN EINE ZELLE} spingere *qu in qc*; {IN WASSER} *auch* buttare/gettare *qu in qc*; **jdn aus etw** (dat) **~** {AUS DEM AUTO, DER TÜR} spingere *qu fuori da qc*; {AUS DEM FENSTER} buttare *qu giù da qc*; {AUS EINER GRUPPE, DER GESELLSCHAFT, EINEM VEREIN} espellere *qu da qc*, buttare *fuori qu da qc fam*; **jdn von etw** (dat) **~** {VOM DACH, VON DER LEITER, TREPPE} buttare *qu giù da qc*; **jdn vor etw** (akk) **~** {VOR EIN FAHRENDES AUTO, EINEN ZUG} spingere *qu sotto qc*; **jdn zur Seite ~**, spingere qu da (una) parte **2** (*hinein~*) **etw in etw** (akk) **~** {PFAHL IN DIE ERDE} piantare *qc in qc*, conficcare *qc in qc*; {MESSER IN DIE RIPPEN} *auch* cacciare *qc in qc* **3** *sport* **etw ~** {KUGEL} lanciare *qc*: **ein Gewicht ~**, sollevare un peso con lo slancio; **den Ball ins Tor ~**, tirare il pallone in porta **4** (*aufmerksam machen*) **jdn auf etw** (akk) **~**, far notare *qc* a qu **5** *CH* (*schieben*) **etw ~** spingere *qc* [B] itr **1** <sein> (*auftreffen*) **an etw** (dat) **~** (*andare a*) battere *contro qc*, urtare *contro qc*, cozzare *contro qc*: **der Raum ist so niedrig, dass man an die Decke stößt**, la stanza è talmente bassa che si batte (la testa) contro il soffitto; (**mit etw** dat) **gegen etw** (akk) **~** battere/picchiare/urtare *qc* (*con qc*) *contro qc*: **er ist mit dem Knie gegen die Tischkante gestoßen**, ha battuto/picchiato il ginocchio contro lo spigolo del tavolo; **aus Versehen stieß er mit der Hand ge-** gen das Glas, inavvertitamente urtò il bicchiere con la mano **2** <haben> (*zu~*) (**mit etw** dat) **nach jdm ~** {MENSCH MIT EINEM MESSER, EINEM STOCK} cercare di colpire *qu* (*con qc*): **der Stier stieß nach ihm**, il toro cercò di incornarlo; **mit etw** (dat) **gegen etw** (akk) **~** colpire *qc con qc*; **mit dem Fuß gegen etw ~**, dare un calcio a *qc*; **vor lauter Ärger stieß er mit dem Fuß gegen den Eimer**, dalla rabbia tirò un calcio al secchio **3** <haben> (*grenzen*) **an etw** (akk) **~** confinare *con qc*, essere adiacente/attiguo/contiguo a *qc* **4** <sein> (*direkt hinführen*) **auf etw** (akk) **~** {STRAßE AUF EINE NEBENSTRAßE, EINEN PLATZ} sboccare in *qc* **5** <sein> (*finden*) **auf etw** (akk) **~** {AUF FELS, LEHM, WASSER} incontrare *qc*, trovare *qc*: **ich bin geradeaus weitergefahren, ~ Sie direkt auf die Kirche**, andando sempre diritto si ritrova proprio davanti alla chiesa; (*zufällig*) {AUF EINEN SCHATZ} imbattersi in *qc*, scoprire *qc*, trovare *qc*; **auf jdn ~** imbattersi in *qu*, incontrare *qu* (per caso) **6** <sein> (*treffen*) **zu jdm/etw ~** raggiungere *qu/qc*, unirsi a *qu/qc* **7** <sein> (*konfrontiert werden*) **auf etw** (akk) **~** {AUF ABLEHNUNG, SCHWIERIGKEITEN, WIDERSTAND, ZUSTIMMUNG} incontrare *qc*: **auf Resonanz ~**, avere risonanza **8** <haben> *CH* (*drücken*) spingere [C] rfl <haben> **1** (*sich verletzen*) **sich** (**an etw** dat) **~** prendere un colpo, andare a (s)battere *contro qc*, urtare *contro qc*, cozzare *contro qc* **2** (*sich prellen*) **sich** (dat) **etw** (**an etw** dat) **~** {DEN ELLBOGEN, DAS KNIE, DEN KOPF AN DER TISCHKANTE, TÜR} battere *qc* (*contro qc*), picchiare *qc* (*contro qc*), urtare *qc* (*contro qc*) **3** (*Anstoß nehmen*) **sich an etw** (dat) **~** {AN JDS AUSSEHEN, BENEHMEN, AN EINER FORMULIERUNG} urtarsi per *qc*, irritarsi per *qc*: **an solchen Dingen stoße ich mich nicht**, non mi formalizzo per queste cose ● **jdn von sich** (dat) **~** (*weg~*), allontanare qu con una spinta; (*ver~*), respingere qu.
stoßfest adj {MATERIAL, UHR, VERPACKUNG} antiurto, resistente agli urti: **~ sein**, resistere agli urti.
Stoßgebet n giaculatoria f ● **ein ~ zum Himmel schicken**, raccomandarsi a Dio/[tutti i santi].
Stoßgeschäft n *com* picco m/[periodo m di massimo lavoro] (nell'attività commerciale).
Stoßkraft <-, *ohne* pl> f {+ GEDANKE, IDEE} forza f propulsiva; {+ ERFINDUNG} effetto m dirompente.
Stoßseufzer m gran/profondo sospiro m, sospirone m.
stoßsicher adj → **stoßfest**.
Stoßstange f *autom* paraurti m.
stößt 3. pers sing präs *von* stoßen.
Stoßtrupp m *mil* reparto m d'assalto.
Stoßverkehr m traffico m delle ore di punta.
Stoßwaffe f arma f bianca/[da punta].
stoßweise adv **1** (*ruckartig*) a scatti; {HERVORSPRUDELN, SICH VORWÄRTSBEWEGEN} *auch* a singhiozzo: **~ atmen**, ansare, ansimare **2** (*in Stapeln*) {LAGERN} a pile; (*Holz*) a cataste: **auf diese Anzeige kamen ~ Bewerbungen**, a quest'annuncio ha risposto una caterva di gente.
Stoßzahn m zanna f.
Stoßzeit f **1** (*Hauptverkehrszeit*) ore f pl di punta **2** (*Hauptgeschäftszeit*) momento m di maggior affluenza.
Stotterei <-, *ohne* pl> f *fam* balbettio m.
Stotterer <-s, -> m (**Stotterin** f) balbuziente mf, tartaglione (-a) m (f) *fam*.
stottern [A] tr **etw ~** {EINE BEMERKUNG, BITTE, ENTSCHULDIGUNG} balbettare *qc*, tartagliare *qc*, farfugliare *qc* [B] itr **1** (*stockend sprechen*) balbettare, tartagliare: **das Stottern**, il balbettamento, il tartagliamento, la balbuzie *med*; **ins Stottern kommen**, cominciare/mettersi a balbettare **2** (*spucken*) {MOTOR} perdere colpi ● **auf Stottern** fam {KAUFEN}, a rate.
Stövchen <-s, -> n scaldavivande m/fornellino m (a candela).
StPO f Abk *von* Strafprozessordnung: ≈ CPP (Abk *von* Codice di Procedura Penale).
Str. Abk *von* Straße: ≈ v. (Abk *von* via).
stracks adv *obs* difilato, dritto dritto, direttamente: **jetzt aber ~ ins Bett**, adesso, fila/filate subito a letto.
Strafaktion f azione f punitiva.
Strafandrohung f minaccia f di sanzioni disciplinari, pena f prevista.
Strafanstalt f (istituto m) penitenziario m, istituto m di pena, carcere m.
Strafantrag m adm jur (+ BÜRGER) querela f: **~ (gegen jdn) stellen**, sporgere querela (contro qu); (+ STAATSANWALT) requisitoria f; **der Staatsanwalt stellt den/seinen ~**, il pubblico ministero presenta/pronuncia la requisitoria.
Strafanzeige f adm jur denuncia f: **~ (gegen jdn) erstatten**, sporgere denuncia (contro qu).
Strafarbeit f *Schule* compiti m pl dati per punizione: **jdm eine ~ (auf)geben**, dare a qu dei compiti per punizione.
Strafaussetzung f *jur* sospensione f della pena: **auf/zur Bewährung ~**, sospensione condizionale della pena.
Strafbank <-, -bänke> f *sport* (*im Eishockey, Handball*) panchina f.
strafbar adj *jur* punibile, passibile di pena: **eine ~e Handlung/Tat**, un reato, un atto punibile/[passibile di pena]; **sich (mit etw** dat) **~ machen**, incorrere in un reato (con qc), commettere un ˌatto passibile di penaˌ/[reato] (con qc); **~ sein** {HANDLUNG, TAT}, costituire reato, essere passibile di pena.
Strafbarkeit f punibilità f.
Strafbefehl m *jur* decreto m di condanna.
Strafe <-, -n> f **1** (*Bestrafung*) punizione f, castigo m: **zur ~ bleibst du heute zu Hause**, per punizione oggi rimarrai a casa **2** *jur* (*Geldstrafe*) pena f pecuniaria, ammenda f, multa f; (*Haftstrafe*) pena f detentiva: **auf solche Delikte stehen hohe ~n**, per reati del genere ˌsono previsteˌ/[la legge prevede delle] pene severe; **jdm eine ~ androhen/erlassen**, comminare/condonare una pena a qu; **etw unter ~ stellen**, comminare una pena per *qc*; **etw steht unter ~**, *qc* è passibile di pena; **über jdn eine ~ verhängen**, infliggere una pena a qu; **~ zahlen (müssen)**, (dover) pagare un'ammenda/una multa; **er musste 50 Euro ~ zahlen**, dovette pagare ˌ50 euro di ammenda/multaˌ/[un'ammenda/una multa di 50 euro] **3** *sport* penalità f ● **seine ~ absitzen** *fam*/**abbrummen** *fam*/**verbüßen**, scontare la propria pena; **jd hat seine (gerechte/verdiente) ~ bekommen/weg** *fam*, qu ha avuto quello che si meritava; **die ~ folgt auf dem Fuß**, ecco le conseguenze (di qc); **das ist die ~ (dafür)!**, eccoti, l'hai voluto!, così impari!; **das ist die ~ für deine Faulheit**, ecco la giusta punizione per la tua pigrizia; **das ist die ~ dafür, dass du so unartig warst!**, così impari a fare il/la maledu cato (-a)!; **~ muss sein!** *fam*, quando ci vuole ci vuole!; **eine ~ (Gottes) sein** {PERSON, SACHE}, essere un castigo (di Dio); **dieses Kind ist eine ~!** *fam*, questo bambino è una

vera piaga/[un vero castigo]!; **es ist eine ~, bei so schönem Wetter arbeiten zu müssen**, è un supplizio dover lavorare con un tempo così bello; **zur ~**, per punizione/castigo.

strafen tr **1** *geh* (*be-*) **jdn (für etw** akk/ **wegen etw** gen *oder fam* dat) ~ punire *qu* (*per qc*), castigare *qu* (*per qc*) *geh* **2** (*behandeln*) **jdn mit etw** (dat) **~:** **jdn mit Nichtachtung ~**, ignorare qu; **jdn mit Verachtung ~**, trattare qu con disprezzo • **jd ist mit jdm gestraft**, qu è una croce/disgrazia per qu; **mit diesem Sohn ist sie wirklich gestraft**, questo figlio è una vera croce/disgrazia per lei; **jd ist mit etw** (dat) **gestraft**, qc è un castigo/supplizio per qu.

strafend A adj {MAßNAHMEN} punitivo; {BLICK, WORTE} di biasimo/rimprovero, riprensivo *lit* B adv {JDN ANSEHEN} con aria di rimprovero.

Strafentlassene <*dekl wie adj*> mf ex detenuto (-a) m (f).

Straferlass (a.R. Straferlaß) m *jur* condono m (della pena), (*für best. Straftaten*) indulto m; (*allgemeiner ~*) amnistia f.

straferschwerend adj *jur* {UMSTÄNDE} aggravante.

straff A adj **1** (*fest gespannt*) {GUMMIBAND, SAITE, SEIL, ZÜGEL} teso, tirato; {SEGEL} gonfio **2** (*nicht schlaff*) {BUSEN, SCHENKEL} sodo; {HAUT} tonico **3** (*eng anliegend*) {KLEIDUNGSSTÜCK} attillato, aderente **4** (*aufrecht*) {HALTUNG} eretto: **eine ~e Haltung annehmen**, mettersi diritto (-a) **5** (*streng*) {DISZIPLIN, FÜHRUNG, ORGANISATION} rigido, rigoroso, severo B adv **1** (*dass etw ~ ist*): **etw ~ anziehen** {FESSELN, ZÜGEL}, tirare forte qc; {SCHRAUBE} stringere bene qc; **etw ~ spannen/ziehen**, tendere/tirare (bene) qc; **die Saiten sind zu ~ gespannt**, le corde sono troppo tese **2** (*eng*): **~ sitzen**, essere stretto/[troppo aderente], fasciare *fam* **3** (*ordentlich*): **~ gescheiteltes Haar**, acconciatura impeccabile con una riga perfetta; **~ zurückgekämmte Haare**, capelli severamente pettinati all'indietro **4** (*streng*) {FÜHREN, ORGANISIEREN} rigorosamente, con rigore.

straffällig adj *jur* che ha commesso un reato: **~e Jugendliche**, giovani che hanno commesso un reato; **~ werden**, commettere un reato.

straffen A tr **1** (*spannen*) *etw* ~ {FESSELN, GUMMIBAND, PLANE, SEIL} tendere qc: **der Wind straffte die Segel**, il vento gonfiò le vele **2** (*kürzen*) *etw* ~ {ARTIKEL, TEXT} sintetizzare qc, snellire qc **3** (*liften*) (*jdm*) *etw* ~ {CHIRURG DEN BAUCH, BUSEN} ritoccare qc (*a qu*), rifare qc (*a qu*) *fam*: **jdm die Haut ~**, fare il lifting a qu; {CREME, GESICHTSWASSER DIE GESICHTSHAUT} rassodare qc (*a qu*), avere un effetto ricostituente *su qc*; **sich** (dat) **etw ~ lassen** {BAUCH, BUSEN}, farsi ritoccare/rifare qc; **sich die Haut ~ lassen**, farsi fare un lifting **4** (*durchorganisieren*) *etw* ~ {BETRIEB, ORGANISATION} razionalizzare qc, rendere più funzionale qc B rfl **sich ~ 1** (*sich spannen*) {SEIL, ZÜGEL} tendersi; {SEGEL} gonfiarsi **2** (*sich werden*) {HAUT} rassodarsi, riprendere elasticità/tono.

straffrei adj: (*bei etw dat*) **~ ausgehen/davonkommen** *fam*, uscire impunito (-a) (da qc); **~ bleiben**, rimanere impunito (-a).

Straffreiheit f impunità f.

Strafgefangene <*dekl wie adj*> mf detenuto (-a) m (f), recluso (-a) m (f), carcerato (-a) m (f).

Strafgericht n **1** *jur* tribunale m penale **2** *geh* (*Bestrafung*) castigo m, punizione f • **ein ~ über jdn abhalten** *oft iron*, fare il processo a qu.

Strafgerichtsbarkeit <-, *-en*> f *jur* giurisdizione f penale.

Strafgesetz n *jur* legge f penale.

Strafgesetzbuch n *jur* (Abk StGB) codice m penale (Abk CP).

Strafgesetzgebung f *jur* legislazione f penale.

Strafkammer f *jur* sezione f penale.

Straflager n campo m di prigionia, bagno m penale *hist*.

sträflich A adj {LEICHTSINN, NACHLÄSSIGKEIT} colpevole, imperdonabile, inammissibile B adv {VERNACHLÄSSIGEN} colpevolmente, in modo imperdonabile.

Sträfling <-*s*, *-e*> m carcerato m (f), galeotto (-a) m (f), forzato (-a) m (f).

Sträflingsanzug m, **Sträflingskleidung** f divisa f da carcerato.

straflos adj → **straffrei**.

Strafmandat n *adm* contravvenzione f, multa f.

Strafmaß <-*es*, *ohne pl*> n *jur* (entità f della pena f: **das höchste ~**, il massimo della pena; **das ~ auf ... Jahre festsetzen**, fissare la pena a ... anni.

strafmildernd adj *jur* {UMSTÄNDE} attenuante.

Strafmilderung <-, *ohne pl*> f *jur* attenuazione f della pena.

Strafminute f *sport* minuto m di penalità.

Strafmündigkeit <-, *ohne pl*> f *jur* età f imputabile.

Strafporto n *adm* soprattassa f.

Strafpredigt f *fam* paternale f, ramanzina f *fam*: **jdm eine ~ halten**, fare una paternale/ramanzina a qu.

Strafprotokoll n verbale m di contravvenzione.

Strafprozess (a.R. Strafprozeß) m *jur* processo m penale.

Strafprozessordnung (a.R. Strafprozeßordnung) f *jur* (Abk StPO) ≈ codice m di procedura penale (Abk CPP).

Strafpunkt m *sport* (punto m di) penalità f.

Strafraum m *Fußball* area f di rigore.

Strafrecht n *jur* diritto m penale.

Strafrechtler m (**Strafrechtlerin** f) penalista mf, esperto (-a) m (f) di diritto penale.

strafrechtlich *jur* A adj {FRAGE, PROBLEM} di diritto penale; {SANKTION, VERFOLGUNG} penale: **gegen jdn laufen ~e Ermittlungen**, qu è indagato B adv: **jdn ~ belangen/verfolgen, etw ~ verfolgen**, perseguire qu/qc penalmente; **~ relevant sein**, avere rilevanza penale.

Strafregister n *adm* casellario m giudiziale/giudiziario: **Auszug aus dem ~**, certificato/fedina penale; **einen Eintrag im ~ haben**, avere un'iscrizione nel casellario giudiziale.

Strafrichter m (**Strafrichterin** f) *jur* giudice m penale.

Strafsache f *adm* causa f penale: **die Verhandlung in der ~ gegen XY**, il dibattimento riguardante la causa contro XY.

Strafstoß m *Fußball* (calcio m di) rigore m, penalty m.

Straftat f reato m: **eine ~ begehen**, commettere un reato.

Straftäter m (**Straftäterin** f) delinquente mf, criminale mf.

Strafumwandlung f *jur* commutazione f della pena.

Strafverfahren n *jur* procedimento m/

procedura f penale.

Strafverfolgung f *jur* azione f/persecuzione f penale.

strafverschärfend adj *jur* → **straferschwerend**.

strafversetzen <*nur inf und part perf, ohne ge-*> tr *adm* **jdn** (*irgendwohin*) **~** {BEAMTEN} trasferire qu (+ *compl di luogo*) per motivi disciplinari.

Strafversetzung f *adm* trasferimento m per motivi disciplinari.

Strafverteidiger m (**Strafverteidigerin** f) *jur* (avvocato m) difensore m (in un processo penale).

Strafvollstreckung f *jur* esecuzione f penale/[della pena].

Strafvollzug m *jur* (*als System*) sistema m penitenziario; (*Strafanstalt*) (istituto m) penitenziario m: **offener ~**, regime di semilibertà.

Strafvollzugsanstalt f *adm* (istituto m) penitenziario m, istituto m di pena.

Strafzeit f *sport* penalità f.

Strafzettel m *fam* multa f, contravvenzione f.

Strahl <-(e)s, *-en*> m **1** (*Lichtstrahl, Sonnenstrahl*) raggio m: **der ~ einer Lampe fiel auf das schlafende Kind**, la luce di una lampada cadeva sul bambino addormentato; **im ~ eines Scheinwerfers/einer Taschenlampe**, sotto la luce di un riflettore/[alla luce di una pila] **2** <*nur pl*> *phys* raggi m pl, radiazioni f pl: **radioaktive/ultraviolette ~en**, radiazioni (radioattive)/[raggi ultravioletti]; **sich gegen schädliche ~en schützen**, proteggersi da radiazioni nocive **3** (*Flüssigkeitsstrahl*) getto m, zampillo m.

Strahlantrieb m *aero* propulsione f a reazione/getto.

Strahlemann m *fam* persona f solare/radiosa.

strahlen itr **1** (*leuchten*) {MOND, SONNE} (ri)splendere; {AUGEN, DIAMANT, STERNE} *auch* brillare: **die Sonne strahlt am Himmel**, il sole splende nel cielo; **die Lampe strahlt mir genau ins Gesicht**, la luce di questa lampada mi batte direttamente in faccia **2** (*Radioaktivität abgeben*) essere radioattivo, emanare/emettere radiazioni **3** (*ein freudiges Gesicht machen*) (**vor etw** dat) **~** {VOR BEGEISTERUNG, FREUDE, GLÜCK, STOLZ} essere raggiante (*di qc*), illuminarsi (*di qc*): **du strahlst ja heute richtig!**, ma oggi sei proprio raggiante!; **über das ganze Gesicht**/[beide Backen *fam*] **~, von einem Ohr zum anderen ~** *fam*, avere il viso raggiante, sprizzare felicità da tutti i pori **4** (*glänzen*) (**vor etw** dat) **~**: **das Haus strahlte vor Sauberkeit**, la casa era lucida come uno specchio *fam*.

Strahlenbehandlung f *med* → **Strahlentherapie**.

Strahlenbelastung f *med* esposizione f alle radiazioni.

Strahlenbiologie f radiobiologia f.

Strahlenbrechung f *phys* rifrazione f (dei raggi).

Strahlenbündel n **1** (*Lichtbündel*) fascio m luminoso/[di raggi] **2** *math* fascio m di rette.

strahlend A adj **1** (*herrlich*) {WETTER} splendido; {TAG} *auch* radioso; {SONNE} splendido, raggiante; {SCHÖNHEIT} radioso, splendido **2** (*freudestrahlend*) {AUGEN, GESICHT, LÄCHELN} luminoso, radioso, raggiante **3** (*radioaktiv versucht*) {ATOMMÜLL, MATERIAL} radioattivo B adv **1** (*freudestrahlend*) {ANSEHEN} raggiante **2** (*leuchtend*): **~ blau/gelb**/

grün, di un azzurro/giallo/verde luminoso; **ein ~ blauer Himmel**, un cielo di un azzurro intenso.

Strahlendosis f dose f di radiazioni.

Strahlenexperte m (**Strahlenexpertin** f) esperto (-a) m (f) in radioattività.

strahlenförmig A adj (ANORDNUNG) a raggiera, radiale B adv (ANGEORDNET, VERLAUFEN) a raggiera, radialmente.

strahlengeschädigt adj (MENSCH) contaminato da radiazioni.

Strahlengeschädigte <dekl wie adj> mf, **Strahlenkranke** <dekl wie adj> mf vittima f di radiazioni.

Strahlenkrankheit f med sindrome f da radiazioni.

Strahlenmesser <-s, -> m, **Strahlenmessgerät** (a.R. Strahlenmeßgerät) n dosimetro m.

Strahlenschaden m (beim Menschen) lesione f da radiazione, radiolesione f; (an Dingen) danno m dovuto a radiazioni.

Strahlenschutz m (Maßnahmen) protezione f contro le radiazioni, radioprotezione f; (Ausrüstung) protezione f contro le radiazioni.

Strahlenschutzanzug m tuta f antiradiazioni/[di protezione contro le radiazioni].

strahlensicher adj a prova di radiazioni, antiradiazioni.

Strahlentherapie f med radioterapia f.

Strahlentod m morte f provocata da radiazioni.

strahlenverseucht adj contaminato (da radiazioni), irradiato.

Strahlenverseuchung f contaminazione f radioattiva, radiocontaminazione f.

Strahlenwaffe f arma f laser.

Strahler <-s, -> m 1 (Leuchte) spot m, proiettore m, riflettore m; (an Autos, Fahrrädern, Mopeds) fanale m 2 (Heizstrahler) radiatore m.

Strahltriebwerk n aero turboreattore m, turbogetto m.

Strahlung <-, -en> f phys radiazione f.

strahlungsarm adj (MONITOR) a bassa emissione di radiazioni.

Strähne <-, -n> f ciocca f (di capelli); (getönt) mèche f; (hell getönt) colpo m di sole: **sich (dat) blonde/helle ~n ins Haar machen lassen**, farsi (fare) i colpi di sole.

strähnig adj (HAAR) a ciocche untuose.

straight adj 1 fam (geradlinig) diretto 2 slang (heterosexuell) etero(sessuale).

stramm A adj 1 (straff) (GUMMIBAND, SEIL, TAU) teso, tirato 2 (kräftig) (BABY, JUNGE) forte, robusto; (BURSCHE, KERL) auch ben piantato/piazzato; (MÄDCHEN, MAID) ben piazzato, robusto; (ARME, BEINE, WADEN) robusto 3 (drall) (BRÜSTE) sodo; (HINTERN) auch (bello) rotondetto 4 fam (anstrengend) (DIENST, MARSCH) duro 5 (aufrecht): **in ~er Haltung**, sull'attenti 6 fam (sehr überzeugt) (KATHOLIK) di stretta osservanza; (MARXIST, SOZIALIST) auch ortodosso B adv 1 (eng anliegend) (BINDEN) forte, stretto: **sitzen** (GUMMIBAND, HOSENBUND, KLEIDUNGSSTÜCK), essere stretto, tirare; **etw ~ ziehen** (GUMMIBAND, GÜRTEL) stringere bene qc 2 (intensiv) (ARBEITEN) sodo: **~ marschieren**, camminare di buon passo.

stramm|stehen <irr> itr <haben oder süddt A CH sein> (**vor** jdm) ~ mettersi/stare sull'attenti (di fronte a qu).

stramm|ziehen <irr> tr → **stramm**, **Hose**, **Hosenboden**.

Strampelanzug m tutina f.

Strampelhöschen n pagliaccetto m.

strampeln itr 1 <haben> (treten): **mit den Beinen ~**, sgambettare, dimenare le gambe; **mit Armen und Beinen ~**, dimenare braccia e gambe 2 <sein> fam (Rad fahren) **irgendwohin ~** pedalare + compl di luogo.

Strand <-(e)s, Strände> m spiaggia f: **an den ~ gehen**, andare alla/in spiaggia; **sie liegt den ganzen Tag am ~**, (lei) sta tutto il giorno sdraiata sulla spiaggia; **das Hotel liegt direkt am ~**, l'hotel si trova proprio sul/[in riva al] mare.

Strandbad n stabilimento m balneare, bagno m.

Strandburg f castello m di sabbia.

stranden itr <sein> 1 (auf Grund laufen) (irgendwo) ~ (SCHIFF) incagliarsi/arenarsi (+ compl di luogo) 2 geh (scheitern) (**mit/in etw** dat) ~ fallire (in qc): **er ist mit seinem Unternehmen gestrandet**, la sua impresa è naufragata.

Strandfloh m zoo pulce f di mare.

Strandgut <-(e)s, ohne pl> n relitti m pl portati a riva.

Strandhotel n albergo m/hotel m sul mare.

Strandkleid n vestito m da spiaggia.

Strandkorb m "poltrona f in vimini a schienale alto che si usa sul Mare del Nord per ripararsi dal vento".

Strandläufer m ornith gambecchio m.

Strandleben <-s, ohne pl> n vita f di spiaggia.

Strandpromenade f lungomare m, passeggiata f a mare.

Strandwache <-, -n> f, **Strandwächter** m (**Strandwächterin** f) bagnino (-a) m (f).

Strang <-(e)s, Stränge> m 1 (Strick) corda f, fune f: **jdn zum Tod durch den ~ verurteilen**, condannare qu all'impiccagione/[alla forca]/[al capestro] 2 (Bündel von Fäden) matassa f 3 anat fascio m, fascicolo m ● **wenn alle Stränge reißen** fam, male che vada fam, alla peggio fam, alle brutte fam, nel peggiore dei casi; **über die Stränge schlagen** fam, passare la misura; **am gleichen/selben ~ ziehen** fam, unire gli sforzi, essere tutti uniti; **die ziehen doch alle am gleichen ~ pej**, (ma) sono tutti in combutta pej.

strangulieren <ohne ge-> A tr jdn ~ strangolare qu, strozzare qu B rfl sich ~ (TIER) strozzarsi; (MENSCH) auch strangolarsi.

Strapaze <-, -n> f strapazzo m, fatica f: **~n aushalten/[auf sich nehmen]**, sopportare/[affrontare/accollarsi] fatiche; **sich von den ~n einer Arbeit/Reise erholen**, riprendersi dalle fatiche/[dagli strapazzi] di un lavoro/viaggio; **mit ~n verbunden sein**, costare fatica.

strapazieren <ohne ge-> A tr 1 (stark beanspruchen) **etw ~** (SITZMÖBEL, TEPPICH) sciupare qc, logorare qc; (KLEIDUNGSSTÜCK, SCHUHE) auch strapazzare qc, maltrattare qc 2 (übermäßig ermüden) **jdn ~** (ARBEIT, REISE) strapazzare qu, affaticare qu; **jdn mit etw (dat) ~** (MIT DAUERNDEN FRAGEN, NÖRGELEIEN) logorare qu (con qc), sfinire qu (con qc), snervare qu (con qc) 3 (überbeanspruchen) **etw ~** (JDS NERVEN, NERVENKOSTÜM) logorare qc; (JDS GEDULD) mettere a dura prova qc; (HAUT) sciupare qc, rovinare qc 4 fam (zu häufig verwenden) **etw ~** (BEGRIFF, PAROLE, REDENSART) fare un uso inflazionistico di qc, abusare di qc B rfl **sich (bei etw** dat) ~ strapazzarsi (con/facendo qc).

strapazierfähig adj (AUTO, MATERIAL, STOFF) resistente; (KLEIDUNGSSTÜCK, SCHUHE) auch da strapazzo/battaglia; (NERVEN) saldo.

strapaziert adj 1 (abgenutzt) (SITZMÖBEL, TEPPICH) sciupato, logorato; (KLEIDUNG, SCHUHE) auch strapazzato, maltrattato 2 (abgedroschen) (BEGRIFF, REDENSART, WORT) abusato, inflazionato, trito e ritrito, fritto e rifritto fam 3 (brüchig) (HAAR) sfibrato.

strapaziös adj geh (ARBEIT, REISE) faticoso, pesante.

Straps <-es, -e> m text 1 (Strumpfhalter) giarrettiera f 2 (Strumpfhaltergürtel) reggicalze m.

Strass (a.R. Straß) <-(es), -e> m strass m.

straßauf, straßab adv su e giù per le strade.

Straßburg <-s, ohne pl> n geog Strasburgo f.

Sträßchen <-s, -> n dim von Straße stradina f, stradetta f, stradicciola f; (Gässchen) viuzza f, vicolo m.

Straße <-, -n> f 1 (Verkehrsweg) strada f; (bei Namen) via f: **an der ~ liegen** (GRUNDSTÜCK, HAUS), essere sulla strada; **an der ~ stehen** (PERSON), essere sul bordo/margine della strada; (BÄUME) essere/trovarsi lungo la strada; **auf der ~ spielen**, giocare per la/[in] strada; **auf der ~ stehen** (PERSON), essere in/per strada; **jdn auf der ~ treffen**, trovare/incontrare qu per (la) strada; **auf die ~ (hinaus)gehen**, andare/scendere in/per strada; **das Fenster geht auf die ~/[zur] ~**, la finestra dà sulla strada; **pass auf, dass die Kinder nicht auf die ~ laufen!**, stai attento (-a) che i bambini non vadano per la strada!; **durch die ~n (der Stadt) gehen**, camminare per le strade (della città); **auf der ~ nach ...**, sulla/[lungo la] strada per ...; **über der ~**, dall'altra parte della strada; **über die ~ gehen**, attraversare la strada; **in welcher ~ wohnst du? – In der Brandt-~**, in quale via abiti? – In via Brandt; **sie wohnt zwei ~n weiter**, abita a due isolati da qui; **er ist aus unserer ~**, abita/sta nella nostra (stessa) strada; **~ und Hausnummer**, via e numero civico; **etw über die ~ verkaufen**, vendere qc da asporto; **Verkauf (auch) über die ~**, si vendono (anche) piatti da asporto 2 (das Volk): **die ~**, la gente; **dem Druck der ~ nicht nachgeben**, non cedere alle pressioni della piazza; **die ganze ~ spricht davon**, tutto il vicinato ne parla; **der Mann auf/von der ~**, l'uomo della strada/[comune]; **ein Junge/Kind von der ~**, un ragazzo/bambino di strada; **ein Mädchen von der ~** (Prostituierte), una donna di strada/[da marciapiede] 3 (Meerenge) stretto m: **die ~ von Dover/Gibraltar/Messina**, lo stretto di Dover/Gibilterra/Messina ● **jdn auf/von der ~ auflesen**, raccogliere/raccattare qu dalla strada; **die ~ beherrschen** (BANDE, DEALER, DROGENABHÄNGIGE), controllare la piazza; **auf die ~ gehen** fam (demonstrieren), scendere in piazza; (der Prostitution nachgehen), andare a battere (il marciapiede) fam; **~ gesperrt!**, strada chiusa!; **jdn von der ~ holen**, raccogliere/prendere qu dalla strada; **auf offener ~**, in mezzo alla strada, sotto gli occhi di tutti; **jdn auf die ~ schicken** fam, mandare qu a battere (il marciapiede) fam/[sul marciapiede]; **jdn auf die ~ setzen/werfen** fam (entlassen), mettere/gettare/buttare/lasciare qu in mezzo a una strada/[sul lastrico]; (rauswerfen) (MIETER), mettere/sbattere fam qu sulla strada; (UNGEBETENEN GAST), mettere alla porta qu fam; **auf der ~ sitzen/stehen** fam (wohnungslos sein), essere in mezzo alla/[a una] strada fam; (arbeitslos sein) auch, essere a spasso.

Straßenarbeiten subst <nur pl> lavori m

pl stradali; (*auf Hinweisschild*) lavori m pl in corso.

Straßenarbeiter m (**Straßenarbeiterin** f) stradino (-a) m (f).

Straßenbahn f tram m, tranvai m: **mit der ~ fahren**, andare in tram.

Straßenbahnfahrer <-s, -> m (**Straßenbahnfahrerin** f) **1** (*Führer*) tranviere (-a) m (f) **2** (*Fahrgast*) passeggero (-a) m (f) del tram, viaggiatore (-trice) m (f) (sul tram): **~ sein**, viaggiare in tram.

Straßenbahnhaltestelle f fermata f ˌdel tramˌ/[tranviaria].

Straßenbahnlinie f linea f ˌdel tramˌ/[tranviaria]: **mit der ~ 13 fahren**, prendere il tram numero 13.

Straßenbahnnetz n rete f tranviaria.

Straßenbahnschaffner m (**Straßenbahnschaffnerin** f) (*der die Fahrkarten verkauft*) biglietta[i]o (-a) m (f); (*der die Fahrkarten kontrolliert*) controllore m.

Straßenbahnschiene f rotaia f del tram.

Straßenbahnwagen m vettura f ˌdel tramˌ/[tranviaria].

Straßenbau <-(e)s, ohne pl> m **1** (*Industrie*) ingegneria f dei trasporti: **er ist Ingenieur für ~**, è ingegnere civile trasportista **2** (*das Bauen von Straßen*) costruzione f delle strade: **das Verkehrsnetz soll durch zusätzlichen ~ um 1200 km erweitert werden**, è previsto l'ampliamento della rete viaria con la costruzione di altri 1200 km di strade.

Straßenbauamt n adm (staatlich) ≈ ANAS f (*Abk von* Azienda Nazionale Autonoma delle Strade); (*kommunal*) "ufficio m tecnico del comune addetto alla costruzione e alla manutenzione delle strade".

Straßenbekanntschaft f persona f conosciuta per strada.

Straßenbelag m manto m/fondo m stradale.

Straßenbeleuchtung f illuminazione f stradale.

Straßenbenutzungsgebühr f pedaggio m.

Straßenbild n: **das moderne Gebäude passt nicht ins ~**, l'edificio moderno fa a pugni con la fisionomia della strada; **kleine Parkanlagen und Cafés beleben das ~**, giardinetti e caffè vivacizzano le strade.

Straßencafé n bar m/caffè m (con tavoli) all'aperto.

Straßendecke f → **Straßenbelag**.

Straßendorf n "villaggio m che si sviluppa lungo un'unica strada".

Straßenecke f angolo m della strada.

Straßenfeger① m scherz TV "trasmissione f televisiva di grande successo".

Straßenfeger② <-s, -> m (**Straßenfegerin** f) spazzino (-a) m (f), netturbino (-a) m (f).

Straßenfest n festa f di quartiere.

Straßenführung f tracciato m stradale.

Straßenglätte f fondo m strada[l]e ghiacciato: **Achtung, ~!**, attenzione, strada ghiacciata!; **Gefahr von ~!**, pericolo di strade ghiacciate!

Straßengraben m fosso m (a lato della strada): **das Auto landete im ~**, la macchina finì fuori strada.

Straßenhändler m (**Straßenhändlerin** f) venditore (-trice) m (f) ambulante.

Straßenjunge m pej ragazzo m di strada.

Straßenkampf m <meist pl> scontro m di piazza.

Straßenkarte f carta f stradale.

Straßenkehrer <-s, -> m (**Straßenkehrerin** f) → **Straßenfeger**②.

Straßenkehrmaschine f (macchina f) spazzatrice f.

Straßenkind n bambino m di strada: **die brasilianischen ~er**, i bambini di strada brasiliani.

Straßenköter m cagnaccio m randagio.

Straßenkreuzer m fam macchinone m fam (all'americana).

Straßenkreuzung f incrocio m, bivio m; (*von mehreren Straßen*) crocevia m, crocicchio m.

Straßenkunst f arte f di strada.

Straßenkünstler m (**Straßenkünstlerin** f) artista mf di strada.

Straßenlage f autom tenuta f di strada.

Straßenlärm m rumori m pl della strada.

Straßenlaterne f lampione m.

Straßenmarkierung f segnaletica f orizzontale.

Straßenmeisterei <-, -en> f impresa f per la manutenzione della rete stradale.

Straßenmusikant m (**Straßenmusikantin** f) suonatore (-trice) m (f) ambulante.

Straßenname m nome m della strada/via.

Straßennetz n rete f stradale/viaria, viabilità f.

Straßenpflaster n pavimentazione f ˌdella stradaˌ/[stradale]; (*aus Pflastersteinen*) lastricato m, selciato m.

Straßenrand m bordo m/margine m della strada; {+LANDSTRAßE} auch ciglio m della strada: **am ~**, sul bordo/margine della strada.

Straßenraub m **1** (*Taschenraub*) borseggio m, scippo m **2** hist brigantaggio m.

Straßenräuber m (**Straßenräuberin** f) **1** (*Taschenräuber*) scippatore (-trice) m (f) **2** hist ladrone m.

Straßenreinigung f **1** (*das Reinigen*) pulizia f ˌdelle stradeˌ/[stradale] **2** (*Dienststelle*) nettezza f urbana.

Straßenrennen n sport corsa f ciclistica su strada.

Straßensammlung f colletta f in strada.

Straßensänger m (**Straßensängerin** f) cantante mf ambulante.

Straßenschild n targa f stradale/[della via].

Straßenschlacht f scontri m pl di piazza: **sich eine ~ liefern**, fronteggiarsi in scontri di piazza.

Straßensignal n CH → **Verkehrszeichen**.

Straßensperre f {+POLIZEI} blocco m stradale; {+DEMONSTRANTEN} auch barricata f.

Straßensperrung f chiusura f di una strada.

Straßenstrich m fam **1** (*Prostitution auf der Straße*) marciapiede m fam, prostituzione f di marciapiede **2** (*Gegend*) quartiere m a luci rosse: **die Nutten vom ~**, le battone vulg.

Straßentheater n teatro m di strada.

Straßentransport m trasporto m stradale/[su strada/gomma].

Straßentunnel m tunnel m/traforo m stradale.

Straßenüberführung f cavalcavia f; (*für Fußgänger*) sovrappassaggio m, sovrappasso m.

Straßenunterführung f sottopassaggio m, sottopasso m.

Straßenverhältnisse subst <nur pl> condizioni f pl stradali, viabilità f.

Straßenverkauf m **1** (*Verkauf auf der Straße*) vendita f in/per strada **2** (*Verkauf über die Straße*) (vendita f di) piatti m pl da asporto.

Straßenverkehr m traffico m/circolazione f stradale: **Vorsicht im ~!**, prudenza ˌalla guidaˌ/[al volante]!

Straßenverkehrsordnung f jur codice m stradale/[della strada], viabilità f.

Straßenverzeichnis n stradario m.

Straßenwacht <-, ohne pl> f soccorso m stradale.

Straßenzustand m → **Straßenverhältnisse**.

Straßenzustandsbericht m bollettino m ˌdel trafficoˌ/[della viabilità].

Stratege <-n, -n> m (**Strategin** f) stratega mf.

Strategie <-, -n> f **1** mil strategia f **2** geh (*Vorgehensplan*) strategia f ● **eine ~ anwenden**, adottare una strategia; **eine ~ ausarbeiten**, elaborare/studiare una strategia; **nach einer ~ vorgehen**, seguire una strategia.

Strategiepapier n pol piano m d'azione.

Strategin f → **Stratege**.

strategisch A adj <attr> **1** mil strategico: **~e Waffen**, armi strategiche **2** (*geschickt*) strategico: **ein ~er Schachzug**, una mossa strategica B adv **1** mil strategicamente, dal punto di vista strategico, sotto l'aspetto strategico **2** fig {HANDELN, VORGEHEN} con strategia, strategicamente: **~ denken**, essere uno spirito strategico; **~ geschickt**, dotato di abilità strategica.

Stratosphäre <-, ohne pl> f stratosfera f.

sträuben A rfl **1** (*sich widersetzen*) sich ~ ricalcitrare, fare resistenza; **sich gegen etw** (akk) **~** {GEGEN EIN ANSINNEN} ricalcitrare di fronte a qc, ribellarsi a/[di fronte a] qc; {GEGEN EINEN PLAN, VERSUCH} fare resistenza a qc; **sich dagegen ~, etw zu tun**, rifiutarsi di fare qc; **nach langem Sträuben gab er schließlich nach**, dopo molte resistenze alla fine cedette; **da hilft kein Sträuben**, ogni resistenza è inutile **2** (*sich aufrichten*) sich ~ {GEFIEDER} arruffarsi; {FELL} auch rizzarsi: **dem Hund/der Katze sträubt sich das Fell**, al cane/gatto si rizza il pelo; **vor Angst sträubten sich ihr die Haare**, le si rizzarono i capelli in testa dalla paura B tr (*aufrichten*) etw ~ {FELL, GEFIEDER} arruffare qc ● **in jdm sträubt sich alles gegen etw** (akk), qu sente una forte avversione per qc, in qu tutto si rivolta contro qc.

Strauch <-(e)s, Sträucher> m bot arbusto m, frutice m; (*Busch*) cespuglio m.

straucheln itr <sein> geh **1** (*auf die schiefe Bahn geraten*) prendere una brutta strada fam **2** (*stolpern*) (*über etw* akk) ~ inciampare (in qc), inciampare (in qc) **3** bes. sport (*scheitern*) inciampare.

Strauchtomate f <meist pl> pomodoro m a grappolo.

Strauß① <-es, Sträuße> m (*Blumenstrauß*) mazzo m; (*kleiner ~, Brautstrauß*) mazzolino m, bouquet m: **ein ~ Blumen**, un mazzo di fiori; **ein frischer ~**, un mazzo di fiori freschi; **einen ~ binden/zusammenstellen**, fare un mazzo di fiori, comporre i fiori in un mazzo.

Strauß② <-es, -e> m ornith struzzo m: **der Vogel ~**, lo struzzo.

Straußenei n uovo m di struzzo.

Straußenfeder f penna f/piuma f di

struzzo.

Straußwirtschaft f *region* "locanda f a conduzione familiare in cui si possono consumare solo cibi e bevande prodotti dai proprietari".

Streamer ‹-s, -› m *inform* streamer m.

Strebe ‹-, -n› f *bau* puntello m, saetta f, saettone m, puntone m.

Strebebogen m *arch* arco m rampante.

streben itr 1 ‹haben› (sich bemühen) **nach etw** (dat) ~ {NACH ERFOLG, GLÜCK, VOLLKOMMENHEIT} aspirare *a qc*, mirare *a qc*, tendere *a qc*; {NACH MACHT, REICHTUM, RUHM} *auch* ambire *a qc*: **nach Anerkennung** ~, cercare riconoscimenti; **danach** ~, **etw zu tun**, aspirare/mirare a fare qc 2 ‹sein› *geh* (sich hinbewegen) **irgendwohin** ~ dirigersi + *compl di luogo*; {ZUM AUSGANG, ZUR TÜR} *auch* guadagnare *qc*: **nach Hause** ~, andare dritto (-a)/difilato (-a) a casa; **alle strebten gleichzeitig zum Ausgang**, tutti cercarono contemporaneamente di guadagnare l'uscita; **sonntags ~ die Menschen ins Grüne**, la domenica la gente cerca il verde; **Tausende von Menschen strebten zum Strand**, migliaia di persone si dirigevano verso la spiaggia; **die Pflanze strebt ans/[nach dem]/[zum] Licht**, la pianta cerca la luce 3 ‹sein› *geh* (ragen): **in den Himmel/die Höhe** ~ {PFEILER, TURM}, elevarsi al cielo 4 ‹haben› *fam pej* (fleißig lernen) fare il secchione f, sgobbare *fam*.

Streben ‹-s, ohne pl› n 1 (Trachten) ~ **nach etw** (dat) {NACH GELD, RUHM, MACHT} aspirazione f *a qc*, sete f *di qc*; {NACH PERFEKTION, VOLLKOMMENHEIT} aspirazione *a qc*, ricerca *di qc* 2 (Bemühen): ˌall seinˌ/[sein ganzes] ~ **auf etw** (akk) **richten**, convogliare tutti i propri sforzi verso qc.

Strebepfeiler m *arch* contrafforte m, sperone m.

Streber ‹-s, -› m (**Streberin** f) *fam pej* arrivista mf, carrierista mf; *Schule* secchione (-a) m (f) *fam*, sgobbone (-a) m (f) *fam*.

strebsam adj {SCHÜLER} assiduo; {MITARBEITER} zelante, solerte.

Strebsamkeit ‹-, ohne pl› f {+SCHÜLER} assiduità f; {+MITARBEITER} zelo m, solerzia f.

Streckbett n *med* letto m ortopedico.

Strecke ‹-, -n› f 1 (Wegstrecke) strada f; (Abschnitt) tratto m; (zurückgelegte ~) tragitto m, percorso m: **welche ~ bist du gekommen?**, che strada hai fatto?; **es ist noch eine ziemliche ~ zu fahren/gehen**, c'è ancora un bel pezzo di strada da fare; **ich kenne die ~ gut**, conosco bene la strada; **wir haben die ~ in zwei Stunden zurückgelegt**, abbiamo coperto il tragitto/percorso in due ore; **auf der ~ Augsburg-München kam es heute zu mehreren Auffahrunfällen**, oggi si è verificata una serie di tamponamenti sul tratto Augusta-Monaco 2 (Entfernung) distanza f: **die ~ zwischen München und Frankfurt beträgt 380 km**, la distanza tra Monaco e Francoforte è di 380 km, Monaco e Francoforte distano 380 km; **für die ~ von München nach Frankfurt braucht man mit dem Auto etwa drei Stunden**, per andare in macchina da Monaco a Francoforte ci vogliono circa 3 ore 3 (vorgegebene Route) itinerario m, percorso m; {+FLUGZEUG} rotta f, tratta f: **der Pilot/das Flugzeug fliegt die ~ Berlin-Rom**, il pilota/l'aereo vola la tratta Berlino-Roma 4 *Eisenb* {+BAHNLINIE} (tratto m di) linea f: **auf der ~ arbeiten**, lavorare sulla linea; **eine ~ abgehen/begehen**, ispezionare un tratto di linea/binario 5 *sport* (Rennstrecke) percorso m, tracciato m; (zurückzulegende Entfernung) distanza f 6 *math*

segmento m ● **(bei/in etw dat) auf der ~ bleiben** {PERSON BEIM, IM KONKURRENZKAMPF}, rimanere tagliato (-a) fuori (da qc), soccombere (in qc); {PROJEKT, REFORM BEI EINER BESTIMMTEN POLITIK}, perdersi per strada (con qc), cadere nel dimenticatoio; **jdn/etw zur ~ bringen** *fam* {VERBRECHER}, (riuscire ad) arrestare/ammanettare qu; {TIER}, abbattere qc, ammazzare qc; **auf freier/offener ~** *Eisenb* {HALTEN, STOPPEN}, in piena/aperta campagna; **auf halber ~**, a metà strada; **über weite ~n (hin): Brasilien ist über weite ~n mit Urwald bedeckt**, ampie zone del Brasile sono coperte dalla foresta; **das Buch/der Film ist über weite ~n (hin) langweilig**, ampi tratti del libro/film sono noiosi.

strecken A tr 1 (recken) **etw** ~ {ARME, BEINE, GLIEDER, RÜCKEN} allungare *qc*, (di)stendere *qc*, stirare *qc*: **den Finger ~** *Schule*, alzare la mano; **den Oberkörper ~**, (rad)drizzarsi; **etw irgendwohin** ~ {ARME, BEINE} stendere/distendere qc + *compl di luogo*; **die Beine von sich ~**, distendere le gambe; {DEN KOPF NACH HINTEN, VORN} allungare qc + *compl di luogo*; {DEN KOPF AUS DEM FENSTER, DURCH DEN TÜRSPALT} sporgere qc da qc; **den Kopf in die Höhe ~**, allungare il collo; **die Zunge aus dem Mund ~**, cacciare/tirare fuori la lingua; **solange du die Beine/Füße unter meinem Tisch streckst, hast du zu tun, was ich dir sage!**, finché tu stai a casa mia fai come dico io! 2 *med* (in den Streckverband legen) **etw** ~ mettere qc in trazione 3 *fam* (ergiebiger machen) **etw (mit etw dat)** ~ {SOßE, SUPPE} allungare qc (con qc); {HEROIN, KOKAIN} tagliare qc (con qc); **den Wein/Whisk(e)y (mit Wasser)** ~, annacquare/allungare il vino/whisky; **er streckt sein Gehalt, indem er Überstunden macht**, arrotonda lo stipendio facendo degli straordinari 4 *fam* (länger ausreichen lassen) **etw** ~ {VORRÄTE} far durare qc; {ARBEIT} tirare ˌper le lungheˌ/[in lungo] qc 5 (schlanker erscheinen lassen) **jdn/etw** ~ {FARBE, MUSTER JDN, JDS FIGUR} snellire qu/qc 6 (ausdehnen) **etw** ~ {BLECH, EISEN} tirare qc: **die Schuhe ~ lassen**, farsi allargare le scarpe B rfl 1 (sich recken) sich ~ {MENSCH, TIER} stirarsi, stiracchiarsi 2 (sich dehnen) allungarsi: **sie streckte sich und gab ihm einen Kuss auf den Mund**, si allungò e gli diede un bacio sulla bocca; **sich nach etw** (dat) ~ allungarsi per arrivare a qc 3 (sich hinlegen) **sich irgendwohin** ~ {AUFS BETT, SOFA, INS GRAS, IN DEN SAND} allungarsi/(di)stendersi/sdraiarsi + *compl di luogo* ● **alle viere von sich (dat)** ~ *fam* (sich erschöpft ausstrecken), spaparanzarsi *fam*.

Streckenabschnitt m *Eisenb* tronco m.

Streckenarbeiter m (**Streckenarbeiterin** f) *Eisenb* operaio (-a) m (f) addetto (-a) alla posa/manutenzione dei binari.

Streckenführung f tracciato m, percorso m.

Streckennetz n *Eisenb* rete f ferroviaria.

Streckenstilllegung f *Eisenb* chiusura f di una linea.

Streckenwärter m (**Streckenwärterin** f) guardalinee mf, cantoniere (-a) m (f) ferroviario (-a).

streckenweise adv a tratti: **die Autobahn ist ~ nur einspurig befahrbar**, in certi punti/tratti dell'autostrada si viaggia su una sola corsia; **seine Argumentation ließ ~ zu wünschen übrig**, certi punti del suo ragionamento lasciavano a desiderare.

Strecker m *anat*, **Streckmuskel** m *anat* (muscolo m) estensore m.

Streckverband m fasciatura f di trazione.

Streetworker ‹-s, -› m (**Streetworkerin** f) operatore (-trice) m (f) di strada.

Streich ‹-(e)s, -e› m 1 (Schabernack) tiro m mancino/birbone, scherzo m; (Kinderstreich) *auch* marachella f, birichinata f, monelleria f, birbonata f: **die Kinder ˌdenken sich ˌ/[hecken] immer neue ~e aus**, i bambini si inventano sempre nuove birichinate 2 *geh* (Schlag) colpo m ● **auf einen** ~, in un colpo solo; **jdm einen ~ spielen** (mit jdm seinen Spaß treiben), giocare ˌun tiro birboneˌ/[uno scherzo] a qu, fare uno scherzo a qu; (jdn hereinlegen), giocare un brutto tiro/scherzo a qu; (jdn täuschen) {AUGEN, EINBILDUNG, GEDÄCHTNIS}, fare/giocare brutti scherzi a qu.

Streicheleinheit f ‹meist pl› *fam scherz* (Zärtlichkeit) coccola f *fam*, carezza f; (Zuwendung) affetto m: **sich (dat) (bei jdm) seine ~en holen**, farsi coccolare (da qu); **jd bekommt ˌnicht genug, /[zu wenig] ~en**, qu ˌnon riceve abbastanzaˌ/[riceve troppe poche] coccole/attenzioni.

streicheln A tr **jdn/etw** ~ (ac)carezzare *qu/qc*; **jdm/etw etw** ~ {FELL, GESICHT, HAAR} accarezzare *qc a qu/qc* B itr **jdm/etw über etw** (akk) ~ {EINEM KIND ÜBER DAS HAAR, DEN KOPF, EINEM TIER ÜBER DAS FELL} accarezzare qc a qu/qc.

Streichelzoo m "zoo con piccoli animali con cui i bambini possono entrare in contatto".

streichen ‹streicht, strich, gestrichen› A tr ‹haben› 1 (an~) **etw (mit etw dat)** ~ {FENSTER, MÖBEL, TÜR, ZAUN} pitturare qc (di qc), tinteggiare qc (di qc), dipingere qc (di qc); {WAND, WOHNUNG} *auch* imbiancare qc; {bes. MIT LACK} verniciare qc: **etw blau/rot** ~, dipingere/pitturare qc di/in blu/rosso; **wir sollten das Kinderzimmer neu** ~, dovremmo rimbiancare/riverniciare/rifare fam la camera dei bambini 2 (auftragen) **etw** ~ (auf etw akk) ~ {KÄSE, MARMELADE AUFS BROT, SALBE AUFS GESICHT, AUF EINE WUNDE} spalmare qc su qc; {BUTTER AUF DAS WAND} stendere qc su qc: **Butter aufs Brot** ~, spalmare ˌil burro sulˌ/[di burro il] pane, imburrare il pane; **sich/jdm ein Brot/Brötchen (mit etw dat)** ~, farsi/[fare a qu] ˌuna fetta di pane,/[un panino] (con qc); **streich dir die Butter/den Käse nicht so dick aufs Brot!**, non spalmare così tanto burro/formaggio sul pane!; **sich gut/schlecht ~ lassen**, essere facile/difficile da spalmare 3 (aus~) **etw** ~ {SATZ, WORT} cancellare qc, depennare qc, cassare qc; **jdn/etw aus/von etw** (dat) ~ {PERSON, NAMEN AUS, VON EINER LISTE, EINEM REGISTER} cancellare qu/qc da qc, depennare qu/qc da qc, cassare qu/qc da qc; {endgültig} radiare qu da qc: **Nichtzutreffendes (bitte)** ~!, cancellare ciò che non interessa!; **jdn/etw aus seinem Gedächtnis** ~, cancellare qu/qc dalla memoria 4 (zurückziehen) **etw** ~ {GESETZ, KLAUSEL} sopprimere qc, abolire qc; {STELLEN, UNTERSTÜTZUNG, ZUSCHUSS} *auch* tagliare qc; {AUFTRAG, PROJEKT} annullare qc, cancellare qc; **jdm etw** ~ {AUFTRAG, PROJEKT} togliere qc a qu, cancellare qc a qu; {UNTERSTÜTZUNG, ZUSCHUSS} sopprimere qc a qu, tagliare qc a qu; {togliere qc a qu}: **jdm den Urlaub** ~, togliere le ferie a qu 5 (mit der Hand wegbewegen) **etw aus/von etw** (dat) ~ {DAS HAAR AUS DER STIRN} scostare qc da qc; {DIE KRÜMEL VOM TISCH} togliere qc da qc 6 (nach unten) **etw** ~ {FLAGGE, SEGEL} ammainare qc; {RUDER} ritirare qc B itr 1 ‹haben› (darüberfahren) **über etw** (akk) ~ {ÜBER DAS BUCH, DEN STOFF, DAS TISCHTUCH} passare la mano su qc; **jdm über etw** (akk) ~ {EINER PERSON ÜBER DAS HAAR} passare la mano fra qc a qu;

{ÜBER DEN KOPF, DAS GESICHT} passare la mano *su qc a qu*: **jdm zärtlich** ↓**durchs/über das Haar**↓/**[über den Kopf]** ~, (ac)carezzare i capelli/la testa a qu **2** *<sein>* (*leicht wehen*) **über etw** (akk) ~ (WIND ÜBER DIE FELDER) sfiorare *qc*, accarezzare *qc*; (WIND ÜBER JDS GESICHT, HAAR) sfiorare *qc a qu*, accarezzare *qc a qu* **3** *<sein>* (*streifen*) **irgendwohin** ~ girovagare/vagare + *compl di luogo*: **jd streicht durch das Haus**, qu si aggira per (la) casa; **die Katze streicht mir um die Beine**, il gatto si struscia alle mie gambe. ● **etw glatt** ~ (TISCHDECKE), stendere bene *qc*; (WÄSCHE), lisciare *qc*; **sich den Bart/die Haare glatt** ~, lisciarsi la barba/i capelli, darsi una lisciata ↓alla barba↓/[ai capelli] *fam*.

Streicher *<-s, -> m* (**Streicherin** f) *mus* suonatore (-trice) m (f) di strumento ad arco: **die ~**, gli archi.

streichfähig adj {BUTTER, KÄSE, MARGARINE} spalmabile.

streichfertig adj {FARBE, LACK} pronto per l'uso.

Streichholz n fiammifero m.

Streichholzschachtel f scatola f di fiammiferi.

Streichinstrument n *mus* strumento m ad arco.

Streichkäse m *gastr* formaggio m ↓da spalmare↓/[cremoso].

Streichmusik f *mus* musica f per archi.

Streichorchester n *mus* (orchestra f d')archi m pl.

Streichquartett n *mus* **1** (*Musiker*) quartetto m d'archi **2** (*Komposition*) quartetto m per archi.

Streichung *<-, -en>* f **1** (*das Streichen*) ~ (**aus etw** dat) {+SATZ, WORT AUS EINEM ARTIKEL, TEXT} eliminazione f (*da qc*), cancellazione f (*da qc*); {+NAMEN AUS EINER LISTE} depennamento m (*da qc*), cancellazione f (*da qc*); **an/in einem Text ~en vornehmen**, apportare dei tagli a un testo; **durch ~ ganzer Kapitel**, cancellando/tagliando interi capitoli **2** (*das Zurückziehen*) {+STELLEN, UNTERSTÜTZUNG, ZUSCHUSS} taglio m, soppressione f; {+AUFTRAG, PROJEKT} cancellazione f, annullamento m: **~en am Etat**, tagli al bilancio **3** (*gestrichene Textstelle*) taglio m, cancellatura f.

Streichwurst f *gastr* pâté m.

Streifband *<-(e)s, Streifbänder> n* fascia f, fascetta f.

Streifbandzeitung f sottofascia m.

Streife *<-, -n>* f pattuglia f; (*im Wagen*) autopattuglia f: **auf ~ gehen**, ↓uscire di↓/[andare in] pattuglia; **auf ~ sein**, essere di pattuglia.

streifen A tr *<haben>* **1** (*flüchtig berühren*) **jdn/etw** (**mit etw** dat) ~ {PERSON MIT DEM ARM, WAND MIT DEM KLEID, ZAUN MIT DEM ÄRMEL} sfiorare *qu/qc* (*con qc*): **er hat mit dem Auto die Mauer gestreift**, ha ↓strisciato contro↓/[toccato di striscio] il muro con la macchina; **jdn** (**an etw** dat) ~ {FAHRZEUG, PERSON, SCHLAG AM ARM, KOPF, AN DER SCHULTER} sfiorare *qu/qc a qu*); {GESCHOSS} *auch* colpire/ferire di striscio *qu/[qu a qc]*) **2** (*flüchtig erwähnen*) **etw** ~ {GEBIET, THEMA} sfiorare *qc*: **leider streift der Autor das Thema nur**, purtroppo l'autore ↓si limita a sfiorare l'argomento↓/[tratta l'argomento solo di sfuggita] **3** (*überziehen*) **jdm etw auf/über etw** ~ {HEMD, PULLOVER ÜBER DEN KOPF} infilare *qc a qu*, mettere *qc a qu*: **er streifte ihr den Ring über den Finger**, le infilò/mise l'anello al dito **4** (*ab~*) **etw von etw** ~ {ASCHE VON DER ZIGARETTE} scuotere *qc da qc*; {BEEREN VOM AST, SCHNEE VOM FENSTERBRETT} levare *qc da qc*, togliere *qc da qc*: **jdm den Ring vom Finger** ~, sfilare a qu l'anello (dal dito). B itr *<sein>* **geh** (*ziehen*) **durch etw** (akk) ~ girare/girovagare/vagare/vagabondare *per qc* C rfl *<haben>* **1** (*überziehen*) **sich** (dat) **etw auf/über etw** (akk) ~ {RING AUF DEN FINGER} infilarsi *qc a qc*; {KAPUZE, MÜTZE ÜBER DEN KOPF} calarsi *qc su qc*: **sich das Hemd/den Pullover über den Kopf** ~, rinfilarsi la camicia/il maglione; **sich die Handschuhe über die Hände** ~, infilarsi i guanti **2** (*ab~*) **sich** (dat) **etw von etw** (dat) ~ {MÜTZE} levarsi *qc da qc*, togliersi *qc da qc*; {HANDSCHUHE, REIF, RING, UHR} sfilarsi *qc da qc*; {SCHMUTZ VON DEN SCHUHEN} togliersi *qc da qc*.

Streifen *<-s, -> m* **1** (*schmale Linie*) riga f, linea f; (*breiter*) striscia f; (*am Körper*) smagliatura f, stria f; (*am Himmel, Horizont*) stria f, striscia f; {+FLUGZEUG, KOMET} scia f, stria f: **der weiße** ~ **auf beiden Seiten der Fahrspur**, la linea/striscia bianca da ambedue i lati della corsia; **ein Stoff mit roten und grünen** ~, una stoffa a righe/strisce rosse e verdi **2** (*schmales Stück*) striscia f; {+KÜSTE, LAND} *auch* fascia f; (*Speckstreifen*) lardello m: **ein kleiner** ~, una strisciolina f; **ein ~ Papier/Stoff**, una striscia di carta/stoffa; **etw in ~ schneiden**, tagliare/fare *qc* a strisce **3** *fam* (*Film*) film m; (*Ausschnitt*) spezzone m.

Streifenbeamte m (**Streifenbeamtin** f) poliziotto (*rar* -a) m (f)/agente mf di pattuglia.

Streifendienst m pattugliamento m: **~ haben**, essere di pattuglia.

Streifenkarte f (*für Bus, Straßenbahn*) biglietto m multiplo.

Streifenmuster n *text* motivo m/disegno m a righe: **ein Stoff mit ~**, una stoffa a righe.

Streifenpolizist m → **Streifenbeamte**.

Streifenwagen m autopattuglia f.

streifig adj (*nach dem Waschen*) {HEMD, KLEID} striato, (*schlecht geputzt*) {FENSTERSCHEIBE, SPIEGEL} striato: **~ sein**, essere pieno di striature.

Streiflicht n: **ein ~ auf etw** (akk) **werfen**, gettare uno sguardo su *qc*.

Streifschuss (a.R. Streifschuß) m **1** (*Schuss*) colpo m di striscio **2** (*Verletzung*) ferita f da striscio.

Streifzug m **1** (*Ausflug*) scorrazzata f, scorribanda f *fam*: **einen ~ durch die Kneipen machen**, passare da un locale all'altro, fare il giro dei locali del quartiere; **einen ~ in die Umgebung unternehmen**, fare un'escursione nei dintorni **2** *mil* incursione f **3** *hist* (*Raubzug*) scorreria f, scorribanda f **4** (*Exkurs*) excursus m: **ein historischer/letterarischer ~**, un excursus storico/letterario, una incursione/scorribanda nella letteratura/storia.

Streik *<-(e)s, -s> m* sciopero m: **einen ~ ausrufen**, indire/proclamare/dichiarare uno sciopero; (**jdn**) **zum ~ aufrufen**, invitare (qu) allo sciopero; **mit ~ drohen** {BELEGSCHAFT, GEWERKSCHAFT}, minacciare ↓di entrare in↓/[lo] sciopero; **im ~ stehen**, essere in sciopero; **in den ~ treten**, entrare/scendere in sciopero.

Streikaufruf m appello m allo sciopero.

Streikbrecher m (**Streikbrecherin** f) crumiro (-a) m (f).

streiken itr **1** (*die Arbeit niederlegen*) scioperare, fare sciopero; **für/gegen etw** (akk) ~ scioperare *per/contro qc*: **in der Textilindustrie wird immer noch gestreikt**, nell'industria tessile si continua a scioperare, l'industria tessile è tuttora in sciopero; **die ~den Arbeiter**, gli operai in sciopero; **die Arbeiter wollen ~**, gli operai vogliono ↓entrare in↓/[lo] sciopero **2** *fam* (*nicht funktionieren*) {JDS GEDÄCHTNIS, MAGEN} essere in sciopero *scherz*, fare dei brutti scherzi; {FERNSEHER, MOTOR, WASCHMASCHINE} non funzionare: **gestern hat mein Auto plötzlich gestreikt**, ieri la macchina all'improvviso mi ha piantato (-a) in asso **3** *fam scherz* (*sich weigern*) fare sciopero *scherz*.

Streikende *<dekl wie adj>* mf scioperante mf.

Streikgeld n indennità f di sciopero (pagata con un apposito fondo istituito dai sindacati).

Streikposten m picchetto m: **~ aufstellen**, mettere qu a fare picchettaggio; **sie stellten vor dem Fabriktor ~ auf**, ↓facevano picchettaggio davanti ai↓/[picchettavano i] cancelli della fabbrica; **~ stehen**, fare picchettaggio.

Streikrecht *<-s, ohne pl> n* diritto m di sciopero.

Streikwelle f ondata f/serie f di scioperi.

Streit *<-(e)s, -e> m* **1** (*Zank*) (*heftiger ~*) lite f, litigio m, litigata f *fam*; (*kleiner ~*) bisticcio m *fam*; (*heftiger Wortwechsel*) diverbio m, battibecco m *geh*: (*wegen etw gen oder dat*) ~ (**mit jdm**) **haben**, litigare/bisticciare *fam* (con qu) (per qc); ~ **miteinander haben**, litigar(si), bisticciar(si) *fam*; (**mit jdm**) **keinen** ~ (**haben**) **wollen**, non volere brighe *fam*/grane *fam*/rogne (con qu) **2** (*Meinungsstreit*) disputa f, polemica f; (*Rechtsstreit*) controversia f, causa f, lite f **3** (*Konflikt*) conflitto m, contrasto m ● **einen ~** (**mit jdm**) **anfangen/anzetteln** *fam*, attaccare lite/briga *fam* (con qu); **einen ~ beilegen** *jur*, comporre una lite, risolvere una controversia; (**mit jdm**) (**wegen etw gen** *oder fam* dat) ~ **bekommen**, litigare (con qu) (per qc); (*zwischen zwei Parteien*) **entrare in conflitto/contrasto** (con qu) (per qc), venire a contesa (con qu) (per qc) *geh*; (**mit jdm**) (**um etw akk/wegen etw gen** *oder fam* dat) **in ~ geraten**, mettersi a litigare (con qu) (per qc), venire a parole con qu (per qc) *geh*, venire in lite con qu; **im ~ liegen**, essere in lite con qu; **ein ~ um Nichtigkeiten**, una lite per un nonnulla/una quisquilia; **~ stiften**, mettere/seminare zizzania; (**mit jdm**) (**das ist nur**) **ein ~ um Worte**, (è solo) un cavillo; **einen ~ vom Zaun brechen**, provocare/scatenare una lite, attaccare briga *fam*.

Streitaxt f *hist* ascia f di guerra ● **die ~ ausgraben/begraben**, dissotterrare/sotterrare l'ascia di guerra.

streitbar adj **1** (*kämpferisch*) {MENSCH} combattivo, battagliero **2** *obs* (*kampfbereit*) {VOLK} bellicoso, guerriero.

streiten *<streitet, stritt, gestritten>* A itr **1** (*einen Streit haben*) (**mit jdm**) (**um etw** akk) ~ litigare (con qu) (per qc), bisticciare (con qu) (per qc) *fam*, questionare (con qu) (per qc) **2** (*diskutieren*) (**mit jdm**) **über etw** (akk), dibattere (con qu) di/su qc, discutere (con qu) di/su qc **3** *geh* (*sich einsetzen*) **für/gegen etw** (akk) ~ {FÜR DEN FRIEDEN, GEGEN (DIE) UNTERDRÜCKUNG} battersi *per/contro qc*, lottare *per/contro qc*, combattere *per/contro qc*: **für eine gerechte Sache** ~, battersi per una giusta causa B rfl **1** (*einen Streit haben*) **sich/miteinander** ~ litigar(si), bisticciar(si) *fam*: **hört auf, euch zu ~!**, smettetela di litigare!; **sich mit jdm** ~ litigare con qu, bisticciare con qu; **er streitet**

sich schon seit Jahren mit seinem Nachbarn, sono anni che è in lite col vicino; **sich um etw** (akk) **~** litigare *per qc*, litigarsi *qc*; {UM DAS ERBE} *auch* contendersi *qc*; **sich um jdn ~** contendersi *qu*; **sie ~ sich um die Kinder**, si contendono l'affidamento dei bambini **2** (*diskutieren*) **sich über etw** (akk) **~** discutere *di qc*, avere una discussione/un battibecco *fam su qc*: **die Fachleute ~ sich noch darüber, wie wirksam dieses Medikament ist**, gli esperti discutono ancora sull'efficacia di questo farmaco; **es wird immer noch darüber gestritten, ob ...**, ancora si discute se ... ● **über etw** (akk) **lässt sich ~**, qc è opinabile/discutibile.

streitend *adj* litigante: **die ~e Kirche**, la chiesa militante; **die ~en Parteien** *jur*, le parti contendenti/[in causa].

Streiter *m* (**Streiterin** *f*) *geh* combattente *mf*; (*Verfechter*) sostenitore (-trice) *m* (*f*), propugnatore (-trice) *m* (*f*).

Streiterei <-, -*en*> *f* (continui) litigi *m pl*, (continui) bisticci *m pl fam*: **lasst doch die ewige ~!**, smettetela di bisticciarvi sempre!

Streiterin *f* → **Streiter**.

Streitfall *m adm* controversia *f*, vertenza *f*: **einen ~ lösen/schlichten**, risolvere/comporre una controversia; **im ~**, in caso di controversia.

Streitfrage *f* questione *f* controversa, controversia *f*.

Streitgegenstand *m jur* oggetto *m* del contendere.

Streitgespräch *n* disputa *f*, discussione *f*; (*zwischen zwei Persönlichkeiten*) *auch* faccia a faccia *m*.

Streithammel *m fam pej* attaccabrighe *mf fam*.

streitig *adj*: **jdm etw ~ machen** {REKORD, STELLUNG, TITEL}, contendere *qc* a *qu*, disputare *qc* a *qu*; {ANRECHT, RECHT} contestare *qc* a *qu*; **jdm den Vorrang ~ machen**, contendere il primato a *qu*.

Streitigkeit *f* <*meist pl*> lite *f*, litigio *m*: **zwischen ihnen kam es bald zu ~en**, entrarono ben presto in contrasto/conflitto.

Streitkräfte *subst* <*nur pl*> *mil* forze *f pl* armate.

streitlustig A *adj* litigioso, polemico B *adv* {JDN ANSCHAUEN} con l'aria di chi vuole litigare.

Streitmacht <-, -> *f obs* forza *f* militare.

Streitobjekt *n jur* oggetto *m* del contendere.

Streitpunkt *m* punto *m* controverso, questione *f* controversa.

Streitsache *f jur* contenzioso *m*, lite *f*, controversia *f*.

Streitschrift *f* pamphlet *m*, libello *m*.

Streitsucht <-, *ohne pl*> *f* litigiosità *f*.

streitsüchtig *adj* → **streitlustig**.

Streitwert *m jur* valore *m* della causa.

streng A *adj* **1** (*Gehorsam fordernd*) {ELTERN, LEHRER, RICHTER} severo, rigido: **zu/mit jdm ~ sein**, essere severo con qu; **der Professor ist sehr ~ bei der Korrektur der Examensarbeiten**, il professore è molto fiscale nella correzione delle tesi **2** (*hart*) {BESTRAFUNG, GESETZ, KONTROLLE, VERWEIS} severo, rigido; {DISZIPLIN, ERZIEHUNG, MAẞNAHME} *auch* rigoroso; {KRITIK, URTEIL} severo, aspro **3** (*strikt*) {ORDNUNG} rigido; {ANWEISUNG, WEISUNG} preciso; {DIÄT} rigoroso; {EINHALTUNG} *auch* stretto; {BETTRUHE} assoluto: **unter ~er Bewachung**, sotto stretta sorveglianza **4** (*karg*) {LEBENSFÜHRUNG} austero; {SCHÖNHEIT, STIL} *auch* severo **5** (*straff*) {AUFBAU, FORM} rigoroso **6** (*durchdringend*) {AROMA, GESCHMACK} acre, forte; {GERUCH} *auch* penetrante, pungente **7** (*hart*) {WINTER} rigido, duro; {KÄLTE} intenso, pungente; {FROST} forte: ˌein **~es Gesicht**ˌ/[**einen ~en Zug um den Mund**] **haben**, avere dei lineamenti molto severi **8** (*konsequent*) {ANTIALKOHOLIKER, VEGETARIER} convinto; {KATHOLIK, MOSLEM} osservante, di stretta osservanza **9** *süddt CH* (*anstrengend*) {ARBEIT, DIENST} faticoso B *adv* **1** (*unnachsichtig*) {BESTRAFEN, ERZIEHEN, KONTROLLIEREN, TADELN} severamente; {DURCHGREIFEN} energicamente: **wir wurden sehr ~ erzogen**, abbiamo avuto/ricevuto un'educazione molto severa **2** (*strikt*) {BEACHTEN} strettamente, rigorosamente; {SICH AN ETW HALTEN, BEFOLGEN} rigorosamente, scrupolosamente, fiscalmente; {VERBIETEN} severamente: **jdn ~ überwachen**, tenere *qu* sotto stretta sorveglianza; **~ nach Vorschrift**, attenendosi strettamente alle disposizioni **3** (*durchdringend*) **etw riecht ~**, *qc* ha un odore acre/penetrante/pungente; **etw schmeckt ~**, *qc* ha un sapore acre/forte ● **~ geheim**, segretissimo; **top secret**; **es ~ haben** *süddt CH*, essere molto sotto pressione; **~ verboten!**, severamente vietato!; **~ vertraulich**, strettamente confidenziale/riservato.

Strenge <-, *ohne pl*> *f* **1** (*Unnachsichtigkeit*) {+AUSBILDER, ELTERN, ERZIEHER, LEHRER} severità *f*, rigore *m*: **auf etw** (akk) **mit besonderer ~ achten**, essere molto rigido/fiscale su *qc* **2** (*Härte*) {+BESTRAFUNG, ERZIEHUNG} severità *f*, rigore *m*; {+KONTROLLE} *auch* fiscalità *f*; {+GESICHTSZÜGE} severità *f*; {+WINTER, FROST} rigore *m* **3** (*Straffheit*) {+AUFBAU, FORM} rigore *m*, rigori *m pl* **4** (*Schmucklosigkeit*) {+STIL} austerità *f*, severità *f* **5** (*Schärfe*) {+GERUCH, GESCHMACK} asprezza *f*.

strenggenommen *a.R. von* streng genommen → **genommen**.

strenggläubig *adj* osservante, di stretta osservanza.

streng|nehmen *a.R. von* streng nehmen → **nehmen**.

strengst <*superl von streng*> A *adj*: **~e Diskretion bewahren**, osservare la massima discrezione; **jdm ~es Stillschweigen auferlegen**, imporre a qu il più stretto riserbo B *adv*: **aufs Strengste** {BEFOLGEN}, scrupolosamente, rigorosamente; {VERBIETEN} severamente.

strengstens *adv* {BEFOLGEN, SICH AN ETW HALTEN} rigorosamente, scrupolosamente; {VERBIETEN} severamente.

Streptokokkus <-, *Streptokokken*> *m med* streptococco *m*.

Stress (*a.R.* Streß) <-*es*, -*e*> *m* <*meist sing*> stress *m*: **der erhöhte ~**, l'accumulo di stress; **der tägliche ~ im Büro**, lo stress quotidiano in ufficio; **dem ~ des Alltags entkommen**, sfuggire allo stress ˌdella vita quotidianaˌ/[di tutti i giorni]; **~ haben, im ~ sein** *fam*, stressarsi; **mach dir keinen ~!** *fam*, non stressarti!; **unter ~ stehen**, essere sotto stress/tensione; **das ist ein ~!**, che stress!

stressbedingt (*a.R.* streßbedingt) *adj* dovuto a(llo) stress, causato da(llo) stress.

Stressbewältigung (*a.R.* Streßbewältigung) *f*: **Ratschläge zur ~**, consigli per sconfiggere lo stress.

stressen A *tr* **jdn ~** stressare *qu*: **gestresst sein**, essere stressato; **sich gestresst fühlen**, sentirsi stressato (-a) B *itr* {ARBEIT} stressare, essere stressante.

Stressfaktor (*a.R.* Streßfaktor) *m* fattore *m* di stress.

stressfrei (*a.R.* streßfrei) *adj* {URLAUB, ZEIT} senza stress; {ARBEIT} *auch* non stressante.

stressgeplagt (*a.R.* streßgeplagt) *adj* stressato, logorato (dallo stress).

Stresshormon (*a.R.* Streßhormon) *n* ormone *m* dello stress.

stressig *adj fam* stressante.

Stresssituation, **Stress-Situation** (*a.R.* Streßsituation) *f* situazione *f* stressante/[di stress].

Stretch <-(*e*)*s*, -*es*> *m text* stretch *m*.

Stretchhose *f* pantaloni *m pl* elasticizzati.

Stretching <-*s*, *ohne pl*> *n sport* stretching *m*.

Streu <-, *ohne pl*> *f* paglia *f*; (*im Stall*) strame *m*, lettiera *f*: **auf ~ schlafen**, dormire sulla paglia.

Streudienst *m* servizio *m* spargisale.

Streudose *f* → **Streuer**.

streuen A *tr* **1** (*hin~*) **etw irgendwohin ~** {DÜNGER} spandere *qc* su *qc*; {HÜHNERFUTTER, KIES, SAMEN, SAND} spargere *qc* su *qc*, gettare *qc* su *qc*; {SALZ IN DIE SUPPE} spargere *qc* su *qc*: **Puderzucker auf den Kuchen ~**, cospargere il dolce di zucchero a velo **2** (*gegen Glätte*) **etw** (*mit etw* dat) **~** {BÜRGERSTEIG, PARKPLATZ, STRAẞE MIT SALZ} spargere *qc* su *qc* **3** (*verbreiten*) **etw ~** {INFORMATIONEN} spargere *qc*: **etw unter die Leute ~** {GERÜCHTE, INDISKRETIONEN}, diffondere *qc* tra la gente, far circolare *qc* B *itr* **1** (*Streumittel anwenden*) spargere sale/sabbia sulla strada **2** (*herausrinnen lassen*) {SACK, TÜTE} essere bucato; **irgendwie ~**: **gut/schlecht ~** {SALZFASS, STREUER}, funzionare bene/male; **nicht mehr ~**, essere otturato **3** (*ungenau treffen*) {SCHUSSWAFFE} essere impreciso (nel tiro) **4** *med* {KRANKHEITSHERD, TUMOR} diffondersi **5** *Statistik* {MESSWERTE} deviare/scostarsi dal valore medio.

Streuer *m* (*Salzstreuer*) spargisale *m*, saliera *f*; (*Pfefferstreuer*) spargipepe *m*, pepiera *f*, pepaiola *f*; (*Zuckerstreuer*) spargizucchero *m*.

Streufahrzeug *n* → **Streuwagen**.

Streugut <-*s*, *ohne pl*> *n* "sale *m* o sabbia *f* da spargere sulla strada (contro il ghiaccio)".

streunen *itr* <*haben oder rar sein*> *fam* {HUND, KATZE} essere randagio; **durch etw** (akk) **~** {MENSCH DURCH DIE STADT, DIE STRAẞEN} vagabondare *per qc*.

streunend *adj* {HUND, KATZE} randagio.

Streuner *m* (**Streunerin** *f*) **1** <*nur sg*> (*Hund*) (cane *m*) randagio *m* **2** (*nicht sesshafter Mensch*) vagabondo (-a) *m* (*f*).

Streupflicht *f* "obbligo *m* per i cittadini di spargere sale sulla zona antistante la loro casa in caso di ghiaccio".

Streusalz *n* sale *m* da spargere sulla strada (contro il ghiaccio).

Streusel <-*s*, -> *m meist pl n gastr* "granelli *m pl* di pasta a base di farina, burro e zucchero che vengono sparsi sui dolci".

Streuselkuchen *m gastr* "dolce *m* cosparso di granelli di farina, burro e zucchero".

Streuung <-, -*en*> *f* **1** (*Treffungenauigkeit*) {+SCHUSSWAFFE} imprecisione *f* **2** (*Verbreitung*) {+MEDIEN, WERBUNG} diffusione *f* **3** *phys* dispersione *f* **4** *Statistik* dispersione *f*.

Streuwagen *m autom* (*mit Salz*) spargisale *m*; (*mit Sand*) spargisabbia *m*.

strich 1. *und* 3. *pers sing imperf von* streichen.

Strich① <-(*e*)*s*, -*e*> *m* **1** (*Zeichen*) tratto *m*; (*gezogene Linie*) linea *f*, riga *f*; (*schräg oder*

senkrecht) barra f; (*Bindestrich, Gedankenstrich, Querstrich*) lineetta f, trattino m; (*Pinselstrich*) pennellata f: **einen Fehler mit einem dicken roten ~ anstreichen**, segnare vistosamente un errore con la penna rossa, fare un bel segno rosso sotto un errore **2** (*Einteilungszeichen*) {+BAROMETER, THERMOMETER} linea f; {+WAAGE} tacca f **3** (*Fadenverlauf*) {+STOFF, TEPPICH} verso m; (*Wachstumsrichtung*) {+FELL} verso m; {+HAAR} *auch* senso m: **etw mit/gegen den ~ bürsten** {FELL, HAAR}, spazzolare qc secondo/contro il verso; **das Fell des Hundes gegen den ~ bürsten**, spazzolare il cane contropelo • *drunter*!, mettiamoci una pietra sopra!, non pensiamoci più!; *dünn wie ein ~*, magro/secco come un chiodo/uno stecco; **nach ~ und Faden** *fam* {AUSNEHMEN}, fino all'osso; {BETRÜGEN, LÜGEN}, spudoratamente; **er hat ihn nach ~ und Faden versohlt**, l'ha picchiato di santa ragione; **das geht mir gegen** *fam*, non andare giù/[a genio] a qu *fam*; **nur noch ein ~ in der** *Landschaft* **sein**, essersi ridotto a un filo, essere diventato secco/magro come un chiodo/uno stecco; **einen ~ unter etw (akk)** *machen/ziehen*, fare/tirare una riga sotto qc; (*etw beenden*), mettere una pietra sopra a qc, dimenticare qc; **jdm einen ~ durch die** *Rechnung* **machen**, mandare ₁a monte₁/[all'aria] i piani di qu *fam*, rompere le uova nel paniere a qu; **keinen ~ tun** *fam*, non fare un accidente *fam*/tubo *fam*; **unterm ~ fam**, alla fine dei conti, fatti tutti i conti; **was bleibt unter dem ~?**, cosa resta alla fine?
Strich[2] <-(e)s, -e> m *fam* (*Gegend mit Prostitution*) marciapiede m *fam*: **die Mädchen vom ~**, le lucciole *fam*, le ragazze che battono (il marciapiede) *fam*, battere il marciapiede *fam*, fare la puttana *vulg*; **jdn auf den ~ schicken**, mandare qu a battere (il marciapiede) *fam*; **nach fünf Jahren auf dem ~**, dopo aver battuto il marciapiede per cinque anni, dopo cinque anni di marciapiede.
Strichcode m codice m a barre.
stricheln tr *etw* ~ tratteggiare qc: **gestrichelte Linie**, linea tratteggiata; **Bestellkarte bitte an der gestrichelten Linie abtrennen!**, strappare il buono d'ordine lungo la linea tratteggiata!
Stricher <-s, -> m (**Stricherin** f) *fam* marchettaro (-a) m (f) *slang*, prostituto (-a) m (f).
Strichjunge m *fam* prostituto m, marchettaro m *slang*, marchetta f *slang*.
Strichkode m → **Strichcode**.
Strichmädchen n *fam* lucciola f *fam*, ragazza f da marciapiede *fam*.
Strichmännchen n figura f stilizzata, omino m *fam*.
Strichpunkt m → **Semikolon**.
strichweise *adv meteo* a tratti, localmente, qua e là: ~ **Regen**, si prevedono locali precipitazioni.
Strichzeichnung f *kunst* disegno m al tratto.
Strick <-(e)s, -e> m (*Seil*) corda f, fune f; {+GALGEN} capestro m • **jdm aus etw (dat) einen ~ drehen** *fam* {AUS EINER UNBEDACHTEN ÄUSSERUNG, EINEM FEHLVERHALTEN}, sfruttare qc per danneggiare qu; **dann kann sich jd (ja gleich) den ~ nehmen/kaufen** *fam*, allora qu si può anche sparare subito; **wenn alle ~e reißen** *fam*, male che vada, alla peggio *fam*, alle brutte *fam*, nel peggiore dei casi.
stricken tr {PULLOVER, SCHAL, STRÜMPFE} lavorare ₁a maglia₁/[ai ferri] qc ⓑ itr lavorare ₁a maglia₁/[ai ferri], fare la

calza: **zwei rechts, zwei links ~**, lavorare due maglie a diritto, due a rovescio.
Strickgarn n filo m per maglieria.
Strickjacke f cardigan m, giacca f di maglia, golf m aperto (davanti) *fam*.
Strickleiter f scala f di corda.
Strickmaschine f macchina f per maglieria.
Strickmode f maglieria f.
Strickmuster n **1** (*gestricktes Muster*) disegno m/lavorazione f (della maglia) **2** (*Vorlage*) (carta)modello m per lavoro a maglia • **nach** ₁**dem gleichen**₁/[**demselben**] ~ *fam* (*nach der gleichen Methode*), (sempre) secondo il solito copione.
Stricknadel f ferro m (da calza).
Strickwaren subst <*nur pl*> (articoli m pl di) maglieria f.
Strickweste f → **Strickjacke**.
Strickzeug <-(e)s, *ohne pl*> n occorrente m per lavorare a maglia.
Striegel <-s, -> m (*Bürste*) striglia f, brusca f.
striegeln ⓐ tr *etw* ~ {FELL, PFERD} strigliare qc, dare una strigliata a qc, bruscare qc ⓑ rfl *sich* ~ strigliarsi *scherz*.
Strieme <-, -n> f, **Striemen** <-s, -> m segno m della frustata, livido m, piaga f.
striezen tr *fam jdn* ~ maltrattare qu, strapazzare qu.
strikt ⓐ *adj* <*attr*> **1** *streng* {ANORDNUNG, ANWEISUNG} preciso; {BEFOLGUNG, EINHALTUNG} stretto, rigoroso; {BEFEHL} tassativo; {GEHORSAM} assoluto, totale; **das ~e Gegenteil**, l'esatto contrario **2** (*rigoros*) {ABLEHNUNG, WEIGERUNG} categorico: ~ **gegen etw (akk) sein**, essere assolutamente contrario a qc ⓑ *adv* **1** (*streng*) {BEFOLGEN, EINHALTEN} rigorosamente, severamente; {ANORDNEN, VERBIETEN} *auch* tassativamente **2** (*rigoros*) {ABLEHNEN, SICH WEIGERN} categoricamente.
String <-s, -s> m, **Stringtanga** m perizoma m, g-string m.
stringent *geh* ⓐ *adj* {LOGIK} stringente; {ARGUMENTATION, BEWEISFÜHRUNG, SCHLUSS} *auch* persuasivo, convincente ⓑ *adv* {NACHWEISEN} in modo convincente/stringente.
Stringenz <-, *ohne pl*> f *geh* rigore m logico.
Strip <-s, -s> m → **Striptease**.
Strippe <-, -n> f *fam* telefono m: **jdn an die ~ bekommen**, riuscire a parlare con qu (al telefono); **jdn an der ~ haben**, essere al telefono con qu; **wen hast du an der ~?**, a chi stai telefonando?, con chi sei al telefono?; **an der ~ hängen**, stare attaccato (-a) al telefono; **sich an die ~ hängen**, attaccarsi al telefono.
strippen itr *fam* fare lo spogliarello/strip-tease.
Strippenzieher m *fam* → **Drahtzieher**.
Stripper <-s, -> m (**Stripperin** f) spogliarellista mf.
Striptease <-, *ohne pl*> m *oder* n spogliarello m, striptease m: **einen ~ hinlegen/machen**, fare uno spogliarello/striptease.
Stripteaselokal n night(club) m con spogliarello.
Stripteasetänzer m (**Stripteasetänzerin** f) spogliarellista mf.
stritt 1. *und* 3. *pers sing imperf von* streiten.
strittig *adj* {FRAGE, PROBLEM} controverso; {ANGELEGENHEIT} *auch* molto discusso: **der ~e Punkt in einer Sache**, il punto controverso in una faccenda; **es ist noch ~, ob ...**, è ancora in discussione se ...
Stroh <-(e)s, *ohne pl*> n paglia f: **etw mit ~ ausstopfen/polstern/umwickeln**, impagliare qc • **wie ~ brennen**, bruciare come la paglia; **leeres ~ dreschen** *fam*, parlare a

vanvera *fam*, dire sciocchezze/balle *fam*; **(nur) ~ im** *Kopf* **haben** *fam*, avere stoppa/segatura al posto del cervello *fam*, avere ₁la testa piena₁/[il cervello pieno] di segatura *fam*; **wie ~ schmecken**, non sapere di niente.
Strohballen m balla f di paglia.
strohblond *adj* {MÄDCHEN, JUNGE} dai capelli biondo paglia/paglierino; {HAAR} biondo paglia/paglierino, color paglia.
Strohblume f *bot* elicriso m.
Strohdach n tetto m di paglia/canniccio.
strohdumm *adj fam* imbecille da morire *fam*, stupidissimo.
strohfarben *adj* color paglia, paglierino.
Strohfeuer n: **(nur) ein ~ sein**, essere (solo) un fuoco di paglia.
Strohgeflecht n graticcio m di paglia, paglia f intrecciata; {+STUHL} impagliatura f.
Strohhalm m filo m di paglia, fuscello m (di paglia), pagliuzza f; (*Trinkhalm*) cannuccia f: **bei dem Sturm knickten die Bäume wie ~e**, durante la tempesta gli alberi si piegavano come (dei) fuscelli • **nach dem rettenden ~ greifen**, aggrapparsi a un filo di speranza; **sich (wie ein Ertrinkender) an einen ~ klammern**, attaccarsi alle funi del cielo; **über einen ~ stolpern**, scivolare su una buccia di banana.
Strohhut m cappello m di paglia; (*für einen Mann*) paglietta f.
Strohhütte f capanna f di paglia.
strohig *adj* {HAAR, MANDARINE, ORANGE} stopposo; {GEMÜSE} legnoso.
Strohmann m **1** (*vorgeschickter Beauftragter*) uomo m di paglia, prestanome mf **2** *Karten* (*fehlender Mitspieler*) morto m: **mit einem ~ spielen**, giocare col morto.
Strohsack m pagliericcio m • **(ach du) heiliger ~!** *fam*, o Dio!, o santa Madonna!, o santo cielo!
Strohwitwe f *scherz* vedova f bianca.
Strohwitwer m *scherz* "marito m temporaneamente lontano dalla moglie".
Strolch <-(e)s, -e> m **1** *pej* (*übler Bursche*) farabutto m, furfante m, mascalzone m **2** *fam scherz* (*Schlingel*) birbante m *fam*, discolo m, monello m.
Strom[①] <-(e)s, *ohne pl*> m *el* corrente f (elettrica), energia f elettrica: **den ~ abschalten/einschalten**, ₁togliere/staccare₁/[inserire/attaccare] la corrente; **der ~ ist ausgefallen**, manca la corrente, è andata via la luce *fam*; **~ führen**, essere sotto tensione; **~ führend** {DRAHT, LEITUNG, TEIL}, sotto tensione; **mit ~ heizen**, riscaldare (la casa) con l'energia elettrica, avere il riscaldamento elettrico; **mit ~ kochen**, avere la cucina (a energia) elettrica, cucinare sulle piastre elettriche; **~ sparend**, a basso consumo (energetico); **jdm den ~ sperren**, tagliare la corrente/luce a qu; **wenig/viel ~ verbrauchen**, consumare poca/molta corrente • **unter ~ stehen** *el*, essere sotto tensione; *fam* (*im Stress sein*) essere sotto stress/pressione.
Strom[②] <-(e)s, Ströme> m **1** *geog* (*Fluss*) (grande) fiume m: **der Bach verwandelte sich in einen reißenden ~**, il ruscello si trasformò in una fiumana impetuosa; **die Ströme und Flüsse Deutschlands**, i fiumi della Germania **2** (*fließende Menge Flüssigkeit*) ~ **von etw** (*dat*) {VON BLUT, LAVA, SCHLAMM, TRÄNEN} fiume m di qc **3** (*Zustrom*) ~ **von jdm/etw** {VON BESUCHERN, KUNDEN, TOURISTEN} flusso m di qu, fiume m di qu, fiumana f di qu, marea f di qu: **ein ~ von Menschen**, una fiumana/marea di gente; {VON VERWÜNSCHUNGEN, WORTEN} fiume m di qc, diluvio m di qc **4** (*Strömung*) corrente f, flusso m: **sich**

₍vom ~₎/[vom ~ der Menge] **treiben lassen**, farsi trascinare via dalla corrente/folla; **der ~ der Zeit**, il fluire/lo scorrere del tempo; **sich dem ~ der Zeit anpassen**, adattarsi ai tempi ● **in Strömen** *fließen* {WASSER}, scorrere a fiumi; **das Blut floss in Strömen aus der Wunde**, il sangue sgorgò a fiotti dalla ferita; **während des Aufstands floss das Blut in Strömen**, durante la rivolta il sangue scorreva a fiumi; **auf dem Fest floss der Champagner in Strömen**, alla festa scorrevano fiumi di champagne; **es** *regnet*/gießt **in Strömen**, piove ₍a dirotto₎/[a cateratte *fam*]/[che Dio la manda *fam*]; **gegen den**₍/[mit dem] ~ **schwimmen** ₍gegen die₎/[mit der] *Strömung*), nuotare controcorrente/[seguendo la corrente]; (*sich der herrschenden Meinung anpassen/widersetzen*), ₍andare controcorrente₎/[seguire la corrente].

Stromabnehmer① m *tech* trolley m, pantografo m.

Stromabnehmer② m (**Stromabnehmerin** f) utente mf (della corrente elettrica).

stromabwärts, **stromab** adv → **flussabwärts**.

Stromaggregat n *el* gruppo m elettrogeno.

stromaufwärts, **stromauf** adv → **flussaufwärts**.

Stromausfall m *el* mancanza f di corrente; (*größeren Ausmaßes*) blackout m.

strömen itr <sein> **1** (*in Mengen fließen*) **aus etw** (dat) ~ (fuori)uscire da qc; {BLUT, TRÄNEN} *auch* sgorgare da qc; **irgendwohin ~** scorrere/fluire + *compl di luogo*: **Tränen strömten über ihre Wangen**, un fiume di lacrime le rigava le guance; **bei/in ~dem Regen**, sotto una pioggia torrenziale **2** (*in Scharen eilen*) **irgendwohin ~** {BESUCHER, KUNDEN, TOURISTEN ZUM AUSGANG, NACH DRAUßEN, INS FREIE, AUF EINEN PLATZ} riversarsi/rovesciarsi + *compl di luogo*; {ZUR KASSE} affluire (in massa) + *compl di luogo*; {IN DIE AUSSTELLUNG, INS GEBÄUDE, THEATER} *auch* invadere qc; **aus etw** (dat) ~ {AUS DEN AUSGÄNGEN, DEM SAAL, THEATER} defluire/uscire (in massa) da qc.

Stromerzeuger m *el* generatore m di corrente.

Stromerzeugung f *el* generazione f di corrente.

stromführend adj → **Strom**①.

Stromkabel n *el* cavo m elettrico.

Stromkreis m circuito m (elettrico).

Stromleitung f *el* conduttura f/linea f elettrica.

Stromlinie f **1** *phys* linea f di flusso **2** (*von Autos*) linea f aerodinamica.

Stromlinienform f forma f/linea f aerodinamica.

stromlinienförmig adj aerodinamico.

Stromnetz n *el* rete f elettrica.

Strompreis m prezzo m dell'energia elettrica.

Stromrechnung f bolletta f della luce.

Stromrichter m *el tech* convertitore m di corrente.

Stromschlag m scossa f elettrica.

Stromschnelle f <*meist* pl> rapida f, cateratta f.

stromsparend adj → **Strom**①.

Stromsperre f sospensione f di energia elettrica.

Stromstärke f *el* intensità f di corrente, amperaggio m.

Stromstoß m *el* impulso m di corrente/₍elettrico₎.

[elettrico].

Strömung <-, -en> f **1** {+GAS, LUFT, WASSER} corrente f: **eine reißende ~ im Fluss/Meer**, una corrente impetuosa ₍nel fiume₎/[in mare] **2** <*meist* pl> (*Tendenz*) corrente f: **politische ~en**, correnti politiche.

Stromverbrauch m consumo m di corrente/[energia elettrica].

Stromversorger m (**Stromversorgerin** f) gestore m/fornitore m di energia/corrente elettrica.

Stromversorgung f (*von Seiten des Stromwerks*) erogazione f di energia elettrica; (*aus der Sicht des Verbrauchers*) approvvigionamento m di energia elettrica.

Stromzähler m contatore m elettrico/[della luce].

Stromzufuhr f alimentazione f elettrica.

Strontium <-s, ohne pl> n *chem* stronzio m.

Strophe <-, -n> f *mus* strofa f; *poet auch* stanza f.

strotzen itr **1** (*überschäumen*) **von/vor etw** (dat) **~** {VON ENERGIE, GESUNDHEIT, LEBENSFREUDE, ÜBERMUT} scoppiare di qc **2** (*starren*) **vor Dreck/Schmutz ~**, essere lurido/lercio; **von/vor Fehlern ~** {TEXT, ÜBERSETZUNG}, essere infarcito/strapieno/[pieno zeppo] di errori.

strubbelig, **strubblig** adj *fam* {HAAR} arruffato, scarmigliato, scompigliato; {FELL} arruffato, ispido, irto.

Strubbelkopf m *fam* **1** (*Haar*) capelli m pl arruffati, testa f arruffata/scapigliata **2** (*Person*) persona f dai capelli scapigliati/arruffati.

Strudel① <-s, -> m **1** (*Wasserwirbel*) vortice m, gorgo m, mulinello m (d'acqua): **in den ~ geraten · erfasst/ergriffen werden**, essere risucchiato da un vortice **2** *geh* (*rascher Lauf*): **der ~ der Ereignisse**, il vortice degli eventi; **sich in den ~ der Vergnügungen stürzen**, darsi ₍alla pazza gioia *fam*₎/[ai divertimenti sfrenati].

Strudel② <-s, -> m *süddt A gastr* strudel m.

strudeln itr {WASSER} formare vortici/mulinelli, girare vorticosamente, fare mulinello.

Struktur <-, -en> f **1** (*Aufbau*) struttura f: **komplexe ~en wie die UNO**, organismi complessi come l'ONU; **die soziale/wirtschaftliche ~ eines Landes**, la struttura sociale/economica di un paese; **die ~ eines Atoms/Moleküls**, la struttura di un atomo/una molecola **2** (*in sich strukturiertes Ganzes*) struttura f: **die ~ einer Sprache**, la struttura di una lingua **3** (*Oberfläche*) {+STOFF, TAPETE} trama f ● **etw in seiner ~ verändern**, cambiare la struttura f di qc.

Strukturalismus <-, ohne pl> m *bes. ling* strutturalismo m.

strukturalistisch adj {BESCHREIBUNG, THEORIE} strutturalista, strutturalistico; {SPRACHWISSENSCHAFT} strutturale.

Strukturanalyse f analisi f strutturale.

Strukturelement n elemento m strutturale.

strukturell A adj <attr> {PROBLEM, VERÄNDERUNG, VERBESSERUNG} strutturale B adv {SICH ÄNDERN, WANDELN} strutturalmente: **~ bedingt sein**, avere cause strutturali.

Strukturformel f *chem* formula f di struttura/costituzione.

Strukturhilfe f *ökon* sovvenzioni f pl (economiche) per la creazione di infrastrutture.

strukturieren <ohne ge-> tr *geh* **etw ~** strutturare qc: **etw neu ~**, ristrutturare qc.

Strukturierung <-, -en> f strutturazione f.

Strukturkrise f *ökon* crisi f strutturale

(dell'economia).

Strukturpolitik f politica f atta a migliorare le infrastrutture (economiche).

Strukturreform f riforma f (strutturale): **Hauptthema des Parteitags war eine ~ der Partei**, tema principale del congresso è stata la riforma della struttura del partito.

strukturschwach adj *ökon* {GEBIET, INDUSTRIE, WIRTSCHAFTSZWEIG} povero/carente di infrastrutture.

Strukturschwäche f *ökon* carenza f di infrastrutture.

Strukturwandel m *ökon* trasformazione f/cambiamento m strutturale.

Strumpf <-(e)s, Strümpfe> m calza f; (*Kniestrumpf*) calzettone m, gambaletto m; (*Socke*) calzino m, calzerotto m ● **auf Strümpfen**, scalzo (-a), senza scarpe.

Strumpfband <-(e)s, Strumpfbänder> n giarrettiera f.

Strumpfhalter m giarrettiera f.

Strumpfhaltergürtel m reggicalze m.

Strumpfhose f collant m; (*aus Baumwolle, Wolle*) *auch* calzamaglia f.

Strumpfmaske f calza f: **der Bankräuber hatte sich eine ~ über das Gesicht gezogen**, il rapinatore si era coperto il viso con una calza.

Strumpfwaren subst <*nur* pl> calze f pl.

Strunk <-(e)s, Strünke> m *bot* **1** (*Ansatz des Stängels*) {+KOHL, SALAT} torso m; {+MAISKOLBEN} tutolo m **2** (*Baumstumpf*) ceppo m, troncone m.

struppig adj {FELL, HAAR} ispido e arruffato; {BART} irsuto; {HUND} dal pelo ispido e arruffato.

Struwwelpeter <-s, ohne pl> m *fam* Pierino m Porcospino, bambino m arruffato.

Strychnin <-s, ohne pl> n *chem* stricnina f.

Stube <-, -n> f **1** *süddt A* (*Wohnraum*) (stanza f di) soggiorno m **2** (*holzgetäfelter Raum in Gaststätten*) "stanza f rivestita in legno, tipica delle zone alpine" **3** *mil* camerata f ● **die gute ~**, il salotto buono; (**immer**) **herein in die gute ~!**, avanti!, accomodatevi!

Stubenarrest m *fam* consegna f *scherz*: **~ haben** (*KIND*), essere rinchiuso in camera per punizione.

Stubenfliege f *zoo* mosca f comune.

Stubenhocker m (**Stubenhockerin** f) *pej* pantofolaio (-a) m (f).

stubenrein adj **1** (*sauber*) {KATZE, HUND} che non fa i propri bisogni in casa **2** *fam scherz* {WITZ} pulito: **seine Witze sind nicht ganz ~**, le sue barzellette sono un po' spinte.

Stuck <-(e)s, ohne pl> m *arch* stucco m.

Stück <-(e)s, -e> n **1** (*einzelnes Teil*) **~** (+ *subst*) pezzo m (*di qc*); {TORTE} *auch* fetta f (*di qc*), porzione f (*di qc*); {VIEH} capo m (*di qc*); {ZUCKER} zolletta f (*di qc*): **ein ~ Butter**, un panetto di burro (da 250 grammi); **ein ~ Draht**, un pezzo di fil di ferro; **drei ~ Seife**, tre saponette **2** (*wertvoller Gegenstand*) pezzo m, oggetto m: **ein schönes/seltenes ~**, un ₍bel pezzo₎/[pezzo raro] **3** (*Abschnitt*) **~** (+ *subst*) {GARTEN, LAND, WALD} pezzo m (*di qc*); {STRAßE} *auch* tratto m (*di qc*); (*aus einem Buch, Roman, einer Rede*) passaggio m, passo m: **das erste ~ der Reise**, la prima parte del viaggio; **jdn ein ~ (des Weges) begleiten**, accompagnare qu per un pezzo/tratto di strada; **ein ~ zu Fuß gehen**, fare un pezzo (di strada) a piedi; **ich geh' noch ein ~ spazieren**, faccio ancora quattro passi; **bis zum Bahnhof ist es noch ein schönes ~**, per la stazione ₍c'è₎/[manca] ancora un bel pezzo ₍po'₎ di strada **4** *theat* pièce f, opera f teatrale, dramma m **5** *mus* pezzo m, brano m

6 *fam pej* (*Subjekt*) individuo m, essere m: **ein faules/mieses ~ sein**, essere ⌊un poltrone⌋/[un individuo/essere abietto/vile]; **du gemeines ~!**, (sei un) pezzo di carogna! • *am*/*im* ~ *com*: **ich möchte den Käse/Schinken bitte am ~**, vorrei un pezzo di formaggio/prosciutto; *an einem* ~ *fam* {REDEN, REGNEN}, ininterrottamente, in continuazione; **ein hartes/schweres/ziemliches ~ Arbeit** *fam* (*Pensum*), un lavoro duro/faticoso, un lavoraccio; **es war ein hartes ~ Arbeit, ihn dazu zu überreden, dass ...**, ⌊è stata dura⌋/[ce n'è voluto per] convincerlo a ...; *aus einem* ~ {BADEWANNE, SKULPTUR}, di un unico blocco; **jds bestes ~ sein** *fam scherz* {MÖBELSTÜCK, PERSON, VASE}, essere il pezzo migliore di qu; **der Kaschmirmantel ist mein bestes ~**, il cappotto di cachemire è il pezzo migliore del mio guardaroba; **das**/**pro ~ com**, il/al pezzo; **die Eier kosten 20 Cent das ~**, le uova costano 20 centesimi ⌊l'uno⌋/[cadauno]; **ein ~ Dreck** *fam*/**Scheiße** *vulg pej*, uno stronzo *vulg*, un pezzo di merda *vulg*; **jdn wie ein ~ Dreck/Vieh behandeln** *fam pej*, trattare qu ⌊come una pezza da piedi *fam*⌋/[a pesci in faccia *fam*]; **jdm fehlt ein ~ im Film**, qu ha un ⌊vuoto di memoria⌋/[momento di blackout]; **aus freien ~en**, di propria iniziativa, volontariamente; ~ *für* ~ {PRALINEN, SCHOKOLADE AUFESSEN}, a uno (-a) a uno (-a); {MATERIAL, WAREN KONTROLLIEREN, PRÜFEN} *auch*, uno (-a) per uno (-a); {TEXT DURCHARBEITEN}, paragrafo per paragrafo; {AUTO, MOTOR AUSEINANDERNEHMEN}, pezzo per pezzo; **ein ganzes**/**gutes ~ ... zum** {ÄLTER, JÜNGER, GRÖBER, KLEINER}, di un bel po' ...; **ein ganzes**/**gutes ~ (mit etw dat) vorankommen/weiterkommen**, ⌊andare un bel pezzo⌋/[fare un bel passo] avanti (con qc); **in (tausend) ~e gehen/zerbrechen/zerspringen**, andare/rompersi in mille pezzi; **ein schönes ~ Geld** *fam*, una bella somma/sommetta; **auf jdn große ~e halten** *fam*, avere molta stima/considerazione di qu, stimare molto qu, tenere qu in alta considerazione; **kein ~ fam** (*überhaupt nicht*), affatto, per niente; **sich** (*dat*) **ein (tolles/starkes) ~ leisten** *fam*, farla/combinarla grossa *fam*; **das ist nur ein ~ Papier**, (questo) è solo un pezzo di carta; **etw in ~e reißen** {BRIEF, FOTO}, fare qc in mille pezzi; **sich für jdn in ~e reißen lassen** *fam*, farsi in quattro per qu *fam*; **etw in ~e schneiden**, tagliare a pezzi qc *fam*; **sich das Beste ~e aus der Suppe fischen**, prendersi il meglio; **das ist ein starkes ~!** *fam*, questa è davvero grossa! *fam*; **in vielen ~en** (*in vielerlei Hinsicht*), per molti aspetti.

Stuckarbeit f *arch* stucco m, stuccatura f.
Stückarbeit f lavoro m a cottimo.
Stuckateur <-s, -e> m (**Stuckateurin** f) stuccatore (-trice) m (f).
Stückchen <-s, -> n dim von Stück **1** (*kleiner Teil*) pezzetto m, pezzettino m, piccolo pezzo m **2** (*kurze Strecke*): **es ist noch ein gutes ~ bis dahin**, c'è ancora un bel pezzo di strada da fare; **nur ein ~ von etw (dat) entfernt sein**, essere solo a due passi da qc **3** (*süßes Teil*) pasta f.
Stuckdecke f *arch* soffitto m a stucchi.
stückeln A *tr etw* ~ **1** (*zusammensetzen*) {STOFF, TEPPICHBODEN} rappezzare qc **2** *bank* {EMISSION, WERTPAPIER} frazionare qc: **wie soll ich Ihnen die Banknoten ~?**, di che taglio le vuole le banconote? B *itr* fare delle rappezzature.
Stückelung <-, -en> f *bank* {+BANKNOTEN} taglio m; {+WERTPAPIER} frazionamento m.
Stückeschreiber m (**Stückeschreiberin** f) autore (-trice) m (f) di pièce/opere teatrali, drammaturgo m (f) *bes*. KOMÖ-

DIENAUTOR} commediografo (-a) m (f).
Stückgut n *Eisenb* collo m.
Stücklohn m cottimo m: **im ~ arbeiten**, lavorare a cottimo.
Stückpreis m *com* prezzo m unitario.
stückweise adv (*Stück für Stück*) pezzo per/dopo pezzo; (*am Stück*) al pezzo.
Stückwerk <-s, *ohne pl*> n: (**nur**) ~ **sein** {DOKTORARBEIT, REPORTAGE}, essere (semplicemente) una rabberciatura; (**nur**) ~ **bleiben** {GESETZ, PROJEKT, REFORM}, rimanere ⌊un abbozzo⌋/[a metà].
Stückzahl f numero m dei pezzi.
stud. *univ Abk von* studiosus: studente: **stud. jur.**/**med.**, studente di legge/medicina.
Student <-en, -en> m (**Studentin** f) **1** *univ* studente (-essa) m (f): ~ **der Medizin**, studente di medicina **2** A (*Schüler*) studente (-essa) m (f) (di scuola superiore), liceale mf.
Studentenausweis m *univ* "tessera f universitaria (per poter usufruire di particolari servizi e sconti)".
Studentenbewegung f movimento m studentesco.
Studentenbude f *fam* stanza f ammobiliata di uno studente.
Studentenfutter n *fam gastr* "frutta f secca mista".
Studentenheim n → **Studentenwohnheim**.
Studentenkneipe f *fam* locale m frequentato da studenti.
Studentenleben n vita f ⌊da studente⌋/[studentesca].
Studentenschaft <-, *ohne pl*> f *univ* (insieme m degli) studenti m pl.
Studentenunruhen subst <*nur pl*> protesta f studentesca.
Studentenverbindung f *univ* "associazione f studentesca di soli uomini, gerarchicamente organizzata, con uniforme e regole ben precise, che offre ai suoi membri alloggio, prospettive professionali ecc.".
Studentenvertretung f *univ* rappresentanza f studentesca/[degli studenti].
Studentenwerk n *adm univ* opera f universitaria.
Studentenwohnheim n casa f dello studente, studentato.
Studentin f → **Student**.
studentisch adj **1** (*für Studenten bestimmt*) {REISEBÜRO, STELLENVERMITTLUNG} per studenti **2** (*von Studenten getragen*) {MITSPRACHERECHT, SELBSTVERWALTUNG} degli studenti; {ORGANISATION} *auch* studentesca; {VERBINDUNG} goliardico: **das ~e Parlament**, la rappresentanza degli studenti **3** (*das Studentenleben betreffend*) {BRAUCHTUM, LIED, TRADITION} goliardico.
Studie <-, -n> f **1** (*wissenschaftliche Abhandlung*) ~ (*über etw* akk/*zu etw* dat) studio m (*su* qc), saggio m (*su* qc) **2** *kunst* studio m, disegno m preparatorio.
Studien A pl *von* Studium B pl *von* Studie.
Studienabbrecher <-s, -> m (**Studienabbrecherin** f) *univ* "persona f che ha abbandonato gli studi": ~ **sein**, aver abbandonato gli studi/l'università.
Studienabschluss (a.R. Studienabschluß) m *univ* → **Hochschulabschluss**.
Studienanfänger m (**Studienanfängerin** f) *univ* matricola f, studente (-essa) m (f) del primo anno.
Studienaufenthalt m soggiorno m di studi.
Studienberatung f **1** (*Beratungstätigkeit*) orientamento m universitario, consu-

lenza f per studenti **2** (*Beratungsstelle*) *univ* centro m di orientamento universitario.
Studienbewerber m (**Studienbewerberin** f) studente (-essa) m (f) che fa domanda di iscrizione universitaria.
Studienbuch n *univ* ≈ libretto m universitario.
Studiendirektor m (**Studiendirektorin** f) *Schule* "secondo livello di promozione per gli insegnanti (di scuola secondaria superiore)".
Studienfach n *univ* materia f (di studio), disciplina f.
Studienfahrt f *Schule* gita f scolastica.
Studienfreund m (**Studienfreundin** f) *univ* compagno (-a) m (f) ⌊d'università⌋/[di studi].
Studiengang m *univ* corso m di studi(o)/laurea.
Studiengebühr f <*meist pl*> tassa f universitaria.
studienhalber adv {INS AUSLAND GEHEN} per (motivi di) studio.
Studienjahr n *univ* anno m accademico.
Studienkolleg n *univ* "corso m propedeutico per studenti stranieri per l'immatricolazione in un'università tedesca".
Studienordnung f *univ* ordinamento m didattico (di un corso di laurea).
Studienplatz m *univ* posto m (presso un'università): **er hat in Medizin keinen ~ bekommen**, non gli hanno dato il posto a medicina.
Studienrat m (**Studienrätin** f) *Schule* insegnante mf di ruolo di scuola secondaria superiore.
Studienreferendar m (**Studienreferendarin** f) *Schule* tirocinante mf (nella scuola superiore).
Studienreise f viaggio m di studio.
Studienzeit f **1** (*Dauer des Studiums*) anni m pl di studio: **die ~ für Soziologie beträgt vier Jahre**, il corso di studi in sociologia dura quattro anni **2** (*Zeit, in der man studiert*) anni m pl, anni m pl d'università: **während meiner ~**, quando ⌊ero studente (-essa)⌋/[facevo l'università].
Studienzeitbegrenzung f "limitazione f della durata di un corso di laurea".
Studienzweck m: **zu ~en** {SEZIEREN}, a fini scientifici/[di ricerca]; {SICH AUFHALTEN, FAHREN, REISEN} per (motivi di) studio.
studieren <*ohne ge*-> A *tr etw* ~ **1** *univ* {JURA, MEDIZIN, SPRACHEN} studiare qc, fare qc *fam*: **er hat sechs Semester Medizin studiert**, ha fatto ⌊medicina per tre anni⌋/[tre anni di medicina] **2** *fam* **2 geh** (*genau beobachten*) studiare qc, esaminare/osservare (attentamente) qc **3** *fam* (*genau lesen*) {FAHRPLAN, SPEISEKARTE} studiar(si) qc B *itr univ* studiare, frequentare/fare *fam* l'università: **unsere Tochter studiert**, nostra figlia ⌊va all'università⌋/[fa l'università]; **sie studiert im vierten Semester**, è al ⌊quarto semestre⌋/[secondo anno], frequenta il secondo anno; *irgendwo* ~ {IM AUSLAND, AN DER BERLINER UNIVERSITÄT, IN BERLIN, MÜNCHEN} studiare + *compl di luogo*; **wo haben Sie studiert?**, dove ⌊ha studiato⌋/[fatto l'università]?; **sie haben ihre Kinder alle ~ lassen**, hanno mandato tutti i figli all'università.
Studierende <*dekl wie adj*> mf *adm univ* → **Student**.
studiert adj *fam* che ha studiato/[frequentato l'università]: **jd ist ~**/[**ein Studierter**/**eine Studierte**], qu è uno (-a) che ha studiato *fam*.
Studio <-s, -s> n **1** *film radio TV* (*Produktions-*

raum) studio m: **wir schalten jetzt zurück zum ~**, (restituiamo la) linea allo studio **2** (*Künstleratelier*) studio m, atelier m **3** *film* (*Vorführraum für experimentelle Filme oder Stücke*) cinema m d'essai; *theat* teatro m sperimentale **4** (*Einzimmerwohnung*) monolocale m **5 → Fitnessstudio**.

Studium <-s, *Studien*> n **1** *univ* studio m, studi m pl: **das ~ der Mathematik/Philosophie**, lo studio della matematica/filosofia; **sein ~ aufnehmen/beginnen**, cominciare/iniziare gli studi; **sein ~ abschließen/beenden**, terminare/finire gli studi; **im ~ sein**, studiare (all'università), frequentare l'università; **nach ihrem ~ ist sie ins Ausland gegangen**, ₍finiti gli studi₎/[dopo la laurea] è andata all'estero; **nach ihrem ~ wird sie heiraten**, ₍(una volta) finiti gli studi₎/[dopo la laurea] si sposerà; **vor seinem ~ hat er als Krankenpfleger gearbeitet**, prima di frequentare/fare l'università ha lavorato come infermiere; **während jds ~s**, quando gli era studente (-essa)₎/[frequentava l'università]; **sie hat während des ~s nebenbei gearbeitet**, mentre faceva l'università lavoricchiava anche **2** (*eingehende Beschäftigung*) ~ *einer S.* (gen) studio m *di qc*, ricerca f *su qc*: **(seine) Studien zu etw** (dat) **machen/treiben**, studiare qc, fare delle ricerche su qc, fare/svolgere degli studi su qc **3** *<nur sing>* *geh* (*Durchlesen*) {+AKTEN, ARTIKEL, BERICHT} esame m: **er nimmt sich jeden Morgen Zeit zum ausführlichen ~ der Tageszeitungen**, tutte le mattine si dedica a un'attenta lettura dei giornali.

Stufe <-, -*n*> f **1** (*Treppenabschnitt*) gradino m, scalino m: **zwei/drei ~n auf einmal nehmen**, salire due/tre gradini alla/per volta; **Achtung/Vorsicht ~!**, attenzione al gradino! **2** *geh* (*Niveau*) livello m: **auf einer hohen/niedrigen ~ stehen**, essere a un alto/basso livello; **jd steht eine ~ höher als ...**, qu è ₍a un livello più alto₎/[un gradino più su] rispetto a ...; **die höchste/oberste ~ erreichen**, raggiungere il gradino/livello più alto; (*Bildungsstufe*) grado m **3** (*Abschnitt*) {+ENTWICKLUNG, PLANUNG, PROJEKT} stadio m **4** *el* (*Schaltstufe*) {+GERÄT, MASCHINE, SCHALTER} posizione f **5** *aero* (+RAKETE) stadio m **6** *geog* gradone m, terrazza f: **die Küste fällt in ~n zum Meer ab**, la costa scende a gradoni/terrazze verso il mare ● **auf einer/[der gleichen] ~ stehen** (*gleichwertig sein*), essere allo stesso livello; **sich mit jdm auf ₍eine ~₎/[die gleiche ~] stellen** (*sich auf jds niedriges Niveau einstellen*), mettersi ₍sullo stesso piano₎/[al livello]/[sullo allo stesso livello di qu]; (*sich für gleichwertig halten*), considerarsi alla pari con qu.

stufen *tr etw* ~ {HAAR} scalare *qc*; {HANG} terrazzare *qc*.

Stufenbarren m *sport* parallele f pl asimmetriche.

stufenförmig A *adj* {BAU, DACH, PYRAMIDE} a gradini; {GELÄNDE, LANDSCHAFT} terrazzato, a terrazze B *adv* {ABFALLEN, ANLEGEN} a gradoni/terrazze.

Stufenführerschein m "patente f di guida per motocicli a vari livelli".

Stufenheck n *autom*: **ein Auto mit ~**, una ₍berlina classica₎/[tre volumi].

Stufenleiter f **1** (*Leiter mit Stufen*) scala f a gradini **2** (*Rangordnung*) scala f: **die gesellschaftliche/soziale/hierarchische ~ erklimmen**, salire nella scala sociale/gerarchica; **die ~ zum Erfolg**, la scala del successo.

stufenlos *tech* A *adj* **1** (*ohne Stufen*) {EINGANG} senza gradini **2** *tech* {SCHALTER, SCHEI-BENWISCHER} a una sola velocità B *adv* {EINSTELLEN} in modo automatico; {ÜBERTRAGEN} in modo continuo: **~ einstellbares Getriebe**, variatore continuo di velocità; **~ variable Kraftübertragung**, trasmissione a variatore continuo di velocità.

Stufenplan m piano m graduale.

Stufenrakete f *aero* missile m pluristadio.

Stufenschalter m *el* {+FÖHN, SCHEIBENWISCHER} selettore m di velocità.

Stufenschnitt m (*Frisur*) taglio m scalato: **einen ~ haben**, avere/portare i capelli scalati.

stufenweise A *adj* {ABBAU} progressivo, graduale B *adv* progressivamente, per gradi, gradualmente.

stufig *adj* {HAARSCHNITT} scalato: **das Haar ~ schneiden**, scalare i capelli, fare un taglio scalato.

Stuhl① <-(e)s, *Stühle*> m **1** (*Sitzmöbel*) sedia f, seggiola f *tosk* **2** *med* (*Behandlungsstuhl*) lettino m; (*beim Zahnarzt*) poltrona f ● **der Apostolische/Päpstliche ~**, la sede apostolica/papale, il soglio pontificio *lit*, la Cattedra di San Pietro; **den Päpstlichen ~ besteigen**, salire sul soglio pontificio; **elektrischer ~**, sedia elettrica; **ich bin/wäre fast vom ~ gefallen, als ... **fam*, sono rimasto (-a) ₍sbalordito (-a)₎/[a bocca aperta] quando ...; **jdn vom ~ hauen/reißen** *fam*: **das haut dich vom ~, was?**, da rimanerci, eh? *fam*; **das haut/reißt einen nicht gerade vom ~!**, non è che sia proprio la fine del mondo! *fam*; **der Heilige ~**, la Santa Sede; **sich zwischen zwei/alle Stühle setzen**, fare come l'asino di Buridano; **zwischen zwei Stühlen sitzen**, essere molto combattuto; **jdm den ~ vor die Tür setzen**, mettere alla porta qu, buttare/sbattere fuori qu *fam*; **jds ~ wackelt**, la poltrona di qu vacilla, qu rischia di perdere il posto.

Stuhl② <-(e)s, *ohne pl*> m *form* (*menschlicher Kot*) feci f pl: **harten/weichen ~ haben**, avere le feci morbide/dure.

Stuhlbein n gamba f di/della sedia.

Stühlerücken <-s, *ohne pl*> n cambio m di poltrone.

Stuhlgang <-s, *ohne pl*> m *form* evacuazione f: **~/[keinen ~] haben**, evacuare/[non evacuare], andare/[non andare] di corpo *fam*; **intestino** *fam*.

Stuhllehne f schienale m della sedia.

Stuhltest m *med* esame m delle feci.

Stukkateur m, (**Stukkateurin** f) *a.R.* von Stuckateur, Stuckateurin **→ Stuckateur**.

Stulle <-, -*n*> f *norddt* fetta f di pane (con qualcosa sopra).

Stulpe <-, -*n*> f {+ÄRMEL, HANDSCHUH, STIEFEL} risvolto m.

stülpen A *tr* **1** (*überziehen*) (*jdm*) *etw auf/über etw* (akk) ~ {HUT, MÜTZE AUF DEN KOPF} mettere *qc* in *qc* (*a qu*): **eine Schutzhülle über den Computer ~**, coprire il computer con una fodera **2** (*kehren*) *etw irgendwohin* ~ {HOSENTASCHE NACH AUSSEN, INNERES EINER TASCHE AUF DEN TISCH} rovesciare *qc + compl di luogo*: **den Kragen nach oben ~**, tirare su il colletto; **die Lippen ~**, fare boccuccia B *rfl* **sich** (dat) **etw auf/über etw** (akk) ~: **sich** (dat) **den Hut auf den Kopf ~**, calcarsi il cappello in testa.

stumm A *adj* **1** (*nicht sprechen könnend*) muto: **sie ist ₍seit ihrer Geburt₎/[von Geburt an] ~**, è muta dalla nascita **2** (*schweigend*) {BLICK, GEBET, GESTE, SCHMERZ} muto; {ANKLAGE, VORWURF} *auch* tacito: **~ sein**, essere silenzioso/taciturno; **du bist so ~, was ist los?**, sei così silenzioso (-a), cosa c'è? **3** *gram* {KONSONANT, VOKAL} muto **4** *theat* {ROLLE, SZENE} muto B *adv* {LEIDEN} in silenzio; {ANSEHEN, DASITZEN, ZUHÖREN, ZUSCHAUEN} *auch* muto (-a), senza dire una parola ● **~ bleiben** {PERSON}, rimanere in silenzio; {FERNSEHER, RADIO}, non dare segni di vita, non funzionare/fare *fam*; {TELEFON}, restare muto; **jdn (für immer) ~ machen** *fam* (*jdn umbringen*), ridurre qu al silenzio *euph*; **jdn ~ machen**, ammutolire qu, lasciare qu senza parole; **vor etw** (dat) **~ sein** {VOR ANGST, ERSTAUNEN, SCHRECK}, rimanere/restare muto (-a) da/per qc, ammutolire da/per qc; **~ werden** {DAS GEHÖR VERLIEREN}, diventare muto (-a); {SCHWEIGSAM WERDEN}, ammutolire; **jetzt wirst du auf einmal ~!**, adesso non dici più niente?; **lieber ~ als dumm** *prov*, meno dici meno sbagli *prov*.

Stumme <*dekl wie adj*> mf muto (-a) m (f).

Stummel <-s, -> m {+BLEISTIFT} mozzicone m; {+KERZE} *auch* moccolo m, {+SCHWANZ} moncone m; {+ZIGARRE, ZIGARETTE} cicca f, mozzicone m; {+GLIEDMASSEN} moncone m, troncone m; {+ARM} *auch* moncherino m.

Stummelschwanz m {+HUND} coda f mozza.

Stummfilm m film m muto.

Stumpen <-s, -> m sigaro m spuntato.

Stümper <-s, -> m (**Stümperin** f) *pej* incapace mf, dilettante mf, cane m *fam*; (*im Sport, beim Spiel*) schiappa f *fam*, incapace mf; (*im Bett, in der Liebe*) *auch* frana f *fam*, uno (-a) m (f) che non ci sa fare: **hier waren ~ am Werk**, questo lavoro è stato fatto ₍da degli incompetenti₎/[coi piedi] *fam*.

Stümperei <-, -*en*> f *pej* **1** *<nur sing>* (*stümperhaftes Vorgehen*) dilettantismo m, incapacità f **2** (*stümperhafte Leistung*) pasticcio m, lavoro m fatto [coi piedi *fam*]/[da cani *fam*].

stümperhaft *pej* A *adj* {AUSFÜHRUNG} malfatto; {ARBEIT} *auch* fatto ₍coi piedi *fam*₎/[da cani *fam*]; {VORGEHEN, LEISTUNG} da incapaci/dilettanti B *adv* {AUSFÜHREN, ERLEDIGEN} malamente, da cani *fam*: **~ arbeiten**, lavorare male/[coi piedi *fam*]; **der Journalist ist bei seinen Recherchen ziemlich ~ vorgegangen**, il giornalista ha fatto le sue ricerche in modo abbastanza dilettantesco.

Stümperin f **→ Stümper**.

stümpern *itr pej* lavorare male/[da cani *fam*], pasticciare; **bei etw** (dat) **~** fare male/[coi piedi *fam*] *qc*: **auf dem Klavier ~**, strimpellare il pianoforte.

stumpf A *adj* **1** (*nicht scharf*) {SCHERE} che non taglia; {KLINGE, MESSER} *auch* senza filo, non affilato: **~ werden**, smussarsi **2** (*nicht spitz*) {ECKE, KANTE} smussato; {GEGENSTAND} non acuminato; {NADEL} spuntato; {BLEISTIFT} *auch* consumato; {NASE} camuso, incagnato: **~ werden** {NADEL}, spuntarsi; {BLEISTIFT} *auch* consumarsi **3** *geom* {WINKEL} ottuso; {KEGEL} tronco **4** (*glanzlos*) {OBERFLÄCHE, METALL} opaco; {FARBE, HAAR} *auch* spento, smorto: **~ werden** {FARBE, METALL}, opacizzarsi, diventare opaco (-a); {HAAR} perdere lucentezza/vitalità, diventare opaco (-a) **5** (*teilnahmslos*) {MENSCH} apatico, indifferente, insensibile; {SINNE} ottuso; {BLICK} spento, opaco: **durch etw** (akk) **~ werden** {MENSCH}, diventare apatico (-a)/indifferente/insensibile a causa di qc; **jdn ~ machen** {LEIDEN, SCHICKSALSSCHLÄGE}, rendere qu apatico/indifferente/insensibile B *adv*: **~ dahinleben**, lasciarsi vivere; **~ vor sich hin starren**, avere lo sguardo spento/opaco.

Stumpf <-(e)s, *Stümpfe*> m **1** (*kurzes Stück*) {+BAUM} troncone m, ceppo m; {+KERZE} moccolo m **2** *anat med* {+BEIN, ZAHN} moncone m; {+ARM} *auch* moncherino m ● **mit ~ und Stiel**

{AUSROTTEN, VERNICHTEN}, radicalmente, completamente; {AUFESSEN}, fino all'ultimo boccone; **einen Apfel mit ~ und Stiel aufessen**, mangiare anche il torsolo della mela.

Stumpfsinn <-s, ohne pl> m **1** (geistige Trägheit) apatia f, indifferenza f: **in ~ verfallen/versinken**, cadere in una profonda apatia **2** (Monotonie) {+ARBEIT, TÄTIGKEIT} monotonia f: **der ~ der Fließbandarbeit**, la monotonia del lavoro alla catena di montaggio.

stumpfsinnig adj **1** (gefühllos) {MENSCH} apatico, abbrutito; {BLICK} ottuso, inebetito, spento: **bei dieser Arbeit wird man ~**, questo lavoro ti rincretinisce **2** (monoton) {ARBEIT, BESCHÄFTIGUNG, TÄTIGKEIT} monotono, abbrutente, alienante.

stumpfwinklig, stumpfwinkelig adj geom {DREIECK} ottusangolo.

Stündchen <-s, -> n fam dim von Stunde oretta f fam: **auf/für ein ~**, (per) un'oretta.

Stunde <-, -n> f **1** (60 Minuten) ora f: **eine ganze/gute ~**, un'ora ⌊intera/tonda⌋/[buona]; **eine knappe ~**, un'oretta, nemmeno un'ora, un'ora scarsa; **eine viertel/halbe/[drei viertel] ~**, ⌊un quarto d'ora⌋/[una mezz'ora]/[tre quarti d'ora]; **eine halbe ~ Pause**, mezz'ora di intervallo, un intervallo di mezz'ora; **eineinhalb/anderthalb ~n**, un'ora e mezzo; **eine ~ entfernt**, a un'ora di strada; **eine ~ später**, un'ora dopo/[più tardi]; **in einer ~** (nach einer ~), fra/tra un'ora; (innerhalb einer ~) entro un'ora, da qui a un'ora; **vor einer ~**, un'ora fa; **zu Fuß/[mit dem Auto] sind es drei ~n**, ⌊a piedi⌋/[in macchina] ci vogliono tre ore; **200 km in der ~**, 200 km ⌊all'ora⌋/[orari]; **20 Euro die/pro/[in der] ~**, 20 euro (al)l'ora **2** Schule ora f (di lezione): **sie unterrichtet vier ~n Mathematik in der Woche**, insegna quattro ore di matematica alla settimana; **in der letzten ~ haben wir Sport**, all'ultima ora abbiamo ginnastica **3** (Zeitraum von kurzer Dauer) ora f, momento m: **die angenehmen/schönen ~n des Tages**, i momenti gradevoli/belli della giornata; **einsame/traurige ~n**, ore di solitudine/tristezza; **die ~n der Not/Verzweiflung**, i momenti di bisogno/[disperazione]; **die ~ der Rache/des Todes**, l'ora della vendetta/morte; **die qualvollen ~n der Ungewissheit**, i terribili momenti dell'incertezza ● **alle zwei/drei/... ~n**, ogni due/tre/... ore; **bis zur ~, bis zu dieser ~**, fino ⌊ad ora⌋/[a questo momento]; **... der ersten ~** {FRAU, MANN, POLITIKER, REVOLUTIONÄR}, un/una ... della prima ora; **~n (in etw dat) geben/nehmen**, dare/prendere lezioni (di qc); **zur gewohnten ~**, alla solita/stessa ora; **jds große ~**, il grande momento di qu; **das ist deine große ~!**, è giunto il tuo grande momento!; **jds ~ ist gekommen**, è giunta/arrivata l'ora di qu; **jds letzte ~ ⌊ist gekommen⌋/[hat geschlagen]**, è giunta/suonata l'ora di qu; **jds ~n sind gezählt**, qu ha le ore contate; **⌊zu jeder⌋/[jede] ~** {EINTREFFEN, PASSIEREN, STATTFINDEN}, da un momento all'altro, in ogni istante/momento; {JDN BESUCHEN, BEREIT/OFFEN SEIN}, a tutte le ore, a qualsiasi/qualunque ora; **nach ~n** {ARBEITEN, BEZAHLT WERDEN}, a ore; **zu nächtlicher ~**, in piena notte; **in der ~ der Not**, nel momento del bisogno; **die ~ Null**, l'ora zero; **keine ruhige ~ (für sich) haben**, non avere un'ora di pace (per sé); **in einer schwachen ~**, in un momento di debolezza; **manch(e) schwere ~ mit jdm durchmachen**, passare non pochi momenti difficili con qu; **zu später/vorgerückter ~**, a tarda ora; **in einer stillen ~**, in un momento di calma/tranquillità; **~ um ~**, ora dopo ora; **~ um ~ verging**, (una dopo l'altra) passavano le ore; **sie hat ~n**

um ~n auf ihn gewartet, l'ha aspettato ⌊ore e ore⌋/[per ore]; **eine volle/geschlagene ~**, un'ora intera/esatta/[di orologio fam]; **eine volle/geschlagene ~ warten**, aspettare un'ora intera; **die Uhr schlägt die vollen ~n**, l'orologio suona/batte le ore; **der Zug fährt jede volle ~**, il treno parte allo scoccare di ogni ora; **von ~ zu ~**, di ora in ora; **von dieser ~ an, von Stund an geh obs** (von jetzt an), d'ora in poi/avanti; (von damals an), da ⌊quel momento⌋/[allora] in poi; **wissen, was die ~ geschlagen hat** fam, aver capito qual è la situazione; **zur ~**, in questo momento; **die ~ der Wahrheit**, l'ora della verità; **die ~ X**, l'ora X/fatidica.

stünde 1. und 3. pers sing konjv II von stehen.

stunden tr com etw ~ {BETRAG, FÄLLIGE RATE, RECHNUNG, JDS SCHULDEN} dilazionare qc; **jdm etw ~** concedere a qu una dilazione sul pagamento di qc.

Stundengeschwindigkeit f velocità f oraria: **eine ~ von 180 km fahren**, ⌊viaggiare a⌋/[fare fam] 180 km all'ora.

Stundenhotel n euph albergo m a ore.

Stundenkilometer m <meist pl> kilometro m orario/[al]l'ora.

stundenlang A adj di (diverse) ore: **nach ~em Umherirren in der fremden Stadt**, dopo aver girovagato per ore e ore nella città sconosciuta; **deine ~en Telefonate ins Ausland**, le tue chiamate fiume/kilometriche all'estero B adv per ore (e ore): **~ mit jdm telefonieren**, stare per ore al telefono con qu, fare delle telefonate fiume/kilometriche.

Stundenlohn m paga f/retribuzione f oraria, compenso m orario: **einen ~ von 50 Euro bekommen**, prendere 50 euro (al)l'ora.

Stundenplan m bes. Schule orario m.

Stundentakt m: **im ~**, a intervalli di un'ora.

stundenweise A adj <attr> {ARBEIT} a ore B adv a ore: **~ arbeiten**, lavorare a ore; **Kellner ~ gesucht**, cercasi cameriere a ore.

Stundenzeiger m lancetta f delle ore.

Stündlein <-s, -> n dim von Stunde oretta f ● **jds letztes ~ hat geschlagen** fam, è arrivata/giunta/suonata l'ora di qu.

stündlich A adj: **im ~en Rhythmus**, a intervalli di un'ora; **ein ~er Wechsel**, un cambio a ogni ora B adv {EINNEHMEN, KONTROLLIEREN} ogni ora; {ERWARTEN} da un momento all'altro: **sich ~ ändern**, cambiare di ora in ora; **etw kann ~ eintreten/geschehen**, qc può succedere da un momento all'altro; **der Bus verkehrt ~**, l'autobus passa ogni ora.

Stunk <-s, ohne pl> m fam pej scazzo m slang: **es gab ~**, c'è stato uno scazzo; **es ⌊gibt ~⌋/[wird ~ geben], wenn ...**, succederà/scoppierà un casino fam quando ...; **mit jdm ~ haben**, scazzarsi con qu slang, essere ai ferri corti con qu fam; **jd kriegt/bekommt ~**, a qu pianteranno delle grane fam, qu passerà dei guai fam; **~ machen**, piantare grane fam.

Stunt <-s, -s> m film numero m acrobatico.

Stuntman <-s, Stuntmen> m (**Stuntwoman** <-, -women-> f) film cascatore (-trice) m (f), stuntman, stuntwoman f.

stupide, stupid adj geh pej **1** (monoton) monotono, noioso **2** (dumm) {MENSCH} stupido, ottuso.

Stupidität <-, ohne pl> f geh stupidità f.

Stups <-es, -e> m fam colpetto m, spintarella f: **jdm einen ~ geben**, dare un colpetto/una spintarella a qu.

stupsen tr fam **jdn ~** dare un colpetto/una spintarella a qu.

Stupsnase f naso m all'insù.

stur A adj pej **1** (dickköpfig) cocciuto, caparbio: **du ~er Bock!** fam, testone che non sei altro!; **~ sein**, essere testardo/testone **2** (unflexibel) {BEAMTER, HALTUNG} ottuso; {ABLEHNEN, NEIN, VERWEIGERN} categorico; {ARBEIT} monotono, noioso: **bei seiner Meinung bleiben**, intestardirsi/incaponirsi sulla propria posizione B adv **1** (ohne abzuweichen): **~ weitergehen**, proseguire diritto (-a) per la propria strada; **~ geradeaus fahren/gehen**, andare sempre a diritto; **~ nach Vorschrift arbeiten**, lavorare attenendosi ottusamente alle disposizioni **2** (uneinsichtig): **~ auf etw (dat) beharren**, **~ an etw (dat) festhalten** {AUF/AN SEINER MEINUNG, SEINEN PRINZIPIEN}, impuntarsi/ostinarsi/intestardirsi su qc; **etw ~ weitermachen**, continuare imperterrito (-a) a fare qc ● **~ auf schalten, sich ~ stellen** fam, irrigidirsi, non voler sentire ragione.

Sturheit <-, ohne pl> f testardaggine f, cocciutaggine f, caparbietà f.

Sturm <-(e)s, Stürme> m **1** meteo tempesta f; (bes. Schneesturm oder Hagelsturm) bufera f; (bes. am Meer) burrasca f: **ein ~ ⌊kommt auf⌋/[bricht los]/[legt sich]**, una tempesta si avvicina/scatena/placa **2** Fußball attacco m: **im ~ spielen**, giocare in attacco **3** mil (auf etw akk) assalto m (a qc) **4** <nur sing> (Andrang) **~ auf etw (akk)** {AUF KINOKARTEN, WERTPAPIERE} corsa f a qc; {AUF BANKEN, KAUFHÄUSER} assalto m a qc **5** (heftige Reaktion) **~ einer S.** (gen) {+GEFÜHLE, LEIDENSCHAFTEN} tempesta f di qc; {+BEGEISTERUNG} ondata f di qc; {+PROTEST} uragano m di qc, valanga f di qc; **~ in der Entrüstung**, un'ondata di indignazione/sdegno ● **der ~ auf die Bastille** hist, la presa della Bastiglia; **zum ~ blasen** mil, suonare la carica; **~ und Drang** lit, lo Sturm und Drang (movimento letterario tedesco della seconda metà del Settecento); **jdn im ~ erobern**, conquistare subito (la simpatia di) qu; **etw im ~ erobern/nehmen** mil, prendere d'assalto qc; **gegen etw (akk) ~ laufen** {GEGEN EINEN PLAN, EIN VORHABEN}, insorgere contro qc; **~ läuten/klingeln** fam, attaccarsi al campanello fam, scampanellare; **bei ~ und Regen**, che piova o tiri vento; **ein ~ im Wasserglas**, una tempesta in un bicchier d'acqua.

Sturmabteilung f hist (Abk SA) SA f pl (formazioni f pl d'assalto del partito nazionalsocialista).

Sturmbö f meteo violenta/forte raffica f (di vento).

stürmen A tr <haben> **etw ~ 1** mil (angreifen) assaltare qc, dare l'assalto a qc; (im Sturmangriff nehmen) prendere d'assalto qc **2** fam (zu etw drängen) {KUNDEN, ZUSCHAUER DIE BANKEN, BÜHNE, GESCHÄFTE, KASSEN} prendere d'assalto qc B itr **1** <haben> sport (als Stürmer spielen) giocare in attacco; (angreifen) attaccare **2** <sein oder haben> meteo **irgendwohin ~** {WIND UMS HAUS, ÜBER DIE FELDER, DAS LAND, MEER} infuriare + compl di luogo **3** <sein> (rennen) **irgendwohin ~** precipitarsi + compl di luogo; **aus etw (dat) ~** {AUS DEM HAUS, ZIMMER} uscire a precipizio da qc, precipitarsi fuori da qc C unpers <haben> meteo: **es stürmt (irgendwo)**, infuria/imperversa una tempesta/bufera (+ compl di luogo).

Stürmer <-s, -> m (**Stürmerin** f) Fußball attaccante mf.

Stürmer und Dränger <-s -s, - -> m lit poeta m dello Sturm und Drang.

Sturmflut f mareggiata f.

sturmfrei adj scherz → **Bude**.

sturmgepeitscht adj geh {SEE} sferzato

stürmisch Ⓐ adj **1** meteo (sehr windig) {WETTER} burrascoso; **heute ist es sehr ~**, oggi c'è un vento ˌda far paura˩/[che ti porta via] fam; **morgen soll es ~ werden**, per domani è prevista burrasca **2** (bewegt) {MEER, SEE} in burrasca, burrascoso, tempestoso; {WELLEN} furioso, grosso, impetuoso; {ÜBERFAHRT} tempestoso **3** (vehement) {APPLAUS, BEIFALL} fragoroso, scrosciante; {BEGRÜSSUNG} entusiasta, entusiastico, travolgente; {DEBATTE, DISKUSSION} tempestoso, burrascoso, turbolento: **~er Jubel**, un uragano di acclamazioni; **~er Protest**, una valanga di proteste, una protesta violenta/veemente; **~ sein** {MENSCH}, essere impetuoso/focoso **4** (leidenschaftlich) {BEGEGNUNG, UMARMUNG} appassionato; {LIEBHABER} auch impetuoso **5** (aufregend) {JUGEND(ZEIT), TAGE} turbolento, burrascoso; {ENTWICKLUNG} rapido, frenetico Ⓑ adv {BEGRÜSSEN, IN EMPFANG NEHMEN} con entusiasmo ● **nicht so ~!**, piano!, calma!

Sturmschaden m <meist pl> danno m provocato da una tempesta.

Sturmschritt m: **im ~**, (a passo) di corsa, a grandi passi.

Sturmtief <-s, -s> n meteo depressione f ciclonica.

Sturm-und-Drang-Zeit <-, ohne pl> f lit periodo m dello Sturm und Drang.

Sturmwarnung f naut avviso m di burrasca.

Sturz① <-es, Stürze> m **1** (Fall) **~ aus/von etw** (dat) caduta f (da qc): **der ~ ˌaus dem Fenster˩/[vom Pferd]**, la caduta ˌdalla finestra˩/[da cavallo] **2** (das Absinken) {+KURSE, PREISE, TEMPERATUR} caduta f, crollo m **3** pol {+REGIERUNG} caduta f; (gewaltsame Entmachtung) {+REGIME} rovesciamento m ● **einen ~ abfangen**, attutire una caduta; **einen ~ bauen/drehen** fam, fare un bel volo fam.

Sturz② <-es, -e oder Stürze> m **1** bau {+FENSTER, TÜR} architrave m **2** autom (Achssturz) inclinazione f delle ruote, camber m.

Sturzbach m torrente m.

stürzen Ⓐ tr <haben> **1** (heraus-, hinunterwerfen) **jdn aus/von etw** (dat) **~** {VON DER BRÜCKE} buttare qu giù da qc; {AUS DEM FENSTER} auch buttare qu fuori da qc **2** pol **jdn/etw ~** {PRÄSIDENTEN, REGIERUNG} rovesciare qu/qc; (mit Gewalt) rovesciare qc; {REGIME} auch abbattere qc: **einen Diktator/Tyrannen ~**, rovesciare un dittatore/tiranno; **den König (vom Thron) ~**, deporre/detronizzare il re **3** (umkippen) **etw ~** {KUCHENFORM, PUDDING} rovesciare qc Ⓑ itr <sein> **1** (plötzlich fallen) cadere, fare una caduta: **ich wäre fast gestürzt**, ˌper poco non˩/[a momenti] cadevo, c'è mancato poco che cadessi; **schwer/unglücklich ~**, fare una brutta caduta; **aus/von etw** (dat) **~** cadere da qc; {AUS DEM FENSTER, VOM BALKON, DACH, TURM} auch precipitare da qc; **sie ist vom Fahrrad gestürzt**, è caduta dalla bicicletta, ha fatto un volo dalla bicicletta fam **2** pol **über etw** (akk) **~** {PRÄSIDENT, REGIERUNG ÜBER EINEN SKANDAL} cadere (in seguito a qc) **3** (rennen) **irgendwohin ~** {INS HAUS, AN DIE TÜR} precipitarsi + compl di luogo: **er kam ins Zimmer gestürzt**, irruppe/piombò fam nella stanza; **aus etw** (dat) **~** {AUS DEM HAUS} precipitarsi fuori di qc; {AUS DEM FENSTER} precipitarsi fuori di qc **4** (stark sinken) {+KURSE, PREISE, TEMPERATUREN} crollare **5** (stark abfallen) **irgendwohin ~** {FELSEN INS MEER} scendere a precipizio/picco/piombo + compl di luogo; {WASSER, WASSERFALL INS TAL} rovesciarsi + compl di luogo

Ⓒ rfl <haben> **1 sich irgendwohin ~** {IN DEN ABGRUND, DIE TIEFE, INS WASSER} buttarsi in qc, gettarsi in qc **2** (sich hinunter-~, hinaus-~) **sich aus/von etw** (dat) **~** {VOM BALKON, VON EINER BRÜCKE} gettarsi/buttarsi giù da qc; {AUS DEM FAHRENDEN AUTO, ZUG} auch scaraventarsi/lanciarsi/fiondarsi fam fuori da qc; **sich vor etw** (dat) **~** {VOR DEN FAHRENDEN ZUG} gettarsi/buttarsi sotto a qc **3** (über jdn/etw herfallen) **sich auf jdn ~** {JOURNALISTEN AUF DEN POLITIKER, STAR; KINDER AUF DEN GAST} saltare addosso a qu, buttarsi/gettarsi su qu, piombare addosso a qu, assalire qu; {AUF DEN FEIND} scagliarsi/lanciarsi contro qu, avventarsi su qu; **sich auf etw** (akk) **~** fam {AUF DIE SONDERANGEBOTE} buttarsi su qc, gettarsi su qc, fiondarsi su qc fam; {AUFS KALTE BÜFETT} auch prendere d'assalto qc; {AUF DIE BEUTE} avventarsi su qc, buttarsi su qc, gettarsi su qc; {AUF EINE NEUIGKEIT, DIE ZEITUNG} buttarsi su qc (etw mit Eifer angehen) **sich in etw** (akk) **~** {IN DIE ARBEIT} buttarsi in qc, fiondarsi in qc fam: **sich ins Nachtleben/Vergnügen ~**, darsi alla ˌvita notturna˩/[pazza gioia]; **sich ins Unglück ~**, rovinarsi; **sich in Schulden ~**, indebitarsi fino al collo, riempirsi di debiti; **sich in Unkosten ~**, darsi a spese pazze fam ● **(bitte) nicht ~!** (Aufschrift auf Transportkisten), non capovolgere!

Sturzflug m {+FLUGZEUG, VOGEL} (volo m in) picchiata f: **im ~**, in picchiata.

Sturzflut f cascata f.

Sturzhelm m casco m.

Stuss (a.R. Stuß) <-es, ohne pl> m fam pej fesserie f pl fam, sciocchezze f pl, semenze f pl: **red keinen ~!**, non dire fesserie/sciocchezze!; **so/[was für] ein ~!**, che stupidaggine!

Stute <-, -n> f zoo **1** (weibliches Pferd) cavalla f, giumenta f **2** (weibliches Tier: allg.) femmina f; (Eselstute) asina f, giumenta f; (Maultierstute) mula f, giumenta f; (Kamelstute) cammella f.

Stuttgart <-s, ohne pl> n geog Stoccarda f.

Stütze <-, -n> f **1** bau sostegno m, puntello m **2** (stützender Gegenstand) appoggio m, sostegno m, supporto m; (für die Füße, den Kopf) appoggio m; (für einen Baum, Rebstock) tutore m, sostegno m **3** (Person, die jdm hilft) appoggio m, sostegno m: **an jdm eine ~ haben**, avere un grande appoggio/sostegno in qu; **eine ~ für jdn sein**, essere un grande appoggio/sostegno per qu; **er ist die ~ der Familie**, è il sostegno/puntello della famiglia **4** fam (Arbeitslosengeld) sussidio m di disoccupazione ● **die ~ meines/ihres/seines/... Alters sein**, essere il bastone della mia/sua/... vecchiaia; **die ~n der Gesellschaft**, le colonne/i pilastri della società.

stutzen① itr **1** (verwundert innehalten) rimanere interdetto (-a)/perplesso (-a), indugiare, fermarsi (per riflettere): **er stutzte einen Augenblick, dann sprach er weiter**, indugiò/[si fermò] un attimo, poi continuò a parlare **2** (misstrauisch werden) cominciare a insospettirsi: **sie stutzte, als sie diesen Namen hörte**, cominciò a insospettirsi quando sentì quel nome.

stutzen② tr **1** (beschneiden) **etw ~** {BAUM, BUSCH, HECKE, ROSEN} potare qc, cimare qc **2** (kupieren) **etw ~** {FLÜGEL} tarpare qc; {OHREN, SCHWANZ} mozzare qc **3** (kürzen) **jdm etw ~** {BART, HAARE} spuntare qc a qu, accorciare qc a qu, scorciare qc a qu.

Stutzen <-s, -> m **1** (Jagdgewehr) fucile m a canna corta, carabina f **2** mech (Rohrstück) raccordo m, manicotto m; (Einfüllstutzen) bocchettone m **3** (Wadenstrumpf) calzettone m senza piede.

stützen Ⓐ tr **1** (Halt geben) **jdn/etw ~** {AST, BAUM, KRANKEN, VERLETZTEN} sorreggere qu/qc, sostenere qu/qc; {MINISTER, REGIME} appoggiare qu/qc, sostenere qu/qc; **jdn moralisch ~**, sostenere/sorreggere qu moralmente **2** bau (abfangen) **etw ~** {BALKEN, PFEILER, PFOSTEN, UNTERKONSTRUKTION DECKE, GEWÖLBE, MAUER} sorreggere qc, sostenere qc **3** (ab-~) **etw mit etw** (dat) **~** sorreggere qc con qc: **etw mit Stangen ~**, puntellare qc **4** (auf-~) **etw auf/in etw** (akk) **~** {ARM, BEIN, ELLBOGEN, FUSS, KINN} (ap)poggiare qc su qc: **die Arme/Hände in die Hüften/Seiten ~**, appoggiare le mani sui fianchi; **den Kopf auf/in die Hände ~**, (ap)poggiare la testa alle mani; **die Ellenbogen auf den Tisch ~**, (ap)poggiare i gomiti sul tavolo **5** (gründen) **etw auf etw** (akk) **~** {THEORIE, VERDACHT AUF EINE ANNAHME, AUF BERECHNUNGEN, BEWEISE} poggiare qc su qc, fondare qc su qc: **auf etw** (akk) **gestützt sein**, basarsi/fondarsi/poggiare su qc **6** (untermauern) **etw ~** {AUSSAGE, BEWEIS, FORSCHUNGSERGEBNISSE} ALIBI, THEORIE, VERDACHT} suffragare qc, rinforzare qc, corroborare qc; **etw durch etw** (akk) **~**, puntellare qc con qc, suffragare qc con qc **7** (verstärken) **etw ~** {LEISTUNGSWILLEN, VERTRAUEN} rafforzare qc **8** ökon (finanziell unter-~) **etw ~** {KURS, PREIS, WÄHRUNG} sostenere qc Ⓑ rfl **1** (sich auf-~) **auf jdn/etw ~** {AUF EINEN KRANKENPFLEGER, STOCK} appoggiarsi a qu/qc, (sor)reggersi a qu/qc; {AUF DIE ELLBOGEN} (ap)poggiarsi su qc: **sich gegen die Mauer ~**, puntellarsi al muro **2** (basieren) **sich auf etw** (akk) **~** {AUF BEWEISE, ERKENNTNISSE, FAKTEN, TATSACHEN} basarsi su qc; {THEORIE, VERDACHT, VERMUTUNG} poggiare su qc, reggersi su qc, basarsi su qc, fondarsi su qc: **können Sie sich auf Fakten ~?**, può addurre delle prove a sostegno di ciò che sta dicendo?

stutzig adj: **jdn ~ machen** (beunruhigen), dare da pensare a qu; (argwöhnisch machen) insospettire qu; **es macht mich ~, dass er noch nicht geschrieben hat**, mi dà da pensare il fatto che non abbia ancora scritto; **~ werden** (misstrauisch werden), cominciare a insospettirsi; **das ließ mich ~ werden**, questo mi ha messo una pulce nell'orecchio.

Stützkorsett n med busto m ortopedico.

Stützkurs m Schule corso m di sostegno/recupero.

Stützmauer f bau muro m di sostegno.

Stützpfeiler m bau pilastro m di sostegno; {+BRÜCKE} pilone m.

Stützpunkt m **1** mil base f militare **2** (Anlaufstelle) (punto m d') appoggio m.

Stützstrumpf m calza f elastica.

Stützverband m fasciatura f, bendaggio m (di sostegno).

StVO <-, ohne pl> f Abk von Straßenverkehrsordnung: ≈ C(d)S (Abk von Codice della Strada).

stylen fam Ⓐ tr <meist im part perf> **etw ~** {AUTO, EINRICHTUNG, JACHT, MÖBEL} disegnare qc; {FRISUR} modellare qc Ⓑ rfl (sich aufwändig zurechtmachen) **sich ~**, mettersi in tiro fam.

Styling <-s, ohne pl> n {+AUTO, MÖBEL} design m, styling m, linea f; {+HAAR} look m.

Stylist <-en, -en> m (**Stylistin** f) **1** (Assistent eines Modedesigners) stylist mf **2** (Visagist) visagista mf.

Styropor® <-s, ohne pl> n polistirolo m espanso.

s. u. Abk von siehe unten: v.s. (Abk von vedi sotto).

Suaheli <-(s), ohne pl> n ling swahili m.

subaltern adj geh pej **1** (untergeordnet) {BEAMTER, SACHBEARBEITER, STELLUNG} subalterno, subordinato **2** (devot) {GESINNUNG,

MENSCH} servile, ossequioso.

Subdominante f *mus* **1** (*Ton*) sottodominante f **2** (*Dreiklang*) accordo m di sottodominante.

Subjekt <-(e)s, -e> n **1** *gram mus philos* soggetto m **2** *pej* (*übler Mensch*) individuo m, soggetto m, tipo (-a) m (f): **dieser Kerl da ist ein ganz mieses/übles ~!**, quel tipo lì è un ⌊pessimo soggetto⌋/[individuo abominevole]; **sie ist ein völlig verkommenes ~**, è davvero una depravata.

subjektiv A *adj* {BEURTEILUNG, EINSTELLUNG, INTERPRETATION, KRITIK, STANDPUNKT, URTEIL} soggettivo, personale B *adv* {BEURTEILEN, DARSTELLEN} in modo soggettivo, da un punto di vista soggettivo/personale.

Subjektivität <-, *ohne pl*> f *geh* soggettività f.

Subjektsatz m *gram* proposizione f soggettiva.

Subkontinent m *geog* subcontinente m: **der indische ~**, il subcontinente indiano.

Subkultur f *soziol* sottocultura f, subcultura f.

subkutan *med* A *adj* sottocutaneo, ipodermico B *adv* {INJIZIEREN, SPRITZEN} sottocute.

sublim *adj geh* (IRONIE, UNTERSCHIED) fine, sottile; (EINFÜHLUNGSVERMÖGEN) profondo; {GENUSS} sublime, raffinato.

sublimieren <*ohne* ge-> *tr psych etw* ~ {BEGIERDEN, TRIEBE} sublimare *qc*.

Subsidiarität <-, *ohne pl*> f *pol soziol* sussidiarietà f.

Subskribent <-en, -en> m (**Subskribentin** f) sottoscrittore (-trice) m (f).

subskribieren <*ohne* ge-> *tr geh etw* ~ {ENZYKLOPÄDIE, LEXIKON} sottoscrivere *qc*, prenotare (l'acquisto di) *qc*; {ZEITSCHRIFT} sottoscrivere/contrarre un abbonamento *a qc*; {AKTIEN, WERTPAPIERE} sottoscrivere *qc*.

Subskription <-, -en> f sottoscrizione f.

Subskriptionspreis m prezzo m di sottoscrizione.

Substandard <-, *ohne pl*> m *bes. ling* substandard m.

substantiell *adj* → **substanziell**.

Substantiv <-s, -e> n *gram* sostantivo m.

substantivieren <*ohne* ge-> *tr gram etw* ~ {ADJEKTIV, VERB} sostantivare *qc*.

substantiviert *adj gram* {ADJEKTIV, VERB} sostantivato.

substantivisch *gram* A *adj* sostantivale B *adv*: ~ **verwendet**, con valore di sostantivo.

Substanz <-, -en> f **1** (*Stoff*) sostanza f, materia f: **eine feste/flüssige ~**, una sostanza solida/liquida **2** <*nur sing*> (*Bestand*): **die bauliche ~**, il patrimonio architettonico; **die bauliche ~ der Altstadt erhalten**, conservare ⌊il patrimonio architettonico⌋/[l'architettura] del centro storico; **die bauliche ~ der Altstadt sanieren**, risanare l'architettura (originale) del centro storico **3** <*nur sing*> *geh* (*Essenz*) sostanza f, essenza f: **die geistige/kulturelle ~ eines Volkes**, l'essenza spirituale/culturale di un popolo; **etw in seiner ~ erfassen**, afferrare/comprendere la sostanza/l'essenza di *qc*; **etw (dat) fehlt es an ~**, *qc* è privo di sostanza, a *qc* manca la sostanza **4** *philos* sostanza f **5** (*Vermögen*) sostanze f pl: **die ~ angreifen/antasten**, intaccare le proprie riserve; **von der ~ leben/zehren**, dover intaccare il proprio patrimonio • (**jdm**) **an die ~ gehen** *fam*, logorare qu.

substanziell *adj geh* **1** (*wesentlich*) {UNTERSCHIED, VERÄNDERUNG, VERBESSERUNG} sostanziale **2** *obs* (*nahrhaft*) {MAHLZEIT} sostanzioso.

substanzlos *adj geh* senza/[privo di] sostanza.

Substitut① <-en, -en> m **1** (*Vertreter eines Abteilungsleiters*) vice caporeparto m **2** *CH* (*Mitarbeiter eines höheren Beamten*) assistente m.

Substitut② <-(e)s, -e> n *geh* (*Surrogat*) surrogato m.

Substrat <-(e)s, -e> n **1** *biol* substrato m **2** *ling* sostrato m.

subsumieren <*einem Obergriff unterordnen*) *tr* (*einem Obergriff unterordnen*) *etw unter etw* (*akk oder dat*) ~ riassumere *qc* nel concetto di *qc*: **all diese Ausgaben lassen sich unter "laufende Kosten" ~**, tutte queste spese rientrano nella categoria "spese correnti".

Subtext m *film kunst ling lit mus* sottotesto m.

subtil *adj* **1** (*nuanciert*) {UNTERSCHEIDUNG} sottile; {BESCHREIBUNG, DARSTELLUNG} minuzioso; **~e Foltermethoden**, metodi di tortura raffinati; **ein ~er Unterschied**, una differenza sottile/[appena percettibile] **2** (*kompliziert zusammengesetzt*) {FRAGE, PROBLEMATIK, SACHVERHALT} complesso, astruso.

Subtrahend <-en, -en> m *math* sottraendo m.

subtrahieren <*ohne* ge-> *math* A *tr etw* (*von etw* dat) ~ sottrarre *qc* (*da qc*), detrarre *qc* (*da qc*) B *itr* eseguire/fare una sottrazione: **er kann gut ~**, sa fare bene le sottrazioni.

Subtraktion <-, -en> f *math* sottrazione f.

Subtraktionszeichen n *math* segno m di sottrazione, meno m.

Subtropen *subst* <*nur pl*> *geog*: **die ~**, le regioni subtropicali.

subtropisch *adj* subtropicale.

Subunternehmer m (**Subunternehmerin** f) *ökon* subappaltatore (-trice) m (f).

Subvention <-, -en> f *ökon* sovvenzione f, sovvenzionamento m: **~en vom Staat erhalten**, ottenere/ricevere sovvenzioni dallo stato.

subventionieren <*ohne* ge-> *tr ökon etw* ~ sovvenzionare *qc*: **ein staatlich subventioniertes Unternehmen**, un'impresa sovvenzionata dallo Stato.

subversiv A *adj* {IDEEN, PLAN, TÄTIGKEIT} sovversivo: **~e Bestrebungen**, tendenze sovversive B *adv*: **sich ~ betätigen**, ⌊impegnarsi in⌋/[fare] attività sovversive.

Suchaktion f ricerche f pl, operazioni f pl di ricerca.

Suchanfrage f *inform* ricerca f.

Suchanzeige f denuncia f di scomparsa: **eine ~ erstatten**, denunciare la scomparsa di qu.

Suchautomatik f *el* → **Suchlauf**.

Suchdienst m servizio m di ricerca (di persone scomparse).

Suche <-, *ohne pl*> f **1** (*Bemühungen, jdn oder etw zu finden*) ~ (**nach jdm/etw**) ricerca f (*di qu/qc*): **die ~ nach den Vermissten blieb bisher ergebnislos**, la ricerca delle persone scomparse è rimasta finora senza esito; **die ~ nach der Wahrheit**, la ricerca della verità **2** *inform* ricerca f: **erweiterte ~**, ricerca avanzata • **auf die ~ nach jdm/etw gehen**, andare ⌊in cerca di⌋/[a cercare] qu/qc; **sich auf die ~ machen**/**begeben**, cominciare/mettersi a cercare; **sich auf die ~ nach jdm/etw machen**, mettersi alla ricerca di qu/qc; **auf der ~ nach jdm/etw sein**, essere ⌊alla ricerca⌋/[in cerca] di qu/qc; **kennen Sie diese Frau? Ich bin auf der ~ nach ihr**, conosce questa donna? La sto cercando.

suchen A *tr* **1** (*zu finden versuchen*) **jdn/etw** ~ cercare *qu/qc*; (*intensiv* ~) ricercare *qu/qc*: **Arbeit/[eine Frau] ~**, cercare lavoro/moglie; **eine Datei ~**, cercare un file; **jd wird gesucht**, si cerca/[sta cercando] qu; (*polizeilich*) qu è ricercato; **Mitarbeiter für sofort gesucht** (*Stellenanzeige*), cercasi collaboratore per immediata assunzione; **Pilze ~**, andare per funghi, (*andare a*) cercare funghi **2** (*zu erlangen* ~) *etw* ~ {ABLENKUNG, ENTSPANNUNG, HILFE, SCHUTZ, TROST} cercare *qc*; {LIEBE} *auch* essere in cerca di *qc*: **Abenteuer ~**, andare in cerca di avventure; **bei jdm Rat ~**, chiedere consiglio a qu **3** *geh* (*versuchen*): **etw zu tun ~** cercare/tentare di fare *qc*: **etw zu vergessen ~**, cercare di dimenticare *qc*; **jdm zu gefallen/helfen ~**, cercare di ⌊piacere a⌋/[aiutare] qu B *itr* **1** (*auf der Suche sein*) cercare; **nach jdm/etw** ~ cercare *qu/qc*, essere ⌊alla ricerca⌋/[in cerca] di *qu/qc*; **nach einer Entschuldigung ~**, cercare una scusa; **nach Worten ~**, cercare le parole (adatte); ⌊**nach was fam**⌋/[**wonach**] **suchst du denn?**, ma che cosa stai cercando? **2** *inform* cercare: **Suchen** (*Befehl*), trova; **~ und ersetzen**, trova e sostituisci • **such!** (*Befehl an einen Hund*), cerca!; **jdn/etw ~ gehen** {PERSON, TIER}, andare a cercare *qu/qc*; **hier habt ihr nichts zu ~!** *fam*, non è (un) posto per voi!; **du hast in meinem Zimmer nichts zu ~!**, ma che ci fai in camera mia?!; (*untersteh dich, in mein Zimmer zu gehen*), non ti azzardare a entrare in camera mia!; **etw sucht ihresgleichen**/**seinesgleichen** *geh*, *qc* è senza pari/uguale, *qc* è unico al mondo; **so jdn kann man lange ~** {EINEN GUTEN FREUND, LIEBEN MENSCHEN}, uno (-a) così non si trova mica facilmente!; **da musst du dir einen anderen ~!**, cercati qualcun altro!; **was suchst du denn hier?**, e tu, che ci fai qui?; **was sucht ihr hier?**, che cosa siete venuti a fare qui?; **wer sucht, der findet** *prov*, chi cerca trova *prov*.

Sucher <-s, -> m *fot* mirino m.

Sucherei <-, -en> f continue ricerche f pl: **die ständige ~ nach der Brille ist wirklich lästig**, è veramente noioso dover sempre cercare gli occhiali.

Suchfenster n *inform* finestra f di ricerca.

Suchfunktion f *inform* funzione f di ricerca.

Suchhund m (*im Katastrophenschutz*) cane m da soccorso; (*in der Drogenfahndung*) cane m poliziotto.

Suchkriterium n <*meist pl*> *inform* criterio m di ricerca.

Suchlauf m *radio TV* ricerca f automatica.

Suchmaschine f *inform* motore m di ricerca.

Suchmeldung f appello m (per la ricerca di una persona scomparsa).

Suchpfad m *inform* percorso m.

Suchscheinwerfer m faro m orientabile.

Sucht <-, *Süchte*> f **1** *med* dipendenza f; (*Rauschgiftsucht*) *auch* tossicodipendenza f; (*Fresssucht*) bulimia f: **unter einer ~ leiden**, soffrire di una dipendenza; **etw wird bei jdm zur ~**, *qc* crea dipendenza in qu, qu diventa la droga di qu, qu diventa dipendente da *qc* **2** (*unwiderstehliches Verlangen*) smania f, brama f: **jds ~ ⌊nach etw (dat)⌋/[etw zu tun]**, la smania di qu di *qc*/[fare *qc*]; **die ~ nach Erfolg/Genüssen**, la brama di successo/piaceri; **die ~ nach Geld**, la sete/brama di denaro; **die ~ nach Glücksspielen**, il vizio del gioco; **die ~ nach Vergnügungen**, la smania di divertirsi; **ihre ~ nach Süßem**, la sua voglia irrefrenabile di dolci; **seine ~, al-**

Suchtbeauftragte ... les und jeden zu kritisieren, la sua mania di criticare tutto e tutti. **Suchtbeauftragte** ‹dekl wie adj› mf responsabile mf della prevenzione delle dipendenze.
Suchtberater m (**Suchtberaterin** f) operatore (-trice) m (f) specializzato (-a) nel trattamento delle dipendenze.
Suchtfaktor m fattore m di dipendenza: **mit ~**, a rischio di dipendenza.
Suchtgefahr f pericolo m/rischio m di assuefazione.
süchtig adj **1** med {MENSCH} dipendente; (alkohol~) alcolista; (rauschgift~) tossicomane, tossicodipendente, drogato; (tabletten~) farmacodipendente; **etw macht ~**, qc crea dipendenza, qc rende dipendente, qc dà assuefazione; **nach etw (dat) ~ sein**, essere dipendente da qc, essere assuefatto a qc; **nach Nikotin/Zigaretten ~ sein**, essere dipendente dal fumo; **von etw (dat) ~ werden**, diventare dipendente da qc **2** (begierig): **nach etw (dat) ~ sein** {NACH EMOTIONEN, SENSATIONEN}, essere avido di qc, {NACH ERFOLG, MACHT} auch avere sete di qc, essere bramoso di qc; **man kann wirklich danach ~ werden!**, alla fine diventa veramente una droga!
Süchtige ‹dekl wie adj› mf med (Rauschgiftsüchtige) tossicomane mf, tossicodipendente mf; (Alkoholsüchtige) alcolista m f.
Suchtkranke ‹dekl wie adj› mf → **Süchtige**.
Suchtkrankheit f dipendenza f (patologica).
Suchtmittel n sostanza f che ‹dà assuefazione›/[crea dipendenza].
Suchtmittelmissbrauch (a.R. Suchtmittelmißbrauch) m abuso m di stupefacenti.
Suchtrupp m squadra f di ricerca/soccorso.
Suchttherapeut m (**Suchttherapeutin** f) (psico)terapeuta mf specializzato (-a) nel trattamento delle dipendenze.
Suchtverhalten n comportamento m ‹che denota la dipendenza›/[legato/dovuto alla dipendenza].
Suchweg m inform percorso m di ricerca.
Suchzeit f inform tempo m di ricerca.
suckeln itr region (an etw dat) ~ {AN DER BRUST, FLASCHE} ciucciare (a qc).
Sud ‹-(e)s, -e› m **1** gastr fondo m di cottura; (Gemüsesud) brodo m; (Bratensud) sugo m **2** pharm decotto m.
Süd ‹inv, ohne art› m **1** meteo naut sud m **2** (südlich gelegene Zone) sud m: **Frankfurt Süd**, Francoforte sud; **Bahnhof Süd**, stazione sud.
Südafrika n geog Africa m meridionale/[del Sud]; (Staat) Sudafrica m: **Republik ~** (offizielle Bezeichnung), Repubblica Sudafricana.
Südafrikaner m (**Südafrikanerin** f) sudafricano (-a) m (f).
südafrikanisch adj sudafricano, dell'Africa del Sud.
Südamerika n geog America f del Sud, Sudamerica m, America f meridionale.
Südamerikaner m (**Südamerikanerin** f) sudamericano (-a) m (f).
südamerikanisch adj sudamericano, dell'America del Sud.
Sudan ‹-s, ohne pl› m geog: **der ~**, il Sudan.
Sudanese ‹-n, -n› m (**Sudanesin** f) sudanese mf.
sudasiatisch adj dell'Asia del Sud.
Südasien n geog Asia f ‹del Sud›/[meridionale].
süddeutsch adj della Germania ‹del Sud›/[meridionale].
Süddeutsche ‹dekl wie adj› mf tedesco (-a) m (f) ‹del Sud›/[meridionale].
Süddeutschland n geog Germania f ‹del Sud›/[meridionale].
Sudel ‹-s, -› m CH → **Kladde**.
sudeln itr (mit etw dat) ~ {MIT BREI, FARBE, MATSCH, SCHLAMM} fare pastrocchi (con qc): **kleine Kinder ~ beim Essen/Spielen gern**, ai bambini piccoli piace impiastricciare quando mangiano/giocano.
Süden ‹-s, ohne pl› m **1** ‹meist ohne art› (Abk S.) (Himmelsrichtung) sud m, meridione m, mezzogiorno m: **der Regen kommt aus/von ~**, la pioggia (pro)viene da sud; **nach ~ liegen** {GRUNDSTÜCK, HAUS}, essere esposto a sud/meridione/mezzogiorno; {FENSTER, ZIMMER} dare a sud/mezzogiorno; **nach ~ zeigen** {KOMPASSNADEL, MENSCH}, indicare il sud **2** (südliche Gegend) sud m, meridione m, mezzogiorno m: **aus dem ~ kommen/sein**, ‹venire dai›/[essere del] paesi del sud; **er kommt aus dem ~ Italiens**, è del ‹sud d'Italia›/[Mezzogiorno]/[Meridione]; **München liegt im ~ von Augsburg**, Monaco si trova a sud di Augusta; **Marienfelde liegt im ~ Berlins**, Marienfelde si trova nella parte/zona sud/meridionale di Berlino; **in den ~** {AUSWANDERN, FAHREN, REISEN}, nei paesi del Sud; **nach/gen geh ~** {FAHREN, REISEN}, verso (il) sud • **der tiefe ~**, il profondo sud.
Sudeten subst ‹nur pl› geog: **die ~**, i Sudeti.
Sudetendeutsche ‹dekl wie adj› mf hist "tedesco (-a) m (f) espulso (-a) dal territorio dei Sudeti dopo la seconda guerra mondiale".
Sudetenland ‹-(e)s, ohne pl› n hist: **das ~**, (il territorio de)i Sudeti.
Südeuropa n geog Europa f meridionale/[del Sud].
Südeuropäer m (**Südeuropäerin** f) europeo (-a) m (f) del Sud.
südeuropäisch adj sudeuropeo, dell'Europa meridionale/[del Sud].
Südfrankreich n geog Francia f meridionale/[del Sud], sud m della Francia.
Südfrucht f ‹meist pl› frutto m tropicale/esotico.
Südhalbkugel f geog emisfero m australe/meridionale.
Südhang m versante m meridionale/sud.
Süditalien n geog Italia f meridionale/[del Sud], Meridione m, Mezzogiorno m, Sud m (d'Italia).
Süditaliener m (**Süditalienerin** f) (italiano (-a) m (f)) meridionale mf, italiano (-a) m (f) del Sud, terrone (-a) m (f) pej oder scherz.
süditalienisch adj dell'Italia meridionale/[del Sud].
Südkorea n geog Corea f del Sud.
Südkoreaner m (**Südkoreanerin** f) sudcoreano (-a) m (f).
Südküste f costa f meridionale.
Südlage f esposizione f a sud/mezzogiorno: **Grundstücke in ~**, terreni esposti a sud/mezzogiorno.
Südländer ‹-s, -› m (**Südländerin** f) abitante mf dei paesi mediterranei.
südländisch adj mediterraneo.
südlich **A** adj **1** geog {KLIMA, LAGE} meridionale; {GEBIET, LAND} auch del sud: **im ~en Landesteil**, nella parte sud del paese; **die ~e Halbkugel**, l'emisfero australe/meridionale; **der ~e Polarkreis**, il circolo polare antartico; **auf 25 Grad ~er Breite**, a 25 gradi di latitudine sud **2** meteo (aus Süden) {LUFTMASSEN, STRÖMUNG} proveniente da sud; {WIND} auch di mezzogiorno, del sud, meridionale **3** (nach Süden): **in ~e/~er Richtung**, ‹in direzione›/[verso] sud; **das Schiff ist auf ~em Kurs**, la nave fa rotta verso sud **4** (mediterran) {CHARAKTER, TEMPERAMENT} mediterraneo **B** adv a sud: **weiter ~ liegen**, trovarsi più a sud; **~ von etw (dat)** a sud di qc **C** präp + gen {EINES FLUSSES, GEBIRGES, EINER STADT} a sud di.
Südlicht n **1** meteo aurora f australe **2** fam scherz (Süddeutscher) tedesco (-a) m (f) del Sud.
Südostasien n geog Sudest m asiatico, Asia f ‹del Sudest›/[sudorientale].
Südosten, **Südost** m (Abk SO) (die Himmelsrichtung betreffend) sudest m; (den Landesteil betreffend) Sudest m • **aus/von ~**, da sudest; **nach ~**, a/verso sudest.
südöstlich **A** adj **1** geog {GEBIET, LANDESTEIL, STADTTEIL} sudorientale, situato a sudest **2** meteo (aus Südosten) (proveniente) da sudest; {WIND} di sudest, sudorientale **3** (nach Südosten): **in ~e/~er Richtung**, ‹in direzione›/[verso] sudest; **wir fliegen mit ~em Kurs**, il nostro aereo segue la rotta sudest **B** adv a sudest; **~ von etw (dat)** a sudest di qc **C** präp + gen {EINES FLUSSES, GEBIRGES, EINER STADT} a sudest di.
Südostwind m meteo vento m ‹di sudest›/[sudorientale]; (in Italien) auch scirocco m.
Südpol ‹-s, ohne pl› m geog: **der ~**, il Polo Sud.
Südpolargebiet ‹-(e)s, ohne pl› n geog: **das ~**, l'antartico, l'Antartide, la regione antartica.
Südpolarmeer ‹-(e)s, ohne pl› n geog: **das ~**, il bacino antartico, l'oceano antartico obs.
Südsee ‹-, ohne pl› f geog: **die ~**, i mari del Sud; **in die ~ fahren**, andare nei mari del Sud.
Südseite f lato m/fianco m/parte f sud/meridionale; {+BERG} auch versante m sud/meridionale.
Südstaaten subst ‹nur pl› geog: **die ~**, gli Stati del Sud (degli USA).
Südtirol n geog Sudtirolo m, Alto Adige m.
Südtiroler m (**Südtirolerin** f) sudtirolese mf, altoatesino (-a) m (f).
südtirolerisch, **südtirolisch** adj sudtirolese, altoatesino.
Südvietnam n geog Vietnam m del Sud, Sud Vietnam m.
Südwand f {+BERG} parete f sud.
südwärts adv verso/[in direzione] sud: **der Wind dreht ~**, il vento gira a sud; **sich ~ halten**, tenersi in direzione sud; {FLUGZEUG, SCHIFF} mantenere la rotta verso sud.
Südwein m gastr vino m dei paesi mediterranei.
Südwesten, **Südwest** m (Abk SW) sudovest m • **aus/von ~**, da sudovest; **nach ~**, a/verso sudovest.
Südwester ‹-s, -› m naut (Hut) sudovest m.
südwestlich **A** adj **1** geog {GEBIET, LANDESTEIL, STADTTEIL} sudoccidentale, situato a sudovest **2** meteo (aus Südwesten) (proveniente) da sudovest; {WIND} sudoccidentale, di sudovest **3** (nach Südwesten): **in ~e/~er Richtung**, ‹in direzione›/[verso] sudovest; **wir fliegen mit ~em Kurs**, il nostro aereo segue la rotta sudovest **B** adv a sudovest; **~ von etw (dat)** a sudovest di qc **C** präp + gen {EINES FLUSSES, GEBIRGES, EINER STADT} a sudovest di.
Südwestwind m meteo vento m ‹di sudovest›/[sudoccidentale]; (in Italien) auch li-

beccio m.
Südwind m vento m ₍del sud₎/[di mezzogiorno]/[meridionale].
Sueskanal <-s, ohne pl> m geog: **der ~**, il canale di Suez.
Suff <-(e)s, ohne pl> m fam (vizio m del) bere m: **sich dem ~ ergeben**, **dem ~ verfallen**, darsi al bere; **sich dem stillen ~ ergeben**, bere di nascosto; **dem ~ verfallen sein**, essere schiavo del bere; **etw im ~ sagen/tun**, dire/fare qc in preda all'alcol; **etw nur noch im ~ ertragen**, sopportare qc solo da ubriaco/sbronzo fam.
süffeln tr fam **etw ~** farsi qc fam, bersi qc.
süffig adj fam {bes. WEIN} che va giù bene fam.
süffisant geh pej **A** adj {GRINSEN, LÄCHELN} sufficiente, di sufficienza: **mit ~er Miene**, con aria sufficiente/[di sufficienza] **B** adv {GRINSEN, LÄCHELN} con aria sufficiente/[di sufficienza].
Suffix <-es, -e> n gram suffisso m.
suggerieren <ohne ge-> tr geh **1** (in jdm bestimmte Vorstellungen wecken) (**jdm**) **etw ~** indurre (qu) a pensare/credere qc: **dieser Werbespot suggeriert, dass Sonnenbräunen gesund ist**, questo spot pubblicitario induce a credere che abbronzarsi faccia bene **2** (einen Eindruck vermitteln) **etw ~** suggerire/evocare l'idea di qc: **diese Einrichtung suggeriert Gemütlichkeit**, quest'arredamento ₍dà l'idea₎/[trasmette una sensazione] di intimità **3** (zu verstehen geben) (**jdm**) **etw mit etw** (dat) **~** far capire qc (a qu) con qc.
Suggestion <-, -en> f geh **1** (Beeinflussung eines Menschen) suggestione f **2** (Anziehungskraft) (potere m di) suggestione f.
suggestiv adj geh suggestivo.
Suggestivfrage f "domanda f posta in modo da suggerire una determinata risposta", domanda f suggestiva.
suhlen rfl **1** (sich wälzen) **sich ~** {SCHWEIN, WILDSCHWEIN} (av)voltolarsi/rotolarsi nel fango; **sich in etw** (dat) **~** (av)voltolarsi in qc **2** (sich ergehen) **sich in etw** (dat) **~** {IN KRAFTAUSDRÜCKEN, OBSZÖNITÄTEN} sguazzare(ci) in qc fam.
Sühne <-, -n> f geh espiazione f.
sühnen geh **A** tr **etw (mit etw** dat) **~** espiare qc (con qc) **B** itr **für etw** (akk) **~** espiare qc.
Suite① <-, -n> f (Hotelsuite) suite f, appartamento m.
Suite② <-, -n> f mus suite f.
Suizid <-(e)s, -e> m oder n form suicidio m.
suizidgefährdet adj {PATIENT} con tendenze suicide/suicidarie, a rischio di suicidio: **~ sein**, mostrare tendenze suicide/suicidarie.
Suizidgefährdete <dekl wie adj> mf persona f a rischio di suicidio.
Sujet <-s, -s> n geh {+FILM, KUNSTWERK, ROMAN} soggetto m, tema m: **ein ~ aus der Literatur des 19. Jahrhunderts**, un soggetto/tema tratto dalla letteratura dell'Ottocento.
Sukkulente <-, -n> f <meist pl> bot pianta f succulenta.
sukzessiv adj geh {VERÄNDERUNG} graduale.
sukzessive, **sukzessiv** adv geh gradualmente, per gradi, passo passo.
Sulfat <-(e)s, -e> n chem solfato m.
Sulfid <-(e)s, -e> n chem solfuro m.
Sulfit <-s, -e> n solfito m.
Sulfonamid <-(e)s, -e> n pharm sulfamidico m.

Sultan <-s, -e> m (**Sultanin** f) sultano (-a) m (f).
Sultanat <-(e)s, -e> n sultanato m.
Sultanin f → **Sultan**.
Sultanine <-, -n> f gastr (uva f) sultanina f.
Sülze <-, -n> f gastr **1** (Aspik) gelatina f **2** (Speise in Aspik) aspic m.
summ interj zzz!
summa cum laude adv univ "miglior voto m nella graduatoria prevista per il dottorato di ricerca".
Summand <-(e)s, -en> m math addendo m.
summarisch **A** adj {DARSTELLUNG, ÜBERBLICK, ZUSAMMENFASSUNG} sommario **B** adv {DARSTELLEN, ZUSAMMENFASSEN} sommariamente, in modo sommario, per sommi capi.
summa summarum adv {AUSMACHEN, KOSTEN, MACHEN} in totale/tutto, complessivamente.
Sümmchen <-s, -> n dim von Summe: **ein erkleckliches/hübsches/schönes ~** fam, una bella sometta, una somma/cifra di tutto rispetto, un bel po' di soldini.
Summe <-, -n> f **1** (Additionsergebnis) somma f: **eine ~ errechnen**, calcolare una somma; (Endsumme) totale m **2** (Geldbetrag) somma f, cifra f, importo m: **eine große/hübsche** fam **~**, una grande/bella fam somma; **eine beträchtliche/stattliche ~**, una somma cospicua/considerevole; **sich auf eine ~ von ... Euro belaufen**, ammontare a (un totale di) ... euro **3** (Gesamtheit) {+ERFAHRUNGEN, FORSCHUNGEN} somma f ● **eine runde ~**, una cifra tonda; **das kostet die runde ~ von 500 Euro**, costa 500 euro tondi tondi.
summen **A** tr (mit geschlossenen Lippen singen) **etw ~** {LIED, MELODIE} canticchiare qc a bocca chiusa **B** itr **1** (mit geschlossenen Lippen singen) canticchiare a bocca chiusa **2** (surren) {BIENE, HUMMEL, STROMLEITUNG, VENTILATOR} ronzare: **das Summen**, il ronzio; **ein ~des Geräusch**, un ronzio **C** unpers: **es summt** (irgendwo), c'è un ronzio + compl di luogo; **es summt jdm in den Ohren**, ₍a qu ronzano₎/[qu si sente ronzare] le orecchie.
Summer <-s, -> m el vibratore m a cicala, cicalino m; (zum Öffnen der Haustür) apriporta m.
summieren <ohne ge-> geh **A** tr math **etw ~** {BETRÄGE} sommare qc, addizionare qc **B** rfl **sich ~** {auf etw akk/zu etw akk} **~** {PROBLEME} accumularsi, (as)sommarsi; {AUSGABEN, KOSTEN, ZINSEN AUF EINEN, ZU EINEM BETRAG} accumularsi (fino a diventare qc) ● **das summiert sich** (Ausgaben, Kosten), alla fine viene fuori una bella cifra.
Summton m, **Summzeichen** n ronzio m.
Sumpf <-(e)s, Sümpfe> m **1** (Morast) palude f; (kleiner **~**) pantano m, acquitrino m **2** (Abgrund übler Zustände) palude f, pantano m, cloaca f: **ein moralischer ~**, un marciume; **im ~ der Großstadt untergehen**, essere risucchiato dalla metropoli.
Sumpfboden m terreno m paludoso/palustre/acquitrinoso.
Sumpfdotterblume f bot calta f palustre.
Sumpffieber n obs med febbre f palustre, malaria f.
Sumpfgebiet n zona f paludosa/palustre/[di paludi].
sumpfig adj paludoso, acquitrinoso; (schlammig) pantanoso.
Sumpfland <-(e)s, ohne pl> n terreno m acquitrinoso/paludoso/palustre.
Sumpfotter m zoo visone m.

Sumpfpflanze f bot pianta f ₍di palude₎/[palustre].
Sünde <-, -n> f **1** relig peccato m: **eine ~ begehen**, commettere un peccato; **seine ~n beichten**, confessare i propri peccati; **jdm seine ~n vergeben**, rimettere i peccati a qu, assolvere qu dai suoi peccati **2** (unverantwortliche Handlung) colpa f, errore m: **eine ~ wider den guten Geschmack**, un'offesa al buongusto; **eine ~ seiner Jugend/[frühen Jahre]**, un peccato di gioventù ● **für seine ~n büßen (müssen)** oft iron, scontarla, pagarla; **es ist eine ~ (und Schande), wie/dass ...**, è davvero vergognoso/scandaloso come ... ind/che ... konjv; **es ist (doch) keine ~, etw zu tun** fam, non è mica un delitto fare qc fam, non c'è (mica) niente di male a fare qc fam, non si fa mica peccato a fare qc fam; **es wäre eine ~, etw nicht zu tun**, sarebbe un vero peccato non fare qc; **eine ~ wert sein**, essere una vera tentazione.
Sündenbock m fam capro m espiatorio ● **den ~ (für etw akk) abgeben/spielen müssen**, ₍essere il₎/[fare da] capro espiatorio (di qc); **jdn zum ~ (für etw akk) machen**, fare di qu il capro espiatorio (in fatto di qc).
Sündenfall <-s, ohne pl> m relig peccato m originale.
Sündenpfuhl m geh sentina f di vizi lit, luogo m di perdizione: **in einem ~ leben**, vivere nella perdizione.
Sündenregister n fam scherz: **jds ~** l'elenco dei peccati commessi da qu: **jdm sein ~ vorhalten**, fare a qu la lista dei suoi peccati.
Sünder <-s, -> m (**Sünderin** f) peccatore (-trice) m (f): **wir sind alle arme ~**, siamo tutti (dei) poveri peccatori; **ein unverbesserlicher ~**, un peccatore impenitente.
sündhaft **A** adj **1** relig {GEDANKE, LEBEN} peccaminoso: **ein ~er Mensch**, un peccatore, una peccatrice; **ein ~es Leben führen**, condurre una vita peccaminosa, vivere nel peccato **2** (übermäßig hoch) {PREIS, SUMME} scandaloso, esorbitante, astronomico, stratosferico **B** adv fam: **~ teuer sein**, essere vergognosamente caro, costare un occhio della testa fam; **~ schön**, bello da morire, divinamente bello.
sündig adj **1** relig {TAT} peccaminoso; {LEBEN} auch pieno di peccati: **ein ~es Leben führen**, condurre una vita peccaminosa, vivere nel peccato; **ein ~er Mensch**, un peccatore, una peccatrice; **~ sein**, essere un peccatore/una peccatrice; **~ werden**, cadere nel peccato **2** (lasterhaft) {BLICK, LIPPEN} voluttuoso; {LOKAL, VIERTEL} di perdizione; {MENSCH} dissoluto, vizioso.
sündigen itr **1** relig peccare, commettere peccato: **₍in Gedanken₎/[mit Taten]/[mit Worten] ~**, peccare in pensieri/[atti/opere]/[parole]; **gegen Gottes Gebote ~**, peccare contro le leggi di Dio **2** fam scherz (gegen gute Vorsätze verstoßen) straviziare: **gegen seine Gesundheit ~**, maltrattare la propria salute.
sündteuer adj fam vergognosamente caro, che costa un capitale/[occhio della testa] fam.
Sunnit <-en, -en> m (**Sunnitin** f) sunnita mf.
sunnitisch adj sunnita.
super <inv> fam **A** adj fantastico, favoloso, forte fam: **der Urlaub war einfach ~!**, è stata una vacanza d'incanto!; **ein ~ Typ!**, un tipo forte!; **das klingt ja ~!** (die Idee, der Vorschlag), mi sembra fantastico! **B** adv {SINGEN, TANZEN} in modo fantastico/favoloso/eccezionale: **er/sie tanzt wirklich ~**, (lui/lei) balla da dio fam; **deine neue Stereoanlage**

klingt ja ~!, il tuo nuovo stereo ha un suono fantastico; **dieser Wagen fährt sich ~**, questa macchina va a meraviglia; **~ riechen**, avere un profumo favoloso; **~ schmecken**, essere favoloso/buonissimo.

Super <-s, ohne pl> n (benzina f) super f: **~ tanken**, mettere la super.

Super-8-Film m film pellicola f superotto/super8.

Super-8-Kamera f film (cinepresa f che utilizza pellicole) superotto f/super8 f.

Superbenzin n → **Super**.

Superchip m inform superchip m.

Supercup m Fußball supercoppa f.

Superding n fam **1** (außergewöhnliche Sache) cosa f eccezionale/colossale **2** (großer Coup) colpo m (grosso): **ein ~ drehen**, fare un colpo grosso.

superfein adj fam {GESCHÄFT, HOTEL, LADEN} sciccosissimo m; {STOFF} finissimo, di prima qualità/scelta; {ÖL, WEIN} sopraffino, di qualità superiore.

Super-G <-(s), -(s)> m Ski superG m, supergigante m.

Super-GAU m **1** nukl "massimo incidente m ipotizzabile in una centrale nucleare" **2** fam scherz catastrofe f assoluta, disastro m totale.

Superior <-s, -en> m (**Superiorin** f) relig (padre m) superiore m, (madre f) superiora f, priore (-a) m (f).

superklug adj fam saccente: **ein Superkluger**, un saccentone/sapientone fam; **er hält sich wohl für ~**, si crede proprio un intelligentone/cervellone.

Superlativ <-s, -e> m **1** gram superlativo m: **der ~ von «gut» ist «beste»**, il superlativo di «gut» è «beste» **2** <meist pl> geh (unüberbietbare Attraktion): **Amerika, das Land der ~e**, l'America, il paese dove tutto è mega; **von jdm/etw in ~en reden/sprechen**, parlare di qu/qc in termini superlativi.

superleicht adj **1** (nikotinarm) {ZIGARETTEN} leggerissimo, extra light **2** fam (wenig wiegend) leggerissimo, ultraleggero fam **3** fam (sehr einfach) {ARBEIT, AUFGABE} facilissimo, semplicissimo.

Supermacht f pol superpotenza f.

Supermann m **1** (Comicfigur) superman m **2** fam oft iron (alle übertreffender Mann) superuomo m iron, superman m iron **3** fam (besonders männlich wirkender Mann) vero uomo m.

Supermarkt m com supermercato m, supermarket m.

supermodern adj fam {BAU, EINRICHTUNG} ultramoderno, modernissimo.

Supernova f astr supernova f.

Superriesenslalom m Ski supergigante m.

superschnell adj fam superveloce.

Superschnellzug m Eisenb treno m ad alta velocità.

Superstar m fam superstar f.

Supervision <-, -en> f **1** ökon supervisione f **2** psych supervisione f.

Supervisor <-s, -s oder -en, -en> m (**Supervisorin** f) **1** ökon supervisore (-a) m (f) **2** psych supervisore (-a) m (f) **3** <nur m> inform supervisore m.

Superzahl f "numero del lotto che, abbinato con gli altri sei numeri vincenti, permette di sbancare il jackpot".

Süppchen n dim von Suppe minestrina f ● **sein ~ (gern) am Feuer anderer kochen** fam pej, cavare le castagne dal fuoco con la zampa del gatto, farsi cavare le castagne dal

fuoco; **sein eigenes ~ kochen**, coltivare/curare il proprio orticello.

Suppe <-, -n> f **1** gastr minestra f; (mit Broteinlage) zuppa f; (Gemüsesuppe) minestrone m, minestra f di verdura; (Brühe) brodo m: **klare ~**, brodo ristretto, consommé; **möchten Sie eine ~ als Vorspeise?**, desidera una minestra come primo? **2** fam (Nebel) nebbione m fam, nebbia f ⌊fitta fitta⌋/[che si taglia col coltello fam] ● **jd muss die ~ auslöffeln, die er sich eingebrockt hat** fam, chi rompe paga e i cocci sono suoi prov; chi è causa del suo mal, pianga se stesso prov; **jdm die ~ versalzen** fam, **jdm in die ~ spucken** fam, guastare la minestra a qu fam, rovinare la festa a qu fam.

Suppeneinlage f gastr pastina f/riso m da brodo.

Suppenfleisch n carne f per il brodo; (zubereitet) lesso m, carne f lessa.

Suppengemüse n gastr verdure f pl per minestre/minestroni.

Suppengrün <-s, ohne pl> n gastr odori m pl.

Suppenhuhn n gastr gallina f da brodo.

Suppenkelle f mestolo m, ramaiolo m.

Suppenküche f mensa f dei poveri.

Suppenlöffel m cucchiaio m da minestra.

Suppennudel f gastr pastina f da brodo.

Suppenschüssel f zuppiera f.

Suppentasse f tazza f da consommé.

Suppenteller m piatto m fondo, scodella f.

Suppenterrine f zuppiera f.

Suppentopf m pentolone m.

Suppenwürfel m gastr dado m per/da brodo.

Suppenwürze f gastr aromi m pl da brodo.

Supplement <-(e)s, -e> n **1** (Ergänzungsband) supplemento m **2** (Beiheft) supplemento m.

Supplementband <-(e)s, Supplementbände> m supplemento m.

Sure <-, -n> f relig sura f.

Surfbrett n sport **1** (zum Windsurfen) (tavola f da) windsurf m, tavola f a vela **2** (zum Wellensurfen) (tavola f da) surf m.

surfen itr **1** <haben oder sein> sport (Windsurfing betreiben) fare/[praticare il] (wind)surf m; (Wellensurfing betreiben) fare surf, praticare il surfing **2** <sein> sport (sich auf dem Surfbrett fortbewegen) **irgendwohin ~** andare con il surf + compl di luogo: **über den See ~**, attraversare il lago con il surf **3** <haben oder sein> inform navigare: **im Internet ~**, navigare in Internet/rete.

Surfer <-s, -> m (**Surferin** f) sport **1** (Windsurfer) (wind)surfista mf, surfer mf **2** (Wellensurfer) surfista mf, surfer mf **3** inform navigatore (-trice) m (f) (della rete).

Surfing <-s, ohne pl> n sport **1** (Windsurfing) (wind)surf m, (wind)surfing m **2** (Wellensurfing) surfing m, surf m.

surreal adj geh surreale.

Surrealismus <-, ohne pl> m kunst lit surrealismo m.

Surrealist m (**Surrealistin** f) kunst lit surrealista mf.

surrealistisch adj {AUTOR, KÜNSTLER} surrealista; {BILD, FILM, WERK} surrealistico.

surren itr **1** <haben> (leise brummen) {FILMKAMERA, PROJEKTOR, VENTILATOR} ronzare: **das Surren**, il ronzio **2** <sein> (sich ~d bewegen) **irgendwohin ~** {INSEKT} ronzare + compl di luogo: **ein Pfeil surrt durch die Luft**, una freccia fende l'aria sibilando.

Surrogat <-(e)s, -e> n geh **~ (für etw** akk)

surrogato m (di qc).

Susanne f (Vorname) Susanna.

Susine <-, -n> f bot susina f.

suspekt adj geh sospetto: **jdm ~ sein/vorkommen**, sembrare sospetto (-a) a qu, destare sospetti in qu.

suspendieren <ohne ge-> tr **1** (zeitweilig des Amtes entheben) **jdn (von etw** dat**) ~** {VOM DIENST} sospendere qu (da qc) **2** geh (befreien) **jdn von etw** (dat) **~** {VOM RELIGIONSUNTERRICHT, SPORTUNTERRICHT} esentare qu da qc, esonerare qu da qc; {VOM WEHRDIENST} auch dispensare qu da qc **3** geh (zeitweilig aufheben) **etw ~** sospendere qc.

Suspendierung <-, -en> f → **Suspension** 1, 2.

Suspension <-, -en> f **1** (Amtsenthebung) sospensione f **2** (Befreiung) (vom Sportunterricht, Wehrdienst) esonero m; (vom Religionsunterricht) esenzione f **3** chem sospensione f.

süß Ⓐ adj **1** (nach Zucker schmeckend) {FRUCHT, GERICHT, GETRÄNK, WEIN} dolce: **gern Süßes essen**, essere goloso di dolci **2** (lieblich) {DUFT, PARFÜM} dolce **3** (reizend) {GESICHT, KIND, MÄDCHEN, WOHNUNG} carino, grazioso; {STIMME} dolce: **in dem Kleid siehst du ~ aus**, sei proprio carina con questo vestito **4** (überfreundlich) {LÄCHELN, REDEN} sdolcinato Ⓑ adv **1** (mit Zucker) {ZUBEREITEN} con lo zucchero: **~ schmecken**, avere un sapore dolce **2** (lieblich): **~ duften**, avere/emanare un profumo dolce ● **du bist (ja) ~!** fam iron, beata innocenza!; **das ist ~ von dir!**, è proprio carino da parte tua!; **träum/träumt ~!**, sogni d'oro!; **wie ~!**, che carino (-a)!

Süße① <-, ohne pl> f {+FRUCHT, PARFÜM, STIMME, WEIN} dolcezza f.

Süße② <dekl wie adj> mf **1** (reizendes Geschöpf): **das Kind ist** ⌊**eine ganz ~**⌋/[**ein ganz ~r**], questo (-a) bambino (-a) è veramente dolcissimo (-a)/adorabile/[un tesoro] **2** fam (jd, der gern Süßes isst) persona f ⌊golosa di⌋/[che ha un debole per i] dolci ● **(mein) ~r, (meine) ~**, mia dolcezza (mia), tesoro (mio); **mein ~r hat gestern gesagt, dass ...**, ieri la mia dolce metà ha detto che ...

süßen Ⓐ tr (süß machen) **etw (mit etw** dat**) ~** {GERICHT, GETRÄNK MIT HONIG, SÜßSTOFF} dolcificare qc (con qc), addolcire qc (con qc), edulcorare qc (con qc): **etw mit Zucker ~**, dolcificare/addolcire/edulcorare qc con lo zucchero, zuccherare qc; **etw schwach/stark ~**, addolcire appena/molto qc, mettere poco/tanto zucchero in qc Ⓑ itr **1** (einen süßenden Stoff verwenden) **mit etw** (dat) **~** usare qc come dolcificante: **sie süßt nur mit Honig**, come dolcificante (lei) usa soltanto il miele **2** (einen süßen Geschmack verleihen) **irgendwie ~**: **kaum/stark ~** {HONIG, SÜßSTOFF, ZUCKER}, dolcificare poco/molto.

Süßholz n bot liquirizia f ● **~ raspeln** fam pej, fare il ruffiano; (Männer gegenüber Frauen), fare il cascamorto.

Süßigkeit <-, -en> f dolce m, cosa f dolce: **~en**, dolciumi m.

Süßkartoffel f bot patata f dolce.

süßlich adj **1** (unangenehm süß) {DUFT, GERUCH, PARFÜM} dolciastro; {GESCHMACK} auch mieloso **2** pej (zu sentimental) {GEDICHT} sdolcinato; {LIEBESWORTE, LOVESTORY} sdolcinato, stucchevole, zuccheroso **3** pej (überfreundlich) {GETUE, LÄCHELN, STIMME, TONFALL, WORTE} dolciastro, melliflquo, mieloso, sdolcinato, zuccheroso.

süßsauer Ⓐ adj **1** gastr agrodolce **2** (gezwungen freundlich) {LÄCHELN, TON} agrodolce: **mit süßsaurer Miene**, con aria agrodolce **B** *adv* **1** *gastr* {EINLEGEN, ZUBEREITEN} in agrodolce **2** (*gezwungen*): ~ **lächeln**, fare un sorriso agrodolce.

Süßspeise f *gastr* dolce m, dessert m.
Süßstoff m dolcificante m, edulcorante m.
Süßwaren subst <*nur pl*> dolciumi m pl, prodotti m pl dolciari.
Süßwarenindustrie f industria f dolciaria.
Süßwasser <-s, *ohne pl*> n acqua f dolce.
Süßwasserfisch m pesce m d'acqua dolce.
SV <-, *ohne pl*> m *Abk von* Sportverein: ≈ GS m (*Abk von* Gruppo Sportivo), AS (*Abk von* Associazione Sportiva).
SVP <-, *ohne pl*> f *pol* **1** *Abk von* Schweizerische Volkspartei: "partito popolare svizzero" **2** *Abk von* Südtiroler Volkspartei: SVP f.
SW *Abk von* Südwest(en): SO (*Abk von* sudovest).
Swahili m → **Suaheli**.
Swatchuhr® f (orologio m) swatch® m.
Sweatshirt <-s, -s> n felpa f.
Swimmingpool <-s, -s> m piscina f (privata).
swingen *itr* **1** (*tanzen*) ballare lo swing **2** *slang euph* (*Gruppensex treiben*) praticare lo scambio di coppia.
Swinger <-s, -> m (**Swingerin** f) *slang euph* scambista mf.
Syllogismus <-, *Syllogismen*> m *philos* sillogismo m.
Symbiose <-, -n> f *biol psych* simbiosi f: **in enger ~ mit jdm leben**, vivere in perfetta simbiosi con qu.
symbiotisch **A** *adj* simbiotico **B** *adv* simbioticamente, in simbiosi.
Symbol <-s, -e> n **1** (*Sinnbild*) simbolo m: **ein ~ für etw (akk) sein**, essere un simbolo di qc; **die Taube ist ein ~ des Friedens**, la colomba è il simbolo della pace **2** *wiss* (*Zeichen*) simbolo m.
Symbolcharakter m valore m/significato m/carattere m simbolico: **~ bekommen/haben**, assumere/avere un valore simbolico.
Symbolfigur f (personaggio m) simbolo m.
Symbolgehalt m valore m simbolico.
symbolhaft *adj* {DARSTELLUNG} simbolico.
Symbolik <-, *ohne pl*> f **1** (*symbolische Bedeutung*) simbolismo m, valore m simbolico, simbolicità f **2** (*Verwendung der Symbole*) simbolismo m, simbologia f **3** (*Wissenschaft*) simbolica f, simbologia f.
symbolisch **A** *adj* {BEDEUTUNG, CHARAKTER, GESTE, HANDLUNG} simbolico **B** *adv* simbolicamente, in modo simbolico.
symbolisieren <*ohne ge*-> *tr* **etw** ~ simboleggiare qc, essere (il) simbolo di qc.
Symbolismus <-, *ohne pl*> m *kunst lit* simbolismo m.
Symbolkraft f forza f simbolica.
Symbolleiste f *inform* barra f degli strumenti, toolbar f.
symbolträchtig *adj* carico di simboli-(smi), altamente simbolico.
Symmetrie <-, -n> f simmetria f.
Symmetrieachse f asse m di simmetria.
symmetrisch *adj* simmetrico.
Sympathie <-, -n> f simpatia f ● **bei aller ~, aber ...**, con tutta la buona volontà, ma ...; **jdm keine/wenig ~n eintragen**: **sein Verhalten hat ihm bei seinen Freunden keine ~n eingetragen**, il suo comportamento non

gli è valso le simpatie degli amici; **das wird ihm bei den Wählern wenig ~n eintragen**, così rischia di alienarsi le simpatie degli elettori; **für jdn ~ empfinden**, avere simpatia per qu; **jds (volle) ~ haben/finden** *fam* {AKTION, FORDERUNG, MASSNAHME, PLAN}, avere/incontrare il (pieno) favore di qc, trovare qu (pienamente) d'accordo; **sich (dat) alle ~n verscherzen**, giocarsi la simpatia di tutti.
Sympathiekundgebung f manifestazione f di solidarietà.
Sympathieträger m (**Sympathieträgerin** f) *meist pol* persona f amata dalla gente; (*in Büchern und Filmen*) personaggio m positivo.
Sympathisant <-en, -en> m (**Sympathisantin** f) simpatizzante mf.
sympathisch *adj* (*Sympathie erweckend*) {GESICHT, PERSON, STIMME} simpatico: **~ aussehen**, avere un viso simpatico, avere l'aria simpatica, sembrare simpatico (-a); **jdm ~ sein**, essere/stare simpatico a qu; **er war mir gleich ~**, mi è rimasto/stato subito simpatico, mi è piaciuto subito **2** (*angenehm*) {GEDANKE, VORSTELLUNG} piacevole, allettante, attraente: **jdm nicht ~ sein**, non piacere a qu, non entusiasmare qu.
sympathisieren <*ohne ge*-> *itr* **1** *pol* **mit jdm/etw** ~ {MIT EINER BEWEGUNG, IDEOLOGIE, PARTEI, REGIMEKRITIKERN, TERRORISTEN} simpatizzare per qu/qc **2** (*etw gutheißen*) **mit etw** (dat) ~ {MIT JDS PLÄNEN, VORSTELLUNGEN, ZIELEN} vedere di buon occhio qc, accogliere con favore qc.
Symphonie f → **Sinfonie**.
Symphoniekonzert n → **Sinfoniekonzert**.
Symphonieorchester n → **Sinfonieorchester**.
Symphoniker m → **Sinfoniker**.
symphonisch *adj* → **sinfonisch**.
Symposium <-s, *Symposien*> n simposio m ● **ein ~ (über etw akk) abhalten/veranstalten**, tenere/organizzare un simposio (su qc); **an einem ~ teilnehmen**, partecipare a un simposio.
Symptom <-s, -e> n **1** *med* ~ (**für etw** akk/**von etw** dat) sintomo m (*di qc*) **2** *geh* (*Anzeichen*) ~ (**für etw** akk) sintomo m (*di qc*).
Symptomatik <-, *ohne pl*> f *med* sintomatologia f.
symptomatisch *adj* *geh* sintomatico: **~ für etw (akk) sein**, essere sintomatico di qc.
Synagoge <-, -n> f *relig* sinagoga f.
Synästhesie <-, -n> f (*in der Stilkunde*) sinestesia f.
synchron **A** *adj* **1** *geh* (*gleichzeitig*) {ÜBERSETZUNG} simultaneo; {VERLAUF} parallelo; {BEWEGUNGEN, VORGÄNGE} sincrono; {PROZESSE} *auch* simultaneo **2** *ling* sincronico **B** *adv geh*: **~ zu etw** (dat) **laufen**, muoversi ∟in sincronia con∟/[sincronicamente a] qc, avanzare in sincronia con qc; *tech* funzionare in sincronia con qc, essere sincronizzato con qc; **~ ablaufen/verlaufen**, svolgersi simultaneamente; **etw ~ schalten** *tech*, mettere qc in sincronia, sincronizzare qc.
Synchrongetriebe n *tech* cambio m sincronizzato.
Synchronie <-, *ohne pl*> f sincronia f.
Synchronisation <-, -en> f **1** *film TV* (*nachträgliche Übersetzung*) doppiaggio m; (*das Übereinstimmen von Ton und Bild*) sincronizzazione f **2** *tech* sincronizzazione f.
synchronisieren <*ohne ge*-> *tr* **etw** ~ **1** *film TV* {FERNSEHSPIEL, FILM} doppiare qc; {BILD UND TON} sincronizzare qc: **die synchronisierte Fassung eines Films**, la ver-

sione doppiata di un film **2** *tech* sincronizzare qc **3** *geh* (*aufeinander abstimmen*) {AKTIONEN, BEWEGUNGEN} sincronizzare qc.
Synchronschwimmen n *sport* nuoto m sincronizzato.
Synchronsprecher m (**Synchronsprecherin** f) doppiatore (-trice) m (f).
Synchronspringen n *sport* tuffi m pl sincronizzati.
Syndikat <-(e)s, -e> n **1** (*Verbrecherorganisation*) racket m, sindacato m *slang* **2** *ökon* (*Kartell*) cartello m, pool m, sindacato m, trust m.
Syndikus <-, -se *oder* Syndizi> m *jur* consulente m legale (alle dipendenze di una grande impresa o associazione).
Syndrom <-(e)s, -e> n *med soziol* sindrome f.
synergetisch *adj* sinergico.
Synergie <-, -n> f *psych* sinergia f.
Synergieeffekt m sinergia f, effetto m sinergico.
Synkope <-, -n> f **1** *ling mus* sincope f **2** *med* sincope f.
Synkretismus <-, *Synkretismen*> m **1** *philos relig* sincretismo m **2** *ling* sincretismo m.
Synode <-, -n> f *relig* sinodo m.
synonym *ling* **A** *adj* {AUSDRUCK, REDEWENDUNG, WORT} sinonimo, sinonimico: **~ zu etw** (dat) **sein**, essere sinonimo di qc **B** *adv* {EINSETZEN, GEBRAUCHEN} come sinonimo.
Synonym <-s, -e *oder* -a> n *ling* ~ (**von etw** dat/**für etw** akk) sinonimo m (*di qc*) ● **zu einem ~ für etw (akk) werden**, diventare sinonimo di qc.
Synonymwörterbuch n *ling* dizionario m dei sinonimi.
Synopse <-, -n> f, **Synopsis** <-, *Synopsen*> f *geh* (*Zusammenschau*) sinossi f.
synoptisch *adj* *geh* sinottico.
Syntagma <-s, *Syntagmen*> n *ling* sintagma m.
syntagmatisch *adj* *ling* sintagmatico.
syntaktisch *adj* <*attr*> *ling* sintattico.
Syntax <-, -en> f *ling* sintassi f.
Syntaxfehler m *ling inform* errore m sintattico.
Synthese <-, -n> f **1** *geh* (*Verbindung verschiedener Elemente*) sintesi f **2** *chem* sintesi f.
Synthesizer <-s, -> m *mus* sintetizzatore m.
Synthetik <-s, *ohne pl*> n *oder* <-, *ohne pl*> f <*meist ohne art*> *text* (*Faser*) fibra f sintetica; (*Gewebe*) tessuto m sintetico.
synthetisch **A** *adj* **1** *chem* sintetico **2** *geh* {METHODE, SPRACHE, URTEIL} sintetico **B** *adv chem* {HERSTELLEN, GEWINNEN} sinteticamente: **~ schmecken**, avere un sapore artificiale.
synthetisieren <*ohne ge*-> *tr chem* **etw** ~ sintetizzare qc, produrre qc sinteticamente/[per sintesi].
Syphilis <-, *ohne pl*> f *med* sifilide f.
Syrakus <-, *ohne pl*> n *geog* Siracusa f.
Syrer <-s, -> m (**Syrerin** f) siriano (-a) m (f).
Syrien <-s, *ohne pl*> n *geog* Siria f.
syrisch *adj* siriano.
System <-s, -e> n **1** (*Gefüge*) sistema m: **ein ~ von Symbolen**, un sistema di simboli **2** (*Lehrgebäude*) sistema m: **ein philosophisches ~**, un sistema filosofico; **Theorien in ein ~ bringen**, ridurre una serie di teorie a sistema **3** *soziol* sistema m, regime m: **das gesellschaftliche/politische/wirtschaftliche ~ eines Landes**, il sistema sociale/politico/economico di un paese; **ein demokratisches/parlamentarisches/totalitäres ~**,

un sistema/regime democratico/parlamentare/totalitario 4 <nur sing> (*die bestehende Gesellschaftsordnung*): das ~, il sistema; **sich an das ~ anpassen**, adeguarsi/adattarsi al sistema; **das ~ bekämpfen/kritisieren**, combattere/criticare il sistema 5 (*Ordnungsprinzip*) sistema m, ordine m, metodo m: **etw nach einem ~ ordnen**, ordinare qc secondo un sistema 6 *inform* sistema m: **das ~ laden**, caricare il sistema 7 *biol* sistema m: **ein biologisches/ökologisches ~**, un sistema biologico/ecologico ● - **in etw (akk) bringen**, sistematizzare qc, sistemare qc secondo un certo ordine; *duales ~ ökol*, "sistema m di selezionamento e riciclaggio di contenitori e imballaggi di merci"; **kein ~ haben** {PERSON}, non avere ⌊un sistema⌋/[metodo]; *mit ~* {ARBEITEN, VORGEHEN}, con metodo; *pej*, per calcolo; **dahinter steckt ~**, c'è del metodo.

Systemabsturz m *inform* blocco m del sistema.

Systemanalyse f 1 *ökon* analisi f di/del sistema 2 *inform* analisi f di/del sistema.

Systemanalytiker m (**Systemanalytikerin** f) 1 *ökon* analista mf di sistema 2 *inform* sistemista mf, analista mf di sistemi.

Systematik <-, *-en*> f 1 <*meist* sing> (*Gliederung*) sistematicità f 2 <*nur* sing> *biol wiss* sistematica f.

systematisch A adj {ARBEIT, TRAINING, UNTERRICHT} sistematico B adv in modo sistematico, sistematicamente, con sistematicità.

systematisieren <ohne ge-> tr *geh etw ~* sistematizzare qc.

Systembauweise f *bau* prefabbricazione f.

Systemdatei f *inform* file m di sistema.

Systemdiskette f *inform* disco m di sistema.

Systemerkrankung f *med* malattia f sistemica.

Systemfehler m *inform* errore m di sistema.

systemimmanent adj immanente al sistema.

systemisch adj *biol med* sistemico.

Systemkritik f critica f al/[verso il] sistema.

Systemkritiker m (**Systemkritikerin** f) *pol* oppositore (-trice) m (f) del sistema, contestatore (-trice) m (f).

systemkritisch *pol* A adj {ARTIKEL, ÄUßERUNG, BUCH} critico verso il sistema B adv {SICH ÄUßERN, SCHREIBEN} criticando il sistema.

systemlos A adj asistematico, senza/ [privo di] metodo, disorganizzato B adv in modo disorganizzato/asistematico, senza metodo.

Systemtheorie f teoria f dei sistemi.

Systemverwalter m *inform* amministratore m di sistema.

Systemzwang m imposizioni f pl del sistema.

Systole <-, *-n*> f *med* sistole f.

systolisch adj *med* sistolico.

Szenario <-s, *-s oder Szenarien*> n 1 *film* (*szenisch gegliederter Filmentwurf*) scenario m 2 *theat* → **Szenarium** 1 3 (*hypothetische Folge von Ereignissen*) scenario m 4 (*mögliche zukünftige Situation*) scenario m: *das ~ einer globalen Katastrophe entwerfen*, ipotizzare lo scenario di una catastrofe globale.

Szenarium <-s, *Szenarien*> n 1 *theat* (*Übersicht für Regie und Personal*) scenario m 2 *film* → **Szenario** 1 3 (*hypothetische Folge von Ereignissen*) scenario m 4 (*mögliche zukünftige Situation*) scenario m 5 *geh* (*Schauplatz*) scenario m.

Szene <-, *-n*> f 1 *film theat* scena f 2 (*Krach*) scena f, scenata f 3 (*Vorfall*) scena f, spettacolo m: **vor ihren Augen spielte sich eine herzzerreißende/peinliche ~ ab**, sotto i suoi occhi si svolse una scena straziante/penosa 4 <*nur* sing> (*Milieu*) ambiente m, ambienti m pl, scena f: **die literarische ~ einer Stadt**, ⌊la scena letteraria⌋/[gli ambienti letterari] di una città; **in der politischen ~**, sulla scena politica 5 <*nur* sing> *fam* (*alternative ~*): **die ~**, il giro *fam*, l'ambiente; **sich in der ~ auskennen**, essere nel giro *fam*, conoscere bene l'ambiente; **Verbindungen zur ~ haben**, avere degli agganci *fam* in certi ambienti ● **die ~ beherrschen**, dominare la scena; **in ~ gehen** *theat*, andare in scena; **jdm eine ~ machen**, fare una scenata/piazzata *fam* a qu; **auf offener ~** *theat*, a scena aperta; **etw in ~ setzen** {STÜCK}, mettere in scena qc, inscenare qc, allestire qc; (*etw arrangieren*), inscenare qc; **sich in ~ setzen**, mettersi in mostra, fare scena.

Szenegänger <-s, -> m (**Szenegängerin** f) *fam* persona f del giro *fam*.

Szenelokal n *fam* locale m in/[alla moda].

Szenenapplaus m, **Szenenbeifall** m applauso m a scena aperta.

Szenenwechsel m cambiamento m di scena.

Szenerie <-, *-n*> f 1 *geh* (*landschaftliche Umgebung*) scenario m, panorama m 2 *film lit* (*Schauplatz*) scena f 3 *theat* (*Bühnendekoration*) scena f, scenografia f.

Szenetreff m *fam* posto m alla moda; (*Lokal*) locale m ⌊alla moda⌋/[in].

szenisch adj scenico.

Szintigrafie <-, *-n*> f *med* scintigrafia f.

Szintigramm <-s, *-e*> n *med* scintigramma m.

Szintigraphie f → **Szintigrafie**.

Szylla <-, *ohne* pl> f *myth*: **zwischen ~ und Charybdis (stehen)** *geh*, essere/trovarsi fra Scilla e Cariddi.

T, t

T, t <-, - oder fam -s> n T, t f oder m ● **T wie Theodor**, t come Torino; → auch **A, a**.

t Abk von Tonne: t (Abk von tonnellata).

Tab <-(e)s, -e oder -s, -s> m **1** (vorspringender Teil) {+KARTEIKARTE} linguetta f **2** tech → **Tabulator**.

Tabak <-s, -e> m tabacco m: **leichter/starker ~**, tabacco leggero/forte; **~ kauen/rauchen/schnupfen**, masticare/fumare/fiutare tabacco.

Tabakanbau m coltivazione f del tabacco, tabacchicoltura f.

Tabakfabrik f tabacchificio m.

Tabakhändler m (**Tabakhändlerin** f) (im Großhandel) commerciante mf di tabacco; (im Einzelhandel) tabaccaio (-a) m (f).

Tabakladen m tabaccaio m, tabaccheria f, rivendita f di tabacchi: **ich geh' mal schnell zum ~**, faccio un salto dal tabaccaio.

Tabaksbeutel m borsa f per tabacco.

Tabaksdose f tabacchiera f.

Tabaksteuer f imposta f sul tabacco.

Tabakwaren subst <nur pl> tabacchi m pl.

tabellarisch A adj tabellare, in forma di tabella: **~er Lebenslauf**, curriculum vitae tabellare B adv {DARSTELLEN} in forma di tabella.

Tabelle <-, -n> f **1** tabella f **2** sport classifica f, graduatoria f **3** inform tabella f.

Tabellenende n sport fondo m (della) classifica: **am ~ stehen**, essere/trovarsi in fondo alla classifica.

Tabellenerste <dekl wie adj> mf sport primo (-a) m (f) in classifica, capolista mf.

Tabellenform f: **in ~**, in forma di tabella.

Tabellenformat n inform formato m tabella.

Tabellenführer m (**Tabellenführerin** f) sport capolista mf, primo (-a) m (f) in classifica: **~ sein/werden**, essere/passare in testa/vetta alla classifica.

Tabellenführung f sport testa f della classifica: **die ~ übernehmen**, passare in testa alla classifica.

Tabellenkalkulation f inform foglio m elettronico, spreadsheet m.

Tabellenkalkulationsprogramm n inform foglio m elettronico, spreadsheet m.

Tabellenletzte <dekl wie adj> mf sport ultimo (-a) m (f) in classifica, fanalino m di coda.

Tabellenplatz m sport posto m/posizione f in classifica.

Tabellenspalte f inform colonna f: **Abstand/Anzahl/Breite der ~n angeben**, indicare la spaziatura/il numero/la larghezza delle colonne.

Tabellenspitze f sport vetta f/testa f della classifica: **an der ~ stehen**, essere/trovarsi in vetta/testa alla classifica.

Tabellenstand m sport (situazione f della) classifica f.

Tabellenzeile f inform riga f: **Höhe der ~(n) angeben**, indicare l'altezza della riga.

Tabernakel <-s, -> n oder m relig tabernacolo m.

Tablett <-(e)s, -s oder rar -e> n vassoio m ● **jdm etw auf einem silbernen ~ servieren**, porgere/offrire qc a qu su un piatto d'argento.

Tablette <-, -n> f compressa f, pastiglia f, pillola f, pasticca f: **~n (ein)nehmen/schlucken**, prendere/[ingoiare/inghiottire] delle pillole.

Tablettenmissbrauch (a.R. Tablettenmißbrauch) m abuso m di farmaci.

Tablettenröhrchen n tubetto m di compresse.

Tablettensucht f med farmacodipendenza f.

tablettensüchtig adj farmacodipendente.

tabu <inv> adj <präd>: (₁bei jdm₁/[für jdn]) **~ sein**, essere tabù (presso/per qu).

Tabu <-s, -s> n geh tabù m: **für jdn ein ~ sein**, essere un tabù per qu; **ein ~ brechen/verletzen**, infrangere/violare un tabù; **gegen ein ~ verstoßen**, infrangere/[trasgredire (a)] un tabù.

Tabubruch <-(e)s, -brüche> m violazione f/infrazione f di un tabù.

tabuisieren <ohne ge-> tr geh etw ~ tabuizzare qc, rendere qc tabù.

Tabula rasa f geh: (**mit etw dat**) **Tabula rasa machen**, fare ₁tabula rasa₁/[piazza pulita] fam (di qc).

Tabulator <-s, -en> m tech tabulatore m.

Tabulatortaste f tasto m del tabulatore.

Tabuschranke f tabù m.

Tabuthema n argomento m tabù.

Tabuwort n parola f/termine m tabù.

Tacheles <inv>: (**mit jdm**) **~ reden** fam, parlare chiaro/[senza mezzi termini] fam (a qu).

Tacho <-s, -s> m fam tachimetro m.

Tachometer <-s, -> m oder n tachimetro m.

Tachometerstand m chilometraggio m.

Tacker <-s, -> m tech cucitrice f, spillatrice f.

tackern tr etw ~ spillare qc (con la cucitrice).

Tackling <-s, -s> n Fußball tackle m.

Tadel <-s, -> m biasimo m, rimprovero m, riprovazione f lit ● **ohne ~** geh, senza macchia geh.

tadellos A adj {AUSSPRACHE, KLEIDUNG, QUALITÄT, STIL} impeccabile; {ARBEIT, BENEHMEN} auch irreprensibile, ineccepibile B adv {GEKLEIDET SEIN} impeccabilmente, in modo impeccabile; {SICH BENEHMEN} auch in modo irreprensibile/ineccepibile: **das Kleid sitzt ~**, il vestito cade perfettamente ● **~!** fam, impeccabile!, perfetto!

tadeln tr jdn (**für etw** akk/**wegen etw** gen oder fam dat) **~** biasimare qu (per qc), rimproverare qu (per qc), riprendere qu (per qc); **etw ~** {JDS BENEHMEN, VERHALTEN} biasimare qc, riprovare qc: **ein ~der Blick**, uno sguardo di biasimo/riprovazione.

tadelnswert adj biasimevole, riprovevole, degno di biasimo.

Tadschike <-n, -n> m (**Tadschikin** f) tagicco (-a) m (f).

Tadschikistan <-s, ohne pl> n geog Tagikistan m.

Tafel <-, -n> f **1** (Schultafel) lavagna f: **etw an die ~ schreiben/malen**, scrivere/disegnare qc alla lavagna; (kleine Schreibtafel) lavagnetta f **2** (Schokoladentafel) tavoletta f (di cioccolato) **3** geh tavola f/mensa f geh (imbandita): **die ~ aufheben**, levare la mensa obs **4** (Bildtafel, Tabelle) tavola f sinottica.

Tafelberg m geol monte m a tavola.

Tafelbesteck n servizio m di posate.

Tafelbild n kunst (dipinto m su) tavola f.

Tafelgeschäft n bank operazioni f pl/servizi m pl di sportello.

Tafelgeschirr n servizio m di piatti.

Tafelmalerei f kunst pittura f su tavola.

tafeln itr geh banchettare, pranzare lautamente.

täfeln tr etw ~ rivestire qc di pannelli, pannellare qc; (mit Holz) rivestire qc di legno, tavolare qc, perlinare qc.

Tafelobst n frutta f di prima qualità.

Tafelrunde f tavolata f: **die Ritter der ~** lit, i cavalieri della tavola rotonda.

Tafelsilber n (Besteck) (servizio m di) posate f pl d'argento; (Geschirr) argenteria f da tavola ● **das ~ verkaufen/verscherbeln** fam, vendere i gioielli di famiglia.

Tafelspitz <-es, -spitze> m A gastr bollito m di manzo.

Täfelung, Täflung <-, -en> f rivestimento m in (pannelli di) legno, pannellatura f, perlinato m.

Tafelwasser n form acqua f minerale gas(s)ata.

Tafelwein m **1** form (Tischwein) vino m da pasto **2** com (Wein der untersten Güteklasse) vino m da tavola.

taff adj slang {GESCHÄFTSMANN, KERL, TYP} tosto slang: **das Spiel war ~, aber fair**, la partita è stata tosta/dura, ma leale.

Taft <-(e)s, -e> m taffettà m.

Tag <-(e)s, -e> m **1** (Zeiteinheit) giorno m: **was für ein Tag ist heute?**, che giorno è oggi?; (in Bezug auf den Verlauf, das Wetter) giornata f; **das war heute wieder ein Tag!** fam, che giornata/giornatina anche oggi!; **heute ist aber ein schöner Tag!**, ma che bella giornata oggi!; **ein sonniger/regnerischer Tag**, una giornata ⌊di sole/soleggiata⌋/[piovosa/piovigginosa]; **die Tage werden kürzer/länger**, le giornate si accorciano/allungano **2** (Gedenktag) giornata f, festa f, giorno m: **der Tag des Kindes**, la giornata dell'infanzia; **Tag der Arbeit**, festa del lavoro; **Tag der Deutschen Einheit** (von 1954-1989 17. Juni, seit 1990 Tag 3. Oktober), giorno/festa dell'unità tedesca **3** (Tageslicht) giorno m: **der Tag bricht an**, spunta il giorno; **es ist schon Tag**, è già giorno • **Tag!** fam, buongiorno!, buondì!, 'giorno! fam; **alle zwei/drei/... Tage**, ogni due/tre/... giorni; **heute/Sonntag in acht Tagen**, oggi/domenica a otto; **auf meine/deine/... alten Tage** fam, alla mia/tua/... (veneranda/rispettabile) età; **am Tag**, di giorno; **am Tag seiner Abfahrt**, il giorno della sua partenza; **100 Euro am Tag verdienen**, guadagnare 100 euro al giorno; **von einem Tag auf den anderen**, da un giorno all'altro, dall'oggi al domani; **bei Tag(e)**, di giorno; **sie bekommt/kriegt ihre Tage** fam, stanno per venirle le sue cose fam; **etw an den Tag bringen**, far luce su qc; {WAHRHEIT}, svelare qc; **die Frau/der Mann/der Politiker/das Ereignis/der Film/... des Tages**, la donna/l'uomo/il politico/l'evento/il film/... del giorno; **dieser Tage**, in questi giorni; **eines Tages**, un giorno; **vom ersten Tag an**, fin dal primo giorno; **ewig und drei Tage** fam scherz: **ewig und drei Tage dauern**, durare un'eternità/una vita; **ewig und drei Tage warten**, aspettare ⌊un'eternità⌋/[fino al giorno del giudizio]; **am folgenden Tag**, il giorno seguente/dopo/successivo; **ein freier Tag**, una giornata libera; **morgen nehme ich mir einen freien Tag**, domani (mi) prendo un giorno libero; **heute ist mein freier Tag**, oggi è il mio giorno libero; **Tag für Tag**, giorno per giorno; **den ganzen Tag (lang/über)**, (per) tutto il giorno, (per) ⌊tutta la⌋/[l'intera] giornata; **⌊jds Tage⌋/[die Tage von etw (dat)] sind gezählt**, qu/qc ha i giorni contati; **heute ist mein/dein/... großer Tag**, oggi è il mio/tuo/... grande giorno; **guten Tag!**, buongiorno!; **jdm guten/Guten Tag sagen**, ⌊dare/augurare il⌋/[dire] buongiorno a qu; **ich wollte dir nur kurz guten/Guten Tag sagen**, volevo solo ⌊farti un breve saluto⌋/[salutarti un attimo] fam; **seinen guten/schlechten Tag haben**, essere/[non essere] in vena fam; **sie hat ihre Tage** fam, ha le sue cose fam; **es ist heller Tag**, è giorno fatto; **am helllichten Tag**, in pieno giorno; **in zwei/drei/... Tagen**, fra/tra due/tre/... giorni; **jeden Tag**, ogni giorno, tutti i giorni; **das Päckchen muss jeden Tag kommen**, il pacchetto dovrebbe arrivare da un giorno all'altro; **jeden zweiten Tag**, ogni due giorni, un giorno su due, un giorno sì e un giorno no; **an jenem Tag**, quel giorno; **der Jüngste Tag** relig, il giorno del giudizio (universale); **an den Tag kommen**, venire alla luce; **es kommen auch wieder bessere Tage**, verranno giorni/tempi migliori; **der redet/erzählt/... viel, wenn der Tag lang ist** fam, ne racconta/spara fam tante; **in den Tag hinein leben**, vivere alla giornata; **etw an den Tag legen**, dare prova di qc, (di)mostrare qc; **den lieben langen Tag** fam, tutto il santo giorno fam; **morgen mach' ich mir einen schönen Tag**, domani mi prenderò una giornata di svago; **morgen ist auch noch ein Tag!** fam, domani è un altro giorno!; **in den nächsten Tagen**, nei ⌊prossimi giorni⌋/

[giorni a venire]; **Tag und Nacht**, giorno e notte; **eines schönen Tages**, un bel giorno/dì lit; **ein schwarzer Tag für jdn**, una ⌊giornata nera/no⌋/[giornataccia] per qu; **seit dem Tag, als ...**, dal giorno in cui ...; **Tag der offenen Tür**, "giorno m in cui i cittadini possono visitare aziende, uffici pubblici, università, scuole ecc."; **über Tage** min, a ⌊cielo aperto⌋/[giorno]; **unter Tage** min, sottoterra; **von Tag zu Tag**, di giorno in giorno; **vor zwei/drei/... Tagen**, due/tre/... giorni fa [or sono]; **in wenigen Tagen**, tra/fra pochi giorni, a giorni; **es wird Tag**, si fa giorno; **der Tag X**, il giorno X; **zu Tage** → **zutage**: **es ist noch nicht aller Tage Abend** prov, chi vivrà, vedrà; non è ancora detta l'ultima parola; **man soll den Tag nicht vor dem Abend loben** prov, non lodare il bel giorno innanzi sera prov.

tagaktiv adj zoo diurno.

tagaus adv: **~, tagein**, giorno per/dopo giorno, tutti i (santi) giorni.

tagblind adj med nictalopo.

Tagblindheit f med nictalopia f.

Tagebau <-(e)s, ohne pl> m min scavo m/coltivazione f a ⌊cielo aperto⌋/[giorno] • **im ~** {ABBAUEN, FÖRDERN}, a ⌊cielo aperto⌋/[giorno].

Tagebuch n diario m: **(über etw akk) ~ führen**, tenere un diario (di qc).

Tagedieb m obs pej perdigiorno m, fannullone m fam.

Tagegeld n **1** (Tagespauschale für Spesen) diaria f **2** (tägliches Krankengeld) diaria f da ricovero.

tagein adv → **tagaus**.

tagelang A adj di/[che dura] (vari/più) giorni **B** adv {REGNEN, WARTEN} per giorni interi, per giorni e giorni; {DAUERN} (vari) giorni, giorni e giorni.

Tagelohn m paga f giornaliera: **im ~ arbeiten/stehen**, lavorare a giornata.

Tagelöhner <-s, -> m (**Tagelöhnerin** f) bracciante mf, giornaliero (-a), lavoratore (-trice) m (f) a giornata.

tagen① itr {GERICHT, KONGRESS, PARLAMENT, VERBAND} riunirsi, essere in seduta: **der Ausschuss hat letzte Woche getagt**, la commissione si è riunita la settimana scorsa.

tagen② unpers geh albeggiare, far(si) giorno: **es tagt**, albeggia, si fa giorno.

Tagesablauf m **1** (Zeiteinteilung) **einen geregelten ~ haben**, fare/condurre una vita regolare.

Tagesanbruch m: **bei ~**, ⌊sul far⌋/[allo spuntar] del giorno, alle prime luci dell'alba **nach ~**, dopo l'alba; **vor ~**, prima dell'alba.

Tagesausflug m gita f/escursione f di un giorno.

Tagesbedarf m fabbisogno m giornaliero.

Tagesbesucher m (**Tagesbesucherin** f) visitatore (-trice) m (f) giornaliero (-a).

Tagescreme f crema f da giorno.

Tagesdecke f copriletto m.

Tageseinnahme f <meist pl> incasso m/introito m giornaliero/[della giornata].

Tagesereignis n fatto m/avvenimento m del giorno.

Tagesform f condizione f/forma f fisica (di un atleta in un determinato giorno).

Tagesgeld n bank deposito m overnight.

Tagesgeldkonto n bank conto m di deposito.

Tagesgericht n piatto m del giorno.

Tagesgeschäft n lavoro m quotidiano.

Tagesgeschehen n fatti m pl/avvenimenti m pl ⌊della giornata⌋/[del giorno], at-

tualità f pl.

Tagesgespräch n: **das ist (das) ~**, è l'argomento del giorno, tutti ne parlano fam.

Tagesheim n → **Tagesstätte**.

Tageskarte f **1** gastr menu m del giorno **2** (einen Tag gültige Eintritts-, Fahrkarte) biglietto m giornaliero; (Skipass) (ski-pass m) giornaliero m.

Tageskasse f **1** (tagsüber geöffnete Kasse) bottechino m, biglietteria f **2** → **Tageseinnahme**.

Tagesklinik f day hospital m.

Tageskrem, **Tageskreme** f → **Tagescreme**.

Tageskurs m Börse quotazione f/cambio m del giorno.

Tageslicht <-(e)s, ohne pl> n luce f del giorno: **bei ~**, alla/[con la] luce del giorno • **etw ans ~ bringen**, rivelare qc, svelare qc; **ans ~ kommen** {WAHRHEIT}, venire a galla; {SKANDAL}, venire alla luce; **das ~ scheuen**, avere qc da nascondere.

Tageslichtprojektor m lavagna f luminosa, proiettore m per lucidi.

Tageslohn m compenso m giornaliero, paga f giornaliera.

Tagesmarsch m **1** (einen Tag dauernder Marsch) marcia f di un giorno **2** (Strecke) giornata f di marcia: **zwei Tagesmärsche von hier**, a due giornate di marcia (da qui).

Tagesmeldung f **1** (Meldung des Tages) notizia f del giorno **2** mil rapporto m giornaliero.

Tagesmutter f "signora f che durante il giorno bada ai bambini di genitori che lavorano", bambinaia f, tata f fam.

Tagesnachricht f <meist pl> notizia f del giorno.

Tagesordnung f ordine m del giorno, agenda f • **an der ~ sein** (häufig vorkommen), essere all'ordine del giorno; **etw auf die ~ setzen**, mettere qc ⌊in agenda⌋/[all'ordine del giorno]; **auf der ~ stehen**, essere in agenda⌋/[all'ordine del giorno]; **zur ~ übergehen**, passare all'ordine del giorno.

Tagesordnungspunkt m punto m/argomento m all'ordine del giorno.

Tagespauschale f forfait m giornaliero.

Tagespensum n quantità f/mole f di lavoro da sbrigare in una giornata: **sein ~ erledigen**, aver sbrigato la propria mole di lavoro giornaliera/quotidiana.

Tagespolitik f fatti m pl politici del giorno, attualità f politica.

Tagespresse f stampa f quotidiana, quotidiani m pl.

Tagesraum m (in Heimen, Krankenhäusern u. Ä.) sala f di soggiorno.

Tagesreise f **1** (einen Tag dauernde Reise) viaggio m di un giorno **2** (Strecke) giorno m/giornata f di viaggio.

Tagesrückfahrkarte f biglietto m giornaliero di andata e ritorno.

Tagessatz m **1** med adm (für Krankenhausaufenthalt) diaria f ospedaliera **2** jur "sanzione f pecuniaria a tassi giornalieri calcolati in base al reddito del trasgressore".

Tagesschau <-, -en> f TV **1** (Abendnachrichten im ARD) "telegiornale m delle (ore) 20 sulla prima rete televisiva tedesca" **2** fam tigì m fam, telegiornale m, notiziario m televisivo.

Tagesstätte f (für Kinder) doposcuola m; (für alte oder kranke Menschen) centro m (di) assistenza diurna.

Tagesumsatz m com giro m/volume m d'affari giornaliero.

Tageszeit f ora f (del giorno), momento m

(della giornata): **zu jeder ~**, a tutte le ore; **du kannst zu jeder Tages- und Nachtzeit anrufen**, puoi chiamare ₁a qualunque ora (del giorno e della notte)₁/[giorno e notte].
Tageszeitung f quotidiano m, giornale m.
tageweise adv {ARBEITEN} a giornate.
Tagewerk n **1** geh (*tägliche Arbeit*) lavoro m quotidiano **2** *kunst* giornata.
Tagfahrlicht n *autom* luci f pl diurne.
Tagfalter m farfalla f diurna.
taghell Ⓐ adj {BELEUCHTUNG} a giorno: **es ist ~**, è giorno alto/fatto Ⓑ adv {ERLEUCHTET} a giorno.
täglich Ⓐ adj <attr> {BROT} quotidiano; {ARBEIT} *auch* giornaliero, di ₁ogni giorno₁/[tutti i (santi) giorni] Ⓑ adv **1** (*jeden Tag*) ogni giorno, tutti i giorni, quotidianamente: **sie macht ~ eine halbe Stunde Gymnastik**, fa mezz'ora di ginnastica al/ogni giorno; **solche Unfälle passieren ~**, incidenti del genere succedono quotidianamente **2** (*pro Tag*) al giorno: **einmal ~**, una volta al giorno; **dreimal ~ zwei Tabletten**, due compresse tre volte al giorno/dì.
Tagpfauenauge n *zoo* occhio m di pavone, Vanessa Io f.
tags adv di giorno, durante il giorno: **~ darauf**, il giorno dopo/seguente/successivo; **~ davor**/**zuvor**, il giorno prima/precedente/avanti.
tagsüber adv durante il giorno/la giornata, di giorno.
tagtäglich Ⓐ adj quotidiano Ⓑ adv tutti i (santi) giorni, quotidianamente.
Tagtraum m sogno m a occhi aperti.
Tagträumer m (**Tagträumerin** f) chi sogna a occhi aperti.
Tagundnachtgleiche, **Tag-und-Nacht-Gleiche** <-, -n> f *astr* equinozio m.
Tagung <-, -en> f convegno m, congresso m: **auf einer ~ sprechen**, parlare/intervenire a un convegno; **an einer ~ teilnehmen**, partecipare/[prendere parte] a un convegno; **eine ~ veranstalten**/**abhalten**, organizzare/tenere un convegno.
Tagungsort m luogo m del convegno/congresso.
Tagungsteilnehmer m (**Tagungsteilnehmerin** f), convegnista mf, partecipante mf al convegno, congressista mf.
Tahiti <-s, ohne pl> n *geog* (isola f di) Tahiti f.
Tai-Chi <-(*s*), ohne pl> n, **Tai-Chi-Chuan** <-(*s*), ohne pl> n tai ji quan m, tai chi chuan m: **Tai-Chi machen**, praticare il tai ji quan.
Taifun <-s, -e> m tifone m.
Taiga <-, ohne pl> f *geog* taiga f.
Taille <-, -n> f vita f, punto m di vita: **die ~ betonen**, mettere in risalto/rilievo il punto vita; **auf ~** ₁**gearbeitet sein**₁/[**sitzen**], essere marcato/stretto in vita; **eine schlanke**/**schmale ~ haben**, avere la vita sottile, avere un vitino di vespa *fam*; **ein Kleid in der ~ enger machen**, stringere un vestito in vita.
Taillenweite f (circonferenza f) vita f, giro m vita *fam*.
tailliert adj sciancrato, avvitato, stretto in vita.
Taiwan <-s, ohne pl> n *geog* Taiwan f.
Taiwaner <-s, -> m (**Taiwanerin** f), **Taiwanese** <-n, -n> m (**Taiwanesin** f) taiwanese mf.
taiwanesisch, **taiwanisch** adj taiwanese, di Taiwan.
Takelage <-, -n> f *naut* attrezzatura f.
Take-off, **Takeoff** <-, -s> n *oder* m **1** *aero* (+FLUGZEUG, RAKETE) take off m **2** *ökon* take off m: **das wirtschaftliche Take-off eines Entwicklungslandes**, il take off di un paese in via di sviluppo.

Takt① <-(*e*)*s*, -*e*> m *mus* **1** <*nur sing*> (*rhythmische Einteilung*) tempo m, ritmo m **2** (*~einheit*) battuta f, misura f: **ein paar ~e singen**/**spielen**, cantare/suonare alcune battute ● **den ~ angeben** *mus*, dare il tempo; **im ~ bleiben**, **den ~ halten** *mus*, ₁andare a₁/[tenere il] tempo; **jdn aus dem ~ bringen** *mus*, far andare fuori tempo qu, far perdere il ritmo a qu; *fam* (*jdn verwirren*), confondere qu; **aus dem ~ kommen** *mus*, andare fuori tempo, perdere il ritmo; **ein paar ~e** *fam*: **ein paar ~e pausieren**/**aussetzen**, fare una piccola pausa; **ja spinnt die? Mit der muss ich mal ein paar ~e reden**, ma è impazzita? Le dirò (io) due paroline; **den ~ schlagen** *mus*, battere il tempo.
Takt② <-(*e*)*s*, ohne pl> m (*Feingefühl*) tatto m, discrezione f, delicatezza f: (**viel**/**wenig**) **~ haben**, avere (molto/poco) tatto.
Taktgefühl <-s, ohne pl> n tatto m, discrezione f, delicatezza f.
taktieren <ohne ge-> itr ₁usare la₁/[ricorrere alla] tattica; *irgendwie ~* {GESCHICKT, KLUG, VORSICHTIG} usare/adottare una tattica + *adj*.
Taktik <-, -en> f tattica f: **seine ~ ändern**, cambiare tattica; (**mit etw** dat) **eine bestimmte ~ verfolgen**, seguire una certa tattica (in qc).
Taktiker <-s, -> m (**Taktikerin** f) tattico m.
taktisch Ⓐ adj tattico Ⓑ adv {VORGEHEN} tatticamente; {RICHTIG, FALSCH} *auch* da un punto di vista tattico, a livello tattico: **es wäre ~ falsch**, …, sarebbe un errore tattico …
taktlos Ⓐ adj privo di tatto, indelicato: **~ sein**, ₁mancare di₁/[non avere] tatto Ⓑ adv {SICH BENEHMEN} senza (il minimo) tatto, in modo indelicato.
Taktlosigkeit <-, -en> f mancanza f di tatto, indelicatezza f.
Taktstock m bacchetta f (del direttore d'orchestra).
Taktstrich m *mus* stanghetta f, sbarra f, sbarretta f.
taktvoll Ⓐ adj pieno di tatto, delicato, discreto: **~ sein**, aver tatto Ⓑ adv {SICH BENEHMEN} con tatto/delicatezza/discrezione.
Tal <-(*e*)*s*, *Täler*> n valle f, vallata f: **zu Tal(e) gehen** {STÜRZEN}, a valle; {FLIEßEN, FÜHREN} *auch* verso valle; **zu Tal(e) fahren**, scendere a valle.
talabwärts adv {FAHREN, FÜHREN, GEHEN} a/verso valle.
Talar <-s, -e> m **1** *jur univ* toga f **2** *relig* abito m /veste f talare.
talaufwärts adv {FAHREN, FÜHREN, GEHEN} a monte: **~ gehen**/**fahren** *auch*, risalire la valle.
Talent <-(*e*)*s*, -*e*> n **1** (*Begabung*) talento m: **~** (**für etw** akk/**zu etw** dat) **haben** {FÜR SPRACHEN, ZUM KLAVIERSPIELEN, MALEN}, avere talento per qc; **er hat ein großes musikalisches ~**, ha un grande talento musicale/[per la musica] **2** (*begabter Mensch*) (persona f di) talento m: **junge ~e fördern**, favorire/incoraggiare giovani talenti.
Talentförderung f promozione f di (nuovi) talenti.
talentiert adj (pieno) di talento, dotato.
Talentschmiede f, **Talentschuppen** m *fam* fucina f di talenti.
Talentscout m talent scout mf, scopritore (-trice) m (f) di talenti.
Talentsuche f ricerca f di persone di talento: **auf ~ sein**, essere in cerca di talenti.
Taler <-s, -> m *hist* tallero m.

Talfahrt f **1** (*Fahrt ins Tal*) discesa f a valle **2** *bes. ökon* (*negative Entwicklung*) (forte) discesa f: **die ~ des Dollars**, la discesa del dollaro; **die Aktienkurse auf ~**, il mercato azionario in picchiata.
Talg <-(*e*)*s*, -*e*> m **1** (*Fett der Talgdrüsen*) sebo m **2** (*tierisches Fett*) sego m, sevo m.
Talgdrüse f ghiandola f sebacea.
Taliban subst <*nur pl*> talebani m pl.
Talisman <-s, -e> m talismano m.
Talk① <-(*e*)*s*, ohne pl> m *min* talco m.
Talk② <-s, -s> m **1** (*Gespräch*) chiacchierata f **2** *fam* → **Talkshow**.
talken itr fare conversazione (in un talk show).
Talkessel m conca f (valliva).
Talkmaster <-s, -> m (**Talkmasterin** f) conduttore (-trice) m (f) di un talk show.
Talkpuder m *oder* n → **Talkum**.
Talkshow <-, -s> f *TV* talk show m.
Talkum <-s, ohne pl> n talco m (in polvere), borotalco® m.
Talmud <-(*e*)*s*, ohne pl> m *relig*: **der ~**, il Talmud.
Talmulde f conca f, avvallamento m.
Talschi m → **Talski**.
Talsenke f *geog* → **Talmulde**.
Talski m sci m a valle.
Talsohle f **1** *geog* fondovalle m **2** *ökon* (*Tiefstand*) periodo m di forte depressione/crisi, periodo m nero *fam*: **in der ~ sein**/**stecken**, attraversare un periodo di forte crisi.
Talsperre f diga f (di sbarramento).
Talstation f stazione f a valle.
talwärts adv a/verso valle.
Tamagotchi <-s, -s> n *oder inform* tamagochi m.
Tamarinde <-, -n> f **1** *bot* (*Baum*) tamarindo m **2** (*Frucht*) tamarindo m.
Tamariske <-, -n> f *bot* (*Gattung*) tamerice f; (*Tamarix gallica*) tamarice f (comune), tamarisco m.
Tambour <-s, -e> m *arch* tamburo m.
Tamburin <-s, -e> n tamburello m.
Tamile <-n, -n> m (**Tamilin** f) tamil mf.
Tampon <-s, -s> m **1** *med* tampone m **2** (*für Frauen*) assorbente m interno, tampone m, tampax® m.
Tamtam <-s, ohne pl> n: **viel**/[**ein großes**] **~** (**um jdn**/**etw**) **machen** *fam*, fare un gran cancan/chiasso (₁intorno a qu₁/[per qc]) *fam*.
TAN <-, -s> f *bank inform* Abk *von* Transaktionsnummer: numero di transazione.
Tand <-(*e*)*s*, ohne pl> m *geh obs* cianfrusaglie f pl, paccottiglia f, ciarpame m.
Tändelei <-, -en> f *obs* amoreggiamento m.
tändeln itr **1** *obs* (*flirten*) ~ **mit etw** (dat) ~ baloccarsi con qc, gingillarsi con qc, trastullarsi con qc **2** *obs* (*flirten*) **mit jdm** ~ amoreggiare con qu.
Tandem <-s, -s> n **1** (*Fahrrad*) tandem m: **~ fahren**, andare in tandem **2** (*zwei aufeinander eingespielte Personen*) tandem m: **die beiden sind ein gutes ~**, quei due ₁sono una coppia affiatata₁/[formano un ottimo tandem] **3** (*beim Sprachaustausch*): **ich mache ein Deutsch-Englisch-~, Brian bringt mir Englisch bei und ich ihm Deutsch**, faccio uno scambio linguistico, Brian mi insegna l'inglese e io gli insegno il tedesco.
Tandler m (**Tandlerin** f) *fam süddt A* rigattiere (*rar* -a) m (f), robivecchi mf.
Tang <-(*e*)*s*, -*e*> m *bot* fuco m (di mare).
Tanga <-s, -s> m **1** (*Minibikini*) tanga m **2** (*Minislip*) tanga m.

Tangahöschen n, **Tangaslip** m tanga m.
Tangens <-, -> m math tangente f trigonometrica.
Tangente <-, -n> f **1** geom (retta f) tangente f **2** (Straße) tangenziale f.
tangieren <ohne ge-> tr **1** geom etw ~ essere tangente a qc **2** geh (streifen) etw ~ {BEREICH, PROBLEM} toccare qc, sfiorare qc **3** geh (betreffen) etw ~ {JDS INTERESSEN} toccare qc, sfiorare qc ● **das tangiert mich nicht** fam, (questo) non mi tange/tocca.
Tango <-s, -s> m mus tango m.
Tank <-s, -s oder rar -e> m **1** autom serbatoio m **2** (Behälter für Heizöl, Wasser) cisterna f.
Tankdeckel m autom tappo m del serbatoio.
Tanke <-, -n> f fam → **Tankstelle**.
tanken A itr autom fare fam/mettere fam benzina, fare rifornimento di benzina: **ich fahre zum Tanken**, vado a far benzina B tr etw ~ **1** autom {BLEIFREI, NORMAL, SUPER} mettere qc: **20 Liter Benzin ~**, mettere 20 litri di benzina **2** fam (in sich aufnehmen) {FRISCHE LUFT, SONNE} fare il pieno di qc: **neue Kräfte ~**, ricaricarsi fam, rimettersi in forze ● **jd hat zu viel getankt** slang, qu ha fatto il pieno fam.
Tanker <-s, -> m nave f cisterna, (Erdöltanker) petroliera f.
Tankfüllung f autom pieno m (di benzina/carburante).
Tanklaster m, **Tanklastzug** m (mit einem durchgehenden Tank) autocisterna f; (mit unterteiltem Tank) autobotte f.
Tanksäule f pompa f/distributore m di benzina/carburante, colonnina f.
Tankstelle f (kleine ~) distributore m (di benzina); (größere ~) stazione f di servizio/rifornimento, (an der Autobahn) auch area f di servizio.
Tankuhr f indicatore m del livello del carburante.
Tankverschluss (a.R. Tankverschluß) m form → **Tankdeckel**.
Tankwagen m autom autocisterna f; Eisenb carro m/vagone m cisterna.
Tankwart <-(e)s, -e> m (**Tankwartin** f) benzinaio (-a) m (f).
Tanne <-, -n> f **1** bot (Baum) abete m **2** (Holz) (legno m d') abete m.
Tannenbaum m **1** fam (Tanne) abete m **2** (Weihnachtsbaum) albero m di Natale.
Tannenholz m (legno m d')abete m.
Tannennadel f ago m d'abete.
Tannenwald m abetina f, abetaia f, bosco m di abeti; (größerer ~) foresta f di abeti.
Tannenzapfen m pigna f/cono m/strobilo m bot d'abete.
Tannenzweig m ramo m d'abete.
Tannin <-s, ohne pl> n chem tannino m.
Tansania <-s, ohne pl> n geog Tanzania f.
Tantal <-s, ohne pl> n chem tantalio m.
Tantalusqualen subst <nur pl>: **~ leiden** geh, patire il supplizio di Tantalo.
Tante <-, -n> f **1** (Verwandte) zia f **2** (zu Kindern: bekannte Frau) zia f **3** fam pej (Frau) tizia f fam pej, tipa f slang.
Tante-Emma-Laden m fam scherz negozietto m (di alimentari) ₁all'angolo₁/[dietro/sotto casa].
Tantieme <-, -n> f **1** com ökon (Gewinnbeteiligung) percentuale f **2** <meist pl> diritti m pl d'autore; (für Buchautoren) auch royalties f pl.
Tantra <-(s), -(s)> m relig (Schriften) Tantra m.
tantrisch adj tantrico.
Tantrismus <-, ohne pl> m relig tantri-

smo m.
Tanz <-es, Tänze> m **1** (rhythmische Körperbewegungen) ballo m, danza f; **jdn zum ~ auffordern**, invitare qu a ballare; **den ~ eröffnen**, aprire le danze **2** (Musikstück) danza f; **ungarische Tänze**, danze ungheresi **3** (~veranstaltung) ballo m **4** fam (Auseinandersetzung) scenata f fam: **das wird noch einen ~ geben, wenn ...**, scoppierà il finimondo/un putiferio quando ... ● (wegen etw gen oder fam dat) **einen ~ machen** fam/**aufführen** fam, fare un sacco di storie (per qc) fam; **das ist ein ~ auf dem Vulkan** geh, è un ballo sull'orlo del baratro, è come star seduti su un vulcano.
Tanzabend m serata f danzante.
Tanzbein n: **das ~ schwingen** fam scherz, fare quattro salti fam scherz, ballare.
Tanzboden m pista f da ballo; (bes. im Freien) balera f.
Tanzcafé n dancing m, balera f.
tänzeln itr **1** <haben> (sich hüpfend bewegen) {BOXER} saltellare; {PFERD} ballettare **2** <sein> (sich tänzelnd fortbewegen) **irgendwohin ~**: **sie tänzelte durchs Zimmer**, si muoveva saltellando per la stanza.
tanzen A itr **1** <haben> (sich rhythmisch bewegen) ballare, danzare; {MÜCKEN} volare: **sie tanzt gern**, le piace ballare; **mit jdm ~** ballare con qu **2** <sein> (sich tanzend fortbewegen) **irgendwohin ~**: **durch den Saal ~**, attraversare la sala ballando; **um den Tisch ~**, ballare intorno al tavolo **3** <haben> (hüpfen) {BOOT AUF DEN WELLEN, GLAS AUF DEM TISCH} ballare; (verschwimmen) **mir tanzte alles vor den Augen**, mi ballava tutto davanti agli occhi B tr etw ~ {SAMBA, WALZER} ballare qc ● ~/[**zum Tanzen**] **gehen**, andare a ballare.
Tänzer <-s, -> m (**Tänzerin** f) ballerino (-a) m (f): **er ist ein guter ~**, è un bravo ballerino; **sie ist eine schlechte ~in**, è una pessima ballerina, balla male; (Ballettänzer) auch danzatore (-trice) m (f).
tänzerisch A adj <attr> {DARBIETUNG} di ballo/danza; {BEWEGUNGEN} di danza: **ihr ~es Können**, il suo talento di ballerina/danzatrice B adv: **die Darbietung war ~ ausgezeichnet**, la parte danzata era eccellente.
Tanzfläche f pista f da ballo.
Tanzkapelle f orchestrina f/complesso m da ballo.
Tanzkurs m corso m di ballo: **einen ~ machen/belegen**, fare un corso di ballo.
Tanzlehrer m (**Tanzlehrerin** f) maestro (-a) m (f)/insegnante mf di ballo.
Tanzlokal n locale m da ballo, dancing m.
Tanzmusik f musica f da ballo.
Tanzpartner m (**Tanzpartnerin** f) (bei klassischen Tänzen) cavaliere m, dama f; (bei modernen Tänzen) compagno (-a) m (f) di ballo, partner mf (di ballo).
Tanzschritt m passo m di danza.
Tanzschule f scuola f di ballo.
Tanzschüler m (**Tanzschülerin** f) allievo (-a) m (f) (di un corso) di ballo.
Tanzsport m danza f sportiva, ballo m agonistico.
Tanzstunde f lezione f di ballo: **~n nehmen**, ₁prendere lezioni₁/[andare a lezione] di ballo.
Tanzturnier n sport concorso m/gara f di ballo.
Taoismus <-, ohne pl> m philos relig taoismo m.
Taoist m (**Taoistin** f) taoista mf.
taoistisch adj {MÖNCH} taoista; {GEDANKENGUT, RELIGION} auch taoistico.

Tape <-, -s> n oder m cassetta f.
Tapedeck n {+STEREOANLAGE} registratore m (a cassette).
Tapet n: **etw aufs ~ bringen** fam {FRAGE, PUNKT, THEMA}, mettere/porre qc sul tappeto fam **etw kommt aufs ~** fam {FRAGE, PUNKT, THEMA}, qc viene affrontato, si parla/discute di qc.
Tapete <-, -n> f carta f da parati: **eine einfarbige/bunte ~**, una carta da parati ₁(a/in) tinta unita₁/[fantasia] ● **die ~n wechseln** fam (umziehen), cambiare casa; (die Arbeit wechseln), cambiare lavoro; (Urlaub machen), cambiare aria.
Tapetenbahn f striscia f di carta da parati.
Tapetengeschäft n negozio m di carta da parati.
Tapetenkleister m colla f da tappezziere.
Tapetenmuster n disegno m della carta da parati.
Tapetenrolle f rotolo m di carta da parati.
Tapetenwechsel m fam cambiamento m d'aria fam: **er braucht unbedingt einen ~**, ha assolutamente bisogno di cambiare aria.
tapezieren <ohne ge-> A tr **1** (mit einer Tapete versehen) etw ~ {WOHNUNG, ZIMMER} mettere la carta da parati in qc: **eine Wand neu ~**, cambiare la carta da parati a una parete **2** (mit etw überziehen) **etw mit etw** (dat) ~ tappezzare qc di qc: **das Zimmer ist mit Plakaten/Fotos tapeziert**, la stanza è tappezzata di manifesti/foto B itr mettere la carta da parati.
Tapezierer <-s, -> m (**Tapeziererin** f) "artigiano (-a) m (f) specializzato (-a) nell'applicazione di carta da parati".
Tapeziertisch m "tavolo m per la preparazione della carta da parati".
tapfer A adj **1** (mutig) {KÄMPFER, SOLDAT} valoroso, valente geh, prode geh **2** (selbstbeherrscht) stoico B adv **1** (mutig) valorosamente, con valore, prodemente geh: **sich ~ schlagen**, battersi valorosamente **2** (selbstbeherrscht) {ERTRAGEN} stoicamente.
Tapferkeit <-, ohne pl> f **1** (Mut) valore m, prodezza f geh **2** (Selbstbeherrschtheit) stoicismo m.
Tapferkeitsmedaille f medaglia f al valore.
Tapir <-s, -e> m zoo tapiro m.
tappen itr <sein> **1** (schwerfällig gehen) **irgendwohin ~** ₁andare/camminare tastoni/tentoni₁/[brancolare] + compl di luogo **2** (geraten) **in etw** (akk) ~ {IN EINE PFÜTZE} finire in qc; {IN EINE FALLE} auch cadere in qc ● **im Dunkeln ~** {ERMITTLER, POLIZEI}, brancolare nel buio.
täppisch adj pej goffo, maldestro.
tapsen itr fam (**irgendwohin**) ~ andare/camminare tastoni/tentoni (+ compl di luogo), brancolare + compl di luogo; {JUNGES TIER} muoversi goffamente.
tapsig adj fam {JUNGER BÄR, HUND} (teneramente) goffo, patatoso slang.
Tara <-, -en> f com tara f.
Tarantel <-, -n> f zoo tarantola f ● **wie von der/einer ~ gestochen** fam, come morso (-a) dalla tarantola.
Taren pl von Tara.
Tarent <-s, ohne pl> n geog Taranto f.
Tarif <-s, -e> m **1** (festgesetzter Preis) tariffa f **2** industr (Ecklohn) retribuzione f (oraria) sindacale: **neue ~e aushandeln**, concordare nuove tariffe sindacali; **nach ~ bezahlen**, pagare la tariffa sindacale; **über/unter ~ bezahlen**, pagare più/meno della tariffa sin-

dacale.
Tarifabkommen n *industr*, **Tarifabschluss** m *industr* accordo m/intesa f salariale/contrattuale.
Tarifautonomie f *industr* autonomia f contrattuale; (*im Grundgesetz verankertes Recht*) libertà f di contrattazione collettiva.
Tariferhöhung f **1** (*von Dienstleistungen*) aumento m tariffario/[delle tariffe] **2** *industr* aumento m salariale/[dei livelli retributivi].
Tarifgespräch n <*meist pl*> → **Tarifverhandlung**.
Tarifgruppe f *industr* categoria f salariale.
Tarifkonflikt m vertenza f sindacale, vertenzialità f.
tariflich adj **1** (*preislich*) tariffario **2** *industr* contrattuale, salariale.
Tariflohn m salario m contrattuale, paga f/retribuzione f/salario m sindacale.
Tarifpartei f parte f sociale.
Tarifpartner m (**Tarifpartnerin** f) *industr* rappresentante mf delle parti sociali.
Tarifpolitik f politica f salariale.
tarifpolitisch adj di/sulla politica salariale.
Tarifrecht n legislazione f contrattuale, "parte del diritto del lavoro tedesco che regola la contrattazione collettiva".
Tariframe f pensione f anticipata.
Tarifrunde f trattative f pl (annuali) per il rinnovo del contratto collettivo di lavoro.
Tarifverhandlung f <*meist pl*> trattativa f contrattuale/salariale.
Tarifvertrag m contratto m collettivo (di lavoro): **flächendeckende Tarifverträge**, patti territoriali.
Tarifzone f (*bei öffentlichen Verkehrsmitteln und im Telefonverkehr*) zona f tariffaria.
Tarnanzug m *mil* tuta f mimetica.
tarnen Ⓐ tr **1** (*unkenntlich machen*) *etw* ~ {KANONE, PANZER} mimetizzare *qc*, mascherare *qc*: **seine Absichten** ~, mascherare/celare le proprie intenzioni **2** (*verhüllen*) *etw als etw* (akk) ~: **das Bordell war als Kosmetikinstitut getarnt**, l'istituto di bellezza faceva da copertura a un bordello Ⓑ rfl **1** *mil sich* ~ {SOLDAT} mimetizzarsi **2** (*sich ausgeben*) *sich als etw* (nom) ~ {SPION ALS DIPLOMAT, JOURNALIST} spacciarsi *per qc*, farsi passare *per qc*: **der Einbrecher hatte sich als Handwerker getarnt**, il ladro si era camuffato da operaio.
Tarnfarbe f colore m mimetico.
Tarnfirma f società f di copertura/comodo.
Tarnkappe f *myth* copricapo m che rende invisibile.
Tarnkappenbomber m *aero mil* (bombardiere m) stealth m, aereo m invisibile.
Tarnname m nome m ⌊di copertura⌋/[in codice].
Tarnorganisation f organizzazione f di copertura.
Tarnung <-, -en> f **1** *mil* mimetizzazione f, mascheramento m **2** (*tarnende Identität*) copertura f.
Tarock <-s, ohne pl> n oder m "antico gioco m di carte in cui si usa il mazzo dei tarocchi".
Tartanbahn f *sport* pista f di/in tartan.
Täschchen <-s, -> n dim *von* **Tasche 1** (*in Kleidungsstück*) taschina f **2** (*Handtäschchen*) borsetta f, borsina f.
Tasche <-, -n> f **1** (*in Kleidungsstück*) tasca f; (*Westentasche*) *auch* taschino m **2** (*Handtasche*) borsa f, borsetta f; (*Einkaufstasche*) borsa f, sporta f, shopper m; (*Aktentasche, Schultasche*) cartella f; (*Sattletasche, Umhänge-*

sche, Werkzeugtasche) borsa f ● (*etw*) **aus der eigenen** ~ (**bezahlen/finanzieren/...**), (pagare/finanziare/...qc) di tasca propria; **in jds** ~**n fließen/wandern** {GELD}, (andare a) finire nelle tasche di qu; (**für etw akk**) **tief in die** ~ **greifen müssen** *fam*, dover mettere mano al portafoglio (per qc) *fam*, doversi frugare in tasca (per qc) *fam*; **etw schon in der** ~ **haben** *fam*, avere già in tasca qc; **jdm auf der** ~ **liegen** *fam*, vivere ⌊a spese⌋/[alle spalle] di qu *fam*; **sich (dat) in die eigene** ~ **lügen** *fam*, illudersi, farsi illusioni; **etw in die** ~ **stecken** {GELDBEUTEL, SCHLÜSSEL}, metter(si)/infilar(si) qc in tasca; **die Hände in die** ~ **stecken**, cacciarsi le mani in tasca; **etw in die eigene** ~ **stecken** *fam* {GELDER}, mettersi in tasca qc, intascare qc; **jdn in die** ~ **stecken** *fam*, mangiarsi qu in ⌊un boccone fam⌋/[insalata *fam*]; **in die eigene** ~ **wirtschaften** *fam*, riempirsi le tasche, fare il proprio interesse; **jdm etw aus der** ~ **ziehen** *fam* {DAS GELD}, far sborsare qc a qu, scucire qc a qu *fam*, spillare qc a qu *fam*.
Taschenausgabe f edizione f tascabile.
Taschenbuch n (libro m) tascabile m: **als** ~ **erscheinen/herauskommen**, ⌊essere/venire pubblicato (-a)⌋/[uscire] in edizione tascabile.
Taschendieb m (**Taschendiebin** f) borsaiolo (-a) m (f), borseggiatore (-trice) m (f).
Taschendiebstahl m borseggio m.
Taschenformat n formato m tascabile.
Taschengeld n <*meist sing*> denaro m per le piccole spese; (*für Kinder und Jugendliche*) paghetta f *fam*, mancetta f *fam*, settimana f *fam*.
Taschenkalender m (*Büchlein*) agendina f; (*Karte*) calendarietto m.
Taschenkrebs m *zoo* granciporro m.
Taschenlampe f lampadina f tascabile, pila f (tascabile); (*größere* ~) torcia f (elettrica).
Taschenmesser n temperino m, coltellino m.
Taschenrechner m calcolatrice f tascabile.
Taschenschirm m ombrello m pieghevole.
Taschenspielertrick m *pej* (abile) raggiro m, imbroglio m.
Taschentuch n fazzoletto m: **sich (dat) einen Knoten ins** ~ **machen**, fare un nodo al fazzoletto.
Taschenuhr f orologio m da tasca.
Taschenwörterbuch n dizionario m tascabile, dizionarietto m.
Täschlein <-s, -> n → **Täschchen**.
Taskforce, **Task-Force** <-, -s> f task force f.
Tasmanien <-s, ohne pl> n *geog* Tasmania f.
Tasse <-, -n> f **1** (*Trinkgefäß*) tazza f: **aus einer** ~ **trinken**, bere in una tazza **2** (*Menge*) ~ + *subst* {KAFFEE, SCHOKOLADE, TEE} tazza *di qc* ● **hoch die** ~**n!** *fam*, in alto i calici!; **jd hat nicht alle** ~**n im Schrank** *fam*, qu ha una rotella fuori posto *fam*, a qu manca un venerdì *fam*; *trübe* ~ *fam pej*, morto di sonno *fam*.
Tastatur <-, -en> f {+COMPUTER, KLAVIER, ORGEL, SCHREIBMASCHINE, TELEFON} tastiera f.
Tastatursperre f *inform* blocco m (della) tastiera.
tastbar adj *bes. med* {KNOTEN, TUMOR} avvertibile alla palpazione.
Taste <-, -n> f {+MUSIKINSTRUMENT, COMPUTERTASTATUR} tasto m; (*Druckknopf*) pulsante m ● **drücken Sie eine beliebige** ~!, premere un tasto qualsiasi!; (**mächtig**) **in die Tasten greifen** *fam scherz*, suonare il piano con

grande trasporto.
tasten Ⓐ itr (*vorsichtig fühlen*) **nach etw** (dat) ~ cercare *qc* a tastoni Ⓑ rfl (*sich tastend fortbewegen*) **sich irgendwohin** ~ {ZUM LICHTSCHALTER, ZUR TÜR} avanzare/andare (a) tastoni/tentoni *verso qc* Ⓒ tr (*durch Tasten feststellen*) *etw* ~ sentire *qc* al tatto.
Tastendruck m: **mit einem** ~, premendo un tasto; **ein** ~ **genügt**, basta premere un tasto.
Tasteninstrument n strumento m a tastiera.
Tastentelefon (a.R. Tastentelephon) n telefono m/apparecchio m a tastiera.
Tastsinn <-(e)s, ohne pl> m (senso m del) tatto m.
tat 1. *und* 3. *pers sing imperf von* **tun**.
Tat <-, -en> f **1** (*Handlung*) azione f, atto m, impresa f: **eine mutige/feige Tat**, un atto di coraggio/viltà, un'azione coraggiosa/vile; **den Worten Taten folgen lassen**, passare dalle parole ai fatti, far seguire i fatti/l'azione alle parole; **eine gute Tat vollbringen**, compiere una buona azione, fare un'opera ⌊di bene⌋/[buona]; **das war die Tat eines Verrückten**, è stato il gesto di un folle; **ein Mann der Tat**, un uomo d'azione **2** *jur* (*Straftat*) reato m; (*Verbrechen*) delitto m: **er hat die Tat nicht begangen**, non ha commesso il reato/fatto; **die Tat gestehen**, confessare (il reato); **eine kriminelle Tat**, un atto criminale, un fatto criminoso, un crimine ● **jdn auf frischer Tat ertappen**, cogliere qu ⌊sul fatto⌋/[in flagrante], prendere qu con le mani nel sacco *fam*; **in der Tat**, in effetti, effettivamente; **zur Tat schreiten** *geh*, passare ⌊all'azione⌋/[ai fatti]; **etw in die Tat umsetzen**, mettere in pratica qc, attuare qc, realizzare qc.
Tatar ① <-s, ohne pl> n (carne f alla) tartara f.
Tatar ② <-en, -en> m (**Tatarin** f) tartaro (-a) m (f).
Tatbestand m **1** (*Faktum*) fatto m, dato m di fatto: **das ist ein unverrückbarer** ~, è un dato di fatto inconfutabile **2** *jur* fattispecie f; (*im Urteil*) esposizione f dei fatti: **den** ~ **der Beleidigung/Körperverletzung erfüllen**, integrare la fattispecie ⌊dell'ingiuria⌋/[delle lesioni personali].
Tatbeteiligung f *jur* concorso m di reato, partecipazione f ai fatti.
Tateinheit f *jur* concorso m formale/ideale: **in** ~ **mit etw** (dat), con concorso formale/ideale di qc.
Tatendrang m dinamismo m.
tatenlos Ⓐ adj inattivo, passivo Ⓑ adv: ~ **herumstehen**, starsene lì con le mani in mano; ~ (**bei etw dat**) **zusehen**, starsene a guardare (qc), assistere a qc senza muovere un dito.
Tatenlosigkeit <-, ohne pl> f inattività f, inerzia f.
Täter <-s, -> m (**Täterin** f) *jur* reo (-a) m (f), autore (-trice) m (f) (di un reato), colpevole mf: **wer ist der** ~?, chi ha commesso il reato/fatto?; **als** ~ **verdächtigt werden**, essere sospettato di un reato ● **der mutmaßliche** ~, il presunto autore (di un reato); **unbekannte** ~, ignoti.
Täterbeschreibung f {+ZEUGE} descrizione f di una persona che ha commesso un reato; (*von der Polizei angefertigt*) identikit m.
Tätergruppe f, **Täterkreis** m cerchio m/cerchia f dei sospetti.
Täterin f → **Täter**.
Täterprofil n profilo m di una persona ricercata; (*konkret, im Einzelfall*) identikit m: **ein** ~ **entwerfen/erstellen**, tracciare un identikit; **auf jdn passt ein** ~, qu corrispon-

Täterschaft f jur colpevolezza f, reità f rar: **seine ~ ist nicht erwiesen**, non è provato che il reato sia stato commesso da lui.

Tathergang m dinamica f/svolgimento m dei fatti.

tätig adj **1** <meist präd> (beschäftigt): **in etw (dat) ~ sein** (IM GARTEN, IN DER KÜCHE), stare lavorando in qc; **als etw (nom)/in etw (dat) ~ sein**, lavorare come/in qc; **er ist als Bankkaufmann ~**, lavora/[è impiegato] in banca, fa l'impiegato di banca **2** <attr> (aktiv) {HILFE} fattivo, concreto **3** (nicht erloschen) {VULKAN} attivo, in attività **4** (eingreifen): **~ werden**, attivarsi.

tätigen tr form etw ~ **1** (erledigen) {ANRUF} fare qc; {EINKÄUFE, INVESTITIONEN} effettuare qc **2** (abschließen) {GESCHÄFT} concludere qc, realizzare qc.

Tätigkeit <-, -en> f attività f: **eine gut/schlecht bezahlte ~**, un'attività ben/mal retribuita; **eine ~ ausüben, einer ~ nachgehen**, svolgere/[dedicarsi a] un'attività; **eine berufliche ~ aufnehmen/aufgeben**, intraprendere/abbandonare un'attività professionale; **seine langjährige ~ als Redakteur**, il suo pluriennale lavoro di redattore.

Tätigkeitsbereich m sfera f/campo m/ settore m d'attività.

Tätigkeitsbericht m rapporto m sull'attività svolta.

Tätigkeitsfeld n → **Tätigkeitsbereich**.

Tätigkeitswort <-(e)s, Tätigkeitswörter> n gram verbo m.

Tatkraft <-, ohne pl> f energia f, dinamismo m.

tatkräftig A adj energico, dinamico: **jds ~ Hilfe**, l'aiuto concreto/fattivo di qu B adv: **jdn ~ unterstützen**, dar manforte a qu.

tätlich A adj (ANGRIFF, AUSEINANDERSETZUNG) fisico: **(gegen jdn) ~ werden**, passare a vie di fatto (con qu) B adv: **jdn ~ angreifen**, aggredire qu.

Tätlichkeit f <meist pl> atto m di violenza: **es kam zu ~en**, passarono a vie di fatto, vennero alle mani fam.

Tatmotiv n jur psych motivo m jur/movente m (di un reato/delitto/crimine).

Tatort m luogo m del delitto, luogo m del commesso reato jur.

tätowieren <ohne ge-> tr jdn/etw ~ tatuare qu/qc, fare un tatuaggio a qu/qc: **jds Arm ~**, tatuare un braccio a qu; **jdn am ganzen Körper ~**, tatuare qu su tutto il corpo; **jdm etw irgendwohin ~** tatuare qc a qu + compl di luogo: **jdm einen Drachen auf die Schulter ~**, tatuare a qu un drago su una spalla; **sich ~ lassen**, farsi tatuare, farsi fare un tatuaggio; **ich lasse mir ein Herz auf den Arm ~**, mi faccio tatuare un cuoricino sul braccio.

Tätowiernadel f spillo m per tatuaggi.

Tätowierung <-, -en> f **1** (das Tätowieren) tatuaggio m **2** (tätowierte Figuren) tatuaggio m.

Tatsache <-, -n> f fatto m, realtà f: **auf Grund der ~, dass ...**, per il fatto che ..., dato che ...; **~ ist, dass ...**, sta di fatto che ..., la verità è che ..; **angesichts der ~, dass ...**, dato che ...; **eine historische ~**, un fatto storico; **eine bedauernswerte ~**, un fatto spiacevole; **das entspringt nicht meiner Phantasie, das ist eine ~**, non è frutto della mia fantasia, è un ₍dato di fatto₎/[fatto oggettivo] • **~? als Frage**), davvero?; **~! als Bestätigung**), sì, davvero!; **sich mit den ~en abfinden (müssen)**, (dover) accettare la realtà/i fatti; **sich mit der ~ abfinden, dass ...**, accettare (il fatto) che ...; **den ~n ins Auge sehen**, affrontare/[guardare in faccia] la realtà; **eine belastende ~** jur, un fatto a carico; **auf ~n beruhen**, basarsi sui fatti; **die ~n sprechen dagegen**, i fatti dimostrano il contrario, qc viene smentito dai fatti; **den ~n (nicht) entsprechen**, (non) corrispondere ai fatti; **sich an die ~n halten**, attenersi/stare ai fatti; **sich über die ~n einfach hinwegsetzen**, non tener conto dei fatti; **nackte ~n**, fatti nudi e crudi, pura verità; scherz (der nackte Körper), nudità; **die ~n sprechen eine deutliche Sprache**, i fatti ₍parlano chiaro₎/[sono palesi]; **die ~n sprechen für sich**, i fatti parlano da sé; **die ~n verdrehen**, travisare/falsare i fatti; **er ist ein Meister im Verdrehen der ~n** fam, è bravissimo a travisare i fatti, è un campione nel rivoltare la frittata fam; **vollendete ~n: vollendete ~n schaffen**, creare fatti, passare dalle parole ai fatti; **vor vollendeten ~n stehen**, trovarsi di fronte al fatto compiuto; **jdn vor vollendete ~n stellen**, mettere qu davanti al fatto compiuto.

Tatsachenbericht m (mündlich) esposizione f dei fatti; (schriftlich) {+ZEUGE} resoconto m; **die Versicherung verlangte einen genauen ~ über den Vorfall**, la compagnia di assicurazioni pretese un resoconto esatto dell'accaduto; {+POLIZEI} rapporto m; {+JOURNALIST} documentario m, reportage m.

Tatsachenentscheidung f sport "decisione f arbitrabile (inappellabile anche se dubbia)".

Tatsachenroman m romanzo m verità.

Tatsachenwissen n conoscenza f dei fatti.

tatsächlich A adj **1** (echt) effettivo, reale, concreto: **ein ~er Beweis**, una prova concreta/effettiva **2** (wahr, eigentlich) vero: **der ~e Wert eines Gegenstandes**, il valore reale/effettivo di un oggetto; **der ~e Grund ist ein anderer**, il vero motivo è un altro; **die ~en Umstände bleiben im Dunkeln**, le vere circostanze rimangono oscure B adv **1** (in Wirklichkeit) in effetti, effettivamente: **so etwas gibt es ~**, una cosa del genere ₍di fatto esiste₎/[esiste davvero]; **sie hat ~ recht**, ₍in effetti₎/[effettivamente] ha ragione **2** (erstaunt, fragend oder zweifelnd: wirklich) veramente, davvero: **er ist ~ schon über 80?**, ha davvero già (oltre)passato (la soglia de)gli 80?; **ist es ~ schon so spät?**, veramente è già così tardi?; **ist das ~ dein Ernst?**, ci proprio/veramente sul serio? • **~? fam oft iron**, davvero?, veramente?; **~? Bist du dir da ganz sicher?**, veramente? Ne sei sicuro (-a)/certo (-a)? • **~! (als Bestätigung)**, sì!, davvero!

tätscheln tr jdn/(jdm) etw ~ **1** (streicheln) dare colpetti (affettuosi) a qu/a qc (di qu): **der Reiter tätschelte sein Pferd**, il cavaliere accarezzò il suo cavallo; **die Großmutter tätschelte liebevoll die Wangen der Enkelin**, la nonna dava buffetti amorosi sulle guance della nipote **2** (befummeln) brancicare qu/qc (a qu), palpare qu/qc (a qu).

tatschen itr fam pej **1** (ungeschickt anfassen) **auf/in/gegen etw** (akk) ~ toccare (goffamente) qc **2** (grapschen) **jdm an/ auf/in etw** (akk) ~ palpare (rozzamente) qc a qu, brancicare qc a qu.

Tattergreis m fam pej vecchio decrepito m fam.

Tatterich <-s, ohne pl> m fam tremarella f/ tremore m (alle mani).

tatterig, tattrig adj fam (GREIS) tremante; (FINGER) auch tremolante: **vor lauter Angst war sie ganz ~**, la paura le rendeva tutta tremante; **ein ~er, alter Mann**, un vecchio decrepito/cadente.

tattern itr fam avere il tremito, tremolare.

Tattoo <-s, -s> m oder n → **Tätowierung**.

Tatumstand m jur circostanze f pl (del reato): **die Tatumstände bleiben weiterhin ungeklärt**, le circostanze del reato restano tuttora oscure.

tatütata interj "suono m delle sirene dei mezzi di soccorso".

Tatütata <-s, -s> n fam: **das ~ des Krankenwagens**, la sirena dell'ambulanza.

Tatverdacht m jur indizi m pl di reato: **jd steht unter dringendem ~**, qu è gravemente indiziato (di aver commesso un reato), ci sono gravi indizi di reità a carico di qu; **unter ~ verhaftet werden**, venire arrestato (-a) quale indiziato (-a) di delitto.

tatverdächtig adj jur indiziato di reato.

Tatverdächtige <dekl wie adj> mf jur indiziato (-a) m (f) di reato.

Tatwaffe f jur arma f del delitto: **die ~ konnte nie gefunden werden**, l'arma del delitto non è mai stata (ri)trovata.

Tatze <-, -n> f **1** zoo (Pranke) {+BÄR, TIGER} zampa f **2** scherz (große Hand) zampa f: **nimm die ~n weg!**, giù le zampe! **3** region (Schlag auf die Hand) bacchettata f.

Tatzeit f jur ora f del delitto/reato.

Tau① <-(e)s, ohne pl> m rugiada f: **heute Nacht fiel reichlich Tau**, stanotte è caduta tanta rugiada.

Tau② <-(e)s, -e> n bes. naut cavo m, cima f, fune f; (Trosse) gomena f; (Klettertau) fune f.

taub adj **1** (gehörlos) sordo: **~ sein**, essere sordo; **~ geboren**, nato sordo, sordo dalla nascita; **auf ₍einem Ohr₎/[beiden Ohren] ~ sein**, essere sordo da ₍un orecchio₎/[entrambe le orecchie]; **zu 65% ~ sein**, essere sordo ₍per il₎/[al] 65%; **ja bist du denn ~?** fam, non ci senti? fam, ma sei sordo (-a)?; **jdn ~ machen**, assordare qu, rendere/[far diventare] sordo (-a) qu; **die Explosion hat ihn ~ gemacht**, la detonazione lo ha reso sordo **2** (nicht empfänglich) = **für etw** (akk) sordo a qc: **für jds Bitten ~ sein**, essere sordo alle preghiere di qu; **für Ratschläge ~ sein**, non ascoltare i consigli di qu, non dare retta a qu **3** (empfindungslos) {ARM, BEIN} insensibile, intorpidito, privo di sensibilità: **~ werden**, diventare insensibile; **meine Füße waren ganz ~ geworden**, non avevo più alcuna sensibilità nei piedi; **nach der Lokalanästhesie war ihre Zunge noch stundenlang ~**, in seguito all'anestesia locale le è rimasta la lingua intorpidita per ore **4** (ohne Samen, unbefruchtet) {ÄHRE, NUSS} vuoto; {EI} non fecondato **5** min (kein Erz enthaltend): **~es Gestein**, roccia sterile, ganga **6** (geschmacklos) svanito, alterato: **das Gewürz war nach so langer Zeit ~ geworden**, dopo tanto tempo le spezie erano svanite • **sich ~ stellen**, fingere/[far finta] di non sentire/capire, fare il sordo/la sorda.

Täubchen <-s, -> n dim von Taube **1** ornith (kleine Taube) piccioncino m, colombella f, palombella f südital **2** fam (Schatz) piccioncino (-a) m (f): **oh mein liebes ~!**, o piccioncino mio!

Taube① <-, -n> f **1** ornith piccione m: **weibliche ~**, colomba; (Haustaube) colombo m domestico; (Ringeltaube) colombaccio m: **~n züchten**, allevare piccioni; **die ~n gurren**, i piccioni tubano; **die ~ ist das Symbol des Friedens/[Heiligen Geistes]**, la colomba è il simbolo ₍della pace₎/[dello Spirito Santo] **2** pol (Moderater) colomba f: **die Falken und die ~n einer Partei**, le colombe e i falchi di un partito politico • **warten, bis jdm die gebratenen ~n ins Maul fliegen** fam, aspetta-

re la manna dal cielo; **die gebratenen ~n fliegen einem nicht ins** *Maul*, chi dorme non piglia pesci *prov*; **sanft wie eine ~ sein**, essere mite come un agnello.
Taube② <*dekl wie adj*> *mf* sordo (-a) *m* (f).
taubenblau *adj* color grigio tortora.
Taubenei n uovo m di piccione/colomba.
taubeneigroß *adj* grande come una noce: **er hat ein ~es Geschwür**, ha un neoplasma della grandezza di una noce.
taubenetzt *adj geh* rugiadoso *geh*, rorido *lit*, cosparso di rugiada.
taubengrau *adj* color grigio perla scuro.
Taubenschießen n tiro m al piccione.
Taubenschlag m piccionaia f, colombaia f ● **bei dir geht's zu wie in einem ~** *fam*, la tua casa è un porto di mare, a casa tua c'è un continuo via vai di gente *fam*.
Täuberich <*-s, -e*> m *ornith* maschio m del piccione, piccione m maschio.
Taubheit <*-, ohne pl*> f 1 (*Gehörlosigkeit*) sordità f 2 (*von Körperteilen*) insensibilità f, intorpidimento m.
Taubnessel f *bot* lamio m: **gefleckte ~**, ortica falsa/morta, milzadella; **Weiße/Rote ~**, ortica ⌊bianca/argentata⌋/[rossa].
taubstumm *adj* sordomuto.
Taubstumme <*dekl wie adj*> *mf* sordomuto (-a) m (f).
Taubstummenanstalt f *obs* istituto m per sordomuti.
Taubstummenschule f scuola f per sordomuti.
Taubstummensprache f linguaggio m dei sordomuti.
Taubstummheit <*-, ohne pl*> f sordomutismo m.
Tauchbasis f → **Tauchzentrum**.
Tauchboot n 1 (*zur Tiefenforschung*) batiscafo m 2 *mil* (*U-Boot*) sommergibile m.
Tauchcomputer m computer m subacqueo.
tauchen A *itr* 1 <*haben oder sein*> (*unter Wasser gehen*) immergersi: (**unter Wasser**) **~**, immergersi, andare sott'acqua; <*sein*> *irgendwohin* **~** immergersi + *compl di luogo*: **das U-Boot ist bis auf den Grund getaucht**, il sommergibile si è immerso fino a toccare il fondo 2 <*haben oder sein*> *sport* immergersi, fare immersioni subacquee: **er taucht bis zu 48 m Tiefe**, ⌊si immerge⌋/[scende sott'acqua] fino a 48 m di profondità; **vor dieser Küste kann man gut ~**, il mare davanti a questa costa è molto adatto per fare immersioni 3 <*haben oder sein*> (*unter Wasser nach jdm/etw suchen*) **nach jdm/etw ~** immergersi alla ricerca di qu/qc: **nach Perlen ~**, immergersi per cercare perle; **die Männer der Küstenwache tauchten nach der Leiche**, gli uomini della guardia costiera si immersero alla ricerca del corpo 4 <*sein*> (*ein~*) *in etw* (akk) **~**: **die Gestalten in der Ferne tauchten ins Dunkel**, le sagome in lontananza vennero inghiottite dal buio 5 <*sein*> (*auf~*) **aus etw** (*dat*) **~** emergere *da qc*: ⌊**aus dem Wasser**⌋/**[an die Oberfläche] ~**, ⌊emergere dall'acqua⌋/[tornare in superficie] 6 <*sein*> (*langsam erkennbar werden*) **aus etw ~**: **die Insel tauchte aus dem Meer**, l'isola affiorò dal mare B *tr* <*haben*> 1 (*unter~*) **jdn/etw irgendwohin ~** immergere/tuffare qu/qc + *compl di luogo*: **den Kopf ins Wasser ~**, immergere la testa nell'acqua 2 (*ein~*) *etw in etw* (akk) **~**: {TESTSTREIFEN IN DEN URIN} immergere *qc in qc*; {FEDER INS TINTENFASS} *auch* intingere *qc in qc*: **den Pinsel in die Farbe ~**, intingere il pennello nel colore; **das Ruder** **ins Wasser ~**, tuffare il remo nell'acqua 3 (*einhüllen*) **etw in etw** (akk) **~** immergere *qc in qc*: **der Frühling hatte das Land in herrliche Farben getaucht**, la primavera aveva immerso il paesaggio in colori meravigliosi; **die Statue war in gleißendes Licht getaucht**, la statua era immersa in una luce abbagliante.

Tauchen <*-s, ohne pl*> n *sport* nuoto m subacqueo, immersione f subacquea, (attività f) subacquea f.
Taucher① <*-s, ->* m *ornith* tuffetto m.
Taucher② <*-s, ->* m (**Taucherin** f) 1 *sport* subacqueo (-a) m (f), sub *mf*; (*mit Tauchpanzer*) palombaro (-a) m (f) 2 *mil* (*Froschmann*) sommozzatore (-trice) m (f).
Taucheranzug m muta f subacquea/[da sub], tuta f⌊da sub⌋/[subacquea].
Taucherausrüstung f equipaggiamento m subacqueo/[da sub], attrezzatura f subacquea/[da sub]: **sich** (dat) **eine ~ leihen**, prendere a noleggio un'attrezzatura subacquea/[da sub].
Taucherbrille f occhiali m pl subacquei/[da sub].
Taucherglocke f campana f pneumatica/[di immersione].
Taucherin f → **Taucher**②.
Taucherkrankheit f *med* malattia f dei cassoni.
Taucherkugel f → **Taucherglocke**.
Tauchermaske f maschera f subacquea.
Tauchflosse f pinna f.
Tauchgang m immersione f.
Tauchgerät n bombole f pl da immersione.
Tauchkurs m corso m di sub, corso m subacqueo.
Tauchlehrer m (**Tauchlehrerin** f) istruttore (-trice) m (f) subacqueo (-a).
Tauchmanöver n manovra f di immersione.
Tauchpanzer m scafandro m di metallo.
Tauchschein m brevetto m sub(acqueo).
Tauchschule f scuola f sub(acquea).
Tauchsieder <*-s, ->* m bollitore m a immersione.
Tauchsport m sport m subacqueo, subacquea f.
Tauchstation f: **auf ~ gehen** *fam*, sparire dalla circolazione *fam*, eclissarsi, giocare a nascondino *fam*.
Tauchzentrum n centro m subacqueo/immersioni, (centro m) diving m.
tauen A *unpers* <*haben*> disgelare, sgelare: **es taut**, disgela; **es taut von den Dächern**, la neve sciogliendosi cade dai tetti B *itr* <*sein*> (*schmelzen*) {SCHNEE} sciogliersi; {EIS} *auch* disgelare: **das Eis taut von den Fensterscheiben**, sciogliendosi il ghiaccio gocciola dai vetri C *tr* <*haben*> *etw* **~** (far) sciogliere *qc*: **die wenigen Sonnenstrahlen haben den ganzen Schnee getaut**, i pochi raggi di sole hanno fatto sciogliere tutta la neve.
Tauende n capo m/cima f di gomena.
Tauern *subst* <*nur pl*> *geog*: **die ~**, i (monti) Tauri; **Hohe/Niedere ~**, Alti/Bassi Tauri.
Taufbecken n fonte m battesimale, battezzatorio m.
Taufbekenntnis n professione f di fede nel sacramento del battesimo.
Taufbuch n → **Taufregister**.
Taufe <*-, -n*> f 1 (*Sakrament*) battesimo m: **die ~ empfangen**, ricevere il battesimo; **jdn über die ~ halten**, tenere a battesimo qu; **jdm die ~ vollziehen**, amministrare il battesimo a qu 2 (*feierliche Namensgebung*) batte-

simo m: **die ~ der Titanic**, il battesimo del Titanic ● **etw aus der ~ heben**, tenere a battesimo qc; **er hat eine neue Partei aus der ~ gehoben**, ha tenuto a battesimo un nuovo partito.
taufen *tr* 1 (*in der Kirche*) **jdn ~** {KIND} battezzare qu; **jdn auf den Namen ... ~**, battezzare qu (col nome di) ...; **sich ~ lassen**, farsi battezzare, battezzarsi 2 (*einen Namen geben*) **etw** (**auf den Namen**) **~** {AUTO, SCHIFF, TIER} chiamare *qc qc*: **sie hat ihren Kanarienvogel Felix getauft**, ha chiamato il suo canarino Felix.
Täufer <*-s, ->* m 1 *relig* (*Priester*) battezzante m 2 *bibl* battista m ● **Johannes der ~** *bibl*, (San) Giovanni Battista.
Tauffeier f festa f del battesimo.
Taufformel f formula f del battesimo.
Taufgelübde n voto m del battesimo.
Taufkapelle f battistero m, cappella f battesimale.
Taufkleid n vestina f del battesimo.
Täufling <*-s, -e*> m *relig* battezzando (-a) m (f).
Taufname m nome m di battesimo.
Taufpate m (**Taufpatin** f) padrino m/madrina f di battesimo.
Taufregister n registro m dei battezzati.
taufrisch *adj* 1 (*mit Tau bedeckt*) bagnato/coperto di rugiada 2 (*ganz frisch*): **er überreichte ihr einen ~en Blumenstrauß**, le porse un mazzo di fiori appena (rac)colti; **der Salat war wirklich ~**, l'insalata sembrava appena colta 3 (*ganz fit*) fresco come una rosa: **nach dem Bad fühle ich mich ~** *fam*, dopo il bagno mi sento fresco (-a) come una rosa 4 <*meist verneint*> (*jung*): **sie war kein ganz ~es Mädchen mehr**, non era più ⌊nel fiore degli anni⌋/[giovanissima].
Taufschein m certificato m/fede f *adm* di battesimo.
taugen <*haben*> *itr* 1 (*geeignet sein*) (**zu etw** dat/**für etw** akk) **~** {ZU DIESER ARBEIT, FÜR DIESE ARBEIT} essere adatto *a* (*fare*) *qc*/*per qc*: **dieses Öl taugt nicht zum Frittieren**, questo olio non⌊è buono⌋/[va bene] per friggere; **das Buch taugt nicht für Kinder**, il libro non è adatto ai bambini; **zu etw** (dat)/ **als etw** (nom) **~** essere adatto ⌊*a fare*⌋/[*come*] *qc*; **er taugt nicht zum/als Vater**, non è adatto ⌊a fare il⌋/[come] padre 2 (*wert sein*): **wenig/etwas/viel ~**, valere poco/qualcosa/molto; **taugt die Software was?**, vale/[serve a] qualcosa questo software?; **nichts ~** {SACHE} non valere niente; {PERSON} *auch* non essere buono a niente; **in diesem Beruf taugt er nichts**, non vale niente in questo mestiere; **der Junge taugt nichts**, il ragazzo non è buono a niente; **das Parfum taugt nichts**, questo profumo non dice niente *fam*; **das alte Wörterbuch taugt nichts**, il vecchio dizionario non vale/[serve a] niente 3 *süddt A fam* (*Spaß machen*) **jdm ~** sconfinferare *a qu slang*: **und, hat dir der Urlaub/die Party getaugt?**, allora ti è piaciuta la vacanza/festa?
Taugenichts <*-(es), -e*> m *obs pej* buono m a nulla, perdigiorno m, fannullone m: **der ~ brachte das Lebensgefühl der Romantiker zum Ausdruck**, il perdigiorno esprimeva la concezione della vita dei romantici.
tauglich *adj* 1 (*geeignet, nützlich*) **zu etw** (dat)/**für etw** (akk) **~** adatto ⌊*a* (*fare*)⌋/ [*per*] *qc*: **für diese Aufgabe ist er nicht ~**, non è adatto a questo incarico; **sie ist nur für leichte Arbeiten ~**, è capace di fare soltanto lavori leggeri 2 *mil* (*wehrdienst~*) idoneo/abile (al servizio militare): **der Militärarzt schrieb ihn ~**, il medico militare l'ha di-

chiarato idoneo/abile al servizio di leva.
Tauglichkeit <-, ohne pl> f **1** (*das Geeignetsein*) attitudine f, idoneità f **2** *mil* idoneità f.
Tauklettern <-s, ohne pl> n *sport* salita f alla fune.
Taumel <-s, ohne pl> m **1** (*Schwindel*) (senso m di) vertigine f: **ein leichter ~ überkam sie**, fu colta/presa da un leggero senso di vertigine **2** (*Rausch*): **ein ~ heftiger Gefühle**, un vortice/turbine di violente emozioni; **in einem ~ des Glücks/der Freude sein**, essere folle/ebbro di felicità/gioia; **wie im ~**, come stordito (-a).
taumelig, taumlig adj **1** <präd> (*schwindlig*): **jdm ist ~**, qu ha le vertigini; **jdm wird ~**, qu è/viene preso dalle vertigini; **mir ist ganz ~ im Kopf** *fam*, ho un forte capogiro **2** <präd> *geh* (*benommen*) ebbro, folle: **sie war ganz ~ vor Liebesglück**, era completamente folle d'amore **3** (*schwankend*) barcollante, vacillante, ondeggiante: **sein Gang war leicht ~**, il suo passo era leggermente barcollante.
taumeln itr **1** <sein oder haben> (*hin und her schwanken*) non reggersi in piedi, barcollare: **vor Schwäche/Müdigkeit ~**, non reggersi in piedi dalla debolezza/stanchezza; **was hast du? Du taumelst ja!**, cosa ti succede? Stai barcollando! **2** <sein> (*sich taumelnd bewegen*) **irgendwohin ~** spostarsi barcollando (+ compl di luogo): **der Betrunkene taumelte gegen die Wand / über die Straße**, barcollando l'ubriaco urtò contro il muro / attraversò la strada.
taunass (a.R. taunaß) adj bagnato dalla/di rugiada.
Taunus <-, ohne pl> m *geog* Taunus m.
Tauperle f *poet* goccia f di rugiada.
Taupunkt m *phys* punto m/temperatura f di rugiada.
Taurus <-, ohne pl> m *geog* (monte m) Tauro m.
Tausch <-(e)s, ohne pl> m scambio m: **jdm einen ~ anbieten**, offrire uno scambio a qu; **einen guten/schlechten ~ machen**, fare un buon/cattivo affare; **mit diesen Münzen hast du einen schlechten / keinen guten ~ gemacht**, con queste monete hai fatto un pessimo / non hai fatto un buon affare • **im ~ für/gegen etw** (akk), in cambio di qc; **er hat die Stelle im ~ gegen einen großen Gefallen erhalten**, ha avuto il posto in cambio di un grosso favore.
tauschen A tr **1** (*gegeneinander aus~*) **etw ~** {Briefmarken, Kleidung, Sammelstücke} scambiar(si) qc; {Händedruck, Küsse, Umarmungen, Zärtlichkeiten} scambiar(si) qc: **sie tauschten ihre Adressen**, (s)i scambiarono gli indirizzi; **wir tauschten unsere Plätze**, ci siamo scambiati (-e) i posti; **Partner ~**, scambiarsi i partner; **sie tauschten die Rollen**, si scambiarono le parti, invertirono i ruoli; **etw mit jdm ~** {Junge Briefmarken, Münzen, Stickers, Telefonkarte mit einem Freund} scambiarsi qc con qu; **er hat mit seinem Bruder das Zimmer getauscht**, ha cambiato la sua stanza con quella del fratello; **mit jdm einen Blick ~**, scambiare uno sguardo con qu **2** (*etw ein~*) **etw gegen etw** (akk) **~** (s)cambiare qc con qc: "tausche elegante Stadtwohnung gegen ruhiges Landhäuschen", "scambio elegante appartamento in città per tranquilla casetta in campagna" B itr <haben> **1** (*Tauschgeschäfte machen*) fare scambi: **er tauscht nicht gern**, non gli piace fare scambi **2** (*vertreten*) **mit jdm ~** fare a cambio con qu: **die Lehrerin hat mit ihrem Kollegen getauscht**, l'insegnante ha fatto a cambio con il collega • **mit dem (da) möchte/wollte ich wirklich nicht**

~!, con quello lì davvero non vorrei fare / [farei] a cambio!; **ich möchte mit niemandem ~!**, non cambierei la mia vita con quella di nessun altro!; **ich würde sofort mit dir ~!**, farei subito a cambio con te!
täuschen A tr **1** (*betrügen*) **jdn** (**mit etw** dat/**durch etw** akk) **~** ingannare qu (con qc): **jdn durch sein Verhalten / mit Worten ~**, ingannare qu con il proprio comportamento / [le parole]; **den Gegner mit einer Finte ~** *sport*, confondere l'avversario con una finta **2** (*leichtgläubig sein*): **sich von jdm ~ lassen**, farsi/lasciarsi ingannare da qu; **lass dich von ihm bloß nicht ~**, bada a non farti ingannare da lui; **sie lässt sich leicht ~**, si lascia facilmente ingannare/illudere B rfl (*sich irren*) **sich in jdm/etw ~** sbagliarsi su qu / [sul conto di qu] / [riguardo a qu/qc] / [su qc]: **darin täuschst du dich!**, su questo stai sbagliando!; **wir haben uns sehr in ihr getäuscht**, ci siamo sbagliati di molto su di lei; **der Gast sah sich in seinen Erwartungen getäuscht**, l'ospite si è visto ingannato nelle / [ha visto tradite le] sue aspettative C itr **1** (*einen falschen Eindruck vermitteln*) ingannare, essere ingannevole: **das künstliche Licht täuscht leicht**, la luce artificiale inganna facilmente; **der erste Eindruck täuscht selten**, la prima impressione raramente inganna **2** *sport* fare una finta • **wenn mich nicht alles täuscht ...**, se non mi sbaglio / [vado errato (-a)] / [m'inganno] ...
täuschend A adj **1** (*scheinbar*): **er besitzt eine ~e Ähnlichkeit mit Robert De Niro**, ha una somiglianza stupefacente con Robert De Niro **2** (*trügerisch*) ingannevole, che trae in inganno: **die ~e Aufmachung der Waren**, la presentazione ingannevole delle merci B adv (*zum Verwechseln*): **sich** (dat) **~ ähnlich sein/sehen**, assomigliarsi come due gocce d'acqua *fam* / [in modo sorprendente]; **die Welpen sehen sich ~ ähnlich**, i cuccioli si assomigliano tanto da non poterli distinguere • **~ echt sein**, sembrare perfettamente vero (-a).
Tauschgeschäft n baratto m, scambio m: **ich habe ein ~ mit ihm gemacht**, ho fatto uno scambio con lui.
Tauschhandel m *com* baratto m.
Tauschobjekt n oggetto m di scambio.
Täuschung <-, -en> f **1** *jur* (*Betrug*) inganno m: **das Geschäft kam nur aufgrund einer geschickten ~ zustande**, l'affare si è potuto concludere solo grazie ad un abile inganno; **ist die ~ erfolgreich, nennt man das Betrug**, quando l'inganno riesce si chiama truffa **2** (*Illusion*) inganno m, illusione f: **optische ~**, illusione ottica; **die Fata Morgana ist eine ~ der Sinneswahrnehmung**, la fata morgana è un'illusione della percezione sensoria • **gib dich ja keiner ~ hin ...**, non illuderti ...
Täuschungsmanöver n **1** (*Manövrieren*) bluff m **2** *sport* (*Finte*) finta f.
Täuschungsversuch m tentativo m di ingannare/illudere: **der Schüler wurde bei einem ~ ertappt**, lo scolaro è stato scoperto nel tentativo di copiare.
Tauschwert m valore m di scambio.
tausend <inv> zahladj **1** (*1000*) mille: **etwa/ungefähr ~**, un migliaio, einige/mehrere ~ **Menschen**, alcune/parecchie migliaia di persone; **~ Meter** *sport*, i mille metri; **mille** *fam* **2** (*unzählig*) mille: **er hat immer ~ Ausreden** *pej*, trova sempre mille scuse; **wir schicken euch ~ Grüße und Küsse**, vi mandiamo mille saluti e baci • **~ Dank!**, mille grazie!, grazie mille!; **eins zu ~ wetten**, scommettere uno contro mille; →

auch **hundert**.
Tausend① <-, -en> f (*die Zahl 1000*) mille m.
Tausend② <-s, -e> n **1** <nur sing> (*Mengeneinheit*) migliaio m: **das erste ~ Flaschen ist schon gefüllt**, le prime mille / [il primo migliaio di] bottiglie sono già state riempite; **mehrere ~ Euro kosten**, costare migliaia di euro **2** <nur pl> (*sehr große Menge*) migliaia f pl: **die Unkosten gehen in die ~e**, le spese ammontano a qualche migliaio di euro, le spese sono nell'ordine delle migliaia di euro; **die Neugierigen strömten zu ~en herbei**, i curiosi arrivarono a migliaia / [mille a mille] • **vom ~** (Abk v. T.), per mille.
Tausender <-s, -> m **1** *math* (*Tausenderstelle*) migliaio m **2** *fam* (*Geldschein*) bigliettone m da mille.
tausenderlei <inv> zahladj *fam*: **sie hat ihre Begeisterung auf ~ Weise gezeigt**, ha dimostrato il proprio entusiasmo in mille modi; **ich habe an ~ Sachen auf einmal zu denken**, devo pensare nello stesso momento a mille cose diverse.
Tausendeuroschein, Tausend-Euro--Schein m biglietto m/banconota f da mille euro.
tausendfach A adj (*tausendmal eine Maßeinheit*) mille volte maggiore: **die ~e Menge an Vitaminen**, una quantità mille volte maggiore di vitamine B adv **1** (*tausendmal so viel*) mille volte tanto: **ich werde dir den Gefallen ~ vergelten**, ti renderò mille volte (tanto) questo favore **2** (*sehr viele Male*) mille volte: **Michelangelos David wurde schon ~ fotografiert**, il Davide di Michelangelo è stato ripreso già mille volte.
Tausendfache <dekl wie adj> n <nur sing>: **das ~ (an etw** dat**)**, il valore mille volte maggiore (di qc); **er musste dem Wucherer fast das ~ zurückzahlen**, dovette restituire allo strozzino quasi mille volte la somma avuta in prestito.
Tausendfüßler <-s, -> m *zoo* millepiedi m.
Tausendgüldenkraut <-(e)s, ohne pl> n *bot* centaurea f minore/biondella/cacciafebbre *fam*.
Tausendjahrfeier f (celebrazione f del) millenario m.
tausendjährig adj millenario m: **eine ~e Dynastie**, una dinastia millenaria.
tausendmal adv **1** (*1000 Mal*) mille volte **2** *fam* (*sehr oft*) mille/[tante di quelle] volte *fam*: **ich habe schon ~ bei ihr angerufen**, le ho già telefonato mille volte.
Tausendmarkschein <-(e)s, -e> m *hist* biglietto m/banconota f da mille marchi.
Tausendsassa, Tausendsasa <-s, -(s)> m *fam* uomo m dalle mille risorse, piccolo genio m: **er ist ein richtiger ~, das muss man ihm lassen!**, è un vero genio, bisogna ammetterlo!
Tausendschön <-s, -e> n, **Tausendschönchen** <-s, -> n *bot* margheritina f coltivata.
tausendseitig adj di mille pagine: **ein ~er Schinken** *fam*, un librone/mattone di mille pagine.
tausendste zahladj → **tausendster**.
Tausendste <dekl wie adj> mf millesimo (-a) m (f): **bei dem Wettbewerb war sie die ~**, in questo concorso è arrivata millesima.
Tausendstel <inv> adj <attr> millesimo: **ein ~ Gramm des Gifts reicht schon**, basta già un millesimo di grammo di questo veleno.
Tausendstel <-s, -> n: **ein ~ einer S.** (gen)/[von etw (dat)], un millesimo di qc, la millesima parte di qc.
Tausendstelsekunde f millesimo m di

secondo: **bei diesem Rennen sind sogar die ~n entscheidend**, in questa corsa decidono persino i millesimi di secondi.

tausendster, tausendste, tausendstes zahladj <meist attr> millesimo (-a): **auf der Warteliste kommt er an tausendster Stelle**, nella lista di attesa è al millesimo posto.

tausendstimmig adj a mille voci: **ein ~er Chor setzte ein**, si alzò un coro di mille voci.

tausendundein, tausendundeine, tausendundein zahladj **1** (*1001*) mille e uno (-a) **2** *fam* (*endlos*) mille e uno (-a): **er hat tausendundeinen Wunsch**, ha mille e un desideri • **ein Märchen aus «Tausendundeiner Nacht»**, una fiaba/novella da «Le Mille e Una Notte».

Tautologie <-, -n> f *ling* tautologia f.

tautologisch adj *ling* tautologico.

Tautropfen m goccia f di rugiada: **die Perlen sahen wie ~ aus**, le perle sembravano gocce di rugiada.

Tauwasser n → **Schmelzwasser**.

Tauwerk n *naut* cordame m.

Tauwetter <-s, ohne pl> n **1** *meteo* (*Schneeschmelze*) (periodo m del) disgelo m **2** *pol* (*Verbesserung der Atmosphäre*) disgelo m: **zwischen den beiden Blöcken herrscht endlich ~**, tra i due blocchi è finalmente iniziato il disgelo.

Tauziehen n **1** *sport* tiro m alla fune **2** (*zähes Bemühen*) ~ (**um** *etw* akk) tiremmolla m (*per qc*), prova f di forza (*per qc*): **um die Europa-Gelder gab es ein regelrechtes ~**, per ottenere e finanziamenti europei c'è stato un vero e proprio braccio di ferro.

Taverne <-, -n> f taverna f, osteria f.

Taxameter <-s, -> m *o* n tassametro m.

Taxcard <-, -s> f *CH* → **Telefonkarte**.

Taxe① <-, -n> f **1** (*geschätzter Wert*) stima f, valutazione f: **der Sachverständige nahm bei den Edelsteinen eine ~ vor**, il perito eseguì una stima dei preziosi; (*bei Auktionen*) stima f, base f d'asta **2** (*Gebühr*) tassa f.

Taxe② <-, -n> f *fam* → **Taxi**.

taxfrei adj → **gebührenfrei**.

Taxi <-s, -s> n *oder CH* m tassì m, taxi m: **~ fahren** {FAHRGAST}, andare in tassì; {TAXIFAHRER} ₗfare ilₗ/[lavorare come] tassista; **ein ~ nehmen/rufen**, prendere/chiamare un tassì; **wer bezahlt das ~?**, chi paga il tassì?

Taxichauffeur m → **Taxifahrer**.

taxieren <ohne ge-> tr **1** (*den Wert schätzen*) *etw* ~ {IMMOBILIE, SAMMLERSTÜCK, SCHADEN, SCHMUCK} stimare *qc*, valutare *qc*: **eine Gemäldesammlung ~ lassen**, far stimare una collezione di quadri **2** (*ungefähr berechnen*) *etw auf etw* (akk) ~: **er taxierte den Abstand zum vorderen Auto auf 18 m**, calcolò in 18 m la distanza dalla macchina che lo precedeva; **sie taxierte sein Alter auf um die 50**, stimò la sua età attorno ai 50 anni **3** *fam* (*forschend anschauen*) *jdn* ~ squadrare *qu*: **jdn geringschätzig ~**, squadrare qu ₗin modo sprezzanteₗ/[dall'alto]; **er taxierte sie heimlich von der Seite**, la squadrò con la coda dell'occhio **4** *geh* (*einschätzen*) *etw* ~ valutare *qc*, giudicare *qc*: **er hatte die Lage schlecht taxiert**, aveva giudicato male la situazione.

Taxifahrer m (**Taxifahrerin** f) tassista mf, conducente mf di tassì.

Taxifahrt f corsa f in tassì.

Taxistand m posteggio m di tassì.

Taxiunternehmen n impresa f di tassì.

Taxizentrale f (centrale f) radio taxi m.

Taxkarte f *CH* → **Telefonkarte**.

Taxon <-s, *Taxa*> n *bot zoo* ordine m tassonomico.

Taxonomie <-, ohne pl> f *bot zoo* tassonomia f.

taxonomisch adj tassonomico.

Taxpreis m prezzo m stimato.

Tbc, Tb <-, ohne pl> f *med* **Abk** *von* Tuberkulose: TBC f, tbc f (**Abk** *von* tubercolosi): **an Tbc erkrankt sein**, essere (am)malato di TBC.

Tbc-krank, Tb-krank adj *med* ₗaffetto daₗ/[(am)malato di] TBC, tubercolotico.

Tbc-Kranke, Tb-Kranke <dekl wie adj> mf tubercolotico (-a) m (f).

Tbc-Test, Tb-Test m *med* test m per la TBC.

T-Bone-Steak n bistecca f dalla costata di manzo.

TCDD n *chem* **Abk** *von* Tetrachlordibenzodioxin: TCDD f (**Abk** *von* tetracloro-dibenzo-para-diossina).

Teach-in, Teachin <-s, -s> n *slang univ* teach-in m.

Teak <-s, ohne pl> n, **Teakholz** n (legno m di) tek m.

Team <-s, -s> n **1** (*Arbeitsgruppe*) squadra f, team m: **im ~ arbeiten**, lavorare in gruppo/équipe; **ein ~ bilden**, formare ₗuna squadraₗ/[un gruppo di lavoro] **2** *sport* squadra f, formazione f: **das gegnerische ~ bereitete sich auf das Match vor**, la squadra avversaria si stava scaldando per il match **3** *scherz* (*Gespann*) coppia f: **Karl und Margarethe sind ein gutes ~** *fam*, Karl e Margarethe sono una coppia affiatata.

Teamarbeit f → **Teamwork**.

Teamchef m *sport* commissario m tecnico (**Abk** CT).

Teamer <-s, -> m (**Teamerin** f) (*bei einer Schulung*) coordinatore (-trice) m (f).

teamfähig adj che sa lavorare in squadra/team.

Teamgeist <-s, ohne pl> m spirito m di squadra: **unter ihnen herrscht ein einzigartiger ~**, tra loro regna uno spirito di squadra eccezionale.

Teammanager m → **Teamchef**.

Teamwork <-s, ohne pl> n lavoro m di équipe/gruppo/squadra.

Technetium <-s, ohne pl> n *chem* tecnezio m, tecneto m.

Technik <-, -en> f **1** *nur sing* (*Technologie*) tecnica f: **der gegenwärtige Stand der ~**, lo stato attuale della tecnica; **auf dem neuesten Stand der ~ sein**, essere (tecnologicamente) all'avanguardia; **die ~ ist heute das Credo der Menschheit**, oggigiorno la tecnica è il credo dell'umanità **2** *nur sing* (*Ausstattung*) {+BÜRO, LABOR, WERKSTATT} tecnica f, tecnologia f: **das Museum ist mit der neuesten ~ ausgestattet**, il museo è dotato delle più moderne tecnologie **3** *nur sing* (*technische Anlage*) {+AUTO, GERÄT, MASCHINE} tecnica f **4** (*Methode*) tecnica f: **bei diesem Gemälde hat er eine ganz neue ~ angewandt**, per questo quadro si è servito di una tecnica nuovissima; **er beherrschte die ~, aber er spielte ohne Leidenschaft**, padroneggiava la tecnica, ma suonava senza passione **5** *nur sing* (*technische Abteilung*) servizio m tecnico, squadra f di tecnici **6** *A* (*technische Hochschule*) politecnico m.

technikbesessen adj patito/maniaco della tecnica.

Techniker <-s, -> m (**Technikerin** f) **1** (*Experte auf dem Gebiet der Technik*) tecnico (-a) m (f) **2** *bes. kunst mus sport*: **diese Tennisspielerin ist eine hervorragende ~in**, questa tennista ha un'eccellente tecnica.

technikfeindlich adj ₗavverso/ostile allaₗ/[nemico della] tecnica.

Technikfolgenabschätzung <-, ohne pl> f valutazione f dell'impatto (ambientale) di un'opera tecnologica.

Technikum n → **Polytechnikum**.

technisch **A** adj **1** (*die Technik betreffend*) {BERUF, ERRUNGENSCHAFT, WISSEN} tecnico: **~e Daten**, dati tecnici, caratteristiche tecniche; **~er Direktor/Leiter**, direttore tecnico; **~e Einzelheiten**, particolari/dettagli tecnici; **~es Know-how**, know-how tecnico, competenze tecniche; **infolge ~er Störungen**, ₗin seguito aₗ/[a causa di]/[per] guasti tecnici; **~ er Zeichner**, disegnatore tecnico **2** (*organisatorisch*) tecnico: **etw aus ~en Gründen absagen/verschieben**, disdire/rimandare qc per motivi tecnici **B** adv **1** (*die Technik betreffend*) tecnicamente, dal punto di vista tecnico: **das Gerät ist ~ einwandfrei**, l'apparecchio è ₗtecnicamente perfettoₗ/[perfetto dal punto di vista tecnico]/[perfetto a livello tecnico]; **~ begabt sein**, ₗessere portatoₗ/[avere molto talento] per la tecnica **2** (*objektiv*) materialmente • **Technische Hochschule/Universität** (**Abk** TH, TU), facoltà tecniche, ≈ politecnico; **das ist ~ unmöglich!** (*praktisch gesehen*), è materialmente impossibile!; (*von der Technik her*), è tecnicamente impossibile!

technisieren <ohne ge-> tr *etw* ~ tecnicizzare *qc*: **hoch technisiert**, altamente tecnologico.

Techno <-(s), ohne pl> n *oder* m *mus* (musica f) techno m.

Technokrat <-en, -en> m (**Technokratin** f) *geh meist pej* tecnocrate mf.

Technokratie <-, -en> f *geh* tecnocrazia f, predominio m dei tecnici.

Technokratin f → **Technokrat**.

technokratisch adj **1** (*die Technokratie betreffend*) tecnocratico: **die politische Führungsschicht war eine rein ~e**, l'élite politica era composta esclusivamente da tecnocrati **2** *pej* (*zu sehr von Technik und Verwaltung bestimmt*) tecnocratico.

Technologe <-n, -n> m (**Technologin** f) tecnologo (-a) m f.

Technologie <-, -n> f **1** (*Verfahren*) tecnologia f: **fortgeschrittene/veraltete ~**, tecnologia ₗavanzata/d'avanguardiaₗ/[superata/sorpassata] **2** (*Wissenschaft*) tecnologia f: **die russische Raumfahrt hat in der ~ Riesenfortschritte gemacht**, in fatto di tecnologia l'astronautica russa ha fatto passi da gigante **3** *fam* (*Technik*) tecnica f, tecnologia f: **ich bin kein Freund der ~**, non sono un amico della tecnologia/tecnica • **abfallarme ~**, tecnologia che produce pochi rifiuti; **alternative ~**, tecnologia alternativa; **Solarenergie als alternative ~ entwickeln**, promuovere l'energia solare come tecnologia alternativa; **angepasste ~**, tecnologia appropriata; **integrierte ~**, tecnologia integrata; **die neuen ~n**, le nuove tecnologie.

Technologiepark m *industr* → **Technologiezentrum**.

Technologierat m *D* "consiglio m tecnico permanente del governo tedesco".

Technologietransfer m trasferimento m di tecnologie: **~ und Wirtschaftshilfe der Industrienationen an die Länder der Dritten Welt**, trasferimento di tecnologie e aiuti economici dei paesi industriali al terzo mondo.

Technologiezentrum n *industr* centro m/parco m tecnologico.

Technologin f → **Technologe**.

technologisch adj tecnologico.
Technomusik f musica f techno.
Technoparty f festa f (dove si balla musica) techno: **auf eine ~ gehen**, andare a una festa techno.
Techtelmechtel <-s, -> n fam filarino m fam, storiella f fam: **zwischen den beiden gab es nur ein ~, nichts Ernsthaftes**, tra i due c'è stato solo un filarino, nulla di serio.
Teddy <-s, -s> m, **Teddybär** m orsacchiotto m (di peluche).
Teddyfutter <-s, ohne pl> n fodera f di pelliccia sintetica.
Tee <-s, -s> m **1** (getrocknete Blätter, Getränk) tè m: **Tee anbauen**, coltivare il tè; **Tee aufbrühen**, versare acqua bollente sul tè; **Tee kochen**, preparare/fare del tè; **der Tee muss noch ziehen**, il tè deve rimanere ancora in infusione; **Tee mit Milch/Zitrone trinken**, prendere il tè con il/[al] latte/limone; **Tee mit Rum**, tè con il rum; **schwarzer Tee**, tè (nero); **grüner Tee**, tè verde; **aromatisierter Tee**, tè aromatizzato **2** (Kräutertee) infuso m, tisana f ● **abwarten und Tee trinken**, chi vivrà vedrà; (dare) tempo al tempo; calma e gesso! fam; **einen im Tee haben** fam, aver alzato un po' troppo il gomito fam, essere brillo.
TEE <-(s), -(s)> m hist Abk von Trans-Europ-Express: TEE m.
Teebaumöl n olio m di melaleuca, tea tree oil m.
Teebeutel m **1** (Beutel mit Tee) bustina f di/del tè **2** (abgepackter Tee) tè m in bustine.
Teeblatt n foglia f del/di tè.
Teeei, Tee-Ei n uovo m da tè: **das ~ ins heiße Wasser hängen**, immergere l'uovo da tè nell'acqua bollente.
Teeernte, Tee-Ernte f raccolta f del tè.
Teefilter m filtro m da/[per il] tè.
Teegebäck n (süß) pasticcini m pl/pasticceria f da tè: **salziges und süßes ~**, biscotteria e salatini da tè.
Teeglas n "bicchiere m tipo da punch in cui si beve il tè".
Teekanne f teiera f.
Teekessel m **1** → **Wasserkessel 2** (Gesellschaftsspiel) "gioco m di società nel quale si tratta di indovinare degli omonimi".
Teeküche f cucinotto m/cucinino m (per preparare tè, caffè e spuntini): **in der Firma haben wir eine eigene ~**, in ditta abbiamo un cucinotto tutto per noi.
Teekuchen m dolce m secco tedesco.
Teelicht n **1** (Kerze) "candelina f piatta (da mettere sotto la teiera per tenere caldo il tè)" **2** (Halter) portacandelina f.
Teelöffel m **1** (kleiner Löffel) cucchiaino m da tè **2** (Maß): **man nehme einen ~ voll Hustensaft**, si prenda un cucchiaino (da tè) di sciroppo per la tosse.
teelöffelweise adv a cucchiaini: **sie flößte dem Kind ~ Hustensaft ein**, somministrò lo sciroppo al bambino a cucchiaini.
Teemischung f miscela f di tè.
Teenager <-s, -> m teenager mf.
Teenie <-s, -s> m, **Teeny** <-s, -s> m fam meist scherz ragazzino (-a) m (f).
Teeplantage f piantagione f di tè.
Teer <-(e)s, -e> m catrame m.
teeren tr **1** bau (asphaltieren) **etw ~** {Autobahn, Brücke, Straße} catramare qc: **die Straße muss neu geteert werden**, la strada deve essere catramata **2** (zum Isolieren mit Teer streichen) **etw ~** {Fußboden, Planke, Schiffsrumpf} incatramare qc, catramare qc ● **jdn ~ und federn** hist, impeciare qu.

Teerfarbstoff m (sostanza f) colorante m al catrame.
teerhaltig adj contenente catrame, catramoso: **Zigaretten sind sehr ~**, le sigarette contengono molto catrame.
Teerkessel m bau caldaia f del catrame.
Teerose f bot rosa f tea.
Teerpappe f bau cartone m catramato.
Teersalbe f pomata f al catrame.
Teerseife f saponetta f al catrame.
Teeservice n servizio m da tè.
Teesieb n colino m per il tè.
Teestrauch m bot pianta f del tè.
Teestrumpf m filtro m per il tè (fatto di tessuto): **den ~ in die Kanne hängen**, mettere il filtro per il tè nella teiera.
Teestube f tea-room m, sala f da tè.
Teetasse f tazza f da tè.
Teetrinker m (**Teetrinkerin** f) bevitore (-trice) m (f) di tè: **England ist eine Nation von ~n**, l'Inghilterra è una nazione di bevitori di tè.
Teewagen m carrello m per servire il tè.
Teewasser n acqua f per il tè: **~ aufsetzen**, mettere a bollire l'acqua per il tè; **das ~ kocht**, l'acqua per il tè sta bollendo.
Teewurst f gastr "insaccato m di maiale affumicato da spalmare".
Teflon® <-s, ohne pl> n chem teflon® m: **mit ~ beschichtet**, rivestito di teflon, teflonato.
teflonbeschichtet adj {Backform, Pfanne, Topf} rivestito di Teflon®, teflonato.
Teflonpfanne f padella f rivestita di Teflon®.
Teheran <-s, ohne pl> n geog Teheran f.
Teich <-(e)s, -e> m laghetto m, stagno m ● **über den großen ~ fahren** fam scherz, attraversare l'oceano Atlantico.
Teichhuhn n ornith gallinella f d'acqua.
Teichläufer m zoo idrometra f.
Teichmolch m zoo tritone m punteggiato.
Teichrohr n → **Schilfrohr**.
Teichrose f bot nenufaro m, ninfea f gialla.
Teig <-(e)s, -e> m gastr impasto m; (fertiger Teig) pasta f: **den ~ ansetzen**, preparare l'impasto, mescolare gli ingredienti (per l'impasto); **den ~ gehen lassen**, far lievitare l'impasto; **den ~ ausrollen/kneten/[ruhen lassen]**, {stendere/tirare}/[lavorare]/[lasciare riposare] la pasta; **den ~ rühren**, rimestare l'impasto.
teigig adj **1** (mit Teig bedeckt) coperto di pasta: **~ Hände haben**, avere le mani coperte/sporche/piene di pasta **2** (wie Teig) pastoso: **eine ~e Masse**, una massa pastosa **3** (noch roh) non ben cotto, poco cotto: **die Brötchen sind innen noch ganz ~**, i panini dentro non sono ancora cotti **4** (mehlig) pastoso: **dieser Apfel**/[diese Birne] **ist ~**, questa mela/pera è pastosa **5** (farblos) smorto: **ihre Haut sah ganz ~ aus**, la sua pelle aveva un aspetto smorto.
Teigknetmaschine f impastatrice f.
Teigmasse f pasta f, impasto m: **die ~ in eine mit Butter gefettete Form füllen**, mettere la pasta in uno stampo imburrato.
Teigmischmaschine f impastatrice f.
Teigrädchen n rotella f tagliapasta.
Teigrolle f mattarello m.
Teigrührmaschine f impastatrice f.
Teigschüssel f ciotola f larga per lavorare la pasta.
Teigtasche f gastr: **Ravioli sind die bekanntesten ~n**, i ravioli sono il tipo più conosciuto di pasta fresca ripiena.
Teigwaren subst <nur pl> pasta f (alimen-

tare).
Teigwarenfabrik f pastificio m.
Teil <-(e)s, -e> Ⓐ m **1** (Stück eines Ganzen) parte f, pezzo m: **das Brot in zwei gleiche ~e brechen**, spezzare il pane in due (parti/pezzi uguali); **den vorderen ~ des Schiffs streichen**, verniciare la parte anteriore della nave; **zwei ~e des Puzzles fehlen**, mancano due pezzi/tessere del puzzle **2** (unbestimmte Menge, Bereich) parte f: **weite ~e des Landes sind überschwemmt**, vaste parti/zone del paese sono inondate; **ein ~ der Oliven lag auf der Erde**, una parte delle olive era per terra Ⓑ n **1** (einzelnes Stück) {+Fahrrad, Gerät, Maschine} pezzo m, componente m: **er hatte den Wecker in seine ~e zerlegt**, aveva smontato la sveglia pezzo per pezzo **2** (Artikel, Stück) oggetto m: **das ist ein schickes ~!**, che bell'oggetto!; (Kleidungsstück) capo m Ⓒ m oder n (Anteil) parte f: **jd hat/bekommt/[nimmt sich (dat)] seinen ~**, qu ha/riceve/[si prende] la sua parte; **seinen ~ zu etw (dat) beisteuern/beitragen**, contribuire a qc, dare il proprio contributo a qc, metterci del proprio in qc fam; **sie verzichtete auf ihren ~ des Erbes**, rinunciò alla sua parte/quota di eredità ● **jd kriegt** ˻**den besseren**˼/˻**das bessere**˼ **~ ab**, **jd erwischt** ˻**den besseren**˼/˻**das bessere**˼ **~**, a qu tocca la parte migliore; **sich (dat) seinen ~ denken**, tenere per sé ˻quello che uno pensa˼/˻le proprie idee˼; "**Ist schon gut**", **erwiderte sie und dachte mir meinen ~**, "Va bene", replicai ˻traendo in silenzio le mie conclusioni˼/˻tenendo per me quello che pensavo˼; **für jds ~**, per/da parte di qu, dal canto di qu; **ich für meinen ~ würde das anders machen**, se ˻fosse per˼/˻dipendesse da˺ me (lo) farei diversamente; **er für seinen ~ ist einverstanden**, lui per/da parte sua è d'accordo; **zum großen ~**, in gran parte; **zum größten ~**, per la maggior parte; **ein guter ~**, una buona/bella parte; **ein guter ~ des Geldes ist schon auf gebraucht**, una buona parte dei soldi è già stata spesa; **zu einem ~**, per una parte; **zum ~** (Abk z.T.), in parte.
Teilabschnitt <-(e)s, -e> m {+Autobahn, Straße} tronco m.
Teilansicht f veduta f/vista f parziale.
Teilaspekt m: **nur ein ~** ˻**von etw (dat)**˼/[**einer S. (gen)**] **sein**, essere solo un aspetto di qc.
Teilautomatisierung f tech automazione f parziale.
teilbar adj **1** (aufzuteilen) (in etw akk) ~ divisibile (in qc), spartibile (in qc): **die Schokolade ist in fünf Riegel ~**, la cioccolata è divisibile in cinque stecche **2** math (dividierbar) (**durch etw** akk) **~** {Betrag, Summe, Zahl} divisibile (per qc).
Teilbereich m parte f, settore m.
Teilbetrag m importo m parziale.
Teilchen① <-s, -> n **1** dim von Teil piccola parte f, pezzetto m **2** (Partikel) {+Masse, Materie, Stoff} particella f.
Teilchen② <-s, -> n norddt (Gebäckstück) pasta f.
Teilchenbeschleuniger <-s, ohne pl> m nukl phys acceleratore m di particelle.
teilen Ⓐ tr (zer~) (**in etw** akk) **~** dividere (in qc), separare qc (in qc): **die Beeren in fünf kleine Häufchen ~**, dividere le bacche in cinque mucchietti **2** (untereinander ~) **etw** ˻**mit jdm**˼/[**unter sich** (dat)] **~** {Arbeit, Gewinn, Last} dividere qc con qu, spartire qc con qu; **etw ~** dividersi qc, spartirsi qc: **wir haben den Rest Wein geteilt**, ci siamo divisi (-e) il resto del vino **3** (gemeinsam benutzen) **etw mit jdm ~** {Auto, Bad, Wohnung} dividere qc

con qu: **jahrelang hat sie mit mir die Wohnung geteilt**, per anni ha diviso l'appartamento con me **4** (*Affinitäten haben*) **etw ~** condividere *qc*: **jds Ansicht/Meinung/Sichtweise ~**, condividere il parere/l'opinione/[il punto di vista] di qu; **jds Los/Schicksal ~**, condividere la sorte/il destino di qu **5** (*mitfühlen*) **etw mit jdm ~** (con)dividere *qc con qu*: **Trauer/Unglück/Begeisterung mit jdm ~**, essere partecipe ⌊del dolore⌋/[della disgrazia]/[dell'entusiasmo] di qu **6** *math* **etw durch etw** (akk) **~** dividere *qc per qc*: **die Primzahlen kannst du nur durch 1 und sich selbst ~**, i numeri primi sono divisibili solo per 1 e per se stessi; **12 geteilt durch 6 macht 2**, 12 diviso 6 fa 2 B rfl **1** (*auseinanderstreben*) **sich** (*in etw* akk) **~** {*Fluss, Straße*} dividersi (*in qc*): **die Suchtrupps teilten sich in vier Gruppen**, le squadre di soccorso si divisero in quattro gruppi; **in diesem Punkt ~ sich die Ansichten**, su questo punto le opinioni divergono **2** (*untereinander ~*) **sich** (dat) **etw ~** {Personen Arbeit, Kosten} dividersi *qc*, spartirsi *qc*: **wir teilten uns die Aufgabe**, ci siamo divisi (-e) il compito **3** (*sich zu gleichen Teilen beteiligen*) **sich** (dat) **etw mit jdm ~** dividere *qc con qu*, spartire *qc con qu*: **ich habe mir die Miete mit ihm geteilt**, ho diviso l'affitto con lui **4** (*gemeinsam benutzen*) **sich** (dat) **etw mit jdm ~** {Auto, Ferienwohnung, Garten} dividere *qc con qu* **5** (*sich spalten*) *biol nukl phys* **sich ~** {Kern, Zelle} dividersi, scindersi.

Teiler <-s, -> *m math* divisore *m*.
Teilerfolg *m* successo *m* parziale.
teilerfremd adj *math*: **~e Zahlen**, numeri primi.
Teilgebiet *n* settore *m*, ramo *m*, branca *f*, comparto *m*: **die verschiedenen ~e der Industrie**, i vari settori/rami dell'industria; **die Phonetik ist ein ~ der Linguistik**, la fonetica è una branca/un ramo della linguistica.
teil|haben <irr> itr **an etw** (dat) **~ 1** (*teilnehmen*) {an einem Auswahlverfahren, an einer Reise, am Unterricht, an einer Zusammenkunft} partecipare *a qc*, prendere parte *a qc* **2** (*teilen*) {an jds Freude, Schmerz} essere partecipe *di qc*, condividere *qc*: **an jds Schmerz ~** *auch*, essere vicino a qu nel dolore.
Teilhaber <-s, -> *m* (**Teilhaberin** *f*) *ökon* socio (-a) *m* (*f*) ● **geschäftsführender ~** *ökon*, socio amministratore; **beschränkt/unbeschränkt** *haftender* **~** *ökon*, socio a responsabilità limitata/illimitata; **stiller ~** *ökon*, socio occulto.
Teilhaberschaft <-, ohne pl> *f* (com)partecipazione *f*.
teilhaftig adj *obs*: **etw** (gen) **~ werden**, vivere *qc*, immedesimarsi in *qc*: **sie wurde seines Schmerzes ~**, si immedesimò nel suo dolore.
Teilkasko <-, -(s)> *f fam*, **Teilkaskoversicherung** *f* (assicurazione *f*) kasko *f* parziale.
teilkaskoversichert adj: **~ sein** {Auto, Person}, avere un'assicurazione kasko parziale.
Teilmenge *f math* sottoinsieme *m*.
teilmöbliert adj arredato parzialmente/[con gli oggetti essenziali].
Teilnahme <-, ohne pl> *f* **1** (*Mitmachen*) **an etw** (dat) {an einer Feier, an einem Kurs, an einem Wettbewerb} partecipazione *f a qc*: **seine ~ an etw** (dat) **bestätigen**, confermare la propria partecipazione a *qc* **2** (*Mitgefühl*) **~ an etw** (dat) partecipazione *f a qc*,

interessamento *m per qc*: **ihre ~ an unserem Glück war echt**, la loro partecipazione alla nostra felicità fu sincera **3** *geh* (*Beileid*) condoglianze *f pl*: **wir möchten Ihnen unsere tief empfundene ~ aussprechen**, vorremmo esprimerLe le nostre più sentite condoglianze.
Teilnahmebedingung *f* <meist pl> condizione *f* ⌊di partecipazione⌋/[per poter partecipare].
teilnahmeberechtigt adj: **~ sein**, ⌊avere il diritto di⌋/[essere autorizzato/ammesso a] partecipare.
Teilnahmeberechtigung *f* diritto *m* di partecipare.
Teilnahmebescheinigung *f* (*an einem Kurs*) attestato *m*/certificato *m* di frequenza.
teilnahmslos A adj **1** (*innerlich abwesend*) apatico: **mit ~em Gesicht verfolgte sie das Geschehen**, assistette all'avvenimento con espressione apatica **2** (*bewusst passiv*) impassibile, indifferente: **seine ~e Haltung tat ihr weh**, il suo atteggiamento di indifferenza la ferì B adv **1** (*innerlich abwesend*) apaticamente, con apatia: **~ verrichtete sie ihre Arbeit**, eseguiva il suo lavoro come un automa **2** (*bewusst passiv*) con indifferenza: **er sah sie völlig ~ an**, la guardò con la più totale indifferenza.
Teilnahmslosigkeit *f*, <-, ohne pl> *f* **1** (*innere Abwesenheit*) apatia *f* **2** (*Interesselosigkeit*) indifferenza *f*: **seine ~ brachte sie zur Verzweiflung**, la sua indifferenza la portò alla disperazione.
teilnahmsvoll adj {Blick, Kollege} partecipe.
teil|nehmen <irr> itr **an etw** (dat) **~** {an einer Sitzung, Veranstaltung, den Vorbereitungen} partecipare *a qc*, prendere parte *a qc*; {an einem Kurs, Lehrgang, am Unterricht} *auch* frequentare *qc*, seguire *qc*.
Teilnehmer <-s, -> *m* (**Teilnehmerin** *f*) **1** (*an einem Kurs, einer Veranstaltung*) partecipante *mf*; (*an einem Auswahlverfahren, Wettbewerb*) *auch* concorrente *mf* **2** (*an einer Einladung, einem Empfang, einem Essen*) presente *mf*, invitato (-a) *mf* **3** *tel* utente *mf*, abbonato (-a) *m* (*f*): **der ~ meldet sich nicht**, l'utente/l'abbonato non risponde.
Teilnehmerfeld *n sport* (insieme *m* dei) partecipanti *m pl* ad una gara.
Teilnehmerin *f* → **Teilnehmer**.
Teilnehmerkreis *m* cerchia *f* dei partecipanti.
Teilnehmerliste *f* elenco *m*/lista *f* dei partecipanti.
Teilnehmerrufnummer *f tel* numero *m* telefonico dell'utente/dell'abbonato.
Teilnehmerzahl *f* numero *m* dei partecipanti.
teilprivatisieren <ohne ge-, inf *teilzuprivatisieren*> tr **etw ~** privatizzare *qc* parzialmente.
Teilprivatisierung *f ökon* privatizzazione *f* parziale.
Teilrepublik *f pol* repubblica *f* autonoma.
teils A adv **1** *fam* (*zu einem gewissen Teil*) in parte: **~ musste ich meine Meinung ändern** *fam*, dovetti in parte cambiare idea **2** *fam* (*mittelmäßig*): **~**, **~ così così; insomma** *fam*: **wie hat dir der Film gefallen? - Teils, ~** *fam*, ti è piaciuto il film? - Insomma/[Sì e no]/[Così così] B konj: **~ ..., ~ ...** (*sowohl ... als auch*) in parte ..., in parte ...: **wir hatten ~ Glück, ~ Pech**, in parte siamo stati fortunati (-e), in parte sfortunati (-e); **~ lachte sie, ~ weinte sie**, con un occhio rideva e con l'altro piangeva; **~ blieben sie, ~ gingen sie**, in parte restarono, in parte se ne andarono.

Teilsendung *f* spedizione *f* parziale.
Teilstrecke *f* **1** (*Teilabschnitt*) {+Fluss, Straße, Weg} tratto *m* **2** (*Etappe*) tappa *f*: **50 km in ~ zurücklegen**, percorrere 50 km in diverse tappe.
Teilstück *n* **1** (*Segment*) frammento *m*, parte *f* **2** (*Teilstrecke*) {+Autobahn, Bahnbuslinie, Straße} tronco *m*, tratto *m*: **das letzte ~ der Umgehungsstraße ist endlich fertig gestellt**, l'ultimo tratto della circonvallazione è stato finalmente ultimato.
Teilung <-, -en> *f* **1** (*Aufteilung*) {+Erbe, Gebiet, Grundstück, Güter} divisione *f*, spartizione *f*: **die Siegermächte verhandelten über die ~ des eroberten Landes**, le potenze vincitrici trattarono la divisione del paese conquistato; **die ~ der Gewalten ist grundlegend für den modernen Staat**, la divisione/separazione dei poteri è fondamentale per lo Stato moderno **2** *math* divisione *f* **3** *biol nukl* (*Spaltung*) scissione *f*.
Teilungsartikel *m ling* articolo *m* partitivo.
Teilungsklage *f jur* domanda *f* di divisione.
teilweise A adj <attr> parziale: **ein ~r Erfolg bedeutet ihm nichts**, un successo parziale non ⌊ha alcun valore⌋/[conta niente] per lui B adv in parte, parzialmente: **das Gebäude wurde nur ~ wieder aufgebaut**, l'edificio fu ricostruito solo in parte.
Teilzahlung *f* pagamento *m* rateale/rateizzato: **etw auf ~ kaufen/abstottern** *fam*, comprare/pagare *qc* a rate.
Teilzahlungskredit *m bank* prestito *m*/finanziamento *m* rateale.
Teilzahlungspreis *m com* prezzo *m* rateale.
Teilzeit <-, ohne pl> *f* part-time *m*: **arbeiten**, lavorare part-time.
Teilzeitarbeit *f* (lavoro *m*/occupazione *f*/impiego *m*) part-time *m*.
teilzeitbeschäftigt adj {Angestellter, Arbeitnehmer} (che lavora) part-time: **seitdem ich ~ bin, habe ich mehr Zeit und weniger Geld**, da quando ⌊lavoro (a)⌋/[faccio il] *fam* part-time, ho più tempo e meno soldi.
Teilzeitbeschäftigte <dekl wie adj> *mf*, **Teilzeitkraft** *f* lavoratore (-trice) *m* (*f*)/impiegato (-a) *m* (*f*) part-time.
Teilzeitbeschäftigung *f*, **Teilzeitstelle** *f* → **Teilzeitarbeit**.
Tein <-s, ohne pl> *n chem* teina *f*.
Teint <-s, -s> *m* **1** (*Gesichtsfarbe*) carnagione *f*, colorito *m*, incarnato *m*: **dunkler ~**, carnagione scura **2** (*Hautbeschaffenheit*) pelle *f*: **der Teenager hatte einen unreinen ~**, il teenager aveva la pelle piena di impurità.
T-Eisen *n tech* (*Profilstahl in Form eines T*) ferro *m* a T.
Tektonik <-, ohne pl> *f* **1** *geol* tettonica *f*, tectonica *f geh* **2** *arch* tettonica *f rar*, struttura *f geh*: **die ~ dieses Gebäudes ist vollkommen** *geh*, la struttura estetica di questo edificio è perfetta **3** *lit* struttura *f* estetica, armonia *f* interiore.
tektonisch adj *geol* tettonico, tectonico *geh*: **~es Beben**, fenomeno tettonico.
Tele <-(s), -(s)> *n fam* → **Teleobjektiv**.
Telearbeit *f* telelavoro *m* ● **alternierende ~**, telelavoro alternato al lavoro in azienda; **mobile ~**, telelavoro mobile.
Telearbeiter *m* (**Telearbeiterin** *f*) telelavoratore (-trice) *m* (*f*).
Telearbeitsplatz *m* posto *m* di telelavoro.
Telebanking <-(s), ohne pl> *n* telebanking *m*.

Telebrief m lettera f trasmessa via (tele)fax.

Telefax n **1** <nur sing> (Kommunikationssystem) telefax m, fax m: **per ~**, via/tramite fax; **jdm ein ~ schicken**, mandare a qu un fax **2** (Gerät) telefax m, telecopiatrice f, fax m **3** (Dokument) fax m.

Telefaxanschluss (a.R. Telefaxanschluß) m **1** (das Anschließen) allacciamento m del (tele)fax **2** (Steckdose) presa f/attacco m per il fax.

telefaxen tr → **faxen**.

Telefaxgerät n → **Faxgerät**.

Telefaxteilnehmer m (**Telefaxteilnehmerin** f) ₍abbonato (-a) mf alla₎/[utente mf della] rete telefax.

Telefon <-s, -e> n **1** (Apparat) telefono m: **ein ~ kaufen**, comprare un apparecchio telefonico; **das ~ klingelt/läutet**, il telefono suona/squilla; **öffentliches ~**, telefono pubblico; **drahtloses/schnurloses ~**, telefono senza filo, cordless **2** (~anschluss) telefono m: **ihr ~ ist ständig besetzt**, il suo telefono è/dà continuamente occupato; **am ~ antworten/sein**, rispondere/essere al telefono; **ans ~ gehen**, rispondere al telefono; **am ~ hängen**, stare fisso (-a)/attaccato (-a) al telefono; **sich ans ~ hängen**, attaccarsi al telefono; **Sie werden am ~ verlangt**, è desiderato (-a) al telefono; **der Geheimdienst hörte monatelang ihr ~ ab**, i servizi segreti hanno intercettato per mesi le sue telefonate.

Telefonanbieter (a.R. Telephonanbieter) m gestore m telefonico/[di telefonia], società f telefonica (privata).

Telefonanlage (a.R. Telephonanlage) f impianto m telefonico.

Telefonanruf (a.R. Telephonanruf) m telefonata f, chiamata f; (kurzer ~) colpo m di telefono fam, squillo m fam.

Telefonansage (a.R. Telephonansage) f servizio m telefonico con messaggio preregistrato.

Telefonanschluss (a.R. Telephonanschluß) m **1** (das Anschließen) allacciamento m del telefono **2** (Linie) attacco m telefonico, linea f telefonica: **das Hotelzimmer hat keinen ~ nach draußen**, questa camera d'albergo non ha collegamento telefonico diretto con l'esterno.

Telefonapparat (a.R. Telephonapparat) m apparecchio m telefonico.

Telefonat (a.R. Telephonat) <-(e)s, -e> n telefonata f, colloquio m telefonico form: **mit jdm ein ~ führen**, avere un colloquio telefonico con qu.

Telefonauskunft (a.R. Telephonauskunft) f (für Telefonnummern) informazioni f pl elenco abbonati; (für allgemeine Informationen) informazioni f pl telefoniche.

Telefonbanking (a.R. Telephonbanking) n phone banking m, banca f telefonica.

Telefonbuch (a.R. Telephonbuch) n elenco m telefonico/[del telefono]/[abbonati], guida f telefonica.

Telefondienst (a.R. Telephondienst) m **1** (Arbeit am Telefon) servizio m al telefono **2** <nur pl> tel servizi m pl di telefonia: **private Unternehmen, die ihre ~e auf dem Markt anbieten**, gestori privati che offrono i loro servizi di telefonia sul mercato.

Telefongebühr (a.R. Telephongebühr) f tariffa f del telefono.

Telefongesellschaft (a.R. Telephongesellschaft) f tel società f/azienda f/gestore m di telefonia.

Telefongespräch (a.R. Telephongespräch) n conversazione f/comunicazione f form telefonica.

Telefongrundgebühr (a.R. Telephongrundgebühr) f canone m ₍del telefono₎/[telefonico].

Telefonhäuschen (a.R. Telephonhäuschen) n → **Telefonzelle**.

Telefonhörer (a.R. Telephonhörer) m ricevitore m, cornetta f: **den ~ abheben/[aufhängen/auflegen fam**], alzare/[riagganciare/riattaccare/abbassare] il ricevitore/la cornetta; **den ~ aufknallen** fam, sbattere giù il telefono; **zum ~ greifen**, prendere (in mano) il telefono.

Telefonie (a.R. Telephonie) <-, ohne pl> f telefonia f.

telefonieren <ohne ge-> itr **1** (anrufen) (**mit jdm**/**irgendwohin**) ~ telefonare (₍a qu₎/[+ compl di luogo]): **er telefoniert gerade**, sta telefonando, è al telefono; **sie hat mit dem Chef höchstpersönlich telefoniert**, ha parlato al/per telefono con il principale in persona; **ich habe nach Australien telefoniert**, ho telefonato/[fatto una telefonata] in Australia **2** (bestellen) **nach etw** (dat) ~ chiamare qc: **nach einem Taxi ~**, chiamare un taxi • **lass uns mal miteinander ~** fam, sentiamoci per telefono.

Telefoniererei (a.R. Telephoniererei) <-, ohne pl> f fam pej: **seine ständige ~ geht mir auf die Nerven**, il suo continuo stare al telefono mi dà sui nervi.

telefonisch (a.R. telephonisch) **A** adj telefonico: **jdm eine ~e Auskunft geben**, dare a qu un'informazione telefonica **B** adv per telefono, telefonicamente: **jdn ~ erreichen**, raggiungere qu per telefono; **~ ist das Problem nicht zu lösen**, questo problema non si può risolvere ₍per telefono₎/[telefonicamente].

Telefonist (a.R. Telephonist) <-en, -en> m (**Telefonistin** f) centralinista mf, telefonista mf.

Telefonitis (a.R. Telephonitis) <-, ohne pl> f fam scherz: **die ~ haben**, (avere la mania di) stare sempre attaccato (-a)/fisso (-a) al telefono.

Telefonkabel (a.R. Telephonkabel) n (am Apparat) filo m/cordone f del telefono; (im Leitungsnetz) cavo m ₍del telefono₎/[telefonico].

Telefonkarte (a.R. Telephonkarte) f scheda f/carta f telefonica (per telefono pubblico).

Telefonkonferenz (a.R. Telephonkonferenz) f conferenza f telefonica.

Telefonkontakter (a.R. Telephonkontakter) m (**Telefonkontakterin** f) operatore (-trice) m (f) telefonico (-a).

Telefonkreditkarte (a.R. Telephonkreditkarte) f carta f di credito telefonica.

Telefonkunde (a.R. Telephonkunde) m (**Telefonkundin** f) utente mf di telefonia.

Telefonleitung (a.R. Telephonleitung) f linea f telefonica: **die ~ ist gestört**, la linea (telefonica) è disturbata.

Telefonmarketing (a.R. Telephonmarketing) n telemarketing m.

Telefonnetz (a.R. Telephonnetz) n rete f telefonica.

Telefonnummer (a.R. Telephonnummer) f numero m₍di telefono₎/[telefonico]: **eine ~ wählen**, comporre/formare/fare fam un numero telefonico.

Telefonrechnung (a.R. Telephonrechnung) f bolletta f del telefono.

Telefonregister (a.R. Telephonregister) n rubrica f telefonica.

Telefonsatellit (a.R. Telephonsatellit) m satellite m per telecomunicazioni.

Telefonschnur (a.R. Telephonschnur) f fam filo m del telefono.

Telefonseelsorge (a.R. Telephonseelsorge) f telefono m amico.

Telefonsex (a.R. Telephonsex) m sesso m telefonico/[al telefono], hot line f: **~ anbieten**, offrire una hot line, offrire sesso al telefono.

Telefonterror (a.R. Telephonterror) m molestie f pl telefoniche.

Telefonüberwachung (a.R. Telephonüberwachung) f intercettazioni f pl telefoniche.

Telefonverbindung (a.R. Telephonverbindung) f collegamento m telefonico.

Telefonverzeichnis (a.R. Telephonverzeichnis) n **1** → **Telefonbuch 2** {+FIRMA} schedario m telefonico; {+PERSON} rubrica f telefonica.

Telefonzelle (a.R. Telephonzelle) f cabina f telefonica.

Telefonzentrale (a.R. Telephonzentrale) f centralino f (telefonico).

Telefoto <-s, -s> n foto f (ottenuta) con lo zoom/il teleobiettivo.

telegen adj telegenico: **~ sein**, essere telegenico.

Telegraf <-en, -en> m telegrafo m.

Telegrafenamt n ufficio m telegrafico, telegrafo m.

Telegrafenmast m palo m del telegrafo.

Telegrafennetz n rete f telegrafica.

Telegrafie <-, ohne pl> f telegrafia f: **drahtlose ~**, telegrafia senza fili, radiotelegrafia.

telegrafieren <ohne ge-> **A** itr (jdm) ~ telegrafare (a qu), mandare/inviare un ₍messaggio telegrafico₎/[telegramma] (a qu) **B** tr (jdm) **etw** ~ {MITTEILUNG, NACHRICHT} telegrafare qc (a qu), mandare/inviare qc via telegrafo (a qu).

telegrafisch **A** adj telegrafico **B** adv telegraficamente, per telegrafo: **~ Geld anweisen**, inviare un vaglia telegrafico.

Telegramm <-s, -e> n telegramma m: **ein ~ schicken**, spedire un telegramma; **telefonisch ein ~ aufgeben**, dettare un telegramma per telefono; ₍zum Geburtstag₎/[zur Hochzeit] **ein ~ bekommen**, ricevere un telegramma di auguri per il compleanno/matrimonio.

Telegrammadresse f indirizzo m telegrafico.

Telegrammbote m (**Telegrammbotin** f) fattorino (-a) m (f) del telegrafo, addetto (-a) m (f) al recapito dei telegrammi.

Telegrammformular n modulo m per telegramma.

Telegrammgebühr f tariffa f telegrafica/[per telegrammi].

Telegrammstil m stile m telegrafico: **im ~ schreiben/reden**, scrivere/parlare in stile telegrafico.

Telegraph m → **Telegraf**.

Telegraphenamt n → **Telegrafenamt**.

Telegraphenmast m → **Telegrafenmast**.

Telegraphennetz n → **Telegrafennetz**.

Telegraphie f → **Telegrafie**.

telegraphieren <ohne ge-> itr tr → **telegrafieren**.

telegraphisch adj adv → **telegrafisch**.

Telekamera f macchina f fotografica con teleobiettivo.

Telekarte f scheda f telefonica (per telefoni pubblici o cellulari).

Telekinese <-, ohne pl> f (in der Parapsychologie) telecinesi f.

Telekolleg n *TV univ* "corso m di studio a livello universitario trasmesso via televisione".

Telekommunikation f **1** (*Technik*) telecomunicazione f **2** (*System*) telecomunicazioni f pl.

Telekommunikationsanbieter m *inform tel* azienda f di telecomunicazioni.

Telekommunikationsanlage f *inform tel* impianto m di telecomunicazioni.

Telekommunikationsbranche f *inform tel* settore m della telecomunicazione.

Telekommunikationsdienste subst <nur pl> *inform tel* servizi m pl di telecomunicazioni.

Telekommunikationsmarkt m *inform tel* mercato m delle telecomunicazioni.

Telekommunikationsnetz n *inform tel* rete f per le telecomunicazioni.

Telekommunikationsunternehmen n *inform tel* azienda f/società f di telecomunicazione.

Telekonferenz f teleconferenza f.

Telekopierer m, **Telekopiergerät** n telecopiatrice f.

Telelearning <-s, ohne pl> n formazione f a distanza, teleformazione f.

Telemarketing n telemarketing m.

Telematik <-, ohne pl> f *tel inform* telematica f.

telematisch adj telematico.

Telemedizin f telemedicina f.

Teleobjektiv n teleobiettivo m.

Teleologie <-, ohne pl> f *philos* teleologia f.

teleologisch adj *philos* teleologico.

Telepath <-en, -en> m (**Telepathin** f) telepatico (-a) m (f).

Telepathie <-, ohne pl> f telepatia f.

Telepathin f → **Telepath**.

telepathisch A adj {BOTSCHAFT, KONTAKT, ÜBERMITTLUNG} telepatico: **sie besitzt ~e Fähigkeiten**, possiede capacità telepatiche, ha il dono della telepatia B adv telepaticamente, per telepatia: **~ mit jdm in Verbindung treten**, entrare in contatto con qu telepaticamente.

Telephon usw. a.R. *von* Telefon → **Telefon** usw.

telephonieren a.R. *von* telefonieren → **telefonieren**.

Telephoto a.R. *von* Telefoto → **Telefoto**.

Teleprocessing <-(s), ohne pl> n *inform* teleprocessing m.

Teleprompter <-s, -> m *slang TV* gobbo m.

Teleshopping <-s, ohne pl> n televendita f.

Teleskop <-s, -e> n telescopio m.

Teleskopantenne f antenna f telescopica.

Teleskopauge n *fisch* occhio m telescopico.

teleskopisch adj telescopico.

Teleskopstoßdämpfer m *autom* ammortizzatore m telescopico.

Telespiel n **1** (*Spiel*) videogioco m, videogame m **2** (*Gerät für das Spielen*) videogioco m, videogame m.

Teleteaching <-s, ohne pl> n teledidattica f.

Teletest m *TV* sondaggio m sull'indice di gradimento (di un programma).

Teletex <-, ohne pl> n teletex m.

Teletext m → **Videotext**.

Teleworking n → **Telearbeit**.

Telex <-, -e> n *oder* m **1** <nur sing> (*Fernschreibnetz*) telex m **2** (*Fernschreiber*) telescrivente f **3** (*Fernschreiben*) telex m.

Telexanschluss (a.R. Telexanschluß) m allacciamento m per la telescrivente.

telexen itr spedire messaggi mediante telescrivente.

Teller① <-s, -> m **1** (*Geschirrteil*) piatto m: **die ~ abtrocknen/spülen**, asciugare/lavare i piatti; **flacher ~**, piatto piano; **tiefer ~**, piatto fondo, scodella; **kleiner ~**, piattino **2** (*Maß*) piatto m: **einen ganzen ~ Spaghetti verdrücken** fam, divorare un piatto intero di spaghetti; **seinen ~ nur halb aufessen**, mangiare solo la metà di ciò che si ha nel piatto ● **bunter ~**, piatto con cibi assortiti; **zum Nikolaustag bekamen alle einen bunten ~**, per la festa di San Nicola a tutti è stato regalato un piatto pieno di prelibatezze natalizie.

Teller② <-s, -> m *sport* {+SKISTOCK} rotella f.

tellerfertig adj → **tischfertig**.

Tellerfleisch n *A* bollito m di manzo.

Tellergericht n *gastr* piatto m (unico).

Tellermine f *mil* mina f anticarro.

Tellerrand m bordo m del piatto ● **nicht über den ~ hinausgucken (können)** fam, non vedere al di [là/più] in là del proprio naso; **nicht über seinen beruflichen/akademischen ~ hinausgucken** fam, non vedere al di [là/più] in là del proprio orizzonte professionale/accademico.

Tellerwärmer <-s, -> m scaldapiatti m.

Tellerwäscher <-s, -> m (**Tellerwäscherin** f) lavapiatti mf, sguattero (-a) m (f).

Tellur <-s, ohne pl> n *chem* tellurio m.

tellurisch adj *geol* tellurico: **~e Kräfte**, forze telluriche; **~e Bewegungen**, movimenti tellurici/sismici.

Telnet <-s, ohne pl> n *inform* Telnet f.

Tempel <-s, -> m **1** (*Kultstätte*) tempio m: **ein Athene geweihter ~**, un tempio consacrato ad Atena **2** (*Hort*) tempio m: **dieses Restaurant ist ein wahrer ~ der Gastronomie**, questo ristorante è un vero tempio della gastronomia ● **jdn zum ~ hinausjagen** fam, buttare fuori qu fam, mettere qu alla porta.

Tempeldienerin f *relig* sacerdotessa f del tempio.

Tempelherr m → **Tempelritter**.

Tempelorden m ordine m dei Templari/[del Tempio].

Tempelprostitution f prostituzione f sacra.

Tempelraub m furto m sacrilego.

Tempelritter m (cavaliere m) templare m.

Tempelschändung f profanazione f di un tempio.

Tempeltanz m *relig* "tipo m di danza religiosa (a Bali e in India)".

Tempeltänzer m (**Tempeltänzerin** f) *relig* danzatore (-trice) m (f) religioso (-a).

Tempera <-, -s> f **1** → **Temperafarbe** **2** <nur sing> → **Temperamalerei**.

Temperafarbe f (colore m a) tempera f: **mit ~n malen**, dipingere a tempera.

Temperamalerei f **1** <nur sing> (*Technik*) (pittura f a) tempera f **2** (*Gemälde*) (dipinto m eseguito a) tempera f.

Temperament <-(e)s, -e> n **1** (*Wesen*) temperamento m: **ein cholerisches/feuriges/ lebhaftes/ melancholisches/ phlegmatisches/ ruhiges ~**, un temperamento collerico/focoso/vivace/malinconico/flemmatico/[calmo/tranquillo] **2** <nur sing> (*Lebhaftigkeit*) temperamento m, vivacità f: **das ist eine Frau mit ~**, è una donna di gran temperamento; **dem Pianisten fehlt es an ~**, il pianista manca di vivacità ● **jds ~ geht mit jdm durch** fam, qu perde le staffe fam,
qu esce dai gangheri fam, qu va fuori dalla grazia di Dio fam; **nach endloser Warterei ging sein ~ mit ihm durch**, dopo un'estenuante attesa perse le staffe.

temperamentlos adj {MENSCH, PERSÖNLICHKEIT, WESEN} privo di/[senza] temperamento.

Temperamentlosigkeit <-, ohne pl> f mancanza f di temperamento.

Temperamentsache f questione f di temperamento.

Temperamentsausbruch m scatto m di nervi: **einen ~ haben**, avere uno scatto di nervi, esplodere.

Temperamentsbolzen <-s, -> m fam vulcano m fam.

temperamentvoll A adj **1** (*lebhaft*) {PERSON} con/[pieno di] temperamento, esuberante: **sie war zierlich, hatte aber ein ~es Wesen**, era gracile ma piena di temperamento **2** (*schwungvoll*) {MUSIKSPIEL, SCHAUSPIEL, VORTRAG} brioso, animato, vivace B adv {AUFTRETEN, SPIELEN, VORTRAGEN} con temperamento, vivacemente.

Temperatur <-, -en> f **1** (*Wärme*) {+KÖRPER, LUFT, WASSER} temperatura f: **die ~ bleibt gleich**/[geht zurück]/[sinkt]/ [steigt], la temperatura rimane costante/ [diminuisce]/[scende]/[sale]; **die ~ sinkt unter null**, la temperatura scende sotto (lo) zero; **die ~ bestimmen/ermitteln/[messen]**, rilevare/misurare la temperatura; **die ~ beträgt heute 28 Grad im Schatten**, la temperatura di oggi è di 28 gradi all'ombra; **gefühlte ~**, temperatura percepita; **das sind ~en wie am Nordpol**, queste sono temperature polari **2** *med* (*Fieber*) temperatura f: **erhöhte/leichte ~**, temperatura (leggermente alterata), un po' di temperatura; **(leichte) ~ haben**, avere un po' di temperatura/[qualche linea di febbre fam]/[una leggera alterazione].

temperaturabhängig adj che dipende dalla temperatura.

Temperaturanstieg m aumento m/rialzo m della temperatura.

Temperaturanzeige f indicazione f della temperatura.

Temperaturanzeiger m indicatore m della/di temperatura.

Temperaturausgleich m compensazione f termica.

temperaturbedingt adj condizionato dalla/[dovuto alla] temperatura.

temperaturbeständig adj (*widerstandsfähig gegen best. Temperaturen*) resistente a determinate temperature; (*widerstandsfähig gegen Temperaturschwankungen*) resistente a oscillazioni di temperatura.

Temperaturbeständigkeit f (*Resistenz gegen best. Temperaturen*) resistenza f a determinate temperature; (*Resistenz gegen Temperaturschwankungen*) resistenza a oscillazioni di temperatura.

Temperaturerhöhung f → **Temperaturanstieg**.

Temperaturkurve f *med* curva f della temperatura.

Temperaturregler m *tech* termostato m, termoregolatore m.

Temperaturrückgang m diminuzione f/calo m/abbassamento m di temperatura.

Temperaturschwankung f oscillazione f/variazione f della temperatura, escursione f termica: **starke ~en**, sbalzi di temperatura.

Temperaturskala f scala f termometrica: **Celsius ist die international angewand-**

te ~, la scala termometrica Celsius è quella adottata a livello internazionale.

Temperatursprung m sbalzo m di temperatura.

Temperatursturz m brusco/improvviso abbassamento m della temperatura.

Temperaturunterschied m differenza f di temperatura.

Temperaturwechsel m cambiamento m/variazione f della/di temperatura.

temperieren <ohne ge-> tr geh etw ~ **1** (auf angenehme Temperatur bringen) {HEIZUNG, RAUM, WASSER} regolare la temperatura di qc: **das Badewasser für das Baby ~**, regolare la temperatura dell'acqua per il bagno del bebè; {WEIN} portare qc a temperatura ambiente, chambrer qc slang **2** geh (mäßigen) {INSTINKT, LEIDENSCHAFT} frenare qc; {GEFÜHLE} moderare qc, misurare qc **3** mus obs (stimmen) temperare qc obs, accordare qc: **Musikinstrumente ~**, accordare strumenti musicali.

temperiert adj {KLIMA} temperato: **wohl ~** → **wohltemperiert**.

tempern tr tech etw ~ {METALLE} rendere malleabile qc; {GLAS} temprare qc.

Templer m → **Tempelritter**.

Templerorden m → **Tempelorden**.

Tempo① <-s, -s> n **1** (Fortbewegungsgeschwindigkeit) velocità f, andatura f: **der Wagen fährt mit niedrigem/hohem ~**, la macchina viaggia a velocità ridotta/[ad alta velocità]; **das ~ beibehalten/drosseln**, mantenere/ridurre l'andatura; **aufs ~ drücken** fam, pigiare sull'acceleratore fam; **das ~ erhöhen**, aumentare la velocità, accelerare; **hier gilt ~ 30**, qui il limite di velocità è di 30 km/h; **mit überhöhtem ~**, a una velocità eccessiva; **ein zügiges/rasendes ~**, una velocità sostenuta/folle **2** (Schnelligkeit) {+PERSONEN} velocità f, ritmo m: **du hast vielleicht ein ~ beim Essen!**, mangi a una velocità incredibile! **3** (Rhythmus) {+AKTIVITÄT, ARBEIT, ENTWICKLUNG, FORSCHUNG} ritmo m: **das ~ der Reformen hing von vielen Faktoren ab**, il ritmo delle riforme dipendeva da molti fattori ■ (, ~)! fam; (nun mach mal ein bisschen) **~**! fam, sbrigarsi!, muoversi!; **das ~ angeben** (bei Autorennen, Radrennen, Wettläufen), fare l'andatura; (beim Arbeiten), determinare il ritmo; **ein ~ draufhaben** fam: **ein sehr hohes ~ draufhaben** (schnell fahren), andare fortissimo; **der hat aber ein ~ drauf!** Der kriegt noch einen Herzinfarkt!, che ritmo massacrante il suo! Se continua così gli viene un infarto!; **das ~ machen** (im Rennsport), dare il tempo; **in vollem ~**, a tutto gas, a tutta velocità.

Tempo② <-s, Tempi> n mus tempo m: **die erste Geige hielt im Schlusssatz nicht das ~**, nel finale il primo violino perse il tempo; **das ~ angeben**, dare il tempo.

Tempo③® <-s, -s> n Kleenex® m, fazzoletto m di carta (della marca Tempo).

Tempo-30-Zone f D "zona f con limite di velocità di 30 km/h": **in Wohngebieten ist die Tempo-30-Zone üblich**, nelle zone residenziali il limite massimo di velocità è di 30 km/h.

Tempolimit n limite m di velocità.

Tempora pl von Tempus.

temporal adj gram {ADVERB, KONJUNKTION} temporale.

Temporalsatz m gram proposizione f temporale.

temporär A adj **1** geh (vorübergehend) {ARBEIT, BESCHÄFTIGUNG, EINRICHTUNG, LÖSUNG, MAßNAHME} temporaneo; {ERSCHEINUNG, PHÄNOMEN} transitorio, passeggero

2 inform {DATEI} temporaneo B adv {JDN EINSTELLEN} con contratto a termine form.

Temposünder m (**Temposünderin** f) "chi viene multato per eccesso di velocità".

Tempotaschentuch n → **Tempo**③®.

Tempus <-, Tempora> n gram tempo m: **das Perfekt ist ein zusammengesetztes ~**, il perfetto è un tempo composto; **die Tempora der Verben bestimmen**, indicare i tempi dei verbi.

Tendenz <-, -en> f **1** (Trend) {+MODE, MUSIK, ZEITGEIST} tendenza f: **eine ~ hält an**/[**fasst Fuß**]/[**setzt sich durch**], una tendenza persiste/[prende piede]/[si afferma/impone]; **die ~ geht in Richtung ...**, la tendenza è di ...; **die Preise haben eine steigende/fallende ~**, i prezzi tendono al rialzo/ribasso **2** (Neigung) tendenza f: **die ~, immer alles schwarzzusehen**, la tendenza a vedere sempre tutto nero **3** (Anlage) tendenza f, disposizione f: **er hat eine ~ zum Dickwerden**, ha la tendenza a ingrassare **4** pej (Parteilichkeit) faziosità f: **diese Zeitung verfolgt eine ~**, è un giornale di parte **5** <meist pl> (Strömung) tendenza f: **in der modernen Musik sind ganz neue ~en entstanden**, nella musica moderna sono nate tendenze completamente nuove.

tendenziell A adj tendenziale B adv tendenzialmente: **~ meint er schon das Richtige**, tendenzialmente dice il giusto.

tendenziös adj pej tendenzioso, parziale: **seine Berichte sind immer ~**, le sue relazioni sono sempre tendenziose; **euer Urteil ist mehr als ~**, il vostro giudizio è più che parziale.

Tendenzstück n theat pièce f teatrale a tesi.

Tendenzwende f inversione f di tendenza/rotta: **die Wahlergebnisse zeigen eine klare ~ in der Politik**, i risultati elettorali dimostrano una chiara inversione di tendenza.

Tender <-s, -> m **1** naut tender m, nave f (di) appoggio; (Beiboot) tender m **2** Eisenb tender m, carro m scorta.

tendieren <ohne ge-> itr **1** (Neigung haben) **zu etw** (dat) ~ {PERSON ZU DEPRESSIONEN, KOPFWEH, PICKEL} tendere ad avere qc, avere {PERSON ZU GEIZ, JÄHZORN, PEDANTERIE} tendere ad essere + adj: **er tendiert stark zu Melancholie**, ha una forte tendenza alla malinconia; **sie tendiert zum ausschweifenden Leben**, tende ad una vita di eccessi; **dazu ~, etw zu tun**, tendere/[avere la tendenza] a fare qc; **sie ~ immer dazu, die Vorfälle aufzubauschen**, tendono sempre a gonfiare i fatti **2** (ideologische Richtung haben) **irgendwohin ~** {PERSON} tendere a/verso qc: **politisch tendierte sie stark nach links**/[**zu extremistischen konservativen Positionen**], manifestava una forte tendenza a sinistra/[verso posizioni estremiste/conservatrici] **3** (weisen) **irgendwohin ~**: nach oben/unten ~ {AKTIEN, KURSE, PREISE}, tendere/[mostrare la tendenza] al rialzo/ribasso; **die Inflationsrate tendiert gegen null**, il tasso d'inflazione tende verso lo zero.

Teneriffa <-s, ohne pl> n geog Tenerife f.

Tenn <-s, -e> n CH agr → **Tenne**.

Tenne <-, -n> f agr aia f.

Tennis <-, ohne pl> n sport tennis m: **~ spielen**, giocare a tennis.

Tennisarm m med gomito m del tennista.

Tennisball m palla f da tennis.

Tennisclub m → **Tennisklub**.

Tenniscourt m sport → **Tennisplatz**.

Tenniscrack m campione (-essa) m (f) di tennis.

Tennisdress (a.R. Tennisdreß) m tenuta f da tennis.

Tennisellenbogen, **Tennisellbogen** m med gomito m del tennista.

Tennishalle f campo m da tennis coperto.

Tennisklub m circolo m del tennis, tennis club m.

Tennislehrer m (**Tennislehrerin** f) maestro (-a) m (f)/istruttore (-trice) m (f) di tennis.

Tennismatch n sport match m/partita f di tennis.

Tennis Open <- -, - -> n sport (torneo m) open m di tennis.

Tennispartner m (**Tennispartnerin** f) partner mf di tennis.

Tennisplatz m sport campo m da tennis.

Tennisschläger m racchetta f da tennis.

Tennisschuh m scarpa f da tennis.

Tennissocke f <meist pl> calzino m da tennis.

Tennisspiel n sport incontro m di tennis/[tennistico], partita f di tennis/[tennistica].

Tennisspielen <-s, ohne pl> n sport (gioco m del) tennis m.

Tennisspieler m (**Tennisspielerin** f) tennista mf, giocatore (-trice) m (f) di tennis.

Tennisturnier n sport torneo m di tennis.

Tennisverein m → **Tennisklub**.

Tenniszirkus m sport circo m del tennis slang.

Tenor① <-s, ohne pl> m **1** (Sinn) {+ÄUßERUNG, DISKUSSION, KOMMENTAR, REDE, VORTRAG, WORTE} tenore m: **der ~ seiner Forderungen ließ keinerlei Widerrede zu**, il tenore delle sue richieste non ammetteva repliche **2** {+FEIER, FEST, VERANSTALTUNG} tono m: **der ~ des Abends war eher negativ**, il tono della serata era piuttosto negativo.

Tenor② <-s, Tenöre> m mus **1** <nur sing> (Singstimme) (voce f di) tenore m: **~ singen**, cantare la parte del tenore; **er hat einen strahlenden ~**, ha un tenore limpido **2** (Sänger) tenore m ● **lyrischer ~**, tenore lirico leggero/[di grazia].

Tenorbariton m mus baritono m tenore, baritenore m.

Tenorbuffo m mus tenorino m.

Tenorhorn n mus corno m tenore.

Tenorlage f mus registro m di tenore.

Tenorposaune f mus trombone m tenore.

Tenorschlüssel m mus chiave f di tenore per violoncello.

Tenorstimme f mus (voce f di) tenore m.

Tensid <-(e)s, -e> n <meist pl> chem tensioattivo m.

Tentakel <-s, -> m oder n <meist pl> zoo {+KRAKE, OKTOPUS, POLYP} tentacolo m.

Tenue <-s, -s> n CH **1** (Bekleidungsstil) tenuta f **2** mil uniforme m **3** (Anzug) vestito m (da uomo).

Teppich <-s, -e> m **1** (Einrichtungsgegenstand) tappeto m: **~e färben/knüpfen/weben**, tingere/annodare/tessere tappeti; **den ~ klopfen/zusammenrollen**, battere/arrotolare il tappeto; **den ~ saugen**, passare l'aspirapolvere sul tappeto **2** (Schicht) tappeto m: **ein ~ aus Algen/Blütenblättern**, un tappeto di alghe/petali; **das ausgelaufene Öl hatte auf dem Wasser einen dichten ~ gebildet**, il petrolio fuoriuscito aveva formato uno spesso strato oleoso sulla superficie dell'acqua ● **einen roten ~ für jdn ausrollen** fam, stendere il tappeto rosso davanti a qu,

ricevere qu con tutti gli onori; **auf dem ~ bleiben** *fam*, rimanere con i piedi per terra, non montarsi la testa; *fliegender ~*, tappeto volante; **etw unter den ~ kehren** *fam*, passare sotto silenzio qc; **die familiären Schwierigkeiten wurden immer unter den ~ gekehrt**, i problemi familiari venivano totalmente ignorati.
Teppichboden *m* moquette f: **die Wohnung mit ~ auslegen**, mettere la moquette nell'appartamento; **mit ~ ausgelegt**, moquettato.
Teppichbodenreiniger *m* lavamoquette f.
Teppichfliese *f* riquadro m di moquette.
Teppichhändler *m* mercante m di tappeti.
Teppichkehrer <-s, -> m battitappeto m.
Teppichklopfer *m* battipanni m.
Teppichschaum *m* schiuma f detergente per tappeti.
Teppichstange *f* barra f per stendere i tappeti.
Teppichwirker <-s, -> m (**Teppichwirkerin** f) tessitore (-trice) m (f) di tappeti.
Teppichwirkerei <-, -en> f tessitura f/manifattura f di tappeti.
Teppichwirkerin f → **Teppichwirker**.
teratogen *adj med pharm* teratogeno.
Teratologie <-, *ohne pl*> f *biol med* teratologia f.
Terbium <-s, *ohne pl*> n *chem* terbio m.
Term <-s, -e> m **1** *math philos* termine m **2** *phys* livello m.
Termin <-(e)s, -e> m **1** (*Abgabetermin, Einreichungstermin*) (termine m di) consegna f; (*Zahlungstermin*) (data f di) scadenza f: **einen ~ festlegen/festsetzen/einhalten/überschreiten/vereinbaren**, stabilire/fissare/rispettare/superare/concordare una scadenza; **an einen ~ gebunden sein**, essere vincolato a una scadenza precisa; **letztmöglicher ~**, ultimo termine utile **2** (*Datum, an dem etw stattfindet*) data f: **einen früheren/späteren ~ für die Prüfung festsetzen**, anticipare/posticipare la data dell'esame; **etw auf einen anderen ~ verschieben**, spostare qc **3** (*Verabredung*) appuntamento m: **einen ~ absagen**, disdire un appuntamento; **bei/mit jdm einen ~ haben**, avere un appuntamento da/con qu; **einen ~ beim Anwalt/Arzt/Frisör haben**, avere un appuntamento ⌊dall'avvocato⌋/[dal medico]/[dal parrucchiere]; **sich (bei jdm) einen ~ geben lassen**, farsi dare un appuntamento da qu (per qc); **einen ~ vereinbaren**, fissare un appuntamento; **keine ~e haben**, non avere impegni; **sich von einem ~ frei machen**, liberarsi da un impegno **4** *jur* (*gerichtlicher ~*) udienza f: **einen ~ anberaumen/aufheben/vertagen**, fissare/annullare/rinviare un'udienza.
Terminal① <-s, -s> n *oder* m **1** (*Abfertigungshalle*) {+FLUGHAFEN} (air) terminal m **2** (*Zielbahnhof*) {+U-BAHN, ÜBERLANDBUSSE} capolinea m, terminal m **3** (*Be-, Entladeanlage*) {+FRACHTER, SCHIFFE} terminal m (di scarico/carico).
Terminal② <-s, -s> n *inform* terminale m.
Terminarbeit f lavoro m con scadenza fissa.
Terminbörse f *ökon* mercato m a termine.
Termindruck <-(e)s, *ohne pl*> m: **jdn unter ~ setzen**, far pressione su qu perché rispetti ⌊un termine (stabilito)⌋/[una scadenza (fissata)]; **unter ~ stehen**, sentirsi ⌊sotto pressione⌋/[incalzato (-a) da] scadenze troppo vicine/ravvicinate.

Termineinlage f *ökon* deposito m vincolato/[a termine/tempo].
termingebunden adj {ARBEIT AUFTRAG} con consegna a scadenza fissa.
Termingeld n *ökon* → **Termineinlage**.
termingemäß **A** adj puntuale: **für eine ~e Lieferung sind wir Ihnen dankbar** *form*, vi saremmo grati se voleste consegnare puntualmente/[entro la scadenza convenuta] **B** adv puntualmente: **etw ~ ausliefern/bezahlen/erledigen**, consegnare/pagare/sbrigare qc puntualmente.
termingerecht adj → **termingemäß**.
Termingeschäft n *ökon* contrattazione f/operazione f a termine.
Termini pl *von* Terminus.
Terminkalender m agenda f: **sich (dat) etw in den ~ schreiben**, annotarsi qc sull'agenda; **einen vollen ~ haben**, avere l'agenda piena *fam*, essere superimpegnato *fam*; **haben Sie noch etwas frei in Ihrem ~?**, ha ancora uno spazio libero nella Sua agenda?
terminlich **A** adj: **~e Schwierigkeiten haben**, avere difficoltà a rispettare la scadenze **B** adv: **etw ~ festlegen**, fissare una scadenza per qc; **jdn ~ unter Druck setzen**, fare pressione su qu perché rispetti le scadenze (fissate).
Terminmarkt m *ökon* → **Terminbörse**.
Terminologie <-, -n> f terminologia f.
terminologisch adj terminologico.
Terminplan m calendario m (di appuntamenti), tabella f di marcia: **den ~ einhalten**, rispettare la ⌊tabella di marcia⌋/[tempistica].
Terminplaner m (agenda f) organizer m.
Terminplanung f calendario m degli appuntamenti: **die ~ für die nächsten Monate machen**, fissare la tabella di marcia per i prossimi mesi; *industr ökon* planning m.
Terminschwierigkeiten subst <*nur pl*> difficoltà f pl a rispettare le scadenze.
Terminus <-, *Termini*> m termine m tecnico ● **~ technicus** *geh*, termine tecnico.
Terminverlängerung f proroga f: **eine ~ von zehn Tagen beantragen**, chiedere una proroga di dieci giorni.
Termite <-, -n> f *zoo* termite f.
Termitenhügel m *zoo* termitaio m.
Termitenstaat m *zoo* organizzazione f sociale delle termiti.
Termitenvolk n società f delle termiti.
ternär adj *chem* ternario.
Terpentin <-s, -e> n *oder* m *biol* **1** (*Harz*) {+NADELHÖLZER} trementina f, terpene m **2** *fam* → **Terpentinöl**.
Terpentinöl n *chem* olio m/essenza f di trementina, acquaragia f.
Terrain <-s, -s> n **1** (*Gelände*) terreno m: **ein unwegsames ~**, un terreno arduo/difficile **2** (*Grundstück*) terreno m **3** (*Voraussetzungen*) terreno m: **das ~ für das Treffen der beiden Staatsmänner schaffen**, preparare il terreno per l'incontro dei due statisti **4** *mil* (*Gebiet*) terreno m: **das feindliche ~ erkunden**, esplorare/perlustrare il terreno nemico; **die Truppen haben an ~ gewonnen**, le truppe hanno guadagnato terreno ● **sich auf unsicheres/gefährliches ~ begeben**, muoversi su un terreno incerto/minato; **das ~ sondieren** *geh*, sondare/tastare il terreno.
Terrakotta <-, *Terrakotten*> f **1** <*nur sing*> (*gebrannter Ton ohne Glasur*) terracotta f **2** *kunst* (*manufatto m di*) terracotta f.
Terrarium <-s, *Terrarien*> n terrario m.
Terrasse <-, -n> f **1** *bau* terrazza f, terrazzo m *region* **2** *geol* terrazzo m **3** *agr* terraz-

za f, terrazzo m.
Terrassenanbau m *agr* (*von Reis, Tee, Wein*) coltivazione f a terrazze.
Terrassenbauweise f *arch* costruzione f a terrazze.
terrassenförmig adj *geol* terrazzato, a terrazze.
Terrassenhaus n *arch* "condominio m terrazzato/[a terrazze] costruito su un pendio".
Terrazzo <-(s), *Terrazzi*> m *bau* terrazzo m.
Terrazzofußboden m (pavimento m a) terrazzo m, pavimento m alla veneziana.
terrestrisch adj **1** *tech* {FERNSEHEN, ÜBERTRAGUNG} terrestre: **~e Frequenzen** *tel*, frequenze terrestri **2** *biol* {PFLANZEN, TIERE} terrestre: **~e Lebewesen**, creature terrestri **3** *geol* terrestre.
Terrier <-s, -> m *zoo* terrier m.
Terrine <-, -n> f **1** (*Geschirrteil*) terrina f: **das Gulasch/die Suppe in der ~ servieren**, servire il gulasch/la zuppa nella terrina **2** (*Speise aus Fisch, Fleisch oder Pilzen*) terrina f, pâté m.
territorial adj {ANSPRÜCHE, GRENZEN} territoriale.
Territorialgewalt f → **Territorialhoheit**.
Territorialgewässer n <*meist pl*> acque f pl territoriali.
Territorialheer n truppe f pl territoriali.
Territorialhoheit f sovranità f territoriale.
Territorialität <-, *ohne pl*> f territorialità f.
Territorialitätsprinzip n <*nur sing*> principio m di territorialità.
Territorialstaat m *hist* stato m territoriale.
Territorium <-s, *Territorien*> n **1** (*Gegend*) territorio m: **ein dicht besiedeltes ~**, un territorio densamente popolato **2** (*Staatsgebiet*) territorio m: **feindliches/fremdes ~**, territorio nemico/straniero **3** (*Lebensraum von Tieren*) territorio m: **der Hund markiert sein ~ mit Urin**, il cane delimita il suo territorio con l'urina.
Terror <-s, *ohne pl*> m **1** *pol* terrore m: **~ ausüben**, ⌊esercitare il⌋/[ricorrere al] terrore; **blutiger ~**, terrore e sangue; **der nackte ~**, il terrore allo stato puro **2** (*Furcht und Schrecken*) terrore m, panico m: **~ verbreiten**, seminare il terrore **3** *hist* (*während der Französischen Revolution*) Terrore m ● (*wegen etw gen oder fam dat*) **~ machen** *slang*, fare il diavolo a quattro (per qc); **wegen dieser Geschichte gab's bei uns den größten ~**, a casa nostra per questa storia è ⌊successo un putiferio⌋/[scoppiato un gran casino *slang*]; **wegen jeder Kleinigkeit ~ machen**, fare un macello per ogni minima cosa *slang*.
Terrorakt m atto m terroristico, azione f terroristica: **Kriegswaffen an ein Entwicklungsland zu liefern, kommt einem ~ gleich**, fornire armi (da guerra) a un paese in via di sviluppo equivale a un atto terroristico.
Terroranschlag m attentato m terroristico: **einen ~ verüben**, compiere un attentato (terroristico).
Terrorgruppe f gruppo m terroristico.
Terrorherrschaft f → **Terrorregime**.
terrorisieren <*ohne ge*> tr pej **1** (*in Angst und Schrecken versetzen*) **jdn**/{MILITÄRS, VERBRECHERBANDE} BEWOHNER, LAND} terrorizzare qu/qc **2** *fam* (*unter Druck setzen*) **jdn** (**mit etw** dat) – {FAMILIE, MITMENSCHEN, SCHÜLER, UNTERGEBENE} terrorizzare qu (con qc).
Terrorismus <-, *ohne pl*> m **1** *pol* (*gewalt-*

tätiges Verhalten) terrorismo m **2** (*Terrorszene*) terrorismo m: **der internationale ~**, il terrorismo internazionale.

Terrorismusabwehr f → **Terrorismusbekämpfung**.

Terrorismusbekämpfung f lotta f al terrorismo.

Terrorismusexperte m (**Terrorismusexpertin** f) esperto (-a) m (f) di terrorismo.

Terrorismusfahnder m (**Terrorismusfahnderin** f) agente mf dell'antiterrorismo.

Terrorist <-en, -en> m (**Terroristin** f) **1** *pol* terrorista mf **2** *fam* (*Rowdie*): diese Burschen benehmen sich richtiggehend wie kleine **~en**, questi ragazzacci si comportano da veri e propri piccoli terroristi.

Terroristengruppe f → **Terrorgruppe**.

terroristisch adj {AKTIVITÄTEN, ORGANISATION, ZIELE} terroristico; {GRUPPE, VEREINIGUNG} *auch* di terroristi.

Terrorkommando n commando m di terroristi.

Terrormethode f <*meist* pl> metodo m terroristico.

Terrornetzwerk n rete f terroristica.

Terrororganisation f organizzazione f terroristica.

Terrorregime n regime m di terrore.

Terrorszene f **1** *bes. film TV* (*brutale Szene*) scena f di terrore: **in diesem Film gibt es viel zu viele ~n**, in questo film ci sono troppe scene di terrore **2** (*Terroristenmilieu*) ambienti m pl terroristici: **in der internationalen ~**, sulla scena del terrorismo internazionale.

Terrorwarnung f allarme m terroristico.

Terrorwelle f ondata f di ₍azioni terroristiche₎/[atti terroristici].

Terrorzelle f cellula f terroristica.

tertiär adj **1** *chem* terziario **2** *geol* terziario, cenozoico: **das ~e Erdzeitalter**, l'era terziaria/cenozoica, il terziario.

Tertiär <-s, *ohne* pl> n terziario m, era f cenozoica.

Terz① <-, -en> f *mus* terza f.

Terz② m *slang* casino m *fam*: **~ machen**, fare casino *fam*: **musst du immer einen solchen ~ machen?!**, devi sempre fare questo cancan?!

Terzett <-(e)s, -e> n **1** *mus* (*Komposition*) terzetto m: **ein ~ komponieren**, comporre un terzetto **2** *mus* (*drei Gesangssolisten*) terzetto m, trio m vocale **3** *fam* (*Dreiergruppe*) trio m, terzetto m: **das ist ein schönes ~!**, questo è proprio un bel terzetto!

Tesafilm® <-s, *ohne* pl> m scotch® m, nastro m adesivo.

Tessin① <-s, *ohne* pl> n *geog* (*Kanton der Schweiz*) (Canton m) Ticino m.

Tessin② <-s, *ohne* pl> m *geog* (*Fluss*) Ticino m.

Tessiner① <inv> adj <attr> del Ticino, ticinese: **die ~ Alpen** *geog*, le Alpi ticinesi.

Tessiner② <-s, -> m (**Tessinerin** f) ticinese mf.

Test <-(e)s, -s *oder* -e> m **1** (*Bewertung von Fähigkeiten*) {MÜNDLICHER, SCHRIFTLICHER} test m, prova f: **psychologischer ~**, test (psicologico) m; **einen ~ bestehen**, superare un test/una prova; **einen ~ machen**, fare un test; **jdn**/**sich einem ~ unterziehen**, ₍sottoporre qu₎/[sottoporsi] a un test **2** (*Prüfstein*) test m: **die Steuerreform ist ein wichtiger ~ für die Regierung**, la riforma fiscale è un importante test per il governo **3** *chem* (*~präpa-*

rat) test m, esame m: **mit diesem ~ bestimmt man den Blutzuckerspiegel**, con questo esame/test si determina il tasso glicemico del sangue **4** (*Überprüfung*) {+MASCHINE, MATERIAL} controllo m, verifica f: **das Material wird einer Reihe von ~s unterzogen**, il materiale viene sottoposto ad una serie di verifiche; (*Kosmetikatest, Medikamentetest, Warentest*) test m; **klinische ~s**, test clinici.

Testament <-(e)s, -e> n *jur* testamento m: **sein ~ machen**, fare testamento; **das ~ ändern**/**anfechten**/**annehmen**/**eröffnen**, modificare/impugnare/accettare/aprire il testamento; **jdn in seinem ~ bedenken**, ricordare/includere qu nel proprio testamento; **eigenhändiges ~**, testamento olografo; **ohne ~ sterben**, morire senza aver fatto testamento; **das ~ verlesen**, ₍leggere il₎/[dare lettura del] testamento ● **das Alte ~** *bibl*, l'Antico/il Vecchio Testamento; **dann kannst du gleich dein ~ machen!** *fam iron*, puoi ₍cominciare a farti il segno della croce₎/[andare a impiccarti] subito! *fam*; **das Neue ~** *bibl*, il Nuovo Testamento.

testamentarisch *jur* **A** adj testamentario: **~e Erbfolge**, successione testamentaria **B** adv per testamento: **etw ~ festlegen**/**hinterlassen**/**verfügen**, stabilire/lasciare/disporre qc per testamento; **~ eingesetzter Erbe**, erede testamentario.

Testamentseröffnung f *jur* apertura f del testamento.

Testamentsvollstrecker m (**Testamentsvollstreckerin** f) *jur* esecutore (-trice) m (f) testamentario (-a): **jdn zum ~ ernennen**₎/[als **~** einsetzen], nominare qu esecutore testamentario.

Testamentsvollstreckung f *jur* esecuzione f del testamento.

Testbild n *TV* monoscopio m.

Testbogen m formulario m (per un test), test m.

testen tr **1** (*überprüfen*) **etw ~** {AUTO, FLUGZEUG, KOSMETIKPRODUKT, MEDIKAMENT, MOTORRAD} testare qc, sottoporre qc a un test/una verifica: **eine klinisch getestete Sonnencreme**, una crema solare clinicamente testata; **etw auf etw** (akk) **~** testare qc di qc: **ein Gerät auf seine Funktionalität ~**, verificare la funzionalità di un apparecchio; **jdn ~** sottoporre qu ad un test; **jdn auf etw** (akk) **~** {JDN AUF SEINE FÄHIGKEITEN, KENNTNISSE, LEISTUNGEN} verificare qc di qu; {JDS TREUE, VERSCHWIEGENHEIT, ZUVERLÄSSIGKEIT} mettere alla prova qc di qu; ₍**einen Schüler auf seine Intelligenz**₎/[**die Intelligenz des Schülers**] **~**, ₍mettere alla prova₎/[verificare] l'intelligenza di un alunno; **~ Sie unser Sonderangebot!**, provi la nostra offerta speciale!; **willst du mal ~, wie gut man auf diesem Stuhl sitzt?**, vuoi provare come si sta comodi su questa sedia? **2** *fam* (*beschnuppern*) **jdn ~** {NEUEN BEKANNTEN, NEUE KOLLEGIN} studiarsi qu: **den Typ muss ich erst mal ~**, quel tipo lo devo prima studiare ben bene *fam*.

Tester <-s, -> m (**Testerin** f) esaminatore (-trice) m (f).

Testergebnis n risultato m di un test/esame: **~se auswerten**, valutare i risultati di un test.

Testfahrer m (**Testfahrerin** f) *autom* collaudatore (-trice) m (f) (di auto).

Testfahrt f *autom* giro m di collaudo, prova f su strada.

Testfall m banco m di prova.

Testflug m *aero* volo m di collaudo.

Testfrage f domanda f ₍di un₎/[del] test: **die ~n werden im Multiple-Choice-Verfah-**

ren gestellt, le domande saranno poste sotto forma di quiz.

Testikel <-s, -> m *form anat* testicolo m.

Testlauf m {+ANLAGE, GERÄT, MASCHINE} (prima) verifica f funzionale, collaudo m.

Testosteron <-s, *ohne* pl> n *biol* testosterone m.

Testperson f ₍soggetto m sottoposto₎/[persona f sottoposta] a un test, cavia f *fam*.

Testpilot m (**Testpilotin** f) *aero* (pilota mf) collaudatore (-trice) m (f) di aerei.

Testprogramm n *inform* programma m di verifica.

Testreihe f serie f di test.

Testsieger m miglior prodotto m (in un test).

Testspiel n *sport* partita f di preparazione, test m.

Teststoppabkommen n *nukl* accordo m sulla sospensione dei test nucleari.

Teststrecke f *autom* pista f di collaudo.

Teststreifen m *med* striscia f reattiva.

Testverfahren n metodo m usato per un test.

Testversuch m esperimento m: **einen ~ starten**, fare un esperimento.

Testwagen m vettura f in prova.

Testwahl f *pol* test m elettorale.

Tetanus <-, *ohne* pl> m *med* tetano m.

Tetanusimpfung, **Tetanusschutzimpfung** f (vaccinazione f) antitetanica f, vaccino m antitetanico.

Tête-à-Tête, **Tete-a-Tete** <-, -s> n *geh scherz oder obs* tête-à-tête m, appuntamento m galante/amoroso: **sich mit jdm zu einem Tête-à-tête treffen**, incontrarsi con qu per un tête-à-tête.

Tetrachlorkohlenstoff m *chem* tetracloruro m di carbonio, tetracloromethano m.

Tetracyclin <-s, -e> n *pharm* tetraciclina f.

Tetraeder <-s, -> n *geom* tetraedro m.

teuer <*attr* teure(r, s)> **A** adj **1** (*kostspielig*) {ARTIKEL, EINTRITT, KLEIDER} costoso, caro: **~ sein**, essere caro/costoso, costare (molto); **wie ~ ist das?**, quanto costa?; **das ist mir ~**, è troppo caro (-a) per me; **die Ökoprodukte sind meist viel zu ~**, i prodotti ecologici solitamente ₍sono troppo cari₎/[costano troppo]; **eine teure Miete zahlen**, pagare un affitto caro/alto; **das Restaurant**/**Hotel ist horrend ~**, ₍questo ristorante₎/[quest'albergo] ha dei prezzi esagerati/esosi/salati; **die Fifth Avenue ist eine teure Adresse**, la Fifth Avenue è una zona di lusso; **Weihnachten ist immer eine teure Geschichte** *fam*, il Natale pesa sempre sul portafoglio; **~ werden** {ITALIEN FÜR DEUTSCHE URLAUBER}, diventare caro (-a); {BENZIN, LEBENSMITTEL} aumentare/alzare i prezzi **2** (*wertvoll*) {SCHMUCK, TEPPICH} prezioso, costoso: **überall hingen teure Designerlampen**, dappertutto erano appesi costosi lampade di design; **die Zeit ist unser ~stes Gut**, il tempo è il nostro bene più prezioso **3** (*mit schlimmen Folgen*): **sein Angebot ausgeschlagen zu haben, war ein teurer Fehler**, aver rifiutato la sua offerta è stato un errore pagato a caro prezzo **4** *geh* (*geschätzt*) {FREUND(IN), KOLLEGE, VERWANDTE} caro, carissimo: **jdm ~ sein**, essere caro a qu; **teurer Freund!** *geh*, carissimo/stimato amico!; **meine Teure**/**Teuerste** *scherz*, cara mia *scherz*; {ANDENKEN, ERINNERUNGSSTÜCK} prezioso, caro; **das Buch ist mir stets ein teurer Ratgeber**, questo libro è sempre stato per me un prezioso consigliere; **die Teekanne ist für mich ein besonders teures Stück**, la teiera ha per me un un valore particolare **B** *adv* **1** (*für viel Geld*) {ANBIETEN, HANDELN, KAUFEN, VERKAUFEN} a un prezzo alto: **ich will das Haus ~ verkaufen, andernfalls behalte ich es,** la casa la voglio vendere bene, altrimenti me la tengo; **~ leben,** vivere nel lusso; **sich ~ kleiden,** vestire con capi costosi **2** (*für einen hohen Gegenwert*): **etw ~ bezahlen/büßen (müssen)** {HANDELN, LEICHTSINN, TAT, VERHALTEN}, (dover) pagare ˻caro (-a) qc˼/[un alto prezzo per qc]; **sich (dat) etw ~ bezahlen lassen,** farsi pagare caro (-a) qc; **das Model lässt sich seinen Sekundenauftritt ~ bezahlen,** la modella si fa pagare fior di quattrini per la sua apparizione lampo; **sich (dat) seine Verschwiegenheit ~ bezahlen lassen,** chiedere molto in cambio del proprio silenzio; **sich (dat) seine Freiheit/Unabhängigkeit ~ erkaufen,** dover pagare un alto prezzo per la propria libertà/indipendenza • **etw kommt jdn ~ zu stehen,** qc costa caro (-a) a qu, qu paga caro (-a) qc; **sich so ~ wie möglich verkaufen,** vendersi al meglio.

Teuerung <-, -en> f rincaro m, aumento m dei prezzo; (*als allgemeines Phänomen*) carovita m: **der Erdölmarkt erlebt ständige ~en,** il mercato del petrolio subisce continuamente dei rincari.

Teuerungsrate f tasso m d'inflazione.
Teuerungswelle f ondata f di rincari.
Teuerungszulage f indennità f di contingenza, (indennità f di) carovita m *obs*.

Teufel <-s, -> m **1** <*nur sing*> *relig* (*Satan*) diavolo m: **den ~ austreiben,** esorcizzare il diavolo/demonio; **vom ~ besessen sein,** essere indemoniato/[posseduto dal demonio/ diavolo]; **den ~ besiegen,** vincere il male; **an den ~ glauben,** credere al diavolo; **ein Werk des ~s,** un'opera del diavolo **2** (*böser Mensch*) diavolo m: **~ in Menschengestalt,** ˻il diavolo˼/[satana] in persona **3** *fam* (*wildes Kind*) diavoletto m *fam*, demonio m *fam*: **als Kind war er ein kleiner ~,** da bambino era un diavoletto; **heute ist die Kleine ein richtiger ~!,** oggi la bambina/piccola è proprio ˻una peste˼/[un diavolo scatenato]! • **ein armer ~,** un povero diavolo; **~ auch!** (*erstaunt*), diavolo!, accidenti!, accipicchia!; **den ~ mit dem *Beelzebub* austreiben,** è peggiore il rimedio del male; **bist du des ~s!** *fam*, che diavolo ti prende!; **der ~ steckt im *Detail*,** il diavolo si nasconde nei dettagli; **~ noch *eins*(*ein*)mal!, ...** maledizione!; **den ~ danach *fragen*,** strafregarsene *slang*; **er hat einen ~ danach gefragt, ob mir das recht ist,** se n'è strafregato di sapere se mi va bene o no; **geh zum ~!,** va' al diavolo!; **etw geht zum ~** *slang*, qc va a farsi benedire/fottere *slang*/friggere *fam*; **dabei hat der ~ seine *Hand* im Spiel,** qui il diavolo ci ha messo la coda/le corna/lo zampino; **hol dich der ~!** *fam*, che il diavolo ti porti! *fam*, va' a quel paese! *fam*; **hol's der ~!** *fam*, dannazione!, maledizione!, se lo porti il diavolo!; **hol mich der ~, wenn ...,** (che) mi venga un accidente se ... *fam*; **jdn zum ~ *jagen*** *fam*/ **schicken** *fam*/**wünschen** *fam*, mandare qu ˻al diavolo˼/[all'inferno]; **auf ~ komm raus** *fam*, a tutto spiano; **in ~s *Küche* kommen,** geraten *fam*, cacciarsi/mettersi in grossi guai/pasticci; **jdn in ~s *Küche* bringen** *fam*, mettere qu in dei grossi guai/pasticci; **sich den ~ (um etw akk) *kümmern*** *fam*, strafregarsene (di qc) *slang*, sbattersene (di qc) *slang*; **den ~ im *Leib* haben** *fam*, avere il diavolo in corpo *fam*; **hier ist der ~ los!** *fam*, qui sta succedendo il pandemonio/un macello/ il finimondo!; **in (drei) ~s Namen ...** diavolo!, accidenti!, per tutti i diavoli!; **dann nimm halt in drei ~s Namen noch ein Eis!,** allora prenditelo, un altro di quei dannati gelati!; **~, noch (ein)mal!** (*verärgert*), diavolo!, accidenti!; **pfui ~!,** puah, che schifo! *fam*; **dich *reitet* wohl der ~ ?!,** (che) sei impazzito (-a)?!; **scher dich zum ~!** *fam*, vattene al diavolo! *fam*; **den ~ um etw (akk) *scheren*,** farsi un baffo di qc *fam*; **hinter etw (dat) her sein wie der ~ hinter der armen *Seele*** *fam* {HINTER DEM GELD}, correre dietro a qc come un dannato; **zum ~ sein** *slang* {AUTO, COMPUTER}, essere andato *fam*/rotto; **die Gelegenheit ist zum ~,** l'occasione è andata ˻al diavolo˼/[a farsi benedire]; **den ~ an die *Wand* malen** *fam*, fare l'uccello/l'uccellaccio del malaugurio *fam*; **mal nicht den ~ an die Wand!,** non fare l'uccellaccio del malaugurio!; **jdn/etw fürchten wie der ~ das *Weihwasser*** *fam*, temere qu/qc come il diavolo l'acqua santa; **weiß der ~, wo/wie/wer ...,** lo sa (solo) Iddio dove/come/chi ...; **den ~ werd' ich tun!** *fam*, willst du mir nicht endlich ein Mofa kaufen, Papa? - Den ~ werd' ich tun!, proprio non me lo compri il motorino, papà? - ˻Sì, domani˼/[Col piffero]!; **wie der ~ etw tun** {FAHREN, GELD AUSGEBEN}, fare qc come un indemoniato/ossesso; **es müsste schon mit dem ~ zugehen, wenn ich die Prüfung nicht schaffe,** se il diavolo non ci mette lo zampino la coda, dovrei proprio riuscire a passare l'esame; **wann/wie/wo/ ... zum ~!,** quando/come/dove/... diavolo?; **zum ~ mit dir!,** vai al diavolo..! *fam*; **der ~ scheißt immer auf den größten Haufen** *prov*, piove sempre sul bagnato; **wenn man vom ~ spricht,** (˻**dann kommt er**˼/[**ist er nicht weit**]) *prov*; **wenn man den ~ nennt, kommt er gerennt** *prov*, si parla del diavolo e spuntano le corna.

Teufelei <-, -en> f malvagità f, perfidia f.
Teufelin f **1** (*weiblicher Teufel*) diavolessa f **2** (*böses Weib*) megera f, arpia f, strega f.
Teufelsaustreibung f esorcismo m.
Teufelsbraten m *fam* demonio m.
Teufelsbrut f *pej* razza f maledetta.
Teufelskerl m *fam* diavolo m d'uomo *fam*, demonio m.
Teufelskreis m circolo m vizioso: **den ~ durchbrechen,** uscire dal circolo vizioso.
Teufelsweib n *fam* diavola f *fam*.
Teufelswerk n opera f del diavolo.
Teufelszeug n *fam* **1** (*gesundheitsschädliche Substanz*) veleno m **2** (*etwas Unheilvolles*) cosa f malefica.

teuflisch **A** *adj* **1** (*grausam*) {FALLE, PLAN, VERBRECHEN, WESEN} diabolico, satanico **2** (*diabolisch*) {GRINSEN, LACHEN} diabolico, satanico, mefistofelico: **ein ~es Vergnügen,** un piacere diabolico **B** *adv pej* (*verstärkend: sehr*): **etw ist ~ gut,** qc è buono da impazzire; **jd ist ~ gut (in etw + dat),** qu è terribilmente bravo (˻nel fare˼/[in] qc); **sie ist eine ~ gute Köchin,** lei è una vera maga in cucina; **es ist ~ heiß,** fa un caldo ˻del diavolo *fam*˼/[infernale *fam*]; **~ wehtun,** fare un male cane *fam*/bestiale *fam*; **beim Steilwandklettern muss man ~ aufpassen,** facendo il free climbing bisogna stare maledettamente attenti.

Teuro <-(s), -s> m *fam scherz oder iron* "l'euro come supposto responsabile del caro vita": **die Diskussion um den ~,** la discussione sul caro euro.

Teutone <-n, -n> m (**Teutonin** f) **1** *hist* (*germanischer Volksstamm*) Teutone mf **2** *pej oder scherz* (*typischer Deutscher*) teutonico (-a) m (f) *pej oder iron*.

Teutonengrill m *fam scherz* "spiaggia f di un paese mediterraneo molto frequentata da turisti tedeschi".

Teutonin f → **Teutone**.
teutonisch *adj pej* teutonico *pej oder iron*.
Texaner <-s, -> m (**Texanerin** f) texano (-a) m (f).
Texas <-, *ohne pl*> n *geog* Texas m.
Text <-(e)s, -e> m **1** (*schriftliche Darstellung*) testo m: **einen ~ abfassen/korrigieren,** ˻redigere/stilare˼/[correggere] un testo; **sich an den ~ halten,** attenersi alle parole; **einen ~ in den Computer eingeben,** ˻inserire un testo nel˼/[digitare un testo al] computer **2** (*Wortlaut*) {AUFRUF, ERKLÄRUNG, REDE, URTEIL} testo m, contenuto m: **der ~ besagt Folgendes,** il testo dice quanto segue; {+LIED} testo m, parole f pl; {+OPER} libretto m • **jdn aus dem ~ bringen** *fam*, far perdere il filo (del discorso) a qu; **aus dem ~ kommen,** perdere il filo (del discorso); **verborgener ~ *inform*,** testo nascosto; **weiter im ~!** *fam*, avanti!

Textanalyse f analisi f testuale/[del testo].
Textaufgabe f **1** *math* quesito m, problema m **2** (*Prüfung mit Fragen zum Text*) (esercizi m pl di) comprensione f del testo.
Textauszug m brano m (scelto), estratto m/stralcio m/passo m (di un testo).
Textbaustein m *inform* modulo m di testo.
Textbuch n *mus* libretto m (d'opera).
Textdatei f *inform* file m di testo: **eine ~ öffnen/schließen/kopieren,** aprire/chiudere/copiare un file di testo; **eine ~ ˻auf Diskette/Festplatte˼/[in einem Dateiordner] speichern,** salvare un file di testo ˻su (un) dischetto˼/[sul disco fisso/rigido]/[in una cartella]; **eine ~ ˻per E-mail˼/[als Attachment] verschicken,** spedire un file di testo ˻per/via e-mail˼/[come allegato].
Textdichter m (**Textdichterin** f) *mus* **1** {+U-MUSIK} paroliere (-a) m (f) **2** {+OPER} librettista mf.
Textdokument n *inform* documento m.
Texteditor <-s, -en> m *inform* editor m di testo.
Textelement n *inform* elemento m di (un) testo: **~e kopieren/verschieben,** copiare/ spostare elementi di (un) testo.
texten **A** *tr etw* ~ {SCHLAGERTEXT, WERBESLOGAN} ideare qc, scrivere qc **B** *itr mus* scrivere le parole/i testi (delle canzoni).
Texter <-s, -> m (**Texterin** f) (*in der Werbung*) pubblicitario (-a) m (f); (*Schlagertexter*) paroliere (-a) m (f).
Textfeld n *inform* casella f di testo.
Textgestaltung f *inform* layout m (di testo).
textil *adj* tessile.
Textilarbeiter m (**Textilarbeiterin** f) operaio (-a) m (f) (dell')industria f tessile.
Textilbranche f (settore m) tessile m.
Textildruck m stampa f su tessuti.
Textileinzelhandel m dettaglianti m pl del (settore del) tessile.
Textilfabrik f fabbrica f/industria f tessile; (*Gebäude*) stabilimento m tessile.
Textilfaser f fibra f tessile.
textilfrei *adj iron* nudo.
Textilgewerbe n industria f tessile.
Textilhersteller m (**Textilherstellerin** f) industriale mf del (settore) tessile.
Textilien *subst* <*nur pl*> (*prodotti m pl*) tessili m pl.
Textilindustrie f industria f tessile.
Textilingenieur m (**Textilingenieurin** f) ingegnere m tessile.
Textilkunst f arte f tessile.
Textilstrand m *iron* "spiaggia f dove biso-

gna indossare il costume da bagno".

Textilwaren subst <nur pl> → **Textilien**.

Textilwirtschaft f (industria f) tessile m.

Textkritik f <meist sing> critica f ⌊del testo⌋/[testuale].

Textlinguistik f gram linguistica f testuale.

Textmarke f inform segnalibro m.

Textmarker <-s, -> m marker m, evidenziatore m.

Textsorte f ling tipo m/genere m di testo.

Textspeicher m inform memoria f.

Textstelle f punto m/passo m di un testo.

Textsystem n → **Textverarbeitungssystem**.

Textverarbeitung f inform elaborazione f (dei) testi, videoscrittura f, word processing m: **elektronische ~**, elaborazione elettronica (dei) testi.

Textverarbeitungssystem n inform sistema m di videoscrittura.

Textverstehen n (im Sprachunterricht) comprensione f del testo.

Tezett n: **bis zum/ins (letzte) ~** fam {ETW KENNEN}, fin nei minimi dettagli; {JDN KENNEN} fino in fondo.

T-förmig adj a (forma di) T.

TFT <-(s), -(s)> m, **TFT-Bildschirm** m → **Flachbildschirm**.

TH <-, -s> f Abk von Technische Hochschule: facoltà f pl tecniche, ≈ Politecnico m.

Thai① <-(s), -(s)> m oder <-, -(s)> f fam → **Thailänder**.

Thai② <-, ohne pl> n ling thai m.

Thaifrau f (donna f) thai(landese) f.

Thailand <-s, ohne pl> n geog Thailandia f.

Thailänder <-s, -> m (**Thailänderin** f) thai(landese) mf.

thailändisch adj thailandese.

Thailändisch <-(s), ohne pl> n, **Thailändische** <dekl wie adj> n thailandese m; → auch **Deutsch**, **Deutsche**②.

Thaisprachen subst <nur pl> lingue f pl thai.

Thalassämie <-, ohne pl> f med talassemia f.

Thalassotherapie <-, -n> f med talassoterapia f.

Thallium <-s, ohne pl> n chem tallio m.

Thea f (Vorname) Tea.

Theater① <-s, -> n **1** (Gebäude) teatro m: **ins ~ gehen**, andare a teatro; **das ~ ist ausverkauft**, il teatro è tutto esaurito **2** (~publikum) teatro m, spettatori m pl: **das ganze ~ klatschte/pfiff**, tutti gli spettatori applaudirono/fischiarono **3** (Kulturinstitution) teatro m: **experimentelles/regionales/nationales/städtisches ~**, teatro sperimentale/regionale/nazionale/comunale; **barockes/episches/griechisches/japanisches/zeitgenössisches ~**, teatro barocco/epico/greco/giapponese/contemporaneo; **am/beim ~ sein**, fare teatro; **jdn an einem ~ engagieren**, scritturare/ingaggiare qu presso un teatro; **das Stück von Jellinek wird im neuen ~ gegeben**, la pièce di Jellinek è in programma/cartellone al teatro nuovo **4** <nur sing> (Aufführung) rappresentazione f/spettacolo m teatrale: **das ~ beginnt um 21 Uhr**, lo spettacolo (teatrale) ⌊ha inizio⌋/[inizia] alle ore 21; **morgen ist neues ~**, domani non ci saranno spettacoli/rappresentazioni • **demnächst in diesem ~** fam scherz, prossimamente su questi schermi fam scherz; **zum ~ wollen**, voler fare teatro, voler diventare attore (-trice) (di teatro).

Theater② <-s, ohne pl> n fam pej **1** (Unannehmlichkeiten) casino m slang: **wenn das rauskommt, gibt's bei uns ein riesiges ~!**, se salta fuori a casa mia scoppierà un gran casino! slang; **wegen etw** (gen oder fam dat) **~ machen**: **mach nicht so ein ~, das ist doch nicht so schlimm!**, non fare tante storie, non è poi così grave!; **wenn das Kind nicht gleich seinen Willen bekommt, macht es ~!**, se il bambino non ottiene subito ciò che vuole, ⌊fa una scena⌋/[pianta una grana fam] **2** (Farce): **das ist nur/reines ~!**, è tutta scena!, è tutta una commedia!, è solo una farsa!; **er spielt vielleicht ~!**, ma guarda che attore!; **sie spielte uns allen ein großes ~ vor**, ha recitato la parte davanti a tutti noi.

Theaterabonnement n abbonamento m ⌊a teatro⌋/[alla stagione teatrale].

Theateraufführung f rappresentazione f/spettacolo m teatrale.

Theaterautor m (**Theaterautorin** f) autore (-trice) m (f) teatrale, drammaturgo (-a) m (f).

Theaterbesuch m: **regelmäßige ~e sind heute zu einem Luxus geworden**, oggigiorno andare a teatro regolarmente è diventato un lusso.

Theaterbesucher m (**Theaterbesucherin** f) spettatore (-trice) m (f); (häufiger ~) frequentatore (-trice) m (f) di teatri.

Theaterdirektor m (**Theaterdirektorin** f) obs direttore (-trice) m (f) amministrativo (-a) del teatro.

Theaterdonner m iron: **das war alles nur ~!**, tanto rumore per nulla!

Theaterensemble n (compagnia f teatrale di) teatro m stabile.

Theaterferien subst <nur pl> chiusura f (estiva) del teatro.

Theatergruppe f gruppo m ⌊di teatro⌋/[teatrale].

Theaterkarte f biglietto m ⌊per il⌋/[d'ingresso a] teatro.

Theaterkasse f biglietteria f/botteghino m (del teatro), box office m.

Theaterkritiker m (**Theaterkritikerin** f) critico (rar -a) m (f) teatrale.

Theatermacher m → **Theaterregisseur**.

Theatermann m slang, **Theatermensch** m slang animale m ⌊da teatro/palcoscenico⌋/[teatrale].

Theaterprobe f prova f.

Theaterregie f regia f teatrale.

Theaterregisseur m (**Theaterregisseurin** f) regista mf ⌊di teatro⌋/[teatrale].

Theatersaison f stagione f teatrale.

Theaterschauspieler m (**Theaterschauspielerin** f) attore (-trice) m (f)/interprete mf di teatro.

Theaterstück n pièce f (teatrale), pezzo m/lavoro m teatrale.

Theatertruppe f compagnia f teatrale.

Theatervorstellung f → **Theateraufführung**.

Theaterwissenschaft f storia f del teatro; (als Fach an der italienischen Uni) storia f dello spettacolo: **sie studiert ~en und Germanistik**, studia storia dello spettacolo e germanistica.

theatralisch adj teatrale; {GESTE} auch plateale.

Thein <-s, ohne pl> n → **Tein**.

Theismus <-, ohne pl> m philos relig teismo m.

Theist <-en, -en> m (**Theistin** f) teista mf.

theistisch adj teistico.

Theke <-, -n> f **1** (Schanktisch) banco m/bancone m (di osteria): **an der ~ lehnen**, **stehen** und **trinken**, stare in piedi al banco a bere; **lass mal noch ein Bier über die ~ wachsen!** slang (an den Wirt gewandt), fammi un'altra birra! fam **2** (Ladentisch) banco m (di vendita), bancone m: **den Stoffballen auf der ~ aufrollen**, svolgere il rotolo/la pezza di stoffa sul bancone.

T-Helferzelle f biol cellula f T-helper.

Thema <-s, Themen oder -ta> n **1** (mündlich oder schriftlich zu behandelnder Gegenstand) argomento m, tema m, soggetto m geh: **ein ~ behandeln/abschließen/anschneiden/besprechen**, trattare/concludere/abbozzare/discutere un argomento; **ein ~ angehen**, affrontare un argomento/tema; **jdn vom ~ abbringen**, sviare qu dall'argomento; **vom ~ abkommen**, divagare (dal tema); **beim ~ bleiben**, restare in tema/argomento; **über ein aktuelles/brisantes/heikles/unangenehmes ~ sprechen**, trattare/[parlare di] un argomento ⌊di attualità⌋/[scottante]/[scabroso]/[sgradevole] **2** Schule {+AUFSATZ, PRÜFUNG} tema m: **das ~ verfehlen**, andare fuori tema **3** (Stoff) {+FILM, KOMÖDIE, THEATERSTÜCK} soggetto m: **was ist das ~ des Films?**, qual è il soggetto del film? **4** mus {+FUGE, SONATE} tema m, motivo m **5** ling tema m: **Thema-Rhema**, tema-rema • **fängst du schon wieder damit an? Wollen wir dieses ~ nicht besser begraben?**, ricominci daccapo? Non sarebbe meglio metterci una pietra sopra?; **kein ~ sein**: **das ist kein ~ in diesem Rahmen** (das steht nicht zur Diskussion), in questo contesto non è argomento di discussione; **das ist für mich ganz und gar kein ~!** (das kommt nicht in Frage), è fuori discussione!; **natürlich kann ich dich abholen, kein ~!** fam, certo che posso venirti a prendere, non è un problema!; **~ Nummer eins** fam, tema numero uno: il sesso; **das ~ des Tages**, l'argomento del giorno; **das ~ wechseln**, cambiare argomento; **lasst uns das ~ wechseln!**, parliamo d'altro!, cambiamo argomento!; **etw zum ~ haben**, avere ⌊come tema⌋/[per soggetto] qc; **der Artikel hat die Lebensbedingungen der Einwanderer zum ~**, l'articolo ha ⌊come tema⌋/[per soggetto] le condizioni di vita degli immigrati.

Thematik <-, rar -en> f tematica f.

thematisch **A** adj **1** (ein oder mehrere Themen betreffend) {AUFBAU, GESICHTSPUNKT} tematico: **etw nach ~en Kriterien ordnen**, ordinare/classificare qc secondo criteri tematici **2** mus tematico: ⌊**es Verzeichnis**⌋/[**~er Katalog**], catalogo delle opere di un compositore **B** adv dal punto di vista tematico, tematicamente.

thematisieren <ohne ge-> tr geh etw ~ affrontare (pubblicamente) qc: **seine Ängste ~**, verbalizzare le proprie paure.

Themawechsel m: **jetzt ist genug gejammert, ~!**, adesso basta lamentarsi, cambiamo argomento!

Themen pl von **Thema**.

Themenbereich m ambito m tematico, tematica f: **ein weitgesteckter ~**, un ambito tematico molto vasto; **in einen bestimmten ~ fallen**, rientrare in un certo ambito tematico, riguardare una determinata tematica.

Themenkatalog m elenco m degli argomenti; (in der Bibliothek) catalogo m per soggetti.

Themenkreis m → **Themenbereich**.

Themenstellung f <meist sing> modo m di porre/presentare un tema: **die ~ bei dieser Klausur war irreführend**, il titolo dell'esame scritto era formulato in modo fuor-

viante.
Themenwahl f <*meist* sing> scelta f dell'argomento.
Themse <-, *ohne* pl> f *geog* Tamigi m.
Theo, **Theodor** m (*Vorname*) Teo(doro).
Theokratie <-, -*n*> f *geh* teocrazia f.
Theologe <-*n*, -*n*> m (**Theologin** f) teologo (-a) m (f).
Theologie <-, -*n*> f teologia f: ~ **studieren**, studiare teologia.
Theologin f → **Theologe**.
theologisch **A** adj teologico **B** adv **1** (*in der Theologie*): **er war ~ sehr bewandert**, era molto esperto di teologia/[in questioni teologiche] **2** (*für die Theologie*) da un punto di vista teologico: **es ist schwierig, diese Fragestellung ~ zu behandeln**, è difficile affrontare questa problematica da un punto di vista teologico/[in termini teologici].
Theorem <-*s*, -*e*> n teorema m.
Theoretiker <-*s*, -> m (**Theoretikerin** f) **1** (*wer sich nur mit der Theorie eines Fachgebiets beschäftigt*) teorico (-a) m (f) **2** *oft pej* (*jd, der die Praxis vernachlässigt*) teorico (-a) m (f): **er ist ein reiner ~, von Praxis hat er keine Ahnung**, è un puro teorico, non ha la minima esperienza pratica.
theoretisch **A** adj **1** (*gedanklich*) {BETRACHTUNG, ERWÄGUNG, MÖGLICHKEIT} teorico: **eine rein ~e Behandlung des Problems**, una trattazione del problema prettamente teorica/astratta; **das ist mir alles viel zu ~**, sono discorsi troppo teorici/astratti per i miei gusti **2** (*die Theorie betreffend*) {KENNTNISSE, WISSEN} teorico: **die ~en Voraussetzungen sind zwar gegeben, aber ...**, vi sarebbero i presupposti teorici, ma ...; **er besitzt eine gute ~e Ausbildung**, ha una buona formazione teorica; **der ~e Teil der Prüfung**, la parte teorica dell'esame **3** (*nicht experimentell*) teorico: **~e Physik**, fisica teorica; **~e Philosophie**, filosofia teorica **B** adv **1** (*formal*) teoricamente, in teoria, sul piano/[dal punto di vista] teorico: **~ erscheint die Sache einfach, aber praktisch bedeutet sie ein Problem**, in teoria la cosa sembra facile ma in pratica è un problema **2** (*die Theorie betreffend*) sul piano teoretico.
theoretisieren <*ohne* ge-> itr *oft pej* teorizzare: **er ist einer, der gern und lange theoretisiert**, è uno che spesso e volentieri si perde in ragionamenti teorici.
Theorie <-, -*n*> f **1** (*Wissenschaft*) ~ **über etw** akk/**zu etw** dat) teoria f (*su/di qc*): **die ~ der Mengenlehre**, la teoria degli insiemi; **eine ~ aufstellen/belegen/beweisen/verwerfen**, enunciare/provare/dimostrare/respingere una teoria; **eine anerkannte/umstrittene ~**, una teoria riconosciuta/discussa **2** <*nur* sing> (*Hypothese*) teoria f: **etw ist bloße/reine ~**, qc è mera/pura teoria; **in der ~ mag das zutreffen, aber die Wirklichkeit sieht ganz anders aus**, in teoria sarà anche così, la realtà però è molto diversa; **die ~ hatte er intus, aber bei der Praxis haperte es noch sehr** *fam*, la teoria l'aveva assimilata, ma nella pratica zoppicava ancora parecchio ● **graue ~ sein** *geh*, essere pura teoria.
Theosophie <-, -*n*> f *relig* teosofia f.
theosophisch adj teosofico f.
Therapeut <-*en*, -*en*> m (**Therapeutin** f) *med psych* terapeuta m.
Therapeutik <-, *ohne* pl> f *med* terapeutica f.
Therapeutin f → **Therapeut**.
therapeutisch **A** adj {ANWENDUNG, EIGENSCHAFTEN, MITTEL, MASSNAHMEN} terapeutico, curativo: **die ~en Wirkungen eines Pflan-** **zenöls**, gli effetti terapeutici/[l'efficacia terapeutica] di un olio vegetale **B** adv a scopo terapeutico, terapeuticamente: ~ **angeraten**/[**viel versprechend**]/[**wirksam**] **sein**, essere consigliato/promettente/efficace a fini terapeutici.
Therapie <-, -*n*> f **1** *med* (*Heilbehandlung*) terapia f, cura f: **eine erfolgreiche/gezielte ~**, una terapia/cura efficace/mirata; **eine ~ anwenden/verordnen**, applicare/prescrivere una terapia **2** *psych* (*Psycho~*) terapia f; (**zu jdm**) **in ~ gehen** *fam psych*, andare in terapia (da qu); (**bei jdm**) **in ~ sein** *fam psych*, essere in terapia (da qu).
Therapiegruppe f *bes. psych* gruppo m che segue una (psico)terapia.
Therapieplatz m *bes. psych* posto m per la (psico)terapia.
therapieren <*ohne* ge-> tr *med psych* **jdn ~** sottoporre *qu* a una terapia.
therapieresistent adj *med* {BAKTERIEN, INFEKTIONEN} resistente ad ogni tipo di terapia.
Therese f (*Vorname*) Teresa.
Thermalbad n **1** (*Kurort mit Thermalquelle*) centro m/stazione f/località f termale **2** (*Bäderanlage*) terme f pl, centro m/stabilimento m termale **3** *med* (*Heilbad*) bagno m termale **4** (*Schwimmbad mit Thermalwasser*) piscina f (di acqua) termale.
Thermalquelle f sorgente f termale: **eine schwefelhaltige ~**, una sorgente termale sulfurea.
Thermalsalz n sale m termale.
Thermalschwimmbad n piscina f (di acqua) termale.
Thermalwasser n acque f pl termali.
Therme <-, -*n*> f **1** (*Thermalquelle*) sorgente f termale, terme f pl **2** <*nur* pl> (*Badeanlagen in der römischen Antike*) terme f pl.
Thermik <-, *ohne* pl> f *meteo* termica f, corrente f d'aria ascendente.
Thermiksegeln n *sport* volo m termico.
thermisch adj <*attr*> termico: **~e Energie**, energia termica.
Thermochemie f *chem* termochimica f.
thermochemisch adj *chem* termochimico.
Thermodrucker m *inform* stampante f termica.
Thermodynamik <-, *ohne* pl> f *phys* termodinamica f.
thermodynamisch adj *tech* termodinamico.
thermoelektrisch adj termoelettrico.
Thermohose f pantaloni m pl termici.
Thermomantel m cappotto m termico.
Thermometer <-*s*, -> n *oder süddt A CH* m **1** (*Außenthermometer*) termometro m: **das ~ misst die Raumtemperatur**, il termometro indica/segna la temperatura dell'ambiente; **das ~ wird heute Nacht unter null sinken** *meteo*, la colonnina di mercurio stanotte scenderà sotto lo zero **2** (*Fieberthermometer*) termometro m: **das elektronische ~**, il termometro elettronico.
thermonuklear adj *nukl* {BOMBE, EXPLOSION, GESCHOSS} termonucleare.
Thermonuklearwaffe f *mil* arma m termonucleare.
Thermopapier n (*für Faxgeräte*) carta f termica.
Thermoplast <-(*e*)*s*, -*e*> m <*meist* pl> *chem* materiale m termoplastico.
Thermosflasche f thermos m, termos m.
Thermoskanne f thermos m a forma di bricco. **Thermostat** <-*en*, -*en oder* -(*e*)*s*, -*e*> m termostato m.
thesaurieren <*ohne* ge-> tr **etw ~** *ökon* {EDELMETALLE, KUNSTSCHÄTZE, WERTSACHEN} tesaurizzare *qc*.
Thesaurus <-, *Thesauren oder Thesauri*> m **1** *hist* (*Lexikon*) tesoro m, thesaurus m **2** *ling* (*Glossar*) glossario m **3** *inform* thesaurus m **4** *archäol* tesoro m.
These <-, -*n*> f **1** (*in der Wissenschaft*) tesi f: ~ **und Antithese bilden die Grundlage der Dialektik**, tesi ed antitesi sono il fondamento della dialettica; **eine ~ aufstellen/beweisen/widerlegen**, enunciare/dimostrare/confutare una tesi **2** *geh* (*Behauptung*) tesi f, opinione f: **eine fragwürdige/unhaltbare ~**, una tesi discutibile/insostenibile; **eine ~ aufstellen/verteidigen**, formulare/difendere una tesi; **er hat immer recht absurde ~n** *fam*, fa sempre dei ragionamenti piuttosto assurdi.
thesenhaft adj a (mo' di) tesi ● **etw ~ zusammenfassen**, riassumere i punti essenziali di *qc*.
Thesenpapier n *bes. univ* riassunto m schematico di una relazione (scritta).
Thessalien <-*s*, *ohne* pl> n *geog* Tessaglia f.
Thessaloniki <-*s*, *ohne* pl> n *geog* Salonicco f.
Thiamin <-*s*, -*e*> n *chem* (*Vitamin B*) tiamina f.
Thinktank, **Think-Tank** <-*s*, -*s*> m think tank m, pensatoio m.
Thomas m (*Vorname*) Tommaso ● **ein ungläubiger ~ sein**, essere come San Tommaso.
Thon <-*s*, *ohne* pl> m *CH* → **Thunfisch**.
Thora <-, *ohne* pl> f *relig* torà f, torah f.
Thorax <-(*es*), -*e oder fachspr* -*aces*> m **1** *anat* (*Brustkorb*) torace m **2** *med slang* (*Röntgenbild des Brustkorbs*) (radiografia f del) torace m.
Thorium <-*s*, *ohne* pl> n *chem* torio m.
Thrill <-*s*, *ohne* pl> m suspense f *oder rar* m: **Bungeejumping-Springern geht es vor allem um den ~**, chi pratica il bungee jumping lo fa soprattutto per provare emozioni forti.
Thriller <-*s*, -> m (*Buch*) giallo m, (romanzo m) poliziesco m, thriller m; (*Film*) (film m) thriller m.
Thrombose <-, -*n*> f *med* trombosi f.
Thrombozyt <-*en*, -*en*> m *biol* trombocita m, trombocito m, piastrina f.
Thron <-(*e*)*s*, -*e*> m **1** (*Herrscherstuhl*) trono m: **auf dem ~ sitzen**, sedere sul trono **2** *kunst myth relig* {+GOTT, JUNGFRAU, JUPITER} trono m: **der ~ Gottes**, il trono di Dio; **Christus auf dem ~**, Cristo in trono **3** (*monarchische Herrschaft*) trono m, corona f: **den ~ besteigen**, ascendere/salire al trono; **jdn auf den ~ erheben**, insediare qu al trono; **jdn vom ~ stoßen**, deporre qu dal trono, detronizzare qu; **auf den ~ verzichten**, rinunciare al trono/[alla corona], abdicare (al trono) ● **jds ~ wackelt** *fam*, la poltrona di qu vacilla.
Thronanwärter m (**Thronanwärterin** f) pretendente mf al trono.
Thronbesteigung f avvento m/ascesa f al trono.
thronen itr *irgendwo* ~ **1** (*wie auf einem Thron sitzend*) {CHEF, VATER} troneggiare/dominare + *compl di luogo*: **der Guru thronte inmitten seiner Schar von Gläubigen**, il guru troneggiava in mezzo ai suoi seguaci/adepti; (*die Szene beherrschen*) {GEGENSTÄNDE} troneggiare/spiccare + *compl di luogo* **2** (*in erhöhter Position liegend*) {ADLER, BURG AUF DEM FELSEN} ergersi imponente + *compl*

di luogo; {SCHLOSS ÜBER DER STADT, DEM TAL} *auch* dominare *qc*, sovrastare *qc*.

Thronerbe m (**Thronerbin** f) erede mf al trono.

Thronfolge f **1** (*Reihenfolge von Personen mit Anrecht auf den Thron*) successione f al trono: **der junge Prinz steht an zweiter Stelle in der ~**, il giovane principe è secondo nella successione al trono; **die ~ regeln**, definire la successione al trono **2** (*Herrschaftsübernahme*): **die ~ antreten**, succedere a qu sul trono.

Thronfolger <-s, -> m (**Thronfolgerin** f) erede mf al trono.

Thronrede f discorso m della Corona.

Thronsaal m sala f del trono.

Thuja <-, *Thujen*> f *bot*, **Thuje** <-, -n> f *bot* A tuia f.

Thulium <-s, *ohne pl*> n *chem* tulio m.

Thumbnail <-s, -s> n *inform* thumbnail o m f, miniatura f.

Thunfisch m *fisch* tonno m.

Thunfischfang m **1** pesca f del tonno **2** *hist* tonnara f.

Thurgau <-s, *ohne pl*> m *geog* Turgovia f.

Thüringen <-s, *ohne pl*> n *geog* Turingia f.

Thüringer① <-s, -> m (**Thüringerin** f) turingiano (-a) m (f).

Thüringer② <inv> adj <attr> turingio, della Turingia: **der ~ Wald** *geog*, la Selva di Turingia; **die ~ (Rost)bratwurst**, salsiccia rossa (arrosto) tipica della Turingia.

thüringisch adj turingiano.

Thymian <-s, -e> m *bot* timo m.

Thymus <-, *Thymi*> m *anat*, **Thymusdrüse** f *anat* (ghiandola f del) timo m.

Tiara <-, -en> f tiara f: **die ~ des Papstes**, la tiara del Papa.

Tiber <-s, *ohne pl*> m *geog* Tevere m.

Tibet① <-s, *ohne pl*> n *geog* Tibet m: **in ~** (*in der autonomen Region*), in Tibet; (*im Hochland*) nel Tibet.

Tibet② <-s, *ohne pl*> m *text* (lana f del) Tibet m.

Tibetaner <-s, -> m (**Tibetanerin** f) → **Tibeter**.

tibetanisch adj → **tibetisch**.

Tibeter <-s, -> m (**Tibeterin** f) tibetano (-a) m (f).

tibetisch adj tibetano.

Tic <-s, -s> m *med* tic m (nervoso), ticchio m.

Tick <-(e)s, -s> m **1** *fam* mania f pej (*Eigenart*) fissazione f, mania f, pallino m *fam*: **den ~ haben, dass ...**, avere la fissazione/mania/fissa *slang* di ... *inf*; **das Mädchen hatte den ~, zu mager zu sein**, la ragazza aveva la fissazione di essere troppo magra **2** *med* **Tic 3** *fam* (*Nuance*): **einen ~**, un pochino *fam*/tantino *fam*; **sie sieht einen ~ besser aus als ihre Freundin**, è un pochino/leggermente più carina della sua amica **4** (*ein Weniges*) idea f: **kann ich noch einen ~ Schlagsahne haben?**, posso avere ancora un'idea di panna montata? ● **bei dir tickt's wohl nicht richtig!** *fam*, ti manca qualche rotella!

ticken itr **1** (*tickendes Geräusch machen*) {UHR, WECKER, ZEITBOMBE} fare tic tac, ticchettare: **der Wecker tickt so laut, dass ich nicht schlafen kann**, il tic tac della sveglia non mi fa dormire; **man hört den Holzwurm im Gebälk ~**, si sente il rumore del tarlo nel legno **2** *fam* (*denken*): **Männer ~ anders als Frauen**, gli uomini sono fatti o/diversamente dalle donne ● **bei dir tickt's wohl nicht richtig!** *fam*, ti manca qualche rotella!

Ticken <-s, *ohne pl*> n ticchettio m, tic tac m.

Ticker <-s, -> m *fam* → **Fernschreiber**.

Ticket <-s, -s> n (*Flugticket*) biglietto m aereo; (*Bahnticket*) biglietto m ˌper ilˌ/[del] treno, biglietto m ferroviario; (*Schiffsticket*) biglietto m per la nave, (*Eintrittskarte*) biglietto m (d'ingresso).

ticktack interj tic tac!

Tide <-, -n> f *naut* **1** (*Steigen und Fallen des Wassers*) marea f **2** <*nur pl*> (*Gezeiten*) maree f pl.

Tidenhub, **Tidehub** m *naut* ampiezza f di marea.

Tiebreak, **Tie-Break** <-s, -s> m *oder* n *Tennis* tie-break m.

tief **A** adj **1** (*große Ausdehnung in vertikaler Richtung*) {BRUNNEN, FLUSS, GRABEN, MEER, STELLE} profondo, fondo: **der Schacht war 30 Meter ~**, il pozzo ˌera profondoˌ/[aveva una profondità di] 30 metri; **wie ~ ist das Wasser?**, quanto è profonda l'acqua? **2** (*horizontal ausgedehnt*) {RAUM, REGAL, SCHRANK} profondo: **wie ~ ist der Kleiderschrank?**, che profondità ha questo armadio? **3** (*tief eindringend*) {FALTEN, HOSENTASCHE, SCHNITT, WUNDE} profondo: **längst hatte sie an diesem Ort ~e Wurzeln geschlagen**, ormai aveva messo radici profonde in questi luoghi **4** (*ausgehöhlt*) {SCHALE, TAL, TELLER} fondo **5** (*hochschichtig*) {SCHLAMM, SCHNEE} alto: **im ~en Schnee stecken bleiben**, rimanere bloccato (-a) nella neve alta **6** (*niedrig*) {KURS, STAND, THERMOMETERSTAND, WASSERHÖHE} basso: **der Fluss hatte den ~sten Stand des Jahrzehnts erreicht**, il fiume aveva raggiunto il livello più basso degli ultimi dieci anni **7** (*dumpf*) {GERÄUSCH, KLANG, NOTE, STIMME, TON} grave, profondo: **das Instrument erzeugt einen ~en Klang**, lo strumento produce un suono grave; **ihre ~e Stimme faszinierte ihn sehr**, la sua voce profonda l'affascinò molto; **ein ~es, unheimliches Geräusch**, un rumore cupo, sinistro **8** (*mitten in etwas*) profondo: **im ~en Wald verlaufen**, perdersi in mezzo alla foresta; **im ~sten Afrika**, nel cuore dell'Africa, nell'Africa profonda; **im ~en Süden**, nel profondo sud **9** (*schlimm*) profondo: **im ~sten Mittelalter**, in pieno medioevo, nel medioevo più profondo/buio; **das sind ja Zustände wie im ~sten Mittelalter!**, sembra di essere in pieno medioevo! **10** (*zeitlich weit fortgeschritten*): **in ~er/~ster Nacht**, a notte fonda/inoltrata; **im ~sten Winter**, in pieno inverno **11** (*weit geneigt*) {DIENER, KNICKS, VERBEUGUNG} profondo **12** (*~ geschnitten*) {AUSSCHNITT, DEKOLLETÉ} profondo **13** (*dunkel*) {FARBE} scuro, cupo: **~es Rot**, rosso cupo **14** (*intensiv empfunden*) {FREUDE, SCHMERZ, TRAURIGKEIT, VERZWEIFLUNG} profondo, immenso; {SCHMERZ} *auch* acuto: **sie empfand eine ~e Liebe**, li legava un grande amore; **aus ~ster Verzweiflung**, spinto dalla disperazione più nera; **jdm aus ~stem Herzen etw wünschen**, augurare qc a qu dal profondo del cuore; **zum Zeichen ~ster Trauer trägt sie immer den schwarzen Schleier**, porta sempre il velo nero in segno di grave lutto **15** (*hochgradig*) {BETÄUBUNG, HYPNOSE, KOMA} profondo: **er hat einen ~en Schlaf**, ha il sonno pesante; **aus ~em Schlaf aufschrecken**, svegliarsi di soprassalto; **in ~er Ohnmacht liegen**, giacere svenuto (-a) **16** (*sehr ausgeprägt*) {ARMUT, EINSAMKEIT} assoluto: **auch in ~ster Bedrängnis verlässt sie nie der Mut**, anche nei momenti di grave difficoltà non le perde mai d'animo: **der Junge durchlebt eine ~e Krise**, il ragazzo sta vivendo una crisi profonda; **~es/~stes Schweigen**, silenzio assoluto **17** (*verborgen*) {BEDEUTUNG, GEHALT, GRUND, SINN} profondo: **vergeblich suchte**

er nach einem **~eren Sinn**, invano cercò di trovare un senso più profondo; **der ~ere Grund blieb ihr verborgen**, il motivo profondo rimase per lei un mistero **B** adv **1** (*in größerer Tiefe*) in profondità, profondamente: **~ tauchen**, immergersi a grandi profondità; **~ bohren/graben**, crivellare/scavare in profondità (il terreno); **~ im Schnee/Schlamm einsinken**, sprofondare nella neve/melma alta; **etw ~ eintauchen**, immergere completamente qc **2** (*weit nach innen/unten reichend*): **~ in etw (akk) eindringen** {CREME, NADEL IN DIE HAUT}, penetrare molto in profondità in qc **3** (*PERSON IN EIN WISSENSGEBIET*) addentrarsi in qc; **ein ~ ausgeschnittenes Kleid**, un vestito ˌmolto scollatoˌ/[con una scollatura molto profonda]; **~ ein-/ausatmen**, inspirare/espirare profondamente; **~ ins Landesinnere vordringen**, addentrarsi nel cuore del paese **3** (*von großer Höhe*): **~ fallen/stürzen**, cadere da grandi altezze, precipitare; **etw ~ hinunterlassen**, calare qc a grande profondità; **~ gefallen/gesunken sein**, essere caduto molto in basso; **er ist ~ in meiner Achtung gesunken**, mi è scaduto molto; **sich ~ verneigen**, inchinarsi profondamente, fare un inchino profondo **4** (*in geringer Entfernung von einer Oberfläche*): **die Möwen fliegen ~ über dem Wasser**, i gabbiani volano a pelo d'acqua; **die Schwalben fliegen heute ~**, oggi le rondini volano basse; **die Kampfflugzeuge fliegen zu ~**, i cacciabombardieri volano ˌtroppo bassiˌ/[a quota troppo bassa]; **die Sonne stand schon ~**, il sole era già basso sull'orizzonte; **die Wolken hängen ~**, le nuvole sono basse **5** <*meist präd im kompar*> (*in niedriger(er) Lage*): **einen Stock ~er wohnen**, abitare al piano di sotto; **zwei Etagen ~er gehen/fahren**, scendere di due piani **6** (*intensiv*) profondamente, molto: **etw ~ bedauern/bereuen**, dispiacersi profondamente per/di qc; **ich bedaure es aufs Tiefste**, mi rincresce moltissimo; **jdn ~ beeindrucken**, impressionare/colpire qu profondamente; **~ beleidigt/betroffen sein**, essere profondamente offeso/turbato; **~ erröten**, avvampare (in viso); **jdm ~ in die Augen schauen**, guardare qu profondamente negli occhi, penetrare qu con lo sguardo; **~ schlafen**, dormire profondamente, essere immerso in un sonno profondo **7** (*bis in einen Zeitraum hinein*): **bis ~ in die Nacht hinein**, fino a notte fonda; **bis ~ in den Herbst hinein**, fino ad autunno inoltrato; **bis ~ ins 20. Jahrhundert hinein**, fino al tardo XX secolo **8** (*im Ton*): **~ klingen**, avere un suono grave; **~ singen/spielen**, cantare/suonare nel registro grave ● **~ aufatmen**, tirare un sospiro di sollievo; **das lässt ~ blicken**, la dice lunga; **bei jdm ~ gehen**, toccare qu profondamente; **~ gehend** {DISKUSSION, KENNTNISSE} approfondito; {REFORM, VERÄNDERUNG} profondo; {GEFÜHL} profondo; **meine Worte gehen nicht besonders ~ bei ihm**, le mie parole non lo toccano più di tanto; **~ unten** (*von einem Berg, Flugzeug, Hochhaus aus*), laggiù in basso; (*unter der Erde, im Wasser*), in profondità; **~ verschneit sein**, essere sepolto sotto la neve; **im ~sten Vertrauen**, in tutta confidenza.

Tief <-s, -s> n **1** *meteo* bassa pressione f, depressione f: **ein ausgedehntes/umfangreiches ~**, una ampia/vasta zona/area di bassa pressione; **das ~ ˌverlagert sichˌ/[schwächt sich ab]**, la bassa pressione ˌsi spostaˌ/[va attenuandosi] **2** *psych* momento m ˌdi depressioneˌ/[critico]: **in einem (seelischen) ~ stecken/sein**, essere in un periodo nero.

Tiefausläufer m *meteo* coda f di una bassa pressione.

Tiefbau <-(e)s, -ten> m **1** <nur sing> bau (*Teilgebiet des Bauwesens*) infrastrutture f pl **2** bau (*Bau an oder unter der Erde*) opera f infrastrutturale.

Tiefbauingenieur m (**Tiefbauingenieurin** f) ingegnere m civile (che si occupa di infrastrutture).

tiefbeleidigt adj → **beleidigt**.

tiefbetroffen adj → **betroffen**.

tiefbetrübt adj → **betrübt**.

tiefbewegt adj → **bewegt**.

tiefblau adj blu notte.

Tiefdecker <-s, -> m *aero* aeroplano m ad ala bassa.

Tiefdruck① m *typ* calcografia f.

Tiefdruck② m *meteo* bassa pressione f, depressione f.

Tiefdruckgebiet n *meteo* area f/zona f di bassa pressione.

Tiefdruckkeil m *meteo* fronte m dell'area di bassa pressione.

Tiefe <-, -n> f **1** (*Ausdehnung nach unten*) profondità f: **sie wurde ohnmächtig und fiel in die ~**, svenne e precipitò nel vuoto; **die Statue wurde in einer ~ von über 200 Metern geborgen**, la statua fu rinvenuta a una profondità di oltre 200 metri **2** (*Ausdehnung in horizontaler Richtung*) {+FACH, REGAL, SCHRANK, SCHUBLADE} profondità f **3** <nur sing> (*Innere*) profondo m, profondità f: **diese Worte kommen aus der ~ ihrer Seele**, queste parole le vengono dal profondo dell'anima; **bei einem Problem/Thema in die ~ gehen**, approfondire/[andare a fondo a] un problema/argomento **4** (*Intensität*) {+GEFÜHL, HASS, LEIDENSCHAFT, SCHMERZ} profondità, intensità f: **die ~ ihrer Gedanken hat mich stark beeindruckt**, sono rimasto (-a) colpito (-a) dalla profondità dei suoi pensieri • **die Höhen und Tiefen des Lebens**, gli alti e bassi della vita.

Tiefebene f bassopiano m • **die Norddeutsche ~** *geog*, il bassopiano della Germania settentrionale; **die Oberrheinische ~** *geog*, il bassopiano dell'alto Reno.

Tiefenmesser <-s, -> m (*beim Tauchen*) profondimetro m.

Tiefenpsychologe m (**Tiefenpsychologin** f) psicologo (-a) m (f) del profondo.

Tiefenpsychologie f psicologia f del profondo.

Tiefenpsychologin f → **Tiefenpsychologe**.

tiefenpsychologisch adj relativo alla psicologia del profondo.

tiefenscharf adj con perfetta profondità di campo.

Tiefenschärfe f *film TV* profondità f di campo.

Tiefenstruktur f *ling* struttura f profonda.

Tiefenwirkung f **1** (*bis tief unter die Haut*) effetto m in profondità: **eine Creme mit ~**, una crema che agisce in profondità **2** *opt* (effetto m di) profondità f.

tiefernst adj molto serio, serissimo.

tieferschüttert adj → **erschüttert**.

Tieffleger m *aero* aereo m che vola a bassa quota • **geistiger ~** *fam pej*, povero idiota *fam pej*.

Tiefflug m *aero* volo m radente/[a bassa quota]: **im ~**, a volo radente.

Tiefgang m **1** *naut* pescaggio m: **das Schiff hat gefährlichen/geringen ~**, la nave ha un pescaggio pericoloso/[poco pescaggio] **2** (*geistiger, seelischer ~*) spessore m, profondità f (d'animo): **~ haben**, avere profondità/spessore; **das ist ein Typ mit ~**,

è un tipo profondo; **die Beziehung hat ~**, è un rapporto che va in profondità.

Tiefgarage f garage m sotterraneo, autorimessa f sotterranea; (*Parkhaus*) parcheggio m sotterraneo.

tiefgefrieren <irr, meist inf und part perf> tr *etw* ~ surgelare *qc*: **frisches Gemüse der Saison ~**, surgelare la verdura fresca di stagione.

tiefgefroren adj **1** (*tiefgekühlt*) {LEBENSMITTEL} surgelato **2** (*vollkommen gefroren*) → **gefroren**.

tiefgehend adj → **tief**.

tiefgekühlt adj congelato: **ich muss das ~e Fleisch erst noch auftauen**, devo ancora scongelare la carne.

tiefgreifend adj → **greifend**.

tiefgründig adj {ABHANDLUNG, ANALYSE, BETRACHTUNGSWEISE} profondo: **ein ~es Wesen besitzen**, avere un'anima profonda

Tiefkühlbox f piccolo congelatore m (portatile).

Tiefkühlfach n freezer m, scomparto m per i surgelati.

Tiefkühlkost f *gastr* (prodotti m pl/cibi m pl) surgelati m pl.

Tiefkühlschrank m congelatore m (verticale).

Tiefkühltruhe f congelatore m orizzontale/[a pozzetto].

Tiefkühlung <-, ohne pl> f surgelazione f, surgelamento m.

Tieflader <-s, -> m *autom* (rimorchio m per) autocarro m a pianale ribassato.

Tiefland <-(e)s, ohne pl> n bassopiano m.

tiefliegend adj → **liegend**.

Tiefpunkt m **1** (*auf einer Werteskala*) punto m più basso, livello m minimo **2** (*Nullpunkt*): **seine Stimmung ist an einem ~ angelangt**, il suo umore è a livelli bassissimi; **die diplomatischen Verhandlungen sind an einem absoluten ~**, le trattative diplomatiche sono ad un punto morto; **einen seelischen ~ haben**, avere il morale a terra, toccare il fondo.

Tiefschlaf m sonno m profondo.

Tiefschlag m **1** *Boxen* colpo m basso **2** (*Schicksalsschlag*) brutto colpo m, bella batosta f *fam/mazzata* f *fam*: **der plötzliche Tod ihrer Mutter hatte ihr einen gewaltigen ~ versetzt**, la morte improvvisa della madre è stato un gran brutto colpo per lei.

Tiefschnee m neve f alta: **~ fahren**, sciare fuoripista.

tiefschürfend adj → **schürfend**.

tiefschwarz adj nero carbone.

Tiefsee <-, ohne pl> f abissi m pl (marini), profondità f pl marine.

Tiefseefauna f fauna f abissale.

Tiefseefisch m pesce m abissale.

Tiefseeforscher m (**Tiefseeforscherin** f) esploratore (-trice) m (f) degli abissi (marini).

Tiefseeforschung <-, ohne pl> f esplorazione f abissale/[degli abissi (marini)].

Tiefseegraben m *geog* fossa f oceanica.

Tiefseetauchen n *sport* immersione f in profondità.

Tiefseetaucher m (**Tiefseetaucherin** f) *sport* subacqueo (-a) m (f) di profondità.

Tiefsinn <-(e)s, ohne pl> m **1** (*Gedankentiefe*) profondità f (di pensiero) **2** (*grüblerisches Nachdenken*) pensosità f (malinconica), malinconia f.

tiefsinnig adj **1** (*tiefgründig*) {GEDANKEN} profondo, complesso **2** (*schwermütig*) {PERSON} pensoso, meditabondo.

Tiefsinnigkeit <-, ohne pl> f profondità f (di pensiero).

Tiefstand m **1** (*niedrigster Stand*) livello m basso, minimo m: **der ~ des Wassers machte die Schifffahrt unmöglich**, il basso livello dell'acqua rese impossibile la navigazione **2** *ökon* depressione f: **der ~ der Wirtschaft**, la depressione economica; **der Dollar hatte seinen absoluten ~ erreicht**, il dollaro era sceso ai minimi storici.

Tiefstapelei <-, -en> f eccessiva modestia f, understatement m.

tief|stapeln itr (*in/bei etw* dat) ~ essere troppo modesto (*in qc*), sminuire *qc*: **was seine Rolle in dieser Angelegenheit angeht, hat er kräftig tiefgestapelt**, ha sminuito/minimizzato fortemente il suo ruolo in questa faccenda; **sie ist eine, die gerne tiefstapelt**, tende a sminuire i propri meriti.

Tiefstapler <-s, -> m (**Tiefstaplerin** f) persona f troppo modesta.

Tiefstart m *Leichtathletik* partenza f dai blocchi/[all'americana].

tiefstehend adj → **stehend**.

Tiefsttemperatur f minima f, temperatura f più bassa/[minima].

Tiefstwert m valore m minimo.

Tieftauchen <-s, ohne pl> n *sport* immersione f profonda.

Tieftöner <-s, -> m woofer m, altoparlante m per basse frequenze.

tieftraurig adj profondamente triste.

tiefverschneit adj → **verschneit**.

Tiegel <-s, -> m **1** (*Pfanne*) tegame m; (*mit Stiel*) padella f **2** *chem metall* (*Schmelztiegel*) crogiolo m.

Tier <-(e)s, -e> n **1** *zoo* (*Lebewesen*) animale m: **ein männliches/weibliches ~**, un maschio/una femmina; **ein reinrassiges ~**, un animale di razza (pura); **ein wildes ~**, un animale feroce, una belva; **~e dressieren/füttern/halten**, ammaestrare/addestrare/[dare da mangiare agli]/[tenere] animali; **~e züchten**, allevare animali **2** (*Rohling*) animale m, bestia f: **er benimmt sich wie ein ~**, si comporta come un animale • **ein gutes ~**, un bonaccione, una pasta d'uomo; **ein hohes ~**, un pezzo grosso/[da novanta] *fam*; **er ist irgendein hohes ~ in der Politik**, è uno importante in politica *fam*, è un pezzo grosso della politica; **das ~ im Menschen**, la bestia nell'uomo; **wie ein ~ schuften** *fam*, sgobbare/lavorare come una bestia; **das ~ in jdm wecken**, risvegliare la bestia/l'animale in qu; **zum ~ werden** (*verrohen*), abbrutire, imbestialire; *fam* (*sehr böse werden*), andare/montare in bestia; **wenn ich nicht gleich was zu essen bekomme, werd' ich zum ~!**, se non mi metto subito qualcosa sotto i denti divento una bestia/belva!

Tierart f specie f animale.

Tierarzt m (**Tierärztin** f) *med* veterinario (-a) m (f).

tierärztlich adj veterinario.

Tierbändiger <-s, -> m (**Tierbändigerin** f) domatore (-trice) m (f).

Tierchen <-s, -> n *dim von* Tier **1** (*Jungtier*) animaletto m, piccolo m (di animale), cucciolo m, bestiolina f *fam* **2** <nur pl> *euph* (*Ungeziefer*) animaletti m pl, bestioline f pl: **im Fell der Katze wimmelte es nur so von ~**, il gatto era pieno di bestiolino **3** *zoo* (*Wimpertierchenn*) ciliati m pl • **jedem ~ sein Pläsierchen!** *scherz oder iron*, a ciascuno il suo!

Tierexperiment n → **Tierversuch**.

Tierfabel f → **Fabel**.

Tierfett n grasso m animale.

Tierfreund m (**Tierfreundin** f) amante mf degli animali, zoofilo (-a) m (f) ● **du hast mir verdammt unrecht getan, aber ich bin ja ein ~** – *iron pej*, mi hai fatto un grosso torto ma non me la prendo con un/una disgraziatello (-a) come te!
Tiergarten m giardino m zoologico, zoo m.
Tiergehege n recinto m per (gli) animali.
Tiergestalt f: **in ~**, a forma di animale **eine Gottheit in ~**, una divinità zoomorfa.
Tierhalter m (**Tierhalterin** f) proprietario (-a) m (f) di un animale (domestico).
Tierhandlung f negozio m di animali.
Tierheim n (*für herrenlose Hunde*) canile m; (*für andere Tiere*) asilo m/ricovero m/rifugio m per animali (randagi).
tierisch① adj **1** (*bei Tieren vorfindbar*) {Fortpflanzungsweise, Organismus, Paarungsverhalten} animale, degli animali **2** (*von Tieren*) {Eiweiß, Fett, Krankheitserreger} animale **3** *pej* (*brutal*) {Gewalt, Rohheit} brutale, bestiale; (*grässlich*) {Aussehen, Äußeres, Benehmen, Gebrüll, Gesichtsausdruck} animalesco.
tierisch② *slang* **A** adj (*gewaltig*) {Durst, Hunger, Lust, Vergnügen, Schmerz} bestiale *fam*, enorme: **ich habe ~en Hunger**, ho una fame bestiale *fam*; **~e Schmerzen**, dolori bestiali *fam* **B** adv (*sehr; zur Verstärkung von Adjektiven, Adverbien und Verben*): **etw ~ ernst nehmen**, prendere qc troppo ₁sul serio₁/[seriamente]; **~ leiden/schuften/stinken**, soffrire/sgobbare/puzzare come una bestia; **~ wehtun**, fare un male cane *fam*.
Tierklinik f clinica f veterinaria.
Tierkörperbeseitigungsanstalt f "centro m di smaltimento di carogne di animali".
Tierkreis <-es, ohne pl> m *astr* zodiaco m.
Tierkreiszeichen n *astr* segno m zodiacale.
Tierkunde <-, ohne pl> f → **Zoologie**.
Tierlaut m → **Tierstimme**.
tierlieb, **tierliebend** adj amante degli animali, zoofilo.
Tierliebe f amore m per gli animali, zoofilia f.
Tiermärchen n "fiaba f che ha per protagonista uno o più animali".
Tiermedizin f (medicina f) veterinaria f.
Tiermehl n farina f animale.
Tierpark m **1** (*Reserve*) parco m zoo, riserva f faunistica **2** (*Zoo*) zoo m, giardino m zoologico.
Tierpfleger m (**Tierpflegerin** f) guardiano (-a) m (f) degli animali.
Tierquäler <-s, -> m (**Tierquälerin** f) "chi maltratta gli animali".
Tierquälerei f maltrattamento m di animali.
Tierquälerin f → **Tierquäler**.
Tierreich n regno m animale.
Tierschau f **1** (*im Zirkus*) serraglio m **2** (*Ausstellung*) mostra f di animali; (*von Zuchttieren*) *auch* mostra f ₁di bestiame₁ [zootecnica].
Tierschutz m protezione f degli animali.
Tierschützer <-s, -> m (**Tierschützerin** f) animalista mf.
Tierschutzgebiet n riserva f faunistica, parco m zoo.
Tierschutzverein m associazione f per la protezione degli animali.
Tierseuche f *med* epizoozia f.
Tierstimme f verso m di un animale.
Tierversuch m esperimento m/test m su gli animali.

Tierwärter m (**Tierwärterin** f) → **Tierpfleger**.
Tierwelt <-, *ohne pl*> f mondo m animale, fauna f.
Tierzucht f allevamento m (di animali).
Tierzüchter m (**Tierzüchterin** f) allevatore (-trice) m (f).
Tiger <-s, -> m *zoo* tigre f: **männlicher ~**, maschio della tigre, tigre maschio; **gestreift wie ein ~**, tigrato ● **zahnloser ~**, tigre di carta.
Tigerauge n *min* occhio m di tigre.
Tigerfell n pelle f di tigre.
tigerhaft adj tigresco, da tigre: **er näherte sich mit ~em Gang**, si avvicinò con passo da tigre.
Tigerhai m *zoo* squalo m tigre.
Tigerin f *zoo* femmina f della tigre, tigre f femmina.
Tigerjagd f caccia f alla tigre.
Tigerjunge n *zoo* tigrotto m.
Tigerkatze f *zoo* gatto m tigrato.
Tigerlilie f *bot* tigridia f.
tigern itr <sein> *fam* **irgendwohin ~** {Jugendliche} andare/aggirarsi + *compl di luogo*: **die Teenys tigerten durch die Stadt**, i ragazzini gironzolavano per la città; **er tigert seit Tagen schlecht gelaunt durch die Wohnung**, da giorni si aggira per casa di pessimo umore.
Tigerstaat m: **die asiatischen ~en** *ökon* (*die asiatischen Schwellenländer*), le tigri dell'Asia.
Tigris <-, *ohne pl*> m *geog* Tigri m.
Tilde <-, -n> f **1** *ling* (*Akzent im Spanischen, Portugiesischen*) tilde m *oder* f **2** (*Auslassungszeichen in Texten, Wörterbüchern*) tilde m *oder* f.
tilgbar adj **1** (*auslöschbar*) {Buchstaben, Namen, Textstelle, Zahlen} cancellabile **2** (*abtragbar*) {Kredit, Schulden} estinguibile, ammortizzabile.
tilgen tr **1** *geh* (*beseitigen*) **etw** (*aus/von etw* dat) **~** {Schriftzug, Tatspuren} cancellare qc (*da qc*), eliminare qc (*da qc*): **ihr Name wurde aus der Gästeliste getilgt**, il suo nome è stato cancellato/depennato dalla lista degli ospiti **2** *bank* (*begleichen*) **etw ~** {Kredit, Schulden} estinguere qc, ammortizzare qc ● **jdn/etw aus dem Gedächtnis ~**, cancellare qu/qc dalla memoria: **ich habe jegliche Erinnerung an ihn aus meinem Gedächtnis getilgt**, ho cancellato dalla memoria anche il minimo ricordo di lui.
Tilgung <-, -en> f **1** *geh* (*Beseitigung*) {+Fehler, Spuren} cancellazione f **2** *bank* (*Begleichung*) {+Anleihen, Kredit, Schulden} estinzione f, ammortamento m: **die ~ der Staatsschulden**, l'ammortamento del debito pubblico.
Tilgungsrate f *bank* rata f di ammortamento.
timen tr **1** (*Zeiten abstimmen*) **etw ~** {Abläufe, Aktionen, Termine, Vorgänge} sincronizzare qc, coordinare qc: **trotz vieler beruflicher Verpflichtungen schafft sie es immer, ihre Freizeit gut zu ~**, nonostante i molti impegni professionali riesce sempre a organizzarsi/gestirsi bene il tempo libero; **du hast deinen Auftritt auf dem Fest perfekt getimt**, hai fatto la tua comparsa alla festa proprio al momento giusto **2** *sport* **etw ~**: **den Ball gut ~**, passare/colpire la palla/il pallone con tempismo.
Time-out <-(s), -s> n *sport* Basketball Volleyball time out m, sospensione f regolamentare del gioco.
Timer <-(s), -> m timer m.
Timesharing <-(s), -s> n **1** *inform* time

sharing m **2** (*bei Ferienwohnungen*) multiproprietà f.
Timing <-s, *ohne pl*> n tempismo m: **du hast ja ein ~, das grenzt schon an Magie!** *fam*, ma il tuo tempismo ha del magico!; **bei der Planung dieses Projekts ist ein perfektes ~ unerlässlich**, per pianificare questo progetto occorre un sincronismo perfetto.
tingeln itr <sein> *fam oft pej* **durch etw** (akk) **~** {Akrobat, Sänger, Zauberkünstler} girare (esibendosi come ...) + *compl di luogo*: **die Mimengruppe tingelte durch Lokale und kleine Theater**, il gruppo di mimi girava per locali e teatrini.
Tingeltangel <-s, -> n *oder* m *pej* **1** (*Unterhaltungsmusik*) musica f da quattro soldi **2** (*billige Unterhaltung*) varietà f, avanspettacolo m **3** *hist* (*Lokal*) cabaret m.
Tinktur <-, -en> f *pharm* tintura f: **eine ~ herstellen/verdünnen**, preparare/diluire una tintura.
Tinnef <-s, *ohne pl*> m *fam pej* cianfrusaglie f pl, ciarpame m.
Tinnitus <-, -> m *med* acufene m, tinnitus m.
Tinte <-, -n> f inchiostro m: **mit ~ schreiben**, scrivere con l'inchiostro; **schwarze/unsichtbare ~**, inchiostro nero/simpatico ● **rote ~**: **viel rote ~ verwenden**, segnare tanti errori in rosso; **ich sah nur rote ~ in dem Aufsatz**, il tema era pieno di segni rossi; **in der ~ sitzen fam**, trovarsi in un brutto impiccio *fam*, essere ₁nei pasticci/guai₁/[nella peste] *fam*; **über etw (akk) (viel) ~ verschwenden/verspritzen**, versare fiumi di inchiostro su qc: **über dieses Thema ist schon jede Menge ~ verspritzt worden**, su questo argomento sono già stati versati fiumi d'inchiostro.
Tintenfass (a.R. Tintenfaß) n calamaio m.
Tintenfisch m *zoo* seppia f; (*Kalmar*) calamaro m; (*Pfeilkalmar*) totano m: **gefüllte/gebackene ~e**, calamari/totani ripieni/fritti; **~ vom Grill**, seppie alla brace/griglia.
Tintenfleck m macchia f d'inchiostro.
Tintenkartusche f cartuccia f (d'inchiostro): **nachfüllbare ~**, cartuccia (d'inchiostro) ricaricabile; **~ für den einmaligen Gebrauch**, cartuccia (d'inchiostro) usa e getta.
Tintenkiller m penna f correttore, scolorina® f, cancellino m *fam*.
Tintenklecks m → **Tintenfleck**.
Tintenkleckser <-s, -> m (**Tintenkleckserin** f) *pej* imbrattacarte mf, scribacchino (-a) m (f).
Tintenkuli m (penna f) roller m.
Tintenlöscher m **1** (*Löschwiege*) tampone m **2** → **Tintenkiller**.
Tintenpatrone f cartuccia f d'inchiostro.
Tintenradiergummi, **Tintengummi** m gomma f da inchiostro.
Tintenstift m → **Kopierstift**.
Tintenstrahldrucker m *inform* stampante f a getto d'inchiostro.
Tipp (a.R. Tip) <-s, -s> m *fam* **1** (*guter Hinweis*) consiglio m, suggerimento m: **ein heißer ~**, un consiglio prezioso, una dritta *fam*; **jdm einen guten ~ geben**, dare a qu ₁un buon consiglio₁/[una buona idea]; **von jdm einen ~ bekommen**, avere un buon consiglio da qu; **von wem hast du denn diesen ~ bekommen?**, chi ti ha dato questo suggerimento?; **ein todsicherer ~**, un consiglio assolutamente sicuro; **gib mir mal einen ~, wie ...**, dammi un po' un consiglio/un'idea su come ...; (*an die Polizei*) soffiata f *fam* **2** (*bei Wetten und Glücksspielen*) dritta f *fam*, informazione f confidenziale **3** (*Vorhersage bei Wahlen*) pronostico m: **mein ~ bei diesen Wahlen ist der**

derzeitige Bürgermeister, il mio pronostico per queste elezioni va a favore del sindaco in carica.

Tippelbruder m *fam pej* vagabondo m.
tippeln itr <*sein*> camminare a passettini.
tippen① *fam* **A** itr (*auf der Schreibmaschine*) scrivere/battere a macchina; (*am Computer*) digitare/scrivere/battere al computer: **sich (dat) die Finger wund ~**, farsi venire le vesciche alle dita a forza di battere sui tasti; **nur mit zwei Fingern ~ können**, saper scrivere (a macchina) solo con due dita **B** tr *etw* **~** {BRIEF} scrivere/battere a macchina *qc*; (*am Computer*) digitare/scrivere/battere *qc*: **den Text am Computer ~**, digitare il testo al computer.

tippen② itr **1** (*leicht berühren*) *irgendwohin* **~** toccare (leggermente) *qc*: **gegen den Bildschirm ~**, toccare leggermente/appena lo schermo; **auf das Gaspedal ~**, ₌toccare leggermente/appena₌/[sfiorare] l'acceleratore; **er tippte zum Gruß an seine Mütze**, si toccò il berretto in segno di saluto; *jdm/jdn irgendwohin* **~** toccare leggermente ₌qu + compl di luogo₌/[qc a qu]; *jdm/jdn auf die Nase/Schulter/Stirn* **~**, dare a qu un colpetto sul naso/sulla spalla/fronte **2** (*ansprechen*) *an etw* (akk) **~** sfiorare *qc*: **im Gespräch an etw** (akk) **~**, sfiorare qc parlando; **unter keinen Umständen darfst du an dieses Thema ~**, ₌per nessun motivo devi₌/[non devi assolutamente] toccare/sfiorare questo argomento • **an etw** (akk) *nicht* **~ können** *fam*, non reggere il confronto con qc.

tippen③ **A** itr **1** *fam* (*vorhersehen*) *auf jdn/etw* **~**: **ich tippe darauf, dass dieser Song in die Endauswahl kommt**, do questa canzone nella rosa dei finalisti; **wir all ~ auf sie als Siegerin**, tutti noi la diamo ₌come vincitrice₌/[vincente]; **das Kind hat Fieber und Ausschlag, ich tippe auf Masern**, il bambino ha la febbre e un'eruzione cutanea, ₌secondo me₌/[io dico che] è morbillo; *irgendwie* **~**: **richtig ~**, indovinarci, azzeccarci, prenderci *fam*; **falsch ~**, non indovinarci/azzeccarci/prenderci *fam*; **beim Endspiel der Fußballweltmeisterschaften haben die meisten falsch getippt**, alla finale dei mondiali di calcio ci hanno sbagliato pronostico **2** (*wetten*): **im Lotto ~**, giocare al lotto; **im Toto ~**, giocare ₌la schedina₌/[al totocalcio] **B** tr (*auf etw wetten*) *etw* **~** giocare *qc*: **welche Zahlen hast du getippt?**, che numeri hai giocato?

Tipp-Ex® <-, -> n correttore m (fluido), bianchetto m (per cancellare); (*Blättchen*) correttore m a nastro.
Tippfehler m *fam* errore m di battitura.
Tippgemeinschaft f "scommettitori m pl che si associano per giocare sistemi ad alto costo alle lotterie aumentando così le possibilità di vincita".
Tippschein m schedina f (del lotto/totocalcio): **den ~ abgeben**, giocare la schedina. **den ~ ausfüllen**, compilare la schedina.
Tippse <-, -n> f *fam pej* dattilografa f.
tipp, tapp! interj (*Geräusch leiser Schritte*) tip tap!
tipptopp *fam* **A** adj <präd>: **~ sein**, essere perfetto/impeccabile; **die Wohnung ist ~**, l'appartamento è in perfetto ordine; **trotz ihres Alters sah sie immer ~ aus**, nonostante la sua età ₌non aveva mai un capello fuori posto *fam*₌/[aveva sempre un aspetto inappuntabile] **B** adv in modo perfetto/impeccabile/inappuntabile: **~ angezogen/gekleidet sein**, essere vestito in modo impeccabile.
Tippzettel m → **Tippschein**.

Tirade <-, -n> f **1** (*Wortschwall*) fiume m di parole **2** *pej* (*Beschimpfung*) tirata f, invettiva f: **eine ~ gegen die Bürokratie vom Stapel lassen**, lanciare una tirata contro la burocrazia.
Tiramisù <-s, -s> n *gastr* tiramisù m.
Tirana <-s, *ohne pl*> n *geog* Tirana f.
tirilieren <*ohne ge-*> itr {LERCHE} trillare.
Tirol <-s, *ohne pl*> n *geog* Tirolo m.
Tiroler <-s, -> m (**Tirolerin** f) tirolese mf.
Tirolerhut m cappello m tirolese.
Tirolerin f → **Tiroler**.
tirolerisch adj **A**, **tirolisch** adj tirolese.
Tisch <-(e)s, -e> m **1** (*Möbelstück*) tavolo m: **ein kleiner/großer ~**, un tavolino/tavolone; **sich an den ~ setzen**, sedersi/mettersi al tavolo; **am ~ sitzen**, ₌essere seduto₌/[sedere] al tavolo; **einen ~ reservieren lassen**, prenotare/riservare un tavolo; **ich habe einen ~ für vier Personen bestellt**, ho prenotato (un tavolo) per quattro (persone) **2** (*Tafel*) tavola f: **den ~ abräumen/decken/schmücken**, sparecchiare/apparecchiare/decorare la tavola; **das Essen auf den ~ bringen**, portare in tavola; **die Suppe steht schon auf dem ~**, la minestra è già in tavola **3** (*Tischgesellschaft*): **der ganze ~**, la tavolata, i commensali **4** (*Mahlzeit*): **(jdn) zu ~ bitten**, invitare (qu) ad accomodarsi a tavola; **alle zu ~, das Essen wird sonst kalt!**, tutti a tavola, se no si fredda! *fam*; **zu ~ gehen**, andare a mangiare (durante la pausa del pranzo); **zu/bei ~ sein**: **wo ist denn die Heidi? - Die ist schon zu ~**, dov'è (la) Heidi? - E' già andata a mangiare; **bei ~**, a tavola; **nach ~**, dopo mangiato; **vor ~**, prima di mangiare • **an einen ~**: **jdn an einen ~ bringen** {VERFEINDETE, ZERSTRITTENE PARTEIEN}, far sedere qu intorno a uno stesso tavolo; **wir müssen uns alle an einen ~ setzen**, dobbiamo metterci tutti insieme attorno a un tavolo (per discuterne/trattarne); **bar auf den ~** *fam*, sull'unghia *fam*, in contanti; **ich brauch' das Geld bar auf den ~** *fam*, i soldi mi servono in contanti; **getrennt von ~ und Bett sein** *jur obs*, essere separati in casa; **essen, was auf den ~ kommt**, mangiare quello che passa il convento; **unter den ~ fallen** *fam*, essere trascurato/[messo da parte]; **seine Interessen fielen bei diesen Gesprächen völlig unter den ~**, in questi colloqui i suoi interessi vennero del tutto trascurati; **etw unter den ~ fallen lassen** *fam*, mettere da parte qc, lasciar stare/cadere qc, accantonare qc; **dieses haarige Argument lassen wir besser unter den ~ fallen**, questo argomento spinoso è meglio lasciarlo da parte; **sich an den gedeckten ~ setzen**, trovare la minestra/pappa scodellata *fam*; **am grünen ~**, a tavolino; **die Entscheidungen wurden am grünen ~ getroffen**, le decisioni furono prese a tavolino; **(mit der Faust) auf den ~ hauen**, battere i pugni sul tavolo *fam*, fare la voce grossa *fam*; **der ~ des Herrn** *relig*, la mensa ₌di Cristo₌/[eucaristica]; **zum ~ des Herrn gehen** *relig*, (andare a) fare la comunione; **mit etw** (dat) **reinen ~ machen** *fam* (*hart durchgreifen*), fare pulizia; (*etw klären*), mettere in chiaro le cose; **am runden ~**: **sich am runden ~ zusammensetzen**, sedersi intorno a un tavolo (per discutere/trattare alla pari); **diese Konflikte können nur am runden ~ gelöst werden**, questi conflitti possono essere risolti soltanto discutendo tutti insieme su un piano di parità; **jdn unter den ~ trinken** *fam*/**saufen** *slang*, far finire sotto il tavolo qu *fam*; **vom ~ sein** *fam* (*erledigt sein*), essere sistemato/risolto; **so, das wäre vom ~!** *fam*, (bene), questo sarebbe sistemato!; **diese Sache muss erst vom ~, dann sehen wir wei-**

ter *fam*, prima va risolta questa faccenda, poi si vedrà; **etw vom ~ wischen**, liquidare qc; **er hat ihre Einwände einfach so vom ~ gewischt**, ha liquidato le sue obiezioni come se nulla fosse; **jdn über den ~ ziehen** *fam*, mettere nel sacco qu *fam*.
Tischbein n gamba f del tavolo.
Tischdame f vicina f di tavolo.
Tischdecke f tovaglia f: **die ~ auflegen/ausschütteln**, mettere/scuotere la tovaglia.
Tischdekoration f decorazione f/addobbo m della tavola.
Tischende n: **am oberen/unteren ~**, ₌a un₌/[all'altro] capo del tavolo **am oberen ~ (sitzen)**, (sedere) a capotavola.
tischfertig adj {GERICHT, MENÜ, SPEISE} pronto (per essere servito/consumato).
Tischfeuerzeug n accendino m/accendisigaro m da tavolo.
Tischfußball m, **Tischfußballspiel** n **1** (*Kicker*) calcetto m, calcio-balilla m *obs* **2** (*Tipp-Kick*) subbuteo® m.
Tischgebet n *relig* preghiera f prima del pasto; (*bei religiösen Orden*) benedicite m: **vor dem Essen das ~ aufsagen**, recitare la preghiera prima del pasto.
Tischgesellschaft f tavolata f, commensali m pl.
Tischgespräch n conversazione f a tavola: **ein anregendes ~ kam auf**, a tavola è nata una conversazione stimolante; **am ~ teilnehmen**, partecipare alla conversazione (a tavola); **das ~ des Abends sein**, essere l'argomento della cena.
Tischherr m vicino m di tavolo.
Tischkante f spigolo m del tavolo.
Tischkarte f segnaposto m (a tavola): **die ~n beschriften**, apporre/scrivere i nomi sui segnaposto.
Tischklammer f molletta f per fermare la tovaglia.
Tischlampe f lampada f da tavolo.
Tischleindeckdich <-, *ohne pl*> n *meist scherz*: **dieser Laden ist für ihn das reinste ~**, per lui questo negozio è un vera miniera d'oro.
Tischler <-s, -> m (**Tischlerin** f) *bes. norddt* **A** falegname m.
Tischlerei <-, -en> f → **Tischlerwerkstatt**.
Tischlerhandwerk n falegnameria f, mestiere m del falegname.
tischlern *fam* **A** itr (*schreinern*) fare il falegname, fare lavori di falegnameria; (*als Hobby*) fare il falegname dilettante **B** tr (*durch Tischlern anfertigen*) *etw* **~** {REGAL, SCHRANK} fabbricare *qc* (in legno).
Tischlerwerkstatt f *bes. norddt* **A** (*Schreinerei*) falegnameria f, bottega f di falegname.
Tischmanieren subst <*nur pl*> buone maniere f pl a tavola: **keine ~ haben**, non saper stare a tavola.
Tischnachbar m (**Tischnachbarin** f) vicino (-a) m (f) di tavolo.
Tischordnung f disposizione f dei posti (a tavola).
Tischplatte f piano m del tavolo.
Tischrechner m *inform* calcolatrice f da tavolo.
Tischrede f discorso m conviviale/[a tavola]: **eine ~ halten**, tenere un discorso a tavola.
Tischstaubsauger m aspirapolvere m da tavolo.
Tischtennis n *sport* ping-pong® m, tennis m da tavolo: **~ spielen**, giocare a ping-pong; **spielen wir heute Abend eine Runde ~?**,

vogliamo fare una partitina a ping-pong stasera?

Tischtennisball m *sport* pallina f da ping-pong.

Tischtennismatch n → **Tischtennisspiel**.

Tischtennisplatte f *sport* (tavolo m da) ping-pong m.

Tischtennisschläger m *sport* racchetta f da ping-pong.

Tischtennisspiel n *sport* partita f di ping-pong.

Tischtennisspieler m (**Tischtennisspielerin** f) *sport* giocatore (-trice) m (f) di ping-pong.

Tischtennistisch m → **Tischtennisplatte**.

Tischtennisturnier n *sport* torneo m di ping-pong.

Tischtuch n tovaglia f • **zwischen sich (dat) und jdm das ~ zerschneiden** *geh*, tagliare/rompere i ponti con qu.

Tischvorlage f → **Hand-out**.

Tischwäsche f biancheria f da tavola.

Tischwein m vino m da pasto/tavola.

Titan① <-en, -en> m **1** *myth* (*Riese*) titano m **2** *geh* (*Meister*) titano m, colosso m, gigante m: **Beethoven ist ein ~ der klassischen Musik**, Beethoven è un titano della musica classica.

Titan② <-s, ohne pl> n *chem* titanio f.

titanenhaft adj → **titanisch**.

Titanic <-, ohne pl> f *naut* Titanic m: **der Untergang der ~**, il naufragio del Titanic.

titanisch adj da titano, titanico, gigantesco: **seine Anstrengungen waren ~**, compì sforzi titanici/giganteschi.

Titel① <-s, -> m **1** (*Adelstitel*) titolo m: **jdm einen ~ verleihen**, conferire un titolo a qu **2** (*berufliche Stellung*) titolo m: **ein akademischer ~**, un titolo accademico; **der ~ eines Dr. med./phil.**, il titolo di dottore in medicina/[lettere e filosofia]; **der ~ eines Professors**, il titolo di professore universitario; **jdm einen ~ aberkennen**, togliere un titolo a qu; **jdn mit seinem ~ anreden**, rivolgersi a qu chiamandolo con il suo titolo; **einen ~ erwerben/[führen/tragen]**, acquisire/portare un titolo; **sich (dat) einen [falschen ~ beilegen]/[~ anmaßen]**, fare abuso di titoli, arrogarsi un titolo **3** *sport* {+LANDESMEISTER, OLYMPIASIEGER, WELTMEISTER} titolo m: **den ~ des Weltmeisters erringen/innehaben/verlieren/verteidigen**, conquistare/detenere/perdere/difendere il titolo di campione del mondo **4** *jur*: **einen ~ gegen jdn haben**, avere un titolo esecutivo contro qu.

Titel② <-s, -> m **1** (*Name*) {+BUCH, DOKTORARBEIT, FILM, FORSCHUNGSPROJEKT, LIED, ZEITSCHRIFT} titolo m: **der ~ lautet ...**, il titolo è ...; **den ~ ... haben/tragen**, avere/portare il titolo/[essere intitolato] ...; **ein reißerischer ~**, un titolo sensazionalistico **2** (*Buch*) libro m, opera f: **dieser ~ ist zurzeit nicht lieferbar**, attualmente questo libro non è disponibile; **der Autor ist mit rund 12 ~n in unserem Verlagsprogramm vertreten**, l'autore è presente nel nostro catalogo con ben 12 titoli/opere **3** (*Überschrift*) {+ARTIKEL, BEITRAG, KOLUMNE, REPORTAGE} titolo f: **die ~ der Tageszeitungen**, i titoli dei giornali.

Titel③ <-s, -> m **1** *ökon* (*Posten*) voce f: **die Werbekosten sind der größte ~ im Haushaltsbudget**, le spese pubblicitarie sono la voce più consistente del bilancio **2** *jur* (*Abschnitt eines Gesetzes oder Vertragwerks*) capo m.

Titelanwärter m (**Titelanwärterin** f) *sport* aspirante mf al titolo.

Titelaspirant m (**Titelaspirantin** f) *sport* → **Titelanwärter**.

Titelbild n **1** {+ZEITSCHRIFT} foto f/immagine f di copertina **2** {+BUCH} frontespizio m.

Titelblatt n **1** {+BUCH} frontespizio m **2** {+ZEITUNG} prima f (pagina f).

Titelei <-, -en> f pagine f iniziali di un libro.

Titelfavorit m (**Titelfavoritin** f) → **Titelanwärter**.

Titelgeschichte f **1** {+BUCH} "racconto m che dà il nome a una raccolta" **2** {+ZEITUNG} articolo m di apertura/[prima pagina]; {+ZEITSCHRIFT} cover story f.

Titelgewinn m conquista f del titolo.

Titelhalter m (**Titelhalterin** f) detentore (-trice) m (f) del titolo, campione (-essa) m (f) in carica.

Titelheld m (**Titelheldin** f) protagonista mf₍ che dà il titolo all'opera₎/[il cui nome appare nel titolo].

Titelkampf m *sport* lotta f per il titolo; *Boxen* incontro m per il titolo.

Titelmelodie f *film* colonna f sonora; *radio TV* sigla f (musicale).

titeln itr tr (*etw*) ~ titolare (*qc*): «**Tödliches Fleisch, wer stoppt den Rinderwahn?**», titelte der Spiegel, «Carne che uccide: chi ferma la mucca pazza?», titolava lo Spiegel.

Titelrolle f *film* parte f del(la) protagonista, ruolo m/parte f principale.

Titelseite f **1** {+ZEITUNG} prima f (pagina f): **alle Zeitungen brachten die Nachricht auf der ~**, tutti i giornali₍ dettero la notizia in prima pagina₎/[aprirono con quella notizia] **2** {+BUCH} frontespizio m.

Titelsong m "canzone f che dà il titolo ad un album".

Titelstory f → **Titelgeschichte**.

titelsüchtig adj a caccia di titoli (accademici e/o onorifici): **~ sein**, essere affamato di titoli (accademici e/o onorifici).

Titelverteidiger m (**Titelverteidigerin** f) *sport* detentore (-trice) m (f) del titolo, campione (-essa) m (f) in carica.

Titelvorspann m *film TV* titoli m pl di testa.

Titte <-, -n> f *vulg* tetta f *fam*.

titulieren <ohne ge-> tr *fam meist pej* **jdn als etw** (akk)/**mit etw** (dat) ~ {ALS/MIT DUMMKOPF, ALS IDIOTEN, MIT IDIOT} dare *del/dello/della ... a qu*, titolare *qu* (*di*) *qc*: **sie hat ihn als Versager tituliert**, gli ha dato del fallito.

tizianrot adj rosso Tiziano.

tja interj (*drückt Verlegenheit oder Zögern aus*) hm!: **tja, was kann man da schon tun?**, hm, che si può fare?; (*drückt Resignation aus*) beh!: **tja, jetzt kannst du's sowieso nicht mehr ändern**, beh, ormai non ci puoi più fare niente.

T-Lymphozyt m *biol* linfocita m T.

T-Net-Box f *tel* "segreteria f telefonica gestita da un computer centrale della Deutsche Telekom".

TNT <-s, ohne pl> n *chem Abk von* Trinitrotuluol: TNT m (Abk von trinitrotuluolo, trinitrotoluene).

Toast① <-(e)s, -e oder -s> m (~*brot*) pane m tostato; (*doppelter ~ mit Belag*) toast m: **zum Frühstück gibt es ~ mit Butter und Marmelade**, per colazione c'è pane tostato con burro e marmellata; **eine Scheibe ~**, una fetta di pane tostato; **ich hätte gern einen ~ mit Käse und Schinken**, vorrei un toast.

Toast② <-(e)s, -e oder -s> m (*Trinkspruch*) brindisi m: **einen ~ auf jdn/etw ausbringen**, fare/proporre un brindisi a qu/qc.

Toastbrot n *gastr* **1** (*Brot zum Toasten*) pane m a cassetta, pancarrè m **2** (*getoastetes Brot*) (fetta f di) pane m tostato: **ein ~ mit Butter bestreichen/schmieren** *fam*, imburrare/[spalmare del burro su] una fetta di pane tostato.

toasten① tr *etw* ~ {SCHEIBE BROT} tostare *qc*, abbrustolire *qc*.

toasten② itr *geh* (*Trinkspruch ausbringen*) **auf jdn** ~ fare un brindisi *a qu*.

Toaster <-s, -> m tostapane m.

Tobak <-(e)s, -e> m (*Unverschämtheit*): **das ist starker ~!** *fam oft scherz*, questa è grossa!

toben itr **1** <haben> (*rasen*) (**vor etw** dat) ~ {VOR EMPÖRUNG, SCHMERZ, WUT, ZORN} essere fuori di sé (*da/per qc*), impazzire (*di/da/per qc*): **der Häftling tobte die ganze Nacht in seiner Zelle**, il detenuto si agitò e urlò tutta la notte in cella come un forsennato **2** <haben> (**vor etw** dat) ~ {VOR BEGEISTERUNG, FREUDE} essere fuori di sé (*da/per qc*), delirare (*da/per qc*): **bei den alten Songs tobte das Publikum**, risentendo le vecchie canzoni il pubblico andò in delirio **3** <haben> (*herumtollen*) (*irgendwo*) ~ scatenarsi/scavallare *fam* + *compl di luogo*: **die Kinder tobten den ganzen Nachmittag wie die Wilden**, i bambini hanno ₍fatto il diavolo a quattro₎/[scavallato] per tutto il pomeriggio *fam* **4** <sein> (*sich lebhaft bewegen*) *irgendwohin* ~ correre all'impazzata + *compl di luogo*: **die Hunde sind durch den Park getobt**, i cani correvano come impazziti su e giù per il parco **5** <haben> (*wüten*) {GEWITTER, ORKAN, STURM} imperversare, infuriare; {MEER} essere in tempesta; <sein> *irgendwohin* ~: **der Bombenterror tobte durchs Land**, i bombardamenti seminarono il terrore nel paese.

tobend adj **1** (*wild*) {STURM, WIND} furioso, impetuoso: **die ~en Elemente**, la furia degli elementi **2** (*laut*) {BEIFALL} fragoroso, frenetico.

Tobias <-, ohne pl> m (*Vorname*) Tobia m.

Toblach <-s, ohne pl> n *geog* Dobbiaco f.

Toboggan <-s, -s> m **1** (*Schlitten*) toboga m **2** (*Rutschbahn*) toboga m.

Tobsucht f furia f (scatenata), furore m (cieco).

tobsüchtig adj **1** (*von wilder Wut erfüllt*) forsennato, in preda ad un raptus **2** (*zu starken Wutanfällen neigend*) che dà spesso/facilmente in escandescenze.

Tobsüchtige <dekl wie adj> mf pazzo (-a) furioso (-a) m (f), forsennato (-a) m (f): **er gebärdete sich wie ein ~r**, si comportò come un pazzo furioso.

Tobsuchtsanfall m violento scatto m/attacco m d'ira, raptus m, accesso m di furore cieco: **einen ~ bekommen/kriegen** *fam*, dare in escandescenze, essere in preda a un raptus.

Tochter <-, Töchter> f **1** (*weibliches Kind*) figlia f: **haben Sie Kinder? - Ja, zwei Töchter**, ha figli? - Sì, due femmine; **sie haben eine ~ bekommen**, hanno avuto una bambina/femmina; **Venus ist eine ~ des Meeres**, Venere è una figlia del mare **2** (*berühmte Be-, Einwohnerin*) {+LAND, STADT} figlia f: **Simone de Beauvoir, eine berühmte ~ der Stadt Paris**, Simone de Beauvoir, una parigina illustre **3** *CH obs* (*Bedienung*) cameriera f; {+Haushaltshilfe} governante f **4** → **Tochtergesellschaft** ◆ **die ~ des Hauses**, la figlia dei padroni di casa; **in Abwesenheit des Konsuls wurden wir von der ~ des Hauses empfangen**, in assenza del console siamo stati ricevuti da sua figlia; **höhere ~** *iron obs*, figlia ₍di famiglia altolocata₎/[dell'alta borghesia], ragazza ₍di buona famiglia₎/[bene].

Töchterchen n dim von Tochter figlioletta f, bimbetta f: **sie hat ein ~ von drei Jahren**, ha una bambinetta di tre anni.

Tochterfirma f → **Tochtergesellschaft**.

Tochtergeschwulst f metastasi f.

Tochtergesellschaft f ökon società f affiliata.

Tochterzelle f biol cellula f figlia.

Tod <-(e)s, rar -e> m **1** (Ende des Lebens) morte f: **Tod durch Erfrieren/Ersticken/Ertrinken/Herzversagen/Vergiftung**, morte per assideramento/soffocamento/annegamento/[arresto cardiaco]/[avvelenamento]; **ein früher Tod**, una morte prematura; **einen** ₍leichten/schönen₎/[schrecklichen] **Tod haben**, fare una bella/brutta morte; **eines gewaltsamen/furchtbaren/plötzlichen/unnatürlichen Todes sterben**, morire ₍di morte violenta₎/[in modo terribile]/[all'improvviso]/[per cause non naturali]; **dem Tod(e) nahe sein**, essere vicino alla morte; **den Tod kommen/nahen fühlen**, sentire la morte vicina/[che si avvicina]; **freiwillig in den Tod gehen** geh, darsi la morte geh; **bis zum/in den Tod**, fino alla morte; **sie blieb ihm bis zu seinem Tod treu**, gli rimase fedele fino alla morte; **jdn vor dem Tod(e) bewahren/retten**, preservare/salvare qu dalla morte; **für jdn/etw in den Tod gehen**, sacrificare la propria vita per qu/qc; **seit dem Tod ihres Mannes ist sie völlig verändert**, dopo la morte/scomparsa del marito è completamente cambiata; **jdn in den Tod treiben**, spingere qu al suicidio; **jdn/ein Tier zu Tod(e) prügeln/quälen/schinden**, ₍picchiare/bastonare₎/[torturare]/[maltrattare] qu/[un animale] fino alla morte; **jdn zum Tod verurteilen** jur, condannare a morte qu; **jdn zum Tod durch Erhängen/Erschießen verurteilen** jur, condannare qu alla morte per impiccagione/fucilazione; **jdn zum Tod auf dem elektrischen Stuhl verurteilen** jur, condannare qu alla sedia elettrica; **jdn mit dem Tod bestrafen**, punire qu con la morte; **dieses Verbrechen wird mit dem Tod bestraft**, questo crimine è punito con la morte, per questo crimine è prevista la pena di morte; **Tod ₍am Galgen₎/[auf der Guillotine]**, morte sulla forca/ghigliottina; **(ein Mann) des Todes sein**, dover morire; **wer diese Linie überschreitet, ist des Todes**, chi oltrepassa questa linea morirà **2** form (Ableben) morte f, decesso f form: **der Arzt konnte nur noch den Tod des Patienten feststellen**, il medico non poté che constatare il decesso del paziente; **diese Krankheit führt in den meisten Fällen zum Tod**, nella maggior parte dei casi questa malattia ₍porta alla morte₎/[è mortale] **3** (Personifizierung) morte f: **dem Tod ins Auge sehen**, vedere la morte ₍negli occhi₎/[in faccia], trovarsi faccia a faccia con la morte; **mit dem Tod ringen**, lottare con la morte; **vom Tod gezeichnet sein**, essere segnato dalla morte, avere la morte negli occhi; **der Tod hält reiche Ernte**, la morte miete tante vite umane **4** (Ende einer Sache) {+PLAN, UNTERNEHMEN, VORHABEN} fine f: **die hohen Schulden waren der Tod des Betriebs**, i grossi debiti significarono la rovina definitiva dell'azienda ● **jdn/etw auf den Tod nicht ausstehen/leiden können**, non sopportare qu/qc; **ich kann meine Schwiegermutter auf den Tod nicht ausstehen!**, mia suocera ₍non la supporto proprio₎/[mi è antipatica da morire]!; **wie der (leibhaftige) Tod aussehen**, sembrare la morte in va-

canza, sembrare un morto ₍che cammina₎/[in piedi], essere/parere il ritratto della morte; **jdm in den Tod folgen**, seguire qu nella morte; **jdm den Tod an den Hals wünschen**, augurare a qu tutto il male possibile, mandare tanti accidenti a qu fam; **sich (dat) den Tod holen** fam, prendersi un accidente fam; **wenn du bei dem Wetter ohne Mantel rausgehst, wirst du dir den Tod holen!**, se esci senza cappotto con questo tempo, ti prenderai un accidente!; **bei etw (dat) ₍zu Tode kommen geh₎/[den Tod finden geh]** {BEI EINEM AUTOUNFALL, FLUGZEUGABSTURZ}, morire/[trovare la morte] in/durante qc; **die Expeditionsgruppe war beim Aufstieg zu Tode gekommen**, i partecipanti alla spedizione hanno trovato la morte durante la scalata; **gegen den Tod ist kein Kraut gewachsen**, a tutto c'è rimedio, fuorché alla morte prov; **der sanfte Tod**, la morte dolce; **bis dass der Tod euch scheide** relig, finché morte non vi separi; **dem Tod ₍ein Schnippchen schlagen scherz₎/[von der Schippe springen/hüpfen scherz]**, scamparla per miracolo, sfuggire per un pelo alla morte; **der Schwarze/schwarze Tod** hist, la peste; **tausend Tode sterben**, sentirsi morire fam: **als ich plötzlich die Schlange vor mir sah, bin ich tausend Tode gestorben**, quando all'improvviso mi sono trovato (-a) davanti il serpente, mi sono sentito (-a) morire; **über Tod und Teufel quasseln/reden**, chiacchierare/parlare di mille cose; **weder Tod noch Teufel fürchten**, non temere niente e nessuno; **umsonst ist nur der Tod**, nella vita tutto ha un prezzo, fuorché la morte; **der Weiße/weiße Tod** (durch Lawine, Erfrieren im Schnee), la morte bianca; **zu Tode** fam: **sich zu Tode ärgern**, arrabbiarsi ₍da morire fam₎/[a bestia fam]; **zu Tode betrübt**, con la morte nel cuore; **zu Tode erschrocken sein** fam, essere spaventato a morte; **sich zu Tode langweilen** fam, annoiarsi ₍a morte fam₎/[mortalmente fam]; **ein Thema zu Tode reiten** fam, parlare di un argomento fino alla nausea; **sich zu Tode schämen** fam, vergognarsi a morte fam, morire di vergogna; **sich zu Tode schuften** fam, ammazzarsi di lavoro fam.

todbringend adj <attr> geh mortale, letale, mortifero lit.

todernst adj molto serio, serissimo: **ein ~es Gesicht machen**, fare/avere una faccia ₍da funerale₎/[serissima], farsi serio (-a) in viso.

Todesahnung f presentimento m/presagio m geh di morte: **diese Zeilen sind voller ~**, queste righe sono cariche di presagi di morte.

Todesangst f **1** (Angst vor dem Tod) paura f ₍della morte₎/[di morire], angoscia f di morte **2** (große Angst) paura f tremenda/[da morire], terrore m: **wegen jdm/etw Todesängste ausstehen**, preoccuparsi da morire per qu/qc, essere terribilmente angosciato per qu/qc.

Todesanzeige f (in der Zeitung) necrologio m, necrologia f, annuncio m mortuario/funebre; (als Brief) partecipazione f di morte: **eine ~ in die Zeitung setzen**, mettere un necrologio sul giornale; **die ~n lesen**, leggere i necrologi.

Todeserklärung f jur dichiarazione f di morte presunta.

Todesfall m **1** (caso m di) lutto m: **einen ~ in der Familie haben**, avere un lutto in famiglia **2** adm jur decesso m: **die Todesfälle registrieren**, registrare i decessi; **das Gericht indagt diesen mysteriösen ~**, il tribunale indaga su ₍questa morte misterio-

sa₎/[questo misterioso decesso] ● **wegen ~s geschlossen**, chiuso per lutto; **im ~**, in caso di morte.

Todesfolge f jur: **Körperverletzung mit ~**, omicidio preterintenzionale; **Unfall mit ~**, incidente mortale.

Todesfurcht f geh timore m della morte.

Todesjahr n anno m ₍della morte₎/[del decesso adm].

Todeskampf m agonia f, lotta f con la morte.

Todeskandidat m (**Todeskandidatin** f) **1** jur (zum Tod Verurteilte) condannato (-a) m (f) a morte (in attesa di esecuzione), candidato (-a) m (f) alla morte **2** (Todkranke) moribondo (-a) m (f), paziente mf terminale, malato (-a) m (f) all'ultimo stadio **3** (Todesmutige) aspirante mf suicida iron, chi rischia la vita, kamikaze m.

Todeskommando n commando m suicida/kamikaze.

Todesmut m sprezzo m del pericolo: **das grenzt ja schon an ~**, ciò significa sfidare la morte.

todesmutig A adj eroico, sprezzante del pericolo B adv **1** (ohne Furcht vor dem Tod) sfidando la morte **2** (Furchtlosigkeit vortäuschend): **er stürzte sich ~ in die Prüfung**, si presentò all'esame con il coraggio di chi non ha nulla da perdere.

Todesnachricht f notizia f/annuncio m della morte.

Todesopfer n vittima f, morto m: **die Flugzeugkatastrophe forderte 182 ~**, il disastro aereo ₍è costato la vita a₎/[ha provocato la morte di] 182 persone.

Todesqual f geh **1** (Ringen mit dem Tod) agonia f **2** (große Schmerzen) dolore m atroce: **~en ausstehen**, soffrire le pene dell'inferno.

Todesschrei m grido m di morte.

Todesschuss (a.R. Todesschuß) m colpo m mortale (con un'arma da fuoco): **den ~ auf jdn abgeben**, sparare il colpo mortale a qu ● **gezielter ~** jur, colpo sparato per uccidere.

Todesschütze m (**Todesschützin** f) "chi spara il colpo mortale".

Todesschwadron f (bes. in Südamerika) squadrone m della morte.

Todesstoß m **1** (mit einem Dolch, Messer) colpo m mortale (inferto con un'arma bianca): **jdm den ~ versetzen/geben**, assestare/dare a qu il colpo mortale; **den ~ erhalten**, ricevere il colpo mortale **2** (Garaus) colpo m di grazia: **jdm/etw den ~ versetzen** {ENTSCHEIDUNG, URTEIL EINEM PLAN, UNTERNEHMEN, VORHABEN}, dare il colpo ₍di grazia₎/[mortale] a qu/qc; **die Einstellung der Subventionen war der ~ für ihr Filmprojekt**, il blocco delle sovvenzioni è stato il colpo di grazia per il suo/loro progetto cinematografico.

Todesstrafe f jur pena f capitale/[di morte]: **über jdn die ~ verhängen**, condannare qu ₍alla pena capitale₎/[a morte]; **auf etw (akk) steht die ~**, qc viene punito con la pena di morte, per qc è prevista la pena capitale/[di morte]; **in gewissen Ländern steht auf Drogenbesitz die ~**, in certi paesi è prevista la pena di morte per la detenzione di (sostanze) stupefacenti.

Todesstreifen m **1** mil "limite m invalicabile (oltre il quale si rischia la vita)" **2** hist (Grenze zwischen BRD und DDR) "frontiera f tra i due Stati tedeschi".

Todesstunde f ora f ₍della morte₎/[del decesso adm].

Todestag m **1** (Sterbetag) giorno m ₍della morte₎/[del decesso adm] **2** (Gedenktag) anniversario m della morte.

Todestrakt m braccio m della morte.

Todestrieb m psych pulsione f di morte.

Todesursache f causa f ₍della morte₎/[del decesso adm].

Todesurteil n **1** jur sentenza f di morte, condanna f a morte: **das ~ aussprechen/fällen**, emettere la condanna a morte; **das ~ vollstrecken**, eseguire la condanna a morte **2** (Ende): **das ~ für etw** (akk) **bedeuten**, essere/rappresentare la condanna a morte per qc; **die anhaltende Trockenheit war das ~ für die Bevölkerung**, per la popolazione la siccità persistente equivalse a una condanna a morte.

Todesverachtung f sprezzo m della morte • **mit ~** fam scherz, stoicamente, facendosi violenza, superando se stesso (-a); **sie trank mit Todesverachtung den süßlichen Likör**, bevve stoicamente il liquore dolciastro.

Todeszelle f cella f nel braccio della morte.

todfeind <inv> adj: **sich** (dat pl) **~ sein** {ZWEI PERSONEN}, essere nemici acerrimi/mortali giurati, odiarsi a morte.

Todfeind m (**Todfeindin** f) nemico (-a) m (f) mortale/[giurato (-a)]/[numero uno], acerrimo (-a) nemico (-a) m (f).

Todfeindschaft f rivalità f acerrima.

todgeweiht adj <attr> geh destinato a morire, condannato (a morire).

todkrank adj **1** (dem Tode nahe) in fin di vita, moribondo; **~ sein**, essere gravissimo/moribondo/[in fin di vita] **2** fam euph (sehr krank): **~ sein**, stare/sentirsi malissimo.

Todkranke <dekl wie adj> mf moribondo (-a) m (f), malato (-a) m (f) terminale.

todlangweilig adj noioso da morire, noiosissimo, pallosissimo slang; **~ sein**, essere una palla mortale slang.

tödlich A adj **1** (den Tod verursachend) {ABSTURZ, DUELL, UNFALL} mortale; {FOLGEN, GAS, VERLETZUNG} auch letale; {GIFT} mortale, miciadiale; {WAFFE} letale, micidiale; {AUSGANG} letale: **eine ~e Krankheit**, una malattia mortale/[(dall'esito) letale] **2** (das Leben bedrohend) {BEDROHUNG, GEFAHR} di morte **3** (sehr heftig) {HASS, WUT, ZORN} mortale; {BELEIDIGUNG} auch che si lava col sangue **4** (absolut) {LANGEWEILE} mortale: **mit ~em Ernst**, molto seriamente; **mit ~er Sicherheit**, con certezza assoluta/matematica B adv **1** (mit Todesfolge) mortalmente: **sie ist mit dem Flugzeug ~ abgestürzt**, è morta in un disastro/incidente aereo; **(im Gebirge) ~ abstürzen**, morire precipitando durante una scalata; **~ verunglücken**, morire in un incidente; **~ verletzt/verwundet**, ferito mortalmente/[a morte]; **~ verlaufen**, avere esito letale; **das Gefecht verlief ~ für ihn**, perì nel combattimento; **~ wirken**, avere un effetto letale **2** fam (zur Verstärkung von Adjektiven und Verben) a morte: **~ beleidigt**, offeso a morte; **~ erschrocken sein**, essere ₍spaventato a morte₎/[terrorizzato]; **sich ~ langweilen**, annoiarsi ₍a morte₎/[da morire], morire di noia; **jdn ~ langweilen**, annoiare qu a morte.

todmüde adj stanco morto/[da morire]: **die Kleine ist ~**, la piccola è stanca morta.

todschick fam A adj molto chic, chiccosissimo fam B adv: **sie ist immer ~ angezogen**, è sempre super chic.

todsicher fam A adj assolutamente certo/sicuro, sicurissimo; {METHODE} garantito, infallibile; {TIPP} sicuro al cento per cento B adv: **etw ~ wissen**, sapere qc per certo, avere la certezza matematica di qc; **sie kom-**

men **~, è sicuro al cento per cento che vengono.

Todsünde f **1** relig peccato m mortale: **eine ~ begehen**, commettere un peccato mortale **2** fam (große Dummheit) peccato m mortale: **es ist eine ~, bei diesem herrlichen Wetter im Bett zu bleiben**, è peccato mortale rimanere a letto con questo tempo splendido • **die sieben ~n** relig, i sette vizi capitali.

todtraurig adj triste da morire, tristissimo, terribilmente triste: **~ sein**, avere la morte nel cuore.

todunglücklich adj fam terribilmente/profondamente infelice: **~ aussehen**, fare/avere una faccia da funerale.

Töff <-s, -s> n oder m CH moto f.

Tofftöff <-s, -s> n Kindersprache (Auto) brum brum m fam.

Tofu <-(s), ohne pl> m gastr tofu m, toufu m.

Toga <-, Togen> f toga f.

Togo <-s, ohne pl> m geog (Repubblica f del) Togo m.

Tohuwabohu <-(s), -s> n fam baraonda f, bailamme m, caos m: **ein ~ bricht los**, succede un quarantotto.

Toilette① <-, -n> f **1** (WC) water m, gabinetto m: **sich auf die ~ setzen**, sedersi ₍sul water₎/[sulla tazza fam] **2** (Raum mit ~n) toilette f, gabinetto m, bagno m fam, servizi m pl (igienici): **öffentliche ~n**, gabinetti pubblici; **auf die₎/[zur] ~ gehen**, andare ₍al gabinetto₎/[in bagno fam]/[alla toilette]; **eine Wohnung mit Bad und separater ~**, un appartamento con bagno e gabinetto a parte; **wo ist bitte die ~?**, dov'è il bagno/la toilette, per favore?

Toilette② <-, ohne pl> f geh **1** (Sichzurechtmachen) toilette f obs: **~ machen**, fare toilette obs **2** (festliche Damenkleidung) toilette f **3** obs (Möbelstück) → **Frisiertisch** • **in großer ~**, in gran toilette; scherz auch, in pompa magna.

Toilettenartikel m <meist pl> prodotto m per la cura/l'igiene del corpo.

Toilettenbecken n → **Kloschüssel**.

Toilettenbeutel m → **Kulturbeutel**.

Toilettenfrau f (in öffentlichen Toiletten) addetta f alla pulizia dei bagni pubblici.

Toilettengarnitur f set m da toilette, necessario m per la toilette.

Toilettenmann m (in öffentlichen Toiletten) addetto m alla pulizia dei bagni pubblici.

Toilettenpapier n carta f igienica.

Toilettenseife f saponetta f.

Toilettenspiegel m specchio m da toilette.

Toilettenspülung f sciacquone m.

Toilettentisch m → **Frisiertisch**.

Toilettenwagen m (bei Veranstaltungen im Freien) bagni m pl chimici.

Toilettenwasser n eau de toilette f.

toi, toi, toi interj **1** (jdm Glück wünschen) buona fortuna!, in bocca al lupo! fam, in culo alla balena! fam **2** (das eigene Glück beschwören) tocchiamo ferro! fam, facciamo le corna! fam: **bis jetzt, toi toi toi, ist ja alles gut gegangen!**, fino ad adesso, toccando ferro, è andato tutto bene!

Tokaier <-s, -> m, **Tokajer** <-s, -> m, **Tokaierwein** m (vino m) tokaj m.

Token <-s, -s> n **1** inform token m **2** ling token m.

Token-Ring-Technik f inform tel tecnica f di rete ad anello.

Tokio <-s, ohne pl> n geog Tokyo f, Tokio f.

Tokioter① <inv> adj <attr> {BÖRSE, UNTER-

WELT, VERGNÜGUNGSMEILE} di Tokyo.

Tokioter② <-s, -> m (**Tokioterin** f) tokyota mf.

Töle <-, -n> f bes. norddt pej cagnaccio m.

tolerabel adj <attr tolerable (r,s)> → **tolerierbar**.

tolerant adj {ANSICHTEN, EINSTELLUNG, ERZIEHUNGSSTIL, MENSCH} tollerante: ₍gegenüber jdm/etw₎/[gegen jdn/etw] **~ sein**, essere tollerante con/verso/[nei confronti di] qu/qc.

Toleranz <-, -en> f **1** <nur sing> (Duldsamkeit) **~** (gegenüber jdm/etw/gegen jdn/etw) tolleranza f (₍nei confronti di₎/[verso] qu/qc): **~ üben/zeigen**, mostrarsi tollerante; **große ~ besitzen**, dimostrarsi molto tollerante; **die Regierung bewies keinerlei ~ gegenüber den Aufständischen**, il governo non dimostrò alcuna indulgenza nei confronti dei ribelli **2** <nur sing> med **~** (gegenüber etw dat) {+HAUT, KÖRPER, ORGANISMUS GEGENÜBER SCHADSTOFFEN, STRAHLUNGEN, UMWELTEINFLÜSSEN} tolleranza f (a qc) **3** tech tolleranza f.

Toleranzbereich m margine m di tolleranza.

Toleranzdosis f pharm nukl {+MEDIKAMENT, STRAHLUNG} dose f massima tollerabile.

Toleranzedikt <-(e)s, ohne pl> n hist editto m di Costantino.

Toleranzgrenze f soglia f/limite m di tolleranza: **bei jdm die ~ überschreiten**, superare il limite di tolleranza di qu.

Toleranzschwelle f → **Toleranzgrenze**.

tolerierbar adj {VERHALTEN, ZUSTÄNDE} accettabile, tollerabile.

tolerieren <ohne ge-> tr geh **jdn/etw ~** {MEINUNGEN, PERSON, VERHALTEN, VORGEHEN} tollerare qu/qc.

toll A adj **1** fam (großartig) {FRAU, MANN, NACHRICHT, WETTER, ZEUGNIS} formidabile, fantastico; {IDEE} geniale: **ein ~er Bursche/Kerl**, un tipo ₍in gamba₎/[fantastico]/[super fam]; **ein ~es Glück haben**, avere una fortuna sfacciata; **das ist ja ~!**, è stupendo!/fantastico!; **hier ist es aber ~!**, ma qui è bellissimo! **2** (intensiv) {DURCHEINANDER, GEDRÄNGE, GESCHREI, LÄRM} insopportabile, infernale, terribile: **die Schmerzen waren wirklich ~**, i dolori erano veramente atroci **3** (unerhört) {ANGELEGENHEIT, EREIGNIS, GESCHICHTE} pazzesco, folle, incredibile: **das ist ja ein ~es Ding!**, roba da pazzi/matti!; **ein ~es Tempo draufhaben**, andare ad una velocità folle **4** (wild): **die ~en Tage**, i giorni di carnevale **5** obs (geisteskrank) matto, pazzo B adv fam (sehr: zur Verstärkung von Adjektiven und Verben): **~ beschenkt werden**, ricevere tantissimi regali; **sich ~ freuen**, essere contentissimo; **es stürmt ganz ~ draußen**, tira un vento che (ti) porta via fam; **(sehr gut)** benissimo; **das hast du ganz ~ gemacht!**, sei stato (-a) bravissimo (-a)! • **es kommt gleich noch ~er!**, il meglio deve ancora venire!, e non è tutto!; **es zu ~ treiben** fam, farla (troppo) grossa, esagerare; **treib es heute Abend nicht so ~ auf der Party!**, non fare stupidaggini stasera alla festa!

tolldreist adj obs {BURSCHE} temerario, ardito obs; {GESCHICHTEN} rocambolesco.

Tolle <-, -n> f ciuffo m (sulla fronte) • **die ~ von Elvis Presley**, la banana sulla fronte₎/[il ciuffo] di Elvis Presley.

tollen itr **1** <haben> (irgendwo) **~** {HUNDE, KINDER IM GARTEN} scatenarsi (+ compl di luogo) **2** <sein> **irgendwohin ~** {HUNDE, KINDER DURCH DEN GARTEN} scorrazzare + compl di luogo.

Tollhaus n obs → **Irrenhaus** ● **hier geht's zu wie in einem ~** pej, sembra di essere al manicomio.

Tollheit <-, -en> f **1** <nur sing> geh (Verrücktheit) follia f, pazzia f **2** (riskante, verrückte Handlung) follia f, pazzia f.

Tollkirsche f bot belladonna f, atropa f.

tollkühn adj temerario, audace.

Tollkühnheit f temerarietà f, spericolatezza f, audacia f.

Tollpatsch <-(e)s, -e> m imbranato m fam (di prima categoria), salame fam.

tollpatschig A adj (TIER) goffo; (MENSCH) auch imbranato fam, impacciato B adv goffamente, in modo impacciato: **stell dich doch nicht so ~ an!**, non essere così imbranato (-a)/impacciato (-a)!

Tollwut <-, ohne pl> f med rabbia f, idrofobia f wiss.

tollwütig adj **1** med (TIER) rabbioso, idrofobo wiss **2** (sehr wütend) (MENSCH) furibondo, furioso, idrofobo: **ein ~er Irrer**, un pazzo furioso/scatenato.

Tolpatsch a.R. von Tollpatsch → **Tollpatsch**.

tolpatschig a.R. von tollpatschig → **tollpatschig**.

Tölpel <-s, -> m **1** pej (Mensch) babbeo m, stolto m **2** ornith (Ente) sula f.

Tölpelei <-, -en> f pej stoltezza f, stupidaggine f.

tölpelhaft adj maldestro, imbranato fam.

Toluol <-s, ohne pl> n chem toluene m, toluolo m.

Tomahawk <-s, -s> m **1** (Waffe der Indianer) tomahawk m, ascia f di guerra **2** mil (Jagdbomber) tomahawk m.

Tomate <-, -n> f bot **1** (Pflanze) pianta f di pomodoro: **die ~n hochbinden**, legare i pomodori **2** (Gemüse) pomodoro m: **~n einmachen/einkochen**, fare la conserva (di pomodoro); **~n durchpassieren und einmachen**, fare la passata di pomodoro; (als gewürzte Soße) fare la ⌐salsa di pomodoro⌐/[pummarola südital]; **gefüllte ~n**, pomodori ripieni; **eine Dose geschälter ~n**, una scatola/un barattolo di pelati ● **~n auf den Augen haben** fam, avere gli occhi foderati di prosciutto fam; **eine treulose ~ sein** fam, essere un tipo/una tipa inaffidabile; **du bist aber mal eine treulose ~!** Du hattest fest versprochen, mir zu helfen, sei veramente un parolaio/una parolaia! Mi avevi assicurato che mi avresti dato una mano.

Tomatenketschup, **Tomatenketchup** m oder n ketchup m.

Tomatenmark n (in der Dose, Tube) concentrato m di pomodoro.

Tomatensaft m succo m di pomodoro.

Tomatensalat m gastr insalata f di pomodori, pomodori m pl in insalata.

Tomatensoße f sugo m/salsa f di pomodoro, pummarola f südital: **Spaghetti mit ~**, spaghetti al pomodoro.

Tomatenstaude f bot pianta f di pomodoro.

Tomatensuppe f gastr crema f di pomodoro.

Tombola <-, -s oder rar Tombolen> f tombola f: **eine ~ veranstalten**, organizzare una tombola.

Tomograf <-en, -en> m med tomografo m.

Tomografie <-, -n> f med tomografia f.

Tomogramm <-s, -e> n tomogramma m.

Tomograph m → **Tomograf**.

Tomographie f → **Tomografie**.

Ton① <-(e)s, Töne> m **1** (Laut) suono m: einen Ton hervorbringen, emettere/produrre un suono; **hohe/tiefe Töne**, suoni acuti/gravi **2** mus tono m, nota f: **die sieben Töne der Tonleiter**, le sette note della scala (musicale/tonica); **ein halber Ton**, un semitono; **ein falscher Ton**, una nota stonata; **den Ton anstimmen**, dare la nota; **den Ton halten**, tenere la nota **3** (Klangqualität) suono m: **weiche/volle Töne**, suoni morbidi/pieni **4** <nur sing> radio TV audio m; film suono m: **der Ton ist ausgefallen**, l'audio è andato via fam **5** ling (Betonung) accento m: **der Ton liegt auf der zweitletzten Silbe**, l'accento cade sulla penultima sillaba, la penultima sillaba è tonica ● **den Ton angeben** mus, dare il la; (bestimmen) fare il bello e il cattivo tempo, stabilire le regole del gioco; **keinen Ton von sich geben**, non fiatare; **er hatte Riesenangst und gab keinen Ton von sich**, aveva una fifa tremenda fam e ⌐non aprì bocca⌐/[fece scena muta]; **¡haste/hast du¡/[hat der Mensch] (da) noch Töne!** fam, non ci sono parole!; **keinen Ton herausbringen**, non spiccicare/proferire parola; **vor lauter Aufregung brachte sie keinen Ton heraus**, dall'emozione non ⌐proferì parola⌐/[le uscirono le parole di bocca]; **jdn in den höchsten Tönen loben**, fare lodi sperticate a qu, portare qu alle stelle; **einen Ton sagen**: **ihr hättet doch einen Ton sagen können, wir hätten euch gern abgeholt!**, sarebbe bastata una parola e saremmo venuti (-e) a prendervi!; **ohne einen Ton zu sagen**, senza proferire parola; **den ganzen Abend starrte er mich an, ohne einen Ton zu sagen**, tutta la sera mi fissò senza ⌐spiccicare una parola⌐/[aprir bocca]; **große Töne spucken** fam (sich aufspielen), farsi grande, fare il gradasso/lo sbruffone; (viel reden und nichts tun), essere bravo a parole; **du spuckst immer große Töne, tust aber dann nie was!**, a parole sei tanto bravo (-a), ma a fatti ...; **über etw akk keinen Ton ⌐verlauten lassen⌐/[sagen]**, non fare parola di qc, non lasciarsi sfuggire una sillaba (su qc); **über diese Sache hat er keinen Ton gesagt**, a questo riguardo ha tenuto la bocca chiusa.

Ton② <-s, Töne> m <meist sing> **1** (Tonfall) tono m: **einen scharfen Ton anschlagen**, assumere un tono aspro; **etw in freundlichem/frechem Ton sagen**, dire qc con tono gentile/insolente **2** (Umgangston) ambiente m, atmosfera f: **hier herrscht ein angenehmer/herzlicher/salopper Ton**, qui regna un'atmosfera piacevole/cordiale/informale ● **einen anderen Ton anschlagen**, cambiare tono/registro; **einen vorsichtigeren Ton anschlagen**, assumere un tono più cauto; **wenn du solche Töne anschlägst ...**, se la metti su questo tono/piano ...; **der gute Ton**, il bon ton, le buone maniere; **etw gehört zum guten Ton**, qc fa parte del bon ton; **gegen den guten Ton verstoßen**, contravvenire alle regole del galateo, non osservare l'etichetta; **einen Ton am Leib haben** fam pej, esprimersi in un certo tono; **was hast du denn wieder für einen Ton am Leib?!**, che tono è questo?, come ti permetti di parlarmi in questo tono?; **der Ton macht die Musik**, c'è modo e modo di dire le cose; **den richtigen Ton treffen/finden**, toccare ⌐il tasto giusto⌐/[la corda giusta]; **sich (dat) einen bestimmten Ton verbitten**, proibire/[non permettere] a qu di usare un certo tono; **ich verbitte mir diesen Ton!**, ti proibisco di usare questo tono con me!, non permetto che mi si parli con questo tono!; **sich im Ton vergreifen**, usare il tono sbagliato.

Ton③ <-s, Töne> m → **Farbton** ● **Ton in Ton**, tono su tono.

Ton④ <-(e)s, -e> m **1** geol argilla f: **unreiner Ton**, argilla grezza **2** (Werkstoff) creta f: **Ton brennen/formen/modellieren**, cuocere/lavorare/modellare la creta; **gebrannter Ton**, terracotta; **die Ziegel sind aus feuerfestem Ton**, le tegole sono di terracotta refrattaria.

Tonabnehmer <-s, -> m pick-up m, testina f: **den ~ hochheben**, sollevare il pick-up/la testina (dal disco).

Tonalität <-, -en> f mus tonalità f.

tonangebend adj che stabilisce le regole del gioco: **das sind die ~en Kreise**, sono questi gli ambienti che fanno tendenza; **in der Bande war er ~**, nella banda era lui che ⌐dettava legge⌐/[faceva il bello e il cattivo tempo].

Tonarchiv n nastroteca f.

Tonarm m (beim Plattenspieler) braccio m del pick-up.

Tonart f **1** mus tonalità f: **die ~ C-Dur**, la tonalità do maggiore **2** (Tonfall) tono m: **jdm gegenüber eine schärfere ~ anschlagen**, usare con qu un tono più duro; **eine andere ~ anschlagen**, cambiare tono/registro; **das kann ich in allen ~en singen!**, ormai questa solfa la conosco a memoria!

Tonaufnahme f, **Tonaufzeichnung** f registrazione f audio/sonora (im Aufnahmeraum) incisione f.

Tonausfall m radio TV interruzione f (dell')audio.

Tonband <-(e)s, Tonbänder> n **1** (Magnetband) nastro m magnetico **2** (~gerät) registratore m (a nastro), magnetofono m obs ● **etw auf ~ aufnehmen**, registrare qc su nastro.

Tonbandaufnahme f, **Tonbandaufzeichnung** f registrazione f su nastro.

Tonbandgerät n registratore m (a nastro), magnetofono m obs.

tönen① itr **1** (klingen) (GLOCKEN) suonare; irgendwie + adj: (DUNKEL, HELL, LAUT) avere un suono + adj: **aus der Kirche tönte feierliche Musik**, dalla chiesa risuonava una musica solenne **2** fam (prahlen) (von etw dat) ~ vantarsi di qc, farsi grande (con qc): **ständig tönt er über seinen Erfolg bei Frauen**, è sempre ⌐a vantarsi dei⌐/[sbandierare i] suoi successi con le donne.

tönen② tr (irgendwie) ~: **die Haare ~**, fare un cachet ai capelli; **sich (dat) das Haar blond/rötlich ~ lassen**, farsi fare un ⌐cachet biondo⌐/[riflessante rame]; **die Wände sind leicht rosa getönt**, le pareti tendono leggermente al rosa.

Toner <-s, -> m (für Fotokopierer, Laserdrucker) toner m.

Tonerde f min allumina f: **essigsaure ~**, acetato d'alluminio.

tönern adj <attr> (GEFÄß, GESCHIRR, VASE) di terracotta.

Tonfall m ling inflessione f, cadenza f, parlata f: **in stark dialektal gefärbtem ~ sprechen**, parlare con una marcata cadenza dialettale; **singender ~**, cantilena.

Tonfigur f (figura f in) creta f/terracotta f.

Tonfilm m film m sonoro.

Tonfixierbad n fot viraggio m.

Tonfolge f mus frase f (musicale).

Tonfrequenz f phys frequenza f acustica.

Tonga <-s, ohne pl> n geog (Isole f pl) Tonga f pl.

Tongefäß n vaso m/recipiente m di terracotta.

Tongeschirr n stoviglie f pl/vasellame m di terracotta.

Tongeschlecht n mus modo m.

tonhaltig adj (ERDE) argilloso.

Tonhöhe f phys altezza f (del suono).

Toni Ⓐ m (*Koseform von Anton*) Toni, Tonino, Tonio Ⓑ f (*Koseform von Antonia*) Tonia, Tonina.

Tonic <-(s), -s> n, **Tonicwasser** n acqua f tonica/brillante, Schweppes® f.

Tonika <-, *Toniken*> f *mus* tonica f.

Tonikum <-s, -ka> n *pharm* tonico m, corroborante m.

Toningenieur m (**Toningenieurin** f) sound engineer m, ingegnere m del suono, tecnico (*rar* -a) m (f) audio.

tonisch adj *pharm* tonico, corroborante: **ein Likör mit ~er Wirkung**, un liquore con effetto corroborante.

Tonkabine f cabina f sonora.

Tonkamera f *film* cinepresa f con suono.

Tonkopf m *tech* {+FILMPROJEKTOR} testa f/testina f sonora; {+TONBANDGERÄT, VIDEOKAMERA} testina f.

Tonkrug m brocca f di terracotta.

Tonlage f *mus* registro m.

Tonleiter f *mus* scala f musicale: **absteigende ~**, scala musicale discendente; **chromatische ~**, scala cromatica; **diatonische ~**, scala diatonica; **die ~ rauf- und runterspielen**, fare le scale.

tonlos adj 1 *ling* {SILBE, VOKAL} atono 2 {STIMME} monotono, monocorde, inespressivo; *med* afono.

Tonmeister m (**Tonmeisterin** f) tecnico (*rar* -a) m (f) audio/[del suono]; *film* fonico (-a) m (f).

Tonmischer m (**Tonmischerin** f) *film* radio TV mixer mf.

Tonnage <-, -n> f *naut* tonnellaggio m.

Tönnchen <-s, -> n dim von Tonne *fam scherz* tombolo m *fam scherz*, tappo m *fam scherz*.

Tonne① <-, -n> f 1 (*zylindrischer Behälter; für Wasser*) bidone m 2 (*für Benzin, Öl*) fusto m 3 (*für Erdöl*) barile m 4 (*Mülltonne*) bidone m (₁della spazzatura₁/[dell'immondizia]); (*größer*) cassonetto m 5 *naut* (*Boje*) boa f a botte ● **braune/Braune ~** ökol, bidone/cassonetto per i rifiuti organici; *dick* wie eine ~ sein *fam pej*, essere una ₁palla di lardo *fam*₁/[una botte *fam*]/[un barile *fam*]; **gelbe/Gelbe ~** ökol, bidone/cassonetto per gli imballaggi; **graue/Graue ~** ökol, bidone/cassonetto per rifiuti non riciclabili; **grüne/Grüne ~**, **blaue/Blaue ~** ökol, bidone/cassonetto per ₁i rifiuti cartacei₁/[la carta].

Tonne② <-, -n> f 1 (*Abkt*) (*1000 kg*) tonnellata f 2 *naut* (*Bruttoregistertonne*) tonnellata f di stazza (lorda).

Tonnendach n *arch* tetto m a botte.

Tonnengewölbe n *arch* volta f a botte.

tonnenweise adv 1 a tonnellate 2 *fam* (*in großen Mengen*) a tonnellate, a bizzeffe *fam*: **er frisst dieses Zeug gleich ~** *slang*, divora questa roba a tonnellate/quintali *fam*.

Tonqualität f qualità f del suono.

Tonsprache f *ling* lingua f tonale.

Tonspur f *film* sonoro m, colonna f sonora.

Tonstörung f disturbo m audio.

Tonstudio n studio m di registrazione.

Tonsur <-, -en> f {+KLOSTERBRUDER, MÖNCH} tonsura f, chierica f.

Tontaube f *sport* piattello m.

Tontaubenschießen <-s, ohne pl> n *sport* tiro m al piattello/piccione.

Tontechniker m (**Tontechnikerin** f) tecnico (*rar* -a) m (f) del suono, fonico (-a) m (f).

Tonträger m supporto m audio.

Tönung <-, -en> f 1 (*Haartönung*) cachet m, riflessante m 2 (*Farbton*) tonalità f, gradazione f.

Tonware f <*meist* pl> terraglia f, vasellame m di terracotta.

Tonwiedergabe f riproduzione f del suono.

Tool <-s, -s> n *inform* tool m.

top *fam* Ⓐ adj <präd>: **top sein** {ARBEIT, KENNTNISSE, LEISTUNG}, essere eccellente/ottimo/super *fam* Ⓑ adv ottimamente.

Top <-s, -s> n (*Oberteil*) top m.

TOP <*inv*, *ohne art*> m *Abk von* Tagesordnungspunkt: punto m all'ordine del giorno: **wir kommen jetzt zu TOP 3**, giungiamo ora al terzo punto dell'ordine del giorno.

Topagent m (**Topagentin** f) 007 mf degli agenti segreti.

topaktuell adj → **hochaktuell**.

Topas <-es, -e> m *min* topazio m.

Topf <-(e)s, *Töpfe*> m 1 (*Kochtopf*) pentola f: **einen ~ Kartoffeln aufsetzen**, mettere sul fuoco una pentola di patate; **großer ~**, pignatta, pentolone; **kleiner ~**, pentolino 2 (*Menge eines ~es*) + subst pentola f *di qc*, pentolata f *di qc*: **einen ganzen ~ Nudeln essen**, mangiare un'intera pentola di pasta 3 (*Gefäß für Honig, Marmelade u. Ä.*) vaso m, vasetto m; (*Blumentopf*) vaso m (di fiori) 4 (*Nachttopf*) vaso m da notte: **auf den ~ müssen** *fam scherz*, dover andare in bagno; (*von Kleinkindern*) andare sul vasino ● **wie ~ und Deckel zusammenpassen** *fam*, essere ₁pappa e ciccia *fam*₁/[culo e camicia *fam*]; **der große ~**, la cassa comune; **die Reparaturen werden aus dem großen ~ bezahlt**, le riparazioni vengono pagate con i soldi della cassa comune; **jdm in die Töpfe gucken** *fam*, ₁intromettersi negli₁/[impicciarsi degli] affari di qu; **alles in einen ~ werfen** *fam pej*, fare di ogni erba un fascio, mettere tutto nello stesso calderone; **jeder ~ findet seinen Deckel** *prov*, ogni pentola ha il suo coperchio.

Topfblume f fiore m in vaso.

Töpfchen <-s, -> n dim von Topf 1 (*Kochtöpfchen*) pentolino m 2 (*kleines Gefäß für Honig, Marmelade u. Ä.*) vasetto m 3 *fam* (*für Kleinkinder*) vasino m ● **geht er schon aufs ~?**, la fa già nel vasino?

Topfen <-s, *ohne pl*> m *südtt A* (*Quark*) "formaggio m fresco tipo ricotta".

Töpfer <-s, -> m (**Töpferin** f) vasaio (-a) m (f), ceramista mf.

Töpferei <-, -en> f laboratorio m/bottega f di (un) vasaio.

Töpfererde f argilla f.

Töpferin f → **Töpfer**.

Töpferkurs m corso m di ceramica.

töpfern Ⓐ itr fare lavori in terracotta/ceramica: **sie töpfert leidenschaftlich gern**, le piace da morire lavorare la terracotta Ⓑ tr *etw* ~ {KRÜGE, SCHALEN} fare *qc* in terracotta.

Töpferscheibe f tornio m del vasaio.

Töpferwaren subst <*nur* pl> ceramiche f pl, terraglie f pl; (*aus Ton*) terrecotte f pl.

Töpferwerkstatt f → **Töpferei**.

Topfgucker <-s, -> m (**Topfguckerin** f) *scherz* ficcanaso mf, impiccione (-a) m (f).

Topfhandschuh m guanto m da forno.

topfit adj *fam*: **~ sein**, essere in perfetta/piena forma.

Topfkuchen m → **Napfkuchen**.

Topflappen m presina f, presa f.

Topform f *fam*: **in ~ sein**, essere in forma smagliante.

Topfpflanze f pianta f in vaso.

Topfuntersetzer <-s, -> m sottopentola m.

Topinambur <-s, -s oder -e> m oder <-, -en> f *bot* topinambur m.

topisch adj *med* {ANWENDUNG} topico.

Toplader <-s, -> m 1 (*Waschmaschine*) lavatrice f con carica dall'alto 2 (*Hifi*) registratore m audio o video con carica dall'alto.

Toplage f *fam* {+BOUTIQUE, RESTAURANT} posizione f ideale/super.

Topleistung f {+ABITURIENT, FUSSBALLSPIELER} prestazione f fantastica.

topless Ⓐ adj a seno nudo Ⓑ adv in topless ● **~ sonnen**, prendere il sole in topless.

Top Level Domain <- -, - -s> f *inform* dominio m di primo livello.

Topmanagement n top management m, top manager m pl; (*eines best. Unternehmens*) auch vertice m aziendale/[dell'azienda].

Topmanager m (**Topmanagerin** f) top manager mf, dirigente mf ad alto livello.

Topmodel n top model f oder rar m.

Topografie <-, -n> f *geog* topografia f.

topografisch adj topografico.

Topographie f → **Topografie**.

topographisch adj → **topografisch**.

Topologie <-, *ohne pl*> f 1 *math* topologia f 2 *inform* topologia f 3 *ling* topologia f.

Topos <-, *Topoi*> m 1 *lit* topos m 2 (*Allgemeinplatz*) luogo m comune.

topp interj (*eine Abmachung oder Wette bekräftigen*) d'accordo: **~, die Wette gilt!**, d'accordo, accetto la scommessa!

Topp <-s, -e(n) oder -s> m *naut* testa f d'albero.

toppen tr *fam etw* ~ superare *qc*, battere *qc*: **etw ist nicht zu ~** {LEISTUNG, REKORD} *qc* è imbattibile/insuperabile.

Topqualität f → **Spitzenqualität**.

topsecret <*inv*> adj <*präd*> top-secret.

Topspin <-s, -s> m *sport* Tennis Tischtennis top spin m.

Topstar m *fam* grande star f.

Top Ten <- -, - -s> f: **die Top Ten** + gen {+GROSSUNTERNEHMEN, INDUSTRIENATIONEN, REICHSTEN MÄNNERN}, la top ten di *qu*/*qc*; **die Top Ten der Softwarehersteller**, i primi dieci produttori di software; {+BÜCHER, CDs, FILME} la top ten di *qc*.

Tor① <-(e)s, -e> n 1 (*große Tür*) portone m; (*Gartentor, Hoftor*) cancello m; (*Garagentor*) porta f 2 (*Stadttor, Denkmal*) porta f 3 *Fußball Handball Eishockey Hockey* (*Ziel*) porta f: **im Tor stehen**, essere/stare in porta; (*das getroffene Tor*) rete f, gol m; **das Tor fiel in der fünften Spielminute**, il gol è stato realizzato al quinto minuto; **ein Tor schießen/erzielen**, segnare (una rete), fare/segnare/realizzare un gol; **das Tor verfehlen**, mancare la porta; **auf ein Tor spielen**, giocare a una sola porta 4 *Ski* porta f: **am fünften Tor einfädeln/vorbeifahren**, inforcare/saltare la quinta porta ● **das Brandenburger Tor** (*in Berlin*), la Porta di Brandeburgo; **das goldene Tor**, il gol decisivo; **jdm das Tor zu etw** (*dat*) **öffnen**, aprire a qu le porte di qc; **vor den Toren (der Stadt)** *oft hist*, alle porte della città.

Tor② <-en, -en> m *geh obs* stolido m *obs*, stolto m: **ein tumber Tor**, un ingenuo/sempliciotto.

Toraus <-, *ohne pl*> m *sport* fondo m, fondocampo m: **der Ball rollt ins ~**, la palla finisce sul fondo, palla sul fondo.

Torausbeute f *sport* totale m dei gol.

Torbogen m arco m (del portone); {+STADTTOR} arco m (della porta).

Torbreite f larghezza f della porta.

Torchance f occasione f (da) gol.

Tordifferenz f sport differenza f reti.
Tordrang <-s, ohne pl> m sport forcing m.
Toreinfahrt f passo m (carrabile), entrata f.
Torerfolg <-(e)s, -e> m gol m, rete f, marcatura f.
Torero <-(s), -s> m torero m.
Toresschluss (a.R. Toresschluß) m: **kurz vor/bei ~**, all'ultimo minuto/tuffo fam **sie trafen kurz vor ~ ein**, arrivarono giusto in tempo.
Torf <-(e)s, ohne pl> m torba f: **~ stechen**, estrarre torba.
Torfboden m terreno m torboso.
Torferde f terriccio m torboso.
Torfgewinnung f estrazione f di/della torba.
torfig adj torboso, ricco di torba.
Torflügel m battente m della porta.
Torfmoor n torbiera f.
Torfmoos n bot sfagno m, muschio m delle torbiere.
Torfmull m → **Torferde**.
Torfrau f sport → **Torwart**.
torgefährlich adj sport {STÜRMER} pericoloso per il portiere, che mette in pericolo la porta avversaria.
Torgefährlichkeit f sport {+STÜRMER} capacità f di realizzare.
Torheit <-, -en> f geh stoltezza f, stolidità f.
Torhöhe f altezza f della porta.
Torhüter m (**Torhüterin** f) → **Torwart**.
töricht geh A adj **1** (dumm) {MEINUNG, PERSON} stolto, sciocco; {BENEHMEN, HANDLUNG} da stolto **2** (unsinnig) {FRAGE, IDEE, VERSPRECHEN} assurdo, insensato; {HOFFNUNG} auch vano B adv (dumm) stoltamente, scioccamente: **sich ~ verhalten**, comportarsi da sciocco (-a); **fragt doch nicht so ~!**, non fate domande stupide!
törichterweise adv geh stoltamente, stupidamente: **etw ~ annehmen/behaupten/ glauben**, essere così stupido/sciocco da supporre/affermare/credere qc.
Törin f → **Tor**②.
Torinstinkt <-(e)s, ohne pl> m sport senso m del gol.
Torjäger m (**Torjägerin** f) sport cannoniere m.
torkeln itr fam **1** <haben oder sein> {BETRUNKENER} barcollare, traballare **2** <sein> irgendwohin → {NACH HAUSE} andare barcollando + compl di luogo + {ÜBER DIE STRAßE} attraversare qc barcollando + {AUS etw} (dat) ~ {AUS DER KNEIPE, DEM WIRTSHAUS} uscire barcollando da qc.
Torlatte f sport traversa f (della porta).
Torlauf m bes. A Ski slalom m.
Torlinie f sport linea f di porta.
torlos adj sport {SPIEL} a reti inviolate, senza reti/gol.
Tormann m → **Torwart**.
Törn <-s, -s> m → **Segeltörn**.
Tornado <-s, -s> m **1** meteo tornado m **2** aero mil tornado m **3** naut tornado m.
Tornister <-s, -> m mil zaino m; norddt (von Schüler) cartella f (a zaino).
torpedieren <ohne ge-> tr **1** mil (mit Torpedos beschießen) etw ~ {TORPEDOBOOT, U-BOOT SCHIFF} silurare qc **2** geh (zu Fall bringen) etw ~ {GESETZESVORLAGE, PLAN, UNTERNEHMEN, VERHANDLUNGEN} sabotare qc, mandare a monte fam /[all'aria fam] qc, far saltare qc.
Torpedo <-s, -s> m mil siluro m.
Torpedoboot n mil torpediniera f.

Torpedobootzerstörer, Torpedo-bootzerstörer m mil cacciatorpediniere m.
Torpedofisch m fisch torpedine f.
Torpfosten m sport palo m (della porta).
Torraum m sport area f di porta.
Torschluss (a.R. Torschluß) m → **Toresschluss**.
Torschlusspanik (a.R. Torschlußpanik) f fam "paura f di perdere una grande occasione nella vita": **aus ~ heiraten**, sposarsi per paura di rimanere solo (-a).
Torschuss (a.R. Torschuß) m tiro m in porta.
Torschütze m (**Torschützin** f) autore (-trice) m (f) del gol, marcatore (-trice) m (f).
Torschützenkönig m Fußball capocannoniere m.
Torschützin f → **Torschütze**.
Torselett <-s, -s> n guepière f.
Torsi pl von **Torso**.
Torsion <-, -en> f **1** phys tech torsione f **2** med (Drehbruch) frattura f da torsione.
Torso <-s oder Torsi> m **1** kunst torso m **2** (unvollständiges Werk) opera f incompiuta, frammento m.
Törtchen <-s, -> n dim von Torte gastr tortina f, tartelletta f.
Torte <-, -n> f gastr torta f (con crema).
Tortenbelag m gastr copertura f (della torta).
Tortenboden m base f per torte.
Tortendiagramm n inform grafico m a torta.
Tortenguss (a.R. Tortenguß) m gastr glassa f, ghiaccia f.
Tortenheber m paletta f per dolci.
Tortenplatte f piatto m per torte.
Tortenschaufel f → **Tortenheber**.
Tortenspritze f tasca f.
Tortur <-, -en> f (Quälerei) tortura f, supplizio m.
Torverhältnis n → **Tordifferenz**.
Torwart <-(e)s, -e> m (**Torwartin** f) sport portiere (-a) m (f).
tosen itr **1** (brausen) {BRANDUNG, STÜRMISCHE SEE, WIND} mugghiare; {STURM} infuriare, imperversare **2** (sich brausend bewegen) irgendwohin ~ {WIND UM DEN KAMIN} infuriare + compl di luogo + {WILDWASSER INS TAL} mugghiare + compl di luogo.
tosend adj {BEGEISTERUNGSSTÜRME} fragoroso, strepitoso; {APPLAUS, BEIFALL} auch scrosciante.
Toskana <-, ohne pl> f geog Toscana f.
Toskanafraktion, Toskana-Fraktion f scherz oder iron "sinistra f tedesca amante della Toscana".
Toskaner <-s, -> m (**Toskanerin** f) toscano (-a) m (f).
toskanisch adj toscano: **das Toskanische** ling, il toscano.
tot adj **1** (gestorben) {MENSCH, TIER} morto: **sie war auf der Stelle tot**, morì sul colpo /[all'istante]; **klinisch tot sein**, essere clinicamente morto (-a); **jdn für tot erklären** jur, dichiarare la morte presunta di qu **2** (abgestorben) {GEWEBE, PFLANZEN, ZELLEN} morto; **ein totes Herz haben**, avere un cuore arido **3** (ausgestorben) {GEGEND} deserto, abbandonato; {STADT} auch morto; {SPRACHEN} morto **4** (abgestorben) {BAUM, FLUSS, GEWÄSSER, GEWEBE} morto **5** (nicht mehr funktionsfähig) {COMPUTER, FERNSEHER, TELEFON} morto fam: **die Telefonleitung ist tot**, non c'è (la) linea;

il telefono è muto; **totes Gleis**, binario morto **6** (anorganisch) {MATERIE} inorganica **7** (leblos) {ABEND} morto: **eine tote Veranstaltung**, un mortorio; **wie tot aussehen**, avere un aspetto cadaverico **8** (stumpf) {FARBEN} smorto, spento; (blind) {AUGEN} cieco; (leer) spento, vuoto ● **tot und begraben sein**, essere morto e sepolto; **tot geboren werden**, nascere morto (-a); **Tot Geglaubte** → **Totgeglaubte**; **halb tot sein vor etw** (dat) {VOR ANGST, ERSCHÖPFUNG}, essere mezzo (-a) morto (-a) di qc; **mehr tot als lebendig sein**, essere più morto che vivo; **das Tote Meer** geog, il Mar Morto; **tot sein** fam, essere ˌmorto famˌ/[completamente sfinito]/[a pezzi]; **ich kann nicht mehr, ich bin tot**, non ce la faccio più, sono distrutta (-a); **ich will auf der Stelle tot umfallen, wenn ...**, morissi, se ..., che possa morire se ..., (che) mi prenda un colpo se ...
total A adj <meist attr> (vollständig) {NEUHEIT, WAHNSINN} assoluto; {CHAOS, ERSCHÖPFUNG} auch totale, completo; {ERFOLG, MISSERFOLG, SIEG} assoluto, su tutta la linea B adv fam (völlig) {AUFGEREGT, HILFLOS, HOFFNUNGSLOS, VERZWEIFELT} totalmente, completamente: **etw ~ falsch machen**, fare qc in modo completamente sbagliato; **etw ~ vergessen haben**, essersi completamente dimenticato di qc; **~ verliebt sein**, essere follemente/ perdutamente innamorato.
Total <-s, ohne pl> n CH (~betrag) totale m.
Totalansicht f vista f/veduta f integrale/ [d'insieme].
Totalausverkauf m com liquidazione f/ svendita f totale.
Totale <-, -n> f **1** film fot inquadratura f totale **2** → **Totalansicht**.
Totalergebnis n CH → **Gesamtergebnis**.
totalitär pol pej A adj {GESINNUNG, REGIME, STAAT} totalitario B adv {HERRSCHEN, REGIEREN} in modo totalitario, con metodi totalitari.
Totalitarismus <-, ohne pl> m pol totalitarismo m.
Totalität <-, ohne pl> f totalità f.
Totaloperation f med {+BRUST} mastectomia f; {+GEBÄRMUTTER} isterectomia f totale; {+MAGEN, MILZ} asportazione f totale.
Totalschaden m danno m totale: **einen ~ haben** {AUTO}, essere completamente sfasciato/distrutto; **einen ~ bauen** {FAHRER}, distruggere/sfasciare la macchina.
Totalverweigerer m (**Totalverweigerin** f) obiettore m totale.
Totalzahl f CH → **Gesamtzahl**.
tot|arbeiten rfl fam sich ~ ammazzarsi di lavoro fam.
tot|ärgern rfl fam sich (über jdn/etw) ~ arrabbiarsi/incavolarsi ˌda morireˌ/[a morte] fam (con qu/per qc), rodersi il fegato (per qc).
Tote <dekl wie adj> mf **1** (toter Mensch) morto (-a) m (f) **2** (Todesopfer) vittima f: **bei dem Unfall gab es fünf ~**, l'incidente è costato la vita a cinque persone ● **etw weckt ~ auf** {SCHNAPS}, qc è roba da far risuscitare i morti fam; {LÄRM}, qc spacca i timpani; **wie ein ~r schlafen**, dormire come un sasso/ ghiro.
Totem <-s, -s> n totem m.
Totempfahl m palo m totemico.
töten A tr jdn/etw ~ {MENSCHEN, TIER} uccidere qu/qc, ammazzare qu/qc: **bei der Schießerei wurden vier Menschen getötet**, nella sparatoria sono rimaste uccise quattro persone; **den Nerv eines Zahns ~** med, devitalizzare (il nervo di) un dente B rfl **sich ~**

uccidersi, ammazzarsi ● **du sollst nicht ~!** *bibl*, non uccidere! *bibl*.

Totenamt n *relig* messa f/ufficio m/rito m funebre.

Totenbahre f catafalco m.

Totenbett n → **Sterbebett**.

totenblass (a.R. totenblaß), **totenbleich** adj → **leichenblass**.

Totenblässe f → **Leichenblässe**.

Totenfeier f cerimonia f funebre, esequie f pl.

Totenfleck m <*meist pl*> *med* macchia f ipostatica.

Totengeläut, Totengeläute n rintocchi m pl funebri, campane f pl a morto.

Totenglocke f campana f a morto.

Totengräber① <-s, -> m becchino m *fam*, necroforo m *form*, beccamorti m *fam pej*.

Totengräber② m *zoo* necroforo m *wiss*, becchino m *fam*.

Totenhemd n lenzuolo m funebre/mortuario.

Totenklage f lamento m/pianto m funebre.

Totenkopf m **1** *anat* teschio m **2** (*Zeichen für Lebensgefahr*) teschio m.

Totenkult m culto m dei morti.

Totenmahl n → **Leichenschmaus**.

Totenmaske f maschera f mortuaria.

Totenmesse f **1** (*Begräbnisfeier*) messa f/ cerimonia f funebre **2** (*Seelenamt*) messa f di suffragio **3** *mus* messa f di/da requiem.

Totenreich n *myth* regno m dei morti.

Totenschädel m *anat* teschio m.

Totenschein m certificato m di morte.

Totensonntag m *relig* (*in der protestantischen Kirche*) ≈ commemorazione f dei defunti.

Totenstadt f *archäol* necropoli f.

Totenstarre f → **Leichenstarre**.

totenstill adj: **es war ~**, c'era un silenzio di tomba.

Totenstille f silenzio m di tomba: **es herrschte ~**, regnava un silenzio di tomba.

Totentanz m *kunst lit mus* danza f macabra.

Totenwache f veglia f funebre: **die ~ halten**, vegliare un morto.

tot|fahren <*irr*> tr *jdn* ~ investire *qu* uccidendolo.

totgeboren adj → **geboren**.

Totgeburt f **1** (*Ereignis*) parto m di feto morto **2** (*tot geborenes Kind*) bambino (-a) m (f) nato (-a) morto (-a): **sie hatte eine ~**, ha partorito un bambino morto ● **eine ~ sein** (*von Anfang an zum Scheitern verurteilt*) {PLAN, PROJEKT} essere morto sul nascere.

Totgeglaubte <*dekl wie adj*> mf persona f creduta morta, morto (-a) m (f) presunto (-a).

Totgesagte <*dekl wie adj*> mf persona f data per morta.

tot|kriegen tr: **jd ist nicht totzukriegen** *fam scherz*, qu è instancabile/indistruttibile *fam*; **ihr Mundwerk ist nicht totzukriegen** *fam*, per farla stare zitta bisognerebbe tapparle la bocca *fam*.

tot|lachen rfl *fam* **sich** (**über etw** akk) **~** morire dalle risate/dal ridere (per qc): **jd lacht sich (halb/fast) über jdn tot**, qu fa morire dal ridere/dalle risate qu; **ich könnte mich ~ mit ihm**, mi fa schiantare dalle risate ● **jd/etw ist zum Totlachen**, qu/qc fa morire da ridere.

tot|laufen <*irr*> rfl *fam* **sich ~** {BEZIEHUNG, GESPRÄCHE, VERHANDLUNGEN} esaurirsi, morire di morte naturale *fam*.

tot|machen tr *fam jdn/etw* ~ {PERSON, TIER} accoppare *qu/qc fam*, fare secco (-a) *qu/qc fam*, ammazzare *qu/qc*.

Toto <-s, -s> n *oder* m totocalcio m: **~ spielen**, giocare al totocalcio/[la schedina (del totocalcio)].

Totoergebnis n risultati m pl della schedina (del totocalcio).

Totogewinn m vincita f al totocalcio.

Totogewinner m (**Totogewinnerin** f) vincitore (-trice) m (f) del montepremi (del totocalcio), ≈ tredicista mf.

Totogewinnkolonne f colonna f vincente del totocalcio.

Totoschein m, **Totozettel** m schedina f del totocalcio.

Totpunkt m *tech* punto m morto.

tot|reden tr *fam* **1** (*vollabern*) *jdn* ~ riempire a qu la testa di chiacchiere *fam* **2** (*das Scheitern von etw erklären*) *etw* ~ {INSTITUTION, PROJEKT} dare qc per morto (-a).

tot|reiten <*irr*> tr *fam etw* ~ {SACHE, THEMA} parlare di qc fino alla nausea.

tot|sagen tr *jdn* ~ dare *qu* per morto (-a), dichiarare morto (-a) *qu*, condannare *qu*; *etw* ~ {IDEOLOGIE} dare per morto (-a) *qc*; {MODE} considerare superato (-a) qc.

tot|schießen <*irr*> tr *jdn* ~ uccidere *qu* (con un'arma da fuoco); **ein Tier ~**, abbattere un animale (con un'arma da fuoco).

Totschlag m *jur* omicidio m doloso semplice ● **versuchter ~** *jur*, tentato omicidio.

tot|schlagen <*irr*> tr *jdn/etw* ~ {PERSON, TIER} uccidere *qu/qc*, ammazzare *qu/qc*: **jdn mit einem Stock ~**, bastonare a morte qu, uccidere qu a bastonate/[colpi di bastone]; **jdn mit einem Stein ~**, uccidere qu con un sasso; **die Zeit ~** *fig*, ammazzare/ingannare il tempo ● **du kannst mich ~**/[**auch wenn du mich totschlägst**], **ich weiß es einfach nicht mehr!** *fam*, non c'è niente da fare, non ho ricordo proprio più! *fam*; **dafür lasse ich mich** (**auf der Stelle**) **~!** *fam*, mi ci gioco la testa!; **bevor ich so etwas mache, lasse ich mich eher/lieber ~!**, mi puoi anche uccidere, ma una cosa del genere non la faccio!, preferisco morire anziché fare una cosa del genere!

Totschläger① m (*Waffe*) mazza f ferrata.

Totschläger② m (**Totschlägerin** f) *jur* (*Person*) omicida mf.

tot|schweigen <*irr*> tr *jdn* ~ fare come se *qu* non esistesse, far finta che *qu* sia morto; *etw* ~ passare qc sotto silenzio, sottacere qc.

tot|stellen a.R. *von* **tot stellen** → **stellen**.

tot|trampeln tr, **tot|treten** <*irr*> tr *jdn/etw* ~ calpestare a morte *qu/qc*.

Tötung <-, *rar* -*en*> f {+MENSCH, TIER} uccisione f; *jur* omicidio m ● *fahrlässige* ~ *jur*, omicidio colposo; ~ **auf** *Verlangen jur*, omicidio del consenziente; *vorsätzliche* ~ *jur*, omicidio premeditato.

Tötungsabsicht f *jur* intento m/intenzione f omicida *jur*, intenzione f di uccidere.

Tötungsdelikt n *jur* reato m di omicidio.

Tötungsversuch m *jur* tentato omicidio m.

Touch <-s, -s> m *fam* tocco m, tono m: **jdm einen ~ von etw** (dat) **geben/verleihen**, dare/conferire a qu un tocco di qc/[un'aria/ un aspetto da qc]; **diese Brille verleiht ihm einen intellektuellen ~**, questi occhiali gli danno un'aria da intellettuale/[un tocco di intellettualità]; **ihr neuer Song hat einen ~ von New Age**, la sua/loro nuova canzone ha un vago tono/sapore New Age.

Touchscreen <-s, -s> m *inform* touch screen m, schermo m a sfioramento.

tough adj *fam* → **taff**.

Toupet <-s, -s> n toupet m, parrucchino m, posticcio m.

toupieren <*ohne ge-*> **A** tr: (jdm) **die Haare ~**, cotonare i capelli (a qu); **toupiertes Haar**, capelli cotonati **B** rfl: **sich** (dat) **die Haare ~**, cotonarsi i capelli.

Tour① <-, -*en*> f **1** (*Ausflug*) gita f, giro m: **eine ~ durch den Schwarzwald machen/unternehmen**, fare una gita/un'escursione nella Foresta Nera **2** (*Reise in mehreren Etappen*) giro m (turistico), viaggio m: **eine ~ durch Afrika**, un viaggio attraverso l'Africa; **mit dem Motorrad eine ~ durch Spanien machen**, girare la Spagna in moto **3** (*Route*) percorso m, tratto m: **die ~ München-Neapel mit dem Fahrrad zurücklegen**, fare/coprire il tratto Monaco-Napoli in bicicletta ● **auf ~ gehen/sein** *fam* {KÜNSTLER, LKW-FAHRER, VERTRETER}, andare/essere in giro *fam*.

Tour② <-, -*en*> f *fam meist pej* **1** (*Manöver, Trick*): **etw auf eine bestimmte ~ versuchen**, provarci in un certo modo; **das ist aber die ganz billige ~!** *fam*, questi sono proprio mezzucci! **2** (*Vorhaben*) piano m: **die ~ ist schiefgegangen**, il piano è saltato ● *auf die ... ~ fam*: **auf die dumme ~ reiten** *slang*/**reisen** *slang*, fare il finto tonto; **es auf die gemütliche ~ machen**, prendersela comoda; **auf die ganz linke ~**, in modo subdolo; **es auf die sanfte ~ versuchen** *fam*, provarci con le buone (maniere), usare il guanto di velluto; **eine krumme ~** *fam*, una cosa un po' losca/[poco pulita]; **es auf die krumme ~ versuchen**, usare mezzi poco puliti; **jdm die ~ vermasseln** *fam*, rompere le uova nel paniere a qu, mandare a gambe all'aria i piani di qu *fam*; **diese ~ zieht bei mir nicht!** *fam*, questo trucco con me non funziona/attacca *fam*!

Tour③ <-, -*en*> f <*meist pl*> *tech* (*Umdrehung*) giro m, regime m: **den Motor auf ~en bringen**, far andare su di giri il motore ● **jdn auf ~en bringen** *fam* (*sexuell erregen*), allupare qu *slang*, attizzare qu *slang*; (*in Hochstimmung bringen*), far andare su di giri qu *fam*; (*in Wut bringen*) *auch*, far uscire di sangue alla testa a qu, far uscire dai gangheri qu *fam*; **in einer ~** *fam*, in continuazione, continuamente; **sie redet in einer ~**, parla senza fermarsi mai un attimo/secondo; **auf ~en kommen** *fam* (*sexuell erregt werden*), essere allupato *slang*/ attizzato *slang*; (*sich ereifern*), andare su di giri *fam*; (*in die Gänge kommen*), carburare *fam*, ingranare *fam*; **auf vollen/höchsten ~en laufen** {WAGEN}, andare a pieno regime; {ARBEITEN, VORBEREITUNGEN}, procedere a pieno ritmo, essere in pieno svolgimento; **seine ~ haben/kriegen** *slang*, avere la luna storta.

touren itr **1** *slang* (*auf Tournee gehen*) andare in tournée **2** *fam* (*eine Tour machen*) fare una gita/un giro.

Tourenfahrer m (**Tourenfahrerin** f) pilota mf (d'auto) di rally, rallista mf.

Tourenrad n *sport* city bike f.

Tourenski, Tourenschi m *sport* **1** (*Art von Ski*) sci m da alpinismo **2** (*Sportart*) sci m alpinismo.

Tourenwagen m auto f da rally.

Tourenzahl f *tech* numero m di giri.

Tourenzähler m *tech* contagiri m.

Tourismus <-, *ohne pl*> m turismo m ● *nachhaltiger* ~, turismo sostenibile.

Tourismusbranche f campo m/settore m (del turismo)/[turistico].

Tourismusfachfrau f operatrice f turistica.

Tourismusfachmann m operatore m turistico.
Tourismusindustrie f industria f ₁del turismo₁/[turistica].
Tourist <-en, -en> m (**Touristin** f) turista mf, viaggiatore (-trice) m (f).
Touristenattraktion f attrativa f turistica: **eine große ~ sein**, essere di grande richiamo per i turisti.
Touristenklasse f *aero naut* classe f turistica.
Touristenrummel m *fam pej* turismo m di massa: **abseits/fernab vom ~**, lontano dal turismo di massa.
Touristenstrom m invasione f di turisti.
Touristenvisum n visto m turistico/[per turismo].
Touristenzentrum n centro m turistico.
Touristik <-, *ohne pl*> f (industria f del) turismo m.
Touristikbörse f *ökon* Borsa f del turismo.
Touristikunternehmen n operatore m turistico, tour operator m, impresa f turistica.
Touristikzentrum n → **Touristenzentrum**.
Touristin f → **Tourist**.
touristisch adj turistico.
Tournee <-, -n *oder rar* -s> f tournée f: **auf ~ gehen/sein**, andare/essere in tournée.
Tower <-s, -> m *aero* torre f di controllo.
Toxikologe <-n, -n> m (**Toxikologin** f) *med* tossicologo (-a) m (f).
Toxikologie <-, *ohne pl*> f *med* tossicologia f.
Toxikologin f *med* → **Toxikologe**.
toxikologisch adj tossicologico.
Toxin <-s, -e> n tossina f.
toxisch adj *med* {DOSIS, KONZENTRATION, WIRKSTOFF, WIRKUNG} tossico, velenoso.
Toxizität <-, *ohne pl*> f tossicità f.
Toxoplasmose <-, -n> f *med* toxoplasmosi f.
Trab <-(e)s, *ohne pl*> m trotto m: **ausgesessener ~**, trotto seduto; **im ~ reiten**, andare al trotto; **im ₁leichten/lockeren₁/[starken] ~ reiten**, andare ₁al piccolo trotto₁/[a trotto serrato]; **das Pferd ₁fällt in ~₁/[geht in ~ über]**, il cavallo ₁passa al₁/[prende il] trotto • **jdn auf ~ bringen** *fam*, far trottare qu *fam*; **jdn auf/in ~ halten**, tenere continuamente impegnato (-a) qu; **auf ~ kommen** *fam*, prendere un buon ritmo; **ständig/immer auf ~ sein**, trottare tutto il giorno; **sich in ~ setzen** *fam*, mettersi/cominciare a trottare.
Trabant① <-en, -en> m *astr* satellite m.
Trabant② ® <-s, -s> m "autovettura f della marca 'Trabant' molto diffusa nella RDT".
Trabantenstadt f *oft pej* città f satellite/ dormitorio m, dormitorio m.
Trabbi, **Trabi** <-s, -s> m *fam* → **Trabant**②®.
traben itr **1** <*haben oder sein*> {PFERD} trottare, andare al trotto: **leicht ~**, trotterellare; **leichtes Traben**, trotto leggero; **~de Pferde**, cavalli al trotto; *sein* **irgendwohin ~** {ÜBER DIE FELDER, DURCH DEN WALD} trottare/[andare al trotto]/[fare una trottata] + *compl di luogo* **2** <*sein*> *fam* (*raschen Schrittes gehen*) **irgendwohin ~** trottare/[andare di trotto] + *compl di luogo*.
Traber <-s, -> m trottatore (-trice) m (f).
Trabrennbahn f *sport* trotter m; (*zum Training*) trottatoio m.
Trabrennen n *sport* corsa f al trotto.
Tracer <-s, -> m *med* tracciante m.
Tracheitis <-, *Tracheitiden*> f *med* tracheite f.

Tracht <-, -en> f **1** (*Volkstracht*) costume m (regionale/folcloristico) **2** (*Berufskleidung*) divisa f, uniforme f • **jdm eine ~ Prügel geben/verabreichen/verpassen** *fam*, dare a qu un fracco di legnate *fam*/botte *fam*; **eine ~ Prügel bekommen/kriegen**, prender(si) un fracco di legnate *fam*/botte *fam*.
trachten itr *geh* **nach etw** (dat) **~** {NACH ANERKENNUNG, GLÜCK, REICHTUM, RUHM}, aspirare a qc, ambire a qc, mirare a qc; **er trachtete einzig und allein danach, sich zu rächen**, la sua unica aspirazione era vendicarsi, aspirava solo ed esclusivamente alla vendetta • **jdm nach dem Leben ~**, attentare alla vita di qu.
Trachtenanzug m abito m folcloristico (da uomo).
Trachtenfest n festa f in costumi folcloristici.
Trachtenhut m cappello m folcloristico.
Trachtenkapelle f banda f (musicale) folcloristica.
Trachtenkostüm n costume m folcloristico.
Trachtenverein m "associazione f per la tutela delle tradizioni folcloristiche".
trächtig adj **1** *zoo* pregno, gravido **2** *geh* (*voll von*) **mit/von etw** (dat) **~** pregno *di qc geh*, gravido *di qc geh*, carico *di qc*: **von Romantik ~e Gedanken**, pensieri imbevuti/intrisi di romanticismo.
Trächtigkeit <-, *ohne pl*> f *zoo* gravidanza f, gestazione f.
Trackball <-s, -s> m *inform* trackball m.
tradieren <*ohne ge*-> tr *geh* **etw ~** {ABERGLAUBEN, GESCHLECHTERROLLEN, RECHTSNORMEN, VERHALTENSKODEXE} tramandare qc: **die über Generationen tradierten Sprachkonventionen**, le convenzioni linguistiche tramandate di generazione in generazione.
Tradition <-, -en> f tradizione f: **aus ~**, per tradizione; **nach alter ~**, secondo una vecchia tradizione; **~ haben** {FESTE, TREFFEN}, essere diventato (una) tradizione; (**irgendwo/[bei jdm]**) **~ sein**, essere tradizione/costume/uso (₁+ *compl di luogo*₁/[presso qu]); **eine ~ aussterben lassen**, far morire una tradizione; **eine ~ bewahren/fortsetzen/pflegen/weitergeben**, conservare/mantenere₁/[continuare]/[coltivare]/[tramandare] una tradizione; **mit einer ~ brechen**, rompere con la tradizione; **an den ~en festhalten**, restare fedele alle tradizioni.
Traditionalismus <-, *ohne pl*> m *geh* tradizionalismo m.
traditionalistisch adj *geh* tradizionalista; {BEWEGUNGEN, IDEEN} *auch* tradizionalistico.
traditionell **A** adj <*meist attr*> **1** (*aus Tradition erfolgend*) {BRAUCH, FEST, WEIHNACHTSBRATEN} tradizionale **2** (*nicht modern*) tradizionale, convenzionale **3** (*üblich*) tradizionale *iron*, consueto: **zu Weihnachten hat sie mir wieder das ~e Nachthemd geschenkt**, per Natale mi ha regalato la solita camicia da notte **B** adv (*aus Tradition*) per tradizione, tradizionalmente: **wir feiern Ostern ~ mit der Großfamilie**, per tradizione festeggiamo la Pasqua con tutti i parenti.
traditionsbewusst (a.R. traditionsbewußt) adj {MENSCH, FAMILIE, VOLK} tradizionalista, attento/legato alle tradizioni: **~ sein**, essere tradizionalista.
traditionsgemäß **A** adj {VERHALTEN} conforme alla tradizione **B** adv tradizionalmente, per tradizione, come vuole la tradizione.
traditionsreich adj ricco di tradizioni.
traf 1. *und* **3. pers sing imperf** *von* treffen.

träfe 1. *und* 3. pers sing konjv II *von* treffen.
Trafik <-, -en> f A tabaccaio m, tabaccheria f.
Trafikant <-en, -en> m (**Trafikantin** f) A tabaccaio (-a) m (f).
Trafo <-(s), -s> m *Abk von* Transformator: trasformatore m.
Trafohäuschen n → **Transformatorenhäuschen**.
Tragbahre f barella f, lettiga f.
tragbar adj **1** (*leicht zu tragen*) {COMPUTER, FERNSEHER, TELEFON} portatile **2** (*vorteilhaft*) {FRISUR, KLEIDER, MODE} che si porta bene **3** (*erträglich*) {BEDINGUNGEN, KOSTEN, UMSTÄNDE} sostenibile; {VERHALTEN} accettabile: **das Projekt ist finanziell/wirtschaftlich ~**, il progetto è economicamente sostenibile; **sein Lebenswandel ist für die Familie nicht mehr länger ~**, il suo modo di vivere non è più tollerabile per la famiglia.
Trage <-, -n> f → **Tragbahre**.
träge, trag adj **1** (*schwerfällig*) {CHARAKTER, MENSCH} indolente, pigro, neghittoso *lit*, accidioso *lit*; {BEWEGUNGEN} pigro, lento: **die Hitze macht einen ganz ~**, questo caldo ti toglie le forze **2** *phys chem* {GAS, KÖRPER, MASSE} inerte.
Tragebeutel m (*für Kleinkinder*) marsupio m.
Tragegriff m manico m.
Tragegurt m cinghia f per portare oggetti.
Tragekorb m (*bes. auf Rücken*) gerla f; (*für Weintrauben*) bigoncia f.
tragen <*trägt, trug, getragen*> **A** tr **1** (*befördern*) **jdn/etw** (*irgendwo(hin)*) **~** {KIND AUF DEM ARM, FLASCHEN IN DEN KELLER, KOFFER ZUM BAHNHOF} portare qu/qc (+ *compl di luogo*): **jdn huckepack ~**, portare qu a cavalluccio **2** (*mit sich führen*) **etw bei sich** (dat) **~** {AUSWEIS, FOTO, KREDITKARTEN, PASS} portare qc *con sé*, avere qc *con sé*, portarsi dietro qc *fam* **3** (*an sich haben*) **etw ~** {BRILLE, GEBISS, HUT, KONTAKTLINSEN, PFERDESCHWANZ, PISTOLE, SCHUHE, ZÖPFE} portare qc; {KLEIDUNG} *auch* indossare qc: **im Urlaub trägt sie nur Sportliches**, in vacanza veste solo casual; **etw irgendwie ~** portare qc + *adj*; **die Haare offen/lang ~**, portare i capelli sciolti/lunghi; **den Arm in Gips ~**, avere un braccio ingessato **4** (*stützen*) **etw ~** {BALKEN, FUNDAMENT, MAUER, PFEILER BAUWERK, DACH, KONSTRUKTION} sostenere qc, (sor)reggere qc; **jdn ~** {BEINE, KNIE PERSON}, reggere qu **5** (*hervorbringen*) **etw ~** {OBSTBAUM FRÜCHTE} dare qc, produrre qc; {KAPITAL ZINSEN} *auch* fruttare qc **6** (*übernehmen*) **etw** (**für jdn/etw**) **~** {KOSTEN, SPESEN} sostenere qc (*per qu/qc*), farsi carico *di qc* (*per qu/qc*): **sämtliche Folgen zu ~ haben**, dover subire tutte le conseguenze; **die Kosten haben die Steuerzahler zu ~**, i costi sono a carico del contribuente; **ein Projekt/eine Initiative ~**, finanziare/sponsorizzare un progetto/un'iniziativa; **die Schuld an etw** (dat) **~**, avere la colpa di qc; **die Verantwortung (für etw** akk) **~**, avere la responsabilità (di qc) **7** (*haben*) **etw ~** {BUCH, FILM, WERK TITEL, ÜBERSCHRIFT; PERSON NAMEN} portare qc: **der Vertrag trägt ihre Unterschrift**, il contratto porta/reca la sua firma; **der Brief trägt das Datum vom 22. August**, la lettera ₁porta/reca la data del₁/[è datata] 22 agosto **8** (*er~*) **etw irgendwie ~** {BÜRDE, LAST, LEID, SCHICKSAL MIT FASSUNG, WÜRDE} sopportare qc + *compl di modo*: **etw mit Fassung ~**, sopportare qc con dignità **B** itr **1** (*Ertrag haben*) {BAUM} dare frutti, produrre; {KAPITAL} fruttare, dare frutti: **der alte Weinberg trägt noch immer**, la vecchia vigna continua a dare uva; **die Olivenbäume ~ dieses Jahr**

tragend | Trampel

nicht, quest'anno gli ulivi non hanno ₁dato frutti₁/[prodotto niente] **2** *zoo* essere gravido **3** (*Gewicht beim Begehen aushalten*) {EIS, EISDECKE, HOLZBODEN} reggere: **Salzwasser trägt besser als Süßwasser**, nell'acqua salata si galleggia meglio che nell'acqua dolce **4** (*gekleidet sein*) *irgendwie* ~: **dieses Jahr trägt man kurz/lang**, quest'anno va il corto/lungo; **bei dieser Gelegenheit trägt man elegant/salopp**, in questa occasione ci si veste eleganti/casual; **Schwarz ~**, portare il lutto **5** (*vordringen*): **weit ~** {KANONEN, RAKETE}, essere a lunga gittata **C** rfl **1** (*sich transportieren lassen*) **sich** *irgendwie* **~** {KOFFER, TASCHE EINFACH, LEICHT, SCHWER} portarsi + *compl di modo*, essere + *adj* da portare **2** (*sich anfühlen*) **sich** *irgendwie* **~** {GEWEBE, KLEID, MATERIAL, STOFF GUT} portarsi + *compl di modo*; {ANGENEHM} essere + *adj* sulla pelle **3** *geh* (*in Erwägung ziehen*) **sich mit etw** (*dat*) **~** {MIT EINER ABSICHT, EINEM GEDANKEN, PLAN, VORHABEN} covare *qc*, maturare *qc*; {MIT EINER IDEE} accarezzare *qc*: **er trug sich mit dem Gedanken, ihr alles zu gestehen**, stava maturando il proposito di confessarle tutto **4** *ökon*: **sich selbst ~**, autofinanziarsi ● **an etw** (*dat*) **schwer zu ~ haben**, subire le (dure) conseguenze di *qc*; **jd hat an seinem Los/Schicksal schwer zu ~**, a qu è toccata una sorte amara; **jdm ~ helfen**, aiutare qu a portare un peso; **zum Tragen kommen**, venire valorizzato (-a), venire fuori *fam*; **bei dieser Arbeit kommen ihre Kenntnisse nicht genügend zum Tragen**, in questo lavoro le sue conoscenze non vengono valorizzate abbastanza; **nicht schwer ~ dürfen**, non dover portare pesi.

tragend *adj* **1** *arch bau* {BALKEN, WAND} portante **2** (*leitend*) {MOTIV} fondamentale; {IDEE} *auch* trainante: **~er Gedanke**, filo conduttore/rosso; **weit ~** → **weittragend**.

Träger① <-s, -> m **1** <*meist pl*> (*an Kleidung*) spallina f **2** *tech* (*Stahlträger*) trave f **3** *inform tel* supporto m.

Träger② <-s, -> m (**Trägerin** f) **1** (*Beförderer*) {+GEPÄCK} facchino m, portabagagli mf; {+KRANKEN} portantino (-a) m (f), barelliere (-a) m (f); (*bei Umzug*) portatore (-trice) m (f) **2** (*Inhaber*) {+AUSZEICHNUNG, ORDEN, PREIS, TITEL} detentore (-trice) m (f): **wer ist der ~ des diesjährigen Literaturpreises?**, chi ha ricevuto quest'anno il premio letterario? **3** (*Vertreter*) {+KULTUR} rappresentante mf; (*treibende Kraft*) {+AKTION, INITIATIVE, VERANSTALTUNG} promotore (-trice) m (f), sostenitore (-trice) m (f), propugnatore (-trice) m (f) **4** *adm* (*finanzierende Institution*) (ente m/organismo m) finanziatore m **5** *med* {+KRANKHEIT, VIRUS} portatore (-trice) m (f) **6** *bes. süddt* (*Kasten*) ~ + *subst* (*nom*) {BIER, MINERALWASSER} cassa *di qc*.

Trägerflugzeug n *aero* aereoplano m per portaerei.

Trägerhose f salopette f.

Trägerin f → **Träger**②.

Trägerkleid n prendisole m.

trägerlos *adj* senza spalline.

Trägerrakete f *aero* (*razzo m*) vettore m; (*für Satelliten*) missile m portasatellite.

Trägerrock m gonna f con bretelle, scamiciato m.

Trägerschaft <-, -en> f *adm* responsabilità f gestionale ed economica, gestione f.

Trägerschürze f grembiule m con pettorina.

Trägerwelle f *phys* onda f portante.

Tragetasche f sporta f, borsa f.

Tragetuch n (*für Babys*) fascia f portabebè.

Tragezeit f *zoo* durata f della gravidanza.

tragfähig *adj* **1** *arch bau* {BRÜCKE, DACH, SÄULE} solido, stabile **2** *geh* (*akzeptabel*) {KOMPROMISS, ÜBEREINKUNFT, VEREINBARUNG} accettabile; (*solide*) {KONZEPT, MODELL} solido: **wirtschaftlich ~**, economicamente sostenibile.

Tragfähigkeit <-, *ohne pl*> f **1** *bau* (*Belastbarkeit*) {+BAUTEILE, FUßBÖDEN, PFEILER} (capacità f di) portata f; (*Höchstlast*) portata f massima, limite m di carico **2** *geh* (*Praktikabilität*) {+LÖSUNGSVORSCHLAG} accettabilità f; {+ABKOMMEN, FRIEDENSVERTRAG} solidità f.

Tragfläche f *aero* piano m/superficie f portante, superficie f alare.

Tragflächenboot n *naut*, **Tragflügelboot** n *naut* aliscafo m.

Trägheit <-, *ohne pl*> f **1** (*Schwerfälligkeit*) {+CHARAKTER, MENSCH} indolenza f, pigrizia f, neghittosità f *lit*, accidia f *lit*; {+BEWEGUNGEN} lentezza f; (*Faulheit*) pigrizia f, poltroneria f *fam* **2** *phys* {+MATERIE} inerzia f.

Trägheitsmoment n *phys* momento m d'inerzia.

Tragik <-, *ohne pl*> f **1** (*das Verhängnisvolle*) {+GESTE, HANDLUNG, MOMENT, SITUATION, UNFALL} tragicità f **2** *lit* tragicità f, tragico m.

tragikomisch *adj* *geh* {EREIGNIS, ZUFALL} tragicomico.

Tragikomödie f *lit theat* tragicommedia f.

tragisch **A** *adj* **1** (*verhängnisvoll*) {SCHICKSAL, TOD, ZUFALL} tragico **2** *lit* {ROLLE, SCHAUSPIELER, STÜCK} tragico **B** *adv* {AUSGEHEN, ENDEN, UMS LEBEN KOMMEN, VERUNGLÜCKEN} tragicamente, in modo tragico: **sein Abenteuer endete ~**, la sua avventura si è conclusa tragicamente ● **etw ~ nehmen**, fare una tragedia di *qc*; **das ist wirklich nicht (so/weiter) ~!**, non è poi così tragico/drammatico!

Tragkraft f *bau* (capacità f di) portata f.

Traglast f *form* carico m; (*bei Esel, Pferden*) soma f.

Traglufthalle f (copertura f pneumatica) a pallone m.

Tragödie <-, -n> f **1** *lit* tragedia f **2** (*tragisches Ereignis*) tragedia f, dramma m: **wenn es ums Geld geht, ist es mit ihm immer eine ~**, quando si tratta di soldi, con lui è sempre un dramma ● **etw ist keine ~**, *qc* non è una tragedia/un dramma; **aus etw** (*dat*) **eine ~ machen** *fam*, fare una tragedia/un dramma di *qc*; **aus jeder Kleinigkeit macht sie eine ~**, fa di ogni mosca un elefante.

Tragriemen m (*am Gewehr, Ranzen, Rucksack, an der Tasche*) cinghia f.

trägt **3. pers sing präs** *von* tragen.

Tragweite <-, *ohne pl*> f portata f, conseguenze f pl: **von geringer/großer ~ sein**, avere implicazioni minime/notevoli; **sich** (*dat*) **der ~ seiner Handlungen nicht bewusst sein**, non rendersi conto del peso delle proprie azioni; **seine Worte waren von enormer ~ für die Friedensverhandlungen**, il suo intervento ha avuto un'enorme peso sulle trattative di pace.

Tragwerk n **1** *aero* cellula f **2** *bau* struttura f portante.

Trailer① <-s, -> m *film* trailer m, presentazione f.

Trailer② <-s, -> m (*Anhänger*) trailer m.

Trainee <-s, -s> m *ökon* "neolaureato (-a) m (f) che fa pratica nei vari reparti di un'azienda".

Traineeausbildung f *ökon* "pratica f per neolaureati nei vari reparti di un'azienda".

Traineeprogramm n *ökon* programma m di training sul posto di lavoro.

Trainer① <-s, -> m *CH* → **Trainingsanzug**.

Trainer② <-s, -> m (**Trainerin** f) *sport* allenatore (-trice) m (f), trainer mf; *Fußball auch* mister m *slang*; *Basketball Tennis* allenatore (-trice) m (f), trainer mf, coach mf.

Trainerbank f *sport* panchina f.

Trainerin f *sport* → **Trainer**②.

Trainerwechsel m *sport* cambio m dell'allenatore.

trainieren <*ohne* ge-> **A** *tr* **1** *sport* (*durch Training vorbereiten*) **jdn/etw** (**in etw** dat) ~ {SPORTLER, MANNSCHAFT, PFERD} allenare *qu/qc* (*in qc*), preparare *qu/qc* (*in qc*); {KÖRPER, MUSKELN} tenere in esercizio/allenamento *qc* **2** *sport* (*üben*) **etw ~** {FIGUR, ÜBUNG} provare *qc*; {TECHNIK} esercitarsi *in qc*; {HOCHSPRUNG, 100-METER} allenarsi *in qc* **3** (*üben*) **etw ~** {DENKVERMÖGEN, GEDÄCHTNIS, KONZENTRATIONSFÄHIGKEIT} allenare *qc*, esercitare *qc* **B** *itr sport* (**für/auf etw** akk) ~ {FÜR DIE OLYMPISCHEN SPIELE, AUF DIE ENDAUSSCHEIDUNG} allenarsi (*per qc*): **er trainiert täglich mehrere Stunden für die Meisterschaft**, si allena più ore tutti i giorni per il campionato.

Training <-s, -s> n *sport* allenamento m: **nicht mehr im ~ sein**, essere fuori allenamento, non essere più in esercizio ● **autogenes ~**, training autogeno.

Training on the Job <-s - -, -s - - -> n *ökon* training on the job m.

Trainingsanzug m tuta f da ginnastica.

Trainingscamp n → **Trainingslager**.

Trainingshose f pantaloni m pl della tuta.

Trainingsjacke f *sport* giacca f della tuta.

Trainingslager n *sport* ritiro m.

Trainingsmethode f *sport* metodo m di allenamento.

Trainingspartner m (**Trainingspartnerin** f) *sport* compagno (-a) m (f) di allenamento.

Trainingsprogramm n **1** *sport* programma m allenamento **2** (*in der Arbeitswelt*) programma m di training.

Trainingsrückstand m ritardo m nell'allenamento: **im ~ sein**, essere indietro nell'allenamento.

Trainingszentrum n *sport* → **Leistungszentrum**.

Trakt <-(e)s, -e> m *bau* {+GEFÄNGNIS, VILLA} ala f.

Traktanden pl *von* Traktandum.

Traktandenliste f *CH* → **Tagesordnung**.

Traktandum <-s, Traktanden> n *CH* → **Verhandlungsgegenstand**.

Traktat <-(e)s, -e> m *oder* n *geh* trattato m.

traktieren <*ohne* ge-> *tr* **1** (*misshandeln*) **jdn mit etw** (dat) ~: **jdn mit Schlägen ~**, prendere a botte *qu*; **jdn mit dem Stock ~**, bastonare *qu* **2** *fam* (*zusetzen*) **jdn mit etw** (dat) ~ {MIT ANSCHULDIGUNGEN, VORWÜRFEN} tartassare *qu con qc*, tormentare *qu con qc*.

Traktion <-, -en> f *phys tech* trazione f.

Traktor m *tech* trattore m.

trallala! *interj* trallallà!, trallallera!

trällern **A** *tr* (*fröhlich singen*) **etw ~** {LIEDCHEN, MELODIE} canticchiare *qc*, canterellare *qc* **B** *itr* (*singen*) {PERSON} canticchiare; {LERCHE, NACHTIGALL} trillare ● **vor sich hin ~**, canticchiare tra sé e sé.

Tram <-, -s> f *süddt A CH* (*Straßenbahn*) tram m.

Trambahn f *süddt A CH* (*Straßenbahn*) tram m.

Tramp <-s, -s> m vagabondo m: **Charlie Chaplin hat den ~ unsterblich gemacht**, Charlot ha reso immortale il vagabondo.

Trampel <-s, -> m *oder* n *fam pej* (*plumpes Mädchen*) cammellona f *fam*; (*plumper*

Mensch) elefante m fam pej.

trampeln A itr **1** <haben> (mit den Füßen stampfen) battere i piedi; (vor Wut, Zorn) pestare i piedi: **das Publikum trampelte vor Begeisterung**, gli spettatori battevano i piedi per l'entusiasmo **2** <sein> (mit schweren Schritten gehen) *irgendwohin* ~ {ÜBER DAS BEET, DURCHS HAUS} camminare con passo pesante + *compl di luogo*: **über die Wiese ~**, calpestare il prato; **jdm auf die Füße ~**, pestare i piedi a qu B tr <haben> (treten) *etw* (durch/in etw akk) ~ {PFAD, WEG DURCH DAS DICKICHT, IN DEN SCHNEE} aprirsi qc attraverso/in qc ● **etw platt ~**, schiacciare qc con i piedi; **jdn zu Tode ~**, calpestare a morte qu.

Trampelpfad m sentiero m battuto, pista f battuta.

Trampeltier n **1** *zoo* cammello m (a due gobbe) **2** *fam pej* (unbeholfener Mensch) elefante m *fam pej*: **ein ~ sein**, avere la grazia di un elefante.

trampen itr <sein> fare l'autostop; *irgendwohin* ~ {NACH GRIECHENLAND, NACH HAUSE} andare in autostop + *compl di luogo*; {DURCH EUROPA} viaggiare in autostop + *compl di luogo*.

Tramper <-s, -> m (**Tramperin** f) autostoppista mf.

Trampolin <-s, -e> n *sport* trampolino m.
Trampolinspringen n *sport* salto m dal trampolino.

Trampschiff n *naut* tramp m.

Tramway <-, -s> f A → **Straßenbahn**.

Tran <-(e)s, -e> m grasso m/olio m di pesce; (Lebertran) olio m di fegato di merluzzo ● *im ~ fam* (wegen Alkohol, Drogen, Müdigkeit), intontito, annebbiato; (zerstreut) assente: **das hab' ich im ~ ganz vergessen!** *fam*, preso (-a) com'ero dai miei pensieri l'ho completamente dimenticato!; **wie im ~**, come un automa.

Trance <-, -n> f *psych* trance f: **in ~ fallen/geraten**, cadere/entrare in trance; **jdn in ~ versetzen**, far cadere qu in trance; **wie in ~**, come in trance.

Trancezustand m *psych* (stato m di) trance f.

Tranche <-, -n> f **1** *ökon* (Teilbetrag) tranche f **2** (Scheibe) {+FISCH, FLEISCH} trancia f.

Tranchierbesteck n → **Transchierbesteck**.

tranchieren tr → **transchieren**.

Tranchiermesser n → **Transchiermesser**.

Träne <-, -n> f lacrima f: **~n der Freude weinen**, piangere/versare lacrime di gioia; **dicke ~n kullerten ihm über die Wangen**, i lacrimoni gli rigavano il viso ● **in ~n aufgelöst**, in un mare di lacrime; **mit ~n in den Augen**, con le lacrime agli occhi; **~n in den Augen haben**, avere le lacrime/i luccichini agli occhi; **jdm ~n in die Augen treiben**, far lacrimare qu; **der dichte Rauch treibt uns ~n in die Augen**, il fumo denso ci fa lacrimare; **der Anblick von so viel Elend hat uns die ~n in die Augen getrieben**, alla vista di tanta miseria ci sono venute le lacrime agli occhi; **in ~n ausbrechen**, scoppiare ⌊in lacrime⌋/[a piangere]; **du bist vielleicht eine ~!** *fig pej*, che mela lagna (che sei)! *fam*; **den ~n nahe sein**, essere vicino (-a) alle lacrime; **mit den ~n kämpfen**, lottare con le lacrime; **jdm kommen die ~n ganz ~n** *fam*, {a qu} ⌊vengono le lacrime agli occhi⌋/[si riempiono gli occhi di lacrime]/[viene da piangere]; **mir kommen (gleich) die ~n!** *iron fam*, (quasi quasi) mi viene da piangere!; **~n lachen**, ridere ⌊fino alle lacrime⌋/[tanto da piangere]; **jdm/etw keine ~ nachweinen** {EINEM EX, JOB}, non versare una lacrima per qu/qc; **den ~n nahe sein**, essere vicino alle lacrime, essere sul punto di piangere; **unter ~n**, in lacrime, piangendo; **unter ~n gestand sie ihm die Wahrheit**, piangendo/[in lacrime] gli confessò la verità; **~n vergießen**, versare lacrime, piangere; **keine ~ wert sein**, non valere le lacrime di qu.

tränen itr {AUGE} lacrimare: **jdm ~ die Augen**, a qu lacrimano gli occhi; **~de Augen**, occhi che lacrimano.

Tränendrüse f *anat* ghiandola f lacrimale ● **auf die ~n drücken** *fam pej*, strappare le lacrime; **dieser Film drückt aber mächtig auf die ~n**, questo è un tipico film strappalacrime.

tränenerstickt adj {STIMME} soffocato dal pianto.

tränenfeucht adj <attr> {KOPFKISSEN, TASCHENTUCH} bagnato di lacrime; {AUGEN} auch pieno di lacrime.

Tränengas <-es, ohne pl> n (gas m) lacrimogeno m.

Tränenkanal m *anat* dotto m lacrimale.

Tränensack m sacco m lacrimale: **Tränensäcke (unter den Augen) haben**, avere le occhiaie/[borse sotto gli occhi *fam*].

Tränenschleier m velo m di lacrime.

tränenüberströmt adj inondato di lacrime: **~ sein**, essere in un mare di lacrime.

Tranfunzel, Tranfunsel <-, -n> f *fam pej* **1** (schwache Lampe) luce f fioca **2** (geistig schwerfällige Person) polentone (-a) m (f) *fam pej*, lumaca f *fam*, lumacona f *fam*.

tranig adj **1** (nach Tran schmeckend) che sa di olio di pesce; (voll Tran) pieno di olio di pesce **2** *fam pej* (langsam) {ARBEITSKOLLEGE, MENSCH} lento, addormentato *fam*: **das ist vielleicht ein ~er Typ!**, che lumacone, quello! *fam*.

trank 1. und 3. pers sing imperf von trinken.

Trank <-(e)s, Tränke> m *geh* bevanda f.

tränke 1. und 3. pers sing konjv II von trinken.

Tränke <-, -n> f **1** (Behälter) abbeveratoio m **2** (Wasserstelle an Fluss u. Ä.) abbeverata f: **das Vieh zur ~ treiben**, portare/condurre il bestiame all'abbeverata.

tränken tr **1** (zu trinken geben) *etw* ~ {KÜHE, PFERDE} abbeverare qc: **der Regen tränkt die Erde** *geh*, la pioggia disseta la terra **2** (durchnässen) *etw mit etw* ~ {SCHWAMM MIT WASSER} impregnare qc di qc, intridere qc con/di qc; {KUCHEN MIT LIKÖR} imbibire qc di qc, impregnare qc di qc: **die Erde war mit/von Blut getränkt**, la terra era intrisa di sangue; **in Milch getränkte Kekse**, biscotti imbevuti di latte.

Tranquilizer <-s, -> m *pharm* tranquillante m, calmante m.

Transaktion f *ökon* transazione f: **eine finanzielle ~**, una transazione finanziaria; **~en vornehmen**, compiere/effettuare delle transazioni.

transalpin, transalpinisch adj transalpino, oltremontano.

Transaminase <-, -n> f *biochem* transam(in)asi f.

Transatlantikflug m volo m transatlantico.

transatlantisch adj **1** (überseeisch) {BESITZUNGEN, INTERESSEN} d'oltremare **2** (den Atlantik überspannend) {ALLIANZ, BÜNDNIS, PAKT} atlantico.

Transchierbesteck n trinciante m e forchettone m.

transchieren <ohne ge-> tr *etw* ~ {BRATEN, GEFLÜGEL} trinciare qc.

Transchiermesser n trinciante m.

Transe f *fam* → **Transvestit**.
transeuropäisch adj transeuropeo.
Transfer <-s, -s> m **1** bank trasferimento m di valuta, transfer(t) m **2** (Transport) {+GAST, REISENDER, TOURIST} transfer m, trasferimento m **3** sport {+FUßBALLER} trasferimento m, cessione f **4** psych transfert m, traslazione f ● **technologischer ~**, transfer tecnologico.

transferieren <ohne ge-> tr **1** bank *etw auf etw* (akk)/*irgendwohin* ~ {GELD AUF EIN KONTO, INS AUSLAND} trasferire qc su qc/*compl di luogo* **2** sport *jdn* (von etw dat) *zu etw* (dat) ~ {SPIELER VOM VFB STUTTGART ZU BAYERN MÜNCHEN} trasferire qu (da qc) a qc, cedere qu (da qc) a qc.

Transfersumme f *sport* "somma f pagata per l'acquisto di un giocatore".

Transformation <-, -en> f **1** *geh* trasformazione f **2** *math phys* trasformazione f.

Transformationsgrammatik f *ling* grammatica f trasformazionale ● **generative ~** *ling*, grammatica generativo-trasformazionale.

Transformator <-s, -en> m *phys* trasformatore m.

Transformatorenhäuschen, Transformatorhäuschen n cabina f di trasformazione.

transformieren <ohne ge-> tr *etw* ~ **1** *geh* (umgestalten) trasformare qc **2** *math phys* trasformare qc.

Transfusion <-, -en> f *med* trasfusione f (di sangue).

transgen adj *biol* transgenico.
Transgender <-s, -> m transgender m.
Transistor <-s, -en> m *phys* transistor m.
Transistorgerät n, **Transistorradio** n (radio f a) transistor m.

Transit <-s, -e> m {+GÜTER, REISENDE} transito m.

Transitabkommen n accordo m (bilaterale) sul transito.

Transithandel m *com* commercio m di transito.

transitiv *gram* A adj {GEBRAUCH, VERB} transitivo B adv {GEBRAUCHEN, VERWENDEN} in modo transitivo, transitivamente.

Transitraum m {+FLUGHAFEN} sala f di transito.

Transitreisende <dekl wie adj> mf viaggiatore (-trice) m (f)/passeggero (-a) m (f) in transito.

Transitverkehr m traffico m in transito.
Transitvisum n visto m di transito.
Transitzoll m dazio m di transito.

transkribieren <ohne ge-> tr *etw* ~ **1** *ling* (transliterieren) {TEXT, WORT} traslitterare qc, trascrivere qc: **ein russisches Zitat in lateinische Schrift ~**, traslitterare una citazione dal cirillico in caratteri latini **2** *ling* (phonetisch) {TEXT, WORT} trascrivere qc foneticamente **3** *mus* {MUSIKSTÜCK, SATZ} trascrivere qc: **die Begleitung der Streicher für Klaviermusik ~**, trascrivere la parte degli archi per pianoforte.

Transkription <-, -en> f **1** *ling* (Transliteration) traslitterazione f, trascrizione f **2** *ling* (phonetische ~) trascrizione f fonetica **3** *mus* trascrizione f.

Translation <-, -en> f **1** *geh* (Übertragung) traslazione f, trasferimento m **2** *phys* traslazione f **3** *ling* traslazione f.

Transliteration <-, -en> f *ling* traslitterazione f.

transliterieren <ohne ge-> tr *ling* *etw* ~ traslitterare qc.

Transmission <-, -en> f *phys tech* trasmis-

sione f.
Transmitter <-s, -> m **1** med trasmettitore m **2** radio (Minisender) trasmettitore m, transmitter m **3** tech trasmettitore m.
transnational adj transnazionale.
transparent adj **1** (durchsichtig) {GLAS, PAPIER, STOFF} trasparente **2** geh (offenkundig) {POLITIK} trasparente: **etw ~ machen**, rendere trasparente qc.
Transparent <-(e)s, -e> n **1** (Spruchband) striscione m **2** (durchscheinendes Bild auf Glas, Papier, Stoff) trasparente m.
Transparentpapier n (für technische Zeichnungen) carta f traslucida.
Transparenz <-, ohne pl> f **1** (Durchsichtigkeit) {+FARBE, KÖRPER, MATERIAL, STOFF} trasparenza f **2** (Verständlichkeit) {+AUSSAGE, POLITIK} trasparenza f.
Transpiration <-, ohne pl> f {+PFLANZE} traspirazione f, {+MENSCH} auch sudorazione f.
transpirieren <ohne ge-> itr geh traspirare.
Transplantat <-(e)s, -e> n med (schon transplantiert) organo m/tessuto m trapiantato; (zu transplantieren) organo m/tessuto m da trapiantare.
Transplantation <-, -en> f **1** med {+GEWEBE, HERZ, KNOCHENMARK, ORGAN} trapianto m: **eine ~ durchführen/vornehmen**, eseguire un trapianto **2** bot innesto m.
Transplantationschirurgie f med, **Transplantationsmedizin** f med trapiantologia f.
transplantieren <ohne ge-> tr med (jdm) **etw ~** {EIGENES/FREMDES GEWEBE, ORGAN} trapiantare qc (a qu).
Transponder <-s, -> m tech transponder m.
transponieren <ohne ge-> tr mus **etw ~** trasporre qc, trasportare qc.
Transport <-(e)s, -e> m **1** (Beförderung) trasporto m: **auf dem ~**, durante il trasporto **2** (transportiere Menge) ~ + subst (nom) carico m di qu/qc: **ein ~ mit Lebensmitteln**, un carico di generi alimentari; {SOLDATEN} trasporto m di qu/qc.
transportabel <attr transportable (r, s)> adj trasportabile.
Transportarbeiter m (**Transportarbeiterin** f) lavoratore (-trice) m (f) di un'impresa di trasporti, operaio (-a) m (f) trasportatore (-trice).
Transportband <-(e)s, Transportbänder> n nastro m trasportatore.
Transportbehälter m → **Container**.
Transporter <-s, -> m **1** (Lieferwagen) furgone m **2** aero aereo m da carico, cargo m **3** naut nave f da carico, cargo m.
Transporteur <-s, -e> m (**Transporteurin** f) (selbstständig arbeitend) trasportatore (-trice) m (f).
transportfähig adj {KRANKER, PATIENT} trasportabile, che può essere trasportato.
Transportflugzeug n aereo m da carico, cargo m.
transportieren <ohne ge-> tr **1** (befördern) **etw** (**irgendwohin**) **~** {GEPÄCK, GÜTER, WAREN} trasportare qc (+ compl di luogo); **jdn** (**irgendwohin**) **~** {KRANKEN, VERLETZTEN} (tras)portare qu (+ compl di luogo) **2** (weiterbefördern) **etw ~** {BAND GEFERTIGTES STÜCK} trasportare qc + compl di luogo; {FOTOAPPARAT FILM} trascinare/[far avanzare] qc + compl di luogo.
Transportkosten subst <nur pl> spese f pl di trasporto.
Transportmittel n mezzo m di trasporto: **die ~**, i mezzi di trasporto, i trasporti.

Transportschiff n → **Frachtschiff**.
Transportunternehmen n impresa f/azienda f di trasporti, vettore m.
Transportunternehmer m (**Transportunternehmerin** f) imprenditore (-trice) m (f) del settore dei trasporti, trasportatore (-trice) m (f), spedizioniere m.
Transportversicherung f assicurazione f sul trasporto.
Transportwesen n (sistema m dei) trasporti m pl.
Transrapid® <-(s), ohne pl> m Eisenb "treno m ad alta velocità di produzione tedesca".
Transsexualität <-, ohne pl> f transsessualità f.
transsexuell adj transessuale, trans slang.
Transsexuelle <dekl wie adj> mf transessuale m, trans mf slang.
transsibirisch adj transiberiano: **die Transsibirische Eisenbahn**, la (ferrovia) transiberiana.
Transsilvanien <-s, ohne pl> n hist geog → **Siebenbürgen**.
Transsubstantiation <-, -en> f relig transustanziazione f.
Transuran <-s, -e> n <meist pl> chem elemento m transuranico.
Transuse <-, -n> f fam pej (bes. von Frauen) posapiano mf scherz.
Transvestit <-en, -en> m travestito m.
transzendent adj **1** philos → **transzendental 2** math trascendente.
transzendental adj philos trascendentale: **~e Meditation**, meditazione trascendentale.
Transzendentalphilosophie f philos filosofia f trascendentale.
Transzendenz <-, ohne pl> f **1** geh (das jenseits der Erfahrung Liegende) trascendenza f **2** philos trascendenza f.
transzendieren <ohne ge-> itr geh trascendere.
Trantüte f fam pej → **Transuse**.
Trapez <-es, -e> n **1** geom trapezio m **2** sport (für akrobatische Übungen) trapezio m.
Trapezakt m numero m/evoluzioni f pl al trapezio.
Trapezkünstler m (**Trapezkünstlerin** f) trapezista mf.
Trapezmuskel m anat trapezio m.
Trapeznummer f numero m/esibizione f al trapezio.
trapp interj clop!, cloppete!
Trappe <-, -n> f ornith otidide m.
trappeln itr <sein oder haben> {PFERDE} trotterellare; {KINDER} auch camminare a passettini.
Trappist <-en, -en> m (**Trappistin** f) relig trappista mf.
Trappistenkloster n relig trappa f, convento m di/dei trappisti.
Trappistenorden m relig ordine m dei trappisti.
Trappistin f relig → **Trappist**.
trara interj tarà!, taraà!, taratta!
Trara <-s, ohne pl> n fam pej: **ein großes/ziemliches**/[viel] **~** (um etw akk) **machen**, fare un gran/[parecchio/tanto] chiasso per/[intorno a] qc.
Trash <-s, ohne pl> m trash m.
Trashkultur f cultura f trash.
Trasimenischer See m geog (lago m) Trasimeno m.
Trassant <-en, -en> m bank traente mf.
Trassat <-en, -en> m bank trattario m, trassa-

to m.
Trasse <-, -n> f bau tracciato m: **eine ~ abstecken**, definire un tracciato.
Trassenführung f, **Trassenverlauf** m tracciato m.
trassieren <ohne ge-> tr **1** bau etw **~** {STRECKE, UNTERFÜHRUNG, VERLAUF} tracciare qc **2** bank: **einen Wechsel auf jdn ~**, emettere/spiccare una tratta su qu.
trat 1. und **3.** pers sing imperf von **treten**.
träte 1. und **3.** pers sing konjv II von **treten**.
Tratsch <-(e)s, ohne pl> m fam pej chiacchiere f pl, pettegolezzi m pl.
Tratsche <-, -n> f fam pej → **Tratschmaul**.
tratschen itr fam pej (**über jdn/etw**) **~** (s)pettegolare (su qu/qc), fare pettegolezzi (su qu/qc).
Tratscherei <-, -en> f fam pej → **Tratsch**.
Tratschmaul n fam pej, **Tratschweib** n fam pej pettegola f, comare f pej, chiacchierona f.
Tratte <-, -n> f bank tratta f: **eine ~ akzeptieren/ausstellen/einlösen**, accettare/[spiccare/emettere]/[onorare/pagare] una tratta.
Traualtar m altare m (delle nozze): **eine Frau zum ~ führen** geh, condurre una donna all'altare geh, sposare una donna (in chiesa); (**mit jdm**) **vor den ~ treten** geh, andare all'altare (con qu), sposarsi in chiesa (con qu).
Traube <-, -n> f **1** bot (Blüten-, Fruchtstand) {+GLYZINIEN, JOHANNISBEEREN} grappolo m **2** gastr (Weintraube) grappolo m d'uva; (einzelne Beere) chicco m/acino m d'uva; <pl> uva f: **blaue/grüne ~n**, uva bianca/nera **3** (dicht gedrängte Menge) **~ von jdm/etw** (pl) {VON BIENEN, FANS, NEUGIERIGEN, ZUSCHAUERN} grappolo m di qu/qc ● **jdm hängen die ~n zu hoch**/[**sind die ~n zu sauer**], qu fa come la volpe con l'uva.
traubenförmig adj a grappolo.
Traubenlese f → **Weinernte**.
Traubenpresse f torchio m (per uva/vino).
Traubensaft m succo m d'uva.
Traubensäure f chem acido m tartarico.
Traubenzucker m chem glucosio m, destrosio m.
trauen① itr **jdm/etw ~** avere fiducia in qu/qc, fidarsi di qu/qc: **ich traue seinen Versprechen nicht**, non mi fido delle sue promesse; **seinen Worten ist nicht zu ~**, non c'è da fidarsi delle sue parole; **wie kann ich einer solchen Frau ~?**, come posso avere fiducia in/[fidarmi di] una donna del genere? ● **trau, schau, wem!** prov, fidarsi è bene, non fidarsi è meglio! prov.
trauen② rfl (wagen) **sich ~** (, **etw zu tun**) osare fare qc, avere il coraggio (di fare qc): **du traust dich ja doch nicht!**, di sicuro ti mancherà il coraggio!; **ich traue mich nicht hinzuschauen**, non oso/[mi manca il coraggio di] guardare; **sich zu jdm/irgendwohin ~** avere il coraggio di/[azzardarsi a] andare da qu/+ compl di luogo; **die Maus traut sich nicht aus ihrem Loch heraus**, il topo ha troppa paura per/[non si azzarda a] uscire dalla tana.
trauen③ tr jdn **~** {PRIESTER, STANDESBEAMTE BRAUTPAAR} sposare qu, unire qu in matrimonio, celebrare il matrimonio di qu: **sich ~ lassen**, sposarsi; **sich von jdm ~ lassen** {VON EINEM PRIESTER, STANDESBEAMTEN}, farsi sposare da qu; **sich kirchlich ~ lassen**, sposarsi in chiesa; **sich standesamtlich ~ lassen**, sposarsi civilmente/[con rito civile].
Trauer <-, ohne pl> f **1** (tiefer seelischer

Schmerz) ~ (**über etw** akk) (grande) dolore m (*per qc*), (profonda) tristezza f (*per qc*); **große ~ (wegen etw** gen *oder fam* **dat) empfinden**, provare grande dolore (per qc), affliggersi/rattristarsi profondamente per qc; **aus ihrem Blick sprach tiefe ~**, il suo sguardo esprimeva profonda desolazione **2** (*um Tote*) **~ (um jdn)** lutto m (*per qu*); (*bes. kollektive ~*) cordoglio m (*per la morte di qu*): **die Katastrophe stürzte die ganze Stadt in tiefe ~**, la catastrofe gettò nel lutto l'intera città **3** (*~zeit*) lutto m: **in ~ sein**, essere in lutto; **der Ministerpräsident ordnete drei Tage ~ an**, il premier proclamò tre giorni di lutto (nazionale) **4** (*~kleidung*) lutto m: **~ anlegen**, ₁mettere il₁/[mettersi in] lutto; **~ tragen**, portare/tenere il lutto, vestire a lutto ● **in stiller/tiefer ~** (*in Todesanzeigen*), con ₁profondo dolore₁/[profonda costernazione].

Trauer|anzeige f → **Todesanzeige**.
Trauerarbeit <-, ohne pl> f *psych* elaborazione f del lutto.
Trauerbeflaggung f bandiere f pl a mezz'asta.
Trauerbinde f → **Trauerflor**.
Trauerbotschaft f notizia f luttuosa/[di un lutto].
Trauerfall m lutto m, evento m luttuoso: **ein ~ in der Familie**, un lutto in famiglia.
Trauerfeier f *relig* messa f/cerimonia f/rito m/ufficio m funebre.
Trauerflor m fascia f da lutto.
Trauergast m partecipante m a un funerale.
Trauergemeinde f *geh* partecipanti m pl a un funerale.
Trauergottesdienst m → **Trauerfeier**.
Trauerjahr n anno m di lutto.
Trauerkarte f (*Todesanzeige*) partecipazione f di morte; (*Beileidskarte*) biglietto m di condoglianze.
Trauerkleidung f vestiti m pl/abiti m pl da lutto.
Trauerkloß m *fam scherz* muso m lungo *fam*.
Trauermarsch m *mus* marcia f funebre.
Trauermiene f *scherz* faccia f da funerale, aria f funerea: **eine ~ aufsetzen/machen**, fare una faccia da funerale.
Trauermusik f *iron* musica f lugubre/deprimente.
trauern itr **1** (*über jds Tod traurig sein*) **um jdn ~** essere in lutto *per la morte di qu*, piangere (*la morte di*) *qu*: **um den Tod eines Freundes ~**, essere in lutto per la morte di un amico, piangere la scomparsa di un amico **2** (*Trauer tragen*) portare/tenere il lutto.
Trauernachricht f → **Trauerbotschaft**.
Trauernde <dekl wie adj> mf <meist pl> persona f in lutto.
Trauerrand m bordo m nero, lista f nera: **Brief mit ~**, carta da lettere listata ₁a lutto₁/[di nero] ● **Trauerränder unter den Fingernägeln haben** *fam scherz*, avere le unghie sporche/nere.
Trauerspiel n *theat* tragedia f ● **das ist ja ein ~!** *fam pej*, è una vera tragedia/[un disastro] *fam*!; **die Beziehung mit ihm war ein richtiges ~**, la relazione con lui è stata una vera tragedia.
Trauerweide f *bot* salice m piangente.
Trauerzeit f periodo m di lutto: **die ~ einhalten**, osservare il lutto.
Trauerzug m corteo m funebre.
Traufe <-, -n> f (*Dachtraufe*) grondaia f.

träufeln tr *etw irgendwohin* ~ {TROPFEN IN DIE AUGEN, NASE} versare *qc* a gocce + *compl di luogo*, instillare *qc* + *compl di luogo*: **jdm die Tinktur auf die Wunde ~**, versare a gocce la tintura sulla ferita di/a qu.
Trauformel f *adm relig* formula f del matrimonio.
traulich adj *obs* {RAUM, RESTAURANT} accogliente e intimo.
Traum <-(e)s, Träume> m **1** *psych* (*Erlebnisse im Schlaf*) sogno m: **einen schönen/schlimmen ~ haben**, fare un bel/brutto sogno; **im ~**, in sogno; **jdm im ~ erscheinen**, apparire in sogno a qu; **es kommt mir wie im ~ vor**, mi pare/sembra ₁un sogno₁/[di sognare]; **einen ~ deuten**, interpretare un sogno **2** (*Wunschvorstellung*) sogno m: **einen ~ haben/hegen**, avere/coltivare un sogno; **ein ~ ₁geht in Erfüllung₁/[erfüllt sich]/[wird wahr]**, un sogno si realizza/avvera; **der ~ vom eigenen Haus ist endlich Wirklichkeit geworden**, il sogno di (avere) una casa propria finalmente ₁è diventato realtà₁/[si è avverato] ● **der ~ amerikanische ~**, il sogno americano; **aus der ~!** *fam*, **der ~ ist aus(geträumt)!**, il sogno è finito! *fam*; **ein böser ~** (*Alptraum*), un brutto sogno, un incubo; (*schlimmes Erlebnis*), un incubo; **in jds kühnsten Träumen**: **selbst in seinen kühnsten Träumen hätte er nicht an eine solche Möglichkeit gedacht**, neanche nei suoi sogni più arditi avrebbe mai considerato tale possibilità; **die Frau/der Mann/der Urlaub/... meiner/... Träume**, la donna/l'uomo/la vacanza/... dei miei/... sogni; **der ~ meiner/... schlaflosen Nächte** *fam* (*mein größter Wunsch*), la persona/cosa dei miei/... sogni; *iron* (*ein Alptraum*), un pensiero che non fa dormire; **nicht im ~**, **ich denk' nicht im ~ daran!**, **das fällt mir nicht im ~ ein!** *fam*, neanche/nemmeno per sogno! *fam*; **Träume sind Schäume**, i sogni sono bolle di sapone; **im ~ versunken**, trasognato; **ein ~ von jdm/etw** *fam*, un sogno di qu/qc; **ein ~ von einem Mann**, un sogno di uomo, un uomo da sogno; **ein ~ von einem Kleid**, un sogno di vestito, un vestito da sogno/favola; **wie im ~ zerronnen** *geh*, svanito come un sogno.
Trauma <-s, Traumen oder -ta> n **1** *psych* trauma m: **er hat das ~ vom schrecklichen Tod seiner Mutter nie überwunden**, non ha mai superato il trauma dell'atroce morte di sua madre; **sitzen geblieben zu sein, wurde für sie zu einem richtigen ~**, la bocciatura è stata un vero trauma per lei **2** *med* trauma m: **bei dem Zusammenprall hat er ein schweres ~ am Kopf davongetragen**, nello scontro ha riportato un grave trauma cranico.
Traumarbeit <-, ohne pl> f *psych* lavoro m onirico.
traumatisch adj *psych* {ERLEBNIS} traumatico.
traumatisieren <ohne ge-> tr *med psych* **jdn/etw ~** traumatizzare *qu/qc*: **traumatisiert**, traumatizzato.
Traumatologie <-, ohne pl> f *med* traumatologia f.
Traumauto n macchina f da sogno: **der neue BMW ist mein ~**, la nuova BMW è la macchina dei miei sogni.
Traumberuf m lavoro m ideale: **Schauspieler war schon immer mein ~**, è sempre stato il mio sogno fare l'attore.
Traumbild n **1** (*im Traum erscheinend*) visione f/immagine f (onirica) **2** (*Wunschbild*) sogno m, fantasia f.
Traumdeutung f *psych* interpretazione f dei sogni.

Traumen pl *von* Trauma.
träumen **A** itr **1** *psych* (**von jdm/etw**) **~** sognare ((*di*) *qu/qc*): **sie träumt oft von ihrer Kindheit**, sogna spesso (del)la sua infanzia; **schlecht ~**, fare brutti sogni **2** (*herbeisehnen*) **von jdm/etw ~** sognare *qu/qc*: **sie träumt von einem Lottogewinn**, sogna di vincere al lotto **3** (*geistig abwesend sein*) (**bei jdm** dat) **~** sognare (*durante/facendo qc*), avere la testa tra le nuvole (*durante/facendo qc*): **beim Arbeiten träumt sie immer**, quando lavora ₁sogna sempre₁/[si perde sempre nei sogni]; **träum doch nicht, wenn du die Straße überquerst!**, tieni gli occhi aperti quando attraversi la strada! **B** tr **etw ~** {AUFREGENDES, SCHÖNES, SCHRECKLICHES} sognare *qc*: **was hast du denn heute Nacht geträumt? - Ich habe geträumt, dass ...**, (che) cosa hai sognato stanotte? - Ho sognato che ... ● **das hätte ich mir nie/nicht ~ lassen!**, non me lo sarei mai sognato!, chi se lo sarebbe (mai) sognato?; **träum süß!**, sogni d'oro!; **du träumst wohl!** *fam*, ma tu sogni!
Träumer <-s, -> m (**Träumerin** f) sognatore (-trice) m (f).
Träumerei <-, -en> f **1** (*Wunschvorstellung*) fantasticheria f, sogno m: **das ist nur ~ *fam***, è soltanto un sogno **2** *mus* rêverie f.
Träumerin f → **Träumer**.
träumerisch adj {MÄDCHEN} sognatore, trasognato; {AUGEN, BLICK} *auch* sognante.
Traumfabrik f: **die ~ Hollywood**, Hollywood, la fabbrica dei sogni.
Traumfrau f donna f ideale: **meine/seine ~**, la donna dei miei/suoi sogni.
Traumgestalt f **1** (*Person im Traum*) figura f apparsa in sogno **2** (*irreale Person*) figura f irreale/fantastica/[creata dalla fantasia].
traumhaft **A** adj **1** *fam* (*sehr groß, schön*) {GLÜCK, LEBEN, WETTER} da sogno, favola **2** *psych* onirico **B** adv (*verstärkend vor Adj und Verben*): **er hat einen ~ schönen Körper**, ha un fisico favoloso; **sie spielt ~ Klavier**, suona il pianoforte ₁da favola₁/[d'incanto].
Traumjob m → **Traumberuf**.
Traummann m uomo m ideale: **mein/ihr ~**, l'uomo dei miei/suoi sogni.
Traumpaar n coppia f ideale/perfetta.
Traumreise f viaggio m di sogno: **nach Madagaskar fliegen, das wäre meine ~!**, andare in Madagascar sarebbe il viaggio dei miei sogni!
Traumtänzer m (**Traumtänzerin** f) *pej* utopista mf, visionario (-a) m (f), sognatore (-trice) m (f).
traumtänzerisch adj utopista, visionario.
traumverloren adj trasognato, perso nei propri sogni.
Traumwandler m → **Schlafwandler**.
traumwandlerisch adj → **schlafwandlerisch**.
Traumwelt f mondo m ₁dei sogni₁/[irreale]: **in einer ~ leben**, vivere in un mondo fantastico, essere/vivere nel mondo della luna.
Trauregister n *adm* registro m dei matrimoni.
traurig **A** adj **1** (*betrübt*) {AUGEN, GESICHTSAUSDRUCK, MENSCH, STIMMUNG, WESEN} triste, mesto: **du siehst ~ aus**, ti vedo triste, hai l'aria triste; **~ werden**, rattristarsi, diventare/farsi triste **2** (*schmerzlich*) {EREIGNIS, FILM, NACHRICHT, THEMA, ZEITEN} triste: **jdn ~ machen/stimmen**, rattristare qu, rendere triste qu, mettere/fare tristezza a qu;

sein Anruf stimmte mich sehr ~, la sua telefonata mi ha ˌmesso molta tristezzaˌ/[rattristato (-a) molto] **3** (*kläglich*) {FALL, KAPITEL, TATSACHE} triste; {ZUSTAND} *auch* che fa/mette tristezza: **eine ~e Figur machen**, fare una ˌfigura pietosa/penosaˌ/[figuraccia] **4** (*sehr bedauerlich*) triste: **es ist wirklich ~, dass ...**, è veramente triste/[un peccato] che ... *konjv*; **wir finden es sehr ~, dass ihr uns nie besuchen kommt**, ci dispiace tanto che non veniate mai a trovarci; **das Traurige daran ist, dass ...**, la cosa triste è che ... **B** *adv* {ANSCHAUEN, DASTEHEN} tristemente, con ˌaria tristeˌ/[tristezza] ● **mit etw (dat) sieht es ~ aus** {MIT JDS FINANZEN}, qc è in cattive acque; **um seine Zukunft sieht es ~ aus**, le prospettive per il suo futuro non sono per niente rosee; **~, aber wahr**, (è) triste, ma è così!

Traurigkeit <-, *ohne pl*> f tristezza f, mestizia f: **jdn überkommt/befällt tiefe ~**, qu viene preso/colto/assalito da una profonda tristezza.

Trauring m fede f, vera f *nordital*, anello m nuziale.

Trauschein m *adm* certificato m di matrimonio.

traut *adj* **geh** *obs* **1** (*anheimelnd*): **das ~e Heim**, il calore del focolare domestico **2** (*vertraut*): **im ~en Familienkreis**, nell'intimità della famiglia; **im ~en Freundeskreis**, tra gli amici intimi/[più fidati] **3** *obs* (*lieb*) {FREUND} caro.

Traute <-, *ohne pl*> f *fam* coraggio m, fegato m *fam*: **keine ~ haben**, non avere coraggio/fegato.

Trauung <-, -*en*> f *adm* matrimonio m, sposalizio m: **kirchliche/standesamtliche ~**, matrimonio religioso/civile.

Trauzeuge m **Trauzeugin** f) testimone mf di nozze: **~ sein**, fare da testimone (alle nozze).

Traveller <-*s*, -*s*> m <*meist pl*> *slang* viaggiatore (-trice) m (f): **Sonderangebote für alle ~s bis 25!**, offerte speciali per tutti i viaggiatori fino a 25 anni!

Travellerscheck m *bank* traveller's cheque m.

Travertin <-*s*, -*e*> m *geol* travertino m.

Travestie <-, -*n*> f **1** *theat* spettacolo m di travestiti **2** *lit* parodia f.

Travestieshow f spettacolo m/show m di travestiti.

Trawl <-*s*, -*s*> n rete f a strascico, trawl m.

Trawler <-*s*, -> m peschereccio m per la pesca a strascico, trawler m.

Treatment <-*s*, -*s*> n *film* treatment m, trattamento m.

Trecento <-*s*, *ohne pl*> n *hist kunst lit* Trecento m.

Treck <-*s*, -*s*> m (*mit Flüchtlingen, Siedlern*) carovana f; (*mit Gefangenen*) *auch* colonna f.

Trecker <-*s*, -> m *bes. norddt* → **Traktor**.

Trecking n → **Trekking**.

Treckingbike n → **Trekkingbike**.

Treckingtour f → **Trekkingtour**.

Treff[1] <-*s*, -*s*> m *fam* **1** (*Treffen*) incontro m, appuntamento m: **einen ~ ausmachen/vereinbaren**, fissare un appuntamento **2** → **Treffpunkt**.

Treff[2] <-*s*, -*s*> n *Karten* fiori m pl.

treffen <*trifft, traf, getroffen*> **A** *tr* <*haben*> **1** (*zusammenkommen*) **jdn** (*irgendwo*) ~ incontrare *qu* (+ *compl di luogo*): **ich habe ihn in der Stadt getroffen**, l'ho incontrato/trovato in centro; **wann triffst du ihn das nächste Mal**, quando lo rivedi/rivedrai? **2** (*erreichen*) **jdn/etw** ~ {KUGEL, PFEIL, SCHUSS, STEIN PERSON, TIER} colpire *qu/qc*, centrare *qu/qc*: **die Kugel traf ihn ˌam Kopfˌ/[in den Rücken]**, la pallottola lo ha colpito/raggiunto alla testa/schiena; {BLITZ BAUM; BOMBE HAUS} colpire *qc*: **die Bombe traf das Ziel**, la bomba ha ˌcolpito/centrato il bersaglioˌ/[fatto centro]; **jdn/etw (mit etw dat)** ~ {MIT EINEM BALL, SCHNEEBALL, STEIN} colpire *qu/qc* (*con qc*): **der Polizist hat den Verbrecher tödlich getroffen**, il poliziotto ha colpito a morte il malvivente **3** (*innerlich bewegen*) **jdn mit etw** (dat) ~ {MIT EINER BEMERKUNG, EINEM VERHALTEN} colpire *qu/qc con qc*: **mit diesen Worten hast du ihn an seinem wunden Punkt getroffen**, con queste parole l'hai toccato/colpito nel vivo; **mit deinem Verhalten triffst du sie zutiefst in ihrem Stolz**, con il tuo comportamento la ferisci profondamente nell'orgoglio; *qc* ~ {EREIGNIS, NACHRICHT, VERLUST} colpire *qu*; **sein Tod hatte sie schwer getroffen**, la sua morte l'aveva profondamente colpita/sconvolta **4** (*schaden*) **jdn/etw** ~ {BOYKOTT WIRTSCHAFT; STEUERREFORM MITTELSCHICHT} colpire *qu/qc*: **jds Interessen ~**, colpire/ledere gli interessi di qu **5** (*das Richtige getroffen haben*) **etw** ~ {DEN RICHTIGEN TON} trovare *qc*; {JDS GESCHMACK} incontrare *qc*: **mit diesem Mitbringsel hast du genau das Richtige getroffen!**, con questo pensierino l'hai proprio azzeccata/indovinata/[hai fatto centro]! **6** (*erfassen*) **etw** ~ {BESCHREIBUNG, FILM, ROMAN STIMMUNG, ZEITGEIST} cogliere *qc*, rendere *qc* **7** (*Funktionsverb: zusammen mit bestimmten Subst gebraucht*): **eine Abmachung (mit jdm) ~**, trovare/fare un accordo (con qu); **eine Auswahl ~**, fare/operare una scelta; **eine Entscheidung ~**, prendere una decisione; **Maßnahmen ~**, adottare delle misure, prendere provvedimenti **8** (*schuldig sein*): **jdn trifft keine Schuld**, qu non ha nessuna alcuna colpa,/[è colpevole]; **jdn trifft die (volle) Schuld**, qu ˌha (piena) colpaˌ/[è (pienamente) colpevole] **B** *tr* **1** <*sein*> (*unerwartet begegnen*) **auf jdn/etw** ~ imbattersi in *qu/qc*: **auf Spuren im Schnee ~**, ˌimbattersi inˌ/[trovare] tracce sulla neve; **auf einen Gegner/eine Mannschaft ~**, incontrare/[trovarsi di fronte (a)] un avversario/una squadra **2** <*sein*> (*auf Unangenehmes stoßen*) **auf etw** (akk) ~ {AUF SCHWIERIGKEITEN, WIDERSTAND} incontrare *qc*; {AUF ABLEHNUNG, MISSTRAUEN} dover fare i conti *con qc*: **auf eine freudige/unangenehme Überraschung ~**, trovare una sorpresa piacevole/spiacevole **3** <*haben*> (*das Ziel erreichen*) (*irgendwie*) ~ {SCHLAG, SCHUSS} colpire/centrare (+ *compl di modo*), fare centro, colpire il bersaglio: **die Rakete traf mit haarscharfer Präzision**, il missile ha colpito con la massima precisione; {PERSON} fare centro, colpire (+ *compl di modo*); **genau ins Ziel ~**, centrare il bersaglio, fare centro **C** *rfl* <*haben*> (*zusammenkommen*) **sich/einander geh** ~ incontrarsi; (*zufällig*) incrociarsi: **wir sollten uns mal wieder auf ein Bierchen ~!**, dovremmo rivederci/trovarci per bere una birra (insieme)!; **sich vor einem Lokal ~**, ˌdarsi appuntamentoˌ/[incontrarsi] davanti a un locale; **ihre Blicke ~ sich**, i loro sguardi si incontrano/incrociano; **sich mit jdm ~** {MIT EINEM FREUND, KOLLEGEN} incontrarsi *con qu*, vedersi *con qu*, trovarsi *con qu* **D** *unpers* <*haben*> (*an der Reihe sein*): **es trifft sich**, tocca/sta a *qu/qc*; **dieses Mal trifft es dich**, questa volta ˌtocca a teˌ/[è il tuo turno] ● **es trifft sich, dass ... geh**, c'è dà il caso che ... *konjv*, succede che ...; **es trifft sich gut/bestens, dass ...**, è un caso fortunato che ... *konjv*; **das trifft sich gut!**, capita proprio a proposito/fagiolo! *fam*; **es trifft sich schlecht, dass ...**, è un caso sfortunato che ... *konjv*; **wie es sich so trifft ...**, come succede ..., come vuole il caso ...

Treffen <-*s*, -> n **1** (*geplante Zusammenkunft*) incontro m: **ein ~ organisieren/planen/vereinbaren/vorbereiten**, organizzare/programmare/concordare/preparare un incontro; (*familiäres ~, Arbeitstreffen*) *auch* riunione f; (*von Motorradfans, Partisanen*) raduno m **2** *sport* incontro m.

treffend A *adj* {URTEIL} azzeccato; {BEMERKUNG} *auch* centrato; {WORTE} appropriato; {BEISPIEL, VERGLEICH} calzante **B** *adv* appropriatamente: **etw ~ schildern**, descrivere qc con parole appropriate.

Treffer <-*s*, -> m **1** *sport Boxen* colpo m (andato a segno): **einen ~ landen**, assestare un colpo; (*beim Fechten*) stoccata f (andata a segno); *Fußball* rete f, gol m; **einen ~ erzielen**, fare *fam*/segnare un gol; (*beim Schießen*) centro m; **einen ~ erzielen**, fare centro **2** (*im Glücksspiel*) vincita f; (*im Lotto, Roulette*) numero m vincente; (*in der Lotterie*) biglietto m vincente: **einen ~ haben/machen**, fare una vincita, vincere **3** *fam* (*Glückstreffer*) colpo m grosso *fam*: **mit diesem Mann hast du einen ~ gemacht/gelandet**, con st'uomo hai fatto un ˌbel colpoˌ/[colpaccio] *fam* **4** *inform* risultato m (di ricerca), occorrenza f.

Trefferquote f **1** (*Quiz*) quota f/numero m delle risposte giuste **2** *sport Fußball* numero m dei/di gol **3** *inform* numero m dei risultati (trovati), occorrenze f pl.

trefflich *adj obs* eccellente.

Treffpunkt m **1** (*Ort, an dem sich Personen treffen*) luogo m ˌd'incontroˌ/[dell'appuntamento]: **einen ~ vereinbaren**, stabilire un luogo d'incontro **2** *geom* punto m d'incontro.

treffsicher *adj* **1** (*das Ziel nicht verfehlend*) {JÄGER, SCHÜTZE} dalla mira sicura; {HAND} sicuro, fermo **2** (*passend*) {URTEIL} azzeccato, pertinente; {BEMERKUNG, BEOBACHTUNG} *auch* centrato; {ANTWORT} pertinente.

Treffsicherheit f **1** (*Zielgenauigkeit*) sicurezza f di/del tiro **2** (+ANTWORT, BEMERKUNG, URTEIL) pertinenza f.

Treibeis n ghiaccio m alla deriva.

treiben <*treibt, trieb, getrieben*> **A** *tr* <*haben*> **1** (*drängen*) **jdn/etw** (*irgendwohin*) ~ spingere/condurre *qu/qc* + *compl di luogo*: **die Demonstranten ins Polizeipräsidium ~**, trascinare i manifestanti in questura; **die Kühe auf die Weide ~**, condurre/portare le mucche al pascolo **2** (*fortbewegen*) **jdn/etw irgendwohin** ~ {STURM, WASSER, WELLEN, WIND BOOT, LEICHE, SCHWIMMER AUF DIE OFFENE SEE, ANS UFER} spingere/trascinare *qu/qc* + *compl di luogo*; {WIND BLÄTTER ÜBER DEN PLATZ} far turbinare qc + *compl di luogo* **3** (*bringen*) **jdn zu etw** (dat) {ZU EINEM SCHRITT, EINER TAT, EINEM VERBRECHEN} spingere *qu a (fare) qc*: **ihre Eifersucht hat sie zu dieser Tat getrieben**, è stata la gelosia a spingerla a questo gesto; **jdn in etw** (akk) ~ {IN DEN SELBSTMORD} spingere *qu a qc*; {IN DEN TOD, IN DIE VERZWEIFLUNG, IN DEN WAHNSINN} portare *qu a qc*; {IN DEN ABGRUND, RUIN} *auch* trascinare *qu a qc*; **die Drogen werden ihn noch in den Wahnsinn ~**, l'uso di droghe lo porterà alla pazzia **4** (*auffordern*) **jdn zu etw** (dat) ~ spingere *qu a fare qc*: **jdn zur Arbeit ~**, incitare/spingere qu a lavorare; **jdn zur Eile ~**, mettere fretta a qu **5** (*einschlagen, -bohren*) **etw in etw** (akk) ~ {KEIL, MESSER, NAGEL, PFLOCK} piantare *qc in qc*, (con)ficcare *qc in qc* **6** (*vor~*) **etw in/durch etw** (akk) ~ {SCHACHT, STOLLEN, TUN-

NEL INS GESTEIN, DURCH DEN BERG} scavare *qc in qc* **7** <*meist Passiv*> (*in Bewegung setzen*) *etw* ~ {GETRIEBE, MOTOR, TURBINE GERÄT, MASCHINE} muovere *qc*, azionare *qc*: **das Mühlrad wird von der Strömung getrieben**, è la corrente (dell'acqua) che fa girare la ruota del mulino **8** *fam* (*machen, tun*) *etw* ~ {BLÖDSINN, UNFUG} combinare *qc fam*, fare *qc*: **was – denn die Kinder den ganzen Tag?**, che cosa combinano *fam*/fanno i bambini tutto il giorno?; **was treibst du (denn) hier?** *fam*, che fai di bello qui?; **was treibst du so?** *fam*, come ti va la vita? *fam*, come te la passi? *fam*, che fai di bello?, cosa combini?; **es irgendwie ~: die Jungs haben es heute wieder wild getrieben**, oggi i ragazzi hanno fatto di nuovo il diavolo a quattro *fam*; **ihr habt es eindeutig zu weit getrieben!**, oggi avete proprio ⌈tirato troppo la corda *fam*⌉/[passato il segno]; **es schlimm ~**, farne di cotte e di crude *fam* **9** (*verursachen*) **jdm etw irgendwohin ~** {SCHAMRÖTE INS GESICHT} far salire *qc a qu* + *compl di luogo*; {TRÄNEN IN DIE AUGEN} *auch* far venire *qc a qu* + *compl di luogo*: **die Angst hat ihm den Schweiß auf die Stirn getrieben**, la paura gli ha imperlato la fronte di sudore **10** (*Funktionsverb: zusammen mit bestimmten Substantiven gebraucht*): **Ackerbau und Viehzucht ~**, dedicarsi all'agricoltura e all'allevamento (*del bestiame*); **Handel (mit etw dat) ~**, commerciare in *qc*; **Missbrauch (mit etw dat) ~**, abusare di *qc*; **Spionage ~**, fare spionaggio; **Sport ~**, fare dello sport **11** *bot etw* ~ mettere *qc*: **der Zweig treibt schon Knospen**, il ramo mette già i bocci; **diese Pflanze treibt herrliche Blüten**, questa pianta dà/fa dei fiori bellissimi **12** *tech* {METALL} sbalzare *qc*, lavorare a sbalzo *qc* **B** *itr* **1** <*haben oder sein*> (*fortbewegt werden*) *irgendwo* ~ {EISSCHOLLE, STÜCK HOLZ AUF DEM WASSER, DEN WELLEN} galleggiare + *compl di luogo*; {BOOT, SCHIFF AUF DEM MEER} andare alla deriva + *compl di luogo* **2** <*sein*> (*in eine best. Richtung bewegt werden*) *irgendwohin* ~ essere spinto + *compl di luogo*: **ans Ufer ~**, essere spinto/trascinato a riva; **sich (von etw dat) ~ lassen** {VON DEN FLUTEN, VON DER STRÖMUNG, VOM WASSER, WIND}, farsi portare/trascinare (*da qc*) **3** <*haben*> *bot* {KNOLLE, SAMEN, WURZEL} germogliare; {BAUM, STRAUCH} buttare **4** <*haben*> {TEIG} lievitare **5** <*haben*> (*diuretisch wirken*) {BIER, KAFFEE} avere un effetto diuretico, far fare molta pipì *fam* ● **es mit jdm ~** *vulg*, farsela con *qu fam*, sbatterci *su qu vulg*; **er treibt es nur mit ganz jungen Mädchen** *vulg*, se la fa *fam*/[va] solo con le ragazzine; **sich ~ lassen** (*sich gehen lassen*) lasciarsi andare; (*abdriften*) andare alla deriva, essere allo sbando; (*passiv sein*), essere in balia degli eventi; **sich von etw (dat) ~ lassen** {VON EINER STIMMUNG}, farsi trascinare da *qc*; *etw* ~ *lassen* (*etw seinen Lauf lassen*) far andare *qc* per il suo verso; **lass doch die Dinge einfach ~!**, lascia che le cose seguano il loro corso!

Treiben <*-s, ohne pl*> *n* **1** *pej* (*Aktivität*) traffici *m pl*, manovre *f pl* **2** (*Bewegung in der Öffentlichkeit*) andirivieni *m*, viavai *m*: **es herrschte ein buntes ~ in allen Gassen**, c'era molta animazione nei vicoli.

treibend *adj* trainante: **die ~e Kraft**, la forza trainante, il motore.

treiben|lassen <*irr*> **A** *tr* (*etw seinen Lauf lassen*) *etw* ~ → **treiben B** *rfl* (*sich gehen lassen; abdriften; passiv sein*) **sich ~** → **treiben.**

Treiber① <*-s, -*> *m inform* driver *m*.

Treiber② <*-s, -*> *m* (**Treiberin** *f*) **1** (*Viehtreiber*) mandriano (-a) *m (f); Jagd* battitore (-trice) *m (f)*, scaccia *mf* **2** *pej* (*Antreiber*) incitatore (-trice) *m (f)*.

Treibgas *n chem* (*in Spraydosen*) gas *m* propellente.

Treibgut *n* oggetto *m* alla deriva; (*von Schiffen*) relitto *m*.

Treibhaus *n* serra *f* (calda).

Treibhauseffekt *m* effetto *m* serra.

Treibhausgas *n* gas *m* serra.

Treibhausluft *f scherz* aria *f* soffocante: **hier herrscht vielleicht eine ~!**, sembra di essere in una sauna!

Treibhauspflanze *f bot* pianta *f* di serra.

Treibholz *n* pezzo *m* di legno alla deriva.

Treibjagd *f Jagd* battuta *f* (di caccia).

Treibladung *f mil* carica *f* propellente.

Treibmittel *n* **1** (*Gärstoff*) lievito *m* **2** *chem* (*in Sprühdosen*) gas *m* propellente.

Treibnetzfischerei *f naut* pesca *f* a strascico.

Treibriemen *m tech* cinghia *f* di trasmissione.

Treibsand *m* sabbia *f* mobile.

Treibschlag *m Golf Tennis* drive *m*.

Treibstoff *m* carburante *m*; (*bes. für Raketen*) propellente *m*: **fester/flüssiger/gasförmiger ~**, combustibile solido/liquido/gassoso.

Trekking <*-s, -s*> *n* trekking *m*.

Trekkingbike *n sport* bici(cletta) *f* da trekking.

Trekkingtour *f* escursione *f* di trekking.

Trema <*-s, -s oder -ta*> *n ling* dieresi *f*.

Tremolo <*-s, -s oder Tremoli*> *n mus* tremolo *m*.

Trenchcoat <*-(s), -s*> *m* trench *m*.

Trend <*-s, -s*> *m* ~ (**zu etw** dat) trend *m* (*verso qc*), tendenza *f* (*a qc*), orientamento *m* (*verso qc*): **der allgemeine ~**, l'orientamento/l'andamento generale; **der ~ ⌈hält an⌉/[nimmt zu]/[lässt nach]**, la tendenza permane/aumenta/diminuisce; **der ~ geht zu/[in Richtung]…**, c'è una tendenza a …; **voll im ~ liegen**, essere ⌈perfettamente trendy⌉/[al passo coi tempi]; **neben dem ~ liegen**, discostarsi dalla tendenza generale; **der modische ~**, l'ultima moda.

Trendbarometer *n* indicatore *m*/indice *m* delle tendenze.

Trendforschung *f* ricerca *f* sulle tendenze.

trendig *adj fam* {KNEIPE, SCHUHE} trendy.

Trendmeldung *f* previsioni *f pl; pol* (*bei Wahlen*) proiezioni *f pl* elettorali.

Trendsetter <*-s, ->* *m* (**Trendsetterin** *f*) **1** (*Person*) trend-setter *mf*, trendsetter *mf*; (*in der Mode*) chi lancia una moda **2** <*nur m*> (*Produkt*) prodotto *m* che fa tendenza.

Trendsport *m* sport *m* di tendenza.

Trendwende *f* inversione *f* di tendenza.

trendy *adj* <*präd*> *fam* trendy: **die Disco ist schon lange nicht mehr ~**, quella discoteca non è più trendy da un po'.

trennbar *adj* **1** (*voneinanderzutrennen*) separabile **2** *gram* {VERB} separabile.

Trennblatt *n* (*für Karteien, Ordner*) intercalare *m*, foglio *m* separatore/divisorio.

trennen A *tr* **1** (*auseinanderbringen*) **jdn/etw (voneinander) ~** {MUTTER STREITENDE KINDER; PERSON KÄMPFENDE HUNDE} dividere *qu*, separare *qu/qc*; {HASS, KRIEG FAMILIEN, FREUNDE, LIEBENDE} dividere *qu*, separare *qu*: **die Ehe wurde getrennt**, il matrimonio fu sciolto; **jdn/etw von jdm/etw ~** {KIND VON DER MUTTER} separare *qu/qc da qu/qc*, dividere *qu/qc da qu/qc* **2** (*abteilen*) *etw* ~ {FLUSS ZWEI LÄNDER; ZAUN ZWEI GRUNDSTÜCKE} dividere *qc*, separare *qc*; **etw von etw** (dat) ~ {ÄRMELKANAL ENGLAND VOM FESTLAND} separare *qc da qc*, dividere *qc da qc* **3** (*deutlich unterscheiden*) **jdn** (voneinander) ~ {IDEOLOGIEN, MENTALITÄTEN, RELIGIONEN, WELTANSCHAUUNGEN} separare *qu*, dividere *qu*; **etw (voneinander) ~** {MEHRERE BEGRIFFE} tenere ben distinti (-e) *qc*; **etw von etw** (dat) ~ {DAS GUTE VOM BÖSEN} distinguere *qc da qc*, scindere *qc da qc* **4** (*ab~*) **etw von etw** (dat) ~ {EIWEISS VOM EIGELB, FETT VOM FLEISCH} separare *qc da qc*; **etw von/aus etw** (dat) ~ {KRAGEN VOM KLEID, FUTTER AUS DEM MANTEL} staccare *qc da qc* **5** (*in Bestandteile zerlegen*) *etw* (*in etw* akk) ~ (sud)dividere *qc* (*in qc*): **ein Wort ~**, (sud)dividere una parola (in sillabe); **ein Gemisch ~**, separare i componenti di una miscela; **den Abfall ~**, fare la raccolta differenziata dei rifiuti **B** *rfl* **1** (*auseinandergehen*) **sich ~** {IHRE WEGE} dividersi, separarsi; {EHELEUTE, PARTNER} *auch* lasciarsi **2** (*von jdm/etw lassen*) **sich von jdm/etw ~** separarsi *da qu/qc*: **sich von seinem Partner ~**, separarsi dal proprio partner; **ich kann mich von dieser Tasche einfach nicht ~**, non riesco proprio a separarmi da questa borsa **3** *euph* (*kündigen*) **sich von jdm ~** {VON EINEM ANGESTELLTEN, BEDIENSTETEN, MITARBEITER} dover rinunciare *a qu euph*, dover fare a meno *di qu euph* **4** *sport* (*mit einem Spielstand enden*) **sich irgendwie ~**: **KSC und Bayer Leverkusen trennten sich unentschieden/[2:0]**, la partita tra il KSC e il Bayer Leverkusen è finita ⌈in parità⌉/[2 a 0] **C** *itr* (*unterscheiden*) **zwischen** ⌈*etw* (pl)⌉/[**etw und etw**] ~ distinguere *tra qc/qc e qc*, fare/operare una distinzione *tra qc e qc*.

Trennkost <*-, ohne pl*> *f* dieta *f* dissociata.

Trennlinie *f* linea *f* di divisione/demarcazione; *fig auch* spartiacque *m*.

Trennschärfe *f radio* selettività *f*.

Trennstreifen *m* → **Trennblatt**.

Trennung <*-, -en*> *f* **1** (*Auflösung*) {+EHELEUTE} separazione *f*: **in ~ leben**, essere separati; **einvernehmliche ~**, separazione consensuale; **sie stehen kurz vor der ~**, sono a un passo dalla separazione, stanno per separarsi **2** (*Auseinanderbringen*) ~ (**von jdm**) {VON DEN ELTERN, FREUNDEN, DER FAMILIE, HEIMAT, DEM PARTNER} separazione *f da qu/qc*, distacco *m* (*da qu/qc*) **3** *chem* (+GEMISCH) scissione *f* **4** (*Unterscheidung*) {+BEGRIFFE} distinzione *f*; (*nach Geschlechtern, Rassen*) discriminazione *f* **5** *gram* (*Silbentrennung*) (sud)divisione *f* ● **~ von Staat und Kirche**, separazione tra Stato e Chiesa.

Trennungsangst *f* paura *f* del distacco, angoscia *f* di separazione *psych*.

Trennungsentschädigung *f ökon*, **Trennungsgeld** *n ökon* (indennità *f* di) trasferta *f*.

Trennungsschmerz *m* dolore *m* per il distacco/la separazione/la perdita.

Trennungsstrich *m gram* trattino *m*/lineetta *f* (di divisione) ● **einen ~ zwischen etw** (dat) (**und etw** dat) **ziehen**, fare una netta distinzione tra *qc* (e *qc*).

Trennwand *f bau* parete *f* divisoria, muro *m* divisorio: **eine ~ einziehen**, innalzare ⌈una parete divisoria⌉/[un muro divisorio].

Trense <*-, -n*> *f* filetto *m* (del morso): **dem Pferd die ~ anlegen**, mettere il filetto al cavallo.

treppab *adv*: **~ fallen**/[**gehen**/**steigen**], ⌈cadere dalle⌉/[scendere le] scale.

treppauf *adv*: **~ gehen**/**laufen**, salire/[correre su per] le scale ● **~, treppab**, su e giù per le scale.

Treppchen <-s, -> n **1** dim von Treppe scaletta f **2** slang sport (Siegerpodest) podio m: **aufs ~ steigen**, salire sul podio; **ganz oben auf dem ~**, in cima al podio.

Treppe <-, -n> f **1** (Haustreppe) scala f; (zwischen zwei Stockwerken) rampa f (di scale): **die ~ benutzen**, fare le scale; **die ~ hinauf-/hinuntergehen**, salire/scendere le scale; **jdm auf der ~ begegnen**, incontrare qu per le scale; **die ~ hinunterfallen**, cadere/ruzzolare ˻per le˼/[dalle] scale **2** (Stockwerk) piano m: **eine ~ höher/tiefer wohnen**, abitare al piano superiore/inferiore **3** (Freitreppe) {+BURG, SCHLOSS, VILLA} scalinata f; {+AMPHITHEATER, STADION} gradinata f ● **auf halber ~**, sul pianerottolo; **die ~ hinauffallen** fam, avere un avanzamento di carriera.

Treppenabsatz m pianerottolo m.
treppenartig adj scalare, a scala.
Treppenbeleuchtung f illuminazione f/luce f delle scale.
Treppengeländer n ringhiera f delle scale.
Treppengiebel m arch frontone m a gradinate.
Treppenhaus n tromba f delle scale.
Treppenhausreinigung f pulizia f delle scale.
Treppenläufer m passatoia f/guida f sulle scale.
Treppenleiter f scala f a libro.
Treppenlift m servoscala m.
Treppenschritt m Ski scaletta f: **im ~**, a scaletta.
Treppensteigen <-s, ohne pl> n: **~ wird im Alter oft beschwerlich**, salire/fare le scale diventa più faticoso con gli anni.
Treppenstufe f gradino m.
Treppenwitz m iron: **~ (der Weltgeschichte)**, ironia della sorte.

Tresen <-s, -> m norddt → **Theke**.
Tresor <-s, -e> m **1** (Safe) cassaforte f; (bes. in Banken) forziere m: **etw im ~ aufbewahren**, tenere/custodire qc in cassaforte; **einen ~ knacken**, scassinare una cassaforte **2** → **Tresorraum**.
Tresorfach n cassetta f di sicurezza.
Tresorknacker m (**Tresorknackerin** f) scassinatore (-trice) m (f) di cassaforti.
Tresorraum m bank caveau m, camera f blindata, tesoro m.
Tresse <-, -n> f ˻meist pl˼ gallone m.
Trester <-s, -> m vinaccia f.
Tretauto n (Spielzeug) macchinina f a pedali.
Tretbalg m mus {+ORGEL} mantice m a pedale.
Tretboot n pedalò m.
Treteimer m secchio m della spazzatura a pedale.
treten <tritt, trat, getreten> **A** tr <haben> **1** (einen Tritt versetzen) **jdn/etw (mit etw dat) (irgendwohin) ~** {MENSCH, TIER MIT DEM FUSS, STIEFELN} dare una pedata/un calcio a qu (con qc) (+ compl di luogo): **jdn/etw (mit Füßen) ~**, prendere a calci/pedate qu/qc; **eine Beule ins Auto ~**, ammaccare l'auto con un calcio; **Wasser ~**, camminare nell'acqua (a scopo terapeutico) **2** (betätigen) **etw ~** {PEDAL} premere qc; {BREMSE, KUPPLUNG} premere il pedale di qc; **etw irgendwie ~**: **einen Karton flach ~**, appiattire un cartone con i piedi; **das Gras platt ~**, calpestare l'erba **3** sport **etw ~** {ECKE, ELFMETER} tirare qc **4** fam (antreiben) **jdn ~** {MUTTER, EHEFRAU} fam, stare addosso a qu fam **5** (trampeln) **etw (irgendwo(hin)) ~** {BAHN, PFAD, WEG DURCHS DICKICHT, GEBÜSCH, DEN URWALD} aprirsi qc (+ compl di luogo) **B** itr **1** <sein> (einen Schritt tun) **irgendwohin ~** andare/[fare un passo] + compl di luogo: **auf die Bühne ~**, salire sul palcoscenico; **ans Fenster ~**, andare/avvicinarsi alla finestra; **über die Schwelle ~**, varcare/oltrepassare la soglia; **zur Seite ~**, farsi da parte, scostarsi; **nach vorne ~**, fare un passo in avanti, avanzare (di un passo); **aus etw (dat) ~** {AUS DEM HAUS, HOF, DER TÜR} uscire da qc; **in etw (akk) ~** {IN DIE AULA, IN DIE KIRCHE} entrare in qc **2** <haben> (beim Radfahren) pedalare **3** <sein oder rar haben> (versehentlich hinein~) **in etw (akk) ~** {IN EINE PFÜTZE, DEN SCHLAMM} mettere i piedi in qc; {IN HUNDESCHEISSE} auch (cal)pestare qc **4** <sein oder rar haben> (den Fuß setzen) **auf etw (akk) ~** {AUF EINE MINE} mettere il piede su qc; {AUF DEN KLEIDERSAUM, EINEN REGENWURM} pestare qc; {AUF DIE BLUMEN} calpestare qc; {AUF DIE BREMSE, KUPPLUNG} premere qc; {AUF DAS GASPEDAL} auch schiacciare qc, spingere su qc fam: **aufs Gas ~**, dare gas, accelerare, premere l'acceleratore **5** <haben> (ausschlagen) {ESEL, PFERD, GEGNER, KIND} scalciare, dare/tirare calci **6** <haben> (einen Tritt versetzen) **nach jdm/etw ~** dare/tirare un calcio/una pedata a qu/qc **7** <haben> (einen Tritt geben) **jdm/etw irgendwohin ~** {ANS BEIN, IN DEN HINTERN, IN DIE HODEN, VORS SCHIENBEIN} dare a qu/qc un calcio/una pedata + compl di luogo: **jdm auf den Fuß ~**, pestare un piede a qu; **einem Hund auf den Schwanz ~**, pestare la coda a un cane; **gegen die Tür ~**, ˻prendere a calci/pedate la˼/[dare pedate alla] porta **8** <sein> (Funktionsverb: zusammen mit bestimmten Subst gebraucht: eine Handlung beginnen): **in Aktion ~**, entrare in azione; **etw tritt in ihs Bewusstsein**, qu prende coscienza di qc; **in den Ehestand ~**, sposarsi; **in Erscheinung ~**, apparire; **in Kraft ~**, entrare in vigore; **in den Ruhestand ~**, andare in pensione; **in den Streik/Ausstand ~**, ˻entrare in˼/[proclamare lo] sciopero; **jdm ~ die Tränen in die Augen**, a qu vengono/salgono le lacrime agli occhi; **mit jdm in Verbindung ~**, entrare in contatto con qu; **in den Vordergrund/Hintergrund ~**, passare in primo/secondo piano **9** <sein> (sickern) **aus etw (dat) ~** {BLUT AUS DER WUNDE} uscire da qc; {GAS AUS DER LEITUNG} fuor(i)uscire da qc; {FLÜSSIGKEIT} auch colare da qc: **Schimmel tritt aus der Wand**, la muffa affiora sulla parete; **der Schweiß tritt ihm auf die Stirn**, il sudore imperla la fronte di qu **C** rfl <haben> (durch Treten eindringen lassen) **sich (dat) etw irgendwohin ~**: **jd hat sich einen Nagel/Splitter in den Fuß getreten**, a qu si è conficcato un chiodo/una scheggia nel piede ● **ich könnte mich sonst wohin ~!** fam, accidenti a me!; **sich ~ lassen** fam, farsi mettere i piedi in testa fam; **jdn zu nahe ~**, ferire qu, urtare qu; **~ Sie näher!**, si avvicini!, venga più vicino (-a)!; **etw schief ~** {ABSATZ}, consumare qc (da un lato); **zu Tage ~**, venire alla luce; **nach unten ~** fam pej, rifarsi con qu (più debole).

Treter m ˻meist pl˼ fam scarpa f portata molto (e quindi comoda).
Tretmine f mil mina f antiuomo.
Tretmühle f fam pej routine f, tran tran m: **nach dem Urlaub geht wieder die übliche ~ los!**, dopo le vacanze ricomincia il solito tran tran!
Tretroller m monopattino m.
treu **A** adj **1** (ergeben) {HUND} fedele; {DIENER, UNTERTAN, VASALL} auch devoto: **jdm ~ die Dienste leisten**, servire fedelmente qu; **seinem Herrn ~ sein**, essere ˻fedele/devoto al˼/[un fedele servitore del] proprio padrone; **~ wie ein Hund**, fedele come un cane **2** (loyal) {FREUND, KOLLEGE} fedele, leale; {PERSON} auch amico: **sie ist eine ~e Seele**, è un'amica fedele **3** (nicht fremdgehend) {EHEFRAU, EHEMANN, PARTNER} fedele: **(jdm) ~ sein/bleiben**, essere/rimanere fedele (a qu); **er hat ihr geschworen, im Urlaub ~ zu sein**, ha giurato di ˻esserle fedele˼/[non tradirla] durante le vacanze **4** (anhänglich) {ANHÄNGER, FAN} affezionato; {KUNDE} auch assiduo, fedele **5** (~herzig) {AUGEN, BLICK} innocente, candido, ingenuo: **mit ~en Augen jdn ansehen**, lo guardò con occhi innocenti **B** adv **1** (verlässlich) fedelmente, lealmente: **~ zu jdm stehen**, essere fedele a qu, mostrare fedeltà a qu; **erfüllte er seine Pflicht**, compì il suo dovere con lealtà **2** (~herzig) ingenuamente, candidamente: **jdn ~ ansehen**, guardare qu con ingenuità ● **sich (dat) selbst ~ bleiben**, ˻rimanere/essere coerente con˼ se stesso (-a); **etw (dat) ~ bleiben**: **seinen Grundsätzen ~ bleiben**, ˻rimanere fedele/ancorato (-a) ai˼/[non tradire i] propri principi; **einer Überzeugung ~ bleiben**, tenere fede a una convinzione; **jdm ~ bleiben**, non abbandonare qu; **der Erfolg/das Glück blieb ihm ~**, il successo/la fortuna non l'ha più abbandonato; **dein ~er Sohn** (in Briefen), il tuo affezionatissimo figlio; **~ sorgend** {(FAMILIEN)MUTTER, (FAMILIEN)VATER}, premuroso.

Treu f: **auf ~ und Glauben** auch jur, in buona fede.
treudeutsch adj fam pej da crucco pej, da buon/bravo tedesco scherz o iron.
treudoof adj fam pej {BLICK, GESICHTSAUSDRUCK, WESEN} da sempliciotto/ingenuotto: **eine ~e Person**, un tontolone fam.
Treue <-, ohne pl> f **1** (Loyalität) {+HUND} fedeltà f; {+ANHÄNGER, DIENER, MITARBEITER, UNTERGEBENER} auch devozione f: **jdm die ~ halten**, ˻restare fedele˼/[serbare fede geh] a qu; **jdm ewige/unverbrüchliche ~ schwören/geloben**, giurare eterna/assoluta fedeltà a qu **2** (in der Ehe) fedeltà f (coniugale) **3** (Zuverlässigkeit) {+FREUND, GESCHÄFTSPARTNER} fedeltà f, affidabilità f; {+KUNDE, KUNDSCHAFT} fedeltà f, assiduità f: **die Firma dankt der Kundschaft für die erwiesene ~**, la ditta ringrazia la gentile clientela per la fiducia accordatale ● **in alter dein(e) ...** (in Briefen), il tuo fedele amico ..., la tua fedele amica ...; **jdm die ~ brechen** obs, tradire la fiducia di qu.
Treueeid, **Treueid** m giuramento m di fedeltà.
Treuepflicht f jur dovere m/obbligo m di fedeltà.
Treueprämie f ökon premio m di fedeltà.
treuergeben adj → **ergeben**³.
Treueschwur m → **Treueeid**.
Treuhand <-, ohne pl> f, **Treuhandanstalt** f D hist "ente m per la privatizzazione delle industrie della ex RDT".
Treuhänder <-s, -> m (**Treuhänderin** f) ökon (amministratore (-trice) m (f)) fiduciario (-a) m (f).
Treuhandgesellschaft f ökon (società f) fiduciaria f.
treuherzig **A** adj {AUGEN, BLICK, MENSCH} innocente, candido, ingenuo **B** adv {ANSEHEN} con il candore negli occhi, con sguardo ingenuo.
Treuherzigkeit <-, ohne pl> f ingenuità f, candore m.
treulos adj **1** (nicht treu) {EHEPARTNER, FREUNDIN, HERZ} infedele: **ein ~er Mensch**, una persona infida **2** (unkorrekt) {GE-

SCHÄFTSPARTNER, VERBÜNDETER} sleale.

Treulosigkeit <-, ohne pl> f **1** (*treuloses Verhalten*) infedeltà f, slealtà f **2** (*Verrat*) tradimento m.

treusorgend adj → **treu**.

Triangel <-s, -> m *oder* A n **1** *mus* triangolo m **2** *region* (*dreieckiges Loch*) sette m *fam*: **sich (dat) einen ~ in die Hosen reißen**, farsi un sette nei pantaloni.

Trias <-, -> f **1** <*nur* sing> *geol* triassico m, trias m **2** *geh* (*Dreiheit*) triade f.

Triathlet m (**Triathletin** f) triatleta mf.

Triathlon <-s, -s> n *sport* triathlon m.

Triband-Handy n *tel* cellulare m triband.

Tribun <-en, -en *oder* -s, -e> m *hist* **1** (*Volkstribun*) tribuno m della plebe **2** (*in der römischen Legion*) tribuno m militare/[dei soldati].

Tribunal <-s, -e> n *geh* tribunale m, corte f di giustizia ● **jdn vor ein ~ von Experten stellen**, mettere qu dinanzi a un foro di esperti.

Tribüne <-, -n> f **1** (*Zuschauertribüne*) tribuna f: **auf der ~ sitzen**, sedere in tribuna **2** (*Gesamtheit der Zuschauer oder Zuhörer*) (*pubblico m della*) tribuna f: **die ganze ~ pfiff**, tutta la tribuna fischiava.

Tribut <-(e)s, -e> m *hist* tributo m ● **einen hohen ~ (an Menschenleben) fordern**, richiedere un grande tributo di vite umane, costare molto in termini di vite umane; **jdm/etw ~ zollen** *geh*, rendere omaggio a qu/qc, riconoscere qu/qc; **er musste ihren Verdiensten ~ zollen**, ha dovuto riconoscere i suoi meriti.

Trichine <-, -n> f *zoo* trichina f.

Trichomonas <-, *Trichomonaden*> f <*meist* pl> *biol* nead trichomonas m.

Trichter <-s, -> m **1** (*Einfülltrichter*) imbuto m **2** (*Explosionskrater*) cratere m **3** *fam* (*Lautsprecher*) megafono m ● **jdn auf den (richtigen) ~ bringen** *fam*, mettere qu sulla buona strada; **auf den (richtigen) ~ kommen** *fam*, trovare la soluzione; **sie war auf den (richtigen) ~ gekommen**, aveva capito tutto!

trichterförmig adj a (forma di) imbuto, imbutiforme.

Trick <-s, -s> m **1** (*List*) trucco m, espediente m: **den ~ (he)raushaben**, conoscere il trucco; **sie ist auf den ~ (he)reingefallen**, ci è cascata; **das ist doch bloß wieder ein ~, um Zeit zu schinden**, è il solito escamotage per prendere tempo; **er schlägt sich mit mancherlei ~s durchs Leben**, vive di svariati espedienti; **ihre ~s haben ihr dieses Mal auch nichts genützt**, questa volta le sue astuzie non le sono servite a niente **2** (*Kniff bei der Arbeit, Herstellung, Zubereitung*) trucco m, modo m: **dafür gibt's einen ganz einfachen ~**, c'è un modo semplicissimo per farlo **3** (*Zaubertrick*) trucco m **4** *sport* finta f ● **das ist aber ein** *fauler* **~!**, questo è veramente un ₍colpo gobbo/basso/mancino₎/[mezzuccio]!; **keine** *faulen* **~s bitte!**, niente imbrogli, per piacere!; **wir haben jetzt den ~ raus** *fam*, adesso abbiamo capito ₍il trucco₎/[come si fa]!; **~ siebzehn: wie hast du das nur fertiggebracht? − ~ siebzehn!**, come ₍ci sei riuscito (-a)₎/[hai fatto]? − Trucchi del mestiere!

Trickaufnahme f *film* effetti m pl speciali, trucchi m pl (cinematografici).

Trickbetrug m *jur* truffa f.

Trickbetrüger m (**Trickbetrügerin** f) *jur* truffatore (-trice) m (f).

Trickdieb m (**Trickdiebin** f) ladro (-a) m (f) che usa manovre diversive.

Trickfilm m *film* cartoni m pl animati *fam*, film m d'animazione.

Trickfilmzeichner m (**Trickfilmzeichnerin** f) cartoonist mf, cartonista mf.

Trickkiste f <*meist* sing>: **tief in seine ~ greifen**, usare tutti i trucchi (a disposizione); **um die Stelle zu bekommen, musste ich tief in die ~ greifen**, per avere quel posto di lavoro, ho dovuto adoperare tutti i trucchi possibili e immaginari.

trickreich Ⓐ adj {BETRÜGER, GESCHÄFTSMANN, POLITIKER, UNTERNEHMEN} scaltro, astuto: **er ist ein ~er Typ**, è un tipo ingegnoso/[pieno di risorse] Ⓑ adv astutamente: **~ spielen** *sport*, fare molte finte.

Trickschi m → **Trickski**.

tricksen *fam* Ⓐ itr (*unsaubere Methoden anwenden*) servirsi di trucchi, fare dei giochetti *fam*; *sport* fintare: **er trickst hervorragend**, è abilissimo nel fare i suoi giochetti *fam* Ⓑ tr (*bewerkstelligen*) **etw ~** {HEIKLE ANGELEGENHEIT, SCHWIERIGE SACHE} trovare il modo di risolvere qc: **keine Panik, das werden wir schon ~!**, niente panico, ci inventeremo qualcosa!

Trickski <-s, -er *oder* -> m **1** (*Typ von Ski*) sci m (corto da freestyle) **2** <*nur* sing> (*Sportart*) → **Freestyle**.

Trickskifahren n, **Trickskilaufen** n → **Freestyle**.

tricky adj *fam* **1** → **trickreich 2** (*knifflig, schwierig*) difficile, complicato.

trieb 1. und 3. pers sing imperf *von* treiben.

Trieb① <-(e)s, -e> m *bot* **1** (*Spross*) germoglio m, getto m **2** (*aus einem Ast, Zweig*) pollone m.

Trieb② <-(e)s, -e> m istinto m, impulso m, pulsione f *psych*: **seine ~e befriedigen/beherrschen/unterdrücken/zügeln**, soddisfare/controllare/reprimere/frenare i propri istinti; **sexuelle ~e**, istinti/pulsioni sessuali, impulso sessuale.

Triebbefriedigung f *psych* soddisfazione f dell'istinto sessuale: **zur ~**, per soddisfare i propri istinti sessuali.

Triebfeder f molla f, movente m: **der Neid war die ~ ₍für seine₎/[zu seiner] Tat**, l'invidia è stata il movente del suo gesto.

triebgestört adj *psych* che ha delle turbe/devianze sessuali.

triebhaft adj *psych* {MENSCH, WESEN} libidinoso; {HANDLUNG, VERHALTEN} *auch* pulsionale; **sie ist ein ~er Mensch**, è dominata ₍dai suoi istinti sessuali₎/[dal suo appetito sessuale].

Triebhaftigkeit <-, ohne pl> f *psych* (forte) libido f, sessuomania f.

Triebkraft f **1** *phys* forza f motrice **2** *psych soziol* (*innerer Antrieb*) molla f, spinta f: **gesellschaftliche Triebkräfte**, spinte sociali.

Triebleben n vita f sessuale.

Triebtäter m (**Triebtäterin** f) *jur* maniaco (-a) m (f) sessuale.

Triebverbrechen n *jur* reato m/delitto m a sfondo sessuale.

Triebwagen m *Eisenb* automotrice f.

Triebwerk n **1** *aero* propulsore m **2** *fam aut* motore m.

Triefauge n **1** *med* occhio m cisposo **2** *pej*: **~n**, occhi da pesce lesso.

triefäugig *fam* Ⓐ adj cisposo Ⓑ adv *sm* {ANSEHEN} con un'espressione da pesce lesso.

triefen <trieft, triefte *oder geh* troff, getrieft *oder rar* getroffen> itr **1** <*haben*> (*rinnen*) {AUGE} lacrimare; {NASE} colare **2** <*sein*> (*tropfen*) **aus/von etw** (dat) ~ {REGEN, WASSER AUS DER REGENRINNE, VOM DACH} grondare *da qc*; {BLUT AUS DER WUNDE, SCHWEISS VON DER STIRN} colare *da qc* **3** <*haben*> (*tropfend nass sein*) (**von**/**vor etw** dat) ~ {HAARE VON/VOR NÄSSE, REGEN} grondare (*di*) *qc*; {JACKE, PERSON, SCHUHE} essere fradicio/zuppo (*di qc*): **~d** {HAARE}, bagnato fradicio, grondante, gocciolante; {KLEIDUNG} *auch*, zuppo; **~d nass** {PERSON}, bagnato fradicio, zuppo; {HAARE, KLEIDUNG} *auch*, grondante, gocciolante **4** <*haben*> (*strotzen*) **von**/**vor etw** (dat) ~ {ARTIKEL, BRIEF, SONG VON/VOR BOSHEIT, MITLEID, ZYNISMUS} essere intriso *di qc*: **vor Fett/Wasser ~**, ₍trasudare grasso₎/[essere pieno zeppo d'acqua].

triefnass (a.R. triefnaß) adj *fam* {ERDBODEN, WINDEL} (bagnato) fradicio; {KLEIDUNG} *auch* grondante, zuppo *fam*.

Trient <-s, ohne pl> n *geog* Trento f.

Trier <-s, ohne pl> n *geog* Treviri f.

Triest <-s, ohne pl> n *geog* Trieste f.

triezen tr *fam* **jdn ~** {REKRUTEN, UNTERGEBENE} tartassare qu; {KINDER MUTTER} assillare qu, tormentare qu.

trifft 3. pers sing präs *von* treffen.

triftig adj {AUSREDE, ENTSCHULDIGUNG, ERKLÄRUNG} valido; {GRUND} *auch* fondato: **ich hoffe, du hast eine ~e Erklärung für dein Fernbleiben!**, spero che tu abbia una valida spiegazione per la tua assenza!

Trigeminus <-, *Trigemini*> m *anat* (nervo m) trigemino m.

Trigonometrie <-, ohne pl> f *math* trigonometria f.

trigonometrisch adj *math* trigonometrico.

Trikolore <-, -n> f bandiera f tricolore ● **die ~**, il tricolore di Francia, la bandiera tricolore francese.

Trikot <-s, -s> Ⓐ m *oder rar* n (*Gewebe*) tricot m, tessuto m lavorato a maglia Ⓑ n (*Sporthemd*) maglia f; {+TÄNZER, TURNER} body m ● **das gelbe/Gelbe ~** *Radsport* (*bei der Tour de France*), la maglia gialla.

Trikothemd n canottiera f traforata.

Trikotwerbung f *sport* {+SPONSOR} "pubblicità f sulle maglie degli atleti".

Triller <-s, -> m **1** *mus* trillo m: **einen ~ spielen**, fare/eseguire un trillo **2** (*Gesang*) {+KANARIENVOGEL, LERCHE, NACHTIGALL} trillo m.

trillern *mus* Ⓐ itr {SÄNGER(IN), VOGEL} trillare: **sie singt und trillert den ganzen Tag**, canta e trilla tutto il giorno Ⓑ tr **etw ~** {LIED, NOTE, STROPHE} trillare qc: **die Amsel trillert ihr Lied**, il merlo fischia.

Trillerpfeife f fischietto m.

Trillion <-, -en> f trilione m.

Trilogie <-, -n> f trilogia f.

Trimester <-s, -> n **1** (*Zeitraum von 3 Monaten*) trimestre m **2** *univ* trimestre m.

Trimm-dich-Gerät n *sport* → **Trimmgerät**.

Trimm-dich-Pfad m percorso m vita/attrezzato.

trimmen Ⓐ tr **1** *sport* **jdn** (*auf etw* akk) **~** {AUF GESCHWINDIGKEIT, SPITZENLEISTUNGEN} allenare qu (*per raggiungere qc*) **2** (*drillen*) **jdn auf etw** (akk) **~** {GUTE MANIEREN} inculcare qc a qu **3** *meist pej* (*zurechtmachen*) **etw auf etw** (akk) **~** dare a qc un aspetto + *adj*: **sie ist auf brav oder braves Mädchen getrimmt**, ha atteggia a ragazza perbene; **ein Lokal auf modern ~**, dare un look/aspetto moderno a un locale **4** (*scheren*) **etw ~** {HUND} tosare qc Ⓑ rfl **1** (*trainieren*) **sich** (**durch etw** akk) **~** {DURCH SCHWIMMEN, TANZEN, YOGA} (man)tenersi in forma (*con*/*facendo qc*) **2** (*sich zurechtmachen*) **sich auf etw** (akk) **~**: **er trimmt sich auf jugendlich**, si combina come un ragazzino.

Trimmer <-s, -> m *el* compensatore m.
Trimmgerät n *sport* attrezzo m ginnico/fitness.
Trine <-, -n> f *fam pej*: **eine dumme ~**, un'oca.
Trinidad und Tobago n *pol*: **die Republik Trinidad und Tobago**, Trinidad e Tobago.
Trinität <-, *ohne pl*> f *geh relig* trinità f.
Trinitrotoluol <-s, *ohne pl*> n *chem* (Abk TNT) trinitrotoluolo m, trinitrotoluene m (Abk TNT).
trinkbar adj 1 (*nicht schädlich*) potabile: **das Wasser unserer Flüsse ist nicht mehr ~**, l'acqua dei nostri fiumi non è più potabile; **hast du was Trinkbares da?** *fam*, hai qualcosa da bere? 2 (*geschmacklich entsprechend*) bevibile: **der Sekt ist durchaus ~**, lo spumante ˌsi fa bereˌ/[è bevibile]; **kaum ~ sein**, essere praticamente imbevibile.
Trinkei n *gastr* uovo m ˌda bereˌ/[fresco di giornata].
trinken <trinkt, trank, getrunken> **A** tr *etw* ~ bere *qc*: **gibt es hier nichts zu ~?**, non c'è nulla da bere qui?; **was möchten Sie ~?**, che cosa desidera/[prende da] bere?; **ich trinke einen Kaffee**, prendo un caffè; **trinkt ihr was mit uns?**, bevete qualcosa con noi?, beviamo qualcosa insieme?; **Muttermilch ~**, poppare **B** itr ~ (*irgendwie*/*irgendwo*) ~ bere (+ *compl di modo/luogo*): **aus der Flasche ~**, bere ˌalla bottigliaˌ/[a collo *fam*]; **aus dem Glas/der Tasse ~**, bere ˌnel bicchiereˌ/[nella tazza]; **vom Wasserhahn ~**, bere dal rubinetto 2 (*anstoßen*) **auf jdn/etw ~** {AUF DAS BRAUTPAAR, DIE BEFÖRDERUNG} bere ˌalla salute diˌ, brindare *a qu/qc*: **auf jds Wohl ~**, bere alla salute di qu; **darauf müssen wir einen ~!**, a questo bisogna brindare/[fare un brindisi]! 3 *fam* (*regelmäßig Alkohol ~*) bere: **er trinkt**, (lui) beve; **immer mehr Frauen fangen mit dem Trinken an**, sempre più donne ˌcominciano a bereˌ/[si danno all'alcol]; **gestern Abend haben die zwei wieder getrunken**, ieri sera quei due hanno di nuovo alzato il gomito *fam* **C** rfl **sich** (*irgendwie*) ~ lasciarsi bere (+ *compl di modo*): **dieser Wein trinkt sich gut**, questo vino ˌsi beveˌ/[scende *fam*]/[va giù] bene; **aus diesen Tassen trinkt es sich schlecht**, in queste tazze si beve male ◆ **einen ~ fam**, bere qualcosa di alcolico, farsi un bicchierino; **einen ~ gehen** *fam*, andare a bere qualcosa (di alcolico), uscire a bere qualcosa; **einen zu viel ~**, bere qualche bicchierino di troppo, alzare il gomito.
Trinken <-s, *ohne pl*> n bere m: **sich** (*dat*) **das ~ angewöhnen**, cominciare a bere; **mit dem ~ aufhören**, smettere di bere.
Trinker <-s, -> m (**Trinkerin** f) bevitore (-trice) m (f): **er ist ein alter ~**, è un vecchio ubriacone, ha il vizio del bere; **nach dieser Geschichte ist sie zur ~in geworden**, dopo questa storia ha cominciato a bere.
Trinkerheilanstalt f clinica f/centro m per alcolisti/[la disintossicazione dall'alcol].
Trinkerin f → **Trinker**.
trinkfest adj: **~ sein**, reggere bene l'alcol.
Trinkfestigkeit f capacità f di reggere l'alcol.
trinkfreudig adj che beve volentieri: **dein Freund hat es ja recht ~**, al tuo amico piace parecchio bere.
trinkfrisch adj fresco: **~e Eier**, uova ˌda bereˌ/[fresche di giornata].
Trinkgefäß n recipiente m per bere.
Trinkgelage n → **Saufgelage**.
Trinkgeld n mancia f: **jdm (ein) ~ geben**, dare/lasciare la mancia a qu ◆ **für ein ~** *fam*

{ARBEITEN, ETW KAUFEN}, per due lire, per un tozzo di pane.
Trinkglas n bicchiere m.
Trinkhalle f 1 (*im Thermalbad*) padiglione m di acque termali 2 *obs* (*Kiosk*) chiosco m di bibite.
Trinkhalm m cannuccia f.
Trinkkur f cura f delle acque.
Trinklied n canto m conviviale.
Trinkschale f *geh* coppa f.
Trinkschokolade f bevanda f al cacao.
Trinkspruch m brindisi m: **einen ~ auf jdn/etw ausbringen**, fare un brindisi a qu/qc, brindare a qu/qc.
Trinkwasser n acqua f potabile: **kein ~!**, acqua non potabile!
Trinkwasseraufbereitung f potabilizzazione f (delle acque).
Trinkwasserbehälter m recipiente m/tanica f per l'acqua potabile.
Trinkwassergefährdung f pericolo m di inquinamento delle acque potabili.
Trinkwassergewinnung f raccolta f dell'acqua potabile.
Trinkwasserqualität f qualità f dell'acqua potabile.
Trinkwassertank m serbatoio m per l'acqua potabile.
Trinkwasserverbrauch m consumo m di acqua potabile.
Trinkwasserversorgung f approvvigionamento m di acqua potabile: **die ~ in der Stadt**, la rete idrica della città.
Trinkwasserverunreinigung f inquinamento m delle acque potabili.
Trio <-s, -s> n 1 (*Musikergruppe*) trio m, terzetto m 2 *mus* (*Komposition*) trio m, terzetto m 3 *scherz oder iron* (*drei zusammen auftretende Menschen*) trio m, terzetto m.
Trip <-s, -s> m 1 *fam* (*Reise*) viaggio m, tour m: **kurzer ~**, gita, giro; **einen ~ durch Südamerika machen**, fare un tour attraverso l'America del sud; **am Wochenende machen wir einen ~ in die Berge**, questo fine settimana facciamo un'escursione/un giro in montagna 2 *slang* (*Halluzination durch LSD u. Ä.*) trip m *slang*, viaggio m *slang*: **er ist auf (dem) ~**, sta facendo un viaggio, è intrippato *slang*; **er kommt nicht mehr vom ~ runter**, non riesce più a ˌuscire dal tripˌ/[svegliarsi dal viaggio] 3 *slang* (*Droge, LSD-Tablette*) trip m *slang*: **einen ~ einwerfen**, farsi un trip 4 *slang pej* (*Manie*) trip m *slang*, fissa f *fam*: **die Kerle sind auf dem revolutionären ~**, questi ragazzi stanno attraversando la fase rivoluzionaria; **sie ist gerade auf dem esoterischen ~**, ora ha il trip dell'esoterismo.
Tripolis <-, *ohne pl*> n *geog* Tripoli f.
trippeln itr <sein> {VÖGEL} camminare a passettini, zampettare; {KLEINKINDER} *auch* trotterellare.
Tripper <-s, -> m *med* scolo m *fam oder slang*, gonorrea f *med*, blenorragia f *med*.
Triptychon <-s, Triptychen *oder* Triptycha> n *kunst* trittico m.
trist adj *geh* {WETTER, ZEITEN} triste; {ANBLICK, GEGEND} *auch* desolato.
Tristesse <-, *rar* -n> f *geh* tristezza f.
Tritium <-s, *ohne pl*> n *chem* trizio m, tritio m.
Triton <-s, -en> m *myth* Tritone m.
tritt 3. pers sing präs *von* treten.
Tritt <-(e)s, -e> m 1 (*Schritt*) passo m 2 (*Gang*) {+SOLDATEN, TRUPPE} passo m, andatura f: **aus dem ~ geraten/kommen**, perdere il passo; **im ~ marschieren**, andare al passo di marcia 3 (*Fuß~*) calcio m, pedata f:

jdm einen ~ geben/versetzen, dare/assestare un calcio/una pedata a qu ◆ <*meist pl*> *zoo* {+HERDE, VÖGEL, WILD} orma f ◆ **jdm einen ~ in den Arsch** *vulg*/**Hintern geben**, dare a qu un calcio nel culo *vulg*/sedere; **einen ~ bekommen** *fam*, venire cacciato (-a)/mandato (-a) via a calci nel sedere; **zum Dank für meine Arbeit habe ich einen ~ bekommen**, come ringraziamento per il mio lavoro ho avuto un bel calcio in culo *vulg*; **~ fassen** *mil*, mettersi al passo; (*sich wieder eingliedern*), rimettersi, riprendersi; **nach dem schweren Unfall hat er nur sehr langsam ~ gefasst**, dopo quel grave incidente ci è messo molto a ristabilirsi/riprendersi/rimettersi in sesto].
Trittbrett n predellino m, pedana f.
Trittbrettfahrer m (**Trittbrettfahrerin** f) *pej* profittatore (-trice) m (f), opportunista mf: **mehrere ~ versuchten, aus der Entführung Kapital zu schlagen**, molti sciacalli cercarono di sfruttare il rapimento per i loro fini.
trittfest adj 1 (*stabil*) {HOLZSTEG, LEITER} stabile, solido 2 (*robust*) {TEPPICH} robusto.
Trittleiter f scaleo m, scala f a libretto.
Triumph <-(e)s, -e> m 1 (*Erfolg*) trionfo m: **einen großen ~ erringen/feiern**, riportare/festeggiare un grande trionfo 2 <*nur sing*> (*Freude*) trionfo m: **den ~ genießen**, godersi il trionfo ◆ **einen ~ nach dem anderen feiern**, festeggiare un trionfo dopo l'altro.
triumphal A adj {AUFTRITT, EINZUG, EMPFANG} trionfale **B** adv trionfalmente, in modo trionfale.
Triumphbogen m *arch* arco m trionfale/[di trionfo].
triumphieren <*ohne* ge-> itr 1 (*Triumph empfinden*) (**wegen etw** gen *oder fam* dat) ~ esultare (*per qc*), tripudiare (*per qc*), trionfare (*per qc*): **insgeheim triumphierte er wegen seines Misserfolgs**, esultava in segreto per il suo fallimento 2 (*besiegen*) **über jdn/etw ~** {ÜBER EINEN GEGNER, EINE KRANKHEIT, EINEN RIVALEN} trionfare *su qu/qc*, avere la meglio *su qu/qc*, prevalere *su qu/qc*: **endlich triumphiert die Liebe über den Hass**, finalmente l'amore trionfa sull'odio.
triumphierend A adj {BLICK, LÄCHELN, MIENE} trionfante, di trionfo **B** adv {ANTWORTEN, GRINSEN, LACHEN} con aria trionfante.
Triumphzug m *hist* corteo m trionfale: **die Band trat ihren ~ durch Europa an**, la band ha cominciato il suo tour/giro trionfale per l'Europa ◆ **im ~**, in trionfo; **jdn im ~ durch die Straßen führen**, portare qu in trionfo per le strade.
Triumvirat <-(e)s, -e> n 1 *hist* triunvirato m 2 (*mächtige Dreiergruppe*) troica f, triunvirato m.
trivial adj 1 *meist pej* (*gewöhnlich*) {ANTWORT, BEMERKUNG} banale, ovvio, scontato; {ZWISCHENFALL} banale, di poco conto, irrilevante: **die Geschichte ist viel zu ~ und nicht der Rede wert**, è una storia troppo banale/insignificante per parlarne 2 (*künstlerisch drittklassig*) {ERZÄHLUNG, FILM, OPERNAUFFÜHRUNG} dozzinale, mediocre, scadente.
Trivialität <-, -en> f *geh* 1 (*Abgedroschenheit*) {+GEDANKE} banalità f; {+ANTWORT} *auch* ovvietà f 2 (*trivialer Gedanke oder Äußerung*) banalità f.
Trivialliteratur f *lit* letteratura f ˌdi consumo/massaˌ/[dozzinale *pej*], Trivialliteratur f *lit*.
Trivialroman m *lit* romanzo m ˌdi consumoˌ/[d'evasione], romanzetto m *pej*.
Trochäus <-, Trochäen> m *lit* trocheo m.
trocken A adj 1 (*ausgedörrt*) {BODEN, ER-

DE, GEBIET} secco, arido; {FLUSS} in secca: **~ werden**, seccarsi, inaridirsi; {GEWÄSSER} prosciugarsi; **das Flussbett ist seit Sommeranfang ~**, il fiume è in secca sin dall'inizio dell'estate **2** (*abgestorben*) {AST, BAUM, PFLANZE, ZWEIG} secco, morto **3** (*ausgetrocknet*) {HAUT, LIPPEN} secco; {WUNDE} asciutto; {FARBE, KEHLE, VERPUTZ} *auch* secco **4** (*nicht mehr nass*) {HAAR, WAND, WÄSCHE} asciutto **5** *gastr* (*mit wenig Feuchtigkeit*) {FISCH, FLEISCH, KUCHEN} secco; (*nicht mehr frisch*) {BROT} secco, rafferrmo, stantio: **ein Stück ~(es) Brot** (*ohne Butter, Wurst o.Ä.*), un tozzo di pane asciutto, un pezzo di pane senza niente **6** (*herb*) {SHERRY, WEIN} secco; {CHAMPAGNER, SEKT, SPUMANTE} *auch* brut; {MARTINI, WERMUT} dry **7** *meteo* {HERBST, HITZE, JAHRESZEIT, KLIMA, LUFT, MONAT, SOMMER} secco, asciutto **8** (*sachlich*) {BUCH, REDE, TEXT} essenziale, disadorno; {STIL} *auch* asciutto, secco; {THEMA} arido: **seine Vorlesungen sind für meinen Geschmack zu ~**, le sue lezioni sono troppo noiose per i miei gusti **9** (*knapp*) {ANTWORT, BEMERKUNG, TON} secco, asciutto, laconico; {HUMOR} inglese **10** (*nüchtern*) {PERSON, WESEN} asciutto, freddo **11** (*hart*) {HUSTEN, KLANG, KNALL, TON} secco **B** *adv* **1** (*vor Feuchtigkeit geschützt*) all'asciutto, in luogo asciutto: **~ aufbewahren!**, tenere all'asciutto!, preservare dall'umidità! **2** (*knapp*) {ANTWORTEN, ENTGEGNEN, ERWIDERN} in tono secco/asciutto/laconico; {SICH ÄUSSERN, BEMERKEN} in tono asciutto, seccamente ● **im Trockenen** (*vor Feuchtigkeit geschützt*), in (un) luogo asciutto; **sich ~ rasieren**, radersi/[farsi la barba] col rasoio elettrico; **~ reiben** → **trocken|reiben**; **~ sein** *fam* (*keinen Alkohol mehr trinken*), non toccare/bere più alcol; **seit drei Monaten ist er ~**, da tre mesi non tocca (un goccio di) alcol; (*nicht mehr in die Windeln nässen*) {KLEINKIND} non farla più nel pannolino; **ist das Kind schon ~?**, il bambino non ha più il pannolino?; **auf dem Trockenen sitzen** *fam* (*ohne Geld sein*), essere all'asciutto *fam*, essere rimasto a secco (di soldi), essere al verde *fam*; (*vor einem leeren Glas sitzen*), non avere più niente da bere; **der lässt doch glatt die Gäste auf dem Trockenen sitzen**, lascia gli ospiti a morire di sete *scherz*; (*ohne Wasser oder Benzin sein*) rimanere a secco; **~ werden** {HAARE, WÄSCHE} asciugarsi; {HAUT} seccarsi; {FARBE} asciugarsi, seccarsi.

Trockenanlage f impianto m di essiccazione.

Trockenautomat m asciugabiancheria m, asciugatrice f.

Trockenbatterie f pila f a secco.

Trockenbeerenauslese f (vino m) passito m.

Trockenbiotop n *ökol* biotopo m arido.

Trockenblume f fiore m secco.

Trockendock n *naut* bacino m di carenaggio/raddobbo.

Trockeneis n ghiaccio m secco, neve f carbonica.

Trockenfleisch n carne f secca.

Trockenfutter n mangime m secco.

Trockengebiet n *geog* regione f arida/desertificata.

Trockengestell n essiccatoio m; (*für Teller*) scolapiatti m.

Trockengewicht n **1** *com* peso m a secco **2** *tech* (*Masse eines Fahrzeugs ohne Betriebsstoffe*) peso m a secco.

Trockenhaube f casco m (asciugacapelli).

Trockenhefe f *gastr* lievito m in polvere.

Trockenheit <-, *ohne pl*> f **1** (*Dürreperiode*) siccità f **2** (*Ausgetrocknetsein*) {+BODEN, GEBIET} siccità f, aridità f; {+FELDER} *auch* sterilità f; {+HAUT} secchezza f.

Trockenkurs m **1** *Ski* (*theoretische Übung*) corso m ₁teorico presciistico₁/[di preparazione allo sci] **2** *fam scherz* (*vorbereitender Kurs*) corso m teorico di base: **einen ~ machen**, imparare l'abbicci.

trocken|legen tr **1** (*wickeln*) {jdn} ~ {BABY} cambiare (il pannolino a) qu; {BETTLÄGRIGEN} cambiare (il pannolone a) qu **2** (*entwässern*) *etw* ~ {MOOR, SUMPF} prosciugare qc, bonificare qc **3** *slang* (*Alkohol entziehen*) {jdn} ~ {ALKOHOLIKER, SÄUFER} togliere l'alcol a qu.

Trockenlegung <-, -en> f **1** {+MOOR, SUMPF} bonifica f, prosciugamento m **2** {+VERLETZUNG, WUNDE} drenaggio m.

Trockenmasse f: **dieser Käse enthält 45% Fett in der ~**, questo formaggio ha un contenuto grasso non inferiore al 45%.

Trockenmauer f *bau* muro m a secco.

Trockenmilch f latte m in polvere.

Trockenobst n frutta f secca.

Trockenperiode f → **Trockenzeit**.

Trockenplatz m spazio m per stendere i panni/la biancheria.

Trockenrasierer m *fam* **1** (*elektrischer Rasierapparat*) rasoio m elettrico **2** (*jd, der sich mit dem elektrischen Rasierapparat rasiert*) chi si rade con il rasoio elettrico.

Trockenrasur f rasatura f con rasoio elettrico.

Trockenraum m **1** (*zum Trocknen von Felderzeugnissen*) seccatoio m **2** (*zum Wäschetrocknen*) stenditoio m, locale m per stendere i panni.

trocken|reiben <*irr*> tr *jdn*/*etw* ~ asciugare *qu*/*qc* strofinandolo.

Trockenreinigung f **1** (*Reinigung von Kleidern, Teppichen etc*) pulitura f/lavaggio m a secco **2** (*Wäscherei*) lavasecco m oder f.

trocken|schleudern tr *etw* ~ {SALAT, WÄSCHE} centrifugare *qc*.

Trockenshampoo n shampoo m secco.

Trockenspiritus m *chem* (*zum Feuerzünden*) diavolina® f, accendifuoco m.

Trockenwäsche f (*Wäsche vor dem Waschen*) bucato m/biancheria f da lavare: **in eine Wäschetrommel passen drei bis fünf Kilo ~**, nel cestello della lavatrice entrano da tre a cinque kili di bucato **2** (*trockene Wäsche*) {+AUTO, BOOT} lavaggio m a secco.

trocken|wischen tr *etw* ~ {BODEN} asciugare *qc*.

Trockenzeit f *meteo* periodo m di siccità.

trocknen **A** tr <*haben*> **1** (*dörren*) *etw* ~ {FISCH, FLEISCH, GEMÜSE, KRÄUTER, OBST} (far) seccare *qc*, essiccare *qc* **2** (*trocken machen*) *jdn*/*etw* (*mit etw dat*) ~ {FRISEUSE HAAR MIT DEM FÖHN; PUTZFRAU FUSSBODEN MIT EINEM LAPPEN; TRAUERNDE TRÄNEN MIT DER HAND; WIND HAAR} asciugare *qu*/*qc* (*con qc*); *jdm etw von etw* (dat) ~ {SCHWEISS VON DER STIRN, TRÄNEN VON DER WANGE} asciugare *qc* a *qu* (*su qc*) **B** itr <*sein*> **1** (*dorren*) {FISCH, FLEISCH, GEMÜSE, KRÄUTER, OBST} essiccare, seccare **2** (*trocken werden*) {HAARE, WÄSCHE} asciugar(si): **Wäsche zum Trocknen aufhängen**, stendere i panni (ad asciugare) **C** rfl (*sich trocken machen*) **sich** {ETW (*mit etw* dat)} ~ {HAARE MIT DEM FÖHN, EINEM HANDTUCH} asciugarsi *qc* (*con qc*); **sich die Haare an der Sonne ~**, asciugarsi i capelli al sole.

Trockner <-s, -> m **1** → **Wäschetrockner 2** → **Händetrockner**.

Troddel <-, -n> f nappa f.

Trödel <-s, *ohne pl*> m *fam* cianfrusaglie f pl, chincaglieria f, ciarpame m, roba f vecchia.

Trödelei <-, -en> f *fam pej* lentezza f: **Schluss jetzt mit der ~!**, basta perdere tempo!

Trödelkram m *fam* → **Trödel**.

Trödelmarkt m → **Flohmarkt**.

trödeln itr *fam* **1** <*haben*> (*Zeit verlieren*) perdere tempo, ciondolare *fam*: **morgens trödelt sie immer ewig**, la mattina perde sempre un sacco di tempo; **bei den Hausaufgaben trödelt er immer**, quando fa i compiti, cincischia sempre *fam* **2** <*sein*> (*schlendern*) (*irgendwohin*) ~ (*bighellonare/girellare/[andare a zonzo]*) (+ *compl di luogo*): **sie sind durch die Straßen getrödelt**, hanno bighellonato per le strade.

Trödler <-s, -> m (**Trödlerin** f) **1** (*Altwarenhändler*) rigattiere (-a) m (f), robivecchi mf **2** *fam* (*Bummler*) perditempo mf, ciondolone (-a) m (f) *fam*.

trofft 1. *und* 3. *pers sing imperf von* triefen.

trog 1. *und* 3. *pers sing imperf von* trügen.

Trog <-(e)s, Tröge> m trogolo m.

Troika <-, -s> f *bes. pol* troika f, troica f.

Troja <-s, *ohne pl*> n *hist* Troia f.

Trojaner <-s, -> m (**Trojanerin** f) *hist* troiano (-a) m (f).

trojanisch *adj* troiano, di Troia ● **das Trojanische Pferd** *hist lit*, il cavallo di Troia; **Trojanisches Pferd** *inform*, cavallo di Troia.

Troll <-s, -e> m *myth* troll m, demone m maligno.

Trollblume f *bot* trollio m, ranuncolo m di montagna, botton m d'oro.

trollen *fam* **A** rfl <*haben*> **sich ~** andarsene (mogio (-a), mogio (-a)): **troll dich, ich habe eine Menge zu tun!**, fila che ho un sacco di cose da fare! *fam* **B** itr <*sein*> *irgendwohin* ~ andarsene (mogio (-a), mogio (-a)) + *compl di luogo*.

Trolley <-s, -s> m trolley m.

Trommel <-, -n> f **1** *mus* tamburo m: **die ~ schlagen**, battere/suonare il tamburo; **die große ~**, la grancassa **2** (*zylinderförmiges Gehäuse*) {+WASCHMASCHINE} cestello m; {+BETONMISCHMASCHINE, REVOLVER} tamburo m ● **die ~ für jdn/etw rühren** *fam*, battere il tamburo/la grancassa per *qu*/*qc fam*, fare una grande pubblicità a *qu*/*qc*.

Trommelbremse f *autom* freno m a tamburo.

Trommelfell n *anat* timpano m: **jdm platzt das ~**, a qu si rompe il timpano ● **bei dem Lärm platzt einem ja das ~!** *fam*, questo fracasso ti rompe/spacca i timpani! *fam*.

Trommelfeuer n **1** *mil* tamburreggiamento m, fuoco m di fila **2** (*Beschuss*) {+FRAGEN, KRITIK} tamburreggiamento m, martellamento m, bombardamento m: **er geriet ins ~ ihrer Fragen**, si ritrovò sotto il fuoco di fila delle sue/loro domande.

trommeln **A** itr **1** (*auf der Trommel*) suonare il tamburo, tamburreggiare **2** (*klopfen*) **mit etw** (dat) **irgendwohin** ~ {MIT DEN FÄUSTEN, FINGERN AUF DEN TISCH, GEGEN DIE TÜR} tamburellare/picchiettare + *compl di luogo* **3** (*aufschlagen*) *irgendwohin* ~ {HAGEL, REGEN AUFS DACH, GEGEN DIE FENSTERSCHEIBEN} tamburellare/picchiettare + *compl di luogo* **B** tr *Rhythmus schlagen*) *etw* ~ {RHYTHMUS, TAKT} battere *qc*; {MARSCH} suonare *qc* con il tamburo.

Trommelrevolver m pistola f a tamburo.

Trommelstock m bacchetta f del tamburo.

Trommelwirbel m rullo m dei/di tamburi.

Trommler <-s, -> m (**Trommlerin** f) **1** *mus* (suonatore (-trice) m (f) di tamburo m **2** *mil* tamburino m.

Trompe-l'Œil <-(s), ohne pl> n oder m *kunst* trompe-l'œil m.

Trompete <-, -n-> f *mus* tromba f: **ein Stück auf der ~ blasen/spielen**, suonare un pezzo alla tromba.

trompeten <ohne ge-> **A** itr **1** *fam* (*Trompete spielen*) suonare la tromba **2** (*trompetenähnliche Laute hervorbringen*) {ELEFANT} barrire, emettere barriti **3** *fam* (*sich laut schnäuzen*) soffiarsi rumorosamente il naso **B** tr *etw* ~ (MARSCH, STÜCK, TUSCH) suonare/eseguire qc alla tromba.

Trompetensolo n assolo m di tromba.
Trompetenstoß m squillo m di tromba.
Trompeter <-s, -> m (**Trompeterin** f) **1** *mus* suonatore (-trice) m (f) di tromba; (*beim Jazz*) trombettista mf; (*im Symphonieorchester*) tromba f: **erster** ~ sein, essere la prima tromba **2** *mil* trombettiere (-a) m (f).
Tropen subst <nur pl> *geog* tropici m pl, paesi m pl tropicali, zona f/regione f tropicale: **in den** ~ **leben**, vivere ai tropici.
Tropenanzug m tenuta f coloniale.
Tropenfieber n *med* febbre f tropicale.
Tropenhelm m casco m coloniale.
Tropeninstitut n *med* istituto m di medicina tropicale.
Tropenklima n clima m tropicale.
Tropenkoller m *med* delirio m tropicale.
Tropenkrankheit f *med* malattia f tropicale.
Tropenmedizin f *med* medicina f tropicale.
Tropenpflanze f *bot* pianta f tropicale.
tropentauglich adj {FORSCHER, PERSON, REISENDER} idoneo al clima tropicale; {MATERIAL} *auch* tropicalizzato.
Tropentauglichkeit <-, ohne pl> f ₍idoneità f fisica₎/[resistenza f] al clima tropicale.
Tropenwald m *geog* foresta f tropicale.
tropf interj (*Geräusch eines fallenden Tropfens*) tic!
Tropf① <-(e)s, -e> m *med* fleboclisi f *med*, flebo f *fam* ● **am** ~ **hängen** *med*, essere attaccato alla flebo; *fam* (*finanzielle Probleme haben*), essere in ₍crisi (economica)₎/[condizioni critiche].
Tropf② <-(e)s, Tröpfe> m *fam*: **ein armer** ~, un poveraccio/[povero diavolo].
Tröpfcheninfektion f *med* "infezione f trasmessa attraverso la secrezione delle alte vie respiratorie".
tröpfchenweise adv **1** *med* a piccole gocce **2** *fam* (*nach und nach*) col contagocce, a gocce.
tröpfeln A tr <haben> *etw* (**irgendwohin**) ~ versare qc a gocce (+ *compl di luogo*) **B** itr **1** <haben> (*undicht sein*) {NASE, WASSERHAHN} gocciolare **2** <sein> (*rinnen*) *aus/von etw* (dat) ~ {SCHWEIß VON DER STIRN} gocciolare da qc; {BLUT AUS DER WUNDE} *auch* stillare da qc **C** unpers <haben> (*leicht regnen*) **es tröpfelt**, piovviggina.
tropfen A itr **1** <haben> (*undicht sein*) {NASE, WASSERHAHN} gocciolare **2** <sein> (*in Tropfen fallen*) *von/aus etw* (dat) ~ {REGEN VOM DACH; SCHWEIß VON DER STIRN} gocciolare da qc; {BLUT AUS DER WUNDE} *auch* stillare da qc: **der Schweiß tropfte mir von der Stirn**, la mia fronte grondava (di) sudore; *irgendwohin* ~ gocciolare + *compl di luogo*: **die Milch tropft auf das Lätzchen**, il latte sta gocciolando sul bavaglino **C** tr <haben> (*in*

Tropfen fallen lassen) *etw* **irgendwohin** ~ {JOD, TINKTUR, ZITRONENSAFT} versare a gocce qc + *compl di luogo*.

Tropfen <-s, -> m **1** (*von Blut, Gift, Öl, Regen, Schweiß, Wachs, Wasser*) goccia f **2** (*Schluck*) goccio m: **hast du einen ~ zu trinken?**, hai un goccio da bere?; **seit sechs Monaten trinkt er keinen ~**, da sei mesi non beve un goccio d'alcol **3** *fam* (*Medikament*) goccia f pl: **10 ~ von einer Medizin nehmen**, prendere 10 gocce di una medicina ● **der ~, der das Fass zum Überlaufen bringt**, la goccia che fa traboccare il vaso; **ein guter/edler ~**, un buon vino/vinello; **bis auf den letzten ~** {ETW AUSTRINKEN}, fino all'ultima goccia; **ein ~ auf den heißen Stein sein** *fam*, essere una goccia nel mare; **steter ~ höhlt den Stein** *prov*, la goccia scava la roccia *prov*.
Tropfenfänger <-s, -> m salvagocce m.
Tropfenform f: **in ~**, a (forma di) goccia.
tropfenförmig adj a forma di goccia.
tropfenweise adv a gocce.
Tropfenzähler m **1** (*bes. an Infusion*) contagocce m **2** (*im Verkehr*) sistema m del contagocce.
Tropfinfusion f *med* → **Tropf**①.
tropfnass (a.R. tropfnaß) adj grondante (d'acqua), gocciolante, bagnato fradicio.
Tropfstein m (*hängend*) stalattite f; (*aufsteigend*) stalagmite f.
Tropfsteinhöhle f grotta f di stalattiti/stalagmiti.
Trophäe <-, -n> f trofeo m.
tropisch adj *geog* tropicale: **~e Meere/Regionen**, mari/regioni tropicali/[dei tropici].
Tropopause <-, ohne pl> f *meteo* tropopausa f.
Troposphäre <-, ohne pl> f *meteo* troposfera f.
Tross (a.R. Troß) <-es, -e> m **1** *mil hist* (*Verpflegungszug*) salmerie f pl, carriaggi m pl **2** (*Gefolge*) seguito m.
Trosse <-, -n> f *naut* gomena f.
Trost <-es, ohne pl> m **1** (*erfreulicher Gedanke*) consolazione f: **das Geld ist für ihn ein guter ~**, per lui i soldi sono una gran consolazione **2** (*Zuspruch*) consolazione f, conforto m, sollievo m: **jdm ~ geben/zusprechen**, consolare qu, dare/recare conforto a qu, essere di consolazione a qu; **jdm ein ~ sein**, essere di conforto/consolazione/sollievo a qu; **bei jdm/in etw** (dat) ~ **suchen**, cercare conforto/consolazione/sollievo in qu/qc; **sie sucht ~ im Alkohol**, cerca conforto nell'alcol ● **als ~**, come consolazione; **du bist wohl nicht (ganz/recht) bei ~?** *fam*, sei matto (-a)?, sei fuori di testa? *fam*; **ein schwacher/schöner** *iron* ~ **sein**, essere una magra/[ben misera] consolazione; **zu jds ~**, per consolare qu, per la consolazione di qu; **ich kann dir zu deinem ~ sagen, dass …**, ₍se ti può consolare₎/[per tua consolazione] posso dirti che …
trösten A tr *jdn/etw* ~ consolare qu/qc, confortare qu/qc **B** rfl **sich mit jdm/etw** ~ consolarsi con qu/qc: **im Urlaub tröstete er sich mit einer heißen Blondine**, in vacanza si è consolato con una bionda tutta pepe ● ₍**tröste dich**₎/[~ **Sie sich**]!, consolati/[si consoli]!
tröstend **A** adj (GESTE, UMARMUNG, WORTE} di consolazione/conforto, consolante, consolativo, confortante **B** adv {STREICHELN, UMARMEN} per consolare/confortare.
Tröster <-s, -> m (**Trösterin** f) consolatore (-trice) m (f).
tröstlich adj **1** (*tröstend*) {BRIEF, WORTE} consolante, consolatorio, di consolazione/

conforto, confortante **2** (*beruhigend*) confortante, consolante: **es ist ~ zu hören/sehen/wissen, …**, è confortante sentire/vedere/sapere …; **es ist für uns ~ zu erfahren, dass …**, ci conforta sapere che …; **das ist ja sehr ~** *iron*, è veramente confortante *iron*.
trostlos adj **1** (*verzweifelt*) {PERSON} sconfortato, sconsolato **2** (*deprimierend*) {POLITIK, WETTER} desolante; {VERHÄLTNISSE} *auch* sconfortante: **ein ~es Einerlei**, una monotonia disperante **3** (*öde, hässlich*) {ANBLICK} desolante; {EINDRUCK} di desolazione/squallore; {LANDSCHAFT} desolato, squallido.
Trostlosigkeit <-, ohne pl> f **1** (*Untröstlichkeit*) desolazione f, sconforto m **2** (*Hoffnungslosigkeit*) {+POLITIK, VERHÄLTNISSE, WETTER} desolazione f, squallore m **3** (*Öde*) {+ANBLICK, LANDSCHAFT} squallore m, desolazione f.
Trostpflaster n *scherz* contentino m *fam*.
Trostpreis m premio m di consolazione.
trostreich adj *geh* confortante, consolante: **~e Worte**, parole ₍(piene) di conforto₎/[consolatorie].
Tröstung <-, -en> f consolazione f, conforto m.
Trott <-(e)s, -e> m **1** (*von Pferd*) (piccolo) trotto m **2** *fam* (*eintöniger Ablauf*) tran tran m, routine f: **in den alten/gewohnten ~ verfallen**, ₍ripiombare nel₎/[ricominciare con il] solito tran tran.
Trottel <-s, -> m *fam pej* tonto m, rimbambito m.
trottelig *fam pej* **A** adj tonto, rimbambito, rimbecillito **B** adv {SICH ANSTELLEN} da tonto (-a)/rimbambito (-a).
trotten itr <sein> *irgendwohin* ~ {PERSONEN} camminare lentamente trascinando i piedi + *compl di luogo*; {KÜHE} muoversi pesantemente + *compl di luogo*: **müde trottete er nach Hause**, con passo stanco si avviò verso casa.
Trotteur <-s, -s> m mocassino m (elegante).
Trottinett <-s, -e> n CH (*Kinderroller*) monopattino m.
Trottoir <-s, -s oder -e> n *süddt* CH (*Bürgersteig*) marciapiede m.
trotz präp + *gen oder fam dat* malgrado, nonostante, a dispetto di, a onta di *geh*: ~ **all(e d)em**, malgrado/nonostante tutto; ~ **des schlechten Wetters haben wir einen Ausflug gemacht**, malgrado/nonostante il brutto tempo abbiamo fatto una gita.
Trotz <-es, ohne pl> m ostinazione f, caparbietà f, cocciutaggine f: **jdm ~ bieten**, tenere testa a qu; **er tut das nur zum ~**, lo fa solo per dispetto ● *aus* ~, per dispetto; **etw aus ~ tun**, fare qc per dispetto/(ri)picca; **jdm/etw zum ~**, a dispetto di qu/qc, alla faccia di qu *fam*; **allen Warnungen zum ~**, ₍a dispetto di₎/[in barba a] *fam* tutti gli avvertimenti.
Trotzalter n età f del no.
trotzdem A adv (*nichtsdestotrotz*) tuttavia, nonostante/malgrado ciò, ciononostante, eppure: **die Sonne schien, aber ~ fror ich**, c'era il sole eppure/tuttavia avevo freddo **B** konj *fam* (*obwohl*) nonostante (che) …, konjv, benché … konjv, sebbene … konjv: **sie ist todunglücklich, ~ sie alles im Leben erreicht hat**, è terribilmente infelice nonostante abbia avuto tutto dalla vita.
trotzen itr **1** (*die Stirn bieten*) **jdm/etw** ~ {EINER GEFAHR, DEM SCHICKSAL, DEN WIDRIGKEITEN} sfidare qc, contrastare qc; {EINEM FEIND, GEGNER} tenere testa a qu; {DER KÄLTE, DEM WETTER} resistere a qc, sfidare qc **2** (*sich widersetzen*) *jdm/etw* ~ {DEN MAHNUNGEN} ribellarsi a qu/qc; {DEN ELTERN, LEHRERN} *auch* mettersi in urto con qu, contrastare qu: **er**

trotzte ihrem Verbot, ⌊sfidò il⌋/[si ribellò a] suo divieto **3** (*seinen Trotz zeigen*) fare le bizze/i capricci/il mulo *fam*.

Trotzhaltung f atteggiamento m di ripicca.

trotzig **A** adj (*eigensinnig*) {KIND} piccoso, cocciuto, che ⌊fa le (ri)picche⌋/[si impunta]; {ANTWORT} da piccoso (-a); {GESICHTSAUSDRUCK} di sfida **B** adv **1** (*hartnäckig*) cocciutamente, testardamente, ostinatamente: ~ **wiederholte er sein Nein**, con ostinazione ribadì il suo no **2** (*herausfordernd*) con aria/espressione/tono di sfida: ~ **sah sie den Lehrer an**, guardava il professore con aria di sfida.

Trotzkismus <-, ohne pl> m *pol hist* trotzkismo m.

Trotzkist <-en, -en> m (**Trotzkistin** f) trotzkista mf.

Trotzkopf m (*trotziges Kind*) bastian m contrario, testa f dura, testone m, capa f tosta *südital fam*.

trotzköpfig adj piccoso, cocciuto, che ⌊fa le (ri)picche⌋/[si impunta].

Trotzphase f *psych* fase f del no.

Trotzreaktion f reazione f di sfida.

Troubadour <-s, -e oder -s> m *lit hist* trovatore m.

Trouble <-s, ohne pl> m *slang*: ~ **haben**, avere problemi/[casini *slang*]/[delle grane *fam*]; **wenn ich heute nicht pünktlich zu Hause bin, gibt es ~**, se oggi non torno a casa puntualmente, scoppia un casino *slang*.

Troublemaker <-s, -> m rompiscatole mf: **er gilt in seiner Partei als ~, der unangenehme Fragen stellt**, passa per il rompiscatole del partito, quello che pone le domande scomode.

Troubleshooter <-s, -> m *slang* mediatore (-trice) m (f): **sich als ~ betätigen**, fare da mediatore.

trübe, trüb adj **1** (*nicht klar*) {URIN, WASSER, WEIN} torbido **2** (*nicht durchsichtig*) {GLASSCHEIBE, SPIEGEL} opaco: **die Fenster sind ganz ~ vor Schmutz**, i vetri sono opachi per lo sporco **3** (*wenig Licht verbreitend*) {TAG, WETTER} nuvoloso, grigio; {HIMMEL} *auch* offuscato, bigio **4** (*schwach leuchtend*) {BELEUCHTUNG, LAMPE, LICHT} fioco **5** (*glanzlos*) {AUGEN, BLICK} spento, velato **6** (*deprimierend*) {AUSSICHTEN} deprimente, triste; {GEDANKEN, STIMMUNG, ZEITEN, ZUKUNFT} *auch* cupo, tetro ● **~ aussehen**: **es sieht** ⌊**für jdn**⌋/[mit etw dat] **~ aus**, le prospettive (per qu/qc) non sono rosee; **im Trüben** *fischen fam*, pescare nel torbido *fam*.

Trubel <-s, ohne pl> m trambusto m, confusione f: **seine Stimme ging im ~ unter**, la sua voce si perdeva nella confusione; **nach Feierabend stürzten sie sich in den ~**, dopo il lavoro si sono gettati (-e) nella mischia; **in der Vorweihnachtszeit ist der ~ in der Stadt unerträglich**, nel periodo prenatalizio il caos in città diventa insostenibile.

trüben **A** tr *etw* ~ **1** (*unklar machen*) {WASSER} intorbidire qc, intorbidare qc: **keine Wolke trübt heute den Himmel**, oggi non c'è neanche una nuvola a offuscare il cielo **2** (*beeinträchtigen*) {STREITEREIEN FREUNDSCHAFT} intorbidare qc, offuscare qc; {VORURTEILE URTEILSSINN} offuscare qc, ottenebrare qc; {REGENTAG STIMMUNG} rattristare qc: **der Vorfall hat die Freude des Festtags getrübt**, l'accaduto ha offuscato la felicità della festa; **der Alkohol trübt den Verstand**, l'alcol annebbia/ottenebra la mente **B** rfl *sich* ~ **1** (*unklar werden*) {FLÜSSIGKEIT, SEE, WASSER, WEIN} intorbidirsi, intorbidarsi **2** (*sich bewölken*) {HIMMEL} intorbidirsi, offuscarsi, ottenebrarsi **3** *geh* (*unscharf werden*) {BLICK, URTEILSVERMÖGEN} offuscarsi, annebbiarsi, ottenebrarsi; {SEHKRAFT, VERSTAND} *auch* obnubilarsi **4** *geh* (*beeinträchtigt werden*) {EINVERNEHMEN, FREUNDSCHAFT, GUTES VERHÄLTNIS} intorbidirsi, offuscarsi, ottenebrarsi.

Trübheit <-, ohne pl> f {+WASSER} torbidità f, torbidezza f.

Trübsal <-, -e> f *geh* **1** <nur sing> (*tiefe Betrübtheit*) afflizione f, (profonda) tristezza f, mestizia f: **sich der ~ hingeben**, abbandonarsi a una più profonda tristezza **2** (*Leiden*) dispiacere m, pena f: **viele ~e erdulden müssen**, dover patire tante pene ● **~ blasen** *fam*, essere giù di corda/morale, avere il morale a terra; **ich habe den ganzen Tag ~ geblasen**, ⌊mi sono lasciato (-a) andare alla malinconia⌋/[ho avuto il magone] tutto il giorno.

trübselig adj **1** (*deprimierend*) {WETTER} tetro, malinconico, deprimente; {STIMMUNG} *auch* desolante **2** (*öde*) {ANBLICK, GEGEND, LANDSCHAFT} desolato, squallido.

Trübsinn <-(e)s, ohne pl> m profonda malinconia f, umor m nero, tetraggine f: **in ~ verfallen**, ⌊lasciarsi prendere dalla⌋/[abbandonarsi alla] malinconia.

trübsinnig **A** adj {PERSON} tetro, cupo, malinconico **B** adv con aria tetra/malinconica: **~ saß sie in der Ecke**, era seduta in un angolo con ⌊una faccia cupa⌋/[espressione tetra].

Trübung <-, -en> f **1** (*Unklarwerden*) {+FLÜSSIGKEIT, SEE, WASSER, WEIN} intorbidimento m, intorbidirsi m **2** (*Beeinträchtigung*) {+BEZIEHUNG, VERHÄLTNIS} turbamento m **3** (*Vernebelung*) {+SEHKRAFT, VERSTAND} offuscamento m, annebbiamento m, ottenebramento m, obnubilamento m.

trudeln itr <sein> (*irgendwohin*) ~ {FLUGZEUG ZU BODEN} cadere a vite (+ *compl di luogo*); {LAUB AUF DEN SEE} cadere danzando (+ *compl di luogo*).

Trüffel① <-, -n> f *oder* <-s, -> m *bot* tartufo m: **schwarzer ~**, tartufo nero; **weißer ~**, tartufo bianco/[d'Alba].

Trüffel② <-, -n> f *gastr* "pralina f al cioccolato aromatizzata al rum e spolverizzata di cacao in polvere", tartufo m.

Trüffelhund m *zoo* cane m da tartufi/tartufo.

Trüffelleberpastete f *gastr* pâté m di fegato tartufato.

Trüffelschwein n *zoo* maiale m da tartufi/tartufo.

trug 1. und 3. pers sing imperf *von* tragen.

Trug <-(e)s, ohne pl> m → **Lug**.

Trugbild n **1** (*Sinnestäuschung*) miraggio m, fata f Morgana **2** (*Illusion*) miraggio m, illusione f: **einem ~ erliegen**, essere abbagliato da un miraggio.

trügen <trügt, trog, getrogen> **A** itr ingannare: **der Schein trügt**, l'apparenza inganna **B** itr *jdn* ~ {AUGEN, GEDÄCHTNIS} ingannare qu, tradire qu ● **wenn mich nicht alles trügt**, ..., se non ⌊m'inganno⌋/[vado errato (-a)] ...

trügerisch adj {GEFÜHL, GLANZ, HOFFNUNG, SCHEIN, SICHERHEIT} ingannevole, fallace, illusorio; {WETTER} traditore: **seine Versprechen erwiesen sich als ~**, le sue promesse si sono rivelate un inganno.

Trugschluss (a.R. Trugschluß) m conclusione f errata/sbagliata: **einem ~ unterliegen**, essere indotto a una conclusione sbagliata.

Truhe <-, -n> f cassapanca f, cassone m.

Trumm <-(e)s, Trümmer> n *region*: **ein ~ von Buch**, un bel mattone *fam*; **ein ~ von einem Mannsbild**, un pezzo d'uomo; **das ist aber mal ein schweres ~!**, ma guarda che catafalco! *fam*.

Trümmer subst <nur pl> **1** (*Bruchstücke*) {+FLUGZEUG, SCHIFF} rottami m pl, resti m pl **2** (*Schutt*) {+GEBÄUDE, HÄUSER, STÄDTE} macerie f pl, rovine f pl: **das Erdbeben hat weit und breit nur ~ hinterlassen**, il terremoto ha lasciato ovunque solo macerie ● **unter den ~n begraben sein**, essere sepolto sotto le macerie; **in ~ gehen**, andare in ⌊mille pezzi⌋/[frantumi]; **etw in ~ legen** {ORT, STADT}, ridurre qc a un cumulo di macerie; **in ~n liegen**, essere ridotto a un cumulo di macerie; **vor den ~n seiner Ehe/Existenz stehen**, raccogliere i cocci ⌊del proprio matrimonio⌋/[della propria vita].

Trümmerfeld n distesa f di macerie.

Trümmerfrau f <meist pl> *hist* "donna f tedesca del secondo dopoguerra impegnata nella rimozione delle macerie".

Trümmerhaufen m cumulo m/ammasso m di macerie.

Trümmerliteratur f *lit* letteratura f delle macerie, Trümmerliteratur f.

Trumpf <-(e)s, Trümpfe> m *Karten* briscola f, atout m: **einen ~ ausspielen**, giocare/calare/tirare briscola; **was ist ~?**, qual è la briscola? ● **einen ~ ausspielen** (*ein wichtiges Mittel einsetzen*), giocarsi una carta; ⌊**seinen letzten**⌋/[**den entscheidenden**] **~ ausspielen**, giocare/tentare l'ultima carta; **noch einen ~ in der Hand/Hinterhand haben** (*noch etwas Wichtiges in Reserve haben*), avere un asso nella manica, avere ancora un'ultima carta da giocare; **alle Trümpfe in der Hand haben** (*in der stärkeren Position sein*), averle tutte dalla propria *fam*; **~ sein** (*zu einer bestimmten Zeit tonangebend sein*), essere ⌊di moda⌋/[in].

Trumpfass, Trumpf-Ass (a.R. Trumpfas) n *Karten* asso m di briscola.

Trumpfkarte f *Karten* briscola f, atout m.

Trunk <-(e)s, rar Trünke> m **1** *geh* (*Getränk*) bevanda f: **labender ~**, bevanda ristoratrice **2** (*Alkoholismus*) bere m: **dem ~ verfallen sein**, darsi al bere.

trunken adj *geh* **1** → **betrunken** **2** (*berauscht*) ~ **vor etw** (dat) ebbro *di qc*: **~ vor Freude/Glück sein**, essere ebbro di gioia/felicità.

Trunkenbold <-(e)s, -e> m *pej* ubriacone m *fam*, beone m *fam*.

Trunkenheit <-, ohne pl> f ubriachezza f, ebbrezza f ● **~ am Steuer**, guida in stato di ebbrezza *form*.

Trunksucht f alcolismo m (cronico), etilismo m *wiss*.

trunksüchtig adj alcolizzato, affetto da alcolismo cronico.

Trupp <-s, -s> m **1** (*Mannschaft*) ~ + subst {ARBEITER, HANDWERKER} gruppo m *di qu*, squadra f *di qu* **2** *mil* ~ + subst {SOLDATEN} drappello m *di qu*, {POLIZISTEN} pattuglia f *di qu*.

Truppe <-, -n> f **1** *mil* (*Einheit*) truppa f: **die ~ war angetreten**, la truppa si era presentata a rapporto; **~n abziehen**, ritirare le truppe; **~n in einem Land stationieren**, dislocare le truppe in un paese **2** <nur sing> *mil* (*an der Front kämpfende Streitkräfte*) truppa f: **die Moral der ~**, il morale della truppa; **sich von der ~ entfernen**, disertare **3** (*von Artisten, Schauspielern*) troupe f, compagnia f ● **von der (ganz) schnellen ~ sein** *fam*, essere una scheggia *fam*; **nicht von der schnellen ~ sein** *fam*, non essere esattamente una scheggia *fam*.

Truppenabbau m riduzione f delle truppe.

Truppenabzug m *pol* ritiro m delle truppe.

Truppenarzt m (**Truppenärztin** f) *mil* medico m della truppa.

Truppenbewegung f *mil* movimento m di truppe.

Truppeneinheit f *mil* reparto m.

Truppenführer m *mil* comandante m delle truppe.

Truppengattung f *mil* arma f.

Truppenkonzentration f *mil* concentramento m/concentrazione f/ammassamento m di truppe.

Truppenparade f *mil*, **Truppenschau** f *mil* parata f/sfilata f militare.

Truppenstärke f *mil* effettivo m.

Truppenteil m *mil* reparto m (di truppa).

Truppenübung f *mil* esercitazione f pl/manovre f pl delle truppe.

Truppenübungsplatz m *mil* campo m di manovre/esercitazioni/addestramento.

truppweise adv **1** *mil* a pattuglie **2** *fam* (*in Gruppen*) a gruppi.

Trust <-(e)s, -e oder -s> m ökon trust m.

Trute <-, -n> f *CH* → **Truthenne**.

Truthahn m **1** *ornith* tacchino m (maschio) **2** *gastr* tacchino m.

Truthenne f *ornith* tacchina f.

Trutz <-es, ohne pl> m *obs* resistenza f, difesa f: **zu Schutz und ~**, a protezione e difesa.

Trutzburg f *obs* fortezza f.

trutzen itr *obs* **jdm**/**etw** dat ~ {DEM ANGREIFER, FEIND} resistere *a qu/qc*, opporre resistenza *a qu/qc*.

Tschad <-s, ohne pl> m *geog*: **der ~**, il Ciad.

Tschader <-s, -s> m (**Tschaderin** f) ciadiano (-a) m (f).

tschadisch adj ciadiano (-a).

Tschador <-s, -s> m chador m.

tschau interj *fam* → **ciao**.

Tscheche <-n, -n> m (**Tschechin** f) ceco (-a) m (f).

Tschechien <-s, ohne pl> n *geog* Repubblica f Ceca.

Tschechisch f → **Tscheche**.

tschechisch adj ceco • **Tschechische Republik** *pol*, Repubblica Ceca.

Tschechisch <-(s), ohne pl> n, **Tschechische** <dekl wie adj> n ceco m; → *auch* **Deutsch, Deutsche**②.

Tschechoslowake <-n, -n> m (**Tschechoslowakin** f) *hist* cecoslovacco (-a) m (f).

Tschechoslowakei <-, ohne pl> f *hist*: **die ~**, la Cecoslovacchia **in der ehemaligen ~**, nella ex Cecoslovacchia.

Tschechoslowakin f → **Tschechoslowake**.

tschechoslowakisch adj *hist* cecoslovacco.

Tschetschene <-n, -n> m (**Tschetschenin** f) ceceno (-a) m (f).

Tschetschenien <-s, ohne pl> n *geog* Cecenia f.

Tschetschenin f → **Tschetschene**.

tschilpen itr {SPATZ} cinguettare, fare cip cip.

tschüs, tschüss interj *fam* ciao!: **wir sagten ~ zu unseren Freunden**, abbiamo detto ciao ai/[salutato i] nostri amici.

Tsd. *Abk von* Tausend: mille.

Tsetsefliege f *zoo* mosca f tse-tse.

T-Shirt <-s, -s> n T-shirt f, maglietta f, fruit f

slang.

Tsunami <-s, -(s)> m *oder* <-, -(s)> f tsunami m.

T-Träger m *bau* trave m a T.

TU <-, -s> f *Abk von* Technische Universität: facoltà f pl tecniche, ≈ Politecnico m.

Tuba <-, Tuben> f *mus* tuba f.

Tube <-, -n> f tubetto m: **eine ~ Zahnpasta**, un tubetto di dentifricio • **auf die ~ drücken** *fam*, andare a tavoletta *fam*.

Tuben pl *von* Tuba, Tube.

Tuberkelbazillus m *med* bacillo m di Koch/[della tubercolosi].

tuberkulös adj *form* tubercolotico.

Tuberkulose <-, -n> f *med* tubercolosi f.

tuberkulosekrank adj [malato di]/[affetto da] tubercolosi, tubercolotico.

Tuberkulosekranke <dekl wie adj> mf malato (-a) m (f) di tubercolosi, tubercolotico (-a) m (f), tubercoloso (-a) m (f).

Tübingen <-s, ohne pl> n *geog* Tubinga f.

Tuch① <-(e)s, Tücher> n (*Halstuch*) foulard m, cache-col m; (*Schultertuch*) scialle m; (*Kopftuch*) fazzoletto m, pezzuola f.

Tuch② <-(e)s, -e> n **1** (*Wollstoff mit filziger Oberfläche*) panno m; (*Segeltuch*) tela f **2** (*Stück Stoff*) panno m, pezzo m di stoffa; (*Geschirrtuch*) canovaccio m; (*Putztuch*) strofinaccio m; (*Badetuch, Strandtuch*) telo m; (*zum Abdecken von Möbeln*) drappo m • **ein rotes ~ für jdn sein, auf jdn wie ein rotes ~ wirken**, per qualcosa essere come un panno rosso in bestia *fam*; **das Thema ist ein rotes ~ für ihn**, quando si parla di quell'argomento, vede rosso; **in trockenen Tüchern (sein)** *fam*, (essere) cosa fatta.

Tuchfabrik f fabbrica f di tessuti/stoffe.

Tuchfühlung <-, ohne pl> f *oft scherz* stretto contatto m: **mit jdn ~ aufnehmen**, prendere/[mettersi in] contatto con qu; **auf ~ bleiben**, rimanere/restare/tenersi in contatto; (**mit jdn) auf ~ gehen** *fam* (*sich anschmiegen*), appiccicarsi a qu, incollarsi a qu *fam*; **die beiden gehen mächtig auf ~**, quei due sono appiccicati; (*in engeren Kontakt kommen*) avvicinarsi a qu; **mit jdn auf ~ sein**, essere gomito a gomito/[a stretto contatto] con qu.

Tuchhändler m (**Tuchhändlerin** f) commerciante mf di tessuti/stoffe.

tüchtig A adj **1** (*erfahren*) {SPORTLER, TÄNZER} bravo, valido, capace; (*leistungsfähig*) {ANGESTELLTER, FACHMANN, HANDWERKER, KOLLEGE, SCHÜLER, STUDENT} *auch* in gamba **2** *fam* (*groß, stark*) bello: **er ist ein ~er Esser**, è una buona forchetta; **hier bedarf es einer ~en Portion Humor**, qui ci vuole una bella/notevole dose di humor B adv *fam* (*kräftig*) per bene, molto, bene bene: **es hat ~ abgekühlt**, ha/è rinfrescato parecchio; **~ mit anpacken**, dare una grossa mano; **~ arbeiten**, lavorare sodo; **~ essen**, essere una buona forchetta; **jdn ~ schimpfen**, sgridare qu ben bene • **~, ~!** *iron*, bravo! *iron*, bravissimo! *iron*.

Tüchtigkeit <-, ohne pl> f bravura f, validità f, capacità f.

Tuchware f <meist pl> tessuti m pl, stoffe f pl.

Tücke <-, -n> f **1** <nur sing> (*Boshheit*) {+PERSON} malvagità f, perfidia f **2** (*heimtückische Tat*) malvagità f, perfidia m **3** (*Unberechenbarkeit*) {+INFEKTION, KRANKHEIT} insidia f: **die ~ des Schicksals**, le insidie del destino **4** <meist pl> (*Mängel*) pecca f, magagna f: **das neue Videogerät hat so seine ~n**, il nuovo videoregistratore ha diverse pecche • **die ~ des Objekts**, l'insidia delle cose; **die ~n der**

Technik, le insidie della tecnologia.

tuckern itr **1** <haben> {MOTOR} scoppiettare **2** <sein> **irgendwohin ~** {FAHRZEUG} procedere scoppiettando + *compl di luogo*.

tückisch A adj **1** (*boshaft*) {MENSCH} perfido, malvagio; {ABSICHT, FRAGE, PLAN} insidioso, subdolo **2** (*unberechenbar*) {INFEKTION, KRANKHEIT} insidioso B adv (*boshaft*) con perfidia, con malvagità.

Tuff <-s, -e> m *geol*, **Tuffstein** m *geol* tufo m.

Tüftelarbeit f *fam*, **Tüftelei** f *fam* lavoro m da certosino.

tüfteln itr *fam* (**an etw** dat) ~ **1** (*herumprobieren*) armeggiare/trafficare (*intorno*) a qc, perdersi dietro (a) un lavoro difficile: **er tüftelt seit Tagen an dem kaputten Motor**, armeggia da giorni (intorno) a quel motore da riparare **2** (*grübeln*) lambiccarsi il cervello (*su qc*), spremersi le meningi (*su qc*) *fam*.

Tüftler <-s, -> m (**Tüftlerin** f) persona f si diverte ad armeggiare; (*in geistigen Dingen*) cavillatore (-trice) m (f).

Tugend <-, -en> f **1** (*gute Eigenschaft*) virtù f: **Ehrlichkeit ist eine fast vergessene ~**, l'onestà è una virtù quasi dimenticata **2** <nur sing> (*moralische Untadeligkeit*) virtù f: **sich in der ~ üben**, esercitare la virtù; **den Pfad der ~ beschreiten**, seguire la via della virtù • **besteht, Schönheit vergeht** *prov*, la bellezza sfiorisce, la virtù rimane.

Tugendbold <-(e)s, -e> m *iron* modello m di virtù.

tugendhaft adj **1** (*moralisch vorbildlich*) {GEDANKEN, LEBENSWANDEL, MENSCH, TUN} virtuoso **2** (*keusch*) {FRAU, MÄDCHEN} virtuoso, casto.

Tugendhaftigkeit <-, ohne pl> f virtuosità f, virtù f.

Tugendwächter m (**Tugendwächterin** f) *iron* moralista mf.

Tukan <-s, -e> m *ornith* tucano m.

Tüll <-s, ohne pl> m *text* tulle m.

Tülle <-, -n> f *norddt* **1** (*Schnabel*) {+KANNE} becco m, beccuccio m **2** (*Ansatzstück*) {+RECHEN} bussola f.

Tüllgardine f tenda f di tulle.

Tüllschleier m velo m di tulle.

Tulpe <-, -n> f **1** *bot* tulipano m **2** (*Bierglas*) "bicchiere m da birra a forma di tulipano".

Tulpenbaum m *bot* albero m dei tulipani, liriodendro m *wiss*.

Tulpenzwiebel f *bot* bulbo m/cipolla f di tulipano.

tumb adj *obs oder scherz* ingenuo: **ein ~er Tor**, un ingenuo/semplicotto.

Tumbler <-s, -> m **1** (*dickes, kurzes Glas*) tumbler m **2** *CH* → **Wäschetrockner**.

tummeln rfl *fam* **1** (*umhertollen*) **sich irgendwo ~** scorrazzare + *compl di luogo*: **die Kinder tummelten sich im Wasser**, i ragazzi sguazzavano nell'acqua; **hier tummelt sich alles, was Rang und Namen hat**, qui si danno appuntamento tutti i pezzi grossi *fam*/[i grandi nomi] **2** *region* (*sich beeilen*) **sich ~** muoversi *fam*, spicciarsi *fam*, sbrigarsi.

Tummelplatz m *meist pej* **~ für jdn** {FÜR BETRÜGER, DEALER, KRIMINELLE} regno m *di qu*, ritrovo m *di qu*, covo m *pej di qu*: **die Fernsehsendung war zum ~ für angehende Stars geworden**, quella trasmissione era diventata una passerella per aspiranti star.

Tümmler <-s, -> m **1** *zoo*: **der Kleine ~**, la focena, il marsovino; **der Große ~**, il tursiope, il delfino maggiore **2** *ornith* (*Haustaube*) colombo m domestico.

Tumor <-s, -en *oder fam* -e> m *med* tumore m: **bösartiger/gutartiger ~**, tumore maligno/

benigno.

Tumorerkrankung f malattia f tumorale.

Tumorgewebe n *med* tessuto m tumorale.

tumorkrank adj malato di tumore, affetto da tumore.

Tumorkranke <dekl wie adj> mf malato (-a) m (f) di tumore.

Tumorkrankheit f → **Tumorerkrankung**.

Tumormarker m *med* marcatore m/marker m tumorale.

Tumortherapie f *med* terapia f tumorale.

Tumorzelle f *med* cellula f tumorale.

Tümpel <-s, -> m stagno m.

Tumult <-(e)s, -e> m 1 (*lärmendes Durcheinander*) subbuglio m, trambusto m, tumulto m: **seine Ansprache ging im allgemeinen ~ unter**, il suo discorso si perse nel frastuono generale 2 (*meist pl*) (*Aufruhr*) tumulto m, disordine m • **der ~ der Gefühle**, la tempesta dei sentimenti.

tumultartig adj {SITZUNG, ZUSAMMENKUNFT} tumultuoso.

tun① <tut, tat, getan> Vollverb **A** tr 1 (*mit unbestimmtem Objekt: machen*) **etw ~ tun** fare *qc*: **was wollen wir denn tun?**, (che) cosa vogliamo fare?; **musst du noch was tun?**, hai ancora da fare?; **wir müssen vor der Abfahrt noch viel tun**, prima di partire abbiamo ancora molte cose da fare; **im Haushalt gibt es ständig was zu tun**, in casa c'è sempre qualcosa da fare; **was tust du zurzeit?**, ₍che cosa stai facendo₎/[di che cosa ti occupi] in questo periodo?; **das tust du besser nicht!**, è meglio ₍che (tu) non lo faccia₎/[lasci perdere/stare]!; **das wirst du nicht tun!**, questo non lo farai!; **für Geld tun sie alles**, per soldi fanno di tutto; **was tun die Schuhe auf dem Bett?**, (che) cosa ci fanno le scarpe sul letto?; **was kann ich für Sie tun?** com, (che) cosa posso fare per Lei?, in che cosa posso servirLa? 2 (*Funktionsverb: zusammen mit bestimmtem Subst gebraucht*) **etw ~ tun** fare *qc*: **seine Arbeit/Pflicht tun**, fare il proprio lavoro/dovere; **einen Schrei tun**, fare/lanciare un grido; **seine Wirkung tun**, fare effetto 3 (*getrieben sein*) **etw aus etw** (dat) **tun** {AUS EIFERSUCHT, HASS, LIEBE, NEID} fare *qc per qc*: **das hat sie aus reiner Nächstenliebe getan**, l'ha fatto per amore del prossimo 4 (*unternehmen*) **etw** (*für/gegen jdn/etw*) **tun** fare *qc (per/contro qu/qc)*: **sie tut alles Menschenmögliche für die kranke Mutter**, per la madre malata fa tutto quello che è umanamente possibile; **wann wollt ihr endlich etwas gegen diese Zustände tun?**, quando affronterete finalmente questa situazione?; **nichts dagegen tun können**, non poter farci niente; **sie tut rein gar nichts für ihr geistiges Wohl**, non fa assolutamente niente per il suo benessere spirituale 5 (*antun*) **jdm etwas tun**, fare male a qu: **was hab' ich dir bloß getan?**, che cosa ti ho fatto (di male)? *fam*; **jdm nichts tun**, non fare niente a qualcuno; **der Hund tut nichts**, il cane non fa niente 6 *fam* (*setzen, stellen, legen*) **etw irgendwohin tun** mettere *qc + compl di luogo*: **die Kreditkarte in die Brieftasche tun**, mettere/infilare la carta di credito nel portafoglio 7 *fam* (*stecken*) **jdn irgendwohin tun** {KIND IN DEN KINDERGARTEN, IN EINE SCHULE} mandare *qu + compl di luogo*; {ALTEN MENSCHEN INS ALTERSHEIM} mettere *qu + compl di luogo* 8 *fam* (*funktionieren*): **es noch tun** {AUTO, SKI, STEREOGERÄT, TASCHE}, funzionare/andare ancora; **der Besen tut es noch**, la scopa è ancora in buono stato 9 (*ausreichen*): **es** (**für etw akk**) **tun**,

andare bene (per *qc*), essere sufficiente (per *qc*), bastare (per *qc*): **der alte Computer tut's für meine Übersetzungen auch**, per le mie traduzioni va bene anche il vecchio computer; **mit einer formellen Entschuldigung ist es noch lange nicht getan**, le scuse formali sono davvero un po' troppo poco **B** unpers (*geschehen*) **sich tun** succedere: **es tut sich etwas**, qualcosa ₍si sta muovendo₎/[sta succedendo]; **hat sich in dieser Hinsicht schon etwas getan?**, ci sono stati degli sviluppi sotto questo aspetto?; **in dieser Sache wird sich nie etwas tun**, in questa faccenda non si faranno mai passi avanti; **bei Müllers hat sich so einiges getan**, dai Müller ci sono stati parecchi cambiamenti; **in dieser Stadt tut sich abends nichts**, questa città la sera è morta/[un mortorio] **C** itr (*sich benehmen*) **irgendwie tun** {AHNUNGSLOS, BLÖD, ERFAHREN} fare *il/lo/la ...*: **sie tut sorglos, ist es aber nicht**, fa finta di essere spensierata, ma in realtà non lo è; **tu doch nicht so (dumm)!** *fam*, non fare lo gnorri! *fam*; **nur so tun (, als ob ...)**, fingere/[far finta] (di ... *inf*); **er tut nur so, als ob er krank wäre**, fa solo finta di essere malato; **sie tut nur so**, fa tanto per fare • **es mit jdm zu tun bekommen** *fam*/**kriegen** *fam*, doversela vedere con qu; **jd bekommt/kriegt es mit der Angst zu tun**, qu si prende paura, qu si impaurisce; **es tun** *euph* (*Sex haben*), farlo *euph*; **etwas für sich tun**, fare *qc* per se stesso (-a); **das tu(e) ich gern**, lo faccio volentieri; **jd tut gut daran, (etw) zu tun**, qu fa bene a fare (*qc*); **Sie täten besser daran zu ...**, Lei farebbe meglio a ...; **zu tun haben**, avere da fare; **in der Stadt zu tun haben**, aver da fare in centro; **mit jdm/etw zu tun haben** {MIT EINER PERSON, EINEM PROBLEM}, avere a che fare con qu/qc; **mit jdm/etw nichts zu tun haben**, non avere niente a che fare con qu/qc; **es mit etw** (dat) **zu tun haben** {MIT DEM HERZ, DEM MAGEN}, avere problemi di *qc*; **mit sich selbst zu tun haben**, avere già abbastanza problemi (per conto proprio); **man tut, was man kann**, si fa quel che si può; **du kannst tun und lassen, was du willst!** *fam*, sei libero (-a) di fare quello che vuoi!; **tu, was du nicht lassen kannst!** *fam*, fallo, se proprio non puoi farne a meno!; ₍**so (et)was**₎/[**das**] **tut man nicht**, questo non si fa; **jd tut nichts als ... fam**, *qu* non fa altro che ...; **mit meiner neuen Kollegin tue ich mich sehr schwer**, ho parecchi problemi con la nuova collega; **er tut sich sehr schwer**, sie um Verzeihung zu bitten, gli ₍riesce molto difficile₎/[costa molto] chiederle perdono; **jdm ist es um jdn/etw zu tun geh**, a qu preme molto qu/qc; **es nicht unter etw** (dat) **tun** {UNTER EINER BESTIMMTEN SUMME}, non farlo per meno (di *qc*); **was tun?** (*Ausdruck der Ratlosigkeit*), che fare?; **etw wieder tun** → **Tumorerkrankung**.

tun② <tut, tat, getan> Hilfsverb 1 *fam* (*zur Betonung des Vollverbs*) <mit vorgezogenem Infinitiv>: **schreiben tut er ja gut, aber die Rechtschreibfehler ... fam**, per scrivere sa scrivere, ma gli errori di ortografia ...; **kochen tut sie nicht, doch ansonsten ist sie sehr patent**, cucinare non cucina ma per il resto è molto in gamba; <mit nachgestelltem Infinitiv>: **ich tu mir nur schnell etwas überziehen**, vado un attimo a mettermi qualcosa addosso; **tust du bitte mal in meiner Tasche nachschauen?**, potresti, per favore, guardare nella mia borsa? 2 *süddt* (*zur Umschreibung des konjv II*): **das täte mich schon interessieren!**, mi interesserebbe sì!; **wir täten zu gern wissen, ob ...**, quanto ci piacerebbe sapere se ...

Tun <-, *ohne pl*> n azioni f pl, operato m: **verbrecherisches Tun**, attività criminali • **jds Tun und Treiben** *geh*/**Lassen** *geh*, l'operato di qu; **sich nach jds Tun und Treiben erkundigen**, informarsi su ciò che qu fa (e non fa).

Tünche <-, -n> f 1 (*Kalkfarbe*) imbiancatura f (a calce) 2 *fam* (*Schminke*) cerone m: **sie hatte mal wieder ein Kilo ~ im Gesicht** *scherz*, aveva di nuovo due dita di cerone (in faccia) *fam scherz* 3 <*nur sing*> *fig pej* (*Fassade*) facciata f, apparenza f, vernice f: **ihre Freundlichkeit ist nur ~**, la sua gentilezza è tutta facciata.

tünchen tr **etw ~** {MAUER, WAND} imbiancare/tinteggiare *qc* (a calce), dare ₍il bianco₎/[una mano di bianco] a *qc*.

Tundra <-, *Tundren*> f *geog* tundra f.

Tunell <-s, -e> n *süddt* A CH → **Tunnel**.

tunen tr **etw ~** {AUTO, MOFA, MOTOR} truccare *qc fam*.

Tuner <-s, -> m sintonizzatore m, tuner m.

Tunesien <-s, *ohne pl*> n *geog* Tunisia f.

Tunesier <-s, -> m (**Tunesierin** f) tunisino (-a) m (f).

tunesisch adj tunisino.

Tunfisch m → **Thunfisch**.

Tunfischfang m → **Thunfischfang**.

Tunichtgut <-(e)s, -e> m buono m a nulla.

Tunke <-, -n> f *norddt* salsa f.

tunken tr *norddt* **etw in etw** (akk) **~** intingere *qc in qc*, inzuppare *qc in qc*: **den Keks in den Likör ~**, inzuppare il biscotto nel liquore.

tunlich adj <*meist präd*> *obs* opportuno, conveniente: **etw für ~ halten**, ritenere *qc* opportuno (-a).

tunlichst adv 1 (*möglichst*) possibilmente, se possibile: **etw ~ vermeiden**, evitare possibilmente *qc*; **Sie sollten damit ~ aufhören!**, farebbe bene a smettere!, Le ₍consiglio di₎/[conviene] smettere! 2 (*unbedingt*) assolutamente: **die Schüler sollten ~ pünktlich kommen**, gli alunni dovrebbero assolutamente arrivare puntuali.

Tunnel <-s, - *oder* -s> m 1 (*Bauwerk*) tunnel m, galleria f: **einen ~ bauen**, costruire un tunnel; **der Zug fährt durch einen ~**, il treno passa attraverso un tunnel/una galleria 2 (*Ausgrabung*) galleria f, traforo m: **einen ~ durch den Berg graben**, scavare una galleria/un tunnel nella montagna 3 Fußball tunnel m.

Tunnelblick m 1 <*nur sing*> *med* (*eingeschränkte Sehweise*) visione f a cannocchiale 2 (*starrer Blick*) sguardo m fisso: **ein ~ in die Zukunft reicht nicht, um die Krise zu meistern**, essere solo concentrati sul futuro non basta per risolvere la crisi 3 <*eingeschränkte Sichtweise*) visione f limitata: **einen ~ haben**, avere i paraocchi.

tunneln tr *slang* Fußball **jdn ~** {TORHÜTER, VERTEIDIGER} fare il tunnel *a qu*.

Tunte <-, -n> f *slang* (*Homosexueller*) checca f *slang*.

tuntenhaft, tuntig adj *slang* {GEHABE} da checca *slang*.

Tupel <-s, -s> n *inform* → **Tuple**.

Tüpfelchen <-s, -> n puntino m, macchiolina f • **das ~ auf dem i**, la ciliegina sulla torta.

tupfen **A** tr 1 (*träufeln*) **etw auf etw** (akk) **~** {FARBE AUF EIN BLATT, JOD AUF DIE WUNDE} mettere un po' *di qc su qc* (picchiettando) 2 (*ab~*) **jdm etw von etw** (dat) **~** {DEM ALTEN MANN DEN SCHWEIß VON DER STIRN} asciugare/tergere (*a qu*) *qc a qc* **B** rfl (*ab~*) **sich** (dat) **etw von etw** (dat) **~** {LIP-

PENSTIFT VON DEN MUNDWINKELN} togliersi qc da qc.

Tupfen <-s, -> m pois m, pallino m, puntino m: **mit weißen ~**, a pois/pallini bianchi.

Tupfer <-s, -> m **1** fam (Fleck) macchia f di colore: **ein ~ Schlagsahne**, un tocco di panna montata **2** med (Stück Verbandsmull) tampone m.

Tuple <-s, -s> n inform tupla f.

Tupperparty f "incontro m organizzato per vendere prodotti tupperware®".

Tupperware® <-, ohne pl> f tupperware® m.

Tür <-, -en> f **1** (Haustür, Zimmertür) porta f; {+GEBÄUDE} portone m: **an die Tür gehen**, andare alla porta; **ich geh' mal kurz vor die Tür**, vado a ₍fare quattro passi₎/[prendere una boccata d'aria]; **da ist jemand an der Tür**, c'è qualcuno alla porta; **die Tür öffnen/schließen**, aprire/chiudere la porta; **an die Tür klopfen**, bussare alla porta; **an der Tür läuten**, suonare alla porta; **die Tür aufreißen**, spalancare la porta; **er hat das Einkaufszentrum direkt vor der Tür**, abita a due passi dal centro commerciale, ha il centro commerciale proprio davanti a casa **2** (Wagentür) portiera f, sportello m della macchina; (Schranktür) anta f, porta f; (Kühlschranktür) sportello m: **ein Auto mit vier Türen**, una quattroporte; **jdm die Tür aufhalten**, tenere aperto lo sportello (della macchina) a qu. ● **Tür an Tür**, porta a porta; **zwischen Tür und Angel**, fam, su due piedi fam; **jdm die Tür einrennen** fam/**einlaufen** fam, martellare qu, assillare qu; **offene Türen einrennen** fam, sfondare una porta aperta; **mit der Tür ins Haus fallen**, essere poco diplomatico; **in der Tür**, sulla soglia/porta; **vor der eigenen Tür kehren**, guardare prima in casa propria; **kehrt erstmal vor eurer eigenen Tür!**, guardate prima in casa vostra!; **jdm die Tür vor der Nase zuschlagen**, sbattere la porta in faccia a qu; **jdm stehen alle Türen offen**, qu ha/trova tutte le porte aperte; **jdn vor die Tür setzen** (am Arbeitsplatz), licenziare qu in tronco; (in einem persönlichen Verhältnis), mettere qu alla porta; **vor der Tür stehen**, essere alle porte; **ihr 50. Geburtstag steht vor der Tür**, il suo 50° compleanno è alle porte; **Weihnachten steht vor der Tür**, (il) Natale è alle porte; **vor verschlossenen Türen stehen**, trovare tutte le porte chiuse; **etw (dat) Tür und Tor öffnen**, spalancare le porte a qc; **hinter verschlossenen Türen**, a porte chiuse; **Verhandlungen hinter verschlossenen Türen**, trattative a porte chiuse; **jdm die Tür weisen geh**, indicare la porta a qu; **ach, du kriegst die Tür nicht zu!** slang, non ci posso credere!

Türangel f cardine m (della porta).

Türanschlag m fermaporte m.

Turban <-s, -e> m turbante m.

Turbine <-, -n> f turbina f.

Turbinenantrieb m tech propulsione f a turbina.

Turbinenflugzeug n aero aereo m a turbina.

turbinengetrieben adj ₍con motore) a₎/[azionato da] turbina.

Turbinenschiff n turbonave f.

Turbinentriebwerk n tech motore m a turbina.

Turbo <-s, -s> m **1** (Motor) turbo m, motore m a turbocompressione **2** (Auto) turbo m ● **den ~ einlegen/einschalten** fam, mettere il turbo fam.

Turbodiesel m turbodiesel m.

Türbogen m arco m della porta.

Turbogenerator m tech turbogeneratore m.

Turbokapitalismus m pej turbocapitalismo m, capitalismo m sfrenato.

Turbolader <-s, -> m mot turbocompressore.

Turbomotor m motore m turbo.

Turbo-Prop-Flugzeug n aero turboelica m, aereo m a turboelica.

turbulent **A** adj {EPOCHE, ERLEBNISSE, JAHRE, ZEITEN} turbolento, burrascoso **B** adv {VERLAUFEN} in modo burrascoso: **an der Börse ging es heute ~ zu**, oggi in borsa è stata una giornata burrascosa.

Turbulenz <-, -en> f **1** <meist pl> meteo turbolenza f **2** (turbulentes Ereignis) agitazione f.

Türdrücker m **1** → **Türklinke 2** → **Türöffner**.

Türe <-, -n> f bes. region → **Tür**.

Türfalle f CH → **Türklinke**.

Türflügel m battente m della porta.

Türfüllung f pannello m della porta.

Türgriff m maniglia f (della porta).

Turin <-s, ohne pl> n geog Torino f.

Türke <-n, -n> m (**Türkin** f) turco (-a) m (f).

Türkei <-, ohne pl> f geog: **die ~**, la Turchia; **in die ~ fahren**, andare in Turchia.

türken tr slang etw ~ {PAPIERE, ZAHLEN} falsificare qc; {BILANZ} truccare qc.

Türkenbundlilie f bot (giglio m) martagone m, turbante m di turco, riccio m di dama.

Turkey <-s, -s> m slang scimmia f slang.

Türkin f → **Türke**.

türkis <inv> adj turchese.

Türkis <-es, -e> m min turchese m.

türkisblau adj turchese.

türkisch adj turco.

Türkisch <-(s), ohne pl> n, **Türkische** <dekl wie adj> n turco m; → auch **Deutsch**, **Deutsche**®.

türkischstämmig adj di origine turca.

türkisfarben adj (color) turchese.

Türklingel f campanello m (della porta).

Türklinke f maniglia f (della porta) ● **sich** (dat) **die ~ in die Hand geben**: **die Leute haben sich heute die ~ in die Hand gegeben**, oggi c'è stato un continuo andirivieni/viavai di gente.

Türklopfer <-s, -> m batacchio m, battiporta m.

Turkmene <-n, -n> m (**Turkmenin** f) turkmeno (-a) m (f).

Turkmenien <-s, ohne pl> n geog obs → **Turkmenistan**.

Turkmenin f → **Turkmene**.

Turkmenistan <-s, ohne pl> n geog Turkmenistan m.

Türknauf m pomello m/pomolo m della porta.

Türksprache f ling, **Türksprache** f ling: **eine ~**, una lingua turca.

Turm <-(e)s, Türme> m **1** arch torre f: **von einem ~ springen**, buttarsi (giù) da una torre **2** (Burgturm) torrione m: **mit Türmen bewehrt**, turrito **3** (Kirchturm) campanile m, torre f campanaria **4** Schach torre f **5** sport (Sprungturm) piattaforma f (per i tuffi) **6** (Stereoturm) impianto m stereo a torre; (Computerturm) torre f ● **der Schiefe ~ von Pisa**, la torre pendente di Pisa.

Turmalin <-s, -e> m min tormalina f.

Turmbau m **1** (Gebäude) (edificio m) torre f **2** (Bauarbeiten) costruzione f di una torre ● **der ~ zu Babel** bibl, la Torre di Babele.

Türmchen <-s, -> n dim von **Turm** torretta f.

Turmdrehkran m bau gru f girevole a torre.

türmen① **A** tr (stapeln) **etw ~** {BÜCHER, SCHACHTELN, ZEITUNGEN} impilare qc, accastellare qc **B** rfl **sich** (irgendwo) ~ {BÜCHER BIS AN DIE DECKE; UNERLEDIGTE POST AUF DEM SCHREIBTISCH} formare una pila (+ compl di luogo): **auf ihrem Nachttisch ~ sich die Pillenschachteln**, sul suo comodino c'è una montagna di confezioni di pillole.

türmen② itr <sein> fam (flüchten) tagliare la corda fam, svignarsela; **aus etw** (dat) ~ {AUS DEM GEFÄNGNIS, DEM INTERNAT} scappare da qc; **irgendwohin ~** {INS AUSLAND, NACH SÜDAMERIKA} scappare + compl di luogo.

Turmfalke m ornith gheppio m.

turmhoch **A** adj {WELLEN} alto come una casa, altissimo, gigantesco **B** adv nettamente: **~ siegen**, vincere alla grande fam.

Turmspitze f arch cima f/sommità f/vetta f di una torre; (Kirchturmspitze) cima f/sommità f/vetta f di un campanile.

Turmspringen <-s, ohne pl> n sport tuffi m pl (dalla piattaforma).

Turmspringer m (**Turmspringerin** f) tuffatore (-trice) m (f).

Turmuhr f orologio m della torre; (Kirchturmuhr) orologio m del campanile.

Turnanzug m tuta f da ginnastica.

turnen **A** itr **1** <haben> sport fare ginnastica **2** <haben> sport **an etw** (dat) ~ {AM BODEN, RECK, AN DEN RINGEN, DER SPROSSENWAND} fare esercizi a qc **3** <sein> fam (klettern) **über etw** (akk) ~ saltare qc con abilità: **die Jungs turnten seelenruhig über das Brückengeländer**, i ragazzi si arrampicavano sul parapetto come se niente fosse **B** tr <haben> sport **etw ~** {KÜR, PFLICHT, ÜBUNG} eseguire qc, fare qc.

Turnen <-s, ohne pl> n sport **1** (Gymnastik) ginnastica f **2** (Schulfach) educazione f fisica.

Turner <-s, -> m (**Turnerin** f) ginnasta mf, atleta mf.

turnerisch adj {LEISTUNG} ginnico; {ÜBUNGEN} auch di ginnastica, di educazione fisica.

Turngerät n sport attrezzo m ginnico.

Turnhalle f sport palestra f.

Turnhemd n maglietta f da ginnastica.

Turnhose f pantaloncini m pl/calzoncini m pl da ginnastica.

Turnier <-s, -e> n **1** sport torneo m; (Reitturnier) concorso m: **ein ~ austragen**, disputare un torneo **2** hist (Ritterturnier) torneo m, giostra f.

Turnierpferd n cavallo m da concorso.

Turnierplatz m hist lizza f.

Turnierreiter m (**Turnierreiterin** f) cavaliere m/cavallerizza f che partecipa a un concorso.

Turniertanz m sport disciplina f di ballo.

Turniertänzer m (**Turniertänzerin** f) sport ballerino (-a) m (f) che partecipa a competizioni.

Turnlehrer m (**Turnlehrerin** f) Schule insegnante mf di ginnastica/[educazione fisica].

Turnschuh m <meist pl> sport scarpa f da ginnastica ● **fit wie ein ~ (sein)** slang, (essere) in gran forma.

Turnschuhgeneration f "generazione f di giovani (degli anni Ottanta) che indossa abitualmente abbigliamento casual".

Turnstunde f lezione f di ginnastica/[educazione fisica].

Turnübung f esercizio m ₍di ginnastica₎/

[ginnico].
Turnunterricht m Schule educazione f fisica; (Turnstunde) lezione f di ginnastica/[educazione fisica].

Turnus <-, -se> m turno m, rotazione f: **im ~ mit jdm**, a turno con qu • **im ~ von etw** (dat), a intervalli/cicli di qc; **im ~ von vier Jahren**, (ciclicamente) ogni quattro anni.

Turnverein m sport (Abk TV) associazione f ginnica, circolo m ginnico.

Turnzeug n fam roba f fam/cose f pl fam da ginnastica.

Türöffner m apriporta m.

Türpfosten m arch montante m della porta, stipite m.

Türrahmen m bau intelaiatura f/telaio m della porta; (dekorative Umrahmung) cornice f.

Türschild n targhetta f (sulla porta).

Türschloss (a.R. Türschloß) n serratura f della porta.

Türschwelle f soglia f.

Türspalt m spiraglio m (di una porta socchiusa).

Türsprechanlage f citofono m.

Türsteher m (**Türsteherin** f) {+DISKO} buttafuori m.

Türsturz m arch architrave m (della porta).

turtelig adj scherz {BENEHMEN, TELEFONAT} da piccioncini scherz.

turteln itr **1** (scherz {VERLIEBTE} tubare (come due piccioni/colombi) scherz; (zärtlich sein) **mit jdm ~** tubare con qu **2** obs (gurren) {TAUBEN, TÄUBERICH} tubare.

Turteltaube f **1** ornith tortora f **2** <nur pl> scherz (turtelnde Verliebte) piccioncini m pl, colombi m pl: **sie benehmen sich wie die ~n**, sembrano due piccioncini.

Türvorleger m zerbino m, stoino m.

Türzentralverriegelung f autom chiusura f centralizzata.

Tusch <-(e)s, -e> m mus fanfara f: **einen kräftigen ~ spielen**, suonare un'allegra fanfara.

Tusche <-, -n> f (inchiostro m di) china f: **mit ~ zeichnen**, disegnare a china.

Tuschelei <-, -en> f bisbiglio m, parlottio m.

tuscheln itr **1** (leise sprechen) {PERSONEN} confabulare, parlottare, bisbigliare; **mit jdm ~** confabulare con qu, parlottare con qu **2** (tratschen) **über jdn/etw ~** bisbigliare di qu/qc.

tuschen A tr (mit Tusche malen o schreiben) **etw ~** disegnare/scrivere qc a china B rfl: **sich (dat) die Wimpern ~**, mettersi/darsi fam il mascara.

Tuschkasten m region → **Malkasten** • **wie ein ~ aussehen** scherz oder pej, essere un mascherone fam.

Tuschzeichnung f disegno m a china.

Tussi <-, -s> f fam meist pej tipa f, pupa f fam: **so eine blöde ~!**, che scema quella!

tut interj tu tu!, pè pè! tosk.

Tüte <-, -n> f **1** (kleiner Papiersack) cartoccio m **2** (Inhalt einer ~) + subst (nom) {BONBONS,

KIRSCHEN} cartoccio di qc, cartocciata f di qc **3** (Einkaufstüte) sacchetto m, busta f • **in die ~ blasen** fam (den Alkoholtest machen), fare la prova del palloncino; **(das) kommt nicht in die ~!** fam, non se ne parla neanche!

tuten fam A itr {NEBELHORN, SIRENE} fischiare, urlare; {SCHIFF} dare un colpo di sirena B unpers: **es tutet**, si sente la sirena • **von Tuten und Blasen keine Ahnung haben** fam, non capirci ₁un accidente fam₁/[un fico secco fam]/[un'acca fam].

Tütensuppe f minestra f in busta.

Tutor <-s, -en> m (**Tutorin** f) **1** univ tutor mf **2** Schule tutor mf.

TÜV <-, -(s)> m Abk von Technischer Überwachungs-Verein: ente m per il collaudo tecnico periodico; (regelmäßige Kontrolle) revisione f: **mein Wagen hat noch ein Jahr TÜV**, tra un anno devo far fare la revisione alla macchina; **der TÜV läuft nächsten Monat ab**, il mese prossimo devo portare la macchina alla revisione; **durch den TÜV kommen**, passare la revisione.

TÜV-Plakette f "bollino m rilasciato dall'ente per il collaudo tecnico periodico".

TV① <-, ohne pl> n Abk von Television: TV f, tv f (Abk von televisione).

TV② <-, ohne pl> m Abk von Turnverein: associazione f ginnica, circolo m ginnico.

TV-Format n TV format m televisivo.

TV-Moderator m (**TV-Moderatorin** f) presentatore (-trice) m (f) della televisione.

TV-Programm n programmi m pl tv.

TV-Sender m stazione f/emittente f/rete f televisiva.

TV-Serie f serie f televisiva/tv, telefilm m, fiction f.

TV-Star m star f della TV.

Tweed <-s, -s oder -e> m text tweed m.

Tweedkostüm n tailleur m di tweed.

Twen <-(s), -s> m ventenne mf.

Twinset <-(s), -s> n oder m twin-set m, gemelli m pl.

Twist① <-es, -e> m (Garn) filato m ritorto di cotone.

Twist② <-s, -s> m (Tanz) twist m.

twisten itr ballare il twist.

Tycoon <-s, -s> m geh tycoon m.

Tympana pl von Tympanon.

Tympanon <-s, Tympana> n arch timpano m.

Typ <-s, -en> m **1** (Modell) tipo m, modello m: **dieser Typ von PC**, questo tipo/modello di PC **2** (Art Mensch) tipo m, individuo m: **was ist er für ein Typ?**, che tipo è?; **sie ist (genau) mein Typ Frau**, è proprio il mio tipo di donna, è proprio il tipo di donna che fa per me; **er ist vielleicht ein komischer Typ**, è un tipo strano/strambo, è davvero uno strano individuo; **ich bin nicht der Typ dafür**, non sono ₁il tipo₁/[fatto (-a)] per queste cose **3** slang (Kerl) tipo m: **das ist ein kaputter Typ** slang, è uno spiantato slang **4** slang (Freund) tipo m slang, uomo m slang: **hast du ihren neuen Typ(en) schon kennen gelernt?**, hai già conosciuto il suo nuovo tipo/uomo? • **dein Typ ist hier nicht gefragt**

slang, ma chi ti ha chiamato? fam; **hier wird dein Typ verlangt** slang, chiedono di te.

Type <-, -n> f **1** typ carattere m, tipo m **2** fam pej (merkwürdiger Mensch) tipo m, sagoma f: **eine komische ~**, un tipo strambo/stravagante.

Typen pl von Typ, Type, Typus.

Typenbezeichnung f tech nome m del modello.

Typenrad n typ margherita f (per macchina da scrivere).

Typenraddrucker m stampante f a margherita.

Typenradschreibmaschine f macchina f da scrivere con margherita.

Typenschild, **Typschild** <-(e)s, -er> n tech targhetta f (con indicazione di costruttore, modello, numero di matricola e dati tecnici).

Typhus <-, ohne pl> m med tifo m.

Typhusepidemie f med epidemia f ₁di tifo₁/[tifoide (-a)].

typisch A adj **1** (charakteristisch) {ANZEICHEN, HINWEISE, MERKMALE, VERHALTENSWEISE} tipico, caratteristico: **tipico di qu 2** (einen bestimmten Menschenschlag verkörpernd) {BAYER, BERLINER, DEUTSCHER} tipico, vero, DOC fam B adv **1** (wie von jdm zu erwarten): **das ist ~ Franz**, è proprio da Franz **2** (wie von etw zu erwarten) tipicamente: **das ist ~ deutsch/italienisch**, è tipicamente tedesco/italiano • (das ist/[war ja mal wieder])**~!** fam pej, tipico!, ti pareva! fam.

typischerweise adv di norma, usualmente; pej come al solito: **er kam ~ wieder zu spät**, è arrivato tardi come al solito.

typisieren <ohne ge-> tr **1** wiss (einem Typ zuordnen) **etw ~** {BAKTERIEN, VIREN} tipizzare qc **2** bes. kunst lit (die typischen Züge darstellen) **jdn/etw ~** caratterizzare qu/qc.

Typografie <-, -n> f tipografia f.

typografisch adj tipografico.

Typographie f → **Typografie**.

typographisch adj → **typografisch**.

Typologie <-, -n> f tipologia f.

typologisch A adj {EINORDNUNG, KLASSIFIKATION} tipologico B adv {EINORDNEN, KLASSIFIZIEREN} tipologicamente, per tipologie.

Typoskript <-(e)s, -e> n dattiloscritto m.

Typus <-, Typen> m tipo m, categoria f.

Tyrann <-en, -en> m (**Tyrannin** f) **1** hist (Gewaltherrscher) tiranno (-a) m (f) **2** pej (despotischer Mensch) tiranno (-a) m (f), despota mf.

Tyrannei <-, -en> f tirannia f.

Tyrannenmord m tirannicidio m, uccisione f di un tiranno.

Tyrannin f → **Tyrann**.

tyrannisch adj tirannico.

tyrannisieren <ohne ge-> tr pej **jdn ~** tiranneggiare qu: **sich von jdm ~ lassen**, farsi tiranneggiare da qu.

tyrrhenisch adj tirrenico, tirreno: **das Tyrrhenische Meer**, il (Mar) Tirreno.

Tz n → **Tezett**.

T-Zelle f biol cellula f T.

U, u

U, u <‑, ‑ oder fam ‑s> n U, u f o m ● **U wie Ulrich**, u come Udine; → auch **A, a**.

u. Abk von und: e.

Ü, ü <‑, ‑ oder fam ‑s> n U, u f oder m con diaeresi/Umlaut ling; → auch **A, a**.

u.a. 1 Abk von und and(e)res/and(e)re: e altro/altri **2** Abk von unter ander(e)m/ander(e)n: tra l'altro/[gli altri/le altre].

u. Ä. Abk von und Ähnliche(s): e sim. (Abk von e simile (‑i)).

u.A.w.g., U.A.w.g. Abk von um Antwort wird gebeten: RSVP (si prega di rispondere).

UB <‑, ‑s> f Abk von Universitätsbibliothek: biblioteca f universitaria.

U‑Bahn f fam metro(politana) f: **mit der U‑Bahn fahren**, andare ͵in metropolitana͵/[con la metro fam]; **die U‑Bahn nehmen**, prendere la metro(politana).

U‑Bahnhof m stazione f della metropolitana.

U‑Bahn‑Netz n rete f della metropolitana.

U‑Bahn‑Schacht m galleria f della metropolitana.

U‑Bahn‑Station f fermata f della metropolitana.

übel <attr üble(r, s)> **A** adj **1** (unangenehm) {GERUCH, GESCHMACK} cattivo, disgustoso; {ERKÄLTUNG, HUSTEN, SCHNUPFEN} brutto: **übler Laune sein**, essere di ͵cattivo umore͵/[malumore] **2** (sehr fragwürdig) brutto, cattivo: **ein übler Bursche/Kerl**, un brutto tipo, un cattivo soggetto; **Leute von der ~sten Sorte**, gente della peggior specie/risma: **in üble Gesellschaft geraten**, finire in una cattiva compagnia; **einen üblen Ruf haben**, avere una brutta/cattiva fama **3** (widrig) {AFFÄRE, LAGE, SACHE} brutto: **eine üble Angelegenheit**, una brutta faccenda; **ein übles Ende nehmen**, (andare a) finir male; **üble Folgen haben**, avere brutte conseguenze; **das Üble an der Sache ist, dass...**, il brutto problema in questa faccenda è che... **4** (schlimm) {BESCHIMPFUNG, SCHIMPFWORT} terribile, della peggior sorte: **auf üble/~ste, in übler/[der ~sten] Weise**, nel peggiore dei modi, in modo ignobile/infame **5** (unwohl): **jdm ist ~**, qu ha la nausea, qu si sente male; **jdm wird ~**, a qu viene ͵la nausea͵/[da vomitare] **6** (verkommen) {ABSTEIGE, VIERTEL} malfamato **B** adv **1** (unangenehm): **~ riechen**, avere un ͵cattivo odore͵/[odoraccio], essere maleodorante; **~ schmecken**, avere un saporaccio, essere disgustoso **2** (schlecht) {SICH FÜHLEN} male: **~ gelaunt sein**, essere di ͵cattivo umore͵/[malumore] **3** (gemein) {BEHANDELN} male: **jdn ~ beschimpfen**, ricoprire qu di insulti; **~ über jdn reden**, parlare male di qu, sparlare di qu ● **jdm ~ aufstoßen** fam (jdm unangenehm auffallen), non andare giù a qu fam; **~ ausge-**

hen/enden, (andare a) finire male; **(jdm) etw ~ auslegen/vermerken**, prendersela (con qu) per qc; **etw ist jdm ~ bekommen**, qc non ha per niente giovato a qu; **das wird ihr ~ bekommen!** fam, se ne pentirà!; **~ dran sein** fam (in einer kritischen Lage sein), trovarsi ͵a mal partito fam͵/[nei guai], essere messo male fam; (finanziell) auch, navigare in cattive acque; **(gar) nicht (so) ~!** fam, mica/niente male! fam; **die Suppe schmeckt nicht ~!**, questa minestra non è (niente) male! fam; **die Farbe ist gar nicht so ~!**, non è malvagio͵/[niente male] quel colore!; **sie wohnen gar nicht (so) ~!** (in einer guten Gegend), stanno in un posto niente male!; (in einem schönen Haus), abitano in una casa niente male!; **ich hätte nicht ~ Lust, ihm eine passende Antwort zu geben**, avrei proprio una gran voglia di rispondergli per le rime fam; **da kann einem ja ~ werden, wenn man das hört!**, viene male a͵/[fa venire la nausea/il voltastomaco] sentire certe cose!; **bei so einem Anblick kann einem ja ~ werden!** fam, uno spettacolo così ͵dà il voltastomaco͵/[fa venire la nausea]/[è stomachevole]!

Übel <‑s, ‑> n **1** (Missstand) male m, piaga f: **einem ~ entgegentreten**, combattere/[lottare contro] una piaga; **das ~ der Arbeitslosigkeit/Drogensucht**, la piaga della disoccupazione/droga **2** geh obs (Krankheit) male m, malanno m: **mit einem ~ geschlagen sein**, essere colpito da un male **3** geh (das Böse) male m: **das ~ bekämpfen**, combattere/[lottare contro] il male; **der Grund/die Wurzel allen ~s**, l'origine/la radice di ogni male ● **zu allem ~**, per colmo di sventura, come se non bastasse, per giunta; **das kleinere ~**, il male minore; **(von zweien) das kleinere ~ wählen**, scegliere il ͵minore dei (due) mali͵/[male minore]; **ein notwendiges ~**, un male necessario; **etw ist von ~**, qc è un male; **es ist von ~, etw zu tun**, è (un) male fare qc; **das ~ ͵an der Wurzel packen͵/[mit der Wurzel ausrotten]**, estirpare il male alla radice.

übelberaten adj → **beraten**.

übelgelaunt adj → **gelaunt**.

übelgesinnt adj → **gesinnt**.

Übelkeit <‑, rar ‑en> f nausea f: **leichte ~**, una leggera nausea, un leggero senso di nausea; **eine plötzliche ~ verspüren**, avvertire un improvviso senso di nausea; **ein Gefühl der ~ haben**, avere/provare un senso di nausea; **(bei jdm) ~ erregen**, provocare (un senso di) nausea (in/a qu).

übel|nehmen <irr> tr (jdm) etw ~ → **nehmen**.

übelriechend adj → **riechend**.

Übeltäter m (**Übeltäterin** f) oft scherz malfattore (‑trice) m (f), autore (‑trice) m (f) del misfatto: **wer war der ~?**, chi è il malfat-

tore?; (Kindern gegenüber) chi ͵l'ha combinato͵/[è stato]?

übel|wollen <irr> itr geh jdm ~ voler male a qu.

üben **A** tr **1** (durch Wiederholen lernen) etw ~ {GRAMMATIK, MATHEMATIK, SONATE, SPRACHE} studiare qc; {AUTOFAHREN, SEGELN} esercitarsi a (fare) qc; {AUSSPRACHE} fare esercizi di qc, esercitare qc; {FLÖTE, GEIGE, KLAVIER} esercitarsi a qc, fare esercizi a qc; {GEDÄCHTNIS} esercitare qc, tenere in esercizio/allenamento qc: **das Anfahren/Einparken ~**, esercitarsi/[provare ripetutamente] a ͵partire con͵/[parcheggiare] la macchina; **täglich zwei Stunden Geige/Klavier ~**, esercitarsi tutti i giorni (per) due ore al violino/piano **2** sport (trainieren) **etw ~** {HOCHSPRUNG, KRAULEN, SPEERWERFEN} allenarsi in qc; {PASSAGE, SPRUNG} provare più volte qc, esercitarsi in qc; **Handstand/Spagat ~**, provare più volte la͵/[esercitarsi nella] verticale/spaccata **3** geh (bewusst tun): **Kritik an jdm/etw ~**, criticare qu/qc, muovere una critica a qu; **Rache (an jdm) ~**, vendicarsi (su qu); **Verrat (an jdm) ~**, commettere (un) tradimento (nei confronti di qu) **4** geh (zeigen): **Barmherzigkeit ~**, fare opera/opere di carità, essere caritatevole; **(gegen jdn) Nachsicht ~**, usare indulgenza (con qu), essere indulgente (con qu) **B** itr (durch Wiederholen lernen) esercitarsi, fare esercizio; (für die Schule) studiare: **jeden Tag zwei Stunden ~**, studiare tutti i giorni (per) due ore; **jeden Tag ͵auf der Geige/am Klavier͵ ~**, esercitarsi tutti i giorni al violino/piano; **er übt sehr fleißig**, fa i suoi esercizi con molto zelo; ͵**am Barren/[an den Ringen] ~**, esercitarsi ͵alle parallele͵/[agli anelli]; **in der Turnhalle ~**, allenarsi in palestra; **mit jdm ~** {LEHRER MIT SCHÜLERN} far fare degli esercizi a qu ● rfl (sich verbessern) **sich in etw (dat) ~** {IN EINER SPRACHE} esercitarsi in qc: **sich im Lesen/Schreiben/Rechnen ~**, esercitarsi a leggere/scrivere/[far di conto]; **sich in Geduld ~**, esercitare la pazienza.

über① präp + dat oder akk **1** + dat (räumlich: oberhalb) sopra, al di sopra di, su: **das Poster hängt ~ dem Sofa**, il manifesto è appeso sopra il divano; **eine Gardinenstange ~ dem Fenster anbringen**, mettere/applicare l'asta per la tenda sopra la finestra; **die Stadt liegt hoch ~ dem Meer**, la città è a picco sul mare; **er wohnt ~ uns**, abita sopra di noi; **ein Hubschrauber kreiste ~ dem Ort**, un elicottero faceva dei giri sulla/[sopra la] città **2** + akk (räumlich: darüber) sopra: **das Bild ~ das Bett hängen**, appendere il quadro sopra il letto **3** + dat (räumlich: unmittelbar liegend) su etw (dat), su, sopra: **er trägt das Hemd ~ dem Pullover**, porta la camicia sopra il pullover; **ein dichter Nebelschleier lag ~ der Landschaft**, una fitta coltre di neb‑

bia copriva la campagna **4** + akk (*unmittelbaren Kontakt herstellend*) sopra, su: **die Jacke ~ die Stuhllehne hängen**, mettere la giacca sullo schienale della sedia; **weiße Laken ~ die Polstermöbel breiten**, stendere teli bianchi su/sopra poltrone e divani **5** + akk (*räumlich: quer darüber*) su, per: **er strich ihr tröstend ~ den Rücken**, in un gesto di conforto le passò la mano sulla schiena; **barfuß ~ den heißen Sand laufen**, correre a piedi nudi sulla sabbia rovente; **Tränen liefen ~ seine Wangen**, lacrime gli scorrevano (giù) per le guance **6** + akk (*räumlich: quer hinüber*): **das war ihr erster Flug ~ die Alpen**, era la prima volta che sorvolava le Alpi; **sie sind in einem winzigen Ort ~ die Grenze gegangen**, hanno passato la frontiera in un paesino piccolissimo; **lass uns hier ~ die Straße gehen**, attraversiamola qui la strada; **~ den Zaun springen**, saltare lo steccato **7** + akk (*räumlich: ~ etw hinaus*) oltre: **sie versanken bis ~ die Knie im Schnee**, sprofondarono nella neve fin oltre le ginocchia; **der Mantel reicht gerade ~s Knie**, il cappotto scende appena sotto il ginocchio; **der Fluss ist ~ die Ufer getreten**, il fiume è uscito dagli argini **8** + akk (*räumlich: an einem Ort vorbei*) per, da, via: **der Flug von Rom nach Düsseldorf geht ~ Mailand**, il volo Roma-Düsseldorf è via Milano; **der Zug fährt ~ Köln**, il treno passa da/per Colonia **9** + akk (*zeitlich: während*) {DIE FEIERTAGE, DIE FERIEN} per, durante: **~ Mittag nach Hause kommen**, tornare a casa per il pranzo; **~ Nacht wegbleiben**, passare la notte fuori (casa); **~ Weihnachten fahre ich in die Berge**, per Natale vado in montagna; **~s Wochenende sind wir zu Hause**, durante il fine settimana siamo a casa **10** + dat (*bei*): **~m Lesen vergisst er alles andere**, leggendo dimentica tutto il resto; **~m Fernsehen schliefen die Kinder ein**, guardando la tele i bambini si addormentano **11** + dat (*infolge*) a causa di, in seguito a, per: **~ der Aufregung hat sie vergessen, ihn anzurufen**, nell'agitazione ha dimenticato di telefonargli **12** + dat (*hierarchisch*) sopra (di); **sie sind Freunde, aber in der Firma steht Klaus ~ Andreas**, sono amici, ma in ditta Klaus sta sopra Andreas; **zum Glück hat sie niemanden ~ sich**, per fortuna sopra di lei non c'è nessuno **13** + dat (*zahlenmäßig größer*) sopra, al di sopra di: **die Temperatur ist wieder ~ null**, la temperatura è risalita sopra (lo) zero; **die Preise liegen ~ dem Durchschnitt**, i prezzi sono al di sopra della media **14** + akk (*etw überschreitend*) {JDS KRÄFTE, JDS VERSTAND} oltre, al di là: **man hat sie ~ die Maßen gelobt**, è stata lodata oltre/[al di là di] ogni misura **15** + akk (*älter als*) sopra: **Jugendliche ~ 14 Jahre zahlen den vollen Preis**, i ragazzi sopra i 14 anni pagano il prezzo intero **16** + akk (*gehäuft*) sopra, su: **Anschuldigungen ~ Anschuldigungen**, accuse sopra/su accuse **17** + akk (*betreffend*) su, sopra: **ein Buch ~ deutsche Lyrik**, un libro sulla poesia tedesca; **ein Film ~ Gandhi**, un film su Gandhi **18** + akk (*durch etw*) per, via, tramite: **der Aufruf ist ~ Radio verbreitet worden**, l'appello è stato diffuso per/via radio; **~ den Rundfunk sprechen**, parlare alla radio; **Sie können alles ~ den Kurier erledigen**, può fare/sbrigare tutto tramite corriere; **etw ~ Internet empfangen**, ricevere qc via internet; **ich hab es ~ Peter erfahren**, l'ho saputo attraverso/tramite Peter **19** + akk (*in Höhe von*) di: **wir stellen Ihnen einen Gutschein ~ 80 Euro aus**, Le diamo un buono da 80 euro; **du hast einen Strafzettel ~ 100 Euro bekommen**, ti è arrivata una multa di 100 euro **20** + akk (*nach bestimmten Adj, Subst und Verben*) di, su: **sie war sehr erfreut ~ den Erfolg ihres neuen Films**, era molto contenta del successo del suo nuovo film; **sie haben die Kontrolle ~ einen ganzen Industriezweig**, hanno il controllo di/su un intero ramo industriale; **der Sieg ~ die gegnerische Mannschaft**, la vittoria sulla squadra avversaria; **sich ~ etw einigen**, mettersi d'accordo su qc; **~ wen hat er sich denn heute beschwert?**, e oggi di chi si è lamentato?; **~ jdn herrschen**, regnare su qu.

über② *adv* **1** (*älter als*) più di: **ist sie schon ~ 50 Jahre alt?**, ha già più di 50 anni?; **er ist weit ~ 60**, ha passato da tempo i 60 (anni), ha 60 anni ₍suonati *fam*₎/[e passa *fam*] **2** (*mehr als*) più di, oltre: **er ist ~ 1,90 m groß**, è alto ₍più di₎/[oltre] un metro e novanta; **es haben sich schon ~ 100 Interessierte gemeldet**, hanno risposto già oltre/[più di] 100 persone; **das Festival dauert ~ einen Monat**, il festival dura ₍più di₎/[oltre] un mese; **bei ~ 40° C**, con una temperatura ₍superiore ai₎/[al di sopra dei] 40° **3** (*mit vorangestelltem akk: während*) per, durante: **die ganzen letzten Tage ~ hat er sich nicht blicken lassen**, durante tutti gli ultimi giorni non si è fatto vedere; **das Wochenende ~ sind sie fast immer weg**, durante il fine settimana non sono quasi mai ● **~ und ~** {BEDECKT, VERSCHMIERT, VERDRECKT}, dalla testa ai piedi, da capo a piedi; {AUTO}, completamente; **~ und ~ in Schulden stecken**, essere nei debiti fino al collo; **die Seiten waren ~ und ~ mit Korrekturen bedeckt**, le pagine erano piene zeppe di correzioni; **die Wiese war ~ und ~ mit Gänseblümchen bedeckt**, il prato era un tappeto di margheritine.

über③ *adj fam* **1** (*übrig*): **~ sein** {ESSEN, GELD, GETRÄNK}, essere rimasto/avanzato; **etw ~ haben**, avere ancora qc; **ich habe zehn Euro ~, die kann ich dir geben**, ₍ho ancora₎/[mi sono rimasti] dieci euro, quelli posso darteli **2** (*überdrüssig*): **jdn/etw ~ haben/sein**, non poterne più di qu/qc, essere stufo di qu/qc *fam*, aver(ne) le scatole/tasche piene di qu/qc *fam*.

überall *adv* **1** (*an jedem Ort*) dappertutto, (d)ovunque, da tutte le parti, in ogni dove *lit*: **ich habe ihn ~ gesucht**, l'ho cercato dappertutto/ovunque; **~ auf der Welt**, in tutto il mondo; (*von jedem Ort*): **von ~ her kommen**, venire da [tutte le parti]/[ogni dove] **2** (*bei allen Leuten*) {BEKANNT, (UN)BELIEBT, VERSCHRIE(E)N} da tutti: **sie ist ~ beliebt**, è benvoluta da tutti; **mit ihrer komischen Art eckt sie ~ an**, con quel suo strano modo di fare irrita tutti **3** (*in allen Dingen*) {BESCHEID WISSEN} di tutto, in tutti i campi: **er kennt sich ~ aus**, si intende di tutto; **sie findet sich ~ schnell zurecht**, è una che si arrangia in tutte le situazioni **4** (*bei jeder Gelegenheit*) {SICH EINMISCHEN, MITREDEN} sempre, in ogni occasione ● **~ und nirgends**, dappertutto e in nessun posto; **~, wo ...**, ovunque.

überallher *adv*: **~/[von überall her]** {KOMMEN}, da ₍tutte le parti₎/[ogni dove].

überallhin *adv* (d)ovunque, dappertutto: **er geht ~, wenn die Firma ihn schickt**, va ovunque lo mandi la ditta; **das Kind folgt der Mutter ~**, il bambino segue la madre ovunque/dappertutto; **die Suchtrupps schwärmten ~ aus**, le squadre di ricerca si sparpagliarono in tutte le direzioni.

überaltert *adj* **1** *soziol* {BEVÖLKERUNG} vecchio: **eine ~e Gesellschaft**, una società ₍con una percentuale troppo alta di persone anziane₎/[vecchia] **2** *tech* {ANLAGEN, MASCHINEN, PRODUKTIONSMITTEL} invecchiato, antiquato, superato.

Überalterung <-, ohne pl> *f* {+BEVÖLKERUNG, GESELLSCHAFT} invecchiamento m.

Überangebot n *com* offerta f eccessiva, eccesso m di offerta: **ein ~ an etw (dat)**, un'eccedenza di qc; **das ~ an Nahrungsmitteln**, generi alimentari in eccedenza.

überängstlich *adj* troppo ansioso.

überanstrengen <ohne ge-> **A** *rfl* **sich ~** strapazzarsi, affaticarsi/stancarsi troppo, sovraffaticarsi: **sie hat sich in letzter Zeit etwas überanstrengt**, si è affaticata un po' troppo negli ultimi tempi; **sich bei etw (dat) ~** strapazzarsi/sovraffaticarsi *facendo qc*: **sich beim Fußballspielen ~**, sovraffaticarsi giocando a calcio **B** *tr jdn ~* {ARBEIT, SPORT, TÄTIGKEIT} affaticare *qu*, stancare troppo *qu*: **die Arbeit überanstrengt ihn**, il lavoro lo stanca troppo; **man darf die Kinder in der Schule nicht ~**, non bisogna chiedere troppo ai bambini a scuola; **etw (durch etw) akk ~** {MENSCH AUGEN, BANDSCHEIBEN, GELENKE} affaticare/sforzare (troppo) *qc (con facendo qc)*; **Sie dürfen Ihr Herz aber auf keinen Fall ~**, non deve assolutamente sovraffaticare il cuore; {ARBEIT, TÄTIGKEIT JDS AUGEN, KRÄFTE, NERVEN} mettere a dura prova *qc* ● **überanstrenge dich ja/bloß nicht!** *iron*, non sforzarti/sprecarti troppo, mi raccomando! *iron*.

überanstrengt *adj* {AUGEN, GELENKE, NERVEN} sovraffaticato: **er ist nur etwas ~**, è soltanto un po' sovraffaticato/stressato.

Überanstrengung f {+AUGEN, KRÄFTE, NERVEN} affaticamento m eccessivo; {+MENSCH} *auch* fatica f eccessiva, strapazzo m.

überantworten <ohne ge-> *tr geh* **1** (*ausliefern*) **jdn jdm/etw ~** {DER GERECHTIGKEIT, DEM GESETZ, DER JUSTIZ, DER POLIZEI} consegnare *qu a qu/qc* **2** (*anvertrauen*) **jdm/etw ~** {KIND DEM BABYSITTER, DEN PFLEGEELTERN, JDS ERZIEHUNG, EINER INSTITUTION} affidare *qu/qc a qu/qc* **3** (*übergeben*) **jdm etw ~** {FUNDOBJEKT EINER BEHÖRDE, EINEM MUSEUM} consegnare *qc a qu*.

überarbeiten <ohne ge-> **A** *tr* (*verbessern*) **etw ~** {AUFSATZ, TEXT} ritoccare *qc*, rivedere *qc*, rielaborare *qc*, rimettere mano a *qc*: **eine vollständig überarbeitete Ausgabe**, un'edizione riveduta e corretta **B** *rfl* (*sich überstrengen*) **sich ~** lavorare troppo, ammazzarsi di lavoro, esaurirsi/sfinirsi a forza/furia di lavorare: **er ist total überarbeitet**, il superlavoro lo ha sfinito *fam*.

Überarbeitung f **1** (*Verbesserung*) {+AUFSATZ, TEXT} revisione f, rielaborazione f **2** (*überarbeitete Fassung*) edizione f riveduta **3** (*Überanstrengung*) stress m da superlavoro.

überaus *adv geh* {GLÜCKLICH, KRITISCH, SPORTLICH, ZUFRIEDEN} estremamente, oltremodo: **es hat uns ~ gefreut**, ci ha fatto oltremodo piacere; **er ist ~ geschickt**, è abilissimo; **~ vorsichtig handeln**, agire con estrema prudenza.

überbacken <irr oder reg, ohne ge-> *tr* **etw ~** (ri)passare al forno *qc*: **etw mit Käse ~**, gratinare *qc*, fare *qc* al gratin; **~es Gemüse**, verdure gratinate; **~e Käseschnitten**, fette di pane con formaggio fatte al forno.

Überbau <-(e)s, -ten> m <nur sing> *philos pol* sovrastruttura f **2** *arch* {+GEBÄUDE} aggetto m, sporgenza f; {+BRÜCKE} sovrastruttura f.

überbauen <ohne ge-> *tr* **etw (mit etw dat) ~** {GRUNDSTÜCK, PLATZ} costruire (*qc*) *su qc*; **etw mit einem Dach ~**, coprire *qc* con un tetto.

überbeanspruchen <ohne ge-> *tr* **1** (*zu stark beanspruchen*) **etw ~** {GETRIEBE, MASCHINE, MOTOR} sollecitare eccessivamente/troppo *qc*; {KLEID, POLSTERMÖBEL} strapazzare *qc*; {TELEFONNETZ} sovraccaricare *qc* **2** (*zu sehr* *in Anspruch nehmen*) **jdn** ~ {Chef den Untergebenen} sovraccaricare *qu* di lavoro: **die Kinder ~ sie**, i bambini la sfiniscono; {Herz, Muskeln, Organismus} sovraffaticare *qc*, strapazzare *qc*; {Geduld, Gutmütigkeit} mettere a dura prova *qc*; **mit dem vielen Lesen hast du deine Augen überbeansprucht**, leggendo così tanto ti sei strapazzato (-a) la vista/gli occhi.

Überbeanspruchung f **1** (*zu starkes Belasten*) {+Maschine, Motor} sollecitazione f eccessiva; {+Telefonnetz} sovraccarico m **2** (*das Überbeanspruchen*) {+Augen, Herz, Muskeln} affaticamento m eccessivo; {+Mitarbeiter, Untergebener} sovraccarico m di lavoro.

Überbein n *med* ganglio m tendineo.

über|bekommen <irr, ohne ge-> tr *fam* **jdn/etw** ~ {Nörgler, Streitereien} cominciare a stancarsi/stufarsi *fam di qu/qc*; {Getränke, Speise} cominciare a stufarsi *di qc*: **ich bekomme die ewige Gemüsesuppe langsam über**, questo minestrone ormai mi esce anche dagli occhi *fam* • **einen/eins ~** *fam*, buscarle *fam*, prenderle *fam*.

überbelasten <ohne ge-> tr *etw* ~ {Auto, Fahrstuhl} sovraccaricare *qc*.

überbelegt adj {Krankenhaus} sovraffollato: **die Kurse sind alle ~**, i corsi sono tutti sovraffollati/strapieni.

überbelichten <ohne ge-> tr *fot etw* ~ {Film} sovr(a)esporre *qc*: **dieses Foto ist überbelichtet**, questa foto è sovraesposta.

Überbelichtung f *fot* sovr(a)esposizione f.

Überbeschäftigung f <-, ohne pl> f *ökon* sovraoccupazione f.

überbesetzt adj {Abteilung, Behörde} che ha troppo personale, con personale in esubero.

überbetonen <ohne ge-> tr *etw* ~ **1** (*zu große Bedeutung beimessen*) {Fall, Umstand, Vorfall} sopravvalutare *qc*, dare troppa importanza *a qc*; {Aspekt} *auch* sovradimensionare *qc*: **man sollte die Sache nicht ~**, non bisogna dare troppo peso alla faccenda **2** (*zu stark betonen*) {Enger Rock die Hüften; Lidstrich die Augen} accentuare troppo *qc*, mettere troppo in risalto *qc*.

überbetrieblich adj {Fortbildungskurse} organizzato per gli addetti delle aziende di un determinato settore; {Tarifvereinbarungen} di categoria: **~e Ausbildung**, "formazione f professionale in parte garantita dal datore di lavoro, in parte da strutture pubbliche".

Überbevölkerung f sovrappopolazione f.

überbewerten <ohne ge-> tr **1** (*zu gut bewerten*) **jdn/etw** ~ {Film, Qualität, Schriftsteller} sopravvalutare *qu/qc*; {Klausur, Schulleistung} dare un voto troppo alto *a qc* **2** (*überbetonen*) *etw* ~ {Äußerung} sopravvalutare *qc*, dare troppa importanza/ [troppo peso] *a qc*.

Überbewertung f <-, -en> f sopravvalutazione f.

überbezahlt adj **1** (*zu hoch bezahlt*) {Leistung, Mitarbeiter, Stelle} strapagato *fam*, superpagato: **~ sein/werden**, essere/venire strapagato (-a) *fam* **2** (*zu teuer*) {Auto, Hi-Fi-Anlage, Waschmaschine} troppo caro.

überbietbar adj: kaum noch / [nicht (mehr)] ~ **sein** (Unverschämtheit), essere senza pari/uguali, non avere/trovare pari/uguali.

überbieten <irr, ohne ge-> **A** tr **1** (*mehr bieten*) **jdn** ~ {Interessenten} offrire di più *di qu*, fare un'offerta maggiore *di qu*; *etw* ~: **eine Summe ~**, offrire di più, fare un'offerta maggiore, rilanciare; **jdn um etw** (akk) ~ offrire *qc* più di *qu*: **ein Gebot um 3000 Euro ~**, offrire 3000 euro in più **2** *sport etw* (**um etw** akk) ~ battere *qc*, migliorare *qc* (*di qc*): **einen Rekord (um zwei Sekunden/Zentimeter) ~**, migliorare un record (di due secondi/centimetri) **B** rfl (*sich übertreffen*) **sich (gegenseitig) an/mit etw** (dat) ~ fare a gara *in/con qc* • **sich** (selbst) ~, superare se stesso (-a); **nicht (mehr)/kaum (noch) zu ~ sein** {Dreistigkeit, Unverschämtheit}, essere senza pari/uguali, non avere/trovare pari/uguali; **sein Scharfsinn ist nicht zu ~**, è di una arguzia insuperabile; **an etw** (dat) nicht (mehr) / [kaum (noch)] **zu ~ sein** {Auftreten an Dreistigkeit; Film, Szene an Vulgarität}, essere di un(a) *qc* senza pari/uguali, essere il colmo/massimo di *qc*.

überbinden <irr, ohne ge-> tr *CH* **jdm etw** ~ {Pflicht, Kosten} addossare *qc a qu*, accollare *qc a qu*.

über|bleiben <irr> itr *region* (*übrig bleiben*) → **bleiben**.

Überbleibsel <-s, -> n <*meist pl*> *fam* **1** (*Relikt*) {+Alte Kultur, versunkenes Reich} resto m **2** (*Rest*) {+Essen} avanzo m, rimasuglio m.

überblenden <ohne ge-> tr **1** *film radio TV* *etw* **mit etw** (dat) ~ sovrapporre *qc a qc* **2** (*verbergen*) *etw* ~ mascherare *qc*, dissimulare *qc*.

Überblendung f <-, -en> f *film* dissolvenza f.

Überblick m **1** (*Rundblick*) ~ **über etw** (akk) {über die Menge, Stadt} vista f (panoramica) (*su qc*): **von hier oben hat man einen guten ~ über das ganze Stadion**, da quassù si vede tutto lo stadio **2** (*Abriss*) ~ **über etw** (akk) panoramica f (*di qc*), sintesi f (*di qc*), visione f d'insieme (*di qc*), quadro m generale (*di qc*): **einen ~ über etw** (akk) **geben** {über ein Buch, einen Film}, fare una sintesi di *qc*; {über eine Ausstellung, die politische Situation} *auch* fare una carrellata su / [panoramica di] *qc*; **im ~**, in sintesi; **die italienische Literatur im ~**, un profilo della letteratura italiana; **Weltgeschichte im ~** (*als Bandtitel*), compendio di storia universale **3** <*nur sing*> (*Übersicht*) ~ **über etw** (akk) visione f generale/[d'insieme] (*di qc*), quadro m generale (della situazione): **jdm fehlt der/[es an] ~**, qu non ha il quadro/polso della situazione; **jdm fehlt der ~ über etw** (akk), qu non ha un quadro generale / [un'idea chiara] di *qc*; **mir fehlt der ~ über meine Finanzen**, non so esattamente qual è la situazione delle / [in quale stato versino le] mie finanze; **den ~ verlieren**, perdere il controllo/polso della situazione, perdersi *fam*, non orizzontarsi più; **er hat den ~ darüber verloren, was noch alles zu tun ist**, non ha più le idee chiare su quello che c'è ancora da fare; **sich** (dat) **einen ~ (über etw akk) verschaffen**, farsi un'idea generale (di *qc*).

überblicken <ohne ge-> tr **1** (*überschauen*) *etw* ~ {Ebene, Stadt, Tal} abbracciare con lo sguardo *qc* **2** (*in der Gesamtheit einschätzen*) *etw* ~ {Arbeitsgebiet, Thema} avere/[essersi fatto] un'idea (generale) *di qc*; {Lage, Situation} avere/ il quadro/polso *di qc*; {Ausmaß, Umfang} rendersi conto *di qc*: **er überblickte die Lage sofort und rief einen Krankenwagen**, si rese subito conto della situazione e chiamò un'ambulanza; *etw* **lässt sich ~**, è possibile farsi un'idea (generale) di *qc*; **die Tragweite des Geschehens lässt sich im Moment noch nicht ~**, non è ancora possibile capire la portata dell'avvenimento.

über|braten tr: **jdm einen/eins ~** *slang*, dare delle legnate a *qu fam*.

überbreit adj {Bettdecke, Reifen, Transporter} più largo del solito/normale, di larghezza straordinaria.

Überbreite f {+Landwirtschaftsmaschine, Reifen, Transporter} larghezza f straordinaria/[superiore alla norma].

überbringen <irr, ohne ge-> tr *geh* **jdm etw** ~ {Glückwünsche, Grüße, Nachricht} portare *qc a qu*; {Brief, Geschenk, Päckchen} *auch* consegnare *qc a qu*: **ich überbringe Ihnen die Grüße unseres Bürgermeisters**, Le porgo i saluti del nostro sindaco; **jdm eine Nachricht persönlich ~**, portare personalmente una notizia a *qu*.

Überbringer <-s, -> m (**Überbringerin** f) portatore (-trice) m (f); {+Brief, Nachricht} *auch* latore (-trice) m (f) *adm*: **zahlbar an (den)** ~, pagabile al portatore.

überbrückbar adj {Gegensätze, Unterschiede} superabile: **eine nicht ~e Kluft**, un divario incolmabile.

überbrücken <ohne ge-> tr **1** (*über etw hinwegkommen*) *etw* (**mit etw** dat / **durch etw** akk) ~ {Geldmangel mit Kredit} fare fronte *a qc* (*con qc*); {Zeitraum} superare *qc* (*con qc*) **2** (*anfüllen*) **die Zeit** (**mit etw** dat) ~ {mit Lesen}, ingannare il tempo (facendo *qc*) **3** (*ausgleichen*) *etw* (**durch etw** akk) ~ {Gegensätze, Unterschiede} superare *qc* (*grazie a qc*): **die Kluft zwischen etw** (dat pl) / [etw (dat) **und etw** (dat)] ~, colmare il divario tra *qc*/[*qc* e *qc*].

Überbrückung f <-, -en> f {+Krise} superamento m; {+Gegensätze} *auch* conciliazione f: **zur ~ einer S.** (gen) {+Gegensätze, Krise}, per superare *qc*; {+Zeit} per ingannare *qc*.

Überbrückungshilfe f *ökon* sussidio m temporaneo.

Überbrückungskabel n → **Starthilfekabel**.

Überbrückungskredit m *bank* prestito ponte m.

Überbuchung <-, -en> f → **Overbooking**.

überdachen <ohne ge-> tr *etw* ~ {Eingang, Parkplatz} coprire con un tetto *qc*: **überdacht**, coperto.

Überdachung f **1** (*das Überdachen*) costruzione f di una copertura/un tetto **2** (*Dach*) tettoia f.

überdauern <ohne ge-> tr **jdn/etw** ~ {Bauwerk, Einrichtung, Tradition eine Ära, die Jahrhunderte, einen Krieg} sopravvivere *a qu/qc*; {Pflanze strenge Jahreszeit, Winter} superare *qc a qu*: **ein Denkmal, das die Jahrhunderte überdauert hat**, un monumento che è sopravvissuto ai secoli.

Überdecke f {+Bett} copriletto m; {+Sofa} copridivano m.

überdecken <ohne ge-> tr (*verdecken*) *etw* (**mit etw** dat) ~ {Bild, Farbschicht, rissige Wand} coprire *qc* (*con qc*); {Geruch, Geschmack} *auch* mascherare *qc* (*con qc*); {Charakterschwäche} *auch* nascondere *qc* (*con qc*): **die scharfen Gewürze ~ den Wildgeschmack**, le spezie piccanti coprono il sapore della cacciagione.

überdehnen <ohne ge-> tr **1** *med* *etw* ~ {Mensch Bänder, Muskel, Sehne} stirarsi *qc*; {ungewohnte Haltung, sportliche Übung} provocare uno stiramento *a qc* **2** (*zu stark dehnen*) *etw* ~ {Gummiband} tendere troppo *qc*.

Überdehnung f *med* stiramento m.

überdenken <irr, ohne ge-> tr *etw* (noch einmal) ~ {Entscheidung, Sache} riconsiderare *qc*, ripensare *a qc*: **ich habe die Angelegenheit noch einmal überdacht**, ho riconsiderato la questione.

überdeutlich A adj {ABSICHT} più che evidente, palese; {FORMULIERUNG, GESTE, ZEICHEN} chiarissimo, fin troppo chiaro, palese: **seine Unzufriedenheit ist ~**, la sua insoddisfazione è palese/[più che evidente]; **glaubst du, er findet mich nett? – Das ist doch ~!**, credi che (lui) mi trovi simpatico (-a)? – Ma è evidente! B adv {SICH ABZEICHNEN, AUSDRÜCKEN, SICH ERWEISEN, ZEIGEN} fin troppo chiaramente, con estrema chiarezza: **~ sagen, wie man über etw (akk) denkt**, dire con estrema chiarezza come la si pensa riguardo a qc; **seine Absicht ~ zeigen**, manifestare la propria intenzione ₁fin troppo chiaramente₁/[in modo palese].

überdies adv geh inoltre, oltre a ciò, per giunta: **er hat wenig Interesse und – auch wenig Talent**, ha poco interesse e per giunta anche uno scarso talento.

überdimensional adj enorme, gigantesco: **er hat ein ~es Foto von ihr an der Wand hängen**, ha alla parete una sua foto gigantesca; **sie trägt immer ~e Hüte**, porta sempre dei cappelli enormi.

überdimensioniert adj sovradimensionato.

überdosieren <ohne ge-> tr etw ~ {MEDIKAMENT, RAUSCHGIFT} sovradosare qc.

Überdosis f {+RAUSCHGIFT} overdose f; {+MEDIKAMENT} auch dose f eccessiva: **eine ~ Schlaftabletten nehmen**, prendere una dose eccessiva di sonniferi; **er ist an einer ~ Heroin gestorben**, è morto per un'overdose (di eroina).

überdrehen <ohne ge-> tr 1 (durch zu starkes Drehen kaputt machen) etw ~ {UHR} caricare qc fino a romperlo; {GEWINDE, SCHRAUBE} spanare qc 2 autom etw ~ {MOTOR} imballare qc fam, far andare fuori giri qc.

überdreht adj fam {MENSCH} su di giri, sovreccitato.

Überdruck <-(e)s, Überdrücke> m 1 phys (in Autoreifen) pressione f eccessiva 2 (in Flugzeugkabinen) pressurizzazione f.

Überdruckkabine f aero cabina f pressurizzata.

Überdruckventil n tech valvola f di sicurezza.

Überdruss (a.R. Überdruß) <-es, ohne pl> m noia f, tedio m geh, disgusto m, nausea f, uggia f: **~ am Leben**, il tedio ₁della vita₁/[di vivere]; **aus ~ am Leben hat er sich umgebracht**, si è ucciso perché era stanco di vivere • **aus ~ (an etw dat)**, per disgusto/noia (di qc); **bis zum ~**, fino alla nausea fam; **wir haben bis zum ~ darüber diskutiert**, ne abbiamo discusso fino alla nausea fam.

überdrüssig adj <präd>: jds/etw ~ sein, essere stanco di qu/qc, essere disgustato di qu/qc, essere nauseato di/da qu/qc, averne abbastanza di qu/qc; **er ist seiner Arbeit ~**, è disgustato/nauseato del suo lavoro; **sie ist seiner endgültig ~**, non ne può più di lui; **des Lebens ~ sein**, essere ₁disgustato della vita₁/[stanco di vivere]; **jds/etw ~ werden**, cominciare a stancarsi di qu/qc; **sie wird ihres Alltags langsam ~**, si sta stancando del suo tran tran quotidiano.

überdüngen <ohne ge-> tr agr etw ~ {BODEN, FELDER, GELÄNDE} concimare eccessivamente qc: **diese Felder sind völlig überdüngt**, in questi campi è stato fatto un uso eccessivo di fertilizzanti.

Überdüngung f agr concimazione f/fertilizzazione f eccessiva.

überdurchschnittlich A adj {GEHALT, INTELLIGENZ, KENNTNISSE, LEISTUNG} superiore alla media B adv {HEIß, KALT} più ... ₁della media₁/[del normale]: **~ gut**, migliore della media; **~ intelligent**, di intelligenza superiore alla media; **~ gut/viel verdienen**, guadagnare più della media.

übereck adv {STEHEN, STELLEN} di traverso, diagonalmente: **~ sitzen**, stare seduti (-e) di fianco nell'angolo del tavolo.

Übereifer m eccesso m di zelo, zelo m eccessivo: **in ihrem/seinem ~, etw zu tun**, con la sua smania di fare qc.

übereifrig adj pej {ANGESTELLTER, BEAMTER, SCHÜLER} troppo zelante.

übereignen <ohne ge-> tr geh jdm etw ~ {GEGENSTAND, IMMOBILIE} trasferire la proprietà di qc a qu: **er hat ihr im Testament seinen gesamten Besitz übereignet**, nel testamento le ha lasciato (in eredità) tutte le sue proprietà.

Übereignung <-, -en> f trasferimento m (di proprietà).

übereilen <ohne ge-> tr etw ~ {ABREISE, ENTSCHLUSS} affrettare (troppo) qc, precipitare qc: **~ Sie nichts!**, non precipiti le cose!

übereilt A adj {ABREISE} affrettato, precipitoso; {ANTWORT, ENTSCHEIDUNG} auch precipitato, avventato B adv {ABREISEN} precipitosamente; {ANTWORTEN, ENTSCHEIDEN} auch in modo avventato.

übereinander adv 1 (eins über das andere/dem anderen) {LEGEN, LIEGEN, STEHEN, STELLEN} (l')uno (-a) sopra l'altro (-a), (l')uno (-a) sull'altro (-a): **~ wohnen**, abitare uno (-a) sopra l'altro (-a) 2 (einander betreffend) {REDEN} (l')uno (-a) dell'altro (-a), gli uni degli altri.

übereinander|legen tr etw (pl) ~ {BÜCHER, HANDTÜCHER, STEINE, TABLETTS} mettere qc (l')uno (-a) ₁sopra l'altro (-a)₁/[sull'altro (-a)].

übereinander|liegen <irr> itr <haben oder süddt A CH sein> {BÜCHER, HANDTÜCHER, STEINE, TABLETTS}, essere (l')uno (-a) ₁sopra l'altro (-a)₁/[sull'altro (-a)]: **die Akten lagen in einem hohen Stapel übereinander**, i documenti erano impilati uno sull'altro.

übereinander|schlagen <irr> tr: **die Beine ~**, accavallare le gambe.

übereinander|stellen tr etw ~ {KISTEN, STÜHLE} mettere/sistemare qc l'uno (-a) sopra l'altro (-a), impilare qc.

überein|kommen <irr> itr <sein> geh {PERSONEN} convenire: **sie sind übereingekommen, die Angelegenheit privat zu lösen**, hanno convenuto di risolvere la faccenda in privato; **mit jdm ~** convenire con qu; **sie kam mit ihm überein, dass das Kind nichts erfahren sollte**, convenne con lui che il bambino non dovesse sapere nulla.

Übereinkommen n → **Übereinkunft**.

Übereinkunft f geh accordo m, intesa f: **(in etw dat) eine ~ erzielen**, pervenire a un accordo (su qc); **zu einer ~ (mit jdm) kommen/gelangen**, **eine ~ (mit jdm) treffen**, arrivare/giungere a un accordo/un'intesa (con qu) • **stillschweigende ~**, tacita intesa.

überein|stimmen itr 1 (die gleiche Meinung haben) **in etw** (dat) ~ {PERSONEN} concordare su qc, convenire su qc, essere/trovarsi d'accordo su qc: **in der Gesamtbeurteilung stimmen beide Lehrer überein**, per quanto riguarda la valutazione d'insieme i due insegnanti concordano/[sono concordi]; **mit jdm (in etw** dat**) ~** concordare con qu (su qc), convenire con qu (su qc), essere/trovarsi d'accordo con qu (su qc): **ich stimme mit Ihnen (darin) überein, dass ein Eingreifen unerlässlich ist**, concordo con Lei sulla necessità di un intervento; **er stimmt mit mir in allen Punkten überein**, è/[si trova] d'accordo con me su tutti i punti 2 (sich gleichen) {ANGABEN, ANSICHTEN, AUSSAGEN, MEINUNGEN, VERSIONEN} concorda-re, collimare, coincidere, combaciare; (**mit etw** dat) ~ {KOPIE MIT DEM ORIGINAL} corrispondere (a qc); {ANGABE, ANSICHT, AUSSAGE, MEINUNG, VERSION MIT EINER ANDEREN} auch concordare (con qc), collimare (con qc), coincidere (con qc), combaciare (con qc) 3 (zueinanderpassen) **mit etw** (dat) ~ {FARBE, MUSTER MIT EINEM ANDEREN} intonarsi a qc.

übereinstimmend A adj 1 (einhellig) {ANSICHTEN, MEINUNGEN} concorde 2 (sich gleichend) {AUSSAGEN, VERSIONEN} concordante, corrispondente B adv 1 (einhellig) {ÄUßERN, ENTSCHEIDEN, ERKLÄREN, FORDERN, ÜBERZEUGT SEIN} concordemente: **~ der Meinung sein, dass ...**, essere concordi nel ritenere che... 2 (in gleicher Weise): **etw ~ berichten/melden**, essere concordi nel riferire...

Übereinstimmung f 1 (übereinstimmende Meinung) concordanza f di opinioni/vedute: **darin besteht bei allen Beteiligten ~**, su questo punto tutti i partecipanti sono concordi 2 (Gleichheit: von Aussagen, Versionen) concordanza f; (von Texten) corrispondenza f: **zwischen den beiden Zeugenaussagen besteht in keinem Punkt ~**, le due deposizioni non concordano in nessun punto • **etw in ~ bringen** {VERSCHIEDENE AUFFASSUNGEN, POSITIONEN}, conciliare qc; **etw mit etw** (dat) **in ~ bringen**, conciliare qc con qc; **(in etw** dat**) ~ erzielen**, giungere a un accordo (su qc); **in folgenden Punkten wurde ~ erzielt**, sui seguenti punti è stato trovato un accordo; **in ~ mit jdm**, d'accordo con qu; **in ~ mit etw** (dat), in conformità a/con qc.

überempfindlich A adj 1 (zu empfindlich) {MENSCH} ipersensibile, molto suscettibile/permaloso 2 med (allergisch) {HAUT} ipersensibile, molto sensibile: **gegen etw** (akk) **~ sein**, manifestare un'ipersensibilità verso qc B adv 1 (zu empfindlich): **~ auf etw** (akk) **reagieren**, avere una reazione sproporzionata a qc 2 med (allergisch): **~ auf etw** (akk) **reagieren**, avere una reazione allergica a qc.

Überempfindlichkeit <-, ohne pl> f 1 (übertriebene Empfindlichkeit) ipersensibilità f, grande suscettibilità f 2 med (Allergie) ipersensibilità f, iperreattività f: **eine ~ gegen bestimmte Medikamente entwickeln**, sviluppare/manifestare un'iperreattività a determinati farmaci.

Überernährung f ipernutrizione f, iperalimentazione f, sovralimentazione f, superalimentazione f.

überessen <überisst, überaß, übergessen> rfl **sich an etw** (dat) **~** fare indigestione di qc, ingozzarsi di qc: **ich habe mich an Schokolade übergessen**, ho fatto un'indigestione di cioccolata.

überfahren <irr, ohne ge-> tr 1 (niederfahren) **jdn/etw ~** {MENSCH, TIER} investire qu/qc, travolgere qu/qc, mettere sotto qu/qc fam, arrotare qu/qc 2 (nicht beachten) **etw ~** {STOPPSCHILD, VORFAHRTSCHILD} non rispettare qc; {AUTOBAHNAUSFAHRT, WEIßE LINIE} oltrepassare qc: **eine rote Ampel ~, die Ampel bei Rot ~**, passare qc/[con il semaforo] rosso 3 fam (überrumpeln) **jdn ~** cogliere qu alla sprovvista, prendere qu in contropiede: **bei den Verhandlungen fühlten sie sich total ~**, nelle trattative si sono sentiti completamente scavalcati (-e).

Überfahrt f traversata f: **eine ruhige/stürmische ~**, una traversata tranquilla/burrascosa.

Überfall m 1 (Angriff) **~ (auf jdn/etw)** aggressione f (a qu), assalto m (a qc); (auf ein Land) invasione f (di qc), incursione f (in qc); (auf Bank, Geschäft) rapina f (₁ai danni

überfallen | **Übergang**

di qu₁/[a qc]): **bewaffneter ~**, aggressione/rapina a mano armata; **nächtlicher ~**, aggressione notturna; **bei dem ~ auf die Sparkasse**, durante la rapina alla cassa di risparmio **2** fam scherz (überraschender Besuch) visita f a sorpresa, improvvisata f: **entschuldige meinen ~, aber ...**, scusa se ti piombo così in casa, ma ...; **ich habe einen ~ auf euch vor**, ho l'intenzione di farvi un'improvvisata.

überfallen <irr, ohne ge-> tr **1** (unvermittelt angreifen) **jdn/etw ~** {PERSON} aggredire qu, assalire qu; {LAND} invadere qc; {DORF, STADT} auch assaltare qc, prendere d'assalto qc: **jdn nachts auf der Straße ~**, aggredire qu di notte per strada; **jdn hinterrücks/[von hinten] ~**, aggredire/assalire qu alle spalle **2** (ausrauben) **etw ~** {BANK, GESCHÄFT} assaltare qc, rapinare qc **3** (überkommen) **jdn ~** {GEDANKE, MÜDIGKEIT, SEHNSUCHT} assalire qu, cogliere qu: **eine plötzliche Traurigkeit überfiel ihn**, un'improvvisa tristezza lo colse **4** fam scherz (unangemeldet besuchen) **jdn ~** piombare in casa a/di qu: **ich hoffe, ich überfalle euch nicht**, spero di non disturbarvi se arrivo così all'improvviso **5** fam (bestürmen) **jdn (mit etw dat) ~** {MIT EINER BITTE, EINEM VORSCHLAG} investire qu con qc.

überfällig adj **1** (noch nicht eingetroffen) {FLUGZEUG, SCHIFF, ZUG} in ritardo: **(seit etw dat) ~ sein**, essere in ritardo (di qc); **der Zug ist seit drei Stunden ~**, il treno è in ¡/[ha un] ritardo di tre ore **2** ökon {ZINSEN} scaduto; {KREDIT, RATE, WECHSEL, ZAHLUNG} auch in sofferenza **3** (längst fällig) {BESUCH, EINLADUNG, ENTSCHULDIGUNG} che ¡era atteso¡/[andava fatto] da tempo; {REFORM} da tempo necessario: **euer Besuch war aber auch wirklich ~!**, era ora che veniste a trovarci/[farci visita]!; **eine Entschuldigung seinerseits ist seit langem ~**, è da tanto che avrebbe dovuto scusarsi.

Überfallkommando n fam, **Überfallskommando** n A **1** (Spezialeinheit der Polizei) unità f/reparto m speciale (della polizia) **2** (Kommando von Kriminellen) commando m.

überfischen <ohne ge-> tr ökol **etw ~** {FLUSS, GEWÄSSER, MEER, SEE} depauperare qc con una pesca eccessiva: **überfischte Bestände**, patrimonio ittico depauperato.

Überfischung <-, -en> f ökol overfishing m, depauperamento m delle risorse ittiche.

überfliegen <irr, ohne ge-> tr **1** aero **etw ~** {GEBÄUDE, LAND, MEER, STADT} sorvolare qc, volare sopra qc **2** (flüchtig lesen) **etw ~** {ARTIKEL, BERICHT, TEXT} scorrere qc, dare una scorsa/letta a qc: **ich habe den Artikel nur überflogen**, ho dato solo una scorsa all'articolo.

Überflieger m (**Überfliegerin** f) fam cervellone (-a) m (f), capoccione (-a) m (f) fam scherz.

über|fließen <irr> itr <sein> **1** (überlaufen) {BADEWANNE, WASCHBECKEN} traboccare; {FLÜSSIGKEIT, WASSER} auch fuoriuscire: **stellt das Badewasser ab, es fließt schon über!**, chiudi l'acqua, sta già traboccando dalla vasca! **2** geh (vergehen von) **vor etw (dat) ~** {VOR BEGEISTERUNG} non poter trattenere qc; {VOR FREUDE} traboccare di qc: **er floss über vor Dankesworten**, si profuse in ringraziamenti; **vor Mitleid ~**, avere il cuore gonfio di compassione.

überflügeln <ohne ge-> tr **jdn ~** superare qu, sorpassare qu in qc; (beruflich auch) **jdn in etw dat überflügeln ~ weit ~**, surclassare qu in qc; **in Mathematik überflügelt er sie alle**, in matematica li batte tutti; **sie hat alle Konkurrentinnen überflügelt** sport ¡si è lasciata alle spalle¡/[ha staccato] tutte le avversarie.

Überfluss (a.R. Überfluß) <-es, ohne pl> m ~ (**an etw** dat) (sovr)abbondanza f (di qc): **etw im ~ haben**, avere qc in abbondanza¡/[a bizzeffe]; **im ~ leben**, vivere nell'abbondanza/opulenza, nuotare nell'abbondanza; **im ~ vorhanden sein**, esserci ¡in abbondanza¡/[a bizzeffe]; **Wein gab es im ~**, c'era vino in abbondanza • **zu allem¡/[zum] ~**, per giunta, come se non bastasse.

Überflussgesellschaft (a.R. Überflußgesellschaft) f soziol società f opulenta.

überflüssig adj {ANSCHAFFUNG, AUSGABE} superfluo, inutile; {KOMMENTAR} auch gratuito: **da ist jede Bemerkung ~**, ogni commento è superfluo; **ich glaube, wir sind hier ~**, credo che siamo di troppo qui; **es ist ~, dass jd etw tut**, è superfluo che qu faccia qc; **~ zu sagen, dass ...**, è inutile dire che ...

überflüssigerweise adv: **er erinnerte mich ~ daran, dass ...**, mi ha ricordato, cosa del tutto superflua, che ...

überfluten <ohne ge-> tr **etw ~** **1** (überschwemmen) {FLUSS, SEE, WASSER} GEBIET, FELDER, STRASSEN, UFER} inondare qc, allagare qc, sommergere qc: **der Markt wird zurzeit mit allen möglichen elektronischen Geräten überflutet**, il mercato è invaso in questo periodo da apparecchiature elettroniche di ogni genere; **gleißendes Licht überflutete den Platz**, una luce abbagliante inondò la piazza **2** geh (in Mengen hereinbrechen) {ASYLANTEN, EINWANDERER LAND; TOURISTEN STADT} invadere qc; {EINWANDERER GRENZEN} varcare in (massa) qc.

Überflutung <-, -en> f **1** (Überschwemmung) inondazione f, allagamento m **2** (Invasion) ~ **einer S.** (gen) {+STADT DURCH TOURISTEN} invasione di qc.

überfordern <ohne ge-> **A** tr **jdn ~** {ARBEITGEBER, CHEF ANGESTELLTEN} chiedere troppo a qu, esigere troppo da qu: **mit dieser Hausaufgabe hat der Lehrer die Schüler überfordert**, assegnando questo compito l'insegnante ha preteso troppo dai suoi alunni; {ARBEIT, AUFGABE; PERSON} essere troppo impegnativo per qu; **etw ~** {HERZ, ORGANISMUS} sottoporre qc a stress eccessivo: **jds Kräfte ~**, andare al di là delle forze di qu; **(mit/in etw dat) überfordert sein**: **sie ist mit der Leitung des Projekts überfordert**, la direzione del progetto va al di là delle sue capacità; **anfangs fühlte ich mich mit/von dieser Arbeit völlig überfordert**, all'inizio ¡non mi sentivo assolutamente all'altezza di¡/[mi sentivo totalmente inadeguato (-a) a] questo lavoro **B** rfl **sich ~** fare il passo più lungo della gamba.

Überforderung <-, -en> f {+ANGESTELLTE, MITARBEITER, SCHÜLER} richiesta f/pretesa f eccessiva; {+HERZ} sovraffaticamento m.

überfrachtet adj meist pej ~ (**mit etw dat**) sovraccarico (di qc): **ein ideologisch/[mit Emotionen] ~er Begriff**, un concetto sovraccarico di valenze ideologiche/emotive; **der Text ist mit Metaphern ~**, il testo è sovraccarico di metafore.

überfragt adj <präd> ~ (**mit etw dat**) **~ sein**, non essere in grado di rispondere (a qc); **in ... Dingen ~ sein** {FINANZIELLEN, TECHNISCHEN}, non intendersi (abbastanza) di qc; **da bin ich ~, wer/was¡/[chiede/chiedete troppo ...**.

überfremden tr pej **etw ~**: **die Angst, überfremdet zu werden**, la paura di subire una colonizzazione culturale; **eine überfremdete Kultur**, una cultura ¡fortemente influenzata da modelli stranieri¡/[che ha subito una forte influenza straniera]; **von ausländischem Kapital überfremdet werden**, venire sommersi (-a) da capitali esteri; **die großen europäischen Sprachen sind vom Englischen überfremdet worden**, le grandi lingue europee hanno subito un'invasione di termini anglosassoni.

Überfremdung f pej infiltrazione f straniera, colonizzazione f culturale.

überfrierend adj: **~e Nässe** meteo, "formazione di ghiaccio sul fondo stradale (dopo la pioggia)".

über|führen① <mit ge->, **überführen**① <ohne ge-> tr **etw in etw** (akk) ~ {FLÜSSIGKEIT IN GAS, GAS IN FLÜSSIGKEIT} portare qc allo stato di qc.

über|führen② <mit ge->, **überführen**② <ohne ge-> tr (transportieren) **jdn/etw (irgendwohin) ~** {KRANKE, VERLETZTE INS KRANKENHAUS} trasportare qu/qc + compl di luogo; {SARG, TOTE IN DIE HEIMATSTADT} auch traslare qu/qc + compl di luogo; {AUTO INS AUSLAND} far trasportare qc + compl di luogo; {GEFANGENE IN DEN GERICHTSSAAL} tradurre qu + compl di luogo; {IN EIN ANDERES GEFÄNGNIS} auch trasferire qu + compl di luogo.

überführen③ <ohne ge-> tr jur (nachweisen) **jdn ~** {TÄTER, VERDÄCHTIGEN} dimostrare/provare la colpevolezza di qu; **jdn etw** (gen) **~** dimostrare/provare che qu è colpevole di qc: **er ist des Mordes an der alten Frau überführt worden**, è stato dimostrato/provato che è colpevole dell'omicidio dell'anziana signora.

Überführung① <-, -en> f **1** (Brücke) cavalcavia m, viadotto m; (Fußgängerüberführung) sovrappassaggio m, sovrappasso m **2** (Transport) {+KRANKE, SARG, VERLETZTE} trasporto m: **die ~ des Kranken ins Krankenhaus**, il trasporto del malato in/all'ospedale; {+GEFANGENE} traduzione f, trasferimento m; {+LEICHE} traslazione f; {+KRAFTFAHRZEUG} trasporto m.

Überführung② <-, -en> f jur dimostrazione f di colpevolezza.

Überfülle f sovrabbondanza f: **es gibt eine ~ an Aprikosen in diesem Jahr**, quest'anno di albicocche ce n'è in sovrabbondanza.

überfüllt adj {BUS, GESCHÄFT, KRANKENHAUS, ZUG} strapieno, sovraffollato; {KURS, SAAL, STADION} auch gremito: **der Bus war restlos ~**, l'autobus era pieno zeppo.

Überfunktion f med iperfunzione f: **~ der Schilddrüse**, ipertiroidismo m, iperfunzione della tiroide.

überfüttern <ohne ge-> tr **1** (zu viel zu fressen geben) **etw ~** {HAUSTIER} dare troppo da mangiare a qc, ingozzare qc **2** fam (zu viel zu essen geben) **jdn (mit etw dat) ~** {EIN KIND MIT SÜSSIGKEITEN} dare da mangiare troppo (qc) a qu, ingozzare qu (di qc) fam.

Übergabe f **1** (das Übergeben) {+DOKUMENT, GESCHÄFT, MIETWAGEN, SCHLÜSSEL, WARE, WOHNUNG} consegna f; (Amtsübergabe) passaggio m delle consegne **2** mil resa f: **~ der Stadt an den Feind**, la consegna della città al nemico.

Übergang m <-(e)s, Übergänge> m **1** nur sing (das Überqueren) ~ **über etw** (akk) {+HEER, TRUPPEN ÜBER DEN FLUSS} attraversamento m di qc, guado m di qc; (über das Gebirge) valico m di qc; (Stelle zum Passieren) passaggio m, transito m; (Bahnübergang) passaggio m a livello; (Grenzübergang) passaggio m di frontiera **3** (Wechsel) ~ **von etw** (dat) **zu etw** (dat)/**in etw** (akk) passaggio m (da qc a qc), transizione f (da qc a qc): **der ~ von einer staatlichen zu einer privaten Wirtschaftsform**, il passaggio dalla transizione di una forma di economia statale a una privata; **der ~ von Grau zu Schwarz**, il passaggio dal grigio al nero; **eine Farbkomposition mit zarten Übergängen**, una composizione cromatica dai contorni sfumati; **ohne jeden ~**, senza soluzione di continuità **4** *<nur sing>* *(~szeit)* periodo ₍di transizione₎/[transitorio]: **ich brauche die Wohnung nur für den ~**, l'appartamento mi serve solo ₍per un periodo₎/[transitoriamente] **5** *<nur sing>* *(Zwischenlösung)* transizione f, soluzione f transitoria/provvisoria: **diese Stelle ist für sie nur ein ~**, per lei questo posto di lavoro non è che una soluzione transitoria/provvisoria **6** *<nur pl>* *kunst* sfumature f pl.

übergangen adj {HERZINFARKT} non riconosciuto.

Übergangsbestimmung f *adm* disposizione f transitoria/temporanea/provvisoria.

Übergangsform f forma f di transizione.

Übergangsfrist f periodo m di transizione.

übergangslos Ⓐ adj {WECHSEL} brusco, improvviso, repentino Ⓑ adv senza soluzione di continuità: **die Bilder reihten sich ~ aneinander**, le immagini si susseguivano senza interruzione/[soluzione di continuità].

Übergangslösung f soluzione f temporanea/provvisoria/transitoria.

Übergangsmantel m soprabito m per la mezza stagione.

Übergangsperiode f periodo m di transizione.

Übergangsphase f fase f/periodo m di transizione.

Übergangsregelung f *adm* → **Übergangsbestimmung**.

Übergangsstadium n *adm* → **Übergangsphase**.

übergangsweise adv per un periodo (di transizione), temporaneamente, provvisoriamente: **er bekleidet den Posten nur ~**, ricopre quella carica solo temporaneamente.

Übergangszeit f **1** *(Zeit des Übergangs)* periodo m ₍di transizione₎/[transitorio] **2** *(Jahreszeit)* mezza stagione f.

übergeben① *<irr, ohne ge->* tr **1** *(überreichen)* **jdm etw** ~ consegnare qc a qu, dare qc a qu: **der Postbote übergab dem Pförtner das Telegramm**, il postino consegnò il telegramma al portiere; **die Wohnungsschlüssel sind dem Vermieter persönlich zu ~**, le chiavi dell'appartamento devono essere consegnate personalmente al proprietario **2** *(übertragen)* **jdm etw** ~ affidare qc a qu, demandare qc a qu form: **ich habe die ganze Sache meinem Steuerberater ~**, ho affidato tutta la faccenda al mio commercialista; **der Fall ist jetzt der Staatsanwaltschaft ~ worden**, il caso è ora di competenza della magistratura **3** *(übereignen)* **jdm etw** ~ *(FIRMA, GESCHÄFT)* cedere qc a qu **4** *(zur Nutzung freigeben)* **etw jdm/etw** ~ {EIN NEUES GEBÄUDE, EIN JUGENDZENTRUM DER ÖFFENTLICHKEIT, DER STADT} aprire qc a qu: **eine Autobahn/Brücke dem Verkehr ~**, aprire al traffico un'autostrada/un ponte **5** *(ausliefern)* **jdm jdm/etw** ~ {DIEB, EINBRECHER DER JUSTIZ, POLIZEI} consegnare qu a qu/qc **6** *mil* **etw jdm/an jdn** ~ {LAND, STADT DEM/AN DEN FEIND, DEM/AN DEN SIEGER} consegnare qc a qu: **das Dorf den Flammen ~**, dare il paese alle fiamme.

übergeben② *<irr, ohne ge->* rfl sich ~ vomitare, rigettare, rimettere: **ich muss mich ~**, mi viene da vomitare.

über|gehen① *<irr>* itr *<sein>* **1** *(überwechseln)* **zu etw** (dat) ~ {ZU EINEM ANDEREN ASPEKT, THEMA, ZUR TAGESORDNUNG} passare a qc: **zum Angriff ~**, passare all'attacco; **dazu ~, etw zu tun**, prendere l'abitudine di fare qc **2** *(sich umwandeln)* **in etw** (akk) ~ trasformarsi **in qc**, diventare qc: **in Gärung/Fäulnis ~**, cominciare a fermentare/marcire; **der Regen ging am Ende in Schnee über**, alla fine la pioggia è diventata neve **3** *(übertragen werden)* **auf jdn** ~ {BESITZ, EIGENTUM, GRUNDSTÜCK AUF DEN ERBEN, NACHFOLGER} passare a qu/qc: **dieses Handwerk geht seit Generationen vom Vater auf den Sohn über**, da generazioni questo mestiere viene tramandato di padre in figlio; **in etw** (akk) ~: **in jds Besitz** ~, diventare proprietà di qu; **das gesamte Anwesen wird jetzt in die Hände von Spekulanten** ~, l'intera proprietà finirà nelle grinfie degli speculatori **4** *(überfließen)*: **jdm gehen die Augen über**, qu ₍fa tanto d'₎/[sgrana gli] occhi **5** *(verschwimmen)*: **(nahtlos) ineinander** ~ {FARBEN}, confondersi; **Himmel und Meer gehen ineinander über**, il cielo e il mare si confondono.

übergehen② *<irr, ohne ge->* tr **1** *(nicht berücksichtigen)* **jdn** (**bei/in etw** dat) ~ {IM TESTAMENT} escludere qu *(da qc)*, non considerare qu *(in qc)*; *(in einer Hierarchie)* scavalcare qu: **jdn bei der Beförderung** ~, non prendere in considerazione qu per la promozione; **jdn bei der Gehaltserhöhung** ~, escludere qu dall'aumento di stipendio; **sich übergangen fühlen**, sentirsi escluso (-a) **2** *(auslassen)* **etw** ~ {DETAILS, KAPITEL, PUNKT, SEITE} tralasciare qc, saltare qc **3** *(nicht beachten)* **jdn** ~ ignorare qu; **etw** ~ {BEMERKUNG, EINWAND, KRITIK} ignorare qc, sorvolare su qc: **eine unpassende Bemerkung mit Stillschweigen** ~, sorvolare su un'osservazione inopportuna.

übergenau adj *oft pej* {MENSCH} pignolo, pedante, meticoloso: **bei/in etw** (dat) ~ **sein** {BEI EINER TÄTIGKEIT, IM KORRIGIEREN}, essere meticoloso in qc.

übergeordnet adj **1** *(vorrangig)* {AUFGABE, PROBLEM, ZIELSETZUNG} prioritario, primario: **eine Angelegenheit von ~er Bedeutung**, una questione di primaria importanza **2** *adm (vorgesetzt)* {BEHÖRDE, DIENSTSTELLE} preposto, superiore; **jdm/etw** ~ superiore a qu/qc: **die uns ~e Dienststelle**, l'ufficio a noi preposto.

Übergepäck n *aero* bagaglio m eccedente.

übergeschnappt adj *fam* {MENSCH} impazzito: **du bist wohl ~?!**, ma sei impazzito (-a)?, ti ha dato di volta il cervello?

übergessen part perf *von* übersehen.

Übergewicht <-(e)s, ohne pl> n **1** *(zu hohes Körpergewicht)* sovrappeso m, eccesso m di peso: ~ **haben**, essere (in) sovrappeso; **er hat 20 Kilo** ~, è (in) sovrappeso di 20 kili **2** *(zu hohes Gewicht)*: ~ **haben** {BRIEF, KOFFER, PAKET}, superare il peso consentito; **das Paket hat 300 Gramm** ~, il pacco supera di 300 grammi il peso consentito **3** *(größere Bedeutung)* peso m preponderante: **der Westen hat nach wie vor das wirtschaftliche ~ auf dem Weltmarkt**, l'Occidente detiene tuttora il predominio economico sul mercato mondiale; **Unterhaltungssendungen haben das ~ in den Fernsehprogrammen**, nei programmi televisivi prevalgono/[hanno un peso preponderante] le trasmissioni di varietà; **das militärische ~ bekommen**, acquisire il predominio militare ● **(das)** ~ **bekommen/kriegen** *fam (das Gleichgewicht verlieren)*, perdere l'equilibrio.

übergewichtig adj {MENSCH} (in) sovrappeso: ~ **sein**, essere ₍in₎ sovrappeso₎/[obeso].

übergießen *<irr, ohne ge->* Ⓐ tr **jdn/etw mit etw** (dat) ~ {MIT EINER FLÜSSIGKEIT, WASSER} versare qc sopra/su qu/qc; {AUTO MIT BENZIN, BRATEN MIT BRATENSAFT} *auch* cospargere qc di qc Ⓑ rfl sich **mit etw** (dat) ~ cospargersi di qc.

überglücklich adj felicissimo, pazzo di gioia: **er war** ~, **sie wiederzusehen**, era contento come una pasqua di rivederla.

über|greifen *<irr>* itr **auf etw** (akk) ~ {FEUER AUF NACHBARHAUS; INFEKTION AUF ANDERE ORGANE; SEUCHE AUF NACHBARDÖRFER} estendersi a qc, propagarsi a qc: **die Streikwelle hat schon auf andere Städte übergegriffen**, l'ondata di scioperi si è già estesa ad altre città.

Übergriff <-(e)s, -e> m **1** *mil* invasione f **2** *(unrechtmäßiger Eingriff)* sopruso m, prevaricazione f, atto m di violenza: **sich jdm gegenüber einen ~ erlauben**, commettere un sopruso ai danni di qu, fare un sopruso a qu; **während der Demonstration kam es zu ~en der Polizei**, durante la manifestazione si sono verificati soprusi da parte della polizia; ~ **auf jds Rechte**, violazione dei diritti di qu; **die ständigen ~e auf die Rechte der Bürger sind unzumutbar**, la costante violazione dei diritti dei cittadini è inammissibile.

übergroß adj {AUTO, BETT, FÜßE, HÄNDE} più grande della norma, enorme; {ANGEBOT, AUSWAHL, SORTIMENT} eccessivo, spropositato; {KLEIDUNGSSTÜCK} di taglia forte, extra-large, oversize; {SCHUHE} più grande del normale: **die ~e Mehrheit hat sich dafür ausgesprochen**, la stragrande maggioranza si è espressa a favore.

Übergröße f *(von Bekleidung)* taglia f forte; *(von Schuhen)* numero m più grande ₍della normale₎/[della norma]: **dieses Geschäft führt ~n**, questo negozio ha/vende taglie forti.

über|haben *<irr>* tr *fam* **1** *(angezogen haben)* **etw** ~ {LEICHTE JACKE, DÜNNER PULLI, MANTEL} avere addosso qc, indossare qc **2** *(leid sein)* **jdn/etw** ~ averne abbastanza/[fin sopra i capelli] di qu/qc fam, essere stufo *fam*/stanco di qu/qc: **sie hatte sein ewiges Kritisieren über**, non ne poteva più delle sue continue critiche **3** *(als Rest über haben)*: **jd hat etw über**, a qu avanza/rimane qc: **ich hatte nur zwei Euro über**, mi avanzavano/rimanevano solo due euro.

Überhandnahme <-, ohne pl> f {+DROGENOPFER, JUGENDKRIMINALITÄT, UNFÄLLE} aumento m vertiginoso, crescita f preoccupante.

überhand|nehmen *<irr>* itr {AGGRESSIONEN, DROGENTOTE, UNFÄLLE, VERSTÖßE} aumentare/crescere ₍a dismisura₎/[in maniera preoccupante], diventare sempre più frequente: **die Fälle von Selbstmord unter den Jugendlichen nehmen überhand**, i casi di suicidio fra i giovani ₍aumentano vertiginosamente₎/[sono sempre più frequenti]; **die Zahl der Aidskranken nimmt überhand**, il numero dei malati di Aids cresce a dismisura; **der Lärm auf den Straßen hat in letzter Zeit überhandgenommen**, negli ultimi tempi il rumore nelle strade ha raggiunto livelli preoccupanti.

Überhang m **1** *geol (Felswand)* strapiombo m **2** *com* ~ *(an etw* dat*)* {AN ARBEITSPLÄTZEN} eccedenza f *(di qc)*; {AN ANGEBOTEN, ARTIKELN, WAREN} *auch* surplus m *(di qc)* **3** *arch* sporto m, aggetto m.

über|hängen① *<irr>* itr *<haben oder süddt A CH sein>* **1** *(hinausragen)* {AST AUF EIN ANDERES GRUNDSTÜCK} sporgere *(su qc)* **2** *bau geol (vorragen)* {FASSADE, FELSWAND} strapiombare; {TURM} pendere: **nach vorn** ~, pendere in avanti; **~des Dach**, tetto spiovente.

über|hängen② Ⓐ tr *(über die Schultern hängen)* **jdm etw** ~ {JACKE, MANTEL, TUCH} mettere qc sulle spalle a qu: **er hatte ihr den Mantel nur übergehängt**, le aveva appoggiato il cappotto sulle spalle B rfl (*über die Schultern hängen*) sich (dat) *etw* ~ {Jacke, Mantel, Schal} mettersi qc sulle spalle: **sich einen leichten Schal ~**, mettersi uno scialle leggero sulle spalle; **sich das Gewehr ~**, mettersi il fucile ad armacollo; **mit übergehängten Gewehren**, con i fucili ad armacollo; **sich die Tasche ~**, metter(si) la borsa a tracolla.

Überhangmandat n *pol* mandato m/ seggio m aggiuntivo.

überhasten <ohne ge-> tr *etw* ~ {Ausführung, Entscheidung} precipitare qc, affrettare eccessivamente qc.

überhastet A adj {Eingreifen, Entscheidung, Vorgehen} affrettato, frettoloso, precipitato B adv {Sprechen} mangiandosi le parole fam; {Entscheiden, Handeln, Vorgehen} affrettatamente, con eccessiva fretta, precipitatamente, precipitosamente.

überhäufen <ohne ge-> tr *jdn mit etw* (dat) ~ {Mit Tadel, Vorwürfen} coprire qu di qc; {Mit Anerkennungen, Ehrungen, Geschenken, Lob} auch ricoprire qu di qc, colmare qu di qc, subissare qu di qc; {Mit Arbeit} sovraccaricare qu di qc, oberare qu di qc, sommergere qu di qc.

überhaupt A adv 1 (*im Allgemeinen*) in generale, comunque: **er ist ~ sehr geduldig**, è molto paziente in generale; **er spielt nicht nur gut Tennis, er ist ~ sehr sportlich**, non solo gioca bene a tennis, ma è in generale un tipo molto sportivo 2 (*bei Verneinungen: ganz und gar*) assolutamente, affatto: **ich habe ~ keine Ahnung davon**, non ne ho la minima/assolutamente idea; **sie haben sich die Stadt ~ noch nicht angesehen**, non hanno ancora visto assolutamente niente della città; **das gefällt mir ~ nicht**, non mi piace per niente; **er hat ~ nichts gesagt**, non ha detto proprio/assolutamente niente; **das ist ~ kein Problem!**, non è assolutamente/affatto un problema!; **ich denke ~ nicht daran, das zu tun**, non ci penso neppure/ proprio a farlo 3 (*davon abgesehen*) comunque, in ogni modo, a parte ciò: **es war schon spät, und ~, sie hatte sowieso keine Lust, ins Kino zu gehen**, era già tardi, e comunque lei non aveva alcuna voglia di andare al cinema; **die Konferenz war schon halb um, und ~, wen interessierten schon die alten Griechen**, la conferenza era già a metà, e del resto a chi mai interessavano gli antichi greci 4 (*besonders*) soprattutto, specie, specialmente: **er sollte ~, in seinem Zustand, nicht so anstrengende Reisen unternehmen**, (lui) non dovrebbe fare viaggi così faticosi, specie/specialmente/soprattutto nelle sue condizioni B partik (*in Fragen: eigentlich*) ma: **gibt es diesen Ausdruck ~?**, ma esiste questa espressione?; **was macht er ~?**, ma in sostanza che cosa fa?; **kannst du das ~?**, ma lo sai fare?, ma sei sicuro (-a) di saperlo fare?; **was ist ~ dabei herausgekommen?**, e come è andata a finire poi?; **und ~, was soll das Ganze?**, ma insomma, che senso ha tutto ciò? ● **und ~!** (*drückt allgemeine Unzufriedenheit aus*): **das Wetter ist scheußlich, die Pension ungemütlich, die Leute langweilig, und ~!**, il tempo è schifoso, la pensione poco accogliente, la gente noiosa e chi più ne ha più ne metta!; **und ~, ...** fam (*auf ein anderes Thema überleitend*), a proposito ...; **und ~, ich wollte dir sagen, dass ...**, a proposito, ti volevo dire che ...; **wenn ~, semmai**; **sie kommen später, wenn ~**, semmai vengono più tardi.

überheblich adj {Mensch} altezzoso, supponente, tracotante, arrogante, {Art, Auftreten} auch sufficiente: **ein ~er Ton**, un tono sufficiente/di supponenza; **ein ~es Ge-**

tue, un fare altezzoso/arrogante.

Überheblichkeit <-, rar -en> f altezzosità f, supponenza f, sufficienza f, arroganza f, tracotanza f.

überheizen <ohne ge-> tr *etw* ~ {Haus, Raum, Zug} surriscaldare qc, riscaldare troppo qc: **ein überheizter Raum**, una stanza surriscaldata/[troppo calda].

überhitzen <ohne ge-> tr *etw* ~ {Kochplatte, Motor, Wasser} surriscaldare qc.

überhitzt adj 1 (*zu stark erhitzt*) {Dampf, Wasser, Motor} surriscaldato 2 (*erregt*) {Atmosphäre, Gemüter} surriscaldato 3 *ökon* {Konjunktur, Wirtschaftswachstum} surriscaldato.

überhöht adj 1 (*höher als angemessen*) {Geschwindigkeit, Rechnung} eccessivo; {Ansprüche, Forderungen, Preise} auch esorbitante: **mit stark ~er Geschwindigkeit fahren**, andare a una velocità molto più alta di quella consentita; **seine Geschwindigkeit war stark ~**, aveva superato largamente il limite di velocità 2 (*angehoben*) {Kurve} soprelevato.

überholen① <ohne ge-> A tr 1 *autom* (*vorbeifahren*) *jdn/etw* ~ sorpassare qu/qc, superare qu/qc: **einen Lastwagen ~**, sorpassare/superare un camion 2 (*übertreffen*) *jdn/etw* ~ {Bewerber, Konkurrenzunternehmen, Mitschüler} superare qu/qc B itr *autom* (*vorbeifahren*) sorpassare, superare: **man darf nur links ~**, si può sorpassare solo a sinistra; **hier darf man nicht ~**, qui è vietato il sorpasso.

überholen② <ohne ge-> tr (*instand setzen*) *etw* ~ {Bremse, Getriebe, Motor} revisionare qc; {Kraftfahrzeug} auch fare la revisione di qc: **einen Wagen gründlich ~**, fare la revisione completa di una macchina.

Überholen <-s, ohne pl> n: ~ **verboten!**, divieto di sorpasso!; **beim ~**, durante il sorpasso, sorpassando; **vor/nach dem ~**, prima del/[dopo il] sorpasso.

Überholmanöver n *autom* (manovra f di) sorpasso m.

Überholspur f corsia f di sorpasso.

überholt adj {Methode, Verfahren} superato, antiquato, obsoleto; {Ansichten} auch sorpassato; {Theorie} datato, superato: **etwas ~e Ansichten haben**, avere idee un po' vecchiotte.

Überholverbot n divieto m di sorpasso.

überhören <ohne ge-> tr 1 (*nicht hören*) *etw* ~ {Klingel, Rufen, Telefon} non sentire qc 2 (*nicht hören wollen*) *etw* ~ {Anspielung, Klagen, Vorwurf} far finta di non sentire qc: **ich überhöre einfach sein ewiges Gejammere**, non sto proprio ad ascoltare le sue lagne continue ● **das möchte ich überhört haben!** fam, preferisco far finta di non aver sentito! fam.

Überich, **Über-Ich** n *psych* Super-Io m, Super-Ego m.

überinterpretieren <ohne ge-> tr *etw* ~ {Filmszene, Gedicht, Textstelle} dare un'interpretazione forzata di qc; {Bemerkung, Verhalten} dare troppa importanza a qc.

überirdisch adj {Erscheinung, Wesen} soprannaturale, ultraterreno: **sie war von ~er Schönheit**, era di una bellezza divina.

überkandidelt adj fam {Mensch} eccentrico.

Überkapazität f {*meist pl*} *ökon* (*zu hohe Produktion*) capacità f produttiva superiore al fabbisogno; (*zu viel Personal*) personale m in esubero: ~**en abbauen** (*zu hohe Produktion*), ridurre la capacità produttiva; (*zu viel Personal*) ridurre il personale.

Überkapitalisierung <-, -en> f *ökon* so-

vracapitalizzazione f.

über|kippen itr capovolgersi: **nach vorn/hinten ~**, capovolgersi in avanti/[all'indietro]; **vor Aufregung kippte ihre Stimme über**, per l'eccitazione la sua voce si incrinò.

überkleben <ohne ge-> tr *etw* (*mit etw* dat) ~ {Aufschrift, Plakat, Tapete} coprire qc (incollandoci sopra qc): **alte Plakate ~**, incollare qc sopra vecchi manifesti; **ein altes Plakat mit einem neuen ~**, incollare un manifesto nuovo sopra uno vecchio.

über|kochen itr <sein> 1 (*überschäumen*) {Brei, Milch, Suppe} traboccare (bollendo): **es riecht nach übergekochter Milch**, c'è odore di latte bruciato 2 fam (*äußerst zornig sein*) **vor etw** (dat) ~: **vor Wut/Zorn ~**, ribollire/traboccare d'ira.

überkommen① <irr, ohne ge-> tr *jdn* ~ {Mitleid, Rührung, Verlangen, Wut} cogliere qu, prendere qu: **ihn überkam (die) Angst**, fu colto/preso dalla paura; **ein Gefühl der Einsamkeit überkam sie**, venne colta da un senso di solitudine; **mich überkam so eine Ahnung, dass ...**, ebbi improvvisamente la sensazione che ...; **es überkam mich plötzlich, fu più forte di me**; **wenn es mich überkommt, pack' ich meine Sachen und fahr' los**, quando mi salta il ghiribizzo prendo e parto.

überkommen② adj *geh* {Bräuche, Sitten} tramandato: **das sind alt ~e Bräuche**, sono usanze tramandate di generazione in generazione; **nach ~en Vorstellungen leben**, vivere secondo schemi consolidati.

überkonfessionell adj *relig* {Gottesdienst, Unterricht} interconfessionale.

überkreuzen <ohne ge-> A tr *etw* ~ {Bänder, Holzleisten, Hosenträger} incrociare qc: **die Arme ~**, incrociare le braccia B rfl sich ~ {Linien, Straßen, Wege} incrociarsi.

über|kriegen tr fam → **über|bekommen**.

überkronen <ohne ge-> tr *med* *etw* ~ {Zahn, Zahnreihe} incapsulare qc.

überladen① <irr, ohne ge-> tr *etw* ~ {Auto, Laster, Schiff} sovraccaricare qc.

überladen② adj *pej* {Fassade, Stil} carico, sovraccarico: **mit etw** (dat) ~ **sein** {Fassade mit Erkern, Simsen, Zinnen}, essere sovraccarico di qc; {Raum mit Möbeln} essere ingombro di qc.

überlagern <ohne ge-> A rfl sich ~ 1 *radio TV* {Sender} interferire 2 *geol* {Gesteinsschichten} sovrapporsi 3 (*teilweise gleich sein*) {Interessen} sovrapporsi B tr *etw* ~ (*darüberliegen*) {Schicht, Sender eine(n) andere(n)} sovrapporsi a qc, coprire qc.

Überlagerung <-, -en> f sovrapposizione f.

Überlandbus m *autom* autobus m extraurbano, corriera f.

Überlandleitung f el elettrodotto m.

überlang adj {Ärmel, Hosenbeine, Mantel} troppo/particolarmente lungo, più lungo del normale; {Film, Theaterstück} molto lungo, di durata superiore alla media.

Überlänge f {+Hose, Mantel} lunghezza f eccessiva; {+Film} durata f superiore alla media: **ein Film mit ~**, un film di durata superiore alla media.

überlappen <ohne ge-> rfl sich ~ {Flächen, Folien, Stoffstücke} sovrapporsi parzialmente.

überlassen① <irr, ohne ge-> A tr 1 (*zur Verfügung stellen*) *jdm etw* ~ lasciare qc a qu: **er hat ihr nach der Scheidung alles ~**, dopo il divorzio le ha lasciato tutto; **sie ~ uns ihr Haus am Meer für September kostenlos**, per settembre ci lasciano gratuitamente la loro casa al mare; **kannst du mir für heu-**

te Abend dein Auto ~?, mi puoi lasciare/prestare la tua macchina per stasera? **2** (*verkaufen*) **jdm etw** (*für etw* akk) ~ cedere qc a qu (per qc), lasciare qc a qu (per qc): **sie hat mir ihren alten Kühlschrank für hundert Euro** ~, mi ha ceduto/lasciato il suo vecchio frigorifero per cento euro **3** (*anvertrauen*) **jdm jdn/etw** ~ {KIND, HAUSTIER} affidare qu/qc a qu, lasciare qu/qc a qu: **können wir euch für das Wochenende unseren Hund** ~?, possiamo lasciarvi il nostro cane per questo fine settimana? **4** (*lassen*) **jdm etw** ~ {INITIATIVE, WAHL} lasciare qc a qu; {ENTSCHEIDUNG} *auch* rimettere qc a qu: **ich überlasse dir die Entscheidung, ob ...**, lascio decidere a te se ...; **das überlasse ich ganz Ihnen**, mi rimetto completamente a Lei; ~ **Sie das bitte mir!**, lasci fare a me! **5** (*preisgeben*) **jdn jdm/etw** ~ {DEM FEIND, EINEM WILDEN TIER} abbandonare qu a qu/qc, lasciare qu in balia di qu/qc: **jdn seiner Verzweiflung** ~, lasciare qu solo (-a) con la sua disperazione **B** rfl (*sich hingeben*) **sich** (dat) **etw** ~ {DER ENTTÄUSCHUNG, DEN TRÄUMEN} abbandonarsi a qc; {DEM SCHMERZ} *auch* lasciarsi andare a qc; **sich ganz seiner Trauer** ~, abbandonarsi totalmente al proprio lutto ● **etw bleibt/ist jdm** ~, sta a qu decidere, è qu a decidere/[che decide]; **das müssen Sie schon mir** ~!, lasci ₍fare a me₎/[che sia io a sbrigarmela]!; **jdn sich** (dat) **selbst** ~, abbandonare qu a se stesso (-a); **sich** (dat) **selbst** ~ **sein**, essere in balia di se stesso (-a).

über|lassen② <*irr*> tr *fam* (*übrig lassen*) → **lassen**①.

überlastet adj <*meist präd*> **1** (*überbeansprucht*) **mit etw** (dat) ~ {ABTEILUNG, CHEF, FIRMA, MITARBEITER MIT ARBEIT, AUFTRÄGEN} sovraccarico/oberato di qc: **beruflich** ~ **sein**, essere stressato dal lavoro; **nervlich** ~ **sein**, essere stressato, avere i nervi a pezzi **2** (*überladen*) {AUTO, LKW} sovraccarico **3** (*zu stark benutzt*) {STROMNETZ, TELEFONNETZ} sovraccarico **4** (*überanstrengt*) {HERZ} sovraffaticato; {GELENKE} sollecitato eccessivamente.

Überlastung <-, -en> f (*durch Arbeit*) ₍sovraccarico m₎/[carico m eccessivo] di lavoro; {+AUTO, STROMNETZ} sovraccarico m; {+HERZ} sovraffaticamento m; {+GELENKE} sforzo m eccessivo.

Überlauf <-(e)s, -läufe> m {+BADEWANNE, WASCHBECKEN} troppopieno m; {+TALSPERRE, ZISTERNE} sfioratore m.

über|laufen① <*irr*> itr <*sein*> **1** (*über den Rand fließen*) {MILCH, SUPPE, WASSER} traboccare, fuoriuscire **2** (*überfließen*) {BADEWANNE, BECKEN, EIMER, TASSE} traboccare **3** *mil* (*überwechseln*) passare dall'altra parte: ₍zum Feind₎/[ins feindliche Lager] ~, passare al nemico.

über|laufen② <*irr, ohne ge*-> tr **jdn** ~ {FRÖSTELN, SCHAUDER} percorrere qu: **es überläuft jdn heiß und kalt**, un brivido percorre la schiena di qu; **bei dem Gedanken überlief es sie eiskalt**, al solo pensiero si sentì rabbrividire; **es überläuft mich eiskalt, wenn ...**, mi sento gelare quando ...

überlaufen③ adj {ERHOLUNGSGEBIET, STADT} sovraffollato; {LOKAL} *auch* gremito: **die Kurse sind alle** ~, i corsi sono tutti sovraffollati/affollatissimi; **-e Strände**, spiagge affollatissime; **die Stadt ist den ganzen Jahr von Touristen völlig** ~, la città è invasa dai turisti tutto l'anno.

Überläufer m (**Überläuferin** f) **1** *mil* disertore (*rar* -trice) m (f), transfuga mf *lit* **2** *pol* transfuga mf *lit*, voltagabbana mf.

überleben <*ohne ge*-> **A** tr **1** (*lebend über-*

stehen) **etw** ~ {AUTOUNFALL, FLUGZEUGABSTURZ, KATASTROPHE, KRIEG} sopravvivere a qc: **sie hat als Einzige den Unfall überlebt**, è l'unica sopravvissuta all'incidente **2** (*lebend überdauern*) **etw** ~: **die Patientin wird die Nacht nicht** ~, la paziente non ₍passerà la notte₎/[arriverà a domani]; **der Kranke wird die nächsten Tage wohl nicht** ~, all'ammalato restano solo pochi giorni di vita **3** (*über jds Tod hinaus leben*) **jdn** ~ sopravvivere a qu, vivere più a lungo di qu: **er hat seine Kinder überlebt**, è sopravvissuto ai suoi figli; **sie hat ihren Mann um einige Jahre überlebt**, è vissuta qualche anno in più del marito; **Oma wird uns noch alle** ~, la nonna ci seppellirà tutti **B** itr (*am Leben bleiben*) sopravvivere: **es hat kaum jemand überlebt**, sono pochissimi i sopravvissuti/superstiti **C** rfl (*veralten*) **sich** ~ passare: **auch diese Mode wird sich** ~, anche questa moda passerà; **etw hat sich überlebt**, qc ha fatto il suo tempo, qc è superato/[passato di moda]; **überlebte Vorstellungen**, idee superate/passate ● **jdm/etw geht es ₍um Überleben₎**/[ums nackte] **Überleben** {EINER FIRMA}, qu/qc cerca solo di ₍tenersi/restare a galla₎/[non andare a fondo]; {EINEM SOLDATEN, VERLETZTEN}, qu cerca solo di scampare alla morte; **das überleb(e) ich nicht!** *fam scherz*, sarà la mia morte! *fam scherz*; ₍**du wirst**₎/[**Sie werden**] **es** ~ *iron*, sopravviverai/sopravviverà!

Überlebende <*dekl wie adj*> mf superstite mf, sopravvissuto (-a) m (f): **die** ~**n einer Katastrophe**, i ₍superstiti di₎/[sopravvissuti a] una catastrofe.

Überlebenschance f probabilità f/chance f di sopravvivere: **die** ~**n bei dieser Krankheit sind relativ gering**, ci sono scarse probabilità di sopravvivere a questa malattia.

überlebensgroß adj {FIGUR, STATUE} più grande del naturale.

Überlebensgröße <-, *ohne pl*> f grandezza f superiore al naturale: **in** ~, più grande del naturale, di dimensioni superiori al naturale.

Überlebenskampf m lotta f per la sopravvivenza.

Überlebenstraining n corso m di sopravvivenza, survival m.

über|legen① tr **jdm etw** ~ {DECKE, SCHAL, TUCH} mettere qc a qu, coprire qu (con qc): **es ist kühl, leg ihm eine Decke über**, fa freschino, mettigli una coperta.

überlegen② <*ohne ge*-> **A** itr (*nachdenken*) riflettere, pensare: **er überlegt (noch)**, sta ancora riflettendo/fuoriondo; **lass mich** ~!, fammi pensare!; **überleg/[~ Sie] (doch) mal!**, pensa(ci)/[(ci) pensi] un po'!; **nach langem/reiflichem Überlegen**, dopo lunga/attenta riflessione, dopo averci pensato/riflettuto ₍a lungo₎/[attentamente] **B** tr (*grübeln*): ~, **ob/wann/wie/dass ...**, pensare se [a quando]/[a come]/[che ...]; **er überlegte, ob es nicht besser sei zu gehen**, stava pensando/valutando se non fosse meglio andare; ~ **Sie, ob es sich vielleicht nicht doch lohnt!**, valuti un po'! Lei se non ne valga la pena!; **sie überlegte, wann und wo sie ihn kennen gelernt haben könnte**, cercava di ricordare quando e dove potesse averlo conosciuto; **überlegt mal, wie wir das Problem lösen können**, cercate di capire come si potrebbe risolvere il problema **C** rfl **sich** (dat) **etw** ~ riflettere su qc, pensare a qc, considerare qc, valutare qc: **überleg es dir gut!**, pensaci bene!; **überleg dir genau, was du ihm sagen willst!**, pensa bene a ciò che gli vuoi dire!; **sich** (dat) **etw gründlich/reiflich** ~, riflettere a fondo/[attenta-

mente] su qc; **hast du dir das auch gut/reiflich überlegt?**, ci hai pensato bene?; **wir haben uns die Sache gründlich überlegt**, abbiamo valutato a fondo la questione; **ich will es mir** ~, ci penserò; **willst du es dir nicht noch einmal** ~?, non vuoi ripensarci/[dormirci sopra]?; **das muss ich mir noch** ~, ci devo ₍riflettere su₎/[pensare]; **ich habe es mir (noch mal) überlegt**, ci ho ripensato, ho riconsiderato la cosa ● **es sich** (dat) **anders** ~, cambiare idea, ripensarci; **was gibt es denn da noch zu** ~?, non capisco che cosa ci sia ancora da riflettere; **hin und her** ~, rimuginarci sopra; **er überlegte hin und her, fand aber keine Lösung**, rifletté a lungo senza trovare una soluzione; **das hättest du dir vorher** ~ **müssen**, ₍avresti dovuto₎/[dovevi] pensarci prima; **das muss ich mir noch sehr** ~, **ob ...**, devo ancora decidere se ...; **etw tun, ohne zu** ~, fare qc senza pensarci/riflettere; **wenn man es recht/genau überlegt**, a pensarci bene; **das wäre zu** ~, varrebbe la pena pensarci (sopra); **es wäre zu** ~, **ob man das Haus nicht kaufen sollte**, bisognerebbe considerare l'eventualità di comprare la casa.

überlegen③ **A** adj **1** <*meist präd*> (*jdn weit übertreffend*) {GEGNER, STREITMACHT} più forte; {SIEG} netto: **jdm** (an/in etw dat) ~ **sein**, essere superiore a qu (per/in qc); **an Geschicklichkeit ist er dem Gegner weit** ~, è molto superiore all'avversario per abilità; **sie ist ihm an Klugheit haushoch** ~, è di gran lunga più saggia di lui; **in Mathematik ist er seinem Vater** ~, di matematica non sa più di suo padre; **sie waren zahlenmäßig** ~, erano numericamente superiori **2** (*herablassend*): **ein** ~**es Lächeln**, un sorrisetto ironico; **mit** ~**er Miene**, con aria di superiorità **B** adv **1** (*mit großem Vorsprung*) {GEWINNEN, SIEGEN} nettamente **2** (*herablassend*) {GRINSEN, LÄCHELN} con sufficienza: ~ **tun**, sentirsi superiore.

Überlegenheit <-, *ohne pl*> f **1** (*überlegener Status*) ~ **über jdn/etw** superiorità f (su qu/qc): **die wirtschaftliche** ~ **der Industrienationen**, la superiorità economica delle nazioni industrializzate; **zahlenmäßige** ~, superiorità numerica **2** (*Herablassung*) superiorità f: **jdn seine** ~ **spüren lassen**, far pesare la propria superiorità a qu; **seine geistige** ~ **ausspielen**, fare sfoggio della propria superiorità intellettuale.

überlegt A adj {AKTION, SCHACHZUG, VORGEHEN} ponderato, meditato: **wohl** ~ → **wohlüberlegt B** adv {AGIEREN, HANDELN, VORGEHEN} con ponderazione/ponderatezza: **wohl** ~ → **wohlüberlegt** ● **etw will gut** ~ **sein**, qc richiede un'attenta riflessione.

Überlegung <-, -en> f **1** <*nur sing*> (*das Überlegen*) riflessione f, considerazione f: **der/einer** ~ **wert sein**, meritare di essere preso in considerazione; **das Angebot ist der** ~ **wert**, l'offerta merita di essere presa in considerazione; **bei näherer/nüchterner/ruhigerer** ~ **sieht er die Sache anders aus**, dopo averci riflettuto ₍più attentamente₎/[con più calma] la questione (mi) appare sotto una luce diversa; **nach reiflicher** ~, dopo averci riflettuto un po'; **nach reiflicher** ~ **hat er die Arbeit angenommen**, ha maturato la decisione di accettare il lavoro **2** <*nur pl*> (*Erwägungen*) riflessioni f pl, considerazioni f pl: **etw in seine** ~**en** (mit) **einbeziehen** *geh*, tener conto di qc nelle proprie considerazioni ● ~**en über etw akk/zu etw dat) anstellen** *geh*, fare delle considerazioni (a proposito di qc), riflettere (su qc); **mit** ~ {HANDELN, ETW TUN, VORGEHEN}, con ponderazione/ponderatezza; (*absichtlich*), deliberatamente; **ohne** ~ {HANDELN, ETW TUN, VORGE-

HEN}, senza riflettere.

über|leiten itr *zu etw* (dat) ~ {KOMMENTAR, WORTE, ZEILEN ZUM NÄCHSTEN ASPEKT, THEMA} introdurre *qc*; {PERSON} passare *a qc*.

Überleitung <-, -en> f passaggio m: **eine ~ von einem Thema zum anderen**, il passaggio da un argomento all'altro; **ohne ~**, direttamente.

überlesen <irr, ohne ge-> tr *etw* ~ **1** (*übersehen*) {FEHLER, JAHRESZAHL, TEXTSTELLE, ZITAT} saltare *qc*, non vedere *qc*, lasciarsi sfuggire *qc*: **ich muss das Zitat ~ haben**, mi deve essere sfuggita la citazione **2** (*überfliegen*) {ARTIKEL, BRIEF} dare una scorsa/letta *a qc*, scorrere *qc*.

überliefern <ohne ge-> tr *jdm etw* ~ {WERK, WERTE} trasmettere *qc a qu*; {BRAUCH, TRADITION} auch tramandare *qc a qu*: **etw der Nachwelt ~**, tramandare *qc* ai posteri; **es wird überliefert, dass ...**, si tramanda che ...

überliefert adj **1** (*althergebracht*) {BRAUCH, BRAUCHTUM} tramandato di generazione in generazione, tradizionale **2** (*tradiert*) {MANUSKRIPT, FRÜHE ZEUGNISSE} tramandato: **aus der Antike ~e Schriften**, scritti giunti fino a noi dall'antichità; **das Epos ist nur ₐin einer späteren Übersetzung₁/[als Fragment] ~**, quel poema epico è giunto fino a noi solo ₐin una traduzione posteriore₁/[sotto forma di frammento]; **dieses Volksfest ist seit dem 15. Jahrhundert überliefert**, questa festa popolare è una tradizione ₐdel XV secolo₁/[quattrocentesca].

Überlieferung f **1** (*das Überliefern*) {+LEGENDE, SAGE} tramandare m: **die mündliche/schriftliche ~ von Sagen**, la trasmissione orale/scritta di leggende **2** (*etwas Überliefertes*) leggenda f: **einer ~ zufolge ...**, si tramanda che ... **3** (*Brauchtum*) tradizione f: **nach alter ~**, secondo antica tradizione.

überlisten <ohne ge-> tr *jdn* ~ farsi beffe *di qu*, farla in barba *a qu*, raggirare *qu*: **den Gegner ~**, farsi beffe dell'avversario; **dem Ausbrecher gelang es, seine Verfolger zu ~**, l'evaso riuscì a farla in barba ai suoi inseguitori.

überm präp *fam* = über dem → **über**①.

Übermacht <-, ohne pl> f superiorità f; {+GEFÜHLE} predominio m: **eine erdrückende ~**, una superiorità schiacciante; **die militärische ~ eines Landes**, la superiorità militare di un paese; **die wirtschaftliche ~ der Industrienationen**, ₐla superiorità economica₁/[lo strapotere economico] delle nazioni industrializzate; **die ~ der österreichischen Skiläufer**, lo strapotere degli sciatori austriaci; **in der ~ sein**, essere in numero superiore, avere la superiorità numerica; **mit großer ~ angreifen**, attaccare in condizioni di forte superiorità numerica; **der ~ des Feindes erliegen**, soccombere di fronte alla superiorità ₐ/maggiore potenza₁ del nemico.

übermächtig adj **1** (*allzu mächtig*) {FEIND, GEGNER, KONKURRENT} superiore, troppo potente; {FEINDLICHE TRUPPEN} soverchiante: **eine ~e Institution**, un'istituzione troppo potente; **eine ~e Konkurrenz**, una concorrenza ₐtroppo forte₁/[soverchiante] **2** (*alles beherrschend*) {GEFÜHL} prepotente, violento, pervasivo *geh*; {BEDÜRFNIS} incontenibile, imperioso, irresistibile: **ein ~es Verlangen nach Ruhe**, un desiderio imperioso di tranquillità/riposo; **ihre Angst wurde ~**, un senso d'angoscia la pervase.

übermalen <ohne ge-> tr *etw* ~ coprire *qc* dipingendoci sopra: **die antiken Fresken waren im Mittelalter übermalt worden**, nel Medioevo gli antichi affreschi furono coperti da altri dipinti.

übermannen <ohne ge-> tr *geh jdn* ~ {SCHMERZ, VERZWEIFLUNG} sopraffare *qu*: **Verzweiflung übermannte sie**, ₐfurono presi (-e)₁/[fu presa] dalla disperazione; **von Müdigkeit₁/[vom Schlaf] übermannt werden**, essere sopraffatti ₐdalla stanchezza₁/[dal sonno]; **von Rührung übermannt**, sopraffatto dalla commozione.

Übermaß <-es, ohne pl> n ~ (*an/von etw* dat) eccesso m (*di qc*): **ein ~ an Arbeit**, un carico eccessivo di lavoro; **er trägt ein ~ an Verantwortung**, ha troppe responsabilità; **ein ~ an nervlicher Belastung aushalten müssen**, dover reggere uno stress eccessivo; **ein ~ ₐan Freude₁/[von Glück] empfinden**, provare una gioia/felicità immensa; **etw im ~ haben**, avere *qc* in abbondanza; **viele Jugendliche haben heute Zeit im ~**, oggi tanti giovani hanno troppo tempo libero; **etw im ~ produzieren**, produrre *qc* in eccesso; **über (akk) im ~ verfügen**, avere/[disporre di] *qc* ₐin eccesso₁/[a dismisura].

übermäßig A adj {HITZE, KÄLTE} eccessivo; {ANSPRUCH, FORDERUNG, FREUNDLICHKEIT, ZUVORKOMMENHEIT} esagerato; {EINNAHME, GEBRAUCH} smodato: **ein ~er Alkoholkonsum**, un abuso di alcolici; **eine ~e Belastung**, uno stress eccessivo **B** adv **1** (*über die Maßen*) {BREIT, GROß, HOCH} troppo, eccessivamente; {SICH ANSTRENGEN, AUFREGEN, EINSETZEN} *auch* oltremodo: **~ freundlich sein**, essere esageratamente gentile; **sie hat sich nicht ~ über das Geschenk gefreut**, non mi sembrava tanto entusiasta del regalo; **es ist ~ heiß**, fa troppo caldo; **~ teuer sein**, essere troppo/oltremodo caro **2** (*unmäßig*) {ESSEN, TRINKEN} troppo, smodatamente.

Übermensch m *philos* superuomo m • **ich bin doch kein ~!**, non sono mica un superman!

übermenschlich adj {ANSTRENGUNG, LEISTUNG} sovrumano: **dazu braucht man ~e Kräfte**, ci vuole una forza sovrumana per fare questo; **Übermenschliches leisten**, compiere un'impresa titanica.

übermitteln <ohne ge-> tr *geh jdm etw* ~ {BOTSCHAFT, GRÜßE, INFORMATIONEN, NACHRICHT} mandare *qc a qu*, portare *qc a qu*, inviare *qc a qu*: **jdm seine Glückwünsche ~**, mandare/inviare i propri auguri a *qu*; **übermitteln Sie Herrn Roth meine Grüße**, porti i miei saluti al signor Roth, saluti il signor Roth da parte mia; **eine Meldung telefonisch ~**, trasmettere un comunicato via telefono.

Übermittlung, Übermittelung <-, -en> f <meist sing> {+INFORMATIONEN} trasmissione f; {+BOTSCHAFT, GRÜßE, NACHRICHT} invio m: **die ~ der Informationen erfolgt per Fax**, le informazioni vengono trasmesse via fax; **wir bitten um telefonische ~ dieser Nachricht**, preghiamo di trasmettere questo messaggio via telefono.

übermorgen adv dopodomani, domani l'altro: **~ früh/Nachmittag/Abend**, dopodomani mattina/pomeriggio/sera; **~ Mittag/Vormittag**, dopodomani ₐdomani l'altro₁ a mezzogiorno₁/[in mattinata].

übermüdet adj stanchissimo, stanco morto, distrutto *fam*: **völlig ~ sein**, essere ₐdistrutto *fam*₁[stanchissimo]/[stravolto dalla stanchezza]; **ihre Augen waren ~**, aveva gli occhi stanchi; **du siehst völlig ~ aus**, hai un'aria stanchissima, sembri ₐstanco (-a)₁ morto (-a)/[distrutto (-a)].

Übermüdung <-, ohne pl> f estrema stanchezza f, sovraffaticamento m: **er ist vor ~ am Steuer eingeschlafen**, si è addormentato al volante per l'eccessiva stanchezza; **sich in einem Zustand völliger ~ befinden**, essere in uno stato di estrema stanchezza; **~ der Augen**, ₐaffaticamento eccessivo₁/[sovraffaticamento] della vista.

Übermüdungserscheinung f segno m di estrema stanchezza.

Übermut m euforia f, esuberanza f: **etw aus/im ~ tun**, fare *qc* nell'euforia del momento; **vor lauter ~ sprangen die Kinder auf die Tische**, ₐnell'eccitazione del gioco₁/[eccitati com'erano] i bambini saltarono sui tavoli.

übermütig A adj {KIND} eccitato, esuberante: **die Kinder waren zu ~, um die Gefahr zu erkennen**, i bambini erano troppo eccitati per accorgersi del pericolo; **~ sein**, essere ₐsu di giri *fam*₁/[euforico]; **jetzt werdet aber nicht ~!**, adesso però non esagerate! **B** adv (*ausgelassen*): **die Kinder tollten ~ im Garten herum**, i ragazzi facevano il diavolo a quattro in giardino; (*draufgängerisch*) spavaldamente: **~ sprang er über den Zaun**, con spavalderia saltò il recinto.

übern präp *fam* = über den → **über**①.

übernächster, übernächste, übernächstes adj <attr> **1** (*zeitlich*) {JAHR, MONAT, WOCHE} tra due: **übernächstes/[im übernächsten] Jahr**, tra due anni; **wir sehen uns nicht nächste, sondern übernächste Woche**, ci vediamo non la prossima settimana, ma quella dopo (ancora); **übernächsten Montag**, fra due lunedì; **am übernächsten Tag**, dopo due giorni, due giorni dopo **2** (*der Reihenfolge nach*) secondo (-a): **an der übernächsten Haltestelle müssen wir aussteigen**, dobbiamo scendere tra due fermate; **biegen Sie an der übernächsten Kreuzung links ab!**, al secondo incrocio giri a sinistra!; **Sie sind der Übernächste auf meiner Liste**, sulla mia lista c'è ancora una persona prima di Lei; **ich bin als Nächster, du als Übernächster dran**, io sono il prossimo, dopo tocca a te.

übernachten <ohne ge-> itr *irgendwo/bei jdm* ~ pernottare/dormire ₐ+ *compl di luogo*₁/[da *qu*]/[a casa di *qu*], passare/trascorrere la notte ₐ+ *compl di luogo*₁/[da *qu*]/[a casa di *qu*]: **im Hotel ~**, pernottare in albergo; **wir ~ bei Freunden**, dormiamo a casa di₁/[passiamo la notte da] amici; **im Freien ~**, passare/trascorrere la notte all'aperto, dormire all'addiaccio.

übernächtigt adj, **übernächtig** adj *bes. A CH*: **~ sein**, essere ₐstanco morto₁/[stravolto] (per una notte insonne); **du siehst völlig ~ aus**, hai l'aria di uno (-a) che non ha chiuso occhio.

Übernachtung <-, -en> f pernottamento m; (*im Hotel*) *auch* notte f: **~ mit Frühstück**, pernottamento e prima colazione.

Übernachtungsmöglichkeit f possibilità f di pernottamento: **in dieser Stadt gibt es ausreichend ~en**, in questa città è facile trovare un posto per ₐla notte₁/[dormire].

Übernahme <-, -n> f **1** (*das Übernehmen*) {+HAFTUNG, KOSTEN, SCHULDEN, VERANTWORTUNG} assunzione f: **die Versicherung hat sich zur ~ der Kosten bereit erklärt**, l'assicurazione si è dichiarata disposta ad assumersi i costi; **jds ~ in das Beamtenverhältnis/den Staatsdienst**, l'immissione di *qu* in ruolo **2** (*Aneignung*) {+METHODE} adozione f: **wortwörtliche ~n aus einem früheren Artikel**, citazioni letterali da un articolo precedente; (*Ausleihe*) assimilazione f: **die ~ fremder Ideen**, l'assimilazione di idee altrui; **die ~ von Wörtern aus dem Englischen**, l'adozione di parole inglesi **3** (*das Antreten der Nachfolge*) {+AMT, ROLLE} assunzione f; {+Besitz, Erbe} prendere m possesso: **seit der ~ der Leitung durch den Sohn, ...**, da quando il figlio è subentrato alla guida ... **4** (*Annahme*) {+Lieferung, Sendung} accettazione f **5 com** {+Firma, Geschäft, Gesellschaft, Unternehmen} rilevamento m: **die ~ der kleinen Betriebe durch multinationale Konzerne**, il rilevamento/l'assorbimento delle piccole imprese da parte delle multinazionali ● **feindliche ~** ökon. scalata ostile.

Übernahmeangebot n *Börse* offerta f pubblica d'acquisto, OPA f.

übernational adj *pol* sopranazionale, sovranazionale.

übernatürlich adj **1** (*nicht erklärlich*) {Erscheinung, Fähigkeiten, Kräfte} soprannaturale, sovrannaturale **2** (*übergroß*): **ein Porträt/eine Statue in ~er Größe**, un ritratto/una statua di dimensioni superiori al naturale.

übernehmen <*irr, ohne ge*-> **A** tr **1** (*als Nachfolger weiterführen*) **etw ~** {Jds Hof, Praxis} succedere/subentrare/avvicendarsi *a qu* nella gestione *di qc*, {Betrieb, Geschäft} *auch* assumere/prendere le redini *di qc* **2 com** (*aufkaufen*) **etw ~** {Betrieb, Firma, Unternehmen} rilevare *qc*: **das Unternehmen ist von einem multinationalen Konzern übernommen worden**, l'azienda è stata rilevata/assorbita da una multinazionale **3** (*weiterbeschäftigen*) **jdn/etw ~** {Firma Angestellten, Personal} assorbire *qu/qc*: **die Belegschaft der Tochterfirma ~**, assorbire il personale della ditta affiliata; **jdn ins Angestelltenverhältnis ~**, assumere qu con contratto a tempo indeterminato; **jdn ins Beamtenverhältnis ~**, far passare qu di ruolo **4** (*aneignen*) **etw ~** {Methode, Strategie, Verfahren} adottare *qc*; (*ausleihen*) **etw von jdm/etw ~** mutuare *qc da qu/qc*, prendere in prestito *qc da qu/qc* **5** (*übertragen bekommen*) **etw ~** {Auftrag} accettare *qc*; {Führung, Leitung, Verteidigung} assumere *qc*; **jds Vertretung ~**, sostituire *qc*; **die Kontrolle/das Kommando ~**, assumere il controllo/comando; **das Steuer ~** *autom*. assumere la guida, mettersi al volante; **ich habe keine Lust mehr zu fahren, kannst du mal das Steuer ~?**, non ho più voglia di guidare, mi puoi dare il cambio?; **die Titelrolle ~**, accettare il ruolo principale **6** (*auf sich nehmen*) **etw ~ {für jdn/etw}** {Verantwortung} assumersi *qc*; {Kosten} *auch* accollarsi *qc*: **die Bürgschaft/Garantie für jdn/etw ~**, prestare garanzia per qu/qc; **die Haftung {für etw akk} ~**, assumersi la responsabilità (di qc); **lass das übernehme ich!** (*das bezahle ich*), lascia stare, offro/pago/{ci penso io!; (*das erledige ich*) non ti preoccupare, ci penso io!; **es ~, etw zu tun**, impegnarsi a fare qc, incaricarsi/{prendersi l'incarico} di fare *qc*; **wer übernimmt es, die Fotokopien für alle zu machen?**, chi si incarica di fare le fotocopie per tutti?; **ich übernehme es, die anderen zu benachrichten**, mi impegno (io) ad/mi incarico (io) di avvertire gli altri; **ich denke, dass sie das ~ wird**, penso che se ne incaricherà lei **7** (*entgegennehmen*) **etw ~** {Lieferung, Sendung} accettare *qc*, prendere in consegna *qc* **8** (*verwenden*) **etw ~** {Beitrag, Interview} utilizzare *qc*; {Satz, Textstelle} citare *qc*: **das Zitat wurde aus einer alten Anthologie übernommen**, la citazione è stata tratta da una vecchia antologia; **eine Sendung des bayrischen Rundfunks ~**, acquisire una produzione della radio bavarese **B** rfl **1** (*sich überanstrengen*) **sich** (*bei etw dat*) **~** {Bei Einer Arbeit, Tätigkeit} sovraffaticarsi/{affaticarsi troppo}/{strapazzarsi} (*facendo qc*);

sich bei der Arbeit ~, sovraffaticarsi/{affaticarsi troppo} al lavoro; **keine Angst, der übernimmt sich nicht beim Arbeiten!**, niente paura, non è uno che si ammazza di lavoro! *fam*; **pass auf, übernimm dich nicht beim Joggen!**, guarda di non esagerare con il jogging! **2** (*sich zu viel zumuten*) **sich (mit etw dat) ~ {mit einem Auftrag, Projekt}** fare il passo più lungo della gamba (*con qc*), non tenere conto dei propri limiti: **ich glaube, er hat sich mit der Leitung dieses Projekts übernommen**, credo che la gestione di questo progetto sia troppo impegnativa per lui; **er hat sich mit dem Hauskauf finanziell übernommen**, comprandosi la casa ha fatto il passo più lungo della gamba ● **übernimm dich nur nicht!** *iron*. non ti ammazzare! *fam iron*, non strafare!

überordnen <*part perf*: *übergeordnet*> tr **jdn/etw jdm/etw ~** {Familie dem Beruf, der Karriere} anteporre *qu/qc a qu/qc*: **den Beruf dem Privatleben ~**, anteporre il lavoro alla vita privata.

überparteilich adj *pol* {Presseorgan, Zeitung} indipendente; {Staatsoberhaupt} al di sopra delle parti, imparziale: **ein ~es Problem**, un problema che riguarda tutti i partiti.

Überparteilichkeit f *pol* indipendenza f, imparzialità f.

Überpreis m *com* prezzo m maggiorato.

Überproduktion f *ökon*. sovrapproduzione f, produzione f esuberante.

überproportional A adj sproporzionato: **~e Kosten** *ökon*., costi progressivi **B** adv in maniera sproporzionata: **die Männer sind im Parlament ~ vertreten**, gli uomini sono sovrarappresentati in parlamento.

überprüfbar adj {Ausweis, Papiere, Unterlagen} controllabile; {Angabe, Aussage, Ergebnis, Rechnung} verificabile; ↓kaum/schwer↓/[leicht] **~ sein** {Papiere, Unterlagen}, essere ↓difficilmente/facilmente controllabile↓/[difficile/facile da controllare]; {Angabe, Ergebnis, Rechnung} essere ↓difficilmente/facilmente verificabile↓/[difficile/facile da verificare]; **nicht ~ sein**, non essere verificabile: **es ist schwer ~, ob er die Wahrheit sagt**, è difficile verificare se dice la verità.

überprüfen <*ohne ge*-> tr **1** (*kontrollieren*) **etw ~** {Datum, Uhrzeit, Unterlagen} controllare *qc*; {Ausweis, Papiere, Gepäck} *auch* ispezionare *qc*; {Aussage, Ergebnis, Rechnung} verificare *qc*; {Lieferung, Ware} esaminare *qc*; **jds Identität ~**, accertare l'identità di qu; **jds Personalien ~**, controllare le generalità di qu; **ein Zitat ~**, ↓verificare l'esattezza di↓/[controllare] una citazione; **~, ob eine Aussage richtig ist** *jur*, accertare la veridicità di una dichiarazione/deposizione; **etw auf etw** (akk) **~** {Angabe, Aussage auf ihre Richtigkeit} verificare *qc di qc*; **jds Papiere auf ihre Gültigkeit ~**, verificare la validità dei documenti di qu **2** (*durchchecken*) **jdn ~** {Bewerber, Kandidaten} esaminare *qu*; {Verdächtigen} prendere le generalità *di qu*: **alle Anwesenden wurden von der Polizei überprüft**, la polizia ha controllato i documenti a tutti i presenti; **jdn auf etw** (akk) **~** {auf Verfassungstreue} accertarsi *di qc di qu*; **jdn auf seine Kompetenz ~**, verificare le capacità di qu **3** (*die Funktion überprüfen*) **etw ~** {Anschlüsse, Gerät} controllare/{verificare il funzionamento} *di qc*; {Anlage, Bremsen, Kupplung, Maschine, Motor} *auch* revisionare *qc*, fare la revisione *di qc*; **etw auf etw** (akk) **~** {auf Funktionstüchtigkeit, Sicherheit} controllare *qc di qc*: **er lässt seinen Wagen alle zwei Monate auf etwaige Män-**

gel ~, fa revisionare la sua macchina ogni due mesi per accertare eventuali difetti **4** (*erneut überdenken*) **etw ~** {Entscheidung, Meinung, Urteil} riconsiderare *qc*; {Angebot, Vorschlag} *auch* riesaminare *qc*; **etw auf etw** (akk) **~** {auf Korrektheit, Zulässigkeit} verificare *qc di qc*: **ein Projekt auf seine Umsetzbarkeit ~**, verificare la praticabilità di un progetto.

Überprüfung <-, *ohne pl*> f **1** (*das Kontrollieren*) {+Ausweis, Datum, Papiere, Uhrzeit, Unterlagen} controllo m; {+Angabe, Aussage, Ergebnis, Papiere, Rechnung} verifica f; {+Geschäftsbücher} revisione f; {+Lieferung, Ware} ispezione f, controllo m **2** (*das Durchchecken*) {+Bewerber, Kandidat} esame m **3** (*Funktionsprüfung*) {+Apparat, Maschine} verifica f del funzionamento; {+Motor} *auch* revisione f **4** (*das erneute Überdenken*) {+Entscheidung, Meinung, Urteil} riconsiderazione f; {+Angebot, Vorschlag} *auch* riesame m.

über|quellen <*irr*> itr *<sein>* **1** (*über den Rand quellen*) {Auflauf, Brei, Teig} traboccare **2** (*übervoll sein*) (**vor etw** dat) **~** {Papierkorb vor Abfall; Regale vor Büchern} essere strapieno (*di qc*): **ihre Schränke quellen vor Kleidern über**, i suoi armadi traboccano di vestiti; **jdm quellen die Augen** (**vor etw** dat) **über**, qu ha gli occhi fuori dalle orbite (per qc).

überqueren <*ohne ge*-> tr **etw ~ 1** (*sich über etw hinweg bewegen*) {Feld, See, Strasse} (at)traversare *qc*; {Fluss} *auch* varcare *qc*; {Gebirge} (at)traversare *qc*, valicare *qc* **2** (*über etw hinwegführen*) {Brücke} attraversare *qc*, cavalcare *qc*, passare sopra a *qc*; {Eisenbahnlinie, Strasse} attraversare *qc*, tagliare *qc*.

Überquerung <-, -en> f {+Fluss, Strasse} attraversamento m; {+Gebirge} traversata f.

überragen① <*ohne ge*-> tr **1** (*grösser sein*) **jdn (um etw** akk) **~** superare in altezza *qu* (di *qc*): **jdn um ↓einen ganzen Kopf/Hauptesläge↓/[20 Zentimeter] ~**, superare qu in altezza ↓una testa/[20 centimetri] di *qc*; **etw ~** (*Gebäude, Turm Dorf, Landschaft, Stadt*) superare in altezza *qc*, sovrastare (a) *qc*: **der Kirchturm überragt die Gebäude der Stadt**, il campanile sovrasta/domina tutti gli edifici della città **2** (*übertreffen*) **jdn (an etw** dat) **~** {An Durchhaltevermögen, Geistesgegenwart} superare qu (in/per *qc*), essere superiore a *qu* (per *qc*), sovrastare (a) *qu* (in *qc*): **alle ~**, superare/[sovrastare (a)] tutti; **jdn an Bildung ~**, superare qu per cultura; **die anderen an Großzügigkeit ~**, superare gli altri in generosità; **die Gegner in der Leistung weit ~**, avere delle performance nettamente superiori a quelle dell'avversario.

über|ragen② itr *bau* {Balken, Dach} sporgere; {Gesims} *auch* aggettare.

überragend adj {Darbietung, Leistung} di prim'ordine, eccellente, straordinario; {Qualität, Ware} *auch* superiore; {Persönlichkeit} di spicco, eminente: **~e Fähigkeiten haben**, avere capacità straordinarie/{fuori dal comune}; **ein Problem von ~er Bedeutung**, un problema di somma/capitale importanza; **seine schulischen Leistungen sind nicht gerade ~!**, il suo rendimento scolastico non è esattamente straordinario!

überraschen <*ohne ge*-> tr **1** (*erstaunen*) **jdn ~** sorprendere *qu*: **ihre Bemerkungen überraschten uns nicht weiter**, le sue osservazioni non ci sorpresero più di tanto; **dieser Wahlausgang hat uns alle überrascht**, questo risultato elettorale ci ha colto tutti di sorpresa; **es überrascht jdn, dass ...**, qu ↓si sorprende/stupisce↓/[rimane sorpreso (-a)] (del fatto) che ... *konjv*; **es über-**

raschte niemanden, dass der Präsident zurücktrat, ⌊nessuno si sorprese/stupì⌋/[non sorprese nessuno] che il presidente rassegnasse le dimissioni; **es wird Sie ~ zu hören, dass ...**, La sorprenderà sapere che ..., sarà una sorpresa per Lei sapere che ...; **jdn (mit etw acc) ~** sorprendere *qu (con qc)*; **sie überraschte uns alle mit ihrer neuen Frisur**, ci sorprese tutti con la sua nuova pettinatura **2** (*unerwartet erscheinen*) **jdn ~** sorprendere *qu*: **jdn mit seinem Besuch ~**, fare una visita a sorpresa a qu **3** (*unerwartet erfreuen*) **jdn** (**mit etw** dat) **~** {MIT EINEM BRIEF, GESCHENK} fare una sorpresa *a qu (con qc)* **4** (*erwischen*) **jdn bei etw** (dat) **~** {BEIM NASCHEN, STEHLEN} sorprendere *qu a fare qc*: **er hat die Jungen beim Rauchen überrascht**, ha sorpreso i ragazzi a fumare; **ich habe ihn dabei überrascht, wie er in meiner Tasche kramte**, l'ho sorpreso mentre/*fam* frugava nella mia borsa; **er hat die zwei in einer eindeutigen Situation überrascht**, li ha colti in un atteggiamento inequivocabile; **die Einbrecher wurden von der Polizei überrascht**, gli scassinatori vennero ⌊sorpresi (con le mani nel sacco)⌋/[colti in flagrante] dalla polizia **5** (*hereinbrechen*) **jdn ~** {GEWITTER, REGEN, UNWETTER} sorprendere *qu*, cogliere *qu*: **die Bergsteiger wurden von plötzlichem Schneefall überrascht**, gli scalatori vennero sorpresi/colti da un'improvvisa tormenta ● **lassen wir uns ~!** *fam*, stiamo a vedere!, vedremo!

überraschend Ⓐ *adj* **1** (*nicht erhofft*) {BESSERUNG, ERFOLG, LEISTUNG} sorprendente **2** (*unerwartet*) {ABREISE, ANKUNFT} inaspettato, inatteso; {TOD} improvviso: **eine ~e Wendung nehmen**, prendere una piega inaspettata Ⓑ *adv* **1** (*urplötzlich*) {STERBEN} improvvisamente, all'improvviso; {ABREISEN, VON SICH HÖREN LASSEN} inaspettatamente: **~ kommen** {PERSON}, arrivare/giungere [di sorpresa]/inaspettato (-a); **etw kommt völlig ~**, qc è una sorpresa totale; **ihre Hochzeit kam für alle völlig ~**, il loro matrimonio fu una sorpresa totale per tutti; **die Nachricht von ihrem Tod kam völlig ~**, la notizia della sua morte ⌊giunse del tutto inaspettata⌋/[ci colse completamente di sorpresa] **2** (*gegen jede Erwartung*) sorprendentemente: **die Abfertigung an der Grenze ging ~ schnell**, il controllo alla frontiera fu sorprendentemente rapido; **die Lage des Hauses ist ~ ruhig/schön**, la casa si trova in una posizione sorprendentemente tranquilla/bella; **das Konzert war ~ gut**, il concerto è stato meglio del previsto; **ganz ~ entlassen werden**, essere licenziato di punto in bianco.

überraschenderweise *adv*: **sie haben ~ geheiratet**, si sono sposati tra lo stupore generale; **er ist ~ zu Hause geblieben**, stranamente è rimasto a casa; **sie sind ~ vorzeitig abgefahren**, sono partiti (-e) prima del previsto, cosa che ha sorpreso tutti; **sie wurde ~ Erste**, arrivò inaspettatamente Prima.

überrascht Ⓐ *adj* **1** (*Überraschung zeigend*) sorpreso: **ein ~er Blick**, uno sguardo sorpreso; **er machte ein ~es Gesicht**, fece una faccia sorpresa; **mit ~er Miene**, con un'espressione (di) sorpresa **2** (*verwundert sein*) **~ über jdn/etw** sorpreso *di qu/qc*: **sie waren ~ über die große Nachfrage**, erano sorpresi (-e) della grande richiesta; **~ sein, dass ...**, essere sorpreso ⌊sorprendersi⌋/[sorprendersi] che ... *konjv*; **sie waren ~, dass alles so billig war**, erano sorpresi (-e)/stupiti (-e) che tutto fosse così economico; **ich bin ~, dass ihr schon zurück seid**, ⌊mi sorprende⌋/[sono sorpreso (-a)] che siate già tornati; **ich bin ~, wie gut er standhält**, mi sorprende della sua resistenza Ⓑ *adv*: **~ aufblicken**, alzare lo sguardo sorpreso (-a); **sie sahen uns ~ an**, ci guardarono ⌊sorpresi (-e)⌋/[con espressione/aria (di) sorpresa]; **"wo kommst du denn her?" fragte sie ~**, "e tu, da dove sbuchi?" chiese sorpresa ● **von etw** (dat) **angenehm/unangenehm ~ sein**, essere/rimanere piacevolmente/spiacevolmente sorpreso (-a) da qc; **alle waren von ihrem Mann angenehm ~**, tutti rimasero piacevolmente sorpresi da suo marito.

Überraschung <-, -en> *f* **1** (*etwas Unerwartetes*) sorpresa *f*: **eine böse/freudige/unangenehme ~**, una brutta/gradevole/sgradita sorpresa; **ich habe eine kleine ~ für dich**, ho una sorpresina/[piccola sorpresa] per te; **für jdn eine kleine ~ kaufen**, comprare un pensierino per/a qu; **es soll eine ~ (für ihn/sie) sein**, deve/vuole essere una sorpresa (per lui/lei), gli/le voglio fare una sorpresa **2** <*nur sing*> (*Verwunderung*) sorpresa *f*: **jds ~ über etw** (acc), la sorpresa/lo stupore di qu/di fronte a⌋/[per qc]: **die ~ war groß, als sie erfuhr, dass ...**, grande fu la sua sorpresa nell'apprendere che ... ● **in der ersten ~: in der ersten ~ fiel ihm ihr Name nicht ein**, ⌊sul momento⌋/[di primo acchito]/[lì per lì *fam*] non gli venne in mente il suo nome; **ist das,/[das ist aber] eine ~!**, questa sì che è una sorpresa!, (ma) che (bella) sorpresa!; **vor lauter ~**, per ⌊la grande sorpresa⌋/[il grande stupore]; **vor lauter ~ wusste keiner, was er sagen sollte**, per ⌊la grande sorpresa⌋/[il grande stupore] nessuno sapeva cosa dire; **so/[was für] eine ~!**, che (bella) sorpresa!; **für ~ sorgen**, riservare delle sorprese; **bei jdm für ~(en) sorgen**, riservare delle sorprese a qu; **zu meiner/seiner/unserer (großen/größten) ~**, con ⌊mia/sua/nostra grande sorpresa⌋/[mio/suo/nostro grande stupore]; **zur allgemeinen ~**, nello stupore generale, con grande stupore di tutti.

Überraschungsangriff *m* attacco *m* a sorpresa, raid *m*, incursione *f*.

Überraschungsbesuch *m* visita *f* a sorpresa, improvvisata *f*.

Überraschungscoup *m* colpo *m* [a sorpresa]/[di scena]: **einen ~ landen**, mettere a segno un colpo a sorpresa.

Überraschungseffekt *m* effetto *m* sorpresa.

Überraschungserfolg *m* successo *m* ⌊a sorpresa⌋/[inaspettato].

Überraschungsmoment *n* fattore *m* sorpresa: **den ~ einkalkulieren**, ⌊tenere conto del⌋/[calcolare il] fattore sorpresa.

Überraschungssieg *m* vittoria *f* ⌊a sorpresa⌋/[inaspettata].

Überraschungssieger *m* (**Überraschungssiegerin** *f*) vincitore (-trice) *m* (*f*) a sorpresa.

überreagieren <ohne ge-> *itr* reagire in maniera eccessiva/spropositata: **da hat er völlig überreagiert**, (lui) ha avuto una reazione assolutamente eccessiva/spropositata.

Überreaktion *f* reazione *f* eccessiva/spropositata.

überreden <ohne ge-> *tr* **jdn** (**zu etw** dat) **~** convincere *qu (a fare qc)*, persuadere *qu (a fare qc)*: **jdn zu einem Ausflug ~**, convincere/persuadere qu a fare una gita; **den Vater zum Kauf eines neuen Autos ~**, convincere il padre ad acquistare un'auto nuova; **versuch mal, ihn (dazu) zu ~**, prova tu a convincerlo/persuaderlo; **jdn (dazu) ~, etw zu tun**, convincere/persuadere qu a fare qc; **die Kinder haben sie (dazu) überredet, allein Urlaub zu machen**, i figli l'hanno convinta a fare le vacanze da sola; **ich hab mich ~ lassen**, mi sono lasciato (-a)/fatto (-a) convincere/persuadere ● **jdn (zu etw** dat**) nicht erst groß ~ müssen** *fam*, non dover faticare molto a convincere qu (a fare qc).

Überredung <-, -en> *f* persuasione *f*: **durch ~**, con l'arte della persuasione.

Überredungskunst *f* arte *f* della persuasione, capacità *f* di persuadere: **seine ganze ~**/[all seine Überredungskünste] **aufbieten/anwenden, um ...**, fare uso di tutta la propria forza di persuasione per ...; **trotz seiner ~ gelang es ihm nicht, uns zum Kauf des Hauses zu bewegen**, nonostante ce l'avesse messa tutta non riuscì a persuaderci a comprare la casa.

überregional *adj* (SENDER, ZEITUNG) (*in mehr als einer Region*) (che è) diffuso in più regioni; (*in allen Regionen*) sovraregionale.

überreich Ⓐ *adj* (*sehr reich*) (AUSSTATTUNG, VERZIERUNG) sontuoso, fastoso; (*zu reich*) troppo sfarzoso, barocco: **ein ~es Geschenk**, un dono regale; **~ an etw** (dat) (FASSADE AN ORNAMENTEN), sovraccarico di qc; {LAND AN BODENSCHÄTZEN} ricchissimo di qc Ⓑ *adv* (*sehr reich*) {AUSSTATTEN, VERZIEREN} sontuosamente, fastosamente; (*zu reich*) con troppo sfarzo; {BELOHNEN} in modo regale: **jdn ~ beschenken**, fare dei doni regali a qu, ricoprire qu di regali.

überreichen <ohne ge-> *tr geh* **jdm etw ~** {AUSZEICHNUNG, BRIEF, PREIS, URKUNDE} consegnare *qc a qu*; {GESCHENK} dare *qc a qu*; {BLUMENSTRAUSS} offrire *qc a qu*.

überreichlich *adj* {MAHL} regale, più che abbondante.

Überreichung <-, ohne *pl*> *f* (+PREIS, URKUNDE) consegna *f*: **mir ist an einer persönlichen ~ des Geschenks sehr gelegen**, ci tengo molto a consegnare/dare il regalo ⌊di persona⌋/[personalmente].

überreif *adj* {OBST} troppo maturo, passato.

überreizt *adj* **1** (*überanstrengt*) {AUGEN} irritato: **~e Nerven haben, völlig ~ sein**, avere i nervi a fior di pelle **2** (*übererregt*) {ATMOSPHÄRE, MENSCH, VERFASSUNG} sovreccitato.

Überreiztheit <-, ohne *pl*> *f* **1** (*Überanstrengung*) {+AUGEN} stato *m* di irritazione; {+NERVEN} tensione *f* eccessiva **2** (*Übererregung*) {+MENSCH} sovreccitazione *f*.

überrennen <irr, ohne ge-> *tr bes. mil* **etw ~** prendere qc d'assalto.

überrepräsentiert *adj* {BERUFSZWEIG, BEVÖLKERUNGSGRUPPE} sovrarappresentato: **in etw** (dat) **~ sein**, avere troppi rappresentanti in qc.

Überrest *m* <*meist pl*> {+FESTUNG, SIEDLUNG} resto *m*, vestigio *m*: **die ~e einer antiken Kultur**/[etruskischen Stadt], i resti/le vestigia di ⌊un'antica cultura⌋/[una città etrusca] ● **die kläglichen/traurigen ~e**, i miseri resti; **jds sterbliche ~e** *geh euph*, le spoglie mortali di qu *lit*.

Überrollbügel *m autom* roll-bar *m*.

überrollen <ohne ge-> *tr* **jdn/etw ~** {LKW, PANZER, ZUG} travolgere *qu/qc*.

überrumpeln <ohne ge-> *tr fam* **jdn** (**mit etw** dat) **~** cogliere/prendere *qu* ⌊alla sprovvista⌋/[in contropiede] *(con qc)*, cogliere impreparato (-a) *qu (con qc)*: **jdn mit einer sehr direkten Frage ~**, cogliere qu ⌊alla sprovvista⌋/[impreparato (-a)] con una domanda molto diretta; **den Gegner mit einer geschickten Manöver ~**, prendere l'avversario in contropiede con un'abile mossa; **er fühlte sich von dem Angebot völlig überrumpelt**, fu colto del tutto ⌊alla sprovvista⌋/[impreparato] da quell'offerta.

Überrumpelung, **Überrumplung** <-,

-en} f (mossa f a) sorpresa f: **sein Antrag war eine regelrechte ~**, la sua proposta di matrimonio fu una vera sorpresa; **die ~ des Gegners**, l'assalto a sorpresa all'avversario.

überrunden <ohne ge-> tr **1** sport (überholen) jdn/etw ~ {LÄUFER, RENNWAGEN} doppiare qu/qc **2** (übertreffen) jdn ~ {KONKURRENZ, SCHÜLER, SPORTLER} superare qu, surclassare qu.

übers präp fam = über das → **über**①.

übersät adj ~ **mit/von etw** (dat) cosparso di qc, disseminato di qc, costellato di qc: **ein mit/von Sommersprossen ~es Gesicht**, un viso cosparso di lentiggini; **ein mit Sternen ~er Himmel**, un cielo trapunto di stelle; **die Wiese ist mit Gänseblümchen ~**, il prato è cosparso/costellato di margherite; **der Teppich war ~ mit Erdnüssen**, il tappeto era cosparso di nocciolette americane; **ein mit/von Edelsteinen ~es Diadem**, un diadema tempestato di gemme.

übersättigt adj ~ (zu viel von etw habend) {GESELLSCHAFT} sazio; **~e Wohlstandsbürger**, figli del benessere; **von etw** (dat) **~ sein**, essere saturo di qc; **die Kinder sind heutzutage von Spielzeug völlig ~**, oggigiorno i bambini sono strapieni di giocattoli **2** com {MARKT} saturo **3** chem {LÖSUNG} soprassaturo.

Übersättigung <-, ohne pl> f {+MARKT} saturazione f; {+GESELLSCHAFT} eccessivo benessere m.

übersäuert adj {BODEN, GEWÄSSER} troppo acido: **einen ~en Magen haben** med, soffrire di iperacidità/ipercloridria wiss.

Übersäuerung <-, -en> f {meist sing} {+BODEN, GEWÄSSER} acidificazione f; med {+MAGEN} iperacidità f, ipercloridria f wiss.

Überschallflugzeug n aereo m supersonico.

Überschallgeschwindigkeit f phys velocità f supersonica: **mit ~**, a velocità supersonica.

überschatten <ohne ge-> tr geh etw ~ {ATTENTAT, UNGLÜCK, TOD FEST, REISE, VERANSTALTUNG} gettare un'ombra su qc: **das Attentat auf den Präsidenten hatte das Gipfeltreffen überschattet**, l'attentato al presidente aveva gettato un'ombra sul vertice.

überschätzen <ohne ge-> **A** tr jdn/etw ~ {DEN GEGNER, EINEN KÜNSTLER, JDS KENNTNISSE, KOMPETENZ} sopravvalutare qu/qc; {JDS FÄHIGKEITEN} auch sovrastimare qc: **überschätz deine Kräfte nicht**, non sopravvalutare le tue forze; **ein überschätzter Schriftsteller**, uno scrittore sopravvalutato **B** rfl **sich ~** sopravvalutarsi.

Überschätzung <-, ohne pl> f sopravvalutazione f • **in ~ einer S.** (gen), sopravvalutando qc; **in völliger ~ seiner Kräfte nahm er am Marathonlauf teil**, sopravvalutando completamente le sue forze partecipò alla maratona.

überschaubar adj **1** (übersichtlich) {ANLAGE, GELÄNDE} non troppo grande, non dispersivo; {PLAN, TEXT} comprensibile, chiaro **2** (abschätzbar) {ANZAHL, MENGE, KOSTEN} calcolabile: **die Spätfolgen dieser Krankheit sind im Moment noch nicht ~**, i postumi di questa malattia non sono al momento prevedibili; **das Risiko muss ~ bleiben**, il rischio deve rimanere calcolabile **3** (nicht zu groß) {FIRMA, REDAKTION} facile da gestire; {MITARBEITERSTAB, TEILNEHMERKREIS} auch che si può tenere sotto controllo; {PROJEKT} gestibile: **die Zahl der Gäste ist nicht mehr ~**, abbiamo perso il conto degli ospiti.

Überschaubarkeit <-, ohne pl> f **1** (Übersichtlichkeit) {+ANLAGE, GELÄNDE} dimensioni f pl circoscritte; {+PLAN, TEXT} comprensibilità f, chiarezza f **2** (Abschätzbarkeit) {+ANZAHL, MENGE, KOSTEN} calcolabilità f; {+RISIKO} prevedibilità f: **wenn die ~ des Risikos nicht gegeben ist, ...**, se non è possibile calcolare il rischio ...

überschauen <ohne ge-> tr → **überblicken**.

über|schäumen itr <sein> **1** (über den Rand schäumen) {BIER, SEKT} traboccare (spumeggiando): **pass auf, dass das Bier nicht überschäumt!**, fai attenzione che la schiuma della birra non trabocchi!; **das Badewasser/die Badewanne schäumt über**, la schiuma trabocca dalla vasca da bagno **2** (außer sich geraten) **vor etw** (dat) **~** {VOR BEGEISTERUNG, FREUDE, WUT} traboccare di qc: **~de Begeisterung/Freude**, entusiasmo/gioia traboccante; **eine ~de Fantasie**, una fervida fantasia; **vor Temperament ~**, avere un temperamento esuberante.

überschlafen <irr, ohne ge-> tr fam **etw ~** dormire sopra a qc: **er will den Kauf des Hauses noch einmal ~**, prima di decidere se acquistare la casa vuole dormirci sopra; **das muss ich erst noch ~**, voglio prima dormirci sopra.

Überschlag m **1** sport (am Barren) volteggio m; (auf dem Boden) capriola f **2** aero looping m, giro m della morte, gran volta f **3** (ungefähre Berechnung) calcolo m approssimativo; (Kostenüberschlag) preventivo m: **einen ~ der Ausgaben machen**, fare un preventivo delle spese • **einen ~ machen** sport, eseguire un volteggio; aero, eseguire la gran volta, fare il cerchio della morte.

überschlagen① <irr, ohne ge-> **A** tr **1** (berechnen) **etw ~** {AUSGABEN, KOSTEN, TEILNEHMERZAHL} calcolare approssimativamente qc, fare un calcolo approssimativo di qc: **er überschlug, was die Fahrt kosten würde**, calcolò approssimativamente quanto sarebbe costato il viaggio; **haben Sie schon einmal ~, mit wie vielen Teilnehmern wir rechnen können?**, ha già fatto un calcolo approssimativo dei partecipanti? **2** (auslassen) **etw ~** {KAPITEL, SEITE} saltare qc, tralasciare qc: **die langweiligen Stellen überschlage ich immer gleich**, le parti noiose le salto subito **B** rfl **sich ~ 1** (um die eigene Achse drehen) capovolgersi, ribaltarsi, rovesciarsi; {AUTO, FLUGZEUG} auch cappottare; {WELLEN} rompersi **2** (schrill werden) {STIMME} incrinarsi **3** (schnell aufeinander folgen) {EREIGNISSE} accavallarsi, incalzare, susseguirsi rapidamente: **ihre Gedanken überschlugen sich**, i pensieri le si accavallarono nella mente; **die Nachrichten überschlugen sich**, le notizie si accavallavano/incalzavano **4** fam (beflissen sein) **sich ~** darsi un gran daffare, farsi in quattro fam: **sich ~ vor etw** (dat) **~** {VOR AUFMERKSAMKEIT, HILFSBEREITSCHAFT, HÖFLICHKEIT} eccedere in qc: **sich vor Eifer ~**, eccedere in zelo; **sich vor Liebenswürdigkeit ~**, eccedere/esagerare con le gentilezze; **die Verkäuferin überschlug sich fast für den Kunden**, la commessa fece quasi i salti mortali per accontentare il cliente; **das Kind überschlug sich fast vor Freude, als es das neue Fahrrad sah**, il bambino fece le capriole dalla gioia quando vide la bicicletta nuova • **jetzt überschlag dich mal nicht!** fam, calma, vacci piano! fam.

über|schlagen② <irr> **A** tr <haben> (überkreuzen) **etw ~** {BEINE} accavallare qc: **mit übergeschlagenen Beinen**, con le gambe accavallate **B** itr <sein> (in ein Extrem übergehen) **in etw** (akk) **~** {ÄRGER, GEREIZTHEIT IN WUT; BEGEISTERUNG IN FANATISMUS} trasformarsi in qc, tramutarsi in qc: **die Enttäuschung der Fußballfans schlug in Zerstö-**rungswut über, la delusione dei tifosi si tramutò in furia distruttrice.

überschlägig **A** adj {KOSTEN, RECHNUNG} approssimativo **B** adv {BERECHNEN, VERANSCHLAGEN} in modo approssimativo, approssimativamente: **die Kosten belaufen sich ~ auf 2000 Euro**, i costi ammontano all'incirca a 2000 euro.

Überschlaglaken n lenzuolo m di sopra.

über|schnappen itr <sein> fam impazzire, uscire di senno, andare fuori di testa fam, bersi il cervello fam: **er ist übergeschnappt**, è uscito di senno, si è bevuto il cervello; **du bist wohl (total/völlig) übergeschnappt?**, ma ti ha dato (completamente) di volta il cervello? fam.

überschneiden <irr, ohne ge-> rfl **1** geom **sich ~** {FLÄCHEN, LINIEN} intersecarsi **2** (teilweise gleich sein) **sich ~** {FORSCHUNGSBEREICHE, KURSE, THEMEN} sovrapporsi parzialmente: **die beiden Themenbereiche ~ sich in einigen Punkten**, i due ambiti tematici hanno/presentano alcuni punti in comune **3** (fast gleichzeitig stattfinden) **sich ~ (um etw** akk) **~** {FILME, SENDUNGEN, VERANSTALTUNGEN UM 10 MINUTEN, EINE HALBE STUNDE} accavallarsi, sovrapporsi per qc; **sich mit etw** (dat) **~ coincidere (in parte) con qc**.

Überschneidung <-, -en> f **1** geom {+FLÄCHEN, LINIEN} intersezione f, intersecazione f **2** (inhaltliche Ähnlichkeit) {+FORSCHUNGSBEREICHE, KURSE, THEMEN} sovrapposizione f parziale **3** (partielle Gleichzeitigkeit) {+FILME, KURSE, VERANSTALTUNGEN} accavallamento m.

überschreiben <irr, ohne ge-> tr **1** (übertragen) **jdm etw ~, etw auf jdn ~** intestare qc a qu: **jdm ein Grundstück ~**, intestare un terreno a qu; **er hat das Haus auf seine/[den Namen seiner] Frau überschrieben**, ha intestato la casa alla moglie **2** (betiteln) **etw ~** {ARTIKEL, KAPITEL, TEXT} intitolare qc, dare un titolo/un'intestazione a qc: **wie könnte man dieses Kapitel ~?**, quale titolo si potrebbe dare a{,}/[come si potrebbe intitolare] questo capitolo?; **sie hat ihr Gedicht mit (den Worten) «Die Schwestern» überschrieben**, ha intitolato la sua poesia «Le sorelle»; **er hat seine Doktorarbeit mit einem Brecht-Zitat überschrieben**, come titolo per la sua tesi di dottorato ha scelto una citazione di Brecht; **etw ist mit ... überschrieben**, qc è intitolato ... **3** inform (darüberschreiben) **etw ~** {DATEN, DISKETTE, TEXT} sovrascrivere qc.

Überschreibung <-, -en> f intestazione f.

überschreien <irr, ohne ge-> tr **jdn ~** gridare più forte di qu; {EINEN REDNER} gridare così forte da coprire la voce di qu; **etw ~** coprire qc con le (proprie) grida.

überschreiten <irr, ohne ge-> tr geh **1** (überqueren) **etw ~** {GRENZE, SCHWELLE} oltrepassare qc, varcare qc; {STRAßE} attraversare qc; {PASS} auch valicare qc: **Überschreiten der Gleise verboten**, vietato attraversare i binari **2** (sich nicht an etw halten) **etw ~** {BEFUGNISSE, KOMPETENZEN} oltrepassare qc, andare al di là di qc; {GESETZ, REGELN} trasgredire qc, violare qc, contravvenire a qc: **die vorgeschriebene/zulässige Geschwindigkeit ~**, superare il limite di velocità; **die Grenzen des Anstands ~**, oltrepassare il limite/la soglia della decenza; **seine Frechheit überschreitet jedes erträgliche Maß**, la sua insolenza oltrepassa ogni limite **3** (ein bestimmtes Maß ~) **etw ~** {ANFORDERUNGEN, ARBEIT FÄHIGKEITEN, KONZENTRATIONSVERMÖGEN} andare/essere al di là di qc, superare qc: **das Budget ~**, superare/sforare il budget **4** geh (über etw hinaus sein): **etw überschritten haben** {ALTERSGRENZE}, aver superato/passato qc; **er/sie hat die Sechzig schon überschritten und ist noch sehr fit**, ha già passato la sessantina ed è ancora molto in gamba; **das Fest hat den Höhepunkt schon überschritten**, il clou della festa è già passato.

Überschreitung f {+BEFUGNISSE, KOMPETENZEN, ZUSTÄNDIGKEITEN} eccesso m; {+GESETZ, REGELN} trasgressione f: **eine ~ der Amtsbefugnisse**, un eccesso di potere.

Überschrift f titolo m: **die ~ lautet ...**, il titolo è ...; **die Veröffentlichung trug die ~ ...**, la pubblicazione ₗaveva il titolo₁/[era intitolata] ...; **etw mit einer ~ versehen**, intitolare qc, dare un titolo a qc.

Überschuh m soprascarpa f, caloscia f.

überschuldet adj {BETRIEB, UNTERNEHMEN} pesantemente indebitato, ₗgravato di forti₁/[oberato di] debiti; {GRUNDSTÜCK, HAUS} gravato da pesanti ipoteche: **der Staat ist ~**, lo stato ha un forte debito pubblico.

Überschuldung f forte/pesante indebitamento m.

Überschuss (a.R. Überschuß) m **1** com (Gewinn) profitto m, utile m: **einen ~ abwerfen**, dare un profitto; **Überschüsse erzielen**, realizzare ₗi profitti₁/[degli utili] **2** <meist sing> (überschüssige Menge) **~ (an jdm/etw dat)** {AN ARBEITSKRÄFTEN, HOCHSCHULABSOLVENTEN} eccedenza f (di qu/qc); {AN KONSUMGÜTERN, WAREN} auch surplus m (di qc): **ein ~ an Arbeitskräften**, manodopera in esubero; **ein ~ an Lehrern**, insegnanti in soprannumero; **es besteht ein ~ an Frauen**, ci sono più donne che uomini, il numero delle donne supera quello degli uomini; **ein ~ an Importgütern**, un surplus di merce d'importazione; **er hat einen ~ an Kraft und Ausdauer**, ha forza e resistenza da vendere.

Überschussbeteiligung f Versicherung partecipazione f agli utili.

überschüssig adj **1** com (PRODUKTION) esuberante; {ARTIKEL, WARE} eccedente, in eccedenza: **die ~e Ware abstoßen**, disfarsi della merce eccedente/[in eccedenza] **2** (übermäßig) {ENERGIE, KRAFT} da vendere: **seine ~e Energie austoben**, scaricarsi.

überschütten① <ohne ge-> tr **1** (überhäufen) **jdn mit etw** (dat) ~ {MIT KOMPLIMENTEN} ricoprire qu di qc, sommergere qu di qc; {MIT GESCHENKEN, LOB} auch colmare qu di qc; {MIT KRITIK} sommergere qu di qc; {MIT VORWÜRFEN} investire qu di qc: **jdn mit Fragen ~**, bombardare/tempestare qu di domande/rimproveri **2** (bedecken) **etw mit etw** (dat) **~** {ERDE, TORF} ricoprire qc di qc.

über|schütten② tr fam (jdm) etw ~ rovesciare qc (addosso a qu).

Überschwang <-(e)s, ohne pl> m esuberanza f: **jugendlicher ~**, esuberanza giovanile ● **im ersten ~**, nell'entusiasmo del momento; **im ~ einer S.** (gen) {DER BEGEISTERUNG, FREUDE, DES GLÜCKS}, sull'onda di qc; **im ~ der Gefühle**, sull'onda del sentimento; **im ~ der Jugend**, nell'impeto della giovinezza; **voller ~ sein**, essere pieno di entusiasmo.

überschwänglich Ⓐ adj **1** (sehr begeistert) {BEGRÜSSUNG} calorosissimo; {EMPFANG} auch entusiastico; {TEMPERAMENT} esuberante, espansivo: **eine ~e Art haben**, essere molto espansivo; **sich in ~en Dankesworten ergehen**, profondersi in ringraziamenti; **jdn mit ~en Worten loben**, tessere lodi sperticate di qu **2** pej (übertrieben) {BEGEISTERUNG} eccessivo; {LOB} auch sperticato; {VERHALTEN} esaltato, sopra le righe; {TON} auch enfatico Ⓑ adv {BEGRÜSSEN} calorosissimamente, con grande calore: **sich ~ bedanken**, profondersi in ringraziamenti; **sie lobten ihn ~**, lo lo-

darono in modo sperticato; **~ von jdm/etw sprechen**, parlare entusiasticamente/[in termini entusiastici] di qu/qc.

Überschwänglichkeit <-, ohne pl> f {+BEGRÜSSUNG, EMPFANG} entusiasmo m, grande calore m; {+LOB} esagerazione f; {+MENSCH, TEMPERAMENT} esuberanza f.

über|schwappen itr <sein> fam **1** (über den Rand fließen) {FLÜSSIGKEIT, GEFÄß} traboccare **2** (sich verbreiten) **irgendwohin ~** {GRIPPEWELLE NACH DEUTSCHLAND, EUROPA} estendersi a qc.

überschwemmen <ohne ge-> tr **1** (überfluten) **etw** ~ {FELDER, KÜSTENGEBIET, STADT} inondare qc, sommergere qc, allagare qc: **der Fluss hat einige Tausend Hektar Land überschwemmt**, il fiume ha inondato/sommerso/allagato alcune migliaia di ettari di terra; **die Stadt wurde vom Hochwasser überschwemmt**, la città fu allagata dalla piena del fiume; **Keller und Garagen wurden überschwemmt**, cantine e garage si allagarono; **überschwemmt sein**, essere allagato **2** (in großen Mengen kommen) **etw ~** {FLÜCHTLINGE, TOURISTEN LAND, REGION, STADT} invadere qc, riversarsi in qc: **jeden Sommer werden die Strände von sonnenhungrigen Touristen überschwemmt**, ogni estate le spiagge vengono invase da turisti bramosi di sole **3** com (im Übermaß auf den Markt bringen) **etw mit etw** (dat) ~ {HANDEL, MARKT MIT BILLIGPRODUKTEN, IMITATIONEN} invadere qc di qc: **der Markt ist mit elektronischem Spielzeug überschwemmt worden**, il mercato è stato invaso dai giocattoli elettronici, i giocattoli elettronici hanno invaso il mercato; **die Leser werden heute mit Nachrichten geradezu überschwemmt**, oggigiorno i lettori vengono letteralmente sommersi di notizie.

Überschwemmung <-, -en> f alluvione f, allagamento m, inondazione f: **es kam zu ~en in den Flussgebieten**, si sono verificate inondazioni nelle zone fluviali; **die ~ hat Schäden in Millionenhöhe angerichtet**, l'alluvione ha provocato danni per milioni di euro; **die anhaltenden Regenfälle haben zu ~en in der ganzen Stadt geführt**, le piogge incessanti hanno provocato allagamenti in tutta la città ● **musst du immer eine ~ anrichten, wenn du badest?**, devi sempre allagare tutto quando fai il bagno?

Überschwemmungsgebiet n (überschwemmtes Gebiet) area f/zona f alluvionata; (Gebiet, das regelmäßig überschwemmt wird) regione f/zona f soggetta a inondazioni/alluvioni periodiche: **die ~e eines Flusses**, le zone inondate periodicamente dalla piena del fiume.

Überschwemmungskatastrophe f alluvione f/inondazione f rovinosa/[di dimensioni catastrofiche].

überschwenglich a.R. von überschwänglich → **überschwänglich**.

Überschwenglichkeit a.R. von Überschwänglichkeit → **Überschwänglichkeit**.

Übersee f geog: **aus/von ~**, d'oltreoceano; **in/nach ~**, oltreoceano; **eine Reise nach ~**, un viaggio transoceanico; **nach ~ auswandern/exportieren**, emigrare/esportare oltreoceano; **von ~ kommen/importieren**, venire/importare d'oltreoceano; **Verwandte in ~ haben**, avere dei parenti oltreoceano.

Überseedampfer m naut transatlantico m.

Überseehafen m porto m internazionale.

Überseehandel m com commercio m con i paesi d'oltreoceano.

überseeisch adj {IMPORT} d'oltreoceano; {BESITZUNGEN, GEBIETE} auch d'oltremare; {EXPORT} oltreoceano.

Überseekabel n el cavo m transoceanico.

übersehbar adj → **überschaubar**.

übersehen <irr, ohne ge-> tr **1** (nicht sehen) **jdn/etw ~** {AMPEL, HINWEIS, PERSON} non vedere qu/qc; {FEHLER} lasciarsi sfuggire qc: **ein paar Ungenauigkeiten sind in der Eile ~ worden**, nella fretta alcune imprecisioni sono sfuggite; **jdn in der Menge ~**, non vedere qu nella folla; **du übersiehst dabei, dass ...**, non tieni conto del fatto che ...; **jdn absichtlich/geflissentlich ~**, ignorare qu, far finta di non vedere qu; **etw geflissentlich ~**, passare intenzionalmente sopra a qc; **etw stillschweigend ~**, passare sopra a qc; (mit etw dat) **nicht zu ~ sein** {GEBÄUDE, PERSON MIT EINEM BESTIMMTEN MERKMAL}, non passare inosservato (-a) (con qc), dare nell'occhio; **was, du hast die Kirche nicht gefunden? Die war doch nicht zu ~!**, come, non hai trovato la chiesa? Era impossibile non vederla! **2** (erfassen) **etw ~** {AUSMAß, FOLGEN, KONSEQUENZEN} avere chiaro qc, vedere chiaramente qc; {RISIKO, SCHADEN} calcolare qc, valutare qc; {LAGE, PROBLEM} avere una visione complessiva di qc: **das Ausmaß der Katastrophe ist noch nicht zu ~**, non si possono ancora valutare le proporzioni della catastrofe; **die möglichen Folgen von etw** (dat) **nicht ~**, non rendersi conto delle possibili conseguenze di qc; **wir können (es) noch nicht ~, ob ...**, non siamo ancora in grado di prevedere/sapere se ...; **ich fürchte, er übersieht die Folgen seines Handelns gar nicht**, temo che non si renda affatto conto delle conseguenze delle sue azioni **3** (überblicken) **etw** ~ {BUCHT, GEBIET, GELÄNDE, TAL, WALD} abbracciare con lo sguardo qc: **vom Flugzeug aus konnten wir die ganze Küste ~**, dall'aereo si vedeva tutta la costa.

übersenden <irr oder reg, ohne ge-> tr geh **jdm etw ~** {BRIEF, MATERIAL, UNTERLAGEN} inviare qc a qu, spedire qc a qu: **anbei/[in der Anlage] ~ wir Ihnen die gewünschten Unterlagen**, in allegato Le inviamo la documentazione richiesta.

Übersendung f invio m: **wir bitten um baldige ~ des Anmeldeformulars**, preghiamo volerci inviare al più presto il modulo d'iscrizione.

übersetzbar adj {GEDICHT, REDEWENDUNG, STIL, WORTSPIEL} traducibile: **leicht/[kaum/schwer] ~ sein**, essere facile/difficile da tradurre; **nicht ~ sein**, essere intraducibile.

übersetzen① <ohne ge-> ling Ⓐ tr etw **(aus/von etw** dat **in etw** akk) ~ tradurre qc (da qc in qc); (bes. in der Schule) auch fare una versione da qc a qc: **etw frei/sinngemäß/wörtlich ~**, tradurre qc liberamente/[a senso]/[letteralmente]; **etw simultan ~**, tradurre qc in simultanea; **etw ohne Wörterbuch nachzugucken** fam **~**, tradurre qc ₗall'impronta₁/[senza fare uso del dizionario]; **einen Zeitungsartikel ₗaus dem₁/[vom] Russischen ins Deutsche ~**, tradurre un articolo di giornale dal russo in tedesco; **sie hat diesen Text hervorragend übersetzt**, ha fatto una traduzione eccellente di questo testo Ⓑ itr tradurre, fare ₗuna traduzione₁/[traduzioni]: **was machen Sie beruflich? – Ich übersetze, cosa fa di professione? – Sono traduttore (-trice); **sie kann wirklich gut ~**, fa veramente delle buone traduzioni, traduce davvero bene; **ich bin noch am Übersetzen**, sto ancora traducendo; **kann ich dir beim Übersetzen helfen?**, ti posso aiutare con la traduzione?

über|setzen② Ⓐ tr <haben> (zum anderen Ufer bringen) **jdn/etw ~** traghettare qu/qc, portare *qu/qc*ˌda una riva all'altraˌ/ˌsull'altra rivaˌ **B** *itr* <*haben oder sein*> (*zum anderen Ufer fahren*) (**mit etw** dat) ~ {MIT EINEM BOOT, EINER FÄHRE} passare sull'altra riva (*con qc*), attraversare (un fiume/lago) (*con qc*).

Übersetzer <-s, -> m (**Übersetzerin** f) traduttore (-trice) m (f): **vereidigter ~**, traduttore giurato.

übersetzt *adj CH* (*überhöht*) {GESCHWINDIGKEIT, PREIS} eccessivo.

Übersetzung① <-, -en> f *ling* **1** (*übersetzter Text*) traduzione f; (*bes. in der Schule*) *auch* versione f: **einen Roman in einer neuen ~ herausgeben**, pubblicare un romanzo in una nuova traduzione, pubblicare una nuova traduzione di un romanzo; **der Roman liegt jetzt in ~ vor**, il romanzo è uscito adesso in traduzione; **der chinesische Autor ist jetzt in deutscher/[einer deutschen] ~ erschienen**, l'autore cinese è stato adesso tradotto in tedesco; **einen Text nur in der ~ lesen/kennen**, leggere/conoscere un testo soltanto in traduzione **2** <*nur* sing> (*das Übersetzen*) traduzione f; (*in der Schule*) *auch* versione f: **eine wörtliche/freie ~**, una traduzione letterale/libera; **eine dem Original getreue geh/entsprechende ~**, una traduzione fedele all'originale; **eine ~ von etw** (dat) **machen/anfertigen**, fare una traduzione di qc; **die ~ des Textes aus dem Russischen ins Deutsche war sehr schwierig**, la traduzione del testo dal russo al tedesco era molto difficile; **die ~** ˌ**ist/stammt von**ˌ/ ˌ**besorgte**ˌ ..., la traduzione è di ...

Übersetzung② <-, -en> f *tech* {+GETRIEBE} (rapporto m di) trasmissione f; {+FAHRRAD} *auch* moltiplica f: **eine kleinere/größere ~ wählen**, scegliere una trasmissione più piccola/grande; **an der Steigung mit einer kleineren ~ fahren** (*mit dem Fahrrad*), andare in salita usando un rapporto corto.

Übersetzungsarbeit f lavoro m di traduzione.

Übersetzungsbüro n agenzia f di traduzioni.

Übersetzungscomputer m → **Sprachcomputer**.

Übersetzungsfehler m errore m di traduzione.

Übersetzungsproblem n problema m di traduzione.

Übersetzungsprogramm n *inform* (*in eine andere Sprache*) programma m di traduzione, traduttore m; (*in anderes Format*) programma m di conversione.

Übersetzungssoftware f *inform* software m di traduzione.

Übersetzungswissenschaft f traduttologia f, scienza f della traduzione.

Übersicht <-, -en> f **1** <*nur* sing> (*Überblick*) ~ (**über etw** akk) visione f d'insieme f (di): **sich** (dat) **eine ~ (über etw** akk) **verschaffen**, farsi ˌun quadro d'insiemeˌ/ˌun'idea generaleˌ di qc; **die ~ verlieren**, non raccapezzarsi più, perdere la visione d'insieme, perdersi *fam*; **in diesem Durcheinander von Akten muss man ja die ~ verlieren**, in questa confusione di pratiche uno ˌper forza si perdeˌ/ˌnon si raccapezza proprio piùˌ] **2** (*knappe Darstellung*) ~ (**über etw** akk) panoramica f (*di qc*), quadro m d'insieme (*di qc*): **eine ~ über das Abendprogramm geben**, dare una breve panoramica dei programmi serali; **eine ~ über die Wahlergebnisse**, un quadro riassuntivo dei risultati elettorali; **eine ~ in Tabellenform**, una tavola sinottica, un quadro sinottico, un prospetto.

übersichtlich **A** *adj* **1** (*gut zu überschauen*) {ANLAGE, GELÄNDE} non troppo grande,

non dispersivo; {KREUZUNG} con una buona visuale **2** (*leicht erfassbar*) {AUFTEILUNG, DARSTELLUNG, FORM, SCHEMA} chiaro, comprensibile: **eine ~e Anordnung der Ausstellungsstücke**, una disposizione dei pezzi fatta con criterio; **eine Bibliothek muss ~ sein**, una biblioteca deve essere organizzata in modo razionale; {PLAN} ben strutturato **B** *adv* **1** (*leicht erfassbar*) {AUFTEILEN, DARSTELLEN, GLIEDERN} in modo chiaro/comprensibile; {ANORDNEN} *auch* secondo/seguendo un criterio razionale **2** (*gut überschaubar*): **etw ~ anlegen**, dare una struttura razionale a qc; **das Einkaufszentrum ist ~ angelegt**, il centro commerciale è costruito in maniera razionale.

Übersichtlichkeit <-, *ohne* pl> f **1** (*Überschaubarkeit*) {+ANLAGE} dimensioni fpl circoscritte; {+KREUZUNG} buona visuale **2** (*Klarheit*) {+ANORDNUNG, GLIEDERUNG, DARSTELLUNG, PLAN, SCHEMA} chiarezza f.

Übersichtskarte f carta f (geografica) su scala ridotta.

Übersichtstafel f tavola f sinottica, prospetto m, specchietto m.

über|**siedeln**① itr <*sein*> *irgendwohin* ~ trasferirsi + *compl di luogo*: **von München nach Regensburg ~**, trasferirsi da Monaco a Ratisbona; **die Firma ist nach Norddeutschland übergesiedelt**, la ditta si è trasferita nella Germania del Nord; **für einige Jahre ins Ausland ~**, trasferirsi per alcuni anni all'estero.

übersiedeln② <*ohne* ge-> itr <*sein*> → **über**|**siedeln**①.

Übersiedler m (**Übersiedlerin** f) *hist* (*aus der ehemaligen DDR*) immigrante mf (della ex RDT).

Übersiedlung, Übersiedelung <-, *ohne* pl> f trasferimento m: **eine ~** ˌ**ins Ausland**ˌ/ ˌ**in eine andere Stadt**ˌ, un trasferimento ˌall'esteroˌ/ˌin un'altra cittàˌ.

übersinnlich *adj* {PHÄNOMEN, WAHRNEHMUNG, WIRKLICHKEIT} paranormale, extrasensoriale, soprasensibile: **~e Kräfte besitzen**, possedere poteri paranormali.

überspannen <*ohne* ge-> *tr* **1** (*zu stark spannen*) *etw* ~ {BOGEN, FEDER, SEITE} tendere troppo qc **2** (*über etw hinwegführen*) *etw* ~ {BRÜCKE} allungarsi *su qc*; {GEWÖLBE} coprire *qc*.

überspannt *adj* **1** *pej* (*übertrieben*) {ANSICHTEN, VORSTELLUNGEN} bizzarro, strano: **~e Forderungen haben**, avere delle pretese esagerate/smodate **2** (*exaltiert*) {MENSCH, TYP} eccentrico **3** (*überreizt*) {NERVEN} a fior di pelle.

überspielen① <*ohne* ge-> *tr* (*verdecken*) *etw* (**durch etw** akk) ~ {BEFANGENHEIT, UNSICHERHEIT, VERLEGENHEIT DURCH FORSCHES AUFTRETEN, NONCHALANCE} mascherare *qc* (*con qc*), dissimulare *qc* (*dietro qc*), (*cercare di*) nascondere *qc* (*dietro qc*): **seine Schüchternheit ~**, mascherare la propria timidezza; **eine peinliche Situation ~**, sorvolare su una situazione imbarazzante, fare finta di niente.

überspielen② *tr* **1** (*übertragen*) *etw* ~ {CD, FILM, KASSETTE, VIDEOKASSETTE} duplicare *qc*; *etw* (**auf etw** akk) ~ {KASSETTE AUF CD, FILM AUF VIDEOKASSETTE} registrare *qc* (*su qc*), riversare *qc* (*su qc*) *tech* **2** (*durch erneutes Beispielen löschen*) *etw* ~ {BAND, FILM} cancellare *qc* (registrandoci sopra).

überspitzt **A** *adj* {DARSTELLUNG} esagerato, caricato; **eine ~e Formulierung**, un'espressione forte; **das ist leicht/etwas ~**, è leggermente/[un tantino] esagerato **B** *adv*: **es handelt sich, ~ formuliert, um ...**, si tratta, per usare/[dirla con] un'espressione for-

te, di ...; **~ ausgedrückt könnte man sagen, dass ...**, esagerando si potrebbe dire che ...

über|**springen**① <*irr*> itr <*sein*> **1** (*übergreifen*) (**auf etw** akk) ~ {FEUER, FLAMMEN} propagarsi (*a qc*): **ein Funke ist übergesprungen und hat den Teppich in Brand gesetzt**, è scoccata una scintilla e ha incendiato il tappeto **2** (*anstecken*) **auf jdn** ~ {JDS AUSGELASSENHEIT, GUTE LAUNE AUF DIE ANDEREN} contagiare *qu*, trasmettersi *a qu*, comunicarsi *a qu* **3** (*unvermittelt übergehen*) **auf etw** (akk) ~ {AUF EIN ANDERES ARGUMENT, THEMA} passare improvvisamente *a qc*, saltare bruscamente *a qc*: **sie sprang plötzlich auf ein ganz anderes Thema über**, di punto in bianco passò a un altro argomento; **von einem Thema zum anderen ~**, saltare da un argomento all'altro.

überspringen② <*irr, ohne* ge-> *tr etw* ~ **1** (*über etw springen*) {GRABEN, HINDERNIS, ZAUN} saltare *qc*: **im Hochsprung 2,20 m ~**, saltare 2,20 m nel salto in alto **2** (*auslassen*) {ABSATZ, KAPITEL, SEITEN} saltare *qc*: **eine Klasse ~ Schule**, saltare una classe.

über|**sprudeln** itr <*sein*> **1** (*überlaufen*) {LIMONADE, SEKT} traboccare (spumeggiando); {SUPPE, KOCHENDES WASSER} traboccare (bollendo) **2** (*sehr lebhaft sein*) **von/vor etw** (dat) ~ {VON/VOR GEIST, WITZ} essere pieno *di qc*; {VON/VOR HEITERKEIT/FREUDE ~}, sprizzare allegria/gioia da tutti i pori; **vor Ideen ~**, essere un vulcano d'idee, avere la testa come un vulcano; **ein ~des Temperament**, un temperamento esuberante/effervescente.

über|**sprühen** itr **vor etw** (dat) ~ {VOR FREUDE} sprizzare *qc*, traboccare *di qc*.

überspülen <*ohne* ge-> *tr etw* ~ {WELLEN FELSEN, STEINE AM STRAND} bagnare *qc*; {WELLEN KAIMAUER, STAUMAUER} sormontare *qc*.

überstaatlich *adj* sopra(n)nazionale.

überstehen① <*irr, ohne* ge-> *tr etw* (*irgendwie*) ~ {KRANKHEIT, KRISE, OPERATION} superare *qc* (+ *compl di modo*); {KATASTROPHE, KRIEG, UNGLÜCK} sopravvivere *a qc* (+ *compl di modo*); {STRAPAZEN} sopportare *qc* (+ *compl di modo*): **haben Sie die Reise gut überstanden?**, ha fatto buon viaggio?; **morgen hast du ja alles überstanden!**, domani te lo sarai già dimenticato!; **einen Eingriff gut/problemlos ~**, superare bene/[senza problemi] un intervento; **wenn er diese Nacht übersteht, ...**, se supera la notte, ...; **ein Unglück lebend ~**, sopravvivere a una sciagura; **das Schlimmste ist überstanden!**, il peggio è passato! ● **es überstanden haben** *euph* (*gestorben sein*), essere passato a miglior vita *euph*, aver finito di soffrire *euph*; (*es geschafft haben*), avercela fatta; **das wäre/[hätten wir] überstanden!**, grazie a Dio, ce l'abbiamo fatta! *fam*.

über|**stehen**② <*irr*> itr <*haben oder süddt A CH sein*> (**um etw** akk) ~ sporgere (*di qc*).

übersteigen <*irr, ohne* ge-> *tr* **1** (*über etw klettern*) *etw* ~ {GELÄNDER, HECKE, ZAUN} scavalcare *qc* **2** (*über etw hinausgehen*) *etw* ~ superare *qc*, andare/essere al di là *di qc*: **das übersteigt mein Vorstellungsvermögen**, questo va al di là della mia immaginazione; **jds Kräfte ~**, superare le forze di qu; **das Angebot übersteigt unsere kühnsten Erwartungen**, l'offerta supera le nostre più rosee aspettative **3** (*größer als etw sein*) *etw* ~ {KOSTEN, REPARATUR, UMBAU EINEN KOSTENVORANSCHLAG, EINE BESTIMMTE SUMME} superare *qc*: **die Nachfrage übersteigt das Angebot**, la richiesta supera l'offerta.

übersteigert *adj* **1** (*zu hoch*) {ANSPRUCH, FORDERUNG} esagerato, eccessivo; {PREIS} *auch* esorbitante, esoso **2** (*extrem*) {GEL-

überstellen <ohne ge-> tr adm **jdn jdm/an jdn** ~ {FESTGENOMMENEN, GEFANGENEN DER JUSTIZ, EINER ANDEREN DIENSTSTELLE} consegnare qu a qu.

übersteuern <ohne ge-> **A** tr et **etw** ~ {ANLAGE, MIKROFON, VERSTÄRKER} sovramodulare qc: **eine übersteuerte Gitarre**, una chitarra distorta **B** itr autom sovrasterzare.

Übersteuerung <-, ohne pl> f **1** el sovramodulazione f **2** {+FAHRZEUG} sovrasterzata f.

überstimmen <ohne ge-> tr **jdn** ~ battere qu ai voti, mettere in minoranza qu: **die Gegner des Gesetzentwurfs** ~, mettere in minoranza gli oppositori del progetto di legge; **etw** ~ {ANTRAG} respingere/bocciare qc (a maggioranza); **überstimmt werden** {FRAKTION, GRUPPE}, essere battuto (ai voti); {ANTRAG} essere respinto/bocciato.

überstrapazieren <ohne ge-> tr **etw** ~ **1** (zu sehr ausnutzen) {JDS GEDULD, GUTMÜTIGKEIT} abusare di qc **2** (zu stark beanspruchen) {KRÄFTE, NERVEN} logorare qc: **überstrapazierte Nerven**, nervi a pezzi **3** (zu oft verwenden) {AUSREDE, BEGRIFF, SLOGAN} abusare di qc: **überstrapaziert**, trito (e ritrito), fritto e rifritto.

überstreichen <irr, ohne ge-> tr **etw mit etw** (dat) ~ {ALTEN ANSTRICH, FLECKEN, TÄFELUNG MIT FARBE, LACK} coprire qc con qc.

über|streifen **A** tr **etw** ~ {HANDSCHUHE, PULLOVER} infilare qc, mettere qc **B** rfl **sich** (dat) **etw** ~ infilarsi qc, mettersi qc.

über|strömen itr **von/vor etw** (dat) ~ {VOR DANKBARKEIT, FREUDE} traboccare di qc: **von Dankesworten** ~, profondersi in ringraziamenti; **überströmend**, traboccante.

überströmt adj <präd>: **von Blut/Schweiß ~ sein**, grondare di sangue/sudore; **von Tränen ~ sein**, essere inondato di lacrime.

über|stülpen **A** tr **jdm/etw etw** ~ {HELM, HUT, KAPUZE} calcare qc (in testa) a qu/qc; {SACK} coprire la testa di qu con qc **B** rfl **sich** (dat) **etw** ~ {HELM, HUT, KAPUZE} calcarsi qc in testa.

Überstunde f <meist pl> ora f di (lavoro) straordinario: **~n machen**, fare (gli straordinari)/[ore di lavoro straordinario].

Überstundenvergütung f retribuzione f degli straordinari.

Überstundenzuschlag m industr indennità f per lavoro straordinario.

überstürzen <ohne ge-> **A** tr **etw** ~ {ENTSCHEIDUNG, HANDLUNG} precipitare qc, affrettare (troppo) qc **B** rfl (rasch aufeinander folgen) **sich** ~ {EREIGNISSE} accavallarsi, incalzare, susseguirsi/succedersi rapidamente/[a ritmo incalzante] • **man soll nichts ~!, nur nichts ~!**, non bisogna precipitare le cose!

überstürzt **A** adj {ABREISE, FLUCHT, HANDLUNG} precipitoso, affrettato, avventato; {ENTSCHEIDUNG} auch precipitato **B** adv {ABREISEN, ENTSCHEIDEN, HANDELN} precipitosamente, con troppa fretta.

übertariflich **A** adj {BEZAHLUNG, LEISTUNGEN} superiore alla tariffa sindacale **B** adv {BEZAHLEN} più di quanto stabilito dalla tariffa sindacale.

überteuert **A** adj {MIETEN, PREISE} esorbitante, gonfiato, affrettato; {ARTIKEL, WARE} eccessivamente/troppo caro **B** adv {VERKAUFEN} a un prezzo eccessivo.

übertölpeln <ohne ge-> tr **jdn** ~ far fesso (-a) qu fam, abbindolare qu, raggirare qu, imbrogliare qu.

übertönen <ohne ge-> tr **etw** ~ {GERÄUSCH, KLÄNGE, LÄRM MUSIK, STIMME} coprire qc: **der Straßenlärm übertönte die Stimme des Lehrers**, i rumori della strada coprivano la voce del professore; **seine Stimme übertönte alle anderen**, la sua voce soverchiava tutte le altre; **jdn** ~ parlare più forte di qu; **jeder versucht, den anderen zu** ~, ognuno cerca di parlare più forte dell'altro; **jdn mit etw** (dat) ~ {MIT SEINEM GESCHREI, SEINER STIMME} coprire la voce di qu con qc.

Übertopf m portavasi m.

Übertrag <-(e)s, Überträge> m com riporto m: **einen ~ (auf/in etw akk) machen** {AUF DIE NÄCHSTE SEITE, IN EIN NEUES HEFT}, fare il riporto (in qc).

übertragbar adj **1** (übernehmbar) ~ **auf etw** (akk) {BEDINGUNGEN, VERHÄLTNISSE AUF EINE ANDERE SITUATION, ZEIT} rapportabile a qc; {MASSSTAB, METHODE AUF ANDERE GEBIETE} auch applicabile a qc **2** adm ~ (**auf jdn**) {AUSWEIS, FAHRKARTE} cedibile (a qu), trasferibile (a qu); {RENTE, VERSICHERUNG} reversibile; {RECHT, RECHTSANSPRUCH} trasmissibile (a qu) **3** bank ~ (**auf jdn**) {KONTO} trasferibile (a qu); {SCHECK, WECHSEL} auch girabile (a qu); {WERTPAPIER} negoziabile **4** med (infektiös) contagioso, trasmissibile: **eine ~e Krankheit**, una malattia contagiosa; **eine leicht ~e Krankheit**, una malattia che si trasmette facilmente/[facilmente trasmissibile]; **eine nur durch Geschlechtsverkehr ~e Krankheit**, una malattia che si trasmette solo attraverso il rapporto sessuale; **von jdm/etw auf jdn** ~ **sein**, essere trasmissibile da qu/qc a qu, trasmettersi da qu/qc a qu; **diese Krankheit ist nicht vom Tier auf den Menschen** ~, questa malattia non si trasmette dall'animale all'uomo.

übertragen① <irr, ohne ge-> **A** tr **1** radio TV **etw** ~ trasmettere qc: **das Konzert wird live aus dem Bayreuther Opernhaus** ~, il concerto viene/verrà trasmesso (in diretta) / [live] dal teatro dell'opera di Bayreuth **2** geh (übersetzen) **etw** ~ {GEDICHT, ROMAN, TEXT} tradurre qc; **etw aus/von etw** (dat) **in etw** (akk) ~ {AUS DEM} / [VOM] DEUTSCHEN INS ITALIENISCHE} tradurre qc da qc in qc: **der Text muss in die Sprachen der Mitgliedstaaten ~ werden**, il testo deve essere tradotto nelle lingue degli stati membri; {AUS EINER SCHRIFT IN EINE ANDERE SCHRIFT} trascrivere qc da qc in qc **3** (abschreiben) **etw** ~ {ALTE HANDSCHRIFT, KODEX} trascrivere qc, ricopiare qc: **einen Aufsatz in (die) Reinschrift** ~, trascrivere/ricopiare un tema in bella (copia) **4** (in eine andere Form bringen) **etw in etw** (akk) ~ {GEDICHT IN PROSA, ERZÄHLUNG IN VERSE} trasporre qc in qc: **ein Musikstück in eine andere Tonart** ~, trasportare/trasporre un brano musicale in un'altra tonalità **5** (auf einen anderen Träger bringen) **etw auf etw** (akk) ~ {FRESKO AUF LEINWAND} trasportare qc su qc; {ENTWURF AUF BILDTRÄGER, MUSTER AUF STOFF} auch riportare qc su qc **6** (übernehmen) **etw auf/in etw** (akk) ~ {ERGEBNISSE, SUMME AUF EINE ANDERE SEITE, IN EIN ANDERES RECHNUNGSKONTO, KORREKTUREN IN EIN ANDERES EXEMPLAR} riportare qc su qc **7** (anwenden) **etw auf etw** (akk) ~ {BEDINGUNGEN, VERHÄLTNISSE AUF EINE ANDERE SITUATION, EINEN ANDEREN ZEITRAUM} rapportare qc a qc; {MASSSTAB, METHODE AUF EIN ANDERES GEBIET} auch applicare qc a qc **8** tech **etw auf etw** (akk) ~ {ANTRIEBSWELLE, KURBELWELLE DREHUNG, KRAFT AUF DAS GETRIEBE, DIE RÄDER} trasmettere qc a qc **9** med **etw** (auf jdn) ~ {ERREGER, KRANKHEIT, VIRUS} trasmettere qc (a qu), veicolare qc: **diese Krankheit wird von einer besonderen Insektenart** ~, questa malattia viene trasmessa da un particolare tipo di insetto; (jdm) **Blut** ~, fare una trasfusione di sangue (a qu) **10** jur jdm **etw, etw auf jdn** ~ {ANSPRUCH, RECHT} trasferire qc a qu, cedere qc a qu; (übereignen) {EIGENTUM} trasferire qc a qu; {GRUNDSTÜCK, HAUS} trasferire la proprietà di qc a qu; (verleihen) {BEFUGNISSE} conferire qc a qu; (zur Entscheidung, Prüfung) deferire qc a qu, devolvere qc a qu: **etw auf jds Namen** ~, registrare qc a nome di qu **11** (mit etw betrauen) **jdm etw** ~ {FUNKTION, PROJEKTLEITUNG, VERANTWORTUNG} affidare qc a qu, assegnare qc a qu; {AUFGABE} auch demandare qc a qu; {AMT} conferire qc a qu, assegnare qc a qu; {VOLLMACHT} conferire qc a qu, dare qc a qu; **jdm die Ausführung von etw** (dat) ~, incaricare qu di eseguire qc **12** (weitergeben) **etw auf jdn** ~ {EIGENSCHAFT AUF DEN SOHN, DIE TOCHTER} trasmettere qc a qu; {ADELSTITEL} tramandare qc a qu **13** psych **etw auf jdn** ~ {HASS, LIEBE} trasferire qc su qu, proiettare qc su qu **14** bank **etw auf jdn/etw** ~ {BETRAG, SUMME AUF EIN ANDERES KONTO} trasferire qc su qc; {SCHECK, WECHSEL AUF EINE ANDERE PERSON} girare qc a qu **15** inform **etw auf etw** (akk) ~ {DATEI, DATEN, PROGRAMM AUF DISKETTE} riversare qc su qc, trasferire qc su qc, trasportare qc su qc; **etw in etw** (akk) ~ {DATEI IN EIN ANDERES FORMAT} convertire qc in qc: **eine Textdatei in ASCII-Code** ~, convertire un file di testo in caratteri ASCII; **Daten übers Internet** ~, trasmettere dei dati via Internet **B** rfl **1** (sich mitteilen) **sich auf jdn** ~ {JDS AUFREGUNG, BEGEISTERUNG, NERVOSITÄT} trasmettersi a qu, contagiare qu: **ihre Gereiztheit übertrug sich auf alle anderen**, trasmise a tutti la sua irritazione; **seine Begeisterung übertrug sich auf seine Frau**, il suo entusiasmo contagiò la moglie **2** med (anstecken) **sich** ~ {ERREGER, KRANKHEIT, VIRUS} essere contagioso; **sich auf jdn/etw** ~ trasmettersi a qu/qc: **diese Krankheit überträgt sich vom Tier auf den Menschen**, questa malattia si trasmette dall'animale all'uomo.

übertragen② **A** adj **1** (figurativ) figurato, metaforico, traslato: **in ~er Bedeutung, im ~en Sinn**, in senso figurato/traslato **2** med: **ein ~es Kind**, un neonato postmaturo/post-termine **B** adv {ANWENDEN, GEBRAUCHEN, MEINEN} in senso figurato/metaforico/traslato.

Überträger m (**Überträgerin** f) med {+ERREGER, INFEKTION, KRANKHEIT} (Mensch, Tier) portatore (-trice) m (f); (Insekt) vettore m.

Übertragung <-, -en> f **1** radio TV trasmissione f **2** (Übersetzung) {+ROMAN, TEXT} traduzione f; (in eine andere Schrift) trascrizione f; (Umwandlung) {+GEDICHT, ERZÄHLUNG} versione f, trasposizione f **3** (das Kopieren) {+ALTE HANDSCHRIFT, KODEX} trascrizione f; {+AUFSATZ} auch ricopiatura f **4** (das Übernehmen) {+ERGEBNIS, SUMME} riporto m **5** (Anwendung) {+MASSSTAB, METHODE, VERHÄLTNISSE} applicazione f **6** med {+KRANKHEIT} trasmissione f, contagio m; {+BLUT} trasfusione f: **~ eines Kindes**, gravidanza oltre il termine **7** (die Betrauung) {+AUFGABE, FUNKTION, VERANTWORTUNG} assegnazione f; {+AMT, VOLLMACHT} conferimento m **8** jur {+EIGENTUM} trasferimento m; {+GRUNDSTÜCK} trasferimento m di proprietà; (Umschreibung) voltura f, trascrizione f **9** bank {+WECHSEL} girata f **10** <nur sing> tech {+ANTRIEBSKRAFT, DREHUNG} trasmissione f **11** (das Überspielen) {+FILM, SCHALLPLATTE} registrazione f **12** psych transfert m, traslazione f **13** inform (Umwandlung) conversione f: **die ~ einer Textdatei in den ASCII-Code**, la conversione di un file di testo in caratteri ASCII; (das Übertragen) {+DATEI, DATEN AUF DISKETTE} trasferimento m, riversamento m; {+DATEN ÜBERS INTERNET} trasmissione f • *analoge ~ tel*, trasmissione analogica; *digitale ~ tel*, trasmissione digitale.

Übertragungsdauer f *inform tel* tempo m di trasmissione.

Übertragungsfehler m *el inform tel* errore m di trasmissione.

Übertragungsgeschwindigkeit f *inform tel* velocità f di trasmissione.

Übertragungskanal m *inform phys radio tel* canale m di trasmissione.

Übertragungsnetz n *el inform tel* rete f di trasmissione.

Übertragungsprotokoll n *inform* protocollo m di trasmissione.

Übertragungstechnik f (*in der Nachrichtentechnik*) tecnica f di trasmissione.

Übertragungswagen m *radio TV* (Abk Ü-Wagen) stazione f mobile (trasmittente).

übertreffen <irr, ohne ge-> **A** tr **1** (*besser sein*) *jdn an/in etw* (dat) *~* {AN AUSDAUER, FLEISS, GESCHICKLICHKEIT, INTELLIGENZ} superare *qu per qc*; {AN GROSSZÜGIGKEIT, GUTMÜTIGKEIT} superare *qu in qc*; {IN MATHEMATIK, EINEM WETTKAMPF} superare *qu in qc*; *bes. sport* battere *qu in qc*: **nicht zu ~ sein**, essere insuperabile/imbattibile; **im Hochsprung ist er nicht zu ~**, nel salto con l'asta ⌊è insuperabile/imbattibile⌋/[non lo batte nessuno] **2** (*jdn etw hinausgehen*) *etw ~* {AUSGANG, ERGEBNIS, RESULTAT ERWARTUNGEN, HOFFNUNGEN} superare *qc*, andare al di là *di qc*: **das Angebot übertraf alle Erwartungen**, l'offerta superò ogni aspettativa; **das Ergebnis übertraf unsere schlimmsten Befürchtungen**, il risultato fu peggiore delle nostre più nere aspettative **3** (*in größerem Maße besitzen*) *etw ~* (dat) *~* {BAUM, TURM DIE ANDEREN AN GRÖSSE, HÖHE} superare *qc in qc*: **dieses Klavier übertrifft alle anderen an Klangschönheit**, questo pianoforte supera tutti gli altri per la bellezza del suono **B** rfl (*etwas Außergewöhnliches leisten*) **sich** (*mit etw* dat) **selbst ~** superare se stesso (-a) (*con qc*): **mit dem Sprung/Kuchen hast du dich selbst übertroffen**, con ⌊quel salto⌋/[quella torta] hai superato te stesso (-a).

übertreiben <irr, ohne ge-> **A** itr (*aufbauschen*) esagerare: **maßlos/schamlos ~**, esagerare spudoratamente; **jetzt übertreib mal nicht!**, non esageriamo!, non ci allarghiamo troppo! *fam*; **musst du immer so ~?**, devi sempre esagerare così?; **wenn Klaus über die Vorzüge seiner Freundin spricht, übertreibt er immer maßlos**, quando Klaus si mette a parlare dei pregi della sua ragazza non conosce limiti **B** tr (*exzessiv betreiben*) *etw ~* {DAS PUTZEN, DIE SAUBERKEIT, DIE SPARSAMKEIT} esagerare *con qc*, eccedere *in qc*: **es mit etw** (dat) *~* {MIT DER ORDNUNGSLIEBE, DER PÜNKTLICHKEIT, DER SAUBERKEIT, DEM SPORT}, esagerare con *qc*, eccedere in *qc*; **übertreib's nicht!**, non strafare!; **übertreibst du es nicht etwas mit deiner Diät?**, non credi di esagerare con la dieta? • **man kann's auch ~!** *fam*, che esagerazione!; **man kann's mit etw** (dat) **auch ~! fam** {MIT DER ORDNUNGSLIEBE, SAUBERKEIT}, va bene *qc*, ma non esageriamo!; *ohne* **zu ~**, senza esagerare; **es waren, ohne zu ~, mindestens 500 Leute auf der Party**, c'erano, ⌊senza esagerare⌋/[e non esagero], almeno 500 persone alla festa; **man soll's nicht ~!**, **man soll nichts ~!**, non bisogna esagerare!

Übertreibung <-, -en> f **1** (*übertreibende Äußerung*) esagerazione f: **zu ~en neigen**, avere la tendenza a esagerare **2** *nur sing* (*das Übertreiben*) esagerazione f, eccesso m: **ihre ~ mit der Sauberkeit**, la sua mania di pulire • **ohne ~**, senza esagerare/esagerazione; **man kann ohne ~ sagen, dass ...**, senza esagerazione, si può dire che ...

übertreten① <irr, ohne ge-> tr *etw ~* {GESETZ} trasgredire *qc*, infrangere *qc*; {REGEL, VERBOT, VORSCHRIFT} trasgredire (a) *qc*, contravvenire *a qc*, infrangere *qc*.

über|treten② <irr> itr **1** <sein> (*über die Ufer treten*) {FLUSS} straripare, tracimare, esondare *lit* **2** <sein> *pol relig* (*konvertieren*) *zu etw* (dat) *~* {ZU EINEM ANDEREN GLAUBEN, EINER ANDEREN KONFESSION} convertirsi *a qc*; {ZU EINER ANDEREN PARTEI} passare *a qc* **3** <sein> *bes. A* (*eintreten*) *in etw* (akk) *~* {INS GYMNASIUM, IN EINE ANDERE SCHULE} passare *a qc*: **in den Ruhestand ~**, andare in pensione **4** <haben oder sein> *sport* (*über die Sprunglinie treten*) oltrepassare la linea di stacco **5** <sein> (*übergehen*) *in etw* (akk) *~*: **ins Blut ~** {GIFTSTOFFE, KÖRPEREIGENE SUBSTANZEN}, entrare in circolo.

Übertretung <-, -en> f **1** (*das Übertreten*) {+GESETZ} trasgressione f, infrazione f; {+VORSCHRIFT} *auch* contravvenzione f **2** (*strafbare Handlung*) trasgressione f, infrazione f.

übertrieben **A** adj esagerato, eccessivo: **was findest du denn daran ~?**, (che) cosa ci trovi di tanto esagerato?; **das ist aber ~!**, che esagerazione! **B** adv esageratamente, eccessivamente: **er ist schon fast ~ freundlich**, è fin troppo gentile.

Übertritt m **1** *pol relig ~ zu etw* (dat) {ZU EINER PARTEI} passaggio m *a qc*; {ZU EINEM GLAUBEN, EINER KONFESSION} conversione f *a qc* **2** (*Wechsel*) *~ in etw* (akk) {IN EINEN ANDEREN BERUF, DAS GYMNASIUM, EINE SCHULE} passaggio m *a qc*: **jds ~ in den Ruhestand**, il pensionamento di qu.

übertrumpfen <ohne ge-> tr **1** *Karten* (*besiegen*) *jdn ~* mangiare la carta di qu con una briscola; *etw ~* mangiare *qc* con una briscola **2** (*übertreffen*) *jdn/etw ~* {GEGNER, KONKURRENTEN, MITBEWERBER} superare *qu*: **jds Leistung ~**, surclassare qu.

übertünchen <ohne ge-> tr *etw ~* **1** (*mit Tünche überstreichen*) {WAND} (ri)dare il bianco *a qc*, (r)imbiancare *qc* (a calce); {FARBE, FLECK, SCHRIFT} passare una mano di calce *su qc*, coprire *qc* con la calce **2** (*verbergen*) {PROBLEM, SCHWÄCHE} mascherare *qc*, coprire *qc*.

überübermorgen adv *fam* fra/tra tre giorni.

Übervater m {+BEWEGUNG, IDEOLOGIE, ORGANISATION, PARTEI} autorità f indiscussa.

überversichern <ohne ge-> **A** tr (*für einen zu hohen Wert versichern*) *jdn/etw ~* assicurare *qu/qc* per un valore eccessivo **B** rfl (*zu viele Versicherungen abschließen*) **sich ~** stipulare troppe assicurazioni.

Überversicherung f soprassicurazione f.

übervölkert adj {LAND, REGION} sovrappopolato.

übervoll adj **1** (*übermäßig voll*) {GLAS, KRUG, TASSE, TELLER} strapieno, stracolmo: **mit/von etw** (dat) **sein**, essere strapieno/stracolmo di *qc* **2** (*überfüllt*) {BUS, STRASSENBAHN, U-BAHN, ZUG} (pieno) zeppo, stracolmo, pieno da scoppiare *fam*.

übervorsichtig adj {MENSCH, VORGEHEN} esageratamente/eccessivamente cauto/prudente: **~ sein**, andare con i piedi di piombo.

übervorteilen <ohne ge-> tr *jdn ~* raggirare *qu*, abbindolare *qu*: **sich übervorteilt fühlen**, sentirsi raggirato (-a).

Übervorteilung <-, -en> f raggiro m.

überwachen <ohne ge-> tr **1** (*heimlich kontrollieren*) *jdn/etw ~* {JDS TELEFON} tenere sotto controllo *qc*; {VERDÄCHTIGEN} sorvegliare *qu/qc*; {JDS AKTIVITÄTEN} vigilare *su qc* **2** (*kontrollieren*) *etw ~* {PRODUKTION, QUALITÄT} controllare *qc*; {ABLAUF, AUSFÜHRUNG} *auch* vigilare su *qc*; {STRASSEN, VERKEHR} controllare *qc*; {EIN- UND AUSGÄNGE, GEBÄUDE} *auch* sorvegliare *qc*; (*mit elektronischen Geräten*) monitorare *qc*: **die Qualität unserer Produkte wird ständig überwacht**, la qualità dei nostri prodotti viene costantemente controllata; **alle Ausgänge sind von Polizisten/Videokameras überwacht**, tutte le uscite sono ⌊sorvegliate/controllate da poliziotti⌋/[monitorate da videocamere]; **in der Intensivstation werden die Kranken Tag und Nacht überwacht**, nel reparto di rianimazione i malati vengono monitorati giorno e notte.

überwachsen adj <präd>: **~ sein** {MAUER, WEG}, essere ricoperto di vegetazione; **mit/von etw** (dat) **~ sein**, essere ricoperto di *qc*.

Überwachung <-, -en> f **1** (*heimliche Kontrolle*) {+VERDÄCHTIGEN} sorveglianza f: **die ~ des Telefons**, le intercettazioni telefoniche **2** (*Kontrolle*) {+ABLAUF, AUSFÜHRUNG} vigilanza f; {+PRODUKTION, QUALITÄT} controllo m; {+EIN- UND AUSGÄNGE} *auch* sorveglianza f; (*mit elektronischen Geräten*) monitoraggio m: **die ~ eines Gebäudes**, la sorveglianza di un edificio; **die ~ über Bildschirm**, il monitoraggio; **die ständige ~ eines Schwerkranken**, il monitoraggio permanente di un malato grave.

Überwachungskamera f telecamera f di sorveglianza.

Überwachungsstaat m *pol* stato m di polizia.

Überwachungssystem n sistema m di sorveglianza/monitoraggio.

überwältigen <ohne ge-> tr **1** (*bezwingen*) *jdn/etw ~* {ANGREIFER, DIEB, EINBRECHER} immobilizzare *qu*, rendere inoffensivo (-a) *qu*; {RAUBTIER} rendere inoffensivo (-a) *qc* **2** *geh* (*übermannen*) *jdn ~* {ANGST, RÜHRUNG, WEHMUT} prendere *qu*, impadronirsi *di qu*: **ein Gefühl der Einsamkeit überwältigte sie**, fu sopraffatta dal senso di solitudine; **von Müdigkeit überwältigt werden**, essere sopraffatto/vinto dalla stanchezza **3** (*stark beeindrucken*) *jdn ~* {ANBLICK, JDS AUFRICHTIGKEIT, EHRLICHKEIT, SCHÖNHEIT} sconvolgere *qu*: **von jds Schönheit überwältigt sein**, rimanere sconvolto (-a) dalla bellezza di qu.

überwältigend adj **1** (*grandios*) {ERLEBNIS} sconvolgente; {ANBLICK, SCHAUSPIEL} *auch* impressionante; {GEFÜHL, LEIDENSCHAFT, SCHÖNHEIT} travolgente, sconvolgente: **einen ~en Eindruck auf jdn machen**, avere un effetto travolgente su qu **2** (*enorm*) {ERFOLG} travolgente; {MEHRHEIT, SIEG} schiacciante: **jdn mit ~er Mehrheit wählen**, eleggere qu ⌊a larghissima maggioranza⌋/[con una maggioranza schiacciante] • **nicht gerade ~ sein** *iron* {ANBLICK, FILM, KONZERT, JDS SCHÖNHEIT}, non essere proprio entusiasmante; **seine/ihre Leistungen sind ja nicht gerade ~!**, il suo rendimento non è proprio entusiasmante!; **das sind ja nicht gerade ~e Summen!**, non è che siano cifre da capogiro!

über|wechseln itr <sein> **1** *autom* **auf etw** (akk) *~* {FAHRER, FAHRZEUG AUF DIE LINKE, RECHTE FAHRBAHN} spostarsi *su qc*: **plötzlich ist er auf die andere Fahrspur übergewechselt**, ha cambiato improvvisamente corsia; **der Laster ist, ohne zu blinken, auf die linke Fahrbahn übergewechselt**, il camion si è buttato *fam* sulla corsia di sinistra senza mettere la freccia; **auf die andere Straßenseite ~** {FUSSGÄNGER}, andare dall'altra parte della strada; **wenn er mich sieht,**

wechselt er auf die andere Straßenseite über, quando mi vede cambia marciapiede **2** (*die Fronten wechseln*) **auf/in etw** (akk)/**zu jdm**/**etw** ~ passare *a qu/qc*: ⌊**auf die Gegenseite**⌋/[**zur Gegenpartei**] ~, passare alla controparte; **ins andere Lager** ~, passare dall'altra parte della barricata, cambiare schieramento; ⌊**ins feindliche Lager**⌋/[**zum Feind**] ~, passare al nemico; **zur Konkurrenz** ~, passare alla concorrenza; **er ist von den Sozialisten zu den Liberalen übergewechselt**, è passato dai socialisti ai liberali; **zu einer anderen Partei** ~, cambiare partito, cambiare bandiera *pej*, voltare gabbana *pej* **3** (*mit etw anderem beginnen*) (**von etw** dat) **auf/in etw** (akk)/**zu etw** (dat) ~ {AUFS GYMNASIUM, IN EINE ANDERE ABTEILUNG, VOM LITERATUR- ZUM PHILOSOPHIESTUDIUM} passare (*da qc*) *a qc*.

überweisen <*irr, ohne* ge-> *tr* **1** *bank* (**jdm**) **etw** (**auf etw** akk) ~ {BETRAG, GELD AUF EIN, JDS KONTO} trasferire *qc* (*a qu*) (*su qc*), fare un bonifico *di qc* (*a qu*), versare *qc* (*a qu*) *su qc*; **jdm 100 Euro** ~, fare un bonifico di 100 euro a qu; **der Betrag wird Ihnen direkt auf Ihr Konto überwiesen**, l'importo sarà/verrà accreditato direttamente sul Suo conto **2** *med* **jdn an jdn**/**zu jdm** ~ {PATIENTEN AN EINEN/ZU EINEM FACHARZT} richiedere *per qu* una visita specialistica *da qu*; **der Hausarzt hat ihn** ⌊**an einen**⌋/[**zum**] **Kardiologen überwiesen**, il medico di famiglia ha richiesto per lui una visita specialistica ⌊*da un*⌋/[*dal*] cardiologo; **ich muss Sie an einen Facharzt** ~, La devo mandare da uno specialista; **jdn in etw** (akk) ~ {IN EINE SPEZIALKLINIK} richiedere il ricovero *di qu in qc*; **jdn ins Krankenhaus** ~, far ricoverare qu, richiedere il ricovero di qu.

Überweisung f **1** *bank* (*das Überweisen*) bonifico m, trasferimento m, (*überwiesener Betrag*) bonifico m: **eine** ~ **über zweihundert Euro erhalten**, ricevere un bonifico di duecento euro **2** *med* (*das Überweisen*) {IN EIN KRANKENHAUS} ricovero m: **ich halte die** ~ **des Patienten** ⌊**an einen Spezialisten**⌋/[**in eine Spezialklinik**] **für erforderlich**, mi sembra necessario ⌊mandare il paziente da uno specialista⌋/[far ricoverare il paziente in una clinica specialistica] **3** *med* (*~sschein*) {AN EINEN FACHARZT} richiesta f di una visita specialistica, impegnativa f *adm*; {IN EIN KRANKENHAUS} richiesta f di ricovero m: **jdm eine** ~ **(aus)schreiben**, fare l'impegnativa per una visita specialistica per qu.

Überweisungsauftrag m *bank* ordine m di bonifico.

Überweisungsformular n *bank* modulo m di bonifico.

Überweisungsschein m *med* richiesta f di una visita specialistica, impegnativa f.

Überweisungsträger m → **Überweisungsformular**.

überweit adj {HOSE, MANTEL, PULLOVER} molto largo/ampio/abbondante, larghissimo.

Überweite <-, -*n*> f {+KLEIDUNGSSTÜCK} larghezza f/ampiezza f fuorimisura: ~ **haben** {HEMD, HOSE, MANTEL} essere particolarmente largo/ampio.

über|werfen① <*irr*> ⚫ *tr* (*über die Schultern legen*) **jdm etw** ~ {CAPE, JACKE, MANTEL} mettere *qc* (*a qu*) sulle spalle ⚫ *rfl* **sich** (dat) **etw** ~ mettersi addosso *qc*, gettarsi sulle spalle *qc*: **sie warf sich einen bunten Schal über**, si mise sulle spalle uno scialle variopinto.

überwerfen② <*irr, ohne* ge-> *rfl* **sich** (**mit jdm**) ~ mettersi in urto/attrito (*con qu*), (*den Kontakt völlig abbrechen*) rompere i ponti (*con qu*): **sie haben sich vor Jahren wegen des Erbes überworfen**, hanno rotto i ponti anni fa per via dell'eredità.

überwiegen <*irr, ohne* ge-> ⚫ *itr* **1** (*häufiger vorkommen*) prevalere, predominare: **diese Meinung überwiegt**, questa è l'opinione predominante/prevalente; **in technischen Berufen – die Männer**, nelle professioni tecniche gli uomini sono in maggioranza; **in dieser Stadt – die Hochhäuser**, in questa città prevalgono i palazzoni; **im Süden des Landes überwiegt der Nadelwald**, nel sud del paese predomina il bosco di conifere **2** (*vorherrschen*) (**bei jdm**) ~ {EIGENSCHAFT, EINSICHT, GEFÜHL, WIDERWILLE} predominare (*in qc*), prevalere (*in qc*): **am Ende überwog die Solidarität**, alla fine ha prevalso la solidarietà ⚫ *tr* (*stärker als etw sein*) **etw** ~ {VERNUNFT GEFÜHL, NEUGIER ANGST} prevalere *su qc*.

überwiegend ⚫ adj <*attr*> (*den größeren Teil darstellend*) {ANTEIL, TEIL} maggiore: **die ~e Mehrheit**, la stragrande/grandissima maggioranza; **jdn mit ~er Mehrheit wählen**, eleggere qu a larga maggioranza; **der ~e Teil der Bevölkerung**, la maggior parte della popolazione ⚫ adv **1** (*hauptsächlich*) in prevalenza, prevalentemente, in maggioranza, soprattutto: **unsere Zeitung wird ~ von jungen Leuten gelesen**, il nostro giornale è letto ⌊in maggioranza⌋/[prevalentemente] dai giovani; **die Informationen haben sich ~ als falsch herausgestellt**, la maggior parte delle informazioni è risultata sbagliata **2** (*meistens*) {HEITER, REGNERISCH, TROCKEN} prevalentemente, in prevalenza: **am Wochenende wird es ~ heiter sein**, il tempo/il cielo durante il fine settimana sarà prevalentemente sereno.

überwinden <*irr, ohne* ge-> ⚫ *tr* **1** (*übersteigen*) **etw** ~ {HINDERNIS, HÜRDE} superare *qc*; {MAUER} *auch* oltrepassare *qc*; {BERG, GEBIRGE} superare *qc*, valicare *qc*, oltrepassare *qc* **2** (*bewältigen*) **etw** ~ {ABNEIGUNG, ANGST, EIFERSUCHT, HEMMUNGEN, WIDERWILLEN} vincere *qc*; {KRISE, PROBLEME, SCHWIERIGKEITEN} superare *qc*; {SCHWIERIGKEITEN} *auch* sormontare *qc*, vincere *qc*: **eine große Enttäuschung** ~, superare una grande delusione; **die Krise dürfte überwunden sein**, la crisi dovrebbe essere superata; **ein Problem** ~, venire a capo di un problema; **du musst lernen, deine Trägheit zu** ~, devi imparare a vincere la tua pigrizia; **ein Vorurteil** ~, liberarsi di un pregiudizio **3** *geh* (*besiegen*) **jdn** ~ {FEIND, GEGNER} vincere *qu*, sconfiggere *qu*, avere la meglio *su qu* **4** (*erfolgreich bekämpfen*) **etw** ~ {ARMUT, KRANKHEIT} debellare *qc*, vincere *qc* ⚫ *rfl* (*sich zwingen*) **sich** ~ fare violenza su se stesso (-a), forzarsi; **sich zu etw** (dat) ~ {ZUM ARBEITEN, ESSEN} fare violenza su se stesso (-a) *per fare qc*: **sich** (dazu) ~, **etw zu tun**, forzarsi a fare qc; **er überwand sich, sie zu grüßen**, fece uno sforzo per salutarla; **du musst versuchen, dich zu überwinden**, devi riuscire a vincerti; **ich habe mich regelrecht** ~ **müssen, den Fraß zu essen**, ho proprio dovuto fare violenza su me stesso (-a) per mangiare quella schifezza.

Überwindung <-, *ohne* pl> f **1** (*das Überwinden*) {+HINDERNIS, KRISE, PROBLEM, SCHWIERIGKEIT} superamento m: **die ~ alter Ängste**, il superamento di vecchie paure; **nach ~ aller Schwierigkeiten**, dopo aver superato tutte le difficoltà **2** (*Selbstüberwindung*) sforzo m: **nur unter größter** ~, soltanto a prezzo di un enorme sforzo; **selbst mit größter ~ könnte ich so etwas nicht tun**, neanche facendomi violenza potrei fare una cosa del genere; **man sah ihm die ~ an**, si vedeva che si stava facendo violenza ⚫ **jdn große/we-** **nig ~ kosten**, costare molto/poco a qu; **es hat mich enorme ~ gekostet, ruhig zu bleiben**, mi è costato moltissimo rimanere calmo (-a).

überwintern <*ohne* ge-> ⚫ *itr* **1** *bot* *irgendwo* ~ {TOPFPFLANZE} essere al riparo per l'inverno + *compl di luogo*; (*den Winter verbringen*) *irgendwo* ~ {TRUPPEN, TIERE AN EINEM GESCHÜTZTEN ORT; VÖGEL IM SÜDEN} svernare+/[passare l'inverno] + *compl di luogo* **2** *zoo* (*den Winterschlaf halten*) *irgendwo* ~ {TIERE UNTER DER ERDE, IN EINER HÖHLE, IM WARMEN} ⌊trascorrere il letargo invernale⌋/[ibernare] + *compl di luogo* ⚫ *tr* *bot* **etw** ~ {GEWÄCHS, PFLANZEN} mettere *qc* al riparo per l'inverno.

Überwinterung <-, *ohne* pl> f **1** (*das Überwintern*): **zur** ~, per passare l'inverno; **Pflanzen zur ~ in den Keller stellen**, riporre le piante in cantina per l'inverno; **Zugvögel fliegen zur ~ nach Afrika**, gli uccelli migratori vanno a svernare in Africa **2** *zoo* (*das Überwintern im Winterschlaf*) ibernazione f, letargo m invernale.

überwuchern <*ohne* ge-> *tr* *bot* **etw** ~ {EFEU, RANKEN GEMÄUER, HAUS; UNKRAUT BEET, GARTEN} invadere *qc*, (ri)coprire *qc*: **das Haus war von Efeu überwuchert**, la casa era completamente ricoperta di edera.

Überzahl <-, *ohne* pl> f: **die** (**große**) ~ **einer** **P./S.** (gen) {+BESUCHER, BEWERBER, ANGEBOTE, ANFRAGEN}, la maggior parte di qu/qc, la maggioranza di qu/qc; **aus der ~ der Vorschläge den besten auswählen**, scegliere tra le molteplici proposte la migliore; **die große ~ der Arbeitslosen besteht aus Frauen**, la stragrande maggioranza dei disoccupati è costituita da donne ⚫ **in der ~ sein**, essere in maggioranza; **mil sport**, essere ⌊in superiorità numerica⌋/[numericamente superiore].

überzählig adj {GEDECKE, STÜHLE} di troppo, in più; {ARBEITSPLÄTZE, STELLEN} *auch* in eccedenza/soprannumero: **zwei Stühle sind** ~, ci sono due sedie ⌊di troppo⌋/[in più].

überzeichnen <*ohne* ge-> *tr* **1** (*überspitzt darstellen*) **etw** ~ {FIGUR} caricare *qc*: **die Eigenschaften des Helden sind stark überzeichnet**, è un eroe dai tratti troppo marcati **2** *Börse* **etw** (**um etw** akk) ~ {ANLEIHE UM 10%} superare la sottoscrizione *di qc* (*di qc*).

Überzeit f *CH* lavoro m straordinario, straordinari m pl.

überzeugen <*ohne* ge-> ⚫ *tr* **1** (*jdn zur Einsicht bringen*) **jdn** (**von etw** dat) ~ {VON JDS AUFRICHTIGKEIT, DER RICHTIGKEIT} convincere *qu* (*di qc*), persuadere *qu* (*di qc*): **wir haben versucht, ihn von der Notwendigkeit der Operation zu** ~, abbiamo cercato di convincerlo/persuaderlo della necessità dell'intervento; **jdn** (**davon**) ~, **dass ...**, convincere/persuadere *qu* (del fatto) che ...; **wir überzeugten ihn, noch eine Weile bei uns zu bleiben**, l'abbiamo convinto a rimanere ancora un po' con noi; **sie war nur schwer davon zu** ~, **dass der Wagen zu teuer war**, è stato difficile convincerla/persuaderla del fatto che la macchina fosse troppo cara; **sich** (**von jdm**) ~ **lassen**, lasciarsi convincere (da qu); **ich lasse mich gerne vom Gegenteil** ~!, mi faccio convincere volentieri del contrario! **2** (*glaubhaft sein*) **jdn** ~ {ENTSCHULDIGUNG, RECHTFERTIGUNG} convincere *qu*: **seine Erklärungen ~ mich nicht im Geringsten**, le sue spiegazioni non mi convincono affatto ⚫ *itr* **1** (*glaubhaft sein*) essere convincente; {ENTSCHULDIGUNG, RECHTFERTIGUNG} *auch* convincere: **seine Leistungen ~ nicht**, le sue prestazioni non convincono/[sono convincenti]; **in der Rolle des Liebhabers überzeugt er nicht**, nel ruolo dell'amante non è convincente/credibile **2** *sport* essere convincente C rfl (sich vergewissern) **sich von etw** (dat) **~** {VON DER ECHTHEIT, RICHTIGKEIT} convincersi di qc, persuadersi di qc: **du musst dich selbst davon ~, dass es nicht möglich ist**, devi convincerti che non è possibile; **sich persönlich (von etw dat) ~**, accertarsi/sincerarsi personalmente/[di persona] di qc; **sich mit eigenen Augen von etw** (dat) **~**, ₍andare a vedere₎/[sincerarsi di] qc con i propri occhi; **er überzeugte sich davon, dass alles in Ordnung war**, si sincerò/accertò che tutto fosse a posto ● **~ Sie sich selbst!**, se ne convinca Lei stesso (-a)!

überz<u>eu</u>gt A adj {BEWEIS, DARSTELLUNG, GRUND} convincente; {REDE} auch persuasivo; {ARGUMENT, ERKLÄRUNG} convincente, plausibile: **eine ~e Argumentation**, un'argomentazione convincente; **~ sein**, essere convincente; **der Zeuge war nicht ~**, il testimone non è stato convincente B adv {BEGRÜNDEN, DARSTELLEN} in modo convincente/persuasivo; {ARGUMENTIEREN} auch in modo plausibile: **sehr ~ argumentieren**, fornire delle argomentazioni molto convincenti.

überz<u>eu</u>gt adj 1 <präd> (fest an etw glaubend): **von etw** (dat) **~ sein** {VON JDS EHRLICHKEIT, JDS FÄHIGKEITEN, DER RICHTIGKEIT}, essere convinto di qc, essere persuaso di qc; **die Freunde sind von seiner Unschuld ~**, gli amici sono convinti della sua innocenza; **davon ~ sein, dass ...**, essere convinto/persuaso che ...; **konjv: nicht davon ~ sein, dass ...**, non essere convinto/persuaso che ...; **konjv: ich bin überzeugt davon, ₍dass ich richtig gehandelt habe₎/[richtig gehandelt zu haben]**, sono convinto (-a) di aver agito bene; **fest davon ~ sein, dass ...**, ₍essere fermamente convinto₎/[avere la ferma convinzione] che ...; **konjv: sie ist nicht davon ~, dass das die beste Lösung ist**, non è convinta che questa sia la soluzione migliore 2 <attr> (fest glaubend) {CHRIST, MARXIST, VEGETARIER} convinto: **ein ~er Grüner**, un verde convinto 3 <präd> (selbstbewusst): **von sich** (dat) **(selbst) ~ sein**, essere sicuro di sé, avere un'alta opinione di sé; **er/sie ist sehr überzeugt von sich** pej, è pieno (-a) di sé.

Überz<u>eu</u>gung f convinzione f: **jds politische ~**, la fede politica di qu; **etw aus ~ tun**, fare qc per convinzione; **sie hat es aus innerer ~ getan**, l'ha fatto perché ne era intimamente convinta; **etw in der festen ~ tun, dass ...**, fare qc nella profonda convinzione che ...; **gegen seine ~ tun**, agire contro le proprie convinzioni; **gegen seine ~ handeln**, agire contro le proprie convinzioni; **die ~ gewinnen, dass ...**, acquisire la certezza che ...; **zu der ~ gelangen/kommen, dass ...**, {arrivare a} convincersi che ...; **konjv: sie kam/gelangte zu der ~, dass eine Trennung das Beste wäre**, si convinse che una separazione fosse la soluzione migliore; **der ~ sein, dass ...**, avere la convinzione/il convincimento che ...; **konjv: er ist der ~, dass seine Wahl die richtige ist**, è convinto che la sua sia la scelta giusta; **ich bin der festen ~, dass ...**, ho ₍la ferma convinzione₎/[il fermo convincimento] che ...; **nach meiner ~ ...**, sono convinto (-a) che ...; **konjv: etw in Brustton der ~ sagen**, dire qc con la massima convinzione.

Überz<u>eu</u>gungskraft <-, ohne pl> f {+ARGUMENTATION, PERSON, THESE} forza f di persuasione: **er hat eine ungeheure ~, wenn er etwas erzählt**, quando racconta sa essere molto convincente.

Überz<u>eu</u>gungstäter m (**Überzeugungstäterin** f) "criminale mf che agisce per convinzioni politiche o religiose".

überz<u>ie</u>hen① <irr> tr **etw ~** {JACKE, MANTEL, PULLOVER} mettersi (addosso) qc, infilarsi qc fam; (anprobieren) auch provare qc ● **jdm eins/[ein paar] ~**, allungare ₍un ceffone/una sberla₎/[un paio di ceffoni/sberle] a qu fam: **der hat dem Hund eins mit dem Stock übergezogen**, ha dato una bastonata al cane; **jd kriegt eins/[ein paar] übergezogen**, qu busca un ceffone/[paio di ceffoni].

überz<u>ie</u>hen② <irr, ohne ge-> A tr 1 (umhüllen) **etw** (mit etw dat) **~** {KUCHEN MIT SCHOKOLADE, TORTE MIT GLASUR} ricoprire qc (con qc); {SCHREIBUNTERLAGE MIT LEDER, SESSEL MIT STOFF} rivestire qc (di qc); **ein Bett (frisch) ~**, cambiare le lenzuola; **das Sofa neu ~ lassen**, far rivestire/rifoderare il divano; **etw mit Gold/Silber ~**, dorare/argentare qc, placcare qc d'oro/argento; **mit Gold überzogener Modeschmuck**, bigiotteria placcata d'oro 2 (bedecken) **etw ~** {ROSTGERÄT, KAROSSERIE; SCHIMMEL BROT, WURST} (ri)coprire qc: **mit/von etw** (dat) **überzogen sein**, essere ricoperto da qc 3 (zu weit treiben) **etw ~** {FORDERUNGEN, KRITIK} esagerare con qc, andare troppo oltre con qc 4 bank **etw ~: das Konto ~**, andare ₍sotto fam₎/[in rosso]; **das Konto um dreitausend Euro ~**, andare ₍sotto fam₎/[in rosso] di tremila euro; **mein Konto ist um zweihundert Euro überzogen**, ₍ho uno scoperto₎/[sono sotto fam] di duecento euro; **ich kann mein Konto bis zu tausend Euro ~**, ho un massimo scoperto di mille euro 5 bes. radio TV **etw (um etw akk) ~: die Sendezeit um dreißig Minuten ~**, sforare di trenta minuti 6 (übermäßig versehen) **etw mit etw** (dat) **~** {LAND, REGION MIT HOTELS, LÄDEN EINER KETTE} invadere qc con qc: **ein Land mit Krieg ~**, mettere un paese a ferro e fuoco B itr 1 bank (um etw akk) **~** {UM EINEN BETRAG, SUMME} andare ₍sotto fam₎/[in rosso] (di qc) 2 bes. radio TV **(um etw akk) ~**: **bei den Sportnachrichten ~ sie immer**, quando danno le notizie sportive tendono a sforare; **der Redner hat um zehn Minuten überzogen**, l'oratore ha sforato di dieci minuti C rfl (sich bedecken) **sich mit etw** (dat) **~: der Himmel hat sich mit Wolken überzogen**, il cielo si è coperto di nuvole.

Überz<u>ie</u>hungskredit m bank scoperto m (di conto), fido m, elasticità f di cassa: **jdm einen ~ einräumen**, concedere un fido a qu.

Überz<u>ie</u>hungszins m <meist pl> bank interesse m passivo.

überz<u>o</u>gen adj {ANSPRUCH, FORDERUNG, KRITIK} esagerato, eccessivo: **völlig ~e Ansprüche haben**, avere delle pretese smodate.

überz<u>ü</u>chtet adj 1 bot zoo {PFLANZE, RASSE} degenerato (per eccessiva selezione) 2 (übertrieben entwickelt): **ein ~er Motor**, un motore troppo sofisticato; **~e Technologien**, tecnologie troppo sofisticate.

Überzug m 1 (Schicht: aus Schokolade) copertura f; (aus Lack) strato m; (aus Kunststoff, Metall) rivestimento m 2 (schützender Bezug) fodera f; (für ein Kissen) copricuscino m; (für Polster, Sessel) copripoltrona m; (für ein Sofa) copridivano m.

üblich adj {METHODE, VORGEHENSWEISE} usuale, consueto, {ENTSCHULDIGUNG, RECHTFERTIGUNG, VERSPÄTUNG} solito; {PREISE} standard, normale: **der ~e Preis für etw (**akk**)**, il prezzo standard di/per qc; **etw zum ~en Preis verkaufen** (zum regulären Preis), vendere qc a un prezzo standard; (so wie letztes Jahr) vendere qc al solito prezzo; **das ist hier so ~**, qui (si) usa così; **das ist nicht mehr ~**, non si usa più; **das ist bei ihm so ~**, (lui) è solito fare così; **zur ~en Zeit**, alla solita ora, all'ora consueta; **es ist ~ zu ...** inf; **es ist** ₍**zu klopfen**₎/[, **dass man klopft**], si usa bussare ● **allgemein ~ sein**, essere uso comune; **diese Bedingungen sind allgemein ~**, queste sono le condizioni usuali; **wie ~**, come ₍al solito₎/[di consueto]; **sie kam wie ~ zu spät**, come al solito (lei) è arrivata tardi/[in ritardo].

Übliche <dekl wie adj> n: **das ~, 200 Gramm Emmentaler ...**, i soliti 200 grammi di Emmental ...; **das ~, du kennst das ja!**, la solita zuppa, lo sai! fam.

üblicherw<u>ei</u>se adv abitualmente, normalmente, di solito, in genere, solitamente: **samstags gehen sie ~ auswärts essen**, in genere il sabato vanno a mangiare fuori; **~ steht er um sechs Uhr auf**, solitamente si alza alle sei.

<u>U</u>-Boot n naut Abk von Unterseeboot: sommergibile m, sottomarino m.

<u>U</u>-Boot-Krieg m guerra f sottomarina.

<u>U</u>-Boot-Sperre f sbarramento m antisommergibile.

<u>U</u>-Boot-Stützpunkt m base f sottomarina.

übrig adj 1 <attr> (restlich) {GEGENSTÄNDE, LÄNDER, PERSONEN} restante, rimanente: **die ~e Zeit könnt ihr machen, was ihr wollt**, nel tempo che resta potete fare quello che volete; **mit dem ~en Geld richten wir die nächste Party aus**, con i soldi rimasti organizziamo la prossima festa; **die/alle ~en**, gli/[tutti gli] altri; **die/alle ~en Sachen**, le/[tutte le] altre cose, il/[tutto il] resto; **meine ~en Sachen**, il resto ₍delle mie cose₎/[della mia roba]; **das Übrige**, il resto/rimanente; **das Übrige können Sie sich denken**, il resto se lo può immaginare 2 <präd> (als Rest verbleiben): **~ sein** {TEIL EINES GERICHTS}, essere rimasto, avanzare; **etw ~ haben**, avanzare qc; **jd hat etw ~**, a qu avanza qc; **es ist Fleisch ~**, ₍c'è rimasta₎/[avanza] della carne ● **im Übrigen**, per il resto; (außerdem), inoltre, oltre tutto; **(und) im Übrigen finde ich, dass ...**, e per il resto trovo che ...; **und er ist im Übrigen auch nicht mein Typ**, e ₍in più₎/[oltretutto] non è neanche il mio tipo; **ein Übriges tun** (den Rest geben), fare il resto: **sie war schon erkältet, und der Regen tat ein Übriges**, era già raffreddata, e la pioggia ha fatto il resto; **etw tut ein Übriges, dass ...**, qc contribuisce a ...

übrig|behalten a.R. von übrig behalten → **behalten**.

übrig|bleiben <irr> itr <sein> 1 (als Rest bleiben) a.R. von übrig bleiben → **bleiben** 2 (jd hat keine andere Wahl): **jdm bleibt nichts anderes/weiter übrig** → **bleiben**.

übrigens adv 1 (nebenbei bemerkt) a proposito, tra l'altro, piuttosto, tra parentesi: **~, hast du gemerkt, wie dünn Sabine geworden ist?**, a proposito hai notato com'è dimagrita Sabine?; **er hat ~ heute angerufen**, tra l'altro ha chiamato oggi; **ihm traue ich ~ absolut nicht**, tra parentesi, di lui non mi fido assolutamente 2 (außerdem) del resto, d'altronde, peraltro: **es war ~ gar nicht so einfach, ein Zimmer zu finden**, del resto non è stato così facile trovare una camera; **es würde dir ~ gar nichts schaden, wenn du etwas mehr lernen würdest**, del resto non ti farebbe per niente male studiare un po' di più.

übrig|haben <irr> tr: **für jdn etwas ~**, avere un debole/una simpatia per qu; **für jdn viel/wenig ~**, provare molta/poca simpatia per qu; **für jdn nichts ~**, non provare nessuna simpatia per qu; **für etw** (akk) **viel/wenig ~**, avere/provare molto/poco interesse per qc; **für Kunst hat er nichts übrig**, l'arte ₍non gli interessa₎/[lo lascia indifferente].

übrig|lassen a.R. von übrig lassen → **lassen**①.

Übung <-, -en> f **1** <*nur sing*> (*das Üben*) esercizio m, allenamento m: **etw zur ~ tun**, fare qc per esercitarsi; **das Geigenspielen erfordert viel ~**, suonare il violino richiede molto esercizio; **das ist ⌊nur eine Frage der⌋/⌊alles nur⌋ ~**, è solo (una) questione di esercizio/allenamento; **jdm fehlt ⌊es noch an (der)⌋/⌊noch die⌋ ~**, a qu manca ancora la pratica **2** *Schule sport* esercizio m: **wir machen heute die ersten fünf ~en von Lektion zwölf**, oggi faremo i primi cinque esercizi dell'unità dodici; **zum Aufwärmen machen wir zuerst ein paar ganz einfache ~en**, per riscaldarci facciamo prima alcuni esercizi molto semplici **3** *univ* (*~skurs*) esercitazione f **4** (*Probeeinsatz*) {+FEUERWEHR, MILITÄR, ZIVILSCHUTZ} esercitazione f: **zu einer ~ ausrücken**, uscire per un'esercitazione ● **in etw (dat) ~ bekommen/erlangen**, acquisire pratica in qc, prendere la mano a qc; **wenn du erst etwas ~ bekommen hast, wird es leichter gehen**, vedrai che quando ⌊avrai acquisito un po' di pratica⌋/⌊ci avrai preso un po'⌋ la mano⌋ sarà più facile; **in (der) ~ bleiben, sich in ~ halten**, tenersi in esercizio/allenamento; **in etw (dat) ~ haben**, avere pratica di qc, averci preso la mano a qc; **in praktischen Arbeiten hat er überhaupt keine ~**, non ha nessuna pratica di lavori manuali; **aus der ~ kommen**, perdere dimestichezza; **aus der ~ sein**, essere fuori esercizio/allenamento, non essere più allenato; **früher konnte ich Englisch ganz gut, aber jetzt bin ich aus der ~**, prima l'inglese lo sapevo abbastanza bene, ma adesso sono fuori esercizio/allenamento; **~ macht den Meister** *prov*, l'esercizio è un buon maestro *prov*.

Übungsarbeit f *Schule* compito m/esercitazione f di prova.

Übungsaufgabe f *Schule* esercizio m.

Übungsbuch n *Schule* eserciziario m, libro m degli esercizi.

Übungsgelände n *mil* campo m di addestramento.

Übungshang m *Ski* pista f baby/[per principianti].

Übungsheft n quaderno m degli esercizi.

Übungsmunition f *mil* munizioni f pl ⌊per esercitazione/addestramento⌋/[a salve].

Übungsplatz m **1** *mil* campo m di esercitazioni **2** *sport* campo m per gli allenamenti; (*im Reitsport*) campo m prova **3** (*zum Autofahren*) pista f per esercitarsi alla guida.

Übungssache f: **(reine) ~ sein**, essere (⌊soltanto una⌋/[una mera]) questione di esercizio/pratica.

Übungsschießen n *mil* esercitazione f di tiro.

Übungsstück n *bes. mus* esercizio m.

u.d.M. Abk *von* unter dem Meeresspiegel: sotto il livello del mare.

ü.d.M. Abk *von* über dem Meeresspiegel: slm (Abk *von*) sul livello del mare.

Udo m (*Vorname*) Od(d)o, Odino.

UdSSR <-, *ohne pl*> f *hist* Abk *von* Union der Sozialistischen Sowjetrepubliken: URSS f (Abk *von*) Unione delle Repubbliche Socialiste Sovietiche).

UEFA f Abk *von* frz Union européenne de football association: **die UEFA**, la UEFA (Abk *von* engl Union of European Football Associations).

UEFA-Cup m, **UEFA-Pokal** m coppa f UEFA.

U-Eisen n ferro m a U.

Ufer <-s, -> n {+FLUSS, KANAL, MEER, SEE} riva f, sponda f: **ein sanft abfallendes ~**, una riva che scende dolcemente; **ein steiles/felsiges ~**, una sponda ⌊ripida/scoscesa⌋/[rocciosa]; **das rechte/linke ~**, la riva destra/sinistra; **am (rechten/linken) ~**, sulla riva (destra/sinistra); **das Hotel liegt am ~ des Sees**, l'albergo si trova proprio in riva al lago; **am anderen ~**, sull'altra riva/sponda; **am ~ entlanggehen**, camminare lungo la riva; **ans (andere) ~ schwimmen/rudern**, nuotare/remare verso (l'altra) riva; **ans ~ gespült werden**, essere gettato a riva; **an den ~n des Rheins**, sulle rive del Reno ● **vom anderen ~ sein** *fam euph* (*homosexuell sein*), essere dell'altra sponda; **zu neuen ~n aufbrechen**, percorrere nuove strade; **das rettende/sichere ~ erreichen**, guadagnare la riva; **über die ~ treten**, straripare, tracimare.

Uferbefestigung f consolidamento m degli argini.

Uferböschung f scarpata f.

Uferdamm m argine m.

uferlos adj {DEBATTE, DISKUSSION, GESPRÄCH} interminabile, senza fine ● **ins Uferlose führen**: **es würde ins Uferlose führen, dir die Hintergründe zu erklären**, se dovessi spiegarti tutti i retroscena ⌊non finirei più⌋/[domattina saremmo ancora qui] *fam*; **ins Uferlose gehen** (*nicht mehr zählbar sein*), non contarsi più; (*zu keinem Ende führen*), continuare all'infinito; (*jeden Rahmen übersteigen*) {KOSTEN}, andare alle stelle; **wir hören jetzt besser auf, sonst geraten wir ins Uferlose**, è meglio smettere, altrimenti non ne ⌊veniamo più a capo⌋/[usciamo più], altrimenti andiamo avanti all'infinito.

Uferpromenade f passeggiata f; (*am Meer*) lungomare m; (*am See*) lungolago m; (*am Fluss*) lungofiume m.

Uferstraße f strada f lungo la riva; (*am Meer*) lungomare m; (*am See*) lungolago m; (*am Fluss*) lungofiume m.

uff interj (*Erleichterung ausdrückend*) uff(a)!: **uff, geschafft!**, uffa, è fatta!

uff. Abk *von* und folgende: ss., sgg. (Abk *von* seguenti).

Ufo, UFO <-(s), -s> n Abk *von engl* unidentified flying object: UFO m, Ufo m.

u-förmig adj, **U-förmig** adj a (forma di) U.

Uganda <-s, *ohne pl*> n *geog* Uganda m.

Ugander <-s, -> m (**Uganderin** f) ugandese mf.

ugandisch adj ugandese.

uh interj (*Ausruf des Ekels, Schreckens*) uh!, uhi!

U-Haft f *fam* Abk *von* Untersuchungshaft: custodia f cautelare (in carcere).

Uhr <-, -en> f **1** (*Instrument zur Zeitanzeige*) orologio m; (*Armbanduhr*) orologio m da polso; (*Standuhr*) (orologio m a) pendolo m, pendola f; (*Wanduhr*) orologio m a muro; (*Wecker*) (orologio m a) sveglia f: **die Uhr tickt**, l'orologio ticchetta/[fa tic-tac]; **die Uhr geht ⌊genau/richtig⌋/[vor]/[nach]**, l'orologio ⌊è preciso⌋/[va avanti]/[va indietro]; **meine Uhr geht auf die Sekunde genau**, il mio orologio spacca il secondo; **meine Uhr geht fünf Minuten vor/nach**, il mio orologio è avanti/indietro di cinque minuti; **die Uhr stellen/aufziehen**, rimettere/caricare l'orologio; **die Uhr vorstellen/zurückstellen**, mettere l'orologio avanti/indietro; **auf/nach meiner Uhr ist es halb zwölf**, il mio orologio segna/fa *fam* le undici e trenta/mezza, faccio le undici e trenta/mezza *fam*; **die Uhr schlägt Mittag**/[jede volle Stunde], l'orologio suona mezzogiorno/[ogni ora]; ⌊**auf die**⌋/[nach der]/[zur] **Uhr sehen/blicken/schauen**, guardare l'ora/l'orologio; **die Uhr ⌊ist stehen geblieben⌋/[steht]**, l'orologio ⌊si è fermato⌋/[è fermo]; **eine goldene/automatische/wasserdichte Uhr**, un orologio d'oro/automatico/subacqueo; **eine Uhr mit Digitalanzeige**, un orologio digitale **2** (*Zeitangabe*) ora f: **es ist ein/acht/dreizehn Uhr**, ⌊è l'una⌋/[sono le (ore) otto/tredici]; **um acht (Uhr)**, alle (ore) otto; **es ist ⌊halb drei (Uhr)⌋/[zwei Uhr dreißig]/[2.30 Uhr]**, sono le ⌊due e mezza⌋/[due e trenta]/[2.30]; **beim nächsten Ton ist es elf Uhr und 25 Minuten**, al prossimo segnale orario saranno le ore 11 e 25 minuti; **es ist kurz vor neun (Uhr)**, fra poco sono le nove, manca poco alle nove; **es ist kurz nach neun (Uhr)**, sono passate da poco le nove; **es ist Punkt zwölf Uhr** (*mittags*), è mezzogiorno/[sono le dodici] in punto; (*nachts*) è mezzanotte in punto; **um 12 Uhr mittags/nachts**, a mezzogiorno/mezzanotte; **es ist fünf Uhr früh**, sono le cinque del mattino; **gegen acht Uhr abends/morgens**, verso le otto ⌊di sera⌋/[del mattino]; **um drei Uhr nachts haben sie uns aus dem Bett geklingelt**, alle tre di notte ci hanno svegliato suonando il campanello ● **jds Uhr ist abgelaufen** *geh* (*jd wird bald sterben*), è venuta/suonata l'ora di qu; **die biologische Uhr**, l'orologio biologico; **irgendwo gehen die Uhren anders** {IN AFRIKA, PORTUGAL}, le cose funzionano diversamente + *compl di luogo*; **jds innere Uhr**, l'orologio interno di qu; **jds Uhr geht nach dem Mond** *fam* (*jds Uhr geht falsch*), l'orologio di qu va per i fatti suoi *fam*; **rund um die Uhr** *fam* {ARBEITEN, ERREICHBAR SEIN, GEÖFFNET SEIN}, ventiquattr'ore su ventiquattro, giorno e notte; **nach jdm kann man die Uhr stellen**, qu spacca il secondo; **wie viel Uhr ist es?**, **wie viel Uhr haben wir?**, che ore sono?, che ora è?; **könnten Sie mir bitte sagen, wie viel Uhr es ist?**, mi potrebbe dire l'ora/[che ore è]/[che ore sono], per favore?; **um wie viel Uhr?**, a che ora?

Uhrband, Uhrarmband <-(e)s, -bänder> n cinturino m dell'orologio; (*aus Metall*) bracciale m dell'orologio.

Uhrenfabrik f fabbrica f di orologi.

Uhrengehäuse n cassa f dell'orologio.

Uhrenindustrie f industria f orologiera/[degli orologi].

Uhrgehäuse n → **Uhrengehäuse**.

Uhrglas n vetro m dell'orologio.

Uhrkette f catenella f dell'orologio.

Uhrmacher m (**Uhrmacherin** f) orologiaio (-a) m (f).

Uhrwerk n meccanismo m/movimento m dell'orologio.

Uhrzeiger m lancetta f: **der große/kleine ~**, la lancetta lunga/corta.

Uhrzeigersinn m: **im ~**, in senso orario; ⌊**gegen den**⌋/[entgegen dem] **~**, in senso antiorario.

Uhrzeit f ora f: **haben Sie die genaue ~?**, ha l'ora esatta?

Uhu <-s, -s> m *ornith* gufo m; (*Eurasiatischer Uhu*) gufo m reale.

ui interj (*Ausruf der Bewunderung*) accidenti!, wow! *slang*.

Ukraine <-, *ohne pl*> f *geog* Ucraina f.

Ukrainer <-s, -> m (**Ukrainerin** f) ucraino (-a) m (f).

ukrainisch adj ucraino.

UKW f *radio* Abk *von* Ultrakurzwelle: VHF (onda f ultracorta): **auf UKW stellen**, sintonizzarsi ⌊sulle onde ultracorte⌋/[su FM].

UKW-Sender m *radio* (*Gerät*) trasmettitore m a modulazione di frequenza; (*Station*) (stazione f) emittente f in modulazione di frequenza.

Ulk <-(e)s, ohne pl> m scherzo m, burla f: **Ulk machen**, fare degli scherzi; **aus Ulk**, per scherzo/burla.

ulken itr scherzare.

ulkig adj fam **1** (*lustig*) {FIGUR, GESICHT, SITUATION, ZEICHNUNG} buffo, comico; {GESCHICHTE} *auch* spassoso, divertente: **ein ~er Kerl**, un tipo buffo; **~ aussehen**, avere un aspetto buffo **2** (*seltsam*) {ANSICHTEN, IDEE, VORSCHLAG} buffo, strambo: **du bist vielleicht ~!**, sai che sei proprio un (tipo) originale!

Ulkus <-, *Ulzera*> n med ulcera f.

Ulme <-, -n> f bot olmo m.

Ulrich m (*Vorname*) Ulrico.

Ulrike f (*Vorname*) Ulrica.

Ultima Ratio <- -, ohne pl> f geh ultima ratio f, soluzione f estrema: **als Ultima Ratio**, come ₍ultima ratio₎/[soluzione estrema].

Ultimaten pl von Ultimatum.

ultimativ A adj **1** (*letzte(r)*) {AUFFORDERUNG, FORDERUNG} ultimativo: **in ~er Form**, sotto forma di ultimatum; **eine ~e Forderung an jdn richten**, dare un ultimatum a qu; **~ sein**, essere ultimativo/perentorio **2** (*bes. Werbesprache: beste(r)*): **der/die/das ~e ...**, il/la migliore ...: **das ~e Angebot: Waschmaschine für 200 Euro**, superofferta: lavatrice a 200 euro; **das ist der ~e Hit!**, questo è il top/massimo!; (*neueste(r)*): **der/die/das ~e ...**, il/la ultimissimo (-a) ...: **das ~e Modell**, l'ultimissimo modello B adv: **jdn ~ zu etw (dat) auffordern**, dare un ultimatum a qu affinché faccia qualcosa; **wir fordern ~ die Freilassung der politischen Häftlinge**, chiediamo la scarcerazione dei prigionieri politici: questo è un ultimatum!

Ultimatum <-s, *Ultimaten oder -s*> n **1** (*Forderung*) ultimatum m: **jdm ein ~ stellen**, dare un ultimatum a qu; **ein ~ ablehnen**, respingere un ultimatum **2** (*Zeitpunkt*) ultimatum m: **das ~ läuft ab**, l'ultimatum scade.

Ultimo <-s, -s> m com ultimo giorno m del mese: **bis (zum) ~ muss die Rechnung beglichen werden**, entro l'ultimo del mese il conto deve essere regolato; **bis ~ Mai**, entro ₍l'ultimo (del mese) di₎/[il trentun] maggio.

Ultra <-s, -s> m slang **1** pol estremista mf, ultrà m **2** sport ultrà m.

ultrahocherhitzen tr etw ~ {MILCH} uperizzare qc: **ultrahocherhitzte Milch**, latte U.H.T.

Ultrahocherhitzung f uperizzazione f, ultrapastorizzazione f.

Ultrakurzwelle f (*Abk UKW*) **1** phys onda f ultracorta **2** radio (*Wellenbereich*) modulazione f di frequenza.

Ultrakurzwellensender m → **UKW--Sender**.

Ultraleichtflugzeug n aero ultraleggero m.

Ultramarin <-s, ohne pl> n blu m oltremare/oltremarino.

ultramarinblau adj blu oltremare/oltremarino.

ultramodern A adj {EINRICHTUNG, KLEIDUNG} ultramoderno, modernissimo, ipermoderno *pej*; {ARCHITEKTUR} *auch* avveniristico, futuristico: **ein ~es Kleid**, un abito ₍all'ultimissima moda₎/[attualissimo] B adv {SICH EINRICHTEN} in stile ultramoderno; {SICH KLEIDEN} all'ultimissima moda.

Ultranationalist m (**Ultranationalistin** f) ultranazionalista mf.

ultrarot adj phys → **infrarot**.

Ultraschall <-s, ohne pl> m **1** phys ultrasuono m **2** fam med (*~behandlung*) ultrasuoni m pl, ultrasuonoterapia f: **jd kriegt ~ fam**, a qu (*~untersuchung*) ecogra-

fia f, ultrasonografia f; **einen ~ bei jdm machen**, fare un'ecografia a qu.

Ultraschallaufnahme f med ecografia f.

Ultraschallbehandlung f med terapia f a ultrasuoni, ultrasuonoterapia f: **er kriegt eine ~**, gli fanno gli ultrasuoni *fam*.

Ultraschallbild n med → **Ultraschallaufnahme**.

Ultraschalldiagnostik f med diagnostica f ecografica.

Ultraschallgerät n med ecografo m.

Ultraschallschweißung f tech saldatura f a ultrasuoni.

Ultraschalluntersuchung f med esame m ecografico, ecografia f.

Ultraschallwelle f onda f ultrasonora: **~n**, ultrasuoni.

Ultrastrahlung f phys radiazione f cosmica.

ultraviolett adj phys {STRAHLEN} ultravioletto.

Ultraviolett <-s, ohne pl> n phys (*Abk UV*) ultravioletto m.

Ultraviolettlicht n → **UV-Licht**.

Ultraviolettstrahlung f → **UV-Strahlung**.

Ulzera pl von Ulkus.

um① präp + akk **1** (*etw umgebend*) **um etw (herum)** intorno *a qc*, attorno *a qc*: **die Katze schlich immer wieder um den Kanarienkäfig herum**, il gatto si aggirava quatto quatto intorno alla gabbia del canarino; **sie machten einen Spaziergang um den See**, fecero una passeggiata intorno al lago; **Raubvögel kreisten um das tote Tier**, uccelli predatori volavano attorno alla bestia morta; **er bog um die Ecke und sah sie plötzlich vor sich**, girò l'angolo e se la trovò all'improvviso davanti **2** (*nach allen Seiten*): **um sich ...** {HABEN, SCHAUEN, VERBREITEN}, intorno (a sé), attorno (a sé); **sie schauten vorsichtig um sich**, si guardarono attorno circospetti; **um sich greifen**, propagarsi, diffondersi; **die Epidemie griff in kürzester Zeit um sich**, l'epidemia si diffuse in brevissimo tempo; **er verbreitete überall Heiterkeit um sich**, porta allegria ovunque vada; **um sich schlagen/treten**, dibattersi, dimenarsi; **er schlug wie wild um sich**, menava botte a destra e a manca; **mit etw (dat) um sich werfen** {MIT GEGENSTÄNDEN}, lanciare qc in tutte le direzioni **3** (*genauer Zeitpunkt*) a: **der Zug kommt um acht (Uhr) am Hauptbahnhof an**, il treno arriva alle otto alla stazione centrale; **um wie viel Uhr fängt der Film an?**, a che ora comincia il film? **4** (*ungenauer Zeitpunkt*) **um etw (herum)** intorno *a qc*, verso *qc*: **um Ostern (herum)** war es noch richtig kalt, nel periodo di Pasqua faceva ancora un gran freddo; **um Weihnachten herum müsste er mit der Doktorarbeit fertig sein**, verso Natale dovrebbe aver finito la sua tesi di dottorato **5** (*Unterschiede im Vergleich ausdrücken*): **um** ₍10 cm höher₎/[200 Gramm schwerer], più ₍alto di 10 cm₎/[pesante di 200 grammi]; **um** ₍einiges besser₎/[manches schlechter]/[weniges größer] sein, essere ₍nettamente migliore₎/[un po' peggiore]/[di poco più grande]; **es wäre um nichts besser, wenn ...**, non migliorerebbe per niente la situazione se ...; **um vieles besser**, assai meglio; **es wäre um vieles anders, wenn ...**, sarebbe ben diverso se ...; **sie ist um sieben Jahre jünger als ihr Mann**, è di sette anni più giovane di suo marito; **die Preise sind durchschnittlich um 10% gestiegen**, i prezzi sono aumentati mediamente del 10% **6** (*für*): **... um ...** per ..., ... dopo ...; **er schleppte sich Meter**

um Meter voran, si trascinava metro dopo metro; **Auge um Auge, Zahn um Zahn**, occhio per occhio, dente per dente; **Schritt um Schritt**, passo passo, un passo dopo l'altro; ₍**Monat um Monat**₎/[**Jahr um Jahr**] verging, passarono i mesi/gli anni; **sie beging einen Fauxpas um den anderen**, fece una gaffe dopo l'altra; **einen Tag um den anderen**, un giorno su due **7** region (*für*), a: **sie hat Schuhe um zweihundert Euro gekauft**, ha comprato scarpe per duecento euro **8** (*nach bestimmten Substantiven, Adjektiven und Verben*): **die Sorge um jds Gesundheit**, la preoccupazione per la salute di qu; **der Kampf um die Stadt**, la lotta per la conquista della città; **um Hilfe rufen**, chiedere aiuto; **alles dreht sich nur um sie**, tutto ruota intorno a lei; **es tut mir leid um sie**, mi dispiace per lei; (**es ist**) **schade um das schöne Kleid**, è un peccato per il bel vestito • **um** ₍jds₎/[einer S.] **willen**, per qu/qc, per amor di qu/qc; **er hat es um** ₍seines Vaters₎/[**der Wahrheit**] **willen getan**, l'ha fatto per ₍amore di suo padre₎/[amore della verità]; **um Gottes/Himmels willen!**, per l'amor ₍di Dio₎/[del cielo]!, per carità!

um② adv (*ungefähr*): **um (die) ...**, intorno a ..., su ..., circa ..., all'incirca ...; **es werden so um die hundertfünfzig Gäste gewesen sein**, saranno stati sui/[intorno ai] centocinquanta ospiti; **um zweitausend Euro dürften reichen**, duemila euro circa dovrebbero bastare.

um③ konj **1** (*final: in der Absicht*): **um etw zu tun**, per fare qc, allo scopo di fare qc, al fine di fare qc: **sie hat angerufen, um uns zum Essen einzuladen**, ha chiamato per invitarci a cena; **er ist gekommen, um mit mir zu sprechen**, è venuto per parlare con me; **um es kurz zu machen**, per farla breve **2** (*konsekutiv: dass*): **... genug, um etw zu tun**, abbastanza ... per fare qc; **er ist erfahren genug, um die Arbeit machen zu können**, ha abbastanza esperienza per poter svolgere questo lavoro; **sie ist alt genug, um zu wissen, was sie tut**, è abbastanza grande per sapere cosa (deve) fare **3** (*konsekutiv: als dass*): **zu ..., um (etw) zu tun**, troppo ... ₍per fare (qc)₎/[perché ... konjv]; **es ist viel zu heiß, um zu spazieren zu gehen**, è troppo caldo per fare una passeggiata; **sie ist zu schwach, um sich auf den Beinen zu halten**, è troppo debole per reggersi in piedi; **um so a.R.** von **umso** → **umso**.

um|adressieren <ohne ge-> tr etw ~ {BRIEF, PAKET} cambiare l'indirizzo *su qc*.

um|ändern tr etw ~ {HOSE, KLEID} riadattare *qc*, fare/apportare delle modifiche *a qc*; {PROGRAMM, TITEL} modificare *qc*, apportare (delle) modifiche *a qc*; {TEXT} *auch* rimaneggiare *qc*: **einen Rock ~ lassen**, far fare delle modifiche/correzioni a una gonna.

um|arbeiten tr etw ~ {BUCH, ROMAN} rielaborare *qc*, rimaneggiare *qc*; {TEXT} *auch* rivedere *qc*; {KLEID, KOSTÜM} fare/apportare delle modifiche *a qc*, modificare *qc*: **einen Prosatext für die Bühne ~**, adattare un testo in prosa per il teatro.

umarmen <ohne ge-> A tr jdn ~ abbracciare *qu*, stringere *qu* tra le braccia: **jdn zärtlich/stürmisch ~**, abbracciare qu teneramente/[con impeto]; **lass dich ~, Schätzchen!**, fatti/lasciati abbracciare, tesoro! B rfl sich/einander geh ~ abbracciarsi.

Umarmung <-, -en> f abbraccio m, stretta f, amplesso m *lit*: **eine zärtliche ~**, un tenero abbraccio; **sich aus jds ~ befreien**, liberarsi dall'abbraccio di qu.

Umbau <-(e)s, -e oder -ten> m bau <meist sing> (*das Umbauen*) {+GEBÄUDE} (lavori m pl di) ristrutturazione f: **während des ~s**, durante i lavori di ristrutturazione; **wegen ~(s) geschlossen** (*bei Geschäften, Lokalen*), chiuso per rinnovo locali; (*bei Museen, Theatern*) chiuso per (lavori di ristrutturazione): **das Theater ist noch im ~**, il teatro è ancora in (fase di) ristrutturazione/restauro; (*das Umändern*) adattamento m; **der ~ des alten Bahnhofs in ein Museum hat Unsummen gekostet**, l'adattamento della vecchia stazione ferroviaria a museo è costato uno sproposito.

um|bauen① **A** tr **1** bau **etw ~** ristrutturare *qc*; **etw in etw** (akk)/**zu etw** (dat) **~** {ALTEN BAHNHOF IN EIN MUSEUM, EHEMALIGE FABRIK IN EIN THEATER} adattare *qc a qc*, trasformare *qc in qc* **2** theat **etw ~**: **die Bühne/Kulisse ~**, cambiare scena **B** itr **1** bau eseguire/fare lavori di ristrutturazione: **wir bauen um, wir bitten um Verständnis!**, stiamo ristrutturando, ci scusiamo per il disagio **2** theat cambiare scena.

umbauen② *<ohne ge->* tr **etw ~** {GRUNDSTÜCK, PLATZ, SEE} costruire *intorno a qc*; **etw mit etw** (dat) **~** costruire *qc intorno a qc*, circondare *qc di qc*.

um|benennen *<irr, ohne ge->* tr **etw ~** {PLATZ, STADT, STRASSE} ribattezzare *qc*, dare un nuovo nome *a qc*, cambiare (il) nome *di/a qc*; **etw in etw** (akk) **~** ribattezzare *qc*: **St. Petersburg wurde 1924 in Leningrad umbenannt**, nel 1924 San Pietroburgo fu ribattezzata Leningrado.

Umbenennung <-, -en> f cambiamento m di/del nome.

um|besetzen *<ohne ge->* tr **etw ~ 1** film theat {ROLLE} dare/assegnare *qc a qualcun altro*: **die Rolle ist umbesetzt worden**, la parte è stata assegnata a qualcun altro; **alle Rollen ~**, ridistribuire le parti/i ruoli **2** sport: **eine Mannschaft ~**, cambiare la formazione di una squadra **3** bes. pol {REGIERUNG} rimpastare *qc*: **einen Ministerposten ~**, assegnare una carica di ministro a qualcun altro; **die Chefetage ~**, cambiare i quadri.

Umbesetzung <-, -en> f **1** film theat: **eine ~ aller Rollen**, una ridistribuzione delle parti/dei ruoli; **der Unfall des Hauptdarstellers erforderte eine ~ seiner Rolle**, a causa di un incidente occorso al protagonista è stato necessario assegnare la parte principale a qualcun altro; **~en an der Spitze des Unternehmens/[in dem Gremium]**, cambio al vertice dell'impresa/[nella commissione] **2** bes. pol {+MINISTERPOSTEN} rimpasto m ● **eine ~ vornehmen** film theat (*der Hauptrolle*), assegnare la parte a qualcun altro; (*aller Rollen*), ridistribuire le parti; **~en im Kabinett vornehmen** pol, rimpastare il consiglio dei ministri.

um|bestellen **A** tr **1** (*zu einem anderen Zeitpunkt bestellen*) **jdn ~** {BESUCHER, KUNDEN, PATIENTEN} cambiare/spostare l'appuntamento *a qu*; **jdn auf etw** (akk) **~** {KUNDEN, PATIENTEN AUF EINEN BESTIMMTEN TAG, TERMIN} spostare l'appuntamento *di qu a qc*: **jdn auf 18 Uhr ~**, spostare l'appuntamento di/a qu alle ore 18; **ich muss Sie auf Dienstag ~**, Le devo dare un nuovo appuntamento per martedì **2** com (*ändern*) **etw ~** {LIEFERUNG, WARE} cambiare/modificare l'ordinazione *di qc* **B** itr com cambiare/modificare l'ordine: **der Kunde hat umbestellt**, il cliente ha cambiato/modificato l'ordine.

um|betten tr **1** med **jdn ~** {BETTLÄGERIGEN, KRANKEN} cambiare di letto *qu*; **jdn von etw** (dat) **auf/in etw** (akk) **~** {VOM BETT AUF EINE KRANKENBAHRE} spostare *qu da qc a qc* **2** (*in ein anderes Grab legen*) **jdn/etw ~** {GEBEINE, LEICHNAM, STERBLICHE ÜBERRESTE} traslare *qu/qc*.

um|biegen *<irr>* **A** tr *<haben>* (*krümmen*) **etw ~** {DRAHT, KABEL, NAGEL} piegare *qc*, (in)curvare *qc*: **eine Eisenstange zu einem U ~**, piegare una barra di ferro a U; **jdm den Arm ~**, torcere il braccio a qu **B** itr *<sein>* **1** fam (*umkehren*) tornare indietro, fare dietro front fam **2** (*abbiegen*) **irgendwohin ~** {STRASSE, WEG NACH LINKS, RECHTS} svoltare/curvare/girare/piegare + *compl di luogo*.

um|bilden tr pol **etw ~** {KABINETT, REGIERUNG} rimpastare *qc*.

Umbildung <-, -en> f pol rimpasto m: **~ des Kabinetts/der Regierung**, un rimpasto del governo.

um|binden *<irr>* **A** tr **jdm etw ~** mettere/annodare *qc a qu* (+ *compl di luogo*): **jdm ein Kopftuch ~**, mettere a qu un fazzoletto in testa; **jdm eine Krawatte ~**, annodare la cravatta a qu; **jdm einen Schal ~**, mettere a qu una sciarpa intorno al collo; **er hatte einen Schal umgebunden**, aveva una sciarpa intorno al collo; **jdm eine Schürze ~**, annodare/legare a qu un grembiule in vita **B** rfl **sich** (dat) **etw ~** annodarsi/legarsi/mettersi *qc* + *compl di luogo*: **sich eine Schürze ~**, legarsi un grembiule in vita; **sich ein Halstuch ~**, annodarsi un fazzoletto/foulard al collo; **sich ein Kopftuch ~**, mettersi un fazzoletto in testa; **sich die Krawatte ~**, annodarsi/mettersi la cravatta.

um|blättern itr girare/voltare pagina: **sie legte die Illustrierte zurück, nachdem sie ein paar Mal umgeblättert hatte**, dopo aver sfogliato qualche pagina della rivista, la ripose.

um|blicken rfl **1** (*nach hinten blicken*) **sich ~** voltarsi, guardare dietro di sé; **sich nach jdm/etw ~** voltarsi *in direzione di qu/qc* **2** (*zur Seite blicken*) **sich irgendwohin ~** {NACH LINKS, RECHTS} voltarsi/guardare + *compl di luogo*: **sich nach allen Seiten ~**, guardarsi attorno.

Umbra <-, ohne pl> f terra f d'ombra/[di Siena bruciata].

umbrechen *<irr, ohne ge->* tr typ **etw ~** {TEXT} impaginare *qc*.

Umbrien <-s, ohne pl> n geog Umbria f.

Umbrier <-s, -> m (**Umbrierin** f) umbro (-a) m (f).

um|bringen *<irr>* **A** tr (*töten*) **jdn/etw** (*durch etw* akk/*mit etw* dat) **~** {TIER DURCH EINEN, MIT EINEM SCHLAG, SCHUSS, MIT DEM MESSER, DER PISTOLE} uccidere *qu/qc* (*con qc*), ammazzare *qu/qc* (*con qc*); {MENSCH} *auch* assassinare *qu* (*con qc*): **jdn durch/mit Gift ~**, uccidere qu con il veleno; avvelenare qu; **jdn aus Eifersucht ~**, uccidere qu per gelosia; **jdn auf bestialische Weise ~**, uccidere/assassinare qu brutalmente; **sie haben den Hund mit Stockschlägen umgebracht**, hanno ammazzato il cane a bastonate/[colpi di bastone]; **jdn mit eigener Hand/[eigenhändig] ~**, uccidere qu con le proprie mani **B** rfl **1** (*Selbstmord begehen*) **sich** (*durch etw* akk/*mit etw* dat) **~** uccidersi/ammazzarsi fam/suicidarsi (*facendo qc/con qc*): **er hat sich durch einen/[mit einem] Schuss in die Schläfe umgebracht**, si è ucciso con un colpo alla tempia **2** (*sich gegenseitig töten*) **sich gegenseitig ~**, uccidersi/ammazzarsi a vicenda **3** fam (*etw übertreiben*) **sich vor etw** (dat) (*fast*) **~** {VOR AUFMERKSAMKEIT, DIENSTEIFER, FREUNDLICHKEIT} esagerare *con qc*: **sich vor Arbeit** (*fast*) **~**, ammazzarsi di lavoro; **jetzt bring doch bloß nicht wegen so einer kleinen Delle am Auto um!**, non fare tragedie per una piccola ammaccatura alla macchina! ● **sich für jdn** (*fast*) **~** fam, farsi in quattro per qu fam, ammazzarsi per qu fam; **etw bringt jdn noch um** fam, qc finisce per distruggere qu; **diese Hitze bringt mich noch um!** fam, questo caldo mi uccide/distrugge!; **nicht umzubringen sein** fam {ANZUG, MANTEL, MATERIAL, STOFF}, essere indistruttibile.

umbrisch adj umbro.

Umbruch <-(e)s, Umbrüche> m **1** pol (*Wandel*) cambiamento m profondo, mutamento m radicale, rivolgimento m, stravolgimento m: **sich im ~ befinden** {GESELLSCHAFT}, essere/trovarsi in una fase di profondi cambiamenti **2** <nur sing> typ impaginazione f: **den ~ (einer S. gen) machen**, fare l'impaginazione (di qc), impaginare qc; (*umbrochener Satz*) impaginato m; **den ~ lesen**, controllare l'impaginato.

Umbruchphase f periodo m di cambiamento: **sich in einer ~ befinden**, trovarsi in una fase di cambiamento.

Umbruchsituation f situazione f di cambiamento.

um|buchen **A** tr **1** (*eine Buchung ändern*) **jdn/etw ~** {FLUG, PASSAGIER} cambiare la prenotazione *a qu/di qc*: **eine Reise ~** (*auf einen anderen Zeitpunkt*), rimandare la partenza; (*auf ein anderes Ziel*) cambiare destinazione; **jdn auf etw** (akk) **~** {AUF EINEN ANDEREN TERMIN} spostare la prenotazione *di qc a qc*; **jdn auf einen anderen Flug ~**, prenotare qu su un altro volo; **etw auf etw** (akk) **~** {FLUG, REISE AUF EIN ANDERES DATUM, EINEN ANDEREN TERMIN} spostare *qc a qc* **2** bank com **etw ~** {BETRAG, SUMME} trasferire *qc* su un altro conto; **etw auf etw** (akk) **~** trasferire *qc su qc* **B** itr (*eine Buchung ändern*) cambiare prenotazione: **ich muss leider auf den 20. Mai ~**, purtroppo sono costretto (-a) a spostare la prenotazione al 20 maggio.

Umbuchung f **1** bank com trasferimento m di conto **2** {+FLUG, REISE} cambio m di prenotazione: **eine ~ vornehmen**, cambiare la prenotazione.

um|denken *<irr>* itr cambiare/rivedere il proprio modo di pensare, cambiare mentalità/[impostazione mentale]; **in etw** (dat) **~** {IN EINER FRAGE, HINSICHT, EINEM PUNKT} cambiare mentalità *a proposito di qc*.

um|deuten tr **etw ~** {BEGRIFF, EREIGNIS, GESCHICHTE, SYMBOL, WORT} interpretare diversamente *qc*, dare una diversa interpretazione *a qc*: **eine Niederlage in einen Erfolg ~**, spacciare la sconfitta per una vittoria.

Umdeutung <-, -en> f diversa interpretazione f.

um|dirigieren *<ohne ge->* tr **etw** (*irgendwohin*) **~** {LKW, SCHIFF, TRANSPORT} dirottare *qc* (+ *compl di luogo*).

um|disponieren *<ohne ge->* itr cambiare programma: **kurzfristig ~ müssen**, dover cambiare programma all'ultimo momento.

um|drehen **A** tr *<haben>* **1** (*auf die andere Seite drehen*) **jdn ~** {KRANKEN} aiutare qu a girarsi, girare qu; **etw ~** {BLATT, GELDSTÜCK, KARTE, PAPIER, SEITE} girare qc, voltare qc **2** (*im Kreis drehen*) **etw ~** {SCHALTER} girare qc; {SCHLÜSSEL} *auch* far fare dei giri *a qc*: **den Schlüssel im Schloss ~**, girare la chiave nella toppa **3** (*auf die entgegengesetzte Seite drehen*) **etw ~** {PFANNKUCHEN, SCHNITZEL} girare qc; {TISCHDECKE} girare qc; {STRUMPF} rovesciare qc **4** (*auf den Kopf stellen*) **etw ~** {FLASCHE, GEFÄSS} capovolgere qc **5** (*verdrehen*) **jdm etw ~** {ARM, HALS} torcere qc a qu: **einem Tier den Hals ~**, tirare il collo a un animale **B** itr *<haben oder sein>* (*umkehren*) tornare indietro, fare dietro front: **als es anfing zu regnen, haben/sind wir umgedreht**, quando è cominciato a piovere abbiamo fatto dietro front **C** rfl (*sich umwenden*) **sich** (**nach jdm/etw**) **~** voltarsi (*verso qu/*

qc), girarsi (*verso qu/qc*): **sich nach einer schönen Frau ~**, girarsi a guardare una bella donna; **er dreht sich nach jeder Frau um**, si volta a guardare tutte le donne; **sich auf dem Absatz ~**, girare/voltare i tacchi.

Umdrehung f rotazione f: **eine halbe/volle ~**, una ₍mezza rotazione₎/[rotazione completa]; {+MOTOR, SCHALLPLATTE} giro m; **tausend ~en in der Minute**, mille giri al minuto.

Umdrehungszahl f *tech* {+MOTOR} numero m di/dei giri.

Umdruck <-s, *ohne pl*> m *typ* autografia f.

umeinander *adv* {BESORGT SEIN, SICH SORGEN MACHEN} l'uno (-a) per l'altro (-a); {SICH KÜMMERN} l'uno (-a) dell'altro (-a).

um|entscheiden <*irr, ohne ge*-> *rfl* **sich ~**, cambiare idea, decidere diversamente.

um|erziehen <*irr, ohne ge*-> *tr* ***jdn*** (***zu etw*** **dat**) ~ {STRAFFÄLLIGEN ZU EINEM VERANTWORTUNGSVOLLEN MITBÜRGER} rieducare *qu* (*affinché diventi qc*); **jdn zu** ₍**verantwortungsvollem Handeln**₎/[**einer demokratischen Einstellung**] **~**, educare *qu* ₍a un comportamento responsabile₎/[alla democrazia].

Umerziehung <-, *ohne pl*> f rieducazione f.

um|fahren① <*irr*> *tr* ***etw*** **~** {MAST, PFAHL, VERKEHRSSCHILD} abbattere *qu*, buttare giù *qc fam*; ***jdn*** **~** investire *qu*, mettere sotto *qu fam*, travolgere (con un veicolo) *qu*, arrotare *qu fam*.

um|fahren② <*irr, ohne ge*-> *tr* ***etw*** **~** **1** (*vor etw ausweichen*) {SCHLAGLOCH} aggirare *qc*, dribblare *qc scherz*; {TIER} evitare *qc*; {STADT, STAU, STRABENSPERRE} aggirare *qc* **2** (*darum herumlaufen*) {KAP} doppiare *qc*.

Umfahrung <-, -*en*> f *süddt A CH* → **Umgehung**②.

Umfall <-(*e*)*s*, -*fälle*> m *fam pej* voltafaccia f; {+ANGEKLAGTE} crollo m, cedimento m; {+ZEUGE} ritrattazione f.

um|fallen <*irr*> *itr* <*sein*> **1** (*umkippen*) {BAUM, LEGOTURM} cadere; {EIMER, FLASCHE, GLAS, VASE} *auch* rovesciarsi; ***jdm fällt etw* um** {FLASCHE, GLAS, VASE}, a *qu* cade *qc* **2** (*zu Boden fallen*) cadere a terra: **wie die Fliegen ~**, morire come le mosche; **ohnmächtig ~**, cadere a terra svenuto (-a); **tot ~**, cadere a terra morto (-a) **3** *fam pej* (*seine Meinung ändern*) fare un voltafaccia *fam*; {+ANGEKLAGTER} crollare, cedere; {+ZEUGE} ritrattare **4** *fam* (*etw nicht länger aushalten können*) **vor *etw*** (**dat**) **~** {VOR ERSCHÖPFUNG, MÜDIGKEIT} non reggersi in piedi *per/da qc*: **gib mir ein** ₍**Glas Wasser**₎/[**Stück Brot**]**, ich falle um vor Durst/Hunger**, dammi un ₍bicchiere d'acqua₎/[pezzo di pane], se no muoio di sete/fame • **zum Umfallen müde sein**, ₍non reggersi in piedi per la₎/[crollare dalla] stanchezza.

Umfang <-(*e*)*s*, *Umfänge*> m **1** (*Begrenzungslinie*) {+ARM, BALL, BAUM, BRUSTKORB, ERDE} circonferenza f: **der Stamm hat einen ~ von drei Metern**, il tronco misura tre metri di circonferenza; **ein Bauch von beträchtlichem ~**, una pancia di dimensioni notevoli; {+GEBIET} perimetro m **2** *geom* {+KREIS} circonferenza f; {+VIELECK} perimetro m: **ein Meter im ~**, un metro di circonferenza **3** (*Ausmaß*) {+KOSTEN} entità f; {+NACHFORSCHUNGEN, UNTERSUCHUNG} dimensioni f pl; {+ARBEIT, BUCH} mole f: **der Roman hat einen ~ von 500 Seiten**, è un romanzo di 500 pagine; {+ARTIKEL, BRIEF, SCHREIBEN} lunghezza f, dimensioni f pl; {+SCHADEN, VERLUST} entità f; {+PROBLEM} *auch* portata f; **ein Beitrag größeren ~s**, un contributo di una certa entità; **Renovierungsarbeiten von beträchtlichem ~**, lavori di restauro di una certa consistenza; ***etw*** **nimmt einen** ₍**immer größeren**₎/[**alarmierenden**] **~ an**, *qc* sta acquistando delle proporzioni ₍sempre maggiori₎/[allarmanti]; **das Problem hat einen solchen ~ angenommen, dass ...**, il problema ha acquistato delle proporzioni tali ₍che ...₎/[da ... *inf*] **4** *mus* {+STIMME} estensione f
• **in *großem ~***, su vasta scala; **in *vollem ~***: **der Angeklagte hat die Tat in vollem ~ gestanden**, l'accusato ha reso piena confessione; **der Angeklagte ist in vollem ~ freigesprochen worden**, l'accusato è stato assolto con formula piena; **man kann die Folgen des Erdbebens noch nicht in vollem ~/[ihrem ganzen] ~ übersehen**, non si è ancora in grado di calcolare l'entità dei danni causati dal terremoto.

um|fangen <*irr, ohne ge*-> *tr geh* **1** (*umarmen*) ***jdn*** (**mit beiden Armen**) **~** stringere tra le braccia *qu*, abbracciare *qu*: ***jdn*** **~ halten**, tenere ₍abbracciato (-a) *qu*₎/[qu stretto (-a) tra le braccia] **2** (*umgeben*) ***jdn*** **~** {RUHE, STILLE} avvolgere *qu*.

umfangreich *adj* **1** (*voluminös*) {BUCH, WERK} voluminoso, grosso; {BIBLIOTHEK} ricco; {SAMMLUNG} *auch* vasto **2** (*umfassend*) {BERICHT, DARSTELLUNG} esauriente; {ERFAHRUNG, KENNTNISSE, WISSEN} ampio, vasto; {BERECHNUNGEN, RECHERCHEN, UNTERSUCHUNGEN, VORARBEITEN} approfondito: **~e Nachforschungen anstellen**, fare delle indagini su vasta scala.

um|fassen <*ohne ge*-> *tr* **1** (*enthalten*) ***etw*** **~** {AUSGABE DAS GESAMTWERK} racchiudere *qc*; {WERK 10 BÄNDE; WOHNUNG 4 ZIMMER} comprendere *qc*: **das Buch umfasst 400 Seiten**, il libro ha/[è lungo] 400 pagine **2** (*umarmen*) ***jdn*** **~** abbracciare *qu*: **er hielt sie eng umfasst**, la teneva stretta fra le sue braccia; ***etw*** **~** {JDS ARM, HANDGELENK} stringere *qc a qu*; {JDS HÜFTE, TAILLE} cingere *qc di qu*; **er umfasste ihre Schultern**, le mise un braccio intorno alle spalle **3** (*umspannen*) ***etw*** **~** {ZEITRAUM, ZEITSPANNE} abbracciare *qc* **4** (*einfrieden*) ***etw*** (**mit *etw*** **dat**) **~** {GARTEN MIT EINER HECKE, GRUNDSTÜCK MIT EINER MAUER, EINEM ZAUN} recintare *qc* (*con qc*).

umfassend A *adj* **1** (*weit reichend*) {KENNTNISSE} ampio, vasto; {VOLLMACHT} esteso: **~e Sicherheitsvorkehrungen treffen**, adottare imponenti misure di sicurezza **2** (*fast vollständig*) {BILDUNG} vasto; {GESTÄNDNIS} pieno; {BERICHT, INFORMATIONEN} esauriente B *adv* (*ausführlich*): **über *etw*** (**akk**) **berichten**, fare un resoconto esauriente di *qc*; ***jdn*** **über *etw*** (**akk**) **informieren**, fornire a *qu* (delle) informazioni esaurienti su *qc*.

Umfeld <-(*e*)*s*, *ohne pl*> n **1** (*Umgebung*) ambiente m, contesto m: **sich in einem (gesellschaftlichen) ~ wohlfühlen**, sentirsi a proprio agio in un certo contesto sociale; **Personen aus dem ~ eines Politikers**, personaggi dell'entourage di un uomo politico, personaggi che ₍si muovono₎/[ruotano] intorno a un uomo politico; **das internationale ~**, il contesto internazionale **2** *psych soziol* {+EXTREMIST, KRIMINELLER, SÜCHTIGER} ambiente m, contesto m, milieu m; {+TERRORISTISCHE VEREINIGUNG} fiancheggiatori m pl, ambienti m pl contigui (*a qc*); **das familiäre ~ eines psychisch Kranken**, l'ambiente/il contesto familiare di una persona con problemi psichici.

um|fliegen① <*irr, ohne ge*-> *tr* **1** (*fliegend umkreisen*) ***jdn/etw*** **~** {BIENE BLUME; FLIEGE JDS KOPF, LAMPE} volare *intorno a qu/qc* **2** (*an etw vorbeifliegen*) ***etw*** **~** {FLUGZEUG GEWITTER, WOLKENWAND} aggirare *qc*.

um|fliegen② <*irr*> *itr* <*sein*> *fam* (*umfallen*) rovesciarsi.

um|formen *tr* **1** *el* ***etw*** **in *etw*** (**akk**) **zu *etw*** (**dat**) **~** {GLEICHSTROM ZU WECHSELSTROM} trasformare *qc in qc* **2** (*eine neue Form geben*) **~** {KNETMASSE, TON} rimodellare *qc*: **einen Satz vom Passiv ins Aktiv ~**, trasformare una frase da passiva in attiva.

Umformer <-*s*, -> m *el* trasformatore m.

um|formulieren <*ohne ge*-> *tr* ***etw*** **~** {SATZ} formulare *qc* diversamente, riformulare *qc*.

Umfrage f inchiesta f, sondaggio m (d'opinione): **eine ~ zur/über die Arbeitszeitverkürzung machen/veranstalten**, fare un'inchiesta/un sondaggio sulla riduzione dell'orario di lavoro; **die ~ hat ergeben, dass ...**, dal sondaggio risulta/emerge che ...

Umfrageergebnis n risultato m/esito m di un sondaggio.

Umfragewert m <*meist pl*> dato m di un sondaggio: **der ~ der SPD ist um 1 Prozent gesunken**, la SPD è calata di un punto nei sondaggi.

um|frieden <*ohne ge*-> *tr geh* ***etw*** (**mit *etw*** **dat**) **~** {GRUNDSTÜCK, LAND MIT HECKE, MAUER, ZAUN} recintare *qc* (*con qc*): **eine Stadt ~**, (re)cingere una città di mura.

um|frisieren <*ohne ge*-> *tr fam*: **ein Mofa/Motorrad ~**, truccare un motorino/una moto.

um|füllen *tr* ***etw*** (**in *etw*** **akk**) **~** travasare *qc* (*in qc*).

um|funktionieren <*ohne ge*-> *tr* ***etw*** **~** ₍trasformare *qc* secondo le₎/[adattare *qc* alle] proprie esigenze: **die Kinder haben das Wohnzimmer umfunktioniert**, i bambini ₍hanno rivoluzionato il₎/[si sono appropriati del] salotto; ***etw*** **in *etw*** (**akk**)/***zu etw*** (**dat**) **~** {SCHREIBMASCHINENFABRIK IN COMPUTERFABRIK} trasformare *qc in qc*; {CAMPINGPLATZ IN EIN/ZU EINEM FLÜCHTLINGSLAGER, FABRIK IN EIN/ZU EINEM KULTURZENTRUM} *auch* adibire *qc a qc*, adattare *qc a qc*; **er hat den alten Esstisch zu einer Werkbank umfunktioniert**, ha adattato il vecchio tavolo da cucina a piano di lavoro.

Umgang <-(*e*)*s*, *ohne pl*> m **1** (*Beziehungen*) contatti m pl, rapporti m pl, relazioni f pl: **mit *jdm*** **~ haben/pflegen**, avere rapporti con *qu*, frequentare *qu*; **keinen ~ haben**, non avere contatti con nessuno, non frequentare nessuno; **ich habe mit ihm keinen ~ mehr**, non lo vedo/frequento più; **wenig ~ haben**, avere poche conoscenze; **im ~ mit den Angestellten ist er sehr distanziert**, nei rapporti con i dipendenti mantiene molto le distanze **2** (*Gesellschaft*) compagnia f, gente f *fam*, giro m *fam*: **schlechten ~ pflegen**, frequentare ₍cattive compagnie₎/[un brutto giro]; **das ist kein ~ für dich!**, non è ₍una compagnia₎/[gente] per te!; **das sieht man schon an seinem ~**, lo si vede/capisce già dalla gente che frequenta; **jds ~ ⟨ mit *jdm*⟩ (ver)meiden**, evitare la compagnia di *qu* **3** (*Beschäftigung*) **~ mit *jdm/etw*** contatto m *con qu/qc*: **der dauernde ~ mit solchen Substanzen ist gesundheitsschädigend**, il continuo contatto con simili sostanze è nocivo per la salute; **Vorsicht im ~ mit Chemikalien!**, attenzione al contatto con le sostanze chimiche!; **er ist von klein auf an den ~ mit Tieren gewöhnt**, è abituato fin da piccolo a stare con gli animali; **den ~ mit *etw*** (**dat**) **lernen**, familiarizzare con *qc*, acquisire dimestichezza con *qc*; **im ständigen ~ mit diesen Leuten lernt man ihre Probleme verstehen**, a stretto contatto con questa gente si impara a capire quali sono i loro problemi; **erfahren im ~ mit Kindern/Kranken sein**, sapere per esperienza come trattare con i bambini/malati; **erfahren im ~ mit *etw*** (**dat**) **sein**, essere pratico di *qc*, avere dimestichezza con qc; **~ mit der Angst**, convivere con l'ansia; **im ~ mit Kindern/Tieren muss man ...**, stando a contatto con i bambini/gli animali bisogna ...; **geschickt im ~ mit etw (dat) sein**, essere abile nel maneggiare qc; **durch den ständigen ~ mit Autos/Computern hat er gelernt, ...**, avendo sempre a che fare con le macchine/i computer ha imparato a ...

umgänglich adj {CHARAKTER, WESEN} affabile; {MENSCH} alla mano fam: **sehr ~ sein**, essere molto alla mano.

Umgangsform f <meist pl> maniera f, modo m: **gute ~en haben/besitzen**, conoscere le buone maniere, essere beneducato; **keine ~en haben/besitzen**, non conoscere le buone maniere, non sapersi comportare; **schlechte ~en haben/besitzen**, avere cattive maniere, essere maleducato.

Umgangsrecht n jur → **Besuchsrecht**.

Umgangssprache f lingua f parlata, linguaggio m colloquiale/familiare: **in der deutschen ~**, nel tedesco parlato/colloquiale.

umgangssprachlich adj {AUSDRUCK, REDEWENDUNG, WORT} colloquiale, della lingua parlata, (del linguaggio) familiare.

Umgangston m modo m di comunicare: **unter den Kollegen herrscht ein herzlicher ~**, fra i colleghi regna un'atmosfera di cordialità; **ihr habt ja einen schönen ~!** iron, ma quanto siete gentili! iron; (Sprechweise) modo m di parlare; **was ist das denn für ein ~?!**, che modo di parlare è questo?!

umgarnen <ohne ge-> tr geh **jdn (mit etw dat) ~** circuire qu (con qc), irretire qu (con qc): **sich von jdm ~ lassen**, lasciarsi irretire da qu, farsi circuire da qu; **jdn mit schönen Worten ~**, circuire qu con belle parole.

umgeben <irr, ohne ge-> A tr 1 (sich ringsum befinden) **etw ~** {BERGE, FELDER, WALD DORF, STADT; HECKE, MAUERN, PARK ANWESEN, GEBÄUDE} circondare qc: **hohe Mauern ~ die Stadt**, alte mura circondano la città; {DUNSTWOLKE, LICHT, FLAMMEN} avvolgere qc: **das Gebäude war von Flammen ~**, l'edificio era avvolto dalle fiamme 2 (einfassen) **etw mit etw (dat) ~** {STADT MIT GRABEN, MAUERN} circondare qc con/di qc, cingere qc con qc; {HAUS MIT HECKE} circondare qc con qc, recintare qc con qc 3 (um jdn herum sein) **jdn (mit etw dat) ~** {MIT AUFMERKSAMKEIT, LIEBE} circondare qu (di qc): **eine Mauer des Schweigens umgab sie**, era circondata da un muro di silenzio; **von jdm/etw ~ sein**, essere circondato da qu/qc; **der Sänger war von Fans ~**, il cantante era circondato dai fans; **sie ist von Bewunderung und Respekt ~**, è circondata da ammirazione e rispetto B rfl (um sich scharen) **sich mit jdm/ etw ~** circondarsi di qu/qc, attorniarsi di qu/qc: **er umgibt sich gern mit schönen Frauen**, si circonda volentieri di belle donne.

Umgebung <-, ohne pl> f 1 geog dintorni m pl: **Köln und ~**, Colonia e dintorni; **in der näheren ~ Heidelbergs**, nelle vicinanze di Heidelberg; **gibt es hier in der ~ ein Hotel?**, c'è un albergo nei dintorni/paraggi?; **auch in der näheren ~ gibt es viel zu sehen**, c'è molto da vedere anche nei dintorni 2 (Milieu) ambiente m: **eine gewohnte/vertraute/ fremde ~**, un ambiente noto/familiare/ estraneo; **sich an eine fremde/neue ~ gewöhnen/anpassen**, abituarsi/adattarsi a un ambiente estraneo/nuovo; **sie fühlt sich sehr wohl in ihrer neuen ~**, si trova molto bene/[sente molto a suo agio] nel nuovo ambiente.

Umgegend f fam dintorni m pl, regione f/ zona f circostante.

um|gehen① <irr> itr <sein> 1 (behandeln) **mit jdm irgendwie ~** trattare qu + compl di modo: **mit jdm freundlich/nachsichtig/ rücksichtsvoll ~**, trattare qu con gentilezza/ indulgenza/riguardo, ˌessere gentile/indulgente con quˌ/[avere riguardo per qu]; **mit jdm rücksichtslos/streng ~**, trattare qu ˌsenza riguardoˌ/[con severità/durezza]; **wie gehst du denn mit den Kindern um?**, ma ti sembra il modo di trattare i bambini?; **so lasse ich nicht mit mir ~!**, non mi lascio/faccio trattare così! 2 (handhaben) **mit etw (dat) irgendwie ~** maneggiare/trattare qc + compl di modo: **behutsam mit etw (dat) ~**, trattare/maneggiare delicatamente/[con cura] qc; **sie geht sehr nachlässig mit ihren Sachen um**, non ha cura nel maneggiare le sue cose; **sehr sparsam/verschwenderisch mit seinem Geld ~**, ˌspendere (i soldi) con molta parsimoniaˌ/[scialacquare] qc; **vorsichtig mit etw (dat) ~**, maneggiare qc con prudenza, fare attenzione nel maneggiare qc 3 (spuken) (irgendwo) **~** {GEIST, GESPENST} aggirarsi + compl di luogo 4 (kursieren) (irgendwo) **~** {GRIPPE} girare/[essere in giro] (+ compl di luogo): **es geht das Gerücht um, dass ...**, circola/corre voce che ... 5 obs (verkehren) **mit jdm ~** frequentare qu • (gut) **mit jdm ~ können**, saperci fare con qu: **er kann gut mit Leuten ~**, ci sa fare con la gente; (gut) **mit etw (dat) ~ können**: **er kann mit Geld nicht (gut) ~**, non ha il senso del denaro; **sie kann sehr gut mit dem Computer ~**, è molto abile alˌ/[sa usare molto bene il] computer; **mit jdm umzugehen wissen**, saperci fare con qu; **ich weiß mit solchen Kerlen umzugehen**, so io come trattare tipi così; **mit etw (dat) umzugehen wissen**, saper usare qc.

um|gehen② <irr, ohne ge-> tr 1 (vermeiden) **etw ~** {AUSEINANDERSETZUNG} evitare qc; {HINDERNIS, PROBLEM, SCHWIERIGKEIT} auch aggirare qc, eludere qc, bypassare qc: **die Antwort geschickt ~**, eludere abilmente una domanda; **das lässt sich nicht ~**, è inevitabile, non lo si può evitare; **es lässt sich nicht ~, dass ...**, è inevitabile che ... konjv 2 (nicht befolgen) **etw ~** {GESETZ, VERBOT, VORSCHRIFT} eludere qc.

umgehend A adj <attr> {ANTWORT} sollecito; {BEARBEITUNG, LIEFERUNG, MELDUNG} pronto, immediato: **wir bitten um ~e Antwort**, restiamo in attesa di un vostro sollecito riscontro B adv {ANTWORTEN, BEARBEITEN, INFORMIEREN, LIEFERN} immediatamente, prontamente, senza indugio: **etw ~ zurückschicken**, rispedire qc a stretto giro di posta.

Umgehung① <-, ohne pl> f 1 (das Vermeiden) {+ANTWORT, AUSEINANDERSETZUNG} evitare m; {+PROBLEM, SCHWIERIGKEIT} aggirare m 2 (Nichtbefolgung) {+GESETZ, VERBOT, VORSCHRIFT} elusione m: **die ~ der neuen Ausfuhrbestimmungen wird streng bestraft**, la non osservanza delle nuove disposizioni per l'esportazione sarà severamente punita; **unter ~ der Vorschriften**, eludendo le disposizioni.

Umgehung② <-, -en> f autom, Umgehungsstraße f autom (viale m/anello m di) circonvallazione f, tangenziale f.

umgekehrt A adj 1 (andersherum) inverso, invertito: **ein ~er Bruch** math, una frazione invertita; **eine ~e Funktion** math, una funzione inversa 2 (entgegengesetzt) contrario, inverso, opposto: **im ~en Fall(e)**, in caso contrario; **in ~er Reihenfolge**, in ordine inverso; **in ~er Richtung**, in direzione opposta, in senso contrario/inverso; **die Sache ist genau ~**, le cose stanno esattamente al contrario; **seine Ansprüche stehen in ~em Verhältnis zu seinen finanziellen Möglichkeiten**, le sue esigenze sono inversamente proporzionali alle sue possibilità economiche; **~e Wortstellung** gram, costruzione inversa B adv 1 (andersherum) al contrario, a rovescio: **den Pullover ~ anziehen**, mettere/infilare il golf ˌa rovescioˌ/[alla rovescia]; **etw genau ~ machen**, fare l'esatto contrario di qc; **und ~**, e viceversa 2 (in entgegengesetzter Weise): **die Ereignisse haben sich genau ~ abgespielt**, le cose sono andate esattamente ˌal contrarioˌ/[all'opposto]; **es kam genau ~**, successe ˌl'esatto contrarioˌ/[esattamente il contrario]; **~ proportional**, inversamente proporzionale • **es ist gerade/genau ~!**, è proprio/esattamente il contrario!

um|gestalten <ohne ge-> tr **etw ~** {SCHAUFENSTER} cambiare l'allestimento di qc, allestire diversamente qc, rifare qc fam; {DEKORATION, INNENEINRICHTUNG} cambiare qc; {POLITISCHES SYSTEM, VERFASSUNG} modificare qc; {VERWALTUNGSWESEN} riorganizzare qc; {PARK, PLATZ} risistemare qc: **einen Raum ~**, riorganizzare uno spazio; **etw grundlegend ~**, trasformare qc, rivoluzionare qc, cambiare volto a qc; **etw zu etw (dat) ~** trasformare qc in qc; **das ehemalige Sanatorium ist zu einem Hotel umgestaltet worden**, l'ex sanatorio è stato trasformato in un albergo.

Umgestaltung <-, -en> f {+SCHAUFENSTER} nuovo allestimento m; {+DEKORATION, INNENEINRICHTUNG} nuova disposizione f; {+POLITISCHES SYSTEM} trasformazione f; {+ANLAGE, GELÄNDE, PARK, PLATZ} risistemazione f; {+RAUM} riorganizzazione f; (grundlegende ~) trasformazione f, rivoluzione f.

um|gewöhnen <ohne ge-> rfl **sich ~** cambiare abitudini: **sich ~ müssen**, dover cambiare le proprie abitudini, doversi adattare; **sich nur schwer ~ können**, ˌcambiare le proprie abitudiniˌ/[adattarsi a un nuovo ambiente] con fatica.

um|gießen <irr> tr 1 (umfüllen) **etw (in etw akk) ~** {MILCH IN EINEN KRUG, WEIN IN EINE KARAFFE} travasare qc (in qc) 2 fam (verschütten) **etw ~** {KAFFEE, MILCH, SAFT} rovesciare qc, versare qc.

um|graben <irr> tr itr (etw) **~** {BEET, FELD, GARTEN} vangare (qc): **das Umgraben**, la vangatura; **durch Umgraben den Boden auflockern**, smuovere il terreno vangandolo.

umgrenzen <ohne ge-> tr **etw ~** 1 (umschließen) {HECKE, MAUER GRUNDSTÜCK} delimitare qc, circoscrivere qc 2 (definieren) {BEGRIFF, THEMA} circoscrivere qc, {AUFGABENGEBIET} auch delimitare qc.

um|gruppieren <ohne ge-> tr 1 (anders gruppieren) **jdn/etw ~** raggruppare diversamente qu/qc; {POLSTERMÖBEL, SITZGRUPPE, TISCHE} auch disporre qc diversamente, cambiare la disposizione di qc: **die Schüler ~**, distribuire diversamente gli scolari nei gruppi 2 adm (in eine andere Gehaltsklasse einteilen) **jdn ~** inquadrare qu in un diverso livello retributivo.

Umgruppierung <-, ohne pl> f 1 (andere Gruppierung) diverso raggruppamento m; {+POLSTERMÖBEL, SITZGRUPPE, TISCHE} auch diversa disposizione f 2 adm (andere Gehaltsklasseneinteilung) inquadramento m in un diverso livello retributivo.

um|gucken rfl fam → **um|sehen**.

um|haben tr **etw ~** {JACKE, SCHAL, UMHANG} avere qc sulle spalle; {SCHAL} avere qc intorno al collo; {UHR} portare qc: **hast du auch ˌeinen Schalˌ/[die Uhr] um?**, ti sei messo (-a) la sciarpa/l'orologio?

Umhang m mantella f, mantello m.

um|hängen A tr **1** (an eine andere Stelle hängen) **etw** ~ {BILD, KALENDER} appendere altrove/[da un'altra parte] qc; (in anderer Weise aufhängen) {GARDINEN} appendere diversamente qc **2** (um die Schultern hängen) **jdm etw** ~ {CAPE, MANTEL, UMSCHLAGTUCH} mettere qc sulle spalle a qu **3** (um den Hals legen) **jdm etw** ~ {KETTE, MEDAILLE} mettere qc al collo di qu B rfl **sich** (dat) **etw** ~ **1** (um die Schultern hängen) {CAPE, MANTEL, UMSCHLAGTUCH} mettersi qc sulle spalle; (über die Schulter(n) hängen) {GEWEHR} mettersi in spalla qc; {RUCKSACK} mettersi qc sulle spalle; {TASCHE} (über die Schulter) mettersi qc sulla spalla; (quer über die Brust) mettersi qc a tracolla **2** (um den Hals legen) {KETTE, MEDAILLE} mettersi qc al collo.

Umhängetasche f (borsa f a) tracolla f.

um|hauen <haute um oder hieb um, umgehauen> tr fam **1** (niederstrecken) **jdn** ~ {ANGREIFER, GEGNER} atterrare qu, stendere qu fam **2** (fällen) **etw** ~ {BAUM} abbattere qc **3** (lähmen) **jdn** ~ {ALKOHOL, GESTANK, HITZE} stendere qu, mettere k.o qu **4** (verblüffen) **jdn** ~ {NACHRICHT, NEUIGKEIT} stendere qu fam, lasciare ⌐senza fiato⌐/[di stucco] qu: **diese Nachricht hat mich glatt umgehauen**, questa notizia mi ha letteralmente messo (-a) k.o; **der Sekt auf nüchternen Magen hat uns umgehauen**, lo spumante a digiuno/[stomaco vuoto] ci ha messi (-e) fuori combattimento fam; **das ist ein Wein, der haut einen um** fam, (quello) è un vino che ti stende fam.

umhegen <ohne ge-> tr geh **jdn/etw** ~ {ALTEN MENSCHEN, KRANKEN, KRANKES TIER} circondare qu/qc di amorevoli cure: **umhegt und gepflegt werden**, essere circondato di affetto e di cure.

umher adv intorno: **weit** ~, tutt'intorno.

umher|blicken itr guardar(si) intorno/[in giro]: **sie blickte fragend/suchend umher**, (lei) si guardava attorno ⌐con aria interrogativa⌐/[in cerca di qc/qu].

umher|fahren <irr> itr <sein> **in etw** (dat) ~ {IN DER STADT, EINEM VIERTEL} girare/[andare in giro] (in macchina) in qc: **planlos in der Gegend** ~, girare (in macchina) senza meta.

umher|fliegen <irr> itr → **herum|fliegen**.

umher|gehen <irr> itr <sein> **irgendwo** ~ {IM GARTEN, HAUS, ZIMMER} andare ⌐su e giù⌐/[avanti e indietro] per qc; {IN DER STADT} ⌐andare in⌐/[fare un] giro + compl di luogo.

umher|irren itr <sein> **irgendwo** ~ {MENSCH IN EINER UNBEKANNTEN GEGEND, IM WALD} vagare/errare (+ compl di luogo); {AUGEN, BLICK IM RAUM, ZIMMER} vagare (+ compl di luogo); **in einer fremden Stadt** ~, vagare per una città sconosciuta; **ziellos** ~, vagare senza meta; **nach langen Jahren des Umherirrens**, dopo aver vagato per lunghi anni.

umher|laufen <irr> itr <sein> **irgendwo** ~ **1** → **umher|gehen 2** (herumrennen) correre qua e là + compl di luogo.

umher|schleichen itr <sein> **irgendwo** ~ camminare/aggirarsi a passi felpati + compl di luogo: **der Dieb schlich im Haus umher**, il ladro si aggirava a passi felpati per la casa.

umher|schlendern itr <sein> **irgendwo** ~ {AUF EINEM PLATZ, IN DER STADT} bighellonare/gironzolare/[andare a zonzo] + compl di luogo.

umher|streifen itr <sein> **irgendwo** ~ {IN DER GEGEND, DER STADT, IM WALD} girovagare + compl di luogo.

umher|wandern itr <sein> **irgendwo** ~ vagare + compl di luogo.

umher|ziehen <irr> itr <sein> **in etw** (dat) ~ {IM LAND, IN DER WELT} vagabondare per qc.

umhin|kommen, umhin|können <irr> itr geh: **nicht** ~, non poter esimersi geh dal fare qc, non poter fare a meno di qc, non poter evitare qc; **willst du sie auch einladen? Ich werde wohl nicht** ~, vuoi invitare anche loro? Non potrò ⌐farne a meno⌐/[evitarlo]; **nicht** ~, **etw zu tun**, non poter fare a meno di fare qc; **er konnte nicht umhin, ihren Mut zu bewundern**, non poteva fare a meno di ammirare il suo coraggio.

um|hören rfl sich ~ sentire in giro fam: **ich werd' mich** ~!, sentirò un po' in giro, mi informerò!; **sich** ~, **ob jemand ein Zimmer zu vermieten hat**, sentire in giro se qualcuno ha una stanza da affittare; **sich irgendwo** ~ {IM BÜRO, IN DER SCHULE, AUF DER STRASSE} informarsi/sentire + compl di luogo; **sich** (**bei jdm**) **nach jdm/etw** ~ informarsi (presso qu) ⌐sul conto di qu⌐/[per qc]; **sich bei den Kollegen nach einem gebrauchten Computer** ~, ⌐informarsi presso i⌐/[sentire dai] colleghi per un computer usato.

umhüllen <ohne ge-> tr **1** (umgeben) **jdn/etw** ~ {NEBEL, RAUCH HAUS, STADT} avvolgere qu/qc: **die Stadt war von Nebel umhüllt**, la città era avvolta dalla nebbia; **von** ⌐**einem Geheimnis**⌐/[**Schweigen**] **umhüllt sein**, essere avvolto nel mistero/silenzio **2** (einhüllen) **jdn/etw mit etw** (dat) ~ {MIT EINEM BADETUCH, EINER DECKE, EINEM LAKEN} avvolgere qu/qc in qc: **die Blumen mit Papier** ~, avvolgere i fiori nella carta; **den Verletzten mit einer Decke** ~, avvolgere il ferito in una coperta.

Umhüllung <-, -en> f → **Hülle**.

um|interpretieren <ohne ge-> tr **etw** ~ attribuire un significato diverso a qc.

umjubeln <ohne ge-> tr **jdn/etw** ~ {MANNSCHAFT, STAR} acclamare qu/qc: **ein umjubelter Star**, una star acclamata.

umkämpft adj {GEBIET, STADT, WAHLKREIS} conteso; {MATCH, SIEG} auch combattuto; **heiß/hart** ~ **sein**, essere molto conteso; **heiß** ~ **sein** {FESTUNG, STADT}, essere al centro di una lotta accanita.

Umkehr <-, ohne pl> f **1** (das Zurückgehen) ritorno m: **ein plötzlich einsetzendes Gewitter zwang sie zur** ~, un temporale improvviso li/la costrinse a tornare indietro **2** (Sinneswandel) ripensamento m: **jdn zur** ~ **bewegen**, far tornare sui propri passi qu.

umkehrbar adj {GLEICHUNG, PROZESS, THESE} reversibile: **nicht** ~, irreversibile; {MECHANISMUS} auch invertibile; **eine** ~**e Argumentation**, un ragionamento reversibile.

um|kehren A itr <sein> (umdrehen) tornare indietro, tornare sui propri passi: **auf halbem Wege** ~, tornare indietro a metà strada B tr <haben> **1** (ins Gegenteil kehren) **etw** ~ {BEHAUPTUNG, THESE} capovolgere qc, rovesciare qc; {ENTWICKLUNG, REIHENFOLGE} invertire qc: **die Wortfolge in einem Satz** ~, invertire l'ordine delle parole in una frase **2** (von innen nach außen drehen) **etw** ~ {STRUMPF, TASCHEN} rivoltare qc, rovesciare qc C rfl <haben> (sich ins Gegenteil verkehren) **sich** ~ {ENTWICKLUNG, SITUATION, TENDENZ, VERHÄLTNISSE} capovolgersi.

Umkehrfilm m fot pellicola f invertibile/[per diapositive].

Umkehrschluss (a.R. Umkehrschluß) m **1** jur (Schluss aus dem Gegenteil) argumento a contrario m **2** (Verkehrung ins Gegenteil): **im** ~ **heißt das …**, ragionando al contrario si arriva alla conclusione che …

Umkehrung <-, -en> f inversione f; {+BEDEUTUNG; +SITUATION; +VERHÄLTNISSE} capovolgimento m, rovesciamento m: **das ist eine** ~ **dessen, was er gesagt hat**, è il contrario di quello che ha detto (prima); mus {+INTERVALL} rivolto m.

um|kippen A itr <sein> **1** (umfallen) {EIMER, FASS, STUHL, VASE} rovesciarsi; {BOOT} auch capovolgersi; {AUTO, FAHRRAD, MOTORRAD, ROLLER} ribaltarsi; {LEITER} cadere **2** fam (ohnmächtig werden) svenire **3** fam pej (seine Meinung ändern) fare un voltafaccia fam **4** fam (ins Gegenteil umschlagen) {STIMMUNG} cambiare/mutare improvvisamente; {STIMME} incrinarsi; {WEIN} inacetire, diventare aceto **5** slang ökol (absterben) {GEWÄSSER} morire (per inquinamento): **der See ist umgekippt**, nel lago è morta ogni forma di vita organica B tr <haben> fam (umwerfen) **etw** ~ {EIMER, FLASCHE, KANNE} rovesciare qc; {AUTO, KARREN, MOTORRAD} ribaltare qc.

Umkippen <-s, ohne pl> n slang ökol morte f (biologica).

umklammern <ohne ge-> A tr **jdn/etw** ~ stringere forte qu/qc, avvinghiarsi a qu, avvinghiare qu, aggrapparsi a qu/qc; **jdn mit beiden Armen** ~, avvinghiare qu con ambedue le braccia; **die Gitterstäbe** ~, aggrapparsi alle sbarre; **etw (fest) umklammert halten**, tenere qc stretto (-a); **der Junge hielt das Geldstück fest umklammert**, il ragazzo teneva la moneta stretta in/nella mano; **das Kind umklammerte ängstlich den Arm der Mutter**, intimorito, il bambino si aggrappava/avvinghiava al braccio della madre; (umarmen) abbracciare strettamente/[stretto (-a) stretto (-a)] qu; **die Verliebten hielten einander fest umklammert**, gli innamorati si tenevano abbracciati stretti stretti B rfl **sich** ~ aggrapparsi/avvinghiarsi l'uno (-a) all'altro (-a); {BOXER, RINGER} essere in clinch.

Umklammerung <-, -en> f stretta f: **sich aus jds** ~ **befreien**, liberarsi dalla stretta di qu; **eine tödliche** ~, una stretta mortale; {+BOXER, RINGER} clinch m.

umklappbar adj {LEHNE} ribaltabile.

um|klappen A tr <haben> **etw** ~ {LEHNE} ribaltare qc B itr <sein> fam (ohnmächtig werden) svenire.

Umkleidekabine f {+SAUNA, SCHWIMMBAD, STRANDBAD} cabina f (spogliatoio); {+KAUFHAUS} camerino m/cabina f di prova.

um|kleiden geh A rfl **sich** ~ cambiarsi (d'abito): **sich mehrmals am Tag** ~, cambiarsi più volte al giorno B tr **jdn** ~ cambiare (vestito a) qu: **die Hausherrin ist noch nicht umgekleidet**, la signora non si è ancora cambiata.

Umkleideraum m {+SCHWIMMBAD, SPORTPLATZ} spogliatoio m; theat camerino m.

um|knicken A tr <haben> (umbiegen) **etw** ~ {MENSCH BLATT PAPIER, BLUME, BUCHSEITE, TRINKHALM; STURM BAUM, MAST} piegare qc B itr <sein> **1** (sich den Knöchel verstauchen) storcersi/slogarsi la caviglia; **mit etw** (dat) ~ {MIT DEM FUSS} storcersi qc, slogarsi qc **2** (umbrechen) {BAUM, BLUME, MAST} spezzarsi, piegarsi.

um|kommen <irr> itr <sein> (sterben) **bei/in etw** (dat) ~ {BEI EINEM UNGLÜCK, IM KRIEG} perire in qc geh, morire in qc: **in den Flammen** ~, morire tra le fiamme **2** fam (kaum ertragen können) **vor etw** (dat) ~ {VOR LANGEWEILE} morire di qc, crepare di qc fam; {DURST, HITZE} auch schiantare di qc: **hier kommt man um vor Hitze!**, ma qui si crepa di/dal caldo!; **hier kommt man um vor Gestank/Rauch!**, qui c'è un puzzo/fumo da morire! **3** fam (verderben) {ESSEN, FLEISCH, OBST} andare a male, guastarsi: **hier kommt nichts um!**, qui non si butta via niente!

Umkreis <-es, -e> m **1** <nur sing> (*Umgebung*) vicinanze f pl, dintorni m pl, zona f circostante, prossimità f, paraggi m pl: **sie wohnen im näheren ~ der Stadt**, abitano nelle immediate vicinanze della città; **im ganzen ~ war kein Hotel zu finden**, in tutta la zona non si trovava un albergo; **im/[in einem] ~ von etw (dat)** {VON METERN, KILOMETERN} nel/[in un] raggio di qc; ˌ**20 Kilometer im ~**ˌ/ **[im ~ von 20 Kilometern] ist alles abgesperrt**, è tutto transennato per un raggio di 20 kilometri **2** (*Umfeld*) entourage m, cerchia f: **im ~ einer P.** (*gen*), ˌnella cerchiaˌ/ [nell'entourage] di qu; **im ~ des Ministers**, nell'entourage del ministro **3** *math* circonferenza f circoscritta.

umkreisen <ohne ge-> tr *aero astr* **etw ~** {RAUMFÄHRE, RAUMSONDE PLANETEN; NACHRICHTEN-, WETTERSATELLIT ERDE} orbitare *attorno/intorno a qc*, essere in orbita *attorno/intorno a qc*; {ERDE, PLANETEN SONNE} girare/ruotare/orbitare/gravitare *attorno/intorno a qc*.

Umkreisung <-, -en> f *astr* rotazione f, rivoluzione f, giro m completo: **eine ~ der Erde um die Sonne**, ˌun giro completoˌ/[una rotazione] della terra intorno al sole.

umkrempeln tr **1** (*aufkrempeln*) (*jdm*) **etw ~** {ÄRMEL, HOSENBEIN} rimboccare *qc (a qu)* **2** (*nach außen kehren*) **etw ~** {STRÜMPFE, TASCHEN} rovesciare *qc*, rivoltare *qc* **3** (*durchsuchen*) **etw ~** {HAUS, ZIMMER} mettere sottosopra *qc*, rivoltare *qc* come un guanto/calzino: **die ganze Wohnung auf der Suche nach etw (dat) ~**, mettere sottosopra tutto l'appartamento alla ricerca di qc **4** *fam* (*umgestalten*) **etw ~** {BETRIEB, FIRMA} rivoluzionare *qc* **5** *fam* (*von Grund auf ändern*) *jdn ~* cambiare *qu* (completamente).

Umladebahnhof m *Eisenb* stazione f di trasbordo.

umladen <irr> tr **etw (von etw dat in etw akk) ~** {FRACHT, GÜTER, LADUNG} trasbordare *qc (da qc a qc)*.

Umladung <-, -en> f trasbordo m.

Umlage f **1** (*umgelegter Betrag*) quota f, contributo m: **die ~ für die Fahrtkosten beträgt pro Person 30 Euro**, la quota per le spese di viaggio è di 30 euro a persona **2** <nur pl> (*auf den Mieter umgelegte Betriebskosten*) spese f pl di condominio: **die Miete beträgt 800 Euro ohne ~n**, l'affitto è di 800 euro senza le spese di condominio.

umlagern <ohne ge-> tr *jdn/etw ~* assediare *qu/qc*, cingere d'assedio *qu/qc*, circondare *qu/qc*: **der Minister war von Journalisten umlagert**, il ministro era assediato dai giornalisti.

Umland <-(e)s, ohne pl> n {+METROPOLE, STADT} circondario m, periferia f, hinterland m.

Umlauf m **1** <nur sing> (*Zirkulation*) {+DEVISEN, GELD, NEUIGKEITEN} circolazione f **2** <nur sing> *astr ~ einer S.* (*gen*) *um etw (akk)* rotazione f/rivoluzione f *di qc (intorno a qc)*: **der ~ der Planeten um die Sonne**, la rotazione/rivoluzione dei pianeti intorno al sole **3** (*Rundschreiben*) (lettera f) circolare f • **etw in ~ bringen**/**geben/setzen** {BANKNOTEN, FALSCHGELD, GELD}, mettere qc in circolazione; {LÜGE}, mettere in giro qc; {GERÜCHT} *auch*, spargere qc, diffondere qc; **in ~ kommen** {AUSDRUCK, WORT}, entrare in uso; **im ~ sein**, essere in circolazione, circolare; {BANKNOTE, GELD} *auch*, essere in corso; **in dieser Stadt sind viele Drogen im ~**, in questa città circola/gira molta droga; **es ist das Gerücht im ~, dass ...**, ˌcircola laˌ/[corre voce che ...]; **etw aus dem ~ ziehen** {GELD}, togliere/ritirare qc dalla circolazione.

Umlaufbahn f **1** *astr* orbita f, traiettoria f **2** *aero* {+RAUMSTATION, SATELLIT} orbita f: **einen Satelliten in eine ~ um die Erde bringen**, mettere un satellite in orbita (intorno alla terra).

um|laufen[1] <irr> Ⓐ tr <haben> **fam → um|rennen** Ⓑ itr <sein> **1** (*zirkulieren*) {RUNDSCHREIBEN, FALSCHGELD, GELD} *auch* essere in circolazione **2** (*kursieren*) {GERÜCHT, PAROLE} circolare, girare: **es läuft das Gerücht um, dass ...**, circola/corre voce che ...; **über dich laufen ja schöne Gerüchte um**, girano certe voci sul tuo conto ...

um|laufen[2] <irr> <haben> **etw in etw** (dat) **~** {SATELLIT ERDE, PLANETEN} girare *intorno a qc in qc*; {ERDE SONNE IN EINER BESTIMMTEN ZEIT} *auch* ruotare *intorno a qc in qc*.

Umlaufrendite f *ökon* rendimento m immediato/corrente.

Umlaufzeit f **1** *astr* periodo m di rotazione **2** *aero* {+SATELLIT} permanenza f in orbita.

Umlaut m *ling* **1** <nur sing> (*~ung*) metafonesi f, metafonia f **2** (*umgelauteter Vokal*) Umlaut f: **im Deutschen gibt es drei ~e: ä, ö, ü**, in tedesco ci sono tre Umlaut: ä, ö, ü.

um|lauten tr *ling*: **etw wird (zu etw dat) umgelautet**, qc prende l'Umlaut (e diventa qc).

um|legen Ⓐ tr **1** (*um etw legen*) *jdm etw ~* {DECKE, UMHANG} mettere/appoggiare qc sulle spalle *a qu*; {HALSKETTE, SCHAL} mettere qc al/[intorno al] collo *di qu*; {VERBAND} applicare qc *a qu* **2** (*auf die andere Seite kippen*) *etw ~* {HEBEL, SCHALTER} spostare qc **3** (*umklappen*) *etw ~* {KRAGEN} rovesciare qc; {KALENDERBLATT} girare qc, voltare qc; {*nach vorn kippen*} {RÜCKENLEHNE, SITZ} ribaltare qc **4** (*niederwerfen*) *etw ~* {STURM, WIND BAUM, TELEFONMAST} abbattere qc, buttare giù qc; {BLUMEN, GETREIDE} piegare qc **5** *fam* (*zu Boden werfen*) *jdn ~* stendere (a terra) qu, mandare qu lungo (-a) disteso (-a) **6** *slang* (*töten*) *jdn* (*mit etw dat*) *~* fare fuori/secco (-a) qu (*con qc*) *fam*; *jdn* (*von jdm*) *~ lassen*, far eliminare qu (da qu) **7** (*an einen anderen Ort legen*) *jdn* (*auf etw akk*) *~* {KRANKEN, PATIENTEN IN EIN ANDERES BETT} spostare qu di qc, cambiare qu di qc; {AUF/IN EINE ANDERE STATION, EIN ANDERES ZIMMER} trasferire/spostare qu (+ compl di luogo); {IN EINE ANDERE POSITION} cambiare posizione *a qu*; **etw ~** {KABEL, LEITUNG} spostare qc, ricollocare qc **8** (*verlegen*) **etw** (*auf etw akk*) **~** {KONFERENZ, TERMIN AUF EINEN ANDEREN TAG} spostare qc (a qc), rimandare qc (a qc), rinviare qc (a qc) **9** (*aufteilen*) **etw auf jdn ~** {AUSGABEN, KOSTEN} dividere qc fra qu, ripartire qc fra qu **10** *tel*: **ein Gespräch ~**, passare/trasferire una chiamata Ⓑ rfl **1** (*etw um sich legen*) **sich** (dat) **etw ~** {DECKE, TUCH} mettersi/appoggiarsi qc sulle spalle; {HALSKETTE, SCHAL} mettersi qc (al/[intorno al] collo); {VERBAND} applicarsi qc, farsi qc **2** (*sich umbiegen*) **sich ~** {GETREIDE} piegarsi.

um|leiten tr *autom* **jdn/etw (irgendwohin) ~** {AUTOFAHRER, VERKEHR} deviare/dirottare qu/qc (+ compl di luogo): **wegen einer Lawine wurden wir auf die alte Brennerstraße umgeleitet**, a causa di una valanga ci hanno deviato sulla vecchia statale del Brennero **2** *tel* **etw ~** {ANRUF} inoltrare qc; **inform jdn auf etw akk ~** {BESUCHER AUF EINE WEBSEITE} reindirizzare qu a qc **3** (*Flussbett verlegen*) **etw ~** {FLUSS, KANAL} deviare (il corso di) qc.

Umleitung <-, -en> f *autom* **1** (*alternative Strecke*) deviazione f, percorso m alternativo: **eine ~ fahren (müssen)**, (dover) fare una deviazione **2** (*das Umleiten*) {+FLUSS, VERKEHR} deviazione f.

Umleitungsschild n *autom* cartello m che segnala una deviazione.

um|lernen itr **1** (*umdenken*) cambiare ˌmodo di pensareˌ/[mentalità]: **man muss im Leben immer bereit sein umzulernen**, nella vita bisogna essere sempre pronti a cambiare **2** (*einen neuen Beruf erlernen*) ˌapprendere/imparare un altroˌ/[cambiare] mestiere; (*eine neue Methode oder Technik erlernen*) riqualificarsi, riciclarsi *fam*; **von etw** (dat) **auf etw** (akk) **~**: **sie hat von Sekretärin auf Krankenschwester umgelernt**, da segretaria è diventata infermiera.

umliegend adj <attr> {DÖRFER, ORTSCHAFTEN} circostante.

Umluft <-, ohne pl> f aria f di ricircolo.

Umluftherd m *el* forno m ventilato/[ad aria calda].

ummauern <ohne ge-> tr **etw ~** {GARTEN, GRUNDSTÜCK, PLATZ} circondare qc con un muro.

Ummauerung <-, -en> f **1** (*das Ummauern*) recinzione f con un muro **2** (*umgebende Mauer(n)*) muro m di recinzione.

um|melden Ⓐ tr *adm* **jdn ~** fare il cambio di residenza *a qu*: **ein Kind ~** (*ein Kind in einer anderen Schule anmelden*), iscrivere un figlio a un'altra scuola, cambiare scuola a un figlio; **etw ~**: **ein Fahrzeug ~** (*in einer anderen Stadt anmelden*), comunicare/notificare il cambio di residenza del proprietario di un veicolo; (*auf einen anderen Eigentümer*) fare il passaggio di proprietà/[la voltura] di un veicolo; **das Telefon ~**, fare la voltura del telefono Ⓑ rfl **sich ~** fare il cambio di residenza.

Ummeldung <-, -en> f *adm* (*bei Wohnsitz*) (notifica f di) cambio m di residenza: **die ~ eines Fahrzeugs** (*bei Ortswechsel*), cambio di residenza del proprietario di un veicolo; (*bei Besitzerwechsel*) passaggio di proprietà, voltura; **die ~ des Telefons**, la voltura del telefono.

um|modeln tr *fam* **etw ~** cambiare qc, trasformare qc, modificare qc.

um|münzen tr *pej* **etw in etw** (akk) **~ 1** (*verwerten*) trasformare qc in qc **2** (*umdeuten*) {EINE NIEDERLAGE IN EINEN SIEG} contrabbandare qc per qc, far passare qc per qc, gabellare qc per qc.

umnachtet adj *geh* {GEIST} ottenebrato: **ein vom Wahnsinn ~er Geist**, una mente ottenebrata/obnubilata dalla follia; **geistig ~ sein**, essere un alienato mentale.

Umnachtung <-, -en> f *geh*: **geistige ~**, ottenebramento mentale.

um|nähen tr **etw ~** {SAUM} cucire qu, fare qc.

um|organisieren <ohne ge-> tr **etw ~** {BETRIEB, GESUNDHEITSWESEN} riorganizzare qc.

um|orientieren <ohne ge-> rfl **sich ~** cercare nuove strade/prospettive: **sich beruflich ~**, cercare una nuova collocazione professionale; **sich politisch ~**, cambiare indirizzo politico.

Umorientierung f *geh* ~ (**auf etw** akk) nuovo orientamento m (*verso qc*), cambiamento m/inversione f di tendenza: **berufliche ~**, ricollocazione professionale.

um|packen tr **1** (*in einem anderen Behälter unterbringen*) **etw** (*aus etw* dat) **in etw** (akk) **~** {BÜCHER, KLEIDUNGSSTÜCKE} spostare qc (da qc) a qc, trasferire qc (da qc) a qc **2** (*neu packen*) **etw ~** {SACHEN} mettere qc in un'altra valigia; {KOFFER} rifare qc.

um|pflanzen tr 1 (*woandershin pflanzen*) *etw* (*irgendwohin*) ~ {BAUM, PFLANZE} trapiantare *qc* (+ *compl di luogo*); (*vom Topf in die Erde pflanzen*) *auch* mettere *qc* a dimora (+ *compl di luogo*) 2 (*umtopfen*) *etw* (*in etw* akk) ~ rinvasare *qc* (*in qc*), trapiantare *qc* (*in qc*).

um|pflügen tr *etw* ~ {ACKER, FELD} arare *qc*, assolcare *qc*, coltrare *qc tosk*; {BODEN, ERDE} *auch* lavorare *qc*; {BRACHLAND} dissodare *qc*.

um|polen tr 1 *el phys etw* ~ invertire ˌi polliˌ/[la polarità] *di qc* 2 (*ändern*) *jdn* (*zu etw* dat/*auf etw* akk) ~ convertire *qu* (*a qc*).

um|programmieren <ohne ge-> tr *inform etw* ~ {EDV-ANLAGE} riprogrammare *qc*.

um|quartieren <ohne ge-> tr 1 (*woanders unterbringen*) *jdn* ~ {GAST} far cambiare alloggio *a qu*, sistemare *qu* altrove; *jdn irgendwohin* ~ {IN EIN HOTEL, ZU FREUNDEN} sistemare *qu* + *compl di luogo*; {IN EIN ANDERES ZIMMER} *auch* cambiare *qu di qc* 2 *mil etw* ~ {TRUPPEN} cambiare alloggiamento *a qc*.

um|rahmen tr 1 (*umgeben*) *etw* ~ {BART, HAARE GESICHT} incorniciare *qc*, fare cornice/contorno *a qc* 2 (*einen Rahmen geben*) *etw irgendwie* ~ dare una cornice + *adj a qc*: **eine Veranstaltung musikalisch ~**, dare una cornice musicale a una manifestazione.

Umrahmung f cornice f: **mit musikalischer ~**, con/in una cornice musicale.

umranden <ohne ge-> tr *etw* (*mit etw* dat) ~ {GLÄSER MIT GOLDSTREIFEN} orlare *qc di qc*; {DECKE MIT SPITZE, VORHANG MIT FARBIGEM SAUM} *auch* bordare *qc di qc*, listare *qc con qc*: **einen Briefumschlag mit Trauerrand ~**, listare/bordare una busta a lutto; {BEET MIT STEINEN} bordare *qc di qc*, contornare *qc di qc*; {TEXTSTELLE, WORT} cerchiare *qc* (*di qc*), fare *qc*; **etw rot/schwarz ~**, cerchiare *qc di rosso/nero*; **die Kreuzchen in die schwarz umrandeten Felder eintragen**, fare le crocette nelle caselle cerchiate di nero • **schwarz umrandet** {KARTE, KLEID} orlato/bordato di nero.

umrändert adj {AUGEN} cerchiato: **rot ~e Augen**, occhi cerchiati di rosso.

Umrandung <-, *-en*> f 1 (*das Umranden*) bordatura f, orlatura f; {+DECKE, GLÄSER} bordatura f; {+BRIEFUMSCHLAG, PAPIER} *auch* listatura f; {+BEET} contornare m, bordare m 2 (*der Rand*) {+DECKE, GLÄSER} bordo m, orlo m; {+BRIEFUMSCHLAG} *auch* lista f; {+BEET} bordo m, contorno m.

umranken <ohne ge-> tr *etw* ~ {KLETTERPFLANZE, RANKEN} avviticchiarsi *a qc*, arrampicarsi (*intorno*) *a qc*, attorcigliarsi (*intorno*) *a qc*: **ein von Efeu umrankter Baum**, un albero a cui è attorcigliata l'edera.

um|räumen A tr 1 (*woandershin räumen*) *etw* ~ {BÜCHER, GESCHIRR, KLEIDER, MÖBEL} mettere/sistemare altrove *qc*, spostare *qc* da un'altra parte, disporre diversamente *qc*; *etw irgendwohin* ~: **die Bücher in ein anderes Regal ~**, spostare i libri in un altro scaffale 2 (*anders einräumen*) *etw* ~ {WOHNUNG, ZIMMER} cambiare/modificare la disposizione dei mobili *di qc* B itr (*einen Raum/eine Wohnung umgestalten*) cambiare la disposizione dei mobili.

um|rechnen tr *etw* (*in etw* akk) ~ {EURO IN DOLLAR} convertire *qc* (*in qc*): **in Euro umgerechnet wären das ...**, tradotto in euro sarebbero ...; {MEILEN IN KILOMETER} tradurre *qc* (*in qc*).

Umrechnung f *bank* conversione f.

Umrechnungsfaktor m *ökon* fattore m di conversione.

Umrechnungskurs m *ökon* tasso m di conversione, (*corso* m *del*) cambio m.

Umrechnungstabelle f *bank* listino m dei cambi.

um|reißen① <irr> tr (*niederreißen*) *jdn/etw* ~ {HUND FRAUCHEN, HERRCHEN} buttare/gettare a terra *qu*; {STURM BAUM, TELEFONMAST, ZAUN, ZELT} buttare giù *qc*.

umreißen② <ohne ge-> tr (*knapp darstellen*) (*jdm*) *etw* ~ abbozzare *qc* (*a qu*), delineare *qc* (*a qu*), tracciare *qc* (*a qu*), dare un'idea *di qc a qu*: **fest umrissene Pläne haben**, avere dei progetti ben definiti; **fest umrissene Vorstellungen von etw** (dat) **haben**, avere delle idee ben definite su *qc*; **jdm kurz/grob den Stand der Dinge ~**, illustrare ˌin breveˌ/[per sommi capi] lo stato delle cose *a qu*.

um|rennen <irr> tr *jdn/etw* ~ travolgere *qu/qc* (*correndo*), far cadere *qu/qc* (*correndo*).

umringen <ohne ge-> tr *jdn/etw* ~ circondare *qu/qc*, attorniare *qu/qc*, fare capannello *intorno a qu/qc*.

Umriss (a.R. Umriß) m <*meist* pl> contorno m, profilo m, sagoma f: **Umrisse eines Hauses waren in der Dunkelheit zu erkennen**, il profilo di una casa si intravedeva nell'oscurità • **feste ~e annehmen** {IDEE, PLAN}, prendere corpo; **im ~, in ~en: etw in groben ~en beschreiben/zeichnen**, illustrare *qc* a grandi linee, abbozzare un disegno; *jdn/etw nur ˌim ~ ˌ/*[in ~en] **erkennen können**, riuscire a riconoscere solo la sagoma di *qu/qc*.

um|rühren tr itr (*etw*) ~ {BREI, PUDDING, SUPPE} mescolare (*qc*), rimescolare (*qc*), rimestare (*qc*): **etw unter ständigem Umrühren kochen**, cucinare *qc* mescolando continuamente.

um|rüsten A itr 1 *mil* dotarsi di nuove armi; **auf etw** (akk) **~** {AUF ANDERE WAFFEN, EIN ANDERES WAFFENSYSTEM} dotarsi *di qc* 2 *ökon auf etw* (akk) ~ {INDUSTRIE, WERK} essere riconvertito *alla produzione di qc* B tr *etw auf etw* (akk) ~ 1 *mil* {ARMEE FLUGZEUG, PANZER} dotare *qc di qc* 2 *tech* {ANLAGE, GERÄT AUF SONNENENERGIE} convertire *qc a qc*, adattare *qc a qc*: **einen benzinbetriebenen Motor auf Gas ~**, convertire un motore da benzina a gas.

ums präp *fam* = um das → **um**①.

um|satteln itr *fam* (*den Beruf wechseln*) cambiare mestiere; (*die Studienrichtung wechseln*) cambiare facoltà; **auf etw** (akk) **~: er hat auf Programmierer umgesattelt**, ha cambiato lavoro, è diventato programmatore; **von Biologie auf Medizin ~**, passare/cambiare da biologia a medicina.

Umsatz m *ökon* giro m/volume m d'affari, fatturato m: **der ~ beläuft sich auf ...**, il giro d'affari ammonta a ...; **der ~ steigt/sinkt**, ˌil giro d'affariˌ/[fatturato] aumenta/diminuisce • **~ machen** *fam*, vendere molto, fare soldi; **einen großen/guten ~ machen**, avere un grosso/buon fatturato; **das Unternehmen macht einen jährlichen ~ von mehreren Millionen Euro**, l'impresa ˌha un fatturato annuo diˌ/[fattura ogni anno] diversi milioni di euro.

Umsatzanstieg m *ökon* aumento m/crescita f del fatturato/giro d'affari.

Umsatzbeteiligung f *ökon* provvigione f, percentuale f sulle vendite.

Umsatzeinbruch m *ökon* crollo mˌdel fatturatoˌ/[delle vendite].

Umsatzeinbuße f *ökon* flessione f nelle vendite, perdita f di fatturato.

Umsatzplus n *ökon* → **Umsatzanstieg**.

Umsatzrückgang m *ökon* calo m/diminuzione f del fatturato/[giro d'affari].

umsatzschwach adj {JAHR, MARKT, SEKTOR} fiacco; {ARTIKEL, PRODUKT} poco venduto/richiesto; {AKTIEN} poco scambiato.

umsatzstark adj {MARKT, SEKTOR} forte, con forti vendite; {ARTIKEL, PRODUKT} molto venduto/richiesto; {AKTIEN} molto scambiato.

Umsatzsteigerung f *ökon* incremento m del fatturato/[giro d'affari].

Umsatzsteuer f imposta f sul fatturato.

Umsatzträger m (*principale*) fonte f di fatturato.

um|schalten A itr 1 *radio* cambiare stazione; *TV* cambiare canale/programma; *irgendwohin* ~ {AUF EIN ANDERES PROGRAMM, EINEN ANDEREN SENDER} mettere *su qc*, passare a *qc*; {IN EIN ANDERES STUDIO, NACH KÖLN} passare la linea *a qc*, collegarsi *con qc*: **vom Ersten ins Zweite ~**, passare dal primo al secondo (canale); **wir schalten jetzt direkt ins Stadion um**, ci colleghiamo adesso in diretta con lo stadio; **wir schalten um zum Westdeutschen Rundfunk nach Köln**, passiamo la linea al Westdeutscher Rundfunk di Colonia 2 *autom* (*automatisch wechseln*) (*von etw* dat) *auf etw* (akk) ~: **die Ampel hat schon auf Gelb umgeschaltet**, è già scattato il giallo; **die Ampel schaltet gleich auf Grün um**, sta per scattare il verde 3 *autom* (*den Gang wechseln*) cambiare marcia; (*von etw* dat) *in etw* (akk) ~ {IN EINEN NIEDRIGEREN, HÖHEREN GANG} passare (*da qc*) *a qc*: **vom ersten Gang in den zweiten ~**, passare dalla prima (marcia) alla seconda 4 *inform* premere il tasto shift: **auf Großbuchstaben ~**, cambiare da minuscola a maiuscola 5 *fam* (*sich umstellen*) (**auf etw** akk) **~** (AUF DIE ARBEIT, KALTE JAHRESZEIT} riabituarsi (*a qc*): **jetzt heißt's wieder auf den Alltag ~!**, ora bisogna tornare alla vita di tutti i giorni! B tr *etw* (*auf etw* akk) ~ 1 *el* {STROMNETZ AUF WECHSELSTROM} commutare *qc* (*in qc*) 2 (*anders einstellen*): **den Boiler/die Heizung auf ein «an/aus» ~**, accendere/spegnere il boiler/il riscaldamento.

Umschalttaste f *inform* (*tasto* m) shift m.

Umschau f: **nach jdm/etw ~ halten**, guardarsi intorno ˌalla ricercaˌ/[in cerca] di *qu/qc*.

um|schauen rfl *süddt A* → **um|sehen**.

um|schichten tr *etw* ~ 1 (*anders aufschichten*) {STAPEL} ridistribuire *qc*; {HEU} rigirare *qc* 2 *ökon* {AUSGABEN, KAPITAL, PERSONAL, KOSTEN} ridistribuire *qc*.

umschichtig adv {ARBEITEN} a turno/turni.

Umschichtung f 1 (*andere Verteilung*) {+KAPITAL, KOSTEN, PERSONAL} ridistribuzione f 2 *soziol*: **gesellschaftliche ~**, trasformazione del tessuto sociale.

umschiffen <ohne ge-> tr *etw* ~ 1 *naut* {FELSEN, RIFF} evitare *qc*; {KAP} doppiare *qc*: **eine Insel/einen Kontinent ~**, circumnavigare/[fare il periplo di] un'isola/un continente 2 (*umgehen*) {PROBLEM, SCHWIERIGKEIT} aggirare *qc*, eludere *qc*, bypassare *qc*.

Umschiffung <-, *-en*> f {+INSEL, KONTINENT} circumnavigazione f, periplo m.

Umschlag① <-(e)s, *-schläge*> m 1 (*Briefumschlag*) busta f: **einen ~ aufreißen**, aprire una busta (strappandola); **einen ~ frankieren/zukleben**, affrancare/chiudere una busta; **ein selbstklebender ~**, una busta autoadesiva; **den Brief in den ~ stecken**, mettere la lettera nella busta, imbustare la lettera 2 (*Buchumschlag*) sopraccoperta f, copertina f 3 *med* (*Wickel*) impacco m, compressa f: **jdm heiße/kalte Umschläge machen**, fare ˌdegli impacchi caldi/freddiˌ/[delle compresse calde/fredde] a *qu*; (*mit essigsau-*

rer Tonerde) cataplasma m, impiastro m.
Umschlag② <-(e)s, -schläge> m **1** <nur sing> (Umschwung) {+STIMMUNG, WETTER, WITTERUNG} mutamento m/cambiamento m improvviso/repentino; (sehr plötzlicher Umschwung) sbalzo m **2** <nur sing> com (Verladung) {+FRACHT, GÜTER} trasbordo m **3** (Aufschlag) {+HOSE} risvolto m.
Umschlagbahnhof m Eisenb stazione f/scalo m di smistamento.
um|schlagen <irr> **A** tr <haben> **1** (wenden) etw ~ {ÄRMEL, HOSENBEIN} rimboccare qc, arrotolare qc; {HUTKREMPE, KRAGEN, SAUM} rovesciare qc **2** (umblättern) etw ~ {BUCHSEITE} girare qc, voltare qc **3** (fällen) etw ~ {BAUM} abbattere qc **4** (umlegen) jdm etw ~ {BADETUCH, DECKE} avvolgere qu in qc **5** com (umladen) etw ~ {GÜTER, WAREN} trasbordare qc **B** itr <sein> (sich abrupt ändern) {STIMME, STIMMUNG, WETTER} cambiare/mutare improvvisamente; {WIND} auch girare; **in etw** (akk) ~ {AUSGELASSENHEIT, FRÖHLICHKEIT IN SCHRECKEN, VERZWEIFLUNG; ANFÄNGLICHE ZURÜCKHALTUNG IN BEGEISTERUNG} trasformarsi in qc; {ABNEIGUNG IN EKEL; DEMONSTRATION, STREIT IN EIN HANDGEMENGE, EINE SCHLÄGEREI} degenerare in qc: **in offene Gewalt ~**, degenerare in aperta violenza; **ins Gegenteil ~**, trasformarsi nel contrario.
Umschlaghafen m porto m di trasbordo/smistamento (delle merci).
Umschlagklappe f (am Buch) risvolto m di copertina, bandella f.
Umschlagplatz m centro m di commercio, punto m di smercio.
Umschlagtuch <-(e)s, -tücher> n scialle m.
umschließen <irr, ohne ge-> tr **1** (umgeben) etw ~ {HECKE, MAUER, ZAUN ANWESEN, GRUNDSTÜCK, PARK} circondare qc; {KRAGEN, SCHAL JDS HALS} essere intorno a qc **2** mil etw ~ {FEINDLICHE STELLUNGEN} accerchiare qc **3** geh (umfassen) jdn/etw (mit etw dat) ~: jdn fest mit beiden Armen ~, stringere qu forte tra le braccia; jds Hände fest ~, stringere forte le mani di qu; jdn fest umschlossen halten, tenere qu stretto (-a) tra le braccia; etw fest umschlossen halten, tenere stretto (-a) qc.
umschlingen <irr, ohne ge-> tr **1** geh (umfassen) jdn/etw ~ avvinghiarsi a qu/qc **2** (+EFEU BAUM, PFAHL) avviticchiarsi (intorno) a qc, abbarbicarsi (intorno) a qc, avviticchiare qc lit, abbarbicare qc lit.
Umschlingung <-, -en> f stretta f: **sich aus jds ~ befreien**, liberarsi dalla stretta di qu.
umschlungen adj: eng ~ {LIEBESPAAR}, avvinto; jdn eng ~ halten, tenere qu stretto (-a) tra le braccia.
umschmeicheln <ohne ge-> tr **1** (schöntun) jdn ~ adulare qu, lusingare qu **2** geh (berühren) etw ~ {WEICHE LOCKEN, SEIDENTUCH, WINDHAUCH} accarezzare qc.
um|schmeißen <irr> tr fam **1** (umwerfen) jdn ~ buttare a terra qu, far cadere qu; etw ~ rovesciare qc **2** (zunichtemachen) etw ~ {PLAN, PROGRAMM} mandare all'aria qc, far saltare qc.
um|schnallen **A** tr jdm etw ~ {GÜRTEL, RUCKSACK} allacciare qc a qu **B** rfl sich (dat) etw ~ {GÜRTEL, RUCKSACK} allacciarsi qc; {SÄBEL, SCHWERT} cingere qc.
umschreiben① <irr, ohne ge-> tr etw ~ **1** (indirekt ausdrücken) {AUSDRUCK, BEGRIFF} spiegare qc con una perifrasi/altre parole]: ~ **Sie es!**, lo dica/renda con altre parole!; (verhüllend) {SACHVERHALT, SITUATION} descrivere qc con una perifrasi/[un giro di parole]; **etw mit etw** (dat) ~ {MIT BESCHÖNIGENDEN WORTEN} mascherare qc con qc; {MIT GESTEN} descrivere qc a qc **2** (beschreiben) etw irgendwie ~ {AUFGABEN, TÄTIGKEITSBEREICH GENAU, KURZ} descrivere qc + compl di modo.
um|schreiben② <irr> tr **1** (umarbeiten) etw ~ {BUCH, MANUSKRIPT, TEXT} rielaborare qc, riscrivere qc, rimaneggiare qc **2** jur etw **auf jdn** ~ {EIGENTUM, GRUNDSTÜCK, HAUS AUF DIE EHEFRAU, KINDER} trasferire la proprietà di qu a qu, trascrivere qc a qu, volturare qc: etw auf jdn/[jds Namen] ~ lassen, far registrare qc a nome di qu.
Umschreibung① <-, -en> f **1** (umschreibender Ausdruck) perifrasi f, circonlocuzione f: **etw mit** [einer ~]/[Hilfe von ~en] **erklären**, spiegare qc con una]/[ricorrendo a] perifrasi **2** (das Beschreiben) {+AUFGABE, TÄTIGKEIT} descrizione f.
Umschreibung② <-, -en> f jur {+GRUNDSTÜCK, HAUS} voltura f, trascrizione f; (Übergang des Eigentums) passaggio m di proprietà.
Umschrift <-, -en> f **1** ling (Lautschrift) trascrizione f: **phonetische ~**, trascrizione fonetica **2** (Transkription) traslitterazione f, trascrizione f **3** (Beschriftung) {+MÜNZE} leggenda f.
um|schulden tr ökon etw ~ {ANLEIHE, KREDIT} convertire qc.
Umschuldung f ökon {+KREDIT} conversione f.
um|schulen **A** tr **1** Schule jdn ~ mandare qu in un'altra scuola: **wegen des Umzugs musste das Kind umgeschult werden**, a causa del trasloco il bambino ha dovuto cambiare scuola; **jdn auf/in** (akk) ~ {AUF, IN DIE MITTELSCHULE, AUFS, INS GYMNASIUM} mandare qu a qc; {AUF EINE ANDERE SCHULE} auch trasferire qu in qc **2** (in einem neuen Beruf ausbilden) jdn ~ riqualificare qu (professionalmente): **sich ~ lassen**, imparare un altro mestiere; **die Firma hat ihn zum Computerfachmann umgeschult**, ha cambiato mestiere, la ditta gli ha finanziato una formazione da programmatore; **jdn auf etw** (akk) ~ {ARBEITER AUF NEUE MASCHINE} insegnare a qu a usare qc; {PILOTEN AUF NEUEN FLUGZEUGTYP} addestrare qu a pilotare qc: **die Angestellten auf ein neues Computerprogramm ~**, addestrare gli impiegati a usare un nuovo programma di computer **B** itr ~ (einen anderen Beruf erlernen) riqualificarsi (professionalmente), imparare un altro mestiere: **sie hat auf Krankenschwester umgeschult**, ha cambiato mestiere, è diventata infermiera.
Umschulung f **1** Schule cambio m di scuola **2** (neue Berufsausbildung) cambio m di professione/mestiere; ~ **auf etw** (akk) {AUF NEUE TECHNIKEN} riqualificazione f (per l'uso di qc).
um|schütten tr **1** (verschütten) etw ~ rovesciare qc, versare qc: **eine Tasse Kaffee ~**, rovesciare una tazza di caffè **2** (umfüllen) etw in etw (akk) ~ {FLÜSSIGKEIT IN EIN ANDERES GEFÄSS} travasare qc in qc.
umschwärmen <ohne ge-> tr **1** (verehren) jdn ~ idolatrare qu, andare in visibilio per qu: **von jdm umschwärmt werden** {FUSSBALLSTAR, POPSTAR, SCHAUSPIELER}, essere l'idolo di qu/[un idolo per qu]; **er wird von allen umschwärmt**, è il beniamino di tutti; {FRAU, MÄDCHEN} venire/essere corteggiato (-a) da qu; **sie ist sehr umschwärmt**, è molto corteggiata **2** → **umschwirren**

Umschweife subst <nur pl> giri m pl di parole: **(mach) keine ~!**, vieni al dunque/sodo!, non fare giri di parole!; **ohne ~**, [giri di parole]/[tanti preamboli]; **ohne ~ zur Sache kommen**, arrivare/venire direttamente al dunque/sodo; **ohne ~ sagen, was man denkt**, dire quello che si pensa senza tanti giri di parole.
um|schwenken itr <sein oder haben> **1** (kehrtmachen) {KOLONNE} fare dietro front **2** (die Richtung ändern) {WIND} cambiare direzione, girare; **nach etw** (dat) ~ {WIND NACH NORDEN, OSTEN, SÜDEN, WESTEN} girare a qc; {KOLONNE NACH LINKS, RECHTS} girare a qc **3** oft pej (seine Meinung plötzlich ändern) cambiare improvvisamente opinione: **oft ~**, essere un voltagabbana; **auf etw** (akk) ~ {AUF EINE BESTIMMTE LINIE, EINEN BESTIMMTEN KURS} allinearsi a qc; **auf Regierungskurs ~**, allinearsi con il governo.
umschwirren <ohne ge-> tr jdn/etw ~ {FLEDERMAUS, SCHWALBE HAUS, LICHT, JDS KOPF} svolazzare/volare intorno a qu/qc; {INSEKTEN BLUMEN, LICHT} auch ronzare intorno a qu/qc.
Umschwung m {+KLIMA} mutamento m radicale; {+STIMMUNG, WETTER} cambiamento m radicale; (zum Positiven) svolta f: **es ist ein ~ im Klima eingetreten**, c'è stato un mutamento radicale del clima; **in jds Leben hat ein ~ stattgefunden**, nella vita di qu c'è stata una svolta.
umsegeln tr naut etw ~ {ERDE, INSEL, KONTINENT} circumnavigare/[fare il giro di] qc in barca a vela; {KAP} doppiare qc in barca a vela.
um|sehen <irr> rfl **1** (ringsherum schauen) sich (irgendwo) ~ {IN EINER NEUEN UMGEBUNG, WOHNUNG, EINEM ZIMMER} guardar(si) intorno/[in giro] (+ compl di luogo); {IN EINEM GESCHÄFT} auch dare un'occhiata (in giro) (+ compl di luogo): **sich erstaunt/neugierig ~**, guardarsi intorno meravigliato (-a)/incuriosito (-a); **seht euch bitte nicht um, ich hatte keine Zeit zum Aufräumen**, per favore, non fate caso al disordine, non ho avuto tempo di mettere a posto fam; **ich wollte mich nur mal (im Laden) ~**, volevo dare soltanto un'occhiata (nel negozio); **sehen Sie sich ruhig im Geschäft um!**, guardi pure!; **sich in einer fremden Stadt ~**, fare un giro in una città sconosciuta; **sich in der Welt ~**, girare il mondo **2** (zurücksehen) sich (nach jdm/etw) ~ voltarsi a guardare (qu/qc): **sich mehrmals nach jdm ~**, voltarsi più volte a guardare qu **3** (suchen) sich nach jdm/etw ~ cercare qu/qc: **er täte gut daran, sich nach einer Frau umzusehen**, farebbe bene a cercar moglie; **sich nach einem Geschenk für jdn ~**, andare a cercare un regalo per qu; **sich nach einem Job ~**, darsi da fare per trovare lavoro • **du wirst dich noch ~!** fam, te ne accorgerai!; **er wird sich noch ~, wenn ich nicht mehr da bin!**, se ne accorgerà, quando non ci sarò più!
um|sein a.R. von um sein → **sein**②.
umseitig geh **A** adj <attr> {ANGABE, TEXT} sul retro, a tergo **B** adv sul retro, a tergo.
um|setzen **A** tr **1** (versetzen) etw ~ {BLUMENKÜBEL, PFOSTEN} cambiare posto a qc, spostare qc **2** (an einen anderen Platz setzen) jdn (irgendwohin) ~ {SCHÜLER} spostare qu (+ compl di luogo), far cambiare posto a qu **3** (umpflanzen) etw ~ {BAUM, BLUMEN, PFLANZE} trapiantare qc **4** (umwandeln) etw in etw (akk) ~ {WÄRME IN (SONNEN)ENERGIE, WASSERKRAFT IN STROM} trasformare qc in qc, convertire qc in qc; {MUSIKSTÜCK IN EINE ANDERE TONART} trasportare qc in qc, trasporre qc in qc: **Prosa in Verse ~**, trasporre la prosa in versi **5** fam (investieren) etw in etw (akk) ~

{GEHALT, GELD IN BÜCHER, KLEIDER, SPORTWAGEN} spendere qc in qc: **er setzt sein ganzes Taschengeld in Vergnügungen um**, spende tutta la sua paghetta in divertimenti **6** (anwenden) **etw ~** {KENNTNISSE} applicare qc: **etw in die Tat ~** {PROJEKT}, realizzare qc; {PLAN} mettere in atto qc; **etw in die Praxis ~** {ERKENNTNISSE, VORHABEN}, mettere in pratica qc **7 com etw ~** {ARTIKEL, WARE} vendere qc, smerciare qc: **wir haben Ware im Wert von zwei Millionen Euro umgesetzt**, abbiamo ˻venduto merce per un valore di˼/[fatturato] due milioni di euro; **im Moment wird nich Viel umgesetzt**, al momento non si vende molto **B** rfl (seinen Platz wechseln) **sich ~** cambiare posto, spostarsi.

Umsetzung <-, ohne pl> f **1** (das Umsetzen) {+SCHÜLER} spostamento m **2** (Umwandlung) trasformazione f, conversione f; {+MUSIKSTÜCK} trasposizione f, trasporto m: **die ~ von Sonnenenergie in Strom**, la conversione di energia solare in energia elettrica **3** (das Realisieren) {+KENNTNISSE, WISSEN} applicazione f: **die ~ einer S. (gen) in die Tat** {+PROJEKT}, la realizzazione di qc; {+PLAN} la messa in atto di qc; **die ~ einer S. (gen) in die Praxis** {+ERKENNTNISSE, VORHABEN}, la messa in pratica di qc.

Umsichgreifen <-s, ohne pl> n {+EPIDEMIE, KORRUPTION, KRIMINALITÄT} dilagare m; {+FEUER} estendersi m.

Umsicht <-, ohne pl> f circospezione f, avvedutezza f, oculatezza f: **mit großer ~ zu Werk(e) gehen**, agire con grande circospezione; **mit großer ~ handeln/vorgehen**, agire/procedere con grande avvedutezza; **große ~ zeigen**, dimostrare grande oculatezza/avvedutezza.

umsichtig **A** adj {HANDLUNGSWEISE, MITARBEITER, VORGEHEN} circospetto, avveduto, oculato **B** adv {HANDELN, VORGEHEN} con circospezione/avvedutezza/oculatezza, in modo circospetto/avveduto/oculato.

um|siedeln **A** tr <haben> (anderswo ansiedeln) **jdn ~** trasferire qu altrove; **jdn irgendwohin ~** trasferire qu + compl di luogo **B** itr <sein> (umziehen) (**irgendwohin**) **~** {IN EIN ANDERES LAND, HOTEL} trasferirsi (+ compl di luogo): **von Leipzig nach Hamburg ~**, trasferirsi da Lipsia ad Amburgo.

Umsiedler <-s, -> m (**Umsiedlerin** f) emigrato (-a) m (f).

Umsiedlung, Umsiedelung <-, -en> f <meist sing> {+BEVÖLKERUNGSGRUPPE} trasferimento m.

um|sinken <irr> itr <sein> cadere a terra: **vor Müdigkeit ~**, essere sopraffatto dalla stanchezza.

umso konj (je + kompar ...), ~ + kompar ... (più ...), (tanto) più ...: **je öfter du es machst, ~ besser geht es**, più spesso lo fai, meglio è; **je länger ich ihn kenne, ~ sympathischer wird er mir**, più lo conosco più mi diventa simpatico; **~ besser**, tanto meglio/[di guadagnato]; **~ schlimmer**, tanto peggio; **~ mehr als ...**, a maggior ragione perché ..., tanto più che ...; **du musst dich ausruhen, ~ mehr als du in den nächsten Tagen viel Arbeit hast**, devi riposarti ˻a maggior ragione perché˼/[tanto più che] avrai molto lavoro nei prossimi giorni.

umsonst adv fam **1** (gratis) gratis, gratuitamente: **etw ist ~**, qc è gratis/gratuito; **wenn Sie zwei Flaschen kaufen, bekommen Sie die dritte ~**, se compra due bottiglie la terza è gratis/gratuita; **das Programm gibt es ~**, il programma è gratis; **bei Gruppenreisen mit mindestens 20 Teilnehmern bekommt man ein Ticket ~**, le comitive di almeno 20 persone ricevono un biglietto omaggio; **er hat mir die Arbeit ~ gemacht**, mi ha fatto il lavoro gratuitamente/[senza chiedere niente] **2** (vergeblich) invano, inutilmente, per niente: **etw ist ~**, qc è inutile; **es war alles ~!**, è stato tutto inutile/vano!; **alle Ratschläge waren ~**, tutti i consigli sono stati inutili; **du hast dich ~ beeilt**, ti sei affrettato (-a) inutilmente/invano/[per niente]; **sich ~ bemühen**, fare sforzi inutili; **da habt ihr ~ gewartet!**, avete aspettato inutilmente/[per niente] **3** (nicht ohne Grund): **nicht ~**, non per niente/nulla, non a caso; **sie ist nicht ~ so ärgerlich geworden**, non per niente si è arrabbiata così; **ich habe euch nicht ~ gewarnt**, se vi ho messi (-e) in guardia un motivo c'era!; **er hat das ganze Haus selbst restauriert, er ist schließlich nicht ~ Architekt**, ha restaurato tutta la casa da sé, non ˻per niente˼/[a caso] è architetto.

umsorgen <ohne ge-> tr **jdn ~** circondare qu di cure: **jdn liebevoll ~**, circondare qu di amorevoli cure.

umspannen <ohne ge-> tr **1** (einschließen) **etw ~** {ENTWICKLUNG, ROMAN, STUDIE EINEN BESTIMMTEN ZEITRAUM} abbracciare qc **2** (umfassen): **einen Baumstamm/eine Säule mit den Armen ~**, abbracciare ˻un tronco d'albero˼/[una colonna].

Umspanner <-s, -> m el trasformatore m.

Umspannwerk n el sottostazione f ˻di trasformazione˼/[elettrica].

umspielen① <ohne ge-> tr geh (sich um etw leicht hinundherbewegen) **etw ~** {LOCKEN JDS GESICHT; ROCKSAUM KNÖCHEL} sfiorare qc; {WELLEN BOOT, KLIPPEN} lambire qc: **ein Lächeln umspielt jds Lippen/Mundwinkel**, un sorriso sfiora le labbra di qu.

umspielen② <ohne ge-> tr sport **jdn/etw ~** {ABWEHR, GEGNER, TORWART} scartare qu/qc, superare qu/qc, aggirare qu/qc.

um|springen <irr> itr <sein> **1** pej (mit jdm unangemessen umgehen) **mit jdm irgendwie ~** trattare qu + compl di modo: **mit jdm grob/unfreundlich/rücksichtslos ~**, trattare qu bruscamente/sgarbatamente/[senza riguardo]; **so kannst du doch nicht mit ihnen ~!**, non puoi trattarli così! **2** (wechseln) {AMPEL} scattare; {WIND} cambiare direzione, girare; (**von etw** dat) **auf etw** (akk) **~** {WIND} girare (da qc) a qc: **gleich springt die Ampel auf Rot um**, sta per scattare il rosso.

um|spulen tr **etw** (auf etw akk) **~** {FILM, GARN, TONBAND AUF EINE ANDERE SPULE} riavvolgere qc (su qc), ribobinare qc.

umspülen <ohne ge-> tr **etw ~** {MEER, WELLEN FELSEN, INSEL, KÜSTE} bagnare qc, lambire qc.

Umstand <-(e)s, -stände> m **1** (Gegebenheit) circostanza f; (Tatsache) fatto m: **ein entscheidender/glücklicher/unvorhergesehener ~**, una circostanza decisiva/felice/imprevista; **allein der ~, dass ...**, solamente il fatto che ...; **das bringen die Umstände mit sich**, è nella natura delle cose; **wenn es die Umstände erlauben**, se le circostanze lo permettono; **der ~, dass ..., darf nicht außer Acht gelassen werden**, non va trascurato il fatto che ...; **eine Verkettung unglücklicher Umstände**, una concatenazione di circostanze sfavorevoli **2** <nur pl> (Mühe) cerimonie f pl, complimenti m pl: **machen Sie sich meinetwegen keine Umstände!**, non si disturbi per me!; **wenn es keine Umstände macht**, se non crea disturbo; **ohne (viel) Umstände**, senza tante cerimonie; **nicht viel Umstände mit jdm/etw machen**, non perdere tanto tempo ˻con qu˼/[per qc]; **das macht gar keine Umstände**, non mi disturba/incomoda affatto!; **macht keine langen Umstände, setzt euch und esst!**, non fate tanti complimenti, sedetevi e mangiate!; **bitte, keine Umstände!**, non ˻si disturbi/incomodi˼/[disturbatevi/incomodatevi]! • **in anderen Umständen sein** euph, essere in stato interessante euph; **den Umständen entsprechend**, considerate le circostanze; **dem Patienten geht es den Umständen entsprechend (gut)**, considerate le circostanze il paziente sta abbastanza bene; **erschwerende Umstände** jur, (circostanze) aggravanti; **mildernde Umstände** jur, (circostanze) attenuanti; **jdm mildernde Umstände zubilligen**, concedere a qu delle attenuanti; **je nach den Umständen**, a seconda delle circostanze; **die näheren Umstände**, i particolari, i dettagli; **das richtet sich nach den näheren Umständen**, dipende dai dettagli; **unter Umständen**, eventualmente; **kannst du mir unter Umständen beim Umzug helfen?**, potresti eventualmente aiutarmi a traslocare?; **unter ... Umständen: unter allen Umständen**, in ogni caso, a tutti i costi; **unter anderen Umständen**, in altre circostanze; **unter diesen Umständen**, in queste circostanze; **unter diesen besonderen Umständen**, date le particolari circostanze; **unter den gegebenen Umständen**, date le circostanze, stando così le cose; **unter den gegenwärtigen/derzeitigen Umständen**, allo stato attuale, data la situazione attuale; **unter (gar) keinen Umständen**, in nessun caso; **du darfst ihm unter keinen Umständen sagen, dass ...**, ˻in nessun caso gli devi dire˼/[non gli devi assolutamente dire] che ...; **das mach' ich unter keinen Umständen**, non lo faccio nemmeno morto (-a)! fam.

umständehalber adv per cause di forza maggiore: **~ zu verkaufen**, in vendita per cause di forza maggiore.

umständlich **A** adj **1** (weitschweifig) {BESCHREIBUNG, DARSTELLUNG, ERKLÄRUNG} contorto, complicato, prolisso, concettoso **2** (aufwändig) {ARBEITSWEISE, PROZEDUR, VORGEHENSWEISE} complicato, macchinoso; {REISE} scomodo, disagevole: **das ist mir zu ~**, è troppo complicato per me, mi crea troppi problemi; **es ist zu ~, mit dem Wagen in die Stadt zu fahren**, è troppo scomodo/disagevole andare in città con la macchina; **es wäre zu ~, jeden Einzelnen zu benachrichtigen**, sarebbe troppo complicato avvertire ogni singola persona **3** (schwerfällig) {MENSCH} complicato, lento: **sei doch nicht immer so ~!**, non complicarti sempre la vita! **B** adv **1** (weitschweifig) {DARSTELLEN, ERKLÄREN, ERZÄHLEN} in modo contorto/complicato/prolisso: **muss du immer so ~ fragen?**, perché fai sempre domande così contorte?; **komm, mach's nicht so ~!** (komm zur Sache!), non la fare tanto lunga!, vieni al dunque! **2** (aufwändig) {ARBEITEN, VERFAHREN, VORGEHEN} in modo complicato/macchinoso/[da complicare le cose]: **mach doch nicht alles so ~!**, non rendere tutto più complicato di quello che è!

Umständlichkeit <-, ohne pl> f **1** (Weitschweifigkeit) {+DARSTELLUNG, ERKLÄRUNG} prolissità f, complicatezza f **2** (Aufwändigkeit) {+ARBEITSWEISE, VERFAHREN} macchinosità f; {+REISE} scomodità f **3** (Schwerfälligkeit) {+MENSCH} carattere m complicato: **bei seiner ~ braucht er für alles unheimlich viel Zeit**, complicato com'è ci mette sempre un sacco di tempo a fare le cose.

Umstandsangabe f gram, **Umstandsbestimmung** f gram → **Adverbialbestimmung**.

Umstandskleid n (abito m) pré-maman® m.

Umstandskleidung f abbigliamento m pré-maman®.

Umstandskrämer m (**Umstandskrämerin** f) *fam pej* persona f che si complica la vita: **das ist vielleicht ein ~**, madonna, quanto si complica la vita, quello!

Umstandsmode f moda f pré-maman®.

Umstandswort n *gram* → **Adverb**.

um|stecken tr *etw* ~ **1** *el*: **ein Gerät ~**, collegare un apparecchio a un'altra presa; **einen Stecker ~**, mettere/infilare/inserire una spina in un'altra presa **2** (*feststecken*) {SAUM} appuntare qc (con gli spilli): **ein Kleid ~**, appuntare l'orlo di un abito (con gli spilli).

umstehend A *adj* **1** (*ringsum stehend*) {LEUTE, NEUGIERIGE} che fa capannello: **die Umstehenden**, il capannello di persone **2** *form* (*umseitig*) {ANGABE, ERLÄUTERUNG} sul retro, a tergo: **beachten Sie bitte auch (die) ~e Erklärung**, si legga anche la spiegazione sul retro/a tergo B *adv form* (*umseitig*) {ABGEBILDET, AUFGEFÜHRT} sul retro, a tergo.

Umsteigebahnhof m stazione f di cambio.

Umsteigeberechtigung f: *autom* **Fahrkarte mit ~**, biglietto orario; **mit diesem Fahrschein haben Sie keine ~**, questo biglietto non dà diritto a cambiare.

Umsteigefahrschein m *autom* biglietto m orario.

Umsteigemöglichkeit f coincidenza f: **an der nächsten Station ~en nach ...**, alla prossima fermata coincidenze per ...

um|steigen *irr* itr <*sein*> **1** *autom* cambiare: **zweimal ~ müssen**, dover cambiare due volte; **wegen eines Motorendefekts mussten alle Fluggäste ~**, per un guasto al motore tutti i passeggeri dovettero cambiare aereo; **in etw** (akk) **~**, {IN EINEN ANDEREN BUS, ZUG U. Ä.} cambiare qc; {IN EINE ANDERE LINIE} cambiare e prendere qc; **am Bahnhof musst du in die Linie 14 ~**, alla stazione devi cambiare e prendere il 14; **nach etw** (dat) **~**: **muss man nach Karlsruhe ~?**, bisogna cambiare per (andare a) Karlsruhe?; **dort steigen Sie nach Frankfurt um**, lì prende la coincidenza per Francoforte **2** *fam* (*überwechseln*) (**von etw auf** (akk) *etw* **~**) {AUF EIN GRÖẞERES AUTO, EINE ANDERE MARKE, VEGETARISCHE KOST} passare (da qc a qc): **immer mehr Leute steigen auf Sonnenenergie um**, sempre più persone passano all'energia solare **3** *Ski* scaricare uno sci.

um|stellen① A tr **1** (*anders stellen*) *etw* **~** {BETT, REGAL, SCHRANK} spostare qc, cambiare posto a qc: **sie hat alle Möbel umgestellt**, ha spostato/cambiato la disposizione di tutti i mobili **2** (*an anderer Stelle erwähnen*) *etw* (*in etw* akk) **~** {SATZ, ZEILE IN EINEM TEXT, WÖRTER IN EINEM SATZ} cambiare posto a qc (*in qc*), trasporre qc (*di qc*): **den Satz ~**, rigirare la frase **3** (*anders einstellen*) *etw* **~** {HEBEL, SCHALTER} spostare qc; {HEIZUNG} reimpostare qc: **das Telefon ~**, passare le chiamate su un altro apparecchio; *etw auf etw* (akk) **~** {AUF EINE ANDERE EINSTELLUNG, STELLUNG, ZEIT, AUF SOMMERBETRIEB} regolare qc su qc, mettere qc su qc *fam*; **jetzt muss man die Uhr wieder auf Sommerzeit ~**, bisogna rimettere l'orologio sull'ora legale **4** (*ändern*) *etw* **~** cambiare qc: **er hat seine Ernährung völlig ~ müssen**, ha dovuto cambiare totalmente (il tipo di) alimentazione; **seine Essgewohnheiten ~**, cambiare le proprie abitudini alimentari **5** (*zu etw anderem übergehen*) *etw* (*auf etw* akk) **~** adattare qc a qc, cambiare qc a/in qc: **eine Anlage/die Heizung von Öl auf Erdgas ~**, convertire un impianto/il riscaldamento da gasolio a metano; **seine Ernährung auf Rohkost ~**, passare a un'alimentazione ricca di frutta e verdura cruda; **einen Betrieb auf Computer/[eine andere Produktion] ~**, computerizzare/riconvertire un'impresa; **die Produktion auf Computerzubehör ~**, passare alla produzione di accessori per computer **6** (*umgewöhnen*) *jdn auf etw* (akk) **~**: **ein Baby (von Muttermilch) auf feste Nahrung ~**, svezzare un neonato; **einen Patienten auf Schonkost ~**, far seguire a un paziente un'alimentazione leggera B itr (*zu etw anderem übergehen*) *auf etw* (akk) **~**: passare a qc: **der Betrieb hat auf vollautomatisierte Produktion umgestellt**, l'impresa è stata completamente automatizzata; **auf Erdgas ~**, passare al metano; **das Restaurant hat auf Selbstbedienung umgestellt**, quel ristorante è diventato self-service C rfl (*sich anpassen*) **sich** (*auf etw* akk) **~** {AUF EIN ANDERES KLIMA, ANDERE VERHÄLTNISSE} adattarsi (a qc), adeguarsi (a qc): **sich leicht ~ können**, adattarsi/adeguarsi facilmente; **sich (nur) schwer ~ können**, adattarsi/adeguarsi (solo) a fatica/[con difficoltà].

um|stellen② <*ohne* ge-> tr *jdn/etw* **~** accerchiare qu/qc, circondare qu/qc: **den Feind/[die feindlichen Stellungen] ~**, accerchiare il nemico/[le postazioni nemiche]; **das Gebäude ist umstellt**, l'edificio è circondato.

Umstellung f **1** (*das Sichanpassen*) cambiamento m: **eine große ~ für jdn bedeuten**, significare un profondo cambiamento per qu; **~ auf etw** (akk) adattamento a qc: **den Kindern ist die ~ auf die neue Umgebung leicht gefallen**, i ragazzi si sono adattati senza problemi al nuovo ambiente **2** (*Übergang*) cambiamento m; **~ auf etw** (akk) passaggio a qc: **die ~ auf den Euro**, il passaggio all'euro; **die ~ des Betriebs auf Computer**, la computerizzazione dell'azienda.

um|stimmen tr *jdn* **~** far cambiare idea/opinione a qu: **er lässt sich von nichts und niemandem ~ umstimmen**, niente e nessuno può fargli cambiare idea; **sich leicht ~ lassen**, lasciarsi influenzare/convincere facilmente; **er hat sich von ihr ~ lassen**, è riuscita a fargli cambiare idea.

um|stoßen <*irr*> tr **1** (*umwerfen*) *jdn/etw* **~** urtare qu/qc facendolo cadere: **die Katze hat den Blumentopf umgestoßen**, il gatto ha rovesciato il vaso di fiori; **ein Rüpel hat den alten Mann umgestoßen**, un cafone ha urtato l'anziano facendolo cadere **2** (*rückgängig machen*) *etw* **~** {ENTSCHLUSS} cambiare radicalmente qc; {PLAN, VORHABEN} sconvolgere qc, mandare all'aria/[a monte] qc; {TESTAMENT} annullare qc.

umstritten adj {AUTOR} discusso; {FALL, WERK} *auch* controverso; {ENTSCHEIDUNG, THEORIE} discusso controverso; {FRAGE, PROBLEM} discusso, controverso, dibattuto: **jds Autorschaft ist stark ~**, la paternità di qc è fortemente contestata; **eine sehr ~e These**, una tesi molto controversa; **diese Theorie ist bei Fachleuten/[in der Fachwelt] sehr ~**, su questa teoria vi sono pareri controversi tra gli addetti ai lavori; **heiß ~**, molto dibattuto, estremamente controverso; **heiß ~ sein** (*THEMA*), essere vivacemente dibattuto.

um|strukturieren <*ohne* ge-> tr *etw* **~** ristrutturare qc, riorganizzare qc.

Umstrukturierung <-, -en> f ristrutturazione f, riorganizzazione f.

um|stülpen tr **1** (*nach außen kehren*) *etw* **~** {BEUTEL, TASCHEN} rovesciare qc **2** (*auf den Kopf stellen*) *etw* **~** {BOTTICH, EIMER, FASS} capovolgere qc.

Umsturz m *pol* colpo m di stato, sovvertimento m delle istituzioni; {+REGIERUNG} rovesciamento m; (*von Seiten des Militärs*) golpe m, Putsch m: **an einem ~ beteiligt sein**, partecipare a un colpo di stato; **einen ~ planen/vorbereiten**, progettare/preparare un colpo di stato.

Umsturzbewegung f *pol* movimento m sovversivo.

um|stürzen A tr <*haben*> *etw* **~** (*umwerfen*) {SCHILD} buttare giù qc; {AUTO, STUHL} rovesciare qc, ribaltare qc B itr <*sein*> (*umfallen*) {BAUM, GERÜST} cadere; {MAUER} auch crollare, rovinare; {KRAN} rovesciarsi, ribaltarsi: **das Kind ist mit dem Stuhl umgestürzt**, il bambino si è ribaltato insieme alla sedia.

Umstürzler <-s, -> m (**Umstürzlerin** f) *pol* sovversivo (-a) m (f), rivoluzionario (-a) m (f).

umstürzlerisch adj *pol* {BESTREBUNGEN, PLAN} sovversivo, eversivo, rivoluzionario.

Umsturzplan m <*meist pl*> *pol* trama f eversiva, piano m sovversivo/eversivo.

Umsturzversuch m *pol* tentativo m di colpo di stato, tentato colpo m di stato; (*von Seiten des Militärs*) tentativo m di golpe/Putsch, tentato golpe m.

um|taufen tr *fam* *etw* **~** {GEBÄUDE, PLATZ, STRAẞE} ribattezzare qc, dare un altro/[cambiare] nome a qc: *etw auf etw* (akk) **~** ribattezzare qc (*col nome di*) qc.

Umtausch <-(e)s, -e> m <*meist sing*> **1** *com* cambio m: **herabgesetzte Ware ist vom ~ ausgeschlossen**, la merce scontata non si cambia; **bei ~ bitte Kassenzettel vorlegen**, in caso di cambio (merce) si prega di presentare lo scontrino **2** *bank* ~ (**in etw** akk) cambio m (*in qc*): **der ~ von Euro in Schweizer Franken**, il cambio di euro in franchi svizzeri.

um|tauschen tr **1** *com* (*zurückgeben*) *etw* (**gegen/in etw** akk) **~** cambiare qc (*con qc*) **2** *com* (*zurücknehmen*) (*jdm*) *etw* **~** riprendere qc (*a qu*); (*jdm*) *etw gegen etw* (akk) **~** cambiare qc (*a qu*) *con qc* **3** *bank* (*eintauschen*) *etw* (**in etw** akk) **~** {EURO IN DOLLAR, YEN} cambiare qc (*in qc*), convertire qc (*in qc*).

Umtauschrecht n *com* diritto m di cambio (*un articolo/una merce*).

um|topfen tr *etw* **~** {PFLANZE} rinvasare qc.

um|treiben <*irr*> tr *jdn* **~** {ANGST, SCHLECHTES GEWISSEN, ZWEIFEL} assillare qu, tormentare qu, non dare pace a qu: **es treibt jdn um**, qu non trova pace/requie.

Umtriebe subst <*nur pl*> *pej* maneggi m pl, intrighi m pl: **staatsfeindliche ~**, attività sovversive/eversive.

umtriebig adj {MENSCH} molto attivo.

Umtrunk m <*meist sing*> bevuta f (in compagnia), bicchierata f: **einen ~ halten/machen**, fare una bevuta/bicchierata.

UMTS-Handy n *tel* cellulare m UMTS/multimediale, videofonino M.

um|tun rfl *fam* **sich** (**nach etw** dat) **~** {NACH EINEM JOB, EINER WOHNUNG} darsi da fare (*per trovare qc*), guardarsi in giro (*in cerca di qc*): **wenn du dich ein bisschen umtust, wirst du schnell was finden**, se ti dai un po' da fare vedrai che troverai presto qualcosa.

U-Musik f → **Unterhaltungsmusik**.

Umverpackung f *com* imballaggio m esterno.

um|verteilen tr *ökon* *etw* **~** {EINKOMMEN, FOND, HAUSHALTSMITTEL, SCHULDENLAST, VOLKSVERMÖGEN} ridistribuire qc; {ARBEIT} ripartire diversamente qc.

Umverteilung <-, -en> f ökon {+EINKOMMEN, STEUERLAST, VERMÖGEN} ridistribuzione f; {+ARBEIT} diversa ripartizione f.

um|wälzen tr etw ~ **1** (auf die andere Seite wälzen) {STEIN, TOTES TIER} girare qc (dall'altro lato), rivoltare qc **2** (revolutionieren) {BEREICH, VERHÄLTNISSE, WELT} rivoluzionare qc **3** tech {LUFT, WASSER} far circolare qc.

umwälzend adj {NEUERUNGEN} rivoluzionario; {ERFINDUNG, IDEE} auch innovatore; {EREIGNIS} rivoluzionario, sconvolgente: **von ~er Wirkung sein**, avere un effetto dirompente.

Umwälzpumpe f tech pompa f di circolazione.

Umwälzung <-, -en> f **1** (grundlegende Veränderung) cambiamento m radicale, sconvolgimento m: **politische/soziale ~en**, sconvolgimenti politici/sociali **2** <nur sing> tech circolazione f.

umwandelbar adj **1** (sich umwandeln lassend) trasformabile, convertibile **2** jur {STRAFE} commutabile.

um|wandeln A tr etw (in etw akk) ~ **1** (umgestalten) trasformare qc (in qc): **eine Waffenfabrik in eine Spielzeugfabrik ~**, riconvertire una fabbrica di armi in una fabbrica che produce giocattoli; **die alte Fabrik wird in ein Theater umgewandelt**, la vecchia fabbrica verrà trasformata in teatro **2** phys {WASSER IN ENERGIE} convertire qc in qc, trasformare qc in qc **3** el {GLEICHSTROM IN WECHSELSTROM} commutare qc in qc **4** jur {TODESSTRAFE IN LEBENSLÄNGLICHE FREIHEITSSTRAFE} commutare qc in qc B rfl (sich völlig verändern) sich (in etw akk) ~ trasformarsi in qc ● **wie umgewandelt sein**, essere un altro/un'altra; **seit sie einen Freund hat, ist sie wie umgewandelt**, da quando ha il ragazzo ⌊si è trasformata⌋/[è un'altra].

Umwandlung f **1** ~ (in etw akk) trasformazione f (in qc) **2** phys conversione f (in qc) **3** el commutazione f (in qc) **4** jur commutazione f (in qc).

um|wechseln tr (jdm) etw (in etw akk) ~ {GELD IN ANDERE WÄHRUNG} cambiare qc (a qu) (in qc); {PAPIERGELD IN MÜNZEN} auch convertire qc (a qu) (in qc): **können Sie mir bitte die Dollars in Euro ~?**, per favore, mi può cambiare i dollari in euro?

Umweg m giro m più lungo, strada f più lunga, deviazione f: **einen ~ fahren/machen**, fare ⌊un giro più lungo⌋/[una deviazione]; **wenn du so fährst, ist das ein großer ~**, se passi di là fai un giro molto più lungo; **wenn das für Sie kein ~ ist**, se non Le allunga la strada; **einen ~ über etw (akk) machen** {ÜBER EINEN ANDEREN ORT}, fare una deviazione e passare per/da qc ● **auf ~en**, per vie traverse; **das habe ich ⌊auf ~en⌋/[über ~e] erfahren**, l'ho saputo ⌊per vie traverse⌋/[indirettamente].

um|wehen① tr jdn/etw ~ {STURM, WIND MAST, SCHILD} buttare giù/[a terra] qc, abbattere qc; {PERSON} buttare/gettare a terra qu: **der Wind hat ihn glatt umgeweht**, il vento soffiava/tirava così forte che l'ha buttato a terra.

umwehen② <ohne ge-> tr jdn/etw ~ {FEINER DUFT, LAUES LÜFTCHEN} avvolgere qu: **ein Hauch von Mythos umwehte den Ort**, un'aura mitica avvolgeva quel luogo.

Umwelt <-, ohne pl> f **1** ökol ambiente m: **die natürliche ~**, l'ambiente naturale; **die ~ belasten**, inquinare (l'ambiente); **für eine gesündere/sauberere ~ kämpfen**, lottare per un ambiente più sano/pulito; **die zunehmende Verschmutzung der ~**, il crescente inquinamento ambientale **2** (Umgebung) ambiente m, milieu m: **die soziale ~**, il contesto sociale; **sich seiner ~ anpassen**, adattarsi all'ambiente che circonda qu **3** (Menschen) ambiente m: **sie fühlt sich von ihrer ~ missverstanden**, non si sente capita dalle persone che la circondano.

Umweltabgabe f <meist pl> ecotassa f.

Umweltagentur f agenzia f dell'ambiente: **Europäische ~**, Agenzia Europea dell'Ambiente.

Umweltaktivist m (**Umweltaktivistin** f) ambientalista mf (militante).

Umweltauflage f adm direttiva f/disposizione f a tutela/salvaguardia dell'ambiente.

Umweltauswirkung f <meist pl> effetto m ambientale; <pl> impatto m ambientale.

Umweltauto n slang auto f ecologica.

Umweltbeauftragte <dekl wie adj> mf ökol responsabile mf delle politiche ambientali.

umweltbedingt adj {SCHADEN} ⌊causato dall'⌋/[dovuto all'] inquinamento (ambientale): **~ sein**, ⌊dipendere da⌋/[essere dovuto a] fattori ambientali.

Umweltbedingungen subst <nur pl> condizioni f pl ambientali.

Umweltbelastung f ökol inquinamento m ⌊dell'ambiente⌋/[ambientale].

Umweltbewegung, Umweltschutzbewegung f movimento m ambientalista/ecologista, ambientalismo m, ecologismo m.

umweltbewusst (a.R. umweltbewußt) adj ökol {VERHALTEN} che rispetta l'ambiente; {MENSCH} auch cosciente dei problemi ecologici.

Umweltbewusstsein (a.R. Umweltbewußtsein) n ökol coscienza f ecologica, rispetto m per l'ambiente, cultura f dell'ambiente.

Umweltdelikt n reato m ambientale, ecoreato m.

Umwelteinfluss m <meist pl> influsso m ambientale/[dell'ambiente]: **auf Umwelteinflüsse zurückzuführen** {KRANKHEIT}, dovuto a cause ambientali.

Umweltengel m ökol: **der blaue ~**, "ecoetichetta f che raffigura un angelo azzurro".

Umweltfaktor m fattore m ambientale.

umweltfeindlich adj ökol inquinante, nocivo ⌊per l'⌋/[all']ambiente.

Umweltforscher m (**Umweltforscherin** f) ökol ecologo (-a) m (f).

Umweltforschung f ökol ricerca f ambientale, ecologia f.

umweltfreundlich adj ökol {HALTUNG, VERHALTEN} rispettoso dell'ambiente; {PRODUKT, VERPACKUNG} ecologico, non inquinante, biodegradabile; {ENERGIE} pulito.

umweltgefährdend adj che mette a rischio l'ambiente.

umweltgerecht A adj ecosostenibile, a misura di ambiente B adv {PRODUZIEREN, WIRTSCHAFTEN} in modo (eco)sostenibile, {GESTALTEN} auch a misura di ambiente: **Abfall ~ entsorgen**, smaltire i rifiuti in modo ecologico.

umweltgeschädigt adj {GEGEND} inquinato, ecologicamente compromesso/degradato; {NATUR, WALD} auch danneggiato dall'inquinamento (ambientale).

umweltgestört adj psych {KIND} disadattato.

Umweltgift n ökol (sostanza f) inquinante m, sostanza f nociva per l'ambiente.

Umweltgipfel m vertice m sull'ambiente.

Umweltkatastrophe f ökol disastro m ecologico/ambientale, ecocatastrofe f.

Umweltkrankheit f malattia f ambientale.

Umweltkriminalität f criminalità f ambientale, reati m pl contro l'ambiente.

Umweltkrise f ökol crisi f ecologica.

Umweltlabel n ökol ecoetichetta f.

Umweltlobby f lobby f ambientalista.

Umweltmanagement n management m ambientale.

Umweltmanagementsystem n (Abk UMS) sistema m di management ambientale (SMA).

Umweltmedizin f medicina f ambientale.

Umweltminister m (**Umweltministerin** f) ministro m (rar -a) m (f) dell'ambiente.

Umweltministerium n ministero m dell'ambiente.

umweltneutral adj {ENERGIEQUELLE} pulito.

Umweltorganisation, Umweltschutzorganisation f ökol associazione f/gruppo m ambientalista.

Umweltpapier n ökol carta f riciclata/ecologica.

Umweltpartei f partito m ecologista.

Umweltpolitik f politica f ambientale.

umweltpolitisch adj di politica ambientale.

Umweltprojekt n progetto m ambientale.

Umweltqualität f qualità f ambientale.

Umweltschäden subst <nur pl> ökol danni m pl all'ambiente, degrado m ambientale.

umweltschädigend adj ökol, **umweltschädlich** adj ökol inquinante, dannoso/nocivo per l'ambiente.

umweltschonend adj ecologico, non inquinante.

Umweltschutz m ökol tutela f ambientale, protezione f/difesa f dell'ambiente; (als Bewegung) ambientalismo m, ecologismo m.

Umweltschützer <-s, -> m (**Umweltschützerin** f) ökol ambientalista mf, ecologista mf.

Umweltschutzgesetz n legge f per la salvaguardia/difesa/tutela dell'ambiente.

Umweltschutzmaßnahme f misura f ⌊a tutela dell'ambiente⌋/[antinquinamento].

Umweltschutzpapier n → **Umweltpapier**.

Umweltskandal m scandalo m ambientale.

Umweltsteuer f tassa f ecologica, ecotassa f.

Umweltsünder m (**Umweltsünderin** f) pej ökol chi inquina l'ambiente, inquinatore (-trice) m (f).

Umwelttechnik f ökol ingegneria f ambientale.

Umweltterrorismus m ecoterrorismo m.

Umweltvergehen n → **Umweltdelikt**.

umweltverschmutzend adj inquinante.

Umweltverschmutzer m (**Umweltverschmutzerin** f) (Person, Staat) inquinatore (-trice) m (f); (Stoff) sostanza f inquinante; (Auto) auto f inquinante.

Umweltverschmutzung <-, ohne pl> f inquinamento m (ambientale).

umweltverträglich adj {PRODUKT, STOFF} ecocompatibile, compatibile con l'ambiente, a basso impatto ambientale.

Umweltverträglichkeit f ecocompatibilità f, compatibilità f con l'ambiente.

Umweltverträglichkeitsprüfung f valutazione f di impatto ambientale.

Umweltzeichen n ökol ecoetichetta f.

Umweltzerstörung <-, ohne pl> f distruzione f dell'ambiente.

um|wenden <irr oder reg> geh **A** tr (umdrehen) etw ~ {BLATT PAPIER, SEITE} girare qc, voltare qc; {BRATEN} girare qc **B** rfl (sich umdrehen) sich (nach jdm/etw) ~ girarsi/voltarsi (verso/[per guardare] qu/qc) **C** itr (umdrehen) girare, voltare.

umwerben <irr, ohne ge-> tr obs jdn (mit etw dat) ~ {LIEBHABER MIT VERSPRECHUNGEN; POLITISCHE PARTEI MIT STEUERGESCHENKEN} corteggiare qu (facendo qc), fare la corte a qu (facendo qc).

um|werfen <irr> **A** tr **1** (umstoßen) jdn/etw ~ rovesciare qc, buttare giù qc, far cadere qu/qc: **eine Flasche/Vase ~**, buttare giù/[rovesciare] una bottiglia/un vaso; **eine Leiter/einen Stuhl ~**, rovesciare uno scaleo/una sedia **2** fam (aus der Fassung bringen) **jdn ~** {NEGATIVE NACHRICHT, NEUIGKEIT} sconvolgere qu, stravolgere qu: **das wirft selbst den stärksten Mann um!**, neanche superman reggerebbe una cosa del genere!; {SCHNAPS, WHISKEY} stendere qu fam, mettere k.o qu fam: **ein Whiskey wird dich nicht gleich ~**, su, coraggio, cosa vuoi che ti faccia un whisky? **3** fam (zunichtemachen) **etw ~** {PLAN, PLANUNG, TERMIN} sconvolgere qc, mandare all'aria qc fam **B** rfl (sich umlegen) **sich (dat) etw ~** {MANTEL, SCHAL, TUCH} gettarsi qc sulle spalle: **wirf dir schnell was um und komm!**, su, mettiti qualcosa addosso e vieni!

umwerfend A adj travolgente, sconvolgente: **ein ~es Erlebnis**, un'esperienza sconvolgente; **von ~er Komik sein** {FILM, KOMÖDIE, ROMAN}, essere di una comicità travolgente, far crepare/morire dal ridere; **eine ~e Schönheit**, una bellezza mozzafiato fam; **~ aussehen**, essere uno schianto fam; {FRAU} auch essere una favola fam **B** adv: **~ komisch/witzig**, buffo/comico da morire; **~ schön**, bello da togliere il/[lasciare senza] fiato; **sie ist ~ schön**, è di una bellezza sconvolgente.

Umwertung f rovesciamento/sovvertimento m/capovolgimento m (dei valori).

um|wickeln① <ohne ge-> tr **etw mit etw** (dat) ~ {MIT PAPIER, STOFF} avvolgere qc in qc: **das Geschenk mit Papier ~**, avvolgere il regalo nella carta; **etw mit Draht/[einer Schnur] ~**, passare del fil di ferro/[dello spago] intorno a qc; {DEN ARM, DAS BEIN, DEN KOPF MIT EINER BINDE, EINEM VERBAND} fasciare qc con qc; **man hatte dem Verletzten den Kopf umwickelt**, avevano fasciato la testa al ferito.

um|wickeln② **A** tr jdm etw ~ {DECKE, TUCH} avvolgere qc in qc; {VERBAND} fasciare qu con qc **B** rfl sich (dat) etw ~ {DECKE, TUCH} avvolgersi in qc; {VERBAND} fasciarsi con qc.

umwittert adj geh: **von Geheimnissen/Sagen ~**, avvolto nel mistero/[nella leggenda]; **von Gefahren ~**, circondato da pericoli.

umwölkt adj {BERGMASSIV, GIPFEL} coperto dalle/[avvolto nelle/[nascosto dalle] nuvole: **~ sein** {SONNE}, essere coperto dalle nuvole; {BERGMASSIV, GIPFEL} auch essere avvolto nelle nuvole.

umworben adj: {FRAU, MANN} **viel ~**, molto corteggiato; {FOTOMODELL} auch, molto ricercato/gettonato fam.

umzäunen <ohne ge-> tr etw ~ {GARTEN, GRUNDSTÜCK} recintare qc, recingere qc.

Umzäunung <-, -en> f **1** <nur sing> (das Umzäunen) recinzione f **2** (Zaun) recinto m, recinzione f.

um|ziehen① <irr> itr <sein> (irgendwohin) ~ trasferirsi (+ compl di luogo); (in eine andere Wohnung) auch traslocare (+ compl di luogo), cambiare casa (e andare a vivere in qc): **sie sind nach München umgezogen**, si sono trasferiti (-e) a Monaco; **ich habe gehört, dass du umgezogen bist**, ho saputo che hai traslocato/[cambiato casa].

um|ziehen② <irr> <haben> **A** rfl sich ~ cambiarsi (d'abito): **sich zum Abendessen/[fürs Theater] ~**, cambiarsi (d'abito) per la cena/il teatro **B** tr **jdn ~** cambiare (d'abito a) qu.

umzingeln <ohne ge-> tr **jdn/etw ~** {FEIND, GEBÄUDE, STADT} accerchiare qu/qc, circondare qu/qc.

Umzingelung <-, -en> f accerchiamento m.

Umzug <-(e)s, -züge> m **1** (Wohnungswechsel) trasloco m: **jdm beim ~ helfen**, aiutare qu a traslocare/[fare il trasloco]; **wann soll euer ~ sein?**, quando (è che) traslocate? **2** (Festzug) corteo m, sfilata f; (kirchlicher ~) corteo m, processione f; (politischer ~) corteo m, manifestazione f: **einen ~ machen/veranstalten**, fare/organizzare un corteo.

Umzugskarton m scatola f/scatolone m per il trasloco.

Umzugskosten subst <nur pl> spese f pl di trasloco.

UN subst <nur pl> pol → **UNO**.

unabänderlich A adj {ENTSCHEIDUNG, ENTSCHLUSS} irrevocabile, immutabile; {URTEIL} inappellabile; {SCHICKSAL} immutabile, ineluttabile: **es ist nun mal eine ~e Tatsache, dass ...**, è un fatto incontrovertibile che ...; **es gibt Dinge, die sind ~**, ci sono cose che non si cambiano; **der ~e Lauf der Dinge**, il corso immutabile degli eventi; **sich in das Unabänderliche fügen**, rassegnarsi all'inevitabile **B** adv: **es steht ~ fest, dass ...**, è assolutamente certo che ...

unabdingbar adj geh **1** (unerlässlich) {FORDERUNG} imprescindibile, irrinunciabile; {VORAUSSETZUNG} auch indispensabile: **dieser Punkt ist für uns ~**, su questo punto non transigiamo **2** jur {RECHT} inalienabile, indisponibile.

unabhängig adj **1** pol {STAAT} indipendente: **~ werden**, raggiungere l'indipendenza **2** (ungebunden) {GREMIUM, INSTANZ, JOURNALIST, KRITIKER, MEINUNG, ZEITUNG} indipendente; {UNTERNEHMEN} autonomo: **ein ~er Mensch**, una persona indipendente/autonoma; **die ~en Gewerkschaften**, i sindacati autonomi; (in Italien) auch gli autonomi; **von jdm/etw ~ sein** {JUGENDLICHER VON DEN ELTERN, DER ELTERLICHEN UNTERSTÜTZUNG; FRAU VON IHREM MANN}, non dipendere da qu/qc; {JOURNALIST, KRITIKER VON POLITISCHEN EINFLÜSSEN} essere libero da qu/qc; **von jdm/etw ~ werden**, diventare indipendente da qu/qc; **sich von jdm/etw ~ machen**, rendersi indipendente da qu/qc **3** (nicht bedingt) **von etw ~** {KURS, PREISE VON BÖRSENSCHWANKUNGEN} indipendente da qc, che non dipende da qc ● **davon, wann, wie ...**, indipendentemente dal momento/modo in cui ..., qualunque/[quale che] sia il momento/modo in cui ...; **ich werde mich dafür entscheiden, ~ davon, was er denkt**, deciderò per il sì, checché/[qualunque cosa] lui ne pensi; **unsere Entscheidung ist ~ davon, ob er einverstanden ist oder nicht**, la nostra decisione è indipendente dal fatto che lui sia d'accordo o no; **~ davon, was die Umfrage ergibt, ...**, qualche siano i risultati del sondaggio, ...; **wir fahren morgen ab, ~ davon, ob das Wetter gut oder schlecht ist**, partiremo domani comunque sia il tempo/[che il tempo sia bello o brutto]; **~ voneinander** {ETW BEHAUPTEN, SAGEN}, indipendentemente l'uno (-a) dall'altro (-a), {ETW ENTDECKEN}, separatamente; **~ voneinander sein**, non dipendere (l')uno (-a) dall'altro (-a); **wirtschaftlich ~ sein**, essere economicamente indipendente; {STAAT} auch, essere autarchico.

Unabhängigkeit f **1** pol {+STAAT} indipendenza f; {+BUNDESLAND, REGION} autonomia f **2** (Eigenständigkeit) indipendenza f, autonomia f: **jds berufliche/wirtschaftliche ~**, l'indipendenza professionale/economica di qu; **die ~ von ihrem Mann ermöglicht ihr ...**, l'indipendenza da suo marito le permette di ...; **die wirtschaftliche ~ eines Landes**, l'autarchia di un paese.

Unabhängigkeitserklärung f pol dichiarazione f d'indipendenza.

unabkömmlich adj geh **1** (sehr beschäftigt) {ARZT, MITARBEITER} occupatissimo/impegnatissimo: **Dr. Müller ist im Moment ~**, in questo momento il dottor Müller non si può liberare/[è disponibile] **2** (unerlässlich) indispensabile, insostituibile: **Frau Schmidt ist zurzeit ~**, non possiamo fare a meno della/[rinunciare alla] signora Schmidt in questo periodo.

unablässig A adj <attr> {SCHWATZEN, STÖRUNG, WIEDERHOLUNG} incessante, continuo **B** adv {REDEN, REGNEN, STÖREN} incessantemente, in continuazione, senza tregua/sosta.

unabsehbar adj {KONSEQUENZ} imprevedibile, imponderabile; {AUSMASS, SCHADEN} incalcolabile: **das würde ~e Folgen haben**, ciò potrebbe avere (degli) esiti/[(delle) conseguenze] imprevedibili; **auf ~e Zeit**, a tempo indeterminato.

unabsichtlich A adj {BERÜHRUNG, BESCHÄDIGUNG, KRÄNKUNG} involontario, non intenzionale, non voluto **B** adv {BELEIDIGEN, BERÜHREN, BESCHÄDIGEN, KRÄNKEN} involontariamente, senza volere.

unabwendbar adj geh {EREIGNIS, GESCHICK, SCHICKSAL} ineluttabile, inevitabile.

Unabwendbarkeit <-, ohne pl> f ineluttabilità f, inevitabilità f.

unachtsam A adj **1** (unaufmerksam) {HANDELN, VERHALTEN} disattento, sbadato; {MENSCH} auch distratto: **~ sein**, essere distratto; eine ~e Geste/[ein ~es Wort] **und die ganze Mühe wäre umsonst gewesen**, un gesto/una parola di troppo e tutti gli sforzi sarebbero stati inutili **2** (nachlässig) {BEHANDLUNG, UMGANG MIT ETW} negligente **B** adv **1** (unaufmerksam) {ARBEITEN, BEDIENEN, AUTO FAHREN} distrattamente, in modo distratto: **wenn Sie weiter so ~ arbeiten, ...**, se continua a dedicare così poca/[ad applicarsi con così scarsa] attenzione al Suo lavoro, ...; **könntest du bitte etwas weniger ~ mit meinen Sachen umgehen!?**, per favore, potresti fare un po' più di attenzione a come tratti le mie cose?; **~ etw wegwerfen**, gettare via qc in un momento di disattenzione/distrazione **2** (nachlässig) {ANFASSEN, BEHANDELN} sbadatamente, con sbadataggine.

Unachtsamkeit <-, ohne pl> f **1** (Unaufmerksamkeit) sbadataggine f, disattenzione f, distrazione f: **alles durch ihre ~!**, tutto questo perché non ha fatto attenzione!; **aus lauter ~!**, per pura distrazione! **2** (Nachlässigkeit) negligenza f.

unähnlich adj dissimile: **er ist seinem Bruder völlig ~**, non assomiglia affatto a suo fratello.

unanfechtbar adj geh **1** (unbestreitbar) {TATSACHE, WAHRHEIT} incontestabile, inoppugnabile, inconfutabile, irrefutabile; {ARGUMENT} auch inattaccabile; {BEWEIS} inoppugnabile **2** jur {URTEIL} inappellabile.

Unanfẹchtbarkeit <-, ohne pl> f **1** {+ARGUMENT, TATSACHE, WAHRHEIT} incontestabilità f, inoppugnabilità f, inconfutabilità f, irrefutabilità f; {+BEWEIS} inoppugnabilità f **2** jur {+URTEIL} inappellabilità f.

unangebracht adj {ÄUSSERUNG, BEMERKUNG, KRITIK} inopportuno, fuori luogo: **etw für ~ halten**, ritenere qc inopportuno/[fuori luogo]; {BESCHEIDENHEIT, ZURÜCKHALTUNG} auch inadeguato, inconveniente; **ich halte das für völlig ~**, penso che non sia assolutamente il caso.

unangefochten geh **A** adj {FÜHRUNG, POSITION} incontestato, incontrastato, indiscusso; {THESE} inconfutato rar: **~er Sieger bleibt ...**, il vincitore incontestato rimane ... **B** adv **1** (eindeutig): **die Mannschaft führt ~**, la squadra domina incontrastata **2** (unbehindert): **~ durch die Kontrolle kommen/passieren**, passare indisturbato (-a) il posto di controllo.

unangemeldet A adj {BESUCHER, GAST} non annunciato, {HOTELGAST} senza prenotazione; {BESUCH} improvviso; {PATIENT} senza appuntamento: **~e Patienten müssen warten**, i pazienti senza appuntamento devono aspettare **B** adv {ERSCHEINEN, KOMMEN} senza avvertire/preavviso; {EMPFANGEN, UNTERSUCHEN, VORLASSEN} senza appuntamento.

unangemessen geh **A** adj **1** (überhöht) {FORDERUNG, HONORAR, PREIS} irragionevole, spropositato **2** (nicht angemessen) {BEHANDLUNG, BEZAHLUNG} inadeguato; {BENEHMEN, VERHALTEN} auch poco conveniente; {KLEIDUNG} inadatto, inadeguato, poco conveniente **B** adv {BEHANDELN, BEZAHLEN} inadeguatamente, in modo inadeguato; {SICH VERHALTEN} auch in modo poco conveniente; {HART, KRITISCH, STRENG} eccessivamente; {TEUER} auch spropositatamente.

unangenehm A adj **1** (unerfreulich) {NACHRICHT} sgradevole, spiacevole, sgradito; {ÜBERRASCHUNG} auch brutto; {ANGELEGENHEIT, GEFÜHL, LAGE, SITUATION} sgradevole, spiacevole: **jdm eine ~e Mitteilung machen müssen**, dover dare una brutta notizia a qu; **er hatte die ~e Aufgabe, ihr die Kündigung überreichen zu müssen**, ebbe il penoso incarico di darle la lettera di licenziamento **2** (unsympathisch) {AUSSEHEN, EINDRUCK, MENSCH} sgradevole, antipatico **3** (übel) {GERUCH, GESCHMACK} sgradevole; **der Geruch ist gar nicht mal so ~**, l'odore non è poi tanto male **4** (peinlich) {FRAGE, SITUATION} imbarazzante, sgradevole, spiacevole: **jdm ~ sein** {BESUCH, VERPFLICHTUNG}, essere imbarazzante/penoso per qu; **es ist jdm ~, etw tu zu müssen**, qu ˌsi sente in imbarazzoˌ/[prova disagio] a dover fare qc, qu trova spiacevole dover fare qc; **es ist mir immer so ~, wenn ...**, sono sempre cosìˌin imbarazzoˌ/[a disagio] quando ...; **die Frage war ihm höchst ~**, quella domanda lo imbarazzò moltissimo **B** adv: **~ riechen**, avere un ˌodore sgradevoleˌ/[odoraccio]; **~ schmecken**, avere un ˌsapore sgradevoleˌ/[saporaccio]; **es ist ~ feucht/kalt**, c'è un'umidità/un freddo sgradevole ● **von etw (dat) ~ berührt sein** (verlegen sein), ˌessere/sentirsi inˌ/[provare] imbarazzo davanti a qc; (Unbehagen empfinden), provare disagio davanti a qc; **das ist mir aber ~!**, mi dispiace molto!: **~ werden** {MENSCH, TYP}, diventare sgradevole/antipatico (-a); **~ werden können** {MENSCH, SITUATION}, poter diventare sgradevole/antipatico (-a); **wie ~!**, che imbarazzo!

unangepasst (a.R. unangepaßt) adj soziol {MENSCH} disadattato: **ein ~es Verhalten zeigen**, mostrare segni di disadattamento.

unangetastet adj geh {ERBE, ERSPARNISSE, VERMÖGEN} intatto, integro: **~ bleiben**, rimanere intatto (-a), non venire toccato (-a); {RECHT} rimanere inviolato (-a); {PRIVILEG} non venire intaccato (-a); **etw ~ lassen**, non toccare qc, lasciare intatto (-a) qc.

unangreifbar adj {URTEIL} inoppugnabile; {BEWEIS, THEORIE} auch inattaccabile.

unannehmbar adj {BEDINGUNG, VORSCHLAG} inaccettabile, inammissibile.

Unannehmlichkeit <-, -en> f {meist pl} geh fastidio m, noia f, inconveniente m: **jdm ~en machen/bereiten**, dare/procurare noie/fastidi a qu; **mit jdm/etw nur ~en haben**, avere solo fastidi/noie/seccature ˌda quˌ/[con qc]; **keine ~en haben wollen**, non voler avere noie/scocciature.

unansehnlich adj **1** (unschön) {MENSCH} bruttino **2** (nicht appetitlich) {GEMÜSE, NAHRUNG} poco appetitoso: **diese Äpfel sind ziemlich ~**, queste mele sono piuttosto bruttine **3** (schäbig) {HAUS} malridotto; {MANTEL, SCHUHE, SESSEL, TAPETE} auch malandato.

unanständig adj **1** (obszön) {BEMERKUNG, GESTE, LIED, WITZ} indecente, sconcio; {ANSPIELUNG} pesante; {MENSCH} sboccato: **~e Reden führen**, fare discorsi sconci, dire turpitudini **2** (rüpelhaft) {BENEHMEN} indecente, sguaiato **B** adv **2** (anstößig) {SICH AUFFÜHREN, SICH BENEHMEN} in modo indecente, sguaiatamente, in modo sguaiato **2** fam (überaus): **~ dick sein**, essere grasso in modo indecente; **~ viel essen**, mangiare quantità indecenti fam; **~ viel trinken**, bere smodatamente.

Unanständigkeit <-, -en> f **1** {nur sing} (obszöne Art) {+BEMERKUNG, GESTE, LIED, WITZ} indecenza f, sconcezza f; {+BENEHMEN} sguaiataggine f **2** (Obszönität) {+WITZ} oscenità f, sconcezza f, indecenza f: **~en sagen**, dire (delle) oscenità/sconcezze.

unantạstbar adj geh {BESITZ} intangibile, intoccabile; {RECHT} auch inviolabile, sacrosanto; {GEHEIMNIS} inviolabile: **die Würde des Menschen ist ~**, la dignità dell'uomo è sacra.

unappetitlich adj **1** (nicht appetitlich) {ESSEN} poco appetitoso: **~ aussehen**, non avere un aspetto appetitoso **2** (Ekel erregend) {BADEZIMMER, TOILETTE} disgustoso, nauseante: **das dreckige Waschbecken war äußerst ~**, il lavandino sporco faceva proprio schifo.

Unart <-, -en> f cattiva/brutta abitudine f, brutto vizio m, viziaccio m: **diese ~ musst du dir abgewöhnen**, devi togliersi questa cattiva abitudine; **eine ~ annehmen**, prendere ˌuna cattiva abitudineˌ/[un brutto vizio].

unartig adj {KIND} maleducato, che si comporta male.

unartikuliert A adj {LAUT, MURMELN} inarticolato: **~e Laute von sich geben**, non riuscire ad articolare **B** adv {SPRECHEN} senza articolare (bene): **sich ~ ausdrücken**, non riuscire ad articolare (bene); **der Redner hat sich so ~ ausgedrückt, dass man nichts verstehen konnte**, l'oratore articolava talmente male che non si riusciva a capire niente.

unästhetisch adj {ANBLICK, AUSSEHEN, BEHAARUNG} antiestetico, poco estetico.

unattraktiv adj **1** (nicht anziehend) {FRAU, MANN} poco attraente, insignificante **2** (nicht verlockend) {ANGEBOT, ARBEIT, VORSCHLAG} poco appetibile/allettante.

unaufdringlich adj {DUFT, ELEGANZ} discreto, sobrio; {ART, MENSCH} discreto, riservato.

Unaufdringlichkeit <-, ohne pl> f {+DUFT, ELEGANZ} sobrietà f; {+ART, MENSCH} discrezione f, riservatezza f.

unauffällig A adj **1** (nicht auffällig) {ERSCHEINUNG, MENSCH} poco appariscente, discreto, che non dà nell'occhio; {FARBE, KLEIDUNG, SCHNITT} sobrio, poco appariscente **2** (kaum sichtbar) {KRATZER, NARBE} appena visibile, che si nota appena **B** adv **1** (unbemerkt) {BEOBACHTEN, JDM FOLGEN, WEGGEHEN} senza ˌfarsi notareˌ/[dare nell'occhio] **2** (diskret) {SICH BENEHMEN, SICH VERHALTEN} con discrezione: **sich ~ kleiden**, vestire in modo sobrio.

unauffindbar adj {GEGENSTAND, MENSCH} introvabile, irreperibile: **der Täter ist ~**, il colpevole ha fatto perdere le sue tracce; **~ bleiben**, continuare a essere introvabile; **der Vermisste bleibt ~**, non si hanno tracce della persona scomparsa.

unaufgefordert A adj {ANTWORT} non sollecitato, spontaneo; {BEMERKUNG, KOMMENTAR} non richiesto: **wir bitten um ~e Rücksendung des Informationsmaterials**, preghiamo di voler restituire il materiale informativo senza attendere un nostro invito **B** adv {ANTWORTEN, SICH ÄUSSERN} senza essere stato interpellato; {HELFEN, TUN} spontaneamente: **bitte nicht ~ eintreten**, entrare solo se chiamati; **jdm etw ~ zurückgeben/zusenden**, restituire/inviare qc a qu senza previo invito.

unaufgeklärt adj **1** (nicht geklärt) {HINTERGRÜNDE, ZUSAMMENHÄNGE} non chiarito; {FALL} auch insoluto, irrisolto: **ein ~es Verbrechen**, un delitto ˌirrisoltoˌ/[su cui non è stata fatta luce]; **der Mordfall ist bis heute ~**, il caso di omicidio è a tutt'oggi insoluto **2** (in sexuellen Dingen) che non ha ricevuto un'educazione sessuale.

unaufgeräumt adj {SCHREIBTISCH, ZIMMER} disordinato: **etw ~ lassen**, non mettere ˌin ordineˌ/[a posto] qc.

unaufhaltsam A adj {ABSTIEG, AUFSTIEG, ENTWICKLUNG, KARRIERE} inarrestabile; {VERFALL} auch inesorabile **B** adv {AUFSTEIGEN, SICH FORTENTWICKELN, NÄHER KOMMEN, WEITERGEHEN} in modo inarrestabile; {VERFALLEN} auch inesorabilmente, in modo inesorabile: **einer Katastrophe entgegengehen**, avvicinarsi inesorabilmente alla catastrofe; **die Krankheit nimmt ~ ihren Verlauf**, la malattia progredisce inesorabilmente.

unaufhörlich A adj <attr> incessante, continuo **B** adv incessantemente, continuamente, in continuazione, ininterrottamente, senza interruzione/posa/tregua: **~ in Bewegung sein** {PERSON}, essere sempre in movimento; {MOBILE, PENDEL} essere in continuo movimento; **es regnet/schneit ~**, non smette di piovere/nevicare ininterrottamente, non smette di piovere/nevicare; **das Telefon klingelt ~, wenn sie zu Hause ist**, il telefono non smette un attimo di squillare quando (lei) è a casa.

unauflösbar A adj **1** (untrennbar) {EINHEIT} indissolubile; {GEFLECHT, KNOTEN} inestricabile **2** (nicht zu überwinden) {WIDERSPRUCH} insanabile, insuperabile; {DILEMMA} irrisolvibile **3** (nicht zu lösen) {PROBLEM, RÄTSEL} insolubile, non risolvibile **B** adv (untrennbar) {MITEINANDER VERBUNDEN, VERKNÜPFT} in modo indissolubile, indissolubilmente.

unauflöslich A adj **1** (untrennbar) {VERBINDUNG, ZUSAMMENHANG} indissolubile **2** (nicht zu überwinden) {KONFLIKT, WIDERSPRUCH} insanabile **3** (sich nicht auflösen lassend) {PULVER, STOFF} insolubile, non solubile **B** adv (untrennbar) {MITEINANDER VERBUNDEN, VERKNÜPFT} in modo indissolubile, indissolubilmente.

unaufmerksam adj **1** (nicht aufmerksam) {LESER, SCHÜLER, ZUHÖRER} disattento, distratto: **~ werden**, distrarsi **2** (nicht zuvorkommend) {BEGLEITER, GASTGEBER, PARTNER} poco attento/premuroso: **jdm gegenüber ~ sein**, essere poco premuroso verso qu; **er ist seiner Frau gegenüber sehr ~**, non è per niente premuroso ˌcon laˌ/[nei confronti della] moglie; **etw ist von jdm ~**, qc è una mancanza di attenzione da parte di qu.

Unaufmerksamkeit <-, ohne pl> f **1** (*mangelnde Aufmerksamkeit*) disattenzione f, distrazione f: **etw passiert aus ~**, qc succede per distrazione **2** (*unzuvorkommende Art*) mancanza f (d'attenzione).

unaufrichtig adj {ART, MENSCH} insincero, non sincero/onesto/schietto: **einen ~en Charakter haben**, essere falso di natura; ˌ**jdm gegenüberˌ/[gegen jdn] ~ sein**, non essere sincero nei confronti di qu.

Unaufrichtigkeit <-, -en> f **1** <*nur sing*> (*unaufrichtige Art*) mancanza f di sincerità/franchezza, insincerità f **2** (*unaufrichtige Äußerung*) piccola bugia f.

unaufschiebbar adj {BESUCH, ENTSCHEIDUNG, TERMIN} improrogabile, improcrastinabile *geh*.

unausbleiblich adj {FOLGEN} inevitabile, immancabile: **kleine Streitereien sind in einer Ehe ~**, in un matrimonio i piccoli litigi sono inevitabili.

unausdenkbar adj *geh* {FOLGEN, KONSEQUENZEN} inimmaginabile.

unausführbar adj {AUFTRAG, PLAN, PROJEKT} irrealizzabile, inattuabile.

unausgefüllt A adj **1** (*leer*) {FORMULAR} non compilato, in bianco; {SEITE, SPALTE} bianco; {SCHECK} in bianco: **etw teilweise ~ lassen**, lasciare degli spazi vuoti in qc **2** (*nicht sinnerfüllt*) {LEBEN} non appagante/soddisfacente; {MENSCH} insoddisfatto, inappagato, non realizzato: **sich ~ fühlen**, sentirsi insoddisfatto (-a), non sentirsi realizzato (-a); **~ sein**, essere insoddisfatto B adv: **ein Formular ~ zurückgeben**, restituire un modulo ˌsenza averlo compilatoˌ/[in bianco].

unausgeglichen adj **1** (*nicht ausgeglichen*) {CHARAKTER, MENSCH} poco equilibrato, instabile; (*Stimmungswechseln unterworfen*) lunatico, capriccioso; **sich ~ fühlen**, sentirsi fuori fase *fam* **2** *ökon*: **eine ~e Bilanz**, un bilancio non in pareggio.

Unausgeglichenheit <-, ohne pl> f mancanza f di equilibrio, instabilità f.

unausgegoren adj *pej* {PLAN, PROJEKT} non maturo; {IDEE, THEORIE} non ancora ben sviluppato; {PERSON} non maturo.

unausgereift adj {MODELL, PLAN, SYSTEM, TECHNIK} imperfetto, da perfezionare.

unausgeschlafen A adj: **~ sein**, non aver dormito abbastanza; **einen ~en Eindruck machen**, dare l'impressione di non aver dormito abbastanza; **~ aussehen**, avere l'aria di chi non ha dormito abbastanza B adv {FRÜHSTÜCKEN, ZUR ARBEIT GEHEN} (ancora) mezzo (-a) addormentato (-a).

unausgesprochen adj {GEDANKEN, WÜNSCHE} inespresso; {WORT} auch non detto; {FRAGE} non formulato; {EINVERSTÄNDNIS, VORWURF} tacito ● **~ bleiben**, rimanere sottinteso (-a); **etw ~ lassen**, lasciare qc sottinteso (-a), non dire qc.

unausgewogen adj {POLITIK, PROGRAMM} non bilanciato; {VERHÄLTNIS} non equilibrato; {VERTEILUNG} non equo.

Unausgewogenheit f mancanza f di equilibrio.

unauslöschlich *geh* A adj {ERINNERUNG, ERLEBNIS} indelebile, incancellabile B adv in modo indelebile/incancellabile: **das Erlebnis hat sich ihm/ihr ~ eingeprägt**, quell'esperienza si è impressa in modo indelebile

nella sua mente.

unausrottbar adj {ÜBEL, UNKRAUT, VORURTEIL} difficile da sradicare, inestirpabile.

unaussprechbar adj {NAME, WORT} impronunciabile.

unaussprechlich *geh* A adj **1** (*unsagbar*) {FREUDE, GLÜCKSGEFÜHL} indicibile, inesprimibile, indescrivibile; {ELEND, LEID, QUALEN} auch inenarrabile *geh* **2** → **unaussprechbar** B adv {FROH, GLÜCKLICH, TRAURIG, VERZWEIFELT} indicibilmente: **~ leiden**, soffrire indicibilmente, non poter esprimere la sofferenza a parole.

unausstehlich adj {PERSON} insopportabile; {REAKTION, VERHALTEN} auch intollerabile: **~ sein**, essere insopportabile; **du bist heute mal wieder ~!**, anche oggi proprio non ti si sopporta!

unausweichlich A adj {ENTWICKLUNG} inevitabile; {FOLGE, PROBLEM} auch ineludibile; {SCHICKSAL} ineluttabile B adv {MIT ETW KONFRONTIERT WERDEN} inevitabilmente: **~ auf eine Katastrophe zusteuern**, andare inevitabilmente verso la catastrofe.

unbändig A adj **1** (*ungestüm*) {KIND} irruento, turbolento; {TEMPERAMENT} irruento, impetuoso, indomabile **2** (*sehr intensiv*) {FREUDE, HASS, LACHEN, WUT, ZORN} incontenibile; {DRANG} irrefrenabile; {VERLANGEN} irresistibile: **von einer ~en Sehnsucht ergriffen werden**, essere colto da una struggente nostalgia **3** (*sehr groß*) {KRAFT} enorme: **ich habe ~en Durst/Hunger**, ho una sete/fame che non resisto B adv **1** (*ungestüm*): **die Kinder toben ~ im Garten herum**, i bambini si scatenano come pazzi in giardino **2** (*sehr*) {ENTTÄUSCHT, FROH, STOLZ, TRAURIG} estremamente, molto: **sich ~ freuen**, essere fuori di sé dalla gioia; **jdn ~ hassen**, odiare qu a morte; **~ lachen**, ridere a crepapelle.

unbarmherzig A adj {GESETZ} spietato; {MENSCH} auch impietoso, senza pietà; {KRITIK, KRITIKER} impietoso, inesorabile, spietato B adv {BLOßSTELLEN, BESTRAFEN, KRITISIEREN} spietatamente, in modo impietoso, impietosamente, senza pietà.

Unbarmherzigkeit <-, ohne pl> f {+GESETZ, KRITIK, KRITIKER, MENSCH} spietatezza f.

unbeabsichtigt A adj {FEHLER, FOUL, KRÄNKUNG, VERZÖGERUNG} involontario, non intenzionale B adv {KRÄNKEN, STÖREN, VERZÖGERN} involontariamente, non intenzionalmente, senza farlo apposta.

unbeachtet adj **1** (*nicht beachtet*) {ENTDECKUNG, MENSCH, VERÄNDERUNG} ignorato; {ASPEKT, FALL, PUNKT} trascurato, tralasciato, non considerato: **ein ~es Dasein führen**, vivere ˌnell'ombraˌ/[nell'anonimato]; **der einstmals berühmte Sänger starb, von allen ~, in einem Pariser Elendsviertel**, il cantante, un tempo molto famoso, morì nell'indifferenza generale in uno dei quartieri più poveri di Parigi **2** (*nicht befolgt*) {REGELUNG, VORSCHRIFT} inosservato, non osservato/rispettato ● **~ bleiben** {ENTDECKUNG}, essere ignorato; {ASPEKT, FALL, PUNKT} auch, essere tralasciato; {BESCHWERDE, KRITIK}, non essere preso in considerazione; **etw ~ lassen**, non prendere in considerazione qc, tenere conto di qc; {EINWAND}, passare sotto silenzio qc.

unbeanstandet A adj {FEHLVERHALTEN, FEHLER} non contestato B adv {DURCHGEHEN LASSEN, HINNEHMEN} senza protestare/[fare contestazioni] ● **~ bleiben** {FEHLER, FEHLVERHALTEN}, non venire contestato (-a); **etw ~ lassen**, non contestare qc.

unbeantwortet A adj {FRAGE} rimasto senza risposta; {BRIEF} inevaso *adm*: **auf meinem Schreibtisch liegen noch etwa**

zwanzig **~e Briefe**, sulla mia scrivania ci sono almeno venti lettere a cui devo ancora rispondere B adv {WEGWERFEN, ZURÜCKGEHEN LASSEN} senza rispondere ● **~ bleiben**, ˌrimanere senzaˌ/[non trovare] risposta; **alle meine Fragen sind ~ geblieben**, (tutte) le mie domande sono rimaste senza risposta; **etw ~ lassen** {FRAGE}, non rispondere a qc; {BRIEF} auch, lasciare qc inevaso (-a) *adm*.

unbeaufsichtigt adj {BAHNÜBERGANG, PARKPLATZ} incustodito; {KINDER} non seguito, lasciato (-a) solo (-a): **so etwas passiert, wenn Kinder ~ sind**, questo succede quando i bambini vengono lasciati soli.

unbebaut adj **1** *bau* non edificato **2** *agr* non coltivato, incolto.

unbedacht A adj {ÄUßERUNG, HANDLUNG, SCHRITT} sconsiderato, avventato, incauto; {MENSCH} auch irriflessivo: **etw ist ~ (von jdm)**, qc è sconsiderato (da parte di qu); **ich war sehr ~ von dir so spät nach Hause zu kommen**, è stato molto sconsiderato da parte tua tornare a casa così tardi; **ein ~es Wort und ...**, una parola di troppo e ...; **sich zu einem ~en Schritt verleiten lassen**, lasciarsi indurre a un passo avventato B adv {ÄUßERN, HANDELN, VORGEHEN} senza riflettere, sconsideratamente, in modo avventato: **da hast du sehr ~ gehandelt**, hai agito ˌsenza riflettereˌ/[in modo sconsiderato/avventato].

unbedarft A adj {LESER, PUBLIKUM, ZUHÖRER} sprovveduto; {MENSCH} auch ingenuo: **~ sein/wirken**, essere/sembrare uno (-a) sprovveduto (-a); **auf einem bestimmten Gebiet völlig ~ sein**, essere un profano in un determinato campo; **in Literatur/Musik ist er/sie völlig ~**, lui/lei non ha la minima nozione di letteratura/musica B adv {LÄCHELN}, in modo ingenuo, ingenuamente.

Unbedarftheit <-, ohne pl> f ingenuità f.

unbedenklich A adj {AKTION, EINGRIFF, THERAPIE, VORHABEN} che non comporta rischi, sicuro: **in ihrem Alter ist ein Eingriff nicht ganz ~**, alla sua età un intervento potrebbe comportare qualche rischio; **ein nicht ganz ~er Schritt**, un passo che non è del tutto privo di rischi; **ganz ~ sein**, essere del tutto sicuro, non comportare alcun rischio; **etw für ~ halten**, non ritenere rischioso/pericoloso qc, ritenere sicuro (-a) qc B adv {ESSEN, ANWENDEN, EINNEHMEN}, senza problemi: **du kannst die Kinder ~ allein lassen**, puoi lasciare i bambini tranquillamente (da) soli; **Sie können ~ bis zu fünf Tabletten am Tag nehmen**, può prendere senza problemi fino a cinque pastiglie al giorno.

Unbedenklichkeit <-, ohne pl> f assenza f di rischio/pericolo: **vor eingehender Prüfung kann ich diesem Projekt keine ~ bescheinigen**, prima di aver esaminato a fondo questo progetto non posso dare il nullaosta.

Unbedenklichkeitsbescheinigung f *adm* nullaosta f.

unbedeutend A adj **1** (*nicht bedeutend*) insignificante, irrilevante; {ASPEKT, DETAIL} auch trascurabile, secondario, di poca importanza; {AUTOR} secondario; {GRUPPIERUNG, POLITIKER} che non ha importanza, di scarso rilievo; {BAUWERK, KUNSTWERK} di secondaria importanza, di scarso rilievo **2** (*geringfügig*) insignificante, irrilevante, trascurabile: **~e Schwankungen**, oscillazioni trascurabili B adv {SICH ÄNDERN, ANSTEIGEN, VERÄNDERN, VERBESSERN} in misura irrilevante/trascurabile.

unbedingt A adj {RUHE, VERSCHWIEGENHEIT} assoluto; {VERTRAUEN} auch incondizionato; {ZUVERLÄSSIGKEIT} totale B adv assolutamente, proprio: **ihr müsst ~ kommen!**, dovete ₍assolutamente venire₎/[venire a tutti i costi]!; **muss ich ~ mitgehen?**, è proprio necessario che venga anch'io?; **wenn es ~ sein muss**, se è proprio indispensabile/necessario, se proprio non c'è altro modo; **du sollst ~ zurückrufen**, devi assolutamente richiamare ● ~!, assolutamente!; *nicht ~*, non necessariamente/[per forza]; **das ist nicht ~ nötig**, non è proprio necessario; **das hat nicht ~ etwas mit dem Unfall zu tun**, non ₍necessariamente ha₎/[è detto che abbia] a che fare con l'incidente.

unbeeindruckt **A** *adj* {GESICHTSAUSDRUCK, MIENE} impassibile, indifferente: **von etw (dat) ~ sein**, non essere impressionato da qc **B** *adv* {FORTFAHREN, WEITERGEHEN, WEITERMACHEN} impassibile, indifferente ● **von etw (dat) ~ bleiben**, rimanere impassibile/indifferente (di fronte a qc), non lasciarsi impressionare (da qc); **jdn ~ lassen**, lasciare qu indifferente, non fare nessuna impressione a qu, non impressionare qu; **seine Aufmerksamkeiten ließen sie völlig ~**, le sue attenzioni la lasciavano del tutto indifferente.

unbeeinflussbar (a.R. unbeeinflußbar) *adj* {MENSCH, POLITIKER} non influenzabile.

unbeeinflusst (a.R. unbeeinflußt) *adj*: **von jdm/etw ~** {ENTSCHEIDUNG, URTEIL}, non influenzato da qu/qc, non condizionato da qc.

unbefahrbar *adj* {SEITENSTREIFEN} impraticabile, non praticabile; {STRAßE} *auch* non transitabile, non carrozzabile.

unbefangen **A** *adj* **1** (*nicht gehemmt*) {ANTWORT, KIND} disinvolto, spontaneo, spigliato; {ART} *auch* disinibito **2** (*unvoreingenommen*) {LESER, ZUSCHAUER} non prevenuto, senza preconcetti/pregiudizi/condizionamenti; {PRÜFER, RICHTER} imparziale; {VERHALTEN} spregiudicato **B** *adv* **1** (*nicht gehemmt*) {ANTWORTEN, SICH ÄUßERN} con disinvoltura, disinvoltamente, con spigliatezza, in modo spigliato; **jdn ~ ansprechen**, rivolgersi a qu in modo disinvolto; **sie gesellte sich ~ zu den anderen**, si unì con grande disinvoltura agli altri; **sich ~ unterhalten**, conversare spigliatamente; **~ auf jdn zugehen**, avvicinare qu con disinvoltura **2** (*unvoreingenommen*) {BETRACHTEN, PRÜFEN} senza preconcetti/pregiudizi/condizionamenti; {ENTSCHEIDEN, URTEILEN} in modo imparziale.

Unbefangenheit <-, *ohne pl*> *f* **1** (*Ungehemmtheit*) disinvoltura *f*, spigliatezza *f*, spontaneità *f*: **von beneidenswerter ~ sein**, essere di una disinvoltura invidiabile **2** (*Unvoreingenommenheit*) {+LESER, ZUSCHAUER} indipendenza *f* di spirito/giudizio; {+VERHALTEN} spregiudicatezza *f*; {+RICHTER, SACHVERSTÄNDIGER, ZEUGE} imparzialità *f*.

unbefleckt *adj geh* {EHRE, EMPFÄNGNIS} immacolato.

unbefriedigend **A** *adj* {AUSGANG, RESULTAT, SITUATION} insoddisfacente, deludente: **etw ist ziemlich ~**, qc non dà (una) grande soddisfazione **B** *adv* in maniera poco soddisfacente, senza dare (grande) soddisfazione: **bei einer Prüfung ~ abschneiden**, ottenere un voto poco soddisfacente a un esame.

unbefriedigt *adj* **1** (*nicht zufrieden*) {AUSDRUCK} insoddisfatto; {MENSCH} *auch* inappagato: **über etw (akk) ~ sein**, essere insoddisfatto di qc; **~ aussehen/wirken**, avere un'aria insoddisfatta **2** (*sexuell*) inappagato, insoddisfatto.

unbefristet **A** *adj* {ARBEITSVERHÄLTNIS, VERTRAG} (a tempo) indeterminato; {AUFENTHALTSGENEHMIGUNG, GÜLTIGKEIT, VISUM} illimitato, permanente **B** *adv* a tempo indeterminato: **~ gelten/[gültig sein]**, avere validità permanente.

unbefugt **A** *adj* {BETRETEN, PERSON, ZUTRITT} non autorizzato; {AUSÜBUNG, HANDEL, WAFFENBESITZ} abusivo, illecito: **~es Betreten wird bestraft**, l'ingresso non autorizzato sarà punito **B** *adv* {AUSÜBEN} abusivamente, illecitamente; {BETRETEN, TUN} senza ₍essere autorizzato₎/[autorizzazione].

Unbefugte <*dekl wie adj*> *mf*: ₍für ~₎/[**~n**] **ist der Zutritt verboten**, vietato l'accesso ₍ai non addetti (ai lavori)₎/[agli estranei].

unbegabt *adj* (**für etw** *akk*) negato (*per qc*), non dotato/portato (*per qc*): **für etw (akk) ~ sein**, essere negato per qc, non essere dotato/portato per qc, non avere predisposizione/attitudine per qc; **musikalisch/sportlich völlig ~ sein**, ₍essere assolutamente negato₎/[non avere nessuna attitudine] per la musica/lo sport.

unbegreiflich *adj* {ENTSCHEIDUNG} incomprensibile; {VERHALTEN} *auch* inconcepibile; {IRRTUM, LEICHTSINN} inconcepibile: **eine derartige Reaktion ist ~**, una simile reazione è inconcepibile; **es ist ~, dass ...**, è inconcepibile che ... *konjv*; **(es ist) ~, wie ...**, non si capisce come ... *konjv*; **es wird mir immer ~ bleiben, wie man so unverschämt sein kann**, non capirò mai come si possa essere così impertinente; **das ist mir ~!**, non riesco a capire!

unbegreiflicherweise *adv* inspiegabilmente, incomprensibilmente: **~ haben sie das Angebot abgelehnt**, ₍non ci si spiega₎/[è incomprensibile] come abbiano potuto rifiutare l'offerta.

unbegrenzt **A** *adj* {MENGE, MITTEL, VOLLMACHT} illimitato; {VERTRAUEN} *auch* assoluto: **auf ~e Dauer/Zeit**, a tempo indeterminato/illimitato; **die Gültigkeit des Visums ist zeitlich ~**, il visto ha validità illimitata; **die Spenden sind nach oben ~**, non esiste un tetto massimo per le offerte **B** *adv* illimitatamente, senza limiti: **~ gültig**, con validità illimitata; **Lebensmittel sind nicht ~ haltbar**, i generi alimentari hanno una scadenza; **jdm ~ vertrauen**, avere una fiducia illimitata/assoluta in qu.

unbegründet *adj* **1** (*grundlos*) {ZWEIFEL} infondato; {ANGST, MISSTRAUEN, VERDACHT} *auch* ingiustificato, immotivato: **eine Anschuldigung als ~ zurückweisen**, respingere un'accusa come ingiustificata/gratuita **2** *adm jur* {ANTRAG, BESCHWERDE, KLAGE} infondato: **eine Klage als ~ abweisen**, respingere la domanda attoria in quanto infondata.

unbehaart *adj* {ARME, BEINE, KÖRPER} senza peli; {MÄNNERGESICHT} glabro.

Unbehagen <-*s*, *ohne pl*> *n* disagio *m*; (*körperliches ~*) malessere *m*: **ein leichtes/tiefes/wachsendes ~**, un leggero/profondo/crescente disagio; **etw bereitet jdm ~**, qc mette a disagio qu; **ein leichtes/leises ~ verspüren**, provare un leggero (senso di) disagio ● **mit ~** {BEOBACHTEN, FESTSTELLEN, VERFOLGEN}, con un certo disagio.

unbehaglich **A** *adj* **1** (*ungemütlich*) {BEHAUSUNG, ZIMMER} non accogliente **2** (*Unbehagen auslösend*) {ATMOSPHÄRE, GEFÜHL, STIMMUNG} sgradevole, spiacevole; **sich ~ fühlen**, sentirsi/trovarsi a disagio; **jdm ist ~ zumute**, qu ₍si sente a₎/[prova] disagio; **auf dem Stuhl hin- und herrutschen**, muoversi nervosamente sulla sedia.

unbehandelt *adj* **1** *med* {KRANKHEIT} non curato; {VERLETZUNG, WUNDE} non medicato **2** *ökol* {GEMÜSE, OBST} non trattato.

unbehauen *adj* {STEIN} non scolpito, grezzo.

unbehelligt **A** *adj* {RUHE} assoluto;

{SCHLAF} indisturbato, tranquillo **B** *adv* {SICH AUFHALTEN, BEIWOHNEN, ZUSCHAUEN} indisturbato (-*a*): **~ die Grenze passieren**, passare il confine senza problemi ● **(von jdm/etw) ~ bleiben**, non venire disturbato (-*a*)/infastidito (-*a*)/seccato (-*a*) da qu; {VON PROBLEMEN, SCHWIERIGKEITEN}, non essere infastidito (da qc); **ich möchte wenigstens am Wochenende von diesen Fragen ~ bleiben**, vorrei che almeno durante il fine settimana non mi si infastidisse con queste domande; **die Täter blieben ~**, i colpevoli rimasero impuniti; **jdn ~ lassen**, lasciare qu in pace, non disturbare/infastidire qu.

unbeherrscht **A** *adj* {REAKTION, VERHALTEN, WUTAUSBRUCH} incontrollato, inconsulto; {TEMPERAMENT} irascibile; {MENSCH} *auch* privo di autocontrollo, che non si sa controllare/dominare: **~ sein**, non sapersi controllare **B** *adv* **1** (*ohne Beherrschung*): **sich ~ verhalten**, perdere il controllo; **~ reagieren**, reagire in modo inconsulto **2** (*gierig*) {ESSEN} in modo incontrollato.

Unbeherrschtheit <-, *ohne pl*> *f* {+TEMPERAMENT} irascibilità *f*; {+MENSCH} *auch* mancanza *f* di autocontrollo.

unbehindert *adj* {SICHT, ZUTRITT} libero.

unbeholfen **A** *adj* **1** (*plump*) {GANG} goffo, impacciato; {BEWEGUNG, MENSCH} *auch* maldestro **2** (*wenig gewandt*) {STIL} goffo **B** *adv* **1** (*plump*) {SICH BEWEGEN, SICH VERHALTEN} in modo goffo/impacciato, goffamente **2** (*wenig gewandt*) {SICH AUSDRÜCKEN, REAGIEREN} goffamente.

Unbeholfenheit <-, *ohne pl*> *f* **1** (*Plumpheit*) {+BEWEGUNGEN, MENSCH} goffaggine *f* **2** (*fehlende Gewandtheit*) {+STIL} goffaggine *f*.

unbeirrbar **A** *adj* {MENSCH} fermo; {ZUVERSICHT} incrollabile; {GLAUBE} *auch* saldo: **mit ~er Entschlossenheit/Sicherheit**, con ₍irremovibile fermezza₎/[assoluta certezza] **B** *adv* {GLAUBEN, AN ETW FESTHALTEN} con fermezza, fermamente; {WEITERMACHEN} imperterrito (-*a*): **~ an einer Überzeugung festhalten**, essere irremovibile nelle proprie convinzioni; **er geht ~ seinen Weg**, va dritto per la sua strada.

unbeirrt *adv* imperterrito (-*a*): **~ seine Pflicht tun**, compiere indefessamente il proprio dovere; **~ daran festhalten, dass ...**, rimanere fermo (-*a*) nella convinzione che ...

unbekannt *adj* **1** (*nicht bekannt*) sconosciuto, ignoto; {FLUGOBJEKT, OBJEKT} non identificato; {GESICHT} sconosciuto, non familiare: **eine uns ganz ~e Frau öffnete die Tür**, una signora a noi del tutto sconosciuta aprì la porta; **eine (mir) ~e Stimme sagte mir, dass ...**, una voce sconosciuta mi disse che ...; **jd/etw ist jdm ~**, qu non conosce qu/qc; **ein Herr Frisch ist mir ganz ~**, non conosco nessun signor Frisch; **Angst/Mitleid/Unsicherheit ist ihm/ihr ~**, (lui/lei) non conosce/[sa cosa sia] la paura/la compassione/l'insicurezza; **das war mir bis heute ~**, questo lo ignoravo (fino ad oggi), questo mi giunge nuovo; **es ist mir nicht ~, dass ...**, non mi giunge nuovo (il fatto) che ...; **es wird dir/euch nicht ~ sein, dass ...**, saprai/saprete senz'altro che ..., vi sarà sicuramente noto il fatto che ...; **sie dürfte dir nicht ~ sein**, dovresti conoscerla; **aus ₍~en Gründen₎/[~er Ursache]**, per cause ignote; **Empfänger ~**, destinatario sconosciuto; **Strafanzeige gegen ~**, denuncia contro ignoti; **~e Täter**, ignoti; **mit ~em Ziel verreisen**, partire per destinazione ignota **2** (*nicht berühmt*) {KRITIKER, MALER, POLITIKER} sconosciuto **3** *math*: **eine ~e Größe**, un'incognita **4** *fam* (*fremd*): **irgendwo ~ sein**: **ich bin hier ~ (ich kenne mich hier nicht aus)**, non sono del posto; (*mich kennt hier niemand*) qui non mi conosce nessuno • ~ **verzogen** *post*, trasferito senza lasciare recapito.

Unbekannte① <dekl wie adj> mf sconosciuto (-a) m (f): **er ist kein ~r mehr**, non è più uno sconosciuto, ormai lo conoscono; **er ist der Polizei kein ~r**, è una vecchia conoscenza della polizia, è un nome noto alla polizia.

Unbekannte② <-n, -n> f *math* incognita f: **eine Gleichung mit zwei ~n**, un'equazione con due incognite.

unbekannterweise adv: **grüßen Sie Ihre Frau ~ von mir**, saluti Sua moglie da parte mia anche se non ho avuto il piacere di conoscerla.

unbekleidet *geh* A adj svestito B adv nudo: ~ **in der Wohnung herumlaufen**, andare in giro per casa svestito (-a).

unbekümmert A adj 1 (*unbeschwert*) {ART, DASEIN, LACHEN} spensierato 2 (*gleichgültig*) incurante: ~ **um die Mahnungen/Vorwürfe der anderen**, incurante degli ammonimenti/dei rimproveri degli altri; **sie war ganz ~, was die Folgen ihres Handelns anging**, non si curava affatto delle (possibili) conseguenze delle sue azioni; **ein ~er Umgang mit den öffentlichen Geldern**, una gestione disinvolta del denaro pubblico B adv 1 (*bedenkenlos*) con noncuranza/nonchalance: **er fuhr ~ fort zu essen**, continuò a mangiare imperterrito/[come se nulla fosse]; ~ **machten sie sich über alle Anwesenden lustig**, si facevano allegramente beffe dei presenti 2 (*unbeschwert*) {LACHEN, LEBEN} spensieratamente • **sei/seien Sie ganz ~!**, non preoccuparti/[si preoccupi]!

Unbekümmertheit <-, ohne pl> f 1 (*Unbeschwertheit*) {+ART, MENSCH} spensieratezza f 2 (*Gleichgültigkeit*) noncuranza f, nonchalance f: **mit betonter ~**, con ostentata disinvoltura.

unbelastet adj 1 (*frei*) **von etw** (dat) ~ {VON GEWISSENSBISSEN, PROBLEMEN, SCHULDGEFÜHLEN, SORGEN, VORURTEILEN} libero *da qc*, scevro *di qc lit*: ~ **von etw** (dat) **sein**, **sich von etw** (dat) ~ **fühlen**, essere/sentirsi libero (-a) *da qc* 2 *pol* (*ohne Schuld*) {POLITIKER, VERGANGENHEIT} non compromesso, pulito: **politisch ~ sein**, avere un passato politico irreprensibile 3 (*ohne Grundschulden*) {GRUNDSTÜCK, HAUS} non gravato da ipoteche.

unbelebt adj 1 (*nicht belebt*) {STRASSE, VIERTEL} poco animato: **völlig ~**, deserto, spopolato, morto; **eine ~e Gegend** (*zeitweilig menschenleer*), una zona ₍poco frequentata₎/[semideserta] (*einsam*) una zona disabitata/spopolata 2 (*anorganisch*) {MATERIE} inanimato, inorganico: **die ~e Natur**, natura inorganica, vita inanimata.

unbeleckt adj *fam* ~ **von etw** (dat) non toccato *da qc*, non sfiorato *da qc*.

unbelehrbar adj {FANATIKER, MENSCH, RASSIST} incorreggibile: ~ **sein**, non accettare nessun consiglio.

Unbelehrbarkeit <-, ohne pl> f: l'incorreggibilità f; **seine ~ in diesen Dingen ist erschreckend**, quando si tratta di questo è incredibilmente ostinato.

unbeleuchtet adj {ORT, STRASSE} non illuminato, senza illuminazione; {FAHRZEUG} ₍con i₎/[a] fari spenti: ~ **sein** {STRASSE}, non essere illuminato; {FAHRZEUG} avere i fari spenti; **das Haus war ~**, la casa era al buio.

unbeliebt adj {FUSSBALLER, LEHRER, MODERATOR, POLITIKER} impopolare, malvisto: (₍bei jdm₎/[irgendwo]) ~ **sein** {CHEF BEI DEN ANGESTELLTEN, LEHRER BEI DEN SCHÜLERN, IN DER KLASSE}, essere ₍poco amato₎/[impopolare]/[malvisto] (₍presso qu₎/[+ compl di luogo]); **sich ~ (bei jdm) (mit etw dat/durch etw akk) machen**, rendersi antipatico (-a)/inviso (-a) *geh* (a qu) (per qc), rendersi impopolare (presso qu) (per qc), farsi malvolere (da qu).

Unbeliebtheit <-, ohne pl> f impopolarità f.

unbemannt adj 1 *aero* {RAUMFLUG, RAUMSCHIFF} senza equipaggio 2 <präd> *fam* (*ohne Partner*): ~ **sein** {FRAU}, essere senza un uomo.

unbemerkt A adj: ~ **bleiben**, passare inosservato (-a) B adv {EINDRINGEN, VERSCHWINDEN} passare senza essere visto/notato, inosservato (-a); {VOR SICH GEHEN} senza che nessuno se ne accorga.

unbenommen adj <präd> *geh*: **es ist/bleibt jdm ~, etw zu tun**, ₍qu è libero₎/[nessuno impedisce a qu] di fare qc; **es bleibt Ihnen ~, Beschwerde einzulegen**, Lei è libero (-a) di presentare reclamo; **etw bleibt/ist jdm ~** {RECHT}, nessuno nega qc a qu; **eine Klage bleibt Ihnen ~**, ₍nessuno Le impedisce₎/[Lei è libero (-a)] di intentare un'azione legale.

unbenutzbar adj {ROLLTREPPE, TOILETTE} inutilizzabile, inservibile; {PARKPLATZ, SPIELPLATZ} inaccessibile; {UNTERFÜHRUNG, WEG} impraticabile.

unbenutzt, **unbenützt** *bes. südd* A adj {BETT} intatto, non disfatto; {HANDTUCH} pulito, non usato; {RAUM} inutilizzato; {SEIFE, ZAHNBÜRSTE} nuovo; {SCHUHE} *auch* mai portato B adv {ZURÜCKGEBEN} senza averlo (-a) utilizzato (-a).

UN-Beobachter m (**UN-Beobachterin** f) osservatore (-trice) m (f) ONU.

unbeobachtet adj inosservato: **in einem ~en Moment verließ er den Saal**, in un momento di disattenzione generale lasciò la sala; **sich ~ fühlen/glauben**: **als sie sich ~ glaubte**, ..., quando credette di non essere vista ...; **er tut das nur, wenn er sich ~ fühlt**, lo fa soltanto quando pensa che nessuno lo guardi/veda.

unbequem A adj 1 (*nicht bequem*) {LAGE, HOSE, SCHUHE, STUHL} scomodo; {HAUS, WOHNUNG} *auch* disagevole: **der Ort ist ~ zu erreichen**, il posto è scomodo da raggiungere 2 (*lästig*) {JOURNALIST, POLITIKER, SCHRIFTSTELLER} scomodo; {FRAGE} *auch* imbarazzante: **Kritik ist ~**, le critiche non fanno mai piacere; **jdm ~ sein**, essere scomodo/[d'ingombro] per qu; **jdm/[für jdn] ~ werden**, diventare scomodo (-a) per qu; **ein ~er Zeuge**, un testimone scomodo B adv: ~ **liegen/sitzen**, stare scomodo (-a); **man sitzt absolut ~ auf diesen Gartenstühlen**, si sta decisamente scomodi su queste sedie da giardino; **im Theater haben wir dieses Mal sehr ~ gesessen**, questa volta ci sono capitati dei posti molto scomodi a teatro.

Unbequemlichkeit <-, -en> f 1 <nur sing> (*mangelnde Bequemlichkeit*) {+LAGE, HOSE, SCHUHE, STUHL} scomodità f 2 <meist pl> (*unangenehme Umstände*) disagio m, scomodità f: ~**en ertragen lernen**, imparare a sopportare i disagi; **die ~en einer weiten Reise**, i disagi di un lungo viaggio.

unberechenbar adj {CHARAKTER, MENSCH, REAKTION} imprevedibile; {FAKTOR, UMSTAND} *auch* non calcolabile/ponderabile.

Unberechenbarkeit <-, ohne pl> f {+MENSCH} imprevedibilità f; {+FAKTOR, UMSTAND} *auch* imponderabilità f.

unberechtigt adj {MISSTRAUEN, SORGE} ingiustificato; {KRITIK, VORWURF} *auch* ingiusto, non merito: ~**e Forderungen stellen**, avanzare delle pretese ingiustificate; ~**es Parken**, sosta non autorizzata.

unberechtigterweise adv 1 (*ungerechtfertigterweise*) ingiustificatamente 2 (*ohne Berechtigung*) senza autorizzazione.

unberücksichtigt adj {ASPEKT, FAKTOR, PUNKT} non considerato/[preso in considerazione]: ~ **bleiben**, non essere ₍preso in considerazione₎/[considerato], essere trascurato; **ein so schwerwiegendes Problem darf nicht ~ bleiben**, un problema di tale portata non può essere trascurato; **etw ~ lassen** {ASPEKT, UMSTAND}, non prendere in considerazione qc, non tenere conto di qc, non considerare qc, trascurare qc; **einen Einwand ~ lassen**, ignorare un'obiezione.

unberufen interj: ~ (**toi, toi, toi**)!, tocchiamo ferro!, facciamo le corna!

Unberührbare <dekl wie adj> mf intoccabile mf: **die ~n**, gli intoccabili, i paria.

unberührt adj 1 (*unbenutzt*) {BETT} intatto, non disfatto: **ihr Teller war noch ~**, non aveva ancora toccato cibo 2 (*vom Menschen nicht berührt*) {SCHNEE} intatto; {NATUR, STRAND} *auch* vergine, incontaminato • **von etw** (dat) ~ **bleiben** {MENSCH VON JDS LEID, TRÄNEN, TRAUER, VERZWEIFLUNG}, rimanere ₍insensibile davanti a₎/[indifferente a] qc, non essere toccato/commosso da qc; {GEBÄUDE, STADT VON BOMBEN, VOM KRIEG}, non essere sfiorato da qc, essere risparmiato da qc; **er blieb völlig ~ von ihrem Weinen**, rimase indifferente alle sue lacrime; **jdn ~ lassen** (*jdn gleichgültig lassen*), lasciare indifferente qu, non toccare qu; **die Nachricht ließ ihn völlig ~**, la notizia non lo toccò minimamente; **etw ~ lassen** (MENSCH ESSEN TIER FRESSEN, NAPF), non toccare qc.

unbeschadet A präp *geh* ~ **einer S.** (gen) 1 (*trotz*) {DER HINDERNISSE, MAHNUNGEN, RÜCKSCHLÄGE, SCHWIERIGKEITEN} malgrado qc, nonostante qc: ~ **aller Misserfolge₎**/[**aller Misserfolge ~**] **machte sie weiter**, nonostante tutti gli insuccessi (lei) andava avanti 2 (*ohne zu schmälern*) {DER BESTIMMUNGEN, REGELUNG, JDS VERDIENSTE} fatto (-a) salvo (-a) qc B adv: **etw ~ überstehen** {REISE, ÜBERFAHRT}, superare qc senza danni, uscire ₍sano e salvo (-a)₎/[indenne] da qc; {ATTENTAT, UNFALL} uscire incolume/illeso (-a) da qc; **die Waschmaschine hat den Transport ~ überstanden**, la lavatrice non ha subito danni durante il trasporto.

unbeschädigt A adj {GEGENSTAND, GLAS, SIEGEL} intatto: ~ **sein**, essere intatto, non essere danneggiato B adv {LIEFERN, ÜBERGEBEN, ZURÜCKGEBEN} in perfetto stato.

unbescheiden adj {ANSPRÜCHE, FORDERUNGEN, WÜNSCHE} eccessivo, esagerato; {MENSCH} immodesto, presuntuoso: **sehr ~ sein**, avere molte pretese; (*jd ist anmaßend*) essere molto presuntuoso; **darf ich mir die ~e Frage erlauben, ob ...**, posso essere così sfacciato (-a) da chiederLe se ...; **ist es sehr ~, wenn ich Sie bitte ...**, spero di non essere importuno se Le chiedo ...

Unbescheidenheit f {+MENSCH} immodestia f.

unbescholten adj *geh* {BÜRGER} integerrimo, senza macchia.

unbeschrankt adj {BAHNÜBERGANG} incustodito.

unbeschränkt adj {MACHT, VERFÜGUNGSGEWALT} illimitato, assoluto: **mit ~er Haftung**, con responsabilità illimitata; **jdm ~e Vollmacht geben**, dare pieni poteri a qu.

unbeschreiblich A adj indescrivibile: ~ **aussehen**, avere un aspetto indescrivibile; ~**es Glück haben**, avere una fortuna incredibile B adv {DUMM, FRECH, HEISS, LAUT, NETT, SCHÖN, SCHNELL} incredibilmente; {SICH ÄRGERN, SICH AUFREGEN} in modo indescrivibile: **ich habe mich ~ über dein Geschenk gefreut**, non hai idea di quanto mi abbia fatto

unbeschrieben adj {BLATT, SEITE} bianco.

unbeschwert **A** adj {TAGE, ZEIT} sereno; {JUGEND, KINDHEIT} auch spensierato; {GEWISSEN} tranquillo: **du wirkst heute so ~!**, hai un'aria così spensierata oggi! **B** adv {LEBEN} spensierato (-a); {TUN} serenamente, con serenità: **~ in eine Prüfung gehen**, affrontare un esame con serenità.

unbesehen adv **1** (*ohne weiteres*) {GLAUBEN} senz'altro, senza esitazione; {VERTRAUEN} a occhi chiusi, ciecamente: **das glaube ich dir/Ihnen ~**, ti/Le credo senz'altro **2** (*ungeprüft*): **etw ~ bestellen/kaufen**, ordinare/comprare qc senza averlo visto.

unbesetzt adj **1** (*nicht besetzt*) {STUHL, PLATZ} libero, non occupato; {SCHALTER} chiuso **2** (*frei*) {POSTEN, STELLE} vacante ● **~ bleiben** {STUHL, PLATZ}, rimanere libero (-a)/vuoto (-a); {POSTEN, STELLE}, rimanere vacante.

unbesiegbar adj {GEGNER, MANNSCHAFT} imbattibile; {FEIND, HEER} auch invincibile: **ein ~er Held**, un eroe invincibile.

unbesiegt adj {HERR, KRIEGER} che non è mai stato sconfitto/vinto, invitto *lit*; {MANNSCHAFT} imbattuto.

unbesonnen **A** adj {URTEIL} avventato; {HANDLUNG} auch sconsiderato; {MENSCH} sconsiderato, avventato, irriflessivo **B** adv {HANDELN, REAGIEREN, URTEILEN} con avventatezza, avventatamente, in modo sconsiderato, sconsideratamente: **er/sie handelt oft sehr ~**, agisce spesso sconsideratamente.

Unbesonnenheit <-, -en> f **1** <*nur sing*> (*unbesonnene Art*) {+MENSCH} sconsideratezza f, avventatezza f **2** (*Äußerung, Handlung*) sconsideratezza f, avventatezza f: **sich zu ~en hinreißen lassen**, lasciarsi andare a gesti sconsiderati.

unbesorgt **A** adj <präd> tranquillo: **du kannst ganz ~ sein**, puoi stare tranquillissimo (-a); **sei ~!**, sta tranquillo (-a)!, non ti preoccupare! **B** adv: **etw ~ tun können**, poter tranquillamente fare qc; **du kannst die Kinder ~ zu ihnen schicken**, puoi tranquillamente mandare i bambini da loro.

unbespielt adj {BAND} non registrato; {CD, KASSETTE} vergine.

unbeständig adj **1** (*wankelmütig*) {CHARAKTER, MENSCH} incostante, volubile, instabile: **sie ist extrem ~**, è estremamente volubile **2** *meteo* {WETTER} variabile, incerto, instabile: **das Wetter wird auch in den nächsten Tagen ~ sein**, il tempo rimarrà incerto anche nei prossimi giorni.

Unbeständigkeit <-, ohne pl> f **1** (*Wankelmutigkeit*) {+CHARAKTER, MENSCH} incostanza f, instabilità f, volubilità f **2** *meteo* variabilità f, instabilità f.

unbestätigt adj {INFORMATION, MELDUNG, NACHRICHT} non confermato.

unbestechlich adj **1** (*nicht zu bestechen*) {BEAMTER, POLITIKER, RICHTER} incorruttibile **2** (*nicht zu beeinflussen*) {GLAUBE, WAHRHEITSLIEBE} incorruttibile: **in seinem Urteil ~ sein**, non farsi condizionare nel proprio giudizio.

Unbestechlichkeit <-, ohne pl> f **1** (*das Unbestechlichsein*) {+BEAMTER, POLITIKER} incorruttibilità f **2** (*die Unbeeinflussbarkeit*) {+GLAUBE, WAHRHEITSLIEBE} incorruttibilità f.

unbestimmbar adj indefinibile.

unbestimmt **A** adj **1** (*vage*) {AHNUNG, GEFÜHL, VERDACHT} vago; {EINDRUCK, ERINNERUNG} auch indefinito, confuso, incerto: **~e Angaben machen**, fornire ₍dati imprecisi₎/[indicazioni vaghe]; **von etw (dat) eine nur ~e Vorstellung haben**, avere soltanto una vaga idea di qc; **er hat eine sehr ~e Vorstellung von seiner Zukunft**, ha le idee molto confuse riguardo al suo futuro **2** (*nicht festgelegt*) {TAG, TERMIN, ZEITPUNKT} non definito, non precisato; {(AN)ZAHL} indefinito, impreciso: **etw auf einen ~en Termin verschieben**, rimandare qc ₍a data da stabilire₎/[sine die *geh*]; **das Datum ist noch ~**, la data è ancora incerta; **es ist noch ~, ob/wann ...**, è ancora incerto/[non si sa ancora con certezza] se/quando ...; **in einer ~en Zukunft**, in un futuro indefinito; **ein Herr ~en Alters**, un signore di età indefinibile; **auf ~e Zeit**, a tempo indefinito/indeterminato **3** *gram* {FÜRWORT} indefinito; {ARTIKEL} auch indeterminativo **B** adv (*vage*) {SICH ÄUẞERN} in modo vago/impreciso: **er erinnerte sie ~ an einen bekannten Schauspieler**, (lui) le ricordava vagamente un noto attore.

Unbestimmtheit <-, -en> f **1** <*nur sing*> (*Vagheit*) {+GEFÜHL} vaghezza f; {+BEGRIFF} auch imprecisione f; {+IDEE, VORSCHLAG} vaghezza f, genericità f, indefinitezza f **2** (*ungenauer Faktor, Umstand*) indeterminatezza f, indeterminazione f.

unbestreitbar **A** adj {FÄHIGKEITEN, KOMPETENZ, TATSACHE, VERDIENST} indiscutibile, incontestabile, innegabile: **es ist ~, dass die Nachfrage beträchtlich gestiegen ist**, è incontestabile che la domanda sia considerevolmente cresciuta **B** adv {SICH ERWEISEN, HERAUSSTELLEN, SICH ZEIGEN} incontestabilmente, in maniera incontestabile: **~ kompetent sein**, avere una competenza indiscutibile; **die Lage des Hauses ist ~ schön, aber ...**, la posizione della casa è innegabilmente bella, ma ...; **es ist ~ richtig, was du sagst**, ciò che dici è inconfutabilmente giusto; **sie hat sich ~ in ihren schulischen Leistungen verbessert**, il suo profitto è indiscutibilmente/innegabilmente migliorato.

unbestritten **A** adj {FÄHIGKEIT, TATSACHE, VERDIENST} indiscusso, inconfutato *rar*; {RECHT, WAHRHEIT} incontestato: **es ist ~, dass sie im Unrecht sind**, è indubbio/indiscusso/[fuor di dubbio] che (loro) hanno torto; **es ist ja wohl ~, dass ...**, nessuno può negare che ... **B** adv {SEHR BEGABT, SEHR FÄHIG, SEHR GUT} indiscutibilmente, senza dubbio, indubbiamente: **sie ist ~ die interessanteste Schriftstellerin der Gegenwart**, (lei) è indiscutibilmente la più interessante scrittrice contemporanea.

unbeteiligt adj **1** (*desinteressiert*) {ANWESENDER, TEILNEHMER, ZUSCHAUER} non partecipe, poco interessato, indifferente; {HALTUNG, TON} distaccato, noncurante: **innerlich ~ sein**, non essere/sentirsi coinvolto (-a), non provare alcuna partecipazione interiore; **sie wirkte völlig ~**, sembrava che la cosa non la riguardasse **2** (*nicht beteiligt*) {GAST, ZUSCHAUER} per le *per caso*, che non c'entra niente: **~e Passanten wurden in die Schießerei verwickelt**, nella sparatoria vennero coinvolte delle persone che passavano di lì per caso; **als ~er Beobachter**, da osservatore esterno; **an etw (dat) ~ sein** {AN EINEM DIEBSTAHL, STREIT, ÜBERFALL, UNFALL}, non essere coinvolto/implicato in qc; **er war an dem Streik völlig ~, non ₍c'entrava proprio niente₎/[aveva niente a che fare] con lo sciopero.

Unbeteiligte <dekl wie adj> mf persona f che non ₍c'entra/[è coinvolta], persona f estranea.

unbetont adj {SILBE} atono, non accentato.

unbeträchtlich adj {AUFPREIS, UNTERSCHIED, VERÄNDERUNG, VERBILLIGUNG} trascurabile, insignificante, irrilevante, minimo, di poco conto; {SUMME} auch irrisorio: **das ist ein nicht ~er Unterschied**, è una differenza non trascurabile/[considerevole].

unbeugsam **A** adj {CHARAKTER, MENSCH} inflessibile, irremovibile; {WILLE} auch irriducibile: **in etw (dat) ~ sein**, essere inflessibile/irremovibile in qc; **mit ~em Willen**, con inflessibile volontà **B** adv in modo inflessibile, irremovibilmente: **~ an seiner Entscheidung festhalten**, essere irremovibile nella propria decisione; **~ an einem Grundsatz festhalten**, restare saldamente ancorato (-a) a un principio.

unbewacht **A** adj **1** (*nicht bewacht*) {GEBÄUDE, GELÄNDE, ZUG} non sorvegliato; {PARKPLATZ} incustodito; {BAHNÜBERGANG} auch non custodito, senza barriere: **ein ~er Grenzübergang**, un valico di frontiera non sorvegliato **2** (*ohne Aufsicht*) {GEFANGENE, HÄFTLINGE, ZÖGLINGE} senza sorveglianza, non sorvegliato: **die Gefangenen dürfen nie ~ sein**, i prigionieri non devono mai rimanere senza sorveglianza **B** adv {ABGESTELLT SEIN, STEHEN} senza sorveglianza.

unbewaffnet adj senza armi, disarmato: **~ sein**, non essere armato.

unbewältigt adj {PROBLEM, SCHULDFRAGE} irrisolto, non risolto; {KONFLIKT, VERGANGENHEIT} non elaborato, non superato: **~ bleiben**, rimanere irrisolto (-a); **die ~e Vergangenheit der Deutschen**, il passato con cui i tedeschi non hanno ancora fatto i conti.

unbeweglich **A** adj **1** (*starr*) {GELENK} rigido; {KONSTRUKTION, TEIL} fisso: **~e Güter**, beni immobili; **etw wird ~**, qc perde la (sua) mobilità **2** (*ausdruckslos*) {GESICHT, MIENE} immobile, impassibile: **mit ~em Blick**, con (lo) sguardo fisso **3** (*nicht flexibel*): **er ist in seinem Denken sehr ~**, ragiona a compartimenti stagni, si è fossilizzato nel suo modo di pensare; **geistig ~ sein**, essere (mentalmente) rigido, mancare di flessibilità (mentale) **4** (*mit festem Datum*) {FEIERTAG} fisso **B** adv (*regungslos*) immobile: **er stand ~ neben der Tür**, (se ne) stava immobile accanto alla porta; **~ in seiner Stellung verharren**, restare immobile nella propria posizione ● **~ sein**: **ohne Auto ist man auf dem Land ziemlich ~**, senza macchina in campagna ci si muove male.

Unbeweglichkeit <-, ohne pl> f immobilità f: **geistige ~**, rigidità (mentale), inflessibilità.

unbewegt adj **1** (*glatt*) {MEER, SEE, WASSEROBERFLÄCHE} immobile, calmo, liscio; {WASSER} fermo **2** (*nicht bewegt*) {BLICK, GESICHT, MIENE} impassibile, immobile: **mit ~em Blick**, con sguardo impassibile; **von etw (dat) ~ bleiben**, rimanere ₍impassibile/[insensibile] a qc.

unbeweisbar adj {BEHAUPTUNG, HYPOTHESE} indimostrabile, non dimostrabile.

unbewiesen adj {ANSCHULDIGUNG, THESE, VERDACHT} non comprovato; {BEHAUPTUNG} auch gratuito; {HYPOTHESE} indimostrato: **~ sein** {ANSCHULDIGUNG, BEHAUPTUNG, THESE, VERDACHT}, non essere comprovato; {HYPOTHESE} rimanere indimostrato (-a).

unbewohnbar adj {HAUS, INSEL} inabitabile.

unbewohnt adj {GEGEND, INSEL, PLANET} disabitato; {HAUS, WOHNUNG} auch non abitato, vuoto: **das Haus ist lange ~ geblieben**, la casa è rimasta a lungo disabitata/vuota/[senza inquilini].

unbewusst (a.R. unbewußt) **A** adj {ÄNGSTE, SEHNSUCHT} inconscio, inconsapevole; {HANDELN, VERDRÄNGUNG, VORGANG} inconscio; {REFLEX} involontario: **es ist mir ganz ~, dass ich unfreundlich zu ihm war**, non mi sono reso (-a) conto di essere stato (-a) sgarbato (-a) con lui; **seine Reaktion war**

völlig ~, la sua reazione fu del tutto inconscia; **das sind Vorgänge, die einem oft ganz ~ sind**, sono processi che spesso rimangono a livello inconscio **B** *adv* **1** (*ohne es wahrzunehmen*) a livello inconscio, inconsciamente, senza saperlo/[rendersene conto]: **sie hatte ihr Gespräch ganz ~ mit verfolgt**, aveva seguito la loro conversazione senza rendersene conto **2** (*unabsichtlich*) {BELEIDIGEN, KRÄNKEN} inconsapevolmente, in modo inconsapevole, involontariamente, senza volerlo: **er hatte ihr damit ~ ein Kompliment gemacht**, dicendole questo senza volere le aveva fatto un complimento; **etw ~ tun**, fare qc inconsapevolmente/[senza rendersene conto].

Unbewusste (a.R. Umbewußte) <*dekl wie adj*> *n psych* inconscio m ● **das kollektive ~**, l'inconscio collettivo.

unbezahlbar *adj* **1** (*zu teuer*) {MIETE, PREIS} proibitivo, inaccessibile, inabbordabile, inaccostabile; {ARTIKEL, HAUS, LUXUS} che non ci si può permettere: **für jdn ~ sein**, essere proibitivo/impossibile per qu **2** (*mit Geld nicht aufzuwiegen*) {GESUNDHEIT, HUMOR, KLIMA, MITARBEITER, TIPP} impagabile, inapprezzabile: **gute Gesundheit ist ~!**, la salute ₋non ha prezzo₋/[è un bene inestimabile]; **mein altes Auto ist ~**, la mia vecchia macchina non la do via neanche per un miliardo **3** (*wertvoll*) {ANTIQUITÄT, GEMÄLDE, KUNSTSCHÄTZE} (di valore) inestimabile: **~ sein**, non avere prezzo **4** *fam* (*komisch*) impagabile: **du bist ~**, sei impagabile!

unbezahlt *adj* **1** (*noch nicht bezahlt*) {WARE} non pagato; {RECHNUNG} auch non saldato, insoluto **2** (*nicht erlohnt*) {ARBEIT, ÜBERSTUNDEN, URLAUB} non retribuito, non pagato: **~en Urlaub machen**, prendere (delle) ferie non pagate.

unbezähmbar *adj* {NEUGIER} irrefrenabile, irreprimibile, incontenibile; {DRANG, VERLANGEN} auch incoercibile; {WUT} incontenibile, irrefrenabile; {TEMPERAMENT, WILLE} indomabile.

unbezweifelbar **A** *adj* {RICHTIGKEIT} indubitabile: **es ist eine ~e Tatsache, dass ...**, è un fatto indubitabile che ... **B** *adv* indubitabilmente: **es steht ~ fest, dass ...**, è assolutamente fuori dubbio che ...

unbezwingbar, **unbezwinglich** *adj geh* **1** (*uneinnehmbar*) {BURG, FESTUNG} inespugnabile, imprendibile **2** (*unbezähmbar*) {DRANG, SEHNSUCHT, VERLANGEN} irrefrenabile, irreprimibile, irresistibile, incoercibile **3** (*unbesiegbar*) {FEIND, GEGNER} invincibile, imbattibile.

Unbilden *subst* <*nur pl*> *geh* {+WITTERUNG} inclemenza f, iniquità f *lit*; {+WINTER} auch rigori m pl: **die ~ des Wetters**, le intemperie.

Unbill <-, *ohne pl*> f *geh obs* – **einer S.** (gen) {DES KRIEGES, EINER SCHRECKENSHERRSCHAFT} iniquità f *di qc*, ingiustizia f *di qc*: **die ~ des Schicksals**, l'iniqua sorte *lit*.

unbillig *adj jur* iniquo, ingiusto.

unblutig **A** *adj* **1** (*ohne Blutvergießen stattfindend*) {AUFSTAND, PUTSCH} non sanguinoso, senza spargimento di sangue, incruento **2** *med* {EINGRIFF, ENTFERNUNG} incruento, non chirurgico **B** *adv* **1** (*ohne Blutvergießen*) {ENDEN, VERLAUFEN} in modo incruento, senza spargimento di sangue **2** *med* {BESEITIGEN, ENTFERNEN} senza ricorrere ₋a un intervento chirurgico₋/[al bisturi], in modo incruento.

unbotmäßig *geh oft iron* **A** *adj* {MITARBEITER} insubordinato; {VERHALTEN} da insubordinato **B** *adv*: **sich ~ verhalten**, dare prova di insubordinazione.

unbrauchbar *adj* **1** (*nicht zu verwenden*) ~ (**für etw** akk) inutilizzabile (*per qc*), inservi-

bile: **ohne Räder ist der Kinderwagen ~**, senza ruote il passeggino è inutilizzabile; **etw ist als etw ~**, qc ₋è inutilizzabile₋/[non serve] come qc; **für etw** (akk) **~ sein/werden**, ₋essere inutilizzabile₋/[non essere più utilizzabile] per qc; **eine so krumme Axt ist für das Holzhacken ~**, un'accetta così storta non si può più utilizzare per spaccare la legna; **etw ist/wird für jdn ~**, qc non serve/[serve più] a qu, qu non può/[può più] utilizzare qc **2** (*ungeeignet*): **als etw** (nom) **~ sein** {MENSCH}, essere inadatto come qc; **für etw** (akk) **~ sein**, essere inadatto a qc; **er ist für praktische Arbeiten völlig ~**, è completamente inadatto a qualsiasi lavoro pratico.

unbürokratisch **A** *adj* {VORGEHEN} poco/non burocratico: **jdm schnelle und ~e Hilfe zusichern**, assicurare a qu un aiuto sollecito e poco burocratico **B** *adv* {HANDELN, HELFEN} in modo poco burocratico.

UN-Charta f → **Charta**.

unchristlich **A** *adj* **1** (*nicht christlich*) non cristiano **2** *fam* (*unmöglich*) {STUNDE, ZEIT} poco ortodosso **B** *adv* (*nicht christlich*) {SICH VERHALTEN} non cristianamente, non da (buon) cristiano.

und *konj* **1** (*aufzählend*) e: **alle unsere Freunde und Bekannte**, tutti i nostri amici e conoscenti; **ich spüle, und du trocknest ab**, io lavo i piatti e tu li asciughi; **Tag und Nacht**, giorno e notte **2** (*verstärkend zur Verbindung gleicher Verben*) e: **der Hund bellte und bellte**, il cane ₋abbaiava e abbaiava₋/[non la smetteva più di abbaiare]; **es regnet und regnet**, non smette più di piovere, piove in continuazione; **das Kind schrie und schrie**, il bambino strillava e strillava; **er überlegte und überlegte**, rifletté a lungo **3** (*verstärkend zur Verbindung von Adjektiven und Adverbien*) sempre più: **seine Stimme wurde laut(er) und lauter**, la sua voce diventava sempre più alta; **durch und durch nass**, zuppo, (bagnato) fradicio **4** (*Unbestimmtheit ausdrückend*): **er sagte, er könne aus dem und dem Grund nicht kommen**, disse che non poteva venire per questo e quest'altro motivo; **sie sagte, der Zug müsse um die und die Uhrzeit ankommen**, disse che il treno sarebbe dovuto arrivare alla tal ora **5** (*auch wenn*) anche se, per quanto ... *konj*: **du musst das klären, und machst du es auch noch so ungern**, devi chiarire la faccenda ₋anche se lo fai₋/[per quanto tu lo faccia] malvolentieri **6** (*bestätigend*) e: **ich bat ihn, pünktlich zu sein, und das war er denn auch**, lo pregai di essere puntuale, e infatti lo fu **7** (*leitet einen Nebensatz ein, den man durch einen Infinitiv ersetzen könnte*) da/di ... *inf*: **bist du wohl so lieb und hängst die Wäsche auf?**, saresti così gentile da stendere il bucato?; **tu mir den Gefallen und geh jetzt ins Bett!**, fammi il favore di andare a letto ora!; **geh und sag es ihr!**, vai a dirglielo!; **er ist so verrückt und täte das**, è/sarebbe così matto da farlo **8** (*andernfalls*) e: **noch ein paar Meter und wir wären in den Abgrund gestürzt**, ancora qualche metro e saremmo precipitati (-e) nell'abisso **9** (*ironisch/zweifelnd*): **Mama und sich die Haare färben? Niemals!**, mamma che si tinge i capelli? Mai!; **Stefan und rührselig? Dass ich nicht lache!**, Stefano, sentimentale? Non mi far ridere! **10** (*leitet eine Gegenfrage ein*) e, ma: **sie wird schon noch kommen. – Und wann?**, verrà di sicuro – E/Ma quando?; **die Koffer müssen heute Abend schon gepackt werden. – Und warum?**, le valige devono essere fatte già stasera. – E perché? **11** *math* (*plus*) più, e: **drei und sieben sind zehn**, tre più/e sette fanno dieci ● **und?**, allora?; **und, und, und** *fam*, e via discorren-

do/dicendo, e così via, e via di seguito; **und Ähnliche(s)** (Abk u. Ä.), e simili; **und anderes mehr** (Abk u.a.m.), e tante altre cose, e quant'altro; **und dann?**, e poi?; **und dergleichen**, e cose del genere; **sie besitzen Immobilien und dergleichen**, possiedono immobili e cose del genere; **na und?** *fam*, e allora/[con ciò]?; **und ob!** *fam*, eccome! *fam*, e come no! *fam*; **und so weiter (und so fort/weiter)** (Abk usw.), eccetera (eccetera), e così via.

Undank <-(*e*)s, *ohne pl*> m ingratitudine f: **nur ~ ernten**, raccogliere soltanto ingratitudine; **für all ihre Mühe hat sie nur ~ geerntet**, tutti i suoi sforzi sono stati ripagati solo con l'ingratitudine; **etw mit ~ lohnen/vergelten**, (ri)pagare qc con l'ingratitudine ● **~ ist der Welt(en) Lohn** *prov*, il mondo paga d'ingratitudine *prov*.

undankbar *adj* **1** (*nicht dankbar*) {MENSCH} ingrato, irriconoscente: **jdm gegenüber ~ sein**, essere ingrato verso qu; **sich als ~ erweisen**, rivelarsi ₋un ingrato/un'ingrata₋/[una persona ingrata]; **es wäre sehr ~, wenn du ihm jetzt nicht helfen würdest**, sarebbe da ingrati se adesso non l'aiutassi **2** (*nicht lohnend*) {ARBEIT, AUFGABE} ingrato.

Undankbarkeit <-, *ohne pl*> f ingratitudine f.

undatiert *adj* {BRIEF, DOKUMENT} non datato, senza/[privo di] data: **~ sein**, non essere datato, non recare data.

undefinierbar *adj* **1** (*nicht genau zu bestimmen*) {GEFÜHL, GERÄUSCH, GESCHMACK} indefinibile **2** *fam* (*nicht erkennbar*) {BREI, MASSE} indefinibile: **was da auf dem Teller lag, war absolut ~**, non si capiva assolutamente cosa fosse quella roba nel piatto.

undeklinierbar *adj gram* indeclinabile, non declinabile: **das Wort ist ~**, la parola ₋è indeclinabile₋/[non si declina/flette].

undemokratisch *pol* **A** *adj* {HALTUNG, MASSNAHME, REGIME, VERHÄLTNISSE} antidemocratico, non democratico **B** *adv* {SICH VERHALTEN} in modo antidemocratico/[non democratico]: **~ vorgehen**, procedere ₋senza rispettare₋/[ignorando] i principi della democrazia.

undenkbar *adj* {EREIGNIS, FALL} impensabile, inimmaginabile: **~ sein**, essere impensabile/inconcepibile; **zu meiner Zeit wäre das ~ gewesen**, ai miei tempi (questo) sarebbe stato impensabile/inconcepibile.

undenklich *adj geh*: **seit** ₋**er Zeit**₋/[**~en Zeiten**], da tempo immemorabile; **vor** ₋**~er Zeit**₋/[**~en Zeiten**], in tempi remoti/lontanissimi.

undercover *adv* {ERMITTELN, RECHERCHIEREN} sotto copertura.

Undercoveragent m (**Undercoveragentin** f) agente mf infiltrato (-a).

Underdog <-s, -s> m *geh* emarginato (-a) mf, dropout mf.

Underground <-s, *ohne pl*> m *geh* underground m.

Undergroundmusik f musica f underground.

Understatement <-s, -s> n *geh* understatement m.

undeutlich **A** *adj* **1** (*nicht klar*) {AUSSPRACHE} poco chiaro; {LAUT} indistinto, inarticolato, confuso: **man hörte nur ein ~es Gemurmel**, si sentiva soltanto un mormorio indistinto/confuso **2** (*nicht klar erkennbar*) {BILD} indistinto; {FOTO} sfocato; {UMRISSE} auch sfumato; {SCHRIFT} illeggibile **3** (*vage*) {BEGRIFF} impreciso, vago; {ERINNERUNG} vago, indistinto, sfocato; {VORSTELLUNG} vago, approssimativo: **eine ~e Beschreibung von**

etw (dat) geben, fornire una descrizione poco chiara di qc B adv **1** (*nicht klar*) {SCHREIBEN, SPRECHEN} in modo poco chiaro, non chiaramente: **sprich nicht so ~!**, parla più chiaramente!; {HÖREN, SEHEN} indistintamente; **jdn/etw nur ~ erkennen können**, riuscire a riconoscere a malapena/stento qu/qc **2** (*vage*) {DEFINIEREN, FORMULIEREN} vagamente, con termini imprecisi, in modo impreciso: **sich ~ ausdrücken**, esprimersi in modo ˌpoco chiaroˌ/[confuso]; **sich nur ~ an etw (akk) erinnern können**, avere soltanto un vago ricordo di qc, ricordarsi solo vagamente di qc; **er konnte es sich nur ~ vorstellen**, riusciva a immaginarlo solo vagamente, ne aveva soltanto un'idea vaga.

undifferenziert geh A adj {KRITIK, URTEIL} generico, sommario, approssimativo B adv in modo generico/sommario/approssimativo.

Undifferenziertheit <-, ohne pl> f genericità f, sommarietà f.

Unding n fam: **es ist ein ~ (, etw zu tun)**, è ˌun'assurditàˌ/[assurdo] (fare qc), non ha assolutamente senso fare qc; **es ist ein ~, so etwas zu verlangen**, è assurdo pretendere una cosa del genere.

undiplomatisch A adj {MENSCH, VERHALTEN, VORGEHEN} poco diplomatico: **er ist absolut ~**, è assolutamente privo di diplomazia, non sa cos'è la diplomazia B adv {HANDELN, SICH VERHALTEN} senza diplomazia, in maniera poco diplomatica.

undiszipliniert geh A adj {KLASSE, SCHÜLER, VERHALTEN} indisciplinato; {SOLDAT, TRUPPE} auch insubordinato B adv {SICH AUFFÜHREN, {FUßBALL}SPIELEN} in modo indisciplinato: **sich ~ benehmen/verhalten**, avere un comportamento indisciplinato, essere indisciplinato; **~ essen**, mangiare in modo incontrollato.

undogmatisch adj geh non dogmatico.

undramatisch A adj {ENDE, VERLAUF} non drammatico: **die Sache war völlig ~**, la faccenda non era per niente drammatica/tragica B adv {ENDEN} senza drammi/tragedie: **ihre Trennung verlief ganz ~**, si separarono senza (fare) drammi/tragedie.

unduldsam A adj {CHARAKTER, MENSCH} intollerante, insofferente: **(gegen jdn) ~ sein**, essere intollerante (ˌnei confronti diˌ/[verso qu]; **(gegen etw akk) ~ sein**, essere insofferente (a qc) B adv {ANTWORTEN, REAGIEREN} con intolleranza/insofferenza: **sich ~ verhalten**, comportarsi ˌcon intolleranzaˌ/[da intolleranti]; **sich ~ zeigen**, mostrarsi intollerante/insofferente.

Unduldsamkeit <-, ohne pl> f intolleranza f, insofferenza f: **von extremer ~ sein**, essere di un'intolleranza estrema, essere estremamente insofferente.

undurchdringlich adj **1** (*nicht zu durchdringend*) {DICKICHT, GESTRÜPP, WALD, WILDNIS} impenetrabile: **etw ist für jdn ~**, è impossibile per qu penetrare qc **2** (*verschlossen*) {GESICHT} impenetrabile; {BLICK, MIENE} auch insondabile.

undurchführbar adj {PLAN, PROJEKT} inattuabile, irrealizzabile, impraticabile, impossibile da realizzare/attuare: **sich als ~ erweisen**, dimostrarsi/risultare irrealizzabile.

Undurchführbarkeit <-, ohne pl> f irrealizzabilità f, inattuabilità f.

undurchlässig adj ~ (**für/gegen etw** akk) {BETON, FOLIE, GEFÄß, GESTEIN, LEDER, STOFF FÜR, GEGEN LUFT, WASSER} impermeabile (*a qc*): **ein gegen Licht ~er Stoff**, un tessuto ˌche non lascia passare laˌ/[impenetrabile alla] luce.

undurchschaubar adj {CHARAKTER, MENSCH, VERHALTEN} impenetrabile, enigmatico; {ABSICHTEN, PLÄNE} insondabile; {GRÜNDE} imperscrutabile: **sie blieb ihm ~**, per lui lei rimaneva un enigma.

undurchsichtig adj **1** (*nicht durchsichtig*) {STOFF, VORHANG} non trasparente; {GLAS} auch opaco **2** pej (*zwielichtig*) {BURSCHE, TYP} losco, equivoco; {GESCHÄFT} poco pulito, oscuro: **eine ~e Rolle bei etw** (dat) **spielen**, avere un ruolo ˌpoco chiaroˌ/[equivoco] in qc.

uneben adj {WAND} irregolare, disuguale, ineguale; {BODEN, OBERFLÄCHE} auch non piano; {STRAßE} accidentato, non piano; {GELÄNDE, WEG} auch scabroso • **nicht ~ sein** fam {PERSON, VORSCHLAG}, non essere niente male.

Unebenheit <-, -en> f **1** <nur sing> (*das Unebensein*) {+OBERFLÄCHE} disuguaglianza f, ineguaglianza f; {+WEG} scabrosità f; {+GELÄNDE} auch asperità f, asprezza f **2** (*unebene Stelle*) {+GELÄNDE, STRAßE} scabrosità f.

unecht adj **1** (*imitiert*) {PERLEN, SCHMUCK} finto, falso; {HAARE, ZÄHNE} auch posticcio; {BLUMEN} finto, artificiale: **~es Gold**, similoro; **~es Leder**, similpelle; **ein ~er Pelz**, una pelliccia sintetica; **das berühmte Porträt war ~**, il famoso ritratto era un'imitazione/ un falso **2** (*geheuchelt*) {FREUNDLICHKEIT, FRÖHLICHKEIT, MITLEID} falso, finto, artificioso: **ihre Heiterkeit wirkte ~**, la loro serenità pareva falsa **3** chem text {FARBE} non resistente: **~ sein**, stingere **4** math {BRUCH} improprio.

unehelich adj: **~es Kind**, figlio (-a) naturale/illegittimo (-a); **~ (geboren) sein**, essere illegittimo/[nato fuori dal matrimonio].

Unehre f geh: **etw ˌmacht jdmˌ/[gereicht jdm zur] ~**, qc va a disdoro di qu lit, qc è un'onta per qu.

unehrenhaft geh A adj **1** (*unlauter*) {ABSICHTEN, MOTIV, TAT} disonorevole **2** mil {ENTLASSUNG} con disonore B adv **1** (*nicht ehrenhaft*) {HANDELN} disonorevolmente; {SICH VERHALTEN} in modo disonorevole **2** mil: **~ entlassen werden**, essere congedato con disonore.

unehrlich adj **1** (*unaufrichtig*) {CHARAKTER, MENSCH} insincero, falso: **ein ~es Spiel mit jdm treiben**, fare un gioco sporco con qu **2** (*betrügerisch*) disonesto: **auf ~e Weise zu Geld kommen**, fare soldi in modo poco onesto B adv **1** (*unaufrichtig*) {HANDELN, SICH VERHALTEN} in modo insincero, con insincerità/falsità **2** (*betrügerisch*): **~ erworbenes Geld**, denaro sporco; **ein ~ erworbener Titel**, un titolo comprato.

Unehrlichkeit <-, ohne pl> f **1** (*Unaufrichtigkeit*) insincerità f, falsità f **2** (*betrügerische Art*) disonestà f.

uneigennützig A adj {EINSATZ, HILFE, VERHALTEN} disinteressato, altruistico; {MENSCH} disinteressato, altruista B adv {SICH EINSETZEN, HELFEN, UNTERSTÜTZEN} disinteressatamente, in modo disinteressato, altruisticamente, con altruismo.

uneingeschränkt A adj {LOB, ZUSTIMMUNG} incondizionato; {FREIHEIT, RECHT} pieno, senza limitazioni; {HANDEL} libero, senza restrizioni; {GEWALT} illimitato, pieno, assoluto: **~e Vollmacht**, pieni poteri; **die Arbeit verdient ~es Lob**, il lavoro merita ˌuna lode senza riserveˌ/[lodi incondizionate]; **Herr Schmidt besitzt/genießt unser ~es Vertrauen**, il Signor Schmidt gode della nostra illimitata fiducia B adv {VERTRAUEN, ZUSTIMMEN} incondizionatamente, senza riserve.

uneingestanden adj {SCHULD} non confessato; {ANGST, SCHULDGEFÜHLE} auch inconfessato.

uneingeweiht adj {ANWESENDE, BESUCHER} non introdotto; {BENUTZER, SPIELER} non iniziato, inesperto.

Uneingeweihte <dekl wie adj> mf profano (-a) m (f), persona f non iniziata.

uneinheitlich adj {FASSADE, GEBILDE, STRUKTUR} non omogeneo, privo di omogeneità; {STIL, WERK} auch non unitario, disomogeneo.

uneinig adj <präd>: (**sich**) **mit jdm in etw** (dat)/**über etw** (akk) **~ sein**, essere in disaccordo con qu su qc, non essere d'accordo con qu su qc; **in ˌdieser Angelegenheitˌ/[diesem Punkt] sind wir uns ~**, su ˌquesta faccendaˌ/[questo punto] non siamo d'accordo; **ich bin mit mir selbst noch ~**, sono ancora ˌin conflitto con me stesso (-a)ˌ/[combattuto (-a)].

Uneinigkeit <-, -en> f disaccordo m, dissenso m • **es besteht/herrscht ~ (in etw** dat/**über etw** akk), c'è disaccordo (su qc).

uneinnehmbar adj {FESTUNG, STADT} imprendibile, inespugnabile.

uneins <inv> adj <präd> → **uneinig**.

UN-Einsatz m operazione f/missione f ONU.

uneinsichtig A adj che non sente ragioni, irragionevole: **er weiß genau, dass ihm das Rauchen schadet, aber er ist völlig ~**, sa perfettamente che fumare gli fa male, ma è assolutamente incorreggibileˌ/[non vuole intendere ragioni] B adv {AUF ETW BEHARREN, AN ETW FESTHALTEN, AUF ETW POCHEN} senza sentire ragioni: **sich ~ zeigen**, mostrarsi irragionevole.

unempfänglich adj **~ für etw** (akk) {FÜR LOB, SCHMEICHELEIEN} insensibile *a qc*, impermeabile *a qc*; {FÜR BESTECHUNGSVERSUCHE} impermeabile *a qc*, refrattario *a qc*; {FÜR EINDRÜCKE} insensibile *a qc*.

unempfindlich adj **1** (*widerstandsfähig*) {KIND, MENSCH} robusto; {PFLANZE} auch rustico, resistente: **gegen etw (akk) ~ sein** {MENSCH, PFLANZE, TIER GEGEN HITZE, KÄLTE}, essere resistente a qc, sopportare/reggere bene qc; {GERÄT, MASCHINE GEGEN HITZE} essere refrattario a qc; {GERÄT, MASCHINE GEGEN KÄLTE} essere resistente a qc; **gegen Krankheiten ~ sein**, essere refrattario/immune alle malattie; **er ist auch gegen extreme Hitze ~**, sopporta/regge bene anche il caldo torrido; **das Gerät ist selbst gegen starke Temperaturschwankungen ~**, l'apparecchio ˌè resistenteˌ/[resiste bene] anche a forti sbalzi di temperatura **2** (*nicht empfindlich*) non suscettibile: **ziemlich ~ sein**, essere poco suscettibile, non essere permaloso; **gegen etw** (akk) **~** {GEGEN BELEIDIGUNGEN, VORWÜRFE} insensibile *a qc*; {GEGEN ANGRIFFE, KRITIK} auch immune *a qc* **3** (*strapazierfähig*) {POLSTER, STOFF, TEPPICH} resistente; {MATERIAL} auch robusto.

Unempfindlichkeit <-, ohne pl> f **1** (*Widerstandsfähigkeit*) {+MENSCH, PFLANZE} robustezza f; **~ gegen etw** (akk) resistenza f *a qc* **2** (*das Unempfindlichsein*) **~ gegen etw** (akk) {GEGEN ANGRIFFE, BELEIDIGUNGEN} insensibilità f a qc: **eine völlige ~ gegen Kritik**, un'assoluta insensibilità alle critiche **3** (*Strapazierfähigkeit*) {+POLSTER, STOFF, TEPPICH} resistenza f; {+MATERIAL} *auch* robustezza f.

unendlich **A** adj **1** (*nicht überblickbar*) {FLÄCHE, MEER, WEITE, WÜSTE} sconfinato, sterminato **2** (*räumlich unbegrenzt*) {AUSDEHNUNG, UNIVERSUM, WEITEN} infinito, immenso, illimitato: **der Weg schien ins Unendliche zu führen**, sembrava che il sentiero si perdesse nell'infinito **3** (*zeitlich unbegrenzt*) {DAUER, ZEIT} infinito: **der ~e Fluss der Zeit**, l'incessante scorrere del tempo; **~ Male**, infinite volte **4** (*überaus groß*) {AUSDAUER} infinito, illimitato; {GEDULD, LIEBE, VERTRAUEN} *auch* sconfinato; **~e Zuwendung brauchen**, aver bisogno di infinite attenzioni **5** math {GRÖSSE, REIHE, ZAHL} infinito: **das Unendliche**, l'infinito; **zwei Parallelen schneiden sich im Unendlichen**, due parallele s'incontrano all'infinito **6** fot: **das Objektiv auf ~ einstellen**, regolare l'obiettivo sull'infinito **B** adv fam (*überaus*) {ERLEICHTERT, GLÜCKLICH, STOLZ, ZUFRIEDEN} immensamente; {DANKBAR, TRAURIG} infinitamente; {WÜTEND, ZORNIG} terribilmente: **~ lange** {DAUERN, WARTEN}, un'eternità; {DISKUTIEREN, REDEN} all'infinito; **er schläft morgens ~ lange**, non si sveglia mai la mattina; **~ viel**, enormemente, incredibilmente; **das hat ~ viel gekostet**, è costato una spropositio *fam*/[un occhio della testa *fam*]; **~ viele Dinge/Leute**, un'infinità/immensità di cose/gente; **das ist ja ~ weit** (weg), è veramente in capo al mondo; **~ verliebt sein**, essere innamorato cotto/pazzo ● **bis ins Unendliche**, fino all'infinito.

Unendlichkeit <-, *ohne pl*> f **1** (*Ewigkeit*) infinito m **2** (*Grenzenlosigkeit*) {+MEER, UNIVERSUM} infinità f, immensità f **3** *fam* (*extrem langer Zeitraum*) infinità f, eternità f: **das hat ja eine ~ gedauert!**, ma c'è voluta un'eternità!

unentbehrlich adj {GERÄT, MITARBEITER, WERKZEUG} indispensabile, essenziale; {FÄHIGKEITEN, KENNTNISSE} imprescindibile, fondamentale: **jdm eine ~e Hilfe sein**, essere un aiuto indispensabile per qu, essere un aiuto di cui qu non può fare a meno; **es ist ~, auf eine ausgewogene Ernährung zu achten**, è essenziale badare a un'alimentazione equilibrata; **jdm/[für jdn/etw] ~ sein**, essere indispensabile a qu/[per qc]; **~ für das seelische Gleichgewicht**, vitale/irrinunciabile per l'equilibrio psichico; **sich für ~ halten**, credersi indispensabile/insostituibile; **sich bei jdm/[irgendwo] ~ machen**, rendersi indispensabile a qu/[+ compl di luogo].

unentgeltlich **A** adj {BENUTZUNG, HILFELEISTUNG, SERVICE, ÜBERLASSUNG} (a titolo) gratuito; {ARBEIT, EINSATZ} non retribuito/rimunerato **B** adv {BENUTZEN, LEIHEN, ÜBERLASSEN, ZUR VERFÜGUNG STEHEN} gratis, gratuitamente, a titolo gratuito: **~ arbeiten**, lavorare gratuitamente/[senza essere rimunerato/retribuito]; **etw erfolgt ~**, qc è gratuito/gratis.

unentrinnbar adj {SCHICKSAL} ineluttabile, inesorabile.

unentschieden **A** adj **1** (*noch nicht entschieden*) {AUSGANG} incerto; {FRAGE} aperto; {ANGELEGENHEIT, PROZESS} in sospeso: **die Angelegenheit ist noch ~**, la faccenda è rimasta in sospeso **2** sport {AUSGANG} di parità; {SPIEL} pari **3** (*unentschlossen*) {MENSCH} indeciso, incerto: **sie ist noch ~, ob sie das Angebot annehmen soll oder nicht**, è ancora indecisa/incerta se accettare o no l'offerta **B** adv sport: **~ ausgehen/enden**, finire con un pareggio/[in parità]; **es/[das Spiel] steht ~**, le squadre stanno pareggiando; **die Mannschaften trennten sich ~**, la partita si è conclusa in parità; **~ spielen**, pareggiare.

Unentschieden <-s, -> n sport pareggio m: **mit einem ~ enden**, finire con un pareggio/[in parità].

unentschlossen adj {CHARAKTER, MENSCH} indeciso, irresoluto, incerto; {GESICHTSAUSDRUCK} indeciso, dubbioso, d'incertezza: **~ sein**, essere indeciso/incerto/[tra il sì e il no *fam*]; **sie sind noch ~**, non hanno ancora preso una decisione; **jd ist ~, ob er etw tun soll oder nicht**, qu è indeciso/[non sa] se fare o no qc; **jd ist ~, was er tun soll**, qu non sa (che) cosa (deve) fare, qu è indeciso sul da farsi; **~ scheinen/wirken**, sembrare incerto (-a)/indeciso (-a), avere un'aria indecisa/dubbiosa.

Unentschlossenheit <-, *ohne pl*> f {+CHARAKTER, MENSCH} irresolutezza f, indecisione f, incertezza f.

unentschuldbar adj {FEHLER, IRRTUM, VERHALTEN, VERSÄUMNIS} imperdonabile, ingiustificabile, inescusabile *lit*: **es ist ~, dass jd etw getan hat**, è ingiustificabile/[non è scusabile] che qu abbia fatto qc.

unentschuldigt **A** adj {ABWESENHEIT, FEHLEN, FERNBLEIBEN} ingiustificato: **~es Fernbleiben von der Arbeit**, assenza ingiustificata dal lavoro **B** adv {AUSBLEIBEN, FEHLEN, FERNBLEIBEN} senza giustificazione, ingiustificatamente: **in der Schule ~ fehlen**, essere assente da scuola senza giustificazione.

unentwegt **A** adj {KAMPF} continuo, incessante; {EINSATZ} *auch* costante; {KÄMPFER} infaticabile, instancabile, indefesso **B** adv in continuazione, incessantemente, senza sosta/tregua: **jd tut etw ~**, qu non smette di fare qc; **er starrte sie ~ an**, la guardava fisso.

Unentwegte <*dekl wie adj*> mf irriducibile mf: **nur ein paar ~ standen noch auf der Straße und redeten**, solo alcuni irriducibili erano rimasti in strada a parlare.

unentwirrbar adj {GEFLECHT, KNÄUEL} inestricabile: **die politische Lage scheint ~**, la situazione politica sembra essere inestricabile.

unerbittlich **A** adj **1** (*nicht umzustimmend*) {KRITIKER, PRÜFER, RICHTER} inesorabile, implacabile, spietato: **jdm gegenüber) ~ sein**, essere spietato (con qu); **sie flehten ihn an, aber er war/blieb ~**, lo supplicarono ma fu implacabile; **mit ~er Miene/Stimme**, con (un') aria spietata/[tono spietato] **2** (*gnadenlos*) {GESETZ, HÄRTE, KAMPF, SCHICKSAL} inesorabile, spietato; {KRITIK} *auch* implacabile: **mit ~ er Strenge**, con implacabile severità **B** adv **1** (*gnadenlos*) {AUF JDN EINSCHLAGEN, JDN HINRICHTEN} in modo spietato, senza pietà **2** (*unerweichlich*) {VERWEIGERN, IN DIE SCHRANKEN WEISEN, ZURÜCKWEISEN} inesorabilmente, implacabilmente: **~ durchgreifen**, intervenire con estremo rigore; **sich ~ bekämpfen**, combattersi in modo spietato.

unerfahren adj inesperto: **sie ist in ihrem Beruf noch ganz ~**, nel suo mestiere è ancora alle prime armi/[una novellina]; **auf einem Gebiet ~/[in etw (dat)] ~ sein**, essere inesperto/[non avere esperienza] in un campo/[in qc]; **jung und ~**, giovane ed inesperto.

Unerfahrene <*dekl wie adj*> mf inesperto (-a) m (f); (*im Beruf*) *auch* novellino (-a) m (f).

Unerfahrenheit <-, *ohne pl*> f inesperienza f, mancanza f di esperienza.

unerfindlich adj *geh*: **es ist ~, wie ...**, è un enigma come ...; **es ist mir ~, warum er sich nicht gemeldet hat**, non capisco perché (lui) non si sia fatto vivo; **aus ~en Gründen**, per ragioni imperscrutabili.

unerfreulich **A** adj {ANGELEGENHEIT, ATMOSPHÄRE} spiacevole, sgradevole; {BEGEGNUNG, SITUATION, ZWISCHENFALL} *auch* increscioso; {MITTEILUNG, NACHRICHT} poco piacevole: **ein ~es Ende nehmen**, finire poco bene; **eine ~e Szene**, una scena poco edificante/[increscicosa] **B** adv {AUSGEHEN, ENDEN} poco bene.

unerfüllbar adj {TRAUM} irrealizzabile, impossibile; {WUNSCH} *auch* inappagabile, inesaudibile; {BITTE, FORDERUNG} impossibile (da esaudire/soddisfare).

unerfüllt adj **1** (*nicht erfüllt*) {BITTE} non esaudito, inesaudito *rar*; {FORDERUNG} *auch* insoddisfatto; {TRAUM} non realizzato, rimasto tale; {WUNSCH} *auch* insoddisfatto, inappagato: **~ bleiben** {BITTE}, non venire esaudito (-a)/soddisfatto (-a); {WUNSCH} rimanere tale/insoddisfatto (-a)/inappagato (-a); **ihr Wunsch nach Kindern blieb ~**, il suo desiderio di avere figli rimase tale **2** (*unausgefüllt*) {LEBEN} non appagante/soddisfacente; {MENSCH} non realizzato/appagato/soddisfatto.

unergiebig adj **1** (*wenig ergiebig*) {BODEN} improduttivo, sterile, che rende poco; {AUSBEUTE} scarso, misero; {ERNTE} magro **2** (*wenig ergebend*) {DISKUSSION, GESPRÄCH} improduttivo, non fecondo; {THEMA} sterile: **die Verhandlungen waren ~**, le trattative non hanno portato a un granché/[sono state poco produttive/feconde].

unergründbar, **unergründlich** adj **1** (*rätselhaft*) {LÄCHELN} enigmatico; {BLICK} *auch* impenetrabile **2** (*unerklärlich*) {GRUND, MOTIV, ZUSAMMENHÄNGE} impenetrabile, imperscrutabile, inesplorabile; {GEHEIMNIS} *auch* insondabile: **ein ~es Rätsel bleiben**, rimanere un enigma/[mistero impenetrabile].

unerheblich **A** adj **1** (*geringfügig*) {AUFWAND, RÜCKGANG, VERÄNDERUNG} insignificante, trascurabile, minimo, di poco conto; {SCHADEN} irrilevante, lieve, di scarsa entità: **die Vergünstigungen sind leider ~**, le agevolazioni sono purtroppo minime; **nicht ~**, non trascurabile **2** (*unwesentlich*) {ASPEKT, DETAIL} irrilevante, insignificante: **es ist ~, ob ...**, poco importa che ... *konjv*; **es ist völlig ~, ob du Lust hast oder nicht**, è del tutto irrilevante/[non ha nessuna importanza] che tu abbia voglia o no; **es ist nicht ganz ~ zu wissen, dass ...**, non è del tutto irrilevante sapere che ... **B** adv {SICH ÄNDERN, ANSTEIGEN, SINKEN, VERBESSERN} leggermente, poco: **nicht ~**, sensibilmente.

unerhört **A** adj **1** *pej* (*empörend*) {FRECHHEIT} inaudito, incredibile; {BENEHMEN} *auch* scandaloso: **das ist ja ~!**, è inaudito/incredibile! **2** (*unglaublich*) {ANSTRENGUNG, AUFWAND} incredibile, pazzesco; {AUSGABEN} pazzo; {GLÜCK, LUXUS, PRACHT} incredibile, inaudito; {PREIS} esorbitante; {TEMPO} folle: **~ in Verzug sein**, essere in grandissimo/fortissimo ritardo **B** adv **1** *pej* (*unglaublich*) {AUFFÜHREN, SICH BENEHMEN} in modo inaudito/vergognoso **2** (*überaus*) incredibilmente: **die Angelegenheit hat ~ viel Wirbel verursacht**, la faccenda ha sollevato un enorme polverone; **~ viel Arbeit haben**, avere una gran quantità di lavoro da fare; **~ wichtig sein**, essere incredibilmente importante.

unerkannt **A** adj <*präd*>: **~ bleiben**, rimanere incognito (-a); **die Diebe sind ~ geblieben**, i ladri non sono stati identificati; **jd will ~ bleiben**, qu vuole mantenere l'incognito, qu non vuole essere riconosciuto **B** adv: **die

Täter konnten ~ entkommen, i malviventi sono riusciti a fuggire senza essere identificati; **er kam ~ über die Grenze**, ha passato la frontiera in incognito.

unerklärbar, unerklärlich adj {ANGST, GEFÜHL} inspiegabile, incomprensibile; {PHÄNOMEN, VERHALTEN} auch inesplicabile: **sein Verhalten war ihr ~**, non riusciva a spiegarsi il suo comportamento; **es ist jdm ~, warum/was/wie ...**, qu non si spiega perché/ [(che) cosa]/[come] ...; **es ist (mir) noch ~, wie das geschehen konnte**, mi è ancora oscuro come sia potuto succedere.

unerlässlich (a.R. unerläßlich) adj {BEDINGUNG, VORAUSSETZUNG} indispensabile: **für jdn ~ sein**, essere indispensabile a qu; **es ist ~, dass jd etw tut**, è indispensabile/[assolutamente necessario] che qu faccia qc; **es ist absolut ~ für sie, ab und zu allein zu sein**, è vitale per lei restare sola ogni tanto.

unerlaubt **A** adj **1** (ohne Erlaubnis) {BENUTZUNG, BETRETEN, INBETRIEBNAHME} non autorizzato: **ein ~es Verlassen des Schulhofes wird bestraft**, sarà severamente punito chi esce dal cortile della scuola senza autorizzazione **2** jur {HANDLUNG}; {WAFFENBESITZ} abusivo **B** adv {BENUTZEN, BETRETEN, FERNBLEIBEN, VERLASSEN} senza autorizzazione/permesso.

unerledigt **A** adj {ARBEIT} non eseguito; {ANTRAG, AUFTRAG, POST} inevaso adm; {AKTE} giacente adm **B** adv: **~ liegen bleiben** {ARBEIT}, rimanere da fare qc; {ANTRAG, AUFTRAG, POST} rimanere inevaso -a adm.

unermesslich (a.R. unermeßlich) geh **A** adj **1** (unendlich) {AUSDEHNUNG, DIMENSIONEN, WEITE} immenso, sconfinato, smisurato **2** (überaus groß) {ARMUT, ELEND} immenso {VERWÜSTUNG, ZERSTÖRUNG} auch immane, {LEID} immenso, infinito; {KUNSTSCHÄTZE, REICHTÜMER, VERMÖGEN, WERTE} incalcolabile, immenso, inestimabile; {ANZAHL, GRÖSSE, ZAHL} incommensurabile: **das Abkommen ist von ~er Bedeutung**, l'accordo è di enorme importanza; **der Schaden ist ~**, il danno è incalcolabile; **eine Statue von ~er Schönheit**, una statua di incommensurabile bellezza; **eine ~ weite Ebene**, una pianura sterminata/sconfinata; **~ wertvoll**, di valore inestimabile/incalcolabile **B** adv (außerordentlich) immensamente; {GROß} incommensurabilmente: **~ schön**, di incommensurabile/infinita bellezza; **eine ~ weite Ebene**, una pianura sterminata/sconfinata; **(bis) ins Unermessliche** {STEIGEN, WACHSEN}, a dismisura, (fino) all'inverosimile.

unermüdlich **A** adj {AUSDAUER, EIFER, EINSATZ, FLEISS, KÄMPFER} indefesso, instancabile, infaticabile; {ARBEITER, HELFER} auch indefesso; {BESTREBUNGEN, VERSUCHE} incessante; **in etw** (dat) **~ sein**, non stancarsi di fare qc; **sie ist ~ bei der Arbeit**, è una lavoratrice indefessa **B** adv {ARBEITEN, SICH EINSETZEN} instancabilmente, infaticabilmente, indefessamente.

Unermüdlichkeit <-, ohne pl> f instancabilità f, infaticabilità f.

unerquicklich adj geh → **unerfreulich**.

unerreichbar **A** adj **1** (nicht zu erreichen) {ORT} irraggiungibile, inaccessibile; {BERGSPITZE, HÖHE} auch inarrivabile: **für jdn ~ sein**, essere irraggiungibile per qu; **man muss alle Medikamente so stellen, dass sie für Kinder ~ sind**, bisogna bisogna conservare tutti i farmaci fuori dalla portata dei bambini; **in ~er Ferne**, irraggiungibile, lontanissimo **2** (nicht zu erzielen) {NIVEAU} irraggiungibile; {STANDARD, ZIEL} auch irrealizzabile; {REKORD} ineguagliabile **3** (telefonisch): **~ sein**, non essere (telefonicamente) raggiungibile/rintracciabile **B** adv: **etw für**

Kinder ~ aufbewahren, tenere qc fuori dalla portata dei bambini.

unerreicht adj {LEISTUNG, NIVEAU} mai raggiunto; {QUALITÄT} senza pari; {REKORD} ineguagliato.

unersättlich adj **1** (nicht zu stillen) {NEUGIER} insaziabile; {VERLANGEN} auch inappagabile **2** (überaus groß) {APPETIT, GIER, HUNGER} insaziabile **3** <präd> (nicht zufrieden zu stellen): **~ sein** {MENSCH}, essere insaziabile/incontentabile; **in etw** (dat) **~ sein**, non essere mai sazio di qc.

unerschlossen adj **1** (nicht erschlossen) {GEBIET, LAND} inesplorato: **~e Märkte**, mercati non sfruttati; **für den Tourismus noch ~e Regionen**, regioni non ancora turisticizzate/[ancora senza infrastrutture turistiche] **2** (ungenutzt) {BODEN, ENERGIEQUELLE, ERDÖLVORKOMMEN} non sfruttato.

unerschöpflich adj (nicht zu erschöpfen) {KRÄFTE, MITTEL, VORRÄTE} inesauribile **2** (grenzenlos) {EINFALLSREICHTUM, THEMA} inesauribile.

unerschrocken **A** adj {KÄMPFER} impavido lit, intrepido **B** adv impavidamente lit, intrepidamente; **für jdn/etw eintreten**, difendere qu/qc con indomito coraggio.

unerschütterlich **A** adj {VERTRAUEN, WILLE} incrollabile; {GLAUBE} auch inconcusso lit; {ÜBERZEUGUNG} fermo; {RUHE, WESEN} imperturbabile: **er/sie ist ~**, niente lo/la scuote; **in seiner Entscheidung ~ sein**, essere irremovibile nelle sue decisioni; **mit ~em Gleichmut**, con stoica imperturbabilità **B** adv fermamente, saldamente: **~ an etw** (akk) **glauben**, avere una fede incrollabile in qc; **er vertritt ~ seine Ideen**, difende le sue idee con incrollabile fermezza.

unerschwinglich **A** adj {LUXUSARTIKEL, WAGEN} inaccessibile, inavvicinabile; {PREIS} auch proibitivo: **für jdn ~ sein**, essere inaccessibile per qu; **der Preis ist ~ für uns**, il prezzo non è alla nostra portata **B** adv: **~ teuer sein**, avere un prezzo proibitivo, non essere accessibile per le tasche di qu.

unersetzlich adj **1** (nicht zu ersetzen) {KUNSTSCHÄTZE, WERTE} unico; {SCHADEN, VERLUST} irreparabile, irrimediabile: **eine Waschmaschine ist heute absolut ~**, oggi non si può assolutamente fare a meno della lavatrice **2** (nicht austauschbar) {MITARBEITER} insostituibile, indispensabile: **für jdn ~ sein**, essere insostituibile per qu; **sich für ~ halten**, credersi insostituibile/indispensabile.

unersprießlich adj geh → **unerfreulich**.

unerträglich **A** adj **1** (nicht zu ertragen) {HITZE, KÄLTE, LÄRM, SCHMERZEN} insopportabile, intollerabile; {SITUATION} auch insostenibile: **etw auch ~**, qc comincia a diventare/farsi insopportabile; **der Gedanke ist mir ~**, questo pensiero mi è insopportabile/intollerabile; **es ist mir ~, dass ...**, non sopporto che ...; **sein ständiges Gejammer ist ~!**, la sua lagna continua è insopportabile! **2** (unausstehlich) {BENEHMEN, MENSCH} insopportabile **B** adv (kaum zu ertragen): **es ist ~ heiß/kalt**, fa un caldo/freddo insopportabile; **es ist ~ laut**, c'è un rumore insopportabile; **~ voll sein** {LOKAL}, essere pieno da non poter respirare; **~ aggressiv sein**, essere di un'aggressività insopportabile.

unerwähnt adj non menzionato/citato, tralasciato: **~ bleiben/sein**, non essere menzionato, non trovare menzione; **etw ~ lassen**, non menzionare qc, non fare menzione/cenno di qc.

unerwartet **A** adj {BESUCH, NACHRICHT, WENDE} inaspettato, inatteso; {ABREISE, TOD} improvviso; {GLÜCK} inatteso, insperato

B adv {AUFTAUCHEN, SICH EREIGNEN} inaspettatamente; {ABREISEN, STERBEN} all'improvviso, improvvisamente: **die Nachricht kam für uns völlig ~**, la notizia ci giunse del tutto inattesa.

unerwünscht adj {BEGLEITERSCHEINUNG, NEBENWIRKUNG} indesiderato; {ANWESENHEIT, BESUCHER, FREMDE} auch sgradito, non gradito: **Sie sind hier ~!**, la Sua presenza qui non è gradita!

unerzogen adj {KIND} maleducato, screanzato.

UNESCO <-, ohne pl> f Abk von engl United Nations Educational, Scientific and Cultural Organization: UNESCO f.

unethisch adj non etico, antietico.

unfähig **A** adj **1** (außerstande) incapace: **~ sein, etw zu tun**, essere incapace/[non essere capace] di fare qc, non essere in grado di fare qc; **sie war ~, einen klaren Gedanken zu fassen**, (lei) era incapace di pensare con lucidità; **zu etw** (dat)/**einer S.** (gen) **geh ~** incapace di fare qc: **sie wäre ~ zu einem Verrat/[eines Verrats geh] ~**, sarebbe incapace di tradire; **er ist (zu) jeglicher Entscheidung ~**, non è in grado di prendere nessuna decisione **2** (inkompetent) {DIRIGENT, MITARBEITER, TECHNIKER} incapace, incompetente, inetto: **~ sein**, essere un incapace/un'incapace.

Unfähigkeit <-, ohne pl> f incapacità f: **jds ~, etw zu tun**, l'incapacità di qu di fare qc.

unfair **A** adj **1** (nicht fair) {MENSCH, MITTEL, VERHALTEN} sleale, scorretto: **das ist ~!**, non è leale/corretto! **2** sport {VERHALTEN} scorretto; {SPIEL} auch falloso **B** adv **1** (nicht fair) {HANDELN} in modo sleale/scorretto: **sich jdm gegenüber ~ verhalten**, comportarsi in modo sleale/scorretto nei confronti di qu **2** sport: **~ spielen**, fare gioco scorretto/falloso.

Unfall m incidente m; (bes. Arbeitsunfall) infortunio m: **ein ~ auf der Arbeitsstelle**, un infortunio sul lavoro; bes. Versicherung sinistro m; **gegen ~ versichert sein**, essere assicurato contro gli infortuni; **einen ~ bauen** fam, fare un incidente; **einen ~ haben** autom, avere un incidente; (bes. im Sport und bei der Arbeit) infortunarsi; **einen ~ verschulden/verursachen**, provocare/causare un incidente; **bei einem ~ ums Leben kommen**, morire/[perdere la vita] in un incidente; **ein tödlicher ~**, **ein ~ mit tödlichem Ausgang**/[Todesfolge], un incidente mortale; **in einen ~ verwickelt sein**, essere coinvolto in un incidente ● **größter anzunehmender ~ nukl** → **GAU**.

Unfallarzt m (**Unfallärztin** f) medico m traumatologo.

Unfallbeteiligte <dekl wie adj> mf adm persona f coinvolta in un incidente.

Unfallchirurg m (**Unfallchirurgin** f) traumatologo (-a) m (f), chirurgo m d'urgenza.

Unfallchirurgie f med traumatologia f, chirurgia f d'urgenza.

Unfallfahrer m (**Unfallfahrerin** f) investitore (-trice) m (f), automobilista mf che ha provocato un incidente.

Unfallflucht f jur fuga f (del conducente) dopo l'incidente, pirateria f della strada: **~ begehen**, darsi alla fuga dopo l'incidente.

unfallflüchtig adj: **~er Fahrer**, **~e Fahrerin**, pirata della strada.

Unfallfolgen subst <nur pl> med postumi m pl dell'incidente: **an den ~ sterben**, morire per le lesioni riportate nell'incidente.

unfallfrei **A** adj {FAHRER} che non ha mai avuto/causato incidenti; {FAHREN, ZEITRAUM} senza incidenti **B** adv {FAHREN} senza provocare incidenti.

Unfallgefahr f autom rischio m/pericolo m di incidenti.

Unfallhergang m dinamica f ˌdell'incidenteˌ/[dell'infortunio]/[del sinistro adm].

Unfallhilfe f **1** (Hilfeleistung) primi soccorsi m pl (sul luogo dell'incidente) **2** → **Unfallstation**.

Unfallkrankenhaus n ospedale m traumatologico, clinica f traumatologica.

Unfallmedizin f → **Unfallchirurgie**.

Unfallopfer n vittima f ˌdi un incidenteˌ/[dell'incidente].

Unfallort m luogo f ˌdell'incidenteˌ/[del sinistro adm].

Unfallquote f, **Unfallrate** f percentuale f di incidenti.

Unfallrente f pensione f derivante da un'assicurazione contro gli infortuni.

Unfallrisiko n rischio m di incidente.

Unfallschaden m adm danni m pl dovuti a un incidente.

Unfallschutz m adm prevenzione f antinfortunistica/[degli infortuni].

Unfallstation f (reparto m di) pronto soccorso m, reparto m traumatologico.

Unfallstatistik f adm statistica f degli incidenti.

Unfallstelle f → **Unfallort**.

Unfalltod m morte f accidentale: **bei ~**, in caso di morte accidentale.

Unfalltote <dekl wie adj> mf <meist pl> vittima f di un incidente; (bei Verkehrsunfällen) auch vittima f della strada.

unfallträchtig adj {KREUZUNG, STELLE} ad alto rischio di incidente.

Unfallursache f causa f dell'incidente.

Unfallverhütung f adm prevenzione f degli infortuni.

Unfallverletzte <dekl wie adj> mf ferito (-a) m (f) in un incidente.

Unfallversicherung f assicurazione f contro gli infortuni.

Unfallwagen m **1** (Rettungswagen) (auto)ambulanza f **2** (beschädigter Wagen) automobile f incidentata.

Unfallzeuge m (**Unfallzeugin** f) testimone m ˌdi un incidenteˌ/[dell'incidente].

unfassbar (a.R. unfaßbar) adj, **unfasslich** (a.R. unfäßlich) adj **1** (unbegreiflich) {PHÄNOMEN} inconcepibile, inafferrabile: **jdm/[für jdn] ~ sein**, essere inconcepibile per qu; **es ist ~, wie das passieren konnte**, è inconcepibile che (ciò) sia potuto accadere; **es ist jdm/[für jdn] ~, was/wie ...**, qu non riesce a capire ˌcosa cheˌ/[come] ... **2** (unerhört) {ARMUT, ELEND, GRAUSAMKEIT} inimmaginabile.

unfehlbar A adj {GESCHMACK, GESPÜR, INSTINKT} infallibile: **kein Mensch ist ~**, nessuno è infallibile; **sich für ~ halten**, credersi infallibile **B** adv immancabilmente, certamente, sicuramente: **Vorhersagen, die ~ eintreffen werden**, i pronostici che infallibilmente si avvereranno.

Unfehlbarkeit <-, ohne pl> f infallibilità f.

unfein A adj {BENEHMEN, MANIEREN} poco fine/educato: **das war aber sehr ~!**, ma che maleducazione!; **als ~ gelten**, essere considerato poco fine **B** adv {SICH AUSDRÜCKEN, SICH BENEHMEN} in modo poco fine/educato.

unfern präp adv → **unweit**.

unfertig adj **1** (noch nicht fertig gestellt) {ARBEIT} non finito/terminato; {THEORIE} incompiuto **2** (unreif) {MENSCH} immaturo: **(noch) ~ sein**, non essere (ancora) maturo.

unflätig geh pej **A** adj {BEMERKUNG, MENSCH, WORTE} scurrile, lubrico lit **B** adv {SICH AUSDRÜCKEN, SCHIMPFEN} in modo lubrico/scurrile.

unfolgsam adj disubbidiente, indocile: **ein ~es Kind** auch, un bambino che non dà retta.

unförmig A adj {HÄNDE, NASE} deforme; {GESTALT} fatto male; {MASSE} informe: **~ werden**, sformarsi **B** adv: **~ anschwellen**, gonfiare fino a deformarsi.

Unförmigkeit <-, ohne pl> f deformità f.

unfrankiert A adj {BRIEF, SENDUNG} non affrancato **B** adv {ABSCHICKEN} non affrancato, senza affrancatura.

unfrei A adj **1** (nicht frei) {LEBEN, MENSCH, VOLK} non libero: **~er sein**, essere meno libero **2** hist {SKLAVE} non affrancato: **~er Bauer**, servo della gleba **3** (nicht unabhängig) ~ (in etw dat) {IN EINER ENTSCHEIDUNG, WAHL} non libero (in qc): **in seinem Urteil ~ sein**, non avere serenità di giudizio **4** (verklemmt) inibito: **eine ~e Art haben**, avere un modo di fare poco spontaneo; **~ wirken**, sembrare in soggezione; **im Umgang mit anderen sein**, essere inibito nel rapporto con gli altri **5** (nicht frankiert) non affrancato, senza affrancatura **B** adv **1** hist (als Leibeigener) **~ leben**, vivere in schiavitù **2** (nicht frei): **jdn ~ erziehen**, allevare qu dandogli poca libertà; **unsere Eltern wurden viel ~er erzogen**, i nostri genitori sono stati allevati con molta meno libertà **3** (unfrankiert) {(VER)SCHICKEN} senza affrancatura, non affrancato (-a).

Unfreie <dekl wie adj> mf hist servo (-a) m (f).

Unfreiheit <-, ohne pl> f (Unterdrückung) schiavitù f, servitù f: **in ~ leben**, vivere in schiavitù; (mangelnde Freiheit) mancanza f di libertà.

unfreiwillig A adj **1** (gezwungen) {AUFENTHALT} forzato, obbligato: **meine Anwesenheit hier ist ~**, sono qui contro la mia volontà; **sein Erscheinen vor Gericht war ~**, fu costretto a comparire in tribunale (contro la sua volontà) **2** (unbeabsichtigt) {KOMIK, WITZ} involontario, non voluto: **~er Zeuge eines Streits sein/werden**, essere testimone involontario di un litigio, assistere involontariamente a un litigio **B** adv **1** (gezwungenermaßen): **etw ~ tun (müssen)**, (dover) fare qc contro la propria volontà, essere costretto a fare qc **2** (unbeabsichtigt) involontariamente: **ein ~es Bad nehmen**, fare un bagno involontario.

unfreundlich A adj **1** (unliebenswürdig) {ANTWORT, ART, MENSCH, VERHALTEN} scortese, sgarbato: **ein ~es Gesicht machen**, avere un'aria scostante/[poco affabile]; **ein ~er Empfang**, un'accoglienza poco ospitale; **~ sein**, essere poco gentile; **~ zu jdm sein**, essere scortese/sgarbato ˌnei confronti diˌ/[verso] qu; **das war sehr ~ von dir!**, è stato molto sgarbato/scortese da parte tua!, sei stato (-a) molto sgarbato (-a)/scortese! **2** (unangenehm) {GEGEND} poco accogliente, inospitale; {KLIMA} inclemente; {WETTER} auch brutto: **was für ein ~er Tag!**, che giornata uggiosa!; pol {AKT, HANDLUNG} ostile **B** adv {BEHANDELN, REAGIEREN} scortesemente, in maniera scortese, sgarbatamente, in modo sgarbato: **jdn ~ begrüßen**, accogliere/salutare qu sgarbatamente.

Unfreundlichkeit <-, -en> f **1** <nur sing> (unliebenswürdige Art) scortesia f, sgarbatezza f, mancanza f di gentilezza, carattere m sgarbato **2** (unfreundliche Bemerkung) scortesia f, (unfreundliche Handlung) auch sgarbo m.

Unfriede <-ns, ohne pl> m, **Unfrieden** <-s, ohne pl> m discordia f: **in ihrer Familie herrscht ~**, nella loro famiglia c'è discordia; **(mit jdm) in ~ leben/sein**, vivere/essere in discordia (con qu); **~ stiften**, fomentare/seminare la discordia; **sich im ~ trennen**, lasciarsi in malo modo.

UN-Friedenstruppe f pol forza f multinazionale di pace dell'ONU, caschi m pl blu.

unfrisiert A adj **1** (ungekämmt) {HAAR} spettinato, non pettinato: **~ sein**, non essere pettinato, essere spettinato **2** (nicht beschönigt) {BILANZ} non truccato; {BERICHT, ERGEBNIS} auch non ritoccato, non falsato **3** autom {MOFA, MOTORRAD} non truccato **B** adv (ungekämmt): **~ herumlaufen**, andare in giro spettinato (-a).

unfruchtbar adj **1** biol (zeugungsunfähig) {MANN} sterile; {FRAU, TAGE} auch infecondo: **jdn ~ machen**, rendere sterile qu; **eine ~e Ehe**, un matrimonio infecondo/[senza figli] **2** (wenig ertragreich) {ACKER, BODEN, LAND} infecondo, sterile, improduttivo **3** (ergebnislos) {AUSEINANDERSETZUNG, GESPRÄCH} infecondo, improduttivo, infruttuoso: **völlig ~e Diskussionen führen**, discutere e discutere senza approdare mai a nulla.

Unfruchtbarkeit <-, ohne pl> f **1** biol (Zeugungsunfähigkeit) {+MANN} sterilità f; {+EHE, FRAU} auch infecondità f **2** (geringe Fruchtbarkeit) {+ACKER, BODEN, LAND} infecondità f, sterilità f, improduttività f **3** (Ergebnislosigkeit) {+AUSEINANDERSETZUNG, DISKUSSION, GESPRÄCH} infecondità f, sterilità f, improduttività f, infruttuosità f.

Unfug <-(e)s, ohne pl> m sciocchezze f pl, stupidaggini f pl, scemenze f pl: **grober ~**, grande sciocchezza/idiozia; **red doch keinen ~!**, ma non dire sciocchezze! fam; **allerhand ~ treiben/machen**, combinarne/farne di tutti i colori.

Ungar <-n, -n> m (**Ungarin** f) ungherese mf.

ungarisch adj {LAND, SPRACHE} ungherese
● **die Ungarischen Tänze von Brahms** mus, le danze ungheresi di Brahms.

Ungarisch <-(s), ohne pl> n, **Ungarische** <dekl wie adj> n ungherese m; → auch **Deutsch, Deutsche**®.

Ungarn <-s> n geog Ungheria f.

ungastlich adj {LAND, LEUTE} inospitale, poco ospitale; {HAUS, ZIMMER} auch poco accogliente.

ungeachtet präp geh **~ einer S.** (gen) nonostante qc, malgrado qc: **~ der Geschwindigkeitsbegrenzung fuhr er über 150 km/h**, malgrado il limite di velocità guidava a più di 150 km/h; **aller Warnungen ~ nahm er an der Exkursion teil**, malgrado tutti gli avvertimenti partecipò all'escursione; **~ ˌder Tatsacheˌ/[dessen], dass sie gut war, wurde sie nicht eingestellt**, ˌmalgrado (il fatto che)ˌ/[benché] lei fosse brava non venne assunta.

ungeahnt adj <attr> {CHANCE, ENERGIE, MÖGLICHKEIT, REICHTÜMER, SCHÄTZE} insospettato; {SCHWIERIGKEIT} imprevisto: **in jdm schlummern ~e Fähigkeiten**, in qu sono nascoste delle capacità insospettate.

ungebärdig A adj {KIND} ricalcitrante, riottoso, ribelle; {PFERD} ricalcitrante, restio: **was für ein ~er kleiner Junge!**, che piccolo ribelle! **B** adv {SICH AUFFÜHREN, SICH VERHALTEN} in modo ricalcitrante, riottosamente, da ribelle.

ungebeten adj {BESUCH, BESUCHER} indesiderato, importuno: **ein ~er Gast**, un ospite importuno **B** adv {ERSCHEINEN, TEILNEHMEN} senza essere (stato) invitato; {SICH ÄUSSERN, SICH EINMISCHEN} in modo importuno, senza essere (stato) sollecitato.

ungebildet adj oft pej {MENSCH} incolto, non istruito, illetterato, ignorante: **~ sein**,

essere senza/[privo di] cultura.
ungeboren adj {KIND} non ancora nato, nascituro: **~es Leben schützen**, difendere il diritto alla vita; **~ sein**, non essere ancora nato; **das Ungeborene**, il nascituro.

ungebräuchlich adj {AUSDRUCK, METHODE, WORT, VERFAHREN} inconsueto, insolito, non usuale, inusitato, non comune: **dieses Wort ist ~**, questa parola non è di uso corrente.

ungebraucht adj {KINDERWAGEN, SCHUHE, STAUBSAUGER} non (ancora) usato/utilizzato, nuovo; {TASCHENTUCH} pulito, non (ancora) usato/utilizzato.

ungebrochen A adj {KRAFT, ZUVERSICHT} intatto; {MUT} indomito: **jds Lebenswille ist ~**, la voglia di vivere di qu è intatta B adv {WEITERKÄMPFEN, WEITERMACHEN} con spirito indomito geh.

ungebührlich A geh adj 1 (ungehörig) {TON, WORTE} sconveniente, inappropriato; {BENEHMEN} auch disdicevole, indecoroso 2 (unangemessen hoch) {FORDERUNG, PREIS} eccessivo, indecente fam B adv 1 (ungehörig) {SICH BENEHMEN} indecorosamente, in modo disdicevole/sconveniente, senza decoro 2 (übertrieben) {HOCH, TEUER} eccessivamente: **ein ~ hoher Preis**, un prezzo esorbitante.

ungebunden A adj 1 (frei) {DASEIN, LEBEN} libero, indipendente, ¸privo di¸/[senza] legami: **familiär ~ sein**, non avere legami/vincoli familiari; **noch ~ sein**, essere ancora libero, non essere impegnato, non avere legami sentimentali; **politisch ~ sein**, essere indipendente politicamente, non avere una precisa collocazione politica 2 (nicht gebunden) {BUCH} non (ri)legato; {BLUMENSTRAUSS} non legato; {SCHUHE} auch slacciato, sciolto B adv (frei): **frei und ~ leben**, condurre una vita libera e indipendente.

ungedeckt adj 1 bank {SCHECK} (allo) scoperto, a vuoto: **~ sein** {SCHECK}, essere allo scoperto 2 (noch nicht gedeckt) {TISCH} non apparecchiato 3 (ungeschützt) {SCHACHFIGUR} scoperto 4 sport {SPIELER} smarcato, scoperto; {TOR} sguarnito.

Ungeduld f 1 (Mangel an Geduld) impazienza f: **~ befällt/überkommt jdn**, qu viene preso (-a) dall'impazienza; **seine ~ bezähmen/zügeln**, dominare/frenare la propria impazienza; **voller ~ sein**, essere molto impaziente; **von ~ getrieben**, spinto dall'impazienza; **vor ~ fast vergehen**, non stare in sé dall'impazienza; **vor lauter ~ riss sie ihm den Brief aus der Hand**, era talmente impaziente che gli strappò la lettera di mano; **sie warteten mit ~**, aspettavano con impazienza, erano in impaziente attesa 2 (Mangel an Gleichmut) **über etw** (akk) insofferenza f verso qc, intolleranza f verso qc: **sie war voller ~ über seine Ungeschicklichkeit**, mostrava grande insofferenza per la sua imbranataggine.

ungeduldig A adj {ANTWORT, FRAGE, MENSCH} impaziente: **~ werden**, diventare impaziente, spazientirsi, impazientirsi; **das Warten machte ihn ~**, l'attesa lo rendeva impaziente/[spazientiva] B adv {ANTWORTEN, REAGIEREN, WARTEN} impazientemente, con impazienza, spazientito (-a): **~ auf und ab laufen**, camminare impazientemente su e giù; **die Kinder zählen ~ die Tage bis Weihnachten**, i bambini contano con impazienza i giorni che mancano a Natale.

ungeeignet adj 1 (sich nicht eignend) {MATERIAL, MITTEL, WERKZEUG} inadatto, inadeguato, inappropriato; {MOMENT} inopportuno: **im ~sten Augenblick**, nel momento meno opportuno; **das ist die ~ste Art, ihn zu überzeugen**, è l'atteggiamento meno indicato per convincerlo; **für etw** (akk)/**zu etw** (dat) **~ sein** {FÜR EINEN, ZU EINEM ZWECK}, ¸non essere adatto¸/[essere inadatto] a/per (fare) qc; **das Gerät ist für solche Rechnungen ~**, l'apparecchio è inadatto a (fare/eseguire) simili calcoli; **für lange Wanderungen sind diese Schuhe denkbar ~**, queste scarpe sono davvero inadatte alle lunghe camminate 2 (unfähig) {BEWERBER, MITARBEITER} inadatto: **für etw** (akk)**/zu etw** (dat) **~ sein** {FÜR EINEN, ZU EINEM BERUF, FÜR EINE, ZU EINER TÄTIGKEIT}, essere inadatto/inidoneo a (fare) qc; **sie ist für diese Aufgabe ~**, (lei) non è adatta a questo compito; **er ist zum Abteilungsleiter völlig ~**, è assolutamente inadatto/inidoneo a fare il caporeparto; **als etw** (nom) **~ sein**, {BEWERBER} essere inadatto come qc; **sie ist als Kindergärtnerin ~**, lei è inadatta/inadeguata a fare la maestra d'asilo.

ungefähr A adj <attr> {BERECHNUNG, KOSTEN, ÜBERSICHT} approssimativo; {AHNUNG, VORSTELLUNG} auch vago; {DATUM, WERT} indicativo, approssimativo: **nach ~en Schätzungen**, secondo calcoli approssimativi B adv 1 (zirka) circa, pressappoco, all'incirca, su per giù, più o meno: **der Tisch ist ~ zwei Meter lang**, il tavolo è lungo ¸all'incirca due metri¸/[due metri circa]; **es waren ~ 100 Leute auf dem Fest**, alla festa c'erano pressappoco/circa/[più o meno] 100 persone; **~ in zwei Monaten**, all'incirca fra due mesi, fra due mesi circa; **um wie viel Uhr kommst du ~ zurück?**, ¸a che ora circa¸/[più o meno a che ora] tornerai?; **~ um sieben, um sieben ~**, circa/intorno alle sette, alle sette circa; **die Reparatur wird ~ 100 Euro kosten**, la riparazione costerà circa/[su per giù]/[all'incirca]/[orientativamente] 100 euro, la riparazione costerà un centinaio di euro; (etwa) {DA, DORT, HIER, SO} all'incirca, pressappoco; **sag mir, wie/wo ~ ...**, dimmi all'incirca come/dove... 2 (grob) approssimativamente: **etw ~ berechnen**, fare un calcolo approssimativo di qc; **jdn/etw ~ beschreiben**, dare una descrizione approssimativa di qu/qc; **ein Datum ~ festlegen**, fissare indicativamente una data; **an welche Farbe hatten Sie denn ~ gedacht für das Schlafzimmer?**, a quale colore, per avere un'idea, aveva pensato per la camera da letto? 3 (in etwa) {RICHTIG SEIN, STIMMEN} pressappoco: **sich** (dat) **etw ~ vorstellen können**, potersi vagamente immaginare qc; **ich hatte mir das ~ so vorgestellt, dass wir erst essen und dann ...**, avevo pensato che prima avremmo mangiato e poi ...; **danke, dann weiß ich jetzt ~ Bescheid**, ok, ora so grazie, adesso so all'incirca dove devo andare; **können Sie mir ~ sagen/zeigen, wie/wo ...?**, potrebbe dirmi/mostrarmi all'incirca come/dove ...? ● **so ~** (so könnte man sagen), all'incirca, qualcosa del genere, più o meno: **ist der Wagen ein Geschenk? So ~!**, la macchina è un regalo? ¿Qualcosa del genere?/[Diciamo di sì]! fam; **so ~ habe ich mir das gedacht**, avevo pensato a qualcosa del genere; **nicht von ~** (nicht zufällig), non ¸a caso¸/[per combinazione]/[per niente/nulla]: **nicht von ~ geht es ihm jetzt viel besser**, non a caso adesso sta molto meglio; **etw ist/kommt nicht von ~**, qc non si ¸succede¸/[per caso]/[casualmente], qc non è una combinazione; **es kommt nicht von ~, dass man sie befördert hat**, non è ¸un caso¸/[casuale] che sia stata promossa.

ungefährdet A adj {AUFENTHALT, STRAßE, ÜBERQUERUNG, VIERTEL} senza pericoli B adv {SICH AUFHALTEN, SPIELEN, ÜBERQUEREN} senza correre rischi.

ungefährlich adj {ÜBUNG} non pericoloso/rischioso; {AKTION, SPIEL} auch senza pericoli, sicuro; {ARZNEIMITTEL, ERKRANKUNG, TIER} innocuo, non pericoloso: **~ sein**, non essere pericoloso; **das ist völlig ~!**, non c'è nessun pericolo!; **ein nicht ganz ~es Unterfangen/Unternehmen**, un'impresa non del tutto priva di rischi; **es ist** (ganz) **~, etw zu tun**, non c'è nessun pericolo a/nel fare qc; **es ist nicht ~, etw zu tun**, fare qc non è ¸privo di¸/[senza] pericoli/rischi.

ungefällig adj {KOLLEGE, MENSCH} poco disponibile.

ungefärbt adj {HAAR, LEDER, STOFF, WOLLE} naturale, non tinto; {LEBENSMITTEL} senza coloranti.

ungefragt adv {ANTWORTEN, DAZWISCHENREDEN, ETW SAGEN, STELLUNG NEHMEN} senza essere interpellato (-a).

ungehalten geh A adj {MIENE, TON} irritato, indispettito: **~ über jdn/etw sein**, essere irritato (con qu/per qc), essere contrariato/indispettito/seccato (per qc); **sie war sichtlich ~ über die Störung**, era visibilmente irritata/indispettita/contrariata per il disturbo; **die ständigen Fragen machten ihn ganz ~**, le continue domande lo irritavano non poco; **~ werden**, irritarsi/indispettirsi B adv {ANTWORTEN} in modo indispettito, con irritazione, contrariato (-a): **jds Stimme klingt ~**, la voce di qu suona irritata; **~ auf etw** (akk) **reagieren**, reagire ¸seccato (-a)¸/[con irritazione] a qc.

ungeheizt adj {HAUS, RAUM} non riscaldato.

ungehemmt A adj 1 (frei von Hemmungen) {MENSCH} disinvolto; (bes. sexuell) auch non represso 2 (durch nichts gehemmt) {ENTHUSIASMUS, LEIDENSCHAFT} sfrenato; {ZORN} incontrollato B adv 1 (frei) {REDEN, SPRECHEN} con disinvoltura; (über Sexuelles) senza inibizioni 2 (hemmungslos) {SCHREIEN, TOBEN, WEINEN} senza freno/ritegno, incontrollatamente.

ungeheuer A adj {AUFWAND, ENTFERNUNG, SUMME} immenso, enorme; {ANSTRENGUNG} auch immane; {EHRGEIZ} gigantesco, enorme; {LEISTUNG} straordinario; {FÄHIGKEIT, INTELLIGENZ, KENNTNISSE, KRAFT} mostruoso fam; {VERLUST} immenso, colossale, enorme: **ins Ungeheure steigen**, aumentare a dismisura B adv {GROß, HOCH, SCHÖN, TIEF, WICHTIG} enormemente, tremendamente fam; {DICK} paurosamente, da far paura; {INTELLIGENT, STARK} auch mostruosamente fam, tremendamente fam: **~ ärgerlich sein**, essere arrabbiato da far paura; **sich ~ klug vorkommen**, credersi un mostro d'intelligenza.

Ungeheuer <-s, -> n 1 (Fabeltier) orco m, mostro m 2 (Unmensch) mostro m, orco m.

ungeheuerlich adj (unerhört) pej {SKANDAL} enorme; {ANSCHULDIGUNG, BEHAUPTUNG} inaudito, scandaloso, mostruoso: **das ist ja ~!**, ma è uno scandalo! 2 → **ungeheuer**.

Ungeheuerlichkeit <-, -en> f mostruosità f, enormità f; (ungeheuerliche Äußerung) auch infamia f: **~en sagen**, dire delle enormità.

ungehindert A adj {BEWEGUNG} libero; {ARBEITEN} indisturbato (-a): **zu etw** (dat) **~en Zugang haben**, avere libero accesso a qc B adv {SICH AUSBREITEN, SICH BEWEGEN, PASSIEREN} liberamente.

ungehobelt adj 1 (roh) pej {BENEHMEN, MANIEREN, TON} grossolano, rozzo, volgare; {KERL} auch grezzo: **eine ~e Ausdrucksweise**, un linguaggio rozzo; **er ist ein derart ~er Klotz!**, è un tale grezzone! fam 2 (nicht gehobelt) {BRETT, TISCHPLATTE} non piallato, grezzo.

ungehörig A *adj* {BENEHMEN} sconveniente, indecoroso, disdicevole; {ANTWORT, ÄUSSERUNG, TON} impertinente: **es ist ~, mit vollem Mund zu sprechen**, non sta bene parlare con la bocca piena B *adv* {SICH AUFFÜHREN, SICH BENEHMEN} in modo sconveniente/disdicevole, indecorosamente.

Ungehörigkeit <-, -en> *f* sconvenienza *f*; {+ANTWORT, ÄUSSERUNG, TON} impertinenza *f*.

ungehorsam *adj* {KIND} disubbidiente, che non ubbidisce/[dà retta *fam*]: **(jdm gegenüber) ~ sein**, disubbidire (a qu).

Ungehorsam <-s, *ohne pl*> *m* disubbidienza *f* • **ziviler ~**, disubbidienza civile.

ungehört *adv* {VERHALLEN} inascoltato (-a).

Ungeist *m* spirito *m* nefasto: **der braune ~**, l'ideologia nazista.

ungekämmt A *adj* {HAAR} non pettinato, spettinato: **du bist noch ~**, non ti sei ancora pettinato (-a) B *adv* spettinato (-a), senza essersi pettinato (-a).

ungeklärt A *adj* 1 (*nicht gelöst*) {VERBRECHEN} insoluto, irrisolto, non risolto; {FALL, PROBLEM} *auch* aperto; {FRAGE} non chiarito, senza risposta: **aus noch ~er Ursache**, per motivi ancora non chiariti 2 *ökol* (*nicht geklärt*) {ABWÄSSER} non depurato B *adv ökol* {ABFLIESSEN, ABLASSEN, ABLEITEN} senza depurazione/[essere depurato]: **die Abwässer werden ~ abgeleitet**, le acque di scarico vengono fatte defluire senza essere state depurate.

ungekocht A *adj* {GEMÜSE, OBST} crudo, non cotto; {FLÜSSIGKEIT} non bollito B *adv*: **etw ~ essen**, mangiare qc crudo (-a); **etw ~ trinken**, bere qc senza averlo bollito.

ungekrönt *adj* {HERRSCHER} senza corona; {HAUPT} *auch* non coronato: **ein ~er König**, un re di fatto; **sie ist die ~e Königin des deutschen Films**, è la regina non ancora consacrata del cinema tedesco.

ungekündigt *adj* {ARBEITSVERHÄLTNIS} ancora esistente: **in einem ~en Arbeitsverhältnis stehen**, avere un rapporto di lavoro ancora in corso; **~/[in ~er Stellung] sein**, essere (ancora) sotto contratto; **sich aus ~er Stellung bewerben**, fare una domanda di lavoro essendo ancora sotto contratto altrove.

ungekünstelt A *adj* {MENSCH} non affettato, spontaneo, naturale; {ART, BENEHMEN} *auch* non artificioso B *adv* {AUFTRETEN, SICH BENEHMEN} in modo non artificioso, senza affettazione, con naturalezza.

ungekürzt A *adj* {AUSGABE, TEXT} integrale; {FILM} in versione integrale; {BUCH, ROMAN} *auch* in edizione integrale B *adv* integralmente, in versione integrale: **~ erscheinen/[auf den Markt kommen]**, uscire (sul mercato) in edizione/versione integrale; **etw ~ herausgeben**, fare uscire qc in edizione/versione integrale.

ungeladen *adj* 1 (*nicht geladen*) {WAFFE} scarico, non carico 2 (*nicht eingeladen*) {BESUCHER, GAST} non invitato.

ungelegen *adj* {BESUCHER} inopportuno; {BESUCH} *auch* intempestivo; {MOMENT, ZEITPUNKT} poco opportuno/adatto: **zu ~er Stunde**, in un momento poco opportuno • **~ kommen: komme ich ~?**, disturbo?; **entschuldige, wenn ich ~ komme, aber ...**, scusa se capito in un brutto momento, ma ...; **du kommst leider sehr ~, ich muss weg**, purtroppo capiti in un momento poco felice, (io) devo uscire; **jdm ~ kommen** {BESUCH, EINLADUNG, TERMIN}, arrivare (a qu) nel momento sbagliato/[in un momento poco opportuno].

Ungelegenheit *f* fastidio *m*, noia *f*: **jdm ~en bereiten/machen**, creare/procurare fastidi a qu; **ich hoffe, das bereitet Ihnen keine ~en**, spero che ciò non Le crei dei fastidi.

ungelenk A *adj* 1 (*ungeschickt*) {MENSCH} goffo, maldestro; {BEWEGUNGEN} *auch* impacciato 2 (*unausgeschrieben*) {HANDSCHRIFT} incerto B *adv* {SICH BEWEGEN} goffamente, in modo goffo/maldestro.

ungelenkig *adj* {MENSCH} poco agile, rigido; {KÖRPER} *auch* poco flessuoso.

Ungelenkigkeit <-, *ohne pl*> *f* mancanza *f* di agilità, rigidità *f*; {+KÖRPER} *auch* mancanza *f* di flessuosità.

ungelernt *adj* {ARBEITER, ARBEITSKRAFT} non qualificato.

ungeliebt *adj* 1 (*nicht geliebt*) {KIND} non amato, poco amato: **ein ~er Partner**, un partner che non si ama 2 (*nicht gemocht*) {ARBEIT, BERUF} che non piace, che non si ama.

ungelogen *adv fam*: **~ !**, veramente!, per davvero!; **und dann hat sie ihm eine geknallt, ~!**, e poi gli ha mollato uno schiaffo, senza scherzi!; **er hat ~ 50 000 Euro für das Auto bezahlt**, non dico bugie, ha sborsato 50 000 euro per la macchina.

ungelöst *adj* {PROBLEM, RÄTSEL} insoluto, irrisolto, non risolto; {FALL} *auch* non chiarito, aperto: **~ bleiben**, rimanere insoluto (-a)/irrisolto (-a).

Ungemach <-(e)s, *ohne pl*> *n geh obs* avversità *f pl*, traversie *f pl*, contrarietà *f pl*: **sie hat in ihrem Leben bitteres ~ erfahren müssen**, in vita sua ha conosciuto gravi avversità.

ungemacht *adj* {BETT} non rifatto, sfatto.

ungemahlen *adj* {GETREIDE} non macinato; {KAFFEE} *auch* in chicchi.

ungemein A *adj* {AUFSEHEN} enorme; {EINSATZ, INTERESSE} *auch* straordinario; {ERINNERUNGSVERMÖGEN, FÄHIGKEITEN} eccezionale, straordinario; **in etw (dat) ~e Fortschritte machen**, fare passi da gigante/[enormi progressi] in qc B *adv* {SICH EINSETZEN, SICH ENGAGIEREN, SICH FREUEN, SICH INTERESSIEREN} immensamente, enormemente; {GROSSZÜGIG} incredibilmente, estremamente; {EITEL, INTERESSANT, SPANNEND, WICHTIG} *auch* tremendamente.

ungemütlich A *adj* 1 (*nicht gemütlich*) {LOKAL, RAUM, WOHNUNG} non/poco confortevole, poco accogliente: **irgendwo ist es ~**, qc è poco confortevole 2 (*unangenehm*) {ATMOSPHÄRE, STIMMUNG} sgradevole, spiacevole, antipatico; {WETTER} brutto, uggioso: **ich fand es auf der Party ziemlich ~**, non mi sentivo per niente a mio agio alla festa; **jdm wird es irgendwo ~**, qu comincia a sentirsi a disagio • **compl di luogo** B *adv* {EINGERICHTET} in modo poco confortevole/accogliente: **es ist ~ kalt draußen**, fuori c'è un freddo che (ti) penetra nelle ossa; **auf diesem Sessel sitzt man ~**, su questa poltrona si sta scomodi • **~ werden** *fam* (*grob werden*), diventare sgradevole/antipatico (-a); **der kann ganz schön ~ werden**, quello ti può diventare proprio antipatico/sgradevole; **jetzt werd' ich gleich ~!**, adesso mi arrabbio!

Ungemütlichkeit <-, *ohne pl*> *f* 1 (*mangelnde Gemütlichkeit*) mancanza *f* di confortevolezza/comfort 2 (*Unerfreulichkeit*) {+ATMOSPHÄRE, STIMMUNG} sgradevolezza *f*, spiacevolezza *f*.

ungenannt *adj* {AUTOR, HELFER, SPENDER} anonimo: **~ bleiben**, rimanere anonimo (-a)/[nell'anonimato].

ungenau A *adj* 1 (*unexakt*) {ANZEIGE, MESSUNG, RECHNUNG} inesatto 2 (*nicht genau*) {BESCHREIBUNG, FORMULIERUNG, ÜBERSETZUNG} impreciso, approssimativo; {ERINNERUNG} vago, indefinito: **jd ist (in etw dat) ~**, qu è impreciso/[non è preciso] (in qc) 3 (*nachlässig*) {ARBEIT, AUSFÜHRUNG} impreciso, non accurato B *adv* 1 (*unexakt*) {MESSEN} in modo inesatto: **die Uhr geht ~**, l'orologio non è esatto/[indica l'ora esatta] 2 (*nicht genau*) {SICH AUSDRÜCKEN, BESCHREIBEN, FORMULIEREN} in modo impreciso/approssimativo: **sich ~ (an etw akk) erinnern**, ricordarsi vagamente di qc, avere un ricordo impreciso di qc; **etw nur ~ beschreiben**, descrivere qc approssimativamente 3 (*nachlässig*) {ARBEITEN, ÜBERSETZEN} in modo impreciso: **zu ~ arbeiten**, lavorare con troppa approssimazione.

Ungenauigkeit <-, -en> *f* 1 <*nur sing*> (*Unexaktheit*) {+ANZEIGE, MESSUNG, RECHNUNG} inesattezza *f* 2 <*nur sing*> (*mangelnde Genauigkeit*) {+BESCHREIBUNG, FORMULIERUNG} imprecisione *f*, carattere *m* approssimativo; {+ERINNERUNG} vaghezza *f* 3 (*ungenaue Arbeit*) imprecisione *f*, inesattezza *f*.

UN-Generalsekretär *m* (*UN-Generalsekretärin f*) segretario *m* generale dell'ONU.

UN-Generalversammlung *f* assemblea *f* generale dell'ONU.

ungeniert A *adj* {ART, BENEHMEN} disinvolto: **klar will ich noch ein Stück Kuchen, da bin ich völlig ~!**, certo che voglio ancora un pezzo di torta, non faccio complimenti! B *adv* {SICH BENEHMEN, FRAGEN} con disinvoltura, in modo disinvolto, senza imbarazzo; {SICH AUSZIEHEN} *auch* senza inibizioni: **greift bitte ~ zu!**, servitevi, non fate/[senza complimenti]!

Ungeniertheit <-, *ohne pl*> *f* disinvoltura *f*: **etw mit völliger ~ tun**, fare qc con la massima disinvoltura.

ungenießbar *adj* 1 (*nicht essbar*) {BEEREN, PILZE} non commestibile 2 (*schlecht schmeckend*) {BRATEN, GEMÜSE, SUPPE} immangiabile, improponibile; {BIER, WEIN} imbevibile 3 *fam scherz* (*unausstehlich*) {CHEF, KOLLEGE} intrattabile, insopportabile: **sie ist heute ~!**, oggi ha la luna di traverso/[storta]!

ungenügend A *adj* 1 (*unzureichend*) {BELEUCHTUNG, ERNÄHRUNG, PFLEGE, VORBEREITUNG} insufficiente 2 <*inv*> *Schule* insufficiente: **jd hat ~ in Geschichte/Mathematik**, qu ha preso un'insufficienza/[è insufficiente] in storia/matematica B *adv* (*unzureichend*) {BELEUCHTEN, SICH ERNÄHREN, VORBEREITEN} insufficientemente, in modo insufficiente.

ungenutzt A *adj* {BODENSCHÄTZE, ENERGIEQUELLEN} inutilizzato, non sfruttato; {CHANCE, GELEGENHEIT} mancato, non colto; {MOMENT} non sfruttato/colto B *adv*: **etw ~ verstreichen/vorübergehen lassen** {DIE GUNST DER STUNDE, EINEN GÜNSTIGEN MOMENT}, far passare qc senza coglierlo/approfittarne; **eine Gelegenheit ~ lassen**, non cogliere/[lasciarsi scappare]/[perdere] un'occasione.

ungeordnet *adj* non ordinato, disordinato, in disordine: **die Anträge sind noch ~**, le domande non sono ancora state messe in ordine; **warum sind die Unterlagen ~?**, perché i documenti sono in disordine?

ungepflegt *adj* 1 (*nicht gepflegt*) {FINGERNÄGEL, HAARE, HÄNDE} non curato; {KLEIDUNG} *auch* trascurato, trasandato; {BART, HAARE} incolto; {MENSCH} non curato, trasandato: **ein ~es Äußeres**, un'apparenza poco curata; **~ wirken**, avere un'aria trasandata 2 (*vernachlässigt*) {GARTEN, PARK, WEG} trascurato, non curato, abbandonato.

ungeprüft A *adj* {ANGABE, DETAIL, NACHRICHT, ZAHL} non verificato/accertato B *adv*: **etw ~ abdrucken/veröffentlichen**, dare qc alle stampe⌋/[pubblicare qc] senza averne appurato la veridicità.

ungerade adj math {ZAHL} dispari.

ungerecht Ⓐ adj {BEURTEILUNG, LEHRER, ZENSUR} ingiusto; {RICHTER, URTEIL} auch iniquo: **das war wirklich ~!**, è stato veramente ingiusto!; ⌊**gegen jdn**⌋/**[jdm gegenüber] ~ sein**, essere ingiusto nei confronti di qu; **es ist ~ (von jdm), etw zu tun**, è ingiusto (da parte di qu) fare qc Ⓑ adv {BEHANDELN, BENOTEN, URTEILEN, SICH VERHALTEN} in modo ingiusto, ingiustamente.

ungerechterweise adv {AUSSCHLIESSEN, BESTRAFEN, ENTFERNEN} ingiustamente.

ungerechtfertigt Ⓐ adj {VERDACHT, VORWURF} ingiustificato, immotivato Ⓑ adv {JDN BESCHULDIGEN, JDN VERDÄCHTIGEN, JDM ETW VORWERFEN} senza motivo.

Ungerechtigkeit <-, -en> f **1** <nur sing> (das Ungerechtsein) {+BEHANDLUNG, VERHALTEN} ingiustizia f; {+URTEIL} auch iniquità f; {+VERTEILUNG} non equità f **2** (Unrecht) ingiustizia f, torto m: **~en im Sozialwesen abschaffen**, eliminare le iniquità dal sistema sociale; **sich gegen eine ~ auflehnen**, ribellarsi a un'ingiustizia; **eine ~ erleiden**, subire un torto • **so eine ~!**, che ingiustizia!

ungereimt Ⓐ adj **1** (verworren) {GEREDE, WORTE} insensato, confuso: **~es Zeug reden**, dire cose insensate/[senza capo né coda]/[che non stanno in piedi] **2** (ohne Reim) {GEDICHT} non in rima; {VERSE} auch sciolto, non rimato Ⓑ adv: **~ klingen**, non avere né capo né coda.

Ungereimtheit <-, -en> f incongruenza f, discrepanza f: **nur ~en von sich (dat) geben**, dire soltanto delle cose insensate/[che non stanno né in cielo né in terra].

ungern adv malvolentieri, controvoglia, di malavoglia: **er geht nur ~ ins Theater**, non va volentieri a teatro; **wenn du nur ~ mitgehst, dann bleibe lieber zu Hause**, se vieni controvoglia/[di malavoglia], è meglio che tu rimanga a casa; **euer Vater sieht es sehr ~, dass ihr jeden Abend ausgeht**, vostro padre non vede per niente di buon occhio il fatto che voi usciate tutte le sere; **er arbeitet/verreist höchst ~**, non gli piace affatto lavorare/viaggiare; **sie tut das gar nicht mal so ~**, in fondo non le dispiace troppo farlo; **er hat es höchst ~ getan**, lo ha fatto proprio malvolentieri (**höchst**) **~!**, non farei volentieri a meno!, se proprio devo!

ungerührt Ⓐ adj {GESICHTSAUSDRUCK, MIENE} impassibile: **~ (von etw dat) bleiben/sein**, essere/rimanere perfettamente impassibile (di fronte a qc); **etw (dat) mit ~ er Miene beiwohnen**, assistere a qc impassibile, non venire toccato (-a) da qc; **~ von ihren Bitten packte er seine Koffer und ging**, indifferente alle sue preghiere fece le valigie e se ne andò Ⓑ adv {WEITERMACHEN} come se niente fosse; {ZUSCHAUEN} con impassibilità: **eine Kränkung ~ hinnehmen**, incassare un'offesa senza battere ciglio; **er sprach ~ weiter**, continuava a parlare imperterrito.

ungesalzen adj {BROT, ESSEN} senza sale; {GERICHT} auch non salato, insipido, scipito.

ungesättigt adj chem {LÖSUNG, SÄURE} insaturo: **~e Fettsäuren**, acidi grassi insaturi.

ungesäuert adj: **~es Brot**, pane azzimo.

ungeschält adj {GETREIDE, REIS} non mondato/decorticato; {KARTOFFEL, OBST} non sbucciato, non mondato lit; {ERBSEN} non sgusciato: **~e Tomaten verwenden** (in einem Rezept), prendere i pomodori senza pelarli.

ungeschehen adj: **das ist nicht mehr ~ zu machen!**, ormai ⌊è fatta/andata fam⌋/[non si torna più indietro!]; **ich wünschte, ich könnte es ~ machen!**, quanto vorrei poter tornare indietro!

Ungeschicklichkeit <-, -en> f **1** <nur sing> (ungeschickte Art) goffaggine f, imbranataggine f: **~ in praktischen Dingen**, imbranataggine nelle cose pratiche; **~ im Umgang mit Werkzeug**, mancanza di destrezza nel maneggiare gli arnesi da lavoro; **das ist wegen ihrer ~ passiert**, è successo perché è maldestra; **so eine ~!**, si può essere più maldestri?! **2** <nur sing> (undiplomatische Art) mancanza f di tatto/diplomazia **3** (undiplomatische Äußerung oder Handlung) gaffe f.

ungeschickt Ⓐ adj **1** (unbeholfen) {BEWEGUNG} impacciato; {ART, MENSCH} maldestro, goffo: **du bist wirklich zu ~!**, sei veramente troppo imbranato (-a)! **2** (unbedacht) {BEMERKUNG, VERHALTEN} poco diplomatico, inopportuno, sconveniente: **du solltest etwas weniger ~ sein in deinen Äußerungen**, dovresti usare un po' più di tatto quando parli; **das war sehr ~ von dir!**, hai fatto proprio una gaffe! Ⓑ adv {SICH AUSDRÜCKEN} in modo poco felice; {SICH BEWEGEN} in modo goffo, goffamente: **stell dich nicht so ~ an!**, (cerca di) non essere così maldestro (-a)!

Ungeschicktheit <-, ohne pl> f → **Ungeschicklichkeit**.

ungeschlacht adj pej **1** (wuchtig) {KÖRPERBAU, MENSCH} massiccio; {HÄNDE} tozzo **2** (grob) {ART, BENEHMEN} rozzo, grossolano; {SITTEN} barbaro.

ungeschlagen adj {MANNSCHAFT, REKORD} imbattuto: **~ bleiben**, rimanere imbattuto (-a).

ungeschlechtlich adj biol {FORTPFLANZUNG} asessuale, asessuato.

ungeschliffen adj **1** (nicht geschliffen) {EDELSTEIN} grezzo, greggio, non levigato **2** pej (taktlos) {AUFTRETEN, BENEHMEN} grezzo, rozzo: **ein ~er Kerl**, un grezzo/primitivo/cafone.

ungeschmälert geh Ⓐ adj **1** (uneingeschränkt) {AUTORITÄT, DANK, FREIHEIT, RECHT} pieno: **sich ~er Beliebtheit erfreuen**, godere di immutata popolarità **2** (ohne finanzielle Einbuße) {+EINKOMMEN, RENTE} pieno, intero Ⓑ adv (in vollem Umfang) {BESTEHEN BLEIBEN, ERHALTEN BLEIBEN} completamente, interamente, nella sua interezza.

ungeschminkt adj **1** (nicht geschminkt) {GESICHT, LIPPEN} non truccato, senza trucco: **~ sein**, non essere truccato **2** (unbeschönigt) **die ~e Wahrheit**, la verità ⌊nuda e cruda⌋/[pura e semplice].

ungeschoren Ⓐ adj {FELL, SCHAF} non tosato Ⓑ adv: (noch einmal) **~ davonkommen** (körperlich und seelisch unversehrt), uscirne indenne/illeso (-a); (ungestraft) farla franca fam; **ich bin bei der Verkehrskontrolle ~ davongekommen**, l'ho passata liscia al controllo stradale • **~ bleiben**, passarla liscia, farla franca fam; **jdn ~ lassen**, lasciar andare qu.

ungeschrieben adj {GESETZ} non scritto; {RECHT} consuetudinario: **~ bleiben** {ARTIKEL, BUCH}, non essere/venire mai scritto (-a); **etw ~ lassen**, astenersi dallo scrivere qc.

ungeschult adj {PERSONAL} non qualificato: **in etw (dat) ~ sein**, essere inesperto in qc.

ungeschützt Ⓐ adj non protetto; mil indifeso, sguarnito; inform {DATEN} non protetto; sport {TOR} sguarnito Ⓑ adv senza protezione; mil senza copertura: **~ (mit jdm) Geschlechtsverkehr haben**, avere dei rapporti (sessuali) non protetti (con qu); **~ in die Sonne gehen**, esporsi al sole senza protezione.

ungesehen adv {VERSCHWINDEN, WEGGEHEN} senza essere visto (-a), inosservato (-a).

ungesellig adj **1** (nicht gesellig) {CHARAKTER, MENSCH} non/poco socievole: **ein ziemlich ~er Typ**, un orso **2** biol {ARTEN, VÖGEL} non gregario.

ungesetzlich Ⓐ adj {HANDLUNG, VORGEHEN} illegale Ⓑ adv {HANDELN} in modo illegale, illegalmente: **~ vorgehen**, procedere in modo illegale.

Ungesetzlichkeit <-, ohne pl> f illegalità f.

ungesichert adj {FINANZIERUNG, KREDIT} non garantito; {SCHUSSWAFFE} senza sicura; {BAUSTELLE} non segnalato; inform {DATEN} non protetto.

ungesittet Ⓐ adj {BENEHMEN} incivile, inurbano geh Ⓑ adv {SICH BENEHMEN} in modo incivile, da maleducato.

ungestempelt adj {BRIEFMARKE} non timbrato.

ungestillt adj geh {NEUGIER} insoddisfatto, inappagato: **die ~e Sehnsucht nach einer Person**, il desiderio inappagato di una persona; **jds Wissensdurst bleibt ~**, la sete di sapere di qu rimane inappagata.

ungestört Ⓐ adj {ARBEITEN, SPIELEN, UNTERHALTUNG} indisturbato, tranquillo; {FERNSEH-, RADIOSENDER} senza interferenze: **irgendwo ~ sein**, starsene tranquillo (-a) + compl di luogo; **ich möchte bitte für die nächsten Stunden ~ bleiben**, non vorrei essere disturbato (-a) nelle/[per le] prossime ore; **ein ~es Arbeiten ist unter diesen Umständen nicht möglich**, è assolutamente impossibile lavorare indisturbati in queste condizioni Ⓑ adv {ARBEITEN, LESEN} tranquillamente, in pace, indisturbato (-a): **kann man denn nicht einmal ~ die Zeitung lesen?**, non è neanche possibile leggersi il giornale ⌊in santa pace⌋/[senza essere disturbati]?

ungestraft adv impunito: **~ davonkommen**, farla franca fam.

ungestüm geh Ⓐ adj {BEGRÜSSUNG, UMARMUNG} impetuoso; {ART, TEMPERAMENT} auch irruente: **~e Proteste wurden laut**, si alzarono veementi proteste Ⓑ adv {BEGRÜSSEN, KÜSSEN, UMARMEN} con impeto; {HANDELN} con irruenza: **~ um etw (akk) bitten**, chiedere qc con veemenza; **~ protestieren**, protestare con veemenza.

Ungestüm <-s, ohne pl> n geh **1** (ungestümer Charakter) impetuosità f, irruenza f, veemenza f **2** (ungestümes Verhalten) impeto m, veemenza f, foga f: **mit jugendlichem ~**, con impeto giovanile.

ungesühnt adj geh {TAT, VERBRECHEN} non espiato, inespiato rar.

ungesund Ⓐ adj **1** (der Gesundheit abträglich) {ERNÄHRUNG} malsano; {KLIMA} auch insalubre: **Rauchen ist ~**, il fumo fa male **2** (kränklich) {BLÄSSE} malsano: **~ aussehen**, avere una brutta cera **3** (anormal) {EHRGEIZ, EIFERSUCHT} malsano, insano: **eine ~e Entwicklung**, uno sviluppo malsano Ⓑ adv {SICH ERNÄHREN} in modo malsano: **~ leben**, fare una vita malsana • **allzu viel ist ~** prov, il troppo stroppia prov.

ungesüßt adj non dolcificato; (ohne Zucker) non zuccherato, senza zucchero: **eine ~e Marmelade**, una marmellata senza zucchero.

ungeteilt adj **1** (durch nichts beeinträchtigt) {BEACHTUNG, BEIFALL, INTERESSE} generale; {ZUSTIMMUNG} auch unanime: **mit ~er Freude**, con gioia assoluta **2** (nicht geteilt) {BESITZ} indiviso.

ungetrübt adj {AUFENTHALT, URLAUB} sereno, non turbato da niente: **sein Glück blieb leider nicht ~**, la sua felicità venne purtroppo offuscata.

Ungetüm <-(e)s, -e> n **1** (Monster) mostro m **2** fam (riesiger Gegenstand) catafalco m:

was (für) ein ~ von (einem) Schreibtisch!, questa scrivania è un catafalco!

ungeübt adj {Fahrer, Redner} inesperto; {Sportler} non allenato; {Auge, Gedächtnis, Hände, Ohr, Stimme} auch non esercitato: **in etw (dat) ~ sein** {im Malen, Schreiben}, non avere la mano allenata a qc; **die Hände sind nach der langen Krankheit völlig ~**, dopo la lunga malattia le mani sono completamente fuori esercizio.

ungewaschen A adj {Kleidungsstück, Obst, Salat} non lavato: **mit ~en Händen**, con le mani sporche/sudicie B adv {ins Büro gehen, zum Frühstück kommen} senza essersi lavato (-a).

ungewiss, a.R. ungewiß adj 1 (unsicher) {Ausgang, Schicksal, Zukunft} incerto: **der Ausgang der Verhandlungen ist noch ~**, l'esito delle trattative è ancora incerto; **es ist noch ~, ob das Konzert stattfindet**, non si sa ancora se il concerto avrà luogo 2 geh (unbestimmbar) {Farbe} indefinibile, incerto; {Ängste} indefinibile, vago • **ins Ungewisse: ein Sprung ins Ungewisse**, un salto nel buio; **eine Reise ins Ungewisse**, un viaggio senza meta; **etw im Ungewissen lassen** {Absichten, Vorhaben}, essere vago ˌriguardo aˌ/[circa] qc; **jdn (über etw akk) im Ungewissen lassen**, lasciare qu nell'incertezza (riguardo a qc), tenere in sospeso qu (riguardo a qc); **sich (dat) über etw (akk) ~/im Ungewissen sein**, essere incerto suˌ/[riguardo a] qc; **sie ist sich noch im Ungewissen, ob sie die Stelle annehmen soll oder nicht**, è ancora in dubbio se accettare il posto oppure no; **jd ist sich im Ungewissen, was er tun soll**, qu è incerto sul da farsi.

Ungewissheit (a.R. Ungewißheit) <-, -en> f incertezza f: **eine lähmende/quälende ~**, un'incertezza ˌche paralizzaˌ/[angosciosa]; **die ~ nicht ertragen können**, non poter sopportare l'incertezza.

ungewöhnlich A adj 1 (unüblich) {Farbe, Form, Methode, Schnitt} inusuale, insolito, inconsueto; {Bitte, Phänomen, Verhalten, Vorfall} auch diverso dal solito, singolare; {Ausdruck, Wort} inusitato, inusuale, insolito, inconsueto: **es ist ~, dass sie nicht angerufen hat**, è strano che (lei) non abbia chiamato; **für jdn ~ sein**, non rientrare nelle abitudini di qu; **so lange zu schlafen, ist ganz ~ für ihn**, non è da lui dormire fino a tardi; **es ist gar nichts ~ daran, dass ...**, non c'è per niente strano che ...; **was ist denn daran ~?**, cosa c'è di strano in questo?; **er ist zu einer ~en Zeit gekommen**, è venuto a un'ora insolita/inconsueta; **etwas/nichts Ungewöhnliches**, qualcosa/niente di strano 2 (außergewöhnlich) {Hitze, Kälte} eccezionale; {Begabung, Leistung, Schönheit} auch straordinario, fuori del comune B adv 1 (in unüblicher Weise) {sich verhalten} in modo insolito; {sich ausdrücken} auch in modo strano: **sich ~ kleiden**, vestire in modo stravagante/bizzarro 2 (außergewöhnlich) {heiß, kalt} eccezionalmente; {intelligent, schön, schwer, stark} auch straordinariamente.

ungewohnt adj {Anblick, Freundlichkeit, Klima} insolito; {Umgebung} nuovo, non familiare: **zu ~er Stunde**, a un'ora insolita; **etw ist jdm ~**, qc è nuovo per qu, qu non è abituato a qc; **es ist mir alles noch so ~!**, per me è ancora tutto nuovo!

ungewollt A adj {Kränkung, Verstoß} involontario; {Kind, Schwangerschaft} non voluto, non desiderato: **das war ~**, non era nelle mie/sue/loro ... intenzioni B adv involontariamente, senza volere.

ungezählt adj <attr> : **~e Male**, innumerevoli volte.

Ungeziefer <-s, ohne pl> n insetti m pl nocivi, (insetti m pl) parassiti m pl.

ungezogen A adj 1 (unartig) {Kind} maleducato: **sei nicht so ~!**, non essere maleducato!; **es ist sehr ~, sich so zu benehmen**, è da maleducati comportarsi così; **das war wirklich ~ von dir**, ti sei comportato (-a) veramente da maleducato (-a) 2 (frech) {Antwort} insolente, impertinente; {Benehmen} da maleducato/insolente B adv {sich benehmen, sich verhalten} con insolenza, da maleducato (-a).

Ungezogenheit <-, -en> f 1 <nur sing> (das Unartigsein) maleducazione f 2 (freche Äußerung oder Handlung) insolenza f, impertinenza f.

ungezügelt adj {Hass} sfrenato: **ein ~es Temperament haben/besitzen**, avere un carattere irruento.

ungezwungen A adj {Atmosphäre, Unterhaltung} rilassato; {Benehmen, Mensch, Verhalten} disinvolto, spontaneo, naturale; {Art, Mensch} spigliato B adv {sich benehmen, bewegen, umgehen} disinvoltamente, in modo spontaneo, con disinvoltura, con spontaneità; {reden} in modo spigliato, con spigliatezza; {sich unterhalten} in modo rilassato.

Ungezwungenheit <-, ohne pl> f {+Art, Benehmen, Mensch} disinvoltura f, spigliatezza f, spontaneità f, naturalezza f; {+Unterhaltung} naturalezza f.

ungiftig adj {Beeren, Pilze} non velenoso; {Gas} non tossico/venefico.

Unglaube <-n, ohne pl> m 1 (Skepsis) scetticismo m; (bes. im Gesichtsausdruck) incredulità f 2 relig miscredenza f.

unglaubhaft adj {Bericht, Darstellung, Version} inverosimile, non credibile: **~ klingen**, non essere credibile; **seine Darstellung der Tatsachen war völlig ~**, la sua descrizione dei fatti non era per niente convincente; **in der Rolle des feurigen Liebhabers ist er absolut ~**, nel ruolo dell'amante passionale non è per niente credibile.

ungläubig A adj <attr> 1 (Zweifel erkennen lassend) {Lächeln, Staunen} incredulo; {Blick, Gesichtsausdruck} auch scettico 2 relig {Mensch} miscredente; (nicht an denselben Gott glaubend) infedele B adv {Lächeln} con incredulità; {Anschauen, Gucken} auch con scetticismo.

Ungläubige <dekl wie adj> mf relig miscredente mf; (Person, die nicht an denselben Gott glaubt) infedele mf: **der Heilige Krieg gegen die ~n**, la Guerra Santa contro gli infedeli.

Ungläubigkeit <-, ohne pl> f incredulità f; (im religiösen Sinn) mancanza f di fede, miscredenza f pej.

unglaublich A adj 1 pej (unerhört) {Auftreten, Benehmen, Frechheit, Unverschämtheit} inaudito, incredibile 2 (nicht glaubhaft) {Dinge, Geschichte, Vorkommnis} incredibile: **er hat auf seiner Reise die ~sten Dinge erlebt**, durante il viaggio ne ha viste di tutti i colori ˌ/[di cotte e di crude] 3 fam (überaus groß) {Auswahl, Menge, Zahl} incredibile: **sie hat ~es Glück gehabt**, ha avuto una fortuna sfacciata B adv 1 (unerhört) {sich benehmen} in maniera incredibile, inaudita 2 (überaus) {dick, groß, gut, schwer, stark} incredibilmente: **es ist ~ heiß/kalt**, fa un caldo/freddo incredibile.

unglaubwürdig adj {Aussage, Darstellung} inattendibile, inverosimile; {Person} inattendibile, poco credibile • **sich (durch etw akk) ~ machen, (durch etw akk) ~ werden**, perdere credibilità (facendo qc); **er ist dadurch völlig ~ geworden, er hat sich dadurch völlig ~ gemacht**, in questo modo ha perso ogni credibilità.

Unglaubwürdigkeit <-, ohne pl> f inattendibilità f, inverosimiglianza f; {+Mensch} mancanza f di credibilità.

ungleich① A adj 1 (unterschiedlich) {Belastung, Bezahlung, Lohn} ineguale, disuguale, diseguale; {Dicke, Größe, Länge} differente, diverso; **~e Besteuerung**, sperequazione tributaria 2 (nicht gleichwertg) {Kampf} impari; {Kräfte} ineguale; {Gegenstände} differente, dissimile; {Handschuhe, Schuhe, Socken} spaiato; {Eheleute, Paar} mal assortito: **~e Geschwister**, fratelli ˌche non si assomiglianoˌ/[molto diversi]; **mit ~en Waffen kämpfen**, lottare ad armi impari B adv (auf ungleiche Art) {behandeln, bezahlen} usando due pesi e due misure, in modo disuguale/diseguale.

ungleich② adv (weitaus) {besser, billiger, schlauer, schneller, schöner, teurer} di gran lunga, infinitamente.

ungleich③ präp + dat geh a differenza di.

Ungleichgewicht <-(e)s, -e> n ~ (in etw dat) {in der Handelsbilanz, Verteilung} squilibrio m (in qc): **ein ~ zwischen Ausgaben und Einnahmen**, uno sbilancio di spese rispetto alle entrate.

Ungleichheit <-, -en> f 1 <nur sing> (ungleiche Beschaffenheit) {+Gehälter, Leistungen} disparità f; {+Gegner, Kräfte} disparità f 2 <nur sing> (Verschiedenartigkeit) {+Gegenstände, Personen} dissomiglianza f, diversità f 3 (Unterschied) disuguaglianza f: **die sozialen ~ beseitigen**, eliminare le disuguaglianze sociali.

ungleichmäßig A adj 1 (unregelmäßig) {Atemzüge, Bewegungen} irregolare; {Puls} auch ineguale, aritmico 2 (ungleich) {Belastung, Verteilung} disuguale, ineguale; {Bräune} non uniforme B adv 1 (unregelmäßig) {sich bewegen} in modo non uniforme; {atmen} irregolarmente: **sein Herz schlägt ~**, ha unaˌ/[è affetto da] aritmia cardiaca 2 (ungleich) {aufteilen, belasten, verteilen} in modo disuguale/ineguale/[non uniforme].

Ungleichmäßigkeit <-, -en> f 1 <nur sing> (Unregelmäßigkeit) {+Atmung, Bewegung, Puls} irregolarità f 2 (Ungleichheit) {+Aufteilung, Verteilung} disuguaglianza f; {+Bräune} non uniformità f.

ungleichzeitig A adj non contemporaneo; {Handlungen} non simultaneo {+Ereignisse} auch non concomitante B adv {Ablaufen, Einsetzen, sich entwickeln} in modo non simultaneo, non simultaneamente.

Ungleichzeitigkeit <-, -en> f non contemporaneità f/simultaneità f: **die ~ der globalen Entwicklung**, le diverse velocità dello sviluppo globale; **die ~ verschiedener Kulturen**, lo scarto temporale tra le diverse culture.

Unglück <-(e)s, -e> n 1 (~sfall) disgrazia f, sciagura f; (Katastrophe) auch disastro m, catastrofe f: **es ist ein furchtbares ~ passiert**, è successa una catastrofe/[terribile disgrazia]; **ein ~ verhindern/verhüten**, evitare/prevenire una disgrazia; **ein ~ verschulden/verursachen**, provocare una disgrazia; **pass auf, sonst passiert noch ein ~!**, sta' attento (-a), altrimenti succede una disgrazia!; **jdm stößt ein ~ zu**, a qu capita una disgrazia; **jdn trifft ein ~**, qu viene colpito (-a) da una disgrazia 2 <nur sing> (Verderben) rovina f, miseria f, sventura f obs: **jdn/etw ins ~ bringen/stoßen/stürzen**, portare qu/qc alla rovina; **du stürzt mich noch ins ~!**, sarai la mia rovina! 3 <nur sing> (Pech) sfortuna f, sventura f, sciagura f: **~ im Berufˌ/[in der Liebe] haben**, avere sfortuna ˌnel lavoroˌ/

[in amore]; **vom ~ verfolgt werden**, essere perseguitato dalla sfortuna, essere iellato *fam*/sfigato *slang* **4** (*Leid*) infelicità f, disperazione f, dolore m: **~ über jdn/etw bringen**, portare infelicità/dolore tra qu/in qc • **zu allem ~** (*obendrein*), per colmo di sventura; **das bringt ~!**, porta sfortuna/sfiga *slang*/iella *fam*!; **das ist doch kein ~!**, non è poi/mica una tragedia!; **in sein ~ rennen** *fam*, rovinarsi (con le proprie mani); **das ~ wollte es, dass ...**, sventura volle che ...; **ein ~ kommt selten allein** *prov*, le disgrazie non vengono mai sole, una disgrazia tira l'altra.

unglücklich [A] *adj* **1** (*niedergeschlagen*) {KINDHEIT, MENSCH, SCHICKSAL} infelice; {AUSDRUCK, GESICHT} triste: (**zutiefst**) **~ sein**, essere (profondamente) infelice; **er sieht ~ aus**, sembra infelice; **sie macht einen ~en Eindruck**, dà l'impressione di essere infelice; **sie waren sehr ~ über meine Entscheidung**, erano molto tristi ⌊per la⌋/[della] mia decisione; **eine ~e Liebe**, un amore infelice **2** (*ungünstig*) {UNTERNEHMEN, ZUFALL, ZUSAMMENTREFFEN} sfortunato: **die Geschichte nahm einen ~en Ausgang**, la storia si concluse tristemente; **in einem ~en Moment kommen**, arrivare in un momento infelice **3** (*mit negativen Folgen*) {STURZ} brutto: **eine ~e Figur abgeben**, fare una figura pietosa; **eine ~e Hand in etw** (dat) **haben**, avere la mano poco felice in qc; **eine ~e Wahl**, una scelta infelice **4** (*undiplomatisch*) {FORMULIERUNG} infelice; {ÄUSSERUNG, BEMERKUNG} *auch* inopportuno [B] *adv* **1** (*negative Folgen verursachend*): **~ fallen/stürzen**, fare una brutta caduta **2** (*ungünstig*) {SICH ENTWICKELN} in modo sfavorevole: **~ ausgehen**, finire male; **~ enden**, avere un esito infelice; **~ verliebt sein**, essere un innamorato/un'innamorata infelice **3** (*undiplomatisch*) in modo infelice: **sich ~ ausdrücken**, scegliere un'espressione infelice/inopportuna • **jdn ~ machen**, rendere infelice qu; **mach dich nicht ~!**, non rovinarti la vita!

Unglückliche <dekl wie adj> *mf* disgraziato (-a) m (f), sciagurato (-a) m (f) • **du ~r!**, povero disgraziato!

unglücklicherweise *adv* sfortunatamente, disgraziatamente: **~ war sie schon weg**, sfortuna volle *geh* che (lei) fosse già uscita.

Unglücksbote m (**Unglücksbotin** f) messaggero (-a) m (f) di sventura.

Unglücksbotschaft f notizia f infausta.

unglückselig *adj* **1** (*bedauernswert*) {MENSCH} disgraziato, sfortunato, sventurato **2** (*verhängnisvoll*) {ZUFALL, ZUSAMMENTREFFEN} infausto, malaugurato; {UNFALL} malaugurato, maledetto: **was für ein ~er Tag!**, che giorno infausto!, che giornata funesta!

Unglücksfall <-(e)s, -fälle> m **1** (*unglückliches Ereignis*) disgrazia f, sciagura f **2** (*schwerer Unfall*) (grave) incidente m.

Unglücksrabe m *fam* scalognato (-a) m (f) *fam*, iellato (-a) m (f) *fam*, sfigato (-a) m (f) *slang*: **er ist ein richtiger ~!**, ma è proprio sfortunato!

Unglückstag m **1** (*Pechtag*) giorno m sfortunato/infausto: **das war ein richtiger ~ heute!**, è stata proprio una giornata nera/no, oggi! *fam* **2** (*Tag eines Unglücks*) giorno m della disgrazia/sciagura.

Unglückszahl f *fam* numero m che porta sfortuna.

Ungnade f *meist iron* disgrazia f: **(bei jdm) in ~ fallen**, cadere in disgrazia (presso qu); **sich** (dat) **jds ~ zuziehen**, perdere il favore di qu, non essere più nelle grazie di qu.

ungnädig [A] *adj* **1** (*gereizt*) {CHEF, DIVA} maldisposto: **ein ~er Blick**, uno sguardo contrariato/irritato; **die Chefin ist heute sehr ~**, la capa è di umore nero oggi **2** *geh* (*erbarmungslos*) {SCHICKSAL} spietato [B] *adv*: (*gereizt*): **etw ~ aufnehmen**, accogliere qc con scarsa benevolenza; **jdn ~ empfangen**, accogliere qu con scarsa benevolenza.

ungültig *adj* **1** (*nicht gültig*) {AUSWEIS, BANKNOTEN, EINTRITTSKARTE, FAHRKARTE, MÜNZEN, SCHECKKARTE, VISUM} non valido: **ohne Passbild ist der Ausweis ~**, senza foto la tessera non è valida **2** (*nichtig*) {VERTRAG, WAHLEN} invalido; {ABSTIMMUNG, WAHL} non valido; {STIMME, STIMMZETTEL} nullo: **etw für ~ erklären** {EHE}, annullare qc; {TESTAMENT, VERTRAG, WAHLEN} *auch* invalidare qc; {TOR} annullare qc • **~ werden** {AUSWEIS, SCHECKKARTE, VISUM}, scadere; **diese Fahrkarte wird in einem Monat ~**, fra un mese questo biglietto non sarà più valido.

Ungültigkeit <-, ohne pl> f **1** (*fehlende Gültigkeit*) {FAHRKARTE, PASS, SCHECKKARTE, VISUM} non validità f **2** (*Nichtigkeit*) {+TESTAMENT, VERTRAG} invalidità f, nullità f; {+STIMME, STIMMZETTEL, WAHLEN} nullità f, non validità f.

Ungültigkeitserklärung f {+STIMMZETTEL} annullamento m; {+TESTAMENT, VERTRAG, WAHL} invalidamento m, invalidazione f.

Ungunst <-, ohne pl> f *geh* **1** (*Ungnade*) antipatie f pl: **sich** (dat) **jds ~ zuziehen**, attirarsi le antipatie di qu **2** (*das Ungünstigsein*): **die ~ des Augenblicks/der Stunde**, il momento poco propizio; **die ~ des Wetters/der Witterung**, l'inclemenza del tempo • **zu jds ~en**, a sfavore/scapito/svantaggio di qu; **sie haben sich zu seinen ~ verrechnet**, hanno sbagliato i calcoli ⌊a suo svantaggio⌋/[a scapito suo]; **zu ~en** → **zuungunsten**.

ungünstig [A] *adj* **1** (*nicht günstig*) {LAGE, VORAUSSETZUNGEN} sfavorevole; {BEDINGUNGEN, KURS} *auch* svantaggioso; {WETTER, WITTERUNG} sfavorevole, avverso, inclemente: **ein ~er Augenblick**, un momento poco propizio; **im denkbar ~sten Augenblick**, proprio nel momento peggiore/[meno opportuno]; **im ~sten Fall(e)**, nel peggiore dei casi, nella peggiore delle ipotesi; **für jdn ~** {BEDINGUNGEN, KURS, VORAUSSETZUNGEN}, essere sfavorevole/svantaggioso per qu; **der Dienstag ist ~ für mich**, per me il martedì ⌊è un problema⌋/[non va tanto bene]; **für etw** (akk) **~ sein** {WETTER, ZEITPUNKT}, ⌊non essere molto⌋/[essere poco] adatto per qc **2** (*unvorteilhaft*) {LICHT} inadatto: **das ist ein ~es Foto von dir**, in questa foto sei venuto (-a) male; **das Licht ist ~ für eine Nahaufnahme**, la luce non va bene per un primo piano; **dieses Mantelmodell ist ~ für dich**, questo modello di cappotto non ti dona [B] *adv*: **für jdn ~ ausgehen**, avere (un) esito sfavorevole per qu; **sich ~ auf jdn/etw auswirken**, influenzare negativamente qu/qc, ripercuotersi negativamente su qu/qc; **das Attentat hat sich ~ auf die Friedensverhandlungen ausgewirkt**, l'attentato ha influenzato negativamente le trattative di pace; **die Aufregung hat sich ~ auf ihn/[seine Genesung] ausgewirkt**, l'agitazione ha avuto delle ripercussioni negative ⌊su di lui⌋/[sulla sua convalescenza]; **etw ~ beurteilen**, dare un giudizio sfavorevole su qc; **die Chancen stehen ~ für ihn**, ha buone probabilità di farcela.

ungut *adj meist* <attr> {BEZIEHUNG, VERHÄLTNIS} non buono; {NACHRICHT} *auch* non bello: **ich habe ein ~es Gefühl**, ho una brutta sensazione; **ich habe das ~e Gefühl, dass ...**, ho il brutto presentimento che ... • **nichts für ~!**, ⌊non prendertela⌋/[non se la prenda]! *fam*, amici come prima! *fam*.

unhaltbar *adj* **1** (*unerträglich*) {SITUATION, ZUSTAND} insostenibile, inammissibile **2** (*nicht vertretbar*) {BEHAUPTUNG, THEORIE} insostenibile, indifendibile: **eine ~e These**, una tesi che non regge/[sta in piedi] **3** *sport* {FREISTOSS, SCHUSS} imparabile, imprendibile.

Unhaltbarkeit <-, ohne pl> f **1** (*Unerträglichkeit*) {+SITUATION, ZUSTAND} insostenibilità f, inammissibilità f **2** (*Unvertretbarkeit*) {+BEHAUPTUNG, THEORIE, THESE} insostenibilità f.

unhandlich *adj* {GERÄT, KOFFER} poco maneggevole/pratico; (*zu sperrig*) ingombrante.

unharmonisch *adj* **1** (*nicht harmonisch*) {EINRICHTUNG, FASSADE, GEBÄUDE} disarmonico, poco armonioso **2** (*schwierig*) {BEZIEHUNG, EHE} poco armonioso.

Unheil <-s, ohne pl> n *geh* sventura f, disgrazia f: **ein großes ~**, una grave sventura; **ein furchtbares ~**, una catastrofe; **~ abwenden/verhüten**, evitare/scongiurare una catastrofe; **ein ~ bricht (über jdn/etw) herein**, una sventura/disgrazia si abbatte su qu/qc; **das ~ kommen sehen**, veder arrivare una catastrofe • **~ anrichten**, causare guai/disgrazie; (*Schaden verursachen*), causare danni; **das Hochwasser hat schweres ~ angerichtet**, l'acqua alta ha causato gravi danni; **da hast du ja ein schönes ~ angerichtet!** *fam*, hai fatto/combinato un bel guaio!; **~ bringend** *geh* {EREIGNIS, VORZEICHEN}, funesto, nefasto; **~ verkündend** *geh*, foriero di sventura.

unheilbar [A] *adj* {KRANKHEIT} incurabile, inguaribile [B] *adv*: **krank sein**, avere una malattia/un male incurabile.

Unheilbarkeit <-, ohne pl> f incurabilità f.

unheilbringend *adj* → **Unheil**.

unheilverkündend *adj* → **Unheil**.

unheilvoll *adj* {ENTWICKLUNG, WIRKUNG} nefasto; {BEDEUTUNG, BOTSCHAFT} *auch* funesto.

unheimlich [A] *adj* **1** (*beängstigend*) {HAUS, ORT} sinistro; {BEGEGNUNG, ERLEBNIS, GESCHICHTE, GESTALT} inquietante: **es ist jdm ~**, qc fa venire i brividi a qu; **der Typ ist mir ~**, quel tipo mi inquieta; **jdm ist (es) (irgendwo) ~**, qu non si sente tranquillo (-a) (+compl di luogo) **2** <attr> *fam* (*sehr groß*) {ANGST, DURST, HUNGER, LUST} tremendo, terribile: **es hat einen ~en Skandal gegeben**, c'è stato un enorme scandalo; **das hat ~en Spaß gemacht**, è stato veramente divertente; **wir hatten ~en Spaß**, ci siamo divertiti (-i) un mondo; **eine ~e Summe**, una somma spaventosa **3** *fam* (*unglaublich*) {GLÜCK} sfacciato; {ZUFALL} incredibile [B] *adv fam* (*sehr*) {GROSS, HEISS, KALT, STARK} tremendamente: **~ viel, moltissimo, tantissimo; er hat ~ viel Geld**, ha un sacco di soldi; **das hat ~ viel gekostet**, è costato un occhio della testa; **~ viele Menschen**, una quantità spaventosa di persone; **sie war ~ erschrocken**, era spaventata a morte; **es ist ~ laut hier**, qui c'è un rumore pazzesco/assordante; **er hat sich ~ geärgert**, si è arrabbiato a morte; **sie haben sich ~ gefreut**, sono stati (-e) contentissimi (-e).

unhöflich [A] *adj* {ANTWORT, BEMERKUNG, VERHALTEN} scortese, sgarbato; {MENSCH} *auch* maleducato: **~ zu jdm/[jdm gegenüber] sein**, essere scortese/sgarbato con/[nei confronti di] qu [B] *adv* {ANTWORTEN, BEGRÜSSEN, FRAGEN} in modo scortese/sgarbato.

Unhöflichkeit <-, ohne pl> f **1** <nur sing> (*unhöfliche Art*) scortesia f, sgarbatezza f, maleducazione f **2** <meist pl> (*unhöfliche Handlung*) scortesia f, sgarbo m.

Unhold <-(e)s, -e> m mostro m.

unhörbar [A] *adj* {FLÜSTERN, MURMELN,

STIMME} impercettibile; {FREQUENZ, TON} *auch* non udibile; {SCHRITT} silenzioso B *adv* {WEINEN} in silenzio.

unhygienisch *adj* {VERHÄLTNISSE, ZUSTÄNDE} antigienico: **~ sein**, non essere igienico; **es ist ~, etw zu tun**, [non è igienico]/[è antigienico] fare qc.

uni <inv> *adj* in tinta unita: **ein uni Hemd**, una camicia in tinta unita; **der Pullover ist uni**, il golf è in tinta unita.

Uni <-, -s> f *fam* Abk *von* Universität: università f: **auf der Uni sein, auf die Uni gehen**, fare l'università, essere studente (-tessa) universitario (-a).

Unibibliothek f → **Universitätsbibliothek**.

UNICEF <-, ohne pl> f Abk *von* United Nations International Children's Emergency Fund: **die UNICEF**, l'UNICEF f (Fondo internazionale di emergenza per l'infanzia delle Nazioni Unite).

uniert *adj relig* {KIRCHE} uniate.

unifarben *adj text* in tinta unita.

uniform *adj geh* **1** (*einheitlich*) {ANSTRICH, FARBE, STIL} uniforme, omogeneo **2** *pej* (*anonym*) {AUSSEHEN, KLEIDUNG} anonimo; {LANDSCHAFT, STADTBILD} *auch* monotono.

Uniform <-, -en> f uniforme f, divisa f, tenuta f: **die ~ an-/ablegen**, mettere/togliere l'uniforme/la divisa; **in ~ sein/kommen**, essere/venire in divisa/uniforme; **die ~ tragen**, portare/indossare la divisa.

uniformiert *adj* {POLIZIST, SOLDAT} in divisa/uniforme: **~ sein**, essere in divisa/uniforme.

Uniformierte <dekl wie adj> mf uomo m/donna f in divisa/uniforme.

Uniformität <-, ohne pl> f **1** (*Einheitlichkeit*) {+ANSTRICH, FARBE} uniformità f, omogeneità f **2** *pej* (*Gleichförmigkeit*) {+AUSSEHEN, LANDSCHAFT, STADTBILD} monotonia f: **~ der Kleidung**, mancanza di originalità nel vestire.

Uniformjacke f giacca f/giubba f [dell'uniforme]/[della divisa].

Uniformzwang <-s, ohne pl> m obbligo m di indossare la divisa/l'uniforme: **es herrscht ~**, vige l'obbligo di indossare la divisa/l'uniforme.

Unikat <-(e)s, -e> n pezzo m unico, unicum m: **diese Urkunde ist ein ~**, questo documento è unico/[un unicum].

Unikum n **1** <-s, -s> *fam* (*origineller Mensch*) (tipo m) originale m **2** <-s, Unika> (*etwas Einzigartiges*) unicum m, caso m unico.

unilateral *adj* unilaterale.

Unilateralismus <-, ohne pl> m unilateralismo m.

uninteressant *adj* {MENSCH} non interessante, noioso; {BUCH, FILM, VORTRAG} *auch* di scarso interesse; {DETAIL} privo di interesse: **eine ~e Stadt**, una città senza attrattive; **das ist doch völlig ~!**, non è di nessun interesse!; **das Angebot ist für uns völlig ~**, per noi l'offerta è del tutto priva di interesse; **deine Meinung ist hier ~**, la tua opinione qui non interessa; **es ist für jdn ~, ob/was/wie jd etw tut**, a qu [è indifferente]/[non interessa] se/[che cosa]/[come] qu fa qc • **nicht ~ sein** {IDEE, VORSCHLAG}, non essere male.

uninteressiert A *adj* {GESICHT, MIENE} indifferente, annoiato: **er machte ein absolut ~es Gesicht**, ha fatto una faccia annoiata; **an jdm/etw ~ sein**, non essere interessato a qu/qc, non avere interesse per qu/qc; **sie schien an der Angelegenheit eher ~**, [non sembrava un granché]/[sembrava poco] interessata alla faccenda B *adv* {DASITZEN, ZUHÖREN} con aria annoiata; {SICH ZEI-GEN} non interessato (-a): **~ tun**, fare finta di non essere interessato.

Union <-, -en> f **1** (*Bund*) unione f, coalizione f **2** (*nur sing*) *D pol*: **die ~**, la CDU/CSU • **die Europäische ~** *pol* (Abk EU), l'Unione Europea (Abk UE); **die Junge ~** *pol*, la federazione giovanile della CDU/CSU; **~ der sozialistischen Sowjetrepubliken** *pol hist*, Unione delle Repubbliche Socialiste Sovietiche; **Westeuropäische ~** *pol* (Abk WEU), Unione Europea Occidentale (Abk UEO).

Unionsbürger m (**Unionsbürgerin** f) cittadino m (f) dell'unione (europea).

Unionsbürgerschaft f cittadinanza f dell'unione (europea).

Unionspartei f <*meist pl*> *D pol* "uno dei due partiti della coalizione CDU/CSU": **die bayrische ~**, la CSU.

unisex <inv> *adv* {SICH KLEIDEN} con capi unisex.

Unisex <-(es), ohne pl> m unisex m.

unisono *adv* **1** *mus* {SINGEN, SPIELEN} all'unisono **2** *geh* (*ERKLÄREN, ZUSTIMMEN*) [di comune,]/[in totale] accordo.

universal *adj geh* {BEDEUTUNG, GELTUNG, INTERESSE, WISSEN} universale.

Universalbildung f cultura f universale.

Universalerbe m (**Universalerbin** f) erede mf universale.

Universalgenie n genio m universale.

Universalität <-, ohne pl> f *geh* universalità f.

Universalmittel n rimedio m universale, panacea f.

Universalmixer m tritatutto m, frullatore m.

Universalreiniger m detersivo m multiuso.

Universalschlüssel m passe-partout m, chiave f universale.

universell A *adj* **1** → **universal 2** (*vielseitig*) {MITTEL} universale, multiuso B *adv* {ANWENDBAR, EINSETZBAR} universalmente: **ein ~ einsetzbares/verwendbares Gerät**, un apparecchio multiuso; **ein ~ anwendbares Präparat/Serum**, un preparato/siero polivalente.

Universität <-, -en> f università f: **die ~ Hamburg, die Hamburger ~**, l'università di Amburgo; **die ~ besuchen**, fare/frequentare l'università; **jd wird an eine ~ berufen**, a qu viene offerta una cattedra all'università; [auf die]/[zur] **~ gehen**, andare all'università, essere studente (-tessa) universitario (-a); **an der ~ immatrikuliert sein**, essere iscritto all'università; **an der ~ studieren**, studiare all'università; **an der ~ lehren**, insegnare all'università; **er ist Dozent an der ~**, [è docente]/[insegna] all'università • **Europäische ~**, Istituto universitario europeo; **Technische ~**, politecnico.

Universitätsbibliothek f (Abk UB) biblioteca f universitaria.

Universitätsbuchhandlung f libreria f universitaria.

Universitätsgelände n campus m, città f universitaria.

Universitätsklinik f clinica f universitaria.

Universitätslaufbahn f carriera f universitaria.

Universitätsprofessor m (**Universitätsprofessorin** f) professore (-essa) m (f) universitario (-a).

Universitätsstadt f città f universitaria.

Universitätsstudium n studi m pl universitari: **für diesen Beruf ist ein ~ erforderlich**, per esercitare questa professione è necessaria la laurea • **mit/ohne ~**, laureato/[non laureato].

Universum <-s, Universen> n universo m.

Unix® <-, ohne pl> n *inform* Abk *von engl* Uniplexed Information and Computing System: Unix® m.

unkameradschaftlich A *adj* {VERHALTEN} poco solidale: **ein ~er Mitschüler**, un bambino/ragazzo non solidale con i compagni (di scuola); **das ist ~ (von dir)!**, bella solidarietà (da parte tua)!, [bell'amico]/[bella amica] che sei! B *adv* {HANDELN, SICH VERHALTEN} in modo poco solidale.

Unke <-, -n> f **1** *zoo* ululone m **2** *fam scherz* (*Schwarzseher*) uccello m del malaugurio.

unken A *tr*: **die Prüfung wird sicher schiefgehen, unkte er**, l'esame andrà sicuramente male, disse il solito uccello del malaugurio B *itr fam* fare l'uccello del malaugurio, fare la cassandra, gufare *slang*.

unkenntlich *adj* {EINTRAGUNG, INSCHRIFT, KENNZEICHEN} illeggibile, indecifrabile; {GESICHT} irriconoscibile: **jdn/etw ~ machen**, rendere irriconoscibile qu/qc; **der Unfall hatte ihr Gesicht ~ gemacht**, l'incidente l'aveva sfigurata; **die Bankräuber hatten sich durch Masken ~ gemacht**, i rapinatori si erano coperti il volto per rendersi irriconoscibili; **die Grabinschrift war ~ geworden**, l'iscrizione funeraria era diventata illeggibile.

Unkenntlichkeit <-, ohne pl> f: **bis zur ~** {ENTSTELLT, VERBRANNT, VERSTÜMMELT}, da essere irriconoscibile; **ein bis zur ~ entstelltes Gesicht**, un volto così/talmente sfigurato da essere irriconoscibile.

Unkenntnis <-, ohne pl> f *geh* ignoranza f: **jds ~ auf einem bestimmten Gebiet**, l'ignoranza di qu in un determinato campo • **aus ~**, per ignoranza; **in ~ einer S.** (gen), ignorando qc; **in ~ der Lage/Situation**, non [essendo a conoscenza della]/[conoscendo la] situazione; **jdn (über etw akk) in ~ lassen**, lasciare/tenere qu all'oscuro (di qc); **in ~ über etw (akk) sein**, non essere a conoscenza di qc, ignorare qc; **~ schützt vor Strafe nicht** *prov*, la legge non ammette ignoranza.

Unkenruf m *fam* previsione f allarmistica/pessimistica • **aller ~e/allen ~en zum Trotz**, [malgrado/nonostante le]/[a dispetto delle] più nere/pessimistiche previsioni.

unklar A *adj* **1** (*unverständlich*) {AUSFÜHRUNG, AUSSAGE, BEGRIFF, DARSTELLUNG, ERKLÄRUNG, TEXT} non chiaro, poco chiaro, oscuro: **es ist mir völlig ~, was er damit sagen wollte**, non mi è affatto chiaro (che) cosa abbia voluto dire **2** (*nicht geklärt*) {VERHÄLTNISSE} non chiaro, poco chiaro; {SITUATION} *auch* incerto: **es ist noch ~, ob es zu einer Einigung kommen wird**, [è ancora del tutto incerto]/[non è assolutamente chiaro] se si arriverà ad un accordo; **jdm ist ~, ob/wann/was/wie ...**, [a qu non è chiaro]/[qu non capisce bene] se/quando/[che cosa]/[come] ... **3** (*verschwommen*) {BILD} indistinto, evanescente; {FOTO} sfocato; {UMRISSE} indistinto, sfumato **4** (*unbestimmt*) {EMPFINDUNG} vago; {ERINNERUNG} *auch* sfocato, sfumato, nebuloso; {VORSTELLUNG} vago, confuso B *adv* **1** (*unverständlich*) {SICH AUSDRÜCKEN, DARSTELLEN, ERKLÄREN} in modo non chiaro, non chiaramente: **sehr ~ formuliert**, formulato in modo tutt'altro che chiaro **2** (*verschwommen*) {AUSMACHEN, ERKENNEN} a malapena, a stento • **jdn (über etw akk) im Unklaren lassen**, lasciare qu [nell'incertezza]/[nel dubbio] (in merito a qc); (sich dat) **über etw (akk) im Unklaren sein**, non avere le idee chiare su qc; **ich bin mir noch im Unklaren, ob/was/wie ...**, non so ancora (bene) se/[che cosa]/[come] ...

Unklarheit <-, -en> f **1** <nur sing> (*Ungewissheit*) {+VERHÄLTNISSE} mancanza f di chiarezza; {+SITUATION} incertezza f: **es herrscht noch ~ darüber, ob/wie ...**, c'è ancora incertezza se/[su come] ... **2** <nur sing> (*Unverständlichkeit*) {+AUSSAGE, BEGRIFF, TEXT} mancanza f di chiarezza **3** <meist pl> (*ungeklärter Aspekt*) punto m/aspetto m oscuro/[poco chiaro]: **alle ~en beseitigen**, chiarire tutti i punti oscuri; **gibt es noch ~en?**, ci sono ancora ⌊dei punti⌋/[degli aspetti] oscuri/[poco chiari]?

unklug A adj {BEMERKUNG, VERHALTEN} poco saggio; {VORGEHEN} poco diplomatico: **es wäre absolut ~, ihn kontrollieren zu wollen**, volerlo controllare sarebbe la cosa meno saggia; **das war ~!**, è stata una grande dimostrazione di intelligenza!; **es ist ~ (von jdm), etw zu tun**, è poco saggio (da parte di qu) fare qc; **es war ~ von ihm, seine Stellung aufzugeben**, è stato un errore da parte sua lasciare il posto di lavoro B adv {HANDELN, SICH VERHALTEN} in modo poco saggio/intelligente: **bei etw (dat) ~ vorgehen**, procedere poco saggiamente in qc.

unkollegial A adj {VERHALTEN} poco solidale (verso i colleghi): **sie ist äußerst ~**, non è affatto collaborativa B adv {SICH VERHALTEN} in modo poco solidale/collaborativo.

unkompliziert adj **1** (*einfach*) {FALL, VORGANG} semplice; {APPARAT, BEDIENUNG, GERÄT} auch non complicato **2** (*umgänglich*) {MENSCH} che si accontenta facilmente; {KIND} che non crea problemi: **sie sind sehr ~e Gäste**, sono ospiti che si accontentano di poco; **mit jdm ist alles ganz ~**, qu non crea problemi **3** med {BRUCH} semplice, chiuso.

unkontrollierbar adj incontrollabile: **~ werden**, diventare incontrollabile.

unkontrolliert A adj {WEINEN, WUTAUSBRUCH} incontrollato B adv **1** (*hemmungslos*) {SCHREIEN, WEINEN} incontrollatamente **2** (*ohne Kontrolle*) {BETRETEN, PASSIEREN} senza essere controllato.

unkonventionell geh A adj {METHODEN} non convenzionale; {GESCHMACK, LEBENSSTIL, MENSCH, MEINUNG} auch originale, anticonformista; mil {WAFFEN} non convenzionale: **auf ~e Art (und Weise)**, in modo non convenzionale B adv {VORGEHEN} in modo non convenzionale; {EINGERICHTET SEIN, SICH KLEIDEN} con originalità.

unkonzentriert A adj (*zeitweilig ~*) deconcentrato; (*dauernd ~*) distratto: **~ sein**, non essere concentrato; **die Kinder waren heute sehr ~ im Unterricht**, oggi durante le lezioni i bambini erano molto distratti; **er war einen Moment lang ~**, si era distratto un attimo B adv {ARBEITEN, LESEN, ZUHÖREN} senza (la necessaria) concentrazione, distrattamente.

unkorrekt A adj **1** (*nicht richtig*) scorretto, non corretto: **ein ~es Deutsch sprechen**, parlare un tedesco scorretto; **dieser Satz ist grammatisch ~**, questa frase grammaticalmente non è corretta **2** (*nicht korrekt*) {BENEHMEN} scorretto: **ein ~es Verhalten**, una scorrettezza B adv {SICH VERHALTEN} in modo scorretto, scorrettamente, in maniera incivile: ⌊**gegen jdn**⌋/[**jdm gegenüber**] **handeln**, ⌊compiere una⌋/[agire con] scorrettezza nei confronti di qu.

Unkosten subst <nur pl> spese f pl: **abzüglich der ~**, tolte/detratte le spese; **jdm entstehen (bei etw dat) ~**, **jd hat (mit etw dat) ~**, qu ⌊va incontro a⌋/[ha delle] spese (per qc); **durch die Verkabelung sind uns keine ~ entstanden**, il cablaggio non ci è costato niente; **jdm seine ~ erstatten/vergüten**,

rimborsare le spese a qu; **die ~ (für etw akk) tragen/übernehmen**, sostenere/[assumersi] le spese (per qc); **die ~ trägt die Firma**, le spese sono a carico della ditta; **mit großen ~ verbunden sein**, comportare (delle) grosse spese ● **sich (für jdn/etw) in ~ stürzen** fam, svenarsi (per qu/[fare qc]) fam.

Unkostenbeitrag m contributo m/partecipazione f alle spese.

Unkraut <-(e)s, ohne pl> n bot erbacce f pl, erbe f pl infestanti, malerba f: **~ ausreißen/jäten**, strappare/estirpare le erbacce; **~ vertilgen**, diserbare; **wild wucherndes ~**, erbacce infestanti ● **~ vergeht/verdirbt nicht** prov, ⌊l'erba cattiva⌋/[la malerba] non muore mai.

Unkrautbekämpfung f diserbatura f, diserbo m: **zur ~**, per combattere le erbacce.

Unkrautbekämpfungsmittel n chem diserbante m, erbicida m.

Unkrautvernichtung f, **Unkrautvertilgung** f diserbatura f, diserbo m.

Unkrautvernichtungsmittel n → **Unkrautbekämpfungsmittel**.

unkritisch A adj {HALTUNG, LESER, MEINUNG} acritico: **~ sein**, non avere senso/spirito critico; **jdm/etw gegenüber ~ sein**, essere acritico nei confronti di qu/qc B adv {SICH ÄUSSERN, BEURTEILEN} in modo acritico, acriticamente, senza spirito critico: **jds Meinung ~ übernehmen**, fare propria in modo acritico l'opinione di qu.

unkultiviert adj {BENEHMEN} poco fine; {LEBENSWEISE} primitivo; {MENSCH} auch incolto, senza cultura.

Unkultur f geh pej incultura f.

unkündbar adj {ANLEIHE} irredimibile; {VERTRAG} non rescindibile, irrevocabile; {STELLUNG} per cui non esiste il licenziamento: **~ sein**, essere illicenziabile, non poter essere licenziato; {RICHTER, STAATSANWALT} auch essere inamovibile.

Unkündbarkeit <-, ohne pl> f: **die ~ eines Beamten**, l'illicenziabilità di un funzionario statale.

unkundig adj geh: **etw (gen) ~ sein** {DES LESENS, SCHREIBENS}, non saper fare qc; {EINER SPRACHE} non conoscere/parlare/sapere qc; **des Deutschen/Englischen ~ sein**, non conoscere/parlare/sapere il tedesco/l'inglese; **er ist des Lesens und Schreibens ~**, non sa né leggere né scrivere, è (un) analfabeta.

unlängst adv geh recentemente, di recente, non molto tempo fa: **sie waren ~ zu Besuch bei uns**, ci hanno fatto visita recentemente.

unlauter adj <meist attr> geh **1** (*unehrlich*) {ABSICHTEN, GESINNUNG} sleale, disonesto; {METHODE} auch scorretto **2** com (*nicht legitim*) {MITTEL} scorretto: **~er Wettbewerb**, concorrenza sleale.

unleidlich A adj {MENSCH} intrattabile, insopportabile.

unleserlich A adj {SCHRIFT, UNTERSCHRIFT} illeggibile B adv {SCHREIBEN} in modo illeggibile.

unleugbar A adj {TATSACHE} innegabile: **es ist ~ dass ...**, è innegabile che ... konjv B adv innegabilmente.

unlieb adj: **jdm nicht ~ sein**, non dispiacere a qu; **es ist mir gar nicht ~, dass die Gäste erst um acht Uhr kommen**, non mi dispiace affatto che gli ospiti arrivino soltanto alle otto; **das wäre mir gar nicht ~!**, non mi dispiacerebbe ⌊per niente⌋/[affatto]; **es wäre mir nicht ~, wenn du das heute noch erledigen könntest**, sarei contento (-a) se tu ce la facessi per/entro oggi.

unliebsam A adj {FOLGEN, ZWISCHENFALL}

spiacevole, sgradevole; {BESUCH, GAST} non/poco gradito B adv: **jdm ~ auffallen**, colpire spiacevolmente/sgradevolmente qu.

unliniert, unliniiert adj {PAPIER, SCHREIBBLOCK} non rigato.

Unlogik <-, ohne pl> f illogicità f.

unlogisch A adj {FOLGERUNG, SCHLUSS} illogico: **das ist ~!**, non è logico! B adv {DENKEN, FOLGERN} in modo illogico, senza logica.

unlösbar A adj **1** (*nicht lösbar*) {AUFGABE, PROBLEM, RÄTSEL} insolubile, irrisolvibile: **~ sein**, non avere soluzione **2** (*unüberwindbar*) {KONFLIKT} insanabile: **ein ~er Widerspruch**, una contraddizione irrisolvibile **3** (*nicht trennbar*) {ZUSAMMENHANG} indissolubile B adv: **~ miteinander verbunden sein**, essere indissolubilmente legati (l'uno (-a) all'altro (-a)).

Unlust <-, ohne pl> f scarsa voglia f, scarso entusiasmo m, svogliatezza f: **ein Gefühl der ~**, un senso di svogliatezza; **etw mit ~ tun**, fare qc ⌊di malavoglia⌋/[con svogliatezza]/[svogliatamente]/[controvoglia]; **versuchen, seine ~ zu überwinden**, cercare di vincere la propria svogliatezza; **große ~ verspüren**, non avere voglia di niente; **sexuelle ~**, mancanza di desiderio.

unlustig A adj: **~ sein**, essere svogliato (-a); **ich bin heute ausgesprochen ~**, oggi non ho proprio voglia di fare niente B adv {ARBEITEN, ETW ERLEDIGEN} svogliatamente, di malavoglia, controvoglia.

UN-Mandat n pol mandato m ONU.

unmännlich adj {MANN} poco virile; {VERHALTEN} auch poco maschile; pej effeminato pej.

Unmasse f fam → **Unmenge**.

unmaßgeblich adj {URTEIL} non autorevole; {ÄUSSERUNG, MEINUNG} irrilevante, senza importanza: **nach meiner ~en Meinung**, secondo il mio modesto parere; **~ sein**, essere irrilevante/insignificante, non fare testo.

unmäßig A adj **1** (*maßlos*) {GENUSS} smisurato, smodato, smoderato: **~ im Essen/Trinken sein**, essere intemperante/smodato/smoderato nel mangiare/bere **2** fam (*überaus groß*) {DURST, HUNGER} smodato, smoderato: **~es Trinken schadet der Gesundheit**, l'abuso di alcolici nuoce alla salute; {ANSPRUCH, EHRGEIZ, VERLANGEN} smisurato, smodato B adv **1** (*maßlos*) {ESSEN, RAUCHEN, TRINKEN} smodatamente, smoderatamente: **~ viel essen/rauchen/trinken**, non avere misura nel mangiare/fumare/bere **2** fam pej (*unglaublich*) {DICK, FAUL, GEFRÄSSIG, NEUGIERIG} oltremodo.

Unmenge <-, -n> f fam: **eine ~** ⌊**einer S. (gen)**⌋/[**von/an etw (dat)**], una quantità f (enorme) di qc; **es gibt eine ~ von/an neuem Material**, c'è un'enorme quantità di materiale nuovo; **eine ~ Geld**, soldi a palate fam ● **in ~n** fam, in (grandi/enormi) quantità, a bizzeffe; **dazu gibt es Beispiele in ~n**, ne abbiamo esempi a non finire; **sie trinken Wein in ~n**, bevono vino ⌊a ettolitri⌋/[in quantità enormi].

Unmensch m pej bruto m, mostro m ● ⌊**ich bin**⌋/[**man ist**] **ja/doch schließlich kein ~!** fam, non sono mica un mostro!

unmenschlich A adj **1** (*grausam*) {GRAUSAMKEIT} disumano; {STRAFE, TAT} auch inumano: **jd ist ~**, qu è inumano/[un mostro]; **mit jdm ~ sein**, essere inumano con qu **2** (*menschenunwürdig*) {BEHANDLUNG, VERHÄLTNISSE} inumano, indegno di un essere umano, disumano **3** (*ungeheuer*) {LEID, SCHMERZEN} disumano; {HITZE, KÄLTE} atroce; {ANSTRENGUNG, BEHERRSCHUNG} sovrumano, inumano: **Unmenschliches leisten**, compiere un'impresa sovrumana B adv **1** (*grau-*

sam} {BEHANDELN} in modo disumano/inumano, disumanamente **2** *fam* (*ungeheuer*): **es ist ~ heiß**, è/fa un caldo atroce *fam*; **es ist ~ kalt**, fa un freddo atroce *fam/boia fam*.

Unmenschlichkeit <-, -en> f **1** <*nur sing*> (*unmenschliche Art*) inumanità f, disumanità f **2** (*unmenschliche Tat*) inumanità f, disumanità f.

unmerklich A *adj* {ABSINKEN, ANSTEIGEN, ÜBERGANG, VERÄNDERUNG} impercettibile, che si nota appena B *adv* impercettibilmente, in modo impercettibile.

unmethodisch *adj* {ARBEITEN, VORGEHEN} non metodico, privo di metodo.

UN-Mission f *pol* missione f ONU.

unmissverständlich (a.R. unmißverständlich) A *adj* {ANTWORT, FORMULIERUNG, GESTE} inequivocabile; {WEIGERUNG} netto, categorico: **eine klare und ~e Antwort**, una risposta che non dà adito a fraintendimenti; **ich denke, das war ~ genug!**, mi sembra di essere stato (-a) (abbastanza) chiaro (-a)! B {SICH ÄUSSERN, KLAR MACHEN, SAGEN} in modo inequivocabile, senza mezzi termini: **jdm ~ die Meinung sagen**, dire a qu la propria opinione ⌊a chiare lettere⌋/[fuori dai denti]; **Nein sagen**, dire no in chiaro e tondo; **jdm etw ~ zu verstehen geben**, dare a intendere a chiare lettere qc a qu.

unmittelbar A *adj* **1** (*direkt*) {FOLGE, NACHFOLGER, NACHKOMME} immediato, diretto: **es besteht keine ~e Lebensgefahr**, non c'è immediato pericolo di vita; **sie stehen in ~er Verbindung**, sono in diretto contatto **2** (*räumlich nicht getrennt*) {NACHBARSCHAFT} più prossimo; {NÄHE} immediato: **aus ~er Nähe** {SCHIESSEN}, da distanza ravvicinata; {BEOBACHTEN} da molto vicino; **mein ~er Nachbar**, il vicino della porta accanto B *adv* **1** (*direkt*) {UNTERSTEHEN} direttamente: **ein ~ von den Bürgern gewählter Bürgermeister**, un sindaco eletto direttamente dai cittadini; **der Weg führt ~ zum See**, il sentiero conduce direttamente al lago **2** (*zeitlich oder räumlich nah*) subito, immediatamente: **~ bevorstehen**, essere imminente/[alle porte]; **~ danach/darauf**, subito/immediatamente dopo; **~ hinter der Brücke**, subito dietro il ponte; **~ vor der Bank**, proprio davanti alla banca.

Unmittelbarkeit <-, ohne pl> f immediatezza f.

unmöbliert A *adj* {WOHNUNG, ZIMMER} non ammobiliato B *adv* {MIETEN, VERMIETEN} non ammobiliato, senza mobili(o): **eine Wohnung ~ vermieten**, affittare un appartamento ⌊non ammobiliato⌋/[senza mobili(o)].

unmodern A *adj* {FRISUR, MÖBEL, SCHUHE} fuori/[passato di] moda; {ANSICHTEN} antiquato, all'antica: **~ werden**, passare di moda B *adv*: **~ eingerichtet sein** {WOHNUNG}, essere arredato con mobili antiquati; **~ frisiert sein**, avere un'acconciatura démodé; **sich ~ kleiden**, vestire all'antica; **~ denken**/[eingestellt sein], avere idee antiquate, essere all'antica.

unmöglich A *adj* **1** (*nicht möglich*) {BEDINGUNG, FORDERUNG, VERLANGEN} impossibile: **es ist jdm ~, etw zu tun**, è impossibile per/a qu fare qc; **es ist mir ~, zu der Besprechung zu kommen**, ⌊mi è impossibile⌋/[sono impossibilitato (-a) a] venire alla riunione; **etw ist technisch ~**, qc è tecnicamente impossibile, qc è impossibile con il tempo disponibile/[a disposizione]; **das ist zeitlich ~ für mich**, non ce la faccio con i tempi; **etw macht es jdm ~, etw zu tun**, qc impedisce a qu di fare qc; **diese Bedingungen machen es mir ~, Ihr Angebot anzunehmen**, queste condizioni non mi permettono di accettare la Sua offerta; **das Unmögliche**, l'impossibile; **Unmögliches leisten**, fare l'impossibile; **damit verlange ich doch nichts Unmögliches (von dir)!**, non (ti) chiedo mica l'impossibile!; **hier verlangt man von uns, das Unmögliche möglich zu machen**, qui ci viene chiesto di fare l'impossibile; **für Sie machen wir das Unmögliche möglich!**, per lei facciamo anche l'impossibile/i miracoli!; **alles Mögliche und Unmögliche versuchen, um ...**, tentare il possibile e l'impossibile per ... **2** *fam pej* (*sehr unpassend*) {AUSDRUCKSWEISE, BENEHMEN, CHARAKTER} impossibile; {KLEIDUNG} improbabile: **ein wirklich ~es Betragen!**, un comportamento veramente inconcepibile!; **du bist wirklich ~!** *fam*, sei proprio impossibile! *fam*; **eine ~e Haarfarbe**, un colore di capelli improbabile; **jdn im ~sten Moment anrufen**, chiamare qu nel momento meno indicato; **er hält oft an den ~sten Stellen**, si ferma spesso nei posti più assurdi/impensati; **sie hat die ~sten Ideen!**, ha le idee più assurde/bizzarre!; **~ aussehen**, essere ridicolo; **in/mit diesem Kleid siehst du ~ aus!**, con questo vestito sei ridicola! B *adv* **1** *fam pej* (*sehr unpassend*) {SICH AUSDRÜCKEN, BENEHMEN, SICH KLEIDEN} in modo improbabile: **du hast dich mal wieder ~ angezogen/zurechtgemacht!**, ma come ti sei conciato (-a) di nuovo! **2** (*keinesfalls*) non ... assolutamente!: **du kannst ~ so herumlaufen**, non puoi assolutamente andare in giro così!; **das kann ich ~ schaffen**, non ce la posso fare, è impossibile che ce la faccia; **er kann ~ ein Mörder sein!**, è impossibile che (lui) sia un assassino!; **man kann sie doch jetzt ~ im Stich lassen!**, come si fa a piantarla in asso in un momento simile!; **das kann ~ stimmen!**, non può assolutamente essere! • **jdn ~ machen**, far fare brutta figura a qu, sputtanare qu *slang*; **sich** ⌊**vor/bei jdm**⌋/[**irgendwo**] **~ machen**, fare una figuraccia⌋/[sputtanarsi *slang*] (⌊*davanti a qu*⌋/[*con qu*]/[+ *compl di luogo*]).

Unmöglichkeit <-, ohne pl> f impossibilità f: **das ist ein Ding der ~!**, è una cosa impossibile!, è assolutamente impossibile!

Unmoral f immoralità f.

unmoralisch *adj* {LEBENSWANDEL, MENSCH, VERHALTEN} immorale: **es ist ~, etw zu tun**, è immorale fare qc.

unmotiviert A *adj* **1** (*grundlos*) {LACHEN, WUTANFALL} immotivato, non motivato; {FRAGE} senza motivo **2** (*nicht motiviert*) {MITARBEITER, SCHÜLER} non motivato B *adv* (*grundlos*) {SICH ÄRGERN, LACHEN} senza motivo/ragione: **völlig ~ anfangen, etw zu tun**, cominciare a fare qc senza nessun motivo; **ganz ~ in Tränen ausbrechen**, scoppiare in lacrime senza ragione.

unmündig A *adj* **1** (*nicht volljährig*) minorenne: **sie ist noch ~**, è ancora minorenne **2** (*geistig unselbständig*) {BÜRGER} immaturo (politicamente): **jdn wie einen ~en Bürger behandeln**, trattare qu come uno (-a) sprovveduto (-a) • **jdn für ~ erklären**, interdire qu.

Unmündigkeit f **1** (*Nichtvolljährigkeit*) minorità f **2** (*geistige Unselbständigkeit*) immaturità f politica: **ein Volk in ~ halten**, tenere un popolo nell'ignoranza.

unmusikalisch *adj* {MENSCH} che non ha sensibilità musicale, stonato: **~ sein**, essere stonato, non avere ⌊il senso della⌋/[attitudine per la] musica.

Unmut <-(e)s, ohne pl> m *geh* malumore m: **seinen ~ an jdm auslassen**, sfogare il proprio malumore su qu; **voller ~ (über etw akk) sein**, essere fortemente contrariato per qc; **seinem ~ Luft machen**, dare sfogo al proprio malumore; **in jdm steigt ~ auf**, in qu cresce lo scontento; **sich (dat) jds ~ zuziehen**, attirarsi le ire di qu.

unmutig *geh* A *adj* <*präd*>: **~ sein**, essere maldisposto/contrariato B *adv* {ETW ENTGEGNEN} con fastidio; {SAGEN} con tono infastidito/irritato.

unnachahmlich A *adj* {ART, MIMIK} inimitabile: **sie hat eine ~e Art zu lachen**, ha una risata inconfondibile; **es ist ~, wie er mit den Ohren wackelt**, nessun altro riesce a muovere le orecchie come lui.

unnachgiebig A *adj* {HALTUNG, MENSCH} irremovibile, inflessibile: **in etw (dat) ~ sein**, essere irremovibile in qc, non transigere su qc; **in diesem Punkt bleibt sie ~**, su questo punto non transige; **jdm gegenüber ~ sein**, essere intransigente con qu B *adv* {SICH VERHALTEN} con intransigenza: **an etw (dat) festhalten**, essere irremovibile in qc, non transigere su qc; **sich (in etw dat) ~ zeigen**, mostrarsi intransigente su qc.

Unnachgiebigkeit <-, ohne pl> f intransigenza f, inflessibilità f: **jds ~ in Bezug auf etw (akk)**, l'intransigenza di qu riguardo a qc.

unnachsichtig A *adj* **1** (*nicht nachsichtig*) {CHEF, KRITIKER, RICHTER} intransigente; {LEHRER, VATER} *auch* severo: **als Lehrer darf man nicht so ~ mit den Schülern sein**, un insegnante non può essere così severo con gli studenti **2** (*unerbittlich*) : **mit ~er Strenge**, con intransigenza B *adv* {BESTRAFEN, VERFOLGEN} senza pietà.

Unnachsichtigkeit <-, ohne pl> f {+CHEF, KRITIKER, RICHTER} intransigenza f; {+LEHRER, VATER} *auch* severità f.

unnahbar *adj* {MENSCH} inavvicinabile, inabbordabile: **~ sein/wirken**, essere/sembrare inavvicinabile.

unnatürlich A *adj* **1** (*nicht natürlich*) {ARBEITSWEISE} non naturale; {LEBENSWEISE} *auch* che non rispetta i ritmi biologici; {LICHT} artificiale; {GANG, HALTUNG, VERHALTEN} innaturale: **unter ~en Bedingungen leben** {TIERE}, non vivere nel proprio habitat/[ambiente naturale]; **es wäre ~, wenn Eltern ihre Kinder nicht liebten**, sarebbe contro natura se i genitori non amassero i propri figli; **eines ~en Todes sterben**, morire di morte violenta **2** (*nicht normal*) {BLÄSSE} non normale; {DICKE, GRÖSSE, LÄNGE} fuori dalla norma; {ENTWICKLUNG} anomalo: **immer Hunger zu haben, ist ~**, non è normale avere sempre fame; **eine ~e Erweiterung der Blutgefäße**, una dilatazione anomala dei vasi sanguigni **3** *pej* (*geziert*) {ART, BENEHMEN} innaturale, affettato, artificioso B *adv* **1** (*nicht normal*) {SICH ENTWICKELN} in modo anomalo: **jd ist ~ groß**, l'altezza di qu è fuori dalla norma; **jd ist ~ hungrig**, la fame di qu non è normale; **jd isst/trinkt/schläft ~ viel**, è innaturale quanto qu mangi/beva/dorma **2** (*geziert*) {SICH BENEHMEN, SICH VERHALTEN} in modo innaturale/affettato, con affettazione; {LACHEN} in modo innaturale.

Unnatürlichkeit <-, ohne pl> f **1** (*unnatürliche Art*) artificiosità f **2** (*Geziertheit*) {+MENSCH, VERHALTEN} affettazione f, mancanza f di naturalezza/spontaneità.

unnormal A *adj* {HITZE, KÄLTE, REAKTION, VERHALTEN} anormale, non normale, anomalo: **diese Kälte ist für Oktober ~**, questo freddo in ottobre non è normale B *adv* {REAGIEREN, SICH VERHALTEN} in modo non normale: **es ist ~ kalt/warm**, questo freddo/caldo è fuori dalla norma.

unnötig A *adj* **1** (*überflüssig*) {AUFWAND, AUSGABE, MAßNAHME} non necessario, inutile, superfluo: **(es ist) ~ zu sagen, dass ...**, (è) inutile dire che ... **2** (*vermeidbar*) {FEHLER, MISSVERSTÄNDNIS, ZWISCHENFALL} non necessario, evitabile **B** *adv* {SICH ÄRGERN, SICH AUFREGEN, RISKIEREN} inutilmente, per niente: **da habt ihr euch ~ Sorgen gemacht**, vi siete preoccupati (-e) inutilmente/[per niente]; **für jdn/etw ~ viel Geld ausgeben**, spendere soldi inutilmente per qu/qc.

unnötigerweise *adv* {SICH IN GEFAHR BRINGEN} inutilmente; {SICH ANSTRENGEN, SICH MÜHE GEBEN, SICH SORGEN MACHEN} *auch* per niente: **~ Geld ausgeben**, spendere soldi inutilmente, spendere i soldi.

unnütz **A** *adj* **1** (*nutzlos*) {AUFWAND} inutile; {ANSTRENGUNG, REUE, WORTE} *auch* vano; {AUSEINANDERSETZUNG, POLEMIK} sterile: **~es Gerede**, fiato sprecato; **es ist völlig ~, darüber noch lange zu diskutieren**, è fiato sprecato discuterne ancora a lungo **2** (*überflüssig*) {AUSGABE, KOSTEN} inutile: **ein ~er Esser**, un mangiaufo, uno scroccone; **~es Zeug kaufen**, comprare cose inutili **B** *adv* → **unnötigerweise**.

UNO <-, *ohne pl*> f *Abk von* United Nations Organization: ONU f (**Abk** *von* Organizzazione delle Nazioni Unite): **die UNO**, l'ONU.

UNO-Beobachter *m* → **UN-Beobachter**.

UNO-Charta *f* → **Charta**.

UNO-Einsatz *m* → **UN-Einsatz**.

UNO-Friedenstruppe *f* → **Friedenstruppe**.

UNO-Generalsekretär *m* → **UN-Generalsekretär**.

UNO-Generalversammlung *f* → **UN-Generalversammlung**.

unökonomisch *adj* antieconomico.

UNO-Mandat *n* → **UN-Mandat**.

UNO-Mission *f* → **UN-Mission**.

unordentlich *adj* **1** (*nicht ordnungsliebend*) {MENSCH} disordinato **2** (*schlampig*) {KLEIDUNG} trascurato, trasandato, sciatto; {LEBEN} sregolato, disordinato **3** (*unaufgeräumt*) {BÜRO, ZIMMER} in disordine, disordinato: **in deinem Zimmer sieht es immer ~ aus**, la tua stanza è sempre in disordine.

Unordentlichkeit <-, *ohne pl*> f {+MENSCH} essere m disordinato.

Unordnung <-, *ohne pl*> f disordine m, confusione f: **etw in ~ bringen**, mettere qc ⌐in disordine⌐/[sottosopra]; {AKTEN, PAPIERE} *auch* fare confusione tra qc; **hier herrscht eine fürchterliche ~**, qui regna un terribile disordine; **in ~ geraten/sein**, ⌐essere messo⌐/[essere] in disordine; **irgendwo ~ machen**, fare disordine/confusione + *compl di luogo*; **du hast eine heillose ~ im Wäscheschrank gemacht**, hai messo completamente sottosopra l'armadio della biancheria.

unorthodox *adj geh* {METHODEN} non/poco ortodosso/convenzionale; {ANSICHTEN} *auch* eretico *scherz*.

UNO-Sicherheitsrat *m* → **UN-Sicherheitsrat**.

UNO-Soldat *m* soldato m/militare m dell'ONU.

UNO-Truppe *f* → **UN-Truppe**.

unparteiisch **A** *adj* {PRÜFER, RICHTER} imparziale, obiettivo, equo; {MEINUNG, URTEIL} *auch* sereno, spassionato: **~ sein**, essere imparziale; **ein ~er Dritter**, ⌐un terzo estraneo⌐/[una terza persona estranea] ai fatti **B** *adv* {URTEILEN} con imparzialità/obiettività.

Unparteiische <*dekl wie adj*> mf **1** (*neutrale Person*): **ein ~r/eine ~**, una persona imparziale/[non coinvolta]; **die Meinung eines ~n**, l'opinione di una persona ⌐estranea ai fatti⌐/[super partes] **2** *sport slang*: **der**

die ~, l'arbitro (*rar* -a) *m* (f).

unpassend *adj* **1** (*unangebracht*) {TON, WORTE} inopportuno, fuori luogo; {BEMERKUNG, KOMMENTAR} *auch* infelice **2** (*ungünstig*) {AUGENBLICK, MOMENT, ZEITPUNKT} inopportuno, infelice, non opportuno: **er kommt immer im ~sten Moment**, lui arriva sempre nel momento meno opportuno **3** (*ungeeignet*) **~ für etw** (akk) {AUFMACHUNG, KLEIDUNG FÜR EINEN AUSFLUG, EIN FEST} poco opportuno/adatto *per qc*.

unpassierbar *adj* {BRÜCKE, PASS, STEG, STRASSE} impraticabile.

unpässlich (a.R. unpäßlich) *adj* <präd> *geh*: **~ sein**, essere indisposto; **sich ~ fühlen**, non sentirsi tanto bene.

Unpässlichkeit (a.R. Unpäßlichkeit) <-, -en> f *geh* indisposizione f, malessere m; (*plötzliche*) **~** malore m: **wegen einer ~ nicht zur Arbeit kommen**, non andare al lavoro perché indisposto (-a); **kleine ~en**, leggere indisposizioni.

Unperson f *pol* non persona f, "personaggio m della vita pubblica caduto in disgrazia e perciò ignorato dalle autorità".

unpersönlich **A** *adj* **1** (*förmlich*) {ART, GESPRÄCH, SCHREIBEN} impersonale, formale; {MENSCH} formale, distante **2** (*ohne individuelle Note*) {STIL, TON} impersonale, anonimo: **ein ~es Geschenk**, un regalo qualunque **3** *ling* {VERB, VERBFORM} impersonale **B** *adv* (*förmlich*) {SCHREIBEN} in modo impersonale: **sich jdm gegenüber ~ verhalten**, avere un atteggiamento formale nei confronti di qu.

unpfändbar *adj jur* non pignorabile: **~ sein**, non poter essere pignorato.

unpolitisch *adj* {MENSCH} apolitico.

unpopulär **A** *adj* {MASSNAHME, POLITIKER} impopolare: **sich (mit etw dat) ~ machen**, rendersi impopolare (con/facendo qc) **B** *adv* in modo impopolare, da suscitare impopolarità.

unpraktisch **A** *adj* **1** (*ungeschickt*) {MENSCH} poco pratico, imbranato *fam*: **~ sein**, non avere senso pratico, non essere portato per le cose pratiche **2** (*nicht zweckdienlich*) {KLEIDUNG, TASCHE} poco pratico, scomodo; {GERÄT} *auch* poco maneggevole: **im Gebrauch ~**, poco pratico.

unproblematisch **A** *adj* {BEZIEHUNG, FALL} non problematico, che non presenta problemi; {EINGRIFF} non crea problemi: **ein solcher Eingriff ist nicht ganz ~**, un intervento del genere non è del tutto privo di rischi **B** *adv* {FUNKTIONIEREN, VERLAUFEN} senza problemi.

unproduktiv *adj* **1** *ökon* {INDUSTRIEZWEIG} improduttivo, non produttivo; {KAPITAL} *auch* inattivo: **eine ~e Tätigkeit**, un'attività che non rende; **~ sein** {PERSON}, non essere produttivo, non rendere **2** (*unergiebig*) {DISKUSSION, GESPRÄCH} sterile.

unpünktlich **A** *adj* **1** (*nicht pünktlich*) {MENSCH} non puntuale: **~ sein**, essere non puntuale, non essere puntuale; **du bist immer ~!**, non sei mai puntuale!, sei arrivi sempre in ritardo!; **er war, wie immer, ~**, come al solito è arrivato in ritardo; (*Verspätung haben*) essere in ritardo **2** *autom* {BUS, U-BAHN, ZUG} che non è puntuale/[in orario], che è in ritardo: **die Busse sind immer ~**, gli autobus ⌐non sono mai in orario⌐/[sono sempre in ritardo] **B** *adv* {ANFANGEN, EINTREFFEN, KOMMEN} con/in ritardo.

Unpünktlichkeit <-, *ohne pl*> f **1** (*unpünktliche Art*) {+MENSCH} mancanza f di puntualità **2** *autom* {+BUS, U-BAHN, ZUG} ritardi m pl: **die ~ der öffentlichen Verkehrsmittel**, i ritardi dei mezzi pubblici **3** (*einmaliges Unpünktlichsein*) ritardo m.

unqualifiziert **A** *adj* **1** *pej* (*töricht*) {ÄUSSERUNG, KOMMENTAR} da incompetente **2** (*ohne besondere Qualifikation*) {ARBEIT, ARBEITER, BEWERBER} non qualificato: **(für etw akk) ~ sein**, non essere qualificato (per qc), non avere la qualifica necessaria (per qc) **B** *adv* {SICH ÄUSSERN, SICH AUSLASSEN} da incompetente: **sich völlig ~ zu etw (dat) äußern**, dare un giudizio da incompetente su qc.

unrasiert *adj* {GESICHT, KINN} non rasato; {BEINE} non depilato: **er ist ~**, non si è fatto la barba; **~ ins Büro gehen**, andare in ufficio senza farsi la barba.

Unrast <-, *ohne pl*> f *geh* → **Rastlosigkeit**.

Unrat <-(e)s, *ohne pl*> m *geh* immondizia f, spazzatura f ● **~ wittern**, sentire puzzo di bruciato; **er wittert überall gleich ~**, è sempre sul chi va là.

unrationell **A** *adj* {ARBEITSWEISE, METHODE} non razionale/sistematico; {BETRIEB} organizzato in modo non/poco razionale **B** *adv* {ARBEITEN, VORGEHEN} in modo non razionale/sistematico.

unrealistisch **A** *adj* **1** (*nicht realistisch*) {ANNAHME, DARSTELLUNG, EINSCHÄTZUNG, VORSTELLUNG} poco/non realistico: **~ sein** {PERSON}, non avere il senso della realtà **2** (*nicht realisierbar*) {ANSPRÜCHE, ERWARTUNGEN, FORDERUNGEN} non realistico, utopistico: **es ist ~ zu glauben, dass ...**, è pura utopia⌐/[non è realistico] pensare che ... **B** *adv* (*nicht realistisch*) {BEURTEILEN, EINSCHÄTZEN} in modo non realistico.

unrecht *adj* **1** *geh* (*nicht richtig*) {HANDLUNGSWEISE, TAT} non giusto: **auf ~e Gedanken kommen**, mettersi in testa strane idee; **es ist ~, sich so zu verhalten**, non è giusto comportarsi così; **jdm ~/Unrecht tun**, fare torto a qu, essere ingiusto con qu; **du tust ~/Unrecht daran**, so streng mit ihnen zu sein, fai male a essere così severo (-a) con loro; **etw Unrechtes tun**, fare un torto **2** (*unpassend*) {AUGENBLICK, ZEIT(PUNKT)} sbagliato: **komme ich ~?**, disturbo?; **ich fühle mich dort am ~en Platz**, lì mi sento nel posto sbagliato; (*nicht meinen Fähigkeiten entsprechend gefordert*) lì mi sento sacrificato (-a)/sprecato (-a) **3** (*nicht angenehm*): **es ist jdm ~, dass ...**, a qu dà fastidio che ... konjv; **es ist jdm gar nicht ~, dass ...**, a qu non dispiace affatto ⌐che... konjv⌐/[fare (qc)] ● (**bei jdm**) **an den Unrechten geraten/kommen** *fam*, capitare male (con qu) *fam*.

Unrecht <-(e)s, *ohne pl*> n ingiustizia f, torto m: **ein ~ begehen**, commettere un'ingiustizia; **ein himmelschreiendes ~**, un'ingiustizia che grida vendetta; **jdm widerfährt ein großes ~**, qu subisce una grave ingiustizia; **ein ~ wiedergutmachen**, riparare a un'ingiustizia; **jdm ein ~ (an)tun/zufügen**, fare un torto a qu ● **~ bekommen**: **jd hat ~ bekommen**, a qu hanno dato torto; **jdm ~ geben**, dare torto a qu; **~ haben**, avere torto; **du hast du ~**, non hai tutti i torti; **sich (durch etw akk/mit etw dat) ins ~ setzen** *geh*, passare dalla parte del torto (facendo qc); **im ~ sein**, essere nel/[dalla parte del] torto; **zu ~** {ANNEHMEN, BESCHULDIGEN, VERDÄCHTIGEN}, a torto; **zu ~ bestehen** {VERDACHT}, essere infondato; **nicht zu ~** {ANNEHMEN, BESCHULDIGEN, VERDÄCHTIGEN}, non a torto; **nicht zu ~ bestehen**, non essere del tutto infondato.

unrechtmäßig **A** *adj* {BESITZ, BESITZER, TITEL} illegittimo, illegale; {ANEIGNUNG, GEBRAUCH} indebito, illecito **B** *adv* {BESITZEN} illegittimamente: **sich (dat) etw ~ aneignen**, appropriarsi indebitamente di qc; **etw ~ erwerben**, acquisire qc illegalmente/[in modo illecito]; **einen Titel ~ erwerben**, acquisire un titolo illegalmente.

Unrechtmäßigkeit <-, -en> f illegittimità f.

Unrechtsbewusstsein (a.R. Unrechtsbewußtsein) n capacità f di distinguere il bene dal male: **gewalttätige Jugendliche haben oft kein ~**, spesso i giovani violenti non sono consapevoli della malvagità delle loro azioni.

Unrechtsstaat m stato m antidemocratico.

unredlich adj geh disonesto.

Unredlichkeit f geh disonestà f.

unreflektiert A adj {Bemerkung} non ponderato; {Anpassung, Identifikation} acritico; {Ablehnung} istintivo B adv: **etw ~ wiedergeben**, ripetere qc senza rifletterci.

unregelmäßig A adj **1** (nicht ebenmäßig) {Form, Gesicht, Gesichtszüge, Handschrift, Zähne} irregolare **2** (ungleichmäßig) {Atmung, Impuls, Puls, Zahlung} irregolare: **in ~en Abständen**, a intervalli irregolari **3** ling {Verb} irregolare B adv **1** (nicht ebenmäßig) {Angeordnet, Geformt, Geschnitten} irregolarmente **2** (in ungleichen Abständen) {Atmen, Erfolgen} irregolarmente, in modo irregolare: **sein Herz schlägt ~**, il suo battito cardiaco è irregolare; **~ essen**, non essere regolare nel mangiare **3** ling {Flektiert} irregolarmente, in modo irregolare.

Unregelmäßigkeit f **1** <nur sing> (das Unregelmäßigsein) irregolarità f **2** (Abweichung von der Regel) irregolarità f **3** <meist pl> euph (kleinerer Betrug) irregolarità f: **jdm werden ~en in der Verwaltung vorgeworfen**, qu viene accusato di aver commesso delle irregolarità amministrative.

unreif A adj **1** agr {Obst} non maturo, acerbo, immaturo: **(noch) ~ sein**, non essere (ancora) maturo, essere (ancora) acerbo **2** (eine Reife zeigend) {Mensch} immaturo; {Verhalten} da immaturo: **ein ~es Alter**, un'età acerba; **sie ist noch sehr ~**, è ancora molto immatura **3** (unausgereift) {Idee, Plan} non maturo B adv agr {Ernten, Pflücken, Verarbeiten} prima che sia maturo: **die Tomaten ~ pflücken**, cogliere i pomodori ancora verdi.

Unreife <-, ohne pl> f **1** agr {+Obst} immaturità f **2** (fehlende Reife) {+Mensch} immaturità f.

unrein adj **1** (nicht makellos) {Haut, Teint} impuro, con (delle) impurità: **einen ~en Atem haben**, avere l'alito cattivo **2** (verschmutzt) {Luft, Wasser} impuro, non pulito **3** (nicht rein) {Edelstein} impuro; {Ton} non pulito; relig impuro ● **(etw) ins Unreine schreiben**, scrivere (qc) in brutta (copia); **ins Unreine sprechen** fam scherz, andare a ruota libera fam; **mal ins Unreine gesprochen**, detto così su due piedi fam.

Unreinheit <-, -en> f **1** (Haut~) impurità f **2** (Verschmutzung) {+Luft, Wasser} impurità f **3** <nur sing> relig impurità f.

unreinlich adj {Mensch} poco pulito.

unrentabel <attr unrentable(r, s)> adj com {Betrieb, Geschäft, Investition} non redditizio, che non rende, non remunerativo.

unrichtig adj {Detail, Ergebnis, Formulierung} inesatto; {Angabe, Behauptung} auch non esatto B adv {Darstellen, Formulieren} in maniera inesatta.

Unruhe <-, -n> f **1** <nur sing> (Besorgnis, Nervosität) irrequietezza f, ansia f; (bes. innere ~) inquietudine f, irrequietudine f: **erfasst/überfällt/überkommt jdn**, l'inquietudine si impadronisce di qu, qu viene colto (-a) da (un senso di) inquietudine; **(wegen etw gen oder fam dat) in ~ sein**, essere in inquieto/[in ansia] per qc; **jdn in ~ versetzen**, mettere qu in agitazione; **ihre ~ wuchs**, la

sua ansia cresceva **2** <nur sing> (fehlende äußere Ruhe) agitazione f: **die ~ im Saal irritierte den Pianisten**, l'agitazione in sala irritava il pianista **3** <nur sing> (Unmut) malcontento m: **das neue Steuergesetz hat große ~ unter den Leuten ausgelöst**, la nuova legge fiscale ha suscitato grande malcontento fra la gente **4** <nur pl> pol (Aufruhr) disordini m pl: **politische ~**, disordini politici; **religiöse/soziale ~n**, fermenti religiosi/sociali; **es kam zu schweren ~n**, ci sono stati gravi disordini; **die ~n niederschlagen/unterdrücken**, reprimere i disordini ● **~ stiften**, portare scompiglio, (politisch) provocare disordini.

Unruheherd m pol focolaio m di rivolta.

Unruhestifter m (**Unruhestifterin** f) pej piantagrane mf; pol sobillatore (-trice) m (f), agitatore (-trice) m (f).

unruhig A adj **1** (besorgt) inquieto, nervoso, preoccupato: **ich werde allmählich/langsam ~**, comincio a preoccuparmi **2** (ständig gestört) {Nacht, Schlaf} inquieto, agitato **3** (in ständiger Bewegung) {Kind} irrequieto **4** (laut) {Gegend, Straße} rumoroso, chiassoso **5** (ruhelos) {Mensch} agitato, inquieto, irrequieto: **ein ~er Geist sein**, essere uno spirito inquieto; **ein ~es Leben führen**, condurre una vita irrequieta **6** (ungleichmäßig) {Atmung, Puls, Verlauf} irregolare **7** (wechselvoll) {Zeit} inquieto, movimentato **8** (kompliziert) {Bild} movimentato, {Muster} irregolare **9** (stürmisch) {Meer, See} agitato, mosso B adv **1** (besorgt) con apprensione/preoccupazione: **~ auf die Uhr gucken**, guardare l'orologio ⌊con preoccupazione⌋/[preoccupato (-a)]/[inquieto (-a)] **2** (unter Störungen): **~ schlafen**, avere un sonno agitato/inquieto **3** (ruhelos) {Auf- und Abgehen, Sich Hin- und Herbewegen} nervosamente: **er trommelte ~ mit den Fingern auf den Tisch**, tamburellava nervosamente con le dita sul tavolo **4** (ungleichmäßig) {Atmen, Laufen, Schlagen} irregolarmente.

unrühmlich A adj <meist attr> {Auftritt, Ende, Verlauf} inglorioso B adv {Enden} ingloriosamente, in modo inglorioso.

uns A pers pron **1** dat von wir (unbetont) ci: **sie haben uns keine Einladung geschickt**, non ci hanno mandato alcun invito; **die Wohnung gefällt uns gut**, l'appartamento ci piace molto; (betont) a noi: **uns haben sie keine Einladung geschickt**, a noi non hanno mandato alcun invito; (nach präp): **geht ihr mit uns ins Kino?**, venite al cinema con noi?; (in Verbindung mit anderen Pronomina) se: **wir wissen nicht, wie wir zum Bahnhof kommen; erklär es uns bitte!**, non sappiamo come arrivare alla stazione: spiegacelo, per favore!; **ich würde die Fotos auch gerne sehen, warum schickst du sie uns nicht?**, anche a me piacerebbe vedere le foto, perché non ce le mandi?; **du solltest sie uns schicken, und nicht ihnen**, dovresti mandarle a noi e non a loro **2** akk von wir (unbetont) ci: **er hat uns besucht**, ci ha fatto visita, è venuto a trovarci; (betont) a noi: **uns hat er besucht, nicht sie**, a noi ha fatto visita, non a loro/lei; (nach präp) noi: **ich habe schon Karten für uns gekauft**, ho già comprato i biglietti per noi; **dann fahr doch ohne uns!**, vai pure senza di noi! B rfl pron **1** dat von wir ci: **wir werden uns ein neues Auto kaufen**, ci compreremo una macchina nuova **2** akk von wir ci: **wir haben uns bestens amüsiert**, ci siamo divertiti (-e) molto; **wir haben uns verspätet**, abbiamo fatto tardi **3** dat + akk von wir (einander) ci: **wir helfen uns gegenseitig**, ci aiutiamo a vicenda ● **unter uns**, fra (di) noi; **hier sind wir unter uns**, qui siamo fra (di) noi; **unter uns ge-**

sagt ..., detto fra (di) noi ...; von uns: **von uns hast du nichts zu befürchten**, da noi/[parte nostra] non hai nulla da temere; **ein Freund von uns**, un nostro amico; zu uns: **du gehörst zu uns**, sei (uno (-a)) dei nostri; **anschließend kommt er zu uns**, dopo cena viene ⌊a casa nostra⌋/[da noi].

unsachgemäß A adj {Reparatur, Transport} non corretto; {Behandlung, Handhabung} scorretto, improprio; {Verpackung} non appropriato B adv {Handhaben, Reparieren, Transportieren, Umgehen} non correttamente, in modo ⌊non corretto⌋/[inappropriato]: **etw ~ verpacken**, imballare qc in modo non appropriato.

unsachlich A adj {Argumentation, Einwand} non oggettivo/pertinente; {Prüfer, Richter} non obiettivo: **~ werden**, non attenersi più ai fatti; **jetzt werde bitte nicht ~!**, non perdere l'obiettività! B adv {Argumentieren} senza obiettività, in modo non pertinente.

Unsachlichkeit <-, -en> f **1** (Mangel an Objektivität) <nur sing> {+Prüfer, Richter} mancanza f di obiettività; {+Argumentation, Einwand} auch non pertinenza f **2** (unsachliche Äußerung) improprietà f, cosa f non pertinente.

unsagbar, **unsäglich** geh A adj {Leid, Qualen, Schmerzen} indicibile, inenarrabile geh; {Freude, Güte} indicibile, ineffabile geh B adv {Sich Freuen, Leiden} indicibilmente, in maniera indicibile: **~ traurig sein**, essere indicibilmente triste, essere di una tristezza indicibile.

unsanft A adj {Erwachen, Stoß} brusco B adv {Wecken} bruscamente: **mit jdm umgehen**, essere brusco con qu, trattare qu in modo rude.

unsauber A adj **1** (nicht sauber) {Hände, Hemd, Kragen, Wäsche} sporco, sudicio **2** (nicht reinlich) {Mensch} poco pulito, sudicio, sporco **3** (unordentlich) {Arbeit} non preciso, abborracciato; {Naht} poco preciso **4** (nicht exakt) {Definition} impreciso, non preciso; {Klang, Ton} non pulito **5** (anrüchig) {Geschäft} poco pulito, losco: **~e Geschäfte machen**, fare affari poco puliti B adv **1** (unordentlich) con poca precisione: **~ arbeiten**, pasticciare **2** (nicht exakt) {Definieren} in modo impreciso; {Spielen} suonare in modo poco pulito, sporcare slang.

unschädlich adj {Farbstoff, Insekt, Medikament, Konservierungsstoff} innocuo, non nocivo: **dieses Insektenspray ist für Menschen absolut ~**, questo spray insetticida non è assolutamente tossico ● **jdn ~ machen** fam, rendere inoffensivo (-a) qu, mettere qu nell'impossibilità di nuocere; **etw ~ machen** {Tier}, rendere inoffensivo (-a) qc; {Bombe, Mine}, disinnescare qc.

unscharf A adj **1** (nicht scharf) {Foto, Hintergrund, Umrisse} sfocato, non nitido **2** (nicht scharf eingestellt) {Fernglas} che non mette a fuoco, {Einstellung, Justierung} impreciso; {Erinnerung} non nitido, vago **3** (unpräzise) {Formulierung} impreciso, vago, approssimativo B adv **1** (nicht scharf) {Eingestellt, Justiert} senza la necessaria precisione **2** (unpräzise) {Ausdrücken, Formulieren} in modo impreciso/vago/approssimativo, con approssimazione.

Unschärfe f **1** fot (unscharfe Stelle) sfocatura f **2** <nur sing> (Unklarheit) {+Begriff, Definition, Formulierung} imprecisione f, approssimazione f.

unschätzbar adj {Hilfe, Mitarbeiter} impagabile, inapprezzabile; {Wert} incalcolabile, inestimabile: **jdm einen ~en Dienst erweisen**, rendere a qu un servizio inapprezzabile; **sie besitzt Schmuck von ~em Wert**, possiede dei gioielli di valore incalcolabile/inestimabile; **dieser Hinweis war für ihn von ~em Wert**, questo è stato un consiglio preziosissimo per lui.

unscheinbar adj {MENSCH} poco appariscente, insignificante; {AUSSEHEN} auch anonimo: **er ist klein und ~**, è basso e poco appariscente.

unschicklich adj {BENEHMEN} sconveniente, disdicevole: **es ist ~ für jdn, etw zu tun**, è sconveniente che qu faccia qc.

unschlagbar adj **1** sport {GEGNER, MANNSCHAFT} imbattibile, invincibile **2** (nicht zu übertreffen) imbattibile, insuperabile: **in etw (dat) ~ sein**, essere imbattibile/insuperabile in qc; **als Organisator ist er ~**, come organizzatore è imbattibile/insuperabile.

unschlüssig A adj indeciso, irresoluto, incerto, perplesso: **sich (dat) über etw (akk) ~ sein**, essere indeciso su qc/[titubante rispetto a qc]; **ich bin mir noch ~ darüber, was ich tun soll**, sono ancora incerto (-a)/perplesso (-a) sul da farsi; **sie ist immer noch ~**, è ancora tentennante/titubante B adv (UM SICH BLICKEN, DEN KOPF WIEGEN} con aria perplessa: **~ stehen bleiben**, fermarsi perplesso (-a)!

Unschlüssigkeit <-, ohne pl> f indecisione f, irresolutezza f.

unschön adj **1** (hässlich) {AUSSEHEN, GESICHT} non bello, sgradevole: **was für eine ~e Farbe!**, che colore sgradevole! **2** (unerfreulich) {SZENE, VORFALL} spiacevole, sgradevole; {WETTER} antipatico **3** (unfreundlich) {GESTE, VERHALTEN} poco carino/bello, antipatico, sgradevole; **das war ~ von dir!**, è stato poco carino da parte tua!

Unschuld <-, ohne pl> f **1** (Schuldlosigkeit) innocenza f; bes. jur non colpevolezza f: **seine ~ beteuern**, proclamarsi/protestarsi innocente, sostenere la propria innocenza/[non colpevolezza]; **jds ~ beweisen**, provare l'innocenza di qu; **ihre ~ wird sich bald herausstellen**, la sua innocenza sarà presto dimostrata **2** (Reinheit) innocenza f, candore m, ingenuità f **3** obs (Jungfräulichkeit) purezza f, verginità f, illibatezza f lit: **die/seine ~ verlieren**, perdere la propria purezza/verginità; **einem Mädchen die/seine ~ nehmen/rauben**, privare una fanciulla della sua purezza ● **in aller ~**, candidamente, innocentemente, ingenuamente; **wegen erwiesener ~ jur**, per non aver commesso il fatto; **eine ~ vom Lande** fam scherz, una tontolona fam.

unschuldig A adj **1** (schuldlos) {ANGEKLAGTER} innocente; bes. jur non colpevole: **~ sein**, essere innocente; **den Angeklagten für ~ erklären**, dichiarare/proclamare l'imputato non colpevole/[innocente] **2** (nicht verantwortlich): **(an etw dat) ~ sein**, non avere colpa (di qc), non essere responsabile (di qc); **sie waren an dem Unglück völlig ~**, non erano affatto responsabili della disgrazia; **sie war an dem Streit nicht ganz ~**, qualche responsabilità in quel litigio ce l'aveva anche lei **3** (rein) {KIND, SEELE} innocente, puro, candido **4** (arglos) {GESICHTSAUSDRUCK, LÄCHELN} candido, innocente: **mit einem ~en Augenaufschlag**, alzando gli occhi con aria innocente; **ein ~es Gesicht machen**, fare una faccia innocente **5** (harmlos) {BEMERKUNG, SCHERZ, VERGNÜGEN} innocente; {FRAGE} auch ingenuo **6** obs (jungfräulich) vergine, illibato lit B adv **1** (nicht schuldig): **~ im Gefängnis sitzen**, essere in prigione (benché) innocente; **~ verurteilt werden**, essere condannato benché innocente **2** (arglos) {ANSEHEN, LÄCHELN} candidamente, con candore, innocentemente **3** {FRAGEN, SAGEN, ZUGEBEN} innocentemente, candidamente: **tu bloß nicht so ~!**, non fare l'innocentino (-a)!

Unschuldige <dekl wie adj> mf innocente mf.

Unschuldsbeteuerung f <meist pl> dichiarazione f d'innocenza.

Unschuldsengel m scherz oder iron innocentino (-a) m (f) iron, santarellino (-a) m (f) iron: **den ~ spielen**, fare l'innocentino (-a)/[il/la santarellino (-a)].

Unschuldslamm n scherz oder iron → **Unschuldsengel**.

Unschuldsmiene f aria f innocente/[da santarellino (-a)] ● **eine ~ aufsetzen**, fare una faccia da innocentino (-a)/santarellino (-a); **mit ~** {BETEUERN, FRAGEN, SAGEN}, con aria innocente/[da innocentino (-a)/santarellino (-a)].

unschuldsvoll A adj {BLICK} innocente, candido B adv {ANSEHEN} innocentemente, con aria innocente.

unschwer adv geh senza difficoltà, facilmente, agevolmente: **das lässt sich ~ feststellen**, si può verificare senza difficoltà; **das kannst du ~ in einer Woche schaffen**, puoi farcela agevolmente in una settimana.

unselbständig adj **1** (nicht eigenständig) {KIND} non autonomo; {MENSCH} auch non indipendente: **seine Frau ist sehr ~**, sua moglie non è per niente autonoma; **in der Arbeit sehr ~ sein**, non saper lavorare in modo autonomo **2** (nicht unabhängig) {ARBEIT, TÄTIGKEIT} dipendente, non autonomo: **Einkünfte aus ~er Arbeit** adm, redditi da lavoro dipendente.

Unselbständigkeit <-, ohne pl> f {+MENSCH, KIND} mancanza f di autonomia; (bes. in Bezug auf eine Tätigkeit) mancanza f di iniziativa.

unselbstständig adj → **unselbständig**.

Unselbstständigkeit f → **Unselbständigkeit**.

unselig adj geh {ENTSCHLUSS, VORFALL} infausto, nefasto, funesto; {LEIDENSCHAFT} fatale, sciagurato: **~e Zeiten**, tempi infausti.

unser A poss pron von wir (adjektivisch: wird im Ital. im Allg. in Verbindung mit dem Artikel verwendet) nostro (-a): **das ist ~ Auto**, questa è la nostra macchina, questa macchina è nostra; **das ist ~ Geld**, questi sono i nostri soldi; **eine ~er Kolleginnen**, una delle nostre colleghe; **das ist ~e Wohnung**, questa è casa nostra; **war das ~e Schuld?**, è stata colpa nostra?; (bei Verwandtschaftsbezeichnungen ohne Adjektiv im sing ohne Artikel): **~er Vater/Sohn**, nostro padre/figlio; **~e Mutter/Tochter**, nostra madre/figlia; **~e Neffen/Vettern**, i nostri nipoti/cugini; **~e Tanten/Nichten**, le nostre zie/nipoti; (in Verbindung mit einem Adjektiv immer mit Artikel): **~e arme Schwester**, la nostra povera sorella; (bei Kosenamen im Singular mit Artikel): **~e Mutti**, la nostra mamma; **~ Papa**, il nostro papà; **~e Oma**, (la) nostra nonna; **~ Opa**, (il) nostro nonno **~ Vater der von wir di noi: Herr, erbarme dich ~!** relig, Signore, abbi pietà di noi!; **~ beider gemeinsame Zukunft**, il nostro avvenire comune; **~ beider Kind**, il nostro bambino.

unsere pron poss (substantivisch) → **unserer**.

unsereiner <nur nom und dat> indef pron, **unsereins** <inv> indef pron fam come noi, noialtri: **unsereinem kann das ja egal sein** (mir), a uno come me cosa importa?; (uns) a uno come me cosa importa?; **unsereins hat da mehr schuften müssen** fam, noialtri abbiamo dovuto sgobbare fam parecchio di più.

unserer, unsere, unseres, unsrer, unsre, unsres poss pron wir (substantivisch) **1** il nostro m, la nostra f, i nostri pl, le nostre pl: **sind das eure Fahrkarten oder unsere?**, questi biglietti sono vostri o nostri?; **euer Zimmer liegt genau neben unserem**, la vostra camera si trova proprio accanto alla nostra **2** <nur pl> (Angehörige): **die Uns(e)ren/uns(e)ren**, i nostri (cari/familiari), la nostra famiglia **3** <nur sing> (uns(e)re Aufgabe): **das Uns(e)re/uns(e)re**, il nostro (dovere); **wir haben das Uns(e)re/uns(e)re getan**, abbiamo fatto il nostro/[la nostra parte] **4** <nur sing> geh (das uns Gehörige): **das Uns(e)re/uns(e)re**, il nostro, i nostri averi.

unsererseits adv da parte nostra, per quanto ci riguarda: **~ steht dem Abkommen nichts im Weg**, per quanto ci riguarda/[da parte nostra] non c'è nessun impedimento all'accordo; **daraufhin haben wir uns ~ an einen Anwalt gewandt**, dopodiché anche noi ci siamo rivolti (-e) a un avvocato.

unseresgleichen, unsresgleichen <inv> indef pron gente f/quelli m pl come noi: **wir bevorzugen es, unter ~ zu sein**, preferiamo stare con/[in compagnia di] gente come noi.

unseretwegen, unsertwegen adv **1** (wegen uns) a causa nostra: **sie haben den Termin ~ verlegt**, l'appuntamento è stato spostato a causa nostra; (negativ) per causa/colpa nostra; **der Zwischenfall ist ~ passiert**, l'incidente è è verificato per colpa nostra **2** (uns zuliebe) per noi: **sie hat ~ das kleinere Zimmer genommen**, ha preso la stanza più piccola per fare un piacere a noi **3** fam (von uns aus) per noi, per quanto ci riguarda: **können Sie das Fenster ruhig auflassen**, per noi può anche lasciare la finestra aperta.

unseretwillen, unsertwillen adv obs: **um ~**, per noi, per amor nostro.

unserige, unsrige poss pron <nur mit best. art> (substantivisch) obs geh → **unsrig**.

unseriös adj {ANGEBOT, FIRMA, GESCHÄFTSMANN, VERLAG, ZEITUNG} non/poco serio; {SCHRIFTSTELLER, WISSENSCHAFTLER} da non prendere sul serio, non serio.

unsicher A adj **1** (gefährlich) {GEGEND, KREUZUNG, REAKTOR} poco sicuro, a rischio **2** (gefährdet) {ARBEITSPLATZ} precario, non sicuro: **auch sein Arbeitsplatz ist inzwischen ~**, nel frattempo anche il suo posto di lavoro è a rischio **3** (nicht verlässlich) {ERGEBNIS, QUELLE} non certo/attendibile; {METHODE, MITTEL, TEST} non sicuro/attendibile/affidabile: **aus ~er Quelle**, da fonte non attendibile **4** (schwankend) {GANG, SCHRITTE} insicuro, incerto, malfermo: **auf den Beinen sein**, essere malfermo sulle gambe, camminare con passo insicuro; **mit ~er Hand**, con mano incerta/malferma **5** (nicht selbstsicher) {AUFTRETEN} {BLICK} che denota insicurezza: **ein ~er Autofahrer**, un automobilista insicuro alla guida; **in seinen Entscheidungen sehr ~ sein**, essere molto insicuro/incerto sulle decisioni da prendere; **beim Sprechen ist er manchmal noch etwas ~**, ha ancora delle incertezze nel parlare; **sich (bei/in etw dat) ~ fühlen**, sentirsi insicuro (-a) (in qc); **~ wirken**, sembrare insicuro (-a), dare l'impressione di essere insicuro **6** (ungewiss) {ZUKUNFT} incerto; {AUSGANG} auch dubbio: **noch ~ sein**, essere ancora incerto; **es ist noch ~, ob/wann/wie ...**, è ancora incerto/[non si sa ancora] se/quando/come ...; **sich (dat) noch ~ [im Unsichern] sein** (noch unentschieden sein), essere ancora incerto/insicuro; **ich bin mir**

noch ~, sono ancora incerto (-a), non sono ancora sicuro (-a), non ho ancora deciso; **sich (dat) (noch) ~ sein, ob/wann/wie ...**, essere ancora incerto se/[su quando]/[su come]...; **ich bin mir jetzt ~, ob ...**, non so più se ..., mi è venuto il dubbio di ... *inf*; **der Sieger war bis zuletzt ~**, fino alla fine non si è saputo chi sarebbe stato il vincitore **B** *adv* **1** (*schwankend*): **sich ~ bewegen**, essere incerto nei movimenti; **sich ~ vorwärtstasten**, camminare a tentoni/tastoni **2** (*nicht selbstsicher*) {FRAGEN, UM SICH BLICKEN} timidamente: **~ auftreten**, avere un comportamento insicuro; **~ Auto fahren**, essere insicuro alla guida dell'auto ● **jdn ~ machen** (*die Selbstsicherheit nehmen*), rendere insicuro (-a) qu; (*jdn befangen machen*), mettere in soggezione qu; (*jdn zweifeln lassen*), mettere dei dubbi a qu; **etw ~ machen** {EINBRECHER GEGEND}, rendere poco sicuro (-a) qc; *fam scherz* (*sich amüsieren*) {DIE GEGEND, DIE KNEIPEN}, dare l'assalto a qc *fam scherz*.

Unsicherheit <-, -en> *f* **1** <*nur sing*> (*mangelnde Verlässlichkeit*) {+ERGEBNIS} incertezza *f*; {+QUELLE} *auch* non attendibilità *f*, inattendibilità *f*; {+METHODE, TEST} inaffidabilità *f*, non affidabilità *f* **2** <*nur sing*> (*mangelnde Selbstsicherheit*) insicurezza *f*; **~ bei/in etw** (dat) {BEIM AUTOFAHREN, IM UMGANG} insicurezza *f* *in qc* **3** <*nur sing*> (*Ungewissheit*) {+AUSGANG, ZUKUNFT} incertezza *f* **4** <*meist pl*> (*Unwägbarkeit*) incognita *f*.

Unsicherheitsfaktor *m* incognita *f*.

UN-Sicherheitsrat *m* consiglio *m* di sicurezza dell'ONU.

unsichtbar *adj* invisibile; **~ sein**, essere invisibile; **für das bloße Auge ~ sein**, non essere visibile a occhio nudo; **~e Tinte**, inchiostro simpatico ● **sich ~ machen** *fam scherz* (*verschwinden*), sparire, scomparire, eclissarsi, volatilizzarsi, dileguarsi; **wenn gespült werden muss, machen sich die Kinder ~**, quando si tratta di lavare i piatti i miei figli si eclissano.

Unsichtbarkeit <-, ohne pl> *f* invisibilità *f*.

Unsinn <-s, ohne pl> *m* **1** (*Unsinnigkeit*) assurdità *f*, assurdo *m*, nonsenso *m*: **Sinn und ~ des neuen Schulsystems**, senso e nonsenso del nuovo sistema scolastico **2** (*Unfug*) assurdità *f*, sciocchezza *f*, stupidaggine *f*, fesseria *f* *fam*, scemenza *f*: **das ist doch (blanker/glatter/schierer) ~!**, (questo) è (semplicemente) assurdo!, è un'assurdità (bella e buona)!; **wird es euch zu viel, wenn ich noch jemanden mitbringe? – ~!** (*nein, absolut nicht!*), ci sono problemi se porto un'altra persona? – Sciocchezze!, Ma ti pare?!, Assolutamente no!, Figurati!; **ich bin viel zu dick! – ~**, **du bist genau richtig!**, sono troppo grasso (-a)! – Sciocchezze/Macché, stai proprio bene così!; **das ist reiner ~, was du da sagst!**, stai proprio dicendo delle assurdità/fesserie/scemenze!; **es wäre ~, etw zu tun**, sarebbe assurdo fare qc; **es wäre ~, bei dieser Hitze eine Wanderung zu machen**, è stato da sciocchi fare una camminata sotto questa canicola; **du glaubst auch jeden ~**, credi a tutto quello che ti si racconta ● **nichts als ~ im Kopf haben**, non avere altro che grilli per la testa! *fam*; **lass doch den ~!**, smettila! *fam* (*con queste sciocchezze*)/[di fare lo stupido/la stupida]!; **~ machen**, fare stupidaggini/fesserie *fam*, **mach keinen ~!** *fam*, non fare sciocchezze/stupidaggini/fesserie! *fam*, non fare lo stupido/la stupida!; **~ reden** *fam*, dire sciocchezze/scemenze; **was redest du da für einen ~?!**, ma che assurdità vai dicendo?; **so/[was für] ein ~!** *fam* (*Blödsinn!*), che stupidaggine/sciocchezza/fesseria *fam!*; (*ach was!*), macché!

unsinnig **A** *adj* **1** (*töricht*) {GEREDE, GE-**SCHWÄTZ, PLAN} assurdo, insensato, senza senso, senza capo né coda; {IDEE} *auch* strambo, bislacco, strampalato: **es ist ~, etw zu tun**, è insensato/assurdo fare qc; **es ist doch völlig ~, so etwas auch nur zu versuchen!**, è da sciocchi anche solo tentare un'impresa simile! **2** *fam* (*übertrieben*) {FORDERUNG} assurdo; {KOSTEN, PREIS} folle **3** *fam* (*sehr groß*) {ANGST} pazzesco *fam*, matto *fam* **B** *adv fam* **1** (*unerhört*) {HOCH, TEUER} scandalosamente **2** (*übermäßig*) {SICH FREUEN, SICH ÄRGERN} pazzamente *fam*, da matti *fam*.

Unsitte <-, *ohne pl*> *f* cattiva/brutta abitudine *f*, vizio *m*; (*allgemeine schwerwiegende ~*) malcostume *m*: **eine weit verbreitete ~**, un malcostume diffuso; **es ist eine ~ von vielen Autofahrern, die Kippen einfach aus dem Fenster zu werfen**, è un viziaccio di molti automobilisti buttare i mozziconi dal finestrino; **das ist eine gefährliche ~ von ihm/ihr**, è un vizio pericoloso che ha lui/lei; **diese ~ werde ich**/[musst du] **dir abgewöhnen!**, questo vizio te lo (farò perdere)/[devi togliere]!

unsittlich **A** *adj* {VERHALTEN} immorale, che offende la morale; (*in sexueller Hinsicht*) *auch* che offende il pudore, indecente: **eine ~e Handlung**, un atto indecente; (*in sexueller Hinsicht*) un atto di libidine; **jdm einen ~en Antrag machen**, fare una proposta indecente a qu **B** *adv* {BERÜHREN, SICH NÄHERN} con intenti libidinosi.

Unsittlichkeit <-, -en> *f* immoralità *f*; (*in sexueller Hinsicht*) *auch* indecenza *f*.

UN-Soldat *m* → **UNO-Soldat**.

unsolidarisch **A** *adj* poco/non solidale **B** *adv* {SICH VERHALTEN} in modo poco/non solidale.

unsolide, unsolid **A** *adj* **1** (*zu Ausschweifungen neigend*) {MENSCH} dissoluto, dissipato; {LEBENSWANDEL} *auch* sregolato, disordinato: **ein ~s Leben führen**, condurre una vita sregolata/dissoluta/dissipata **2** (*nicht zuverlässig*) {FIRMA, GESCHÄFTSMANN} inaffidabile, poco serio **3** (*mangelhaft*) {ARBEIT} abborracciato, raffazzonato; {QUALITÄT, VERARBEITUNG} scadente **B** *adv* **1** (*ausschweifend*): **~ leben**, fare/condurre una vita sregolata/dissoluta **2** (*mangelhaft*) {GEARBEITET, VERARBEITET} male.

UN-Sonderorganisation *f* istituto *m* specializzato dell'ONU.

unsozial **A** *adj* {MASSNAHME, MIETEN, POLITIK, STEUER, VERHALTEN} antipopolare: **ein ~er Typ** *fam*, un menefreghista *fam* **B** *adv* {SICH VERHALTEN} da egoista.

unspektakulär **A** *adj* {ÄUSSERES, ERSCHEINUNG} poco appariscente; {EREIGNIS} poco spettacolare; {SPIEL} *auch* scialbo **B** *adv* {VERLAUFEN} in sordina, sotto tono, senza clamore.

unspezifisch *adj geh* non specifico; *med* {KRANKHEITSBILD, KRANKHEITSVERLAUF, SYMPTOM} aspecifico.

unsportlich **A** *adj* **1** (*zum Sport ungeeignet*) {MENSCH} non/poco sportivo: **er ist völlig ~**, è totalmente negato per lo sport/[non ha nessunissima attitudine allo] sport **2** (*unfair*) {GESTE, VERHALTEN} poco sportivo, antisportivo **B** *adv* (*unfair*) {HANDELN, SICH VERHALTEN} in maniera antisportiva/[poco sportiva]: **er hat sich ~ verhalten, als er ...**, non ha dimostrato alcuno spirito sportivo quando ...

Unsportlichkeit <-, -en> *f* mancanza *f* di attitudine allo sport: **bei ihrer ~ dürfte sie sich so etwas nicht zumuten**, essendo così poco sportiva/[negata com'è per lo sport] non dovrebbe pretendere cose simili da se stessa.

unsrer, unsre, unsres poss pron *fam* von unser.

unsrerseits adv → **unsererseits**.

unsresgleichen <inv> indef pron → **unseresgleichen**.

unsretwegen adv → **unseretwegen**.

unsretwillen adv → **unseretwillen**.

unsrig poss pron *obs geh* → **unserer**.

unstabil adj → **instabil**.

unstatthaft adj *form*: **~ sein**, essere inammissibile; (*nicht erlaubt*) essere vietato/proibito; **ein solches Benehmen in der Öffentlichkeit ist ~**, in pubblico un simile comportamento è inammissibile; **es ist ~, etw zu tun**, (è) vietato fare qc *form*.

unsterblich **A** *adj* **1** (*nicht sterblich*) {GÖTTER, SEELE} immortale: **Gott ist ~**, Dio è eterno **2** (*unvergänglich*) {KÜNSTLER, KUNSTWERK, MUSIK} immortale; {LIEBE} eterno, imperituro *lit*; {RUHM} *auch* immortale: **jdn ~ machen**, rendere qu immortale **B** *adv fam*: **sich ~ blamieren**, fare una figuraccia epica; **sich ~ verliebt haben**, essersi perdutamente innamorato; **~ verliebt sein**, essere innamorato (-a) perso (-a).

Unsterbliche <dekl wie adj> mf immortale mf.

Unsterblichkeit <-, ohne pl> *f* immortalità *f*.

unstet **A** *adj* {CHARAKTER, MENSCH} instabile, incostante, volubile: **ein ~es Leben führen**, condurre una vita vagabonda **B** *adv*: **~ umherirren**, vagare senza posa.

unstillbar *adj* {SEHNSUCHT, VERLANGEN} insaziabile, inappagabile; {WISSENSDURST} insaziabile, inestinguibile.

unstimmig *adj* (*in sich unstimmig*) {ARGUMENTATION, KONZEPT} incoerente, incongruente; {AUSSAGE} *auch* che non quadra/torna *fam*; (*voneinander abweichend*) {AUSSAGEN, DATEN} dissonante, discordante, contrastante.

Unstimmigkeit <-, -en> *f* <*meist pl*> **1** (*Ungenauigkeit*) incongruenza *f*, incongruenza *f*, sfasatura *f* **2** (*emotionaler Kontrast*) dissapore *m*, screzio *m*: **es gibt**/[**kommt zu**] **~en zwischen den Eheleuten**, (ci sono)/[si creano] dei dissapori fra i coniugi **3** (*Meinungsverschiedenheit*) divergenza *f*, discrepanza *f*, dissenso *m*: **~en bereinigen/beseitigen**, chiarire/eliminare le divergenze.

unstreitig **A** *adj* {TATSACHE} incontestabile, indiscutibile, innegabile: **es ist ~, dass ...**, è incontestabile che ... *konjv* **B** *adv* in modo incontestabile, incontestabilmente: **es steht ~ fest, dass ...**, è incontestabile che ...

Unsumme <-, -n> *f* somma *f* enorme/mostruosa *fam*, sproposito *m fam*: **~n für etw** (akk) **ausgeben**, spendere (delle) somme da capogiro per qc.

unsymmetrisch adj asimmetrico.

Unsympath <-en, -en> *m fam pej* (tipo *m*) antipatico *m*: **so ein ~!**, che antipatico/odioso!

unsympathisch *adj* **1** (*nicht sympathisch*) {AUSSEHEN, STIMME} antipatico; {MENSCH} *auch* odioso: **~ aussehen**, avere un aspetto antipatico/[l'aria antipatica]; **~ sein**, essere (un tipo) antipatico; **der ist aber ~!**, ma che antipaticone quello lì!; **sie ist mir ausgesprochen ~**, mi sta proprio antipatica; **jdm ~ sein**, essere/stare antipatico (-a) a qu; **was ist dir denn so ~ an ihm?**, ma (che) cosa ci trovi di così antipatico in lui?; **am Anfang wirkte er eher ~**, all'inizio (sembrava piuttosto sull')/[dava piuttosto l'idea di essere] antipatico **2** (*missfallend*) {GEDANKE, VORSTELLUNG} antipatico, sgradevole, spiacevole; {HITZE, KÄLTE, NÄSSE, SCHWÜLE} antipatico, fastidioso, sgradevole.

die Vorstellung, allein in dem Haus leben zu müssen, ist mir ziemlich ~, l'idea di dover vivere da solo (-a) in quella casa non mi piace mica tanto; ~ **an der Sache ist, dass ...**, l'aspetto antipatico/sgradevole della faccenda è che ...; **die Vorstellung, mit ihm in Urlaub zu fahren, ist gar nicht mal so ~!**, l'idea di andare in vacanza con lui non è affatto malvagia!

unsystematisch A adj {ARBEITSWEISE, VORGEHEN} non/poco sistematico B adv {ARBEITEN, VORGEHEN} senza sistema/metodo.

untadelig, untadlig geh A adj {BENEHMEN, LEBENSWANDEL} irreprensibile, inappuntabile, ineccepibile, impeccabile B adv {SICH BENEHMEN} in modo irreprensibile/ineccepibile: ~ **gekleidet sein**, essere vestito in maniera inappuntabile/impeccabile.

untalentiert adj oft pej {MENSCH} privo di talento, poco dotato: **als etw (nom) ~ sein** {ALS FEINMECHANIKER, TÖPFER}, non essere portato per fare qc; **als Künstler/Musiker ~ sein**, non avere talento artistico/musicale, non essere dotato per l'arte/la musica.

Untat <-, -en> f misfatto m: **eine abscheuliche ~**, una scelleratezza; **eine ~ begehen**, compiere un misfatto.

untätig A adj 1 (müßig) inattivo, inoperoso, inerte: **ein ~er Mensch**, una persona inattiva; **sein ~es Herumsitzen macht uns alle verrückt**, il suo starsene lì con le mani in mano ci fa diventare tutti matti; **nicht ~ sein**, non rimaner(sene) con le mani in mano/[inattivo (-a)]; **es sich leisten können, auch mal ~ zu sein**, potersi permettere qualche volta di starsene in ozio 2 (erloschen) {VULKAN} inattivo B adv {ABWARTEN, DABEISTEHEN, ZUGUCKEN} con le mani in mano, a braccia conserte: ~ **herumsitzen**, starsene con le mani in mano; **die Hände ~ in den Schoß legen**, incrociare le braccia; ~ **zusehen, wie die anderen schuften**, starsene a braccia conserte a guardare gli altri sgobbare ● ~ **bleiben**, non fare niente, non intervenire; **nicht ~ bleiben**, non perdere tempo, darsi da fare; **bei etw (dat) ~ zusehen müssen** (nichts tun können), dover stare a guardare qc senza poter fare niente/[intervenire], dover assistere impotente a qc; **sie mussten ~ zusehen, wie das Schiff unterging**, guardarono impotenti la nave che affondava.

Untätigkeit <-, ohne pl> f inattività f, inoperosità f, inerzia f: **die Krankheit hat ihn lange zur ~ gezwungen**, la malattia lo ha costretto a una lunga inattività.

untauglich adj 1 (ungeeignet) {METHODE, MITTEL} inadeguato, inadatto: ~ **für etw (akk) sein** {MENSCH FÜR EINE AUFGABE, EINEN POSTEN}, essere inetto a un mestiere; {METHODE, MITTEL} essere inadeguato/inadatto a qc; **als etw (nom) ~ sein**, essere inadatto a fare/[come] qc; **er ist als Direktor/Pilot ~**, è inadatto a fare il/[come] direttore/pilota; **zu schwerer Arbeit ~ sein**, non essere in grado di/[avere il fisico per] fare lavori pesanti 2 (nicht brauchbar) **zu etw** (dat) ~ {GERÄT, WERKZEUG ZUM SÄGEN, SCHNEIDEN} non utilizzabile per fare qc 3 mil inabile: ~ **(für etw akk) sein**, essere inabile (a qc); **als ~ entlassen werden**, essere riformato; **jdn für ~ erklären**, dichiarare qu inabile alla leva.

Untauglichkeit <-, ohne pl> f 1 (das Untauglichsein) {+PERSON} inattitudine f, mancanza f di attitudine, inidoneità f, inettitudine f; {+EINRICHTUNG, GEGENSTAND, METHODE} inutilità f, inadeguatezza f 2 mil inabilità f (alla leva): **wegen ~ entlassen werden**, essere congedato per inabilità alla leva.

unteilbar adj {BESITZ, GANZES, ZAHL} indivisibile, non divisibile.

Unteilbarkeit <-, ohne pl> f indivisibilità f.

unten adv 1 ((an der) Unterseite): **was ist ~?**, qual è il sotto?; **wo ist denn an diesem Ding ~ und oben?**, qual è il sotto e qual è sopra di quest'aggeggio?; **die raue Seite des Stoffs ist ~**, il lato ruvido della stoffa è il rovescio; **der Karton ist ~ aufgeplatzt**, la scatola si è aperta/rotta sotto; (im unteren Teil von etw) in basso: ~ **rechts/links**, in basso a destra/sinistra; ~ **an etw** (dat) {AN DER MAUER, SÄULE, AM STAMM}, in basso su qc; **ganz ~ am Stamm**, proprio al piede del tronco; ~ **auf dem/[im] Bild erkennt man die Signatur des Malers**, in basso sul quadro si riconosce la firma del pittore; **weiter ~ im Regal/Schrank**, più in basso nello scaffale/[nell'armadio]; **stell die Dosen ganz ~ ins Regal**, metti le scatolette giù in basso nello/[in fondo allo] scaffale; (am unteren Boden von etw) in fondo; **ganz ~ im Koffer**, in fondo alla valigia; **ganz ~ in der/die Kiste**, proprio in fondo/[in fondo in fondo] alla cassa; **rechts/links ~**, in fondo a destra/sinistra 2 (an einer tiefer liegenden Stelle) giù, di sotto: ~ **im/in den Keller**, giù/[di sotto] in cantina; **bring die Kisten (nach) ~ in den Keller!**, porta le casse giù in cantina!; **wir warten ~ auf dich**, ti aspettiamo giù/[di sotto]; ~ **am Berg**, ai piedi della montagna; ~ **am Fluss**, giù al fiume; ~ **im Tal hörte man die Glocken läuten**, giù nella valle si sentiva il suono delle campane; **sie wohnen ganz ~ im Tal**, abitano a fondovalle 3 (im/ins Erdgeschoss) dabbasso, a(l) pianterreno, a(l) pianoterra: **sie wohnen ~**, abitano dabbasso/[a pianterreno/pianoterra]; **die Mieter von ~ sind sehr nett**, gli inquilini del pianterreno sono molto carini 4 (am anderen Ende von etw) ai piedi di qc, all'altro capo di qc: ~ **am Bett stehen bleiben**, fermarsi ai piedi del letto; **am Tisch ~ sitzen**, sedere all'altro capo/[all'altra estremità] del tavolo; ~ **auf der Treppe**, ai piedi della/[in fondo alla] scala 5 (im unteren Teil: bei Seiten oder Text) sotto, in basso: **siehe ~!**, vedi sotto; **siehe auf Seite 98 ~**, vedi a pagina 98 in basso; **siehe weiter ~**, vedi più avanti; **wie ~ angeführt**, come indicato più avanti 6 fam (im Süden) giù: **er ist ~ bei seinen Eltern**, è giù dai (suoi) genitori; **sie leben ~ in Sizilien**, vivono giù in Sicilia 7 (in subalterner Stellung) in basso (nella scala sociale): **früher war er mal wer, jetzt ist er wieder ganz ~**, prima era qualcuno (ma) ora è di nuovo agli ultimi gradini della scala sociale; **ganz von ~ anfangen**, partire da zero/[dal niente]; **sich von ~ hocharbeiten/hochdienen/hochkämpfen**, venire dalla gavetta, partire dal niente/[da zero] per salire tutti i gradini della scala sociale 8 fam anat sotto: **sich ~ waschen**, lavarsi le parti intime, farsi il bidet ● **etw nach ~ abrunden**, arrotondare qc per difetto; **bis ~ (an etw akk)** {AN DEN KNÖCHEL, DEN SOCKEL}, fin(o) giù (a qc); **da/dort ~**, laggiù, lì/là in fondo; **bei jdm ~ durch sein** fam: **der ist bei mir ~ durch!**, con quello ho chiuso! fam; **hier ~**, quaggiù, qui/qua in fondo; **nach ~**: **nach ~ gehen**, scendere (giù) di sotto, andare giù/[di sotto]; **ich gehe jetzt wieder nach ~** (in die darunter liegende Wohnung), ora torno giù/[di sotto]; **nach ~ in den Keller gehen**, scendere (di sotto) in cantina; **nicht nach ~ gucken**, non guardare (in) giù/[in basso/di sotto]; **nach ~ zeigen**, indicare in basso/[giù]; **nach ~ (hin/zu)**: **er lag, mit dem Gesicht nach ~, auf dem Bett**, era sdraiato sul letto a faccia in giù; **die Säule verjüngt sich nach ~ hin/zu**, la colonna si rastrema verso il basso; **der Weg wird nach ~ zu immer breiter**, il sentiero si allarga (più si scendendo); **il, dal basso verso l'alto; **alles von ~ nach oben kehren**, mettere tutto sottosopra; **von ~ (her)**, (a partire) dal basso; **von ~ (zu jdm) heraufrufen/heraufschauen/heraufwinken**, chiamare/guardare/salutare (qu) da sotto (in su).

untendrunter adv fam sotto (tutto): **der Brief lag ~**, la lettera era sotto tutto; **das Motorrad lag am Boden und er ~**, la moto era in terra e lui sotto; **leg das Foto ~**, metti la foto sotto (tutto); **dicke Unterwäsche ~ anziehen**, mettere sotto biancheria pesante.

untendurch adv fam (da) sotto: ~ **kriechen** (unter, durch ein Gebüsch, einen Zaun), passare strisciando da sotto; **etw ~ ziehen** {KABEL, SCHNUR}, passare qc sotto.

untenerwähnt adj → **erwähnt**.

untengenannt adj → **genannt**.

untenherum adv fam 1 (um die Hüfte herum): **sie ist ~ ganz schön füllig**, è abbastanza forte/pienotta fam di fianchi; **das Kleid ist ~ zu eng**, il vestito stringe troppo su/[è troppo stretto ai] fianchi 2 (im Intimbereich): **sich ~ warm anziehen/halten**, mettersi delle mutande pesanti/[una calzamaglia pesante]; **sich ~ waschen**, lavarsi le parti intime, farsi il bidet.

untenstehend adj → **stehend**.

unter ① präp + dat oder akk 1 + dat (unterhalb von etw) sotto: ~ **freiem Himmel schlafen**, dormire a cielo aperto/[sotto le stelle]; **etw ~ dem Mikroskop betrachten**, osservare qc al microscopio; **Kartoffeln wachsen ~ der Erde**, le patate crescono sotto terra; **die Kinder saßen ~ dem Vordach und guckten zu, wie es regnete**, i bambini stavano/erano seduti sotto la tettoia e guardavano piovere; **Müllers wohnen ~ uns**, i Müller stanno sotto di noi; ~m/[~ dem] **Sonnenschirm sitzen**, stare seduto (-a) sotto l'ombrellone 2 + akk (in dem Bereich unterhalb von etw) sotto: **sich ~ die Dusche stellen**, mettersi sotto la doccia; **die Katze kroch ~ das Bett**, il gatto si infilò sotto il letto 3 + dat (von etw bedeckt, umgeben sein) sotto: ~ **der Decke liegen**, stare sotto le coperte; **ein Hemd ~ dem Pullover tragen**, portare una camicia sotto il golf; **nach der Überschwemmung stand der Keller ~ Wasser**, dopo l'alluvione la cantina era sott'acqua/[allagata]; + akk (mit etw bedecken) sotto; ~ **die Decke kriechen**, infilarsi sotto le coperte; **den Hausschlüssel ~ einen Stein legen**, mettere le chiavi di casa sotto un sasso 4 + dat (von, zwischen) fra, tra: **du bist nur einer unter vielen**, sei solo uno dei tanti; **die einzige Frau ~ zig männlichen Mitarbeitern**, l'unica donna fra parecchi collaboratori maschili; **einer ~ hundert**, uno su cento; **es war niemand ~ ihnen, der die Antwort wusste**, non c'era nessuno fra (di) loro che sapesse la risposta; ~ **sich bleiben/sein**, rimanere/essere fra sé; **jetzt sind wir endlich ~ uns**, finalmente siamo fra noi/[soli (-e)]; **die in Deutschland lebenden Türken bleiben gern ~ sich**, i turchi che vivono in Germania preferiscono stare tra di loro; **das bleibt aber ~ uns**, però rimanga fra noi/[inter nos]; ~ **uns gesagt**, detto fra noi; **sie teilten den Gewinn ~ sich auf**, si divisero la vincita; **ein Streit ~ Geschwistern**, una lite fra fratelli 5 + akk (zu einem Teil von etw werden) fra, tra: **sich ~ die Menge/[~s Volk] mischen**, mescolarsi tra la folla; **das Mehl ~ die Eier rühren**, unire la farina alle uova; + dat (Teil von etw sein) fra, tra, in mezzo a; ~ **Freunden sitzen**, stare in mezzo agli amici; **sie fand den Vertrag ~ ihren Papieren wieder**, ritrovò il contratto in mezzo alle sue carte **6** (*Zuordnung kennzeichnend*) + dat: **er tritt ~ falschem Namen auf**, si presenta sotto falso nome; **ich kenne ihn nur ~ seinem Vornamen**, lo conosco solo col nome di battesimo; **~ dieser Adresse/Nummer bin ich immer zu erreichen**, a questo indirizzo/numero sono sempre raggiungibile; **ein Aufsatz steht ~ dem Titel ...**, un saggio è intitolato ...; **je nachdem, was man ~ Demokratie versteht**, a seconda di ciò che si intende per democrazia; **die Vorlesungsreihe steht ~ einem aktuellen Thema**, il ciclo di lezioni ha come argomento un tema d'attualità; + akk sotto **7** (*niedriger/weniger als etw*) + dat sotto, al di sotto di: ~ **dem Durchschnitt liegen**, essere ⌊al di sotto della⌋/[inferiore alla] media; **nicht ~ 100 Euro**, non meno di 100 euro; **ein Ort liegt ~ Normalnull**, una località è situata sotto il livello del mare; **etw (weit) ~ Preis verkaufen/weggeben**, vendere/[dare via] qc (di gran lunga) sottoprezzo; **die Temperaturen liegen weit ~ null**, le temperature sono decisamente al di sotto dello zero; + akk sotto, al di sotto di; **die Temperaturen sind ~ null gesunken**, le temperature sono scese sottozero/[al di sotto dello zero]; (*von weniger als*) + dat sotto, al di sotto di; **für Kinder ~ 10 Jahren ist der Eintritt frei**, l'ingresso è libero per i bambini ⌊sotto i⌋/[di età inferiore a] 10 anni **8** (*Abhängigkeit kennzeichnend*) + dat sotto: ~ **jdm arbeiten**, lavorare sotto qu; ~ **Aufsicht**, sotto sorveglianza; ~ **jds Direktion/Kommando/Leitung**, sotto la direzione/il comando/la guida di qu; ~ **sich haben**, avere qu sotto di sé; ~ **ständiger ärztlicher Kontrolle**, sotto costante controllo medico; ~ **der Regierung ...**, sotto il governo di ...; ~ **jdm stehen**, stare sotto qu; + akk sotto; **jdn ~ polizeiliche Aufsicht stellen**, porre qu sotto la sorveglianza della polizia; **einen Betrieb ~ kommissarische Leitung stellen**, commissariare un'impresa **9** + dat (*modal: begleitet von*): ~ **dem Beifall des Publikums den Saal betreten**, entrare in sala fra gli applausi del pubblico; ~ **Fluchen**, bestemmiando; ~ **Tränen**, tra le lacrime, piangendo; (*kennzeichnet Art und Weise*): ~ **der Bedingung, dass ...**, a condizione/patto che ... konjv; ~ **Lebensgefahr**, a rischio della vita; ~ **allen Umständen**, in ogni caso, ad ogni modo, in tutti i casi; ~ **diesen Umständen**, date le circostanze; ~ **Vorspiegelung falscher Tatsachen**, con l'inganno; ~ **einem Vorwand**, con un pretesto; ~ **Zwang**, per costrizione, perché costretto (-a) **10** (*einen Zustand kennzeichnend*) + dat sotto: **ein Gerät/eine Maschine steht ~ Strom**, un apparecchio/una macchina è sotto tensione; ~ **Naturschutz stehen**, essere (posto) sotto tutela ambientale; ~ **Druck stehen**, essere sotto pressione; **ein Kessel steht ~ Druck**, una caldaia è sotto pressione; + akk sotto; **jdn ~ Druck setzen**, mettere qu sotto pressione; **etw ~ Naturschutz stellen**, porre qc sotto tutela ambientale **11** + dat (*kausal: aufgrund von etw*) per, a causa di, sotto: ~ **der Hitze/Kälte leiden**, soffrire (per) il caldo/freddo; ~ **Einsamkeit leiden**, soffrire di solitudine; ~ **der Schuldenlast zusammenbrechen**, crollare sotto il peso dei debiti ● **anderem** (*Abk u. a.*), fra le altre cose, tra l'altro; **die Räume waren bis ~ die Decke mit Büchern gefüllt**, le stanze erano piene di libri fino al soffitto.

unter② *adv* **1** (*weniger als*) meno di: **die Bewerber sind ~ 200**, i candidati sono meno di 200 **2** (*jünger als*) meno di: **solange man ~ 30 ist, ...**, finché si ha meno di 30 anni ...

Unterabteilung *f bes. adm* sottosezione f.
Unterarm *m anat* avambraccio m.
Unterarmtasche *f* busta f, pochette f.
Unterart *f biol* sottospecie f.
Unterbau <-(e)s, -bauten> *m* **1** *arch* {+GEBÄUDE} fondamenta f pl, fondazioni f pl; {+DENKMAL} basamento m, base f; (*Substruktion*) sostruzione f **2** *bau* {+BAHNSTRECKE, STRASSE} sottofondo m **3** <*nur sing*> (*Grundlage*) {+PHILOSOPHIE, THEORIE} fondamento m, base f.
Unterbauch *m anat* basso ventre m.
Unterbegriff *m* iponimo m.
unterbelegt *adj* {HOTEL} con molte camere libere, semivuoto; {JUGENDHERBERGE, KRANKENHAUS} con molti ⌊posti letto⌋/[letti] liberi; {KURS} con pochi partecipanti/iscritti, poco frequentato: **~ sein**, esere semivuoto; **die Hotels waren diesen Sommer zu 25 Prozent ~**, quest'estate gli alberghi erano occupati solo al 75% della loro capacità ricettiva; **die Sprachkurse sind dieses Jahr ~**, quest'anno i corsi di lingua non hanno molti iscritti.
unterbelichten *tr fot* **etw** ~ sottoesporre qc: **unterbelichtet**, sottoesposto ● **ein bisschen/wenig unterbelichtet sein** *fam*, essere tanto sveglio *fam*.
Unterbelichtung <-, *ohne pl*> *f fot* sottoesposizione f.
unterbeschäftigt *adj* {ANGESTELLTER, ARBEITER} sottoccupato.
Unterbeschäftigung *f ökon* sottoccupazione f.
unterbesetzt *adj* {AMT, BÜRO} ⌊a corto di⌋/[con poco] personale: **unsere Schule ist ~**, nella nostra scuola c'è carenza di insegnanti.
unterbewerten *tr* **etw** ~ {AUSWIRKUNG, BEDEUTUNG, EREIGNIS, LEISTUNG} sottovalutare qc, sottostimare qc.
Unterbewertung <-, -en> *f* sottovalutazione f.
unterbewusst (a.R. unterbewußt) *psych* **A** *adj* subconscio, subcosciente: **das Unterbewusste**, il subconscio **B** *adv* {AHNEN, SPÜREN} ⌊a livello del⌋/[nel] subconscio: **sich ~ gegen etw (akk) sperren**, avere forti resistenze a livello subconscio a qc; ~ **vorhanden sein**, essere presente ⌊nel subconscio⌋/subcosciente⌋/[a livello subconscio].
Unterbewusstsein (a.R. Unterbewußtsein) <-s, *ohne pl*> *n psych* subconscio m, subcosciente m ● **im ~**, nel subconscio/subcosciente.
unterbezahlen *tr* <*meist inf oder part perf*> **jdn/etw** ~ {ANGESTELLTEN, ARBEITER, LEISTUNG} sottopagare qu/qc: **unterbezahlt sein/werden**, essere sottopagato/[pagato una miseria], prendere uno stipendio/un salario da fame *fam*; **mit etw (dat) unterbezahlt sein**, essere sottopagato con qc.
Unterbezahlung <-, -en> *f* retribuzione f insufficiente: **die Gewerkschaft versucht, gegen die notorische ~ der Gastarbeiter vorzugehen**, i sindacati cercano di intervenire contro il malcostume che vuole sottopagati i lavoratori stranieri.
unterbieten <*irr, ohne ge-*> *tr* **1** *com* (*billiger sein als jd anderer*) **jdn (um etw akk)** ~ {GESCHÄFTSMANN, KONKURRENTEN, KONKURRENZ UM EINEN BETRAG} battere qu sul prezzo (*per qc*); **etw (um etw akk)** ~: **die Preise der Konkurrenz um einiges ~**, fare prezzi molto più bassi della concorrenza; **etw im Preis ~**, vendere/offrire qc a un prezzo inferiore, fare un prezzo più basso per qc **2** *sport* **etw (um etw akk)** ~ {REKORD UM EINE BESTIMMTE ZEIT} battere qc (*per qc*), abbas-

sare qc (*di qc*); {ZEIT} migliorare qc (*di qc*): **jds Zeit um eine Zehntelsekunde ~**, migliorare il tempo di qu di un decimo di secondo; **jds Bestzeit noch ~**, riuscire a stare sotto il miglior tempo di qu ● **kaum noch zu ~ sein**: **diese Preise sind kaum noch zu ~**, questi prezzi sono praticamente imbattibili, nessuno potrebbe vendere a prezzi più bassi; **seine Leistungen sind kaum noch zu ~** *iron*, le sue prestazioni non potrebbero essere peggiori.
unterbinden <*irr, ohne ge-*> *tr* **etw** ~ **1** *geh* (*Einhalt gebieten*) {BELÄSTIGUNG, MISSBRAUCH} far cessare qc, porre fine a qc; {DISKUSSION} troncare qc: **er hat jede Diskussion darüber unterbunden**, ha troncato sul nascere qualsiasi discussione sull'argomento; {AUSFÜHRUNG, VORHABEN} impedire qc **2** *med* {BLUTGEFÄSS} legare qc.
Unterbindung <-, -en> *f med* legatura m.
unterbleiben <*irr, ohne ge-*> *itr* <*sein*> **1** (*nicht geschehen*) {BELÄSTIGUNG, STÖRUNG} non verificarsi: **Störungen vonseiten der politischen Gegner sind unterblieben**, non si sono verificate interferenze da parte degli avversari politici **2** (*versäumt werden*) {BESCHWERDE, ERLEDIGUNG} non essere/venire fatto (-a); {MEDIZINISCHER EINGRIFF} auch non essere effettuato; **etw ist leider unterblieben** {SOFORTIGE OPERATION}, qc purtroppo non è stato fatto; {EINE NOTWENDIGE THERAPIE} qc purtroppo non è stato adottato; {DIE LEBENSRETTENDE HILFE} qc purtroppo non è stato prestato; **unterbliebene Hilfeleistung** *jur*, omissione di soccorso, omesso soccorso ● **etw** ⌊**hat zu**⌋/[**muss**] ~, qc non deve più verificarsi/accadere/succedere; **das hat in der Zukunft zu ~**, in futuro questo non deve ripetersi; **etw wäre besser unterblieben** {TAT}, qc non avrebbe dovuto ⌊aver luogo⌋/[verificarsi]; {BEMERKUNG}, qc non avrebbe dovuto essere fatto.
Unterboden *m autom* sottoscocca m.
Unterbodenschutz *m autom* protezione f (del) sottoscocca.
Unterbodenwäsche *f* lavaggio m del sottoscocca.
unterbrechen <*irr, ohne ge-*> *tr* **1** (*innehalten lassen*) **jdn/etw (mit etw dat)** ~ {JDS REDE, REDESTROM, VORTRAG MIT BEMERKUNGEN, FRAGEN, ZWISCHENRUFEN} interrompere qu/qc (*con qc*): **darf ich dich kurz ~?**, posso interromperti un attimo?; **unterbrich mich nicht ständig!**, non mi interrompere continuamente! **2** (*vorübergehend mit etw aussetzen*) **etw** ~ interrompere qc, sospendere qc (temporaneamente): **er unterbrach seine Arbeit, um einen Spaziergang zu machen**, interruppe il lavoro per fare una passeggiata; **sie unterbrachen ihr Gespräch, als er eintrat**, interruppero la conversazione quando entrò lui; **sie mussten die Therapie ~**, hanno dovuto sospendere la terapia; **eine Schwangerschaft ~**, ⌊fare un'interruzione di⌋/[interrompere una] gravidanza **3** (*eine Unterbrechung in etw darstellen*) **etw** ~ {EREIGNIS EINTÖNIGKEIT, LANGEWEILE, SCHREI STILLE} (inter)rompere qc; {JDS REDEFLUSS} interrompere qc **4** (*vorübergehend aufheben*) **etw** ~ {SENDUNG, TELEFONGESPRÄCH} interrompere qc; {GAS-, STROMVERSORGUNG} auch sospendere qc: **dort ist die Bahnstrecke unterbrochen**, in quel punto il tracciato della ferrovia è interrotto; **wir sind unterbrochen worden** (*in einem Gespräch*), siamo stati interrotti (-e); *tel* è caduta la linea; **die unterbrochene Sendung fortsetzen**, riprendere la trasmissione interrotta; **die Stromversorgung war für Stunden unterbrochen**, l'erogazione di energia elettrica è stata sospesa per ore.

Unterbrecher <-s, -> m *el* ruttore m.
Unterbrecherkontakt m *el* puntina f platinata.
Unterbrecherwerbung f *radio TV* pubblicità f che interrompe una trasmissione/un film.
Unterbrechung <-, -en> f **1** (*das Unterbrechen*) interruzione f, sospensione f: **jdm von der ~ einer Therapie abraten**, sconsigliare a qu l'interruzione/la sospensione di una terapia; **ich verbitte mir diese ständigen ~en!**, non sono disposto (-a) a tollerare ⌊queste continue interruzioni⌋/[che mi si interrompa continuamente]! **2** (*vorübergehende Aufhebung*) {+GASVERSORGUNG} sospensione f; {+STROMVERSORGUNG} *auch* blackout m; {+TELEFONGESPRÄCH} interruzione f **3** (*Pause*) interruzione f, pausa f, intervallo m, break m: **eine ~ machen**, fare una pausa/un intervallo/un break; **nach einer ~ von einer Stunde gingen die Verhandlungen weiter**, dopo ⌊un'ora di intervallo⌋/[un intervallo di un'ora] le trattative continuarono ● **mit ~en: die Fahrt von München nach Florenz dauert mit ~en etwa acht Stunden**, contando/comprese le soste, da Monaco a Firenze ci vogliono circa otto ore; **ohne ~** {DAUERN}, senza interruzione; {REDEN, REGNEN, SPRECHEN} *auch*, senza sosta.
Unterbrechungsbefehl m *inform* richiesta f di interruzione.
unterbreiten <ohne ge-> tr *geh* **jdm etw ~** {ANGEBOT, ENTWURF, PLAN, VORSTELLUNGEN} sottoporre qc a qu: **jdm einen Vorschlag ~**, fare una proposta a qu.
Unterbreitung <-, *ohne pl*> f *geh* presentazione f.
unter|bringen <irr> tr **1** (*Unterkunft verschaffen*) **jdn irgendwo ~** {BESUCHER, GÄSTE} alloggiare/sistemare qu + *compl di luogo*: **die Freunde bei sich zu Hause ~**, alloggiare gli amici in casa propria; **jdn für einige Tage bei sich ~**, ospitare qu per alcuni giorni; **ich werde euch schon irgendwo ~**, vi ⌊sistemerò senz'altro⌋/[troverò senz'altro una sistemazione] da qualche parte; **jdn in einem Heim ~**, {ALTEN MENSCHEN} mettere qu in una casa di riposo; {KIND} mettere qu in un istituto; **die Flüchtlinge in Notunterkünften ~**, sistemare i profughi in alloggi di fortuna; **irgendwo gut untergebracht sein**, essere sistemato bene da qualche parte; **wie sind Sie untergebracht?**, com'è ⌊il Suo alloggio⌋/[il posto dove alloggia]?; **wo sind Sie untergebracht?**, dove alloggia/soggiorna?; **irgendwo untergebracht sein** {AMT, VERWALTUNG}, trovarsi/[essere ospitato] + *compl di luogo*; **die Verwaltung ist vorübergehend im Nebengebäude untergebracht**, l'amministrazione è stata provvisoriamente trasferita nell'edificio attiguo; **im zweiten Stock sind die Werke des Impressionismus untergebracht**, il secondo piano ospita/accoglie le opere dell'impressionismo **2** (*für etw Platz finden*) **etw irgendwo ~** {GEPÄCK IM KOFFERRAUM, MÖBEL IM HAUS, IN DER WOHNUNG} sistemare qc (+ *compl di luogo*): **etw gerade noch irgendwo ~ können** {BÜCHER IM REGAL, KLEIDER IM KOFFER, SCHRANK}, riuscire a stipare/cacciare *fam*/infilare *fam* qc in qc; **wo willst du den Kram denn ~?**, dove pensi di ⌊trovare (il) posto per⌋/[cacciarla] quella roba?; **kann ich meine Möbel eine Zeit lang bei dir ~?**, posso lasciare i miei mobili da te per un po'?; **ich kann in meinem Wagen noch jemanden ~**, [posso prendere ancora]/[ho ancora posto per] qualcuno in macchina; (*zeitlich*): **einen Termin ~**, riuscire a inserire un impegno nella propria agenda **3** *fam* (*eine Anstellung verschaffen*) **jdn irgendwo ~** sistemare/collocare qu (+ *compl di luogo*): **es wird schwer sein, ihn irgendwo unterzubringen**, sarà difficile sistemarlo/[trovargli un posto] da qualche parte **4** *fam* (*erreichen, dass etw angenommen wird*) **etw ~** {BIOBAUER GEMÜSE, OBST; JUNGER SCHRIFTSTELLER MANUSKRIPT} piazzare qc ● **jdn nicht ~ können** (*nicht wissen, wo man jd schon gesehen hat*), non riuscire a collocare qu; **ich weiß im Moment nicht, wo ich ihn ~ soll** *fam*, in questo momento non riesco a collocarlo.
Unterbringung <-, -en> f **1** (*das Unterbringen*) sistemazione f; (*in einer Klinik*) ricovero m **2** (*Unterkunft*) sistemazione f, alloggio m.
Unterbruch m *CH* → **Unterbrechung**.
unter|buttern tr *fam* **jdn ~** sottomettere qu: **sie hat ihn völlig untergebuttert**, lo ha completamente schiacciato; **der kleinere hat den größeren Bruder untergebuttert**, il piccolo l'ha avuta vinta sul fratello maggiore; **pass auf, dass sie dich in der Firma nicht ~**, sta' attento (-a) a non farti mettere ⌊sotto *fam*⌋/[i piedi in testa *fam*] in ditta; **sich nicht ~ lassen**, non farsi mettere sotto/[i piedi in testa].
Unterdeck n *naut* sottocoperta f ● **im ~**, sottocoperta.
unterderhand a.R. *von* unter der Hand → **Hand**.
unterdes adv *rar*, **unterdessen** adv *geh* frattanto, nel frattempo.
Unterdruck <-(e)s, -drücke> m **1** *phys tech* depressione f **2** <*nur sing*> *med* pressione f bassa, ipotensione f.
unterdrücken <ohne ge-> tr **1** (*niederhalten*) **jdn/etw ~** {EHEPARTNER, KINDER} tiranneggiare qu; {BÜRGER, MINDERHEIT, VOLK} *auch* opprimere qu/qc: **jdn psychisch ~**, esercitare forti pressioni psicologiche su qc; **unterdrückte Völker**, popoli oppressi **2** (*niederdrücken*) **etw ~** {REVOLTE, UNRUHEN} reprimere qc, soffocare qc: **einen Aufstand gewaltsam ~**, soffocare una rivolta nel sangue **3** (*zurückhalten*) **etw ~** {GEFÜHL, WUT} reprimere qc, soffocare qc; {SEUFZER} trattenere qc, reprimere qc; {TRÄNEN} *auch* ricacciare qc; {TRIEBE} reprimere qc: **seine Aggressionen ~**, tenere a freno la propria aggressività; **eine bissige Bemerkung ~**, trattenersi dal fare un'osservazione pungente; **ein Gähnen ~**, soffocare uno sbadiglio; **ein Lachen nicht ~ können**, non riuscire a trattenere una risata, non saper trattenere il riso; **unterdrückt** {GRINSEN}, trattenuto, frenato; {GÄHNEN, LÄCHELN, SCHLUCHZEN, SCHREI} *auch* soffocato **4** (*verhindern, dass etw publik wird*) **etw ~** {INFORMATIONEN, NACHRICHT} impedire la diffusione di qc.
Unterdrücker <-s, -> m (**Unterdrückerin** f) *pej* oppressore m.
unterdrückerisch *pej* **A** adj {METHODE, SYSTEM} oppressivo, repressivo **B** adv {HANDELN, VORGEHEN} in modo oppressivo/repressivo.
Unterdrückte <*dekl wie adj*> mf oppresso (-a) m (f).
Unterdrückung <-, -en> f {+MINDERHEIT, VOLK} oppressione f; {+AUFSTAND, REVOLTE} repressione f.
unterdurchschnittlich A adj {BEGABUNG, BEZAHLUNG, LEISTUNG} inferiore alla media: **von ~er Größe sein** {PERSON}, essere più basso della media **B** adv {BEZAHLT SEIN, LEISTUNGSSTARK SEIN} al di sotto della media: **~ intelligent sein**, possedere un'intelligenza inferiore alla media, essere meno intelligente della media; **~ groß sein**, essere più basso della media; **~ verdienen**, guadagnare meno della media.
untere adj → **unterer**.

untereinander adv **1** (*eins unter das andere*) (l')uno (-a) sotto l'altro (-a): **die Fotos ~ an die Wand hängen**, appendere le foto alla parete l'una sotto l'altra; **die Zahlen genau ~ ins Heft schreiben**, incolonnare i numeri (l')uno sotto l'altro nel quaderno **2** (*miteinander*) (l')uno (-a) con l'altro (-a), fra di noi/voi/loro: **das sollen sie ~ aushandeln**, che lo chiariscano fra (di) loro; **das müsst ihr ~ besprechen**, ne dovete parlare tra (di) voi; **freundlich/höflich ~ umgehen**, trattarsi con gentilezza/cortesia reciproca **3** (*gegenseitig*) (l')uno (-a) con l'altro (-a): **sie tauschen ihre Erfahrungen ~ aus**, si scambiano le loro esperienze; **sich ~ helfen**, aiutarsi l'(l'uno (-a)⌋/[l'uno (-a) con l'altro (-a)]/[reciprocamente].
untereinander|hängen <irr> itr <*haben oder süddt A CH sein*> {BILDER, FOTOS, KANDIDATENLISTE} essere appeso (l') uno (-a) sotto l'altro (-a).
untereinander|legen tr *etw ~* {BLÄTTER, PULLOVER, TEILE} mettere qc (l')uno (-a) sotto l'altro (-a).
untereinander|liegen <irr> itr <*haben oder süddt A CH sein*> {BLÄTTER, RECHNUNGEN} essere/stare (l')uno (-a) sotto l'altro (-a).
untereinander|stehen <irr> itr <*haben oder süddt A CH sein*> {ADRESSEN, NAMEN} essere/stare (l')uno (-a) sotto l'altro (-a); {ZAHLEN} essere (in colonna) (l')uno (-a) sotto l'altro (-a).
untereinander|stellen tr *etw ~* mettere qc (in pila) uno (-a) sotto l'altro (-a).
unterentwickelt adj **1** (*in der Entwicklung zurückgeblieben*) {BRUST, DRÜSE, ORGAN} poco/insufficientemente sviluppato: (**körperlich**) **~ sein** {JUNGE, KIND, MÄDCHEN}, essere indietro nello sviluppo fisico; **geistig ~**, ritardato, subnormale, indietro nello sviluppo mentale **2** *ökon* {LAND, REGION} sottosviluppato, (economicamente) arretrato.
Unterentwicklung <-, -en> f **1** (*das Unterentwickeltsein*) ritardo m nello sviluppo, sviluppo m ritardato: **geistige ~**, ritardo nello sviluppo mentale, sviluppo mentale ritardato **2** *ökon* (*geringe Industrialisierung*) sottosviluppo m.
unterer, untere, unteres adj **1** (*unten liegend*) inferiore: **den unteren Hebel/Schalter betätigen**, azionare la manopola/l'interruttore inferiore/[in basso]; **Damenoberbekleidung in den unteren Etagen**, l'abbigliamento femminile ai piani inferiori; **die unteren Luftschichten**, gli strati più bassi dell'aria; **die untere Zeile**, la riga sotto **2** (*näher an der Mündung gelegen*) inferiore, basso: **der untere Lauf der Donau**, il corso inferiore del Danubio, il basso Danubio **3** (*rangmäßig niedrig(er)*) inferiore: **die unteren Dienstgrade**, i ranghi inferiori; **Leute aus den unteren Schichten**, gente dei ceti bassi; **die Temperaturen bleiben weiterhin im unteren Bereich**, le temperature si manterranno basse **4** (*der Oberfläche abgekehrt*) di sotto: **die untere Seite**, il sotto; {+STOFF} il rovescio; **die untere Seite ist aus Kunststoff**, il sotto è di materiale sintetico **5** (*hinten befindlich*): **am unteren Tischende sitzen**, sedere ⌊all'altro capo⌋/[all'altra estremità] del tavolo.
unterernährt adj {MENSCH, TIER} denutrito, sottoalimentato.
Unterernährung <-, *ohne pl*> f denutrizione f, sottoalimentazione f, ipoalimentazione f.
Unterfamilie f *biol zoo* sottofamiglia f.
Unterfangen <-s, -> n <*meist sing*> *geh* impresa f: **ein gewagtes/schwieriges/sinnloses ~**, un'impresa azzardata/difficile/insen-

sata.

unter|fassen tr jdn ~ **1** (einhaken) prendere sottobraccio/[a braccetto] qu: **jdn beim Gehen ~**, camminare a braccetto con qu **2** (stützen) {KRANKEN, ALTEN MENSCHEN} sorreggere qu, sostenere qu.

unterfinanziert adj sottofinanziato.

Unterfinanzierung <-, -en> f sottofinanziamento m.

unterfordern <ohne ge-> tr jdn ~ {KIND, SCHÜLER, STUDENTEN} chiedere troppo poco a qu, pretendere troppo poco da qu, non pretendere abbastanza da qu; {MITARBEITER} auch sacrificare qu, non sfruttare appieno (le capacità di) qu: **jd ist irgendwo unterfordert**, ˌa qu viene chiesto troppo pocoˌ/[da qu non si pretende abbastanza] + compl di luogo; **sich unterfordert fühlen** {SCHÜLER}, non sentirsi ˌabbastanza stimolato (-a)ˌ/ [motivato (-a) a dare di più]; {MITARBEITER} auch sentirsi sacrificato (-a)/sprecato (-a).

Unterfranken <-s, ohne pl> n geog Bassa Franconia f: **aus/in ~**, dalla/[nella/in] Bassa Franconia.

Unterführung f sottopassaggio m, sottopasso m: **durch eine ~ fahren**, attraversare un sottopassaggio.

Unterfunktion f med {+ORGAN} insufficienza f, ipofunzione f: **~ der Schilddrüse**, insufficienza tiroidea, ipotiroidismo.

Untergang <-(e)s, -gänge> m **1** <nur sing> naut naufragio m, affondamento m **2** astr {+MOND, SONNE} tramonto m **3** <nur sing> (Verfall) {+KULTUR, ZIVILISATION} (allmählich) tramonto m, declino m, decadimento m; (völlig) scomparsa f; {+REICH} caduta f, crollo m; {+MENSCHHEIT, WELT} fine f; **vor dem ~ bewahren/retten** {KULTUR, ZIVILISATION}, preservare/salvare qc dal declino; {MENSCHHEIT} salvare qc dalla fine • **der ~ des Abendlandes** lit oder iron, il tramonto dell'Occidente; **dem ~ geweiht sein** {KULTUR, ZIVILISATION}, essere destinato a tramontare; {STADT}, essere destinato alla rovina; {SOLDATEN}, essere destinato alla morte; {MENSCHHEIT}, essere destinato a scomparire; **jds ~ sein** fam {ALKOHOL, DROGEN, GLÜCKSSPIEL}, essere la rovina di qu.

Untergangsstimmung <-, ohne pl> f atmosfera f apocalittica/millenaristica/[da fine del mondo] • **~ haben, in ~ sein** fam {MENSCH}, sentirsi crollare il mondo addosso.

untergärig adj {BIER} a bassa fermentazione.

untergeben adj subalterno, sottoposto: **jdm ~ sein**, essere ˌun subalterno diˌ/[sottoposto a] qu.

Untergebene <dekl wie adj> mf subalterno (-a) m (f), sottoposto (-a) m (f): **er ist mein ~r**, (lui) è un mio subalterno f/[lavora sotto di me fam].

unter|gehen <irr> itr <sein> **1** astr {MOND, SONNE} tramontare, declinare lit: **der Mond geht heute um 6 Uhr 10 unter**, oggi la luna tramonta alle ore 6.10; **die ~de Sonne**, il sole al tramonto; **ein Stern ist am Untergehen**, la sua stella sta tramontando **2** (unter Wasser geraten) {ERTRINKENDER} affogare; {SCHIFF} affondare, colare a picco, andare a fondo **3** (verfallen) {KULTUR} (allmählich) essere in declino/decadenza, scomparire {ZIVILISATION} auch tramontare, (völlig) scomparire {REICH, WELT} essere al tramonto; {MENSCHHEIT} scomparire: **untergegangene Kulturen**, culture scomparse **4** (nicht wahrgenommen werden) (in etw dat) ~ {SATZ, WORTE IM GEREDE, LÄRM} perdersi (in qc), andare perduto (-a) (in qc): **seine Worte gingen im Lärm unter**, le sue parole andarono perdute nel chiasso; {GESICHT, MENSCH IN EINER GRUPPE} passare inosservato (-a) in mezzo a qc; {IN DER MENGE} auch perdersi tra qc; **dort muss man sich durchsetzen, sonst geht man unter**, lì bisogna imporsi per ˌriuscire a stare a gallaˌ/[non soccombere].

untergeordnet adj **1** (subaltern) {FUNKTION} subalterno; {DIENSTSTELLE, MITARBEITER} auch subordinato: **eine dem Ministerium ~e Verwaltungsstelle**, un ufficio amministrativo facente capo al ministero **2** (zweitrangig) {BEDEUTUNG, GESICHTSPUNKT} secondario, di second'ordine; {ROLLE} auch subalterno **3** ling subordinato, secondario: **~e Sätze**, proposizioni subordinate/secondarie.

Untergeschoss (a.R. Untergeschoß), **Untergeschoß** A CH n (piano m) interrato, sotterraneo m, sottosuolo m, (semi)interrato m.

Untergestell <-(e)s, -e> n **1** (Untersatz) base f, supporto m **2** autom Eisenb (Fahrgestell) telaio m **3** fam slang scherz (jds Beine) gambe f pl: **die hat vielleicht ein ~!**, accidenti che bel paio di gambe!

Untergewicht n peso m inferiore alla norma: **(leichtes) ~ haben**, essere (leggermente) sottopeso.

untergewichtig adj sottopeso: **leicht/ stark ~ sein**, essere leggermente/fortemente sottopeso.

untergliedern <ohne ge-> tr etw ~ {KAPITEL, REDE, TEXT} strutturare qc, articolare qc, suddividere qc: **der Text ist sinnvoll untergliedert**, il testo è ben strutturato; **etw in etw** (akk) **~** suddividere qc in qc, articolare qc in qc; **in etw** (akk) **untergliedert sein**, essere suddiviso/articolato in qc, articolarsi/ suddividersi in qc.

Untergliederung <-, -en> f **1** (das Untergliedern) ~ **(in etw** akk) suddivisione f (in qc) **2** (Abteilung) sottodivisione f.

unter|graben① <irr> tr agr etw ~ {DÜNGER, LAUB, TORF} mescolare qc ˌal terriccioˌ/ [alla terra].

untergraben② <irr, ohne ge-> tr (langsam zerstören) etw ~ {JDS ANSEHEN, AUTORITÄT, RUF} minare qc, scalzare qc: **der massive Alkoholkonsum untergräbt seine Gesundheit**, il consumo massiccio di alcol gli sta minando la salute.

Untergrenze f (limite m) minimo.

Untergrund <-(e)s, -gründe> m **1** bes. agr terreno m, sottosuolo m: **den ~ lockern**, smuovere il terreno **2** bau (Baugrund) terreno m: **felsiger/fester/sandiger ~**, terreno roccioso/solido/sabbioso; **ein Haus auf festen ~ bauen**, costruire una casa su un terreno solido **3** (tragende Fläche) fondo m, superficie f: **das Stativ muss auf ebenem ~ stehen, sonst wackelt es**, il cavalletto deve poggiare su una superficie piana, altrimenti traballa; **die Farbe auf sauberen ~ auftragen**, applicare/dare il colore/la tinta su un fondo pulito **4** (Hintergrund) (s)fondo m: **rote Röschen auf waldgrünem ~**, roselline rosse su fondo/[uno sfondo] verde bosco **5** <nur sing> pol (Illegalität) clandestinità f: **im ~ arbeiten**, operare in clandestinità; **in den ~ gehen**, entrare in clandestinità, darsi alla latitanza; **er lebt seit Jahren im ~**, da anni ˌvive in clandestinitàˌ/[è latitante] **6 → Untergrundbewegung**.

Untergrundbahn f form (Abk U-Bahn) metropolitana f.

Untergrundbewegung f pol movimento m clandestino.

Untergrundkämpfer <-s, -> m (**Untergrundkämpferin** f) pol guerrigliero (-a) m (f), combattente m f clandestino (-a).

Untergrundorganisation f pol organizzazione f clandestina: **einer ~ angehören**, fare parte di un'organizzazione clandestina.

unter|haken A tr jdn ~ prendere qu sottobraccio/[a braccetto]: **die Pfleger hatten den Kranken links und rechts untergehakt**, gli infermieri tenevano il malato sottobraccio, uno da una parte, uno dall'altra B rfl **sich (bei jdm) ~** prendere qu sottobraccio/[a braccetto] C itr: **(mit jdm) untergehakt gehen**, camminare ˌa braccettoˌ/ [sottobraccio] (con qu).

unterhalb A präp (darunter befindlich) **~ einer S.** (gen) sotto qc, al di sotto di qc; {+BERG} ai piedi di qc: **die Frostgrenze liegt ~ 1000 Meter**, lo zero termico è ˌsotto iˌ/[al di sotto dei] mille metri; **~ des Orts lag der berühmte See**, sotto il paese si trovava il famoso lago; **eine Verletzung ~ des Knies**, una ferita sotto il ginocchio B adv **~ von etw** (dat) al di sotto di qc, sotto qc: **~ vom Hotel ist eine Sportanlage**, sotto l'albergo c'è un impianto sportivo.

Unterhalt m **1** (Lebensunterhalt) mantenimento m, sostentamento m: **für jds ~ aufkommen/sorgen**, ˌprovvedere aˌ/[farsi carico del] mantenimento/sostentamento di qu; **seinen ~ bestreiten**, provvedere al proprio sostentamento; **zu jds ~ beitragen**, contribuire al mantenimento di qu **2** (~sgeld) alimenti m pl: **Anspruch auf ~ haben**, avere diritto agli alimenti; **jdn auf ~ verklagen**, fare causa a qu per (ottenere) gli alimenti; **jdm/[für jdn] ~ zahlen**, pagare/ passare fam gli alimenti a qu **3** (Instandhaltung) {+ANWESEN, HAUS, LOKAL} manutenzione f: **die Kosten für den ~ bestreiten**, sostenere le spese di manutenzione.

unterhalten① <irr, ohne ge-> tr **1** (für jds Unterhalt aufkommen) jdn ~ sostentare qu, mantenere qu, campare qu fam: **eine große Familie ~ müssen**, dover mantenere/campare una famiglia numerosa **2** (instand halten) etw ~ {GEBÄUDE} mantenere qc in buono stato; {STRASSEN} auch provvedere alla manutenzione di qc **3** (betreiben) etw ~ {BETRIEB, FIRMA} gestire qc; {GESCHÄFT, HOTEL, KINDERGARTEN, PENSION} mandare avanti qc; {AUTO} avere qc, possedere qc **4** (pflegen) etw ~ {BEZIEHUNGEN, KONTAKTE} intrattenere qc, avere qc: **intensive diplomatische Beziehungen zu einem anderen Land ~**, intrattenere intensi rapporti diplomatici con un altro paese; **über lange Jahre einen Briefwechsel mit jdm ~**, avere per lunghi anni uno scambio epistolare con qu; **gute nachbarschaftliche Kontakte ~**, mantenere buoni rapporti con i vicini/il vicinato; **er unterhielt jahrelang ein Verhältnis zu einer alten Freundin**, ebbe per molti anni una relazione con una vecchia amica **5** (innehaben) etw ~ {BANKKONTO, POSTFACH, SCHLIESSFACH} avere qc.

unterhalten② <irr, ohne ge-> A tr (die Zeit vertreiben) jdn ~ intrattenere qu, distrarre qu: **ein Clown unterhielt das Publikum in der Pause**, un clown intratteneva/divertiva il pubblico durante l'intervallo; **die Gäste auf angenehme Weise ~**, intrattenere piacevolmente gli ospiti; **die Kinder mit Spielen ~**, distrarre i bambini con dei giochi B rfl **1** (sprechen) **sich (mit jdm) ~** conversare (con qu), fare conversazione (con qu), intrattenersi con qu, discorrere con qu: **sich angeregt/lebhaft ~**, conversare animatamente/vivacemente; **wir müssen uns mal wieder ausgiebig ~**, dobbiamo trovarci e fare una bella chiacchierata; **mit ihm/ihr kann man sich gut ~**, con lui/lei si parla molto bene; **wir ~ uns noch!**, ne riparliamo!; **ich würde mich gern (ein)mal ungestört mit dir ~**, mi piacerebbe parlarti a tu per tu,

sich auf/in Englisch/Russisch/Französisch ~, fare conversazione in inglese/russo/francese; **sie kann sich noch nicht flüssig auf/in Deutsch ~**, non è ancora in grado di conversare correntemente in tedesco; **sich mit jdm (über jdn/etw) ~** conversare *con qu (di qu/qc)*, intrattenersi *con qu (su qc)*; **sich mit jdm ausgiebig über ein Thema ~**, parlare a fondo con qu su un argomento; **sich darüber ~, ob/wie...**, parlare ₍chiedendosi se...₎/[di come...]; **sie haben sich darüber ~, ob es sich lohnt,...**, si sono chiesti (-e) se vale la pena di ...; **wir haben uns darüber ~, wie wir den Abend gestalten wollen**, abbiamo parlato di come organizzare la serata **2** *(sich vergnügen)* **sich irgendwie ~** divertirsi *+ compl di modo*; **sich ausgezeichnet/bestens/glänzend/prächtig ~**, divertirsi tantissimo/[un mondo *fam*]/[un sacco *fam*]/[da morire *fam*]; **so gut hatten sie sich lange nicht ~!**, era tanto che non si divertivano così!

unter|halten③ *tr* (*jdm*) *etw ~* tenere (*a qu*) *qc* sotto: **dem Kind beim Essen eine Serviette ~**, far mangiare il bambino tenendogli sotto un tovagliolo.

unterhaltend *adj* → **unterhaltsam**.

Unterhalter m (**Unterhalterin** f) intrattenitore (-trice) m (f), animatore (-trice) m (f); *(berufsmäßig) auch* entertainer mf.

unterhaltsam *adj* {BUCH, FILM, VORSTELLUNG} piacevole, ameno, divertente: **ein ~er Abend**, una serata trascorsa piacevolmente; **jd ist sehr ~**, qu è una persona che sa intrattenere; **eine ~e Lektüre**, una lettura piacevole; **es ist sehr ~, mit ihm auszugehen**, è davvero divertente uscire con lui.

Unterhaltsanspruch m *jur* diritto m agli alimenti: **~ haben**, avere diritto agli alimenti.

unterhaltsberechtigt *adj jur* {KIND} a carico; {EHEPARTNER} che ha diritto agli alimenti: **er hat zwei ~e Kinder**, ha due figli a carico; **ihr geschiedener Mann ist (ihr gegenüber) ~**, il suo ex marito ha diritto agli alimenti.

Unterhaltsberechtigte <dekl wie adj> mf *jur (Kind)* chi ha diritto al mantenimento m; *(früherer Ehepartner)* alimentando m *jur*.

Unterhaltsgeld n **1** *fam (Unterhalt)* alimenti m pl **2** *(Unterstützung für Arbeitnehmer in der Umschulung)* "finanziamento m dell'ente previdenziale a favore dei lavoratori che frequentano corsi di riqualificazione".

Unterhaltsklage f *jur* azione f per ottenere gli alimenti: **(gegen jdn) ~ erheben**, ₍proporre azione₎/[promuovere un'azione] (nei confronti di qu) per ottenere gli alimenti.

Unterhaltskosten subst <nur pl> *(für ein Kind)* spese f pl di mantenimento; *(für den früheren Ehepartner)* (spese f pl per gli) alimenti m pl.

Unterhaltspflicht f *jur (gegenüber dem Ehegatten)* obbligazione f/obbligo m alimentare; *(gegenüber den Kindern)* obbligo m di mantenimento.

unterhaltspflichtig *adj jur* {ANGEHÖRIGER} tenuto/obbligato a pagare/prestare gli alimenti; **jdm gegenüber ~ sein**, essere tenuto/obbligato a pagare/prestare gli alimenti a qu.

Unterhaltspflichtige <dekl wie adj> mf *jur* alimentante mf *jur*, chi è tenuto/obbligato a pagare/prestare gli alimenti.

Unterhaltszahlung f *jur* pagamento m/corresponsione f degli alimenti: **zur ~ verpflichtet sein**, essere obbligato a pagarecorrispondere gli alimenti.

Unterhaltung① <-, -en> f **1** *(Gespräch)* conversazione f, colloquio m: **sich an der ~ beteiligen**, partecipare alla conversazione; **eine vertrauliche ~ mit jdm führen**, avere un colloquio riservato con qu **2** *(angenehmer Zeitvertreib)* divertimento m, passatempo m, intrattenimento m: **zur ~ der Gäste beitragen**, contribuire all'intrattenimento degli ospiti **3** <nur sing> *(Aufrechterhaltung)* {+BEZIEHUNGEN, KONTAKTE} cura f, mantenimento m: **beiden Ländern liegt an der ~ diplomatischer Beziehungen**, entrambi i paesi tengono molto a intrattenere buone relazioni diplomatiche ● **gute ~!**, divertiti/divertitevi!; **weiterhin gute ~!** {RADIO, TV}, buon proseguimento con i nostri programmi!; **für ~ sorgen**: **Hans sorgt immer für ~**, con Hans ci si diverte sempre; **wenn Monika da ist, ist für ~ gesorgt**, quando c'è Monika, il divertimento è assicurato; **jdm gute/angenehme ~ wünschen**, augurare buon divertimento a qu; **wir wünschen gute/angenehme ~!** *radio*, (vi auguriamo) buon ascolto!; *TV*, (vi auguriamo) buona visione!

Unterhaltung② <-, ohne pl> f **1** *(Instandhaltung)* {+GEBÄUDE, STRABE} manutenzione f, mantenimento m **2** *(die Finanzierung und Organisation von etw)* {+GESCHÄFT, HOTEL, KINDERGARTEN, SCHULE} conduzione f; {+FIRMA, UNTERNEHMEN} gestione f; {+AUTO} mantenimento m: **etw ist in der ~ sehr teuer** {AUTO, PFERD, RENNWAGEN, JACHT}, i costi di mantenimento di qc sono molto alti, costa molto mantenere qc; **für die ~ seines Hobbys**, per finanziare il suo hobby.

Unterhaltungsbeilage f *journ* supplemento m degli spettacoli.

Unterhaltungselektronik f *(Industrie)* (industria f dell')elettronica f di consumo; *(Geräte)* elettronica f di consumo.

Unterhaltungsfilm m film m ₍leggero₎/[d'evasione]/[di consumo].

Unterhaltungsindustrie f industria f dell'intrattenimento.

Unterhaltungskosten subst <nur pl> spese f pl di manutenzione.

Unterhaltungsliteratur <-, ohne pl> f letteratura f ₍d'intrattenimento₎/[d'evasione]/[di consumo]/[amena].

Unterhaltungsmusik <-, ohne pl> f musica f leggera.

Unterhaltungsroman m romanzo m ₍d'evasione₎/[di consumo/intrattenimento].

Unterhaltungssendung f *radio TV* programma m di intrattenimento/varietà; *(bunter Abend)* (serata f di) varietà m.

Unterhaltungsteil m *journ* pagine f pl degli spettacoli.

Unterhaltungswert <-(e)s, ohne pl> m valore m di intrattenimento: **ein Film/eine Sendung mit hohem ~**, un film/una trasmissione che cattura l'attenzione; **ein Typ mit hohem ~**, un intrattenitore nato.

unterhandeln <ohne ge-> itr *mil pol* **über etw** (akk) **~** parlamentare *per qc*, negoziare *qc*: **über** ₍den Austausch von Gefangenen₎/[eine Waffenruhe] **~**, negoziare ₍uno scambio di prigionieri₎/[una tregua].

Unterhändler m (**Unterhändlerin** f) *bes. pol* negoziatore (-trice) m (f), mediatore (-trice) m (f); *bes. mil* parlamentare mf, parlamentario m *rar*.

Unterhaus <-es, -häuser> n *pol* Camera f bassa: **das britische ~** *pol*, la Camera bassa/[dei Comuni].

Unterhaut f *anat* ipoderma m.

Unterhemd n *(ohne Ärmel)* canottiera f; *(mit Ärmeln)* maglietta f, maglia f, camiciola f *tosk*.

unterhöhlen <ohne ge-> tr *etw ~* **1** *(aus-*

höhlen) {BACH, FLUSS, WASSER} BERG, BÖSCHUNG, UFER} scavare sotto *qc*: **das Wasser unterhöhlt das Ufer**, l'acqua scava sotto gli argini **2** → **untergraben**②.

Unterholz <-es, ohne pl> n sottobosco m.

Unterhose f mutande f pl (da uomo); *(mit kurzem Bein)* mutande f pl a calzoncino; *(mit hoch ausgeschnittenem Bein)* slip m: **eine ~**, un paio di mutande (da uomo); **dicke ~n tragen**, indossare/portare mutande pesanti; **eine kurze/lange ~**, mutande corte/lunghe; **in ~n**, in mutande.

unterirdisch **A** *adj* sotterraneo **B** *adv* sottoterra: **der Bach verläuft für einige hundert Meter ~**, per alcune centinaia di metri il ruscello scorre sottoterra; **Kabel ~ verlegen**, posare i cavi sottoterra.

Unteritalien <-s, ohne pl> n *geog* bassa Italia f, Italia f meridionale, Meridione m/Mezzogiorno m (d'Italia).

unterjochen <ohne ge-> tr *jdn/etw ~* soggiogare *qu/qc*, assoggettare *qu/qc*: **unterjochte Minderheiten**, minoranze soggiogate; **ein vom Tyrannen unterjochtes Volk**, un popolo sotto il giogo del tiranno.

Unterjochung <-, ohne pl> f soggiogamento m, assoggettamento m.

unter|jubeln tr *fam jdm etw ~* **1** *(andrehen)* {FALSCHGELD, MINDERWERTIGE WARE} rifilare *qc a qu fam*, appioppare *qc a qu fam*: **die haben mir faule Äpfel untergejubelt**, mi hanno rifilato delle mele marce; **sich** (dat) **von jdm etw ~ lassen**, farsi rifilare/appioppare *qc da qu* **2** *(zuschieben)* {UNANGENEHME AUFGABE, LÄSTIGE TÄTIGKEIT} rifilare *qc a qu fam*, affibbiare *qc a qu fam*, appioppare *qc a qu fam*: **jdm die Verantwortung für das Misslingen von etw** (dat) **~**, ₍attribuire a qu₎/[scaricare su qu] la responsabilità per il fallimento di qc.

unterkapitalisiert *adj ökon* {UNTERNEHMEN} sottocapitalizzato.

unterkellern tr *bau etw ~* {GEBÄUDE, HAUS} dotare *qc* di (un) piano scantinato: **unterkellert**, con scantinato.

Unterkellerung <-, -en> f *bau* **1** *(das Unterkellern)* realizzazione f del piano scantinato **2** *(Kellerräume)* cantina f, (piano m) scantinato m.

Unterkiefer <-s, -> m *anat* mascella f inferiore, mandibola f.

Unterkleid <-(e)s, -er> n → **Unterrock**.

unter|kommen <irr> itr <sein> **1** *(Unterkunft finden)* **irgendwo/bei jdm ~** trovare alloggio/sistemazione *+ compl di luogo/*[*a casa di*]/[*da*] *qu*: **in einem Altersheim ~**, trovare un posto in una casa di riposo **2** *fam (eine Anstellung bekommen)* **irgendwo/bei jdm** (**als etw** nom) **~** trovare un impiego/posto *+ compl di luogo/presso qu (come qc)*: **in einer Textilfabrik als Lagerarbeiter ~**, trovare posto come magazziniere in una fabbrica tessile; **schließlich ist er bei einem kleinen Verleger untergekommen**, alla fine ha trovato un posto presso un piccolo editore; **ist er endlich untergekommen?**, ha trovato finalmente un lavoro? ● **so (et)was ist mir noch nicht untergekommen!** *fam*, una cosa simile non mi era ancora capitata!

Unterkörper <-s, -> m *anat* parte f inferiore del corpo.

unter|kriechen <irr> itr *fam* **bei jdm/irgendwo ~** cercare rifugio/riparo *presso qu/+ compl di luogo*, andare a rifugiarsi *presso qu/+ compl di luogo*.

unter|kriegen tr *fam jdn ~* mettere sotto *qu fam*, mettere i piedi in testa *a qu fam*; {SCHLECHTE NACHRICHT, PECHSTRÄHNE} abbattere *qu fam*; {KRANKHEIT} *auch* buttare giù *qu fam* ● **der/die ist nicht unterzukriegen**, non è uno (-a) che si butta giù facilmente; **sich nicht ~ lassen**, non lasciarsi abbattere, non buttarsi giù; **lass dich von ihm nicht ~!**, non lasciarti mettere sotto (da lui)!, non fatti mettere i piedi in testa (da lui)!

unterkühlen <ohne ge-> **A** tr **1** *med* **jdn ~** ibernare *qu*, sottoporre *qu* a ipotermia/ibernazione **2** *phys tech etw ~* {FLÜSSIGKEIT, GAS, METALLE} portare *qc* allo stato di soprafusione/sottoraffreddamento **B** rfl (*sich erkälten*) **sich ~** prendere freddo.

unterkühlt adj **1** *med* {MENSCH} in (stato di) ipotermia **2** (*distanziert*) {ART, MENSCH, STIL} molto distaccato: **~ wirken**, avere un'aria molto distaccata.

Unterkühlung <-, -en> f **1** *med* ibernazione f, ipotermia f **2** *phys tech* sopraffusione f, sottoraffreddamento m.

Unterkunft <-, -künfte> f **1** (*Logis*) alloggio m, sistemazione f: **jdm ~ geben/gewähren**, dare alloggio a qu **2** <*nur pl*> *mil* alloggiamento m, quartieri m pl ● **~ und Verpflegung**, vitto e alloggio.

Unterlage <-, -n> f **1** (*Gegenstand zum Unterlegen*) supporto m, base f; (*Schreibunterlage*) sottomano m; (*Bettunterlage*) traversa f: **eine ~ aus Holz/Karton**, un supporto/una base di legno/cartone; **auf einer harten/weichen ~ schlafen**, dormire sul duro/morbido; **nimm eine ~ zum Schreiben**, per scrivere metti qualcosa sotto **2** <*nur pl*> (*Akten*) documentazione f, documenti m pl: **geheime/vertrauliche ~n**, documenti segreti/riservati; **nach Prüfung der ~en**, dopo aver esaminato la documentazione; **die ~n zu einem bestimmten Fall einsehen wollen**, volere prendere visione del dossier/della pratica di un caso specifico; **alle ~n verlangen/beibringen**, richiedere/fornire l'intera documentazione; **sämtliche ~n vernichten**, distruggere tutta la documentazione **3** *rar* (*Grundlage*) base f: **eine gute finanzielle ~**, una buona/solida base economica; **wenn ich Alkohol trinke, brauche ich immer eine gute ~** *fam scherz*, quando bevo alcolici è meglio che abbia qualcosa di solido nello stomaco.

Unterlass (a.R. Unterlaß) m *geh*: **ohne ~**, senza interruzione/sosta, ininterrottamente, incessantemente; {ARBEITEN} *auch* senza un attimo di respiro/tregua.

unterlassen <irr, ohne ge-> tr *etw ~* **1** (*nicht ausführen*) tralasciare *qc*, trascurare *qc*, omettere *qc*: **~ Sie alles, was die Arbeiten aufhalten könnte**, trascuri tutto ciò che potrebbe rallentare i lavori; *etw* **aus Angst vor den Folgen ~**, evitare di fare/[lasciar perdere] *qc* per paura delle conseguenze; **es ~, etw zu tun**, omettere/tralasciare di fare *qc*, astenersi dal fare *qc*; **man hat es ~, weitere Nachforschungen anzustellen**, si astennero dal fare ulteriori indagini; **~ Sie bitte nicht, mich umgehend zu informieren**, non trascuri/manchi, per favore, di informarmi immediatamente; **er hat es ~, die Angehörigen zu benachrichtigen**, trascurò di avvisare i parenti; **jdn wegen ~er Hilfeleistung bestrafen**, punire qu per omissione di soccorso **2** (*mit etw aufhören*) {RAUCHEN, TRINKEN} astenersi *da qc*; {DUMME BEMERKUNGEN, STÄNDIGE UNTERBRECHUNGEN} *auch* finirla *con qc fam*, smetterla *con qc*: **unterlass bitte deine Kommentare!**, smettila con quei commenti!; **unterlass/[unterlassen Sie] das!**, smettila/[la smetta]!, lascia/lasci perdere! ● *etw* **nicht ~ können, es nicht ~ können, etw zu tun** {SPÄßE}, non poter fare a meno di fare *qc*; {DUMME BEMERKUNGEN} *auch*, non potersi astenere dal fare *qc*.

Unterlassung <-, -en> f **1** (*das Unterlas-*

sen): **jdn zur ~ einer Handlung auffordern**, invitare qu a desistere da un'azione **2** *jur* (*Versäumnis*) omissione f: **schuldhafte ~**, omissione colposa; **bei ~ der Zahlung**, in caso di mancato pagamento.

Unterlassungsdelikt n *jur* reato m omissivo.

Unterlassungsklage f *jur* azione f negatoria: **vorbeugende ~**, preventiva azione negatoria.

Unterlassungssünde f *fam* imperdonabile mancanza f.

Unterlauf <-(e)s, -läufe> m *geog* {+FLUSS} corso m inferiore, basso corso m: **der ~ des Rheins**, il basso corso del Reno.

unterlaufen① <irr, ohne ge-> **A** itr <sein> (*vorkommen*) **jdm ~** {FEHLER, IRRTUM, MISSGESCHICK, VERSEHEN} scappare *a qu fam*: **jdm ist ein Fehler ~**, qu ha commesso un errore; **mir ist ein Fauxpas ~**, ho fatto una gaffe **B** tr <haben> (*umgehen*) *etw ~* {BESTIMMUNG, GESETZ, VERBOT} aggirare *qc*, eludere *qc*.

unterlaufen② adj: ₍**mit Blut**₎/[**blutig**] **~**, ecchimotico; ₍**mit Blut**₎/[**blutig**] **~ sein**, presentare ₍delle ecchimosi₎/[dei lividi]; **rot/blutig ~e Augen**, occhi iniettati di sangue; **eine blutig ~e Stelle**, un'ecchimosi/un livido.

unter|legen① tr **1** (*darunterlegen*) (*jdm*) *etw ~* {EINEM BETTLÄGRIGEN, KRANKEN EINE DECKE, UNTERLAGE} mettere *qc* sotto *qu*: **dem Kind eine Windel ~**, mettere un pannolino al bambino; **dem Verletzten eine Decke ~**, mettere/distendere una coperta sotto il ferito; **stell den heißen Topf bitte nicht auf den Tisch, ohne etwas unterzulegen!**, non appoggiare la pentola calda sul tavolo senza metterci qualcosa sotto! **2** (*abweichend interpretieren*) *etw* (dat) *etw ~* {EINER AUSSAGE, ÄUßERUNG EINEN ANDEREN SINN} attribuire *qc a qc*, dare *qc a qc*.

unterlegen② <ohne ge-> tr **1** (*versehen*) *etw* **mit** *etw* (dat) **~** {GLASPLATTE MIT FILZ} mettere *qc* sotto *qc*; {LEICHTEN STOFF MIT VLIESELINE} foderare *qc* con *qc*, rinforzare *qc* con *qc*: **mit Seide unterlegte Spitzen**, merletti rinforzati con la seta **2** (*als Untermalung*) *etw* **mit** *etw* (dat) **~** {DARBIETUNG, VORFÜHRUNG MIT MUSIK} accompagnare *qc* con *qc*: **einen Film mit Musik ~**, dotare un film di (un) sottofondo musicale; **bestimmte Szenen des Films sind mit einem musikalischen Leitmotiv unterlegt**, un leitmotiv musicale fa da fondo sonoro a certe scene del film.

unterlegen③ adj **1** (*nicht ebenbürtig*): **jdm** (*irgendwie*) **~ sein**, essere inferiore a qu (+ compl di modo); **jdm geistig/intellektuell ~ sein**, essere intellettualmente inferiore a qu; **jdm körperlich ~ sein**, essere (fisicamente) ₍meno forte₎/[più debole] di qu; **jdm absolut nicht ~ sein**, non essere assolutamente da meno di qu; **jdm weit ~ sein**, essere nettamente inferiore a qu; **jdm an** *etw* (dat) **~ sein** {AN AUSDAUER, INTELLIGENZ, UMSICHT, VERSTAND}, essere ₍inferiore a₎/[da meno di] qu quanto a qc **2** *mil* {HEER, KRÄFTE, TRUPPEN} inferiore di numero, numericamente inferiore: **die in der Schlacht ~en Truppen traten den Rückzug an**, le truppe sconfitte in battaglia batterono in ritirata; **jdm an Zahl ~ sein**, essere inferiore di numero a qu **3** *sport*: **jdm** (*irgendwie*) **~ sein**, essere ₍più debole₎/[meno forte] di qu (+ compl di modo); **jdm technisch ~ sein**, essere tecnicamente inferiore a qu ● **sich jdm ~ fühlen**, sentirsi inferiore a qu.

Unterlegene <dekl wie adj> mf vinto (-a) m (f), sconfitto (-a) m (f): **als ~ r aus einem Wahlkampf/Wettkampf hervorgehen**, uscire sconfitto (-a)/battuto (-a) da ₍un con-

fronto elettorale₎/[una gara]; **der/die ~ sein**, avere la peggio.

Unterlegenheit <-, -en> f <meist sing> inferiorità f: **in zahlenmäßiger ~ sein/antreten**, essere/presentarsi in inferiorità numerica.

Unterleib <-(e)s, -er> m <meist sing> *anat* **1** (*unterer Teil des Bauches*) bassoventre m, addome m *med*, ipogastrio m *med* **2** *euph* (*innere weibliche Geschlechtsorgane*) parti f pl basse (femminili) *euph*, apparato m genitale femminile.

Unterleibsbeschwerden subst <nur pl> disturbi m pl di natura ginecologica.

Unterleibsblutung f perdite f pl di sangue dall'utero.

Unterleibsentzündung f annessite f.

Unterleibskrankheit f malattia f di natura ginecologica.

Unterleibskrebs m tumore m dell'apparato genitale femminile.

Unterleibsoperation f *med* intervento m ginecologico.

Unterleibsschmerz m <meist pl> dolore m addominale/[dell'addome].

Unterleibsuntersuchung f *med* esame m ginecologico; (*durch Gynäkologen*) visita f ginecologica.

unterliegen <irr, ohne ge-> itr **1** <sein> (*besiegt werden*) (**jdm**/**etw**) **~** essere battuto/sconfitto/vinto (da *qu*/*qc*), perdere (*contro qu*/*qc*); {DER ÜBERMACHT} soccombere (a qu/qc), soggiacere (a *qc*) *geh*: ₍**einem politischen/sportlichen Gegner**₎/[**der gegnerischen Mannschaft**] **~**, essere vinto/battuto ₍da un avversario politico/sportivo₎/[dalla squadra avversaria]; **einer Versuchung ~**, soccombere a una tentazione **2** <haben> (*unterworfen sein*) *etw* (dat) **~** {BESTIMMTEN AUFLAGEN, DER ÜBERWACHUNG, GROßEN ZWÄNGEN} essere soggetto a *qc*, sottostare a *qc*: **die Gespräche ~ strengster Geheimhaltung**, le trattative sono coperte dalla massima segretezza; **sie unterliegt starken Gemütsschwankungen**, va soggetta a forti sbalzi d'umore; **scharfen Kontrollen ~** {BESUCHER, EINREISENDE, TEILNEHMER}, essere sottoposto a (dei) severi controlli; {HANDEL, IMPORT} *auch* essere soggetto a dei severi/rigidi controlli; **strengen Regeln ~**, sottostare a (delle) severe regole; **alle Publikationen unterlagen der Zensur**, tutte le pubblicazioni erano soggette a censura **3** <sein> (*sich in etw befinden*) *etw* (dat) **~** {EINEM IRRTUM, EINER TÄUSCHUNG} essere vittima di *qc*: **es dürfte keinem Zweifel mehr ~, dass...**, non dovrebbe più sussistere alcun dubbio (sul fatto) che...

Unterlippe <-, -n> f *anat* labbro m inferiore: **sich** (dat) **auf die ~ beißen**, mordersi il labbro inferiore.

unterm präp *fam* = **unter dem** → **unter**①.

untermalen <ohne ge-> tr *etw* **mit** *etw* (dat) **~** {ERZÄHLUNG, PANTOMIME, VORTRAG MIT LEISEM GESANG, EINER MELODIE, RHYTHMEN} accompagnare *qc* con *qc*: *etw* **musikalisch/[mit Musik] ~**, accompagnare *qc* con un sottofondo musicale.

Untermalung <-, -en> f *mus* (*bei einem Film*) sottofondo m/commento m musicale; (*bei einer Veranstaltung*) *auch* accompagnamento m musicale.

untermauern <ohne ge-> tr **1** *bau* (*stützen*) *etw ~* {GEBÄUDE, HAUS} costruire le fondamenta *di qc*; {BRUNNEN, SCHACHT} sottomurare *qc* **2** (*absichern*) *etw* **mit/[mit** *etw* **dat]** **~** {BEHAUPTUNG, THESE MIT ARGUMENTEN, EINER STATISTIK, THEORETISCH, WISSENSCHAFTLICH} puntellare/suffragare/comprovare/corroborare *qc* (+ compl di modo/con *qc*), dare un fondamento + adj *a qc*.

Untermenü n inform sottomenu m.
Untermiete <-, ohne pl> f **1** (das Untermieten) subaffitto m, sublocazione f adm: **in/zur ~ bei jdm wohnen**, stare/abitare in subaffitto da qu **2** (das Untervermietens) subaffitto m, sublocazione f adm: **ein Zimmer zur ~ abgeben**, dare una stanza in subaffitto/sublocazione, subaffittare/sublocare una camera; **jdn in/zur ~ nehmen**, subaffittare/sublocare (una stanza) a qu.
Untermieter m (**Untermieterin** f) subaffittuario (-a) m (f), sublocatario (-a) m (f) adm.
unterminieren <irr, ohne ge-> tr etw ~ {DEMOKRATISCHE EINRICHTUNGEN, STAATSORDNUNG} minare qc; {JDS ANSEHEN, AUTORITÄT, RUF} auch scalzare qc: **jds Stellung ~**, cercare di scalzare qu.
unter|mischen tr etw (etw dat) ~ unire f qc a qc: **zum Schluss das geschlagene Eiweiß ~**, aggiungere alla fine le chiare d'uovo montate; **die fein gehackten Kräuter dem Quark ~**, unire le erbe finemente tritate al formaggio fresco.
untern präp fam = unter den → **unter**①.
unternehmen <irr, ohne ge-> tr **1** (machen) etw ~ (AUSFLUG) fare qc; {REISE} auch intraprendere qc: **die geeigneten Schritte ~**, fare i passi necessari; **es wurden Schritte unternommen, die Krise auf diplomatischem Wege zu lösen**, sono stati fatti dei passi verso una soluzione diplomatica della crisi **2** (sich zum Vergnügen irgendwohin begeben) etw ~ (mit jdm) ~ fare qc (con qu): **wir haben im Urlaub viel unternommen**, abbiamo fatto un sacco di cose durante le vacanze; **was sollen wir heute Abend ~?**, cosa facciamo/vogliamo fare stasera?; **etw zusammen ~**, fare qc insieme; **sie ~ nie (et)was**, non fanno mai niente **3** (in die Wege leiten): **etwas/nichts (gegen jdn/etw) ~**, fare qualcosa/[non fare niente] (contro qu/qc); **hier muss man etwas ~**, qui bisogna fare qualcosa/[muoversi fam]; **in dieser Sache muss man etwas ~**, bisogna intervenire in questa faccenda; **niemand unternahm etwas**, nessuno si mosse; **keine Angst, er wird nichts ~**, stai/stia tranquillo (-a), non farà niente (contro di te/Lei); **nichts gegen die zunehmende Kleinkriminalität ~**, non intervenire affatto contro la microcriminalità dilagante; **etwas gegen die Arbeitslosigkeit/Luftverschmutzung ~**, prendere delle misure contro ₍la disoccupazione₎/[l'inquinamento atmosferico]; **gegen jdn Schritte ~**, prendere dei provvedimenti contro qu; **große Anstrengungen ~, etw zu tun**, fare ₍grandi sforzi₎/[di tutto fam] per fare qc; **man hat keinerlei Anstrengungen unternommen, diesen Konflikt zu verhindern**, non si è fatto assolutamente niente per evitare questo conflitto; **den Versuch ~, etw zu tun**, ₍tentare di₎/[provare a] fare qc; **den Versuch ~, jdm zu helfen**, tentare di aiutare qu **4** geh (auf sich nehmen): **es ~, etw zu tun**, ₍assumersi l'incarico₎/[incaricarsi] di fare qc; **er unternahm es nur widerstrebend, die Angehörigen zu benachrichtigen**, solo di malavoglia si assunse l'incarico di informare i parenti.
Unternehmen① <-s, -> n (Vorhaben) impresa f; bes. mil operazione f: **ein gewagtes/schwieriges ~**, un'impresa/operazione azzardata/difficile; **das ~ gelang/scheiterte**, l'impresa ₍ebbe successo/riuscì₎/[fallì]; **bei einem militärischen ~ ums Leben kommen**, perdere la vita in/durante un'operazione militare.
Unternehmen② <-s, -> n com (Betrieb) impresa f, azienda f: **ein gemeinnütziges ~**, un'impresa di pubblica utilità; **ein öffentli-**
ches/privates ~, un'azienda [pubblica/statale]/[privata]; **ein mittelständisches ~**, un'impresa medio-piccola; **ein ~ aufbauen/leiten**, ₍creare/mettere su fam₎/[dirigere] un'impresa/azienda; **in ein ~ einsteigen** fam, entrare in un'azienda; **ein ~ von jdm übernehmen**, rilevare un'azienda da qu.
Unternehmensberater m (**Unternehmensberaterin** f) ökon consulente mf aziendale.
Unternehmensberatung f ökon consulenza f aziendale.
Unternehmensform f jur forma f (giuridica) d'impresa.
Unternehmensforschung f ökon ricerca f operativa.
Unternehmensführung <-, -en> f, **Unternehmensleitung** <-, -en> f ökon direzione f/vertice m aziendale, management m, (alta) dirigenza f di un'impresa.
Unternehmensplanung f pianificazione f aziendale.
Unternehmenspolitik f politica f imprenditoriale.
Unternehmenszusammenschluss (a.R. Unternehmenszusammenschluß) m fusione f aziendale/[di aziende/imprese].
Unternehmer <-s, -> m (**Unternehmerin** f) imprenditore (-trice) m (f); (Eigentümer eines Industrieunternehmens) auch industriale m: **die ~**, la classe imprenditoriale.
unternehmerfreundlich adj {HALTUNG, POLITIK} a beneficio/vantaggio/favore degli imprenditori.
Unternehmergeist <-(e)s, ohne pl> m spirito m imprenditoriale, imprenditorialità f: **~ haben**, avere imprenditorialità.
Unternehmerin f → **Unternehmer**.
unternehmerisch adj {FÄHIGKEITEN, GEIST} imprenditoriale, da imprenditore; {RISIKO} dell'imprenditore: **~e Fähigkeiten haben**, avere capacità imprenditoriali adv {DENKEN, HANDELN} da imprenditore: **eine ~ kluge/weitsichtige Entscheidung**, una decisione saggia/lungimirante sotto il profilo imprenditoriale.
Unternehmerkreise subst <nur pl> aus **~n**, da ambienti imprenditoriali, dal mondo dell'imprenditoria.
Unternehmerorganisation f ökon → **Unternehmerverband**.
Unternehmerschaft <-, -en> f <meist sing> classe f imprenditoriale, imprenditoria f.
Unternehmertum <-s, ohne pl> n imprenditoria f • **das freie ~**, la libera imprenditoria.
Unternehmerverband m ökon associazione f degli imprenditori.
Unternehmung <-, -en> f → **Unternehmen**①.
Unternehmungsgeist <-(e)s, ohne pl> m spirito m d'iniziativa, iniziativa f, intraprendenza f: **viel/wenig ~ haben**, avere molto/poco spirito d'iniziativa, essere molto/poco intraprendente.
Unternehmungslust <-, ohne pl> f voglia f di fare: **voller ~ sein**, essere pieno di iniziativa.
unternehmungslustig adj intraprendente, pieno di iniziativa; (bes. abenteuerlustig) avventuroso, che ha spirito d'avventura.
Unteroffizier m (**Unteroffizierin** f) mil (Rangstufe) sottufficiale m; (unterster Grad) sergente m: **~ werden**, passare sottufficiale • **vom Dienst**, sottufficiale di servizio.
Unteroffiziersanwärter m (**Unteroffiziersanwärterin** f) mil allievo m sottuffi-
ciale.
Unteroffizierslehrgang m mil corso m allievi sottufficiali.
unter|ordnen rfl sich (jdm/etw) ~ {JDS BEFEHL, ENTSCHEIDUNG, DEM VATER, EINEM VORGESETZTEN} sottomettersi (a qu/qc); {DEN KONVENTIONEN, DER MORAL} sottostare a qc: **sich jds Willen ~**, sottoporsi alla volontà di qu; **sich (anderen) nicht ~ können**, non riuscire a sottomettersi agli altri tr **1** (unterstellen) **jdm/etw jdm/etw** ~ {BEAUFTRAGTEN, LEITER DEM MINISTER, EINEM VORGESETZTEN, BEHÖRDE DEM MINISTERIUM} porre qu alle dipendenze di qu/qc, assegnare qu a qu/qc: **jdm untergeordnet sein/werden**, dipendere da qu, fare capo a qu **2** (zurückstellen) **etw etw** (dat) ~ subordinare qc a qc, posporre qc a qc: **die eigenen Interessen denen der Allgemeinheit ~**, subordinare/posporre i propri interessi a quelli della collettività; **die Karriere dem Privatleben ~**, anteporre la vita privata alla carriera.
Unterordnung <-, -en> f **1** <nur sing> (das Unterordnen) ~ (**unter jdn/etw**) {UNTER JDS AUTORITÄT, WILLEN} sottomissione f, subordinazione f (a qu/qc); {UNTER EIN GESETZ} obbedienza f (a qc); bes. mil subordinazione f **2** ling ipotassi f **3** biol (Untergruppe) sottordine m.
Unterpfand <-(e)s, -pfänder> n geh ~ **einer S.** (gen) pegno m di qc: **ein ~ seiner Liebe/Treue**, un pegno ₍del suo amore₎/[della sua fedeltà].
Unterprima <-, Unterprimen> f Schule obs "quarta f (classe del) liceo".
Unterprimaner <-s, -> m (**Unterprimanerin** f) Schule obs "studente (-essa) m (f) che frequenta la quarta (classe del) liceo".
unterprivilegiert adj geh {SCHICHT, VOLK} meno privilegiato: **die Unterprivilegierten**, i diseredati.
Unterproduktion f ökon sottoproduzione f.
Unterprogramm n inform sottoprogramma m, subroutine f.
Unterredung <-, -en> f colloquio m, abboccamento m: **jdn um eine ~ bitten**, chiedere un ₍colloquio a₎/[abboccamento con] qu; **eine ~ mit jdm haben/führen**, avere un colloquio/abboccamento con qu.
unterrepräsentiert adj sottorappresentato: **an/in etw** (dat) **~ sein** {FRAUEN IM PARLAMENT}, essere sottorappresentato in/a qc.
Unterricht <-(e)s, rar -e> m (das Unterrichten) insegnamento m; (Stunde) lezione f; (Schultag) lezioni f pl, lezione f: **ein moderner/lebendiger ~**, un insegnamento moderno/vivo; **der ~ beginnt um acht Uhr**, le lezioni cominciano alle otto; **der ~ in Deutsch/Mathematik**, le lezioni di tedesco/matematica; **vom ~ befreit werden**, venire esonerato dalle lezioni; **dem ~ fernbleiben**, non andare a scuola; **zum ~ gehen**, andare a scuola; **der ~ heute war interessant**, oggi la lezione era interessante • **der ~ fällt aus**, non c'è lezione; **(jdm) in etw** (dat) **~ geben/erteilen**, dare/impartire lezioni di qc (a qu); **bei jdm ~ haben**, avere/fare lezione con qu; **jd ist im ~** {LEHRER}, qu sta facendo lezione; **~ in etw** (dat) **nehmen**, prendere lezioni di qc; **theoretischer/praktischer ~** (in der Fahrschule), lezione di teoria/guida; **den ~ schwänzen** fam, marinare la scuola fam, fare forca fam.
unterrichten <ohne ge-> tr **1** (lehren) **etw** (an/in etw dat) ~ {EIN FACH AN DER SCHULE, UNIVERSITÄT, IN EINER BESTIMMTEN KLASSE, STUFE} insegnare qc (a qc/in qc) **2** (unterweisen) **jdn** ~ {LERNENDE, SCHÜLER EINER BESTIMMTEN KLASSE} insegnare a qu, fare

lezione *a qu*: **er unterrichtet die Abiturienten**, fa lezione ai maturandi; **jdn in etw** (dat) ~ {IN EINEM FACH} insegnare *qc a qu*; {IM MALEN, REITEN, SCHWIMMEN} *auch* dare lezioni *di qc a qu* **3** *geh* (*informieren*) **jdn** (*über etw* akk/*von etw* dat) ~ informare *qu* (*di/su qc*), mettere *qu* al corrente (*di qc*), ragguagliare *qu* (*su qc*); **jdn ausführlich über etw** (akk) ~, dare ampi ragguagli a qu su qc; **unterrichtet sein**, essere ˌal correnteˌ/[informato]; **wir sind schon unterrichtet**, siamo già ˌal correnteˌ/[(stati (-e)) informati (-e)]; **ich möchte umgehend unterrichtet werden, wenn ...**, vorrei essere immediatamente informato se...; **in unterrichteten Kreisen**, in ambienti ben informati; **aus gut unterrichteten Kreisen**, da ambienti ben informati, da fonti attendibili **B** *itr* (*als Lehrer tätig sein*) (*irgendwo/in etw* dat) ~ {AN EINEM INSTITUT, AN EINER SCHULE, IN EINEM FACH} insegnare (+ *compl di luogo/qc*), fare lezione (+ *compl di luogo/di qc*) **C** *rfl* **sich** (*über etw* akk) ~ informarsi (*su qc*) ● **sich von jdm über etw** (akk) ~ **lassen**, farsi mettere al corrente da qu su qc.

Unterrichtseinheit f unità f didattica.
Unterrichtsfach n materia f (d'insegnamento): **das ~ Deutsch/Mathematik**, il tedesco/la matematica come materia d'insegnamento.
unterrichtsfrei adj {SAMSTAG, TAG} libero (dalle lezioni), senza lezioni/scuola: **morgen ist ~**, domani non c'è lezione/scuola.
Unterrichtsgegenstand m oggetto m/argomento m della lezione.
Unterrichtsmethode f metodo m didattico/[d'insegnamento].
Unterrichtsmittel n <*meist* pl> *Schule* → **Lehrmittel**.
Unterrichtsprogramm n → **Lehrplan**.
Unterrichtsstoff m → **Lehrstoff**.
Unterrichtsstunde f (ora f di) lezione f.
Unterrichtswesen <-s, *ohne* pl> n istruzione f scolastica: **privates/öffentliches ~**, istruzione (scolastica) privata/pubblica.
Unterrichtung <-, -en> f *geh* informazione f: **ich bitte um sofortige ~**, chiedo di essere informato (-a) immediatamente.
Unterrock <-(e)s, -röcke> m (*unter einem Kleid*) sottabito m, sottoveste f; (*unter einem Rock*) sottogonna f.
unters präp *fam* = unter das → **unter**①.
untersagen <*ohne* ge-> tr (*jdm*) *etw* ~ vietare *qc* (*a qu*), proibire *qc* (*a qu*), interdire *qc* (*a qu*): **das Betreten der Baustelle ist untersagt**, ˌdivieto d'accessoˌ/[è vietato l'accesso] al cantiere; **der Arzt hat ihr heiße Bäder untersagt**, il medico le ha proibito ˌdi fareˌ/[i] bagni caldi; **jdm ~, etw zu tun**, vietare/proibire a qu di fare qc, interdire ˌqu dal fare qcˌ/[a qu di fare qc].
Untersatz <-es, -sätze> m (*für Gläser*) sottobicchiere m; (*für Flaschen*) sottobottiglia m; (*für Töpfe*) sottopentola m: **etw als ~ verwenden**, usare qc per/come sotto ● **ein fahrbarer ~** *fam scherz*, un mezzo: **einen fahrbaren ~ haben**, essere motorizzato.
unterschätzen <*ohne* ge-> tr *jdn/etw* ~ {GEGNER} sottovalutare *qu/qc*; {AUSWIRKUNGEN, ENTFERNUNG, GEFAHR, GEWICHT, LEISTUNGSFÄHIGKEIT} sottostimare *qc*: **er hat das Tempo des Wagens völlig unterschätzt**, ha completamente sottovalutato la velocità della macchina; **nicht zu ~ sein**, non essere da sottovalutare; **ein nicht zu ~der Gegner/Konkurrent**, un avversario/concorrente da non sottovalutareˌ/[prendere sottogamba *fam*]; **eine nicht zu ~de Gefahr/Schwierigkeit**, un pericolo/una difficoltà da non sottovalutare.

Unterschätzung <-, *ohne* pl> f ~ **einer S.** (gen) {DER GEFAHR, GEFÄHRLICHKEIT, GESCHWINDIGKEIT, SCHWIERIGKEIT} sottovalutazione f *di qc*.
unterscheidbar adj distinguibile: **Kopie und Original sind leicht/kaum ~**, la copia e l'originale sono facilmente/appena distinguibili; **eineiige Zwillinge sind kaum ~**, i gemelli monozigoti sono difficilmente distinguibili (l')uno (-a) dall'altro (-a).
unterscheiden <*irr, ohne* ge-> **A** tr **1** (*differenzieren*) *etw* ~ {ARTEN, DINGE, SORTEN, TIERE} distinguere *qc*, differenziare *qc*: **man unterscheidet Dutzende von Rebsorten**, si distinguono decine di vitigni diversi; **ich kann die vielen Rosensorten nicht ~**, non so distinguere fra le numerose specie di rose; **der Autor unterscheidet in seinem Artikel zwei Begriffe von Freiheit**, nel suo articolo l'autore distingue due diversi concetti di libertà; *etw* **von etw** (dat)ˌ/[**und etw**] ~ distinguere ˌqc da qcˌ/[tra qc e qc]; **sie kann Rot und Grün nicht ~**, non distingue tra il rosso e il verde; **das Richtige vom Falschen ~**, discernere/distinguere il vero dal falso; **das Wesentliche vom Unwesentlichen ~**, distinguere l'essenziale dal superfluo **2** (*auseinanderhalten*) **jdn/etw** (*voneinander*) ~ {ÄHNLICHE DINGE, PERSONEN} distinguere *qu/qc* (l'uno (-a) dall'altro (-a)): **ich kann die Zwillinge heute noch nicht ~**, ancora oggi non riesco a distinguere i gemelli (l'uno dall'altro); **kannst du die beiden ~?**, riesci a distinguere fra i due?; *jdn/etw* **an etw** (dat) ~, distinguere *qu/qc per/da qc*; **du kannst sie an dem Leberfleck auf der Oberlippe von ihrer Schwester ~**, la puoi distinguere dalla sorella per il neo sul labbro superiore; **die verschiedenen Tabaksorten am Aroma ~**, distinguere i diversi tipi di tabacco dall'aroma **3** (*abheben*) **jdn von jdm** ~ {JDS ART, BESONDERE BEGABUNG, CHARAKTEREIGENSCHAFT} distinguere *qu da qu*, differenziare *qu da qu*: **ihre Art zu unterrichten unterscheidet sie von allen anderen Kollegen**, il suo modo di insegnare ˌla distingueˌ/[fa la differenza] da tutti i suoi colleghiˌ/[fa la differenza fra lei e tutti i suoi colleghi]; **was unterscheidet ihn denn so von den anderen?**, (che) cos'è che lo rende tanto diverso dagli altri? **4** (*wahrnehmen*) **jdn/etw irgendwo** ~ {DINGE, PERSONEN} distinguere/discernere *qu/qc* + *compl di luogo*: **zwei Gestalten im Hintergrund ~ (können)**, (riuscire a) distinguere due figure sullo sfondo; **man konnte den Meteoriten klar am Nachthimmel ~**, si riusciva a distinguere chiaramente il meteorite nel cielo notturno **B** *itr* (*einen Unterschied machen*) (**zwischen etw und und etw** dat) ~ {ZWISCHEN ECHTEM UND UNECHTEM, GUT UND BÖSE, WICHTIGEM UND UNWICHTIGEM} distinguere/discernere/discriminare (*fra qc e qc*), fare una distinzione/discriminazione (*fra qc e qc*): **man muss ~, es muss unterschieden werden**, bisogna distinguere/[fare delle distinzioni] **C** *rfl* **sich** (*voneinander*) ~ distinguersi/differenziarsi/differire ((l')uno (-a) dall'altro (-a)): **die Geschwister ~ sich sehr (voneinander)**, i fratelli sono molto diversi (fra loro); **ihre Meinungen ~ sich erheblich**, i loro punti di vista differiscono considerevolmente; **worin ~ sich die beiden Standpunkte?**, qual è la differenza fra i due punti di vista?; **sich** (*durch etw* akk/*in etw* dat) *von jdm/etw* ~, distinguersi *da qu/qc* (*per/da qc*), differire *da qu/qc* (*per/da qc*); **die beiden Berichte unterscheiden sich in zwei wesentlichen Punkten**, i due rapporti ˌsi distinguonoˌ/differen-

ziano perˌ/[differiscono in] due punti essenziali; **die neue Übersetzung unterscheidet sich von der alten durch eine modernere Sprache**, la nuova traduzione si distingue dalla vecchia per l'uso di una lingua più moderna.
Unterscheidung <-, -en> f distinzione f, diversificazione f; (*wertendes Unterscheiden*) *auch* differenziazione f, discriminazione f: **die ~ zwischen Unter- und Oberschicht ist heute soziologisch nicht mehr haltbar**, la distinzione/discriminazione tra ceto basso e ceto alto oggi non è più sociologicamente sostenibile; **die ~ des Originals von der Kopie war fast unmöglich**, era pressoché impossibile distinguere l'originale dalla copia ● **eine ~ˌ/[~en treffen]**, fare ˌuna distinzioneˌ/[delle distinzioni].
Unterscheidungskriterium n criterio m distintivo.
Unterscheidungsmerkmal n segno m distintivo, discriminante f.
Unterscheidungsvermögen <-s, *ohne* pl> n capacità f di distinguere/discernere, discernimento m.
Unterschenkel <-s, -> m *anat* gamba f (dal ginocchio al piede); (*Wade*) polpaccio m, sura f *med*.
Unterschicht <-, -en> f *soziol* ceto m inferiore/basso, strato m sociale basso: **Leute aus der ~**, persone dei ceti bassi.
unter|schieben① <*irr*> tr **1** (*unter jdn schieben*) **jdm etw** ~ {UNTERLAGE} mettere *qc* sotto *a qu*; **jdm etw unter etw** ~, mettere un cuscino sotto a qu **2** *fam* (*heimlich zuschieben*) **jdm/etw** ~ {BRIEF, KOMPROMITTIERENDES DOKUMENT} rifilare *fam* di nascosto *qc a qu*: **jdm ein Kind ~**, attribuire (falsamente) a qu la paternità di un figlio; **ein untergeschobenes Kind**, un figlio la cui paternità è (falsamente) attribuita a qu.
unterschieben② <*irr, ohne* ge-> tr (*unterstellen*) **jdm etw** ~ {ÄUSSERUNG, BEHAUPTUNG} attribuire (ingiustamente) *qc a qu*, imputare *qc a qu*: **man hat dir gehässige Bemerkungen über ihn unterschoben**, ti hanno attribuito dei perfidi commenti sul suo conto; **jdm ~, dass er/sie etw tut**, accusare qu di fare qc; **sie haben ihm unterschoben, dass er das gemeinsame Projekt boykottiert**, l'hanno accusato di boicottare il progetto comune.
Unterschied <-(e)s, -e> m differenza f: **ein feiner/wesentlicher/gewaltiger ~**, una differenza sottile/sostanziale/enorme; **das ist ein gewaltiger ~!**, fa una grande/bella differenza!, cambia tutto!, ce ne corre! *fam*; **kulturelle/politische/soziale ~e**, differenze/diversità culturali/politiche/sociali; **die ~e im Preis sind berechtigt**, la differenza di prezzo è giustificata; **für mich ist es kein ~, ob ich um eins oder um drei zu Mittag esse** *fam*, pranzare all'una o alle tre per me non fa differenza; **ich kann da keinen ~ sehen**, non ˌci trovo nessuna differenzaˌ/[ci vedo alcuna differenza] ● **zwischen etw und etw** (dat) **besteht ein beträchtlicher/erheblicher ~**, fra qc e qc ˌc'è una bella differenzaˌ/[ce ne corre *fam*]; **worin besteht/liegt der ~ zwischen ˌjdm und jdmˌ/[etw und etw]?**, in che cosa consiste la differenza tra ˌqu e quˌ/[qc e qc]?; **im ~ zu jdm/etw, zum ~ von jdm/etw**, a differenza di qu/qc; **im ~ zu ihm geht sie lieber ins Konzert als in eine Ausstellung**, a differenza di lui lei preferisce andare a un concerto anziché a una mostra; **im ~ zum vergangenen Winter war dieser sehr mild**, a differenza dell'inverno passato questo è stato molto mite; **es ist (schon) ein (großer) ~, ob ...**, fa una bel-

la differenza + *inf*, è tutta un'altra cosa + *inf*; **es ist schon ein großer ~, ob du sagst, du hast keine Lust oder du kannst nicht**, è cosa ben diversa dire che non hai voglia oppure che non puoi; **der *kleine ~ fam scherz (der Penis)***, quell'attributo in più *scherz*; **einen ~ machen zwischen jdm (pl)/etw (pl)** (*zwischen verschiedenen Personen oder Dingen unterscheiden*), ⌊fare una distinzione⌋/[distinguere] fra qu/qc; **zwischen jdm und jdm einen ~ machen** (*ungleich behandeln*), fare delle differenze/discriminazioni fra qu e qu; **er macht überhaupt keine ~e zwischen Jungen und Mädchen**, non fa assolutamente discriminazioni fra maschi e femmine; **keinen ~ *machen fam***, non fare nessuna differenza; **das/es macht überhaupt keinen ~ *fam***, non fa assolutamente nessuna differenza, è assolutamente la stessa cosa; **(nur) *mit* dem ~, dass ...**, con la (sola) differenza che ...; **nur mit dem ~, dass ihr vorher alle einverstanden wart und jetzt einen Rückzieher macht**, con la sola differenza che prima eravate tutti d'accordo e (invece) adesso vi tirate indietro; **ohne ~** {BEHANDELN}, senza fare differenze; {BESTRAFEN} *auch*, indiscriminatamente; {RAUSSCHMEISSEN, WEGWERFEN}, senza ⌊andare troppo per il sottile⌋/[fare distinzioni]; **gleiches Recht für alle ohne ~ der Rasse, des Geschlechts, der Herkunft**, uguali diritti per tutti senza distinzione di razza, sesso, estrazione (sociale); **das ist ein ~ wie *Tag* und Nacht**, ⌊ci corre *fam*⌋/[c'è una differenza] come dal giorno alla notte.

unterschiedlich Ⓐ *adj* {AUFFASSUNG, BEHANDLUNG, BEURTEILUNG, SICHT} diverso, differente: **sie sind in ihrer Art ganz ~**, hanno un modo di fare molto diverso; **die Qualität dieser Stoffe ist sehr ~**, la qualità varia molto da tessuto a tessuto; **wann kommst du abends nach Hause? – Das ist ganz ~**, quando torni a casa la sera? – Dipende/[A seconda]; **die schulischen Leistungen ihres Sohnes sind sehr ~**, il rendimento scolastico di suo figlio è molto discontinuo; **~er Auffassung/Meinung sein**, essere di opinioni diverse; **Ware von ~er Qualität**, merce di varia qualità; **Pullover in den ~sten Farben**, maglioni dei più svariati colori Ⓑ *adv* {EINSCHÄTZEN, HANDHABEN} in maniera diversa; {BEHANDELN} *auch* facendo differenze: **er behandelt seine Studenten ganz ~**, fa delle differenze fra i suoi studenti; **~ schwer/teuer sein**, avere un peso/prezzo differente; **ich glaube, die Schuhe sind ~ groß**, credo che ⌊una scarpa sia di un numero diverso dall'altra⌋/[le scarpe non siano dello stesso numero]; **sich ganz ~ entwickeln**, prendere ognuno strade molto diverse, diventare molto diversi (-e); **sie reagieren immer ganz ~**, reagiscono sempre in modo molto diverso.

Unterschiedlichkeit <-, -en> *f* **1** <*nur sing*> (*das Unterschiedlichsein*) {+ANSICHTEN, MEINUNGEN, POLITISCHE POSITIONEN, PREISE} diversità *f* **2** <*meist pl*> (*Unterschied*) differenza *f*.

unterschiedslos Ⓐ *adj* {ABFERTIGUNG, BEHANDLUNG} senza distinzioni, uguale per tutti Ⓑ *adv* senza ⌊fare distinzioni⌋/[andare troppo per il sottile]: **alle ~ wie Idioten behandeln**, trattare tutti indistintamente/indiscriminatamente da cretini.

unterschlagen <*irr, ohne ge-*> *tr* **1** *jur* (*rechtswidrig zueignen*) *etw* ~ {FUND, ENTLIEHENES KRAFTFAHRZEUG} appropriarsi indebitamente *di qc*; (*veruntreuen*) {+ANVERTRAUTE GELDER, WERTGEGENSTÄNDE} malversare *qc*: **sich schuldig machen, öffentliche Gelder ~ zu haben**, rendersi colpevole di malversazione di denaro pubblico **2** *jur* (*verbergen*) *etw* ~ {BRIEF, DOKUMENT, TESTAMENT} sottrarre *qc*, distrarre *qc*; {BEWEISE} occultare *qc* **3** (*verheimlichen*) (*jdm*) *etw* ~ {NACHRICHT, NEUIGKEIT, TATSACHE} tacere *qc* (*a qu*), sottacere *qc*.

Unterschlagung <-, -en> *f* **1** *jur* (*rechtswidrige Zueignung*) {+FUND, ENTLIEHENES KRAFTFAHRZEUG} appropriazione *f* indebita; (*Veruntreuung*) {+ANVERTRAUTE GELDER, WERTGEGENSTÄNDE} (*durch eine Privatperson*) malversazione *f*; (*durch eine Amtsperson*) peculato *m* **2** *jur* (*Verbergen*) {+BRIEF, DOKUMENT, TESTAMENT} sottrazione *f*, distrazione *f*; {+BEWEISE} occultamento *m* **3** (*Verheimlichung*): **die ~ einer solch wichtigen Tatsache ist kriminell**, l'aver taciuto un fatto di tale importanza è criminale.

Unterschlupf <-(*e*)*s*, -*e oder* Unterschlüpfe> *m* **1** (*Obdach*) ~ (*vor etw dat*) {VOR DEM REGEN, STURM, UNWETTER} rifugio *m*, riparo *m* (*da qc*), ricovero *m* (*da qc*): **irgendwo ~ suchen**, cercare riparo/rifugio + compl di luogo; **die Scheune bot ihnen ~**, il fienile offrì loro riparo **2** (*Versteck*) nascondiglio *m*, rifugio *m*, asilo *m*: **bei jdm ~ suchen/finden**, cercare/trovare rifugio/asilo da/presso qu; **er hat bei seinen Freunden ~ vor der Polizei gesucht**, per sfuggire alla polizia si è rifugiato dai suoi amici • **jdm ~ gewähren**, dare asilo a qu.

unter|schlupfen *itr süddt fam*, **unter|schlüpfen** *itr* <*sein*> *fam* **bei jdm/irgendwo** ~ {BEI FREUNDEN, IN EINER HÜTTE} trovare rifugio *presso qu/+ compl di luogo*: **bis deine Wohnung fertig ist, kannst du bei mir ~**, fino a quando non sarà pronto il tuo appartamento, ⌊ti offro un tetto⌋/[puoi stare da me].

unterschreiben <*irr, ohne ge-*> Ⓐ *tr etw* ~ {BRIEF, SCHECK} firmare *qc*; {DOKUMENT, VERTRAG} *auch* sottoscrivere *qc*: **die Mitteilung ist mit Kunze unterschrieben**, la notifica ⌊è firmata⌋/[porta in calce il nome] Kunze Ⓑ *itr* (*irgendwo*) ~ firmare/[mettere/apporre la (propria) firma] (*+ compl di luogo*): **mit vollem Namen ~**, firmare per esteso; **~ Sie bitte hier**, firmi qui, per favore; **in Vollmacht ~**, firmare per procura • **etw blanko ~**, firmare qc in bianco; **etw (nicht) ~ können *fam*** (*etw (nicht) gutheißen*), (non) poter sottoscrivere *qc*; **das kann man blind/[ohne Zögern] ~**, lo si può sottoscrivere ⌊a occhi chiusi⌋/[senza pensarci due volte]; **das kann ich/man nur ~!**, non posso/[si può] che sottoscrivere/[essere d'accordo]!

unterschreiten <*irr, ohne ge-*> *tr* **1** (*unterbieten*) *etw* ~ {FIRMA, HÄNDLER ANGEBOT, PREIS} stare al di sotto *di qc*: **die zweite Firma hat den Kostenvoranschlag der ersten um einige Tausend Euro unterschritten**, la seconda impresa ha fatto un preventivo inferiore di alcune migliaia di euro rispetto alla prima **2** (*unter etw bleiben*) *etw* (*um etw akk*) ~ {AUSGABEN HAUSHALTSBUDGET; KOSTEN KOSTENVORANSCHLAG; TEMPERATUREN DIE MITTELWERTE} essere inferiore *a qc* (*di qc*), rimanere al di sotto *di qc* (*di qc*).

Unterschrift <-, -en> *f* firma *f*: **eigenhändige ~**, firma autografa; **eine leserliche/unleserliche ~**, una firma leggibile/illeggibile; **seine ~ für etw (akk) geben**, firmare per qc; **eine ~ fälschen**, falsificare una firma; **die/seine ~ leisten** *form*, apporre la propria firma; **ohne ~ hat der Vertrag keine Gültigkeit**, senza (la) firma il contratto non ha validità; **~en sammeln**, raccogliere firme; **seine ~ unter etw (akk) setzen**, apporre la propria firma in calce a qc; **jds ~ tragen**, portare/recare la firma di qu; **seine ~ verweigern**, rifiutarsi di firmare; **etw mit seiner ~ versehen**, firmare qc, fare/mettere la (propria) firma su qc; **jdm etw zur ~ vorlegen**, portare qc a qu per la firma.

Unterschriftenaktion *f*, **Unterschriftenkampagne** *f* campagna *f* per la raccolta di firme: **eine ~ starten/durchführen**, ⌊dare inizio a una⌋/[fare una campagna per la] raccolta di firme.

Unterschriftenliste *f* lista *f* di firme/sottoscrizioni.

Unterschriftenmappe *f* firmario *m*.

Unterschriftensammlung *f* raccolta *f* di firme.

unterschriftlich *adv adm* con la firma, firmando.

unterschriftsberechtigt *adj* autorizzato a firmare, che ha facoltà di firma: **~ sein**, avere facoltà di firma.

Unterschriftsberechtigung *f* facoltà *f* di firma.

Unterschriftsfälschung *f* falsificazione *f* di una firma.

Unterschriftsprobe *f* firma *f* depositata; *bank auch* specimen *m*.

unterschriftsreif *adj* {ABKOMMEN, VERTRAG} pronto per la firma: **~ sein**, andare alla firma.

unterschwellig Ⓐ *adj* {ÄNGSTE} latente; {KRITIK} velato, fra le righe; {BOTSCHAFT} subliminale Ⓑ *adv* {SICH BEMERKBAR MACHEN, VORHANDEN SEIN} in modo latente, sotto sotto *fam*.

Unterseeboot *n geh* → **U-Boot**.

unterseeisch *adj* {FAUNA, FLORA, RIFF} sottomarino *f*.

Unterseekabel *n* cavo *m* sottomarino.

Unterseite <-, -n> *f* {+GEGENSTAND, GERÄT, TELLER} parte *f* inferiore, sotto *m fam*; {+DECKE, MATRATZE, STOFF} rovescio *m*; {+BLATT PAPIER} verso *m*; {+MEDAILLE, MÜNZE} *auch* rovescio *m*.

Untersekunda <-, Untersekunden> *f D Schule obs* "seconda *f* (classe del) liceo".

Untersekundaner <-*s*, -> *m* (**Untersekundanerin** *f*) *obs Schule* "studente (-essa) *m (f)* che frequenta la seconda (classe del) liceo".

Untersetzer <-*s*, -> *m* (*unter einem Glas*) sottobicchiere *m*; (*unter einer Flasche*) sottobottiglia *m*; (*unter einem Topf*) sottopentola *m*; (*unter einem Blumentopf*) sottovaso *m*.

untersetzt *adj* tarchiato, tozzo, tracagnotto, atticciato: **ein ~er Körperbau, eine ~e Figur**, una corporatura tozza; **ein ~er Typ**, un tipo tracagnotto; **~ sein**, essere ⌊tarchiato/tozzo⌋/[di corporatura tarchiata/tozza].

unterspülen <*ohne ge-*> *tr etw* ~ {FLUT, WASSER UFER} dilavare *qc*; **unterspült**, dilavato.

Unterstand <-(*e*)*s*, -*stände*> *m* **1** *mil* rifugio *m* sotterraneo **2** (*Unterschlupf*) riparo *m*, rifugio *m* **3** *A* (*Unterkunft*) alloggio *m*.

unterste *adj* → **unterster**.

unterstehen <*irr, ohne ge-*> Ⓐ *tr* **1** (*jdm/etw unterstellt sein*) *jdm/etw* ~ dipendere *da qu/qc*, essere alle dirette dipendenze *di qu/qc*, essere sottoposto *a qu/qc*, sottostare *a qc*: **eine Abteilung/ein Amt untersteht direkt dem Innenministerium**, un ⌊dipartimento/reparto⌋/[ufficio] è alle dirette dipendenze del ministero degli Interni; **ihm/ihr ~ zehn Mitarbeiter**, ha dieci collaboratori (che lavorano) alle sue dirette dipendenze; **der Zentralverwaltung ~**, ⌊fare capo⌋/[rispondere] all'amministrazione centrale; **der Militärgerichtsbarkeit ~**, essere sottoposto alla giurisdizione militare; **ab sofort ~ Sie meinem Befehl**, d'ora in avanti Lei deve sottostare ai miei ordini **2** (*unterliegen*) *etw* (*dat*) ~ {AUSFUHR, PRODUKTION, WERTE STÄNDIGEN KONTROLLEN} essere sottoposto *a qc*

3 (*in den Zuständigkeitsbereich fallen*) **jdm/etw ~** {FALL EINEM BESTIMMTEN GERICHT, RICHTER} essere di competenza *di qu/qc* **B** **rfl** (*so frech sein, etw zu tun*): **sich ~, etw zu tun,** azzardarsi a fare qc, avere ˻la sfacciataggine˼/[la faccia tosta *fam*]/[l'impertinenza] di fare qc; **untersteh dich nicht, den anderen davon zu erzählen!**, non ti azzardare a raccontarlo agli altri!; ● **untersteh dich!**, guai a te!, non ci provare!, non t'azzardare!; **untersteh dich, das noch einmal zu tun!**, guai (a te) se lo rifai!, ˻provaci solo˼/[non azzardarti] a rifarlo!; **was – Sie sich?!**, ma chi si crede di essere?!, ma come si permette?!

unter|stellen① **Ⓐ tr 1** (*unter etw Schützendes stellen*) **etw** (*irgendwo*) **~** {FAHRRAD, GARTENMÖBEL UNTER DEM VORDACH} mettere qc al riparo (+ *compl di luogo*) **2** (*abstellen*) **etw irgendwo/bei jdm ~** {FAHRZEUG, MÖBEL} mettere/sistemare qc + *compl di luogo/da qu* **Ⓑ rfl** (*Schutz suchen*) **sich** (*irgendwo*) **~** {UNTER EINEM BAUM, DACHVORSPRUNG} ripararsi (*sotto qc*), mettersi al riparo (*sotto qc*).

unter|stellen② *<ohne ge->* **Ⓐ tr 1** (*unterordnen*) **jdn/etw jdm/etw ~** {BEAUFTRAGTEN, BEHÖRDE, INSTITUT EINEM MINISTER, MINISTERIUM} porre qu alle (dirette) dipendenze, assegnare qu a qu/qc: **eine Abteilung direkt dem Vorstand ~**, porre un reparto alla dirette dipendenze del consiglio d'amministrazione; **jdm unterstellt sein** {AMT, BEHÖRDE, DIENSTSTELLE}, dipendere da qu, essere ˻alle dipendenze di qu/qc˼/[sottoposto/subordinato a qu/qc], fare capo a qu/qc; {MITARBEITER, UNTERGEBENER} *auch* lavorare sotto qu *fam*; **ihr sind fünf Mitarbeiter unterstellt**, ha cinque collaboratori ˻che lavorano sotto di lei˼/[alle sue dipendenze] **2** (*die Leitung übertragen*) **jdm etw ~** (ABTEILUNG, BEHÖRDE) assegnare/affidare a qu la direzione di qc; *mil* assegnare qc al comando di qu: **der Versand wird jetzt dem Verkaufsleiter unterstellt**, il reparto spedizioni passa ora sotto il (controllo del) direttore delle vendite **3** *pej* (*unterschieben*) **jdm etw ~** {ÄUSSERUNG} attribuire/imputare (ingiustamente) qc a qu; {NACHLÄSSIGKEIT, VERSÄUMNIS} accusare qu ingiustamente di qc: **er hat mir bösen Willen unterstellt**, mi ha accusato di malafede; **es wurde ihm unterstellt, dass ...**, lo si accusò ingiustamente di aver fatto ...; **willst du mir ~, ich hätte dich hintergangen?**, vuoi forse insinuare che ti ho/abbia ingannato? **Ⓑ itr** (*annehmen*): **~ dass ...**, supporre/(am)mettere che ...; **konjv**: **ich unterstelle jetzt einmal, dass das wahr ist...**, ˻(am)mettiamo pure˼/[ipotizziamo] che sia vero; **~ wir mal, dass ...**, (am)mettiamo/supponiamo che ... *konjv*.

Unterstellung *<-, -en>* **f 1** (*falsche Behauptung*) insinuazione f, illazione f: **böswillige ~en**, basse illazioni/insinuazioni **2** *<nur sing>* (*Unterordnung*): **mit unserer direkten ~ unter den Vorstand ...**, adesso che rispondiamo direttamente al consiglio amministrativo ...; **nach der ~ unseres Instituts unter eine andere Behörde hat sich einiges geändert**, dopo il passaggio del nostro istituto sotto (il controllo di) un altro ufficio˼/[adesso che il nostro istituto dipende da un altro ufficio] diverse cose sono cambiate.

unterster, unterste, unterstes adj *<superl von unterer>* **1** (*sich ganz unten befindend*) (il/la) più in basso, ultimo (-a): **die unterste Schublade**, il cassetto più in basso, il primo cassetto dal basso, l'ultimo cassetto; **der unterste Knopf an deiner Jacke ist auf**, l'ultimo bottone della tua giacca è sbottonato; **das unterste Stockwerk**, il piano più in basso; **die unterste Schicht**, lo strato più profondo **2** (*niedrigster*) {EBENE, GRAD, KLASSE, RANG} (il/la) più basso (-a), infimo (-a) ● **das Unterste zuoberst kehren**, mettere tutto sottosopra/[a soqquadro].

unterstreichen *<irr, ohne ge->* **tr 1** (*einen Strich unter etw ziehen*) **etw** (*irgendwie/mit etw* dat) **~** {TEXTSTELLE, WORT ROT, GRÜN, MIT BLEISTIFT} sottolineare qc (+ *compl di modo*/[a/con qc]): **etw dick/dünn ~**, fare una pesante/leggera sottolineatura; **etw rot/[in verschiedenen Farben]/[mit Bleistift] ~**, sottolineare qc ˻in rosso˼/[con colori diversi]/[a lapis/matita]; **unterstrichen**, sottolineato **2** (*betonen*) **etw** (*mit etw* dat/*durch etw* akk) **~** {SEINE WORTE DURCH GESTEN} sottolineare qc (*con qc*); {BEDEUTUNG, ERFOLG, NOTWENDIGKEIT} *auch* mettere in rilievo qc, dare risalto *a qc* ● **das kann ich nur ~!** (*dem kann ich nur zustimmen!*), non posso che sottoscrivere!

Unterstreichung *<-, -en>* **f 1** (*das Unterstreichen*) sottolineatura f **2** (*unterstrichene Stelle*) sottolineatura f, passaggio m sottolineato: **der Text war voll von ~en**, il testo era pieno di sottolineature **3** *<nur sing>* (*das Hervorheben*) sottolineatura f: **unter besonderer ~ der Tatsache, dass ...**, dando particolare rilievo al fatto che..., ponendo l'accento in particolare sul fatto che... ● **(in etw dat) ~en vornehmen** *form* {IN EINEM KAPITEL, MANUSKRIPT, TEXT}, fare delle sottolineature in qc.

Unterstufe *<-, -n>* **f** *D Schule* "i primi tre anni delle superiori".

unterstützen *<ohne ge->* **tr 1** (*helfen*) **jdn** (**bei/in etw** dat) **~** {BEI BEMÜHUNGEN, EINEM VORHABEN, IN EINER ANGELEGENHEIT} sostenere qu (*in qc*), aiutare qu (*in qc*): **jdn in der Not ~**, sostenere qu nel bisogno; **jdn finanziell/materiell/tatkräftig ~**, aiutare/sostenere qu economicamente/materialmente/[coi fatti]; **jdn moralisch ~**, dare (un) sostegno morale a qu, sostenere qu moralmente; **seine Eltern ~ ihm beim Bau seines Hauses**, i suoi genitori lo aiutano a costruirsi la casa **2** (*finanziell fördern*) **jdn/etw** (**mit etw** dat) **~** {ANGEHÖRIGEN, HILFEBEDÜRFTIGEN MIT EINEM BESTIMMTEN BETRAG} sostenere finanziariamente qu/qc (*con qc*), aiutare economicamente qu/qc (*con qc*); (*von öffentlicher Hand*) {SOZIAL SCHWACHE FAMILIE, SCHLECHT GEHENDES UNTERNEHMEN} sovvenzionare qu/qc (*con qc*), sussidiare qu/qc (*con qc*); (*von privater Hand*) {FUSSBALLKLUB, KULTURSZENE, MUSIKALISCHES, SPORTLICHES TALENT} sponsorizzare qu/qc (*con qc*) **3** (*sich für jdn/etw einsetzen*) **jdn/etw ~** {BEMÜHUNGEN, VORHABEN} appoggiare qu/qc; {GESUCH} *auch* sostenere qc; {KANDIDATEN, PROJEKT} sostenere qu/qc, appoggiare qu/qc, supportare qu/qc: **eine Initiative ~**, essere fautore di un'iniziativa; **jds Kandidatur ~**, sostenere/appoggiare la candidatura di qu; **jdn bei einem Streit ~**, spalleggiare qu in una lite; **junge Talente ~**, sostenere i giovani talenti **4** (*fördern*) **etw ~** {MEDIKAMENT, KUR, THERAPIE HEILUNG, REKONVALESZENZ} aiutare qc, favorire qc, agevolare qc: **die psychologische Betreuung unterstützt den Heilungsprozess**, l'assistenza psicologica favorisce il processo di guarigione **5** *inform* **etw ~** supportare qc.

Unterstützer *<-s, ->* **m** (**Unterstützerin** f) sostenitore (-trice) m (f).

Unterstützung *<-, -en>* **f 1** *<meist sing>* (*Hilfe*) sostegno m, aiuto m: **jdm seine ~ anbieten/zusagen**, offrire/assicurare il proprio sostegno a qu; **bei jemandem ~ finden**, trovare sostegno/aiuto in qu **2** (*Zuschuss*) {+ARBEITSLOSE, KRANKE, SOZIAL SCHWACHE} sussidio m, sovvenzione f pl: **öffentliche/private/gesetzliche ~**, sussidio ˻pubblico/statale˼/[privato]/[dovuto per legge]; **eine angemessene/regelmäßige/monatliche ~**, un sussidio adeguato/regolare/mensile; **die ~ beträgt vierhundert Euro monatlich**, il sussidio ammonta a quattrocento euro mensili; **auf ~ angewiesen sein**, dover fare affidamento sui sussidi; **(eine) ~ beantragen**, chiedere/[fare domanda per] un sussidio; **(eine) ~ bekommen/beziehen**, ricevere un sussidio; **jdm ~ entziehen**, togliere il sussidio a qu; **von der ~ leben**, vivere di sussidi; {+INDUSTRIEZWEIG, SCHLECHT GEHENDE UNTERNEHMEN} sovvenzioni f pl **3** *<nur sing>* (*Förderung*) {+GESUCH, KANDIDAT, KANDIDATUR, PROJEKT} sostegno m, appoggio m: **die ~ junger, besonders talentierter Musiker**, il sostegno ai giovani musicisti particolarmente dotati; **ohne ihre ~ wird die Sache nicht gelingen**, senza il loro appoggio la cosa non può riuscire **4** *<meist sing>* (*Stärkung*): **eine Kur zur ~ des Heilungsprozesses**, una cura per favorire la guarigione; **ein Mittel zur ~ des Kreislaufs**, un farmaco per agevolare la circolazione.

Untersuch *<-(e)s, -e>* m *CH* → **Untersuchung**.

untersuchen *<ohne ge->* **tr 1** *med* **jdn ~** {KRANKEN, VERLETZTEN} visitare qu, fare una visita *a qu*: **sich ärztlich ~ lassen**, farsi visitare dal medico, sottoporsi a una visita medica: **sich einmal gründlich ~ lassen**, (farsi) fare un check-up; **jdn auf etw** (akk) (**hin**) **~** {AUF EINEN BESTIMMTEN ERREGER, EINE BESTIMMTE KRANKHEIT} ˻visitare qu˼/[fare degli esami *a qu*] per individuare qc; **jdn auf seinen Geistes-/Gesundheitszustand ~**, visitare qu per accertare ˻il suo stato (di salute) mentale˼/[le sue condizioni di salute]; **etw ~** {VERLETZUNG} esaminare qc; {BAUCHRAUM, UNTERLEIB} esplorare qc; {ORGAN} *auch* fare un esame *di qc* **2** *chem med* (*durch Analyse bestimmen*) **etw** (**auf etw** akk) (**hin**) **~**, analizzare qc˼/[fare un'analisi/un esame *di qc*] per determinare/individuare (la presenza) *di qc*: **das Blut auf Blutzucker/Cholesterin ~**, analizzare il sangue per determinare il tasso di glicemia/colesterolo; **den Urin auf Leukozyten ~**, analizzare le urine per individuare la presenza di leucociti; **Lebensmittelproben ~**, analizzare campioni alimentari; **bestimmte Erdschichten auf ihre Radioaktivität ~**, analizzare la radioattività di determinati strati geologici **3** (*erforschen*) **etw ~** esaminare qc, studiare qc: **etw gründlich/eingehend ~**, analizzare qc in modo approfondito; **die Auswirkungen des Treibhauseffektes ~**, studiare le conseguenze dell'effetto serra; (*erkunden*) {MARKT, ÖFFENTLICHE MEINUNG, STIMMUNG} sondare qc; (*Daten zusammentragen*) fare una ricerca/un'indagine su qc **4** (*aufzuklären suchen*) **etw ~** {ANGELEGENHEIT, FALL, VORFALL} esaminare qc, svolgere un'inchiesta *su qc* jur; (*polizeilich*) indagare su qc, investigare su qc: **der Fall wird jetzt gerichtlich untersucht**, ci sarà un'indagine giudiziaria sul caso; **einen Mordfall ~**, indagare su un (caso di) omicidio **5** (*durchsuchen*) **jdn/etw** (**auf etw** akk) (**hin**) **~** {AUTO, GEPÄCK, KOFFER, KURIER, REISENDEN} perquisire qu (alla ricerca *di qc*) **6** (*kontrollieren*) **etw** (**auf etw** akk) (**hin**) **~** controllare qc, ispezionare qc (per accertare qc), verificare qc: **ein Auto auf seine Verkehrssicherheit ~**, verificare la sicurezza di un'auto; **ein Gerät auf seine Funktionstüchtigkeit ~**, ispezionare un apparecchio per accertarne il funzionamento.

Untersuchung *<-, -en>* **f 1** (*Erforschung*) {+HINTERGRÜNDE, URSACHEN, TATSACHE} esame m, analisi f: **eine genaue/sorgfältige ~**, un esame preciso/accurato; **nach eingehender ~**, dopo approfondito esame; **eine statisti-**

sche ~, un'indagine statistica **2** *med* {+KRANKER, PATIENT} visita f; {+ORGAN, VERLETZUNG} esame m; (~, *die sich auf das Sehen oder Tasten beschränkt*) {+VERLETZUNG} ispezione f; {+BES. INNERER ORGANE} esplorazione f: **fachärztliche** ~, visita specialistica; **sich einer gründlichen** ~ **unterziehen**, sottoporsi a un accurato esame, fare un check-up **3** *chem* (*Analyse*) {+BLUT, URIN} analisi f, esame m: **die** ~ **des Bluts ergibt ...**, dalle analisi del sangue risulta ...; **eine** ~ **der Blutwerte**, un'analisi dei valori ematici **4** (*Aufklärungsversuch*) {+ANGELEGENHEIT, FALL, VORFALL} esame m (*di qc*), indagine f (*su qc*); *jur* inchiesta f, indagine f; (*polizeilich*) *auch* investigazione f: **die polizeiliche** ~ **läuft noch**, l'inchiesta della polizia è ancora in corso; **eine** ~ **anordnen/fordern**, ordinare/disporre/chiedere l'apertura di un'inchiesta/indagine; **eine** ~ **durchführen**, compiere/eseguire un'inchiesta, svolgere/compiere un'indagine; **eine** ~ **einstellen**, archiviare un'inchiesta, chiudere un'indagine; **gegen jdn eine** ~ **einleiten**, avviare un'inchiesta nei confronti di qu; **eine** ~ **im Parlament**, un'inchiesta parlamentare **5** (*analysierende Arbeit*) studio m, ricerca f: **eine soziologische** ~, una ricerca/un'indagine sociologica; **eine tief greifende/sorgfältige** ~, uno studio approfondito/accurato; **eine** ~ **über etw (akk) veröffentlichen**, pubblicare uno studio su qc **6** (*Durchsuchung*) {+AUTO, GEPÄCK, REISENDE, VERDÄCHTIGE} perquisizione f **7** (*Überprüfung*) {+GERÄT, MASCHINE} controllo m, ispezione f; {+FUNKTIONSTÜCHTIGKEIT, VERKEHRSSICHERHEIT} verifica f.

Untersuchungsausschuss <a.R. Untersuchungsausschuß> m commissione f ˪d'inchiesta˩/[inquirente]: **etw vor den** ~ **bringen**, portare qc davanti alla commissione d'inchiesta.

Untersuchungsbefund m *med* esito m/referto m dell'/[di un] esame.

Untersuchungsergebnis n **1** *med* risultato m ˪di un esame˩/[degli esami]; (*bei Laboruntersuchung*) risultato m delle analisi **2** *soziol* {+MEINUNGSUMFRAGE} risultato m di un'inchiesta/indagine/una ricerca **3** (*bei polizeilichen Nachforschungen*) risultato m delle indagini/investigazioni.

Untersuchungsgefangene <dekl wie adj> mf *jur* persona f ˪in stato di˩/[sottoposta a (misura di)] custodia cautelare.

Untersuchungsgefängnis n *jur* istituto m di custodia cautelare.

Untersuchungshaft <-, *ohne pl*> f *jur* custodia f cautelare (in carcere), carcerazione f preventiva *obs*, carcere m preventivo *obs*: **der Gefangene in** ~, la persona ˪in stato di˩/[sottoposta a (misura di)] custodia cautelare; **in** ~ **sitzen/sein**, essere sottoposto a custodia cautelare; **jdn in** ~ **nehmen**, applicare la misura della custodia cautelare in carcere nei confronti di qu, disporre la (misura della) custodia cautelare nei confronti di qu; **jdn aus der** ~ **entlassen**, revocare la (misura della) custodia cautelare e rilasciare qu.

Untersuchungshäftling m → **Untersuchungsgefangene**.

Untersuchungskommission f → **Untersuchungsausschuss**.

Untersuchungsrichter m (**Untersuchungsrichterin** f) *jur A CH* giudice mf istruttore.

Untersuchungszimmer n *med* ambulatorio m (medico).

Untertagearbeiter m (**Untertagearbeiterin** f) *min* minatore (-trice) m (f) in sotterraneo.

Untertagebau <-(e)s, -e> m *min* **1** <*nur sing*> (*Abbau unter der Erde*) scavi m pl/lavori m pl in sotterraneo, attività f mineraria sotterranea **2** (*Grube*) miniera f sotterranea • **im** ~ **arbeiten**, lavorare nel sottosuolo.

untertags adv *süddt A CH* → **tagsüber**.

untertan adj *geh*: **sich (dat) jdn/etw** ~ **machen**, assoggettare qu/qc, sottomettere qu/qc; **sich die Natur** ~ **machen**, asservire la natura; **sich ein Volk** ~ **machen**, assoggettare/sottomettere un popolo; **jdm** ~ **sein** *hist* {EINEM FÜRSTEN, KÖNIG}, essere asservito a qu, essere servo di qu.

Untertan <-s *oder* -en, -en> m (**Untertanin** f) *hist* suddito (-a) m (f) • **jdn zum** ~(**en**) **erziehen** *pej* {KINDER, SCHÜLER, STUDENTEN}, fare di qu un soldatino.

Untertanengeist <-(e)s, *ohne pl*> m *pej* indole f/animo m servile, servilismo m.

untertänig *pej* [A] adj sottomesso, servile: **eine** ~**e Verbeugung**, un inchino servile; **Euer** ~**ster Diener** *hist*, il Vostro servo umilissimo *hist* [B] adv {SICH VERHALTEN} servilmente: **sich** ~ **zeigen**, mostrarsi sottomesso (-a)/servile; ~**st um etw (akk) bitten**, chiedere qc con la massima umiltà.

Untertanin f → **Untertan**.

untertariflich [A] adj {BEZAHLUNG} inferiore alla tariffa/paga *fam* sindacale [B] adv {BEZAHLEN} meno della tariffa/paga *fam* sindacale.

Untertasse f piattino m • **fliegende** ~ (*ein UFO*), disco volante.

unter|tauchen [A] tr <*haben*> (*unter Wasser drücken*) **jdn** ~ spingere qu sott'acqua [B] itr <*sein*> **1** (*tauchen*) (**irgendwo**) ~ {GROSSER FISCH, SCHWIMMER, U-BOOT} immergersi (+ *compl di luogo*) **2** (*versinken*) (**irgendwo**) ~ {GEGENSTAND} sparire sott'acqua (+ *compl di luogo*), venire inghiottito (-a) dal fondo **3** (*verschwinden*) **in etw** (dat) ~ {IM GEWÜHL, IN DER MENSCHENMENGE} essere inghiottito da qc **4** (*sich jds Zugriff entziehen*) darsi alla clandestinità/latitanza; **irgendwo/bei jdm** ~ {IM AUSLAND, BEI FREUNDEN} trovare rifugio + *compl di luogo/da qu*.

Unterteil n *oder* m sotto m *fam*, parte f inferiore: **das** ~ **des Schrank(e)s muss restauriert werden**, il sotto dell'armadio deve essere restaurato; **das** ~ **des Bikinis**, ˪il (pezzo) sotto˩/[lo slip] del bikini.

unterteilen <*ohne ge-*> tr **etw** (**in etw** akk) ~ **1** (*aufteilen*) {HAUS IN MEHRERE WOHNUNGEN, RAUM IN KLEINERE RÄUME} suddividere qc (*in qc*) **2** (*einteilen*) {SEITE IN SPALTEN, STRECKE IN MEHRERE ETAPPEN, TEXT IN ABSCHNITTE, KAPITEL} suddividere qc (*in qc*): **etw** ˪**noch einmal**˩/[**weiter**] ~, suddividere qc ulteriormente; **die Skala ist in zehn Abschnitte unterteilt**, la scala si suddivisa in dieci parti.

Unterteilung <-, -en> f **1** <*nur sing*> (*das Unterteilen*) partizione f, suddivisione f **2** (*etwas Unterteiltes*) suddivisione f, partizione f.

Unterteller <-s, -> m *süddt A CH* → **Untertasse**.

Untertemperatur <-, -en> f <*meist sing*> *med* ipotermia f: **jd hat** ~, la temperatura (corporea) di qu è troppo bassa.

Untertertia <-, *Untertertien*> f *Schule obs* "terza f (classe della scuola) media (inferiore)".

Untertertianer m (**Untertertianerin** f) *Schule obs* "studente (-essa) m (f) che frequenta la terza f (classe della scuola) media (inferiore)".

Untertitel m **1** *lit* (*ergänzender Titel*) sottotitolo m **2** <*meist pl*> *film TV* (*Übersetzungstext*) sottotitolo m: **der Film läuft in türkischer Originalfassung mit deutschen** ~**n**, il film è nella versione originale turca con i sottotitoli in tedesco.

Unterton <-(e)s, -töne> m **1** (*versteckter Beiklang*) sfumatura f, punta f, fondo m: **jds Stimme hat einen drohenden/ironischen/traurigen** ~, nella voce di qu c'è una sfumatura minacciosa/ironica/triste; **mit beleidigtem** ~ **antworten**, rispondere con una punta di risentimento; **in jds Stimme liegt ein** ~ **von Spott**, c'è un fondo di scherno nella voce di qu; **er spricht immer mit einem** ~ **von Ironie**, c'è sempre un fondo di ironia nella sua voce quando parla **2** *mus phys* suono m armonico inferiore.

untertourig *autom* [A] adj {FAHRWEISE} a basso regime di giri [B] adv: ~ **fahren**, andare a basso regime (di giri); **der Motor läuft** ~, il motore ˪è giù di giri˩/[gira a basso regime].

untertreiben <*irr, ohne ge-*> [A] tr **etw** ~ {AUSMASS} minimizzare qc; {BEDEUTUNG, WICHTIGKEIT} *auch* sminuire qc: **die Ausmaße der Katastrophe wurden bewusst untertrieben**, le dimensioni della catastrofe furono volutamente minimizzate [B] itr: **er untertreibt gern**, ha la tendenza a fare il modesto; **sie untertreibt immer, wenn sie von ihren Fähigkeiten spricht**, quando parla di sé ha la tendenza a sminuirsi/[sminuire le sue capacità]; **nun untertreib mal nicht, du verdienst doch viel mehr!**, via, non fare il morto di fame, guadagni molto di più di quel che mi/ci vuoi far credere!

Untertreibung <-, -en> f **1** minimizzare m, understatement m: **zu** ~**en neigen**, avere la tendenza a minimizzare le cose **2** (*in Bezug auf die eigenen Fähigkeiten*) avere la tendenza a sminuirsi.

untertunneln <*ohne ge-*> tr **etw** ~ {FLUSS, MEERESARM} scavare un tunnel sotto qc; {BERG} *auch* scavare una galleria sotto qc, traforare qc: **untertunnelt** {BERG, FLUSS, MEERESARM}, attraversato da un tunnel.

untervermieten <*ohne ge-*> [A] tr **etw** (**an jdn**) ~ {WOHNUNG, ZIMMER} dare qc in subaffitto (*a qu*) [B] itr (**an jdn**) ~ subaffittare (*a qu*).

Untervermietung <-, -en> f subaffitto m.

unterversichern <*ohne ge-*> tr **jdn/etw** ~ non assicurare qu/qc sufficientemente; {AUTO, BOOT, HAUS, EINRICHTUNG} *auch* assicurare qc per una somma inferiore al suo valore: **unterversichert sein** {PERSON}, avere una copertura assicurativa insufficiente.

Unterversicherung <-, -en> f **1** (*das Unterversichern*) sottoassicurazione f **2** (*zu geringe Summe*) copertura f assicurativa insufficiente.

unterversorgt adj <*meist präd*> **1** *tech* {MASCHINE, MOTOR} sottoalimentato: **das Gehirn ist mit Sauerstoff** ~, il cervello non è sufficientemente ossigenato, l'apporto di ossigeno al cervello è insufficiente **2** (*an etw mangelnd*): **mit etw** (dat) ~ **sein** {BEVÖLKERUNG, GEBIET, LAND MIT KONSUMGÜTERN, LEBENSMITTELN, STROM}, essere insufficientemente fornito/approvvigionato di qc; **die Patienten in diesem Krankenhaus sind ärztlich** ~, in proporzione al numero dei pazienti, quest'ospedale non ha abbastanza medici.

Unterversorgung <-, -en> f **1** *tech* sottoalimentazione f: **die** ~ **eines Organs mit Sauerstoff**, l'insufficiente ossigenazione di un organo **2** (*nicht ausreichende Versorgung*) {+BEVÖLKERUNG, GEBIET, LAND} approvvigionamento m insufficiente.

Unterverzeichnis n *inform* sottocartella f.

Unterwalden <-s, *ohne pl*> n *geog* (cantone m di) Unterwalden m.

unterwandern <ohne ge-> tr etw ~ {SUBVERSIVE ELEMENTE, STAATSFEIND ARMEE, INSTITUTION, STAATSAPPARAT} infiltrarsi in qc.

Unterwanderung <-, -en> f infiltrazione f.

Unterwäsche <-, ohne pl> f biancheria f intima; (für Frauen) auch lingerie f.

Unterwasserarchäologie f archeologia f subacquea.

Unterwasseraufnahme f (mit Filmkamera) ripresa f subacquea; (mit dem Fotoapparat) foto f subacquea.

Unterwasserbehandlung f med idroterapia f.

Unterwasserfotograf m (**Unterwasserfotografin** f) fotografo (-a) m (f) subacqueo (-a).

Unterwasserfotografie f fotografia f subacquea.

Unterwasserfotografin f → **Unterwasserfotograf**.

Unterwasserjagd f pesca f/caccia f subacquea.

Unterwasserkamera f (Filmkamera) videocamera f subacquea; (Fotoapparat) macchina f fotografica subacquea.

Unterwasserlabor n laboratorio m sottomarino.

Unterwassermassage f med idromassaggio m.

Unterwasserphotograph m (**Unterwasserphotographin** f) → **Unterwasserfotograf**.

Unterwasserphotographie f → **Unterwasserfotografie**.

Unterwasserphotographin f → **Unterwasserphotograph**.

Unterwassersport m → **Tauchsport**.

unterwegs adv 1 (auf dem Weg) per strada, in viaggio/cammino: irgendwohin/[zu jdm] ~ sein, stare + Gerund + compl di luogo₁/[da qu]; Familie Müller aus Konstanz, ~ mit einem blauen Golf, Kennzeichen..., wird gebeten, sich unter folgender Nummer zu melden, la famiglia Müller di Costanza, che viaggia su una Golf blu targata..., è pregata di telefonare al seguente numero; der Arzt ist schon ~, il medico è già per strada; der Brief ist schon ~, la lettera è già partita/[in viaggio]; etw war lange ~ {BRIEF, PAKET, SENDUNG}, qc ci ha messo molto per arrivare; ~ nach ... ~ sein {NACH HAMBURG, MÜNCHEN, ROM}, essere in viaggio verso/per ...; (während des Wegs) strada facendo; ~ haben wir einige Freunde getroffen, strada facendo abbiamo incontrato alcuni amici 2 (außer Haus) in giro, fuori: geschäftlich viel ~ sein, essere spesso ₁in giro₁/[fuori] per affari; immer ~ sein, essere sempre in giro; schon/seit Wochen ~ sein, essere in viaggio da settimane; (während der Reise) durante il viaggio/tragitto; ~ krank werden, ammalarsi durante il viaggio 3 (draußen) in strada: das ganze Viertel war ~, tutto il quartiere era sceso in strada; für ~ {EINPACKEN, MITNEHMEN}, per il viaggio/la gita; von ~ {ETW SCHICKEN, SCHREIBEN}, mentre qu è in viaggio; jdn von ~ anrufen, chiamare qu strada facendo ● jd ist (bei jdm) ~ fam {BABY, KIND}, c'è in arrivo qu; ah, sie haben geheiratet, ist denn etwas ~?, ah, si sono sposati ..., c'è la cicogna in arrivo?

unterweisen <irr, ohne ge-> tr geh jdn in etw (dat) ~ istruire qu in qc, insegnare a qu a/come fare qc: jdn im Gebrauch des Computers ~, istruire qu nell'uso del computer, insegnare a qu a/come usare il computer.

Unterweisung <-, -en> f geh ~ (in etw dat) istruzione f, insegnamento m (di qc).

Unterwelt <-, ohne pl> f 1 myth (Totenreich) inferi m pl, ade m, Tartaro m 2 (Verbrecherlieu) bassifondi m pl, malavita f, mala f slang: in der ~ verkehren, frequentare ₁ambienti malavitosi₁/[i bassifondi].

unterwerfen <irr, ohne ge-> A tr 1 (untertan machen) jdn/etw ~ {GEBIET, LAND, REBELLEN} sottomettere qu/qc, assoggettare qu/qc; {STAMM, VOLK} asservire qu 2 (unterziehen) jdn etw (dat) ~ {EINER BEFRAGUNG, PROZEDUR, EINEM VERHÖR} sottoporre qu/qc a qc B rfl 1 (sich ergeben) sich (jdm) ~ {DEN EINDRINGLINGEN, EROBERERN, SIEGERN} sottomettersi (a qu) 2 (sich fügen) sich etw (dat) ~ {JDS ANORDNUNG, BEFEHL, WILLEN} sottomettersi a qc, assoggettarsi a qc: sich der elterlichen Autorität ~, sottomettersi all'autorità paterna.

Unterwerfung <-, -en> f <meist sing> 1 (das Unterwerfen) (+GEBIET, LAND) assoggettamento m; (+VOLK) asservimento m 2 (Unterordnung) ~ (unter jdn/etw) {UNTER JDS AUTORITÄT, BEFEHL, WILLEN} sottomissione f (a qu/qc), assoggettamento (a qc).

unterworfen part perf von unterwerfen B adj <präd>: etw (dat) ~ sein {DER MODE, DEM WANDEL, ZEITGEIST}, essere soggetto a qc, essere sottoposto a qc; jds Launen ~ sein, dover subire i capricci di qu, essere soggetto ai cambiamenti d'umore di qu; der Markt ist ständigen Schwankungen ~, il mercato va soggetto a continue oscillazioni.

unterwürfig pej A adj {VERHALTEN} servile; {KOLLEGE, SCHÜLER} auch ossequioso, sottomesso: er hat so eine ~e Art, ha un modo di fare servile; ~ sein, essere di animo servile; jdm gegenüber ~ sein, avere un atteggiamento servile nei confronti di qu B adv {SICH VERHALTEN} servilmente: ~ antworten, con tono servile; wenn er mit dem Chef spricht, tut er immer ~, quando parla col capo ₁ha sempre l'aria del portaborse₁/[sembra un cagnolino]/[è tutto ossequioso].

Unterwürfigkeit <-, ohne pl> f pej servilismo m, ossequiosità f.

unterzeichnen <ohne ge-> tr form etw ~ {EIN PROTOKOLL, VERTRAG} firmare qc, sottoscrivere qc.

Unterzeichner m (**Unterzeichnerin** f) form firmatario (-a) m (f), sottoscrittore (-trice) m (f).

Unterzeichnerstaat m pol stato m firmatario.

Unterzeichnete <dekl wie adj> mf form sottoscritto (-a) m (f).

Unterzeichnung <-, -en> f form firma f.

unter|ziehen① <irr> tr 1 (darunter anziehen) etw ~ metter(si) sotto qc (a qc): noch eine Strickjacke ~, metter(si) sotto ancora un golf 2 gastr (unterheben) etw (unter etw akk) ~ {EISCHNEE UNTER EINE CREME, EINEN PUDDING} incorporare qc (a qc).

unterziehen② <irr, ohne ge-> A rfl 1 (über sich ergehen lassen) sich etw (dat) ~ {EINER KONTROLLE, OPERATION, PRÜFUNG, UNTERSUCHUNG, EINEM VERHÖR} sottoporsi a qc: sich einer Operation ~ müssen, ₁doversi sottoporre a₁/[dover subire] un intervento 2 geh (auf sich nehmen) sich etw (dat) ~ {EINER AUFGABE, PFLICHT} assumersi qc: sich der Mühe ~, etw zu tun, prendersi l'impegno di fare qc; sich der Mühe einer Reise ~, sottoporsi alle fatiche di un viaggio B tr (an jdm/etw vornehmen) jdn etw (dat) ~ {EINER PRÜFUNG, EINEM VERHÖR} sottoporre qu a qc; etw (dat) ~ {EINER KONTROLLE, PRÜFUNG} sottoporre qc a qc.

Unterzucker m med ipoglicemia f.

Unterzuckerung <-, -en> f med ipoglicemia f.

Untiefe <-, -n> f 1 naut (seichte Stelle) bassofondo m; (nicht mehr schiffbar) secca f 2 (große Tiefe) abisso m, profondità f.

Untier <-(e)s, -e> n (Ungeheuer) mostro m.

untilgbar adj 1 com (nicht abzutragen) {SCHULDEN} inestinguibile, non ammortizzabile 2 geh (unauslöschlich) {SCHMACH, SCHULD} incancellabile.

untragbar adj 1 (unerträglich) {SITUATION, ZUSTAND} insostenibile, non sostenibile, insopportabile, intollerabile 2 (nicht tolerabel) {PERSON} insostenibile: jd ist für jdn/etw ~ {DROGENABHÄNGIGER, GEISTESKRANKER, GEWALTTÄTIGER SOHN, VATER FÜR DIE FAMILIE; KORRUPTER POLITIKER FÜR SEINE PARTEI}, il peso di qu non è più sostenibile per qu/qc; aufgrund seiner Nazivergangenheit ist er als Präsident ~, a causa del suo passato nazista non è sostenibile come presidente 3 ökon (nicht finanzierbar) {AUFWENDUNG, KOSTEN} insostenibile: wirtschaftlich/finanziell ~ sein, essere economicamente insostenibile; diese Bauweise ist heute wirtschaftlich ~, questo modo di costruire oggi è economicamente insostenibile.

untrainiert adj {KÖRPER, MENSCH} non allenato, fuori allenamento/forma: ~ sein, non essere allenato, essere fuori allenamento/forma.

untrennbar A adj 1 (nicht trennbar) {EINHEIT, GANZES} inseparabile, indivisibile, inscindibile: von etw (dat) ~ sein, essere inseparabile/inscindibile da qc 2 ling {VERB} non separabile; {WORT} non divisibile (in sillabe) B adv inseparabilmente, inscindibilmente: mit jdm ~ verbunden sein, essere inseparabile legato a qu, essere tutt'uno con qu; sie sind ~ miteinander verbunden, sono inseparabili/indivisibili; etw ist ~ mit etw (dat) verbunden, qc è legato indissolubilmente a qc, qc è inseparabile da qc; unsere Liebe ist ~ mit dem Begriff der Treue verbunden, il nostro concetto d'amore è inscindibile da qc.

untreu adj 1 (nicht treu) {LIEBHABER, PARTNER} infedele; {FREUND} auch sleale, infido: jdm ~ sein/werden, essere infedele a qu, tradire qu 2 (abtrünnig) infedele, non fedele: etw (dat) ~ werden, non essere fedele a qc, tradire qc; er ist all seinen Jugendträumen ~ geworden, ha tradito tutti i suoi sogni di una volta; seinen Grundsätzen/Überzeugungen ~ werden, tradire ₁i propri principi₁/[le proprie convinzioni]; der Musik/dem Sport ~ werden, abbandonare la musica/lo sport; sich (dat) selbst ~ werden, tradire se stesso (-a).

Untreue <-, ohne pl> f 1 (das Untreuesein) infedeltà f, tradimento m; {+FREUND} slealtà f 2 jur (vorsätzliche Verletzung der Pflicht zur Betreuung fremder Vermögensinteressen) infedeltà f, malversazione f; (im Amt) prevaricazione f, peculato m.

UN-Treuhandrat m consiglio m di amministrazione fiduciaria dell'ONU.

untröstlich adj {HINTERBLIEBENE, WITWE, WITWER} inconsolabile: über etw (akk) ~ sein {ÜBER JDS TOD}, essere inconsolabile per qc; ~ (darüber) sein, dass ..., essere inconsolabile/disperato per il fatto che.../perché...; ich bin ~ (darüber), dass meine Glückwünsche zu spät kommen, sono desolato (-a) che i miei auguri siano arrivati troppo tardi.

untrüglich adj meist <attr> {INSTINKT, ZEICHEN} infallibile; {BEWEIS} inconfutabile: das ist ein ~es Zeichen für etw (akk), questo e un segno inconfutabile di qc.

UN-Truppe f truppa f ONU.

Untugend <-, -en> f geh brutta/cattiva abitudine f; (*Laster*) vizio m, viziaccio m *fam*: **das ist eine ~ von dir**, è un brutto vizio che hai; **das ist eine typische ~ vieler Autofahrer**, è una brutta abitudine di molti automobilisti; **es ist eine ~ von jdm, etw zu tun**, qu ha la brutta abitudine di fare qc.

untypisch A *adj* {BEISPIEL, FALL} atipico; {BEPFLANZUNG, LANDSCHAFT} non caratteristico; {GESTE} insolito; {REAKTION, VERHALTEN} *auch negativ*: **etw ist ~ für jdn**, qc non è tipico di qu, qc è insolito per qu; **dieses Verhalten ist ganz ~ für ihn**, non è da lui comportarsi così B *adv* {REAGIEREN, SICH VERHALTEN} in modo insolito: **er hat ganz ~ reagiert**, ha avuto una reazione del tutto insolita.

unübel *fam* A *adj*: **(gar) nicht (so) ~**, non/mica male B *adv*: **das riecht/schmeckt nicht ~**, niente male questo profumo/sapore!

unüberbrückbar *adj* {DIFFERENZEN} insormontabile, insuperabile; {GEGENSÄTZE} insanabile; {KLUFT} incolmabile.

unüberhörbar *adj* 1 (*nicht zu überhören*) {GERÄUSCH} che non si può non sentire: **~ sein**, essere chiaramente udibile 2 (*deutlich herauszuhören*) {IRONIE, KRITIK, SPOTT, VORWURF} che non si può non cogliere; {DROHUNG, WARNUNG} *auch* inequivocabile.

unüberlegt A *adj* {ENTSCHLUSS, MASSNAHME, WORTE} avventato, sconsiderato, irriflessivo; {GESTE, HANDLUNG} *auch* inconsulto: **eine ~e Bemerkung**, un'osservazione ₗnon ponderata₊/ₗfatta senza pensare₊; **es ist ~ von jdm, etw zu tun**, è avventato da parte di qu fare qc; **es war ~ von dir, ihn so vor den Kopf zu stoßen**, è stato sconsiderato da parte tua offenderlo in questo modo B *adv* {ENTSCHEIDEN, HANDELN} sconsideratamente, in modo avventato/inconsulto, senza riflettere: **~ daherreden**, parlare ₗa vanvera₊/ₗsenza riflettere₊/ₗa casaccio₊; **~ reagieren**, reagire ₗin modo inconsulto₊/ₗsenza riflettere₊.

Unüberlegtheit <-, -en> f 1 (*unüberlegte Handlung*) azione f avventata, avventatezza, leggerezza f 2 (*unüberlegte Äußerung*) parole f pl sconsiderate/[non ponderate] 3 <*nur sing*> (*unüberlegte Art*) sconsideratezza f, avventatezza f.

unüberschaubar *adj* 1 (*nicht mit den Augen erfassbar*) {MENSCHENMENGE} immenso, sterminato; {EBENE, LÄNDEREIEN} *auch* vastissimo 2 (*nicht abschätzbar*) {AUSWIRKUNGEN, KOSTEN, SCHÄDEN} incalcolabile; {SITUATION} ingestibile.

unübersehbar *adj* 1 (*unüberschaubar*) {MENSCHENMENGE} immenso, sterminato; {AUSDEHNUNG, WEITE} sterminato, vastissimo 2 (*nicht zu übersehen*) {FEHLER, IRRTUM, MÄNGEL} vistoso, che non si può non vedere 3 (*nicht abschätzbar*) {AUSWIRKUNGEN, KOSTEN, SCHÄDEN} incalcolabile.

unübersetzbar *adj* {AUSDRUCK, REDEWENDUNG, WORTSPIEL} intraducibile, non traducibile.

unübersichtlich A *adj* 1 (*nicht übersichtlich*) {ANORDNUNG, AUFSTELLUNG, LISTE} poco/non chiaro, confuso; {DARSTELLUNG, STATISTIK} poco/non comprensibile: **eine ~e Bibliothek**, una biblioteca organizzata in modo poco sistematico; **eine ~e Zusammenfassung**, un riassunto senza nel capo nel coda 2 (*schlecht einzusehen*) {KREUZUNG, KURVE} con visibilità molto ridotta; {GELÄNDE} troppo vasto, difficile da osservare: **etw ist ~** {KREUZUNG, KURVE}, la visibilità a/in qc è molto ridotta 3 (*nicht einschätzbar*) {LAGE, SITUATION, VERHÄLTNISSE} confuso, non/poco chiaro; {PLAN, PROJEKT} *auch* macchinoso B *adv* {ANORDNEN, ZUSAMMENSTELLEN} in modo ₗpoco chiaro₊/[confuso].

Unübersichtlichkeit <-, *ohne pl*> f {+KREUZUNG, KURVE} visibilità f ridotta (*a/in qc*).

unübertrefflich A *adj* (*nicht übertreffbar*) insuperabile, ineguagliabile; {REKORD} imbattibile B *adv* insuperabilmente: **gut ~ sein**, essere insuperabile/ineguagliabile.

unübertroffen *adj* {QUALITÄT} insuperato; {LEISTUNG, REKORD} *auch* ineguagliato.

unüberwindbar *adj*, **unüberwindlich** *adj* 1 (*unbesiegbar*) {GEGNER, HEER, KÄMPFER} invincibile, imbattibile; {FESTUNG} imprendibile 2 (*sehr groß*) {GEGENSÄTZE, HINDERNIS, PROBLEM, SCHWIERIGKEITEN} insormontabile, insuperabile: **eine ~e Angst vor jdm/etw haben**, non riuscire a vincere/superare la paura di qu/qc.

unüblich *adj* <*meist präd*> {PRAKTIKEN, VERFAHREN, VERHALTEN, VERLAUF} inusuale, non usuale, insolito: **~ sein**, non essere usuale, essere inusuale, essere insolito; **bei uns ist es ~, sehr früh zu heiraten**, dalle nostre parti la gente non usa sposarsi molto presto.

unumgänglich *adj* {EINSCHRÄNKUNGEN, MASSNAHMEN, SCHÄRFERES VORGEHEN} imprescindibile, indispensabile: **schärfere Kontrollen sind ~**, sono indispensabili controlli più severi; **etw für ~ halten**, ritenere qc indispensabile.

unumschränkt A *adj* {HERRSCHAFT, MACHT} illimitato, assoluto: **~e Vollmacht**, pieni poteri B *adv*: **~ herrschen** (*DIKTATOR, KÖNIG*), detenere il potere assoluto.

unumstößlich *adj* {BEFEHL} irrevocabile, perentorio; {ENTSCHLUSS} inappellabile: **eine ~ Tatsache**, una fatto incontrovertibile, un dato di fatto B *adv* irrevocabilmente, senza possibilità di appello: **jds Entschluss steht ~ fest**, la decisione di qu è irrevocabile.

unumstritten *adj* incontestato, indiscusso: **es ist eine ~e Tatsache**, è un fatto incontestabile/inconfutabile; **es ist ~, dass …**, è incontestabile che … *konjv*.

unumwunden A *adj* <*attr*> *rar* {ZUGESTÄNDNIS} diretto, senza ₗgiri di parole₊/[preamboli]: **jdm ~ die/seine Meinung sagen**, dire a qu apertamente/[senza tanti giri di parole] ciò che si pensa; **etw ~ zugeben**, ammettere qc con franchezza; **jdm ~ zu verstehen gegeben, dass …**, mi ha fatto capire senza mezzi termini che …

ununterbrochen A *adj* <*attr*> 1 (*andauernd*) incessante, continuo: **sein ~es Reden**, il suo continuo parlare; **ein ~er Regen**, una pioggia continua/incessante 2 (*nicht unterbrochen*) {FOLGE, REIHENFOLGE} ininterrotto, senza soluzione di continuità B *adv* 1 (*andauernd*) {REDEN, REGNEN} incessantemente, continuamente, in continuazione: **sie quatschen ~**, chiacchierano in continuazione, non smettono un attimo di chiacchierare; **er redet ~**, parla in continuazione, non sta mai zitto 2 (*ohne Unterbrechung*) {ARBEITEN} ininterrottamente, senza sosta: **sich ~ fortentwickeln**, essere in continuo sviluppo.

unveränderlich *adj* 1 (*gleich bleibend*) {AUSDAUER, FLEISS} costante 2 *math phys* {GRÖSSE} invariabile; {NATURGESETZ} immutabile.

unverändert A *adj* 1 (*gleich bleibend*) immutato, inalterato; {BEFINDEN, GESUNDHEITSZUSTAND} stabile; {EINSATZ, FLEISS} costante: **als ich ihn sah, war er ~**, non era cambiato per niente quando lo rividi; **das Krankheitsbild ist ~**, il quadro clinico è stazionario/immutato 2 (*ohne jede Änderung*) {AUSGABE, NACHDRUCK, TEXT} invariato: **etw ~ lassen**, lasciare qc invariato (-a), non apportare modifiche a qc B *adv* (*gleich bleibend*) {GUT, SCHLECHT, SCHÖN} come sempre: **ich traf sie bei ~ guter Laune an**, l'ho trovata, come sempre, di buon umore; **der Schüler ist ~ fleißig**, lo studente ha dimostra uno zelo/un'applicazione costante; **das Wetter bleibt ~ schön**/[**wird ~ schön bleiben**], il tempo ₗsi manterrà sul bello stabile₊/[rimarrà stabilmente bello].

unverantwortlich A *adj* 1 (*nicht zu verantworten*) {DUMMHEIT, LEICHTSINN, UNBEDACHTHEIT} imperdonabile; {VERHALTEN} irresponsabile, da incosciente: **es ist ~, etw zu tun**, è da incoscienti fare qc 2 *rar* (*ohne Verantwortungsgefühl*) {AUTOFAHRER, ELTERN} irresponsabile, incosciente B *adv* {HANDELN} in modo irresponsabile, da incosciente.

Unverantwortlichkeit f irresponsabilità f, mancanza f di responsabilità.

unverarbeitet *adj* 1 (*nicht bearbeitet*) {PRODUKT} non lavorato; {MATERIAL} *auch* grezzo 2 *psych* (*nicht bewältigt*) {ERLEBNIS} non elaborato/metabolizzato.

unveräußerlich *adj geh* {BESITZ, GUT, RECHT} inalienabile: **jds ~e Rechte**, i diritti inalienabili di qu.

unverbesserlich *adj* {BESSERWISSER, OPTIMIST, NÖRGLER, PESSIMIST} incorreggibile, inguaribile.

unverbindlich A *adj* 1 (*nicht bindend*) {ANTWORT, ZUSAGE} non impegnativo/vincolante; *com* {ANGEBOT} non vincolante: **~e Preisempfehlung**, prezzo indicativo; **er hat uns eine sehr ~e Auskunft gegeben**, ci ha dato un'informazione puramente indicativa 2 (*distanziert*) {ART, MENSCH} distante, distaccato: **sie hatte uns eingeladen, aber auf sehr ~e Art**, ci aveva invitati, ma senza troppa convinzione; **er sagte ein paar ~e Worte und entließ uns**, disse alcune parole di circostanza e ci congedò; (*sich nicht festlegen wollend*) {PERSON} che non vuole impegnarsi B *adv* 1 (*nicht bindend*) {ETW ANFORDERN, JDM ETW SCHICKEN} senza impegno: **sich ~ beraten lassen**, farsi consigliare senza impegno 2 (*auf reservierte Art*) {FREUNDLICH} in modo distaccato.

Unverbindlichkeit <-, -en> f 1 <*nur sing*> (*Distanziertheit*) distacco m; (*Neigung, sich nicht festzulegen oder zu binden*) indisponibilità f a impegnarsi 2 (*unverbindliche Äußerung*) frase f di circostanza: **er sagte ein paar ~en und verabschiedete sich**, disse qualche frase di circostanza e si congedò 3 (*nicht bindender Charakter*) {+ERKLÄRUNG, RICHTLINIE} carattere m non vincolante.

unverbleit *adj* {BENZIN} senza piombo.

unverblümt A *adj* {WORTE} diretto, schietto, non inforato: **die ~e Wahrheit**, la verità nuda e cruda B *adv* senza ₗmezzi termini₊/[tanti fronzoli]: **jdm ~ die Meinung sagen**, dire qc a qu ₗfuor di metafora₊/[a chiare lettere], parlare fuori dai denti; **~ mit jdm reden**, parlare chiaro a qu.

unverbraucht *adj* 1 (*noch vorhanden*) {ENERGIEN, KRÄFTE} intatto: **~e Mitarbeiter**, collaboratori ancora pieni di energia 2 (*frisch*) {LUFT} fresco, puro.

unverbrüchlich *adj geh* {TREUE} perenne: **jdm ~e Treue schwören**, giurare a qu fedeltà in eterno.

unverdächtig A *adj* {MENSCH} non sospetto, insospettabile; {ART, AUFTRETEN, VERHALTEN} non sospetto, che non desta sospetti: **völlig ~ sein**, essere al di sopra di ogni sospetto; **~ aussehen/wirken**, non avere un'aria sospetta B *adv* {SICH BENEHMEN, SICH VERHALTEN} in modo da non destare sospetti.

unverdaulich *adj* 1 (*nicht verdaulich*) {ESSEN} indigesto: **sich als ~ erweisen**, risultare indigesto (-a) 2 *fam* (*schwer zu lesen*) {ABHANDLUNG, STUDIE, THEORIE} indigesto, ostico: **dieser Text ist völlig ~**, questo testo è ˌun mattone *fam*ˌ/[assolutamente indigesto].

unverdaut A adj **1** (*nicht verdaut*) {SPEISERESTE} non digerito **2** (*unbewältigt*) {ERLEBNIS} non digerito/assimilato, assimilato poco/male; {PROBLEM} non superato: **~ bleiben**, non essere stato digerito, non andare né su né giù, rimanere sul gozzo B adv (*nicht verdaut*): **~ ausgeschieden werden**, essere espulso senza essere (stato) assimilato.

unverdient A adj {BELOHNUNG, GLÜCK, LOB} immeritato; {STRAFE, TADEL, VORWURF} ingiusto B adv {GELOBT WERDEN, GEWINNEN} immeritatamente; {BESTRAFT, GETADELT WERDEN} ingiustamente, a torto.

unverdientermaßen adv, **unverdienterweise** adv {BESTRAFT, GETADELT WERDEN} immeritatamente; {BEFÖRDERT, GELOBT WERDEN} immeritatamente, senza averlo meritato.

unverdorben adj **1** (*nicht verdorben*) {LEBENSMITTEL} non deteriorato/guasto/alterato **2** (*integer*) {CHARAKTER, MENSCH} incorrotto, integro; {KIND} innocente, puro.

Unverdorbenheit <-, *ohne pl*> f {+CHARAKTER, MENSCH} integrità f; {+JUNGER MENSCH} innocenza f, purezza f.

unverdrossen adv {(WEITER)ARBEITEN, WEITERMACHEN} senza perdersi d'animo, indefessamente, instancabilmente.

unverdünnt adj {ALKOHOL, SIRUP} puro; {KAFFEE} non allungato; {WEIN} *auch* non annacquato; {FARBE, LÖSUNG, SÄURE} non diluito/allungato: **den Wein auch im Sommer ~ trinken**, bere vino schietto anche d'estate.

unvereinbar adj incompatibile, inconciliabile: **mit etw** (dat) **~ sein**, essere incompatibile/inconciliabile con qc; **sein Lebensstil ist mit dem meinen ~**, il suo stile di vita non ˌva assolutamente d'accordoˌ/[si accorda assolutamente] con il mio; **miteinander ~ sein**, essere incompatibili; **ihre Standpunkte sind völlig ~ miteinander**, i loro punti di vista sono del tutto incompatibili.

Unvereinbarkeit <-, *-en*> f incompatibilità f, inconciliabilità f.

unverfälscht adj **1** (*ursprünglich*) {LANDSCHAFT, NATUR} incontaminato: **ein ~er Charakter**, un carattere genuino **2** (*nicht verfälscht*) {LEBENSMITTEL, WEIN} genuino, non adulterato/sofisticato/manipolato.

unverfänglich adj {SITUATION} innocuo, {ANTWORT, FRAGE} *auch* inoffensivo: **das war doch eine völlig ~e Frage**, era una domanda del tutto innocua; **das ist doch ganz ~**, non c'è niente di imbarazzante in questo.

unverfroren A adj sfacciato, sfrontato: **~ sein**, essere sfacciato/sfrontato, avere una (bella) faccia ˌtostaˌ/[di bronzo *fam*]/[da schiaffi *fam*] B adv: **jdn ~ nach etw** (dat) **fragen**, avere la faccia tosta di chiedere qc a qu.

Unverfrorenheit <-, *-en*> f **1** <*nur sing*> (*Dreistigkeit*) sfacciataggine f, sfrontatezza f: **er ist von einer unglaublichen ~**, ha una faccia ˌtostaˌ/[di bronzo *fam*]/[da schiaffi *fam*]/incredibile **2** (*unverfrorene Äußerung*) sfrontatezza f.

unvergänglich adj {RUHM, SCHÖNHEIT, WERK, WORTE} imperituro *geh*, immortale; {MELODIE, SCHLAGER} intramontabile; {EINDRUCK} indelebile: **~e Liebe**, amore eterno; **~ sein** {MELODIE, SCHLAGER}, non tramontare mai, essere intramontabile; {SCHÖNHEIT} essere eterno; {LIEBE} *auch* durare per sempre; {RUHM, WERK} essere immortale/imperituro *lit*.

Unvergänglichkeit <-, *ohne pl*> f immor-

talità f.

unvergessen adj indimenticato, non dimenticato: **~ bleiben**, rimanere impresso (-a) nella memoria di qu; **das wird mir ~ bleiben!**, mi rimarrà per sempre impresso nella memoria!

unvergesslich (a.R. unvergeßlich) adj {ABEND, BEGEGNUNG, ERLEBNIS} indimenticabile: **etw ist jdm ~**, qu non riesce a dimenticare qc; **das wird mir immer ~ bleiben!**, non lo potrò mai dimenticare!

unvergleichbar adj **1** (*nicht vergleichbar*) non paragonabile/comparabile: **das sind ~e Dinge**, sono cose ˌnon paragonabili/comparabiliˌ/[che non si possono paragonare] **2** → **unvergleichlich**.

unvergleichlich A adj (*einzigartig*) impareggiabile, ineguagliabile, incomparabile, senza pari/uguali: **eine Frau von ~er Schönheit**, una donna di incomparabile bellezza; **eine ~e Landschaft**, un paesaggio unico B adv (*sehr*) incomparabilmente, incredibilmente; {GUT} senza pari: **~ schön**, di una bellezza senza pari; **~ intelligenter/schöner**, incredibilmente più intelligente/bello; **das ist ~ besser**, non c'è confronto/paragone.

unverhältnismäßig adv sproporzionatamente; (*übermäßig*) esageratamente, oltremodo, oltremisura: **~ kalt/heiß**, oltremodo freddo/caldo.

unverheiratet adj {PAAR} non sposato; {MANN} *auch* celibe, non coniugato; {FRAU} nubile, non sposata/coniugata.

unverhofft A adj {BEGEGNUNG, GEWINN, GLÜCK, WIEDERSEHEN} insperato; {BESUCH, WENDE} *auch* inopinato *lit* B adv {JDN TREFFEN, WIEDERSEHEN} insperatamente; {EINTRETEN, SICH EREIGNEN} inopinatamente: **jdn ~ besuchen**, fare un'improvvisata a qu; **~ kommen**, giungere inatteso (-a); **ihm bot sich ~ die Gelegenheit...**, gli si presentò inaspettatamente l'occasione di... ● **~ kommt oft** *prov*, le cose capitano quando meno te le aspetti.

unverhohlen A adj {INTERESSE, NEUGIER} non dissimulato/camuffato, malcelato; {SCHADENFREUDE, SPOTT} *auch* manifesto B adv {ANGUCKEN, ANSTARREN, BEOBACHTEN} spudoratamente: **jdm ~ sagen, was man denkt**, dire a qu come la si pensa ˌsenza mezzi terminiˌ/[fuori dai denti]; **jdm ~ die Wahrheit sagen**, dire a qu la verità nuda e cruda; **~ seine Gefühle zeigen**, mostrare apertamente i propri sentimenti.

unverhüllt adj **1** (*nicht verhüllt*) {BRUST} nudo, {MENSCH} *auch* non coperto, {STATUE} non coperto **2** → **unverhohlen**.

unverjährbar adj *jur* imprescrittibile.

Unverjährbarkeit <-, *ohne pl*> f *jur* imprescrittibilità f.

unverkäuflich adj **1** (*nicht zum Verkauf bestimmt*) non in vendita: **~es Muster**, campione gratuito; (*Aufschrift auf Packung*) campione gratuito, vietata la vendita **2** (*nicht zum Verkauf geeignet*) non commerciabile, invendibile *pej*.

unverkennbar A adj inconfondibile: **jds Herkunft ist ~**, non si possono non riconoscere le sue origini; **es ist ~, dass ...**, è impossibile non riconoscere che ... B adv inconfondibilmente: **das ist ~ seine Handschrift**, questa è senza ombra di dubbio la sua calligrafia.

unverletzlich adj {GESETZ, MENSCHENWÜRDE, RECHTE} inviolabile.

Unverletzlichkeit <-, *ohne pl*> f inviolabilità f ● **~ der Wohnung** *jur*, inviolabilità del domicilio.

unverletzt A adj **1** (*nicht verletzt*) {KÖR-

PERTEIL, ORGAN} integro; {MENSCH} illeso: **bei einem Unfall ~ bleiben**, uscire illeso (-a)/indenne da un incidente **2** (*nicht aufgebrochen*) {SIEGEL} intatto B adv: **etw ~ überstehen, ~ aus etw** (dat) **hervorgehen** {MENSCH}, uscire illeso (-a)/indenne.

unvermeidbar adj, **unvermeidlich** adj **1** (*nicht zu vermeiden*) {AUSEINANDERSETZUNG, FEHLER, FOLGEN, NEBENWIRKUNGEN} inevitabile; {SCHICKSAL} ineluttabile: **Preiserhöhungen werden ~ sein**, un aumento dei prezzi sarà inevitabile; **es ist ~, dass ...**, è inevitabile che ... *konjv* **2** *iron* (*unbedingt dazugehörend*) immancabile: **und dann kam der ~e Kommentar**, e poi arrivò l'immancabile commento ● **sich ins Unvermeidbare fügen**, rassegnarsi all'inevitabile; **nach langem Hin und Her fügte er sich ins Unvermeidbare und willigte ein**, dopo un lungo tiremmolla si mise l'animo in pace e acconsentì.

unvermindert A adj {EINSATZ, ENERGIE, STÄRKE, WUCHT} immutato: **der Sturm tobte mit ~er Stärke**, la bufera continuò a infuriare con immutata intensità B adv {ANDAUERN, WEITERREGNEN} con immutata intensità.

unvermittelt A adj {ABREISE, FRAGE, UNTERBRECHUNG} repentino, improvviso; {ERSCHEINUNG, HANDLUNG} *auch* subitaneo B adv {ABREISEN, STEHEN BLEIBEN, SICH UMDREHEN} tutto d'un tratto, all'improvviso, improvvisamente, di punto in bianco: **jdm ~ eine Frage stellen**, fare a qu una domanda a bruciapelo.

Unvermögen <-s, *ohne pl*> n *geh* incapacità f: **jds ~, etw zu tun**, l'incapacità di qu di fare qc; **jds ~, sich einer neuen Situation anzupassen**, l'incapacità di qu di adattarsi a una situazione nuova.

unvermögend adj {MENSCH} privo di mezzi, nullatenente: **jd ist nicht ~**, a qu non mancano certo i mezzi, qu non è certo un poveraccio.

unvermutet A adj imprevisto, inaspettato; {HINDERNISSE, SCHWIERIGKEITEN} insospettato B adv inaspettatamente, all'improviso: **ganz ~**, di punto in bianco; **~ auftreten**, sopraggiungere.

Unvernunft <-, *ohne pl*> f irragionevolezza f, mancanza f di buon senso, dissennatezza f: **es ist/wäre eine/[die reine/reinste] ~, etw zu tun**, è/sarebbe assolutamente irragionevole fare qc, è/sarebbe proprio da incoscienti fare qc.

unvernünftig A adj irragionevole, insensato, dissennato, privo di buon senso, scriteriato: **~ wie ein kleines Kind**, irragionevole come un bambino; **das war wirklich ~ von dir**, è stato veramente irragionevole da parte tua; **warum bist du auch so ~ und gehst bei diesem Wetter ins Wasser?**, perché sei così insensato (-a) da entrare in acqua con questo tempo?; **das ist doch total ~!**, ma è del tutto insensato!; **so etwas Unvernünftiges!**, che cosa irragionevole/[da scriteriati]! B adv irragionevolmente, in modo irragionevole: **~ viel essen/trinken**, mangiare/bere senza criterio.

unveröffentlicht adj {MANUSKRIPT} inedito, non pubblicato.

unverpackt A adj (*im Bezug auf Transport*) {BÜCHER, GESCHIRR, MÖBEL, WAREN} non imballato; (*in Bezug auf Verkauf*) {ARTIKEL, WAREN} non confezionato; {GESCHENK} non incartato/impacchettato; {SÜSSIGKEITEN, ZIGARREN} sciolto, sfuso: **das Geschenk ist noch ~**, il regalo non è ancora stato incartato/impacchettato B adv (*in Bezug auf Transport*) senza imballaggio; (*in Bezug auf Verkauf*) senza confezione: **Zigarren ~ verkaufen**, ven-

dere i sigari sciolti/sfusi.
unverrichteterdinge a.R. *von* unverrichteter Dinge → **Ding**.
unverrückbar **A** adj {ENTSCHEIDUNG, ENTSCHLUSS} immutabile, immodificabile **B** adv senza possibilità d'appello: **(für jdn) ~ feststehen**, essere definitivo (per qu).
unverschämt **A** adj **1** (*dreist*) {KERL, MENSCH} sfacciato, sfrontato, spudorato, insolente, impudente, strafottente *fam*; {ANTWORT, FRAGE, GRINSEN} sfacciato, insolente: **so ein ~es Benehmen!**, che impudenza/spudoratezza!; **das ist eine ~e Lüge!**, è una menzogna spudorata!; **~ werden**, diventare/farsi offensivo (-a) **2** (*unerhört*) {FORDERUNG, MIETE, PREIS} scandaloso, indecente: **~es Glück haben**, avere una fortuna sfacciata, avere culo *slang* **B** adv **1** (*dreist*) {SICH AUFFÜHREN} in modo sfacciato, sfacciatamente/sfrontatamente, con insolenza: **~ lügen**, mentire spudoratamente; **grins nicht so ~!**, smettila con quel sorrisino!; **sich jdm gegenüber ~ verhalten**, comportarsi da insolente con qu **2** *fam* (*sehr*) {TEUER} scandalosamente, indecentemente: **du siehst heute ~ gut aus**, sei uno schianto oggi! *slang*; **~ hohe Preise**, prezzi scandalosi/indecenti.
Unverschämtheit <-, -en> f **1** <*nur sing*> (*dreiste Art*) sfacciataggine f, sfrontatezza f, spudoratezza f, insolenza f, impudenza f **2** (*dreiste Bemerkung, Handlung*) sfacciataggine f, insolenza f ● **die ~ besitzen/haben, etw zu tun**, avere la sfacciataggine/l'impudenza di fare qc; **das ist eine (bodenlose) ~!, so eine ~!**, è una vergogna/[una cosa scandalosa]!
unverschleiert adj **1** (*keinen Schleier tragend*) {FRAU, MÄDCHEN} che non porta il velo, senza velo **2** (*unverhüllt*): **die ~e Wahrheit**, la verità nuda e cruda/[pura e semplice].
unverschlossen adj {FENSTER} non chiuso, aperto; {SCHUBLADE, TOR, TÜR} *auch* non chiuso a chiave; {BRIEF, KUVERT, UMSCHLAG} non chiuso/sigillato.
unverschuldet **A** adj: **~e Armut**, miseria/povertà di cui uno non ha colpa; **ein ~er Unfall**, un incidente di cui non si ha colpa/[è imputabili]; **die Versicherung zahlt bei ~en Unfällen**, l'assicurazione paga nei casi in cui non c'è dolo **B** adv {IN NOT GERATEN, VERUNGLÜCKEN} senza averne colpa, mio/tuo/suo/... malgrado.
unversehens adv all'improvviso, improvvisamente, tutto d'un tratto.
unversehrt **A** adj **1** (*nicht verwundet*) {KÖRPERTEIL, ORGAN} integro; {MENSCH} incolume **2** (*nicht beschädigt*) {DINGE} intatto, integro **B** adv **1** (*nicht verwundet*) {ANKOMMEN, EINTREFFEN} sano (-a) e salvo (-a): **etw ~ überstehen**, uscire incolume/indenne da qc **2** (*heil*): **~ ankommen/eintreffen** {BRIEF, GEPÄCK, SENDUNG, WARE}, arrivare integro (-a)/intatto (-a); **das Gepäck ist ~ eingetroffen**, i bagagli sono arrivati intatti; **der Wagen hat den Unfall ~ überstanden**, la macchina era ancora intatta dopo l'incidente; **die Möbel haben den Transport ~ überstanden**, i mobili non hanno subito danni durante il trasporto.
unversöhnlich adj **1** (*nicht zur Versöhnung bereit*) {FEINDE, GEGNER, WIDERSACHER} inconciliabile: {EINZELNER GEGNER} implacabile: **er blieb ~**, rimase inconciliabile/intransigente **2** (*unüberwindlich*) {MEINUNGEN, WIDERSPRÜCHE} inconciliabile; {GEGENSÄTZE} *auch* insanabile.
Unversöhnlichkeit <-, ohne pl> f **1** {+FEINDE, GEGNER} inconciliabilità f; {+EINZELNER GEGNER} implacabilità f **2** (*Unüberwindlichkeit*) {+MEINUNGEN, WIDERSPRÜCHE} inconciliabilità f; {+GEGENSÄTZE} *auch* insanabilità f.

Unverstand <-(e)s, ohne pl> m incapacità f di comprendere.
unverstanden adj incompreso, non compreso: **sich (von jdm) ~ fühlen/glauben**, sentirsi incompreso (-a), non sentirsi compreso (-a)/capito (-a) (da qu).
unverständig adj incapace di comprendere; {KIND} ancora troppo piccolo/[che non ha ancora l'età] per capire.
unverständlich adj **1** (*nicht zu verstehen*) incomprensibile, inintelligibile: **seine Worte waren ~**, le sue parole erano incomprensibili; **etwas Unverständliches murmeln**, bisbigliare qualcosa di incomprensibile **2** <*meist* präd> (*schwer zu begreifen*) {HANDLUNGSWEISE, REAKTION, VORGEHEN, ZÖGERN} incomprensibile: **es ist jdm ~, wie/warum ...**, a qu è incomprensibile/[qu non riesce a comprendere/capire] come/perché ...; **das ist mir völlig ~!**, non mi ci raccapezzo!, per me resta totalmente incomprensibile!
Unverständlichkeit f incomprensibilità f, inintelligibilità f.
Unverständnis n non comprensione f, incomprensione f: **bei jdm (mit etw dat) auf ~ stoßen**, non trovare comprensione presso qu (per qc), non essere capito da qu; **~ für etw (akk) zeigen**, non mostrare comprensione per qc.
unversteuert adj {EINNAHMEN} al nero; {ZIGARETTEN} di contrabbando.
unversucht adj: **nichts ~ lassen, (um) etw zu tun**, non lasciare nulla di intentato pur/[al fine] di ottenere qc; **es blieb nichts ~**, non hanno lasciato nulla di intentato.
unverträglich adj **1** (*unbekömmlich*) {SPEISE} indigesto; {MEDIKAMENT} non (ben) tollerato: **ein für jdn/etw ~es Medikament**, un farmaco non tollerato da qu/qc; **mit etw** (dat) **~ sein**, essere incompatibile con qc **2** (*nicht verträglich*) {MENSCH} intrattabile, che ha un brutto carattere/[caratteraccio], con cui è difficile andare d'accordo **3** (*unvereinbar*) {CHARAKTERE, MEINUNGEN} incompatibile.
Unverträglichkeit <-, ohne pl> f **1** (*die Nichtverträglichkeit*) {+SPEISE} scarsa digeribilità f; *med* (*einem Medikament gegenüber*) intolleranza f; (*von Medikamenten untereinander*) incompatibilità f: **der Patient zeigte ~ gegen(über) Kortison**, il paziente presentava un'intolleranza al cortisone **2** (*unverträgliche Art*) intrattabilità f, brutto carattere m **3** (*Unvereinbarkeit*) {+CHARAKTERE, MEINUNGEN} incompatibilità f.
unverwandt adv *geh* {ANSEHEN} fissamente, fisso: **was starrst du mich so ~ an?**, perché mi fissi così?
unverwechselbar **A** adj inconfondibile **B** adv inconfondibilmente.
unverwundbar adj invulnerabile.
Unverwundbarkeit <-, ohne pl> f invulnerabilità f.
unverwundet **A** adj illeso **B** adv {WIEDERKOMMEN, ZURÜCKKOMMEN} illeso (-a).
unverwüstlich adj **1** (*widerstandsfähig*) {MATERIAL, MÖBEL, STOFF, TEPPICH} indistruttibile, resistente, inossidabile **2** (*nicht unterzukriegen*) {PERSON} indistruttibile: **er ist ~**, è una roccia; **eine ~e Gesundheit haben**, avere una salute di ferro; **er hat einen ~en Humor**, il senso dell'umorismo non lo abbandona mai.
unverzagt adj {MENSCH} che non si perde d'animo: **~ sein**, non lasciarsi abbattere, non perdersi d'animo **B** adv senza lasciarsi abbattere, non perdendosi d'animo.

unverzeihbar adj, **unverzeihlich** adj {FAHRLÄSSIGKEIT, FEHLER, IRRTUM, VERGEHEN} imperdonabile, inscusabile *lit*: **es ist ~, dass ...**, è imperdonabile che ... *konjv*.
unverzichtbar adj irrinunciabile: **eine ~e Maßnahme**, una misura a cui non si può rinunciare/[di cui non si può fare a meno]; **(für jdn) ~ sein** {AUTO, HEIZUNG, KOMFORT, KONSUMGÜTER}, essere irrinunciabile (a/per qu); **flatternde Schals bleiben ein ~es Accessoire in der Damenmode**, il foulard svolazzante rimane un must dell'abbigliamento femminile.
unverzinslich adj *bank* {DARLEHEN} a tasso/interesse zero.
unverzollt adj **1** (*nicht verzollt*) non sdoganato **2** (*zollfrei*) esente da dazio, in franchigia (doganale).
unverzüglich *geh* **A** adj {ABREISE, EINGREIFEN, HILFSMAßNAHME} immediato, istantaneo **B** adv immediatamente, istantaneamente; {EINGREIFEN, HELFEN} *auch* senza indugio: **sie reiste ~ ab**, partì seduta stante/[all'istante].
unvollendet adj {ARBEIT} non ultimato/finito/terminato/[portato a termine]; {BAUWERK, KUNSTWERK} *auch* incompiuto: **sein letzter Roman blieb ~**, il suo ultimo romanzo rimase incompiuto/[non fu terminato]; **etw ~ lassen**, lasciare qc incompiuto (-a), non portare a termine/[finire] qc; **das Unvollendete in Michelangelos Skulpturen**, il non finito nelle sculture di Michelangelo ● **die Unvollendete** *mus*, l'Incompiuta.
unvollkommen **A** adj **1** (*Mängel aufweisend*) {BEHERRSCHUNG, KENNTNIS, TECHNIK} imperfetto: **~ sein**, essere imperfetto, non essere perfetto **2** *fam* (*unvollständig*) {DARSTELLUNG} incompleto **B** adv **1** (*mangelhaft*) in modo imperfetto, non perfettamente: **etw nur ~ beherrschen**, non padroneggiare qc alla perfezione **2** (*unvollständig*) {DARSTELLEN} in modo incompleto.
Unvollkommenheit <-, -en> f imperfezione f: **kleine ~en**, piccole imperfezioni, piccoli nei *fam*.
unvollständig **A** adj {AUFZÄHLUNG, LISTE, SAMMLUNG, SERVICE} incompleto; {VERZEICHNIS} *auch* frammentario: **etw ~ lassen**, lasciare qc incompleto (-a), non completare qc **B** adv in modo incompleto, non completamente: **eine Arbeit ~ ausführen**, non ultimare/[portare a termine] un lavoro; **ein Formular ~ ausfüllen**, non riempire un modulo per intero; **ihre Küche ist noch ~ eingerichtet**, la loro cucina non è ancora completamente arredata.
unvorbereitet **A** adj {GESPRÄCH, PRÜFUNG} non preparato; {KONFERENZ, REDE, UNTERRICHT, VORTRAG} *auch* improvvisato: **(auf etw akk) ~ sein** {AUF EINEN BESUCH, EINE UNTERREDUNG}, non essere preparato/pronto (a qc); {AUF EINE PRÜFUNG, EIN VERHÖR} non essersi preparato (per qc) **B** adv senza essersi preparato: **~ in eine Prüfung gehen**, andare a un esame senza esser(si) preparato/[aver studiato]; **~ eine Rede halten**, parlare a braccio, improvvisare un discorso; **jdn völlig ~ treffen** {NACHRICHT}, cogliere qu alla sprovvista/[di sorpresa].
unvoreingenommen **A** adj {URTEIL} non prevenuto; {MENSCH} *auch* senza pregiudizi/preconcetti/prevenzioni: **jdm/etw gegenüber ~ sein**, non essere prevenuto/[avere pregiudizi/preconcetti/prevenzioni] nei confronti di qu/qc **B** adv {SICH ETW ANSEHEN, SICH MIT ETW BESCHÄFTIGEN, ETW BEURTEILEN} senza preconcetti/pregiudizi.
unvorhergesehen **A** adj {EREIGNIS, HINDERNIS, SCHWIERIGKEITEN} imprevisto: **ein ~er**

Zwischenfall, un imprevisto, un contrattempo; **~en Besuch bekommen**, ricevere una visita imprevista B *adv* {ZU BESUCH KOMMEN} all'improvviso; {BEI JDM AUFTAUCHEN} *auch* di punto in bianco.

unvorhersehbar *adj* imprevedibile, non prevedibile.

unvorschriftsmäßig A *adj* {PARKEN} non regolamentare/regolare B *adv*: **~ parken**, parcheggiare in modo non regolamentare; **~ geparkte/parkende Wagen werden abgeschleppt**, le automobili in sosta non regolamentare verranno rimosse; **etw ist ~ beleuchtet**, l'illuminazione non è a norma.

unvorsichtig A *adj* 1 (*nicht vorsichtig*) {FAHRWEISE} imprudente; {MENSCH, VERHALTEN} *auch* incauto: **er war wie immer viel zu ~!**, (è stato) il solito scavezzacollo! 2 (*unbedacht*) {ÄUSSERUNG, BEMERKUNG, MENSCH, VORGEHEN} incauto, inconsiderato B *adv* 1 (*nicht vorsichtig*) imprudentemente, incautamente: **er fährt sehr ~**, è molto imprudente al volante 2 (*unbedacht*) {HANDELN, VORGEHEN} incautamente, inconsideratamente.

unvorsichtigerweise *adv* imprudentemente, incautamente, inconsideratamente: **sie sagte ~, was sie darüber dachte**, incautamente/[da sprovveduta] disse ciò che ne pensava.

Unvorsichtigkeit <-, -en> *f* imprudenza *f*.

unvorstellbar A *adj* 1 (*undenkbar*) inimmaginabile, inconcepibile, impensabile: **jdm ~ sein**, essere/risultare inimmaginabile/inconcepibile per qu; **es ist einfach ~, dass so etwas passieren kann**, è semplicemente incredibile/inimmaginabile che possa succedere una cosa del genere; **es ist mir absolut ~, wie er das tun konnte**, non riesco assolutamente a capire come abbia potuto farlo 2 (*sehr groß*) {BRUTALITÄT, GLÜCK, HITZE, KÄLTE, LEID, LUXUS, SCHMERZEN} inimmaginabile, incredibile; **er hat auf diesem Gebiet Unvorstellbares geleistet**, in questo campo ha fatto cose inimmaginabili B *adv* (*sehr*) {GUT, HEISS, KALT, SCHNELL, SCHÖN} incredibilmente: **~ leiden**, soffrire incredibilmente; **er leidet ~ darunter**, non ci si può immaginare quanto ne soffra.

unvorteilhaft A *adj* 1 (*nachteilig*) {GESCHÄFT, KAUF} svantaggioso, non conveniente/vantaggioso, sconveniente: **ein sehr ~es Geschäft**, un pessimo affare 2 (*nicht vorteilhaft*) {FRISUR, KLEID, SCHNITT} che non dona/valorizza/[sta bene]: **die Frisur ist sehr ~ für dich**, questa pettinatura non ti dona affatto/[sta per niente bene]; **jd sieht mit/in etw (dat) ~ aus**, qu non sta bene con qc, qc non dona a qu; **das ist ein ~es Foto von dir**, questa foto non ti rende giustizia, in questa foto non sei venuto (-a) bene B *adv* (*nicht vorteilhaft*) {SICH FRISIEREN, SICH KLEIDEN}: **sie kleidet sich äußerst ~**, si veste in un modo che non le dona affatto.

unwägbar *adj* {UMSTAND} imponderabile; {RISIKO} *auch* non calcolabile/valutabile: **das Unwägbare fürchten**, temere l'imponderabile.

Unwägbarkeit <-, -en> *f* imponderabilità *f*.

unwahr *adj* non vero, falso: **~ sein**, non essere vero, essere falso; **es ist ~, dass ...**, non ₍è vero₎/[corrisponde a verità] che ...

Unwahrheit <-, -en> *f* 1 (*nur sing*) (*unwahrer Charakter*) {+ANGABE, ÄUSSERUNG, BEHAUPTUNG} falsità *f*, non veridicità *f* 2 (*unwahre Äußerung*) falsità *f*, falso *m*: **die ~ sagen**, dire ₍il falso₎/[una falsità].

unwahrscheinlich A *adj* 1 (*kaum denkbar*) {EREIGNIS, ZUFALL} improbabile, poco probabile, inverosimile: **es ist ~, dass ...**, è improbabile/inverosimile che ... *konjv*; **es ist ~, dass sie heute kommt**, è improbabile/[non è molto probabile] che (lei) venga oggi 2 (*nicht glaubhaft*) {DARSTELLUNG, GESCHICHTE, VERSION} inverosimile, improbabile, non credibile: **das klingt ~**, qc sembra inverosimile/improbabile/[poco probabile] 3 *fam* (*sehr viel*) {DURST, HUNGER} incredibile; {LEIDEN} *auch* inverosimile: **~es Glück haben**, avere una fortuna inverosimile/incredibile/sfacciata *fam* B *adv fam* (*sehr*) incredibilmente, inverosimilmente: **sich ~ anstrengen**, darsi un sacco da fare *fam*; **sie ist ~ dünn**, è di una magrezza inverosimile; **~ gut aussehen**, avere un aspetto favoloso, essere uno schianto *slang*; **er ist ~ sauer auf sie**, ce l'ha a morte con lei; **sie haben ~ viel Geld**, è incredibile quanti soldi hanno, hanno una quantità incredibile di quattrini.

Unwahrscheinlichkeit <-, -en> *f* improbabilità *f*, inverosimiglianza *f*.

unwegsam *adj* {GELÄNDE} impraticabile, impervio.

unweiblich A *adj* {ART, AUSSEHEN, BEWEGUNG, GANG} poco femminile, un po' maschile: **eine ~e Frau**, una donna ₍un po' maschile₎/[abbastanza mascolina]; **sie hat eine ganz ~e Stimme**, ha una voce ₍per niente femminile₎/[quasi maschile]; **~ aussehen**, avere un aspetto ₍poco femminile₎/[mascolino]; **~ sein**, mancare di femminilità B *adv* {SICH BEWEGEN, GEHEN} in maniera poco femminile, con poca femminilità, come un maschio: **sich ~ kleiden**, vestire in modo poco femminile; **sich ganz ~ benehmen**, {JUNGES MÄDCHEN}, comportarsi come un maschiaccio.

unweigerlich A *adj* <attr> {FOLGE} immancabile, inevitabile B *adv* immancabilmente, inevitabilmente, per forza *fam*: **das musste ~ so kommen**, doveva succedere per forza; **das setzt ~ voraus, dass ...**, ciò presuppone immancabilmente che ...; **das Geschehen nahm ~ seinen Lauf**, gli eventi presero fatalmente/inevitabilmente il loro corso.

unweit A *präp + gen* non/poco distante/lontano *da qc*: **das Hotel liegt ~ des Ortes**, l'albergo è ₍poco distante₎/[non lontano dal] paese; **unser Haus liegt ~ des Sees**, la nostra casa si trova non lontano dal lago B *adv* **~ von etw** (dat) {VOM FLUSS, MEER, SEE, VON DER STADT} non/poco lontano *da qc*: **er hat eine Wohnung ~ vom Dom**, ha un appartamento nei pressi del duomo; **~ vom Zentrum wohnen**, abitare poco/non lontano dal centro.

Unwesen <-, *ohne pl*> *n geh* male *m*, piaga *f* ● **irgendwo sein ~ treiben** *pej* {BANDE, DROGENHÄNDLER}, imperversare + *compl di luogo*; {GESPENST, VAMPIR}, infestare + *compl di luogo*.

unwesentlich A *adj* {ÄNDERUNG, STEIGERUNG, TEUERUNG, UNTERSCHIED} irrilevante, insignificante, trascurabile; {ASPEKT, TATSACHE} *auch* di secondaria importanza; {BEDEUTUNG} non essenziale, secondario: **es ist ~, ob ...**, è irrilevante che ... *konjv* B *adv* {VON ETW ABWEICHEN, SICH VON ETW UNTERSCHEIDEN} appena, in misura trascurabile: **nicht/nur ~ zu etw (dat) beitragen**, contribuire ₍in maniera₎ a qc; **(nur) ~ + komparativ** *fam* un po'₎/[di poco] + *kompar*; **sie ist nur ~ älter als meine Mutter**, è solo un po' più vecchia di mia madre; **er ist ~ größer als sein Bruder**, è ₍appena un po'₎/[di poco] più alto di suo fratello.

Unwetter <-s, -> *n* 1 (*schlechtes Wetter*) maltempo *m* 2 (*Gewitter*) temporale *m*: **ein schweres ~**, un violento temporale; **ein ~ bricht los**/[entlädt sich], un temporale si scatena/scarica; **das ~ hat große Schäden angerichtet**, il temporale/maltempo ha causato molti danni.

unwichtig *adj* {ASPEKT, DETAIL, UMSTAND} non/poco importante, senza importanza: **es ist ~, ob/wie/wann/warum ...**, non importa se/come/quando/perché ...; **es ist völlig ~, weshalb du es getan hast ...**, ₍non ha alcuna importanza₎/[è del tutto irrilevante] perché l'hai fatto ...; **Geld ist dabei ~**, non è questione di soldi; **was er darüber denkt, ist völlig ~**, è perfettamente irrilevante ciò che ne pensa.

unwiderlegbar *adj* {BEWEIS, FAKTEN} inoppugnabile, irrefutabile, inconfutabile: **~ bleiben/sein**, rimanere/essere inconfutabile/inoppugnabile.

unwiderruflich A *adj* {ENTSCHEIDUNG, ENTSCHLUSS} irrevocabile, definitivo; {URTEIL} inappellabile, definitivo B *adv* irrevocabilmente, definitivamente: **es steht ~ fest, dass ...**, è definitivo che ...

unwidersprochen *geh* A *adj* {ARGUMENTATION, BEHAUPTUNG, THEORIE} inconfutato, incontestato; {MELDUNG} non smentito: **~ bleiben** {JDS ARGUMENTATION, BEHAUPTUNG, THEORIE}, rimanere inconfutato (-a)/incontestato (-a); **solche Behauptungen dürfen nicht ~ bleiben**, non si può non controbattere simili affermazioni; **Gerüchte über seinen bevorstehenden Rücktritt blieben bisher ~**, finora non hanno trovato smentita le voci di sue imminenti dimissioni B *adv* {HINNEHMEN, ÜBER SICH ERGEHEN LASSEN} senza fiatare *fam*/discutere/opporsi.

unwiderstehlich A *adj* 1 (*sehr heftig*) {BEDÜRFNIS, LUST, VERLANGEN} irresistibile: **von einem ~en Verlangen gepackt werden, etw zu tun**, essere preso da un fortissimo desiderio di fare qc 2 (*überwältigend*) {ANZIEHUNGSKRAFT, CHARME, KOMIK} irresistibile: **sich für ~ halten**, credersi irresistibile B *adv* (*auf überwältigende Weise*) {LÄCHELN} in maniera irresistibile, irresistibilmente: **~ anziehend sein**, avere un fascino irresistibile; **~ komisch sein**, essere ₍irresistibilmente comico₎/[di una comicità irresistibile].

unwiederbringlich *geh* A *adj* {STUNDEN, ZEIT} irripetibile, che non tornerà mai più: **ein ~er Augenblick des Glücks**, un attimo di felicità passato per sempre B *adv* {VERGANGEN} per sempre, definitivamente; {VERLOREN} irrimediabilmente: **das ist ~ dahin**, è passato per sempre; **diese Zeiten sind ~ vorbei**, quei tempi sono definitivamente passati.

Unwille <-ns, *ohne pl*> *m geh* 1 (*Verärgerung*) irritazione *f*, disappunto *m*: **seinen ~n über jdn/etw äußern**, esprimere il proprio disappunto ₍nei confronti di qu₎/[per qc]; **jds ~n erregen/hervorrufen**, suscitare l'irritazione di qu; **seinem ~n (über jdn/etw) Luft machen**, sfogare la propria irritazione ₍nei confronti di qu₎/[per qc] 2 (*Mangel an Bereitschaft*) avversione *f*, non/mancata volontà *f* ● **mit/voller ~n**, controvoglia.

Unwillen <-s, *ohne pl*> *m* → **Unwille**.

unwillig A *adj* 1 (*gereizt*) {BLICK, MENSCH, MIENE} irritato, indispettito, contrariato: **jdn ~ machen**, irritare qu, indispettire qu; **über etw (akk) ~ sein**, essere irritato per qc; **über etw (akk) ~ werden**, irritarsi per qc, indispettirsi per qc 2 (*widerwillig*) {KIND} recalcitrante; {MITARBEITER, SCHÜLER} poco volenteroso: **~ sein**, manifestare la propria malavoglia; **~ sein, etw zu tun**, essere restio/riluttante a fare qc B *adv* 1 (*gereizt*) {JDN ANSEHEN, REAGIEREN} con irritazione/stizza, indispettito (-a): **~ dreinsehen**, fare una faccia irritata/indispettita 2 (*widerwillig*) controvoglia, con riluttanza: **nur ~ einem Befehl nachkommen**, eseguire un ordine con molto riluttanza.

unwillkommen adj (Besuch, Gast) indesiderato, non gradito, sgradito: (ˌbei jdm/[irgendwo]) ~ **sein**, non essere gradito/[il benvenuto/la benvenuta] (ˌda quˌ/[+ compl di luogo]); **jdm nicht ~ sein** {Beförderung, Urlaub}, non ˌessere per niente sgraditoˌ/[dispiacere] a qu; **die Gehaltserhöhung war ihm beileibe nicht ~**, l'aumento di stipendio capitò a fagiolo.

unwillkürlich A adj {Muskelzucken, Reflex} involontario; {Bewegung, Geste, Reaktion} auch istintivo, spontaneo B adv involontariamente, istintivamente; {Zusammenzucken} di riflesso: **ich musste ~ lachen**, non potei fare a meno di ridere.

unwirklich adj geh {Situation, Szene} irreale, non reale, immaginario, fantastico; **jdm ~ vorkommen**, sembrare irreale/fantastico a qu.

Unwirklichkeit <-, ohne pl> f irrealtà f.

unwirksam adj **1** (wirkungslos) {Maßnahme, Methode, Mittel} inefficace, non efficace; {Medikament} auch non operante: **die Therapie ist bis jetzt ~**, finora la terapia non ha sortito alcun effetto; **sich als ~ erweisen** {Maßnahme, Methode, Mittel, Therapie}, risultare/dimostrarsi inefficace **2** (vorläufig ungültig) inoperante, non operante **3** jur (ohne die beabsichtigten Rechtsfolgen) inefficace: **absolut ~** (nichtig), nullo.

unwirsch A adj {Antwort, Geste, Reaktion} brusco, sgarbato: **~ sein**, essere brusco/sgarbato, avere modi bruschi/sgarbati B adv {Abfertigen, Antworten, Behandeln, Reagieren} sgarbatamente, in modo brusco.

unwirtlich adj **1** (rau) {Klima} aspro, inclemente, rigido **2** (ungastlich) {Haus, Wohnung} inospitale, poco accogliente; {Gegend, Landstrich} inospitale, inospite lit.

unwirtschaftlich adj {Anlage, Auto, Fahrweise} poco economico, antieconomico; {Betriebsführung, Verfahren} auch poco redditizio.

unwissend adj **1** (über kein Wissen verfügend) ignorante: **in etw** (dat) **~ sein** {in einem bestimmten Fach}, essere ignorante/digiuno di qc **2** (unerfahren) {Kind} inesperto, senza esperienza: **er ist doch kein ~es Kind mehr**, non è mica più un bambino • **sich ~ geben/stellen, den Unwissenden/die Unwissende spielen**, fare ˌlo/la gnorriˌ/[l'indiano (-a)], fare ˌil finto tontoˌ/[la finta tonta].

Unwissenheit <-, ohne pl> f ignoranza f: **eine** ˌ**weit verbreiteteˌ/[allgemeine]/[erschreckende] ~**, un'ignoranza diffusa/generalizzata/spaventosa; **jdn bewusst in ~ halten**, tenere deliberatamente qu nell'ignoranza; **in ~ leben**, vivere nell'ignoranza; **aus ~ falsch handeln**, agire in modo sbagliato per ignoranza • **es besteht/herrscht ~ darüber, ob ...**, ˌsi ignoraˌ/[non si sa] se ...; **~ schützt vor** Strafe **nicht**, la legge non ammette ignoranza.

unwissenschaftlich A adj {Arbeitsweise, Methode, Untersuchung} poco/non scientifico, che manca di scientificità/[basi scientifiche] B adv {Arbeiten, Vorgehen} non/poco scientificamente, in modo poco scientifico.

Unwissenschaftlichkeit <-, ohne pl> f mancanza f di scientificità; {+Mensch} mancanza f di spirito scientifico.

unwissentlich geh A adj <attr> {Beleidigung, Kränkung, Verstoß} inconsapevole, involontario B adv inconsapevolmente, senza saperlo/volerlo.

unwohl adj **1** (unpässlich): **sich ~ fühlen**,

sentirsi ˌindisposto (-a)ˌ/[poco bene]; **~ sein** obs (die Menstruation haben), avere il mestruo; **jdm ist/wird ~** (jdm ist, wird übel), ˌla qu vieneˌ/[qu ha] la nausea **2** (unbehaglich): **sich (irgendwo/[bei jdm]) ~ fühlen**, non sentirsi a proprio agio (ˌ+ compl di luogoˌ/[da qu]); **ihm war ~ bei dem Gedanken, dass ...**, si sentì male al pensiero ˌche ... konjvˌ/[di ... inf].

Unwohlsein <-s, ohne pl> n geh indisposizione f: **jdn überfällt/überkommt ein ~**, qu viene colto (-a) da un'indisposizione.

unwohnlich adj {Zimmer} poco accogliente/confortevole.

Unwort <-(e)s, -wörter> n **1** (unschönes Wort) obbrobrio m/mostro m linguistico **2** (schlimmes, verletzendes Wort) termine m offensivo (per un gruppo etnico, una categoria sociale ecc.).

unwürdig adj **1** (schändlich) {Verhalten} indegno; {Behandlung, Umgang} auch spregevole, vergognoso **2** geh (nicht würdig) indegno: **etw** (gen) **~ sein** {jds Freundschaft, Vertrauen, Wohlwollen, einer Auszeichnung, eines Preises, einer Würdigung}, essere indegno/immeritevole di qc, non meritare/[essere degno di] qc; **er ist seiner Freundschaft ~**, ˌè indegno dellaˌ/[non merita la] sua amicizia; **jds ~ sein** {Reaktion, Verhalten, Worte}, essere indegno di qu.

Unzahl <-, ohne pl> f: **eine ~** ˌ**+ substˌ/[von etw** (dat pl)**]** un'infinità/[un numero infinito]/[un quantità infinita] di qc: **sie haben eine ~ Bücher/[von Büchern]**, hanno un'infinità di libri; **eine ~ von Flüchtlingen konzentrierte sich auf der Grenze**, un numero infinito di profughi si ammassò alla frontiera; **eine ~ von Insekten/Sternen**, ˌmiriadi di insettiˌ/[una miriade di stelle].

unzählbar adj **1** (nicht zählbar) {Menge} incalcolabile, innumerevole **2** gram {Substantiv} non numerabile.

unzählig A adj <attr> innumerevole, moltissimo: **~e Fehler machen**, fare innumerevoli errori; **ich habe es ~e Male versucht**, ci ho provato infinite/[un'infinità di] volte; **bei dem Unglück gab es ~e Tote und Verletzte**, nella sciagura ci furono innumerevoli morti e feriti B adv: **~ viele ...**, una quantità innumerevole di ...; **~ viele Häuser/Menschen**, tantissime/[una moltitudine di] case/persone; **~ viele Blumen/Sterne**, una miriade di fiori/stelle.

Unze <-, -n> f hist oncia f.

Unzeit f geh: **zur ~** {Anrufen, Besuchen, Kommen}, in un momento inopportuno, nel momento meno opportuno.

unzeitgemäß adj **1** (nicht zeitgemäß) {Einrichtung, Kleidung} antiquato; {Einstellung, Verhalten} anacronistico; {Idee} auch non al passo coi tempi **2** (nicht aktuell) {Problemstellung, Thematik} non attuale, inattuale **3** (nicht der Jahreszeit entsprechend) {Schneefälle, Witterung} fuori stagione.

unzerbrechlich adj {Glas, Material} infrangibile.

unzerkaut A adj {Bonbon, Tablette} non masticato, intero B adv {im Mund behalten} senza masticare: **eine Tablette ~ (hinunter)schlucken**, ingoiare una pastiglia intera/[senza masticarla].

unzerstörbar adj indistruttibile.

unzertrennlich adj {Freunde, Paar} inseparabile, indivisibile: **die zwei sind ~**, quei/quelle due sono inseparabili.

unzivilisiert pej adj {Aussehen} di un selvaggio/barbaro/primitivo; {Benehmen, Mensch} incivile, inurbano: **er/sie ist ~**, è un/un'incivile B adv {sich benehmen, sich verhalten} in modo incivile/inurbano, da in-

civile.

Unzucht <-, ohne pl> f obs **1** (Wollust) lascivia f, concupiscenza f lit **2** jur (sexuelle Handlungen) atti m pl sessuali/osceni/[di libidine]: **~ treiben**, compiere atti sessuali/osceni/[di libidine], fornicare bibl oder lit • **~ mit Abhängigen/Minderjährigen jur obs**, atti sessuali con ˌpersone di cui si ha affidamentoˌ/[minorenni]; **gewerbsmäßige ~** jur obs, prostituzione.

unzüchtig adj obs **1** (unsittlich) {Gedanken} lascivo; {Blick} auch concupiscente; {Ausdrucksweise, Gedichte, Lieder} osceno **2** (pornografisch) {Bilder, Handlung, Schriften} osceno.

unzufrieden adj {Gesicht, Miene} scontento, insoddisfatto: **(mit jdm/etw) ~ sein**, essere scontento (di qu/qc), essere insoddisfatto (di qc); **mit jds Leistungen ~ sein**, non essere soddisfatto del rendimento di qu; **ein ~er Mensch**, un insoddisfatto; **mit sich und der Welt ~ sein**, essere scontento di se stesso e del mondo; **immer ~ sein**, non essere mai contento, essere ˌun eterno insoddisfattoˌ/[un'eterna insoddisfatta]; **~ aussehen/wirken**, non sembrare soddisfatto (-a), avere l'aria insoddisfatta.

Unzufriedenheit <-, ohne pl> f (individuelle ~) scontentezza f, insoddisfazione f; (kollektive ~) scontento m, malcontento m: **allgemeine ~ auslösen**, suscitare il malcontento/lo scontento generale.

unzugänglich adj **1** (nicht zugänglich) {Gebirge, Gelände, Grundstück, Haus} inaccessibile **2** (nicht aufgeschlossen) {Mensch} inaccessibile, impenetrabile, inabbordabile: **etw** (dat) **gegenüber ~ sein** geh {Forderungen, Mahnungen, Warnungen}, essere inaccessibile a qc, essere refrattario a qc; {Bitten, Ratschlägen} auch essere impermeabile a qc.

Unzugänglichkeit <-, ohne pl> f {+Gebirge, Gelände, Grundstück, Haus} inaccessibilità f.

unzulänglich geh A adj (Ausbildung, Ausrüstung, Kenntnisse, Unterstützung, Vorbereitung) insufficiente, inadeguato, non sufficiente B adv {Ausgerüstet, Unterstützt, Verpflegt} insufficientemente, in modo insufficiente, non sufficientemente/adeguatamente.

Unzulänglichkeit <-, -en> f **1** <nur sing> (Mangelhaftigkeit) insufficienza f, inadeguatezza f **2** <meist pl> (mangelhafter Zustand) imperfezione f, manchevolezza f: **~en in etw** (dat), imperfezioni in qc.

unzulässig adj {Beeinflussung, Einmischung, Maßnahme, Vorgehen} inammissibile; {Methode, Mittel} illecito; {Belastung von Fahrzeugen, Geschwindigkeit} eccessivo jur {Antrag, Beweis, Verfahren} inammissibile; {Maßnahme} improponibile: **etw für ~ erklären**, dichiarare qc inammissibile; **~er Lärm**, schiamazzi/rumori inammissibili.

Unzulässigkeit <-, ohne pl> f inammissibilità f; jur auch improponibilità f.

unzumutbar adj {Bedingung, Lösung, Plan, Preis, Umstand, Vorhaben, Zustand} improponibile; {Belastung, Umstand, Zustand} insostenibile; {Forderung} inaccettabile: **es ist ~, dass jd etw tut**, non si può pretendere che qu faccia qc, non si può chiedere a qu di fare qc.

unzurechnungsfähig adj jur incapace di intendere e di volere: **jdn für ~ erklären (lassen)**, (far) dichiarare qu incapace di intendere e di volere.

Unzurechnungsfähigkeit <-, ohne pl> f jur incapacità f ˌdi intendere e di volereˌ/[naturale].

unzureichend adj geh → **unzulänglich**.

unzusammenhängend adj {WORTE} sconnesso, sconclusionato; {GEREDE, SÄTZE} auch incoerente, scombinato.

unzuständig adj adm jur incompetente: **sich für ~ erklären**, dichiararsi incompetente.

Unzuständigkeit <-, -en> f adm jur incompetenza f.

unzustellbar adj post che non può essere recapitato; (als Vermerk) destinatario sconosciuto: **falls ~, bitte zurück an Absender**, in caso di mancato recapito rispedire al mittente.

unzutreffend adj inesatto, non pertinente: **es ist ~, dass ...**, è inesatto affermare che ... konjv • **Unzutreffendes bitte streichen** adm (auf Formularen), barrare/cancellare le voci che non interessano.

unzuverlässig adj 1 (nicht verlässlich) {MENSCH, MITARBEITER} inaffidabile, non fidato; (nicht loyal) non fidato, infido, malfido: **ein ~er Mensch**, una persona inaffidabile/[di cui non ci si può fidare]/[su cui non si può fare affidamento] 2 (nicht genau) {GEDÄCHTNIS} inesatto, {UHR} inesatto, impreciso 3 (unglaubwürdig) {AUSSAGE, INFORMANT, NACHRICHTENQUELLE, ZEUGE} inattendibile, non attendibile.

Unzuverlässigkeit <-, ohne pl> f 1 (mangelnde Verlässlichkeit) inaffidabilità f 2 (Unglaubwürdigkeit) inattendibilità f.

unzweckmäßig adj 1 (ungeeignet) {MITTEL} inadeguato, inappropriato, inadatto; {AUSRÜSTUNG, EINRICHTUNG} non/poco funzionale; {KLEIDUNG, SCHUHE} auch poco pratico 2 (nicht ratsam) {VERHALTEN, VORGEHENSWEISE} inadeguato.

Unzweckmäßigkeit f 1 {+MITTEL} inadeguatezza f; {+AUSRÜSTUNG, EINRICHTUNG} non funzionalità f 2 {+VERHALTEN} inadeguatezza f.

unzweideutig A adj 1 (eindeutig) {ABSAGE, ANTWORT, REAKTION} inequivocabile, esplicito: **jd ist völlig ~ in seinem Verhalten**, il comportamento di qu è inequivocabile; **etw ist nicht ganz ~** {GESTE, VORSCHLAG}, qc dà adito a equivoci 2 (unanständig) {WITZ} spinto: **jdm ein ~es Angebot machen**, fare a qu una proposta indecente B adv inequivocabilmente, in modo inequivocabile: **jdm etw ~ zu verstehen geben**, fare capire qc a qu ˪senza giri di parole˩/[in modo esplicito].

unzweifelhaft A adj {ERFOLG, SIEG} indubbio, indubitabile B adv → **zweifellos**.

Update <-s, -s> n inform {+DATEI, PROGRAMM} aggiornamento m, update m.

up|daten, updaten tr inform etw ~ aggiornare qc.

Updaten <-s, ohne pl> n inform aggiornamento m.

Upgrade <-s, -s> n inform → **Update**.

upgraden <part perf: geupgradet oder upgegradet> tr inform → **up|daten**.

üppig A adj 1 (von großer Fülle) {HAAR} folto; {BLÜTENPRACHT, WIESEN} lussureggiante; {VEGETATION} auch rigoglioso, esuberante, ricco: **in ~er Fülle**, in esuberanza 2 (überreich) {PORTION} abbondante, {ESSEN, MAHL} auch ricco, opulento, lucullano; {AUSSTATTUNG, FARBEN} sontuoso 3 euph (von rundlichen Formen) {FIGUR, GESTALT} formoso, {FORMEN, FRAU} opulento, prosperoso; {LIPPEN} carnoso: **ein ~er Busen**, un seno prosperoso/strasripante; **eine ~e Blondine**, una bionda procace B adv 1 (in großer Fülle) {BLÜHEN, WACHSEN} rigogliosamente: **eine ~ blühende Blumenpracht**, un trionfo di fiori lussureggianti 2 (überreich) {ESSEN} abbondantemente, lucullianamente: **~ leben**, vivere ˪nell'opulenza˩/[nel lusso] • **es nicht ~ haben** (nicht viel Geld haben), avere poco da scialare/[buttare via].

Üppigkeit <-, ohne pl> f 1 (große Fülle) {+HAAR} foltezza f; {+BLÜTENPRACHT, VEGETATION} rigoglio m, esuberanza f 2 (Reichhaltigkeit) {+AUSSTATTUNG, FARBEN} sontuosità f; {+ESSEN, MAHLZEIT} abbondanza f, opulenza f.

up to date A adj <präd> {MENSCH, VERÖFFENTLICHUNG} up-to-date; {KLEIDUNG} auch di/alla moda: **was Informatik betrifft, ist er immer up to date**, per quanto riguarda l'informatica è sempre aggiornatissimo B adv: **up to date gekleidet sein**, essere vestito all'ultima moda.

Ur <-(e)s, -e> m zoo uro m.

Urabstimmung f pol (bes. Gewerkschaft) consultazione f della base (sull'opportunità di fare uno sciopero).

Uradel <-s, ohne pl> m nobiltà f di sangue: **aus altem ~**, di antica e nobile stirpe, di antico e nobile lignaggio.

Urahn m (**Urahnin** f), **Urahne** <-n, -n> m oder <-, -n> f progenitore (-trice) m (f), antenato (-a) m (f), avo (-a) m (f).

Ural <-s, ohne pl> m geog 1 (Gebirge): **der ~**, gli Urali 2 (Fluss) Ural m.

uralisch adj uralico.

uralt adj 1 (sehr alt) {MENSCH} vecchissimo, molto anziano, vetusto lit; {GEGENSTAND, KLEID} stravecchio, antidiluviano; {BAUM} secolare: **ein ~er Mann**, un uomo vecchissimo/[vecchio come Matusalemme], un vegliardo 2 (schon lange bestehend) {BRAUCH, TRADITION, ÜBERLIEFERUNG} antichissimo, vetusto lit: **ein Brauch aus ~en Zeiten**, un'usanza che si perde nella notte dei tempi; **in ~en Zeiten**, in tempi remotissimi; **seit ~en Zeiten**, da tempo immemorabile 3 fam (schon längst bekannt) {PROBLEM, TRICK, WITZ} vecchissimo, vecchio stravecchio fam: **die Geschichte ist doch ~!**, è una storia vecchia come il cucco!

Uran <-s, ohne pl> n chem uranio m: **angereichertes ~**, uranio arricchito; **abgereichertes ~**, uranio impoverito.

Urananreicherung f arricchimento m dell'uranio.

Uranaufbereitung <-, ohne pl> f trasformazione f dell'uranio.

Uranbergwerk n min miniera f di uranio.

Uranbrenner m nukl reattore m a uranio.

Uranbrennstab m nukl barra f combustibile di uranio.

Uranerz n min minerale m ˪di uranio˩/[uranifero].

Urangst <-, Urängste> f psych paura f ancestrale/atavica.

Uranus <-, ohne pl> m astr Urano m.

Uranvorkommen n giacimento m di uranio.

urauf|führen tr <meist inf oder part perf> film theat etw ~ {OPER, THEATERSTÜCK} mettere in scena la prima assoluta di qc, rappresentare qc per la prima volta; {FILM} proiettare qc per la prima volta, far uscire qc sugli schermi in prima assoluta: **irgendwo uraufgeführt werden** {OPER, THEATERSTÜCK}, essere rappresentato per la prima assoluta + compl di luogo; {FILM} uscire per la prima volta sugli schermi + compl di luogo.

Uraufführung <-, -en> f film theat prima f assoluta/mondiale.

urban adj geh 1 (weltmännisch) urbano, civile: **~es Auftreten/Gebaren**, urbanità f 2 (städtisch) {GEBÄUDE, LEBENSBEDINGUNGEN, PARKANLAGE, VERHÄLTNISSE} cittadino; {INFRASTRUKTUR} urbano.

Urbanisation <-, -en> f → **Urbanisierung**.

urbanisieren <ohne ge-> tr 1 (einschließen) etw ~ {LÄNDLICHES GEBIET, PERIPHERIE} urbanizzare qc, dotare qc di infrastrutture urbane 2 geh (urban machen) etw ~ {AUSDRUCKSWEISE, BENEHMEN, MANIEREN} urbanizzare qc, rendere urbano (-a)/civile qc.

Urbanisierung <-, -en> f soziol urbanizzazione f.

Urbanistik <-, ohne pl> f urbanistica f.

Urbanität <-, ohne pl> f geh urbanità f.

urbar adj agr: etw ~ **machen** {STEPPE, URWALD, WÜSTE} rendere coltivabile qc; {MOOR, SUMPFGEBIET} auch bonificare qc; {LAND} dissodare qc.

Urbarmachung <-, -en> f {+STEPPE, URWALD, WÜSTE} il rendere m coltivabile; {+MOOR, SUMPFGEBIET} bonifica f; {+LAND} dissodamento m.

Urbedeutung <-, -en> f ling {+BEGRIFF, WORT} significato m originario/primitivo.

Urbevölkerung <-, -en> f popolazione f aborigena, aborigeni m pl.

urbi et orbi adv relig {VERKÜNDEN} urbi et orbi.

Urbild <-(e)s, -er> n 1 kunst lit (Vorbild) modello m ispiratore 2 geh (Inbegriff) archetipo m.

urchig adj CH → **urig**.

Urchristentum n primo cristianesimo m.

urchristlich adj protocristiano, del primo cristianesimo.

urdeutsch adj tipicamente tedesco, tedesco al 100%.

ureigen adj personale (ed esclusivo): **ein dem Menschen ~er Trieb**, un impulso/istinto proprio dell'uomo; **es wäre in jds ~em/~stem Interesse, (dass) ...**, sarebbe solo ed esclusivamente nell'interesse di qu (che) ...; **es ist doch wohl meine ~ste Sache**, è esclusivamente affar mio.

Ureinwohner m (**Ureinwohnerin** f) aborigeno (-a) m (f).

Urenkel m (**Urenkelin** f) pronipote mf.

Ureter <-s, -en> m anat uretere m.

Urethra <-, Urethren> f anat uretra f.

Urfassung <-, -en> f lit mus versione f originale, prima versione f.

Urform f forma f primitiva/originaria; {+AUTO, MASCHINE, MODELL} prototipo m.

urgemütlich adj fam {HAUS, LOKAL, ZIMMER} molto accogliente; {ATMOSPHÄRE, STIMMUNG} molto simpatico: **in der Kneipe ist es ~**, in quella birreria ˪c'è un'atmosfera veramente simpatica˩/[uno si trova proprio a suo agio]; **es war ~ bei euch**, è stato piacevolissimo da voi.

Urgeschichte f 1 (ältester Abschnitt der Menschheitsgeschichte) preistoria f 2 (Wissenschaft) storia f delle origini.

urgeschichtlich adj preistorico.

Urgestein n geol roccia f primitiva.

Urgewalt <-, -en> f geh forza f elementare: **die entfesselten ~en**, la furia degli elementi, le forze primigenie.

Urgroßeltern subst <nur pl> bisnonni m pl, bisavi m pl, bisavoli m pl: **die ~ mütterlicherseits/väterlicherseits**, i bisnonni materni/paterni, i bisnonni ˪da parte di madre˩/[da parte di padre].

Urgroßmutter f bisnonna f, bisava f, bisavola f.

Urgroßvater m bisnonno m, bisavo m, bisavolo m.

Urheber <-s, -> m (**Urheberin** f) 1 bes. jur

(*Autor*) autore (-trice) m (f) **2** (*Initiator*) {+Attentat} autore (-trice) m (f); {+Revolte} auch artefice mf; {+Streit} iniziatore (-trice) m (f) • **der geistige ~**, il padre spirituale.

Urheberrecht n *jur* **1** (*Recht am persönlichen geistigen Werk*) {+Autor} diritto m d'autore, copyright m: **jds ~ an etw** (dat), il diritto d'autore di qu su qc; **die ~e erwerben/ abgeben**, acquistare/cedere i diritti d'autore **2** (*urheberrechtliche Bestimmungen*) legge f sul diritto d'autore.

urheberrechtlich A adj {Bestimmung} che riguarda il ⌊diritto d'autore⌋/[copyright]: **die ~e Gewalt über etw** (akk) **haben**, avere ⌊i diritti d'autore relativi⌋/[il copyright relativo] a qc B adv {Schützen} con un copyright: **etw ist ~ geschützt** {Buch, Film, musikalisches Werk}, qc è protetto da un copyright, i diritti di riproduzione di qc sono riservati.

Urheberrechtsschutz, **Urheberschutz** <-es, ohne pl> m *jur* protezione f dei diritti d'autore.

Urheberschaft <-, ohne pl> f *geh* paternità f (d'un'opera): **jds ~ anzweifeln**, mettere in dubbio la paternità di qu.

Urheberschutz m *jur* → **Urheberrechtsschutz**.

Uri <-s, ohne pl> m *geog* (*Kanton in der Schweiz*) Uri m.

urig adj *fam* <meist attr> **1** (*kauzig*) {Art} bislacco, strampalato; {Kauz, Typ} auch folcloristico *scherz*, originale, pittoresco *fam* **2** (*urwüchsig*) {Bergbauer, Dörfler} ruspante, autentico; {Dorfkneipe, Lokal} tradizionale, molto tipico/caratteristico: **ein ~es Dorffest**, una sagra paesana di quelle di una volta.

Urin <-s, -e> m <meist sing> urina f, orina f: **den ~ untersuchen lassen**, (farsi) fare l'esame delle urine • **es im ~ haben** *slang*, sentirselo.

Urinal <-s, ohne pl> n **1** (*in Krankenhäusern*) pappagallo m **2** (*in Herrentoiletten*) orinatoio m.

urinieren <ohne ge-> itr *form* urinare *med*, orinare, mingere *form*.

Urinprobe f campione m di urina.

Urinstinkt m istinto m primordiale/primigenio.

Urinuntersuchung f *med* analisi f/esame m delle urine.

Urkirche <-, ohne pl> f *relig* chiesa f primitiva/[delle origini].

Urknall <-(e)s, ohne pl> m *astr phys* big bang m.

urkomisch *fam* A adj {Art, Darstellung, Mensch} buffissimo, comicissimo, di una comicità irresistibile: **~ aussehen**, avere un aspetto buffissimo B adv {Erzählen} in modo buffissimo/comicissimo.

Urkunde <-, -n> f documento m; *bes. form* atto m, scrittura f; (*über Geburt, Heirat, Tod*) atto m, certificato m; (*über abgeschlossene Ausbildung*) diploma m: **eine amtliche ~**, un documento rilasciato da un ufficio pubblico; **eine notarielle ~**, un atto notarile; **eine beglaubigte/gerichtliche ~**, un atto autenticato/giudiziario; **eine notariell beglaubigte ~**, un atto con autentica notarile; **eine öffentliche ~**, una scrittura pubblica, un atto pubblico; **eine ~ (über etw akk) ausstellen/ausfertigen**, rilasciare un certificato (di qc); **eine ~ fälschen**, falsificare un documento; **eine ~ unterzeichnen**, firmare un documento, sottoscrivere un atto.

Urkundenfälscher m (**Urkundenfälscherin** f) *jur* chi commette falso in atto pubblico *jur*, chi falsifica atti.

Urkundenfälschung f *jur* falso m/falsi-

tà f in atto pubblico.

urkundlich A adj <attr> {Erwähnung} documentato; {Beleg, Beweis} documentario, documentale: **der ~e Beweis von etw** (dat), la prova documentaria di qc; **für etw gibt es ~e Belege**, ci sono documenti che attestano/comprovano qc B adv {Belegen, Beweisen, Bezeugen} con ⌊un documento⌋/[dei documenti], su base documentale: **~ belegt sein**, essere documentato/[comprovato da documenti]; **~ erwähnt sein**, essere menzionato in un documento; **der Ort wird 1124 zum ersten Mal ~ erwähnt**, l'esistenza di un luogo è documentata per la prima volta nel 1124.

URL <-, -s> f *inform Abk von engl* Universal Resource Locator: URL m.

ur|laden tr *inform etw* ~ inizializzare qc.

Urladeprogramm n *inform* bootstrap m, programma m di inizializzazione.

Urlandschaft f paesaggio m vergine/primitivo.

Urlaub <-(e)s, -e> m vacanza f, vacanze f pl; {+Arbeitnehmer} *auch* ferie f pl; *bes. mil* permesso m, licenza f: **ein mehrwöchiger ~**, una vacanza di diverse settimane; (*sich dat*) **~ nehmen**, prender(si) le ferie/vacanze; **in ~ fahren**, partire per le vacanze; **in ~ gehen**, andare in vacanza/ferie; **irgendwo ~ machen**, fare/passare/trascorrere le ferie/vacanze + compl di luogo; **letztes Jahr ⌊haben wir ~ in Italien gemacht⌋/[waren wir in Italien im ~]**, l'anno scorso abbiamo ⌊trascorso le ferie⌋/[fatto le vacanze] in Italia; **auf/im/in ~ sein** *fam*, essere in vacanza/ferie; *bes. mil* essere in licenza/permesso; **⌊aus dem⌋/[vom] ~ zurückkehren**, rientrare dalle vacanze/ferie; **bezahlter ~**, ferie pagate/retribuite; **unbezahlter ~**, ferie non pagate/retribuite, aspettativa; **nicht in Anspruch genommener ~**, ferie non godute; **~ beantragen/bekommen**, chiedere/ottenere le ferie; **seinen ~ antreten**, entrare in ferie; **~ haben** {Arbeitnehmer}, essere in ferie; *bes. mil* avere una licenza/un permesso; **wann hast du ~?**, quando ⌊vai in⌋/[prendi le] ferie?; **wie viel ~ hast du im Jahr?**, quanti giorni di ferie hai all'anno? • **von jdm/etw ~ machen** {von der Arbeit, der Familie, vom Partner}, prendersi una vacanza da qu/qc; **~ vom Alltag machen**, cambiare aria.

Urlauber <-s, -> m (**Urlauberin** f) **1** (*Tourist*) vacanziere (-a) m (f), villeggiante mf, turista mf **2** *mil* militare m in licenza/permesso.

Urlauberzug m **1** (*in Ferienzeiten*) "treno m straordinario istituito nei periodi di ferie" **2** *mil* tradotta f per militari in licenza.

Urlaubsadresse f, **Urlaubsanschrift** f recapito m durante le vacanze.

Urlaubsanspruch m giorni m pl di ferie spettanti per contratto: **jds ~ beträgt 20 Tage im Jahr**, qu ha diritto a 20 giorni di ferie all'anno; **vollen ~ haben**, avere maturato le ferie per intero, avere diritto a tutti i giorni di ferie contrattuali.

Urlaubsantrag m {+Arbeitnehmer} richiesta f di ferie; *mil* domanda f di licenza.

Urlaubsdauer f durata f delle ferie/vacanze.

Urlaubsgeld n **1** (*zusätzliche Zahlung des Arbeitgebers*) quattordicesima f *fam*: **wann gibt's ~?** *fam*, quand'è che pagano la quattordicesima? **2** (*für den Urlaub gespartes Geld*) soldi m pl/denaro m per le vacanze/ferie.

Urlaubsgesuch n → **Urlaubsantrag**.

Urlaubsland n paese m a vocazione turistica: **Spanien ist ein sehr beliebtes ~**, la Spagna è un paese molto amato dai vacan-

zieri.

Urlaubsort m luogo m di vacanza/villeggiatura.

Urlaubsparadies n paradiso m turistico/[delle vacanze].

Urlaubsplan m **1** (*Urlaubsliste*) piano m ferie **2** <meist pl> → **Ferienpläne**.

Urlaubsplaner m *inform* programma m di gestione ferie.

urlaubsreif adj *fam*: **~ sein**, avere bisogno di ⌊una vacanza⌋/[vacanze/ferie]; **~ aussehen**, avere l'aspetto di chi ha bisogno di vacanze/[una vacanza].

Urlaubsreise f viaggio m (di piacere): **eine ~ machen**, fare un viaggio, partire per le vacanze; **wohin geht eure ~?**, dove andate in vacanza?

Urlaubsschein m *mil* licenza f.

Urlaubssperre f **1** (*Verbot, Urlaub zu nehmen*) blocco m delle ferie; *mil* sospensione f delle licenze **2** *bes.* A (*vorübergehende Schließung eines Geschäfts*) chiusura f per ferie.

Urlaubsstimmung f atmosfera f/aria f vacanziera/[di vacanza], clima m vacanziero: **schon in ~ sein**, essere già mentalmente in vacanza.

Urlaubstag m **1** *industr* giorno m di ferie: **noch sechs ~e haben**, avere ancora sei giorni di ferie; **nicht (in Anspruch) genommene ~e**, giorni di ferie non godute **2** (*Tag während des Urlaubs*) giorno m di vacanza: **unsere letzten ~e**, i nostri ultimi giorni di vacanza.

Urlaubsvertretung f **1** (*stellvertretende Übernahme*) sostituzione f per ferie/vacanze: **~ machen**, fare da sostituto (-a) (a qu che è in vacanza) **2** (*Stellvertreter(in)*) sostituto (-a) m (f): **meine ~**, la persona che mi sostituisce/rimpiazza durante le ferie/vacanze.

Urlaubszeit f **1** (*Zeit, in der jd Urlaub macht*) periodo m di ferie f pl/vacanze f pl **2** (*Saison*) periodo m delle ferie/vacanze, stagione f turistica.

Urlaubsziel n meta f turistica.

Urlaut m suono m primordiale.

Urmensch m uomo m preistorico/primitivo.

urmenschlich adj **1** (*die Urmenschen betreffend*) {Behausung, Werkzeug} preistorico, primitivo, dell'uomo preistorico **2** (*typisch menschlich*) {Instinkt, Regung} innato nell'uomo, primordiale.

Urmutter f progenitrice f.

Urne① <-, -n> f (*Graburne*) urna f (funeraria/ cineraria).

Urne② <-, -n> f **1** (*Wahlurne*) urna f elettorale **2** (*Losurne*) urna f • **zu den ~n gehen/ schreiten**, andare alle urne; **jdn zu den ~n rufen**, chiamare qu alle urne.

Urnenbeisetzung f sepoltura f dell'urna.

Urnenfeld n *archäol* campo m di urne.

Urnenfriedhof m cimitero m di/delle urne.

Urnengang m *pol* elezioni f pl: **die Leute zum ~ aufrufen**, chiamare la popolazione alle urne.

Urnengrab n loculo m per l'urna.

Urogenitalsystem n, **Urogenitaltrakt** m *anat* apparato m urogenitale/genitourinario.

Urologe <-n, -n> m (**Urologin** f) *med* urologo (-a) m (f).

Urologie <-, ohne pl> f *med* urologia f.

Urologin f *med* → **Urologe**.

urologisch adj urologico.

Uroma f *fam* bisnonna f.

Uropa m *fam* bisnonno m.

urplötzlich A adj <attr> {AUFTRETEN, AUSBREITUNG, BEWEGUNG} del tutto improvviso; {EINFALL, TOD} improvviso B adv all'improvviso, tutto a/d'un tratto, di colpo: ~ fing es an zu regnen, tutto a un tratto cominciò a piovere; ~ aufstehen, alzarsi d'un tratto; ~ stehen bleiben, fermarsi di botto/colpo; mir ist ~ eingefallen, dass ..., tutto a un tratto mi è venuto in mente che ...

Ursache <-, -n> f ~ (einer S. gen/für etw akk) causa f (di qc); (Ausgangspunkt) auch origine f (di qc), principio m (di qc); (Grund) ragione f (di qc), cagione f (di qc) lit; (Beweggrund) motivo m (di qc): die unmittelbaren ~n, le cause immediate; äußere ~n, cause esteriori; die ~ der Krankheit kennt niemand, nessuno conosce l'origine della malattia; der ~ für etw (akk) nachgehen/[auf den Grund kommen], risalire alle cause/origini di qc; die ~n ˌdes Unglücksˌ/[für das Unglück] untersuchen, ricercare le cause della disgrazia ● alle/keine ~ zu etw (dat) haben: wir hatten alle ~ zur Besorgnis, avevamo tutte le ragioni di preoccuparci; alle ~ haben, etw zu tun, avere ˌtutte le ragioniˌ/[tutti i motivi] del mondo di fare qc; sie hat alle ~ anzunehmen, dass er sie angelogen hat, ha tutti i motivi di pensare che lui le abbia mentito; du hast (absolut) keine ~, beleidigt zu sein, non hai nessun(issimo) motivo di essere offeso (-a); keine ~!, non c'è di che!, di niente!; die ~ einer S. (gen)/für etw (akk) sein (der Grund), essere la causa/la ragione/il motivo di qc; (der Ursprung), essere l'origine di qc; was ist denn die ~ für all die Aufregung?, qual è la causa/ragione di tutta questa agitazione?; was war denn die ~ für ihr plötzliches Verschwinden?, qual è stato il motivo della sua/loro improvvisa scomparsa?; die ~ allen Übels, il principio di ogni male; aus bisher ungeklärter ~ ..., per cause ancora da chiarire ...; ~ und Wirkung, causa ed effetto; kleine ~, große Wirkung prov, da un nonnulla può scoppiare il finimondo.

Ursachenforschung f ricerca f delle cause.

ursächlich adj 1 philos (die Ursache betreffend) causale 2 (kausal) causale: etw steht in ~em Zusammenhang mit etw (dat), esiste un nesso causale tra qc e qc (dat); diese beiden Ereignisse stehen in ~em Zusammenhang (miteinander), fra i due eventi esiste unˌnesso causaleˌ/[rapporto di causa e effetto]; für etw (akk) ~ sein, essere la causa di qc.

Urschrift <-, -en> f originale m.

Ursprung <-(e)s, -sprünge> m 1 (Ausgangspunkt) origine f; (Anfang) auch principio m: der ~ der Welt, l'origine del mondo; etw bis zum/[zu seinem] ~ zurückverfolgen, risalire alle origini di qc; die Ursprünge einer S. (gen) liegen irgendwo, qc ˌha origineˌ/[nasce] + compl di luogo, le origini di qc sono da ricercare + compl di luogo 2 math (Schnittpunkt) origine f ● seinen ~ in etw (dat) haben, prendere/trarre origine da qc; ... ~s sein {NICHT DATIERBAREN, LATEINISCHEN, UNBEKANNTEN}, essere di origine ...; eine Sprache unbekannten/unsicheren ~s, una lingua di origine sconosciuta/incerta; dieses Wort ist griechischen ~s, questa parola è di origine/derivazione greca.

ursprünglich A adj 1 (anfänglich) {BEDEUTUNG, FARBE} originario, primitivo {FORM} auch primordiale; {HALTUNG, PLAN, PROJEKT} originario, iniziale {EINDRUCK} iniziale; {TEXTAUSGABE, -FASSUNG} originale: seine ~e Absicht war (es), zu ..., in origineˌ/[dapprincipio] la sua intenzione era di ... 2 (urwüchsig) {LEBENSWEISE} naturale, genuino; {LANDSCHAFT, NATUR} primitivo: sie ist sehr ~ in ihrer Art, ha un modo di fare molto naturale, è molto genuina 3 (urtümlich) {BRAUCH, SPRACHE, TRADITION} primitivo B adv (anfangs) in origine, in principio, originariamente, dapprima, dapprincipio: wir hatten ~ geplant, ans Meer zu fahren, originariamente/dapprima avevamo progettato di andare al mare; der Plan sah ~ ganz anders aus, in origine il progetto era molto diverso.

Ursprünglichkeit <-, ohne pl> f 1 (ursprüngliche Beschaffenheit) {+LANDSCHAFT} natura f primitiva 2 (ursprüngliche Art) {+MENSCH} naturalezza f, genuinità f.

Ursprungsflughafen m aeroporto m di provenienza.

Ursprungsland n com paese m d'origine.

Ursprungsort m luogo m di origine/provenienza.

Urstand f obs: fröhliche ~ feiern {ALTER BRAUCH}, ritornare (di moda); {UNSITTE} riprendere vigore, riaffermarsi con forza.

Ursula f (Vorname) Orsola.

Urteil <-s, -e> n 1 jur {+GERICHT, RICHTER} sentenza f, giudizio m; {+GESCHWORENE} verdetto m: ein hartes/mildes/gerechtes ~, una sentenza dura/mite/giusta; ein ~ anfechten/aufheben, impugnare f/[cassare f/annullare] una sentenza; gegen ein ~ Berufung einlegen, proporre/[ricorrere in] appello (contro una sentenza), appellare/[appellarsi contro] una sentenza; ein rechtskräftiges ~, una sentenza passata in giudicato; das ~ lautet auf Freispruch, è una sentenza assolutiva/[di assoluzione] 2 (Meinung) giudizio m, opinione f, (bes. eines Fachmanns) auch parere m: ein sachliches/ (un)parteiisches/ vorschnelles/ [wohl überlegtes] ~, un giudizio oggettivo/(im)parziale/affrettato/[ben ponderato]; etw bestärkt jdn in seinem ~, qu si sente confortato in qc da nel suo giudizio; das ~ eines Fachmanns einholen, chiedere il parere di un esperto; jds ~ steht bereits fest, qu si è già fatto (-a) un'opinione ● ein ~ (über etw akk) abgeben, dare un giudizio (su qc), esprimere un parere (su qc); darüber kann ich kein ~ abgeben, non sono in grado di esprimere un giudizio/parere a riguardo; sich ein ~ über jdn/etw anmaßen, permettersi diˌesprimere un giudizio/parere su ˌ/[giudicare] qu/qc; sich (dat) ein ~ über jdn/etw bilden, formarsi un giudizio su qu/qc; ich kann mir darüber kein ~ bilden, non ho elementi di giudizio; sich ein/kein ~ über etw (akk) erlauben können, permettersi/[non permettersi] di esprimere un giudizio su qc; ein ~ fällen jur, emettere una sentenza; ein ~ (über jdn/etw) fällen, sputare sentenze (su qu/qc); zu dem ~ kommen, dass ..., arrivare a convincersi che ...; nach jds ~, nach dem ~ von jdm {DER ÄRZTE, VON FACHLEUTEN}, a/[secondo il] giudizio/parere di qu; das ~ verkünden jur, emettere/emanare/pronunciare una sentenza; das ~ vollstrecken/vollziehen jur, eseguire la sentenza.

urteilen itr (irgendwie) (über jdn/etw) ~ {ABFÄLLIG, HART, SICHER, (UN)PARTEIISCH} giudicare (qu/qc) (+ compl di modo), dare/esprimere un giudizio (su qu/qc) (+ adj): ~ Sie selbst!, giudichi Lei (stesso (-a))!; du urteilst immer viel zu vorschnell, dai sempre giudizi troppo affrettati/avventati, sei sempre precipitoso (-a) nel giudicare; jd ist lieber vorsichtig im Urteilen, qu ˌci vaˌ piano con i famˌ/[preferisce non trinciare] giudizi; nach etw (dat) ~ {NACH DEM ERSTEN EINDRUCK, ERFOLG} giudicare in base a qc; {NACH DEM AUSSEHEN, NACH DEM SCHEIN} giudicare da qc; du kannst nicht nur nach der Aufmachung der Zeitung ~, non puoi giudicare solo in base alla presentazione del giornale ● danach zu ~, se ne deduce che ..., stando a questo; sie haben sich noch gar nicht gemeldet. – Danach zu ~ geht es ihnen gut, non si sono ancora fatti (-e) vivi (-e). – Ne deduco che stanno bene; nach etw (dat) zu ~ {NACH EINER ANDEUTUNG, JDS AUFTRETEN, EINEM BLICK, JDS GESICHTSAUSDRUCK}, a giudicare da qc; nach den dunklen Wolken am Horizont zu ~, gibt es ein Gewitter, a giudicare da quelle nubi nere all'orizzonte sta per arrivare un temporale.

Urteilsbegründung f jur motivazione f della sentenza.

urteilsfähig adj capace/[che ha facoltà] di giudicare: ~ sein, ˌessere in gradoˌ/[avere facoltà] di giudicare.

Urteilsfähigkeit <-, ohne pl> f → **Urteilsvermögen**.

Urteilsfindung <-, ohne pl> f raggiungimento m di una decisione: sich zur ~ zurückziehen jur, ritirarsi per deliberare (in camera di consiglio).

Urteilskraft <-, ohne pl> f → **Urteilsvermögen**.

Urteilsspruch m jur {+GERICHT, RICHTER} pronuncia f, sentenza f, giudizio m; {+GESCHWORENE} pronuncia f, verdetto m.

Urteilsverkündung f jur pronuncia f della sentenza.

Urteilsvermögen <-s, ohne pl> n capacità f di giudizio/discernimento: er hat in diesen Dingen wenig ~, a questo riguardo non è propriamente in grado di giudicare.

Urteilsvollstreckung f jur esecuzione f della sentenza.

Urtext m (testo m/versione f) originale m.

Urtierchen n <meist pl> biol protozoo m.

Urtrieb <-(e)s, -e> m pulsione f primaria, istinto m primario/primigenio.

urtümlich adj 1 (unverbildet) {CHARAKTER, MENSCH} genuino 2 (ursprünglich) {LANDSCHAFT} incontaminato, intatto 3 (urwüchsig) {BRAUCH, LEBENSART, TRADITION} primitivo; {SPRACHE} auch primigenio.

Urtümlichkeit <-, ohne pl> f 1 (Echtheit) {+CHARAKTER, HUMOR, MENSCH} genuinità f 2 (ursprünglicher Charakter) {+LANDSCHAFT} natura f primitiva; {+LEBENSART} naturalezza f; {+BRAUCH, SPRACHE, TRADITION} carattere m primitivo.

urtypisch adj {KNEIPE, MUSIK} molto tipico/caratteristico, tipicissimo fam: ein ~er Bayer, un bavarese doc.

Urtypus m prototipo m.

Uruguay <-s, ohne pl> geo A m (Fluss) (fiume m) Uruguay m B n (Land) Uruguay m: aus ~ kommen, essere ˌdell'Uruguayˌ/[uruguaiano].

Uruguayer[1] <inv> adj → **uruguayisch**.

Uruguayer[2] <-s, -> m (**Uruguayerin** f) uruguaiano (-a) m (f), uruguayano (-a) m (f).

uruguayisch adj uruguaiano, uruguayano: auf Uruguayisch, in uruguaiano/uruguayano.

Ururenkel m (**Ururenkelin** f) nipote mf dei trisnonni/trisavoli.

Ururgroßeltern subst <nur pl> trisnonni m pl, trisavoli m pl.

Ururgroßmutter f trisnonna f, trisavola f.

Ururgroßvater m trisnonno m, trisavolo m.

Ururoma f fam trisnonna f.

Ururopa m fam trisnonno m.

Urvater m progenitore m, capostipite m.
Urvertrauen <-s, ohne pl> n psych rapporto m primario di fiducia.
urverwandt adj ling {SPRACHEN} dello stesso ceppo; ~e Wörter, parole che hanno la stessa radice; (miteinander) ~ sein {SPRACHEN}, essere dello stesso ceppo; {WÖRTER} avere la stessa radice.
Urviech, Urvieh n fam scherz originale mf, fenomeno m fam.
Urvogel <-s, -vögel> m archeotterige m, archaeopteryx m wiss.
Urvolk <-(e)s, -völker> n 1 (Stammvolk) popolo m/ceppo m originario 2 (Urbevölkerung) popolazione f aborigena/indigena, aborigeni m pl, indigeni m pl.
Urwahl f pol (in den USA) (elezioni f pl) primarie f pl.
Urwald m 1 (ursprünglicher Wald) foresta f vergine; **der tropische ~**, la foresta tropicale 2 fam (wildwuchernder Gestüpp) giungla f fam: **dein Garten ist ja ein richtiger ~!**, il tuo giardino è una vera giungla!
Urwelt <-, ohne pl> f mondo m (mitico) delle origini.
urweltlich adj primordiale: ~e Überreste, reperti preistorici.
urwüchsig adj 1 (im Urzustand erhalten) {FAUNA, FLORA} originario; {LANDSCHAFT, VEGETATION} auch incontaminato; {NATURGEWALT} primigenio 2 (unverbildet) {ART, BAUER, BEWOHNER, HUMOR} genuino, ruspante; {SPRACHE} verace.
Urzeit <-, -en> f primordi m pl ● **seit ~en** (seit undenklichen Zeiten), da tempo immemorabile; fam (seit sehr langer Zeit), da secoli, da un sacco di tempo fam; **vor ~en** fam, secoli fa, un sacco di tempo fa fam.
urzeitlich adj → urweltlich.
Urzelle f biol cellula f primordiale.
Urzeugung f biol abiogenesi f, generazione f spontanea.
Urzustand <-(e)s, ohne pl> m stato m originario: **etw in seinem ~ belassen**, lasciare qc com'era in origine.
USA subst <nur pl> Abk von United States of America: USA m pl: **die USA**, gli USA; **in die USA fahren**, andare negli USA; **für ein Jahr in den USA bleiben**, rimanere per un anno negli USA.
Usambaraveilchen n bot violetta f africana, saintpaulia f.
US-Amerikaner <-s, -> m (US-Amerikanerin f) statunitense mf, americano (-a) m (f) degli USA/[Stati Uniti].
US-amerikanisch adj statunitense.
Usance <-, -n> f com prassi f.
Usbeke <-n, -n> m (Usbekin f) uzbeco (-a) m.
usbekisch adj uzbeco.
Usbekistan <-s, ohne pl> n geog Uzbechistan: **in ~**, in Uzbechistan.
USB-Stick m inform chiave f/penna f USB.
US-Dollar m → Dollar.
Usenet <-s, ohne pl> n inform usenet f.
User <-s, -> m (Userin f) 1 inform utente mf 2 slang (Drogenabhängiger) tossico (-a) m (f) slang.
User-ID <-, -s> f inform Abk von engl User Identification: User ID f.
Userin f → User.
User-Profil, Userprofil n inform → Benutzerprofil.
usf. Abk von und so fort: e così via.
Usurpation <-, -en> f geh usurpazione f.
Usurpator <-s, -en> m (Usurpatorin f) geh usurpatore (-trice) m (f).
usurpieren <ohne ge-> tr geh etw ~ {STAATSGEWALT, THRON} usurpare qc.
Usus <-, ohne pl> m fam: **das ist hier so ~**, qui (si) usa così; **gleitende Arbeitszeiten sind in unserem Betrieb schon längst ~**, l'orario flessibile è ormai da tempo prassi consolidata nella nostra azienda; **es ist irgendwo (so) ~, etw zu tun**, è uso fare qc + compl di luogo.
usw. Abk von und so weiter: ecc. (Abk von eccetera).
Uta, Ute f (Vorname) Od(d)a, Odetta.
Utensil <-s, -ien> n <meist pl> necessario m, occorrente m; (Gerät, Werkzeug) arnese m, attrezzo m: **persönliche ~ien**, effetti personali; **sie packte ihre ~ien zusammen und ging aus dem Hause**, raccolse le sue cose e uscì di casa.
Uterus <-, Uteri> m med utero m.
Utilitarismus <-, ohne pl> m philos utilitarismo m.
utilitaristisch adj utilitaristico.
Utopie <-, -n> f geh utopia f: **das ist doch (eine) ~!**, questa è pura utopia!
utopisch adj 1 (unrealistisch) {ERWARTUNG, VORSTELLUNG, WUNSCH} utopistico; {IDEAL, PLAN, PROJEKT} utopico 2 lit {ROMAN} di fantascienza.
Utopist <-en, -en> m (Utopistin f) utopista mf.
u. U. Abk von unter Umständen: eventualmente.
u. ü. V. Abk von unter üblichem Vorbehalt: s.E. e O. (Abk von salvo errori e omissioni).
UV phys Abk von ultraviolett: UV, Uv (Abk von ultravioletto).
u. v. a. Abk von und vieles andere: e molto altro.
u. v. a. m. Abk von und vieles andere mehr: e molto altro ancora.
UV-Bestrahlung f bes. med fototerapia f.
UV-Filter m oder n filtro m UV/[a raggi ultravioletti].
UV-Lampe f lampada f UV/[a raggi ultravioletti].
UV-Licht n luce f UV/ultravioletta.
UV-Strahlen subst <nur pl> raggi m pl UV/ultravioletti.
UV-Strahlung f radiazione f UV/ultravioletta.
u. W. Abk von unseres Wissens: a/per quanto ⌊ci consta⌋/⌊ne sappiamo⌋.
Ü-Wagen m radio TV → Übertragungswagen.
u. Z. Abk von unserer Zeitrechnung: dell'era cristiana.
Uz <-es, -e> m <meist sing> fam burla f, presa f in giro fam: **Uz mit jdm machen**, prendersi gioco di qu.
uzen tr fam jdn (mit etw dat) ~ prendere in giro qu (con qc) fam, burlarsi di qu (per qc), prendersi gioco di qu (per qc).
Uzname m fam → Spitzname.

V, v

V① , **v** <-, - oder *fam* -s> *n* (*Buchstabe*) V, v *f oder m* • **V wie Viktor**, v come Venezia; → *auch* **A, a**.

V② **1** *Abk von* Volt: V (*Abk von* volt) **2** *Abk von* Volumen: V (*Abk von* volume).

v. a. *Abk von* vor allem: soprattutto.

Vabanque, va banque: **~ spielen** (*beim Glücksspiel*), puntare tutto per far saltare il banco; *geh* (*alles riskieren*) giocare il tutto per tutto.

Vabanquespiel *n geh* azzardo *m*, impresa *f* arrischiata: **Ihr Unternehmen ist ein ziemliches ~**, la Sua impresa è un bell'azzardo.

Vademekum <-s, -s> *n geh* vademecum *m*, prontuario *m*.

Vaduz <-, *ohne pl*> *n geog* Vaduz *f*.

vag *adj* → **vage**.

Vagabund <-en, -en> *m* (**Vagabundin** *f*) **1** *obs* (*Landstreicher*) vagabondo (-a) *m* (*f*) **2** *scherz* (*jd, der viel umherzieht*) vagabondo (-a) *m* (*f*), girovago (-a) *m* (*f*), nomade *mf*: **das ist ein richtiger ~, nach einigen Monaten will er schon wieder weg**, è un vero vagabondo, dopo alcuni mesi gli viene (la) voglia di andarsene di nuovo.

Vagabundenleben *n* vita *f* vagabonda/raminga/[da vagabondo/nomade]: **ein ~ führen**, fare il/[la vita del] vagabondo.

vagabundieren <*ohne ge-*> *itr* **1** <*haben*> (*als Landstreicher leben*) vagabondare, fare il vagabondo: **das Vagabundieren**, il vagabondaggio **2** <*sein*> (*herumziehen*) (**durch etw**) akk) **~** vagabondare per qc, andar vagando/ramingo (-a) per qc, vagare per qc: **die Freunde vagabundierten den ganzen Tag durch die Stadt**, gli amici vagabondarono l'intero pomeriggio per la città; **durch die Welt ~**, andar vagando/ramingo (-a) per il mondo.

Vagabundin *f* → **Vagabund**.

Vagant <-en, -en> *m hist* goliardo *m*, chierico *m* vagante: **die ~en**, i chierici vaganti, i clerici vagantes.

Vagantendichtung <-, *ohne pl*> *f lit* canti *m pl* goliardici.

vage, vag **A** *adj* {ANDEUTUNG, ERINNERUNG, GEFÜHL, VERMUTUNG, VORSTELLUNG} vago; {ANTWORT, INFORMATION} *auch* impreciso: **das ist alles noch sehr ~**, è tutto ancora molto vago **B** *adv* vagamente, in modo vago: **etw nur ~ andeuten**, fare solo vaghi (ac)cenni a qc, accennare solo vagamente a qc; **sich ~ an etw (akk) erinnern**, ricordarsi vagamente di qc.

Vagina <-, *Vaginen*> *f anat* vagina *f*.

vaginal **A** *adj* vaginale; {GEWEBE, SCHLEIMHAUT} *auch* della vagina **B** *adv* {ERFOLGEN} nella/in vagina: **etw ~ einführen**, introdurre qc [attraverso la vagina]/[per via vaginale]; **jdn ~ untersuchen**, sottoporre a un esame/una visita vaginale.

vakant *adj geh oder form* {LEHRSTUHL, STELLE} vacante: **(bei jdm/in etw dat) ~ sein/werden**, essere/rendersi vacante ([da/presso qu₁/[in qc]).

Vakanz <-, -en> *f form* **1** (*das Vakantsein*) vacanza *f*: **die ~ des Lehrstuhls dauert nun schon vier Semester**, la vacanza della cattedra universitaria dura ormai già due anni (accademici) **2** (*vakante Stelle*) vacanza *f*, posto *m* vacante; **in der Philosophischen Fakultät gibt es momentan drei ~en**, attualmente nella facoltà di filosofia ci sono tre vacanze.

Vakuum <-s, Vakua oder Vakuen> *n* **1** *phys* (spazio *m*) vuoto *m*: **ein ~ (in etw dat) erzeugen**, produrre un vuoto in qc **2** *geh* (*Leere*) vuoto *m*: **ein (macht)politisches ~**, un vuoto di potere.

Vakuumpumpe *f tech* pompa *f* da vuoto.

Vakuumtechnik *f* tecnica *f* del vuoto.

vakuumverpackt *adj* {LEBENSMITTEL, WAREN} (confezionato) sotto vuoto spinto, sottovuoto: **das Fleisch ist ~**, la carne è [sotto vuoto spinto]/[sottovuoto].

Vakuumverpackung *f* (confezione *f*) sottovuoto *m*.

Valencia <-s, *ohne pl*> *n geog* Valenza *f*.

Valentinstag *m* (giorno *m*/festa *f* di) San Valentino *m*.

Valenz <-, -en> *f* **1** *chem* valenza *f* **2** *ling* valenza *f*.

Valenztheorie *f ling* teoria *f* della valenza.

Valenzwörterbuch *n ling* dizionario *m* delle valenze.

Valuta <-, *Valuten*> *f bank* **1** (*Währung*) valuta *f* estera **2** (*Wertstellung*) (giorno *m* di) valuta *f*.

Valutageschäft *n bank* operazione *f* di cambio.

Valutapapier *n bank* titolo *m* in valuta (estera).

Vamp <-s, -s> *m* vamp *f*, fatalona *f fam*: **sie ist der Typ des männermordenden ~s**, è la classica₁/[il tipo della] donna vampiro.

Vampir <-s, -e> *m* **1** (*Untoter*) vampiro *m* **2** *fam* (*Wucherer*) vampiro *m*, dissanguatore *m*, sanguisuga *f* **3** *zoo* vampiro *m*.

Van <-s, -s> *m* (vettura *f*) monovolume *f*, minivan *m*.

Vanadin <-s, *ohne pl*> *n*, **Vanadium** <-s, *ohne pl*> *n chem* vanadio *m*.

Vandale <-n, -n> *m* (**Vandalin** *f*) **1** (*Rowdy*) vandalo (-a) *m* (*f*) **2** *hist* vandalo (-a) *m* (*f*) • **wie die ~n hausen** *fam*, vivere come (i) barbari.

Vandalismus <-, *ohne pl*> *m* vandalismo *m*.

Vanessa *f* (*Vorname*) Vanessa *f*.

Vanille <-, *ohne pl*> *f* **1** *bot* vaniglia *f* **2** *gastr* vaniglia *f*: **mit ~ aromatisiert**, aromatizzato/profumato alla vaniglia, vanigliato.

Vanillearoma *n* → **Vanillegeschmack**.

Vanilleeis *n gastr* gelato *m* alla crema/vaniglia.

Vanillegeschmack *m* gusto *m* di vaniglia: **Kuchen mit ~**, dolce al gusto di vaniglia.

Vanillekipferl <-s, -> *n süddt A gastr* "biscottino *m* alla mandorla o alla nocciola a forma di mezzaluna ricoperto di zucchero vanigliato".

Vanillepudding *m gastr* budino *m* alla/[al gusto di] vaniglia.

Vanilleschote *f bot* capsula *f*/baccello *m fam* della vaniglia.

Vanillesoße *f gastr* salsa *f* alla vaniglia, vaniglia *f* liquida: **Apfelstrudel mit ~**, strudel (di mele) con salsa alla vaniglia.

Vanillestange *f gastr* bastoncino *m* di vaniglia.

Vanillezucker *m gastr* zucchero *m* vanigliato.

Vanillin <-s, *ohne pl*> *n gastr* vanillina *f*.

variabel <*attr* variable(r, s)> **A** *adj* variabile **B** *adv* in modo variabile: **etw ist ~ einstellbar**, qc si può regolare in modo variabile.

Variable <-n, -n> *f math phys* variabile *f*.

Variante <-, -n> *f* **1** *geh* (*Abwandlung*) variante *f*: **die regionale ~ einer Sprache**, la variante regionale di una lingua **2** *lit* (lezione *f*) variante *f* **3** *Schach* variante *f*.

Varianz <-, -en> *f math Statistik* varianza *f*.

Variation <-, -en> *f* **1** (*Abwandlung*) variazione *f*, variante *f*: **dieses Modell gibt es in verschiedenen ~en**, di questo modello esistono diverse varianti; **im Laufe des Jahrhunderts hat diese Technik mehrere ~en erfahren**, nel corso dei secoli questa tecnica ha subito diverse variazioni **2** *mus* (**über etw** akk/**zu etw** dat) variazione *f* su/sopra qc: **zehn ~en über ein Thema von Rossini**, dieci variazioni su/sopra un tema di Rossini **3** *biol math* variazione *f*.

Variationsbreite *f* **1** (*Bandbreite*) gamma *f* (di variazioni) **2** *Statistik* campo *m* di variazione.

variationsfähig *adj* {MODELL, THEMA} che può essere variato.

Variationsmöglichkeit *f* possibilità *f* di variazione.

Variationsrechnung *f math* calcolo *m* delle variazioni.

Varietät <-, -en> *f* **1** *biol* varietà *f* **2** *ling* varietà *f*.

Varietee, Variété <-s, -s> *n* **1** (*Theater*) (teatro *m* di) varietà *m*/variété *m*: **ins ~ gehen**, andare al varietà **2** (*Vorstellung*) spettacolo *m* di varietà *m*/variété *m*.

variieren <*ohne ge-*> *geh* **A** *tr* (*abwandeln*)

etw ~ {MUSIKALISCHES THEMA} variare *qc*; {PROGRAMM} *auch* rendere vario (-a) *qc*, modificare *qc*: **ein Volkslied ~**, fare delle variazioni su un canto popolare **B** *itr* (*sich unterscheiden*) (**in** *etw* dat) ~ variare (*di*/*in qc*): **die Anzahl der Teilnehmer variiert je nach Jahreszeit**, il numero dei partecipanti varia a seconda della stagione; **der Stoff variiert in der Farbgebung**, la stoffa varia di colore; **etw lässt sich ~**, qc si può variare.

Vasạll <-en, -en> m (**Vasạllin** f) **1** *hist* vassallo m **2** *pej* (*Abhängiger*) vassallo (-a) m (f), suddito (-a) m (f).

Vasạllenstaat m *pej* stato m/paese m vassallo.

Vasạllentum <-s, ohne pl> n *hist* vassallaggio m.

Vasạllin f → **Vasall**.

Väschen <-s, -> n *dim von* Vase vasetto m, vasino m.

Vạse <-, -n> f vaso m (da fiori).

Vasektomịe <-, -n> f *med* vasectomia f.

Vaselịne <-, ohne pl> f vaselina f, vasellina f *fam*.

Vasoresektion <-, -en> f *med* vasoresezione f.

Vạter <-s, *Väter*> m **1** (*Elternteil*) padre m: **ein guter/schlechter ~**, un buon/cattivo padre; **ein strenger/zärtlicher ~**, un padre severo/affettuoso; **ein despotischer/herrschsüchtiger ~**, un padre padrone; **der biologische/leibliche/vermeintliche ~**, il padre biologico/naturale/putativo; **er ist ~ von zwei Kindern**, (lui) è padre di due figli; **ein allein erziehender ~**, un padre single **2** (*Tiervater*) padre m **3** (*Urheber*) padre m: **Freud ist der ~ der Psychoanalyse**, Freud è il padre della psicoanalisi; **die Väter der Verfassung**, i padri della Costituzione; **der geistige ~ einer S.** (gen), l'ideatore di qc **4** *‹nur pl› geh* (*Vorfahren*) padri m pl: **in das Land der Väter zurückkehren**, far ritorno nella terra dei padri **5** *‹nur sing› relig* (*Gott*) Padre m, padre m: **himmlischer ~**, Padre celeste; **Gott ~**, Dio padre, Padre Eterno; **~ im Himmel**, Padre in cielo; **im Namen des ~s und des Sohnes und des Heiligen Geistes**, in nome del Padre (e) del Figlio e dello Spirito Santo; **Jupiter galt als ~ der Götter und der Menschen**, Giove era considerato il padre degli dei e degli uomini **6** *relig* (*Anrede für Geistlichen*) padre m ● *ganz der ~ sein*, essere ˻tutto il˼/[il ritratto del] padre, essere tale e quale il padre; **etw vom ~ haben**, aver preso qc dal padre; **der Heilige ~**, il Santo Padre; **Ihr Herr ~** *obs scherz*, il Vostro Signor Padre; **~ der Nation** *pol hist*, padre della patria; **~ Rhein** *poet*, il grande, vecchio Reno; **vom ~ auf den Sohn**, di padre in figlio; **~ Staat** *scherz oder iron* (*negativo*), il governo; (*positivo*), lo Stato; **ich habe keine Sorgen, ich bin bei ~ Staat beschäftigt**, non ho motivo di preoccuparmi perché sono uno (-a) statale; **~ unser, ...** *relig*, Padre nostro, ...; **~ werden**, diventare padre; **ein werdender ~**, un futuro padre; **wie ein ~**, come un padre; **er ist wie ein ~ zu ihr**, le fa da padre, per lei è come un padre; **wie der ~, so der Sohn**, tale (il) padre, tale (il) figlio.

Vạterbild n *psych* immagine f (che si ha) del padre.

Vạterbindung f *psych* legame m con il padre: **eine enge ~ haben**, essere molto legato al padre.

Vạterchen <-s, -> n **1** *dim von* Vater papino m *fam*, paparino m *fam* **2** *fam* (*alter Mann*) nonnino m *fam*.

Vạterfigur f *psych* figura f paterna.

Vạterfreuden subst *‹nur pl› scherz* gioie f pl *‹ungesehen›*: **~ entgegensehen**, prepararsi a godere delle gioie della paternità *scherz*.

Vạterfunktion f ruolo m di padre: **der große Bruder hat eine Art ~ in der Familie**, nella famiglia il fratello maggiore svolge praticamente il ruolo di padre.

Vätergeneration f generazione f di padri: **die neue ~**, la nuova generazione di padri, i padri della nuova generazione.

Vạterhaus n *obs* casa f paterna/natale: **mein ~**, la mia casa natale.

Vạterkomplex m *psych* complesso m del padre.

Vạterland n patria f: **für das ~ kämpfen/sterben**, lottare/morire per la patria.

vạterländisch **A** *adj obs oder iron* {GESINNUNG, LIEDER} patriottico; {BELANGE, TRADITION} nazionale **B** *adv*: **~ gesinnt sein**, avere idee patriottiche, essere un patriota.

Vạterlandsliebe f amor(e) m patrio/[di patria], patriottismo m: **wahre ~ zeigen**, dare prova di vero patriottismo.

vạterlandslos *adj* **1** (*ohne Vaterland*) {GESELLSCHAFT, VOLK} senza patria **2** *geh pej* (*nicht patriotisch*) {GESINNUNG} antipatriottico: **~er Gesell**, spirito antipatriottico.

Vạterlandsverräter m (**Vạterlandsverräterin** f) traditore (-trice) m (f) della patria, parricida mf *lit*.

Vạterlandsverteidiger m (**Vạterlandsverteidigerin** f) difensore m, difenditrice f della patria.

vạterlich **A** *adj* **1** (*dem Vater gehörend*) {FIRMA, GRUNDSTÜCK, HAUS} paterno, del padre: **das ~e Geschäft übernehmen**, rilevare l'impresa paterna **2** (*einem Vater gemäß*) {ERZIEHUNG, FÜRSORGE, LIEBE} paterno; {AUFGABEN, PFLICHTEN} *auch* di padre **3** (*zum Vater gehörend*) {FAMILIE, LINIE, VORFAHREN} paterno, ˻da/per parte di˼/[per via di] padre: **von ~er Seite her miteinander verwandt sein**, essere parenti dal lato ˻di padre˼/[paterno] **4** (*fürsorglich*) {FREUND} paterno; {RAT, VERHALTEN} *auch* da padre **B** *adv* paternamente, in modo paterno, come un padre: **jdm gegenüber ~ auftreten**, avere un atteggiamento paterno nei confronti di qu; **jdm ~ auf die Schultern klopfen**, dare una pacca amichevole sulla spalla a qu.

vạterlicherseits *adv* per/da parte paterna/[di padre]: **die Verwandtschaft ~**, parenti ˻da parte di padre˼/[dal lato paterno]; **~ mit jdm verwandt sein**, essere parente di qu per parte/via di padre.

Vạterliebe f **1** (*Liebe zum Vater*) amore m ˻verso il padre˼/[filiale] **2** (*Liebe eines Vaters*) amore m paterno: **das ist wahre ~!**, questo sì che è amore paterno!

vạterlos **A** *adj* {ERZIEHUNG, FAMILIE} senza padre; {KIND} *auch* orfano di padre: **eine ~e Gesellschaft**, una società senza/[priva di] padri **B** *adv*: **~ aufwachsen**, crescere ˻orfano (-a) di˼/[senza] padre.

Vạtermord m parricidio m, patricidio m *lit*.

Vạtermörder m (**Vạtermörderin** f) parricida mf, patricida mf *lit*.

Vạterrolle f ruolo m di padre: **er hat in der Familie die ~ übernommen**, in famiglia fa le veci del padre.

Vạterschaft <-, ohne pl> f **1** *jur* paternità f: **außereheliche/[nicht eheliche] ~**, paternità naturale; **eheliche ~**, paternità legittima; **vermeintliche ~**, paternità putativa; **die ~ anerkennen/leugnen**, riconoscere/negare la paternità; **Rechte und Pflichten der ~**, diritti e doveri/obblighi inerenti alla paternità; **die gerichtliche Feststellung der ~**, la dichiarazione giudiziale di paternità **2** (*Vatersein*) paternità f.

Vạterschaftsaberkennung f *jur* disconoscimento m della/di paternità.

Vạterschaftsanerkennung f *jur* riconoscimento m della/di paternità.

Vạterschaftsbestimmung f accertamento m della paternità.

Vạterschaftsfeststellung f *jur* accertamento m della paternità.

Vạterschaftsklage f azione f legale per l'accertamento della paternità.

Vạterschaftsnachweis m *jur* prova f della/di paternità.

Vạterschaftstest m test m della/di paternità: **den ~ machen lassen**, far fare il test della paternità.

Vạterschaftsurlaub m → **Erziehungsurlaub**.

Vạterschaftsvermutung f *jur* presunzione f di paternità.

Vạterstelle f: **bei/an jdm ~ vertreten**, fare da padre a qu, fare le veci del padre a qu.

Vạtertag m giorno m/festa f del papà.

Vạterunser <-s, -> n *relig* Padrenostro m, Padre nostro m, Paternostro m: **ein ~ aufsagen/beten**, dire/recitare un Padrenostro.

Vạti <-s, -s> m *fam* papà m; (*in Mittelitalien, bes. tosk*) babbo m *fam*.

Vatikạn <-s, ohne pl> m **1** (*Residenz*) Vaticano m, palazzi m pl vaticani **2** (*Behörde*): **der ~**, Il Vaticano; **die Politik des ~s**, la politica vaticana/[del Vaticano]; **Radio ~**, la Radio vaticana.

vatikạnisch *adj* {KONZIL, MUSEEN, PALAST, SAMMLUNG} vaticano: **die Vatikanische Bibliothek**, la Biblioteca apostolica vaticana; **das 2. Vatikanische Konzil**, il Concilio Vaticano II.

Vatikạnstadt f: **die ~**, (lo Stato m del)la Città del Vaticano.

V-Ausschnitt m scollo m/scollatura f a V.

VB *Abk von* Verhandlungsbasis.

v. Chr. *Abk von* vor Christus: a. C. (*Abk von* avanti Cristo).

Vedụte <-, -en> f *kunst* veduta f: **eine ~ von Paris**, una veduta di Parigi; **venezianische ~n**, vedute veneziane.

Vedụtenmaler <-s, -> m (**Vedụtenmalerin** f) *kunst* pittore (-trice) m (f) di vedute, vedutista mf.

vegan **A** *adj* {ERNÄHRUNG, ESSEN} vegano, vegano **B** *adv*: **~ leben**, vivere vegan; **~ essen, sich ~ ernähren**, seguire una dieta vegana.

Veganer <-s, -> m (**Veganerin** f) vegan mf, vegano (-a) m (f).

Veganịsmus m veganismo m.

Vegetariạner m (**Vegetariạnerin** f) *rar*, **Vegetarier** <-s, -> m (**Vegetarierin** f) vegetariano (-a) m (f).

vegetạrisch **A** *adj* vegetariano **B** *adv*: **~ essen**, seguire ˻un regime vegetariano˼/[una dieta vegetariana]; **in diesem Restaurant isst man ~**, in questo ristorante si mangia vegetariano; **~ leben**, essere vegetariano.

Vegetation <-, -en> f *bot* **1** (*Pflanzenwelt*) vegetazione f: **die tropische**, **~ tropicale 2** (*Pflanzenwuchs*) vegetazione f: **eine üppige/spärliche ~**, una vegetazione ˻lussureggiante/rigogliosa˼/[rada].

Vegetationsgrenze f *bot geog* limite m della vegetazione.

Vegetationsperiode f *bot* periodo m vegetativo.

Vegetationszeit f *bot* → **Vegetationsperiode**.

Vegetationszone f zona f/fascia f di ve-

vegetativ **A** adj **1** anat med {FUNKTION} vegetativo; {REFLEX, STÖRUNG} neurovegetativo: **das ~e Nervensystem**, il sistema neurovegetativo/[nervoso autonomo] **2** biol {VERMEHRUNG, ZELLTEILUNG} vegetativo **B** adv **1** med: **~ bedingt sein**, essere di ordine (neuro)vegetativo **2** biol vegetativamente, in modo vegetativo: **sich ~ vermehren**, avere una riproduzione vegetativa, riprodursi vegetativamente.

vegetieren <ohne ge-> itr oft pej (**irgendwo**) **~** sopravvivere/vivacchiare (+ compl di luogo), stentare la vita: **hier in den Slums die Ärmsten der Armen**, qui negli slum i poverissimi lottano per la sopravvivenza; **seit Wochen vegetiert er am Rande der Existenz vor sich hin**, da settimane la sua non si può più chiamare vita, vegeta solamente.

vehement geh **A** adj {ABLEHNUNG, PROTEST} veemente, violento; {KRITIK} auch impetuoso **B** adv veementemente, con veemenza/impeto: **jdn ~ kritisieren**, criticare qu veementemente; **jdn/etw ~ verteidigen**, difendere qu/qc con veemenza/impeto; **sich ~ weigern**, rifiutarsi con veemenza.

Vehemenz <-, ohne pl> f geh veemenza f, impeto m: **etw mit ~ ablehnen**, respingere qc con veemenza; **mit ~ reagieren**, reagire con veemenza.

Vehikel <-s, -> n **1** (Fahrzeug) trabiccolo m; fam (Auto) auch carcassa f, macinino m fam, catorcio m fam; (Fahrrad) bici f fam, due ruote f fam, velocipede m scherz: **eine altes, klappriges ~** scherz (Auto), una vecchia carcassa tutta traballante; (Fahrrad) una vecchia bici sgangherata **2** geh (Mittel) veicolo m, strumento m, mezzo m: **die Musik als ~ der Gefühle**, la musica come veicolo dei sentimenti; **er benutzte die Freundschaft als ~ für seine Karriere**, l'amicizia gli servì da veicolo/mezzo per la sua carriera.

Veilchen <-s, -> n **1** bot violetta f, (viola f) mammola f **2** fam (blaues Auge) occhio m nero/pesto • **blau wie ein ~ sein** fam {MENSCH}, essere ubriaco fradicio; {AUGE}, essere viola/nero; **wie ein ~ im Verborgenen blühen**, essere una bellezza che fiorisce nell'ombra, essere una perla nascosta in un'ostrica; **jdm ein ~ verpassen** fam, fare un occhio viola a qu.

veilchenblau adj **1** (von der Farbe eines Veilchens) {BLUSE, KLEID, STOFF} violetto, viola **2** fam (stockbetrunken) ubriaco fradicio.

Veilchenduft m profumo m di violette.

Veilchenstrauß m mazzo m di violette/viole.

Veit m (Vorname) Vito.

Veitstanz m fam ned ballo m di San Vito fam, corea f med: **den ~ haben**, avere il ballo di San Vito • **einen ~ aufführen** fam, fare il diavolo a quattro fam.

Vektor <-s, -en> m math vettore m.

vektoriell adj math vettoriale.

Vektorrechnung f math calcolo m vettoriale.

velar adj ling {KONSONANT} velare.

Velar <-s, -e> m ling, **Velarlaut** m ling suono m velare.

Velo <-s, -s> n CH bicicletta f, bici f fam; (motorisiert) motorino m: **~ fahren**, andare in bicicletta.

Velours① <-, ohne pl> m text velours m.

Velours② <-, ohne pl> n text, **Veloursleder** n text pelle f scamosciata, scamosciato m.

Veloursteppich, **Veloursteppichboden** m moquette f di velours.

Vene <-, -n> f anat vena f: **sich (dat) die ~n durchschneiden**, tagliarsi le vene.

Venedig <-s, ohne pl> n geog Venezia f: **die Republik von ~** hist, la repubblica marinara di Venezia, la Serenissima.

Venenentzündung f med flebite f.

Venenstripping <-(s), -s> n med stripping m, estrazione f di ₍una vena varicosa₎/[vene varicose].

Venenverödung f med scleroterapia f med.

venerisch adj med venero.

Veneter <-s, -> m (**Veneterin** f) veneto (-a) m (f): **die ~** hist, i veneti.

Venetien <-s, ohne pl> n geog Veneto m.

venetisch adj {DIALEKT, REGION} veneto; hist {INSCHRIFT, SPRACHE} venetico: **das Venetische** ling hist, il venetico.

Venezianer m (**Venezianerin** f) veneziano (-a) m (f).

venezianisch adj veneziano: **Leber auf ~e Art**, fegato alla veneziana.

Venezolaner <-s, -> m (**Venezolanerin** f) venezuelano (-a) m (f).

venezolanisch adj venezuelano.

Venezuela <-s, ohne pl> n geog Venezuela m.

venös adj med {BLUT, STAUUNG, VERENGUNG} venoso.

Ventil <-s, -e> n **1** tech (Absperrvorrichtung) {+HEIZUNG, ROHR, SCHLAUCH} valvola f: **automatisches ~**, valvola automatica; **ein ~ öffnen/schließen**, aprire/chiudere una valvola **2** autom {+MOTOR} valvola f: **die ~e einstellen**, registrare/[mettere a punto] le valvole **3** mus {+HORN, TROMPETE} pistone m; {+ORGEL} ventilabro m **4** (Möglichkeit, um Energie abzulassen) valvola f (di sfogo): **ein ~ für seine Wut suchen**, cercare una valvola di sfogo alla propria rabbia; **Sport ist für viele ein ~, um sich auszutoben**, lo sport è per molti una valvola di sfogo.

Ventilation <-, -en> f geh ventilazione f, aerazione f: **ein Bad mit geringer ~**, un bagno con scarsa ventilazione.

Ventilationsanlage f tech impianto m di ventilazione/aerazione.

Ventilator <-s, -en> m ventilatore m, aeratore m.

Ventileinstellung f autom registrazione f/[messa f a punto] delle valvole.

ventilieren <ohne ge-> tr **1** med **etw ~** ventilare qc: **die Lunge ~**, ventilare i polmoni **2** geh (etw überdenken) **etw ~** {PROBLEM} esaminare qc; {FRAGE} auch ponderare qc; (etw erörtern) ventilare l'ipotesi di qc: **die Möglichkeit einer Rot-Grün-Regierung ~**, ventilare l'ipotesi di un governo socialdemocratico con la partecipazione dei verdi.

Ventilspiel n autom gioco m della valvola.

Ventilsteuerung f mot comando m delle valvole.

Ventrikel <-s, -> m anat ventricolo m.

Venus <-, ohne pl> f **1** myth Venere f: **~, die Liebesgöttin**, Venere, la dea dell'amore **2** astr: **die ~**, (il pianeta) Venere f.

Venusberg m anat, **Venushügel** m anat monte m ₍di Venere₎/[del pube].

Vera f (Vorname) Vera.

verabfolgen <ohne ge-> tr obs → **verabreichen**.

verabreden <ohne ge-> **A** tr **etw (mit jdm) ~** {GESPRÄCH, TREFFEN} concordare qc (con qu), fissare qc (con qu); {ORT, TERMIN, UHRZEIT} auch stabilire qc (con qu): **sie haben (₍mit ihnen₎/[untereinander]) einen genauen Zeitpunkt verabredet**, hanno fissato/stabilito (con[tra di] loro) un'ora precisa; **mit jdm ~, (etw) zu tun/[dass ...]**, ₍mettersi d'accordo₎/[fissare/concordare] con qu ₍di fare (qc)₎/[che ...]; **~, was/wie ...**, convenire/[mettersi d'accordo] su (che) cosa/come ...; **sie verabredeten, sich jede Woche in einem bestimmten Lokal zu treffen**, hanno convenuto/fissato di ritrovarsi tutte le settimane in un determinato locale **B** rfl **sich (miteinander) ~**, darsi appuntamento: **wir haben uns für morgen verabredet**, ci siamo dati (-e) appuntamento per domani; **sich mit jdm (für etw akk/irgendwo) ~**, dare (un) appuntamento a₍/[fissare un appuntamento con] qu (per qc/+ compl di luogo): **ich habe mich mit ihm um acht (Uhr) vor der Kirche verabredet**, ho fissato (un appuntamento) con lui alle otto davanti alla chiesa; **wann/wo ₍hast du dich mit ihm₎/[habt ihr euch] verabredet?**, ₍per quando₎/[dove] ₍hai fissato l'appuntamento con lui₎/[vi siete dati (-e) appuntamento]?; **sich auf etw (akk)/zu etw (dat) ~**, ₍darsi appuntamento₎/[fissare fam] per fare qc (insieme); **sich ₍auf ein₎/[zu einem] Bier ~**, darsi appuntamento per bere una birra insieme.

verabredet adj **1** (eine Verabredung haben): **(mit jdm) ~ sein**, avere (fissato) un appuntamento (con qu); **er ist heute Abend leider schon ~**, purtroppo stasera ₍ha già (fissato) un appuntamento₎/[è già occupato] **2** (vereinbart) {GESPRÄCH, TREFFEN} convenuto, fissato, concordato; {ORT, TERMIN, ZEITPUNKT} auch stabilito: **am ~en Ort/Tag**, ₍nel luogo₎/[il giorno] convenuto/fissato; **zum ~en Zeitpunkt, zur ~en Stunde/Zeit**, all'ora concordata/fissata stabilita; **beim ~en Zeichen**, al segnale convenuto; **es war ~, dass ...**, si era convenuto che ...; **es war doch ~, dass wir morgen abreisen**, ma eravamo d'accordo di partire domani, ma era stabilito che saremmo partiti (-e) domani; **das war doch so ~!**, ma eravamo d'accordo così! • **wie ~**, come d'accordo/[concordato]/[convenuto]/[d'intesa]; **wie ~, treffen wir uns um acht am Bahnhof**, come d'accordo, ci incontriamo alle otto alla stazione.

Verabredung <-, -en> f **1** (Treffen) appuntamento m, impegno m: **eine geschäftliche/private ~**, un appuntamento ₍d'affari₎/[personale]; **eine ~ haben/absagen/ausmachen/bestätigen**, avere/disdire/fissare/confermare un appuntamento; **morgen um drei (Uhr) habe ich eine ~ in der Stadt**, domani alle tre ho un appuntamento/impegno in centro; **eine ~ sausen lassen** fam, saltare un appuntamento fam; **wir hatten eine ~, aber er hat mich versetzt**, avevamo (un) appuntamento ma lui mi ha fatto un bidone **2** <nur sing> (das Verabreden): **aus Zeitmangel kam es nicht mehr zur ~ des nächsten Treffens**, per mancanza di tempo non si arrivò a stabilire la data dell'incontro successivo; **zur ~ von Terminen wenden Sie sich bitte an meine Sekretärin!**, per prendere appuntamento si rivolga per favore alla mia segretaria! **3** (Vereinbarung) accordo m, patto m: **eine ~ einhalten**, rispettare l'accordo; **sich an eine ~ halten**, attenersi ai patti; **das verstößt gegen unsere ~**, (questo) non era nei nostri accordi/patti • **eine ~ treffen** (eine Einigung finden), trovare un accordo, mettersi d'accordo; **sie haben die ~ getroffen, jede Woche eine Versammlung abzuhalten**, ₍si sono messi d'accordo₎/[hanno convenuto] di tenere una riunione ogni settimana; **mit jdm eine ~ (für etw akk) treffen geh** (ein Treffen vereinbaren), {FÜR EINEN BESTIMMTEN ZEITPUNKT}, fissare un appuntamento con qu (per qc); **wie auf ~**: **wie auf ~ brachen sie beide in Tränen aus**, scoppiarono tutti (-e) e due in lacrime come se ₍si fossero messi (-e)₎/[fossero stati (-e)] d'accordo.

verabreichen <ohne ge-> tr jdm etw ~ **1** (nach Vorschrift geben) {MEDIKAMENT, RATION} somministrare qc a qu **2** fam (erteilen) {OHRFEIGE} somministrare qc a qu scherz, dare qc a qu: **jdm eine Tracht Prügel ~**, dare ⌊una bella dose di legnate fam⌋/[un sacco di botte fam] a qu.

verabscheuen <ohne ge-> tr jdn/etw ~ detestare qu/qc, esecrare qu/qc, aborrire qu/qc, abominare qc: **(es) ~, etw zu tun**, detestare fare qc; **er verabscheut (es), Gewalt anzuwenden**, detesta fare ricorso alla violenza; **(es) ~, dass jd etw tut**, detestare/ esecrare il fatto che qu faccia qc; **sie verabscheut (es), dass er jeden Abend betrunken nach Hause kommt**, detesta vederlo rincasare ubriaco tutte le sere.

verabscheuenswert A adj {BENEHMEN, MENSCH, TAT, VERBRECHEN} detestabile, esecrabile, abominevole B adv {SICH BENEHMEN} abominevolmente, esecrabilmente, in modo detestabile/abominevole/esecrabile.

verabscheuungswürdig adj → **verabscheuenswert**.

verabschieden <ohne ge-> A tr **1** (von jdm Abschied nehmen) **jdn ~** congedarsi da qu, accomiatarsi da qu, salutare qu (che sta partendo), licenziare qu geh oder lit: **er verabschiedete uns mit einem Händedruck**, ci congedò con una stretta di mano **2** form (feierlich entlassen) **jdn ~** {HOHEN BEAMTEN, BEFEHLSHABER, SCHEIDENEN MINISTER} dare il commiato a qu; {TRUPPEN} congedare qu **3** pol etw ~ {GESETZ} varare qc; {HAUSHALT} approvare qc; {GESETZESÄNDERUNG} auch votare qc B rfl **1** (Abschied nehmen) **sich (von jdm) ~** congedarsi (da qu), accomiatarsi da qu, salutare qu (partendo): **können wir gehen, oder musst du dich noch ~?**, possiamo andare o devi ancora salutare/congedarti?; **er würde sich gerne (von dir) ~**, sta partendo e vorrebbe salutarti; **ich muss mich jetzt leider ~**, mi dispiace, ma adesso ti/vi devo salutare/lasciare; **er ist gegangen, ohne sich zu ~**, se n'è andato senza salutare **2** (aufgeben) **sich von etw (dat) ~** {VON EINER IDEE, EINER BESTIMMTEN POLITIK, EINER VORSTELLUNG} dire addio a qc, abbandonare qc, lasciarsi alle spalle qc; {VON EINER BEZIEHUNG} chiudere qc; {VON EINER BINDUNG} rompere qc; **sich aus etw (dat) ~** {AUS DER VERANTWORTUNG, POLITIK} chiudere con qc **3** sport (ausscheiden) **sich mit etw/irgendwie ~**: **die Mannschaft verabschiedete sich mit zwei zu vier**, la squadra venne eliminata perdendo due a quattro **4** fam (kaputtgehen) **sich ~** {COMPUTER, ELEKTROGERÄT, MOTOR} partire fam: **der Kühlschrank verabschiedete sich kläglich nach zwei Tagen**, il frigorifero è partito miseramente dopo due giorni ● **sich auf Französisch ~**, filarsela all'inglese fam, andarsene insalutato ospite.

Verabschiedung <-, -en> f **1** pol {+GESETZ} varo m; {+HAUSHALT} approvazione f; {+GESETZESÄNDERUNG} auch voto m **2** form (feierliche Entlassung): **zur ~ des Ministers**, per dare il commiato al ministro uscente.

verabsolutieren <ohne ge-> tr geh etw ~ {ERFAHRUNG, ERKENNTNIS, HALTUNG, PHÄNOMEN} assolutizzare qc: **er neigt dazu, alles zu ~**, ha la tendenza a generalizzare tutto.

verachten <ohne ge-> tr **1** (verächtlich finden) **jdn (wegen etw gen oder fam dat) ~** provare disprezzo per qu (a causa di qc); **etw ~** {EINSTELLUNG, HALTUNG, TAT} disprezzare qc, provare disprezzo per qc **2** geh (nicht achten) **etw ~** {GEFAHR, TOD} disprezzare qc ● **nicht zu ~ sein** fam, non essere affatto da disprezzare; **ein kühles Bierchen wäre jetzt nicht zu ~**, ora un birrino freddo non lo disdegnerei; **nicht zu ~d** {BETRAG, SUMME}, non disprezzabile.

verachtenswert adj {HALTUNG, MENSCH} disprezzabile, spregevole.

Verächter <-s, -> m (**Verächterin** f): **kein ~ von jdm/etw sein** {VON SCHÖNEN FRAUEN, MÄNNERN, VON GENÜSSEN}, non disprezzare qu/qc, non essere uno (-a) che disprezza/ disdegna qu/qc; **ich bin durchaus kein ~ von exotischen Früchten**, non disprezzo affatto i frutti esotici.

verächtlich A adj **1** (voller Verachtung) {BLICK, GESICHTSAUSDRUCK, GESTE, TON} sprezzante, sdegnoso, di disprezzo anche so lit **2** (verachtenswert) {EINSTELLUNG, GESINNUNG, HALTUNG} spregevole, disprezzabile B adv {ABWINKEN, LÄCHELN} con/[in segno di] disprezzo: **jdn ~ ansehen**, guardare qu con aria ⌊di disprezzo⌋/[sprezzante]; **sich ~ über jdn äußern**, avere parole di sprezzo per qu; **den Mund verziehen**, storcere la bocca in segno di disprezzo.

Verachtung <-, ohne pl> f disprezzo m: **sie ließ ihn ihre ~ spüren**, gli fece sentire il suo disprezzo ● **mit/voll(er) ~**, con/[pieno di] disprezzo; **jdn mit ~ strafen**, trattare qu con disprezzo; (jdn bewusst nicht beachten), ignorare qu; **für jdn/etw nur ~ übrig haben**, non nutrire che disprezzo per qu/qc.

veralbern <ohne ge-> tr fam **jdn ~** prendere ⌊in giro fam⌋/[per i fondelli fam] qu: **du willst mich wohl ~!**, vuoi prendermi in giro?

verallgemeinern <ohne ge-> A tr etw ~ generalizzare qc B itr generalizzare.

Verallgemeinerung <-, -en> f **1** <nur sing> (das Verallgemeinern) generalizzazione f **2** (verallgemeinernde Darstellung) generalizzazione f, generalità f rar: **was Sie da sagen, ist eine ~ Ihrer persönlichen Erfahrungen**, quello che dice è una generalizzazione della Sua esperienza personale.

veralten <ohne ge-> itr <sein> {EINSTELLUNG, METHODEN} invecchiare, passare (di moda); {AUSDRUCK, WORT} auch cadere in disuso; {GERÄT} diventare antiquato (-a): **ein gutes Buch veraltet nicht**, un buon libro non invecchia (mai); **Computer und ihre Technik ~ in kürzester Zeit**, i computer e la loro tecnologia invecchiano in brevissimo tempo.

veraltet adj {GERÄT, WAFFEN} antiquato; {ANSICHTEN, METHODEN} auch invecchiato, sorpassato, superato; {AUSDRUCK, WORT} (caduto) in disuso, obsoleto, disusato; {STIL} fuori/ [passato di] moda; **~e Fabrikanlagen**, impianti industriali obsoleti.

Veranda <-, Veranden> f arch veranda f.

veränderbar adj {SITUATION, WIRKLICHKEIT} modificabile, trasformabile.

veränderlich adj **1** meteo variabile, instabile, mutevole: **das Barometer steht auf ~**, il barometro segna/[è su] variabile; **das Wetter bleibt ~**, il tempo rimane instabile **2** (variierbar) {FLEXION, FORM, GRÖSSE, PREISE, WORT, ZAHLEN} variabile, mutabile.

verändern <ohne ge-> A tr **1** (anders machen) **etw ~** {ABLAUF, ANORDNUNG, TEXT} cambiare qc; (bes. teilweise) modificare qc; {EINRICHTUNG, SYSTEM} cambiare qc; (völlig ~) trasformare qc: **sein Leben ~**, cambiare vita; **die junge Generation will oft die ganze Welt ~**, spesso le giovani generazioni vogliono cambiare il mondo **2** (im Wesen anders machen) **jdn ~** cambiare qu, trasformare qu, mutare qu: **der Krieg hat sie verändert**, la guerra li ha cambiati/trasformati/mutati **3** (ein anderes Aussehen verleihen) **jdn/etw ~** trasformare qu/qc, cambiare qu/qc, rendere diverso (-a) qu/qc: **diese Frisur verändert dich sehr**, questa pettinatura ti trasforma/[cambia molto]; **der Nebel verändert die Landschaft**, la nebbia trasforma il paesaggio; **sein Aussehen ~**, mutare/cambiare (di) aspetto B rfl **1** (anders werden) **sich ~** cambiare, trasformarsi: **das Wetter verändert sich**, il tempo cambia/[sta cambiando]; **sich äußerlich/[in seinem Äußeren] ~**, cambiare fisicamente/[(di) aspetto]; **hier hat sich alles verändert!**, qui è cambiato tutto!; **die Stadt verändert sich allmählich**, la città si ⌊sta trasformando⌋/[trasforma/ modifica poco a poco]; **sein Gesichtsausdruck verändert sich ständig**, l'espressione del suo viso cambia in continuazione **2** (die Stellung wechseln) **sich ~** cambiare (posto di) lavoro: **nach 13 Jahren im gleichen Job will ich mich (beruflich) ~**, dopo aver fatto per 13 anni lo stesso lavoro voglio/[ho voglia di] cambiare **3** (sein Wesen ändern) **sich (zu etw dat) ~** {ZUM BESSEREN, SCHLECHTEREN} cambiare (in qc); {ZU SEINEM NACHTEIL, VORTEIL} cambiare (a qc): **er hat sich in seinem Charakter verändert**, ha cambiato carattere; **du hast dich aber verändert!**, ma come sei cambiato (-a)!

Veränderung <-, -en> f **1** (andere Gestaltung) cambiamento m; (bes. teilweise) modificazione f, modifica f, variazione f: **eine ~ am Vertrag vornehmen**, apportare una modifica al contratto; **~en an der Außenfassade vornehmen**, eseguire delle modifiche alla facciata esterna; **eine ~ der Parkanlage planen**, progettare delle modifiche all'assetto del parco **2** (Wandel) cambiamento m, trasformazione f, mutamento m, mutazione f: **intensives Sonnenlicht bewirkt eine ~ der Farben**, un'intensa luce solare provoca un mutamento dei colori; **sprachliche/soziale/charakterliche ~en**, mutamenti linguistici/sociali/[di carattere]; **die Sprache unterliegt ständigen ~en**, la lingua è soggetta a ⌊continui mutamenti⌋/[continue trasformazioni]; **genetische ~en**, mutazioni genetiche; **krankhafte ~en**, alterazioni patologiche; **in jdm geht eine ~ vor**, in qu si verifica una trasformazione/un cambiamento **3** (veränderter Zustand) cambiamento m: **bei uns hat sich eine ~ ergeben: wir heiraten!**, c'è una novità: ci sposiamo! **4** (Stellenwechsel) cambiamento m ⌊d'impiego⌋/[di lavoro]: **ich strebe eine ~ an**, miro a cambiare lavoro; **er plant eine ~ nach Berlin**, ha intenzione di andare a lavorare a Berlino.

verängstigen <ohne ge-> tr jdn/etw ~ impaurire qu/qc, mettere paura a qu/qc, spaurire qu/qc; (einschüchtern) {PRÜFLING} intimorire qu: **ein Kind/Tier durch Schreie ~**, impaurire un bambino/animale con delle grida.

verängstigt A adj impaurito; {KIND} auch spaurito; {PRÜFLING} intimorito: **~ wirken**, ⌊dare l'impressione di essere⌋/[sembrare] impaurito (-a) B adv {UM SICH BLICKEN} impaurito (-a), spaurito (-a); {ANTWORTEN, FRAGEN} intimorito (-a).

Verängstigung <-, ohne pl> f paura f, timore m: **die ~ vieler Bürger angesichts der Reformen**, l'insicurezza di molti cittadini di fronte alle riforme.

verankern <ohne ge-> tr **1** naut etw ~ ancorare qc: **ein Schiff/Floß ~**, ancorare una nave/zattera **2** (befestigen) **etw (in etw dat) ~** {IM BODEN, IN DER WAND} ancorare qc a qc, fissare saldamente qc a qc: **die Brückenpfeiler (im Boden) ~**, ancorare i piloni del ponte al suolo **3** (zu einem festen Bestandteil machen) **etw in etw (dat) ~**: **die Meinungsfreiheit in der Verfassung ~**, fare della libertà d'opinione una parte integrante della costituzione; **in etw (dat) verankert sein** {ANSPRUCH, RECHT}, essere sancito da qc; {GEDANKE, VORSTELLUNG} IM BEWUSSTSEIN,

VOLK} essere radicato in qc; {THEORIE, THESE IN EINEM WELTBILD} essere ancorato a qc; **diese Vorstellung war in seinem Bewusstsein fest verankert**, questa idea era saldamente radicata nella sua mente.

Verankerung <-, -en> f **1** *naut* ancoraggio m **2** *tech* {+BRÜCKE, PFÄHLE} ancoraggio m **3** *fig* – **in etw** (dat) {+ANSPRUCH, RECHT IM GESETZ} radicamento m *in qc*: **die ~ dieses Prinzips in der Verfassung ist umstritten**, l'introduzione di questo principio nella costituzione è controversa.

veranlagen <ohne ge-> tr *Steuer* **jdn/etw ~** {FIRMA, PERSON} accertare l'imponibile *di qu/qc*; **jdn/etw mit etw** (dat) **~** {MIT EINEM BESTIMMTEN EINKOMMEN} tassare *qu/qc per qc*: **die Eheleute werden gemeinsam veranlagt**, i coniugi fanno la dichiarazione dei redditi congiunta.

veranlagt *adj* **1** (*eine best. Anlage habend*) **ein künstlerisch ~er Mensch**, una persona ˌportata per l'arteˌ/[con doti artistiche]; **ein musikalisch ~er Mensch**, una persona ˌdotata di musicalitàˌ/[con doti musicali]; **ein aggressiv ~es Tier**, un animale incline all'aggressività; **künstlerisch/musikalisch ~ sein**, ˌessere portatoˌ/[avere attitudine/propensione] per l'arte/la musica; **altruistisch/großzügig ~ sein**, avere la dote ˌdell'altruismoˌ/[della generosità]; **homosexuell ~ sein**, avere tendenze omosessuali; **kränklich ~ sein**, essere predisposto alle malattie; **praktisch ~ sein**, avere senso pratico; **romantisch ~ sein**, essere di indole romantica **2** *Steuer*: **mit etw** (dat) **~ sein**, essere tassato di qc: **mit 70 000 Euro ~ sein**, essere tassato per 70 000 euro.

Veranlagung① <-, -en> f **1** (*charakterlich*) indole f **2** (*körperlich*) predisposizione f **3** (*Neigung*) disposizione f, propensione f, attitudine f: **gegen seinen Geiz kann man nichts machen, das ist ~**, contro la sua avarizia non c'è niente da fare, è ˌla sua naturaˌ/[nella sua indole]; **eine ... ~ haben**: **eine künstlerische/musikalische ~ haben**, avere (pre)disposizione/propensione/attitudine per l'arte/la musica; **eine homosexuelle ~ haben**, avere tendenze omosessuali; **eine ~ zu etw** (dat) **haben** {ZUR FETTSUCHT, MAGERSUCHT}, avere predisposizione a qc; {ZUR DEPRESSION} avere (la) tendenza a qc; **eine ~ zum Dickwerden haben**, avere (la) tendenza a ingrassare; **eine ~ zum Künstler/Politiker haben**, avere attitudine/propensione per l'arte/la politica, avere la stoffa ˌdell'artistaˌ/[del politico]; **die ~ haben, etw zu tun**, avere la tendenza a fare qc.

Veranlagung② <-, -en> f *Steuer* → **Steuerveranlagung**.

veranlassen <ohne ge-> tr **1** (*in die Wege leiten*) **etw ~** ˌprovvedere affinchéˌ/[fare in modo che] *qc* avvenga/[sia fatto], (pre)disporre *qc*: **ich werde die umgehende Begleichung der ausstehenden Beträge ~**, provvederò affinché i sospesi vengano immediatamente saldati; **bitte ~ Sie sein sofortiges Erscheinen!**, ˌprovveda affinchéˌ/[faccia sì che] si presenti immediatamente!; **wir werden das Nötige ~**, predisporremo il necessario; **ich werde alles Weitere ~**, a tutto il resto provvederò io; (*anordnen*) disporre *qc*, dare ordine *di fare qc*, ordinare *qc*: **eine Untersuchung ~**, ordinare un'inchiesta; **der Bürgermeister veranlasste die Räumung des Platzes**, il sindaco ˌdispose lo sgombero dellaˌ/[dette ordine di sgomberare la] piazza; **~, dass** ˌjd etw tutˌ/[etw getan wird], ˌfare in modo cheˌ/[provvedere affinché] ˌqu faccia qcˌ/[qc sia fatto] **2** (*dazu bringen*) **jdn zu etw** (dat) **~** indurre *qu a* (*fare*) *qc*, spingere *qu a* (*fare*) *qc*: **was hat Sie zu diesem Schritt veranlasst?**, che cosa L'ha spinta/indotta a fare (questo) passo?; **jdn** (**dazu**) **~, ˌdass er/sie etw tutˌ/[etw zu tun]**, indurre qu a fare qc; **ich habe ihn dazu veranlasst, morgen abzureisen**, l'ho indotto a partire domani ● **sich** (**dazu**) **veranlasst fühlen/sehen, etw zu tun**, sentirsi/vedersi obbligato (-a) a fare qc.

Veranlassung <-, ohne pl> f motivo m, ragione f: **jdn ohne ~ beschuldigen**, accusare qu senza ˌalcuno motivoˌ/[alcuna ragione]; **es besteht ~, darauf hinzuweisen, dass ...**, si è reso necessario segnalare che ...; **es gibt/besteht keine ~ dafür, etw zu tun**, non c'è (alcun) motivo per fare qc; **es besteht keine ~ zur Freude**, non c'è motivo di rallegrarsi; **wir sehen keine ~, Ihnen entgegenzukommen**, non vediamo ˌalcun motivoˌ/[alcuna ragione] per venirˌLe incontro ● **auf jds ~** (**hin**), **auf ~ von jdm**, per iniziativa di qu; {+WEISUNGSBEFUGTER} *auch*, per disposizione di qu; **jdm ~ zu etw** (dat) **gebenˌ**/[geben, etw zu tun], dare a qu motivo/occasione di fare qc; **er hat mir ~ gegeben, an seiner Aufrichtigkeit zu zweifeln**, mi ha dato motivo di dubitare della sua sincerità; **keine ~ für etw** (akk) ˌ/[zu etw tun] **haben** {FÜR EIN BESTIMMTES VERHALTEN, ZUR KLAGE, ZUM STREIT}, non avere (alcun) motivo di fare qc; **keine ~ haben, etw zu tun** {SICH ZU ÄRGERN, BELEIDIGT ZU SEIN, ZU NÖRGELN}, non avere (alcun) motivo di fare qc; **nicht die leiseste ~ haben, etw zu tun**, non avere ˌla benché minima ragioneˌ/[il benché minimo motivo] di fare qc.

veranschaulichen <ohne ge-> A *tr* (**jdm**) **etw** (**an etw** dat/**mit etw** dat/**durch etw** akk) **~** illustrare *qc a qu* (*con qc*), spiegare *qc a qu* (*con qc*): **etw grafisch ~**, illustrare qc graficamente B *rfl* **sich** (dat) **etw ~**, immaginarsi qc, raffigurarsi qc: **du musst dir einmal ~, was es heißt ...**, dovresti provare a immaginarti cosa significa ...

Veranschaulichung <-, -en> f illustrazione f **zur ~** (**einer S.** gen), per illustrare (qc).

veranschlagen <ohne ge-> tr **etw** (**mit etw** dat) **~** stimare *qc* (*in qc*), calcolare *qc* (*in qc*), valutare *qc* (*in qc*); {AUSGABEN, KOSTEN} *auch* preventivare *qc* (*in qc*): **die Ausgaben mit 2000 Euro ~**, fare un preventivo di spesa di 2000 euro, preventivare le spese in 2000 euro; **das neue Gebäude wird mit 300 000 Euro veranschlagt**, per il nuovo edificio è stata preventivata una spesa di 300 000 euro; **etw für** (**ein akk**) **~** {EINE BESTIMMTE SUMME, ZEIT FÜR EINE ARBEIT, REISE, EIN PROJEKT} prevedere *qc per qc*; **für die Arbeit fünf Stunden ~**, calcolare cinque ore per il lavoro ● **etw kann nicht hoch genug veranschlagt werden**: **die Bedeutung dieses Autors kann gar nicht hoch genug veranschlagt werden**, questo autore non potrà mai essere sufficientemente apprezzato.

veranschlagt *adj* {AUFWAND, ZEIT} previsto; {KOSTEN} *auch* preventivato ● **wie ~**, come preventivato/previsto.

veranstalten <ohne ge-> tr **1** (*durchführen*) **etw ~** {DEMONSTRATION, KONZERT, TURNIER, VOLKSFEST} organizzare *qc*; {AUSSTELLUNG, MESSE} *auch* allestire *qc*; {FEST, FEIER} organizzare *qc*, dare *qc*; {UMFRAGE} condurre *qc*, fare *qc* **2** *fam* (*mit Aufwand betreiben*) **etw ~** {LÄRM, SZENE, ZIRKUS} fare *qc*: **was hat er nicht alles veranstaltet, um sie nochmals zu sehen!**, che cosa non ha fatto/architettato per vederla ancora una volta!

Veranstalter <-s, -> m (**Veranstalterin** f) {+DEMONSTRATION, FEST, KONZERT} organizzatore (-trice) m (f).

Veranstaltung <-, -en> f **1** <nur sing> (*das Durchführen*) {+FEIER, KONZERT, TAGUNG} organizzazione f; {+AUSSTELLUNG, MESSE} *auch* allestimento m **2** (*Ereignis*) manifestazione f; (*feierliches Ereignis*) cerimonia f; (*vergnügliches Ereignis*) festa f; (*Darbietung*) spettacolo m: **eine kulturelle/mehrtätige/sportliche ~**, una manifestazione culturale/[che dura più giorni]/[sportiva]; **eine ~ für Kinder**, una festa/uno spettacolo per bambini; **eine mondäne ~**, un evento mondano ● **geschlossene ~**, festa privata; **öffentliche ~**, manifestazione aperta a tutti.

Veranstaltungsbeginn m *univ* inizio m delle lezioni.

Veranstaltungskalender m calendario m delle manifestazioni.

verantworten <ohne ge-> A *tr* (*die Verantwortung tragen*) **etw ~** assumersi/prendersi la responsabilità *di qc*; {DIE FOLGEN, SEIN TUN} *auch* rispondere *di qc*; **etw vor jdm ~** rispondere *di qc* (*davanti*) *a qu*: **das kann ich nicht ~**, non ˌme la sento diˌ/[posso] assumermene la responsabilità, non posso farmene carico; **ich kann mein Verhalten vor ˌmeinem Gewissenˌ/[Gott] voll ~**, rispondo in pieno del mio comportamento ˌ(di fronte) alla mia coscienzaˌ/[(davanti) a Dio]; (**es**) **~, ˌdass/wenn jdn etw tutˌ/[wenn etw geschieht]**: **Sie müssen es ~, wenn dem Kind etw passiert**, è Lei ˌche si deve assumere la responsabilitàˌ/[responsabile] se succede qualcosa al bambino; **kannst du es ~, dass die Kinder allein zur Schule gehen?**, te la senti di assumerti la responsabilità di mandare i bambini a scuola da soli?; **er muss es selbst ~, wenn er in diesem Zustand Auto fährt!**, se vuole guidare in queste condizioni, ˌsono affari suoiˌ/[che se la veda lui]! B *rfl* (*sich rechtfertigen*) **sich für etw** (akk) (**vor jdm**) **~** rispondere *di etw* (akk) (*a qu*), assumersi la responsabilità *di qc* (*di fronte a qu*), rendere conto *di qc* (*a qu*): **sich für ein Vergehen vor Gericht ~ müssen**, dover rispondere di un reato in tribunale ● **etw zu ~ haben**, doversi assumere le proprie responsabilità per qc; **nicht zu ~ sein** {BENEHMEN, HANDLUNG}, essere irresponsabile; {AUSGABEN, KOSTEN}, non essere giustificabile.

verantwortlich A *adj* **1** (*die Verantwortung tragend*) {AUFSICHTSPERSON, GESCHÄFTSFÜHRER, LEITER, REDAKTEUR} responsabile: **für jdn/etw ~ sein**, essere responsabile di qu/qc, rispondere di qu/qc; **jeder ist für sich selbst ~**, ognuno è ˌresponsabileˌ/[risponde] di se stesso; (**jdm/**[**jdm gegenüber**]) **für etw** (akk) **~ sein**, essere responsabile di qc (davanti/[di fronte] a qu); **sie ist dem Veranstalter gegenüber für die Bestückung der Ausstellung ~**, di fronte all'organizzatore è lei responsabile dell'allestimento della mostra; (**jdm/**[**jdm gegenüber**]) **dafür ~ sein, dass ...**, essere responsabile (davanti/[di fronte] a qu) del fatto che ... *konjv*: **er ist dafür ~, dass die Ware pünktlich geliefert wird**, è responsabile della puntualità nella consegna della merce **2** (*schuldig*) {MENSCH} responsabile: **für etw** (akk) **~ sein**, essere responsabile di qc; **für den Misserfolg der Aufführung ist der Regisseur/[die schlechte Akustik] ~**, responsabile del fiasco dello spettacolo è il regista/[la cattiva acustica] **3** (*Rechenschaft schuldend*) **jdm** (**gegenüber**) (**für etw** akk) **~ sein**, rispondere a qu (di qc), essere responsabile di fronte a qu (di qc); **dem Volk gegenüber für seine Politik ~ sein**, essere ˌresponsabileˌ/[essere responsabile] della propria politica di fronte al paese; **dem Gesetz gegenüber ~ sein**, essere responsabile di fronte alla legge ˌ/[legalmente]; **sie ist nur dem Chefredakteur gegenüber ~**, risponde (del suo operato) solo al caporedattore **4** (*mit Verantwortung verbunden*) {Position, Stelle} di responsabilità: **in seiner ~en Position**, nella sua posizione di responsabile; **die ~e Leitung des Projekts liegt bei Herrn X**, la responsabilità del progetto è del Signor X **B** *adv* {Handeln} da persona responsabile, con (senso di) responsabilità, responsabilmente; {etw leiten, redigieren} come responsabile ● **sich für jdn/ etw ~ fühlen**, sentirsi responsabile di qu/ qc; **jdn für etw (akk) ~ machen** (*jdm die Schuld geben*), ritenere qu responsabile di qc; (*von jdm Rechenschaft fordern*), chiedere conto a qu di qc; **etw für etw (akk) ~ machen**, dare la colpa di qc a qc, chiamare in causa qc per giustificare qc; *voll* **für etw (akk) ~ sein**, avere la piena/totale responsabilità di qc; **sich voll für etw (akk) ~ fühlen**, sentirsi addosso tutta la responsabilità di qc; **für etw (akk) ~ zeichnen**, essere (il/la) responsabile di qc, avere la responsabilità di qc.

Verantwortliche <*dekl wie adj*> *mf* ~ (*für etw* akk) responsabile *mf di qc*; **die ~n zur Rechenschaft ziehen**, chiedere conto ai responsabili; **Kinder haben nur in Begleitung der Eltern oder eines ~n Zutritt**, i bambini possono entrare solo se accompagnati dai genitori o da qualcuno che risponde per loro.

Verantwortlichkeit <-, -*en*> *f* responsabilità *f*.

Verantwortung <-, -*en*> *f* **1** (*Verpflichtung, für etw einzustehen*) responsabilità *f*: **eine große/schwere ~**, una grande/[grossa/grave] responsabilità; **eine schwere ~ lastet auf seinen Schultern**, ha una grossa responsabilità sulle spalle **2** (*Schuld*) ~ **für etw** (akk) {für einen Schaden, Tod, Unfall} responsabilità *f di qc*: **jede ~ für etw (akk) ablehnen/[von sich weisen]**, declinare ogni responsabilità, negare di avere qualsiasi responsabilità (in qc) **3** <*nur sing*> (*~sbewusstsein*) (senso m di) responsabilità *f*: **ein Mensch ohne jede ~**, una persona senza il minimo senso di responsabilità, un assoluto irresponsabile; **jdn zur ~ erziehen**, responsabilizzare qu; **ohne ~ handeln**, agire ₁senza₁ (senso di) responsabilità/[da irresponsabile]; **wenig/viel ~ zeigen**, (di)mostrare scarsa/grande responsabilità ● **die ~ (für jdn/etw) auf jdn abwälzen**, scaricare su qc la responsabilità (di qu/qc); **jdm die ~ für etw (akk) abnehmen**, liberare qu dalla responsabilità di qc; **jdm die ~ für jdn/etw anvertrauen**, affidare a qu la responsabilità di qu/qc; *auf deine/Ihre* **~!**, a tuo/Suo rischio e pericolo!; *auf eigene* **~**, a proprio rischio e pericolo; **sich seiner ~ (nicht) bewusst sein**, (non) essere consapevole delle proprie responsabilità; **etw in eigener ~ tun**, fare qc sotto la propria responsabilità; **jdn ₁der ~ entheben₁/[aus der ~ entlassen]**, sollevare qu da ogni responsabilità; **sich der ~ entziehen**, sottrarsi ad ogni responsabilità; **jd hat/trägt die ~ für jdn/etw**, qu ha la responsabilità di qu/qc, la responsabilità di qu/qc è di qu; **in der ~ stehen**, essere responsabile; **sich aus der ~ stehlen**, rifuggire le responsabilità; **die ~ (für etw akk) übernehmen** {für einen Fehlschlag, Misserfolg}, assumersi la responsabilità (di qc); {für einen Anschlag, Mord}, rivendicare qc; **jdm die ~ (für etw akk) übertragen** (di qc); **jdn (für etw akk) zur ~ ziehen**, chiedere conto/ragione a qu di qc, chiamare qu a rispondere di qc; **jdm die ~ (für etw akk) zuschieben**, addossare a qu la responsabilità (di qc); **sich (gegenseitig) die ~ zuschieben**, rimpallarsi le responsabilità *fam*.

verantwortungsbewusst (a.R. ver-antwortungsbewußt) **A** *adj* {Mensch} responsabile, consapevole/conscio delle proprie responsabilità: **~ werden**, responsabilizzarsi; **~es Handeln**, un agire responsabile **B** *adv* {Handeln, sich verhalten} da persona responsabile, con (senso di) responsabilità.

Verantwortungsbewusstsein (a.R. Verantwortungsbewußtsein) *n* senso *m* di responsabilità: **~ in jdm wecken**, responsabilizzare qu; **das ~ in der Klasse ist groß**, nella classe il senso di responsabilità è molto forte; **er hat großes ~ seinen jüngeren Geschwistern gegenüber**, si sente molto responsabile verso i fratelli minori.

verantwortungsfreudig *adj* {Mensch} pronto/disponibile ad assumersi delle responsabilità: **der Bewerber sollte ~ sein**, il candidato dovrebbe essere pronto ad assumersi delle responsabilità.

Verantwortungsgefühl *n* senso *m* di responsabilità.

verantwortungslos A *adj* {Haltung, Handeln} irresponsabile, da incosciente; {Mensch} incosciente, irresponsabile: **es ist ~, etw zu tun**, è da incosciente/irresponsabile fare qc; **es ist ~, in diesem Alter Kinder zu bekommen**, è pura incoscienza fare figli a quest'età **B** *adv* da (persona) irresponsabile, in modo irresponsabile, irresponsabilmente.

Verantwortungslosigkeit <-, *ohne* pl> *f* irresponsabilità *f*, incoscienza *f*.

Verantwortungsträger *m* responsabile *m* (ad alto livello).

verantwortungsvoll *adj* **1** (*mit Verantwortung verbunden*) {Aufgabe, Posten, Tätigkeit} di responsabilità **2** → **verantwortungsbewusst**.

veräppeln <*ohne* ge-> *tr fam* → **veralbern**.

verarbeiten <*ohne* ge-> *tr* **1** (*als Ausgangsprodukt verwenden*) ~ **etw** {Fleisch, Pflanzen} lavorare *qc*; {Eisen, Halbfertigprodukte, Rohstoff} *auch* trattare *qc*; **etw zu etw** ~ {Fleisch zu Wurst, Milch zu Käse} lavorare *qc per farne qc*, trasformare *qc in qc*: **Zeitungen zu Recyclingpapier ~**, riciclare la carta di giornale; **die ~de Industrie**, l'industria di trasformazione **2** *inform* **etw** ~ {Daten, Informationen, Zahlen} elaborare *qc*, processare *qc*, trattare *qc* **3** (*verbrauchen*) **etw** ~ {Farbe, Lack} utilizzare *qc*, impiegare *qc*: **der Maler hat schon drei Eimer Wandfarbe verarbeitet**, l'imbianchino ha già finito tre secchi di vernice **4** (*künstlerisch aufarbeiten*) **etw in etw** (dat) ~ {Begebenheit, Idee, Motiv in einem Roman, einer Komposition} rielaborare *qc in qc*, utilizzare *qc in qc*; **etw zu etw** (dat) ~ utilizzare *qc per* (*farne*) *qc*: **etw zu einem Film ~**, adattare *qc* per lo schermo; **eine wahre Begebenheit zu einem Drehbuch ~**, utilizzare un fatto veramente accaduto per una sceneggiatura; **mittelalterliche Motive in einem Roman ~**, rielaborare temi medievali in un romanzo **5** *psych* **etw** ~ {Eindrücke, Erlebnisse} elaborare *qc*, metabolizzare *qc*, assimilare *qc*, digerire *qc fam*: {Enttäuschung, jds Tod} superare *qc*; {Gehirn Eindrücke, Reize} elaborare *qc*: **den Tod seiner Eltern ~ müssen**, dover superare la morte dei genitori **6** *biol* **etw** ~ {Organismus Nahrung, Speise} assimilare *qc*; {Magen} *auch* digerire *qc*: **der Magen verarbeitet bestimmte Proteine nur sehr schwer**, lo stomaco assimila solo a fatica certe proteine.

verarbeitet *adj* trasformato, trattato; *irgendwie* ~ {Artikel, Material, Stoff, Gut, Schlecht} lavorato + *compl di modo*; {Anzug, Rock} *auch* rifinito + *compl di modo*: **das Material ist sorgfältig ~**, il materiale è lavorato accuratamente.

Verarbeitung <-, -*en*> *f* **1** *industr* {+Fleisch, Holz, Leder, Metall} lavorazione *f*; {+Rohstoffe} *auch* trasformazione *f*, trattamento *m* **2** (*Fertigungsqualität*) fattura *f*: **Leder in erstklassiger ~**, pelle di primissima fattura **3** *inform* elaborazione *f*, trattamento *m*.

verargen <*ohne* ge-> *tr geh* **jdm etw** ~ {Entscheidung, Haltung, Verhalten} volerne *a qu per qc*, avercela/prendersela *con qu per qc*: (es) **jdm ~, dass/wenn jd etw tut**, ₁volerne a₁/[prendersela/avercela con] qu perché qu fa qc; **er verargt (es) ihr, dass sie ihn betrogen hat**, ce l'ha con lei perché l'ha tradito; **das kann ich ihm nicht ~**, non posso volergliene.

verärgern <*ohne* ge-> *tr* **jdn** ~ irritare *qu*, indispettire *qu*, indisporre *qu*, far arrabbiare *qu*: **jdn sehr ~**, irritare/[far arrabbiare] molto qu.

verärgert A *adj* {Gesicht} arrabbiato, irritato; {Mensch} *auch* indispettito: **er machte einen ~en Eindruck**, aveva un'aria indispettita/seccata; **du siehst sehr ~ aus**, hai l'aria arrabbiatissima, sembri molto irritato (-a); (**über jdn/etw**) **~ sein**, essere arrabbiato/irritato (con qu/per qc), essere indispettito (per qc); **~ sein, dass/weil …**, essere irritato/arrabbiato perché …; **er ist ~, weil nichts funktioniert**, è arrabbiato perché non funziona niente **B** *adv* {antworten, reagieren} con irritazione/dispetto, (tutto (-a)) indispettito (-a)/arrabbiato (-a).

Verärgerung <-, *ohne* pl> *f* irritazione *f*.

verarmen <*ohne* ge-> *itr* <*sein*> **1** (*arm werden*) {Adel, Land, soziale Schicht} impoverir(si), immiserir(si): **durch den Bürgerkrieg verarmte das Land völlig**, con la guerra civile il paese (si) è completamente impoverito; **intellektuell/geistig ~**, impoverir(si)/immiserir(si) intellettualmente/spiritualmente **2** *ökol* {Boden} impoverire: **durch Monokulturen verarmt der Boden**, a causa delle monoculture il terreno impoverisce; **etw ~ lassen**, impoverire qc, depauperare qc.

verarmt A *adj* **1** (*arm geworden*) {Adel, Land, Region} impoverito; {Adliger, Besitzender} *auch* caduto/ridotto in miseria, immiserito: **eine durch Naturkatastrophen ~e Bevölkerung**, una popolazione impoverita/immiserita da calamità naturali **2** *ökol* impoverito, depauperato **B** *adv*: (**völlig**) **~ sterben**, morire in (totale) miseria.

Verarmung <-, *ohne* pl> *f* **1** (*das Verarmen*) {+Boden} impoverimento *m*, depauperamento *m*; {+Adel, Bevölkerung, Land, Schicht} *auch* immiserimento *m* **2** (*verarmter Zustand*) stato *m* di impoverimento/depauperamento; {+Bevölkerung, Land, Schicht} *auch* stato *m* di immiserimento.

verarschen <*ohne* ge-> *tr slang* **jdn** ~ prendere per il culo *qu slang*: **der Kabarettist verarscht die Politiker**, il cabarettista prende per il culo i politici; **ich lass mich doch nicht (von dir) ~!**, non mi faccio mica prendere per il culo (da te)!

Verarschung <-, -*en*> *f slang* presa *f* per il culo *slang*: **das ist alles eine ganz große ~!** *slang*, è una colossale presa di culo! *slang*.

verarzten <*ohne* ge-> *tr* **1** *fam* (*behandeln*) **jdn** ~ {Verletzten} medicare *qu* **2** (*versorgen*) **(jdm) etw** ~ {Bein, Verletzung} medicare *qc* (*a qu*): **sich** (dat) **eine Wunde ~ lassen**, farsi medicare una ferita.

verästeln <*ohne* ge-> *rfl* **1** *bot* **sich ~** ramificarsi, diramarsi *rar*: **wenn man die Büsche schneidet, dann ~ sie**, se (vengono) tagliati i cespugli si ramificano **2** (*verzweigen*) **sich** (*in etw* akk) ~ {ADER, NERV, WASSERLAUF, WEG} ramificarsi, diramarsi *rar* (*in qc*) ● **verästelt** {BAUM, ORGANISATION, WEGNETZ} ramificato.

Verästelung <-, -en> f **1** <nur sing> (*das Sichverästeln*) {+BAUM, FLUSS} ramificazione f, diramazione f: **der Baum hat eine schwache/starke ~**, l'albero è molto/poco ramificato **2** (*verästelter Teil*) ramificazione f, diramazione f: **die ~en eines Flusses**, le diramazioni/ramificazioni di un fiume.

verätzen <ohne ge-> tr (*jdm*) *etw* ~ {BLECH, HÄNDE, HAUT} corrodere *qc* (*a qu*).

Verätzung <-, -en> f **1** (*das Verätzen*) corrosione f **2** (*Verletzung*) corrosione f: **~en auf der Haut haben**, avere la pelle corrosa (dall'acido).

verausgaben① <ohne ge-> rfl **1** (*sich überanstrengen*) **sich ~** dare tutto, dare fondo a tutte le proprie energie: **bei der Bergbesteigung hat er sich völlig verausgabt**, ha dato tutto nella scalata; **ich habe mich kräftemäßig völlig verausgabt**, ho dato fondo a tutte le mie energie, sono completamente spompato (-a) *fam* **2** (*sein Bestes hergeben*) **sich mit etw** (dat) **~** {MIT EINEM FILM, ROMAN, WERK} dare tutto di sé *in qc* **3** (*sich finanziell übernehmen*) **sich** (*mit etw* dat) **~** dare fondo alle proprie risorse (*con/facendo qc*), fare il passo più lungo della gamba (*con/facendo qc*): **jetzt ist sie pleite, mit dem Hauskauf hat sie sich finanziell verausgabt**, adesso è al verde, con l'acquisto della casa ha fatto il passo più lungo della gamba.

verausgaben② <ohne ge-> tr *form etw* **für etw** (akk) **~** {BETRAG, GELD, SUMME} spendere *qc* (*per qc*).

verauslagen <ohne ge-> tr *form* (*jdm*) *etw/etw* (*für jdn*) **~** {BETRAG, GEBÜHR, KOSTEN} anticipare *qc* (*a qu*).

veräußerlich adj *jur* {EIGENTUM, GÜTER, WERTPAPIER} alienabile, cedibile.

veräußern <ohne ge-> tr *jur etw* (*an jdn*) **~ 1** (*verkaufen*) {EIGENTUM, GRUNDSTÜCK, SCHMUCK} alienare *qc* (*a qu*), cedere *qc* (*a qu*): **aus Not musste er sein Grundstück an die Bank ~**, costretto dalle circostanze dovette alienare il suo immobile alla banca **2** (*übertragen*) {LIZENZEN, NUTZUNGSRECHTE} alienare *qc* (*a qu*).

Veräußerung <-, -en> f *jur* **1** (*Verkauf*) alienazione f, cessione f: **~ von Immobilien**, alienazione/cessione f di immobili **2** (*Übertragung*) alienazione f.

Verb <-(e)s, -en> n *gram* verbo m ● **schwaches/starkes ~**, verbo debole/forte; **regelmäßiges/unregelmäßiges ~**, verbo regolare/irregolare; **intransitives/transitives/reflexives ~**, verbo intransitivo/transitivo/riflessivo.

verbal A adj **1** geh (*durch Worte erfolgend*) {ABSPRACHE, ANGRIFF, AUSEINANDERSETZUNG, KOMMUNIKATION, PROTEST} verbale **2** *ling* verbale **B** adv **1** (*mit Worten*) verbalmente, a parole: **sich ~ gut ausdrücken können**, sapersi esprimere bene; **solche Gefühle lassen sich ~ kaum ausdrücken**, è difficile esprimere sentimenti del genere a parole **2** *ling*: **eine Formulierung ~ konstruieren**, costruire un'espressione/una frase sul verbo ● **nicht ~** → **nichtverbal**.

Verbaladjektiv n *gram* aggettivo m verbale.

Verbaleroticker <-s, -> m (**Verbalerotikerin** f) "persona f che scopa a parole" *slang*.

verbalisieren <ohne ge-> tr *etw* **~ 1** geh (*in Worte fassen*) {EINDRÜCKE, GEFÜHLE} verbalizzare *qc*, tradurre *qc* in parole, esprimere *qc* a parole; {PROBLEM} descrivere *qc* a parole **2** *ling* {ADJEKTIV, SUBSTANTIV} formare un verbo *da qc*.

Verbalisierung <-, -en> f **1** geh {+EINDRÜCKE, GEFÜHLE} verbalizzazione f **2** *ling*: **romanische Sprachen neigen zu ~en, die deutsche Sprache oft zu Substantivierungen**, le lingue romanze tendono all'uso del verbo, la lingua tedesca spesso all'uso del sostantivo.

verballern <ohne ge-> tr *fam etw* **~ 1** (*durch Abschießen vergeuden*) {MUNITION} esaurire *qc*, finire *qc*; (*sinnlos*) sprecare *qc*: **der Cowboy verballerte seine gesamte Munition, ohne zu treffen**, il cowboy ha sprecato tutte le munizioni senza colpire il bersaglio; **zu Silvester werden Unsummen verballert**, a capodanno si sprecano in petardi cifre astronomiche **2** *Fußball* {ELFMETER} mangiarsi *qc fam*, sbagliare *qc*: **eine Torchance ~**, mangiarsi un go(a)l *fam*.

verballhornen <ohne ge-> tr *etw* **~** {BEGRIFF, NAMEN, WORT} deformare *qc*, storpiare *qc*.

Verballhornung <-, -en> f {+BEGRIFF, NAME, WORT} deformazione f, storpiatura f.

Verbalphrase f *ling* sintagma m verbale.

Verbalstil m *ling* stile m verbale.

Verbalsubstantiv n *gram* sostantivo m di derivazione verbale.

Verband① <-(e)s, Verbände> m *med* fasciatura f, bendaggio m, bendatura f, bende f pl; (*bes. bei offenen Wunden*) medicazione f: **ein elastischer ~**, una fasciatura elastica; **einen ~ anlegen/abnehmen/wechseln/erneuern**, mettere/togliere/cambiare/rifare una fasciatura/medicazione; **einen ~ um den Kopf haben**, avere la testa fasciata/bendata.

Verband② <-(e)s, Verbände> m **1** (*Bund*) associazione f, federazione f, unione f, lega f: **einem ~ angehören**, fare parte di un'associazione/una federazione; **sich zu einem ~ zusammenschließen**, unirsi in associazione **2** *mil* unità f, formazione f: **ein ~ von 20 Jagdbombern**, un'unità di 20 cacciabombardieri; **im ~ mil**, in formazione; **im ~ leben** *zoo*, vivere in aggregazioni; **Herdentiere fühlen sich im ~ am wohlsten**, gli animali gregari trovano la loro condizione ideale all'interno del branco; **im ~ der Familie**, nel gruppo familiare.

Verbandmull, **Verbandsmull** m *med* garza f idrofila.

Verbandplatz, **Verbandsplatz** m *med mil* posto m di medicazione.

Verbandskasten, **Verbandkasten** m *med* cassetta f di pronto soccorso.

Verbandsmaterial, **Verbandmaterial** n *med* materiale m di pronto soccorso.

Verbandspäckchen, **Verbandpäckchen** n *med* kit m di pronto soccorso.

Verbandszeug, **Verbandzeug** n *fam* roba f del pronto soccorso.

Verbandszimmer, **Verbandzimmer** n *med* medicheria f.

Verbandswatte, **Verbandwatte** f *med* cotone m idrofilo.

verbannen <ohne ge-> tr **1** (*ins Exil schicken*) **jdn** (*aus etw* dat) **~** {AUS EINEM LAND, EINER STADT} bandire *qu*, esiliare *qu* (*da qc*), mettere al bando *qu*: **jdn aus seiner Heimatstadt ~**, bandire/esiliare qu dalla propria città natale; **jdn irgendwohin ~** esiliare *qu* + *compl di luogo*: **Napoleon auf die Insel St. Helena ~**, esiliare/confinare Napoleone sull'isola di Sant'Elena **2** (*an einen abgelegenen Ort bringen, schicken*) **jdn/etw irgendwohin ~** {ALTES MÖBELSTÜCK AUF DEN DACHBODEN} relegare *qu/qc* + *compl di luogo*; {BEAMTEN, VERTRETER IN EIN PROVINZSTÄDTCHEN} *auch* confinare *qu* + *compl di luogo*: **jdn aufs Land ~**, confinare qu in un paesino di campagna **3** geh (*ausmerzen*) **etw aus etw** (dat) **~** {GEDANKEN AN JDN AUS DEM BEWUSSTSEIN} bandire *qc da qc*: **diesen Ausdruck habe ich aus meinem Wortschatz verbannt**, ho bandito quest'espressione dal mio vocabolario.

Verbannte <dekl wie adj> mf esule mf, esiliato (-a) m (f).

Verbannung <-, -en> f **1** (*Exil*) esilio m, confino m, relegazione f **2** <nur sing> (*das Verbannen*) (messa f al) bando m, condanna f all'esilio: **die ~ Dantes aus Florenz**, la messa al bando di Dante da Firenze ● **die ~ aufheben**, revocare l'esilio; **in die ~ gehen**, andare in esilio; **in ~ leben/sterben**, vivere/morire in esilio; **jdn in die ~ schicken**, condannare qu ‚all'esilio¸/[al confino]/[alla relegazione], mandare qu ‚in esilio¸/[al confino]; **aus der ~ zurückkehren**, (ri)tornare dall'esilio.

Verbannungsort m luogo m dell'esilio.

verbarrikadieren <ohne ge-> **A** tr *etw* **~** {EINGANG, STRASSE, TÜR} barricare *qc*: **sie hatten die Zufahrt mit Baumstämmen verbarrikadiert**, avevano barricato la via d'accesso con dei tronchi d'albero **B** rfl (*in etw* dat) **~** barricarsi (*in qc*): **sich vor den Feinden im Haus ~**, barricarsi in casa per proteggersi dai nemici.

verbauen① <ohne ge-> tr **1** bau (*beim Bauen (ver)brauchen*) *etw* **~** {BAUMATERIAL, ZIEGEL} costruire usando molto *qc*: **er hat für sein Haus viel Material verbaut**, ha costruito la casa facendo uso di molto materiale; {GELD, VERMÖGEN} spendere *qc* nella costruzione di immobili: **er hat viel Geld verbaut**, ha speso molto denaro per farsi la casa **2** *pej* (*hässlich machen*) *etw* **~** {GELÄNDE, LANDSCHAFT, TAL} deturpare *qc* con costruzioni; {GEBÄUDE} costruire male *qc*: **der Architekt hat das Museum völlig verbaut**, l'architetto ha costruito un museo che è un orrore! **3** (*durch ein Bauwerk nehmen*) (*jdm*) *etw* **~** {AUSSICHT, SICHT} coprire *qc* (*a qu*), togliere *qc* (*a qu*); {WEG, ZUGANG} chiudere *qc* (*a qu*), sbarrare *qc* (*a qu*): **der neue Supermarkt verbaut uns die Aussicht**, il nuovo supermercato ci toglie/copre la visuale.

verbauen② <ohne ge-> **A** tr *jdm etw* **~** {AUFSTIEG, CHANCE, MÖGLICHKEIT} precludere *qc a qu*; {ZUKUNFT} compromettere *qc a qu* **B** rfl **sich** (dat) *etw* **~** {CHANCE, MÖGLICHKEIT} precludersi *qc*: **sich die eigene Zukunft ~**, giocarsi il proprio futuro; **sich ‚die berufliche Zukunft¸/[jede Möglichkeit auf Beförderung] ~**, precludersi ‚un futuro professionale¸/[ogni possibilità di promozione].

verbaut adj *bau* {GEBÄUDE} costruito male; {LANDSCHAFT} deturpato dal cemento: **früher war hier Wiese, jetzt ist alles ~**, qui prima c'era un prato, ora tutto è deturpato dalle costruzioni; **das Haus ist völlig ~**, quella casa è stata costruita proprio con i piedi *fam*.

Verbauung <-, -en> f *pej*: **die ~ der Landschaft stoppen**, bloccare la deturpazione del paesaggio.

verbeamten <ohne ge-> tr *adm jdn* **~** collocare *qu* a ruolo: **verbeamtet werden**, passare di ruolo; **ein verbeamteter Lehrer**, un insegnante di ruolo.

Verbeamtung <-, -en> f *adm* collocazione f a ruolo.

verbeißen <irr, ohne ge-> **A** rfl **1** (*sich festbeißen*) **sich in etw** (akk) **~** {TIER} azzannare *qc*, affondare/conficcare i denti *in qc* **2** (*etw Schwieriges lösen wollen*) **sich in etw**

verbergen (akk) ~ {IN EINEN FALL, EIN PROBLEM} voler risolvere qc per forza: **sich in eine Mathematikaufgabe ~**, ostinarsi a voler risolvere il compito di matematica **3** *fam* (*unterdrücken*) **sich** (dat) *etw* ~ {BEMERKUNG, KOMMENTAR} mordersi la lingua/le labbra per non fare qc: **sich das Lachen nicht ~ können**, non potersi trattenere dal ridere; **sich den Schmerz ~**, stringere i denti (dal/[per il] dolore) **B** *tr* (*durch Bisse beschädigen*) *etw* ~ {REHE, HIRSCHE BÄUME, JUNGE TRIEBE} danneggiare qc con i denti.

verbergen <*irr, ohne ge*-> **A** *tr* **1** *geh* (*verstecken*) *jdn*/*etw* (*vor jdm*/*etw*) ~ nascondere qu/qc (a qu/qc), occultare (a qu/qc): **das Messer unter dem Hemd ~**, nascondere/occultare il coltello sotto la camicia; **jdn vor der Polizei ~**, nascondere qu alla polizia; **das Gesicht in den Händen ~**, nascondere il viso tra le mani **2** (*verheimlichen*) ⌊(*jdm*) *etw*⌋/[*etw* (*vor jdm*)] ~ celare qc (a qu), nascondere qc (a qu), dissimulare qc (*davanti a qu*): **seine Sorgen vor den Kindern ~**, celare/nascondere/[dissimulare davanti] ai figli le proprie preoccupazioni; **sie verbarg ihren Eltern, dass sie schwanger war**, nascose ai genitori di essere incinta **3** (*kaschieren*) *etw hinter etw* (dat) ~ nascondere qc sotto qc, dissimulare qc sotto qc: **seine Unsicherheit hinter viel Gerede ~**, nascondere/dissimulare la propria insicurezza dietro tante chiacchiere **B** *rfl geh* **1** (*sich verstecken*) **sich** *irgendwo* ~ nascondersi + *compl di luogo*; **sich** *vor jdm*/*etw* ~ {VOR DEM FEIND, DER POLIZEI} nascondersi a qu/qc: **sie verbirgt sich im Haus einer Freundin vor ihrem eifersüchtigen Ehemann**, si nasconde al marito geloso in casa di un'amica **2** (*verdeckt sein*) **sich hinter** *etw* (dat) ~ nascondersi *dietro*/*sotto* qc: **was verbirgt sich hinter seiner übertriebenen Freundlichkeit?**, che cosa si nasconde dietro/sotto la sua eccessiva gentilezza?; **dahinter verbirgt sich doch etwas**, ci deve essere qualcosa sotto ● *etw*/*nichts zu ~ haben*, ⌊avere qualcosa⌋/[non avere niente] da nascondere; **sich nicht ~ lassen**: **Liebe lässt sich nicht ~**, l'amore e la tosse non si possono nascondere; **es lässt sich nicht länger ~, dass ...**, ormai non si può più nascondere che ...

verbessern <*ohne ge*-> **A** *tr* **1** (*besser machen*) *etw* ~ {ENTWURF, LEISTUNG, PRODUKT, QUALITÄT} migliorare qc; {GESELLSCHAFT, WELT} *auch* rendere migliore qc; {APPARAT, METHODE, SEINE SPRACHKENNTNISSE} migliorare qc, perfezionare qc: **um sein Englisch zu ~, fuhr er ein Jahr nach London**, per perfezionare il suo inglese va un anno a Londra; **dritte, verbesserte Auflage**, terza edizione riveduta e corretta **2** *sport etw* ~ {REKORD, WEITE, ZEIT} migliorare qc: **während der dritten Etappe konnte er seine Position ~**, nella terza tappa riuscì a migliorare la sua posizione **3** (*korrigieren*) *etw* ~ {FEHLER, HAUSAUFGABEN, ÜBUNG} correggere qc **4** (*jdn beim Sprechen korrigieren*) *jdn* ~ correggere qu: **verbessert mich, wenn ich einen Fehler mache!**, correggetemi se faccio degli errori⌋/[sbaglio]! **B** *rfl* **1** (*sich korrigieren*) **sich** ~ correggersi: **sie bemerkte ihren Fehler und verbesserte sich sofort**, si accorse dell'errore e si corresse/riprese immediatamente **2** (*besser werden*) **sich** (*in etw* dat) ~ migliorare (*in qc*): **der Schüler hat sich sehr verbessert**, lo studente è molto migliorato **3** (*eine bessere Position erringen*) **sich** ~ migliorare la propria situazione/posizione: **durch den neuen Job hat er sich finanziell verbessert**, grazie al nuovo lavoro ha migliorato la sua situazione finanziaria; **wenn sie sich beruflich ~ will, muss sie ins Ausland gehen**, se vuole migliorare la sua posizione professionale deve andare all'estero.

Verbesserung <-, -en> *f* **1** (*das Verbessern*) miglioramento *m*; {+METHODE, SPRACHKENNTNISSE} *auch* perfezionamento *m* **2** (*das Korrigieren*) correzione *f* **3** (*Korrektur*) correzione *f* **4** (*etwas Besseres*) miglioramento *m*; (*konkrete ~*) migliora *f*: **das ist eine entscheidende ~ gegenüber früher**, è un netto miglioramento rispetto a prima; **~en an einem Gerät/Modell vornehmen**, apportare delle migliorie a un apparecchio/modello.

verbesserungsbedürftig *adj* {ENTWURF, PLAN} che deve essere migliorato: **die Gesetzesvorlage ist noch ~**, il progetto di legge deve essere ancora migliorato.

verbesserungsfähig *adj* migliorabile, passibile/suscettibile di miglioramento, perfezionabile: **der Entwurf des Architekten ist annehmbar, aber noch ~**, il progetto dell'architetto è accettabile, ma lascia ancora margini di miglioramento.

Verbesserungsvorschlag *m* proposta *f* di miglioramento, suggerimento *m*: **wir sind für jeden ~ dankbar**, siamo grati di eventuali ⌊proposte di miglioramento⌋/[suggerimenti]; **einen ~ machen/einbringen**, fare/presentare una proposta ⌊di miglioramento⌋/[volta a migliorare il lavoro/la qualità].

verbesserungswürdig *adj* migliorabile, suscettibile di miglioramento.

verbeten *part perf von* **verbitten**.

verbeugen <*ohne ge*-> *rfl* **sich** (*vor jdm*/*etw*) ~ inchinarsi/[fare un inchino] (*davanti*) a qu/qc: **er verbeugte sich vor dem Bischof**, si inchinò (davanti) al vescovo; **sich steif vor jdm/etw ~**, fare un rigido inchino (davanti) a qu/qc; **sich leicht/tief ~**, inchinarsi leggermente/profondamente, fare un lieve/profondo inchino.

Verbeugung <-, -en> *f* riverenza *f*, inchino *m*: **eine leichte/tiefe ~**, un lieve/profondo inchino; **eine ~ (vor jdm/etw) machen**, fare una riverenza/un inchino (davanti a qu/qc); **eine ~ andeuten**, accennare un inchino/una riverenza; **sie bedankte sich mit einer stummen ~**, espresse la sua gratitudine con una muta riverenza.

verbeulen <*ohne ge*-> *tr* (*jdm*) *etw* ~ {BLECH, STOSSTANGE, WAGENTÜR} ammaccare qc (a qu); {HUT} sformare qc (a qu): **ein verbeulter Hut**, un cappello sformato; **ein verbeulter Kotflügel**, un parafango ammaccato.

verbiegen <*irr, ohne ge*-> **A** *tr* **1** (*krümmen*) *etw* ~ {BLECH} piegare qc; {DRAHT, NAGEL} *auch* (s)torcere qc, incurvare qc: **einen Schlüssel ~**, storcere/piegare una chiave; **verbogen** {BLECH}, piegato, incurvato; {DRAHT, NAGEL, RAHMEN} storto, incurvato **2** (*verbilden*) *jdn* (*charakterlich*) ~ deformare il carattere di qu **B** *rfl* (*krumm werden*) **sich** ~ {LENKRAD, METALLTRÄGER} piegarsi; {NAGEL, SCHLÜSSEL} *auch* storcersi; {FAHRRADFELGE} incurvarsi: **beim Sturz hat sich die Lenkstange verbogen**, nella caduta il manubrio si è piegato.

verbiestert *adj fam* stizzito, inviperito: **das ist vielleicht ein ~es Weibsstück!**, è una vecchia zitella!

verbieten <*irr, ohne ge*-> **A** *tr* **1** (*offiziell untersagen*) *etw* ~ {BEHÖRDE, REGIERUNG PARTEI} vietare qc; {DEMONSTRATION, MEDIKAMENT} *auch* proibire qc: **ein Buch ~**, mettere un libro all'indice **2** (*untersagen*) *jdm etw* ~ proibire/vietare ⌊qc a qu⌋/[a qu di fare qc]: **der Arzt hat ihr Süßigkeiten verboten**, il medico le ha proibito di mangiare dolci; **die Eltern ~ den Kindern, Rockmusik zu hören**, i genitori proibiscono ai figli di ascoltare musica rock **3** (*verwehren*) *jdm etw* ~ {GELDBEUTEL, FINANZIELLE LAGE AUSGABE, REISE} non permettere qc a qu; {EHRGEFÜHL EIN BESTIMMTES VERHALTEN} *auch* vietare qc a qu: **niemand kann mir ~, ihn zu lieben**, nessuno mi può impedire di amarlo **B** *rfl* **1** (*sich ausschließen*) (*von selbst*) ~ {ANTWORT, BENEHMEN, FRAGE, HALTUNG, REAKTION} essere inammissibile, non essere ammissibile: **es verbietet sich (von selbst)**, ⌊etw zu tun⌋/[dass man etw tut], non è ammissibile fare/[che si faccia] qc **2** (*sich versagen*) **sich** (dat) *etw* ~ non permettersi qc, non concedersi qc, proibire a se stesso (-a) di fare qc: **(es) sich** (dat) **~, etw zu tun**, proibire a se stesso (-a)⌋/[non concedersi] di fare qc ● ⌊**du hast**⌋/[**Sie haben**] **mir gar nichts zu ~!**, ⌊tu non mi proibisci⌋/[Lei non mi proibisce] proprio niente!

verbilden <*ohne ge*-> *pej* **A** *tr* (*durch zu viel Bildung belasten*) *jdn* ~ imbottire qu di nozioni **B** *itr*: **manche Pädagogen behaupten, dass zu viel Schule verbildet**, alcuni pedagogisti sostengono che troppa scuola diseduchi.

verbildet *adj* **1** *pej* (*mit Bildung überladen sein*) imbottito di cultura **2** (*von anderen geprägt*) {CHARAKTER} plagiato; {GESCHMACK} deformato: **du kannst ja nicht mehr normal sprechen und denken, du bist total ~!**, sei incapace di parlare e pensare in modo normale, parla come mangi! **3** *med* {FUSS, WIRBELSÄULE} deformato.

verbildlichen <*ohne ge*-> *tr geh etw* ~ illustrare qc.

verbilligen <*ohne ge*-> **A** *tr* **1** (*billiger machen*) *etw* ~ {ARTIKEL, EINTRITT, EINTRITTSKARTE} ribassare/ridurre/diminuire il prezzo *di qc*: **die Produktion ~**, ridurre i costi di produzione **2** (*herabsetzen*) (*jdm*) *etw* (*um etw* akk) ~ {EINTRITTSKARTE} fare uno sconto (*di qc*) *su qc* (*a qu*); {MIETE, PREIS} *auch* ribassare/ridurre/diminuire qc (*di qc*) (*a qu*): **die Kosten um ein Fünftel ~**, ridurre i costi di un quinto **B** *rfl* (*billiger werden*) **sich** ~ {KOSTEN, PREIS} ridursi, diminuire; {ARTIKEL} diminuire di prezzo; {HERSTELLUNG, PRODUKTION} diventare più economico (-a).

verbilligt A *adj* {ARTIKEL, EINTRITTSKARTEN} a prezzo ridotto/ribassato; {EINTRITT} ridotto; {PREIS} *auch* scontato **B** *adv* {ABGEBEN, ANBIETEN} a ⌊prezzo ridotto⌋/[ribasso].

verbinden① <*irr, ohne ge*-> *tr* **1** *med jdn* ~ {VERLETZTEN} fare una fasciatura/medicazione *a qu*; *jdn an etw* (dat) ~ {AM ARM, KOPF} fare *a qu* una fasciatura/medicazione *a qc*, bendare qc a qu, fasciare qc a qu; (*jdm*) *etw* ~ {VERLETZTES KÖRPERTEIL, WUNDE} fasciare qc (a qu), bendare qc (a qu); **jdm den Fuß ~**, fasciare/bendare il piede a qu; **mit verbundener Hand**, con la mano fasciata/bendata **2** (*eine Binde umbinden*) *jdm etw* ~ bendare qc a qu: **jdm die Augen ~**, bendare gli occhi a qu; **mit verbundenen Augen**, con gli occhi bendati.

verbinden② <*irr, ohne ge*-> **A** *tr* **1** (*zusammenfügen*) *etw* (pl) (*miteinander*) ~ {DRÄHTE, LEITUNGEN} collegare qc, connettere qc; {KABEL} *auch* giuntare qc; {ROHRE} collegare qc, giuntare qc, unire qc: **man muss die Drähte miteinander ~**, bisogna collegare i fili tra (di) loro; **der Adapter verbindet die beiden Kabel**, l'adattatore permette di collegare i due cavi; (*zu einer Einheit*) unire (insieme) qc; **zwei Teile mit Klebstoff ~**, attaccare due pezzi con la colla; *etw mit etw* (dat) ~ {KABEL, LEITUNG MIT EINEM GERÄT} collegare qc a qc **2** *tel jdn mit jdm/etw* ~ passare qu/qc *a qu*: ~ **Sie mich bitte mit** ⌊**Apparat 22**⌋/ **[Herrn X]!**, mi passi per favore ⌊l'interno 22⌋/[il signor X]!; **kann ich bitte mit Herrn/Frau … sprechen? – Einen Moment, ich verbinde Sie!**, posso parlare con il Signor/la Signora …, per favore?, un momento, glielo/gliela passo!; **mit wem bin ich verbunden?**, con chi parlo? **3** *autom etw* (*pl*) (*miteinander*) ~ {BAHNLINIE, BRÜCKE, STRASSE, TUNNEL ORTSCHAFTEN, FLUSSUFER, LÄNDER} collegare *qc* (tra di loro), unire *qc*: **die beiden Städte sind durch eine Bahnlinie miteinander verbunden**, le due città sono collegate tramite una linea ferroviaria; **man plant, die verschiedenen Stadtteile durch eine U-Bahnlinie zu ~**, si progetta di collegare i vari quartieri della città per mezzo di una linea della metropolitana; *etw mit etw* (*dat*) ~ collegare *qc a qc*; **der Tunnel verbindet das Festland mit der Insel**, il tunnel collega l'isola alla terraferma **4** (*zusammen erledigen*) *etw* (*pl*) (*miteinander*) ~ {EINKÄUFE, ERLEDIGUNGEN} fare sia *qc* sia *qc*: **wenn ich schon in der Stadt bin, kann ich doch den Museumsbesuch mit einem Gang zur Post ~**, già che sono in centro ⌊posso benissimo sia andare a visitare il museo sia alla posta⌋/[faccio un viaggio e due servizi: visito il museo e vado alla posta]; *etw mit etw* (*dat*) ~ approfittare *di qc per fare qc*, combinare *qc con qc*: **sie verbindet ihre Geschäftsreise mit einer Stadtbesichtigung**, approfitta del viaggio d'affari per visitare la città; **das Angenehme mit dem Nützlichen ~**, unire l'utile al dilettevole **5** (*assoziieren*) *etw mit etw* (*dat*) ~ {BEGRIFF, BILD, GERUCH MIT EINER ERINNERUNG, EINEM ERLEBNIS} associare *qc a qc*, abbinare *qc a qc* **6** (*mit sich bringen*): **der/die/das damit verbundene …** + *subst* {AUFWAND, GEFAHR, KOSTEN, MÜHE, RISIKO}, il/la … connesso (-a); *mit etw* (*dat*) **verbunden sein** {MIT AUFWAND, KOSTEN, RISIKO}, comportare *qc*, implicare *qc*: **eine Modernisierung der Fabrikanlagen wäre mit ungeheuren Kosten verbunden**, un adeguamento degli impianti industriali comporterebbe dei costi enormi **7** (*innerlich vereinen*) *jdn* (*pl*) ~ {GEMEINSAME ERINNERUNGEN, INTERESSEN, EINE FREUNDSCHAFT} legare *qu*, unire *qu*: **die beiden verbindet die jahrelange Sorge um das kranke Kind**, da anni i due sono legati dalla preoccupazione per il bambino malato; **uns verbindet nichts mehr**, non abbiamo più niente in comune, più niente ci lega; **jdm freundschaftlich verbunden sein**, essere legato a qu da un sentimento di amicizia; **jdn mit jdm ~** legare *qu a qu*, unire *qu a qu*, accomunare *qu a qu*; **die Freude an der Musik verbindet ihn mit ihr**, lo lega a lei la passione per la musica; **jdn mit etw** (*dat*) ~ legare *qu a qc*: **was ~ Sie mit diesem Ort?**, che cosa La lega a questi luoghi? **B** *rfl* **1** *chem* **sich** (*miteinander*) ~ {ELEMENTE} combinarsi (tra loro); **sich *mit etw*** (*dat*) ~ combinarsi *con qc* **2** (*sich zusammenschließen*) **sich *mit jdm/etw*** (*zu etw* **dat**) ~ {MIT ANDEREN ZU EINER ORGANISATION, PARTEI} associarsi/unirsi *a qu/qc* (*per costituire qc*): **sich mit jdm ehelich ~ geh**, unirsi in matrimonio con qu **3** (*eine Verbindung eingehen*) **sich** (*miteinander*) ~ unirsi: **beim Rühren ~ sich Eiweiß und Eigelb miteinander**, sbattendo le uova il bianco e il rosso si uniscono; **Kaffee und Alkohol ~ sich bei ihm zu einer gefährlichen Mischung**, il caffè unito all'alcol è per lui un cocktail micidiale; **in seinen Bildern ~ sich Fantasie und gestalterische Strenge**, nei suoi quadri la fantasia si ⌊associa a⌋/[coniuga con] rigore compositivo **4** (*assoziiert werden*) **sich** (*für jdn*) *mit etw* (*dat*) ~ essere legato *a qc* (*per qu*), associarsi *a qc* (*per qu*):

mit dieser Musik verbindet sich für mich eine schöne Erinnerung, per me a questa musica ⌊è legato⌋/[si associa] un bel ricordo **C** *itr* (*vereinen*) {GEMEINSAME ERLEBNISSE, NOT} unire (gli uomini) ● (**Entschuldigung, ich bin**) *falsch* **verbunden!** *tel*, scusi, ho sbagliato numero!; (**Sie sind**) *falsch* **verbunden!** *tel* (*Sie haben sich verwählt*), ha sbagliato numero!; (*man hat Sie mit der falschen Person verbunden*), Le hanno passato la persona sbagliata!

verbindlich **A** *adj* **1** (*entgegenkommend*) {LÄCHELN, MENSCH} amabile, gentile: **eine ~e Art haben**, avere modi gentili; **er ist immer sehr ~ am Telefon**, è sempre molto cortese al telefono; **~(st)en Dank!** *form*, grazie infinite!; **können Sie bitte ein paar ~e Worte sagen?**, può dire due parole Lei? **2** (*bindend*) {KOSTENVORANSCHLAG, NORM, VERPFLICHTUNG} vincolante; {ABMACHUNG, ANGEBOT} *auch* impegnativo; {AUSKUNFT, ERKLÄRUNG} attendibile: **~en Charakter haben**, avere carattere vincolante; **eine ~e Zusage**, un sì definitivo **B** *adv* **1** (*entgegenkommend*) {LÄCHELN} amabilmente; (*jdm gegenüber*) ~ **auftreten**, mostrarsi disponibile (con qu) **2** (*bindend*) {VEREINBAREN} in modo vincolante: **~ zusagen**, dire definitivamente di sì.

Verbindlichkeit <-, -en> *f* **1** <*nur sing*> (*entgegenkommende Art*) amabilità *f*, gentilezza *f*: **die Kunden sollen sich wohlfühlen, deshalb ist ~ im Auftreten sehr wichtig**, i clienti devono sentirsi a loro agio perciò è molto importante mostrarsi disponibili **2** <*meist pl*> (*freundliche Worte*) gentilezza *f*, parole *f pl* cortesi: ~ **austauschen**, scambiarsi delle gentilezze **3** (*bindender Charakter*) {+ABMACHUNG, NORM, VERPFLICHTUNG} carattere *m* vincolante; {+AUSKUNFT, ERKLÄRUNG} attendibilità *f*: **diese Regel hat für mich keine ~**, questa regola non è vincolante per me **4** <*meist pl*> (*Verpflichtung*) obbligo *m*, impegno *m* **5** <*meist pl*> *form com jur* obbligazione *f form*, debito *m*: **~en eingehen**, assumere obbligazioni, contrarre debiti; **gegen jdn ~en haben**, avere ⌊delle obbligazioni⌋/[dei debiti] verso qu.

Verbindung <-, -en> *f* **1** (*Zusammenhang*) ~ **zwischen etw** (*dat*) (*und etw* dat) {ZWISCHEN EREIGNISSEN, FÄLLEN, PHÄNOMENEN, VORFÄLLEN} collegamento *m tra qc* (*e qc*), nesso *m tra qc* (*e qc*), legame *m tra qc* (*e qc*), connessione *f tra qc* (*e qc*), rapporto *m tra qc* (*e qc*), relazione *f tra qc* (*e qc*): **angeblich besteht zwischen dem Attentaten und den bevorstehenden Wahlen keinerlei ~**, sembra che non ci sia ⌊alcun nesso⌋/[alcuna relazione] tra gli attentati e le imminenti elezioni; **offensichtlich besteht zwischen diesen Phänomenen eine enge ~**, evidentemente c'è uno stretto legame/rapporto tra questi fenomeni **2** (*direkte Beziehung*) ~ (*mit/zu jdm*) contatti *m pl* (*con qu*), relazione *f* (*con qu*), rapporto *m* (*con qu*): **eine briefliche ~**, contatti epistolari; **einflussreiche ~en**, contatti nelle alte sfere; **eine geschäftliche/private ~**, una relazione ⌊d'affari⌋/[privata] **3** *tel* ~ (*mit jdm/etw/nach etw*) comunicazione *f* (*con qu/qc/verso qc*); (*Anschluss*) *auch* linea *f* (*con qc*): **eine** ⌊**telefonische ~**⌋/[**~ über Funk**], un collegamento telefonico/radio, una comunicazione telefonica/[via radio]; **die ~ ist gut/schlecht** *tel*, ⌊si sente bene⌋/[la linea è disturbata]; **die ~ mit dem Ausland ist oft sehr schlecht**, spesso la linea con l'estero è molto disturbata; **die ~ wurde unterbrochen**, la comunicazione è stata interrotta, è caduta la linea; **eine/keine ~** (*irgendwohin*) **haben**, riuscire/[non riuscire] a prendere la linea (con qu) **4** *autom* collega-

mento *m*: **eine direkte ~ nach etw** (*dat*), un collegamento diretto per qc; **nach 23 Uhr gibt es in die Außenbezirke der Stadt keine ~ mehr**, dopo le 11 di sera non ci sono più collegamenti con i quartieri periferici della città **5** (*~sweg*) collegamento *m*, (*via f di*) comunicazione *f*: **zwischen Insel und Festland gibt es gute ~en**, tra l'isola e la terraferma ci sono buoni collegamenti; **das Telefon als einzige ~ zur/[mit der] Außenwelt**, il telefono come unico mezzo di comunicazione con il mondo esterno; **durch das Unwetter war jede ~ zum Dorf abgeschnitten**, a causa della tempesta tutte le comunicazioni con il villaggio erano interrotte **6** *chem* (*Prozess*) combinazione *f*; (*Ergebnis*) composto *m*: **eine ~ aus brennbaren und nichtbrennbaren Substanzen**, un composto di sostanze combustibili e non combustibili; **Wasser entsteht durch die ~ von Wasserstoff und Sauerstoff**, l'acqua si forma combinando idrogeno e ossigeno **7** (*Verknüpfung*) combinazione *f*, combinare *m*: **die ~ des geschäftlichen Termins mit einer Stadtbesichtigung**, combinare l'appuntamento d'affari con una visita della/alla città; **eine ~ von Charakterstärke und Feinfühligkeit**, una combinazione di forza di carattere e sensibilità **8** (*das Verbinden*) connessione *f*, collegamento *m*: **die ~ der Flussufer durch eine Brücke**, il collegamento delle due rive del fiume tramite un ponte **9** *univ* "associazione *f* studentesca di solo uomini gerarchicamente organizzata con uniforme e regole ben precise che offre ai suoi membri alloggio, prospettive professionali ecc." ● **die ~ zu jdm** *abbrechen*, rompere/troncare i rapporti con qu, tagliare/rompere i ponti con qu *fam*; ~ **mit jdm** *aufnehmen*, ⌊entrare in contatto⌋/[prendere contatti] con qu; **die ~ zu jdm** *aufrechterhalten*, mantenere i contatti con qu; **sie haben ihre ~ über Jahre aufrechterhalten**, sono rimasti (-e) in contatto per anni; (*mit jdm*) **in ~** *bleiben*, rimanere in contatto (con qu); **jdn/etw mit jdm/etw in ~** *bringen* (*einen Zusammenhang herstellen*), stabilire un legame tra qu/qc; (*verknüpfen*), associare qc a qc, collegare qc a qc; **sie wird mit dieser Affäre in ~ gebracht**, il suo nome viene associato a questo scandalo; **eine ~ mit jdm** *eingehen geh*, iniziare un rapporto con qu; **eine eheliche ~ mit jdm eingehen** *geh*, contrarre matrimonio con qu *geh*; **eine ~ (mit etw dat)** *eingehen chem*, combinarsi (con qc); **mit jdm/etw ~** *haben*, avere contatti con qu/qc, essere in contatto con qu/qc; **hast du noch ~ zu ihm?**, sei ancora in contatto con lui?; **~/~en zu jdm/etw** *haben*, essere in rapporti/contatto con qu/qc; (*gute Beziehungen*), avere ⌊degli agganci⌋/[delle conoscenze] a/in qc; **dank der guten ~, die sie zu ihm hat**, grazie ai buoni rapporti che ha con lui; **er hat gute ~en zum Ministerium**, ha degli agganci al ministero; **in ~ mit etw** (*dat*) (*kombiniert mit*), insieme a qc; **der Kinoausweis ist nur in ~ mit dem Personalausweis gültig**, la tessera del cinema è valida solo se ⌊presentata insieme alla⌋/[accompagnata dalla] carta d'identità, unito a qc; **in ~ mit jdm/etw** (*in Zusammenarbeit mit*), in collaborazione con qu/qc; **schlagende ~** *univ*, "associazione studentesca i cui membri sono tenuti a sfidarsi a duello con la sciabola"; **sich mit jdm/etw in ~** *setzen*, mettersi in contatto con qu/qc, contattare qu; **seine ~en spielen lassen**, ⌊mettere in moto⌋/[attivare] le proprie conoscenze; **mit jdm/etw in ~** *stehen*, essere in contatto con qu/qc; **sie stehen schon lange miteinander in ~**, sono in contatto da molto tempo; **mit etw (dat) in ~** *stehen* (*in Funkverbindung*), essere in collegamento/comunicazione con qc; **mit jdm in ~ treten**, stabilire un contatto con qu. **Verbindungsfrau** f **1** (*Kontaktperson der Polizei in kriminellen Organisationen*) infiltrata f, informatrice f **2** (*Vermittlerin bei Geschäftsabwicklungen*) mediatrice f, intermediaria f. **Verbindungsgang** m *arch* corridoio m di comunicazione. **Verbindungsglied** n *tech* (elemento m di) raccordo m: **ein ~ einsetzen**, inserire un (elemento di) raccordo. **Verbindungsgraben** m *mil* camminamento m. **Verbindungskabel** n *el* cavo m di collegamento. **Verbindungskanal** m *naut* canale m di comunicazione. **Verbindungsmann** <-(e)s, -männer oder -leute> m **1** (*Mittelsmann der Polizei in kriminellen Organisationen*) infiltrato m, informatore m **2** (*Vermittler bei Geschäftsabwicklungen*) mediatore m, intermediario m. **Verbindungsrohr** n *mech* (tubo m di) raccordo m, giunzione f. **Verbindungsstelle** f *mech* punto m di giunzione. **Verbindungsstraße** f *autom* (*zwischen zwei Orten*) strada f di collegamento; (*zwischen zwei Straßen*) raccordo m stradale. **Verbindungsstrecke** f *Eisenb* raccordo m ferroviario. **Verbindungsstück** n (elemento m di) raccordo m/giunzione f. **Verbindungsstudent** m *univ* "membro m di un'associazione studentesca". **Verbindungstür** f *arch* porta f ₍di comunicazione₎/[comunicante]. **verbissen** Ⓐ adj **1** (*hartnäckig*) {GEGNER} accanito: **mit ~em Fleiß**, con zelo maniacale; **mit ~er Hartnäckigkeit**, con caparbia tenace **2** (*verkrampft*) {GESICHT, MIENE} contratto per la rabbia **3** (*unterdrückt*) {WUT, ZORN} represso, soffocato Ⓑ adv **1** (*hartnäckig*) accanitamente, con accanimento: **~ durchhalten/weitermachen**, resistere/continuare con accanimento **2** (*mit verkrampfter Miene*) {DASITZEN} con il viso contratto per la rabbia: **~ dreinschauen** *süddt*, avere un'espressione incattivita ● **das darf man nicht so ~ sehen!** *fam*, non siamo così drastici!, non bisogna essere troppo fiscali! **Verbissenheit** <-, ohne pl> f accanimento m. **verbitten** <irr, ohne ge-> rfl **sich** (dat) **etw ~** {BEMERKUNG, EINMISCHUNG} non permettere qc, non tollerare qc: **ich verbitte mir jegliche Kommentar!**, non tollero/permetto nessun commento!; **ich verbitte mir, dass Sie immer zu spät kommen!**, non Le permetto di arrivare sempre in ritardo!; **das verbitte ich mir!**, questo davvero non lo tollero!; **ich verbitte mir diesen Ton!**, non tollero/permetto che si usi questo tono con me!; **das möchte ich mir auch/doch schwer/sehr verbeten haben!**, vorrei anche vedere!, ci mancherebbe altro! **verbittern** <ohne ge-> tr **jdn ~** amareggiare qu, inasprire qu, esacerbare qu, inacidire qu: **die ständigen Enttäuschungen haben sie verbittert**, le continue delusioni l'hanno amareggiata/inasprita; **es verbitterte ihn sehr, dass seine Werke nicht anerkannt wurden**, era molto amareggiato per il fatto che le sue opere non venissero riconosciute. **verbittert** Ⓐ adj {GESICHT} amareggiato; {GESICHTSAUSDRUCK, MENSCH} *auch* inasprito, esacerbato: **über etw akk ~ sein/werden**, ₍essere amareggiato₎/[amareggiarsi] (per qc) Ⓑ adv {ENTGEGNEN, FRAGEN} con amarez-

za, amareggiato (-a). **Verbitterung** <-, ohne pl> f amarezza f. **verblassen** <ohne ge-> itr <sein> **1** (*an Intensität verlieren*) {STOFF} sbiadirsi, scolorarsi, scolorirsi; {FARBEN} *auch* impallidire; {MOND, STERNE} impallidire; {HIMMEL, LICHT} *auch* scolorarsi: **ein verblasstes Foto**, una foto sbiadita; **mit der Morgendämmerung verblasst der Mond**, la luna impallidisce all'avvicinarsi dell'alba **2** (*schwächer werden*) {RUHM} impallidire; {EINDRUCK, ERINNERUNG} *auch* sbiadire: **einige Erinnerungen ~ nie**, ci sono ricordi che non sbiadiscono mai; **mit der Zeit ~ die Erinnerungen**, col tempo i ricordi sbiadiscono, il tempo scolorisce i ricordi **3** *geh* (*in den Hintergrund treten*) **gegenüber/neben etw** (dat) **~** {EREIGNISSE, UMSTAND, VORFALL} GEGENÜBER EINEM WICHTIGEREN impallidire accanto a/[di fronte a qc, apparire scialbo (-a) accanto a qc: **das blaue Kostüm verblasst ein wenig neben dem prächtigen Hochzeitskleid**, il tailleur blu impallidisce quasi accanto al meraviglioso vestito della sposa; **neben dieser brillanten Rede verblassten die Beiträge der anderen Teilnehmer**, i contributi degli altri partecipanti apparivano scialbi accanto a quel brillante discorso. **verbläuen** <ohne ge-> tr *fam obs* **jdn ~** picchiare sodo qu *fam*, gonfiare qu di botte *fam*. **Verbleib** <-(e)s, ohne pl> m *form* **1** (*Aufenthaltsort*) **man weiß nichts über den ~ des Schmuckes**, non si sa dove siano andati a finire i gioielli; **über seinen ~ ist nichts bekannt**, non si sa dove sia finito; **sich nach ₍jds ~₎/[dem ~ einer S.** (gen)**] erkundigen**, chiedere dove sia andato a finire qu/qc **2** (*das Verbleiben*) **~ in etw** (dat) permanenza f di qu in qc: **sein ~ in der Gruppe ist fraglich**, la sua permanenza nel gruppo è incerta ● **zum ~ form: etw zum ~ ins Archiv bringen**, collocare qc in archivio; **zum ~** ₍beim Anwalt₎/[in der Bibliothek] **bestimmt**, destinato a rimanere nelle mani dell'avvocato₎/[alla biblioteca]. **verbleiben** <irr, ohne ge-> itr <sein> **1** (*eine Vereinbarung treffen*) (**in etw** dat) **~** rimanere/restare/essere ₍intesi (-e)₎/[d'accordo] (*circa*/[*a proposito di qc*]): **wie sind wir das letzte Mal verblieben?**, come siamo rimasti (-e) l'ultima volta? *fam*; **sie sind in dieser Sache wie folgt verblieben**, circa questa faccenda si sono accordati (-e) come segue; **ich bin mit ihr so verblieben, dass sie anruft**, sono rimasto (-a) con lei che mi avrebbe chiamato (-a); **dann ~ wir in dieser Angelegenheit so, dass Sie nicht unterschreiben**, per quanto riguarda questa faccenda restiamo/rimaniamo quindi (d'accordo) che Lei non firma **2** (*übrig bleiben*) **jdm** (**von etw** dat) **~** restare *a qu* (*di qc*), rimanere *a qu* (*di qc*), avanzare *a qu* (*di qc*): **nach Abzug der Steuern ~ Ihnen 3000 Euro**, detratte le tasse Le restano/rimangono/avanzano 3000 euro; **die ~den 100 Euro gehen an die Organisation**, i restanti 100 euro vanno all'organizzazione **3** *form* (*bleiben*) **bei jdm/irgendwo ~** {DURCHSCHRIFT, UNTERLAGEN} rimanere/restare a qu/+ compl di luogo: **die Unterlagen ~ beim Anwalt**, la documentazione rimane all'avvocato; **irgendwo ~** {PERSON AM ARBEITSPLATZ} rimanere/restare + compl di luogo; **im Amt ~**, restare in carica **4** *form* (*im Briefschluss*) : **in Erwartung einer Antwort verbleibe ich Ihr ...**, in attesa di un cortese riscontro Le porgo i miei cordiali saluti ... **verbleichen** <irr, ohne ge-> itr <sein> **1** (*seine Farbe verlieren*) sbiadir(si), scolorar(si), scolorir(si): **die Vorhänge ~ schnell, wenn die Sonne draufscheint**, le tende

esposte al sole sbiadiscono/scolorano/scoloriscono rapidamente; **verblichen**, sbiadito, scolorito; **verbliche Fotos/Schrift**, ₍foto sbiadite₎/[scritta sbiadita]; **verbliche Jeans**, jeans sbiaditi/scoloriti; **verbliche Ruhm**, fama impallidita **2** *poet* (*allmählich erlöschen*) {MOND, STERNE} impallidire: **der Mond verbliche allmählich**, pian piano la luna impallidiva **3** <*nur im Perfekt*> *geh obs* (*sterben*): **jd ist verblichen**, qu è defunto. **verbleit** adj **1** (*mit Blei überzogen*) piombato **2** (*mit Bleiteträthyl versetzt*) {BENZIN} con piombo: **Super ~**, super con piombo. **verblenden**① <ohne ge-> tr **jdn ~** {HABGIER, REICHTUM, RUHM, SCHÖNHEIT} accecare qu: **der Hass verblendet ihn**, l'odio lo acceca; **von etw** (dat) **verblendet sein** {VOM ERFOLG, HASS}, essere accecato da qc; {VON ERFOLG, GOLD, REICHTUM} essere abbagliato da qc. **verblenden**② <ohne ge-> tr **1** *arch* **etw mit etw** (dat) **~** rivestire *qc di qc* **2** *med* **etw ~** {ZAHNKRONE} incapsulare *qc*. **Verblendung**① <-, ohne pl> f accecamento m: **in seiner ~ glaubte er, nahezu allmächtig zu sein**, accecato com'era pensava di esser quasi onnipotente. **Verblendung**② <-, -en> f **1** *arch* (*das Verkleiden*) rivestimento m: **die ~ der Fassade nahm viel Zeit in Anspruch**, per rivestire la facciata è stato necessario molto tempo **2** *arch* (*Verkleidung*) rivestimento m: **eine ~ aus Schiefer**, un rivestimento in ardesia **3** *med* incapsulamento m. **verbleuen** a.R. von verbläuen → **verbläuen**. **verblichen** part perf von verbleichen. **Verblichene** <*dekl wie adj*> mf *geh* defunto (-a) m (f), estinto (-a) m (f): **mein ~r** *fam*, il mio povero marito *fam*. **verblöden** <ohne ge-> *fam* Ⓐ tr <haben> **jdn ~** {COMICS, FERNSEHEN, BESTIMMTE LEKTÜRE} rincretinire *fam*/istupidire *fam*/rimbecillire *fam*/rincoglionire *vulg* qu: **das ständige Fernsehen verblödet**, guardare continuamente la televisione rincretinisce/rimbambisce Ⓑ itr <sein> rincretinire *fam*, istupidirsi *fam*, rimbecillire *fam*, rincoglionir(si) *vulg*: **den ganzen Tag vor dem Computer, da verblödet man!**, tutto il giorno al computer, ti rincoglionisci/rincretinisci! **Verblödung** <-, -en> f *fam* istupidimento m *fam*, rincretinimento m *fam*, rincoglionimento m *vulg*. **verblüffen** <ohne ge-> Ⓐ tr **jdn** (**durch etw** akk/**mit etw** dat) **~** sbalordire *qu* (*con qc*), stupire *qu* (*con qc*), sconcertare *qu* (*con qc*), spiazzare *qu* (*con qc*): **sie hat alle durch ihr unerwartetes Erscheinen verblüfft**, (lei) ha spiazzato tutti comparendo così inattesa; **was du da sagst, verblüfft mich**, sono stupito (-a) di quanto mi dici; **seine schlagfertige Antwort hat uns alle verblüfft**, la sua prontezza nel rispondere ci ha spiazzati tutti quanti Ⓑ itr (*Verblüffung auslösend*) {JDS VERHALTEN} lasciare sbalordito (-a), destare stupore. **verblüffend** Ⓐ adj {ÄHNLICHKEIT, ERFOLG, ERGEBNIS} sorprendente; {ANTWORT, REAKTION} *auch* sconcertante; {LEISTUNG} sorprendente, strabiliante, sbalorditivo; {OFFENHEIT, SICHERHEIT, UNVERFROHRENHEIT} che spiazza/sconcerta: **zu einem ~en Ergebnis kommen**, arrivare a una conclusione sorprendente; **(eine) ~e Ähnlichkeit mit jdm/etw haben**, (as)somigliare a qu/qc in modo sorprendente; **es ist ~, wie schnell sie Italienisch gelernt hat**, c'è da stupirsi della rapidità con cui ha imparato l'italiano Ⓑ adv {EINFACH, SCHNELL} sorprendentemente.

verblüfft **A** adj {GESICHT, MENSCH} stupito, sbalordito, sconcertato: **ein ~es Gesicht machen**, fare una faccia sbalordita/stupita; **ich war so ~, dass ich keine Antwort wusste**, rimasi talmente interdetto (-a) che non seppi rispondere; **er war völlig ~, als er hörte, dass ...**, rimase sconcertato nell'apprendere che ... **B** adv stupito (-a), sconcertato (-a).

Verblüffung <-, ohne pl> f stupore m, sbalordimento m, sconcerto m • **zu jds ~**, con stupore di qu; **zu unserer großen ~**, con nostro grande stupore.

verblühen <ohne ge-> itr <sein> **1** bot {BAUM, BLUME, STRAUCH} sfiorire: **schade, dass die Blumen schon am Verblühen sind!**, che peccato, i fiori stanno già sfiorendo! **2** (vorübergehen) {JUGEND, SCHÖNHEIT} sfiorire: **ihre Schönheit ist bereits verblüht**, la sua bellezza è già sfiorita; **eine verblühte Schönheit** (Frau), una bellezza sfiorita.

verblümt **A** adj {ANDEUTUNG, VORWURF} velato: **etw in/mit ~en Worten ausdrücken**, dire/esprimere qc con ₍un giro di₎/[mezze] parole **B** adv: **etw ~ ausdrücken**, dire/esprimere qc con ₍un giro di₎/[mezze] parole.

verbluten <ohne ge-> itr <sein> dissanguarsi, morire ₍dissanguato (-a)₎/[per dissanguamento]: **schnell, ₍er verblutet₎/[sonst verblutet er]!**, sbrigati/sbrigatevi, ₍sta perdendo troppo sangue₎/[altrimenti muore dissanguato]!; (innerlich) morire per emorragia.

Verblutung <-, -en> f dissanguamento m.

verbocken <ohne ge-> tr fam etw ~ {SACHE} scazzare qc slang: **das habe ich verbockt!**, questa cretinata l'ho fatta io!, qui ho toppato io! slang.

verbockt adj {KIND} cocciuto, caparbio: **ein völlig ~es Kind**, un bambino cocciuto come un mulo.

verbohren <ohne ge-> rfl fam sich **in etw** (akk) ~ {IN EINE MATERIE, PROBLEMATIK} fissarsi su qc; {IN EINE IDEE, WAHNVORSTELLUNG} auch incaponirsi in qc, intestardirsi in qc, incaparbirsi in qc: **er hat sich in die Idee verbohrt, den Atlantik mit einem Segelschiff überqueren zu wollen**, si è fissato di voler attraversare l'Atlantico in barca a vela.

verbohrt adj fam pej {MENSCH} cocciuto, testardo come un mulo; {HALTUNG} molto rigido; {ANSICHTEN} auch fossilizzato.

Verbohrtheit <-, ohne pl> f fam pej {+MENSCH} cocciutaggine f; {+MEINUNG} rigidità f.

verborgen① <ohne ge-> tr → **verleihen**.

verborgen② adj geh **1** (versteckt) {SCHATZ, TÜR} nascosto: **die Hütte ist ₍hinter einem₎/[durch einen] Felsvorsprung ~**, il rifugio è nascosto da uno sperone di roccia **2** (abgelegen) {ORT, PLÄTZCHEN, TAL} recondito, nascosto, riposto: **in den ~sten Winkeln**, negli angoli più reconditi **3** (nicht sofort erkennbar) {GEFAHR, TALENT} nascosto; {WÜNSCHE} segreto: **seine ~sten Sehnsüchte**, i suoi desideri più reconditi • **etw bleibt jdm ~** {ABSICHT, PLAN, VORHABEN}, qu è/resta all'oscuro di qc; **ihre geheimsten Gedanken blieben ihm ~**, i suoi pensieri più intimi rimanevano un mistero per lui; **nicht ~ bleiben** (nicht geheim bleiben) {BETRUG, LIAISON}, non essere più un segreto; **etw wird jdm nicht ~ bleiben**, qu verrà inevitabilmente a sapere qc; **etw ist jdm nicht ~ geblieben**, qc non è sfuggito a qu; **es kann ihm nicht ~ geblieben sein, dass ...**, non può non sapere che ...; **sich ₍bei jdm₎/[irgendwo] ~ halten**, nascondersi ₍da qu₎/[+ compl di luogo]; **im Verborgenen**, di nascosto, in segreto; **im Verborgenen bleiben**, venire/essere tenuto (-a) segreto (-a); {PERSON} restare nell'ombra; **im Verborgenen blühen** {SCHÖNHEIT, TALENT}, sbocciare nell'ombra.

verbot 1. und **3.** pers sing imperf von **verbieten**.

Verbot <-(e)s, -e> n divieto m, proibizione f; (seitens einer Behörde) interdizione f: **das ~ von Atomwaffen**, l'interdizione di armi nucleari; **~ von Drogenbesitz**, divieto di detenere sostanze stupefacenti; **~ einer Partei**, messa al bando di un partito; **ein ~ aufheben**, togliere un divieto; **ein ~ (nicht) befolgen**, (non) rispettare/osservare un divieto; **ein ~ erlassen**, imporre un divieto; **jdm das ~ erteilen, etw zu tun**, imporre a qu il divieto di fare qc, mettere il veto a qu di fare qc scherz; **die Polizei hat ihm das ~ erteilt, das Land zu verlassen**, la polizia gli ha imposto di non lasciare il paese; **ein ~ übertreten/verletzen**, infrangere/trasgredire ₍/[violare] un divieto; **gegen ein ~ verstoßen**, contravvenire a un divieto; **er hat gegen mein ~ im Haus geraucht**, ha fumato in casa ₍contro la mia volontà₎/[nonostante glie'l'avessi proibito]; **trotz des ärztlichen ~es ist er schwimmen gegangen**, è andato a nuotare nonostante il medico glie'l'avesse proibito.

verboten **A** part perf von **verbieten** **B** adj **1** (untersagt) {AUFENTHALT, PARKEN, TIERHALTUNG} vietato, proibito; (mit Verbot belegt) {ZEITUNG} proibito; {BUCH} auch vietato; {PARTEI} messo al bando: **die ~e Stadt**, la Città proibita; (geschäftswidrig) {GESCHÄFTSPRAKTIKEN, HANDEL} vietato/proibito per/dalla legge; **ein Strafzettel wegen ~en Parkens**, una multa per ₍sosta vietata₎/[divieto di sosta]; **gesetzlich ~**, vietato/proibito dalla legge; **... ~!** {FOTOGRAFIEREN, RAUCHEN}, (è) vietato + inf; **Betreten des Rasens ~**, è vietato calpestare le aiuole!; **Durchfahrt ~!**, divieto di transito!, transito vietato!; **Parken ~!**, divieto di sosta!; **Unbefugten Zutritt ~!**, (è) vietato l'accesso ai non autorizzati!; **Zutritt ~!**, divieto di accesso!; **~ sein**, essere vietato/proibito; **es ist ~, etw zu tun**, è vietato/proibito fare qc; **es ist streng(stens) ~, im Krankenhaus zu rauchen**, è severamente proibito fumare all'interno dell'ospedale; **jdm ist etw ~**, a qu è vietato/proibito qc; **jdm ist es ~, etw zu tun** geh, è vietato/proibito a qu di fare qc **2** (moralisch nicht erlaubt) {GEFÜHLE, LIEBE, SEXPRAKTIKEN, TRÄUME} proibito: **~e Liebschaften**, amori proibiti • **jd sieht (mit ~ etw dat) ~ aus** {MIT EINER BRILLE, FRISUR, IN EINEM KLEID}, qu è inguardabile (con qc); **mit dem Make-up sieht sie ~ aus!**, truccata così è davvero spaventosa!; **etw sieht ~ aus** {FRISUR, KLEID, MAKE-UP}, qc è assurdo/impossibile/improponibile/[da censura]; **etw ~ gehört** ₍...₎/[müsste ~ werden] fam, qc andrebbe vietato/proibito.

Verbotsschild <-(e)s, -er> n cartello m di divieto; (Verkehrsschild) auch segnale m di divieto.

verbrämen <ohne ge-> tr **1** geh (kaschieren) etw (mit etw dat/durch etw akk) ~ {ABLEHNUNG, NEGATIVEN BESCHEID, UNANGENEHMES} addolcire qc (con qc); {KRITIK} auch edulcorare qc (con qc): **das ist eine wissenschaftlich verbrämte Binsenweisheit**, è la scoperta dell'acqua calda in veste scientifica; **Nachteile durch schöne Worte ~**, edulcorare con belle parole i lati negativi **2** text (einfassen) **etw mit etw** (dat) **~** profilare qc di qc: **einen Mantel mit Pelz ~**, profilare un cappotto di pelliccia.

verbrannt **A** part perf von **verbrennen** **B** adj **1** (angesengt) {HAND, KÖRPERTEIL, STELLE} bruciato, scottato; (stark ~) ustionato **2** (durch Feuer vernichtet) {LEICHE} carbonizzato; {GEGENSTAND, MATERIAL} auch bruciato, distrutto dal fuoco; **~e Erde**, terra bruciata **3** (von der Sonne ausgedörrt) {FELDER, WIESEN} (ri)arso: **von der Hitze/Sonne ~e Felder**, campi ₍arsi dalla calura₎/[bruciati dal sole] **C** adv: **~ riechen** {BRATEN, KUCHEN}, puzzare di bruciato; **hier riecht es ~**, qui ₍c'è₎/[si sente] puzzo di bruciato; **~ schmecken**, sapere di bruciato.

verbraten <irr, ohne ge-> **A** tr <haben> slang **1** (vergeuden) etw ~ {ENERGIE, STROM} sprecare qc, sperperare qc: **er verbrät so viel Gas ₍für die Heizung₎/[zum Heizen]**, spreca molto gas per il riscaldamento; {GELD, VERMÖGEN} auch buttare qc dalla finestra fam: **sie verbrät ihr ganzes Gehalt für Designerklamotten**, butta tutto lo stipendio in vestiti firmati **2** (äußern) etw ~ {BLÖDSINN, UNSINN} (riuscire a) dire qc, tirare fuori qc fam: **was hat er in diesem Artikel wieder für einen Mist ~!**, guarda che cos'è riuscito a scrivere in quest'articolo! **B** itr <sein> {FLEISCH, KOTELETTS} bruciacchiare, bruciare: **mach den Herd aus, die Würste ~ ja!**, spegni il forno, le salsicce sono già mezze carbonizzate! fam.

Verbrauch <-(e)s, ohne pl> m **1** (das Verbrauchen) ~ (an/von etw dat) consumo m (di qc): **₍gleich bleibender₎/[tatsächlicher] ~**, consumo costante/effettivo; **der durchschnittliche ~ an Wasser nimmt zu**, il consumo medio di acqua è in crescita **2** (verbrauchte Menge) consumo m: **den ~ steigern/drosseln/reduzieren**, aumentare/limitare/ridurre il consumo; **einen ₍großen/hohen₎/[niedrigen] ~ (an/von etw dat) haben** {GERÄT, HEIZUNGSANLAGE, KRAFTFAHRZEUG}, consumare molto/poco (qc), avere un alto/basso consumo (di qc); {BÜRGER, HAUSBESITZER, INDUSTRIE} auch, fare/[non fare] grande consumo di qc; **(je) nach ~** {ABRECHNEN, ZAHLEN}, a consumo; **~ pro Kopf**, consumo pro capite; **sparsam im ~**, consumo poco.

verbrauchen <ohne ge-> **A** tr **1** (aufbrauchen) etw ~ {GAS, LEBENSMITTEL, STROM, VORRÄTE, WASSER} consumare qc: **in kinderreichen Familien wird viel Milch verbraucht**, nelle famiglie con molti figli viene consumato latte in grandi quantità; **haben wir schon das ganze Mehl verbraucht?**, abbiamo già consumato/finito tutta la farina?; **alle seine Energien/Kräfte ~**, spendere tutte le proprie forze, esaurire le proprie energie **2** (ausgeben) etw ~ {GEHALT, GELD} spendere qc, finire qc: **in diesem Haus wird zu viel Geld verbraucht**, in questa casa si spendono troppi soldi; **viel Geld für den Urlaub ~**, spendere molti soldi per le vacanze **3** (für den Betrieb von etw brauchen) etw ~ {GERÄT, KRAFTFAHRZEUG} consumare qc: **der Motor verbraucht zu viel Öl**, il motore consuma troppo olio; **mein Auto verbraucht neun Liter auf 100 km**, la mia macchina fa 100 km con nove litri **B** rfl **1** (sich abnützen) consumarsi, logorarsi: **die Schuhsohlen haben sich rasch verbraucht**, le suole delle scarpe si sono consumate/logorate in fretta **2** (von kurzer Dauer sein) svanire: **der Reiz des Spieles hat sich schnell verbraucht**, il fascino del gioco è svanito in fretta **3** (seine Kräfte erschöpfen) sfinirsi: **sich in der Arbeit ~**, sfinirsi di lavoro.

Verbraucher <-s, -> m (**Verbraucherin** f) com consumatore (-trice) m (f).

Verbraucheraufklärung f informazione f dei consumatori.

Verbraucherbefragung f com sondaggio m/inchiesta f tra i consumatori.

Verbraucherberatung f **1** (Aufklärung der Verbraucher) (servizio m di) assistenza f/consulenza f per i consumatori **2** (Beratungsstelle) centro m di consulenza per i consumatori.

verbraucherfeindlich adj {PREISPOLITIK} contrario agli interessi dei consumatori.

verbraucherfreundlich adj {PREISE} vantaggioso (per il consumatore); {PREISPOLITIK} nell'interesse dei consumatori; {RECHTSPRECHUNG, URTEIL} a favore dei consumatori.

Verbrauchergenossenschaft f com cooperativa f di consumatori.

Verbraucherin f → **Verbraucher**.

Verbrauchermarkt m com ipermercato m.

Verbraucherorganisation f associazione f di consumatori.

Verbraucherpreis m com prezzo m al consumo.

Verbraucherrecht n jur diritto m del consumatore.

Verbraucherschutz m com tutela f dei consumatori.

Verbraucherverband m associazione f/unione f dei consumatori.

Verbraucherzentrale f **1** → **Verbraucherverband 2** (Beratungsstelle) centro m di consulenza per i consumatori.

Verbrauchsgut n <meist pl> com bene m di consumo.

Verbrauchssteuer, **Verbrauchsteuer** f imposta f sul consumo.

verbraucht adj **1** (aufgebraucht) {ENERGIE, LEBENSMITTEL, VORRÄTE} esaurito, finito **2** (abgearbeitet) {GESICHT} consunto; {ARBEITER, MENSCH} logorato, sfinito, esausto: ~ **aussehen**, avere l'aria di una persona ormai logorata; **alt und ~ sein**, esser vecchio e stanco **3** (stickig): ~**e Luft**, aria viziata.

verbrechen <irr, ohne ge-> tr fam **1** (anstellen) etw ~ combinare qc: **was hat er denn jetzt schon wieder verbrochen?**, che cosa ha combinato di nuovo?; **was habe ich denn Schlimmes verbrochen?**, che cosa ho fatto di male?; **da hast du aber was verbrochen!**, ora hai combinato un bel guaio/pasticcio! **2** scherz oder iron (anfertigen) etw ~: **hast du diesen Brief verbrochen?**, sei stato (-a) tu a scrivere questa stupida lettera?; **wer hat denn dieses Gedicht/Kunstwerk verbrochen?** iron, chi è il genio che ha composto questa poesia/[opera d'arte]?

Verbrechen <-s, -> n **1** auch jur (mit Freiheitsstrafe bedrohte rechtswidrige Tat) delitto m, crimine m, reato m: **ein brutales/gemeines/schweres ~**, un delitto brutale/efferato/grave; **ein ~ aus Leidenschaft/[politischen Motiven]**, un delitto passionale/[a sfondo politico]; **die ~ des Krieges/der Nazizeit**, i crimini ₍della guerra₎/[del periodo nazista]; **ein ~ gegen etw (akk)/an jdm/etw**, un crimine/delitto ₍contro qc₎/[commesso/perpetrato contro qu/qc]; **~ an Kindern**, i crimini/delitti commessi/perpetrati contro i minori; **ein ~ aufdecken/aufklären**, fare luce su un delitto; **ein ~ begehen/verüben**, commettere/perpetrare un crimine/delitto; **Anstiftung zum ~**, istigazione a delinquere; **ein unaufgeklärtes ~**, un delitto irrisolto **2** (Verbrecherwesen) malavita f, criminalità f; **das organisierte ~**, la criminalità/malavita organizzata, il crimine organizzato **3** (verantwortungsloses Handeln) reato m: **die Abholzung der Regenwälder ist ein ~ an der Natur**, il disboscamento delle foreste pluviali è un delitto contro la natura; **auf den Nachtisch zu verzichten, wäre ein unverzeihliches ~!** scherz, rinunciare al dolce sarebbe un imperdonabile delitto! scherz; **dieses Gebäude ist ein ~ an der Architektur!**, quest'edificio è un insulto all'architettura!; **das ist doch kein ~!**, non è mica un delitto/reato! ● **~ gegen den Frieden**, crimine contro la pace; **~ gegen die Menschlichkeit/Menschheit** jur, crimine contro l'umanità.

Verbrechensaufklärung f soluzione f di ₍un delitto₎/[delitti].

Verbrechensbekämpfung f lotta f contro ₍la delinquenza/criminalità/malavita₎/[il crimine].

Verbrechensverhütung f prevenzione f della criminalità.

Verbrecher <-s, -> m (**Verbrecherin** f) delinquente mf, criminale mf, malvivente mf; (als Schimpfwort) delinquente mf, criminale mf.

Verbrecheralbum n obs → **Verbrecherkartei**.

Verbrecherbande f banda f di criminali/delinquenti/malviventi/malfattori.

Verbrechergesicht n faccia f da delinquente.

Verbrecherin f → **Verbrecher**.

verbrecherisch adj **1** (kriminell) {PLAN, VERHALTEN} criminoso, delittuoso; {AKTIVITÄTEN, HANDLUNG, TAT} auch criminale: **in ~er Absicht**, con intento criminoso, con intenzioni delittuose/criminose; **es ist ~, etw zu tun**, è un crimine fare qc **2** (Verbrechen nicht scheuend) {REGIME} di criminali; {ORGANISATION} malavitoso: **eine ~ Vereinigung**, un'associazione a/per delinquere **3** (verantwortungslos) {FAHRLÄSSIGKEIT, LEICHTSINN} scellerato.

Verbrecherjagd f caccia f all'uomo.

Verbrecherkartei f archivio m delle schede segnaletiche, schedario m (della polizia).

Verbrecherkreise subst <nur pl> ambienti m pl malavitosi.

Verbrechersyndikat n copertura f di un'organizzazione criminale.

Verbrechertum <-s, ohne pl> n delinquenza f, criminalità f.

Verbrecherwelt <-, ohne pl> f mondo m del crimine, malavita f.

verbreiten <ohne ge-> Ⓐ tr **1** (etw bekannt machen) etw ~ {GERÜCHT} spargere qc, mettere in circolazione qc; {NACHRICHT} auch diffondere qc, divulgare qc, propagare qc: **die Zeitung verbreitete die Nachricht, dass ...**, il giornale ha diffuso la notizia che ...; **sie verbreitet nur Lügen über ihn**, mette in giro fam solo delle bugie sul suo conto; {IDEEN, LEHREN} diffondere qc, propagare qc; **das Christentum ~**, diffondere/propagare il cristianesimo; **die Organisation verbreitet rechtsradikales Gedankengut**, l'organizzazione propaga idee di estrema destra; {BÜCHER, PUBLIKATIONEN, SCHRIFTEN} diffondere qc, divulgare qc **2 med etw ~** {KRANKHEIT} portare qc **3** (sich ausbreiten lassen) **etw** (irgendwo) **~** {DUFT, GERUCH, LICHT, WÄRME} diffondere qc (+ compl di luogo): **der Kuchen verbreitet einen guten Duft im ganzen Haus**, la torta diffonde un buon profumino in tutta la casa **4** (erwecken) **etw ~** {GELASSENHEIT, HEITERKEIT, RUHE} diffondere un senso di qc; {ENTSETZEN, PANIK, SCHRECKEN} seminare qc; **er verbreitet Zuversicht, wenn er spricht**, quando parla diffonde un senso di fiducia; **die Bande verbreitet Terror in der Stadt**, la banda semina terrore per tutta la città; **Angst und Schrecken ~**, seminare il terrore Ⓑ rfl **1** (sich ausbreiten) **sich** (in etw dat) **~** {GERUCH, QUALM} diffondersi (in qc), propagarsi (in qc) **2** (umgehen) **sich** (in etw dat) **~** {GERÜCHT, NACHRICHT, NEUIGKEIT IN DER FIRMA, STADT, IM LAND} diffondersi (in/per qc), propagarsi (in/per qc), spargersi (in/per qc): **Nachrichten dieser Art ~ sich rasch**, notizie di questo genere si diffondono/propagano rapidamente; **es verbreitete sich das Gerücht, dass ...**, si è sparsa la voce che ... konjv **3** agr bot **sich** (durch etw akk) (in etw dat) **~** {PFLANZEN, UNKRAUT DURCH FLUGSAMEN, WURZELAUSLÄUFER IM GARTEN, IN DER GEGEND} propagarsi (per mezzo di qc) (in qc); {POLLEN, SAMEN DURCH BIENEN, DEN WIND} auch diffondersi (per mezzo di qc) (in qc) **4 med sich ~** {ERREGER} propagarsi; {KRANKHEIT} auch diffondersi **5 geh** (sich auslassen) **sich über etw** (akk) **~** {ÜBER EIN PROBLEM, THEMA} dilungarsi su qc: **er verbreitete sich lange über das Thema**, si dilungò molto su quell'argomento.

verbreitern <ohne ge-> Ⓐ tr (breiter machen) (**um etw** akk) **~** {FAHRSPUR, KANAL, STRAßE, TÜRÖFFNUNG, WEG} allargare qc (di qc), ampliare qc (di qc), slargare qc: **die Durchfahrt um einen Meter ~**, allargare/ampliare il passaggio di un metro Ⓑ rfl (breiter werden) **sich um etw** (akk) **~** allargarsi di qc, slargarsi: **an dieser Stelle verbreitert sich die Straße**, in quel punto la strada si allarga/slarga; **die Straße verbreitert sich auf drei Spuren**, la strada si allarga a diventa a tre corsie; **das Flussbett verbreitert sich um das Doppelte**, il letto del fiume raddoppia la sua ampiezza.

Verbreiterung <-, -en> f **1** (das Verbreitern) allargamento m **2** (verbreiterte Stelle) {+FLUSSBETT, KANAL, STRAßE} slargo m.

verbreitet adj diffuso: **weit ~** → **weitverbreitet**; (in etw dat) (irgendwie) **~ sein** {KAUM, SEHR, STARK, WEIT}, essere (+ compl di modo) diffuso (in qc); **dieser Vogel ist in Europa weit ~**, questo uccello è molto diffuso in Europa; **in der Bevölkerung ist diese Ansicht kaum ~**, nella popolazione è un'opinione poco diffusa.

Verbreitung <-, ohne pl> f **1** (das Verbreiten) {+GERÜCHT, LÜGE} diffusione f; {+NACHRICHT} auch divulgazione f, propagazione f: **die Nachbarin sorgte für eine rasche ~ der Neuigkeit**, la vicina di casa fece in modo che la novità si diffondesse rapidamente **2** (das Verbreitetsein) {+CHRISTENTUM, MODEERSCHEINUNG, SEKTE} diffusione f; {+PUBLIKATION, ZEITUNG} diffusione f **3** bot diffusione f: **die Pflanzenart hat vor allem im Alpengebiet ~**, questa specie di pianta è diffusa soprattutto nelle zone alpine.

Verbreitungsgebiet n area f/zona f di diffusione.

verbrennen <irr, ohne ge-> Ⓐ tr <haben> **1** (durch Flammen vernichten) **etw ~** {HOLZ, KOHLE, LAUB, PAPIER} bruciare qc, ardere qc; {ABFALL, MÜLL} auch incenerire qc: **etw zu Asche ~**, ridurre qc in cenere, incenerire qc **2 fam** (einäschern) **jdn ~** {TOTEN} cremare qu **3 hist jdn ~** {HEXE, KETZER} bruciare qu, ardere qu: **sie wurde als Hexe auf dem Scheiterhaufen verbrannt**, fu arsa sul rogo perché ritenuta strega; **bei lebendigem Leib verbrannt werden**, essere arso/bruciato vivo **4** (verdorren lassen) **etw ~** {HITZE, SONNE FELDER, VEGETATION} bruciare qc, ardere qc: **die Hitze hat das Gras verbrannt**, il gran calore ha arso/bruciato l'erba **5** (Verbrennungen hervorrufen) (jdm) **etw ~** {SONNE, SCHÄDLICHE STRAHLEN JDS GESICHT, HAUT, KÖRPERTEIL} scottare qc (a qu), ustionare qc (a qu) med; {GLUT} auch bruciare qc (a qu) **6 chem** (umsetzen) **etw ~** bruciare qc: **der Organismus verbrennt den Zucker**, l'organismo brucia gli zuccheri Ⓑ itr <sein> **1** (in Flammen aufgehen) {ABFALL, GAS} bruciare; {HOLZ} auch ardere; {GEBÄUDE} bruciare, essere distrutto dal fuoco; {MENSCH} bruciare/ardere vivo (-a), morire carbonizzato (-a):

das Flugzeug verbrannte, l'aereo è bruciato; **alle Passagiere verbrannten**, tutti i passeggeri sono arsi vivi; **das Holz verbrennt im Feuer allmählich zu Asche**, bruciando, il ceppo si riduce lentamente in cenere **2** (*verkohlen*) {BRATEN, BROT} bruciar(si), carbonizzar(si): **der Braten ist ja völlig verbrannt!**, l'arrosto è completamente carbonizzato! **3** *chem* **zu etw** (dat) **~** (*bruciare* e) *trasformarsi in qc*: **Kohlehydrate – im Körper zu Kohlensäure und Wasser**, nell'organismo i carboidrati si trasformano in acido carbonico e acqua **C** rfl *<haben>* **1** (*sich eine Verbrennung zuziehen*) **sich ~** bruciarsi, scottarsi, ustionarsi *med*: **sich** (dat) **etw ~** {GAUMEN, LIPPE, ZUNGE} bruciarsi *qc*, scottarsi *qc*, ustionarsi *qc*: **sich** (dat) **etw ~, sich an etw** (dat) **~** {DIE FINGER, DIE HAND, AM FINGER, AN DER HAND} bruciarsi *qc*, scottarsi *qc*, ustionarsi *qc med*, farsi una bruciatura/un'ustione *a qc*, prendersi una scottatura *a qc*: **sich im Gesicht ~**, bruciarsi il viso; **sich** (dat) **etw an etw** (dat) **~** {AM BÜGELEISEN, OFEN, AN DER HERDPLATTE} bruciarsi/scottarsi/ustionarsi *med qc con/toccando qc*; **sie hat sich in der Sonne die Nase verbrannt**, stando al sole si è presa una scottatura al/[scottata il] naso **2** (*sich töten*) **sich ~** darsi fuoco.

Verbrennung <-, -en> f **1** <*nur sing*> (*das Verbrennen*) {+ABFALL, MÜLL} incenerimento m: **im Mittelalter war die ~ von Hexen und Ketzern üblich**, nel medioevo era pratica comune ardere sul rogo streghe e eretici; **die ~ von Laub ist in Deutschland nicht gestattet**, in Germania non è consentito bruciare le foglie secche **2** <*nur sing*> *autom chem tech* combustione f **3** *med* ustione f *med*, bruciatura f *fam*, scottatura f *fam*: **eine ~ ersten/zweiten/dritten Grades**, un'ustione di primo/secondo/terzo grado; **eine leichte ~**, una scottatura/ustione leggera/lieve, una piccola bruciatura *fam*/scottatura *fam*; **leichte/schwere ~en davontragen**, riportare leggere/gravi ustioni.

Verbrennungsanlage f (*für Abfall, Müll*) inceneritore m, impianto m di incenerimento.

Verbrennungsmotor m *autom* motore m a combustione interna.

Verbrennungsrückstand m <*meist pl*> residuo m di combustione.

Verbrennungswärme f *chem* calore f di combustione.

verbriefen <*ohne ge-*> tr *geh obs* **jdm etw ~** {ANSPRUCH, RECHT} garantire/assicurare *qc a qu per iscritto*: **verbriefte Ansprüche/Rechte haben**, avere dei diritti garantiti.

verbringen <*irr, ohne ge-*> tr **1** (*zubringen*) **etw** (*irgendwo*) **~** {ABEND, MORGEN, TAG, URLAUB, ZEIT} passare/trascorrere *qc* (+ *compl di luogo*): **die Ferien am Meer/[in den Bergen]/[zu Hause] ~**, passare/trascorrere/fare *fam* le vacanze al mare/[in montagna]/[a casa]; **etw mit etw** (dat) **~** {MIT AUFRÄUMEN, LESEN, SCHREIBEN} passare/trascorrere *qc a fare*/[*facendo*] *qc*: **das Leben mit Arbeit ~**, passare/trascorrere la vita a lavorare; **das Wochenende in aller Ruhe ~**, passare/trascorrere il fine settimana in tutta tranquillità; **die Nacht schlaflos ~**, passare/fare *fam* la notte in bianco; **das Leben als Bettler ~**, passare la vita mendicando; **den Morgen damit ~, etw zu tun**, trascorrere la mattina a fare/[facendo] *qc*; **wir haben so manch(e) schöne Stunden miteinander verbracht**, insieme abbiamo passato/trascorso molte ore liete **2** *form* (*transportieren*) **jdn/etw irgendwohin ~** trasferire/trasportare *qu/qc* + *compl di luogo*: **den Häftling in ein anderes Gefängnis** ~, trasferire il detenuto in un'altra prigione; **sein Vermögen ins Ausland ~**, trasferire il proprio patrimonio all'estero.

verbrochen *part perf von* **verbrechen**.

verbrüdern <*ohne ge-*> rfl **sich** (*untereinander*) **~** fraternizzare, affratellarsi; **sich mit jdm ~** fraternizzare *con qu*: **die Soldaten haben sich mit den Aufständischen verbrüdert**, i soldati hanno fraternizzato con i ribelli; **verbrüdert**, affratellato.

Verbrüderung <-, -en> f fraternizzazione f, affratellamento m: **die ~ aller Menschen**, la fraternizzazione/l'affratellamento di tutti gli uomini.

verbrühen <*ohne ge-*> **A** rfl **sich ~** scottarsi/ustionarsi/bruciarsi (con un liquido); **sich** (*mit etw* dat) **~** scottarsi (*con qc*), ustionarsi (*con qc*), bruciarsi (*con qc*): **ich habe mich mit heißem Kaffee verbrüht**, mi sono scottato (-a) con il caffè bollente; **sich** (dat) **etw ~** scottarsi *qc*, ustionarsi *qc*, bruciarsi *qc*; **hast du dir die Hand verbrüht?**, ti sei scottato (-a) la mano? **B** tr **jdn ~** rovesciare un liquido bollente addosso *a qu*; **jdn mit etw** (dat) **~** rovesciare *qc addosso a qu*; **jdm etw** (*mit etw* dat) **~** {HAND, KÖRPERTEIL} scottare *qc a qu* (*con qc*), ustionare *qc a qu* (*con qc*), bruciare *qc a qu* (*con qc*).

Verbrühung <-, -en> f scottatura f/ustione f/bruciatura f (*provocata da un liquido bollente*).

verbrutzeln <*ohne ge-*> itr <*sein*> *fam* {FLEISCH, GRILLWÜRSTE} bruciar(si), carbonizzarsi.

Verbstruktur f *gram* struttura f del verbo/[verbale].

verbuchen <*ohne ge-*> tr **1** *bank com* **etw** (*auf etw* dat) **~** {BETRAG, ZAHLUNG AUF EIN KONTO} registrare *qc* (*su qc*): **einen Posten ~**, allibrare una partita; **eine Summe auf der Habenseite/[dem Konto] ~**, contabilizzare una somma all'attivo/[registrare una somma sul conto corrente] **2** (*verzeichnen*) **etw als etw** (akk) **~** {ALS ERFOLG, VORTEIL} considerare *qc qc*; **etw für sich** (akk) **~** {ENTSCHEIDUNG, RUNDE} registrare/segnare *qc al proprio attivo*: **einen Erfolg (für sich) ~ können**, poter registrare un successo; **er konnte das Wahlergebnis als Erfolg für seine Politik ~**, poté registrare il risultato elettorale come un successo della sua politica.

verbuddeln <*ohne ge-*> tr *fam* **etw** (*irgendwo*) **~** {KNOCHEN, SCHATZ, SPIELZEUG} sotterrare/seppellire/nascondere *qc* (+ *compl di luogo*): **das Kind verbuddelt die Förmchen im Sand**, il bambino nasconde le formine nella sabbia; **der Hund verbuddelt den Knochen**, il cane sotterra/[nasconde sotterra] l'osso.

Verbum <-s, *Verben oder Verba*> n *geh gram* → **Verb**.

verbummeln <*ohne ge-*> tr *fam* **1** (*vertrödeln*) **etw** (*mit etw* dat) **~** {VORMITTAG, WOCHENENDE, ZEIT} perdere/passare *qc a non fare niente*/[*gingillarsi fam*]; **ein Semester ~**, buttare via un semestre universitario a gingillarsi, cincischiare per un intero semestre universitario; **einen Nachmittag mit Nichtstun ~**, passare un pomeriggio con le mani in mano *fam* **2** (*vergessen*) **etw ~** {TERMIN, VERABREDUNG} scordarsi *qc*/[scordarsi/dimenticarsi *di qc*] **3** (*verlieren*) **etw ~** {SCHLÜSSEL, UNTERLAGEN} perdere/smarrire *qc per sbadataggine*.

Verbund <-(e)s, -e> m *ökon* {+STROMLIEFERANTEN, VERKEHRSBETRIEBE, VERSORGUNGSUNTERNEHMEN} associazione f: **die Verkehrsbetriebe arbeiten im ~**, le aziende dei trasporti pubblici lavorano in consorzio.

Verbundbauweise f *bau* struttura f composta.

verbunden **A** *part perf von* **verbinden** **B** *adj form*: **jdm** (*für etw* akk) **~ sein**, essere obbligato a *qu* (*per qc*) *form*; **ich wäre Ihnen sehr ~, wenn Sie von einer Anzeige Abstand nähmen**, Le sarei molto obbligato (-a)/grato (-a) se volesse rinunciare a sporgere denuncia.

verbünden <*ohne ge-*> rfl **1** *pol* **sich** (*miteinander*) **~** {NATIONEN, STAATEN} allearsi/coalizzarsi, unirsi in alleanza: **die beiden Staaten haben sich**/[**sind (miteinander) verbündet**], i due stati si sono/[sono] alleati; **sich mit jdm ~** allearsi *a/con qu*: **Deutschland ist mit Frankreich verbündet**, la Germania è alleata alla Francia; **verbündete Staaten**, stati alleati **2** (*sich zusammenschließen*) **sich ~** {FREUNDE, GESINNUNGSGENOSSEN, PARTEIEN} allearsi/coalizzarsi (tra loro); **sich mit jdm**/**etw** (*gegen jdn*/*etw*) **~** allearsi *con qu/qc* (*contro qu/qc*).

Verbundenheit <-, *ohne pl*> f *geh* attaccamento m, legame m; (*zwischen Mitgliedern, Völkern*) solidarietà f: **ihre geistige ~**, il loro legame spirituale; **zwischen jdm** (und jdm) **besteht eine enge**/[**tiefe/starke**] **~** {ZWISCHEN VATER UND SOHN}, c'è un forte/profondo attaccamento di qu a qu/[legame tra qu e qu]; **seine starke ~ mit den bäuerlichen Traditionen**/[**zur Heimat**], il suo profondo legame con le tradizioni contadine/[la terra natia].

Verbündete <*dekl wie adj*> mf **1** *pol* alleato (-a) m (f): **die beiden Staaten treten als ~ auf**, i due stati agiscono da alleati **2** (*jd, der sich mit jdm verbündet hat*) alleato (-a) m (f): **in jdm einen ~n finden**, trovare in qu un alleato; **jdn zu seinem ~n machen**, fare di qu il proprio alleato; **sie hatte ihre Freundin zu ihrer ~n gemacht**, aveva fatto dell'amica la sua alleata.

Verbundfahrausweis m *D aut* "tessera f valida per tutti i mezzi pubblici".

Verbundglas n *tech* vetro m laminato/stratificato.

Verbundmaterial n materiale m composito.

Verbundnetz n **1** *el* rete f di interconnessione **2** (*Verkehrsnetz*) rete f dei trasporti (pubblici).

Verbundsystem n *autom* sistema m di trasporti integrati.

Verbundwerkstoff m *tech* (materiale m) composito m.

verbürgen <*ohne ge-*> **A** tr (*garantieren*) **etw ~** garantire *qc*: **die Verfassung verbürgt das Recht auf Versammlungsfreiheit**, la Costituzione garantisce il diritto alla libertà di riunione; **das sind Fähigkeiten, die Erfolg ~**, sono capacità che garantiscono il successo **B** rfl (*für jdn*/*etw einstehen*) **sich für jdn**/**etw ~** {FÜR DIE ECHTHEIT, RICHTIGKEIT EINER INFORMATION, DIE ZUVERLÄSSIGKEIT EINER PERSON} garantire *per qu/di qc*, rendersi/farsi garante *per qu/di qc*: **die Polizei verbürgt sich für die Sicherheit auf den Straßen**, la polizia si rende/fa garante della sicurezza sulle strade; **der Arbeitgeber verbürgt sich für ihn**, il datore di lavoro garantisce per lui.

verbürgerlichen <*ohne ge-*> itr *oft pej* imborghesirsi: **die Handwerkerschicht begann sich zu ~**, il ceto degli artigiani iniziò a imborghesirsi; **nach den wilden Jahren ihres Lebens verbürgerlichte sie zusehends**, dopo quegli anni turbolenti imborghesì a vista d'occhio.

verbürgt *adj* **1** (*garantiert*) {ANSPRUCH, RECHT} garantito **2** (*als richtig bestätigt*)

{NACHRICHT, TATSACHE, ÜBERLIEFERUNG, ZAHL} confermato: **etw ist schriftlich ~**, ci sono prove scritte per qc; **diese Tradition ist nicht schriftlich ~**, non ci sono testimonianze scritte a conferma di questa tradizione.

verbüßen <ohne ge-> tr jur **etw ~** {GEFÄNGNISSTRAFE} scontare qc, espiare qc: **eine Strafe von zehn Jahren ~**, espiare/scontare una pena di dieci anni.

Verbüßung <-, ohne pl> f jur espiazione f: **nach/vor ˻einer S. (gen)˼/[von etw (dat)]**, ˻dopo aver˼/[prima di avere] espiato/scontato qc; **zur ~ seiner Haftstrafe wurde er auf eine Insel verbannt**, per espiare/scontare la sua pena detentiva fu condannato all'esilio su un'isola.

verbuttern <ohne ge-> tr **etw ~ 1** (etw zu Butter machen) {MILCH, RAHM} ricavare burro da qc **2** fam (verschwenden) {GELD, VERMÖGEN} scialacquare qc fam, sperperare qc: **in einer Woche hat sie ihr gesamtes Gehalt verbuttert**, in una settimana ˻si è sputtanata vulg˼/[ha scialacquato] tutto lo stipendio.

Verbvalenz f gram valenza f ˻del verbo˼/[verbale].

verchromen <ohne ge-> tr tech **etw ~** cromare qc: **verchromt**, cromato.

Verchromung <-, -en> f tech cromatura f.

Verdacht <-(e)s, ohne pl> m sospetto m: **ein begründeter/ unbegründeter/ leiser/ schwerer ~**, un sospetto fondato/infondato/lieve/grave; **ein ~ auf etw (akk)**, un sospetto di qc; **ein ~ gegen jdn**, un sospetto su qu; **es besteht ~ auf Lungenentzündung**, ˻c'è il sospetto di˼/[si sospetta] una polmonite; **bei ~ auf Masern ...**, nel caso si tratti/trattasse di morbillo ..., se si sospetta il morbillo ...; **es besteht ~, dass ...**, c'è il sospetto che ..., konjv **es besteht der dringende ~, dass es sich um Mord handelt**, c'è il forte sospetto che si tratti di omicidio; **der ~ hat sich bestätigt**, il sospetto si è fatto certezza • **etw auf ~ tun** (auf bloße Vermutung hin) {JDN BESCHULDIGEN, FESTNEHMEN}, fare qc (solo) in base ai sospetti; fam (aufs Geratewohl), fare qc per sicurezza fam; **in jdm kommt/ steigt der ~ auf, dass ...**, ˻a qu viene˼/[in qu nasce] il sospetto che ...; **jeglichen ~ ausräumen**, fugare/sgombrare il campo di ogni sospetto; **jdn (bei jdm) in ~ bringen** {INDIZIEN, VERHALTEN BEI DEN BEHÖRDEN, DER POLIZEI}, rendere sospetto (-a) qu (presso qu/qc); {PERSON}, far sospettare (qu) di qc; **jdn in falschen ~ bringen**, far nascere dei sospetti infondati su qu; **über jeden ~ erhaben sein**, essere ˻al di sopra di ogni sospetto˼/[insospettabile]; **~ erregen**, destare/suscitare sospetti, dare adito a sospetti; **bei jdm ~ erregen**, destare il sospetto di/in qu, insospettire qu, mettere in sospetto qu; **der ~ fällt auf˼/[richtet sich gegen] jdn**, i sospetti ˻ricadono su qu˼; **jdn wegen (des) ~s auf etw (akk) festnehmen**, arrestare qu perché sospettato (-a) di qc; **in ~ geraten/kommen, etw getan zu haben**, cadere/venire in sospetto di aver fatto qc; **nicht den geringsten/leisesten ~ haben**, non avere il minimo/[più lieve] sospetto; **einen ~ haben**, avere dei sospetti; **ich habe den ~, dass er mich hintergeht**, ho il sospetto che mi tradisca; **jdn in/im ~ haben**, avere dei sospetti su qu, sospettare di qu; **jdn in/im ~ haben, etw getan zu haben**, sospettare ˻qu di aver fatto qc˼/[che qu abbia fatto qc]; **einen ~ hegen**, nutrire un sospetto/dei sospetti; **den ~ auf jdn lenken**, far cadere il sospetto su qu; **(gegen jdn) ~ schöpfen**, cominciare ad ˻avere dei sospetti su qu˼/[insospettirsi]; **in/unter ~ stehen, etw getan zu haben**, essere sospettato/[in sospetto] di aver fatto qc; **der ~ verdichtet sich, dass ...**, ˻si rafforza˼/[prende consistenza] il sospetto che ...

verdächtig **A** adj **1** (suspekt) {INDIVIDUUM, MENSCH} sospetto (-a); **etw (gen) ~ sein** {EINER MANIPULATION, STRAFTAT}, essere ˻sospettato di˼/[in sospetto di aver fatto] qc; **er ist des Mordes ~**, è sospettato di omicidio; **~ aussehen**, avere un'aria sospetta **2** (Argwohn erregend) {BEWEGUNG, GERÄUSCH, GERUCH, VERHALTEN, VORGÄNGE} sospetto; **~e Hautveränderungen**, alterazioni cutanee sospette; **etwas Verdächtiges**, qualcosa di sospetto **B** adv {SICH VERHALTEN} in modo sospetto: **das Kind ist heute ~ brav**, il bambino oggi è stranamente tranquillo; **im Haus ist es ~ still**, in casa c'è un silenzio sospetto; **er hat sich ~ schnell aus dem Staub gemacht**, se l'è filata così velocemente da destare sospetti • **sich (durch etw akk) ~ machen** {DURCH SEINE FLUCHT, EIN BESTIMMTES VERHALTEN}, rendersi sospetto (-a) (con qc), destare sospetti (con qc); **jdm ~ sein** {SACHE}, non convincere qu; **jdm ~ vorkommen** {PERSON, SACHE}, parere/sembrare sospetto (-a) a qu.

Verdächtige <dekl wie adj> mf sospetto (-a) m (f), persona f sospetta.

verdächtigen <ohne ge-> **A** tr **jdn ~** sospettare (di) qu; **jdn etw (gen) ~** sospettare qu di qc; **jdn zu Unrecht ~**, sospettare ingiustamente di qu; **die Polizei verdächtigt ihn des Mordes an jdm**, la polizia lo sospetta ˻dell'uccisione/omicidio di qu˼/[di aver ucciso qu]; **die Mutter verdächtigt die Kinder, die Schokolade aufgegessen zu haben**, la madre sospetta che siano stati i bambini a finire la cioccolata; **ich will niemanden ~, aber ...**, non voglio sospettare di nessuno ma ... **B** rfl **sich gegenseitig ~**, sospettare l'uno (-a) dell'altro (-a) a vicenda.

Verdächtigte <dekl wie adj> mf sospettato (-a) m (f).

Verdächtigung <-, -en> f (Äußerung eines Verdachtes) accusa f; (Schuldvermutung) sospetto m, insinuazione f: **ich bin deiner ~en leid**, ne ho abbastanza dei tuoi sospetti; **ich wehre mich gegen derlei ~en!**, mi ribello a tali insinuazioni!; **~en ausgesetzt sein**, essere vittima di sospetti; **falschen ~en ausgesetzt sein**, subire delle calunnie.

Verdachtsmoment n indizio m.

verdammen <ohne ge-> tr **1** (verurteilen) **etw ~** {EINSTELLUNG, HANDLUNGSWEISE, VORHABEN} condannare qc **2** (verfluchen) **jdn/ etw ~** maledire qu/qc **3** (zwingen) **jdn zu etw (dat) ~** {ZU EINER STRAFE} condannare qu a (fare) qc: **der Lehrer verdammte die Schüler dazu, ein langes Gedicht auswendig zu lernen**, l'insegnante ha condannato gli alunni a imparare a memoria una lunga poesia; **zu etw (dat) verdammt sein** {AKTION, PLAN, PROJEKT ZUM MISSLINGEN, SCHEITERN}, essere condannato a (fare) qc; **wegen des Beinbruchs war er zur Unbeweglichkeit verdammt**, la frattura alla gamba lo condannò all'immobilità; **zum Untergang verdammt**, condannato al declino **4** relig **jdn/etw ~** {KETZER, LEHRE} condannare qu/qc: **verdammt sein**, essere dannato; **die Sünder werden verdammt**, i peccatori saranno dannati • **ich will verdammt sein, wenn ...**, che io sia dannato (-a) se ...; **ich will verdammt sein, wenn das Radio jetzt, nachdem ich es repariert habe, nicht funktioniert!**, che io sia dannato (-a)/stramaledetto (-a) se la radio non funziona neanche ora che l'ho aggiustata!

verdammenswert adj {MENSCH, VERHALTEN} condannabile, condannevole lit.

Verdammnis <-, ohne pl> f relig dannazione f: **der ~ anheimfallen**, andare in dannazione; **die ewige ~**, la dannazione eterna.

verdammt fam **A** adj **1** (sehr unangenehm) {HITZE, KÄLTE, WETTER} maledetto fam, dannato fam: **diese ~en Kopfschmerzen!**, questo maledetto mal di testa!; **sich (dat) ~en Ärger einhandeln**, cacciarsi in un bel casino fam; **~e Pflicht und Schuldigkeit!**, è il suo stramaledetto dovere! **2** (sehr groß) {DURST, HUNGER} maledetto fam, dannato fam: **~es Glück haben**, avere una fortuna dannata/sfacciata; **da hattest du ja ein ~es Glück, dass dir bei dem Unfall nichts passiert ist!**, hai avuto davvero una maledetta fortuna a non esserti fatto (-a) niente nell'incidente! **3** slang (unerhört): **red nicht so einen ~en Blödsinn!**, non dire delle cretinate/fesserie così!; **~es Arschloch!**, che brutto (-a) stronzo (-a)! vulg; **~er Idiot!**, pezzo di imbecille!; **dieser ~e Kerl!**, quel pezzo di merda! vulg; **~er Mist!**, maledizione! fam, porca miseria! vulg; **~e Scheiße!** vulg, merda! vulg, cazzo! vulg **B** adv (sehr) {ÄRGERLICH, HEIß, KALT, WENIG} maledettamente; {TEUER} auch dannatamente: **das ist mir ~ unangenehm**, mi scoccia da morire fam; **das ist ~ viel Geld**, è un bel pacco di soldi! fam; **ich habe ~ viel gearbeitet**, ho lavorato come un/una dannato (-a); {GUT, HÜBSCH, NETT} maledettamente, dannatamente; **mir geht's ~ gut!**, sto ˻come un˼/[da] dio! fam; **das tut ~ weh**, fa maledettamente male, fa un male cane • **~ (noch mal/ eins)!** slang, **~ und zugenäht** slang, maledizione! fam, dannazione! fam; **was will er denn jetzt schon wieder, ~ noch mal!?**, e adesso, cosa diavolo vorrà di nuovo?!

Verdammte <dekl wie adj> mf relig dannato (-a) m (f): **die ~n**, le anime dannate, i dannati.

Verdammung <-, -en> f condanna f.

verdampfen <ohne ge-> itr <sein> evaporare, vaporizzarsi: **bei Hitze verdampft Wasser**, con il calore l'acqua evapora.

Verdampfung <-, ohne pl> f evaporazione f.

verdanken <ohne ge-> tr **1** (für etw dankbar sein) **jdm/etw etw ~** dovere qc a qu/qc: **die Beförderung verdankt er seinen besonderen Leistungen**, la promozione è dovuta ai suoi meriti (particolari); **er verdankt ihr alles**, deve tutto a lei, le deve tutto; **(es) jdm/etw ~, dass/wenn ...**, dovere a qu/qc se ...; **er verdankt es seinen Eltern und der Schule, dass er eine gute Berufsausbildung hat**, la buona formazione professionale la deve ai (suoi) genitori e alla scuola; **es ist jdm/etw zu ~, dass/wenn ...**, ˻lo si deve˼/[è grazie] a qu/qc se ...; **es ist nur dem Arzt zu ~, wenn er noch lebt**, ˻è solo grazie˼/[lo si deve unicamente] al medico se è ancora vivo; **es ist nur dem Zufall zu ~, dass uns nichts passiert ist**, solo grazie al caso non ci è successo niente **2** CH form (Dank aussprechen) **(jdm) etw ~** ringraziare (qu) per qc • **jdm etw zu ~ haben** iron, potere/dover ringraziare qu per qc iron, dovere qc a qu iron: **das habe ich dir zu ~, dass ich die Stelle nicht bekommen habe!**, posso ringraziare te se non mi hanno dato il posto!; **das habe ich der Konkurrenz zu ~!**, è stata la concorrenza a farmi questo bel regalo!

Verdankung <-, -en> f CH form ringraziamenti m pl.

verdarb 1. und 3. pers sing imperf von verderben.

verdattert fam **A** adj {GESICHT, MENSCH} basito, sbalordito, scioccato: **du hättest mal das ~e Gesicht meiner Nachbarin sehen sollen!**, avresti dovuto vedere la faccia sbalordita della mia vicina! **B** adv {AUFSCHAUEN, GUCKEN} basito (-a), sbalordito (-a): **sie schaute mich ~ an**, mi guardò con gli occhi sgranati; **~ dastehen/weggehen**, ₍star(sene) lì₎/[andarsene] con un'espressione sbalordita.

verdauen <ohne ge-> **A** tr **1** (durch Verdauung zersetzen) **etw** ~ {ESSEN, NAHRUNG} digerire qc **2** fam (bewältigen) **etw** ~ {BUCH, FILM, NACHRICHT, SCHOCK, SCHRECK} digerire qc fam, metabolizzare qc fam: **das muss ich erst mal ~**, mi ci vorrà un po' per ₍digerirlo fam₎/[mandarlo giù fam] **B** itr digerire: **gut/schlecht ~**, digerire bene/male ● **etw ist leicht zu ~** {ESSEN, SPEISE}, qc si digerisce bene; **schwer zu ~ sein**, essere indigesto; **dieser Roman ist schwer zu ~**, questo romanzo è un mattone.

verdaulich adj: **gut/leicht ~ (sein)** {NAHRUNGSMITTEL}, (essere) facilmente digeribile, leggero; **kaum ~ (sein)**, (essere) poco digeribile; **sehr gut ~ (sein)**, (essere) molto digeribile; **schlecht/schwer ~ (sein)** {LEKTÜRE}, pesante, indigesto; {ESSEN, SPEISEN} auch, di scarsa digeribilità.

Verdaulichkeit <-, ohne pl> f: **gute/leichte ~**, digeribilità; **schlechte/schwere ~**, indigeribilità; **wegen ihrer leichten ~ sind bestimmte Speisen besonders für Magenkranke geeignet**, grazie alla loro digeribilità determinati cibi sono particolarmente indicati per chi soffre di stomaco.

Verdauung <-, ohne pl> f digestione f: **eine schlechte ~ haben**, avere una cattiva digestione, digerire male/[con difficoltà]; **Probleme mit der ~ haben**, avere disturbi digestivi; **wie steht es mit Ihrer ~?**, come va di corpo? fam; **an schlechter ~ leiden**, digerire male.

Verdauungsapparat m anat apparato m digerente/digestivo.

Verdauungsbeschwerden subst <nur pl> med problemi m pl ₍di digestione₎/[digestivi].

Verdauungsorgan n anat organo m digerente.

Verdauungsspaziergang m passeggiata f per digerire: **ich muss einen ~ machen**, devo fare quattro passi per digerire.

Verdauungsstörung f <meist pl> med disturbo m della digestione, disturbi m pl digestivi: **an ~en leiden**, avere problemi di digestione fam, soffrire di disturbi digestivi.

Verdauungstrakt m anat → **Verdauungsapparat**.

Verdeck <-(e)s, -e> n **1** naut coperta f, ponte m superiore **2** (Dach) {+KINDERWAGEN} cap(p)otta f; {+KUTSCHE} auch mantice m, capote f; {+CABRIO} capote f, cap(p)otta f, tettuccio m: **ein Auto mit aufklappbarem ~**, una (macchina) decappottabile; **mit offenem/geschlossenem ~ fahren**, viaggiare con la cap(p)otta/capote ₍aperta/alzata₎/[chiusa/abbassata].

verdecken <ohne ge-> tr **1** (die Sicht nehmen) (jdm) **etw** ~ coprire qc (a qu): **der Hut verdeckt sein Gesicht**, il cappello gli copre la faccia; **der Turm verdeckt uns die Sicht auf die Berge**, la torre ci copre la visuale sulle montagne **2** (verstecken) **etw** (mit **etw** dat) ~ coprire qc (con/di qc), nascondere qc (con/di qc): **das Loch in der Wand mit einem Bild ~**, coprire/nascondere il buco nella parete con un quadro.

verdeckt adj **1** (nicht sichtbar) {GEGENSTAND, PERSON} coperto (-a): **auf dem Foto ist sie halb ~**, sulla foto è mezza coperta; **der Höhleneingang war durch einen großen Stein ~**, l'entrata della grotta era nascosta da una grande pietra **2** (verborgen) {ERTRÄGE, FINANZIERUNG, KOSTEN} occulto: **~e Arbeitslosigkeit**, disoccupazione nascosta/occulta **3** (geheim) sotto copertura: **~e Ermittlung**, indagine sotto copertura; **ein ~er Ermittler**, un agente sotto copertura ● **~ ermitteln**, indagare sotto copertura.

verdenken <irr, ohne ge-> tr geh: **jdm etw nicht ~ können** {EINSTELLUNG, REAKTION, VERHALTEN}, non poter riprovare qc a qu, non poter condannare qu per qc; **nach allem, was sie erlebt hat, kann ich ihr diese Reaktion nicht ~**, dopo tutto quel che ha subito non posso biasimarla per la sua reazione; **man kann es ihm nicht ~, dass er das getan hat**, non lo si può condannare per aver fatto questo; **es jdm nicht ~ können, wenn ...**, non poter dare torto a qu se ...

Verderb <-(e)s, ohne pl> m form {+FRÜCHTE, LEBENSMITTEL} deterioramento m.

verderben <verdirbt, verdarb, verdorben> **A** tr <haben> **1** (moralisch korrumpieren) **jdn/etw** ~ rovinare qu/qc, guastare qu/qc; {bes. JUGEND, JUGENDLICHE} corrompere qu, depravare qu: **der Umgang mit seinem Bruder hat ihn verdorben**, la compagnia del fratello l'ha rovinato; **das viele Geld hat seinen Charakter verdorben**, tutti quei soldi gli hanno guastato il carattere **2** ökon **etw** (mit **etw** dat) ~ {MARKT, PREISE} rovinare qc (con qc): **mit ihren Billigprodukten verdirbt die Firma den Markt**, con i suoi prodotti a prezzi stracciati quest'azienda rovina il mercato **3** (ruinieren) (jdm) **etw** ~ {KLEIDUNGSSTÜCK, STOFF, TEPPICH} rovinare qc (a qu), sciupare qc (a qu) **4** (schlecht werden lassen) **etw** (durch **etw** akk/mit **etw** dat) ~ guastare qc (con qc): **durch den vielen Pfeffer hast du die Suppe verdorben**, con tutto quel pepe hai guastato la minestra **5** (zunichtemachen) **jdm etw** ~ {FEST, SPAß, URLAUB} rovinare qc a qu, guastare qc a qu: **mit deiner ständigen Kritik verdirbst du mir jede Freude am Diskutieren**, con le tue continue critiche mi fai passare la voglia di parlare; **so furchtbare Geschichten können einem ja den Appetit ~**, storie così tremende ti fanno passare l'appetito **6** (verscherzen): **es (sich dat) mit jdm ~**, guastarsi con qu, perdere il favore di qu: **wegen seiner unangenehmen Art hat er es sich mit allen verdorben**, per il suo caratteraccio si è guastato con tutti; **mit dem hast du's dir (aber) verdorben!**, ti sei giocato (-a) la sua amicizia!; **es mit jdm nicht ~ wollen**, non volersi giocare l'amicizia di qu **B** itr <sein> (schlecht werden) {LEBENSMITTEL} guastarsi, andare a male, deteriorarsi, avariarsi: **der Käse verdirbt nach zehn Tagen**, questo formaggio si guasta dopo dieci giorni; **er lässt alles ~, weil er nichts in den Kühlschrank stellt**, fa andare a male tutto, non mette mai niente in frigorifero **C** rfl **sich** (dat) **etw** ~ rovinarsi qc, guastarsi qc, sciuparsi qc fam: **sich** (dat) **die Augen ~**, sciuparsi/rovinarsi la vista/gli occhi; **sich** (dat) **den Magen ~**, guastarsi/rovinarsi lo stomaco ● **da ist nichts mehr zu ~!** (in Bezug auf eine Situation), peggio di così non si può!, ormai si è toccato il fondo!; (in Bezug auf ein Kleidungsstück, ein Stück Stoff), ormai è andato!

Verderben <-s, ohne pl> n **1** (das Schlechtwerden) {+LEBENSMITTEL} deterioramento m: **etw vor dem ~ bewahren**, provvedere/[fare in modo] che qc non ₍si guasti₎/[vada a male fam] **2** geh (Untergang) perdizione f geh, rovina f ● **ins/[in sein] ~ rennen**, andare verso la (propria) rovina; **jds ~ sein**, essere la rovina di qu; **jdn ins ~ stürzen** {MENSCH, LASTER, UMGANG}, condurre/portare qu alla perdizione geh/rovina.

verderblich adj **1** (nicht lange haltbar) {LEBENSMITTEL} deperibile, deteriorabile, corruttibile: **leicht ~** {KOST, SPEISE}, facilmente deperibile/deteriorabile; **leicht ~e Waren**, merci facilmente deperibili; **leicht ~ sein**, deteriorarsi facilmente **2** (Unheil bringend) pernicioso, rovinoso, esiziale geh; {EINFLUSS} deleterio.

verderbt adj obs {MENSCH, INDIVIDUUM} traviato, corrotto, depravato.

verdeutlichen <ohne ge-> **A** tr (veranschaulichen) (jdm) **etw** ~ {KONZEPT, STANDPUNKT, ZUSAMMENHANG} chiarire qc, spiegare qc (a qu); {SACHVERHALT} auch delucidare qc (a qu); {THEORIE} illustrare qc (a qu): **jdm etw ₍an etw dat₎/[anhand von etw (dat)]/[durch etw (akk)] ~**, illustrare/spiegare qc (a qu) ₍con qc₎/[sulla base di qc]/[per mezzo di qc]; **er verdeutlichte nochmals seinen Gedankengang**, illustrò ancora una volta il suo ragionamento; **sie verdeutlichte, was sie meinte**, spiegò/chiarì che cosa intendeva (dire); **etw näher ~**, spiegare meglio/[più approfonditamente] qc **B** rfl (sich vor Augen führen) **sich** (dat) **etw** ~ {AUSWIRKUNGEN, FOLGEN} tener ben presente qc, rendersi conto di qc: **sich die Tatsache ~, dass ...**, tener conto del fatto che ...; **sich** (dat) **~, dass ...**, rendersi conto che ...

Verdeutlichung <-, -en> f {+THEORIE} illustrare m; {+FORMEL} spiegazione f; {+SACHVERHALT} auch chiarimento m ● **zur ~**, per essere più chiaro; **zur ~ führte ich einige Beispiele an**, per spiegarmi meglio portai alcuni esempi; **zur ~ ₍einer S. (gen)₎/[von etw (dat)]**, per chiarire/spiegare meglio qc.

verdeutschen <ohne ge-> tr fam **jdm etw** ~ {ANORDNUNG, BEHÖRDENBRIEF} rendere in ₍parole povere₎/[soldoni]: **könntest du mir den Inhalt dieses Gesetzes ~?**, potresti dirmi in parole povere qual è il contenuto della legge?

verdichten <ohne ge-> **A** tr **1** phys tech **etw** ~ {GAS, FLÜSSIGKEIT, LUFT} comprimere qc **2** (ausbauen) **etw** ~ {ABFAHRTSZEITEN} rendere qc più frequente; {EISENBAHNNETZ, KONTROLLEN, STRAßENNETZ} infittire qc **3** (einer Sache eine künstlerische Form geben) **etw in etw** (dat) ~: **seine Eindrücke in einem Roman ~**, trasporre le proprie impressioni in un romanzo **B** rfl **1** meteo **sich ~** {WOLKEN} addensarsi; {NEBEL} auch infittir(si), ispessirsi: **das Dunkel der Nacht verdichtete sich** poet, il buio della notte si consolidò poet **2** (sich intensivieren) **sich ~** {EINDRUCK} prendere corpo/consistenza; {VERDACHT} rafforzarsi; {GERÜCHT} farsi più insistente: **meine Vermutungen haben sich zur Gewissheit verdichtet**, le mie supposizioni sono diventate certezze.

Verdichter <-s, -> m tech compressore m.

verdicken <ohne ge-> **A** tr gastr **etw** ~ {MARMELADE, SAFT, SOßE, SUPPE} addensare qc, rendere più denso (-a) qc, ispessire qc **B** rfl **sich ~** (HAUT) ispessirsi; {BLUT} coagularsi; {MILCH} rapprendersi; {GELENK, STELLE} ingrossarsi fam.

Verdickung <-, -en> f {+GELENK} ingrossamento m; {+BLUT} coagulazione f; {+MILCH} rapprendersi m.

verdienen <ohne ge-> **A** tr **1** (als Verdienst bekommen) **etw** ~ guadagnare qc: **sie verdient 20 Euro pro/[in der]/[die] Stunde**, guadagna 20 euro all'/l'ora; **er verdient sein Geld ₍durch Kellnern₎/[als Selbständiger]**, si guadagna da vivere ₍facendo il cameriere₎/[come libero professionista]; **was/[wie viel] verdient er?**, cosa fam/quanto guadagna? **2** (Gewinn machen) **etw an/bei/mit etw** (dat) ~ guadagnare qc su/con qc: **als Vertreter verdient er 15% am Umsatz**, come rappresentante guadagna il 15% sul fatturato; **bei/mit seinen dunklen Geschäften verdient er Unsummen**, con i suoi loschi affari guadagna ₍barcate di soldi *fam*₎/[soldi a palate *fam*] **3** (*zustehen*) **etw** (**für etw** akk) **~** {BEFÖRDERUNG, LOB, STRAFE, UNTERSTÜTZUNG} meritar(si) *qc* (*per qc*): **sein Verhalten verdient Anerkennung**, il suo comportamento merita apprezzamento; **so einen schrecklichen Mann hast sie nun wirklich nicht verdient!**, un uomo così terribile non se lo meritava davvero!; **diese Brühe verdient nicht die Bezeichnung "Kaffee"** *fam*, questo brodo non merita che lo si chiami "caffè" *fam*; **die Mannschaft verdient es (nicht) zu gewinnen**, la squadra (non) merita di vincere; **du verdienst es wirklich nicht, dass ...**, proprio non ti meriti che ... **B** *itr* **1** (*einen Verdienst erhalten*) (*irgendwie*) **~** {BESSER, GUT, SCHLECHT, WENIG} guadagnare (+ *compl di modo*): **beide Eheleute ~**, entrambi i coniugi guadagnano; **er ist ein gut verdienender Anwalt**, è un avvocato che guadagna bene **2** (*Gewinn machen*) **an etw** (dat) **~** guadagnare *da qc*, trarre profitto *da qc*, guadagnare *sopra/su qc* **C** *rfl* (*sich erarbeiten*) **sich** (dat) **etw ~** {SEIN BROT} guadagnarsi *qc*: **sich sein Lebensunterhalt ~**, guadagnarsi da vivere; **sich sein Studium selbst ~**, mantenersi da solo (-a) agli studi; **sich ₍durch zusätzliche Arbeiten₎/[mit Jobs]/[als Kellner] das Geld für ein Moped ~**, guadagnarsi i soldi per un motorino ₍con lavori extra₎/[con lavoretti]/[facendo il cameriere] ● **₍du verdienst₎/[er/sie/verdient] es nicht *anders*/besser!**, ₍hai quello che ti meriti₎/[ha quello che si meritava]!, ₍te lo sei₎/[se lo è] meritato (-a)!; **etwas** *Besseres* **~**, meritarsi qualcosa di meglio; **sich** (dat) **etw verdient haben** {ESSEN, GLAS WEIN, KAFFEE, PAUSE, ZIGARETTEN}, meritar(si) *qc*, essersi (ben) meritato *qc*; {BELOHNUNG, PRÄMIE} *auch*, essersi guadagnato *qc*; **womit habe ich das verdient?** *scherz*, cos'ho fatto per meritarmi questo?

Verdiener <-s, -> *m* (**Verdienerin** *f*) persona *f* che guadagna/[porta a casa i soldi]: **ein Haushalt mit mehreren ~n**, un nucleo familiare in cui più persone guadagnano; **wir sind zu Hause drei ~**, siamo in tre a portare uno stipendio a casa; **als einziger ~ muss ich ...**, essendo l'unico ₍che ha uno stipendio₎/[a guadagnare regolarmente], devo ...

Verdienst① <-(e)s, -e *m* **1** (*Einkommen*) guadagno *m*: **ohne ~ sein**, non ₍avere entrate₎/[guadagnare]; **sie gibt einen Teil ihres ~es zu Hause ab**, con una parte del suo stipendio contribuisce alle spese di casa, dà a/in casa una parte dello stipendio *fam* **2** (*Gewinn*) profitto *m*, guadagno *m*, utile *m*, provento *m*, ricavo *m*.

Verdienst② <-(e)s, -e *n geh* merito *m*: **jds ~e** (**um etw** akk) {UM DIE ERHALTUNG, FÖRDERUNG, RETTUNG, VERSCHÖNERUNG VON ETW}, i meriti di qu (in qc); {UM DIE HEIMATSTADT, DAS VATERLAND} i servizi/servigi resi da qu (a qc); {UM DIE DICHTUNG, WISSENSCHAFT, DEN WELTFRIEDEN} i meriti di qu (nel campo di qc); **jdn in Anerkennung/Würdigung seiner ~e ehren** *geh*, onorare qu per i suoi meriti; **jdn wegen seiner ~e um ₍die Erhaltung der Denkmäler₎/[das Vaterland]/[die Wissenschaft] ehren**, onorare qu per ₍i suoi meriti nella conservazione dei beni culturali₎/[i servizi resi alla patria]/[i suoi meriti in campo scientifico] ● **jdm etw als ~ anrechnen**, ascrivere *qc* a merito di qu; **sich** (dat) **etw als ~ anrechnen**, attribuirsi il merito di *qc*; **sich** (dat) **etw als ~ anrechnen können**, potersi attribuire il merito di *qc*; **jdn nach ~ belohnen**, ₍premiare qu₎/[ricompensare *qc*] in rapporto al merito; **sich** (dat) **~e um etw** (akk) **erworben haben** {UM DIE ERHALTUNG, FÖRDERUNG}, ₍aver acquisito meriti₎/[essersi reso benemerito] per aver fatto *qc*; {UM DIE HEIMATSTADT, DAS VATERLAND}, aver reso grandi servigi a *qc*; {UM DIE DICHTUNG, WISSENSCHAFT}, aver reso grandi servizi a *qc*; **das ~ einer S.** (gen) **gebührt jdm**, il merito di *qc* va/spetta a qu; **es ist jds ~₎/[das ~ einer S.** (gen)**], dass ...**, è merito di qu/*qc* se ...; **wenn die Kinder wohlerzogen sind, dann ist das allein das ~ der Eltern**, se i figli sono ben educati è solo merito dei genitori.

Verdienstausfall *m* mancato guadagno *m*: **bei ~ wegen Invalidität/Krankheit ...**, nel caso in cui vengano a mancare le entrate a causa di invalidità/malattia ...; **bei längerer Krankheit müssen Sie mit einem ~ rechnen**, in caso di malattia prolungata deve aspettarsi la sospensione della retribuzione.

Verdienstausfallentschädigung *f* risarcimento *m* per la mancata retribuzione.

Verdienstbescheinigung *f* attestazione *f* del reddito: **wenn Sie bei uns einen Kredit aufnehmen wollen, brauche ich eine ~**, se vuole accendere un mutuo da noi ho bisogno di un certificato che attesti il Suo reddito.

Verdiensteinbuße *f* (*meist pl*) perdita *f* (negli utili): **durch die Abwertung hatten die Exportunternehmen hohe ~n**, a causa della svalutazione le imprese esportatrici hanno subito gravi perdite.

Verdienstgrenze *f* guadagno *m* massimo: **die ~ liegt bei 6000 Euro in dieser Sparte**, il massimo che si può guadagnare in questo settore sono circa 6000 euro.

Verdienstkreuz *n* croce *f* al merito: **jdm das ~ verleihen**, conferire la croce al merito a qu.

Verdienstmöglichkeit *f* possibilità *f* di guadagno: **keinerlei/[nur beschränkte] ~en haben**, ₍non avere nessuna₎/[avere solo delle limitate] possibilità di guadagno.

Verdienstorden *m* decorazione *f* al merito.

Verdienstquelle *f* fonte *f* di guadagno.

Verdienstspanne *f* margine *f* di guadagno/profitto.

verdienstvoll *adj* **1** (*anerkennenswert*) {EINSATZ, HANDLUNG, TAT} meritorio **2** (*Verdienste vorweisend*) {BÜRGER, HELFER, POLITIKER, WISSENSCHAFTLER} benemerito, benemerente *lit*; {MITARBEITER} meritevole.

verdient **A** *adj* **1** (*erwirtschaftet*) {GELD, LOHN} guadagnato: **ehrlich/unehrlich/sauer ~es Geld**, denaro guadagnato onestamente/illecitamente/faticosamente; **selbst ~** {GELD}, guadagnato ₍da sé₎/[personalmente] **2** (*zustehend*) {ANERKENNUNG, LOB, PAUSE} meritato: **sich** (dat) **die ~e Ruhe gönnen**, concedersi il meritato riposo; **er hat seine ~e Strafe bekommen**, ha avuto quel che si meritava **3** (*Verdienste aufweisend*) {BÜRGER, POLITIKER, WISSENSCHAFTLER} benemerito, benemerente *lit* **4** *sport* (*Führung, Sieg, Vorsprung*) meritato: **~er Sieger werden**, vincere meritatamente, riportare una vittoria meritata **B** *adv sport slang*: **die Mannschaft hat ~ gesiegt**, la squadra ha ₍riportato una vittoria meritata₎/[vinto meritatamente] ● **sich um etw** (akk) **~ machen** {UM DIE ERHALTUNG, RETTUNG, VERSCHÖNERUNG VON ETW}, rendersi meritevole di *qc*; **er hat sich um das Vaterland ~ gemacht**, ha reso grandi servigi alla patria.

verdientermaßen *adv*, **verdienterweise** *adv* **1** (*dem Verdienst entsprechend*) {AUSZEICHNEN, BEFÖRDERN, BELOHNEN} meritatamente; {BESTRAFEN} come si meritava: **er wurde ~ für seinen Einsatz gelobt**, è stato meritatamente lodato per il suo impegno **2** *sport* {GEWINNEN, SIEGEN} meritatamente.

Verdikt <-(e)s, -e> *n* **1** *jur obs* (*Urteilsspruch*) verdetto *m* **2** *geh* (*Verdammungsurteil*) verdetto *m* (di condanna): **ein ~ aussprechen**, pronunciare un verdetto (di condanna).

verdingen <*verdingt, verdingte oder verdang, verdingt oder verdungen*> *obs* **A** *tr* **jdn** (**bei jdm**) (**als etw**) **~** mandare a lavorare *qu* (*come qc*) (*da/presso qu*): **er verdingte ihn beim Bauern als Knecht**, lo mandò a lavorare come garzone da un contadino **B** *rfl* **sich bei jdm ~** andare a lavorare *presso qu/qc*: **er hat sich als Buchhalter bei der Firma verdingt**, è andato a fare il ragioniere presso quella ditta.

verdinglichen *tr philos* **etw ~** reificare *qc*.

Verdinglichung <-, -en> *f philos* reificazione *f*.

verdirbt 3. pers sing präs *von* verderben.

verdolmetschen <*ohne* ge-> *tr fam* **jdm etw ~** {ANWEISUNGEN, DIALEKT, FACHSPRACHE, GESETZESTEXT} tradurre *qc a qu* (*come qc*): **er musste ihr das Urteil ~**, dovette tradurle la sentenza (in un linguaggio comprensibile); **kannst du mir dieses Politikerkauderwelsch mal ~?**, mi potresti tradurre quel politichese?

verdonnern <*ohne* ge-> *tr slang* **1** (*verurteilen*) **jdn zu etw** (dat) **~** {ZU 10 JAHREN GEFÄNGNIS, EINER HAFTSTRAFE} dare *qc a qu*; {ZU EINER GELDSTRAFE} rifilare *qc a qu fam*, condannare *qu* a pagare *qc*: **wegen Betrugs wurde er zu vier Monaten verdonnert**, gli hanno dato quattro mesi per truffa **2** (*streng anweisen*) **jdn zu etw** (dat) **~** {ZU EINER LÄSTIGEN ARBEIT} condannare *qu a fare qc*: **er wurde zum Kochen verdonnert**, lo hanno spedito ai fornelli; **sie wurde dazu verdonnert, die Treppen zu putzen**, l'hanno messa a pulire le scale.

verdoppeln <*ohne* ge-> **A** *tr* **1** (*auf das Doppelte erhöhen*) **etw** (**auf etw** akk) **~** raddoppiare *qc* (*per raggiungere qc*): **das Produktionsvolumen auf 10 Tonnen täglich ~**, raddoppiare il volume della produzione per raggiungere 10 tonnellate al giorno **2** (*verstärken*) **etw ~** {SEINE ANSTRENGUNGEN, BEMÜHUNGEN, SEINEN EIFER, SEINE KRÄFTE} raddoppiare *qc* **3** *ling* **etw ~** {KONSONANTEN, VOKAL} raddoppiare *qc* **B** *rfl* **sich** (**auf etw** akk) **~** raddoppiarsi (*fino a raggiungere qc*): **in den letzten zwei Jahren hat sich der Export auf 50 Millionen verdoppelt**, negli ultimi due anni le esportazioni sono raddoppiate fino a raggiungere i 50 milioni (di fatturato).

Verdoppelung, **Verdopplung** <-, -en> *f* **1** (*Erhöhung auf das Doppelte*) raddoppiamento *m*, raddoppio *m*, reduplicazione *f* **2** (*Intensivierung*) {+ANSTRENGUNGEN, BEMÜHUNGEN, KRÄFTE} raddoppio *m* **3** *ling* {+KONSONANT, VOKAL} raddoppiamento *m*: **syntaktische ~**, raddoppiamento/rafforzamento sintattico.

verdorben **A** *part perf von* verderben **B** *adj* **1** (*ungenießbar geworden*) {KÄSE, MARMELADE, MILCH} andato a male; {EIER, OBST} *auch* guasto; {FLEISCH, WURST} andato a male, avariato **2** (*moralisch korrumpiert*) {JUGEND, JUGENDLICHER} depravato, traviato, corrotto *geh*; {FANTASIE} perverso: **durch und durch ~ sein**, essere corrotto fino all'osso; **moralisch ~ sein**, essere ₍moralmente corrotto₎/[depravato] **3** (*zunichte gemacht*) {STIMMUNG, URLAUB} rovinato.

Verdorbenheit <-, *ohne pl*> *f* depravazio-

ne f, corruzione f.
verdorren <ohne ge-> itr <sein> {GRAS, LAUB, VEGETATION} seccare, diventare secco (-a), inaridirsi, insecchirsi, dissecarsi *rar*: **verdorrt** {AST, BAUM, GRAS, LAUB, ZWEIG}, secco; **verdorrte Felder/Wiesen**, campi/prati inariditi.
verdösen <ohne ge-> tr *fam* etw ~ **1** (*verbringen*) {NACHMITTAG, TAG, ZEIT} passare qc a sonnecchiare **2** (*vergessen*) dimenticarsi (di) qc, scordarsi (di) qc.
verdrängen <ohne ge-> tr **1** (*psych*) etw ~ rimuovere qc *psych*: **den Gedanken an ⌊die Abfahrt⌋/[ihn] ~**, rimuovere il ⌊pensiero della partenza⌋/[suo ricordo]; **ein schreckliches Erlebnis ~**, rimuovere una terribile esperienza; **seine Sorgen ~**, scacciare/allontanare le preoccupazioni **2** (*vertreiben*) **jdn (aus/von etw dat) ~** {KONKURRENTEN, MITARBEITER AUS SEINER POSITION, STELLUNG, VON SEINEM PLATZ} scalzare qu (da qc), spodestare qu (da qc); **sich nicht (von seinem Platz) ~ lassen**, rimanere saldo (-a) al proprio posto, non farsi spodestare **3** (*allmählich ersetzen*) **jdn/etw ~** soppiantare qu/qc, spodestare qu, sostituire qu/qc: **moderne Küchengeräte haben die Hausfrau aus der Küche verdrängt**, gli elettrodomestici moderni hanno spodestato la casalinga dalla cucina; **der Computer hat die handschriftliche Buchführung verdrängt**, il computer ha soppiantato la contabilità manuale **4** *naut* **etw ~** {EINE BESTIMMTE MENGE WASSER} dislocare qc, spostare qc.
Verdrängung <-, ohne pl> f **1** *psych* rimozione f: **die ~ von Schuldgefühlen**, la rimozione dei sensi di colpa **2** (*das Ersetzen*) sostituzione f: **die ~ der menschlichen Arbeitskraft durch Maschinen**, la sostituzione dell'uomo da parte della macchina **3** *naut* {+WASSER} dislocamento m, spostamento m.
Verdrängungskünstler m (**Verdrängungskünstlerin** f) *psych* ⌊specialista mf della⌋/[maestro m nella] rimozione.
Verdrängungsmechanismus m *psych* meccanismo m di rimozione.
verdrecken <ohne ge-> *fam* **Ⓐ** tr <haben> etw ~ insozzare qc, insudiciare qc **Ⓑ** itr <sein>: **immer mehr ~** {BADEWANNE, FUßBODEN, HAUS, TOILETTE}, essere sempre più lurido/lercio; **sie lassen die Wohnung völlig ~**, hanno ridotto la casa a una stalla.
verdreckt adj {BADEWANNE, FUßBODEN, HAUS, KLEIDUNGSSTÜCK, MENSCH} lercio, lurido: **die Kinder sind vom Spielen ganz ~**, dopo aver giocato i bambini sono luridi da capo a piedi.
verdrehen <ohne ge-> tr **1** (*wenden*) etw ~ {KOPF} girare qc: (sich dat) **den Hals ~, um etw zu sehen**, torcere il collo per vedere qc; **die Augen ~** (*vor Wut, vor einer Ohnmacht*), storcere/stralunare/strabuzzare gli occhi; (*vor Ärger, Genervtsein, Ungeduld*) alzare gli occhi al cielo **2** (*entstellen*) etw ~ {SACHVERHALT, SINN, TATSACHE, WAHRHEIT, JDS WORTE} distorcere qc, travisare qc, alterare qc, stravolgere qc: **das Recht ~**, snaturare il diritto **3** (*zu weit drehen*) **jdm etw ~** {ARM, GELENK} (s)torcere qc a qu **4** *film* etw ~ {FILM, FILMMATERIAL} finire qc per le riprese.
verdreht adj *fam* **1** (*verrückt*) {KERL, MENSCH, TYP} strambo, bizzarro, balzano, strampalato **2** (präd *unkonzentriert*) ~ **sein**, avere fuso *fam*.
verdreifachen <ohne ge-> **Ⓐ** tr etw ~ (*auf etw* akk) ~ {EINSATZ, KAPAZITÄT, KAPITAL} triplicare qc (*per arrivare a qc*): **den Umsatz auf sechs Millionen ~**, triplicare il fatturato per arrivare a sei milioni (di euro) **Ⓑ** rfl **sich**

(*auf etw* akk) ~ {BETRAG, EINKOMMEN, VOLUMEN} triplicarsi (*e arrivare a qc*): **die Einwohner haben sich auf drei Millionen verdreifacht**, gli abitanti si sono triplicati e sono ora tre milioni.
Verdreifachung <-, -en> f triplicazione f.
verdreschen <irr, *ohne ge-*> tr *fam* jdn ~ menare qu *fam*, darle a qu *fam*, pestare qu, legnare qu *fam*: **jdn gehörig ~**, darle a qu di santa ragione.
verdrießen <verdrießt, verdross, verdrossen> tr geh jdn ~ contrariare qu, indisporre qu, indispettire qu: **ihre Unpünktlichkeit verdross ihn sehr**, la sua non puntualità lo indispose parecchio; **es verdrießt jdn, dass …**, a qu irrita che … *konjv* ● **sich** (dat) **etw nicht durch etw (akk) ~ lassen** {ABEND, FEST, URLAUB}, non farsi guastare/rovinare qc da qc; **es sich (dat) nicht ~ lassen geh**, non scoraggiarsi/[perdersi d'animo].
verdrießlich adj *geh* **1** (*missmutig*) {GESICHT, MIENE} corrucciato, indispettito: **ein ~es Gesicht machen**, avere l'espressione corrucciata; **in ~er Stimmung sein**, essere di malumore **2** (*misslich*) {ANGELEGENHEIT, SACHE, UMSTAND} increscioso.
verdross (a.R. verdroß) 1. *und* 3. pers sing imperf *von* verdrießen.
verdrossen **Ⓐ** part perf *von* verdrießen **Ⓑ** adj *geh* {GESICHT, MIENE} corrucciato; {MENSCH} *auch* contrariato **Ⓒ** adv *geh* {SICH AN DIE ARBEIT MACHEN} di malavoglia, controvoglia: **~ schweigen**, tacere indispettito (-a).
Verdrossenheit <-, ohne pl> f malumore m, scontentezza f.
verdrucken <ohne ge-> typ **Ⓐ** tr **1** etw ~ {BUCHSTABE, WORT} stampare male qc **2** (*verbrauchen*) etw ~ {PAPIER, SEITEN} finire qc per la stampa **Ⓑ** rfl **sich** (*bei/in etw* dat) ~ {BEI EINEM WORT, IN EINER ZEILE} fare un ⌊errore di stampa⌋/[refuso] (*in qc*).
verdrücken <ohne ge-> *fam* **Ⓐ** tr **1** (*verzehren*) etw ~ far fuori qc *fam*, spazzare via qc *fam*, ingurgitare qc, tranguigiare qc: **sie hat schon beim Frühstück drei Scheiben Brot mit Schinken verdrückt**, già a colazione ha fatto fuori tre fette di pane con il prosciutto; **im Fastfood verdrückte er noch rasch zwei Hamburger**, nel fast food ha ingurgitato in fretta e furia due hamburger; **die kann was ~!**, è una buona forchetta! *fam* **2** *süddt* ~ **zerknautschen Ⓑ** rfl (*heimlich weggehen*) **sich** (*irgendwohin*) ~ squagliarsela *fam*/svignarsela *fam*/battersela *fam* (+ *compl di luogo*): **sich still und heimlich ~**, andarsene ⌊alla zitta⌋ (-a); **als er hörte, dass es viel zu tun gab, verdrückte er sich**, quando seppe che c'era molto da fare, ⌊se la squagliò⌋/svignò⌋/[tagliò la corda]; **sie verdrückte sich nach Hause**, se ne andò a casa quatta quatta ● **verdrück dich!**, levati! *fam*, fila via! *fam*.
Verdruss (a.R. Verdruß) <-es, ohne pl> m *geh* irritazione f, fastidio m ● **jdm ~ bereiten** {ANGELEGENHEIT, UMSTAND}, portare a qu solo fastidio; **zu jds ~**, **jdm zum ~**, con grande irritazione di qu.
verduften <ohne ge-> itr <sein> *fam* dileguarsi *fam*, volatilizzarsi *fam* ● **verdufte!**, sparisci! *fam*, fila via! *fam*, fuori dai piedi! *fam*.
verdummen <ohne ge-> **Ⓐ** tr {jds geistiges Niveau senken} **jdn** ~ istupidire qu, rincretinire qu, rimbecillire qu: **Werbung verdummt die Leute**, la pubblicità rende rincretinisce la gente **Ⓑ** itr istupidirsi, rincretinirsi, (r)imbecillirsi.
Verdummung <-, ohne pl> f → **Verblödung**.
verdungen part perf *von* verdingen.

verdunkeln <ohne ge-> **Ⓐ** tr **1** (*abdunkeln*) etw ~ {ZIMMER} oscurare qc, abbuiare qc, fare buio *in* qc: **bei Fliegeralarm wurden alle Häuser verdunkelt**, al suono dell'allarme aereo le case venivano oscurate; **die ganze Stadt wurde verdunkelt** (*im Krieg*), tutta la città fu oscurata **2** (*verdüstern*) etw ~ {NEBELSCHWADEN, WOLKEN HIMMEL} oscurare qc, abbuiare qc: **der Mond verdunkelt die Sonne**, la luna oscura il sole **3** *jur* etw ~: ⌊**eine Straftat**⌋/[**Tatbestände**]/[**Tatumstände**] ~, inquinare le prove **Ⓑ** rfl **1** (*dunkler werden*) **sich** ~ {HORIZONT} oscurarsi, abbuiarsi; {HIMMEL} *auch* ottenebrarsi: **schlagartig verdunkelte sich der Himmel**, tutto d'un colpo il cielo si oscurò **2** (*sich verfinstern*) **sich** ~: **jds Gesicht/Miene verdunkelt sich**, qu si ⌊oscura in volto⌋/[incupisce]/[acciglia].
Verdunkelung, **Verdunklung** <-, ohne pl> f **1** (*das Verdunkeln*) {+RAUM} oscuramento m: **die ~ der Stadt bei einem Luftangriff**, l'oscuramento della città in caso di attacco aereo **2** (*das Verdüstern*) {+HIMMEL} oscurarsi m, oscuramento m **3** *jur*: **die ~** ⌊**einer Straftat**⌋/[**von Tatbeständen/Tatumständen**], l'inquinamento delle prove.
Verdunkelungsgefahr, **Verdunklungsgefahr** f *jur* pericolo m/rischio m di inquinamento delle prove.
verdünnen <ohne ge-> tr etw (*mit etw* dat) ~ {GETRÄNKE, SIRUP, SUPPE} allungare qc (*con* qc); {LAUGE, SÄURE} diluire qc (*con* qc); {FARBE} *auch* stemperare qc (*con* qc): **den Wein mit Wasser ~**, annacquare il vino, allungare il vino con l'acqua.
Verdünner <-s, -> m diluente m.
verdünnisieren <ohne ge-> rfl *fam* **sich** ~ eclissarsi *fam*, volatilizzarsi *fam*.
Verdünnung <-, -en> f **1** (*das Verdünnen*) {+LAUGE, SÄURE, WEIN} dilu(i)zione f; {+FARBE} *auch* stemperamento m **2** (*verdünnter Stoff*) sostanza f diluita.
verdunsten <ohne ge-> itr <sein> evaporare, vaporizzar(si): **Wasser verdunstet bei Hitze**, col calore l'acqua evapora.
Verdunster <-s, -> m umidificatore m.
Verdunstung <-, ohne pl> f evaporazione f, vaporizzazione f.
Verdunstungsmesser <-s, -> m *phys tech* evaporimetro m.
verdursten <ohne ge-> itr <sein> **1** (*vor Durst sterben*) morire di sete **2** *fam* (*großen Durst haben*) morire di sete, essere da morire **3** (*Wasser brauchen*) {BAUM, BODEN PFLANZE} avere sete: **verdurstet sein**, morire per mancanza d'acqua ● **halb/fast ~ sein**, essere mezzo (-a)/quasi morto (-a) di sete.
verdusseln <ohne ge-> tr *norddt fam* etw ~ {TREFFEN, VERABREDUNG} scordarsi qc, dimenticarsi di qc.
verdüstern <ohne ge-> *geh* **Ⓐ** tr (*verdunkeln*) etw ~ ottenebrare qc: **eine dunkle Wolkenwand verdüstert den Himmel**, una cortina di nubi nere ottenebrò il cielo **Ⓑ** rfl **sich** ~ **1** (*dunkel werden*) {HIMMEL} ottenebrarsi, incupir(si) **2** (*sich verfinstern*) {JDS BLICK, MIENE} rabbuiarsi, incupirsi: **ihr Gesicht verdüsterte sich**, si incupì/rabbuiò/[oscurò in viso].
verdutzen <ohne ge-> tr *fam* jdn ~ {MEINUNGSÄNDERUNG, PLÖTZLICHE WENDE} sconcertare qu, sbalordire qu, sbigottire qu; (*verwirren*) confondere qu, lasciare qu perplesso (-a): **die plötzliche Kehrtwendung verdutzte alle**, l'improvvisa voltafaccia lasciò tutti (-e) sconcertati (-e).
verdutzt **Ⓐ** adj {GESICHT, MIENE} sconcertato, sbalordito, sbigottito: **über etw (akk) ~ sein**, essere/rimanere sconcertato (-a)/sbalordito (-a)/sbigottito (-a) davanti a qc; (*ver-*

wirrt) essere/rimanere perplesso (-a) davanti a qc B adv {ANSEHEN, AUFBLICKEN, SICH UMDREHEN} sconcertato (-a), sbalordito (-a), sbigottito (-a); (verwirrt) {ANSEHEN} perplesso (-a): etw ~ feststellen, notare qc con sconcerto.

verebben <ohne ge-> itr <sein> {GERÄUSCHE, LÄRM, PROTEST} attenuarsi, smorzarsi, affievolirsi; {BEGEISTERUNGSSTURM, BEIFALL} andare spegnendosi: die Begeisterung verebbte allmählich, l'entusiasmo si smorzava lentamente/[a poco a poco].

veredeln <ohne ge-> tr 1 (qualitätsmäßig verbessern) etw ~ {ERDÖL, METALLE} (r)affinare qc; {GEWEBE, STOFF} impreziosire qc; {KOHLE} arricchire qc 2 agr bot etw ~ innestare qc 3 (verfeinern) jdn/etw ~ {JDS CHARAKTER} ingentilire qc, raffinare qc; {LEID MENSCHEN} nobilitare qu 4 (edler darstellen) jdn ~ dare di qu un'immagine ingentilita/nobilitata.

Veredelung, Veredlung <-, -en> f 1 ~ von etw (dat)/einer S. (gen) {VON ERDÖL, METALL} (r)affinamento m di qc; {VON GEWEBE, STOFF} impreziosimento m; {VON KOHLE} arricchimento m 2 agr bot innesto m.

verehelichen <ohne ge-> rfl form oder obs sich (mit jdm) ~ coniugarsi (con qu).

Verehelichung <-, -en> f form oder obs matrimonio m.

verehren <ohne ge-> tr 1 geh (bewundernd schätzen) jdn ~ {LEHRER, MEISTER} adorare qu, venerare qu; {KÜNSTLER, MALER} auch idolatrare qu 2 relig jdn/etw ~ {GOTTHEIT, HEILIGES TIER} venerare qu/qc, adorare qu/qc; {HEILIGE, MADONNA} auch onorare qu: die Indianer verehrten den Wald als Gottheit, gli indiani veneravano il bosco come una divinità 3 geh oder scherz (schenken) jdm etw ~ omaggiare qu con/di qc scherz 4 obs (umwerben) jdn ~ {DAME, FRAU} corteggiare qu, fare la corte a qu.

Verehrer <-s, -> m (**Verehrerin** f) 1 scherz (in Bezug aufs andere Geschlecht) corteggiatore (-trice) m (f), ammiratore (-trice) m (f), spasimante mf: sie hat einen neuen ~, ha un nuovo ammiratore/corteggiatore/spasimante; er hat viele ~innen, ha molte ammiratrici 2 (Bewunderer) {+BAUKUNST, KÜNSTLER, MUSIK} ammiratore (-trice) m (f), estimatore (-trice) m (f): sie ist eine ~in Mozarts und seiner Musik, è un'ammiratrice/estimatrice di Mozart e della sua musica 3 relig {+GOTTHEITEN, HEILIGE} adoratore (-trice) m (f), venerante (-trice) m (f) rar.

verehrt adj geh 1 (Floskel in einer Ansprache) stimato, pregiato geh, egregio geh: meine sehr ~en Damen und Herren!, gentili signore e signori! geh; sehr ~e Gäste!, pregiatissimi ospiti! ; ~es Publikum!, stimatissimo pubblico! geh 2 (Floskel im Brief): ~e Frau Dr. Schmidt!, gentilissima/pregiatissima dott.ssa Schmidt!; ~er Herr Professor!, egregio professore.

Verehrung <-, ohne pl> f 1 (Bewunderung) venerazione f, adorazione f: jds ~ für jdn, la venerazione di qu per qu; für jdn empfinden, provare una sorta di venerazione per qu 2 relig venerazione f, adorazione f, culto m.

verehrungswürdig adj {MENSCH} venerabile.

vereidigen <ohne ge-> tr jur 1 (einen Eid leisten lassen) jdn ~ {SACHVERSTÄNDIGEN, TRUPPEN, ZEUGEN} far prestare giuramento a qu, far giurare qu: den Zeugen vor Gericht ~, far prestare giuramento al testimone dinanzi al tribunale 2 (eidlich auf etw verpflichten) jdn auf etw (akk) ~ far prestare giuramento a qu su qc, far giurare qu su qc: den

Richter auf die Verfassung ~, far giurare il giudice sulla Costituzione.

vereidigt adj jur giurato: ~er Sachverständiger/Übersetzer, perito/traduttore giurato.

Vereidigung <-, -en> f jur giuramento m.

Verein <-(e)s, -e> m 1 (Organisation) associazione f, società f, unione f; (Kulturverein) associazione f, società f, circolo m; (Sportverein) auch club m; (Tierschutzverein) lega f, associazione f: einem ~ beitreten, in einen ~ eintreten, diventare membro /[entrare a fare parte] di un'associazione/una società/un circolo/un club; aus einem ~ austreten, lasciare/[uscire da] un'associazione/una società/un circolo/club 2 fam iron oder pej (Gruppe) banda f fam, teppa f slang pej: das ist vielleicht ein ~!, che banda/gente! • eingetragener ~, associazione registrata; gemeinnütziger ~, associazione senza scopo di lucro/[no profit], ente morale; genehmigter/verbotener ~, associazione riconosciuta/[illecita/illegale]; im ~ {RUFEN, SCHREIEN}, tutti (-e) insieme/[in coro]; im ~ mit jdm, insieme/[in collaborazione] con qu; so ein lahmer/müder ~! fam, che morti di sonno! fam; wohltätiger ~, associazione benefica/[di beneficenza].

vereinbar adj ~ mit etw (dat) compatibile con qc, conciliabile con qc: das Mandat ist nicht mit seiner Arbeit ~, il mandato non è compatibile/conciliabile con il suo lavoro; ihre Ansichten sind schwerlich miteinander ~, le loro opinioni sono difficilmente conciliabili (fra loro); nicht zu ~ende Grundsätze/Ideen, principi/idee inconciliabili/incompatibili (tra loro).

vereinbaren <ohne ge-> tr 1 (absprechen) etw (mit jdm) ~ {TAG, TERMIN, TREFFEN, UHRZEIT} concordare qc (con qu); {PREIS} auch convenire qc (con qu), pattuire qc (con qu): sie haben für morgen ein Treffen vereinbart, hanno concordato/combinato un incontro per domani, hanno concordato/convenuto di incontrarsi domani; wir hatten Stillschweigen vereinbart, avevamo convenuto di mantenere il silenzio; (mit jdm) ~, dass .../[etw zu tun], concordare/convenire (con qu) che ... konj /[di fare qc]; ich habe mit ihm vereinbart, dass die Miete am Ersten jeden Monats überwiesen wird, ho concordato con lui che l'affitto verrà versato (sul conto) il primo di ogni mese; es wurde vereinbart, dass ...j/[etw zu tun], è stato/[si è] concordato/convenuto che ... konj /[di fare qc]; es wurde vereinbart, die Truppen zurückzuziehen, è stato concordato di ritirare le truppe; das hatten wir /[war] doch so vereinbart!, ma eravamo d'accordo così!, ma i patti erano questi!; vereinbart {BEDINGUNG, TREFFPUNKT, ZEICHEN, ZEITPUNKT}, concordato; {PREIS} auch convenuto, pattuito 2 (festlegen) etw (mit jdm) ~ fissare qc (con qu), stabilire qc (con qu): etw schriftlich/vertraglich ~, stabilire qc per iscritto/[contrattualmente] 3 (in Einklang bringen) etw mit etw (dat) ~ conciliare qc con qc: kannst du das mit deinen Prinzipien ~?, riesci a conciliarlo con i tuoi principi?; diese Arbeit war mit seinen Vorstellungen nicht zu ~, quel lavoro non era compatibile/conciliabile con le sue idee; Freizeit und Arbeit ließen sich nicht miteinander ~, il tempo libero e il lavoro non erano compatibili fra loro • wie vereinbart, come concordato/convenuto/[d'intesa]/[d'accordo].

Vereinbarung <-, -en> f 1 (Abmachung) accordo m, intesa f, patto m: (mit jdm) eine ~ treffen, raggiungere/trovare un accordo/un'intesa (con qu); die ~ treffen, dass ..., /[etw zu tun], concordare/convenire che ...

[etw zu tun], concordare/convenire che ... konj /[di fare qc]; sich an die ~ halten, rispettare gli accordi/i patti, stare ai patti 2 <nur sing> (das Vereinbaren): wegen der ~ eines Termins wenden Sie sich bitte an meine Sekretärin, per fissare prendere un appuntamento si rivolga per favore alla mia segretaria • laut ~, come concordato/convenuto/[d'accordo]/[pattuito]; nach (vorheriger) ~, previo accordo; Sprechstunde nach (vorheriger) ~, visite su appuntamento.

vereinbarungsgemäß adv come concordato/ convenuto/ stabilito/ [d'accordo]/ [pattuito]: ~ kam er um 12 Uhr, come convenuto/concordato, arrivò alle ore 12.

vereinen <ohne ge-> A tr 1 (zusammenschließen) etw (zu etw dat) ~ {BEHÖRDEN, FIRMEN, ORGANISATIONEN} (ri)unire qc (in qc): die Länder zu einem Bund ~, (ri)unire gli stati in una federazione 2 (zusammenbringen) jdn/etw ~ {ERLEBNIS, SCHICKSAL FAMILIE, VATER UND SOHN} unire qu/qc; {KRÄFTE} unire qc, congiungere qc: die Familie wieder ~, riunire la famiglia; der Schmerz vereinte sie, il dolore li univa/accomunava 3 (zugleich benützen) etw in sich (dat) ~ {FÄHIGKEITEN, TUGENDEN} unire in sé qc, coniugare in sé qc; etw und etw in sich (dat) ~ {ANMUT UND GEIST, INTELLIGENZ UND DURCHSETZUNGSVERMÖGEN} unire in sé qc e qc, coniugare in sé qc e qc B itr (vereinbaren): sich miteinander ~ lassen, miteinander zu ~ sein {AUFFASSUNGEN, FORDERUNGEN, INTERESSEN}, conciliarsi, essere conciliabili/compatibili (fra loro); ihre Interessen sind nur schwer miteinander zu ~, i loro interessi sono solo difficilmente conciliabili; nicht miteinander zu ~ sein, non conciliarsi, non essere conciliabili/compatibili, essere inconciliabili/incompatibili C rfl 1 (sich zusammenschließen) sich (zu etw dat) ~ {PERSONEN ZU EINEM BUND, EINER GRUPPE} unirsi (in qc), associarsi (in qc): sich zu gemeinsamem Handeln ~, unirsi per agire insieme; sich mit jdm (zu etw dat) ~ unirsi con qu (in qc), associarsi con qu in qc; sich zu einer Interessengemeinschaft ~, associarsi in un gruppo di interesse; sich mit jdm im Gebet ~, unirsi in preghiera 2 (gemeinsam vorhanden sein) sich in jdm/etw ~ {INTELLIGENZ UND SCHÖNHEIT IN EINER PERSON} unirsi in qu/qc, coniugarsi in qu, combinarsi in qu/qc.

vereinfachen <ohne ge-> tr etw ~ {PROBLEM} semplificare qc; {AUFGABE, METHODE, SYSTEM} auch rendere più semplice qc; {ARBEITSWEISE, VERFAHREN} semplificare qc, snellire qc, rendere più semplice qc: das vereinfacht die Sache sehr, questo rende la cosa molto più semplice.

vereinfacht A adj {AUFGABENSTELLUNG, DARSTELLUNG, SKIZZE} semplificato; {VERFAHREN} auch più snello B adv {DARSTELLEN, ZEICHNEN} in modo semplificato: er hat die Sache etwas zu ~ dargestellt, l'ha fatta un po' troppo semplice fam.

Vereinfachung <-, -en> f {+MATHEMATIKAUFGABE, METHODE, PROBLEM} semplificazione f; {+ARBEITSWEISE, VERFAHREN} auch snellimento m.

vereinheitlichen <ohne ge-> tr etw ~ {GEHALTSTARIFE, GEWICHTE, LEHRPLÄNE, MAßE, NORMEN, SCHREIBWEISE, WÄHRUNGEN} unificare qc, uniformare qc: die Produktionsmethoden ~, uniformare i metodi produttivi.

Vereinheitlichung <-, -en> f {+GEHALTSTARIFE, GEWICHTE, LEHRPLÄNE, MAßE, SCHREIBWEISE} unificazione f, uniformazione f.

vereinigen <ohne ge-> A tr 1 (zusammenführen) etw (zu etw dat) ~ {LÄNDER, STAATEN} unificare qc (in qc), (ri)unire qc (in qc),

{ORGANISATIONEN, PARTEIEN} auch fondere qc (in qc): mehrere Firmen zu einem Konzern ~, fondere diverse imprese in un gruppo industriale **2** (zusammenfassen) **etw in jdm/auf jdn** ~ {AUFGABENBEREICH, KOMPETENZEN} unire/concentrare qc nella figura/persona di qu: **verschiedene Aufgaben/Ämter in einer Hand** ~, concentrare ˌdiversi incarichiˌ/[diverse cariche] in una sola persona; **viele Fähigkeiten in sich** ~, assommare in sé molte capacità; **alle Stimmen auf sich** ~, fare confluire/convergere su di sé tutti i voti **B** rfl **1** (sich zusammenschließen) **sich** (**zu etw** dat) ~ {EINZELNE TRUPPENTEILE, ARMEEN} raggrupparsi (in qc); {FIRMEN, VERBÄNDE} auch associarsi (in qc), (ri)unirsi (in qc), fondersi (in qc): **die beiden Deutschlands haben sich (wieder) zu einem Staat vereinigt**, le due Germanie si sono riunificate/riunite in un solo stato; **sich gegen jdn** ~ unirsi/allearsi contro qu; **sich zu einer gemeinsamen Aktion** ~, associarsi/unirsi per un'azione comune; **sich wieder** ~ {GETEILTE LÄNDER} riunificarsi **2** (verschmelzen) **sich in jdm/etw** ~ {EIGENSCHAFTEN IN EINER PERSON; STILELEMENTE IN EINEM ROMAN} unirsi in qu/qc, assommarsi in qu/qc, fondersi in qu/qc; **sich zu etw** (dat) ~, unirsi in qc, fondersi in qc: **sich zu einem harmonischen Ganzen** ~, unirsi/fondersi in un insieme armonico; **die Stimmen vereinigten sich zu einem großen Chor**, le voci si unirono in un grande coro **3** (zusammenfließen) **sich** (**zu etw** dat) ~ unirsi/congiungersi (formando qc), confluire (in qc): **die beiden Bäche** ~ **sich zu einem kleinen Flüsschen**, i due ruscelli si uniscono/congiungono formando un fiumicello.
ver<u>ei</u>nigt adj {VERBÄNDE, WERKSTÄTTEN} (ri)unito, associato.
Ver<u>ei</u>nigung <-, -en> f **1** (Organisation) associazione f, organizzazione f, unione f: **eine terroristische** ~, un'organizzazione terroristica; ~ **zum Schutz der Seen**, associazione per la tutela dei laghi **2** <nur sing> (Zusammenschluss) {+FIRMEN, VERBÄNDE} unione f, fusione f ● **kriminelle** ~, associazione a/per delinquere.
Ver<u>ei</u>nigungsfreiheit f jur libertà f di associazione.
Ver<u>ei</u>nigungskriminalität f D pol "reati m pl di natura economica commessi nella fase di riunificazione delle due Germanie".
ver<u>ei</u>nnahmen <ohne ge-> tr **1** (für sich beanspruchen) **jdn** ~ sequestrare qu scherz, requisire qu scherz: **gestern Abend haben die Kinder die Oma ganz für sich vereinnahmt**, ieri sera i bambini hanno ˌpraticamente sequestratoˌ/[monopolizzato] la nonna; **der Beruf vereinnahmt sie völlig**, il lavoro la assorbe/prende fam completamente; **jdn für seine Zwecke** ~, sfruttare qu per i propri fini; **Männer haben oft Angst, dass ihre Partnerin sie** ~ **will**, spesso gli uomini temono che la compagna voglia fagocitarli **2** form (einnehmen) **etw** ~ {BEITRÄGE, GELDER, STEUERN} introitare qc adm, incassare qc, riscuotere qc: **das Finanzamt hat 50 Millionen vereinnahmt**, l'ufficio delle imposte ha introitato/incassato 50 milioni (di euro).
ver<u>ei</u>nsamen <ohne ge-> itr <sein> rimanere/essere sempre più solo (-a): **nach dem Tod ihres Mannes ist sie völlig vereinsamt**, dopo la morte del marito è rimasta completamente sola; **ein vereinsamter alter Mann**, un vecchio ˌsolo e abbandonato (da tutti)ˌ/[derelitto].
Ver<u>ei</u>nsamung <-, ohne pl> f (das Vereinsamen) isolamento m: **die Architektur unserer Städte trägt zur** ~ **der Menschen bei**, l'architettura delle nostre città contribuisce all'isolamento degli uomini; (Einsamkeit) solitudine f; **die** ~ **alter Menschen ist ein Phänomen unserer Zeit**, la solitudine degli anziani è un fenomeno dei nostri tempi.
Ver<u>ei</u>nsfarbe f sport colore m ˌdella squadraˌ/[dell'associazione/della società sportiva], colori m pl sociali.
Ver<u>ei</u>nsfreiheit f jur → **Vereinigungsfreiheit**.
Ver<u>ei</u>nshaus n sede f ˌdella societàˌ/[del club/circolo].
Ver<u>ei</u>nskasse f cassa f ˌdella societàˌ/[del club/circolo].
Ver<u>ei</u>nsleben n vita f di club.
Ver<u>ei</u>nslokal n locale m del/[di un club/circolo, locale m della/[di una] società.
Ver<u>ei</u>nsmeier m fam pej fissato m fam con il (proprio) circolo: **er ist ein richtiger** ~, non pensa ad altro che al circolo, è proprio fissato col circolo.
Ver<u>ei</u>nsmeierei f attaccamento m (piccolo-borghese) al proprio circolo.
Ver<u>ei</u>nsmitglied n membro m del/[di un] club/circolo, membro m della/[di un']associazione.
Ver<u>ei</u>nsmitgliedschaft f appartenenza f aˌun club/circoloˌ/[un'associazione].
Ver<u>ei</u>nsrecht <-(e)s, ohne pl> n jur diritto m di associazione.
Ver<u>ei</u>nsregister n registro m delle associazioni.
Ver<u>ei</u>nssatzung f jur statuto mˌdi un'ˌ/[dell']associazione.
Ver<u>ei</u>nsvorstand m presidenza f diˌun club/circoloˌ/[un'associazione]/[una società]; (Einzelperson) presidente mf diˌun club/circoloˌ/[un'associazione]/[una società].
Ver<u>ei</u>nswechsel m sport cambiamento m di ˌclub (sportivo)ˌ/[società/associazione sportiva]: **in dieser Saison gab es drei** ~ **in der Mannschaft**, in questa stagione tre giocatori hanno cambiato la società/squadra.
Ver<u>ei</u>nswesen n associazionismo m.
ver<u>ei</u>nt A adj unito: **das** ~**e Europa**, l'Europa unita; **die Vereinten Nationen** pol, le Nazioni Unite; **mit** ~**en Kräften**, unendo/sommando le forze **B** adv {HANDELN, VORGEHEN} unitamente; {RUFEN} tutti (-e) insieme.
ver<u>ei</u>nzeln <ohne ge-> tr **1** geh (voneinander trennen) **jdn** ~ isolare qu **2** bot **etw** ~ {JUNGPFLANZEN} diradare qc.
ver<u>ei</u>nzelt A adj **1** meteo {AUFTRETEN} isolato; {GEWITTER, NIEDERSCHLÄGE} auch locale: ~**e Regenfälle**, pioggia sparsa **2** (sporadisch vorkommend) {SCHÜSSE} isolato: ~**e Fälle von Typhus**, casi sporadici di tifo **3** <nur pl> (einzelne) alcuni (-e), singoli (-e): **die Theorien** ~**er Wissenschaftler**, le teorie di alcuni/singoli scienziati **B** adv **1** (selten) {AUFTRETEN, VORKOMMEN} sporadicamente **2** (örtlich) localmente, a tratti, qua e là: **es kommt** ~ **zu Regenschauern**, si prevedono locali/isolati rovesci di pioggia; ~ **stößt man noch auf die Überbleibsel dieser alten Kultur**, qua e là si trovano ancora resti di questa antica civiltà.
Ver<u>ei</u>nzelung <-, ohne pl> f isolamento m.
ver<u>ei</u>sen <ohne ge-> **A** tr <haben> med **etw** ~ {HAUTSTELLE, WUNDE, ZAHNFLEISCH} sottoporre qc a crioanestesia **B** itr <sein> {FENSTERSCHEIBE, TRAGFLÄCHE} coprirsi di ghiaccio, {FAHRBAHN, STRASSE} auch diventare una lastra di ghiaccio, {TÜRSCHLOSS} gelar(si), ghiacciar(si): **vereist** {FENSTERSCHEIBE, TRAGFLÄCHE}, coperto di ghiaccio; {FAHRBAHN, SKIPISTE, STRASSE} auch ghiacciato; {TÜRSCHLOSS} gelato, ghiacciato.
ver<u>ei</u>teln <ohne ge-> tr **etw** ~ {ANSCHLAG, FLUCHT, TAT} sventare qc; {PLAN, VORHABEN} mandare ˌa monteˌ/[all'aria] qc fam, far fallire qc; {VERSUCH} vanificare qc, frustrare qc: **das schlechte Wetter hat unsere Reisepläne vereitelt**, il tempaccio ha mandato a monte i nostri progetti di viaggio.
Ver<u>ei</u>telung, Ver<u>ei</u>tlung <-, ohne pl> f {+ANSCHLAG, FLUCHT, TAT} sventare m; {+PLAN, VORHABEN} mandare a monte.
ver<u>ei</u>tern <ohne ge-> itr <sein> {MANDEL, WUNDE, WURMFORTSATZ} suppurare, venire a suppurazione, produrre pus; {ZAHNWURZEL} auch avere un ascesso: **vereitert** {MANDEL, WUNDE, WURMFORTSATZ}, pieno di pus, purulento; {ZAHNWURZEL} auch ascessuale; **vereiterte Mandeln haben**, avere le placche ˌin golaˌ/[alle tonsille].
Ver<u>ei</u>terung <-, -en> f {+WUNDE} suppurazione f, produzione f di pus; {+ZAHNWURZEL} auch ascesso m: ~ **der Mandeln**, placche ˌin golaˌ/[alle tonsille].
ver<u>e</u>lenden <ohne ge-> itr <sein> geh cadere ˌin miseriaˌ/[nell'indigenza]: **verelendet**, indigente, caduto in miseria: **ein Großteil der Bevölkerung ist verelendet**, gran parte della popolazione vive nell'indigenza.
Ver<u>e</u>lendung <-, ohne pl> f impoverimento m: **die** ~ **unserer Städte**, il degrado delle nostre città.
Ver<u>e</u>na f (Vorname) Verena.
ver<u>e</u>nden <ohne ge-> itr <sein> {TIER} morire: **eine verendetes Reh**, un capriolo morto.
ver<u>e</u>ngen <ohne ge-> **A** rfl **1** (sich zusammenziehen) **sich** ~ {GEFÄSS, PUPILLE} restringersi: **bei starkem Sonnenlicht** ~ **sich die Pupillen**, con il sole molto forte le pupille si restringono **2** (enger werden) **sich** (**auf etw** akk) ~ {FLUSS, WEG} restringersi (diventando qc): **die Straße verengt sich auf eine Spur**, la strada si restringe ˌe diventaˌ/[diventando] a una corsia; **die Durchfahrt** ~, restringere/strozzare fam il passaggio **B** tr **1** (enger werden lassen) **etw** ~ {ARTERIEN, PUPILLE} restringere qc: **Nikotin verengt die Blutgefäße**, la nicotina è un vasocostrittore **2** (enger werden lassen) **etw** ~ {FAHRBAHN, STRASSE} rendere più stretto (-a) qc, restringere qc: **eine Baustelle verengt die Straße**, un cantiere rende più stretta la strada.
Ver<u>e</u>ngung <-, -en> f **1** (verengte Stelle) {+FAHRBAHN} restringimento m: **an der** ~ **der Straße kommt es immer wieder zu Staus**, alla strettoia si formano sempre degli ingorghi; {+LEITUNG, ROHR} strozzatura f; **die** ~ **eines Gewehrlaufes**, la strozzatura della canna di un fucile **2** med {+PUPILLE} restringimento m; {+DARM, GEFÄSS} auch stenosi f.
ver<u>e</u>rbbar adj **1** biol {ALLERGIE, EIGENSCHAFT, KRANKHEIT} ereditario **2** jur {EIGENTUM, RECHTE} trasmissibile per eredità.
ver<u>e</u>rben <ohne ge-> **A** tr **1** (als Erbschaft hinterlassen) **jdm/etw etw** ~, **an jdn/etw etw** ~ {DER FRAU, DEN KINDERN, AN DIE FRAU, DIE KINDER} lasciare in eredità qc a qu/qc; {DER KIRCHE, DER STADT, AN DIE KIRCHE, AN DIE STADT} auch legare qc a qu/qc: **er vererbte seinen Kindern ein Vermögen**, ha lasciato un patrimonio in eredità ai figli; **sie vererbte ihr gesamtes Geld an eine Stiftung**, ha ˌlasciato in ereditàˌ/[legato] tutto il suo denaro a una fondazione **2** fam (schenken) **jdm/etw etw** ~ lasciare qc a qu/qc, passare qc a qu/qc fam, regalare qc a qu/qc: **ich habe ihm alle meine Bücher vererbt**, gli ho lasciato/regalato tutti i miei libri **3** biol **jdm etw** ~, **auf jdn** ~ {KRANKHEIT, MERKMAL, VERANLAGUNG} trasmettere qc a qu (per via ereditaria); {BEGABUNG, EIGENSCHAFT} trasmettere qc a qu: **sie hat ihrem Kind Diabetes vererbt**, ha trasmesso il diabete a suo figlio; **die blonden Haare hat mir meine**

Großmutter vererbt, ho ereditato i capelli biondi della/dalla nonna **B** rfl *biol sich ~ trasmettersi* (per via ereditaria); **sich an/auf jdn** ~ trasmettersi *a qu*: **die Allergie hat sich vom Vater aufs Kind vererbt**, l'allergia si è trasmessa di padre in figlio; **die handwerkliche Geschicklichkeit hat sich in der Familie seit Generationen vererbt**, l'abilità artigianale si è trasmessa nella famiglia di generazione in generazione.

vererblich adj {Allergie, Eigenschaft, Krankheit} ereditario.

Vererbung <-, *rar* -en> f *biol* **1** (+Anlage, Krankheit) trasmissione f per ereditarietà **2** (*das Vererbbarsein*) ereditarietà f: **die mendelschen Regeln von der ~**, le leggi dell'ereditarietà di Mendel ● **durch ~**, per ereditarietà, ereditariamente; **das ist ~!** *fam scherz oder iron*, è di famiglia!

Vererbungslehre f *wiss* leggi f pl dell'ereditarietà, genetica f.

verewigen <ohne ge-> **A** tr **1** (*unvergesslich machen*) **etw durch etw** (akk)/**in/mit etw** (dat) ~ {Andenken, Namen, Ruf, Ruhmestaten durch ein/in/mit einem Werk} immortalare *qc con/in qc*, eternare *qc con/in qc*; **jdn auf etw** (dat) ~ *scherz* {Auf einem Bild, Foto} immortalare *qu in qc scherz* **2** (*andauern lassen*) **etw** ~ {Verhältnisse, Zustand} perpetuare *qc* **B** rfl (*sich unvergesslich machen*) **sich durch etw** (akk)/**mit etw** (dat) ~ {Künstler, Persönlichkeit} immortalarsi *con qc*, eternarsi *con qc* **2** *fam* (*Spuren von sich hinterlassen*) **sich auf/in etw** (dat) ~ {Auf einer Bank, Baumrinde, An einer Wand} immortalarsi *su qc fam scherz*: **da hat sich wieder mal jemand/[der Nachbarshund] verewigt** *scherz*, qui qualcuno/[il cane dei vicini] ha di nuovo lasciato la sua inconfondibile traccia.

verfahren① <irr, *ohne* ge-> itr <sein> **1** (*vorgehen*) **irgendwie** ~ procedere/agire + *compl di modo*; **nach etw** (dat) ~ {Nach einer Methode, einem Schema} procedere *secondo qc*, agire *secondo qc*, muoversi *secondo qc fam* **2** (*umgehen*) **mit jdm/etw irgendwie** ~ {Mit einer Institution, Person} trattare *qu/qc* + *compl di modo*, riservare *a qu/qc* un trattamento + *adj*: **sie verfuhren streng mit den Schülern**, trattavano gli studenti con severità; {Mit einer Genehmigung, Regel} applicare *qc* + *compl di modo*.

verfahren② <irr, *ohne* ge-> **A** tr (*durch Fahren verbrauchen*) **etw** ~ {Kraftstoff} consumare *qc*; {Geld} spendere *qc* in viaggi/[per spostarsi/muoversi *fam*]; {Zeit} impiegare *qc* in viaggi/[per spostarsi/muoversi *fam*]: **ich verfahre viel Geld/Zeit, um zur Arbeitsstelle zu kommen**, impiego/spendo molto per arrivare al lavoro **B** rfl (*falsch fahren*) **sich** (*irgendwo*) ~ perdersi/[sbagliare strada] (+ *compl di luogo*): **auf dem Hinweg haben wir uns mehrmals ~**, all'andata abbiamo sbagliato strada/[ci siamo persi (-e)] varie volte.

verfahren③ adj {Angelegenheit, Lage, Sache, Situation} intricato, ingarbugliato, imbrogliato: **die Sache ist völlig ~**, in questa faccenda non si vede via d'uscita.

Verfahren <-s, -> n **1** (*Vorgehensweise*) procedimento m, procedura f **2** *tech* (*Methode*) procedimento m, metodo m, tecnica f: **ein technisches/vereinfachtes ~ anwenden**, adottare un procedimento tecnico/semplificato; **ein neues ~ entwickeln/erproben**, ideare/sviluppare/[collaudare] una nuova tecnica **3** *jur* (*Prozess*) procedimento m, processo m: **ein gerichtliches ~**, un procedimento (giudiziario); **ein anhängiges/schwebendes/laufendes ~**, una causa/una lite/un giudizio pendente/[un processo

in corso] ● **ein ~ (gegen jdn) einleiten** *jur*, avviare un procedimento contro qu; (*im Strafrecht*) {Staatsanwalt}, avviare/aprire un procedimento (penale) contro qu; **das ~ (gegen jdn) einstellen** *jur*, archiviare il procedimento (contro qu); **ein ~ gegen jdn eröffnen** *jur*, aprire un procedimento (giudiziario) contro qu; **gegen jdn läuft ein ~** *jur*, contro qu è in corso un procedimento (giudiziario)/[processo].

Verfahrensablauf m *jur* svolgimento m del processo.

Verfahrenseinstellung f *jur* archiviazione f del procedimento/processo.

Verfahrensfehler m *jur* vizio m di procedura/[procedurale].

Verfahrensfrage f <*meist* pl> questione f procedurale.

Verfahrenskosten subst <*nur* pl> *jur* spese f pl processuali/[del processo].

Verfahrensrecht <-(e)s, *ohne* pl> n *jur* diritto m processuale.

verfahrensrechtlich adj {Bestimmung, Verordnung} procedurale, processuale.

Verfahrenstechnik <-, *ohne* pl> f *industr* tecnologia f dei processi industriali.

Verfahrensweise f procedura f, metodo m, modus m operandi.

Verfall <-s, *ohne* pl> m **1** (*das Verfallen*) {+Bauwerk, Gebäude} degrado m, rovina f, abbandono m: **der ~ der Altstadt ist nicht mehr aufzuhalten**, il degrado/la rovina del centro storico è inarrestabile **2** (*das Ungültigwerden*) {+Eintrittskarte, Fahrkarte, Gutschein, Kreditkarte} scadenza f **3** *bank* {+Wechsel, Wertpapier} scadenza f **4** (*das Schwinden*) {+Gesundheit} degrado m; {+Körper} deperimento m, deperimento m, sfacelo m; {+Kräfte} declino m: **der ~ der geistigen Kräfte**, il declino delle capacità mentali; **körperlicher ~**, deperimento fisico **5** *geh* (*Niedergang*) {+Kultur, Moral} decadimento m, decadenza f, declino m; {+Sitten} *auch* degrado m: **der ~ der Gesellschaft**, lo sfascio/sfacelo della società; **moralischer ~**, decadenza f morale; **der ~ des Römischen Reiches**, il declino dell'Impero Romano **6** *jur* {+Anspruch, Recht} decadenza f ● **etw dem ~ preisgeben**, abbandonare qc al degrado, far andare in rovina qc.

Verfalldatum n → **Verfallsdatum**.

verfallen① <irr, *ohne* ge-> itr <sein> **1** (*zerfallen*) {Altstadt} andare in rovina, essere preda del degrado; {Bauwerk} *auch* cadere a pezzi, collare; **etw ~ lassen**, lasciar andare in rovina qc, abbandonare qc al degrado **2** (*an Kräften verlieren*) {Alter Mensch, Patient} decadere, deperire: **der Kranke verfiel geistig und körperlich**, il malato decadde mentalmente e fisicamente **3** (*schwinden*) {Jds Gesundheit} decadere; {Kraft, Macht} *auch* declinare: **seine Autorität verfiel zusehends**, la sua autorità declinò/decadde a vista d'occhio **4** (*sich auflösen*) {Moral, Sitten} essere in declino/decadenza; {Kultur, Reich} *auch* declinare **5** (*ungültig werden*) {Eintrittskarte, Ticket, Wechsel} scadere; {Anspruch, Recht} decadere: **diese Briefmarken/Geldscheine sind ~**, questi francobolli non sono più validi/[queste banconote sono fuori corso] **6** (*unbrauchbar werden*) {Lebensmittel, Medikament} scadere **7** *ökon* (*rapide weniger werden*) {Kurs, Währung} crollare, cadere, precipitare: **die Preise verfielen innerhalb kürzester Zeit**, in brevissimo tempo i prezzi precipitarono **8** (*erliegen*) **jdm** ~ diventare succube/schiavo (-a) *di qu*: **jdm ~ sein**, essere succube di qu; **etw** (dat) ~ {Jds Charme, Zauber} soccombere *a qc*, cadere preda/vittima *di qu*;

{Dem Alkohol, Der Droge} diventare schiavo (-a) *di qc*, darsi *a qc*; {Dem Laster} *auch* abbandonarsi *a qc*, cadere preda/vittima *di qc*; **dem Alkohol/[der Droge] ~ sein**, essere dedito all'alcol/[alla droga]; **dem Wahnsinn ~ sein**, essere in preda alla pazzia **9** (*sich einfallen lassen*) **auf etw** (akk) ~ {Auf eine Massnahme, einen Plan, Trick} escogitare *qc*: **jd verfällt auf einen absonderlichen Gedanken**, a qu viene un'idea strana; **wie seid ihr denn auf diesen Vorschlag ~?**, come vi è venuta in mente questa proposta?; **jd verfällt darauf, etw zu tun**, a qu viene l'idea di fare *qc* **10** (*kommen auf*) **jd verfällt auf jdn**, la scelta *di qu* (ri)cade *su qu*; **wieso seid ihr ausgerechnet auf ihn als Kandidaten ~?**, come mai siete caduti (-e) proprio su di lui come candidato? *fam* **11** (*hineingeraten*) **in etw** (akk) ~ {In einen Dialekt, Eine Mundart} ritornare *a qc*: **wenn sie müde ist, verfällt sie manchmal in ihre Muttersprache**, a volte, quando è stanca, ritorna alla sua lingua madre; **er ist in den alten Fehler ~**, è ricaduto/[incappato di nuovo] nel vecchio errore; **in Schweigen ~**, ammutolire; **in Schwermut/Trübsinn ~**, cadere nella/[lasciarsi andare alla] malinconia; **in (eine) Depression ~**, cadere in depressione; **in einen anderen Ton ~**, cambiare tono **12** *form* (*zufallen*) **jdm/etw** ~ {Fundsachen, Schmuggelware} diventare (di) proprietà *di qu/qc*; {Besitz einer Institution, Dem Staat} *auch* passare *a qu/qc*.

verfallen② adj **1** (*baufällig*) in rovina/abbandono, diroccato, cadente **2** (*ausgezehrt*) {Gesicht} deperito: **körperlich ~ sein**, essere deperito **3** (*nicht mehr gültig*) {Fahrkarte, Gutschein, Medikament} scaduto.

Verfallsdatum, **Verfalldatum** n (data f di) scadenza f.

Verfallserscheinung f <*meist* pl> (*von Gebäude, Körper, Kultur*) segno m di decadimento.

Verfallstag, **Verfalltag** m giorno m della/di scadenza.

verfälschen <ohne ge-> tr **1** (*falsch darstellen*) **etw** ~ {Artikel, Bericht, Darstellung, Geschichte, Tatsachen, Wahrheit} falsare *qc*, alterare *qc*: **statistische Daten/[eine Nachricht] ~**, falsificare/alterare i dati statistici/[una notizia]; **dieser Artikel verfälscht die Situation**, questo articolo falsa la situazione **2** (*in der Qualität mindern*) **etw durch etw** (akk) ~ {Lebensmittel, Wein} adulterare *qc* (*con qc*), sofisticare *qc* (*con qc*), alterare *qc* (*con qc*): **der Geschmack wird durch Konservierungsstoffe verfälscht**, il sapore è alterato dai conservanti; **durch Zugabe von Zucker verfälscht man die Weinqualität**, aggiungendo zucchero si adultera la qualità del vino **3** (*nachteilig verändern*) **etw** ~ {Farben} falsare *qc*, alterare *qc*; {Perspektive} *auch* distorcere *qc*.

Verfälschung <-, -en> f **1** (*falsche Darstellung*) alterazione f, falsare m **2** (*Qualitätsminderung*) adulterazione f, sofisticazione f.

verfangen <irr, *ohne* ge-> **A** rfl **1** (*hängen bleiben*) **sich in etw** (dat) ~ impigliarsi *in qc*: **ihr Kleid verfing sich in den Fahrradspeichen**, il vestito le si impigliò nei raggi della bicicletta; **der Ohrring verfing sich im Haar**, l'orecchino è rimasto impigliato nei capelli **2** (*sich verstricken*) **sich in etw** (dat) ~ {In Lügen} impelagarsi *in qc*, rimanere intrappolato (-a) *in qc*; **sich in Widersprüchen ~**, cadere in contraddizione; **sich in einem Netz von Lügen/Widersprüchen ~**, rimanere preso (-a) in un groviglio inestricabile di menzogne/contraddizioni **B** itr (*den erstrebten Effekt hervorrufen*): **(bei jdm) nicht ~** {Masche, Schmeicheleien, Trick}, non funzionare (con qu), non fare presa (su qu) *fam*, non attaccare (con qu) *fam*; {BITTEN, MAHNUNGEN, VERSPRECHUNGEN} lasciare indifferente qu, non smuovere qu *fam*, non funzionare (con qu), non fare presa (su qu) *fam*; **die Methode verfängt bei mir nicht**, questo metodo con me non funziona; **solche Tricks ~ bei ihm nicht**, questi giochetti con lui non attaccano.

verfänglich adj {BRIEF, FORMULIERUNG, SITUATION} compromettente; {FRAGE} capzioso, insidioso: **~e Blicke**, sguardi compromettenti.

verfärben <ohne ge-> **A** tr *etw* ~ {FARBIGES WÄSCHESTÜCK} stingere macchiando *qc*, macchiare *qc*, tingere *qc*: **ich habe beim Waschen die schöne Bluse verfärbt**, lavandola insieme a degli indumenti colorati ho sciupato la bella camicetta **B** rfl **1** (*eine andere Farbe annehmen*) **sich** ~ {BLÄTTER, LAUB} cambiare colore: **im Herbst verfärbt sich der Wald**, d'autunno il bosco cambia (di) colore; **sich** *irgendwie* ~ {BRAUN, GELB, ROT} tingersi/colorarsi *di qc*; **der Himmel verfärbt sich rosa**, il cielo si tinge/colora di rosa **2** (*blass werden*) **sich** (*vor etw dat*) ~ {MENSCH VOR ÄRGER, NEID, WUT} cambiare colore (*per qc*), trascolorarsi/scolorarsi/scolorirsi in viso/volto (*per qc*); **sein Gesicht verfärbte sich vor Wut**, ˌsi scolorì in visoˌ/[trascolorò] per la rabbia **3** (*die Farbe von etwas anderem annehmen*) **sich** ~ {WÄSCHESTÜCK} cambiare colore; **sich** *irgendwie* ~ {BLAU, GELB, ROT} tingersi *di qc*: **die Hose hat sich rot verfärbt**, i pantaloni si sono tinti di rosso **4** (*die Farbe verlieren*) **sich** ~ {STOFF, TAPETE} scolorarsi, scolorir(si).

Verfärbung <-, -en> f **1** <nur sing> (*Wechsel der Farbe*) {+BLÄTTER, BLÜTE} cambiamento m di colore: **die herbstliche ~ der Blätter**, i colori delle foglie in autunno **2** (*abweichende Färbung*) {+STOFF, TAPETE} cambiamento m di colore: **an dieser Stelle weist die Haut eine weißliche ~ auf**, in questo punto la pelle è diventata biancastra.

verfassen <ohne ge-> tr *etw* ~ {ARTIKEL, PUBLIKATION, REDE} redigere *qc*; {BRIEF, DRAMA, GEDICHT, ROMAN} scrivere *qc*.

Verfasser <-s, -> m (**Verfasserin** f) autore (-trice) m (f); {+ARTIKEL, PROTOKOLL} *auch* redattore (-trice) m (f).

Verfassung① <-, ohne pl> f (*Zustand*) condizione f, stato m: **jds geistige/körperliche/seelische ~**, lo stato mentale/fisico/psichico di qu, le condizioni mentali/fisiche/psichiche di qu; **sich in gesundheitlich guter/schlechter ~ befinden**, essere/trovarsi in ˌbuono/cattivo statoˌ/[buone/cattive condizioni] di salute; (*Stimmung*) stato m d'animo, umore m, disposizione f (d'animo), condizioni f pl di spirito; **in schlechter/bester ~ sein** (*körperlich*), ˌnon essere inˌ/[essere in ottima] forma; (*stimmungsmäßig*) essere di cattivo/ottimo umore; **heute bin ich nicht in guter ~**, oggi non ˌsono in forma,ˌ/[mi sento tanto bene]; **meine ~ ist im Moment nicht die beste**, in questo momento non sono esattamente al top della forma; **sich nicht in der ~ fühlen, etw zu tun**, non sentirsela di fare qc, non essere nello stato d'animo di fare qc; (*körperlich*) non sentirsi in condizione di fare qc; **ich fühle mich jetzt absolut nicht in der ~, groß zu feiern**, in questo momento non me la sento assolutamente di fare grandi feste; **nicht in der ~ sein, etw zu tun**, non essere ˌin condizioneˌ/[nello stato] di fare qc; **ich bin in der ~, eine Wanderung zu machen**, non sono ˌin condizioneˌ/[nello stato] di fare una camminata; **wie ist ihre ~?**, come si sente?, in che condizioni è?; **in welcher ~ hast du sie angetroffen?**, in che stato d'animo l'hai trovata?

Verfassung② <-, -en> f *jur pol* costituzione f: **die deutsche ~**, la Costituzione tedesca; **eine demokratische/monarchische ~**, una costituzione democratica/monarchica; **die ~ tritt in/außer Kraft**, la costituzione entra/[cessa di essere] in vigore ● **etw in die ~ aufnehmen**, inserire qc nella costituzione, sancire qc costituzionalmente; **«Umweltschutz» als Staatsziel in die ~ aufnehmen**, inserire la «tutela dell'ambiente» nella costituzione quale obiettivo perseguito dallo Stato; **die ~ beraten**, deliberare in merito alla costituzione; **eine ~ entwerfen**, ˌelaborare unaˌ/[scrivere la] costituzione; **auf die ~ schwören**, giurare fedeltà alla costituzione; **gegen die ~ verstoßen** {GESETZ, REGELUNG}, essere anticostituzionale; {GEHEIMDIENST, REGIERUNG}, violare le norme poste dalla costituzione.

verfassunggebend adj *jur pol* costituente: **die ~e Versammlung**, l'assemblea costituente, la costituente.

verfassungsändernd adj *jur pol* che modifica la costituzione: **~e Mehrheit**, maggioranza parlamentare necessaria al fine della revisione costituzionale.

Verfassungsänderung f *jur pol* revisione f costituzionale: **das ist die dritte ~ seit Bestehen der Republik**, è la terza modifica della costituzione dalla nascita della repubblica.

Verfassungsbeschwerde f *jur pol* ricorso m costituzionale: **eine ~ einlegen/erheben**, proporre ricorso costituzionale.

Verfassungsbruch m *jur pol* violazione f della costituzione.

verfassungsfeindlich **A** adj *jur pol* {ORGANISATION, PARTEI} anticostituzionale; {AKTIVITÄTEN, UMTRIEBE, ZIELE} *auch* ˌcontrario allaˌ/[in conflitto con la] costituzione **B** adv {SICH VERHALTEN} in modo/maniera anticostituzionale.

verfassungsgemäß **A** adj {ANSPRUCH, BEFUGNIS, RECHT} costituzionale **B** adv costituzionalmente.

Verfassungsgericht n *jur* Corte f costituzionale.

Verfassungsgrundsatz m *jur pol* principio m costituzionale.

Verfassungsklage f *jur* → **Verfassungsbeschwerde**.

verfassungskonform adj conforme alla costituzione, costituzionale: **nicht ~**, non costituzionale.

Verfassungsmäßigkeit f *jur* {+GESETZ, PARTEI} costituzionalità f.

Verfassungsorgan n *pol* organo m costituzionale.

Verfassungsrealität <-, -en> f *jur pol* → **Verfassungswirklichkeit**.

Verfassungsrecht <-(e)s, ohne pl> n *jur* diritto m costituzionale.

Verfassungsrechtler m (**Verfassungsrechtlerin** f) *jur* costituzionalista mf.

verfassungsrechtlich adj *jur* {NORM, VERFAHREN} (di/del diritto) costituzionale.

Verfassungsreform f riforma f costituzionale.

Verfassungsrichter m (**Verfassungsrichterin** f) *jur* giudice mf della Corte Costituzionale.

Verfassungsschutz m *pol* **1** (*Prinzip*) tutela f della costituzione **2** *fam* (*Bundesamt für Verfassungsschutz*) "Servizi di sicurezza interni in Germania".

Verfassungsschützer <-s, -> m (**Verfassungsschützerin** f) *fam* agente mf dei Servizi di sicurezza interni in Germania.

Verfassungsstaat m *jur pol* → **Rechtsstaat**.

Verfassungstreue f fedeltà f alla costituzione.

Verfassungsurkunde f *jur* carta f costituzionale, costituzione f.

verfassungswidrig adj {NORM, SATZUNG} incostituzionale, anticostituzionale, in contrasto con la costituzione.

Verfassungswidrigkeit f **1** (*das Verfassungswidrigsein*) <nur sing> anticostituzionalità f **2** (*verfassungswidrige Handlung*) atto m anticostituzionale.

Verfassungswirklichkeit <-, ohne pl> f *jur pol* realtà f costituzionale: **Verfassungsgrundsätze und ~ klaffen oft auseinander**, i principi sanciti dalla costituzione e la loro applicazione spesso divergono notevolmente.

verfaulen <ohne ge-> itr <sein> **1** (*durch Fäulnis verderben*) {GEMÜSE, OBST} marcire; {FLEISCH} *auch* imputridire, putrefarsi: **verfault**, marci(to); {FLEISCH} *auch* putrido, putrefatto **2** (*verwesen*) {ZAHN} marcire; {HOLZ} *auch* imputridire, putrefarsi: **verfault**, putrido, putrefatto; {ZAHN} marcio.

verfechten <irr, ohne ge-> tr *etw* ~ {MEINUNG, STANDPUNKT} sostenere *qc*, difendere strenuamente *qc*; {IDEAL, LEHRE, THEORIE} *auch* propugnare *qc*.

Verfechter <-s, -> m (**Verfechterin** f) {+MEINUNG, STANDPUNKT} difensore m, difenditrice f, sostenitore (-trice) m (f); {+LEHRE, MENSCHENRECHTE, THEORIE} *auch* propugnatore (-trice) m (f); {+IDEAL} campione (-essa) m (f), propugnatore (-trice) m (f), difensore m, difenditrice f.

verfehlen <ohne ge-> **A** tr **1** (*nicht treffen*) *jdn/etw* ~ {SCHÜTZE, WERFER SCHUSS, WURF} mancare *qu/qc*, fallire *qc*: **er verfehlte das Tor**, mancò/fallì la porta; **der Schuss verfehlte ihn um Haaresbreite**, il colpo lo mancò per un pelo; **das Ziel ~** {SCHUSS, WURF}, mancare/fallire il bersaglio; {SCHÜTZE} *auch* mancare/fallire il colpo, sbagliare la mira; **den Weg ~**, sbagliare strada **2** (*verpassen*) *jdn* ~ non incontrare/trovare più *qu*, mancare *qu fam*: **er fürchtete, sie zu ~**, temeva di non trovarla/incontrarla più; **etw ~** mancare *qc*, perdere *qc*; **wir haben den Zug verfehlt**, abbiamo perso/mancato il treno **3** (*nicht erreichen*) *etw* ~ {WIRKUNG} non ottenere/sortire/avere *qc*: **seinen Beruf ~**, sbagliare mestiere; **seine Rede hat ihre Wirkung nicht verfehlt**, il suo discorso ha avuto l'effetto desiderato; **die Maßnahmen der Regierung haben ihren Zweck verfehlt**, le misure del governo ˌhanno fallitoˌ/[non hanno raggiunto lo scopo] **4** *geh* (*versäumen*): (**es**) ~, **etw zu tun**, omettere di fare qc; (**es**) **nicht ~, etw zu tun**, non mancare di fare qc **B** rfl (*sich nicht treffen*) **sich** ~ non trovarsi/incontrarsi: **wir haben uns um fünf Minuten verfehlt**, per cinque minuti non ci siamo incontrati (-i).

verfehlt adj **1** {PLANUNG, POLITIK} sbagliato, fallimentare **2** (*unangebracht*): **es wäre ~, etw zu tun**, sarebbe ˌun erroreˌ/[sbagliato] fare qc; **es wäre ~, sie zu bestrafen**, sarebbe sbagliato/[un errore] punirla; **etw für ~ halten** {HANDLUNG, POLITIK}, considerare/ritenere sbagliato (-a)/fallimentare *qc*; **es für ~ halten, etw zu tun**, ritenere (che sia) un errore fare *qc*; **ich halte es für völlig ~, gegen ihn vorzugehen**, (lo) ritengo un grande errore procedere contro di lui.

Verfehlung <-, -en> f manchevolezza f, fallo m, mancanza f: **jdn wegen ~en im Amt entlassen**, licenziare qu per aver mancato ai doveri d'ufficio.

verfeinden <ohne ge-> rfl sich (**wegen** etw gen oder fam dat) (**miteinander**) ~ inimicarsi (per qc); **sich mit jdm ~** {MIT DEN FREUNDEN, NACHBARN, VERWANDTEN} inimicarsi qu: **verfeindet**, nemico; **die verfeindeten Lager**, gli schieramenti nemici; **die Geschwister sind (miteinander) verfeindet**, i fratelli sono in lite (tra di loro).

verfeinern <ohne ge-> A tr 1 gastr etw (**mit etw** dat) ~ {MIT GESCHMACKSSTOFFEN, ZUSÄTZEN} migliorare qc (con qc); {GERICHT, SOBE MIT SAHNE, ROTWEIN} auch rendere più delicato (-a) qc (con/aggiungendo qc); {MIT GEWÜRZEN} rendere più saporito (-a) qc (con qc): **die Suppe mit Sahne ~**, rendere più delicata la minestra aggiungendo della panna 2 (raffinierter gestalten) etw ~ {METHODE, VERFAHRENSWEISE} raffinare qc, perfezionare qc 3 (von groben Elementen befreien) etw ~ {GESCHMACK} (r)affinare qc; {SITTEN, STIL, UMGANGSFORMEN} auch ingentilire qc, dirozzare qc B rfl sich ~ {GESCHMACK} (r)affinarsi; {SITTEN, STIL, UMGANGSFORMEN} auch ingentilirsi, dirozzarsi.

Verfeinerung <-, -en> f 1 gastr miglioramento m: **eine geschmackliche ~**, un miglioramento del sapore 2 (Verbesserung) {+GESCHMACK, KULTUR, SITTEN} (r)affinamento m; {+SITTEN, STIL, UMGANGSFORMEN} auch ingentilimento m, dirozzamento m; {+METHODEN} perfezionamento m.

verfemen <ohne ge-> tr geh jdn/etw ~ {KÜNSTLER, SCHRIFTSTELLER, WERK} mettere qu/qc all'indice, bandire qu/qc, mettere qu al bando: **verfemt** {WERK}, messo all'indice; {AUTOR, KÜNSTLER} auch messo al bando.

verfertigen <ohne ge-> tr form etw ~ fare qc, fabbricare qc, realizzare qc: **er hat alle Möbel selbst verfertigt**, si è fabbricato tutti i mobili da sé; {ANZUG, KOSTÜM} confezionare qc; {BERICHT} scrivere qc; {LISTE} auch compilare qc.

verfestigen <ohne ge-> rfl sich ~ 1 (fester werden) {KLEBSTOFF} assodarsi, indurire; {MÖRTEL, ZEMENT} auch solidificarsi; {FARBE, LACK} seccarsi 2 (im Gedächtnis bleiben) {GELERNTES, STOFF} venir(e) assimilato (-a), sedimentare: **der Lernstoff verfestigt sich erst mit der Zeit**, solo col tempo si imprime nella memoria ciò che si è studiato 3 (stabiler werden) {BEZIEHUNG, BINDUNG, POLITISCHE STRUKTUR, POLITISCHES SYSTEM} consolidarsi, rinsaldarsi, cementarsi: **im Laufe der Jahre hatte sich ihre Freundschaft immer mehr verfestigt**, nel corso degli anni a la loro amicizia era andata consolidandosi.

verfetten <ohne ge-> itr <sein> {HERZ, LEBER} ingrassare; {TIER} ingrassare: **eine verfettete Leber haben**, avere il fegato ingrassato.

Verfettung <-, -en> f med {+HERZ, LEBER} ingrossamento m; {+GEWEBE} adiposi f.

verfeuern <ohne ge-> tr etw ~ 1 (als Brennstoff benützen) bruciare qc, ardere qc: **Laub kann man gut ~**, le foglie secche bruciano bene 2 (verschießen) sparare qc; {MUNITION, PATRONEN} sparare tutto qc: **er verfeuerte seine gesamte Munition**, ha finito/consumato tutte le munizioni 3 (völlig aufbrauchen) {HOLZ, KOHLE} finire/consumare qc (bruciandolo): **im letzten Winter haben wir alle Kohle verfeuert**, l'inverno scorso abbiamo consumato/finito tutto il carbone.

verfiel 1. und 3. pers sing von verfallen.

verfilmen <ohne ge-> tr film etw ~ {BUCH, GESCHICHTE, ROMAN} portare qc sullo schermo, adattare qc per il cinema/lo schermo; {JDS LEBEN, GESCHICHTLICHES EREIGNIS} fare un film di qc, trarre/ricavare un film da qc.

Verfilmung <-, -en> f film 1 <nur sing> (das Verfilmen) {+BUCH, GESCHICHTE} adattamento m cinematografico 2 (Film) versione f cinematografica: **dieses Kino zeigt häufig literarische ~en**, in questo cinema danno spesso dei film tratti da soggetti letterari.

verfilzen <ohne ge-> itr <sein> {PULLOVER, WOLLE} infeltrir(si); {HAAR} essere annodato.

verfilzt adj 1 (filzig geworden) {PULLOVER, WOLLE} infeltrito; {HAAR} annodato, pieno di nodi 2 fam pej (nicht mehr transparent) {BEHÖRDE, STRUKTUREN} inquinato dal clientelismo: **etw und etw ist miteinander ~** {REGIERUNG UND MAFIA}, ci sono legami clientelari tra qc e qc.

verfinstern <ohne ge-> A tr (verdunkeln) etw ~ {WOLKEN HIMMEL, SONNE} offuscare qc, oscurare qc; {SONNE MOND, MOND PLANETEN} eclissare qc B rfl sich ~ {HIMMEL} oscurarsi, incupirsi, offuscarsi; {SONNE BEI SONNENFINSTERNIS} eclissarsi; {GESICHT} incupire, oscurarsi, rabbuiarsi: **ihr Gesicht/ihre Miene verfinsterte sich**, il viso le si incupì/rabbuiò/oscurò, si fece cupa in volto.

verflachen <ohne ge-> itr <sein> {DISKUSSION, GESPRÄCH} appiattirsi, diventare piatto (-a)/banale, banalizzarsi; {KUNST} auch perdere di significato; {NIVEAU} appiattirsi, scendere rasoterra fam: **der Stil dieses Schriftstellers ist verflacht**, lo stile di questo scrittore si è appiattito.

verflechten <irr, ohne ge-> A tr etw (miteinander) ~ {BÄNDER, BINSEN, BLUMEN, HAARSTRÄHNEN} intrecciare qc: **Bänder zu einem Zopf ~**, unire dei nastri in una treccia; **Blumen zu einem Kranz ~**, intessere una ghirlanda di fiori; **ineinander verflochten sein**, essere intrecciati (-e) B rfl sich (miteinander) ~ intrecciarsi: **in seinem Roman ~ sich Traum und Wirklichkeit**, nel suo romanzo sogno e realtà si intrecciano; **eng miteinander verflochten sein** {FIRMEN, WIRTSCHAFTSZWEIGE}, essere interdipendenti; {EPISODEN, EREIGNISSE} essere concatenati (-e).

Verflechtung <-, -en> f 1 ökon {+HANDELSBEZIEHUNGEN, KONZERNE, WIRTSCHAFTSBEREICHE} interdipendenza f, interconnessione f: **die ~ der Banken auf internationaler Ebene nimmt zu**, l'interdipendenza/l'interconnessione delle banche a livello internazionale sta aumentando 2 (Verwicklung) intreccio m.

verfliegen <irr, ohne ge-> A itr <sein> 1 (sich verflüchtigen) {ALKOHOL} evaporare; {DUFT, PARFÜM} auch volatilizzarsi; {GERUCH} svanire, dispendersi; {RAUCH} auch dileguarsi; {NEBEL} dileguarsi, dispendersi, dissiparsi 2 (vorübergehen) {TAGE, WOCHEN} volare (via), passare velocemente: **die Zeit verflog im Nu**, il tempo è volato (via)/passato in un soffio; {KUMMER, SORGEN} svanire; {HOFFNUNGEN, TRÄUME} auch sfumare; {ZORN} dissiparsi, svanire; **meine gute Laune verflog sofort, als ich sie sah**, la vidi e il mio buonumore svanì all'istante B rfl (in die falsche Richtung fliegen) sich ~ {FLUGZEUG, PILOT} sbagliare rotta.

verfließen <irr, ohne ge-> itr <sein> 1 kunst {AQUARELLFARBEN, KONTUREN, UMRISSE} confondersi, sfumare l'uno (-a) nell'altro (-a): **mit etw ~** fondersi con qc, sfumare in qc 2 geh (vergehen) {STUNDEN, TAGE, WOCHEN, ZEIT} (tra)scorrere, fluire, passare, correre: **die Tage verflossen, ohne dass etwas passierte**, i giorni trascorrevano senza che succedesse niente; **wie schnell ist die Zeit verflossen!**, come è passato veloce/[corre] il tempo!

verflixt fam A adj 1 (ärgerlich) {ANGELEGENHEIT, ERKÄLTUNG, GESCHICHTE} maledetto fam, dannato fam 2 (verdammt) {GEGENSTAND, MENSCH} maledetto fam, dannato fam, fottuto vulg: **dieser ~e Bengel!**, quel ragazzaccio!; **dieser ~e Großkotz hat uns nur ausgenutzt!**, quel maledetto fanfarone non ha fatto altro che sfruttarci!; **das ~e siebte Jahr**, il famoso settimo anno (di matrimonio) B adv (ziemlich) maledettamente fam, dannatamente fam: **sich ~ anstrengen/beeilen**, dovrsi dare da fare /[dover correre] come un dannato/[una dannata]; **~ kompliziert**, maledettamente/dannatamente complicato C interj maledizione!: **~ noch mal/eins!, ~ und zugenäht!**, accidenti! fam, al diavolo! fam, caspita! fam.

verflossen adj 1 geh (vergangen): **das ~e Jahr**, l'anno appena concluso; **in längst ~en Tagen/Zeiten**, in tempi remoti/lontani 2 <attr> fam (frühere): **ihr ~er Freund**, il suo ex (ragazzo); **seine ~e Freundin**, la sua ex (ragazza).

Verflossene <dekl wie adj> mf fam ex mf fam: **ihr ~er/[seine ~e]**, il suo/la sua ex fam.

verfluchen <ohne ge-> tr jdn/etw ~ maledire qu/qc • **ich könnte mich selbst ~, dass …**, potrei maledirmi per … inf /[accidenti a me che …].

verflucht fam A adj maledetto fam, dannato fam: **dieser ~e Kerl!**, quel maledetto!; **dieser ~e Hund hat schon wieder den Teppich ruiniert!**, quel maledetto (di un) cane ha di nuovo rovinato il tappeto!; **diese ~en Mücken!**, queste maledette zanzare!; **er hat immer ein ~es Glück!**, ha sempre una dannata fortuna! B adv {HEISS, KALT, SCHWÜL, WINDIG} maledettamente fam, dannatamente fam: **~ hart arbeiten**, sgobbare come un/una dannato (-a) C interj: **~ (noch mal)!/ (noch eins)!**, fam, maledizione!, accidentaccio!

verflüchtigen <ohne ge-> rfl sich ~ 1 (sich auflösen, verdunsten) {RAUCH} dispendersi, volatilizzarsi; {NEBELSCHWADEN} dileguarsi; {PARFÜM} evaporare, volatilizzarsi; {GERUCH} svanire; {ALKOHOL, BENZIN} evaporare, svaporare; {ÄRGER} svaporare; {BEDENKEN} dissiparsi 2 fam scherz (verschwinden) {MENSCH} eclissarsi, volatilizzarsi, dileguarsi • **sich verflüchtigt haben** {MENSCH, GEGENSTAND}, essersi volatilizzato, essere sparito nel nulla; **meine Brille hat sich verflüchtigt**, i miei occhiali si sono volatilizzati.

verflüssigen <ohne ge-> tr etw ~ {GAS, LUFT, WASSERSTOFF} liquefare qc.

verfolgen <ohne ge-> tr 1 (einzufangen suchen) jdn/etw ~ {FLIEHENDEN FEIND, VERBRECHER, WILD} inseguire qu/qc, dare la caccia a qu/qc: **der Mörder wurde von der Polizei verfolgt**, l'assassino è stato inseguito dalla polizia 2 (folgen) jdn/etw ~ {SPUR} seguire qu/qc: **der Mann verfolgte sie schon seit Stunden**, l'uomo la seguiva ormai da ore; **eine (heiße) Spur ~**, seguire/battere una pista (calda); **jdn/etw mit den Augen/Blicken ~**, seguire qu/qc con gli occhi/lo sguardo 3 (politisch ~) jdn ~ perseguitare qu: **alle Andersdenkenden werden erbarmungslos verfolgt**, tutti coloro che la pensano diversamente vengono perseguitati spietatamente 4 (bedrängen) jdn mit etw (dat) ~ {MIT ANTRÄGEN, BITTEN} perseguitare qu con qc, tormentare qu con qc, assillare qu con qc: **er verfolgt sie mit seiner Eifersucht**, la ossessiona con la sua gelosia 5 (beobachten) etw ~ {AUSEINANDERSETZUNG, DISKUSSION, ENTWICKLUNG, SPIEL, VERLAUF} seguire qc: **mit angehaltenem Atem verfolgten sie das Fußballspiel**, seguivano la partita col fiato sospeso 6 (zu realisieren suchen) etw ~ {ABSICHT, INTERESSE, PLAN, ZIEL, ZWECK} perseguire qc: **welches Ziel verfolgt er denn?**, qual è il suo scopo/obiettivo?, ma dove vuole arrivare?; **mit seiner Freundlichkeit verfolgt er sicher ein Ziel**, la sua gentilezza ha sicuramente un secondo fine; **eine Politik/Strategie/Taktik ~**, seguire una politica/strategia/tattica 7 *(nicht loslassen)* **jdn ~** ~ {GEDANKE, JDS SCHLECHTES GEWISSEN, VORSTELLUNG} perseguitare *qu*, non dare pace *a qu*, tormentare *qu*, ossessionare *qu*: **dieser Gedanke verfolgt mich bis in meine Träume**, questo pensiero mi perseguita anche nel sonno; **vom Pech/Unglück verfolgt sein**, essere perseguitato dalla sfortuna 8 *jur* **jdn/etw (irgendwie) ~** {EINEN VERBRECHER, EIN VERGEHEN} perseguire *qu/qc* (+ *compl di modo*): **jdn gerichtlich ~**, procedere contro/[nei confronti di] *qu*; **jdn/etw strafrechtlich ~**, perseguire penalmente *qu/qc*.

Verfolger <-s, -> *m* (**Verfolgerin** *f*) inseguitore (-trice) *m* (*f*): **die ~ abschütteln**, seminare gli inseguitori; *(politisch)* persecutore (-trice) *m* (*f*).

Verfolgerstaat *m pol* stato *m* persecutore.

Verfolgte <dekl wie adj> *mf* persona *f* inseguita; *(politisch)* perseguitato (-a) *m* (*f*).

Verfolgung <-, -en> *f* 1 *(das Verfolgen)* inseguimento *m*: die **~ von jdm**/[jds ~] **aufnehmen**, cominciare l'inseguimento/[lanciarsi all'inseguimento] di *qu* 2 *(politische Drangsalierung)* persecuzione *f*: **die ~ politischer/religiöser Minderheiten**, la persecuzione di minoranze politiche/religiose 3 <nur sing> {+ABSICHT, INTERESSE, STRATEGIE, TAKTIK, ZIEL} perseguimento *m* 4 *jur (Strafverfolgung)* azione *f* penale.

Verfolgungsjagd *f* caccia *f*, inseguimento *m*.

Verfolgungswahn *m psych* mania *f* /delirio *m* di persecuzione: **an/unter ~ leiden**, soffrire di manie di persecuzione.

verformbar *adj* deformabile.

verformen <ohne ge-> A *rfl* **sich ~** deformarsi B *tr* **etw ~** 1 *(unabsichtlich die Form von etw ändern)* {HITZE, NÄSSE, MENSCH} deformare *qc*, alterare la forma *di qc* 2 *(eine andere Form verleihen)* {METALL} foggiare *qc*.

Verformung <-, -en> *f* 1 *(das Sichverformen)* deformazione *f* 2 *(verformte Stelle)* deformazione *f*.

verfrachten <ohne ge-> *tr* 1 *com* **etw ~ (in/auf etw akk) ~** {AUTOS AUF EINEN ZUG, MASCHINEN, WAREN IN EIN FLUGZEUG} caricare *qc (su qc)*: **die Autos werden auf das Schiff verfrachtet**, le macchine vengono imbarcate; **etw nach Amerika ~**, spedire *qc* in America 2 *(befördern)* **etw irgendwohin ~** {IN DEN KELLER} portare *qc* + *compl di luogo*; {IN DEN KOFFERRAUM, AUF DEN RÜCKSITZ} mettere/caricare *qc* + *compl di luogo*; **jdn in etw** (akk) ~ *fam scherz* {INS AUTO, IN DEN ZUG} caricare *qu su qc fam*, mettere *qu su qc fam*: **jdn ins Bett ~** {KRANKEN}, mettere *qu* a letto; {KIND} *auch* mandare/spedire *fam qu* a letto.

Verfrachtung <-, -en> *f com <meist sing>* *(das Verladen)* carico *m*; *(das Versenden)* spedizione *f*.

verfranzen <ohne ge-> *rfl fam* **sich ~** perdersi, sbagliare strada.

verfremden <ohne ge-> *tr lit mus theat* **etw ~** {DARSTELLUNG, MELODIE, THEMA} "presentare *qc* in modo insolito per indurre il pubblico a riflessione"; {WERKSTOFFE} usare *qc* in modo non abituale.

Verfremdung <-, -en> *f <meist sing> lit mus theat* straniamento *m*.

Verfremdungseffekt *m lit theat* effetto *m* di straniamento.

verfressen *adj fam pej* ingordo: **Mensch, du bist vielleicht ~!**, mamma mia, sei un

pozzo senza fondo *fam*/[sfondato (-a) *fam*]!

Verfressenheit <-, *ohne pl*> *f pej* ingordigia *f*.

verfroren *adj* freddoloso.

verfrühen <ohne ge-> *rfl* **sich ~** arrivare in anticipo/[troppo presto].

verfrüht *adj* {EINGREIFEN, MASSNAHME} prematuro; {SOMMER, WINTER} anticipato: **etw für ~ halten**, considerare prematuro (-a) *qc*: **solche Übungen sind für dieses Alter ~**, è prematuro assegnare esercizi simili a quest'età.

verfügbar *adj* {HILFSKRAFT, MITTEL} disponibile: **sich ~ halten**, tenersi a disposizione; **der gewünschte Artikel ist zurzeit nicht ~**, l'articolo richiesto non è al momento disponibile.

Verfügbarkeit <-, -en> *f* disponibilità *f*.

verfugen <ohne ge-> *tr bau* **etw ~** {MAUER} stuccare i giunti *di qc*; {FLIESEN, KACHELN} imboiaccare *qc*; {RISSE} stuccare *qc*, turare *qc* con lo stucco.

verfügen <ohne ge-> A *tr adm (anordnen)* **etw ~** {BEHÖRDE, GERICHT RÄUMUNG, SCHLIESSUNG} disporre *qc*: **~, dass ...**, disporre/ordinare che ... *konjv*; **etw per Dekret ~**, decretare *qc*: **der Minister verfügte die Stilllegung des Atomkraftwerks**, il ministro dispose/ordinò la chiusura della centrale atomica B *itr* 1 *(bestimmen)* **über jdn/etw ~** disporre *di qu/qc*: **über seine Zeit/[sein Vermögen] frei ~ können**, poter disporre liberamente del proprio tempo/patrimonio; **~ Sie über mich!**, disponga di me! *obs*, sono a sua disposizione! 2 *geh (besitzen)* **über etw** (akk) **~** {ÜBER EIN KAPITAL, ZUSÄTZLICHE MITTEL, UNERSCHÖPFLICHE RESERVEN} disporre *di qc*, avere a disposizione *qc*: **über Erfahrung ~**, essersi fatto un bagaglio di esperienze; **sie verfügt über eine unglaubliche Menschenkenntnis**, ha una profonda conoscenza dell'animo umano.

Verfügung *f adm* ordinanza *f*, provvedimento *m*: **eine ~ aufheben/erlassen**, revocare/emettere un'ordinanza/un provvedimento ● **einstweilige ~ jur**, provvedimento d'urgenza; **eine gerichtliche ~ jur**, un'ordinanza (del giudice); un decreto (del giudice); **etw zur ~ haben**, avere *qc* a (propria) disposizione; **sich zur/[zu jds] ~ halten**, tenersi a disposizione di *qu*; **letztwillige ~ jur**, disposizione testamentaria; **eine polizeiliche ~**, un provvedimento della polizia; **eine rechtsgeschäftliche ~ jur**, una disposizione negoziale; **jdm zur/[zu jds] ~ stehen**, essere a disposizione di *qu*; **(für etw akk) zur ~ stehen**, essere disponibile (per *qc*); **jdm etw zur ~ stellen**, mettere *qc* a disposizione di *qu*; **sein Amt zur ~ stellen** *adm*, mettere a disposizione il proprio mandato.

Verfügungsgewalt *f form* **~ (über etw** akk) potere *m* discrezionale *(su qc)*.

verführen <ohne ge-> *tr* 1 *(zum Sex verleiten)* **jdn ~** sedurre *qu* 2 *(verleiten)* **jdn (zu etw** dat) ~ portare *qu* a fare *qc*, indurre *qu* a fare *qc*; *(zu einer illegalen Handlung)* istigare *qu* a *(fare) qc*: **sie haben ihn zum Gebrauch von Drogen verführt**, l'hanno portato a drogarsi/[sulla strada della droga]; **lass dich bloß zu keinem Unsinn ~!**, non lasciarti trascinare a fare stupidaggini!; {NIEDRIGER PREIS, SCHÖNES WETTER} invogliare *qu* (*a (fare) qc*); **die niedrigen Preise ~ (zum Kauf)**, i prezzi bassi invogliano/allettano (a comprare); **der gute Wein hat sie dazu verführt, mehr als gewöhnlich zu trinken**, il buon vino l'ha spinta/indotta a bere più del solito; **dein Vorschlag könnte mich schon ~**, la tua proposta è allettante/[mi alletta/tenta] 3 *(vom rechten Weg abbringen)* **jdn**

(mit etw dat*)* **~** {JUGENDLICHE, VOLK MIT SCHÖNEN BILDERN, LEEREN VERSPRECHUNGEN} sedurre *qu (con qc)*, incantare *qu (con qc)* ● **darf ich Sie zu einem Aperitif ~?** *fam scherz (darf ich Sie zu einem Aperitif einladen?)*, e se io La tentassi con un aperitivo? *scherz*.

Verführer <-s, -> *m* (**Verführerin** *f*) seduttore (-trice) *m* (*f*).

verführerisch A *adj* {AUSSEHEN, DUFT, FRAU, MANN, SCHÖNHEIT} seducente; {BLICK, LÄCHELN} *auch* ammaliante, ammaliatore; {HALTUNG, VERHALTEN} seduttivo; {ANGEBOT, PREIS, WERBUNG} allettante: **der Kuchen sieht sehr ~ aus**, il dolce è molto allettante B *adv* {ANGEZOGEN} in modo seducente; {JDN ANSCHAUEN} in modo sensuale: **hier riecht es ~ nach Pizza**, c'è un profumino di pizza ...

Verführung <-, -en> *f* seduzione *f* ● **~ Minderjähriger** *jur*, corruzione di minorenne.

verfüttern <ohne ge-> *tr* **etw (an etw** akk) **~** {HAFER, HEU, RÜBEN AN EIN TIER} dare *qc* (come foraggio/mangime) *a qc*, dare da mangiare *qc a qc*.

Vergabe <-, -n> *f* 1 *(das Vergeben)* {+ARBEIT, AUFTRAG, PROJEKT, STUDIENPLATZ} assegnazione *f*; *(nach Ausschreibung) auch* aggiudicazione *f* 2 *(das Verleihen)* {+FÖRDERUNG, STIPENDIUM} assegnazione *f*; {+AUSZEICHNUNG, PREIS} *auch* attribuzione *f*, conferimento *m*.

Vergabestelle *f D adm (von Studienplätzen)* "centrale *f* per l'assegnazione dei posti nei vari corsi universitari".

vergaffen <ohne ge-> *rfl fam* **sich in jdn ~** prendersi una cotta *per qu fam*.

vergällen <ohne ge-> *tr* 1 *(verderben)* **jdm etw ~** {LEBEN} avvelenare *qc a qu*; {SPASS} rovinare *qc a qu*; {LUST, GUTE LAUNE} far passare *qc a qu*: **jdm die Freude ~**, rovinare la festa *a qu* 2 *chem* **etw ~** {ALKOHOL} denaturare *qc*.

vergaloppieren <ohne ge-> *rfl fam* **sich (bei etw** dat) **~** {BEIM RECHNEN} prendere una cantonata/un granchio/abbaglio *(facendo qc) fam*.

vergammeln <ohne ge-> *fam* A *itr* 1 <sein> *(verderben)* {FLEISCH, NAHRUNGSMITTEL, OBST} guastarsi, andare a male *fam*, deteriorarsi; {BROT} ammuffire, prendere la muffa: **etw ~ lassen** {NAHRUNGSMITTEL}, far andare a male *qc*, lasciare che *qc* si deteriori 2 <sein> *(herunterkommen)* {MENSCH} lasciarsi completamente andare; {GARTEN} andare in malora: **du hast dein Fahrrad vollkommen ~ lassen**, hai lasciato che la tua bicicletta cadesse a pezzi B *tr* <haben> *(vergeuden)* **etw ~** {ZEIT} passare *qc* a non fare niente.

vergammelt *adj fam pej* 1 *(ungepflegt)* {KLEIDUNG, TYP} sciatto, trasandato; {WOHNUNG} trascurato, lasciato andare: **was für eine ~e Bude!**, sembra di essere in una stalla! 2 *(vergeudet)* {ZEIT} perso.

vergangen *adj* <attr> passato, scorso: **im ~en Jahr**, l'anno scorso/passato, lo scorso anno; **ich habe sie (die) ~e Woche gesehen**, l'ho vista la scorsa settimana.

Vergangenheit <-, *ohne pl*> *f* 1 *(vergangene Zeit)* passato *m*: **die ~ heraufbeschwören/wachrufen**, rievocare/[far rivivere] il passato; **mit der ~ brechen**, rompere con il passato 2 *(bisheriges Leben)* {+MENSCH} passato *m*, trascorsi *m pl*; {+LAND, STADT} passato *m*, storia *f*: **eine bewegte/dunkle ~ haben**, avere un passato burrascoso/oscuro; **eine Frau mit ~**, una donna con [dei trascorsi amorosi/[passato]; **die Stadt hat eine/[ist stolz auf ihre] ruhmreiche ~**, la città ha un/[è orgogliosa del suo] passato glorioso 3 *gram* passato *m*: **ein Verb in die ~ setzen**, mettere un verbo al passato; **die**

erste/zweite/dritte ~, l'imperfetto/il perfetto/il piuccheperfetto • **der ~ angehören**, appartenere al passato; **die jüngste ~**, il passato recente; **die Vorgänge der jüngsten ~ lehren uns, dass ...**, gli avvenimenti del passato recente ci insegnano che ...; **eine unbewältigte ~**, un passato mai rielaborato.

Vergangenheitsbewältigung <-, ohne pl> f rielaborazione f del passato.

Vergangenheitsform f gram tempo m del passato.

vergänglich adj {LEBEN, RUHM} fugace, effimero, transeunte lit; {SCHÖNHEIT} caduco, effimero; {RUHM} transitorio; {AUGENBLICKE, STUNDEN} fuggente, fuggevole, fugace.

Vergänglichkeit <-, ohne pl> f {+LEBEN} fugacità f; {+RUHM} auch carattere m effimero; {+SCHÖNHEIT} caducità f; {+AUGENBLICK} fuggevolezza f, fugacità f.

vergasen <ohne ge-> tr **1** (durch Giftgase umbringen) **jdn** ~ uccidere qu con il gas; hist (Massentötung im Nationalsozialismus) gas(s)are qu, mandare qu alla camera a gas; **etw** ~ gas(s)are qu **2** tech **etw** ~ {BRAUNKOHLE, KOKS} gas(s)ificare qc.

Vergaser <-s, -> m mot carburatore m.

Vergasereinstellung f autom mot regolazione f del carburatore.

vergaß 1. und 3. pers sing imperf von vergessen.

vergäße 1. und 3. pers sing konjv II von vergessen.

Vergasung <-, ohne pl> f **1** tech gas(s)ificazione f **2** (Tötung durch Giftgase) uccisione f per mezzo di gas venefici; hist (Massentötung im Nationalsozialismus) sterminio m nelle camere a gas.

vergeben <irr, ohne ge-> **A** tr **1** geh (verzeihen) (**jdm**) **etw** ~ perdonare qc (a qu); relig {SCHULD, SÜNDEN} rimettere qc a qu: **vergib uns unsere Schuld** relig, rimetti a noi i nostri debiti; **sie hat ihm das angetane Unrecht nicht** ~, non gli ha perdonato il torto subito; **vergib, dass ...**, perdonami se ... **2** (zuweisen) **etw** (**an jdn**) ~ {ARBEIT, AUFTRAG, PROJEKT, STUDIENPLATZ, WOHNUNG} assegnare qc a qu: **die Wohnung war leider schon** ~, purtroppo l'appartamento era già stato [dato via]/[affittato a qualcun altro] **3** (verleihen) **etw** (**an jdn**) ~ {STIPENDIUM} assegnare qc a qu; {AUSZEICHNUNG, PREIS} auch conferire qc a qu **4** (nicht nutzen) **etw** ~ {CHANCE, GELEGENHEIT} sprecare qc, sciupare qc **B** itr (verzeihen) (**jdm**) ~ perdonare (qu/a qu geh): **vergebe ihm Gott!**, Dio gli/lo perdoni! • **bereits**/schon ~ **sein** fam (schon einen Partner haben), essere già impegnato, non essere più libero; **sich** (dat) **nichts** ~ (seinem Ansehen nicht schaden), non rimettercinente; **du vergibst dir nichts, wenn du ihn um Entschuldigung bittest**, non ˌci rimetti nienteˌ/[perdi mica la faccia] se gli chiedi scusa; **was vergibst du dir schon damit?**, cosa vuoi che ti costi?, che cosa ci rimetti/perdi?; **das ist längst ~ und vergessen**, è già dimenticato, è acqua passata; **zu** ~: **einige Karten/Plätze sind noch zu ~**, ci sono rimasti dei biglietti/[posti liberi]; **die Stelle ist noch zu ~**, il posto è ancora vacante; **Wohnung zu ~**, affittasi appartamento.

vergebens **A** adj <präd> ~ **sein**, essere vano/inutile: **aber alles war ~**, ma tutto è stato vano/invano rar inutile **B** adv → **vergeblich**.

vergeblich **A** adj {ANSTRENGUNG, MÜHE, OPFER} vano, inutile: **alles Drängen war ~**, tutte le pressioni furono vane/inutili **B** adv {SICH ANSTRENGEN, SICH BEMÜHEN, VERSUCHEN, WARTEN} invano, inutilmente.

Vergeblichkeit <-, ohne pl> f {+ANSTRENGUNG, MÜHE, VERSUCH} inutilità f, vanità f.

Vergebung <-, ohne pl> f {+BELEIDIGUNG, KRÄNKUNG, SCHULD} perdono m; relig {+SCHULD, SÜNDEN} remissione f: **jdn** (**für etw** akk) **um** ~ **bitten**, chiedere perdono a qu (per qc); **ich bitte um ~!** geh, ti/vi chiedo perdono!

vergegenständlichen <ohne ge-> **A** tr **etw** (**in etw** dat) ~ {IDEE, VORSTELLUNG IN EINEM BAUWERK, EINER SKULPTUR} concretare qc (in qc), concretizzare qc (in qc); realizzare qc (in qc) **B** rfl **sich** (**in etw** dat) ~ {IDEE, VORSTELLUNG} concretarsi (in qc), concretizzarsi (in qc): **der Mensch vergegenständlicht sich in seinen Werken**, l'uomo si rappresenta nelle sue opere.

vergegenwärtigen <ohne ge-> rfl **sich** (dat) **etw** ~ (vor Augen rufen) figurarsi qc, immaginarsi qc: **versuch mal, dir die damalige Situation zu** ~, cerca un po' di figurarti la situazione di allora; (sich bewusst werden) rendersi conto di qc, realizzare qc; **hast du dir vergegenwärtigt, was das für Folgen haben könnte?**, ˌti sei reso (-a) contoˌ di ˌ/[hai realizzato] quali possano essere le conseguenze?; **ob sie sich wohl den Ernst der Lage vergegenwärtigt haben?**, chissà se hanno ben chiara la serietà della situazione!; (sich in Erinnerung rufen) richiamare alla mente/memoria qc.

vergehen[①] <irr, ohne ge-> itr <sein> **1** (verstreichen) {TAG, MONAT, JAHR, ZEIT} passare, trascorrere: **wie die Zeit vergeht!**, come passa il tempo!; **die Zeit ist wie im Flug vergangen**, il tempo è volato (via); **es vergeht kein Tag, ohne dass sie streiten**, non passa giorno senza che litighino; **es war noch keine Woche vergangen, da war sie schon wieder zurück**, non era passata/trascorsa neanche una settimana che (lei) era già tornata; **nachdem ein Jahr vergangen war, ...**, trascorso un anno ...; **es schienen Minuten/Stunden zu ~, ehe...**, sembrava che passassero minuti/ore prima che ... konjv **2** (schwinden) {LEID, LEIDENSCHAFT, SCHMERZEN} passare; {SCHÖNHEIT} sfiorire; {GLÜCK} svanire; {RUHM} auch perire lit: **das vergeht, passiert, passa!**; **da vergeht einem ja der Appetit!**, ti fa proprio passare/perdere l'appetito!; **die anfängliche Begeisterung ist ihm schon vergangen**, l'entusiasmo del primo momento gli è già passato; **mir ist die Lust auf das Fest schon vergangen**, mi è belle passata la voglia di andare alla festa; **der Mut ist ihm schnell vergangen**, il coraggio lo ha abbandonato in fretta; **dir wird das Lachen schon noch ~!**, vedrai che ti passerà la voglia di ridere! **3** (sich zermürben) **vor etw** (dat) ~ {VOR HEIMWEH, LANGEWEILE, SEHNSUCHT} struggersi di/per qc: **vor Angst/Hunger/Scham ~**, morire di paura/fame/vergogna **4** geh (sterben) {MENSCH, NATUR} morire, perire lit: **der Mensch vergeht, ogni uomo è destinato a perire lit.

vergehen[②] <irr, ohne ge-> rfl <haben> **1** (ein Sexualverbrechen an jdm begehen) **sich an jdm** ~ abusare sessualmente di qu, usare violenza a qu **2** (sich an etw vergreifen) **sich an etw** (dat) ~ {AN FREMDEM EIGENTUM} mettere le mani su qc, impossessarsi di qc **3** (verstoßen) **sich gegen etw** (akk) ~ {GEGEN DIE TRADITION} infrangere qc; {GEGEN DAS GESETZ} auch trasgredire qc, violare qc: **sich gegen Anstand und Sitten** ~, offendere il decoro.

Vergehen <-s, -> n jur (mit Geld- oder Freiheitsstrafe bedrohte rechtswidrige Tat) reato m minore (punibile con una pena pecuniaria o pena detentiva inferiore a un anno).

vergeigen <ohne ge-> tr fam **etw** ~ {PRÜFUNG, SPIEL} ciccare qc slang, sbagliare qc.

vergeistigt adj {MENSCH} che vive in una sfera puramente spirituale.

vergelten <irr, ohne ge-> tr **1** (sich revanchieren) **etw mit etw** (dat) ~ ripagare qc con qc, contraccambiare qc con qc: **Böses mit Bösem** ~, rendere pan per focaccia; **jdm Gleiches mit Gleichem** ~, ripagare qu con la stessa moneta, rendere la pariglia a qu; **jdm etw mit Undank** ~, ripagare qu di qc con ingratitudine **2** (lohnen) **jdm etw** (**irgendwie**) ~ {BEISTAND, FREUNDLICHKEIT, HILFE} ricompensare qu di/per qc (+ compl di modo).

Vergeltung <-, ohne pl> f ritorsione f, rappresaglia f: **~ für etw** (akk) **üben**, compiere una rappresaglia in risposta a qc; **das Militär übte schreckliche ~ für das Attentat**, come risposta all'attentato i militari compirono una terribile rappresaglia; **die war die ~ für das, was er uns angetan hat**, è stata la rivincita per quello che ci ha fatto.

Vergeltungsangriff m (offensiva f per) rappresaglia f.

Vergeltungsmaßnahme f rappresaglia f, ritorsione f.

Vergeltungsschlag m rappresaglia f: **ein schrecklicher** ~, una terribile rappresaglia.

vergesellschaften <ohne ge-> tr → **verstaatlichen**.

Vergesellschaftung f → **Verstaatlichung**.

vergessen <vergisst, vergaß, vergessen> **A** tr **1** (aus dem Gedächtnis verlieren) **jdn/etw** ~ {ADRESSE, NAMEN, TELEFONNUMMER, VOKABELN} dimenticare qu/qc, dimenticarsi di qu/qc, scordare qu/qc, scordarsi di qu/qc: **ich vergesse seinen Namen immer wieder**, mi dimentico sempre il suo nome; **etw sein Leben lang nicht** ~, non dimenticare qc per tutta la vita; **er hatte seine Umgebung völlig** ~, si era completamente dimenticato di chi gli stava intorno; **ich habe** ~, **einen Tisch zu bestellen**, ho dimenticato di prenotare un tavolo; **hast du ihn etwa schon ~?**, non l'avrai già dimenticato/scordato?; **das sind Augenblicke, die man nicht so leicht vergisst**, sono momenti che non si dimenticano/scordano così facilmente; **vergiss mich nicht!**, non mi dimenticare!, non ti scordare di me!, non dimenticarti di me! **2** (liegen lassen) **etw** (**irgendwo**) ~ dimenticare qc (+ compl di luogo): **sie hat ihren Schirm im Zug** ~, ha dimenticato l'ombrello in/sul treno; **er wird noch einmal seinen Kopf** ~ fam scherz, uno di questi giorni dimenticherà anche la sua testa **B** rfl (die Beherrschung verlieren) **sich** ~ perdere le staffe fam: **in ihrer Wut vergisst sie sich leicht**, è facile che (lei) si lasci trasportare dall'ira; **wie konntest du dich so weit ~, ihn rauszuwerfen?**, come hai potuto perdere il controllo a tal punto da buttarlo fuori? • ˌbevor/ehe ich esˌ/[dass ich es nicht] vergesse, ..., prima che me lo dimentichi ...; **vergiss es!** fam (das hat keinen Sinn), scordatelo!; (das ist nicht so wichtig), lascia perdere!, dimenticalo!; **das kannst du** ~! fam (das hat keinen Sinn), te lo puoi scordare!; **den/die kannst du** ~! fam, te lo/la puoi scordare!; **nicht zu** ~ ..., senza contare ...; **jd wird jdm etw nie** ~ (dankbar sein) {HILFE, GUTE TAT}, qu non dimenticherà mai qc di qu; **das werde ich dir nie** ~, non dimenticherò mai quello che hai fatto; **jd wird jdm etw nicht** ~ (jdm etw nachtragen) {BELEIDIGUNG, ÜBLE TAT}, non perdonare a qu qc; **das werde ich ihm nicht** ~!, questa ˌnon gliela perdonoˌ/[me la lego al dito]!

Vergessenheit <-, ohne pl> f oblio m, dimenticanza f: **in ~ geraten/kommen**

{MENSCH}, cadere nell'oblio; {TRADITION} auch andare/cadere in dimenticanza; {AUFTRAG, VORHABEN} cadere nel dimenticatoio scherz.
vergesslich (a.R. vergeßlich) adj smemorato; ~ **sein**, essere smemorato, dimenticarsi di tutto; ~ **werden** (im Alter), perdere la memoria.
Vergesslichkeit (a.R. Vergeßlichkeit) <-, ohne pl> f smemoratezza f; jds ~ (im Alter), la poca memoria di qu: **aus reiner ~**, per pura e semplice dimenticanza.
vergeuden <ohne ge-> tr etw ~ {ENERGIE, MITTEL, VORRÄTE} sprecare qc, sperperare qc; {GELD} auch scialacquare qc; {VERMÖGEN} dilapidare qc, dissipare qc, scialacquare qc; **das sind vergeudete Worte**, è fiato sprecato; **es ist keine Zeit mehr zu ~**, non c'è più tempo da perdere; **seine Zeit mit etw (dat) ~**, sprecare il proprio tempo con qc.
Vergeudung <-, ohne pl> f spreco m, sperpero m; (von Vermögen) dilapidamento m: **eine ~ von Kapital**, uno sperpero di capitali.
vergewaltigen <ohne ge-> A tr 1 (zum Geschlechtsverkehr zwingen) **jdn ~** violentare qu, stuprare qu, usare violenza a qu, seviziare qu 2 (Gewalt antun) etw ~ {KULTUR, TRADITIONEN} snaturare qc, {SPRACHE, TEXT} violentare qc, massacrare qc slang: **das Recht ~**, snaturare il diritto; **ein Volk kulturell ~**, violentare un popolo culturalmente B rfl (sich zwingen) **sich (zu etw dat) ~** farsi violenza/[fare violenza su se stesso (-a)] per fare qc.
Vergewaltiger <-s, -> m (**Vergewaltigerin** f) violentatore (-trice) m (f), stupratore (rar -trice) m (f), seviziatore (-trice) m (f).
Vergewaltigung <-, -en> f 1 (erzwungener Geschlechtsakt) violenza f carnale, stupro m 2 (das Antun von Gewalt) ~ **einer S.** (gen) {DER KULTUR, SPRACHE, TRADITIONEN} snaturamento di qc.
vergewissern <ohne ge-> rfl **sich etw** (gen) ~ accertarsi di qc, assicurarsi di qc, sincerarsi di qc: **sich ~, dass/ob etw getan wurde**, accertarsi/assicurarsi che qc sia stato fatto.
vergießen <irr, ohne ge-> tr etw ~ 1 (verschütten) {KAFFEE, MILCH, WASSER} versare qc, rovesciare qc 2 (fließen lassen) versare qc, spargere qc: **es ist schon so viel Blut vergossen worden**, è già stato sparso/versato tanto sangue; **sie vergoss bittere Tränen**, versò lacrime amare.
vergiften <ohne ge-> A tr 1 (mit Gift töten) **jdn/etw ~** {MENSCH, TIER} avvelenare qu/qc; (giftig machen) etw ~ {ESSEN, GETRÄNK} avvelenare qc 2 (zerstören) etw ~ {ABGASE LUFT; ABWÄSSER GEWÄSSER, MEER} avvelenare qc, inquinare qc, contaminare qc; {ALKOHOL, MEDIKAMENTE ORGANISMUS} intossicare qc 3 (zerstörerisch wirken) etw ~ {ÄRGER, STREIT JDS LEBEN} avvelenare qc; {SPANNUNGEN ATMOSPHÄRE} rovinare qc B rfl 1 (sich töten) **sich ~** avvelenarsi, suicidarsi col veleno 2 (sich eine Vergiftung zuziehen) **sich (an etw dat/durch etw akk) ~** {AN VERDORBENEM ESSEN, AN MUSCHELN, AN PILZEN} intossicarsi (con/mangiando qc).
Vergiftung <-, -en> f 1 (nur sing (das Vergiften) {+MENSCH, TIER} avvelenamento m; {+LUFT, WASSER} auch inquinamento m, contaminazione f 2 med – (durch etw akk) {DURCH ARSEN, BLEI, QUECKSILBER} avvelenamento m (da qc); {DURCH ALKOHOL, FISCH, FLEISCH, PILZE} intossicazione f (da qc): **durch Nahrungsmittel**, intossicazione alimentare/[da alimenti]; **an einer ~ sterben**, morire per avvelenamento; **sich (dat) eine ~ zuziehen** (durch Lebensmittel), prendersi un'intossicazione, (durch eine Verletzung,

Wunde) prendersi un'infezione.
vergilben <ohne ge-> itr <sein> {PAPIER, FOTOS, TAPETE} ingiallire: **vergilbt**, ingiallito.
Vergissmeinnicht (a.R. Vergißmeinnicht) <-(e)s, -(e)> n bot nontiscordardimé m, miosotide f.
vergisst (a.R. vergißt) 3. pers sing präs von vergessen.
vergittern <ohne ge-> tr etw ~ {LUFTSCHACHT, ÖFFNUNG} mettere una grata a qc; {FENSTER} auch munire di/[mettere le] inferriate a qc.
verglasen <ohne ge-> tr etw ~ {FENSTER, TÜR} fornire/dotare qc di una vetro/[vetri], mettere i vetri a qc; {VERANDA} chiudere qc con una vetrata/[delle vetrate]: **ein verglastes Penthouse**, un attico a vetrate; **das Fenster muss neu verglast werden**, la finestra ha bisogno di un vetro nuovo.
Verglasung <-, -en> f 1 (nur sing (das Verglasen) {+FENSTER, TÜR} montaggio m dei vetri 2 (verglaste Fläche) vetrata f, vetro m.
Vergleich <-(e)s, -e> m 1 (vergleichende Betrachtung) ~ (mit jdm/etw, zwischen jdm/etw (und jdm/etw)) paragone m/confronto m (con qu/qc, fra qu/qc (e qu/qc)): **ein passender/treffender ~**, un paragone calzante/[indovinato/azzeccato fam]; **ein schiefer ~**, un paragone che non regge [sta in piedi]; **ein ~ zwischen den beiden Romanfassungen**, un parallelo/confronto/raffronto/riscontro fra le due stesure del romanzo 2 (Einigung) accomodamento m: **auf einen ~ eingehen**, accettare un accomodamento 3 jur (~svertrag) transazione f, accordo m transattivo: **einen ~ schließen**, stipulare/concludere una transazione 4 jur (gerichtliches Verfahren zur Abwendung des Konkurses) concordato m preventivo 5 lit (Redewendung) similitudine f • -**e anstellen**/ziehen, fare/stabilire dei paragoni; **einen ~ zwischen etw (dat) (und etw dat) anstellen/ziehen**, fare/stabilire un paragone/confronto/raffronto/parallelo tra qc (e qc); **den ~ mit jdm/etw aushalten**, **dem ~ mit jdm/etw standhalten**, reggere al paragone/confronto con qu/qc; **jeden ~ aushalten, jedem ~ standhalten**, non temere confronti/paragoni; **beim ~ der beiden Briefe stellte er fest, dass...**, confrontando/raffrontando le due lettere si accorse che...; **etw zum ~ heranziehen**, portare qc come paragone; **dieser ~ hinkt**, è un paragone che non sta in piedi/[regge]; **im ~ zu/mit jdm/etw**, in confronto/[rispetto] a qu/qc; **das ist doch gar kein ~!**, non c'è (proprio) confronto/paragone!; **in keinem ~ zu etw (dat) stehen** {BESTRAFUNG ZU EINER TAT; GEHALT ZU EINER LEISTUNG}, non essere commisurato a qc, essere sproporzionato rispetto a qc; {JDS LEISTUNG ZU DER EINES ANDEREN}, non essere paragonabile/confrontabile a qc.
vergleichbar adj ~ (mit jdm/etw) paragonabile (a qu/qc), comparabile (a qu/qc), confrontabile (a qu/qc): **der neue Computer ist mit dem alten einfach nicht ~**, il nuovo computer non è paragonabile a quello vecchio; **etwas Vergleichbares habe ich noch nicht gesehen!**, non ho mai visto niente di simile!
vergleichen <irr, ohne ge-> A tr 1 (gegeneinander abwägen) **jdn/etw** (pl) (miteinander) ~ {PERSONEN, SACHEN} paragonare qu/qc (tra loro), raffrontare qu/qc (tra loro), confrontare qu/qc (tra loro), comparare qu/qc (tra loro), mettere a confronto qu/qc (tra loro): **sie verglich die beiden Brüder (miteinander)**, paragonò/raffrontò i due fratelli (tra loro); **du kannst die beiden doch nicht miteinander ~!**, non li/le puoi certo parago-

nare quei/quelle due!; **er verglich die beiden Ausgaben des Buches (miteinander)**, confrontò/raffrontò/[fece un raffronto/confronto/parallelo tra] le due edizioni del libro; **du solltest beim Einkaufen die Preise ~!**, dovresti confrontare i prezzi quando fai la spesa!; **zwei Einkommen miteinander ~**, rapportare due redditi; **jdn mit jdm ~** paragonare/raffrontare/confrontare/comparare/[mettere a confronto] qu a/con qu: **wenn du ihn mit seinem Bruder vergleichst ...**, se lo paragoni/[paragonato] a suo fratello ...; **etw mit etw** (dat) ~ paragonare/confrontare/comparare qc a/con qc; ~ **Sie bitte die Kopie mit dem Original!**, confronti per favore la copia con l'originale! 2 (in Beziehung setzen) **jdn/etw mit jdm/etw ~** paragonare qu/a/con qu/qc: **ein Mädchen mit einer Gazelle ~**, paragonare una ragazza a/con una gazzella B rfl 1 (sich messen) **sich mit jdm ~** paragonarsi a/con qu, confrontarsi a/con qu: **du willst dich doch nicht mit deinem Vater ~ wollen?!**, non vorrai mica paragonarti a/con tuo padre?! 2 jur **sich** (mit jdm) ~ accordarsi con qu, arrivare a un accomodamento (con qu) • **vergleiche ...**, confronta/vedi ...; **verglichen mit ...**, paragonato/[in confronto] a ...; **nicht zu ~**: **das ist nicht zu ~!**, non c'è paragone!; **jd/etw ist nicht zu ~ mit jdm/etw**, non si può paragonare qu/qc con qu/qc.
vergleichend adj {GEGENÜBERSTELLUNG, METHODE, WERBUNG} comparativo; {LITERATURWISSENSCHAFT, SPRACHWISSENSCHAFT} comparato m.
Vergleichsform f gram forma f comparativa, comparativo m.
Vergleichsgröße f termine m di paragone.
Vergleichskampf m sport partita f/incontro m amichevole.
Vergleichsmaßstab m 1 (vorbildhafte Norm) parametro m di riferimento 2 ökon benchmark m.
Vergleichsmiete f canone m medio.
Vergleichsmöglichkeit f possibilità f di paragone/confronto.
Vergleichstest m test m di confronto/paragone.
Vergleichsverfahren n jur (zur Abwendung des Konkurses) concordato m preventivo.
Vergleichsweg m jur: **auf dem ~**, in via transattiva.
vergleichsweise adv 1 (relativ) relativamente: **mit vierzig ist man heute ~ jung**, oggi a quarant'anni si è relativamente giovani 2 (im Vergleich zu jdm/etw) a paragone, in confronto.
Vergleichswert m (bes. in der Statistik) valore m di riferimento/[comparativo].
Vergleichszahl f cifra f corrispondente/[di riferimento].
verglimmen <irr, ohne ge-> itr <sein> geh spegnersi lentamente/[a poco a poco].
verglühen <ohne ge-> itr <sein> {FEUERWERKSKÖRPER, HOLZ, KOHLE} consumarsi; {METEORIT, RAKETE, SATELLIT} disintegrarsi.
vergnügen <ohne ge-> A rfl **sich (bei/mit etw dat) ~** divertirsi (facendo/con qc), spassarsela (facendo qc): **du müsstest sehen, wie sie sich mit dem neuen Spiel ~**, dovresti vedere come si divertono con il nuovo gioco; **na, habt ihr euch auf der Party gestern Abend vergnügt?**, allora, vi siete divertiti (-e) ieri sera alla festa?; **sich mit jdm ~** divertirsi con qu; **sie vergnügt sich mit ihrem neuen Freund an der Côte d'Azur**, se la spassa fam sulla Costa Azzurra con il suo nuovo ragazzo B tr **jdn ~** divertire qu: **es vergnügt jdn, etw zu tun**, qu si diverte a fa-

Vergnügen <-s, ohne pl> n piacere m, divertimento m ● **etw bereitet geh/macht jdm ~**, qc fa piacere a qu; **es bereitet geh/macht jdm ~, etw zu tun**, a qu ₍fa piacere₎/[piace] fare qc, qu prova piacere a/nel fare qc; **ein diebisches ~**, un piacere diabolico; **an (dat) ~ finden**, trovare gusto ₍a fare₎/[in] qc; **mit wem habe ich das ~?** form, con chi ho il piacere/l'onore di parlare?; **hinein/rein ins ~!**, andiamo a divertirci!; **es ist mir ein ~!** (*ich tue es sehr gern*), è un piacere!; **es ist ein ~, etw zu tun**, è un piacere fare qc; **es ist ein ~, ihnen zuzuschauen**, è un piacere/una gioia starli a guardare; **es ist ₍kein (reines)₎/[nicht gerade ein] ~, etw zu tun**, non è (esattamente) un piacere/divertimento fare qc; **es war mir ein ~, Sie kennen zu lernen!** form – Das – **ist ganz meinerseits/[auf meiner Seite]!**, è stato un piacere conoscerLa! – Il piacere è (tutto) mio!; **sich** (dat) **ein ~ daraus machen, etw zu tun**, divertirsi a fare qc; **mit ~!**, con piacere!, volentieri!; **mit großem/[dem größten] ~!**, con grande/enorme piacere!; **ein seltenes ~**, un onore; **welch seltenes ~, von dir zu hören!** iron (*welche Überraschung!*), che/quale onore sentirti!; **sich ins ~ stürzen** fam, darsi alla pazza gioia fam; **ein teures ~ fam**, un lusso; **Reiten ist heutzutage ein teures ~**, oggi andare a cavallo è un lusso; **viel ~!**, buon divertimento!, divertiti/divertitevi!; ₍**na dann**₎/[**da kann ich nur sagen**]) **viel ~!** iron, allora (non mi resta che augurarti/augurarvi) buon divertimento! iron; **vor ~** {LUFTSPRÜNGE MACHEN, PURZELBÄUME SCHLAGEN, QUIETSCHEN}, di gioia; **zum ~**, per divertimento/piacere/diletto; **das tut er nur so zum ~**, lo fa per puro divertimento/piacere; **zu jds ~**, per il divertimento/diletto di qu; **ein zweifelhaftes ~**, un piacere per modo di dire.

vergnüglich adj {ABEND, STUNDEN} divertente, piacevole.

vergnügt Ⓐ adj {GESELLSCHAFT} allegro; {MENSCH} *auch* di buon umore; {GESICHT, MIENE} divertito: **er ist immer ~**, è sempre di buonumore; **sie waren äußerst ~ an dem Abend**, quella sera tutti erano molto allegri Ⓑ adv {LACHEN, SCHMUNZELN} divertito (-a); **sie lächelte ~**, sorrise divertita; {ERZÄHLEN, SPIELEN, ZUSTIMMEN} allegramente.

Vergnügung <-, -en> f **1** (*Zeitvertreib*) <*meist* pl> divertimento m: **seinen ~en nachgehen**, dedicarsi ai propri passatempi preferiti **2** obs (*Veranstaltung*) trattenimento m.

Vergnügungsdampfer m naut battello m per escursioni.

Vergnügungsfahrt f viaggio m di piacere.

Vergnügungsindustrie f industria f del divertimento.

Vergnügungspark m parco m dei divertimenti, luna park m.

Vergnügungsreise f → **Vergnügungsfahrt**.

Vergnügungssteuer f tassa f/imposta f sugli spettacoli.

Vergnügungssucht f smania f di divertirsi.

vergnügungssüchtig adj smanioso di divertirsi: **sie sind absolut ~**, non pensano che a divertirsi.

Vergnügungsviertel n quartiere m dei locali notturni.

vergolden <ohne ge-> tr **1** (*mit Gold überziehen*) **etw ~** (in)dorare qc; {BILDERRAHMEN, SCHMUCK} *auch* placcare d'oro qc **2** fam (*gut bezahlen*) **jdm etw ~** {FALSCHAUSSAGE, RÜCKTRITT, SCHWEIGEN} pagare a qu ₍a peso d'oro₎/[profumatamente].

vergönnen <ohne ge-> tr geh **jdm etw ~** concedere qc a qu: **etw ist jdm vergönnt**, qc è dato a qu; **mögen dir in deinem Leben noch viele Freuden vergönnt sein!**, che la vita ti riservi ancora tanti momenti di gioia!; **es war ihr nicht (mehr) vergönnt, ihr erstes Enkelkind kennen zu lernen**, non le fu dato di conoscere il primo nipotino.

vergöttern <ohne ge-> tr **jdn ~** idolatrare qu, adorare qu: **sie ~ ihren neuen Mathelehrer**, stravedono per il nuovo insegnante di matematica.

vergraben <irr, ohne ge-> Ⓐ tr **1** (*in der Erde verstecken*) **etw ~** {BEUTE, KADAVER, KNOCHEN, SCHATZ} sotterrare qc, seppellire qc **2** geh (*verbergen*) **etw in etw** (dat *oder* akk) **~** nascondere qc in qc: **sein Gesicht in beiden Händen/beide Hände ~**, nascondere il viso tra le mani, coprirsi il viso con le mani; **der Kleine vergrub sein Gesicht in den Rockfalten seiner Mutter**, il piccolo nascose il viso nelle pieghe della gonna di sua madre; **die Hände in den Hosentaschen ~**, affondare le mani nelle tasche dei pantaloni Ⓑ rfl **1** (*sich verkriechen*) **sich ~** {HAMSTER, WÜHLMAUS} rintanarsi; {MENSCH} seppellirsi **2** (*sich mit etw beschäftigen*) **sich in etw** (akk *oder* dat) **~** {IN DIE/DER LEKTÜRE, IN DAS/DEM STUDIUM} immergersi in qc: **sich in seine/seiner Arbeit ~**, immergersi nel lavoro; **er vergräbt sich immer mehr in ₍seine Bücher₎/[seinen Büchern]**, si seppellisce sempre di più tra i suoi libri.

vergrämen <ohne ge-> tr **jdn ~** alienarsi (le simpatie di) qu.

vergrämt adj {GESICHT, MENSCH} provato, amareggiato: **sie sieht sehr ~ aus**, ha un aspetto molto provato, sembra molto provata/amareggiata.

vergraulen <ohne ge-> tr fam **jdn** (**mit etw** dat/**durch etw** akk) **~** {MIT/DURCH JDS STÄNDIGE KRITIK, UNFREUNDLICHKEIT} far scappare qu (con qc) fam, allontanare qu (con qc); {KUNDEN} *auch* scoraggiare qu (con qc): **mit seiner herrischen Art hat er schon viele Kunden vergrault**, ha ₍mandato via₎/[fatto scappare] già diversi clienti con i suoi modi dispotici.

vergreifen <irr, ohne ge-> rfl **1** mus (PIANIST) sbagliare tasto; {GITARRIST} sbagliare corda **2** (*stehlen*) **sich an etw** (dat) **~** {AN JDS BRIEFTASCHE, AN FREMDEM EIGENTUM} allungare le mani su qc: **sich ₍am Kasseninhalt₎/[an der Kasse] ~**, manomettere la cassa; **wer hat sich schon wieder an meinen Zigaretten vergriffen?** fam scherz, chi continua a sgraffignarmi le sigarette? fam **3** (*jdm Gewalt antun*) **sich an jdm ~** {AN KINDERN, SCHWÄCHEREN} mettere le mani addosso a qu, alzare le mani su qu fam **4** (*jdn vergewaltigen*) **sich an jdm ~** {AN EINER FRAU, EINEM KIND} usare/fare violenza (carnale) a qu, abusare (sessualmente) di qu **5** (*Unpassendes wählen*) **sich in etw** (dat) **~** {IM AUSDRUCK} sbagliare qc: **sich im Ton ~** (*unverschämt werden*), sbagliare tono; **sich in der Wahl seiner Mittel ~**, scegliere il mezzo sbagliato.

vergreisen <ohne ge-> itr <sein> **1** (*stark altern*) {MENSCH} diventare senile **2** soziol {BEVÖLKERUNG} invecchiare.

Vergreisung <-, ohne pl> f **1** (*starkes Altern*) senescenza f **2** soziol invecchiamento m.

vergriffen adj com {ARTIKEL} esaurito; {BUCH, TITEL} *auch* fuori catalogo.

vergrößern <ohne ge-> Ⓐ tr **1** (*in der Fläche größer werden*) **etw** (**um etw** akk) **~** {GRUNDSTÜCK} ingrandire qc di qc; {HAUS, ZIMMER} *auch* ampliare qc di qc **2** (*Distanz erhöhen*) **etw ~** {ABSTAND} aumentare qc **3** fot **etw ~** {ABZUG, FOTO, KOPIE} ingrandire qc, fare ₍un ingrandimento₎/[degli ingrandimenti] di qc: **ein Foto auf das Dreifache/[Format 18x26] ~**, ingrandire una foto ₍di tre volte₎/[nel formato 18x26] **4** opt **etw ~** {FERNGLAS, MIKROSKOP OBJEKT} ingrandire qc **5** (*im Umfang/in der Menge größer machen*) **etw** (**um etw** akk) **~** {BETRIEB, FIRMA UM EIN BESTIMMTES VOLUMEN} ingrandire qc (di qc); {UM 100 ARBEITSPLÄTZE} aumentare l'organico di qc (di qc); **etw auf etw** (akk) **~** {AUF EINE BESTIMMTE BESCHÄFTIGUNGSZAHL} portare l'organico di qc (a qc) **6** med **etw ~** {ALKOHOL LEBER; ZU VIEL SPORT HERZ} provocare l'ingrossamento di qc Ⓑ rfl sich ~ **1** med {HERZ, LEBER} ingrossarsi fam, ipertrofizzarsi med: **der Tumor hat sich vergrößert**, la massa tumorale è aumentata **2** (*größer werden*) {BETRIEB, FIRMA} ingrandirsi, allargarsi; {MITARBEITERZAHL} aumentare, crescere **3** fam (*Familienzuwachs bekommen*) crescere in famiglia fam Ⓒ itr opt **irgendwie ~** ingrandire + compl di modo: **stark/hundertfach ~**, ingrandire molto/[di cento volte].

vergrößert Ⓐ adj {ABBILDUNG, DETAIL, FOTO} ingrandito; {HERZ, LEBER} ingrossato fam, ipertrofico med Ⓑ adv {ABBILDEN, DARSTELLEN, WIEDERGEBEN} ingrandito (-a).

Vergrößerung <-, -en> f **1** fot ingrandimento m: **eine überdimensionale ~**, una gigantografia; **eine ~ auf etw** (akk), un ingrandimento in (formato) qc; **eine ~ (von etw** dat**) machen**, fare un ingrandimento di qc; **in ...facher ~**, ingrandimento di... volte **2** med {+TUMOR} crescita f; {+ORGAN} ingrandimento m fam, ipertrofia f med.

Vergrößerungsglas n → **Lupe**.

Vergünstigung <-, -en> f **1** (*finanzieller Vorteil*) agevolazione f, facilitazione f: **jdm steuerliche ~en gewähren**, concedere agevolazioni fiscali a qu **2** (*Ermäßigung*) riduzione f, sconto m: **besondere ~en für Studenten**, sconti speciali per studenti.

vergüten <ohne ge-> tr **1** (*ersetzen*) **jdm etw ~** {AUSLAGEN, UNKOSTEN} rimborsare qc a qu; {SCHADEN, VERDIENSTAUSFALL, VERLUST} risarcire ₍qc a qu₎/[qu di qc] **2** adm (*bezahlen*) **etw ~** {ARBEIT, LEISTUNG} retribuire qc; **jdm etw ~** retribuire qu per qc, compensare qu per qc: **die Übersetzung wird Ihnen mit 500 Euro vergütet**, per la traduzione Le verranno corrisposti 500 euro.

Vergütung <-, -en> f **1** (*das Ersetzen*) {+AUSLAGEN, SPESEN} rimborso m; {+SCHADEN} risarcimento m **2** adm (*das Bezahlen*) {+ARBEIT, LEISTUNG} retribuzione f, rimunerazione f; (*Honorar*) compenso m, corrispettivo m: **eine ~ zahlen**, pagare un corrispettivo.

verhackstücken <ohne ge-> tr fam **etw ~** {ERSTAUFFÜHRUNG, NEUERSCHEINUNG} stroncare qc.

verhaften <ohne ge-> tr **jdn ~** arrestare qu: **Sie sind verhaftet!**, Lei è in arresto!

verhaftet adj geh (**in**) **etw** (dat) **~** {KOMPONIST, SCHRIFTSTELLER, WERK (IN) DER TRADITION, SEINER ZEIT} legato a qc: **der Roman ist noch völlig (in) seiner Zeit ~**, il romanzo è ancora interamente radicato nel suo tempo.

Verhaftete <dekl wie adj> mf arrestato (-a) m (f), persona f arrestata.

Verhaftung f arresto m.

verhageln <ohne ge-> Ⓐ itr <sein> essere rovinato dalla grandine Ⓑ tr <haben> **jdm etw ~** {LAUNE, STIMMUNG} guastare/rovinare qc a qu.

verhaken <ohne ge-> Ⓐ tr **etw** (**an/in etw** dat) **~** agganciare qc (in/a qc): **die Finger ~**, intrecciare le dita Ⓑ rfl **1** (*hängen bleiben*) **sich** (**an/in etw** dat) **~** {AM MASCHENDRAHT,

ZAUN} restare impigliato (-a) (*in qc*) **2** (*sich verketten*) **sich (ineinander) ~** {FINGER} intrecciarsi; {KETTENGLIEDER, METALLRINGE} agganciarsi **3** (*sich verstrickem*) {DEBATTIERENDE, STREITENDE} invischiarsi *fam*, impantanarsi *fam*.

verhạllen <ohne ge-> *itr* <sein> {SCHRITTE} perdersi in lontananza; {ECHO, RUFE} *auch* smorzarsi, spegnersi: **seine Mahnung verhallte ungehört**, il suo monito non trovò ascolto.

verhạlten① <irr, ohne ge-> **A** *rfl* **1** (*sich benehmen*) **sich (jdm gegenüber) irgendwie ~** comportarsi (*con*/[*nei confronti di*] *qu*) + *compl di modo*: **sich jdm gegenüber abweisend ~**, essere scostante con qu; **sich abwartend ~**, stare a guardare; **sich ruhig ~**, mantenere la calma; **sich still ~**, rimanere in silenzio; **sich auffällig ~**, dare nell'occhio con il proprio comportamento; **sich wie ein Freund ~**, comportarsi da amico; **ich weiß nicht, wie ich mich ihm gegenüber jetzt ~ soll**, non so come comportarmi nei suoi confronti adesso **2** (*beschaffen sein*) **sich irgendwie ~** {ANGELEGENHEIT} stare + *compl di modo*: **die Sache verhält sich so/[ganz anders]**, le cose stanno così/[in tutt'altro modo] **3** (*als Relation haben*) **sich zu etw (dat) ~ wie ...** stare *a qc come ...*: **die Breite verhält sich zur Länge wie eins zu drei**, la larghezza sta alla lunghezza come uno sta a tre, il rapporto tra larghezza e lunghezza è di uno a tre; **4 verhält sich zu 8 wie 8 zu 16**, 4 sta a 8 come 8 sta a 16 **4** *chem* **sich irgendwie ~** reagire + *compl di modo* **B** *unpers*: **wie verhält es sich eigentlich damit?**, come stanno le cose veramente?, com'è veramente questa faccenda?; **wie verhält es sich eigentlich mit seiner Moral?**, qual è veramente il suo concetto di moralità?; **wenn sich das so verhält...**, se le cose stanno così..., stando così le cose...

verhạlten② <irr, ohne ge-> *tr geh* (*in etw innehalten*) **etw ~** {ATEM, HARN} trattenere *qc*; {LACHEN, TRÄNEN} *auch* ritenere *qc*; {ZORN} trattenere *qc*, contenere *qc*: **den Schritt ~**, arrestare i passi *geh*.

verhạlten③ **A** *adj* **1** (*unterdrückt*) {ÄRGER, UNMUT, ZORN} trattenuto: **mit kaum ~er Ironie**, con malcelata ironia; **mit ~em Atem**, trattenendo il respiro **2** (*gedämpft*) {FARBE, TON} smorzato, tenue; **mit ~er Stimme**, con voce sommessa/dimessa **3** (*zurückhaltend*) {FAHRSTIL} prudente; {AUFTRETEN} moderato **B** *adv* (*zurückhaltend*) {FAHREN} con prudenza, prudentemente; {AUFTRETEN} in modo dimesso/contegnoso; {TEMPO} moderato; {APPLAUDIEREN} con poco entusiasmo; {SICH ZU ETW ÄUẞERN} con riserbo.

Verhạlten <-s, *ohne pl*> *n* **1** (*Benehmen*) comportamento *m*, condotta *f*, contegno *m*, modo *m* di fare; (*Haltung*) atteggiamento *m*: **ein korrektes/tadelloses ~**, una condotta corretta/ineccepibile, un contegno corretto/ineccepibile; **ein kluges/seltsames/unangebrachtes ~**, un comportamento saggio/strano/inadeguato; **sein ~ jdm gegenüber ändern**, cambiare atteggiamento verso/[nei confronti di] qu; **ihr ~ den Kindern gegenüber hat sich überhaupt nicht geändert**, il suo modo di fare con i bambini non è affatto cambiato; **sich (dat) jds ~ nicht erklären können**, non riuscire a spiegarsi il comportamento di qu **2** *biochem* {+GAS, VIRUS} comportamento *m*.

verhạltensauffällig *adj psych* disadattato.

Verhạltensforscher *m* (**Verhạltensforscherin** *f*) etologo (-a) *m* (*f*).

Verhạltensforschung <-, *ohne pl*> *f biol*

etologia *f*.

verhạltensgestört *adj med psych* {KIND} caratteriale: **Schule für ~e Kinder**, scuola per caratteriali.

Verhạltenskodex *m* codice *m* di comportamento.

Verhạltensmaßregel *f* <*meist* pl> → **Verhạltensregel**.

Verhạltensmuster *n* modello *m* comportamentale/[di comportamento]: **ein typisch männliches/weibliches ~**, un comportamento tipicamente maschile/femminile.

Verhạltensregel *f* <*meist* pl> regola *f* di comportamento/condotta.

Verhạltensstörung *f* <*meist* pl> *med psych* disturbo *m* ⌊del comportamento⌋/[comportamentale]: **~en aufweisen**, essere affetto da disturbi comportamentali.

Verhạltenstherapie *f psych* terapia *f* comportamentale.

Verhạltensweise *f* modo *m* di comportarsi, comportamento *m*.

Verhältnis <-ses, -se> *n* **1** (*Relation*) rapporto *m*, proporzione *f* **2** (*Beziehung*) **~ (zu jdm/etw)** rapporto *m con qu/qc*, relazione *f con qu/qc*: **ein gutes ~ zu jdm haben**, essere in ⌊buoni rapporti/termini⌋/[buone relazioni] con qu; **ein schlechtes ~ zu jdm haben**, non essere in buoni rapporti con qu; **ein enges/gespanntes ~ zu jdm haben**, avere rapporti stretti/tesi con qu; **sein ~ zur Umwelt ist gestört**, il suo rapporto con l'esterno è disturbato; **sie hat kein ~ zur klassischen Musik**, la musica classica non le dice niente; **ich kann kein rechtes ~ zu ihm entwickeln**, non riesco a instaurare un vero rapporto con lui; **das ~ zwischen ihnen/uns**, il loro/nostro rapporto; **es herrscht ein freundschaftliches ~ zwischen uns**, abbiamo un rapporto d'amicizia; **das ~ zwischen ⌊Vater und Sohn⌋/[den USA und dem Irak] ist sehr gespannt**, i rapporti tra ⌊padre e figlio⌋/[gli USA e l'Iraq] sono molto tesi **3** *fam* (*Liebesverhältnis*) **~ (mit jdm)** relazione *f* (*con qu*), storia *f* (*con qu*) *fam*: **ein ~ mit jdm anfangen/haben/beenden**, cominciare/avere/troncare una relazione con qu; **er unterhielt jahrelang ein ~ zu einer anderen Frau**, per anni ha avuto una relazione con un'altra donna; **die beiden haben ein ~ (miteinander)**, quei due hanno una relazione/storia *fam* **4** <*nur* pl> (*Umstände*) condizioni *f* pl, circostanze *f* pl, situazione *f*: **die akustischen ~se in diesem Saal sind eher ungünstig**, l'acustica di questa sala lascia piuttosto a desiderare; **die politischen ~se haben sich kaum geändert**, la situazione politica è pressoché immutata, il contesto politico è pressoché immutato; **unter dem Druck der ~se handeln**, agire spinto dalle circostanze **5** <*nur* pl> (*Lebensumstände*) condizioni *f* pl: **meine/seine ~se**, la mia/sua situazione; **meine ~se erlauben mir das nicht**, la mia situazione (economica) non me lo permette; **in ärmlichen/bescheidenen/engen ~sen leben**, vivere ⌊in ristrettezze economiche⌋/[modestamente]/[in poco spazio]; **in geordneten ~sen leben**, fare una vita normale; **in gesicherten ~sen leben**, condurre una vita agiata **über seine ~se gehen** {AUSGABE, ANSCHAFFUNG}, andare al di là delle possibilità di qu, essere superiore ai mezzi di qu; **ein gestörtes/getrübtes ~ zu jdm/etw haben**, avere un rapporto disturbato/compromesso con qu/qc; **im ~ (vergleichsweise)**, relativamente; **im ~ (von) 1:3/5:2/...**, in proporzione di 1:3/5:2/...; **im ~ zu jdm/etw** (*verglichen mit*), ⌊in rapporto⌋/[rispetto] a qu/qc; **klare ~se:**

für klare ~se sein, ⌊essere per⌋/[amare] le situazioni chiare; **für klare ~se sorgen, klare ~se schaffen**, chiarire la situazione; **aus kleinen ~sen kommen/stammen**, essere di origini modeste; **über seine ~se leben**, vivere al di sopra ⌊dei propri mezzi⌋/[delle proprie possibilità]; **die räumlichen ~se: unsere räumlichen ~se sind etwas beengt**, viviamo in poco spazio; **unsere räumlichen ~se erlauben uns nicht, euch bei uns aufzunehmen**, le dimensioni della nostra casa non ci permettono di ospitarvi; **in keinem ~ zu etw (dat) stehen**, essere sproporzionato rispetto a qc; **der Aufwand an Energie steht in keinem ~ zum Ergebnis**, il dispendio di energia è sproporzionato al risultato, non c'è alcuna proporzione fra il dispendio di energia e il risultato; **in umgekehrtem ~ zu etw (dat) stehen**, essere indirettamente/inversamente proporzionale a qc; **unter ... ~sen** {ANDEREN, BESSEREN}, in circostanze ...; **unter den gegebenen/gegenwärtigen ~sen**, date le circostanze, nelle circostanze attuali; **unter normalen ~sen wäre so etwas undenkbar gewesen**, in ⌊circostanze normali⌋/[una situazione normale] una cosa simile sarebbe stata impensabile.

verhältnismäßig *adv* **1** (*relativ*) {BILLIG, FRÜH, HOCH, TEUER} relativamente **2** (*entsprechend*) {AUFTEILEN} proporzionalmente, in modo proporzionale.

Verhältnismäßigkeit <-, *ohne pl*> *f geh* {+MITTEL, STRAFE} proporzionalità *f*.

Verhältniswahl *f pol* elezioni *f* pl secondo il sistema proporzionale.

Verhältniswahlrecht *n pol* sistema *m* (elettorale) proporzionale.

Verhältniswort *n gram* → **Präposition**.

verhạndelbar *adj* {PREIS} trattabile.

verhạndeln <ohne ge-> **A** *itr* **1** (*erörtern*) **(mit jdm/etw) (über etw akk) ~** {ÜBER BEDINGUNGEN} trattare (*qc*) (*con qu*), negoziare (*qc*) (*con qu*); {ÜBER EINEN PREIS} *auch* discutere *qc*/[*su qc*] (*con qu*): **die Verteidigungsminister ~ noch**, i ministri della difesa stanno ancora trattando; **die Regierung verhandelt mit dem Konzern über eine Teilprivatisierung**, il governo è in trattative col gruppo industriale per una parziale privatizzazione; **über die Friedensbedingungen ~**, trattare/negoziare la pace **2** *jur* **gegen jdn (wegen etw gen *oder fam* dat) ~** procedere *contro*/[*nei confronti di*] *qu* (*per qc*): **es wird ⌊gegen jdn⌋/[in etw (dat)] verhandelt**, si procede contro qu/[nei confronti di qu]/[per qc]; **das Gericht wird gegen ihn (wegen Fahrerflucht) ~**, il tribunale procederà nei suoi confronti (per fuga del conducente) **B** *tr jur* **etw ~** {FALL, SACHE} discutere *qc*.

Verhạndlung <-, -en> *f* **1** <*meist* pl> (*das Verhandeln*) trattativa *f*; (*bes. diplomatisch*) negoziati *m* pl, negoziazioni *f* pl: **~en (mit jdm) aufnehmen/einleiten, (mit jdm) in ~en (ein)treten**, ⌊avviare/aprire le⌋/[entrare in] trattative (con qu); **die ~en eröffnen/leiten/unterbrechen/abschließen**, aprire/condurre/interrompere/[chiudere/concludere] le trattative; **(mit jdm) in ~(en) stehen**, essere in trattativa/trattative con qu; **sich auf keine ~en (mit jdm) einlassen**, rifiutarsi di ⌊entrare in trattative⌋/[trattare] (con qu); **die ~en zwischen den Nachbarstaaten sind noch im Gange**, le negoziazioni fra i paesi confinanti sono ancora in corso; **nach dem Abbruch/Scheitern der ~en ist der Frieden erneut gefährdet**, dopo la rottura/il fallimento dei negoziati la pace è di nuovo in pericolo **2** *jur* (*Sitzung*) udienza *f*: **~ unter Ausschluss der Öffentlichkeit**, udienza ⌊a porte chiuse⌋/[non pubblica]; **die**

~ ist für übermorgen angesetzt/anberaumt geh, l'udienza è fissata per dopodomani.

Verhandlungsbasis f (Abk VB) base f negoziale/[delle trattative]; (finanziell) base f di partenza/trattativa, prezzo m di base: 4000 Euro ~, 4000 euro trattabili.

verhandlungsbereit adj disposto/disponibile a trattare: **jdn ~ machen** {Drohungen, finanzielle Einbußen}, costringere qu a trattare.

Verhandlungsbereitschaft f disponibilità f a negoziare/trattare: **jds mangelnde ~**, la scarsa disponibilità di qu a trattare; **~ signalisieren**, manifestare (la) volontà di trattare.

Verhandlungsdolmetschen n (interpretariato m di) trattativa f.

Verhandlungsdolmetscher m (**Verhandlungsdolmetscherin** f) interprete mf di trattativa.

verhandlungsfähig adj **1** jur in grado di comparire in giudizio **2** (so dass darüber verhandelt werden kann) {Abkommen, Punkt} negoziabile, trattabile.

Verhandlungsführer m (**Verhandlungsführerin** f) negoziatore (-trice) m (f) capo.

Verhandlungsgegenstand m ökon oggetto m della trattativa.

Verhandlungsgeschick n abilità f nel trattare, diplomazia f.

Verhandlungsgrundlage f → **Verhandlungsbasis**.

Verhandlungspartner m (**Verhandlungspartnerin** f) controparte f (nelle trattative), interlocutore (-trice) m (f).

Verhandlungssache f: **~ sein**, essere trattabile/[oggetto di trattative].

Verhandlungsspielraum m margine m di trattativa.

Verhandlungssprache f lingua f di lavoro; bes. adm jur lingua f della procedura.

Verhandlungstermin m jur data f ⌊del l'udienza⌋/[del dibattimento].

Verhandlungstisch m tavolo m delle trattative; pol anch tavolo m dei negoziati: **sich an den ~ setzen**, sedersi/mettersi al tavolo delle trattative.

Verhandlungsweg m: **auf dem ~** pol, mediante negoziati, in/per via negoziale, negozialmente; **etw auf dem ~ lösen**, risolvere qc trattando.

verhangen adj coperto (di nuvole), nuvoloso: **der Himmel ist ~**, il cielo è ⌊coperto (di nuvole)⌋/[nuvoloso].

verhängen① <ohne ge-> tr etw mit etw (dat) ~ {Fenster, Spiegel mit einem Stoff, Tuch} coprire qc con qc; {Bilder, Skulptur} auch velare qc con qc.

verhängen② <ohne ge-> tr geh **1** jur etw (über jdn/etw) ~ {Strafe} comminare qc a qu, infliggere qc a qu, irrogare qc a carico di qu, applicare qc a qu; {Ausnahmezustand, Belagerung, Kriegszustand über ein Land} proclamare qc (in qc), dichiarare qc (in qc); {Ausgangssperre über die Bevölkerung, Stadt} imporre qc (su qc) **2** sport etw ~ {Elfmeter, Strafstoß} dare qc, fischiare qc; **etw über jdn ~** {Spielverbot} infliggere qc a qu: **über ihn einen Platzverweis ~**, espellere qu.

Verhängnis <-ses, -se> n geh fatalità f, destino m avverso, sorte f (malvagia): **das ~ ließ sich nicht aufhalten**, il destino seguì il suo corso • **jdm zum ~ werden, jds ~ sein**, essere fatale a qu, essere la rovina di qu; **ihre Leichtsinnigkeit wird ihr noch zum ~ werden**, la sua leggerezza sarà la sua rovina; **diese Frau ⌊wurde ihm zum⌋/[war sein] ~**, quella donna fu la sua rovina.

verhängnisvoll adj {Entschuldigung, Fehler, Irrtum} fatale; {Datum, Tag} auch fatidico: **diese Entscheidung hat sich für ihn als ~ erwiesen**, questa decisione si è rivelata fatale per lui.

Verhängung <-, -en> f (meist sing) jur {+Ausgangssperre, Spielverbot} imposizione f; {+Strafe} comminazione f, irrogazione f, applicazione f, inflizione f rar; {+Ausnahmezustand, Belagerung, Kriegszustand} proclamazione f, dichiarazione f.

verharmlosen <ohne ge-> tr etw ~ minimizzare qc, sminuire l'importanza di qc: **im monatelang wurde versucht, die Auswirkungen des Reaktorunfalls zu ~**, per mesi si cercò di minimizzare gli effetti dell'incidente al reattore.

verhärmt adj {Mensch} provato; {Gesicht} auch segnato (dalle sofferenze): **~ aussehen**, avere un aspetto provato.

verharren <ohne ge-> itr <haben oder sein> geh **1** (innehalten) irgendwo ~ fermarsi/rimanere fermo (-a) + compl di luogo: **in einer Stellung ~**, rimanere fermo (-a) (in una posizione); **sie verharrte einen Augenblick in ihrer Arbeit und horchte auf**, interruppe (per) un istante il lavoro e tese l'orecchio **2** (sich länger in einem best. Zustand befinden) **in etw** (dat) **~** {in Enttäuschung, Resignation, Trauer} rimanere/restare chiuso (-a) in qc: **in seinem Schmerz ~**, rinchiudersi nel proprio dolore; **sie verharrt in der Hoffnung, dass sich noch alles ändern wird**, ⌊resta attaccata alla speranza⌋/[continua imperterrita a sperare] che prima o poi tutto cambierà; **in Schweigen ~**, ostinarsi a tacere.

verhärten <ohne ge-> **A** rfl <haben> sich ~ **1** med {Geschwulst, Gewebe, Organ} indurirsi, diventare duro (-a) **2** (starrer werden) {Fronten} irrigidirsi; {Positionen} inasprirsi **3** (härter werden) {Charakter, Herz} indurirsi **B** itr <sein> (hart werden) {Erde, Gewebe, Gips, Ton} indurirsi, diventare duro (-a) **C** tr (hart machen) **jdn/etw ~** {jds Charakter, Herz} indurire qu/qc.

Verhärtung <-, -en> f **1** <nur sing> {+Fronten} irrigidimento m; {+Positionen} inasprimento m **2** med {+Gewebe, Organ} indurimento m.

verhaspeln <ohne ge-> rfl fam **1** (sich versprechen) **sich ~** impappinarsi fam, ingarbugliarsi fam, impaperarsi fam: **sprich langsam, sonst verhaspelst du dich**, parla lentamente, altrimenti ti impappini/ingarbugli **2** (sich verfangen) **sich (irgendwo) ~** ingarbugliarsi/impigliarsi (+ compl di luogo).

verhasst (a.R. verhaßt) adj {Arbeit, Diktator, Lehrer, Pflicht, Regime} odiato, detestato: **diese ~e Arbeit!**, questo maledetto lavoro!; **jd/etw ist jdm ~** {Arbeit, Aufgabe, Beruf, Pflicht}, qu ⌊ha in odio/orrore⌋/[detesta] qu/qc • **sich (bei jdm) ~ machen**, rendersi odioso (-a)/inviso (-a) a qu, farsi odiare (da qu); **bei jdm ~ sein**, essere ⌊odiato da⌋/[in odio a] qu.

verhätscheln <ohne ge-> tr fam meist pej **jdn ~** {Kind} viziare qu, tenere qu nell'ovatta: **die Kleine wird furchtbar verhätschelt**, la piccola viene terribilmente viziata.

Verhau <-(e)s, -e> m oder n **1** mil (Baumverhau) abbattuta f; (Sperre) sbarramento m; (Draht-) reticolato m: **ein ~ aus etw** (dat), uno sbarramento di qc **2** <nur sing> fam (Durcheinander) caos m, casino m fam.

verhauen <verhaute oder verhieb, verhauen> fam **A** tr **1** (verprügeln) **jdn ~** picchiare qu, bastonare qu, legnare qu fam: **jdm den Hintern ~**, sculacciare qu, fare il culo rosso a qu slang **2** Schule etw ~ {Aufsatz, Test} cannare qc slang **B** rfl (verkalkulieren) **sich (bei etw) ~** sbagliarsi di grosso (in/facendo qc) fam, prendere una cantonata fam/un abbaglio/un granchio fam (facendo qc); **sich um etw** (akk) **~** {um einen Betrag, Prozentsatz} sbagliarsi di qc: **da hast du dich aber gründlich ~!**, hai preso proprio un bel granchio!

verheben <irr, ohne ge-> rfl sich ~ farsi male alzando un peso.

verheddern rfl fam **1** (sich verfangen) **sich (in etw** dat) **~** {Person in einem Netz} impigliarsi (in qc): **ihr Rock hatte sich im Gestrüpp verheddert**, le si era impigliata la gonna negli sterpi **2** (sich verknoten) **sich ~** {Garn, Wolle} aggrovigliarsi, ingarbugliarsi, imbrogliarsi: **die Fäden haben sich hoffnungslos ineinander verheddert**, i fili si sono ingarbugliati irrimediabilmente **3** (sich mehrmals versprechen) **sich ~** impappinarsi fam, ingarbugliarsi fam.

verheeren <ohne ge-> tr etw ~ {Hochwasser, Krieg, Truppen Gebiet, Land} devastare qc, distruggere qc.

verheerend A adj **1** (katastrophal) disastroso, catastrofico; {Brand, Erdbeben, Folgen} devastante: **~e Überschwemmungen haben das obere Rheintal heimgesucht**, l'alta valle del Reno è stata colpita da alluvioni disastrose/catastrofiche; **die ~e Wirkung von Rauschgift**, l'effetto devastante degli stupefacenti **2** fam (furchtbar) {Zustände} orribile, orripilante; {Haarschnitt} auch osceno fam: **~ aussehen**, avere un aspetto orribile; **du siehst einfach ~ aus!**, sei conciato (-a) in modo osceno!, hai un aspetto disastroso!: **es lässt sich nicht ~ dass ...**, non si può nascondere che ...

verheiratet adj sposato, coniugato form: **ist er eigentlich ~?**, ma, è sposato⌋/[ha moglie]/[è ammogliato]?; **sie ist jetzt auch ~**, anche lei ora ₌è sposata₎/[ha marito]/[è maritata]; **glücklich ~ sein**, essere felicemente sposato; **sie sind unglücklich ~**, il loro è un matrimonio infelice; **reich ~ sein**, aver sposato ₌un uomo ricco₎/[una donna ricca], aver fatto un buon matrimonio • **mit etw (dat) ~ sein** *fam scherz* {MIT DER ARBEIT, DER FIRMA, DEM SPORTVEREIN}, essere sposato con qc.

verheißen <*irr, ohne ge*-> *tr geh* **1** (*voraussagen*) **jdm etw ~**, predire *qc a qu*, preconizzare *qc a qu lit*, profetizzare *qc a qu*: **die Kritiker haben ihr eine brillante Karriere ~**, i critici le hanno predetto/preconizzato/profetizzato una brillante carriera **2** (*versprechen*) **etw ~**, promettere *qc*: **nichts Gutes ~**, non promettere niente di buono; **die Werbung verheißt Glück, ewige Jugend und einen Platz an der Sonne**, la pubblicità promette felicità, eterna giovinezza e un posto al sole.

verheißend **A** *adj*: **viel ~** *geh* (*verheißungsvoll*) {BEGINN, ENTWICKLUNG}, (molto) promettente; {NACHRICHT, ZEICHEN}, incoraggiante; **ein viel ~er Blick**, uno sguardo molto promettente; (*viel Erfolg versprechend*) {KÜNSTLER, MITARBEITER, TALENT, UNTERNEHMEN}, (molto) promettente, che promette bene; **ein viel ~er junger Schriftsteller**, una promessa della letteratura; **er ist ein sehr viel ~er junger Künstler**, è un giovane artista ₌che promette grandi cose₎/[di belle speranze] **B** *adv*: **viel ~**, in modo promettente; **viel ~ anfangen/beginnen**, cominciare/iniziare sotto buoni auspici; **sich viel ~ anhören/klingen**, sembrare/suonare promettente.

Verheißung <*-, -en*> *f geh* promessa *f*: **eine glückliche ~**, una profezia fausta; **das Land der ~** *bibl*, la terra promessa.

verheißungsvoll **A** *adj* {ANFANG, LEISTUNG} promettente, che promette bene; {BLICK} pieno di promesse; {WORTE} che lascia ben sperare: **ein sehr ~er Sänger**, un cantante ₌molto promettente₎/[che promette molto bene]; **eine ~e Nachwuchsschauspielerin am Theater**, una giovane promessa del teatro; **wenig ~**, poco promettente **B** *adv*: **sich ~ anlassen, ~ beginnen**, promettere bene; **sich ~ anhören, ~ klingen** {IDEE, VORSCHLAG, WORTE}, sembrare promettente; **sich wenig ~ anhören, wenig ~ klingen**, non sembrare molto promettente.

verheizen *tr* **1** (*zum Heizen verwenden*) **etw ~** {BRIKETT, HOLZ, KOHLE} bruciare *qc* **2** (*für Heizung ausgeben*) **etw ~** {GELD} spendere *qc* in riscaldamento **3** *slang pej* (*rücksichtslos ausnutzen*) **jdn ~** {MITARBEITER} sfruttare *qu*; {FUSSBALLER} bruciare *qu* **4** *jdn ~* (*sinnlos opfern*) {SOLDATEN, TRUPPEN} mandare ₌al macello sbaraglio₎ *qu*.

verhelfen <*irr, ohne ge*-> *tr* **1** (*helfen, dass jd etw bekommt*) **jdm zu etw** (dat) **~** {ZU EINER ANSTELLUNG, EINEM JOB, EINER WOHNUNG} aiutare *qu a qc*, fare in modo *che qu ottenga qc*; {ZUM ERFOLG, ZU SEINEM GLÜCK, ZU WOHLSTAND} aiutare *qu a raggiungere qc*: **jdm zur Flucht/zum Sieg ~**, aiutare qu a fuggire/vincere; **jdm zu seinem Recht ~**, aiutare qu a far valere i propri diritti; **jdm zu Geld ~**, procurare/procacciare del denaro a qu **2** (*bewirken, dass eine S. etw nach sich zieht*) **etw** (dat) **zu etw** (dat) **~**: **etw** (dat) **zum Durchbruch/Erfolg ~**, portare qc al successo; **eine massive Werbung verhilft den Produkten zum Erfolg**, la pubblicità massiccia fa sì che i prodotti abbiano successo; **der gerechten Sache zum Sieg ~**, fare in modo che la giusta causa trionfi; **etw** (dat) **zur Wirkung ~**, fare in modo che qc sia efficace.

verherrlichen <*ohne ge*-> *tr jdn/etw ~* {GEWALT, KRIEG, JDS SCHÖNHEIT, TYRANNEN} esaltare *qu/qc*; {JDS TATEN} glorificare *qc*; {NATUR, SCHÖPFUNG} magnificare *qc*: **jdn in Gedichten ~**, celebrare qu nelle poesie.

Verherrlichung <*-, ohne pl*> *f* esaltazione *f*.

verhetzen *tr jdn ~* {LEUTE, MASSEN, VOLK} aizzare *qu*.

verheult *adj fam* {GESICHT} di chi ha pianto molto; {AUGEN} gonfio di lacrime: **du siehst so ~ aus!**, sembra che tu abbia pianto per ore!

verhexen <*ohne ge*-> *tr jdn/etw ~* stregare *qu/qc*, fare un incantesimo *a qu/qc*, affatturare *qu/qc* • **das ist doch/ja wie verhext!** *fam*, il diavolo ci ha messo la coda/le corna! *fam*, cosa diavolo succede? *fam*.

verhindern <*ohne ge*-> *tr etw ~* {KRIEG, SCHADEN, UNFALL, UNGLÜCK} evitare *qc*: **das Schlimmste konnte verhindert werden**, il peggio poté essere evitato; {DURCHFÜHRUNG, REALISIERUNG, VERBREITUNG} impedire *qc*; {VORHABEN} impedire la realizzazione *di qc*: **es lässt sich nicht ~, dass ...**, non si può evitare che ...; **~, dass jd etw tut**, impedire a qu di fare qc; **wir konnten nicht ~, dass sie diesen Typ heiratete**, non abbiamo potuto impedirle di sposare quel tipo; **ich konnte (es) nicht ~, dass er von dem Unglück erfuhr**, non ho potuto evitare che lui venisse a sapere della disgrazia; **~, dass etw geschieht**, impedire che qc avvenga/accada; **wir müssen ~, dass dieses Gesetz zur Anwendung kommt**, dobbiamo impedire ₌che questa legge venga applicata₎/[l'applicazione di questa legge]; **die Stützbalken ~, dass das Gebäude einstürzt**, i sostegni impediscono il crollo del palazzo; **etw lässt sich nicht ~**, non è possibile evitare/impedire qc, qc è inevitabile.

verhindert *adj* **1** <*präd*> (*nicht anwesend*): **(irgendwie) ~ sein** essere impedito/impossibilitato a venire (₌a causa₎/[per motivi di] *qc*): **er ist beruflich/dienstlich ~**, è impossibilitato a venire per motivi di lavoro/servizio; **sie ist ₌aus familiären Gründen₎/[wegen Krankheit] ~**, è impossibilitata a venire per ₌motivi familiari₎/[malattia] **2** *fam* (*mit einer Begabung*): **ein ~er/eine ~e ... sein** {ARCHITEKT(IN), GÄRTNER(IN), KÜNSTLER(IN)}, essere un/una ... mancato (-a): **du bist ja eine ~e Malerin!**, ma sei una pittrice mancata!

Verhinderung <*-, -en*> *f* **1** <*nur sing*> (*das Verhindern*) {+UNFALL, UNGLÜCK} evitare m **2** (*das Verhindertsein*) impedimento m: **zur ~ eines Krieges**, per evitare una guerra; **wegen einer ~**, per un contrattempo.

verhohlen *adj* {GÄHNEN} trattenuto; {NEUGIER, SCHADENFREUDE} dissimulato: **ein ~es Grinsen**, un sorriso furtivo • **kaum ~, mal dissimulato**, malcelato.

verhöhnen <*ohne ge*-> *tr jdn ~* schernire *qu*, deridere *qu*, dileggiare *qu*.

verhohnepipeln *tr fam jdn/etw ~* prendere in giro *qu*, beffarsi *di qu/qc*, farsi beffe *di qu/qc*, sfottere *qu slang*: **du willst mich wohl ~?!**, mi stai prendendo in giro o che?!, ti fai beffe di me?!

Verhöhnung <*-, -en*> *f* scherno *m*, derisione *f*, dileggio *m*: **dieser Artikel ist eine einzige ~ unserer Politiker**, questo articolo non fa altro che schernire i nostri politici.

verhökern <*ohne ge*-> *tr fam pej etw (an jdn) ~* svendere *qc (a qu)*.

Verhör <*-(e)s, -e*> *n jur* {+ANGEKLAGTER} interrogatorio *m* • **jdn ins ~ nehmen**, jdn einem ~ unterziehen *geh*, sottoporre qu a un interrogatorio; **der Lehrer nahm den Schüler ins ~**, il maestro prese da parte lo studente e gli fece il terzo grado.

verhören ① <*ohne ge*-> *tr jur jdn ~* {ANGEKLAGTEN, VERDÄCHTIGEN} interrogare *qu*, sottoporre *qu* a un interrogatorio.

verhören ② *rfl sich ~* sentire/capire male: **da ₌hast du dich wohl verhört₎/[musst du dich verhört haben]!**, avrai sentito/capito male!

verhüllen <*ohne ge*-> **A** *tr* **1** (*einhüllen*) **etw (mit etw** dat**) ~** {GEMÄLDE, KRUZIFIX, STATUE} coprire *qc (con qc)*, velare *qc (con qc)*: **sein Haupt ~**, velarsi il capo; **sein Gesicht mit einem Schleier ~**, coprirsi il viso con un velo, velarsi il viso **2** (*bedecken*) **jdn/etw ~** {NEBEL, WOLKEN DIE BERGSPITZEN, UMHANG, EINE PERSON} avvolgere *qu/qc* **B** *rfl sich ~ (mit etw dat) ~* {MIT EINEM SCHLEIER, TUCH} coprirsi *(con qc)*: **islamische Frauen ~ sich**, le donne islamiche ₌si velano₎/[portano il velo].

verhüllend *adj ling* {AUSDRUCK} eufemistico.

verhüllt *adj* **1** (*bedeckt*) {HAUPT, SCHULTERN} coperto; {FRAU} velato **2** (*versteckt*) {ANSPIELUNG, DROHUNG} velato; {ANGEBOT} camuffato.

verhundertfachen **A** *tr etw ~* centuplicare *qc* **B** *rfl sich ~* centuplicarsi.

verhungern <*ohne ge*-> *itr* <*sein*> morire ₌di fame₎/[d'inedia]: **die Leute sind buchstäblich am Verhungern**, la gente sta letteralmente morendo di fame; **jdn/[ein Tier] ~ lassen**, fare/lasciare morire di fame qu/[un animale]; **verhungert sein**, essere morto di fame; **verhungert aussehen**, sembrare uno che sta morendo di fame • **(fast) am Verhungern sein** *fam* (*großen Hunger haben*), avere una fame da lupo, morire di fame.

Verhungernde <*dekl wie adj*> *mf* persona *f* che soffre la fame.

verhungert *adj*: **halb ~**, mezzo (-a) morto (-a) di fame.

verhunzen <*ohne ge*-> *fam pej* **A** *tr etw ~* {ARBEIT} rovinare *qc*; {LANDSCHAFT, STADTBILD} *auch* deturpare *qc*; {SPRACHE} maltrattare *qc* **B** *rfl sich (dat) etw ~* {SEIN LEBEN} rovinarsi *qc*.

verhüten <*ohne ge*-> **A** *tr* (*verhindern*) **etw ~** {EMPFÄNGNIS, EPIDEMIE, KATASTROPHE, SCHADEN, SCHWANGERSCHAFT, UNFALL, UNGLÜCK} prevenire *qc*: **man muss unbedingt ~, dass ein Krieg ausbricht**, bisogna assolutamente impedire che scoppi una guerra **B** *itr* (*empfängnisverhütende Mittel benutzen*) usare/[far uso di] contraccettivi: **wie ~ Sie?**, quali metodi contraccettivi usa?

Verhüterli <*-s, -(s)*> *n fam scherz* preservativo *m*, profilattico *m*.

verhütten <*ohne ge*-> *tr industr etw ~* {ERZ} lavorare *qc*.

Verhüttung <*-, -en*> *f industr* lavorazione *f*.

Verhütung <*-, ohne pl*> *f* {+EPIDEMIE, GEFAHR, KRANKHEIT, SCHADEN, SCHWANGERSCHAFT} prevenzione *f*.

Verhütungsmittel *n* (*Anti-Baby-Pille*) anticoncezionale *m*, antifecondativo *m*, contraccettivo *m*; (*Kondom*) preservativo *m*, profilattico *m*, condom *m*.

verhutzelt *adj fam* {OBST} vizzo; {GESICHT} raggrinzito; {HAUT} *auch* grinzo, grinzoso: **eine alte ~e Frau**, una vecchietta incartapecorita/[tutta grinze] *fam*.

Verifikation <*-, -en*> *f geh* → **Verifizierung**.

verifizierbar *adj geh* verificabile.

verifizieren <*ohne ge*-> *tr geh etw ~* {HYPOTHESE} verificare *qc*; {ANGABEN, TATBESTAND, SACHVERHALT} accertare *qc*, appurare *qc*.

Verifizierung <-, -en> f verifica f, accertamento m.

verinnerlichen <ohne ge-> tr *geh etw* ~ {ROLLE, VERHALTENSMUSTER, WERTVORSTELLUNGEN} interiorizzare qc.

verinnerlicht adj **1** (*übernommen*) {ROLLE, VERHALTENSMUSTER} interiorizzato **2** (*introvertiert*) {MENSCH, WESEN} introverso.

Verinnerlichung <-, -en> f interiorizzazione f.

verirren <ohne ge-> rfl **1** (*vom Weg abkommen*) sich (*irgendwo*) ~ smarrirsi/perdersi (+ *compl di luogo*) **2** (*an den falschen Ort gelangen*) sich *irgendwohin* ~ finire + *compl di luogo*.

verirrt adj {SCHAF} smarrito; {GEWEHRKUGEL} vagante.

verjagen <ohne ge-> tr *jdn/etw* ~ scacciare qu/qc, cacciare (via) qu/qc: **jdn von Haus und Hof** ~, ˩cacciare (via) qu˩/[scacciare qu] di casa; **die Polizei hat die Einbrecher verjagt**, la polizia ha messo in fuga gli scassinatori; **die trüben Gedanken** ~, scacciare la malinconia/tristezza.

verjähren <ohne ge-> itr <sein> *jur* {ANSPRUCH, FORDERUNG, STRAFTAT, VERBRECHEN} cadere in prescrizione, prescriversi: **nach zehn Jahren verjährt die Tat**, il reato ˩cade in prescrizione˩/[si prescrive] dopo dieci anni; **verjährt** {ANSPRUCH, STRAFTAT}, prescritto; **nach so langer Zeit ist der Anspruch** ~, dopo così tanto tempo il diritto ˩è caduto in prescrizione˩/[(si) è prescritto].

Verjährung <-, ohne pl> f *jur* {+ANSPRUCH, FORDERUNG, STRAFTAT, VERBRECHEN} prescrizione f.

Verjährungsfrist f *jur* termine m di prescrizione.

verjazzen <ohne ge-> tr *fam etw* ~ {LIED, MUSIKSTÜCK} arrangiare jazzisticamente qc: **ein verjazztes Stück**, un pezzo jazzato.

verjubeln <ohne ge-> tr *fam etw* ~ {ERBSCHAFT, GELD, VERMÖGEN} scialacquare qc *fam*, sperperare qc *fam*, dilapidare qc, dissipare qc: **er verjubelt sein ganzes Einkommen**, tutto quello che guadagna lo butta dalla finestra *fam*.

verjüngen① <ohne ge-> **A** itr {CREME, KUR, MITTEL} ringiovanire, ridare freschezza **B** tr **1** (*jünger machen*) *jdn/etw* ~ {CREME HAUT; ERHOLUNG, GYMNASTIK, KUR KÖRPER, PERSON} (far) ringiovanire qu/qc, far (ri)tornare giovane qu/qc **2** (*jüngere Kräfte einsetzen*) *etw* ~ {BETRIEB, FIRMA, MANNSCHAFT, PERSONAL, VEREIN} svecchiare qc: **den Baumbestand** ~, rigenerare il patrimonio boschivo **C** rfl (*jünger aussehen*) sich ~ ringiovanire, (ri)tornare giovane.

verjüngen② <ohne ge-> rfl sich ~ **1** (*schmaler werden*) {GEFÄSS, VASE} assottigliarsi; {PFEILER, SÄULE} *auch* rastremarsi: **sich nach oben/unten hin** ~, assottigliarsi verso l'alto/il basso; **die Säule verjüngt sich nach oben hin**, la colonna si rastrema **2** (*enger werden*) {GANG, ROHR} restringersi.

Verjüngung <-, -en> f **1** (*das Verjüngen*) {+HAUT, PERSON} ringiovanimento m; {+BELEGSCHAFT, PERSONAL} svecchiamento m **2** (*das Sichverjüngen*) {+GEFÄSS, VASE} assottigliamento m; {+GANG, ROHR} restringimento m; {+PFEILER, SÄULE} rastremazione f: **das Rohr an der** ~ **abschneiden**, tagliare il tubo nel punto in cui si restringe.

verkabeln <ohne ge-> tr *TV etw* ~ {HAUS, STADT} cablare qc: **verkabelt**, cablato; **wir sind verkabelt** *fam*, siamo cablati.

Verkabelung <-, -en> f *TV* cablaggio m.

verkalken <ohne ge-> itr <sein> **1** *tech* {KESSEL, WASCHMASCHINE, WASSERLEITUNG} incrostarsi di calcare: **die Kaffeemaschine ist völlig verkalkt**, la macchina da caffè è completamente incrostata di calcare **2** *med* {ARTERIEN} sclerotizzarsi, subire un processo di sclerosi, calcificarsi **3** *fam* (*Arteriosklerose bekommen*) {MENSCH} diventare arteriosclerotico (-a), sclerotizzarsi; (*geistig unbeweglich werden*) *auch* rimbambire *fam*: **mein Vater ist ganz schön verkalkt** *fam pej*, mio padre ˩è proprio arteriosclerotico/rimbambito *fam*˩/[ha proprio il cervello incartapecorito].

verkalkulieren <ohne ge-> rfl **1** (*sich verrechnen*) sich ~ fare un errore di calcolo; sich **bei etw** (dat) ~ {BEI EINEM KOSTENVORANSCHLAG, EINER RECHNUNG} sbagliarsi nel calcolare qc, sbagliare i calcoli di qc **2** (*sich verschätzen*) sich (*bei/in etw* dat) ~ {BEI EINER SCHÄTZUNG, IN EINER ENTFERNUNG} sbagliarsi (*in qc*) **3** *fam* (*sich irren*) sich ~ sbagliare/[fare male] i propri conti: **hast du tatsächlich gedacht, er würde dir das Auto schenken? – Da hast du dich aber verkalkuliert!**, credevi davvero che ti avrebbe regalato la macchina? – Hai sbagliato i tuoi conti!

Verkalkung <-, -en> f <*meist* sing> **1** *tech* incrostazione f ˩di calcare˩/[calcarea] **2** *med* (*das Verkalken*) {+ARTERIEN} calcificazione f; (*das Verkalktsein*) {+ARTERIEN} arteriosclerosi f **3** *fam* (*geistige Unbeweglichkeit*) {+MENSCH} rimbambimento m *fam*, arteriosclerosi m.

verkannt adj {DICHTER, KÜNSTLER, MUSIKER} misconosciuto, non riconosciuto: **ein** ~**es Genie**, un genio incompreso.

verkanten <ohne ge-> tr *sport etw* ~ {SKI} spigolare qc.

verkappt adj <attr> *pej* {FASCHIST, SPION} mascherato, camuffato.

verkapseln **A** tr *tech etw* ~ incapsulare qc **B** rfl *med* sich ~ {BAKTERIEN} incistarsi, incapsularsi.

verkarsten <ohne ge-> itr <sein> *geol* essere soggetto a carsismo.

verkatert adj *fam*: ~ **sein**, essere intontito dopo una sbornia, avere i postumi della sbornia.

Verkauf m **1** vendita f: etw zum ~ **anbieten/bringen** *adm*, mettere in vendita qc; **das Haus kommt/steht zum** ~, la casa ˩viene messa˩/[è] in vendita; **ein** ~ **mit Gewinn/Verlust**, una vendita in attivo/[passivo/perdita] **2** <*nur* sing> (~*abteilung*) (reparto m) vendite f pl: **im** ~ **tätig sein**, essere addetto alle vendite ● ~ **auch** ˩**außer Haus**˩/[**über die Straße**]!, piatti da asporto!

verkaufen <ohne ge-> **A** tr **1** (*gegen Geld übereignen*) (*jdm*) *etw* ~, *etw* (*an jdn*) ~ vendere qc (a qu): **etw billig** ~, vendere qc a ˩poco (prezzo)˩/[un buon prezzo]; **etw teuer** ~, vendere qc a un prezzo alto; **du hast dein Auto unter Preis verkauft**, hai venduto la macchina sottocosto, hai svenduto la macchina; **für etw** (akk)/**zu etw** (dat) ~ {FÜR EINE BESTIMMTE SUMME, ZU EINEM BESTIMMTEN PREIS} vendere qc per/a qc; **sie verkauft ihren Pelzmantel** ˩**für 500 Euro**˩/[**zu einem Schleuderpreis**], vende la sua pelliccia ˩per 500 euro˩/[a un prezzo stracciato]; **etw** ˩**auf Abzahlung**˩/[**gegen bar**] ~, vendere qc ˩contro pagamento rateale˩/[per contanti]; **etw wieder** ~ *com*, rivendere qc **2** *fam* (*glauben machen*) *jdm etw* ~ {LÜGENGESCHICHTE, STORY, VERSION} vendere per buono qc a qu, dare a intendere/bere qc a qu: **das kannst du mir nicht** ~!, questa non me la ˩bevo *fam*˩/[dai a bere *fam*]!; **jdm etw als etw** (akk) ~ {ALS ETWAS BESONDERES, EINMALIGES} vendere qc a qu come qc; **etw als wahr** ~, vendere per buono qc a qu; **die Regierung versucht, den Leuten die Rentenreform als notwendige Maßnahme zu** ~, il governo cerca di vendere alla gente la riforma delle pensioni come misura necessaria; **er möchte uns seine Einfälle immer als geniale Erfindungen** ~, vorrebbe sempre venderci le sue idee come trovate geniali; **das wird sich kaum** ~ **lassen**, è difficile che qualcuno se la beva *fam* **B** itr *irgendwie* ~ {GUT, SCHLECHT} vendersi + *compl di modo*: **wir haben heute ganz gut verkauft**, oggi abbiamo venduto abbastanza (bene) **C** rfl **1** (*sich selbst darstellen*) sich *irgendwie* ~ {GUT, SCHLECHT} vendersi + *compl di modo*: **sich zu** ~ **wissen**, sapersi vendere **2** *com* sich *irgendwie* ~ {GUT, HERVORRAGEND, MISERABEL, SCHLECHT} vender(si) + *compl di modo*: **diese Artikel** ~ **sich gut**, questi articoli ˩(si) vendono bene˩/[hanno facile smercio]; **Anzüge** ~ **sich immer schlechter**, i vestiti a uomo si vendono sempre peggio **3** (*sich beim Kauf vertun*) **sich mit etw** (dat) **verkauft haben**, aver ˩fatto un cattivo acquisto˩/[preso un bidone *fam*] con qc ● **jdn für dumm** ~ *fam*, prendere per scemo (-a) qu *fam*; **zu** ~, vendesi, si vende; **Kühlschränke günstig zu** ~, frigoriferi vendonsi a buon prezzo; **das Haus ist zu** ~, la casa è in vendita; **Couch, wie neu, zu** ~, divano, come nuovo, vendesi.

Verkäufer <-s, -> m (**Verkäuferin** f) **1** *com* commesso (-a) m (f) **2** *jur* venditore (-trice) m (f).

verkäuflich adj **1** (*zu verkaufen*) vendibile, in vendita: **die Bilder sind nicht** ~, i quadri non sono ˩in vendita˩/[vendibili] **2** *com irgendwie* ~: **gut/schwer** ~ {WAREN}, facile/difficile da vendere, di facile/difficile smercio; **kaum** ~, poco vendibile/smerciabile; **leicht** ~, di facile smercio, che si vende facilmente; **frei** ~**e Medikamente**, farmaci ˩da banco˩/[che si vendono senza ricetta medica]/[non soggetti a prescrizione].

Verkaufsabteilung f ufficio m/reparto m vendite.

Verkaufsargument n fattore m che incrementa le vendite: **Film-DVDs sind ein reizvolles** ~ **für Zeitschriften**, i DVD allegati sono un allettante stimolo all'acquisto delle riviste.

Verkaufsartikel m articolo m (in vendita).

Verkaufsausstellung f mostra mercato f.

Verkaufsautomat m distributore m automatico.

Verkaufsbedingungen subst <*nur* pl> condizioni f pl di vendita.

Verkaufsdruck m: **unter** ~ **stehen** *Börse*, essere sotto pressione.

Verkaufserlös m ricavo m della/[di una] vendita.

Verkaufsfläche f superficie f/area f di vendita.

verkaufsfördernd adj *com* {MASSNAHME, WERBUNG} promozionale.

Verkaufsförderung f *com* promozione f delle vendite.

Verkaufsgenie n venditore (-trice) m (f) nato (-a).

Verkaufsgespräch n colloquio m di vendita.

Verkaufshit m → **Verkaufsschlager**.

Verkaufsleiter <-s, -> m (**Verkaufsleiterin** f) direttore (-trice) m (f) delle vendite, sales manager mf.

verkaufsoffen adj <attr>: ~**er Samstag** (*früher*), "sabato con apertura prolungata dei negozi".

Verkaufspersonal n personale m addet-

Verkaufspreis m prezzo m di vendita; {+BUCH} prezzo m di copertina.
Verkaufsrenner m → **Verkaufsschlager**.
Verkaufsschlager m campione m di vendite, articolo m che va a ruba.
Verkaufsstand m com bancarella f, banco m.
Verkaufsstelle f com punto m vendita.
Verkaufsstrategie f strategia f di vendita.
Verkaufstalent n → **Verkaufsgenie**.
Verkaufstisch m banco m di vendita.
Verkaufszahl f <meist pl> (volume m di) vendite f pl.
Verkehr <-s, ohne pl> m **1** (Straßenverkehr) traffico m, circolazione f (stradale): **flüssiger/zähflüssiger/stockender ~**, traffico scorrevole/rallentato/[la singhiozzo]; **es herrscht starker/reger/wenig ~**, c'è ₍un traffico intenso₎/[un traffico sostenuto]/[poco traffico]; **den ~ behindern**, impedire/intralciare/ostacolare il traffico/la circolazione; **den ~ lenken/regeln**, dirigere il traffico/la circolazione; **den ~ umleiten**, (far) deviare il traffico; **der ~ kommt zum Erliegen**, il traffico si blocca/paralizza; **für den ~ gesperrt**, chiuso al traffico; **etw dem öffentlichen ~ übergeben**, **etw für den öffentlichen ~ freigeben** {AUTOBAHN, STRAßE}, aprire qc al traffico (pubblico); **etw für den öffentlichen ~ zulassen** {AUTO, MOTORRAD}, consentire la circolazione a qc; **der ~ auf den Straßen hat massiv zugenommen**, sulle strade il traffico è aumentato in modo massiccio **2** (Transport) traffico m, trasporto m **3** (Umgang) rapporti m pl, relazioni f pl: **den ~ mit jdm abbrechen**, rompere/troncare i rapporti con qu, interrompere le relazioni con qu; **den ~ mit jdm wieder aufnehmen**, riallacciare i rapporti con qu; **das ist kein ~ für dich**, non è una persona₎/[sono persone] da frequentare, non è gente per te; **mit jdm ~ pflegen** form, intrattenere rapporti con qu, frequentare qu; **die beiden Länder haben einen regen diplomatischen ~**, i due paesi hanno/intrattengono vivaci rapporti diplomatici **4** (Geschlechtsverkehr) rapporti m pl (sessuali): **außerehelicher/voreheliccher ~**, rapporti extraconiugali/prematrimoniali; **mit jdm ~ haben**, avere rapporti (sessuali) con qu • **etw in (den) bringen** {ARTIKEL}, mettere in commercio qc; {BANKNOTE}, mettere in circolazione qc; **ruhender ~**, automezzi in sosta; **etw aus dem ~ ziehen** {ARTIKEL, AUTO, BANKNOTE, MEDIKAMENT}, togliere/ritirare qc dalla circolazione; **jdn aus dem ~ ziehen** fam scherz, togliere ₍u₎ dalla circolazione₎/[di mezzo].
verkehren① <ohne ge-> itr **1** <haben oder sein> autom (**irgendwann**) ~ {ZUG} viaggiare + compl di tempo; {BUS, METRO, STRAßENBAHN} passare/circolare + compl di tempo: **in diesem abgelegenen Nest verkehrt nicht einmal ein Bus**, in quel paesuccio sperduto non circola/[c'è] neanche un autobus; **der Bus verkehrt ₍alle zehn Minuten₎/[nur zweimal am Tag]**, il bus ₍passa ogni dieci minuti₎/[fa solo due corse al giorno]; **der Zug verkehrt nur an Werktagen**, quel treno viaggia solo nei giorni feriali; **die Fähre verkehrt zwischen Kiel und Föhr**, il traghetto fa ₍la spola₎/[il tragitto] tra Kiel e Föhr; **zwischen Peripherie und Zentrum verkehrt eine Straßenbahn**, periferia e centro sono collegati da un tram; **auf den Autobahnen ~**, transitare sulle autostrade **2** <haben> (Kontakt pflegen) **mit jdm ~** frequentare qu, avere rapporti con qu: **viel/**

wenig mit jdm ~, frequentare molto/poco qu; **die Geschwister ~ nicht gerade viel miteinander**, non è che i fratelli si frequentino molto; **sie ~ brieflich miteinander**, sono in corrispondenza; **sie ~ mit niemandem**, non frequentano nessuno, non hanno vita sociale; **sie ~ freundschaftlich mit den Nachbarn**, hanno rapporti amichevoli con i vicini; **er verkehrt nur geschäftlich mit ihm**, lo frequenta solo per affari, intrattiene con lui solo rapporti d'affari **3** <haben> (regelmäßig besuchen) **in etw** (dat)**/bei jdm ~** frequentare qc/[(la casa di) qu]: **in dieser Kneipe ~ Leute vom Theater**, questa birreria è frequentata da gente di teatro; **er verkehrt in sehr seltsamen Kreisen**, frequenta ambienti molto strani; **bei unserem Nachbarn ~ komische Leute**, a casa del nostro vicino circola gente strana; **bei ihnen ~ viele Ausländer**, la loro casa è frequentata da molti stranieri **4** geh euph (Geschlechts~ haben) **mit jdm ~** avere rapporti con qu: **geschlechtlich/intim mit jdm ~**, avere rapporti sessuali/intimi con qu.
verkehren② <ohne ge-> **A** tr (umkehren): **etw ins Gegenteil ~** {AUSSAGE, SINN}, stravolgere qc; **jds Worte ins Gegenteil ~**, dare un'altra parole di qu il significato opposto; **der Sinn war am Ende total verkehrt**, il senso risultò alla fine totalmente stravolto **B** rfl (sich umkehren) **sich in etw** (akk) **~** {LIEBE IN HASS; MITGEFÜHL IN GLEICHGÜLTIGKEIT} trasformarsi in qc, mutarsi in qc: **sich ins Gegenteil ~**, diventare l'opposto.
Verkehrsader f arteria f (stradale).
Verkehrsampel f semaforo m.
Verkehrsamt n → **Fremdenverkehrsamt**.
Verkehrsanbindung f collegamento m (alla rete dei trasporti).
verkehrsarm adj con poco traffico; {STRAßE} auch poco trafficato/transitato.
Verkehrsaufkommen n volume m di traffico: **ein hohes/starkes ~**, un elevato volume di traffico.
Verkehrsbehinderung f intralcio m ₍alla circolazione₎/[al traffico].
verkehrsberuhigt adj {STRAßE, VIERTEL} a traffico limitato: **~e Zone**, zona a traffico limitato (Abk ZTL).
Verkehrsberuhigung f limitazione f del traffico: **der ~ dienen**, servire a limitare il traffico.
Verkehrsbetrieb m <meist pl> azienda f di trasporti municipalizzata.
Verkehrschaos n traffico m caotico.
Verkehrsdelikt n infrazione f al codice stradale/[della strada].
Verkehrsdichte f densità f del traffico.
Verkehrsdurchsage f → **Verkehrsmeldung**.
Verkehrserziehung f educazione f stradale.
Verkehrsflughafen m aeroporto m civile.
Verkehrsflugzeug n aereo m civile.
Verkehrsfluss (a.R. Verkehrsfluß) <-es, ohne pl> m flusso m del traffico.
Verkehrsfunk m bollettino m radio sul traffico e la viabilità: **~ onda f verde**.
Verkehrsgefährdung f jur pericolo m per la circolazione (stradale): **eine ~ darstellen**, essere un pericolo per la circolazione (stradale).
verkehrsgünstig **A** adj: **in ~er Lage wohnen**, abitare in una zona ben servita dai mezzi pubblici **B** adv: **~ liegen**, essere ben servito dai mezzi pubblici.
Verkehrshindernis n → **Verkehrsbe-**

hinderung.
Verkehrshinweis m → **Verkehrsmeldung**.
Verkehrsinfarkt m collasso m della circolazione.
Verkehrsinsel f (zur Lenkung des Verkehrs) isola f/banchina f spartitraffico; (für die Fußgänger) salvagente m.
Verkehrsknotenpunkt m **1** autom nodo m stradale **2** Eisenb nodo m ferroviario.
Verkehrskontrolle f controllo m stradale (da parte della polizia): **bei jdm eine ~ machen**, controllare i documenti di circolazione di qu; **verstärkt ~n machen**, intensificare i controlli su persone e mezzi in transito.
Verkehrslage f **1** (Lage hinsichtlich der Verkehrsverbindungen): **Büroräume in günstiger ~ zu vermieten**, affitta(n)si uffici in zona ben servita da mezzi pubblici **2** (Situation auf den Straßen) situazione f del traffico e della viabilità.
Verkehrslärm m rumore m del traffico.
Verkehrsleitsystem n sistema m (di) guida al traffico.
Verkehrslotse m (Verkehrslotsin f) "persona f che aiuta i bambini ad attraversare strade ed incroci pericolosi".
Verkehrsmanagement n autom gestione f/organizzazione f del traffico (stradale).
Verkehrsmeldung f informazione f via radio sul traffico e la viabilità: **~ auf der Autobahn München-Würzburg ...**, viaggiare informati sull'autostrada Monaco-Würzburg ...
Verkehrsminister m (**Verkehrsministerin** f) ministro m dei trasporti.
Verkehrsministerium n ministero m dei trasporti.
Verkehrsmittel n mezzo m di trasporto/comunicazione: **die öffentlichen ~**, i mezzi/trasporti pubblici.
Verkehrsnetz n rete f dei trasporti.
Verkehrsopfer n vittima f della strada.
Verkehrsordnung f codice m stradale/[della strada].
Verkehrsplaner m (**Verkehrsplanerin** f) ingegnere m del traffico.
Verkehrsplanung f pianificazione f del traffico.
Verkehrspolitik f politica f del traffico.
Verkehrspolizei f (Landstraßen und Autobahnen) (polizia f) stradale f; (Stadt) polizia f municipale, vigili m pl urbani.
Verkehrspolizist m (**Verkehrspolizistin** f) (auf Landstraßen und Autobahnen) agente mf della (polizia) stradale; (in der Stadt) vigile m urbano.
Verkehrsregel f <meist pl> norma f di circolazione.
Verkehrsregelung f regolazione f del traffico.
verkehrsreich adj {GEGEND, PLATZ, VIERTEL} con molto traffico; {STRAßE} auch molto trafficato/transitato.
Verkehrsschild n cartello m stradale.
verkehrssicher adj {FAHRZEUG} sicuro, che corrisponde alle norme di sicurezza.
Verkehrssicherheit f sicurezza f stradale.
Verkehrssprache f ling lingua f veicolare.
Verkehrsstau m ingorgo m, coda f, imbottigliamento m, intasamento m, congestione f del traffico.
Verkehrssteuer f "imposta f sul trasferimento di proprietà di un bene".

Verkehrsstockung f traffico m a singhiozzo.
Verkehrsstörung f ingorgo m, rallentamento m, problema m del traffico *fam*.
Verkehrssünder m (**Verkehrssünderin** f) *fam* contravventore (-trice) m (f) (al codice della strada), trasgressore m, trasgreditrice f (del codice della strada).
Verkehrssünderkartei f *fam* → **Verkehrszentralregister**.
verkehrstechnisch A adj relativo al traffico B adv dal punto di vista del traffico.
Verkehrsteilnehmer m (**Verkehrsteilnehmerin** f) utente mf della strada.
Verkehrstote <dekl wie adj> mf vittima f della strada.
verkehrstüchtig adj *adm* {FAHRZEUG} regolamentare: **nicht ~**, non regolamentare.
Verkehrsunfall m incidente m stradale.
Verkehrsunterricht m → **Verkehrserziehung**.
Verkehrsverbindung f collegamento m.
Verkehrsverbund m *autom* associazione f tra aziende di trasporto municipalizzate, sistema m di trasporti integrati.
Verkehrsverein m azienda f di promozione turistica (Abk APT); (*in kleineren Orten*) pro loco f.
Verkehrsverhältnisse subst <nur pl> *autom* situazione f del traffico.
Verkehrsweg m *autom* via f di comunicazione.
Verkehrswert m *ökon* valore m di mercato.
Verkehrswesen n *autom* trasporti m pl.
verkehrswidrig A adj {VERHALTEN} che contravviene alle norme di circolazione B adv {HANDELN} violando le norme di circolazione: **sich ~ verhalten**, violare le norme di circolazione.
Verkehrszählung f *autom* rilevamento m statistico del traffico.
Verkehrszeichen n 1 *autom* (*Schild*) segnale m stradale 2 <nur pl> *Zeichensystem*) segnaletica f stradale.
Verkehrszentralregister n *form* "casellario m in cui vengono registrate le infrazioni degli automobilisti tedeschi".
verkehrt A adj 1 (*falsch*) sbagliato: **das ist das ~e Buch**, quello è il libro sbagliato; **das ist ~ so!**, così è sbagliato!; **dein Verhalten ist ~**, il tuo comportamento è sbagliato; **das ist das Verkehrteste, was du machen konntest**, è la cosa peggiore che potessi fare; **er ist der Verkehrte/[~e Mann] für diese Aufgabe**, (lui) è la persona sbagliata per questo incarico; **etwas Verkehrtes**, un errore; **es gibt nichts Verkehrteres, als etw zu tun**, fare qc sarebbe la peggior cosa.; **~e Welt**, il mondo alla rovescia 2 (*der richtige Stelle entgegengesetzt*) {RICHTUNG} contrario: **du fährst in der ~en Richtung**, stai andando nella direzione opposta; **die ~ Seite eines Stoffes/einer Tischdecke**, il rovescio di un tessuto/una tovaglia; **das ist das ~ Ende**, è l'estremità/la parte sbagliata B adv 1 (*falsch*) {AUSLEGEN, DARSTELLEN, ZUSAMMENBAUEN} al contrario: **du hast alles ganz ~ erzählt**, hai raccontato tutto alla rovescia; **sie hat die Sache ~ anfangen**, è partita con il piede sbagliato *fam*; **etw wird ~ berichtet/wiedergegeben**, qc viene riferito in modo falsato/distorto; **gehen/fahren**, sbagliare strada; **die Uhr geht ~**, l'orologio va male; **etw ~ machen**, sbagliare qc; **immer alles ~ verstehen**, capire sempre tutto alla rovescia, fraintendere sempre tutto 2 (*falsch herum*) {HALTEN, HÄNGEN, (HIN)LEGEN, HINSTELLEN}

a rovescio, al contrario, alla rovescia; {AUFMACHEN} dalla parte sbagliata ● (**bei jdm**) **an den Verkehrten/die Verkehrte geraten/kommen** *fam*, sbagliare persona/indirizzo (con qu), cascare/capitare male (con qu); **~ herum**, alla rovescia, a rovescio; **~ herum auf dem Fahrrad/Pferd sitzen**, stare seduto (-a) al contrario ˌsulla biciclettaˌ/[sul cavallo]; **er/sie/das ist gar nicht (so) ~!** *fam*, (lui/lei/questa) non è poi tanto male! *fam*.
Verkehrung <-, -en> f {+TATSACHEN} capovolgimento m; {+ROLLEN} inversione f: **eine ~ ins Gegenteil**, un capovolgimento totale.
verkeilen <ohne ge-> rfl 1 (*sich in etw schieben*) **sich** (**in etw** akk) **~** incunearsi *in qc*, incastrarsi *in qc*, conficcarsi *in qc*: **das Auto hatte sich regelrecht in den Laster verkeilt**, la macchina si era letteralmente incuneata nel camion 2 (*sich ineinanderschieben*) **sich ineinander ~** incastrarsi l'uno (-a) nell'altro (-a); **die Autos haben sich bei dem Unfall ineinander verkeilt**, le macchine nell'urto si sono incastrate l'una nell'altra.
verkennen <irr, ohne ge-> tr (*falsch einschätzen*) **etw ~** {ERNST, SCHWIERIGKEIT} non riconoscere *qc*, non saper valutare *qc*; {FAKTEN, LAGE, REALITÄT, TATSACHEN} valutare male *qc*; {JDS BEGABUNG, EHRLICHKEIT, RECHTSCHAFFENHEIT, QUALITÄTEN} misconoscere *qc*: **die Bedeutung einer P./S. ~**, misconoscere il valore di qu/qc; (*unterschätzen*) {GEFAHR, RISIKO} sottovalutare *qc*; **jd verkennt, dass ...**, qu non si rende conto che ...; (**von jdm**) **verkannt werden** {DICHTER, KÜNSTLER}, essere misconosciuto (da qu) ● **etw ist nicht zu ~** ˌJDS ABSICHTENˌ, è innegabile ˌ/[non si può negare] che ...; **es ist nicht zu ~, dass die Lage ernst ist**, la gravità della situazione è sotto gli occhi di tutti; **ich will nicht ~, dass auch er seine Gründe hat**, ˌnon voglio negareˌ/[riconosco] che anche lui abbia le sue ragioni.
Verkennung <-, -en> f: **in ~ einer S.** (gen) {DER GEGEBENHEITEN, REALITÄT, TATSACHEN}, dando una valutazione errata di *qc*; **in ~ des Sachverhalts**, dando una valutazione errata dei fatti.
verketten <ohne ge-> A tr 1 (*verbinden*) **etw mit etw** (dat) **~** legare *qc a qc* con una catena 2 (*verschließen*) **etw ~** {KISTE, TÜR} chiudere *qc* con una catena B rfl **sich ~** {MISSERFOLGE, UNGLÜCKLICHE UMSTÄNDE} concatenarsi.
Verkettung <-, -en> f: **eine ~ unglücklicher Umstände** *geh*, una concatenazione di circostanze sfortunate.
verkitschen <ohne ge-> tr *fam* **etw ~** {GEMÄLDE, LIED, LITERATUR} banalizzare *qc*, rendere *qc* kitsch: **ein verkitschter Roman**, un romanzo kitsch.
verkitten <ohne ge-> tr **etw ~** {FENSTER, FUGEN} stuccare *qc*.
verklagen <ohne ge-> tr *jur* **jdn** (**wegen etw** gen *oder fam* dat) **~** (*im Strafprozess*) {NACHBARN WEGEN VERLEUMDUNG, AUTOFAHRER WEGEN KÖRPERVERLETZUNG} querelare *qu* (*per qc*), sporgere querela contro *qu* (*per qc*); (*im Zivilprozess*) {VERTRAGSPARTNER WEGEN VERLETZUNG DER VERTRAGLICHEN PFLICHTEN} fare/muovere causa *a/contro qu* (*per qc*): **jdn wegen Nichterfüllung ~**, fare/muovere causa *a qu per inadempimento*; **jdn auf etw** (akk) **~** {AUF ERSTATTUNG, RÜCKZAHLUNG} fare/muovere causa *a/contro qu per ottenere qc*; **jdn auf Schadenersatz ~**, fare/muovere causa *a/contro qu per ottenere il risarcimento dei danni*.
verklammern <ohne ge-> rfl **sich** (**ineinander**) **~** {KÄMPFER, RINGER} avvinghiarsi l'u-

no all'altro.
verklappen <ohne ge-> tr **naut etw ~** {ABFALL, GIFTSTOFFE} scaricare in mare *qc*; **etw irgendwo ~** scaricare *qc + compl di luogo*.
Verklappung <-, -en> f scarico m in mare.
verklären <ohne ge-> A tr **etw ~** 1 (*einen glücklichen Ausdruck verleihen*) {LÄCHELN, JDS BLICK} illuminare *qc*; {JDS GESICHT} trasfigurare *qc* 2 (*schöner erscheinen lassen*) {VERGANGENHEIT} idealizzare *qc* B rfl **sich ~** 1 (*schöner erscheinen*) {VERGANGENHEIT} trasfigurarsi 2 (*einen glücklichen Ausdruck haben*) {GESICHT} auch illuminarsi.
verklärt A adj {GESICHT} trasfigurato, illuminato; {BLICK} estasiato, rapito B adv {BETRACHTEN, LAUSCHEN} estasiato (-a), rapito (-a).
Verklärung <-, -en> f 1 <nur sing> *relig* trasfigurazione f 2 (*Beschönigung*) idealizzazione f.
verklausuliert adj *oft pej* {SATZ, TEXT} formulato in modo complicato/intricato.
verkleben <ohne ge-> A tr <haben> 1 (*zukleben*) **etw ~** {LOCH, RISS} coprire *qc* (incollandoci *qc* sopra); **etw mit etw** (dat) **~** {LOCH, RISS MIT KLEBESTREIFEN, PAPIER} attaccare *qc su qc*: **eine Wunde mit Pflaster ~**, mettere un cerotto su una ferita 2 (*zusammenkleben*) **etw ~** {GEL, HAARSPRAY HAAR; TUSCHE WIMPERN} rendere appiccicoso (-a) *qc*: **zwei Teile miteinander ~**, incollare insieme due parti 3 (*festkleben*) **etw** (**auf etw** dat) **~** {FUSSBODENBELAG, TEPPICHBODEN} incollare *qc* (*su qc*) B itr <sein> {HAARE, LIDER, WIMPERN} appiccicarsi; {EILEITER} occludersi, ostruirsi: **verklebt** {BONBONS, HAARE, LIDER, WIMPERN}, appiccicati (tra di loro); {BLÄTTER, BRIEFMARKEN} auch incollati (tra di loro); {EILEITER} occluso, ostruito; **verklebte Spaghetti**, spaghetti incollati.
verkleckern <ohne ge-> tr *fam* **etw ~** {KAFFEE, MILCH, SUPPE} versare *qc*.
verkleiden <ohne ge-> A tr 1 (*durch Kleidung unkenntlich machen*) **jdn** (**als etw** akk) **~** travestire *qu* (*da qc*); (*kostümieren*) auch mascherare *qu* (*da qc*), vestire *qu* (*da qc*): **den Kleinsten hatten sie als Clown verkleidet**, il più piccolo l'avevano mascherato/vestito da pagliaccio 2 (*bedecken*) **etw ~** (**mit etw** dat) **~** {DAS INNERE EINES BEHÄLTERS MIT PAPIER} rivestire *qc* (*di qc*); {STOFF} auch foderare *qc* (*di qc*): **bau etw mit etw** (dat) **~** {FASSADE, WAND MIT HOLZ, KLINKER, MARMOR} rivestire *qc di qc*; {HEIZKÖRPER, NEONLEUCHTE MIT EINER VERSCHALUNG} coprire *qc* (*con qc*) B rfl (*sich unkenntlich machen*) **sich** (**als etw** nom) **~** travestirsi (*da qc*); (*sich kostümieren*) auch mascherarsi *da qc*, vestirsi *da qc*: **als Arzt verkleidet verließ der Patient das Krankenhaus**, vestito da medico il paziente lasciò l'ospedale; **sie hatte sich als Hexe verkleidet**, si era vestita/mascherata da strega; **auf dem Fest waren alle verkleidet**, alla festa erano tutti in maschera.
Verkleidung <-, -en> f 1 (*das (Sich)verkleiden*) travestimento m; (*Kostümierung*) mascheramento m 2 (*Kostüm*) maschera f, costume m: **in dieser ~ wird mich keiner erkennen**, con questa maschera nessuno mi riconoscerà 3 (*Verschalung*) {+FASSADE, WAND} rivestimento m.
verkleinern <ohne ge-> A tr 1 (*in der Fläche verringern*) **etw** (**um etw** akk) **~** {PLATZ, RAUM, ZEICHNUNG} rimpicc(i)olire *qc* (*di qc*); {GRUNDSTÜCK} ridurre le dimensioni *di qc* (*di qc*) 2 *industr* **etw ~** {BETRIEB, FIRMA} ridimensionare *qc*, ridurre il personale *di qc* 3 *fot* **etw ~** {FORMAT} ridurre *qc*; {FOTO, FOTOKOPIE, VORLAGE} rimpicc(i)olire *qc*, ridurre

il formato *di qc* **4** *med* **etw** ~ {Geschwulst, vergrößertes Organ} ridurre *qc* B *rfl* **1** (*sich verringern*) **sich** (*um etw* akk) ~ {Abstand, Fläche, Grundstück, Platz} ridursi (*di qc*); {Anzahl, Zahl} auch diminuire (*di qc*), restringersi (*di qc*): **die Zahl seiner Fans/Leser hat sich sehr verkleinert**, il numero dei suoi fan/lettori è molto diminuito; **ihr Freundeskreis hat sich nach der Scheidung sichtlich verkleinert**, la cerchia dei suoi amici si è chiaramente ristretta dopo il divorzio; **etw in verkleinertem Maßstab darstellen**, riprodurre *qc* su scala ridotta **2** *med* **sich** ~ {Geschwulst, Tumor, Warze} ridursi, diminuire di volume **3** (*mit weniger Platz auskommen*) **sich** ~: **wir haben uns verkleinert** (*eine kleinere Wohnung genommen*), ci siamo trasferiti (-e) in un appartamento più piccolo; (*den Betrieb, das Geschäft verkleinern*) abbiamo ridimensionato l'azienda/il negozio C *itr opt* {Linse, Objektiv} rimpic(i)olire, far sembrare tutto più piccolo.

Verkleinerung <-, -en> *f* **1** *nur sing* (*das Verkleinern*) {+Format} riduzione *f*; {+Foto, Vorlage} riduzione *f* di formato **2** (*verkleinerte Vorlage*) (*Foto*) formato *m* ridotto; (*Bild, Zeichnung*) riproduzione *f* in formato ridotto/[su scala ridotta].

Verkleinerungsform *f gram* diminutivo *m*.

verklemmen <ohne ge-> *rfl* **sich** ~ {Reißverschluss, Schublade} incastrarsi; {Fenster, Tür} *auch* bloccarsi: **die Schublade hat sich verklemmt**, il cassetto si è incastrato; **die Schublade ist verklemmt**, il cassetto è incastrato/bloccato.

verklemmt *adj fam* {Mensch} inibito/bloccato (sessualmente).

verklickern <ohne ge-> *tr fam* **jdm etw** ~ far capire *qc a qu*, spiegare per bene *qc a qu*: **ich weiß nicht, wie ich ihr das** ~ **soll**, non so come farglielo capire; **kann mir mal jemand** ~ **...?**, qualcuno può spiegarmi ...?

verklingen <irr, ohne ge-> *itr* <sein> {Lied, Musik} perdersi, svanire, spegnersi a poco a poco; {Beifall, Ton} *auch* smorzarsi (a poco a poco): **das Geräusch verklang in der Ferne**, il rumore si perse in lontananza.

verkloppen <ohne ge-> *tr fam* **1** (*verprügeln*) **jdn** ~ picchiare *qu*, prendere a botte *qu* **2** (*verkaufen*) **etw** ~ svendere *qc* (per bisogno di liquidi).

verknacken <ohne ge-> *tr fam* **jdn** (**zu etw** dat) ~ {zu einer Geldbuße, Strafe} dare *qc a qu*, condannare *qu a qc*: **sie haben ihn zu einem Jahr Gefängnis verknackt**, gli hanno dato un anno di prigione/galera *fam*.

verknacksen <ohne ge-> *rfl fam* **sich** (dat) **etw** ~ {Fuß, Handgelenk, Knöchel} slogarsi *qc*, storcersi *qc*: **sie hat sich** (dat) **das Handgelenk verknackst**, si è slogata/storta il polso.

verknallen <ohne ge-> *rfl fam* **sich in jdn** ~ prendere/prendersi una cotta/un'imbarcata per *qu fam*: **in jdn verknallt sein**, essere cotto di *qu fam*; **ich bin total in ihn verknallt**, sono innamorata pazza di lui, ho preso una cotta di quelle micidiali per lui *fam*.

verknappen <ohne ge-> A *tr* **etw** ~ {Angebot, Import} ridurre *qc*, diminuire *qc* B *rfl* **sich** ~ {Reserven, Vorräte} ridursi, diminuire, cominciare a scarseggiare: **durch den Streik haben sich die Reserven an Benzin verknappt**, a causa dello sciopero le scorte di benzina scarseggiano.

Verknappung <-, -en> *f* penuria *f*.

verknautschen <ohne ge-> *fam* A *tr* <haben> **etw** ~ {Kleidungsstück, Stoff} sgualcire *qc*, stropicciare *qc fam* B *itr* <sein> sgualcirsi, stropicciarsi *fam*.

verkneifen <irr, ohne ge-> *rfl fam* **sich** (dat) **etw** ~ {Bemerkung, Grinsen, Lachen} trattenersi *dal fare qc*, trattenere *qc*: **er konnte sich** (dat) **ein Lachen nicht** ~, non poté fare a meno di/[trattenersi dal] ridere, non poté trattenere una risata; **ich konnte mir es kaum** ~, **eine bissige Bemerkung zu machen**, mi sono morso (-a) la lingua per non fare una battutaccia • **sich** (dat) **etw** ~ **müssen** (*auf etw verzichten müssen*), dover fare a meno di *qc*.

verkniffen *adj pej* {Gesicht} contratto: **er sieht immer so** ~ **aus!**, ha sempre un'espressione contratta; **ein** ~**es Lächeln**, un sorrisetto tirato; **einen** ~**en Mund haben**, avere le labbra strette/contratte.

verknittern <ohne ge-> *tr* **etw** ~ {Kleidungsstück, Stoff} sgualcire *qc*, stropicciare *qc fam*; {Papier} spiegazzare *qc*.

verknöchert *adj pej* {Beamter} fossilizzato; {Junggeselle} impertinente: **ein** ~ **er Alter**, un vecchio fossile; **alt und** ~ **sein**, essere un vecchio fossile.

verknoten <ohne ge-> A *tr* **etw** (miteinander) ~ {Fäden, Schnürsenkel, Seilenden} annodare (insieme) *qc* B *rfl* **sich** ~ {Fäden, Seile, Stricke} annodarsi.

verknüpfen <ohne ge-> A *tr* **1** (*verknoten*) **etw** (miteinander) ~ {Bänder, Fäden, Stricke} annodare (insieme) *qc*, legare (insieme) *qc* **2** (*verbinden*) **etw mit etw** (dat) ~ {Einkauf mit einem Spaziergang, Geschäftsreise mit einem Besuch} approfittare *di qc per fare qc* **3** *inform* **etw mit etw** (dat) ~ {Programme} creare un collegamento *tra qc e qc* **4** (*in Zusammenhang bringen*) **etw mit etw** (dat) ~ {Gedanken mit einem anderen} connettere *qc a qc*, fare una connessione *tra qc e qc*; {Erinnerung, Namen mit einem Ereignis} associare *qc a qc*, collegare *qc a qc*: **mit diesem Ort sind für mich bestimmte Kindheitserinnerungen verknüpft**, associo a questo luogo determinati ricordi dell'infanzia; **sein Name ist eng mit dem deutschen Film der Sechzigerjahre verknüpft**, il suo nome è strettamente legato/connesso al cinema tedesco degli anni Sessanta; **etw mit einander** ~ {Ereignisse, Gedankengänge} collegare *qc*, mettere in connessione *qc* **5** (*mit sich bringen*) **etw mit etw** (dat) **verknüpft sein** {Reise, Umzug mit Ausgaben, Veränderungen}, comportare *qc*, implicare *qc* B *rfl* **sich mit etw** (dat) ~: **mit diesem Ereignis/Namen/Ort** ~ **sich für mich die schönsten Erinnerungen**, a questo evento/nome/luogo sono legati i miei ricordi più belli; **mit diesem Wort verknüpft sich ein Gefühl der Trauer**, a questa parola si associa/[questa parola evoca] una sensazione di tristezza.

Verknüpfung <-, -en> *f* {+Erinnerungen, Gedankengänge} associazione *f*; {+Ereignisse} connessione *f*, collegamento *m*.

verknusen <ohne ge-> *tr norddt fam*: **jdn/etw nicht** ~ **können**, non poter soffrire *qu/qc*, non reggere *qu/qc fam*; **ich kann diesen Typ nicht** ~ *fam*, non lo reggo quel tipo *fam*.

verkochen <ohne ge-> A *tr* <haben> **etw zu etw** (dat) ~ {Erdbeeren zu Marmelade, Pflaumen zu Mus} (far) cuocere *qc* per farne *qc* B *itr* <sein> **1** (*breiig werden*) scuocer(si): **das Fleisch ist total verkocht**, la carne è stracotta/spappolata; **pass auf, dass die Nudeln nicht** ~, stai attento (-a) che la pasta non scuocia **2** (*verdampfen*) {Wasser} evaporare a forza di bollire.

verkohlen <ohne ge-> A *itr* <sein> {Holz} carbonizzarsi: **der Braten ist total verkohlt**, l'arrosto è completamente carbonizzato B *tr* <haben> *fam* **jdn** ~ raccontare fandonie *a qu*.

verkommen① <irr, ohne ge-> *itr* <sein> **1** (*verwahrlosen*) {Mensch} (*äußerlich*) lasciarsi andare, trascurarsi; (*moralisch*) cadere in basso; (*in Bezug auf Manieren*) abbrutir(si): **nach dem Tod seiner Eltern verkommt der Junge immer mehr**, dopo la morte dei genitori il ragazzo abbrutisce sempre di più; **in etw** (dat) ~: **im Dreck** ~, affogare nella sporcizia; **im Elend** ~, sprofondare nella più squallida miseria **2** (*verlottern*) {Felder, Garten, Park} non essere più curato, essere in stato di/[lasciato in] abbandono: **zu einer Wildnis** ~, inselvatichir(si); {Gebäude} andare in rovina, cadere a pezzi; **etw** ~ **lassen** {Garten, Park}, lasciare *qc* in (stato di) abbandono; {Gebäude} *auch* lasciare andare in rovina *qc* **3** (*herunterkommen*) **zu etw** (dat) ~ {zum Bettler, Penner} finire *a qc*; {zum Säufer, Verbrecher} finire *per diventare qc*: **er ist zum Bettler** ~, si è ridotto all'elemosina/[a fare il mendicante]; **er ist zum Penner** ~, si è ridotto a fare il barbone; **zur Prostituierten** ~, finire sul marciapiede; **wenn du so weitermachst, verkommst du noch zum Säufer**, se vai avanti di questo passo finirai per diventare un ubriacone **4** (*absinken*) **zu etw** (dat) ~ trasformarsi *in qc*, diventare *qc*: **unsere Metropolen** ~ **immer mehr zu Stätten der Gewalt**, le nostre metropoli stanno sempre di più diventando dei luoghi di violenza **5** (*verderben*) {Lebensmittel, Obst} andare a male, guastarsi: **hier verkommt nichts!** *scherz* (*hier wird alles aufgegessen!*), qui non si butta via niente!

verkommen② *adj* **1** *pej* (*heruntergekommen*) {Landstreicher, Typ} sciatto, trasandato; (*moralisch*) ~ corrotto, depravato, guasto: **ein** ~**es Subjekt**, un individuo depravato, un (-a) depravato (-a) **2** (*verwahrlost*) {Garten, Park} in (stato di) abbandono; {Gebäude} *auch* in rovina: ~ **sein** {Garten, Park}, essere in (stato di) abbandono/[abbandonato]; {Gebäude} *auch* essere in rovina/[grave stato di degrado].

Verkommenheit <-, ohne *pl*> *f* **1** (*Verwahrlosung*) {+Anlage, Haus} (stato *m* di) abbandono *m*/degrado *m* **2** (*das Verkommensein*) {+Mensch} depravazione *f*: **seine moralische Verkommenheit spottet jeder Beschreibung**, non ci sono parole per descrivere la sua amoralità.

verkomplizieren <ohne ge-> *tr* **etw** ~ complicare ancora di più/[ulteriormente] *qc*, rendere *qc* ancora più complicato (-a): **sie muss immer alles** ~, deve sempre complicare le cose.

verkonsumieren <ohne ge-> *tr fam* **etw** ~ {Getränke, Zigaretten} fare fuori *qc fam*; {Essen} *auch* spolverare *qc*; {Geld} spendere *qc*: **sie haben die ganzen Getränke verkonsumiert**, hanno fatto fuori/[finito] tutte le bevande.

verkoppeln <ohne ge-> *tr* **etw mit etw** (dat) ~ {Zugmaschine mit Anhänger, Rangierlok mit Güterwagen} agganciare *qc a qc*, attaccare *qc a qc*: **beim Verkoppeln der Güterwagen**, agganciando i carri merci.

verkorken <ohne ge-> *tr* **etw** ~ {Flasche} tappare *qc*, turare *qc*, mettere un tappo/turacciolo *a qc*.

verkorksen <ohne ge-> A *tr fam* (*verderben*) (**jdm**) **etw** ~ {Abend, Fest, Tag} rovinare *qc* (*a qu*), sciupare *qc* (*a qu*), guastare *qc* (*a qu*): **er muss einem immer alles** ~, deve sempre sciupare tutto/[fare il guastafeste]; **die Schneiderin hat den Stoff verkorkst**, la sarta ha sciupato/rovinato la stoffa; **eine völlig verkorkste Ehe**, un matrimonio disastrato; **ein verkorkstes Kind**, un bambino rovinato; **eine völlig verkorkste Sache**, un vero casino *fam* **B** rfl: **sich (dat) den Magen ~**, guastarsi/rovinarsi lo stomaco; **jd hat sich mit etw (dat) den Magen verkorkst**, qc ha rovinato lo stomaco a qu; **einen verkorksten Magen haben**, avere lo stomaco scombussolato.

verkörpern <ohne ge-> **A** tr **1** (*personifizieren*) **etw ~** {MENSCH, ROMANGESTALT DAS BÖSE, GUTE} impersonare qc, personificare qc; {LÖWE, TAUBE, TEUFEL} essere (il) simbolo di qc; **sie verkörpert das Schönheitsideal der Antike**, incarna l'ideale di bellezza degli antichi **2** *film theat* **jdn/etw ~** impersonare qu/qc, interpretare qu/qc; **seine größte Ambition war es, eines Tages den Faust zu ~**, la sua più grande ambizione era di impersonare un giorno il Faust **B** rfl **sich in jdm ~** {GEIST EINER EPOCHE, IDEE} incarnarsi in qu, impersonarsi in qu.

Verkörperung <-, -en> f **1** (*Inbegriff*) incarnazione f, personificazione f **2** *film theat* interpretazione f.

verkosten <ohne ge-> tr **etw ~** {LEBENSMITTEL, WEIN} degustare qc.

verköstigen <ohne ge-> *geh* **A** tr **jdn ~** {GAST, INTERNATSZÖGLING, PATIENTEN} dare da mangiare a qu **B** rfl **sich (selbst) ~** {GAST} procurarsi il mangiare (da sé): **wir ~ uns selbst**, al mangiare ci pensiamo da soli.

verkrachen <ohne ge-> rfl *fam* **sich mit jdm ~** bisticciare con qu *fam*, litigare con qu: **sie sind immer noch verkracht**, sono ancora in rotta *fam*.

verkracht adj *fam* (*gescheitert*) {ANWALT, ARZT, SCHAUSPIELER} fallito: **eine ~e Existenz sein**, essere un/una fallito (-a).

verkraften <ohne ge-> tr **etw ~ 1** (*innerlich bewältigen*) {ENTTÄUSCHUNG, MISSERFOLG, VERLUST} reggere a qc, superare qc, metabolizzare qc, mandare giù qc: **sie hat den Tod ihres Mannes nie verkraftet**, non ha mai superato il dolore per la perdita del marito **2** (*auf sich nehmen*) {MENSCH AUSGABEN, BELASTUNGEN} sobbarcarsi qc, far fronte a qc, sostenere qc: **unser Budget verkraftet keine weiteren Ausgaben**, il nostro budget non permette ulteriori spese **3** (*bewältigen*) {STROMNETZ HÖHEREN STROMVERBRAUCH} reggere qc; {STRASSE ZUSÄTZLICHE FAHRZEUGE} smaltire qc, assorbire qc ● **jd kann noch etw ~** *fam scherz*, qu ce la fa a mangiare/ [mandare giù] ancora qc.

verkrallen <ohne ge-> rfl **1** (*sich krampfhaft festhalten*) **sich in jdm/jdn/etw** (dat oder akk) **~** {MENSCH IN JDS HAUT} affondare/ piantare le unghie *in qc*: **sich in jds Haar ~**, afferrare qu per i capelli; {RAUBVOGEL IN EINE BEUTE} afferrare qc con gli artigli/le unghie; **die Fledermaus hatte sich in seinem Haar verkrallt**, il pipistrello gli si era impigliato nei capelli **2** (*sich fest umklammern*) **sich ineinander ~** avvinghiarsi l'uno (-a) all'altro (-a).

verkrampfen <ohne ge-> rfl **sich ~** {PERSON} irrigidirsi: **jds Hand ,verkrampft sich,/[hat sich verkrampft]**, ,a qu viene,/ [qu ha] un crampo alla mano; **beim Schwimmen im kalten Wasser können sich die Muskeln ~**, quando si nuota nell'acqua fredda possono venire i crampi ai muscoli; **jds Hände/Füße ~ sich vor Kälte**, le mani/i piedi di qu si rattrappiscono per il freddo.

verkrampft **A** adj **1** (*unnatürlich wirkend*) {GESICHTSAUSDRUCK} tirato; {GESICHT} *auch* contratto; {LÄCHELN} forzato, tirato: **einen ~en Mund haben**, avere le labbra contratte; {HALTUNG} contratto, rattrappito, rigido; **eine ~e Haltung einnehmen**, assumere una posi-

zione rigida; **~ sein** (*bes. beim Sport*), essere legato nei movimenti; **sei nicht so ~!**, non essere così rigido (-a)!, cerca di essere più sciolto (-a)! **2** (*gezwungen*) {ATMOSPHÄRE} teso; {FRÖHLICHKEIT} forzato **B** adv **1** (*verklemmt*): **~ lächeln**, sorridere a forza **2** (*nicht locker*): **~ (,auf dem Stuhl,/[im Sessel]) sitzen**, essere seduto (-a) tutto (-a) contratto (-a) (,sulla sedia,/[in poltrona]).

Verkrampfung <-, -en> f {+MUSKELN} contrazione f, rattrappimento m.

verkratzen <ohne ge-> tr **etw ~** {LACK, TISCH} graffiare qc: **die Tischplatte ist ganz verkratzt**, il piano del tavolo è tutto graffiato.

verkrebst adj *fam* {ORGAN, PERSON} divorato dal cancro.

verkriechen <irr, ohne ge-> rfl **1** (*sich verbergen*) **sich** (*irgendwohin*) **~** {TIER} rintanarsi/nascondersi + compl di luogo: **die Katze hat sich unter das Bett verkrochen**, la gatta si è nascosta/rintanata sotto il letto **2** *fam* (*sich zurückziehen*) **sich irgendwohin/irgendwo ~** rintanarsi *fam*/rifugiarsi + compl di luogo: **sich ins Bett ~**, infilarsi a letto *fam*; **sich unter der Decke ~**, infilarsi sotto le coperte; **sich in sein Zimmer ~**, rintanarsi nella propria stanza ● **ich hätte mich am liebsten verkrochen**, avrei preferito sprofondare.

verkrümeln <ohne ge-> rfl *fam* **sich ~** svignarsela *fam*, squagliarsela *fam*, andarsene (alla chetichella).

verkrümmen <ohne ge-> **A** tr **etw ~** {KRANKHEIT FINGER, GELENK, ZEH} deformare qc; {WIRBELSÄULE} *auch* (in)curvare qc **B** rfl **sich ~** {FINGER, ZEH} deformarsi; {WIRBELSÄULE} *auch* (in)curvarsi.

verkrümmt adj {FINGER, GELENK, ZEH} deformato; {RÜCKEN, WIRBELSÄULE} *auch* incurvato.

Verkrümmung <-, -en> f {+FINGER, ZEH} deformazione f; {+WIRBELSÄULE} *auch* incurvamento m.

verkrüppeln <ohne ge-> **A** tr <haben> **jdn/ etw ~** {MENSCHEN} rendere storpio (-a)/deformare qu; {ARME, BEINE} storpiare qc **B** itr <sein> {FÜSSE, ZEHEN} deformarsi; {BAUM, STRAUCH} diventare rachitico.

verkrüppelt adj **1** (*deformiert*) {ARM, BEIN, FUSS} storpiato, deforme; {MENSCH} storpio, deforme: **seit dem Arbeitsunfall hat er ~e Arme**, da quando ha avuto l'incidente sul lavoro ha due moncherini al posto delle braccia **2** (*krüppelig*) {BAUM} rachitico.

verkrustet adj **1** (*von einer Kruste bedeckt*) incrostato; {WUNDE} coperto ,da una,/[con la] crosta: **mit Blut ~e Haare**, capelli incrostati di sangue **2** (*starr*) {STRUKTUREN, SYSTEM} fossilizzato, sclerotizzato.

verkühlen <ohne ge-> rfl *bes.* **A sich ~** prendere (un colpo di) freddo.

Verkühlung <-, -en> f *bes.* **A** raffreddore m.

verkümmern <ohne ge-> itr <sein> **1** (*sich zurückentwickeln*) {DRÜSE, MUSKEL, ORGAN} atrofizzarsi **2** *bot* deperire **3** (*die Lebenslust verlieren*) (*irgendwo*) **~** intristire/deperire (+ *compl di luogo*): **wilde Tiere ~ in Gefangenschaft**, in cattività gli animali selvaggi intristiscono; **geistig ~**, impoverire intellettualmente; **seelisch ~**, inaridirsi **4** (*verloren gehen*) {FÄHIGKEITEN, TALENT} venire meno, inaridir(si): **etw ~ lassen** {TALENT}, lasciar morire qc; **jeder Sinn für Gerechtigkeit scheint verkümmert zu sein**, sembra che qualsiasi senso di giustizia si sia spento.

verkünden <ohne ge-> tr **1** (*bekannt machen*) **etw ~** {WAHLERGEBNIS} rendere noto (-a) qc, annunciare qc **2** *jur* **etw ~** {GE-

RICHTSBESCHLUSS} rendere noto (-a) qc; {URTEIL} pronunciare qc **3** *geh* (*laut mitteilen*) (**jdm**) **etw ~** annunciare qc a qu: **sie verkündeten stolz, dass sie sich ein Haus am Meer gekauft hatten**, annunciarono orgogliosi (-e) di aver comprato una casa al mare **4** *geh* (*ankündigen*) **etw ~** {FRÜHLING, UNWETTER} preannunciare qc, lasciar presagire qc: **ihr Blick verkündete nichts Gutes**, il suo sguardo non prometteva niente di buono **5** *relig* → **verkündigen**.

Verkünder <-s, -> m (**Verkünderin** f) *geh* {+BOTSCHAFT, NACHRICHT} annunciatore (-trice) m (f), messaggero (-a) m (f), nunzio m: **ein ~ des Evangeliums**, un predicatore del Vangelo; **der ~ einer Friedensbotschaft**, messaggero/nunzio di pace.

verkündigen <ohne ge-> tr *geh* (**jdm**) **etw ~** {FROHE BOTSCHAFT} annunciare qc a qu; {DAS EVANGELIUM, WORT GOTTES} *auch* predicare qc a qu.

Verkündigung <-, -en> f **1** (*das Verkündigen*) annuncio m: **die ~ des Evangeliums** *relig*, la predicazione del Vangelo; **die ~ Mariens, Mariä ~** *relig*, l'Annunciazione (a Maria); (*Tag*) *auch* l'Annunziata **2** (*das Verkündigte*) annuncio m.

Verkündung <-, -en> f {+WAHLERGEBNISSE} annuncio m; {+MENSCHENRECHTE} proclamazione f; {+GESETZ} promulgazione f; {+URTEIL} pronuncia f.

verkupfern <ohne ge-> tr **etw ~** ramare qc.

verkuppeln <ohne ge-> tr *oft pej* **jdn** (**miteinander**) **~** {PERSONEN} far mettere insieme qu *fam*, fare da ruffiano (-a) a qu *pej*: **ich will die beiden ~**, voglio fare in modo che quei due si mettano insieme; **jdn ,mit jdm,/[an jdn] ~**, combinare un incontro tra qu e qu; (*eine Ehe stiften*) combinare il matrimonio tra qu e qu.

verkürzen <ohne ge-> **A** tr **1** (*kürzer machen*) **etw** (**um etw** akk) **~** {ROCK, SCHNUR UM 5 CM} accorciare qc (di qc), scorciare qc (di qc): **die verkürzte Form von etw** (dat) {VON EINEM BEGRIFF, NAMEN}, la forma abbreviata/ accorciata di qc **2** (*zeitlich*) **etw** (**um etw** akk) **~** {ARBEITSZEIT, DAUER} ridurre qc (di qc), diminuire qc (di qc); {LEBEN, URLAUB} abbreviare qc (di qc), accorciare qc (di qc): **das Rauchen verkürzt die Lebenserwartung**, il fumo riduce l'aspettativa di vita; **jds Leiden ~**, porre fine alla sofferenza di qu; **etw auf etw** (akk) **~** {URLAUB} accorciare/abbreviare qc portandolo a qc; {ARBEITSZEIT, DAUER} ridurre/diminuire qc portandolo a qc; **verkürzte Arbeitszeit**, orario di lavoro ridotto **3** (*räumlich*) **etw** (**um etw** akk) **~** {ABSTAND, ENTFERNUNG} accorciare qc di qc, ridurre qc di qc, diminuire qc di qc; **etw auf etw** (akk) **~** ridurre qc a qc: **etw perspektivisch ~** *kunst*, rappresentare qc in scorcio, raffigurare qc di scorcio; **etw erscheint stark verkürzt**, qc risulta molto scorciato (-a) **4** (*kurzweiliger machen*) **jdm etw** (**mit etw** dat) **~**: **Opa verkürzte ihr die langen Winterabende mit Geschichten aus seiner Jugend**, il nonno le faceva passare le lunghe serate d'inverno raccontando storie della sua giovinezza **B** rfl **1** (*kürzer werden*) **sich ~** {SCHATTEN, TAGE} accorciarsi; {WEG} *auch* diventare più breve **2** (*geringer werden*) **sich ~** {ABSTAND, ENTFERNUNG} diminuire, ridursi, accorciarsi **3** (*angenehmer gestalten*): **sich** (dat) **die Zeit** (**mit etw** dat) **~**, ingannare il tempo (facendo qc); **um mir die Wartezeit zu ~, machte ich einen Bummel durch die Stadt**, per ingannare l'attesa feci un giretto in città **C** itr *sport* **auf etw** (akk) **~** ridurre il distacco portandolo a qc, accorciare le distanze arrivando a qc: **auf drei zu vier ~**, ridurre il distacco arrivando sul quattro a tre.

Verkürzung <-, -en> f **1** (*das Kürzermachen*) {+Knochen, Leine, Strick} accorciamento m **2** (*zeitlich, räumlich*) {+Abstand, Arbeitszeit} riduzione f, diminuzione f.

verlachen tr *geh* **jdn** ~ deridere *qu*, irridere *qu*.

Verlad <-(e)s, ohne pl> m CH carico m.

Verladebahnhof m stazione f di carico.

Verladekran m gru f di (s)carico.

verladen <irr, ohne ge-> tr **1** (*aufladen*) **jdn/etw** (*auf/in etw* akk) ~ {Gepäck, Menschen, Tiere, Truppen, Waren} caricare *qu/qc* (*su/in qc*); **jdn/etw auf ein Schiff** ~, imbarcare *qu/qc* (su una nave) **2** *fam* (*betrügen*) **jdn** ~ raggirare *qu*, imbrogliare *qu*.

Verladerampe f rampa f di carico.

Verladung <-, -en> f carico m; (*auf ein Schiff*) imbarco m.

Verlag <-(e)s, -e> m casa f editrice, editore m: **bei/in welchem ~ ist das Buch erschienen?**, chi ha pubblicato questo libro?; **bei/in einem ~ arbeiten**, lavorare in una casa editrice; **bei/in einem ~ erscheinen/[herausgegeben werden]**, ₍essere pubblicato da₎/[uscire da/presso] un editore.

verlagern <ohne ge-> **A** tr **1** (*an eine andere Stelle bringen*) **etw** (*auf etw* akk)/**irgendwohin**) ~ {Gewicht auf das andere Bein, nach hinten, vorn, Interesse, Schwerpunkt auf ein anderes Gebiet} spostare *qc* (*su qc*/+ *compl di luogo*): **versuch mal, dein Gewicht mehr nach vorn/hinten zu** ~, prova a spostare il peso più ₍in avanti₎/[indietro] **2** (*auslagern*) **etw irgendwohin** ~ {Kunstgegenstände} trasferire/spostare *qc* (+ *compl di luogo*): **die Produktion ins Ausland** ~, spostare/trasferire la produzione all'estero **B** rfl **1** *meteo* **sich** (*irgendwohin*) ~ {Hoch, Tief} spostarsi (+ *compl di luogo*) **2** (*einen anderen Stellenwert bekommen*) **sich** (*auf etw* akk) ~ {Interessen, Problem} spostarsi *su qc*.

Verlagerung <-, -en> f **1** {+Gewicht, Hoch, Schwerpunkt, Tief} spostamento m **2** {+Kunstgegenstand} trasferimento m, spostamento m.

Verlagsanstalt f casa f editrice.

Verlagsbuchhandel m editoria f.

Verlagsbuchhändler m (**Verlagsbuchhändlerin** f) → **Verleger**.

Verlagsbuchhandlung f *obs* libreria f editrice.

Verlagshaus n casa f editrice.

Verlagskatalog m catalogo m editoriale.

Verlagsleiter m (**Verlagsleiterin** f) direttore (-trice) m (f) editoriale.

Verlagsprogramm n programma m editoriale.

Verlagsrecht n *jur* diritto m di edizione.

Verlagsredakteur m (**Verlagsredakteurin** f) redattore (-trice) m (f) editoriale.

Verlagsvertrag m contratto m di edizione.

Verlagswesen <-s, ohne pl> n (settore m dell') editoria f.

verlanden <ohne ge-> itr <sein> *geol* {See, Teich, Uferzone} interrarsi.

Verlandung <-, -en> f interrimento m.

verlangen <ohne ge-> **A** tr **1** (*fordern*) **etw** (**von jdm**) ~ {Sein Recht} reclamare *qc*; {Gehaltserhöhung, Rückgabe} *auch* chiedere *qc* (*a qu*), esigere *qc* (*da qu*); {Preis} chiedere *qc* (*a qu*); {Geld, Summe} *auch* pretendere *qc* (*da qu*), volere *qc* (*da qu*); {Bestrafung, Eingreifen, Massnahme} esigere *qc* (*da qu*); pretendere *qc* (*da qu*): ~, **dass ₍jd etw tut₎/[etw geschieht]**, esigere che ₍qu faccia *qc*₎/[*qc* succeda]; **er verlangt eine absurde Summe**, pretende/chiede/vuole una somma assurda; **sie ~ doch nur ihr gutes Recht**, chiedono soltanto ciò che spetta loro **2** (*erwarten*) **etw von jdm** ~ {Gehorsam, Genauigkeit, Pünktlichkeit, Stillschweigen} esigere *qc* (*da qu*), pretendere *qc* (*da qu*), chiedere *qc* (*a qu*): **ich verlange von dir, dass du dich an unsere Vereinbarung hältst**, pretendo (*da te*) che tu rispetti il nostro accordo; **es wird schließlich nichts Unmögliches verlangt**, in fondo non si ₍chiede niente di impossibile₎/[chiedono cose impossibili]; **mehr kann man nicht ~**, di più non si può pretendere **3** (*als Gegenleistung haben wollen*) **etw für etw** (akk) ~ chiedere *qc* per *qc*, volere *qc* per *qc*: **wie viel ~ sie für das Haus?**, quanto volete/chiedono per la casa? **4** (*kontrollieren wollen*) **etw** ~ {Ausweis, Fahrkarte, Papiere} chiedere *qc*: **der Kontrolleur hat die Fahrkarte verlangt**, il controllore ha chiesto il biglietto **5** (*mit jdm sprechen wollen*) **jdn** ~ volere *qu*, chiedere *di qu*: **Sie werden am Telefon verlangt**, La vogliono al telefono; **sie verlangte den Direktor**, chiese del/[di parlare con il] direttore **6** (*erfordern*) **etw** ~ richiedere *qc*, esigere *qc*: **diese Arbeit verlangt besondere Konzentration**, questo lavoro richiede particolare concentrazione **7** *fam* (*um etw bitten*) **etw** ~ {Eine Flasche Wein, Die Rechnung} chiedere *qc*: **er hat nur eine Vorspeise verlangt**, ha chiesto soltanto un antipasto **B** itr **1** *geh* (*jds Anwesenheit erbitten*) **nach jdm** ~ {Nach einem Arzt, Geistlichen} chiedere *di* (*vedere/*[*parlare con*]) *qu* **2** (*um etw bitten*) **nach etw** (dat) ~ {Nach einem kühlen Getränk, Medikament} chiedere *qc*: **der Kranke verlangte nach etwas Kühlendem**, il malato chiese qualcosa di rinfrescante **C** *unpers geh* (*sich sehnen*): **es verlangt jdn nach jdm/etw** {Nach dem Geliebten, der Heimat, seinen Kindern}, qu desidera ardentemente rivedere *qu/qc*, qu ha una grande nostalgia di *qu/qc*: **es verlangte sie nach seiner Gegenwart**, (lei) desiderava ardentemente la sua presenza; **jdn verlangt es (danach), etw zu tun**, qu desidera intensamente fare *qc* ● **das ist ein bisschen zu viel verlangt!** *fam*, (questo) è chiedere/pretendere troppo!; **das ist doch nicht zu viel verlangt!** *fam*, non mi dirai/direte che è troppo!

Verlangen <-s, -> n **1** (*dringender Wunsch*) ~ (**nach etw** dat) (forte) desiderio m, (gran) voglia f (*di qc*): **sie ₍hatte das starke₎/[spürte ein starkes] ~ ihn wieder zu sehen**, si struggeva dal desiderio di rivederlo; **kein ~ nach etw** (dat) **haben**, non avere voglia di *qc* **2** (*Begierde*) ~ (**nach jdm**) desiderio m (*di qu*), voglia f (*di qu*): **er schaute sie voller ~ an**, la guardava pieno di desiderio **3** *geh* (*Forderung*) richiesta f: **auf jds ~ eingehen**, accogliere le richieste di *qu*; **jds ~ nachgeben**, soddisfare le richieste di *qu* ● **auf ~ die Pässe sind auf ~ vorzuzeigen**, esibire i passaporti *a/su richiesta*; **auf jds ~ (hin)**, a/su richiesta di *qu*; **auf sein ~ (hin) blieb das Anwesen in Familienbesitz**, su sua richiesta la tenuta rimase di proprietà della famiglia.

verlangend **A** adj {Blick} pieno di desiderio **B** adv {Ansehen} (con uno sguardo) pieno di desiderio: **das Kind schaute ~ auf das Spielzeug im Schaufenster**, il bambino guardava pieno di desiderio i giocattoli in vetrina; ~ **die Hände nach jdm/etw ausstrecken**, tendere le mani per ₍abbracciare *qu*₎/[afferrare *qc*].

verlängern <ohne ge-> **A** tr **1** (*länger dauern lassen*) **etw** (**um etw** akk) ~ {Aufenthalt, Spielzeit, Urlaub} prolungare *qc* (*di qc*), allungare *qc* (*di qc*); {Frist} prorogare *qc* (*di qc*): **ich kann meinen Urlaub höchstens um ein paar Tage** ~, posso prolungare le ferie al massimo di qualche giorno; **jdm etw** ~ prolungare *qc a qu*; **ein verlängertes Wochenende**, un ₍fine settimana₎/[weekend] lungo; (*mit Feiertag*) un ponte **2** (*länger gültig sein lassen*) **etw** ~ {Vertrag} rinnovare *qc*; {Ausweis, Pass} *auch* rifare *qc* *fam*: **den Pass ~ lassen**, (far) rinnovare il passaporto; **etw um etw** (akk) ~ prorogare *qc* di; **der Pass ist um ein Jahr verlängert worden**, il passaporto è stato prorogato di un anno **3** (*länger machen*) **etw** (**um etw** akk) ~ {Ärmel, Kabel, Rohr, Saum} allungare *qc* (*di qc*) **4** *fam* (*verdünnen*) **etw** (**mit etw** dat) ~ {Soße, Suppe} allungare *qc* (*con/aggiungendo qc*) *fam* **B** rfl (*länger dauern*) **sich** (**um etw** akk) ~ {Laufzeit, Rekonvaleszenz, Zeitraum} prolungarsi (*di qc*), allungarsi (*di qc*): **der Vertrag verlängert sich automatisch um ein Jahr**, il contratto si intende tacitamente rinnovato per un anno.

Verlängerung <-, -en> f **1** <nur sing> (*das Verlängern*) {+Aufenthalt, Laufzeit, Spiel, Urlaub} prolungamento m, allungamento m; {+Frist} proroga f, dilazione f; {+Pass, Vertrag} rinnovo m **2** *sport* {+Ball, Pass} allungo m; (*zusätzliche Spielzeit*) tempi m pl supplementari: **in die ~ gehen**, andare ai (tempi) supplementari **3** *fam* → **Verlängerungskabel**.

Verlängerungsfrist f proroga f.

Verlängerungskabel n, **Verlängerungsschnur** f (cavo m di) prolunga f.

verlangsamen <ohne ge-> **A** tr **etw** ~ **1** (*drosseln*) {Fahrt, Gang, Lauf} rallentare *qc*: **seine Schritte** ~, rallentare il passo; **das Tempo** ~, rallentare, ridurre la velocità **2** (*langsamer werden lassen*) {Entwicklung, Prozess, Verhandlungen} rallentare *qc*, ritardare *qc* **B** rfl (*langsamer werden*) **sich** ~ {Entwicklung, Gang, Schritte} rallentare, farsi più lento (-a).

Verlangsamung <-, -en> f <meist sing> rallentamento m.

Verlass (a.R. **Verlaß**) <-es, ohne pl> m: **auf jdn/etw ist (kein)** ~, (non) si può ₍fare affidamento₎/[contare] su *qu/qc*, non ci si può fidare di *qu/qc*; **darauf ist kein** ~, non ci si può fare affidamento.

verlassen① <irr, ohne ge-> tr **1** (*aus etw hinausgehen*) **etw** ~ {Gebäude, Lokal, Saal, Zimmer} abbandonare *qc*, lasciare *qc*, uscire *da qc*, andarsene *da qc*; (*Datei*) uscire *da qc*: ~ **Sie unverzüglich mein Büro!**, ₍se ne vada₎/[esca] immediatamente dal mio ufficio!; **die Zuschauer verließen einer nach dem anderen den Saal**, gli spettatori abbandonarono la sala uno dopo l'altro; **nach einer Woche durfte sie endlich das Bett** ~, dopo una settimana poté finalmente ₍lasciare il₎/[alzarsi dal] letto; **sie haben schon um acht (Uhr) das Haus** ~, sono usciti di casa già alle otto; **beim Verlassen des Hauses**, uscendo di casa **2** (*fortgehen*) **etw** ~ {Heimat, Land, Stadt} abbandonare *qc*, lasciare *qc* **3** (*allein lassen*) **jdn** ~ {Familie, Partner} abbandonare *qu*, lasciare *qu*: **er wollte die Familie nicht** ~, non voleva abbandonare la famiglia; **sie hat ihn wegen eines anderen** ~, l'ha lasciato/mollato *fam* per un altro **4** (*verloren gehen*) **jdn** ~ {Glaube, Hoffnung, Sicherheit} abbandonare *qu*: **aller Mut verließ sie, als sie ihn sah**, quando lo vide tutto il coraggio ₍l'abbandonò₎/[le venne a mancare]; **jegliche Sicherheit hatte ihn** ~, aveva perduto ogni sicurezza ● **er hat uns für immer** ~ *euph* (*er ist gestorben*), lui ci ha lasciati per sempre; **und da verließen sie mich/ihn!** *fam* (*da wusste ich/er nicht mehr weiter*), e buonanotte/addio!

verlassen② <irr, ohne ge-> rfl **sich auf jdn/etw** ~ fare affidamento *su qu/qc*, confidare *in qc*, contare *su qu/qc*, fidarsi *di qu/qc*: **ich verlasse mich darauf, dass sie kommen**, confido che verranno; **kann ich mich auf dich ~?**, posso contare su di te?; **er lässt sich auf eure Hilfe**, ˻conta sul˼/[confida da nel] vostro aiuto; **auf ihr Urteil könnt ihr euch ~**, potete fidarvi del suo giudizio; **auf den Wagen kannst du dich nicht mehr ~**, su quella macchina non puoi più fare affidamento • **verlass dich drauf!** *fam iron*, **worauf du dich ~ kannst!** *fam iron*, contaci! *iron*, ci puoi contare! *iron*; **beschweren Sie sich ruhig! – Darauf können Sie sich ~!**, faccia un reclamo, se vuole! – Ci può contare!/scommettere!

verlạssen③ *adj* **1** *(menschenleer)* {STRAẞEN} deserto; {HAUS, STRAND} *auch* abbandonato **2** *(einsam)* {GEGEND} deserto, disabitato **3** *(alleingelassen)* abbandonato: **sich ~ fühlen/vorkommen**, sentirsi abbandonato (-a).

Verlạssenheit <-, *ohne pl*> *f* {+MENSCH} solitudine *f*, senso *m* di abbandono: **ein Gefühl der ~ überkam sie**, venne colta da un senso di abbandono/solitudine.

verlạsslich (a.R. verläßlich) *adj* {INFORMANT} affidabile; {FREUND, MITARBEITER} *auch* fidato, su cui si può contare/[fare affidamento]; {INFORMATION, ZEUGE} attendibile; {QUELLE} *auch* sicuro.

Verlạsslichkeit (a.R. Verläßlichkeit) <-, *ohne pl*> *f* → **Zuverlässigkeit**.

Verlaub *m*: **mit ~ (gesagt/[zu sagen])** *geh*, con rispetto parlando; **er ist, mit ~ gesagt, ein Halunke**, con rispetto parlando è un farabutto.

Verlauf <-s, *ohne pl*> *m* **1** *(Richtung, in der etw verläuft)* {+FLUSS} corso *m*; {+BAHNLINIE, STRAẞE} tracciato *m*; {+GRENZE, KÜSTE} linea *f* **2** *(Ablauf)* {+DISKUSSION, GESPRÄCH, VERHANDLUNGEN} andamento *m*; {+PROZESS, VERANSTALTUNG} svolgimento *m*; {+KRANKHEIT} decorso *m*, andamento *m*: **jdm den ~ der Ereignisse schildern**, riferire a qu lo svolgimento dei fatti; **einen guten/[ungünstigen/unglücklichen] ~ nehmen**, prendere una buona/brutta piega; **einen unerwarteten ~ nehmen**, prendere una piega imprevista; **den weiteren ~ von etw (dat) abwarten**, attendere l'evolversi/l'evoluzione di qc • **im ~ einer S. (gen)**, nel corso di qc, durante qc; **im ~ des Abends/Gesprächs**, nel corso della serata/conversazione; **im weiteren ~**, in seguito.

verlaufen <irr, *ohne* ge-> **A** *itr* <*sein*> **1** *(sich erstrecken)* *(irgendwo)* ~ {GRENZE, LINIE, WEG} correre/passare + *compl di luogo*; {FLUSS} scorrere/passare + *compl di luogo*: **zwischen zwei Felswänden ~**, scorrere tra due pareti rocciose; **die Grenze verläuft kilometerlang am Waldrand entlang**, il confine corre per chilometri lungo il bosco; **die Allee verläuft schnurgerade**, il viale corre dritto **2** *(in einer bestimmten Weise ablaufen)* *irgendwie* ~ svolgersi/andare/procedere + *compl di modo*; {KRANKHEIT} avere un decorso/andamento + *adj*: **glatt ~**, andare/filare *fam* liscio; **glücklich/reibungslos ~**, andare/procedere bene/[senza intoppi]; **das Treffen verlief in einem Klima der Entspannung**, l'incontro si è svolto in un clima disteso; **die Verhandlungen sind hervorragend ~**, le trattative sono andate benissimo; **es verlief alles** ˻**nach Plan**˼/[ohne Zwischenfälle], tutto procedeva ˻secondo i piani˼/[senza intoppi]; **die Tage verliefen in gleich bleibender Ereignislosigkeit**, le giornate scorrevano in una monotona assenza di avvenimenti **3** *(zerfließen)* {FARBE, TIN-}

TE} spandersi, sbavare **4** *(schmelzen)* {BUTTER, KÄSE} sciogliersi, squagliarsi, liquefarsi **B** *rfl* <*haben*> **1** *(sich verirren)* **sich (in etw** dat) ~ {IN EINEM PARKHAUS, EINER STADT, IM WALD} smarrirsi/perdersi (+ *compl di luogo*): **ich habe mich schon zigmal in dem Viertel ~**, mi sono perso (-a) già un'infinità di volte in quel quartiere **2** *(nicht mehr zu sehen sein)* **sich** *irgendwo* ~ {SPUR, WEG} perdersi + *compl di luogo* **3** *(auseinandergehen)* **sich ~** {DEMONSTRANTEN, MENSCHENMENGE} disperdersi.

Verlaufsform *f gram* gerundio *m*.

verlaust *adj* {FELL, HAAR} infestato/pieno di pidocchi; {MENSCH, TIER} *auch* pidocchioso.

verlautbaren <*ohne* ge-> **A** *tr* <*haben*> **etw** ~ rendere noto *qc*, comunicare *qc*: **es wird amtlich verlautbart, dass ...**, è stato ˻reso noto˼/[comunicato] ufficialmente che ...; **nichts von etw (dat)/über etw (akk) ~**, non far trapelare niente su *qc*, non far sapere *qc*; **der Minister ließ ~, dass ein neuer Gesetzesentwurf bereits vorliege**, il ministro fece sapere che era già stato presentato un nuovo disegno di legge **B** *unpers* <*sein*> *geh*: **es verlautbart etwas/nichts über etw (akk)**, ˻filtra *qc*˼/[non filtra niente] riguardo a *qc*; **es verlautbarte, dass der Präsident den Rücktritt beabsichtige**, ˻correva voce˼/[si diceva]/[si è saputo] che il presidente avesse intenzione di dimettersi.

Verlạutbarung <-, -en> *f form* **1** <*nur sing*> *(Bekanntgabe)* comunicazione *f*: **amtliche ~**, comunicazione ufficiale **2** *(bekannt gegebene Mitteilung)* comunicato *m*.

verlauten <*ohne* ge-> **A** *itr* <*sein*> *(durchsickern)* **über etw** akk ~ trapelare (*su qc*), filtrare (*su qc*): **über die Verhandlungen sind bisher nur unwesentliche Details verlautet**, finora è filtrato/trapelato soltanto qualche particolare insignificante sulle trattative; **etw (über etw akk) ~ lassen**, lasciare trapelare *qc* (su *qc*), far sapere *qc* (*bekannt werden*): **über ein Rücktrittsgesuch des Ministers ist bis jetzt noch nichts verlautet**, (fino) a oggi non si è appreso niente riguardo a eventuali dimissioni del ministro; **er hat ~ lassen, dass ...**, ha reso noto che ... **B** *unpers* <*sein oder haben*>: **es verlautet, dass ...**, ˻corre voce˼/[si dice] che ... • **wie verlautet,...**, a quanto si dice...; **wie aus etw (dat) verlautet, ...** {AUS ZUVERLÄSSIGER QUELLE, EINER STADT}, secondo informazioni provenienti da *qc*, ...; **wie aus dem Ministerium verlautet, ...**, secondo quanto ˻si apprende˼/[reso noto]/[diffuso] dal ministero ...

verleasen <*ohne* ge-> *tr com* **etw** ~ dare *qc* in leasing.

verlẹben <*ohne* ge-> *tr* **etw** ~ **1** *(verbringen)* trascorrere *qc*, passare *qc*: **wir haben schöne Tage zusammen verlebt**, abbiamo vissuto dei bei giorni insieme **2** *(ausgeben)* {ERBE, GELD} dilapidare *qc*, mangiarsi *qc fam*.

verlebt *adj* {GESICHT} vissuto: ~ **aussehen**, avere un'aria vissuta.

verlẹgen① <*ohne* ge-> **A** *tr* **1** *(woandershin bringen)* **jdn/etw** *(irgendwohin)* ~ spostare *qc* (+ *compl di luogo*); {BEHÖRDE, PATIENTEN, WOHNSITZ} trasferire/spostare *qc* (+ *compl di luogo*): **Truppen ~**, trasferire le truppe; **die Haltestellen sind vorübergehend verlegt**, le fermate sono state provvisoriamente spostate; **der Regierungssitz ist endgültig nach Berlin verlegt worden**, la sede del governo è stata trasferita definitivamente a Berlino **2** *(auf einen anderen Termin legen)* **etw** *(auf etw* akk) ~ spostare *qc* (*a qc*), rimandare *qc* (*a qc*); *(auf einen anderen Zeitpunkt)* *auch* rinviare *qc* (*a qc*): **das Tur-**

nier ist wegen des schlechten Wetters auf nächste Woche verlegt worden, a causa del maltempo il torneo è stato rinviato alla settimana prossima **3** *(fachgerecht anbringen)* **etw** ~ {KABEL, ROHRE, SCHIENEN} posare *qc*: **Fliesen ~**, piastrellare; **(irgendwo) etw ~ lassen** {TEPPICHBODEN}, far mettere *qc* (+ *compl di luogo*); {FLIESEN, PARKETT} *auch* far fare un impianto di *qc* (+ *compl di luogo*), far posare *qc* (+ *compl di luogo*) **4** *(an die falsche Stelle legen)* **etw** ~ {BRILLE, PORTMONEE, TASCHE} non trovare più *qc*, smarrire *qc*: **ich muss die Autoschlüssel verlegt haben, ich finde sie nicht**, ˻non so˼/[chissà] dove ho messo/cacciato *fam* le chiavi, non le trovo **5** *(veröffentlichen)* **etw** ~ {BÜCHER, ZEITSCHRIFTEN} pubblicare *qc*: **sein Roman wird bei Langer verlegt**, il suo romanzo ˻viene/è pubblicato dall'˼/[esce presso l'] editore Langer; **verlegt beim ...**, edito da ... **6** *film lit theat* **etw irgendwohin/in etw** (akk) ~ {HANDLUNG, SZENE NACH BERLIN, PARIS, IN EINE BESTIMMTE ZEIT} ambientare *qc* + *compl di luogo/in qc* **B** *rfl* *(sich etwas Neuem widmen)* **sich auf etw** (akk) ~ {AUFS BITTEN, DROHEN} ricorrere *a qc*, fare ricorso *a qc*, provarci *con qc*, passare *a qc*: **wenn sie es mit Schmeicheleien nicht schafft, verlegt sie sich aufs Weinen**, se non (ci) riesce con le moine, ci prova col pianto; {AUF EIN ANDERES GEBIET} passare *a qc*; {AUF EINE ANDERE METHODE} *auch* ricorrere *a qc*, fare ricorso *a qc*; {AUF EINEN ZEITVERTREIB} dedicarsi *a qc*: **er hat sich auf Tennisspielen verlegt**, si è ˻buttato sul *fam*˼/[dato al *fam*] tennis.

verlegen② **A** *adj* {BLICK} imbarazzato; {ANTWORT, AUFTRETEN, LÄCHELN} *auch* impacciato; {SCHWEIGEN} imbarazzante: **~ sein**, essere/sentirsi ˻imbarazzato (-a)˼/[a disagio]; **am Anfang ist sie immer sehr ~**, all'inizio è sempre molto imbarazzata/[in imbarazzo]; **~ werden**, imbarazzarsi; **jdn ~ machen**, imbarazzare qu, mettere in imbarazzo qu; **ihre Anwesenheit macht ihn schrecklich ~**, la sua presenza lo ˻mette terribilmente in imbarazzo˼/[imbarazza terribilmente] **B** *adv* {ANTWORTEN, LÄCHELN} imbarazzato (-a) • **um etw** (akk) ~ **sein** {UM GELD, WORTE}, essere a corto di *qc*; **nie um eine Antwort/Ausrede ~ sein**, avere sempre la risposta/scusa pronta.

Verlẹgenheit <-, -en> *f* **1** <*nur sing*> *(Befangenheit)* imbarazzo *m*, impaccio *m* **2** *(unangenehme Lage)* impaccio *m*, impiccio *m*, guaio *m*; *(finanzielle Schwierigkeit)* difficoltà *f pl* economiche/finanziarie • **jdn in ~ bringen**, mettere qu ˻in imbarazzo˼/[a disagio]; **jdn in ... ~ bringen** {IN EINIGE, GROẞE, ZIEMLICHE}, mettere qu in ... imbarazzo; **seine Forderungen bringen mich in arge ~**, le sue richieste mi mettono in ˻una situazione molto imbarazzante˼/[serio imbarazzo]; **jdm aus der/einer ~ helfen**, levare/togliere qu ˻d'imbarazzo˼/[dagli impicci]; **in die ~ kommen/geraten, etw zu tun**, (ri)trovarsi nella situazione imbarazzante di dover fare *qc*; **in ~ sein** *(in Geldnot sein)*, trovarsi in ˻difficoltà economiche/finanziarie˼/[imbarazzo *geh*]; *vor* (lauter) ~, per l'imbarazzo.

Verlẹgenheitsgeste *f* gesto *m* che si fa per nascondere l'imbarazzo.

Verlẹgenheitslösung *f* (soluzione *f* di) ripiego *m*.

Verlẹgenheitspause *f* pausa *f* imbarazzata, silenzio *m* imbarazzato.

Verlẹger <-s, -> *m* (**Verlẹgerin** *f*) editore (-trice) *m* (*f*).

verlẹgerisch *adj* {TÄTIGKEIT} editoriale.

Verlẹgung <-, *ohne pl*> *f* **1** *(das Verlegen)* {+TRUPPEN} trasferimento *m*; {+BEHÖRDE, PATIENT, WOHNSITZ} spostamento *m* **2** *(Verschie-*

bung) ~ (auf etw akk) {+TERMIN, VERANSTALTUNG} spostamento m (a qc); (auf einen späteren Zeitpunkt) auch rinvio m (a qc): jdn um ~ eines Termins bitten, chiedere a qu di spostare un appuntamento 3 (das Anbringen) {+FLIESEN, KABEL, ROHRE, SCHIENEN} posa f.

verleiden <ohne ge-> tr jdm etw ~ {SCHÖNEN ABEND, FEST, URLAUB} rovinare qc a qu, guastare qc a qu, far passare a qu il piacere di qc, sciupare qc a qu: er hat ihr die Freude an dem Fest verleidet, le ha rovinato/guastato la gioia della festa; durch den Unfall war uns der ganze Urlaub verleidet, l'incidente ci ha rovinato/sciupato le vacanze.

Verleih <-(e)s, -e> m 1 <nur sing> (das Verleihen) {+AUTOS, BOOTE, FAHRRÄDER, KOSTÜME, SKIER, VIDEOFILME} noleggio m 2 (~stelle) noleggio m 3 (Filmverleih) distribuzione f (cinematografica).

verleihen <irr, ohne ge-> tr 1 (ausleihen) etw (an jdn) ~ {AUTO, BOOT, BUCH, FAHRRAD, GELD, KOSTÜM} (im)prestare qc (a qu), dare in prestito qc (a qu); (gegen Gebühr) noleggiare qc (a qu), dare a nolo/noleggio (a qu) 2 (zuerkennen) jdm etw ~ {AMT, ORDEN, TITEL} conferire qc a qu; {PREIS} auch assegnare qc a qu: jdm eine Auszeichnung ~, insignire di qu di un'onorificenza, conferire un'onorificenza a qu 3 (geben) jdm etw ~ {NEUE ENERGIE, KRÄFTE, MUT} infondere qc a qu, dare qc a qu; {ANDERES AUSSEHEN, BESONDERE EIGENSCHAFT} infondere qc a qu, dare qc a qu: die neue Arbeit hat ihm eine nie gekannte Sicherheit verliehen, il nuovo lavoro gli ha infuso/dato una sicurezza fino ad allora sconosciuta 4 (mit etw ausstatten) etw (dat) etw ~ {EINEM FEST, GEBÄUDE, RAUM EIN NEUES AUSSEHEN, GLANZ} conferire qc a qu, dare qc a qu: seinen Gefühlen Ausdruck ~, dare voce ai/[esprimere/esternare i] propri sentimenti; seinen Worten mit Gesten Nachdruck ~, sottolineare le (proprie) parole con i gesti.

Verleiher <-s, -> m (**Verleiherin** f) noleggiatore (-trice) m (f); (von Filmen) auch distributore (-trice) m (f).

Verleihung <-, ohne pl> f 1 (das Verleihen) prestito m; (gegen Gebühr) noleggio m, nolo m 2 (Zuerkennung) {+AUSZEICHNUNG, ORDEN, TITEL} conferimento m; {+PREIS} auch assegnazione f.

verleimen <ohne ge-> tr etw (miteinander) ~ incollare insieme qc.

verleiten <ohne ge-> A tr (verführen) jdn zu etw (dat) ~ {ZU EINER ANNAHME, EINSCHÄTZUNG} portare qu a (fare) qc, indurre qu a (fare) qc; {ZUM GLÜCKSSPIEL, TRINKEN, ZU EINER UNBEDACHTHEIT} auch spingere qu a (fare) qc; {ZU EINER ILLEGALEN HANDLUNG} istigare qu a (fare) qc: die Freundlichkeit des Vertreters hat ihn zum Unterschreiben des Vertrags verleitet, la gentilezza del rappresentante l'ha indotto a firmare il contratto; jdn zu einem Irrtum ~, indurre qu in errore; die Sonderangebote ~ mich oft zum Kauf, spesso le offerte mi spingono a comprare; sich (von jdm) zu etw (dat) ~ lassen, farsi trascinare (da qu) a fare qc B itr zu etw (dat) ~ {FEHLEINSCHÄTZUNG, INFORMATION, ZUSTAND ZU EINER ANNAHME} portare a (fare) qc, indurre a (fare) qc.

Verleitung <-, -en> f {meist sing} ~ zu etw (dat) {ZUM DIEBSTAHL, DROGENHANDEL, ZUR WIDERRECHTLICHEN HANDLUNG} istigazione f (a fare qc).

verlernen <ohne ge-> tr etw ~ {GEDICHT, LEKTION, SPRACHE} disimparare qc, dimenticare qc, scordare qc; {DAS KOCHEN, SKIFAHREN, TANZEN} disimparare a fare qc, dimenti-

care come si fa qc: das Lachen verlernt haben, non saper più ridere.

verlesen① <irr, ohne ge-> A tr (vorlesen) etw ~ {TEXT, URTEIL} dare lettura di qc; {NAMEN, LISTE} leggere ad alta voce qc: die Namen der Anwesenden ~, fare l'appello B rfl sich ~ sbagliare a leggere, leggere male.

verlesen② <irr, ohne ge-> tr etw ~ {ERBSEN, SALAT, SPINAT} scegliere qc, selezionare qc.

verletzbar adj {MENSCH} vulnerabile: du musst aufpassen, sie ist leicht verletzbar, devi stare attento (-a), è facile ferirla/[farle del male].

Verletzbarkeit <-, ohne pl> f vulnerabilità f.

verletzen <ohne ge-> A tr 1 (verwunden) jdn (an/in etw dat) ~ {AM ARM, BEIN, IM GESICHT} ferire qu (a/in qc): sie ist bei dem Unfall an den Beinen verletzt worden, nell'incidente è rimasta ferita alle gambe; jdn leicht/schwer/tödlich ~, ferire qu in modo leggero/(gravemente)/[a morte/mortalmente]; jdn mit etw (dat) ~ ferire qu di/con qc 2 (kränken) jdn/etw ~ {BEMERKUNG, KRITIK, VORWURF JDS GEFÜHLE} ferire qu/qc, offendere qu/qc; {EINEN MENSCHEN} auch fare (del) male a qu: seine Gleichgültigkeit hat sie sehr verletzt, la sua indifferenza l'ha molto ferita/[le ha fatto molto male]; diese Worte haben sein Ehrgefühl verletzt, quelle parole hanno offeso il suo onore; so ein Vorwurf würde jeden ~, un simile rimprovero offenderebbe chiunque; jdn in etw (dat) ~ {IN SEINER EHRE, SEINEM STOLZ} ferire qu in qc 3 (gegen etw verstoßen) etw ~ {BESTIMMUNG, GESETZ, REGELN, VORSCHRIFT} violare qc, contravvenire a qc, infrangere qc; {JDS INTERESSEN, RECHTE} ledere qc; {ANSTAND, SITTEN} offendere qc: seine Pflicht ~, venir meno al proprio dovere; jds Intimsphäre ~, violare la privacy di qu 4 (illegal übertreten) etw ~ {HOHEITSGEBIET, LUFTRAUM} violare qc B rfl (sich verwunden) sich (an/in etw dat) ~, sich (dat) etw ~ ferirsi ((a) qc), ferirsi (a) qc: sie hat sich bei dem Sturz am Kopf verletzt, cadendo si è ferita/[ha riportato una ferita] alla testa; sich an etw (dat) ~ {AN DEN SCHARFEN KANTEN EINER KISTE} ferirsi con qc; {AN DORNEN, AM STACHELDRAHT} auch ferirsi toccando qc; {AN GLASSPLITTERN, EINEM MESSER} tagliarsi con qc.

verletzend adj {BEMERKUNG, WORTE} che ferisce/[fa male], offensivo.

verletzlich adj {MENSCH} vulnerabile: sehr ~ sein oft pej, essere suscettibile/permaloso.

Verletzlichkeit <-, ohne pl> f vulnerabilità f, fragilità f.

verletzt adj {EIGENLIEBE, EITELKEIT, STOLZ} ferito: leicht ~, leggermente ferito; schwer ~, gravemente ferito, ferito in modo grave.

Verletzte <dekl wie adj> mf ferito (-a) m (f): der Unfall hat drei ~ gefordert, nell'incidente sono rimaste ferite tre persone; leicht ~ → Leichtverletzte; schwer ~ → Schwerverletzte.

Verletzung <-, -en> f 1 (verletzte Stelle im/am Körper) lesione f: innere ~, lesione interna; (Wunde) ferita f; eine tödliche ~, una ferita mortale/[(dall'esito) letale]; schwere ~en erleiden/davontragen, riportare gravi ferite/lesioni; seinen ~en erliegen, morire per le ferite/lesioni riportate 2 (Verstoß) {+BESTIMMUNG, GESETZ, REGELN, VORSCHRIFT} violazione f, infrazione f: die ~ der Bestimmungen, la violazione del/[l'infrazione al] regolamento; {+INTERESSEN, RECHTE} lesione f; die ~ seiner Pflichten, il venir meno ai propri doveri 3 <nur sing> (illegales Übertreten) {+GRENZE, LUFTRAUM} violazione f 4 (Kränkung) ferita f, offesa f.

verleugnen <ohne ge-> tr jdn/etw ~ rinnegare qu/qc; {IDEALE, ÜBERZEUGUNG} auch sconfessare qc: er hat seinen besten Freund verleugnet, ha rinnegato il suo migliore amico ● etw nicht ~ können, non poter negare qc; nicht ~ können, dass ..., non poter negare che ... konjv; sich ~ lassen, farsi negare, negarsi; sich am Telefon ~ lassen, farsi negare al telefono; sich nicht~ lassen {HERKUNFT}, essere innegabile; es lässt sich nicht ~, dass ..., è innegabile che ... konjv; es lässt sich nicht ~, dass er aus Bayern stammt, è innegabile che (lui) sia di origine bavarese; sich (selbst) ~, rinnegare i propri principi e ideali/[se stesso (-a)].

verleumden <ohne ge-> tr jdn ~ calunniare qu, diffamare qu, denigrare qu.

Verleumder <-s, -> m (**Verleumderin** f) calunniatore (-trice) m (f), diffamatore (-trice) m (f), denigratore (-trice) m (f).

verleumderisch adj {BEHAUPTUNG} calunnioso, diffamatorio, denigratorio.

Verleumdung <-, -en> f calunnia f, diffamazione f, denigrazione f.

Verleumdungskampagne f campagna f diffamatoria/denigratoria.

Verleumdungsklage f jur querela f per calunnia/diffamazione.

verlieben <ohne ge-> rfl 1 (von Liebe für jdn erfasst werden) sich (in jdn) ~ innamorarsi (di qu); (leicht) invaghirsi di qu: sich hoffnungslos/unsterblich in jdn ~, innamorarsi disperatamente/perdutamente di qu, perdere la testa per qu; sich (ineinander) ~ innamorarsi; sie haben sich auf den ersten Blick verliebt, si sono innamorati al primo sguardo, è stato amore a prima vista 2 (sich für etw begeistern) sich in etw (akk) ~ {IN EIN BUCH, HAUS, IDEE} innamorarsi di qc, invaghirsi di qc ● zum Verlieben: zum Verlieben aussehen fam {FRAU, MANN}, essere da far innamorare; zum Verlieben sein {AUTO, GEGENSTAND, HAUS}, essere da far innamorare; eine Musik zum Verlieben, una musica che fa innamorare/[innamora].

verliebt A adj {MENSCH} innamorato: (in jdn/etw) ~ sein, essere innamorato (di qu/qc); er ist sehr/[bis über beide Ohren] in sie verliebt, è proprio preso da/[cotto fam di]/[innamorato pazzo di] lei; {BLICK} innamorato; {WORTE} d'amore: ~e Augen machen, fare gli occhi innamorati; jdm ~e Blicke zuwerfen, lanciare a qu sguardi innamorati, fare gli occhi dolci a qu B adv {JDN ANSEHEN} con occhi innamorati, con sguardo innamorato.

Verliebte <dekl wie adj> mf innamorato (-a) m (f): ~ sehen alles durch die rosarote Brille, quando si è innamorati si vede tutto rosa.

Verliebtheit <-, ohne pl> f innamoramento m, essere m innamorato: in der ersten ~ sieht man die Fehler des anderen nicht, nella prima fase dell'innamoramento non si vedono i difetti dell'altro; in ihrer ~ bemerkte sie nicht, dass ..., era talmente innamorata da non accorgersi che ...

verlieren <verliert, verlor, verloren> A tr 1 (abhandenkommen) etw ~ perdere qc, smarrire qc: hast du etwa die Fahrkarten verloren?, non avrai per caso perduto i biglietti?; verlier es aber nicht!, mi raccomando, non lo perdere! 2 (auf jdn verzichten müssen) jdn ~ perdere qu: sie hat ihren Mann im Krieg verloren, ha perso/perduto suo marito in guerra; die Firma hat im letzten Jahr viele Mitarbeiter verloren, la ditta ha perduto molti collaboratori l'anno scorso; durch seine Eifersucht hat er am Ende seine Freundin verloren, per la sua gelosia alla fine ha perso la ragazza **3** (*sich verscherzen*) *etw* ~ {JDS ACHTUNG, DAS ANSEHEN, DEN JOB, RESPEKT, VERTRAUEN} perdere *qc*: **sie hat nach und nach ihren Einfluss im Betrieb verloren**, ha perso via via l'influenza che aveva nell'azienda; **er hat die Achtung seiner Angestellten endgültig verloren**, ha perduto definitivamente la stima dei suoi dipendenti **4** (*austreten lassen*) *etw* ~ {LEITUNG GAS; MOTOR ÖL; REIFEN LUFT} perdere *qc*: **der Kanister verliert Wasser**, la tanica perde acqua **5** (*nicht gewinnen*) *etw* ~ {KAMPF, KRIEG, PROZESS, SPIEL, WETTE} perdere *qc* **6** (*nicht mehr sehen*) *jdn* ~ perdere *qu*: **die kleine Anna hat ihre Eltern in dem Getümmel verloren**, nel trambusto la piccola Anna ha perso i genitori **7** (*abwerfen*) *etw* ~ {BAUM, BUSCH BLÄTTER, LAUB} perdere *qc* **8** (*einbüßen*) *etw* ~ {MENSCH, TIER FELL, HAAR, ZAHN; KAFFEE, WEIN AROMA} perdere *qc*: **er hat bei dem Unfall ein Bein verloren**, ha perso una gamba nell'incidente; **das Kind hat einen Zahn verloren**, al bimbo è caduto un dente; **bei diesem Geschäft hat er eine Menge Geld verloren**, in quell'affare ci ha rimesso un mucchio di soldi *fam* **9** (*nicht mehr haben/bewahren können*) ~ **den Appetit** ~, perdere l'appetito; **jdn/etw aus dem Auge/den Augen** ~, perdere di vista qu/qc; **die Beherrschung/Kontrolle** ~, perdere il controllo/la bussola; **die Freude an etw** (*dat*) ~, perdere l'entusiasmo per qc; **die Geduld (mit jdm)** ~, perdere la pazienza (con qu), spazientirsi (con qu); **die Gewalt über etw** (*akk*) ~ {ÜBER EIN FAHRZEUG, EINE MASCHINE}, perdere il controllo di qc; **die Hoffnung (auf etw akk)** ~, perdere la speranza (di fare qc); **das Interesse (an jdm/etw)** ~, perdere l'interesse (per qu/qc); **den Mut** ~, perdersi di coraggio/d'animo, scoraggiarsi; **die Nerven** ~, perdere la calma; **er hat die Nerven** ~, gli sono saltati i nervi *fam*; **die Sprache** ~, perdere la parola/favella, ammutolire; **den Verstand** ~, perdere la/[il lume della] ragione; **kein Wort (über etw akk)** ~, non fare parola di qc B *itr* (*sich verringern*) (**an etw** *dat*) ~ {AN ANSEHEN, EINFLUSS, KAUFKRAFT} perdere *di qc*; {GELD, WÄHRUNG AN KAUFKRAFT; WAGEN AN TEMPO} perdere (*in*) *qc*: **er verliert bei näherer Bekanntschaft**, a conoscerlo meglio ci perde *fam*; **sie hat viel an Charme/Schönheit verloren**, ha perduto molto in fascino/bellezza; **er hat durch den Skandal an Ansehen verloren**, in seguito a quello scandalo ha perso prestigio; **ein Metall, das schnell an Wert verliert**, un metallo che perde rapidamente (di) valore; **das Flugzeug verlor nach und nach an Höhe**, l'aereo continuava a perdere quota C *rfl* **1** (*getrennt werden*) **sich** *in etw* (*dat*) ~ perdersi (+ *compl di luogo*): **wenn wir uns unterwegs** ~ **sollten, ...**, se strada facendo dovessimo perderci, ... **2** (*den Blicken entschwinden*) **sich** *irgendwo* ~ perdersi *in qc*: **sich in der Menge** ~, perdersi tra la folla; **die Lichter verloren sich in der Ferne**, le luci si perdevano in lontananza; **die Spuren verloren sich im Sand**, le tracce si perdevano nella sabbia **3** (*allmählich schwinden*) **sich** ~ {ANGST, FURCHT, NERVOSITÄT, SPONTANEITÄT} svanire; {BEGEISTERUNG} *auch* spegnersi; {DUFT, GERUCH} svanire: **die erste Begeisterung hat sich schnell verloren**, il primo entusiasmo è svanito/[si è esaurito] presto **4** (*nichts anderes mehr wahrnehmen*) **sich** *in etw* (*dat*) ~ {IN SEINER ARBEIT, IN DETAILS, EINZELHEITEN, SEINEN TRÄUMEREIEN, ÜBERLEGUNGEN} perdersi *in qc*: **er war ganz in seinen Gedanken verloren**, era completamente perso/assorto nei suoi pensieri; **sie verliert sich beim Erzählen immer in Nebensächlichkeiten**, quando racconta si per-

de sempre in particolari irrilevanti • **nichts (mehr) zu** ~ **haben**, non avere (più) nulla da perdere; **irgendwo nichts verloren haben** *fam*: **du hast hier nichts verloren!**, che cavolo ci fai qui?! *fam*.

Verlierer <-s, -> m (**Verliererin** f) perdente mf; {+KRIEG} vinto (-a) m (f), sconfitto (-a) m (f): **er ist ein/kein guter** ~, sa/[non sa] perdere • **der ewige/geborene** ~ **sein**, essere in eterno/[nato] perdente.

Verliererstraße f: **jdn/etw auf die** ~ **bringen**, portare qu/qc all'insuccesso; *sport* portare qu/qc alla sconfitta; **auf der** ~ **sein**, essere votato all'insuccesso.

Verlies <-es, -e> n segreta f, carcere m sotterraneo, prigione f sotterranea.

verlinken <*ohne ge->* *inform* A *tr* **etw** (*mit etw* dat) ~ linkare qc (*con qc*): **Texte miteinander** ~, collegare dei testi mediante dei link B *itr* **auf etw** (akk) ~ linkare qc.

verlischt 3. pers sing präs *von* verlöschen.

verloben <*ohne ge->* *rfl* **sich** (**mit jdm**) ~ fidanzarsi (*con qu*): **sie haben sich verlobt**, si sono fidanzati.

Verlöbnis <-ses, -se> n *geh* → **Verlobung**.

verlobt adj fidanzato: **ein ~es Paar**, una coppia di fidanzati; **frisch** ~ **sein**, essersi fidanzato da poco; (**mit jdm**) ~ **sein**, essere fidanzato (con qu); **sie sind** ~, sono fidanzati.

Verlobte <*dekl wie adj*> mf fidanzato (-a) m (f), promesso (-a) sposo (-a) m (f) *obs*: **die ~n**, i fidanzati, i promessi sposi *obs*; **mein ~r**, il mio fidanzato.

Verlobung <-, -en> f fidanzamento m: **die** ~ **auflösen**, rompere il fidanzamento; **die** ~ **bekannt geben/[feiern]**, annunciare/festeggiare il fidanzamento.

Verlobungsanzeige f annuncio m/partecipazione f di fidanzamento.

Verlobungsfeier f festa f di fidanzamento.

Verlobungsring m anello m di fidanzamento.

verlocken <*ohne ge->* *geh* A *tr* **jdn** (**zu etw** dat) ~ (*ANGEBOTE ZUM KAUFEN; SCHÖNES WETTER ZUM AUSFLUG, SPAZIERENGEHEN*) invogliare qu (*a (fare) qc*), allettare qu *a (fare qc)* *rar*: **die Vorstellung, ein paar Jahre in Rom zu leben, könnte mich schon** ~, la prospettiva di vivere qualche anno a Roma mi alletta/[non mi dispiacerebbe]. B *itr* **zu etw** (dat) ~ invitare a qc: **der kühle Gebirgsbach verlockte zum Baden**, il fresco torrente di montagna invitava a fare un bagno; **die Werbung verlockt zum Kaufen**, la pubblicità spinge (la gente) a comprare.

verlockend adj {ANGEBOT} allettante {VORSCHLAG} *auch* attraente, seducente: **das ist ein ~er Gedanke**, è un'idea allettante/seducente/[che tenta]; **das Wetter ist heute nicht gerade** ~, non è che il tempo oggi invogli a uscire; ~ **aussehen**, avere un aspetto invitante; **die Torte sieht** ~ **aus**, la torta ha un aspetto invitante • **das klingt** ~, **das hört sich** ~ **an**, suona bene; **das klingt nicht gerade** ~, non sembra granché allettante.

Verlockung <-, -en> f tentazione f: **ein solches Angebot ist schon eine** ~, un'offerta simile è veramente una tentazione; **die ~en der Großstadt**, le attrattive della metropoli; **wie soll man so einer** ~ **widerstehen?**, come si fa a resistere a una simile tentazione?

verlogen adj *pej* **1** (*unehrlich*) {MENSCH} bugiardo, menzognero: **durch und durch** ~ **sein**, essere un bugiardo matricolato/[mentitore impenitente] **2** (*heuchlerisch*) {MORAL} ipocrita; {BETEUERUNGEN, VERSPRECHUNGEN} falso: **ein ~es Grinsen**, un sorriso

ipocrita.

Verlogenheit <-, -en> f *pej* **1** <*nur sing*> (*verlogene Art*) {+MENSCH} falsità f, bugiardaggine f, mendacia f *lit* **2** (*Heuchelei*) ipocrisia f: **die** ~ **einer Moral**, una morale ipocrita.

verlor 1. *und* 3. pers sing imperf *von* verlieren.

verlöre 1. *und* 3. pers sing konjv II *von* verlieren.

verloren A part perf *von* verlieren B adj **1** <*präd*> (*verlassen*) (s)perduto, (s)perso, smarrito: **sich (irgendwo)** ~ **fühlen/vorkommen**, sentirsi (s)perso (-a)/(s)perduto (-a)/spaesato (-a) (+ *compl di luogo*); **sie kam sich völlig** ~ **vor unter den vielen Fremden**, si sentiva completamente sperduta/spaesata in mezzo a tanti estranei; ~ **wirken**, avere l'aria smarrita, apparire smarrito (-a) **2** (*nicht mehr zu retten*) perduto: ~ **sein**, essere perduto/spacciato *fam*; **die Passagiere der Titanic waren alle** ~, i passeggeri del Titanic erano tutti condannati a morire • **sich** ~ **geben**, darsi per perso (-a)/vinto (-a); **jdn/etw** ~ **geben**, dare per spacciato (-a) qu, dare per perso (-a) qu/qc; ~ **gegangen sein** {BRIEF, UNTERLAGEN}, essersi perso; **der Koffer ist** ~ **gegangen**, la valigia è andata perduta/persa; ~ **gegangene Gegenstände**, oggetti smarriti; **jdm ist etw** ~ **gegangen**: **an dir ist eine Musikerin** ~ **gegangen**, sei davvero una musicista mancata, hai privato il mondo del tuo grande talento musicale; ~ **gehen** (*abhanden kommen*), andare perduto (-a)/perso (-a); **pass auf, dass der zweite Schlüssel nicht auch** ~ **geht!**, sta' attento (-a) ¡che non vada perduta¡/[a non perdere] anche la seconda chiave!; **jdm durch etw** (akk) ~ **gehen** (*einbüßen*): **durch den Stau auf der Autobahn ging ihm kostbare Zeit** ~, l'ingorgo sull'autostrada gli ha fatto perdere del tempo prezioso; **es ist noch nicht alles** ~, non è ancora tutto perduto; **ohne jdn** ~ **sein** (*hilflos sein*), essere un'anima persa senza qu; **ohne seine Frau ist er** ~, senza sua moglie è (un uomo) perso.

verloren|geben <*irr*> tr rfl → **verloren**.

verloren|gehen <*irr*> itr <*sein*> → **verloren**.

Verlorenheit <-, *ohne pl*> f *geh* (senso m di) solitudine f, spaesamento m.

verlöschen <*verlischt, verlosch oder verlöschte, verloschen oder verlöscht*> itr <*sein*> *geh* {FEUER, KERZE, LICHT} spegnersi: **die Lichter verloschen eins nach dem anderen**, una dopo l'altra le luci si spensero; **sein Ruhm wird nie** ~, la sua fama sarà imperitura *geh*.

verlosen <*ohne ge->* tr **jdm/etw** ~ {AUTO, REISE, TEILNEHMER} sorteggiare qu/qc, estrarre/tirare a sorte qu/qc: **wir** ~ **das letzte Stück Torte**, decideremo per sorteggio a chi toccherà l'ultima fetta di torta.

Verlosung <-, -en> f sorteggio m, estrazione f (a sorte).

verlöten tr **etw** ~ saldare qc, brasare qc: **zwei Drähte miteinander** ~, saldare due fili di ferro, unire due fili di ferro con una saldatura.

verlottern <*ohne ge->* itr <*sein*> *pej* {PERSON} (*äußerlich*) trascurarsi, lasciarsi andare; (*moralisch*) ridursi male: **wenn du so weitermachst, verlotterst du noch völlig!**, se continui così, vedrai come ti riduci!; {HAUS, WOHNUNG} andare in malora; {GARTEN} *auch* essere lasciato in (stato di) abbandono; **etw** ~ **lassen**, lasciare andare in malora qc; **verlottert** {PERSON}, malandato, ridotto male; {HAUS, WOHNUNG} lasciato in abbandono; {GARTEN} in abbandono; **die Wohnung war völlig verlottert**, l'appartamento era in uno stato di totale abbandono.

Verlust <-(e)s, -e> m **1** <nur sing> (das Abhandenkommen) perdita f, smarrimento m: **er klagt über den ~ seines Vermögens**, si lamenta ₍della perdita del₎/[di aver perduto il] suo patrimonio; **bei ~ wird kein Ersatz geleistet**, nessun risarcimento in caso di smarrimento; **den ~ eines Koffers melden**, denunciare lo smarrimento di una valigia; **wann haben Sie den ~ Ihrer Papiere bemerkt?**, quando si è accorto (-a) di avere perduto/smarrito i documenti? **2** <nur sing> (schmerzliche Einbuße) {+ARM, BEIN} perdita f: **der ~ des Augenlichts**, la perdita della vista **3** (Trennung durch Tod) perdita f: **ein schmerzlicher ~**, una perdita dolorosa **4** (das Sichverscherzen) {+JDS ACHTUNG, FREUNDSCHAFT, VERTRAUEN} perdita f: **den ~ ihrer Liebe muss er noch verschmerzen**, deve ancora metabolizzare il dolore per la perdita del suo amore **5** com ökon perdita f: **der ~ geht in die Millionen**, la perdita è nell'ordine di diversi milioni; **ein materieller ~**, un danno materiale; **riesige ~e**, perdite ingenti; **~e machen** {BETRIEB, UNTERNEHMER}, lavorare in perdita; **mit ~ abschließen** {BETRIEB}, chiudere in perdita, essere deficitario **6** <meist pl> mil perdita f: **dem Feind große ~e zufügen**, infliggere gravi perdite al nemico • **~e haben** mil, subire delle perdite; **com ökon auch**, avere delle perdite; **mit ~ com ökon** {ARBEITEN, PRODUZIEREN}, in perdita; {VERKAUFEN} auch, a rimessa.

Verlustangst f psych ansia f da abbandono.

Verlustanzeige f denuncia f di smarrimento.

Verlustbetrieb m industr azienda f (che lavora) in perdita.

verlustbringend com ökon **A** adj {GESCHÄFT, PRODUKT} che causa delle perdite **B** adv {ARBEITEN, PRODUZIEREN} in perdita.

Verlustgeschäft n operazione f in perdita.

verlustieren <ohne ge-> rfl fam scherz **sich** (**mit jdm**) **~** divertirsi (con qu), spassarsela (con qu) fam; **sich mit jdm im Bett ~**, spassarsela a letto con qu.

verlustig adj: **etw** (gen) **~ gehen/werden** form {EINER STELLUNG, EINES TITELS}, perdere qc; {EINES RECHTS} auch decadere da qc.

Verlustliste f **1** mil elenco m dei morti e dei dispersi **2** (nach Einbruch oder Ä. fehlende Gegenstände) elenco m degli oggetti mancanti.

Verlustmeldung f **1** → **Verlustanzeige 2** mil bollettino m dei morti e dei dispersi.

verlustreich adj **1** com {GESCHÄFT} in perdita; {UNTERNEHMEN} deficitario; {JAHR} di grandi/grosse perdite **2** mil {SCHLACHT} con molte perdite (umane), che costa molte vite umane.

vermachen <ohne ge-> tr **jdm etw ~ 1** (vererben) lasciare in eredità qc a qu, legare qc a qu form **2** fam (schenken) regalare qc a qu, dare qc (in regalo) a qu.

Vermächtnis <-ses, -se> n **1** jur (Zuwendung eines einzelnen Vermögensvorteils) legato m, lascito m **2** (geistige Hinterlassenschaft) eredità f • **jds ~ erfüllen**, esaudire le ultime volontà di qu; **jdm/etw etw als ~ hinterlassen** {HAUS, VERMÖGEN}, lasciare qc in eredità a qu; **einem Museum etw ~ hinterlassen**, fare un lascito a un museo {DIE SORGE UM JDN, DIE POSTHUME VERÖFFENTLICHUNG SEINER WERKE}, affidare qc a qu/qc.

vermählen <ohne ge-> rfl geh **sich ~** unirsi in matrimonio, sposarsi con; **sie haben sich vermählt**, si sono ₍uniti in matrimonio₎/[sposa-

ti]; **sich mit jdm ~** unirsi in matrimonio con qu, sposarsi con qu.

vermählt adj: **frisch/neu ~ geh**, appena sposato, sposato da poco.

Vermählung <-, -en> f geh nozze f pl, matrimonio m, sposalizio m geh oder obs • **wir geben unsere ~ bekannt**, **ihre ~ geben bekannt** (in Anzeigen), annunciamo/partecipiamo le nostre nozze, annunciano/partecipano le loro nozze.

vermaledeit adj <attr> fam obs (stra)maledetto.

vermarkten <ohne ge-> tr **1** (zu Geld machen) **jdn**/**etw ~** {JDS LEBEN, MEMOIREN, PERSÖNLICHKEIT} sfruttare qu/qc a fini commerciali, commercializzare qc; {STORY} auch vendere qc: **eine bekannte Persönlichkeit zu Werbezwecken ~**, sfruttare un personaggio noto a fini pubblicitari **2** com **etw ~** {PRODUKT} commercializzare qc, lanciare qc sul mercato.

Vermarktung <-, ohne pl> f commercializzazione f.

vermasseln <ohne ge-> tr fam (**jdm**) **etw ~** {GESCHÄFT, PLAN, PROJEKT} mandare ₍all'aria₎/[a monte/rotoli] qc (a qu), rovinare qc (a qu): **eine Klassenarbeit/Prüfung ~**, cannare un ₍compito in classe₎/[esame].

vermassen itr <sein> soziol {BÜRGER, INDIVIDUEN} perdere la propria individualità, spersonalizzarsi; {GESELLSCHAFT} subire un processo di massificazione.

Vermassung <-, ohne pl> f soziol massificazione f.

vermehren <ohne ge-> **A** tr **1** (größer werden lassen) **etw** (**um etw** akk) **~** {BESITZ, VERMÖGEN} accrescere qc (di qc), aumentare qc (di qc); {WISSEN} ampliare qc **2** (die Anzahl erhöhen) **etw** (**durch etw** akk) **~** {BAKTERIEN DURCH ZÜCHTUNG, BAUMBESTAND DURCH AUFFORSTUNG} moltiplicare qc (con qc) **B** rfl **sich ~ 1** biol (sich fortpflanzen) riprodursi; {ZELLEN} proliferare: **sich geschlechtlich/ungeschlechtlich ~**, riprodursi in modo sessuale/asessuale **2** (zunehmen) **sich ~** {ZAHL} aumentare, crescere; {BEVÖLKERUNG, FÄLLE, UNFÄLLE} auch moltiplicarsi: **die Zahl der neuen Armen vermehrt sich unaufhörlich**, il numero dei nuovi poveri aumenta incessantemente.

vermehrt adj **A** adj **1** (intensiver) {ANSTRENGUNG, EINSATZ} maggiore, accresciuto **2** (stärker) {ABSONDERUNG, AUSSCHEIDUNG} maggiore, più abbondante/copioso **B** adv: **diese Fälle treten ~ auf**, simili casi ₍sono sempre più frequenti₎/[si verificano sempre più spesso/frequentemente].

Vermehrung <-, ohne pl> f **1** (Zunahme) {+BESITZ, KAPITAL, VERMÖGEN} aumento m, crescita f **2** (Fortpflanzung) riproduzione f; {+ZELLEN} proliferazione f **3** (Erhöhung der Anzahl) aumento m, crescita f, moltiplicazione f.

vermeidbar adj {FEHLER, SKANDAL, UNFALL} evitabile: **nicht ~ sein**, essere inevitabile; **es ist kaum ~**, **dass man manchmal aneinandergerät**, è praticamente inevitabile che qualche volta ci si scontri; **das Unglück wäre ~ gewesen**, questa disgrazia si sarebbe potuta evitare.

vermeiden <irr, ohne ge-> tr **etw ~** evitare qc; {GEFAHR} scansare qc: **den Unfall hättest du ~ können**, questo incidente avresti potuto evitarlo; **sich kaum/nicht ~ lassen**, essere ₍praticamente inevitabile₎/[inevitabile]; **es lässt sich nicht ~, dass ...**, non si può evitare che ... konjv, è inevitabile che ... konjv; **um Missverständnisse zu ~**, a scanso di equivoci.

vermeidlich adj → **vermeidbar**.

Vermeidung <-, -en> f <meist sing>: **die ₍eines Skandals₎/[von Streit] liegt uns allen am Herzen**, ciò che sta a cuore a tutti noi è evitare ₍uno scandalo₎/[liti]; **zur ~ einer S.** (gen)/**von etw** (dat) per evitare qc/[che ... konjv]; **zur ~ von Missstimmungen/Auseinandersetzungen**, per evitare (che ci siano) dissapori/scontri; **zur ~ von Irrtümern/Missverständnissen**, a scanso di equivoci/malintesi.

vermeintlich A adj <attr> {DIEB, MILLIONÄR, MÖRDER} presunto; {GEFAHR} ipotetico; {RISIKO} presunto; {VATER} putativo **B** adv {BÖSE, GEFÄHRLICH, GÜNSTIG} apparentemente.

vermelden <ohne ge-> tr obs **etw ~** {ERFOLG, GEWINN, VERLUST} annunciare qc • **etw zu ~ haben** {ERFOLG, GEWINN, VERLUST}, avere qc da annunciare/comunicare; **was hast du denn zu ~?** fam, che novità ci porti?

vermengen <ohne ge-> tr **1** (vermischen) **etw mit etw** (dat) **~** mescolare qc con/a qc, mischiare qc con/a qc, amalgamare qc con qc: **alles gut miteinander ~**, mescolare bene tutto insieme; **das Mehl mit den Eiern zu einem festen Teig ~**, ₍mescolare la farina con le uova₎/[unire la farina alle uova] fino a ottenere un impasto compatto **2** (durcheinanderbringen) **etw** (**miteinander**) **~** {BEGRIFFE} mescolare qc.

vermenschlichen <ohne ge-> tr **etw ~ 1** kunst lit {EIGENSCHAFT} personificare qc; {PFLANZE, TIER} antropomorfizzare qc, rappresentare qc in forma umana **2** (menschliche Eigenschaften zusprechen) {MASCHINEN, NATUR, TECHNIK, TIER} umanizzare qc.

Vermerk <-(e)s, -e> m annotazione f, nota f; (in Kalender, Unterlagen) auch appunto m.

vermerken <ohne ge-> tr **1** (eintragen) **etw irgendwo ~** {IM KALENDER, AUF EINEM ZETTEL} annotare qc + compl di luogo; {AUF EINEM DOKUMENT, PASS} fare un'annotazione + compl di luogo: **etw am Rand ~**, annotare qc in/a margine **2** (zur Kenntnis nehmen) **etw irgendwie ~** (Bemerkung, Verhalten mit Dankbarkeit, Missfallen, negativ, positiv) notare/[prendere atto di] qc + compl di modo: **etw übel ~**, aversene a male di qc, prendersela (a male) per qc, impermalirsi per qc; **jdm etw übel ~**, risentirsi con qu per qc, prendersela a male con qu per qc.

vermessen[①] <irr> <ohne ge-> **A** tr (ausmessen) **etw ~** {BAUPLATZ, GELÄNDE, GRUNDSTÜCK} misurare qc, prendere le misure di qc, rilevare qc tech, fare un rilievo di qc **B** rfl **1** (falsch messen) **sich ~** sbagliare la misurazione, misurare male **2** geh (sich anmaßen): **sich ~, etw zu tun**, avere la protervia di fare qc.

vermessen[②] adj geh {MENSCH} protervo, supponente; {PROJEKT, UNTERFANGEN} che pecca di presunzione, troppo ambizioso: **es ist ~ zu behaupten, dass ...**, è indice di protervia affermare che ...; **so ~ sein**, **etw zu tun**, essere così supponente da fare qc.

Vermessenheit <-, ohne pl> f geh protervia f, supponenza f: **es wäre eine ~, etw zu tun**, sarebbe un atto di protervia fare qc.

Vermessung f misurazione f, rilievo m topografico, rilevamento m topografico tech: **~ durchführen**, fare/eseguire dei rilievi.

Vermessungsamt n (ufficio m del) catasto m.

Vermessungsingenieur m (**Vermessungsingenieurin** f) "ingegnere che si occupa prevalentemente dei rilievi topografici", ≈ geometra mf.

vermiesen <ohne ge-> tr fam **jdm etw ~** {FEST} sciupare qc a qu, rovinare qc a qu, guastare qc a qu; {FREUDE} auch far passare qc a qu: **jdm den Abend/Urlaub ~**, rovinare la serata/le vacanze a qu; **jdm das Essen ~**, far passare a qu l'appetito/[la voglia di mangiare].

vermietbar adj irgendwie ~: **eine schwer ~e Wohnung**, un appartamento difficile da affittare j/[difficilmente affittabile]; **etw ist nur als etw (nom)j/[an jdn/etw]/ [über etw (akk)] ~** {HAUS, WOHNUNG, ZIMMER ALS BÜRO, LAGER AN AUSLÄNDER, STUDENTEN, ÜBER DIE SOMMER-, WINTERMONATE}, si può affittare solo come qc/[a qu/qc]/[per qc].

vermieten <ohne ge-> **A** tr (jdm) etw ~, **etw (an jdn) ~** {HAUS, WOHNUNG} affittare qc (a qu), dare in affitto qc (a qu), locare qc (a qu) jur, concedere/dare in locazione qc (a qu) jur; {AUTO, BOOT, FAHRRAD} noleggiare qc (a qu), dare a nolo/noleggio qc (a qu), affittare qc (a qu), dare in affitto qc (a qu); **sie ~ das Haus für 2000 Euro im Monat**, affittano la casa a 2000 euro al mese **B** itr (**an jdn**) ~ affittare (a qu) **zu ~**, affittasi; (**für Wohnungen**) auch, locasi.

Vermieter m (**Vermieterin** f) **1** (Hauswirt) {+HAUS, WOHNUNG} padrone (-a) m (f) di casa, locatore (-trice) m (f) jur; {+ZIMMER} affittacamere mf **2** (jd, der Dinge vermietet) {+AUTO, BOOT, FAHRRAD} noleggiatore (-trice) m (f).

Vermietung <-, -en> f affitto m, locazione f jur; {+AUTO, BOOT, FAHRRAD} affitto m, noleggio m, nolo m: **die ~ von Wohnungen in verkehrsreichen Straßen wird immer schwieriger**, affittare case in strade molto trafficate diventa sempre più difficile; **die ~ des Hauses erfolgt nur unter der Bedingung, dass** ..., la locazione della casa avverrà soltanto a condizione che ...

vermindern <ohne ge-> **A** tr (verringern) **etw ~** {ANSTRENGUNG, ENGAGEMENT, GESCHWINDIGKEIT, RISIKO, WIDERSTANDSFÄHIGKEIT} diminuire, ridurre qc, {LAUTSTÄRKE} ridurre qc, abbassare qc; {SCHMERZEN} attenuare qc: **die Doppelfenster ~ den Lärm**, i doppi vetri attutiscono il rumore; **die Steuerlast ~**, ridurre/attenuare il carico fiscale **B** rfl **1** (geringer werden) **sich ~** {BELASTUNG, RISIKO} diminuire, ridursi; {EINFLUSS} diminuire, scemare, calare; {SCHMERZEN} diminuire, attenuarsi **2** (niedriger werden) **sich ~ um etw akk**) ~ {EINKOMMEN, WOCHENSTUNDENZAHL} diminuire (di qc); **sich auf etw (akk) ~** ridursi a qc ● **sich ~ vermindert**, diminuito, ridotto; mus {QUARTE, QUINTE, TERZ}, diminuito; jur {SCHULDFÄHIGKEIT}, diminuito.

Verminderung <-, ohne pl> f riduzione f, diminuzione f.

verminen tr mil etw ~ {GELÄNDE, GRENZE} minare qc: **vermint**, minato.

Verminung <-, -en> f <meist sing> mil posa f di mine, minamento m.

vermischen <ohne ge-> **A** tr (gründlich mischen) **etw mit etw (dat) ~** mescolare qc con/a qc, mischiare qc con/a qc; {bes. KAFFEE-, TEE-, TABAKSORTEN} miscelare qc con qc: **alle Zutaten gut (miteinander) ~**, mescolare bene tutti gli ingredienti; **Sand mit Wasser ~**, mescolare/mischiare la sabbia con l'acqua **B** rfl **1** (sich verbinden) **sich mit etw (dat) ~** {FREUDE MIT TRAUER; FREUNDLICHKEIT MIT UNGEDULD} confondersi con qc: **wo sich Tradition und Fortschritt ~**, dove tradizione e progresso si fondono **2** (sich mischen) **sich ~ mescolarsi: mit Wasser vermischter Wein**, vino annacquato/[mescolato con/ad acqua]; **mit Regen vermischter Schnee ~**, neve frammista a pioggia **3** biol **sich ~** {RASSEN} mischiarsi, incrociarsi ● **Vermischtes in Büchern**, miscellanea m; (in Zeitungen), varie.

Vermischung <-, -en> f <meist sing> mesco-

lanza f, miscuglio m: **die ~ von Blau und Gelb ergibt Grün**, mescolando l'azzurro col giallo si ottiene il verde; **eine ~ unterschiedlichster Gefühle/Stilebenen**, un miscuglio dei sentimenti/[livelli stilistici] più diversi.

vermissen <ohne ge-> tr **1** (das Fehlen von etw bemerken) **etw ~** {AUSWEIS, BRIEFTASCHE, BRILLE, SCHLÜSSEL} non trovare più qc, aver perso/smarrito qc **2** (die Abwesenheit von jdm/etw bedauern) **jdn/etw ~** sentire la mancanza di qu/qc; **ich ~ vermisse dich sehr j/[habe dich sehr vermisst]**, mi manchi/[sei mancato (-a)] molto; **sie hat ihre Familie sehr vermisst**, ha sentito molto la mancanza della (sua) famiglia **3** (jds Abwesenheit feststellen) **jdn ~: wir ~ unsere Tochter**, nostra figlia è scomparsa/sparita; **vermisst werden**, essere scomparso {SCHIFFSBRÜCHIGE, SOLDATEN} risultare disperso (-a); **wir haben dich gestern alle vermisst**, ieri tutti abbiamo notato la tua assenza **4** (das Fehlen von etw bedauern) **etw an jdm ~** {EINFÜHLUNGSVERMÖGEN, MENSCHLICHE WÄRME} lamentare la mancanza di qc in qu: **ich vermisse an ihm die Fähigkeit, sich in andere hineinzudenken**, secondo me gli manca la capacità di immedesimarsi negli altri; **ich vermisse an etw (dat) ~** {LOGIK, STRINGENZ, WISSENSCHAFTLICHKEIT} trovare qc carente di qc, lamentare **in qc** la mancanza **di qc; ich vermisse an diesem Reiseführer Hinweise zu** ..., trovo che a questa guida manchino indicazioni riguardo a ... ● **etw ~ lassen** {JEGLICHEN ANSTAND}, essere privo di qc.

vermissen|lassen <irr, part perf vermissenlassen> tr → **vermissen**.

vermisst (a.R. vermißt) adj {PERSON} scomparso; (im Krieg, nach Unglück) {SCHIFFSBRÜCHIGE, SOLDAT} disperso: **als ~ gelten**, essere dato per disperso, risultare disperso; **jdn als ~ melden**, denunciare la scomparsa di qu.

Vermisste (a.R. Vermißte) f mf scomparso (-a) m (f); (im Krieg, nach Schiffsbruch) disperso (-a) m (f).

Vermisstenanzeige (a.R. Vermißtenanzeige) f denuncia f di scomparsa: **eine ~ aufgeben**, denunciare la scomparsa di qu.

vermittelbar adj irgendwie ~ **1** (zu vermitteln) {ARBEITSLOSE} collocabile + compl di modo: **ab 50 sind Frauen kaum noch ~**, è quasi impossibile trovare un (posto di) lavoro a donne che hanno superato i 50 anni **2** (mitteilbar) {IDEE} comunicabile + compl di modo: {GEFÜHL} auch che si può trasmettere + compl di modo.

vermitteln <ohne ge-> **A** tr **1** (beschaffen) **etw ~** {ARBEITSSTELLEN, WOHNUNGEN} fare il mediatore/la mediatrice di qc; **jdm etw j/ [etw an jdn] ~** procurare qc a qu, procacciare qc a qu, far avere qc a qu fam: **er kann dir einen guten Job j/[eine billige Wohnung] vermitteln**, può procurarti/trovarti/[farti avere] un buon lavoro j/[appartamento economico] **2** (als Mittler für jdn auftreten) **jdn ~** {ARBEITSKRÄFTE, LEHRER} trovare un posto a qu, collocare qu; **jdm ~** {ARBEITSKRÄFTE, MITARBEITER} reclutare qu per conto di qu, trovare qu a qu; {BRIEFPARTNER, EHEPARTNER} mettere qu in contatto con qu, trovare qu a qu; **jdn an etw (akk) ~** {ARBEITSUCHENDEN AN EINE FIRMA} mettere qu in contatto con qc **3** (herbeiführen) {GESCHÄFT} fare da mediatore (-trice)/tramite (a qu) in/per qc; {AUFTRAG} auch passare qc a qu: **eine ~ Ehe ~**, combinare un matrimonio (fra qu); {AKTIEN, WERTPAPIERE} negoziare qc (per qu); {TREFFEN} organizzare qc a qu, combinare (qc a qu) fam; **ein Gespräch ~ tel**, passare una comunicazione telefonica a qu **4** (weitergeben) **jdm etw ~** {ERFAHRUNGEN, GEFÜHL, LEHRSTOFF, WISSEN} trasmettere qc

(a qu) **5** geh (verschaffen) (**jdm**) **etw ~** {EINDRUCK, VORSTELLUNG} dare qc (a qu); {BERICHT, DARSTELLUNG} EIN BILD, EINEN ÜBERBLICK auch fornire qc (a qu) **B** itr (**in etw** dat) **~** fare da j/[intervenire come] mediatore (-trice)/conciliatore (-trice) (in qc); **zwischen jdm (und jdm) ~** {ZWISCHEN DEN GEGNERN, STREITENDEN, ZWISCHEN EHEFRAU UND EHEMANN} mediare fra qu (e qu), (cercare di) conciliare qu: **zwischen den streitenden Parteien ~**, fare da mediatore (-trice) fra i contendenti.

vermittelnd **A** adj {EINGREIFEN, GESPRÄCH} mediatore: **~e Worte**, parole mediatrici **B** adv {EINGREIFEN, SICH EINSCHALTEN} in veste di mediatore (-trice), con l'intento di mediare ● **~ ~: leicht/schwer zu ~e Arbeitslose**, disoccupati facili/difficili da collocare j/[facilmente/difficilmente collocabili].

Vermittler <-s, -> m (**Vermittlerin** f) **1** (Schlichter) mediatore (-trice) m (f), intermediario (-a) m (f), tramite m **2** com mediatore (-trice) m (f), sensale m obs oder agr.

Vermittlung <-, -en> f **1** <nur sing> (das Vermitteln): **seine Aufgabe ist die ~ von Arbeitsstellen/Wohnungen**, il suo compito consiste nel procacciare posti di lavoro j/ [case] **2** (Schlichtung) (in Auseinandersetzung, Konflikt, Streit) mediazione f, intervento m **3** <nur sing> (Weitergabe) {+KENNTNISSE, WISSEN} trasmissione f **4** tel (Telefonzentrale) centralino m; (Telefonist(in)) centralinista mf ● **dank jds ~**, grazie alla mediazione j/[all'intermediazione] di qu; **dank seiner ~ haben sie den Kredit bekommen**, grazie alla sua intermediazione hanno ottenuto il mutuo; **durch jds ~**, per mediazione/[il tramite] di qu.

Vermittlungsausschuss (a.R. Vermittlungsausschuß) m parl "commissione f di mediazione tra Bundestag e Bundesrat".

Vermittlungsgebühr f com mediazione f, provvigione f, commissione f, senseria f obs oder agr; (bei Börsengeschäft) commissione f.

Vermittlungszentrale f centrale f; (für Mitfahrgelegenheiten) agenzia f di autostop organizzato; (für Zwischenmieten) agenzia f che procura alloggi temporanei; (privater Arbeitsplatzvermittler) agenzia f che procura contatti di lavoro.

vermöbeln <ohne ge-> tr fam oft scherz **jdn ~** bastonare qu, darle a qu fam, randellare qu slang.

vermodern <ohne ge-> itr <sein> {HOLZ, KOMPOST, LAUB} decomporsi, marcire: **~des Laub**, foglie in decomposizione.

vermögen <irr, ohne ge-> tr **1** geh (zu etw imstande sein) **etw ~** riuscire a fare qc, essere in grado di fare qc; {LEISTUNG} auch essere all'altezza di (fare) qc: **etw zu tun ~**, essere in grado di j/[riuscire a] fare qc; **ich werde alles tun, was ich vermag**, farò tutto quel che posso/[è in mio potere] **2** geh (erreichen) **etw (bei jdm) ~** {GEDULD, UNGEDULD, FREUNDLICHES WORT ALLES, NICHTS, VIEL, WENIG} potere qc (con qu) **3** CH (sich leisten können) **etw ~**, potersi permettere (di fare) qc.

Vermögen <-s, -> n **1** (Besitz) patrimonio m, fortuna f, beni m pl, sostanze f pl: **bewegliches/unbewegliches ~**, beni mobili/immobili; **sein ~ geht in die Millionen**, il suo patrimonio ammonta j/[le sue sostanze ammontano] a qualche milione di euro; **sein ~ besteht hauptsächlich in Grundbesitz**, i suoi beni sono costituiti perlopiù da proprietà terriere; **ein ~ erben**, ereditare un patrimonio/una fortuna; **ein ~ durchbringen/ verlieren**, dilapidare/perdere un patrimonio/una fortuna; **~ haben**, possedere un patrimonio, essere ricco; **ein ~ an etw (dat) haben**, avere una fortuna in qc; **kein ~ haben**, essere nullatenente; **die gerechte Verteilung des ~s in einem Land**, la giusta ripartizione della ricchezza in un paese **2** *(nur sing)* *geh (Fähigkeit)* capacità f; **jds ~, etw zu tun**, la capacità/facoltà di qu di fare qc; **das geht über mein ~**, (questo) va al di là delle mie capacità/possibilità; **soviel in meinem ~ liegt, werde ich dazu beitragen**, vi contribuirò per quanto è in mio potere ● **nach bestem ~**, facendo del proprio meglio; **ein ~ kosten/wert sein** *fam*, costare/valere un patrimonio/una fortuna.

vermögend adj {Person} facoltoso, agiato, benestante; **~ sein**, possedere un patrimonio, essere facoltoso.

Vermögensberater m (**Vermögensberaterin** f) *ökon* consulente mf patrimoniale/finanziario (-a).

Vermögensbildung f *ökon* formazione f del patrimonio.

Vermögenslage f *ökon* situazione f/stato m patrimoniale.

Vermögenssteuer f *ökon* imposta f patrimoniale/[sul patrimonio], patrimoniale f *fam*.

Vermögensverhältnisse subst <nur pl> *ökon* situazione f patrimoniale; *(Finanzen im Allg.)* situazione f economica.

Vermögensverteilung f *ökon* distribuzione f/ripartizione f della ricchezza.

Vermögensverwalter m (**Vermögensverwalterin** f) amministratore (-trice) m (f) patrimoniale.

Vermögensverwaltung f amministrazione f dei beni.

vermögenswirksam adj *industr*: **~e Leistungen**, "contributi m pl del datore di lavoro per la costituzione di un fondo di risparmio del lavoratore".

Vermögenszuwachs m *ökon* incremento m patrimoniale/[del patrimonio].

vermummen rfl *sich ~* **1** *(sich warm anziehen)* imbacuccarsi, infagottarsi, intabarrarsi **2** *(sich unkenntlich machen)* camuffarsi, incappucciarsi, mascherarsi; {Demonstrant} coprirsi il volto (con una sciarpa/un foulard).

vermummt adj **1** *(warm angezogen)* imbacuccato, infagottato, intabarrato **2** *(unkenntlich gemacht)* {Fremde Gestalt} incappucciato; {Täter} camuffato, mascherato; {Demonstrant} a/[con il] volto coperto.

Vermummung <-, -en> f camuffamento m; *(bei Demonstration)* copertura f del volto.

Vermummungsverbot n "divieto m di partecipare a una manifestazione a volto coperto".

vermuten <ohne ge-> tr **1** *(annehmen)* **etw ~** supporre qc, presumere qc; **er vermutet es nur**, è solo una sua supposizione; **das hätte ich nicht vermutet!**, non me lo sarei aspettato (-a)!; **wer hätte das je vermutet!**, chi ˌl'avrebbe mai supposto ˌ/[se lo sarebbe mai aspettato]!; **ich vermute, dass er sich nach dem Vorfall entschuldigen wird**, suppongo/presumo che si scuserà dopo quel che è successo; **da ich vermute, dass du gekommen bist, um mir zu helfen**, suppongo che tu sia venuto (-a) per aiutarmi; {Intrige, Selbstmord, Verbrechen} sospettare qc; **die Polizei vermutet einen Anschlag**, la polizia sospetta un attentato; **jdn/etw hinter etw (dat) ~**, sospettare ˌla presenza di quˌ/[qc] dietro qc, presumere che dietro qc ci sia/u; **nichts Arges/Böses ~**, non sospettare nulla di male; **sie ~, dass er der Mörder ist**, sospettano che sia lui l'assassino **2** *geh*

(glauben, dass jd irgendwo ist) **jdn irgendwo ~** credere qu + compl di luogo; **ich vermutete ihn im Garten**, ˌlo credevoˌ/[pensavo/supponevo che fosse] in giardino; **ich vermute ihn zu dieser Zeit bereits im Ausland**, presumo/suppongo che a quest'ora sia già all'estero **3** *geh (glauben, dass jd eine best. Eigenschaft hat)* **etw in jdm ~**: niemand hätte in ihm eine solche Grausamkeit vermutet, nessuno l'avrebbe ritenuto capace di una simile crudeltà; **ich hätte nie solche Fähigkeiten in ihr vermutet**, non avrei mai sospettato che (lei) avesse tali capacità ● **es ist/steht zu ~, dass ...**, è presumibile che ... konjv, c'è da supporre che ... konjv; **das lässt sich nur ~**, si può solo supposizione; **etw lässt ~, dass ...** {Entwicklung, Ereignisse, Untersuchung}, qc fa/[porta a] supporre/presumere che ... konjv.

vermutlich A adj <attr> {Anlass, Aufenthalt, Motiv} presunto, presumibile; {Täter} presunto: **der ~e Täter ist noch auf freiem Fuß**, il presunto autore del delitto è ancora in libertà B adv {Der Anlass, Täter sein, sich aufhalten, jdm gehören} presumibilmente, probabilmente: **die Angaben sind ~ richtig**, i dati sono presumibilmente esatti; **sie hat ~ den Zug verpasst**, ˌpresumibilmente haˌ/[è presumibile che abbia] perso il treno; **er hat ~ nicht an alles gedacht**, è supponibile che non abbia pensato a tutto.

Vermutung <-, -en> f supposizione f, ipotesi f, congettura f: **~en über etw (akk) anstellen/äußern**, fare delle congetture su qc, formulare delle ipotesi su qc; **wir sind auf ~en angewiesen**, dobbiamo basarci su congetture/ipotesi; **etw legt die ~ nahe, dass ...**, qc lascia supporre che ... konjv; **die ~ liegt nahe, dass ...**, ci sono buoni motivi per credere che ... konjv; **es liegt die ~ nahe, dass sie krank ist**, si suppone che sia malata; **da war unsere ~ doch richtig**, allora la nostra supposizione era giusta; **das sind doch alles nur ~en**, sono pure e semplici congetture/ipotesi.

vernachlässigen <ohne ge-> A tr **1** *(sich nicht ausreichend kümmern)* **jdn/etw ~** trascurare qu/qc; **sein Äußeres ~**, trascurare il proprio aspetto, trascurarsi; **seine Pflichten ~**, trascurare i propri doveri; **das ganze Anwesen ist ziemlich vernachlässigt**, l'intera proprietà è alquanto trascurata; **seine Kleidung vernachlässigt er völlig**, non ha la minima cura nel vestire; **vernachlässigtes Äußeres**, aspetto trascurato/trasandato; **vernachlässigte Kleidung**, abbigliamento poco curato; **sich vernachlässigt fühlen**, sentirsi trascurato (-a) **2** *(nicht berücksichtigen)* **etw ~** {Aspekt, Detail, Möglichkeit} trascurare qc, tralasciare qc: **diesen Punkt können wir erst einmal ~**, ignoriamo/tralasciamo per il momento questo punto B rfl *sich ~* trascurarsi, trascurare la propria persona.

Vernachlässigung <-, -en> f **1** <nur sing> *jur*: **~ von Minderjährigen/Kindern**, abbandono di minori **2** *(Nachlässigkeit)*: **die äußerliche ~**, la trascuratezza; **die ~ von Pflichten**, (il) venire meno ai propri doveri **3** *(die Nichtberücksichtigung)* {+Aspekt, Detail, Umstand} omissione f.

vernageln tr **1** *(zunageln)* **etw ~** {Kiste, Sarg} inchiodare qc **2** *(schließen)* **etw mit etw** (dat) **~** {Fenster, Tür mit Brettern, Latten} sbarrare qc inchiodandoci sopra qc.

vernagelt adj *fam pej* {Mensch} ottuso, limitato: **er ist total ~**, è completamente ottuso.

vernähen <ohne ge-> tr **1** *(durch Stiche schließen)* **etw ~** {Loch, Riss} ricucire qc, rammendare qc; {Schnitt, Wunde} suturare

qc, ricucire qc **2** *(nähend befestigen)* **etw** *(irgendwo)* **~** {Faden auf der Innenseite, im Saum} fermare/assicurare/fissare qc (+ compl di luogo) **3** *(verbrauchen)* **etw ~** {Garn} consumare qc, finire qc.

vernarben <ohne ge-> itr <sein> {Wunde} cicatrizzarsi, rimarginarsi.

vernarbt adj {Haut} coperto di cicatrici; {Gesicht} *auch* sfregiato.

Vernarbung <-, -en> f cicatrizzazione f.

vernarren <ohne ge-> rfl **sich ~ in jdn/etw** invaghirsi di qu/qc, perdere la testa per qu/qc; **er ist völlig in das Bild vernarrt**, è innamorato di quel quadro; **er ist richtig in sie vernarrt**, ha proprio perso la testa per lei.

vernaschen <ohne ge-> tr **1** *slang (mit jdm ein Abenteuer haben)* **jdn ~** farsi qu *slang*: er hätte sie gern vernascht, se la sarebbe fatta volentieri **2** *(sein Geld für Süßigkeiten ausgeben)* **etw ~** spendere qc in dolciumi: **sie ~ ihr ganzes Taschengeld**, spendono tutta la paghetta in dolciumi.

vernebeln <ohne ge-> tr **etw ~** **1** *(einnebeln)* {Qualm, Rauch Gebiet} annebbiare qc: **der Alkohol hat ihm den Kopf vernebelt**, l'alcol gli ha annebbiato la mente/il cervello **2** *(als Nebel versprühen)* {Giftgas, Schädlingsbekämpfungsmittel} nebulizzare qc, polverizzare qc **3** *(verschleiern)* {Hintergründe, Tatsachen} confondere qc.

vernehmbar adj percepibile, udibile: **ein kaum ~es Atmen/Geräusch**, un respiro/rumore appena percepibile.

vernehmen <irr, ohne ge-> tr **1** *jur (verhören)* **jdn** *(zu etw* dat*)* **~** {Angeklagten, Verdächtigen} interrogare qu (ˌin merito aˌ)/[riguardo il]/[a proposito di] qc); {Zeugen} *auch* escutere qu, esaminare qu: **vernommen werden**, essere/venire interrogato (-a) **2** *geh (hören)* **etw ~** percepire qc, udire qc *geh*: **man konnte leises Gemurmel ~**, si percepiva un leggero mormorio **3** *geh (erfahren)* **etw ~** apprendere qc, (venire a) sapere qc: **wir haben vernommen, dass ein großes Familientreffen veranstaltet wird**, abbiamo saputo che verrà organizzata una grande riunione di famiglia; **hast du schon vernommen, dass ...?**, hai già saputo che ...?

Vernehmen <-s, ohne pl> n *geh*: **dem/allem ~ nach**, a quanto ˌsi diceˌ/[dicono].

Vernehmlassung <-, -en> f CH → **Verlautbarung**.

vernehmlich *geh* A adj {Hüsteln, Räuspern} distinto: **mit ~er Stimme**, facendosi chiaramente sentire B adv {Hüsteln} in modo che tutti sentano: **sich ~ räuspern**, schiarirsi la voce rumorosamente; **etw laut und ~ sagen**, dire qualcosa forte e chiaro.

Vernehmung <-, -en> f *jur* {+Angeklagter, Täter} interrogatorio m, audizione f; {+Zeuge} *auch* audizione f, esame m.

vernehmungsfähig adj *jur* {Angeklagter} in condizioni di essere interrogato/udito; {Zeuge} *auch* in grado di deporre.

Vernehmungsprotokoll n *jur* verbale m di un interrogatorio.

verneigen <ohne ge-> rfl *geh* **sich** *(vor jdm/etw)* **~** inchinarsi *(davanti a qu/(davanti a qc)*, fare un inchino/una riverenza *(davanti a qu/qc)*, rendere omaggio *(a qu/qc)*: **ich verneige mich vor seinem Großmut**, mi inchino (davanti) alla sua magnanimità.

Verneigung f riverenza f, inchino m.

verneinen A tr **etw ~ 1** *(verneinend antworten)* {Frage} rispondere negativamente a qc, dare una risposta negativa a qc **2** *(ableh-*

nen) rifiutare *qc*: **Gewaltanwendung ~**, rifiutare/respingere l'uso della violenza **3** (*leugnen*) {EXISTENZ GOTTES} negare *qc*: **den Sinn des Lebens ~**, negare che la vita abbia un senso **B** *itr* (*nein sagen*) negare, dire di no, rispondere negativamente: **sie wurde gefragt, ob sie auch eingeladen sei und sie verneinte**, le chiesero se era invitata anche lei, ma ⌊disse di no⌋/[negò]; **er verneinte mit einem Kopfschütteln**, fece ⌊cenno di no⌋/[un cenno di diniego] con il capo, scosse la testa in segno di diniego.

verneinend **A** *adj* {ANTWORT} negativo; {KOPFSCHÜTTELN} in segno di diniego **B** *adv* {ANTWORTEN} negativamente; {DEN KOPF SCHÜTTELN} in segno di diniego.

Verneinung <-, -*en*> f **1** (*das Verneinen*): **die ~ einer Frage**, la risposta negativa a una domanda **2** (*Leugnung*) negazione f **3** (*Ablehnung*) {+GEWALT} rifiuto m **4** *ling* negazione f: **doppelte ~**, doppia negazione.

Verneinungspartikel f *ling* avverbio m di negazione.

vernetzen <*ohne* ge-> **A** *tr* **1** *inform etw ~* {COMPUTER, FIRMA, SYSTEM} collegare in rete *qc*: **vernetzt sein**, essere (collegato) in rete **2** (*eng verbinden*) *etw ~* {GRUPPEN, INSTITUTIONEN, UNTERNEHMEN} stabilire/creare un collegamento tra *qc*; {THEMEN} mettere in relazione *qc*; *etw mit etw* (dat) *~* collegare *qc a qc*, mettere *qc* in relazione con *qc*: **vernetzt sein** (*in Verbindung sein*), essere in collegamento; (*viele Kontakte haben*) {PERSON}, avere molti contatti: **weltweit vernetzt sein**, avere una rete mondiale; **die verschiedenen Organisationen sind miteinander vernetzt**, le varie organizzazioni sono collegate tra di loro **B** *rfl sich ~* {GRUPPEN, ORGANISATIONEN, UNTERNEHMEN} collegarsi (tra di loro), mettersi in collegamento: **die Bürgerinitiativen haben sich vernetzt**, si è creata una rete di comitati cittadini.

Vernetzung <-, -*en*> f **1** *inform* collegamento m in rete **2** (*Verflechtung*) collegamento m.

vernichten <*ohne* ge-> *tr* **1** (*zerstören*) *etw ~* {AKTEN, BEWEISE, TESTAMENT, UNTERLAGEN} distruggere *qc*; {BOMBE, BRAND, KRIEG, NATURKATASTROPHE} distruggere *qc*: **die sintflutartigen Regenfälle der letzten Wochen haben die gesamte Ernte vernichtet**, le piogge torrenziali delle ultime settimane hanno distrutto l'intero raccolto; **im Krieg wurden ganze Städte vernichtet**, durante la guerra furono rase al suolo intere città **2** (*ausrotten*) *jdn/etw ~* {TIERART, VOLKSSTAMM} sterminare *qu/qc*, annientare *qu/qc*; {UNKRAUT} estirpare *qc* **3** (*im Kampf besiegen*) *jdn/etw ~* {FEIND, GEGNER, HEER} distruggere *qu/qc*, annientare *qu/qc* **4** (*dezimieren*) *etw ~* {COMPUTERISIERUNG ARBEITSPLÄTZE} cancellare *qc*: **das letzte Untersuchungsergebnis hat jede Hoffnung vernichtet**, l'ultimo esame ha distrutto ogni speranza.

vernichtend **A** *adj* **1** (*absolut*) {NIEDERLAGE} pesante: **jdm eine -e Niederlage beibringen**, infliggere a qu una pesante sconfitta **2** (*absolut negativ*) {KRITIK} al vetriolo, spietato; {URTEIL} *auch* distruttivo: **sein letzter Film erhielt eine -e Kritik**, il suo ultimo film fu stroncato dalla critica **3** (*voller Verachtung*) {BLICK} che lascia fulminato (-a): **sie warf ihm einen -en Blick zu**, lo fulminò con uno sguardo **B** *adv* (*absolut*) **jdn ~ ansehen**, annientare qu con lo sguardo; **jdn ~ schlagen** *sport*, riportare una vittoria schiacciante su qu; *mil auch* sbaragliare/annientare qu.

Vernichtung <-, -*en*> f **1** (*Zerstörung*) distruzione f **2** (*Ausrottung*) {+TIERART, VOLKSSTAMM} sterminio m, annientamento m; {+UN-

KRAUT} estirpazione f **3** (*das Besiegen*) {+FEIND, GEGNER, HEER} annientamento m **4** (*Dezimierung*) {+ARBEITSPLÄTZE} decimazione f.

Vernichtungsfeldzug m *mil* campagna f militare mirata all'annientamento del nemico.

Vernichtungskrieg m guerra f di annientamento.

Vernichtungslager n campo m di sterminio, lager m.

Vernichtungswut f furia f devastatrice.

vernickeln <*ohne* ge-> *tr metall etw ~* nichelare *qc*, sottoporre *qc* a nichelatura.

verniedlichen *tr etw ~* {FEHLER, IRRTUM} minimizzare (l'importanza di) *qc*, banalizzare *qc*: **solche Fotos ~ den Krieg**, foto del genere minimizzano la crudeltà della guerra.

Verniedlichung <-, -*en*> f minimizzazione f, banalizzazione f.

Vernissage <-, -*n*> f *geh kunst* vernissage m, inaugurazione f.

Vernunft <-, *ohne pl*> f ragione f, raziocinio m; (*gesunder Menschenverstand*) *auch* giudizio m, buonsenso m, criterio m: **nimm doch ~ an!**, sii ragionevole!; **wann nimmst du endlich ~ an?**, quando metterai giudizio?; **er will einfach keine ~ annehmen!**, non vuol sentire/intendere ragione!; **mit ~ begabt**, dotato di raziocinio, razionale; **~ beweisen**, ⌊dare prova di⌋/[dimostrare] buonsenso; **jdn zur ~ bringen** {ERNÜCHTERNDER VORFALL, OHRFEIGE}, ricondurre qu alla ragione; {MENSCH} *auch*, far ragionare qu; *etw gegen/wider geh alle ~ tun*, fare qc andando contro il buonsenso; **das ist doch gegen alle ~!**, è assolutamente contrario al buonsenso!; **zur ~ kommen**, cominciare a ragionare; **wieder zur ~ kommen**, rinsavire, ricominciare a ragionare; **~ walten lassen**, usare ⌊la ragione/testa⌋/[il cervello].

vernunftbegabt *adj* {MENSCH, WESEN} dotato di raziocinio, razionale: **der Mensch ist ein ~es Wesen**, l'uomo è un essere razionale.

Vernunftehe f, **Vernunftheirat** f matrimonio m di convenienza.

vernünftig **A** *adj* **1** (*Vernunft besitzend*) {MENSCH} ragionevole, sensato, (*einsichtig*) assennato, giudizioso: **sei doch ~!**, sii ragionevole! **2** (*gut*) {ARGUMENT, ARGUMENTATION, ENTSCHEIDUNG} ragionevole, sensato, assennato; {ANTWORT, FRAGE, VORSCHLAG} *auch* ragionato: **eine ~e Ernährung**, un'alimentazione equilibrata; **keinen ~en Gedanken fassen können**, non riuscire a ragionare; **mit jdm kann man kein ~es Wort reden**, non è possibile ragionare con qu **3** *fam* (*ordentlich*) {AUTO, ESSEN, KLEIDUNGSSTÜCK, WOHNUNG} decente; {PREIS} ragionevole: **nach der Diät will ich endlich mal wieder was Vernünftiges essen**, dopo la dieta voglio finalmente mangiare qualcosa di decente; **wann gibt's denn mal wieder ein ~es Kotelett?**, quand'è che si mangerà di nuovo una bella cotoletta? **B** *adv* **1** (*voller Vernunft*) {HANDELN} in modo sensato, con criterio: **~ denken**, ragionare; **~ mit einem Mann nicht ~ reden!**, con lui non si può ragionare!; **du solltest ~er mit deinem Geld umgehen**, dovresti ⌊spendere i soldi con più criterio⌋/[fare un uso più sensato dei tuoi soldi] **2** *fam* (*ordentlich*) {SICH ANZIEHEN, ESSEN} in modo decente: **hier kann man doch nicht ~ arbeiten!**, qui non è possibile lavorare con.

vernünftigerweise *adv*: *etw ~ tun*, avere il buonsenso di fare qc.

Vernunftmensch m persona f razionale.

vernunftwidrig *adj* irrazionale, illogico, contrario alla ragione.

veröden <*ohne* ge-> **A** *tr* <*haben*> *med etw ~* {GEFÄSS, KRAMPFADERN} sclerosare *qc*, sclerotizzare *qc*: **sich** (dat) *etw ~ lassen*, farsi sclerosare *qc* **B** *itr* <*sein*> **1** (*unfruchtbar werden*) {ACKER, BODEN} diventare improduttivo (-a)/sterile/infecondo (-a) **2** (*menschenleer werden*) {ORT, STADT} spopolarsi, svuotarsi: **die kleinen Dörfer ~ nach und nach**, i piccoli paesi si spopolano piano piano; **die Straßen waren wie verödet**, le strade erano deserte **3** (*stumpfsinnig werden*) {*irgendwo*} *~* {IN DER EHE, IM JOB} inaridire/inaridirsi (+ *compl. di luogo*).

Verödung <-, -*en*> f <*meist sing*> **1** *med* {+KRAMPFADERN} scleroterapia f: **sich einer Behandlung zur ~ der Krampfadern unterziehen**, sottoporsi a una terapia sclerosante delle vene varicose **2** (*Unfruchtbarwerdung*) {+BODEN} impoverimento m **3** (*das Menschenleerwerden*) {+ORT, STADT} spopolamento m **4** (*das Stumpfsinnigwerden*) inaridimento m, impoverimento m.

veröffentlichen <*ohne* ge-> *tr etw ~* **1** (*publizieren*) {ARTIKEL, MEMOIREN, PUBLIKATION} pubblicare *qc*, dare *qc* alle stampe **2** (*publik machen*) {STELLUNGNAHME} rendere pubblico (-a)/noto (-a) *qc*; {BEITRAG, REDE} divulgare *qc*, pubblicare *qc*: **der Urteilsspruch ist jetzt veröffentlicht worden**, la sentenza è stata resa pubblica/nota in questi giorni.

Veröffentlichung <-, -*en*> f **1** <*nur sing*> (*das Publizieren*) pubblicazione f **2** (*das Publikmachen*) divulgazione f, pubblicazione f **3** (*Publikation*) pubblicazione f.

Veronika f (*Vorname*) Veronica.

verordnen <*ohne* ge-> *tr* **1** *med* (*jdm*) *etw ~* {BRILLE, DIÄT, MEDIKAMENT} prescrivere *qc* (*a qu*): **der Arzt hat mir strenge Bettruhe verordnet**, il medico mi ha prescritto/ordinato assoluto riposo; **sie hat sich eine Kur ~ lassen**, si è fatta prescrivere delle cure termali; **wenn vom Arzt nicht anders verordnet, eine Tablette nach den Mahlzeiten (einnehmen)**, salvo diversa prescrizione medica/[del medico] prendere una pastiglia dopo i pasti **2** *adm rar* (*anordnen*) *etw ~* ordinare *qc*, decretare *qc*, disporre *qc*.

Verordnung <-, -*en*> f **1** *med* prescrizione f: **nach ärztlicher ~**, dietro/su prescrizione medica **2** *adm* (*Verfügung*) decreto m, ordinanza f, disposizione f.

verorten <*ohne* ge-> *tr jdn/etw* (*irgendwo/irgendwie*) *~* collocare *qu/qc* (+ *compl. di luogo/modo*).

Verortung <-, -*en*> f collocazione f.

verpachten <*ohne* ge-> *tr* (*jdm*) *etw ~*, *etw* (*an jdn*) *~* {ACKERLAND, GESCHÄFTSRÄUME, GRUNDSTÜCK, LAGERHALLE} affittare *qc* (*a qu*), locare *qc* (*a qu*); {BAUERNHOF, BETRIEB, RESTAURANT} dare in gestione *qc* (*a qu*): **das gesamte Ackerland ist an eine Gärtnerei verpachtet worden**, tutto il terreno coltivabile è stato dato in affitto/locazione a un vivaio.

Verpächter m (**Verpächterin** f) locatore (-trice) m (f).

Verpachtung <-, -*en*> f affitto m, locazione f *jur*.

verpacken <*ohne* ge-> *tr* **1** (*mit schützendem Material versehen*) *etw* (*in etw* akk *oder* dat) *~* (*für den Transport*) {BÜCHER, GESCHIRR, WAREN} imballare *qc* (*in qc*), impaccare *qc* (*in qc*); (*für den Verkauf*) confezionare *qc* (*con qc*); (*als Geschenk*) impacchettare *qc*: **die Gläser müssen besonders sorgfältig verpackt werden**, i bicchieri vanno imballati con particolare cura; **etw in Kartons/Kisten ~**, inscatolare/incassare qc, mettere qc in scatole/casse; **soll ich Ihnen die Kette als Geschenk ~?**, vuole che Le faccia una confezione/un pacchetto regalo della collana?; **der Großteil der Waren wird heute maschinell verpackt**, oggi la maggior parte delle merci viene imballata/confezionata da (macchine) imballatrici **2** (*beschönigen*) **etw** (*irgendwie*) **~**: **eine Kritik freundlich ~**, infiocchettare una critica.

Verpackung f **1** <*nur sing*> (*das Verpacken: für den Transport*) imballaggio m, packaging m; (*für den Versand*) confezione f: **wer ist für die ~ der Waren zuständig?**, chi è l'addetto (-a) alla confezione delle merci?; **bei der ~ ging ein Glas kaputt**, durante l'imballaggio si è rotto un bicchiere **2** (*Hülle*) confezione f, packaging m, involucro m; (*aus Papier*) anche incarto m; (*für den Transport*) imballaggio m: **das Verfallsdatum steht auf der ~**, la scadenza è (riportata) sulla confezione; **eine ₁Platz sparende₁/[umweltfreundliche] ~**, un imballaggio salvaspazio/ecologico.

Verpackungsgewicht n *com* tara f/peso m dell'imballaggio.

Verpackungsindustrie f industria f che produce materiale da imballaggio.

Verpackungskosten subst <*nur pl*> spese f pl di imballaggio.

Verpackungsmaschine f macchina f per imballaggi, (macchina f) imballatrice f.

Verpackungsmaterial n materiale m da imballaggio.

Verpackungsmüll m rifiuti m pl originati da materiale da imballaggio.

verpassen① <*ohne* ge-> **A** tr **1** (*nicht erreichen*) **etw ~** {ANSCHLUSS, BUS, ZUG} perdere qc, mancare qu: **sie hat den Anschluss nach Berlin verpasst**, ha perso la coincidenza per Berlino **2** (*nicht treffen*) **jdn** (*um etw*) akk) **~** {UM EINIGE MINUTEN, EINE HALBE STUNDE} mancare qu (*per qc*); **du hast sie verpasst, sie ist vor einer halben Stunde weggegangen**, l'hai mancata, è andata via mezz'ora fa **3** (*versäumen*) **etw ~** {CHANCE, GELEGENHEIT} lasciarsi sfuggire qc, mancare qc; {GELEGENHEIT, GÜNSTIGEN MOMENT} perdere qc: **wenn du dich nicht beeilst, ~ wir den Anfang des Films**, se non ti sbrighi perderemo l'inizio del film; **eine Aufführung, die man nicht ~ sollte**, una rappresentazione (teatrale) da non perdere; **ich habe den letzten Film von Wenders verpasst**, mi sono perso (-a) l'ultimo film di Wenders; **er ist ein Fan dieser Rockgruppe und verpasst keins ihrer Konzerte**, è un fan di questo complesso rock e non si lascia scappare nessuno dei suoi concerti; **der Geiger hat seinen Einsatz verpasst**, il violinista ha sbagliato l'attacco **B** rfl (*sich nicht treffen*) **sich** (*irgendwo*) **~** non incontrarsi (+ *compl di luogo*).

verpassen② <*ohne* ge-> tr *fam* **jdm etw ~** {STRAFARBEIT, STRAFE} affibbiare qc a qu *fam*, appioppare qc a qu *fam*; {OHRFEIGE} auch mollare qc a qu *fam*, assestare qc a qu: **jdm einen Denkzettel ~**, dare una (bella) lezione a qu; **jdm eine Spritze ~**, fare una puntura a qu; **wer hat dir denn den Haarschnitt verpasst?**, chi ti ha conciato i capelli in quel modo?; ● **jdm eine/eins ~** *fam*, mollare/assestare un ceffone a qu *fam*.

verpatzen <*ohne* ge-> tr *fam* (*jdm*) **etw ~** {GESCHÄFT, PLAN} rovinare qc (*a qu*), mandare ₁all'aria₁/[a monte] qc (*a qu*); {KLASSENARBEIT, PRÜFUNG} cannare qc *slang*, scazzare qc *slang*.

verpennen <*ohne* ge-> *fam* **A** tr **etw ~ 1** (*schlafend verbringen*) passare qc a dormire: **seine freien Tage verpennt er fast immer**, i suoi giorni liberi li passa quasi sempre ₁a dormire₁/[a letto] **2** (*verpassen*) {TERMIN, VERABREDUNG} dimenticar(si) *di qc* **B** itr (*verschlafen*) svegliarsi troppo tardi; (*trotz des Weckers*) non sentire la sveglia: **sie hat mal wieder verpennt**, si è svegliata tardi un'altra volta.

verpennt adj *fam* **1** (*schläfrig*) {MENSCH} mezzo (-a) addormentato (-a), assonnato: **~ aussehen**, sembrare mezzo (-a) addormentato (-a) **2** (*trottelig*) {TYP} addormentato, che dorme in piedi.

verpesten <*ohne* ge-> tr **1** (*mit Gestank füllen*) **etw ~** {MENSCH LUFT, RAUM, WOHNUNG} appestare qc, impestare qc; {GESTANK, RAUCH} auch ammorbare qc: **ein furchtbarer Gestank verpestete die Luft**, un orribile fetore ammorbava l'aria; **ich will nicht, dass ihr mir mit euren Zigaretten das Auto verpestet**, non voglio che mi impestiate la macchina con le vostre sigarette **2** *ökol* **etw ~** {ABGASE, AUTOS, FABRIKSCHLOTE LUFT} inquinare qc.

Verpestung f <-, *ohne* pl> f *ökol* inquinamento m.

verpetzen <*ohne* ge-> tr *fam pej* **jdn** (*bei jdm*) **~** fare il nome/i nomi *di qu* (*a qu*): **wenn du uns beim Lehrer verpetzt, kannst du was erleben!**, se fai la spia al professore guai a te!; **ich habe die Fensterscheibe kaputtgemacht, verpetz mich aber bloß nicht!**, ho rotto il vetro della finestra, ma non ci spifferare a nessuno! *fam*.

verpfänden <*ohne* ge-> tr (*jdm/etw*) **etw ~** {AUTO, SCHMUCK, WERTOBJEKT} impegnare qc (*presso qu/qc*), dare qc in pegno (*a qu/presso qc*); {GRUNDSTÜCK, HAUS} ipotecare qc: **verpfändet** {AUTO, SCHMUCK}, impegnato (dato) in pegno; {IMMOBILIE} ipotecato.

verpfeifen <*irr, ohne* ge-> tr *fam pej* **1** (*verraten*) **jdn** (*bei jdm*) **~** {BEI DER POLIZEI, EINEM VORGESETZTEN} denunciare qu (*a qu*), fare il nome/i nomi *di qu* (*a qu*): **er hat seine Freunde aus Angst verpfiffen**, per paura ha denunciato i suoi amici **2** *sport*: **der Schiedsrichter hat das Spiel verpetzt**, l'arbitro ha diretto la partita in modo scandaloso.

verpflanzen <*ohne* ge-> tr **1** *bot* **etw** (*irgendwohin*) **~** {BAUM, STRAUCH} trapiantare qc (+ *compl di luogo*); {TOPFPFLANZE} *auch* rinvasare qc (+ *compl di luogo*) **2** *med* (*jdm*) **etw ~** {HAUT, ORGAN} trapiantare qc (*a/su qu*), fare un trapianto di qc (*a/su qu*); (*an einen anderen Körperteil*) *auch* {GEWEBE, HAUT} innestare qc (*su qu*), fare un innesto *di qc* (*su qu*).

Verpflanzung f **1** *bot* {+BAUM, STRAUCH} trapianto m; {+TOPFPFLANZE} *auch* rinvaso m, rinvasatura f **2** *med* {+HAUT, ORGAN} trapianto m; (*an einen anderen Körperteil*) {+GEWEBE, HAUT} innesto m.

verpflegen <*ohne* ge-> **A** tr **jdn ~** {HEIM-, SCHULKINDER} dare da mangiare *a qu*; {HOTELGÄSTE} provvedere al vitto *di qu*, offrire il vitto *a qu*; *mil* {KOMPANIE, SOLDATEN, TRUPPE} vettovagliare *qu*: **wir wohnen in einem Bungalow am Strand, werden aber im Hotel verpflegt**, stiamo in un bungalow sulla spiaggia, ma i pasti ci vengono serviti in albergo; **in unserer Pension werden wir nur kalt verpflegt**, la nostra pensione ci dà/offre solo piatti freddi **B** rfl (*sich selbst*) **~**: **wir wohnen zwar im Hotel, ~ uns aber selbst**, alloggiamo in albergo, ma per il mangiare ci arrangiamo/pensiamo da soli.

Verpflegung f <-, *-en*> f **1** <*nur sing*> (*das Verköstigen*) vitto m: **ein Hotel ohne ~**, un albergo ₁che non fa pensione₁/[con solo pernottamento]; *mil* {+SOLDATEN, TRUPPE} vettovagliamento m **2** (*Kost*) vitto m; *mil* {+SOLDATEN, TRUPPE} vettovaglie f pl: **die Unterkunft war gut, die ~ weniger**/[ließ zu wünschen übrig], l'alloggio era buono, il vitto meno/[lasciava a desiderare] ● **inbegriffen**, vitto compreso, compreso il vitto; **mit voller ~**, a pensione completa.

verpflichten <*ohne* ge-> **A** tr **1** (*zwingen*) **jdn zu etw** (dat) **~** {GESETZ ZUR EINHALTUNG VON ETW, ZUM WEHRDIENST} obbligare *qu a* (*fare*) *qc*; {AUTORITÄT, VORGESETZTER ZU EINER BESTIMMTEN HALTUNG, ZUR ÜBERNAHME VON ETW} imporre *qc a qu*: **er verpflichtete all seine Mitarbeiter zu strengstem Stillschweigen**, impose a tutti i suoi collaboratori il più stretto riserbo; **man verpflichtete ihn zur Zahlung einer Geldstrafe**, lo obbligarono a pagare un'ammenda **2** (*durch Zusage auf etw festlegen*) **jdn zu etw** (dat) **~** {ZUR DURCHFÜHRUNG, EINHALTUNG VON ETW} impegnare *qu a* (*fare*) *qc*, vincolare *qu a* (*fare*) *qc*: **den Kunden zur Einhaltung der Zahlungsbedingungen ~**, impegnare il cliente all'adempimento delle condizioni di pagamento **3** (*abverlangen*) **jdn zu etw** (dat) **~** {BERUFSETHOS, EID, SCHWUR, VERSPRECHEN} obbligare *qu a* (*fare*) *qc*, vincolare *qu a* (*fare*) *qc*: **seine Stellung verpflichtet ihn zum Schweigen**, la sua posizione lo ₁obbliga a tacere₁/[vincola al silenzio]; **zu etw** (dat) **verpflichtet sein**, essere obbligato a (*fare*) *qc*, essersi impegnato a fare *qc*; **eidlich**/[**durch Eid**] **verpflichtet sein**, essere vincolato da un giuramento **4** (*vertraglich binden*) **jdn zu etw** (dat) **~** {BESTELLUNG, UNTERSCHRIFT ZUR ANNAHME, ZUM KAUF} obbligare *qu a* (*fare*) *qc*, impegnare *qu a* (*fare*) *qc*, vincolare *qu a* (*fare*) *qc*: **deine Unterschrift verpflichtet dich zur Zahlung**, la tua firma ti obbliga a pagare; **zu etw** (dat) **verpflichtet sein**, essere obbligato/tenuto a (*fare*) *qc*, avere l'obbligo di (*fare*) *qc*: **die Mitarbeiter sind verpflichtet, an den Sitzungen teilzunehmen**, i collaboratori ₁sono tenuti a₁/[hanno l'obbligo di] partecipare alle riunioni **5** (*engagieren*) **jdn** (**an**/**für etw** akk) **~** {SCHAUSPIELER AN EIN THEATER} ingaggiare *qu* (*a/presso qc*), scritturare *qu* (*a/presso qc*); {SPORTLER FÜR EINEN VEREIN} ingaggiare *qu* (*in qc*); **jdn auf/für etw** (akk) **~** {AUF, FÜR EINEN BESTIMMTEN ZEITRAUM} ingaggiare *qu per qc*: **der neue Spieler ist auf/für drei Jahre verpflichtet worden**, il nuovo giocatore è stato ingaggiato per tre anni; **jdn als etw** (akk) **~** ingaggiare *qu come qc* **6** (*vereidigen*): **jdn auf die Verfassung ~**, far giurare *qu* sulla costituzione **B** itr **1** (*eine bestimmte Haltung erfordern*) {EID, SCHWUR, VERSPRECHEN} essere/costituire un impegno: **Adel verpflichtet**, noblesse oblige **2** (*vertraglich binden*) **zu etw** (dat) **~** {BESTELLUNG, UNTERSCHRIFT} obbligare *qu a* (*fare*) *qc*: **die Bestellung des ersten Bandes verpflichtet zur Abnahme aller weiteren**, l'ordinazione del primo volume obbliga all'acquisto di tutti gli altri; **das verpflichtet zu nichts**, non costituisce alcun impegno, non è assolutamente vincolante **C** rfl **1** (*fest zusagen*) **sich zu etw** (dat) **~** {ZU EINER BESTIMMTEN HALTUNG, ZUM STILLSCHWEIGEN} impegnarsi *a* (*fare*) *qc*; {ZUR ÜBERNAHME VON ETW, ZUR ZAHLUNG} *auch* assumersi l'obbligo *di fare qc*: **ich habe mich zum Schweigen verpflichtet**, mi sono impegnato (-a) a mantenere il silenzio; **sich ~, etw zu tun**, impegnarsi a fare qc; **er hat sich vertraglich verpflichtet, das Manuskript in zwei Wochen abzuliefern**, si è impegnato a consegnare il manoscritto entro due settimane; **ich kann mich zu nichts ~**, non posso prendere ₁nessun impegno₁/[impegni]; **sich vertraglich zu etw** (dat) **~**, impegnarsi ₁per contratto₁/[contrattualmente] a fare qc **2** (*sich vertraglich binden*) **sich auf/für etw** (akk) ~ {Künstler, Schauspieler auf drei Jahre, für eine Saison} impegnarsi *per qc*, firmare *per qc fam*; {Soldat} arruolarsi *per qc*.

verpflichtend adj {Unterschrift, Versprechen, Zusage} vincolante.

verpflichtet adj **1** (*etw schuldend*) **jdm ~** in obbligo ˌnei confronti diˌ/[verso] qu: **eine ihm sehr ~e Freundin**, un'amica (che è) molto in obbligo verso di lui; **jdm (zu Dank) ~ sein**, essere obbligato verso/[nei confronti di] qu, avere un vincolo di gratitudine con qu *geh*; **wir sind Ihnen sehr (zu Dank) ~**, Le siamo molto obbligati (-e) **2** *geh* (*beeinflusst*) **jdm/etw** ~ {Epoche einer Kunstrichtung; Werke einem Meister} che deve molto a *qu/qc*, che risente dell'influenza *di qu/qc*: **seine Romane sind dem französischen Existenzialismus stark ~**, i suoi romanzi risentono molto dell'influenza dell'esistenzialismo francese ● **sich jdm (gegenüber) ~ fühlen**, sentirsi ˌobbligato (-a)ˌ/[in obbligo] verso qu; **sich zu etw (dat) ~ fühlen, sich ~ fühlen, etw zu tun**, sentirsi obbligato (-a) di/tenuto (-a) a fare qc.

Verpflichtung <-, -en> f **1** ⟨*meist pl*⟩ (*Pflicht*) impegno m, obbligo m: **berufliche/finanzielle ~en**, impegni professionali/economici; **eine vertragliche ~**, un obbligo contrattuale; **eine ~ einhalten**, rispettare un impegno; **die ~ haben, etw zu tun**, avere l'obbligo/il dovere di fare qc; **seinen ~en nachkommen, seine ~en erfüllen**, ˌadempiere aiˌ/[onorare i] propri impegni; **seinen ~en nicht nachkommen können**, non poter soddisfare/[far fronte a] i propri impegni; **keine ~en eingehen/übernehmen**, non prender(si)/assumer(si) ˌnessun impegnoˌ/[impegni]; **in ihrer Stellung hat sie viele gesellschaftliche ~en**, nella sua posizione (lei) ha molti impegni sociali **2** <*nur sing*> (*das Engagieren*) {+Künstler, Sportler} ingaggio m; {+Schauspieler} *auch* scritturazione f **3** <*nur sing*> (*Vereidung*): jds ~ **auf etw** (akk) {eines Beamten, Soldaten auf den Staat, die Verfassung} il giuramento di qu su qc.

verpfuschen <ohne ge-> tr *fam* **etw** ~ {Arbeit} abborracciare *qc fam*, pasticciare *qc fam*; {seine Karriere} mandare a rotoli *qc fam*, rovinare *qc fam*: **sein Leben ~**, ˌrovinarsi laˌ/[sciupare la propria] vita.

verpissen <ohne ge-> rfl *vulg* **sich ~**, levarsi ˌdalle palle *vulg*ˌ/[dai coglioni *vulg*] **dich!**, levati ˌdalle palle *vulg*ˌ/[dai coglioni *vulg*]/[dai piedi *fam*]!, smamma! *fam*.

verplanen <ohne ge-> **A** tr **1** (*für etw vorsehen*) **etw** ~ {Monate, Tage, Wochen, Zeit} programmare *qc*, pianificare *qc*: **sie haben schon ihren ganzen Urlaub verplant**, hanno già programmato/[fatto un programma per] ogni singolo giorno delle loro vacanze; **etw für etw** (akk) ~: **den Juni habe ich bereits für eine Reise verplant**, per il mese di giugno ho già programmato/[in programma] un viaggio; **etw (für etw** akk**) ~** {Etat, Mittel für ein Projekt, Gehalt für den Urlaub} destinare *qc* (*a qc*); **etw ~** {Geld} impegnare *qc*; **mein nächstes Gehalt ist schon längst verplant**, il mio prossimo stipendio è impegnato da molto tempo; **die nächsten Monate sind schon verplant**, i prossimi mesi sono già pieni *fam* **2** *fam* (*ausgebucht sein*): (*irgendwann*) **verplant sein**, essere impegnato/occupato (+ *compl di tempo*); **für die nächsten Wochen bin ich schon verplant**, nelle prossime settimane non ho più ˌun buco *fam*ˌ/[un minuto libero] **B** rfl (*falsch planen*) **sich ~**, ˌsbagliare a fareˌ/[fare male] i propri programmi.

verplappern <ohne ge-> rfl *fam* **sich ~**, lasciarsi scappare/sfuggire un segreto: **pass auf, dass du dich nicht verplapperst, wenn du mit ihm sprichst!**, sta' attento (-a) a non farti scappare niente quando parli con lui!

verplaudern <ohne ge-> tr **etw ~** {Zeit} passare *qc* chiacchierando/[a chiacchierare]: **ohne es zu merken, hatten sie den ganzen Vormittag verplaudert**, senza accorgersene avevano passato tutta la mattinata a chiacchierare.

verplempern <ohne ge-> tr *fam* **etw ~** {Zeit} sprecare *qc*; {Geld} sperperare *qc*.

verplomben <ohne ge-> tr **etw ~** {Container, Kiste, Zug} piombare *qc*, sigillare *qc* con il piombo: **verplombt**, piombato.

verpönt adj *geh*: (**bei jdm**) ~ **sein** {Ausdruck, Verhalten}, essere malvisto (da qu), essere un tabù (per qu); **als Frau Alkohol zu trinken, ist bei ihnen absolut ~**, per loro è un assoluto tabù che le donne bevano alcol.

verprassen <ohne ge-> tr *fam* **etw ~** {Einkommen, Erbe, Geld} scialacquare *qc fam*, dilapidare *qc*, sperperare *qc*.

verprellen <ohne ge-> tr **jdn ~** {Freund, Kollegen} urtare *qu*, indisporre *qu*, irritare *qu*; {Kunden} *auch* (far) allontanare *qu*, (s)cacciare *qu*: **sein Benehmen verprellt die Kollegen**, il suo comportamento urta i colleghi.

verprügeln <ohne ge-> tr **jdn ~**, picchiare *qu*, pestare *qu*, malmenare *qu*.

verpuffen <ohne ge-> itr <*sein*> **1** (*ohne Effekt abbrennen*) {Feuerwerkskörper, Gasgemisch, explosiver Stoff} esplodere *qc* con rumore sordo} **2** *fam* (*ohne die gewünschte Wirkung bleiben*) {Aktion} andare buca *fam*, risolversi in una bolla di sapone *fam*, non sortire effetto; {Begeisterung, Elan} sgonfiarsi: **die ganze Aktion ist verpufft**, tutta l'operazione ˌè finitaˌ/[si è risolta] in una bolla di sapone; **die Wirkung ist sofort verpufft**, l'effetto è subito svanito.

Verpuffung <-, -en> f debole esplosione f.

verpulvern <ohne ge-> tr *fam* **etw ~** {Geld} scialacquare *qc*.

verpuppen <ohne ge-> rfl *zoo* **sich ~** {Larve} trasformarsi in pupa, impuparsi; {Raupe} *auch* trasformarsi in crisalide.

Verpuppung <-, -en> f *zoo* {+Larve} impupamento m, trasformazione f in pupa; {+Raupe} *auch* trasformazione f in crisalide.

Verputz <-es, ohne pl> m *bau* intonaco m, intonacatura f.

verputzen <ohne ge-> tr **etw ~ 1** *bau* {Decke, Fassade, Gebäude, Mauer, Wand} intonacare *qc*: **etw ~ lassen**, far intonacare *qc* **2** *fam* (*aufessen*) spolverare *qc fam*, fare piazza pulita *di qc fam*, spazzare via *qc fam*: **in kürzester Zeit hatten sie den Kuchen verputzt**, in un batter d'occhio avevano spolverato il dolce.

verqualmen <ohne ge-> tr **etw ~** {Bude, Zimmer} affumicare *qc*, riempire *qc* di fumo: **verqualmt** {Bude, Café, Kneipe}, pieno/appestato pan di fumo, affumicato, fumoso.

verquatschen <ohne ge-> tr *fam* **1** → **verplaudern 2** → **verplappern**.

verquer adj *fam pej* (Argumentation, Überlegungen) contorto, tortuoso; {Idee} strambo, bizzarro, strampalato: **eine ~e Optik haben**, avere un modo di vedere le cose contorto ● **jdm ~ kommen** {Besuch, Problem}, incasinare *qu fam*, scombinare *qc*, scombussolare *qc*.

verquer|gehen <irr> itr <*sein*> (**jdm**) ~, andare storto (-a) (*a qu*).

verquicken <ohne ge-> tr **1** *geh* (*eng verbinden*) **etw mit etw** (dat) ~ collegare strettamente *qc a qc*, mettere in stretta relazione *qc con qc*; **etw** (miteinander) ~ {Dinge, Probleme} confondere *qc*: **Beruf und Privatleben miteinander ~**, combinare lavoro e vita privata; **eng (miteinander) verquickt sein**, essere strettamente (col)legati (-e) **2** *chem* **etw ~** {Metall} amalgamare *qc*.

verquirlen <ohne ge-> tr *gastr* **etw** (**mit etw** dat) ~ frullare *qc* (*con qc*): **die Eier mit dem Zucker ~**, frullare le uova con lo zucchero.

verquollen adj {Augen, Gesicht, Lider} gonfio.

verrammeln <ohne ge-> tr *fam* **etw ~** {Fenster, Tor, Tür} barricare *qc*, sbarrare *qc*.

verramschen <ohne ge-> tr *fam pej* **etw ~** {alten Hausrat, Kleider, Möbel} svendere *qc*; {Lagerbestände, Restposten} *auch* smerciare *qc*.

verrannt part perf *von* verrennen.

Verrat <-(e)s, ohne pl> m **an jdm/etw** tradimento m *di qu/qc*: ~ ˌan der gemeinsamen Sacheˌ/[am Vaterland], tradimento della ˌcausa comuneˌ/[patria]; **~ militärischer Geheimnisse**, rivelazione di segreti militari; **~ an jdm/etw begehen**, tradire *qu/qc*; **auf ~ sinnen**, meditare il tradimento; **~ üben**, tradire.

verraten <verrät, verriet, verraten> **A** tr **1** (*ausplaudern*) (**jdm**) **etw ~** {Geheimnis} rivelare *qc* (*a qu*), svelare *qc* (*a qu*), tradire *qc obs*; {Absicht, Namen, Vorhaben} rivelare *qc*: **wer hat das ~?**, chi ha fatto la spia?; **verrate niemandem etwas!**, non dire niente a nessuno! **2** (*preisgeben*) **etw** (**an jdn**) ~ {Forschungsergebnisse, Plan an die Konkurrenz} rivelare *qc* (*a qu*), svelare *qc* (*a qu*) **3** (*verräterisch handeln*) **jdn/etw** ~ {Freund, Ideal, Vaterland} tradire *qu/qc*: **die gemeinsame Sache ~**, tradire la causa comune **4** *fam scherz oder iron* (*sagen*) (**jdm**) **etw** ~ dire *qc* (*a qu*), svelare *qc* (*a qu*): **willst du uns nicht den Grund für deine gute Laune ~?**, non vuoi dirci/svelarci il motivo del tuo buon umore?; **kannst du mir mal ~, was wir jetzt machen sollen?**, mi dici (tu) cosa facciamo adesso? **5** (*deutlich werden lassen*) **etw** ~ {Arbeit Erfahrung, Talent; Blick Angst, Neugier; Geste Ungeduld} tradire *qc*, rivelare *qc*: **ihre fahrigen Bewegungen verrieten Aufregung**, l'irrequietezza dei movimenti tradiva la sua agitazione; **die Zeichnungen verrieten große Begabung**, i disegni rivelavano (un) grande talento **6** (*als jdn erweisen*) **jdn ~** {jds Akzent, Stimme} tradire *qu* **B** rfl (*sich erweisen*) **sich** (**durch etw** akk) ~ tradirsi (*con qc*): **du hast dich durch deine Verlegenheit ~**, il tuo imbarazzo ti ha tradito ● **nichts ~!**, acqua in bocca!, tieni la bocca chiusa!, bocche cucite!; **sich ~ und verkauft fühlen** *fam*, essere becco e bastonato *fam*; **~ und verkauft sein** *fam*, essere ˌfottuto *slang*ˌ/[del gatto *fam*].

Verräter <-s, -> m (**Verräterin** f) **1** (*verräterischer Mensch*) traditore (-trice) m (f) **2** (*jd, der etw ausplaudert*) spia f.

verräterisch A adj **1** (*auf Verrat zielend*) {Handlung} proditorio, commesso a tradimento; {Machenschaften, Umtriebe} proditorio; {Pläne} *auch* di tradimento: **in ~er Absicht**, con l'intenzione di tradire; **eine ~e Tat**, un tradimento, un atto proditorio **2** (*erkennen lassend*) {Blick, Geste, Grinsen, Worte} rivelatore: **eine ~e Röte schoss ihr ins Gesicht**, un eloquente rossore le salì al viso **B** adv **1** (*als Verräter*) {handeln} da traditore (-trice), proditoriamente **2** (*etw erkennen lassend*) **er grinste ~**, fece un sorrisetto rivelatore; **um ihre Mundwinkel zuckte es ~**, le sue labbra furono percorse da un tremito eloquente.

verrauchen <ohne ge-> A itr <sein> (vergehen) {ÄRGER, ZORN} sbollire, svaporare, svanire B tr <haben> (für Rauchen ausgeben) etw ~ {GELD, UNSUMME, VERMÖGEN} spendere in fumo/sigarette qc.

verräuchern tr fam → **verqualmen**.

verrechnen <ohne ge-> A rfl 1 (falsch rechnen) sich (um etw akk) ~ sbagliare i calcoli/conti (di qc), fare un errore di calcolo 2 fam (sich irren) sich ~ fare male i propri calcoli/conti: **da hast du dich aber schwer verrechnet!**, ti sei sbagliato di grosso! fam, hai proprio fatto male i tuoi calcoli/conti! 3 (sich in jdm täuschen) **sich in jdm** ~ sbagliarsi sul conto di qu: **in ihm hat sie sich gewaltig verrechnet**, si è sbagliata di grosso sul suo conto fam B tr 1 (in die Rechnung mit einbeziehen) etw (mit etw dat) ~ {GUTSCHEIN MIT KAUFPREIS} scalare qc da qc; {REISEKOSTEN, ÜBERSTUNDEN MIT DEM GEHALT} corrispondere qc con qc, pagare qc insieme a qc 2 bank (gutschreiben) etw ~ {SCHECK} accreditare qc.

Verrechnung <-, -en> f <meist sing> 1 (Berücksichtigung bei der Abrechnung) {+GUTHABEN, GUTSCHRIFT} detrazione f 2 bank accredito m, accreditamento m: **nur zur** ~, da accreditare

Verrechnungsscheck m bank assegno m per accreditamento/[sbarrato].

verrecken <ohne ge-> itr <sein> 1 slang (sterben) {MENSCH, TIER} crepare fam: **soll er doch meinetwegen** ~!, per me può anche crepare!, che crepi pure! 2 fam (kaputtgehen) {AUTO, ELEKTROGERÄT, MOTOR} essere andato fam: **der Staubsauger ist verreckt**, l'aspirapolvere è andato; **mir ist auf der Autobahn der Wagen verreckt!**, la macchina mi ha piantato (-a) proprio sull'autostrada! • **ums/zum Verrecken nicht** slang, neanche morto fam; **wirst du dich bei ihm entschuldigen? – Ums Verrecken nicht!**, ti scuserai con lui? – Neanche morto (-a)!; **er wollte ums Verrecken nicht tanzen**, non voleva ballare neanche a tirarlo per i capelli.

verregnet adj {AUSFLUG, URLAUB} funestato dalla pioggia; {ERNTE} auch rovinato dalle piogge; {JAHRESZEIT, TAG, WOCHENENDE} piovoso: **uns ist der ganze Urlaub** ~, la pioggia ci ha rovinato le vacanze.

verreiben <irr, ohne ge-> tr etw (irgendwo) ~ {CREME, SONNENÖL AUF DER HAUT, DEM KÖRPER, IM GESICHT} spalmare/mettersi qc con un leggero massaggio: **die Creme im Gesicht leicht** ~, spalmarsi/darsi la crema sul viso massaggiando leggermente; **das Massageöl muss gut verrieben werden**, l'olio per i massaggi va spalmato frizionando (ben) bene.

verreisen <ohne ge-> itr <sein> (irgendwohin) ~ partire per qc: **wir verreisen ins Gebirge**, partiamo per la montagna; **geschäftlich/dienstlich** ~, partire per un viaggio d'affari/[di lavoro]; **verreist sein**, essere in viaggio/[partito]; **ist er dienstlich oder privat verreist?**, è in viaggio/[partito] per lavoro o per motivi personali?

verreißen <irr, ohne ge-> tr jdn/etw ~ {AUTOR, AUFFÜHRUNG, BUCH, FILM, KONZERT} stroncare qu/qc fam: **seine Inszenierung ist total verrissen worden**, la sua messinscena/regia è stata completamente stroncata.

verrenken <ohne ge-> A tr (schmerzhaft verdrehen) **jdm etw** ~ {ARM} (s)torcere qc a qu, slogare qc a qu B rfl 1 (ausrenken) sich (dat) etw ~ {KIEFER} slogarsi qc; {ARM, FUß, GELENK, SCHULTER} auch (s)torcersi qc, lussarsi qc med; {HALS} (s)torcersi qc: **sie hat sich beim Sturz die Schulter ver-**

renkt, cadendo si è lussata la spalla; **sich (dat) den Hals nach jdm** ~, allungare il collo per vedere qu; **sich (dat) die Zunge** ~, contorcersi la lingua 2 (sich unnatürlich biegen) **sich** ~ fare contorsioni: **guck mal, wie sie sich beim Tanzen** ~!, guarda che contorsioni fanno mentre ballano!

Verrenkung <-, -en> f 1 med {+ARM, GELENK, SCHULTER} slogatura f, lussazione f med 2 (unnatürliche Verbiegung) contorsione f • **~en machen müssen, um...** (körperlich), dover fare le contorsioni per ...; (geistig), fare salti mortali per ...; (Ausflüchte suchen), arrampicarsi sugli specchi per ...; **ich muss schon einige ~en machen, um mit meinem Gehalt ans Ende des Monats zu kommen**, devo fare i salti mortali per arrivare alla fine del mese col mio stipendio.

verrennen <irr, ohne ge-> rfl **sich in etw** (akk) ~ fissarsi su qc, incaponirsi in qc, intestardirsi in qc: **sich in eine Idee** ~, fissarsi su un'idea; **sie hat sich dermaßen in das Projekt verrannt, dass niemand sie mehr davon abbringt**, si è a tal punto incaponita/intestardita in quel progetto che nessuno riuscirà a distoglierla.

verrenten <ohne ge-> tr **jdn** ~ pensionare qu, mandare qu in pensione: **jdn früh** ~, prepensionare qu, mandare qu in pensione anticipatamente.

verrichten <ohne ge-> tr geh etw ~ 1 (ausführen) {AUFTRAG} eseguire qc; {ARBEIT} auch fare qc; {GEBET} dire qc, fare qc; {PFLICHT} adempiere (a) qc, compiere qc: **seine Notdurft** ~, fare i propri bisogni 2 (nachgehen) {SEINE ARBEIT, SEINEN DIENST} attendere a qc.

Verrichtung f 1 <nur sing> (Ausführung) {+ARBEIT} esecuzione f; {+AUFTRAG} auch disbrigo m; {+DIENST, PFLICHT} adempimento m, compimento m 2 (zu verrrichtende Arbeit) faccenda f, lavoro m: **seinen häuslichen ~en nachgehen**, attendere ai lavori domestici.

verriegeln <ohne ge-> tr etw ~ {FENSTER, TOR, TÜR} chiudere/serrare col catenaccio qc, sprangare qc: **verriegelt**, chiuso col catenaccio, sprangato.

verriet 1. und 3. pers sing imperf von verraten.

verringern <ohne ge-> A tr etw (um etw akk) ~ 1 (räumlich verkürzen) {ABSTAND, ENTFERNUNG, VORSPRUNG} ridurre qc (di qc), diminuire qc (di qc) 2 (reduzieren) {GESCHWINDIGKEIT, UMWELTBELASTUNG} ridurre qc (di qc), diminuire qc (di qc) B rfl **sich** ~ 1 (kleiner werden) {ABSTAND, ENTFERNUNG, VORSPRUNG} ridursi, diminuire 2 (abnehmen) {AUSSICHTEN, CHANCEN, GESCHWINDIGKEIT, MÖGLICHKEITEN, UMWELTBELASTUNG, ZAHL} diminuire, ridursi: **die Zahl der Kleinunternehmer hat sich drastisch verringert**, il numero dei piccoli imprenditori si è drasticamente ridotto/[è drasticamente diminuito].

Verringerung <-, ohne pl> f riduzione f, diminuzione f.

verrinnen <irr, ohne ge-> itr <sein> 1 geh (vergehen) {MINUTEN, STUNDEN} trascorrere; {ZEIT} auch scorrere: **die Tage** ~ **langsam**, i giorni scorrono lenti 2 (versickern) **in etw** (dat) ~ {WASSER IM BODEN, SAND} infiltrarsi in qc, disperdersi in qc.

Verriss (a.R. Verriß) <-es, -e> m {+BUCH, FILM THEATERSTÜCK} stroncatura f: **einen ~ über etw** (akk) **schreiben**, stroncare qc.

verrohen <ohne ge-> A itr <sein> {GESELLSCHAFT, SITTEN} imbarbarirsi; {MENSCH} abbrutirsi B tr <haben> **jdn** ~ {GEFÄNGNIS, HARTE LEBENSUMSTÄNDE} abbrutire qu.

Verrohung <-, -en> f {+GESELLSCHAFT, SITTEN} imbarbarimento m; {+MENSCH} auch abbrutimento m.

verrosten <ohne ge-> itr <sein> arrugginir-

(si): **das Fahrrad verrostet, wenn du es immer im Regen stehen lässt**, la bicicletta arrugginisce se la lasci sempre sotto la pioggia; **verrostet**, arrugginito.

verrotten <ohne ge-> itr <sein> 1 (vermodern) {HOLZ, LAUB} imputridire, marcire 2 (zerfallen) {FABRIK, GEBÄUDE} andare in rovina/malora, cadere a pezzi; {FASSADE, MAUER} auch sgretolarsi 3 (verkommen) {SITTEN} corrompersi.

verrottet adj 1 (zerfallen) in rovina/sfacelo 2 (verkommen) {GESELLSCHAFT, MENSCH} corrotto, marcio.

verrucht adj 1 (ruchlos) {PLAN, TAT} scellerato, malvagio, infame; {MENSCH} auch abietto 2 scherz (lasterhaft) {LOKAL, VIERTEL} di perdizione scherz; {AUSSEHEN, BLICK} da depravato.

verrücken <ohne ge-> tr etw ~ {SCHRANK, SESSEL, TISCH} spostare qc.

verrückt A adj 1 (geistesgestört) pazzo, matto, folle: ~ **sein**, essere matto/pazzo/impazzito; ~ **werden**, diventare matto (-a), impazzire 2 fam (ausgefallen) {EINFALL, IDEE, UNTERNEHMEN, VORSCHLAG} folle, pazzesco; {AUTO, HAUS, KLEIDUNGSSTÜCK} bizzarro, stravagante: **was für eine ~e Mode!**, che moda bizzarra!; **ein ~er Typ**, uno mezzo matto; **ein völlig ~er Typ**, uno matto come un cavallo/[da legare]; **sie hat sich eine völlig ~e Hose gekauft**, si è comprata dei pantaloni un po' pazzi; **es ist** ~, **etw zu tun**, è da pazzi/[folle] fare qc; **das ist ja** ~!, è assurdo!; **ich möchte mal (et)was ganz Verrücktes tun**, per una volta vorrei fare una pazzia/[qualcosa di veramente folle] 3 <präd> (versessen): **auf etw** (akk)/[**nach etw** (dat)] ~ **sein** andare matto/pazzo (-a) per qc fam; **auf jdn**/[**nach jdm**] ~ **sein** essere pazzo di qu fam B adv fam {SICH ANZIEHEN} in modo stravagante/bizzarro/[un po' pazzo] • **du bist wohl** ~! fam, ma sei matto (-a)! fam, ti ha dato di volta il cervello? fam; **jdn für** ~ **erklären**, prendere per matto (-a)/pazzo (-a) qu; **wenn du dich woanders so benehmen würdest, würden sie dich für** ~ **erklären**, se ti comportassi così in casa d'altri, ti prenderebbero per pazzo (-a)/matto (-a); **jdn** ~ **machen**, far impazzire qu, far uscire di senno qu; **dieser Lärm kann einen ja** ~ **machen**, c'è veramente un chiasso da impazzire; **so (et)was Verrücktes**, che follia/pazzia!, cose/roba da matti/[dell'altro mondo]!; **ich werd'** ~! fam, non posso crederci!, roba da matti!, mi sembra di sognare!; **wie** ~ {LERNEN}, come un (-a) matto (-a)/pazzo (-a); {ARBEITEN, BRÜLLEN, PUTZEN, RENNEN, SCHREIEN, UM SICH SCHLAGEN} auch, come un forsennato/una forsennata; {SCHNEIEN}, da matti; {REGNEN} auch, che Dio la manda fam; **es stürmt wie** ~, c'è un vento che porta via fam.

Verrückte <dekl wie adj> mf matto (-a) m (f), pazzo (-a) m (f) • **wie ein ~r/eine ~** {BÜFFELN, FAHREN}, come un matto/pazzo/[una matta/pazza]; {ARBEITEN, BRÜLLEN, UM SICH SCHLAGEN} auch, come un forsennato/una forsennata; **sie haben wie die ~n gelacht**, hanno riso come i matti.

Verrücktheit <-, -en> f <nur sing> (geisteskranker Zustand) follia f, pazzia f 2 fam (etw Verrücktes) follia f, pazzia f.

verrückt|spielen itr fam {GERÄT, MASCHINE} andare in tilt, fare le bizze fam; {MENSCH} fare il pazzo fam: **unser Chef spielt mal wieder verrückt**, il capo ha ricominciato a dare i numeri.

Verrücktwerden <-s, ohne pl> n: **es ist zum** ~!, fam, c'è da impazzire/[diventar matti]! fam.

Verruf m: jdn/etw in ~ bringen, screditare qu/qc, gettare discredito su qu/qc, mettere in discredito qu/qc, compromettere la reputazione di qu; **in ~ geraten/kommen**, screditarsi, cadere in discredito, ͺcompromettere la propriaͺ/[rovinarsi la] reputazione.

verrufen adj {LOKAL, VIERTEL} malfamato, di dubbia/cattiva fama.

verrühren <ohne ge-> tr etw (mit etw dat) ~ mescolare qc (con qc): **Joghurt mit ein wenig Honig ~**, mescolare un po' di miele con lo yogurt.

verrußen <ohne ge-> itr {sein} {GEBÄUDE, KAMIN} coprirsi di fuliggine, annerirsi (per la fuliggine): **verrußt**, fuligginoso, coperto di fuliggine.

verrutschen <ohne ge-> itr {sein} {PERÜCKE} spostarsi; {ROCK} girarsi; {TRÄGER} scivolare, cadere: **der BH-Träger verrutscht immer**, la spallina del reggiseno mi cade/scivola in continuazione.

Vers <-es, -e> m **1** poet verso m: **in ~ e bringen/fassen**, mettere/comporre qc in versi; **gereimte/reimlose ~**, versi ͺin rima/rimatiͺ/[non in rima/sciolti]; **in Prosa und in ~ en schreiben**, scrivere in prosa e in versi **2** fam (Strophe) {+GEDICHT, LIED} strofa f; relig {+BIBEL, KORAN} versetto m.

versachlichen <ohne ge-> tr etw ~ {DEBATTE, DISKUSSION} (ri)portare qc su un piano concreto; philos oggettivare qc: **wir sollten versuchen, die Diskussion über die Umweltschäden stärker zu ~**, nella discussione sull'inquinamento ambientale sarebbe opportuno attenerci di più ai fatti.

versacken <ohne ge-> itr {sein} **1** naut (versinken) {BOOT, KAHN} affondare, colare a picco, andare a fondo **2** (einsinken) {in etw dat} ~ {RÄDER, REIFEN IM SAND, SCHLAMM} sprofondare (in qc), affondare (in qc) **3** fam (verkommen) {MENSCH} sprofondare, lasciarsi andare: **er versackt immer mehr in seiner Trägheit**, sprofonda sempre di più nel suo torpore; (lange feiern und viel trinken) fare bisboccia/baldoria, bisbocciare.

versagen① <ohne ge-> itr **1** (scheitern) (in etw dat) ~ {IM BERUF, LEBEN} fallire (in qc), essere un fallimento in qc; {IN EINER PRÜFUNG} fallire (a qc) fam: **kläglich/total ~**, fallire miseramente/completamente/[su tutta la linea]; **aus Angst zu ~**, per paura di fallire; **in der mündlichen Prüfung hat er versagt**, all'esame orale ha fatto cilecca fam **2** (erfolglos bleiben) fallire, essere un fallimento: **die antiautoritären Erziehungsmethoden haben völlig versagt**, i metodi educativi antiautoritari sono stati un totale fallimento/fiasco; **die Regierung hat auf der ganzen Linie versagt**, il governo ha fallito su tutta la linea **3** (nicht mehr funktionieren) {ALARMANLAGE, BREMSEN} non funzionare; {MASCHINE} incepparsi; {WAFFE} auch fare cilecca: **meine Augen fangen an zu ~**, i miei occhi non sono più quelli di una volta; **sie merkte, wie die Beine unter ihr versagten**, sentiva le gambe cedere; **das Herz hat versagt**, il cuore non ha retto; **vor Rührung versagte ihr die Stimme**, per l'emozione le mancò la voce.

versagen② <ohne ge-> geh **A** tr (nicht gewähren) **jdm etw ~** {HILFE, ZUSTIMMUNG} rifiutare qc a qu, negare qc a qu: **jdm eine Bitte ~**, rifiutare un piacere a qu; **jdm einen Wunsch ~**, non esaudire il desiderio di qu; **jdm den Gehorsam ~**, rifiutare l'obbedienza a qu, rifiutarsi di obbedire a qu; **ihrem Projekt ist die Zustimmung versagt worden**, al loro progetto è stata negata l'approvazione **B** rfl **1** (auf etw verzichten) **sich (dat) etw ~** {WUNSCH} negarsi qc, non concedersi

qc: **in den Jahren, als sie auf ein eigenes Haus sparten, mussten sie sich vieles ~**, negli anni in cui risparmiavano per farsi una casa, dovettero ͺprivarsi diͺ/[rinunciare a] molte cose **2** (sich nicht zur Verfügung stellen) **sich jdm ~** negarsi a qu: **sie hat sich ihm lange versagt** obs (den Geschlechtsverkehr verweigert), per lungo tempo gli si è negata ● **jd/etw bleibt jdm versagt** {KINDER}, a qu non è dato/concesso avere qu/qc; {ERFOLG} auch, a qu è negato qc; **jdm ist versagt, etw zu tun**, a qu non è concesso fare qc; **jd kann (es) sich nicht ~, etw zu tun**, qu non può fare a meno di fare qc.

Versagen <-s, ohne pl> n **1** (Scheitern) fallimento m, insuccesso m: **sein ~ in der Schule ist auf die lange Krankheit zurückzuführen**, i suoi insuccessi a scuola sono da imputare alla lunga malattia **2** tech (Fehlfunktion) {+ALARMANLAGE, BREMSEN, GERÄT} guasto m, mancato funzionamento m, malfunzionamento m; {+HERZ} arresto m; {+LEBER} insufficienza f; {+NIERE} blocco m **3** (Erfolglosigkeit) {+ERZIEHUNG, METHODE, POLITIK, SCHULE} fallimento m, insuccesso m ● **menschliches ~**, errore umano; **technisches ~**, guasto tecnico.

Versagensangst f psych paura f di fallire.

Versager <-s, -> m (**Versagerin** f) fallito (-a) m (f), perdente mf; (im Bett) uno che non ce la fa fam.

versalzen <irr, ohne ge-> tr **1** etw ~ {KARTOFFELN, SALAT, SUPPE} salare troppo qc, mettere troppo sale in qc: **~ sein**, essere troppo salato; **das Gemüse ist total ~**, la verdura è talmente salata che è impossibile mangiarla **2** fam (verderben) **jdm etw ~** {PLAN} guastare qc a qu, rovinare qc a qu.

versammeln <ohne ge-> **A** rfl (zusammenkommen) **sich ~** riunirsi, (r)adunarsi, raccogliersi: **die Demonstranten versammelten sich am Bahnhof**, i dimostranti si radunarono alla stazione; **die Mitglieder ~ sich einmal im Jahr**, i membri si riuniscono una volta l'anno **B** tr **1** (zusammenkommen lassen) **jdn irgendwo ~** {GÄSTE IN DER HALLE, MITGLIEDER IM SITZUNGSSAAL} riunire/(r)adunare qu + compl di luogo: **die Familie um ͺden Tischͺ/[sich] ~**, riunire la famiglia intorno ͺal tavoloͺ/[a sé] **2** sport: **ein Pferd ~**, riunire un cavallo.

Versammlung f **1** (Zusammenkunft in Fabrik, Schule) assemblea f, adunanza f; (Eigentümerversammlung, Gewerkschaftsversammlung, Parteiversammlung, Vereinsversammlung) riunione f: **eine öffentliche/politische ~**, un'adunanza pubblica/politica; **eine ~ abhalten/einberufen/vertagen**, tenere/[convocare/indire]/[aggiornare/rinviare] una riunione/un'assemblea; **eine ~ auflösen/stören/verbieten**, sciogliere/disturbare/vietare un'assemblea/adunanza; **einer ~ beiwohnen, an einer ~ teilnehmen**, presenziare/partecipare a una riunione; **auf einer ~ sprechen**, parlare/intervenire a un'assemblea/una riunione **2** (versammelte Menschen) assemblea f, convenuti m pl: **gesetzgebende/verfassunggebende ~**, assemblea legislativa/costituente **3** sport {+PFERD} riunione m.

Versammlungsfreiheit <-, ohne pl> f libertà f di riunione.

Versammlungslokal n → **Versammlungsraum**.

Versammlungsort m luogo m di ritrovo/incontro.

Versammlungsraum m sala f (per le) riunioni.

Versammlungsrecht n diritto m di riu-

nione.

Versammlungssaal m → **Versammlungsraum**.

Versand <-(e)s, ohne pl> m com **1** (das Versenden) spedizione f, invio m: **die Bücher müssen für den ~ vorbereitet werden**, i libri devono essere preparati per la spedizione **2** (~abteilung) reparto m/ufficio m spedizioni: **im ~ arbeiten**, lavorare alle spedizioni fam **3** → **Versandhaus**.

Versandabteilung f com reparto m/ufficio m spedizioni.

Versandbuchhandel m com vendita f di libri per corrispondenza.

versanden <ohne ge-> itr {sein} **1** (sich mit Sand füllen) {HAFEN, MÜNDUNG, SEE} insabbiarsi **2** (nachlassen) {GESPRÄCH, VERHANDLUNGEN} arenarsi; {BEZIEHUNG} esaurirsi: **etw ~ lassen**, lasciare che qc si perda.

versandfertig adj pronto per la spedizione: **etw ~ machen**, preparare qc per la spedizione.

Versandhandel m com vendita f per corrispondenza.

Versandhaus n com ditta f che vende ͺper corrispondenzaͺ/[da catalogo].

Versandhauskatalog m catalogo m di vendita per corrispondenza.

Versandkosten subst <nur pl> spese f pl di spedizione.

versandt part perf von **versenden**.

Versandtasche f post busta f imbottita.

Versandweg m: **auf dem ~**, per/mezzo posta.

Versatzstück n **1** theat elemento m scenico mobile **2** (nicht originelles Element) elemento m (estraneo/posticcio).

versauen <ohne ge-> tr slang **1** (verdrecken) **etw ~** {KLEIDER, SCHUHE, WOHNUNG} sporcare qc, insudiciare qc, insozzare qc **2** (verderben) **jdm etw ~** {ABEND, FEST, PARTY} rovinare qc a qu: **du hast uns den ganzen Tag versaut**, ci hai rovinato la giornata **3** (schlecht machen) **etw ~** {KLASSENARBEIT, PRÜFUNG} scazzare qc slang, cannare qc slang.

versauern itr {sein} **1** (zu viel Säure aufnehmen) {BODEN, GEWÄSSER} diventare acido (-a), acidificarsi **2** fam (verkümmern) **irgendwo ~** fare la muffa + compl di luogo: **sie versauert in einem kleinen Nest auf dem Land**, è lì che si intristisce in un paesino di campagna.

Versauerung <-, ohne pl> f, **Versäuerung** <-, ohne pl> f {+BODEN, GEWÄSSER} acidificazione f.

versaufen <irr, ohne ge-> **A** tr <haben> fam **etw ~** {GELD, LOHN} bersi qc: **er versäuft das gesamte Gehalt**, si beve tutto lo stipendio; **seinen Verstand ~**, rincretinire/rimbecillirsi a forza di bere **B** itr <sein> region (ertrinken) affogare, annegare; {MOTOR} ingolfarsi.

versäumen <ohne ge-> tr etw ~ **1** (nicht erreichen) {BUS, U-BAHN, ZUG} perdere qc **2** (nicht anwesend sein) {TERMIN} mancare a qc; {KONFERENZ, UNTERRICHT} perdere qc **3** geh (unterlassen) {PFLICHT} mancare a qc: **versäume über deinen Hobbys deine Pflichten nicht!**, non mettere gli hobby davanti ai doveri!; **(es) nicht ~, etw zu tun**, (non) mancare di fare qc; **du solltest nicht ~, deinem Vater zum Geburtstag zu gratulieren**, non mancare di fare gli auguri a tuo padre; **ich will nicht ~, Ihnen meine Glückwünsche auszusprechen**, non volevo perdere l'occasione di farLe i miei complimenti **4** (verpassen) {AUFFÜHRUNG, CHANCE, FILM, GELEGENHEIT} perder(si) qc, farsi scappare/sfuggire qc; {ZEITPUNKT} auch lasciare passare *qc*: **so eine Chance solltest du nicht ~!**, una simile opportunità non dovresti fartela scappare! • **viel/nichts versäumt haben**, aver/[non aver] perso molto/niente.

Versäumnis <-ses, -se> *n geh* mancanza *f*, omissione *f*, dimenticanza *f*: **die ~se der Regierung in der Umweltpolitik**, le mancanze del governo in materia di politica ambientale; **ein schweres ~**, una grave omissione; **sich (dat) ein schweres ~ zuschulden kommen lassen**, rendersi colpevole di una grave mancanza.

Versäumnisurteil *n jur* sentenza *f* contumaciale.

versäumt *adj* {UNTERRICHT, ZEIT} perso, perduto; {GELEGENHEIT} *auch* mancato: **der Schüler musste das Versäumte nachholen**, lo studente dovette recuperare le lezioni perse.

verschachern <ohne ge-> *tr fam pej* **etw (an jdn) ~** (essere capace di) vendere *qc* (*a qu*): **sie hat auch das alte Tafelsilber an ihn verschachert**, è stata capace di vendergli perfino la vecchia argenteria.

verschachtelt *adj* {SATZ} involuto, arzigogolato.

verschaffen <ohne ge-> **A** *tr* **jdm etw ~ 1** (*beschaffen*) {AUSWEIS, UNTERKUNFT} procurare *qc a qu*; {GELD, JOB} *auch* procacciare *qc a qu* **2** (*vermitteln*) {ERLEICHTERUNG, GELEGENHEIT, GENUGTUUNG, VORSPRUNG} dare *qc a qu*: **jdm Vorteile ~**, avvantaggiare *qu* **B** *rfl* **sich (dat) etw ~ 1** (*sich beschaffen*) {ARBEIT, JOB, FALSCHE PAPIERE, SCHUSSWAFFE} procurarsi *qc*; {GELD} *auch* procacciarsi *qc*; {KREDIT} ottenere *qc* **2** (*sich zukommen lassen*) {ANSEHEN, AUTORITÄT} acquistare *qc*: **sich (dat) Gehör ~**, farsi ascoltare; **sich (dat) über etw (akk) Gewissheit ~**, accertarsi di *qc*, assicurarsi di *qc*; **sich (dat) Respekt ~**, farsi rispettare; **sich (dat) Vorteile ~**, ottenere/avere dei vantaggi; **was verschafft mir die Ehre/das Vergnügen?** *geh*, a cosa devo l'onore/il piacere?

verschalen <ohne ge-> **A** *tr* **etw ~** {FENSTER, TÜR, WAND} rivestire di legno *qc* **B** *itr bau* montare la casseforme.

Verschalung <-, -en> *f* **1** (*das Verschalen mit Holz*) rivestimento *m* in legno; *bau* montaggio *m* delle casseforme **2** (*Holzverschalung*) rivestimento *m* in legno; *bau* cassaforma *f*.

verschämt **A** *adj* {BLICK, LÄCHELN} vergognoso, timido **B** *adv* {ANSCHAUEN, LÄCHELN} vergognosamente, timidamente.

verschandeln <ohne ge-> *tr fam* **1** (*stören*) **etw ~** {GEBÄUDE, MÜLLDEPONIE LANDSCHAFT, STADTBILD} deturpare *qc*, fare a pugni con *qc fam*, rovinare *qc* **2** (*verunstalten*) **jdn/etw ~** {EKZEM, NARBE GESICHT, PERSON} sfigurare *qu/qc*, deturpare *qc*.

Verschandelung, Verschandlung <-, ohne pl> *f* {+LANDSCHAFT, STADTBILD} deturpamento *m*, deturpazione *f*.

verschanzen <ohne ge-> **A** *tr mil obs* **etw ~** {LAGER} trincerare *qc*, munire *qc* di fortificazioni **B** *rfl* **1** *mil obs* **sich (irgendwo) ~**, trincerarsi (+ *compl di luogo*) **2** (*zum Vorwand nehmen*) **sich hinter etw (dat) ~** {HINTER BESTIMMUNGEN, SCHEINARGUMENTEN, VORSCHRIFTEN} trincerarsi dietro *qc*, farsi scudo di *qc*: **sich hinter Ausflüchten ~**, trincerarsi dietro pretesti **3** (*sich verstecken*) **sich hinter etw (dat) ~** {HINTER EINEM BUCH, EINER ZEITUNG} nascondersi dietro *qc*.

verschärfen <ohne ge-> **A** *tr* **1** (*strenger handhaben*) **etw ~** {BESTIMMUNGEN, VORSCHRIFTEN} rendere *qc* più severo (-a); {KONTROLLE, SICHERHEITSVORKEHRUNGEN} *auch* rafforzare *qc*, intensificare *qc*; {STEUERDRUCK} inasprire *qc*, aggravare *qc*; {STRAFE} *auch* irrigidire *qc*; {PRÜFUNG} rendere più difficile *qc*: **das Arbeitstempo ~**, intensificare il ritmo di lavoro **2** (*zuspitzen*) **etw ~** {LAGE, SITUATION} inasprire *qc*, aggravare *qc*; {KRISE} *auch* acutizzare *qc*, acuire *qc*; {GEGENSÄTZE, SPANNUNGEN} acuire *qc*, accentuare *qc* **B** *rfl* **sich ~** {LAGE, SITUATION} inasprirsi, aggravarsi; {KRISE} *auch* acutizzarsi, acuirsi; {SPANNUNGEN} acuirsi.

verschärft *adj* **1** (*strenger*) {BEDINGUNGEN, KONTROLLEN, SICHERHEITSVORKEHRUNGEN, STRAFE, VORSCHRIFT} più severo; {ZENSUR} *auch* più rigido; **~er Arrest**, arresto di rigore **2** (*intensiver*) {ARBEITSTEMPO, TRAINING} più intenso.

Verschärfung <-, -en> *f* **1** (*Zuspitzung*) {+LAGE, SITUATION} acutizzarsi *m*, aggravarsi *m*; {+KONFLIKT, KRISE} inasprimento *m*; {+SPANNUNGEN} acuirsi *m* **2** (*strengere Handhabung*) {+BESTIMMUNGEN, VORSCHRIFTEN} irrigidimento *m*; {+KONTROLLE, SICHERHEITSVORKEHRUNGEN} rafforzamento *m*, intensificazione *f*; {+STEUERDRUCK} inasprimento *m*; {+STRAFE} *auch* aggravamento *m*, irrigidimento *m*.

verscharren <ohne ge-> *tr* **jdn/etw ~** sotterrare *qu/qc*: **der Hund hat den Knochen verscharrt**, il cane ha sotterrato l'osso.

verschätzen <ohne ge-> *rfl* **1** (*sich beim Schätzen irren*) **sich (um etw akk) ~** sbagliarsi (di *qc*); **sich in etw (dat) ~** {IN JDS ALTER, IN DER BREITE, ENTFERNUNG, LÄNGE} sbagliarsi nel valutare *qc*: **du hast dich in der Entfernung um zehn Kilometer verschätzt**, nel valutare la distanza ti sei sbagliato (-a) di dieci chilometri; **sie hat sich nur um zwei Jahre verschätzt**, si è sbagliata solo di due anni **2** (*sich täuschen*) **sich ~** fare un errore di valutazione; **sich in jdm ~** sbagliarsi su/[sul conto di] *qu*, sbagliarsi nel valutare *qu*.

verschaukeln <ohne ge-> *tr fam* **jdn ~** {HERSTELLER, VERTRETER KÄUFER, KUNDE} abbindolare *qu*, menare per il naso *qu fam*; {REGIERUNG BÜRGER, STEUERZAHLER} prendere ₍in giro₎/[per i fondelli *fam*] *qu*: **sich nicht ~ lassen**, non lasciarsi abbindolare/[prendere per i fondelli *fam*].

verscheiden <ohne ge-> *itr* <sein> *geh* spirare, spegnersi *lit*: **verschieden sein**, essere deceduto/trapassato *lit*; **mein verschiedener Mann**, il mio defunto/povero *fam* marito; **der/die Verschiedene**, il defunto/la defunta.

verscheißern <ohne ge-> *tr slang* **jdn ~** prendere per il culo *qu vulg*.

verschenken <ohne ge-> **A** *tr* **1** (*als Geschenk geben*) **etw ~** regalare *qc*, dare via *qc*; **etw an jdn ~** {GELD} donare *qc a qu*, regalare *qc a qu*; {GEGENSTAND} regalare *qc a qu*, dare *qc* in regalo *a qu*: **all ihre Kostbarkeiten hat sie an die Enkel verschenkt**, tutti i suoi oggetti di valore li ha regalati ai nipoti; **sein Herz an jdn ~** *geh*, donare il proprio cuore *a qu* **2** (*ungenutzt vergeben*) **etw ~** {CHANCE, VORSPRUNG, VORTEIL} sprecare *qc*; {SIEG, TOR} regalare *qc* **B** *rfl geh* (*sich hingeben*) **sich an jdn ~** {FRAU, MÄDCHEN} darsi *a qu geh*.

verscherbeln <ohne ge-> *tr fam* **etw ~** svendere *qc*, vendere *qc* a un prezzo ridicolo.

verscherzen <ohne ge-> *rfl* **sich (dat) etw ~** {GELEGENHEIT, GUNST, SYMPATHIE, JDS ZUNEIGUNG} giocarsi *qc fam* • **es sich (dat) bei jdm ~** *fam* {JDS FREUNDSCHAFT EINBÜSSEN}, giocarsi l'amicizia di *qu*; **bei ihm hast du es dir (endgültig) verscherzt**, ti sei giocato (-a) sua amicizia.

verscheuchen <ohne ge-> *tr* **1** (*fortjagen*) **jdn/etw ~** {MENSCH FLIEGEN, HAUSIERER, STREUNENDE HUND} scacciare *qu/qc*; {HUND, LÄRM TIER} far scappare *qc*; {ALARMANLAGE, BISSIGER HUND EINBRECHER} *auch* mettere in fuga *qu*, far fuggire *qu* **2** (*verschwinden lassen*) **etw ~** {LANGEWEILE, SORGEN} scacciare *qc*; {GEDANKEN} *auch* cacciare via *qc*; {MÜDIGKEIT} scuotersi di dosso *qc*.

verscheuern <ohne ge-> *tr fam* → **verscherbeln**.

verschicken <ohne ge-> *tr* **1** *post* (*versenden*) **etw (an jdn) ~** {EINLADUNGEN, GLÜCKWUNSCHKARTEN, PROSPEKTE} spedire *qc* (*a qu*), inviare *qc* (*a qu*) **2** (*zur Erholung schicken*) **jdn irgendwohin ~** {ERHOLUNGSBEDÜRFTIGE, KINDER, KRANKE} mandare *qu* + *compl di luogo*: **die Kinder wurden in die Berge verschickt**, i bambini/ragazzi vennero mandati in montagna.

verschieben <irr, ohne ge-> **A** *tr* **1** (*verrücken*) **etw (um etw akk) ~** {BETT, REGAL, SCHREIBTISCH} spostare *qc* (*di qc*) **2** (*verlegen*) **etw (auf/um etw akk) ~** {BESUCH, PRÜFUNG, REISE, TERMIN AUF EIN ANDERES DATUM, EIN ANDERES MAL, UM EINE WOCHE} rimandare *qc* (*a qc/di qc*), rinviare *qc* (*a qc/di qc*), spostare *qc* (*a qc/di qc*), differire *qc* (*a qc/di qc*) *form*: **der Besuch des Kanzlers ist auf unbestimmte Zeit verschoben worden**, la visita del cancelliere è stata rimandata a data da definire; **die Konferenz ist auf Mittwoch verschoben worden**, la conferenza è stata spostata a mercoledì; **wir müssen Ihren Termin leider um eine Woche ~**, siamo purtroppo costretti a rinviare il Suo appuntamento di una settimana; **eine Arbeit auf den nächsten Tag ~**, rimandare un lavoro al giorno seguente **3** *fam* (*illegal vertreiben*) **etw ~** {DROGEN, SCHNAPS, WAFFEN} vendere *qc* ₍al mercato nero₎/[di contrabbando], trafficare (*in*) *qc*; **etw irgendwohin ~** {DEVISEN, WAFFEN INS AUSLAND, GIFTMÜLL IN DIE DRITTE WELT} esportare illegalmente/clandestinamente *qc* + *compl di luogo*: **Geld ins Ausland ~**, portare capitali all'estero; **etw über die Grenze ~**, portare *qc* illegalmente oltre confine **4** *inform* **etw ~** spostare *qc* **B** *rfl* **1** (*später stattfinden*) **sich (auf/um etw akk) ~** {OPERATION, REISE, VORSTELLUNG AUF EIN ANDERES DATUM, UM UNBESTIMMTE ZEIT} slittare (*di/a qc*) *lit*: **auf Grund des dichten Nebels verschiebt sich der Abflug um zwei Stunden**, a causa della fitta nebbia la partenza slitta di due ore; **der Unterrichtsbeginn verschiebt sich** ₍auf die nächste₎/[um eine] **Woche**, l'inizio delle lezioni slitta ₍alla settimana prossima₎/[di una settimana] **2** (*sich im Verhältnis verändern*) **sich ~** {GLEICHGEWICHT, KRÄFTEVERHÄLTNIS} modificarsi: **das Ungleichgewicht zwischen Ein- und Ausnahmen hat sich noch mehr verschoben**, lo squilibrio (esistente) fra entrate e uscite si è accentuato ancora di più **3** (*verrutschen*) **sich ~** {BINDE, KOPFTUCH, TEPPICH} spostarsi.

Verschiebung *f* **1** (*Verlegung*) {+REISE, VORSTELLUNG} spostamento *m*, differimento *m form*; {+KONFERENZ, TERMIN} *auch* rinvio *m* **2** *fam* (*illegaler Vertrieb*) ~ **von etw** (*dat*) vendita *f* ₍al mercato nero₎/[di contrabbando] *di qc*; (*ins Ausland*) *auch* esportazione *f* illegale *di qc* **3** (*Veränderung*) {+GLEICHGEWICHT, KRÄFTEVERHÄLTNIS} modifica *f*.

verschieden **A** *adj* **1** (*unterschiedlich*) diverso, differente: **du hast zwei ~e Socken an**, ti sei messo (-a) dei calzini differenti; **in/nach Farbe/Form/Größe ~ sein**, essere diverso/differente per colore/forma/dimensioni **2** (*anders geartet*) {BRÜDER, GESCHWISTER, MENSCHEN} differente, diverso, dissimile: **voneinander ~ sein**, essere differenti/di-

verschiedenartig | **verschleißen** 1201

versi (-e) (l')uno (-a) dall'altro (-a); **die beiden sind ~ wie Tag und Nacht**, quei due ₋sono (diversi)₁/[si assomigliano] come il giorno e la notte **3** (*abweichend*) {AUFFASSUNGEN, INTERESSEN} diverso, divergente: **~er Ansicht/Meinung sein**, essere di diverso parere/avviso, avere opinioni discordi; **ich habe die ~sten Meinungen gehört**, ho sentito i pareri più disparati **4** ⟨*attr pl*⟩ (*mehrere*) diversi (-e), vari (-e), svariati (-e): **~e Male/Mal**, diverse/varie/svariate volte; **es haben ~e Leute angerufen**, hanno chiamato diverse/più persone, hanno chiamato in diversi; **Vertreter der ~sten Richtungen waren zugegen**, erano presenti esponenti ₋degli orientamenti più diversi/vari₁/[delle tendenze più diverse/varie]; **wir haben diesen Artikel in ~en Farben da**, abbiamo quest'articolo in diversi/vari colori; **Röcke in den ~sten Formen und Farben**, gonne nei modelli e nei colori più svariati; **aus den ~sten Gründen**, per tutta una serie di motivi; **man kann das auf ~e Weise ausdrücken**, lo si può esprimere/dire in diversi/vari modi **5** ⟨*nur adj*⟩ (*substantivisch: einige*): **Verschiedene**, diversi, alcuni: **Verschiedene behaupten, dass ...**, ₋in diversi₁/[alcuni] sostengono che ... **6** ⟨*substantivisch: manches*⟩: **Verschiedenes**, diverse/varie cose: **es gibt noch Verschiedenes zu besprechen/klären**, ci sono ancora varie cose ₋di cui parlare₁/[da chiarire]; **es muss noch Verschiedenes besorgt werden**, bisogna comprare/prendere *fam* ancora diverse cose; **Verschiedenes** (*Tagesordnungspunkt*), varie ed eventuali; (*in Zeitungen und Listen*) varie **B** *adv* (*unterschiedlich*) {ABGEPACKT, GEFORMT, ZUBEREITET} in modo diverso/differente, in maniera diversa/differente: **~ breit/groß/lang**, di larghezza/grandezza/lunghezza diversa; **~ schwer**, di peso diverso ● **das ist ~**, a seconda (*che*), dipende; **das ist ~** (*dat*) **zu etw** (*dat*) **~: das ist von Fall zu Fall ~**, dipende dai casi, varia da caso a caso; **das ist von Tag zu Tag ~**, dipende dai giorni, varia ₋di giorno in giorno₁/[da un giorno all'altro].

verschiedenartig *adj* di genere/tipo diverso, diverso: **auf dem Markt findest du die ~sten Dinge**, al mercato trovi cose di ogni genere.

verschiedenerlei ⟨*inv*⟩ *adj* **1** ⟨*attr*⟩ (*verschiedenartig*) {GEBÄCK, KÄSE, WURST} diversi/vari/svariati tipi di, una grande scelta di; {PFLANZEN} *auch* diverse/varie/svariate specie di: **wir haben ~ Käse**, abbiamo diversi tipi di formaggi **2** ⟨*attr*⟩ + *pl* (*alle möglichen*) {KONSEQUENZEN} diversi (-e); {GRÜNDE, URSACHEN} *auch* svariati (-e) **3** (*substantivisch: alles Mögliche*) diverse/svariate cose.

verschiedenfarbig *adj* {STOFFE} di diverso/vario colore.

Verschiedenheit ⟨-, -en⟩ *f* **1** (*Unterschiedlichkeit*) {+BREITE, FARBE, KLEIDUNGSSTÜCKE} diversità f, differenza f; {+GESCHMACK, MEINUNG, STIL, URTEIL} *auch* disparità f, divergenza f **2** (*charakteristische Andersartigkeit*) differenza f, diversità f: **die ~ der beiden Brüder ist frappant**, la differenza tra i due fratelli è impressionante **3** (*Vielfalt*) varietà f, molteplicità f.

verschiedentlich *adv* diverse/più/varie volte; {DARAUF HINWEISEN, ERMAHNEN} *auch* a più riprese: **sie haben sich schon ~ nach ihm erkundigt**, hanno chiesto di lui già diverse volte.

verschießen① ⟨*irr, ohne ge*-⟩ *tr* **etw ~ 1** (*durch Schießen aufbrauchen*) {PATRONEN} sparare *qc*, finire *qc*: **er hat zwanzig Patronen verschossen**, ha sparato venti cartucce; **er verschießt die ganze Munition**, finisce tutte le munizioni **2** *fam* (*durch Fotografieren aufbrauchen*): **ich habe im Urlaub zehn Filme verschossen**, durante le vacanze ho fatto fuori *fam* dieci rullini; **hast du schon alle Aufnahmen verschossen?**, hai già utilizzato tutti gli scatti?

verschießen② ⟨*irr, ohne ge*-⟩ *itr* ⟨*sein*⟩ {STOFF, TAPETE, VORHANG} sbiadir(si), scolorir(si), perdere il colore; {FARBE} sbiadire, perdere vivacità: **Rot verschießt leicht an der Sonne**, il rosso sbiadisce/[si scolorisce] facilmente al sole.

verschiffen ⟨*ohne ge*-⟩ *tr* **jdn/etw** (*irgendwohin*) **~** trasportare *qu/qc* via mare/fiume (+ *compl di luogo*).

verschimmeln ⟨*ohne ge*-⟩ *itr* ⟨*sein*⟩ {BROT, KÄSE, OBST} ammuffire, fare/prendere la muffa: **verschimmelt**, ammuffito.

verschissen *part perf von* verscheißen *slang*: **(es) bei jdm ~ haben**, aver chiuso con *qu fam*, aver rotto (le palle) a *qu slang*.

verschlafen① ⟨*irr, ohne ge*-⟩ **A** *itr* non svegliarsi in tempo, svegliarsi troppo tardi; (*trotz Weckers*) non sentire la sveglia **B** *tr* **etw ~ 1** (*schlafend verbringen*) {NACHMITTAG, TAG} passare *qc* a dormire **2** *fam* (*versäumen*) {TERMIN, VERABREDUNG} dimenticarsi/scordarsi completamente *di qc*: **der Sopran hat seinen Einsatz ~**, il soprano ha mancato l'attacco.

verschlafen② *adj* **1** (*schlaftrunken*) {AUGEN, MENSCH} assonnato, sonnolento, sonnacchioso: **du bist ja noch ganz ~**, sei ancora mezzo (-a) addormentato (-a); **du siehst ganz ~ aus**, hai l'aria insonnolita **2** (*langweilig*) {ORT, STÄDTCHEN} sonnolento, immerso nel torpore.

Verschlag ⟨-(e)s, Verschläge⟩ *m* capanno m, baracca f.

verschlagen① ⟨*irr, ohne ge*-⟩ **A** *tr* **1** (*nehmen*) **jdm etw ~** {ANBLICK, SCHRECK, ÜBERRASCHUNG APPETIT} togliere *qc* a *qu*; {ATEM} *auch* lasciare *qu* senza *qc*: **die Nachricht hat allen die Sprache ~**, la notizia ha lasciato tutti senza parole; **das hat mir die Sprache ~**, sono rimasto (-a) ₋senza parole₁/[a bocca aperta]; **ein scharfer Wind verschlug ihm den Atem**, un vento tagliente gli toglieva il fiato **2** (*verblättern*) **etw ~** {SEITE, STELLE} perdere *qc*: **jetzt hast du mir die Seite ~!**, (ora) mi hai fatto perdere la pagina! **3** Tennis Tischtennis Volleyball (*verfehlen*) **etw ~** {AUFSCHLAG} sbagliare *qc*; {BALL} sbagliare *qc* **B** *unpers* **1** (*nehmen*): **jdm verschlägt es den Atem**, qu rimane senza fiato; **jdm verschlägt es die Sprache**, qu rimane ₋senza parole₁/[a bocca aperta] **2** (*irgendwohin gelangen lassen*): **es verschlägt jdn irgendwohin**, qu ₋va a finire₁/[finisce] + *compl di luogo*: **nach dem Krieg verschlug es sie nach Afrika**, dopo la guerra ₋sono finiti₁/[è finita] in Africa; **auf eine einsame Insel ~ werden**, finire su un'isola deserta.

verschlagen② *pej* **A** *adj* (BLICK, GRINSEN, MENSCH) scaltro, smaliziato: **so ein ~er Kerl!**, che marpione/dritto! **B** *adv* {GRINSEN} con aria furba.

Verschlagenheit ⟨-, *ohne pl*⟩ *f* scaltrezza f.

verschlammen ⟨*ohne ge*-⟩ *itr* ⟨*sein*⟩ {FLUSSBETT, HAFEN, SEE} riempirsi di fango/melma, interrarsi.

verschlampen ⟨*ohne ge*-⟩ *tr fam pej* **etw ~** {EINLADUNG, KONZERTKARTEN, SCHLÜSSEL} smarrire *qc* per disattenzione: **etw ~ lassen** {GARTEN, HAUS, WOHNUNG}, trascurare *qc*, lasciar andare *qc*; **sie lassen das Haus völlig ~**, lasciano completamente andare la casa.

verschlampt *adj fam* {GARTEN, HAUS, WOHNUNG} trascurato; {MENSCH} trascurato, trasandato, sciatto.

verschlechtern ⟨*ohne ge*-⟩ **A** *tr* **etw** (*durch etw* akk) **~** {LAGE, ZUSTAND} peggiorare *qc* (*con qc*), aggravare *qc* (*con qc*): **dieses Medikament hat seinen Gesundheitszustand nur noch verschlechtert**, questo medicinale/farmaco non ha fatto altro che peggiorare le sue condizioni di salute; **durch ein solches Verhalten verschlechterst du deine Lage**, con un atteggiamento simile aggravi/peggiori la tua situazione **B** *rfl* **1** (*schlechter werden*) **sich ~** {BEZIEHUNG, VERHÄLTNIS} deteriorarsi; {GESUNDHEIT, LAGE, ZUSTAND} peggiorare, aggravarsi; {QUALITÄT} scadere, peggiorare, calare; {WETTER} peggiorare, guastarsi: **seine finanzielle Lage hat sich drastisch verschlechtert**, la sua situazione economica è peggiorata drasticamente **2** (*schlechtere Leistungen erbringen*) **sich** (**in etw** dat) **~** {IN EINEM SCHULFACH} peggiorare *in qc* **3** (*schlechter dastehen*): **sich beruflich ~**, regredire professionalmente, andare a fare un lavoro meno retribuito; **sich finanziell ~**, scendere di livello retributivo, guadagnare meno.

Verschlechterung ⟨-, -en⟩ *f* {+BEZIEHUNG, VERHÄLTNIS} deterioramento m; {+KLIMA, WETTER} peggioramento m; {+GESUNDHEITSZUSTAND, LAGE, SITUATION} *auch* aggravamento m; {+QUALITÄT} calo m: **es ist eine ~ seines Krankheitsbildes eingetreten**, il suo quadro clinico è peggiorato.

verschleiern ⟨*ohne ge*-⟩ **A** *tr* **1** (*verhüllen*) **etw ~** {GESICHT} coprire/nascondere *qc* con un velo **2** (*trüben*) **etw ~** {TRÄNEN} JDS AUGEN, BLICK; WOLKEN DEN HIMMEL, DIE SONNE} velare *qc* **3** (*verdecken*) {ABSICHTEN} mascherare *qc*, non lasciar trasparire *qc*, camuffare *qc*; {MISSSTAND, SKANDAL} coprire *qc*, nascondere *qc*; {TATSACHEN} occultare *qc* **B** *rfl* **sich ~** **1** (*sich verhüllen*) {MOSLEMISCHE FRAU, WITWE} portare il velo **2** (*sich trüben*) {AUGEN, BLICK, HIMMEL} velarsi.

verschleiert **A** *adj* **1** (*verhüllt*) {GESICHT} velato; {MOSLIME, WITWE} *auch* col volto velato/[coperto da un velo]: **die Frau war tief ~**, un pesante velo nascondeva il volto della donna **2** (*getrübt*) {BLICK, STIMME} velato **B** *adv*: **etw ~ sehen**, vedere qc come attraverso un velo.

Verschleierung ⟨-, -en⟩ *f* **1** (*Verdeckung*) {+MISSSTAND, SKANDAL} copertura f; {+WAHRER SACHVERHALT} occultamento m: **zur ~ der wahren Absichten**, per mascherare le vere intenzioni **2** (*Verhüllung durch Schleier*): **die ~ muslimischer Frauen ist ein kontroverses Thema**, l'obbligo per le donne musulmane di portare il velo è un argomento molto discusso.

Verschleierungstaktik *f* escamotage m.

Verschleierungsversuch *m* tentativo m di nascondere/dissimulare.

verschleimt *adj* {BRONCHIEN, LUNGEN} pieno di catarro.

Verschleiß ⟨-es, -e⟩ *m* **1** (*Abnutzung*) {+GELENK, TEPPICHBODEN} usura f; {+GERÄT, MASCHINE, MOTOR} *auch* logoramento m, logorio m: **(einem) ~ unterliegen**, essere soggetto a usura **2** *fam* (*Verbrauch*) **~ an etw** (dat) consumo *di qc* ● **einen großen ~ an jdm/etw haben** *fam* {AN AUTOS, GELIEBTEN}, cambiare qu/qc in continuazione; {AN HEMDEN, SCHUHEN}, consumare una grande quantità di qc.

verschleißen① ⟨*verschleißt, verschliss, verschlissen*⟩ **A** *itr* ⟨*sein*⟩ (*sich abnutzen*) {MOTOR} logorarsi; {REIFEN, STOFF, TEPPICH} consumarsi **B** *tr* ⟨*haben*⟩ (*abnutzen*) **etw ~** {KLEIDER, REIFEN, SCHUHE} logorare *qc*, consumare *qc*; {KRÄFTE, NERVEN} logorare *qc*: **er ver-**

schleißt ein Paar Socken im Monat, consuma un paio di calzini al mese ▣ rfl *<haben>* (*sich abnutzen*) **sich** ~ logorarsi.
verschleißen② *<ohne ge->* tr *A etw* ~ vendere *qc* (al dettaglio/minuto).
Verschleißerscheinung f 1 *tech* indice m di usura 2 *med* segno m di usura 3 *bes. pol* indice m di logoramento.
verschleißfest adj {MATERIAL} resistente all'usura.
Verschleißfestigkeit f *tech* resistenza f all'usura.
Verschleißprüfung f *tech* prova f di resistenza f all'usura.
Verschleißteil n {+GERÄT, MASCHINE} pezzo m particolarmente soggetto all'usura.
verschleppen *<ohne ge->* tr 1 (*gewaltsam wegbringen*) **jdn/etw** (*irgendwohin*) ~ {FLÜCHTLINGE, GEFANGENE IN EIN LAGER, AN EINEN ANDEREN ORT} deportare *qu* (+ *compl di luogo*); {GEISEL} condurre/portare *qu* a viva forza (+ *compl di luogo*): **sie wurden im Krieg verschleppt**, vennero deportati durante la guerra; **die im Krieg verschleppten Kunstwerke**, le opere d'arte sottratte durante la guerra 2 (*nicht rechtzeitig behandeln*) **etw** ~ {KRANKHEIT} trascurare *qc*, trascinare *qc*: **verschleppt** {GRIPPE}, trascurato 3 (*weiterverbreiten*) **etw** ~ {INFEKTION, SEUCHE, VIRUS} portare *qc* 4 *jur* **etw** ~ {PROZESS, VERFAHREN} intralciare *qc*.
Verschleppte *<dekl wie adj>* mf deportato (-a) m (f).
Verschleppung *<-, -en>* f 1 (*Deportation*) {+FLÜCHTLINGE, GEFANGENE} deportazione f; {+GEISEL} trasferimento m (forzato) 2 *med* **die ~ einer Grippe**, trascurare/trascinarsi un'influenza 3 (*Weiterverbreitung*) {+INFEKTION, SEUCHE, VIRUS} diffusione f 4 *jur* (*Verzögerung*) {+PROZESS, VERFAHREN} intralcio m.
Verschleppungstaktik f tattica f dilatoria; (*im Parlament*) ostruzionismo m.
verschleudern *<ohne ge->* tr **etw** ~ 1 (*unter Wert verkaufen*) svendere *qc*, liquidare *qc*, vendere *qc* sottoprezzo 2 (*vergeuden*) {ERSPARNISSE, VERMÖGEN} dilapidare *qc*, scialacquare *qc* fam, sperperare *qc*, fare fuori *qc* fam: **sie hat ein Vermögen verschleudert**, ha dilapidato il patrimonio; **er hat in kürzester Zeit seine gesamten Ersparnisse verschleudert**, ha fatto fuori *fam* in brevissimo tempo tutti i suoi risparmi; **der Staat verschleudert unsere Steuergelder**, lo stato butta via i soldi di noi contribuenti.
verschließbar adj {FACH, SCHUBLADE, TÜR} chiudibile, che si può chiudere a chiave.
verschließen *<irr, ohne ge->* ▣ tr 1 (*abschließen*) **etw** ~ {GARAGE, HAUS, SCHRANK, TÜR} chiudere *qc*: **hast du die Fenster alle gut verschlossen?**, hai chiuso bene tutte le finestre? 2 (*zumachen*) **etw** ~ (*mit etw* dat) ~ {GLAS, TOPF MIT EINEM DECKEL} chiudere *qc* (*con qc*); {FLASCHE MIT EINEM KORKEN} tappare *qc* (*con qc*), turare *qc* (*con qc*): **etw luftdicht** ~, chiudere *qc* ermeticamente 3 (*nicht wahrnehmen wollen*) **etw vor etw** (dat) ~: **die Augen vor etw** (dat) ~, {VOR JDS ELEND, LEID}, chiudere gli occhi davanti a *qc*, non voler vedere *qc*; **die Augen vor den Tatsachen/der Wahrheit** ~, chiudere gli occhi davanti ₍all'evidenza dei fatti₎/[alla verità]; **die Ohren vor etw** (dat) ~ {VOR JDS BITTEN, KLAGEN, WÜNSCHEN}, essere sordo a *qc* 4 (*wegschließen*) **etw** ~ (*in etw* dat) ~ {DOKUMENTE, GELD IM SCHREIBTISCH, VORRÄTE IM SCHRANK} chiudere *qc* (*in qc*), mettere *qc* sotto chiave (*in qc*) ▣ rfl 1 (*sich nicht mitteilen*) **sich jdm** ~ {MENSCH DEN FREUNDEN, KOLLEGEN} non aprirsi *con qu*; {LAND DEM FREMDEN, REISENDEN} restare inaccessibile *a qu*: **er verschließt sich**

inzwischen auch den engsten Freunden, non si apre più neanche con gli amici più intimi 2 (*sich unzugänglich zeigen*) **sich etw** (dat) ~ {JDS ARGUMENTEN} rifiutarsi di comprendere/riconoscere *qc*, non volere comprendere/riconoscere *qc*; {JDS BITTE, WUNSCH} essere sordo *a qc*: **sich der Einsicht/Erkenntnis** ~, **dass** ..., rifiutarsi di vedere/riconoscere che ...; **man kann sich der Tatsache nicht** ~, **dass** ..., non si può non riconoscere il fatto che ..., bisogna prendere atto del fatto che...; **diesen Überlegungen kannst du dich nicht** ~, ₍non puoi non ammettere₎/[devi riconoscere] la fondatezza di questi ragionamenti.
verschlimmbessern *<ohne ge->* tr *fam scherz* **etw** ~ {ARTIKEL, TEXT} peggiorare *qc* (nell'intento di migliorarlo): **mit deiner Manie, alles genau erklären zu wollen, hast du den Text verschlimmbessert**, con la tua mania di voler spiegare tutto nei minimi particolari hai peggiorato il testo invece di migliorarlo.
verschlimmern *<ohne ge->* ▣ tr **etw** ~ (*durch etw* akk) ~ aggravare *qc* (*con qc*), peggiorare *qc* (*con qc*): **durch die Strapazen der Reise hat er seinen Zustand noch verschlimmert**, gli strapazzi del viaggio hanno ulteriormente aggravato le sue condizioni di salute ▣ rfl **sich** ~ {INFEKTION, KRANKHEIT, ZUSTAND} aggravarsi, peggiorare: **sich von Tag zu Tag** ~, peggiorare giorno dopo giorno.
Verschlimmerung *<-, -en>* f *meist sing* aggravamento m, peggioramento m.
verschlingen① *<irr, ohne ge->* tr **etw** ~ 1 (*hastig hinunterschlucken*) {TIER} divorare *qc*; {MENSCH} auch trangugiare *qc*, ingurgitare *qc*: **jdn/etw mit den Augen** ~ *fig*, divorare/mangiare *qu/qc* con gli occhi 2 (*kosten*) {BAU, SANIERUNG MILLIONEN, UNSUMMEN} inghiottire *qc*: **das neue Olympiastadion hat die gesamten Steuergelder verschlungen**, il nuovo stadio olimpico ha inghiottito tutti i soldi dei contribuenti 3 *fam* (*etw sofort zu Ende lesen*) {ARTIKEL, ROMAN} divorare *qc*: **sie hat das Buch in einem Nachmittag verschlungen**, ha divorato il libro in un pomeriggio.
verschlingen② *<irr, ohne ge->* ▣ tr (*etw ineinanderwinden*) **etw zu etw** (dat) ~ {BÄNDER, FÄDEN, SEILE ZU EINEM KNOTEN, EINER SCHLEIFE} intrecciare *qc* (*in qc*): **die Arme** ~, incrociare le braccia ▣ rfl (*sich ineinanderwinden*) **sich** (*ineinander*) ~ intrecciarsi.
Verschliss (a.R. verschliß) 3. pers sing imperf *von* verschließen.
verschlissen ▣ part perf *von* verschleißen ▣ adj {HOSE, POLSTER, STOFF, VORHANG} logoro, consunto, liso.
verschlossen ▣ adj 1 (*abgeschlossen*) {FACH, SCHUBLADE, TÜR} chiuso (a chiave): **hinter ~en Türen**, a porte chiuse; **vor ~er Tür stehen**, trovare la porta chiusa 2 (*zugemacht*) {DOSE, KISTE} chiuso; {FLASCHE} auch tappato: **fest** ~ {KISTE}, ben chiuso; {DOSE, GLAS} auch sigillato; **luftdicht** ~, sottovuoto, a chiusura ermetica 3 (*in sich gekehrt*) {MENSCH} chiuso (in sé stesso); (*wortkarg*) riservato, introverso ▣ adv: **etw gut** ~ **aufbewahren**, conservare *qc* ben sigillato (-a) ● **jdm** ~ **bleiben** {BERUF, BERUFLICHE MÖGLICHKEITEN AUSLÄNDER, FRAUEN}, rimanere fuori dalla portata di *qu*; {HINTERGRÜNDE, WAHRHEIT}, rimanere un mistero per *qu*.
Verschlossenheit *<-, ohne pl>* f carattere m chiuso.
verschlucken *<ohne ge->* ▣ tr 1 (*hinunterschlucken*) **etw** ~ {KLEINEN GEGENSTAND, KIRSCHKERN} ingoiare *qc*, inghiottire *qc*

2 (*undeutlich aussprechen*) **etw** ~ {SATZ, SILBEN, WÖRTER} mangiarsi *qc* 3 (*dämpfen*) **etw** ~ {TEPPICHBODEN, WÄNDE GERÄUSCHE, SCHRITTE} assorbire *qc* 4 (*unsichtbar machen*) **jdn/etw** ~ {DUNKELHEIT, NACHT, NEBEL AUTO, PERSON} inghiottire *qu/qc* 5 (*kosten*) **etw** ~ {BAU, SANIERUNG MILLIONEN, UNSUMMEN} inghiottire *qc* ▣ rfl (*in die Luftröhre bekommen*) **sich** (*bei/an etw* dat) ~: **jd verschluckt sich** (*bei etw* dat); {BEIM LACHEN, WEINEN}, qu soffoca (mentre fa *qc*); {BEIM ESSEN} a *qu* va di traverso *qc*; **er hat sich an dem Stückchen Fleisch verschluckt**, gli è andato di traverso il boccone di carne.
verschlungen adj {ARME} incrociato: **mit ~en Armen**, con le braccia incrociate/conserte; {PFAD, WEG} tortuoso; {FLUSSLAUF} auch serpeggiante, sinuoso.
Verschluss (a.R. Verschluß) m 1 (*Schließe*) {+ARMBAND, HALSKETTE} chiusura f, fermaglio m, fermatura f 2 (*Deckel*) {+BÜCHSE, MARMELADENGLAS} coperchio m; {+FLASCHE, WASCHBECKEN} tappo m 3 (*Schließvorrichtung*) {+FOTOAPPARAT, SCHUSSWAFFE} otturatore m 4 (*Darmverschluss*) occlusione f (intestinale) ● **etw unter** ~ **halten**, tenere *qc* sotto chiave; **etw unter** ~ **nehmen**, mettere *qc* sotto chiave; **unter** ~ **sein**, essere sotto chiave.
verschlüsseln *<ohne ge->* tr **etw** ~ 1 (*chiffrieren*) {DATEN, NACHRICHTEN} cifrare *qc*, codificare *qc*, trascrivere in cifra/codice *qc*; *TV* (*Programm*) criptare *qc*: **das Verschlüsseln, la cifratura** 2 (*indirekt ausdrücken*) {ANSPIELUNG, AUSSAGE} esprimere *qc* in modo criptico.
verschlüsselt ▣ adj {BOTSCHAFT, MELDUNG} cifrato, codificato, in cifra/codice; *TV* {PROGRAMM} criptato ▣ adv 1 (*chiffriert*) {DURCHGEBEN, ÜBERMITTELN} in cifra/codice: **Programme** ~ **senden**, diffondere programmi criptati 2 (*indirekt*) {SICH AUSDRÜCKEN, ETW WIEDERGEBEN} in modo criptico.
Verschlüsselung *<-, -en>* f *meist sing* cifratura f, codificazione f.
Verschlusskappe (a.R. Verschlußkappe) f {+REINIGUNGSMITTEL, ZAHNPASTA} tappo m; {+FÜLLER, KULI} cappuccio m.
Verschlusslaut (a.R. Verschlußlaut) m *ling* (consonante f) occlusiva f.
Verschlusssache, Verschluss-Sache (a.R. Verschlußsache) f *adm* documento m riservato/segreto.
verschmachten *<ohne ge->* itr *<sein>* 1 *geh* (*irgendwo*) ~ {IM GEFÄNGNIS, IN DER WÜSTE} morire di stenti (+ *compl di luogo*): **vor Durst/Hunger** ~, morire di sete/fame 2 *scherz* (*sehr durstig sein*) morire di sete *fam*.
verschmähen *<ohne ge->* tr *geh* **etw** ~ {ANGEBOT, FREUNDSCHAFT, HILFE} (di)sdegnare *qc*, disprezzare *qc*, respingere *qc*: **er hat unsere Hilfe verschmäht**, ha disprezzato il nostro aiuto; **verschmähte Liebe**, amore non corrisposto/ricambiato; **ein Dessert verschmäht sie nie** *scherz*, al dessert non dice mai di no.
verschmälern *<ohne ge->* ▣ tr **etw** ~ {STRAßE, WEG} stringere *qc* ▣ rfl **sich** ~ {STRAßE, WEG} restringersi.
verschmausen *<ohne ge->* tr *fam* **etw** ~ gustarsi *qc*, mangiarsi *qc* con gusto.
verschmelzen *<irr, ohne ge->* ▣ tr *<haben>* 1 (*verbinden*) **etw** (*zu etw* dat) ~ {METALLE ZU EINER LEGIERUNG} fondere insieme *qc* (*per ottenere qc*): **Kupfer und Zink zu Messing** ~, fondere insieme il rame e lo zinco per ottenere l'ottone 2 (*durch Erhitzen schließen*) **etw** ~ {GLASAMPULLE} sigillare *qc* fondendone le estremità ▣ tr *<sein>* **mit etw** (dat) ~ fondersi *con qc*; **zu etw** (dat) ~ fondersi (₍in *qc*₎/[formando *qc*]), unirsi (*in qc*).

Verschmelzung <-, -en> f ~ (**von etw** dat) fusione f (di qc).

verschmerzen <ohne ge-> tr oft iron etw ~ {Misserfolg, Niederlage, Verlust} consolarsi di qc, rassegnarsi a qc, non fare un dramma/una malattia di qc: **das ist leicht zu ~**, non è una gran perdita fam; **die hundert Euro kann ich ~**, per cento euro non faccio certo un dramma; **er wird's schon ~**, si rassegnerà.

verschmieren <ohne ge-> Ⓐ tr **1** (abdichten) etw (mit etw dat) ~ {Fuge, Loch, Riss} stuccare qc (con qc): **die Fugen müssen noch verschmiert werden**, le fughe devono ancora essere stuccate **2** fam (verstreichen) etw (auf etw dat) ~ {Butter, Öl, Salbe} spalmare qc (su qc) **3** (verwischen) etw ~ {Farbe, Schrift, Tinte} fare degli sbaffi con qc; {Lippenstift} sbaffarsi di qc **4** (beschmieren) etw ~ imbrattare qc, insudiciare qc, insozzare qc: **müsst ihr beim Essen immer sofort die Tischdecke ~?**, dovete proprio imbrattare la tovaglia appena vi sedete a tavola?; **sie hatte die Hände mit Teig verschmiert**, aveva le mani imbrattate di pasta Ⓑ itr {Lippenstift, Tinte} sbavare; {Frische Farbe} macchiare.

verschmiert adj {Gesicht, Hände} imbrattato; {Schminke} sbavato; {Fenster} imbrattato; {Schulheft, Wand} auch pieno di sbaffi.

verschmitzt Ⓐ adj {Blick, Lächeln} da birichino, da furbetto Ⓑ adv: **~ lächeln**, sorridere con aria birichina/[da furbetto].

verschmoren <ohne ge-> itr <sein> **1** (durch zu langes Schmoren verderben) {Braten} scuocere **2** el {Kabel, Leitung} fondere.

verschmust adj fam coccolone.

verschmutzen <ohne ge-> Ⓐ tr <haben> etw ~ **1** (schmutzig werden lassen) sporcare qc, insudiciare qc **2** ökol {Luft, Umwelt, Wasser} inquinare qc, contaminare qc Ⓑ itr <sein> **1** (schmutzig werden) sporcarsi, insudiciarsi: **dieses helle Sofa verschmutzt sofort**, il divano chiaro si sporca subito; **verschmutzt** {Bodenbelag, Kleidungsstück, Toilettenschüssel}, sudicio, sporco **2** ökol {Luft, Umwelt, Wasser} venire inquinato (-a)/contaminato (-a): **verschmutzt**, inquinato/contaminato.

Verschmutzung <-, -en> f **1** <nur sing> (das Verschmutzen) {+Fussboden, Teppich, Treppe} sporcare m ökol {Luft, Umwelt, Wasser} inquinamento m, contaminazione f **3** (Schmutz) sudicio m, sporco m, sporcizia f, sudiciume m.

verschnaufen <ohne ge-> itr fam riprendere fiato: **ich muss erst mal ~!**, devo prima riprendere fiato!

Verschnaufpause f piccola pausa f per riprendere fiato ● **eine kleine ~ einlegen**, riprendere fiato.

verschneiden tr **1** (beschneiden) etw ~ {Büsche, Hecke} potare qc, tagliare qc **2** (falsch zuschneiden) etw ~ {Kostüm, Stoff} tagliare male qc **3** (mischen) etw (mit etw dat) ~ {Heroin, Rum, Weinbrand} tagliare qc (con qc); {Wein mit anderen Rebsorten} tagliare qc (con qc); {mit Alkohol} adulterare qc, sofisticare qc.

verschneit adj innevato, coperto di neve: **tief ~**, sepolto sotto la neve; **über der tief ~en Landschaft schien die Zeit stehen geblieben**, nel paesaggio completamente imbiancato dalla neve il tempo sembrava essersi fermato.

Verschnitt m **1** (Alkohol) taglio m; (Wein guter Qualität) cuvée f; (Wein schlechter Qualität) vino m adulterato/sofisticato/tagliato **2** (Reste) ritagli m pl, scarti m pl, sfridi m pl.

verschnörkelt adj {Buchstaben, Schrift} pieno di svolazzi: **eine ganz ~e Schrift**, una calligrafia piena di svolazzi.

verschnupft adj fam **1** (erkältet) {Mensch} raffreddato; {Nase} chiuso, tappato **2** <präd> (beleidigt): **~ sein**, essere risentito; **er ist immer noch ~ wegen deiner Bemerkung**, è ancora risentito per la tua osservazione.

verschnüren <ohne ge-> tr etw ~ legare qc con uno spago.

verschollen adj {Person, Flugzeug, Schiff} (dato per) disperso, scomparso; {Akte, Handschrift, Kunstwerk} scomparso: **als ~ gelten**, essere/venire dato (-a) per disperso (-a); **~ geglaubt** {Person}, creduto (-a)/[dato (-a) per] morto (-a); {Akte, Handschrift, Kunstwerk} creduto (-a) perduto (-a), dato (-a) per perso (-a).

verschonen <ohne ge-> tr **1** (am Leben lassen) jdn ~ risparmiare qu, graziare qu **2** (nicht beeinträchtigen) jdn/etw ~ {Flut, Orkan, Vulkanausbruch} risparmiare qu/qc **3** fam (nicht behelligen) jdn mit etw (dat) ~ {mit einer Beschwerde, Klage, mit jds Gejammer} risparmiare qc a qu: **verschone mich bitte mit deiner schlechten Laune**, risparmiami per favore il tuo cattivo umore ● **von etw (dat) verschont bleiben** {Gebiet, Haus von Erdbeben, Sturm}, essere risparmiato (-a) da qc; {Personen} auch, scampare a qc.

verschönen <ohne ge-> tr jdm etw (mit etw dat) ~ rendere piacevole qc a qu (con qc), allietare qc a qu (con qc).

verschönern <ohne ge-> tr etw (mit etw dat) ~ abbellire qc (con qc), (ad)ornare qc (con qc): **die Wohnung mit vielen Blumen ~**, abbellire l'appartamento con tanti fiori.

Verschönerung <-, -en> f **1** <nur sing> (das Verschönern) {+Anlage, Garten, Haus} abbellimento m **2** (verschönendes Element) ornamento m.

Verschonung <-, -en> f: **die Bürger baten um die ~ ihrer Stadt**, i cittadini chiesero che la loro città fosse risparmiata; **die Bauern dankten Gott für die ~ ihrer Ernte**, i contadini ringraziarono Iddio perché il raccolto era stato risparmiato.

verschossen Ⓐ part perf von verschießen: **sich in jdn verschossen haben** fam, aver preso una cotta fam/sbandata fam per qu Ⓑ adj: **in jdn verschossen sein** fam, essere cotto di qu fam/[perso per qu].

verschrammen <ohne ge-> Ⓐ tr <haben> etw ~ {Kotflügel, Tischplatte} graffiare qc, scalfire qc, fare dei graffi su qc, segnare qc: **verschrammt**, graffiato, scalfito, segnato Ⓑ rfl <haben> **sich** (dat) **etw** ~ {Ellbogen, Knie} graffiarsi qc.

verschränken <ohne ge-> tr etw ~ {Arme} incrociare qc; {Beine} auch accavallare qc: **die Hände ~**, incrociare le dita delle mani; **mit verschränkten Armen**, a braccia conserte.

verschrauben <ohne ge-> tr etw ~ {Bleche, Holzteile, Regal} fissare qc con delle viti, avvitare qc; **etw mit etw** (dat) **~** avvitare qc a qc.

verschrecken <ohne ge-> tr jdn ~ spaventare qu.

verschreiben <irr, ohne ge-> Ⓐ tr **1** med jdm etw (gegen etw akk) ~ {Kur, Medikament} prescrivere qc a qu (contro qc): **sich** (dat) **etw ~ lassen**, farsi prescrivere qc **2** (verbrauchen) etw ~ {Bleistift, Mine} consumare qc (scrivendo); {Tinte} auch finire qc (scrivendo); {Notizblock, Papier} finire qc (scrivendo) Ⓑ rfl **1** (falsch schreiben) **sich ~** sbagliare a scrivere **2** geh (sich ganz widmen) **sich etw** (dat) **~** {der Forschung, Lehre, Musik} votarsi a qc, consacrarsi a qc: **sie hat sich (mit Leib und Seele) der Medizin verschrieben**, si è consacrata totalmente alla medicina; **er hat sich völlig der Pflege der Kranken verschrieben**, si è consacrato totalmente alla cura della malata; **sich einer Sekte ~**, diventare adepto (-a) di una setta; **sich dem Teufel ~**, vendere l'anima al diavolo.

Verschreibung <-, -en> f med **1** (das Verschreiben) prescrizione f **2** (Rezept) prescrizione f, ricetta f.

verschreibungspflichtig adj {Medikament} da vendersi dietro presentazione di ricetta medica.

verschrien (a.R. verschrieen) adj {Gegend, Kneipe} malfamato, di dubbia fama: **~ sein**, avere una brutta fama/nomea; **als etw (nom) ~ sein**, avere fama di essere qc; **das Viertel ist als gefährlich ~**, il quartiere ha fama di essere pericoloso; **als etw (nom) ~** {als Draufgänger, Emanze, Geizhals, Spieler}, avere la nomea/fama di essere qu; **er ist als Betrüger ~**, ha la nomea (di essere un) truffatore.

verschroben adj {Ansichten, Mensch} stravagante, strambo, bislacco fam: **eine ~e Alte**, una vecchia un po' bislacca.

verschrotten <ohne ge-> tr etw ~ {Flugzeug, Schiff} demolire qc; {Auto, Waschmaschine} auch rottamare qc: **etw ~ lassen** {Auto}, portare qc a rottamare/demolire, portare qc dallo sfasciacarrozze/demolitore.

Verschrottung <-, ohne pl> f rottamazione f, demolizione f, rottamaggio m.

verschrumpeln <ohne ge-> itr <sein> fam {Apfel, Haut} raggrinzarsi, raggrinzirsi, avvizzire: **verschrumpelt** {Apfel}, vizzo; {Haut, Gesicht} auch grinzoso, grinzo, raggrinzito.

verschüchtert adj {Blick, Gesichtsausdruck, Kind} intimidito.

verschulden[1] <ohne ge-> tr <haben> etw ~ {Fehlschlag, Scheitern, Unfall} essere responsabile di qc; {Unglück} auch essere causa di qc: **sie haben das Unglück selbst verschuldet**, sono loro i responsabili della disgrazia.

verschulden[2] <ohne ge-> Ⓐ tr <sein> indebitarsi: **hoch verschuldet sein**, essere fortemente indebitato/[pieno di debiti], affogare nei debiti Ⓑ rfl **sich** (bei jdm/etw) **~** indebitarsi (con qu/qc), fare/contrarre debiti (con qu/qc): **um die Firma aufzubauen, musste er sich erst schwer ~**, per mettere su l'azienda, ha dovuto contrarre pesanti debiti.

Verschulden <-s, ohne pl> n responsabilità f, colpa f: **durch eigenes/fremdes ~**, per colpa propria/[d'altri]; **es ist nicht durch mein ~ so gekommen**, non è colpa mia se le cose sono andate così ● **grobes ~** jur, colpa grave; **ohne jds ~**, non per colpa di qu; **das ist ohne sein ~ passiert**, è successo non per colpa sua.

verschuldet adj: **hoch ~** {Firma, Staat, Unternehmer}, molto/fortemente indebitato (-a).

Verschuldung <-, -en> f indebitamento m, debito m ● **die öffentliche ~**, il debito pubblico.

verschusseln <ohne ge-> tr fam etw ~ **1** (verlieren) perdere qc (per disattenzione/distrazione) **2** (vergessen) {Termin, Verabredung} dimenticare qc per disattenzione/distrazione.

verschütten <ohne ge-> tr **1** (vergießen) etw ~ {Milch, Mehl, Wasser, Wein, Zucker} versare qc, rovesciare qc **2** (begraben) jdn ~ {Einsturz, Erdrutsch, Lawine, Schnee} seppellire qu: **bei dem Einsturz des Hauses**

wurden mehrere Bewohner verschüttet, nel crollo della casa sono rimasti sepolti diversi inquilini.

Verschüttete <dekl wie adj> mf persona f sepolta (sotto ₍la neve₎/[una frana]).

verschütt|gehen <irr> itr <sein> (jdm) ~ sparire (a qu), andare perduto (-a): **mir ist mein Notizbuch verschüttgegangen**, mi è sparito il bloc-notes.

verschwägert adj ~ (**mit jdm**) imparentato (con qu): **mit jdm ~ sein**, essere un parente acquisito di qu; **sie sind miteinander ~**, sono imparentati.

verschweigen <irr, ohne ge-> tr **etw ~** (sot)tacere qc, passare qc sotto silenzio; **jdm etw ~** tacere qc a qu: **die näheren Umstände des Unfalls wurden verschwiegen**, i particolari dell'incidente sono stati passati sotto silenzio; **Sie ~ mir doch etwas!**, Lei mi nasconde qualcosa!; Lei non mi dice tutta la verità!; **jdm ~, dass ...**, tacere a qu di ... *inf*, nascondere a qu che...

Verschweigen <-s, ohne pl> n ~ **einer S.** (gen) {EINER INFORMATION, TATSACHE, DER WAHRHEIT} omissione f (di qc).

verschweißen <ohne ge-> tr **etw ~** {ROHRE} saldare qc.

verschwenden <ohne ge-> tr **etw ~** {ENERGIE, ZEIT} sprecare qc, buttare via qc; {GELD} *auch* scialacquare qc, dilapidare qc: **du verschwendest deine Worte**, è tutto fiato sprecato; **etw ₍an/für jdn/etw₎/[mit jdm/etw]** ~ {SEINE ENERGIE, KRAFT, ZEIT} sprecare qc ₍per qu/qc₎/[con qu/qc] qc; **viel Mühe an/für etw** (akk) ~, fare tanti sforzi inutili per qc; **keinen einzigen Blick an jdn ~**, non degnare qu (neanche) di uno sguardo; **keinen einzigen Gedanken an etw** (akk) ~, non perdere nemmeno un minuto a pensare a qc.

Verschwender <-s, -> m (**Verschwenderin** f) sprecone (-a) m (f); (Geldverschwender) *auch* dissipatore (-trice) m (f), scialacquatore (-trice) m (f), spendaccione (-a) m (f) *fam*.

verschwenderisch A adj **1** (leichtfertig ausgebend) {MENSCH} spendaccione, che ₍ha le mani bucate₎/[spende e spande]: **ein ~er Lebensstil**, uno stile di vita dispendioso **2** (üppig) {LUXUS, PRACHT} sfrenato; {STIL} barocco: **in ~er Fülle**, a profusione, in abbondanza, à gogo B adv **1** (in ~er Weise) {LEBEN} nello spreco: **~ mit etw** (dat) **umgehen**, sprecare qc; **mit seinem Geld ~ umgehen**, sprecare i soldi, buttare i soldi dalla finestra; **zu ~ mit Energie umgehen**, sprecare/[fare spreco di] energia (elettrica) **2** (üppig) {AUSSTATTEN, BELEUCHTEN, VERZIEREN} sfarzosamente, con sfarzo.

Verschwendung <-, ohne pl> f spreco m; (von Geld) *auch* sperpero m, dilapidazione f, dissipazione f.

Verschwendungssucht f ₍bisogno m morboso₎/[smania f] di spendere, prodigalità *geh oder lit*.

verschwendungssüchtig adj {MENSCH} che ha ₍le mani bucate₎/[la smania di spendere].

verschwiegen adj **1** (diskret) {KOLLEGE, MITARBEITER} discreto, riservato **2** (abgelegen) {BUCHT, TAL, WEIHER} appartato, recondito; {LOKAL} appartato: **sich an einem ~en Ort treffen**, incontrarsi in un luogo appartato.

Verschwiegenheit <-, ohne pl> f **1** (Diskretion) discrezione f, riservatezza f: **zur ~ verpflichtet sein**, dover mantenere ₍la massima riservatezza₎/[il massimo riserbo] **2** (Abgelegenheit) tranquillità f, quiete f.

verschwimmen <irr, ohne ge-> itr <sein> {AQUARELLFARBEN} confondersi; {KONTUREN, UMRISSE} *auch* sfumare, perdersi: **ihr verschwamm alles vor den Augen**, le si annebbiò/offuscò la vista, vide tutto annebbiato.

verschwinden <irr, ohne ge-> itr <sein> **1** (sich dem Blick entziehen) (**irgendwo(hin)**) ~ sparire/scomparire/dileguarsi (+ *compl di luogo*): **sie stiegen aus und verschwanden sofort im/ins Haus**, scesero e scomparvero subito in casa; **der Bus verschwand um die Ecke**, l'autobus scomparve dietro l'angolo; **sie verschwanden in der Dunkelheit**, scomparvero/[si dileguarono] ₍nel buio₎/[nelle tenebre] **2** (abhandenkommen) {AKTEN, GELD} sparire, scomparire, svanire nel nulla: **verschwunden sein** {AKTEN, GEGENSTAND, GELD}, essere sparito, essersi volatilizzato *fam* **3** (sich auflösen) {ERSCHEINUNG, GEIST, GESPENST} svanire, scomparire **4** (nicht mehr existieren) {BRAUCH, TIERART, TRADITION} scomparire **5** (keine Bedeutung mehr haben): **neben jdm ~**, scomparire/sfigurare accanto a qu ● **verschwinde!** *fam*, sparisci! *fam*; (**mal**) ~ (**müssen**) *fam*, dover andare (un attimo) ₍in quel posticino *obs*₎/[al gabinetto]; **jdn/etw ~ lassen** *fam*, far sparire qu/qc; **spurlos ~** {MENSCH}, sparire ₍senza lasciare traccia₎/[nel nulla]: **meine Brille ist spurlos verschwunden**, i miei occhiali ₍sono spariti/svaniti nel nulla₎/[si sono volatilizzati] *fam*.

Verschwinden <-s, ohne pl> n scomparsa f, sparizione f: **sein plötzliches ~ ist bis heute ungeklärt**, la sua improvvisa scomparsa resta fino a oggi inspiegabile; **im ~ (begriffen)** {TIERART}, in via d'estinzione.

verschwindend A adj {MINDERHEIT} insignificante, esiguo; {ANZAHL, MENGE} *auch* infinitesimale: **ein ~er Teil der Bevölkerung**, una minima parte della popolazione B adv {KLEIN} infinitamente, estremamente: **~ gering**, minimo, **~ wenig**, pochissimo.

verschwistert adj <präd>: (miteinander) **~ sein**, essere fratelli/sorelle; **mit jdm ~ sein**, essere fratello/sorella di qu.

verschwitzen <ohne ge-> tr **etw ~ 1** (durchschwitzen) {KLEIDUNGSSTÜCK} bagnare/impregnare qc di sudore: **das Kleid war verschwitzt**, il vestito era bagnato/impregnato di sudore; **er war völlig verschwitzt**, era completamente sudato, era ₍bagnato di sudore₎/[sudato fradicio] **2** *fam* (vergessen) {TERMIN, VERABREDUNG} scordarsi di qc, dimenticarsi di qc: **ich habe es verschwitzt, ihn zurückzurufen**, mi sono completamente dimenticato (-a) di richiamarlo.

verschwollen adj {AUGEN} gonfio; {GESICHT, LIPPEN} *auch* tumefatto: **sie hatte vom Weinen ~e Augen**, aveva gli occhi gonfi di pianto.

verschwommen A adj **1** (undeutlich) {BILD, FOTO} sfocato; {KONTUREN, UMRISSE} sfumato **2** (unklar) {GEFÜHL} vago, confuso; {FORMULIERUNG, VORSTELLUNG} nebuloso; {ERINNERUNG} sfocato, vago, confuso B adv **1** (undeutlich): **etw ~ sehen**, vedere qc sfocato; **ohne Brille sehe ich alles ~**, senza occhiali vedo tutto sfocato **2** (unklar): **sich ~ ausdrücken**, esprimersi in modo nebuloso.

verschworen adj **1** (konspirativ) {GEMEINSCHAFT} di cospiratori **2** (gut aufeinander eingestellt) {TEAM} molto affiatato.

verschwören <irr, ohne ge-> rfl **1** (konspirieren) **sich gegen jdn/etw ~** {PERSONEN GEGEN EINEN DIKTATOR, DIE REGIERUNG} complottare/cospirare contro qu/qc, congiurare contro qu/qc: **sie haben sich gegen den Tyrannen verschworen**, congiurano contro il tiranno; **sich zu etw** (dat) ~ {ZUR BESEITIGUNG, ZUM STURZ} complottare (per fare) qc, cospirare *per fare qc*: **sie hatten sich zum Sturz der Regierung verschworen**, congiurarono per fare il governo; **sich mit jdm gegen jdn/etw ~** complottare/cospirare *con qu contro qu/qc* **2** *geh* (sich ganz verschreiben) **sich etw** (dat) ~ consacrarsi a qc, votarsi a qc ● **etw hat sich gegen jdn verschworen**, qc congiura/cospira contro (+ [ai danni di] qu; **alles hat sich gegen mich verschworen**, tutto congiura contro di me.

Verschwörer <-s, -> m (**Verschwörerin** f) cospiratore (-trice) m (f), congiurato (-a) m (f).

Verschwörung <-, -en> f ~ (**gegen jdn/etw**) congiura f/cospirazione f/complotto m (contro/[ai danni di] qu/qc): **eine ~ anzetteln**, ordire/tramare una congiura.

Verschwörungstheorie f teoria f del complotto.

versechsfachen <ohne ge-> A tr **etw ~** moltiplicare qc per sei, sestuplicare qc B rfl **sich ~** sestuplicarsi.

versehen① <irr, ohne ge-> A tr **1** (versorgen) **jdn mit etw** (dat) ~ {MIT GELD, LEBENSMITTELN} (ri)fornire qu di qc, munire qu di qc, dotare qu di qc, provvedere qu di qc: **die Kinder mit allem Nötigen für den Ausflug ~**, fornire i bambini di tutto il necessario per la gita **2** (ausstatten) **etw mit etw** (dat) ~ munire qc di qc, dotare qc di qc, corredare qc di qc: **mit etw** (dat) ~ **sein**, essere provvisto/munito/dotato di qc; **den Betrieb mit einer Alarmanlage ~**, dotare la ditta di un impianto d'allarme; **die Tür mit einem Schloss ~**, munire la porta di un chiavistello; **eine Übersetzung mit Fußnoten ~**, corredare una traduzione di note a piè di pagina **3** *adm* (geben) **etw mit etw** (dat) ~ {MIT EINEM STEMPEL, VISUM, EINER UNTERSCHRIFT} apporre qc a qc: **einen Pass mit einer Bemerkung ~**, annotare qc₎/[fare un'annotazione] sul passaporto B rfl (sich versorgen) **sich mit etw** (dat) ~ {MIT GELD, PROVIANT, FRISCHER WÄSCHE} munirsi di qc, (ri)fornirsi di qc, provvedersi di qc: **er hatte sich reichlich mit allem ~**, si era munito di tutto in grandi quantità.

versehen② <ohne ge-> tr *geh* **etw ~** {AMT} adempiere a qc, ottemperare a qc; {PFLICHT} *auch* compiere qc, assolvere qc: **seinen Dienst gewissenhaft ~**, prestare il proprio servizio coscienziosamente.

versehen③ <ohne ge-> rfl *fam* **sich ~** sbagliarsi/sbagliare per distrazione, commettere una svista ● **eh(e) ₍man sich versieht₎/[du dich versiehst]** *fam*, prima che ₍ci si₎/[te ne] renda conto...

Versehen <-s, -> n errore m, sbaglio m, svista f, disattenzione f ● **aus ~**, per errore/sbaglio, inavvertitamente: **ich habe aus ~ den falschen Koffer vom Transportband genommen**, ho preso inavvertitamente/[per errore] la valigia sbagliata dal nastro trasportatore; **das hat er doch nur aus ~ gemacht**, lo ha fatto solo per disattenzione/distrazione, non lo ha fatto volontariamente/apposta.

versehentlich A adj {ANREMPELN} non intenzionale, non dato intenzionalmente; {HANDLUNG} commesso per errore/sbaglio B adv (irrtümlich) per sbaglio/errore; (unabsichtlich) non intenzionalmente, inavvertitamente, involontariamente: **ich habe ~ deine Handschuhe eingesteckt**, ho preso per sbaglio i tuoi guanti.

Versehrte <dekl wie adj> mf *adm* invalido (-a) m (f); (Kriegsversehrte) invalido m/mutilato m di guerra.

verselbständigen, **verselbstständigen** <ohne ge-> rfl **sich ~ 1** (unabhängig wer-

Versemacher | **Versicherungskarte** 1205

den) acquisire una propria autonomia: **die Situation/das Problem hat sich verselbständigt**, ₍la situazione mi/ci è sfuggita₎/[il problema mi/ci è sfuggito] di mano; **die Sympathisantengruppe hat sich zu einer eigenen Organisation verselbständigt**, il gruppo di simpatizzanti si è affermato come organizzazione autonoma **2** (*beruflich*) mettersi ₍in proprio₎/[per conto suo] **3** *fam scherz* (*verschwinden*) **sich ~** (*GEGENSTAND*) volatilizzarsi *fam*: **mein Mantel hat sich verselbständigt**, il mio cappotto si è volatilizzato.

Versemacher m (**Versemacherin** f) *meist pej* poetastro (-a) m (f) *pej*.

versenden <*irr oder reg, ohne ge*-> tr **etw** (**an jdn**) ~ {KATALOGE, PROSPEKTE, WAREN} spedire *qc* (*a qu*), inviare *qc* (*a qu*): **Werbeprospekte an die Firmen ~**, inviare depliant pubblicitari alle ditte.

Versendung f invio m, spedizione f: **denken Sie an die rechtzeitige ~ der Neujahrskarten!**, si ricordi di inviare/spedire in tempo gli auguri di capodanno!

versengen <*ohne ge*-> **A** tr **etw** ~ **1** (*ansengen*) {HAARE} bruciacchiare *qc*; (*bes. beim Bügeln*) strinare *qc* **2** (*ausdörren*) {SONNE FELDER, LAND} bruciare *qc* **B** rfl (*sich etw leicht anbrennen*) **sich** (dat) **etw ~** {HAARE} bruciacchiarsi *qc*.

versenkbar adj {ANTENNE, SCHEINWERFER} rientrabile, retrattile; {BROTSCHNEIDEMASCHINE, FERNSEHER, NÄHMASCHINE, SEITENSCHEIBEN, VERDECK} a scomparsa; {OBJEKTIV} estraibile.

versenken <*ohne ge*-> **A** tr **1** (*sinken lassen*) **etw ~** {SCHIFF} affondare *qc*, (far) colare a picco *qc* **2** (*einklappen*) **etw ~** {BROTSCHNEIDEMASCHINE, FERNSEHER, NÄHMASCHINE, SEITENSCHEIBEN, VERDECK} far scomparire (nell'apposito spazio) *qc*; {SCHEINWERFER} far rientrare *qc*; {TISCHPLATTE} ripiegare *qc*: **die Bühne ~**, abbassare i fondali/le scene; **sich ~ lassen**, essere retrattile/[a scomparsa] **3** (*hinunterlassen*) **etw in etw** (akk) ~ {BEHÄLTER IN EIN LOCH, PFEILER IN EINE ERDE, SARG IN EINE GRUBE} calare *qc in qc*: **einen Tank in die Erde ~**, interrare un serbatoio; **die Hände in die Taschen ~**, affondare le mani nelle tasche **B** rfl *geh* (*sich vertiefen*) **sich in etw** (akk) ~ {IN EINEN ANBLICK, EINE ARBEIT, INS GEBET, IN DIE LEKTÜRE, EIN WISSENSGEBIET} immergersi *in qc*: **sich in sich selbst ~**, immergersi/[essere assorto] nei propri pensieri; **sich in ein Buch/die Zeitung ~**, immergersi/sprofondarsi nella lettura di un libro/giornale.

Versenkung <-, -en> f **1** (*das Versenken*) {+SCHIFF} affondamento m, inabissamento m **2** (*Meditation*) contemplazione f, meditazione f: **mystische ~**, contemplazione mistica; **hypnotische ~**, sonno ipnotico **3** *theat* botola f ● **aus der ~ auftauchen** *fam* {BEKANNTE}, ricomparire; {KÜNSTLER, POLITIKER}, ricomparire sulla scena, tornare alla ribalta; **in der ~ verschwinden** *fam*, sparire dalla circolazione *fam*.

versessen adj: **auf jdn/etw ~ sein** {AUF BLONDE, KINDER, SÜßIGKEITEN}, andare pazzo (-a) per qu/qc, impazzire per qc; {AUFS GELD} essere avido di qc; **er ist ganz ~ auf Swatch-Uhren**, va pazzo per gli orologi Swatch; **darauf ~ sein, etw zu tun**, morire dalla voglia di fare qc.

Versessenheit <-, ohne pl> f **~ auf etw** (akk) mania f *di qc*, voglia f smodata *di qc*; {AUF GELD} avidità *di qc*, brama *di qc*: **~ auf Süßes**, l'essere ingordo/ghiotto di dolci.

versetzen① <*ohne ge*-> **A** tr **1** (*an eine andere Stelle setzen*) **etw** (*irgendwohin*) ~ {GRENZSTEIN, KNÖPFE, WAND} spostare *qc* (+ *compl di luogo*): **die Mauer ist um zwei Meter nach rechts versetzt worden**, il muro è stato spostato di due metri a destra **2** (*verpflanzen*) **etw** (*irgendwohin*) ~ {BAUM, STRAUCH} trapiantare *qc* (+ *compl di luogo*) **3** (*nicht geradlinig anordnen*): (**gegeneinander**) **versetzt** (**sein**), (essere) sfalsati (-e) **4** (*woandershin beordern*) **jdn** (*irgendwohin*) ~ {IN EINE ANDERE DIENSTSTELLE, SCHULE, STADT} trasferire *qu* (+ *compl di luogo*): **er ist ins Ausland versetzt worden**, è stato trasferito all'estero; **sich ~ lassen**, chiedere il trasferimento **5** *Schule* **jdn** (**in etw** akk) ~ promuovere *qu* (*a qc*): **sie sind alle in die nächste Klasse versetzt worden**, sono stati promossi tutti alla classe superiore; **nicht versetzt werden**, non essere promosso **6** *Schule* (*an einen anderen Platz setzen*) **jdn** (*irgendwohin*) ~ {SCHÜLER NACH VORN, IN DIE ERSTE, LETZTE REIHE} spostare *qu* (+ *compl di luogo*), cambiare posto *a qu* **7** (*verpfänden*) **etw ~** impegnare *qc*: **sie hat ihren ganzen Schmuck versetzt**, ha impegnato tutti i suoi gioielli **8** *fam* (*zu Geld machen*) **etw ~** {DIEBESGUT, KUNSTSAMMLUNG, MÖBEL} smerciare *qc* **9** *fam* (*vergeblich warten lassen*) **jdn ~** fare/tirare un bidone *a qu fam* **10** (*geben*) **jdm etw** (*irgendwohin*) ~ {HIEB, OHRFEIGE, SCHLAG, TRITT} assestare *qc a qu* (+ *compl di luogo*), appioppare *qc a qu* (+ *compl di luogo*) *fam*, mollare *qc a qu* (+ *compl di luogo*): **er ist ihm einen Faustschlag in die Magengegend versetzt**, gli ha assestato un pugno nello stomaco **11** (*in einen bestimmten Zustand bringen*) **jdn in etw** (akk) ~: **jdn in Angst ~**, mettere paura a qu; **jdn in helle Aufregung ~**, mettere qu in grande agitazione; **jdn in Begeisterung ~**, entusiasmare qu; **jdn in Erstaunen ~**, suscitare lo stupore di qu; **jdn in die Lage ~, etw zu tun**, mettere qu in condizione di fare qc; **jdn in Panik ~** {NACHRICHT}, scatenare il panico in qu, gettare qu nel panico; {PERSON} far venire un attacco di panico a qu; **jdn in den Ruhestand ~**, mandare/mettere/collocare qu ₍in pensione₎/[a riposo]; **jdn in Sorge ~**, preoccupare/inquietare qu; **jdn in Wut ~**, far arrabbiare qu, suscitare l'ira di qu; **jdn in Unruhe ~**, mettere in agitazione qu **12** (*etw ausführen lassen*) **etw in etw** (akk) ~ {IN BEWEGUNG} mettere *qc in qc*; {IN SCHWINGUNG} far entrare *qc in qc* **13** (*mischen*) **etw mit etw** (dat) ~ {BIER MIT SAFT, SAFT MIT SIRUP} mischiare *qc con qc*: **Wein mit Wasser ~**, annacquare il vino **14** (*in eine andere Zeit*) **jdn in etw** (akk) ~: **sich in etw** (akk) **versetzt fühlen**, avere la sensazione di tornare a qc **B** rfl **1** (*sich einfühlen*) **sich in jdn ~** mettersi/calarsi nei panni *di qu fam*: **sich in jds Lage ~**, mettersi al posto di qu **2** (*in eine andere Zeit*) **sich in etw** (akk) ~ calarsi *in qc* **3** (*sich woandershin setzen*) **sich ~** cambiare posto; **sich irgendwohin ~** andare a sedersi + *compl di luogo* ● **jdm eine/eins ~** *fam*, mollare un ceffone a qu *fam*.

versetzen② <*ohne ge*-> tr *geh* **etw ~** replicare *qc*.

Versetzung <-, -en> f **1** *adm* trasferimento m **2** *Schule* promozione f: **jds ~ ist gefährdet**, la promozione di qu è incerta.

Versetzungszeugnis n *Schule* pagella f (di fine anno).

verseuchen <*ohne ge*-> tr **1** (*verseuchen*) **etw** (**mit etw** dat) ~ {BLUTKONSERVEN, GEBÄUDE, LEBENSMITTEL} contaminare *qc* (*con qc*); {LUFT, UMWELT, WASSER} *auch* inquinare *qc* (*con qc*): **die ganze Gegend ist radioaktiv verseucht**, tutta la zona è contaminata da radiazioni; **die Gebäude sind mit Asbest verseucht**, gli edifici sono contaminati dal-

l'amianto **2** *inform* **etw ~** {VIRUS} attaccare *qc*.

Verseuchung <-, -en> f <*meist sing*> contaminazione f, inquinamento m: **radioaktive ~**, contaminazione f radioattiva.

Versfuß m *poet* piede m.

Versicherer <-s, -> m assicuratore m.

versichern① <*ohne ge*-> **A** tr **1** (*beteuern*): **jdm ~, dass ...**, assicurare a qu che ...; **das kann ich dir ~**, posso assicurartelo/garantirtelo; **seien Sie versichert, dass ...**, ₍Le posso assicurare₎/[stia sicuro (-a)] che ...; **er hat ihr hoch und heilig versichert, dass ...**, le ha giurato e spergiurato di/che ... **2** *geh* (*zusichern*) **jdm etw** (gen) ~ {SEINER FREUNDSCHAFT, SEINES VERTRAUENS} conferme *qc a qu*, sincerare *qu di qc rar* **B** rfl *geh* (*sich vergewissern*) **sich etw** (gen) ~ sincerarsi *di qc*: **sie wollte sich seiner Freundschaft ~**, voleva che (lui) le confermasse la sua amicizia.

versichern② <*ohne ge*-> **A** tr (*durch eine Versicherung schützen*) **jdn/etw** (**gegen etw** akk) ~ assicurare *qu/qc* (*contro qc*): **wir haben das Haus gegen Brand/Diebstahl versichert**, abbiamo assicurato la casa contro l'incendio il furto; (**gegen etw** akk) **versichert sein**, essere assicurato (contro qc), avere l'assicurazione (contro qc) **B** rfl **sich** (**gegen etw** akk) ~ {GEGEN BRAND, DIEBSTAHL} assicurarsi (*contro qc*), stipulare un'assicurazione (*contro qc*): **sich gegen Berufsunfähigkeit ~**, assicurarsi/[stipulare un'assicurazione] per l'invalidità; **sich gegen Krankheit ~**, assicurarsi/[stipulare un'assicurazione] contro le malattie.

versichert adj: **privat ~**, coperto da (un')assicurazione privata.

Versicherte <*dekl wie adj*> mf assicurato (-a) m (f).

Versichertenkarte f tessera f sanitaria.

Versicherung① <-, -en> f (*Beteuerung*) assicurazione f.

Versicherung② <-, -en> f **1** (*~svertrag*) ~ (**gegen etw** akk) assicurazione f (*contro qc*): **eine ~ abschließen/eingehen**, stipulare un'assicurazione/[una polizza assicurativa]; **eine ~ kündigen**, disdire un'assicurazione; **eine ~ über 50 000 Euro gegen Feuer**, un'assicurazione con una copertura di 50 000 euro contro l'incendio **2** (*~sgesellschaft*) assicurazione f, società f/compagnia f assicuratrice/[di assicurazione].

Versicherungsagent m (**Versicherungsagentin** f) → **Versicherungsvertreter**.

Versicherungsanspruch m diritto m all'indennizzo.

Versicherungsbedingungen subst <*nur pl*> condizioni f pl di assicurazione: **allgemeine ~**, condizioni generali di assicurazione.

Versicherungsbeitrag m (*bei privaten Versicherungen*) premio m assicurativo; (*bei staatlicher Kranken- oder Rentenversicherung*) contributo m previdenziale.

Versicherungsbetrug m truffa f ai danni di una società di assicurazioni.

Versicherungsfall m sinistro m.

Versicherungsgeber m *form* assicuratore m, società f assicuratrice.

Versicherungsgesellschaft f società f/compagnia f ₍di assicurazioni₎/[assicuratrice].

Versicherungskarte f **1** (*~snachweis*) "libretto m che documenta l'avvenuto versamento dei contributi previdenziali", ≈ libretto m della pensione **2** *autom* (*grüne Karte*) carta f verde.

Versicherungskaufmann m (**Versicherungskauffrau** f) assicuratore (-trice) m (f).

Versicherungsnehmer m (**Versicherungsnehmerin** f) *form* contraente mf di un'assicurazione, assicurato (-a) m (f).

Versicherungsnummer f **1** (*Nummer eines Versicherten*) numero m di polizza **2** → **Sozialversicherungsnummer**.

Versicherungspflicht f assicurazione f obbligatoria, obbligo m di assicurarsi: **der ~ unterliegen** {MENSCH}, avere l'obbligo di assicurarsi; {BESCHÄFTIGUNG, TÄTIGKEIT} dover essere assicurato/[coperto da assicurazione].

versicherungspflichtig adj {BESCHÄFTIGUNG} con obbligo assicurativo; {ANGESTELLTER, MITARBEITER} obbligato a assicurarsi.

Versicherungspolice f polizza f assicurativa/[di assicurazione].

Versicherungsprämie f premio m assicurativo/[di assicurazione].

Versicherungsschutz m copertura f assicurativa.

Versicherungssumme f capitale m assicurato, somma f assicurata.

Versicherungsträger m ente m assicurativo.

Versicherungsvertreter m (**Versicherungsvertreterin** f) agente mf d'assicurazione, assicuratore (-trice) m (f).

Versicherungswert m valore m assicurativo.

versickern <ohne ge-> itr <sein> (*irgendwo*) ~ {FLÜSSIGKEIT, WASSER IM BODEN, IN DER ERDE} infiltrarsi lentamente (+ *compl di luogo*).

versiebenfachen <ohne ge-> **A** tr *fam* **etw** ~ moltiplicare qc per sette, settuplicare qc **B** rfl **sich** ~ essere moltiplicato per sette.

versiegeln <ohne ge-> tr **etw** ~ **1** (*mit einem Siegel verschließen*) {BRIEF} sigillare qc, chiudere qc con un sigillo; {TÜR, WOHNUNG, ZIMMER} apporre i sigilli a qc **2** *tech* (*mit einer Schutzschicht versehen*) {MARMOR, PARKETT} trattare qc.

Versiegelung <-, -en> f **1** (*das Verschließen mit einem Siegel*) {+BRIEF} sigillatura f **2** *tech* {+MARMOR, PARKETT} trattamento m.

versiegen <ohne ge-> itr <sein> geh {BRUNNEN, (GELD)QUELLE} esaurirsi: **er hat einen nie ~den Humor**, il suo umorismo è inesauribile; **ihre Tränen sind versiegt**, ha pianto tutte le sue lacrime, non ha più lacrime.

versiert adj {ANWALT, FACHMANN, MECHANIKER} esperto, competente: **auf/in etw (dat) ~ sein**, essere esperto/specialista di qc; **er ist sehr ~ in diesen Dingen**, è molto competente in queste cose.

Versiertheit <-, ohne pl> f competenza f, professionalità f.

versifft adj *slang pej* {MENSCH, WASCHBECKEN} sozzo, lercio, lurido.

versilbern <ohne ge-> tr **etw** ~ **1** (*mit Silber überziehen*) {BESTECK, KERZENLEUCHTER, SCHMUCK} argentare qc, placcare qc d'argento: **versilbert**, placcato d'argento, argentato **2** (*silbern erscheinen lassen*) {MOND, RAUREIF} inargentare qc **3** *fam* (*zu Geld machen*) trasformare qc in moneta sonante: **er hat seine Briefmarkensammlung versilbert**, ha fatto una bella sommetta vendendo la sua collezione di francobolli.

Versilberung <-, rar -en> f argentatura f, placcatura f d'argento.

versinken <irr, ohne ge-> itr <sein> **1** (*im Wasser verschwinden*) (**in etw** dat) ~ {IM MEER} affondare (*in qc*), sprofondare *in qc*; {BOOT, SCHIFF} *auch* colare a fondo/picco (*in qc*): **in den Fluten/Wellen ~**, essere inghiottito ₍dai flutti₎/[dalle onde], sparire fra i flutti/le onde; **versunken** {SCHIFF} affondato, colato a picco/fondo; {SCHATZ} sommerso, inghiottito dalle acque **2** (*einsinken*) (**in etw** dat) ~ {WANDERER, TIER IM MORAST, SCHLAMM, SCHNEE} sprofondare *in qc*; {AUTOREIFEN, FÜßE} *auch* affondare *in qc*: **er versank bis zu den Knien im Schnee**, sprofondò nella neve fino alle ginocchia; **die Vorderräder versanken im Schlamm**, le ruote anteriori si impantanarono; **er versank im Moor**, sprofondò nella palude, fu risucchiato; **ich wäre vor Scham am liebsten im Erdboden versunken**, avrei voluto sprofondare per la vergogna; **im Morast der Großstadt ~**, essere risucchiato dalla metropoli **3** (*untergehen*) **irgendwo** ~ {SONNE HINTER DEN BERGEN, IM MEER} tramontare/scomparire/[andare a morire lit] + *compl di luogo*; {AM/HINTER DEM HORIZONT} *auch* declinare + *compl di luogo* **4** (*sich völlig absorbieren lassen*) **in etw** (akk) ~ {IN GRÜBELN, NACHDENKEN, SCHWEIGEN, TRAUER} sprofondare *in qc*: **ich versinke in Arbeit**, affogo nel lavoro, sono sommerso (-a) di lavoro.

versinnbildlichen <ohne ge-> tr geh **etw** ~ simboleggiare *qc*, essere (il) simbolo di *qc*, simbolizzare *qc rar*: **die weiße Lilie versinnbildlicht die Reinheit**, il giglio bianco ₍simboleggia la₎/[è simbolo di] purezza.

Version <-, -en> f **1** (*Deutung*) {+EREIGNIS, TATHERGANG} versione f: **über den Unfall gibt es nach wie vor die unterschiedlichsten ~en**, ci sono le versioni più disparate a proposito dell'incidente **2** (*Variante*) {+FILM, ROMAN} versione f **3** (*Ausführung*) {+FAHRZEUG, FLUGZEUG, GERÄT} versione f **4** (*Übersetzung*) versione f.

versklaven <ohne ge-> tr **jdn** ~ {BESIEGTE, URBEVÖLKERUNG} schiavizzare *qu*, ridurre in schiavitù *qu*, asservire *qu*.

Versklavung <-, -en> f <meist sing> riduzione f in schiavitù, schiavizzazione f, asservimento m.

Verslehre f *poet* metrica f.

verslumen <ohne ge-> itr <sein> {GEGEND, VIERTEL} diventare/[ridursi a] slum, degradarsi.

Versmaß n *poet* metro m.

versnobt adj *pej* {PERSON} snob, snobista.

versoffen adj *fam pej* {STIMME} avvinazzato, da ubriacone; {MENSCH} alcolizzato, che trinca *fam*: **ein ~er Typ**, un beone *fam*/[trincatore *fam*], una spugna *fam*; **eine ~e Alte**, una vecchia ubriacona.

versohlen <ohne ge-> tr *fam* **jdn** ~ suonarle a *qu fam*: **jdm den Hintern ~**, prendere a sculacciate *qu*, sculacciare *qu*.

versöhnen <ohne ge-> **A** rfl (*sich wieder vertragen*) **sich ~** {STREITENDE} riconciliarsi, rappacificarsi, fare (la) pace: **sie haben sich zum Glück wieder versöhnt**, per fortuna ₍si sono riconciliati₎/[hanno rifatto (la) pace]; **sich mit jdm ~** riconciliarsi con *qu*, rappacificarsi con *qu*, fare (la) pace con *qu*: **sich mit seinem Schicksal ~**, riconciliarsi con la vita **B** tr **1** (*aussöhnen*) **jdn** ~ {STREITENDE} mettere pace tra *qu*, (ri)conciliare *qu*, rappacificare *qu*; **jdn mit jdm** ~ {STREITENDE} mettere pace tra *qu* e *qu*, rappacificare *qu con qu*, (ri)conciliare *qu con qu*: **zwei Länder miteinander ~**, mettere pace fra due paesi **2** (*etw besser ertragen lassen*) **jdn mit etw** (dat) ~ {GEDANKE, PERSPEKTIVE MIT EINER UNANGENEHMEN SITUATION} riconciliare *qu con qc* **3** (*besänftigen*) **jdn** ~ {AUSSICHT, GEDANKE, GESCHENK} rendere (più) conciliante *qu*; {MENSCH} ammansire *qu*, rabbonire *qu*.

versöhnlich adj **1** (*Versöhnungsbereitschaft zeigend*) {MENSCH} conciliante; {GESTE, HALTUNG, TON, WORTE} *auch* conciliatorio, conciliatore: **seine Aufmerksamkeit hatte sie ~ gestimmt**, le sue premure l'avevano resa conciliante **2** (*tröstlich*) {AUSKLANG, ENDE, SCHLUSS EINES FILM, ROMANS} confortante.

Versöhnung <-, -en> f (ri)conciliazione f, pacificazione f: **reicht euch zur ~ die Hände**, datevi la mano in segno di riconciliazione.

versonnen **A** adj {BLICK, GESICHTSAUSDRUCK} trasognato **B** adv {DREINSCHAUEN, LÄCHELN} tutto (-a) trasognato (-a): **sie spielte ganz ~ mit ihren Haaren**, con aria trasognata giocherellava con i capelli.

versorgen <ohne ge-> **A** tr **1** (*versehen*) **jdn/etw mit etw** (dat) ~ {MIT KLEIDUNG, NAHRUNG, DEM NÖTIGEN} rifornire *qu/qc di qc*, provvedere *qu/qc di qc*, fornire *qc a qu/qc*: **eine Stadt/die Truppen mit Nahrungsmitteln ~**, approvvigionare una città/le truppe (di viveri); **der Stausee versorgt die umliegenden Städte mit Trinkwasser**, il bacino idrico rifornisce di acqua potabile le città circostanti; **mit Heizöl sind wir für diesen Winter versorgt**, per quest'inverno ₍con il gasolio siamo a posto₎/[di gasolio ne abbiamo a sufficienza] **2** (*betreuen*) **jdn/etw** ~ {KIND, ALTEN MENSCHEN} occuparsi *di qu*, prendersi/avere cura *di qu*, accudire *qu*; {KRANKEN} *auch* assistere *qu*; {TIER} prendersi/avere cura *di qc*, occuparsi *di qc*, custodire *qc*; {HAUS, HAUSHALT} occuparsi *di qc*: **während unserer Abwesenheit ~ die Nachbarn den Garten**, durante la nostra assenza saranno i vicini a occuparsi del giardino; **seit dem Tod der Frau versorgt ihn eine Nachbarin**, da quando gli è morta la moglie lo accudisce una vicina; **die Tiere müssen noch versorgt werden**, le bestie devono ancora essere governate/custodite; **eine Wunde ~**, medicare una ferita **3** (*unterhalten*) **jdn/etw** ~ mantenere *qu/qc*, provvedere *a qu/qc*: **er hat eine große Familie zu ~**, deve mantenere/[provvedere a] una famiglia numerosa **4** *biol* (*zukommen lassen*) **etw mit etw** (dat) ~ {GEHIRN MIT SAUERSTOFF, KÖRPER, ZELLEN MIT NÄHRSTOFFEN} rifornire *qc di qc*: **das Gehirn mit Sauerstoff ~**, fornire ossigeno al cervello **B** rfl **1** (*sich versehen*) **sich mit etw** (dat) ~ {MIT LEKTÜRE, ALLEM NÖTIGEN} rifornirsi *di qc*, procurarsi *qc*; {MIT LEBENSMITTELN, PROVIANT} *auch* approvvigionarsi *di qc*, procacciarsi *qc*: **wir haben uns schon mit Brennholz für den Winter versorgt**, ci siamo già ₍(ri)forniti di₎/[procurati la] legna (da ardere) per l'inverno; **ich muss mich noch mit Reiseproviant ~**, devo ancora fare le provviste per il viaggio **2** (*sich verpflegen*) **sich selbst ~** prendersi cura di se stesso (-a): **seit er ausgezogen ist, versorgt er sich selbst**, da quando se n'è andato di casa, si arrangia da solo.

Versorgung <-, ohne pl> f **1** (*das Versorgen mit Brennstoff, Energie, Heizöl, Wasser*) rifornimento m; (*mit Nahrungsmitteln, Proviant*) *auch* approvvigionamento m **2** (*Betreuung*) {+KRANKE} *auch* assistenza f: **danke für die liebevolle ~ unserer Pflanzen**, grazie per le cure amorevoli prestate alle nostre piante **3** (*Unterhalt*) {+FAMILIE} mantenimento m, sostentamento m; {+GESCHIEDENER EHEGATTE} alimenti m pl, mantenimento m: **du solltest an deine ~ im Alter denken**, dovresti provvedere alla tua vecchiaia **4** (*staatliche Unterstützung*) {+ARBEITSUNFÄHIGE, WAISE} sostentamento m, assistenza f; {+BEAMTE, SOLDATEN} pensione f **5** *tech* {+ANLAGE, GERÄT, STROMNETZ} alimentazione f: **im Notfall er-**

folgt die ~ über Batterie, in caso di emergenza l'alimentazione è a pile.
Versorgungsanspruch m diritto m all'assistenza.
Versorgungsanstalt f istituto m/ente m previdenziale/[di previdenza].
Versorgungsausgleich m jur "ripartizione f compensativa dei diritti a pensione (tra coniugi divorziati)".
versorgungsberechtigt adj che ha diritto all'assistenza.
Versorgungsengpass (a.R. Versorgungsengpaß) m (*in Bezug auf Energie, Wasser*) difficoltà f di rifornimento; (*in Bezug auf Lebensmittel*) difficoltà f di approvvigionamento.
Versorgungsnetz n (*in Bezug auf Energie, Wasser*) rete f di distribuzione; (*in Bezug auf Lebensmittel*) rete f di approvvigionamento.
verspannen <ohne ge-> rfl sich ~ {MUSKEL, NACKEN, SCHULTER} contrarsi, incordarsi; {MENSCH} diventare teso (-a).
verspannt adj {MUSKEL} contratto, incordato; {MENSCH} teso: **ein ~er Nacken**, collo incordato; **ich habe ~e Schultern**, ho le spalle incordate.
Verspannung <-, -en> f contrazione f, incordatura f.
verspäten <ohne ge-> rfl **sich** ~ (*zu spät kommen*) **sich** (*um etw* akk) ~ {MENSCH} essere in ritardo (*di qc*), ritardare ((*di*) *qc*): **er hat sich um zehn Minuten verspätet**, ha ritardato (di) dieci minuti, è arrivato con ₍dieci minuti di ritardo₎/[un ritardo di dieci minuti]; **ich habe mich etwas verspätet**, sono un po' in ritardo, ho fatto un po' tardi 2 autom **sich** ~ {BUS, STRASSENBAHN, ZUG} avere/portare fam ritardo; **sich um etw** (akk) ~ ₍arrivare con₎/[avere] un ritardo di qc, ritardare (di) qc.
verspätet A adj 1 autom (*zu spät eintreffend*) {BUS, ZUG} in ritardo: **wegen des ~en Fluges/Zuges**, a causa del ritardo del volo/treno 2 (*zu spät erfolgend*) {ANKUNFT, ABFAHRT} ritardato; {JAHRESZEIT} tardivo: **ein ~er Sommer**, un'estate tardiva B adv in/con ritardo: **um etw** (akk) ~ **eintreffen**, giungere/arrivare con un ritardo di qc.
Verspätung <-, -en> f ritardo m: **(zehn Minuten)** ~ **haben**, avere (dieci minuti) di ritardo; **mit** ~ **ankommen**, arrivare in ritardo; **das Flugzeug traf mit einer** ~ **von zwei Stunden ein**, l'aereo arrivò con ₍un ritardo di due ore₎/[due ore di ritardo].
verspeisen <ohne ge-> tr *geh etw* ~ {ESSEN, KUCHEN} mangiare qc con gusto: **sie verspeisten alles mit sichtlichem Genuss**, consumarono tutto con evidente piacere.
verspekulieren <ohne ge-> A rfl 1 Börse **sich** (**bei etw** dat) ~ fare delle speculazioni sbagliate (*in qc*), rovinarsi con speculazioni sbagliate (*in qc*) 2 fam (*sich verrechnen*) **sich** ~ fare male i propri conti/calcoli B tr Börse **etw** ~ perdere qc con speculazioni sbagliate.
versperren <ohne ge-> tr 1 (*blockieren*) (*jdm*) **etw** ~ sbarrare qc (*a qu*), bloccare qc (*a qu*), ostruire qc (*a qu*): **jdm den Weg** ~, sbarrare la strada/il cammino a qu; **eine Schafherde versperrte die Straße**, un gregge di pecore bloccava la strada; **die Zufahrt war durch einen umgestürzten Pfeiler versperrt**, l'accesso era sbarrato/ostruito da un pilastro crollato 2 region bes. A (*abschließen*) **etw** ~ {TOR, TÜR} chiudere qc a chiave 3 (*nehmen*) **jdm etw** ~ impedire qc a qu, togliere qc a qu: **jdm den Blick/die Sicht auf jdn/etw** ~, impedire a qu di vedere qu/qc, impedire a qu la visuale su qc.
verspielen <ohne ge-> A tr **etw** ~ 1 (*beim Spiel verlieren*) perdere qc al gioco, giocarsi qc: **er hat ein Vermögen beim Roulette verspielt**, ₍ha perso₎/[se l'è giocato] un patrimonio alla roulette; **verspiel nicht dein ganzes Geld!**, non giocarti tutti i soldi! 2 (*verlieren*) {CHANCE, MÖGLICHKEIT, SIEG, VORTEIL} giocarsi qc: **sein Glück** ~, giocarsi l'occasione della propria vita B rfl *mus* **sich** (**bei etw** dat) ~ sbagliare a suonare (*qc*) ● **verspielt haben** fam, aver perso la partita fam; **bei jdm verspielt haben** fam, essersi giocato (-a) la simpatia di qu; **der hat bei mir verspielt**, con lui ho chiuso fam.
verspielt adj 1 (*gerne spielend*) {KATZE, KIND} giocherellone 2 (*mit vielen Zierformen*) {DEKOR, MUSTER} mosso; {MELODIE} giocoso: **diese Bluse ist etwas** ~, questa camicia è un po' leziosa/[frou frou].
versponnen adj {ANSICHTEN, IDEEN} bizzarro, strambo, strampalato; {GELEHRTE} auch eccentrico: **er ist etwas** ~, ha idee un po' strambe.
verspotten <ohne ge-> tr *jdn/etw* ~ farsi beffe di qu, sbeffeggiare qu, deridere qu/qc: **die Kinder** ~ **ihn, weil er hinkt**, i bambini ₍lo deridono₎/[si fanno beffe di lui] perché zoppica.
Verspottung <-, -en> f derisione f, sbeffeggiamento m.
versprechen[1] <irr, ohne ge-> A tr 1 (*zusagen*) (*jdm*) **etw** ~ promettere qc (*a qu*): **sie hat uns versprochen, nächste Woche zu kommen**, ci ha promesso di venire la settimana prossima; **was du versprichst, musst du auch halten**, quello che prometti lo devi anche mantenere; **er hat ihr nie etwas versprochen**, non le ha mai promesso nulla; **vor den Wahlen wird immer viel versprochen**, prima delle elezioni fanno sempre tante promesse; **ich verspreche es dir!**, ti do la mia parola!, te lo prometto/garantisco! 2 (*erwarten lassen*) **etw** ~ promettere qc: **der Film verspricht ein paar spannende Momente**, il film promette qualche minuto di suspense; **nichts Gutes** ~, non promettere niente di buono; **es/[das Wetter] verspricht schön zu werden**, promette di diventare bello B rfl **sich** (dat) **etw** (**von jdm/etw**) ~ aspettarsi qc (*da qu/qc*), riprometterersi qc (*da qu/qc*), sperare in qc (*da parte di qu*): **die Belegschaft verspricht sich sehr viel von der neuen Chefin**, i dipendenti si aspettano molto dalla nuova direttrice; **was versprichst du dir von einem letzten Treffen?**, che cosa ti aspetti da un ultimo incontro?; **davon verspreche ich mir nichts/viel**, da questo ₍non mi aspetto nulla₎/[mi aspetto molto] ● (*jdm*) **etw fest/[hoch und heilig]** ~, promettere solennemente qc a qu; **was man verspricht, muss man (auch) halten**, ogni promessa è debito *prov*, una promessa è una promessa; **Versprechen und Halten ist zweierlei** *prov*, altro è promettere, altro è mantenere *prov*, tra il dire e il fare c'è di mezzo il mare *prov*.
versprechen[2] <irr, ohne ge-> rfl **sich** ~ sbagliarsi (parlando), impaperarsi fam, farsi/prendere una papera fam, impappinarsi fam: **ich habe mich versprochen**, è stato un lapsus.
Versprechen <-s, -> n promessa f ● **jdm das** ~ **abnehmen, etw zu tun**, ₍strappare a qu la promessa₎/[far promettere a qu] di fare qc; **sein** ~ **brechen**, rompere la promessa; **sein** ~ **(ein)halten**, mantenere la (propria) promessa/parola; **sein** ~ **einlösen**, mantenere la propria promessa; **sein** ~ **nicht einlösen**, ₍venire meno₎/[mancare] alla propria promessa; **jdm das** ~ **geben, etw zu tun**, promettere a qu di fare qc, dare a qu (la propria) parola che...; **ein** ~ **zurücknehmen**, rimangiarsi la parola.
versprechend adj: **viel** ~, (molto) promettente; → **verheißend**.
Versprecher <-s, -> m fam papera f fam, lapsus (linguae) m: **jdm unterläuft ein** ~, qu ₍prende una papera fam₎/[incorre in un lapsus (linguae)] ● **Freudscher** ~, lapsus freudiano.
Versprechung <-, -en> f *meist pl* ● promessa f: **jdm große/leere ~en machen**, fare ₍grandi promesse₎/[promesse da marinaio] a qu; **jdn mit leeren ~en hinhalten**, tenere a bada qu con vane promesse.
versprengen[1] <ohne ge-> tr (*auseinandertreiben*) *jdn/etw* ~ {SOLDATEN, TIERE} disperdere qu/qc: **versprengte Soldaten**, soldati sbandati.
versprengen[2] <ohne ge-> tr (*verspritzen*) **etw** ~ {(WEIH)WASSER} spruzzare qc.
verspritzen <ohne ge-> tr 1 (*versprühen*) **etw** ~ spruzzare qc; (*verkleckern*) {TINTE} schizzare qc; **etw über jdn/etw** ~ spruzzare qc addosso a qu/qc 2 (*ausspritzen*) **etw** ~ {SCHLANGE GIFT; STINKTIER SEKRET; TINTENFISCH FARBSTOFF} secernere qc, espellere qc 3 (*vollspritzen*) (*jdm*) **etw** (**mit etw** dat) ~ schizzare/spruzzare (*a qu*) qc di qc, riempire (*a qu/qc*) di spruzzi/schizzi (*di qc*).
versprochen A part perf von versprechen B adj promesso: **hier hast du das ~e Buch**, eccoti il libro promesso; **wir haben die für letzte Woche** ~ **e Sendung noch nicht erhalten**, non abbiamo ancora ricevuto l'invio promessoci per la settimana scorsa ● ~ **ist** ~, ogni promessa è debito *prov*, una promessa è una promessa; **wie** ~, come promesso.
versprühen A tr <haben> 1 (*sprühend verteilen*) **etw** ~ {DEODORANT, PFLANZENSCHUTZMITTEL} spruzzare qc; **etw auf etw** (akk) ~ spruzzare qc su qc; {FEUER, HOCHOFEN FUNKEN} mandare qc, fare qc 2 (*ausstrahlen*) **etw** ~ {GEIST, GUTE LAUNE, WITZ} sprizzare qc, scintillare di qc B itr <sein> {TROPFEN} evaporare; {FUNKEN} disperdersi schizzando in tutte le direzioni.
verspüren <ohne ge-> tr **etw** ~ {DURST, HUNGER} sentire qc; {REUE, SCHMERZ} auch avvertire qc, provare qc: **er verspürte plötzlich eine bleierne Müdigkeit**, avvertì improvvisamente una stanchezza enorme; **sie verspürte nicht das geringste Verlangen, an dem Gespräch teilzunehmen**, non provava il minimo desiderio di partecipare alla conversazione; **Lust/[keine Lust] zu etw** (dat) ~, avere/[non avere] voglia di fare qc; **jd verspürt Lust, etw zu tun**, a qu viene voglia di fare qc.
verstaatlichen <ohne ge-> tr **etw** ~ nazionalizzare qc, statalizzare qc.
Verstaatlichung <-, -en> f nazionalizzazione f, statalizzazione f.
verstädtern <ohne ge-> itr {BEVÖLKERUNG} inurbarsi *lit*, diventare cittadino (-a); {LAND, ORT} urbanizzarsi.
Verstädterung <-, ohne pl> f {+BEVÖLKERUNG} inurbamento m; {+LAND, ORT} urbanizzazione f.
verstand 3. pers sing imperf von verstehen.
Verstand <-(e)s, ohne pl> m intelletto m, ingegno m, intelligenza f, mente f; (*gesunder Menschenverstand*) buonsenso m, giudizio m: **den** ~ **ausbilden/schärfen**, educare/acuire l'ingegno; **einen klaren/scharfen/wachen** ~ **haben**, avere una mente/un'intelligenza lucida/acuta/sveglia; **keinen/wenig** ~ **haben**, ₍non avere₎/[avere poco] cervello/giudizio; **du solltest genug** ~ **haben, bei Nacht nicht allein auszugehen**, dovresti avere abbastanza giudizio per non uscire (di casa) da

solo (-a) di notte; **wenn du ein bisschen ~ hättest, würdest du so etwas nicht tun**, se avessi un po' di buonsenso non faresti una cosa del genere; ⌊**keinen Funken**⌋/[**kein Fünkchen**] **~ haben**, non avere un briciolo di cervello/giudizio; **seinen ~ gebrauchen**, usare il cervello; **dafür/dazu**⌊**reicht mein ~ nicht aus**⌋/[**fehlt mir der ~**], il mio cervello non ci arriva *fam*; **ich hätte dir mehr ~ zugetraut**, ti avrei fatto (-a) più intelligente! ● **seinen ~ anstrengen**, sforzare il cervello; **streng doch mal deinen ~ an!**, fai lavorare un po' il cervello! *fam*, spremiti un po' le meningi! *fam*; **jdn um den ~ bringen**, far uscire di senno/testa/cervello qu *fam*, far impazzire qu; **jdn (wieder) zu ~ bringen**, ridurre qu alla ragione; **über jds ~ gehen**, ⌊andare al di là delle⌋/[superare le] capacità mentali/[di comprensione] di qu; **bei klarem ~**, a mente fredda/lucida; **wieder zu ~ kommen**, riacquistare l'uso/il lume della ragione; *mit* {ESSEN, GENIEßEN, RAUCHEN, TRINKEN}, con gusto; **so einen guten Wein musst du mit ~ trinken!**, un vino così buono te lo devi gustare!/godere!; *ohne* ~ {ESSEN, GENIEßEN, RAUCHEN, TRINKEN}, senza assaporarne il piacere; {PERSON}, senza cervello/giudizio; **nicht (ganz) bei ~ sein**, essere uscito di cervello/testa *fam*; **ihr seid wohl nicht ganz/recht bei ~?!** *fam*, vi ha dato di volta il cervello?! *fam*, vi siete bevuti (-e) il cervello?! *fam*; **bei vollem ~ sein**, essere completamente lucido, essere nel pieno possesso delle proprie facoltà mentali; **den ~ verlieren**, perdere il lume della ragione, diventare pazzo (-a); **seinen ~ zusammennehmen (müssen)** *fam*, (dover) chiamare a raccolta tutte le proprie capacità mentali; **an jds ~ zweifeln**, dubitare della sanità/salute mentale di qu, chiedersi se qu è impazzito.

verstanden part perf *von* verstehen.

verstandesmäßig A adj <attr> **1** (*vom Verstand bestimmt*) razionale: **eine ~e Lösung des Problems**, una soluzione razionale del problema **2** (*den Verstand betreffend*) {ÜBERLEGENHEIT, UNTERLEGENHEIT} intellettuale B adv **1** (*vom Verstand her*) {AKZEPTIEREN, BEGREIFEN} a livello razionale, razionalmente **2** (*den Verstand betreffend*) intellettualmente; **er ist ihr ~ unterlegen**, intellettualmente le è inferiore.

Verstandesmensch m essere m/persona f razionale.

verständig adj **1** (*einsichtig*) {MENSCH, WORTE} giudizioso, assennato, ragionevole: **die Kleine ist für ihr Alter schon sehr ~**, la piccola è già molto assennata/giudiziosa per la sua età **2** (*verständnisvoll*) comprensivo: **sie haben sich sehr ~ gezeigt**, si sono (di)mostrati (-e) molto comprensivi (-e).

verständigen <ohne ge-> A tr (*benachrichtigen*) **jdn** (**über etw** akk/**von etw** dat) ~ avvertire qu (di qc), avvisare qu (di qc), informare qu (di qc); **du musst ihn sofort ~**, lo devi avvisare/avvertire immediatamente; **der Chef ist schon ⌊von dem⌋/[über den] Zwischenfall verständigt worden**, il capo è ⌊stato già informato⌋/[già al corrente] dell'accaduto B rfl **1** (*sich verständlich machen*) **sich** (**mit jdm**) (**irgendwie**) ~ capirsi/comunicare (con qu) (+ *compl di modo*), farsi capire (*da qu*) (+ *compl di modo* o *irgendwie*): **hat sie es geschafft, sich mit den Leuten zu ~**, in qualche maniera è riuscita a farsi capire dalla gente; **sie haben sich ganz gut auf Französisch verständigt**, hanno comunicato abbastanza bene in francese; **sich durch etw** (akk)/**mit etw** (dat) ~ {DURCH ZEICHEN, MIT GESTEN} ⌊farsi capire⌋/[comunicare] *a qc* **2** *geh* (*sich einigen*) **sich** (**mit jdm**) (**über etw** akk) ~ intendersi (*con qu*) (*su qc*), ac-

cordarsi (*con qu*) (*su qc*), raggiungere/[addivenire a *geh*] un accordo (*con qu*) (*su qc*): **die Gewerkschaften konnten sich schließlich über alle kontroversen Punkte ~**, alla fine i sindacati sono riusciti a ⌊trovare un accordo⌋/[mettersi d'accordo] su tutti i punti controversi.

Verständigkeit <-, ohne pl> f **1** (*Einsichtigkeit*) {MENSCH, WORTE} giudizio m, assennatezza f, ragionevolezza f **2** (*Verständnis*) comprensione f.

Verständigung <-, ohne pl> f **1** (*Benachrichtigung*): **wir bitten um sofortige ~**, vorremmo essere informati (-e)/avvisati (-e) immediatamente; **ich bitte Sie um sofortige ~, La prego di avvertirmi/informarmi immediatamente; **die Polizei veranlasste die ~ der Angehörigen**, la polizia dispose che i parenti venissero informati **2** (*Kommunikation*) comunicazione f: **eine ~ in der fremden Sprache war kaum möglich**, era quasi impossibile comunicare/[farsi capire] nella lingua straniera **3** *geh* (*Einigung*) ~ (**über etw** akk) intesa f (*su qc*), accordo m (*su qc*): **über die Verkürzung der Arbeitszeit ist es bisher noch zu keiner ~ gekommen**, finora non è stata raggiunta alcuna intesa sulla riduzione dell'orario di lavoro.

Verständigungsbereitschaft <-, ohne pl> f disponibilità f al dialogo; *bes. pol* disponibilità f a negoziare: **die ~ war auf beiden Seiten gering**, da ambedue le parti c'era poca volontà di trovare un'intesa; **~ zeigen**, mostrarsi disponibile ⌊a trovare un'intesa⌋/[al dialogo].

Verständigungsschwierigkeit f <meist pl> difficoltà f di comunicazione.

verständlich A adj **1** (*begreiflich*) comprensibile: **das ist eine ganz ~e Reaktion**, è una reazione comprensibilissima; **es ist mir durchaus ~, dass…**, capisco benissimo che… konjv **2** (*gut zu hören*) udibile, intelligibile: **er sprach mit ~er Stimme**, parlò con voce chiaramente udibile; **kaum ~e Worte**, parole appena udibili/intelligibili; **eine klare und ~e Aussprache**, una pronuncia chiara e comprensibile **3** (*leicht zu verstehen*) comprensibile, intelligibile: **leicht/schwer ~ sein** {BENEHMEN, ENTSCHEIDUNG, ENTSCHLUSS, ERKLÄRUNG, FORMULIERUNG, SPRACHE, TEXT, ÜBERSETZUNG}, essere ⌊facilmente/difficilmente comprensibile⌋/[di facile/difficile da capire]; **allgemein ~** {ERKLÄRUNG, SPRACHE, WORT}, comprensibile a tutti, di facile comprensione; {BUCH, VORTRAG} *auch*, alla portata di tutti; **nicht ~**, incomprensibile B adv **1** (*gut zu hören*) {ARTIKULIEREN, SPRECHEN} in modo intelligibile **2** (*gut zu verstehen*) {DARSTELLEN, ERKLÄREN, FORMULIEREN} in maniera/modo comprensibile: **allgemein ~** {SICH AUSDRÜCKEN, SCHREIBEN}, in modo ⌊comprensibile (a tutti)⌋/[che tutti comprendano]; **ich verstehe das nicht, können Sie sich nicht ~er ausdrücken?**, non (lo) capisco, (non) potrebbe spiegarsi meglio?; **es gelingt ihm, auch die schwierigsten Dinge ~ darzustellen**, riesce a spiegare in modo comprensibile anche le cose più complicate; **jdm etw ~ machen**, far comprendere/capire qc a qu; (*zu verstehen geben*), far capire qc a qu; **sich** (**irgendwie**) ~ **machen**, farsi capire (+ *compl di modo*).

verständlicherweise adv comprensibilmente: **sie war ~ über sein Verhalten verärgert**, era comprensibilmente arrabbiata per il suo comportamento; **sie haben die Abfahrt ~ verschoben**, hanno rinviato la partenza per comprensibili motivi.

Verständlichkeit <-, ohne pl> f **1** (*Klarheit*) {+AUSDRUCKSWEISE, ERKLÄRUNG} com-

prensibilità f, intelligibilità f **2** (*Vernehmbarkeit*) {+DURCHSAGE, FUNKSPRUCH, STIMME} udibilità f, intelligibilità f.

Verständnis <-ses, ohne pl> n **1** (*Einfühlungsvermögen*) comprensione f: **wir bitten um Ihr ~**, ci scusiamo per il disagio arrecato; **er kann nicht mit dem ~ seines Chefs rechnen**, non può contare sulla comprensione del suo capo **2** (*das Verstehen*) comprensione f: **zum ~ einer S.** (gen) **beitragen**, contribuire alla comprensione di qc; **der Kommentar ist für das ~ des Textes absolut unentbehrlich**, le note sono assolutamente indispensabili per ⌊la comprensione del⌋/[comprendere il] testo ● **jdm geht es ~ für etw** (akk) **ab** {FÜR KUNST, LITERATUR, MUSIK}, a qu manca ogni sensibilità per qc; {FÜR DIE PROBLEME ANDERER} *auch*, qu non ha la minima capacità di comprendere qc; **für etw** (akk) ~ **aufbringen** {FÜR JDS EINSTELLUNG, HALTUNG, VERHALTEN}, avere comprensione per qc; **du solltest mehr ~ für seine kleinen Schwächen aufbringen**, dovresti avere più comprensione per le sue piccole debolezze; **für etw** (akk) **kein ~ aufbringen**, non avere comprensione per qc, non riuscire a comprendere qc; **jdm ~ entgegenbringen**, mostrare comprensione per qc; **für etw** (akk) (**kein**) ~ **haben**, (non) avere comprensione per qc; **ich habe volles/vollstes ~ für Ihre Situation**, ⌊comprendo appieno⌋/[capisco benissimo] la Sua situazione; **dafür habe ich kein ~**, certe cose non le concepisco/ammetto; **er hat überhaupt kein ~ für Kunst**, non ha nessuna sensibilità per l'arte, è completamente insensibile all'arte; **voll/voller ~** {JDN ANSCHAUEN, JDM ZUHÖREN, ZUNICKEN}, pieno (-a) di comprensione.

verständnislos A adj {BLICK} privo di comprensione; {KOPFSCHÜTTELN, STAUNEN} di chi non capisce B adv {ANSEHEN, DEN KOPF SCHÜTTELN} senza capire/comprendere, con l'aria/espressione di chi non capisce: **etw** (dat) **~ gegenüberstehen**, trovarsi di fronte a qc che non si capisce.

Verständnislosigkeit <-, ohne pl> f incomprensione, mancanza f di comprensione: **die völlige ~ ihren Bedürfnissen gegenüber**, la totale incomprensione per i suoi bisogni.

verständnisvoll A adj **1** (*Verständnis ausdrückend*) {BLICK, LÄCHELN, NICKEN} pieno di comprensione **2** (*entgegenkommend*) {PARTNER, VORGESETZTER} comprensivo: **ihre Mutter ist immer sehr ~**, sua madre è sempre molto comprensiva B adv **1** (*entgegenkommend*) {AUF JDN EINGEHEN, SICH VERHALTEN} in modo comprensivo, con comprensione: **sie haben sehr ~ reagiert**, sono stati (-e) molto comprensivi (-e); **mit jdm ~ umgehen**, avere comprensione per qu **2** (*Verstehen ausdrückend*) {LÄCHELN} con comprensione: **sie schaute ihn ~ an**, lo guardò piena di comprensione.

verstärken <ohne ge-> A tr **1** *bau* **etw ~** {MAUER, PFEILER, WALL} rinforzare qc, rafforzare qc, consolidare qc **2** (*zahlenmäßig erweitern*) **etw** (**um jdn/etw**) ~ {BESATZUNG, GARNISON, POLIZEIEINHEIT, TRUPPE} rinforzare qc (*di qu/qc*), potenziare qc (*di qu/qc*); {ARBEITSGRUPPE, CHOR, ORCHESTER} aumentare qc (*di qu/qc*), potenziare qc (*di qu/qc*); **die Arbeitsgruppe um mehrere Leute ~**, aumentare il gruppo di lavoro di diverse persone; **was für einen Sinn hat es, die Truppen in Friedenszeiten zu ~?**, che senso ha potenziare le truppe in tempo di pace?; **etw auf etw** (akk) ~ {AUF 1000 MANN} portare qc a qc **3** (*intensivieren*) **etw ~** {ANSTRENGUNGEN, BEMÜHUNGEN, EINSATZ} intensificare qc, aumentare qc, accrescere qc; {EINDRUCK,

Macht, Verdacht, Zweifel} rafforzare qc: **die letzten Ereignisse ~ den Verdacht, dass ...**, gli ultimi avvenimenti rafforzano il sospetto che ... *konjv* **4** (*erhöhen*) *etw* ~ {Druck, Spannung, Stromzufuhr} aumentare qc **5** *el etw* ~ {Lautsprecher, Verstärker Instrument, Musik, Stimme, Ton} amplificare qc **B** *rfl* **sich ~ 1** (*sich intensivieren*) {Eindruck, Verdacht} rafforzarsi; {Einfluss, Zweifel} *auch* aumentare: **der Einfluss der Medien auf das tägliche Leben hat sich ungeheuer verstärkt**, l'influenza dei media sulla vita quotidiana è incredibilmente aumentata; **die Schmerzen haben sich verstärkt**, i dolori sono ₍diventati più forti₎/[aumentati] **2** (*stärker werden*) {Sturm} aumentare; {Druck, Lärm, Regen} *auch* diventare più forte.

Verstärker <-s, -> *m el tech* amplificatore m.
Verstärkung f **1** *bau* {+Mauer, Pfeiler} rinforzo m, rafforzamento m **2** (*Vergrößerung*) {Arbeitsgruppe, Chor} potenziamento m; {Besatzung, Polizeieinheit, Truppe} *auch* rafforzamento m, aumento m, rinforzamento m **3** (*Personen, durch die etw verstärkt wird*) rinforzi m pl: **~ anfordern, um ~ bitten**, chiedere rinforzi; **~ schicken**, inviare (dei) rinforzi **4** (*Erhöhung*) {+Druck, Spannung} aumento m **5** (*Intensivierung*) {+Anstrengungen, Bemühungen} intensificazione f, aumento m **6** *el* amplificazione f.
verstauben <ohne ge-> *itr* <sein> impolverarsi, ₍coprirsi di₎/[prendere la] polvere.
verstaubt **A** *part perf von* verstauben **B** *adj* **1** (*voller Staub*) impolverato, polveroso, coperto/pieno di polvere **2** *pej* (*altmodisch*) ammuffito, antiquato, sorpassato: **-e Ansichten über etw** (akk) **haben**, avere (delle) idee antiquate su qc.
verstauchen <ohne ge-> *rfl med* **sich** (dat) *etw* ~ {Fuss, Handgelenk, Knöchel} slogarsi qc, storcersi qc, prender(si) una storta *a qc fam*.
Verstauchung <-, -en> f *med* distorsione f, slogatura f, storta f *fam*.
verstauen <ohne ge-> *tr etw* (*irgendwo*) ~ {Bücher, Geschirr in Kisten, Koffer auf der Ablage, Kisten im Keller} stipare qc + *compl di luogo*; {Gepäck im Kofferraum} *auch* pigiare qc + *compl di luogo*: **die Wintersachen habe ich alle auf dem Dachboden verstaut**, i vestiti invernali li ho sistemati tutti in soffitta; **sie verstaute die Kinder auf dem Rücksitz**, pigiò i figli sul sedile posteriore.
Versteck <-(e)s, -e> n nascondiglio m; {+Terroristen, Verbrecher} covo m ● **~ spielen**, giocare a nascondino/rimpiattino *tosk*; **(mit/vor jdm) ~ spielen** *fam* (*seine wahren Absichten verbergen*), giocare a nascondino (con qu).
verstecken <ohne ge-> *tr* **1** (*in einem Versteck unterbringen*) *jdn/etw* (*vor jdm*) ~ nascondere qu/qc (*a qu*); {Beute, Leiche, Rauschgift, Waffen} *auch* occultare qu/qc: **die Weihnachtsgeschenke vor den Kindern ~**, nascondere i regali di Natale ai bambini **2** (*verbergen*) *etw* (*hinter etw* dat) ~ nascondere qc (*dietro/sotto qc*), dissimulare qc (*sotto/dietro qc*): **er versucht, seine Schüchternheit hinter einem besonders forschen Verhalten zu ~**, cerca di dissimulare la timidezza dietro un atteggiamento particolarmente risoluto **B** *rfl* **1** (*sich verbergen*) **sich** (*irgendwo*) ~ nascondersi/rimpiattarsi/appiattarsi (+ *compl di luogo*) ● **sich vor jdm ~** nascondersi ₍da₎/[davanti a] qu: **die Kleine versteckte sich hinter der Tür, um den Vater zu überraschen**, la piccola si nascose dietro la porta per fare una sorpresa a suo padre **2** (*als Vorwand benutzen*) **sich hinter jdm/etw ~** nascondersi dietro qu/qc: **versuch bitte nicht, dich hinter faulen Ausreden zu ~**, per favore non cercare di nasconderti dietro scuse meschine ● **sich vor/neben jdm nicht zu ~ brauchen** *fam*, non aver ragione di temere il confronto con qu.
Verstecken <-s, ohne pl> n: **~ spielen**, giocare a nascondino/rimpiattino *tosk* ● **(vor/mit jdm) ~ spielen** *fam* (*seine wahren Absichten verbergen*), giocare/fare a nascondino (con qu).
Versteckspiel n (gioco m del) nascondino m/rimpiattino m *tosk*: **lass das ~!**, smettila di giocare a nascondino (con me)!
versteckt **A** *adj* **1** (*verborgen*) {Kamera} nascosto; {Eingang, Tür} *auch* segreto: **sich ~ halten**, tenersi/[tenere qc) nascosto (-a) **2** (*abgelegen*) {Lage} isolato {See} appartato, nascosto; {Ort, Winkel} *auch* riposto, recondito: **ein zwischen den Bergen ~er See**, un lago nascosto tra le montagne **3** (*unausgesprochen*) {Andeutung, Drohung, Vorwurf} velato **4** (*heimlich*) {Aktivitäten, Umtriebe} segreto; {Gähnen, Lächeln} furtivo **B** *adv*: (*irgendwo*) **~ liegen**, ₍essere situato₎/[trovarsi] in (una) posizione isolata (+ *compl di luogo*).
verstehen <*irr*, *ohne* ge-> **A** *tr* **1** (*begreifen*) *etw* ~ capire qc, comprendere qc, intendere qc: **hast du alles verstanden, was sie gesagt hat?**, hai capito tutto quello che ha detto?; **er hatte genau verstanden, auf wen die Anspielungen abzielten**, aveva compreso/inteso perfettamente a chi erano indirizzate quelle allusioni; **diese Gebrauchsanweisungen sind kaum zu ~**, queste istruzioni per l'uso sono ₍pressoché incomprensibili₎/[a malapena comprensibili]; **jetzt verstehe ich, warum er sich so selten sehen lässt!**, adesso capisco perché si fa vivo così di rado; **ich habe das nicht richtig verstanden**, non l'ho capito bene **2** (*hören*) *jdn/etw* ~ capire qu/qc, sentire qu/qc: **jdn/etw gut/schlecht ~**, sentire qu/qc bene/male; **bei dem Rauschen in der Leitung verstehe ich kein Wort**, con questo fruscio nella linea non capisco una parola; **du musst lauter sprechen, der Opa versteht dich sonst nicht**, devi parlare più forte, altrimenti il nonno non ti capisce/sente **3** (*mitempfinden*) *jdn/etw* ~ capire qu/qc, comprendere qu/qc: **ich kann dich gut ~**, ti capisco benissimo; **sie kann nicht ~, dass das für ihn ein Problem ist**, non riesce a capire che quello per lui sia un problema; **Sie müssen ~, dass ich nicht anders handeln kann**, deve comprendere che non posso agire diversamente; **meine Frau versteht mich nicht**, mia moglie non mi capisce/comprende **4** (*beherrschen*) *etw* ~ sapere qc, conoscere qc: {Sprache} *auch* capire qc: **er versteht seine Sache**, sa il fatto suo; **sie versteht ihr Handwerk ausgezeichnet**, conosce benissimo il suo mestiere; **er versteht es blendend, die Gäste zu unterhalten**, sa intrattenere meravigliosamente gli ospiti; **du verstehst es ausgezeichnet, mich immer wieder zu verletzen**, sei proprio bravo (-a) nel trovare sempre il modo di ferirmi; **etwas/viel von etw** (dat) **~**, capire qualcosa/molto di qc, intendersi ₍un po'₎/[molto] di qc; **nichts von etw** (dat) **~**, non ₍capire niente₎/[intendersi affatto] di qc: **vom Kochen versteht sie wirklich nichts**, di cucina non si intende affatto, in cucina è una schiappa *fam*; **er versteht viel von Wirtschaftspolitik**, capisce molto di politica economica; **er versteht viel von Wein**, è un intenditore di vini **5** (*auslegen*) *etw unter etw* (dat) ~ intendere qc per/con qc: **was versteht man unter Gehirnwäsche?**, (che) cosa si intende per/con lavaggio del cervello?; **darf ich unter dieser Bemerkung ~, dass ...?**, da questa osservazione devo dedurre che ...?; **etw ist irgendwie zu ~** {symbolisch, rein theoretisch}, qc deve essere inteso/interpretato + *compl di modo*; **das ist wörtlich zu ~**, questo va preso alla lettera; **etw ist als etw zu ~**, qc deve essere interpretato come qc **B** *rfl* **1** (*auskommen*) **sich** (*irgendwie*) **mit jdm ~** intendersi/[andare d'accordo]/[dirsela *fam*] con qu (+ *compl di modo*): **sie versteht sich ₍sehr gut₎/[ausgezeichnet] mit ihnen**, va ₍molto d'accordo₎/[d'accordissimo]/[d'amore e d'accordo] con loro; **am Anfang haben sie sich überhaupt nicht verstanden**, all'inizio non ₍si intendevano₎/[se la dicevano *fam*] per niente **2** (*gut können*) **sich auf etw** (akk) **~** {Aufs Kochen, Tanzen} intendersi *di* qc: **er versteht sich aufs Reiten**, di equitazione se ne intende **3** (*einschätzen*) **sich als etw** (nom) **~** {Als Liberaler, Linker} considerarsi qc, ritenersi qc; {Als Erneuerer} porsi come qc **4** *com*: **etw versteht sich ...** {Abzüglich, inklusive, mit, ohne, zuzüglich}, qc ₍s'intende₎/[è da intendersi] ... **C** *itr* capire, comprendere: **ich verstehe!**, capisco!; (ho) capito! ● **~ wir uns verstanden?** (*ist das klar?*), ci siamo intesi (-e)?; ((*ist das*) *verstanden?*), capito?; **verstehst du?**, **verstanden?**, (hai) capito?; **... verstehst du ...**, vedi/capisci ...; **wie darf/soll ich das ~?**, come lo devo intendere?; (*polemisch*), cosa stai/state/sta cercando di dirmi?; **ich weiß nicht, wie ich das ~ soll**, non so come lo devo interpretare; **das verstehe einer!**, chi ci capisce qualcosa è bravo!; **jdn/etw falsch ~**, capire male qu/qc, fraintendere qu/qc: **sie bitte nicht falsch!**, La prego di non fraintendermi!; **jdm etw zu ~ geben** {Seinen Unmut, Seine Unzufriedenheit}, far capire qc a qu; **jdm zu ~ geben, dass ...**, far capire a qu che ...; **versteh mich recht!**, non mi fraintendere!; **~ wir uns recht!**, intendiamoci!; **wenn ich recht verstehe ...**, se ₍ho capito₎/[capisco] bene ...; **jdn/etw nicht recht ~**, non capire bene qu/qc; **etwas versteht sich von selbst**, qc ₍va da sé₎/[è sottinteso]; **dass ich sie jetzt nicht im Stich lasse, versteht sich von selbst**, ₍si capisce₎/[è ovvio] che non la pianto in asso proprio ora; **ich kaufe mir demnächst ein Auto, ein gebrauchtes, versteht sich!**, presto comprerò una macchina, usata s'intende!

versteifen <ohne ge-> **A** *rfl* <haben> **1** (*sich verhärten*) **sich ~** {Fronten, Positionen} irrigidirsi, inasprirsi **2** (*beharren*) **sich auf etw** (akk) **~** {Auf eine Forderung, Haltung, Sein Recht} impuntarsi *in qc*, ostinarsi *in qc*, intestarsi *su qc*, incaponirsi *in qc fam*: **warum versteifst du dich so auf diese Lösung?**, perché ti sei fissato (-a) così su questa soluzione?; **sich darauf ~, etw zu tun**, impuntarsi/ostinarsi a fare qc; **sie hat sich darauf/auf die Idee versteift, allein zu fahren**, ormai si è ₍fissata sull'idea₎/[incaponita] di partire da sola; **sich darauf ~, dass ...**, ostinarsi a credere/sostenere che ...; **er versteift sich darauf, dass er Vorfahrt hatte**, ₍si ostina a sostenere₎/[si impunta sul fatto] che aveva lui la precedenza **3** (*anschwellen*) {Penis} diventare duro **B** *tr* <haben> **1** *bau etw* (*durch etw* akk/*mit etw* dat) ~ {Brücke, Decke, Mauer} irrigidire qc (*con qc*) **2** (*steif machen*) {+Kragen mit einer Einlage, Steifleinen} rinforzare qc, mettere/applicare un rinforzo *a qc* **C** *itr* <sein> (*steif werden*) {Arm, Bein, Finger, Gelenk} irrigidirsi.

Versteifung <-, -en> f **1** *bau* irrigidimento

m **2** {+ARM, BEIN, GELENK} irrigidimento m.

versteigen <irr, ohne ge-> rfl geh pej: **sich ⌊zu der Behauptung ~⌋/[dazu ~ zu behaupten], dass ...**, avere l'ardire di sostenere che..., arrivare a sostenere/dire che..., osare affermare che ...

versteigern <ohne ge-> tr **etw ~** {HAUS} vendere qc ⌊all'asta⌋/[all'incanto]; {BILDER, WERTOBJEKTE} auch battere qc fam: **etw meistbietend ~**, vendere qc al miglior offerente.

Versteigerung f **1** (Auktion) asta f, incanto m **2** <nur sing> (das Versteigern) vendita f all'asta/incanto ● **zur ~ kommen**, essere/venire messo (-a) all'asta/incanto.

versteinern <ohne ge-> itr <sein> **1** geol pietrificarsi, fossilizzarsi **2** (starr werden) {LÄCHELN} gelarsi **3** (gefühllos werden) {PERSON} impietrirsi, farsi di pietra.

versteinert adj **1** geol pietrificato, fossile, fossilizzato **2** (unbewegt) {GESICHT, GESICHTSAUSDRUCK} impietrito: **mit ~er Miene**, impietrito ● **wie ~** {DASTEHEN, STEHEN BLEIBEN}, impietrito (-a), di sasso, pietrificato (-a).

Versteinerung <-, -en> f **1** <nur sing> (das Versteinern) pietrificazione f **2** (versteinerter Organismus) fossile m.

verstellbar adj {GURT, KOPFSTÜTZE, LEHNE} regolabile: (**in etw dat**) ~ **sein** {IN DER HÖHE, NEIGUNG}, essere regolabile (in qc).

verstellen① <ohne ge-> tr **1** (anders einstellen) **etw ~** {HÖHE, NEIGUNG, POSITION, SICHERHEITSGURT} regolare qc; {KOPFSTÜTZE, LEHNE, RÜCKSPIEGEL, SITZ} auch sistemare qc: **sich (in etw dat) ~ lassen**, essere regolabile (in qc) **2** (woandershin stellen) **etw ~** {BÜCHER, GERÄT, MÖBELSTÜCK} cambiare (di) posto a qc, spostare qc **3** (an einen falschen Platz stellen) **etw ~** mettere qc ⌊nel posto sbagliato⌋/[fuori posto] **4** (anders regulieren) **etw ~** {HEIZUNG, THERMOSTAT} impostare/regolare qc diversamente **5** (versperren) (**jdm**) **etw ~** {DURCHGANG, EINGANG, ZUGANG} sbarrare qc (a qu), ostruire qc (a qu), bloccare qc; {BLICK AUF ETW} impedire qc (a qu); {AUSSICHT} auch togliere qc (a qu).

verstellen② <ohne ge-> **A** tr (verändern) **etw ~** {HANDSCHRIFT} alterare qc; {STIMME} auch contraffare qc **B** rfl (heucheln) **sich ~** fingere, simulare: **sie kann sich derart gut ~, dass man nie weiß, wie es ihr wirklich geht**, sa fingere talmente bene che non si capisce mai come stia veramente.

Verstellung① <-, -en> f {+KOPFSTÜTZE, RÜCKSPIEGEL, SITZ} regolazione f.

Verstellung② <-, ohne pl> f finzione f, simulazione f: **sein Interesse ist nur ~**, il suo interesse è tutta una finzione.

versteppen <ohne ge-> itr diventare steppa.

versterben <irr, ohne ge-> itr <sein> geh decedere geh.

versteuern <ohne ge-> tr **etw ~** {EINKOMMEN, VERMÖGEN, ZINSEN} pagare le tasse/imposte su qc; (angeben) dichiarare qc (al fisco) ● **zu ~d** {EINKOMMEN}, imponibile.

Versteuerung <-, -en> f pagamento m delle tasse/imposte.

verstimmen <ohne ge-> tr **1** (verärgern) **jdn (mit etw dat) ~** indisporre qu (con qc), urtare qu (con qc), mettere di malumore qu (con qc) **2** mus **etw ~** scordare qc.

verstimmt **A** adj **1** mus scordato **2** (missgelaunt): ~ **sein**, essere di malumore; **über etw (akk) ~ sein**, essere irritato per qc **3** (unpässlich) {MAGEN} disturbato, in disordine, imbarazzato **B** adv (missgelaunt) {GUCKEN, REAGIEREN, WEGGEHEN} irritato (-a).

Verstimmung <-, -en> f malumore m.

verstockt adj pej {MENSCH} cocciuto fam; {VERHALTEN} da cocciuto fam; {SÜNDER} impenitente: **der Angeklagte zeigte sich ~**, l'imputato si ostinò nel suo silenzio.

Verstocktheit <-, ohne pl> f cocciutaggine f.

verstohlen **A** adj <attr> {BLICK, LÄCHELN} furtivo **B** adv {LÄCHELN, SICH UMBLICKEN} furtivamente; {WINKEN} di nascosto: **er schaute sie ~ an**, le lanciava sguardi furtivi.

verstopfen <ohne ge-> **A** tr <haben> **1** (verschließen) **etw (mit etw dat) ~** {LOCH, RITZE MIT GLASWOLLE, STOFFFETZEN} tappare qc (con qc), (ot)turare qc (con qc): **ich habe mir die Ohren mit Watte verstopft**, mi sono tappato (-a) le orecchie con il cotone **2** (blockieren) **etw ~** {KALK, DÜSE, ROHR} occludere qc, otturare qc, ostruire qc; {HAARE, PAPIER, TAMPON AUSGUSS, TOILETTE} intasare qc, ostruire qc **B** itr <sein> (undurchlässig werden) {AUSGUSS, ROHR, TOILETTE} intasarsi, ingorgarsi, otturarsi.

verstopft adj **1** (blockiert) {AUTOBAHN, INNENSTADT, STRAßE} intasato, congestionato; {ROHR} intasato, ingorgato **2** fam med (verschleimt) {NEBENHÖHLEN} intasato; {NASE} auch tappato fam, chiuso, costipato **3** fam med (konstipiert) stitico, costipato.

Verstopfung <-, ohne pl> f **1** fam med stitichezza f, costipazione f: ~ **haben, an ~ leiden**, soffrire di stitichezza **2** (Undurchlässigkeit) {+ROHR, TOILETTE} intasamento m, ostruzione f; {+VERKEHR} intasamento m, congestione f, ingorgo m.

verstorben adj geh defunto, deceduto: ~ **sein**, essere deceduto; **mein ~er Mann**, il mio ⌊defunto marito⌋/[povero marito fam].

Verstorbene <dekl wie adj> mf geh defunto (-a) m (f).

verstört **A** adj {BLICK, GESICHT} sconvolto, stravolto, turbato; {MENSCH} auch disturbato: **sie machte einen ganz ~en Eindruck**, aveva un'aria sconvolta **B** adv {GUCKEN, UM SICH SCHAUEN} sconvolto (-a), stravolto (-a), con aria sconvolta/stravolta.

Verstoß <-es, Verstöße> m ~ (**gegen etw** akk) infrazione f (di/a qc): **ein leichter/[schwerer/grober] ~**, una leggera/grave infrazione; **jeder ~ gegen die Verkehrsordnung wird vom Gesetz geahndet**, ogni infrazione al codice della strada viene punita dalla legge; **ein ~ gegen den Anstand**, un'offesa al decoro.

verstoßen <irr, ohne ge-> **A** itr (zuwiderhandeln) **gegen etw (akk) ~** {TRADITION} infrangere qc, cozzare contro qc; {GEGEN DIE GUTEN MANIEREN, DIE REGELN DES ANSTANDS} offendere qc, essere contrario a qc; {GEGEN EINE ANORDNUNG, REGELUNG, VORSCHRIFT} infrangere qc, contravvenire a qc: **gegen die Disziplin ~** {PERSON}, violare/infrangere la disciplina; {VERHALTEN} venir meno al senso dell'ordine; **gegen das Gesetz ~**, infrangere la legge; **wer gegen die Regelungen der EU verstößt, muss mit hohen Bußgeldern rechnen**, chi contravviene alle direttive della UE deve aspettarsi delle multe salate **B** tr (ausstoßen) **jdn ~** (s)cacciare qu; {FAMILIENANGEHÖRIGEN} ripudiare qu.

verstrahlen <ohne ge-> tr nukl **jdn/etw ~** {GEBÄUDE, GEBIET, MENSCHEN, MATERIAL, TIER} esporre qu/qc a radiazioni, contaminare qc (esponendolo a radiazioni).

verstrahlt adj nukl {GEBÄUDE, GEBIET, LEBENSMITTEL, MATERIAL} contaminato da radiazioni.

Verstrahlung <-, -en> f nukl contaminazione f radioattiva.

verstreichen① <irr, ohne ge-> tr **1** (streichend verteilen) **etw (auf etw** dat) **~** {BUTTER, MARMELADE AUF EINER BROTSCHEIBE} spalmare qc (su qc) **2** (streichend auftragen) **etw (auf etw** dat) **~** {FARBE} stendere qc (con un pennello) (su qc); {SALBE AUF DER HAUT, WUNDE} spalmare qc (su qc): **du musst die Farbe gleichmäßig ~**, devi cercare di stendere il colore in modo uniforme.

verstreichen② <irr, ohne ge-> itr <sein> geh (ungenutzt vergehen) {ZEITPUNKT} passare; {ZEIT} auch scorrere; {MONATE, JAHRE} passare, trascorrere: **die Frist/der Termin ist verstrichen**, i termini sono scaduti/trascorsi; **etw ~ lassen** {ZEIT, ZEITPUNKT}, lasciare passare qc; {GELEGENHEIT} non cogliere qc; {FRIST, TERMIN} far scadere qc, lasciar trascorrere qc.

verstreuen <ohne ge-> tr **1** (ausstreuen) **etw (auf etw** dat) **~** {ASCHE, STREUSALZ} spargere qc (su qc) **2** (verschütten) **etw (irgendwo) ~** {MEHL, SALZ, ZUCKER} spargere qc (su qc) **3** (achtlos hinwerfen) **etw irgendwo ~** sparpagliare/spargere/disseminare qc + compl di luogo: **sie verstreut ihre Klamotten überall im Haus**, dissemina i suoi vestiti per tutta la casa.

verstreut adj {GEHÖFTE, ORTSCHAFTEN} disseminato/sparso/sparpagliato qua e là: **über das ganze Land ~ sein**, essere disseminato per tutto il paese.

verstricken <ohne ge-> **A** tr **1** geh (verwickeln) **jdn in etw (akk) ~** coinvolgere qu in qc, invischiare qu in qc: **er lässt sich immer wieder in diese leidigen Diskussionen ~**, si lascia continuamente invischiare in queste discussioni incresciose **2** (verbrauchen) **etw ~** {(BAUM)WOLLE, SEIDE} finire qc (lavorando a maglia) **B** rfl (sich in eine unangenehme Lage bringen) **sich in etw (akk) ~** impelagarsi in qc: **sich in ein Netz von Lügen ~**, impantanarsi in un mare di bugie; **sich in Widersprüche ~**, rimanere intrappolato (-a) in un mucchio di contraddizioni.

Verstrickung <-, -en> f ~ **in etw (akk)** (IN EINE AFFÄRE, DUNKLE GESCHÄFTE) coinvolgimento m in qc, implicazione in qc: **trotz der zunehmenden ~ in Widersprüche gesteht er nicht**, nonostante cada sempre di più in contraddizione non confessa.

verströmen <ohne ge-> tr **etw ~** {BLUMEN, GEWÜRZ, PARFÜM AROMA, DUFT} emanare qc, diffondere qc, esalare qc.

verstümmeln <ohne ge-> **A** tr **1** (entstellen) **jdn ~** mutilare qu: **einen Körper schrecklich ~**, mutilare un corpo in modo orribile; **verstümmelt** {MENSCH}, mutilato; {ARM} monco **2** (unverständlich machen) **etw ~** {TEXT, ZITAT} mutilare qc, troncare qc; {NAMEN} abbreviare qc storpiandolo: **verstümmelt** {SATZ, TEXT, ZITAT}, mutilo, tronco, mozzo **B** rfl sich ~ (auto)mutilarsi.

Verstümmelung <-, -en> f mutilazione f.

verstummen <ohne ge-> itr <sein> geh **1** (aufhören zu reden/singen) ammutolire, tacere, zittirsi: **bei seinem Eintreten ⌊verstummten alle⌋/[verstummte der ganze Saal]**, al suo ingresso ⌊tutti ammutolirono⌋/[si fece un gran silenzio in sala]; **sie verstummte ganz plötzlich**, tacque/[si zittì] all'improvviso; **jdn ~ lassen**, far tacere qu **2** (aufhören) {INSTRUMENTE, MUSIK, ORCHESTER, VÖGEL} tacere; {LÄRM} auch cessare **3** (sich legen) {GEREDE, GERÜCHTE} cessare; {BEIFALL, GESPRÄCH} spegnersi.

Versuch <-(e)s, -e> m **1** (Handlung, mit der etw versucht wird) tentativo m: **beim ersten ~**, al primo tentativo; **jds ~, etw zu tun**, il tentativo di qu di fare qc; **ein ⌊aussichtsloser/verzweifelter⌋/[geglückter] ~**, un tentativo disperato/riuscito; **ein ~ gelingt/misslingt/**

scheitert, un tentativo riesce/[non riesce]/[fallisce]; **seine ersten literarischen ~e**, i suoi primi cimenti letterari **2** (*Experiment*) esperimento m: **~e an jdm/etw**, esperimenti su qu/qc; **ein chemischer/physikalischer/wissenschaftlicher ~**, un esperimento chimico/[di fisica]/[scientifico]; **einen ~ vorbereiten/auswerten/einstellen**, preparare/valutare/sospendere un esperimento; **~e an/mit Mäusen machen**, fare degli esperimenti sui topi **3** *Leichtathletik* tentativo m: **drei ~e haben**, avere tre tentativi **4** *Rugby* meta f: **einen ~ erzielen/legen**, guadagnare/segnare una meta ● **es auf einen ~ ankommen lassen**, provare, tentare; **wir sollten es auf einen ~ ankommen lassen**, bisognerebbe provare/[fare un tentativo]; **es käme auf einen ~ an**, si tratta di provare; **einen ~ machen**, fare un tentativo/una prova; **noch einen ~ machen**, riprovare, ritentare, fare un ulteriore tentativo; **noch einen letzten ~ machen**, fare un ultimo tentativo; **einen ~/[~e] (an jdm/etw) machen**, fare ⌞un esperimento⌟/(degli esperimenti) (su qu/qc); **einen ~ mit etw (dat) machen**, fare (degli) esperimenti con qc; **einen ~ starten**, fare un tentativo; **einen ~ wert sein**, valere (almeno) un tentativo.
versuchen <ohne ge-> Ⓐ tr **1** (*etw Schwieriges zu tun suchen*) **etw ~** {AUSWEICHMANÖVER, TRICK} tentare (*con*) *qc*: **Sie keine Tricks!**, non provi a imbrogliarmi!; **das Äußerste ~**, tentare il tutto per tutto; **wir müssen ⌞das Äußerste⌟/[alles] ~, um ...**, dobbiamo tentare il tutto per tutto per ...; **sein Bestes ~**, mettercela tutta *fam*, fare del proprio meglio; **das Letzte ~**, fare un ultimo tentativo; **das Unmögliche ~**, tentare l'impossibile; **du musst es wenigstens ~**, devi almeno/perlomeno ⌞tentare⌟/[provare]/[fare un tentativo]; **~, etw zu tun**, tentare/cercare di fare qc, provare a fare qc; **er versuchte, sie aufzuheitern**, cercò di rasserenarla; **ich versuchte aufzustehen, aber es gelang mir nicht**, provai ad alzarmi ma non ci riuscii; **der Angeklagte versuchte zu leugnen**, l'imputato tentò di negare **2** ((*aus*)*probieren*) **etw ~** provare (*con*) *qc*: **~ Sie mal diese Tabletten, die werden Ihnen sicher helfen**, provi (con) queste pastiglie, La aiuteranno sicuramente; **"ob ich das wohl schaffe?"** – **"Versuch es doch einfach!"**, "ce la farò?" – "Perché non ci provi?"; **ich will das auch mal ~**, (ci) voglio provare anch'io; **am besten, du versuchst es in einem Feinkostgeschäft**, la cosa migliore è provare in un negozio di specialità gastronomiche; **es mit jdm/etw ~** {MIT EINEM MITARBEITER, EINER FIRMA}, provare con qu/qc; {MIT EINEM SCHLÜSSEL, WERKZEUG} provar(ci) con qc; **ich will es noch mal mit ihm ~**, gli voglio dare un'altra possibilità; **~, etw zu tun**, provare a fare qc; **versuch du doch mal, ihn zu überzeugen**, provaci un po' tu a convincerlo; **~, ob ...**, provare a vedere se ...; **ich will ~, ob ich das allein schaffe**, voglio vedere se ce la faccio da solo (-a); **wir mal, ob auch so geht**, ⌞proviamo a vedere⌟/[vediamo un po'] se funziona anche così **3** (*kosten*) **etw ~** {GETRÄNKE, SPEISE} assaggiare *qc*, sentire *qc fam*, provare *qc rar* **4** *geh obs* (*in Versuchung führen*) **jdn ~** tentare *qu* Ⓑ itr (*kosten*) (*von etw dat*) **~** {VON DEM KUCHEN, DER SUPPE, DEM WEIN} assaggiare *qc*, provare *qc*: **willst du mal ~?**, vuoi assaggiare/sentire/provare? Ⓒ rfl (*sich an etw heranwagen*) **sich in/an etw** (*dat*) **~** {AM KLAVIER} cimentarsi *con qc*; {IM KOCHEN, MALEN, REITEN, SINGEN} *auch* provarsi *in qc*: **er versucht sich in einem neuen Beruf**, si cimenta con una nuova professione ● **es bei jdm ~** *fam* (*versuchen, jdn zu verführen*), provarci con qu *fam*;

versucht sein, etw zu tun, essere tentato di fare qc.
Versuchsabteilung f *tech* reparto m collaudi.
Versuchsanlage f centro m/impianto m di sperimentazione.
Versuchsanordnung f *wiss* disposizione f sperimentale.
Versuchsballon m **1** *wiss meteo* pallone m sonda **2** (*Test*) ballon d'essai m: **einen ~ ⌞steigen lassen⌟/[loslassen]**, lanciare un ballon d'essai, saggiare il terreno.
Versuchskaninchen n *fam pej* cavia f: **ich bin doch nicht dein ~!**, non voglio mica farti da cavia! ● **~ spielen**, fare da cavia.
Versuchsperson f *bes. med psych* cavia f (umana).
Versuchsreihe f *tech* serie f di prove; *wiss auch* serie f di esperimenti.
Versuchsstadium n *geh*: **etw ⌞befindet sich⌟/[ist] (erst/noch) im ~**, qc ⌞si trova⌟/[è] (soltanto/ancora) in fase sperimentale/[di collaudo].
Versuchsstrecke f pista f di collaudo/prova.
Versuchstier n cavia f, animale m da laboratorio.
versuchsweise adv {EINFÜHREN} in via sperimentale; {JDN BESCHÄFTIGEN, EINSTELLEN} in prova: **etw ~ ausprobieren**, provare qc; **in der Innenstadt werden ~ Elektroautos eingesetzt**, nel centro cittadino saranno introdotte in via sperimentale delle auto elettriche.
Versuchszweck m: **zu ~en**, ⌞a fini⌟/[per scopi] sperimentali.
Versuchung <-, -en> f tentazione f: **eine große/starke ~**, una grande/forte tentazione ● **jdn in (die) ~ bringen**, far venire a qu voglia di fare qc; **jdn in ~ führen** *relig oder iron*, indurre qu in tentazione *relig oder iron*, tentare qu *iron*; **der ~ erliegen/nachgeben/widerstehen**, etw zu tun, cedere/resistere alla tentazione di fare qc; **in ~ fallen/geraten/kommen** *geh*, cadere in tentazione *geh*; **in (die) ~ ⌞geraten/kommen⌟/[sein], etw zu tun**, essere tentato di fare qc.
versumpfen <ohne ge-> itr <*sein*> **1** *geog* {BODEN, SEE, UFER} impaludarsi, diventare palude/paludoso (-a) **2** *fam* (*verwahrlosen*): **in der Großstadt ~**, essere inghiottito/risucchiato dalla metropoli **3** *slang* (*lange zechen*) fare bisboccia/baldoria, bisboccare.
versündigen <ohne ge-> rfl *geh* **sich an jdm/etw** {AN SEINEN MITMENSCHEN, DEM NÄCHSTEN, AN DER NATUR} peccare *contro qu/qc*; {AN SEINER GESUNDHEIT} rovinarsi *qc*.
versunken Ⓐ part perf *von* versinken Ⓑ adj **1** (*untergegangen*) {EPOCHE} scomparso; {KULTUR, REICH} *auch* sommerso: **eine ~e Stadt**, una città sommersa **2** (*vertieft*): **in etw** (*akk*) **~** {IN EINEN ANBLICK, EINE BETRACHTUNG} essere immerso/assorto in qc: **(ganz/tief) in Gedanken ~ sein**, essere (profondamente) assorto nei propri pensieri.
Versunkenheit <-, ohne pl> f *geh* essere assorto m, pensosità f, raccoglimento m: **jdn aus seiner ~ reißen**, strappare qu ai suoi pensieri.
versüßen <ohne ge-> Ⓐ tr **jdm etw** (*mit etw dat*) **~** {DAS LEBEN} addolcire *qc a qu* (*con qc*); {AUSBLEIBENDE BEFÖRDERUNG, AUSBLEIBENDEN GEWINN, VERZICHT} *auch* rendere meno amaro (-a) *qc a qu* (*con qc*) Ⓑ rfl (*sich dat*) **etw ~** {DAS LEBEN} addolcirsi *qc*.
Vertäfelung <-, -en> f rivestimento m in legno.
vertagen <ohne ge-> *geh* Ⓐ tr (*verschieben*)

etw (**auf etw** *akk*) **~** {KONFERENZ, VERHANDLUNG AUF EINEN ANDEREN TAG, TERMIN} aggiornare *qc* (*a qc*), rinviare *qc* (*a qc*), rimandare *qc* (*a qc*): **die Verhandlung wurde auf nächste Woche vertagt**, l'udienza è stata aggiornata/rinviata alla prossima settimana Ⓑ rfl **sich (auf etw** *akk*) **~** {KOMITEE, UNTERSUCHUNGSAUSSCHUSS} aggiornare la seduta (*a qc*); {GERICHT} aggiornare l'udienza (*a qc*).
Vertagung f aggiornamento m, rinvio m.
vertäuen <ohne ge-> tr *naut* **etw ~** ormeggiare *qc*.
vertauschen <ohne ge-> tr **1** (*austauschen*) **etw ~** {HÜTE, MÄNTEL, SCHIRME} scambiare *qc*: **an der Garderobe hatte man ihre Taschen vertauscht**, al guardaroba avevano scambiato le loro borse; **die Rollen ~**, scambiare/invertire le parti/i ruoli; **etw mit etw** (*dat*) **~** {SEINEN HUT, MANTEL, SCHIRM MIT EINEM ANDEREN} scambiare *qc con qc* **2** (*etw zugunsten von etw aufgeben*) **etw mit etw** (*dat*) **~** {BERUF, STELLUNG} cambiare *qc per qc*, lasciare *qc per qc*; {EINE STADT MIT EINER ANDEREN, EINE STADTWOHNUNG MIT EINEM HAUS AUF DEM LAND} lasciare *qc per qc*: **heute haben fast alle die Schreibmaschine mit dem Computer vertauscht**, oggi quasi tutti hanno sostituito la macchina da scrivere il computer.
verteidigen <ohne ge-> Ⓐ tr **1** (*schützen*) **jdn/etw** (**gegen jdn/etw**) **~** {GRENZE, LAND, STADT GEGEN EINEN ANGRIFF, DEN FEIND} difendere *qu/qc* (*da qu/qc*): **sein Leben ~**, difendere la propria vita **2** (*rechtfertigen*) **jdn/etw** (**gegen jdn/etw**) **~** {ANGEGRIFFENEN, MEINUNG, THEORIE, THESE} difendere *qu/qc* (*⌞da qu⌟/[da/contro qc]*): **sie hat ihn gegen die ganze Familie verteidigt**, lo ha difeso davanti a tutta la famiglia **3** *jur* **jdn ~** difendere *qu* **4** *sport* **etw ~** {TOR, VORSPRUNG} difendere *qc*: **den/seinen Titel ~**, difendere il/[il proprio] titolo Ⓑ rfl **1** (*sich schützen*) **sich** (**gegen jdn/etw**) **~** difendersi (*da qu/qc*) **2** (*sich rechtfertigen*) **sich** (**gegen jdn/etw**) **~** {GEGEN EINEN ANGRIFF, BESCHULDIGUNGEN, VORWURF} difendersi (*⌞da qu⌟/[da/contro qc]*): **sich gegen eine Unterstellung/Verleumdung ~**, difendersi da un'illazione/una calunnia **3** *jur* **sich** (**selbst**) **~** difendersi in giudizio, assumere la propria difesa Ⓒ itr *sport* giocare ⌞in difesa⌟/[come difensore].
Verteidiger <-s, -> m (**Verteidigerin** f) **1** *jur* (*avvocato* m) difensore m **2** *sport* difensore m.
Verteidigung <-, ohne pl> f **1** *mil* difesa f: **die ⌞der Grenzen⌟/[einer Stadt]**, la difesa ⌞dei confini⌟/[di una città]; **für die ~ werden beträchtliche Summen bereitgestellt**, per la difesa vengono stanziate notevoli somme **2** (*Rechtfertigung*) difesa f: **eine kluge/schwache ~**, una difesa intelligente/debole; **jdn in die ~ drängen**, mettere qu in condizioni di doversi difendere, costringere qu a difendersi; **jdm Gelegenheit zu seiner ~ geben**, dare a qu la possibilità di difendersi; **etw zu jds/seiner ~ vorbringen/sagen**, addurre/dire qc a propria difesa/[difesa di qu] **3** *jur* (*~shandlung*) difesa f: **das Recht auf ~**, il diritto alla difesa; **jdn mit jds ~ beauftragen**, ⌞affidare a qu la⌟/[incaricare qu della] difesa di qu; **jds ~ übernehmen**, assumere la difesa di qu; (*Verteidiger*) difesa f: **was hat die ~ dazu zu sagen?**, che cosa ha da dire la difesa in proposito? **4** *sport* difesa f: **eine starke/schwache ~**, una difesa forte/debole; **in der ~ spielen**, giocare in difesa ● **zu jds ~**, **zur ~ einer S.** (*gen*), a/in difesa di qu/qc.
Verteidigungsausgaben subst <*nur pl*> *pol* spese f pl per la difesa.

Verteidigungsbereitschaft ‹-, ohne pl› f *pol:* **das Heer in ~ versetzen**, allertare l'apparato difensivo dell'esercito.
Verteidigungsbündnis n *pol* alleanza f difensiva.
Verteidigungsetat m *pol,* **Verteidigungshaushalt** m *pol* bilancio m della difesa: **den ~ für das kommende Jahr aufstellen**, redigere il bilancio preventivo per la difesa per l'anno venturo.
Verteidigungsfall m *pol:* **im/[für den] ~,** in caso di aggressione (nemica).
Verteidigungshaushalt m → **Verteidigungsetat**.
Verteidigungskrieg m *pol* guerra f difensiva.
Verteidigungsminister m (**Verteidigungsministerin** f) *pol* ministro m della difesa.
Verteidigungsministerium n *pol* ministero m della difesa.
Verteidigungsrede f **1** perorazione f; (*Apologie*) apologia f **2** *jur* arringa f, difesa f.
Verteidigungswaffe f *mil* arma f difensiva.
Verteidigungszweck m: ₍für ~e₎/[zu ~en], per scopi/[a fini] difensivi.
verteilen ‹ohne ge-› A tr **1** (*austeilen*) **etw (an jdn/unter jdm/jdn) ~** {BÜCHER, FLUGBLÄTTER, GELD, GESCHENKE, PROSPEKTE} distribuire *qc (a/tra qu);* {ROLLEN} *auch* assegnare *qc (a qu)* **2** (*aufteilen*) **jdn/etw auf etw (**akk**) ~** {FLÜCHTLINGE AUF LAGER, SCHÜLER AUF KLASSEN} smistare *qu in qc,* distribuire *qu in qc;* {GEWICHT, LAST AUF BEIDE SCHULTERN, AUF VORDER- UND HINTERACHSE} distribuire *qc tra qu* ~ distribuire *qc tra qu,* ripartire *qc tra qu,* suddividere *qc tra qu:* **die Ausgaben gerecht** ₍**auf alle Teilnehmer**₎**/[unter allen Teilnehmern] ~,** ripartire/suddividere/distribuire equamente le spese tra tutti i partecipanti; ₍**im ganzen**₎**/[übers ganze] Land verteilt sein**, essere distribuito in tutto il paese **3** (*ausstreuen*) **etw auf etw (**akk**) ~** {ERDE, SAND} distribuire *qc su qc,* spargere *qc su qc;* {DÜNGER, KOMPOST} *auch* spandere *qc su qc* **4** (*verstreichen*) **etw auf etw** dat**) ~** {LACK} stendere *qc su qc,* distribuire *qc su qc;* {FARBE} *auch* distendere *qc su qc;* {WACHS} stendere *qc su qc,* spandere *qc su qc:* **die Farbe gleichmäßig auf der Wand ~,** stendere la vernice in modo uniforme sulla parete B rfl **1** (*Plätze einnehmen*) **sich irgendwo/irgendwohin ~** distribuirsi/disporsi (+ *compl di luogo*)**: die Spieler verteilten sich auf dem Spielfeld,** i giocatori si disposero sul campo; **die Besucher hatten sich im ganzen Gebäude verteilt,** i visitatori si erano distribuiti per tutto l'edificio **2** (*sich ausbreiten*) {FARBE, WASSER} distribuirsi (+ *compl di luogo*) **3** (*sich aufteilen*) **sich auf etw (**akk**) ~** essere distribuito *in qc:* **der Großteil der Eingeborenen lebt noch in den Wäldern, der Rest verteilt sich auf die wenigen Reservate,** la maggior parte degli indigeni vive ancora nelle foreste, il resto è sparso nelle poche riserve **4** (*umgelegt werden*) **sich auf jdn ~** {DIVIDENDE, KOSTEN} venire ripartito (-a)/suddiviso (-a)/distribuito (-a) *fra qu.*
Verteiler① ‹-s, -› m **1** *com ökon* distributore m **2** (*Energiewirtschaft*) erogatore m, società f erogatrice **3** *el* distributore m, ripartitore m **4** *autom* spinterogeno m **5** *tel* permutatore m **6** *adm* elenco m dei destinatari.
Verteiler② ‹-s, -› m (**Verteilerin** f) (*jd, der etw verteilt*) distributore (*rar* -trice) m (f).
Verteilerdose f *el* scatola f di derivazione.
Verteilerkasten m *el* cassetta f di distribuzione.
Verteilernetz n **1** (*in der Energiewirtschaft*) rete f di distribuzione **2** *com ökon* rete f di distribuzione.
Verteilerschlüssel m **1** (*Schlüssel, nach dem etw aufgeteilt wird*) criterio m di ripartizione **2** *adm* elenco m dei destinatari.
Verteilung f ‹meist sing› **1** (*Austeilung*) {+FLUGBLÄTTER, LEBENSMITTEL, PROSPEKTE} distribuzione f **2** (*Aufteilung*) {+AUFGABEN, KOSTEN} ripartizione f, suddivisione f, distribuzione f; *soziol* (*Aufteilung materieller und immaterieller Werte*) distribuzione f: **eine gerechte ~ der Ressourcen,** una equa distribuzione delle risorse **3** *com ökon* (*Vertrieb*) distribuzione f.
Verteilungsschlüssel m → **Verteilerschlüssel**.
vertelefonieren (a.R. **vertelephonieren**) ‹ohne ge-› tr *fam* **etw ~** spendere *qc* in telefonate: **diesen Monat habe ich 200 Euro vertelefoniert,** questo mese ho speso 200 euro in telefonate.
verteuern ‹ohne ge-› A tr **etw (um etw** akk**) ~** {BAUERN, HÄNDLER, TELEFONGESELLSCHAFT} rincarare *qc (di qc),* {BANK ZINSEN} rialzare *qc (di qc),* aumentare *qc (di qc);* {EMBARGO, SCHLECHTE ERNTE} rincarare *qc,* far alzare il prezzo *di qc:* **die Anhebung der Steuer verteuert Benzin und Zigaretten,** l'aumento delle tasse ha provocato un rincaro di benzina e sigarette; **etw auf etw (**akk**) ~** {BANK ZINSEN AUF 8%; HÄNDLER PREISE AUF ... EURO} portare *qc a qc;* {EMBARGO ÖLPREISE AUF ...} far salire *qc a qc* B rfl **sich (um etw** akk**) ~** rincarare (*di qc*), aumentare (*di qc*)**: die Grundnahrungsmittel haben sich verteuert,** i generi alimentari di prima necessità sono rincarati; **etw hat sich um das Zweifache verteuert,** il prezzo di *qc* è raddoppiato.
Verteuerung ‹-, -en› f ‹meist sing› rincaro m.
verteufeln ‹ohne ge-› tr *pej* **jdn/etw ~** {POLITISCHEN GEGNER, WERK EINES KÜNSTLERS} demonizzare *qu/qc.*
verteufelt *fam* A adj **1** (*schwierig*) {ANGELEGENHEIT, LAGE, SACHE} maledetto, dannato **2** (*sehr groß*) {DURST, HUNGER} infernale: **~es Glück haben,** avere una fortuna dannata B adv (*sehr*) {HEISS, SCHWER, SCHWIERIG} maledettamente, dannatamente.
Verteufelung ‹-, -en› f ‹meist sing› *pej* {+POLITISCHE ANSCHAUUNG, IDEOLOGIE, POLITISCHER GEGNER} demonizzazione f.
verticken ‹ohne ge-› tr *fam* **etw ~** vendere *qc.*
vertiefen ‹ohne ge-› A tr **1** (*tiefer machen*) **etw (um etw** akk**) ~** {BRUNNEN, GRABEN, LOCH} aumentare la profondità *di qc (di qc),* approfondire *qc (di qc)* **2** (*festigen*) **etw ~** {KENNTNISSE, WISSEN} approfondire *qc:* **die freundschaftlichen Beziehungen zu den anderen Ländern ~,** rafforzare i rapporti di amicizia con gli altri paesi; **wir wollen das Thema durch eine Diskussion in der Klasse ~,** vogliamo approfondire l'argomento con una discussione in classe **3** (*verschlimmern*) **etw ~** {KLUFT, SPALTUNG} acuire *qc,* approfondire *qc:* **die wiederholten Auseinandersetzungen haben die Kluft zwischen ihnen nur vertieft,** i ripetuti diverbi hanno solo reso più profondo l'abisso che li separa B rfl **1** (*tiefer werden*) **sich (in etw** akk**) ~** {FALTEN} diventare più profondo (-a) **2** (*stärker, intensiver werden*) {KLUFT} diventare più profondo (-a); {FREUNDSCHAFT} diventare più profondo (-a). **3** (*sich intensiv befassen*) **sich in etw (**akk**) ~** {IN DIE ARBEIT, LEKTÜRE, INS SPIEL} immergersi *in qc,* sprofondarsi *in qc:* **sich in** ₍**sein Buch**₎**/[die Zeitung] ~,** immergersi/sprofondarsi nella lettura del ₍proprio libro₎/[giornale].
vertieft adj **~ in etw (**akk**) ~** assorto *in qc,* immerso *in qc:* **in etw (**akk**) ~ sein,** essere assorto in *qc,* essere preso da *qc;* **völlig in Gedanken ~ sein,** essere completamente assorto nei propri pensieri; **sie war so in die Arbeit vertieft, dass sie ihn nicht hereinkommen hörte,** era talmente ₍immersa nel₎/[presa dal] lavoro che non lo sentì entrare.
Vertiefung ‹-, -en› f **1** (*Mulde*) avvallamento m, infossamento m; (*Hohlraum*) cavità f **2** ‹nur sing› (*das Vertiefen*) {+BRUNNEN, GRUBE} aumento m della profondità, approfondimento m **3** ‹nur sing› (*Festigung*) {+KENNTNISSE, WISSEN} approfondimento m **4** ‹nur sing› (*Verschlimmerung*) {+KLUFT, SPALTUNG} acuirsi m.
vertikal A adj verticale B adv verticalmente.
Vertikale ‹-, -n› f (retta f) verticale f ● **in** ₍**der ~**₎**/[die ~],** in (posizione) verticale.
vertilgen ‹ohne ge-› tr *etw* **~ 1** (*vernichten*) {UNGEZIEFER} sterminare *qc,* eliminare *qc;* {UNKRAUT} estirpare *qc,* eliminare *qc* **2** *fam scherz* (*verzehren*) spolverare *qc fam,* fare fuori *qc fam,* spazzare via *qc fam:* **hast du etwa die ganzen Spaghetti allein vertilgt?,** non avrai mica fatto fuori da solo (-a) tutti gli spaghetti?
Vertilgung f {+UNGEZIEFER} eliminazione f; {+UNKRAUT} *auch* estirpazione f.
Vertilgungsmittel n (*gegen Ungeziefer*) insetticida m; (*gegen Unkraut*) diserbante m, erbicida m.
vertippen ‹ohne ge-› rfl *fam* **sich ~** fare un errore di battitura.
vertonen ‹ohne ge-› tr *mus* **etw ~** {GEDICHT}, musicare *qc;* {TEXT} *auch* mettere in musica *qc.*
Vertonung ‹-, -en› f *mus* **1** ‹nur sing› (*das Vertonen*) messa f in musica **2** (*Fassung*) versione f musicale.
vertrackt adj *fam* {ANGELEGENHEIT, LAGE, SACHE} imbrogliato, ingarbugliato, intricato, incasinato *fam:* **etw ist ganz schön ~,** *qc* è un bel casino/pasticcio *fam.*
Vertrag ‹-(e)s, Verträge› m *jur* contratto m; (*im Völkerrecht*) trattato m, convenzione f, accordo m, patto m: **ein bindender/endgültiger/mehrjähriger/langfristiger ~,** un contratto vincolante/definitivo/pluriennale/[a lunga scadenza]; **ein befristeter/unbefristeter ~,** un contratto a termine/[tempo indeterminato]; **einen ~ mit jdm (ab)schließen,** stipulare/concludere un contratto con qu; **einen ~ brechen/lösen,** violare/sciogliere un contratto; **einen ~ kündigen,** recedere da un contratto; **einen ~ rückgängig machen,** rescindere un contratto; **einen ~ unterschreiben/unterzeichnen,** firmare un contratto; **einen ~ ratifizieren** (*im Völkerrecht*), ratificare una convenzione/un trattato; **von einem ~ zurücktreten,** recedere da un contratto; **der ~ ist zustande gekommen,** il contratto è stato perfezionato ● **der Berliner/Moskauer/Versailler ~** *hist,* il trattato di Berlino/Mosca/Versailles; **Gegenstand des ~s** *jur,* oggetto del contratto; **jdn unter ~ haben,** avere qu sotto contratto; **laut ~,** come da contratto; **jdn unter ~ nehmen~,** assumere qu a contratto; {SÄNGER, SCHAUSPIELER} scritturare qu; **bei jdm unter ~ sein/stehen,** ₍avere un₎/[essere sotto] contratto con qu.
vertragen① ‹irr, ohne ge-› tr **1** (*aushalten*) **etw (irgendwie) ~** {AUFREGUNG, BELASTUNG,

HEKTIK, HITZE, KÄLTE, KLIMA, KRITIK, LÄRM, SONNE} sopportare qc (+ compl di modo); {GUT, KAUM, SCHLECHT} auch tollerare qc (+ compl di modo); etw nicht ~, kein/keine/keinen ~, non sopportare/tollerare qc; diese Pflanze verträgt keine Hitze, questa pianta non sopporta il calore eccessivo; **(keinen) Spaß ~**, (non) saper stare allo scherzo **2** (verarbeiten können) **etw** (irgendwie) ~ {MAGEN, ORGANISMUS KAFFEE, MEDIKAMENT} tollerare qc (+ compl di modo); **ihr Magen verträgt alles**, (lei) ha uno stomaco di struzzo/ferro **3** (jdm bekommen) **etw nicht ~** {KAFFEE, TEE, NIKOTIN} non tollerare qc; {FETTES ESSEN, MILCH, SAHNE} auch non digerire qc; {ALKOHOL} non reggere qc fam: **Milch habe ich noch nie ~**, il latte non l'ho mai digerito **4** CH (austragen) **etw ~** {POST, WARE, ZEITUNGEN} distribuire qc ● **etw könnte etw ~** fam {AUTO, FASSADE, HAUS, MÖBELSTÜCK EINEN ANSTRICH, EINE RENOVIERUNG, EINE WÄSCHE}, qc avrebbe bisogno di qc; **jd könnte etw ~** fam {ETWAS RUHE, EIN PAAR TAGE URLAUB}, a qu ci vorrebbe qc; {EIN BIER, EINEN SCHNAPS}, a qu andrebbe/[ci vorrebbe] qc, qu ↓potrebbe anche bersi↓/[si farebbe] fam qc; **ich könnte jetzt eine Pause ~**, adesso potrei anche prendermi una pausa; **nichts ~** fam, non reggere l'alcol; **viel ~** fam, reggere bene l'alcol.
vertragen② <irr, ohne ge-> rfl **1** (sich verstehen) **sich ~** {PERSONEN} andare d'accordo, intendersi (bene): **sie ~ sich gut/schlecht**, vanno/[non vanno] d'accordo, ↓si intendono bene↓/[non si intendono affatto]; **sich bestens/ausgezeichnet ~**, intendersi ↓a meraviglia↓/[alla perfezione]; **sich mit jdm ~** andare d'accordo con qu; **sich wieder mit jdm ~** fam, fare la pace con qu, riappacificarsi con qu **2** fam (zusammenpassen) **sich ~** {FARBEN} stare bene insieme: **Rosa und Orange ~ sich überhaupt nicht**, rosa e arancione fanno a pugni; **sich mit etw** (dat) **~** stare bene con qc.
verträglich A adj <attr> jur {HAFTUNG} contrattuale: **die ~en Vereinbarungen erfüllen**, ↓rispettare gli↓/[adempiere agli] accordi contrattuali; **~e Verpflichtungen eingehen**, assumer(si) obblighi contrattuali B adv {FESTLEGEN, REGELN} per contratto, contrattualmente: **~ gebunden sein**, essere vincolato da contratto.
verträglich adj **1** (friedfertig) {MENSCH} con cui si va facilmente d'accordo **2** (bekömmlich) {ESSEN} digeribile: **etw ist irgendwie ~** {ESSEN GUT, SCHLECHT, SCHWER}, qc si digerisce + compl di modo; {MEDIKAMENT} qc è tollerato + compl di modo; {ALKOHOLISCHES GETRÄNK} qc si sopporta/regge + compl di modo: **für den Kranken nur gut ~e Speisen**, per l'ammalato soltanto cibi facilmente digeribili; **ein gut ~es Medikament**, un farmaco ben tollerato.
Vertragsabschluss (a.R. Vertragsabschluß) m stipulazione f ↓di un↓/[del] contratto.
Vertragsbedingung f <meist pl> condizione f contrattuale.
Vertragsbruch m jur violazione f del contratto, inadempienza f/inadempimento m contrattuale.
vertragsbrüchig adj jur {PARTEI, PARTNER} inadempiente al contratto: **~ sein/werden**, essere inadempiente al contratto.
vertragschließend adj jur: **~e Partei**, parte contraente.
Vertragsdauer f durata f del/[di un] contratto.
Vertragsentwurf m bozza f del contratto.
vertragsgemäß A adj {ABWICKLUNG, LIEFERUNG} secondo/[come da] contratto B adv {ERFÜLLEN, LIEFERN} secondo/[come da] contratto.
vertragsgerecht adj → **vertragsgemäß**.
Vertragshaftung f jur responsabilità f contrattuale.
Vertragshändler m (**Vertragshändlerin** f) com concessionario (-a) m (f).
Vertragshändlervertrag m jur contratto m di concessione di vendita.
Vertragshotel n albergo m/hotel m convenzionato.
Vertragsklausel f clausola del/[di un] contratto.
Vertragspartei f jur parte f contraente.
Vertragspartner m (**Vertragspartnerin** f) jur (parte f) contraente mf.
Vertragsstrafe f jur → **Konventionalstrafe**.
Vertragstreue f jur rispetto m del contratto.
Vertragsübernahme f jur cessione f del contratto.
Vertragsverhandlung f trattativa f contrattuale.
Vertragsverletzung f jur violazione f del contratto, inadempienza f/inadempimento m contrattuale.
Vertragswerkstatt f, **Vertragswerkstätte** f autom (aut)officina f autorizzata.
vertragswidrig jur A adj che viola il contratto B adv in violazione del contratto: **er hat sich ~ verhalten**, ha violato il contratto.
vertrauen <ohne ge-> itr **1** (Vertrauen haben) **jdm ~** fidarsi di qu, avere fiducia in qu: **jdm blind/bedingungslos/völlig ~**, fidarsi ciecamente/ incondizionatamente/ totalmente di qu; **du kannst ihm rückhaltlos ~**, ti puoi fidare di lui senza riserve **2** (sich verlassen) **etw** (dat)/**auf etw** (akk) **~** {AUF GOTT, SEINEN/AUF SEINE FÄHIGKEITEN} confidare in qc, avere fiducia in qc, fidare in qc; {SEINEM/AUF SEIN GLÜCK, SEINEM/AUF SEINEN GUTEN STERN} confidare in qc, avere fiducia in qc; {AUF JDS EHRLICHKEIT} confidare in qc; {JDS WORTEN} fidarsi di qc; {AUF DEN GUTEN AUSGANG, DEN ERFOLG VON ETW} confidare in qc, essere fiducioso in qc: **darauf ~, dass ...**, confidare nel fatto che ...; **ich würde nicht darauf ~, dass diese Angaben der Wahrheit entsprechen**, non mi fiderei della veridicità di questi dati.
Vertrauen <-s, ohne pl> n ~ (**in jdn/etw/zu jdm**) fiducia f (in qu/qc): **ein blindes/ grenzenloses/unbegrenztes ~**, una fiducia cieca/sconfinata/illimitata ● **jdm/etw das ~ aussprechen** parl {DEM KANZLER, DER REGIERUNG}, accordare/votare/dare la fiducia a qu/qc; **jds ~ ↓besitzen geh↓/haben↓/[genießen geh]**, ↓avere la↓/[godere della] fiducia di qu; **Sie haben mein vollstes ~**, (Lei) ha la mia piena/completa fiducia; **jdm ~ einflößen**, infondere/ispirare fiducia a qu; **jds ~ enttäuschen**, deludere/tradire la fiducia di qu; **jdm/etw das ~ entziehen** parl {DEM KANZLER, DER REGIERUNG}, revocare la fiducia a qu/qc; {jdm nicht länger vertrauen}, ↓non avere più↓/[perdere la] fiducia in qu; **~ erwecken**, ispirare fiducia; **~ erweckend** aussehen, avere un aspetto rassicurante; **sie wirkt sehr ~ erweckend**, è molto rassicurante, (ha un'aria che) ispira fiducia; **~ zu jdm fassen**, cominciare a fidarsi di qu; **er hat ~ zu mir gefasst**, mi sono guadagnato (-a) la sua fiducia; **~ gegen ~**, confidenza per

confidenza; **im ~ (gesagt)**, in tutta confidenza; **ich habe dir das im ~ gesagt**, te l'ho detto in confidenza/[via confidenziale]; **im ~ auf etw** (akk), confidando in qc; **im ~ darauf, dass ...**, confidando nel fatto che ...; **im ~ darauf, dass er sie verstehen würde, hat sie ihre Entscheidung getroffen**, confidando nella comprensione di lui, ha preso la sua decisione; **eine Person/... meines/seines ~s**, una persona/... di (mia/sua) fiducia; **jdm sein ~ schenken** geh, concedere/accordare la propria fiducia a qu; **sein ~ auf/in jdn setzen**, riporre la propria fiducia in qu; **jdn ins ~ ziehen**, confidarsi con qu; **~ ist gut, Kontrolle ist besser** prov, fidarsi è bene, non fidarsi è meglio.
vertrauenerweckend adj adv → **Vertrauen**.
Vertrauensarzt m (**Vertrauensärztin** f) {+GESETZLICHE VERSICHERUNG} medico m fiscale; {+PRIVATE VERSICHERUNG} consulente m medico.
vertrauensärztlich adj {ATTEST, UNTERSUCHUNG} del medico fiscale.
Vertrauensbeweis m prova f di fiducia.
vertrauensbildend adj pol: **~e Maßnahme**, misura f che infonde fiducia (nella popolazione).
Vertrauensbruch m abuso m della fiducia altrui: **das ist ~! Du hattest mir doch geschworen ...**, hai tradito la mia fiducia! Mi avevi giurato ...
Vertrauensfrage f questione f di fiducia: **es ist eine ~, ob ...**, il fatto che ... è una questione di fiducia ● **die ~ stellen** parl, ↓porre la questione di↓/[chiedere la] fiducia.
Vertrauensmann <-(e)s, -männer oder -leute> m **1** (Vertreter einer Interessengruppe) rappresentante m, portavoce m **2** (Arbeitnehmervertreter) rappresentante mf sindacale aziendale **3** (vertrauenswürdiger Mann) uomo m di fiducia.
Vertrauensperson f persona f di fiducia.
Vertrauenssache f: **das ist eine ~** (eine Frage des Vertrauens), è questione di fiducia; (eine vertrauliche Angelegenheit) è una faccenda riservata/confidenziale.
Vertrauensschwund m perdita f di fiducia.
vertrauensselig adj pej credulone fam, credulo.
Vertrauensstellung f posto m di responsabilità.
Vertrauensverhältnis n rapporto m di fiducia.
vertrauensvoll A adj {UMGANG, ZUSAMMENARBEIT} basato sulla fiducia B adv **1** (voller Vertrauen) {JDN UM ETW BITTEN, SICH AN JDN WENDEN} pieno (-a) di fiducia: **sich ~ an jdn wenden**, rivolgersi con fiducia a qu **2** (zuversichtlich) fiducioso (-a, i, -e): **in die Zukunft fiduciosamente ~ in die Zukunft blicken**, guardare ↓con fiducia↓/[fiducioso (-a)] al futuro.
Vertrauensvotum n parl voto m di fiducia.
vertrauenswürdig adj {BERATER, MITARBEITER} degno di fiducia, fidato: **er wirkt aber nicht sehr ~**, a vederlo non ispira molta fiducia.
vertraulich A adj **1** (geheim) {ANGELEGENHEIT, BRIEF, UNTERREDUNG} confidenziale, riservato: **~e Informationen**, informazioni riservate/confidenziali; **eine ~e Mitteilung**, una comunicazione confidenziale; **jdm eine ~e Mitteilung machen**, fare una comunicazione riservata a qu **2** (vertraut) {TON, UMGANG} confidenziale, familiare B adv {ETW BEHANDELN} con riservatezza, {JDM ETW SAGEN,

MITTEILEN} confidenzialmente, in via confidenziale ● **streng ~**, strettamente confidenziale/riservato; **~ werden**, prendersi delle confidenze.

Vertraulichkeit <-, -en> f **1** <nur sing> (*vertraulicher Charakter*) {+MITTEILUNG, UNTERREDUNG} riservatezza f, confidenzialità f, carattere m confidenziale **2** <meist pl> (*Aufdringlichkeit*) confidenze f pl: **sich ~en jdm gegenüber herausnehmen**, prendersi delle confidenze con qu.

verträumt adj **1** (*abwesend*) {BLICK, GESICHTSAUSDRUCK, KIND} trasognato, sognante **2** (*idyllisch*) {DORF, SEE, TAL} fuori dal tempo.

vertraut adj **1** {FREUND, VERHÄLTNIS} intimo: **im ~en Kreis**, con una cerchia ristretta di persone, tra pochi intimi; **mit jdm ~ sein**, essere intimo di qu; **sie sind sehr ~ miteinander**, sono molto intimi (-e) **2** <attr> (*wohl bekannt*) {BILD, GESICHT, STIMME, UMGEBUNG} familiare **3** (*gut kennend*) **mit etw** (dat) **~** {MIT EINER MATERIE, EINEM PLAN, PROJEKT} che ha familiarità con qc;/[conosce bene qc]; {MIT EINEM GERÄT, EINER MASCHINE} auch che ha dimestichezza con qc, pratico di qc; {MIT DER GEGEND} pratico di qc: **eine mit der Arbeit am Computer ~e Mitarbeiterin**, una collaboratrice pratica di computer; **nach kurzer Zeit war er schon bestens mit der Anlage ~**, è bastato poco perché prendesse dimestichezza con l'impianto ● **jdn mit etw** (dat) **~ machen**, avviare qu a qc, far conoscere qc a qu; **sich mit etw** (dat) **~ machen**, prendere dimestichezza/familiarità con qc, familiarizzarsi con qc, impratichirsi in/di qc; **du musst dich mit dem Gedanken ~ machen, dass die Ferien bald vorbei sind**, devi abituarti all'idea che tra poco le ferie sono finite.

Vertraute <dekl wie adj> mf (*jdm, dem man Persönliches erzählt*) confidente mf; (*enger Freund*) (amico (-a) m (f)) intimo (-a) m (f).

Vertrautheit <-, -en> f **1** <nur sing> (*gute Kenntnis*) **~ mit etw** (dat) familiarità f con qc: **man merkt seine ~ im Umgang mit Tieren**, si vede subito che ha familiarità con gli animali **2** (*Form des Umgangs*) confidenza f, intimità f, familiarità f: **es herrscht große ~ unter ihnen**, c'è grande intimità fra (di) loro.

vertreiben① <irr, ohne ge-> **A** tr **1** (*verjagen*) **jdn/etw ~** (s)cacciare qu/qc, costringere qu ad andarsene: **jdn aus seinem Amt ~**, rimuovere qu dalla sua carica; **den Feind ~**, ricacciare il nemico; **jdn aus seinem Land ~**, cacciare qu dal/[costringere qu a lasciare il] proprio paese; **die Fliegen vom Kuchen ~**, scacciare le mosche dal dolce; **das Unwetter hatte alle Badegäste vertrieben**, il temporale aveva scacciato tutti i bagnanti; **der Wind vertreibt die Wolken**, il vento (s)caccia le nubi; **jdn von seinem Platz ~**, cacciare qu/[mandare via] qu dal suo posto **2** (*schwinden lassen*) **etw ~** {DURST, FIEBER, HUNGER, MÜDIGKEIT} far passare qc, mandare via qc; {UNMUT} auch (s)cacciare qc; {SORGEN} far dimenticare qc: **das Aspirin® hat die Kopfschmerzen vertrieben**, l'aspirina® ha scacciato/[mandato via] il mal di testa **B** rfl **sich** (dat) **etw** (**durch etw** akk/**mit etw** dat) **~** {MÜDIGKEIT, SCHLAF, SORGEN} farsi passare qc (con/facendo qc), scuotersi qc di dosso (con/facendo qc): **sich** (dat) **die Zeit** (**mit etw** dat) **~**, passare/ingannare il tempo (con qc); **sie vertrieb sich die Zeit mit spannender Lektüre**, ingannava il tempo con letture avvincenti.

vertreiben② <irr, ohne ge-> tr com **etw ~** vendere qc, distribuire qc: **er vertreibt Computer in ganz Europa**, vende computer in tutta Europa.

Vertreibung <-, ohne pl> f espulsione f; hist {+POLITISCHER GEGNER, GEGENPARTEI} cacciata f ● **die ~ aus dem Paradies** bibl, la cacciata dal paradiso terrestre.

vertretbar adj **1** (*zu vertreten*) {ARGUMENT, EINSTELLUNG, STANDPUNKT} sostenibile, difendibile; {HALTUNG} giustificabile: **eine vor den Bürgern ~e Maßnahme**, una misura giustificabile agli occhi dei cittadini **2** (*akzeptabel*) {DAUER, ZEITRAUM} accettabile; {KOSTEN} auch sostenibile.

vertreten① <irr, ohne ge-> tr **1** (*vorübergehend ersetzen*) **jdn ~** sostituire qu, fare le veci di qu, supplire qu: **sich** (**durch jdn**) **~ lassen**, farsi sostituire (da qu); **wer vertritt den Direktor in der Vorstandssitzung?**, chi fa le veci del direttore nella riunione amministrativa?; **er muss einen Kollegen ~, der im Urlaub ist**, deve sostituire un collega in ferie **2** (*jds Interessen wahrnehmen*) **jdn/etw ~** rappresentare/difendere (gli interessi di) qu/qc: **die Interessen der Arbeiter ~**, rappresentare gli interessi dei lavoratori; {ANWALT FALL} patrocinare qu/qc; {KLIENTEN, MANDANTEN} auch rappresentare qu **3** (*repräsentieren*) **etw ~** {INSTITUTION, LAND, WAHLKREIS} rappresentare qc **4** com **etw ~** {FIRMA} rappresentare qc, fare il rappresentante di/per qc; {ARTIKEL} fare il rappresentante di qc: **er vertritt die AEG im Ausland**, rappresenta la AEG all'estero **5** (*verfechten*) **etw ~** {ANSICHT, MEINUNG, THESE} sostenere qc: **er vertritt die Ansicht, dass ...**, sostiene che ...; **eine Politik der Annäherung ~**, promuovere/[essere un fautore/sostenitore di] una politica dell'avvicinamento; **sie vertrat ihren Standpunkt gegen alle anderen**, difese contro tutti il suo punto di vista; **etw vor jdm ~** giustificare qc di fronte a qu;/[davanti a qu]/[agli occhi di qu], difendere qc davanti a qu ● **etw zu ~ haben**, essere responsabile di qc; **das hat er zu ~**, è lui che se ne deve assumere la responsabilità; **nicht zu ~ sein** {AUSGABEN, KOSTEN}, non essere sostenibile.

vertreten② <irr, ohne ge-> rfl **sich** (dat) **etw ~ 1** (*verstauchen*) {FUß} storcersi qc **2** (*herumlaufen*): **sich** (dat) **die Beine ~**, sgranchirsi le gambe.

vertreten③ adj <präd>: **irgendwo ~ sein 1** (*repräsentiert sein*) essere rappresentato + compl di luogo: **auf der diesjährigen Buchmesse waren die deutschen Verlage zahlenmäßig stark ~**, quest'anno alla fiera del libro le case editrici tedesche erano rappresentate in gran numero; **von den neueren Autoren ist in dieser Anthologie nur Süskind ~**, degli autori più recenti solo Süskind figura in questa antologia **2** (*anwesend sein*) essere presente + compl di luogo: **bei dem Begräbnis waren etliche Staatsoberhäupter ~**, al funerale erano presenti diversi capi di stato.

Vertreter <-s, -> m (**Vertreterin** f) **1** com rappresentante mf, agente mf di vendita: **~ sein**, fare il rappresentante; **er ist ~ für Kosmetikartikel**, fa il rappresentante di cosmetici **2** (*Repräsentant*) rappresentante mf, esponente mf: **die führenden ~ der Wirtschaft**, i maggiori esponenti di economia; **er ist ~ der Grünen im Europaparlament**, è il rappresentante dei Verdi al parlamento europeo; **Novalis ist einer der wichtigsten ~ der deutschen Romantik**, Novalis è uno dei più importanti rappresentanti del Romanticismo tedesco **3** (*Stellvertreter*) sostituto (-a) m (f); (*im öffentlichen Dienst*) auch supplente mf: **jds ~ im Amt sein**, essere il vice di qu **4** (*Verfechter*) **~(in) einer S.** (gen) sostenitore (-trice) m (f) di qc, fautore (-trice) m (f) di qc;

(f) (*di qc*).

Vertretung <-, -en> f **1** <nur sing> (*das Vertreten*) supplenza f, sostituzione f **2** (*Stellvertreter*) sostituto (-a) m (f); (*im öffentlichen Dienst*) supplente mf: **für die Ferien müssen Sie sich eine ~ besorgen**, per le ferie deve trovare ¡un sostituto/una sostituta¡/[qualcuno che La sostituisca] **3** (*Delegation*) rappresentanza f, delegazione f: **diplomatische/konsularische ~**, rappresentanza f diplomatica/consolare; **die deutsche ~ bei der Schwimmweltmeisterschaft**, la delegazione tedesca ai (campionati) mondiali di nuoto **4** com (*Niederlassung*) rappresentanza f, agenzia f: **die ~ für etw** (akk) **haben**, avere la rappresentanza di qc; **sie haben/eröffnen eine ~ in Berlin**, ¡hanno una rappresentanza¡/[aprono un'agenzia] a Berlino; **ständige ~**, rappresentanza permanente ● **~ haben slang** Schule: **ich habe heute zwei Stunden ~**, oggi ho due ore di supplenza; **die ~ für etw** (akk) **haben** com {FÜR EINEN/IN EINEM ARTIKEL}, essere il/la rappresentante di qc; **die ~ für jdn haben**, essere incaricato della supplenza di qu; **in ~** (Abk i. V.) (*bei Unterschriften*), per (Abk p.); **in jds ~**, in rappresentanza/[qualità di rappresentante] di qu; **er hält die Stunde in ~ seines Kollegen**, tiene la lezione in sostituzione/vece del suo collega; ¡**jds ~**¡/[**die ~ für jdn/von jdm**] **übernehmen** (*für einen Kollegen*), incaricarsi ¡della supplenza di¡/[di sostituire] qu; **der Anwalt übernimmt die ~ des Falles/Klienten**, l'avvocato assume il patrocinio ¡della causa¡/[del cliente].

Vertretungsstunde f Schule ora f di supplenza.

vertretungsweise adv {ETW ÜBERNEHMEN, WAHRNEHMEN} in qualità di sostituto (-a), in sostituzione di qu; Schule come supplente.

Vertrieb <-(e)s, -e> m **1** <nur sing> (*Verkauf*) {+BUCH, FILM, ZEITSCHRIFT} distribuzione f; {+PRODUKT} auch vendita f: **den alleinigen ~ für etw** (akk) **haben**, avere l'esclusiva per qc, essere il distributore esclusivo/unico di qc **2** → **Vertriebsabteilung**.

Vertriebene <dekl wie adj> mf profugo (-a) m (f).

Vertriebsabteilung f com ufficio m vendite.

Vertriebsgesellschaft f com società f di distribuzione.

Vertriebskosten subst <nur pl> com {+UNTERNEHMEN} costi m pl di distribuzione.

Vertriebsleiter m (**Vertriebsleiterin** f) direttore (-trice) m (f) commerciale.

Vertriebsnetz n com rete f di distribuzione/vendita.

Vertriebsweg m com canale m ¡di distribuzione¡/[distributivo].

vertrimmen <ohne ge-> tr fam **jdn ~** riempire/gonfiare qu di botte, pestare qu.

vertrocknen <ohne ge-> itr <sein> {BAUM, GRAS, PFLANZE} seccar(si); {BROT} diventare secco.

vertrocknet adj **1** (*ausgetrocknet*) {GRAS, PFLANZE} secco; {BAUM} auch rinsecchito; {BROT} secco; {BRUNNEN, QUELLE} disseccato, asciutto, prosciugato **2** fam (*verschrumpelt*) {MÄNNLEIN, WEIBLEIN} rinsecchito, raggrinzito, incartapecorito **3** fam pej (*verknöchert*) {MENSCH} fossilizzato.

vertrödeln <ohne ge-> tr fam pej **etw ~** {TAG, ZEIT} buttare via qc fam: **was ihr Zeit vertrödelt!**, ma quanto tempo sprecate!; **ich habe den ganzen Vormittag vertrödelt!**, non ho combinato niente per tutta la mattinata! fam.

vertrösten <ohne ge-> tr **jdn ~** {FORDERNDEN, GLÄUBIGER} tenere a bada qu con delle promesse, chiedere *a qu* di avere pazienza; **jdn auf etw** (akk) ~ {AUF MORGEN, SPÄTER, AUF DAS NÄCHSTE MAL} chiedere a qu di ₍avere pazienza₎/[pazientare] *fino a qc*: **auf dem Amt ~ sie mich von einem Tag auf den anderen**, in quell'ufficio mi dicono sempre di tornare domani.

vertrottelt adj *fam pej* {MENSCH} rimbambito *fam*, rincitrullito *fam*, rincoglionito *slang*.

vertun <*irr, ohne ge*-> **A** tr (*vergeuden*) **etw** ~ {GELD} sperperare *qc*, sprecare *qc*, scialacquare *qc*, fare fuori *qc fam*; {VERMÖGEN} *auch* dilapidare *qc*; {ZEIT} sciupare *qc*, sprecare *qc*, perdere *qc*: **das heißt wirklich, das Geld ~**, significa veramente buttare i soldi dalla finestra *fam*; **vertane Mühe**, fatica sprecata/inutile; **vertane Zeit**, tempo sprecato/buttato **B** rfl **1** (*sich irren*) **sich** ~ sbagliarsi: **sie hat sich vertan, die Prüfung ist erst nächste Woche**, si è sbagliata, l'esame è soltanto la settimana prossima; **sich in der Tür ~**, sbagliare porta **2** (*sich verrechnen*) **sich bei etw** (dat) ~ {BEIM DIVIDIEREN, SUBTRAHIEREN} sbagliare *nel fare qc*; **sich um etw** (akk) ~ {UM 100 EURO} sbagliarsi *di qc*.

vertuschen <*ohne ge*-> tr *fam pej* **etw** ~ {BETRUG, FEHLER, VERBRECHEN} nascondere *qc*, tenere nascosto (-a) *qc*; {DIE WIRKLICHEN AUSMAßE, DIE WAHREN HINTERGRÜNDE} *auch* dissimulare *qc*, sottacere *qc*; {AFFÄRE} mettere a tacere *qc*, tenere nascosto (-a) *qc*; {SKANDAL} *auch* soffocare *qc*: **~, dass ...**, nascondere/[sottacere il fatto] che ... • **etw lässt sich nicht ~**, non si può nascondere/[tenere nascosto (-a)] *qc*.

verübeln <*ohne ge*-> tr **jdm etw** ~ prendersela *con qu per qc*: **sie verübelt (es) ihm, dass er sie nicht gewarnt hat**, ce l'ha con lui perché non l'ha messa in guardia • **jdm etw nicht ~ können** {REAKTION, VERHALTEN}, non potersela prendere *con qu per qc*.

verüben <*ohne ge*-> tr **etw** ~ {ATTENTAT, MORD} commettere *qc*, compiere *qc*; {VERBRECHEN} *auch* perpetrare *qc*: **der Überfall auf die Bank ist von mehreren Tätern verübt worden**, la rapina in banca è stata commessa da più persone; **Selbstmord ~**, suicidarsi.

verulken <*ohne ge*-> tr *fam* **jdn** ~ canzonare *qu*, farsi beffe *di qu*.

verunfallen <*ohne ge*-> itr <*sein*> *CH* (*mit dem Auto*) avere un incidente; (*am Arbeitsplatz*) *auch* subire/avere un infortunio, infortunarsi.

verunglimpfen <*ohne ge*-> tr *geh* **jdn** ~ {POLITISCHEN GEGNER, KONKURRENTEN, WIDERSACHER} denigrare *qu*, screditare *qu*; **etw** ~ {STAAT} vilipendere *qc geh*; {JDS ANDENKEN, EHRE, RUF} denigrare *qc*.

Verunglimpfung <-, -*en*> f diffamazione f, screditamento m.

verunglücken <*ohne ge*-> itr <*sein*> **1** (*einen Unfall haben*) {MENSCH} infortunarsi, subire un infortunio; (*bes. mit einem Fahrzeug*) avere un incidente: **gestern ist in Süddeutschland ein Zug verunglückt**, ieri c'è stato un incidente ferroviario nella Germania del Sud; **mit etw** (dat) ~ {MIT EINEM AUTO, MOTORRAD} avere un incidente *di/con qc*; **er ist mit dem Auto schwer/tödlich verunglückt**, ₍ha avuto un grave₎/[è morto in un] incidente di macchina; **am Arbeitsplatz ~**, infortunarsi/[subire un infortunio] sul lavoro; **kurz vor dem Gipfel verunglückte einer der beiden Bergsteiger tödlich**, poco prima di raggiungere la vetta uno dei due alpinisti ebbe un incidente mortale; **verunglückt** {FAHRZEUG}, incidentato, sinistrato *form*; {FAHRER} coinvolto nell'incidente; {BERGARBEITER, BERGSTEIGER} infortunato

2 *fam scherz* (*misslingen*) (**jdm**) ~ {AUFNAHME, BILD, KUCHEN} venire male (*a qu*) *fam*, non riuscire (*a qu*): **der Auflauf ist mir dieses Mal leider verunglückt**, purtroppo questa volta il soufflé non mi è riuscito.

Verunglückte <*dekl wie adj*> mf infortunato (-a) m (f); (*Tote(r)*) vittima f.

verunmöglichen <*ohne ge*-> tr *bes. CH* **etw** ~ rendere impossibile *qc*: **es jdm ~, etw zu tun**, rendere impossibile a qu fare qc.

verunreinigen <*ohne ge*-> tr **1** *ökol* **etw** ~ {GEWÄSSER, LUFT} inquinare *qc*, contaminare *qc* **2** *geh* (*beschmutzen*) **etw** ~ lordare *qc*, sporcare *qc*.

Verunreinigung <-, -*en*> f **1** *ökol* (+GEWÄSSER, LUFT) inquinamento m, contaminazione f **2** *geh* (*das Beschmutzen*) insudiciare m, sporcare m **3** (*Schmutz*) sostanza f inquinante • **genetische/gentechnische ~**, contaminazione genetica.

verunsichern <*ohne ge*-> tr **jdn** ~ mettere in confusione *qu*, confondere *qu*, disorientare *qu*, rendere insicuro (-a) *qu*: **seine Reaktion hat sie völlig verunsichert**, la sua reazione l'ha completamente disorientata; **jetzt hast du mich völlig verunsichert**, ora mi hai messo (-a) in confusione; **die wiederholten Flugzeugabstürze haben die Touristen sehr verunsichert**, in seguito ai ripetuti incidenti aerei si è diffuso un senso d'insicurezza fra i turisti.

Verunsicherung <-, -*en*> f **1** <*nur sing*> (*das Verunsichern*): **zu jds ~ dienen**, servire solo a disorientare qu; **man will eine weitere ~ der Bevölkerung vermeiden**, si vuole evitare che tra la popolazione aumenti il disorientamento **2** (*verunsicherter Zustand*) disorientamento m, senso m di insicurezza.

verunstalten <*ohne ge*-> tr **jdn/etw** ~ {UNFALL} sfigurare *qu/qc*; {FRISUR} imbruttire *qu*; {NARBE, RIESIGE NASE GESICHT} deturpare *qu/qc*: **das neue Hochhaus verunstaltet das Stadtbild**, il nuovo palazzone deturpa il volto della città.

Verunstaltung <-, -*en*> f **1** (*das Verunstalten*) (+GESICHT, LANDSCHAFT, STADTBILD) deturpamento m **2** (*an einem Gebäude, in der Landschaft*) deturpazione f; (*körperliche Verunstaltung*) deturpazione f.

veruntreuen <*ohne ge*-> tr *jur* **etw** ~ {GELDER} malversare *qc jur*.

Veruntreuung <-, -*en*> f *jur* (*durch eine Privatperson*) malversazione f; (*durch eine Amtsperson*) peculato m.

verunzieren <*ohne ge*-> tr **etw** ~ {JDS GESICHT, LANDSCHAFT} deturpare *qc*; {FASSADE, KUNSTWERK} *auch* imbruttire *qc*, rovinare *qc*.

verursachen <*ohne ge*-> tr **etw** ~ causare *qc*, provocare *qc*, produrre *qc*; {SCHWIERIGKEITEN} creare *qc*: **durch seinen Leichtsinn hat er einen Unfall verursacht**, con la sua incoscienza ha provocato un incidente; **das Erdbeben hat immense Schäden in der ganzen Gegend verursacht**, il terremoto ha causato/prodotto danni immensi in tutta la zona; **jdm Kosten ~**, comportare delle spese a qu.

Verursacher <-*s*, -> m (**Verursacherin** f) *adm* autore (-trice) m (f), (persona f/parte f) responsabile mf; (*Sache*) fattore m responsabile; (*von Umweltverschmutzung*) inquinatore (-trice) m (f).

Verursacherprinzip <-*s*, *ohne pl*> n *jur ökol* "principio m del chi inquina paga".

verurteilen <*ohne ge*-> tr **1** *jur* **jdn** (**zu etw** dat) ~ condannare *qu* (*a qc*), giudicare *qu*: **jdn zu vier Jahren Haft ~**, condannare qu a quattro anni di reclusione; **jdn zum Tode ~**, condannare ₍a morte₎/[alla pena capitale]; **jdn wegen etw** (gen *oder fam* dat) ~ condannare *qu per qc* **2** (*scharf kritisieren*) **jdn/etw** ~ condannare *qu/qc*, censurare *qc*, stigmatizzare *qc*: **solche Methoden kann man nur aufs Schärfste ~**, simili metodi non si possono che condannare nel modo più assoluto **3** (*zwangsläufig bestimmt sein*): **zu etw** (dat) **verurteilt sein** {MENSCH ZUM SCHWEIGEN, ZUR UNTÄTIGKEIT}, essere condannato a qc; {PLAN, PROJEKT, VORHABEN ZUM SCHEITERN} essere destinato a qc; **zur Bedeutungslosigkeit verurteilt sein** {PERSON}, essere destinato alla mediocrità.

Verurteilte <*dekl wie adj*> mf *jur* condannato (-a) m (f).

Verurteilung <-, -*en*> f *jur* condanna f: **jds ~ zu etw** (dat), la condanna di qu a qc.

vervielfachen <*ohne ge*-> **A** tr **etw** ~ {ANGEBOT, EINKOMMEN, ZAHL} moltiplicare *qc* **B** rfl **sich** ~ moltiplicarsi.

vervielfältigen <*ohne ge*-> tr **etw** ~ {PROGRAMM, TEXT, ZEICHNUNG} riprodurre *qc* in più copie, fare delle copie *di qc*; (*fotokopieren*) fotocopiare *qc*.

Vervielfältigung <-, -*en*> f **1** <*nur sing*> (*das Kopieren*) riproduzione f in più copie **2** (*Kopie*) copia f, riproduzione f; (*Fotokopie*) fotocopia f.

vervierfachen <*ohne ge*-> **A** tr **etw** ~ {ZAHL} quadruplicare *qc*, moltiplicare *qc* per quattro **B** rfl **sich** ~ quadruplicarsi, moltiplicarsi per quattro.

vervollkommnen <*ohne ge*-> **A** tr **etw** ~ {GERÄT} perfezionare *qc*; {KENNTNISSE, METHODE, VERFAHREN} *auch* (r)affinare *qc*; {KUNSTWERK} rifinire *qc* **B** rfl **sich** ~ **auf/in etw** (dat) ~ {IN EINER FERTIGKEIT, SPRACHE, AUF EINEM GEBIET} perfezionarsi (*in qc*).

Vervollkommnung <-, *ohne pl*> f perfezionamento m; {+KENNTNISSE, METHODE, VERFAHREN} *auch* affinamento m.

vervollständigen <*ohne ge*-> **A** tr **etw** (**durch etw** akk) ~ {EINRICHTUNG, KARTEI, SAMMLUNG, TEXT} completare *qc* (*con qc*), integrare *qc* (*con qc*); (*ergänzen*) *auch* completare/integrare *qc* (*con qc*): **die Bibliothek durch neue Ankäufe ~**, integrare la biblioteca con nuove acquisizioni; **sie möchte das Essservice nach und nach ~**, vuole completare il servizio da tavola un po' per volta **B** rfl **sich** ~ {SAMMLUNG, SERVICE} completarsi.

Vervollständigung <-, -*en*> f <*meist sing*> completamento m.

verwachsen① <*irr, ohne ge*-> **A** itr <*sein*> **1** (*ausheilen*) {NARBE} riassorbirsi; {WUNDE} chiudersi, rimarginarsi **2** (*zusammenwachsen*) **mit etw** (dat) ~ {BAUM MIT EINEM FELSEN, EFEU MIT EINEM BAUM} attaccarsi *a qc* (*crescendo*): **mit etw** (dat) ~ **sein** {MENSCH MIT SEINER ARBEIT, SEINEM BERUF}, essere attaccatissimo/legatissimo *a qc*, essere tutt'uno con qc, essere una cosa sola con qc; {MIT SEINER HEIMAT} essere attaccatissimo/legatissimo a qc, avere le proprie radici in qc: **inzwischen ist sie mit ihrer Wahlheimat fest ~**, ormai si è profondamente radicata nella sua patria di adozione; **ein mit seinen Traditionen fest ~es Volk**, un popolo profondamente radicato nelle sue tradizioni **3** (*zuwuchern*) {GARTEN, GRUNDSTÜCK, WEG} essere invaso dalla vegetazione **B** rfl <*haben*> *fam* **sich** ~ {FEHLSTELLUNG, MISSBILDUNG} correggersi (con la crescita).

verwachsen② adj **1** (*missgebildet*) {BAUM} malformato, contorto, storto; {MENSCH} deforme; (*bucklig*) gobbo, gibboso; {GLIEDMAßEN} deforme, malformato **2** (*überwuchert*) invaso dalla vegetazione.

Verwachsung <-, -*en*> f **1** *med* (*von Organteilen*) aderenza f **2** *biol* concrescenza f.

verwackeln <ohne ge-> tr fam fot etw ~ {AUFNAHME, FOTO} fare qc mosso (-a): **verwackelt**, mosso.

verwählen <ohne ge-> rfl tel sich ~ sbagliare numero (di telefono): **nein, hier ist nicht Müller, Sie haben sich verwählt!**, no, (qui) non è Müller, ha sbagliato (numero)!

verwahren① <ohne ge-> tr etw **(für jdn)** ~ custodire qc (per/a qu), conservare qc (per/a qu); **etw (in etw** dat) ~ conservare qc (in qc), tenere qc (in qc), custodire qc (in qc): **die wichtigsten Unterlagen ~ wir im Safe**, i documenti più importanti li custodiamo/teniamo in cassaforte; **etw sicher verwahrt haben**, ┌aver messo qc al┐/[tenere qc in un posto] sicuro.

verwahren② <ohne ge-> rfl geh sich **gegen etw** (akk) ~ {GEGEN EINE ANSCHULDIGUNG, BEHAUPTUNG, UNTERSTELLUNG} respingere (fermamente) qc, protestare energicamente contro qc: **ich verwahre mich ganz energisch gegen diesen Vorwurf**, respingo fermamente quest'accusa.

Verwahrer <-s, -> m (**Verwahrerin** f) jur depositario (-a) m (f).

verwahrlosen <ohne ge-> itr **1** (herunterkommen) {MENSCH} (äußerlich) lasciarsi andare, trascurarsi: **seit seine Frau tot ist, verwahrlost er immer mehr**, da quando la moglie è morta, ┌si trascura sempre di più┐/[è sempre più trascurato]; **ein verwahrloster Mensch**, un derelitto; (moralisch) cadere in basso: **kein Wunder, dass die Jugendlichen so verwahrlost sind**, non c'è da meravigliarsi che i giovani siano così allo sbando **2** (verkommen) {ANWESEN} andare/cadere in rovina; {HAUS} andare in sfacelo, diventare fatiscente; {GARTEN, PARK} finire/cadere in abbandono: **ein völlig verwahrlostes Anwesen**, una proprietà in (stato di) completo abbandono.

Verwahrlosung <-, ohne pl> f **1** (das Verwahrlosen) {+ALTE LEUTE} abbandono m; (moralisch) {+JUGENDLICHE} sbando m; {+ANWESEN, HAUS} sfacelo m, abbandono m; {+GARTEN, PARK} abbandono m **2** (verwahrloster Zustand) stato m di abbandono.

Verwahrung <-, ohne pl> f geh **1** (das Verwahren) custodia f: **sich zur ~ von etw** (dat) **bereit erklären**, dichiararsi disponibile a custodire qc **2** jur (zwangsweise Unterbringung) {+ANGEKLAGTER, JUGENDLICHER} internamento m; {+GEISTESKRANKER} ricovero m **3** jur (Hinterlegung) deposito m ● **gegen etw** (akk) **~ einlegen geh**, fare/presentare una protesta contro qc; ┌**jdm etw**┐/**[etw bei jdm] in ~ geben**, dare a qu in custodia/consegna qc; **etw in ~ nehmen**, prendere in custodia/consegna qc.

Verwahrungsvertrag m jur contratto m di deposito.

verwaisen <irr, ohne ge-> itr <sein> **1** (zur Waise werden) {KIND} diventare/ritrovarsi orfano (-a) **2** (verlassen werden) {HOTEL} (s)vuotarsi, {INNENSTADT, URLAUBSORT} auch spopolarsi, diventare deserto (-a): **verwaist** {HAUS, WOHNUNG}, abbandonato; {HOTEL} deserto; {INNENSTADT, URLAUBSORT} auch spopolato; {LEHRSTUHL} vacante.

verwalten <ohne ge-> tr etw ~ **1** (betreuen) {+BESITZ, ERBE, GELDER, IMMOBILIEN, VERMÖGEN} amministrare qc, gestire qc **2** adm {GUTSHOF} amministrare qc; {GEMEINDE, STADT} auch governare qc; {BIBLIOTHEK, JUGENDZENTRUM} gestire qc: **etw selbst ~**, gestire qc da solo (-a), autogestire qc **3** inform {PROGRAMM DATEN} gestire qc.

Verwalter <-s, -> m (**Verwalterin** f) {+BESITZ, VERMÖGEN} amministratore (-trice) m (f); {+GUTSHOF} fattore (-essa) m (f).

Verwaltung <-, -en> f **1** adm (~sapparat) amministrazione f: **die kommunale ~**, l'amministrazione comunale/municipale; **die öffentliche ~**, la pubblica amministrazione; **die staatliche ~**, l'amministrazione statale; **sie hat früher in der ~ der Firma gearbeitet**, in passato ha lavorato nell'amministrazione della ditta **2** <nur sing> (das Verwalten) amministrazione f, gestione f: **mit der ~ einer S.** (gen)┐/**[von etw** (dat)] **betraut sein**, essere incaricato ┌dell'amministrazione┐/ [della gestione] di qc; **unter städtischer ~ stehen**, essere amministrato dal comune **3** inform gestione f.

Verwaltungsakt m atto m amministrativo.

Verwaltungsangestellte <dekl wie adj> mf impiegato (-a) m (f) ┌amministrativo (-a)┐/[dell'amministrazione], amministrativo (-a) m (f).

Verwaltungsapparat <-s, ohne pl> m oft pej apparato m amministrativo/burocratico: **ein aufgeblähter ~**, un apparato amministrativo gonfiato/ipertrofico.

Verwaltungsbeamte m (**Verwaltungsbeamtin** f) funzionario (-a) m (f) amministrativo (-a).

Verwaltungsbehörde f autorità f amministrativa, amministrazione f.

Verwaltungsbeschwerde f jur ricorso m amministrativo.

Verwaltungsbezirk m circoscrizione f amministrativa, distretto m amministrativo.

Verwaltungseinheit f unità f amministrativa.

Verwaltungsgebäude n edificio m amministrativo/[dell'amministrazione].

Verwaltungsgebühr f tassa f amministrativa.

Verwaltungsgericht n jur tribunale m amministrativo.

Verwaltungskosten subst <nur pl> spese f pl di amministrazione/gestione.

verwaltungsmäßig Ⓐ adj amministrativo Ⓑ adv a livello amministrativo, amministrativamente.

Verwaltungsorgan n organo m amministrativo.

Verwaltungsrat <-(e)s, -räte> m **1** D "organo m di controllo in un ente di diritto pubblico" **2** CH → **Aufsichtsrat**.

Verwaltungsrecht n jur diritto m amministrativo.

Verwaltungsreform f riforma f della pubblica amministrazione.

Verwaltungssitz m {+UNTERNEHMEN} sede f amministrativa.

verwaltungstechnisch adj → **verwaltungsmäßig**.

verwandeln <ohne ge-> Ⓐ tr **1** (verändern) **jdn/etw ~** trasformare qu/qc, cambiare (profondamente) qu/qc, mutare qu: **der lange Auslandsaufenthalt hat sie sehr verwandelt**, il lungo soggiorno all'estero l'ha molto cambiata; **die neuen Möbel haben den Raum völlig verwandelt**, la nuova mobilia ha completamente trasformato la stanza **2** (umwandeln) **jdn/etw in etw** (akk) **~** trasformar qu/qc in qu/qc, (tra)mutare qu/qc in qu/qc, convertire qu/qc in qu/qc: **das Wohnzimmer wurde in einen Ballsaal verwandelt**, il soggiorno venne trasformato in sala da ballo; **die Hexe verwandelte die Liebenden in zwei Schwäne**, la strega trasformò/tramutò gli amanti in due cigni **3** phys tech **etw in etw** (akk) **~** trasformare qc in qc, convertire qc in qc **4** Fußball **etw ~** {ECKBALL, ELFMETER} trasformare qc: **er verwandelte die Vorlage zum 2:1**, segnando su allungo portò il punteggio sul 2 a 1 Ⓑ rfl **1** (sich verändern) **sich ~** {GEFÜHL, LANDSCHAFT, MENSCH, SITUATION} trasformarsi, cambiare (profondamente), mutare **2** (sich umwandeln) **sich in etw** (akk) **~** trasformarsi in qc; {ANTIKER GOTT, HEXE} auch tramutarsi in qc: **sie hat sich von einer kleinen Angestellten in eine erfolgreiche Unternehmerin verwandelt**, da impiegatuccia si è trasformata in imprenditrice di successo; **die Hexe verwandelte sich in einen Baum**, la strega si tramutò in (un) albero **3** (zu etw werden) **sich in etw** (akk) **~** {BACH IN EINEN REIẞENDEN STROM; SEE IN EINE EISFLÄCHE} trasformarsi in qc, diventare qc; {LIEBE, ZUNEIGUNG IN HASS, WIDERWILLEN} auch (tra)mutarsi in qc ● **wie verwandelt sein**: **seit jenem Tag war er wie verwandelt**, da quel giorno ┌si è trasformato┐/[è diventato un altro].

Verwandlung <-, -en> f **1** ~ (**in etw** akk) trasformazione f (in qc), metamorfosi f **2** phys tech trasformazione f, conversione f.

verwandt① part perf von **verwenden**.

verwandt② adj **1** (zur gleichen Familie gehörend): (**miteinander**) ~, imparentati (-e) (tra loro), parenti (tra loro); (**miteinander**) **~e Personen**, persone imparentate (tra loro); **mit jdm ~ sein**, essere parente di qu, essere imparentato con qu; **seid ihr (miteinander) ~?**, siete parenti?; **mit jdm eng/nahe ~ sein**, essere parente stretto/prossimo di qu; **mit jdm entfernt/weitläufig ~ sein**, essere ┌parente alla lontana di┐/[imparentato lontanamente con] qu; **sie sind weitläufig miteinander ~**, sono lontani parenti **2** (ähnlich geartet) {ANSCHAUUNG, CHARAKTER, PROBLEM, SYSTEM, VERFAHREN} affine, simile, analogo: **sie sind sich im Wesen ~**, sono simili per carattere; **sich jdm geistig ~ fühlen**, sentire (un') affinità spirituale con qu, sentirsi spiritualmente affine a qu **3** (gemeinsamen Ursprung habend) {RELIGIONEN} affine; {RASSEN, SPRACHEN, VÖLKER} auch dello stesso ceppo **4** (der gleichen Gattung angehörend) {PFLANZE, TIER} affine.

Verwandte <dekl wie adj> mf parente mf: **die ~n besuchen**, fare (una) visita ai parenti; **er ist ein ~r von mir**┐/[**mein ~r**], è mio parente; **ein angeheirateter ~r**, un parente acquisito/acquistato, un affine; **ein entfernter ~r**, un lontano parente; **ein naher ~r**, un parente stretto/prossimo; **sie sind ganz weitläufige ~ von uns**, sono nostri parenti molto alla lontana.

Verwandtenehe f matrimonio m fra consanguinei.

Verwandtschaft <-, -en> f **1** <nur sing> (die Verwandten) parentela f, parentado m scherz, parenti m pl: **ich habe eine große ~**, ho ┌una vasta parentela┐/[tanti parenti]; **jetzt gehört er auch zur ~**, adesso fa parte anche lui della parentela; **die ganze ~ einladen**, invitare ┌tutti i parenti┐/[tutto il parentado]; **die nähere ~**, i parenti più stretti/prossimi **2** (Ähnlichkeit) affinità f: **zwischen den beiden Ideologien besteht eine gewisse ~**, c'è una certa affinità fra le due ideologie; **~ der Seelen**, affinità ┌di anima/spirito┐/[spirituale] **3** (gemeinsamer Ursprung) {+RASSEN, RELIGIONEN, SPRACHEN, VÖLKER} parentela f.

verwandtschaftlich Ⓐ adj {BANDE} parentale, di parentela; {VERHÄLTNIS} auch tra parenti Ⓑ adv: **~ verbunden sein**, avere legami di parentela.

Verwandtschaftsgrad m grado m di parentela.

Verwandtschaftsverhältnis n rapporto m di parentela ● **in einem ~ mit jdm**

stehen, avere un rapporto di parentela con qu.

verwanzen <ohne ge-> **A** tr <haben> fam (mit Abhörgeräten versehen) **etw** ~ {BÜRO, WOHNUNG, ZIMMER} riempire qc di microspie/cimici slang **B** itr <sein> (Wanzen bekommen) {PFLANZE} riempirsi di cimici: **verwanzt**, pieno/infestato di cimici.

verwarnen <ohne ge-> tr **jdn** ~ **1** (streng tadeln) {VORGESETZTER MITARBEITER; DIREKTOR, LEHRER KLASSE, SCHÜLER} ammonire qu; **jdn streng** ~, ammonire severamente qu; **ich verwarne euch jetzt zum dritten Mal! Sollte das noch einmal vorkommen, werdet ihr von der Schule verwiesen**, è la terza volta che vi avverto! Se dovesse succedere ancora sarete espulsi (-e) da questa scuola! **2** sport ammonire qu **3** (Strafzettel verpassen) fare una multa fam/contravvenzione a qu.

Verwarnung <-, -en> f **1** (das Verwarnen) ammonizione f, avvertimento m **2** (Strafe) {+MITARBEITER, SPORTLER} ammonizione f; {+VERKEHRSSÜNDER} contravvenzione f a qu, multa f a qu fam: **gebührenpflichtige** ~, contravvenzione/multa fam • **jdm eine** ~ **erteilen** {EINEM MITARBEITER}, rivolgere un'ammonizione a qu; {EINEM SPORTLER}, infliggere un'ammonizione a qu; {EINEM SCHÜLER}, ammonire qu.

verwaschen adj **1** (verblichen) {INSCHRIFT} sbiadito; {JEANS, T-SHIRT} auch slavato, scolorito, stinto **2** (blass) {FARBE} slavato, scialbo, smorto **3** (undeutlich) {KONTUREN, LINIEN} indistinto **4** fam (unklar) {AUSDRUCK, FORMULIERUNG, VORSTELLUNG} confuso, vago.

verwässern <ohne ge-> tr **etw** ~ **1** (zu viel Wasser hinzufügen) {WEIN} annacquare qc, allungare qc **2** (abschwächen) {TEXT} annacquare qc, diluire qc; {GESETZ} edulcorare qc: **sie haben sein Gedankengut bis zur Unkenntlichkeit verwässert**, hanno annacquato il suo pensiero fino a stravolgerlo.

verweben <ohne ge-> **A** tr **1** <verwebte, verwebt> (beim Weben verbrauchen) **etw** ~ {GARN, WOLLE} cosumare qc (tessendo) **2** <verwebte, verwebt> (zusammenweben) {MITEINANDER} ~ {FÄDEN} tessere qc, intrecciare qc **3** <verwob, verwoben> (verflechten) **etw** ~ (miteinander) {INTERESSEN, PROBLEME} intrecciare qc **B** rfl <verwob, verwoben> (sich verflechten) **sich miteinander** ~ {INTERESSEN, PROBLEME} intrecciarsi: **ihre Schicksale sind eng miteinander verwoben**, i loro destini sono strettamente intrecciati.

verwechseln <ohne ge-> tr **jdn/etw** ~ {DINGE, ZWEI PERSONEN} confondere qu/qc scambiare qu/qc: **ich verwechsle die beiden jedes Mal**, quei due li confondo tutte le volte, faccio sempre confusione tra loro due; **ich glaube, du verwechselst da ein paar Dinge**, credo tu stia confondendo alcune cose; **er verwechselt immer unsere Namen**, scambia/confonde sempre i nostri nomi; **Entschuldigung, ich habe Sie verwechselt**, mi scusi, L' ho scambiata per un'altra persona; **jdn/etw mit jdm/etw** ~ scambiare qu/qc per qu/qc, confondere qu/qc con qu/qc, fare confusione fra qu/qc e qu/qc, prendere qu/qc per qu/qc fam; **Sie müssen mich mit jemandem verwechselt haben**, deve avermi scambiato (-a) per/[confuso (-a) con] qualcun altro/[qualcun'altra]; **sie hat den Zucker mit dem Salz verwechselt**, ha scambiato/preso lo zucchero per il sale • **sich zum Verwechseln ähnlich sein/sehen**, assomigliarsi come due gocce d'acqua fam.

Verwechslung, **Verwechselung** <-, -en> f {+BEGRIFFE, GEGENSTÄNDE, PERSONEN} confusione f, scambio m: **die Polizei schließt aus, dass es sich um eine** ~ **handelt**, la polizia esclude che possa trattarsi di uno scambio di persone; **das muss eine** ~ **sein, das ist nicht mein Pass**, ci deve essere un errore, questo passaporto non è mio.

verwegen adj {MENSCH, PLAN, UNTERNEHMUNG} audace, temerario; {VERHALTEN} ardito.

Verwegenheit <-, ohne pl> f {+MENSCH, PLAN, UNTERNEHMUNG} audacia f, temerarietà f; {+VERHALTEN} arditezza f.

verwehen <ohne ge-> **A** tr <haben> **etw** ~ {BLÄTTER, STOß PAPIERE, WOLKEN} soffiare via qc, disperdere qc: **im Nu hatte der Wind die Rauchwolken verweht**, in un batter d'occhio il vento aveva disperso le nubi di fumo; {FÄHRTE, FUßSPUREN} cancellare qc: **vom Schnee verwehte Straßen**, strade cancellate dalla neve **B** itr <sein> lit (sich verlieren) **in etw** dat) ~ perdersi in qc: **seine Worte verwehten im Wind**, le sue parole si perdevano nel vento.

verwehren <ohne ge-> tr geh **jdm etw** ~ **1** (nicht gestatten) {BENUTZUNG, ZUTRITT} impedire qc a qu, interdire qc a qu: **sie haben ihm verwehrt, an der Veranstaltung teilzunehmen**, gli hanno impedito di partecipare alla manifestazione; **man kann uns doch nicht unser Recht** ~!, non ci possono certo negare i nostri diritti! **2** (versperren) {BAUM, GEBÄUDE AUSSICHT, BLICK AUF ETW} impedire qc a qu.

verweiblicht adj effeminato.

verweichlichen <ohne ge-> **A** itr <sein> (die Widerstandskraft verlieren) rammollirsi; {HEER, KRIEGERISCHES VOLK} auch indebolirsi: **ein verweichlichter Typ**, uno smidollato, uno rammollito, un pappamolle **B** tr <haben> **jdn** ~ rammollire qu, smidollare qu, effeminare qu pej; {KRIEGERISCHES VOLK} indebolire qu: **sein allzu behütetes Dasein hat ihn verweichlicht**, la sua esistenza fin troppo protetta l'ha rammollito/smidolato.

Verweichlichung <-, ohne pl> f rammollimento m.

Verweigerer <-s, -> m (**Verweigererin** f) **1** (Kriegsdienstverweigerer) obiettore m di coscienza **2** (jd, der sich der Gesellschaft verweigert) "chi si sottrae al confronto sociale".

verweigern <ohne ge-> **A** tr **1** (ablehnen) (**jdm**) **etw** ~ rifiutare qc (a qu); {ERLAUBNIS, ZUSTIMMUNG} negare qc (a qu); {GESUCH} respingere qc (a qu): **die Annahme des Briefs wurde verweigert**, la lettera venne rifiutata/respinta; **die Aussage** ~, rifiutarsi di deporre; (**jdm**) **den Befehl/Gehorsam** ~ mil, rifiutare di obbedire agli ordini (di qu)/[l'obbedienza (a qu)]; **den Kriegs-/Wehrdienst** ~, rifiutare di prestare il servizio militare; **sie haben uns ihre Hilfe verweigert**, ci hanno rifiutato il loro aiuto; **der Kranke verweigert schon seit Tagen die Nahrungsaufnahme**, il malato rifiuta il cibo ormai da giorni **2** (nicht gestatten) **jdm etw** ~ {ASYL, AUSREISE, EINREISE, ZULASSUNG} rifiutare qc a qu, negare qc a qu **B** tr **1** mil (den Wehrdienst ablehnen) fare l'obiettore di coscienza, rifiutarsi di prestare il servizio militare **2** sport (**irgendwo**) ~ {PFERD} rifiutare (l'ostacolo) (+ compl di luogo) **C** rfl **sich** (**jdm**) ~ {FRAU EINEM MANN, PARTNER} negarsi a qu, non darsi a qu geh; {AUSSTEIGER, JUGENDLICHE} contestare.

Verweigerung <-, -en> f <meist sing> rifiuto m, ricusa f lit; {Kriegsdienstverweigerung} obiezione f di coscienza.

verweilen <ohne ge-> itr geh **1** (sich aufhalten) **irgendwo** ~ {AN EINEM ORT, IN EINER STADT} trattenersi + compl di luogo; {VOR EINEM BILD, SCHAUFENSTER, EINER TÜR} auch soffermarsi/indugiare + compl di luogo: **sie verweilten eine ganze Weile vor dem Grab der Mutter**, si soffermarono a lungo davanti alla tomba della madre; **jds Blick verweilt auf jdm/etw**, lo sguardo di qu si sofferma/[indugia] su qu/qc **2** (sich mit etw beschäftigen) **bei etw** ~ {BEI EINEM ARGUMENT, THEMA} soffermarsi su qc, indugiare su qc.

verweint adj {AUGEN, GESICHT} gonfio di pianto/lacrime: **du siehst ja so** ~ **aus**, sembra che tu abbia pianto molto.

Verweis① <-es, -e> m (strenger Tadel) richiamo m, ammonimento m; Schule richiamo m: **einen** ~ **erhalten/bekommen**, ricevere un richiamo/ammonimento; **jdm einen strengen** ~ **erteilen**, richiamare/ammonire severamente qu.

Verweis② <-es, -e> m (Hinweis) ~ (**auf etw** akk) {AUF EIN ANDERES BUCH, EINE ANDERE TEXTSTELLE} rimando m (a qc), rinvio m (a qc).

verweisen <irr, ohne ge-> **A** tr **1** (hinweisen) **jdn auf etw** (akk) ~ {AUF EINE FUßNOTE, EINE ANDERE TEXTSTELLE} rinviare qu a qc: **es wird auf Seite 52 des ersten Kapitels verwiesen**, si rimanda/rinvia alla pagina 52 del primo capitolo; {AUF DIE BESTIMMUNGEN, VORSCHRIFTEN} richiamare (l'attenzione di) qu su qc, invitare qu a leggere qc **2** (weiterleiten) **jdn an jdn/etw** ~ {AN DIE ZUSTÄNDIGE PERSON, STELLE} indirizzare qu ₁da qu₁/[a qc], dire a qu di rivolgersi a qu/qc, mandare qu ₁da qu₁/[a qc] fam: **damit muss ich Sie an unseren Direktor** ~, in questo caso devo pregarLa di rivolgersi al nostro direttore **3** (jdm den Aufenthalt verbieten) **jdn etw** (gen)/**von etw** (dat) ~ {DES LANDES, VOM PLATZ, VON DER SCHULE, VOM SPIELFELD} espellere qu da qc: **Ausländer ohne Aufenthaltsgenehmigung werden des Landes verwiesen**, gli stranieri senza permesso di soggiorno vengono espulsi dal paese **4** jur **etw an etw** (akk) ~ {RECHTSSACHE} rinviare qc a qc, rimettere qc a qc **5** sport: **jdn auf den zweiten/dritten Platz** ~, relegare qu al secondo/terzo posto **B** itr (hinweisen) **auf etw** (akk) ~ richiamare l'attenzione di qu su qc; {AUF EINE BESTIMMUNG, EINE FUßNOTE, EINE ANDERE TEXTSTELLE} rimandare a qc, rinviare a qc.

verwelken <ohne ge-> itr <sein> {BLÜTEN, BLUMEN} appassire, avvizzire: **verwelkt** {BLÄTTER}, appassito, vizzo, avvizzito; {BLUME} auch sfiorito; {GESICHT} vizzo; {SCHÖNHEIT} sfiorito, avvizzito.

verweltlichen <ohne ge-> tr **etw** ~ {KIRCHE, KLOSTER} secolarizzare qc; {KONFESSIONSSCHULE} auch laicizzare qc.

Verweltlichung <-, ohne pl> f ⇒ **Säkularisation**.

verwendbar adj {GEGENSTAND} utilizzabile, adoperabile, {NAHRUNGSMITTEL} che si può ancora mangiare: ₁**für etw** (akk)₁/[**zu etw** (dat)] ~ **sein**, poter essere utilizzato/adoperato per qc; **erneut** ~ **sein**, essere riutilizzabile/riciclabile; **ein vielseitig** ~**es Werkzeug**, un attrezzo multiuso; **der neue Staubsauger ist vielseitig** ~, il nuovo aspirapolvere è multifunzionale; **mehrfach** ~ **sein**, poter essere utilizzato più volte.

Verwendbarkeit <-, ohne pl> f utilizzabilità f.

verwenden <verwendete oder verwandte, verwendet oder verwandt> **A** tr **1** (benutzen) **etw** (**für etw** akk/**zu etw** dat) ~ adoperare qc (per qc), usare qc (per qc), utilizzare qc (per qc); {METHODE, MITTEL} usare qc (per qc), impiegare qc (per qc): **für den Salat** ~ **sie nur Olivenöl**, per condire l'insalata usano soltanto (l')olio d'oliva; **kann man diesen Wein wenigstens zum Kochen** ~?, questo vino lo si può utilizzare almeno per cucinare?; **beim Bau ihres Hauses ~ sie nur die besten Materialien**, costruiscono la casa utilizzando solo materiali di ottima/prima qualità; **in ihrem neuen Job kann sie ihre Englischkenntnisse gut ~**, nel nuovo lavoro la conoscenza dell'inglese le torna molto utile; **hast du das Buch etwa als Untersetzer verwendet?**, non avrai mica usato il libro come sottopentola?; **zu nichts zu ~ sein**, non servire a niente /[essere utilizzabile]; **etw wieder ~** utilizzare di nuovo qc **2** (*aufwenden*) **etw auf/für etw** (akk)/**zu etw** (dat) ~ {GELD} spendere *qc per qc*; {ENERGIE, ZEIT} *auch* impiegare *qc per qc*: **sie haben viel Zeit und Mühe darauf verwendet, den Apparat zu reparieren**, hanno impiegato molto tempo e molte energie per riparare l'apparecchio; **er hat einen ganzen Monat darauf verwandt, das Manuskript durchzulesen**, ha impiegato un mese intero per leggere tutto il manoscritto **B** *rfl geh* (*sich einsetzen*) **sich** (**bei jdm**) **für jdn/etw** ~ adoperarsi/intercedere (*presso qu*) in favore di qu /[per qu/qc]: **sie will sich dafür ~, dass die Schule eine neue Turnhalle bekommt**, vuole adoperarsi affinché la scuola abbia una nuova palestra; **ich werde mich für seine Einstellung ~**, mi adopererò per la sua assunzione /[affinché venga assunto].

Verwẹndung f (*Gebrauch*) uso m, impiego m, utilizzazione f; (*bes. von Geldern, Mitteln*) utilizzo m • **auf** jds ~ **hin** *geh*, per interessamento/intercessione di qu; (**eine**) ~ **für jdn/etw** *finden*, trovare un impiego a qu /[il modo di utilizzare qc]; **wir werden schon irgendeine ~ für dich finden**, vedrai che ti troveremo qualcosa da fare /[troveremo come impiegarti]; **ich habe schon eine ~ für den restlichen Stoff gefunden**, ho già trovato dove/come/[il modo di] utilizzare il tessuto avanzato; **irgendwo ~ finden**, trovare impiego /[essere impiegato/utilizzato] + *compl di luogo*; **der neue Kunststoff wird vor allem in der Schuhindustrie ~ finden**, il nuovo materiale sintetico sarà impiegato soprattutto nell'industria calzaturiera; **für jdn/etw keine ~ haben**, non sapere come utilizzare qu/qc; **er hat für alles ~**, gli serve tutto, qualsiasi cosa gli può essere utile; **für dich habe ich im Moment keine ~**, in questo momento non saprei cosa farti fare /[come utilizzarti]; **dafür habe ich keine ~**, questo non mi serve.

verwẹndungsfähig *adj* → **verwendbar**.

Verwẹndungsmöglichkeit f possibilità f d'impiego.

Verwẹndungszweck m **1** uso m **2** *bank* (*auf Überweisungsformularen*) causale f del versamento.

verwẹrfen *<irr, ohne ge->* **A** *tr* **1** (*ablehnen*) **etw** (**als etw** akk) ~ {GEDANKEN, IDEE, PLAN, PROJEKT ALS ZU TEUER, UNREALISTISCH} respingere/scartare *qc* (*perché qc*): **die Kommission hat sein Projekt endgültig als nicht realisierbar verworfen**, la commissione ha respinto definitivamente il suo progetto perché inattuabile; **eine Methode als unbrauchbar ~**, scartare un metodo perché impraticabile **2** *jur* **etw** ~ {ANTRAG, BERUFUNG, BESCHWERDE, KLAGE, RECHTSMITTEL, REVISION} respingere *qc*, rigettare *qc*; {URTEIL} cassare *qc*, annullare *qc* **B** *rfl sich* ~ **1** (*sich verziehen*) {FENSTERRAHMEN, TÜR} deformarsi, inarcarsi; {HOLZ} *auch* imbarcarsi, incurvarsi **2** *geol* {GESTEINSSCHICHTEN} frangersi a faglia.

verwẹrflich *adj geh* {TAT, VERHALTEN} riprovevole, riprensibile.

Verwẹrflichkeit *<-, ohne pl> f geh* {+TAT,

VERHALTEN} carattere m riprovevole/riprensibile.

Verwẹrfung *<-, -en> f* **1** *<nur sing>* (*Ablehnung*) {+THEORIE, VORSCHLAG} rifiuto m, rigetto m **2** *<nur sing>* (*Verurteilung*) riprovazione f **3** *jur* {+ANTRAG, BERUFUNG, BESCHWERDE, KLAGE, RECHTSMITTEL, REVISION} rigetto m; {+URTEIL} cassazione f, annullamento m **4** *geol* faglia f.

verwẹrtbar *adj* **1** (*brauchbar*) {BALLASTSTOFFE, BESTANDTEIL DER NAHRUNG} assimilabile; {ABFÄLLE, MATERIALIEN} (ri)utilizzabile, riciclabile **2** (*auszuwerten*) {BEWEIS, TONBANDAUFNAHME, ZEUGENAUSSAGE} utilizzabile (a fini processuali); {MATERIAL FÜR EIN BUCH, EINE DOKTORARBEIT} che può essere utilizzato.

Verwẹrtbarkeit *<-, ohne pl> f* **1** (*Brauchbarkeit*) {+ALTMATERIALIEN} riciclabilità f **2** (*Auswertbarkeit*) {+MATERIAL, ZEUGENAUSSAGE} possibilità f di essere utilizzato.

verwẹrten *<ohne ge-> tr* **1** (*ausnutzen*) **etw** ~ {BALLASTSTOFFE, NAHRUNGSBESTANDTEIL, VITAMINE} assimilare *qc*; {ABFÄLLE, ALTPAPIER, RESTE} (ri)utilizzare *qc*, recuperare *qc*, riciclare *qc*: **etw wieder ~**, utilizzare di nuovo qc **2** (*benutzen*) **etw** (**für etw** akk/**in etw** dat) ~ {BEWEIS, ZEUGENAUSSAGE FÜR DIE ANKLAGE, DAS PLÄDOYER} utilizzare *qc* (*per qc*); {ANREGUNG, ERFAHRUNG, IDEE IN EINEM BUCH, FILM} *auch* sfruttare *qc per fare qc*: **er hat seine Erfahrungen als Fabrikarbeiter in einem Buch verwertet**, ha raccolto in un libro le sue esperienze di operaio; **solche Ideen sollte man kommerziell ~**, idee del genere andrebbero valorizzate/sfruttate commercialmente.

Verwẹrtung *<-, -en> f* **1** (*Verarbeitung*) {+ABFÄLLE, MATERIALIEN, RESTE} (ri)utilizzazione f, recupero m; {+BALLASTSTOFFE, VITAMINE} assimilazione f **2** (*Verwendung*) {+BEWEIS} utilizzazione f; {+ANREGUNG, ERFAHRUNG} valorizzazione f.

verwẹsen *<ohne ge-> itr <sein>* {KADAVER, LEICHE} decomporsi, putrefarsi, corrompersi; {FISCH, FLEISCH} imputridire, marcire.

verwẹstlichen *<ohne ge->* **A** *tr ~ haben~ jdn/etw* ~ occidentalizzare *qu/qc* **B** *rfl <haben>* **sich** ~ occidentalizzarsi **C** *itr <sein>* occidentalizzarsi.

Verwẹstlichung *<-, -en> f* occidentalizzazione f.

Verwẹsung *<-, ohne pl> f* decomposizione f, putrefazione f • **in ~ übergehen**, andare in decomposizione.

verwịckeln *<ohne ge->* **A** *tr* (*hineinziehen*) **jdn in etw** (akk) ~ {IN EIN GESPRÄCH, EINEN PROZESS} coinvolgere *qu in qc*; {IN EINE AFFÄRE, AUSEINANDERSETZUNG, EINEN SKANDAL} *auch* implicare *qu in qc*: **es scheint, dass auch der Parteivorsitzende in die Affäre verwickelt ist**, sembra che anche il segretario del partito sia coinvolto nella faccenda **B** *rfl* **1** (*sich verheddern*) **sich** ~ {FADEN, WOLLE, ZWIRN} aggrovigliarsi, ingarbugliarsi, avvilupparsi, imbrogliarsi **2** (*hängen bleiben*) **sich in etw** (dat) ~ impigliarsi *in qc*: **die Fallschirmleine hat sich in der Hochspannungsleitung verwickelt**, le corde del paracadute sono rimaste impigliate nei cavi dell'alta tensione; **sich in Widersprüche ~**, cadere in contraddizione.

verwịckelt *adj* {AFFÄRE, ANGELEGENHEIT, FALL} intricato, ingarbugliato, aggrovigliato.

Verwịcklung, **Verwịckelung** *<-, -en> f* **1** (*Verstrickung*): **jds ~ in etw** (akk) il coinvolgimento/l'implicazione di qu in qc **2** *<nur sing>* (*Komplikationen*) complicazione f pl: **diplomatische/internationale ~en**, complicazioni sul piano diplomatico /[a livello internazionale].

verwịldern *<ohne ge-> itr <sein>* **1** (*zur Wildnis werden*) {GARTEN, PARK} inselvatichire: **dein Garten ist ja richtig verwildert**, il tuo giardino è diventato una vera giungla; **verwildert**, inselvatichito **2** (*wieder ein wildes Tier werden*) {HUND, KATZE} inselvatichirsi: **verwildert**, inselvatichito **3** *geh* (*verwahrlosen*) {PERSON} inselvatichirsi; {KIND} diventare un piccolo selvaggio /[animaletto selvatico]; {SITTEN} imbarbarirsi: **verwildert aussehen**, sembrare un selvaggio.

Verwịlderung *<-, ohne pl> f* **1** (*Überwucherung*): **der ~ preisgegeben sein** {GARTEN, PARK}, essere abbandonato a se stesso **2** (*+TIER*) ritorno m allo stato selvatico: **streunende Katzen und Hunde neigen zur ~**, gatti e cani randagi hanno la tendenza a inselvatichirsi.

verwịnden *<irr, ohne ge-> tr geh* **etw** nicht ~ {ENTTÄUSCHUNG, MISSERFOLG, VERLUST} non superare *qc*; {KRÄNKUNG} non mandare giù *qc*: **sie hat es noch nicht verwunden, dass ihr Mann sie verlassen hat**, non ha ancora superato/[mandato giù] il fatto che il marito l'abbia lasciata.

verwịnkelt *adj* {ALTSTADT, STÄDTCHEN} tutto (-a) vicoli e viuzze; {ALTES HAUS, SCHLOSS} pieno di stanzette e stanzine; {FLUR, GÄSSCHEN} tortuoso.

verwịrken *<ohne ge-> tr geh* **etw** ~ {GUNST, VERTRAUEN, WOHLWOLLEN} perdere *qc*; {RECHT} decadere *da qc*: **ein Recht auf etw** (akk) ~, perdere il diritto a qc; **sein Leben verwirkt haben**, dover pagare con la vita.

verwịrklichen *<ohne ge->* **A** *tr* **etw** ~ {TRAUM} realizzare *qc*, tradurre *qc* in realtà; {IDEE, PLAN, PROJEKT, VORHABEN} *auch* concretizzare *qc* **B** *rfl* **1** (*Wirklichkeit werden*) **sich** ~ {HOFFNUNGEN} diventare realtà, realizzarsi; {TRAUM, WÜNSCHE} *auch* avverarsi: **wenn sich die geheimsten Wünsche ~**, quando i desideri più reconditi/segreti diventano realtà **2** (*sich ungehindert entfalten können*) **sich** (**selbst**) ~ realizzarsi; **sich in etw** (dat) ~ realizzarsi *in qc*: **sich in der Arbeit /[im Beruf] ~**, realizzarsi nel lavoro /[professionalmente].

Verwịrklichung *<-, -en> f <meist sing>* {+TRAUM} realizzazione f; {+IDEE, PLAN, PROJEKT} *auch* concretizzazione f.

verwịrren *<ohne ge-> tr* **1** (*durcheinanderbringen*) **jdn** (**durch etw** akk/**mit etw** dat) ~ confondere *qu* (*con qc*), disorientare *qu* (*con qc*), frastornare *qu* (*con qc*): **die vielen Fragen auf einmal haben sie ganz verwirrt**, quelle domande a raffica l'hanno completamente confusa; **seine Reaktion hat mich völlig verwirrt**, la sua reazione mi ha (lasciato -a) del tutto disorientato (-a); (*aus der Fassung bringen*) scombussolare *qu* (*con qc*), sconcertare *qu* (*con qc*); **die Nachricht, dass sie ein Kind erwarte, hatte ihn sehr verwirrt**, la notizia che lei aspettava un bambino l'aveva molto sconcertato/scombussolato **2** (*in Unordnung bringen*) **etw** ~ {HAARE} arruffare *qc*, scompigliare *qc*; {FÄDEN, GARN} *auch* ingarbugliare *qc*, imbrogliare *qc*.

verwịrrend *adj* sconcertante, che confonde/disorienta: **eine ~e Fülle von Eindrücken**, una ridda confusa di impressioni.

Verwịrrspiel m (tentativo m di creare) confusione f • **ein ~ mit jdm treiben**, cercare di confondere (le idee) a qu.

verwịrrt A *adj* **1** *<präd>*: ~ **sein** (*durcheinander sein*) {MENSCH}, essere confuso/disorientato/frastornato; (*fassungslos sein*) essere sconcertato/scombussolato **2** (*in Unordnung*) {HAAR} arruffato, scompigliato **B** *adv* (*konfus*) {ANTWORTEN, SAGEN} sconcertato

(-a); {DANKEN} in preda alla confusione, disorientato (-a) • *jdn ~ machen* {PERSON}, confondere qu, disorientare qu; {NACHRICHT}, scombussolare qu.

Verwirrung <-, -en> f **1** (*Durcheinander*) confusione f, scompiglio m: **im Zuschauerraum herrschte allgemeine ~**, in sala regnava la confusione generale **2** <*nur sing*> (*Fassungslosigkeit*) disorientamento m, sconcerto m • *jdn (mit etw dat) in ~ bringen* (*durcheinanderbringen*), confondere qu (con qc), disorientare qu (con qc), mettere/mandare in confusione qu; (*verlegen machen*), confondere qu, mettere qu in imbarazzo *geistige ~*, confusione mentale; **er wurde in einem Zustand geistiger ~ eingeliefert**, è stato ricoverato in stato confusionale.

verwischen <ohne ge-> A tr *etw* ~ **1** (*verschmieren*) {FARBE, TINTE} fare ⌞degli sbaffi⌟/ [delle sbavature] *di qc*: *die Schrift ~*, fare ⌞degli sbaffi⌟/[delle sbavature] **2** (*beseitigen*) {SPUREN} cancellare *qc*, eliminare *qc*; {MALER KONTUREN, UMRISSE} sfumare *qc* B rfl (*unklar werden*) *sich ~* {UNTERSCHIEDE} attenuarsi; {EINDRÜCKE, KONTUREN, SPUREN} confondersi.

verwittern <ohne ge-> itr <sein> {FASSADE, GEMÄUER, SKULPTUR} deteriorarsi a causa degli agenti atmosferici; {FELS, GESTEIN} erodersi, corrodersi, disgregarsi: **verwittert** {FELS, GESTEIN}, eroso, corroso, disgregato {FASSADE, SKULPTUR} deteriorato a causa degli agenti atmosferici; **das verwitterte Gesicht eines Seefahrers**, il volto di un marinaio segnato dalle intemperie.

Verwitterung <-, -en> f {+FELS, GESTEIN} disgregazione f, erosione f; {+FASSADE, SKULPTUR} deterioramento m indotto dagli agenti atmosferici.

verwitwet adj vedovo: *~ sein*, essere vedovo (-a).

verwöhnen <ohne ge-> tr **1** (*zu nachgiebig erziehen*) *jdn ~* viziare *qu* **2** (*jds Wünsche erfüllen*) *jdn (mit etw dat) ~* {MIT BLUMEN, GESCHENKEN} viziare *qu* (*con qc*): **er verwöhnt seine Frau, wo er kann**, vizia la moglie in tutti i modi possibili; **mich hat das Schicksal nicht gerade verwöhnt**, il destino non è davvero stato clemente con me.

verwöhnt adj {WOHNUNG} malridotto; {MÖBEL} *auch* malconcio.

verwöhnt adj **1** (*verzogen*) {KIND} viziato **2** (*anspruchsvoll*) {KUNDE, LESER} esigente, difficile da accontentare; {GESCHMACK} raffinato; {GAUMEN} *auch* esigente.

verworfen adj *geh* {MENSCH} abietto, scellerato, ignobile.

verworren A adj **1** (*verwickelt*) {ANGELEGENHEIT, LAGE} imbrogliato, intricato, ingarbugliato, incasinato *fam*: **das ist eine ganz schön ~e Angelegenheit**, è un bel pasticcio / casino *fam* **2** (*wirr*) {AUSFÜHRUNGEN, REDE} confuso, sconclusionato, sconnesso: **der Alte murmelte ganz ~es Zeug**, il vecchio borbottava parole sconnesse B adv {SICH AUSDRÜCKEN, REDEN} in modo confuso/sconclusionato: **was er da redet, hört sich ziemlich ~ an**, quel che dice sembra non avere né capo né coda.

Verworrenheit <-, ohne pl> f {+LAGE, REDE} mancanza f di chiarezza: **die ~ seiner Gedanken**, la sua confusione mentale.

verwundbar adj {MENSCH} vulnerabile: **sie ist leicht ~**, è facile ferirla, è molto vulnerabile.

Verwundbarkeit <-, ohne pl> f vulnerabilità f.

verwunden① <ohne ge-> tr *jdn/etw (an etw dat) ~* {SOLDATEN, GEJAGTES TIER AN EINEM KÖRPERTEIL} ferire *qu/qc* (*a qc*): **leicht**/

schwer/tödlich verwundet sein/werden, essere/venire ferito (-a) leggermente/gravemente/mortalmente.

verwunden② part perf *von* verwinden.

verwunderlich adj sorprendente: **was ist daran so ~?**, cosa c'è da meravigliarsi tanto?; **es ist nicht weiter ~, dass sie die Stelle gewechselt hat**, non c'è da meravigliarsi/stupirsi tanto che abbia cambiato lavoro; **es wäre nicht ~, wenn er es sich doch anders überlegen würde**, non ci sarebbe da meravigliarsi/stupirsi se cambiasse ancora idea.

verwundern <ohne ge-> tr *jdn ~* {BENEHMEN, EINSTELLUNG, NACHRICHT, REAKTION} meravigliare *qu*, stupire *qu*, sorprendere *qu*: **wen kann es schon ~, dass sie sich am Ende gerächt hat?**, non c'è da stupirsi che alla fine lei si sia vendicata; **dein Verhalten verwundert mich nicht im Geringsten**, il tuo comportamento non mi stupisce/sorprende affatto/minimamente; **es verwundert jdn, dass ...**, qu si meraviglia che ... *konjv*: **es verwunderte sie sehr, dass ...**, era sbalordita dal fatto che ... *konjv*.

verwundert A adj {BLICK, KOPFSCHÜTTELN} meravigliato, stupito B adv {ANSCHAUEN, AUFBLICKEN, FRAGEN, DEN Kopf SCHÜTTELN, SICH UMDREHEN} meravigliato (-a), stupito (-a), con meraviglia/stupore.

Verwunderung <-, ohne pl> f meraviglia f, stupore m, sorpresa f: **die ~ war groß, als sie plötzlich anfing zu tanzen**, la sorpresa fu grande quando ad un tratto cominciò a ballare; **sie musste mit ~ feststellen, dass die Schüler ausgezeichnet vorbereitet waren**, constatò con grande meraviglia che gli allievi erano preparati benissimo • *voller ~*, pieno di stupore; *zu jds großer ~*, con grande meraviglia/stupore/sorpresa di qu.

verwundet adj: *leicht ~* {SOLDAT}, leggermente ferito, ferito superficialmente.

Verwundete <dekl wie adj> mf ferito (-a) m (f): *die ~n behandeln*, curare i feriti; *leicht ~* → **Leichtverwundete**; *schwer ~* → **Schwerverwundete**.

Verwundung <-, -en> f **1** (*das Verwunden, Verwundetwerden*) ferimento m **2** (*Wunde*) ferita f: **seine ~ ist nicht gefährlich**, la sua ferita non è grave.

verwunschen adj *geh* **1** (*verzaubert*) {SCHLOSS, WALD} incanto, fatato; {PRINZ} vittima di un incantesimo/sortilegio **2** (*idyllisch*) {GARTEN, PLÄTZCHEN, WINKEL} incantato.

verwünschen <ohne ge-> tr *jdn/etw ~* **1** (*verfluchen*) maledire *qu/qc* **2** *lit obs* (*verzaubern*) {PRINZEN, SCHLOSS} incantare *qu/qc*, fare un incantesimo/sortilegio *a qu/qc*: **da verwünschte die Hexe den Prinzen und verwandelte ihn in einen Frosch**, allora la strega fece un incantesimo al principe e lo trasformò in (una) rana.

Verwünschung <-, -en> f **1** (*Fluch*) maledizione f, imprecazione f: **er rief ihr eine Reihe von ~en hinterher**, le urlò dietro una serie di imprecazioni/improperi **2** *obs* (*Verzauberung*) incantesimo m, sortilegio m • *~en ausstoßen*, lanciare imprecazioni.

verwurzelt adj **1** (*festgewachsen*) *~ (in etw dat)* {BAUM FEST, GUT IN DER ERDE} radicato (*in qc*): **der Baum ist noch nicht ~**, l'albero non ha ancora messo le radici **2** (*innerlich gebunden*): ⌞in etw (dat)⌟/[irgendwo] *~ sein* {IN DER HEIMAT, EINER KULTUR, EINER TRADITION, AN EINEM ORT}, avere profonde radici in qc: **sie sind tief in ihrem Glauben ~**, la fede in loro è profondamente radicata.

verwüsten <ohne ge-> tr *etw ~* {NATURKATASTROPHE, TRUPPEN, VANDALEN GEGEND, LAND, STADT} devastare *qc*; {EINBRECHER, EINDRIN-

LING WOHNUNG} mettere a soqquadro *qc*: **die Explosion hat das Stadtzentrum verwüstet**, l'esplosione ha devastato il centro della città.

Verwüstung① <-, -en> f *meist pl*> devastazione f • *~en anrichten*, portare devastazione.

Verwüstung② <-, -en> f desertificazione f.

verzagen <ohne ge-> itr <sein oder rar haben> *geh* perdersi d'animo, abbattersi, avvilirsi, farsi prendere dallo sconforto • *nicht ~, ... fragen fam scherz*, non disperare, chiedi consiglio a ..., niente paura c'è qui ...

verzagt A adj {BLICK, STIMME} avvilito: *~ sein* {MENSCH}, essere abbattuto/avvilito/ sconfortato B adv {ENTGEGNEN, FRAGEN} con aria avvilita.

Verzagtheit <-, ohne pl> f *geh* avvilimento m, abbattimento m, sconforto m, scoramento m.

verzählen <ohne ge-> rfl *sich ~* contare male, sbagliarsi a contare.

verzahnen <ohne ge-> tr **1** *mech tech* (*ineinandergreifen lassen*) *etw (miteinander) ~* {BRETTER, BALKEN} addentellare *qc*, immorsare *qc*; {MASCHINENTEILE} calettare *qc*, immorsare *qc*; {BAUTEILE} addentellare *qc*: (*miteinander*) *verzahnt sein* {ZAHNRÄDER}, ingranare **2** *tech* (*mit Zähnen versehen*) *etw ~* {RÄDER} dentellare *qc*, dentare *qc*.

Verzahnung <-, -en> f **1** (*das Ineinandergreifen*) {+BALKEN, BRETTER} immorsatura f, addentellatura f; {+MASCHINENTEILE} immorsatura f, calettatura f; {+BAUTEILE} addentellatura f; {+ZAHNRÄDER} ingranaggio m **2** *tech* (*Zähne*) dentatura f.

verzanken <ohne ge-> rfl *fam sich ~ (wegen etw gen oder fam dat) ~* beccarsi *per qc fam*, bisticciar(si) *per qc*, litigare *per qc*.

verzapfen <ohne ge-> tr *fam pej etw ~* **1** (*erzählen*) {MIST, UNSINN} sparare *qc fam*; {LÜGENGESCHICHTE, DUMMEN WITZ} *auch* tirare fuori *qc* **2** *slang bau* {BALKEN, BRETTER} incastrare *qc* a tenone e mortasa.

verzärteln <ohne ge-> tr *pej jdn ~* viziare troppo *qu*; {KIND} coccolare troppo *qu*: **er wurde von seiner Mutter immer verzärtelt**, è sempre stato il cocco di mamma.

verzaubern <ohne ge-> tr **1** (*verhexen*) *jdn/etw ~* fare un incantesimo/sortilegio *a qu/qc*, incantare *qu/qc*, stregare *qu*; *jdn/etw in jdn/etw ~* trasformare/tramutare *qu/qc in qu/qc*: **die Hexe verzauberte die sieben Brüder in Wildgänse**, la strega trasformò i sette fratelli in oche selvatiche; **eine verzauberte Prinzessin**, una principessa prigioniera di un incantesimo **2** (*bezaubern*) *jdn ~* incantare *qu*; {JDS ANMUT, SCHÖNHEIT} *auch* ammaliare *qu*, stregare *qu*: **ihr Lächeln hat ihn verzaubert**, il suo sorriso l'ha stregato; *von etw (dat) verzaubert sein*, essere incantato da qc, rimanere incantato (-a) davanti a qc.

Verzauberung <-, -en> f *meist sing*> incantesimo m: **die ~ der Prinzessin in eine alte Hexe**, l'incantesimo che trasformò la principessa in una vecchia strega.

verzehnfachen <ohne ge-> tr A *etw ~* {ANGEBOT, GEWINN, HONORAR, KOSTEN, SUMME} decuplicare *qc*, moltiplicare *qc* per dieci B rfl *sich ~* decuplicarsi, aumentare/crescere di dieci volte.

Verzehr <-(e)s, ohne pl> m *form* consumazione f: **die Eintrittskarte berechtigt zum ~ eines Getränkes**, il biglietto d'ingresso dà diritto a una consumazione; **der Wein wird nach ~ berechnet**, il vino si paga a consumo; *~ kostenlos*, consumazione gratuita • *zum baldigen/sofortigen ~ bestimmt*, da consumarsi ⌞entro breve⌟/[immediatamente]; **nicht zum ~ geeignet** (*nicht essbar*), non commestibile; **Zitronenschale nicht zum ~ geeignet**, limone trattato; ***nach/vor dem ~ einer S.*** (gen), ⌊dopo aver mangiato/bevuto⌋/[prima di mangiare/bere] qc.

Verzehrbon m *form* buono m per una consumazione.

verzehren <ohne ge-> geh **A** tr **1** (*konsumieren*) *etw* ~ {Butterbrot, Essen, Mahl, Nichts, Etwas, Teller Suppe} consumare qc: **schweigend verzehrten sie ihr Essen**, consumarono in silenzio il pasto; **er verzehrte genüsslich die Austernvorspeise**, mangiò con voluttà l'antipasto di ostriche **2** (*auszehren*) *jdn/etw* ~ {Arbeit jdn, jds Kräfte} logorare qu/qc; {Krankheit, Kummer jdn, jds Kräfte} *auch* consumare qu: **der Kummer über ihr krankes Kind verzehrt sie**, il dispiacere per il bambino malato la sta logorando **B** rfl **1** (*sich zermürben*) **sich vor etw** (dat) ~ {vor Kummer, Schmerz, Sehnsucht, Verlangen} consumarsi di qc, struggersi di qc: **sich in Liebe zu jdm ~**, struggersi d'amore per qu **2** (*intensiv verlangen*) **sich nach jdm** ~ languire/struggersi di desiderio per qu.

verzeichnen <ohne ge-> tr **1** (*aufführen*) *etw* ~ {Aufstellung, Katalog, Liste Artikel, Namen, Titel, Werke} riportare qc; ***jdn/etw irgendwo*** ~ {Namen in einem Register, Titel in einem Katalog} registrare qc: **irgendwo/[in etw (dat)] verzeichnet sein** {Artikel in einem Katalog; Titel, Werke im Anhang}, ⌊essere riportato⌋/[figurare] in qc; {Preise auf einer Preisliste}, ⌊essere riportato⌋/[figurare] su qc; {Namen an Anschlagbrett, in einer Liste}, essere registrato/elencato in qc **2** (*feststellen*) *etw* ~ {Erfolg, Fortschritt} registrare qc **3** (*entstellt darstellen*) *etw* ~ {Dichter, Regisseur, Schriftsteller historische Persönlichkeit, Romanfigur, soziale Verhältnisse} presentare qc in modo distorto • ***etw zu ~ haben***, ein ~ **können** {Gewinn}, registrare qc; {Erfolg, Sieg} *auch*, riportare qc; **zu ~ sein**: **es sind gewaltige Fortschritte zu ~**, si possono registrare progressi enormi; **Todesfälle waren nicht zu ~**, non si sono registrati morti.

Verzeichnis <-ses, -se> n **1** (*Aufstellung*) {+Verdächtige Personen} lista f; {+Lieferbarer Artikel, Teilnehmer, vorhandener Titel} elenco m: **ein alphabetisches ~**, un elenco/indice alfabetico; **ein ~ anfertigen/aufstellen**, compilare una lista/un elenco **2** (*zusammengestellte Informationen*) {+Hotels, Orte, Telefonnummern} elenco m; {+Bücher} catalogo m; {Adressenverzeichnis} indirizzario m; {Straßenverzeichnis} stradario m **3** *adm* {+Eheschließungen, Geburten, Todesfälle} registro m; {+Steuerzahler} ruolo m: **etw in ein ~ eintragen**, inserire qc in un registro **4** *inform* directory f, indirizzario m.

Verzeichnispfad m *inform* percorso m.

Verzeichnisstruktur f *inform* struttura f ⌊ad albero⌋/[gerarchica].

verzeigen <ohne ge-> tr CH *jdn/etw* ~ denunciare qu/qc.

verzeihen <verzeiht, verzieh, verziehen> **A** tr (*vergeben*) *etw* ~ {Sünde, Irrtum} perdonare qc; {Benehmen, Fehlverhalten} *auch* scusare qc: **verzeih die harten Worte, aber ...**, scusa la durezza, ma ...; ***jdm etw*** ~ {Schroffe Antwort, Benehmen, Kränkung} perdonare qc a qu; **das verzeihe ich dir nie!**, questa non te la perdonerò mai! **B** itr *jdm* ~ perdonare a qu: **ich glaube, sie hat dir schon verziehen**, credo che ti abbia già perdonato **C** rfl **sich** (dat) *etw* ~ {Fehlverhalten, Irrtum, Unachtsamkeit} perdonare a se stesso (-a) per (*aver fatto*) qc: **sich nicht ~ können, dass ...**, non perdonarsi di/per ... *inf* •

es sei dir noch einmal verziehen!, per questa volta ⌊sei perdonato (-a)⌋/[ti perdono/perdoniamo]!; **nicht zu ~ sein**, essere imperdonabile, non essere scusabile; **~ Sie (bitte)!** (*um eine Auskunft bittend*), (mi) scusi!, mi perdoni! *obs*; **~ Sie bitte, können Sie mir sagen, wo eine Bank ist?**, (mi) scusi, mi può dire dov'è una banca?; (*wenn man jdn bittet aufzustehen oder beiseite zu gehen*), permesso!, (mi) scusi!, pardon!; **~ Sie die Störung!**, (mi) scusi il disturbo!

verzeihlich adj {Fehler, Irrtum} perdonabile, scusabile.

Verzeihung <-, ohne pl> f perdono m • **~!** (*Entschuldigung!*), scusa!, (mi) scusi!, pardon!; **~, wo geht's hier zum Bahnhof?**, (mi) scusi, come si arriva alla stazione da qui?; **~?** (*wie bitte?*), prego?, scusi? • **(jdn)** (*für etw akk*) **um ~ bitten**, chiedere perdono (a qu) (per qc); **ich bitte um ~!**, (Le) chiedo perdono!, (La) prego di scusarmi!, chiedo venia!

verzerren <ohne ge-> **A** tr **1** opt phys *etw* ~ {Lautsprecher, Sender Musik, Stimme} alterare qc; {Ton} *auch* distorcere qc; {Linse, Spiegel Figur, Gesicht} deformare qc; {Spiegel Bild} *auch* distorcere qc **2** (*entstellt darstellen*) *etw* ~ {Artikel, Journalist, Kommentar Ereignis, Tatsache, Vorfall, Wahrheit} distorcere qc, stravolgere qc, travisare qc: **du hast den Sinn meiner Bemerkung völlig verzerrt**, hai completamente stravolto il senso della mia osservazione; **eine verzerrte Darstellung der Ereignisse**, una descrizione distorta degli eventi; **etw verzerrt wiedergeben**, dare una versione distorta di qc, riportare qc ⌊in modo distorto⌋/[stravolgendolo] **3** (*verziehen*) *etw* (*vor etw* dat) ~: **den Mund vor Ärger ~**, contrarre le labbra in una smorfia di rabbia; **er verzerrte sein Gesicht vor Schmerz**, fece una smorfia di dolore; {Angst, Hass, Schmerz jds Gesicht} stravolgere qc a qu, sfigurare qc a qu; {Züge} stravolgere qc a qu, alterare qc a qu; **(vor etw** dat**) verzerrt (sein)** {vor Hass, Wut}, (essere) stravolto/sfigurato (da qc); **ein vor Schmerz verzerrtes Gesicht**, un viso sfigurato/stravolto dal dolore **B** rfl **1** **sich (zu etw** dat**) ~** {Gesicht/(Züge) zu einer Fratze, Grimasse} contrarsi (in qc); **sich (vor etw** dat**) ~**: **sein Gesicht verzerrte sich vor Schmerz**, il suo viso era una maschera di dolore; **ihr Mund verzerrte sich vor Wut**, le sue labbra si contrassero in una smorfia di rabbia **2** (*zerren*) **sich** (dat) *etw* ~ {Muskel, Sehne} stirarsi qc, prodursi uno stiramento a qc.

Verzerrer <-s, -> m mus distorsore m.

Verzerrung f **1** opt phys {+Bild, Klang} distorsione f **2** (*entstellte Darstellung*) {+Ereignisse, Tatsachen} distorsione f, stravolgimento m, travisamento m.

verzetteln <ohne ge-> rfl **sich ~** disperdersi: **sich bei der Arbeit ~**, essere dispersivo sul lavoro; **sich in/mit tausend Kleinigkeiten ~**, perdersi in mille piccolezze.

Verzicht <-(e)s, ohne pl> m **~ (auf etw** akk**)** rinuncia f (a qc); {Auf ein Amt, Recht, den Thron} *auch* abdicazione f (a qc): **der ~ auf etw** (akk) **fällt jdm schwer**, rinunciare a qc risulta difficile a qu; **der ~ auf all die kleinen Extraausgaben fiel ihr schwer**, le fu difficile rinunciare a⌋/[privarsi di] tutte le spesucce extra; **ihr Leben bestand nur aus ~**, la sua vita era solo rinuncia/sacrificio • **~ leisten/üben** *form*, fare atto di rinuncia; **~ leisten/üben** *form*, rinunciare.

verzichten <ohne ge-> itr **1** (*aufgeben*) rinunciare: **warum muss immer ich ~?**, perché devo essere sempre io a rinunciare?; **sie**

hat ihr ganzes Leben lang ~ müssen, per tutta la vita ha dovuto ⌊fare sacrifici⌋/[sacrificarsi]; **der Kandidat hat zugunsten eines Kollegen verzichtet**, il candidato ha rinunciato a favore di un collega; **auf etw** (akk) **~** {Auf einen Anspruch, Anteil, eine Vergünstigung, ein Vorrecht} rinunciare a qc; {Auf ein Amt, eine Erbschaft, ein Recht} *auch* abdicare a qc; {Eine Forderung} rinunciare a qc, abbandonare qc **2** (*ohne etw auskommen müssen*) **auf jdn/etw** ~ {Auf einen Mitarbeiter, jds Hilfe, Mitarbeit} rinunciare a qu/qc, fare a meno di qu/qc, privarsi di qu/qc; {Auf Alkohol, Süßigkeiten, Zigaretten} *auch* astenersi da qc: **von jetzt an müssen Sie auf** ⌊**das Rauchen**⌋/[**Zigaretten**] **~**, d'ora in poi dovrà ⌊astenersi dal fumo⌋/[rinunciare alle sigarette] **3** (*von etw absehen*) **auf etw** (akk) **~** {Auf eine Anzeige} desistere da qc; {Auf eine Antwort, einen Kommentar} astenersi dal fare qc: **auf seine Kandidatur ~**, rinunciare ⌊a candidarsi⌋/[alla candidatura]; **auf den Thron ~**, abdicare al trono • **danke, ich verzichte!** *iron*, grazie, ne faccio a meno!; **auf jdn/etw (nicht) ~ können**, (non) poter fare a meno di qu/qc; **darauf kann ich gerne ~!**, posso farne benissimo a meno! *iron*; **~ lernen**, imparare a rinunciare/[fare sacrifici].

Verzichterklärung f *form* (atto m di) rinuncia f.

Verzichtleistung f *form* rinuncia f.

verzieh **1.** und **3.** präs imperf von verzeihen.

verziehen① <irr, ohne ge-> **A** tr (*verzerren*) *etw* ~ {Mund} storcere qc: **er verzog spöttisch den Mund**, storse la bocca beffardamente; **keine Miene ~**, non batter ciglio, non fare una piega; **das Gesicht zu einer Fratze/Grimasse ~**, fare le boccacce/smorfie; **vor Ekel/Schmerz das Gesicht ~**, fare una smorfia di disgusto/dolore **B** rfl **1** (*sich verzerren*) **sich (zu etw** dat**) ~** contrarsi (in qc): **sein Mund verzog sich zu einem abfälligen Grinsen**, la bocca si contrasse in un sorrisetto sprezzante; **ihr Gesicht verzog sich schmerzlich**, il suo viso si contrasse dolorosamente **2** (*die Form verlieren*) **sich ~** {Pullover, T-Shirt} sformarsi; {Fensterrahmen, Holz, Tür} deformarsi.

verziehen② <irr, ohne ge-> **A** itr *<sein, nur im perf>* (*umziehen*) trasferirsi; **irgendwohin** ~ {Ins Ausland, in eine andere Stadt, nach Berlin} trasferirsi/[andare a vivere] + compl di luogo **B** rfl *<haben>* **1** *fam* (*sich weiterbewegen*) **sich ~** {Wolken} disperdersi, diradarsi; {Nebel} *auch* dissiparsi; {Gewitter} allontanarsi **2** *fam* (*sich entfernen*) **sich (irgendwohin) ~** ritirarsi (+ compl di luogo): **wo sind denn Klaus und Elke? – Die haben sich in Elkes Zimmer verzogen**, Klaus ed Elke dove sono? – Si sono ritirati in camera di Elke; **ich verzieh' mich ins Bett**, me ne vado a letto • **verzieh dich!** *slang*, sparisci! *fam*, smamma! *fam*, togliti dai piedi! *fam*; **unbekannt verzogen** *post*, trasferito senza lasciare recapito.

verziehen③ <ohne ge-> tr *pej* (*verwöhnen*) *jdn* ~ viziare troppo qu.

verziehen④ part perf von verzeihen.

verzieren <ohne ge-> tr **1** (*schmücken*) *etw* (*mit etw* dat) ~ {Bettuch, Decke mit Stickereien, Saal, Wände mit Blumen} decorare qc (di/con qc), ornare qc (di/con qc) **2** *gastr etw* (*mit etw* dat) ~ decorare qc (con qc), guarnire qc (con qc).

Verzierung <-, -en> f decorazione f, ornamento m • **nun brich dir mal keine ~ ab!** *fam*, non fare ⌊tanto il/la difficile⌋/[tante storie]!

verzinsen <ohne ge-> bank ökon **A** tr (*jdm*)

etw ~ {BANK GUTHABEN, SPARBUCH} pagare/dare (*a qu*) un interesse *su qc*: **die Bank verzinst die Spareinlagen mit zwei Prozent**, la banca paga/dà un interesse del due per cento sui depositi; **ein Kredit wird im Moment mit sieben Prozent verzinst**, al momento gli interessi sul prestito sono del sette per cento B *rfl* **sich ~ fruttare/dare/rendere un interesse**: **das Kapital verzinst sich mit zehn Prozent**, il capitale frutta un interesse del dieci per cento; **Wertpapiere ~ sich gut**, i titoli danno/fruttano un buon interesse.

verzinslich *bank ökon* A *adj* {GUTHABEN, KAPITAL} fruttifero: **mit/zu acht Prozent ~ sein**, fruttare un interesse dell'otto per cento; **nicht ~**, senza interessi, a interessi zero B *adv*: **Geld/Kapital ~ anlegen**, mettere denaro/capitale a frutto/interesse.

Verzinsung <-, -en> *f* <*meist sing*> *bank ökon* **1** (*das Verzinsen*) interessi *m pl*: **für Festgelder bieten wir eine ~ von drei Prozent**, sui depositi vincolati offriamo/diamo un interesse del tre per cento **2** (*Zinssatz*) tasso *m* d'interesse.

verzogen① *part perf von* verziehen①,②,③.
verzogen② *adj* {KIND} viziato: **ein ganz ~es Balg**, un bambino troppo viziato.

verzögern <ohne ge-> A *tr* **1** (*hinausschieben*) **etw (um etw akk) ~** far ritardare *qc* (*di qc*): **der Unfall hat ihre Abfahrt um zwei Stunden verzögert**, l'incidente ha fatto ritardare la loro partenza di due ore; **mit den vielen Auflagen versucht die Stadt, den Baubeginn zu ~**, imponendo tutta una serie di vincoli il comune cerca di ₋far ritardare₋/[procrastinare] l'inizio dei lavori **2** (*verlangsamen*) **etw ~** rallentare *qc*: **der Mangel an Freiwilligen hat die Aufräumungsarbeiten beträchtlich verzögert**, la mancanza di volontari ha rallentato considerevolmente i lavori di sgombero B *rfl* (*später eintreten*) **sich (um etw akk) ~** subire un ritardo (*di qc*), essere ritardato (*di qc*): **aufgrund technischer Probleme hat sich der Konzertbeginn um eine Stunde verzögert**, a causa di problemi tecnici il concerto è iniziato con un'ora di ritardo; **die Ankunft des Zuges wird sich voraussichtlich um 30 Minuten ~**, il treno subirà probabilmente un ritardo di 30 minuti.

Verzögerung <-, -en> *f* **1** (*das Sichverzögern*) {+ABFAHRT, BEGINN} ritardo *m* **2** (*Verlangsamung*) {+ARBEIT, AUSFÜHRUNG} rallentamento *m*.

Verzögerungstaktik *f* tattica *f* dilatoria/[del temporeggiamento].

verzollen <ohne ge-> *tr* **etw ~** sdoganare *qc*: **haben Sie etwas zu ~?**, ha qualcosa da dichiarare?

verzückt *geh* A *adj* {BLICK, LÄCHELN} estasiato: **mit ~en Gesichtern lauschten die Kinder der Märchentante**, con un'espressione estasiata i bambini ascoltavano la donna che raccontava loro le fiabe B *adv* {ANSCHAUEN, LAUSCHEN, ZUHÖREN} estasiato (-a), rapito (-a), con rapimento.

Verzückung <-, -en> *f* <*meist sing*> *geh* estasi *f*, rapimento *m*: **in ~ über etw (akk) geraten**, andare in estasi per *qc*; **die Musik ließ sie in ~ geraten**, quella musica la ₋mandava in estasi₋/[estasiava].

Verzug <-(e)s, *ohne pl*> *m form* ritardo *m*: **bei ~**, in caso di ritardo • **(mit etw dat) in ~ geraten/kommen** {MIT EINER ARBEIT, DER AUSFÜHRUNG}, (finire per) essere in ritardo (con *qc*); {MIT EINER ZAHLUNG}, cadere/essere in mora (con *qc*); **ohne ~**, senza indugio; **(mit etw dat) im ~ sein**, essere in ritardo (con *qc*), essere in arretrato (con *qc*); {MIT EINER

RATE, ZAHLUNG}, essere in ritardo/arretrato (col pagamento di *qc*); **jdn in ~ setzen**, mettere in mora *qu*.

Verzugszinsen *subst* <*nur pl*> *bank* interessi *m pl* ₋di mora₋/[moratori], mora *f*.

verzweifeln <ohne ge-> *itr* <*sein*> disperarsi: **du darfst jetzt nicht ~**, non devi perderti d'animo adesso; **jd verzweifelt an jdm/etw**, *qu/qc* ₋fa disperare₋/[porta alla disperazione] *qu*; **ich verzweifle noch an seiner Unzuverlässigkeit**, la sua inaffidabilità mi fa disperare/impazzire; **an den Menschen/der Menschheit ~**, perdere la speranza ₋negli uomini₋/[nell'umanità] • (*nur*) *nicht ~!*, non disperarti!; **zum Verzweifeln sein** {JDS FAULHEIT, LANGSAMKEIT, UNORDENTLICHKEIT}, essere esasperante/disperante; **es ist zum Verzweifeln!**, c'è da disperarsi!, che disperazione!; **es ist zum Verzweifeln mit eurer Unordentlichkeit!**, come siete disordinati (-e), c'è da mettersi le mani nei capelli!; **es ist zum Verzweifeln mit dem Auto, es ist laufend kaputt!**, che disperazione questa macchina, si rompe in continuazione!

verzweifelt A *adj* **1** (*ohne Hoffnung*) {GESICHTSAUSDRUCK, MENSCH, ZUSTAND} disperato; {BLICK} *auch* di disperazione: **mit ~er Stimme**, con voce disperata; **(über etw akk) ~ sein**, essere disperato (per *qc*); **er war ganz ~, dass sie nicht gekommen war**, era proprio disperato che non fosse venuta; **ein ~es Gesicht machen**, avere un'aria/un'espressione disperata; **~ aussehen/wirken**, sembrare disperato (-a) **2** (*extrem*) {KAMPF, TAT, UNTERNEHMEN} disperato: **ein letzter ~er Versuch**, un ultimo, disperato tentativo **3** (*ausweglos*) {FALL} disperato; {LAGE, SITUATION} *auch* disperante, senza via d'uscita B *adv* {JDN ANSEHEN, DREINSCHAUEN} con aria disperata, con occhi pieni di disperazione; {ENTGEGNEN, FRAGEN, SAGEN} disperato (-a), con tono disperato; {SICH BEMÜHEN, KÄMPFEN, SCHREIEN, SUCHEN, VERSUCHEN} disperatamente.

Verzweiflung <-, *ohne pl*> *f* disperazione *f*: **~ packt/überkommt jdn**, *qu* è preso/assalito dalla disperazione; **eine Tat der ~**, un gesto disperato; **es besteht kein Grund zur ~**, non c'è ragione/motivo di disperar(si) • **aus ~**, per/[spinto dalla] disperazione; **jdn zur ~ bringen/treiben**, portare/condurre *qu* alla disperazione, far disperare *qu*; **in ~ geraten**, ₋ridursi alla₋/[cadere/sprofondare nella] disperazione; **vor (lauter) ~**, ₋per (la)₋/[spinto dalla] disperazione; **er hat vor ~ einen Hungerstreik angefangen**, per disperazione ha cominciato lo sciopero della fame.

Verzweiflungstat *f* gesto *m* disperato/[dettato dalla disperazione].

verzweigen <ohne ge-> *rfl* **sich ~ 1** *bot* ramificarsi, diramarsi **2** (*in verschiedene Richtungen verlaufen*) {BLUTGEFÄSS, FLUSS, ROHR, STRASSE} ramificarsi, diramarsi.

verzweigt *adj* **1** *bot* {BAUMKRONE} ramificato **2** {FAMILIE, NETZ, UNTERNEHMEN} ramificato: **eine in der ganzen Welt ~e kriminelle Organisation**, un'organizzazione criminale con diramazioni in tutto il mondo; **weit ~ weitverzweigt**.

Verzweigung <-, -en> *f* **1** (*Astwerk*) ramificazione *f* **2** (*Ausbreitung*) {+FAMILIE, NETZ, ORGANISATION, SYSTEM} ramificazione *f*, diramazione *f* **3** *CH* (*Autobahndreieck*) svincolo *m*.

verzwickt *adj fam* {RECHENAUFGABE} complicato, scabroso; {ANGELEGENHEIT, FALL, SITUATION} *auch* ingarbugliato, intricato, imbrogliato.

Vesper① <-, -n> *f relig* vespro *m* • **Sizilianische ~** *hist*, I Vespri siciliani.
Vesper② <-, -n> *f oder nur* <-s, -> *n südd* (*Brotzeit*) merenda *f*: **etw zur ~ essen**, mangiare *qc* per/a merenda.

Vesperbild *n kunst* pietà *f*.
Vesperbrot *n südd* merenda *f*.
vespern *itr südd* fare merenda.
Vestalin *f* vestale *f*.
Vestibül <-s, -e> *n geh arch* vestibolo *m*; {+THEATER} foyer *m*, ridotto *m*; {+HOTEL} hall *f*.
Vesuv <-s, *ohne pl*> *m geog* Vesuvio *m*.
Veteran <-en, -en> *m* (**Veteranin** *f*) **1** *mil* veterano *m*, reduce *m* **2** *oft scherz* (*langjähriges Mitglied*) veterano (-a) *m* (*f*); (*Altschüler*) *auch* anziano (-a) *m* (*f*) **3** *autom* → **Oldtimer**.
Veterinär <-s, -e> *m* (**Veterinärin** *f*) *form* veterinario *m* (-a *f*).
Veterinärmedizin *f form* (medicina *f*) veterinaria *f*.
Veto <-s, -s> *n bes. pol* **1** (*Einspruch*) veto *m*: **ein/sein ~ (gegen etw akk) einlegen**, mettere/(op)porre un/il (proprio) veto (a *qc*) **2** → **Vetorecht**.
Vetorecht *n* diritto *m* di veto: **von seinem ~ Gebrauch machen**, ₋ricorrere al₋/[esercitare il] diritto di veto.
Vetter <-s, -n> *m* cugino *m*.
Vetternwirtschaft <-, *ohne pl*> *f pej* nepotismo *m*, clientelismo *m*.
V-Form *f* forma *f* a V: **V-Form haben**, essere a V; **in V-Form**, a V.
v-förmig, V-förmig *adj* a (forma di) V.
V-Frau *f fam* infiltrata *f*, informatrice *f*.
vgl. *Abk von* vergleiche: cfr. (*Abk von* confronta).
v. H. *Abk von* vom Hundert: per cento.
VHS <-, -> A *f Abk von* Volkshochschule: Università popolare B *n Abk von* Video-Home-System: VHS *m* (*Abk von* Video Home System).
VHS-Kassette *f* cassetta *f* VHS, videocassetta *f*.
via *präp geh* **1** via: **ein Flug von Florenz nach Hamburg via Brüssel**, un volo da Firenze per Amburgo via Bruxelles **2** (*per*) {ANORDNUNG, ERLASS} per; {ANWALT, BEHÖRDE, GERICHT} tramite, per mezzo di.
Viadukt <-(e)s, -e> *m oder n* viadotto *m*.
Vibration <-, -en> *f* **1** *mech phys tech* vibrazione *f* **2** *mus tel* vibrazione *f*.
vibrationsarm *adj tech* a basse vibrazioni.
vibrationsfrei *adj tech* senza vibrazioni.
Vibrationsruf *m tel* (chiamata *f* a) vibrazione *f*.
Vibrator <-s, -en> *m* vibratore *m*.
vibrieren <ohne ge-> *itr* vibrare: **wenn ein Laster vorbeifährt, ~ die Scheiben**, quando passa un camion i vetri vibrano; **ihre Stimme vibrierte, als sie seinen Namen aussprach**, la sua voce ₋vibrava (per l'emozione)₋/[tremava] quando pronunciò il suo nome.
Video <-s, -s> *n* **1** <*sing*, *meist ohne art*> (*Medium*) video *m* **2** *fam* (*~band*) videocassetta *f*, videotape *m*, videonastro *m*: **ein ~ abspielen/löschen**, ₋far girare₋/[cancellare] una videocassetta (video); **ein leeres/volles ~**, una cassetta (video) vuota/piena; **ein unbespieltes ~**, una (video)cassetta vergine; (*~film*) video *m fam*, filmino *m fam*; (*~clip*) *auch* (video)clip *m*; **den Film gibt es schon als ~**, questo film è già uscito in cassetta • **etw auf/mit ~ aufnehmen**, registrare *qc* su video, fare una registrazione video; **etw auf ~ haben**, avere *qc* in/su video(cassetta).

Videoanlage f impianto m video.
Videoaufnahme f, **Videoaufzeichnung** f videoregistrazione f.
Videoband <-(e)s, Videobänder> n videocassetta f, videotape m.
Videobeamer m → **Beamer**.
Videoclip <-s, -s> m (video)clip m.
Videodecoder m decoder m video.
Videofilm m videofilm m.
Videogame <-s, -s> n videogame m, videogioco m.
Videogerät n → **Videorekorder**.
Video-Home-System n (Abk VHS) Video Home System m (Abk VHS).
Videoinstallation f videoinstallazione f, installazione f video.
Videokamera f videocamera f.
Videokassette f video(cassetta) f.
Videokonferenz f videoconferenza f.
Videokunst f videoarte f.
Videokünstler m (**Videokünstlerin** f) videoartista mf.
Video-on-Demand <-(s), -s> n inform TV video on demand m.
Videorekorder, **Videorecorder** <-s, -> m videoregistratore m.
Videospiel n videogioco m, videogame m.
Videotechnik <-, ohne pl> f videosistema m, sistema m di registrazione video.
Videotelefon (a.R. Videotelephon) n videotelefono m.
Videotext m teletext m; (in Italien) televideo m.
Videothek <-, -en> f videoteca f.
videoüberwacht adj videosorvegliato.
Videoüberwachung f videosorveglianza f, telesorveglianza f.
Viech <-(e)s, -er> n fam oft pej (Tier) bestia f, bestiaccia f pej; (Insekt) bestiaccia f pej.
Viecherei <-, ohne pl> f fam pej 1 (Strapaze) fatica f bestiale 2 (gemeine Handlung) carognata f fam, vigliaccata f.
Vieh <-(e)s, ohne pl> n 1 agr (Nutztiere) bestiame m, animali m pl; (Rinder) auch bestie f pl: 100 Stück ~, 100 capi di bestiame; ~ halten/züchten, allevare bestiame; das ~ füttern/versorgen, governare/custodire il bestiame; das ~ hüten/weiden, pascolare le bestie; das ~ auf die Weide treiben, portare il bestiame/le bestie al pascolo 2 fam oft pej (Tier) bestia f, bestiaccia f fam pej: das arme ~!, quella povera bestia/bestiola!; was ist denn das für ein ekliges ~?, che bestia schifosa è mai quella? 3 fam pej (brutaler Mensch) bestia f, animale m ● wie das Vieh ~! iron, come animali!; zum ~ werden fam, diventare una bestia.
Viehbestand m {+BAUERNHOF} bestiame m.
Viehfutter n mangime m, foraggio m.
Viehhalter <-s, -> m (**Viehhalterin** f) allevatore (-trice) m (f) di bestiame.
Viehhaltung f allevamento m di/del bestiame.
Viehhandel m commercio m di/del bestiame.
Viehhändler m (**Viehhändlerin** f) commerciante mf di bestiame.
Viehherde f mandria f.
viehisch A adj 1 fam (stark) {BRENNEN, JUCKEN} bestiale, atroce; {SCHMERZEN} auch feroce 2 (äußerst roh) {BENEHMEN, MANIEREN} da bestia/animale; {HANDLUNG, MORD} bestiale, brutale B adv 1 (sehr) {BRENNEN, JUCKEN} atrocemente, terribilmente; ~ brüllen, urlare come un ossesso; ~ wehtun, fare un male bestiale/terribile 2 (bestialisch) {SICH BENEHMEN} come una bestia/un maiale; {HAUSEN} come (le) bestie; {JDN ERMORDEN} in modo bestiale.
Viehmarkt m mercato m/fiera f del bestiame.
Viehstall m stalla f.
Viehtränke f abbeveratoio m.
Viehwaggon, **Viehwagon** m Eisenb carro m bestiame.
Viehweide f pascolo m.
Viehwirtschaft f 1 → **Viehzucht** 2 wiss zootecnia f.
Viehzeug <-s, ohne pl> n fam pej bestiacce f pl fam pej: diese verdammten Fliegen und all dieses ~!, queste maledette mosche e tutte quelle bestiacce!
Viehzucht f allevamento m di bestiame.
Viehzüchter m (**Viehzüchterin** f) allevatore (-trice) m (f) di bestiame.

viel① A <mehr, meiste> indef pron 1 <inv, nur sing> (adjektivisch: eine Menge) molto, tanto: er hat ~ Arbeit/Geld, ha ˌmolto lavoro/[tanti soldi]; du musst ~ Milch trinken, devi bere molto latte; ~ Schönes, molte/tante cose belle; es gibt ~/[nicht ~] Neues, ci soˌno /[non ci sono] tante novità; wir haben so ~ Arbeit, dass ..., abbiamo talmente tanto lavoro che ...; das ist nicht/ziemlich ~ Geld, ˌnon sono tantiˌ/[sono parecchi] soldi; ~ Erfolg/Glück!, buona fortuna!, in bocca al lupo!; ~ Spaß/Vergnügen!, buon divertimento!, divertiti!/divertitevi! 2 <nur sing, mit art oder poss pron>: der/die/das ~e ..., tutto quel/tutta quella ..., tutto questo/tutta questa...; die ~e Arbeit, tutto quel/questo lavoro; die ~en Fragen, tutte quelle/queste domande; was machst du mit dem ~en Geld?, che cosa farai con tutti quei soldi?; der ~e Regen hat in etlichen Städten zu Überschwemmungen geführt, le abbondanti piogge hanno provocato alluvioni in diverse città; ˌdurch das ~eˌ/[vom ~en] Lesen, a forza di leggere; das ~e Trinken machte ihn noch müder, il gran bere lo rese ancora più stanco; trotz seiner ~en Arbeit ..., nonostante tutto il lavoro che ha ... 3 <inv, nur sing> (substantivisch: eine Menge) molto, tanto, molte/tante cose: sie weiß ~, sa tante cose; ich habe ~ zu tun, ho molto/tanto da fare; er hat ~ von der Welt gesehen, ha visto mezzo mondo; sie hat ~ von ihrer Mutter, ha molto di sua madre; so/zu ~, ˌcosì tanteˌ/[troppe] cose, ˌcosì tantoˌ/[troppo]; so ~, dass ..., talmente tanto ˌche ...ˌ/[da ... inf]; sie braucht nicht ~ zum Leben, non le serve granché per vivere; sie hat nicht ~ zum Leben, tira avanti a fatica fam; ich halte ~/[nicht ~] davon, mi/[non mi] sembra una buona idea; es fehlte nicht ~ und ..., poco ci mancò che ... konjv, non ci mancò molto che ... konjv 4 <nur sing> (substantivisch: vielerlei) ~es, molto, molte cose: ich habe schon ~ gesehen, aber so etwas ist mir noch nicht untergekommen, ne ho viste tante/[di tutti i colori], ma una cosa del genere non mi era ancora capitata; es fehlt uns an ~em, ci mancano tante cose; ~es von dem, was er weiß, behält er für sich, molto di quello che sa (se) lo tiene per sé; es gab ~es, was unausgesprochen blieb, tante cose rimasero sottintese; ~es Gute/Schöne/..., molte/tante cose buone/belle/... 5 <nur pl> (adjektivisch: eine Menge von Personen oder Dingen): ~e ..., molti (-e) ..., tanti (-e) ...; sie hat inzwischen ~e neue Freunde, nel frattempo si è fatta molti nuovi amici; ~e Menschen/Leute, molte/tante persone, tanta/[un sacco di fam] gente; sie hat so ~e Bücher, dass ..., ha tanti di quei libri ˌche .../[da... inf]; in ~en Fällen, in molti casi; er-

schreckend/unglaublich ~e ..., un numero spaventoso/incredibile di ... 6 <nur pl> (substantivisch: eine große Anzahl von Personen oder Dingen): ~e, molti, tanti; (von Personen) auch molta/tanta gente; ich kenne ~e, die ..., conosco molti/[tanta gente] che ...; ~e der Anwesenden waren der Meinung, dass ..., molti dei presenti erano dell'avviso che ...; er ist nur einer von ~en, die ..., è solo uno dei tanti che ...; er besitzt etwa 10 000 Bücher, ~e hat er allerdings nicht gelesen, possiede circa 10 000 libri, molti (di essi) però non li ha ancora letti; da wir so ~e sind, visto che siamo (in) così tanti (-e) B <mehr, am meisten> adv 1 (oft) molto: er bewegt sich ~, si muove molto, fa molto moto; sie reist ~ ins Ausland, fa molti viaggi all'estero; wir gehen ~ ins Kino, andiamo molto/spesso al cinema; kein anderer, der so ~ kritisiert wurde, wäre noch an seinem Platz, nessun altro così tanto criticato sarebbe ancora al suo posto; diese Zeitung wird ~ gelesen, questo giornale è molto letto; der brasilianische Fußballspieler wird ~ umworben, al calciatore brasiliano viene fatta una gran corte 2 (wesentlich) ~ + kompar molto + kompar: es geht ihm schon wieder ~ besser, sta già molto meglio; hier ist das Klima ~ angenehmer (als bei uns), qui il clima è molto più gradevole (che da noi); sie ist einfach ~ schneller als du, è semplicemente molto più veloce di te; ~ mehr/weniger, molto ˌ(di più)ˌ/[meno]; es läuft jetzt auch nicht ~ anders, non è che ora le cose vadano molto diversamente ● allzu ~, troppo; er verdient 1500 Euro im Monat, das ist nicht allzu ~, guadagna 1500 euro al mese, non è proprio un granché; und ~es andere mehr, e ben altro ancora; (Gegenstände), ~ tante altre cose ˌ/[tant'altro]; ein bisschen ~ fam, un po'/pochino troppo; trinkst du nicht ein bisschen ~ heute Abend?, non ˌche tu bevaˌ/[bevi] un po' troppo stasera?; ist es nicht ein bisschen ~, was du ihm zugestehst?, non è un pochino troppo ciò che gli concedi?; ~e hundert/tausend ... {GEGENSTÄNDE, MENSCHEN, TIERE}, centinaia e centinaia ˌ/[molte centinaia]ˌ/[migliaia e migliaia]ˌ/[molte migliaia] di ...; in ~em {JDS MEINUNG TEILEN, RECHT HABEN}, per molti aspetti; {ANDERER MEINUNG SEIN}, su molti punti; um ~es ... {BESSER, JÜNGER, SCHÖNER}, molto ..., decisamente ...; ~ zu ..., troppo: es ist einfach ~ zu kalt, fa semplicemente troppo freddo; zu ~ {ARBEIT, ÄRGER, AUFREGUNG, ZEIT} troppo (-a); hier ist einer/eine zu ~, qui ce n'è uno/una di troppo; sich (dat) zu ~ vorgenommen haben, avere troppe cose in programma, essersi preso troppi impegni, aver messo troppa carne al fuoco fam; {ARBEITEN, ESSEN, RAUCHEN, TRINKEN, VERLANGEN} troppo; viel zu ~ ist, ist zu ~!, (veramente) troppo!; was zu ~ ist, ist zu ~!, quando è troppo, è troppo!, (questo) è troppo! ich habe schon zu ~ verraten, ho detto anche troppo; besser zu ~ als zu wenig!, meglio troppo che poco!; jdm zu ~ werden: die Arbeit wird mir allmählich zu ~, il lavoro comincia a pesarmi; wenn's dir zu ~ wird, sag Bescheid, se ti sembra troppo, dimmelo!; heute ist/wird mir alles zu ~, oggi mi pesa tutto fam; allzu ~ ist ungesund prov, il troppo stroppia prov.

viel② partik fam (groß): was sollen wir noch ~ reden, wenn jeder sowieso schon für sich entschieden hat?, cosa vuoi stare tanto a parlare, se comunque ognuno ha già preso la sua decisione!; was soll ich ~ erklären, entweder du verstehst o es oder du verstehst es nicht!, non c'è molto da spiegare, o lo capisci o no!

vielbefahren adj → **befahren**②.

vielbenutzt adj → **benutzen**.
vielbeschäftigt adj → **beschäftigt**.
vielbesprochen adj → **besprochen**.
vielbesucht adj → **besucht**.
vieldeutig adj {BEGRIFF, WORT} polisemico ling, ambiguo, equivoco; {BEMERKUNG, ORAKELSPRUCH, TEXTSTELLE, VERTRAGSPUNKT} che si presta a molte interpretazioni; {GRINSEN} eloquente.
Vieldeutigkeit <-, ohne pl> f {+BEMERKUNG, TEXTSTELLE, VERTRAGSPUNKT} ambiguità f, equivocità f; {+BEGRIFF, WORT} polisemia f ling.
vieldiskutiert adj → **diskutiert**.
Vieleck <-(e)s, -e> n geom poligono m.
vieleckig adj geom poligonale.
Vielehe f poligamia f.
vielenorts adv → **vielerorts**.
vielerlei <inv> adj 1 <attr> (eine Vielzahl von etw) {GRÜNDE, INDIZIEN} diversi (-e), svariati (-e): **es gibt ~ Möglichkeiten**, ci sono svariate possibilità 2 (substantivisch: viele verschiedene Dinge) molte/diverse/varie cose a pl: **sie hatte ~ zu berichten**, aveva da raccontare molte cose.
vielerorts adv (in molti/tanti luoghi/posti; fast überall) un po' dappertutto/(d)ovunque.
vielfach A adj <attr> 1 (mehrfach) molteplice: **in ~er Ausführung**, in molteplice copia; **in ~er Hinsicht**, per/sotto molteplici aspetti; **ein ~er Millionär**, un plurimiliardario/multimiliardario; **ein ~er Preisträger**, un pluripremiato; **auf ~en Wunsch**, a grande richiesta 2 (mehrere Male so groß) {ANZAHL, MENGE, UMFANG} diverse volte maggiore: **die ~e Menge von etw** (dat) **brauchen**, aver bisogno di una quantità diverse volte maggiore di qc B adv 1 (mehrfach) {BERICHTIGEN, FALTEN, KNICKEN, VARIIEREN} molte volte; {BESCHÄDIGEN, VERKRATZEN} in molti punti: **sich ~ bewähren** {GERÄT}, dare buoni risultati in molte occasioni; **die Theatersaison ist ~ kritisiert worden**, la stagione teatrale è stata criticata da più parti 2 fam (häufig) {ANZUTREFFEN SEIN, BEOBACHTET WERDEN, VORKOMMEN} spesso, frequentemente: **das Ergebnis war dann ~ ganz anders, als man erwartet hatte**, il risultato era spesso del tutto diverso da quanto ci si era aspettato.
Vielfache <dekl wie adj> n 1 math multiplo m: **vier ist ein ~s von zwei**, quattro è un multiplo di due 2 (Mehrfache): **er verdient ein ~s deines Gehalts**, guadagna/prende fam uno stipendio che è molte volte il tuo • **das kleinste gemeinsame ~**, il minimo comune multiplo; **um ein ~s ...** + kompar {ÄLTER, GRÖßER, LÄNGER, LEICHTER, STÄRKER} molto/notevolmente parecchio più + adj: **er ist um ein ~s ruhiger geworden**, è diventato molto più calmo.
Vielfalt <-, ohne pl> f molteplicità f, (gran) varietà f: **die ~ an Farben schien unerschöpflich**, la varietà di colori sembrava inesauribile; **eine ~ von unbekannten Gerüchen schlug ihnen entgegen**, furono investiti (-e) da una varietà di odori sconosciuti; **die ~ seiner Interessen**, la molteplicità dei suoi interessi; **eine ~ an Meinungen**, una pluralità di opinioni.
vielfältig adj {ANGEBOT, PROGRAMM} vario, svariato.
Vielfältigkeit <-, ohne pl> f → **Vielfalt**.
vielfarbig adj {DRUCK, MARMOR, ZEICHNUNG} policromo, -a/in più colori; {KLEIDUNGSSTÜCK} multicolore, variopinto; {AUSSEHEN, EFFEKT} policromatico, -a.
Vielfraß <-es, -e> m 1 fam pej oder scherz (Mensch) mangione (-a) m (f), mangiatutto m

2 zoo ghiottone m.
vielgebraucht adj → **gebraucht**.
vielgekauft adj → **gekauft**.
vielgelesen adj → **gelesen**.
vielgenannt adj → **genannt**.
vielgepriesen adj → **gepriesen**.
vielgereist adj → **gereist**.
vielgerühmt adj → **gerühmt**.
vielgestaltig adj multiforme.
Vielgötterei <-, ohne pl> f politeismo m.
vielköpfig adj <attr> {FAMILIE} numeroso, di molte persone: **er hat eine ~e Familie zu ernähren**, ha tante bocche da sfamare.
vielleicht A adv 1 (möglicherweise) forse, magari; (in verneinten Fragen) auch mica: **haben Sie ~ meinen Hund gesehen?**, non ha mica visto il mio cane?; **~ warten sie schon auf uns**, forse ci stanno già aspettando; **~ haben wir es diesmal geschafft**, forse forse questa volta ce l'abbiamo fatta 2 (ungefähr) forse, circa, pressappoco: **es werden ~ 200 Zuschauer gewesen sein**, saranno stati forse 200 spettatori; **sie ist ~ 35 (Jahre alt)**, avrà forse/circa 35 anni B partik 1 fam (in rhetorischen Fragen: etwa) forse; (verneint) auch mica: **willst du mir ~ weismachen, dass du jetzt aus der Schule kommst?**, ⌊vuoi forse⌋/[non vorrai mica] farmi credere che torni adesso da scuola?; **gefällt dir der Mantel ~?**, non ti piacerà mica/[per caso] quel cappotto? 2 (in Fragen: bitte, meist mit Konditional übersetzt) per favore, cortesia/piacere/gentilezza: **können Sie mir ~ sagen, wann der nächste Bus fährt?**, per favore, mi potrebbe dire quando passa il prossimo autobus?; **wären Sie ~ so nett, mir die Tür aufzuhalten?**, avrebbe la cortesia di tenermi la porta aperta? 3 (als Ausdruck des Unwillens: meist unübersetzt) forse: **~ gibst du jetzt endlich zu, dass du gelogen hast!**, forse ora ammetterai di aver mentito!; **würdest du ~ mal deinen Mund halten!?**, mi faresti il favore di chiudere il becco per una volta!? fam; **~ sind Sie so nett und halten sich da raus!**, abbia almeno la gentilezza di non immischiarsi! 4 fam (in Ausrufesätzen: verstärkend) proprio, davvero, veramente: **du bist ~ gemein!**, ⌊sei proprio⌋/[ma quanto sei] cattivo (-a)!; **das ist ~ ein Geizkragen!**, che razza di spilorcio quello!, è davvero un taccagno, quello!; **sie haben das Haus rot angemalt, das sieht ~ aus!**, hanno dipinto la casa di rosso, vedessi che roba!; **du siehst ~ aus!**, ma come ti sei conciato (-a)!
vielmals adv: **ich bitte ~ um Entschuldigung**, chiedo mille volte scusa; **danke ~!**, tante grazie!; **ich danke Ihnen ~**, La ringrazio molto/infinitamente; **die Kinder lassen euch ~ grüßen**, i bambini vi mandano tanti saluti.
vielmehr adv 1 (genauer gesagt) (o) meglio, anzi, per meglio dire, (o) piuttosto: **sie ist jung, ~ zu jung, um ...**, è giovane ⌊o meglio⌋/[anzi] troppo giovane per ... 2 (eher) piuttosto: **er ist nicht unhöflich, ~ etwas zerstreut**, non è scortese, piuttosto (è) un po' svagato 3 (im Gegenteil) anzi, al contrario: **sie sind weiß Gott nicht arm, sie haben ~ eine Luxusvilla in der besten Wohngend**, poveri, loro? Tutto al contrario, possiedono una villa di lusso in uno dei quartieri residenziali più belli.
vielsagend adj adv → **sagend**.
vielschichtig adj 1 (aus vielen Schichten bestehend) a/di più strati 2 (heterogen) {PROBLEM} complesso: **eine ~e Problematik**, una problematica che presenta molteplici aspetti.
Vielschichtigkeit <-, ohne pl> f {+PRO-

BLEM} complessità f.
Vielschreiber m (**Vielschreiberin** f) pej autore (-trice) m (f)/scrittore (-trice) m (f) prolifico (-a), pennaiolo (-a) m (f) pej.
vielseitig A adj 1 (an vielen Dingen interessiert) {MENSCH} versatile, eclettico, poliedrico; {BEGABUNG, INTELLIGENZ, KÜNSTLER} auch proteiforme 2 (breit gefächert) {AUSBILDUNG, TÄTIGKEIT} poliedrico; {ANREGUNGEN, ERFAHRUNGEN, INTERESSEN} auch molteplice, multiforme; {ANGEBOT, AUSWAHL} vasto, vario, variegato; {FREIZEITANGEBOT, PROGRAMM} auch multiforme: **auf ~en Wunsch**, a grande richiesta 3 (viele Verwendungsmöglichkeiten bietend) {GERÄT, MASCHINE} multiuso, multifunzion(al)e B adv 1 (in vieler Hinsicht): **~ ausgebildet sein**, avere una formazione poliedrica; **~ begabt sein**, essere poliedrico/proteiforme/eclettico; **~ interessiert sein**, essere poliedrico, avere molteplici interessi 2 (in verschiedener Weise) {ANWENDEN, BENUTZEN} in molti modi: **~ verwendbar sein** (GERÄT), essere ⌊di uso molteplice⌋/[multiuso]; {MATERIAL} trovare molteplici campi di applicazione.
Vielseitigkeit <-, ohne pl> f 1 {+MENSCH, BEGABUNG} versatilità f, poliedricità f, versatilità f 2 (breite Fächerung) varietà f, molteplicità f; {+INTERESSEN} auch poliedricità f.
vielsprachig adj {PERSON, WÖRTERBUCH} multilingue, poliglotta.
Vielstaaterei <-, ohne pl> f 1 (Aufspaltung in viele kleine Staaten) frammentazione f in molti piccoli stati 2 meist pej (Partikularismus) particolarismo m.
vielstimmig A adj mus {CHOR, GESANG} a molte voci, polifonico B adv {SINGEN} a più voci.
vielumworben adj → **umworben**.
vielverheißend adj adv geh, **vielversprechend** adj adv → **verheißend**, **versprechend**.
Vielvölkerstaat m stato m multietnico/multirazziale.
Vielweiberei <-, ohne pl> f poligamia f, poliginia f.
Vielzahl <-, ohne pl> f: **eine ~ von etw** (dat pl)/+ subst (gen pl), una moltitudine di qc, un gran numero di qc, una gran quantità di qc, una molteplicità di qc; **eine ~ offener Fragen**, una molteplicità di domande senza risposta; **auf der Insel gab es eine ~ von exotischen Vögeln**, sull'isola c'era una moltitudine di uccelli esotici; **bei einer ~ von Fällen**, in moltissimi casi; **mit einer ~ von Abbildungen**, con un ricco corredo iconografico.
Vielzeller <-s, -> m biol organismo m pluricellulare, multicellulare, metazoo m.
vielzellig adj {ORGANISMUS} pluricellulare, multicellulare.
Vielzweckkleber m colla f universale.
Vielzweckreiniger m detergente m multiuso/universale.
Vielzwecktuch n panno m multiuso.
vier <inv> zahladj 1 (Zahl) quattro: **~ plus und ~ macht/gibt acht**, quattro più/e quattro fa otto; **vor/nach/in ~ Tagen**, ⌊quattro giorni fa⌋/[dopo/fra quattro giorni]; **die ersten/letzten/nächsten ~**, i primi/gli ultimi/i prossimi quattro; **eine Familie von ~ Personen**, una famiglia di quattro persone; **er wohnt Hausnummer ~**, abita al numero quattro; **die Produktion ist um ~ Prozent gestiegen**, la produzione è aumentata del quattro percento 2 (Uhrzeit) quattro: **es ist ~ (Uhr)**, sono le quattro; **es ist kurz vor ~ (Uhr)**, ⌊mancano pochi minuti⌋/[manca poco] alle quattro; **es ist noch vor ~**, non sono

ancora le quattro; **es ist schon nach ~**, sono già le quattro passate; **um/gegen ~**, alle/verso le quattro; *(nachmittags) auch* alle/[verso le] sedici; **halb ~**, le tre e mezza; *(nachmittags) auch* le quindici e trenta; **es ist Viertel vor/nach ~**, sono le quattro meno/un quarto; **fünf (Minuten) vor ~ (Uhr)**, cinque (minuti) alle quattro, le quattro meno cinque; *(nachmittags) auch* cinque (minuti) alle sedici, le sedici meno cinque **3** *(Alter)* quattro anni: **sie ist/wird ~**, (lei) ha/[compie/fa] quattro anni; **mit ~ (Jahren)**, a quattro anni; **er ist noch ⌊nicht ganz⌋/[schon über] ~**, non ha ancora⌋/[ha già] compiuto quattro anni **4** *sport (Punkt)* quattro: **(es steht) fünf zu ~**, (la partita/il gioco sta) cinque a quattro; **das Spiel endete ~ zu drei**, il gioco è finito ~ **zu drei**, il gioco è finito ~ [la partita è finita] quattro a tre • *auf* allen **~en** *fam*, gattoni, carponi, a quattro zampe *fam*; **auf allen ~en gehen/krabbeln**, gattonare; **hoch ~ math**, alla quarta (potenza); **zwei hoch ~ macht sechzehn**, due alla quarta fa sedici; *jeweils ~* {EINTRETEN, ZUGELASSEN WERDEN}, quattro alla volta, (a) quattro a quattro; **alle ~e von sich (dat)** *strecken fam (sterben)* {TIER}, rimanere stecchito (-a) *fam;* {MENSCH} *auch*, tirare il calzino *fam*/le cuoia *fam*; *(sich ausstrecken)* spaparanzarsi *fam*; **zu ~en**, in quattro; **sich ⌊zu ~en⌋/[~ und ~] aufstellen**, mettersi in fila ⌊per quattro⌋/[quattro a quattro].

Vier <-, -en> f **1** *(Zahl)* quattro m **2** *fam (Transport)*: **die ~**, il/la quattro m; *(Bus-, Straßenbahnlinie)* il/la quattro; *(U-Bahn-Linie)* la linea quattro; **zum Bahnhof musst du die ~ nehmen**, per andare alla stazione devi prendere il quattro **3** *fam (nota)*: **die ~**, il/la quattro; **die ~ ⌊liegt an der Spitze⌋/[macht das Rennen]** *(Rennwagen)*, la quattro ⌊è in testa⌋/[conduce la gara]; *(Sportler, Rennpferd)* il (numero) quattro ⌊è in testa⌋/[sta facendo la gara] **4** *Schule (ausreichend)* ≈ sei m, sufficienza f: **in etw (dat) eine ~ bekommen/haben** {IN EINER ARBEIT, EINEM FACH}, prendere/avere (un) sei in qc **5** *Karten, Würfel* quattro m: **die ...-~** {HERZ-, KARO-, KREUZ-, PIK-}, il quattro di qc; **ich habe eine ~ gewürfelt**, ho tirato un quattro.

Vierakter <-s, -> m *lit* pièce f in quattro atti.
vierarmig adj {LEUCHTER} a quattro bracci: **~ sein**, avere quattro bracci.
Vieraugengespräch n *pol* colloquio m/incontro m a quattr'occhi⌋/[riservato].
vierbändig adj {AUSGABE, WERK} in quattro volumi.
Vierbeiner <-s, -> m *fam scherz (Hund, Katze)* amico m a quattro zampe.
vierbeinig adj **1** {TISCH} con/a quattro gambe **2** *zoo* {TIER} a quattro zampe, quadrupede.
vierblättrig, **vierblätterig** adj *bot* {BLUME, BLÜTE} a/con quattro petali: **ein ~es Kleeblatt**, un quadrifoglio.
vierdimensional adj *phys* a quattro dimensioni, quadri(di)mensionale.
Viereck <-(e)s, -e> n quadrilatero m, quadrangolo m; *(Quadrat)* quadrato m; *(Rechteck)* rettangolo m.
viereckig adj quadrangolare; *fam (rechteckig)* rettangolare.
viereinhalb <inv> zahladj **1** (4,5) quattro e mezzo: **~ Kilometer/Meter**, quattro chilometri/metri e mezzo; **~ Stunden**, quattro ore e mezza **2** *fam (4500 Euro)* quattromilacinquecento euro.
Vierer <-s, -> m **1** *fam* **1a** *(Busline)*: **der ~**, il/la quattro **2** *fam (im Lotto)* quaterna f **3** *D fam Schule*: **ein ~**, ≈ un sei, la sufficienza **4** *sport (Ruderboot)* (imbarcazione f a) quattro m: **ein ~ mit/ohne Steuermann**, un quattro

con/senza (timoniere) **5** *Golf* partita f giocata a due coppie.
Viererbob m *sport* bob m a quattro.
Vierergruppe f gruppo m di quattro, quartetto m.
Viererkette f *sport* difesa f a quattro.
viererlei <inv> zahladj **1** <attr> quattro specie/tipi, quattro ... differenti/diversi: **es gab ~ Brot/Käse/Marmelade**, c'erano quattro tipi (differenti/diversi) di pane/formaggio/marmellata; **~ Farben/Größen/Möglichkeiten**, quattro colori/misure/possibilità differenti **2** *(substantivisch)* quattro cose f pl (diverse).
Viererreihe f: **eine ~ Polizisten**, una fila di quattro poliziotti; **in ~n** {ANGEORDNET SEIN, SICH AUFSTELLEN, STEHEN}, in fila per quattro.
vierfach A adj **1** *(viermal so groß)* {BETRAG, PREIS, SUMME} quadruplo, quattro volte maggiore: **es kam die ~e Anzahl von Personen**, è venuto un numero di persone quattro volte maggiore, sono venute quattro volte tante; **ich brauche die ~e Länge von diesem Stoff**, mi serve una stoffa come questa quattro volte più lunga **2** *(viermal erfolgt)* {KOPIE} quattro, quadruplo: **der ~e Weltmeister**, il quattro volte campione del mondo **3** *(viermal erstellt)* {KOPIE} quattro, quadruplo: **in ~er Ausfertigung**, in ⌊quattro copie⌋/[quadruplice copia] **B** adv {AUSFERTIGEN, VORHANDEN SEIN} in ⌊quattro copie⌋/[quadruplice copia]; {UNTERSCHREIBEN} quattro volte; {FALTEN, ZUSAMMENLEGEN} in quattro: **den Faden ~ nehmen**, prendere quattro fili insieme.
Vierfache <dekl wie adj> n: **das ~ (an etw dat)**, il quadruplo (di qc); **das ~ bezahlen/verdienen/verzehren**, pagare/guadagnare/consumare ⌊quattro volte tanto⌋/[il quadruplo]; **er verdient das ~ von dir**, guadagna il quadruplo di te, ha uno stipendio quattro volte più alto del tuo; **das ~ an Fläche**, una superficie quattro volte più grande • **um das ~**: **um das ~ steigen, sich um das ~ erhöhen** {MIETEN, PREISE}, diventare quattro volte più caro (-a), quadruplicar(si); **um das ~ steigen, sich um das ~ erhöht haben** {GEHALT, MIETE, PREISE}, essersi quadruplicato/[moltiplicato per quattro]; **sich um das ~ vergrößern**, diventare quattro volte più grande; **um das ~ höher**, quattro volte più alto.
Vierfachsteckdose f *el* presa f di corrente quadrupla/[a quattro].
Vierfachstecker m *el* spina f quadripolare.
Vierfarbendruck <-(e)s, -e> m typ **1** *<nur sing> (Verfahren)* quadricromia f **2** *(gedruckte Abbildung)* (stampa f/immagine f in) quadricromia f.
Vierfüßer <-s, -> m *zoo* quadrupede m, tetrapode m.
vierfüßig adj **1** *(mit vier Füß(ch)en)* {GESTELL, SCHALE} a/con quattro piedi **2** *poet* {VERS} di quattro piedi.
Vierganggetriebe n *autom* cambio m a quattro marce.
viergeschossig A adj {GEBÄUDE} di/a quattro piani: **~ sein**, avere quattro piani **B** adv {BAUEN} a quattro piani.
Viergespann n **1** *(Zugtiergespann)* tiro m a quattro; *hist* quadriga f **2** *fam scherz (Vierergruppe)* quartetto m *fam*.
vierhändig *mus* A adj <attr> a quattro mani **B** adv {SPIELEN} a quattro mani.
vierhundert <inv> zahladj **1** *(Zahl)* quattrocento: **~ Gramm Schinken**, ⌊quattrocento grammi⌋/[quattrocento etti]/[quattrocento grammi] di prosciutto; **~ Prozent**, il quattrocento percento; **im Jahre ~**, nell'anno quattrocento; **die Kirche ist ~**

Jahre alt, la chiesa ha quattrocento anni; **die ~ Meter Brust(schwimmen) gewinnen**, vincere i quattrocento (metri) rana **2** *(Stundenkilometer)* quattrocento kilometri orari/[all'ora].
Vierhundertjahrfeier f (celebrazione f del) quarto centenario m, quadricentenario m.
vierhundertjährig adj <meist attr> **1** *(400 Jahre alt)* {BAUM, WALD} ⌊che ha⌋/[di] quattrocento anni: **sein/ihr ~es Bestehen feiern** {DORF, STADT}, festeggiare il quarto centenario⌋/[i quattrocento anni (di vita)] **2** *(400 Jahre dauernd)* {BESTEHEN, REICH, VERTRAG} di quattrocento anni: **nach ~er Herrschaft**, dopo ⌊un dominio durato quattrocento anni⌋/[quattrocento anni di dominio].
Vierhundertmeterhürdenlauf m *sport* quattrocento metri m pl ostacoli.
Vierhundertmeterlauf m *sport* quattrocento metri m pl (piani).
Vierhundertmeterläufer m (**Vierhundertmeterläuferin** f) *sport* quattrocentista mf.
Vierhundertmeterschwimmer m (**Vierhundertmeterschwimmerin** f) *sport* quattrocentista mf.
vierhundertster, **vierhundertste**, **vierhundertstes** adj **1** *(an 400. Stelle)* {BESUCHER, KUNDE} quattrocentesimo (-a) **2** *(zum 400. Mal)* quattrocentesimo (-a): **den vierhundertsten Geburtstag/Todestag eines Musikers feiern**, celebrare il quarto centenario della nascita/morte di un musicista.
vierhunderttausend <inv> zahladj quattrocentomila.
Vierjahresplan m *ökon* piano m quadriennale.
vierjährig adj <meist attr> **1** *(vier Jahre alt)* {KIND} (dell'età) di quattro anni, quattrenne **2** *(vier Jahre lang)* quadriennale, (della durata) di quattro anni.
Vierjährige <dekl wie adj> mf bambino (-a) m (f) di quattro anni: **sie konnte schon als ~ lesen**, a quattro anni sapeva già leggere.
vierkantig adj quadrangolare, quadro.
Vierkantschlüssel m *mech* chiave f a maschio quadro.
Vierkantschraube f bullone m a testa quadra.
vierköpfig adj <attr> **1** *(aus vier Personen bestehend)* {FAMILIE, GRUPPE} di quattro persone/componenti **2** *(mit vier Köpfen)* {UNGEHEUER} a quattro teste.
Vierling <-s, -e> m neonato (-a) m (f) da parto ⌊di quattro gemelli⌋/[quadrigemino]: **~e**, quattro gemelli.
Vierlingsgeburt f parto m quadrigemino.
Viermächteabkommen n *pol hist* accordo m delle quattro potenze (su Berlino)
viermal adv {ANFERTIGEN, KOPIEREN} quattro volte: **~ ⌊pro/im Monat⌋/[monatlich]**, quattro volte al mese; **~ so hoch/lang/stark**, quattro volte più alto/lungo/forte; **~ ⌊so viel⌋/[so viele] wie ...**, il quadruplo di ...; **sie verdient jetzt ~ so viel (wie vorher)**, adesso guadagna quattro volte di più (di prima); **dieses Jahr sind ~ so viele Gäste da**, quest'anno il numero degli ospiti è quadruplicato.
viermalig adj {KANDIDAT, PRÄSIDENT} quattro volte: **nach ~em Versuch**, dopo il quarto tentativo; **nach ~er Wiederholung**, alla quarta volta; **erst auf ~es Klingeln/Klopfen reagieren**, reagire solo ⌊al quarto squillo⌋/[alla quarta volta che si sente bussare]; **der ~e Olympiasieger**, il quattro volte campione

olimpico.

Viermaster <-s, -> m *naut* (barca a f) quattro alberi m.

viermonatig adj **1** (*vier Monate alt*) di quattro mesi **2** (*vier Monate dauernd*) {AUFENTHALT, REISE} (della durata) di quattro mesi; {ABONNEMENT, KURS} *auch* quadrimestrale: **nach ~em Waffenstillstand**, dopo una tregua durata/di quattro mesi, dopo quattro mesi di tregua; **erst nach ~em Warten erhielten wir eine Antwort**, solo dopo aver aspettato quattro mesi abbiamo ricevuto una risposta.

viermonatlich A adj {ABRECHNUNG, KONTROLLE, UNTERSUCHUNG} ogni quattro mesi B adj {ABRECHNEN, ERSCHEINEN, SICH WIEDERHOLEN} ogni quattro mesi: **eine ~ erscheinende Zeitschrift**, un periodico/una rivista quadrimestrale.

viermotorig adj *aero* quadrimotore, a quattro motori: **ein ~es Flugzeug**, un (aereo) quadrimotore.

Vierpass (a.R. Vierpaß) m *arch* traforo m quadrilobo.

Vierpfünder <-s, -> m (*Brot*) (filone m di) pane m da due kili; (*Fisch*) pesce m da due kili.

vierphasig adj {KABEL} a quattro fasi.

Vierradantrieb m *autom* trazione f integrale: **ein Wagen mit ~**, un'auto con quattro ruote motrici/[a trazione integrale]; **der Wagen hat ~**, la macchina è a trazione integrale.

vierrädrig, vierräderig adj a/con quattro ruote: **~ sein**, avere quattro ruote.

vierschrötig adj {BURSCHE, KERL} atticciato, tarchiato.

vierseitig adj **1** (*vier Seiten umfassend*) {BRIEF, LISTE, MANUSKRIPT} di quattro pagine **2** (*vier Seiten habend*) {GEOMETRISCHE FIGUR} quadrilatero.

Viersitzer <-s, -> m *autom* (vettura f a) quattro posti f.

viersitzig adj *autom* {AUTO, AUSFÜHRUNG, MODELL} (a) quattro posti: **~ sein**, avere quattro posti.

vierspaltig A adj di/a quattro colonne B adj su/a quattro colonne.

Vierspänner <-s, -> m tiro m a quattro.

vierspännig adj {KUTSCHE} a quattro cavalli.

viersprachig A adj {DOLMETSCHER, ÜBERSETZER} che parla/conosce quattro lingue, quadrilingue *rar*: **sie ist ~**, parla/conosce quattro lingue; {KONFERENZ, ÜBERSETZUNG, UNTERHALTUNG} in quattro lingue; {WÖRTERBUCH} *auch* quadrilingue B adv: **~ aufwachsen**, crescere quadrilingue.

vierspurig adj {STRAßE} a quattro corsie.

vierstellig adj {BETRAG, SUMME} a quattro cifre: **ein ~es Einkommen**, un reddito compreso tra mille e diecimila euro.

Viersternehotel n albergo m/hotel m a quattro stelle.

vierstimmig *mus* A adj {CHOR, GESANG} a quattro voci; {CHORLIED, KANON} per quattro voci B adv {SINGEN} a quattro voci.

vierstöckig A adj {GEBÄUDE} di a quattro piani: **~ sein**, avere quattro piani B adv {BAUEN} a quattro piani.

vierstrahlig adj *aero* quadrireattore: **ein ~es Flugzeug**, un (aereo) quadrireattore, un quadrigetto.

vierstrophig adj {GEDICHT} di quattro strofe; {LIED} di quattro stanze.

Vierstufenrakete f *aero* missile m a quattro stadi.

vierstufig adj **1** (*in vier Phasen*) {MODELL, PROGRAMM, SYSTEM} in quattro fasi; {GEBLÄSE} a quattro velocità **2** (*mit vier Stufen*) {LEITER, TREPPE} di/a quattro gradini.

vierstündig adj (della durata) di quattro ore.

vierstündlich A adj <attr> ogni quattro ore; {APPELL, KONTROLLE} che si ripete ogni quattro ore B adv {EINNEHMEN, ERFOLGEN} ogni quattro ore: **~ fahren** {INTERCITY}, viaggiare a intervalli di/[ogni] quattro ore.

viert adv: **zu ~** {BESPRECHEN, SEIN, SPIELEN, UNTERNEHMEN}, in quattro; **wir fahren zu ~ in Urlaub**, andiamo in vacanza in quattro.

viertägig adj {AUFENTHALT, BESUCH, FAHRT} (della durata) di quattro giorni: **mit ~er Verspätung**, con quattro giorni di ritardo; **nach ~er Reise**, dopo quattro giorni di viaggio/[un viaggio durato/di quattro giorni].

Viertakter <-s, -> m, **Viertaktmotor** m motore m a quattro tempi.

viertausend <inv> zahladj quattromila.

Viertausender <-s, -> m (*4000 m hoher Berg*) vetta f/montagna f di/alta quattromila metri; (*zwischen 4000 und 5000 m*) vetta f/montagna f tra i quattromila e i cinquemila metri.

viertausendjährig adj <meist attr> **1** (*viertausend Jahre alt*) {EICHE, INSCHRIFT, RUINE} che ha/[di] quattromila anni **2** (*viertausend Jahre dauernd*) {ENTWICKLUNG, KULTUR, REICH} (della durata) di quattromila anni: **nach ~er Existenz**, dopo un'esistenza durata/di quattromila anni.

vierte zahladj → **vierter**.

Vierte <*dekl wie adj*> mf **1** (*4. Tag des Monats*): **der ~**, il quattro; **heute ist der ~**, oggi è il quattro; **am ~n (des Monats)**, il quattro del mese **2** (*4. Monat des Jahres*): **der erste/zweite/...**, il primo/due/... (di) aprile **3** (*Herrscher*): **Karl IV** (*gesprochen der Vierte*), Carlo IV (*gesprochen quarto*) **4** (*Reihenfolge*) quarto (-a): **du bist der ~, der ...**, sei il quarto che ...; [a ... inf]; *mus* (*Sinfonie*): **jds ~, die ~ von jdm**, la Quarta di qu; **Schuberts ~**, la Quarta di Schubert ● **als ~r/~** {IN ETW AUFGENOMMEN, GEWÄHLT WERDEN}, come quarto (-a); {EIN RENNEN BEENDEN}, in quarta posizione, al quarto posto; **als ~r/~ durchs Ziel gehen**, essere il/la quarto (-a) a tagliare il traguardo, tagliare il traguardo in quarta posizione; **als ~r/~ dran sein**/[drankommen], essere il/la quarto (-a); **Sie sind als ~r/~ dran im Sprechzimmer**, Lei è il/la quarto (-a) (ad entrare); **~r/~ sein/werden** *sport*, essere/finire quarto (-a).

vierteilen tr **1** *hist* **jdn** ~ squartare qu **2** *rar* → **vierteln**.

Vierteiler <-s, -> m *TV* film m in quattro puntate/parti.

vierteilig adj **1** (*aus vier Teilen*) {AUSGABE, ROMAN, SERIE} in quattro parti; {FERNSEHSENDUNG} *auch* in quattro puntate **2** (*aus vier Stücken*) {SATZ, SERVICE, SET} di quattro pezzi; {BESTECK} per quattro (persone).

viertel <inv> adj <attr> **1** (*den vierten Teil bezeichnend*): **ein(e)/drei ~ + subst**, un quarto/tre quarti di qc; **ein ~ Pfund**, 125 grammi; **ein ~ Liter**, un quarto (di litro); 250 ml; **ich habe keinen halben, sondern nur einen ~ Liter bestellt**, non ho chiesto mezzo litro di vino, ma un quartino; **eine ~ Million Euro**, duecentocinquantamila euro; **der Saal war drei ~ voll/leer**, la sala era piena/vuota per tre quarti **2** (*15 Minuten bezeichnend*): **eine ~ Stunde**, un quarto d'ora, 15 minuti; **es ist ~ drei**, sono le due e un quarto; **drei ~ eins/zwei/... region** (*bei Uhrzeit: Viertel vor*), un quarto all'una/alle due/...

Viertel① <-s, -> n *oder* CH m (*Stadtviertel*) quartiere m, rione m: **in einem ruhigen ~ wohnen**, abitare in un quartiere tranquillo.

Viertel② <-s, -> n *oder* CH m **1** (*der vierte Teil*): **ein ~** einer S. (gen)/[von etw (dat)], un quarto di qc; **die vierte Parte di qc**; **drei ~ der Bevölkerung**, tre quarti della popolazione; **der Mond steht im ersten/letzten ~**, la luna si trova nel primo/[nell'ultimo] quarto **2** *fam* (*~pfund*) 125 grammi m pl: **geben Sie mir ein ~ geräucherten Schinken**, mi dia 125 grammi di prosciutto affumicato **3** (*~liter*) quarto m, quartino m *fam*: **sie trinkt jeden Abend ihr ~** (*Wein*), tutte le sere si beve il suo quartino (di vino) **4** (*15 Minuten*) quarto m: (**ein**) **~ vor zwei**, le due meno un quarto, un quarto alle due; (**ein**) **~ nach zwei**, le due e un quarto **5** *mus* (*~note*) semiminima f ● **das akademische ~**, il quarto d'ora accademico.

Vierteldrehung f quarto m di giro: **eine ~ nach links/rechts**, un quarto di giro a sinistra/destra.

Viertelfinale n *sport* quarti m pl di finale: **ins ~ einziehen/kommen**, arrivare ai quarti (di finale); **im ~ ausscheiden**, essere eliminato nei quarti di finale.

Vierteljahr <-(e)s, -e> n trimestre m, tre mesi m pl.

Vierteljahresschrift f rivista f/periodico m/pubblicazione f trimestrale.

Vierteljahrhundert n quarto m di secolo.

vierteljährig adj <attr> {AUFENTHALT, URLAUB} (della durata) di tre mesi; {KURS} *auch* trimestrale.

vierteljährlich A adj {ERSCHEINEN, VERÖFFENTLICHUNG} trimestrale; {BELIEFERUNG, KONTROLLE} *auch* ogni tre mesi: **in ~em Abstand**, a intervalli di tre mesi; **mit ~er Kündigungsfrist**, con disdetta tre mesi prima della scadenza del contratto; (*bei Arbeitsverhältnis*) con preavviso di tre mesi B adv {BELIEFERN, ERSCHEINEN, VERÖFFENTLICHT WERDEN} trimestralmente, ogni tre mesi: **in den meisten deutschen Betrieben kann man nur ~ kündigen**, nella maggior parte delle aziende tedesche il dipendente può licenziarsi solo all'inizio di ogni trimestre; **einmal ~**, una volta ogni tre mesi/[a trimestre].

Viertelliter m *oder* n quarto m (di litro); (*bes. Wein*) *auch* quartino m *fam*.

vierteln tr **etw** ~ **1** (*in vier Teile teilen*) dividere qc in quattro (parti uguali); {APFEL, KUCHEN} *auch* tagliare qc in quattro parti **2** (*durch vier Teile teilen*) dividere qc per quattro.

Viertelnote f *mus* semiminima f.

Viertelpause f *mus* pausa f di semiminima.

Viertelpfund n 125 grammi m pl, quarto m di libbra: **ein ~ + subst**, 125 grammi di qc.

Viertelstündchen n *fam* quarto m d'ora: **ich leg mich ein ~ aufs Ohr**, vado a fare un pisolino *fam*/[riposarmi dieci minuti].

Viertelstunde f quarto m d'ora, quindici minuti m pl: **in einer ~** {ABFAHREN, WEGGEHEN}, fra/tra un quarto d'ora; (*innerhalb*) entro un quarto d'ora; **nach einer ~**, dopo un quarto d'ora, un quarto d'ora dopo; **vor einer ~**, un quarto d'ora fa.

viertelstündig adj <attr> (della durata) di un quarto d'ora/[quindici minuti].

viertelstündlich A adj ogni quarto d'ora/[quindici minuti]: **in ~em Abstand**, a intervalli di un quarto d'ora B adv ogni quarto d'ora/[quindici minuti].

Viertelton m *mus* quarto m di tono, mezzo semitono m.

viertens adv (in) quarto (luogo).

vierter, vierte, viertes zahladj <meist

attr> 1 (*Datum*) quattro: **am vierten Januar**, il quattro (di) gennaio; **heute ₁ist der vierte₁/|haben wir den vierten| Januar**, oggi è il quattro gennaio; **München, den vierten Januar** (*in Briefen*), Monaco, il/lì quattro gennaio; **Ihr Brief vom vierten Januar**, la Sua lettera del quattro gennaio; (*bei Antwort innerhalb des 4. Februar*) *auch* la Sua lettera del quattro u. s. **2** (*Jahreszahl*) quarto (-a): **das vierte Jahrhundert**, il quarto secolo **3** (*Reihenfolge*) quarto: **im vierten Kapitel**, nel quarto capitolo, nel quarto capitolo quattro; **das vierte Gebot**, il quarto comandamento; **die vierte Klasse**, la quarta (classe) elementare; **im vierten Stock**, al quarto piano; **die vierte Dimension**, la quarta dimensione; **im vierten Programm** *TV*, sul quarto canale, sul quarto *fam*; **der vierte Stand** *soziol*, il quarto stato; **die Vierte Welt** *soziol*, il quarto mondo; **uns fehlt der vierte Mann zum Kartenspielen**, ci manca il quarto per giocare a carte **4** (*zum vierten Mal*) {AUFLAGE, GEBURTSTAG} quarto (-a) **5** *math* quarto (-a): **der vierte Teil von etw** (*dat*), la quarta parte di qc, un quarto di qc ● *jede*/jeder vierte ... {FRAU, MANN, KANDIDAT, POLITIKER}, una/un(o) ... su quattro; **jede vierte/jeden vierten/jedes vierte ...** {JAHR, MONAT, STUNDE, TAG}, ogni quattro ...

viertgrößter, viertgrößte, viertgrößtes adj {MENSCH} quarto (-a) per altezza: **die Viertgrößte in der Klasse sein**, essere la quarta per altezza nella classe; {FLUSS, LAND, SEE, STADT} quarto (-a) per grandezza.

vierthöchster, vierthöchste, vierthöchstes adj **1** (*der Höhe nach*) {BERG, HAUS, TURM} quarto (-a) per altezza **2** (*dem Rang nach*) {POSITION, STELLUNG} quarto (-a) nella gerarchia; {BEAMTER, MINISTER, POLITIKER} quarto (-a) per importanza.

viertletzter, viertletzte, viertletztes adj: **der/die/das viertletzte ...**, il quartultimo/la quartultima ...

Viertonner <-s, -> *m autom* camion *m* che pesa quattro tonnellate.

Viertürer <-s, -> *m fam aut* modello *m* a quattro porte.

viertürig adj {AUTO} a quattro porte; {KLEIDERSCHRANK} a quattro ante, quattro stagioni *fam*: **- sein** {AUTO}, avere quattro porte; {SCHRANK} avere quattro ante.

Vieruhrzug *m* treno *m* delle quattro.

vierundzwanzig <inv> zahladj ventiquattro.

Vierung <-, -en> *f arch* crociera *f*.

Vierviertaktakt *m mus* tempo *m*/misura *f*/battuta *f* di quattro quarti.

Vierwaldstätter See <- -s, ohne pl> *m geog* lago *m* dei Quattro Cantoni.

vierwertig adj *chem* {ELEMENT} tetravalente, quadrivalente.

vierwöchentlich A adj {KURS} che si svolge ogni quattro settimane: **in - em Abstand**, a intervalli di quattro settimane **B** adv ogni quattro settimane.

vierwöchig adj <attr> {KURS, URLAUB} (della durata) di quattro settimane.

vierzehn <inv> zahladj **1** (*Kardinalzahl*) quattordici **2** (*zwei Wochen bezeichnend*): **- Tage**, quindici giorni; **heute/morgen/Montag in - Tagen**, oggi/domani/lunedì a quindici **3** (*Lebensjahre*) quattordici anni: **- sein/werden**, avere/[fare/compiere] quattordici anni; **mit -**, a quattordici anni **4** (*Zeitangabe*) quattordici: **es ist - Uhr**, sono le (ore) quattordici.

vierzehnhundert <inv> zahladj *fam* millequattrocento: **im Jahre -**, nel(l'anno) millequattrocento.

vierzehnjährig adj <meist attr> {JUNGE, MÄDCHEN} quattordicenne, di/[che ha] quattordici anni.

vierzehntägig adj di quindici giorni, di due settimane.

vierzehntäglich A adj ogni ₁quindici giorni₁/[due settimane], bimensile **B** adv ogni ₁quindici giorni₁/[due settimane].

vierzehnte zahladj → **vierzehnter**.

Vierzehnte <dekl wie adj> mf **1** (*Reihenfolge*) quattordicesimo (-a) *m* (*f*): **im Hochsprung ist sie - geworden**, nel salto in alto si è piazzata quattordicesima **2** (*Datum*) quattordici *m*: **heute ist der -**, oggi è il quattordici **3** (*bei historischen Namen*): **Ludwig XIV** (*gesprochen der Vierzehnte*), Luigi XIV (*gesprochen quattordicesimo*).

Vierzehntel *n*: **ein - ₁einer S. (gen)₁/[von etw (dat)]**, un quattordicesimo di qc, la quattordicesima parte di qc.

vierzehnter, vierzehnte, vierzehntes zahladj <meist attr> **1** (*Datum*) quattordici: **heute ist der vierzehnte Mai**, oggi è il quattordici maggio **2** (*Jahreszahl*) quattordicesimo (-a): **das vierzehnte Jahrhundert**, il quattordicesimo secolo, il Trecento **3** (*Reihenfolge*) quattordicesimo (-a): **sie ist auf dem vierzehnten Platz**, è al quattordicesimo posto, è quattordicesima **4** *math* quattordicesimo (-a): **der vierzehnte Teil von etw** (*dat*), la quattordicesima parte di qc, un quattordicesimo di qc.

Vierzeiler <-s, -> *m poet* quartina *f*.

vierzeilig adj {MITTEILUNG, TEXT} di quattro righe; {GEDICHT, STROPHE} di quattro versi.

vierzig <inv> zahladj **1** (*Kardinalzahl*) quaranta: **im Jahre -** (*vor/nach Christi Geburt*), nel quaranta (avanti/dopo Cristo) **2** (*Alter*) quarant'anni: **- sein/werden, avere/[compiere/fare] quarant'anni**; **er geht auf die - zu**, si avvicina ai quarant'anni, gli manca poco ai quaranta *fam* **3** (*Stundenkilometer*) quaranta (km orari) **4** *sport* (*Punkte*) quaranta ● *etwa* **-**, una quarantina **● mit -** (*Geschwindigkeit*), a quaranta (all'ora); (*Alter*), a quarant'anni; **sie wird etwa - sein**, avrà una quarantina d'anni.

Vierzig <-, -en> *f* quaranta *m*.

vierziger <inv> adj <attr> **1** (*Jahrzehnt von 40-49*) **-e Jahre**, gli anni Quaranta; **in den - Jahren**, negli anni Quaranta **2** (*Wein aus dem Jahre 1940*): **ein - Jahrgang**, un vino del 1940 **3** (*den Wert 40 habend*) {GLÜHBIRNE} da quaranta.

Vierziger① <-s, -> *m* vino *m* del 1940.

Vierziger② <-s, -> *m* (**Vierzigerin** *f*) *fam* "persona *f* di età compresa tra 40 e 49 anni".

Vierzigerjahre, vierziger Jahre, 40er--Jahre, 40er Jahre subst <nur pl> **1** (*Jahrzehnt von 40-49*): **die -**, gli anni Quaranta **2** (*Lebensalter von 40-49*): **in den -n sein**, avere tra i quaranta e i cinquant'anni.

vierzigjährig A adj <meist attr> **1** (*vierzig Jahre alt*) {BAUM, TIER} di quarant'anni; {MENSCH} *auch* quarantenne **2** (*vierzig Jahre*) {LEBEN} (della durata) di quarant'anni; {OKKUPATION} *auch* quarantennale **B** adv {STERBEN} quarantenne, a quarant'anni.

Vierzigjährige <dekl wie adj> mf quarantenne mf: **als - r**, a quarant'anni, quarantenne.

vierzigmal adv quaranta volte.

vierzigste zahladj → **vierzigster**.

Vierzigstel <-s, -> *n*: **ein - ₁einer S.(gen)₁/[von etw (dat)]**, un quarantesimo di qc, la quarantesima parte di qc.

vierzigster, vierzigste, vierzigstes zahladj <meist attr> **1** (*Reihenfolge*) quarantesimo (-a) **2** (*zum 40. Mal*) {AUFLAGE, GEBURTSTAG} quarantesimo (-a) **3** (*math*) quarantesimo (-a): **der vierzigste Teil ₁einer S. (gen)₁/[von etw (dat)]**, la quarantesima parte di qc, un quarantesimo di qc.

Vierzigstundenwoche *f*, **40-Stunden-Woche** *f industr* settimana *f* (lavorativa) di quaranta ore.

Vierzimmerwohnung *f* appartamento *m*/abitazione *f* di quattro stanze/vani.

Vierzylindermotor *m autom* motore *m* a quattro cilindri.

vierzylindrig adj {MOTOR} a quattro cilindri.

Vietcong <-s, -(s)> *m pol hist* **1** <nur sing> (*Guerillabewegung*): **der -**, il vietcong **2** (*Mitglied*) vietcong *m*.

Vietnam <-s, ohne pl> *n geog* Vietnam *m*: **in -**, in/nel Vietnam.

Vietnamese <-n, -n> *m* (**Vietnamesin** *f*) vietnamita *mf*.

vietnamesisch adj vietnamita: **das Vietnamesische**, il vietnamita, la lingua vietnamita.

vif adj *obs* {MENSCH} vispo, sveglio.

Vignette <-, -n> *f* **1** *hist* (*in der Buchkunst*) vignetta *f* **2** *A CH autom* (*Gebührenmarke*) bollino *m*/vignetta *f CH* autostradale (da applicare al parabrezza).

Vikar <-s, -e> *m* (**Vikarin** *f*) *relig* **1** <nur sing> (*kath. Kirche: Stellvertreter des Pfarrers*) vicario *m* (del parroco), curato *m region* **2** (*evang. Kirche: Theologe, der ein Praktikum bei einem Pfarrer macht*) "chi ha passato il primo esame di stato in teologia e fa pratica in una comunità evangelica".

Vikariat <-(e)s, -e> *n* **1** (*kath. Kirche: Teil einer Diözese*) vicariato *m* **2** (*evang. Kirche*) "periodo *m* di pratica di due anni tra il primo e il secondo esame di stato in teologia evangelica".

Vikarin *f* → **Vikar**.

Viktor *m* (*Vorname*) Vittorio, Vittore.

Viktoria *f* (*Vorname*) Vittoria.

viktorianisch adj vittoriano: **das -e Zeitalter**, l'epoca/l'età vittoriana.

Viktualienmarkt *m obs* mercato *m* (di generi alimentari).

Villa <-, Villen> *f* villa *f*, casa *f* signorile: **die italienischen Villen**, le ville italiane; **die italienischen Adligen verbrachten die Sommermonate in ihrer -**, i nobili italiani trascorrevano i mesi estivi in villa.

Villengegend *f* zona *f* residenziale signorile.

Villenviertel *n* quartiere *m* residenziale signorile.

Vinaigrette <-, -n> *f gastr* vinaigrette *f*.

vinkulieren <ohne ge-> tr bank **etw ~** {WERTPAPIER} vincolare qc.

Vinyl <-s, ohne pl> *n chem* vinile *m*.

Viola① <-, Violen> *f bot* viola *f*.

Viola② <-, Violen> *f mus* viola *f*: **- spielen**, suonare la viola.

violett adj (*color*) violetto/viola.

Violett <-(s), - oder fam -s> *n* violetto *m*, viola *m*.

Violine <-, -n> *f mus* violino *m*: **- spielen**, suonare il violino.

Violinist <-en, -en> *m* (**Violinistin** *f*) violinista *mf*.

Violinkonzert *n mus* concerto *m* per violino.

Violinschlüssel *m mus* chiave *f* di violino.

Violinsonate *f mus* sonata *f* per violino.

Violoncellist <-en, -en> *m* (**Violoncellistin** *f*) *mus* violoncellista *mf*.

Violoncello <-, Violoncelli> *n mus* violoncello m: **~ spielen**, suonare il violoncello.

VIP, V. I. P. <-, -s> mf Abk *von engl* very important person: VIP mf.

Viper <-, -n> f *zoo* vipera f.

viral adj virale.

Viren pl *von* Virus.

Virenprogramm n *inform* (programma m) antivirus m.

Virenscanner m *inform* (scanner m) antivirus m.

Virenschutz m *inform* protezione f antivirus.

Virenwarnung f *inform* allarme m virus.

Virginia[1] <-s, *ohne pl*> n *geog* Virginia f.

Virginia[2] <-, -s> f (sigaro m) Virginia m.

viril adj *geh* {AUSSEHEN, STIMME} virile: **er wirkt sehr ~**, ha un aspetto molto virile.

Virilität <-, *ohne pl*> f *geh* virilità f.

Virologe <-n, -n> m (**Virologin** f) *wiss* virologo (-a) m (f).

Virologie <-, *ohne pl*> f *wiss* virologia f.

Virologin f → **Virologe**.

virtualisieren <*ohne* ge-> tr *inform* **etw ~**, virtualizzare qc.

Virtualisierung <-, -en> f *inform* virtualizzazione f.

virtuell adj **1** *geh* (*möglich*) virtuale, potenziale **2** *inform* {BILD, REALITÄT} virtuale: **~er Raum**, spazio virtuale.

virtuos *bes. mus* **A** adj {LEISTUNG, SPIEL} magistrale, brillante; {MUSIKER} brillante, eccellente, eccelso, virtuoso *rar*: **ein ~er Geiger/Pianist**, un virtuoso del violino/piano **B** adv {SPIELEN} da virtuoso (-a), magistralmente.

Virtuose <-n, -n> m (**Virtuosin** f) *bes. mus* virtuoso (-a) m (f): **ein ~ auf etw** (dat) **sein** {AUF DER GEIGE, DEM KLAVIER}, essere un virtuoso di qc.

Virtuosität <-, *ohne pl*> f virtuosismo m, maestria f.

virulent adj **1** *med* {BAKTERIEN, VIREN} virulento **2** *geh* (*drängend*) {PROBLEM} pressante; {ANGST, GEFÜHLE} violento, prepotente.

Virulenz <-, *ohne pl*> f virulenza f.

Virus <-, *Viren*> n *oder* m **1** *biol med* virus m **2** *inform* virus m: **einen ~ im Computer haben**, avere un virus nel computer.

Virusangst f *inform* paura f del/dei virus.

Virusattacke f *inform* attacco m di virus: **der Zentralrechner war einer ~ ausgesetzt**, il computer centrale è stato attaccato da un/dei virus.

Viruserkrankung f *med* malattia f virale/[da virus], virosi f.

Virusgrippe f *med* influenza f virale.

Virusinfektion f *med* infezione f virale.

Viruskrankheit f malattia f virale/[da virus], virosi f.

Virusproblem n *inform* problema m con un/dei virus.

Visa pl *von* Visum.

Visage <-, -n> f *fam pej* (*Gesicht*) muso m *fam pej*, ceffo m *fam pej*, grugno m *fam pej*: **eine aalglatte ~ haben**, avere un'espressione viscida; **eine ekelhafte/schreckliche ~**, una faccia disgustosa/terribile; **was hat der für eine fiese ~!**, che brutto muso che ha! ● **jdm** (eins) **in die ~ hauen** *fam*, rompere il muso/grugno a qu *fam*.

Visagist <-en, -en> m (**Visagistin** f) visagista mf.

vis-a-vis, vis-à-vis **A** präp vis-a-vis **etw** (dat) di fronte a qc, dirimpetto a qc: **vis-à-vis dem Bahnhof gibt es ein gutes Hotel**, di fronte alla stazione c'è un buon albergo **B** adv *obs* dirimpetto, vis-a-vis, di fronte/faccia: **die Post liegt gleich vis-a-vis**, l'ufficio postale si trova proprio dirimpetto/[di fronte/faccia]; **vis-a-vis von jdm/etw**, di fronte/faccia/[dirimpetto] a qu/qc; **sie sitzen vis-a-vis**, sono seduti (-e) vis-à-vis; **das ist der Herr von vis-a-vis**, questo è il mio dirimpettaio.

Visavis <-, -> n *geh*: **jds ~**, il dirimpettaio di qu *scherz*, la persona che sta di fronte a qu.

Visen pl *von* Visum.

Visier <-s, -e> n **1** (*Helmvisier*) visiera f **2** (*Gewehrvisier*) mirino m, alzo m: **optisches ~**, mirino a cannocchiale; **verstellbares ~**, mirino regolabile ● **etw ins ~ bekommen** {JÄGER WILD}, avere nel mirino qc; **jdm ins** /[**in jds**] **~ geraten**, finire nel mirino di qu; **das ~ herunterlassen** *hist* {KRIEGER}, abbassare la visiera; (*sich zu etw nicht äußern*), abbassare la saracinesca/il bandone; **mit offenem ~**, alla luce del sole, a carte scoperte; **mit offenem ~ kämpfen**, combattere a viso aperto; **jdn ins ~ nehmen** (*sein Augenmerk auf jdn richten*), puntare lo sguardo su qu; (*jdn kritisieren*), prendere di mira qu; **etw ins ~ nehmen** (*als Ziel verfolgen*), puntare a qc, mirare a qc, prefiggersi qc come obiettivo.

visieren <*ohne* ge-> **A** itr <*haben*> **auf etw** (akk) **~** {AUF DAS HERZ, DEN KOPF} mirare *a* qc **B** tr *CH* **1** (*abzeichnen*) **etw ~** {AKTE} vistare qc **2** (*beglaubigen*): **etw ~ lassen** {DOKUMENT}, far vidimare/vistare qc.

Vision <-, -en> f *geh* **1** (*übernatürliche Erscheinung*) visione f: **eine ~ haben**, avere una visione **2** (*Zukunftsbild*) visione f (del futuro), sogno m: **die ~ von einer besseren Welt**, il sogno di un mondo migliore ● **~en haben** (*Halluzinationen*), avere (delle) visioni/allucinazioni; (*zukunftsweisende Gedanken*), avere progetti di grande respiro per il futuro.

visionär adj **1** (*übernatürlich*): **eine ~e Erscheinung**, un'apparizione **2** (*seherisch*) visionario: **etw mit ~er Kraft darstellen**, rappresentare qc con intensità profetica.

Visionär <-s, -e> m (**Visionärin** f) *geh* visionario (-a) m (f).

Visite <-, -n> f **1** *med* giro m di visite: **machen/abhalten**, fare il giro di visite (nel reparto); **um elf Uhr ist ~**, alle undici c'è il giro di visite **2** *geh obs* (*Höflichkeitsbesuch*) visita f (di cortesia): **bei jdm ~ machen**, recarsi in visita da qu.

Visitenkarte f biglietto m da visita: **jdm seine ~ geben**, dare a qu il proprio biglietto da visita ● **irgendwo seine ~ hinterlassen** *euph iron* (*Unsauberkeit hinterlassen*), lasciare da qualche parte il (proprio) biglietto da visita *iron*; **die ~ einer S.** (gen) **sein** {ORDNUNG, SAUBERKEIT, SCHNELLIGKEIT EINES HOTELS, RESTAURANTS}, essere il biglietto da visita di qc.

Viskose <-, *ohne pl*> f *text* viscosa f.

Viskosität <-, *ohne pl*> f *chem tech* viscosità f.

visualisieren <*ohne* ge-> tr *slang* **etw ~** {WERBEIDEE} visualizzare qc.

Visualisierung <-, -en> f *slang* (*in der Werbesprache*) visualizzazione f.

Visualizer[1] <-s, -> m *tech* visualizzatore m.

Visualizer[2] <-s, -> m (**Visualizerin** f) (*Werbegrafiker*) visualizer mf.

visuell *geh* **A** adj <*attr*> {EINDRÜCKE, GEDÄCHTNIS, WAHRNEHMUNG} visivo **B** adv {AUFNEHMEN, WAHRNEHMEN} visivamente, con la vista; {IN ERINNERUNG BEHALTEN, SICH MERKEN} visivamente, a livello visivo.

Visum <-s, *Visa oder Visen*> n **1** *adm* visto m: **ein ~ für ein Land beantragen**, richiedere il visto per un paese; **jdm ein ~ für ein Land ausstellen/erteilen**, rilasciare/concedere a qu il visto per un paese; **das ~ läuft ab**/[**ist abgelaufen**], il visto ₍sta per scadere₎/[è scaduto] **2** *CH* (*Namenskürzel*) visto m.

Visumantrag m richiesta f di visto: **einen ~ stellen**, richiedere il visto.

visumfrei **A** adj {EINREISE, AUSREISE} per cui non è necessario il visto **B** adv {EINREISEN, AUSREISEN} senza dover richiedere il visto.

Visumpflicht f, **Visumzwang** m visto m obbligatorio: **für ein Land besteht ~**, per un paese il visto è obbligatorio.

Vita <-, *Viten oder Vitae*> f *geh* (*Heiligenvita*, *Künstlervita*) vita f; (*Lebensgeschichte*) biografia f; (*Lebenslauf*) curriculum vitae m.

vital adj **1** (*voller Energie*) {MENSCH} vitale, pieno di vitalità/vita: **~ sein**, essere ₍molto vitale₎/[pieno di vitalità/vita] **2** <*attr*> *geh* (*lebenswichtig*) {JDS BEDÜRFNISSE, INTERESSEN} vitale, primario; {BEDEUTUNG} *auch* capitale: **die normale Herz- und Kreislauffunktion ist von ~er Bedeutung**, la normale funzione cardiocircolatoria è di vitale importanza.

Vitalfunktion f <*meist pl*> *med* funzione f vitale.

Vitalität <-, *ohne pl*> f vitalità f.

Vitamin <-s, -e> n vitamina f: **die ~e A, B, C, D**, le vitamine A, B, C, D; **viele ~e enthalten**, contenere molte vitamine; **reich an ~en sein**, essere ricco di vitamine ● **B im scherz** (*gute Beziehungen*), conoscenze, agganci *fam*, raccomandazioni; **um den Job zu bekommen, braucht man ~ B**, per ottenere quel lavoro, bisogna ₍avere le conoscenze giuste₎/[essere ammanicato *fam*].

vitaminarm **A** adj {ERNÄHRUNG, KOST} carente/povero di vitamine **B** adv: **~ essen**, seguire una dieta povera di vitamine.

Vitaminbedarf <-(e)s, *ohne pl*> m fabbisogno m vitaminico.

Vitamin-C-haltig adj {KOST, PRÄPARAT} che contiene vitamina C.

Vitamingehalt <-(e)s, *ohne pl*> m contenuto m vitaminico.

Vitaminhaushalt m equilibrio m vitaminico.

vitaminieren <*ohne* ge-> tr **etw ~** {NAHRUNGSMITTEL} vitaminizzare qc.

Vitaminmangel <-s, *ohne pl*> m carenza f vitaminica/[di vitamine].

Vitaminmangelkrankheit f *med* avitaminosi f, ipovitaminosi f.

Vitaminpräparat n integratore m vitaminico.

vitaminreich **A** adj {ERNÄHRUNG, FRUCHT, GEMÜSE, KOST} ricco di vitamine **B** adv: **sich ~ ernähren, ~essen**, seguire una dieta ricca di vitamine, mangiare cibi ricchi di vitamine.

Vitaminstoß m dose f massiccia di vitamine.

Vitamintablette f compressa f vitaminica/[di vitamine].

Vitrine <-, -n> f **1** (*Schaukasten*) vetrina f, teca f, bacheca f: **wertvolle Funde in ~n ausstellen**, esporre in vetrina i reperti di valore **2** (*Glasschrank*) credenza f a vetri, vetrina f *region*.

vivace adv *mus* vivace.

Vivace <-, -> n *mus* vivace m.

Vivisektion <-, -en> f vivisezione f: **gegen ~ sein, Gegner der ~ sein**, essere contrario alla vivisezione.

vivisezieren <*ohne* ge-> tr **etw ~** vivisezionare qc.

Vize <-(-s), -s> m *fam* vice m, braccio m destro *fam*.

Vizeadmiral m (**Vizeadmiralin** f) *mil* viceammiraglio mf.

Vizekanzler m (**Vizekanzlerin** f) vice-

cancelliere m.
Vizekönig m hist viceré m.
Vizekonsul m (**Vizekonsulin** f) viceconsole mf.
Vizemeister m (**Vizemeisterin** f) sport vicecampione (-essa) m (f).
Vizepräsident m (**Vizepräsidentin** f) vicepresidente (-essa) m (f).
Vizeweltmeister m (**Vizeweltmeisterin** f) sport vicecampione (-essa) m (f) mondiale/[del mondo].
Vlies <-es, -e> n **1** (Schaffell) vello m, tosone m: **ein dichtes/weiches** ~, un fitto/morbido vello **2** text (dichtes Fasermaterial) (tessuto) non tessuto m ● **das Goldene** ~ myth, il Vello d'oro.
Vliestuch n panno m (in tessuto) non tessuto.
V-Mann <V-Leute und V-Männer> m fam infiltrato m, informatore m.
Vogel <-s, Vögel> m **1** ornith uccello m; (als Sammelbegriff) volatile m: **der** ~ **fliegt/flattert/[schlägt mit den Flügeln]**, l'uccello vola/svolazza/[batte le ali]; **der** ~ **singt/zwitschert**, l'uccello canta/cinguetta; **der** ~ **nistet**, l'uccello ˌfa il nidoˌ/[nidifica]; **der** ~ **brütet**, l'uccello cova; **ein** ~ **mausert sich**, un uccello ˌfa la muda/mutaˌ/[cambia le penne]; **die jungen Vögel sind schon flügge**, gli uccellini sono già pronti a spiccare il volo **2** fam meist scherz (Typ) tipo m, personaggio m: **ein lustiger** ~, una sagoma, una macchietta; pej individuo m, figuro m; **ein komischer/merkwürdiger/seltsamer** ~, un tipo strano/strambo/singolare; **ein linker/schräger** ~, un losco figuro **3** fam scherz (gebratene Ente oder Gans) volatile m scherz **4** fam (Flugzeug) aereo m ● **(mit etw dat) den** ~ **abschießen** fam (negativ), battere tutti i record (facendo qc); (positiv), battere tutti (con/facendo qc); **der** ~ **ist ausgeflogen** fam (jd ist nicht zu Hause), (lui/lei) non c'è; (jd hat sich aus dem Staub gemacht), l'uccellino ha preso il volo; ~**, friss oder stirb!** fam, o mangiar questa minestra o saltar questa finestra prov; **einen** ~ **haben** fam, essere picchiato in testa fam, avere qualche rotella fuori posto fam; **(jdm) den/einen** ~ **zeigen**, picchiare l'indice sulla tempia per dare del matto a qu.
Vogelart <-, -en> f specie f di uccelli.
Vogelbauer n oder rar m → **Vogelkäfig**.
Vogelbeerbaum m bot sorbo m degli uccellatori.
Vogelbeere f bot **1** (Baum) sorbo m degli uccellatori **2** (Frucht) sorba f, sorbola f.
Vögelchen <-s, -> n dim von Vogel uccellino m.
Vogeldreck m fam sterco m/escrementi m pl d'uccello, fatta f.
Vogelei <-(e)s, -er> n uovo m d'uccello.
Vögelei <-, -en> f vulg scopate f pl vulg, chiavate f pl vulg.
Vogelfänger <-s, -> m (**Vogelfängerin** f) uccellatore (-trice) m (f), cacciatore (-trice) m (f) di uccelli.
Vogelflug <-(e)s, ohne pl> m volo m degli uccelli.
vogelfrei adj **1** hist fuorilegge: **jdn für** ~ **erklären**, dichiarare qu un fuorilegge **2** (schutzlos): **bestimmte Männer meinen, Frauen seien** ~, alcuni uomini pensano che le donne siano prede da cacciare.
Vogelfutter n becchime m, mangime m per uccelli.
Vogelgesang m canto m degli uccelli.
Vogelgezwitscher n cinguettio m degli uccelli.

Vogelgrippe f med (influenza f) aviaria f.
Vogelhaus n uccelliera f, voliera f.
Vogelhäuschen n "casetta f dove gli uccelli trovano il mangime per l'inverno".
Vogelkäfig m gabbia f per uccelli.
Vogelkirsche f bot visciola f, agriotta f.
Vogelkunde <-, ohne pl> f zoo ornitologia f.
Vogelkundler <-s, -> m → **Ornithologe**.
Vogelmännchen n maschio m d'uccello, uccello m maschio.
Vogelmist m sterco m/escrementi m pl di uccelli, fatta f.
vögeln vulg **A** itr (**mit jdm**) ~ scopare (con qu) vulg, chiavare (con qu) vulg, trombare (con qu) vulg **B** tr **jdn** ~ scopare qu vulg, chiavare qu vulg, trombare qu vulg.
Vogelnest n nido m d'uccello.
Vogelparadies n oasi f ornitologica.
Vogelperspektive f veduta f/prospettiva f ˌa volo d'uccelloˌ/[dall'alto]/[aerea]: **aus der** ~, a volo d'uccello, dall'alto; **etw aus der** ~ **betrachten/sehen**, vedere qc a volo d'uccello.
Vogelruf m richiamo m (degli uccelli).
Vogelschar f stormo m d'uccelli.
Vogelschau <-, ohne pl> f **1** → **Vogelperspektive 2** (Zukunftsdeutung) ornitomanzia f, auspicio m.
Vogelscheiße f slang cacca f fam d'uccello.
Vogelscheuche <-, -n> f **1** agr spaventapasseri m, spauracchio m **2** fam (dürre Frau) scopa f fam ● **wie eine** ~ **aussehen** fam, sembrare uno spaventapasseri.
Vogelschutz m ökol protezione f degli uccelli.
Vogelschutzgebiet n ökol riserva f ornitologica.
Vogelschutzwarte f stazione f ornitologica.
Vogelschwarm m → **Vogelschar**.
Vogelspinne f zoo (im weiteren Sinn) ragno m della famiglia Theraphosidae; (im engeren Sinn: Buchspinne) migale f.
Vogelstimme f verso m degli uccelli: ~**n imitieren**, imitare i versi degli uccelli.
Vogel-Strauß-Politik f politica f dello struzzo: **(eine) Vogel-Strauß-Politik betreiben**, fare la politica dello struzzo, fare lo struzzo.
Vogelwarte f stazione f ornitologica.
Vogelweibchen n femmina f d'uccello, uccello m femmina.
Vogelzüchter m (**Vogelzüchterin** f) avicoltore (-trice) m (f): ~ **sein**, essere/fare l'avicoltore.
Vogelzug m migrazione f degli uccelli.
Vogerlsalat m A → **Feldsalat**.
Vogesen subst <nur pl> geog: **die** ~, i Vosgi.
Vöglein <-s, -> n lit dim von Vogel uccellino m.
Voice-Funktion, **Voicefunktion** f inform tel funzione f voce.
Voicemail <-, -s> f inform tel servizio m di messaggeria vocale; (einzelne Mail) messaggio m vocale, voice mail f.
Voicerekorder, **Voicerecorder** <-s, -> m aero scatola f nera, registratore m di volo.
Vokabel <-, -n> f **1** Schule vocabolo m: **englische/französische/lateinische** ~, vocaboli inglesi/francesi/latini; ~**n lernen**, imparare (a memoria) i vocaboli; **jdn/jdm die** ~**n abfragen**, interrogare qu sui vocaboli **2** (Begriff) parola f: **die großen** ~**n, die alle Politiker im Mund haben**, i paroloni di cui tutti i politici si riempiono la bocca.
Vokabelheft n Schule "quaderno m in cui lo studente segna tutti i nuovi vocaboli (di

una lingua straniera)".
Vokabular <-s, -e> n **1** geh (Wortschatz) vocabolario m, lessico m: **ein reiches/umfangreiches** ~ **haben**, avere un ricco/ampio lessico/vocabolario; **sein** ~ **erweitern**, ampliare/arricchire il proprio vocabolario **2** (Wörterverzeichnis) glossario m.
vokal adj mus vocale.
Vokal <-s, -e> m ling vocale f.
vokalisch adj ling vocalico.
Vokalmusik f mus musica f vocale.
Vokativ <-(e)s, -e> m gram vocativo m.
Volant <-s, -s> m volant m, balza f, gala f.
Voliere <-, -n> f voliera f.
Volk <-(e)s, Völker> n **1** (Nation) popolo m: **das deutsche/italienische/russische** ~, il popolo tedesco/italiano/russo; **ein freies/unterdrücktes** ~, un popolo libero/oppresso; **die Völker Europas/Asiens/Afrikas**, i popoli dell'Europa/Asia/Africa **2** <nur sing> (die Menschen): **das** ~, il popolo, la gente; **das** ~ **erhebt sich**, il popolo insorge; **die Stimme des** ~**es**, la voce del popolo; **das** ~ **befragen**, consultare la popolazione **3** <nur sing> (untere Bevölkerungsschichten) popolo m, popolino m pej: **das einfache/gemeine** ~, la gente comune, il popolino; **ein Mann aus dem** ~ **(e)**, un uomo del popolo; **ein Sohn des** ~**es**, un figlio del popolo **4** pej (Pack) gente f: **ein dummes/faules/verlogenes** ~, gente stupida/pigra/bugiarda; **liederliches** ~, gentaglia **5** zoo (Schwarm) {+BIENEN, TAUBEN} popolo m, colonia f ● **das auserwählte** ~ relig, il popolo eletto; **etw unters** ~ **bringen** {GERÜCHT, NACHRICHT}, spargere qc; {GELD}, far circolare qc; **das** ~ **der Dichter und Denker** (im 19. Jh. entstandene Bezeichnung für die Deutschen), il popolo dei poeti e dei pensatori; **fahrendes** ~ obs, (artisti) girovaghi; (Zigeuner), nomadi; **junges** ~, gente giovane, (i) giovani, la gioventù; **dem** ~ **aufs Maul schauen**, ascoltare l'uomo della strada; **ein Dichter, der dem** ~ **aufs Maul schaut**, un poeta che si esprime come il popolo; **sich unters** ~ **mischen** fam, mescolarsi tra la gente/folla; **jedes** ~ **hat die Regierung, die es verdient**, ogni popolo ha il governo che merita; **viel** ~ fam, molta gente, una gran folla; **zu viel** ~ fam, troppa gente.
Völkchen <-s, -> n fam dim von Volk (gruppetto m di) gente f: **ein lustiges** ~, una compagnia allegra; ˌ**sie sindˌ/[das ist] ein** ~ **für sich**, fanno razza a sé.
Völkerball <-(e)s, ohne pl> m sport palla f prigioniera/avvelenata.
Völkerbund <-(e)s, ohne pl> m hist Società f delle Nazioni.
Völkerfreundschaft f amicizia f tra i popoli.
Völkergemeinschaft f comunità f internazionale.
Völkergemisch n crogiolo m di razze.
Völkerkunde <-, ohne pl> f etnologia f.
Völkerkundemuseum n museo m etnografico.
Völkerkundler <-s, -> m (**Völkerkundlerin** f) etnologo (-a) m (f).
völkerkundlich A adj {INTERESSE, STUDIE} etnologico **B** adv {INTERESSANT, UNWESENTLICH} etnologicamente, dal punto di vista etnologico.
Völkermord m genocidio m.
Völkerrecht <-(e)s, ohne pl> n jur diritto m internazionale (pubblico).
Völkerrechtler <-s, -> m (**Völkerrechtlerin** f) jur esperto (-a) m (f) di diritto internazionale (pubblico), internazionalista mf.
völkerrechtlich jur **A** adj {FRAGE, THEMA, VERTRAG} di diritto internazionale; {ANERKEN-

NUNG) della comunità internazionale; {DELIKT} internazionale; {HINSICHT, STANDPUNKT} del diritto internazionale **B** adv {REGELN} conformemente alle norme di diritto internazionale; {ENTSCHEIDEN, KLÄREN} in base al diritto internazionale; {BINDEND, UNZULÄSSIG} secondo il diritto internazionale.

Völkerrechtsverletzung f *jur* violazione f del diritto internazionale.

Völkerverständigung f intesa f tra i popoli.

Völkerwanderung f **1** *hist*: **die ~** (*vor Christus*), le grandi migrazioni dei popoli antichi; **die (germanische) ~**, le invasioni barbariche **2** *fam scherz* (*Menschenstrom*) gran movimento m di persone, spostamento m di massa: **eine ~ irgendwohin** {ZUM FUSSBALLSTADION, STRAND}, afflusso massiccio + compl di luogo; {IN DEN SÜDEN} un esodo (di massa) + compl di luogo.

völkisch adj *hist* (*im Nationalsozialismus*) {GESINNUNG} improntato ai valori di razza e popolo; {IDEE} di razza e popolo.

Volksabstimmung f *pol* plebiscito m, referendum m.

Volksarmee f: **Nationale ~** *ostdt hist* (Abk NVA), esercito dell'ex RDT.

Volksaufstand m insurrezione f popolare.

Volksbefragung f *pol* consultazione f popolare.

Volksbefreiungsarmee f *pol* esercito m di liberazione nazionale.

Volksbegehren n *pol* iniziativa popolare f.

Volksbelustigung f ilarità f generale.

Volksbrauch m usanza f popolare/popolana, tradizione f popolare.

Volksbücherei f biblioteca f pubblica.

Volkscharakter m carattere m nazionale, caratteristiche f pl di un popolo.

Volksdemokratie f *pol* democrazia f popolare.

Volksdeutsche <dekl wie adj> mf *hist* (*im Nationalsozialismus*) "persona f di origine tedesca, ma non di cittadinanza, che risiedeva oltre i confini orientali e sudorientali del Reich".

Volksdichter m (**Volksdichterin** f) **1** (*Schriftsteller*) scrittore (-trice) m (f) popolare **2** (*Lyriker*) poeta (-essa) m (f) popolare.

Volksdichtung f *lit* **1** (*Literatur*) letteratura f **2** (*Lyrik*) poesia f popolare.

volkseigen adj *ostdt hist* {BETRIEB} di stato, nazionalizzato.

Volkseigentum n *ostdt hist* proprietà f del popolo: **~ sein** {BETRIEB}, essere proprietà del popolo.

Volkseinkommen n *ökon* reddito m nazionale.

Volksempfinden n sentimento m popolare: **das gesunde ~**, il comune buon senso.

Volksentscheid m *pol* referendum m, plebiscito m.

Volkserhebung f sollevazione f popolare.

Volksetymologie f etimologia f popolare.

Volksfeind m (**Volksfeindin** f) *pej* nemico (-a) m (f) del popolo.

volksfeindlich adj {GESINNUNG} da nemico del popolo; {SCHRIFTEN} contro il popolo.

Volksfest n festa f popolare; (*Jahrmarkt*) sagra f.

Volksfront f *pol* fronte m popolare.

Volksgeist <-es, ohne pl> m spirito m popolare.

Volksgemeinschaft f (*bes. im National-sozialismus*) comunità f nazionale.

Volksgenosse m (**Volksgenossin** f) *hist* (*im Nationalsozialismus*): **der ~**, "appartenente m alla comunità nazionale del Reich".

Volksgerichtshof <-(e)s, ohne pl> m *hist* (*im Nationalsozialismus*): **der ~**, "il tribunale speciale nazista con sede a Berlino".

Volksglaube, **Volksglauben** m credenza f popolare.

Volksgruppe f gruppo m etnico, etnia f.

Volksheld m (**Volksheldin** f) eroe m, eroina f nazionale.

Volkshochschule f (Abk VHS) università f popolare: **an die ~ gehen**, frequentare l'università popolare; **einen Kurs an der ~ machen/besuchen** *geh*, frequentare un corso all'università popolare.

Volksinitiative f *CH* → **Volksbegehren**.

Volkskammer <-, ohne pl> f *ostdt hist* parlamento m (della ex RDT).

Volkskrankheit f malattia f molto diffusa/comune: **Heuschnupfen ist in Deutschland zu einer richtigen ~ geworden**, il raffreddore da fieno è diventato una ₍malattia diffusissima₎/[vera e propria piaga nazionale] in Germania.

Volkskunde f demologia f, folclore m.

Volkskundemuseum n museo m delle arti e tradizioni popolari.

Volkskundler <-s, -> m (**Volkskundlerin** f) demologo (-a) m (f), folclorista mf.

volkskundlich **A** adj <attr> {UNTERSUCHUNG} demologico, folclorico **B** adv {INTERESSANT, WERTVOLL} da un punto di vista demologico/folclorico.

Volkskunst f arte f popolare.

Volkslauf <-(e)s, Volksläufe> m *sport* maratona f (cittadina), gara f di corsa aperta a tutti.

Volkslied n canzone f/canto m popolare: **~er singen**, cantare delle canzoni popolari; **eine Sammlung alter ~er**, una raccolta di canti popolari; *lit* (*bes. in der Romantik*) poesia f popolare.

Volksmärchen n fiaba f popolare.

Volksmenge f folla f, moltitudine f.

Volksmund <-(e)s, ohne pl> m linguaggio m popolare: **im ~** (*im typischen Sprachgebrauch des Volkes*), comunemente; **im ~ heißt/[nennt man] etw**, comunemente/volgarmente detto ...; **..., wie der ~ sagt, ...**, come si suol dire.

Volksmusik f musica f popolare; (*bes. amerikanische ~*) musica f folk, folk music f.

volksnah adj {KUNST, KÜNSTLER} vicino alle masse; {POLITIK} *auch* popolare; {POLITIKER} vicino alle masse, che interpreta/[dà voce] al sentimento popolare.

Volkspartei f partito m popolare/[di massa].

Volkspolizei f *ostdt hist* (Abk VP, gesprochen Vopo): **die (Deutsche) ~**, la polizia di stato della ex RDT.

Volkspolizist m (**Volkspolizistin** f) *ostdt hist* agente mf della Vopo.

Volksrede f: **~n/[eine ~] halten** *fam pej*, fare comizi/[un comizio] *fam pej*; **~n über etw** (akk) **halten**, dilungarsi su qc; **jetzt halte man keine ~en, sondern hilf uns lieber!**, invece di ₍fare tanti discorsi₎/[perderti in chiacchiere], dacci una mano!

Volksrepublik f (Abk VR) repubblica f popolare ● **die ~ China** *pol*, la Repubblica Popolare Cinese.

Volksschicht f <meist pl> strato m/ceto m sociale: **breite ~en**, vasti strati della popolazione; **die unteren ~en**, gli strati/i ceti sociali inferiori/bassi.

Volksschulbildung <-, ohne pl> f: (**nur**) **~ haben**, avere (solo) la terza media.

Volksschule f *obs* scuola f dell'obbligo; (*Grundschule*) scuola f elementare: **er geht noch in die ~**, fa ancora le elementari *fam*.

Volksschüler m (**Volksschülerin** f) *obs* studente (-essa) m (f) della scuola dell'obbligo.

Volksschullehrer m (**Volksschullehrerin** f) *obs* insegnante mf della scuola dell'obbligo; (*Grundschullehrer*) maestro (-a) m (f), insegnante mf elementare.

Volksseele <-, ohne pl> f anima f ₍di un popolo₎/[popolare]: **die ~ kennen**, conoscere il popolo nella sua essenza; **die ~ kocht**, il popolo è in subbuglio.

Volkssouveränität f *pol* sovranità f popolare.

Volkssport m sport m popolare/[di massa].

Volksstamm m tribù f, etnia f, stirpe f.

Volksstück n *D lit* commedia f popolare.

Volkssturm <-(e)s, ohne pl> m *hist* (*im Nationalsozialismus*): **der ~**, "milizia f popolare creata nel 1944 per coadiuvare la Wehrmacht".

Volkstanz m danza f popolare/folcloristica.

Volkstheater n teatro m popolare.

Volkstracht f costume m tradizionale; {+LANDESTEIL} costume m regionale: **die bayerischen ~en**, i costumi tradizionali della Baviera.

Volkstrauertag <-(e)s, ohne pl> m *D* "giornata f di lutto nazionale in commemorazione delle vittime delle due guerre mondiali e del nazionalsocialismo".

Volkstribun m *hist* tribuno m della plebe.

Volkstum <-s, ohne pl> n cultura f nazionale/[di un popolo].

volkstümlich adj **1** (*populär*) {AUTOR, SÄNGER, SCHAUSPIELER} vicino al popolo; {LIED} popolare; {FEST, THEATERSTÜCK} *auch* popolaresco **2** (*überliefert*) {BRAUCH, TRACHT} popolare, tradizionale; {BEZEICHNUNG} popolare, volgare, comune: **die ~en Namen von Pflanzen/Pilzen**, i nomi popolari/comuni/volgari di piante/funghi **3** (*allgemein verständlich*) {AUSDRUCKSWEISE} popolaresco; {STIL, VORTRAG} divulgativo.

Volksverdummung <-, ohne pl> f *fam pej* rincretinimento m collettivo, abbassamento m del livello culturale (generale): **betreiben**, prendere per i fondelli la gente; **zur ~ beitragen** {FERNSEHKONSUM, FILM, POLITISCHES FEHLVERHALTEN}, contribuire ad abbassare il livello culturale.

Volksverführer m (**Volksverführerin** f) *pej* demagogo (-a) m (f), trascinatore (-trice) m (f) di folle.

Volksverhetzung <-, ohne pl> f *pej* incitamento m/istigazione f/sobillazione f ₍delle masse₎/[del popolo]: **~ betreiben** {POLITIKER, REDNER}, istigare/incitare alla ribellione; **jdn der ~ bezichtigen**, accusare qu di sobillare le masse.

Volksvermögen n *ökon* ricchezza f nazionale.

Volksversammlung f **1** *parl* assemblea f nazionale **2** (*Massenversammlung*) assemblea f popolare; (*Kundgebung*) manifestazione f di massa.

Volksvertreter m (**Volksvertreterin** f) *pol* rappresentante mf del popolo; (*Abgeordneter*) deputato (-a) m (f).

Volksvertretung f *pol* rappresentanza f nazionale.

Volksweise f *mus* melodia f/aria f popolare.

Volksweisheit f saggezza f popolare; (*Sprichwort*) detto m popolare.

Volkswirt m (**Volkswirtin** f) laureato (-a) m (f) in economia (politica).

Volkswirtschaft f **1** (*Gesamtwirtschaft eines Staates*) economia f nazionale **2** → **Volkswirtschaftslehre**.

volkswirtschaftlich A adj <attr> **1** (*der nationalen Wirtschaft*) {ANALYSE, BERECHNUNG} politico-economico; {ÜBERLEGUNG} di carattere politico-economico **2** *univ* {SEMINAR, STUDIUM} di economia politica B *adv* {BETRACHTEN, UNTERSUCHEN, NICHT ZU VERTRETEN SEIN} da un punto di vista politico-economico.

Volkswirtschaftslehre <-, ohne pl> f economia f politica.

Volkszählung f censimento m (della popolazione): **eine ~ vornehmen**, fare un censimento (della popolazione).

voll A adj **1** (*gefüllt*) pieno; (*bis an den Rand*) colmo; {BUS} pieno; {SAAL, THEATER} *auch* al completo: **bis an den Rand ~ sein**, essere ⌊pieno fino all'orlo⌋/[colmo]; **nur halb ~ sein**, essere ⌊mezzo pieno⌋/[pieno solo a metà]; **ist dein Glas noch ~?**, hai ancora il bicchiere pieno?; **ist der Eimer noch nicht ~?**, non è ancora pieno il secchio?; **~ werden**, riempirsi; **~ + subst** (nom), **~ + adj + subst** (gen) pieno *di qc*, colmo *di qc*: **ein Krug ~ Wasser**/[**frischen Wassers**], una brocca piena d'acqua/[d'acqua fresca]; **deine Schuhe sind ~ Staub**, le tue scarpe sono coperte di polvere; **ein Teller ~ Nudeln**/**Suppe essen**, mangiare un piatto pieno di pasta/minestra; **jeder bekam eine Flasche ~ Wein**, ognuno ricevette una bottiglia di vino; **~ mit/von etw** (dat) pieno *di qc*, colmo *di qc*; **Regale ~ mit Büchern**, scaffali pieni di libri; **der Schreibtisch lag ~ von Zeitungen**, la scrivania era ricoperta di giornali **2** *fam* (*ausgebucht*): **~ sein** {HOTEL, ZUGABTEIL}, essere (al) completo **3** *geh* (*durchdrungen*) **~ + subst** (nom), **~ von etw** (dat) pieno *di qc*, colmo *di qc*: **jds Herz ist ~ (von) Liebe**, il cuore di qu è pieno/colmo d'amore; ⌊**~ des Lobes**⌋/[**des Lobes ~**] **sein** *obs*, essere prodigo di elogi **4** (*ganz*) {JAHR, MONAT, STUNDE, TAG} intero: **ein ~es Jahr an einer Übersetzung sitzen**, lavorare un anno intero a una traduzione; **einen ~en Tag darauf warten, dass ...**, aspettare una giornata intera che ... *konjv*; **zwei ~e Stunden auf jdn warten**, aspettare qu per due ore intere; **ein ~es Dutzend**, un'intera dozzina; **etw fährt jede ~e Stunde** {BUS, METRO, ZUG}, qc passa allo scoccare di ogni ora **5** (*vollständig*) intero: **den ~en Preis für etw** (akk) **zahlen müssen**, dover pagare ⌊per intero il prezzo⌋/[il prezzo intero] di qc; **die ~e Summe beläuft sich auf ...**, la somma totale ammonta a ... **6** (*ungeschmälert*) {AUSMASS, TRAGWEITE, UMFANG} esatto; {GEWISSHEIT} assoluto; {VERANTWORTUNG, VERTRAUEN} pieno: **(nicht) bei ~em Bewusstsein sein**, (non) essere pienamente cosciente; **jdm ~e Freiheit lassen**, lasciare a qu piena/completa libertà; **das ist mein ~er Ernst**, dico proprio sul serio; **in ~er Größe** {PLÖTZLICH ERSCHEINEN, VOR JDM STEHEN}, in carne e ossa, in persona; {DARSTELLEN} ⌊a grandezza⌋/[al] naturale; **sich zu seiner ~en Größe erheben**, mostrarsi in tutta la propria altezza; **mit ~en Händen** {(AUS)GEBEN, VERTEILEN}, a piene mani; **die ~e Bedeutung seiner Worte wurde mir erst später klar**, solo più tardi riuscii a capire appieno il senso delle sue parole; **die ~e Wahrheit wird man nie erfahren**, tutta la verità non si saprà mai; **in ~en Zügen** {AUSKOSTEN, GENIESSEN}, pienamente, senza remore; {EINATMEN} a pieni polmoni **7** *fam* (*satt*) {BAUCH} pieno *fam*: **~ sein**, essere pieno *fam*/sazio **8** *fam* (*betrunken*): **~ sein**, aver fatto il pieno *fam*, essere pieno d'alcol; **halb ~**, mezzo (-a) ubriaco (-a) **9** (*prall*) {BACKEN, WANGEN} pieno, paffuto; {GESICHT} *auch* rotondo; {BUSEN} florido, prosperoso: **eine ~e Figur haben**, essere in carne; {HÜFTEN} largo; {HINTERN} bello sodo *fam*; {LIPPEN, MUND} tumido, carnoso; **~er werden**, mettere su ⌊qualche kilo⌋/[un po' di ciccia *fam*]; ⌊**im Gesicht**⌋/[**an den Hüften**] **~er geworden sein**, ⌊avere il viso un po' più pienotto⌋/[essersi un po' riempito sui fianchi] **10** (*dicht*) {HAAR} folto; **~er werden**, infoltirsi **11** (*kräftig*) {KLANG, TON} pieno; {STIMME} *auch* sonoro; {FARBEN} carico; {GESCHMACK} pieno B *adv* **1** (*vollkommen*) {AUSKOSTEN, AUSNÜTZEN, BEFRIEDIGEN} pienamente, appieno; {WIEDER AUFNEHMEN, WIEDERHERSTELLEN} interamente **2** (*ganz*) {ABSETZEN, VERSTEUERN} interamente, per intero: **Kinder über zwölf Jahren zahlen ~**, i ragazzi sopra i dodici anni pagano la tariffa intera **3** (*mit aller Wucht*) {GEGEN ETW PRALLEN, TREFFEN, ETW ZUSCHLAGEN} in pieno **4** (*rückhaltlos*) {DAHINTER STEHEN, UNTERSTÜTZEN} pienamente **5** *slang* (*wirklich*) {GUT, STARK, SCHNELL} veramente: **das ist ~ gut/stark**, è troppo forte; **der ist ~ doof**, è tutto scemo; **jdn ~ zulabern**, riempire a qu la testa di chiacchiere; **ein Mädchen ~ anmachen**, abbordare una ragazza alla grande *slang* **6** (*kräftig*): **~ klingen/tönen** {INSTRUMENT}, avere un suono pieno ● **aus ~er/~em ...**: **aus** ⌊**~er Brust**⌋/[**~em Hals**]/[**~em Leib**], a squarciagola, a più non posso; **~ daneben!**, (*total falsch*) sbagliato in pieno!; (*welche Blamage!*) che figuraccia!; **~ und ganz**, pienamente, al cento per cento; **in die Vollen gehen** *fam*, entrare nel vivo; {PERSON} andare al sodo *fam*; **gestrichen ~** {TEELÖFFEL}, raso; **in ~er ...**: **in ~er Ausrüstung**, equipaggiato da capo a piedi; **in ~er Montur**, bardato di tutto punto; **in ~er Uniform**, in alta uniforme; **aus dem Vollen leben**/**wirtschaften**, spendere e spandere, non badare a spese; **im Vollen leben**, vivere ⌊nell'abbondanza⌋/[nel lusso]; **jdn nicht für ~ nehmen** *fam*, non prendere qu sul serio; **aus dem Vollen schöpfen (können)**, (poter) attingere a piene mani di qc.

vollladen a.R. *von* vollladen → **voll**|**laden**.

vollauf *adv* pienamente: **~ mit etw** (dat) **beschäftigt sein**, essere occupatissimo con qc; **der Kleine war ~ damit beschäftigt, sich die Schuhe auszuziehen**, il piccolo era tutto intento a togliersi le scarpe; **was macht denn Peter? – Der ist im Moment ~ mit seinen Prüfungen beschäftigt**, e Peter, che cosa fa? – In questo momento è tutto preso dai suoi esami; **~ zu tun haben**, essere occupatissimo, non avere un attimo libero; **er hat ~ damit zu tun, die neue Firma aufzubauen**, è impegnatissimo a mettere in piedi la nuova ditta; **~ mit etw** (dat) **zufrieden sein**, essere pienamente soddisfatto di qc; **das reicht ~**, è più che sufficiente.

vollaufen a.R. *von* vollaufen → **voll**|**laufen**.

vollautomatisch A *adj* {ANLAGE, SYSTEM} completamente/interamente automatico B *adv* {FUNKTIONIEREN} (del tutto) automaticamente: **die Türen öffnen ~**, le porte si aprono automaticamente.

vollautomatisiert *adj* {ANLAGE, PRODUKTION} completamente automatizzato.

Vollbad n bagno m: **ein ~ nehmen**, far(si) un (bel) bagno.

Vollbart m barba f folta, barbone m: **sich** (dat) **einen ~ wachsen/stehen lassen**, farsi crescere la barba.

vollbärtig *adj* {MANN} con un barbone, barbuto: **~ sein**, avere una (bella) barba folta.

vollberechtigt *adj* {MITGLIED, STAATSBÜRGER} a pieno titolo.

vollbeschäftigt *adj industr* {ANGESTELLTER, ARBEITER} a tempo pieno: **~ sein**, lavorare a tempo pieno.

Vollbeschäftigung <-, ohne pl> f *ökon* piena occupazione f, pieno impiego m.

vollbesetzt *adj* <attr> {BUS, METRO} pien(issim)o; {SAAL} al completo; {THEATER} *auch* esaurito.

Vollbesitz <-es, ohne pl> m: **im ~ einer S.** (gen) {SEINER KRÄFTE, SINNE}, nel pieno possesso di qc; **im ~ seiner geistigen Kräfte sein**, essere nel pieno possesso delle proprie facoltà mentali; **er hat zwar etliche Jahre auf dem Buckel, ist aber noch im ~ seiner Kräfte**, ha sì parecchi anni sul groppone, ma è ancora un uomo forte.

Vollbild n **1** *med* quadro m clinico tipico/completo **2** *typ* illustrazione f a tutta pagina **3** *inform* immagine f a tutto schermo.

Vollbild Aids n *med* ⌊quadro m clinico tipico/completo⌋/[sintomatologia f tipica] dell'Aids.

Vollblut <-(e)s, ohne pl> n, **Vollblüter** <-s, -> m *zoo* (cavallo m) purosangue m.

vollblütig *adj* **1** (*reinrassig*) {PFERD} purosangue: **~ sein**, essere un purosangue **2** (*vital*) {MENSCH, TEMPERAMENT} vigoroso: **~ sein**, essere pieno di vita.

Vollblutjournalist m (**Vollblutjournalistin** f) giornalista mf fino al midollo: **ein ~ sein**, dedicarsi anima e corpo al giornalismo, essere giornalista fino al midollo.

Vollblutpferd <-(e)s, ohne pl> n (cavallo m) purosangue m.

Vollblutpolitiker m (**Vollblutpolitikerin** f) politico (-a) m (f) di razza: **ein ~ sein**, avere la politica nel sangue.

Vollbremsung f *autom* frenata f brusca, inchiodata f *fam*: **eine ~ machen/einlegen** *fam*, inchiodare la macchina.

vollbringen <irr, ohne ge-> tr *geh* **etw ~** {TAT, WERK} compiere qc; {WUNDER} fare qc: **ein gutes Werk ~**, compiere un'opera di bene; **da hast du ja eine Meisterleistung vollbracht!** *iron*, bel capolavoro, non c'è che dire! *iron*.

vollbusig *adj* che ha un seno abbondante/prosperoso, popputa *region fam scherz*.

Volldampf <-(e)s, ohne pl> m: **hinter etw** (akk) **machen** *fam* (*etw mit Nachdruck betreiben*), stare dietro a qc *fam*; **mit ~ fam** {ARBEITEN}, a ritmo serrato *fam*; {FAHREN} a tutto gas *fam*, a tutta birra *fam*; {SICH AN DIE ARBEIT MACHEN} di gran carriera; **voran(treiben)** a tutta forza; **(mit) ~ voraus!** *naut*, avanti tutta!

voll|**dröhnen** *rfl* **sich ~** (*mit Alkohol*) sbronzarsi *fam*, fare il pieno *fam*; (*mit Drogen*) farsi *slang*; **vollgedröhnt**, completamente fuori *slang*/fatto *slang*.

Völlegefühl <-s, ohne pl> n sensazione f di pesantezza (nello stomaco): **ein ~ (im Magen) haben**, avere una sensazione di pesantezza (nello stomaco).

vollelastisch *adj* {MATERIAL} interamente elastico.

vollelektronisch *adj* {ANLAGE} completamente elettronico.

vollenden <ohne ge-> tr *geh* **etw ~ 1** (*zum Abschluss bringen*) {WERK} compiere qc, terminare qc, portare qc a compimento; {BAU} *auch* ultimare qc; {AUFGABE} assolvere qc **2** (*abschließen*): **sein zwanzigstes/vierzigstes Lebensjahr ~**, compiere vent'/quarant'anni; **sein Leben ~** *euph*, finire i propri giorni.

vollendet A *adj* **1** (*perfekt*) {DAME, GASTGEBER, GENTLEMAN, KÜNSTLER, REDNER, SCHAUSPIELER} perfetto **2** (*perfekt*) {AUFFÜHRUNG, DARBIETUNG, FORM, KUNSTWERK} perfetto; {ELEGANZ, SCHÖNHEIT} assoluto **3** *gram*: ~e Gegenwart, (tempo) perfetto; ~e Vergangenheit, (tempo) piuccheperfetto B *adv* in modo perfetto: **ein Instrument ~ spielen**, suonare uno strumento in modo perfetto.

vollends *adv* completamente, definitivamente.

Vollendung <-, *ohne pl*> *f* **1** (*das Vollenden*) {+BAUWERK, SKULPTUR, WERK} compimento *m*, conclusione *f*, completamento *m*: **mit/nach ~ des 18. Lebensjahres**, al/[dopo il] compimento del diciottesimo anno (d'età) **2** *geh* (*Krönung*) compimento *m*, coronamento *m*: **die Neunte bedeutet die ~ des beethovenschen Werks**, la nona rappresenta il coronamento dell'opera beethoveniana **3** <*nur sing*> (*Vollkommenheit*) perfezione *f* ● **der/seiner ~ entgegengehen** *geh*, essere in fase conclusiva; **seine ~ in etw** (dat) **finden** *geh* {KÜNSTLERISCHES SCHAFFEN IN EINEM WERK}, trovare il proprio coronamento in qc; **in höchster ~** {ARCHITEKTUR, KUNST}, in tutta la sua perfezione; **von höchster ~ sein** {AUSFÜHRUNG, STIL, WERK}, essere di una perfezione assoluta.

vollentwickelt *adj* {KÖRPER, MÄDCHEN} (completamente) sviluppato.

voller <*inv*> *adj* <*attr*> ~ + *subst* **1** (*voll von*) pieno *di qc*: **der Baum hing ~ Früchte**, l'albero era pieno/carico di frutti; **~ Fehler sein**, essere infarcito/zeppo di errori; **ein Gesicht ~ Narben**, un viso pieno/ricoperto di cicatrici; **die Tischdecke ist ~ Flecken**, la tovaglia è ₍piena di macchie₎/[tutta una macchia] **2** (*ganz erfüllt*) pieno *di qc*, colmo *di qc*: **~ Angst/Ärger**, pieno di paura/rabbia; **ein Blick ~ Liebe**, uno sguardo colmo/traboccante di amore; **~ Freude lief sie ihm entgegen**, raggiante di gioia gli corse incontro; **~ Probleme/Schwierigkeiten sein**, essere pieno/irto di problemi/difficoltà.

Völlerei <-, -en> *f geh pej* gozzoviglia *f*, abbuffata *f fam*, crapula *f lit*: **sich der ~ hingeben**, darsi ai bagordi, fare gozzoviglia, abbandonarsi alla crapula.

voll|essen <*irr*> *rfl fam* **sich** (*mit etw dat*) **~** rimpinzarsi (*di qc*) *fam*, farsi una (bella) scorpacciata *fam*, abbuffarsi (*di qc*) *fam*, riempirsi (*di qc*) *fam*; **sich wieder einmal richtig ~**, rifare finalmente una bella strippata *fam*.

volley *adv sport Fußball, Tennis* al volo: **den Ball ~ nehmen**, prendere la palla al volo.

Volley <-s, -s> *m sport Tennis* volée *f*.

Volleyball *m sport* **1** <*nur sing*> (*Spiel*) pallavolo *f*, volley(ball) *m*: **~ spielen**, giocare a pallavolo **2** (*Ball*) pallone *m* da pallavolo.

vollfett *adj gastr* {KÄSE} con un contenuto di grassi superiore al 45% (del contenuto secco); {JOGHURT} intero.

voll|fressen <*irr*> *itr sich* (*mit etw dat*) **~** {TIER} rimpinzarsi (*di qc*) *fam*, riempirsi (*di qc*) *fam*, abbuffarsi (*di qc*) *fam*; {MENSCH} strafogarsi (*di qc*) *fam pej*, inzepparsi (*di qc*) *fam pej*; **vollgefressen**, pieno come un uovo.

vollführen <*ohne ge-*> *tr geh etw ~* fare *qc*; {BESTIMMTE BEWEGUNG, KUNSTSTÜCK, BESONDEREN SPRUNG} eseguire *qc*, fare *qc*: **einen Freudentanz ~**, fare salti di gioia.

voll|füllen *tr etw ~* riempire completamente/[per intero] *qc*: (**den Tank**) **~**, fare il pieno (di benzina).

Vollgas <-ses, *ohne pl*> *n*: **~ geben**, dare tutto gas, spingere l'acceleratore ₍fino in fondo₎/[a tavoletta *fam*] **(mit) ~ fahren**, anda-

re a ₍tutto gas₎/[tutta birra *fam*]/[tavoletta *fam*]/[manetta *fam*], mettere il turbo *fam* ● **mit ~** *fam* {ARBEITEN, LERNEN}, a tutto spiano *fam*.

Vollgefühl <-s, *ohne pl*> *n*: **im ~ einer S.** (gen), con piena consapevolezza/coscienza di *qc*; **im ~ seiner Kräfte/Macht**, con piena coscienza ₍delle proprie forze₎/[del proprio potere], pienamente cosciente ₍delle proprie forze₎/[del proprio potere].

vollgepfropft *adj* pieno ₍zeppo *fam*₎/[da scoppiare *fam*].

voll|gießen <*irr*> *rfl* **1** (*ganz füllen*) **sich** (dat) **etw ~** {GLAS, TASSE} riempirsi *qc* fino all'orlo: **musst du dir die Tasse immer so ~, dass der Kaffee überschwappt!?**, devi sempre riempire la tazza fino a far traboccare il caffè!? **2** (*auf etw gießen*) **sich** (dat) **etw mit etw** (dat) **~** rovesciar(si) *qc* (*su qc*): **sich** (dat) **die Hose mit Kaffee ~**, rovesciar(si) il caffè sui pantaloni.

voll|hauen *rfl fam pej*: **sich** (dat) **den Bauch ~**, riempirsi la pancia *fam*/il buzzo *fam*, rimpinzarsi *fam*.

Vollidiot *m fam pej* idiota *m* totale *fam*, perfetto imbecille *m fam*, cretino *m* integrale *fam*.

völlig A *adj* <*attr*> totale, completo: **~es Vertrauen**, fiducia completa; **jdm ~e Freiheit lassen**, lasciare a qu piena/[la più assoluta] libertà; **es herrschte ~e Ruhe**, regnava una quiete totale; **das ist ja ~er Unsinn!**, è una perfetta scemenza! B *adv* totalmente, completamente, del tutto, perfettamente: **du bist ja ~ betrunken!**, ma sei completamente sbronzo (-a)!; **das ist mir ~ egal!**, mi è perfettamente/totalmente indifferente!; **das genügt ~!**, è più che sufficiente!; **sie war ~ nackt**, era completamente nuda; **Sie haben ~ recht!**, ha perfettamente ragione!; **das ist ~ ausgeschlossen!**, è da escludere nel modo più assoluto; **~ unmöglich sein**, essere assolutamente impossibile; **das ist ~ richtig!**, è giustissimo!; **das ist ~ unsinnig**, è del tutto insensato ...; **es ist ~ unwichtig, ob ...**, non ha nessunissima importanza che ... *konjv*.

volljährig *adj jur* maggiorenne: **~ sein**, essere maggiorenne; **~ werden**, raggiungere la maggiore età, diventare maggiorenne.

Volljährigkeit <-, *ohne pl*> *f jur* maggiore età *f*.

Volljurist *m* (**Volljuristin** *f*) "laureato (-a) *m* (*f*) in giurisprudenza che ha superato entrambi gli esami di stato e ha ottenuto l'abilitazione alla carriera in magistratura".

vollkaskoversichern <*ohne ge-*> *tr* <*nur inf oder part perf*> *jdn ~* assicurare *qu* con una polizza kasko: **bist du vollkaskoversichert?**, hai una polizza kasko?; **vollkaskoversichert**, ₍assicurato con₎/[coperto da] una polizza kasko.

Vollkaskoversicherung *f* (polizza *f*/assicurazione *f*) kasko *f*.

vollklimatisiert *adj* completamente/interamente climatizzato.

vollkommen A *adj* **1** (*perfekt*) {GESICHTSZÜGE, KUNSTWERK, SCHÖNHEIT} perfetto: **~ sein** {FREUDE, GLÜCK}, essere perfetto/totale **2** <*attr*> (*völlig*) {AUSGEGLICHENHEIT} perfetto; {EINVERSTÄNDNIS, HARMONIE} *auch* totale; {RUHE} totale, assoluto, perfetto; {UNSINN} completo, assoluto, totale: **das ist doch ~ Wahnsinn!**, ma è follia pura! B *adv* (*völlig*) perfettamente, completamente, del tutto: **ich bin ~ einverstanden**, sono perfettamente d'accordo; **das ist ~ schwachsinnig!**, ma è da perfetti cretini!; **das ist ~ unmöglich**, è assolutamente impossibile; **das ist mir ~ unverständlich**, mi risulta del tutto incomprensibile.

Vollkommenheit <-, *ohne pl*> *f* perfezione *f* ● **es in etw** (dat) **zur ~ bringen** {IN DER KUNST, MUSIK}, raggiungere la perfezione in *qc*; **nach ~ streben**, aspirare/tendere alla perfezione.

Vollkornbrot *n gastr* pane *m* integrale.

Vollkornkost *f* alimentazione *f* a base di cibi integrali.

Vollkornmehl *n gastr* farina *f* integrale.

Vollkornnudel *f* <*meist pl*> *gastr* pasta *f* (di farina) integrale.

Vollkornreis *m* riso *m* integrale.

voll|kriegen *tr etw* (*mit etw dat*) **~** {EIMER, KORB} farcela/riuscire a riempire *qc* (*di qc*) ● **den Hals nicht ~ (können)** (*nicht genug haben*), non averne mai abbastanza; **kannst du den Hals wieder nicht ~!?**, possibile che non ti basti mai!?; (*in Bezug auf Essen*) possibile che tu non sia mai sazio (-a)!?

voll|labern *tr fam jdn ~* gonfiare la testa *a qu fam*, fare testa come un pallone *a qu fam*.

voll|laden <*irr*> *tr etw ~* {AUTO, LKW} caricare (al massimo) *qc*.

voll|laufen <*irr*> *itr* <*sein*> riempirsi: (**jdm**) **etw ~ lassen** {BADEWANNE, BECKEN, EIMER}, riempire *qc* (a *qu*) fino all'orlo; **soll ich dir schon mal die Badewanne ~ lassen?**, vuoi che intanto ti riempia la vasca? ● **sich ~ lassen** *fam*, fare il pieno *fam*, riempirsi d'alcol.

voll|machen A *tr* **1** (*füllen*) (*jdm*) **etw ~** riempire *qc* (a *qu*), colmare *qc*: **bitte ~!**, (mi faccia) il pieno, per favore! **2** (*vervollständigen*) **etw ~** {DUTZEND, SAMMLUNG} completare *qc*; {BETRAG, DIE HUNDERT, TAUSEND} arrotondare *qc* per eccesso **3** (*mit Kot beschmutzen*) **etw ~** (*KLEINKIND HOSEN*) farsela *in qc fam*; {WINDELN} farla *in qc fam* B *rfl* (*sich mit Kot beschmutzen*) **sich ~** farsela addosso *fam*; **sich** (dat) **etw ~** {HOSE, UNTERHOSE} farsela *in qc fam*; {WINDELN} farla *in qc fam*.

Vollmacht <-, -en> *f* **1** *jur* (*Bevollmächtigung*) procura *f*, delega *f*: **jdm** (**die**) **~** (**für etw akk/zu etw dat**) **geben/erteilen/übertragen**, dare/conferire a qu la procura/delega (per *qc*); (**keine**) **~ haben**, (non) avere la procura/delega; **seine ~ missbrauchen/überschreiten**, abusare/[eccedere i limiti] dei propri poteri (conferiti con procura/delega); **jdn mit weit reichenden ~en ausstatten**, ₍conferire a qu i₎/[investire qu dei] più ampi poteri **2** (*Schriftstück*) procura *f*, delega *f*: **jdm eine** (**schriftliche**) **~ ausstellen**, rilasciare a qu una procura/delega (scritta) ● **in ~** in *com*, per procura.

Vollmachtgeber *m* (**Vollmachtgeberin** *f*) *jur* costituente *mf*.

voll|malen *tr etw ~* {BLATT PAPIER, HAUSWAND} riempire *qc* di disegni.

Vollmatrose *m naut* marinaio *m* scelto.

vollmechanisiert *adj* {LANDWIRTSCHAFT} completamente/totalmente meccanizzato.

Vollmilch <-, *ohne pl*> *f* latte *m* intero.

Vollmilchschokolade *f* cioccolato *m* al latte.

Vollmond <-(e)s, *ohne pl*> *m* luna *f* piena, plenilunio *m*: **es ist ~**, è luna piena; **morgen ₍haben wir₎/[ist] ~**, domani c'è una luna piena; **bei ~**, con la luna piena ● **wie ein ~ strahlen**, avere il volto raggiante.

Vollmondgesicht *n scherz* faccione *m*/faccia *f* di luna piena; (*Person*) persona *f* con la faccia di luna piena.

Vollmondnacht *f* notte *f* di ₍luna piena₎/[plenilunio].

vollmundig A *adj* {BOUQUET, GESCHMACK} corposo; {BIER, WEIN} *auch* ₍che ha un₎/[dal] gusto pieno/corposo, (che è) ricco di corpo B *adv*: **~ schmecken** {BIER, WEIN}, avere un sapore corposo.

Vollnarkose f *med* anestesia f totale: **in ~**, in anestesia totale.

voll|packen tr *etw* ~ {KOFFER, KOFFERRAUM, TASCHE} riempire completamente *qc*; {AUTO} *auch* caricare *qc*, stipare *qc*: **vollgepackt**, pieno zeppo, stipato.

Vollpension <-, *ohne pl*> f pensione f completa: **ein Zimmer mit ~**, una camera con pensione completa; **~ buchen/nehmen**, ⌊prendere una camera a⌋/[prendere (la)] pensione completa.

Vollplastik f *kunst* scultura f a tuttotondo.
vollplastisch adj *kunst* a tuttotondo.

voll|pumpen Ⓐ tr **1** (*durch Hineinpumpen füllen*) *etw* (*mit etw* dat) ~ {KANISTER, TANK MIT HEIZÖL} riempire *qc* (di *qc*) (con una pompa); {REIFEN, SCHLAUCH} gonfiare *qc* a pompa **2** (*große Mengen verabreichen*) **jdn mit etw** (dat) ~ {MIT BERUHIGUNGSMITTELN, MEDIKAMENTEN} imbottire *qu di qc fam*, riempire *qu di qc*. Ⓑ rfl (*große Mengen einnehmen*) **sich mit etw** (dat) ~ imbottirsi *di qc fam*, riempirsi *di qc*: **sich mit Tabletten ~**, impasticcarsi; **sich mit Beruhigungsmitteln ~**, imbottirsi di tranquillanti; **sich** (dat) **die Lungen mit Luft ~**, riempirsi i polmoni d'aria.

voll|qualmen tr (*jdm*) *etw* ~ riempire di fumo *qc* (*a qu*), affumicare (completamente) *qc* (*a qu*): **musst du mir immer die Bude ~?**, devi sempre affumicarmi la stanza?

voll|quatschen tr *fam* → **voll|labern**.

Vollrausch m **1** *jur* ubriachezza f **2** (*Trunkenheit*) sbornia f *fam*: **er hatte gestern einen ~**, ieri si è preso una bella sbornia; **im ~**, in stato di ubriachezza.

vollreif adj {FRUCHT, OBST} ben maturo, giunto a piena maturazione.

Vollrente f **1** (*Unfallrente*) pensione f d'invalidità: **~ haben**, percepire una pensione d'invalidità **2** (*Höchstrente*) pensione f massima, massimo m (della pensione) *fam*.

voll|saugen <*sog oder saugte voll, vollgesogen oder vollgesaugt*> rfl **sich** (*mit etw* dat) ~ (*sich satt trinken*) {PARASIT} riempirsi *di qc* (succhiando); (*sich mit Flüssigkeit füllen*) {LAPPEN, SCHWAMM} inzupparsi (*di qc*), impregnarsi completamente (*di qc*): **mit etw** (dat) **vollgesaugt sein** {KLEIDER MIT WASSER}, essere inzuppato/[(completamente) impregnato]/[zuppo] di *qc*; {LAPPEN, SCHWAMM} *auch*, essere imbevuto di *qc*; {MÜCKE, ZECKE MIT BLUT}, essere pieno di *qc fam*.

voll|schlagen <*irr*> Ⓐ itr <*sein*> *naut* {BOOT, KAHN} imbarcare acqua da tutte le parti, riempirsi d'acqua Ⓑ rfl <*haben*> *pej* (*sich vollessen*) **sich** (*mit etw* dat) ~ {MIT KUCHEN, SÜßIGKEITEN} riempirsi *di qc fam*, rimpinzarsi *di qc fam*: **jd hat sich vollgeschlagen**, qu è pieno come un uovo/otre.

vollschlank adj *euph* {FIGUR, FRAU} rotondetto *fam*, pienotto *fam*: **sagen wir mal, sie ist ~**, diciamo che è bella rotondetta/pienotta; **Kostüme für Vollschlanke**, tailleurs per signore robuste.

voll|schmieren Ⓐ tr *etw* (*mit etw* dat) ~ {BLATT PAPIER, HEFT MIT KRAKELEIEN, TISCH MIT FARBE, MARMELADE} imbrattare *qc* (*con/di qc*); {BAUWERKE, DENKMÄLER, WÄNDE MIT KRAKELEIEN, PAROLE, OBSZÖNEN SCHRIFTEN} *auch* insudiciare *qc* (*con/di qc*), insozzare *qc* (*con/di qc*) Ⓑ rfl **sich** (*mit etw* dat) ~ {MIT FARBE, KETSCHUP, MARMELADE} imbrattarsi (*di qc*), impiastricciarsi (*di qc*), impiastrarsi (*di qc*) *fam*: **wie du dich wieder vollgeschmiert hast!**, ma guarda come ti sei conciato (-a)!

voll|schreiben <*irr*> tr *etw* ~ {BLATT, SEITE, TAFEL} riempire tutto (-a) *qc* {HEFT, NOTIZBLOCK} *auch* riempire *qc* (fino all'ultima pagina), finire *qc*: **hast du das Heft schon vollgeschrieben?**, hai già riempito tutto il quaderno?

Vollspur <-, *ohne pl*> f *Eisenb* scartamento m normale.

vollständig Ⓐ adj **1** (*komplett*) {ADRESSE, BRIEFMARKENSATZ, LISTE, SAMMLUNG, SERVICE, VERZEICHNIS} completo; {AUSGABE} integrale: **eine ~e Erneuerung**, un completo rinnovamento; **nicht ~ sein** {ADRESSE, LISTE, VERZEICHNIS}, non essere completo, essere incompleto; {AUSGABE} non essere integrale **2** (*völlig*) completo, totale: **jdm ~e Freiheit lassen**, lasciare a qu piena/completa libertà; **die ~e Zerstörung einer Stadt**, la distruzione totale di una città Ⓑ adv **1** (*in seiner Gesamtheit*) {ERHALTEN} completamente; {ABDRUCKEN, NEUDRUCKEN} in versione integrale: **nicht mehr ~ erhalten sein** {INSCHRIFT, MANUSKRIPT, URKUNDE}, non essersi conservato integralmente; **seine Adresse ~ angeben**, dare il proprio indirizzo per intero; **etw ~ haben** {SAMMLUNG, SATZ}, avere *qc* completo (-a); **etw ~ machen**, completare *qc* **2** (*völlig*) {ABREIßEN, VERNICHTEN, ZERSTÖREN} completamente, totalmente; {JDN BESIEGEN, SCHLAGEN} su tutta la linea: **etw genügt jdm ~ fam**, *qc* basta e avanza a qu *fam*; **das hatte ich ~ vergessen! fam**, me ne ero completamente dimenticato (-a)!; **etw ~ leeren** {GLAS}, svuotare *qc* fino all'ultima goccia.

Vollständigkeit <-, *ohne pl*> f {+ADRESSE, LISTE, VERZEICHNIS} completezza f; {+INSCHRIFT, MANUSKRIPT, WERK} integrità f; {+SAMMLUNG, SATZ} completezza f: **eine Sammlung erhält ihren vollen Wert erst bei ~**, una collezione/serie raggiunge il massimo valore solo quando è completa; **auf die ~ einer S.** (gen) **achten** {EINER AUFFÜHRUNG, EINER LISTE, EINES REGISTERS}, fare attenzione che *qc* sia completo; **(keinen) Anspruch auf ~ erheben** {ANTHOLOGIE, STUDIE, UNTERSUCHUNG}, non avere la pretesa di essere esaustivo *geh* ● **der ~ halber**, per motivi di completezza.

voll|stellen tr *etw* (*mit etw* dat) ~ {HAUS, ZIMMER MIT MÖBELN} riempire completamente *qc* (*di/con qc*): **das ganze Zimmer ist mit Möbeln vollgestellt**, la stanza è piena zeppa di mobili; **der Eingang war mit großen Kisten vollgestellt**, l'ingresso era stipato di grosse casse.

voll|stopfen Ⓐ tr (*füllen*) *etw* (*mit etw* dat) ~ {SCHRANK MIT KLAMOTTEN, ZIMMER MIT KRAM} riempire completamente *qc* (*di/con qc*) ~ riempire *qc* di *qc*: **er hat den Keller mit altem Gerümpel vollgestopft**, ha inzeppato la cantina di vecchio ciarpame Ⓑ rfl (*sich vollessen*) **sich** (*mit etw* dat) ~ rimpinzarsi (*di qc*) *fam*, riempirsi (*di/con qc*) *fam*: **sich den Bauch mit Bonbons ~**, rimpinzarsi di caramelle; (*füllen*) **sich** (dat) *etw* (*mit etw* dat) ~ riempir(si) *qc* (*di/con qc*): **sich die Taschen mit geklauten Pflaumen ~**, riempirsi le tasche di prugne rubate.

vollstreckbar adj *jur* esecutivo, esecutorio: **das Urteil ist noch nicht ~**, la sentenza non è ancora esecutiva; **etw für ~ erklären** {VERURTEILUNG}, dichiarare esecutivo (-a) *qc*.

Vollstreckbarkeit <-, *ohne pl*> f *jur* esecutività f, esecutorietà f.

vollstrecken <*ohne ge-*> tr *etw* ~ **1** *jur* {PFÄNDUNG, STRAFE, URTEIL, VERFÜGUNG} eseguire *qc*: **die ~de Gewalt**, il potere esecutivo, l'esecutivo; **eine Strafe an jdm ~**, eseguire una condanna inflitta a qu; **ein Testament ~**, eseguire ⌊un testamento⌋/[disposizioni di ultima volontà di de' cuius]; **das Todesurteil an jdm ~**, giustiziare qu **2** *geh* (*in die Tat umsetzen*) {ANORDNUNG, WILLEN} eseguire *qc* **3** *slang sport* {ELFMETER, STRAFSTOß} battere *qc*.

Vollstrecker <-s, -> m (**Vollstreckerin** f) **1** *jur* (*Gerichtsvollzieher*) ufficiale m giudiziario **2** *geh* (*vollstreckende Person*) {+ANORDNUNG, WILLEN} esecutore (-trice) m (f).

Vollstreckung <-, *-en*> f **1** *jur* esecuzione f: **die ~ anordnen/aussetzen**, ⌊disporre/ordinare⌋/[sospendere] l'esecuzione di *qc*; **die ~ des Todesurteils**, l'esecuzione della pena capitale **2** *jur* (*Zwangsvollstreckung*) esecuzione f forzata **3** *geh* (*Verwirklichung*) {+TESTAMENT, WILLE} esecuzione f.

Vollstreckungsbeamte <*dekl wie adj*> m *jur* (*in Zivilsachen*) ufficiale m giudiziario; (*in Strafsachen*) ufficiale m/agente mf di polizia giudiziaria.

Vollstreckungsbescheid m *jur* decreto m ingiuntivo/[di ingiunzione].

Vollstudium n *univ* ciclo m completo di studi.

vollsynchronisiert adj {ABLAUF, SCHALTUNG} completamente sincronizzato.

voll|tanken Ⓐ itr fare il pieno (di benzina/carburante): **bitte ~!**, il pieno, per favore! Ⓑ tr *etw* ~ {AUTO, FAHRZEUG} fare il pieno (di benzina/carburante) *a qc*; {RESERVEKANISTER}, riempire *qc*: **ein vollgetankter Wagen**, una macchina ⌊che ha appena fatto il pieno di benzina⌋/[con il serbatoio pieno]; **mit vollgetanktem Wagen losfahren**, partire con il serbatoio pieno.

Volltextsuche f *inform* ricerca f a tutto testo.

volltönend adj {BARITON, BASS} sonoro; {STIMME} *auch* tondo; {KLANG, TON} pieno.

Volltreffer m **1** (*Treffer ins Ziel*) (*pieno*) centro m: **einen ~ erhalten** *mil*, essere colpito in pieno **2** *fam* (*enormer Erfolg*) bel colpo m, colpaccio m, successo(ne) m ● **einen ~ landen**, fare centro, andare a segno.

volltrunken adj completamente ubriaco, ubriaco fradicio *fam*: **in ~em Zustand**, in stato di ubriachezza/ebbrezza totale.

vollumfänglich adv *CH* completamente.

Vollverb n *ling* verbo m di senso compiuto.

Vollversammlung f {+KÖRPERSCHAFT, STADTRAT, VEREIN} assemblea f plenaria.

Vollwaise f orfano (-a) m (f) di ambedue i genitori.

Vollwaschmittel n detersivo m universale.

Vollwerternährung <-, *ohne pl*> f dieta f integrale.

vollwertig adj **1** *gastr* {KOST, LEBENSMITTEL, NAHRUNG} integrale **2** (*gleichwertig*) {ERSATZ(MANN), ERSATZMATERIAL} attrettanto valido: **kein ~er Ersatz für jdn sein**, non essere all'altezza di sostituire qu; {(ERSATZ)MATERIAL} (di valore) paragonabile.

Vollwertkost <-, *ohne pl*> f alimenti m pl integrali.

Vollwertküche <-, *ohne pl*> f cucina f integrale.

Vollwertprodukt n prodotto m/alimento m integrale.

vollzählig Ⓐ adj **1** (*vollständig*) {SAMMLUNG, SATZ, SERVICE} completo: **~ sein**, essere completo **2** <*meist präd*> (*in gesamter Anzahl erschienen*) {GRUPPE, KLASSE, MANNSCHAFT} al completo: **~ sein**, essere al completo; **sind wir jetzt ~?**, ci siamo tutti (-e) adesso? Ⓑ adv {ERSCHIENEN, VERSAMMELT SEIN} al completo: **die Mitglieder waren ~ anwesend**, tutti i membri erano presenti; **~ versammelt sein**, essere (riuniti) al completo.

vollzeitbeschäftigt adj *industr* {ANGESTELLTER, ARBEITER} impiegato ⌊a tempo pieno⌋/[full-time].

Vollzeitbeschäftigung f *industr* impiego m a tempo pieno, impiego m full-time.

Vollzeitschule f scuola f a tempo pieno.
vollziehen <irr, ohne ge-> **A** tr etw ~ **1** (*verwirklichen*) {SCHWER WIEGENDEN SCHRITT} compiere qc: **einen Bruch mit der Vergangenheit ~**, rompere con il passato; **eine Trennung ~**, mettere in atto una separazione **2** form (*durchführen*) {ANWEISUNG, BEFEHL, URTEIL} eseguire qc; {STRAFE} auch rendere esecutivo qc: **eine Amtshandlung ~**, compiere un atto pubblico; **ein Opfer ~**, compiere un sacrificio; **die Ehe ~**, consumare il matrimonio; **die Trauung ~**, celebrare il matrimonio; **die Todesstrafe an jdm ~**, giustiziare qu; **die ~de Gewalt** pol, il potere esecutivo, l'esecutivo **B** rfl (*geschehen*) **sich ~** (*irgendwie*) ~ {ENTWICKLUNG, PROZESS} compiersi + compl di modo; {UMSCHWUNG, UMSTELLUNG} auch verificarsi/avvenire (+ compl di modo): **sich** ˌim Geheimenˌ/[in aller Stille]/[nur langsam]/[rasch] **~**, avvenire ˌin segretoˌ/[in silenzio]/[soltanto gradualmente]/[in fretta]; **ein enormer Wandel hat sich in ihr vollzogen**, in lei è avvenuta una trasformazione radicale/[si è compiuto un radicale cambiamento]; **das Schicksal wird sich ~**, il destino si compirà.
Vollziehung <-, ohne pl> f form {+ANWEISUNG, BEFEHL, URTEIL} esecuzione f; {+TRAUUNG} celebrazione f.
Vollzug <-(e)s, Vollzüge> m <meist sing> **1** form → **Vollziehung 2** jur → **Strafvollzug 3** jur slang → **Vollzugsanstalt**.
Vollzugsanstalt f form istituto m di pena, penitenziario m, casa f circondariale: **offene/geschlossene ~**, penitenziario aperto/chiuso.
Volontär <-s, -e> m (**Volontärin** f) (*bei Fernsehen, Rundfunk, Verlag, Zeitung*) praticante mf.
Volontariat <-(e)s, -e> n **1** (*bei Museum, Redaktion, Verlag, Zeitung*) "periodo m di formazione retribuito secondo tariffe ufficiali" **2** (*Stelle*) posto m da praticante.
Volontärin f → **Volontär**.
volontieren <ohne ge-> itr (**bei jdm/etw/in etw** (dat)) **~** {IN EINER REDAKTION, BEI EINEM VERLAG} lavorare come praticante (*presso qu/qc/in qc*).
Volt <- oder -(e)s, -> n el phys (Abk V) volt m (Abk V).
Volumen <-s, - oder Volumina> n **1** <pl -> (*Rauminhalt*) {+BALLON, KEGEL, WÜRFEL} volume m: **das ~ von etw** (dat) **berechnen**, calcolare il volume di qc **2** <pl -> ökon (*Umfang*) {+EXPORT, IMPORT} volume m **3** <pl -> (*Klangfülle*) {+STIMME} pienezza f **4** <pl Volumina> typ obs volume m.
Volumetrie <-, ohne pl> f chem volumetria f.
volumetrisch adj chem volumetrico.
voluminös adj geh {ABHANDLUNG, BAND, TRAKTAT} di ˌuna certa consistenzaˌ/[un certo spessore] • (**sehr**) **~ sein** scherz (*sehr korpulent sein*), essere voluminoso scherz, avere una bla mole/stazza scherz.
vom präp = **von dem** → **von**.
von **A** präp + dat **1** (*räumlich: ab, ausgehend von*) da: **von links/rechts/hinten/vorn**, da sinistra/destra/dietro/da(l) davanti: **von fern/nahem**, da lontano/vicino; **von weit herkommen**, venire da lontano; **Post von einer Freundin bekommen**, ricevere posta da un'amica; **von einer Reise zurückkommen**, tornare da un viaggio **2** (*räumlich: entfernend, von ... weg*) da: **die Wäsche von der Leine nehmen**, togliere i panni dal filo; **sich von jdm trennen**, separarsi da qu; **um acht (Uhr) von zu Hause weggehen**, ˌpartire daˌ/[uscire di] casa alle otto; **sieh zu, dass du bald von hier wegkommst**, vedi di andartene da qui al più presto; **unsere liebe Großmutter ist von uns gegangen** euph, la nostra cara nonna ci ha lasciati **3** (*zeitlich: stammend*) di: **die Zeitung ist von gestern/heute**, il giornale è di ieri/oggi; **die Fotos vom letzten Urlaub**, le foto dell'ultima vacanza **4** (*räumlich: stammend*) di: **die Museen von Paris**, i musei di Parigi **5** (*von einem Menschen stammend*) di: **eine Oper von Wagner**, un'opera di Wagner; **das letzte Buch von Grass**, l'ultimo libro di Grass; **die neue Sommerkollektion von Versace**, la nuova collezione estiva di Versace; **sie kriegt ein Kind von ihm**, aspetta un figlio ˌda luiˌ/[suo]; **das Kind ist von ihm**, il figlio è suo **6** (*partitiv*) di: **einer von euch/uns**, uno di voi/noi; **wer von euch hat das gesagt?**, chi di voi lo ha detto?; **der älteste von drei Brüdern**, il maggiore di tre fratelli; **gib mir ein Stück von dem Kuchen**, dammi una fetta di quel dolce; **das sind ja schöne Äpfel! Von denen nehme ich zwei Kilo**, che belle mele! Ne prendo due kili; **die Hälfte von der Gesamtsumme**, la metà del totale; (*bei Zahlangaben*) su, di; **von zehn Apfelsinen sind drei faul**, ˌdi/suˌ dieci arance treˌ/[tre arance su dieci] sono marce; **von zwanzig Schülern sind fünf krank**, su venti studenti cinque sono malati **7** (*aufgrund*) a furia/forza di, per: **erschöpft/müde von der Arbeit sein**, essere esausto/stanco per il troppo lavoro; **vom Schreien heiser werden**, diventare rauco (-a) a furia/forza di gridare **8** (*statt Genitiv*) di: **die Umgebung von Florenz**, i dintorni di Firenze; **Hunderte/Tausende von Menschen**, centinaia/migliaia di persone; **die Anwendung von Gewalt**, l'uso della forza; **ein Kollege von mir**, un mio collega; **der Spazierstock von Opa** fam, il bastone da passeggio del nonno **9** (*Messbares angebend*) di: **eine Dauer von zweieinhalb Stunden**, una durata di due ore e mezza; **ein Mann von 50 Jahren**, un uomo di cinquant'anni **10** (*Art oder Eigenschaft darstellend*) di: **ein Politiker von Format**, un politico di una certa statura; **ein Vorbild von einem Lehrer**, un insegnante esemplare/modello; **von großer Güte/Klugheit sein**, essere di grande bontà/intelligenza; **von Beruf Architekt sein**, essere architetto di professione; **von Fach sein**, essere del mestiere; **von Natur aus großzügig sein**, essere di indole generosa; **von Bedeutung sein**, essere di ˌuna certa importanzaˌ/[un certo rilievo]; **von Dauer sein**, essere duraturo, durare **11** (*mit Passiv*) da (parte di): **von jdm gelobt/ermahnt werden**, essere lodato (-a)/rimproverato (-a) da qu; **dieses Verhalten wurde schon von mehreren kritisiert**, questo comportamento è già stato criticato da molti **12** (*über*) {BERICHTEN, ERZÄHLEN, SPRECHEN} di: **von jdm/etw träumen**, sognare (di) qu/qc; **Geschichten vom Weihnachtsmann**, storie/racconti su Babbo Natale **13** (*in Titeln*) **die Königin von England**, la regina d'Inghilterra; **Ludwig XIV. von Frankreich**, Luigi XIV re di Francia; (*in deutschen Adelstiteln: oft unübersetzt*) di: **Otto von Bismarck**, Otto von Bismarck **14** (*von seiten*) da (parte di): **grüßen Sie ihn von mir**, lo saluti da parte mia, me lo saluti; **von mir wird sie nichts erfahren**, da me non saprà nulla **B** adv fam (*davon, wovon*) ne: **hast du da nichts von gewusst?** fam, non ne sapevi niente? • **von ... ab** {HEUTE, MORGEN, NÄCHSTEN DIENSTAG, MONAT} (a partire) da ... in poi; **von hier ab**, da qui in avanti; **von ... an** (*räumlich*) da ...; (*zeitlich*) a partire da ..., da ... in poi; **von da an sind es nur noch drei Kilometer bis zum nächsten Dorf**, da lì sono soltanto tre chilometri fino al prossimo paese; **von heute an werden Zeitungen auch in Supermärkten verkauft**, ˌa partire da oggiˌ/[da oggi (in poi)] i giornali saranno venduti anche nei supermercati; **von klein/Jugend an**, fin da piccolo (-a)/ragazzo (-a); **vom dritten Lebensjahr an**, fin dall'età di tre anni, da quando avevo/aveva tre anni; **von ... auf ...** {SAMSTAG AUF SONNTAG} da ... a; **die Nacht von Samstag auf Sonntag**, la notte ˌfra sabato e domenicaˌ/[da sabato a domenica]; **von Jugend auf**, sin da ragazzo (-a); **von ... aus** (*räumlich*) da ...; **von München aus sind es bis Florenz etwa 600 km**, da Monaco a Firenze sono (all'in)circa 600 km; **von mir/ihm/uns/... aus** (*was mich/ihn/uns angeht*), per me/lui/noi/...; **von mir aus** (*also gut!*), e va bene!; **von sich aus** (*unaufgefordert*), da solo/sé, di propria iniziativa/volontà; **von ... bis** (*räumlich*) da ... (fino) a; **von hier bis zur Grenze**, da qui (fino) al confine; (*zeitlich*) da ... (fino) a; **von Montag bis Freitag** (*dieser Woche*), da lunedì (fino) a venerdì; (*immer*), da lunedì al venerdì; (*das Alter betreffend*) da ... a ... anni; **von 15 bis 30**, dai 15 ai 30 anni; **von ... nach** da ... a; **von Hamburg nach Bremen ist es nicht weit**, da Amburgo a Brema non c'è molto; **von ... sein** fam {EINEM DORF, EINER STADT} essere di ...; **von Berlin/Hamburg sein**, essere di Berlino/Amburgo; **vom Land sein**, venire dalla campagna, essere un campagnolo/una campagnola; **wir sind von der Polizei/Stadt**, siamo ˌdella poliziaˌ/[del comune]; **von jdm sein** essere di qu; **das Bild ist von Dürer**, il quadro è di Dürer; **der Kuchen ist von mir/[meiner Mutter]**, il dolce ˌl'ho fatto ioˌ/[l'ha fatto mia madre]; **ist der Schirm von dir?** (*ist das dein Schirm?*), è tuo l'ombrello?; (*hast du mir/ihm den Schirm geschenkt?*), ˌme l'hai/[gliel'hai] regalato tu l'ombrello?; **von Seiten** → **vonseiten**; **von selbst** da solo/sé; **von und zu** (*in deutschen Adelstiteln*) ≈ di, de; **ein/eine von (und zu) sein**, essere un/una nobile; **von wann an** quando; **von wann ist die Zeitung?**, di quand'è il giornale?; **von was** fam (*über was*) di (che) cosa; **von was redet ihr?**, di cosa parlate?; (*mit Hilfe welchen Geldes*) von was lebt ihr?, di cosa vivete?; **von + gen wegen** {AMTS} per ragioni di qc; {BERUFS} per motivi di qc; **von Rechts wegen**, di diritto; **von wegen!** (*absolut nicht!*) neanche per idea/sogno!, no davvero!; **ich dachte, du könntest vielleicht die Rede halten – Von wegen!**, pensavo che forse potessi tenere tu il discorso – Neanche per idea!; **sie haben sich doch immer so gut vertragen. – Von wegen!**, (ma se) sono sempre andati (-e) molto d'accordo – ˌNo davvero!ˌ/[Tutt'altro!]; **aber das Wetter ist doch schön?! – Von wegen, es regnet seit einer Woche!**, il tempo però è bello?! – Macché, piove da una settimana!; **wart ihr am Strand allein? – Von wegen, der war proppenvoll!**, eravate da soli (-e) sulla spiaggia? – Figurati, era strapiena di gente!; **von wegen + adj** (*gar nicht ...*) altro che + adj; **von wegen billig, teuer waren die Schuhe!**, altro che poco, sono costate molto le scarpe!; **von wegen + Verb** altro che + verbo; **von wegen (mit)helfen, gar nichts habt ihr getan!**, altro che dare una mano, non avete fatto niente!; **von wo** di dove; **von wo kommt der Lärm?**, da dove arriva il rumore?; **von woher** di dove; **von ... zu** (*zeitlich*) di ... in; **von Tag zu Tag**, di giorno in giorno, giorno dopo giorno; **von Zeit zu Zeit**, di quando in quando, ogni tanto; (*räumlich*) auch da ... a; **von Ast zu Ast**, da un ramo all'altro; **von einer Seite zur anderen**, da una parte all'altra; **von einem Ort zum anderen reisen**, viaggiare da un luogo all'altro/[di luogo in luogo]; **das ist von Land zu Land unterschiedlich**, varia da paese a paese.

voneinander adv **1** (einer vom anderen) {ABHÄNGIG SEIN, ABSCHREIBEN, LERNEN} (l')uno (-a) dall'altro (-a); {ERFAHREN, WISSEN} (l')uno (-a) dell'altro (-a): **sich nicht ~ trennen können**, non potersi separare (l')uno (-a) dall'altro (-a); **wir haben lange nichts ~ gehört**, è da molto che non ci sentiamo; **wir hören noch ~!**, ci sentiamo! **2** (gibt Abstand an) (l')uno (-a) dall'altro (-a): **weit ~ entfernt**, molto distante (l')uno (-a) dall'altro (-a); **wir standen weit weg ~**, eravamo molto distanti ⌊gli uni dagli altri⌋/[le une dalle altre] ● **etwas/nichts ~ haben** fam: **wenn er von der Arbeit nach Hause kommt, geht sie zu ihren Abendkursen, so dass sie eigentlich nie etwas ~ haben**, quando lui rientra dal lavoro lei va ai corsi serali, così, in pratica, non si vedono mai; **komm doch ein paar Tage zu mir, dann haben wir wenigstens etwas ~**, vieni a trovarmi per qualche giorno, almeno possiamo stare un po' insieme; **die beiden Brüder haben aber auch wirklich nichts ~**, i due fratelli non hanno davvero niente (l')uno dell'altro.

vonnöten adv geh: **~ sein** {EILE, SORGFALT, UNTERSTÜTZUNG} f, necessitare, essere necessario; **hier ist sofortige Hilfe ~**, qui necessitano/[sono necessari] aiuti immediati; **dringend ~ sein**, urgere.

vonseiten präp + gen da parte di: **~ der Eltern gibt es keine Einwände**, da parte dei genitori non ci sono obiezioni.

vonstatten|gehen <irr> itr <sein> geh (stattfinden) {FEST, KONGRESS, KONZERT} avere luogo, esserci; (ablaufen) **irgendwie** ~ {ABEND, FEST, PROGRAMM PROBLEMLOS, REIBUNGSLOS, WIE GEPLANT} svolgersi/andare + compl di modo: **es ging alles gut/[wie gewünscht]/[nach Programm] vorstatten**, tutto andò/[si svolse] bene/[come auspicato]/[secondo programma]; (vorangehen) {ARBEITEN, RESTAURIERUNG, WIEDERAUFBAU LANGSAM, SCHNELL, ZÜGIG} procedere/[andare avanti] + compl di modo: **nur zögernd ~**, procedere a rilento.

Voodoo m → **Wodu**.

Vopo① <-s, ohne pl> f ostdt hist fam → **Volkspolizei**.

Vopo② <-s, -s> m ostdt hist fam → **Volkspolizist**.

vor **A** präp **1** + dat (räumlich: davor befindlich) **vor** jdm/etw davanti a qu/qc; (gegenüber) auch di fronte a qu/qc: **es standen Blumen vor der Tür**, c'erano dei fiori davanti alla porta; **wo ist meine Brille? – Sie liegt doch vor dir auf dem Tisch**, dove sono i miei occhiali? – Ma se sono sul tavolo davanti ai tuoi occhi!; **er saß direkt vor ihr**, le sedeva proprio davanti/[di fronte]; **wenn du auf den Platz trittst, hast du die Kirche direkt vor dir**, entrando nella piazza hai/[ti trovi fam] la chiesa proprio di fronte; **vor** jdm **herfahren**, precedere qu in macchina; **würden Sie bitte vor mir herfahren?**, Le dispiace farmi strada? **2** + dat (außerhalb befindlich) **vor** etw (dat): **das Hotel liegt zwei Kilometer vor der Stadt**, l'albergo si trova a due chilometri dalla città; **vor den Toren der Stadt**, fuori porta; **der Feind steht vor den Toren der Stadt**, il nemico è alle porte (della città) **3** + akk (richtungsangebend: davor hin) **vor** jdn/etw + akk a qu/qc fig (gegen): **Blumen vors/[vor das] Fenster stellen**, mettere dei fiori sul davanzale (della finestra); **stell dich bitte vor mich**, mettiti per favore davanti a me; **jdn vor den Richter bringen**, portare qu al giudice; **bis vor** etw (akk) fino a qc; **jdn bis vor** ⌊das Haus des Freundes⌋/[das Autobahnkreuz] **begleiten**, accompagnare qu fin sotto casa dell'amico/[fino allo svincolo auto-

stradale]; **vor** etw (akk) (nach draußen) fuori (di) qc; **jdn vor das Haus begleiten**, accompagnare qu fuori (di) casa; **vor das Haus treten**, uscire in strada **4** + akk (frontal gegen) **vor** etw (akk): **ein Schlag vor die Brust/den Oberkörper**, un colpo in pieno petto **5** + dat (zeitlich: früher als) **vor** jdm/etw prima di qu/qc: **ich war vor dir da** (in einer Schlange), c'ero prima io (di te); (bei einer Verabredung) sono arrivato (-a) prima io (di te); **am Abend vor der Abreise**, la sera prima della partenza; **vor Ende der Ferien**, prima della fine delle vacanze, prima che le vacanze finiscano; **vor Christus/Christi Geburt**, avanti Cristo; **vor dem Jahr Tausend**, prima dell'anno mille; **es ist Viertel vor zehn**, sono le dieci meno un quarto, è/manca un quarto alle dieci **6** + dat (eine bestimmte Zeit her): **vor** ... {EINEM JAHR, ZWEI MONATEN, DREI TAGEN}, ... fa, ... or sono lit; **vor wenigen Minuten/Stunden**, ⌊pochi minuti⌋/[poche ore] fa; **heute/morgen vor einer Woche...**, ⌊è una settimana oggi⌋/[fa una settimana domani] che ...; **heute vor einer Woche hatte ich Geburtstag**, oggi è una settimana che ho compiuto gli anni; **das war schon vor vielen Jahren**, è stato tanti anni fa **7** + dat (in jds Gegenwart) **vor** jdm/etw {EINER KOMMISSION, ZEUGEN, ZUSCHAUERN} davanti a qu/qc: **vor versammeltem Publikum**, davanti a tutti **8** + dat <ohne art> (bedingt durch) **vor** etw (dat) di qc, da qc, (wegen) per qc: **vor Angst zittern**, tremare di/da/[per la] paura; **vor Aufregung brachte sie kein Wort heraus**, per l'agitazione non riuscì a spiccicare parola fam; **vor Freude strahlen**, essere raggiante di gioia; **vor Hunger sterben**, morire di fame; **ich kann vor lauter Schmerzen nicht schlafen**, non riesco a dormire ⌊dal dolore⌋/[per i dolori] **9** + dat (gegen) **vor** etw (dat) su qc, contro qc: **vor dem weißen Hintergrund wirken die Farben noch intensiver**, sullo sfondo bianco i colori risaltano ancora di più **B** adv **1** (nach vorn) avanti: **Freiwillige vor!**, avanti i volontari!; **Schalke vor, noch ein Tor!**, forza Schalke, un altro go(a)l!; **Schulze, vor an die Tafel!**, Schulze, alla lavagna! **2** norddt fam (davor, wovor): **da hab' ich Angst vor!**, mi fa paura! ● **vor allem**, soprattutto; **vor sich** (dat) **her**: **sie ließ die Schüler vor sich her gehen**, lasciò che gli studenti la precedessero; **die Herde vor sich her treiben**, mandare avanti il gregge; **vor sich** (akk) **hin** {MURMELN, REDEN, SUMMEN}, fra sé e sé; {GRINSEN, LÄCHELN, SCHMUNZELN} auch, sotto i baffi; {GEHEN, SCHLENDERN, TROTTEN}, tranquillamente; **vor kurzem/Kurzem**, recentemente, di recente, poco fa; **vor und zurück**, avanti e indietro.

vorab adv **1** (zunächst einmal) (inn)anzitutto, prima di tutto: **~ einige nützliche Hinweise**, prima di tutto ⌊alcune indicazioni⌋/[alcuni consigli] utili **2** (im Voraus) prima, in anticipo, anticipatamente, avanti: **jdn ~ von** etw (dat) **unterrichten**, mettere qu ⌊in anticipo⌋/[anticipatamente] al corrente di qc.

Vorabdruck m (in einer Zeitung) anticipazione f.

Vorabend m **1** (Abend zuvor): **am ~** ⌊einer S. (gen)⌋/[vor einer S. (dat)] {EINES FEIERTAGS, FESTS, EINER HOCHZEIT, PRÜFUNG, VOR EINEM FEIERTAG, FEST, EINER HOCHZEIT, PRÜFUNG}, alla vigilia di qc **2** (Zeit vor einem historischen Ereignis): **der ~ einer S. (gen)**, la vigilia di qc; **am ~ des Zweiten Weltkrieg(e)s**, alla vigilia della Seconda guerra mondiale.

Vorabentscheidung f decisione f preliminare.

Vorabinformation f anticipazione f.

Vorahnung <-, -en> f presentimento m,

presagio m: **böse/seltsame ~en haben**, avere ⌊un brutto⌋/[uno strano] presentimento.

voran adv **1** (vorn) (d)avanti, in testa: **die Kleinen ~, die Großen hinterher**, i piccoli davanti, i grandi dietro; **allen ~ ging der Vater**, ⌊avanti a tutti⌋/[in testa] camminava il padre; **mit dem Kopf ~ ins Wasser springen**, tuffarsi di testa **2** (vorwärts) avanti.

voran|bringen <irr> tr **1** (fördern) etw ~ {ENTWICKLUNG, FORSCHUNG, PROJEKT} portare avanti qc **2** (weiterbringen) **jdn** ~ {ERFINDUNGEN, TECHNISCHE NEUERUNGEN} portare avanti qu, far progredire qu.

voran|gehen <irr> **A** itr <sein> **1** (Fortschritte machen) **irgendwie** ~ {ARBEIT, STUDIUM, WIEDERAUFBAU} procedere/andare avanti (+ compl di modo), fare progressi (+ adj): **der Bau geht zügig voran**, i lavori di costruzione ⌊vanno avanti⌋/[procedono] speditamente; **seine Ausbildung geht gut voran**, la sua formazione procede bene **2** <meist part perf> (vorausgehen) etw (dat) ~ precedere qc: **dem endgültigen Abkommen waren mühsame Verhandlungen vorangegangen**, difficili trattative avevano preceduto l'accordo definitivo; **an den vorangegangenen Tagen hatte es viel geregnet**, nei giorni precedenti aveva piovuto molto; **in den Wochen, die dem Ereignis vorangingen**, nelle settimane ⌊che precedettero⌋/[precedenti] l'evento **3** (an der Spitze gehen) **(jdm/etw) ~** camminare davanti/[in testa] (a qu/qc), precedere qu/qc: **ein Mann mit einer Fahne ging der Gruppe voran**, un uomo con una bandiera precedeva il gruppo; **gehen Sie voran!**, dopo di Lei!; **mit gutem Beispiel ~**, dare il buon esempio **B** unpers: **es geht voran**, si va avanti; **mit** etw (dat) **geht es voran**, si va avanti con qc, qc procede ● **geht's jetzt mal ~!?** fam (wollen wir mal was tun?), vogliamo muoverci!? fam.

voran|kommen <irr> itr <sein> **1** (vorwärtskommen) (irgendwie) ~ {WANDERER} procedere/avanzare/[andare avanti] (+ compl di modo); {FAHRER, FAHRZEUG} auch viaggiare (+ compl di modo): **wegen der vielen Baustellen kam man nur schlecht voran**, a causa dei tanti cantieri si procedeva solo a stento; **seid ihr gut vorangekommen oder war viel Verkehr?**, avete viaggiato bene o c'era molto traffico? **2** (Fortschritte machen) fare progressi, progredire, andare avanti; (irgendwie) **mit** etw (dat) ~ fare progressi (+ adj) in qc, andare avanti (+ compl di modo) con/in qc, avanzare (+ compl di modo) in qc: **nur mühsam/schlecht mit** etw (dat) **~**, ⌊fare fatica⌋/[stentare] ad andare avanti con/in qc; **mit einer Arbeit nicht gut/[so richtig] ~**, non andare avanti/[avanti bene] con un lavoro; **mit dem Studium gut ~**, ⌊fare buoni progressi⌋/[andare avanti bene] negli studi; **im Beruf/[beruflich] ~**, avanzare/[avere successo] nella professione, fare carriera; **im Leben ~**, fare strada (nella vita).

Vorankündigung f {+EREIGNIS, GASTSPIEL, WENDE} preannuncio m; {+BESUCH, HANDLUNG, STREIK} preavviso m.

voran|machen itr fam spicciarsi, muoversi: **jetzt mach mal voran!**, e spicciati!, su, muoviti/[datti una mossa]! fam.

voran|melden <nur inf oder part perf> **A** tr **1** tel etw ~ (Gespräch) prenotare qc tramite operatore **2** (vorher anmelden) etw ~ prenotare qc **B** rfl (sich vorher anmelden) **sich (für/zu** etw **dat) ~** prenotarsi (a/per qc); {ZU EINEM KURS} iscriversi (a qc).

Voranmeldung f **1** tel preavviso m di chiamata: **ein Gespräch mit ~**, una comunicazione telefonica con preavviso di chiamata **2** (vorherige Anmeldung) richiesta f di (un) appuntamento; (für Karten, Plätze) prenotazione f; (für einen Kurs) iscrizione f: **hatten Sie eine ~?**, aveva (preso) (un) appuntamento?

Voranschlag m com ökon preventivo m.

voran|schreiten <irr> itr geh → **voran|gehen** A 1, 3 u. B.

voran|stellen tr **etw etw** (dat) **~** premettere qc a qc, far precedere qc da qc: **dem Konzert ein paar einführende Worte ~**, far precedere il concerto da alcune parole introduttive; **der Diskussion einige Bemerkungen ~**, premettere alla discussione alcune considerazioni.

voran|treiben <irr> tr etw ~ {ENTWICKLUNG, PROZESS} accelerare qc: **die Computerisierung der Betriebe ~**, accelerare la computerizzazione delle imprese.

Voranzeige f {+BUCH, THEATERSTÜCK} breve presentazione f (a scopo pubblicitario); {+FERNSEHSENDUNG, FILM} trailer m, clip m.

Vorarbeit f lavoro m preliminare/preparatorio: **die ~ für etw (akk) / ~en zu etw (dat)] leisten**, fare i lavori preliminari per qc; **gründliche/gute ~ geleistet haben**, avere preparato bene il lavoro; fig avere preparato bene il terreno.

vor|arbeiten A itr **1** (im Voraus arbeiten) avvantaggiarsi nel lavoro, fare il (proprio) lavoro in anticipo: **wenn Sie nächste Woche in Urlaub gehen wollen, müssen Sie jetzt ~**, se vuole andare in ferie la prossima settimana deve [portarsi avanti con il]/[avvantaggiarsi nel] lavoro adesso **2** (Vorarbeit leisten) **(für jdn) ~**, **(jdm) ~** preparare il lavoro (per/a qu), fare i lavori preliminari (per qu) B tr etw ~ {BESTIMMTE STUNDEN, TAGE, ZEIT} avvantaggiarsi di qc nel lavoro: **eine Woche ~**, avvantaggiarsi di una settimana nel lavoro C rfl **1** (vordringen) **sich durch etw akk) ~** {DURCH DAS DICKICHT, DEN DSCHUNGEL} farsi strada in/attraverso qc, aprirsi la strada/un varco in qc, avanzare attraverso qc; **sich zu jdm/etw ~** avanzare in direzione di qu/qc: **sie mussten sich durch dichtes Gestrüpp zu dem Verletzten ~**, per raggiungere il ferito dovettero farsi strada attraverso una fitta macchia **2** sport **sich ~** {LÄUFER, RENNFAHRER} guadagnare terreno; **sich (von etw dat) irgendwohin ~** {VOM FÜNFTEN, SECHSTEN AUF DEN ZWEITEN, DRITTEN PLATZ} avanzare (da qc) fino a qc: **sich an die Spitze ~**, guadagnare la testa; **der Marathonläufer hatte sich von einem der letzten Plätze an die Spitze vorgearbeitet**, partendo da una delle ultime posizioni il maratoneta era riuscito a portarsi in testa.

Vorarbeiter m (**Vorarbeiterin** f) industr caposquadra mf.

Vorarlberg <-s, ohne pl> n geog Vorarlberg m.

vorauf|führen tr *nur inf oder part perf* film etw ~ dare/proiettare qc in anteprima.

Voraufführung f film theat anteprima f.

voraus adv (vor den anderen) avanti; (an der Spitze) in testa: **beim Wandern sind die Jungen immer ~**, i giovani sono sempre (d)avanti/[in testa] quando si va a camminare; **jdm etw ~ sein** {EINE BESTIMMTE STRECKE}, essere avanti di qc rispetto a qu; **er ist den anderen immer zwei, drei Meter ~**, è sempre avanti di due tre metri rispetto agli altri; **jdm weit ~ sein**, essere molto avanti rispetto a qu; *bes. sport* essere nettamente in vantaggio su qu ● **im/zum bes. CH Voraus** {ABRECHNEN, SICH BEDANKEN, BERECHNEN, BEZAHLEN}, in anticipo, anticipatamente; {BESTIMMEN, FESTLEGEN, WISSEN}, in anticipo, prima; **vielen Dank im Voraus**, tante grazie anticipate; **meinen Dank im Voraus**, i miei ringraziamenti anticipati; **das wusste ich schon im Voraus**, lo sapevo già prima; **jdm (in/auf etw dat) ~ sein**, essere avanti rispetto a qu (in qc); **sie ist ihren Mitschülern ~**, è avanti rispetto ai suoi compagni di classe; **er ist den anderen in Mathematik weit ~**, è molto [avanti rispetto agli]/[più bravo degli] altri in matematica; **die Amerikaner sind uns in der Weltraumforschung weit ~**, nella ricerca spaziale gli americani sono in notevole vantaggio su di noi.

voraus|ahnen tr etw ~ {UNGLÜCK, UNHEIL} presagire qc, presentire qc, avere il presentimento/presagio di qc.

voraus|berechnen <ohne ge-> tr etw ~ calcolare qc [in anticipo]/[anticipatamente]: **etw lässt sich (nicht) ~**, (non) si può calcolare qc in anticipo.

Vorausberechnung f calcolo m anticipato/[fatto in anticipo].

voraus|bestimmen <ohne ge-> tr etw ~ {DEN ABLAUF, VERLAUF VON ETW} determinare/stabilire qc in anticipo, prestabilire qc, predeterminare qc.

voraus|bezahlen <ohne ge-> tr etw ~ {MIETE, RATE} pagare qc anticipatamente/[in anticipo], anticipare qc.

Vorausbezahlung f pagamento m anticipato/[effettuato in anticipo].

vorausblickend adj geh previdente.

voraus|datieren, **vor|datieren** <ohne ge-> tr etw ~ {SCHECK, ZAHLUNGSANWEISUNG} postdatare qc.

voraus|denken <irr> itr essere lungimirante.

voraus|eilen itr <sein> geh **1** (vorlaufen) correre avanti; **jdm/etw ~** correre avanti a qu/qc, precorrere qu/qc lit: **er eilte uns voraus und riss (uns) die Tür auf**, ci corse avanti e ci spalancò la porta **2** (vorwegnehmen): **meine Gedanken eilten schon voraus**, con l'immaginazione precorrevo gli eventi; **etw** (dat) **~** precorrere qc, anticipare qc; **seine düsteren Vorahnungen eilten den Ereignissen voraus**, i suoi foschi presentimenti precorsero gli eventi; **mit etw** (dat) **seiner Zeit ~** {MIT EINER ERFINDUNG, SEINEN IDEEN}, precorrere/anticipare i tempi (con qc).

Vorausexemplar n {+BUCH, ZEITSCHRIFT, ZEITUNG} copia f staffetta.

voraus|fahren <irr> itr <sein> **1** (früher fahren) **(jdm) ~** partire prima (di qu): **ich fahr schon mal voraus**, io, intanto, vado **2** (vor jdm herfahren) precedere qu (in macchina).

voraus|gehen itr <sein> **1** (früher gehen) avanti: **du kannst schon mal ~, ich komme nach**, intanto puoi [andare avanti]/[incamminarti], io arrivo; **jdm ~** precedere qu, partire prima di qu: **wir gehen den anderen voraus und belegen einen Tisch**, [andiamo avanti]/[precediamo gli altri] e occupiamo un tavolo; **sie ging ihm im Tod voraus**, lo precedette nella morte **2** (früher geschehen) **etw** (dat) **~** precedere qc: **dem Entschluss gingen lange Diskussionen voraus**, la decisione fu preceduta da lunghe discussioni; **dem Donner geht meist ein Blitz voraus**, il tuono è quasi sempre preceduto da un lampo **3** (vor jdm/etw hergehen) (jdm/etw) **~** precedere qu/qc.

vorausgesetzt A part perf von voraus|setzen B konj: **~, (dass)...**, a condizione che ... konjv, purché ... konjv, ammesso/sempre che ... konjv; **~, dass er nicht schon ein Hotel gefunden hat ...**, a patto che non abbia già trovato un albergo ...; **~,[dass deine Vermutung zutrifft]/[deine Vermutung trifft zu]**, sempre che le tue supposizioni si rivelino fondate; **am Samstag wollen wir eine Gartenparty machen, ~, es ist schönes Wetter**, sabato vogliamo fare una festa in giardino [ammesso/sempre che]/[purché] il tempo sia bello.

voraus|haben <irr> tr **jdm etw ~** avere qc in più di/[rispetto a] qu: **was hat sie dir denn voraus?**, che cos'ha lei più di te?; **er hat seinem Kollegen die größere Geschicklichkeit voraus**, quanto ad abilità ha una marcia in più del suo collega; **sie hat dir an Fachkenntnissen nichts voraus**, in quanto a conoscenze tecniche non hai niente da invidiarle; **jdm viel ~**, superare di gran lunga qu, essere di molto superiore a qu; **er hat euch einiges/viel an Erfahrung voraus**, (lui) ha un'esperienza ben più grande della vostra.

Vorauskasse f com pagamento m anticipato.

voraus|laufen <irr> itr <sein> fam correre/andare avanti; **jdm ~** precedere qu.

voraus|planen A tr etw ~ programmare/progettare/pianificare qc [in anticipo]/[anticipatamente]: **etw lang ~** {AUFENTHALT, FERIEN, FEST, REISE, UMZUG}, programmare qc con (un) largo anticipo B itr programmare/progettare/pianificare in anticipo.

voraussagbar adj prevedibile.

Voraussage f previsione f, pronostico m: **eine ~ [bewahrheitet/erfüllt sich]/[trifft ein]**, una previsione/un pronostico si avvera; **~n (über etw akk) machen** {ÜBER DIE ERNTE, DIE FUßBALLMEISTERSCHAFT, DEN WAHLAUSGANG}, fare [dei pronostici]/[delle previsioni] (su qc).

voraus|sagen tr (**jdm**) etw ~ {EINEN ERFOLG, SIEG, EIN UNHEIL} pronosticare qc (a qu); {DIE ZUKUNFT} auch predire qc (a qu); {WAHLERGEBNISSE} fare [delle previsioni]/[dei pronostici] su qc (a qu): **das Wetter ~**, dare le previsioni del tempo; **sie hatten vorausgesagt, dass es schneien würde**, avevano previsto [che avrebbe nevicato]/[delle nevicate]; **etw lässt sich (nicht) ~**, qc (non) si può predire/pronosticare, (non) si possono fare [dei pronostici]/[delle previsioni] su qc.

vorausschauend A adj {PLANUNG, POLITIK} lungimirante; {HANDELN, MENSCH} auch previdente: **~es Denken**, lungimiranza B adv {DENKEN, HANDELN, PLANEN} con previdenza/lungimiranza, con un occhio al futuro: **etw ~ planen**, progettare qc tenendo conto di tutte le eventualità.

Vorausscheidung f bes. sport preselezione f, eliminatoria f.

voraus|schicken tr **1** (sagen) etw ~ premettere qc; **etw** (dat) **etw ~** premettere qc a qc, far precedere qc da qc: **der Konferenz einige einführende Worte ~**, premettere alcune parole introduttive alla conferenza; **ich möchte ~, dass ...**, vorrei premettere che ... **2** (früher losschicken) **jdn/etw ~** {BOTEN} mandare avanti qu, spedire avanti qu; {GEPÄCK} spedire avanti qc.

voraussehbar adj prevedibile: **das war doch ~!**, ma era prevedibile, no?!

voraus|sehen <irr> tr etw ~ prevedere qc: **etw ist vorauszusehen**, qc si può prevedere, qc è prevedibile; **ich habe (es) ja vorausgesehen, dass ...**, l'avevo previsto che ...; **nicht vorauszusehen sein**, essere imprevedibile, non essere prevedibile; **es war vorauszusehen, dass das Abkommen nicht zustande kommen würde**, era prevedibile che non si sarebbe giunti a un accordo ● **das war vorauszusehen!**, c'era da prevederlo!

voraus|setzen tr **1** (von etw ausgehen) **etw ~** (pre)supporre qc, dare per scontato

(-a) qc: **ich setze voraus, dass Sie mit dem Computer umgehen können,** (pre)suppongo che Lei abbia dimestichezza con il computer; **das kannst du nicht so einfach ~,** non lo puoi semplicemente dare per scontato; **ich hatte deine Zustimmung vorausgesetzt,** avevo dato per scontato il tuo consenso; **etw stillschweigend ~,** partire tacitamente dal presupposto che ... konjv, dare tacitamente per scontato che ... konjv; **etw als ... ~** ₍ALS BEKANNT₎, ₍partire dal presupposto₎/[dare per scontato] che qc sia ...; **ich darf wohl als bekannt ~, dass ...,** credo di poter dare per scontato che ...; **etw als selbstverständlich ~,** dare qc per scontato; **Unbefangenheit wird bei einem Richter als selbstverständlich vorausgesetzt,** l'imparzialità del giudice si dà per scontata **2** (*erfordern*) *etw* **~** presupporre qc, richiedere qc: **eine Arbeit, die besondere Fähigkeiten voraussetzt,** un lavoro che presuppone/richiede particolari capacità; **dieser Eingriff setzt eine normale Herz-Kreislauf-Funktion voraus,** questo intervento presuppone che le funzioni cardiocircolatorie siano normali.

Voraussetzung <-, -en> f **1** (*Prämisse*) presupposto m, premessa f: **von falschen ~en ausgehen,** partire da ₍presupposti sbagliati₎/[premesse sbagliate] **2** (*Vorbedingung*) condizione f preliminare, presupposto m, premessa f, (*Erfordernis*) condizione f, richiesta f, requisito m: **eine wichtige/[unabdingbare/unerlässliche] ~,** una condizione/premessa importante/[imprescindibile/irrinunciabile]; **die ~en (für etw akk) schaffen,** creare i presupposti/le premesse/le condizioni (per qc); **die ~en sind nicht gegeben/erfüllt, dass man ...,** non ci sono le condizioni/premesse perché si ... konjv; **die notwendige ~ dafür ist, dass ...,** ₍la condizione sine qua non₎/[il presupposto indispensabile] per questo è che ... konjv; **für diese Stelle ist ein abgeschlossenes Ingenieurstudium ~,** per questo posto è richiesta la laurea in ingegneria; **die richtigen ~en für etw (akk) haben,** ₍essere in possesso dei requisiti necessari₎/[avere tutte le carte in regola fam] per (fare) qc; **etw zur ~ machen,** porre qc come condizione ● **unter der ~, dass ...,** a condizione/patto che ... konjv, purché ... konjv, sempre che ... konjv; **unter ~en: unter anderen/diesen ~en,** ₍ad altre₎/[a queste] condizioni.

Voraussicht <-, ohne pl> f previsione f: **in der ~, dass ...,** ₍in previsione del fatto₎/[prevedendo] che ... ● **aller ~ nach,** con ogni/tutta probabilità; **nach menschlicher ~,** per quanto ci è dato prevedere; **in weiser ~** scherz, per precauzione, saggiamente.

voraussichtlich A adj <attr> (ABFAHRT, ANKUNFT, ERSCHEINUNGSDATUM) previsto; {SIEGER, VERSPÄTUNG} probabile: **~e Ankunft (um) 13. 45,** arrivo previsto per le 13,45; **der ~e Europameister ist im Schwergewicht,** il probabile campione europeo dei pesi massimi B adv {ABFLIEGEN, ANKOMMEN, SICH VERSPÄTEN} con ogni probabilità, probabilmente, prevedibilmente: **wir werden ~ gegen Abend ankommen,** ₍arriveremo con ogni probabilità₎/[prevediamo di arrivare] verso sera; **wir werden ~ um 18 Uhr abfahren,** la nostra partenza è prevista per le (ore) 18; **der Flug hat ~ 60 Minuten Verspätung,** il volo è annunciato con 60 minuti di ritardo.

Vorauswahl f preselezione f, selezione f, scelta f preliminare, prima scelta f: **eine ~ treffen,** operare una preselezione.

voraus|zahlen tr *etw* **~** pagare qc ₍in anticipo₎/[anticipatamente], anticipare qc.

Vorauszahlung f com pagamento m anticipato ● **nur gegen ~** com, solo contro pagamento anticipato.

Vorbau m **1** arch avancorpo m **2** fam scherz (*Busen*) davanzale m fam scherz: **einen tollen ~ haben,** avere un bel davanzale.

vor|bauen A itr **1** (*Vorkehrungen treffen*) {FÜR DAS ALTER, MAGERE, SCHLECHTE ZEITEN} provvedere/tutelarsi (per tempo), prendere le (proprie) precauzioni **2** (*vorbeugen*) *etw* (dat) **~** {MISSVERSTÄNDNISSEN} prevenire qc: **ich habe schon mal vorgebaut, damit keine Missverständnisse entstehen,** ho messo le mani avanti perché non ci fossero equivoci B tr bau *etw* (dat) *etw* **~** costruire qc sul davanti di qc.

Vorbedacht <-(e)s, ohne pl> m: **mit ~** {HANDELN, SAGEN, TUN}, con premeditazione, premeditatamente, di proposito; **ohne ~,** senza premeditazione; **mit ein/ohne ~ begangenes Delikt,** un reato ₍commesso con₎/[senza premeditazione]/[premeditato/non premeditato].

Vorbedingung f condizione f preliminare, precondizione f, premessa f, presupposto m.

Vorbehalt <-(e)s, -e> m riserva f: **ein stiller/versteckter ~,** qualche riserva; **~e gegen jdn/etw haben,** avere delle riserve nei confronti di qu/qc ● **ohne ~,** senza riserve; **ohne den leisesten ~,** senza la minima riserva; **unter/mit ~,** con riserva; **unter/mit dem ~, dass ...,** con la riserva che ... konjv; **unter üblichem ~** form (Abk u. ü. V.), salvo errori e omissioni.

vor|behalten① <irr, ohne ge-> rfl sich (dat) *etw* **~** {EINSPRUCH, RÜCKTRITT, SCHRITTE} riservarsi la facoltà di fare qc; {MÖGLICHKEIT, RECHTE} riservarsi qc: **sich gerichtliche Schritte ~,** riservarsi la facoltà di adire le vie giudiziarie form; **sich (dat) ~, etw zu tun,** riservarsi di fare qc.

vorbehalten② adj geh riservato: **Änderungen/Irrtümer ~,** salvo ₍cambiamenti/modifiche₎/[errori]; **alle Rechte ~,** tutti i diritti riservati; **jdm ~ bleiben/sein** {ENTSCHEIDUNG}, spettare a qu; **es bleibt Ihnen selbstverständlich ~ zu entscheiden, ob ...,** sta naturalmente a Lei decidere se ...; **die letzte Entscheidung bleibt dem Kollegium ~,** la decisione ultima spetta al collegio; **die ersten Reihen im Theater sind den Stammmietern ~,** a teatro le prime file sono riservate agli abbonati; **etw bleibt etw (dat) ~** {AUFKLÄRUNG EINEM PROZESS, DER ZUKUNFT}, qc tocca a qc; **das bleibt der nachfolgenden Generation ~,** spetta alla prossima generazione.

vorbehaltlich, vorbehältlich CH A präp form **~ einer S.** (gen) salvo qc: **~ der Genehmigung des Vorgesetzten ...,** salvo diversa disposizione del superiore ... B adj (*mit Vorbehalt gegeben*) {GENEHMIGUNG, ZUSTIMMUNG} con riserva.

vorbehaltlos A adj {GENEHMIGUNG, ZUSTIMMUNG} senza riserve, incondizionato B adv {AKZEPTIEREN, GENEHMIGEN, ZULASSEN} senza riserve, incondizionatamente.

vorbehandelt adj {BRETT, FUSSBODENDIELE} prefinito; {HOLZ} auch pretrattato.

vorbei adv **1** (*an etw vorüber*) **~ an etw** (dat) lungo qc, passando davanti a qc, costeggiando qc: **wir fuhren den ganzen Tag, ~ an blühenden Feldern und kleinen Dörfern,** viaggiammo tutto il giorno, passando davanti a campi in fiore e attraversando piccoli paesi **2** (*seitlich neben*) **an jdm/etw ~** accanto/davanti a qu/qc **3** (*vergangen*) passato, finito: **der Sommer ist schon fast ~,** l'estate è quasi finita/passata; **und so war wieder ein Tag ~,** e così un'altra giornata si n'era andata; **~ die schönen Tage, als ...** lit, passati i bei tempi quando ...; **es ist schon zehn (Uhr) ~,** sono già le dieci passate ● **~!** (*Ziel verfehlt*), sbagliato!; **~ ist ~,** quel che è stato è stato; **mit jdm ist es ~** fam (*jd liegt im Sterben*), per qu è finita, qu è spacciato fam; **(die Freundschaft zwischen zwei Personen ist zu Ende),** qu ha chiuso con qu; **mit uns ist es endgültig ~,** tra noi è finita per sempre, (tu) con me hai chiuso definitivamente; **mit jds ... ist es ~** {MIT JDS BEHERRSCHUNG, FASSUNG, RUHE}, qu ha perso qc; **und da war es mit seiner sprichwörtlichen Fassung ~,** e perse la sua proverbiale calma fam, e la sua proverbiale calma andò a farsi friggere fam; **mit etw (dat) ist es ~** {MIT DEM FAULENZEN, DER UNTÄTIGKEIT}, è finita con qc; **an jdm/etw ~ sein,** avere (oltre)passato qu/qc; (*vom Standpunkt des Vorbeigehenden aus*), essere passato davanti a qu/qc; **sind wir schon an Düsseldorf ~?,** abbiamo già passato Düsseldorf?; **als wir ihn sahen, war er auch schon (an uns) ~,** quando lo notammo, era già passato.

vorbei|bringen <irr> tr fam (*jdm*) *etw* **~** passare a portare qc (a qu): **ich bring' dir morgen das Buch vorbei,** passo domani a portarti il libro.

vorbei|dürfen <irr> itr fam (*irgendwo*) **~** poter/[avere il diritto di] passare (+ *compl di luogo*): **darf ich mal bitte vorbei?,** mi fai/fa/fate passare?, permesso? form; **hier dürfen wir mit dem Wagen nicht vorbei,** (di) qui con la macchina non possiamo passare.

vorbei|fahren <irr> A itr <sein> **1** (*vorüberfahren*) (**an jdm/etw**) **~** passare (con un veicolo) (*davanti/accanto a qu/qc*): **er ist an uns vorbeigefahren, ohne uns zu sehen,** ci è passato davanti/accanto senza vederci; ₍ganz nah₎/[viel zu nah] **an jdm ~,** passare ₍vicinissimo (-a)₎/[troppo vicino (-a)] a qu; **ein Auto fährt beim Überholen zu dicht/schnell an einem anderen Auto vorbei,** una macchina ne sorpassa un'altra troppo ₍da vicino₎/[velocemente]; **die Straßenbahn ist einfach vorbeigefahren** (*ohne zu halten*), il tram è passato senza fermarsi **2** fam (*aufsuchen*) **bei jdm ~** passare da qu (con un veicolo): **ich wollte kurz bei Andreas ~,** volevo ₍passare un attimo₎/[fare un salto] da Andreas; **beim Bäcker ~,** passare dal fornaio; **bei etw** (dat) **~** {BEI DER APOTHEKE, DER BANK, POST, BEIM ZEITUNGSKIOSK} passare da qc B tr <haben> fam **jdn bei jdm ~** dare uno strappo a qu/qc, accompagnare qu da qu ● **im Vorbeifahren** {BEMERKEN, ENTDECKEN, SEHEN}, passando.

vorbei|führen A tr **jdn/etw an jdm/etw ~** {BLINDEN, KIND AN EINEM HINDERNIS, EINER UNFALLSTELLE} accompagnare qu oltre qc; {TIER AN EINEM HINDERNIS} portare qc oltre qc B itr <haben> **an etw** (dat) **~** costeggiare qc, passare lungo qc, correre lungo qc: **die Straße führt kilometerlang an Wiesen und Feldern vorbei,** la strada costeggia/[passa/corre lungo] prati e campi per molti chilometri; **da führt kein Weg daran vorbei,** di qui non si scappa fam.

vorbei|gehen <irr> itr <sein> **1** (*entlang-, vorübergehen*) (**an jdm/etw**) (**irgendwie**) **~** passare (*davanti/accanto a qu/qc*) (+ *compl di modo*): **dicht an jdm ~,** passare molto vicino a qu; **schnell/eilig an etw (dat) ~,** passare velocemente/[in fretta] davanti a qc; **achtlos an etw (dat) ~,** passare davanti a qc senza farci caso; **er ging an ihr vorbei, ohne sie zu sehen,** le passò davanti/accanto senza vederla **2** (*danebengehen*) {SCHUSS, WURF} mancare il bersaglio **3** fam (*kurz aufsuchen*) **bei jdm/etw ~** {BEIM ARZT, EINER FREUNDIN, DEN ELTERN} passare da qu/qc, fare un salto *fam*/una scappata *fam da qu/qc* **4** (*außer Acht lassen*) **an etw** (dat) ~ passare sopra *a qc*: **an solchen Dingen geht er vorbei, als existierten sie nicht**, a cose del genere ci passa sopra come se non esistessero; **das Leben geht an jdm vorbei**, la vita ⌊scorre accanto a qu⌉/[passa senza che qu se ne accorga]; **an der Wirklichkeit ~** {BERICHT, BUCH, FILM}, sfiorare la realtà senza toccarla **5** (*vergehen*) passare: (**du wirst sehen,) das geht schon wieder vorbei**, (vedrai che ti) passerà; **die Ferien gingen zu schnell vorbei**, le ferie passarono troppo in fretta ● *beim/im Vorbeigehen*, passando; **im Vorbeigehen sah er jemanden aus dem Haus huschen**, passando/[mentre passava] vide qualcuno sgattaiolare fuori di casa; **etw** (**ungenutzt**) **~ lassen** {CHANCE, GELEGENHEIT}, ⌊lasciarsi sfuggire⌉/[perdere] qc.

vorb<u>ei</u>|kommen <irr> itr <sein> **1** (*vorüberkommen*) **an etw** (dat) **~** passare ⌊davanti a⌉/[lungo] qc, costeggiare qc: **wir sind an wunderschönen Villen vorbeigekommen**, siamo passati (-e) davanti a delle bellissime ville; **erst kommt man an Wiesen und Feldern vorbei, ...**, prima si ⌊passa lungo⌉/[costeggiano] prati e campi, ...; **an dem ersten Restaurant, an dem wir ~, halten wir an**, al primo ristorante che troveremo (per la strada) ci fermeremo; **auf der Fahrt an einem schweren Unfall ~**, trovare *fam* un grave incidente per la strada **2** (*vorbeikönnen*) riuscire a passare: **ich komme da (mit dem Auto) nicht vorbei**, di lì non ci passo (con la macchina); **mach mal Platz, sonst kommt sie da nicht vorbei!**, spostati un po', altrimenti non riesce a passare/passarci! **3** *fam* (*besuchen*) (*bei jdm*) **~** passare (*da qu*) *fam*, fare un salto *fam*/una scappata *fam da qu fam*: **komm doch mal wieder (bei uns) vorbei!**, passa qualche volta (da noi)!; **wann kommt ihr mal wieder (bei uns) vorbei?**, quando ⌊farete di nuovo un salto⌉/[ripasserete] da noi?; **ich wollte kurz bei euch ~**, volevo fare una capatina da voi ● **an etw** (dat) **nicht ~**: **an dieser Tatsache kommt niemand vorbei**, nessuno può ignorare questo fatto; **daran kommst du nicht vorbei** (*etw tun müssen*), da qui non si scappa *fam*; (*etw zur Kenntnis nehmen müssen*), non puoi non tenerne conto; **nicht daran ~, etw zu tun**, non poter evitare/[fare a meno] di fare qc; **du kommst nicht daran vorbei, ihn einzuladen**, non potrai fare a meno di invitarlo.

vorb<u>ei</u>|können <irr> itr *fam* (*irgendwo*) **~** poter passare (+ *compl di luogo*).

vorb<u>ei</u>|lassen <irr> tr *fam* **1** (*vorbeigehen lassen*) **jdn/etw ~** lasciar/far passare *qu/qc*: **lässt du mich mal vorbei?**, mi fai passare?; **die Leute traten zur Seite, um die berühmte Schauspielerin vorbeizulassen**, la gente si fece da parte per far passare la famosa attrice **2** (*vorbeifahren lassen*) **jdn/ etw ~** lasciar/far passare *qu/qc*: **die Autos fuhren an den Straßenrand, um den Krankenwagen vorbeizulassen**, le macchine accostarono per far passare l'(auto)ambulanza.

vorb<u>ei</u>|laufen <irr> itr <sein> **an jdm/etw ~** {EINEM SCHAUFENSTER, EINER UNFALLSTELLE} passare accanto/davanti *a qu/qc*: **sie ist an uns vorbeigelaufen, ohne uns zu grüßen**, ci è passata accanto/davanti senza salutarci; **er lief mit langen Schritten an ihnen vorbei**, li superò a lunghi passi.

Vorb<u>ei</u>marsch <-es, ohne pl> m bes. mil sfilata f.

vorb<u>ei</u>|marschieren <ohne ge-> itr <sein> **1** *mil* **an jdm/etw ~** {AN DEN EHRENGÄSTEN, DER EHRENTRIBÜNE} sfilare (marciando) davanti a *qu/qc*, passare marciando davanti *a qu/qc* **2** *fam* (*vorbeigehen*) **irgendwie an jdm ~** {HOCH ERHOBENEN HAUPTES, STOLZ} passare davanti *a qu* + *compl di modo*.

vorb<u>ei</u>|müssen <irr> itr *fam* (*irgendwo*) **~** dover passare (+ *compl di luogo*).

vorb<u>ei</u>|planen itr (*mit etw* dat) **an jdm/ etw ~** {AM BEDARF, AN DEN BEDÜRFNISSEN, BÜRGERN} pianificare/programmare (*qc*) ⌊senza tener conto di⌉/[trascurando] *qu/qc*, non tenere conto di⌉/[trascurare] *qu/qc* nella pianificazione (*di qc*).

vorb<u>ei</u>|rasen itr <sein> **an jdm/etw ~** sfrecciare davanti/accanto *a qu/qc*, passare come un razzo davanti/accanto *a qu/qc*.

vorb<u>ei</u>|reden itr **1** (*über das Wesentliche nicht reden*) **an etw** (dat) **~** sfiorare appena *qc*: **am eigentlichen Thema ~**, non centrare l'argomento; (*bewusst umgehen*) non arrivare al nocciolo *di qc*, girare intorno *a qc*: **sie haben bewusst an den Problemen vorbeigeredet**, hanno girato volutamente intorno ai problemi **2** (*miteinander reden, ohne sich zu verstehen*) **aneinander ~** parlare (due) lingue diverse: **sie haben völlig aneinander vorbeigeredet**, è stato un dialogo fra sordi.

vorb<u>ei</u>|reiten <irr> itr <sein> **an jdm/etw ~** passare a cavallo davanti/accanto *a qu/ qc*.

vorb<u>ei</u>|rennen <irr> itr <sein> passare ⌊di corsa⌉/[correndo]; **an jdm/etw ~** passare di corsa davanti/accanto *a qu/qc*.

vorb<u>ei</u>|schauen itr *fam* **1** (*jdn besuchen*) (*bei jdm*) **~** passare (*da qu*), fare un salto *da qu*: **ich wollte nur kurz bei euch ~**, volevo soltanto fare una visitina; **wenn er Zeit hat, schaut er vorbei**, se ha tempo farà un salto **2** (*einen Kontrollbesuch machen*) (*bei jdm/irgendwo*) **~** {ARZT BEIM PATIENTEN; DIREKTOR IM BETRIEB} (passare a dare un'occhiata (*a qu*/+ *compl di luogo*): **der Chef hat nur kurz vorbeigeschaut**, il principale è passato solo un attimo a dare un'occhiata.

vorb<u>ei</u>|schießen <irr> itr **1** <sein> *fam* (*sich schnell bewegen*) **an jdm/etw ~** {FAHRZEUG, GESCHOSS} sfrecciare davanti *a qu/qc*, passare sfrecciando davanti *a qu/qc*; {MENSCH} *auch* passare come una freccia/un razzo davanti *a qu/qc* **2** <haben> (*danebenschießen*) mancare il bersaglio; **an jdm/etw ~** mancare *qu*: **am Ziel ~**, mancare il bersaglio; **dicht an jdm ~**, sfiorare *qu* con una pallottola; **um Haaresbreite an jdm ~**, mancare *qu* per un pelo (sparando).

vorb<u>ei</u>|schrammen itr <sein> *fam* **an etw** (dat) **~** {AN EINER KATASTROPHE, AM KONKURS, AN DER NIEDERLAGE} scampare *a qc* per un pelo/soffio *fam*.

vorb<u>ei</u>|ziehen <irr> itr <sein> **1** (*vorbeilaufen*) **an jdm/etw ~** {DEMONSTRANTEN, KARNEVALSZUG AN PASSANTEN} sfilare davanti *a qu/ qc*; {TRUPPEN AN EINER EHRENTRIBÜNE} *auch* sfilare a passo di marcia davanti *a qu/qc* **2** *sport* (*überholen*) **an jdm/etw ~** {LÄUFER, SPORTLER AM GEGNER, KONKURRENTEN, VORDERMANN} superare *qu/qc*; {RENNWAGEN AN EINEM ANDEREN WAGEN} *auch* sorpassare *qc*: **auf den letzten Metern an jdm ~**, superare *qu* agli ultimi metri **3** (*vorüberziehen*) **an jdm/ irgendwo ~** passare accanto/davanti *a qu* + *compl di luogo*: **dichte Regenwolken zogen am Himmel vorbei**, nubi dense di pioggia attraversarono il cielo ● **etw irgendwo ~ lassen** {IN DER ERINNERUNG}, lasciar scorrere *qc* + *compl di luogo*; **etw an/vor seinem geistigen Auge ~ lassen**, lasciar scorrere *qc* nella propria immaginazione, scorrere *qc* mentalmente.

vorbelastet adj **1** (*durch etw belastet*) {BEZIEHUNG, FAMILIÄRE SITUATION} pregiudicato, compromesso; (**in Bezug auf etw** akk) **~ sein**, essere (rimasto (-a)) segnato (-a) da *qc*; **sprechen wir nicht von Scheidung, da ist er ~: seine Eltern trennten sich, als er acht war**, non parliamo di divorzio: è rimasto segnato/scottato perché i suoi si separarono quando aveva otto anni **2** *fam scherz* (*bereits erfahren*): **irgendwie ~ sein** {FACHLICH, THEORETISCH}, non essere digiuno di *qc*; **musikalisch ~ sein**, non essere alle prime armi con la musica; **auf einem Gebiet ~ sein**, conoscere bene un settore/una materia ● **erblich ~ sein**, avere una tara ereditaria; **politisch ~ sein**, avere dei trascorsi politici.

V<u>o</u>rbemerkung f (*schriftlich*) premessa f; (*mündlich*) *auch* osservazione f preliminare/ introduttiva.

v<u>o</u>r|bereiten <ohne ge-> **A** tr **1** (*im Voraus bereiten*) **etw** (*für jdn*) **~** {FEST, REDE, REISE} preparare *qc* (*per/a qu*); {ESSEN} *auch* approntare *qc* (*per qu*) *geh*; {EMPFANG, JDS HOCHZEIT} fare i preparativi *per qc*, predisporre *qc* **2** (*präparieren*) **jdn/etw auf/für etw** (akk) **~** {LEHRER DIE SCHÜLER, KLASSE AUF/FÜR EIN EXAMEN, EINE PRÜFUNG; TRAINER DIE MANNSCHAFT, SPORTLER AUF/FÜR EINEN WETTKAMPF} preparare *qu/qc a/per qc*: **sie hatte die Schüler auch auf die schwierigsten Fragen vorbereitet**, aveva preparato i ragazzi anche alle domande più difficili **3** (*einstimmen*) **jdn auf etw** (akk) **~** preparare *qu a qc*, predisporre *qu a qc*; **jdn schonend auf etw** (akk) **~**, predisporre/preparare *qu a qc* ⌊con tatto/riguardo⌉/[cautamente]; **jdn darauf ~, dass ...**, preparare *qu* al fatto che ... **B** rfl **1** (*sich präparieren*) **sich** (*irgendwie*) (**auf etw** akk) **~** {GUT, INTENSIV AUF EINE BEFRAGUNG, PRÜFUNG, EIN TURNIER, EINEN WETTKAMPF} prepararsi (*a/per qc*) (+ *compl di modo*) **2** (*sich einstellen*) **sich auf etw** (akk) **~** {AUF JDS ANKUNFT, EIN GROßES EREIGNIS} prepararsi *a qc* **3** (*sich entwickeln*) **sich ~** {GEWITTER, STURM} prepararsi; {EREIGNISSE} *auch* annunciarsi.

v<u>o</u>rbereitend adj {EINLEITUNG, ERKLÄRUNG} preliminare; {GESPRÄCH} *auch* preparatorio; {MAßNAHMEN} *auch* preparatorio; {KURS} *auch* propedeutico.

v<u>o</u>rbereitet adj **1** *gastr* {GERICHT, KALTE PLATTE} (già) preparato, pronto **2** (*präpariert*) **irgendwie auf etw** (akk) **~ sein** {GUT, SCHLECHT AUF EINE PRÜFUNG}, esser(si) preparato + *compl di modo a/per qc* **3** (*auf etw eingestellt*): (**auf etw** akk) **~ sein**, essere pronto (per/[a fare] *qc*); **auf etwas Unangenehmes ~ sein**, essere pronto ad affrontare *qc* di spiacevole; **auf alles ~ sein**, ⌊essere preparato a⌉/[aspettarsi di] tutto; **darauf war niemand ~**, nessuno ⌊era preparato a⌉/ [si aspettava] una cosa del genere.

V<u>o</u>rbereitung <-, -en> f **1** (*das Vorbereiten*) {FEST, JUBILÄUM, PARTEITAG} preparazione f: **eine lange/intensive ~**, una lunga/intensa preparazione; **nach gründlicher ~**, dopo un'accurata preparazione **2** (*vorbereitende Maßnahme*) preparativo m: **die ~en** ⌊**sind in vollem Gange**⌉/[**laufen auf Hochtouren**], i preparativi ⌊sono in pieno svolgimento⌉/[fervono]; **jdm bei den ~en helfen**, aiutare *qu* nei preparativi ● **in ~ (sein)** {ARTIKEL, AUSGABE, BEITRAG, BUCH}, (essere) in preparazione; **~en (für etw** akk) **treffen** {FÜR EIN FEST, EINE REISE}, fare i preparativi (*per qc*), preparare *qc*.

V<u>o</u>rbereitungsdienst m *Schule* "tirocinio m per gli insegnanti prima dell'abilitazione".

V<u>o</u>rbereitungskurs m corso m propedeutico/preparatorio.

V<u>o</u>rbereitungsphase f fase f preparatoria/preliminare: **in der ~ sein**, essere in fase preparatoria.

Vorbereitungsspiel n *sport* partita f di preparazione.

Vorbereitungszeit f tempo m di preparazione.

Vorbericht m relazione f/rapporto m preliminare.

Vorbescheid m *form* prima risposta f; *jur* decisione f preliminare (dell'amministrazione).

Vorbesitzer m (**Vorbesitzerin** f) proprietario (-a) m (f) precedente, ex proprietario (-a) m (f).

Vorbesprechung f **1** (*Vorabbesprechung*) colloquio m preliminare; {+KOLLEGIUM} riunione f preliminare: **eine ~ mit jdm haben**, avere un colloquio preliminare con qu **2** (*Vorabrezension*) {+AUFFÜHRUNG, BUCH, FILM} anticipazione f.

vor|bestellen <ohne ge-> tr *etw* ~ {HOTELZIMMER, KONZERTKARTEN, PLATZ, TISCH} prenotare qc, (far) riservare qc.

Vorbestellung f prenotazione f: **es liegt uns keine ~ für das Zimmer vor**, non ci risulta alcuna prenotazione per la stanza.

vorbestimmt adj <präd>: **(jdm) ~ sein** {GESCHICK, SCHICKSAL}, essere scritto (per qu); **alles ist dem Menschen ~**, è tutto scritto.

Vorbestimmung <-, ohne pl> f predestinazione f: **dass sie sich begegnen sollten, war ~**, erano (pre)destinati a incontrarsi, era destino che si incontrassero.

vorbestraft adj *jur* pregiudicato, con precedenti penali: **~ sein**, avere (dei) precedenti penali, essere uno (-a) pregiudicato (-a); **nicht ~ sein**, essere senza/non avere precedenti penali, essere incensurato; **mehrfach ~ sein**, avere diversi precedenti penali; **wegen etw** (gen oder fam dat) **~ sein**, essere già stato condannato per qc.

Vorbestrafte <dekl wie adj> mf *jur* pregiudicato (-a) m (f).

vor|beten **A** itr *relig* guidare la preghiera **B** tr *fam* **jdm etw** ~ {ANORDNUNGEN, BESTIMMUNGEN, TEXT} recitare qc a qu ₍come una litania₎/[cantilenando].

Vorbeter m (**Vorbeterin** f) *relig* officiante mf.

Vorbeugehaft <-, ohne pl> f *jur* carcerazione f preventiva.

vor|beugen① itr **1** *med* fare della prevenzione, fare una terapia profilattica; *etw* (dat) ~ {DEM ENTSTEHEN, DER VERBREITUNG EINER KRANKHEIT} prevenire qc **2** (*unterbinden*) *etw* (dat) ~ {EINER GEFAHR, EINEM MISSBRAUCH} prevenire qc; {EINEM FEHLER, IRRTUM} *auch* cercare di evitare qc ● **~ ist besser als heilen** *prov*, è meglio prevenire che curare.

vor|beugen② **A** rfl (*nach vorn beugen*) **sich ~** piegarsi in avanti: **sich ganz weit ~**, piegarsi/chinarsi completamente in avanti; **sich über etw** (akk) **~** sporgersi da qc: **beugt euch nicht so weit über das Geländer vor**, non sporgetevi (così) tanto dal parapetto **B** tr *etw* ~ {KOPF, OBERKÖRPER} piegare/chinare in avanti qc.

vorbeugend adj preventivo; *med auch* profilattico: **~e Maßnahmen treffen**, adottare misure preventive/[di prevenzione]; {GEGEN KRANKHEIT} *auch* adottare misure profilattiche/[di profilassi] **B** adv preventivamente, in via preventiva; *med* {IMPFEN, UNTERSUCHEN} a scopo profilattico.

Vorbeugung <-, ohne pl> f ~ **gegen etw** (akk) {GEGEN AUSWÜCHSE, GEFAHREN, DAS ÜBERHANDNEHMEN EINER SACHE} prevenzione f (contro qc); *med auch* profilassi f (di qc) ● **zur ~, als ~ gegen etw** (akk), ₍a titolo preventivo

contro₎/[per prevenire] qc; *med auch*, a scopo profilattico contro qc; **zur ~ zwei Tabletten täglich**, come profilassi due compresse al dì.

Vorbild n modello m, esempio m: **jdm (ein) ~ sein**, essere ₍di esempio₎/[il modello da seguire] per qu; **jdm/[für jdn] ein leuchtendes ~ sein**, essere un fulgido/luminoso esempio per qu; **jdm/[für jdn] ein schlechtes ~ sein**, essere un ₍cattivo esempio₎/[pessimo modello] per qu; **jdm als ~ dienen** {PERSON}, servire da modello/esempio a qu, essere il modello da seguire per qu; **jdm als ~ für etw** (akk) **dienen** {FRÜHERE WERKE EINEM KOMPONISTEN, KÜNSTLER}, servire a qu come/da modello per qc; **einem ~ folgen/nacheifern**, seguire/emulare un modello; **sich** (dat) **jdn zum ~ nehmen**, prendere qu a modello/esempio; **in jdm ein ~ sehen**, vedere in qu un modello/esempio; **jdn als ~ hinstellen**, proporre qu come modello/esempio.

Vorbildcharakter m modello m di riferimento: ~ **(für etw akk) haben**, essere un (modello di) riferimento (per qc).

Vorbildfunktion f → **Vorbildcharakter**.

vorbildhaft **A** adj {ERZIEHUNG, HALTUNG, VERHALTEN} esemplare; {CHEF, EHEPARTNER, KOLLEGE} *auch* modello **B** adv {SICH BENEHMEN, VERHALTEN} in modo esemplare: **sie hat ~ reagiert**, ha reagito in modo esemplare, ha avuto una reazione esemplare.

vorbildlich **A** adj {ARBEIT, ERZIEHUNG, VERHALTEN} esemplare; {CHEF, PARTNER, KOLLEGE} *auch* modello: **ich könnte mir keinen ~eren Ehemann vorstellen**, non potrei immaginarmi (un) marito più perfetto **B** adv → **vorbildhaft**.

Vorbildung <-, ohne pl> f preparazione f, bagaglio m di conoscenze: **eine gewisse ~ in etw** (dat) **haben**, avere già una certa preparazione/esperienza in qc.

vor|binden <irr> tr *jdm etw* ~ {LÄTZCHEN, SCHÜRZE} mettere qc a qu (annodandolo).

Vorbörse f *Börse* preborsa f.

Vorbote m (**Vorbotin** f) ~, **Vorbotin einer S.** (gen) {EINER ERKRANKUNG, EINES FRÜHEN TODES, EINES UNGLÜCKS} segno m precursore/premonitore/foriero *lit* di qc, avvisaglia f di qc: **die ersten ~n der Krankheit waren Nachtschweiß und Gewichtsverlust**, i primi segni (premonitori) della malattia sono stati sudorazione notturna e perdita di peso; **die ~n der Krise**, i prodromi della crisi; {DES FRÜHLINGS, DES WINTERS} messaggero (-a) m (f): **die Schwalbe als Vorbotin des Frühlings**, la rondine come messaggera della primavera; **der heftige Wind war der ~ eines Sturms**, il forte vento era foriero di tempesta.

vor|bringen <irr> tr **1** (*anführen*) *etw* ~ presentare qc: **ich wollte dazu/diesbezüglich noch ~, dass ...**, a questo proposito vorrei far presente che ...; **jdm etw vor** (gen) ~ {ANLIEGEN, ARGUMENT, THESE} avanzare qc ₍a proposito di₎/[riguardo a] qc); {MEINUNG, WUNSCH} esprimere/manifestare qc a proposito di qc: **haben Sie noch etwas zu Ihrer Verteidigung vorzubringen?**, ha da addurre/aggiungere ancora qualcosa a Sua difesa?; **was hast du zu deiner Entschuldigung vorzubringen?**, che cos'hai da dire a tua discolpa?; *etw für etw* (akk) ~ {GRÜNDE FÜR EINE ABLEHNUNG, VERWEIGERUNG} addurre qc ₍a sostegno di qc₎; {BEWEISE FÜR EINE ANSCHULDIGUNG, EINEN VERDACHT} *auch* produrre qc ₍a proposito/sostegno di qc₎ **2** (*einwenden*) *etw* (gegen etw akk) ~ {ARGUMENT} avanzare qc (per controbattere qc); {BEDEN-

KEN, EINWAND} avanzare qc (su qc), sollevare qc (su qc): **habt ihr noch etwas dagegen vorzubringen?**, avete ancora ₍delle obiezioni da fare₎/[da obiettare qualcosa] in merito?; **gegen diese Theorie ließe sich so manches ~**, ci sarebbe parecchio da obiettare su questa teoria; **gegen seinen Vorschlag ließe sich ~, dass ...**, alla sua proposta si potrebbe muovere l'obiezione che ...

vorchristlich adj {ÄRA, ZEIT} precristiano f.

Vordach n {+GEBÄUDE} tettoia f, pensilina f; {+ZELT} veranda f.

vor|datieren <ohne ge-> tr → **voraus|datieren**.

vordem adv *geh* prima, in precedenza; (*weiter oben im Text*) *auch* sopra.

Vordenker m (**Vordenkerin** f) maître m à penser, ideologo (-a) m (f).

Vorderachse f *autom* asse m anteriore.

Vorderansicht f {+GEBÄUDE} prospetto m, facciata f, vista f frontale.

Vorderasien n *geog* Asia f occidentale; *hist* Asia f anteriore.

Vorderausgang m uscita f principale/[sul davanti]: **zum ~ hinausgehen**, uscire dalla porta principale, passare dall'uscita sul davanti; **den ~ benutzen**, utilizzare l'uscita principale.

Vorderbein n *zoo* zampa f/gamba f *fam* anteriore: **eine Verletzung am ~**, una ferita alla zampa anteriore.

Vorderdeck n *naut* coperta f di prua.

vordere adj → **vorderer**.

Vordereingang m ingresso m principale/[sul davanti]; {+GELÄNDE, PARK} *auch* accesso m principale/[sul davanti].

vorderer, vordere, vorderes adj <attr> anteriore, (*nach vorn liegend*) che dà/[si affaccia] sul davanti: **das vordere Rad**, la ruota anteriore; **ein vorderer Reifen war geplatzt**, era scoppiato uno dei pneumatici anteriori/davanti *fam*; **die vorderen Häuser waren alle restauriert**, le case davanti erano tutte restaurate; **in den vorderen Reihen gingen die Honoratioren der Stadt**, nelle ₍prime file₎/[file di testa] camminavano i notabili della città; **die vorderen Plätze waren alle schon besetzt**, i ₍primi posti₎/[posti davanti *fam*] erano già tutti occupati; **die vordere Seite eines Gebäudes**, ₍il lato anteriore₎/[il davanti] di un edificio ● **Vorderer Orient** *geog*, Vicino Oriente.

Vorderfront f {+GEBÄUDE} facciata f, davanti m.

Vorderfuß m *zoo* piede m anteriore.

Vordergrund m primo piano m: **im ~**, in primo piano ● **sich in den ~ drängen/schieben/spielen**, mettersi in ₍primo piano₎/[mostra]/[luce]; **etw in den ~ rücken/stellen**, mettere qc in ₍primo piano₎/[risalto]/[rilievo]; **im ~ stehen** {FRAGE, PROBLEM}, essere/esserci in primo piano; {PERSON} *auch*, occupare la ₍scena₎/[essere di] scena; **in den ~ treten/rücken** {FRAGE, PROBLEM}, passare in primo piano.

vordergründig **A** adj **1** (*oberflächlich*) {FILM, GESCHICHTE} superficiale **2** (*leicht durchschaubar*) {ABSICHT} facilmente intuibile; {ARGUMENT, AUSREDE, ENTSCHULDIGUNG} inconsistente; {VERHALTEN} di facciata; {FREUNDLICHKEIT, HÖFLICHKEIT} *auch* apparente **B** adv {DEN ANSCHEIN HABEN, RECHT HABEN} a prima vista; {DIE ABSICHT, DAS ZIEL VERFOLGEN, ETW BEZWECKEN} apparentemente, in apparenza.

vorderhand adv *obs oder CH* per il momento, per ora.

Vorderhaus n (*vorderer Teil eines Hauses*) parte f anteriore/davanti ₍di una₎/[della]

casa; (*vorderes Haus*) casa f (sul) davanti.
Vorderhirn n *anat* pro(s)encefalo m.
Vorderindien n *geog* subcontinente m indiano.
Vorderlader <-s, -> m arma f ad avancarica.
vorderlastig adj *aero naut* appruato.
Vorderlauf m *zoo* zampa f/arto m anteriore.
Vordermann m chi e/sta davanti: **mein/sein ~**, chi mi/gli sta davanti, ˪chi è˩/[la persona] davanti a me/lui ▸ **jdn auf ~ bringen** *fam* (*jdn zu Disziplin anhalten*), mettere ˪in riga˩/[a posto] qu, far ˪rigare diritto (-a) *fam*˩/[marciare *fam*] qu; **etw auf ~ bringen** *fam* (*in Ordnung bringen*) {HAUSHALT, WOHNUNG}, (ri)mettere a posto qc, riordinare qc; **der neue Manager hat die Firma wieder auf ~ gebracht**, il nuovo manager ha rimesso ordine nella ditta.
Vordermast <-(*e*)*s, -e*(*n*)> m *naut* albero m di prua.
Vorderpfote f *zoo* zampa f anteriore.
Vorderrad n ruota f anteriore/davanti *fam*.
Vorderradantrieb m *autom* trazione f anteriore: **mit ~**, a trazione anteriore.
Vorderradbremse f {+FAHRRAD} freno m anteriore/davanti *fam*.
Vorderschinken m *gastr* (prosciutto m di) spalla f.
Vorderseite f parte f/lato m anteriore; {+GEBÄUDE} *auch* facciata f, fronte f, davanti m, prospetto m; {+BLATT, BOGEN} recto m, faccia f anteriore; {+MÜNZE} *auch* diritto m.
Vordersitz m sedile m anteriore/davanti *fam*.
vorderste adj → **vorderster**.
Vorderste <*dekl wie adj*> mf primo (-a) m (f): **die ~n waren kaum noch zu sehen**, ˪i primissimi/le primissime˩/[quelli (-e) in cima/testa] si vedevano a malapena.
vorderster, vorderste, vorderstes adj <*superl von* vorderer> {GEBÄUDE, REIHE, STELLE} primo (-a); {BEREICH, TEIL} anteriore, davanti *fam*: **an vorderster Front kämpfen**, combattere in prima linea.
Vorderteil n *oder* m parte f anteriore, (parte f) davanti m.
Vordertür f porta f d'ingresso/principale, *autom* portiera f anteriore.
Vorderzahn m *anat* (dente m) incisivo m.
Vordiplom in *univ* "serie f di esami a conclusione del primo biennio di una facoltà tecnica".
vor|drängeln, vor|drängen rfl **1** (*sich nach vorn schieben*) **sich** ˪(*irgendwo*)˩ ~ {IM BUS, AN DER KASSE, IN EINER SCHLANGE} passare avanti spingendo/[a gomitate] (+ *compl di luogo*) **2** *pej* (*sich in den Mittelpunkt drängen*) **sich ~** (cercare di) ˪mettersi in vista˩/[farsi notare]: **sie drängelt sich gern vor**, le piace mettersi in vista/mostra.
vor|dringen <*irr*> itr <*sein*> **1** (*vorstoßen*) **in etw** (akk) **~** {IN EIN UNBEKANNTES GELÄNDE} inoltrarsi *in qc*, spingersi *in qc*, penetrare *in qc*; {IN EINE FREMDE WELT, EIN NEUES WISSENSGEBIET} penetrare *in qc*, inoltrarsi *in qc*; **bis zu etw** (dat) **~** {BIS ZUM FLUSS, ZUR GRENZE} inoltrarsi *fino a qc*, spingersi *fino a qc* **2** (*gelangen*) **bis zu jdm ~** giungere *fino a qu*, arrivare *fino a qu*: **sie sind mit ihren Forderungen bis zum Innenminister vorgedrungen**, con le loro rivendicazioni sono arrivati (-e) fino al ministro degli interni **3** (*beim Lesen*) **bis zu etw** (dat) **~** arrivare (fino) *a qc*: **ich bin schon bis zum vierten Kapitel vorgedrungen**, sono già arrivato (-a) (fino) al quarto capitolo **4** (*sich ausbreiten*) {DENKART,

NEUER LEBENSSTIL, LEHRE, MODE} imporsi, diffondersi, prendere piede, farsi strada: **etw ist am Vordringen**, qc sta prendendo piede.
vordringlich **A** adj {AUFGABE, PROBLEM, PUNKT} prioritario, di assoluta priorità, pressante: **absolut ~ sein**, avere priorità assoluta **B** adv {BEHANDELN, ERLEDIGEN} con assoluta priorità.
Vordruck <-(*e*)*s, -e*> m (modulo m) (pre)stampato m.
vorehelich adj *meist* <*attr*> {BEZIEHUNG, GESCHLECHTSVERKEHR, ZUSAMMENLEBEN} prematrimoniale; {SOHN, TOCHTER} concepito prima del matrimonio: **~er Besitz**, beni che il coniuge possedeva prima del matrimonio.
voreilig **A** adj {ENTSCHEIDUNG, SCHLUSS, URTEIL} affrettato, avventato: **es ist/wäre ~, etw zu tun**, è/sarebbe avventato fare qc (**bei/in etw dat**) **~ sein**, essere precipitoso (in qc); **~e Schlüsse ziehen**, tirare delle conclusioni affrettate **B** adv {ABLEHNEN, ENTSCHEIDEN, ZUSAGEN} affrettatamente: **du hast das Angebot zu ~ abgelehnt**, hai rifiutato troppo precipitosamente l'offerta; **~ urteilen**, dare giudizi affrettati/avventati, essere precipitoso nel giudicare.
voreinander adv **1** (*einer vor dem anderen*) (l')uno (-a) davanti all'altro (-a): **zwei ~ gespannte Zugtiere**, due animali da tiro legati (l')uno davanti all'altro **2** (*einer gegenüber dem anderen*) {ANGST, SCHAM HABEN} (l')uno (-a) dell'altro (-a); {GEHEIMNISSE, HOCHACHTUNG, RESPEKT HABEN} l'uno (-a) per l'altro (-a): **sie schämen sich ~**, si vergognano (l')uno (-a) dell'altro (-a).
voreingenommen adj *geh* {MENSCH} prevenuto, pieno di prevenzioni; {HALTUNG} preconcetto; {RICHTER} parziale, di parte: ˪**gegen jdn/etw**˩/[**jdm/etw gegenüber**] **~ sein**, essere prevenuto/[pieno di prevenzioni] contro/[nei confronti di] qu/qc.
Voreingenommenheit <-, *ohne pl*> f prevenzione f; {+RICHTER} parzialità f: **jds ~** ˪**jdm/etw gegenüber**˩/[**gegen jdn/etw**], le opinioni preconcette di qu ˪nei confronti di˩/[verso] qu/qc.
vor|enthalten <*irr, ohne ge-*> tr **jdm etw ~ 1** (*nicht geben*) {BRIEF, SCHREIBEN} non dare *qc a qu* (che ne avrebbe il diritto); {ERBE} *auch* privare *qu di qc* **2** (*nicht sagen*) {DAS WAHRE AUSMASS, INFORMATIONEN, NACHRICHTEN} sottacere *qc a qu*, celare *qc a qu*, nascondere *qc a qu*: **jdm bis zuletzt die Wahrheit ~**, nascondere/[tener nascosta] a qu la verità fino all'ultimo; **du solltest ihm deinen Verdacht nicht ~**, non dovresti sottacergli i tuoi sospetti.
Vorentscheid m, **Vorentscheidung** f **1** (*Beschluss*) decisione f preliminare, prima decisione f **2** (*Vorauswahl*) preselezione f **3** *sport*: **mit dem 2 zu 1 am Ende der ersten Halbzeit war schon eine ~ gefallen**, con il 2 a 1 alla fine del primo tempo la partita era praticamente già decisa.
Vorentscheidungskampf m *sport* semifinale f.
Vorentwurf m abbozzo m provvisorio/preliminare, primo abbozzo m; (*Zeichnung*) progetto m preliminare.
vorerst adv per il momento, per ora.
vor|exerzieren <*ohne ge-*> tr *fam* (**jdm**) **etw ~** ˪far vedere˩/[mostrare] (*a qu*) come si fa *qc*: **das habe ich euch doch nun schon zig mal vorexerziert!**, eppure vi ho già fatto vedere chissà quante volte come si fa!
Vorfahr <-*en, -en*> m (**Vorfahrin** f) antenato (-a) m (f), avo (-a) m (f) *lit*.
Vorfahre <-*n, -n*> m → **Vorfahr**.
vor|fahren <*irr*> **A** itr <*sein*> **1** (*vor ein Gebäude fahren*) {CHAUFFEUR, MÖBELWAGEN, POLI-

ZEI, TAXI} arrivare; **vor etw** (dat) **~** {VOR EINEM HOTEL, THEATER} fermarsi davanti *a qc*: **eine schwarze Limousine fuhr vor unserem Haus vor**, una limousine nera si fermò davanti a casa nostra; **in/mit etw** (dat) **~** presentarsi/arrivare *in/con qc*; **heute ist/kam sie in/mit etw (dat) Taxi vorgefahren**, oggi è arrivata/[si è presentata] in taxi; **Herr Präsident, Ihr Wagen ist vorgefahren!**, signor Presidente, la Sua macchina ˪è arrivata˩/[La aspetta]!; **lassen Sie bitte meinen Wagen ~!**, per cortesia faccia venire la mia macchina! **2** (*ein Stück weiterfahren*) avanzare, andare avanti/venire avanti: **fahr ein Stück weiter vor, dann kann ich auch parken**, vai avanti un altro po', così posso parcheggiare anch'io; **fahren Sie noch ein Stück vor!** (*auf den Sprechenden zu*), venga un altro po' avanti! **3** (*vorausfahren*) andare avanti (con un veicolo): **du fährst vor, und wir fahren hinterher**, tu vai avanti e noi ti seguiamo; **jdn/etw ~ lassen**, far passare avanti qu/qc; (*die Vorfahrt gewähren*) dare la precedenza a qu/qc **4** (*früher fahren*) partire prima: **die Kinder sind schon vorgefahren**, i ragazzi sono già partiti **B** tr <*haben*> **etw ~** {FAHRZEUG} venire avanti *con qc*.
Vorfahrin f → **Vorfahr**.
Vorfahrt <-, *ohne pl*> f *autom* precedenza f: **die ~ (nicht) beachten**, (non) rispettare la precedenza; **~ haben**, avere la precedenza; **rechts hat ~**, precedenza a destra; **jdm die ~ lassen/nehmen**, dare/[non dare] la precedenza a qu; **sich** (dat) **die ~ erzwingen**, prendersi la precedenza.
vorfahrtsberechtigt, **vorfahrtberechtigt** adj *autom* {FAHRZEUG, VERKEHR} che ha la precedenza; {STRASSE} *auch* con diritto di precedenza.
Vorfahrtsrecht, **Vorfahrtrecht** <-(*e*)*s, ohne pl*> n *autom* **1** (*Vorfahrt*) diritto m di precedenza **2** (*Vorschriften zum ~*) norme f pl del/sul diritto di precedenza.
Vorfahrtsregel, **Vorfahrtregel** f *autom* norma f di precedenza.
Vorfahrtsregelung, **Vorfahrtregelung** f *autom* normativa f sul diritto di precedenza.
Vorfahrtsschild, **Vorfahrtschild** n *autom* segnale m/cartello m di precedenza: **das ~ überfahren**, passare ignorando il cartello di precedenza.
Vorfahrtsstraße, **Vorfahrtstraße** f *autom* strada f con diritto di precedenza.
Vorfahrtszeichen, **Vorfahrtzeichen** n → **Vorfahrtsschild**.
Vorfall m **1** (*Ereignis*) episodio m, fatto m, accaduto m, avvenimento m, evento m; (*bes. negativ*) incidente m: **ein** ˪**Aufsehen erregender**˩/[**seltsamer**] ~, un avvenimento/caso/evento clamoroso/strano; **ein peinlicher/unangenehmer ~**, un episodio/incidente imbarazzante/spiacevole; **einen ~ geheim halten/verschweigen**, sottacere/[tener nascosto] l'accaduto; **die Polizei nimmt den ~ sehr ernst**, la polizia prende molto sul serio l'accaduto; **wann hat sich der ~ ereignet?**, quando si è verificato il fatto/l'episodio?; **es haben sich keine besonderen Vorfälle ereignet**, non ci sono stati avvenimenti particolari, non è accaduto niente di particolare; **diese Vorfälle haben sich in der letzten Zeit gehäuft**, episodi simili si sono verificati sempre più spesso negli ultimi tempi **2** *med* prolasso m; (*Bandscheibenvorfall*) ernia f del disco.
vor|fallen <*irr*> itr <*sein*> **1** (*geschehen*) accadere, avvenire, succedere: **ist irgendetwas vorgefallen?**, è accaduto/avvenuto qualcosa?; **es ist nichts besonderes vorge-

fallen, nur ..., non è successo niente di particolare, solo ...; **heute ist etwas Seltsames vorgefallen**, oggi ¸è accaduto qualcosa di strano↲/[si è verificata una cosa strana] **2** (*nach vorn fallen*) cadere in avanti **3** *med* (*prolabieren*) subire un prolasso.

Vorfeld *n aero* piazzale m (di manovra) **2** *mil* zona f antistante il fronte • **im ~** {(AB)-KLÄREN, BESPRECHEN}, prima; **im ~ einer S.** (gen) {DER WAHLEN, VERHANDLUNGEN}, nella fase precedente di qc, alla vigilia di qc.

vor|fertigen *tr etw ~* : prefabbricare qc: **vorgefertigte Bauteile**, elementi prefabbricati.

Vorfertigung <-, -en> *f* **1** <*nur sing*> (*das Vorfertigen*) prefabbricazione f **2** (*vorgefertigtes Bauteil*) prefabbricato m.

Vorfilm *m film* cortometraggio m (che precede un film).

vor|finanzieren <*ohne ge-*> *tr bank* {*jdm*} *etw ~* : prefinanziare qc (a qu), concedere (a qu) il prefinanziamento per qc.

Vorfinanzierung *f bank* prefinanziamento m.

vor|finden <*irr*> **A** *tr jdn irgendwie ~* : {VÖLLIG AUFGELÖST, HEITER, GANZ RUHIG, SCHLAFEND} trovare qu + *adj*: **sie fanden ihn völlig betrunken vor, als sie zurückkamen**, quando tornarono lo trovarono completamente ubriaco; *etw ~* : {EINE MENGE ARBEIT, EIN HEILLOSES DURCHEINANDER} trovare qc, trovarsi davanti qc: **bei ihrer Rückkehr fanden sie ein solches Chaos vor, dass ...**, al loro ritorno si sono trovati (-e) davanti un tale caos che ...; **er fand alles so vor, wie er es sich vorgestellt hatte**, trovò tutto come se lo era immaginato **B** *rfl geh sich irgendwo ~* : trovarsi + *compl di luogo*.

vor|flunkern *tr fam*: **jdm etwas ~** (cercare di) darla a bere a qu *fam*, raccontare balle *fam*/frottole a qu: **du glaubst doch wohl nicht, mir was ~ zu können!?**, non crederai mica di darmela a bere!?; **er hat mir allerhand/[alles Mögliche] vorgeflunkert**, mi ha raccontato delle balle spaziali *fam*.

Vorform *f* {+PFLANZE, TIER} forma f primitiva/originaria; {+APPARAT, MODELL} precursore m; {+IDEOLOGIE} precursore m.

Vorfreude *f, ohne pl> f: die/jds ~ auf etw* (akk), la gioia/felicità di qu all'idea di qc; **ihre ~ auf die Begegnung war so groß, dass ...**, al pensiero di quell'incontro provava una tale gioia che ...; **die ~ auf die Ferien macht den Kindern die letzten Schultage leichter**, la gioia per le vacanze imminenti rende meno pesanti ai bambini gli ultimi giorni; **in der ~ auf etw** (akk) {AUF DAS FEST, EIN WIEDERSEHEN}, nella gioiosa attesa di qc • **~ ist die schönste Freude** *prov*, la gioia dell'attesa è il piacere più bello.

Vorfrühling *m* primavera f precoce.

vor|fühlen *itr fam* (**bei jdm**) (**wegen etw** gen *oder fam* dat) *~* : sondare/tastare il terreno (a proposito di qc): **ich würde erst mal ~**, intanto/prima sonderei/tasterei il terreno; **hast du mal bei deinen Eltern wegen unserer Reise vorgefühlt?**, hai provato a capire come la pensano i tuoi a proposito del nostro viaggio?; *~, ob/wie ...*, sondare/tastare il terreno per capire se/come ...; **hast du mal vorgefühlt, ob er (wohl) einverstanden ist?**, hai sondato/tastato il terreno per capire se lui è d'accordo?

vor|führen *tr* **1** (*präsentieren*) {*jdm*} *etw ~* : {NEUE ARTIKEL, AUTO, ERZEUGNISSE, KOLLEKTION, MODELL} presentare qc (a qu), far vedere qc (a qu) **2** (*darbieten*) {*jdm*} *etw ~* : {DRESSURNUMMER, KUNSTSTÜCK, TRICK} presentare qc (a qu); {AKROBAT, CLOWN} auch esibirsi in/con qc (davanti a qu); {FILM} proiettare qc

(per qu): **der Akrobat führte dem Publikum einen vierfachen Salto vor**, l'acrobata si esibì/produsse davanti al pubblico in un salto quadruplo **3** (*demonstrieren*) {*jdm*} *etw ~* : {FUNKTIONSWEISE EINES GERÄTS} (di)mostrare qc (a qu): **ich werde Ihnen jetzt ~, wie man die Anlage bedient**, adesso Le/Vi mostrerò come funziona l'impianto **4** *fam* (*bloßstellen*) *jdn/etw ~* ↳mettere in↲/[coprire di] ridicolo qu/qc, sputtanare qu *slang*: **die Opposition versuchte auf jede erdenkliche Weise, den Kanzlerkandidaten vorzuführen**, l'opposizione cercò in tutti i modi di coprire di ridicolo il candidato alla carica di cancelliere **5** *jur jdn jdm/etw ~* : {DEM GERICHT, RICHTER} condurre/accompagnare qu davanti a qu/qc **6** (*zur Begutachtung bringen*) *jdn jdm ~* : {KRANKEN DEM ARZT, EINEM SPEZIALISTEN} far visitare qu da qu, portare qu da qu *fam*: **es wäre ratsam, Ihren Mann einem Spezialisten vorzuführen**, sarebbe opportuno che Suo marito ↳venisse visitato↲/[si facesse vedere *fam*] da uno specialista.

Vorführgerät *n* **1** (*Projektor*) proiettore m **2** *com* (*Gerät zum Vorführen*) articolo m da dimostrazione/esposizione.

Vorführraum *m* cabina f di proiezione.

Vorführung *f* **1** (*Vorstellung*) {+KOLLEKTION, MODELL, WARE} presentazione f **2** (*Demonstration*) {+GERÄT, VERSUCH} dimostrazione f **3** (*Darbietung*) {+KUNSTSTÜCK} presentazione f; {+FILM} proiezione f; *theat* spettacolo m **4** *jur* accompagnamento m (coattivo).

Vorführwagen *m com* auto f da esposizione.

Vorgabe *f* **1** *sport* (*Ausgleichsverfahren*) handicap m; (*Zeitvorsprung*) vantaggio m; (*Punktvorsprung*) abbuono m **2** *Golf* handicap m **3** <*meist pl*> (*Richtlinie*) direttiva f: **die ~ beachten**, seguire la direttiva; **sich an die ~n halten**, attenersi alle direttive **4** (*Zielvorgabe*) obiettivo m.

Vorgabezeit *f industr* tempo m prestabilito.

Vorgang <-(e)s, Vorgänge> *m* **1** (*Geschehnis*) fatto m, avvenimento m; (*Hergang*) dinamica f, svolgimento m dei fatti: **ein entscheidender/wichtiger ~**, un avvenimento/evento/fatto decisivo/importante; **über interne Vorgänge nichts verlauten lassen**, non lasciar(e) trapelare nulla sulle vicende interne; **einen ~ melden**, segnalare un fatto; **sie konnte sich an den ~ nicht genau erinnern**, non riusciva a ricordare esattamente ↳come si erano svolti i↲/[la dinamica/lo svolgimento dei] fatti **2** (*Prozess*) processo m: **ein komplizierter/langwieriger ~**, un processo complicato/lungo **3** *adm* (*Akte*) pratica f, dossier m.

Vorgänger <-s, -> *m* (**Vorgängerin** *f*): jds **~**, il predecessore di qu; **meine ~in hat mich nicht darüber informiert**, la signora che mi ha preceduto in questo incarico non mi ha informato (-a) in merito.

vorgängig *adv CH* prima.

Vorgarten *m* giardino m/giardinetto m sul davanti (della casa).

vor|gaukeln *tr jdm etw ~* : {EINE HEILE WELT, GLÜCKLICHE ZUKUNFT} far credere qu in qc, creare a qu il miraggio di qc; {GROSSE AUFSTIEGS-, GEWINNCHANCEN} allettare qu col miraggio di qc: **jdm ~, dass ...**, far credere a qu che ...; **er hat ihr eine Zukunft als Filmstar vorgegaukelt**, le ha fatto credere che sarebbe diventata una star del cinema; **Seifenopern gaukeln einem eine heile Welt vor**, le telenovelas creano l'illusione di un mondo tutto rosa.

vor|geben <*irr*> *tr* **1** (*vorschützen*) *etw ~* :

{DRINGENDE GESCHÄFTE, ZEITMANGEL} addurre qc come/a pretesto, trovare il pretesto/la scusa di qc: **sie gab vor, krank gewesen zu sein**, finse/disse di esser stata malata **2** (*fälschlich beteuern*) *~, etw* ↳**zu tun**↲/[**getan zu haben**] fingere/pretendere di [far finta] di fare↲/[aver fatto] qc: **~, von etw** (dat) **nichts zu wissen**, fingere/[far finta] di non sapere niente di qc; **er gibt vor, nie in diesem Lokal gewesen zu sein**, pretende di non esser mai stato in quel locale **3** (*im Voraus festlegen*) {*jdm*} *etw ~* fissare (in anticipo) qc (a qu), (pre)stabilire qc (a qu): **auf dem Prüfungsbogen sind mehrere Möglichkeiten vorgegeben, von denen nur eine richtig ist**, sul foglio d'esame sono date più possibilità di cui soltanto una è (quella) giusta; **die Aufsatzthemen für eine Prüfung ~**, stabilire i temi per un esame **4** *fam* (*nach vorn geben*) {*jdm*} *etw ~* passare avanti qc (a qu) **5** (*Vorsprung gewähren*) *jdm etw ~* : {AMATEUREN, ANFÄNGERN EINE RUNDE, ZWEI MINUTEN, ZEHN PUNKTE} dare/concedere un vantaggio di qc a qu.

Vorgebirge *n geog* contrafforti m pl; (*an einer Felsküste*) promontorio m.

vorgeblich *adj* → **angeblich**.

vorgeburtlich *adj med* prenatale.

vorgefasst (a.R. *vorgefaßt*) *adj* <*attr*> {MEINUNG} preconceto, precostituito: **ein ~es Urteil**, un giudizio ↳formulato per partito preso↲/[preconcetto]/[aprioristico]; **eine ~e Meinung** ↳**über etw** (akk)↲/[**von etw** (dat)] **haben**, avere un'opinione preconcetta di/su qc.

Vorgefühl *n* → **Vorahnung**.

vorgegeben *adj* **1** (*festgelegt*) (pre)stabilito: **nach ~en Bedingungen arbeiten müssen**, dover lavorare secondo le condizioni predeterminate **2** (*zur Verfügung gestellt*) dato: **aus den ~en Antworten die richtige auswählen**, fra le risposte date scegliere quella giusta.

vor|gehen <*irr*> *itr* <*sein*> **1** (*spätere Zeit anzeigen*) {UHR, WECKER} andare/essere avanti: **deine Uhr geht zehn Minuten vor**, il tuo orologio è ↳dieci minuti avanti↲/[avanti di dieci minuti] **2** (*sich abspielen*) *irgendwo ~* accadere/avvenire/succedere + *compl di luogo*: **in dem Haus gehen seltsame Dinge vor**, in quella casa accadono strane cose; **was geht hier eigentlich vor?**, ma (che) cosa sta succedendo qui?; **in jdm ~** avvenire in/dentro qu; **was ist in dir vorgegangen, als ...?** (was hast du gefühlt?), (che) cosa hai provato dentro (di te) quando ... ?; (was hast du gedacht?) (che) cosa ti è passato per la mente quando ... ?; **er zeigt nie, was in ihm vorgeht**, non fa mai vedere cosa gli si agita dentro; **mit jdm ~** avvenire in qu, verificarsi in qu: **mit ihr ist eine große Veränderung vorgegangen**, in lei è avvenuto un grande cambiamento **3** (*Priorität haben*) venire prima *fam*, passare avanti *fam*, avere la priorità: **die Familie geht vor!**, prima di tutto (viene) la famiglia!, la famiglia innanzitutto!; **die Hausaufgaben gehen vor, danach könnt ihr spielen**, prima vengono i compiti, dopo potete giocare; **Alter geht vor!**, gli anziani hanno la precedenza!; *jdm ~* venire prima di tutto *per qu fam*, passare avanti a tutto *per qu fam*, avere l'assoluta priorità *per qu*; **seine Freunde gehen ihm vor**, per lui gli amici passano avanti a tutto; **meine Gesundheit geht mir vor**, la cosa più importante per me è la salute; *etw* (dat) *~* venire prima *di qc fam*, passare avanti *a qc fam*, avere la priorità *rispetto a qc*; **das geht allem anderen vor**, questo passa avanti a tutto **4** (*einschreiten*) **mit etw** (dat) **gegen jdn/etw ~** : {POLIZEI MIT GUMMIKNÜPPELN; RE-

GIERUNG MIT SONDERGESETZEN} intervenire con qc contro qu/qc **5** (*Schritte ergreifen*) **gegen jdn/etw** ~ agire contro qu/qc, prendere delle misure contro qu/qc; jur agire contro qu/qc, procedere nei confronti di qu/qc: **gerichtlich gegen jdn** ~, procedere per vie legali contro qu **6** (*verfahren*) (**bei etw dat**) *irgendwie* ~ {GENAU, GESCHICKT, KLUG, SYSTEMATISCH} agire/procedere/muoversi *fam* + *compl di modo* (ₗper fare₁/[in] qc): **bei dieser Arbeit muss man systematisch** ~, in questo lavoro bisogna procedere con sistematicità; **er ist sehr klug vorgegangen, um sein Ziel zu erreichen**, si è mosso con estrema intelligenza per raggiungere il suo scopo; **wie sollen wir dabei** ~?, come dobbiamo procedere in questo caso? **7** *fam* (*nach vorn gehen*) (*bis*) *irgendwohin* ~ {(BIS) ZUM ALTAR, ZUR BÜHNE, TAFEL} andare avanti (*fino*) *a qc*; {(BIS) AN DEN RAND DER BÜHNE, RAMPE} *auch* procedere *fino a qc*: **sie ging zum Rednerpult vor**, raggiunse il podio **8** *fam* (*vorausgehen*) andare avanti: **ihr könnt schon** ~, **wir kommen dann nach**, andate pure, (noi) vi raggiungeremo dopo; **gehen Sie ruhig vor!**, vada pure avanti (Lei)!; **jdn** ~ **lassen**, cedere il passo a qu, dare la precedenza a qu.

Vorgehen <-s, ohne pl> n **1** (*Verfahrensweise*) procedimento m: **ein systematisches/ analytisches/deduktives** ~, un procedimento sistematico/analitico/deduttivo **2** (*Handlungsweise*) modo m di procedere/ agire **3** (*Einschreiten*) intervento m, azione f: **gemeinsames** ~, azione comune; **die Situation erfordert ein entschiedenes** ~, la situazione richiede un intervento deciso; **dem Drogenproblem kann man nur durch gezieltes** ~ **gegen die Dealer beikommen**, solo con azioni mirate contro gli spacciatori si può risolvere il problema della droga.

Vorgehensweise f modo m di procedere/agire.

vorgelagert adj *etw* (*dat*) ~ {INSEL, RIFF, SANDBANK} situato davanti *a qc*, antistante (*a*) *qc*: **etw** (*dat*) ~ **sein** {INSEL DEM FESTLAND, DER KÜSTE}, essere (situato) davanti a qc.

vorgerückt adj: **in/zu** ~**er Stunde**, a tarda ora; **in** ~**em Alter**, in età avanzata, in tarda età.

Vorgeschichte f **1** (*vorausgegangener Verlauf*) ~ (*einer S.* gen) {EINES EREIGNISSES, STREITS} antefatto m (*di qc*), antecedenti m pl (*di qc*): **die** ~ **zu etw** (*dat*) {ZU EINEM DRAMA, ROMAN}, l'antefatto di qc; **die Sache hat eine lange** ~, la faccenda si porta dietro una lunga storia; {+ERBLICHE BELASTUNG, KRANKHEIT} anamnesi f **2** <*nur sing*> (*Prähistorie*) preistoria f.

vorgeschichtlich adj preistorico.

Vorgeschmack <-(e)s, ohne pl> m assaggio m, anticipo m: **einen** ~ **von etw** (*dat*) **bekommen**, avere un assaggio di qc; **jdm einen** ~ **von etw** (*dat*) **geben/vermitteln**, dare a qu un assaggio di qc; **das ist nur ein kleiner** ~ **von dem, was dich erwartet**, (questo) è soltanto un assaggio di ciò che ti aspetta.

vorgeschoben adj {ARGUMENT, GRUND} pretestuoso, di comodo; {KRANKHEIT} diplomatico: **nur** ~ **sein** {ARGUMENT, GRUND, KRANKHEIT}, essere solo un pretesto; {PERSON} essere solo un prestanome.

vorgeschrieben adj prescritto: **gesetzlich/[vom Gesetz]** ~, prescritto dalla legge; **die** ~**e Geschwindigkeit**, la velocità massima consentita; **die** ~**e Anzahl von Personen**, il numero massimo consentito di persone.

vorgesehen adj previsto: **das war nicht** ~, non era previsto; **die Abfahrt ist für acht Uhr** ~, la partenza è prevista per le (ore) otto; **das** ~**e Konzert muss leider ausfallen**, il concerto previsto purtroppo non avrà luogo; **wie** ~, come previsto; **in etw** (*dat*) (**nicht**) ~ **sein** {IM BUDGET, GESETZESENTWURF, PLAN}, (non) essere ₗprevisto da₁/[contemplato in] qc; **es ist** ~, **dass ...**, è previsto che ... *konjv*.

Vorgesetzte <*dekl wie adj*> mf superiore mf.

Vorgespräch n colloquio m preliminare; *pol* dibattito m preliminare.

vorgestern adv ieri l'altro, l'altro ieri, avant'ieri *geh*, l'altrieri *lit*: ~ **Abend/Morgen/Nacht**, ieri l'altro sera/mattina/notte, l'altra sera/mattina/notte; ~ **Mittag**, ieri l'altro a mezzogiorno ● **von** ~ {BROT, ZEITUNG}, di ieri l'altro, dell'altro ieri; {ANSCHAUUNG, KLEID, METHODE}, antidiluviano, antiquato, di altri tempi; **die ist ja von** ~! *fam pej* (*hat überholte Vorstellungen*), è proprio dell'uno (quando non c'era nessuno)!; (*ist nicht informiert*), ma quella lì vive sulla luna o dove!? *fam*.

vorgestrig adj **1** (*vorgestern liegend*) {BEGEGNUNG, SITZUNG} dell'altro ieri, di ieri l'altro: **am** ~**en Abend**, ieri l'altro sera **2** (*antiquiert*) antiquato, antidiluviano.

vorgetäuscht adj simulato, finto; {KRANKHEIT} *auch* diplomatico: **seine Liebe zu ihr war nur** ~, il suo amore per lei era solo finzione, ha soltanto finto di amarla.

vor|greifen <irr> itr **1** *geh* (*zuvorkommen*) **jdm** (**bei etw** dat) ~ precedere qu (in qc), anticipare qu (in qc), prevenire qu (in qc): **ich möchte dir nicht** ~, **aber ...**, non vorrei precederti, ma ... **2** *geh* (*vorschnell handeln*) **etw** (*dat*) ~ {EINEM BESCHLUSS, EINER ENTSCHEIDUNG, STELLUNGNAHME} anticipare qc, prevenire qc **3** (*erzählend vorwegnehmen*) anticipare dei brani/passaggi; ₗ**auf etw** (akk)₁/[**etw** (dat)] ~ anticipare qc.

Vorgriff m ~ (**auf etw** akk) anticipazione f (*di qc*): **diese Episode ist schon ein** ~ **auf das Ende des Romans**, questo episodio è già un'anticipazione della₁/[anticipa già la] fine del romanzo ● **im/unter** ~ **auf etw** (akk), anticipando qc.

Vorgruppe f *mus* band f di supporto, opening act m.

vor|haben <irr> tr **etw** ~ {EINE REISE, EINEN UMZUG} avere qc in programma/progetto, avere (l')intenzione *di fare qc*: **was hast du heute Abend vor?**, che programma hai per questa sera?; **ich habe morgen noch nichts vor**, non ho ancora ₗniente in₁/[nessun] programma per domani; **sie haben fest vor zu kommen**, contano di venire senz'altro; **wenn du nichts anderes/Besseres vorhast, ...**, se non hai altro/[di meglio] da fare, ...; **was habt ihr in der nächsten Zeit vor?**, quali sono i vostri progetti per il prossimo futuro?; **etw mit jdm/etw** ~ avere (l')intenzione *di fare qc* (*con qu/qc*); **viel/Großes mit jdm** ~, avere grandi progetti/mire per qu; ~, **etw zu tun**, avere ₗin mente/progetto₁/[l'intenzione] di fare qc, progettare di fare qc; **ich glaube, er hat vor, die Stelle zu wechseln**, credo che abbia (l')intenzione/ [in mente] di cambiare (posto di) lavoro.

Vorhaben <-s, -> n **1** (*Absicht*) proposito m, progetto m, intenzione f: **jdn von seinem** ~ **abbringen**, distogliere qu dai suoi propositi; **mein ursprüngliches** ~ **war, ...**, in origine ₗil mio proposito₁/[la mia intenzione] era di ... **2** (*Plan*) progetto m, piano m: **ein gefährliches** ~, un piano pericoloso; **ein wissenschaftliches/ehrgeiziges** ~, un progetto scientifico/ambizioso; **ein** ~ **billigen/ durchführen/unterstützen**, approvare/ realizzare/appoggiare un progetto; **sein** ~ **ändern**, cambiare progetto; **jds** ~ **vereiteln**, mandare a monte i piani/progetti di qu; **ein** ~ **glückt/scheitert**, un progetto ₗva in porto₁/[naufraga].

Vorhalle f **1** (*Säulenhalle*) {+TEMPEL} portico m, pronao m **2** (*Eingangshalle*) atrio m, vestibolo m; {+HOTEL} hall f; {+THEATER} foyer m.

vor|halten <irr> **A** tr **1** (*vor jdn halten*) **jdm etw** ~ {EIMER, GEFÄß} tenere qc davanti *a qu*: **jdm den Spiegel** ~, far vedere a qu la sua vera immagine **2** (*vorwerfen*) **jdm etw** ~ rinfacciare qc a qu, rimproverare qc a qu **3** (*als Beispiel hinstellen*) **jdm jdn** ~ portare/proporre *a qu qu* come/a esempio; **jdm jdn als etw** (akk) ~ {ALS BEISPIEL, VORBILD} portare *a qu qu come/a qc*: **jdm den älteren Bruder als Beispiel** ~, portare a qu il fratello maggiore a esempio **B** itr *fam* (*ausreichen*) {VORRÄTE} durare, bastare: **die Vorräte halten** ₗ**nicht lange**₁/[**noch bis zum Frühjahr**] **vor**, le scorte ₗnon dureranno a lungo₁/[basteranno fino a primavera]; **Salat hält nicht lange vor**, l'insalata non si può tenere in cibo che dura a lungo; **bei ihm hält das Essen nicht lange vor**, **nach ein paar Stunden hat er wieder Hunger**, in lui la sazietà dura poco, dopo un paio d'ore ha di nuovo fame; **bei ihm halten die guten Vorsätze nicht lange vor**, i suoi buoni propositi ₗnon reggono a lungo₁/[hanno vita breve]/[durano poco] **C** rfl (*vor sich halten*) **sich** (*dat*) **etw** ~ {KLEID, STOFF} tenersi davanti *qc*; **sich** (*dat*) **bei etw** (dat) **etw** ~ {BEIM GÄHNEN, HUSTEN DIE HAND, BEIM NIESEN EIN TASCHENTUCH} mettersi davanti *qc* (*quando si fa qc*): **halt dir die Hand vor, wenn du gähnst!**, mettiti la mano davanti alla bocca, quando sbadigli!; **hinter vorgehaltener Hand** {GÄHNEN}, tenendo la mano davanti alla bocca; {ETW KOMMENTIEREN, SAGEN} in segreto, di nascosto; **mit vorgehaltener Waffe**, con l'arma spianata.

Vorhaltung f <*meist pl*> rimprovero m, accusa f: **jdm** (**wegen etw** gen) ~**en machen**, rimproverare qu (per qc), fare dei rimproveri a qu (per qc).

Vorhand <-, ohne pl> f **1** *Tennis* (*Schlägerseite*) diritto m: **mit** (**der**) ~ **schlagen**, colpire di diritto **2** *Tennis* (*Art, mit der* ~ *zu schlagen*) diritto m: **eine gute** ~ **haben**, avere un buon diritto **3** *zoo* {+BES. PFERD} treno m anteriore **4** *Karten* primo m di mano: **die** ~ **haben/ ausspielen**, essere/[giocare (come)] primo di mano.

vorhanden adj **1** (*existierend*) {BEDENKEN, GEFAHREN, MÄNGEL} esistente, presente: **die noch** ~**en Schwachstellen im System**, i punti deboli ancora presenti nel sistema; ~ **sein** {BEDENKEN, GEFAHR, ZWEIFEL}, esserci, sussistere, esistere; **ein Risiko ist unleugbar** ~, ₗc'è₁/[esiste] indubbiamente un rischio, è indubbio che ₗci sia₁/[esista] un rischio **2** (*verfügbar*) {ARTIKEL, MATERIAL, VORRÄTE, WARE, WERKZEUGE} disponibile: **die** ~**en/[noch** ~**en] Getränke reichen für das Fest aus**, le bevande che ₗci sono₁/[sono rimaste] basteranno per la festa; ~ **sein**, essere disponibile, esserci; **es ist genug Bettzeug** ~, di biancheria per il letto ce n'è a sufficienza₁/[abbastanza]; **sehen Sie mal nach, was an Badeanzügen** ~ **ist**, guardi un po' che cosa ₗc'è₁/[abbiamo disponibile] di costumi da bagno *fam*; **davon ist genügend/ [nichts mehr]** ~, di questo ₗce n'è a sufficienza₁/[non ce n'è rimasto] ● **nicht mehr** ~ **sein** *fam* (*von jdm nicht mehr beachtet werden*), non esistere/esserci più per qu.

Vorhang m **1** (*Gardine*) tenda f; (*Stoffbahn, um etw zu verdecken*) *auch* cortina f: **die Vorhänge** ₗ**auf-/zuziehen**₁/[**auf-/zumachen**]/

[öffnen/schließen], aprire/chiudere le tende; **die Vorhänge aufhängen/abnehmen**, mettere/[smontare/togliere] le tende; **der ~ fällt nicht richtig**, la tenda non cade bene/[come dovrebbe] **2** *theat* sipario *m*, telone *m* (verticale): **den ~ hochziehen/[herunterlassen/senken]**, alzare/[calare/abbassare] il sipario/telone; **der ~ ₍geht auf₎/[hebt/öffnet sich]**, si alza/apre il sipario; **der ~ fällt/[senkt sich]**, cala/[si abbassa] il sipario ● ... **Vorhänge bekommen/haben** *slang theat*, essere chiamato ... volte sul palco; **die berühmte Sopranistin bekam vier Vorhänge**, la famosa soprano venne chiamata quattro volte sul palco; **eiserner ~** *theat*, sipario spartifuoco/tagliafuoco; **der Eiserne ~** *hist*, la Cortina di ferro; **über etw** (*akk*) *fällt der ~*, su qc cala il sipario; **in zehn Minuten ist ~** *slang theat*, tra dieci minuti cala il sipario; **vor den ~ treten** *theat*, uscire (davanti al sipario).

Vorhängeschloss (a.R. Vorhängeschloß) *n* lucchetto *m*.

Vorhangstange f asta f/bastone m della tenda.

Vorhaus *n A →* **Hausflur**.

Vorhaut f *anat* prepuzio m.

vor|heizen *tr etw* ~ {BACKOFEN} preriscaldare qc, riscaldare in anticipo qc.

vorher *adv* prima: **am Abend ~**, la sera prima/precedente; **am Tag ~**, il giorno prima/precedente; **kurz/unmittelbar ~**, poco/immediatamente prima; **jdm ~ Bescheid sagen**, avvertire qu prima/[in precedenza]; **warum hast du das nicht ~ gesagt?**, perché non l'hai detto prima?; **das wusste ich (schon) ~!**, ma io già lo sapevo!; **sich** (*dat*) **jedes Wort ~ genau überlegen**, pensare bene prima a ogni parola (da dire); **das hättest du dir auch ~ überlegen können!**, avresti potuto anche pensarci prima!; **wie ~**, come prima.

vorherbestimmt *adj* {LEBEN, SCHICKSAL} già scritto: **jdm ist etw ~** {KARRIERE, GROßE ZUKUNFT}, qu è predestinato a qc; {UNGLÜCKSELIGES ENDE, LANGES LEIDEN} *auch* è destino che qu faccia qc; **es ist (jdm) ~, dass ...**, è scritto (nei libri del destino) che (qu) ...; **ihnen war ein früher Tod ~**, erano (pre)destinati (-e) a una morte prematura, era destino che morissero prematuramente; **dieses Schicksal war ihm ~**, questo era il suo destino; **das war ~**, era scritto (₍in cielo₎/[nei libri del destino]).

Vorherbestimmung <-, *ohne pl*> f *relig* predestinazione f, predeterminazione f: **das war ~**, era scritto (₍in cielo₎/[nei libri del destino]).

vorher|gehen <*irr*> *itr* <*sein*> *etw* (*dat*) ~ {BEGEBENHEIT EINEM EREIGNIS, UNGLÜCK} precedere qc.

vorhergehend *adj* precedente, antecedente: **die ~en Tage**, i giorni precedenti/antecedenti; **die dem Sturm/Unwetter ~e Stille**, la calma che precede la tempesta; **das Vorhergehende**, ciò che è stato detto/scritto prima/[in precedenza]; **aus dem Vorhergehenden ergibt sich, dass ...**, da quanto detto/scritto prima risulta che ...; **im Vorhergehenden habe ich darauf hingewiesen, dass ...**, in precedenza avevo fatto notare che ...

vorherig *adj* <*attr*> **1** (*vorhergehend*) precedente, previo *form*: **nach ~er Absprache/Vereinbarung**, previo accordo; **am ~en Abend**, la sera precedente **2** (*früher*) precedente, anteriore: **alle ~en Abmachungen werden damit ungültig**, tutti i precedenti accordi con ciò cessano di essere validi.

Vorherrschaft <-, *ohne pl*> f *geh* predominio m, supremazia f, egemonia f: **die ~ über etw** (*akk*) **anstreben**, mirare ₍al predominio₎/[alla supremazia]/[all'egemonia] su qc; **die ~ über etw** (*akk*) **ausüben/erlangen**, esercitare/raggiungere il predominio/la supremazia su qc; **um die ~ kämpfen/streiten**, lottare per il predominio/la supremazia.

vor|herrschen *itr* **1** (*überwiegen*) {ANSICHT, FARBTON, MODE} predominare, prevalere: **es herrschte die Ansicht vor, dass ...**, predominava/prevaleva l'opinione che ...; **bei vielen herrscht noch der Irrglaube vor, dass ...**, in molti prevale ancora la falsa credenza che ...; **in ihrer Kleidung herrscht schwarz vor**, nel suo abbigliamento predomina/[regna sovrano]/[la fa da padrona *fam*] il nero; **bei uns herrscht ein gemäßigtes Klima vor**, da noi prevale il clima moderato **2** (*irgendwo*) ~ {STEPPE, WALD, WÜSTE} predominare/[essere dominante] (+ *compl di luogo*).

vorherrschend **A** *adj* (pre)dominante, prevalente, imperante: **die ~e Meinung war, dass ...**, l'opinione (pre)dominante/prevalente era che ...; **das ist die unter Experten ~e Ansicht**, questa è l'opinione che prevale tra gli esperti; **die in dieser Saison ~e Mode sieht weite Hosen vor**, la tendenza dominante della moda in questa stagione vuole i pantaloni larghi **B** *adv* in prevalenza, prevalentemente: **am Wochenende ~ Sonne**, il fine settimana vedrà un tempo prevalentemente soleggiato; **die Räume sind ~ in Weiß gehalten**, il colore (pre)dominante delle stanze è il bianco.

Vorhersage <-, -*n*> f **1** (*Voraussage*) ~ (**über etw** *akk*) previsione f (*su qc*), pronostico m (*su qc*); (*Prophezeiung*) predizione f (*su qc*): **jds ~n über etw** (*akk*) **bestätigen/erfüllen sich**, le previsioni/i pronostici di qu su qc si avverano; **~n über etw** (*akk*) **machen** {ÜBER DEN AUSGANG EINER WAHL, EINES WETTKAMPFES}, fare dei pronostici su qc **2** *meteo* previsioni f pl (₍del tempo₎/[meteorologiche]).

vorher|sagen *tr* **1** *meteo etw* ~ {HOCHWASSER, STURM, UNWETTER} prevedere *qc*: **das Wetter ~**, fare le previsioni del tempo **2** (*prophezeien*) (*jdm*) *etw* ~ predire qc (*a qu*), pronosticare qc (*a qu*): **jdm die Zukunft ~**, predire il futuro a qu.

vorhersehbar *adj* prevedibile: **das war ~!**, era prevedibile!, c'era da prevederlo!; **das war nicht ~**, non era prevedibile, non lo si poteva prevedere.

vorher|sehen <*irr*> *tr etw* ~ prevedere qc: **etw lässt sich nicht ~**, qc non si può prevedere.

vor|heucheln *tr fam pej jdm etw* ~: **er heuchelte ihr absolute Treue vor**, fingeva/[le faceva credere] di esserle assolutamente fedele.

vor|heulen *tr fam jdm etw* ~ lamentarsi di qc con qu: **er hat allen (was) von seinen finanziellen Schwierigkeiten vorgeheult**, ha pianto miseria con tutti; **sie heult mir ständig was vor**, è sempre a piangere *fam*.

vorhin *adv* poco fa/prima, poc'anzi *lit obs*: **~ er noch da**, poco fa c'era ancora; **es hat ~ angerufen, um zu hören, ob ...**, ha chiamato prima per sapere se ...

vorhinein *adv bes. süddt A*: **im Vorhinein** (*vorher*), prima, (fin) dall'inizio; (*von vorneherein*) a priori.

Vorhof m **1** *anat* {+HERZ} atrio m, orecchietta f **2** *arch* {+BURG} corte f esterna.

Vorhofflattern <-s, *ohne pl*> n *med* flutter m atriale.

Vorhofflimmern <-s, *ohne pl*> n *med* fibrillazione f atriale.

Vorhölle <-, *ohne pl*> f *relig* limbo m.

Vorhut <-, -*en*> f *mil* avanguardia f.

voriger, vorige, voriges *adj* <*attr*> **1** (*vergangen*) scorso (-a), passato (-a): **voriges Wochenende haben sie ein großes Fest gegeben**, il fine settimana passato/scorso hanno dato una grande festa; **voriges Jahr**, l'anno scorso; **das vorige Mal**, l'ultima volta; **im vorigen Sommer sind sie auf Elba gewesen**, l'estate scorsa sono stati (-e) all'Elba; **ein Kalender vom vorigen Jahr**, un calendario dell'anno passato; **die Ware ging am Montag voriger Woche an Sie ab** *com*, la merce Vi è stata spedita lunedì ultimo/scorso **2** (*früher*) {AUSGABE, EIGENTÜMER, WOHNSITZ} precedente: **unser voriger Lehrer war viel strenger**, il nostro insegnante precedente era molto più severo.

Vorinformation f prima informazione f, informazione f preliminare.

vorinstalliert *adj inform* preinstallato.

Vorjahr n (*voriges Jahr*) anno m scorso/passato; (*vorhergehendes Jahr*) anno m precedente ● **im ~** (*im letzten Jahr*), l'anno scorso/passato; (*im vorhergehenden Jahr*), l'anno precedente.

Vorjahressieger m (**Vorjahressiegerin** f) *bes. sport* vincitore (-trice) m (f) dell'anno precedente.

vorjährig *adj* <*attr*> (*des voriges Jahres*) dell'anno scorso/passato; (*des vorhergehenden Jahres*) dell'anno precedente.

vor|jammern *tr fam jdm etw* (**von etw** *dat*) ~ lamentarsi/lagnarsi a non finire di qc con qu *fam*: **jammer mir nicht ständig (et)was vor!**, smettila di ₍riempirmi le orecchie₎/[seccarmi] con i tuoi piagnistei!, finiscila con questi continui piagnistei!; **jdm etwas von seinen finanziellen Problemen ~**, piangere miseria con qu; **jdm ~, wie/[wie viel] ...**, lamentarsi con qu di come/quanto ...; **sie jammert uns immer vor, wie wenig Unterstützung sie für ihr Projekt findet**, si lamenta continuamente con noi del poco sostegno che trova al suo progetto.

Vorkammer f *anat* atrio m.

vor|kämpfen *rfl* **sich zu jdm/etw** ~ {ZUM VERLETZTEN, PODIUM, ZUR UNFALLSTELLE} ₍farsi strada₎/[avanzare] a fatica verso qu/qc: **die Feuerwehr kämpfte sich bis zu den vom Feuer Eingeschlossenen vor**, i pompieri avanzarono a fatica verso le persone isolate dal fuoco.

Vorkämpfer m (**Vorkämpferin** f) antesignano (-a) m (f), pioniere (-a) m (f), anticipatore (-trice) m (f), precursore m, precorritrice f.

Vorkasse f *com* pagamento m anticipato ● **gegen ~**, dietro pagamento anticipato.

vor|kauen *tr* **1** *fam* (*detailliert darlegen*) *jdm etw* ~ spiegare qc a qu ₍per filo e per segno₎/[nei minimi particolari] **2** (*vorher kauen*) (*jdm*) *etw* ~ {EINEM ZAHNLOSEN ALTEN, EINEM KIND} masticare prima qc (per darlo *a qu*).

Vorkauf m *ökon* prelazione f.

Vorkäufer m (**Vorkäuferin** f) *jur* acquirente *mf* con diritto di prelazione.

Vorkaufsrecht n *jur* diritto m di prelazione; (*auf Aktien, Wertpapiere*) *auch* (diritto m di) opzione f: (**das**) ~ **auf etw** (*akk*) **haben**, avere ₍il diritto di prelazione₎/[l'opzione] su qc.

Vorkehr <-, -*en*> f *CH* → **Vorkehrung**.

Vorkehrung <-, -*en*> f <*meist pl*> misura f preventiva/precauzionale, precauzione f, provvedimento m: **die nötigen ~en treffen**, prendere/adottare le dovute/necessarie precauzioni.

Vorkenntnis f <*meist pl*> nozione f/conoscenza f di base: **~se in etw (dat) haben**, avere delle conoscenze di base in qc, non essere digiuno di qc; **keinerlei ~se besitzen/haben**, non avere nessuna preparazione; **jdm fehlen die ~se für etw (akk)**, a qu mancano le basi per qc; **(bestimmte) ~se werden vorausgesetzt**, determinate nozioni di base si considerano acquisite.

vor|knöpfen rfl *fam* **sich (dat) jdn ~** dare una lavata di capo *a qu*, strapazzare *qu fam*: **den werde ich mir mal ~!**, quello lo sistemo io!

vor|kochen A *itr* (*im Voraus kochen*) cucinare prima: **die Köchin hatte für zwei Wochen vorgekocht**, la cuoca aveva cucinato cibo sufficiente per due settimane B *tr* (*ankochen*) **etw ~** {BRATEN, GEMÜSE, SUPPE} dare una prima cottura *a qc*: **vorgekocht**, precotto, precucinato.

vor|kommen <*irr*> A *itr* <*sein*> **1** (*anzutreffen sein*) **irgendwo ~** {*bes.* GESTEIN, PFLANZE, TIERART} trovarsi *+ compl di luogo* **2** (*auftreten*) **bei jdm/irgendwo ~** presentarsi/comparire/manifestarsi *in qu/+ compl di luogo*: **diese Krankheit kommt heute nur noch bei Kindern vor**, oramai questa malattia ˌsi presentaˌ/[compare] soltanto nei bambini; **dieser Ausdruck kommt ˌim Deutschenˌ/[in seinen Artikeln] häufig vor**, ˌin tedescoˌ/[nei suoi articoli] questa è un'espressione molto ricorrente **3** (*geschehen*) accadere, succedere, capitare: **ein Fehler/Irrtum kann immer mal ~**, uno sbaglio/un errore può sempre capitare; **das kommt in den besten Familien vor**, succede/capita nelle migliori famiglie; **so etwas kommt bei ihnen nicht vor**, cose simili a loro non succedono; **so was kommt nur im Film/Roman vor**, sono cose che succedono solo nei film/romanzi; **zu häufig/oft ~**, ripetersi troppo spesso **4** (*erscheinen*) **jdm irgendwie ~** {KOMISCH, SELTSAM, VERTRAUT} sembrare/parere *+ adj a qu*: **jd/etw kommt jdm bekannt vor**, qu ha l'impressione di conoscere/[aver già visto] qu/qc; **Sie kommen mir bekannt vor**, mi sembra di conoscerLa, ho l'impressione di averLa già vista; **ihr Gesicht kommt mir bekannt vor**, la sua faccia non mi è nuova; **das kommt mir bekannt vor**, questa non mi giunge nuova; **die Sache kam ihm verdächtig vor**, la faccenda gli sembrava sospetta; **das kommt dir nur so vor**, è solo una tua impressione, ti sembra soltanto **5** *fam* (*nach vorn kommen*) venire avanti: **zur Tafel ~**, venire/andare alla lavagna; **Schmidt, ~! Schule**, Schmidt, vieni avanti! B *rfl* (*sich fühlen*) **sich (dat) irgendwie ~** {BLÖD, DUMM, FEHL AM PLATZE, UNERWÜNSCHT} sentirsi *+ adj*; {GESCHEIT, KLUG} *auch* credersi *+ adj*: **sie kam sich auf dem Fest völlig überflüssig vor**, alla festa si sentiva di troppo; **er kommt sich wer weiß wie vornehm vor!**, si crede distinto una cifra! *slang*: **du kommst dir wohl sehr schlau vor!** *fam*, credi di essere molto furbo (-a)?! C *unpers* **1** (*geschehen*): **es kommt ... vor, dass ...** {HÄUFIG, MANCHMAL, NIE, SELTEN}, accade/succede/capita che ... *konjv*; **es kann durchaus ~, dass ...**, può benissimo succedere/[darsi il caso] che ... *konjv*; **es kommt bei ihr oft vor, dass sie ...**, le capita spesso di ...; **es kommt immer wieder vor, dass ...**, è successo più volte che ... *konjv*; **es ist auch schon vorgekommen, dass ...**, non sarebbe la prima volta che ..., è già successo che ... *konjv* **2** (*erscheinen*): **es kommt jdm ... vor, dass ...** {KOMISCH, MERKWÜRDIG, SELTSAM}, sembra/pare *+ adj a qu che ... konjv*; **es kommt jdm so vor, als ob ...**, a qu sembra/pare che

... *konjv* ● **das darf nicht wieder ~!**, che non risuccida!, non deve più accadere/succedere!; **hinter etw (dat) ~**, apparire/[sbucare da] dietro qc; **das kann (schon mal) ~**, può succedere; (*ist nicht ungewöhnlich*), succede, capita; **dass mir das nicht noch einmal vorkommt!**, che non succeda più!; **so was soll ~**, **das kommt vor**, sono cose che succedono; **das soll nicht wieder ~**, non si ripeterà (più); **sollte das noch einmal ~, ...**, se dovesse ˌsuccedere ancoraˌ/[ripetersi] ...; **so etwas ist mir noch nie vorgekommen!**, una cosa del genere non mi era mai capitata!; **das kommt mir spanisch vor**, mi sembra molto strano, la cosa mi puzza *fam*; **wie kommst du mir eigentlich vor?** *fam*, ma cosa ti salta in mente?

Vorkommen <-*s*, -> n **1** <*meist pl*> *min* giacimento m: **ein reiches ~ von etw (dat)** {VON ERZ, GOLD, KOHLE, SILBER}, ricchi giacimenti di qc **2** <*nur sing*> (*Vorhandensein*) {+PFLANZE, TIER} presenza f; *med* comparsa f.

Vorkommnis <-*ses*, -*se*> n *geh* evento m, episodio m, avvenimento m; (*bes. unangenehm*) incidente m: **es gab ein ~, von dem ich kurz berichten möchte**, c'è stato un episodio che vorrei brevemente riferire; **haben Sie besondere ~se zu melden?**, ha da segnalare eventi particolari?; **die Veranstaltung verlief ohne besondere ~se**, la manifestazione si svolse senza incidenti.

vor|kosten *tr* **etw ~** {SPEISE, WEIN} assaggiare *qc*.

Vorkoster m (**Vorkosterin** f) assaggiatore (-trice) m (f), degustatore (-trice) m (f).

vor|kragen *itr arch* sporgere, aggettare.

Vorkriegsgeneration f generazione f anteguerra/antebellica.

Vorkriegsmodell n modello m anteguerra/antebellico; *iron* modello m antidiluviano.

Vorkriegsverhältnisse *subst* <*nur pl*> situazione f prebellica/anteguerra.

Vorkriegsware f merce f anteguerra.

Vorkriegszeit f anteguerra m, periodo m prebellico/antebellico: **in der ~**, prima della guerra, ˌin tempiˌ/[nell'epoca] anteguerra.

vor|laden <*irr*> *tr* **jdn ~** convocare *qu*; *jur* (*laden*) {BESCHULDIGTEN, PARTEIEN} citare/chiamare *qu* in giudizio, citare/invitare *qu* a comparire: **jdn als Zeugen ~**, citare/chiamare *qu* in giudizio come/quale testimone; **jdn zur Verhandlung ~**, invitare *qu* a comparire all'udienza; **jdn zur Zeugenaussage ~**, chiamare *qu* a deporre come/quale testimone; **er wurde von der Polizei vorgeladen**, è stato invitato a presentarsi alla polizia.

Vorladung f convocazione f; *jur* (*Ladung*) {+GERICHT} citazione f (in/a giudizio); {+STAATSANWALT WÄHREND DER ERMITTLUNGEN} invito m a presentarsi: **eine polizeiliche ~**, un invito a presentarsi alla polizia.

Vorlage f **1** <*nur sing*> (*das Vorlegen*) {+SCHECK, SCHULDSCHEIN, WECHSEL} presentazione f; {+BEWEIS, DOKUMENT, UNTERLAGE} *auch* esibizione f, produzione f **2** (*Muster*) modello m; (*Druckvorlage*) originale m: **sich genau an die ~ halten**, attenersi esattamente ˌal modelloˌ/[all'originale] **3** (*Gesetzesvorlage*) disegno m/progetto m di legge: **eine ~ für ein neues Gesetz einbringen/beraten/ablehnen**, formulare/[deliberare su]/[respingere] un nuovo disegno di legge **4** *Fußball* assist m ● **etw in ~ bringen** *com*, versare un anticipo di *qc*; **gegen/bei ~ einer S. (gen)** {EINES BELEGS, DOKUMENTS, REZEPTS}, dietro presentazione di qc, presentando qc, esibendo qc; **mit etw (dat) in ~ treten** *com*, anticipare *qc*; **zahlbar bei ~ bank**, pagabile a vista.

Vorland <-(*e*)*s*, *ohne pl*> n *geog* {+BERGKETTE, GEBIRGE} zona f pedemontana, contrafforti m pl: **das ~ der Alpen**, i Prealpi.

vor|lassen <*irr*> *tr* **jdn ~ 1** *fam* (*den Vortritt lassen*) far/lasciare passare (avanti) *qu*; {AUTOFAHRER} *auch* dare la precedenza *a qu* **2** (*nach vorn durchlassen*) {REDNER, SANITÄTER} fare/lasciare passare *qu* **3** (*Zutritt gewähren*) far passare *qu*; **jdn zu jdm ~** ammettere *qu alla presenza di qu*: **nach kurzer Wartezeit wurde sie zum Direktor vorgelassen**, dopo una breve attesa venne ˌricevuta dalˌ/[ammessa alla presenza del] direttore; **bist du vorgelassen worden?**, ti hanno ricevuto (-a)?

Vorlauf m **1** *sport* (*corsa* f) eliminatoria f: **im ~**, nelle eliminatorie **2** <*nur sing*> (*schnelles Vorwärtsspulen*) {+TONBAND, VIDEOBAND} avanzamento m rapido **3** *tech* (*Heizungsvorlauf*) tubazione f di mandata.

vor|laufen <*irr*> *itr* <*sein*> *fam* **1** (*nach vorne laufen*) correre (in) avanti **2** → **voraus|laufen**.

Vorläufer m (**Vorläuferin** f) **1** (*Wegbereiter*) {+BEWEGUNG, STILRICHTUNG, WELTANSCHAUUNG} precursore m, precorritrice f, battistrada mf, antesignano (-a) m (f) **2** (*frühe, einfache Form*) {+APPARAT, GERÄT, INSTRUMENT} precursore m, precorritrice f **3** *Ski* apripista mf.

vorläufig A *adj* {DIENSTENTHEBUNG} temporaneo; {ERGEBNIS, GENEHMIGUNG, LÖSUNG, VERFÜGUNG, ZUSTAND} *auch* provvisorio: **eine ~e Festnahme** *jur*, un fermo; **eine ~e Regelung**, regole temporanee/provvisorie; **ein ~es Urteil** *jur*, una sentenza interlocutoria/[non definitiva] B *adv* (*einstweilig*) temporaneamente, provvisoriamente: **etw ~ regeln**, regolare qc in via provvisoria; (*fürs Erste*) per ˌil momentoˌ/[adesso]/[ora], momentaneamente; **das ist ~ alles**, per il momento questo è tutto; **~ wohnen wir in einer Pension**, per il momento stiamo in una pensione.

Vorlauftaste f tasto m di avanzamento.

vorlaut *adj* {KIND, SCHÜLER} petulante: **~e Bemerkungen machen**, non saper tenere la bocca chiusa; **ein ~es Mundwerk haben**, non (saper) tenere a freno la lingua; **sei nicht so ~!**, non fare il/la maleducato (-a)!

vor|leben *tr* **jdm etw ~** {EINEM JUGENDLICHEN, KIND GERECHTIGKEIT, TOLERANZ} dare un esempio tangibile *di qc a qu*, essere *per qu* un esempio vivente *di qc*.

Vorleben <-*s*, *ohne pl*> n: **jds ~**, il passato di qu; **ein ~ haben** (*Erfahrungen mit dem anderen Geschlecht haben*), aver fatto le proprie esperienze.

Vorlegebesteck n posate f pl da portata.

vor|legen *tr* **1** (*präsentieren*) **etw ~** {ATTEST, BEWEIS, UNTERLAGEN, ZEUGNISSE} produrre *qc*; {*bes.* AUSWEIS} *auch* esibire *qc*; **jdm etw ~** esibire *qc a qu*, presentare *qc a qu*: **dem Zollbeamten den Pass ~**, esibire il passaporto al doganiere; **jdm etw zu etw (dat) ~** {DEM DIREKTOR EINEN BRIEF, VERTRAG ZUR UNTERSCHRIFT} presentare *qc a qu per qc*; {ANTRÄGE, UNTERLAGEN ZUR BEARBEITUNG, GESETZENTWURF ZUR VERABSCHIEDUNG} sottoporre *qc a qu per qc*; {ANTRÄGE, UNTERLAGEN ZUR ANNAHME, PRÜFUNG} sottoporre *qc a qc di qu*; **jdm etw zur Ansicht ~**, dare *a qu* in visione a qu; **haben Sie dem Kunden unsere Muster vorgelegt?**, ha fatto vedere al cliente i nostri campioni?; **der Bericht wird einer Prüfungskommission vorgelegt**, il rapporto verrà presentato ad una commissione d'inchiesta; **dem Direktor die Rechnungen zur Prüfung ~**, sottoporre le fatture all'esame del direttore; **einen Gesetzentwurf ~**, presentare un disegno legge; **dem Verantwortlichen vorzulegen**, da sottoporre al responsabile **2** (*veröffentlichen*) **etw ~** {BUCH, FORSCHUNGSERGEBNIS, VERÖFFENTLICHUNG} presentare *qc* (*a qu*): **die junge Autorin hat schon ihr zweites Werk vorgelegt**, la giovane autrice ha già presentato la sua seconda opera **3** (*auslegen*) {*jdm*} **etw ~** {BESTIMMTE SUMME} anticipare *qc* (*a qu*) **4** (*zur Befestigung anbringen*) **etw ~** {KETTE, RIEGEL, SCHLOSS} chiudere con *qc*: **ein Sicherheitsschloss ~**, chiudere con la serratura di sicurezza; **einen Bremsklotz ~**, mettere una zeppa (davanti) alle ruote **5** (*auf den Teller legen*) {*jdm*} **etw ~** servire *qc* (*a qu*) ● **ein hohes/schnelles/rasantes Tempo ~** *fam*, procedere/avanzare a grande velocità; *sport* andare forte *fam*; **eine schnelle Zeit ~** *sport*, fare/ottenere un ottimo tempo.

Vorleger m **1** (*Fußabtreter*) nettapiedi m, st(u)oino m, zerbino m **2** (*Bettvorleger*) scendiletto m; (*Badewannenvorleger*) scendibagno m.

vor|lehnen rfl sich ~ sporgersi (in avanti).

Vorleistung f *geh* (*finanzielle ~*) pagamento m anticipato; *bes. pol* contropartita f (fatta nella speranza di avere una contropartita) ● **mit etw** (*dat*) **in ~ treten**, **eine ~ von etw** (*dat*) **erbringen**, anticipare *qc*.

vor|lesen <irr> **A** tr (*jdm*) **etw ~** leggere (ad alta voce) *qc* (*a qu*): **den Kindern abends etwas ~**, leggere la sera qualcosa ai bambini; **lies doch mal vor**, **was sie geschrieben hat**, leggi un po' (ad alta voce) cosa ha scritto **B** itr (*jdm*) **~** leggere ad alta voce (*a qu*): **liest du uns heute Abend vor?**, ci leggi qualcosa stasera?; (*jdm*) **aus etw** (*dat*) **~** leggere dei brani da *qc* (*a qu*); **er las den Zuhörern aus seinem neuen Roman vor**, lesse agli ascoltatori dei brani del/dal suo nuovo romanzo.

Vorleser m (**Vorleserin** f) lettore (-trice) m (f).

Vorlesewettbewerb m concorso m di lettura (ad alta voce).

Vorlesung f *univ* (*einzelne Veranstaltung*) lezione f (universitaria); (*Veranstaltungsreihe*) corso m, ciclo m di lezioni: ⌊**eine ~**⌋/[**~ en**] **über etw** (akk) **halten**, tenere una lezione/[delle lezioni] su *qc*; ⌊**in die**⌋/[**zur**] **~ gehen**, andare a lezione; **die ~(en) regelmäßig besuchen**, seguire regolarmente le lezioni; **die ~ geht dieses Semester über den Bildungsroman**, il corso è/[l'argomento del corso è] questo semestre verte sul romanzo di formazione; **eine ~ über etw** (akk) **belegen**, iscriversi a un corso su *qc*.

vorlesungsfrei adj *univ* {ZEIT} in cui non si tengono lezioni.

Vorlesungsverzeichnis n *univ* programma m dei corsi.

vorletzter, vorletzte, vorletztes adj <attr> **1** (*vor dem Letzten liegend*) penultimo (-a): **auf der vorletzten Seite**, alla/sulla penultima pagina **2** (*dem Letzten unmittelbar vorangehend*): **vorletzte Woche**, due settimane fa; **das war nicht letzte, sondern schon vorletzte Woche**, non è stato la settimana scorsa, ma quella ⌊prima ancora⌋/[ancora precedente]; **sie sind am vorletzten Mittwoch zurückgekommen**, sono tornati (-e) due mercoledì fa; **vorletzten Sonntag/Montag**, due domeniche/lunedì fa **3** (*außer dem Letzten als Einziges übrig bleibend*) {EXEMPLAR, MODELL} penultimo (-a): **das ist meine vorletzte Zigarette**, questa è la mia penultima sigaretta ● **als Vorletzter/Vorletzte** {ANKOMMEN, DURCHS ZIEL GEHEN}, penultimo (-a); **du bist als Vorletzter dran**, sei il penultimo.

Vorliebe f <meist sing> **~** (**für** *jdn/etw*) predilezione f (*per qu/qc*), preferenza f (*per qu/qc*): **eine ausgesprochene/besondere ~ für etw** (akk) **haben**/[**an den Tag legen**], avere/mostrare una ⌊spiccata preferenza⌋/[particolare predilezione] per *qc* ● **eine ~ für jdn/etw haben**, avere una predilezione/preferenza per *qu/qc*; **welche ~n haben Sie?**, quali sono le Sue preferenze?; **mit ~**, preferibilmente, di preferenza; **in seiner Freizeit kümmert er sich mit ~ um den Garten**, nel tempo libero preferisce lavorare in giardino; **diesen Wein trinke ich mit ~**, questo è il vino che preferisco; **mit ganz besonderer ~**, con una spiccata preferenza.

vor|lieb|nehmen <irr> itr **mit** *jdm/etw* **~** accontentarsi *di qu/qc*: **heute müsst ihr mit den Resten von gestern ~**, oggi dovete accontentarvi degli avanzi di ieri.

vor|liegen <irr> itr **1** (*eingereicht sein*) {ANTRAG, BESCHWERDE, PLAN, UNTERLAGEN} esserci: **es liegen noch nicht alle nötigen Dokumente vor**, ancora non ci sono tutti i documenti necessari; (**bei**) *jdm/etw* **~** essere stato presentato *a qu*, essere pervenuto *a qu*: **der Fall liegt jetzt dem Gericht vor**, adesso il caso è arrivato in tribunale; **sobald mir Ihr Antrag vorliegt, ...**, appena ⌊la Sua domanda mi sarà pervenuta⌋/[avrò in mano la Sua domanda] ...; **mir liegt hier ein Schreiben von Herrn M. vor, das ...**, ho qui una lettera del signor M. che ... **2** (*der Öffentlichkeit zur Verfügung stehen*) {BUCH, KATALOG, UNTERSUCHUNGSERGEBNISSE} essersi, essere disponibile: **der neueste Roman des beliebten Autors liegt jetzt vor**, l'ultimo romanzo del popolare autore è finalmente disponibile/[in libreria] **3** (*bestehen*) {ANHALTSPUNKTE, GRÜNDE} essersi: **es liegen Gründe zu der Annahme vor, dass ...**, ci sono motivi per credere che ...; **hier muss ein Irrtum ~**, ⌊si tratta senz'altro di⌋/[deve esserci] un errore ● **gegen jdn ~** {ANZEIGE, BESCHWERDE}, esserci/[essere stato presentato] contro *qu*; {VERDACHT}, esserci su *qu*; **es liegt nichts gegen ihn vor**, contro di lui non c'è niente; **bei uns liegt keine Anzeige gegen Sie vor**, a noi non risultano denunce nei Suoi confronti.

vorliegend adj esistente: **nach den bisher ~en Erkenntnissen**, secondo gli elementi finora in nostro possesso; **aus den mir ~en Unterlagen**, dai documenti ⌊di cui dispongo⌋/[a mia disposizione].

vor|lügen <irr> tr: *jdm* **etwas ~** raccontare bugie/fandonie/[(delle) storie] *a qu*: **er lügt mir ständig (et)was vor**, non fa che raccontarmi balle *fam*; **lüg mir doch nichts vor!**, non venirmi a raccontare frottole! *fam*; **du hast dir (et)was ~ lassen**, questa te la sei proprio bevuta *fam*; **ich lass mir doch von dir nichts ~!**, questa non me la dai da bere!; *jdm* **~, dass ...**, ⌊far credere⌋/[dare a intendere] *a qu* che ...

vorm präp *fam* = vor dem → **vor**.

vor|machen *fam* **A** tr **1** (*zeigen*) (*jdm*) **etw ~** far vedere/[mostrare] (*a qu*) come si fa *qc*: **kannst du mir das noch mal ~?**, puoi farmi vedere un'altra volta come si fa?; **mach doch mal vor!**, fammi/facci vedere un po'!; *jdm* **~, wie ...**, far vedere *a qu* come ... **2** (*täuschen*): *jdm* **etwas ~**, fare la commedia con *qu*: **er hat ihr die ganze Zeit etwas vorgemacht**, per tutto questo tempo con lei ha ⌊fatto la commedia⌋/[recitato]; **mach mir doch nichts vor!**, smettila di raccontarmi balle! *fam*; **mir kannst du nichts ~!**, non me la dai a bere *fam*, valla a raccontare a qualcun altro!, con me non attacca! *fam*; **er lässt sich so leicht nichts ~**, non è uno che se la beve facilmente; **du hast mir doch was vorgemacht als du ...**, hai recitato proprio bene quando ... **B** rfl: **sich** (dat) **(et)was ~**, illudersi, farsi (delle) illusioni; **du machst dir doch selbst etwas vor, wenn du glaubst, dass ...**, inganni te stesso (-a) se credi ⌊che ...⌋/[di ... *inf*]; **sich nichts ~**, non farsi illusioni; **mach dir doch nichts vor! Du weißt doch genau, dass ...**, non illuderti! Sai perfettamente che ... ● **der/die kann dir noch was ~!**, (lui/lei) può insegnarti molto!; ⌊**du kannst**⌋/[**er kann**]/**... mir/uns viel ~**, puoi/può ... raccontarmi/raccontarci quello che ti/gli pare; **jdm macht (auf etw** dat/**in etw** dat) **keiner etwas vor** {AUF EINEM GEBIET, IN EINER DISZIPLIN, EINEM FACH}, in *qc* nessuno può insegnare niente a *qu*, in *qc* *qu* non ha niente da imparare da nessuno; **auf dem Klavier macht ihm keiner was vor**, al pianoforte nessuno può insegnargli niente; **wir wollen uns doch nichts ~!**, non prendiamoci in giro!, parliamoci chiaro!

Vormacht <-, ohne pl> f supremazia f, predominio m: **die ~ über** *jdn/etw* **haben**, la supremazia/il predominio su *qu/qc*.

Vormachtstellung <-, ohne pl> f *pol* (posizione f di) supremazia f/predominio m, egemonia f: **eine ~ gegenüber (inne)haben**, essere in (una) posizione di supremazia nei confronti di *qu*, esercitare la supremazia su *qu*.

vormalig adj <attr> *geh* → **ehemalig**.

vormals adv *geh* una volta, un tempo, in passato, prima; (*auf Firmen-, Straßenschildern*) già: **hier waren ~ Felder und Wiesen**, qui una volta/un tempo c'erano campi e prati.

Vormarsch m *mil* avanzata f ● **auf dem** ⌊**im**⌋ **~ sein** {EPIDEMIE, FELDHERR, HEER, TRUPPEN}, avanzare; {COMPUTERISIERUNG, MODE}, guadagnare terreno.

vor|merken A tr **1** (*im Voraus notieren*) **etw** (**für etw**) akk) **~** {BESUCH, TERMIN, UNTERSUCHUNG FÜR EINEN BESTIMMTEN TAG, EINE BESTIMMTE UHRZEIT} segnare *qc* (*per qc*), annotare *qc* (*per qc*), prendere nota *di qc* (*per qc*): **ich werde es ~**, ne prenderò nota, lo segnerò/annoterò; **ich habe Ihre Kontrolluntersuchung für den 12. 5. vorgemerkt**, ho annotato la Sua visita di controllo per il 12/5; *jdn* **für etw** (akk) **~** {FÜR EINE BEHANDLUNG, EIN GESPRÄCH, EINE KONTROLLE, UNTERSUCHUNG} prenotare *qu per qc*; {FÜR EINEN AUSFLUG, KURS, EINE PRÜFUNG} iscrivere *qu a qc*; *jdn* **für etw** (akk) **~ lassen**, (far) mettere in lista *qu per qc*; **die Kinder für den Kindergarten ~ lassen**, iscrivere i bambini all'asilo; **sich für etw** (akk) **~ lassen** {FÜR EINE BEHANDLUNG, EIN GESPRÄCH, EINE UNTERSUCHUNG}, prenotarsi per *qc*; {FÜR EINEN KURS, LEHRGANG, EINE RUNDFAHRT} iscriversi a *qc* **2** (*reservieren*) **etw für** *jdn* **~** {BUCH} prenotare *qc per qu*; {KARTE, LIEGEWAGEN, TISCH, ZIMMER} auch riservare *qc per qu*: **Plätze für den «Don Giovanni» ~**, prenotare dei posti per il «Don Giovanni» **B** rfl (*im Voraus notieren*) **sich** (dat) **etw ~** {BESUCH, TERMIN, VERABREDUNG} annotarsi *qc*, prendere nota *di qc*, appuntarsi *qc fam*, segnarsi *qc fam*: **sie hat es sich vorgemerkt**, se l'è annotato, ne ha preso nota.

Vormerkung <-, -en> f **1** (*Reservierung*) prenotazione f **2** *jur* (*vorläufige Eintragung ins Grundbuch*) registrazione f al catasto.

Vormieter m (**Vormieterin** f) affittuario (-a) m (f)/inquilino (-a) m (f) precedente.

Vormilch f *biol* colostro m.

vormittag adv a.R. von Vormittag → **Vormittag**.

Vormittag m mattinata f, mattina f: **(am) ... ~** (*allgemein*) {MONTAG, DIENSTAG}, il/di ... mattina; (*an einem bestimmten Tag*) ... mattina; **heute ~**, stamattina, stamani, stamane *lit*; **morgen ~**, domattina; **am Montag ~ geht sie immer einkaufen**, il lunedì mattina va sempre a fare la spesa; **hast du Sonntag ~ Zeit?**, sei libero (-a) domenica mattina?; **den ganzen ~ auf Ämtern verlieren**, perdere tutta la mattina(ta) negli uffici pubblici; **ich habe eher am ~ Zeit**, è più facile che sia libero (-a) la mattina; **ich komme irgendwann am ~ vorbei**, passo in mattinata; **am frühen ~**, la mattina presto, nelle prime ore della mattina(ta), di prima mattina; **am späten ~**, la mattina tardi, in tarda mattinata; **im Laufe des ~s**, ⌊nel corso della⌋/[durante la]/[in] mattinata.

vormittags adv di/la mattina: **Montag ~ sind die Geschäfte geschlossen**, il lunedì mattina i negozi sono chiusi; **es ist besser, wir fahren ~, dann vermeiden wir die größte Hitze**, è meglio viaggiare di/la mattina, così evitiamo la canicola.

Vormund <-(e)s, -e *oder* Vormünder> m *jur* {+ENTMÜNDIGTER, MINDERJÄHRIGER} tutore (-trice) m (f) ● **einen ~ berufen/bestellen**, nominare un tutore; **jdn zum ~ berufen/bestellen**, nominare qu tutore (-trice); **ich brauche keinen ~!** (*ich kann für mich selbst sprechen*), non ho bisogno della balia!

Vormundschaft <-, -en> f *jur* {ÜBER EINEN *Entmündigten*, *Minderjährigen*} tutela f: **die ~ über jdn haben**, avere la tutela di qu; **unter jds ~ stehen**, essere sotto la tutela di qu; **jdn unter ~ stellen**, mettere qu sotto tutela; **die ~ über jdn übernehmen**, assumere la tutela di qu; **jdm die ~ über jdn übertragen/entziehen**, ⌊affidare/assegnare⌋/[togliere] a qu la tutela di qu.

Vormundschaftsgericht n *jur* giudice m tutelare, tribunale m per i minorenni.

vorn① adv **1** (*im vorderen Bereich*) davanti: **~ in etw** (dat) {IM AUTO, BUS}, davanti in qc; {IM SAAL} nella parte davanti/anteriore di qc; {IM ZUG} in testa a qc, nella parte iniziale di qc; **die Pullover liegen gleich ~ im Schrank**, i golf sono nell'armadio subito davanti; **die Kinder sitzen im Bus natürlich am liebsten ~**, in autobus i bambini preferiscono ovviamente stare seduti davanti; **~ im Bild**, in primo piano; **in der Schlange ~**, in cima alla coda; **er steht in der Schlange schon ziemlich weit ~**, è abbastanza avanti nella coda/fila **2** (*auf der Vorderseite*) (sul) davanti: **wenn die Tür ~ zu sein sollte, kommt hinten herum**, se la porta (sul) davanti fosse chiusa, passate da dietro; **diese Hose wird nicht ~, sondern hinten zugemacht**, questi pantaloni non si chiudono (sul) davanti ma (sul) dietro; **~ sieht das Buch schon etwas schäbig aus**, davanti il libro sembra già un po' logoro **3** (*am Anfang eines Buches, Textes*) all'inizio: **ich bin immer ganz ~ auf der Namensliste**, (io) sono sempre ⌊in cima alle⌋/[subito all'inizio nelle] liste dei nomi; **die Widmung steht ~**, la dedica è all'inizio; **wie schon ~ erwähnt**, come già menzionato ⌊in precedenza⌋/[sopra]; **~ im Buch**, ⌊all'inizio⌋/[nelle/sulle prime pagine] del libro; **~ im Text**, ⌊all'inizio⌋/[nella prima parte] del testo **4** (*an der Vorderfront*) (sul) davanti: **der Wagen hat ~ eine Beule**, la macchina ha un'ammaccatura (sul) davanti; **~ an etw** (dat), sul davanti di qc; **am Haus befindet sich ein kleiner Garten**, ⌊sul davanti della⌋/[davanti alla] casa c'è un giardinetto ● **da ~** *fam*, laggiù; **das Haus da ~ ist unbewohnt**, la casa laggiù è disabitata; **das Theater ist gleich da ~**, il teatro è subito laggiù; **da ~, wo das Schild steht, musst du links abbiegen**, laggiù dove c'è il cartello, devi girare a sinistra; **hier ~**, qui/qua (davanti); **hier ~ sind noch ein paar Plätze frei**, qui davanti c'è ancora qualche posto libero; **von hier ~ hat man den besten Blick**, da qui davanti si ha il panorama migliore; **der Milchladen ist gleich hier ~**, la latteria è poco più avanti; **~ und hinten: das reicht/langt ~ und hinten nicht** {GELD, LOHN}, non basta neanche a tirarlo *fam*; **das stimmt hinten und ~ nicht**, non ha né capo né coda, non torna proprio/affatto; **~ und hinten nichts haben** (*völlig arm sein*), non avere neanche gli occhi per piangere *fam*; **von ~ bis hinten** {DURCHARBEITEN, DURCHSEHEN, LESEN}, da cima a fondo, dall'inizio alla fine; {FALSCH SEIN}, completamente; **jdn von ~ bis hinten bedienen**, servire qu di coppa e di coltello *fam*; **sich von ~ bis hinten bedienen lassen**, farsi servire e riverire; **jdn von ~ bis hinten betrügen** *fam*, tradire qu in ogni modo possibile *fam*; **das ist von ~ bis hinten gelogen/erfunden** *fam*, è ⌊una spudorata menzogna⌋/[un'invenzione bella e buona] *fam*; **nach ~** {DEUTEN, ZEIGEN}, davanti; {FALLEN, GEHEN, SCHAUEN}, (in) avanti; **die Küche liegt** ⌊/**das Fenster geht**⌋ **nach ~**, la cucina/finestra dà/guarda sul davanti; **~ sein/liegen** {LÄUFER, RENNPFERD, RENNWAGEN}, essere ⌊in testa⌋/[al comando]; **von ~** (*von der Vorderseite*) {BETRACHTEN, SEHEN}, dal davanti, di prospetto, di fronte; {DARSTELLEN, ZEIGEN} *auch*, di faccia; {KOMMEN, WEHEN, AUF JDN ZUFAHREN}, da davanti; (*von Anfang an*) {ANFANGEN, BESPRECHEN, DURCHSEHEN}, dall'inizio, da capo; **so sieht das Haus von ~ aus**, ecco la casa vista ⌊dal davanti⌋/[di prospetto/fronte]; **der Regen/Wind kommt von ~**, la pioggia/il vento arriva da davanti.

vorn② präp *fam* = **vor den** → **vor**.

Vorname m nome m (di battesimo): **jds ~ ist/lautet ...**, il nome di qu è ...; **mit ~ heißen**, chiamarsi ... (di nome); **wie heißt du mit ~?**, come ⌊ti chiami⌋/[fai di nome]?; **wie heißt er mit ~?**, come fa di nome?, qual è il suo nome di battesimo?; **jdn beim ~n rufen**, chiamare qu per nome.

vorne adv → **vorn**①.

vornehm A adj **1** (*luxuriös*) {EINRICHTUNG, HOTEL, VILLA} raffinato, elegante, chic; {AUTO, STRASSE} elegante; {GEGEND, VIERTEL} *auch* esclusivo, chic: **das Restaurant ist mir zu ~**, quel ristorante è troppo chic per i miei gusti **2** (*elegant*) {ERSCHEINUNG, KLEIDUNG} elegante, raffinato; {DAME, HERR} *auch* distinto; {BENEHMEN} distinto, signorile, aristocratico: **eine ~e Blässe**, un pallore aristocratico **3** (*edel*) {HALTUNG, MENSCH} nobile: **~e Gesinnung**, nobili sentimenti **4** (*der Oberschicht angehörend*) {FAMILIE, KREISE} bene, della buona società; (*adlig*) aristocratico, nobile: **in ~en Kreisen verkehren**, frequentare ambienti esclusivi/aristocratici; **so was sagt/tut man nicht in ~en Kreisen**, cose del genere non si dicono/fanno nella buona società; **die ~e Gesellschaft/Welt**, il gran/bel mondo B adv **1** (*luxuriös*) {EINGERICHTET, GEKLEIDET} in modo raffinato, con raffinatezza / eleganza: **~ wohnen**, abitare in una casa signorile; (*in einem Hotel*) alloggiare in un albergo raffinato/elegante **2** (*gewählt*): **sich ~ ausdrücken** *oft iron*, esprimersi in modo ricercato ● **sich zu ~ für etw** (akk) **sein**, non degnarsi di fare qc; **die Chefin war sich nicht zu ~ mit anzupacken, als die Bedienung knapp wurde**, la direttrice non si è fatta pregare e ha dato una mano quando c'era poco personale; **~ tun** *fam pej*, darsi arie de ⌊gran signore⌋/[gran dama].

vor|**nehmen** <irr> A tr geh (*durchführen*) **etw** ~ {TRAUUNG} celebrare qc; {AMTSHANDLUNG, UNTERSUCHUNG} compiere qc; {MESSUNG} effettuare qc, eseguire qc; {KONTROLLE} *auch* operare qc, compiere qc; {EINGRIFF, OPERATION} eseguire qc: **Änderungen an etw** (dat) ~, apportare delle modifiche a qc; **einen operativen Eingriff an der Niere ~**, intervenire su un rene B rfl **1** (*einplanen*) **sich** (dat) **etw** (*für etw* akk) ~ {AUSFLUG, BESICHTIGUNG, EINKAUFSBUMMEL FÜR EINEN BESTIMMTEN TAG, DEN URLAUB} (ri)proporsi/ripromettersi di fare qc (+ *compl di tempo*); {ARBEIT, STUDIUM VON ETW} *auch* prefiggersi/[fare il proponimento] di fare qc (+ *compl di tempo*): **sich** (dat) **ein Ziel ~**, prefiggersi/porsi uno scopo/una meta/un obiettivo; **sie hat sich für den Urlaub allerhand/einiges vorgenommen**, ha in programma (di fare) tante cose durante le vacanze; **da hast du dir ja einiges vorgenommen!**, non è che tu abbia ⌊messo troppa carne al fuoco⌋/[troppe cose in cantiere]?; **ich habe mir vorgenommen, ihn nicht mehr zu sehen**, ho deciso di non vederlo più; **sie hat sich fest vorgenommen, auch nach dem Urlaub noch etwas Sport zu treiben**, si è seriamente ripromessa di fare un po' di sport anche dopo le vacanze; **hast du dir für Sonntag schon etwas vorgenommen?**, hai già ⌊qualche cosa in⌋/[fatto qualche programma] per domenica?; **ich möchte mir für das Wochenende nichts ~**, non vorrei ⌊fare programmi⌋/[prendere impegni] per il weekend; **jetzt habe ich mir** ⌊**schon etwas**⌋/[**schon etwas anderes**] **vorgenommen**, ormai ho già ⌊fatto i miei programmi⌋/[cambiato programma] **2** *fam* (*sich vorknüpfen*) **sich** (dat) **jdn ~**, prendere di petto qu *fam*, dirne quattro a qu **3** (*sich mit etw beschäftigen*) **sich** (dat) **etw ~** {LIEGEN GEBLIEBENE ARBEIT, POST, ZU LERNENDEN STOFF} prendere qc di petto: **jetzt werde ich mir mal sein Manuskript ~**, adesso mi metterò sul suo manoscritto; **guck mal, wie hoch das Gras ist. Wie wäre es, wenn du dir den Garten vornähmst?**, guarda com'è alta l'erba! E se tu facessi il giardino? ● **sich** (dat) **zu viel** (auf einmal) ~, mettere troppa carne al fuoco, avere troppe cose in cantiere.

Vornehmheit <-, ohne pl> f {+MENSCH} signorilità f, distinzione f, modi m pl raffinati; {+ERSCHEINUNG, KLEIDUNG} eleganza f, raffinatezza f: **jds ~ ist nur aufgetragen**, la signorilità di qu non è che facciata.

vornehmlich adv *geh* (*insbesondere*) soprattutto, specialmente: **viele Erwachsene, ~ die Älteren, zogen sich früh zurück**, molti adulti, specialmente/soprattutto i più anziani, si ritirarono presto; (*in erster Linie*) soprattutto, anzitutto, principalmente; **es geht ihnen ~ um die Vermeidung eines Skandals**, anzitutto gli preme evitare uno scandalo.

Vornehmtuerei <-, ohne pl> f *pej* arie f pl da gran signore/dama.

vor|**neigen** rfl sich ~ chinarsi in avanti.

Vorneverteidigung <-, ohne pl> f *mil* difesa f avanzata.

vorneweg, **vornweg** adv *fam* → **vorweg**.

vornherein adv: **von ~** {ABLEHNEN, FESTSTELLEN, KLAR SEIN, WISSEN}, (fin) ⌊dal principio⌋/[dall'inizio], già in partenza; **dass das von ~ klar ist!**, che sia chiaro ⌊fin da adesso⌋/[subito]!; **ich hatte es euch von ~ gesagt, dass ...**, ve l'avevo detto fin dall'inizio che ...; **etw** (dat) **von ~ ablehnend gegenüberstehen** {EINER IDEE, EINEM PROJEKT, VORSCHLAG}, essere contrario fin dall'inizio a qc.

vornüber adv in avanti.

vornüber|**beugen** rfl sich ~ piegarsi/chinarsi in avanti: **vornübergebeugt** {ALTER MENSCH}, piegato/chino in avanti.

vornüber|**fallen** <irr> itr <sein> {KIND, MENSCH} cadere in avanti: **der Länge nach**

~, cadere lungo (-a) disteso (-a) (in avanti).

vornüber|kippen itr <sein> (KIND, ALTER MENSCH) cadere in avanti; {AUTO, GLAS, KRAN, VASE} ribaltarsi/rovesciarsi in avanti.

Vorort m sobborgo m, suburbio m; (Ortsteil) auch quartiere m periferico/suburbano: **die ~e einer großen Stadt**, i sobborghi/la periferia di una grande città; **in einem ~ wohnen**, abitare in periferia.

Vor-Ort-Kontrolle f controllo m ⌊in loco⌋/[sul posto]: **an etw (dat) Vor-Ort-Kontrollen durchführen**, effettuare dei controlli in loco su qc.

Vor-Ort-Reporter m (**Vor-Ort-Reporterin** f) journ TV inviato (-a) m (f) speciale.

Vor-Ort-Service m assistenza f tecnica ⌊in loco⌋/[sul posto].

Vorortstraße f via f/strada f ⌊di periferia⌋/[suburbana].

Vorortverkehr <-s, ohne pl> m traffico m suburbano; (von öffentlichen Verkehrsmitteln) servizio m suburbano.

Vorortzug m treno m suburbano; (für Berufstätige) treno m per i pendolari.

Vorplatz m {+BAHNHOF, MINISTERIUM, SCHLOSS} piazzale m; {+KIRCHE} sagrato m.

Vorposten m mil avamposto m, postazione f avanzata.

vor|preschen itr <sein> 1 (nach vorn preschen) {LÄUFER, SPRINTER} correre avanti; {ANGREIFER, SOLDATEN, TRUPP, VORHUT} precipitarsi/lanciarsi in avanti 2 (zu weit gehen): (in etw dat) zu weit ~ fam {IN EINER BESTIMMTEN DISKUSSION, FRAGE}, calcare troppo la mano, spingersi troppo oltre (in qc).

Vorprogramm n film "l'insieme degli spot pubblicitari e dei trailer che precedono un film al cinema".

vor|programmieren <ohne ge-> tr tech etw ~ {HEIZUNG, MIKROWELLE, SPÜLMASCHINE, VIDEOREKORDER} programmare qc (in anticipo), impostare in anticipo il programma di qc.

vorprogrammiert adj 1 (festgelegt) {ERFOLG, MISSERFOLG} già programmato, automatico, scontato; {AUSEINANDERSETZUNG, KONFLIKTE} inevitabile; {ABLAUF, WAHLAUSGANG} prevedibile, scontato; {KARRIERE, WEG} già tracciato: **durch das Verhalten der Opposition ist der nächste Konflikt schon ~**, con il comportamento dell'opposizione si è diritti al prossimo conflitto; **seine Karriere war durch seine Herkunft schon ~**, per via della sua estrazione sociale la sua carriera era già decisa 2 tech (vorher eingestellt) {HEIZUNG, HERD, VIDEOREKORDER} programmato in anticipo.

Vorrang <-(e)s, ohne pl> m 1 (Priorität) priorità f, precedenza f, preminenza f: **absoluten ~ haben**, avere priorità/precedenza assoluta; **etw (dat) den ~ geben/einräumen**, dare/concedere la priorità/precedenza a qc; **vor jdm/etw**⌋/[**jdm/etw gegenüber**] **~ haben/genießen**, avere la priorità/preminenza su qu/qc; **jdm den ~ streitig machen**, contendere il primato a qu 2 bes. A → **Vorfahrt** • **mit ~** {BEARBEITEN, ERLEDIGEN}, prioritariamente, dando la priorità/precedenza.

vorrangig A adj {BEDEUTUNG, ERLEDIGUNG} prioritario; {ANLIEGEN, AUFGABE} auch preminente: **~ sein**, essere preminente, avere la priorità B adv {BEARBEITEN, BEHANDELN, ERLEDIGEN} prioritariamente, dando la priorità/precedenza.

Vorrangigkeit <-, ohne pl> f priorità f, preminenza f.

Vorrangstellung f (posizione f di) preminenza f, primato m: **auf/in etw (dat) eine** ~ **einnehmen/haben** {AUF EINEM BESTIMMTEN GEBIET, DEM WELTMARKT, IN EINER BRANCHE}, occupare una posizione ⌊di preminenza⌋/[preminente] in qc, detenere il primato in qc; **seine ~ verlieren**, perdere il primato.

Vorrat m ~ (**an/von etw** dat) scorte f pl di qc, provviste f pl di qc, riserve f pl di qc: **bes. com auch stock m** (di qc): **ein ~ an/von Lebensmitteln**, ⌊una scorta di⌋/[delle provviste] alimentari; **der ~ an/von etw (dat)** ⌊**geht zu Ende**⌋/[**ist aufgebraucht**], le scorte/provviste di qc ⌊stanno per finire⌋/[sono esaurite]; **er hat einen unerschöpflichen ~ an Geschichten/Witzen auf Lager**, ha una riserva/provvista inesauribile di storielle/barzellette (da raccontare) • **einen ~ von etw (dat) anlegen**, fare ⌊la scorta⌋/[provvista] di qc; **com**, fare stock di qc; **etw auf/in ~ haben**, avere scorte/provviste di qc; **(etw) auf ~ kaufen**, fare provvista/[(delle) provviste] (di qc); **solange der ~ reicht**, fino a esaurimento (della) scorte.

vorrätig adj com {ARTIKEL, WAREN} in magazzino, disponibile: **etw ~ haben**, avere scorte/provviste di qc, avere qc disponibile [in magazzino]; **diesen Artikel haben wir nicht mehr ~**, questo articolo è esaurito; **nicht ~ sein**, non essere disponibile.

Vorratskammer f dispensa f.

Vorratskeller m cantina f per le provviste (alimentari).

Vorratsraum m → **Vorratskammer**.

Vorratsschrank m dispensa f, credenza f.

Vorraum m {+BÜRO, WOHNUNG} anticamera f; (vor dem Bad) antibagno m; {+KINO, THEATER} foyer m, ridotto m.

vor|rechnen tr 1 math (**jdm**) **etw** ~ ⌊far vedere⌋/[mostrare] (a qu) come fare/[si fa] il calcolo di qc (erläutern) **jdm etw ~** fare a qu il conto di qc; **jdm ~, was**/[**wie viel**] **etw kostet**, fare a qu il conto di quanto costa qc; **er rechnete ihr vor, dass sie in einem Monat 10 000 Euro ausgegeben hatte**, con due anni le dimostrò che in un mese aveva speso 10 000 euro 3 (vorhalten) **jdm etw ~** fare a qu il conto di qc, enumerare qc a qu, elencare qc a qu: **jdm seine Fehler/Versäumnisse ~**, enumerare/elencare a qu ⌊i suoi errori⌋/[le sue mancanze]; **du brauchst mir nicht vorzurechnen, was du alles für mich getan hast**, non c'è bisogno che tu mi elenchi/[faccia la lista] di tutto ciò che hai fatto per me.

Vorrecht <-(e)s, -e> n (Sonderrecht) prerogativa f, appannaggio m; (Vergünstigung) privilegio m: **besondere ~ e genießen**, godere di particolari privilegi; **jdm ein ~ einräumen**, concedere/accordare a qu un privilegio; **das ~ haben, etw zu tun**, avere la prerogativa di fare qc; **es ist jds ~, etw zu tun**, è prerogativa di qu fare qc.

Vorrede f 1 (einleitende Worte) preambolo m: **sag's gleich, ohne lange ~n** fam, vieni al punto/dunque senza tanti preamboli fam; **sich nicht lange bei/mit der ~ aufhalten**, non perdere tempo in convenevoli/chiacchiere, andare subito al sodo fam 2 lit (Vorwort) introduzione f, prologo m lit; theat prologo m.

Vorredner m (**Vorrednerin** f) oratore (-trice) m (f) precedente: **in diesem Punkt schließe ich mich meinem ~ an**, su questo punto mi associo al signore che ⌊ha parlato prima di me⌋/[mi ha preceduto (-a)].

vor|reiten <irr> A itr <sein> 1 (nach vorn reiten) cavalcare in avanti 2 (vorausreiten) partire prima a cavallo, cavalcare avanti B tr <haben> (vorführen) **ein Pferd ~**, presentare un cavallo (montandolo).

Vorreiter m (**Vorreiterin** f) fam pioniere (-a) m (f), apripista mf, precursore m, precorritrice f • (für jdn) **den ~ machen**, fare da battistrada (a qu), aprire la strada (a qu).

Vorreiterrolle f: **eine ~ haben**, fare da battistrada, fungere da precursore.

Vorrichtung f dispositivo m, meccanismo m, congegno m: **eine automatische/praktische/primitive ~**, un dispositivo/meccanismo/congegno automatico/pratico/rudimentale.

vor|rücken A itr <sein> 1 mil avanzare: **der Feind rückt unaufhörlich vor**, il nemico avanza inesorabile; **gegen jdn/etw ~** {GEGEN DEN FEIND, DIE FEINDLICHEN STELLUNGEN} avanzare contro qu/qc, marciare contro qu/su qc; **bis zu etw (dat) ~** {BIS ZUM FLUSS, ZUR GRENZE, STADT} avanzare/marciare fino a (raggiungere) qc 2 (sich nach vorn bewegen) {UHRZEIGER} avanzare; {PROZESSION, SCHLANGE, WARTENDE, ZUG} auch andare/venire avanti 3 (nach vorn rücken) (mit etw dat) ~ {MIT DEM HOCKER, SITZ, STUHL} spostarsi (in) avanti (con qc), avanzare (con qc): **könntest du bitte noch ein Stück ~?**, ⌊potresti venire⌋/[ti potresti spostare] un altro po' (in) avanti per favore? 4 sport {MANNSCHAFT} avanzare nella classifica; **auf etw** (akk) ~ {AUF DEN ERSTEN, ZWEITEN PLATZ} avanzare raggiungendo qc: **auf einen höheren Tabellenplatz ~**, avanzare nella classifica 5 (auf eine bessere Platzierung rücken) **auf etw** (akk) ~ avanzare raggiungendo qc: **mit ihrem Song sind sie von Platz acht auf Platz drei vorgerückt**, con la loro canzone sono avanzati (-e) dalla ottava alla terza posizione 6 (auf ein anderes Spielfeld rücken) (**mit etw** dat) ~ {MIT EINER FIGUR, EINEM STEIN} avanzare (con qc), muovere in avanti qc: **(mit dem Stein) drei Felder ~**, avanzare (con la pedina) di tre caselle 7 (vergehen) {STUNDEN, ZEIT} passare, scorrere B tr <haben> (nach vorn rücken) **etw ~** {MÖBELSTÜCK} spostare qc (in) avanti.

Vorruhestand m prepensionamento m, pensionamento m anticipato: **den ~ beantragen**, chiedere il prepensionamento/[pensionamento anticipato]; **in den ~ treten**, andare in prepensionamento.

Vorruheständler m (**Vorruheständlerin** f) "chi va in pensione anticipatamente"; (in Italien) baby pensionato (-a) m (f).

Vorruhestandsregelung <-, ohne pl> f normativa f ⌊per il⌋/[del] prepensionamento.

Vorrunde f sport girone m eliminatorio, eliminatorie f pl.

Vorrundenspiel n sport (partita f/gara f) eliminatoria f.

vors präp fam = vor das → **vor**.

vor|sagen A tr 1 Schule **jdm etw ~** {ANTWORT, LÖSUNG} suggerire qc a qu 2 (vorsprechen) (**jdm**) **etw ~** {SATZ, WORT} dire qc (da ripetere) a qu; {GEDICHT} auch recitare qc a qu: **ich sage den Satz einmal vor und ihr versucht, ihn nachzusprechen**, io dico la frase una volta e voi provate a ripeterla B tr Schule (**jdm**) ~ suggerire (a qu): **hörst du wohl auf, deinem Nachbarn vorzusagen?**, la smetti di suggerire al tuo compagno? C rfl (vor sich hin sprechen) **sich** (dat) **etw ~** {ADRESSE, SCHLÜSSELWORT, TELEFONNUMMER, VOKABELN} ripetersi qc (fra sé).

Vorsaison f bassa stagione f: **in der Vor- und Nachsaison**, in/nella bassa stagione.

Vorsaisonpreis, **Vorsaisonspreis** m prezzo m/tariffa f di bassa stagione.

Vorsänger m (**Vorsängerin** f) 1 relig (primo (-a)) cantore (-a) m (f) 2 mus voce f solista, solista mf.

Vorsatz① m 1 (*Absicht*) proposito m, intenzione f, proponimento m: **gute Vorsätze (für das neue Jahr) haben**, avere buoni propositi (per il nuovo anno); **mit guten Vorsätzen gewappnet**, armato di buone intenzioni; **es bei den guten Vorsätzen bleiben lassen**, fermarsi ai buoni propositi; **mit dem ~ zu ...**, con l'intenzione di ... *inf*; **er kam mit dem ~, den Streit beizulegen**, arrivò ˪con l'intenzione di˩/[intenzionato a] smettere di litigare; **den ~ haben, etw zu tun**, avere ˪il fermo proposito/proponimento˩/[la ferma intenzione] di fare qc; **einen ~ fallen lassen**, ˪venire meno˩/[rinunciare] a un proposito; **jdn von seinem ~ abbringen**, dissuadere qu dai suoi propositi; **den (festen) ~ fassen, etw nicht mehr zu tun**, risolversi fermamente a non fare più qc **2** *jur* (*Wille zu...*): **mit ~**, con dolo, dolosamente; **ohne ~**, senza dolo, non dolosamente.

Vorsatz② m 1 *tech* dispositivo m ausiliario **2** *typ* → **Vorsatzblatt**.

Vorsatzblatt n *typ* (foglio m di) guardia f, risguardo m.

vorsätzlich *geh* Ⓐ *adj* <attr> {BELEIDIGUNG, BESCHÄDIGUNG, FALSCHAUSSAGE} intenzionale, deliberato; **eine ~e Lüge**, una bugia deliberata; *jur* {TAT} doloso, volontario; **~e Körperverletzung**, lesione personale dolosa; **~e Tötung**, omicidio doloso/volontario; **~e Trunkenheit**, ubriachezza volontaria Ⓑ *adv* {JDN BELEIDIGEN, BELÜGEN} intenzionalmente, deliberatamente, di proposito: **er hat sie ~ gekränkt**, l'ha offesa a bella posta; *jur* con dolo, dolosamente; **ein ~ gelegter Brand**, un incendio doloso; **~ handeln**, agire con deliberato proposito.

Vorsätzlichkeit <-, ohne pl> f *jur* dolosità f.

Vorsatzlinse f *fot* lente f addizionale.

Vorschaltgerät n *el* stabilizzatore m; (*um den Stromfluss konstant zu halten, z. B. bei Computern*) stabilizzatore m di corrente.

Vorschau f 1 *journ TV* presentazione f, anticipazione f: **eine ~ auf das Programm der kommenden Woche**, ˪un'anticipazione dei˩/[uno sguardo ai] programmi della prossima settimana **2** *film* trailer m pl: **sie haben in der ~ einige Filme der Saison gezeigt**, prima della proiezione hanno fatto vedere alcuni trailer dei film di questa stagione.

Vorschaubild n *inform* thumbnail m *oder* f, miniatura f.

Vorschein <-s, ohne pl> m: **etw zum ~ bringen**, tirare fuori qc; **nach langem Kramen (in ihrer Tasche) brachte sie den zerknitterten Brief zum ~**, dopo aver frugato a lungo (in borsa) tirò fuori la lettera tutta sgualcita; **etw wieder zum ~ bringen** {NACHFORSCHUNGEN, SUCHE VERMISSTEN GEGENSTAND}, ˪permettere di˩/[far] ritrovare qc; {ARCHÄOLOGEN, NACHFORSCHUNGEN, RESTAURATEURE, RENOVIERUNG ÜBERDECKTE FRESKEN, ÜBERRESTE, VERSCHOLLENE URKUNDEN} riportare qc alla luce; **zum ~ kommen** {GEGENSTAND}, comparire, apparire; {ARCHÄOLOGISCHE FUNDE, VERBORGENER SCHATZ, TATSACHEN} venire alla luce; (*offenbar werden*) {KRANKHEIT, SYMPTOME} manifestarsi; {GESINNUNG, HASS, NEID} *auch* venire alla luce, farsi palese; **etw kommt wieder zum ~** {GESUCHTER, VERMISSTER GEGENSTAND}, qc ricompare/[salta fuori], si ritrova qc; {FRESKEN, INSCHRIFTEN} qc torna alla luce; **keine Angst, deine Schlüssel werden schon wieder zum ~ kommen!**, niente paura, vedrai che le tue chiavi ˪si ritroveranno˩/[ricompariranno]!; **nach und nach kam die Sonne zum ~**, un po' per volta comparve/[uscì fuori] il sole; **da kam seine ganze Geldgier zum ~**, in quell'occasione venne alla luce tutta la sua avidità; **als die Krankheit zum ~ kam**, war es schon zu spät, quando la malattia si manifestò era già troppo tardi.

vor|schicken *tr* **1** (*jdn beauftragen, etw zu tun*) **jdn ~** mandare avanti *qu*: **wenn es um das Gehalt geht, schickt er immer seinen Kollegen vor**, quando c'è da discutere per lo stipendio manda sempre avanti il suo collega **2** *fam* (*vorausschicken*) **etw ~** {KOFFER, MÖBEL} spedire qc prima/[in anticipo].

vor|schieben <irr> Ⓐ *tr* **1** (*vor etw schieben*) **etw ~** {RIEGEL} mettere qc **2** (*nach vorn bewegen*) **etw ~** {KOPF} tendere qc in avanti; {KINN, UNTERKIEFER, UNTERLIPPE} protendere qc **3** (*nach vorne schieben*) **etw ~** {BANK, SCHRANK, TISCH} spostare qc (in) avanti, spingere qc (in) avanti: **den Wagen ein Stück ~**, spingere la macchina un po' (in) avanti **4** *mil* **etw ~** {EINHEITEN, TRUPPEN} far avanzare qc: **auf vorgeschobenem Posten**, negli avamposti **5** (*vorschützen*) **etw ~** {TERMIN, UNWOHLSEIN, VERHINDERUNG} prendere/addurre qc a pretesto, addurre qc come scusa: **das sind doch alles nur vorgeschobene Argumente!**, sono tutte scuse!; **sich hinter vorgeschobenen Gründen verschanzen**, trincerarsi dietro ˪dei pretesti˩/[delle scuse]; **ihre Krankheit war nur Vorwand**, la sua malattia era solo un pretesto **6** (*für sich handeln lassen*) **jdn ~** servirsi *di qu* Ⓑ *rfl* (*sich nach vorn schieben*) **sich ~** {MENGE, MENSCHEN} avanzare lentamente.

vor|schießen <irr> *fam* Ⓐ *tr* <haben> **jdm etw ~** {BETRAG, GELD} anticipare qc a qu Ⓑ *itr* <sein> (*her-*) (**aus/hinter etw dat**) **~** {AUTO, MOTORRAD AUS DER EINFAHRT} schizzare fuori *da qc*; {TIER AUS DEM GEBÜSCH, DICKICHT, HINTER DEM BAUM} *auch* saltare/balzare ˪fuori da˩/[da]/[da dietro] qc: **aus dem Wald schoss plötzlich ein Hirsch vor**, all'improvviso un cervo saltò fuori dal bosco.

Vorschiff n *naut* prua f, prora f.

vor|schlafen <irr> *itr fam* dormire prima.

Vorschlag m **1** (*Empfehlung*) proposta f, suggerimento m: **ein brauchbarer/guter/praktischer/vernünftiger ~**, una proposta utile/buona/pratica/ragionevole; **einen ~ ˪annehmen/akzeptieren˩/[ablehnen]**, accettare/[rifiutare/respingere] una proposta; **auf einen ~ eingehen**, accogliere una proposta/un suggerimento; **(jdm) einen ~ machen**, fare una proposta (a qu); **hast du einen besseren ~?**, hai una proposta migliore? **2** *mus* appoggiatura f • **auf jds ~ (hin), auf ~ von jdm**, su proposta/suggerimento di qu; **ein ~ zur Güte**: **ich mache einen ~ zur Güte**, ti/vi/Le propongo un accordo, ti/vi/Le faccio una proposta; **ein ~ sein** *fam*: **das ist doch mal ein ~!**, questa sì che è un'idea geniale!

vor|schlagen <irr> *tr* **1** (*einen Vorschlag machen*) **(jdm) etw ~** proporre qc (a qu), suggerire qc (a qu): **eine Alternative/[andere Lösung] ~**, proporre un'alternativa/[una soluzione diversa]; **was schlagt ihr vor?**, che cosa proponete/suggerite (di fare)?; **hast du nichts Besseres vorzuschlagen?**, non hai niente di meglio da proporre?; **jdm ~, etw zu tun**, proporre (a qu) di fare qc; **ich schlage vor, ˪wir sehen uns das Restaurant erst einmal an˩/[dass wir uns das Restaurant erst einmal ansehen]**, propongo di andare prima a vedere com'è quel ristorante **2** (*empfehlen*) **jdn (als/für etw akk) ~** {ALS KANDIDATEN, FÜR EIN AMT, EINEN POSTEN} proporre qu (come/per qc): **der junge Engländer wurde als neuer Dirigent der Berliner Philharmoniker vorgeschlagen**, il giovane inglese è stato proposto come nuovo direttore dei Berliner Philharmoniker.

Vorschlaghammer m mazza f, martello m da fabbro.

Vorschlagsliste f → **Kandidatenliste**.

Vorschlagsrecht <-(e)s, ohne pl> n *pol* diritto m di proporre qu/[un candidato].

Vorschlussrunde (*a.R.* Vorschlußrunde) f *sport* semifinale f.

vor|schneiden <irr> *tr* **1** (*mundgerecht zerschneiden*) **(jdm) etw ~** {EINEM KIND, KRANKEN} tagliare qc (a qu) a pezzettini **2** (*aufschneiden*) **etw ~** {BRATEN} tagliare qc; {GEFLÜGEL} trinciare qc.

vorschnell *adj* → **voreilig**.

vor|schreiben <irr> *tr* **1** (*als Vorlage schreiben*) **jdm etw ~** {EINEM ERSTKLÄSSLER, KIND, SCHÜLER EINEN BUCHSTABEN, EIN VOKABEL, EIN WORT} ˪far vedere˩/[mostrare] a qu come si scrive qc **2** (*befehlen*) **jdm etw ~** {ARBEITSSCHRITT, HANDGRIFF, VORGEHENSWEISE} imporre qc a qu: **jdm die Bedingungen ~**, dettare/imporre le condizioni a qu; **jdm ~, was er zu tun und zu lassen hat**, dire a qu ciò che deve fare e non fare; **sich (dat) von niemandem etwas ~ lassen**, non accettare ordini da nessuno; **ich lasse mir doch von dir nichts ~!**, non mi faccio dare ordini da te!; **vorgeschrieben** {DOSIS, MENGE}, prescritto; **vorgeschriebene Lektüre** *Schule univ*, letture obbligatorie **3** *adm* (*jdm*) **etw ~** {BESTIMMUNG, GESETZ, PARAGRAPH, VORSCHRIFT} prescrivere qc (a qu), disporre qc (a qu): **(jdm) ~, etw zu tun**, prescrivere/ingiungere (a qu) di fare qc; **was schreibt das Gesetz in Bezug auf ... vor?**, che cosa prescrive/dispone la legge in materia di ...?; **das Gesetz schreibt vor, jeden Cholerafall zu melden**, la legge dispone che venga denunciato ogni caso di colera; **die Hausordnung schreibt vor, dass die Hotelzimmer bis 12 Uhr geräumt werden müssen**, il regolamento dell'albergo stabilisce che le camere devono essere liberate entro le ore 12; **sich an die vorgeschriebene Geschwindigkeit halten**, attenersi ai limiti di velocità stabiliti/fissati dal codice.

Vorschrift f disposizione f; (*bes. geschrieben*) norma f; (*Anweisung*) *auch* prescrizione f; (*Reglement*) regolamento m: **nach den ~en der Straßenverkehrsordnung**, secondo le norme del codice stradale; **die hausinternen ~en**, il regolamento interno; **jdn auf die ~ hinweisen**, richiamare qu all'osservanza del regolamento; **~en zur ˪Sicherheit am Arbeitsplatz˩/[Regelung des Verkehrs]/[Unfallverhütung]**, norme ˪per la sicurezza sul posto di lavoro˩/[di circolazione]/[antiinfortunistiche]; **~en für die Bedienung einer Anlage**, norme per l'uso di un impianto; **sich beim Bau eines Hauses an die ~en halten**, costruire una casa secondo le norme vigenti; **als Internatsschüler hat er sich an die ~en zu halten**, in quanto ospite del collegio deve attenersi al regolamento; **sich genau an die ~en des Arztes halten**, attenersi scrupolosamente alle prescrizioni del medico; **laut polizeilicher/dienstlicher ~**, secondo ˪le disposizioni della polizia˩/[il regolamento dell'ufficio] • **jdm ~en machen**, dire a qu quel che deve o non deve fare; **sich (dat) von jdm keine ~en machen lassen**, non accettare ordini da qu; **nach ~**: **etw genau nach ~ tun**, fare qc ˪applicando rigidamente il regolamento˩/[secondo le norme vigenti]; **sie machen Dienst nach ~**, fanno lo sciopero bianco; **eine Arznei nach ~ einnehmen**, assumere un medicinale secondo la prescrizione medica/[del medico]; **~ sein** {AUSFÜLLEN EINES FORMULARS, KONTROLLE}, fare parte del regolamento; **es ist ~, in Ortschaften 50 km/h zu fahren**, per legge non si possono superare i 50 km/h nei centri

abitati; **das ist ~!**, è il regolamento!
vorschriftsgemäß, vorschriftsmäßig
A adj {PARKEN, SIGNAL} regolamentare; {AUSRÜSTUNG, FEUERMELDER, SICHERUNG} *auch* a norma; *med* {DOSIS} prescritto; {VERHALTEN} conforme ⌊al regolamento⌋/[alle norme]: **die hygienischen Einrichtungen sind nicht ~**, gli impianti igienici non sono a norma; **bei ~er Einnahme des Medikaments**, se il medicinale viene assunto come prescritto **B** adv {FAHREN, SICH VERHALTEN} come prescritto dal regolamento; {PARKEN} in modo regolamentare: **eine Arbeit ~ ausführen**, eseguire un lavoro secondo le disposizioni ricevute; **Sie haben das Formular nicht ~ ausgefüllt**, non ha riempito il modulo secondo le istruzioni; **die Unfallstelle war nicht ~ abgesichert**, il luogo dell'incidente non era segnalato come prescritto/previsto (dal codice); **eine Maschine ~ bedienen**, adoperare una macchina secondo le istruzioni; **eine Medizin ~ einnehmen**, assumere un medicinale secondo la posologia; **~ angegurtet sein**, aver messo le cinture (di sicurezza) come prescritto dalle norme vigenti; **~ gekleidet sein** {INTERNATSSCHÜLER}, essere vestito come prescritto dal regolamento; {OFFIZIER, POLIZIST} essere in divisa regolamentare.
vorschriftswidrig A adj {AUSRÜSTUNG, BELEUCHTUNG, ÜBERHOLEN} non regolamentare: **~es Parken wird verfolgt**, la sosta non regolamentare è sanzionabile a termini di legge; **vor allem jüngere Leute zeigen oft ein ~es Verhalten im Verkehr**, soprattutto i giovani commettono spesso delle infrazioni al codice della strada; **~ sein**, essere contrario al regolamento **B** adv in violazione del regolamento, contrariamente alle norme; {FAHREN, PARKEN, ÜBERHOLEN} infrangendo il codice stradale: **sich ~ verhalten**, violare le regole/leggi; **~ bauen**, costruire contravvenendo alle norme edilizie.
Vorschub m *geh*: **jdm (mit etw dat/durch etw akk) ~ leisten**, favorire qu (con qc); **etw (dat) ~ leisten**, favorire qc, aprire/spianare la strada a qc; **das neue Gesetz leistet dem Drogenkonsum nicht ~**, la nuova legge non fa che favorire l'uso della droga; **bestimmte Filme leisten der Gewalt unter Jugendlichen ~**, certi film incoraggiano i giovani alla violenza.
Vorschulalter n età f prescolare: **das ~ erreichen**, arrivare all'età prescolare; **ein Kind im ~**, un bambino in età prescolare.
Vorschule <-, *ohne pl*> f scuola f ⌊materna⌋/[dell'infanzia].
Vorschulerziehung <-, *ohne pl*> f educazione f prescolare/prescolastica.
vorschulisch adj {ERZIEHUNG} prescolare, prescolastico; {ERZIEHUNGSMETHODE, -ZIEL} *auch* della scuola materna.
Vorschulkind n bambino (-a) m (f) in età prescolare.
Vorschuss (a.R. Vorschuß) m anticipo m: **jdm einen ~ (auf etw akk) geben** {AUF DEN MONATSLOHN}, dare/concedere a qu un anticipo (su qc); {AUF EINE ARBEIT} dare/concedere a qu un anticipo (per qc); **sich (dat) einen ~ geben lassen**, farsi dare un anticipo; **um einen ~ bitten**, chiedere un anticipo.
Vorschusslorbeeren (a.R. Vorschußlorbeeren) subst <*nur pl*> *scherz* elogi m pl prematuri, lodi f pl premature: **das mit viel ~ bedachte Zweitwerk des jungen Autors lässt viel zu wünschen übrig**, la seconda opera del giovane autore incensata anzitempo lascia molto a desiderare ● **(für etw akk) ~ ernten**, ⌊mietere allori⌋/[essere elogiato] (per qc) anzitempo.
vorschussweise (a.R. vorschußweise) adv {(AUS)ZAHLEN} come/[a titolo di] anticipo.
Vorschusszahlung (a.R. Vorschußzahlung) f (pagamento m di un) anticipo m.
vor|schützen tr *geh* **etw ~** {KRANKHEIT, TERMIN} addurre qc ⌊come/a pretesto⌋/[come scusa]: **sie hat diese Krankheit doch nur vorgeschützt, um dem Treffen fernbleiben zu können**, ha trovato la scusa della malattia solo per non presentarsi all'incontro; **etw als Grund für etw (akk) ~**, addurre qc ⌊come pretesto per qc⌋; **als Grund für sein Fehlen schützte er eine wichtige Unterredung vor**, per motivare la sua assenza ha addotto a pretesto un importante colloquio; **Unwissenheit ~**, fingersi ignorante; **~, ⌊etw zu sein/tun⌋/[dass ...]**, fingere ⌊di essere/fare qc⌋/[che ...]; **sie schützte monatelang vor, krank zu sein**, per mesi ha finto di essere malata; **er hat die ganze Zeit vorgeschützt, dass er arbeiten ginge**, ha finto per tutto il tempo di andare a lavorare; **keine Müdigkeit ~!** *fam*, e non raccontarmi che sei stanco (-a)! *fam*.
vor|schwärmen itr **jdm von jdm/etw ~** {VON EINER PERSON, EINEM ORT, EINER REISE} parlare a qu con entusiasmo *di qu/qc*, raccontare ⌊qc a qu⌋/[a qu di qc] con entusiasmo: **er hat uns den ganzen Abend von seiner neuen Freundin vorgeschwärmt**, per tutta la sera ha parlato con trasporto della sua nuova ragazza; **sie schwärmt mir immer vor, wie ⌊schön es auf dieser Insel sei⌋/[gut ihr Mann kochen könne]**, mi racconta sempre estasiata quanto ⌊è bella quell'isola⌋/[è bravo suo marito a cucinare].
vor|schweben itr: **jdm schwebt etw vor**, qu ha in mente qc; **mir schwebt da was ganz Anderes/Neues vor**, ho in mente qualcosa di completamente diverso/nuovo; **was hatte Ihnen denn preislich so vorgeschwebt?**, ⌊che cifra⌋/[quanto] pensava di spendere ⌊grosso modo⌋/[all'incirca]?; **so ein Haus hatte ihnen (in ihren Träumen) immer schon vorgeschwebt**, una casa simile l'avevano sempre sognata; **ihm hatte immer schon vorgeschwebt, einmal Direktor zu werden**, aveva sempre cullato la speranza di diventare un giorno direttore.
vor|schwindeln tr *fam* **jdm etw ~** dare a intendere qc a qu, far credere qc a qu: **die hat uns vielleicht was vorgeschwindelt!**, quante balle/frottole ci ha raccontato!; **jdm ~, dass ...**, far credere a qu che ...; **er hat uns die ganze Zeit vorgeschwindelt, dass er in die Schule geht, und in Wirklichkeit ...**, ci ha ⌊fatto credere⌋/[dato ad intendere] per tutto questo tempo che andava a scuola e invece ...
vor|sehen① <irr> **A** tr **1** (einplanen) **jdn für etw (akk) ~** {FÜR EIN AMT, EINE AUFGABE, POSITION} indicare qu per qc, prevedere qu per qc; **jdn als etw (akk) ~** {ALS LEITER, NACHFOLGER, PRÄSIDENTEN} pensare a qu come qc: **die Partei hatte sie als neue Kulturreferentin vorgesehen**, il partito aveva pensato a lei come nuovo assessore alla cultura; **etw für etw (akk) ~** {GELD, SUMME FÜR BESTIMMTE ANSCHAFFUNGEN, AUSGABEN} preventivare qc per qc; **das Weihnachtsgeld hatte ich eigentlich für eine Reise vorgesehen**, veramente avevo preventivato di spendere la tredicesima per un viaggio **2** *adm* (bestimmen) **etw ~** prevedere qc, contemplare qc: **das Haushaltsgesetz sieht für das kommende Jahr eine Kürzung der Sozialausgaben vor**, per l'anno prossimo la finanziaria prevede un taglio alla spesa sociale; **das Gesetz sieht in diesem Fall keine Unterstützung vor**, la legge non prevede in questo caso nessuna sovvenzione; **etw ⌊sieht vor⌋/[sieht vor], dass ...**, qc prevede/[non prevede] che ... **konjv B** rfl (sich in Acht nehmen) **sich ~** stare attento (-a), stare in guardia: **wenn man mit solchen Leuten zu tun hat, muss man sich ~**, quando si ha a che fare con certa gente bisogna stare attenti/[in guardia]; **sich vor jdm/etw ~** {VOR EINEM GEGNER, INTRIGANTEN, EINEM BÖSEN HUND} stare attento (-a) a qu/qc, guardarsi da qu: **sieh dich vor ihm vor!**, stai attento (-a) a lui!; **vor solchen Typen muss man sich ~**, da simili tipi bisogna guardarsi; **sich ~, dass/damit nicht ...**, stare attento (-a) ⌊che non ... konjv⌋/[di non ... inf], guardare/vedere di non ... inf; **sieh dich vor, dass du nicht fällst!**, attento (-a) a non cadere!; **seht euch vor, dass euch nichts gestohlen wird!**, state attenti (-e) ⌊che non vi si rubi niente⌋/[a non essere derubati]!; **sieh dich bloß vor, dass du nichts ausplauderst!**, vedi di non spiattellare niente!; **seht euch vor, dass ihr euch nicht erkältet!**, vedete/badate di non prendere un raffreddore!; **sich bei etw (dat) ~** {BEIM AUSSTEIGEN, KOPFSPRUNG IN DEN TEICH, ÜBERQUEREN DER STRAßE} fare attenzione quando si fa qc ● **⌊sieh dich⌋/[sehen Sie sich] vor!**, stai/stia attento (-a)!; (drohend), guai a te/Lei!
vor|sehen② <irr> itr (sichtbar sein) (irgendwo) **~** {GEGENSTAND, KÖRPERTEIL} fare capolino/[spuntare]/[sbucare] (+ *compl di luogo*): **die Sonne sieht hinter den Wolken vor**, il sole fa capolino dietro le nuvole.
Vorsehung <-, *ohne pl*> f *relig* Provvidenza f: **die göttliche ~**, la divina Provvidenza.
vor|setzen A tr **1** (nach vorn setzen) **etw ~** {BANK, SPIELSTEIN, STUHL, TISCH} spostare qc (in) avanti: **den rechten/linken Fuß ~**, portare avanti il piede destro/sinistro; **jdn ~** {KIND, SCHÜLER} spostare qu avanti **2** (zum Verzehr anbieten) **jdm etw ~** {DRINK, IMBISS, SNACK} offrire qc a qu, servire qc a qu; **jdm ein schlechtes Essen ~**, propinare a qu un pasto scadente **3** *fam pej* (anbieten) **jdm etw ~** {FERNSEHEN, SENDER SCHLECHTES PROGRAMM} propinare qc a qu, proporre qc a qu **4** (auftischen) **jdm etw ~** {GESCHICHTEN, LÜGEN} propinare qc a qu, scodellare qc a qu *fam* **5** (davor setzen) **etw (dat) etw ~** {EINER MUSIKNOTE EIN KREUZ, EINEM WORT EINE SILBE} preporre qc a qc, anteporre qc a qc, mettere qc davanti a qc **6** (als Vorgesetzten geben) **jdm jdn ~** preporre qu a qu **B** rfl (sich nach vorne setzen) **sich ~** andare a sedere davanti: **sich in die erste Reihe ~**, andare a sedersi in prima fila.
Vorsicht <-, *ohne pl*> f (vorsichtiges Verhalten) prudenza f; (in der Handhabung) precauzione f, cautela f: **unnötige/übertriebene ~**, prudenza inutile/eccessiva; **mit äußerster/größter ~**, con la massima/estrema prudenza, con estrema cautela ● **~!**, attenzione!, prudenza!; (bes. zu Kindern), piano!; **~ auf Gleis ... bei Abfahrt/Einfahrt des Zuges!**, attenzione al binario ...! Treno in partenza/arrivo!; **~, Glas/zerbrechlich!**, attenzione, fragile!; fragile! Maneggiare con cautela!; **~, Hochspannungsleitung!**, attenzione, alta tensione!; **~, bissiger Hund!**, attenti al cane!; **~, Stufe!**, attenzione al gradino!; **hier ist äußerste/größte ~ geboten**, qui è d'obbligo ⌊un'estrema⌋/[la massima] prudenza; **mit der gebotenen/nötigen ~**, con ⌊la dovuta cautela⌋/[le dovute precauzioni], usando ⌊con le precauzioni del caso⌋; **jd ist mit ~ zu genießen** *scherz*, qu è da prendere con le molle; **etw ist mit ~ zu genießen (das, was jemand sagt, schreibt)**, qc è da prendere con ⌊le molle⌋/[beneficio d'inventario]; {SCHNAPS, WEIN}, bisogna andarci piano con qc; **mit ~** {BEHANDELN, HANDHABEN}, con cautela; {VORGEHEN} *auch*, con prudenza/precau-

zione; ~ **üben**/[**walten lassen**], agire con prudenza, essere prudente; **zur** ~ {EINNEHMEN, MITNEHMEN}, per precauzione; **ich würde zur** ~ **einen Regenmantel mitnehmen**, porterei l'impermeabile, non si sa mai; **jdn zur** ~ **ermahnen, jdm zur** ~ **raten**, raccomandare/consigliare a qu di essere cauto/prudente; ~ **ist die Mutter der Weisheit/Porzellankiste** *prov*, la prudenza non è mai troppa; ~ **ist besser als Nachsicht** *prov*, meglio essere prudenti!

vorsichtig Ⓐ *adj* **1** (*umsichtig*) {FAHRWEISE, VERHALTEN} prudente, cauto; {MENSCH} *auch* guardingo: ~ **sein**, essere prudente/cauto, fare attenzione; **sei** ~, **wenn du die Treppen hinaufsteigst!**, [fa(i) attenzione]/[stai attento (-a)] quando sali le scale!; **du solltest etwas ~er sein!**, dovresti essere più prudente!; **mit etw (dat)** ~ **sein** {MIT DEM GESCHIRR, DER NEUEN HIFI-ANLAGE}, maneggiare qc con cautela; **bei etw (dat)** ~ **sein** {BEIM AUSSTEIGEN, EINPARKEN, FAHREN}, [fare attenzione]/[stare attento (-a)] [a fare qc]/[quando si fa qc]; **man muss beim Überqueren dieser Straße sehr** ~ **sein**, bisogna fare molta attenzione [ad attraversare]/[quando si attraversa] questa strada; **bei solchen Geschäften muss man überaus** ~ **sein**, in affari del genere bisogna andarci con i piedi di piombo *fam* **2** (*zurückhaltend*) {ÄUSSERUNG, KRITIK, SCHÄTZUNG} prudente, cauto; {ANSATZ, VERSUCH, ZWEIFEL} *auch* timido: **eine ~e Andeutung machen**, fare un timido accenno; **sehr ~ mit seinen Äußerungen sein**, andarci piano nel fare le affermazioni; **~e Annäherungsversuche machen**, tentare timidamente un approccio; **etw berechtigt zu ~em Optimismus**, qc autorizza a un cauto ottimismo; **~e Zweifel an etw (dat) anmelden**, esprimere qualche riserva riguardo a qc Ⓑ *adv* **1** (*umsichtig*) {ANFASSEN, HANDHABEN, VORGEHEN} *auch* con prudenza/precauzione: **etw** ~ **behandeln**, maneggiare qc con cautela; **fahr ~!**, guida con prudenza!; ~ **näherte sie sich dem verwundeten Tier**, si avvicinò all'animale ferito **2** (*zurückhaltend*) {ÄUSSERN, SICH AUSDRÜCKEN, BEMERKEN} con prudenza: **etw ~ andeuten**, fare un timido accenno a qc; **jdn ~ kritisieren**, muovere una critica prudente a qu.

vorsichtshalber *adv* (*um sicher zu sein*) per scrupolo, per non saper né leggere né scrivere *fam* (*zur Vorbeugung*) per precauzione.

Vorsichtsmaßnahme f, **Vorsichtsmaßregel** f *form* misura f precauzionale/cautelativa, precauzione f: **als ~**, come misura precauzionale • **~n treffen**, prendere delle precauzioni/[misure precauzionali/cautelative].

Vorsilbe f *gram* prefisso m.

vor|singen <irr> Ⓐ *tr* **1** (*singend vortragen*) (**jdm**) **etw** ~ cantare qc (*a qu*) **2** (*durch Singen demonstrieren*) **jdm etw** ~ cantare qc a qu: **ich singe euch das Lied jetzt einmal vor, und ihr singt es dann nach**, prima vi canto/[faccio sentire] io la canzone una volta per intero, poi voi la ripetete Ⓑ *itr* (*zur Probe singen*) (**jdm/etw/irgendwo**) ~ {DEM CHORLEITER, DER PRÜFUNGSKOMMISSION, AN DER OPER} fare un'audizione (*davanti a qu/qc/+ compl di luogo*).

vorsintflutlich *adj fam scherz* {ANSICHTEN, APPARAT, METHODEN, MODELL, PRAKTIKEN} antidiluviano *fam*.

Vorsitz m presidenza f • **den ~ abgeben/niederlegen**, [lasciare la]/[rinunciare alla] presidenza; **den ~ (bei etw dat) führen/haben** {BEI EINER ANHÖRUNG, SITZUNG, VERHANDLUNG}, presiedere qc; **jdm den ~ (einer S. gen) übergeben/übertragen**, affidare a qu la presidenza di qc; **den ~ übernehmen**, assumere la presidenza di qc; **unter ~ [dem ~ von jdm]**, sotto la presidenza di qu.

vor|sitzen <irr> *itr form* **etw (dat)** ~ {EINEM AUSSCHUSS, DEM GERICHT, EINER KOMMISSION, PARTEI} presiedere qc {EINER DISKUSSION, GESPRÄCHSRUNDE} presiedere *a qc*.

Vorsitzende <dekl wie adj> mf {+AUFSICHTSRAT, KOMMISSION, PARTEI, VEREIN} presidente (-essa) m (f); {+GEWERKSCHAFT} segretario (-a) m (f): **der stellvertretende ~**, il vicepresidente; **der erste/zweite ~**, il presidente/vicepresidente.

Vorsorge f <meist sing> **1** med ~ (**gegen etw** akk) {GEGEN KRANKHEITEN} prevenzione f (*di qc*) **2** (*Vorsichtsmaßnahmen*) misure f pl preventive, precauzioni f pl: **trotz aller ~**, nonostante tutte le precauzioni **3** (*vorsorgende Planung*) previdenza f: **private ~**, pensione integrativa • **durch Früherkennung med**, prevenzione attraverso una diagnosi precoce; **~ für etw (akk) treffen** *form* {FÜRS ALTER}, provvedere ([per tempo]/[preventivamente]) a qc: **es wurde ~ getroffen, dass ...**, sono state prese misure preventive affinché ... *konj* ~ **für den Notfall treffen**, premunirsi in caso di necessità; **zur ~**, per precauzione.

vor|sorgen *itr* (**für etw** akk) ~ {FÜRS ALTER} provvedere ([per tempo]/[preventivamente]) *a qc*: **für den Notfall ~**, premunirsi in caso di necessità; **für schlechte Zeiten ~**, premunirsi per quando arrivano i tempi duri; **für den Fall einer längeren Erkrankung ~**, cautelarsi per l'eventualità che si manifesti una grave malattia; **~, dass etw nicht geschieht**, prendere delle precauzioni affinché qc non succeda.

Vorsorgeuntersuchung f *med* esame m preventivo, visita f medica preventiva; (*Reihenuntersuchung*) screening m.

vorsorglich Ⓐ *adj* <attr> {MASSNAHME, SPERRUNG, ÜBERPRÜFUNG} preventivo, precauzionale Ⓑ *adv* {EINSPRUCH ERHEBEN, ETW IN DIE WEGE LEITEN} [a titolo]/[in via] precauzionale; {SICHERN, VERSCHLIESSEN} per precauzione: **sie hatten ihm ~ etwas mehr Geld dagelassen**, gli avevano lasciato per precauzione un po' più di soldi; ~ **alle Türen abschließen**, chiudere tutte le porte a chiave per precauzione.

Vorspann <-(e)s, -e oder Vorspänne> m **1** *film TV* titoli m pl di testa **2** *journ* {+ARTIKEL} cappello m **3** (*Hilfszugtier*) animale m di rinforzo.

vor|spannen *tr* (**etw** dat) **etw** ~ {ZUGMASCHINE, ZUGTIER} attaccare qc a qc.

Vorspeise f *gastr* (*Hors d'œuvre*) antipasto m; (*Eingangsgericht*) prima portata f: **als ~ nehme ich eine Tomatensuppe**, [come primo]/[per cominciare] prendo una crema di pomodoro.

vor|spiegeln *tr geh* **etw** ~ {ARMUT, INTERESSE, KRANKHEIT} simulare qc, fingere qc: **seine Bedürftigkeit ist nur vorgespiegelt**, piange miseria, ma è tutta una commedia; **das ist alles nur vorgespiegelt!**, è tutta finzione/[una commedia]!; **jdm etw ~** {ERNSTE ABSICHTEN} fingere di avere qc nei confronti di qu: **er hat ihr große Liebe vorgespiegelt**, ha finto di provare per lei un grande amore; **jdm ~, dass ...**/[**etw zu tun**], far credere a qu [~]/[di fare qc].

Vorspiegelung, Vorspieglung f *geh* simulazione f, finzione f: **unter ~ falscher Tatsachen** {JDN ZU ETW BRINGEN, ETW ERREICHEN, VERSUCHEN}, con l'inganno/la frode.

Vorspiel n **1** *mus* ~ (**zu etw** dat) preludio m (*di qc*) **2** *theat* prologo m **3** *mus* (*Probespiel*) provino m, audizione f **4** (*bei Geschlechtsverkehr*) preliminari m pl **5** *sport* incontro m preliminare • **nur ein/das ~ zu etw (dat) sein**, non essere che [un preludio a]/[il preludio di] qc.

vor|spielen Ⓐ *tr* **1** *mus* (**jdm**) **etw** ~ suonare qc (*per/[davanti a] qu*); (*zum Nachspielen*) suonare/[fare sentire] qc a qu: **soll ich euch das Stück noch einmal ~?**, volete che vi suoni/[faccia sentire] il pezzo un'altra volta? **2** *theat* (**jdm**) **etw** ~ recitare qc (*per/[davanti a] qu*); (*zum Nachspielen*) far vedere/sentire *a qu* come si recita qc **3** (*vorheucheln*) **jdm etw** ~ {DEM LIEBENDEN EHEMANN DIE UNSCHULDIGE} recitare la parte *di qc davanti a qu*: **jdm eine Komödie** ~, fare la commedia con qu; **er spielt uns doch was vor**, è ovvio che sta recitando; **das ganze Interesse für sie war nur vorgespielt**, tutto l'interesse per lei era solamente simulato; **glaubst du, dass sie uns das nur vorgespielt hat?**, credi che [abbia fatto soltanto finta]/[fosse tutta una commedia]? Ⓑ *itr mus* ~ (**vor Zuhörern spielen**) (**jdm**) ~ suonare (*per/[davanti a] qu*) **2** (**zur Probe spielen**) (**jdm/bei etw** dat) ~ {DEM DIRIGENTEN, BEI EINEM ORCHESTER, EINER BAND} fare un'audizione (*davanti a qu/qc*): **sich (dat) von einem Bewerber ~ lassen**, far fare un'audizione a un candidato.

Vorsprache f: **bei jdm** (**wegen etw** gen *oder fam*) ~ **halten**, presentarsi da qu (*per qc*).

vor|sprechen <irr> Ⓐ *tr* (*vorsagen*) (**jdm**) **etw** ~ {EIDESFORMEL, SCHWIERIGES WORT} pronunciare qc *davanti a qu* affinché venga ripetuto; (*zur Probe*) {SCHAUSPIELSCHÜLER SEINEN PART} recitare qc (*davanti a qu*) Ⓑ *itr* **1** *form* (*aufsuchen*) **bei jdm/irgendwo** (**wegen etw** gen *oder fam*) ~ {WEGEN EINES AUFTRAGES, EINER GEHALTSERHÖHUNG, EINES PROBLEMS BEIM ABTEILUNGSLEITER, PERSONALCHEF, BEI/AUF EINEM AMT, EINER BEHÖRDE, IN EINER ABTEILUNG} rivolgersi *a qu/+ compl di luogo* (*per qc*); {WEGEN EINER ANSTELLUNG, BEWERBUNG} andare a parlare con qu/qc (*per qc*), recarsi a un colloquio presso qu/qc (*per qc*) **2** *theat radio TV* (**jdm/irgendwo**) ~ {EINEM REGISSEUR, AN EINER BÜHNE, EINEM THEATER} fare un provino/un'audizione (*davanti a qu/+ compl di luogo*): **morgen spricht er an der Freien Bühne in Berlin vor**, domani fa un'audizione alla Freie Bühne di Berlino.

vor|springen <irr> *itr* <sein> **1** (*plötzlich nach vorn springen*) saltare/balzare (in avanti), fare un salto/balzo (in avanti); **aus/hinter etw (dat)** ~ {AUS DEM DICKICHT, GEBÜSCH, HINTER DEM AUTO, HAUS} saltare fuori *da*/[*da dietro*] *qc* **2** (*hervorragen*) {FELSWAND} sporgere; {DACH, ERKER, GESIMS} *auch* aggettare, fare aggetto.

vorspringend *adj* {BACKENKNOCHEN, KINN} sporgente, prominente; {FELSWAND} sporgente; {DACH, ERKER} *auch* aggettante.

Vorsprung m **1** (*Abstand*) vantaggio m: **ein geringer/großer ~**, un piccolo/grande vantaggio; **mit großem ~**, con un buon margine; **mit knappem ~**, con un vantaggio minimo/[di stretta misura]; **einen ~ vor jdm haben**, avere un vantaggio su qu; **den/seinen ~ ausbauen/vergrößern**, consolidare/accrescere il proprio vantaggio; **jdm einen ~ geben**, dare un vantaggio a qu; **ein ~ von etw (dat)** {VON WENIGEN METERN, EINIGEN SEKUNDEN}, un vantaggio di qc **2** (*Entwicklungsvorsprung*) superiorità f, supremazia f: **einen technischen/wissenschaftlichen ~ gegenüber anderen Ländern haben**, essere avanti rispetto ad altri paesi nel campo tecnico/scientifico; **den ~ in etw (dat) aufholen** {IM HOCHSCHULWESEN, IM SOZIALISMUS, IN DER ME-

DIZINISCHEN VORSORGE}, recuperare lo svantaggio in qc **3** arch (*Erker, Gesims, Dachvorsprung, Mauervorsprung*) aggetto m, sporgenza f, sporto m **4** geog (*Felsvorsprung*) sporgenza f; (*bes. im Alpinismus*) auch aggetto m; (*kleiner* ~) spuntone m, (*Küstenvorsprung*) promontorio m: **an dieser Stelle bildet die Küste einen** ~, in questo punto la costa forma un promontorio.

vor|spulen Ⓐ tr *etw* ~ {FILM, KASSETTE, TONBAND} mandare avanti *qc* Ⓑ itr mandare avanti (il nastro).

Vorstadium n → **Vorstufe**.

Vorstadt f sobborgo m, suburbio m, periferia f: **in der** ~ **wohnen**, abitare nei sobborghi.

vorstädtisch adj {BEZIRK, WOHNVIERTEL} di periferia; {BAHNHOF, PARKANLAGEN, STRASSE} suburbano.

Vorstadtkino n cinema m di periferia.

Vorstadttheater n teatro m di periferia.

Vorstand m **1** (*Gremium*) {+FIRMA, UNTERNEHMEN} consiglio m d'amministrazione; {+VEREIN} presidenza f; {+STIFTUNG} comitato m direttivo; {+PARTEI} (comitato m) esecutivo m, direzione f; (*Gemeindevorstand*) consiglio m comunale: **im** ~ **sitzen**, essere membro del consiglio d'amministrazione; **jdn in den** ~ **wählen**, eleggere qu nel consiglio d'amministrazione **2** → **Vorstandsmitglied 3** A → **Bahnhofsvorsteher**.

Vorstandsetage f alte sfere f pl.

Vorstandsmitglied n {+FIRMA, UNTERNEHMEN} membro m del consiglio d'amministrazione; {+VEREIN} membro m della presidenza; {+PARTEI} membro m dell'esecutivo.

Vorstandssitzung f {+FIRMA, UNTERNEHMEN} seduta f del consiglio d'amministrazione; {+VEREIN} seduta f/riunione f della presidenza.

Vorstandsvorsitzende <dekl wie adj> mf {+FIRMA, UNTERNEHMEN} presidente mf del consiglio d'amministrazione; {+AKTIENGESELLSCHAFT} auch amministratore (-trice) m (f) delegato (-a); {+VEREIN} presidente (-essa) m (f).

Vorstandswahl f {+FIRMA, UNTERNEHMEN} elezione f del consiglio d'amministrazione; {+VEREIN} elezione f della presidenza.

vor|stehen <irr> itr <norddt haben oder süddt A CH sein> **1** (*hervorragen*) {ZÄHNEN, ZAUN} sporgere; {BALKON, ERKER, SIMS} auch aggettare; {ZAHN} essere sporgente/(in fuori): **jds Zähne stehen vor**, qu ha i denti sporgenti; {BACKENKNOCHEN, KINN} essere sporgente: **sein Kinn steht vor**, ha la scucchia *region*; **er ist so mager, dass seine Rippen** ~, è talmente magro che gli si contano le costole **2** geh (*leiten*) *etw* (dat) ~ {EINER ANSTALT, GESELLSCHAFT, EINEM INSTITUT} presiedere *qc*; {EINER GEMEINDE} auch essere a capo *di qc*, essere sindaco *di qc*: **dem Haushalt** ~ *obs*, essere il/la capofamiglia.

vorstehend Ⓐ adj **1** (*vorspringend*) {BACKENKNOCHEN, KINN} sporgente; {ZÄHNE} auch in fuori **2** (*weiter oben stehend*) {BEMERKUNG, BEOBACHTUNG, KAPITEL} precedente, di cui sopra: **aus dem Vorstehenden ergibt sich, dass** ..., da quanto detto/scritto in precedenza risulta che ... Ⓑ adv {ERWÄHNT, GESAGT} precedentemente, in precedenza.

Vorsteher m (**Vorsteherin** f) (*Bürovorsteher*) capoufficio mf; {+GRUNDSCHULE} direttore (-trice) m (f), preside mf; {+GYMNASIUM, REALSCHULE} preside mf; {+KLOSTER} priore m, madre f superiore, badessa f; {+GEMEINDE} sindaco m; {+BAHNHOF} capostazione mf.

Vorsteherdrüse <-, ohne pl> f anat prostata f.

Vorsteherin f → **Vorsteher**.

Vorstehhund m *Jagd* cane m da ferma.

vorstellbar adj immaginabile, concepibile, supponibile: **schwer/kaum** ~ **sein**, essere difficilmente/(a malapena) immaginabile; **ein(e) nicht** ~(**e**) ... {ENTWICKLUNG}, un(o)/una ... inimmaginabile; {AUSMASS, ENTFERNUNG, KATASTROPHE} auch un(o)/una ... inconcepibile; **es ist durchaus** ~, **dass** ..., è lecito immaginarsi che ...; **die Folgen wären nicht** ~!, le conseguenze sarebbero inimmaginabili!; **in einem Land wie dem unsrigen ist es nicht** ~, **dass** ..., in un paese come il nostro è inconcepibile che ...

vor|stellen Ⓐ tr **1** (*bekannt machen*) **jdn** (*jdm*) ~ presentare *qu* (*a qu*): **darf ich dir Herrn/Frau Schmidt** ~?, posso presentarti il signor/la signora Schmidt?; **du hast mir so viel von ihm erzählt. Willst du ihn mir nicht mal persönlich** ~?, mi hai parlato così tanto di lui. Non sarebbe ora di farmelo conoscere di persona?; **darf ich** ~: **Herr Krause, Frau Maier**, se permette/permettete faccio le presentazioni: il sig. Krause, la sig.ra Maier; **wir sind uns noch nicht vorgestellt worden**, non siamo ancora stati (-e) presentati (-e), non ci hanno ancora presentati (-e); **er stellte sie den Freunden als seine neue Lebensgefährtin vor**, la presentò agli amici come la sua nuova compagna **2** (*präsentieren*) (**jdm**) *etw* ~ {DEN KUNDEN, DER ÖFFENTLICHKEIT EIN NEUES AUTOMODELL, BUCH, EINE NEUE KOLLEKTION} presentare *qc* (*a qu*) **3** (*weiterdrehen*) *etw* (**um** *etw* akk) ~ {UHR, WECKER UM DREISSIG MINUTEN} mettere avanti *qc* (*di qc*) **4** (*darstellen*) *etw* ~: {BILD, LINIE, ABSTRAKTE ZEICHNUNG} rappresentare *qc*, (*voler*) significare *qc*: **was soll das eigentlich** ~?, e questo (che) cosa rappresenterebbe?; *per estens* {SCHON} *etwas vor* (*ist eine Persönlichkeit*), (lui) è qualcuno, (*hat eine wichtige Stellung*) è uno che conta; (*sieht gut aus*) (lui) è di bella presenza Ⓑ rfl **1** (*sich bekannt machen*) **sich** (**jdm**) ~ presentarsi (*a qu*): **gestatten Sie, dass ich mich vorstelle**: **Uwe Roth**, permetta/permettano che mi presenti: Uwe Roth; **sich namentlich** ~, presentarsi con il proprio nome; **sich jdm als** *etw* (nom) ~ {ALS DER NEUE KOLLEGE, LEITER, VERTRETER} presentarsi *a qu come qc* **2** (*wegen einer Anstellung vorsprechen*) **sich** (**bei jdm/in** *etw* dat) ~ {BEIM DIREKTOR, PERSONALCHEF, IN EINER FIRMA} presentarsi (*da/presso qu/in qc*), avere un colloquio *con qu/in qc*: **sich persönlich** ~, presentarsi di persona **3** (*gedanklich vor sich sehen*) **sich** (dat) **jdn/etw** (*irgendwie*) ~ immaginarsi/figurarsi/rappresentarsi *qu/qc* (+ *compl di modo*): **das kann ich mir gut/schon** ~, me lo posso benissimo/anche immaginare; **das kann ich mir nicht** ~, non riesco ad immaginarmelo; **sich jds Ärger/Enttäuschung/Freude** ~ **können**, potersi immaginare la rabbia/delusione/gioia di qu; **wie stellst du dir unser Zusammenleben eigentlich vor?**, dimmi un po', come te la immagini la nostra convivenza?; **ich kann ihn mir gar nicht als Ehemann** ~, non riesco proprio a figurarmelo come marito; **du kannst dir gar nicht** ~, **wie langweilig es war**, non puoi immaginarti com'è stato noioso; **ich stelle mir gerade vor, wie schön es wäre, wenn** ..., sto pensando a quanto sarebbe bello se ...; **dieses Auto ist genau das, was ich mir vorgestellt hatte**, questa macchina è esattamente quel che (avevo in mente)/[volevo]; **ich kann mir gar nicht** ~, **dass er das gesagt hat**, non posso credere che (lui) lo abbia detto davvero; **ich kann sie mir gut als Lehrerin** ~, la vedo benissimo (nel ruolo di)/[come] insegnante; **so was kann ich mir noch nicht einmal** ~!, non riesco neanche a concepire una cosa simile!; **sich alles anders/einfacher/schlimmer/komplizierter** ~, immaginarselo (tutto diverso)/[più semplice]/[peggio]/[più complicato] **4** (*mit etw verbinden*) **sich** (dat) *etw* **unter etw** (dat) ~: **jd kann sich** (dat) **unter** *etw* (dat) **etwas/nichts** ~ {UNTER EINEM BEGRIFF, KONZEPT, WORT}, qc (dice qualcosa)/[non dice niente] a qu; **darunter kann ich mir überhaupt nichts** ~, non (mi dice)/[lo associo a] niente; **unter einer Beziehung stelle ich mir etwas anderes vor**, un rapporto lo concepisco in modo diverso **5** (*als angemessen betrachten*) **sich** (dat) *etw* **als** *etw* (akk) ~ {ALS BEZAHLUNG, ENTGELT, PREIS} pensare *a qc come qc*: **was hatten Sie sich als Gehalt so vorgestellt?**, a (che cifra)/[quanto] aveva pensato come stipendio? ● **stell dir vor!** (*du wirst überrascht sein!*), pensa/figurati un po'! *fam*, chi l'avrebbe mai detto!; **stell dir das nicht so einfach vor!**, non farla così facile!, non prenderla sottogamba!; **das kann ich mir lebhaft** ~, è come se lo vedessi! *fam*; **das muss man sich mal (bildlich)** ~! *slang*, roba da non credere!; **was hast du dir eigentlich vorgestellt?!** (*was erlaubst du dir eigentlich!?*), ma cosa credevi/pensavi?!; **wie stellst du dir das eigentlich vor?** (*wie soll das vor sich gehen?*), come pens(av)i di fare?

vorstellig adj *form*: **bei jdm/irgendwo** ~ **werden**, presentarsi/recarsi *da qu/+ compl di luogo* (per presentare un'istanza).

Vorstellung f **1** <oft pl> (*gedankliches Bild*) idea f, concetto m: **das ist ja eine schreckliche** ~!, è un pensiero terribile!; (*auf Zukünftiges bezogen*) ma a una prospettiva terribile!; **eine** ~ **von** *etw* (dat) **haben**, avere un'idea di qc; **da hast du ganz falsche** ~**en**, ti sei fatto (-a) un'idea del tutto sbagliata; **eine genaue/klare/undeutliche/vage** ~ **von** *etw* (dat) **haben**, avere un'idea precisa/chiara/nebulosa/vaga di qc; **sich** (dat) **von jdm/etw eine** ~ **machen**, farsi un'idea/un concetto di qu/qc; **sich noch keine rechte** ~ **machen können**, non riuscire ancora a farsi un'idea di qc; **sich keine** ~ **machen, was/wie** ..., non avere idea di quanto/come ..., non immaginare quanto/come ...; **du machst dir (ja) keine** ~, **wie interessant das ist**, non hai idea di quanto sia interessante; **jdm eine** ~ **von** *etw* (dat) **vermitteln**, dare a qu un'idea di qc; *etw* **entspricht (nicht) jds** ~**en**, qc (non) corrisponde a quel che qu (aveva in mente)/[pensava]; **in jdm** ~**en von** *etw* (dat) **wecken**, evocare delle immagini in qu; (*Erwartungen*) creare delle aspettative in qu (riguardo qc); **sich von der** ~ **frei machen, dass** ..., liberarsi dall'idea che ... konjv; **düstere** ~**en bedrückten sie**, tetre visioni la opprimevano **2** <nur sing> (*Einbildung*) immaginazione f, fantasia f: **nur in jds** ~ **existieren**, esistere soltanto nella fantasia di qu; **das geht über jegliche** ~ **hinaus**, supera ogni immaginazione **3** (*Bewerbungsgespräch*) colloquio m (di lavoro): **jdn zu einer persönlichen** ~ **einladen**, invitare qu a un colloquio di lavoro **4** (*Einführung*) presentazione f: **die** ~ **der Sommerkollektion**, la presentazione della collezione estiva; **die** ~ **eines neuen Kollegen**, presentare un nuovo collega **5** film spettacolo m, proiezione f; *theat* rappresentazione f, recita f, spettacolo m; (*im Zirkus*) spettacolo m: **eine** ~ **besuchen/absagen**, (andare a)/[annullare] uno spettacolo; **die** ~ **findet statt**/**fällt aus**/**ist ausverkauft**, uno spettacolo (ha luogo)/[non ha luogo]/[è esaurito]; **in die** ~ **am Nachmittag gehen**, andare allo spettacolo del pomeriggio; *theat* auch andare alla recita pomeridiana; **kurz**

vor der ~, poco prima dello spettacolo; **die ~ beginnt um 16 Uhr**, lo spettacolo inizia/[ha inizio] alle ore 16; **heute keine ~!**, oggi giorno di riposo! • **irgendwo nur eine kurze ~ geben** fam scherz (sich nur kurze Zeit irgendwo aufhalten), fare solo una breve apparizione + compl di luogo fam; **eine schwache ~ geben** fam (eine/schlechte Leistung bringen), fare ₍brutta figura₎/[una figuraccia]; **eine starke ~ geben** fam (ein gute Leistung bringen), fare bella figura.

Vorstellungsgabe <-, ohne pl> f → **Vorstellungskraft**.

Vorstellungsgespräch n colloquio m (di lavoro).

Vorstellungskraft <-, ohne pl> f, **Vorstellungsvermögen** <-s, ohne pl> n immaginazione f, (facoltà f) immaginativa f: **das/jds Vorstellungsvermögen übersteigen**, superare l'immaginazione/[l'immaginazione di qu].

Vorstellungswelt <-, ohne pl> f mondo m immaginario/[della fantasia], immaginario m: **das existiert nur in seiner ~**, questo esiste solo nella sua fantasia.

Vorstopper m (**Vorstopperin** f) Fußball stopper mf.

Vorstoß m **1** (das Vorstoßen) avanzata f; mil auch puntata f (offensiva): **ein ~** ₍**zum Gipfel**₎/[**zur Küste**] avanzare verso la vetta/costa; **ein ~ in ein feindliches Gebiet**, una puntata/un'incursione in zona nemica; **einen ~ abwehren**, respingere un'incursione **2** (Versuch, etw zu erreichen): **(bei jdm/ etw) einen ~ machen/unternehmen** ₍BEI DER BETRIEBSLEITUNG, DER STADTVERWALTUNG₎, fare/avanzare una proposta/richiesta (presso qu/qc); **warum unternimmst du nicht beim Opa einen ~ wegen eines Motorrads?**, perché non fai un tentativo con il nonno per (farti comprare) la moto?; **noch mal einen ~ machen**, ritornare ₍all'attacco₎/[alla carica] • **einen ~ gegen jdn/etw/ irgendwohin machen/unternehmen** ₍GEGEN DEN FEIND, DIE FEINDLICHE STELLUNG₎, sferrare un attacco/un'offensiva contro qu/qc/+ compl di luogo; ₍IN FEINDLICHES GEBIET₎, spingersi + compl di luogo; ₍ZUM GIPFEL₎, avanzare verso qc.

vor|stoßen <irr> **A** tr <haben> (nach vorn stoßen) **jdn/etw** ~ spingere qu/qc (in) avanti **B** itr <sein> **1** (vordringen) (**irgendwohin**) ~ ₍FELDHERR, TRUPPEN₎ avanzare/ spingersi/addentrarsi + compl di luogo; ₍EXPEDITION ZUM NORD-, SÜDPOL₎ avanzare/spingersi verso/[in direzione di] qc; ₍IN UNERFORSCHTES GEBIET, IN DEN DSCHUNGEL, URWALD₎ addentrarsi in qc, inoltrarsi in qc: ₍**in feindliches Gebiet**₎/[**gegen die feindlichen Stellungen**] ~, avanzare ₍in zona nemica₎/[verso le posizioni nemiche]; **ins All ~**, avventurarsi nello spazio; **auf unserer Reise sind wir bis zum Nordkap vorgestoßen**, durante il nostro viaggio ci siamo spinti (-e) fino a Capo Nord **2** sport **irgendwohin ~** ₍MANNSCHAFT AUF DEN ZWEITEN PLATZ, AN DIE SPITZE₎ salire + compl di luogo.

Vorstrafe f jur precedente m (penale): **keine ~n haben**, non avere precedenti (penali).

Vorstrafenregister n jur casellario m giudiziale.

vor|strecken A tr **1** (nach vorn strecken) **etw ~** ₍OBERKÖRPER₎ protendere qc, sporgere qc; ₍ARME, HÄNDE₎ tendere qc in avanti: **den Kopf ~** (um besser sehen zu können), allungare il collo; **sie streckt beim Gehen den Kopf vor**, cammina con la testa protesa in avanti **2** (vorübergehend leihen) (**jdm**) **etw ~** ₍GELD₎ anticipare qc (a qu) **B** rfl (sich nach vorn beugen) **sich ~** sporgersi, protendersi in avanti.

vor|streichen <irr> tr **etw ~** ₍WAND, ZAUN₎ dare una base/un sottofondo di qc; **etw mit etw** (dat) **~** dare una prima mano di qc a qc.

Vorstudie f studio m preliminare/preparatorio; kunst studio m preparatorio/preliminare.

Vorstufe f {+ENTWICKLUNG, KRANKHEIT, ZIVILISATION} stadio m/fase f iniziale, primo stadio m, prima fase f; {+FORSCHUNG, SYSTEM} auch stadio m/fase f preliminare: **in einer ~ des Tumors**, in uno stadio precanceroso.

vor|stürmen itr <sein> {LÄUFER, SPRINTER} lanciarsi (verso il traguardo); {SOLDATEN, TRUPPE, VORHUT} lanciarsi all'attacco; {ANGREIFER} lanciarsi/scagliarsi/catapultarsi in avanti.

Vortag m: **am ~** (einer S. gen/von etw dat), il giorno ₍precedente (qc)₎/[che precede qc]/[prima (di qc)], la vigilia (di qc): **am ~ von Ostern/Weihnachten**, la vigilia di Pasqua/Natale; **am ~ der Operation/Abreise**, il giorno ₍prima dell'intervento₎/[che precede la partenza]; **vom ~**, del giorno precedente.

vor|tasten rfl **1** (sich tastend bewegen) **sich ~ irgendwohin** ~ {IN DEN FLUR, KELLER, ZUM SCHALTER} avanzare/procedere tentoni/ [a tastoni] (+ compl di luogo) **2** (sich vorsichtig umhören) **sich ~**, sondare il terreno.

vor|täuschen tr **etw ~** {UNFALL} simulare qc; {KRANKHEIT} auch fingere qc; {INTERESSE, TRAUER} fingere qc, simulare qc, affettare qc: **ihre Zuneigung war nur vorgetäuscht**, il suo affetto era tutta ₍scena₎/[una finzione]; (**jdm**) **~**, ₍**dass ...**₎/[**etw zu tun**], far finta (con qu) di fare qc, far credere (a qu) ₍che ...₎/[di fare qc]; **er hat nur vorgetäuscht**, ₍**auf Geschäftsreise zu gehen**₎/[**dass er auf Geschäftsreise ging**], ha fatto soltanto finta di partire per un viaggio di affari; **du hast mir deine Liebe also nur vorgetäuscht?**, ma allora, hai fatto solo finta di amarmi!

Vortäuschung f finzione f, simulazione f, affettazione f: **durch ~ von etw** (dat), simulando/fingendo qc; **unter ~ falscher Tatsachen**, con l'inganno/la frode.

Vorteil m **1** (vorteilhafter Umstand) vantaggio m; (bes. zum eigenen Nutzen) tornaconto m, beneficio m: **die -e einer S.** (gen), i vantaggi di qc; **diese Methode bietet viele -e**, questo metodo offre molti vantaggi; **finanzielle/materielle ~e**, (dei) vantaggi/benefici economici/materiali **2** sport vantaggio m: **~ gelten lassen** Fußball, applicare la regola del vantaggio, lasciare/fare proseguire (per il vantaggio); **~ Aufschläger/Rückschläger** Tennis, vantaggio interno/esterno • **nur auf den eigenen ~ bedacht sein**, guardare soltanto al proprio tornaconto/interesse; **jdm ~e bringen**, essere vantaggioso per qu; **den ~ haben**, ₍etw zu sein/tun₎/[dass ...], avere il vantaggio ₍di essere/fare qc₎/[che ...]; **die Vor- und Nachteile einer S.** (gen), i pro e i contro di qc, i vantaggi e gli svantaggi di qc; **jdm gegenüber im ~ sein**, essere avvantaggiato rispetto a qu; (**für jdn**) **von ~ sein**, essere (solo) un vantaggio per qu; **sich zu seinem ~ verändert haben**, essere cambiato in meglio; **seinen ~ aus etw** (dat) **ziehen**, trarre vantaggi/benefici da qc; **zu jds ~ {ENTSCHEIDEN}**, a vantaggio/favore di qu; **sich zum ~ von jdm auswirken**, risultare vantaggioso (-a) per qu.

vorteilhaft A adj **1** (günstig) {BEDINGUNGEN} vantaggioso; {ANGEBOT, GESCHÄFT, VERTRAG} auch conveniente **2** (ansprechend) {FRISUR, HAARSCHNITT, KLEIDUNG(SSTÜCK)} che dona: **in etw** (dat) **~ aussehen**, stare bene con qc; **in dieser Hose sieht sie nicht sehr ~ aus**, non sta tanto bene con questi pantaloni **B** adv **1** (günstig) {GELD ANLEGEN, INVESTIEREN} vantaggiosamente; {ERWERBEN, KAUFEN, VERKAUFEN} a condizioni vantaggiose: **sich ~ auf etw** (akk) **auswirken**, influire favorevolmente su qc; **auf jdn ~ einwirken**, avere un influsso positivo su qu **2** (ansprechend): **sich ~ anziehen/kleiden**, sapersi vestire • **für jdn ~ sein** {ANGEBOT, BEDINGUNGEN}, essere vantaggioso per qu, offrire dei vantaggi a qu; {FARBE, HAARSCHNITT, KLEID}, donare a qu; **dieser Haarschnitt ist wenig ~ für dich**, questo taglio di capelli non ti ₍sta tanto bene₎/[dona molto]; **es kann für jdn nur ~ sein**, ₍etw zu tun₎/[wenn etw geschieht], va/torna (solo) a vantaggio di qu/[è solo un vantaggio per qu] ₍fare qc₎/[se succede qc].

Vortrag <-(e)s, Vorträge> m **1** (längeres Referat) conferenza f; (auf einem Kongress) comunicazione f, relazione f: **einen ~ über etw** (akk) **halten**, tenere una conferenza su qc; **ein hochwissenschaftlicher ~**, una comunicazione/relazione di alto livello scientifico; **einen ~ besuchen**, ₍in einen₎/[zu einem] **~ gehen**, andare a una conferenza **2** <nur sing> (Darbietung) {+KÜR, SPORTLICHE LEISTUNG} esecuzione f, performance f; {+GEDICHT, ROLLE, TEXT} recitazione f, declamazione f; {+LIED, MUSIKSTÜCK} esecuzione f, interpretazione f: **aus ausdrucksvoller/flüssiger/stockender ~**, una recitazione/un'esecuzione espressiva/scorrevole/[esitante/incerta] **3** (~sart) recitazione f, esposizione f: **flüssiger ~ lernen**, imparare a recitare/ esporre con scioltezza **4** com → **Übertrag** • **sich in endlosen Vorträgen über etw** (akk) **ergehen**, dilungarsi in infiniti discorsi su qc, perdersi in lungaggini su qc; **halt keine Vorträge!** fam, non fare un comizio!

vor|tragen <irr> tr **1** mus theat (darbieten) (**jdm**) **etw ~** {ROLLE} recitare qc (davanti a qu), interpretare qc (davanti a qu); {GEDICHT, VERSE} recitare qc (davanti a qu), declamare qc (davanti a qu); {LIED, MUSIKSTÜCK} eseguire qc (davanti a qu), interpretare qc (davanti a qu) **2** geh (darlegen) (**jdm**) **etw ~** {ANSICHT, FORDERUNGEN, GRÜNDE, WÜNSCHE} esporre qc (a qu); {+ERGEBNIS} auch riferire qc (a qu); {BESCHWERDE} presentare qc (a qu), esporre qc (a qu) **3** (nach vorn tragen) **etw ~** portare qc davanti: **die Spickzettel zum Lehrer ~**, portare i bigliettini all'insegnante.

Vortragende <dekl wie adj> mf **1** (Redner) conferenziere (-a) m (f); {+BERICHT, FORSCHUNGSERGEBNIS, UNTERSUCHUNG} relatore (-trice) m (f) **2** (Darbietende) {+LIED, MUSIKSTÜCK} esecutore (-trice) m (f); {+TEXT, ROLLE, VERSE} interprete mf.

Vortragsabend m (mit Vorträgen) conferenza f serale; (mit Gedichten, Prosatexten) serata f di poesia/prosa; (mit Liedern) recital m (serale).

Vortragskunst <-, ohne pl> f arte f declamatoria/[di recitare].

Vortragsreihe f ciclo m di conferenze.

vortrefflich geh **A** adj {ARBEIT, AUSFÜHRUNG, EINFALL, IDEE} eccellente, ottimo; {WEIN} superbo; {GERICHT} sublime; {KOCH, SPIELER, SPORTLER} eccellente; {KÜNSTLER} superbo, sublime **B** adv {ARBEITEN, ETW ZUBEREITEN} in modo eccellente; {EIN INSTRUMENT SPIELEN} auch in maniera sublime: ₍**zu etw** (dat)₎/[**für etw** (akk)] **~ geeignet sein**, adattarsi perfettamente a qc, essere perfetto per qc; **das Abendessen hat ~ geschmeckt**, la cena era sublime; **es hat mir ~ geschmeckt**, l'ho gustato moltissimo.

vor|treten <irr> itr <sein> **1** (nach vorn treten) farsi avanti, avanzare; mil fare un passo avanti: **einer der Anwesenden trat vor und überreichte ihr einen Blumenstrauß**, uno dei presenti si fece avanti e le porse un mazzo di fiori; **an etw** (akk) **~** {AN DIE BRÜSTUNG, RELING, AN DEN RAND} fare un passo *verso qc*, avanzare *verso qc*: **einen Schritt ~**, fare un passo avanti; **wer mitmachen will, soll ~!**, chi vuole partecipare ⌊venga⌋/[si faccia] avanti! **2** (*vorstehen*) {AUGEN} uscire dalle orbite: **vor Anstrengung traten seine Augen vor**, per lo sforzo gli uscivano gli occhi dalle orbite; **~de Backenknochen**, zigomi sporgenti.

Vortritt① <-(e)s, ohne pl> m: **jdm den ~ lassen** (*jdn zuerst gehen lassen*), cedere il passo a qu, dare la precedenza a qu, far passare qu; (*jdn zuerst handeln lassen*) cedere il passo a qu.

Vortritt② <-(e)s, ohne pl> m CH → **Vorfahrt**.

Vortrupp <-s, -s> m {+EXPEDITION, KONVOI} pattuglia f in avanscoperta; *mil* avanguardia f, truppa f avanzata.

vorüber adv *geh* → **vorbei**.

vorüber|gehen <irr> itr <sein> **1** (*entlanggehen*) **an jdm/etw ~** passare accanto/davanti *a qu/qc* **2** (*nicht beachten*) **an etw** (dat) **~** non prendere in considerazione *qc*, non curarsi *di qc*: **an solchen Dingen geht er achtlos vorüber**, cose del genere non le prende nemmeno in considerazione **3** (*vergehen*) {KRANKHEIT, KUMMER, SCHMERZ} passare: **das geht bald vorüber**, passa, passerà ● **im Vorübergehen** {GRÜSSEN}, passando; **nicht spurlos an jdm ~** {KRANKHEIT, SORGEN}, lasciare il segno su qu; **die ständigen Auseinandersetzungen sind nicht spurlos an ihnen vorübergegangen**, i continui scontri non sono stati indolori per loro.

vorübergehend A adj {ABWESENHEIT} temporaneo; {LÖSUNG, UNTERBRINGUNG} *auch* transitorio, provvisorio; {ERSCHEINUNG} temporaneo, transitorio; {SCHMERZEN, STÖRUNG} passeggero; {BESSERUNG, VERSCHLECHTERUNG} momentaneo: **die Schließung ist nur ~**, la chiusura è soltanto temporanea B adv {SICH BESSERN, VERSCHLECHTERN} momentaneamente; {ABWESEND, GESCHLOSSEN SEIN} *auch* temporaneamente: **das Geschäft bleibt ~ geschlossen**, il negozio è temporaneamente/momentaneamente chiuso; **jdn ~ irgendwo unterbringen**, sistemare temporaneamente/momentaneamente qu da qualche parte; **er hält sich nur ~ in München auf**, è a Monaco solo di passaggio; **sie arbeitet ~ in einer Apotheke**, per il momento lavora in una farmacia.

vorüber|ziehen <irr> itr <sein> (**an/vor jdm**) **~** {GRUPPE, PROZESSION} passare (*davanti a qu*), sfilare (*davanti a qu*): **sie zogen im Gänsemarsch an uns vorüber**, ci sfilarono davanti marciando al passo dell'oca; **Schäfchenwolken zogen am Himmel vorüber**, nuvole a pecorelle passavano nel cielo; **in weiter Ferne zog eine Karawane vorüber**, in lontananza si vide passare una carovana.

Vorübung f esercizio m preparatorio.

Vorurteil n pregiudizio m, preconcetto m: **~e** (⌊gegen jdn/etw⌋/[gegenüber jdm/etw]) **haben**, avere dei pregiudizi/preconcetti (⌊verso qu⌋/[su qu/qc]); **~e abbauen/überwinden**, abbattere/superare i pregiudizi/preconcetti; **das ist ein ~**, è un pregiudizio, sono pregiudizi; **dem Abbau von ~en dienen** {EINGLIEDERUNG, INITIATIVE, KENNENLERNEN, ZUSAMMENARBEIT}, contribuire ⌊al superamento dei⌋/[ad abbattere i] pregiudizi; **voller ~e sein, voll von ~en sein/stecken**, essere pieno di pregiudizi/preconcetti; **in ~en befangen/verhaftet sein** *geh*, essere schiavo dei pregiudizi.

vorurteilsfrei, vorurteilslos A adj {PERSON} libero da pregiudizi, privo/scevro *lit* di pregiudizi/preconcetti; {ENTSCHEIDUNG, KRITIK, URTEIL, VERHALTEN} libero da pregiudizi B adv {BETRACHTEN} senza pregiudizi/preconcetti; {SICH ENTSCHEIDEN, AUF JDN ZUGEHEN} mettendo da parte i (propri) pregiudizi.

Vorväter subst <nur pl> *geh* padri m pl.

Vorvergangenheit <-, ohne pl> f *gram* piuccheperfetto m, trapassato m.

Vorverhandlung f trattativa f preliminare.

Vorverkauf m prevendita ● **im ~**, in prevendita; **sich Karten im ~ besorgen**, acquistare i biglietti alla/in prevendita; **im ~ gibt es keine Karten mehr**, non ci sono più biglietti in prevendita; **im ~ sind die Karten etwas teurer**, i biglietti in prevendita sono un po' più cari.

Vorverkaufskasse f biglietteria f, botteghino m.

Vorverkaufspreis m prezzo m della prevendita.

Vorverkaufsstelle f box office m, (luogo m della) prevendita f.

vor|verlegen <ohne ge-> tr **1** (*früher ansetzen*) **etw** (**auf etw** akk) **~** {FERIENBEGINN, KONFERENZ, TREFFEN AUF EINEN BESTIMMTEN TAG, TERMIN} anticipare *qc* (*a qc*), {GEBURT} **etw** (akk) **~** anticipare *qc di qc* **2** (*weiter nach vorn versetzen*) **etw** (um) etw akk) **~** {EINGANG, GRUNDSTÜCKSGRENZE, HALTESTELLE (UM) EINE BESTIMMTE ENTFERNUNG} spostare *qc* (in) avanti (*di qc*).

Vorverstärker m *el* preamplificatore m.

Vorvertrag m *jur* (contratto m) preliminare m; (*bes. bei Kaufverträgen*) compromesso m.

vorvorgestern adv *fam* tre giorni fa.

vorvorig adj <attr> *fam*: **~e Woche**, due settimane fa; **sie sind ~en Samstag abgefahren**, sono partiti (-e) sabato di due settimane fa.

vorvorletzter, vorvorletzte, vorvorletztes adj <attr> *fam* (*drittletzte*) terzultimo (-a): **der/die Vorvorletzte**, il/la terzultimo (-a); **in der vorvorletzten Woche vor Weihnachten**, tre settimane prima di Natale **2** (*vor drei ... stattgefunden habend*): **vorvorletzte Woche**, tre settimane fa; **vorvorletzten Mittwoch waren wir am Meer**, mercoledì di tre settimane fa eravamo al mare.

vor|wagen rfl **1** (*vorzugehen wagen*) **sich irgendwohin ~** avventurarsi/azzardarsi/arrischiarsi [osare andare] + *compl di luogo*: **die alte Frau wagte sich bis in die Mitte der Straße vor**, la vecchietta si arrischiò (ad andare) in mezzo alla strada; **er wagte sich nicht in das Zimmer vor**, non osò entrare nella stanza; **sie wagte sich bis zum Kraterrand vor**, si avventurò fino all'orlo del cratere; **sich** ⌊**ein Stück**⌋/[**weiter**] **~ ~**, ⌊azzardarsi ad⌋/[osare] andare un po' più avanti **2** (*hervorzukommen wagen*) **sich** (*irgendwoher*) **~** {AUS DEM HAUS, DER HÖHLE, UNTER DEM BETT} azzardarsi/arrischiarsi a uscire/[venir fuori] (*da qc*): **die Katze liegt unter dem Bett und wagt sich nicht hervor**, il gatto è sotto il letto e non si azzarda ad uscire **3** (*einzudringen wagen*) **sich in etw** (akk) **~** {IN DEN DSCHUNGEL, EIN GEBIET} spingersi *in qc*, avventurarsi *in qc*: **sich zu weit ~**, spingersi troppo lontano **4** (*sich zu exponieren wagen*) **sich ~** uscire allo scoperto; **sich mit etw** (dat) **~** {MIT EINER FORDERUNG, EINEM VORSCHLAG} uscire allo scoperto *con qc*, azzardare *qc*, arrischiare *qc*, farsi avanti *con*

qc: **sich mit einer Frage/These ~**, azzardare/arrischiare una domanda/un'ipotesi; **sich** (**mit etw dat**) **zu weit ~**, andare troppo oltre (*con qc*).

Vorwahl f **1** (*Vorauswahl*) preselezione f **2** *pol* elezioni f pl preliminari; (*bes. in den USA*) primarie f pl **3** *tel* → **Vorwahlnummer**.

vor|wählen tr *tel* **etw ~** comporre/fare il ...: **für die Verwaltung musst du die 10 ~**, per chiamare l'amministrazione devi prima fare il 10.

Vorwahlnummer f *tel* prefisso m (teleselettivo).

Vorwand m pretesto m, scusa f, appiglio m: **etw als ~ benutzen**, usare *qc* come pretesto; **etw zum ~ nehmen**, prendere *qc* a pretesto, addurre *qc* come pretesto/scusa ● **unter einem ~**, con un pretesto; **unter dem ~, etw tun zu müssen**, ⌊col pretesto⌋/[con la scusa] di dover fare *qc*; **unter dem fadenscheinigen ~, kein Auto zu haben, kam er nicht**, per non venire ha trovato la misera scusa di non avere la macchina.

vor|wärmen tr **etw ~** {PLATTE, TELLER} scaldare *qc* prima, preriscaldare *qc*.

vor|warnen tr **jdn ~** preavvertire *qu*, mettere in guardia *qu*: **die Bevölkerung rechtzeitig ~**, avvertire la popolazione per tempo; **ich hatte dich vorgewarnt, du hättest das besser nicht tun sollen!**, te l'avevo detto, avresti fatto meglio a lasciar perdere!; **ich wollte dich nur schon ~, der Chef ruft gleich an!**, volevo solo avvertirti/avvisarti che il capo sta per chiamare!

Vorwarnung f preavvertimento m, premonizione f *lit*: **wegen der befürchteten Regenfälle eine ~ an alle Gemeinden ausgeben**, allertare tutti i comuni in vista dell'arrivo di violente piogge ● **ohne ~**, senza preavviso, di punto in bianco; **sie fiel aus allen Wolken, als er ihr ohne jegliche ~ einen Heiratsantrag machte**, cadde dalle nuvole quando, di punto in bianco, lui le fece una proposta di matrimonio.

vorwärts adv **1** (*nach vorn*) (in) avanti: **immer weiter ~!**, sempre avanti!; **nicht weiter ~!**, non procedere oltre!; **~ und rückwärts**, avanti e indietro; **~ einparken**, parcheggiare la macchina entrando di muso; **die Leiter ~ hinuntersteigen**, scendere dalla scala con la faccia rivolta in avanti; **der Name Anna lässt sich ~ und rückwärts lesen**, il nome Anna è un palindromo; **ein paar Schritte ~ machen**, fare alcuni passi avanti; **eine Rolle/einen Salto ~ machen**, fare una capriola/un salto avanti **2** (*voran*) avanti: **ein großer Schritt ~ sein, einen großen Schritt ~ bedeuten**, essere/rappresentare un grande passo avanti ● **~!**, avanti!; **etw ~ und rückwärts können** *fam* (*etw auswendig können*), sapere *qc* ⌊a menadito⌋/[come l'avemaria] *fam*; **~ marsch!** *mil*, avanti, marsc!

Vorwärtsbewegung f movimento m in avanti.

vorwärts|bringen <irr> tr **1** (*jds Entwicklung fördern*) **jdn ~** {AUSLANDSAUFENTHALT, ERFAHRUNG} far fare dei passi avanti *a qu*, far crescere *qu*; {BEZIEHUNGEN, EMPFEHLUNG, BEKANNTER NAME} far fare carriera *a qu*, spianare la strada *a qu* **2** (*die Entwicklung von etw fördern*) **etw ~** {WIRTSCHAFTLICHE ENTWICKLUNG} portare avanti *qc*; {FORSCHUNG, UNTERNEHMEN} far progredire *qc*, far fare dei passi avanti *a qc*; **die Modernisierung der Produktionstechnik hat einzelne Industriezweige enorm vorwärtsgebracht**, l'ammodernamento delle tecniche di produzione ha fatto fare dei passi da gigante ad alcuni set-

tori dell' industria.
Vorwärtsgang m *autom* marcia f avanti.
vorwärts|gehen <irr> itr <sein>: **es geht wieder vorwärts**, la situazione sta migliorando; **nach der Flaute geht es jetzt endlich wieder vorwärts**, dopo una fase di ristagno economico si ricomincia finalmente a respirare; **mit etw (dat) geht es vorwärts** {MIT EINER ARBEIT, EINEM PROJEKT, EINER UNTERSUCHUNG}, qc procede; {MIT DER FIRMA, DEN GESCHÄFTEN}, qc ˌva meglio˳/[è in ripresa]; **mit der neuen Regierung geht es jetzt endlich wieder vorwärts**, con il nuovo governo la situazione sta finalmente migliorando; **mit etw (dat) geht es gut/schlecht vorwärts** {MIT DER ARBEIT, DEN ARBEITEN, DEM PROJEKT}, qc ˌva avanti˳/[procede] bene/male; **mit etw (dat) geht es nur langsam vorwärts** {MIT EINER ARBEIT}, qc procede a rilento.
vorwärts|kommen <irr> itr <sein> andare avanti: **man kommt in diesem Schlamm kaum vorwärts**, in questo fango si procede a malapena; **in/mit etw (dat) ~** {IN/MIT EINER ARBEIT} ˌfare progressi˳/[procedere] *in qc*: **im Beruf ~**, fare carriera; **im Leben ~**, fare strada, andare avanti.
Vorwäsche <-, *ohne pl*> f prelavaggio m.
vor|waschen <irr> tr *etw* ~ fare il prelavaggio *a qc*.
Vorwaschgang <-(e)s, *ohne pl*> m (ciclo m di) prelavaggio m.
vorweg adv **1** (*zuvor*) {FESTSTELLEN, FRAGEN, KLÄREN, SAGEN} prima, in anticipo **2** (*an der Spitze*) {GEHEN, LAUFEN, MARSCHIEREN} in testa, davanti: **die Touristengruppe zog durch die Stadt, allen ~ der Reiseleiter**, il gruppo di turisti sfilò attraverso la città, avanti a tutti la guida **3** (*insbesondere*) specialmente, soprattutto • **eins ~: wenn wir zusammenarbeiten wollen, muss jeder ...**, una cosa innanzitutto: se vogliamo collaborare ognuno deve ...; **eins ~: wenn ich einen von euch beim Rauchen erwische, ...**, che sia chiaro fin dall'inizio: se becco uno di voi a fumare ...
Vorwegnahme <-, *ohne pl*> f *form* ~ *einer S*. (gen) anticipazione f *di qc*; *kunst lit auch* prefigurazione f.
vorweg|nehmen <irr> tr *etw* ~ **1** (*vorher sagen, tun*) {ANTWORT, AUSGANG VON ETW, ENTSCHEIDUNG, ERGEBNIS} anticipare *qc*: **das Wichtigste vorwegzunehmen ...**, per venire subito al dunque/sodo ... **2** (*im Kern schon in sich tragen*) {EREIGNIS SPÄTERE ENTWICKLUNG} anticipare *qc*, preludere *a qc*; {STILELEMENTE, SYMBOLE} prefigurare *qc*.
vorweg|sagen tr *etw* ~ premettere *qc*, dire *qc* subito prima: **ich möchte gleich ~, dass ...**, vorrei dire subito che ...
vorweg|schicken tr → **vorweg|sagen**.
vorweihnachtlich *adj* prenatalizio.
Vorweihnachtszeit <-, *ohne pl*> f periodo m prenatalizio: **in der ~**, nel periodo prenatalizio/[che precede il Natale].
Vorweis <-es, -e> m *bes. CH* presentazione f, esibizione f: **etw gegen ~ einer S. (gen) erhalten**, ottenere *qc* dietro/su presentazione di *qc*; **eine Aufenthaltsgenehmigung gegen ~ einer Heiratsurkunde erhalten**, ottenere un permesso di soggiorno dietro presentazione del certificato di matrimonio.
vor|weisen <irr> tr **1** *geh* (*vorzeigen*) *etw* ~ {AUSWEIS, PASS} presentare *qc*, esibire *qc* **2** (*verfügen*) ~ *können* {FÄHIGKEITEN, KENNTNISSE}, possedere *qc*, disporre di *qc*, poter contare su *qc*; **Erfolge ~ können**, poter esibire molti successi; **kann er die für diese Stelle erforderlichen Kenntnisse ~?**, possiede i requisiti necessari per questo posto/incarico?; **einiges ~ können** (*an Leistungen*), avere parecchie cose al proprio attivo; (*viele Fähigkeiten haben*) essere una persona capace/[in gamba].

vor|werfen <irr> 🅐 tr **1** (*vorhalten*) *jdm etw* ~ rimproverare *qc a qu*/*qu di*/*per qc*, rinfacciare *qc a qu*, muovere dei rimproveri *a qu per qc geh*: **jdm ~, dass er/sie etw tut**, rimproverare a qu di fare *qc*; **sie wirft ihm vor, nicht treu zu sein**, la accusa di non essere fedele; **ich lasse mir nicht ~, ich hätte schlampig gearbeitet!**, non mi faccio dire da nessuno di aver lavorato con approssimazione! **2** (*hinwerfen*) *etw* (*dat*) *etw* ~ {EINEM TIER FUTTER, EINEN KNOCHEN} gettare *qc a qc*: **jdn/etw den Raubtieren zum Fraß ~**, gettare qu/qc in pasto alle belve 🅑 rfl **sich (dat) nichts vorzuwerfen haben**, non avere nulla da rimproverarsi, avere la coscienza tranquilla; **sich ~, etw nicht getan zu haben**, rimproverarsi di non aver fatto *qc* • **sie haben sich (gegenseitig)/einander** *geh* **nichts vorzuwerfen**, uno (-a) è degno (-a) dell'altro (-a), sono fatti (-e) della stessa pasta.
vorwiegend *adv* **1** (*hauptsächlich*) prevalentemente, in prevalenza, principalmente: **unsere Gäste sind ~ junge Leute**, i nostri ospiti sono prevalentemente giovani **2** *meteo* generalmente, in prevalenza: **~ sonnig/heiter**, in prevalenza ˌsoleggiato/[generalmente] soleggiato/sereno.
Vorwissen n conoscenze f pl di base: **schon ein gutes ~ (in etw dat) mitbringen**, disporre già di un certo bagaglio di esperienza in *qc*.
vorwitzig *adj* {KIND, SCHÜLER} saputello, petulante.
Vorwoche f (*letzte Woche*) settimana f scorsa/passata; (*vorhergehende Woche*) settimana f precedente (*a qc*).
Vorwort <-(e)s, -e *oder obs A* Vorwörter> n **1** (*kurze Einleitung*) prefazione f, premessa f, proemio m **2** 🅐 (*Präposition*) preposizione f.
Vorwurf m rimprovero m, appunto m: **ein versteckter/offener/leiser/bitterer ~**, un larvato/aperto/lieve/amaro rimprovero; **jdm (wegen etw gen *oder fam dat*) Vorwürfe/[einen ~] machen**, fare/muovere dei rimproveri a qu/un rimprovero a qu (per qc), fare degli appunti/un appunto a qu (per qc); **jdm etw zum ~ machen**, rimproverare ˌqu per qc˳/[qc a qu]; **das kannst du ihm nicht zum ~ machen**, non gliene puoi fare una colpa, non puoi rimproverarlo per questo; **jdm den ~ machen, ˌdass er/sie etw tut˳/[etw zu tun]/[etw getan zu haben]**, rimproverare a qu di fare/[aver fatto] *qc*; **sich (dat) wegen etw (gen *oder fam dat*) Vorwürfe machen**, rimproverarsi *qc*; **er macht sich große Vorwürfe, dass er den Kindern kein guter Vater war**, rimprovera molto a se stesso di non esser stato un buon padre per i suoi figli; **sich (dat) bittere Vorwürfe machen**, rimproverarsi qc aspramente; **jds Vorwürfe zurückweisen**, respingere le accuse di qu.
vorwurfsvoll 🅐 *adj* {BLICK, WORTE} (carico) di rimprovero: **mit ˌ~er Stimme˳/[~em Ton]**, con tono di rimprovero 🅑 *adv* {DEN KOPF SCHÜTTELN} con (aria di) rimprovero: **jdn ~ ansehen** *auch*, gettare un'occhiata di rimprovero a qu; {SAGEN} con tono di rimprovero.
vor|zählen tr *jdm etw* ~ {GELDSCHEINE, GELDSTÜCKE} contare *qc* ˌdavanti a˳/[sotto gli occhi di] *qu*: **sich (dat) etw von jdm ~ lassen**, far contare qc a qu sotto i propri occhi; **er lässt sich von mir jedes Mal das**

Wechselgeld ~, tutte le volte mi chiede di contargli il resto sotto i suoi occhi.
Vorzeichen n **1** (*Omen*) auspicio m, presagio m, augurio m: **ein gutes/böses ~ sein**, esser di buon/cattivo auspicio **2** (*Anzeichen*) segno m (premonitore), avvisaglia f: **ein günstiges ~ sein**, essere un buon segno˳/[segno positivo]; **das sind untrügliche ~ für einen Wetterumschwung**, questi sono segni inequivocabili che il tempo sta cambiando **3** *math* segno m: **positives/negatives ~**, segno positivo/negativo; **umgekehrtes ~**, segno opposto **4** *mus* accidente m, segno m accidentale, alterazione f • **mit umgekehrten ~** *math*, di segno opposto; (*genau entgegengesetzt*), di segno opposto; **das war die gleiche Geschichte, nur unter umgekehrtem ~**, era la stessa storia, solo all'incontrario; **unter ... ~**: **unter einem guten/bösen ~**, sotto buoni/cattivi auspici; **unter gleichen/veränderten ~**, ˌnello stesso contesto˳/[in un contesto mutato].
vor|zeichnen tr **1** (*skizzieren*) *etw* ~ abbozzare *qc*, schizzare *qc*, tracciare *qc* **2** (*vormalen*) *jdm etw* ~ disegnare *qc a qu* (per farlo vedere) **3** (*vorherbestimmen*) (*jdm*) *etw* ~ {AUSBILDUNG, SCHICKSAL KARRIERE, LEBENSWEG} determinare *qc* (*a qu*): **schon vorgezeichnet sein** {ENTWICKLUNG, KARRIERE, LEBENSWEG}, essere già segnato/tracciato/prestabilito; **eine fest vorgezeichnete Laufbahn**, una carriera tracciata.
vorzeigbar *adj fam* {ERGEBNIS, LEISTUNG} di tutto rispetto; {PERSON} di bella presenza: **nicht ~ sein**, non essere presentabile.
Vorzeigefrau f *fam* donna f che fa fare bella figura; *pej* donna f da mettere in mostra.
vor|zeigen tr (*jdm*) *etw* ~ {AUSWEIS, FAHRKARTE, PASS} esibire *qc* (*a qu*): **zeigen Sie bitte Ihren Ausweis vor!**, favorisca la carta d'identità!; **den Pass unaufgefordert/[auf Verlangen] ~**, presentare/esibire il passaporto spontaneamente/[su richiesta] • **zum Vorzeigen** {FRAU, KINDER} da modello, da sfoggiare; {HAUS} da esibire; {FABRIK, FIRMA, OBJEKT} modello.
Vorzeigeunternehmen n impresa f modello.
Vorzeit f preistoria f • **in grauer/ferner ~**, nella notte dei tempi; **etw ist schon aus ~en überliefert**, qc viene tramandato da tempo immemorabile.
vorzeitig 🅐 *adj* <attr> {ABREISE, ENTLASSUNG, BEKANNTGABE} anticipato: **~e Pensionierung** *auch*, prepensionamento f; {ALTERN} precoce, prematuro; {VERSCHLEIß} anzitempo; {GEBURT, TOD} prematuro 🅑 *adv* {ABREISEN, IN RENTE GEHEN} anticipatamente, prima del tempo; {GEALTERT, VERSCHLISSEN SEIN} precocemente, anzitempo; {GEBOREN, GESTORBEN SEIN} prematuramente.
vorzeitlich *adj* preistorico.
vor|ziehen <irr> tr **1** (*bevorzugen*) *jdm/etw* (*jdm/etw*) ~ preferire *qu/qc* (*a qu/qc*), privilegiare *qu/qc* (*rispetto a qu/qc*), prediligere *qu/qc*: **die Klasse zieht den Sportlehrer allen anderen vor**, la classe preferisce l'insegnante di educazione fisica a tutti gli altri; **normalerweise zieht er Schwarzbrot vor**, normalmente preferisce il pane nero; **als Reiselektüre ziehe ich Krimis vor**, quando viaggio preferisco/prediligo leggere gialli; **(es) ~, etw zu tun**, preferire fare *qc*; **sie zog es vor, sich nicht zu äußern**, preferì non esprimersi; **ich würde (es) ~, wenn du abends nicht allein ausgingst**, preferirei che (tu) non uscissi (da) solo (-a) la sera **2** *fam* (*begünstigen*) *jdn* (*jdm*) ~ privilegiare *qu* (*rispetto a qu*), favo-

rire qu: **hier wird niemand vorgezogen**, qui non si ₍privilegia nessuno₎/[fanno preferenze/favoritismi] **3** (*vorverlegen*) *etw* ~ anticipare *qc*: **die Abreise wegen des schlechten Wetters ~**, anticipare la partenza a causa del maltempo; **vorgezogener Ruhestand**, pensionamento anticipato, prepensionamento; **vorgezogene Wahlen**, elezioni anticipate **4** (*nach vorn ziehen*) *etw* ~ {BANK, SITZ, SCHRANK} tirare *qc* (in) avanti, spostare *qc* (in) avanti: **das Sofa ₍ein bisschen₎/[einen Meter] ~**, spostare il divano ₍un po' avanti₎/[avanti di un metro] **5** (*zuziehen*) *etw* ~ {GARDINE, VORHANG} chiudere *qc* **6** *fam* (*hervorholen*) *etw* (*irgendwoher*) ~ tirare fuori *qc* (+ *compl di luogo*) ~: **er zog einen uralten Koffer unter dem Bett vor**, tirò fuori da sotto il letto una valigia vecchissima.

Vorzimmer *n* **1** (*Sekretariat*) anticamera f: **im ~ warten**, fare anticamera; **warten Sie bitte im ~!**, aspetti, per favore, in anticamera!; **verbinden Sie mich bitte mit dem ~ von Herrn Schulz**, mi passi, per favore, la segretaria del Signor Schulz **2** *A* → **Diele**.

Vorzimmerdame *f obs* segretaria f.

Vorzug① *m* **1** (*gute Eigenschaft*) {+PERSON} pregio m, qualità f; {+SACHE} pregio m, vantaggio m: **viele Vorzüge haben**, avere ₍molte qualità₎/[molti pregi]; **die neue Kollegin hat ihre Vorzüge**, la nuova collega ha i suoi pregi; **immer neue Vorzüge an jdm/etw entdecken**, scoprire sempre ₍nuovi pregi₎/[nuove qualità] in qu/qc; **dieser Weg hat den ~, sehr viel kürzer zu sein**, questa strada ha il pregio/vantaggio di essere molto più breve **2** (*Vorrang*) priorità f, precedenza f, prelazione f • **jdm/etw den ~ (vor jdm/etw) geben**, preferire qu/qc a qu/qc, dare la preferenza a qu/qc (rispetto a qu/qc); **etw (dat) den ~ geben (den Vorrang geben)**, dare la priorità a qc; **den ~ genießen, jdn zu kennen**, avere il privilegio di conoscere qu; **den ~ haben, (dass) ...**, avere il pregio/vantaggio ₍di ... inf₎/[che ...]; **den ~ (gegenüber jdm/etw) verdienen** {KANDIDAT, METHODE, PROBLEM}, meritare la precedenza ₍rispetto a₎/[su] qu/qc.

Vorzug② *m Eisenb* treno m supplementare/[che precede quello regolare].

vorzüglich *geh* **A** *adj* {FACHMANN, SPORTLER} eccellente, eccelso; {REDNER, SCHAUSPIELER} *auch* ottimo, superbo; {ESSEN, KUCHEN, WEIN} eccellente, squisito: **er ist ein ~er Klavierspieler/Koch**, (lui) è un ₍eccellente pianista/cuoco₎/[pianista/cuoco eccelso]

B *adv* {KOCHEN, KLAVIER SPIELEN} in modo eccellente: **~ duften/schmecken**, avere un profumo/sapore squisito; **das Essen hat mir ~ geschmeckt!**, il cibo era ottimo!; **die Arbeit ist (mir) ~ gelungen**, il lavoro (mi) è riuscito a meraviglia.

Vorzugsaktie *f ökon* azione f privilegiata/preferenziale.

Vorzugsbehandlung *f* trattamento m ₍di favore₎/[preferenziale]/[privilegiato].

Vorzugsmilch *f* latte m crudo selezionato.

Vorzugspreis *m* prezzo m di favore.

Vorzugsstellung *f* posizione f privilegiata.

vorzugsweise *adv geh* **1** (*hauptsächlich*) principalmente, soprattutto **2** (*bevorzugt*) preferibilmente, di preferenza: **wir suchen Informatiker ~ zwischen 25 und 35 Jahren**, cerchiamo esperti di informatica, preferibilmente di età compresa tra i 25 e i 35 anni.

Vota, Voten *pl von* Votum.

votieren *itr geh* **1** (*abstimmen*) **für/gegen jdn/etw** ~ votare per/[a favore]/[contro] qu/qc **2** *bes*. **A** CH (*sich entscheiden*) **für jdn/etw** ~ optare per qu/qc.

Votivbild *n relig* immagine f votiva.

Votivgabe *f relig* ex voto m, dono m votivo, offerta f votiva.

Votivkirche *f relig* chiesa f votiva.

Votum <-s, *Voten oder Vota*> *n* **1** (*Entscheidung*) parere m: **ein deutliches ~ für/gegen jdn/etw**, una chiara approvazione/disapprovazione di qu/qc; **das Ergebnis der Umfrage ist ein eindeutiges ~ für/gegen die derzeitige Umweltpolitik**, il risultato del sondaggio indica una chiara ₍adesione all'₎/[bocciatura dell'] attuale politica ambientale **2** *pol* voto m • **sein ~ (für/gegen jdn/etw) abgeben**, dare il proprio voto (per/contro qu), votare (per/contro qc); **die Hausbewohner haben ihr ~ gegen den Einbau eines Aufzugs abgegeben**, gli inquilini hanno ₍votato contro₎/[dato parere negativo riguardo] l'installazione di un ascensore.

Voucher <-s, -(s)> *m* voucher m.

Voyeur <-s, -e> *m* (**Voyeurin** *f*) guardone (-a) m (f), voyeur m.

Voyeurismus <-, *ohne pl*> *m* voyeurismo m.

v. T. *Abk von* vom Tausend: per mille.

vulgär *geh* **A** *adj* **1** *pej* (*ordinär*) {BENEHMEN, GESTE, MENSCH, WORT} volgare, triviale: **was für eine ~e Art, sich auszudrücken!**, che volgarità nel parlare!; **die sieht vielleicht ~ aus!**, che tipa volgare! **2** (*zu oberflächlich*) {DARSTELLUNG} volgare, ordinario **B** *adv pej* {SICH AUSDRÜCKEN} in modo volgare; {SICH BENEHMEN} volgarmente.

Vulgarität <-, -en> *f geh pej* **1** <*nur sing*> (*vulgäre Art*) volgarità f, trivialità f **2** *rar* (*vulgäre Äußerung*) volgarità f, trivialità f: **jetzt reicht es aber mit diesen ~en!**, adesso basta con queste volgarità/trivialità!

Vulgärlatein *n ling* latino m volgare.

Vulgärsprache *f* **1** (*ordinäre Sprache*) lingua f/linguaggio m volgare **2** *ling hist* volgare m.

Vulkan <-s, -e> *m* vulcano m: **erloschener/untätiger/aktiver/tätiger** ~, vulcano spento/inattivo/attivo; **ein ~ bricht aus**, un vulcano comincia a eruttare • **wie auf einem ~ leben** (*sich in ständiger Gefahr befinden*), ₍essere seduto₎/[dormire] su un vulcano.

Vulkanausbruch *m* eruzione f vulcanica.

Vulkanfiber <-, *ohne pl*> *f* fibra f vulcanizzata: **ein Koffer aus ~**, una valigia in fibra vulcanizzata.

Vulkaninsel *f geol* isola f vulcanica.

Vulkanisation <-, -en> *f tech* vulcanizzazione f.

vulkanisch *adj geol* **1** (*durch einen Vulkanausbruch entstanden*) {GESTEIN, INSEL} vulcanico: **~en Ursprungs**, di origine vulcanica **2** (*mit Vulkanausbrüchen verbunden*) {AKTIVITÄT} vulcanico.

vulkanisieren <*ohne* ge-> *tr tech etw* ~ {REIFEN, SCHLAUCH} vulcanizzare *qc*.

Vulkanisierung *f* → **Vulkanisation**.

Vulkanismus <-, *ohne pl*> *m geol* vulcanismo m.

Vulkankrater *m* cratere m (vulcanico).

Vulkanologe <-n, -n> *m* (**Vulkanologin** *f*) vulcanologo (-a) m (f).

Vulkanologie <-, *ohne pl*> *f wiss* vulcanologia f.

Vulkanologin *f* → **Vulkanologe**.

Vulva <-, *Vulven*> *f med* vulva f.

v.u.Z. *Abk von* vor unserer Zeitrechnung: a.C. (*Abk von* avanti Cristo).

VW® <-(s), -(s)> *m Abk von* Volkswagen: VW: **ist das dein VW?**, è tua quella Volkswagen?

W, w

W①, **w** <-, - oder fam -s> n W, w f oder m (vu doppio, vu doppia, doppio vu, doppia vu) ● **W wie Wilhelm**, w come Washington; → auch **A, a**.

W② **1** Abk von West(en): O (Abk von Ovest) **2** Abk von Watt: W (Abk von watt).

WAA <-, -s> f Abk von Wiederaufbereitungsanlage: impianto m di rigenerazione.

Waadt <-, ohne pl> f geog Vaud m: **der Kanton ~**, il cantone di Vaud.

Waage <-, -n> f **1** tech bilancia f; (Personenwaage) auch (bilancia f) pesapersone f; (für große Lasten) bascula f: **eine genaue/elektronische ~**, una bilancia precisa/elettronica; **eine ~ eichen/einstellen**, tarare/regolare una bilancia; **etw auf die ~ legen**, mettere qc sulla bilancia; **sich auf die ~ stellen**, mettersi/salire sulla bilancia **2** <nur sing> astr Bilancia f **3** (jd, der im Zeichen der Waage geboren ist) (segno m della) Bilancia f: (**eine**) **~ sein**, essere (della/una) Bilancia **4** sport posizione f orizzontale ● **etw auf die ~ bringen** fam: **er bringt 90 Kilo auf die ~**, pesa la bellezza di 90 kili; **sich/einander geh die ~ halten** {VOR- UND NACHTEILE}, bilanciarsi, equilibrarsi.

Waagebalken m giogo m (della bilancia).

waagerecht, **waagrecht** A adj {LAGE, LINIE, VERLAUF} orizzontale B adv {LEGEN, LIEGEN, VERLAUFEN} orizzontalmente, in orizzontale.

Waagerechte, **Waagrechte** <-n, -n> f orizzontale f: **sich in der ~n befinden**, trovarsi in posizione orizzontale; **in der ~n sein**, essere (in posizione) orizzontale; **etw in die ~ bringen**, mettere qc in (posizione) orizzontale.

Waagschale f piatto m della bilancia ● **(nicht) in die ~ fallen**, (non) incidere; **etw auf die ~ legen**: **er legt jedes Wort auf die ~**, (sop)pesa ogni parola; **etw in die ~ werfen** {SEINE AUTORITÄT, SEINEN GANZEN EINFLUSS}, gettare qc sul piatto della bilancia; **er warf seine guten Verbindungen in die ~**, fece valere le sue buone relazioni.

wabbelig, **wabblig** adj fam {GELEE, PUDDING} squacquerato, gelatinoso; {BAUCH, FLEISCH} flaccido, tremolante; {MUSKEL} floscio.

wabbeln itr {FETT, GELEE, PUDDING} tremolare.

Wabe <-, -n> f favo m.

wabenförmig adj {MUSTER, STRUKTUR} a nido d'ape, esagonale.

Wabenhonig m miele m di favo.

wach adj **1** (nicht schlafend) sveglio, desto lit: **halb ~ sein**, essere mezzo (-a) sveglio (-a); **du musst ~ bleiben**, devi rimanere/restare sveglio (-a); **jdn ~ halten**, tenere sveglio (-a) qu; **sich ~ halten**, (cercare di) stare sveglio (-a) qu; (man)tenersi sveglio (-a); **jdn ~ küssen**, svegliare qu con un bacio; **jdn ~ rütteln** scuotere qu fino a svegliarlo; **in ~em Zustand**, da sveglio (-a) **2** (geistig rege) {MENSCH} sveglio, vivace, vivo; {GEIST, VERSTAND} auch desto geh ● **~ liegen**, svegliare (per l'insonnia), giacere insonne geh: **ich habe die ganze Nacht ~ gelegen**, ho passato tutta la notte in bianco; **jdn ~ machen**, svegliare qu; **~ werden** (aufwachen), svegliarsi, destarsi lit; (in jdm) (wieder) ~ werden (**sich wieder zeigen**), {ERINNERUNGEN, GEFÜHLE} risvegliarsi (in qu), riaffiorare (in qu), riemergere (in qu); fam **~ werden** (aufmerksam werden) {KONKURRENZ}, svegliarsi.

Wachablösung f **1** (Ablösung des Wachpostens) cambio m della guardia **2** (Führungswechsel) cambio m della guardia: **eine ~ an der Parteispitze**, un cambio della guardia ai vertici del partito.

Wachdienst m **1** <nur sing> (Bewachungsdienst) servizio m di guardia f **2** (Bewachungspersonal) corpo m di guardia f.

Wache <-, -n> f **1** <nur sing> (Wachdienst) (servizio m di) guardia f: **die ~ antreten/beziehen**, montare la/di guardia; **die ~ übergeben**, fare il cambio della guardia; **die ~ übernehmen**, dare il cambio alla guardia/sentinella **2** (Wachposten) guardia f, sentinella f, piantone m: **die ~ ablösen**, dare il cambio alla guardia/sentinella **3** (Wachmannschaft) corpo m di guardia f **4** (Polizeiwache) posto m di polizia: **sie brachten ihn zur nächsten ~**, lo portarono al più vicino posto di polizia **5** (Wachlokal) posto m di guardia; mil auch corpo m di guardia ● **~ haben**, essere di/[fare la] guardia/sentinella; **irgendwo ~ halten**, fare la guardia/sentinella + compl di luogo; **bei jdm ~ halten** {BEI EINEM GEFANGENEN}, sorvegliare qu; {BEI EINEM KRANKEN, TOTEN}, vegliare qu; **an jds Krankenbett ~ halten**, vegliare al capezzale di un malato; **auf ~ sein** mil, essere di guardia/sentinella; **~ schieben** fam, (**auf**) **~ stehen**, essere di/[fare la] guardia/sentinella.

wachen itr **1** geh (wach sein) essere sveglio; (wach bleiben) rimanere/stare sveglio (-a): **halb ~d, halb träumend**, tra la veglia e il sonno, nel dormiveglia; **das Wachen**, la veglia **2** (wach halten) **bei jdm ~** {BEI EINEM KRANKEN, TOTEN} vegliare qu, fare la veglia a qu: **am Bett eines Kranken ~**, vegliare al letto/capezzale di un malato **3** mil fare la guardia **4** (aufpassen) **über jdn/etw ~** vigilare (su) qu/qc, vigilare su qu/qc: **darüber ~, dass ...**, vigilare affinché ... konjv **5** (kontrollieren) **über etw** (akk) **~** vigilare su qc: **über die Einhaltung von Gesetzen/Vorschriften ~**, vigilare sull'osservanza di leggi/regole ● **wach ich oder träum ich?**, sogno o son desto?

wachhabend adj <attr> {OFFIZIER} di guardia.

Wachhabende <dekl wie adj> mf (Offizier) ufficiale m di guardia; (Soldat) guardia f di turno, soldato m di guardia.

wach|halten tr **1** (nicht schlafen lassen) → **wach 2** (lebendig erhalten) **etw ~** {ANDENKEN, GEFÜHL, HOFFNUNG, INTERESSE, TRADITION} mantenere vivo (-a) qc.

Wachhund m cane m da guardia.

Wachkoma n med coma m vigile.

wach|liegen itr <irr> <haben od süddt A CH sein> → **wach**.

Wachlokal n posto m di guardia; mil auch corpo m di guardia.

Wachmacher m fam stimolante m, eccitante m.

Wachmann <-(e)s, Wachmänner oder Wachleute> m **1** (jd, der etw bewacht) guardia f, vigilante m **2** A (Polizist) poliziotto m, vigile m (urbano).

Wachmannschaft f mil (corpo m di) guardia f.

Wacholder <-s, -> m **1** bot ginepro m **2** → **Wacholderschnaps**.

Wacholderbeere f bot bacca f di ginepro, coccola f (di ginepro).

Wacholderschnaps m acquavite f di ginepro, gin m.

Wacholderstrauch m bot ginepro m.

Wachposten m mil guardia f, sentinella f, piantone m.

wach|rufen <irr> tr **etw** (in jdm) **~** {ERLEBNIS, VERGANGENHEIT} evocare qc (in qu); {ERZÄHLUNG, MUSIK ERINNERUNGEN, GEFÜHLE} auch risvegliare qc (in qu): **jds Interesse für etw** (akk) **~**, (ri)svegliare l'interesse di qu per qc.

wach|rütteln tr **1** (aus dem Schlaf reißen) → **wach 2** etw ~ {JDS GEWISSEN} scuotere qc.

Wachs <-es, -e> n **1** <nur sing> cera f: **~ gießen**, colare la cera; **~ kneten/formen**, modellare/plasmare la cera; **das ~ schmilzt**, la cera si scioglie **2** (Pflegesubstanz) cera f; (Skiwachs) sciolina f: **den Fußboden mit ~ behandeln**, dare la cera al pavimento ● **wie ~ dahinschmelzen**, sciogliersi come il burro; **~ in jds Händen sein**, essere argilla/creta nelle mani di qu; **weich wie ~ (sein)**, (essere) plasmabile/malleabile come l'argilla.

Wachsabdruck m calco m in cera.

wachsam A adj {BEOBACHTER, BLICK} vigile: **~ sein**, essere vigile, stare all'erta; **ein ~es Auge (auf jdn/etw) haben**, avere un occhio vigile, vigilare su qu/qc B adv {BEOBACHTEN, VERFOLGEN} con occhio vigile.

Wachsamkeit <-, ohne pl> f vigilanza f.

wachsbleich adj {GESICHT} cereo, di cera: **~ werden**, diventare bianco (-a) come un cencio.

Wachsblume f fiore m di/in cera.

Wachsbohne f *bot* fagiolino m di qualità gialla.

wachsen① <wächst, wuchs, gewachsen> *itr* <sein> **1** (*größer werden*) {KIND, PFLANZE, TIER} crescere: **(um) ... Zentimeter ~**, crescere di ... centimetri; **du bist aber gewachsen!**, come sei cresciuto (-a)! **2** *med* {GESCHWULST, TUMOR, ZELLEN} crescere **3** (*länger werden*) (*jdm*) **~** crescere (*a qu*); {NÄGEL} crescere (*a qu*); {BART, HAARE} *auch* allungare (*a qu*): **ich lass' mir die/lange Haare ~**, mi faccio crescere/allungare i capelli; **er lässt sich einen Bart ~**, si fa crescere la barba; **schnell ~**, crescere velocemente/[a vista d'occhio]; **jdm irgendwohin ~** (HAARE IN DEN NACKEN, DIE STIRN}, crescere/allungarsi *a qu* fino a coprirgli *qc* **4** (*sich beim Wachsen in bestimmter Form entwickeln*) *irgendwie* **~** crescere + *compl di modo*: **der Baum ist gerade/krumm gewachsen**, l'albero è cresciuto diritto/storto; **sie ist gut/schön gewachsen**, ha una bella figura, è ben fatta **5** (*in eine bestimmte Richtung ~*) *irgendwohin* **~** {KLETTERPFLANZE ÜBER DIE MAUER, DURCH DEN ZAUN} crescere + *compl di luogo*: **in die Breite/Länge ~**, allargarsi/allungarsi, crescere in larghezza/lunghezza; **in die Höhe ~**, crescere in altezza **6** (*gedeihen*) *irgendwo* **~** crescere/venire *fam* + *compl di luogo*: **Sonnenblumen ~ hier überall**, qui i girasoli crescono dappertutto; **auf diesem Boden wächst kein Wein**, questo terreno non è adatto alla vite **7** (*sich vermehren*) {EINWOHNERZAHL, FAMILIE, STADT} crescere; {REICHTUM, VERMÖGEN} *auch* accrescersi; {ANFORDERUNGEN, ANSPRÜCHE} aumentare: **die Weltbevölkerung wächst unaufhörlich**, la popolazione mondiale sale continuamente **8** (*an Intensität, Stärke zunehmen*) {ÄRGER, AUFREGUNG, ERREGUNG, LÄRM, SCHMERZ, ZORN} crescere, aumentare: **die Spannung wuchs ins Unerträgliche**, la tensione divenne insostenibile; **an/mit einer Aufgabe ~**, crescere misurandosi con un compito ● **jd/etw wächst und gedeiht**, qu/qc cresce a vista d'occhio.

wachsen② *tr* <haben> *etw* **~** {FUSSBODEN, MÖBELSTÜCK, PARKETT} dare la cera *a qc*, incerare *qc*; {SKI} sciolinare *qc*, dare lo sciolina *a qc*.

wachsend *adj* crescente: **die ~e Arbeitslosigkeit**, la crescente disoccupazione; **etw mit ~er Begeisterung tun**, fare *qc* con sempre maggiore entusiasmo; **~e Teilnehmerzahlen**, un numero crescente di partecipanti; **wild ~** {PFLANZE, VEGETATION}, (che cresce) spontaneo (-a).

wächsern *adj* **1** (*aus Wachs*) {FIGUR} di cera, cereo **2** *geh* (*sehr bleich*) {GESICHT} cereo, di cera.

Wachsfigur f figura f/statua f di cera: (*kleine ~*) statuetta f di cera.

Wachsfigurenkabinett n museo f delle cere.

Wachskerze f (candela f di) cera f.

Wachsmalerei f *kunst* encaustica f.

Wachsmalkreide f pastello m a cera.

Wachsmalstift m → **Wachsmalkreide**.

Wachsplastik f *kunst* scultura f in cera.

wächst 2. und 3. pers sing präs *von* wachsen①.

Wachstation f *med* reparto m (di) osservazione.

Wachstube f → **Wachlokal**.

Wachstuch n **1** <pl -e> (*Tuch aus Wachs*) tela f cerata, incerata f **2** <pl *Wachstücher*> (*Tischdecke*) tovaglia f d'incerata.

Wachstum <-s, ohne pl> n **1** (*das Größerwerden*) {+KIND, PFLANZE, TIER} crescita f; {+GESCHWUR, TUMOR} crescita f: **er ist noch im ~**, sta ancora crescendo, è ancora in crescita; **im ~ zurückgeblieben**, (rimasto (-a)) indietro nella crescita **2** (*Zunahme, Expansion*) f: **im ~ begriffen sein**, essere in crescita; **das ~ der Wirtschaft beschleunigen/fördern/hemmen**, accelerare/favorire/inibire la crescita economica/[lo sviluppo economico.

Wachstumsaktie f *Börse* azione f di crescita.

Wachstumsbranche f *ökon* settore m/comparto m in crescita/espansione.

wachstumsfördernd *adj* **1** *med* {HORMON, MEDIKAMENT} che favorisce la crescita **2** {INVESTITIONEN} che favorisce la crescita/[lo sviluppo economico.

Wachstumsgrenze f **1** *ökon* limite m di crescita **2** *bot* limite m della vegetazione.

wachstumshemmend *adj* **1** *med* {HORMONE} che inibisce la crescita **2** *ökon* {MASSNAHMEN, REGELUNGEN} che inibisce la crescita/lo sviluppo.

Wachstumshormon n *med* ormone m della crescita.

Wachstumsmarkt m *ökon* mercato m in crescita/espansione.

wachstumsorientiert *adj* {POLITIK} orientato alla crescita economica/[allo sviluppo economico.

Wachstumspotenzial, **Wachstumspotential** n *ökon* potenziale m di crescita.

Wachstumsprognose f previsioni f pl di crescita.

Wachstumsrate f *ökon* tasso m/indice m di crescita.

Wachstumsstörung f *med* disturbo m della crescita.

Wachstumstempo n velocità f di crescita.

wachsweich A *adj* **1** (*sehr weich*) {GEMÜSE, OBST} tenero come il burro; {MATERIAL} morbido: **ein ~es Ei**, un uovo alla coque **2** (*gefügig*) arrendevole: **~ werden**, diventare morbido (-a) come cera **3** (*nicht eindeutig*) {ERKLÄRUNG, HALTUNG} elastico B *adv*: **ein Ei ~ kochen**, fare un uovo alla coque.

Wächte a.R. *von* Wechte → **Wechte**.

Wachtel <-, -n> f *ornith* quaglia f.

Wachtelei n uovo m di quaglia.

Wächter <-s, -> m (**Wächterin** f) **1** (*Wachmann*) guardiano (-a) m (f), guardia f; (*in einem Museum, Park*) custode mf, guardiano (-a) m (f); (*auf einem Parkplatz*) guardiano (-a) m (f), sorvegliante mf; (*in Banken, öffentlichen Gebäuden*) guardia f giurata, vigilante mf **2** (*Hüter*) ~(in) *einer S.* (gen) (+DEMOKRATIE, FREIHEIT} tutore (-trice) m (f) *di qc*, custode mf *di qc*, guardiano (-a) m (f) *di qc*.

Wachtmeister m **1** *hist* brigadiere m **2** *mil.obs.R.* miti maresciallo m.

Wachtposten m → **Wachposten**.

Wachtraum m *bes. psych* sogno m ad occhi aperti.

Wachtturm, **Wachtturm** m torre f di guardia/vedetta/avvistamento; (*am Mauerring mittelalterlicher Festungen*) guardiola f.

Wach- und Begleithund m cane m da guardia/[di scorta].

Wach- und Schließgesellschaft f *D* società f di vigilanza privata.

wach|werden <irr> *itr* <sein> **1** (*sich wieder zeigen*) → **wach 2** *fam* (*aufmerksam werden*) → **wach**.

Wachzustand m: **im ~**, in stato di veglia.

wackelig, **wacklig** *adj* **1** (*nicht stabil*) {STUHL, TISCH} traballante, che zoppica/tentenna; {ZAHN} che tentenna/dondola/[si muove], ballerino **2** (*nicht überzeugend*) {ARGUMENT, BEGRÜNDUNG, THESE} traballante **3** *fam* (*schwach*): **(noch) ~ auf den Beinen sein** *fam*, reggersi (ancora) male/[essere (ancora) malfermo] sulle gambe **4** *fam* (*gefährdet*) {ARBEITSPLÄTZE, POSITION} a rischio, precario; {MEHRHEIT} *auch* zoppicante ● **~ stehen** {SCHRANK, TISCH}, essere traballante; *fam* (*in der Schule*), essere zoppicante *fam*; **um etw (akk) steht es ~** {UM DIE REGIERUNG, EIN UNTERNEHMEN}, *qc* traballa.

Wackelkandidat m (**Wackelkandidatin** f) *fam* incognita f: **der SPD-Abgeordnete ist bei dieser Abstimmung ein ~**, in questa votazione è a rischio il voto favorevole del deputato della SPD.

Wackelkontakt m *el* contatto m difettoso.

wackeln *itr* **1** <haben> (*sich hin und her bewegen*) {ZAHN} tentennare, dondolare, traballare, vacillare; {HOCKER, STUHL, TISCH} zoppicare, traballare, tentennare **2** <haben> *fam* (*beben*) {HAUS, WÄNDE} tremare, traballare; {SCHEIBEN} *auch* ballare **3** <haben> (*etw hin und her bewegen*) **mit etw** (dat) **~**: **der Hund wackelt mit dem Schwanz**, il cane muove la coda/[scodinzola]; **mit den Hüften ~**, ancheggiare, dondolare i fianchi; **mit dem Kopf ~**, tentennare il capo, dondolare la testa; **mit den Ohren ~**, muovere le orecchie; **mit dem Arsch ~** *vulg*, sculettare *fam* **4** <sein> *fam* (*unsicher gehen*) *irgendwohin* **~** andare + *compl di luogo* con passo vacillante/traballante: **über die Straße ~**, attraversare la strada tutto (-a) traballante **5** <haben> *fam* (*unsicher sein*) {ARBEITSPLATZ, FIRMA, POSTEN} vacillare, traballare: **ihr Arbeitsplatz wackelt**, il suo posto di lavoro traballa/[è a rischio].

Wackelpudding m *fam* → **Götterspeise**.

wacker A *adj* **1** *obs* (*rechtschaffen*) {BÜRGER} onesto, probo, per bene **2** (*tapfer*) {SOLDAT} valoroso, prode *lit* **3** *meist scherz* (*tüchtig*): **ein ~er Esser**, una buona forchetta B *adv* (*KÄMPFEN, SICH VERTEIDIGEN*) valorosamente: **sich ~ halten/schlagen**, difendersi bene ● **halt dich ~!**, tieni duro!

wacklig *adj* → **wackelig**.

Wade <-, -n> f *anat* polpaccio m, sura f *anat*: **stramme/kräftige ~n haben**, essere di polpaccio forte/[polpacciuto].

Wadenbein n *anat* fibula f *anat*, perone m.

Wadenbeinknöchel, **Wadenknöchel** m *anat* malleolo m esterno.

Wadenbeinmuskel m *anat*: **langer ~**, lungo fibulare/peroneale.

Wadenkrampf m crampo m al polpaccio.

wadenlang *adj* {KLEID, MANTEL, ROCK} che arriva/[lungo fino] al polpaccio.

Wadenstrumpf m **1** *obs* → **Kniestrumpf 2** (*Strumpf ohne Fuß*) calzettone m senza piede.

Wadenwickel m impacco m ai polpacci.

Wafer <-s, -(s)> m *el* wafer m.

Waffe <-, -n> f **1** (*Kampfgerät*) arma f: **biologische/chemische/konventionelle/nukleare/strategische/taktische ~n**, armi biologiche/chimiche/convenzionali/nucleari/strategiche/tattiche; **leichte/schwere ~n**, armi leggere/pesanti; **von einer ~ Gebrauch machen**, fare uso di un'arma; **eine ~ auf/gegen jdn richten**, puntare un'arma su/contro qu; **eine ~ tragen**, portare un'arma **2** (*Mittel zum Zweck*) arma f: **etw als ~ einsetzen**, usare qc come arma; **eine wirksame ~ gegen etw** (akk), un'arma efficace/potente contro qc; **die ~n einer Frau**, le armi femminili [di una donna]; **zu den ~n greifen**, impugnare/prendere le armi; **mit der ~ in der Hand**, arma alla mano; **jdm selbst die ~n liefern**, prestare il fianco al nemico; **die ~n**

niederlegen geh, deporre/abbassare/posare le armi; **die ~n ruhen** *geh*, le armi tacciono; **zu den ~ rufen** *obs*, chiamare alle armi; **jdn mit seinen eigenen ~ schlagen**, battere qu con le sue stesse armi; **die ~n strecken** *geh*, consegnare le armi; *(aufgeben)*, deporre le armi.

Waffel <-, -n> f **1** *(Gebäck)* cialda f, wafer m **2** *(Eistüte)* cono m: **ein Eis in der ~**, un cono gelato ● **einen an der ~ haben** *fam*, avere qualche rotella fuori posto *fam*.

Waffeleisen n stampo m per wafer/cialde.

Waffenarsenal n arsenale m.

Waffenbesitz m detenzione f di armi ● **unerlaubter ~** *jur*, [detenzione abusiva]/[porto abusivo] di armi.

Waffenbruder m *obs* compagno m d'armi, commilitone m.

Waffendepot n deposito m di armi; *(großes ~)* arsenale m.

Waffenembargo n embargo m sulle armi: **das ~ brechen**, violare l'embargo sulle armi; **die Einhaltung des ~s überwachen**, controllare che l'embargo sulle armi venga rispettato.

Waffenexport m esportazioni f pl di armi.

Waffenfabrik f fabbrica f d'armi.

Waffenfabrikant m (**Waffenfabrikantin** f) produttore (-trice) m (f) di armi.

Waffengebrauch m *nur sing* m/impiego m di armi ● **rechtmäßiger ~** *jur*, uso legittimo di armi.

Waffengeschäft n armeria f, negozio m di armi, armaiolo m.

Waffengewalt f: **mit/unter ~**, con la forza delle armi, a mano armata.

Waffenhandel m traffico m d'armi: **~ betreiben**, trafficare (in) armi.

Waffenhändler m (**Waffenhändlerin** f) mercante mf/trafficante mf d'armi.

Waffenhilfe f *geh* aiuto m militare.

Waffenkammer f *mil* armeria f.

Waffenlager n → **Waffendepot**.

Waffenlieferung f fornitura f di armi.

Waffenplatz m *CH* → **Truppenübungsplatz**.

Waffenruhe f tregua f: **die ~ einhalten/brechen**, rispettare/violare la tregua.

Waffensammlung f collezione f d'armi; *(bes. antike ~)* armeria f.

Waffenschein m porto m d'armi.

Waffenschieber m (**Waffenschieberin** f) *pej* trafficante mf di armi.

Waffenschieberei f *pej* traffico m illegale/clandestino di armi.

Waffenschieberin f → **Waffenschieber**.

Waffenschmuggel m contrabbando m di armi.

Waffenschmuggler m (**Waffenschmugglerin** f) contrabbandiere (-a) m (f) di armi.

Waffen-SS f *hist (im Nationalsozialismus)*: **die Waffen-SS**, "reparti m pl delle SS impegnati al fronte".

Waffenstillstand m armistizio m: **einen ~ (ab)schließen/unterzeichnen**, stipulare/firmare un armistizio; **einen ~ einhalten/brechen**, rispettare/violare un armistizio.

Waffenstillstandsabkommen n armistizio m.

Waffenstillstandsbedingungen subst <nur pl> condizioni f pl dell'armistizio.

Waffenstillstandslinie f linea f dell'armistizio.

Waffenstillstandsverhandlungen subst <nur pl> trattative f pl per l'armistizio.

Waffensystem n sistema m d'arma.

Waffentechnik f tecnologia f delle armi.

Wagehals m *obs* scavezzacollo m, rompicollo m, spericolato m.

wagehalsig adj → **waghalsig**.

Wägelchen <-s, -> n *dim von* Wagen macchinetta f, macchinina f.

Wagemut <-s, *ohne pl*> m *geh* ardimento m, audacia f, temerarietà f.

wagemutig adj *geh* {MENSCH} ardimentoso, ardito, audace, temerario; {TAT, UNTERNEHMEN} *auch* arrischiato, azzardato.

wagen **A** tr **1** *(den Mut zu etw haben)* **etw ~** {BLICK, UNTERNEHMEN, WORT} azzardare *qc*, arrischiare *qc*, osare (fare) *qc*; {SPRUNG} tentare *qc*: **ein Urteil ~**, arrischiare/azzardare/[osare esprimere] un giudizio; **eine Wette ~**, osare fare una scommessa; **ich werde einen Versuch ~**, farò un tentativo; **(es) ~, etw zu tun**, osare fare *qc*, azzardarsi/arrischiarsi a fare *qc*; **niemand wagt es, ihm die Wahrheit zu sagen**, nessuno osa/[si azzarda a/rischia a] dirgli la verità; **wie können Sie es ~, mich so zu beleidigen!**, come osa offendermi così?! **2** *(riskieren)* **{für jdn/etw} etw ~** rischiare *qc (per qu/qc)*, mettere a rischio/repentaglio *qc (per qu/qc)*: **alles/viel/wenig ~**, rischiare tutto/molto/poco **B** rfl **1** <meist verneint> *(den Mut haben, irgendwohin zu gehen)* **sich irgendwohin ~** osare/[azzardarsi/arrischiarsi a] fare + *compl di luogo* {AUFS OFFENE MEER, IN DEN DUNKLEN WALD, DIE WÜSTE} avventurarsi + *compl di luogo*: **sich nicht aus dem Haus ~**, non osare uscire di casa; **sie wagt sich nicht allein in den Keller**, non osa scendere da sola in cantina; **in bestimmten Vierteln kann man sich abends nicht mehr ~**, in certi quartieri la sera non ci si può avventurare **2** *(den Mut haben, etw zu tun)* **sich an etw** (akk) **~** osare/[ardire *geh*]/[avere il coraggio di] [affrontare *qc*]/[avventurarsi *in qc*]: **er wagt sich an die schwierigsten Aufgaben**, si cimenta anche con i compiti più difficili ● **wer wagt, gewinnt** *prov*, la fortuna arride agli audaci *prov*; **wer nicht wagt, der nicht gewinnt** *prov*, chi non risica non rosica *prov*; **frisch gewagt ist halb gewonnen** *prov*, chi ben comincia è a metà dell'opera *prov*.

Wagen <-s, - oder süddt A Wägen> m **1** *(Auto)* vettura f, macchina f, auto (mobile) f; *(Lieferwagen)* furgone m; *(Lastwagen)* camion m, autocarro m: **ein komfortabler/schneller/sportlicher/zuverlässiger ~**, una macchina confortevole/ veloce/ sportiva/ affidabile; **mit dem ~ fahren**, andare in/[con la] macchina ha?; **in den [aus dem] ~ steigen**, [salire in]/[scendere dalla] macchina **2** *(Kutsche)* carrozza f, vettura f; *(bes. Pferdewagen)* carro m: **die Pferde/Ochsen vor den ~ spannen**, attaccare i cavalli/buoi al carro **3** *(~ladung)* **~ voll + subst** {KIES, SCHUTT, ZEMENT} carro m *di qc*, carrata f *di qc* **4** *(Straßenbahnwagen)* vettura f; *(Eisenbahnwagen)* carro m, vagone m, carrozza f **5** *(Kinderwagen, Puppenwagen)* carrozzina f; *(Buggy)* passeggino m; *(Einkaufswagen, Servierwagen)* carrello m **6** *tech (Schlitten)* {+SCHREIBMASCHINE} carrello m ● **der Große/Kleine ~** *astr*, il Gran/Piccolo Carro, l'Orsa maggiore/minore; **sich nicht vor jds ~ spannen lassen**, non farsi sfruttare da qu.

wägen <wog oder wägte, gewogen> tr *geh* **etw ~** {JDS WORTE} soppesare *qc*, ponderare *qc* ● **erst ~, dann wagen!** *prov*, pensarci prima per non pentirsi poi!

Wagenachse f asse f del/[di un] carro;
{+AUTO} asse f della/[di una] macchina.

Wagenbauer m (**Wagenbauerin** f) carrozzaio m, carraio m.

Wagenburg f barricata f di carri.

Wagendach n tetto m della macchina/vettura.

Wagenfenster n finestrino m della macchina.

Wagenführer m (**Wagenführerin** f) {+STRAßENBAHN, U-BAHN} conducente mf.

Wagenheber m martinetto m, cric m *fam*.

Wagenladung f carrata f.

Wagenpapiere subst <nur pl> *fam* documenti m pl della macchina *fam*.

Wagenpark m parco m macchine, autoparco m.

Wagenpflege f manutenzione f della macchina.

Wagenrad n ruota f del/[di un] carro.

Wagenrennen n *hist* corsa f dei carri/cocchi.

Wagenrücklauf m *inform* ritorno m carrello.

Wagenschlag m *obs* {+AUTO} portiera f, porta f; {+KUTSCHE} porta f.

Wagenschlüssel m → **Autoschlüssel**.

Wagenstandsanzeiger m *Eisenb* (tabellone m con la) composizione f dei treni.

Wagentür f → **Autotür**.

Wagentyp m tipo m di macchina.

Wagenwäsche f lavaggio m della macchina.

Waggon <-s, -s oder A -e> m **1** *Eisenb* vagone m, carrozza f: **einen ~ an den Zug anhängen/ankuppeln**/[vom Zug abhängen/abkoppeln], [attaccare/agganciare un vagone al]/[staccare/sganciare un vagone dal] treno **2** *(~ladung)* **~ +** subst {HOLZ, KOHLE} vagone m *di qc*, vagonata f *di qc*.

waggonweise adv a vagoni/vagonate.

waghalsig **A** adj {MENSCH} spericolato, temerario; {UNTERNEHMEN} temerario, rischioso: **~ sein**, essere uno (-a) spericolato (-a)/scavezzacollo **B** adv in modo spericolato/temerario, spericolatamente, temerariamente: **~ fahren**, avere una guida spericolata.

Waghalsigkeit <-, -en> f **1** *nur sing* *(das Waghalsigsein)* temerarietà f, spericolatezza f, temerità f **2** *(waghalsige Tat)* temerarietà f, spericolatezza f, temerità f.

Wagnis <-ses, -se> n **1** *(gewagtes Unternehmen)* azzardo m, impresa f rischiosa/arrischiata, cimento m *lit* **2** *(Risiko)* azzardo m, rischio m: **ein ~ auf sich nehmen**/[eingehen], accollarsi/assumersi un rischio, esporsi all'azzardo.

Wagon <-s, -s oder A -e> m → **Waggon**.

wagonweise adv → **waggonweise**.

Wahl① <-, *ohne pl*> f *(Entscheidungsmöglichkeit)* scelta f: **die ~ haben**, avere la scelta; **die ~ haben, etw zu tun**, poter scegliere di fare *qc*; **ich habe keine (andere) ~**, non ho [(altra) scelta]/[alternativa], [jd hat]/[jdm bleibt] **keine andere ~ (, als etw zu tun)**, [qu non ha]/[a qu non rimane] altra scelta (che (non) fare *qc*) ● **in die engere ~ kommen** {BEWERBER, KANDIDAT}, superare una prima selezione, entrare in ballottaggio; **jdn/etw in die engere ~ ziehen** {BEWERBER, KANDIDATEN, MODELL}, far superare a qu/qc una prima selezione; **erste/zweite/dritte ~ (sein)** *com*, (essere) di prima/seconda/terza scelta; ... **erster/zweiter/dritter ~** *com* {EIER, OBST, PORZELLAN, STOFF}, di prima/seconda/terza scelta; **die ~ fällt auf jdn**, la scelta (ri)cade su qu; **jdm steht die ~ frei, etw oder etw zu tun**, qu ha libera scelta se fare *qc* o *qc*; **jdm die ~ lassen**, lasciare la scelta a qu; *meiner/deiner/seiner/... ~*, di mia/tua/sua/... scelta; *nach ~*, a scelta; *die ~ fällt jdm schwer/leicht*, la scelta è/risulta difficile/facile per qu; **vor der ~ stehen, etw oder etw zu tun**, trovarsi di fronte alla scelta se fare qc o qc; **zur ~ stehen** {DREI LÖSUNGEN, MÖGLICHKEITEN}, c'è da scegliere tra qc; **jdn vor die ~ stellen**, obbligare qu a scegliere, mettere qu di fronte a una scelta; **eine ~ treffen**, fare/operare una scelta; **eine gute/richtige/falsche ~ treffen**, fare una ₋buona/cattiva scelta₋/[scelta giusta/sbagliata]; **wer die ~ hat, hat die Qual** *prov*, non c'è che l'imbarazzo della scelta.

Wahl ② <-, -en> f **1** <*meist pl*> *pol* (*Abstimmung*) elezione f, consultazione f elettorale: **allgemeine/demokratische ~en**, elezioni generali/democratiche; **freie/geheime ~en**, ₋elezioni libere₋/[voto segreto]; **~en ausschreiben/abhalten**, indire/tenere le elezioni; **die ~en gewinnen/verlieren**, vincere/perdere le elezioni; **am Sonntag sind ~en**, domenica si vota/[va alle urne]; **zur ~ gehen**, andare ₋alle urne₋/[a votare]; **nicht zur ~ gehen**, non andare a votare, disertare le urne, astenersi dal voto; **die ~en (zu etw** *dat*) {ZUM BUNDESTAG, LANDTAG}, le elezioni (di qc); **die ~en zum neuen Bundestag**, le elezioni del nuovo Bundestag; **~ durch Handaufheben/Zuruf**, votazione per ₋alzata di mano₋/[acclamazione] **2** <*nur sing*> (*in ein Amt gewählt werden*) elezione f: **jds ~ zu etw** (*dat*) {ZUM BÜRGERMEISTER, PRÄSIDENTEN}, l'elezione di qu a qc; **jds ~ in etw** (*akk*) {IN EINEN AUSSCHUSS, DEN VORSTAND}, l'elezione di qu in qc; {IN DEN BUNDESTAG} l'elezione di qu a qc; **die ~ annehmen/ablehnen**, accettare/rifiutare l'elezione; **sich zur ~ stellen**, candidarsi/presentarsi alle elezioni; **jdn zur ~ vorschlagen**, proporre la candidatura di qu, candidare qu.

Wahlabend m serata f elettorale: **am ~**, la sera delle elezioni.

Wahlakt m votazione f.

Wahlalter n età f elettorale.

Wahlanfechtung f contestazione f delle elezioni.

Wahlaufruf m appello m agli elettori.

Wahlausgang m esito m elettorale/[delle elezioni].

Wahlausschuss (*a.R.* Wahlausschuß) m (membri m pl della Wahlausschuss) m seggio m elettorale.

Wählautomatik f *tel* → **Wahlwiederholung**.

wählbar *adj* {KANDIDAT} eleggibile: **nicht ~**, ineleggibile; **eine so radikale Partei ist nicht mehr ~**, non si può più votare (per) un partito così estremista.

Wählbarkeit <-, *ohne pl*> f eleggibilità f.

Wahlbenachrichtigung f avviso m elettorale.

wahlberechtigt *adj* ₋avente diritto al₋/[con diritto di] voto: **~ sein**, avere (il) diritto di voto.

Wahlberechtigte <*dekl wie adj*> *mf* avente mf diritto al voto: **die ~n**, gli aventi diritto al voto.

Wahlberechtigung f diritto m di voto.

Wahlbeteiligung f affluenza f alle urne, partecipazione f al voto: **eine hohe ~**, un'alta partecipazione al voto, un'elevata percentuale di votanti.

Wahlbetrug m brogli m pl elettorali, elezioni f pl truccate *fam*.

Wahlbezirk m sezione f elettorale.

Wahlbündnis n alleanza f/patto m elettorale.

Wahleltern *subst* <*nur pl*> *A* → **Adoptiveltern**.

wählen ① **A** *tr* (*aus~*) **etw ~** scegliere qc: **den richtigen/falschen Augenblick ~**, scegliere il momento giusto/sbagliato; **seine Worte sorgfältig/genau ~**, scegliere bene le parole; **ein Gericht auf der Speisekarte ~**, scegliere un piatto dal menu **B** *itr* **1** (*aus~*) (**zwischen/unter etw** *dat*) **~** scegliere (*tra/fra qc*): ₋**zwischen zwei**₋/[**unter verschiedenen**] **Möglichkeiten ~**, scegliere tra/fra due/varie possibilità; **haben Sie schon gewählt?** (*im Lokal*), ha già scelto? **2** (*eine best. Wahl treffen*) **irgendwie ~** scegliere + *compl di modo*: **ihr habt ausgezeichnet/klug gewählt**, avete scelto benissimo/[in modo oculato] **C** *rfl* (*aussuchen*) **sich** (*dat*) **jdn zu etw** (*dat*) **~** {PERSON ZUM VORBILD} scegliersi qu come qc.

wählen ② *pol* **A** *tr* **jdn/etw ~** {KANDIDATEN, PARTEI} votare (*per*) qu/qc; {BUNDESTAG, LANDTAG, PARLAMENT, PRÄSIDENTEN, VORSITZENDEN} eleggere qu/qc: **immer die gleiche Partei ~**, votare sempre (per) lo stesso partito; **jdn/etw wieder ~** {ABGEORDNETEN, PARTEI, POLITIKER}, rieleggere qu/qc; **wieder gewählt werden**, essere rieletto; **jdn/etw zu etw** (*dat*) **~** {ZUM BÜRGERMEISTER, PRÄSIDENTEN, VORSITZENDEN} eleggere qu/qc qc; **jdn zum Abgeordneten ~**, eleggere qu deputato; **jdn in etw** (*akk*) **~** {IN EINEN AUSSCHUSS, EIN GREMIUM} eleggere qu in qc; {IN DEN BUNDESTAG, LANDTAG} eleggere qu a qc **B** *itr* (*abstimmen*) votare: **~ gehen**, andare ₋a votare₋/[alle urne]; **in England wird gewählt**, in Inghilterra si vota; **grün/rot/schwarz ~**, votare (per) i verdi/socialdemocratici/democristiani; **liberal/konservativ ~**, votare (per) i liberali/conservatori; **links/rechts ~**, votare a sinistra/destra.

wählen ③ *tel* **A** *tr* **etw ~** comporre qc, fare qc: **die Null/eine Nummer wählen**, comporre/fare lo zero/un numero **B** *itr* comporre/fare il/un numero.

Wahlenthaltung f astensionismo m: **die ~ war sehr hoch**, molti si sono astenuti dal voto.

wahlentscheidend *adj* {EREIGNIS, STIMME} decisivo per l'esito ₋di un'elezione₋/[delle elezioni].

Wähler <-s, -> m (**Wählerin** f) *pol* elettore (-trice) m (f), votante mf: **die ~**, gli elettori, l'elettorato, il corpo elettorale.

Wählerauftrag m mandato m elettorale.

Wählererfolg m successo m/affermazione f elettorale.

Wählerergebnis n risultato m/esito m elettorale: **das vorläufige/definitive ~ bekannt machen**, annunciare il risultato provvisorio/definitivo delle elezioni.

Wählergunst f favore m degli elettori.

Wählerin f → **Wähler**.

wählerisch *adj* {KÄUFER, KUNDE} difficile (da accontentare), esigente; (*im Essen*) *auch* schizzinoso: **~ sein**, fare il/la difficile; **sie ist in ihrem Umgang nicht gerade ~**, non è molto selettiva nelle sue frequentazioni.

Wählerkartei f schedario m elettorale/[degli elettori].

Wählerliste f lista f elettorale: **sich in die ~ eintragen**, iscriversi nelle liste elettorali.

Wählerpotenzial, **Wählerpotential** n potenziale m di elettori: **linkes/rechtes ~**, serbatoio di voti della sinistra/destra.

Wählerschaft <-, *ohne pl*> f elettorato m, corpo m elettorale.

Wählerschicht f fascia f dell'elettorato.

Wählerstimme f voto m: **viele ~n (ein)bringen**, portare molti voti.

Wählerstrom m spostamento m dei/di voti.

Wählerverhalten n comportamento m degli elettori.

Wählerverzeichnis n → **Wählerliste**.

Wählerwille m volontà f/volere m degli elettori.

Wahlfach n *Schule univ* materia f facoltativa.

Wahlforscher m (**Wahlforscherin** f) analista mf elettorale.

wahlfrei *adj* **1** *Schule univ* {SCHULFACH, UNTERRICHT} facoltativo **2** *inform*: **~er Zugriff**, accesso casuale/random.

Wahlgang m *pol* tornata f elettorale, turno m: **im ersten ~ gewählt werden**, ₋essere eletto₋/[passare] al primo turno.

Wahlgeheimnis n segreto m ₋dell'urna₋/[elettorale].

Wahlgeschenk n *fam* regalo m elettorale.

Wahlgesetz n *jur* legge f elettorale.

Wahlheimat f patria f ₋d'elezione₋/[adottiva].

Wahlhelfer m (**Wahlhelferin** f) (*Stimmenauszähler*) scrutinatore (-trice) m (f); (*im Wahlkampf*) attivista mf impegnato (-a) in campagna elettorale.

Wahljahr n anno m di/delle elezioni.

Wahlkabine f cabina f (elettorale).

Wahlkampf m campagna f elettorale: **den ~ eröffnen**, aprire la campagna elettorale; **im ~**, in campagna elettorale; **einen ~ führen**, condurre una campagna elettorale; **~ machen**, fare campagna elettorale; **in den ~ ziehen**, partire per la campagna elettorale.

Wahlkampfleiter m (**Wahlkampfleiterin** f) responsabile mf della campagna elettorale.

Wahlkampfthema n tema m della campagna elettorale: **etw zum ~ machen**, fare di qc il cavallo di battaglia della campagna elettorale.

Wahlkartei f → **Wählerkartei**.

Wahlkind n *A* → **Adoptivkind**.

Wahlkreis m *jur pol* collegio m elettorale.

Wahlleiter m (**Wahlleiterin** f) *jur pol* presidente mf di (un) seggio (elettorale).

Wahlliste f lista f dei candidati.

Wahllokal n seggio m/sezione f elettorale.

Wahllokomotive f *slang pol* "candidato m che tira il carro elettorale".

wahllos A *adj* indiscriminato **B** *adv* indiscriminatamente, a caso: **~ irgendetwas herausgreifen**, prendere qualcosa a caso; **~ zuschlagen**, colpire alla cieca.

Wahlmanipulation f manipolazione f del voto.

Wahlmann m grande elettore m.

Wahlniederlage f sconfitta f elettorale.

Wahlordnung f regolamento m elettorale.

Wahlparole f slogan m elettorale.

Wahlparty f festa f/party m elettorale.

Wahlperiode f "periodo m per cui viene eletta una persona, una commissione o un ente"; *parl* legislatura f.

Wahlpflicht f obbligo m di voto, obbligatorietà f del voto.

Wahlpflichtfach n *Schule* materia f facoltativa (da scegliere in una lista di più materie).

Wahlplakat n manifesto m elettorale.

Wahlprognose f pronostico m/previsione f sulle elezioni: **~n stellen/wagen**, fare/azzardare dei pronostici sulle elezioni.

Wahlprogramm n programma m elettorale.

Wahlpropaganda f propaganda f elettorale.

Wahlrecht <-s, ohne pl> n **1** (*Recht einer Person zu wählen*) diritto m di voto, suffragio m: **sein ~ ausüben, von seinem ~ Gebrauch machen**, esercitare il diritto di voto **2** (*Gesetze*) diritto m elettorale: **das ~ reformieren**, riformare la legge elettorale, fare la riforma elettorale ● *aktives* ~, elettorato attivo; *allgemeines* ~, suffragio universale; *passives* ~, elettorato passivo.

Wahlrede f discorso m elettorale.

Wahlredner m (**Wahlrednerin** f) chi tiene un discorso/comizio elettorale, oratore (-trice) m (f) in un comizio elettorale.

Wahlreform f *pol* riforma f elettorale.

Wählscheibe f *tel* {+HAUSTELEFON} disco m teleselettivo; {+TELEFONANLAGE} disco m combinatore/selettore.

Wählscheibentelefon (a.R. Wählscheibentelephon) n telefono m a disco.

Wahlschein m certificato m elettorale.

Wahlschlappe f batosta f elettorale.

Wahlsendung f trasmissione f elettorale.

Wahlsieg m vittoria f/affermazione f elettorale.

Wahlsieger m (**Wahlsiegerin** f) vincitore (-trice) m (f) delle elezioni.

Wahlslogan m slogan m elettorale.

Wahlsperre f *inform tel* blocco m di chiamata.

Wahlspot m *radio TV* spot m elettorale.

Wahlspruch m motto m, massima f.

Wahlsystem n *pol* sistema m elettorale.

Wahltag m giornata f elettorale: **am ~**, il giorno delle elezioni.

Wahltaste f **1** *el* {+PLATTENSPIELER, STEREOGERÄT} tasto m selettore; {+KOPIERGERÄT} tasto m di comando **2** *inform* tasto m opzione/alt.

Wahltermin m data f delle elezioni.

Wählton <-(e)s, rar -töne> m *tel* segnale m di libero.

Wahlurne f urna f elettorale.

Wahlveranstaltung f manifestazione f elettorale.

Wahlverfahren n *pol* procedura f elettorale.

Wahlversammlung f comizio m elettorale.

Wahlversprechen n promessa f elettorale.

Wahlverteidiger m (**Wahlverteidigerin** f) *jur* difensore m, difenditrice f di fiducia.

Wahlverwandtschaft f affinità f elettiva ● **Die ~en** *lit* (*Roman von Goethe*), Le affinità elettive.

wahlweise adv a scelta: **es gibt ~ Gemüse oder Salat**, ci sono verdure o insalata a scelta.

Wahlwiederholung f *tel*: **automatische ~**, ripetizione automatica.

Wahlzelle f → **Wahlkabine**.

Wahlzettel m scheda f elettorale.

Wahn <-(e)s, ohne pl> m **1** *geh* (*Einbildung*) illusione f: **in dem ~ leben, dass ...**, vivere nell'illusione che ...; **er lebt in dem ~**/[**ist in dem ~ befangen**], **ein Genie zu sein**, [vive nell'illusione]/[è vittima dell'illusione] di essere un genio **2** *med* (*Zwangsvorstellung*) mania f, ossessione f.

wähnen *geh* A tr <*meist imperf*> (*glauben, dass jd irgendwo ist*) **jdn irgendwo ~**, credere qu + *compl di luogo*, supporre che qu ... konjv + *compl di luogo*: **ich wähnte dich unter südlicher Sonne**, ti credevo sotto il sole del sud B rfl (*sich irgendwie fühlen*) **sich irgendwie ~**, credersi + *adj*: **sich sicher/[in** **Sicherheit] ~**, credersi al sicuro; **sie wähnt sich immer im Recht**, si crede sempre [nel giusto]/[dalla parte della ragione].

wahnhaft adj {VORSTELLUNGEN, ZÜGE} paranoico.

Wahnsinn <-s, ohne pl> m *fam* **1** (*Verrücktheit*) follia f, pazzia f **2** *obs* (*Geisteskrankheit*) follia f, pazzia f: **in ~ verfallen**, impazzire; **dem ~ verfallen sein**, essere in preda alla follia ● **~!** *fam* (*ungläubig*), pazzesco!, cose dell'altro mondo!, incredibile!; (*bewundernd*), pazzesco!, da sballo! *slang*; **das ist doch heller/purer/reiner ~!** *fam*, è pura follia!, [è roba]/[cose] da matti!, è pazzesco!; **jdn (noch) zum ~ treiben**, far impazzire/diventare matto (-a) qu.

wahnsinnig A adj **1** (*geisteskrank*) pazzo, folle, matto **2** *fam* (*unvernünftig*) {PLAN, UNTERNEHMEN} folle, pazzesco, assurdo **3** <attr> *fam* (*groß*) {DURST, GLÜCK, HUNGER} pazzesco, tremendo; {ANGST} *auch* da impazzire, matto; {SCHMERZEN} pazzesco, tremendo, atroce: **~e Lust auf etw** (akk) **haben**, aver una voglia matta di qc B adv *fam* (*sehr*): **sich ~ ärgern**, arrabbiarsi come un/una matto (-a); **~ blöd sein**, essere stupido da far paura; **~ erleichtert sein**, essere immensamente sollevato; **sich ~ freuen**, essere [immensamente contento]/[contentissimo]; **das gefällt mir ~ gut**, mi piace da impazzire/morire; **jdn ~ lieben**, amare qu [alla follia]/[follemente]; **jdn ~ schwerfallen**, costare una fatica enorme a qu; **~ verliebt (in jdn) sein**, essere follemente innamorato (di qu), essere pazzo di qu; **~ wehtun**, fare un male tremendo; **jdn ~ machen** *fam*, far impazzire qu *fam*; **dieser Lärm macht mich ~!** *fam*, questo chiasso mi fa [uscire di testa *fam*]/[impazzire]!; **~ werden**, impazzire; **ich werd' noch ~ mit euch!**, voi mi farete [perdere il lume della ragione]/[impazzire]!

Wahnsinnige <dekl wie adj> mf pazzo (-a) m (f), folle mf ● **wie ein ~r/eine ~** {ARBEITEN, RASEN, RENNEN}, come un/una pazzo (-a)/ matto (-a); {BRÜLLEN, SCHREIEN}, come un/ una matto (-a)/forsennato (-a)/ossesso (-a); **sich wie ein ~r/eine ~ aufführen**, andare fuori dalla grazia di Dio.

Wahnsinnigwerden <-s, ohne pl> n: **das/es ist (ja) zum ~!** *fam*, (c')è da impazzire!

Wahnsinnsarbeit f *fam* lavoro m pazzesco/[da matti].

Wahnsinnsfrau f *fam* schianto m di donna *fam*.

Wahnsinnshitze f *fam* caldo m pazzesco.

Wahnsinnsidee f (*negativ*) idea f pazzesca/folle; (*positiv*) idea f geniale.

Wahnsinnsmusik f *fam* musica f da urlo.

Wahnsinnspreis m *fam* prezzo m pazzesco/assurdo/proibitivo.

Wahnsinnsstimmung f *fam* atmosfera f pazzesca/[da sballo *slang*].

Wahnsinnstat f gesto m di un folle, atto m di follia.

Wahnsinnstyp m *fam* tipo m da urlo *slang*, schianto m di uomo/ragazzo *slang*.

Wahnvorstellung f *med* idea f delirante, allucinazione f, delirio m, paranoia f: **unter ~en leiden**, soffrire di allucinazioni.

Wahnwitz <-es, ohne pl> m follia f, pazzia f, assurdità f.

wahnwitzig adj {IDEE, VORHABEN} folle, pazzesco.

wahr adj **1** (*der Wahrheit entsprechend*) {BEGEBENHEIT, GESCHICHTE, SACHVERHALT} vero: **der ~e Grund war ein ganz anderer**, la vera ragione era un'altra; **im ~sten Sinne des Wortes**, nel vero senso della parola; **daran ist kein ~es Wort, davon ist kein Wort ~**, non c'è [una sola parola]/[niente] di vero in questo; **da hast du ein ~es Wort gesprochen** *fam*, hai detto proprio bene *fam*; **sich als ~ erweisen/herausstellen**, dimostrarsi/rivelarsi vero (-a); **etw für ~ halten**, ritenere/credere che qc sia vero; **etw ~ machen** {VERSPRECHEN}, mantenere qc; {DROHUNG} mettere in atto qc; **~ werden** {TRAUM}, avverarsi; **er hat ihren Traum vom eigenen Haus ~ werden lassen**, ha realizzato il suo sogno di una casa propria **2** <attr> (*echt*) {FREUND, FREUNDSCHAFT, LIEBE, TREUE} vero: **er hat sich als ~er Freund erwiesen**, si è dimostrato un vero amico **3** (*tatsächlich*) {ELTERN, SCHULDIGE, TÄTER} vero **4** <attr> (*regelrecht*) {GLÜCK, PLAGE} vero (e proprio): **das ist ~e Kunst!**, questa è vera arte!; **eine ~e Pracht**, una vera meraviglia; **es ist ein ~es Wunder, dass ihr nichts zugestoßen ist**, è un vero (e proprio) miracolo che non sia successo niente ● **das darf/kann doch nicht ~ sein!** *fam*, **das ist nicht ~!**, non è vero/possibile! non può essere! *fam*; **da ist etwas Wahres dran!**, c'è [del vero]/[della verità] in questo!; **das ist das einzig Wahre!** *fam*, è/sarebbe l'ideale!; **bei so einer Hitze am Meer unter Palmen, das ist das einzig Wahre!**, con questo caldo al mare, sotto una palma, sarebbe l'ideale!; **das ist schon/bald gar nicht mehr ~!** *fam*, da allora ne è passata di acqua sotto i ponti!; **was ~ ist, muss ~ bleiben**, ciò che è vero è vero; **nicht ~?**, non è vero?, vero?, no?; **das ist (auch) nicht das Wahre!**, non è proprio l'ideale/il massimo!; **so ~ ich lebe/[hier stehe]!**, com'è vero (Id-)Dio che sono qui!; **wie ~!**, com'è vero!; **wohl ~, aber ...**, [è vero]/[d'accordo], ma ...; **das ist nur zu ~!**, è fin troppo vero!

wahren tr **etw ~ 1** (*be-*) {ABSTAND, ANSTAND, DISTANZ} mantenere qc; {GEHEIMNIS} *auch* serbare qc, custodire qc; {FORM} salvare qc: **Neutralität ~**, mantenersi neutrale; **den Schein ~**, salvare le apparenze **2** (*verteidigen*) {INTERESSEN, RECHTE} tutelare qc, salvaguardare qc: **seine Vorteile ~**, badare [ai propri interessi]/[al proprio tornaconto].

währen itr *geh* **~ + Zeitangabe** {RUHE, STILLE, WAFFENSTILLSTAND} LANG, NUR WENIG, EINE GEWISSE ZEIT} durare + *compl di tempo*: **der Frieden währte nicht lange**, la pace non durò a lungo; **ein lang(e) ~der Prozess**, un processo che si protrae per molto tempo; **es währte nicht lange, dann war wieder alles beim Alten**, non passò molto tempo che tutto tornò come prima ● **ehrlich währt am längsten** *prov*, l'onestà è la miglior moneta; **was lange währt, wird endlich gut** *prov*, il tempo viene per chi sa aspettare.

während① präp + gen *oder fam* dat durante: **~ des Essens herrschte fröhliche Stimmung**, durante il pranzo l'atmosfera era allegra.

während② konj **1** (*in der Zeit als*) mentre: **~ sie ihre Kleider einpackte, ging er das Zimmer bezahlen**, mentre lei metteva i vestiti nella valigia, lui andò a pagare la camera **2** (*wohingegen*) mentre: **~ er sehr pünktlich ist, kommt sie immer zu spät**, mentre lui è molto puntuale, lei arriva sempre in ritardo.

währenddessen adv intanto, frattanto, nel frattempo: **ich geh' schnell eine Flasche Wein holen, ~ kannst du schon mal den Tisch decken**, vado un attimo a comprare una bottiglia di vino, tu intanto puoi cominciare ad apparecchiare.

wahr|haben <*irr*> tr: **etw nicht ~ wollen**, non voler ammettere/riconoscere/accettare qc; **sie will nicht ~, dass sie alt geworden**

ist, non vuole riconoscere/ammettere/[prendere atto del fatto]/[accettare] che è invecchiata.
wahrhaft geh **A** adj <attr> {Freund, Glück} vero; {Liebe} auch verace lit **B** adv {anständig, begabt, fleissig, gelungen, schön} veramente, davvero.
wahrhaftig① adj **1** geh (nach Wahrheit strebend) {Mensch} ̗che ama la ̖/[amante della] verità **2** (wirklich, echt) vero, verace: **Gott ist ~**, Dio esiste **3** (als Ausruf des Entsetzens oder Erstaunens): **~er Gott!**, Dio mio/santo!
wahrhaftig② adv (tatsächlich) davvero, veramente: **ich hab's ~ vergessen**, l'ho veramente dimenticato ● **~!**, davvero!
Wahrhaftigkeit <-, ohne pl> f geh veridicità f.
Wahrheit <-, -en> f **1** <nur sing> (das Wahrsein) {+Angabe, Aussage, Bericht} verità f, veridicità f, veracità f: **die ~ einer Behauptung anzweifeln**, dubitare della verità di un'affermazione **2** (wirklicher Sachverhalt) verità f, vero m: **das ist die nackte/reine ~**, è la nuda/pura verità; **eine bittere/traurige ~**, un'amara/una triste verità; **die halbe/volle ~**, ̗una mezza ̖/[tutta la] verità; **die ~ herausfinden/verschweigen**, scoprire/tacere la verità; **was er geschrieben hat, entspricht der ~**, quel che ha scritto corrisponde alla ̖/[risponde a] verità; **an der Sache ist ein Körnchen ~**, c'è un briciolo di verità/vero in questo **3** (als Tatsache anerkannt) verità f: **eine allgemein gültige ~**, una verità universalmente valida/accettata ● **es ist eine alte ~, dass ... fam**, non è una novità che ...; **bei der ~ bleiben**, attenersi alla verità; **um der ~ die Ehre zu geben**, a onor del vero; **jd glaubt, die ~ (allein) gepachtet zu haben**, qu ̗crede di avere il monopolio ̖/[si crede l'unico depositario] della verità; **jdm die ~ ins Gesicht sagen/schleudern**, dire/sbattere la verità in faccia a qu; **in ~**, in verità/realtà; **hinter die ~ kommen fam**, scoprire la verità; **die ~ liegt in der Mitte**, la verità sta nel mezzo; **jd nimmt es mit der ~ nicht so genau**, non bisogna prendere proprio alla lettera ciò che qu dice; **(endlich) mit der ~ (he)rausrücken**, (decidersi a) dire (finalmente) la verità; **(jdm) die ~ sagen**, dire la verità (a qu); **jdm die ungeschminkte ~ sagen**, dire a qu la verità nuda e cruda; **um die ~ zu sagen, ...**, a dire il vero/la verità ..., per (dire) la verità ...
Wahrheitsbeweis m bes. jur prova f della verità: **den ~ antreten müssen**, dover provare la verità delle proprie affermazioni.
Wahrheitsfindung f bes. jur accertamento m della verità.
Wahrheitsgehalt m veridicità f.
wahrheitsgemäß **A** adj {Aussage, Darstellung} conforme ̗alla verità ̖/[al vero], rispondente ̗a verità ̖/[al vero], veritiero, veridico **B** adv {berichten, darstellen} in modo conforme/fedele ̗alla verità ̖/[al vero].
wahrheitsgetreu adv → **wahrheitsgemäß**.
Wahrheitsliebe f amore m ̗per la ̖/[della] verità.
wahrheitsliebend adj amante della verità.
Wahrheitssuche f ricerca f della verità.
wahrlich adv geh obs davvero: **ich habe ~ keine Zeit dazu**, non ho davvero tempo per queste cose; **diese Arbeit ist ~ kein Vergnügen**, questo lavoro non è affatto divertente.
wahr|machen tr → **wahr**.
wahrnehmbar adj {Geräusch, Unterschied} percettibile, percepibile, avvertibile:

kaum/deutlich ~, appena/chiaramente percettibile/avvertibile; **nicht ~**, impercettibile; **das ist mit bloßem Auge nicht ~**, ̗non è percettibile ̖/[è impercettibile] a occhio nudo.
wahr|nehmen <irr> tr **1** (mit den Sinnen aufnehmen) etw ~ {Geräusch, Geruch} percepire qc; {Lichtschein} auch scorgere qc: **etw mit bloßem Auge ~**, percepire qc a occhio nudo; **alles um sich herum ~**, percepire/notare tutto quel che succede intorno (a sé) **2** (bemerken) jdn ~ notare qu, accorgersi di qu, fare caso a qu fam: **niemand hatte sie wahrgenommen**, nessuno si era accorto di lei; **etw an jdm ~**, percepire qc in qu, avvertire qc in qu, notare qc in qu **3** (nutzen) etw ~ {Angebot, Chance, Gelegenheit} approfittare di qc, cogliere qc; {Recht} esercitare qc: **seinen Vorteil ~**, approfittare di una situazione vantaggiosa; **sie nimmt überall ihren Vorteil wahr**, trae vantaggio da tutte le situazioni **4** geh (vertreten) etw ~ {Angelegenheiten, Geschäfte, Interessen} tutelare qc, curare qc **5** (übernehmen) etw ~ {Pflicht} adempiere a qc, ottemperare a qc: **seine Verantwortung ̗/[eine Aufgabe] ~**, assumersi ̗le proprie responsabilità ̖/[un compito] **6** (einhalten) etw ~ {Frist} osservare qc, rispettare qc: **einen Termin ~**, andare a un appuntamento; jur assistere a un'udienza.
Wahrnehmung <-, -en> f **1** (das Wahrnehmen) {+Geräusch, Geruch, Schmerz} percezione f; {+Lichtschein} auch scorgere m qc: **sinnliche/außersinnliche ~**, percezione sensoriale/extrasensoriale **2** (Beobachtung) percezione f, impressione f: **das ist eine häufige ~**, è un'impressione che si ha spesso **3** <nur sing> (das Nutzen) ~ einer S. {eines Angebots, einer Chance, Gelegenheit} approfittare m **4** <nur sing> (Übernahme) ~ einer S. (gen)/von etw (dat) {einer Pflicht} adempimento m di qc; {von Verantwortung} assunzione f di qc **5** <nur sing> (das Vertreten) ~ einer S. (gen) {einer Angelegenheit, eines Geschäfts, der Interessen} tutela f di qc, cura f di qc: **jdn mit der ~ seiner Geschäfte betrauen**, incaricare qu di curare i propri affari **6** <nur sing> (das Einhalten) ~ einer S. (gen) {einer Frist} osservanza f, rispetto m.
Wahrnehmungsfähigkeit f → **Wahrnehmungsvermögen**.
Wahrnehmungspsychologie f psicologia f della percezione.
Wahrnehmungsvermögen n facoltà f percettiva, percettività f.
Wahrsagekunst f arte f/facoltà f divinatoria.
wahr|sagen <wahrsagte oder sagte wahr, wahrgesagt oder gewahrsagt> **A** itr (jdm) ~ predire il futuro (a qu), fare delle profezie (a qu): **sich (dat) (von jdm) ~ lassen**, farsi predire il futuro (da qu); **aus etw (dat) ~**: **aus der Hand ~**, leggere la mano a/di qu; **aus dem Kaffeesatz ~**, leggere il futuro nei fondi del caffè; **jdm aus den Karten ~**, leggere/fare le carte a qu **B** tr (jdm) etw ~ {Zukunft} predire qc (a qu): **jdm ~, dass ...**, predire a qu che ...
Wahrsager <-s, -> m (**Wahrsagerin** f) indovino (-a) m (f), vaticinatore (-trice) m (f) lit.
Wahrsagung <-, -en> f **1** <nur sing> (das Wahrsagen) predizione f, divinazione f **2** (Prophezeiung) predizione f, profezia f, vaticinio m lit.
währschaft adj CH **1** (gediegen) {Arbeit, Material, Schuhe, Stoff} solido, resistente **2** (zuverlässig) {Person} affidabile (tüchtig),

capace, in gamba.
wahrscheinlich **A** adj (ziemlich sicher) {Täter, Vater} probabile; {Folge, Grund, Ursache} auch verosimile: **es ist (sehr) ~, dass ...**, è (molto/altamente) probabile/verosimile che ...; **es ist nicht (sehr) ~, dass ...**, è poco probabile che ... konjv; **es liegt im Bereich des Wahrscheinlichen, dass ...**, c'è una certa probabilità che ... konjv **B** adv (mit ziemlicher Sicherheit) probabilmente, verosimilmente: **die Prüfung wird ~ verlegt**, probabilmente l'esame verrà spostato; **du hast ~ recht**, ̗probabilmente hai ̖/[è probabile che tu abbia] ragione; **kommst du morgen? – ~!**, vieni domani? – ̗probabilmente (sì) ̖/[è probabile]!
Wahrscheinlichkeit <-, rar -en> f probabilità f: **mit hoher/großer ~**, con molta probabilità; **etw mit großer ~ annehmen**, dare qc come molto probabile; **es besteht die ~, dass ...**, c'è la probabilità che ... konjv; **mit an Sicherheit grenzender ~**, con un altissimo grado di probabilità; **wie groß ist die ~, dass ...?**, quali probabilità ci sono che ... konjv? ● **aller ~ nach**, con ogni/tutta probabilità.
Wahrscheinlichkeitsgrad m grado m di probabilità.
Wahrscheinlichkeitsrechnung f math calcolo m ̗delle probabilità ̖/[probabilistico].
Wahrung <-, ohne pl> f **1** (Bewahrung) ~ einer S. (gen) {des Abstands, der Distanz} mantenimento m di qc, mantenere m qc; {eines Geheimnisses} auch serbare m qc **2** (Verteidigung) ~ einer S. (gen) {seiner Interessen, Rechte} salvaguardia f di qc, tutela f di qc: **zur ~ seiner Interessen**, per salvaguardare i suoi interessi.
Währung <-, -en> f **1** (Zahlungsmittel) valuta f, moneta f: **in fremder ~ zahlen**, pagare in valuta (estera) **2** (~ssystem) sistema m monetario: **harte/weiche ~**, valuta/moneta forte/debole.
Währungsabkommen n pol accordo m monetario.
Währungsangleichung f ökon allineamento m monetario.
Währungsausgleich m ökon montante m compensativo.
Währungseinheit f unità f monetaria.
Währungsfonds m: **Europäischer ~** (Abk EWF), Fondo monetario europeo (Abk FME); **Internationaler ~** (Abk IWF), Fondo monetario internazionale (Abk FMI).
Währungsgebiet n ökon → **Währungsraum**.
Währungskonferenz f conferenza f monetaria.
Währungsparität f parità f monetaria.
Währungspolitik f politica f monetaria.
Währungsraum m ökon area f/zona f monetaria.
Währungsreform f riforma f monetaria: **eine ~ durchführen**, attuare una riforma monetaria.
Währungsreserve f <meist pl> riserva f valutaria.
Währungsschlange f slang ökon hist serpente m monetario europeo.
Währungsschwankung f ökon fluttuazione f dei cambi.
Währungsstabilität f stabilità f monetaria.
Währungssystem n sistema m monetario ● **Europäisches ~** (Abk EWS), sistema monetario europeo (Abk SME).
Währungstabelle f listino m ̗dei cambi ̖/[delle valute estere].

Währungsunion f ökon unione f monetaria ● **Europäische ~ (Abk EWU)**, Unione monetaria europea (**Abk UME**).

Währungsverfall m ökon deprezzamento m (della moneta).

Wahrzeichen n {+STADT} emblema m, simbolo m; (Gebäude, Turm) simbolo m: **der Eiffelturm ist das ~ von Paris**, la Torre Eiffel è il simbolo di Parigi.

Waise <-, -n> f orfano (-a) m (f); **~ sein**, essere orfano; **zur ~ werden**, diventare orfano (-a).

Waisenhaus n orfanotrofio m, istituto m per orfani.

Waisenkind n fam obs orfano (-a) m (f), orfanello (-a) m (f) ● **gegen jdn ein/[das reinste] ~ sein** fam, essere proprio un pivellino/principiante/dilettante/novellino rispetto a qu fam.

Waisenknabe m geh obs orfano m ● **gegen jdn ein/[der reinste] ~ sein** fam, essere proprio un pivellino/principiante/dilettante/novellino rispetto a qu fam.

Waisenrente f sussidio m agli orfani.

Wakeboard <-s, -s> n wakeboard m.

Wal <-(e)s, -e> m zoo (Spezies) cetaceo m; (Bartenwal, oft für die gesamte Tierart) balena f: **Wale fischen/jagen**, cacciare le balene; **die Wale vor dem Aussterben bewahren**, salvare le balene dall'estinzione.

Walachei <-, ohne pl> f **1** geog Valacchia f **2** fam (abgelegene Gegend) landa f desolata.

Wald <-(e)s, Wälder> m **1** bot (kleiner ~) bosco m; (großer ~) foresta f; (bes. dichter ~) selva f: **ein verschneiter/winterlicher ~**, una foresta innevata/[d'inverno]; **einen ~ anpflanzen/roden**, coltivare/dissodare un bosco; **einen ~ abholzen**, di(s)boscare una foresta; **im ~ spazieren gehen**, fare una passeggiata ⌐nel bosco⌐/[nella foresta]; **im tiefen ~**, nel profondo ⌐del bosco⌐/[della foresta] **2** (große Menge) **~ von etw** (dat) {VON ANTENNEN, FAHNEN, SCHORNSTEINEN} selva f di qc, foresta f di qc ● **den ~ vor (lauter) Bäumen nicht sehen** fam, guardare l'albero e perdere di vista la foresta; **ich glaub', ich steh' im ~!** fam, non ci posso credere!; **wie man in den ~ hineinruft, so schallt es heraus** prov, chi la fa, l'aspetti prov.

Waldameise f zoo formica f rossa dei boschi.

Waldarbeiter m (**Waldarbeiterin** f) boscaiolo (-a) m (f).

Waldbeere f bot bacca f di bosco.

Waldbestand m patrimonio m forestale/boschivo.

Waldboden m terreno m boschivo.

Waldbrand m incendio m di un bosco.

Wäldchen <-s, -> n dim von Wald boschetto m.

Waldemar m (Vorname) Valdemaro.

Waldenser <-s, -> m (**Waldenserin** f) valdese mf.

waldensisch adj valdese.

Walderdbeere f bot fragolina f di bosco.

Waldesrand m poet → **Waldrand**.

Waldgebiet n zona f boschiva/boscosa.

Waldgrenze f limite m della vegetazione boschiva.

Waldhorn n mus corno m (a pistoni).

Waldhüter m guardia f forestale, guardaboschi m.

waldig adj boscoso, boschivo.

Waldland n terreno m boschivo.

Waldlauf m corsa f ⌐nel bosco⌐/[nei boschi]: **einen ~ machen**, fare footing in un bosco.

Waldlehrpfad m percorso m didattico (attraverso un bosco per conoscere fiori e piante).

Waldmeister m asperula f odorosa, stellina f odorosa.

Waldorfpädagogik f pedagogia f steineriana.

Waldorfsalat m "insalata f di mele, sedano e noci con maionese".

Waldorfschule f scuola f steineriana (scuola f privata di ispirazione antroposofica fondata da E. Molt, direttore della fabbrica di sigarette Waldorf-Astoria, che promuove in particolar modo lo sviluppo delle capacità creative degli studenti).

Waldrand m margine m/limitare m/ciglio m ⌐del bosco⌐/[della foresta]: **am ~**, ⌐sul ciglio⌐/[al margine] del bosco.

waldreich adj {GEGEND, LAND} ricco/coperto di boschi, boscoso.

Waldschaden m <meist pl> danno m (causato) alle foreste.

Waldspaziergang m passeggiata f nel bosco: **einen ~ machen**, fare una passeggiata nel bosco.

Waldsterben n moria f dei boschi.

Waldstück n boschetto m.

Waldung <-, -en> f <meist pl> zona f boscosa.

Waldweg m sentiero m nel/di bosco.

Waldwiese f radura f.

Waldwirtschaft f economia f forestale.

Wales <-, ohne pl> n geog Galles m.

Walfang m caccia f alle balene: **~ treibend** {NATION, VOLK}, che pratica la caccia alle balene, baleniero.

Walfangboot n baleniera f.

Walfänger m **1** (jd, der Wale fängt) baleniere m, cacciatore m di balene **2** (Boot) baleniera f.

Walfangflotte f flotta f baleniera.

Walfangschiff n baleniera f.

walfangtreibend adj → **Walfang**.

Walfisch m → **Wal**.

Walhalla, **Walhall** <-s, ohne pl> n <meist ohne art> myth Walhall(a) m.

Waliser <-s, -> m (**Waliserin** f) gallese mf.

walisisch adj gallese.

Walisisch <-(s), ohne pl> n, **Walisische** <dekl wie adj> n (lingua f) gallese m; → auch **Deutsch**, **Deutsche**².

walken① tr **1** (kneten) **etw ~** {LEDER} follonare qc; {TEIG} lavorare qc; {WÄSCHE} insaponare e stropicciare qc **2** (verfilzen) **etw ~** {WOLLE} follare qc, gualcare qc **3** (glätten) **etw ~** {METALLBLECH} laminare qc **4** fam (verprügeln) **jdn ~** prendere a botte qu fam, menare qu fam.

walken② itr sport marciare.

Walker <-s, -> m (**Walkerin** f) sport walker mf, marciatore (-trice) m (f).

Walkie-Talkie <-(s), -s> n walkie-talkie m.

Walking <-s, ohne pl> n sport walking m, marcia f.

Walkman® <-s, Walkmen> m walkman® m.

Walküre <-, -n> f **1** myth valchiria f **2** scherz (kräftige Frau) donnone m fam scherz, cavallona f fam scherz; (aus Nordeuropa kommend) auch valchiria f scherz.

Wall <-(e)s, Wälle> m (Erdwall) terrapieno m; (Schutzwall) bastione m, vallo m hist: **einen ~ aufschütten/errichten**, alzare un terrapieno.

Wallach <-(e)s, -e> m zoo cavallo m castrato, castrone m.

wallend adj <attr> geh **1** (in großer Fülle herabfallend) {HAAR} fluente; {GEWAND} fluttuante **2** (in starker Bewegung) {FLUTEN} che ribolle; {MEER} auch ondoso.

wallfahren itr <sein> (irgendwohin) **~** {NACH LOURDES, MEKKA, ROM} ⌐andare in⌐/[fare un] pellegrinaggio + compl di luogo.

Wallfahrer <-s, -> m (**Wallfahrerin** f) pellegrino (-a) m (f).

Wallfahrt f relig pellegrinaggio m: **auf ~ (nach Jerusalem/Mekka) gehen**, ⌐andare in⌐/[fare un] pellegrinaggio (⌐a Gerusalemme⌐/[alla Mecca]).

Wallfahrtskirche f santuario m.

Wallfahrtsort m, **Wallfahrtsstätte** f, **Wallfahrtstätte** f luogo m di pellegrinaggio.

Wallgraben m fossato m (interno).

Wallis <-, ohne pl> n geog **das ~**, il Vallese.

Walliser <-s, -> m (**Walliserin** f) vallese mf.

Wallone <-n, -n> m (**Wallonin** f) vallone mf.

wallonisch adj vallone.

Wallonisch <-(s), ohne pl> n, **Wallonische** <-n, ohne pl> n (lingua f) vallone m; → auch **Deutsch**, **Deutsche**².

Wallung <-, -en> f **1** (starke Bewegung) {+FLUTEN, MEER} ribollimento m **2** (Erregung) agitazione f **3** (Hitzewallung) bollore m, vampata f; (in den Wechseljahren) auch caldana f ● **in ~ geraten** {GEMÜT}, infiammarsi; {PERSON} andare in ebollizione geh; {BLUT} auch rimescolarsi.

Walmdach n arch tetto m a padiglione.

Walnuss (a.R. Walnuß) f bot **1** (Frucht) noce f **2** (Baum) noce m.

Walnussbaum (a.R. Walnußbaum) m bot noce m.

walnussgroß (a.R. walnußgroß) adj {GESCHWULST, TUMOR} grande/grosso come una noce.

Walnusskern (a.R. Walnußkern) m gheriglio m (di/della noce).

Walnussschale, **Walnuss-Schale** (a.R. Walnußschale) f guscio m di/della noce.

Walpurgisnacht f: **die ~**, la notte di Valpurga (vigilia f del primo maggio, notte in cui, secondo la leggenda, le streghe si riunivano per la danza).

Walross (a.R. Walroß) n zoo tricheco m ● **schnaufen wie ein ~**, sbuffare come un cavallo.

walten itr geh **1** (üben): **etw ~ lassen** {GNADE, MILDE}, usare qc; {VERNUNFT} far prevalere qc; **Gerechtigkeit ~ lassen**, far valere la giustizia, agire con giustizia **2** (herrschen) **irgendwo ~** {GEIST, ZUSTÄNDE} regnare + compl di luogo; {KRÄFTE} dominare + compl di luogo **3** (ausführen): **seines Amtes ~**, adempiere al proprio ufficio.

Walther, **Walter** m (Vorname) Walter, Gualtiero.

Walzblech n lamiera f laminata.

Walze <-, -n> f **1** geom cilindro m **2** (zylinderförmiges Teil) {+DRUCKMASCHINE, SCHREIBMASCHINE} rullo m, cilindro m **3** bau (Straßenwalze) rullo m, compressore m stradale; {+STAUANLAGE} cilindro m.

walzen A tr **etw ~** {GELÄNDE, STRASSE} rullare qc, spianare qc; {METALL, STAHL} laminare qc B itr spianare (con il rullo).

wälzen A tr **1** (rollen) **etw** (irgendwohin) **~** {FASS, FELSBROCKEN} rotolare qc + compl di luogo **2** (wenden) **etw in etw** (dat) **~** {KOTELETT, SCHNITZEL IN EI, (PANIER)MEHL, TEIG IN KAKAO, ZUCKER} passare qc in qc: **die Krapfen im Zucker ~**, passare i bomboloni nello zucchero **3** (abschieben) **etw auf jdn ~** {VERANTWORTUNG} scaricare qc su qu, addossare qc a qu, far ricadere qc su qu; {SCHULD} auch riversare qc su/[addosso a] qu **4** fam (sich intensiv beschäftigen) **etw ~** {PROBLEM} rimuginare su qc **5** fam (eifrig durchblättern) etw ~ {AKTEN, BÜCHER, LEXIKA} scartabellare qc B rfl **1** (*sich im Liegen hin und her drehen*) sich ~ rotolarsi: **sich schlaflos im Bett ~**, (girarsi e) rigirarsi nel letto senza prendere sonno; **sich vor Lachen ~** *fam*, sbellicarsi/sbudellarsi dalle risa *fam*; **sich vor Schmerzen am Boden ~**, rotolarsi per terra dal/[per il] dolore; **sich von einer Seite auf die andere ~**, (girarsi e) rigirarsi continuamente **2** (*sich hin und her werfen*) sich *in etw* (dat) ~ {IM DRECK, SCHLAMM, SCHNEE} rotolarsi *in qc* **3** (*sich irgendwohin bewegen*) sich *irgendwohin* ~ {LAVA, WASSERMASSEN INS, ZU TAL} riversarsi + *compl di luogo*; {LAWINE} *auch* rotolare + *compl di luogo*: **Touristenmassen wälzten sich zum Hafen**, masse di turisti si riversarono/rovesciarono verso il porto.

walzenförmig adj cilindrico.

Walzer <-s, -> m *mus* valzer m: **ein langsamer ~**, un valzer lento; **ein Wiener ~**, un valzer viennese; **tanzen**, ballare il valzer; **einen ~ tanzen**, ballare un valzer.

Wälzer <-s, -> m *fam* librone m *fam*, tomo m, malloppo m *fam*: **einen dicken ~ lesen**, leggere un librone.

Walzertakt m *mus* tempo m di valzer: **im ~**, a tempo di valzer.

Walzwerk n laminatoio m.

Wampe <-, -n> f *fam pej* trippa f *fam*, pancione m *fam*, buzzo m *fam* ● **sich** (dat) **eine ganz schöne ~ angefressen haben** *fam*, aver messo su ⌊una bella trippa⌋/[un bel pancione]; **sich** (dat) **die ~ vollschlagen** *fam*, riempirsi la pancia/trippa, rimpinzarsi.

Wams <-es, Wämser> n *obs oder region* corpetto m, farsetto m.

Wan <-s, -s> n *inform Abk von engl* Wide Area Network: Wan f.

wand 1. *und* 3. *pers sing imperf von* winden.

Wand <-, Wände> f **1** (*Außenwand*) muro m; (*Innenwand*) parete f: **eine ~ einziehen**, alzare una parete; **eine ~ einreißen**, abbattere/[buttare giù *fam*] una parete o muro; **Poster an die ~ kleben**, incollare un poster ⌊alla parete⌋/[al muro]; **einen Nagel in die ~ schlagen**, piantare un chiodo nel muro; **die Wände streichen**, imbiancare/verniciare i muri/le pareti; **die Wände verputzen**, intonacare i muri **2** (*Felswand*) parete f (rocciosa) **3** *anat* {DARM, GEFÄẞ, MAGEN} parete f **4** {+ROHR} interno m ● **an ~** {WOHNEN}, muro a muro; **scheiß die ~ an!** *vulg*, merda! *vulg*; **jdn an die ~ drücken** *fam*, mettere in ombra qu; **jd könnte die ~/Wände hochgehen** *fam* (*vor Ärger, Zorn*), qu potrebbe battere la testa nel muro; **jd könnte jdn an die ~ klatschen**, qu potrebbe attaccare qu al muro *fam*; **etw an die ~ malen** (*heraufbeschwören*) {SCHRECKGESPENST DER HUNGERSNOT, DES KRIEGES}, agitare qc; **bei jdm rennt man gegen eine ~**, con qu è come parlare al muro *fam*; **die Wände haben Ohren**, i muri hanno orecchie; **gegen eine ~ reden**, parlare al muro; **mit dem Kopf gegen die ~ rennen**, sbattere la testa contro il muro; **spanische ~**, paravento; **jdn an die ~ spielen** (*jdn überflügeln*), eclissare qu; *bes. sport*, surclassare qu, lasciare qu al palo *fam*; **jdn an die ~ stellen** *fam* (*erschießen*), mettere qu al muro; **die** (eigenen) **vier Wände** *fam*, le mura/pareti domestiche; **feiern/lachen/schreien/streiten/…, dass die Wände wackeln**, festeggiare/ridere/urlare/litigare/… da far tremare i muri; *weiß* **wie die ~**, bianco come un cencio.

Wandale <-n, -n> m (**Wandalin** f) → **Vandale**.

Wandalismus <-, ohne pl> m → **Vandalismus**.

Wandbehang m → **Wandteppich**.

Wandbord n mensola f.

Wandel <-s, ohne pl> m mutamento m, cambiamento m: **ein allmählicher/rascher/[tief greifender] ~**, un mutamento graduale/veloce/profondo; **ein sozialer ~**, un mutamento sociale; **ein ~ tritt ein**, avviene un mutamento, si verifica un cambiamento; **einen ~ erfahren**, subire un mutamento/cambiamento; **einen ~ herbeiführen**, provocare un cambiamento/mutamento; **dem ~ unterliegen/[unterworfen sein]**, essere soggetto a cambiamenti/mutamenti; **es hat sich ein ~ vollzogen**, si è verificato un mutamento; **eine Gesellschaft im ~**, una società in trasformazione ● **im ~ der Zeiten**, con l'andare del tempo.

Wandelanleihe f *bank* obbligazione f convertibile.

wandelbar adj *geh* {ANSICHTEN} mutevole, variabile; {GLÜCK} *auch* suscettibile di mutamenti.

Wandelgang m *arch* ambulacro m, deambulatorio m.

Wandelhalle f *obs* {+KURHAUS} portico m, colonnato m; {+THEATER} foyer m, ridotto m; {+BAHNHOF} atrio m.

wandeln① *geh* A tr (*verändern*) **jdn**/*etw* ~ {ZEIT ANSCHAUUNGEN, GESCHMACK} mutare *qu*/*qc*, modificare *qu*/*qc*, trasformare *qu*/*qc*: **diese Erfahrung hat ihn völlig gewandelt**, questa esperienza lo ha completamente mutato/trasformato B rfl **sich ~ 1** (*sich ändern*) {ANSCHAUUNGEN, GESCHMACK, MORALVORSTELLUNG} mutare, cambiare, trasformarsi; {MODE} *auch* variare **2** (*sich verändern*) {PERSON} cambiare: **sie hat sich sehr gewandelt**, è cambiata moltissimo, ha fatto un profondo mutamento.

wandeln② itr <sein> *geh* (*gehen*) **irgendwo(hin)** ~ passeggiare/[andare a passeggio]/[ambulare *scherz*] + *compl di luogo* ● **ein ~des Lexikon sein** *fam scherz*, essere ⌊un'enciclopedia⌋/una biblioteca ambulante⌋/[un pozzo di scienza].

Wandelobligation f, **Wandelschuldumschreibung** f *bank* → **Wandelanleihe**.

Wandelung <-, -en> f *jur* redibizione f ● **Klage auf ~** *jur*, azione redibitoria.

Wanderarbeiter m (**Wanderarbeiterin** f) "chi lavora (stagionalmente) lontano dal luogo di residenza".

Wanderausstellung f esposizione f/mostra f itinerante.

Wanderbücherei f biblioteca f ambulante.

Wanderbühne f compagnia f (teatrale) itinerante/[di giro].

Wanderdüne f duna f mobile.

Wanderer <-s, -> m (**Wandrerin, Wanderin** f) **1** *hist* viandante mf **2** (*jd, der gern wandert*) camminatore (-trice) m (f); (*jd, der* (*gern*) *Ausflüge macht*) escursionista mf.

Wanderfalke m *ornith* falco m pellegrino.

Wandergletscher m ghiacciaio m ⌊alla deriva⌋/[galleggiante].

Wanderheuschrecke f *zoo* cavalletta f migratrice, locusta f migratoria.

Wanderjahre subst <*nur pl*> *hist* anni m pl di pellegrinaggio ● **Wilhelm Meisters ~** *lit* (*Werk von Goethe*), Anni di pellegrinaggio di Wilhelm Meister.

Wanderkarte f carta f dei sentieri.

Wanderkleidung f abbigliamento m da escursionismo.

Wanderleben n vita f nomade/vagabonda: **ein ~ führen**, fare/condurre la vita del vagabondo/nomade, fare la vita del vagabondo.

Wanderleber f *med* fegato m mobile.

Wanderlied n canzone f che si canta durante una camminata.

Wanderlust <-, ohne pl> f piacere m/gusto m del camminare.

wanderlustig adj {GESELLE, MENSCH} che cammina volentieri, a cui piace camminare.

wandern itr <sein> **1** (*eine Wanderung machen*) camminare, fare una camminata/un'escursione: **am Sonntag gehen wir ~**, domenica faremo un'escursione a piedi; **zum Wandern in die Dolomiten fahren**, andare a fare trekking sulle Dolomiti; **auf und ab ~**, andare su e giù; *irgendwohin* ~ fare un'escursione a piedi + *compl di luogo*; **durch die Toskana ~**, fare escursioni (a piedi) in Toscana **2** (*sich fortbewegen*) {DÜNEN, GLETSCHER} muoversi; {WOLKEN} *auch* vagare **3** *med* {LEBER, NIERE} spostarsi **4** (*umherschweifen*) {BLICK, GEDANKEN} vagare: **sein Blick wanderte nervös von einem zum anderen**, il suo sguardo vagava nervoso dall'uno all'altro; **sie ließ ihren Blick über die umliegende Landschaft ~**, fece vagare lo sguardo sul paesaggio circostante **5** (*von einem Ort zum anderen ziehen*) {NOMADEN, ZIRKUS} girare, girovagare, spostarsi; {TIERE, VÖGEL, VÖLKER} migrare: **ziellos durch die Straßen ~**, vagare/girare per le strade senza meta **6** *fam* (*landen*) *irgendwohin* ~ ⌊(andare a) finire⌋/[andare dritto (-a) dritto (-a)] + *compl di luogo*: **für so etwas wandert man schnurstracks ins Gefängnis**, per una cosa del genere si va dritti dritti in prigione; **die Werbung wandert sofort in den Papierkorb**, la pubblicità finisce/[va a finire] direttamente nel cestino.

Wanderniere f rene m mobile.

Wanderpokal m *sport* (coppa f /trofeo m) challenge m.

Wanderprediger m predicatore m itinerante.

Wanderpreis m *sport* → **Wanderpokal**.

Wanderratte f *zoo* ratto m domestico, surmolotto m.

Wanderschaft <-, ohne pl> f *hist meist sing* viaggio m (a piedi): **auf der ~**, in giro (per il mondo); **sich auf ~ begeben, auf ~ gehen**, andare in giro (per il mondo) ● **auf ~ sein** *fam* (*unterwegs sein*), essere in giro *fam*.

Wanderschuh m <*meist pl*> scarpa f da trekking, pedula f.

Wandersmann <-(e)s, -leute> m **1** *obs oder lit* viandante m **2** *fam scherz* camminatore m.

Wanderstab m *obs* bastone m (del viandante) ● **zum ~ greifen, den ~ nehmen**, fare fagotto *fam*.

Wanderstiefel m scarponcino m da trekking, pedula f.

Wanderstock m → **Wanderstab**.

Wandertag m (*in der Schule*) escursione f a piedi con la scuola: **morgen ⌊haben wir⌋/[ist] ~**, domani andiamo in gita con la scuola.

Wandertrieb m *zoo* istinto m migratorio.

Wandertruppe f compagnia f (teatrale) itinerante/[di giro]; *hist* attori m pl girovaghi.

Wanderung <-, -en> f **1** (*Ausflug zu Fuß*) camminata f, escursione f (a piedi): **eine ~ machen/unternehmen**, fare/intraprendere un'escursione; **morgen machen wir eine ~ von vier Stunden**, domani faremo un'escursione di quattro ore **2** {+NOMADEN, VÖLKER} migrazione f **3** {+FLUGVÖGEL, LACHSE} migrazione f.

Wanderungsbewegung f *soziol* movimento m migratorio, migrazione f.

Wanderurlaub m vacanze f pl escursionistiche; (*im Gebirge*) vacanze f pl trekking.
Wanderweg m sentiero m per escursioni.
Wanderzelle f *biol med* cellula f migrante.
Wanderzirkus m circo m itinerante.
Wandfliese f piastrella f, ambrogetta f.
Wandgemälde n pittura f murale; (*bes. an öffentlichen Gebäuden oder Mauern*) murale m; (*Fresko*) affresco m.
Wandheizung f riscaldamento m a pannelli radianti (dalle pareti).
Wandkachel f → **Wandfliese**.
Wandkalender m calendario m a muro.
Wandkarte f carta f geografica da parete.
Wandlampe f → **Wandleuchte**.
Wandleuchte f applique f, lampada f ⌊a muro⌋/[da parete].
Wandlung <-, -en> f **1** *geh* (*Veränderung*) mutamento m, trasformazione f, cambiamento m: **es hat sich eine ~ vollzogen**, si è verificato un mutamento **2** *relig* transustanziazione f **3** *jur* → **Wandelung**.
wandlungsfähig adj **1** (*sich verändern könnend*) capace di adattarsi/trasformarsi **2** (*vielseitig*) {SCHAUSPIELER} versatile.
Wandlungsprozess (a.R. Wandlungsprozeß) m processo m di trasformazione: **einen ~ durchmachen** {GESELLSCHAFT}, vivere un processo di trasformazione.
Wandmalerei f *kunst* **1** <*nur sing*> (*Technik*) pittura f murale **2** → **Wandgemälde**.
Wandpfeiler m *arch kunst* parasta f.
Wandregal n scaffale m pensile.
Wandrer m (**Wandrerin** f) → **Wanderer**.
Wandschirm m paravento m.
Wandschrank m armadio m a muro.
Wandschränkchen n armadietto m pensile/[da parete].
Wandspiegel m specchio m da parete; (*größer*) specchiera f.
Wandsteckdose f ⌊el⌋ presa f di corrente (nella parete).
Wandtafel f lavagna f da muro.
wandte **1**. *und* **3**. *pers sing imperf von* **wenden**.
Wandteller m piatto m da appendere.
Wandteppich m arazzo m.
Wandtresor m cassaforte f a muro.
Wanduhr f orologio m da muro/parete.
Wandverkleidung f rivestimento m ⌊di una⌋/[della] parete: **die ~ war aus Holz**, la parete era rivestita di legno.
Wandzeitung f giornale m murale, dazebao m.
Wange <-, -n> f **1** *geh anat* guancia f, gota f *lit*: **er gab ihr einen Kuss auf die ~**, le dette un bacio sulla guancia **2** (*Seitenteil*) {+REGAL, TREPPE} fianco m ● **~ an ~** {TANZEN}, guancia a guancia; **jds ~n brennen/glühen**, qu ha le guance infuocate/[in fiamme].
Wangenbein n *anat* zigomo m.
Wangenknochen m *geh* osso m zigomatico/[dello zigomo].
Wangenröte f *geh* rossore m (delle guance).
Wankelmotor m motore m Wankel/[a stantuffi rotanti].
Wankelmut <-s, *ohne pl*> m *geh pej* volubilità f, incostanza f.
wankelmütig adj *geh pej* volubile, incostante: **~ werden**, cominciare a tentennare.
Wankelmütigkeit <-, *ohne pl*> f *geh pej* → **Wankelmut**.
wanken *itr* **1** <*haben*> (*schwanken*) {KRAN, MAST, TURM} vacillare, oscillare, traballare; {MENSCH} barcollare, traballare, vacillare; {BODEN} tremare, traballare **2** <*sein*> (*schwankend gehen*) **irgendwohin** ~ {ZUM AUSGANG, ZUR TÜR} avanzare barcollando/vacillando/pencolando + *compl di luogo*: **betrunken wankte er zur Tür**, si avviò barcollando verso la porta **3** <*haben*> (*unsicher werden*) vacillare, tentennare, pencolare: **sein Mut begann zu ~**, il suo coraggio cominciò a vacillare; **sie wurde ~d in ihren Vorsätzen**, cominciò a non essere più salda nei suoi propositi **4** <*haben*> (*in Gefahr sein*) {MONARCHIE, STELLUNG, VORMACHT} vacillare, traballare ● **etw ins Wanken bringen** {REGIERUNG}, far vacillare/traballare qc; **ins Wanken geraten**/**kommen** {KRAN, MAST}, cominciare a vacillare/oscillare/traballare; {PERSON}, (*zu schwanken beginnen*) cominciare a tentennare/barcollare/traballare/vacillare; (*unsicher werden*) cominciare a tentennare/vacillare; **nicht ~ und (nicht) weichen**, non spostarsi di un centimetro.
wann *adv* **1** (*in direkten und indirekten Fragesätzen: temporal*) quando: **wissen Sie, ~ der Zug aus Hamburg kommt?**, sa (dirmi) quando arriva il treno da Amburgo?; **sie kommen sicher, sie wissen nur noch nicht genau, ~**, (per venire) vengono sicuramente, soltanto non sanno ancora di preciso quando; **~ sind Sie geboren?**, quando è nato (-a) (Lei)?; **bis ~?**, fino a quando?; **bis müssen wir das Referat abgeben?**, entro quando dobbiamo consegnare la relazione?; **bis ~ bleibst du hier?**, fino a quando resti qui?; **von ~ bis ~?**, da quando a quando?; **seit ~ ist er denn im Krankenhaus?**, da quando è all'ospedale? **2** (*in direkten und indirekten Fragesätzen: unter welchen Bedingungen*) quando: **sie weiß nie, ~ man sich elegant anzieht (und ~ nicht)**, (lei) non sa mai quando ci si dovrebbe vestire eleganti (e quando no) ● **dann und ~**, di quando in quando, ogni tanto; **~ auch immer**, in qualsiasi momento.
Wanne <-, -n> f **1** (*Badewanne*) vasca f (da bagno); (*Waschwanne*) bacinella f; (*größere ~*) tinozza f: **sie sitzt in der ~**, è in vasca; **eine ~ aus Plastik**, una bacinella di plastica **2** *autom* (*Ölwanne*) coppa f (dell'olio).
Wannenbad n bagno m in vasca.
Wanst <-(e)s, Wänste> m *fam pej* pancione m *fam*, trippa f *fam* ● **sich (dat) den ~ vollschlagen**, rimpinzarsi, riempirsi il buzzo *fam*/la trippa *fam*.
Wanze <-, -n> f **1** *zoo* cimice f **2** *tech* (*Abhörwanze*) cimice f *fam*, microspia f.
WAP <-s, *ohne pl*> n *Abk von engl* Wireless Application Protocol: WAP.
WAP-Handy n *tel* cellulare m/telefonino m WAP.
Wapiti <-(s), -s> m *zoo* wapiti m.
Wappen <-s, -> n {+LAND, STADT} stemma m; {+FAMILIENWAPPEN, ZUNFTWAPPEN} *auch* blasone m, arme f ● **ein ~ führen**, avere un blasone/uno stemma; **etw im ~ führen** {EINEN ADLER, LÖWEN}, avere qc ⌊sullo stemma⌋/[sul blasone].
Wappenbild n figura f araldica.
Wappenfeld n campo m dello stemma.
Wappenkunde <-, *ohne pl*> f araldica f.
Wappenschild m *oder* n scudo m.
Wappenspruch m motto m araldico, divisa f araldica.
Wappentier n animale m araldico.
wappnen *rfl* **1** (*sich auf etw vorbereiten*) **sich gegen/für etw** (akk) ~ {GEGEN/FÜR EINEN ANGRIFF, EINE ZWEITE, EINEN STURM} armarsi contro qc, prepararsi a qc **2** (*aufbieten*) **sich mit etw** (dat) ~ armarsi di qc: **du musst dich mit Geduld ~**, devi armarti di pazienza.

WAP-Telefon (a.R. WAP-Telephon) n telefono m WAP.
war **1**. *und* **3**. *pers sing imperf von* sein.
Waran <-s, -e> m *zoo* varano m.
warb **1**. *und* **3**. *pers sing imperf von* werben.
Ware <-, -n> f **1** (*Verkaufsartikel*) merce f, mercanzia f: **hochwertige/teure ~**, merce/mercanzia ⌊di valore/qualità⌋/[costosa]; **~n liefern/verkaufen**, fornire/vendere della merce; **die ~ im Preis herabsetzen**, ridurre il prezzo della merce **2** <*nur sing*> (*bestimmte Art von Ware*) merce f, articolo m, prodotto m: **diese ~ führen wir nicht**, non teniamo/trattiamo questo articolo; **die ~ verkauft sich ausgezeichnet**, è un articolo/prodotto che va benissimo **3** *text* tessuto m ● **eine ~ anbieten**, offrire una merce; **eine ~ bestellen**, ordinare una merce; **erst die ~, dann das Geld**, senza merce, niente quattrini; **heiße ~** *slang*, roba che scotta *slang*.
wäre **1**. *und* **3**. *pers sing konjv II von* sein.
Warenabkommen n *com* accordo m commerciale internazionale.
Warenangebot n offerta f di merce.
Warenannahme f accettazione f di/della merce.
Warenaufzug m montacarichi m.
Warenausfuhr f *com ökon* esportazione f di merci.
Warenausgabe f consegna f della merce.
Warenaustausch m *com* scambio m di merci, interscambio m.
Warenautomat m distributore m automatico.
Warenbegleitschein m *com* bolla f di accompagnamento.
Warenbestand m merci f pl in magazzino, giacenze f pl di magazzino, stock m.
Warenbörse f *ökon* borsa f merci.
Wareneinfuhr f *com ökon* importazione f di merci.
Warenexport m *com ökon* → **Warenausfuhr**.
Warenhaus n grande magazzino m, emporio m.
Warenhauskette f catena f di grandi magazzini.
Warenimport m *com ökon* → **Wareneinfuhr**.
Warenkorb m **1** *ökon* paniere m **2** (*Einkaufskorb*) cestino m per acquisti.
Warenkunde <-, *ohne pl*> f *ökon* merceologia f.
Warenlager n magazzino m (di) merci.
Warenlieferung f *com* consegna f/fornitura f di merci.
Warenmuster n campione m (di merce).
Warenprobe f **1** *com* (*Warenmuster*) campione m/campioncino m di merce **2** *post* campione m senza valore.
Warensendung f spedizione f di merci.
Warensortiment n *com* assortimento m di merci.
Warenterminbörse f mercato m a termine.
Warentest m *com* test m di un prodotto.
Warenumsatz m *com* fatturato m.
Warenverkehr m *com* traffico m di merci.
Warenzeichen n (Abk Wz) marchio m di fabbrica ● **eingetragenes/geschütztes ~**, marchio ⌊registrato/depositato⌋/[protetto].
Warenzoll m *com ökon* dazio m (sulle merci).
warf **1**. *und* **3**. *pers sing imperf von* werfen.
warm <*wärmer, wärmste*> adj **1** (*von verhältnismäßig hoher Temperatur*) {BAD, FÜßE, KLIMA, TAG, WASSER, ZIMMER} caldo: **ist dir ~?**, ⌊ti

fa/[hai] caldo?; **die Milch soll ~ sein, aber nicht heiß**, il latte deve essere caldo, ma non bollente; **es ist schön ~**, fa un bel calduccio; **das sind die ersten ~en Tage in diesem Jahr**, sono le prime giornate calde di quest'anno; **ihr wurde langsam ~**, piano piano si riscaldò; **morgen wird es ~**, domani farà caldo; **morgen soll es ~ werden**, dicono che domani farà caldo; **im Zimmer ist es ~ geworden**, la stanza si è riscaldata **2** (*wärmend*) {DECKE, KLEIDUNG, SCHUHE, STRÜMPFE, WÄSCHE} caldo: **der Pullover ist schön ~**, il golf tiene bello caldo **3** (*inklusive Heizkosten*) {MIETE} compreso il riscaldamento, riscaldamento incluso: **die Wohnung kostet ~ 1500 Euro im Monat**, l'appartamento costa 1500 euro al mese di affitto, incluso il riscaldamento **4** (*nicht kalt*) {ESSEN, MAHLZEIT} caldo: **eine ~e Mahlzeit wird uns gut tun**, un pasto caldo ci farà bene; **etwas Warmes trinken**, bere qualcosa di caldo **5** (*herzlich*) {BEGRÜßUNG, EMPFANG, HÄNDEDRUCK} caldo, caloroso **6** (*angenehm*) {FARBE} caldo: **ein ~es Braun**, un marrone caldo **7** *fam pej* (*schwul*): **~er Bruder** *pej*, frocione *pej* **8** <*im Superlativ*> (*sehr lebhaft*) {ANTEILNAHME, INTERESSE} vivo: **die wärmste Anteilnahme für etw** (*akk*) **zeigen**, mostrare la più viva partecipazione per qc • **sich ~ anziehen**, coprirsi bene, indossare/mettersi indumenti caldi; **im Warmen bleiben**, restare/rimanere al caldo; **~ duschen**, fare una doccia calda; **jdn/etw aufs Wärmste empfehlen können**, (poter) raccomandare caldamente/vivamente qu/[consigliare veramente qc]; **~ essen**, mangiare qc di caldo; **~ halten** {KLEIDUNG}, tenere caldo; **etw ~ halten** {ESSEN}, tenere in caldo qc; **sich ~ laufen**, riscaldarsi (correndo); **~ machen**: **trink einen Schnaps, das macht ~!**, bevi una grappa, ti riscalderà!; **etw ~ machen** {ESSEN}, (ri)scaldare qc; **sich ~ machen sport**, riscaldarsi, fare riscaldamento; **etw ~ stellen**, mettere in caldo qc; **mit jdm nicht ~ werden** *fam*, non entrare in confidenza con qu; **mit etw** (*dat*) **~ werden** {MIT EINEM NEUEN JOB, MIT DER UMGEBUNG}, prendere confidenza con qc.

Warmbeet *n* letto *m* caldo (per piante).

Warmblut <-(e)s, ohne pl> *n* (cavallo *m*) mezzosangue *m*.

Warmblüter <-s, -> *m* zoo animale *m* a sangue caldo.

warmblütig adj {SÄUGETIER} a sangue caldo.

Warmduscher <-s, -> *m* slang (*weichlicher Mann*) mollaccione *m* fam.

Warme <dekl wie adj> *m* slang obs pej finocchio *m* pej.

Wärme <-, ohne pl> *f* **1** (*angenehme Temperatur*) caldo *m*, tepore *m*: **eine angenehme/feuchte ~**, un caldo piacevole/gradevole/[umido]; **ist das eine ~ (hier)!**, che caldo fa (qui)! **2** *phys* calore *m* **3** (*Herzlichkeit*) calore *m*: **menschliche ~**, calore umano; **sie strahlt eine ungeheure ~ aus**, emana un calore incredibile • **abgeben/ausstrahlen** {HEIZSTRAHLER, KÖRPER, OFEN}, emanare/irradiare calore; **~ entwickeln**, sviluppare calore; **~ freisetzen**, liberare calore.

Wärmeausdehnung *f* phys dilatazione *f* termica.

Wärmeaustausch *m* scambio *m* termico/[di calore].

wärmebedürftig adj {PFLANZE} che ha bisogno di calore.

Wärmebehandlung *f* **1** metall trattamento *m* termico **2** med ipertermia *f*, termoterapia *f* **3** (*Erhitzung von Lebensmitteln*) trattamento *m* termico, pastorizzazione *f*.

Wärmebelastung *f* tech carico *m* termico; ökol {+FLUSS, SEE} inquinamento *m* termico.

wärmebeständig adj {GLAS, METALL} resistente al calore/[alle alte temperature].

Wärmebeständigkeit *f* resistenza *f* al calore.

Wärmebett *n* med incubatrice *f*.

wärmedämmend adj → **wärmeisolierend**.

Wärmedämmung *f* → **Wärmeisolation**.

Wärmeeinheit *f* phys unità *f* termica.

Wärmeenergie *f* energia *f* termica.

Wärmeentwicklung *f* phys sviluppo *m* di calore.

Wärmeerzeugung *f* phys produzione *f* di calore.

Wärmegewitter *n* meteo temporale *m* dovuto all'eccessiva calura.

Wärmegrad *m* grado *m* di calore.

Wärmehaushalt *m* bilancio *m* termico.

Wärmeisolation *f* isolamento *m* termico.

wärmeisolierend adj {MATERIAL, STOFFE} termoisolante.

Wärmeisolierung *f* (*Material zum Isolieren*) isolante *m* termico.

Wärmekapazität *f* phys capacità *f* termica.

Wärmekraftwerk *n* centrale *f* termica.

Wärmelehre *f* phys termologia *f*.

Wärmeleiter *m* phys conduttore *m* termico, termoconduttore *m*.

Wärmeleitfähigkeit *f* phys conducibilità *f*/conduttività *f* termica.

Wärmeleitzahl *f* phys grado *m* di conducibilità/conduttività termica.

Wärmemenge *f* quantità *f* di calore.

Wärmemesser <-s, -> *m* tech → **Wärmezähler**.

wärmen A *tr* **1** (*warm machen*) **jdn/etw ~** {KAMIN, OFEN ETAGE, ZIMMER} (ri)scaldare qu/qc: **der Punsch hatte sie alle wohlig gewärmt**, il punch li aveva riscaldati tutti gradevolmente **2** (*aufwärmen*) {*jdm*} **etw ~** {MILCH, SUPPE} (ri)scaldare qc (a qu) B *itr* (*warm halten*) {MANTEL, PULLOVER, SCHNAPS} (ri)scaldare: **dieser alte Ofen wärmt nicht gut**, questa vecchia stufa non riscalda bene C *rfl* **1** (*sich erwärmen*) **sich irgendwo ~** (ri)scaldarsi + *compl di luogo*: **er wärmte sich am Ofen**, si riscaldava alla stufa **2** (*aufwärmen*) **sich** (dat) **etw ~** (ri)scaldarsi qc: **sie wärmte sich die Hände über der offenen Flamme**, si riscaldava le mani alla fiamma.

Wärmeperiode *f* periodo *m* di caldo.

Wärmepumpe *f* tech pompa *f* di calore.

Wärmequelle *f* sorgente *f* termica, fonte *f* di calore.

Wärmeregler *m* termostato *m*.

Wärmerückgewinnung *f* recupero *m* termico.

Wärmeschutz *m* → **Wärmeisolation**.

Wärmespeicher *m* accumulatore *m* termico.

Wärmestau *m* med stasi *f* termica.

Wärmestrahlung *f* phys radiazione *f* termica.

Wärmetechnik *f* tech termotecnica *f*.

wärmetechnisch adj termotecnico.

Wärmeverlust *m* perdita *f* di calore, dispersione *f* termica.

Wärmezähler <-s, -> *m* tech contatore *m*/misuratore *m* di calore.

Wärmezufuhr *f* apporto *m* di calore.

Wärmflasche *f* borsa *f* dell'acqua calda.

Warmfront *f* meteo fronte *m* caldo.

Warmhaltekanne *f* thermos *m*.

warm|halten rfl fam (*jds Gunst erhalten*) **sich jdn ~**, tenersi buono (-a) qu fam.

Warmhalteplatte *f* scaldavivande *m*.

warmherzig adj {PERSON} caloroso, cordiale.

Warmherzigkeit <-, ohne pl> *f* calore *m*, cordialità *f*.

warm|laufen <irr> A rfl <haben> **sich ~ 1** (*in Stimmung geraten*) riscaldarsi **2** sport (*sich durch Laufen erwärmen*) a.R. von warm laufen → **laufen 3** mot a.R. von warm laufen → **laufen** B *itr* <sein> mot a.R. von warm laufen → **laufen**.

Warmlaufen <-s, ohne pl> *n* bes. sport riscaldamento *m*.

Warmluft *f* aria *f* calda.

Warmluftfront *f* meteo fronte *m* caldo/[d'aria calda].

Warmluftheizung *f* riscaldamento *m* ad aria calda.

Warmluftzufuhr *f* afflusso *m* di aria calda.

warm|machen *tr* → **warm**.

Warmmiete *f* fam affitto *m* comprensivo di riscaldamento.

Warmstart *m* inform partenza *f* a caldo.

warm|stellen *tr* → **warm**.

wärmstens adv {EMPFEHLEN} caldamente; {JDN EMPFANGEN, BEGRÜßEN} auch calorosamente.

Warmwasser <-s, ohne pl> *n* acqua *f* calda.

Warmwasserbereiter *m* boiler *m*, scaldaacqua *m*; (*im Bad*) scaldabagno *m*.

Warmwasserheizung *f* riscaldamento *m* ad acqua calda.

Warmwasserspeicher *m* serbatoio *m* dell'acqua calda.

Warmwasserversorgung *f* approvvigionamento *m* di acqua calda.

warm|werden <irr> *itr* <sein> → **warm**.

Warnanlage *f* (*dispositivo m/impianto m d'allarme* m): **die ~ geht/springt an**, scatta l'allarme.

Warnblinkanlage *f* autom luci *f pl*/lampeggiatori *m pl* d'emergenza.

Warnblinkleuchte *f* autom luce *f*/lampeggiatore *m* d'emergenza.

Warndreieck *n* autom triangolo *m* (d'emergenza).

warnen A *tr* **jdn ~** avvertire qu, mettere in guardia/[sull'avviso] qu: **ich kann dich nur ~, lass die Finger davon!**, non posso che metterti in guardia, sta' lontano (-a) da certe cose!; **du bist gewarnt!**, sei avvertito (-a)/avvisato (-a)!; **jdn vor jdm/etw ~** {VOR EINER GEFÄHRLICHEN AKTION, EINEM BETRÜGER} mettere qu in guardia contro qu/qc; {VOR EINER GEFAHR} auch avvertire qu di qc, avvisare qu di qc; {JUGENDLICHE VOR DROGEN, KINDER VOR SCHLECHTEM UMGANG} mettere qu in guardia dai pericoli di qc; **ich warne dich vor solchen Typen**, guardati/[sta' lontano (-a)] da simili individui; **ich habe dich oft genug vor ihm gewarnt**, ti ho detto mille volte di guardarti da lui; **jdn (davor) ~, etw zu tun**, sconsigliare a qu di fare qc; (*unter Androhung von Konsequenzen*) {KINDER} diffidare qu dal fare qc; **sie warnte uns, bei der Hitze mit dem Fahrrad zu fahren**, ci sconsigliò di andare in bicicletta con quel caldo; **er hatte seinen Mitarbeiter davor gewarnt, diese Informationen weiterzugeben**, aveva avvertito il suo collaboratore di non passare tali informazioni a terzi; **eine innere Stimme hatte sie davor gewarnt/[warnte sie davor] weiterzugehen**, una voce interiore l'ammonì a non procedere **B** itr (**vor jdm/ etw**) ~ mettere in guardia (contro qu/qc): **in der Zeitung wird vor einem neuen Computervirus gewarnt**, i giornali mettono in guardia contro un nuovo virus del computer; **die Polizei warnt vor Glatteis**, la polizia avvisa: pericolo di ghiaccio sulle strade; **vor Taschendieben wird gewarnt!**, attenzione ai borseggiatori! ● **ich warne dich/Sie!**, stai/stia attento (-a)!, non ti azzardare/[si azzardi]!

warnend A adj {BLICK, HANDZEICHEN, ZURUF} di avvertimento; {BEISPIEL} ammonitore; {SIGNAL} di avviso **B** adv {AUF ETW HINWEISEN, DEN FINGER, DIE STIMME HEBEN} in segno di avvertimento/ammonimento, per mettere (qu) ˌin guardiaˌ/[sull'avviso]: **untersteh dich!, sagte sie ~**, provaci!, disse con tono minaccioso.

Warnhinweis m avvertimento m, avvertenza f.

Warnkreuz n Eisenb croce f di Sant'Andrea.

Warnlampe f luce f di emergenza/avvertimento.

Warnlaut m {+TIER} grido m d'allarme.

Warnleuchte f, **Warnlicht** n 1 → **Warnlampe** 2 → **Warnblinkanlage**.

Warnmeldung f avviso m/segnalazione f di pericolo; inform messaggio m di avviso.

Warnruf m grido m d'allarme.

Warnschild <-(e)s, -er> n allg. avviso m; (Verkehrsschild) segnale m di pericolo.

Warnschuss (a.R. Warnschuß) m colpo m in aria: **einen ~ abgeben**, sparare (un colpo) in aria.

Warnsignal n 1 autom (Lichtzeichen) segnale m luminoso di pericolo; (Ton) segnale m acustico di pericolo 2 (Alarmzeichen) segnale m d'allarme.

Warnstreik m sciopero m di avvertimento.

Warnton m allarme m acustico.

Warnung <-, -en> f 1 (Hinweis auf eine Gefahr) ~ **vor etw** (dat) 1 {VOR GEFAHR, GLATTEIS, STURM} avviso m di qc; {VOR EINER GEFÄHRLICHEN AKTION, EPIDEMIE} messa f in guardia contro qc: **als ~ vor Taschendieben hatte man überall Schilder angebracht**, per mettere in guardia la gente contro i borseggiatori erano stati messi dappertutto dei cartelli; **zur ~ schoss er dreimal in die Luft**, in segno di avvertimento sparò tre colpi in aria; **der Flüchtende missachtete die ~ der Polizei und wurde angeschossen**, il fuggiasco ignorò l'ingiunzione della polizia di fermarsi e fu colpito 2 (Mahnung) avvertimento m: **das ist meine letzte ~!**, è il mio ultimo avvertimento!, è l'ultima volta che te lo dico! ● **vor dem Hunde**, attenti al cane!; **lass dir das ˌeine ~ sein ˌ/[zur/als ~ dienen]!**, ti serva da ammonimento/avviso!; **ohne (vorherige) ~**, senza preavviso; **das soll jdm eine ~ sein**, questo servirà a qu da ammonimento; **jds ~en in den Wind schlagen**, non curarsi degli avvertimenti di qu.

Warnzeichen n 1 autom (Warnschild) segnale m di pericolo 2 autom → **Warnsignal** 3 (Anzeichen) avvertimento m.

Warschau <-s, ohne pl> n geog Varsavia f: **die Stadt ~**, la città di Varsavia.

Warschauer① <inv> adj <attr> {BEVÖLKERUNG, GETTO} di Varsavia ● **der ~ Pakt** pol hist, il Patto di Varsavia; **~ Schule** philos, Scuola logica di Varsavia.

Warschauer② <-s, -> m (**Warschauerin** f) (in Warschau wohnend) abitante mf di Varsavia; (aus Warschau stammend) originario (-a) m (f) di Varsavia: **sie ist eigentlich ~in**,

lebt aber schon lange in Deutschland, in realtà è di Varsavia, ma vive da molto tempo in Germania.

Warte <-, -n> f 1 geh (hoch gelegener Ort): **von der hohen ~ einer S.** (gen) {+TURM, ˌdall'altoˌ/[dalla vetta/cima] di qc; {+HÜGEL} auch dalla sommità di qc 2 (Standpunkt) punto m di vista: **von jds ~ (aus)**, dal punto di vista di qu.

Wartefrist f → Wartezeit.

Wartehalle f Eisenb sala f d'aspetto/d'attesa; aero sala f d'attesa.

Wartehäuschen n (an der Bushaltestelle) fermata f dell'autobus coperta.

Warteliste f lista f d'attesa: **jdn auf die ~ setzen**, mettere qu in lista d'attesa; **sich auf die ~ setzen lassen**, farsi mettere in lista d'attesa; **auf der ~ stehen**, essere in lista d'attesa.

warten① itr 1 (harren) (**auf jdn/etw**) ~ aspettare (qu/qc), attendere (qu/qc): **bitte ~! tel**, attendere, prego!; ˌ**mit Ungeduld**ˌ/ [**vergeblich**] **auf jdn ~**, aspettare ˌcon impazienzaˌ/[invano] qu; **wir haben eine Stunde auf die Starterlaubnis gewartet**, abbiamo aspettato (per) un'ora il permesso di decollo; **auf Einlass ~** (bei Fußballspielen, Konzerten), aspettare/attendere di entrare; **mit etw** (dat) (**auf jdn**) ~ aspettare (qu) per fare (qc); **wir können ja mit dem Nachtisch auf sie ~**, possiamo anche aspettare a prendere il dessert finché non arriva lei; **warte heute nicht mit dem Essen auf mich!**, oggi non aspettarmi per mangiare!; **sie wartete mit dem Vortrag, bis sich alle gesetzt hatten**, prima di cominciare la relazione aspettò che tutti avessero preso posto; **das Warten (auf jdn/etw)**, l'attesa (di qu/qc); **Warten macht müde**, l'attesa stanca 2 (er~) **auf jdn ~** aspettare qu, attendere qu: **zu Hause wartet eine Überraschung auf euch**, a casa vi aspetta/attende una sorpresa; **dort wartet viel Arbeit auf dich**, lì ti aspetta un mucchio di lavoro ● **Warten auf Godot** lit (Theaterstück von S. Beckett), Aspettando Godot; **darauf habe ich schon (lange) gewartet**, questa me l'aspettavo (da tempo), c'era da aspettarsela prima o poi; **darauf habe ich gerade noch gewartet!** fam, ˌnon miˌ/[ci] mancava che questa! fam, ci mancava solo questa! fam; **auf den haben wir gerade noch gewartet** fam iron, ci mancava solo (che arrivasse anche) lui; **jd kann ~**, qu può aspettare/attendere; **ich kann ~!**, non ho fretta!; **er kann ~**, qu può attendere, per (fare) qc ˌnon c'è frettaˌ/[c'è tempo]; **da kannst du ˌlange ~ˌ/[~, bis du schwarz wirst]!** iron, aspetta e spera!, campa cavallo (che l'erba cresce)!, ha voglia di aspettare!; **jdn (irgendwo) ~ lassen**, far aspettare/attendere qu (+ compl di luogo); **der Direktor ließ uns stundenlang ~**, il direttore ci ha fece aspettare per delle oreˌ/[gli/le fece fare ore di anticamera]; **auf sich** (akk) **~ lassen** {MENSCH}, farsi aspettare/attendere/desiderare; {ERFOLG, WIRKUNG}, tardare ad arrivare; **nicht (lange) auf sich** (akk) **~ lassen** {KATASTROPHE, KRITIK, REAKTION}, non farsi attendere; {ERFOLG, WIRKUNG}, non tardare (ad arrivare); **warte mal!**, aspetta (un attimo) po'/momento)!; **na, warte! fam, warte nur!** fam, ora vedi/[ti faccio vedere io]! fam, adesso vedrai! fam; **na, warte, wenn ich dich kriege!** fam, aspetta che ti piglio! fam; **nur darauf ~, dass jd etw tut**, non aspettare altro che qu faccia qc; **worauf wartest du (denn) noch?** fam, ma che (cosa) aspetti? fam.

warten② tr tech (**jdm**) **etw ~** {AUTO} revisionare qc (a qu); {GERÄT, HEIZUNG} ˌfare/curare laˌ/[provvedere alla] manutenzione di

qc (a qu).

Wärter <-s, -> m (**Wärterin** f) (in einem Gefängnis) agente mf ˌdi custodiaˌ/[penitenziario (-a)], guardia f (carceraria); (in einem Zoo) guardiano (-a) m (f); (in einem Leuchtturm, Museum) auch custode mf; (Bahnwärter) casellante mf, cantoniere (-a) m (f).

Warteraum m → Wartezimmer.

Wärterin f → Wärter.

Wartesaal m Eisenb sala f d'aspetto/d'attesa.

Warteschlange f 1 (wartende Menschen) coda f (di attesa): **stellen Sie sich bitte in die ~!**, si metta in coda, per favore! 2 inform coda f (di attesa) ● **in der ~ stehen** {DOKUMENT, MAIL}, essere in coda; {MENSCH} auch, fare la coda.

Warteschleife f 1 aero circuito m d'attesa: **~n drehen/ziehen**, stare nel circuito d'attesa 2 tel attesa f: **in eine ~ kommen**, essere messo in attesa 3 (Wartezeit) attesa f: **jdn in die ~ schicken**, mettere in attesa qu; **die Studienabgänger geraten in eine jahrelange ~**, i neolaureati sono costretti a fare i precari per anni.

Wartezeit f 1 (Zeit des Wartens) attesa f: **man muss mit langen ~en rechnen**, bisogna prepararsi a una lunga attesa 2 Versicherung periodo m di aspettativa/carenza 3 inform tempo m di attesa.

Wartezimmer n (bes. beim Arzt) sala f d'attesa/aspetto, anticamera f: **nehmen Sie doch bitte im ~ Platz!**, si accomodi in ˌsala d'attesaˌ/[anticamera], per favore!

Wartezustand m inform stato m di attesa.

Wartung <-, -en> f 1 (Instandhaltung) {+AUTO, GERÄT, HEIZUNG, MASCHINE} manutenzione f 2 (Service) (servizio m di) assistenza f.

Wartungsarbeit f lavoro m di manutenzione.

wartungsfrei adj {GERÄT, MASCHINE} non soggetto a manutenzione.

wartungsfreundlich adj {KONSTRUKTION} di facile manutenzione.

Wartungspersonal n personale m di assistenza.

warum adv 1 (in direkten und indirekten Fragesätzen) perché, per quale ragione/motivo: **~ kommt sie so spät?**, perché/[come mai] arriva così tardi?; **sie weint, ohne zu wissen ~**, piange senza ˌsapere perchéˌ/[saperne il perché]; **ich verstehe einfach nicht, ~ er nicht kommt**, non capisco perché mai non arrivi; **das Warum**, il perché: **Kinder fragen immer nach dem Warum**, i bambini chiedono sempre il perché (delle cose) 2 (relativisch): **der Grund, ~ ...**, il motivo per cui/[il quale] ● **(und) ~? – Darum!**, (e) perché? – Perché due tre tre!; **~ nicht gleich (so)?** fam, e ci voleva tanto?, che ci voleva?, visto?; **~ nicht?** (wieso nicht?), e perché no?, ma come no?; (meinetwegen), (e) perché no?, non dico di no; **das Warum und Weshalb**, il perché e il percome.

Warze <-, -n> f 1 med verruca f, porro m fam 2 (Brustwarze) capezzolo m.

Warzenhof m anat areola f mammaria.

Warzenschwein n zoo facocero m.

was A interr pron 1 (in direkten und indirekten Fragesätzen) che cosa, che fam, cosa fam: **was ist das?**, (che) cos'è (questo)?; **was soll ich einkaufen?**, che cosa devo comprare?; **was ist passiert?**, che cos'è successo?; **an was denkst du?** fam, a cosa pensi?; **für was ist das gut?** fam, a (che) cosa serve?; **was passt dir denn nicht?**, cos'è che non ti va/[sta bene]?; **als was verkleidest du dich?**, ˌda chiˌ/[come] ti mascheri?; **was macht eigentlich Michael?**, e Michael, come sta/[se la passa]?; **weiß er, was beschlossen worden ist?**, (lui) sa che cos'è stato deciso?; **was wollte er denn?**, che (cosa) voleva?; **was bedeutet «Existenzialismus»?**, (che) cosa significa «esistenzialismo»?; **was ist deine Mutter (von Beruf)?**, (che) cosa fa tua madre (di professione)?, che lavoro fa tua madre?; **was willst du denn werden?**, che cosa vuoi ⌞diventare da grande,⌟/⌞fare nella vita⌟]? **2** *fam* (*wie viel*) quanto: **was kostet/macht** *fam* **das?**, quanto costa/fa/viene?; **was bin ich Ihnen schuldig?**, quanto Le devo?; **was ist sieben mal sieben?**, quanto fa sette per sette? **3** (*welcher Grund*) cos'è che: **was bringt dich dazu, das anzunehmen?**, cos'è che ti induce a pensare una cosa simile?; **was führt Sie zu uns?**, a che cosa dobbiamo la Sua visita? **4** *fam* (*warum*) perché: **was musst du ihn auch immer so ärgern?**, perché devi sempre farlo arrabbiare così?; **was beschwerst du dich denn, du wolltest es doch so!**, cosa hai da lamentarti, l'hai voluto tu!; **was weinst du denn jetzt?**, perché ti metti a piangere, adesso?; (che) cosa hai da piangere, ora? **5** *fam* (*nicht wahr*) vero, eh: **das hättest du nicht gedacht, was?**, non l'avresti pensato, vero? **B** *interj fam* **1** (*Verwunderung ausdrückend*) come, davvero: **was, die kennst du nicht?**, (ma) come, non la conosci?; **was, du hast gekündigt?**, come, ti sei licenziato (-a)? **2** (*wie sehr*) che, quanto: **was war das schwer!**, quanto è stato difficile!; **was ist das für ein langweiliger Film!**, ⌞che noia,⌟/⌞quanto è noioso⌟] quel film!; **was ist der Kerl für ein Geizkragen!**, che spilorcio, quel tipo!; **was haben wir gelacht!**, quanto abbiamo riso!, che risate ci siamo fatti (-e)! **C** *rel pron* quello/ciò che, che: **(das,) was er sagt, ist alles Quatsch**, ciò/quello che dice è un'enorme scemenza; **ich weiß nicht, was ich tun soll**, non so cosa/che fare; **sie allein hat die Entscheidung getroffen, was ihm gar nicht gefallen hat**, ha preso la decisione da sola, cosa che a lui non è piaciuta affatto; **nichts, was du sagst, stimmt**, nulla di quanto/[quello che] dici è vero; **alles, was ich aufgezählt habe, muss mit**, tutto ciò/quello che ho elencato va preso; **vieles von dem, was er berichtet hat, war schon durchgesickert**, gran parte di ciò che ha riferito era già trapelato; **das Dümmste/Beste, was du tun konntest**, la cosa ⌞più stupida⌟/⌞migliore⌟ che potessi fare; **das Einzige, was hier helfen kann, ist eine Radikalkur**, l'unica cosa che può giovare è una cura radicale; **das Teuerste, was auf dem Markt ist**, ciò che c'è di più caro sul mercato; **lauf, was du kannst!**, corri più veloce che puoi!; **das Wenige, was ich für dich tun kann**, quel poco che posso fare per te; **sie hat abgelehnt, was nicht bedeutet, dass ...**, ha rifiutato, il che non significa che ... **D** *indef pron fam* (*etwas*) qualche cosa, qualcosa: **ich muss dir mal was sagen**, devo dirti una cosa; **lass dir auch mal was sagen!**, lascia che ti si dica qualcosa!; **das ist was anderes**, è ⌞un'altra cosa,⌟/⌞diverso⌟]; **das ist immerhin/schon was**, è già qualcosa; **hat man so was schon gesehen?**, si è mai vista una cosa simile?; **ich hab' neulich was gehört, was ich nicht glauben kann**, recentemente ho sentito una cosa a cui non posso credere; **hast du schon was von ihm gehört?**, hai già ⌞avuto sue notizie,⌟/⌞sentito qualcosa da parte sua⌟]?; **kann ich dir was helfen?**, ti posso dare una mano (in qualche modo)? ● **was?** *fam* (*wie bitte?*), che? *fam*, cosa? *fam*, come?; **ach was!** (*keineswegs*), macché! *fam*; (*Unsinn*), ma va'! *fam*, fammi/fatemi il piacere! *fam*; **was auch (immer) ...**, checché/[qualunque cosa] ... *konjv*; **was auch geschieht/[ge-**

schehen mag] geh, ich bleibe, ⌞qualunque/qualsiasi cosa succeda⌟/⌞checché avvenga/succeda⌟] io rimarrò; **was er auch tut, es geht alles schief**, qualunque/qualsiasi cosa faccia, va sempre storto; **(und) was dann?**, (e allora) che si fa?; **was denn?** *fam* (*was ist, willst du denn?*), che ⌞c'è⌟/[vuoi]?; (*um einen Vor- oder Ratschlag bittend*), che cosa?; **für was?**, a che pro?; (*resignierend*), tanto ...; **was** *für* **ein/eine** + *subst*, che ..., che tipo/genere di ...; **was für ein unzuverlässiger Mensch!**, che persona inaffidabile!; **was für ein Auto hat sie?**, che macchina ha?; **was für ein schönes Auto!**, che bella macchina!; **..., aber/und was** *für* **eins/eine/einer!** *fam*: **sie hat einen Freund, aber was für einen!**, ha un nuovo ragazzo, e (sapessi/sapeste che ragazzo)!; **was für ein Unsinn!**, che assurdità!; **was** *ist*/**gibt's?**, che/cosa c'è?; **ist** *was*?, qualcosa non va?, c'è qualcosa che non va?; **was** *nun*?, e adesso/ora (che si fa)?; **na, so was!** *fam* (*erstaunt*), ma guarda che roba! *fam*; (*leicht verärgert*), questa poi! *fam*; **so was von** + *subst oder adj*, questo (-a) sì che ...; **so was vom frech (sag' ich dir)**, questa sì che è sfacciataggine!, (ma) che faccia tosta!; **so was von beknackt/bescheuert/blöd gibt's nur einmal!** (*auf eine Person bezogen*), stupido (-a) come l'acqua tiepida!, che zucca!; **so was von faul!**, che pigrone (-a)!; **so was wie ein/eine** + *subst*, qualcosa come un/una,/[una specie di] + *subst*; **was soll ich damit?**, che me ne faccio?; **aber was, wenn ...** ma che fare/succede se ..., e se poi ...; **... wie nur was** *fam*: **der kann arbeiten wie nur was!**, sa lavorare come pochi!; **das ist so sicher wie nur was!**, è sicuro come due e due fanno quattro!

waschaktiv *adj* <*attr*> {SUBSTANZEN} tensioattivo, detergente.

Waschanlage f **1** (*Autowaschanlage*) autolavaggio m **2** *slang* (*Geldwaschanlage*) attività f di riciclaggio.

Waschanleitung f, **Waschanweisung** f istruzioni f pl per il lavaggio.

Waschautomat m → **Waschmaschine**.

waschbar *adj* lavabile.

Waschbär m *zoo* procione m, orsetto m lavatore.

Waschbecken n lavandino m, lavello m; (*Handwaschbecken*) lavabo m.

Waschbenzin n benzina f solvente.

Waschbeton m *bau* calcestruzzo m lavato.

Waschbeutel m *fam* → **Kulturbeutel**.

Waschbrett n **1** *obs* asse f per lavare, lavatoio m **2** *mus* (*im Jazz*) wash-board m.

Waschbrettbauch m *fam* addominali m pl scolpiti/[a tartaruga].

Waschbütte f tinozza f, mastello m.

Wäsche <-, -n> f **1** <*nur sing*> (*Schmutzwäsche*) bucato m, panni m pl, biancheria f da lavare: **schmutzige ~**, panni sporchi/[da lavare], biancheria sporca/[da lavare]; **~ waschen**, fare il bucato, lavare i panni; **die ~ aufhängen/abnehmen**, stendere/togliere il bucato/i panni **2** <*nur sing*> (*Textilien: Bettwäsche, Tischwäsche*) biancheria f; (*Unterwäsche*) biancheria f (intima/personale); (*für Frauen*) *auch* dessous m pl, lingerie f: **seidene ~**, lingerie f di seta; **saubere/frische ~ anziehen**, indossare biancheria pulita; **die ~ wechseln**, cambiare la biancheria (intima) **3** (*Wagenwäsche*) lavaggio m **4** (*das Waschen*) lavaggio m, lavatura f; {+HAARE} *auch* shampooing m, shampoo m; (*von schmutziger ~*) bucato m: **die Hose ist bei der ~ eingegangen**, lavandoli i pantaloni si sono ristretti **5** *slang* (*Legalisierung*) **~ einer S.** (gen) {+BESTECHUNGS-, LÖSE-, SCHWARZGELD} riciclaggio m di qc ● **etw** ⌞**in die**,⌟/**[zur]** **~ geben/tun**

fam, mettere qc ⌞in bucato,⌟/[tra i panni sporchi]/[a lavare]; {FLECKENSALZ, WEICHSPÜLER} aggiungere qc al bucato; **jdm an die ~ gehen/wollen** *fam* (*einen Annäherungsversuch machen*) provarci con qu *fam*; (*tätlich angreifen*) mettere le mani addosso a qu *fam*; **große/kleine ~**, ⌞bucato (grosso)/bucato ne,⌟/[piccolo bucato]; **die große ~ geb' ich in die Reinigung, die kleine ~ wasch' ich selbst**, la biancheria di casa la porto in lavanderia, i capi piccoli li lavo ⌞da me,⌟/[io]; ⌞**ich habe,**⌟/[**bei mir ist**] **heute große ~**, oggi è giorno di bucato; **dumm aus der ~ gucken** *fam*, restare come un allocco/un salame; **da hat er ganz dumm aus der ~ geguckt**, è rimasto come un allocco; **in der ~ sein** (*zwischen der Schmutzwäsche*), essere fra i panni sporchi/[da lavare]; (*gerade gewaschen werden*), essere in bucato; **schmutzige ~ waschen**: **seine schmutzige ~ in aller Öffentlichkeit waschen**, lavare i panni sporchi in pubblico.

Wäschebeutel m (*für die Reise*) sacchetto m della biancheria.

Wäschebox f portabiancheria m.

waschecht *adj* **1** *text* (*FARBE*) solido, che non stinge; {KLEIDUNGSSTÜCK, STOFF} di tinta solida, che non stinge **2** <*attr*> *fam* (*echt*) {EIN BAYER, BERLINER, SACHSE} DOC *fam*, verace, genuino, autentico, vero; {BAYRISCH, BERLINERISCH, SÄCHSISCH} *auch* originale: **ein ~er Schwabe**, uno svevo verace/DOC.

Wäschegeschäft n negozio m di biancheria; (*für Unterwäsche*) negozio m di biancheria intima; (*für Damenunterwäsche*) *auch* negozio m di lingerie.

Wäscheklammer f molletta f (da bucato).

Wäschekorb m (*zum Transportieren*) cesto m/cesta f ⌞della biancheria (sporca),⌟/[del bucato sporco]; (*zum Aufbewahren schmutziger Wäsche*) portabiancheria m.

Wäscheleine f filo m/corda f (per stendere il bucato).

Wäschemangel f mangano m (per biancheria).

waschen <**wäscht, wusch, gewaschen**> **A** *tr* **1** (*säubern*) **jdn/etw ~** lavare qu/qc; {EINEN KÖRPERTEIL} lavarsi qc: **Wäsche ~**, fare il bucato; **etw sauber/weiß ~**, lavare bene/[a fondo] qc; **den Pullover musst du mit der Hand ~**, il pullover devi lavarlo a mano; **hast du schon deine Hände gewaschen?**, ti sei già lavato (-a) le mani?; **jdm etw ~** lavare qc a qu; **jdm die Haare ~**, fare lo shampoo a qu, lavare i capelli/la testa a qu; (**jdm**) **etw aus/von etw ~** (*dat*) ~ {DRECK, SPLITTER AUS DER WUNDE, DRECK, SCHMUTZ VON EINEM KÖRPERTEIL, KLEIDUNGSSTÜCK} togliere qc da qc (a qu) con l'acqua **2** (*von Beimengungen befreien*) **etw ~** {ERZ, GAS, KOHLE} lavare qc **3** (*gewinnen*): **Gold ~**, separare l'oro dalla sabbia, lavare le sabbie aurifere, lavare l'oro **4** *slang* (*legalisieren*) **etw ~** {GELD} riciclare qc **B** *itr* lavare, fare il bucato: **ich wasche meist zweimal die Woche**, in genere lavo due volte alla settimana **C** *rfl* **sich ~** lavarsi: **Kinder ~ sich eher ungern**, i bambini in genere non amano lavarsi; **sich** (*dat*) **etw ~** lavarsi qc; **sich die Haare ~**, farsi lo shampoo, lavarsi i capelli/la testa; **sich von ⌞Kopf bis Fuß,⌟**/[**oben bis unten**] **~**, lavarsi dalla testa ai piedi; **sich kalt/warm ~**, lavarsi con l'acqua fredda/calda; **sich richtig ~**, lavarsi per bene, darsi una bella lavata *fam* **frisch gewaschen**, appena lavato; {BETTZEUG, TISCHDECKE} *auch*, (fresco) di bucato; **ein/eine ..., der/die/das sich gewaschen hat** {GELDSTRAFE, KLASSENARBEIT, OHRFEIGE, PRÜFUNG, TRACHT PRÜGEL}, un/una ... che non è uno

scherzoˌ/[coi fiocchi]; **etw rein ~** {REGEN STRAßEN}, lavare qc; {LUFT}, purificare qc; {MENSCH SEIN GEWISSEN}, purificare qc, mondare qc; **sich unten ~** euph, lavarsi le parti intime.

Waschen <-s, ohne pl> n lavaggio m, lavatura f; {+HAARE} lavaggio m, shampoo m; {+WÄSCHE} bucato m: **der Rock ist beim ~ eingegangen**, la gonna si è ristretta lavandola; **etw zum ~ (weg)geben**, (man)dare/portare qc ˌa lavareˌ/[in lavanderia] ● **~ und Legen/Schneiden** (beim Friseur), shampoo e ˌ(messa in) piegaˌ/[taglio].

Wäschepuff m → **Wäschebox**.

Wäscher <-s, -> m (**Wäscherin** f) lavandaio (-a) m (f).

Wäscherei <-, -en> f lavanderia f, tintoria f.

Wäscherin f → **Wäscher**.

Wäschesack m sacchetto m/sacco m della biancheria (da lavare).

Wäscheschleuder f centrifuga f.

Wäscheschrank m armadio m della biancheria.

Wäschespinne f stendibiancheria m/stenditoio m/stendino m fam pieghevole a raggiera.

Wäscheständer m stendibiancheria m, stenditoio m, stendino m fam.

Wäschestärke f appretto m, salda f, amido m.

Wäschestück n capo m di biancheria.

Wäschetrockner <-s, -> m **1** (Trockenautomat) asciugatrice f, asciugabiancheria m **2** → **Wäscheständer**.

Wäschezeichen n monogramma m (sulla biancheria).

Waschgang m (programma m di) lavaggio m.

Waschgelegenheit f possibilità f di lavarsi; (Raum) toilette f, bagno m, servizi m pl (igienici); (im Zimmer) lavandino m.

Waschhandschuh m guanto m da bagno.

Waschkessel m caldaia f del bucato.

Waschkraft f slang: **~ haben** {WASCHMITTEL}, essere potente/forte.

Waschküche f **1** (Raum zum Wäschewaschen) lavanderia f **2** slang (dichter Nebel) nebbia f fitta/[che si taglia col coltello fam], nebbione m fam.

Waschlappen m **1** (Lappen) panno m/guanto m di spugna (per lavarsi) **2** fam pej (Feigling) smidollato m fam pej, pappamolle m fam pej.

Waschlauge f liscivia f.

Waschleder n pelle f ˌdi camoscioˌ/[scamosciata].

Waschmaschine f lavatrice f, lavabiancheria f.

waschmaschinenfest adj lavabile/[che si può lavare] in lavatrice.

Waschmittel n detersivo m.

Waschpulver n detersivo m in polvere.

Waschraum m (in der Jugendherberge, auf dem Sport-, Zeltplatz) (locale m dei) servizi m pl igienici.

Waschsalon m lavanderia f ˌa gettoniˌ/[self-service]/[automatica].

Waschschüssel f catino m, bacinella f.

Waschseide f seta f lavabile.

Waschstraße f tunnel m di lavaggio (per autoveicoli).

wäscht 3. pers sing präs von waschen.

Waschtag m giorno m di/del bucato ● **~ haben**: **heute habe ich ~**, oggi è il mio giorno di bucato.

Waschtisch m mobile m da toilette; hist tavolo m da toilette.

Waschtrog m lavatoio m.

Waschung <-, -en> f **1** relig abluzione f, lavanda f **2** med abluzione f.

Waschwasser <-, ohne pl> n acqua f usata per lavare.

Waschweib n fam pej comare f fam pej, persona f pettegola, serva f fam pej: **er ist ein richtiges ~**, è proprio un chiacchierone.

Waschzettel m **1** typ aletta f, bandella f, ribaltina f, risvolto m **2** pharm bugiardino m fam, foglio m illustrativo.

Wasser <-s, - oder Wässer> n **1** <nur sing> (H_2O) acqua f: **frisches/kaltes ~**, acqua fresca/fredda **2** <pl Wasser> (~masse, ~oberfläche) {+FLUSS, MEER, SEE} acqua f, acque f pl: **der Fluss führt im Sommer kein ~**, d'estate questo fiume ˌnon ha acquaˌ/[è in secca]; **der Stausee nimmt das ~ vieler Nebenflüsse auf**, il lago artificiale riceve l'acqua/le acque di molti affluenti; **das ~ steigt**, l'acqua sale **3** <pl Wasser> (Gewässer) acqua f, acque f pl: **die ~ der Erde**, le acque della terra **4** <pl Wässer> (Mineralwasser) acqua f (minerale): **eine Flasche ~, bitte!**, una bottiglia d'acqua, per favore! **5** <nur sing> (Tränen) lacrime f pl: **jdm schießt/steigt das ~ in die Augen**, a qu spuntano/salgono le lacrime agli occhi; **jdm steht das ~ in den Augen**, qu ha le lacrime agli occhi **6** <nur sing> (Schweiß) **das ~**, il sudore: **das ~ rann ihm den Rücken herunter**, il sudore gli colava/scendeva giù per la schiena ● **jdm das ~ abgraben**, stroncare/tagliare le gambe a qu; **sein ~ abschlagen** obs, fare ˌun po'ˌ/[due gocce] d'acqua, pisciare slang; **~ abstoßend/abweisend** {STOFF}, idrorepellente, idrofugo; **~ (für etw akk) aufsetzen** {FÜR DEN KAFFEE, DIE NUDELN, DEN TEE}, mettere l'acqua sul fuoco (per qc) fam; **bis dahin fließt noch viel ~ den Bach/Berg/Rhein hinunter** fam, prima che questo succeda, ne passerà di tempo; **~ in den Beinen** med, ritenzione idrica nelle gambe; **bei ~ und Brot ˌeingesperrt seinˌ/[sitzen]**, dormire al fresco fam, essere ˌin gattabuiaˌ/[dietro le sbarre]; **duftende/wohlriechende Wässer**, acque profumate; **ins ~ fallen** {GEGENSTAND, MENSCH}, cadere in acqua; fam {FEST, VERANSTALTUNG}, andare in fumo, sfumare; **fließendes ~**, acqua corrente; (Fluss, Bach) acque correnti; **Zimmer mit fließendem ~**, camera con acqua corrente; **~ führend** {UNTERIRDISCHE ADER, SCHICHT}, acquifero; **nah(e) am/an ~ gebaut haben**, avere ˌle lacrime in tascaˌ/[la lacrima facile]; **ins ~ gehen** (schwimmen gehen), andare ˌin acquaˌ/[a nuotare]/[a farsi un bagno/tuffo]; **ich geh' jetzt ins ~, kommst du mit?**, adesso ˌvado in acquaˌ/[mi tuffo], vieni anche tu?; euph (sich ertränken), annegarsi; **~ mit Geschmack** fam, limonata, aranciata; **mit allen ~n gewaschen sein** fam, saperne una più del diavolo fam, essere un furbo di tre cotte fam; **geweihtes ~**, acquasanta, acqua benedetta/santa; **wie aus dem ~ gezogen** fam, bagnato fradicio, zuppo; **das große ~** fam, l'oceano; **~ in etw** (dat) **haben**, avere ritenzione idrica in qc; **jdm steht das ~ bis zum Hals** fam, qu ha l'acqua alla gola fam; **sich über ~ halten** (notdürftig sein Leben fristen), tenersi a galla; {SCHIFFBRÜCHIGER, SCHWIMMENDER} auch, tenere la testa sopra il pelo dell'acqua; **das/sein ~ nicht halten können** (inkontinent sein), non riuscire a trattenere la pipì fam, essere incontinente, soffrire di incontinenza; **hartes/weiches ~**, acqua dura/[molle/dolce]; **nur mit ~ kochen** fam: **der kocht auch nur mit ~**, anche lui frigge con l'acqua fam; **es wird überall nur mit ~ gekocht**, tutto il mondo è paese; **Kölnisch(es) ~**, acqua di Colonia; **zu ~ und zu Land** {ERREICHEN, HINKOMMEN}, per/via terra e mare; **Transport zu ~ und zu Land**, trasporti marittimi e terrestri; **~ lassen**, orinare; **etw zu ~ lassen** {BOOT, SCHIFF}, mettere in acqua qc, varare qc; **jdm läuft das ~ im Mund(e) zusammen** fam, a qu viene l'acquolina in bocca; **~ auf jds Mühlen sein**, portare acqua al mulino di qu; **jdm das ~ reichen können** fam, tenere testa a qu; **jdm das ~ nicht reichen können** fam, non reggere il confronto con qu; **ein/eine ... reinsten ~s** {EIN EGOIST, IDEALIST}, un/una ... della più bell'acqua; {EIN DIAMANT} auch, un/una ... d'acqua purissima; **~ schlucken**, bere (nuotando); **schweres ~** chem, acqua pesante; **im ~ sein** fam, essere in acqua, fare il bagno; **ich war heute dreimal im ~**, oggi ho fatto il bagno tre volte; **etw unter ~ setzen**, inondare qc, allagare qc; **ins kalte ~ springen** fam, buttarsi fam, fare un salto nel buio; **(direkt) am ~ stehen** {BAUM, HAUS, HOTEL}, essere lambito dall'acqua, essere/trovarsi sulla riva del fiume/lago/mare; **unter ~ stehen** {KELLER}, essere allagato/[sott'acqua]; {FELD, STRAßE} auch, essere inondato; **stehendes ~** (See, Teich), acque stagnanti; **stilles ~**, acqua minerale naturale/[non gas(s)ata]/[liscia]; **ein stilles ~ sein** fam scherz, essere un'acqua cheta; **~ treten** med, camminare nell'acqua (a scopo terapeutico); **zu ~**, per via d'acqua; **~ hat keine Balken** prov, il mare è traditore; **stille ~ sind/gründen tief** prov, l'acqua cheta rompe/rovina i ponti prov.

wasserabstoßend adj → **Wasser**.

wasserabweisend adj → **Wasser**.

Wasserader f vena f d'acqua.

Wasseranschluss (a.R. Wasseranschluß) m **1** (das Anschließen) allacciamento m/attacco m dell'acqua **2** (Hauptanschluss) rubinetto m/chiavetta f centrale (dell'acqua); (auf Zeltplatz) attacco m dell'acqua.

wasserarm adj {GEGEND, LANDSCHAFT} povero d'acqua.

Wasserarmut f scarsità f/mancanza f d'acqua.

Wasseraufbereitung f tech depurazione f dell'acqua.

Wasseraufbereitungsanlage f impianto m di depurazione delle acque.

Wasserbad n **1** gastr bagnomaria m: **im/ins ~**, a bagnomaria **2** fot bagno m (fotografico): **im/ins ~**, a bagno.

Wasserball m **1** <nur sing> sport pallanuoto f: **~ spielen**, giocare a pallanuoto **2** (Ball) palla f da pallanuoto **3** (aufgeblasener Spielball) pallone m/palla f gonfiabile.

Wasserbau <-(e)s, ohne pl> m costruzioni f pl/opere f pl idrauliche.

Wasserbecken n bacino m/vasca f d'acqua.

Wasserbehälter m contenitore m dell'acqua.

Wasserbehandlung f med idroterapia f.

Wasserbett n letto m con materasso ad acqua.

wasserblau adj {AUGEN} azzurro chiaro.

Wasserbob m sport bob m ˌd'acquaˌ/[acquatico].

Wasserbombe f mil bomba f di profondità.

Wasserbüffel m zoo bufalo m indiano.

Wasserburg f fortezza f circondata dall'acqua.

Wässerchen <-s, -> n dim von Wasser **1** (Duftwasser) acqua f profumata/aromatica **2** (Lotion) lozione f ● **aussehen, als ob man kein ~ trüben könnte** fam, sembrare inno-

cuo (-a).
Wasserdampf m vapore m acqueo.
wasserdicht adj **1** (*wasserundurchlässig*) {BOOT, EIMER, GEHÄUSE} a tenuta d'acqua, stagno; {REGENMANTEL, UHR} impermeabile, waterproof: **nicht ~ sein**, lasciar penetrare/filtrare l'acqua **2** *fam* (*unanfechtbar*) {ALIBI, KLAGE, VERTRAG} a prova di bomba *fam*, perfetto ● **etw ~ machen**, impermeabilizzare qc; *fam* {KLAGE, VERTRAG} rendere qc inoppugnabile.
Wasserdruck m pressione f dell'acqua; *tech* pressione f idraulica.
wasserdurchlässig adj permeabile.
Wassereimer m secchia f/secchio m (per l'acqua).
Wasserenthärter <-s, -> m *chem* addolcitore m.
Wassererhitzer <-s, -> m scaldaacqua m; (*im Bad*) scaldabagno m.
Wasserfahrzeug n *naut* imbarcazione f, natante m.
Wasserfall m *geog* cascata f, caduta f/salto m d'acqua ● **wie ein ~ reden** *fam*, parlare come un mulino a vento *fam*, parlare come una macchinetta *fam*/mitragliatrice *fam*, avere lo scilinguagnolo sciolto, parlare a precipizio.
Wasserfarbe f **1** (*der Farbe des Wassers ähnlich*) colore m simile all'acqua **2** (*Farbmaterial*) acquerello m, colore m ad acqua: **mit ~n malen**, dipingere ad acquerello; **ein mit ~n gemaltes Bild**, un acquerello.
wasserfest adj **1** (*Wasser nicht einwirken lassend*) {FARBE} resistente all'acqua; {BESCHICHTUNG, TAPETE} *auch* lavabile **2** → **wasserdicht**.
Wasserfläche f distesa f/specchio m d'acqua: **eine 10 km² große ~**, una distesa d'acqua di 10 km².
Wasserflasche f bottiglia f dell'acqua/[per l'acqua]: **eine volle ~**, una bottiglia piena d'acqua; (*Trinkflasche auf einer Wanderung*) borraccia f.
Wasserfleck m macchia f d'acqua, chiazza f d'acqua/[di umido]; (*an der Wand*) *auch* infiltrazione f.
Wasserfloh m *zoo* pulce f d'acqua, cladocero m.
Wasserflughafen m idroscalo m.
Wasserflugzeug n idrovolante m.
Wasserfrosch m *zoo* rana f verde minore.
wasserführend adj → **Wasser**.
Wassergehalt m contenuto m/percentuale f d'acqua.
Wassergeist m *myth* spirito m/divinità f delle acque.
wassergekühlt adj {MOTOR} raffreddato ad acqua.
Wasserglas n (*Trinkglas*) bicchiere m da acqua.
Wasserglätte f *autom* aquaplaning m.
Wassergraben m **1** *geog* fossato m, fosso m **2** *Reitsport* riviera f **3** (*gefüllter Burggraben*) fossato m, fosso m.
Wassergymnastik f *sport* ginnastica f in acqua, acquagym f.
Wasserhahn m rubinetto m (dell'acqua): **hier kann man direkt aus dem ~ trinken**, qui si può bere l'acqua del rubinetto.
wasserhaltig adj che contiene acqua.
Wasserhärte f durezza f dell'acqua.
Wasserhaushalt m *biol* bilancio m idrico.
Wasserheilkunde f idroterapia f.
Wasserhose f *meteo* tromba f marina.
Wasserhuhn n *ornith* folaga f.

Wasserjungfer f *zoo* libellula f.
Wasserjungfrau f *myth* → **Seejungfrau**.
Wasserkanister m tanica f dell'acqua/[d'acqua].
Wasserkessel m bollitore m.
Wasserkissen n **1** *geog* falda f acquifera/idrica **2** *med* guanciale m ad acqua.
wasserklar adj limpido come l'acqua, cristallino.
Wasserklosett n water closet m, water m, wc m.
Wasserkocher m bollitore m.
Wasserkopf m **1** *med* idrocefalo m **2** (*übermäßig Gewachsenes*): **der ~ der Verwaltung**, l'amministrazione ipertrofica; **zu einem ~ werden**, ipertrofizzarsi.
Wasserkraft <-, ohne pl> f energia f idraulica.
Wasserkraftwerk n centrale f idroelettrica.
Wasserkreislauf m *meteo* ciclo m dell'acqua.
Wasserkühlung f raffreddamento m ad acqua: **ein Motor mit ~**, un motore con raffreddamento/[raffreddato] ad acqua.
Wasserkunst f **1** *hist* (*Bauwerk*) castello m d'acqua **2** (*Springbrunnen*) fontana f **3** <nur pl> (*Wasserspiele*) giochi m pl d'acqua.
Wasserlache f pozzanghera f, pozza f (d'acqua).
Wasserlandung f *aero* → **Wasserung**.
Wasserlauf m *geog* corso m d'acqua.
Wasserläufer m *zoo* **1** *ornith* piro piro m, tringa f *wiss* **2** (*Insekt*) velia f.
wasserlebend adj *zoo* acquatico.
Wasserleiche f cadavere m ritrovato nell'acqua/[di un/una annegato (-a)].
Wasserleitung f conduttura f/tubatura f dell'acqua: **Wasser aus der ~**, acqua di rubinetto.
Wasserlinie f *naut* linea f di galleggiamento.
Wasserloch n pozza f (d'acqua); (*im Eis*) buco m nel ghiaccio.
wasserlöslich adj {GRANULAT, KAFFEE, PULVER} solubile (in acqua); {FARBE} idrosolubile: **~ sein**, sciogliersi/[essere solubile] in acqua.
Wassermangel m mancanza f/penuria f/carenza f d'acqua.
Wassermann m **1** <nur sing> *astr* Acquario m **2** (*jd, der im Zeichen des Wassermanns geboren ist*) (segno m dell')Acquario m: **(ein) ~ sein**, essere (dell'/un) Acquario **3** *myth* genio m/spirito m delle acque.
Wassermelone f cocomero m, anguria f *nordital*, melone m d'acqua *südital*.
Wassermühle f mulino m ad acqua.
wassern itr <haben oder sein> (*irgendwo*) ~ {FLUGZEUG, RAUMKAPSEL} ammarare (+ *compl di luogo*); {VOGEL} posarsi sull'acqua.
wässern tr **1** (*be~*) etw ~ {BAUM, GARTEN, HECKE, PFLANZEN} annaffiare qc, innaffiare qc; {FELDER} irrigare qc **2** *gastr* etw ~ {ERBSEN, LINSEN} tenere qc a bagno (nell'acqua); {HERINGE, SALZFLEISCH} dissalare qc **3** *fot* etw ~ {ABZUG, FILM} mettere a bagno qc.
Wassernixe f *myth* → **Nixe**.
Wasseroberfläche f superficie f/pelo m dell'acqua: **an der ~**, a fior d'acqua, sulla superficie dell'acqua.
Wasserpfeife f narghilè m.
Wasserpflanze f pianta f acquatica.
Wasserpistole f pistola f ad acqua.
Wasserrad n ruota f idraulica; (*Mühlen*) ruota f da mulino (ad acqua).

Wasserratte f **1** *zoo* arvicola f d'acqua **2** *fam scherz* (*eifriger Schwimmer*) pesce m, persona f che ama nuotare: **sie ist eine richtige ~**, non la tiri fuori dall'acqua, è un vero tritone.
wasserreich adj {GEGEND, LANDSCHAFT} ricco/[che abbonda] d'acqua.
Wasserreservoir n **1** (*Behälter*) serbatoio m/deposito m d'acqua **2** → **Wasservorrat**.
Wasserrohr n tubo m dell'acqua.
Wasserrutschbahn f, **Wasserrutsche** f toboga m, acquascivolo m.
Wassersäule f *phys* colonna f d'acqua.
Wasserschaden m danno m causato dall'acqua; (*an Mauer, Wand*) infiltrazione f.
Wasserscheide f *geog* spartiacque m, linea f di displuvio.
wasserscheu adj che ha paura dell'acqua: **~ sein**, avere paura dell'acqua.
Wasserschi m → **Wasserski**.
Wasserschildkröte f *zoo* testuggine f franca.
Wasserschlange f **1** *zoo* serpente m che vive nell'acqua **2** <nur sing> *astr* idra f.
Wasserschlauch m tubo m irroratore.
Wasserschloss (a.R. Wasserschloß) n *arch* castello m circondato dall'acqua/[sull']acqua.
Wasserschutzgebiet n zona f di protezione delle acque.
Wasserschutzpolizei f (*im Binnenland*) polizia f fluviale; (*im Hafen*) polizia f portuale; (*an der Küste*) polizia f marittima.
Wasserski A <-s, ohne pl> n (*Sportart*) sci m nautico/[d'acqua]/acquatico: **~ fahren**, fare/praticare lo sci nautico/[d'acqua]/acquatico **B** <-s, -er oder -> m (*Sportgerät*) sci m nautico/[d'acqua]/acquatico.
Wasserspeicher m serbatoio m/deposito m dell'acqua, cisterna f.
Wasserspeier m *arch* doccione m; (*bes. in der Gotik*) gargouille f, gargolla f.
Wasserspiegel m **1** (*Wasseroberfläche*) superficie f dell'acqua **2** (*Wasserstand*) livello m dell'acqua.
Wasserspiel n <meist pl> **1** (*Fontänen*) giochi m pl d'acqua **2** (*Spiele im Wasser*) giochi m pl nell'acqua.
Wassersport m sport m acquatico.
Wassersportart f (tipo m di) sport m acquatico.
Wasserspülung f {+KLOSETT} sciacquone m, scarico m *fam*.
Wasserstand m livello m dell'acqua: **hoher/niedriger ~**, acqua alta/bassa.
Wasserstandsanzeiger m indicatore m di livello dell'acqua; (*im Hafen*) *auch* mareografo m.
Wasserstandsmeldung f <meist pl> bollettino m sul livello delle acque/dei fiumi.
Wasserstelle f pozza f d'acqua; (*Quelle*) sorgente f; (*für wilde Tiere*) punto m di abbeveraggio.
Wasserstoff m *chem* (*Abk* H) idrogeno m (*Abk* H).
Wasserstoffantrieb m propulsione f a idrogeno: **Fahrzeug mit ~**, veicolo con motore a idrogeno.
wasserstoffblond adj *fam* {HAAR} (biondo) ossigenato.
Wasserstoffblondine f *fam pej* bionda f ossigenata.
Wasserstoffbombe f *mil* bomba f all'idrogeno, bomba f H, B.H. f.
Wasserstoffperoxid, **Wasserstoffperoxyd** n *chem* perossido m d'idrogeno, ac-

qua f ossigenata *fam*.

Wasserstoffsuperoxid, **Wasserstoffsuperoxyd** n *obs* → **Wasserstoffperoxid**.

Wasserstrahl m getto m d'acqua.

Wasserstrahlpumpe f *tech* pompa f a getto d'acqua.

Wasserstraße f corso m/via f d'acqua navigabile, idrovia f.

Wassersucht <-, *ohne pl*> f *med* idropisia f.

Wassertemperatur f temperatura f dell'acqua.

Wassertier n animale m acquatico.

Wasserträger m (**Wasserträgerin** f) **1** (*Beruf des Wassertragens*) portatore (-trice) m (f) d'acqua **2** *slang pol pej* (*jd, der Hilfsdienste leistet*) portaborse mf, portatore (-trice) m (f) d'acqua.

Wassertreten <-s, *ohne pl*> n: ~ **soll gesund sein**, si dice che camminare nell'acqua faccia bene (alla salute).

Wassertropfen m goccia f d'acqua.

Wasserturm m castello m d'acqua; *arch hist* castellum aquae m.

Wasseruhr f **1** (*Wasserzähler*) contatore m dell'acqua **2** *hist* clessidra f ad acqua.

wasserundurchlässig adj impermeabile.

Wasserung <-, -en> f *aero* ammaraggio m.

Wässerung <-, -en> f **1** (*Bewässerung*) annaffiamento m, inaffiamento m, irrigazione f **2** *fot* messa f a bagno.

Wasserverbrauch m consumo m d'acqua.

Wasserverdrängung f *naut* dislocamento m.

Wasserverschmutzung f inquinamento m delle acque.

Wasserversorgung f approvvigionamento m/rifornimento m idrico.

Wasservogel m uccello m acquatico.

Wasservorrat m riserva f idrica/[d'acqua].

Wasserwaage f *tech* livella f a bolla.

Wasserweg m via f d'acqua, idrovia f: **auf dem ~ (e)** {BEFÖRDERN, TRANSPORTIEREN}, per via d'acqua.

Wasserwelle f **1** (*beim Frisör*) messa f in piega **2** *phys* onda f marina.

Wasserwerfer <-s, -> m idrante m (della polizia per disperdere i manifestanti).

Wasserwerk n centrale f idrica.

Wasserwirtschaft f gestione f/amministrazione f delle risorse idriche, regime m delle acque.

Wasserzähler m contatore m dell'acqua.

Wasserzeichen n filigrana f.

wässrig (a.R. wäßrig), **wässerig** adj **1** (*zu viel Wasser enthaltend*) {KAFFEE, SUPPE} che sembra acqua; {OBST} acquoso **2** (*blass*) {FARBE} annacquato, slavato; {AUGEN} acquoso: **ein ~es Gelb**, un giallo annacquato/slavato.

waten itr <*sein*> **durch etw** (akk) ~ {DURCH EINEN BACH, FLUSS} guadare qc, passare qc a guado (affondando appena nella melma): **im Schlamm ~**, camminare nella fanghiglia; **durchs Wasser ~**, camminare nell'acqua bassa (affondando con i piedi nell'acqua).

Waterkant <-, *ohne pl*> f *geog*: **die ~**, "la costa del Mare del Nord".

Watsche <-n, -n> f *süddt A* (*Ohrfeige*) schiaffo m, ceffone m, sberla f *fam*.

Watschelgang m *fam* andatura f anserina/[da oca]: **einen ~ haben**, camminare a oca.

watscheln itr <*sein*> {ENTE, GANS} camminare dondolandosi; {MENSCH} camminare a oca: **wie eine Ente ~**, camminare come una papera.

Watschen <-, -> f *süddt A* → **Watsche**.

Watt① <-(e)s, -en> n *geog* "fondo m sabbioso che durante la bassa marea emerge lungo la costa bassa del Mare del Nord".

Watt② <-s, -> n *el* (Abk W) watt m (Abk W): **die Birne hat nur 40 ~**, la lampadina ha solo 40 watt.

Watte <-, -n> f (*zur Polsterung*) ovatta f, bambagia f; (*Verbandswatte*) cotone m (idrofilo), ovatta f: **sich** (dat) ~ **in die Ohren stopfen**, mettersi del cotone nelle orecchie ● ~ **in den Ohren haben** *fam*, avere il cotone nelle orecchie; **du hast wohl ~ in den Ohren!**, ma sei sordo (-a)?, hai il cotone nelle orecchie?; **jdn in ~ packen** *fam*, tenere qu ⌊nella bambagia⌋/[nel cotone]/[nell'ovatta]; **sie hat das Kind immer in ~ gepackt**, ha allevato il bambino ⌊nella bambagia⌋/[nel cotone]/[nell'ovatta].

Wattebausch m batuffolo m di cotone/ovatta.

Wattenmeer <-(e)s, *ohne pl*> n "acque f pl che coprono il fondo sabbioso lungo la costa bassa del Mare del Nord".

Wattestäbchen n bastoncino m ⌊di cotone/ovatta⌋/[cotonato], Cotton fioc® m.

wattieren <*ohne ge*-> tr **etw** ~ {JACKE, MANTEL, SCHULTERN} ovattare qc, imbottire di ovatta qc: **ein Mantel mit stark wattierten Schultern**, un cappotto con grosse spalline; **wattierter Umschlag**, busta imbottita.

Wattierung <-, -en> f **1** (*das Wattieren*) imbottitura f di ovatta, ovattatura f **2** (*Futter, Polster*) imbottitura f (di ovatta).

Wattsekunde f *phys* wattsecondo m.

Wattstunde f *phys* wattora m.

wau, wau interj bau bau: **wie macht der Hund? – wau, wau!**, come fa il cane? – bau bau!

Wauwau <-s, -s> m *Kindersprache* (*Hund*) bau bau m.

WC <-(s), -(s)> n wc m.

WC-Brille f → **Klobrille**.

WC-Bürste f → **Klobürste**.

WDR <-(s), *ohne pl*> m Abk *von* Westdeutscher Rundfunk: "rete f radiotelevisiva regionale tedesca con sede a Colonia".

Web <-(s), *ohne pl*> n *inform* Abk *von* World Wide Web: web m: **im Web**, sul web.

Webadresse f *inform* indirizzo m internet.

Webarbeit f (lavoro m di) tessitura f.

Webauftritt m *inform* pagina f web.

Webbesucher m (**Webbesucherin** f) *inform* visitatore (-trice) m (f), navigatore (-trice) m (f).

Webbrowser m *inform* web browser m.

Webcam <-, -s> f webcam f.

Webdesign n *inform* web design n.

Webdesigner m (**Webdesignerin** f) web designer mf.

weben <*webt, webte, gewebt oder geh wob, gewoben*> Ⓐ tr **1** (*auf einem Webstuhl herstellen*) **etw** ~ {DECKE, TEPPICH, TUCH} tessere qc; **etw in etw** (akk) ~ {MUSTER, NAMEN, ORNAMENT} tessere qc in qc **2** (*herstellen*) **etw** ~ {SPINNE NETZ} tessere qc **3** *poet* (*sichtbar werden*) **etw irgendwohin** ~ tessere qc + compl di luogo: **die Morgensonne wob silberne Fäden ins Gras**, il sole mattutino tesseva fili d'argento nell'erba Ⓑ itr (*Webarbeiten ausführen*) tessere, fare tessitura: **sie webt gern**, le piace tessere; **an etw** (dat) ~ {AN EINEM TEPPICH, TUCH, WANDBEHANG} tessere qc; **sie webt gerade an einer großen Decke**, sta tessendo una grande coperta; **ich habe lange an dem Teppich gewebt**, ci ho messo tanto per tessere questo tappeto Ⓒ rfl *geh* (*sich ranken*) **sich um jdn/etw** ~ {LEGENDE, SAGE UM EINEN HELDEN, EIN SCHLOSS} ruotare *attorno a* qu/qc: **um dieses Schloss ~ sich viele Legenden**, questo castello è ammantato di leggenda.

Weber <-s, -> m (**Weberin** f) tessitore (-trice) m (f).

Weberei <-, -en> f **1** (*das Wesen*) tessitura f **2** (*Betrieb*) stabilimento m tessile, fabbrica f di tessuti.

Weberin f → **Weber**.

Weberknecht m *zoo* opilione m.

Webervogel m *ornith* uccello m tessitore.

Webfehler m *text* imperfezione f nella tessitura.

Webgarn n *text* filato m (per tessere).

Webkante f *text* cimosa f.

Webkatalog m *inform* web directory f.

Weblink m *inform* web link m.

Weblog <-s, -s> n *oder* m *inform* weblog m.

Webmaster m *inform* webmaster m.

Webmuster n *text* trama f, motivo m, disegno m.

Webpelz m pelliccia f ecologica, ecopelliccia f.

Webportal n *inform* portale m web.

Webseite f *inform* pagina f web: **eine Webseite aufrufen**, caricare una pagina web; **auf eine Webseite gehen**, accedere a una pagina web.

Webserver m *inform* web server m.

Website <-, -s> f *inform* sito m web.

Webstuhl m telaio m.

Webverzeichnis n *inform* → **Webkatalog**.

Webwaren subst <*nur pl*> tessuti m pl, prodotti m pl tessili.

Wechsel① <-s, -> m **1** <*meist sing*> (*Veränderung*) cambiamento m, mutamento m: **ein plötzlicher/rascher ~**, un cambiamento improvviso/rapido; **alles ist dem ~ unterworfen**, tutto è soggetto a(l) cambiamento **2** (*das Sichabwechseln*) alternanza f, avvicendamento m: **der ~ der Gezeiten/Jahreszeiten**, ⌊l'alternarsi/l'avvicendarsi delle maree⌋/[l'avvicendarsi/l'avvicendarsi delle stagioni]; **der ~ von Tag und Nacht**, l'alternarsi dei giorno e della notte; **bei dem ständigen ~ von Hitze und Kälte wird man ja krank**, con questo continuo alternarsi di caldo e freddo ci si ammala per forza **3** (*das Wechseln*) cambio m, cambiamento m: **der ~ des Arbeitsplatzes**, il cambio del posto di lavoro; **bei jedem ~ in eine andere Firma/Schule/Stadt**, tutte le volte che si cambia ditta/scuola/città; **der ~ von etw** (dat) **in etw** (akk)/**zu etw** (dat) {VON EINER ABTEILUNG IN EINE ANDERE, VON EINER ARBEIT ZU EINER ANDEREN}, il passaggio da qc a qc **4** (*Austausch*) cambio m, avvicendamento m: **einen ~ im Kabinett vornehmen**, attuare un cambio all'interno del gabinetto **5** (*Geldwechsel*) cambio m **6** *sport* (*Seitenwechsel, Spielwechsel, Stabwechsel*) cambio m **7** *Tennis* (*Ballwechsel*) scambio m **8** (*Wildwechsel*) passo m (della selvaggina) ● **im bunten ~**, senza alcun criterio/sistema; **im ~**, in alternanza, alternandosi; (*im Fruchtwechsel*), a rotazione; **sie arbeiten im ~**, er vormittags, sie nachmittags, lavorano a turno/[alternandosi], lui di mattina, lei di pomeriggio; **in stündlichem/täglichem/monatlichem/achtstündigem ~**, a rotazione di 60 minuti/[giornaliera]/[mensile]/[di otto ore]; **die Wachablösung erfolgt in stündlichem ~**, il cambio della guardia ha luogo ogni ora; **im ~ singen**, cantare alternandosi.

Wechsel② <-s, -> m **1** bank cambiale f, effetto m: **ein gezogener ~**, una (cambiale) tratta; **einen ~ ausstellen/einlösen/ziehen**, emettere/onorare/trarre una cambiale; **der ~ ˌist fällig,ˌ/[verfällt]**, la cambiale scade; **einen ~ protestieren**, protestare una cambiale/un effetto; **einen ~ platzen lassen** fam, non pagare una cambiale; **einen ~ auf jdn ziehen**, spiccare una tratta su qu; **etw auf ~ kaufen**, comprare qc a mezzo cambiale; **mit einem ~ bezahlen**, pagare a mezzo cambiale **2** fam obs (Monatswechsel) assegno m alimentare.

Wechselautomat m fam macchinetta f cambiamonete.

Wechselbad n doccia f scozzese: **Wechselbäder machen**, fare delle docce scozzesi ● **jdn einem ~ (von etw dat) aussetzen** {VON POSITIVEN UND NEGATIVEN GEFÜHLEN, ZUNEIGUNG UND ABLEHNUNG}, sottoporre qu a una doccia scozzese (di qc); **im ~ der Gefühle**, in un'altalena di sentimenti contrastanti/opposti.

Wechselbeziehung f correlazione f: **in (enger) ~ miteinander/zueinander stehen**, essere in (stretta) correlazione.

Wechselbürge m (**Wechselbürgin** f) bank avallante mf.

Wechselbürgschaft f bank avallo m: **~ leisten**, avallare una cambiale.

Wechseldatenträger m inform disco m rimovibile.

Wechseldusche f doccia f scozzese.

Wechselfälle subst <nur pl> vicissitudini f pl, peripezie f pl: **die ~ des Lebens geh**, le vicissitudini/[alterne vicende] della vita.

Wechselfestplatte f → **Wechselplatte**.

Wechselfieber n malaria f.

Wechselgeld <-(e)s, ohne pl> n (zurückerhaltenes Geld) resto m; (Kleingeld) (soldi m pl) spicci(oli) m pl, monete f pl spicce/spicciole: **das ~ nachzählen**, contare il resto.

Wechselgesang m canto m alterno.

wechselhaft adj {WETTER} variabile, mutevole, volubile, vario; {CHARAKTER, LAUNE} mutevole, volubile; {MENSCH} volubile, lunatico.

Wechseljahre subst <nur pl> climaterio m, età f critica; (bei Frauen) menopausa f, climaterio m femminile; (bei Männern) climaterio m maschile, andropausa f ● **in die ~ kommen**, entrare nel climaterio, giungere all'età critica; (bei Frauen) auch, entrare in menopausa; **in den ~ sein**, essere nel climaterio; (bei Frauen) auch, essere in menopausa.

Wechselklausel f bank clausola f cambiaria.

Wechselkurs m bank corso m del cambio, cambio m (estero): **feste/flexible ~e**, tassi di cambio fissi/flessibili.

Wechselkursberichtigung f ökon allineamento m dei cambi.

Wechselkursfreigabe f ökon liberalizzazione f dei cambi.

Wechselkurspolitik f politica f dei cambi.

Wechselkursschwankung f ökon fluttuazione f dei cambi.

Wechselmedium n inform → **Wechseldatenträger**.

wechseln① Ⓐ tr <haben> **1** (austauschen) **etw ~** {BLICKE, BRIEFE, WORTE} scambiare qc: **die Ringe ~**, scambiarsi le fedi/gli anelli; **die Handtücher werden jeden Tag gewechselt**, gli asciugamani vengono cambiati tutti i giorni; **~ wir besser das Thema!**, cambiamo argomento/discorso!; **Wäsche zum Wechseln**, biancheria di ricambio, cambio di biancheria; **etw zum Wechseln mitneh-**

men, portarsi dietro il cambio; **mit jdm etw ~** scambiarsi qc con qu; **mit jdm einen Blick ~**, scambiarsi un'occhiata con qu; **mit jdm Briefe ~**, essere in corrispondenza con qu; **mit jdm ein paar Worte ~**, scambiare due parole con qu **2** (etw anderes nehmen) **jdn/etw ~** {ARBEITGEBER, PLATZ, STUDIENFACH, WOHNUNG} cambiare qu/qc: **den Glauben ~**, cambiare fede **3** (durch jd anderen ersetzen) **jdn ~** {ARZT, FREUND, PARTNER} cambiare qu: **der Wagen hat den Besitzer gewechselt**, la macchina è passata a un altro proprietario Ⓑ itr **1** <haben> (sich ändern) {MODE, STIMMUNG, TEMPERATUR, WETTER} mutare, cambiare **2** <haben> (sich ab~) alternarsi, avvicendarsi; (beim Autofahren, Tragen) darsi il cambio: **sollen wir mal ~?**, vogliamo darci il cambio? **3** <haben> (den Arbeitgeber ~) cambiare impiego/[posto di lavoro]/[lavoro fam]: **in manchen Firmen wird häufig gewechselt**, in certe ditte ˌil personale cambia spesso,/[c'è molto ricambio di personale] **4** <sein> (über~) **irgendwohin ~** passare + compl di luogo: **der Verkehrsminister ist ins Auswärtige Amt gewechselt**, il ministro dei trasporti è passato al Ministero degli Affari Esteri; **sie wechselt in eine andere Firma**, va a lavorare in un'altra ditta; **auf die andere Straßenseite ~**, cambiare marciapiede, passare dall'altra parte della strada; **über die Grenze/Straße ~**, passare/attraversare il confine, attraversare la strada.

wechseln② Ⓐ tr (Geld tauschen) (jdm) **etw ~** {GELD, GELDSCHEIN} (in eine andere Währung) cambiare qc (a qu); (in Kleingeld) auch spicciolare qc (a qu): **so große Scheine kann ich Ihnen nicht ~**, biglietti di così grosso taglio non glieli posso cambiare (in moneta); **kannst du 100 Euro ~?**, puoi cambiarmi/spicciolarmi (un biglietto da) 100 euro?; **etw in etw** (akk) **~** {IN DOLLARS, EURO} cambiare qc in qc; **etw gegen etw** (akk) **~** {EURO GEGEN DOLLARS} cambiare qc in qc Ⓑ itr (Geld tauschen) (jdm) **~** cambiare (a qu): **ich kann leider nicht ~**, purtroppo non ho da cambiare.

wechselnd Ⓐ adj <attr> {LAUNE} mutevole, volubile; {WETTER} auch variabile, vario: **mit ~em Erfolg/Glück**, con fortune alterne Ⓑ adv meteo: **~ bewölkt**, nuvoloso con ampie schiarite.

Wechselnehmer m (**Wechselnehmerin** f) prenditore (-trice) m (f) (cambiario (-a)).

Wechselobjektiv n fot obiettivo m intercambiabile.

Wechselplatte f inform disco m/[hard disk m] removibile/esterno.

Wechselprotest m bank protesto m (di una cambiale).

Wechselrahmen m **1** (für Bild, Poster) cornice f a giorno **2** inform → **Wechselplatte**.

Wechselrede f dialogo m.

Wechselregress (a.R. Wechselregreß) m bank azione f cambiaria di regresso, regresso m (cambiario).

Wechselrichter m el ondulatore m, invertitore m.

Wechselschalter① m el commutatore m, invertitore m.

Wechselschalter② m bank sportello del/di cambio.

Wechselschuldner m (**Wechselschuldnerin** f) trattario m, trassato m.

wechselseitig Ⓐ adj {ABHÄNGIGKEIT, BEZIEHUNG, EINVERSTÄNDNIS} reciproco; {ABNEIGUNG, SYMPATHIE} auch vicendevole, scambievole Ⓑ adv {SICH AUSWIRKEN, SICH BEDINGEN, SICH BEEINFLUSSEN} reciprocamente, mutua-

mente: **sich ~ beeinflussende Kräfte**, forze interagenti.

Wechselspiel n gioco m: **das ~ der Farben**, il gioco dei colori; **das ~ von Licht und Schatten**, il gioco di luci e di ombre.

Wechselstelle f → **Wechselstube**.

Wechselstrom m el corrente f alternata.

Wechselstube f ufficio m cambi, cambiavalute m.

Wechseltierchen n zoo ameba f.

Wechselverpflichtete <dekl wie adj> mf jur obbligato (-a) m (f) cambiario (-a).

Wechselverpflichtung f jur obbligazione f cambiaria.

wechselvoll adj {GESCHICHTE, PROZESS} movimentato; {SCHICKSAL} mutevole; {LEBEN} pieno di vicissitudini.

Wechselwähler m (**Wechselwählerin** f) pol elettore (-trice) m (f) indeciso (-a): **die ~**, l'elettorato fluttuante, gli indecisi.

wechselweise adv alternativamente, in alternanza: **der Raum wird ~ als Gäste- und Arbeitszimmer verwendet**, la stanza viene usata alternativamente come stanza per gli ospiti e come studio.

Wechselwirkung f **1** (gegenseitige Beeinflussung) interazione f, azione f/influenza f reciproca: **die ~ zwischen Angebot und Nachfrage**, l'interazione tra domanda e offerta **2** phys interazione f ● **in ~ (miteinander/zueinander) stehen**, interagire, essere in interazione.

Wechsler m (**Wechslerin** f) cambiavalute mf, cambiamonete mf.

Wechte <-, -n> f cornice f di neve.

Weck <-(e)s, -e> m süddt A **1** (Brötchen) panino m (di frumento) **2** (Brot) filone m (di pane).

Weckapparat® m sterilizzatore m per conserve.

Weckauftrag m tel richiesta f di sveglia telefonica.

Weckdienst m tel (servizio m di) sveglia f automatica.

wecken tr **1** (wach machen) **jdn/etw ~** svegliare qu/qc, destare qu lit: **jdn aus dem Schlaf ~**, risvegliare/destare lit qu dal sonno; **sich (von jdm/etw) ~ lassen**, farsi svegliare (da qu/qc) **2** (hervorrufen) **etw (in/bei jdm) ~** {APPETIT, EHRGEIZ, WUNSCH} (ri-)svegliare qc (in qu); {INTERESSE} auch destare qc (in qu), suscitare qc (in qu); {ERINNERUNGEN} destare qc (in qu); {NEUGIER, VERDACHT} auch suscitare qc (in qc); {ÄRGER, NEID} suscitare qc (in qu); {BEDÜRFNISSE} auch creare qc (in qu): **das Gespräch weckte längst vergessen geglaubte Erinnerungen in ihm**, la conversazione destò in lui ricordi che credeva da tempo dimenticati.

Wecken① <-s, ohne pl> n sveglia f; mil auch diana f: **um sechs (Uhr) ist ~**, la sveglia è alle (ore) sei ● **bis zum ~ mil**, fino alla diana/sveglia.

Wecken② <-s, -> m süddt A → **Weck**.

Wecker <-s, -> m **1** (Uhr zum Wecken) sveglia f: **der ~ klingelt/rasselt/schrillt**, la sveglia suona/squilla/trilla; **den ~ auf halb sieben stellen**, mettere/puntare la sveglia alle sei e mezzo **2** fam (große Armbanduhr, Taschenuhr) cipollone m ● **jdm auf den ~ fallen/gehen fam**, rompere l'anima a qu fam, scocciare qu fam, dare uno/ai nervi a qu fam.

Weckglas® n → **Einmachglas**.

Weckring® m → **Einmachring**.

Wedel <-s, -> m **1** (Staubwedel) piumino m, spolverino m **2** bot (Blatt) {+FARN} fronda f, foglia f pennata; {+PALME} foglia f palmata.

wedeln Ⓐ itr **1** <haben> (hin und her bewe-**

gen) mit etw (dat) ~ {MIT DER HAND} agitare qc, salutare con qc; {MIT EINEM FÄCHER, DER ZEITUNG} sventolare qc, agitare qc; mit dem Schwanz ~ {HUND}, scodinzolare, dimenare/agitare la coda 2 <sein> Ski fare lo scodinzolo: das Wedeln, lo scodinzolo 3 <sein> Ski irgendwohin ~ {DEN BERG HINUNTER, ZU TAL} scendere ¬facendo lo¬/[a] scodinzolo + compl di luogo **B** tr <haben> etw (mit etw dat) von etw (dat) ~ {KRÜMEL, STAUB MIT EINEM TUCH, EINER ZEITUNG} togliere qc (da qc) (agitando qc).

weder konj: ~ ... noch, né ... né ...; **dazu habe ich ~ Zeit noch Geld**, non ne ho né il tempo né il denaro; ~ **so noch so**, né così né cosà fam, né in questo né in quell'altro modo; ~ **log sie, noch sagte sie die Wahrheit**, né mentiva né diceva la verità; ~ **(das eine) noch (das andere)**, né l'uno (-a) né l'altro (-a); **möchtest du ins Kino oder essen gehen? – Weder noch!**, preferisci andare al cinema o a mangiare (fuori)? – Né l'uno né l'altro!

weg adv **1** (fort): **jd ist weg** (ist weggegangen), qu è andato via, qu se n'è andato; (ist abgefahren) qu è via fam, qu non c'è; **sie ist gleich weg**, sta per ¬andare via¬/[partire]; (auf die Vergangenheit bezogen) è ¬andata via¬/[partita] subito; **du bist noch nicht weg?**, non sei ancora partito (-a)?, sei ancora qui/lì?; **zur Tür hinaus und weg war er**, scivolò fuori dalla porta e non si vide più; **etw ist weg** {GEGENSTAND}, qc è sparito/scomparso; {BAHN, BUS, ZUG} qc è partito; {FIEBER, SCHMERZEN} qc è ¬andato via¬/[passato]; **die Autoschlüssel sind weg**, sono sparite le chiavi della macchina; **das ganze Geld ist weg** (ist ausgegeben, verspielt), non ci sono più soldi; (ist gestohlen) sono spariti tutti i soldi; **die neuen Jeans waren schnell weg**, i nuovi jeans andarono ¬via subito¬/[a ruba fam]; **der Nachtisch war schnell weg**, il dessert ¬sparì in un batter d'occhio¬/[finì subito] **2** fam (hinweggekommen): **über etw (akk) weg sein** {ÜBER EINEN MISSERFOLG, RÜCKSCHLAG, VERLUST}, aver digerito qc fam, non pensare più a qc; {ÜBER EINE UNGLÜCKLICHE LIEBE, JDS TOD, EINE TRENNUNG} aver superato qc, aver metabolizzato qc, non pensare più a qc **3** slang (begeistert): **jd ist von jdm/etw (ganz) weg**, qu/qc fa impazzire qu fam, qu è partito per qu/qc slang, qu/qc fa flippare qu slang **4** fam (abgekommen) **von jdm/etw weg sein: von solchen Typen bin ich inzwischen weg**, ormai tipi del genere non mi interessano più; **von der Idee, eine Firma zu gründen, ist er total weg**, ha completamente abbandonato l'idea di fondare una ditta **5** fam (entfernt): (von etw dat) **etw weg sein/liegen** {500 M, ZWEI KILOMETER VOM DORF, VON DER STRASSE}, distare qc (da qc), essere ¬alla distanza di¬/[a] qc (da qc); **die Scheune liegt 50 m weg (vom Haus)**, il fienile dista 50 m (dalla casa); **nur ein paar Meter weg von der Hauptstraße trifft man keine Menschenseele mehr**, a soli pochi metri dalla strada principale non si incontra più anima viva; **ist der Bahnhof weit weg?**, è molto distante la stazione?, c'è molto per la stazione? **6** fam (bewusstlos) **weg sein**, essere svenuto; **sie war für ein paar Sekunden richtig weg**, dopo un secondo di assenza; (tief eingeschlafen) si appisolò per qualche istante **7** (sich entwöhnt haben): **von der Droge weg sein**, esser uscito dalla droga; **vom Alkohol weg sein**, aver smesso di bere ● **etw weg** (von etw dat!), giù/via qc (da qc)!; **Finger/Hände weg (von den Büchern/Möbeln)!**, giù/via le mani (dai libri/mobili)!; **Füße weg, ich will**

mich da hinsetzen!, giù i piedi, mi voglio sedere!; **Kopf weg!**, attenzione alla testa!; **weg da!** fam, via di qui/lì! fam, sgombra/sgombrate fam, ora via, aria!, levati/levatevi di mezzo! fam; (rühr, rührt das nicht an), giù le mani fam/zampe slang!; **weg damit!**, (roba) da buttare, spazzatura!, buttalo/buttatelo via!; **bloß/[nichts wie] weg von hier!** fam, via, via, andiamocene!, andiamo via di qui!; **weg mit jdm/etw** (politische Forderung), basta con qu/qc!, via qu/qc!; (Aufforderung zum Rücktritt), qu/qc a casa!; **weg mit dir/euch!**, via aria, sgombra/sgombrate! fam, fila/filate via! fam; **weg mit dem Messer/der Pistole!**, metti/mettete ¬via il coltello¬/[giù la pistola]!

Weg <-(e)s, -e> m **1** (unbefestigte Straße) via f; (Pfad) sentiero m, cammino m, viottolo m; (Radweg) pista f (ciclabile); (Schotterweg) strada f bianca: **ein ausgetretener Weg**, un cammino/sentiero battuto; **ein befahrbarer Weg**, una via carrozzabile; **ein öffentlicher/privater Weg**, una strada ¬ad uso pubblico¬/[privata]; **ein schmaler/steiler Weg**, una via stretta/ripida; **der Weg biegt hinter der Kirche (nach) rechts ab**, dietro la chiesa la via gira a destra; **du musst immer auf diesem Weg bleiben**, devi sempre tenere/seguire questa via **2** (Strecke) strada f, tratto m, tragitto m: **ein langer/weiter Weg**, una strada lunga; **bis dorthin ist es noch ein weiter Weg**, fin/[prima di arrivare] lì c'è ancora molta strada (da fare); **fünf Kilometer¬/[eine Stunde] Weg**, ¬cinque chilometri¬/[un'ora] di strada/cammino; **einen Weg abkürzen/abschneiden**, accorciare/tagliare la strada; **einen weiten Weg zur Arbeit haben**, dover fare molta strada per andare al lavoro; **der kürzeste Weg zum Theater**, la strada più breve per il teatro; **auf dem ganzen Weg**, lungo tutta la strada, per tutto il tragitto; **ein (gutes) Stück Weg(es)** geh, un (bel) tratto di strada **3** (Route) strada f, percorso m, cammino m, via f: **einen Weg einschlagen**, prendere una via/strada; **jdn nach dem Weg fragen**, chiedere la strada/la via/il cammino a qu; **jdm den Weg zeigen**, indicare la strada/il percorso/il cammino/la via a qu; **wir haben denselben Weg**, facciamo la stessa strada; **der Weg ¬in die Stadt¬/[zum Bahnhof]**, la strada per arrivare ¬in centro¬/[alla stazione], la strada/via per il centro/la stazione **4** (Methode) strada f, via f, modo m: **Mittel und Wege**, modi e mezzi; **es gibt ¬nur diesen¬/[keinen anderen] Weg**, c'è solo questa strada/via/[non c'è altra strada/via]; **das ist der einzig gangbare Weg**, è l'unica strada percorribile; **einen Weg suchen/finden**, trovare un modo/una via; **sie haben endlich einen Weg der Einigung gefunden**, hanno finalmente trovato il modo di mettersi d'accordo; **es gibt einen anderen Weg, wie man etw machen kann**, c'è un altro modo di/per fare qc ● **jdn ¬von seinem Weg¬/[vom rechten Weg] abbringen**, sviare qu, ¬portare qu fuori¬/[far deviare qu] dalla retta via; **sich nicht von seinem Weg abbringen lassen**, non farsi sviare/[portare sulla cattiva strada]; **vom Weg abkommen**, smarrire la strada/il cammino, smarrirsi/perdersi; **vom (rechten) Weg abkommen**, uscire ¬dalla retta via¬/[dal retto cammino], sviarsi; **jdm einen Weg abnehmen**, sbrigare un'incombenza/una commissione per qu; **am Weg(e) (am Wegrand)**, ¬al lato/margine¬/[sul ciglio] della strada; **auf ... Weg(e)** (AUF (IN)DIREKTEM, ILLEGALEM, UNBEKANNTEM), per vie ...; (AUF DIPLOMATISCHEM, GERICHTLICHEM, GESETZLICHEM), per via ...; **auf friedlichem/gütlichem Weg** (ohne Streit), in modo amichevole; (ohne Waffengewalt), in modo pacifico;

aus dem Weg!, fammi/fatemi passare!, togliti/toglietevi di mezzo!, fate largo!; **sich (dat) einen Weg durch etw (akk) bahnen** (DURCH DAS GESTRÜPP, DIE MENGE), aprirsi una via/un varco¬/[farsi strada] tra qc; **jdn auf seinem letzten Weg begleiten**, accompagnare qu nel suo ultimo viaggio; **auf dem Weg der Besserung sein**, essere in via di miglioramento/guarigione; **auf dem besten Weg sein, etw zu tun** iron pej, essere sulla buona strada per fare qc; **er ist auf dem besten Weg, Alkoholiker zu werden**, se vuol diventare un alcolizzato, questa è la strada giusta; **jdm bleibt kein anderer Weg, als etw zu tun**, a qu non resta altra via se non quella di fare qc; **auf chemischem Weg**, chimicamente; **auf diesem Weg** {NICHTS ERREICHEN, NICHT WEITERKOMMEN}, per questa strada/via; **jdm/etw den Weg ebnen**, spianare la strada a qu/qc; **jdm/sich auf halbem Weg(e) entgegenkommen** (auf der Hälfte der Strecke), ¬andare/venire incontro a qu¬/[venirsi incontro] a metà strada; (Konzessionen machen), ¬venire incontro a qu¬/[venirsi incontro]; **(einige) Wege zu erledigen haben**, avere (alcune) ¬cose da sbrigare¬/[commissioni da fare]; **jds erster Weg: mein erster Weg ¬war zur Bank¬/[führte mich zu ihr]**, la prima cosa che ho fatto è stata quella di andare ¬in banca¬/[da lei]; **den Weg allen Fleisches gehen** geh, den Weg gehen, den alle gehen müssen, seguire il destino di tutti i mortali; **seinen Weg fortsetzen**, proseguire il proprio cammino; **jdm etw mit auf den Weg geben** {GETRÄNKE, PROVIANT}, dare qc a qu per il viaggio; {ERMAHNUNGEN, GUTE RATSCHLÄGE}, dare a qu; **¬seinen (eigenen) Weg¬/[seine eigenen Wege] gehen**, andare per la propria strada; **seines Weg(e)s/seiner Wege gehen** geh, continuare per la propria strada, proseguire il cammino; **jdm aus dem Weg gehen**, scansare qu, evitare (di incontrare) qu, stare alla larga da qu; **geh mir aus dem Weg!**, fatti da parte!, togliti di mezzo! fam; **etw (dat) aus dem Weg gehen** {ÄRGER, UNANGENEHMEN AUFGABEN, PROBLEMEN, STREITIGKEITEN}, scansare qc, evitare qc, stare alla larga da qc; **unsere/ihre Wege haben sich gekreuzt**, le nostre/loro vie si sono incrociate; **getrennte Wege gehen**, andare ognuno per la propria strada; **auf halbem Weg(e)**, a metà strada, a mezza strada/via; **die Wege des Herrn sind unergründlich** bibl, le vie del Signor sono infinite bibl; **den Weg alles Irdischen gehen** fam scherz: **etw ¬wird den Weg alles Irdischen gehen¬/[ist den Weg alles Irdischen gegangen]**, qc avrà vita breve/[è passato a miglior vita]; **des/seines Weg(e)s kommen** geh oder lit, giungere; **krumme Wege**, vie traverse; **auf künstlichem Weg**, artificialmente; **auf dem kürzesten/schnellsten Weg(e)** {ETW ERLEDIGEN, IRGENDWOHIN GELANGEN}, nel modo più rapido, nel più presto possibile, al più presto, nel più breve tempo possibile; **ich muss auf dem schnellsten Weg nach Berlin**, devo raggiungere Berlino ¬il più presto possibile¬/[al più presto]; **jdm über den Weg laufen**, imbattersi in qu, incontrare qu per caso; **sie ist mir am Bahnhof über den Weg gelaufen**, l'ho incontrata per caso alla stazione; **wenn der mir noch mal über den Weg läuft, kann er was erleben!**, se quello lì mi ricapita a tiro, lo sistemo io!; **sich über den Weg laufen**, incrociarsi; **jdm etw in den Weg legen: jdm Hindernisse/Steine in den Weg legen**, mettere i bastoni fra le ruote a qu; **etw in die Wege leiten** {AKTION, UNTERSUCHUNG, VERFAHREN, VERHANDLUNGEN}, avviare qc, organizzare qc; {MASSNAHME}, prendere qc; **jds letzter Weg**, l'ultimo/l'estremo viaggio di qu; **am/[auf**

dem]/[an/auf jds] Weg *liegen*, essere sulla strada (di qu); **sich auf den Weg *machen***, mettersi in cammino, incamminarsi; **sich auf den Weg zu jdm *machen***, incamminarsi [per raggiungere]/[verso casa di] qu; **sich auf den Weg irgendwohin *machen***, incamminarsi per raggiungere qc; **seinen Weg *machen***, fare (la propria) strada (nella vita); **jdn aus dem Weg *räumen/schaffen* *fam***, togliere di mezzo qu *fam*, eliminare qu; **etw aus dem Weg *räumen/schaffen* *fam*** {HINDERNIS}, togliere di mezzo qc *fam*; {MISSVERSTÄNDNIS}, chiarire qc, eliminare qc; **(schon) auf dem Weg *sein***, essere (già) [in cammino]/[per strada]; **auf dem Weg irgendwohin/[zu jdm] *sein***: **jd ist auf dem Weg nach Rom**, qu [è in viaggio per]/[sta andando a] Roma; **jd ist auf dem Weg zur Post/Schule]/[zu jdm]**, qu sta andando [alla posta]/[a scuola]/[da qu]; **wo ist das passiert? – Auf dem Weg zur Arbeit**, dov'è successo? – Nel tragitto per andare a lavoro; **das Flugzeug/Schiff ist auf dem Weg nach Hawaii**, l'aereo/la nave [è in rotta]/[fa via] per le Hawaii; **der *rechte/richtige* Weg**, la retta via, il retto cammino; **ist das der richtige Weg zum Bahnhof?**, è questa la strada/via giusta per la stazione?; **auf *schriftlichem* Weg**, per iscritto; **jdm im Weg *stehen/sein*** (*jdn am Weitergehen hindern*), sbarrare la strada a qu, impedire il passaggio a qu; [**den Platz zum Hantieren nehmen**] {GEGENSTAND} ostacolare qu; {MENSCH} *auch* stare tra i piedi a qu, essere d'impiccio a qu, impicciare qu; **du *stehst/bist* mir im Weg**, togliti, ché qui mi dai fastidio!; **jdm/etw im Weg *stehen*** (*die Verwirklichung einer Sache verhindern*) {MENSCH}, essere d'ostacolo a qu/qc, ostacolare qu; {UMSTAND}, essere d'intralcio/ostacolo [ai progetti di qu]/[a qc], intralciare qc; **jetzt steht ihrer Liebe nichts mehr im Weg**, adesso non [c'è più nulla che ostacoli il]/[ci sono più ostacoli al] loro amore; **dem steht nichts im Weg**, non c'è niente che lo impedisca; **sich (dat) selbst im Weg *stehen***, mettersi i bastoni tra le ruote; **Weg und Steg *geh obs***: **Weg und Steg waren verschneit**, tutto era [coperto di neve]/[innevato]; **dort gibt es weder Weg noch Steg**, lì non esistono neanche le mulattiere, figuriamoci le strade; **ich kenne hier Weg und Steg**, conosco questi posti come le mie tasche; **sich jdm in den Weg *stellen*** (*jdm den Weg versperren*), sbarrare il passaggio/il passo/la strada a qu; (*jdn hindern*), frapporre degli ostacoli/[fare ostruzionismo] ai progetti di qu, ostacolare qu; **ich stelle mich dir nicht in den Weg**, non ti sarò [d'impiccio]/[di ostacolo]; **jdm nicht über den Weg *trauen* *fam***, non fidarsi affatto di qu, non avere la minima fiducia in qu; **hier *trennen* sich unsere Wege** (*hier muss ich woandershin gehen*), [a questo punto]/[qui] le nostre vie/strade si dividono; (*hier bin ich anderer Ansicht*), in questo siamo di parere diverso; **jdm in den Weg *treten*** (*jdm den Weg versperren*), sbarrare il passaggio/il passo/la strada a qu; (*jdn hindern*), frapporre degli ostacoli]/[fare ostruzionismo] ai progetti di qu, ostacolare qu; **jdm/sich (dat) den Weg zu etw (dat) *verbauen***, [precludere a qu]/[precludersi] la strada di qc; **(jdm) den Weg *versperren*** {BAUMSTAMM, FELSBROCKEN, HINDERNIS}, sbarrare la strada (a qu); **da *führt* kein Weg dran *vorbei* *fam***, non c'è via di scampo!, (di qui) non si scappa! *fam*; **bis dahin ist es noch ein *weiter* Weg** (*muss man noch weit gehen*), ce n'è di strada da fare per arrivare lì *fig*; **den Weg des geringsten *Widerstands* gehen**, scegliere la via/strada più facile; **woher des Weg(e)s? *geh obs***, da dove vieni/venite/viene?; **wohin des We-**

g(e)s? *geh obs*, dove [volgi i tuoi]/[volgete i vostri] passi? *lit*, dove stai/state andando?; **der Weg zu etw (dat)** {ZUM ERFOLG, HEIL, RUHM}, la via di qc; **der Weg zum Ziel ist dornig/steinig**, la via del successo è irta di spine/ostacoli; **der Weg zur Hölle ist mit guten Vorsätzen gepflastert** *prov*, la via dell'inferno è lastricata di buone intenzioni *prov*; **zu Wege** → **zuwege**; **der gerade Weg ist der kürzeste** *prov*, la strada più dritta è sempre la più breve *prov*; **viele Wege führen nach Rom** *prov*, tutte le strade portano a Roma *prov*.

weg|angeln *tr fam* **jdm jdn ~** {DEN FREUND, DIE FREUNDIN} soffiare *qu a qu fam*.

weg|bekommen <irr, ohne ge-> *tr* → **weg|kriegen**.

Wegbereiter <-s, -> *m* (**Wegbereiterin** f) precursore m, precorritrice f, antesignano (-a) m (f), pioniere (-a) m (f): **ein ~ einer S. (gen) sein** {EINER ERFINDUNG, IDEE, EINES WERKES}, aprire/spianare la strada a qc; {MENSCH} *auch* essere un precursore/antesignano di qc; **~ auf dem Gebiet der Herztransplantation war der Südafrikaner C. Barnard**, il pioniere nel campo del trapianto di cuore fu il sudafricano C. Barnard.

weg|blasen <irr> *tr* **etw (von etw dat) ~** soffiare via qc (*da qc*); **wie weggeblasen sein**, essere sparito come per incanto/magia; **meine Kopfschmerzen sind wie weggeblasen**, il mal di testa mi è sparito come per incanto.

weg|bleiben <irr> *itr* <sein> **1** (*nicht kommen*) non venire; (*nicht mehr kommen*) non venire più; (*nicht zurückkommen*) non (ri)tornare, restare fuori: **die ganze Nacht ~**, restare fuori (per) tutta la notte; **sie bleibt lange weg**, [si assenta/assenterà]/[starà via] per molto tempo; **sie bleibt aber lange weg!**, ma [quanto (tempo) ci mette]/[cosa starà facendo per metterci tanto tempo?]!; **bleib nicht zu lange weg!**, non [ti assentare]/[rimanere via/fuori] troppo a lungo!; **irgendwann blieb er dann einfach weg**, a un certo punto non tornò più; **von etw (dat) ~** {VON DER ARBEIT, SCHULE} assentarsi *da qc*, non venire/andare *a qc*; **du kannst doch nicht einfach ~, ohne eine Erklärung abzugeben** (*irgendwo nicht hingehen*), non puoi [non andarci]/[mancare] senza giustificarti; (*nicht zum Sprechenden kommen*) non puoi [non venire]/[mancare] senza giustificarti; **jds Wegbleiben**, l'assenza di qu; (*Verspätung*) il ritardo di qu **2** *fam* (*aussetzen*) (*jdm*) **~** {HERZSCHLAG} fermarsi (*a qu*); {LUFT} mancare *a qu*: **jdm bleibt die Luft/Spucke/Sprache weg** (*jd ist sehr überrascht*), qu rimane/resta [senza fiato]/[a bocca aperta]/[senza parole] ● **etw kann ~** {DEKOR, GIRLANDE}, si può anche [non mettere]/[fare a meno di] qc; {ABSATZ, SATZ, WORT}, si può tralasciare qc.

weg|blicken *itr* → **weg|schauen**.

weg|brechen <irr> *itr* <sein> **1** (*abbrechen*) staccarsi, rompersi **2** (*jdm verloren gehen*) (*jdm*) **~** {AUFTRÄGE, FINANZIELLE BASIS, KONSUM, UMSATZ} venire meno, venire a mancare (*a qu*), crollare.

weg|bringen <irr> *tr* **jdn/etw ~** portare via qu/qc; (*zur Reparatur*) portare a riparare qc: **ich muss mein Auto ~**, devo portare la macchina dal meccanico; **bringst du bitte die Flaschen weg?**, porti via le bottiglie per favore?

weg|denken <irr> *rfl* **sich (dat) etw ~** fare astrazione *da qc*, astrarre *da qc*: **denk dir mal das Nebenhaus weg, und stell dir stattdessen einen Garten vor**, cerca di im-

maginare che la casa accanto non ci sia e che al posto suo ci sia un giardino; **wenn man sich den Supermarkt wegdenkt, ist das Dorf noch so wie vor 50 Jahren**, a prescindere dal supermercato il paese è rimasto com'era 50 anni fa ● **etw ist nicht mehr wegzudenken**, non ci si può più immaginare di dover fare senza/[a meno di] qc; **jd/etw ist aus etw (dat) nicht mehr wegzudenken**, non ci si può più immaginare qc senza qu/qc.

weg|diskutieren <ohne ge-> *tr* **etw ~** ignorare qc, fare finta che qc non ci sia ● **etw lässt sich nicht ~** {PROBLEM}, qc è innegabile; **es lässt sich nicht ~, dass ...**, non si può far finta che ...

weg|drängen *tr* **jdn ~** spingere da parte *qu*; **jdn von sich (dat) ~** respingere *qu*, spingere *qu* via da sé, allontanare *qu* da sé (spingendolo); **jdn von etw (dat) ~** spingere *qu* via *da qc*, allontanare *qu* *da qc* (spingendolo).

weg|drehen *tr* **etw ~**: **das Gesicht/den Kopf ~**, girare il viso/la testa dall'altra parte.

weg|dürfen <irr> *itr fam* avere il diritto/permesso di andarsene, potersene andare; (*ausgehen dürfen*) poter uscire.

Wegegeld n *hist* pedaggio m.

Wegelagerer <-s, -> *m hist* brigante m di strada.

wegen *präp* **1** (*aus Gründen*) **~ etw** (*gen oder fam dat*) a causa/motivo *di qc*, per *qc*, per via *di qc*: **~ des schlechten Wetters]/[heftiger Schneefälle]**, a causa [del cattivo tempo]/[di forti nevicate]; **~ Raubüberfall(s) verurteilt werden**, essere condannato per rapina; **~ Renovierung/Umbau(s) geschlossen**, chiuso per restauro/[rinnovo locali] **2** (*bedingt durch*) **~ jdm** a/per causa *di qu*, per via *di qu*, per colpa *di qu*: **~ dir habe ich den Zug verpasst**, [a causa]/[per colpa] tua ho perso il treno **3** (*bezüglich*) **~ etw** (*gen oder fam dat*) {EINES ANGEBOTS, EINER ANGELEGENHEIT, EINES VORSCHLAGS} per (quanto riguarda) qc, a proposito di qc *fam*, quanto *a qc*: **wenden Sie sich bitte ~ dieser Angelegenheit an unseren Abteilungsleiter**, per tale questione La preghiamo di rivolgersi al nostro caporeparto; **ich rufe dich ~ der dummen Geschichte mit meinem Kollegen an**, ti chiamo a proposito di quella stupida faccenda col mio collega; **ich rufe ~ der Anzeige an**, chiamo per via dell'annuncio **4** (*um ... willen*) **~ jds/etw** *oder fam* **jdm/etw** *wer* (*gen*) *qu*/[(ottenere) qc]: **sie tut das nur des Kindes/Geldes ~**, lo fa solamente per [amore di suo figlio]/[i soldi] ● **~ mir ...** *fam*, per me ...; **von ~!** *fam*, neanche per idea/sogno! *fam*; **von ~ ...!**, altro che ...!; **er hat nicht viel Geld! – von ~!**, non ha tanti soldi! – Questo lo dici tu!; **von ~ gut gewürzt! Die Suppe ist total versalzen!**, ma finito! La minestra sa soltanto di sale!; **von ... ~**: **von Berufs ~**, per motivi di lavoro; **von Amts/Rechts/Staats ~**, [d'ufficio]/[di diritto]/[dallo Stato].

Wegerecht <-(e)s, ohne pl> n (norme f pl relative alla) viabilità f.

Wegerich <-s, -e> *m bot* piantaggine f.

Wegesrand m → **Wegrand**.

weg|essen <irr> *tr fam* (**jdm**) **etw ~** mangiare *qc* (*a qu*): **sie hat uns den ganzen Pudding weggegessen**, [ci ha mangiato]/[ha finito] tutto il budino, si è mangiata/spazzolata *fam* tutto il budino.

Wegeunfall m *jur* infortunio m in itinere.

weg|fahren A *itr* <sein> **1** (*verreisen*) partire: **sie sind für zwei Wochen weggefahren**, sono partiti per due settimane **2** (*ab-*

fahren) andare via, partire: **ich habe seinen Wagen nicht ~ hören**, non ho sentito partire la sua macchina; **der Bus ist mir vor der Nase weggefahren**, l'autobus mi è partito sotto il naso ▶ *tr ‹haben›* **1** (*woandershin fahren*) **etw** ~ {AUTO} spostare *qc*; {BAUSCHUTT, MÜLL} portare via *qc* (con un mezzo), trasportare via *qc* **2** (*wegbringen*) **jdn** ~ portare via *qu* (in macchina), accompagnare *qu* (in macchina).

Wẹgfahrsperre f *autom.* **(elektronische)** ~, immobilizzatore m.

weg|fallen itr {EINSCHRÄNKUNG, KLAUSEL, PARAGRAPH} auch essere abolito: **viele Kontrollen sind schon weggefallen**, molti controlli sono già stati aboliti; **einige Fußnoten können ruhig** ~, alcune note possono tranquillamente essere omesse; **diese Nebeneinkünfte fallen jetzt weg**, adesso queste entrate extra vengono a mancare.

weg|fegen tr **1** (*wegkehren*) **etw** ~ spazzare (via) *qc* **2** (*stürzen*) **jdn**/**etw** ~ spazzare via *qu*/*qc*: **der Staatsstreich gelang in einer Nacht, und die alte Regierung wurde weggefegt**, il colpo di stato fu compiuto in una notte e il vecchio governo fu spazzato via.

weg|fliegen ‹irr› itr ‹sein› **1** (*fortfliegen*) {VOGEL} volare via **2** *aero* (*FLUGZEUG*) allontanarsi in volo; {PASSAGIER} partire (in aereo) **3** (*weggeweht werden*) {GELDSCHEIN, HUT, ZEITUNG} volare via: **jdm fliegt etw weg**, qc vola via a qu; **bei dem Wind fliegt uns ja das Zelt weg!**, questo vento è capace di portarci via la tenda!

weg|führen ▲ tr **1** (*woandershin führen*) **jdn** ~ {TÄTER, VERHAFTETEN} condurre via *qu*, portare *qu*: **sie war so verwirrt, dass man sie vom Unfallort ~ musste**, era così confusa che dovettero portarla via dal luogo dell'incidente **2** (*abbringen*) (**jdn**) **von etw** (dat) ~ {VOM THEMA} fare deviare *qu da qc*: **das führt (uns) zu weit weg**, ci porta troppo lontano ▶ itr (*sich entfernen*) **von etw** (dat) ~ {STRAßE, WEG VOM DORF, ZENTRUM} condurre via *da qc*; {VON DER HAUPTSTRAßE} deviare *da qc*.

Wẹggabelung f bivio m, biforcazione f.

Wẹggang ‹-(e)s, ohne pl› m *form* partenza f (definitiva): **ihr ~ hatte eine große Lücke hinterlassen**, la sua partenza aveva lasciato un grande vuoto.

weg|geben ‹irr› tr **1** (*verschenken*) **etw** ~ dare via *qc*; {HAUSTIER} *auch* separarsi *da qc* **2** (*adoptieren lassen*) **jdn** ~ {KIND} dare *qu* in adozione.

Wẹggefährte m (**Wẹggefährtin** f) **1** (*auf einer Wanderung*) compagno (-a) m (f) di viaggio; (*auf einer Reise*) *auch* compagno (-a) m (f) di avventure **2** *pol* compagno (-a) m (f) di strada.

weg|gehen ‹irr› itr ‹sein› **1** (*fortgehen*) andare via, andarsene: **geh weg!**, vattene!; **geh da weg!**, vai via di lì!; **gehen Sie bitte noch nicht weg!**, non vada ancora via, per favore!; **sie ist heimlich/[im Zorn] weggegangen**, se n'è andata ₁di nascosto/soppiato₁/[arrabbiata]; **er geht ₁aus Frankfurt/[von der Firma] weg**, lascia Francoforte/[la ditta]; (*ausgehen*) uscire; **gehst du heute Abend weg?**, esci stasera? **2** *fam* (*sich entfernen lassen*) andar(sene) via: **dieser Obstfleck geht einfach nicht weg**, questa macchia di frutta non vuole andar via **3** *fam* (*verschwinden*) andar(sene) via; {FIEBER, SCHMERZEN} *auch* passare: **mit der Zeit gehen die Pickel von selbst weg**, col tempo i brufoli vanno via da sé **4** *fam com* andare via: **reißend/[wie warme Semmeln] ~**, an-

dare a ruba **5** *fam* (*hinweggehen*) **über jdn** ~ escludere *qu*, ignorare *qu*; **über etw** (akk) ~ ignorare *qc*; {ÜBER EINEN EINWAND} *auch* far finta di non sentire *qc* ● **geh mir (bloß) weg damit!** *fam*, lasciami stare con queste cose/proposte!; **geh mir bloß weg mit Skifahren!** *fam*, non ci penso neanche ad₁/[lasciami in pace con questo] andare a sciare.

weg|haben ‹irr› tr *fam* **1** (*entfernt haben*) **etw** ~ {DRECK, FLECK} aver tolto/[fatto andar via] *qc*: **hast du die Farbflecken jetzt endlich weg?**, ce l'hai fatta a togliere le macchie di vernice?; **den Schrank will ich da** ~, voglio che quell'armadio sparisca da lì **2** (*entfernt wissen wollen*): **jdn** ~ **wollen** {UNLIEBSAMEN MITARBEITER}, volersi sbarazzare di qu; **jdn aus etw** (dat) ~ **wollen**, volere che qu se ne vada da *qc* **3** (*beschlagen sein*) ~ **{auf/in etw** dat) ~ {AUF EINEM FACHGEBIET, IN LITERATUR, MATHEMATIK}, essere bravo/ferrato *fam*/forte *fam* in *qc*; **in handwerklichen Dingen hat er echt was weg**, per i lavori artigianali ha le mani d'oro **4** (*verpasst bekommen haben*) **etw** ~ {DENKZETTEL} aver incassato *qc fam*, essersi preso *qc fam*; {STRAFE} essersi beccato/buscato *qc fam*/preso *qc fam*; {SEINEN TEIL} aver avuto *qc* **5** *fam* (*aufweisen*) **etw** ~ {AUTO, MÖBELSTÜCK KRATZER; MENSCH, ORGAN GESUNDHEITSSCHADEN} avere *qc*: **er hat seine Leber einen Schaden weg**, ora ha il fegato malconcio ● **einen ~ slang** (*leicht betrunken sein*), essere un po' alticcio/brillo *fam*; **sie hat ganz schön einen weg**, si è presa una bella sbornia *fam*; (*nicht recht bei Verstand sein*), essere un po' tocco *fam*; **er hat einen weg**, gli manca una/qualche rotella.

weg|halten ‹irr› tr **etw** (**von jdm**) ~ tenere lontano (-a) *qc* (*da qu*): **kannst du die Lampe ~, während ich bohre?**, puoi tenere lontana la lampada mentre faccio il foro?

weg|hängen tr **etw** ~ {KLEIDUNGSSTÜCK} mettere via *qc* (appendendolo); {BILD} appendere *qc* da qualche altra parte.

weg|holen tr **etw jdn von jdm/etw/aus etw** (dat) ~ portare via *qu da qu/qc*: **hol mich bitte hier weg!**, ti prego, portami via di qui!

weg|hören itr *fam* non ascoltare (intenzionalmente).

weg|jagen tr **1** (*verscheuchen*) **etw** ~ {LÄSTIGES TIER} cacciare via *qc*, scacciare *qc* **2** (*fortjagen*) (**jdn**) ~ cacciare (via) *qu*, scacciare *qu*; *fam* (*entlassen*) mandare via *qu fam*, cacciare *qu fam*.

weg|kommen ‹irr› itr ‹sein› *fam* **1** (*weggehen können*) potersene andare, riuscire ad andarsene, potere/[riuscire a] venir via *fam*: **wenn ich den letzten Zug verpasse, komme ich hier nicht mehr weg**, se perdo l'ultimo treno, ₁sono costretto (-a) a₁/[mi toccherà] rimanere qui; **aus/von etw** (dat) ~, potere andare/venire *fam* via *da qc*; **sie ist noch nie von ihrem Dorf weggekommen**, non è mai uscita dal suo paese; **ich bin erst um 10 vom Arzt weggekommen**, sono venuto (-a) via dal medico solo alle 10 **2** (*loskommen*) **von jdm/etw** ~ {VON EINEM PARTNER} riuscire/farcela a ₁staccarsi da₁/[separarsi da]/[lasciare] *qu/qc*; {VON EINEM ORT} *auch* riuscire/farcela ad andarsene *da qc*; {VON EINER AUFFASSUNG, GEWOHNHEIT} riuscire a ₁liberarsi di₁/[separarsi da] *qc*: **er kommt nicht weg von der Droge**, non riesce a uscire dalla droga **3** (*abhandenkommen*) (**jdm**) ~ sparire (*a qu*) *fam*: **hier kommt ständig irgendwas weg**, qui sparisce sempre qualcosa **4** (*weggeräumt werden*) venir ₁messo ~ via₁/[tolto (-a)]: **die Wintersachen kommen jetzt endlich weg**, è ora di mettere via la roba invernale; (*weggeworfen werden*) venir buttato (-a) via; **was ich nicht brauche**,

kommt weg, ciò che non mi serve lo butto via **5** (*abschneiden*) **bei/in etw** (dat) **irgendwie** ~ {MENSCH BEI EINER BEWERBUNG, EINSCHÄTZUNG, IN EINER KRITIK, REZENSION} uscire + compl di modo da qc: **dieses Sonnenöl kommt bei den Tests nicht gut weg**, quest'olio solare non è stato giudicato bene dai test; **trotz seiner Schwächen kam der Roman in der Kritik gut weg**, nonostante i suoi punti deboli il romanzo è stato accolto bene dalla critica; **in der Gesamtbeurteilung ist sie gut weggekommen**, nel giudizio finale ₁se l'è cavata₁/[le è andata] bene **6** (*berücksichtigt werden*) **bei etw** (dat) **gut/schlecht ~**: **bei der Auflösung der Firma ist er schlecht weggekommen**, quando è stata sciolta la ditta (lui) ci ha rimesso; **wenn der Nachtisch aufgeteilt wird, kommt der Kleinste immer am besten weg**, quando viene distribuito il dessert al più piccolo tocca sempre il meglio **7** (*davonkommen*) **mit etw** (dat)/**irgendwie** ~ {BILLIG, GLIMPFLICH, UNGESCHOREN} cavarsela *con qc/+ compl di modo*: **er ist mit einer geringen Geldstrafe weggekommen**, se l'è cavata con una piccola multa; **sie sind bei dem Umfall glimpflich weggekommen**, in quell'incidente gli è andata bene **8** (*hinwegkommen*) **über etw** (akk) ~ {ÜBER EINE ENTTÄUSCHUNG, KRÄNKUNG, EINEN VERLUST} superare *qc*, farsi una ragione *di qc*: **sie kommen nicht über den Tod ihrer Tochter weg**, non riescono a superare la morte della figlia; **er kommt nicht darüber weg, dass sie ihn auf einmal entlassen haben**, non riesce a farsene una ragione che lo abbiano licenziato di punto in bianco ● **mach, dass du wegkommst!** *fam*, togliti/levati dai piedi! *fam*, fila via! *fam*.

weg|können ‹irr› itr *fam* **1** (*sich entfernen können*) poter uscire, potersene andare, poter andare via: **ich kann jetzt nicht hier weg, wir sind gerade in einer Sitzung**, non posso andare via ora, siamo in riunione **2** (*weggeworfen werden können*) poter essere buttato/gettato (via): **können die Zeitungen weg?**, si possono buttare via quei giornali?; **kann der angeschlagene Teller weg?**, si può buttare (via) il piatto sbocconcellato?

weg|kratzen tr **etw** ~ grattare via *qc*.

Wẹgkreuz n croce f/crocifisso m (lungo una via/strada).

Wẹgkreuzung f incrocio m, crocevia m, crocicchio m *fam*; (*Weggabelung*) bivio m.

weg|kriechen ‹irr› itr ‹sein› allontanarsi strisciando, strisciare via.

weg|kriegen tr *fam* **1** (*entfernen können*) **etw** (**mit etw** dat) ~ {NARBE, WARZE} riuscire a far sparire/[andar via] *qc* (*con qc*); {DRECK, FLECK, KRATZER} *auch* riuscire a togliere/levare *qc (con qc)* **2** (*fortbewegen können*) **jdn irgendwo/von etw** (dat) ~ {DORT, VON EINEM FEST, HIER} riuscire a portare via *qu da qc*; {VOM COMPUTER, FERNSEHER} riuscire a staccare *qu da qc*; **etw** (*irgendwo/von etw* dat) ~ riuscire/farcela a spostare *qc (da qc)* ● **jd ist nicht von etw** (dat) **wegzukriegen**, non si riesce a staccare qu da qc.

wẹgkundig adj *geh* {FÜHRER} che conosce la strada, pratico della zona.

weg|lassen ‹irr› tr **1** *fam* (*gehen lassen*) **jdn** ~ lasciare andare *qu*: **sie wollten mich überhaupt nicht mehr** ~, non volevano più lasciarmi andare via **2** (*auslassen*) **etw** ~ (*versehentlich*) tralasciare *qc* per sbaglio, dimenticare *qc*; (*absichtlich*) omettere *qc*, tralasciare *qc*, lasciare da parte *qc* **3** (*darauf verzichten*) **etw** ~ {GETRÄNK, GEWÜRZ, ZUTATEN} astenersi *da qc*, rinunciare *a qc*: **der Arzt hat ihm empfohlen, den Alkohol wegzulassen**, il medico gli ha consigliato di ₁non bere] /[astenersi dall'] alcol; **den Zucker ~**, non mangiare/aggiungere zuccheri.

weg|laufen <irr> itr <sein> **1** (*fortlaufen*) scappare, correre via, andare via di corsa: **lauf nicht gleich wieder weg!**, non (ri)scappare (via) subito!; ₁**mein Hund ist**₁/**[mir ist der Hund]** weggelaufen, mi è scappato il cane; **vor jdm/etw** ~ {VOR DEM FEIND, EINEM HUND, VERFOLGER} fuggire/scappare *davanti a qu/qc*; **er versuchte vergeblich, vor der Polizei wegzulaufen**, cercò invano di sfuggire alla polizia; **aus etw** (dat) ~ {AUS EINER ANSTALT, DEM GEFÄNGNIS, DER SCHULE} scappare *da qc*, fuggire *da qc*; **von zu Hause ~**, scappare di casa **2** *fam* (*verlassen*) **jdm** ~ {FREUND(IN)} piantare *qu fam*, lasciare *qu*: **ihm ist die/seine Frau weggelaufen**, gli è scappata la moglie; **sie ist ihrem Mann weggelaufen**, ha piantato il marito, è scappata (via) dal marito • **etw läuft jdm nicht weg** *fam* {ARBEIT}, qc non scappa a qu *fam*, qc può attendere.

weg|legen tr **1** (*aus der Hand legen*) **etw** ~ {BUCH, GEIGE, STRICKZEUG, ZEITUNG} mettere da parte *qc*, mettere via *qc*, posare *qc*; (*aufräumen*) mettere via *qc* **2** (*aufbewahren*) **etw für jdn** ~ mettere da parte *qc per/a qu*: **das bestellte Buch ist heute angekommen, ich habe es schon für Sie weggelegt**, il libro ordinato è arrivato oggi, gliel'ho già messo da parte.

Weg|leitung f CH → **Anleitung**.

weg|leugnen tr **etw** ~ {SCHULD, TATSACHE, UMSTAND} negare *qc*.

weg|loben tr **jdn** ~ {ANGESTELLTEN, MITARBEITER} sbarazzarsi *di qu* offrendogli un altro posto di lavoro: **sie haben den Politiker nach Brüssel weggelobt**, hanno spedito il politico a Bruxelles (per liberarsene).

weg|machen tr (**jdm**) **etw** ~ levare *qc (a qu)*, togliere *qc (a qu)*: **macht bitte euren Dreck selber weg!**, per favore, il vostro sporco toglietevelo voi!; **ich habe mir den Leberfleck ~ lassen**, mi sono fatto (-a) togliere il neo • **sich** (dat) **ein Kind ~ lassen** *slang*, andare a abortire.

weg|müssen <irr> itr *fam* **1** (*weggehen müssen*) dover andare via, dover andarsene; **aus/von etw** (dat) ~ {AUS, VON EINEM LAND, ORT} dover andare via *da qc*, dover lasciare *qc* **2** (*fortgebracht werden müssen*) {BRIEF, PAKET, SENDUNG} dover partire: **die Briefe müssen heute Abend noch weg**, le lettere vanno spedite stasera stessa; **die Ware muss spätestens morgen weg**, la merce deve partire/uscire al più tardi domani **3** (*entfernt werden müssen*) ₁dover essere₁/[andare] tolto (-a)/levato (-a), dover sparire *fam*: **das Bild muss weg**, il quadro va tolto; **deine Klamotten müssen weg, er darf nichts von dir hier finden**, i tuoi vestiti devono sparire, non deve trovare niente di tuo qui; **das Auto muss da weg**, la macchina va /[dev'essere] spostata di lì; **du musst da weg, du behinderst ja den ganzen Verkehr!**, devi spostarti/[spostare la macchina] di lì, non vedi che stai bloccando il traffico! **4** (*weggeworfen werden müssen*): **etw muss weg** {VERDORBENE LEBENSMITTEL, MÜLL}, qc va buttato (-a) (via) **5** (*sich lösen müssen*) **von jdm** ~ dover si staccare *da qu*, dover lasciare *qu*: **ich muss von ihm weg, sonst werde ich verrückt**, devo lasciarlo/[riuscire a staccarmi da lui] se no vo a a finire che impazzisco.

weg|nehmen <irr> tr **1** (*entfernen*) **etw** (**von etw** dat) ~ togliere *qc (da qc)*, levare *qc (da qc)*, portare via *qc (da qc)*: **nimm die Teller noch nicht weg!**, non togliere/[portare via] ancora i piatti!; **wer hat die Zeitung weggenommen?**, chi ha preso/[portato via] il giornale? **2** (*fortnehmen*) **jdm etw** ~ togliere *qc a qu*, levare *qc a qu*: **irgendjemand hat mir mein Zigarettenetui weggenommen**, qualcuno ₁si è preso il mio₁/[mi ha soffiato *fam* il] portasigarette; **wenn du nicht brav bist, nehm ich dir das Spielzeug weg**, se non fai il/la bravo (-a) ti tolgo il giocattolo; **nimm dem Kind das Messer/die Streichhölzer weg!**, leva/togli ₁il coltello₁/[quei fiammiferi] di mano al bambino!; **jdn** ~ {KIND} togliere *qu a qu*, portare via *qu a qu fam*; {(EHE)FRAU, (EHE)MANN, FREUND(IN)} portare via *qu a qu fam*, rubare *qu a qu fam*, soffiare *qu a qu fam* **3** (*einziehen*) **jdm etw** ~ {FÜHRERSCHEIN, PASS} ritirare *qc a qu*, togliere *qc a qu fam*; {BESITZ, DIEBESGUT, FUND, HAUS} confiscare *qc a qu*, togliere *qc a qu fam*; {FAHRZEUG} sequestrare *qc a qu* **4** (*nicht mehr zur Verfügung haben lassen*) (**jdm**) **etw** ~ {BAUM, GEBÄUDE AUSSICHT, LICHT, SONNE} togliere *qc (a qu)*; {MÖBELSTÜCK PLATZ} portare via *qc (a qu)*; {ARBEIT, BESUCH ZEIT} portare via *qc (a qu)*, occupare *qc (a qu)*, prendere *qc (a qu)* **5** *Brettspiel* (**jdm**) **etw** ~ {LÄUFER, SPIELSTEIN, TURM} mangiare *qc (a qu)*, soffiare *qc (a qu)* **6** (*verringern*) **etw** ~ {DIE BÄSSE, HOHEN TÖNE AM VERSTÄRKER} togliere *qc*, abbassare *qc*: (**das**) **Gas ~**, togliere ₁il gas₁/[il piede dall'acceleratore].

weg|operieren <ohne ge-> tr *fam* (**jdm**) **etw** ~ togliere *qc (a qu)* (operandolo) *fam*, asportare *qc a qu* (tramite intervento chirurgico) *geh*: **sich** (dat) **etw ~ lassen**, farsi togliere *qc* (con un intervento).

weg|packen tr *fam* **etw** ~ mettere via/[al proprio posto] *qc* • **pack dich weg!** *slang*, levati dalle scatole! *slang*, fila via! *fam*.

weg|pusten tr **etw** ~ {FUSSEL, STAUB} soffiare via *qc*, togliere *qc* ₁soffiandolo via₁/[soffiandoci sopra].

weg|putzen tr **1** (*entfernen*) **etw** (**von etw** dat) ~ {DRECK, FLECKEN, FINGERABDRÜCKE} togliere/levare *qc (da qc)* (pulendo con *qc*) **2** *fam* (*aufessen*) **etw** ~ spolverare *qc fam* **3** *slang* (*mit einer Schusswaffe töten*) **jdn** ~ far fuori *qu fam*, mandare all'altro mondo *qu fam* **4** *slang sport* **jdn/etw** ~ {GEGNER, MANNSCHAFT} stracciare *qu/qc*.

weg|radieren <ohne ge-> tr **etw** ~ cancellare *qc* (con la gomma).

Wegrand m ciglio m/margine m ₁della strada₁/[del sentiero]: **am ~**, ₁sul ciglio₁/[al margine] della strada.

weg|rasieren <ohne ge-> tr **A 1** (*abrasieren*) (**jdm**) **etw** ~ {NACKENHAARE, STOPPELN} radere *qc (a qu)*, rasare *qc (a qu)*: **jdm die Haare an den Beinen ~**, depilare le gambe a qu, radere i peli delle gambe a qu *fam* (*wegreißen*) (**jdm**) **etw** ~ {FAHRZEUG(FAHRER) HAUSECKE, LEITPLANKE, KOTFLÜGEL} portare via *qc (a qu)* **3** *fam* (*dem Erdboden gleichmachen*) **etw** ~ {BOMBE, MINE HÄUSERBLOCK, STRASSENZUG, VIERTEL} radere al suolo *qc* **B** rfl (*sich etw abrasieren*) **sich** (dat) **etw** ~ radersi *qc*, rasarsi *qc*; {BART} *auch* tagliarsi *qc fam*: **sich die Haare ~**, rasarsi/tosarsi a zero, raparsi/tagliarsi i capelli a zero; **sich die Haare an den Beinen ~**, depilarsi le gambe, radersi i peli delle gambe *fam*.

weg|rationalisieren <ohne ge-> tr *fam* **jdn/etw** ~ {ARBEITSPLÄTZE} eliminare/tagliare *qc* nel corso di un processo di razionalizzazione; {PERSONAL} licenziare *qu* in un processo di razionalizzazione.

weg|räumen tr **etw** ~ **1** (*aus dem Weg räumen*) {BAUMSTÄMME, HINDERNIS, STEINE} rimuovere *qc*, sgomb(e)rare *qc*: **den Bauschutt vor der Einfahrt ~**, sgomb(e)rare l'ingresso dai calcinacci **2** (*aufräumen*) rimettere a posto *qc*, mettere via *qc*: **lass mich eben die Bücher ~, dann können wir gehen**, fammi soltanto mettere via i libri e poi possiamo andare; **räumt bitte euer Spielzeug weg!**, rimettete a posto i vostri giocattoli, per favore!

weg|reißen <irr> tr **1** (*abreißen*) (**jdm**) **etw** ~ {EXPLOSION, GESCHOSS, GRANATSPLITTER ARM, BEIN} strappare *qc (a qu)* **2** (*schnell wegnehmen*) **jdm etw** ~ strappare via *qc a qu*: **sie haben der alten Frau die Handtasche weggerissen**, hanno strappato la borsa a quella signora anziana **3** (*fortreißen*) **jdn/etw** ~ {FLUSS, LAWINE, STRÖMUNG} trascinare via *qu/qc*, travolgere *qu/qc*, spazzare via *qc*.

weg|rennen <irr> itr <sein> correre via, darsela a gambe *fam*, scappare: **als er Stimmen hörte, ist der Dieb weggerannt**, appena ha sentito delle voci il ladro è scappato/fuggito.

weg|retuschieren <ohne ge-> tr **etw** (**auf etw** dat) ~ {AUF EINER DRUCKVORLAGE, EINEM FILM} far sparire *qc (su qc)* (con dei ritocchi).

weg|rollen A tr <haben> **etw** ~ rotolare via *qc* **B** itr <sein> **1** (*fortrollen*) {BALL, KUGEL} rotolare via *qc* **2** (*sich hinwegbewegen*) **über jdn/etw** ~ {DAMPFWALZE, LAWINE, PANZER, ZUG} travolgere *qu/qc*.

weg|rücken A tr <haben> **etw** (**von etw** dat) ~ {BETT, SCHRANK, SOFA VON DER WAND} spostare *qc (da qc)*, scostare *qc (da qc)* **B** itr <sein> (**von jdm/etw**) ~ scostarsi (*da qu/qc*): **sie rückte ₁vom Fenster₁/[von ihrem Tischnachbarn] weg**, si scostò ₁dalla finestra₁/[dal suo vicino di tavolo].

weg|rufen <irr> tr **jdn** ~ (ri)chiamare altrove *qu*: **der Arzt wurde während der Untersuchung weggerufen**, durante la visita il medico fu chiamato altrove; **jdn ₁von jdm/etw₁/[aus etw** (dat)**]** ~ {VON EINEM GESPRÄCHSPARTNER, PATIENTEN} chiamare *qu* (altrove) (*portandolo via da qu/qc*); {VON DER ARBEIT, EINER GESPRÄCHSRUNDE, VOM SPIELEN} chiamare *qu* altrove (*interrompendolo in qc*).

weg|rutschen itr <sein> **1** (*wegrücken*) (**von jdm**) ~ scostarsi (*da qu*) **2** (*ausrutschen*) (**jdm**) ~ {BEINE, FÜSSE} scivolare (*a qu*); {FAHRZEUG, RÄDER} slittare, scivolare (*a qu*): **auf der nassen Straße ist mir das Mofa weggerutscht**, il motorino ha slittato sulla strada bagnata **3** (*aus der Hand rutschen*) **jdm** ~ scivolare (di mano) *a qu*.

weg|sacken itr <sein> **1** *naut* colare a fondo/picco, affondare rapidamente **2** *aero* perdere quota di colpo **3** *fam* (*einsacken*) **in etw** (dat) ~ {IM SCHLAMM, SCHNEE} sprofondare *in qc* **4** *fam* (*in sich zusammensacken*) {MENSCH} stramazzare al suolo: **jdm sacken die Beine weg**, a qu cedono le gambe, le gambe di qu fanno giacomo giacomo *fam*.

weg|schaffen tr **etw** ~ {BEUTE, GELD, GEPÄCK} portare via *qc*, far sparire *qc fam*; {STÖRENDE GEGENSTÄNDE} levare/togliere di mezzo *qc*; (*loswerden*) *auch* sbarazzarsi *di qc*: **schaff deine Koffer vom Eingang weg!**, togli le tue valigie dall'ingresso!; **nach der Tat schaffte er die Leiche weg**, dopo il delitto fece sparire il corpo della vittima.

weg|schauen itr guardare da un'altra parte, volgere/girare lo sguardo/gli occhi altrove: **sie schaute verlegen weg**, imbarazzata, guardò da un'altra parte; **gestern Nachmittag wurde ein Mann auf offener Straße ausgeraubt, niemand half, alle schauten weg**, ieri pomeriggio un signore è stato derubato in mezzo alla strada, nessuno l'ha aiutato, tutti guardavano da un'altra parte.

weg|schenken tr *fam* **etw** ~ dare via *qc*

(in regalo) *fam*.

weg|scheren rfl *fam* sich ~ levarsi di torno *fam*, togliersi/levarsi dai piedi *fam*.

weg|schicken tr **1** (*fortschicken*) **jdn** ~ mandare via *qu*; {UNERWÜNSCHTEN BESUCHER} *auch* sbarazzarsi *di qu* **2** (*abschicken*) *etw* ~ {BRIEF, PAKET, WAREN} spedire *qc*, mandare via *qc*, inviare *qc* **3** (*losschicken*) **jdn zu etw** (dat) ~ {ZUM EINKAUFEN, MILCH HOLEN} mandare *qu a fare qc*: **jdn ~, etw zu tun**, mandare qu a fare qc.

weg|schieben <irr> tr **jdn/etw** ~ spingere da parte *qu/qc*, spostare *qc*: **seinen Teller ~**, allontanare da sé il piatto.

weg|schleichen <irr> itr rfl → **davon|schleichen**.

weg|schleppen A tr (*wegtransportieren*) **jdn/etw** ~ {SCHWEREN GEGENSTAND, LEICHE, VERLETZTEN} trascinare via *qu/qc*; {POLIZEI TEILNEHMER EINES SIT-INS} portare via *qu* a forza B rfl (*sich fortschleppen*) sich ~ trascinarsi: **sich mühsam ~**, trascinarsi ˌa fatica/stentoˌ/[faticosamente], arrancare.

weg|schließen <irr> tr **etw** (*vor jdm*) ~ {GELD, SCHMUCK, WERTSACHEN} mettere sotto chiave *qc* (*al riparo/sicuro da qu*): **Süßigkeiten muss ich vor den Kindern immer ~**, i dolciumi devo metterli sempre sotto chiave per tenerli lontani dai bambini.

weg|schmeißen <irr> tr *fam* **etw** ~ buttare via *qc*.

weg|schnappen tr *fam* **jdn jdn/etw** ~ soffiare *qu/qc a qu fam*: **sie haben uns die Wohnung vor der Nase weggeschnappt**, ci hanno soffiato l'appartamento per un pelo.

Weg|schnecke f *zoo* lumaca f, limaccia f, lumacone m.

weg|schneiden <irr> tr **etw** ~ tagliare (via) *qc*: **faule Stellen aus dem Obst ~**, scattivare la frutta.

weg|schütten tr **etw** ~ buttare via *qc*: **schütt den letzten Rest Milch einfach weg**, buttalo pure via quell'ultimo avanzo di latte.

weg|schwemmen tr **etw** ~ trascinare via *qc*, portare via *qc*.

weg|sehen <irr> itr **1** *fam* → **weg|schauen 2** *fam* (*hinwegsehen*) **über etw** (akk) ~ passare sopra *qc*, chiudere un occhio (*di fronte a qc*), non far caso *a qc*.

weg|setzen A tr (*woandershin setzen*) **jdn/etw** ~ cambiare *qu/qc* di posto, spostare *qu/qc*; **jdn von jdm/etw** ~ allontanare *qu da qc* B rfl (*sich woandershin setzen*) sich ~ cambiare posto, spostarsi (di posto); **sich von jdm/etw** ~ sedersi lontano *da qu/qc*: **ich muss mich vom Fenster ~**, devo sedermi lontano ˌdalla finestraˌ/[dal finestrino].

weg|sollen <irr> itr *fam* {MENSCH} dover andarseneˌ/[andar viaˌ]; {STÖRENDER GEGENSTAND, HINDERNIS} dover sparireˌ/[essere portato viaˌ]: **die Tanne ist zu hoch gewachsen, sie soll jetzt weg**, l'abete è cresciuto troppo, è ora di toglierlo; **all die alten Häuser in unserer Straße sollen weg**, si dice che butteranno giù tutte le vecchie case nella nostra strada; **warum soll ich/[mein Auto] da weg?**, perché ˌmi devo spostareˌ/[devo spostare la macchina] di lì?

weg|spülen tr **etw** ~ **1** (*in der Toilette*) tirare lo sciacquone per mandare via *qc* **2** (*waschen*) {GESCHIRR} sciacquare *qc*, lavare *qc* **3** (*wegschwemmen*) {FLUT, WELLEN} portare via *qc*, spazzare via *qc*.

weg|stecken tr *fam* **1** (*einstecken*) **etw** ~ {BRIEF, GELD, PORTMONEE} mettere via *qc*, mettere in tasca *qc*; (*verschwinden lassen*) far sparire *qc* **2** (*verkraften*) **etw** ~ {ENTTÄUSCHUNG, MISSERFOLG, SCHEITERN, SCHICKSALS-

SCHLAG} mandare giù *qc*, digerire *qc fam*, incassare *qc fam*, ingoiare *qc fam*: **sie hat eine Menge ~ müssen in der letzten Zeit**, ha dovuto sopportare parecchio negli ultimi tempi; **so eine Enttäuschung steckt man nicht so leicht weg**, una tale delusione è difficile digerirla.

weg|stehlen <irr> rfl sich ~ squagliarsela, svignarsela, sgattaiolare via; **sich aus etw** (dat) ~ {AUS EINEM HAUS, ZIMMER} sgattaiolare via *da qc*; {AUS EINER ABENDGESELLSCHAFT, SITZUNG} *auch* svignarsela *da qc*.

weg|stellen tr **etw** ~ **1** (*woandershin stellen*) spostare *qc*, cambiare posto *a qc* **2** (*beiseite stellen*) mettere via *qc*; (*an seinen Platz stellen*) riporre *qc*: **stell die Gläser nach dem Abtrocknen bitte weg!**, per favore, dopo averli asciugati metti via i bicchieri!

weg|sterben <irr> itr *fam* morire (uno (-a) dopo l'altro (-a)): **seine Freunde sind alle weggestorben**, uno dopo l'altro, i suoi amici sono morti tutti; **jdm** ~ morire *a qu*; **ihm ist vor einem Monat die Frau weggestorben**, un mese fa gli è morta la moglie.

weg|stoßen <irr> tr **jdn/etw** ~ spingere viaˌ/[lontano da séˌ] *qu/qc*: **etw mit dem Fuß ~**, spingere via qc con un piede.

Weg|strecke f tratto m di strada • **schlechte ~**, strada dissestata.

weg|streichen <irr> tr **etw** ~ {WORT} cancellare *qc*, togliere *qc*; {ABSCHNITT, SATZ} *auch* tagliare *qc*; **etw aus etw** (dat) ~ togliere *qc da qc*, eliminare *qc da qc*.

Weg|stunde f ora f di cammino/strada.

weg|tauchen itr <sein> **1** (*abtauchen*) (*unter jdm/etw*) ~: **sie versuchte ihn zu fassen, aber er tauchte einfach unter ihr weg**, cercò di afferrarlo, ma lui sparì sott'acqua **2** *slang* (*verschwinden*) sparire dalla circolazione *fam*; (*aus einer unangenehmen Situation*) svignarsela *fam*, squagliarsela *fam*.

weg|tauen itr <sein> {EISDECKE, SCHNEE} sciogliersi/liquefarsi/fondersi completamente.

weg|tragen <irr> tr **jdn/etw** ~ portare via *qu/qc*: **sie mussten ihn ~, so betrunken war er**, dovettero portarlo via di peso, tanto era ubriaco.

weg|treiben <irr> A tr <haben> **1** (*forttreiben*) **jdn/etw** (*von etw* dat) ~ {STRÖMUNG, WIND BOOT, KAHN, RUDERER} portare via *qu/qc* (*da qc*), trascinare via *qu/qc* (*da qc*): **der starke Wind hatte das Boot von der Küste weggetrieben**, il vento forte aveva spinto la barca lontano dalla costa **2** (*vertreiben*) **jdn/etw** (*von etw* dat) ~ cacciare (via) *qu/qc* (*da qc*) B itr <sein> (*forttreiben*) {BOOT} andare alla deriva, derivare; {FLOß, HOLZ} essere trascinato via (dalle correnti).

weg|treten <irr> A tr <haben> (*von sich treten*) **etw** ~ {BALL} calciare *qc*; {EIMER, HINDERNIS} *auch* spostare *qc* a calci B itr <sein> **1** (*zurücktreten*) (*von etw* dat) ~ allontanarsi (*da qc*): **bitte von der Tür ~**, stare lontano dalla porta, prego! **2** *mil* {KOMPANIE, SOLDATEN} rompere le righe: **weg(ge)treten!**, rompete le righe!; (**die Kompanie**) **~ lassen**, ordinare di rompere le righe • (*geistig*) **weggetreten sein** *fam*, essere assente, essere con la testa ˌfra le nuvoleˌ/[altrove].

weg|tun <irr> tr *fam* **etw** ~ **1** (*wegwerfen*) buttare (via) *qc*: **diese alten Klamotten tu ich weg, die zieht doch keiner mehr an**, questi vecchi abiti li butto via, tanto non li mette più nessuno **2** (*weglegen*) mettere via *qc*; (*aufräumen*) riporre *qc* + *compl di luogo*, rimettere a posto *qc* **3** (*sparen*) mettere via *qc*, mettere da parte *qc*.

weg|wählen tr CH → **ab|wählen**.

wegweisend adj {GEDANKE, REDE, TAT} innovatore; {ERFINDUNG} che apre ˌnuovi orizzontiˌ/[nuove prospettive]; {URTEILSSPRUCH} che crea un precedente: (**für jdn/etw**) **~ sein**, essere determinante/decisivo (per *qc*); **die ersten Unterrichtsjahre in der Grundschule sind ~ für ihn gewesen**, i primi anni della scuola elementare sono stati fondamentali per la sua vita.

Wegweiser <-s, -> m cartello m indicatore/stradale, freccia f; (*als Buchtitel*) guida f, indicatore m.

Wegwerfartikel m *com* articolo m usa e getta.

weg|werfen <irr> tr **etw** ~ **1** (*wegschmeißen*) buttare (via) *qc*, gettare (via) *qc*: **die Werbung wirft er immer gleich weg**, la pubblicità la butta sempre via subito **2** (*vergeuden*) {SEIN LEBEN} buttare via *qc*, gettare via *qc*: **das ist weggeworfenes Geld**, sono soldi buttati via.

wegwerfend A adj {GESTE, HANDBEWEGUNG} sdegnoso, sprezzante B adv {SICH ÄUBERN} con disprezzo, in modo sprezzante.

Wegwerffeuerzeug n accendino m ˌusa e gettaˌ/[non ricaricabile].

Wegwerfflasche f vuoto m a perdere.

Wegwerfgesellschaft f società f dell'usa e getta.

Wegwerfmentalität f *pej* mentalità f dell'usa e getta.

Wegwerfverpackung f imballaggio m a perdere/confezione f.

Wegwerfware f merce f usa e getta.

Wegwerfwindel f pannolino m monouso.

weg|wischen tr **1** (*entfernen*) **etw** (*von etw* dat) ~ {FINGERABDRÜCKE, STAUB, TROPFEN, WASSER} togliere *qc* (*da qc*) (ˌcon un pannoˌ/[strofinando]) **2** (*auswischen*) **etw** (*irgendwo*) ~ {SATZ, WORT, ZEICHEN IM SAND, AN DER TAFEL} cancellare *qc* (+ *compl di luogo*) **3** (*abtun*) **etw mit etw** (dat) ~ {JDS BEDENKEN, EINWÄNDE MIT EINER GESTE, HANDBEWEGUNG} liquidare *qc* (*con qc*), scacciare *qc* (*con qc*), cancellare *qc* (*con qc*) • **wie weggewischt sein** {ANGST, ERINNERUNGEN}, essere come cancellato.

weg|wollen <irr> itr *fam* **1** (*weggehen wollen*) (**aus/von etw**) ~ {AUS EINER GEGEND, EINEM LAND, EINER STADT, VON EINER PARTY} volerˌandare viaˌ/[andarsene] (*da qc*): **komm endlich, wir wollen weg!**, su, vieni, ˌsi va viaˌ/[andiamocene]!; **von zu Hause ~**, volersene andare di casa **2** (*ausgehen wollen*) voler/[aver voglia di] uscire **3** (*verreisen wollen*) voler ˌandare viaˌ/[partire]: **letztes Jahr bin ich zu Hause geblieben, aber diesen Sommer will ich weg**, l'anno scorso sono rimasto (-a) a casa ma quest'estate voglio ˌandare viaˌ/[partire]/[fare un viaggio]; **wir wollen morgen zeitig weg**, domani vogliamo partire presto.

weg|wünschen A tr **jdn** ~ desiderare che *qu* ˌse ne vadaˌ/[sia lontano]: **ich hätte ihn (in diesem Moment) am liebsten weggewünscht**, avrei preferito (in quel momento) che ˌse ne andasseˌ/[fosse lontano (da me)] B rfl sich (**aus/von etw** dat) ~ desiderare di ˌpotersene andareˌ/[essere lontano (*da qc*)]/[essere altrove]: **ich wünschte mich von hier weg**, vorrei essere lontano (-a) da qui.

Wegzehrung f <-, ohne pl> **1** *geh* (*Proviant*) provviste f pl per il viaggio **2** *relig* viatico m.

Wegzeichen n segnavia m.

weg|ziehen <irr> A tr <haben> (*durch Ziehen entfernen*) **jdn/etw** ~ tirare (via) *qu/qc*; (*wegschleppen*) trascinare (via) *qu/qc*: **sie**

zogen das verletzte Tier von der Fahrbahn weg, tirarono via l'animale ferito dalla carreggiata; **zieh mir nicht immer die Decke weg!**, non mi tirare sempre via la coperta!; **die Hand/den Fuß ~**, ritirare la mano/il piede **B** *itr <sein>* **1** (*woandershin ziehen*) trasferirsi, andare a vivere altrove, ˌlasciare laˌ/[cambiare] casa; *aus/von etw* (dat) ~ lasciare qc **2** *ornith irgendwohin* ~ {ZUGVÖGEL} migrare + *compl di luogo*.

weh *adj* **1** *fam* (*schmerzend*) che ˌfa maleˌ/[duole], dolorante: **ich habe einen wehen Fuß**, mi fa male un piede, ho male a un piede **2** *geh* (*schmerzlich*) {BLICK, LÄCHELN} doloroso, dolente • *o weh!*, ahimè!; **weh** *tun* → **weh|tun**; **jdm ist so weh** *zumute!*/[ums Herz] *geh*, qu è triste in cuor suo *lit.*

Weh <-(e)s, rar -e> *n geh obs* dolore *m* • **mit/unter Weh und Ach** *fam*, tra lamenti e pianti, a gran fatica.

wehe *interj* guai!: ~ **mir/uns!**, guai a me/noi!, ahimè/ahinoi!, ˌpovero (-a) meˌ/[poveri (-a) noi]!; ~ (**dir**), **wenn ...!**, guai a te ...!; ~ **dem, der ...!**, guai a chi/[colui che] ...!; **der Winter naht**; ~ **dem, der jetzt kein Dach über dem Kopf hat**, si sta avvicinando l'inverno: poveri coloro che non hanno un tetto sulla testa.

Wehe① <-, -n> *f* (*meist pl*> (*Geburtswehe*) doglia *f*, contrazione *f* uterina, travaglio *m* (di parto): **sie hat starke ~n**, ha forti contrazioni (uterine); **die ~n setzen ein/aus**, ˌcominciano le doglieˌ/[le doglie cessano]; **die ~n lassen nach**, le contrazioni/doglie cominciano a essere meno frequenti; **in den ~n liegen**, avere le doglie, essere in travaglio.

Wehe② <-, -n> *f* (*Schneewehe*) cumulo *m* di neve; (*Sandwehe*) cumulo *m*/mucchio *m* di sabbia.

wehen **A** *itr* **1** <*haben*> (*blasen*) {BRISE} soffiare, spirare; {WIND} *auch* tirare; {LUFTZUG} tirare: **es weht etw**, soffia/spira/tira qc; **hier weht immer ein kühles Lüftchen**, qui soffia/spira/[c'è] sempre un venticello fresco; **draußen weht es ganz schön**, fuoriˌc'è parecchioˌ/[spira/tira un bel] vento; **von den Bergen weht es eiskalt**, dalle montagne spira/soffia/tira un vento gelido **2** <*haben*> (*flattern*) {FAHNE} sventolare, garrire *lit*; {HAARE} svolazzare: **die Wimpel wehen im Wind**, i gagliardetti sventolano nel vento; **mit ~den Fahnen**, a bandiere spiegate **3** <*sein*> (*getragen werden*) **irgendwohin ~**: **etw weht irgendwohin** {DUFT, KLANG}, il vento porta qc + *compl di luogo*; **der Duft frischen Heus wehte ins Zimmer**, il profumo di erba appena falciata giungeva nella stanza; *irgendwohin* ~ {BLATT, BRIEF, ZETTEL} volare + *compl di luogo*; **jdm ins Gesicht** ~ {WIND}, soffiare in faccia a qu; {SCHNEEFLOCKEN} arrivare in faccia a qu; **jdm weht etw in die Nase** {DUFT, GERUCH}, qu sente qc **B** *tr* <*haben*> (*wegtreiben*) *etw von etw* (dat) ~ {LUFTZUG, WIND ZETTEL VOM TISCH} ˌfar volareˌ/[spazzare] via *qc da qc*.

Wehgeschrei *n* grida *f* pl di dolore, lamenti *m* pl • **ein ~ anstimmen**, **in ~ ausbrechen**, rompere in lamenti; **es erhebt sich lautes ~**, si levano strazianti/alti lamenti.

Wehklage *f geh* lamento *m*, gemito *m lit.*

wehklagen *itr geh* (*über etw* akk) ~ ˌlamentarsiˌ (*per qc*), gemere (*per qc*) *lit*; **um jdn** ~ piangere la perdita *di qu*.

wehleidig *adj pej* **1** (*übertrieben schmerzempfindlich*) {MENSCH} che si lamenta per il minimo dolore, ipersensibile al dolore: **ein ~es Kind**, un bambino piagnucoloso; **er ist schrecklich ~**, si lamenta per il minimo dolore **2** (*jammerig*) {STIMME} piagnucoloso, lamentevole, lamentoso, querulo *lit.*

Wehleidigkeit <-, ohne pl> *f* essere *m* lagnoso/piagnucoloso.

Wehmut <-, ohne pl> *f geh* malinconia *f*, mestizia *f*; (*Sehnsucht nach Vergangenem*) nostalgia *f*: **mit/voll ~ an jdn/etw denken/zurückdenken**, ˌpensare a qu/qcˌ con malinconiaˌ/[ricordare qu/qc con nostalgia]; **~ erfasst/ergreift jdn**, qu viene colto da malinconia/nostalgia; **tiefe ~ ergriff sie**, la colse una profonda malinconia • **voller ~** {AUGEN, BLICK, LÄCHELN, STIMME}, pieno di malinconia, malinconico, mesto.

wehmütig *geh* **A** *adj* {BLICK, LÄCHELN, LIED, STIMME} malinconico, mesto; {ERINNERUNGEN, GEDANKEN} *auch* pieno di nostalgia; {SEUFZER} malinconico **B** *adv* {JDN ANGUCKEN, LÄCHELN} malinconicamente, con mestizia/malinconia; {AUF ETW ZURÜCKBLICKEN, SICH ZURÜCKSEHNEN} con nostalgia/malinconia; {JDM NACHBLICKEN} con malinconia: **ihre Stimme klang ~**, aveva una voce malinconica/mesta.

wehmutsvoll *adj* → **wehmütig**.

Wehr① *f*: **sich** (*gegen jdn/etw*) *zur* ~ *setzen* {GEGEN EINE BELEIDIGUNG, UNTERSTELLUNG, VERLEUMDUNG}, difendersi (*da qu/qc*); {GEGEN EINEN ANGREIFER, ÄNGSTEN} *auch* opporre resistenza (*a qu/qc*), opporsi *a qu/qc*; **sich gegen den Feind zur ~ setzen**, opporre resistenza al nemico.

Wehr② <-(e)s, -e> *n bau* sbarramento *m*, diga *f*.

Wehr③ <-, rar -en> *f fam obs* (*Feuerwehr*) pompieri *m* pl; (*Löschzug*) autopompa *f*.

Wehrbeauftragte <*dekl wie adj*> *mf* incaricato (-a) *m* (*f*) parlamentare per le forze armate.

Wehrbereich *m* distretto *m* militare.

Wehrbezirk *m* distretto *m* militare.

Wehrdienst <-(e)s, ohne pl> *m* servizio *m* militare/[di leva] • **jdn zum ~ einberufen**, chiamare qu alle armi, arruolare qu, reclutare qu; **jdn vom ~ freistellen**, esonerare qu dal servizio militare; **den/seinen ~ (ab)leisten**, fare/prestare il servizio militare/[di leva]; **den ~ verweigern**, fare l'obiettore di coscienza.

wehrdienstpflichtig *adj* → **wehrpflichtig**.

wehrdiensttauglich *adj* abile al servizio militare.

wehrdienstuntauglich *adj* non idoneo al servizio militare.

Wehrdienstverweigerer <-s, -> *m* obiettore *m* di coscienza.

Wehrdienstverweigerung *f* obiezione *f* di coscienza.

wehren **A** *rfl* **1** (*Widerstand leisten*) **sich** (*gegen jdn/etw*) ~ difendersi (*da qu/qc*), resistere (*a qu/qc*); {GEGEN KÜRZUNGEN, EINEN PLAN, EIN VORHABEN} opporsi *a qc*: **sich heftig/tapfer/vergeblich ~**, difendersi energicamente/valorosamente/invano **2** (*von sich weisen*) **sich gegen etw** (akk) ~ {GEGEN EINE ANSCHULDIGUNG, BEHAUPTUNG, UNTERSTELLUNG, EINEN VORWURF} difendersi *da qc*: **gegen so eine Unterstellung musst du dich ~**, devi difenderti da una simile insinuazione!; **ich wehre mich entschieden gegen eure Anschuldigungen**, respingo decisamente le vostre accuse; **sich** (*gegen etw* akk) *zu* ~ *wissen*, sapersi difendere *da qc* **3** (*sich sträuben*) **sich dagegen ~**, **etw zu tun**, ˌopporsi aˌ/[rifiutarsi di fare] qc **B** *itr geh etw* (dat) ~ {AUSWÜCHSEN, DEM BÖSEN, EINER NEGATIVEN ENTWICKLUNG} opporsi *a qc*, opporre resistenza *a qc*.

Wehrersatzbehörde *f* ufficio *m* di leva.

Wehrersatzdienst *m* → **Zivildienst**.

Wehretat *m pol* bilancio *m* della difesa.

Wehrexperte *m* (**Wehrexpertin** *f*) esperto (-a) *m* (*f*) militare.

wehrfähig *adj* {MENSCH} abile/idoneo (al servizio militare): **im ~en Alter**, in età di leva.

Wehrgang *m hist* cammino *m* di ronda.

Wehrgerechtigkeit *f* "uguaglianza *f* di trattamento di tutti coloro che sono soggetti agli obblighi militari".

wehrhaft *adj obs* **1** (*in der Lage, sich zu verteidigen*) {MENSCH, TIER} capace/[in grado] di difendersi **2** (*gut befestigt*) {BURG, STADT} ben fortificato/munito.

Wehrhoheit *f pol* sovranità *f* militare.

Wehrkirche *f arch* chiesa *f* fortificata.

wehrlos **A** *adj* {KIND, ALTE LEUTE, ZIVILBEVÖLKERUNG} inerme, indifeso: **gegen jdn/etw ~ sein**, essere indifeso contro qu/qc, essere disarmato di fronte a qu/qc; **sie ist gegen Beleidigungen/Kritik absolut ~**, è completamente inerme/disarmata di fronte alle offese/critiche **B** *adv* {GEGENÜBERSTEHEN} senza difesa: **jdm ~ ausgeliefert sein**, essere/trovarsi completamente alla mercé di qu; *etw* ~ *über sich* (akk) *ergehen lassen*, subire qc senza difendersi/[opporre resistenza].

Wehrlosigkeit <-, ohne pl> *f* incapacità *f* di difendersi.

Wehrmacht <-, ohne pl> *f hist*: **die ~**, la Wehrmacht, "le forze armate tedesche nel periodo dal 1931 al 1945".

Wehrmann <-(e)s, Wehrmänner> *m CH* soldato *m*, militare *m*.

Wehrpass (a.R. Wehrpaß) *m mil* stato *m* di servizio.

Wehrpflicht *f mil*: **(allgemeine) ~**, obbligo *m* di leva, servizio *m* militare obbligatorio, coscrizione obbligatoria; **für jdn besteht die (allgemeine) ~**, per qu il servizio militare è obbligatorio; **von der ~ freigestellt sein**, essere militesente; **der ~ unterliegen**, essere soggetto agli obblighi di leva.

wehrpflichtig *adj* {BÜRGER, REKRUT} soggetto agli obblighi militari/[di leva]; {RESERVIST} richiamabile (alle/[sotto le] armi): **im ~en Alter**, in età di leva; **einen Sohn im ~en Alter haben**, avere un figlio in età di leva; **in Deutschland sind alle Männer ab 18 Jahren ~**, in Germania tutti gli uomini che hanno compiuto 18 anni hanno l'obbligo di prestare il servizio militare; **nicht ~ sein**, essere militesente.

Wehrpflichtige <*dekl wie adj*> *mf* persona *f* soggetta agli obblighi militari/[di leva]; (*schon Eingezogener*) coscritto *m*, militare *m*.

Wehrsold <-(e)s, ohne pl> *m mil* soldo *m*, paga *f* (militare).

Wehrsport *m* addestramento *m* paramilitare.

Wehrsportgruppe *f* gruppo *m* paramilitare.

Wehrübung *f mil* esercitazione *f* militare.

weh|tun <*irr*> **A** *itr* **1** (*Schmerzen verursachen*) fare male, dolere: **jdm tut etw weh**, a quˌfa maleˌ/[duole] qc, qu ha male a qc, qu ha qc che gli ˌfa maleˌ/[duole]; **mir tut der Fuß/Kopf/Rücken weh**, ˌmi fa male il piedeˌ/[ho mal di testa/schiena]; **wo tut es dir weh?**, doveˌti faˌ/[hai/senti male?; (*an ein Kind gerichtet*) doveˌce l'haiˌ/[hai] la bua? **2** (*Schmerzen zufügen*) **jdm/etw** ~ {EINEM MENSCHEN, TIER} fare male *a qu/qc*; **der Schuh tut mir an der Ferse weh**, la scarpa mi fa male al tallone **3** (*seelische Schmerzen zufügen*) **jdm** ~ fare male *a qu/qc*, far soffrire *qu*; {LIEBLOSIGKEIT, VERDÄCHTIGUNGEN, WORTE} *auch* arrecare dolore/sofferenza *a qu geh* **B** *rfl* (*sich verletzen*) **sich** (dat) **an etw** (dat) ~ {AN EINEM KÖRPERTEIL} farsi male (*a qc*); {AN

ETWAS SCHARFEM, SPITZEM} farsi male (con qc): **hast du dir wehgetan?**, ti sei fatto (-a) male?

Wehweh <-s, -s> n Kindersprache bua f fam, bubù f fam: **ein ~ haben**, avere la bua.

Wehwehchen <-s, -> n fam iron doloretto m fam, acciacco m fam, acciaccino m fam: **irgendein ~ hat er immer**, un qualche acciacco ce l'ha sempre; **der mit seinen tausend ~!**, quello lì con tutti i suoi acciacchi!

Weib <-(e)s, -er> n **1** obs (Frau) donna f **2** fam (Frau) donna f: **ein tolles ~**, una donna fantastica, uno schianto di donna slang; pej: **dummes/blödes ~!**, stupida/cretina!; **ein zänkisches ~**, una megera; **warum gibst du dich auch mit solchen ~ern ab?**, perché frequenti simili femmine? ● **~er !** pej, le donne! pej; **hinter den ~ern herlaufen/her sein**, correre dietro alle donne/gonnelle/femmine; **~ und Kind** scherz (die Familie), moglie e figli; **jdn zu seinem ~ machen**/**[zum ~e nehmen]** obs, prendere qu in moglie; **er macht sich nichts aus ~ern** pej, le donne non gli interessano particolarmente.

Weibchen <-s, -> n dim von Weib **1** zoo femmina f **2** pej (nicht emanzipierte Frau) femmina f (civetta) **3** obs scherz (Ehefrau) mogliettina f.

Weiberfastnacht, **Weiberfasnacht** f region → **Altweiberfastnacht**.

Weiberfeind m pej misogino m.

Weibergeschichte f <meist pl> pej storia f di donne fam: **er hat immer ~n**, è uno pieno di storie di donne fam; **jdm seine ~n erzählen**, raccontare a qu le proprie avventure.

Weibergeschwätz n pej pettegolezzi m pl/chiacchiere f pl da comari.

Weiberhass (a.R. Weiberhaß) m pej misoginia f.

Weiberhasser <-s, -> m misogino m.

Weiberheld m pej sciupafemmine m fam pej, donnaiolo m, rubacuori m fam, dongiovanni m.

Weiberkram m fam cose f pl/roba f da donne.

Weiberwirtschaft <-, ohne pl> f pej regno m/repubblica f delle donne.

weibisch adj pej {MANN} effeminato, femmineo lit.

Weiblein <-s, -> n fam dim von Weib vecchietta f, vecchiuccia f fam: **ein verhutzeltes ~**, una vecchietta tutta incartapecorita.

weiblich adj **1** (fraulich) {FORMEN, KÖRPER, RUNDUNGEN} femminile, di donna, femmineo lit, femminino lit; {ANMUT, AUSSTRAHLUNG, GRAZIE} auch muliebre; {FRISUR, KLEIDUNG, MODE} femminile, muliebre: **sie ist sehr ~**, è molto femminile; **viel Weibliches hat sie nicht**, non ha molto di femminile **2** anat {BRUST, GESCHLECHTSORGAN, HORMONE} femminile, della donna **3** (dem gebärenden Geschlecht angehörend) {HILFSKRAFT, PERSON} di sesso femminile; {ANGESTELLTE} auch donna; {TIER} femmina, de sesso femminile: **das ~e Geschlecht**, il sesso femminile; **ein ~es Wesen**, un essere femminile; **~e Wesen sind hier nicht gerne gesehen**, qui le donne non sono viste di buon occhio **4** (zur Frau gehörend) {STIMME, VORNAME} femminile, di/da donna **5** (für Frauen charakteristisch) {EIGENSCHAFT, VERHALTEN} femminile, da donna, femmineo, muliebre; {LIST} femminile, femminino; {BERUF, TÄTIGKEIT} femminile, muliebre, da donna **6** gram femminile **7** bot {BLÜTE} femminile, pistillifero **8** kunst {AKT, FIGUR, STATUE} femminile, muliebre.

Weiblichkeit <-, ohne pl> f femminilità f ● **die holde ~** scherz, il gentil sesso.

Weibsbild n **1** fam bes. süddt A femmina f: **das ist ja ein feuriges ~!**, questa sì che ha fuoco!, che donna focosa! **2** fam pej femmina f pej.

Weibsstück n fam pej femmina f.

weich A adj **1** (gut formbar) {MASSE, TEIG, TON, WACHS} molle, morbido, tenero **2** (sich sanft anfühlend) {HAUT, SAMT, SEIDE, STOFF} morbido; {FELL, GRAS, HAAR, PULLI, WOLLE} auch soffice **3** (nachgiebig) {BETT, BODEN, UNTERGRUND} morbido, molle; {DECKE, KISSEN, MATRATZE, TEPPICH} soffice; {BAUCH, OBERARME, SCHENKEL} molle, floscio, flaccido; {KONTAKTLINSEN, LEDER} morbido; {HOLZ} tenero, dolce; {GESTEIN, STEIN} morbido, tenero: **ein ~er Bleistift**, una matita (dalla mina) morbida **4** gastr {BUTTER, BROT} morbido; {FLEISCH, GEMÜSE} tenero; {KÄSE} molle: **ein ~es Ei**, un uovo alla coque **5** (sehr reif) {FRUCHT} ben maturo **6** (nicht energisch) {CHARAKTER, MENSCH} morbido, (empfindsam) tenero, sensibile: **zu ~ mit jdm sein**, essere troppo morbido con qu; **bei solchen Entscheidungen darf man nicht zu ~ sein**, per prendere simili decisioni non bisogna essere troppo teneri; **ein ~es Herz haben**, avere il cuor tenero **7** (nicht scharf) {LINIEN, LIPPEN, MUND} morbido; {GESICHT, GESICHTSZÜGE} auch dolce **8** (angenehm klingend) {KLANG, STIMME, TONFALL} morbido, delicato: **einen ~en Anschlag haben** (beim Klavierspielen-, Schreibmaschineschreiben), avere un tocco morbido **9** (nicht grell) {FARBE, FARBTON} morbido, tenue, delicato; {LICHT} auch smorzato **10** (kalkarm) {WASSER} dolce **11** (nicht abrupt) {AUFSETZEN, BREMSUNG} auch morbido **12** ökon {WÄHRUNG} debole **13** (sanft) {DROGE} leggero; {TECHNIK} dolce B adv **1** (sanft) {ABBREMSEN, AUFKOMMEN} dolcemente, con dolcezza; {LANDEN} auch morbidamente: **das Raumschiff hat ~ aufgesetzt**, l'astronave ha fatto un atterraggio morbido **2** (auf ~em/~en Untergrund) {FALLEN} sul morbido; {LIEGEN, SITZEN} auch comodamente: **jdn ~ betten**, adagiare qu sul morbido; **ich liege nicht gern ~**, non mi piace dormire/riposare sul morbido **3** gastr: **etw ~ kochen** {FLEISCH, GEMÜSE}, far cuocere qc qc; **~ gekocht**, ben cotto; {EI} alla coque; **das Fleisch ~ klopfen**, battere la carne per ammorbidirla; **das Gemüse ist schon ganz ~ gekocht**, ormai la verdura è diventata una pappa fam/[si è spappolata] ● **sich ~ betten**, rendersi la vita comoda; **sich ~ gebettet haben** (durch Heirat oder eine gute Stellung), essersi sistemato bene; **etw ~ machen** {HAARE, WÄSCHE}, rendere morbido (-a)/soffice qc; {WASSER}, addolcare qc; **~ werden** {FRUCHT}, ammorbidirsi; {BROT, BUTTER} auch, diventare morbido (-a) {FLEISCH, GEMÜSE} auch, diventare tenero (-a).

Weichbild n geh **1** (Randbezirke) {+STADT} periferia f **2** (Stadtbild) profilo m; (von Großstadt) skyline m oder f.

Weiche① <-, -n> f Eisenb scambio m (ferroviario), deviatoio m: **die ~n stellen**, azionare/manovrare gli scambi; **aus den ~n springen**, uscire dagli scambi, deragliare ● **die ~n für etw (akk) stellen** {FÜR EINE ENTWICKLUNG, EINEN PLAN, DIE ZUKUNFT}, preparare il terreno per qc.

Weiche② <-, -n> f <meist pl> (Flanke) fianco m.

Weiche③ <-, ohne pl> f rar → **Weichheit**.

Weichei n fam pappamolle m fam, rammollito m fam, femminuccia f fam.

weichen① <weicht, wich, gewichen> itr <sein> **1** (nachgeben) **etw** (dat) **~** {EINER DROHUNG, DEM DRUCK, DER GEWALT, ÜBERMACHT} cedere a qc: **der Boden weicht unter jds Füßen**, il suolo cede sotto i piedi di qu; **der Gewalt ~**

müssen, dover cedere alla violenza **2** geh (schwinden) {ANGST, DRUCK, SPANNUNG, UNRUHE} svanire (a poco a poco): **allmählich wich seine Angst**, a poco a poco la sua paura scomparve; **alle Spannung war von ihr gewichen**, la sua tensione era completamente svanita **3** (sich entfernen) ritirarsi, arretrare: **zur Seite ~**, scostarsi, farsi/tirarsi da parte; **die Menge wich zur Seite, um ihn durchzulassen**, la folla si fece da parte per farlo passare; **jdm nicht von der/[nicht von jds] Seite ~**, seguire qu come un'ombra; **der Hund wich keinen Moment von ihrer Seite**, il cane non si allontanava/staccava un attimo dal suo fianco; **nicht von der Stelle ~**, non spostarsi di un centimetro **4** (Platz machen) **etw** (dat) **~** {GEFÜHL EINEM ANDEREN GEFÜHL; SOMMER DEM HERBST; NACHT DEM TAG; BÄUME, KINDERSPIELPLATZ EINER FABRIK, EINEM NEUBAUGEBIET} cedere/lasciare il posto a qc.

weichen② itr <sein> (weich werden) {ALTES BROT} ammorbidirsi; {HÜLSENFRÜCHTE} stare a molle/mollo: **etw ~ lassen**, lasciare/tenere in/a molle/mollo qc.

Weichensteller <-s, -> m (**Weichenstellerin** f), **Weichenwärter** m (**Weichenwärterin** f) scambista mf, deviatore (-trice) m (f).

weichgekocht adj → **weich**.

weichgepolstert adj → **gepolstert**.

Weichheit <-, rar -en> f **1** (Sanftheit zum Anfassen) {HAUT, SAMT, SEIDE, STOFF} morbidezza f; {+FELL, GRAS, HAAR, PULLI, WOLLE} auch sofficità f **2** (Nachgiebigkeit) {+BETT, BODEN, KONTAKTLINSEN, LEDER, UNTERGRUND} morbidezza f; {+DECKE, KISSEN, MATRATZE, TEPPICH} auch sofficità f; {+HOLZ} tenerezza f, dolcezza f; {+GESTEIN, STEIN} morbidezza f, tenerezza f **3** (Sensibilität) {+HERZ} sensibilità f; {+MENSCH} auch sensibilità f; {+CHARAKTER} morbidezza f **4** (Mangel an Strenge) {+LINIEN, LIPPEN, MUND} morbidezza f; {+GESICHTSZÜGE} auch dolcezza f **5** (angenehmer Charakter) {+KLANG, STIMME} morbidezza f, delicatezza f **6** (Zartheit) {+LICHT} morbidezza f; {+FARBE, FARBTON} auch dolcezza f.

weichherzig adj {MENSCH} di/dal cuore tenero, sensibile: **er ist viel zu ~**, ha il cuore troppo tenero, è un tenerone m.

Weichherzigkeit <-, ohne pl> f tenerezza f di cuore, sensibilità f: **bei ihrer ~ kann sie sich gegen ihn non durchsetzen**, sensibile com'è non riesce a imporglisi.

Weichholz n legno m dolce.

Weichkäse m formaggio m molle.

weich|klopfen tr **1** gastr → **weich 2** fam (zum Nachgeben bewegen) **jdn ~** fare morbido (-a) qu fam, lavorarsi qu fam.

weich|kochen tr → **weich**.

weich|kriegen tr **jdn ~** fare morbido (-a) qu fam, lavorarsi qu fam; **sich von jdm/etw ~ lassen**, lasciarsi intenerire/commuovere da qu/qc.

weichlich adj pej **1** (zu nachgiebig) {CHARAKTER} molle; {MENSCH} auch rammollito **2** (verweichlicht) {MANN} deboluccio **3** (lasch) {ERZIEHUNG} lasso, permissivo.

Weichling <-s, -e> m pej rammollito m, smidollato m, pappamolle m fam.

weich|machen tr **1** (geschmeidig oder kalkarm machen) → **weich 2** fam (zum Nachgeben bewegen) **jdn ~** ammorbidire qu, raddolcire qu; **sich von jdm/etw ~ lassen**, lasciarsi intenerire/commuovere da qu/qc: **lass dich von ihr nicht ~!**, non farti intenerire da lei!

Weichmacher m **1** (in Waschmittel) ammorbidente m **2** (für Kautschuk, Kunststoff) plastificante m, plasticizzante m.

Weichsel① <-, ohne pl> f geog: **die ~**, la Vistola.

Weichsel② <-, -n> f, **Weichselkirsche** f bes. süddt A CH (Sauerkirsche) visciola f, amarena f.

Weichselbaum m bot visciolo m, agriotto m.

Weichspüler <-s, -> m ammorbidente m.

Weichteile subst <nur pl> anat **1** (Eingeweide) parti f pl molli **2** slang (Geschlechtsteile) parti f pl basse fam.

Weichtier n zoo mollusco m.

weich|werden <irr> itr <sein> **1** gastr → **weich 2** fam (nachgeben) {MENSCH} cedere.

Weichzeichner m fot filtro m diffusore.

Weide① <-, -n> f agr pascolo m, pastura f: **die grünen ~n der Alpen**, i verdi pascoli delle Alpi; (Wiese) prato m, campo m; **eine fette/magere ~**, un pascolo grasso/magro; **die Kühe auf die ~ treiben**, condurre/portare le mucche ⌊al pascolo⌋/[alla pastura]/[a pascere]; **die Pferde grasten friedlich auf der ~**, i cavalli brucavano tranquillamente sul prato.

Weide② <-, -n> f bot salice m.

Weideland n terreno m da pascolo, pascoli m pl.

weiden① agr **A** itr {KÜHE, PFERDE, SCHAFE} pascolare, pascere **B** tr etw ~ {KÜHE, PFERDE, SCHAFE} pascolare qc, pasturare qc.

weiden② rfl geh **1** (sich ergötzen) **sich an etw** (dat) **~** {AN DER NATUR} godere di qc; {AN EINEM ANBLICK} auch pascersi di qc geh, deliziarsi di qc **2** pej (genießen) **sich an etw** (dat) **~** {AN JDS ANGST, QUALEN} godere di qc.

Weidenbaum m bot salice m.

Weidengerte f bot → **Weidenrute**.

Weidenkätzchen <-s, -> n bot gattino m/amento del salice.

Weidenkorb m cesto m di vimini.

Weidenröschen n bot epilobio m.

Weidenrute f vimine m, vinco m.

Weideplatz m agr (terreno m da) pascolo m.

Weiderecht n agr diritto m di pascolo.

Weidewirtschaft f agr pastorizia f.

weidgerecht Jagd **A** adj {ERLEGEN, JAGD, SCHUSS} a regola d'arte; {VERHALTEN} da buon cacciatore **B** adv {AUSNEHMEN, ERLEGEN} a regola d'arte.

weidlich adv obs abbondantemente: **er hat sich ~ abgerackert** fam/**bemüht**, ha fatto ⌊il possibile⌋/[meglio che poteva], si è fatto in quattro fam.

Weidmann m Jagd cacciatore m.

weidmännisch adj {ART, GEPFLOGENHEIT, GRUß} da cacciatore.

Weidmannsdank interj Jagd "risposta f all'augurio di buona caccia".

Weidmannsheil interj Jagd "augurio m di buona caccia".

Weidmesser n coltello m da caccia.

Weidwerk n slang Jagd caccia f, attività f venatoria.

weidwund adj Jagd {TIER} sventrato.

weigern rfl **sich ~** rifiutarsi: **sich ~, etw zu tun**, rifiutar(si)/ricusar(si) geh di fare qc; **er weigert sich, den Befehl auszuführen**, si rifiuta di eseguire l'ordine.

Weigerung <-, -en> f rifiuto m, ricusa f: **an seiner ~ festhalten, bei seiner ~ bleiben**, persistere nel proprio rifiuto; **jds ~, etw zu tun**, il rifiuto di qu di fare qc.

Weigerungsfall m form: **im ~(e)**, in caso di rifiuto.

Weihbischof m relig vescovo m ausiliario.

Weihe① <-, -n> f **1** relig {+KAPELLE, KIRCHE} dedicazione f, consacrazione f; {+ALTAR, GLOCKE, HEILIGENFIGUR, VOTIVBILD} benedizione f **2** (Einweihung) {+BRÜCKE, GEBÄUDE} inaugurazione f ● **die geistlichen ~n empfangen** relig {PRIESTER}, ricevere ⌊gli ordini sacri⌋/ [l'ordinazione]; {ORDNUNGSGEISTLICHER}, prendere/vestire l'abito; {NONNE}, prendere il velo; **die ~(n) zum Bischof/Priester empfangen**, ricevere l'ordine episcopale/sacerdotale; **die ~ zum Priester erteilen**, ordinare qu sacerdote; **die niederen/höheren ~n**, gli ordini minori/maggiori.

Weihe② <-, -n> f ornith albanella f.

weihen A tr **1** relig (die Weihe geben) etw ~ consacrare qc, benedire qc: **die Hostien ~, geweihte Kerzen**, candele benedette; **geweihtes Wasser**, acqua santa/benedetta; **eine Kirche ~**, consacrare una chiesa; **jdn zu etw** (dat) **~**, consacrare qu qc; {ZUM DIAKON, PRIESTER} auch ordinare qu qc; **jdn zum Bischof ~**, consacrare/ordinare qu vescovo **2** relig (nach jdm benennen) **jdm etw ~** {HAUS, KIRCHE, QUELLE, TEMPEL} consacrare qc a qu, dedicare qc a qu: **die Kirche ist dem hl. Anton geweiht**, la chiesa è dedicata a Sant'Antonio **3** geh (widmen) **jdm/etw etw ~** consacrare qc a qu/qc, dedicare qc a qu/qc; {SEINE ARBEIT, KRAFT, SEIN LEBEN DER KUNST, WISSENSCHAFT} votare qc a qu/qc: **den KZ-Opfern ein Denkmal ~**, dedicare un monumento alle vittime dei lager nazisti **B** rfl geh (sich etw widmen) **sich etw** (dat) **~** dedicarsi a qc, consacrarsi a qc, votarsi a qc.

Weiher <-s, -> m stagno m, laghetto m.

weihevoll adj geh solenne.

Weihgabe f, **Weihgeschenk** n → **Votivgabe**.

Weihnacht <-, ohne pl> f → **Weihnachten**.

weihnachten unpers: **es weihnachtet** (in Liedern, Geschichten), Natale si avvicina, viene Natale; (die Stimmung ist weihnachtlich) c'è aria di Natale, si sente che Natale è vicino; **in den Geschäften weihnachtet es bereits**, i negozi sono già addobbati per il Natale.

Weihnachten <-, -> n Natale m: **bald ist ~**, fra poco è Natale; **~ feiern**, festeggiare il Natale; **die Kinder freuen sich auf ~**, i bambini sono contenti che presto sia/arrivi Natale; **was wollt ihr ~ essen?**, cosa volete mangiare a Natale?; **habt ihr ~ schon (et)was vor?**, avete già qualche programma per Natale?; **letzte ~ waren wir verreist**, a Natale dell'anno scorso eravamo via ● **frohe/fröhliche/gesegnete** geh/**schöne ~!**, buon Natale!, buone Feste!; **jdm frohe ~ wünschen**, augurare a qu un buon Natale; **grüne/weiße ~**, un Natale ⌊senza la neve⌋/[bianco]; **frohe ~ und ein glückliches neues Jahr!**, buon Natale e felice Anno Nuovo!; **über ~**, per (le feste di) Natale; **zu/an** region **~**, a/per Natale; **etw zu ~ bekommen**, avere/ricevere qc ⌊come regalo di⌋/[per] Natale; **jdm etw zu ~ schenken**, regalare qc a qu per Natale; **sich** (dat) **etw zu ~ wünschen**, desiderare qc ⌊come regalo di⌋/[per] Natale.

weihnachtlich A adj {BELEUCHTUNG, SCHMUCK} natalizio, di Natale: **überall herrschte ~e Stimmung**, dappertutto regnava un'atmosfera natalizia; **jdm ist ~ zumute**, qu sente l'aria di Natale **B** adv: **~ geschmückt**, addobbato per il Natale.

Weihnachtsabend m (sera f della) vigilia f di Natale: **bei uns ist am ~ Bescherung**, noi ci scambiamo i doni la sera della vigilia di Natale.

Weihnachtsbäckerei f **1** (das Backen) preparazione f di dolci e dolcetti natalizi **2** bes. A (Weihnachtsgebäck) biscotti m pl natalizi, biscotti m pl natalizi.

Weihnachtsbaum m albero m di Natale.

Weihnachtseinkauf m <meist pl> acquisti m pl natalizi, shopping m natalizio.

Weihnachtsfeier f festa f ⌊di Natale⌋/ [natalizia].

Weihnachtsfeiertag m giorno m di Natale ● **der erste ~**, (il giorno di) Natale, il 25 (dicembre); **der zweite ~**, (il giorno di) Santo Stefano.

Weihnachtsferien subst <nur pl> vacanze f pl/ferie f pl ⌊di Natale⌋/[natalizie].

Weihnachtsfest n Natale m: **ein frohes ~!**, buon Natale!

Weihnachtsgans f gastr "oca f arrosto, tipico piatto natalizio tedesco" ● **jdn wie eine ~ ausnehmen** fam, spolpare qu fino all'osso fam.

Weihnachtsgebäck n biscotteria f natalizia, biscotti m pl natalizi.

Weihnachtsgeld n fam (13. Monatsgehalt) tredicesima f; (Gratifikation) gratifica f natalizia/[di fine anno].

Weihnachtsgeschäft n com vendite f pl (del periodo natalizio).

Weihnachtsgeschenk n dono m/regalo m di Natale, strenna f ⌊di Natale⌋/[natalizia].

Weihnachtsgeschichte f racconto m ⌊di Natale⌋/[natalizio] ● **die ~** bibl, il racconto della natività di Gesù.

Weihnachtsgratifikation f gratifica f natalizia/[di fine anno].

Weihnachtsgruß m augurio m ⌊di (buon) Natale⌋/[natalizio].

Weihnachtskaktus m bot cactus m di Natale.

Weihnachtskarte f biglietto m di auguri natalizi.

Weihnachtskrippe f presepe m, presepio m.

Weihnachtslied n canto m ⌊di Natale⌋/ [natalizio], canzone f ⌊di Natale⌋/[natalizia].

Weihnachtsmann m Babbo m Natale: **auf den ~ warten**, aspettare Babbo Natale; **was wünschst du dir vom ~?**, cosa vuoi che ti porti Babbo Natale? ● **noch an den ~ glauben** {KIND}, credere ancora a Babbo Natale; fam (leichtgläubig sein), credere ancora a ⌊Babbo Natale⌋/[alle favole].

Weihnachtsmarkt m mercatino m natalizio/[di Natale].

Weihnachtspapier n carta f natalizia.

Weihnachtsschmuck m decorazione f natalizia, addobbi m pl natalizi.

Weihnachtsspiel n lit sacra rappresentazione f della Natività.

Weihnachtsstern m **1** bot stella f di Natale **2** (Baumschmuck) stella f di Natale.

Weihnachtstag m → **Weihnachtsfeiertag**.

Weihnachtszeit <-, ohne pl> f periodo m natalizio ● **um die ~/[in der] ~**, nel periodo natalizio.

Weihrauch m **1** (Räuchermittel) incenso m **2** (Rauch) (fumo m d')incenso m ● **jdm ~ streuen** pej, incensare qu.

Weihrauchfass (a.R. Weihrauchfaß) n relig incensiere m, turibolo m.

Weihwasser n acquasanta f, acqua f benedetta.

Weihwasserbecken n acquasantiera f.

weil konj **1** (da) perché: **sie fährt nicht mit, ~ sie krank ist**, non viene perché è malata; **warum kommst du jetzt erst? – Weil ich den Bus verpasst habe**, perché arrivi soltanto ora? – Perché ho perso l'autobus; **eine schlechte, ~ zu wörtliche Überset-

zung, una traduzione brutta perché troppo letterale; (*vorangestellt*) poiché, siccome; ~ **der Wecker nicht geklingelt hatte, kam er zu spät**, poiché/siccome la sveglia non aveva suonato arrivò/fece tardi **2** (*jetzt, da*) poiché, giacché, dal momento che; ~ **wir gerade davon sprechen, wollte ich noch hinzufügen, dass** ..., poiché/giacché/(dal momento che) siamo in argomento volevo aggiungere che ...

weiland *adv obs* (*einst*) una volta; (*vor Titeln*) già; **Hans Müller, ~ Professor an der Universität Tübingen**, Hans Müller, già professore all'università di Tubinga.

Weilchen <-s, ohne pl> n dim *von* Weile: **ein ~**, un momentino/attimo; **das wird ein ~ dauern**, ci vorrà un po' (di tempo); **du wirst dich noch ein ~ gedulden müssen**, dovrai pazientare ancora un momentino; **wenn Sie ein ~ Zeit haben,** ..., se ha due minuti ...

Weile <-, ohne pl> f: **eine ~**, un po' (di tempo), un momento; **etw wird eine ~ dauern**, qc durerà un bel po', ci vorrà un po' per (fare) qc; **es dauerte eine ~, bevor sie** ..., c'è voluto un po' prima che (lei) ... *konjv*; **das ist schon eine ~ her**, è passato un bel po' di tempo da allora; **du kannst eine ~ hier bleiben**, puoi restare qui un po' ● **eine ganze/geraume/gute ~**, un bel po' di tempo; **mit etw (dat) hat es ~**, non c'è fretta per (fare) qc, non c'è tempo; **nach einer ~**, dopo ˌun po'ˌ/[qualche tempo]; **vor einer ~**, poco tempo fa; **vor einer ganzen ~**, già da un po' (di tempo), da un bel po'; (*lange her*), parecchio/[un bel po' di] tempo fa; **der Zug ist schon vor einer ganzen ~ abgefahren**, il treno è partito già da un po'.

weilen *itr geh irgendwo* ~ {AM BETT DES KRANKEN} trattenersi/restare + *compl di luogo*; (*für eine kurze Zeit*) {AUF DEM LAND, AM MEER, IN EINER STADT} soggiornare + *compl di luogo*; (*für längere Zeit*) {AN EINEM ORT, IM AUSLAND} dimorare + *compl di luogo lit* ● **nicht mehr unter** ˌ**den Lebenden**ˌ/[uns] **~** *euph*, non essere più fra ˌi vivi ˌ/[noi].

Weiler <-s, -> m casale m, cascinale m.

Weimar <-s, ohne pl> n *geog* Weimar f.

Weimarer① <inv> adj di Weimar ● **die ~ Republik** *hist*, la repubblica di Weimar.

Weimarer② <-s, -> m (**Weimarerin** f) (*in Weimar wohnend*) abitante mf di Weimar; (*aus Weimar stammend*) originario (-a) m (f) di Weimar.

Wein <-(e)s, -e> m **1** (*Getränk*) vino m: **alter/junger/neuer ~**, vino vecchio/giovane/novello; **herber/lieblicher/süßer/trockener/schwerer ~**, vino asprigno/amabile/dolce/secco/pesante; **ein leichter ~**, un vinello/[vino leggero]; **ein süffiger ~** *fam*, un vino che va giù bene *fam*; (**natur**)**reiner/verschnittener ~**, vino genuino/tagliato; ~ **vom Fass**, vino alla spina; ~ **abfüllen**/[auf Flaschen ziehen], imbottigliare/infiascare il vino; **den ~** ˌ**kalt stellen**ˌ/[kosten], ˌmettere in fresco ˌ/[assaggiare] il vino; **jdm ein Glas ~ anbieten**, offrire un bicchiere di vino a qu; **der ~ steigt jdm zu Kopf(e)**, il vino dà alla testa a qu; **roter ~ muss Zimmertemperatur haben, wenn man ihn serviert**, il vino rosso deve essere servito a temperatura ambiente; **einen ~ verkosten**, degustare un vino **2** <nur sing> (~*rebe*) vite f, viti f pl: ~ (**an**)**bauen**, coltivare la vite; **in Hanglage gedeiht the ~ besonders gut**, sui pendii le viti crescono particolarmente bene; **am Rhein wächst viel ~**, lungo il Reno ci sono tanti vigneti **3** <nur sing> (~*trauben*) uva f: ~ **keltern**, pigiare/torchiare l'uva; ~ **ernten/lesen**, vendemmiare; **der ~ wird im Oktober geerntet**, la vendemmia si fa in ottobre ● **jdm reinen ~ einschenken** *fam*, parlare chiaro a qu, dire a qu la verità; *offener* **~**, vino sfuso; **jungen/neuen ~ in alte** *Schläuche* füllen, riproporre la solita minestra riscaldata; **voll des** *süßen* **~es sein** *scherz*, avere una bella sbornia; *wilder* **~**, vite vergine/[del Canada]; **im ~ ist/liegt Wahrheit** *prov*, in vino veritas *prov*.

Weinanbau <-(e)s, ohne pl> m → **Weinbau**.

Weinanbaugebiet n → **Weinbaugebiet**.

Weinausschank m mescita f di vino.

Weinbau <-(e)s, ohne pl> m viticoltura f: ~ **betreiben**, praticare la viticoltura.

Weinbauer <-n oder rar -s, -n> m (**Weinbauerin** f) → **Winzer**.

Weinbaugebiet n zona f (di produzione) vinicola.

Weinbeere f **1** (*einzelne Weintraube*) acino m/chicco m d'uva **2** *südd A CH* (*Rosine*) chicco m di ˌuva passaˌ/[uvetta]: ~**n**, uva passa, uvetta.

Weinberg m vigneto m, vigna f.

Weinbergschnecke f *zoo* chiocciola f; *gastr* lumaca f.

Weinbrand m brandy m.

weinen A *itr* (*Tränen vergießen*) piangere: **laut/heftig/bitterlich ~**, piangere forte/[a dirotto]/[amaramente]; **fang bitte nicht an zu ~!**, non ti mettere a piangere, per favore!; **sie fing plötzlich an zu ~**, improvvisamente ˌsi mise ˌ/[scoppiò] a piangere; *vor etw* (dat) ~ piangere *da/di/per qc*; **vor Freude/Wut ~**, piangere di/dalla/[per la] gioia/rabbia; {VOR SCHMERZEN, VERZWEIFLUNG} piangere *per/da qc* **um jdn/wegen jdn/über jdn** (akk) ~ piangere (*per*) *qu/qc*, rimpiangere *qu*: **das Weinen**, il pianto, il piangere B *tr* (*vergießen*) *etw* ~ {TRÄNEN} piangere qc, versare qc: **bittere/heiße Tränen ~**, piangere ˌlacrime amare ˌ/[calde lacrime]; **Freudentränen/Krokodilstränen ~**, piangere lacrime di gioia/coccodrillo C *rfl* (*durch Weinen in einen best. Zustand kommen*): **sich müde ~**, piangere fino allo sfinimento; **sich in den Schlaf ~**, addormentarsi piangendo; **sich** (dat) **die Augen rot ~**, farsi venire gli occhi rossi a forza di piangere; **sich** (dat) **die Augen aus dem Kopf ~**, consumarsi gli occhi a furia di piangere ● **jd ist dem Weinen näher als dem** *Lachen*, a qu viene più da piangere che da ridere; **leicht** (**anfangen zu**) **~**, avere ˌla lacrima/il pianto facileˌ/[le lacrime in tasca]; **dem Weinen** *nahe* **sein**, ˌessere sul punto di ˌ/[stare per] piangere; **etw nass ~** {KOPFKISSEN, TASCHENTUCH}, bagnare qc di lacrime; **das ist** (**doch**) *zum* **Weinen!**, vino da piangere!; **es ist zum Weinen, mit ansehen zu müssen, wie** ..., viene da piangere a vedere come ...; **es ist zum Weinen mit diesem Typ!**, che strazio quel tipo!

weinerlich A *adj* {MENSCH, STIMME, TONFALL} piagnucoloso: **ein ~es Gesicht machen**, essere lì lì per scoppiare a piangere; ~ **sein**, essere un piagnucolone; **jdm ist ~ zumute**, a qu viene da piangere B *adv* {FRAGEN, SAGEN} con tono piagnucoloso: **..., sagte sie ~**, ... piagnucolò.

Weinernte f → **Weinlese**.

Weinessig m aceto m di vino.

Weinfass (a.R. Weinfaß) n (*Fass mit Wein*) botte f di vino; (*Fass für Wein*) botte f da vino.

Weinflasche f (*Flasche für Wein*) bottiglia f da vino; (*Flasche mit Wein*) bottiglia f di vino.

Weingarten m vigneto m, vigna f.

Weingärtner m (**Weingärtnerin** f) → **Winzer**.

Weingebiet n, **Weingegend** f regione f vinicola.

Weingeist <-(e)s, ohne pl> m spirito m di vino.

Weinglas n bicchiere m da vino.

Weingummi m oder m caramella f gommosa (alle essenze di vino).

Weingut n azienda f vinicola.

Weinhändler m (**Weinhändlerin** f) commerciante mf di vino, vinaio (-a) m (f); (*Geschäft*) enoteca f.

Weinhandlung f negozio m di vini, fiaschetteria f, bottiglieria f, enoteca f.

Weinhauer m (**Weinhauerin** f) A → **Winzer**.

Weinheber m saggiavino m.

Weinhefe f saccaromiceti m pl.

Weinjahr n annata f (di produzione) del vino: **ein gutes/schlechtes ~**, una buona/cattiva annata per il vino.

Weinkarte f carta f dei vini.

Weinkeller m **1** (*Keller*) cantina f **2** (*Lokal*) enoteca f, cantina f.

Weinkenner m (**Weinkennerin** f) conoscitore (-trice) m (f)/intenditore (-trice) m (f) di vini.

Weinkönigin f reginetta f del vino.

Weinkrampf m crisi f di pianto, pianto m convulso.

Weinkraut n → **Sauerkraut**.

Weinkrug m brocca f da vino.

Weinküfer m (**Weinküferin** f) cantiniere (-a) m (f).

Weinkühler m secchiello m per (tenere fresco) il vino.

Weinkultur f cultura f del vino.

Weinkunde f enologia f.

Weinlage f zona f adatta alla coltivazione della vite.

Weinland n paese m ˌproduttore di viniˌ/[vinicolo]/[a vocazione vinicola].

Weinlaub n pampini m pl.

Weinlaube f pergola f/pergolato m di viti.

Weinlaune <-, ohne pl> f *scherz*: **in ~ kommen/sein**, ˌcominciare a essere ˌ/[essere] un po' alticcio (-a); **etw in** (**einer**) **~ sagen/beschließen**, dire/decidere qc in preda ai fumi dell'alcol.

Weinlese f vendemmia f: **jdm bei der ~ helfen**, aiutare qu a vendemmiare.

Weinlokal n enoteca f, wine bar m.

Weinpresse f torchio m.

Weinprobe f (*vom Fass*) assaggio m del/di vino; {+VERSCHIEDENE SORTEN} degustazione f (di vini): **eine ~ machen**, fare una degustazione (di vini).

Weinranke f viticcio m.

Weinrebe f (*Pflanze*) vite f; (*Rebsorte*) vitigno m.

weinrot adj bordeaux, bordò, vinaccia.

Weinsäure f *chem* acido m tartarico.

Weinschänke f → **Weinschenke**.

Weinschaum m, **Weinschaumcreme**, **Weinschaumkrem**, **Weinschaumkreme** f zaba(gl)ione m.

Weinschenke f vineria f, taverna f *obs*.

Weinschorle f "vino m allungato con acqua minerale".

weinselig adj {PERSON} brillo, alticcio: **~e Stimmung**, ˌatmosfera euforicaˌ/[euforia] (dopo aver bevuto).

Weinsorte f qualità f/tipo m di vino.

Weinstein m tartaro m.

Weinsteinsäure f → **Weinsäure**.

Weinstock m vite f, vitigno m.

Weinstraße f strada f del vino.

Weinstube f enoteca f, fiaschetteria f.

Weintraube f (*Obstsorte*) uva f; (*einzelne Beere*) acino m/chicco m d'uva; (*Fruchtstand*) grappolo m d'uva: **ein Pfund ~n, bitte!**, mezzo kilo d'uva, per favore!; **lass mir ein paar ~n übrig!**, lasciami qualche chicco d'uva!

Weintrinker m (**Weintrinkerin** f) bevitore (-trice) m (f) di vino.

weise Ⓐ adj **1** (*Weisheit besitzend*) {MENSCH} saggio, savio m: **er ist im Alter ~ geworden**, è diventato saggio con la vecchiaia; **~ Frau** obs (*Hebamme*), savia donna obs, levatrice; (*Wahrsagerin*) indovina f **2** (*von Weisheit zeugend*) {GEDANKE, LEHRE, URTEIL} saggio; {ANTWORT, ENTSCHEIDUNG, FRAGE, PLAN, RAT(SCHLAG), REDE, VERHALTEN, WORTE} auch savio; **jdm ~ Lehren erteilen**, impartire saggi insegnamenti a qu; **(von jdm) ~ sein**, essere saggio (da parte di qu); **es ist ~ (von jdm), etw zu tun**, è saggio (da parte di qu) fare qc Ⓑ adv {LÄCHELN, MIT DEM KOPF NICKEN, SEIN HAUPT SCHÜTTELN} saggiamente, con saggezza; {ENTSCHEIDEN, HANDELN, SICH VERHALTEN} auch saviamente, da persona saggia: **~ (über jdn/etw) urteilen**, giudicare (qu/qc) con saggezza; **tu doch nicht so ~!** fam, non fare tanto il sapientone/la sapientona! fam; **sich sehr ~ vorkommen** fam, credersi molto sapiente, darsi arie da grande sapientone (-a) fam.

Weise① <-, -n> f modo m, maniera f: **die ~, wie man etw tut**, il modo/la maniera di fare qc; **die ~, wie er/sie etw tut**, il suo modo di fare qc; **die ~, wie er sich verhalten hat**, il modo in cui si è comportato • **auf andere ~**, in un altro modo, in un'altra maniera; **auf ... (akk) ~/in ... (dat) ~**, in modo/maniera ...; **auf diese ~**, in questo modo; **auf diese oder jene ~**, in questo o quell'altro modo; **auf die eine oder (die) andere ~**, in un modo o nell'altro; **in gewisser ~** {WAHR SEIN, RECHT HABEN}, in un certo qual modo/[senso]; **in gewohnter ~**, nel modo consueto, nel solito modo; **in der ~, dass ...**, in modo che ...; konjv; **auf jede (erdenkliche) ~**, in ogni modo, in tutte le maniere (possibili); **in keiner ~** fam, in nessun modo, per niente; **auf meine/deine/ihre/... ~**, a modo mio/tuo/suo/...; **jeder muss auf seine ~ glücklich werden**, ognuno deve trovare la propria strada per essere felice; **jeder nach seiner ~**, ognuno a modo suo.

Weise② <-, -n> f mus aria f, melodia f, arietta f, motivo m, motivetto m: **eine volkstümliche ~**, un motivetto popolare.

Weise③ <dekl wie adj> mf saggio (-a) m (f), sapiente mf • **die fünf ~n** D ökon pol, "consiglio m di cinque saggi che affianca il governo tedesco in questioni di politica economica"; **die (drei) ~n aus dem Morgenland**, i re magi; **die Sieben ~n** hist (*im antiken Griechenland*), i Sette Savi/Sapienti.

weisen <weist, wies, gewiesen> geh Ⓐ tr **1** (*zeigen*) **jdm etw ~** {RICHTUNG, WEG} indicare qc a qu, mostrare qc a qu: **jdm die Tür ~**, indicare/additare la porta a qu **2** (*ver-*) **jdn aus/von etw** (dat) **~** {AUS DEM LAND, VON DER SCHULE} espellere qu da qc; {AUS DEM RAUM, SAAL} allontanare qu da qc, mandare via qu da qc: **jdn aus dem Haus ~**, cacciare qu di casa; **jdn vom Platz ~** sport, espellere qu **3** (*zurückweisen*) **etw (weit) von sich ~** {ANSCHULDIGUNG, VERANTWORTUNG, VORWURF} respingere (fermamente) qc Ⓑ itr **1** (*deuten*) **auf jdn/etw ~** indicare qu/qc, additare qu/qc: **mit dem Finger auf jdn ~**, additare qu (alla pubblica riprovazione), mostrare qu a dito; **irgendwohin ~** {IN EINE BESTIMMTE RICHTUNG, NACH NORDEN} indicare qc **2** (*zeigen*) **irgendwohin ~** {MAGNETNADEL, PFEIL, WEGWEISER} indicare qc: **das Schild wies in die entgegengesetzte Richtung**, il cartello mandava nella direzione opposta Ⓒ rfl (*sich zeigen*): **das wird sich ~**, chi vivrà vedrà; **es wird sich ~, ob ...**, si vedrà se ...

Weisheit <-, -en> f **1** (*große Klugheit*) saggezza f; (*großes Wissen*) sapienza f: **die ~ des Alters**, la saggezza dell'età/[degli anziani]; **die ~ König Salomons**, la saggezza/sapienza di re Salomone; **die göttliche/höchste ~**, la sapienza divina **2** (*weiser Spruch*) sentenza f, massima f, motto m; (*weiser Rat*) consiglio m di buon senso/[saggio]/[savio]: **behalt deine ~(en) für dich!** fam, risparmiati i tuoi consigli!; **mit seiner ~ am Ende sein** fam, non sapere più che pesci pigliare fam/[a che santo votarsi fam]/[che fare]; **die ~ (auch) nicht/[nicht gerade] mit Löffeln gegessen/gefressen haben** fam, non essere certo un'aquila fam/[una cima fam]/[un pozzo di scienza fam]; **jd glaubt, er habe die ~ mit Löffeln gegessen/gefressen** fam, qu crede di avere la scienza infusa; **(nicht) der ~ letzter Schluss sein** (*die ideale Lösung*), (non) essere la soluzione migliore/ottimale/[la migliore delle soluzioni]/[il massimo]; **jd tut so, als habe er die ~ für sich gepachtet**, qu crede di sapere tutto lui.

Weisheitszahn m anat dente m del giudizio: **jdm die Weisheitszähne ziehen**, togliere a qu i denti del giudizio.

weis|machen tr fam **jdm etw ~** far credere qc a qu: **sie haben ihr weisgemacht, dass der Posten schon vergeben ist**, le hanno fatto credere che il posto fosse già assegnato • **das kannst du mir doch nicht ~!**, questa non me la dai a bere!, non crederai mica che me la beva?!; **das kannst du (einem) anderen ~!**, valla a raccontare a/[dalla bere] a qualcun altro!; **sich von jdm etw ~ lassen**: **sie lässt sich von ihm alles Mögliche/[den größten Unsinn] ~**, lui riesce a darle a bere tutto/[anche le cose più assurde]; **sie lässt sich von ihm nichts ~**, non si fa abbindolare da lui fam; **ich lasse mir nichts ~!**, non ci casco! fam; **lass dir doch von ihr nicht ~, (dass)...!**, stai attento (-a), lei ti vuole far credere che ...!; **jdm ~ wollen, (dass)...**, voler far credere a qu che ...; **er wollte mir ~, er sei krank gewesen**, mi voleva far credere di essere stato malato; **du willst mir doch wohl nicht ~, (dass)...?!**, non vorrai raccontarmi/[farmi credere] che ...?!

weiß① **1.** und **3.** pers sing präs von wissen.

weiß② Ⓐ adj **1** (*von der hellsten Farbe*) bianco; {BART, HAARE} auch canuto: **~ wie Schnee**, bianco come la neve; **blendend/strahlend ~** {ZÄHNE}, bianchissimo; {KLEID, SCHNEE, TISCHDECKE, WOLKEN} auch candido: **eine Wand ~ anstreichen/tünchen**, imbiancare una parete **2** (*von relativ heller Farbe*) {BOHNEN, FLEISCH, PFEFFER, WEIN} bianco; {HAAR} auch chiaro; {LICHT} bianco, pallido: **einen Weißen trinken**, bere un bianco; **die ~e Rasse**, la razza bianca **3** (*leer*) {BLATT, PAPIER} bianco: **hast du noch ~es Papier?**, hai ancora qualche foglio bianco?; **ein ~er Fleck auf der Landkarte**, una macchia sulla carta geografica **4** (*mit Schnee*) {OSTERN, WEIHNACHTEN} con la neve, bianco **5** com {PRODUKTE, WASCHPULVER, ZIGARETTEN} non di marca Ⓑ adv di bianco: **sie hat das Zimmer ganz ~ eingerichtet**, ha arredato tutta la stanza con mobili bianchi; **sich ~ kleiden**, vestir(si) di bianco; **das neue Waschmittel wäscht noch ~er**, il nuovo detersivo lava ancora più bianco; **~ leuchten**, emanare una luce bianca; **ein blau und ~ gestreiftes Hemd**, una camicia a righe blu e bianche • **das Weiße im Auge**, il bianco dell'occhio; **jdm nicht das Weiße im Auge gönnen**, essere molto invidioso di qu; **das Weiße im/vom Ei**, il bianco/la chiara dell'uovo, l'albume; **das Weiße von drei Eiern**, tre bianchi/chiare d'uovo; **sich an etw** (dat) **~ machen** fam {AN EINER WAND, EINEM ZAUN}, macchiarsi di bianco toccando qc; **~ werden** {MENSCH}, incanutire, imbiancare, diventare canuto (-a); {HAAR} auch, diventare bianco (-a); {HAUT}, diventare (più) chiaro (-a), scolorire, perdere la tintarella; **ich bin schon wieder ganz ~ geworden**, ho già perso tutta la tintarella/l'abbronzatura; **~ (im Gesicht) werden**, sbiancare (in viso).

Weiß <-(es), -> n **1** (*Farbe*) (colore m) bianco m: **ihre Lieblingsfarbe ist ~**, il suo colore preferito è il bianco **2** (*ohne art*) **Brettspiel** bianco m: **~ ist am Zug**, muove il bianco • **in ~** {HEIRATEN}, in bianco; {GEKLEIDET SEIN}, di bianco; **sie erschien ganz in ~**, si presentò tutta vestita di bianco; **der Raum war ganz in ~ gehalten**, l'arredamento della stanza era tutto sul bianco; **~ tragen**, vestire di bianco; **die Braut trug ~**, la sposa era in bianco.

weissagen tr (*jdm*) **etw ~** predire qc (a qu), preconizzare qc, profetizzare qc (a qu), vaticinare qc lit: **ein Unglück ~**, predire/profet(izz)are/vaticinare una sciagura; **(jdm) die Zukunft ~**, predire l'avvenire (a qu); **jdm eine große Zukunft ~**, profetizzare/preconizzare un grande avvenire a qu; **man hat ihr geweissagt, dass sie einmal eine große Künstlerin werden würde**, le avevano predetto che un giorno sarebbe diventata una grande artista.

Weissager <-s, -> m (**Weissagerin** f) indovino (-a) m (f); (*Prophet*) profeta (-essa) m (f).

Weissagung <-, -en> f profezia f, predizione f, vaticinio m lit.

Weißbier n (birra f) weiss f.

Weißbuche f bot carpino m bianco.

Weißbinder m (**Weißbinderin** f) region **1** → **Anstreicher 2** → **Böttcher**.

weiß-blau adj (*bayrisch*) con i colori bavaresi: **die weiß-blaue Fahne**, la bandiera bianco-azzurra della Baviera.

Weißblech n latta f, banda f stagnata.

weißblond adj {HAAR} (di un) biondo molto chiaro; (*bes. bei gefärbtem Haar*) biondo platino; {MENSCH} dai capelli biondi molto chiari/[biondo platino]: **ein ~es Kind**, un bambino biondissimo; **~ sein** {HAAR}, essere di un biondo molto chiaro; {MENSCH} auch avere i capelli molto chiari.

Weißbrot n pane m bianco; (*Kastenbrot*) pane m a cassetta.

Weißbuch n pol libro m bianco.

Weißbuche f bot carpino m bianco.

Weißdorn m bot biancospino m.

Weiße① <-, -n> f **1** <nur sing> (*weißes Aussehen*) {+BLÜTE, HAUT, WAND, WÄSCHE} biancore m, bianchezza f; {+GESICHT} pallore m **2** fam (*Weißbier*) (birra f) weiss f • **Berliner ~**, birra weiss con sciroppo di lampone.

Weiße② <dekl wie adj> mf bianco (-a) m (f): **die ~n**, i bianchi.

Weiße-Kragen-Kriminalität f "reati m pl quali corruzione o evasione fiscale commessi in ambienti politici ed economici".

weißeln tr süddt A CH, **weißen** tr etw ~ {HAUS, MAUER, WAND, ZIMMER} imbiancare qc.

Weißfisch m fisch leucisco m.

Weißfluss (a.R. Weißfluß) <-es, ohne pl> m med leucorrea f, perdite f pl bianche.

Weißfuchs m zoo volpe f bianca.

Weißgardist m (**Weißgardistin** f) hist (*in Russland*) guardia f bianca: **die ~en**, i bianchi.

weißgedeckt adj → **gedeckt**.

weißgekleidet adj → **gekleidet**.
weißgetupft adj → **getupft**.
weißglühend adj → **glühend**.
Weißglut f calor m bianco, incandescenza f ● **jdn (bis) zur ~ bringen/reizen/treiben** fam, fare infuriare qu fam/imbestialire fam qu, far andare in collera qu, mandare in bestia qu fam.
Weißgold n oro m bianco.
weißhaarig adj dai capelli bianchi, canuto: **~ sein**, avere i capelli bianchi, essere canuto.
Weißhai m fisch squalo m bianco.
weißhäutig adj dalla pelle bianca, bianco.
Weißherbst m gastr süddt (vino m) rosato m/rosé m.
Weißkäse m region gastr (Quark) "formaggio m fresco tipo ricotta".
Weißkittel m fam iron (Arzt) camice m bianco.
Weißkohl m norddt, **Weißkraut** n süddt cavolo m cappuccio.
weißlich adj biancastro, bianchiccio.
Weißling <-s, -e> m zoo pieride m.
Weißmacher <-s, -> m sbiancante m, candeggiante m.
Weißmehl n region → **Weizenmehl**.
Weißmetall n metallo m bianco.
weiß|nähen itr cucire biancheria.
Weißnäherin f biancherista f, cucitrice f di/in bianco.
Weißrusse m (**Weißrussin** f) bielorusso (-a) m (f).
weißrussisch adj bielorusso.
Weißrussland (a.R. Weißrußland) <-s, ohne pl> n geog Bielorussia f, Russia f bianca hist.
weißt A 2. pers sing präs von wissen B 3. pers sing präs von weißen.
Weißtanne f bot abete m bianco.
Weißwal m zoo balena f bianca.
Weißwandreifen m autom pneumatico m con fianco bianco.
Weißwaren subst <nur pl> biancheria f.
Weißwäsche <-, ohne pl> f bucato m bianco (lavabile a 90°).
weiß|waschen fam A tr (meist inf oder part perf) **jdn ~** {EXTREMISTEN, NAZI, KORRUPTEN POLITIKER} riciclare qu fam; {ANGEKLAGTEN, VERDÄCHTIGEN} scagionare qu, discolpare qu; **jdn von etw** (dat) **~** scagionare qu (da qc), discolpare qu (da qc) B rfl **sich ~** {EXTREMIST, KORRUPTER POLITIKER} riciclarsi fam; **sich von etw** (dat) **~** scagionarsi da qc, discolparsi da qc.
Weißwein m vino m bianco.
Weißwurst f würstel m bianco.
Weisung <-, -en> f 1 geh (Anordnung) disposizione f, istruzione f, direttiva f 2 adm oder mil ordine m ● **auf jds ~**, per disposizione di qu; **~en erteilen**, impartire disposizioni; **jdm ~ geben, etw zu tun**, dare disposizione a qu di fare qc; **~ haben, etw zu tun**, avere l'ordine di fare qc.
Weisungsbefugnis f adm autorità f di impartire ordini.
weisungsbefugt adj, **weisungsberechtigt** adj (che è) autorizzato a impartire ordini.
weisungsgebunden adj adm: **~ sein**, doversi attenere alle disposizioni.
weisungsgemäß adm A adj conforme alle disposizioni B adv {DURCHFÜHREN, ERLEDIGEN, HANDELN} secondo le/[conformemente alle] disposizioni.
weit A adj 1 (nicht eng) {SCHUHE} largo; {ÄRMEL, HOSENBEINE, KLEIDUNGSSTÜCKE} auch ampio; {SCHNITT} ampio: **der Mantel ist dir zu ~**, il cappotto ti sta troppo largo; **alle Kleider sind ihr zu ~ geworden**, tutti i vestiti le sono diventati larghi 2 (streckenmäßig ausgedehnt) {MARSCH, REISE, STRECKE, WEG} lungo; {ENTFERNUNG} auch grande; {ABSTAND} grande: **über ~e Strecken**, per lunghi tratti; **wir haben noch einen ~en Weg vor uns**, abbiamo ancora molta strada da fare; **es ist noch ~ bis irgendwohin**, qc è ancora lontano; **bis zu mir ist es nicht mehr ~**, non manca molto per arrivare a casa mia; **wie ~ ist es noch bis zum Bahnhof?**, quanto dista ancora la stazione?; **wie ~ ist es bis/nach München?**, quanto dista Monaco (di Baviera)?; **das ist mir zu ~**, è troppo lontano per me; **die anderen folgten mit ~em Abstand**, gli altri seguivano a grande distanza; **in ~er Ferne sahen wir die ersten Häuser**, in lontananza scorgemmo le prime case 3 (eine große Fläche umfassend) {HIMMEL, HORIZONT, LANDSCHAFT, MEER, WÜSTE} vasto; {EBENE, FELDER, FLÄCHE} (molto) esteso; {PLATZ, RAUM, TAL} ampio: **die ~e Welt**, il vasto mondo; **aufs ~e Meer (hinaus)fahren**, prendere la via del mare; **in die ~e Welt (hinaus)ziehen**, andare in giro per il mondo; **einen ~en Blick/[eine ~e Sicht] über etw** (akk) **haben**, avere un'ampia vista su qc; **diese Methode hat ~e Verbreitung gefunden**, questo metodo ha trovato larga diffusione 4 (nicht näher definiert) {BEGRIFF} ampio; {AUSLEGUNG} auch estensivo, elastico, lato: **das ist ein ~es Feld**, è/sarebbe un discorso troppo lungo; **im ~en/~eren Sinne**, in senso lato [più ampio/lato]; **im ~esten Sinne**, nel senso più ampio/lato 5 (groß) {~e Kreise/Teile der Bevölkerung}, gran parte della popolazione; **~e Kreise ziehen** {BESTECHUNGSAFFÄRE, SKANDAL}, coinvolgere molte persone 6 sport (bei einem Sprung/Wurf, un lungo/bel salto/lancio) **der Wurf ist sicher über 80 m ~**, il lancio supera sicuramente gli 80 m 7 (zeitlich ausgedrückt): **bis ~ zu deinem Geburtstag/[Weihnachten] ist es noch/[nicht mehr] ~**, manca ancora/[non manca] molto al tuo compleanno/[a Natale]; **dieses Ereignis liegt mittlerweile in ~er Ferne**, questo avvenimento è ormai lontano nel tempo; **die Realisierung des Projekts liegt noch in ~er Ferne**, la realizzazione del progetto è ancora di là da venire B adv 1 (eine große Distanz zurücklegend) {FAHREN, FLIEGEN, GEHEN, WERFEN} lontano: **~ springen**, fare un bel salto/[salto lungo]; **wir haben noch ~ zu gehen**, abbiamo ancora molta strada da fare; **sie ist ~ in der Welt herumgekommen**, ha girato mezzo mondo; **wir sind heute ~ gefahren**, oggi abbiamo fatto molta/parecchia strada; **sie sprang 6,54 m ~**, ha saltato 6,54 m, ha fatto un salto di 6,54 m; **er warf den Diskus 60 m ~**, ha lanciato il disco a 60 m; **sie marschieren/radeln pro Tag etwa 20 km ~**, percorrono/fanno ogni giorno circa 20 km a piedi/[in bicicletta]; **er ist dieses Mal 15 cm ~er gesprungen**, questa volta ha fatto un salto più lungo di 15 cm; **15 Lichtjahre ~er**, 15 anni luce più tardi 2 (räumlich: ganz): **Fenster und Türen standen ~ offen**, finestre e porte erano spalancate/[completamente aperte]; **durch das ~ offene Fenster flog eine Schwalbe herein**, attraverso la finestra spalancata entrò una rondine; **etw ~ aufmachen/öffnen** {AUGEN, FENSTER, MUND, TÜR}, spalancare qc, aprire qc completamente; **mach den Mund ~er auf!**, apri di più la bocca!; **sich ~ öffnen**, spalancarsi; **das Tor lässt sich nicht ~ genug öffnen**, il cancello non si apre abbastanza 3 (eine größere Strecke) {VORDRINGEN} lontano; {LIEGEN, WOHNEN} auch distante: **sie wohnen gar nicht ~ (von uns)**, non abitano molto lontano (da noi); **der Bahnhof liegt nicht ~ von hier**, la stazione non è molto distante/[dista molto] da qui; **die beiden Orte liegen ~ auseinander**, i due paesi distano molto l'uno dall'altro; **wir wohnen ~ auseinander**, abitiamo molto distanti l'uno (-a) dall'altro (-a); **~ in etw** (akk) {EINDRINGEN, SICH HINEINWAGEN, VORDRINGEN}, molto avanti in qc; **~ im Landesinneren/[ins Landesinnere]**, molto all'interno 4 (erheblich) {BESSER, SCHLECHTER, SCHÖNER, TEURER} molto, di gran lunga, ben; {FORTGESCHRITTEN, VORANGEKOMMEN SEIN} molto: **die Verhandlungen sind ~ gediehen**, le trattative sono arrivate a buon punto; {ÜBERSCHREITEN, ÜBERTREFFEN} di molto, di gran lunga; **etw ~ hinter sich lassen**, lasciarsi alle spalle qc; **hierüber gehen ihre Meinungen ~ auseinander**, su questo le loro opinioni divergono radicalmente; **er ist ~ älter/jünger als sie**, ha parecchi anni più/meno di lei, è molto più vecchio/giovane di lei; **sie ist ~ über 50**, ha passato da un bel po' la cinquantina/[i cinquanta] ● **etw ~ auslegen** {GESETZ, PARAGRAPHEN, VORSCHRIFT}, interpretare qc elasticamente/estensivamente; **bei ~em/Weitem** {DER/DIE BESTE, SCHÖNSTE}, di gran lunga; {BESSER, SCHÖNER, TEURER}, molto, assai, ben; **es wäre bei ~em besser gewesen, wenn ...**, sarebbe stato molto meglio se ...; **bei ~em/Weitem nicht: sie ist bei ~em nicht so gut wie er/vorher**, è molto meno brava di lui/[rispetto a prima]; **das ist bei ~em nicht alles**, non è tutto/[finita qui]; **bei ~em nicht vollständig**, tutt'altro che/[lungi dall'essere] completo; **in der kurzen Zeit werde ich bei ~em nicht fertig (werden)**, in così poco tempo non ce la farò mai (a finire); **sie ist mit ihrer Arbeit bei ~em noch nicht fertig**, è ancora in alto mare con il lavoro; **bis ~ in etw** (acc) {HINEIN}: **bis ~ in den Morgen/Vormittag (hinein)**, fino alla tarda mattina/[in tarda mattinata]; **bis ~ in den März/Herbst (hinein)**, fino a marzo/[ad autunno] inoltrato; **bis ~ in die Nacht**, fino a notte inoltrata/[tarda notte]; **wir sind bis ~ in die Nacht aufgeblieben**, abbiamo fatto le ore piccole; **~ und breit**, tutt'intorno; **~ und breit war niemand/[kein Haus] zu sehen**, tutt'intorno non si vedeva nessuno/[neanche una casa]; **er ist ~ und breit als Geizkragen bekannt**, è famoso per essere uno spilorcio; **das ist ~ und breit das beste Restaurant**, questo è in assoluto il migliore ristorante della zona; **sie war ~ und breit nirgends zu finden**, era introvabile; **es ~ (im Leben) bringen**, andare lontano, fare strada; **er wird es noch ~ bringen**, ce ne farà strada/[andrà lontano]; **sie hat es ~ gebracht**, ne ha fatta di strada, è ormai una donna arrivata; **jdn so ~ bringen, dass ...**, portare/spingere qu a ... inf; **mit seinen ewigen Nörgeleien hat er sie so ~ gebracht, dass sie ausgezogen ist**, a forza di criticarla continuamente l'ha spinta ad andare via di casa; **du musst ihn so ~ bringen, dass er den Vertrag unterschreibt**, devi fare in modo che lui firmi il contratto; **du bringst es noch so ~, dass ich explodiere**, finirai per farmi esplodere; **~ davon entfernt sein, etw zu tun**, essere ben lungi/lontano dal fare qc; **das würde zu ~ führen**, ci porterebbe troppo lontano; **~ gefehlt! geh**, tutt'altro!, tutto il contrario!; **so ~ gehen, etw zu tun**, arrivare al punto di fare qc; **zu ~ gehen**, andare troppo oltre, oltrepassare i limiti; **das geht (entschieden) zu ~!**, questo è (decisamente) troppo!, tutto ha un limite!; **genauso ~ wie jd/vorher sein**, essere esattamente allo stesso punto di qu/prima; **~ gesteckt** {PLAN, ZIEL}, ambizioso; **~ gesteckte Ziele haben**, mirare lontano; **so ~, so gut**, fin qui tutto bene/[a posto]; **es noch/[nicht

mehr] ~ **haben**, ₍avere ancora un bel pezzo di strada da fare₎/[essere quasi arrivato (-a)]; **hast du es noch sehr ~?**, devi ancora fare molta strada?; **jdn so ~ haben, dass er etw tut** *fam*, aver convinto qu a fare qc; **~ hergeholt sein**, essere tirato per i capelli; **so ~ hergeholt finde ich das gar nicht** (*diese Vermutung*), non mi sembra così improbabile/[campato in aria]; (*diesen Vergleich*), non mi sembra affatto fuori luogo; **es ist so ~**, è giunto il momento, ci siamo *fam*; **es ist gleich so ~**, ci siamo quasi; **mit jdm ist es nicht ~ her**, qu non vale un granché/[fico secco *fam*]; **mit etw (dat) ist es nicht ~ her** {MIT EINER ERFINDUNG, NEUEN MASCHINEN, EINER METHODE}, qc non vale un granché; **mit seinem Arbeitseifer ist es nicht ~ her**, non è che sia proprio un gran lavoratore; **mit ihrer Treue ist es nicht ~ her**, avrei dei dubbi sulla sua fedeltà; **es ist noch ~ hin, bis ...**, ci vorrà del tempo prima che ... *konjv*: **bis zur Realisierung des Projekts ist es noch ~ hin**, ci vorrà del tempo prima che questo progetto vada in porto; **bis zu diesem Tag ist es noch ~ hin**, quel giorno è ancora distante; **~ hinter/vor jdm/etw sein**: **~ hinter jdm fahren/gehen**, seguire qu a grande distanza; **dieser Ort liegt ~ hinter/vor Freiburg**, questa località si trova molto dopo/ [prima di] Friburgo; **so ~ kommt es noch!** *fam*, ci mancherebbe altro! *fam*; **mit etw (dat) kommt jd nicht ~**, con qc qu non arriva/va lontano; **warum hast du es so ~ kommen lassen?**, perché hai lasciato che le cose arrivassero a questo punto?; **(jdm) etw ~er machen** {KLEIDUNGSSTÜCK}, allargare qc (a qu); **so ~ wie/als geh möglich**, il più lontano possibile; **~ nach etw** {MITTERNACHT, NACH ZEHN UHR}, ben dopo qc; **so ~ sein**, essere pronto; **seid ihr schon so ~, dass ihr anfangen könnt?**, siete pronti (-e) per cominciare?; **ich bin so ~ fertig**, sarei pronto (-a); **es zu ~ treiben**, esagerare, oltrepassare i limiti; **es ist etw (dat) zu ~ treiben**, esagerare con qc; **von ~em/Weitem**, da lontano; **man sieht schon von ~em, dass er stockbetrunken ist**, si vede lontano un miglio che è ubriaco fradicio; **von ~ her**, da lontano; **~ weg (von etw dat)**, lontano/distante (da qc); **sie wohnt jetzt ~er weg**, adesso abita più lontano; **er war mit seinen Gedanken ~ weg**, era altrove con i suoi pensieri; **~er werden** {PULLOVER, SCHUHE}, allargarsi; {GEFÄßE}, dilatarsi; {TAL}, ampliarsi, allargarsi; **jdm wird das Herz ~er**, a qu si allarga il cuore; **wie ~ bist du?**, a che punto sei?; **wie ~ bist du gekommen?** (*Entfernung*), fin dove sei arrivato (-a)?; (*mit der Arbeit*), a che punto sei?; **~ zurückliegen** {SCHULZEIT, GLÜCKLICHE TAGE}, essere (molto) distante; {EREIGNIS} *auch*, risalire a molto tempo fa; **wie ~ liegt der Unfall jetzt zurück?**, quanto tempo è passato dall'incidente?; **wie ~ diese Zeit zurückzuliegen scheint!**, come sembrano lontani quei tempi!

weitab *adv* (molto) lontano/distante; **~ von etw** (dat) {VOM DORF, DER HAUPTSTRAßE} lontano *da qc*, distante *da qc*: **~ von allem Trubel leben**, vivere lontano (-a) dalla confusione; **er hält sich immer ~ von allen**, si tiene sempre ₍lontano da tutti₎/[in disparte].

weitärmelig *adj* {BLUSE, MANTEL} dalle maniche larghe, a manica larga.

weitaus *adv* 1 + *kompar* (BESSER, BILLIGER, SCHNELLER, SCHÖNER} ₍di gran lunga₎/[molto] + *kompar*: **es ist ~ angenehmer, mit dem Zug zu fahren**, è molto più gradevole viaggiare in treno; **es wäre ~ besser gewesen, wenn ...**, sarebbe stato molto meglio se ...
2 + *superl* di gran lunga + *superl*: **sie war ~ die beste Reiterin**, era di gran lunga la migliore cavallerizza; **das war der ~ schlechteste Film, den ich seit langem gesehen habe**, è stato in assoluto il film più brutto che (io) abbia visto negli ultimi anni.

weitbekannt *adj* <*attr*> molto noto/conosciuto, notissimo, conosciutissimo.

Weitblick <-(e)s, *ohne pl*> *m* lungimiranza f: **~ haben**, essere dotato di lungimiranza, vedere lontano; **mit dieser Maßnahme beweist sie politischen ~**, con questo provvedimento (lei) dà prova di lungimiranza politica; **seine Entscheidung zeugt von ~**, la sua decisione è/dà prova di lungimiranza.

weitblickend *adj* (*weit schauend*) {MENSCH, PLANUNG} lungimirante, che vede lontano.

Weite① <-, -*n*> *f* 1 (*weite Ausdehnung*) {+FLÄCHE, LANDSCHAFT, MEER, WÜSTE} vastità f; {+RAUM, TAL} ampiezza f: **die ~ einer Ebene**, l'estensione di una pianura; **die endlose ~ des Meeres/Weltalls**, l'immensità del mare₎/[dell'universo]; **die unendliche ~ der Steppe**, la sconfinatezza della steppa 2 *text* {+JACKE, MANTEL, PULLOVER} larghezza f; (*lockerer Sitz*) *auch* ampiezza f, taglio m ampio: **die neuen Wintermäntel zeichnen sich durch bequeme ~ aus**, i nuovi cappotti invernali si contraddistinguono per il taglio ampio e comodo; **etw in der ~ ändern**, modificare la larghezza di qc; **in der ~ passt der Rock**, in larghezza la gonna va bene; **eine Hose mit verstellbarer ~**, un paio di pantaloni regolabili in vita 3 *sport* {+SPRUNG, STOß, WURF} lunghezza f: **die ~ des letzten Wurfs beträgt 50 Meter**, l'ultimo lancio è stato di 50 metri 4 (*Durchmesser*) {+ÖFFNUNG} larghezza f; {+HOSENBUND, KRAGEN} *auch* circonferenza f; {+FENSTER, TÜR} larghezza f, luce f; {+ROHR} diametro m interno 5 *nur sing* (*Ferne*): **in die ~ schauen**, guardare lontano ● **die lichte ~ bau**, la luce.

Weite② <-*n*, *ohne pl*> *n*: **das ~ suchen** *fam*, prendere il largo *fam*; **schnell das ~ suchen** *fam*, darsela a gambe *fam*.

weiten A *tr* (*weiter machen*) (*jdm*) *etw ~* {SCHUHE, STIEFEL} allargare *qc (di/a qc)*: **ich muss mir die neuen Schuhe ~ lassen**, devo farmi allargare le scarpe nuove B *rfl sich ~* 1 (*sich dehnen*) {SCHUHE} allargarsi; (*sich vergrößern*) {GEFÄßE, PUPILLEN} dilatarsi; {AUGEN} *auch* spalancarsi; {TAL} allargarsi, farsi più ampio (-a): **ihr Herz weitete sich, als sie sich ihrer Heimatstadt näherte**, man mano che si avvicinava alla sua città natale le si allargava/apriva il cuore.

weiter *adv* 1 (*sonst*): **~ keine Beschwerden/Reklamationen?**, nessun altro disturbo/reclamo?, altri disturbi/reclami? 2 (*des Weiteren*) inoltre, poi: **in dem Dorf gibt es zwei Gaststätten, ~ eine Pizzeria und ein Spezialitätenrestaurant**, in paese ci sono due trattorie, inoltre/poi una pizzeria e un ristorante con specialità locali; **~ wollte ich hinzufügen, dass ...**, poi/inoltre volevo aggiungere che ... 3 (*~hin*): **etw ~ tun**, continuare a fare qc; **er tut ~ so, als wäre nichts geschehen**, continua a fare finta che non sia₎/[comportarsi come se non fosse] successo niente; **wenn es ~ so regnet ...**, se continua₍/[va avanti] a piovere così ...; **die Unterschiede werden ~ bestehen bleiben**, le differenze rimarranno anche in seguito; **sie hat vor, sich ~ mit dem Thema zu beschäftigen**, ha intenzione di occuparsi ancora di quell'argomento 4 (*mehr*) più: **~ oben/unten**, più ₍su/in alto₎/[sotto/giù]; (*in einem Text*) sopra/[sotto/più giù]; **siehe ~ oben/unten**, vedi sopra/sotto; **wie ~ oben ausgeführt**, come sopra esposto; **ich werde ~ unten darauf zurückkommen**, ci ritornerò più avanti; **~ hinten im Buch/Schrank**, più ₍avanti nel libro₎/[in fondo all'armadio]; **~ links/rechts/nördlich/südlich**, più a sinistra/destra/nord/sud ● **~ !** (*~lesen!, ~sprechen!*), continua!/continui!, (*vai/vada*) avanti!; **~ ?**, vado (avanti)?; **... ~: sie wohnt jetzt drei Straßen ~**, adesso abita tre strade più in là; **vier Zeilen ~ spricht er plötzlich von ganz anderen Dingen**, quattro righe più giù cambia improvvisamente argomento; **keinen Schritt ~!**, non un passo di più!; **kein Wort ~!**, non una parola di più!; **~ bestehen → weiter|bestehen**; **bitte ~!** (*beim Vorführen von Lichtbildern*), avanti!, la prossima, per favore!; (*~gehen!, ~fahren!*), avanti, per favore!; (*im Straßenverkehr*), circolare, prego!; **wenn es ~ nichts ist!**, se è tutto lì/qua; **~ keiner/niemand**: **es war ~ keiner/niemand da**, non c'era nessun altro; **dass er ohne Jackett zu Tisch kam, störte ~ keinen**, non ₍dette fastidio a₎/[disturbò] nessuno che si presentasse a tavola senza giacca; **nicht ~!**, halt, nicht ~!, fermo/fermi là!, altolà!; **bis hierher und nicht ~!**, fermo/fermi, non un passo di più!; **~ nicht..., nicht ~ ...**, non ... poi tanto: **das ist ~ nicht gefährlich**, non è poi tanto pericoloso; **das ist ~ nicht schlimm**, non è poi una cosa grave, non è niente; **dass er sitzen geblieben ist, ist nicht ~ schlimm/tragisch, Hauptsache, er holt auf**, che sia stato bocciato non è poi/[in fondo] così grave, l'importante è che recuperi; **~ nichts?**, tutto qui?, nient'altro?; **~ (...) nichts**: **das hat ~ nichts zu sagen**, non ₍vuol dire₎/[significa] mica niente; **~ wusste sie auch nichts**, altro/[di più] non sapeva nemmeno lei; **~ habe ich nichts zu sagen**, non ho altro/nulla da aggiungere; **..., ~ nichts**: **er wollte nur sagen, dass er morgen kommt, ~ nichts**, voleva solo dire che viene domani, nient'altro; **er ist nur ein guter Bekannter, ~ (ist da) nichts**, è solo un buon conoscente, ₍niente di più₎/[nient'altro]; ₍*~ nichts*₎/[*nichts ~*] **als etw**: **ich hab doch ~ nichts als ein bisschen Wein getrunken!**, ma se ho bevuto solo un po' di vino ...!; **was sind das für Flecken im Tischtuch? – Ach, das ist ~ nichts als Kaffee**, (di) cosa sono queste macchie sulla tovaglia? – È soltanto caffè, niente di grave; **er ist nichts ~ als ein Aufschneider**, non è altro che uno spaccone; **das ist nichts ~ als eine freche Lüge**, non è altro che una sfacciata bugia; **sie wollte nichts, als ins Bett (gehen)**, non desiderava altro che andare a letto; **nur (immer) so ~!**, forza!, coraggio!; **und ~?**, e com'è?; **und was ~?**, e che/cos'altro?; **und so ~ (und so fort)**, eccetera, e così via/[di seguito], e (così) via dicendo/discorrendo, e via di questo passo; **es waren die üblichen Leute da, nämlich Christine, Wolf, Lucia und so ~**, c'erano le solite persone: Christine, Wolf, Lucia e così via.

weiter|arbeiten *itr* continuare ₍a lavorare₎/[il proprio lavoro]; (*nach Unterbrechung*) *auch* riprendere il (proprio) lavoro, rimettersi a lavorare; **an etw** (dat) **~**, continuare a lavorare *a qc*.

weiter|befördern <*ohne* ge-> *tr* 1 (*die Beförderung fortsetzen*) **jdn/etw in/mit etw** (dat) ~ far proseguire *qu/qc in/con qc*: **die Passagiere wurden in Bussen weiterbefördert**, i passeggeri hanno proseguito il viaggio in autobus; **jdn/etw irgendwohin ~** ₍far proseguire₎/[(tras)portare] *qu/qc* + *compl di luogo* 2 (*weiterleiten*) *etw ~* {PAKET, POSTSENDUNG} inoltrare *qc*.

Weiterbeförderung <-, *ohne pl*> *f* 1 {+PASSAGIERE, TOURISTEN} trasporto m 2 {+BRIEF, PAKET, SENDUNG} inoltro m: **jdm etw zur ~ übergeben**, consegnare qc a qu per l'inoltro.

Weiterbehandlung f med continuazione f delle cure/terapie: **zur ~ muss ich Sie an einen Facharzt überweisen**, per ulteriori accertamenti Le consiglio di rivolgersi a uno specialista.

weiter|bestehen <irr, ohne ge-> itr **1** (fortbestehen) {EINRICHTUNG, INSTITUT, VERBAND} continuare a esistere, esistere sempre: **ihre Freundschaft besteht weiter**, la loro amicizia continua a durare **2** (bestehen bleiben) (**für jdn**) ~ {PROBLEM} esserci/esistere sempre (per qu), rimanere (per qu), persistere (per qu); {VERDACHT} essere sempre presente (in qu), rimanere (in qu); {BEDINGUNG} essere sempre valido/[valere sempre] (per qu): **die Verpflichtung zur Hilfeleistung besteht für den Staat weiter**, per lo Stato l'obbligo all'assistenza continuerà a esistere comunque.

Weiterbestehen n: **das ~ dieser sozialen Einrichtungen ist in Frage gestellt**, è in forse la sopravvivenza stessa di queste strutture sociali.

weiter|bilden A tr **jdn auf/in etw** (dat) ~ {KURS, SCHULE AUF EINEM GEBIET, IN EINEM FACH} aggiornare/completare le conoscenze di qu in qc B rfl **sich** ~ aggiornarsi, frequentare dei corsi di aggiornamento/perfezionamento, completare la propria formazione; **sich auf/in etw** (dat) ~ {IN EINER SPRACHE} perfezionarsi in qc; {AUF EINEM GEBIET, IN EINEM FACH} auch aggiornarsi in qc: **sich in Russisch ~**, perfezionarsi nel/[perfezionare il proprio] russo; **sich beruflich/fachlich ~**, specializzarsi, frequentare un corso di specializzazione.

Weiterbildung f (persönliche ~) aggiornamento m; (berufliche ~) specializzazione f: **zur ~ in ihrem Beruf geht sie für zwei Jahre ins Ausland**, per specializzarsi professionalmente si trasferisce per due anni all'estero.

weiter|bringen <irr> tr **jdn** (**bei/in etw** dat) ~ {BEI DER LÖSUNG EINES PROBLEMS, IN EINER SCHWIERIGEN ANGELEGENHEIT} essere d'aiuto a qu (in qc): **das bringt mich/uns (auch) nicht weiter**, non mi/ci aiuta (molto); **die letzten Hinweise haben uns leider auch nicht weitergebracht**, purtroppo le ultime segnalazioni non ci sono state di (grande) aiuto; **diese Auseinandersetzungen bringen uns nicht weiter**, queste discussioni non ci portano da nessuna parte.

weiter|denken <irr> itr pensare al futuro: **sie hat den Vertrag unterschrieben, ohne weiterzudenken**, ha firmato il contratto senza pensare alle conseguenze.

weiter|dürfen <irr> itr fam poter continuare/proseguire: **hier ist Einbahnstraße, da dürfen wir nicht weiter**, qui è divieto di accesso, non possiamo proseguire/[andare avanti].

weitere adj → weiterer.

weiter|empfehlen <irr, ohne ge-> tr (**jdm**) **jdn/etw** ~ raccomandare qu/qc (a qu).

weiter|entwickeln <ohne ge-> A tr (vervollkommnen) **etw** ~ {GERÄT, KONSTRUKTION, VERFAHREN} perfezionare qc; {THEORIE} sviluppare (ulteriormente) qc; {IDEE, PLAN} auch approfondire qc: **weiterentwickelt** {VERFAHREN}, perfezionato; {THEORIE} evoluto B rfl **sich** ~ {MENSCH} (körperlich) svilupparsi, (charakterlich, geistig, kulturell) evolversi; {LEBEWESEN, ORGANISMUS} evolversi.

Weiterentwicklung f {+GERÄT, KONSTRUKTION, VERFAHREN} perfezionamento m; {+THEORIE} (ulteriore) sviluppo m; {IDEE, PLAN} auch approfondimento m.

weiterer, weitere, weiteres adj <attr> altro (-a), ulteriore: **weitere Auskünfte erhalten Sie am Schalter**, per ulteriori informazioni Si rivolga allo sportello; **ich kann Ihnen leider keine weiteren Auskünfte geben**, purtroppo non posso darLe altre informazioni; **wir müssen die weitere Entwicklung abwarten**, dobbiamo aspettare gli ulteriori sviluppi; **keine weiteren Fragen?**, (non ci sono) altre domande?; **nach weiteren drei Monaten**, dopo altri tre mesi; **ein weiteres Problem sind die Mietkosten**, un altro problema è quello delle spese per l'affitto; **im weiteren Verlauf zeigte sich, dass ...**, in seguito si rivelò che ...; **hier ist jedes weitere Wort überflüssig**, qui ogni parola in più è superflua • **alles/das Weitere** {ENTNEHMEN, ERFAHREN}, tutto il resto; {BESPRECHEN}, nei dettagli; **das Weitere kannst du dir denken**, (tutto) il resto te lo puoi immaginare; **bis auf weiteres/Weiteres** {BEURLAUBEN, SUSPENDIEREN}, fino a nuovo ordine/avviso; {GESCHLOSSEN BLEIBEN}, momentaneamente; **des Weiteren** geh, inoltre; **im Weiteren**, in seguito, successivamente; **ohne weiteres/Weiteres** {ARRANGIEREN, BEWILLIGEN}, senza problemi; {EINWILLIGEN, UNTERSCHREIBEN, ZUSTIMMEN} auch, senza esitare/esitazioni; **so etwas kann man ohne weiteres sagen**, ciò lo benissimo/[senz'altro] dire così; **das kann man nicht ohne weiteres voraussetzen**, non lo si può dare per scontato; **ich kann Ihnen die Unterlagen nicht so ohne weiteres aushändigen**, non posso consegnarLe questi documenti così (senza garanzia/formalità); **diesem Vorschlag kann ich nicht ohne weiteres zustimmen**, posso accettare questa proposta solo con riserva, non posso accettare questa proposta così com'è; **ist er gleich mitgekommen? – Ja, ohne weiteres**, è subito venuto con te/voi? – Sì, senza fare storie fam/obiezioni; **das hätte er doch ohne weiteres tun können**, avrebbe potuto farlo benissimo/[senza problemi].

weiter|erzählen <ohne ge-> tr **etw** ~ {GEHEIMNIS, PLAN} raccontare in giro qc, riportare qc ad altri: **erzähl das bitte nicht weiter!**, non lo dire a nessuno, mi raccomando!

weiter|fahren <irr> A itr <sein> (**irgendwohin**) ~ proseguire/continuare (il viaggio) (+ compl di luogo): **wann fahren wir weiter?**, quando si riparte?; **nach einer ausgiebigen Rast fuhren wir weiter**, dopo una lunga sosta ci rimettemmo in viaggio; **dort können Sie nicht ~, die Straße ist gesperrt**, non può passare di lì, la strada è chiusa! B tr <haben> **etw** ~ {FAHRZEUG} spostare qc.

Weiterfahrt <-, ohne pl> f proseguimento m del viaggio: **bis zur ~ kann es länger dauern**, probabilmente ci vorrà un po' di tempo prima di poter ripartire.

weiter|fliegen <irr> itr <sein> (**irgendwohin**) ~ {MENSCH} (ohne Flugzeugwechsel) continuare il (proprio) volo (per qc); (mit Flugzeugwechsel) auch riprendere un aereo (per andare + compl di luogo): **von dort fliege ich mit der Swissair weiter**, da lì prendo un aereo della Swissair; {FLUGZEUG} ripartire (per/verso qc).

Weiterflug <-(e)s, ohne pl> m continuazione f/proseguimento m del volo: **bis zum ~ haben Sie zwei Stunden Aufenthalt**, avrà una sosta di due ore prima di riprendere l'aereo; **der ~ nach Berlin hat sich um eine Stunde verzögert**, la coincidenza per Berlino ha avuto un'ora di ritardo.

weiter|führen A tr **1** (fortsetzen) **etw** ~ {BESPRECHUNG, VERHANDLUNG} continuare qc, proseguire qc: **die Gerichtsverhandlung wird morgen weitergeführt**, l'udienza verrà ripresa domani; **wenn ich Ihre Ausführungen ergänzend ~ darf, ...**, se posso aggiungere qualcosa a quanto lei ha detto ... **2** (weiterbringen) **jdn** ~ {ALTERNATIVE, VORSCHLAG} essere di aiuto a qu: **das führt uns nicht weiter**, questo non ci è di grande aiuto **3** (verlaufen lassen) **etw irgendwo** ~ {BAHNLINIE, STRAßE, TRASSE AM DORFRAND, FLUSSUFER} far passare qc + compl di luogo; **etw irgendwohin** ~ portare qc + compl di luogo B itr **irgendwo** ~ {STRAßE, WEG} continuare/proseguire + compl di luogo: **hier führt der Weg nicht weiter**, qui il sentiero finisce.

weiterführend adj: **~e Schule**, scuola secondaria superiore/[d'insegnamento secondario].

Weitergabe <-, ohne pl> f trasmissione f: **er wurde der ~ geheimer Dokumente bezichtigt**, fu accusato di aver trasmesso dei documenti segreti a terzi.

weiter|geben <irr> tr **1** (weiterreichen) **etw** (**an jdn**) ~ {FOTOS, RUNDSCHREIBEN} (fare) passare qc (a qu): **gebt bitte die Flasche weiter!**, fate passare la bottiglia, per favore! **2** (anderen mitteilen) **etw** (**an jdn**) ~ {GEHEIME UNTERLAGEN} trasmettere qc (a qu) **3** (vermitteln) (**jdm**) **etw/etw** (**an jdn**) ~ {KENNTNISSE, WISSEN} trasmettere qc (a qu).

weiter|gehen <irr> A itr (**in seinen Weg fortsetzen**) continuare, proseguire (il proprio cammino); (nach einer Unterbrechung) auch riprendere il cammino: **jetzt geh doch weiter und bleib nicht dauernd stehen!**, adesso cammina e non fermarti continuamente!; **komm, lass uns ~!**, su, proseguiamo!; **~ bitte!**, sagte der Polizist, circolare, prego!, disse il poliziotto **2** (seinen Fortgang nehmen) continuare, andare avanti: **die Vorstellung geht gleich weiter**, lo spettacolo continua fra poco; **das Leben geht weiter**, la vita continua; **die Streitereien gingen tagelang weiter**, i litigi continuarono/[andarono avanti] per giorni e giorni; **wie ist die Geschichte denn weitergegangen?**, com'è andata avanti poi la storia? B tr (fortsetzen) **etw** ~ {DIESELBE STRAßE, DEN EINGESCHLAGENEN WEG} proseguire per qc, continuare per qc: **ich gehe keinen Schritt (mehr) weiter!**, non mi muovo neanche di un centimetro da qui! C unpers (fortgesetzt werden): **es geht** (**mit etw dat**) **weiter**: **alles einsteigen, es geht (wieder) weiter!**, risalite in macchina, si riparte!; **in zehn Minuten geht es weiter (mit der Arbeit)!**, tra dieci minuti si riprende/continua (il lavoro); **hier geht es nicht mehr weiter**, qui la strada finisce; **zehn Minuten Pause, dann geht es wieder weiter**, dieci minuti di pausa, poi si continua • **so kann es nicht ~**, così non (si) può andare avanti/[continuare]; **es muss ~**, bisogna andare avanti, la vita continua; **wie soll es jetzt ~?**, e che si fa adesso?

weitergehend adj kompar von weitgehend.

weiter|helfen <irr> itr **jdm** ~ aiutare qu: **dein Rat hat mir sehr weitergeholfen**, il tuo consiglio mi è servito molto/[stato di grande aiuto]; **er hat ihr in einem sehr kritischen Moment wirklich weitergeholfen**, l'ha aiutata molto a superare un momento davvero critico; **kann ich Ihnen (irgendwie) ~?** com, posso esserLe d'aiuto/[utile]? com.

weiterhin adv **1** (fortgesetzt) ancora, sempre: **sie leben ~ im selben Haus**, continuano ad abitare nella stessa casa; **sie sind ~ uneins/unschlüssig**, sono ancora/[continuano ad essere] in disaccordo/[indecisi (-e)]; **der Verdacht besteht ~**, il sospetto continua a sussistere; **er ist ~ davon überzeugt, dass ...**, è sempre convinto che ...

2 (*außerdem*) inoltre: ~ ist zu bedenken, dass es nachts dort sehr kalt werden kann, inoltre c'è da considerare che lì le notti possono essere molto fredde **3** (*auch künftig*) anche in futuro: wir wünschen euch ~ alles Gute, buon proseguimento!

weiter|kämpfen itr continuare a combattere/lottare.

weiter|kommen <irr> **A** itr <*sein*> **1** (*vorwärtskommen*) andare avanti, proseguire, procedere: hier kommt man ohne Gummistiefel nicht weiter, qui non si può andare avanti senza gli stivali di gomma; dort kommt man nicht weiter, alles ist voller Gestrüpp, là non si passa, è pieno di rovi **2** (*Fortschritte machen*) (**mit/in etw** dat) ~ andare avanti (*con qc*), avanzare (*in qc*): er kommt in seiner Arbeit nicht weiter, non riesce ad andare avanti con il suo lavoro, il suo lavoro non procede; so kommen wir nicht weiter, così non si va avanti; beruflich/[im Beruf/Leben] ~, fare carriera; in dieser Firma kommst du beruflich nicht weiter, in questa ditta non hai possibilità di far carriera **B** tr: jd kommt mit etw (dat) ⌊keinen Schritt⌋/[ein gutes Stück] weiter, qu₁non fa un passo⌋/[fa un bel passo] avanti in qc; wir kommen mit den Verhandlungen keinen Schritt weiter, le trattative segnano il passo ● ⌊sieh zu⌋/[mach], dass du weiterkommst! *fam*, vedi di levarti di torno!; sie grüßte ihn flüchtig und sah zu, dass sie weiterkam, gli accennò un saluto e allungò il passo.

weiter|können <irr> itr *fam* poter continuare/[andare avanti]: hier können Sie nicht weiter! (*zu Fuß*), qui non può ⌊andare avanti⌋/[passare]!; (*mit einem Fahrzeug*) qui non può proseguire/passare.

weiter|laufen itr <*sein*> **1** (*seinen Lauf fortsetzen*) continuare a correre; (*nach Unterbrechung*) auch riprendere ⌊a correre⌋/[la corsa]: nach einer kurzen Atempause liefen sie weiter, dopo una pausa per riprendere fiato continuarono ⌊a correre⌋/[la corsa]; (*weitergehen*) continuare, proseguire (il cammino); ich habe mir den Fuß verstaucht, ich kann nicht ~, ho preso una storta, non posso continuare **2** *tech* (*in Betrieb bleiben*) {MASCHINE} rimanere in funzione; {UHR} continuare ad andare; {MOTOR} *auch* rimanere acceso (-a): die Heizung läuft weiter, auch wenn niemand zu Hause ist, il riscaldamento continua a funzionare anche se in casa non c'è nessuno; die Produktion läuft auch nachts weiter, la produzione continua anche di/la notte **3** (*weitergehen*) {ERMITTLUNGEN} continuare: mein Gehalt läuft zum Glück weiter, per fortuna continuano a pagarmi lo stipendio; meine Wohnung in der Stadt steht leer, aber die Kosten laufen weiter, il mio appartamento in città è vuoto, ma continuo a pagare le spese.

weiter|leben itr **1** (*am Leben bleiben*) (continuare a) vivere: nicht mehr ~ wollen, non voler più vivere **2** (*sich weiterhin verkörpern*) **in jdm/etw** ~ continuare a vivere in qu/qc.

weiter|leiten tr **etw** (*an jdn/etw*) ~ {INFORMATION} trasmettere qc (*a qu/qc*); {ANFRAGE, ANTRAG, E-MAIL} *auch* inoltrare qc (*a qu/qc*); {BRIEF, SENDUNG} inoltrare qc (*a qu/qc*).

Weiterleitung f {+ANRUF, E-MAIL} inoltro m.

weiter|machen itr *fam* (**mit etw** dat) ~ continuare (*a fare qc*): sollen wir ~?, continuiamo?, vogliamo continuare? ● mach nur so weiter! *fam iron*, continua pure così!

weiter|müssen <irr> itr *fam* dover proseguire: wir reden ein andermal darüber, jetzt muss ich weiter, ne parliamo un'altra volta, adesso (me ne) devo andare; *irgendwohin* ~ dover andare + *compl di luogo*.

weiter|reden itr continuare a parlare; (*nach Unterbrechung*) *auch* continuare/riprendere il proprio discorso.

weiter|reichen tr *geh* **etw** (**an jdn**) ~ (*far*) passare qc (*a qu*): reicht bitte das Brot weiter!, passate/[fate passare] il pane per favore!; {ANTRAG, GESUCH} inoltrare qc (*a qu*).

Weiterreise <-, *ohne pl*> f proseguimento m/continuazione f del viaggio: jdn an der hindern, impedire a qu di proseguire/continuare il (proprio) viaggio ● gute ~!, buon viaggio/proseguimento!

weiter|reisen itr <*sein*> (*irgendwohin*) ~ continuare/proseguire il proprio viaggio (+ *compl di luogo*): ich reise morgen weiter, riparto/[mi rimetto in viaggio] domani.

weiters adv A → ferner①.

weiter|sagen tr **etw** ~ dire qc ⌊in giro⌋/[ad altri], andare in giro a dire qc: wehe, wenn du das weitersagst!, guai a te se lo vai a dire in giro!; *jdm etw* ~ riferire qc a qu, riportare qc a qu ● nicht ~!, mi raccomando, non ⌊lo dire⌋/[ditelo] a nessuno!, acqua in bocca! *fam*.

weiter|schicken tr **1** (*weitersenden*) **etw** (**an jdn/etw**) ~ inoltrare qc (*a qu/qc*): ich hab den Brief gleich an die Versicherung weitergeschickt, ho subito inoltrato la lettera all'assicurazione **2** (*verweisen*) **jdn an jdn/etw** ~ mandare qu da qu/a qc: sie haben ihn an den Bürgermeister weitergeschickt, l'hanno mandato dal sindaco.

weiter|schlafen <irr> itr continuare a dormire: lass mich bitte ~!, lasciami dormire, per favore!

weiter|schleppen **A** tr *jdn/etw* ~ continuare a trascinare qu/qc: unter Mühe schleppte er den Sack weiter, a fatica continuò a trascinare il sacco **B** rfl sich ~ continuare a trascinarsi.

weiter|sehen <irr> itr *fam*: ..., dann ⌊sehen wir weiter⌋/[werden wir ~], ..., poi ⌊si vedrà⌋/[vedremo].

weiter|spielen **A** itr continuare a giocare **B** tr **etw** ~ {BALL} passare qc.

weiter|sprechen itr <irr> → weiter|reden.

weiter|tragen <irr> itr **etw** ~ andare in giro a raccontare qc, raccontare in giro qc.

Weiterung <-, *-en*> f *meist pl* form complicazione f: unangenehme ~en zur Folge haben, avere spiacevoli conseguenze.

weiter|verarbeiten <ohne ge-> tr *industr* **etw** (**zu etw** dat) ~ trasformare qc (*in qc*): Halbfabrikate ~, trasformare i semilavorati; die ~de Industrie, l'industria di trasformazione.

Weiterverarbeitung f *industr* trasformazione f.

weiter|verbreiten <ohne ge-> tr **etw** ~ {KRANKHEIT, VIRUS} (far) propagare qc; {NACHRICHT} diffondere qc.

weiter|verfolgen <ohne ge-> tr **1** (*realisieren wollen*) **etw** ~ {ABSICHT, PLAN, ZIEL} perseguire qc; {GEDANKEN, IDEE, VORSCHLAG} seguire qc **2** (*weiterhin beobachten*) **etw** ~ {ENTWICKLUNG, EREIGNIS} inseguire qu: etw in der Zeitung ~, seguire qc sui giornali.

Weiterverkauf m rivendita f: zum/[nicht zum] ~ bestimmt sein, ⌊essere destinato ad essere rivenduto⌋/[non essere rivendibile].

weiter|verkaufen <ohne ge-> tr **etw** (**an jdn**) ~ rivendere qc (*a qu*).

weiter|vermieten <ohne ge-> tr **etw** (**an jdn**) ~ {LOKAL, MIETWOHNUNG, ZIMMER} subaffittare qc (*a qu*), sublocare qc (*a qu*).

weiter|vermitteln <ohne ge-> tr **jdn** (**an jdn/etw**) ~ {ARBEITNEHMER} collocare qu (*presso qu/qc*), procurare un nuovo impiego a qu (*presso qu/qc*): in diesem Alter lässt er sich nur schwer ~, alla sua età è molto difficile trovargli un altro lavoro.

weiter|versichern <ohne ge-> **A** tr **jdn** ~ rinnovare l'assicurazione *a qu* **B** rfl **sich** ~ stipulare un nuovo contratto di assicurazione.

Weiterversicherung f rinnovo m della polizza assicurativa.

weiter|verweisen <irr, ohne ge-> tr **jdn an jdn/etw** ~ indirizzare *qu a qu/qc*, mandare *qu da qu/a qc fam*.

weiter|verwenden <ohne ge-, irr *oder* reg> tr **etw** ~ riutilizzare qc.

Weiterverwendung f riutilizzo m, riuso m.

weiter|wissen <irr> itr sapere cosa fare: in solchen Fällen weiß er immer irgendwie weiter, in casi del genere lui ⌊una soluzione la trova sempre⌋/[trova sempre una via d'uscita] ● nicht (mehr) ~ (*keinen Ausweg wissen*), non sapere più ⌊cosa fare⌋/[a che santo votarsi *fam*]; (*beim Sprechen eines Gedichts, einer Rolle*), bloccarsi, incepparsi; vor Aufregung wusste ich in der Prüfung plötzlich nicht mehr weiter, ero talmente agitato (-a) all'esame che improvvisamente ho avuto un blackout.

weiter|wollen <irr> itr *fam* (*irgendwohin*) ~ voler proseguire + *compl di luogo*): er wollte dann nach Berlin weiter, poi voleva proseguire per Berlino; halte dich nicht lange bei ihm auf, ich will weiter!, non ti fermare tanto a parlare con lui, ho fretta!

weitestgehend superl *von* weitgehend **A** adj {KONSEQUENZEN} gravissimo; {ÜBEREINSTIMMUNG, UNTERSTÜTZUNG, VERSTÄNDNIS} più ampio; {FREIHEIT} pieno, grandissimo; {VOLLMACHT} *auch* amplissimo **B** adv {ÜBEREINSTIMMEN, VERWIRKLICHEN} ⌊ad eccezione di⌋/[eccezion fatta per] qualche dettaglio, quasi completamente.

weitgehend <weitgehender *oder* **A** weitergehend, weitgehendst *oder* weitestgehend>, **weit gehend** <weiter gehend, am weitesten gehend> **A** adj <attr> **1** (*große Veränderungen herbeiführend*) {PLAN} grande, di vasta portata; {IDEE} di ampio respiro **2** (*fast vollständig*) {UNTERSTÜTZUNG, VERSTÄNDNIS, VOLLMACHT} ampio: ~e Übereinstimmung erzielen, raggiungere una larga intesa **B** adv {ÜBEREINSTIMMEN, VERWIRKLICHEN} in gran parte; {UNTERSTÜTZEN, VERBESSERT SEIN} in ampia/larga misura; {AUFGEHOBEN, BESEITIGT SEIN} *auch* quasi, pressoché: der Verkehr ist ~ normal, il traffico è pressoché normale.

weitgereist adj → gereist.

weitgreifend adj {IDEEN} di ampio respiro; {PLÄNE, VERÄNDERUNGEN} di ampia portata.

weither adv *geh* da (molto) lontano.

weithergeholt adj → hergeholt.

weitherzig adj generoso.

weithin adv **1** (*bis in große Entfernung*) (da) lontano, in lontananza: ~ angesehen/bekannt sein, essere stimato/conosciuto da molti; die Explosion war noch ~ hörbar, l'esplosione si sentì anche in lontananza; ~ sichtbar, visibile da lontano **2** (*in hohem Maße*) {DARAUF ZURÜCKZUFÜHREN SEIN, EINER S. ZUZUSCHREIBEN SEIN} in larga misura: der Erfolg ist ~ sein Verdienst, il successo è in larga misura merito suo; es ist ~ bekannt, dass ..., è risaputo/arcinoto *fam* che ...

weitläufig A adj 1 (*ausgedehnt*) {ANLAGE, GARTEN, PARK} vasto, esteso; {GEBÄUDE} spazioso, vasto, ampio 2 (*entfernt*) {VERWANDTE, VERWANDTSCHAFT} lontano: **er ist ein ~er Verwandter von mir**, è un mio lontano parente 3 → **weitschweifig** B adv (*entfernt*): **sie/wir sind ~ (miteinander) verwandt**, sono/siamo ₍lontani parenti₎/[parenti alla lontana]; **ich bin ~ mit ihr verwandt**, sono un/una suo (-a) lontano (-a) parente.

Weitläufigkeit <-, *ohne pl*> f {+ANLAGE, GARTEN} vastità f; {+GEBÄUDE} *auch* ampiezza f, spaziosità f.

weitmaschig adj {NETZ, PULLOVER} a maglie large.

weiträumig A adj {ANLAGE} ampio, spazioso; {STADT} esteso: **-e Umleitungen**, lunghe deviazioni B adv per un ampio perimetro/raggio: **die Unfallstelle wurde ~ abgesperrt**, attorno al luogo dell'incidente la strada è stata chiusa al traffico; **~ spielen** Fußball, giocare a tutto campo.

weitreichend adj <attr> (*von großer Reichweite*) {KONSEQUENZEN, MASSNAHMEN} di vasta/ampia portata; (*umfassend*) {BEZIEHUNGEN, VERBINDUNGEN} importante; {VOLLMACHT} ampio; *mil* {GESCHÜTZ, RAKETE} a lunga gittata.

weitschauend adj {MENSCH, PLANUNG} lungimirante, che vede lontano.

weitschweifig A adj {AUTOR, BERICHT, ERZÄHLUNG} prolisso, verboso B adv {ERZÄHLEN, SCHILDERN} in modo prolisso/verboso; {BESCHREIBEN, ERKLÄREN} *auch* per lungo e per largo, per filo e per segno.

Weitschweifigkeit <-, *ohne pl*> f prolissità f, verbosità f.

Weitsicht <-, *ohne pl*> f → **Weitblick**.

weitsichtig A adj 1 (*vorausschauend*) lungimirante, previdente 2 *med* {AUGEN, MENSCH} presbite, affetto da presbiopia: **~ sein**, essere presbite B adv (*weit blickend*) {HANDELN} con lungimiranza.

Weitsichtigkeit <-, *ohne pl*> f *med* presbiopia f, presbitismo m.

weit|springen <irr> itr <*nur inf oder part perf*> *sport* praticare il salto in lungo: **er kann ausgezeichnet ~**, è un ottimo saltatore in lungo.

Weitspringer m (**Weitspringerin** f) *sport* saltatore (-trice) m (f) in lungo.

Weitsprung m *sport* 1 (*Disziplin*) salto m in lungo 2 (*Sprung*) salto m.

weittragend adj (*weitreichend*) {KONSEQUENZEN} grave; (*BEDEUTUNG*) di ampia portata; *mil* {GESCHÜTZ, RAKETE} a lunga gittata.

weitverbreitet adj {BAUM, PFLANZE} molto diffuso, comune; (*bei vielen verbreitet*) {IRRGLAUBE, MEINUNG} molto diffuso: **ein ~es Vorurteil**, un pregiudizio molto diffuso.

weitverzweigt adj {EISENBAHNNETZ, STRASSENNETZ} molto ramificato, ben sviluppato; {KONZERN, ORGANISATION, SYNDIKAT} molto ramificato, con molte ramificazioni; {FAMILIE, STAMMBAUM, VERWANDTSCHAFT} che ha molti rami.

Weitwinkelobjektiv n *fot* (obiettivo m) grandangolare m.

Weizen <-s, -> m 1 <*meist sing*> *bot* frumento m, grano m 2 → **Weizenbier** • **jds ~ blüht**, gli affari di qu ₍vanno a gonfie vele₎/[prosperano].

Weizenähre f *bot* spiga f di frumento/grano.

Weizenbier n (birra f) weiss f.

Weizenbrot n pane m ₍di farina di frumento₎/[bianco].

Weizenernte f 1 (*das Ernten*) mietitura f/raccolta f del grano 2 (*das Geerntete*) mietitura f/raccolto m (di grano).

Weizenfeld n campo m di grano.

Weizenflocke f <*meist pl*> fiocco m di grano.

Weizenkeim m germe m di grano.

Weizenkeimöl n olio m di germe di grano.

Weizenkleie f crusca f di grano.

Weizenkorn n chicco m di grano.

Weizenmehl n farina f di grano/frumento.

welch indef pron *geh*: **~ (ein(e)) ...**, che ..., quale ... *geh*; **~ eine schöne Blume!**, che bel fiore!; **~ guter Duft!**, che buon profumo!; **~ ein Raubbau wurde mit diesen Wäldern betrieben!**, quale scempio è stato fatto di questi boschi!; **~ langer Weg, um zu ihr zu kommen!**, quanto è lunga la strada per arrivare da lei!

welcher, welche, welches A adj 1 interr (*was für ein*) quale, che: **welchen Mantel ziehst du an?**, che cappotto ti metti?; **welchen Wein ziehst du vor, roten oder weißen?**, quale vino preferisci, rosso o bianco?; **aus welchem Grund sollte ich ihm schreiben?**, per quale motivo gli dovrei scrivere?; (*wie viel*) quanto (-a) -i -e: **ist dir bewusst, welche Arbeit dahintersteckt?**, ti rendi conto di quanto lavoro c'è dietro? 2 *geh* (*in Ausrufen: was für ein*) che, quale *geh*. quanto: **welche Idee!**, che idea!; **welcher Mut gehört dazu!**, che/quanto coraggio ci vuole!; **welche Mühe uns das gekostet hat!**, quanta fatica ci è costato (-a)! B interr pron (*was für ein*) quale: **ich habe gestern einen Film von Wenders gesehen – Und welchen?**, ieri ho visto un film di Wenders – Quale?; **ich wüsste nicht, welche von beiden hübscher ist**, non saprei quale delle due è più carina C rel pron (*der, die, das*) il/la quale, che: **die Frau, welche uns öffnete, hatten wir nie (zuvor) gesehen**, la donna che ci aprì la porta non l'avevamo mai vista (prima); **das Buch, mit welchem er berühmt wurde**, il libro con ₍il quale₎/[cui] è diventato famoso D indef pron 1 (*davon*) ne: **ich habe kein Papier mehr, hast du welches?**, non ho più carta, tu ne hai (un po')?; **sie hätte gern eine Tasse Tee, ist noch welcher da?**, (lei) vorrebbe una tazza di tè, ce n'è ancora? 2 <*nur pl*> (*einige*) (ne) ..., qualcuno (-a)/alcuni (-e): **wir haben nicht genügend Stühle, kannst du uns welche leihen?**, non abbiamo abbastanza sedie, puoi prestacene qualcuna?; **fehlen noch welche von den Teilnehmern?**, manca ancora qualcuno dei partecipanti?; **es gibt welche, die ...**, ci sono alcuni che ..., c'è qualcuno che ..., c'è gente che ...; **ich suche alte Zeitungen – Hier sind doch welche!**, sto cercando dei giornali vecchi – Qui ce n'è qualcuno/[ne sono]!

welcherart <*inv*> indef pron di che/quale tipo, di che specie, quale: **ich weiß nicht, ~ Gründe er anführen wird**, non so che tipo di ragioni addurrà; (*welche auch immer*) qualunque; **~ seine Interessen auch sein mögen, ...**, qualunque siano i suoi interessi ...

welcherlei <*inv*> indef pron <*attr*> *geh* qualunque: **~ Ausreden er auch immer gefunden haben mag ...**, qualunque scusa possa aver trovato ...

Welfe <-n, -n> m (**Welfin** f) *hist* guelfo (-a) m (f).

welk adj 1 (*verwelkt*) {BLATT, BLUME} appassito, avvizzito, vizzo: **~es Laub**, fogliame secco; **die Blumen sind ~**, i fiori sono appassiti; **der Salat ist schon ganz ~**, l'insalata è già tutta appassita 2 (*faltig*) {HAUT} avvizzito, vizzo; {GESICHT} *auch* appassito: **ihre ~en Hände**, le sue mani avvizzite.

welken itr <*sein*> 1 (*welk werden*) {BLÄTTER, BLUMEN, LAUB} appassire, avvizzire 2 (*vergehen*) {JUGEND, SCHÖNHEIT} appassire.

Wellblech n lamiera f ondulata.

Wellblechdach n tetto m in lamiera ondulata.

Wellblechhütte f baracca f in lamiera ondulata.

Welle <-, -n> f 1 <*meist pl*> (*Woge*) onda f: **leichte/ starke/ haushohe/ schäumende ~n**, onde leggere/forti/₍alte come una casa₎/[spumeggianti]; **die ~n klatschen/ schlagen ans Ufer**, le onde battono sulla riva; **die ~n brechen sich am Boot**, le onde si infrangono contro la barca; **eine riesige ~ schwappte über die Reling**, un'ondata gigantesca si abbatté sul parapetto; **auf den ~en reiten**, cavalcare le onde; **sich von den ~n tragen lassen**, farsi portare dalle onde; ₍**sein Grab**₎/[**den Tod**] **in den ~n finden** *poet*, ₍trovare la morte₎/[perire] tra le onde *poet* 2 (*wellige Stelle*) {+HAARE} onda f: **~n, ondulazione; sich (dat) ~n legen lassen**, farsi ondulare i capelli; **sie hat natürliche ~n**, ha i capelli ondulati di natura 3 (*Erhebung*) {+FURNIER, PARKETTBODEN} ondulazione f; {+BLATT PAPIER, TEPPICH} *auch* piega f; {+GELÄNDE} ondulazione f 4 <*meist pl*> *phys* onda f 5 (*Frequenz*) (lunghezza f d')onda f 6 (*Aufwallung*) {+BEGEISTERUNG, EMPÖRUNG, PROTEST} ondata f: **die ~n der Begeisterung schlagen immer höher**, l'entusiasmo è alle stelle; **eine ~ der/von Unmut ging durch das Publikum**, un'ondata di indignazione si levò dal pubblico 7 *tech* albero m 8 *sport* (*Turnübung*) volteggio m • **die grüne ~** *autom*, l'onda verde; **die neue ~**, la nuova tendenza; **die Neue Deutsche ~** *mus*, la new wave tedesca; **~n schlagen** {SEE, TÜMPEL, WASSER}, ondeggiare, fare le onde; **(hohe) ~n schlagen** {BESCHLUSS, URTEIL, VORFALL}, destare (grande) scalpore; **die weiche ~** *fam*, la linea morbida.

wellen A tr (*wellig formen*) **etw ~** {BLECH, HAAR} ondulare qc B rfl **sich ~** 1 (*wellig sein*) {HAARE} essere ondulato 2 (*wellig werden*) {FURNIER, PAPPE, TEPPICH} ondularsi, diventare ondulato (-a).

wellenartig adj {BEWEGUNG, LINIE} ondeggiante, ondulante, a onde; {ERHEBUNG, OBERFLÄCHE} ondulato; {ERDSTÖßE} ondulatorio.

Wellenbad n piscina f con onde artificiali.

Wellenbereich m *radio* → **Frequenzbereich**.

Wellenberg m cresta f/cima f dell'onda.

Wellenbewegung f movimento m ondulatorio.

Wellenbrecher <-s, -> m *naut* 1 (*Damm*) frangiflutti m, frangionde m 2 (*Schutzwand*) {+SCHIFF} paraonde m.

wellenförmig adj ondulato.

Wellengang <-s, *ohne pl*> m moto m ondoso: **leichter ~**, mare poco mosso; **hoher/ starker ~**, mare molto mosso.

Wellenkamm m cresta f dell'onda.

Wellenkraftwerk n "centrale f elettrica che sfrutta l'energia delle onde".

Wellenlänge f lunghezza f d'onda • **wir ₍haben die gleiche₎/[liegen auf der gleichen] ~** *fam*, siamo sulla stessa lunghezza d'onda.

Wellenlinie f linea f ondulata, tratto m ondulato.

Wellenreiten <-s, *ohne pl*> n *sport* surf(ing) m.

Wellenreiter m → **Surfer** 2.

Wellenschlag m sciabordio m delle onde.

Wellensittich m *ornith* pappagallino m ondulato.

Wellental n valle f/cavo m/gola f/solco m dell'onda.

Wellentheorie f **1** *phys* teoria f ondulatoria **2** *ling* teoria f delle onde.

Wellfleisch n *gastr* "pancetta f bollita e speziata".

wellig adj **1** (*gewellt*) {HAAR} mosso, ondulato: **ich habe von Natur aus ~es Haar**, ho i capelli mossi di natura **2** (*wellenförmig*) {FURNIER, GELÄNDE, OBERFLÄCHE, PAPIER} ondulato.

Wellness <-, *ohne pl*> f wellness m *oder* f, benessere m.

Wellnesscenter n centro m benessere, spa f.

Wellnesshotel n albergo m/hotel m benessere.

Wellpappe f cartone m ondulato.

Welpe <-n, -n> m *zoo* cucciolo m, piccolo m; {+FUCHS} *auch* volpicino m; {+WOLF} lupetto m: **ein weiblicher ~**, una cucciola.

Wels <-es, -e> m *fisch* siluro m d'Europa.

welsch adj **1** *CH* romando **2** *obs oft pej* (*fremdländisch*) forestiero; (*italienisch*) italiano; (*französisch*) francese.

Welschland <-(e)s, *ohne pl*> n **1** *CH* Svizzera f romanda/francese **2** *obs oft pej* (*Italien*) Italia f; (*Frankreich*) Francia f.

Welschschweizer m (**Welschschweizerin** f) *CH* svizzero (-a) m (f) romando (-a)/francese.

Welt <-, -en> f **1** <*nur sing*> (*Erde*) mondo m, terra f: **die ~ kennen lernen/erobern/beherrschen wollen**, voler conoscere/conquistare/dominare il mondo; **eine Reise um die ~ machen**, fare un viaggio intorno al/[il giro del] mondo; **sie hat niemanden mehr auf der ~**, non ha più nessuno al mondo; **die ~ verändern/verbessern wollen**, voler cambiare/migliorare il mondo; **man muss doch wissen, was in der ~ vor sich geht**, bisogna pur sapere cosa succede nel mondo; **das ist der Lauf der ~**, così va il/[vanno le cose del] mondo; **die ~ von gestern/morgen**, il mondo di ieri/domani **2** <*nur sing*> (*Bereich*) mondo m, universo m: **die ~ der Musik**, il mondo della musica/[musicale]; **die Bücher sind seine ~**, i libri sono il suo mondo; **die christliche ~**, il mondo cristiano; **die ~ des Kindes**, il mondo dei bambini, l'universo infantile; **die ~ der Pflanzen**, il mondo delle piante/[vegetale]; **die ~ der Tiere**, il mondo degli animali/[animale] **3** <*nur sing*> (*die Menschen*): **die ~**, il mondo, la terra *rar*; **die ~ hielt den Atem an**, il mondo trattenne il fiato; **die ~ ist blind/schlecht**, il mondo è cieco/cattivo; **in den Augen der ~**, agli occhi del mondo; **die weibliche ~**, il mondo femminile; **Vertreter der großen ~**, rappresentanti del gran mondo **4** (*~all*) mondo m, universo m, cosmo m: **die Entstehung der ~**, l'origine del mondo/[dell'universo] **5** (*erdähnlicher Planet*) mondo m ● **alle ~** *fam*, tutto il mondo, il mondo intero, tutti; (**ganz**) **allein auf der ~ sein**, essere solo al mondo; **die Alte ~** (**die im Altertum bekannte ~**), il mondo antico; (**die vor der Entdeckung Amerikas bekannte ~**), il vecchio mondo; **die (ganze) ~ aus den Angeln heben wollen**, voler capovolgere il mondo; **heute fühle ich mich, als könnte ich die ~ aus den Angeln heben**, sento che oggi potrei rovesciare il mondo; **auf der ~**, sulla terra; **er ist schon lange nicht mehr auf der ~**, è tanto che non è più di questa terra *geh*/[tra noi]; **aus aller ~**, da tutto il mondo/[ogni parte]/[ogni dove *geh*]; **Nachrichten aus aller ~**, notizie da tutto il mondo; **nicht aus der ~ sein** *fam* {ORT}, non essere in capo al mondo; **sich**

(*dat*) **seine eigene ~ bauen**, crearsi il proprio mondo; **seit/solange die ~ besteht**, da che mondo è/[finché ci sarà il] mondo; **da/hier ist die ~ (wie) mit Brettern vernagelt**, sembra che il mondo finisca lì/qui; **in/auf die/[zur] ~ bringen**, mettere/dare al mondo qu; **etw mit auf die ~ bringen**, venire al mondo con qc, nascere con qc; **die ~ ist bunt**, il mondo è bello perché è vario; **die ~ ist (doch) ein Dorf/[klein]!**, com'è piccolo il mondo!; **die Dritte ~** *pol*, il terzo mondo *pol*; **der ~ entsagen** *geh*, rinunciare al mondo; **eine ~ für sich**, un mondo a sé; **aus der ~ gehen/scheiden** *geh*, abbandonare/lasciare il mondo/[questa terra]; **so (et)was hat die ~ noch nicht gesehen**, da che mondo è mondo non si è mai vista una cosa simile; **die ~ ist groß**, il mondo è grande; **die ~ im Großen/Kleinen**, il mondo in grande/piccolo, il macrocosmo/microcosmo; **die halbe ~** *fam*, mezzo mondo; **die heile ~**: **ihren Freunden spielen sie noch die heile ~ vor**, con gli amici fanno come se fosse tutto rose e fiori *fam*; **viel/weit in der ~ herumkommen**, girare mezzo mondo; **in alle ~**: **etw in alle ~ (hin)ausposaunen**, gridare qc ai quattro venti; **in alle ~ zerstreut sein** {FAMILIE, GEMEINSCHAFT}, essere sparso per tutto il mondo; **in aller ~**, in tutto il mondo, dappertutto; **das ist doch in aller ~ bekannt!**, questo lo sa tutto il mondo/[sanno tutti]; **was/warum/wer/wie/wo in aller ~ ... ?!** *fam*, (*che*) [cosa]/[perché]/[chi]/[come]/[dove] diavolo *fam* ... ?!; **wo in aller ~ hat er die Autoschlüssel hingesteckt?!**, dove diavolo avrà cacciato le chiavi della macchina?!; **warum in aller ~ hast du nicht angerufen?**, perché mai non hai chiamato?; **die ~ kennen**, conoscere il mondo; **auf die/[zur] ~ kommen**, venire al mondo, nascere; **nicht die ~ kosten**, non costare un patrimonio; **was kostet die ~?!** *fam scherz*, la vita è bella!; **um die ganze ~ laufen** {MELDUNG, NACHRICHT}, fare il giro del mondo; (*überall in der Zeitung erscheinen*), essere sui giornali di tutto il mondo; **in einer anderen ~/[für sich] leben**, vivere in un altro mondo/[mondo a parte]; **in seiner eigenen ~ leben**, vivere nel proprio mondo (interiore)/[tutto suo]; **sie lebt ganz in ihrer eigenen ~**, vive in un mondo tutto suo; **zwischen jdm/etw und jdm/etw liegen ~en**, tra qu/qc e qu/qc c'è un abisso; **~en liegen zwischen uns**, siamo proprio agli antipodi; **mit sich (dat) und der ~**: **mit sich und der ~ versöhnt sein**, essere in pace con sé e con il mondo; **mit sich und der ~ fertig sein**, aver chiuso con se stesso (-a) e con il mondo; **ständig mit sich und der ~ uneins sein**, non essere mai contento (-a) di se stesso (-a) e sempre in conflitto con il mondo intero/[tutti]; **mit sich und der ~ zerfallen sein** *geh*, essere in guerra/[avercela] con se stesso (-a) e con il mondo; **mit sich und der ~ zufrieden sein**, essere contenti di ciò che si ha; **die Neue ~**, il nuovo mondo; **nicht von dieser ~ sein**, non essere di questo mondo/[questa terra]; **um nichts in aller Welt alles in der ~**, per nulla al/[neanche per tutto l'oro del] mondo; **etw aus der ~ schaffen** {MISSSTAND, STREITIGKEITEN}, mettere fine a qc; {IRRTUM, MISSVERSTÄNDNIS, ZWEIFEL}, chiarire definitivamente qc; {SCHWIERIGKEITEN}, eliminare qc; **jdn in die ~ setzen**, mettere al mondo qu; **etw in die ~ setzen** {GERÜCHT, LÜGEN/MÄRCHEN}, mettere in giro qc, diffondere qc; **sie/uns trennen ~en**, (loro) sono/[(noi) siamo] agli antipodi, li/ci separa un mondo, apparteniamo/apparteniamo a due mondi diversi/[diametralmente opposti]; **jd könnte die ganze ~ umarmen**, qu vorrebbe abbracciare il mondo intero; **da-**

von/deswegen geht (doch) die ~ nicht unter! *fam*, (per una cosa così) non casca (mica) il mondo!, (una cosa così) non è mica la fine del mondo!; **... und wenn die ~ dabei untergeht** *fam*, cascasse il mondo ...; **die/eine verkehrte ~**, il/un mondo alla rovescia; **wir leben in einer verkehrten ~**, il mondo ormai va alla rovescia; **die ~ nicht mehr verstehen**, non capire più il mondo; **die Vierte ~** *pol*, il quarto mondo; **... von ~** {EINE FRAU, EIN MANN}, ... di mondo; **vor der/aller ~**, davanti al mondo/[a tutti]; **die vornehme ~**, il bel mondo; **die (große) weite ~**, il vasto mondo; **in die weite ~ ziehen**, andare in giro per il mondo; **nobel/vornehm geht die ~ zugrunde!**, però, ti tratti/[vi trattate]/[si tratta/trattano] bene!; **für jdn bricht eine ~ zusammen**, qu si sente crollare il mondo addosso.

weltabgewandt adj {MENSCH} distaccato dal mondo/[dalla realtà], avulso dalla realtà *geh*.

Weltall <-s, *ohne pl*> n universo m, cosmo m.

Weltalter n età f del mondo.

weltanschaulich adj <*attr*> {DIFFERENZEN, GRÜNDE} ideologico: **jds ~e Einstellung**, la visione del mondo di qu; **aus ~en Gründen hat er die Teilnahme abgelehnt**, si è rifiutato di partecipare per motivi ideologici.

Weltanschauung <-, -en> f Weltanschauung f, visione f/concezione f del mondo, ideologia f.

Weltatlas m atlante m (mondiale).

Weltausstellung f esposizione f mondiale.

Weltbank <-, *ohne pl*> f: **die ~**, la Banca mondiale.

weltbekannt adj noto/conosciuto in tutto il mondo.

weltberühmt adj famoso/celebre in tutto il mondo, di fama mondiale/internazionale: **als Kardiologe ist er ~**, è un cardiologo famoso/celebre in tutto il mondo/[di fama mondiale].

Weltbeste <*dekl wie adj*> mf *sport* migliore mf del mondo.

weltbester, weltbeste, weltbestes adj <*attr*> il/la migliore ... del mondo.

Weltbestleistung f *sport* primato m/record m/[miglior prestazione f] mondiale/[del mondo].

Weltbestzeit f *sport* (tempo m) record m mondiale/[del mondo].

Weltbevölkerung f popolazione f mondiale.

weltbewegend adj {BESCHLUSS, NEUERUNG} di portata mondiale, di importanza capitale: **ein ~es Ereignis**, un evento che scuote il mondo; {IDEE, NACHRICHT} di interesse/importanza capitale ● **nicht (gerade) ~ sein** *fam* {FILM, INSZENIERUNG}, non essere proprio la fine del mondo; **diese Erfindung ist nicht gerade ~**, questa invenzione non cambierà certo il mondo.

Weltbild <-(e)s, -er> n visione f/concezione f del mondo.

Weltbürger m (**Weltbürgerin** f) cosmopolita mf, cittadino (-a) m (f) del mondo.

weltbürgerlich A adj {GEIST, NEUTRALITÄT} cosmopolita, da cittadino del mondo; {TENDENZEN} cosmopolita, cosmopolitico B adv {DENKEN} da cosmopolita/[cittadino (-a) del mondo]: **~ eingestellt sein**, avere una mentalità cosmopolita.

Weltbürgertum <-s, *ohne pl*> n cosmopolitismo m.

Weltchronik f *lit hist* cronaca f.

Weltcup <-s, -s> m *sport* coppa f del mondo.

Weltelite f élite f mondiale: **die ~ der Fi-**

nanz, l'élite mondiale della finanza.
Weltenbummler <-s, -> m (**Weltenbummlerin** f) giramondo mf, globe-trotter mf.

Welterfolg m successo m mondiale: **auch der letzte Film war ein ~**, anche l'ultimo film è stato un successo mondiale.

Weltergewicht n *Boxen* **1** <nur sing> (*Gewichtsklasse*) peso m welter **2** → **Weltergewichtler**.

Weltergewichtler m *Boxen* (peso m) welter m.

welterschütternd adj {EREIGNIS, NEUIGKEIT} che sconvolge/scuote il mondo (intero) ● **das ist doch nichts Welterschütterndes!**, non è mica niente di sconvolgente!

weltfern adj {GELEHRTER, SCHÖNGEIST} lontano ₍dal mondo₎/[dalla realtà].

Weltflucht <-, ohne pl> f fuga f dal mondo.

weltfremd adj {MENSCH} che vive fuori dal mondo; {ANSICHT, THEORIE} lontano/avulso dalla realtà, irrealistico, che non ha legami con la realtà: **sie ist ~**, non ha il senso della realtà, vive fuori dal mondo.

Weltfrieden m pace f ₍nel mondo₎/[mondiale].

Weltgeist <-(e)s, ohne pl> m *philos* spirito m universale.

Weltgeistliche <dekl wie adj> m secolare m.

Weltgeltung f reputazione f/rinomanza f mondiale: **~ haben** {JDS KREATIONEN, JDS NAMEN}, ₍essere conosciuto/apprezzato₎/[essersi affermato] in tutto il mondo, godere di fama mondiale; {HERSTELLERFIRMA, PRODUKT} auch essere presente sui mercati di tutto il mondo; **neben dem Englischen haben auch die französische und spanische Sprache ~**, accanto all'inglese, anche il francese e lo spagnolo sono lingue diffuse in tutto il mondo.

Weltgericht <-(e)s, ohne pl> n *relig* giudizio m universale/finale.

Weltgerichtshof m *jur pol* tribunale m internazionale.

Weltgeschichte f **1** <nur sing> (*Entwicklung der Welt*) storia f universale/[del mondo] **2** (*Buch über die ~*) storia f universale ● **in der ~ herumfahren/herumreisen**, viaggiare/[andare in giro] per il mondo.

weltgeschichtlich adj: **ein Ereignis von ~er Bedeutung**, un avvenimento/evento ₍di grande importanza per la storia del mondo₎/[che ha cambiato il corso della storia].

Weltgesundheitsorganisation <-, ohne pl> f (*Abk* WHO) Organizzazione f Mondiale della Sanità (*Abk* OMS).

weltgewandt adj {FRAU, MANN} di mondo, che si sa muovere nel mondo; {VERHALTEN} da persona di mondo: **sein ~es Auftreten**, la sua sicurezza di uomo di mondo.

Weltgewandtheit <-, ohne pl> f: **ihre/seine ~**, la sua sicurezza da donna/uomo di mondo.

Welthandel m commercio m mondiale.

Welthandelskonferenz f conferenza f sul commercio mondiale.

Welthandelsorganisation f (*Abk* WTO) Organizzazione f Mondiale del Commercio (*Abk* OMC).

Weltherrschaft <-, ohne pl> f egemonia f mondiale, dominio m mondiale.

Welthilfssprache f *ling* lingua f ausiliaria internazionale.

Weltkarte f mappamondo m, planisfero m.

Weltkirchenrat m Consiglio m ecumenico delle Chiese.

Weltklasse <-, ohne pl> f: **zur ~ gehören** sein {SPORTLER}, essere un/una fuoriclasse, far parte dell'élite mondiale; {DIRIGENT, KÜNSTLER}, essere tra i migliori del mondo ● **(das war) ~!** *fam*, fenomenale!

Weltklerus m clero m secolare.

Weltkrieg m guerra f mondiale ● **der Erste/Zweite ~**, la prima/seconda guerra mondiale.

Weltkugel <-, ohne pl> f globo m (terrestre).

Weltkulturerbe n patrimonio m universale/[dell'umanità].

weltläufig adj *geh* → **weltgewandt**.

Weltläufigkeit <-, ohne pl> f → **Weltgewandtheit**.

weltlich A adj **1** (*irdisch*) {FREUDEN, GENÜSSE} terreno, mondano: **die ~en Güter**, i beni terreni **2** (*nicht geistlich*) {MACHT} secolare, temporale; {ANSCHAUUNG} laico; {ARCHITEKTUR, KUNST, MUSIK} profano: **die ~en und geistlichen Fürsten**, i principi laici e i principi della Chiesa B adv: **~ gesinnt sein**, avere un'impostazione laica.

Weltliteratur <-, ohne pl> f letteratura f mondiale/universale: **dieser Roman ist sicher ein Stück ~**, questo romanzo è sicuramente un capolavoro della letteratura mondiale/universale.

Weltmacht f *pol* potenza f mondiale.

Weltmann <-(e)s, Weltmänner> m **1** (*weltgewandter Mann*) uomo m di mondo **2** (*nicht dem geistlichen Stand Angehöriger*) laico m.

weltmännisch adj {VERHALTEN} da uomo di mondo, mondano: **er hat ein sehr ~es Auftreten**, si presenta con fare da uomo di mondo.

Weltmarke f *com* marchio m mondiale, marca f di fama mondiale.

Weltmarkt m *com* mercato m mondiale/internazionale.

Weltmarktführer m primo m/leader m sul mercato mondiale.

Weltmarktpreis m *com* prezzo m sul mercato mondiale.

Weltmeer n oceano m ● **die sieben ~e**, i sette mari.

Weltmeister m (**Weltmeisterin** f) campione (-essa) m (f)/primatista mf mondiale/[del mondo]: **~ in etw** (*dat*) {IM HOCHSPRUNG, SPEERWERFEN}, campione/primatista di qc; **Italien ist ~ geworden**, l'Italia è diventata campione del mondo ● **wie ein/die ~** (*sehr viel*), come pazzi, a più non posso; (*sehr gut*) benissimo; {ESSEN} da Dio.

Weltmeisterschaft f campionato m ₍del mondo₎/[mondiale]; (*Titelgewinn*) titolo m di campione del mondo: **die ~ erringen**, conquistare il titolo di campione del mondo; **um die ~ spielen**, ₍giocare per₎/[disputarsi] il titolo di campione del mondo.

Weltmusik f world music f, musica f etnica/[del mondo].

weltoffen adj {GESELLSCHAFT, MENSCH} aperto (al mondo), cosmopolita: **eine ~e Einstellung haben**, essere aperto al mondo.

Weltöffentlichkeit f opinione f pubblica mondiale, mondo m.

Weltordnung f *philos* ordine m cosmico, cosmo m.

Weltpokal m *sport* → **Weltcup**.

Weltpolitik f politica f mondiale/internazionale.

weltpolitisch A adj <attr> {ENTSCHEIDUNG} di politica mondiale/internazionale, di rilievo politico mondiale/internazionale: **~e Bedeutung haben**, avere un significato politico mondiale/internazionale; **von ~er Bedeutung**, di grande rilevanza ₍a livello politico₎/[per la politica] mondiale/internazionale; **~e Konsequenzen haben**, avere effetti politici di portata mondiale/internazionale; **aus ~er Sicht**, dal punto di vista della politica mondiale/internazionale B adv {BEDEUTSAM, FOLGENREICH} ₍a livello₎/[sul piano] politico mondiale/internazionale.

Weltpremiere f → **Welturaufführung**.

Weltpresse f stampa f internazionale.

Weltrang m: **von ~**, di levatura internazionale.

Weltrangliste f *sport* graduatoria f/classifica f mondiale.

Weltranglistenerste <dekl wie adj> mf *sport* primo (-a) m (f) nella classifica mondiale.

Weltraum <-s, ohne pl> m (*erdnaher Raum*) spazio m; (*Weltall*) auch cosmo m, universo m: **den ~ erforschen**, esplorare lo spazio; **in den ~ vorstoßen**, ₍andare alla conquista dello₎/[entrare nello] spazio.

Weltraumbahnhof m base f spaziale.

Weltraumbehörde f ente m spaziale ● **die europäische ~**, l'Ente spaziale europeo (*Abk* ESA).

Weltraumfähre f → **Raumfähre**.

Weltraumfahrer m (**Weltraumfahrerin** f) astronauta mf, cosmonauta mf.

Weltraumfahrt f **1** (*Fahrt*) volo m spaziale **2** (*Wissenschaft*) astronautica f, cosmonautica f, navigazione f spaziale.

Weltraumflug m volo m spaziale.

Weltraumforschung f ricerca f spaziale.

weltraumgestützt adj {SATELLIT, SONDE} con base orbitante.

Weltraumlabor n spacelab m, laboratorio m spaziale (orbitante).

Weltraummission f missione f spaziale.

Weltraummüll m spazzatura f spaziale.

Weltraumrakete f missile m spaziale.

Weltraumrecht n *jur* diritto m spaziale.

Weltraumsonde f → **Raumsonde**.

Weltraumspaziergang m *fam* passeggiata f nello spazio.

Weltraumstation f stazione f/base f spaziale.

Weltraumteleskop n telescopio m spaziale.

Weltraumwaffe f arma f spaziale.

Weltreich <-(e)s, -e> n impero m (mondiale).

Weltreise f ₍giro m del₎/[viaggio m intorno al] mondo: **eine ~ machen**, fare il giro del mondo.

Weltreisende <dekl wie adj> mf giramondo mf, globe-trotter mf.

Weltrekord m *sport* record m/primato m mondiale/[del mondo]: **der ~ im Marathonlauf/Weitsprung**, il record/primato mondiale ₍della maratona₎/[del salto in lungo]; **der ~ in verschiedenen Disziplinen**, il record/primato mondiale in diverse discipline; **einen ~ aufstellen/brechen**, stabilire/battere un record/primato mondiale; **den ~ halten/innehaben**, detenere il record/primato mondiale.

Weltrekordhalter m → **Weltrekordinhaber**.

Weltrekordinhaber m (**Weltrekordinhaberin** f), **Weltrekordler** m (**Weltrekordlerin** f) primatista mf mondiale, detentore (-trice) m (f) ₍di un₎/[del] record mondiale, recordman m mondiale.

Weltreligion f grande religione f (del mondo), religione f molto diffusa (nel mondo): **die ~en**, le religioni universali.

Weltruf <-(e)s, ohne pl> m fama f mondiale/

internazionale • **von ~**, di fama mondiale/internazionale.

Weltruhm m fama f/celebrità f/rinomanza f mondiale: **zu ~ gelangen**, raggiungere fama mondiale.

Weltschmerz *<-es, ohne pl>* m *geh oder lit* dolore m universale/cosmico, Weltschmerz m • **~ haben**, essere in uno stato di profonda prostrazione.

Weltsicherheitsrat m *pol* Consiglio m di Sicurezza (dell'ONU).

Weltsprache f lingua f internazionale/mondiale/globale.

Weltstadt f grande metropoli f, metropoli f cosmopolita: **die ~ Paris**, la metropoli parigina; **Berlin ist auf dem besten Weg, wieder eine ~ zu werden**, Berlino si avvia a ritornare una grande metropoli.

weltstädtisch adj {ATMOSPHÄRE, CHARME, FLAIR} da metropoli/[grande città] cosmopolita.

Weltstar m star f (di fama) internazionale.

Welttheater n *lit* theatrum mundi m *lit*, teatro m ˻del mondo˼/[universale].

Weltumsegelung, Weltumseglung *<-, -en>* f circumnavigazione f ˻del globo˼/[della terra].

weltumspannend adj {NETZWERK, SYSTEM, VERBINDUNGEN} globale, mondiale.

Weltuntergang *<-s, ohne pl>* m fine f del mondo; *bes. relig* apocalisse f.

Weltuntergangsstimmung f atmosfera f apocalittica/[da fine del mondo]: **~ verbreiten**, diffondere visioni apocalittiche.

Welturaufführung f *film theat* prima f mondiale.

Weltverband m associazione f mondiale.

Weltverbesserer *<-s, -> m* (**Weltverbesserin** f) *iron* utopista mf, "chi crede di poter cambiare il mondo".

weltweit A adj *<attr>* {ATOMKRIEG, KATASTROPHE} mondiale; {BEDEUTUNG} *auch* universale; {ANERKENNUNG, RUHM} mondiale; {KLIMAVERÄNDERUNG, SEUCHE} di dimensioni planetarie/mondiali: **die Umweltverschmutzung nimmt immer mehr ~e Ausmaße an**, l'inquinamento ambientale sta acquistando sempre di più proporzioni planetarie. B adv {AUFTRETEN, ANERKANNT, BEKANNT, VERBREITET SEIN} in tutto il mondo, a livello mondiale/planetario; {BEDEUTSAM SEIN} *auch* per tutto il mondo: **die Kleinkriminalität hat ~ massiv zugenommen**, la microcriminalità è massicciamente aumentata in tutto il mondo; **~ Verbreitung finden**, avere una diffusione planetaria.

Weltwirtschaft *<-, ohne pl>* f economia f mondiale/internazionale.

Weltwirtschaftsgipfel m *pol* summit m/vertice m economico (internazionale).

Weltwirtschaftskonferenz f *pol* conferenza f economica internazionale.

Weltwirtschaftskrise f *ökon* crisi f economica mondiale/internazionale.

Weltwunder n: **die Sieben ~**, le sette meraviglie del mondo • **wie ein ~: jdn wie ein ~ anstarren/bestaunen** *fam*, guardare qu come ˻una bestia rara *fam*˼/[un extraterrestre *fam*]; **die ersten Züge wurden von der Bevölkerung wie ein ~ bestaunt**, la gente guardava i primi treni come se fossero cose prodigiose.

Weltzeit f tempo m universale.

Weltzeituhr f orologio m universale.

wem A interr pron *von wer* (*welchem*) a chi: **wem gehört das Buch?**, a chi appartiene questo libro?, di chi è questo libro?; **wem soll ich helfen?**, a chi devo aiutare?, a chi devo dare una mano?; **wem kann man denn heute noch trauen?**, di chi ci si può ancora fidare oggigiorno?; **wem sagst du das!** *fam*, a chi lo dici!; **wem von den Bewerbern würden Sie den Vorzug geben?**, a ˻chi tra i˼/[quale dei] candidati darebbe la preferenza?; **wem von beiden vertraust du mehr, ihr oder ihm?**, in quale dei due hai più fiducia, in lei o in lui?, di quale dei due ti fidi di più, di lei o di lui?; **mit wem**, con chi; **von wem: von wem hast du das Kleid?**, ˻da chi hai avuto˼/[chi ti ha dato] il vestito?; **von wem ist der Brief?**, di chi è la lettera? B rel pron dat *von wer* (*derjenige, dem*): **wem ..., (der) ...**: **wem mein Vorschlag nicht passt, der kann ja (et)was anderes machen**, colui/colei a cui non piace la mia proposta, può benissimo fare qualcos'altro; **wem das zu früh ist, (der) soll doch zu Hause bleiben**, chi trova che sia troppo presto può benissimo restarsene a casa; **wem er das auch erzählt hat, keiner wollte es glauben**, nessuno di coloro ai/alle quali lo ha raccontato ci ha voluto credere; **mit wem**, con chi; **von wem**, di/da chi C indef pron dat *von wer fam* (*jemanden*): **sie muss wem begegnet sein, der ihr Angst gemacht hat**, deve aver incontrato qualcuno che le ha fatto paura; **er muss es wem erzählt haben**, lo deve aver raccontato a qualcuno.

Wemfall m *gram* → **Dativ**.

wen A interr pron *von wer* (*welchen*) chi: **wen hast du dort getroffen?**, chi hai incontrato lì?; **wen möchten Sie sprechen?**, con/a chi desidera parlare?; **wen hat sie angerufen?**, chi ha chiamato?, a chi ha telefonato?; **wen von den Typen hast du erkannt?** *fam*, quale dei quei tipi hai riconosciuto?; **wen von beiden ziehst du vor?**, quale/chi dei/delle due preferisci?; **an wen**: **an wen hast du dich gewendet?**, a chi ti sei rivolto (-a)?; **an wen von deiner Klasse erinnerst du dich noch?**, di chi ti ricordi ancora della tua classe?; **die Menschen wissen nicht mehr, an wen sie glauben sollen**, gli uomini non sanno più a/in chi credere; **durch wen**, attraverso/tramite/[per mezzo di] chi; **für wen**, per chi; **für wen hältst du dich eigentlich?**, ma chi ti credi di essere?; **für wen von den Kandidaten ...**, per quale dei candidati ...; **über wen**: **über wen hast du das erfahren?**, da chi l'hai saputo?; **über wen ärgert sie sich denn?**, ma con chi ce l'ha? B rel pron akk *von wer* (*derjenige, den*): **wen ..., (der) ...**: **wen der Vortrag nicht interessiert, (der) kann ja gehen**, chi non ha interesse per la conferenza può andarsene, coloro a cui la conferenza non interessa se ne possono andare C indef pron akk *von wer fam* (*jemanden*) qualcuno, una persona che: **ich weiß wen, der das Material besorgen könnte** *fam*, conosco qualcuno che potrebbe procurare il materiale.

Wende *<-, -n>* f 1 *pol* svolta f; (*in der Partei-, Regierungspolitik*) *auch* inversione f di rotta/tendenza, virata f: **die ~** (*in der ehemaligen DDR*), la svolta (dopo la caduta del regime comunista) 2 (*einschneidende Veränderung*) svolta f, cambiamento m radicale: **die/eine ~ in etw** (dat), la/una svolta in qc; **in meinem Leben ist eine ~ eingetreten**, c'è stata una svolta nella mia vita; **die/eine ~ zu etw** (dat) {ZUM BESSEREN, SCHLECHTEREN}, il/un cambiamento in qc; ˻jds Entwicklung˼/[die Entwicklung einer S. (gen)] **nimmt** ˻**eine ~**˼/[**eine ~ zum Guten**], lo sviluppo di qu/qc ˻va in un'altra direzione˼/[cambia in meglio]; **nach der Krise ist eine ~ zum Besseren zu erwarten**, dopo la crisi c'è da aspettarsi un miglioramento; **eine ~ zum Positiven**, un cambiamento positivo; **das Jahr 1990 bedeutet eine ~ in der deutschen Geschichte**, l'anno 1990 segna una svolta nella storia tedesca 3 (*im Schwimmsport*) virata f 4 *naut* {+SEGELBOOT} virata f di prua 5 (*Turnübung*) volteggio m frontale • **an der ~**: **an der ~** ˻**des 19. Jahrhunderts**˼/[(**vom 18.) zum 19. Jahrhundert**], a cavallo fra il XVIII e il XIX secolo; **wir stehen an der ~ zu einem neuen Zeitalter**, siamo alle soglie di una nuova era; **nach/vor der ~** *pol*, ˻dopo la˼/[prima della] caduta del Muro; **um die ~ des 20. Jahrhunderts**, a cavallo fra il XIX e il XX secolo.

Wendehals m 1 *ornith* torcicollo m, collotorto m, capotorto m 2 *fam pej* (*jd, der das politische Lager wechselt*) voltagabbana m *pej*, voltacasacca m *pej*, trasformista m *pej*.

Wendehammer m *autom* → **Wendeplatz**.

Wendejacke f giaccone m double-face.

Wendekreis m 1 *autom* raggio m di sterzata 2 *geog* tropico m: **der** ˻**nördliche ~**˼/[**~ des Krebses**], il tropico del Cancro; **der** ˻**südliche ~**˼/[**~ des Steinbocks**], il tropico del Capricorno.

Wendeltreppe f scala f a chiocciola.

Wendemanöver n {+FAHRZEUG} manovra f d'inversione (˻di marcia˼/[a U]); {+SEGELSCHIFF} virata f.

Wendemantel m cappotto m double-face.

wenden *<wendet, wendete oder geh wandte, gewendet oder geh gewandt>* A tr 1 *<wendete, wendet>* (*herumdrehen*) **etw ~** {BRATEN} girare qc; {OMELETT, STEAK} *auch* (ri)voltare qc; {HEU} rivoltare qc; {SEITE IM BUCH} voltare qc, girare qc 2 *<wendete, gewendet>* (*nach außen kehren*) **etw ~** {KRAGEN, MANTEL, STOFF} rivoltare qc 3 *<wendete oder wandte, gewendet oder gewandt>* (*drehen*) **etw irgendwohin ~** {BLICK, KOPF} voltare/girare/(ri)volgere qc + *compl di luogo*: **kein Auge von jdm ~**, non distogliere/staccare lo sguardo da qu, tenere gli occhi fissi su qu 4 *<wendete oder wandte, gewendet oder gewandt>* **geh** (*ab~*) **etw von jdm ~** {GEFAHR, UNHEIL} allontanare qc da qu, stornare qc da qu: **er konnte das Unglück nicht von ihnen ~**, non poté preservarli dalla sventura B itr *<wendete oder wandte, gewendet oder gewandt>* 1 *autom* fare/effettuare un'inversione, invertire il senso di marcia 2 *naut* virare, effettuare una virata 3 (*im Schwimmsport*) virare C *rfl <wendete oder wandte, gewendet oder gewandt>* 1 (*sich kehren*) **sich ~** {GLÜCK, SCHICKSAL} cambiare, conoscere una svolta *geh*: **sich zum Guten/Schlechten ~**, ˻volgere al˼/[cambiare in] meglio/peggio; **es kann sich nur zum Besseren wenden**, può ˻cambiare solo in meglio˼/[solo migliorare] 2 (*kontaktieren*) **sich (in/mit etw dat) an jdn ~** {MIT EINER BESCHWERDE, EINEM PROBLEM, IN EINER ANGELEGENHEIT} rivolgersi *a qu* (*per qc*), indirizzarsi *a qu* (*per qc*); {AN EINE HÖHERE INSTANZ, EINEN SPEZIALISTEN} *auch* interpellare *qu* (*riguardo a qc*): **du kannst dich jederzeit mit deinen Problemen an mich ~**, ti puoi sempre rivolgere a me per i tuoi problemi; **Sie sich bitte an die zuständige Stelle**, si rivolga per favore all'ufficio preposto; **mit diesen Dingen musst du dich an einen Spezialisten ~**, per queste cose ˻ti devi rivolgere a˼/[devi interpellare] uno specialista; **er hat sich mit der Bitte an sie gewendet, ihn finanziell zu unterstützen**, si è rivolto a lei chiedendole di aiutarlo economicamente 3 (*sich drehen*) **sich irgendwohin ~** {ZUM AUSGANG, ZUR TÜR, NACH LINKS, RECHTS, NORDEN, SÜDEN} volgersi/voltarsi/girarsi + *compl di luogo*: **sich zur Seite ~**, girarsi di lato; **sich zu jdm ~**, volgersi *verso qu*, voltarsi *verso qu* 4 (*entgegentreten*) **sich gegen jdn ~**, rivoltarsi *contro qu*;

sich *gegen etw* (akk) ~ rivoltarsi *contro qc*, contestare *qc*; sich *in etw* (dat) *gegen jdn/etw* ~ {IN EINER ANSPRACHE, EINEM ARTIKEL} prendere posizione *in qc contro qu/qc*; sich mit seiner Kritik gegen jdn ~, rivolgere le proprie critiche contro/a qu **5** *(für jdn bestimmt sein)* sich *an jdn* ~ rivolgersi *a qu*, indirizzarsi *a qu*: die Reihe wendet sich in erster Linie an Fachleute, la collana si rivolge anzitutto agli esperti del settore ● *bitte* ~!, vedi retro!; sich *zum Gehen* ~ , accingersi *ad* , (essere in procinto di) andare; *man kann* es ~, *wie man will*, ..., la puoi girare come vuoi ...; Wenden *verboten*!, divieto di inversione!

Wendeplatz m *autom* piazzola f di manovra /per fare inversione].

Wendepunkt m **1** *astr* punto m solstiziale, solstizio m: der nördliche/südliche ~, il solstizio d'estate/[d'inverno] **2** *math* {+KURVE} punto m di flesso /[d'inflessione] **3** *(Wende)* {+GESCHICHTE, LEBEN} svolta f: wir sind an einem ~ angelangt, siamo giunti (-e) a una svolta.

wendig adj **1** *(leicht lenkbar)* {AUTO, BOOT} maneggevole, manovrabile **2** *(geistig beweglich)* {MENSCH} sveglio, svelto, agile di mente: im Verkauf brauche ich eine besonders ~e Person, per la vendita ho bisogno di una persona particolarmente sveglia.

Wendigkeit <-, ohne pl> f **1** {+AUTO} maneggevolezza f, manovrabilità f **2** *(geistige Beweglichkeit)* sveltezza f, prontezza f, agilità f di mente.

Wendung <-, -en> f **1** *(Veränderung)* svolta f, cambiamento m **2** *ling* locuzione f, modo m di dire **3** *(Drehung)* rotazione: eine rasche ~ des Kopfes, una rapida rotazione della testa ● *feste* ~ *ling*, modo di dire, locuzione; etw (dat) eine ... ~ *geben* {EINEM GESPRÄCH, DEM LAUF DER EREIGNISSE, JDS LEBEN, EINEM PROZESS EINE ANDERE, NEUE, ÜBERRASCHENDE, UNERWARTETE}, imprimere una svolta + *adj a qc*; eine ... ~ *nehmen*, prendere una direzione + *adj*; eine ~ *zum Guten/Schlechten nehmen*, prendere una buona/brutta piega.

Wenfall <-s, ohne pl> m → *Akkusativ*.

wenig A adj *oder* indef pron **1** *(nur sing)* *(substantivisch)* {NICHT VIEL} poco, (non (un))/[mica] granché; {BESITZEN, HABEN, SICH LEISTEN KÖNNEN, WISSEN} auch poche cose: er verdient ~, guadagna poco, non guadagna un/mica granché; sie verdient gar nicht mal (so) ~, non parli molto, dici/parli così poco; es gehört ~ dazu zu begreifen, dass ..., ci vuole così poco per capire che ...; das ist ~, (questo) è poco; das ~e/Wenige, was ..., quel poco che ...; ich gebe mich mit ~em/Wenigem zufrieden, mi accontento di poco; sie kommen mit ~em/Wenigem aus, vivono con poco **2** *<nur sing>* *(adjektivisch)* {GELD, GLÜCK, HOFFNUNG, ZEIT} poco: das ~e Geld, das er hat, quel po' di soldi che ha; ich habe ~ Lust zu arbeiten, ho poca /[non ho una gran] voglia di lavorare; er scheint ~ Ahnung von Informatik zu haben, sembra non sapere granché /[intendersi poco] di informatica; er spricht nur ~ Französisch, il francese lo parla poco; sie hat ~ Fantasie, ha poca fantasia **3** *<nur pl>* *(substantivisch: (einige)* ~e, pochi (-e); nur einige ~e sind gekommen, sono venute solo poche persone, sono venuti solo quattro gatti *fam*; da wir nur ~e sind ..., visto che siamo in pochi (-e) ...; nur ~e wüssen, dass ..., ben solo pochi sanno che ...; sono in pochi a sapere che ...; nur ~e von uns wussten, dass ..., solo pochi di noi sapevano che ...; es werden ~e sein, die ..., saranno in pochi a ... *inf*, ce ne saran-

no pochi che ...; Ärzte mit solchem Verantwortungsgefühl gibt es leider nur ~e, purtroppo ce ne sono pochi di /[sono pochi i] medici che hanno un tale senso di responsabilità; er ist ein Freund, wie es nur ~e gibt, di amici come lui ce ne sono pochi **4** *<nur pl>* *(adjektivisch)*: ~(e) ..., pochi (-e) ...; ~(e) Leute, poca gente, poche persone; ~e Stunden/Tage, poche ore /[pochi giorni]; die ~en Freunde, die er hatte, i/quei pochi /[quel po' di] amici che aveva; die ~en Sachen, die ..., le poche /[quel po' di] cose che ...; er hat nur ~e Fehler gemacht, ha fatto solo pochi errori /[qualche errore] B adv **1** *(nicht viel)* {KÖNNEN, LEISTEN} poco: zu ~, troppo poco **2** *(kaum)* {ESSEN, LESEN, SCHLAFEN, SPRECHEN, TRINKEN} poco: sie kommt (nur) ~ raus, esce poco, non esce quasi mai **3** + *kompar* {ÄLTER, SPÄTER} poco + *kompar*, un po' + *kompar*: er verdient ~ mehr als 1500 Euro /[sie], guadagna poco più di 1500 euro /[appena un po' più di lei]; es geht ihr nur ~ besser, sta appena un po' meglio, è migliorata di poco **4** *(nicht sehr)* {BEKANNT, ERFREULICH, INTERESSANT} poco: ~ *hilfreich sein*, non essere di grande /[essere di poco] aiuto; solche Filme interessieren mich ~, film di quel genere mi interessano poco /[non mi interessano un granché] C indef pron: zu ~ {ARBEIT, ZEIT}, troppo poco, non abbastanza; zu ~ Geld haben, avere troppo pochi soldi; es haben sich zu ~ Leute angemeldet, si sono iscritte troppo poche persone; zu ~ sein, esser troppo poco; 1000 Euro brutto pro Monat sind zu ~, 1000 euro lordi al mese sono troppo pochi ● *ein* ~ {SALZ, ZUCKER} un po'/poco di; *ein* ~ *besser/mehr*, un po' meglio /[di più]; ich habe *ein* ~ geschlafen, ho sonnecchiato un po', ho fatto un pisolino; das ist *ein bisschen* ~, è un po' poco; ~ *fehlte und* ..., poco (ci) mancò che ... *konjv*; das ist ~ *genug*, è ben poco; *ein klein* ~ , un pochettino/pochino; *so* ~ *wie/als möglich*, il meno possibile; *nicht* ~ {ARBEIT, GELD, MÜHE} un bel po' di, non poco; {ARBEITEN, INTERESSIEREN, LEISTEN} non poco, non abbastanza; das hat ihn nicht ~ geärgert, lo ha fatto arrabbiare non poco; ich war nicht ~ überrascht, als ..., fui non poco sorpreso (-a) quando ...; *noch ein* ~ , ancora un po', un altro po'; *um ein* ~ *es* + *kompar* {GRÖSSER, HÖHER, SCHLECHTER} di poco /[appena un po'] + *kompar*; *wie* ~ : *wie* ~ das ist!, come/quanto è poco!; du glaubst ja gar nicht, mit wie ~ sie auskommen müssen!, non si capisce come fanno a tirare avanti con così pochi soldi!; *daran sieht man mal wieder, wie* ~ *er davon versteht*, ecco l'ennesima dimostrazione di quanto poco ne capisca; *wie* ~ *gehört doch dazu!*, ci vuole così poco!; *zu* ~ : wir haben ein Exemplar zu ~, ci manca una copia, abbiamo una copia in meno; er hat mir 200 Euro zu ~ für das Mofa geboten, per il motorino mi ha offerto 200 euro meno di quanto volevo; viele Wenig machen ein Viel *prov*, molti poco fanno (un) assai *prov*.

weniger① A adj *oder* indef pron **1** *(substantivisch: nicht so viel)* meno: **ich habe mit ~ gerechnet**, mi aspettavo meno; **etwas ~**, un po' /[poco] meno; **darf es etwas ~ sein?**, va bene se è un po' meno?; **das ist etwas ~ als ein Kilo**, è poco meno di un kilo; **sie verdient ~ als er /[4000 Euro]**, guadagna meno di lui /[4000 euro] **2** *(adjektivisch)* meno: **du solltest ~ Geld ausgeben**, dovresti spendere meno B adv **1** *(in geringerem Maße)* meno: **du solltest ~ arbeiten**, dovresti lavorare (di) meno; **das gefällt mir schon ~**, questo già mi piace meno; **das ist ~ verbreitet, als man glauben möchte**, è meno diffuso di quanto (non) si creda **2** *(nicht*

so sehr): ~ (...) als ... ... meno ... che ...: seine Worte waren ~ peinlich als völlig fehl am Platz, le sue parole erano non tanto imbarazzanti quanto assolutamente fuori luogo; uns kommt es ~ auf die Menge als (vielmehr) auf die Qualität an, per noi conta meno la quantità che /[non tanto la quantità quanto] la qualità **3** *(nicht sehr)* poco, non molto: das ist ~ angenehm, non è molto piacevole, è piuttosto spiacevole; das finde ich ~ nett/schön (von ihm), non lo trovo molto carino (da parte sua); solche Filme interessieren mich ~, film di questo genere non mi interessano granché /[più di tanto] ● *je* ~ ..., *desto/umso besser* ..., meno ... meglio ...; *je* ~ *ich sie sehe, desto/umso besser geht es mir*, meno la vedo meglio sto; ..., *und kein/keine/keinen* ... ~ !, ... e non un/una di meno!; sie müssen mir mindestens 2000 Euro dafür geben, und keinen Cent ~ !, mi deve dare come minimo 2000 euro e non un centesimo di meno!; *je mehr* ..., *desto/umso* ~ ..., più ... meno ...; *je mehr er darauf besteht, umso* ~ *erreicht er*, più insiste meno ottiene; *nichts* ~ *als* {DUMM, HÄSSLICH, INTELLIGENT, SCHÖN} tutt'altro che; sie war nichts ~ als erfreut, era tutt'altro che contenta; ~ *als nichts*, meno di niente; ~ *umso* ~ *, als* ...: ich traue ihm umso ~, als er mich schon einmal hintergangen hat, visto che mi ha già imbrogliato (-a) una volta, di lui mi fido sempre meno; *viel* ~ , molto meno; ..., *viel* ~ ... *geh*: sie will schon nicht mit ihm in Urlaub fahren, viel ~ mit ihm zusammenziehen, già non vuole andare in vacanza con lui, tanto meno (vorrà andare) a viverci insieme; ~ *werden* {GELD, VERMÖGEN, VORRÄTE}, ridursi, diminuire; {MENSCH}, dimagrire; ~ *wäre mehr gewesen*, il meglio è stato nemico del bene *prov*.

weniger② konj *fam math* meno: **elf ~ drei ist/gibt/macht acht**, undici meno tre è uguale a /[fa] otto.

Wenigkeit <-, ohne pl> f **1** *geh* eine ~, un'inezia, un nonnulla, una sciocchezza; eine ~ an Mühe, appena un po' di fatica; das kostet nur eine ~ an Aufwand, non ci vuole niente per farlo ● *meine* ~ *fam scherz*, la mia modesta persona *scherz*; auch meine ~ hat zum Erfolg beigetragen, anche io, nel mio piccolo, ho contribuito al successo.

wenigste adj → *wenigster*.

wenigstens adv **1** *(zumindest)* almeno, perlomeno, quanto meno, come minimo: du hättest ~ vorher absagen können, avresti potuto perlomeno/almeno disdire prima; er hätte sich ~ bei ihr entschuldigen müssen, come minimo avrebbe dovuto /[quanto meno doveva] chiederle scusa; das Konzert ist am nächsten Sonntag, glaube ich ~ , il concerto è domenica prossima, almeno/perlomeno credo; es lohnt sich nicht, das Auto reparieren zu lassen, ~ sagt das der Mechaniker, non vale la pena riparare la macchina, questo perlomeno è quanto dice il meccanico **2** *(immerhin)* almeno, perlomeno, almeno ~ : ~ *schneit es nicht mehr*, almeno /[se non altro] non nevica più; ~ *hat er sich nichts gebrochen*, perlomeno non si è rotto niente; sie *weiß* ~, was sie will, almeno/perlomeno sa cosa vuole (dalla vita) **3** *(mindestens)* almeno, perlomeno, come minimo: bleib doch ~ eine Woche!, rimani almeno una settimana!; der Unfall wird dich ~ 1000 Euro kosten, l'incidente ti costerà come minimo 1000 euro.

wenigster, wenigste, wenigstes A adj *oder* indef pron **1** *(substantivisch: fast niemand)*: die wenigsten/Wenigsten: die wenigsten wissen, dass ..., ben pochi /[pochissimi] sanno che ..., i meno sanno che

...; **viele waren unzufrieden, aber nur die wenigsten haben ihrem Unmut Ausdruck gegeben**, gli scontenti erano molti, ma ˻solo pochissimi˼/[ben pochi] hanno manifestato apertamente il loro malumore; **das wenigste/Wenigste, was ...**, il minimo che ... **2** (*adjektivisch*): **die wenigsten Menschen sind mit ihrem Schicksal zufrieden**, ˻pochissime persone˼/[sono poche le persone che] sono contente di ciò che la vita gli ha riservato; **sie hat von uns allen das wenigste Geld**, di/fra tutti (-e) noi è lei quella che ha meno soldi; **das geht in den wenigsten Fällen gut**, sono rarissimi i casi in cui va (a finire) bene **B** *adv*: **am wenigsten**, meno (di tutti (-e)); **dieses Bild gefällt mir von allen am wenigsten**, di tutti quanti, questo è il quadro che mi piace meno; **von allen seinen Büchern hat mich das letzte am wenigsten interessiert**, fra tutti i suoi libri è l'ultimo quello che ho trovato meno interessante; **oft kommt das Glück, wenn man es am wenigsten erwartet**, spesso la fortuna arriva quando meno te lo aspetti; **von ihm hätte ich einen solchen Gesinnungswandel am wenigsten erwartet**, era l'ultimo di cui mi sarei aspettato (-a) un tale voltafaccia; **ich war auf vieles vorbereitet, aber auf das am wenigsten**, ero preparato (-a) a tutto o quasi, ma a questo proprio no; **sie spricht mit niemandem darüber, am wenigsten mit ihrem Mann**, non ne parla con nessuno, men che meno con il marito • **das ist noch das wenigste!/Wenigste!** *fam*, è il minimo che puoi/potete fare!

wenn *konj* **1** (*unter der Bedingung, dass*) se, quando: **~ ich Zeit ˻habe, besuche ich dich˼/[hätte, würde ich dich besuchen]**, ˻ho tempo vengo˼/[avessi tempo verrei] a trovarti; **~ man Geld hat, kann man sich alles erlauben**, se/quando uno ha i soldi, si può permettere tutto; **~ man auf den roten Knopf drückt, geht die Sirene los**, ˻se/quando si preme˼/[premendo] il pulsante rosso entra in funzione la sirena **2** (*konditional: falls*) se, casomai ... *konjv*, nel caso che/ [in cui] ... *konjv*, qualora *geh* ... *konjv*: **~ es regnen sollte, wird das Spiel verlegt**, se/ [nel caso in cui]/[qualora]/[casomai] dovesse piovere l'incontro verrà spostato; **~ ihr es euch anders überlegt, lasst es mich wissen**, ˻se cambiate˼/[casomai/qualora cambiaste] idea fatemelo sapere; **~ ich dich mit meinen Worten verletzt habe, tut es mir leid**, mi dispiacerebbe averti ferito (-a) con le mie parole, se le mie parole ti hanno ferito/-a; **es ist schlecht für die Haut, ~ man zu lange in der Sonne liegt**, fa male alla pelle stare troppo tempo al sole **3** (*zeitlich: sobald*) quando, non appena: **~ du fertig bist, gehen wir essen**, quando hai fatto andiamo a mangiare; **ich melde mich, ~ ich angekommen bin**, mi farò vivo (-a) quando/[non appena] sarò arrivato (-a); **~ du das erst einmal begriffen hast, vergisst du es bestimmt nicht wieder**, una volta che l'hai capito, di sicuro non te lo dimentichi più; **~ wir erst das neue Auto haben, machen wir schöne Reisen**, ˻non appena˼/[quando finalmente] avremo la macchina nuova, faremo dei bei viaggi; **na, warte, ~ ich dich erwische!**, se ti prendo, te ne accorgi! **4** (*zeitlich: sooft*) quando: **sie ist immer überglücklich, ~ er kommt**, (lei) è sempre felicissima quando arriva lui; **immer ~**, tutte le volte che; **jedes Mal ~**, ogni volta che **5** (*konzessiv: obwohl*): **~ (...) auch, auch ~ ...** anche se ... *konjv*/*ind*, ˻per quanto˼/[sebbene]/[seppure] ... *konjv*: **sie sagte nichts, ˻auch ~ es ihr˼/[~ es ihr auch] schwerfiel**, per quanto le costasse, non disse niente; **~ es auch anstrengend war, so hat es sich doch gelohnt**, ˻anche se è˼/[per quanto sia] stato faticoso, ne è valsa la pena; **ich werde ihm schreiben, ~ auch ungern**, gli scriverò, ˻anche se˼/[sebbene]/[seppure] malvolentieri • **als**/**wie** *fam* **~**, come se; **(und) ~ auch!** *fam*, (e) anche (se) fosse!: **außer ~**, a meno che (non) ... *konjv*: **wir machen morgen einen Ausflug, außer ~ es regnet**, domani faremo una gita a meno che (non) piova; **~ (...) bloß/doch/nur ...** (*bei Wunsch*), se soltanto/solamente; **~ ich bloß/nur wüsste, ob er heil zu Hause angekommen ist!**, se solamente/solo sapessi se è arrivato a casa sano e salvo!; **~ sie doch endlich aufhören würden!**, se soltanto la smettessero!, se la smettessero una buona volta!; **~ er bloß keinen Unfall baut!**, spero solo che non abbia un incidente!; **~ es morgen bloß nicht regnet!**, se soltanto domani non piovesse!; **~ das so ist (, ...)**, se è così (, ...), se le cose stanno così (, ...); **~ nicht, dann (eben) nicht!** *fam*, peggio per te/loro/voi! *fam*; **..., (und) ~ ... (auch) noch so ...**, per quanto ... *konjv*, anche se ... *konjv*/ *ind*; **das schafft er nie, und ~ er sich noch so anstrengt!**, non ci riuscirà mai, per quanto si sforzi!; **und ~ sie ihm auch noch so schöne Augen macht, er lässt sich nicht erweichen**, può fargli gli occhi dolci quanto vuole, lui non si fa intenerire; **~ ... schon ...**, se proprio, giacché, visto che, dal momento che; **~ du das schon machen willst, dann mache es wenigstens richtig**, se proprio lo vuoi fare, fallo almeno perbene; **~ du schon hier bist, kannst du mir auch helfen**, giacché/[visto che] ci sei, puoi anche darmi una mano; **~ er schon so ungebildet ist, sollte er sich bei solchen Themen wenigstens zurückhalten**, visto/dato/[dal momento] che è così ignorante, quando si trattano simili argomenti dovrebbe perlomeno starsene zitto.

Wenn <-s, - *oder fam* -s> *n*: **(das) ~ und (das) Aber**, (il) ma e (il) se; **da/hier gibt es kein ~ und (kein) Aber**, non c'è ma che tenga˼/[ci sono ma che tengano]; **ohne ~ und Aber**, senza tanti ma (e se).

wenngleich *konj geh* → **obgleich**.

wennschon *adv fam*: **~, dennschon**, se si fa, ˻si fa˼/[tanto vale farlo] bene; **(na), ~!, (und) ~!**, (e) chi se ne importa/frega *slang*!, e allora?!, me ne infischio! *fam*.

wer <*wessen, wem, wen*> **A** *interr pron* (*in direkten und indirekten Fragesätzen: welcher*) chi: **wer ist da?**, chi è (là)?; **wer von beiden?**, chi dei/delle due?; **wer von den Bewerbern hat reelle Chancen?**, chi/quale tra i candidati ha veramente delle chance?; **weißt du, wer das war?**, (lo) sai chi era?; **was glaubst du eigentlich, wer du bist?**, chi (ti) credi di essere?; **ich weiß nicht, wer nach mir drankommt**, non so a chi tocca dopo di me **B** *rel pron* (*derjenige, der*): **wer ..., (der) ...**, chi ..., colui/colei che ...: **wer das gemacht hat, sollte sich schämen!**, chi lo ha fatto dovrebbe vergognarsi!; **wer die Gesetze nicht achtet, ...**, ˻chi non rispetta˼/[coloro che non rispettano] le leggi ... **C** *indef pron fam* (*jemand*) qualcuno: **ist da wer?**, c'è qualcuno?; **kann wer helfen?**, qualcuno può ...? • **wer** *anders* **als du/er/sie ... !**, chi altro se non tu/lui/lei ... !, nessun altro che tu/lui/lei ... !; **wer anders als er hätte so etwas tun können!**, nessun altro all'infuori di lui avrebbe potuto fare una cosa simile!, una cosa simile non avrebbe potuto farla altro che lui!; **wer (...)** *auch* **(immer): der Täter wird bestraft, wer es auch (immer) sei**, il colpevole verrà punito, chiunque esso sia; **wer** *da?* *mil*, chi va là?; **wer** *denn?*, (e) chi allora?; **wer** *noch/sonst?*, chi altro/altri?; chi sennò/altrimenti?; **wer** *sein fam*, essere qualcuno; **auf ihrem Gebiet ist sie heute wer**, nel suo campo lei oggi è qualcuno; **wer (denn)** *sonst?*: **hast du das gemacht? – Wer denn sonst?**, l'hai fatto tu? – E chi, sennò?; **diesen Text kann nur Hanna übersetzen, wer denn sonst?**, questo testo può tradurlo solo Hanna, chi ˻se non lei˼/[altri]?

Werbeabteilung *f* ufficio *m* pubblicità.

Werbeagentur *f* agenzia *f* di pubblicità.

Werbeaktion *f* campagna *f* pubblicitaria, battage *m* pubblicitario: **eine ~ für ein neues Produkt machen**, fare la promozione di un nuovo prodotto.

Werbeanzeige *f* annuncio *m* pubblicitario, inserzione *f* pubblicitaria.

Werbeaufdruck *m* scritta *f* pubblicitaria.

Werbeaufkleber *m* (auto)adesivo *m* pubblicitario.

Werbeaufwendungen *subst* <*nur pl*> spese *f pl* per la pubblicità.

Werbebanner *n inform* banner *m* pubblicitario.

Werbebeilage *f* inserto *m*/supplemento *m* pubblicitario.

Werbeberater *m* (**Werbeberaterin** *f*) consulente *mf* pubblicitario (-a).

Werbeblock *m* blocco *m* pubblicitario.

Werbebranche *f* settore *m* pubblicitario, (settore *m* della) pubblicità *f*.

Werbebrief *m* lettera *f* pubblicitaria.

Werbebroschüre *f* dépliant *m*/opuscolo *m* pubblicitario, brochure *f* pubblicitaria.

Werbebüro *n* → **Werbeagentur**.

Werbeclip *m* (video)clip *m* promozionale/pubblicitario.

Werbeeinnahme *f* <*meist pl*> entrata *f* pubblicitaria; <*pl*> proventi *m pl*/introiti *m pl* pubblicitari/[da pubblicità].

Werbeetat *m* budget *m* ˻pubblicitario˼/ [per la pubblicità].

Werbefachfrau *f* pubblicitaria *f*.

Werbefachmann *m* pubblicitario *m*.

Werbefeldzug *m* → **Werbekampagne**.

Werbefernsehen *n TV* pubblicità *f* televisiva.

Werbefilm *m* film *m* pubblicitario.

werbefinanziert *adj* finanziato con la pubblicità.

Werbefläche *f* spazio *m* pubblicitario.

Werbefoto *n* fotografia *f* pubblicitaria.

Werbefotograf *m* (**Werbefotografin** *f*) fotografo (-a) *m* (*f*) pubblicitario (-a).

Werbefunk *m radio* pubblicità *f* radiofonica.

Werbegag *m* gag *f*/trovata *f* pubblicitaria.

Werbegeschenk *n* articolo *m*/regalo *m* promozionale, gadget *m*, omaggio *m* della ditta.

Werbegrafik *f* grafica *f* pubblicitaria.

Werbegrafiker *m* (**Werbegrafikerin** *f*) grafico (-a) *m* (*f*) pubblicitario (-a).

Werbegraphik *f* → **Werbegrafik**.

Werbegraphiker *m* (**Werbegraphikerin** *f*) → **Werbegrafiker**.

Werbekampagne *f* campagna *f* pubblicitaria/reclamistica/promozionale, battage *m* pubblicitario.

Werbekosten *subst* <*nur pl*> spese *f pl* per la pubblicità.

werbekräftig *adj* di forte impatto pubblicitario.

Werbeleiter *m* (**Werbeleiterin** *f*) direttore (-trice) *m* (*f*) dell'ufficio pubblicità.

Werbemaßnahme *f* mossa *f* pubblicitaria.

Werbematerial n materiale m pubblicitario.

Werbemittel n <*meist pl*> mezzo m pubblicitario.

werben <*wirbt, warb, geworben*> **A** tr (*zu gewinnen versuchen*) **jdn** (**für etw** akk) ~ {ABONNENTEN FÜR EINE ZEITUNG} procacciare *qu* (*per qc*), cercare di acquisire *qc* (*per qc*); {NEUE KUNDEN} procurare *qu* (*per qc*), procacciare *qu* (*per qc*); {ARBEITSKRÄFTE, FREIWILLIGE} ingaggiare *qu* (*per qc*), reclutare *qu* (*per qc*); {SOLDATEN FÜR DIE ARMEE, SPEZIALTRUPPEN} arruolare *qu*, reclutare *qc*, assoldare *qu* **B** itr **1** (*Reklame machen*) (**für etw** akk) ~ {FÜR EINE IDEE, EIN VORHABEN} fare pubblicità/propaganda (*a qc*); {FÜR EINE AUTOMARKE, EIN WASCHMITTEL} *auch* fare réclame (*a qc*), pubblicizzare *qc*, reclamizzare *qc*: **es wird immer mehr geworben**, si fa sempre più pubblicità; **es wird massiv für die neue Computermarke geworben**, fanno una pubblicità massiccia a questa nuova marca di computer; **für eine Partei ~**, fare propaganda a un partito; **für jdn** ~ {FÜR DEN KANZLERKANDIDATEN, EINEN NEUEN PARTEIVORSITZENDEN} fare pubblicità *a qu*; **im Fernsehen für jdn ~**, fare pubblicità televisiva a qu **2** (*zu gewinnen suchen*) **um jdn/etw ~** {UM JDS FREUNDSCHAFT, GUNST, VERTRAUEN} cercare di guadagnarsi *qc*, cercare di conquistarsi *qu/qc*: **um die Gunst des Publikums ~**, cercare di conquistare il favore del pubblico; **um Wählerstimmen ~**, cercare di ottenere i voti degli elettori **3** *geh obs* (*sich bemühen*): **um eine Frau/ein Mädchen ~**, corteggiare/[fare la corte a] una donna/ragazza.

Werbepause f *TV* pausa f pubblicitaria, break m pubblicitario.

Werbephoto a.R. *von* Werbefoto → **Werbefoto**.

Werbephotograph m (**Werbephotographin** f) → **Werbefotograf**.

Werbeplakat n manifesto m/cartellone m pubblicitario.

Werbepreis m prezzo m promozionale: **zum ~ von ...**, al prezzo promozionale di ...

Werbeprospekt m opuscolo m/prospetto m/dépliant m pubblicitario.

Werber <-s, -> m (**Werberin** f) **1** (*jd, der für etw wirbt*) procacciatore (-trice) m (f) **2** *fam* (*Werbefachmann*) pubblicitario (-a) m (f).

werberisch adj {TALENT} pubblicitario.

Werbeschild n → **Reklameschild**.

Werbeschrift f *com* dépliant m/opuscolo m/prospetto m pubblicitario; *pol* opuscolo m propagandistico.

Werbesendung f **1** *radio TV* trasmissione f pubblicitaria **2** *post* pubblicità f postale/[per posta].

Werbeslogan m slogan m pubblicitario.

Werbespot <-s, -s> m spot m/messaggio m pubblicitario.

Werbesprache f linguaggio m pubblicitario, linguaggio m/lingua f della pubblicità.

Werbespruch m → **Werbeslogan**.

Werbestrategie f strategia f pubblicitaria.

Werbetext m testo m pubblicitario.

Werbetexter m (**Werbetexterin** f) copywriter mf.

Werbeträger m **1** *radio TV typ* mezzo m/veicolo m pubblicitario **2** (*Prominenter als ~*) testimonial mf.

Werbetrommel f: **die ~ (für jdn/etw) rühren** *fam* {FÜR EINEN ARTIKEL, EIN PRODUKT}, fare un gran battage/[campagna pubblicitaria] (*a qu/qc*); {FÜR EINE PERSON, IDEE} battere la grancassa per *qu/qc*.

werbewirksam adj {KAMPAGNE, PLAKAT, SLOGAN} di grande effetto/impatto pubblicitario.

Werbewirksamkeit f impatto m pubblicitario.

Werbezweck m scopo m pubblicitario: **zu ~en**, a scopo pubblicitario/propagandistico.

Werbung <-, -en> f **1** <*nur sing*> (*Reklame*) pubblicità f, réclame f; *bes. pol* propaganda f: **für jdn/etw ~ machen**, fare pubblicità a qu/qc, fare propaganda a qu/qc, fare réclame a qu/qc; **für eine Partei ~ machen**, fare propaganda/pubblicità a un partito **2** (*Anwerbung*) (*von Abonnenten, Kunden*) acquisizione f; (*von Arbeitskräften, Freiwilligen, Soldaten*) reclutamento m, ingaggiamento m **3** (*Werbeabteilung*) ufficio m pubblicità: **er arbeitet in der ~**, lavora nel campo della pubblicità **4** *geh obs* (*das Werben*) ~ (**um jdn**) corteggiamento m (*di qu*); **jds ~ annehmen/ausschlagen**, accettare/rifiutare la proposta di matrimonio di qu.

Werbungskosten subst <*nur pl*> **1** (*Werbekosten*) spese f pl per la pubblicità **2** (*Spesen*) spese f pl professionali deducibili (dalle tasse).

Werdegang <-s, ohne pl> m **1** (*Laufbahn*) percorso m: **der berufliche/persönliche/politische ~ einer Person**, il percorso professionale/personale/politico di qu; **er war sehr an meinem bisherigen ~ interessiert**, era molto interessato a quello che avevo fatto finora **2** (*Entstehen*) {+PROJEKT} sviluppo m, evoluzione f.

werden[①] <*wird, wurde, ist geworden*> Vollverb **A** itr **1** (*eine bestimmte Eigenschaft bekommen*) ~ + adj {ARM, BLASS, REICH, WÜTEND, ZORNIG} diventare + adj: **ich werde langsam alt**, sto ₍diventando vecchio (-a)₎/[invecchiando]; **böse ~**, arrabbiarsi; **sie wird immer gleich ungeduldig**, perde subito la pazienza; **sie ist dicker geworden**, è ingrassata; **ich muss unbedingt dünner ~**, devo assolutamente dimagrire; **du bist aber groß geworden!**, come ₍sei cresciuto (-a)₎/[ti sei fatto (-a) grande]!; **dein Kaffee wird kalt**, il tuo caffè ₍si raffredda₎/[sta diventando freddo]; **gesund ~**, ristabilirsi, rimettersi; **krank ~**, ammalarsi; **rot ~**, arrossire, diventare rosso (-a); **er wird von Tag zu Tag vergesslicher**, diventa ogni giorno più smemorato; **bist du verrückt geworden?**, ma sei ₍impazzito (-a)₎/[diventato (-a) matto (-a)]?; **das Wetter ist zum Glück schön geworden**, per fortuna il tempo ₍è diventato₎/[si è fatto] bello **2** (*in ein bestimmtes Verhältnis zu jdm treten*) **etw** (nom) ~ {JDS GELIEBTE, MUTTER, OMA, ONKEL, OPA, TANTE, VATER} diventare qc: **ich werde schon wieder Tante!**, diventerò di nuovo zia!; **er ist zum zweiten Mal Vater geworden**, è diventato padre per la seconda volta; **eine ~de Mutter**, una futura madre **3** (*einen Beruf erlernen*) **etw** (nom) ~ diventare qc: **er will Pianist ~**, vuole diventare pianista; **was willst du später einmal ~?**, che cosa vuoi fare da grande? **4** (*ein bestimmtes Alter erreichen*): **er wird bald 50**, fra un po' compie 50 anni; **wie alt ist er denn geworden?**, quanti anni ha compiuto?; (*in Bezug auf einen Verstorbenen*) fino a che età è vissuto?; **sie ist gestern 24 geworden**, ha compiuto/fatto *fam* 24 anni ieri **5** (*eine Entwicklung durchmachen*) **etw ~** diventare qc: **seine Träume sind Wirklichkeit geworden**, i suoi sogni sono diventati realtà; **das Buch wird sicher ein Erfolg**, il libro sarà sicuramente un successo; **ihre Beziehung ist ein Alptraum geworden**, il loro rapporto è diventato un incubo **6** (*eine bestimmte Stellung erreichen*) **zu etw** (dat) ~ diventare qc: **sie ist zu einer ausgezeichneten Chirurgin geworden**, è diventata un'eccellente chirurgo; **er ist zu einem der einflussreichsten Männer seines Landes geworden**, è diventato uno degli uomini più influenti del suo paese **7** (*sich zu etw entwickeln*) **zu etw** (dat) ~ diventare qc, divenire qc: **die Pflanze ist zu einem richtigen Baum geworden**, la pianta è diventata un vero albero; **er ist zum Mann geworden**, ₍è diventato₎/[si è fatto] uomo; **das Wasser ist zu Eis geworden**, l'acqua si è trasformata in ghiaccio; **lass das bloß nicht zur Gewohnheit ~!**, che non diventi un'abitudine! **8** (*ähnlich ~*) **wie jd** (nom) ~ diventare *come qu*: **sie wird immer mehr wie ihre Mutter**, diventa sempre di più come sua madre **9** (*gelingen*): (**et)was/nichts ~** *fam*, riuscire/[non riuscire]; **venire bene/male**; **ist der Kuchen was geworden?**, è venuto bene il dolce?; **die Fotos sind nichts geworden**, le foto non sono venute (bene) **10** (*sich entwickeln*) **aus jdm/etw ~**: **aus Liebe wurde Hass**, l'amore si è trasformato in odio; **aus ihm wird nie etwas Rechtes ~**, non farà/combinerà mai nulla di buono; **aus ihr wird nie eine gute Lehrerin**, non sarà mai una brava insegnante **B** unpers **1** (*allmählich eintreten*): **es wird + adj** {DUNKEL, HEISS, HELL, KALT, SPÄT} diventa + adj, si fa + adj: **lass uns gehen, bevor es dunkel wird**, andiamo, prima che si faccia buio; **es soll kalt ~**, dovrebbe arrivare il freddo; **jetzt wird es langsam warm im Haus**, piano piano la casa si riscalda; **wie schön, es wird schon hell!**, che bello, si sta già facendo giorno! **2** (*auf eine bestimmte Zeit zugehen*): **es wird + subst** si fa + subst, viene/arriva + subst: **es wird Abend**, si fa sera; **man merkt, dass es Winter wird**, si sente che sta arrivando l'inverno; **es ist Frühling geworden**, è arrivata la primavera; **morgen wird es ein Jahr, dass ...**, domani sarà un anno che ...; **es wird Zeit zu gehen**, è ora di andare **3** (*als Gefühl auftreten*): **jdm wird (es) + adj**: **mir wird kalt**, comincio ad aver freddo; **mir wird übel**, mi viene la nausea; **ihm ist in der Schule schlecht geworden**, si è sentito male a scuola; **ihr wurde ₍schwindelig₎/[schwarz vor Augen]**, ₍le girava la testa₎/[svenne] ● **wird's bald?!** *fam* (*kommst du/kommt ihr jetzt wohl?!*), ₍ti sbrighi₎/[vi sbrigate]?!, allora, andiamo?!; **(et)was ~!** *fam iron*, **das kann ja heiter ~!** *fam iron*, ci sarà da divertirsi!; *iron*, se ne vedranno delle belle!; **aus jdm wird etwas**: **aus diesem Jungen wird noch (et)was ~**, questo ragazzo ₍andrà lontano₎/[farà strada]; **alles wird gut!**, tutto si aggiusterà!; **etw ist im Werden**, qc è in fieri, qc sta prendendo forma, qc si sta sviluppando; **die Sache ist im Werden**, la faccenda si sta evolvendo; **was nicht ist, kann noch ~!**, non è detta l'ultima parola, se non è oggi è domani; (**sich**) (dat) **über etw** (akk) **klar ~** (*etw verstehen*), rendersi conto di qc; **er ist sich über seine schwierige Lage klar geworden**, si è reso conto della difficile situazione in cui si trova; **du musst dir darüber klar ~, was du nach dem Abitur machen willst**, devi ₍chiarirti le idee su₎/[cercare di capire] cosa vuoi fare dopo la maturità; **jdm wird etw klar**, qu ₍comincia a capire₎/[si sta rendendo conto]; **langsam wird mir klar, was er für Absichten hatte**, piano piano ₍comincio a capire₎/[mi sto rendendo conto di] quali erano/fossero le sue intenzioni; **ist dir das immer noch nicht klar geworden?**, non ti è ancora chiaro?, non hai ancora capito?; **jd wird nicht *mehr*** *slang* (*jd wird nicht wieder gesund*) *slang*, non si rimette più, qu non ce la fa più; **(ich glaub',) ich werd' nicht *mehr*!** *slang* (*ich kann es nicht fassen!*), non ci posso credere!; **das *muss* anders ~!**, le cose devono cambiare!; **aus etw** (dat) **wird *nichts***

fam, non se ne fa niente di qc; **aus unserer Reise wird nichts**, non se ne fa niente del viaggio, il nostro viaggio non si farà; **daraus wird nichts!** *fam*, non se ne fa niente!, te lo puoi dimenticare/scordare!; **seltener ~** {ANRUFE, BESUCHE}, diventare/farsi più raro (-a), diradarsi; **was soll bloß (daraus) ~?** (*wie soll es bloß weitergehen?*), come ˌsi faràˌ/ [faremo]?; **wach ~ → wach**; **warm ~ → warm**; **was ist aus jdm geworden?** (*was macht jd heute?*), che cosa fa qu?, che ne è stato di qu?, che fine ha fatto qu?; **was ist eigentlich aus Michael geworden?**, che ˌne è stato diˌ/[cosa fa]/[fine ha fatto] Michael?; **was ist bloß aus jdm geworden?!** (*wie hat sich jd zu seinem Nachteil verändert!*), ma ˌcom'è peggiorato qu!ˌ/[cos'è successo a qu?!], **was ist nur aus Claudia geworden?!**, ma cos'è successo a Claudia?!; **was ist aus etw (dat) geworden?**, che ne è stato di qc?, che fine ha fatto qc?; **was ist eigentlich aus meinem alten Schreibtisch geworden?**, che ˌne è stato dellaˌ/[fine ha fatto la] mia vecchia scrivania?; **das wird schon *wieder* fam**, vedrai/vedrà che ˌle cose si metteranno a postoˌ/[andrà meglio]/[passerà].

werden② *<wird, wurde, worden>* Hilfsverb **1** (*zur Bildung des Futur*) ~ + *inf*: **sie wird bestimmt kommen**, verrà di sicuro; **wir nächsten Samstag eine Party geben**, daremo una festa sabato prossimo; **du wirst sehen, sie sagen nichts**, vedrai che non diranno niente; **in zwei Monaten wird sie ihr Studium abgeschlossen haben**, fra due mesi avrà terminato gli studi **2** (*zum Ausdruck der Vermutung*) ~ + *inf*: **er wird kaum Zeit haben mitzugehen**, difficilmente avrà il tempo di venire con noi; **sie ˌ~ schon abgefahren sein**, saranno già partiti (-e); **der Zug wird Verspätung gehabt haben**, il treno avrà avuto ritardo **3** (*zum Ausdruck eines Wunsches*) ~ + *part perf* + *inf*: **es wird doch alles geklappt haben?**, sarà andato tutto bene?; **du wirst doch wohl nicht deinen Pass vergessen haben?**, non avrai mica scordato il passaporto? **4** (*zur Bildung des Konjv*): **ich würde dir bei der Übersetzung helfen, aber ich kann kein Russisch**, ti aiuterei volentieri a fare la traduzione, ma non so il russo; **würden Sie mir bitte helfen?**, mi ˌpotrebbe aiutareˌ/[darebbe una mano], per favore?; **würde er doch nur einmal auf mich hören!**, (se) mi ascoltasse almeno una volta! **5** (*zur Bildung des Passivs*): **du wirst gesucht**, ti si cerca, ti si cercano; **sie wurde um eine Spende gebeten**, le ˌfu chiestaˌ/ [chiesero] un'offerta; **das Gnadengesuch ist abgelehnt worden**, la domanda di grazia è stata respinta; **es darf getanzt ~**, ˌsi può˛/[è permesso] ballare; **das wird kalt getrunken**, (questo) si beve freddo; **mir wurde gesagt, dass ...**, mi hanno/[è stato] detto che ... **6** (*zum Ausdruck einer energischen Aufforderung*): **hier wird nicht geraucht!**, qui non si fuma!; **jetzt wird aber geschlafen!**, ora ˌsi dorme però˛/[dormite]!; **jetzt wird aber der Mund gehalten!**, ora zitti (-e) però!, adesso un po' di silenzio!

Werfall m → **Nominativ**.

werfen① *<wirft, warf, geworfen>* Ⓐ *tr* **1** (*durch die Luft fliegen lassen*) **etw ~** {BALL, SCHNEEBALL, STEIN} lanciare qc, gettare qc, buttare qc, tirare qc **2** (*irgendwohin befördern*) **etw irgendwohin ~** {IN DIE LUFT, NACH OBEN, UNTEN} lanciare/gettare/tirare/buttare qc + *compl di luogo*: **den Abfall auf einen Haufen ~**, buttare/gettare i rifiuti in un mucchio; **den Ball in die Luft/Höhe ~**, lanciare la palla in aria/alto; **einen Brief in den Briefkasten ~**, imbucare/impostare una lettera; **Steine in den Tümpel ~**, lanciare/gettare/tirare/buttare sassi nello stagno; **Dias an die Wand ~**, proiettare diapositive sulla parete; **jdn irgendwohin ~** {AUF DEN, ZU BODEN, ÜBER BORD, IN DEN GRABEN, INS WASSER} gettare/buttare qu + *compl di luogo*; **jdn aus etw** (dat) **~** {AUS DEM AUTO, LOKAL, ZIMMER} buttare qu fuori da qc; {AUS DEM FENSTER} buttare qu giù da qc; {AUS DEM BETT, FAHRENDEN ZUG} buttare qu giù da qc; **jdn aus dem Haus ~**, buttare qu fuori di casa; **jdn aus dem Sattel ~**, sbalzare di sella qu, disarcionare qu; **jdm etw irgendwohin ~** {STEIN AN DEN KOPF, TORTE INS GESICHT} tirare qc a qu + *compl di luogo*; **dem Redner faule Eier an den Kopf ~**, lanciare/tirare uova marce addosso all'oratore **3** (*durch Werfen erzielen*): **eine Sechs ~** (*Würfel*), fare (un) sei; **ein Tor ~**, fare/segnare un gol, segnare **4** (*etw tun*): **die Arme in die Luft ~**, alzare le braccia in alto; **einen Blick irgendwohin ~** {AUS DEM FENSTER}, ˌgettare uno sguardoˌ/[dare un'occhiata] + *compl di luogo*; {AUF DIE UHR, IN DIE ZEITUNG} dare uno sguardo/un'occhiata a qc; {AUF EINE PERSON} lanciare uno sguardo/un'occhiata a qu; **einen Blick in die Runde ~**, guardarsi intorno; **eine Frage in die Debatte ~**, introdurre una questione nel dibattito; **das Geld aus dem Fenster ~**, buttare i soldi dalla finestra; **den Kopf in den Nacken ~**, gettare/rovesciare la testa all'indietro; **etw aufs Papier ~**, mettere qc su carta, buttare giù qc; **die Tür ins Schloss ~**, chiudere la porta sbattendola; **Waren auf den Markt ~**, mettere delle merci sul mercato **5** (*bilden*) **etw ~** {BLASEN, FALTEN} fare qc; {WELLEN} sollevare qc; {BÄUME, GESTALT SCHATTEN} fare qc; **etw irgendwohin ~** {LICHT, SONNE SCHATTEN AUF DEN BODEN} gettare/proiettare qc + *compl di luogo* **6** *sport* (*beim Boxen, Ringen*) **jdn ~** {GEGNER, HERAUSFORDERER} atterrare qu Ⓑ *itr* **1** (*das Werfen beherrschen*): **~ können**, essere bravo nel lanciare una palla/un sasso **2** *sport* lanciare il disco/giavellotto/martello/peso: **ˌsehr gutˌ/[weit] ~ können**, lanciare ˌmolto beneˌ/[lontano] il disco/il giavellotto/il martello/il peso **3** (*als Wurfgeschoss benutzen*) **mit etw** (dat) **nach jdm ~** {MIT FAULEN EIERN, TOMATEN NACH POLITIKERN} tirare qc a qu: **mit Steinen nach jdm ~**, prendere a sassate a qu, lanciare/tirare sassi a qu Ⓒ *rfl* **1** (*sich fallen lassen*) **sich irgendwohin ~** buttarsi/ gettarsi + *compl di luogo*: **sich ˌaufs Bettˌ/ [in einen Sessel] ~**, buttarsi ˌsul lettoˌ/[in una poltrona]; **sich vor den Zug ~**, lanciarsi/gettarsi sotto il treno **2** (*sich stürzen*) **sich auf jdn ~** {AUF DEN GEGNER} gettarsi/lanciarsi/buttarsi su/contro/[addosso a] qu: **sich jdm ˌin die Armeˌ/[an die Brust]/ [zu Füßen] ~**, gettarsi ˌtra le bracciaˌ/[al petto]/[ai piedi] di qu; **sie hat sich ihm an den Hals geworfen**, gli si è gettata al collo; **sich auf etw** (akk) **~** {AUF EINE ARBEIT, AUFGABE} buttarsi *in qc*; {AUF EIN HOBBY} darsi *a qc* **3** (*sich verziehen*) {HOLZBALKEN, RAHMEN} imbarcarsi, incurvarsi ● **nicht ~!** (*auf einer Kiste*), maneggiare con cura!; **mit etw** (dat) **um sich** (akk) **~** {MIT GELD}, sprecare qc, buttare via qc; **mit Fremdwörtern um sich** (akk) **~**, fare un uso smodato di parole straniere; **mit Komplimenten um sich** (akk) **~**, essere molto generoso nel fare complimenti; **mit Schimpfwörtern nur so um sich** (akk) **~**, avere sempre le parolacce in bocca *fam*.

werfen② *<wirft, warf, geworfen>* zoo Ⓐ *tr* **etw ~** {WEIBLICHES TIER JUNGE} figliare qc, partorire qc, fare qc Ⓑ *itr* {WEIBLICHES TIER} figliare, partorire.

Werfer *<-s, -> m* (**Werferin** f) **1** *sport* lanciatore (-trice) m (f) **2** *<nur m> mil* lanciarazzi m.

Werft *<-, -en> f naut* cantiere m navale; (*für Kriegsschiffe*) arsenale m; *aero* cantiere m aeronautico.

Werftarbeiter m (**Werftarbeiterin** f) operaio (-a) m (f) di un cantiere navale/aeronautico; (*in einer Werft für Kriegsschiffe*) arsenalotto (-a) m (f).

Werftindustrie f industria f cantieristica.

Werg *<-(e)s, ohne pl> n* stoppa f, capecchio m: **etw mit ~ verstopfen**, stoppare qc.

Werk① *<-(e)s, -e> n* **1** *<nur sing> geh* (*Arbeit*) opera f, lavoro m: **das ~** ˌ**langer Jahre**ˌ/ [**mehrerer Stunden**], il lavoro di ˌmolti anniˌ/[parecchie ore]; **sein ~ vollendet haben**, aver compiuto la propria opera **2** *<nur sing>* (*Tat*) opera f: **der Erfolg der Firma ist ganz allein sein ~**, il successo della ditta è unicamente opera sua; **ist dieses Chaos dein ~?**, questo caos è opera tua?; *fam*; **etw ist/war das ~ weniger Augenblicke/Sekunden** {ÜBERSCHWEMMUNG, UNFALL, ZERSTÖRUNG}, qc è stato questione di pochi secondi **3** (*Geschaffenes*) {+KÜNSTLER, SCHRIFTSTELLER, WISSENSCHAFTLER} opera f: **bekannte/bleibende ~e**, opere famose/durature; **ausgewählte ~e**, opere scelte; **sämtliche ~e**, opere complete; **sämtliche/[die gesammelten] ~e eines Schriftstellers veröffentlichen**, pubblicare l'opera omnia di uno scrittore; **ein bedeutendes wissenschaftliches ~**, un'importante opera scientifica, un'opera di grande importanza scientifica; **die großen ~e der Weltliteratur**, le grandi opere della letteratura mondiale; **ein ~ über etw** (akk) **verfassen**, scrivere un'opera su qc **4** *<nur sing>* (*Gesamtwerk*) opera f: **das gesamte ~ Goethes**, l'opera omnia di Goethe ● **am ~ sein**, essere ˌall'operaˌ/[al lavoro]; **hier waren Einbrecher am ~**, questa è opera di ladri; (**frisch**) **ans ~!** *obs*, suvvia, al lavoro!; **ans ~ gehen, sich ans ~ machen**, mettersi ˌall'operaˌ/[al lavoro]; **irgendwie zu ~e gehen** geh {MIT UMSICHT, VORSICHTIG}, procedere/operare + *compl di modo*; **ein gutes ~**, un'opera buona, una buona azione; **ein gutes ~ tun**, compiere una buona azione, fare un'opera buona; **gute ~e tun**, fare opere buone.

Werk② *<-(e)s, -e> n* **1** (*Fabrik*) fabbrica f, stabilimento m, opificio m *hist* **2** *<nur sing>* (*Belegschaft*) dipendenti m pl (di una fabbrica) **3** *tech* (*Mechanismus*) {+ORGEL} meccanismo m; {+UHR} *auch* movimento m *fam* ● **ab com** (LIEFERN, VERSCHIFFEN), franco fabbrica; **frei ~ com**, franco fabbrica.

Werkangehörige *<dekl wie adj> mf* → **Werksangehörige**.

Werkanlage f → **Werksanlage**.

Werkarzt m → **Werksarzt**.

Werkbank *<-, Werkbänke> f* banco m da lavoro.

Werkberufsschule f → **Werkschule**.

werkeigen adj (*Gelände*) della fabbrica, dello stabilimento; {KANTINE, KINDERGARTEN, SCHULE} *auch* aziendale.

werkeln *itr fam* fare bricolage: **er ist schon den ganzen Tag am Werkeln**, è tutto il giorno che sta facendo dei lavoretti; **an etw** (dat) **~** trafficare (*intorno a*) qc.

werken *itr* (*irgendwo*) ~ {IM/UMS HAUS, IM KELLER, IN DER WERKSTATT} lavorare (+ *compl di luogo*); (*handwerklich*) fare bricolage.

Werken *<-s, ohne pl> n* → **Werkunterricht**.

Werkverzeichnis n → **Werkverzeichnis**.

Werkfahrer m (**Werkfahrerin** f) pilota mf collaudatore (-trice) (di macchine da corsa).

Werkgelände n → **Fabrikgelände**.
werkgetreu mus Ⓐ adj {INTERPRETATION, WIEDERGABE} fedele all'(opera) originale Ⓑ adv {SPIELEN, WIEDERGEBEN} con fedeltà all'(opera) originale, rimanendo fedele all'(opera) originale.
Werkhalle f → **Werkshalle**.
werkimmanent lit Ⓐ adj {DEUTUNG, INTERPRETATION} che si basa solo sul testo Ⓑ adv {AUSLEGEN, DEUTEN, INTERPRETIEREN} basandosi esclusivamente sul testo.
Werklehrer m (**Werklehrerin** f) insegnante m/f di educazione tecnica.
Werkleiter m (**Werkleiterin** f) → **Werksleiter**.
Werkleitung f → **Werksleitung**.
Werklieferungsvertrag m jur contratto m d'appalto.
Werkmeister m {+WERKSTATT} capofficina m, capotecnico m; {+ARBEITSGRUPPE} caposquadra m; {+ABTEILUNG} caporeparto m.
Werksangehörige, **Werkangehörige** <dekl wie adj> mf dipendente mf ˻di una˼/[della] fabbrica.
Werksanlage f stabilimento m (industriale), fabbrica f.
Werksarzt m (**Werksärztin** f), **Werkarzt** m (**Werkärztin** f) medico m ˻di un'˼/[dell']azienda.
Werkschau f kunst mostra f/rassegna f (dell'opera di un artista).
Werkschließung f chiusura f/[cessazione f dell'attività] ˻di una˼/[della] fabbrica.
Werkschule f scuola f aziendale.
Werkschutz m 1 (Bestimmungen) sicurezza f aziendale 2 (Personen) servizio m di sicurezza aziendale.
Werkshalle, **Werkhalle** f capannone m ˻di una˼/[della] fabbrica.
Werkskantine, **Werkkantine** f mensa f aziendale.
Werkskindergarten, **Werkkindergarten** m asilo m aziendale.
Werksküche, **Werkküche** f 1 (werkeigene Küche) cucina f aziendale 2 → **Werkskantine**.
Werksleiter m (**Werksleiterin** f), **Werkleiter** m (**Werkleiterin** f) direttore (-trice) m (f) ˻di uno/dello stabilimento˼/[di una/della fabbrica].
Werksleitung, **Werkleitung** f direzione f ˻di uno/dello stabilimento˼/[di una/della fabbrica].
Werkspionage f spionaggio m industriale.
Werkstatt <-, -stätten> f, **Werkstätte** f geh 1 (Handwerkerwerkstatt) laboratorio m, bottega f; (bes. Kunstgewerbewerkstatt, Schneiderwerkstatt) auch atelier m 2 (Autowerkstatt) officina f: **den Wagen in die ~ bringen**, portare la macchina ˻in officina˼/[dal meccanico] 3 (Künstlerwerkstatt) studio m, atelier m.
Werkstatttag, **Werkstatt-Tag** m <meist pl> kunst lit mus workshop m.
Werkstatttheater, **Werkstatt-Theater** n teatro m sperimentale.
Werkstattwagen m 1 (Abschleppwagen) carro m attrezzi 2 (Leihwagen) automobile f/macchina f a noleggio.
Werkstoff m materiale m (grezzo per la lavorazione).
werkstoffgerecht adj conforme alle caratteristiche del materiale.
Werkstoffingenieur m (**Werkstoffingenieurin** f) tech wiss esperto (-a) m (f) di scienza dei materiali.
Werkstoffkunde <-, ohne pl> f scienza f dei materiali.

Werkstoffprüfung f controllo m dei materiali.
Werkstor, **Werktor** n cancello m della fabbrica.
Werkstück n (vor der Bearbeitung) pezzo m ˻da lavorare˼/[grezzo]; (während der Bearbeitung) pezzo m in lavorazione; (nach der Bearbeitung) pezzo m lavorato/finito.
Werkstudent m (**Werkstudentin** f) studente (-essa) m (f) lavoratore (-trice).
Werkswohnung, **Werkwohnung** f alloggio m aziendale, appartamento m fornito dall'azienda.
Werkszeitschrift, **Werkzeitschrift** f rivista f/giornale m aziendale/[per il personale di un'azienda].
Werktag m giorno m feriale/lavorativo: **nur an ~en**, solo nei giorni feriali.
werktäglich Ⓐ adj <attr> {KLEIDUNG} da tutti i giorni; {VERKEHR} dei giorni feriali Ⓑ adv → **werktags**.
werktags adv nei giorni feriali/lavorativi.
werktätig adj che lavora, attivo: **die ~e Bevölkerung**, la popolazione attiva.
Werktätige <dekl wie adj> mf lavoratore (-trice) m (f), uomo m/donna f che lavora: **die ~n**, la popolazione attiva.
Werktitel m (Titel eines Buch-, Filmtitels im Zusammenhang mit Titelschutz) titolo m di un'opera (libro o film).
Werktreue f bes. mus fedeltà f all'originale.
Werkunterricht m Schule (lezioni f pl di) educazione f tecnica.
Werkverkehr m trasporto m con mezzi dell'azienda.
Werkvertrag m jur contratto m d'opera.
Werkverzeichnis n kunst mus catalogo m delle opere.
Werkzeug <-(e)s, -e> n 1 (einzelner Gegenstand) attrezzo m, utensile m, arnese m, strumento m: **hast du auch die richtigen ~e, um das Fahrrad zu reparieren?**, hai gli attrezzi giusti per riparare la bicicletta? 2 <nur sing> (Gesamtheit der ~e) attrezzi m pl, attrezzatura f, arnesi m pl (da lavoro), utensili m pl ● **jdn als ~ benutzen** pej, strumentalizzare qu, servirsi di qu; **jdn als ~ ˻einer S. (gen)˼/[für etw (akk)] benutzen**, usare qu come strumento di qc; **ein ~ in jds Hand/Händen sein** pej, essere uno strumento nelle mani di qu; **jdn zu einem ~ einer S. (gen) machen** pej, fare di qu lo strumento di qc.
Werkzeugkasten m cassetta f ˻degli attrezzi˼/[portautensili]/[portattrezzi].
Werkzeugmacher m (**Werkzeugmacherin** f) utensilista mf.
Werkzeugmaschine f tech macchina f utensile.
Werkzeugstahl m acciaio m per utensili.
Werkzeugtasche f borsa f ˻degli attrezzi˼/[portattrezzi]; (am Fahrrad) borsetta f ˻degli attrezzi˼/[portattrezzi].
Wermut <-(e)s, -s> m 1 bot assenzio m 2 (Wein) vermut m.
Wermutbruder m fam pej barbone m avvinazzato/ubriacone/alcolizzato.
Wermutstropfen, **Wermuttropfen** m geh punta f di amarezza: **leider trübt ein ~ das erfreuliche Ergebnis**, purtroppo il felice risultato è offuscato da una nota negativa.
wert adj 1 (einen bestimmten Wert haben): **etw ~ sein**, valere qc, avere un valore di qc; **das Klavier ist 20 000 Euro ~**, il pianoforte vale 20 000 euro; **was ist dieser Ring ~?**, quanto vale quest'anello?; **was ist Ihnen diese alte Ausgabe des Buches ~?** (wie viel bieten Sie mir dafür?), quanto mi darebbe/of-

fre per questa vecchia edizione?; **viel/wenig ~ sein**, valere molto/poco; **nicht viel ~ sein**, non valere granché; **Autos ohne Katalysatoren sind gar nichts mehr ~**, le macchine non catalizzate non valgono più niente 2 (von Wichtigkeit sein): **(jdm) viel/wenig ~ sein** (BEISTAND, HILFE, RAT, UNTERSTÜTZUNG, URTEIL), essere/[non essere] molto prezioso (per qu), contare/significare/[non contare/significare] molto (per qu); **das ist mir viel ~**, ci tengo molto; **seine Anregungen sind mir enorm viel ~**, tengo moltissimo ai suoi suggerimenti 3 (verdienen): **einer S. (gen) geh/etw (akk) ~ sein** {PROBLEM, THEMA EINER DISKUSSION; TITEL, VERÖFFENTLICHUNG DER ERWÄHNUNG, WÜRDIGUNG}, valere qc, meritare qc; **Italien ist immer eine Reise ~**, vale sempre la pena fare un viaggio in Italia; **das ist die Sache nicht ~**, non merita!, non (ne) vale la pena!; **das/sein Geld ~ sein** fam, valere la spesa; **etw ist nicht der Mühe ~**, (fare) qc non vale la pena; **das ist nicht der Mühe ~!**, non (ne) vale la pena!, è più la spesa dell'impresa!; **nochmals vielen Dank für Ihren Rat! – Nicht der Rede ~!**, ancora grazie per il Suo consiglio! – Non c'è di che,/[Si figuri]!; **es (nicht) ~ sein, dass ...**, (non) meritare ˻di ... inf˼/[che ... konjv]; **sie ist es nicht ~, dass man ihr so viel Aufmerksamkeit schenkt**, non merita tutta l'attenzione che le viene riservata; **er ist es nicht ~, dass wir ihn unterstützen**, non ˻merita il˼/[è degno del] nostro aiuto; **das Auto ist es nicht ~, dass man nochmal viel (hinein)investiert**, non vale la pena investire ancora denaro in questa macchina 4 geh (würdig): **jds nicht ~ sein**, non essere degno di qu; **er ist ihrer nicht ~**, non è degno di lei 5 obs {BRIEF, SCHREIBEN} pregiato: **in Antwort auf ihr ~es Schreiben vom ...**, in risposta alla Sua pregiata del ...; (in förmlicher Anrede) egregio, pregiato, esimio obs; (an eine Frau) gentile; (an einen Freund) caro; **wie war noch Ihr ~er Name?**, può ripetere il Suo nome, per favore? ● **das ist schon viel ~** fam (das ist immerhin schon etwas), è già molto/qualcosa.

Wert <-(e)s, -e> m 1 <nur sing> (Preis) valore m: **der ~ der Aktien schwankt**, il valore delle azioni oscilla; **von hohem/geringem ~ sein**, essere di grande/scarso valore; **die Uhr hat einen Wert von 1000 Euro**, l'orologio ha un valore di 1000 euro; **den ~ einer Ware festsetzen**, fissare/stabilire il valore di una merce 2 (positive Eigenschaft) valore m: **der erzieherische/künstlerische ~ eines Buches/Films**, il valore educativo/artistico di un libro/film; **der praktische ~ einer Erfindung**, il valore pratico/concreto di un'invenzione 3 <nur pl> (ethisch Wünschenswertes) valori m pl: **geistige/ideelle/ewige ~e**, valori spirituali/ideali/eterni; **moralische/sittliche ~e**, valori morali/etici; **innere ~e haben**, avere una grande ricchezza interiore; **die Auflösung/Umkehrung der ~e**, la dissoluzione/il rovesciamento dei valori; **ein Verfall der ~e**, il declino dei valori (morali) 4 <meist pl> geh (wertvolle geistige Produkte) valore m: **bleibende/unvergängliche ~e**, valori durevoli/imperituri 5 <nur pl> (wertvolle Gegenstände) valori m pl: **bei dem Brand gingen unermessliche ~e verloren**, nell'incendio andarono perduti valori inestimabili 6 <nur pl> (Ergebnis) valori m pl: **arithmetische/ meteorologische/ technische ~e**, valori aritmetici/meteorologici/tecnici; **die Temperatur liegt über den für die Jahreszeit normalen ~en**, la temperatura è superiore ai valori normali della stagione; **die ~e ablesen/eintragen**, leggere/registrare i dati 7 <nur pl> (~papiere) valori m pl, effetti m pl, titoli m pl ● **seinen ~ behalten** {GRUNDSTÜCK, HAUS}, conservare/mantenere il proprio valore; **etw (dat) großen/keinen ~ beimessen**, ⌊attribuire grande⌋/[non attribuire nessun] valore a qc, dare/[non dare] peso a qc; **sich (dat) seines ~(e)s bewusst sein**, essere consapevole del proprio valore; **im ~ fallen/sinken**, diminuire di valore, deprezzarsi; **an ~ gewinnen/zunehmen**, acquistare/[aumentare/crescere di] valore; **im ~ von ...**, per un valore di ...; **es wurde Schmuck im ~ von 50 000 Euro gestohlen**, sono stati rubati gioielli per un valore di 50 000 euro; **das hat (doch) keinen ~!** *fam* (*das nützt nichts*), (ma) non ha senso!, non serve proprio a niente!; **~/[keinen ~] auf etw (akk) legen**, tenere/[non tenere affatto] a qc; **er legt großen ~ darauf, Sie persönlich kennen zu lernen**, ci tiene molto a conoscerLa personalmente; **keinen gesteigerten ~ auf etw (akk) legen** *fam*, non tenere affatto a qc; **etw im ~ mindern**, diminuire il valore di qc; **im ~ steigen**, aumentare/crescere di valore; **über ~ und Unwert von etw (dat) streiten**, discutere sull'utilità o l'inutilità di qc; **etw unter (seinem) ~ verkaufen**, vendere qc sottoprezzo, svendere qc; **an ~ verlieren** {AKTIEN, IMMOBILIEN}, perdere valore.

Wertangabe f *post* valore m dichiarato, indicazione f del valore.

Wertarbeit <-, *ohne pl*> f lavoro m di (alta) qualità.

Wertberichtigung f *com* rettifica f del valore.

wertbeständig adj {ANLEIHE, GOLD, WÄHRUNG} (di valore) stabile; **~ bleiben/sein**, rimanere/essere di valore stabile.

Wertbeständigkeit <-, *ohne pl*> f stabilità f del valore.

Wertbrief m *post* lettera f assicurata.

Wertehierarchie f gerarchia f/scala f dei valori.

Wertekanon m canone m di valori.

werten A *tr* **1** (*be~*) **etw irgendwie ~** {AUSSAGE, SACHVERHALT, UMSTAND, VORFALL} valutare/giudicare qc + *compl di modo*: **etw kritisch ~**, giudicare qc in modo critico, dare un giudizio critico su qc; **etw als etw ~** {ALS ERFOLG, FORTSCHRITT, MISSERFOLG} considerare qc qc: **das Treffen wird als ein wichtiger Schritt zur Entspannung gewertet**, l'incontro è considerato un importante passo (avanti) sulla strada della distensione; **etw positiv/negativ ~** {ENTSCHEIDUNG, ENTWICKLUNG, VERÄNDERUNG}, esprimere/dare un giudizio positivo/negativo circa/[riguardo a] qc, giudicare positivamente/negativamente qc; **wir ~ es durchaus positiv, dass ...**, non possiamo che giudicare positivamente il fatto che ... *konj* **2** *sport* (*zählen*) **etw ~** {SPRUNG, TOR, WURF} contare qc: **ein Tor nicht ~**, annullare una rete/un gol; (*benoten*) {KÜR, ÜBUNG} valutare qc, dare un punteggio/voto a qc B *itr sport* **irgendwie ~** {PUNKTRICHTER MILD, STRENG, UNTERSCHIEDLICH} giudicare + *compl di modo*.

Wertermittlung f **1** (*Festsetzung des Werts*) valutazione f: **die ~ einer Immobilie**, la valutazione di un immobile **2** *math* calcolo m/rilevamento m del valore.

Werteskala f scala f di valori.

Wertesystem n sistema m di valori.

Werteverfall m decadenza f/degrado m dei valori/declino m/decadimento m.

Wertevernichtung <-, *ohne pl*> f distruzione f dei valori.

Wertewandel m mutamento m/cambiamento m d(e)i valori.

wertfrei A adj {AUSSAGE, BEZEICHNUNG, TERMINUS} neutro; {URTEIL} *auch* imparziale B *adv* senza esprimere un giudizio di valore: **etw ~ beurteilen**, dare un giudizio imparziale su qc.

Wertgegenstand m oggetto m di valore, prezioso m.

Wertgleichheit <-, *ohne pl*> f equivalenza f.

Wertigkeit <-, *ohne pl*> f **1** *chem* valenza f **2** *ling* valenza f.

Wertkarte f A *tel* carta f/scheda f telefonica prepagata.

wertkonservativ adj {POLITIK} conservatore, tradizionale: **~e Tendenzen**, tendenze conservatrici.

wertlos adj **1** (*ohne finanziellen Wert*) {GEGENSTAND, GELD, WERTPAPIERE} senza/[di nessun] valore, che non ⌊vale niente⌋/[ha alcun valore]: **völlig ~er Schmuck**, gioielli completamente privi di valore; **~ werden** {GELD, IMMOBILIE}, perdere (di) valore, deprezzarsi, svalutarsi; **die Obligationen waren ~ geworden**, le obbligazioni ⌊avevano perso ogni valore⌋/[non valevano più niente] **2** (*ohne Nutzen*) {AUSKUNFT, INFORMATION} che non vale niente, privo di valore; {STUDIE, WISSEN} *auch* inutile: **künstlerisch/politisch/wissenschaftlich ~ sein**, ⌊non avere alcun⌋/[essere senza] valore artistico/politico/scientifico; **für jdn ~ sein** {INFORMATION, WISSEN}, non servire a niente a qu, essere privo di valore per qu.

Wertlosigkeit <-, *ohne pl*> f **1** (*Fehlen eines finanziellen Wertes*) mancanza f di valore **2** (*das Unnützsein*) inutilità f.

Wertmarke f **1** *adm* valore m bollato/[di bollo] **2** *com* buono m, ticket m.

Wertmaßstab m parametro m/metro m/criterio m di valutazione: **einen ~ anlegen**, applicare un (para)metro di valutazione.

Wertminderung f {+AKTIEN, VERMÖGEN} diminuzione f/perdita f di valore, deprezzamento m; {+IMMOBILIE} *auch* svalutazione f; {+WÄHRUNG} svalutazione f, deprezzamento m: **eine ~ erfahren**, subire un deprezzamento.

wertneutral adj neutrale.

Wertobjekt n → **Wertgegenstand**.

Wertpaket n *post* pacco m assicurato.

Wertpapier n *ökon* titolo m (di credito), effetto m: **börsengängige/festverzinsliche ~e**, titoli/valori ⌊quotati in borsa⌋/[a tasso fisso]; **ein ~ zur Börse zulassen**, ammettere un titolo in borsa; **sein ganzes Vermögen in ~en anlegen**, investire tutto il proprio patrimonio in titoli.

Wertpapieranlage f *ökon* investimento m in titoli.

Wertpapierbörse f *ökon* borsa f valori.

Wertpapierdepot n *bank* deposito m (di) titoli.

Wertpapieremission f *ökon* emissione f di titoli.

Wertpapierfonds m *bank* fondo m di investimento in titoli.

Wertpapiergeschäft n *ökon* ⌊operazioni f pl in su⌋/[contrattazione f di] titoli.

Wertpapierhandel m *ökon* contrattazione f di titoli, operazioni f pl in titoli.

Wertpapierkauf m *ökon* acquisto m (di) titoli/[valori mobiliari].

Wertpapierverkauf m *ökon* vendita f (di) titoli/[valori mobiliari].

Wertsache f <*meist pl*> oggetto m di valore, <*pl*> valori m pl.

wert|schätzen *tr obs* **jdn ~** stimare (molto) qu, avere qu in grande stima/considerazione, avere grande considerazione *per qu*: **als Kollegen wissen wir ihn wertzuschätzen**, come collega lo ⌊stimiamo molto⌋/[abbiamo in grande stima]; **eine wertgeschätzte Persönlichkeit**, un personaggio molto stimato.

Wertschätzung <-, *ohne pl*> f *geh* stima f, considerazione f, apprezzamento m ● **sich allgemeiner ~ erfreuen**, godere della stima/considerazione generale; **große/hohe ~ genießen**, godere di grande stima; **keine besondere ~ genießen**, non godere di particolare stima; **jdn seiner ~ versichern**, assicurare a qu la propria stima.

Wertschöpfung <-, *ohne pl*> f *ökon* creazione f di valore/ricchezza.

Wertschrift f *CH ökon* titolo m (di credito), effetto m.

Wertsendung f *post* spedizione f (postale) assicurata.

Wertskala f → **Werteskala**.

Wertsteigerung f aumento m di valore; *ökon* (*Aufwertung*) valorizzazione f; (*Kapitalgewinn*) guadagno m in conto capitale, plusvalenza f patrimoniale.

Wertstellung f *bank* valuta f.

Wertstoff m *ökol* materiale m riciclabile.

Wertstoffcontainer m *ökol* cassonetto m/container m per materiali riciclabili.

Wertstoffhof m *ökol* isola f/piazzola f ecologica.

Wertstoffkreislauf m *ökol* ciclo m del riciclaggio.

Wertstoffsack m *ökol* sacchetto m per materiali riciclabili.

Wertstoffsammlung f *ökol* raccolta f di ⌊materiale riciclabile⌋/[rifiuti riciclabili].

Wertstofftonne f *ökol* bidone m per materiali riciclabili.

Wertung <-, *-en*> f **1** (*das Werten*) valutazione f: **eine gerechte ~ der Leistung der einzelnen Schüler ist schwer**, è difficile valutare con equità il rendimento dei singoli allievi **2** *sport* punteggio m: **in der ~ vorne/hinten liegen**, avere un punteggio alto/basso, essere nella parte alta/bassa nella classifica; **noch in der ~ sein**, essere ancora in classifica; **nicht mehr in der ~ sein**, non essere più in classifica.

wertungsgleich adj *sport* a parità di punteggio.

Werturteil n giudizio m di valore: **ein ~ abgeben**, dare/esprimere un giudizio di valore.

Wertverlust m perdita f/diminuzione f di valore.

wertvoll adj **1** (*von großem Wert*) {MÖBEL, SCHMUCK} prezioso, di valore; {STOFF} *auch* pregiato; {BILD} prezioso, di valore, pregevole, pregiato: **diese Teppiche sind sehr ~**, questi tappeti ⌊hanno un gran valore⌋/[sono molto preziosi]; **künstlerisch ~**, di grande valore artistico **2** (*voller innerer Werte*) {MENSCH} prezioso; {MITARBEITER} *auch* di valore **3** (*sehr nützlich*) {HINWEIS, RAT} prezioso, molto utile: **jdm ~ sein**, essere prezioso/[molto utile] a qu.

Wertvorstellung f <*meist pl*> concetto m di valore: **die ~en unserer Jugend**, i valori (morali) dei nostri giovani.

Wertzeichen n valore m bollato/[di bollo]; *post* francobollo m.

Wertzuwachs m {+AKTIE, IMMOBILIE, UNTERNEHMEN} incremento m/aumento m di valore.

Werwolf m *myth* lupo m mannaro, licantropo m, uomo lupo m.

wes pron *obs* → **wessen**.

Wesen <-s, -> n **1** <*nur sing*> (*Grundzüge*) {+DEMOKRATIE, DIKTATUR, IDEOLOGIE} essenza f, natura f **2** *philos* essenza f: **nach dem ~ der Dinge forschen**, (ri)cercare l'essenza delle cose **3** <*nur sing*> (*Art*) natura f, indole f, carattere m: **ein freundliches/offenes/ungängliches/verschlossenes ~ haben**, avere un carattere gentile/aperto/socievole/chiuso; **ein einnehmendes ~ haben**, avere un carattere che conquista; **seinem ~ nach**, di/per natura; **sein wahres ~ zeigen**, mostrare la propria vera natura, mostrarsi come si è **4** (*Erscheinung in bestimmter Gestalt*) essere m: **natürliche/übernatürliche/außerirdische ~**, esseri naturali/sovrannaturali/extraterrestri; *philos auch* ente m; **das höchste ~**, l'Ente/l'Esse supremo **5** (*Geschöpf*) essere m, creatura f: **der Mensch ist ein denkendes ~**, l'uomo è un essere pensante; **ein menschliches ~**, un essere umano; **ein männliches/weibliches ~**, un uomo/una donna; **sie ist ein freundliches/stilles/zartes ~**, è un essere gentile/silenzioso/delicato, è una creatura gentile/silenziosa/delicata; **das arme, kleine ~** (*das arme, kleine Kind*), la povera creaturina; **ein hilfloses ~**, una creatura indifesa • **zum ~ einer S.** (*gen*) **gehören**, essere nella natura di qc, essere intrinseco a/in qc: **das gehört zum ~ der modernen Kunst**, è proprio dell'arte moderna; **im ~ einer S.** (*gen*) **liegen** {EINER IDEOLOGIE, KUNST, REGIERUNGSFORM}, essere nella natura di qc; ⌊**viel ~s**⌋/[**kein ~**] **um etw** (*akk*)⌋/[**aus/von etw** (*dat*)] **machen** *fam* (*einer Sache große/*[*keine große*] *Bedeutung beimessen*), dare/[non dare] molta importanza a qc, dare/[non dare] molto peso a qc; **lass uns bitte kein ~ aus der Angelegenheit machen! Es ist nun einmal passiert!**, non facciamone una tragedia! Quel che è stato è stato!

wesenhaft *geh* **A** *adj* **1** (*das Wesen ausmachend*) {KENNZEICHEN} essenziale, sostanziale, intrinseco **2** (*real existent*) reale **B** *adv* essenzialmente, sostanzialmente, intrinsecamente, nella sostanza/essenza: **~ zu etw** (*dat*) **gehören**, essere parte integrante/essenziale di qc.

Wesenheit <-, -en> f essenza f, sostanza f.

wesenlos *adj geh* **1** (*unwirklich*) irreale **2** (*bedeutungslos*) insignificante, irrilevante.

Wesensart f natura f, carattere m: **Geschwister von völlig verschiedener ~**, fratelli con caratteri completamente diversi; **sie ist von ganz anderer ~ als ihre Freundinnen**, ⌊ha un carattere del tutto differente da quello⌋/[la sua natura è essenzialmente diversa da quella] delle sue amiche.

wesenseigen *adj* <präd> intrinseco, proprio: **jdm/etw ~ sein**, essere proprio di qu/qc.

wesensfremd *adj* <präd>: **jdm/etw ~ sein**, non appartenere a qu, essere estraneo alla natura di qu/qc: **Heuchelei ist ihr völlig ~**, l'ipocrisia è del tutto estranea alla sua natura.

wesensgleich *adj* <präd> con ⌊la stessa natura⌋/[lo stesso carattere]: **sie sind sich ~**, hanno lo stesso carattere.

wesensverwandt *adj* di carattere affine.

Wesensverwandtschaft <-, ohne pl> f affinità f di carattere.

Wesenszug m tratto m caratteristico, caratteristica f.

wesentlich A *adj* **1** (*sehr wichtig*) {BESTANDTEIL, TEIL} essenziale, fondamentale, sostanziale; {FUNKTION, ORGAN} vitale: **die ~n Dinge erledigt haben**, aver sbrigato le cose più importanti; **~e Teile der Einrichtung fehlen noch**, mancano ancora elementi essenziali dell'arredamento **2** (*gewichtig*) {ARGUMENT, BEDINGUNG, PUNKT, VORAUSSETZUNG} essenziale, fondamentale, centrale, principale; {UNTERSCHIED} *auch* sostanziale: **von ~er Bedeutung sein**, essere di capitale importanza; **das Projekt weist noch ~e Mängel auf**, il progetto presenta ancora carenze sostanziali; **es ist doch wohl ein ~er Unterschied, ob ich sage, ...**, c'è una bella differenza se dico ... *fam* **B** *adv* **1** (*erheblich*) in modo essenziale/sostanziale, essenzialmente, fondamentalmente: **~ zu etw** (*dat*) **beitragen**, contribuire essenzialmente/[in modo essenziale] a qc; **sie hat sich nicht ~ verändert**, sostanzialmente/fondamentalmente (lei) non è cambiata molto **2** (*erheblich*) + *kompar* {GRÖSSER, HÖHER, SCHNELLER, SCHÖNER} di gran lunga + *kompar*, molto + *kompar*: **es ist ~ wichtiger, dass ...**, è molto più importante che ... *konjv*; **es wäre mir ~ lieber, wenn ...**, preferirei di gran lunga che ... *konjv*; **mir geht es schon ~ besser**, mi sento già molto meglio.

Wesentliche <dekl wie adj> n <nur sing> essenziale m, sostanziale m: **sich auf das ~ beschränken**, limitarsi all'essenziale; **das ~ hervorheben/erkennen**, sottolineare/riconoscere l'essenziale • **im ~n**, in sostanza, sostanzialmente; **das ist im ~n alles**, sostanzialmente/[in sostanza] è tutto; **um ein ~s** + *kompar geh* notevolmente + *kompar*; **er ist um ein ~s jünger als sie**, è notevolmente più giovane di lei.

Wesfall m → **Genitiv**.

weshalb A *adv* **1** (*in direkten und indirekten Fragesätzen: warum*) perché, per quale ragione/motivo: **~ machst du das?**, perché lo fai?; **ich weiß nicht, ~ sie gekränkt ist**, non so perché/[per quale motivo] (lei) è offesa **2** (*relativisch: warum*) per cui, per il/la quale: **der Grund, ~ ...**, la ragione per cui/[la quale] ... **B** *konj* (*aufgrund dessen*) (*ragion/motivo*) per cui, per il qual motivo: **sie hatten eine heftige Auseinandersetzung, ~ sie mehrere Wochen nicht miteinander sprachen**, avevano avuto un violento diverbio, (ragion/motivo) per cui non si erano parlati per diverse settimane.

Wesir <-s, -e> m visir m.

Wespe <-, -n> f *zoo* vespa f: **von einer ~ gestochen werden**, essere punto da una vespa.

Wespennest n nido m di vespe, vespaio m • **sich mit etw** (*dat*) **ins ~ setzen** *fam*, sollevare/suscitare un vespaio con qc; **in ein ~ stechen**/**greifen**, sollevare/suscitare un vespaio *fam*.

Wespenstich m puntura f di vespa.

Wespentaille f vita f/vitino m di vespa *fam*.

wessen A *interr pron* **1** (*gen von wer*) di chi: **~ Geldbeutel ist das?**, di chi è questo borsellino?; **können Sie mir sagen, ~ Mantel das ist?**, sa dirmi di chi è questo cappotto? **2** (*gen von was*) di che cosa? **~ klagt man dich an?**, di che cosa ⌊sei accusato (-a)⌋/[ti si accusa]? **B** *rel pron* (*gen von wer*): **~ Schuld es ist, (der) soll es gestehen**, colui/colei che è colpevole confessi; **~ auch immer ich angeklagt werde, ...**, di qualunque cosa io sia accusato (-a) ...

Wessi <-s, -s> m *fam*, <-, -s> f *fam* tedesco (-a) m (f) occidentale/[dell'Ovest].

West① <*inv, ohne art*> m *meteo naut* ovest m: **von ~ nach Ost**, da ovest a est; **der Wind** ⌊**weht von**⌋/[**kommt aus**] **~**, il vento soffia da ovest/Ovest.

West② <-s, -s> m *naut* (*~wind*) vento m ⌊da ovest⌋/[di ponente], ponente m.

Westafrika n *geog* Africa f occidentale.

Westalpen *subst* <*nur pl*> *geog* Alpi f pl Occidentali.

Westbank <-, ohne pl> f *geog*: **die ~**, la Cisgiordania.

Westberlin n *bes. hist* Berlino f Ovest.

Westberliner① m (**Westberlinerin** f) *bes. hist* abitante mf di Berlino Ovest.

Westberliner② <inv> *adj* di Berlino Ovest.

westdeutsch *adj* **1** *geog* {FLUSS, SPEZIALITÄT, STADT} della Germania ⌊dell'Ovest⌋/[occidentale] **2** *hist pol* {KANZLER, REGIERUNG, STAATSFORM} tedesco occidentale, della Germania dell'Ovest, della Repubblica Federale Tedesca.

Westdeutsche <dekl wie adj> mf tedesco (-a) m (f) occidentale/[dell'Ovest].

Westdeutschland <-s, ohne pl> n **1** *geog* Germania f occidentale **2** *hist pol* Germania f occidentale/[dell'Ovest], Repubblica f Federale Tedesca.

Weste <-, -n> f **1** (*ärmelloses Kleidungsstück*) gilet m, gilè m, panciotto m **2** (*leichte Strickjacke*) cardigan m **3** (*ärmellose Schutzweste*): **kugelsichere ~**, giubbotto antiproiettile **4** → **Schwimmweste** • **eine weiße/reine/saubere ~ haben** *fam*, avere la coscienza pulita/[a posto], avere le mani pulite; **jdm etw unter die ~ jubeln** *fam* {ZUSÄTZLICHE ARBEIT, ÜBERSTUNDEN}, appioppare qc a qu *fam*, rifilare qc a qu *fam*.

Westen <-s, ohne pl> m **1** (*Himmelsrichtung*) ovest m, occidente m, ponente m, occaso m *lit*: **aus** (**dem**) **~**, da ovest; **Wind aus ~**, vento da ovest; **nach/gen geh ~** {FAHREN, SCHAUEN, SEGELN, SICH WENDEN}, verso ovest/occidente/ponente; **das Zimmer geht nach ~**, la stanza dà verso ovest; **die Sonne geht im ~ unter**, il sole tramonta a occidente/ponente; **von ~**, da(ll')ovest/occidente; **von ~ zieht ein Gewitter auf**, da ovest sta arrivando un temporale **2** (*westlicher Teil von etw*) {+LAND} parte f occidentale/ovest; {+GEBIET} *auch* (zona f) ovest m: **im ~ der Stadt**, nella zona ovest della città; **im ~ Afrikas/Europas**, nell'Africa/Europa occidentale **3** *pol* (*die USA und Westeuropa*): **der ~**, l'Occidente, l'Ovest **4** (*das Abendland*) Occidente m, Ponente m *lit* **5** *hist* (*Bundesrepublik*): **der ~**, la Germania occidentale/[dell'Ovest], la Repubblica Federale Tedesca; **in den ~ gehen** (**wollen**) {BÜRGER DER DDR}, (voler) andare nella Germania occidentale/Ovest **6** *hist* (*westlicher Teil Nordamerikas*): **der ~**, l'ovest, il west • **der Wilde ~**, il far west, il selvaggio west.

Westend <-s, -s> n (*vornehmer Stadtteil einer Stadt, im Westen gelegen*) zona f ovest, parte f occidentale; {+LONDON} West End m.

Westentasche f taschino m del gilet/panciotto • **etw wie seine ~ kennen** *fam*, sich irgendwo wie in seiner ~ auskennen *fam*, conoscere qc come le proprie tasche *fam*.

Westentaschenformat n: **im ~**: **eine Kamera im ~**, una microcamera; **ein Rechner im ~**, un minicalcolatore.

Western <-(s), -> m *film* (film m) western m.

Westerwald <-(e)s, ohne pl> m *geog* Westerwald m.

Westeuropa n *geog* Europa f occidentale/dell'Ovest.

Westeuropäer m (**Westeuropäerin** f) abitante mf dell'Europa occidentale, europeo (-a) m (f) occidentale.

westeuropäisch *adj* dell'Europa occidentale, europeo occidentale • **Westeuropäische Union** *pol* (*Abk* WEU), Unione dell'Europa occidentale (*Abk* UEO); **Westeuropäische Zeit** (*Abk* WEZ), ⌊tempo medio⌋/[ora di Greenwich (**Abk** TMG, GMT).

Westfale <-n, -n> m (**Westfälin** f) (*in Westfalen wohnend*) abitante mf della Vestfalia/Westfalia; (*aus Westfalen stammend*) originario (-a) m (f) della Vestfalia/Westfalia.

Westfalen <-s, ohne pl> n geog Vestfalia f, Westfalia f.

Westfälin f → **Westfale**.

westfälisch adj vestfaliano/westfaliano, della Vestfalia/Westfalia, vestfalico • **der Westfälische Frieden** hist, la pace di Vestfalia/Westfalia.

Westflügel m **1** arch ala f occidentale/ovest **2** mil ala f occidentale/destra.

Westfront f hist fronte m occidentale.

Westgeld n fam hist → **Westmark**.

Westgote m (**Westgotin** f) hist visigoto (-a) m (f).

westgotisch adj visigoto.

Westhang m {+BERG} versante m occidentale/ovest.

Westindien <-s, ohne pl> n geog **1** (*westlicher Teil Indiens*) India f occidentale **2** (*Westindische Inseln*) Indie f pl occidentali.

westindisch adj dell'India occidentale • **die Westindischen Inseln**, le Indie occidentali; **die Westindische Kompanie** hist, la Compagnia olandese delle Indie Occidentali.

Westintegration f **1** pol hist "integrazione della Repubblica Federale Tedesca nel blocco occidentale voluta da Adenauer negli anni '50' **2** pol integrazione f nell'Unione Europea.

Westjordanland <-(e)s, ohne pl> n geog: **das ~**, la Cisgiordania.

Westkontakt m slang hist contatto m con la Germania occidentale.

Westküste f costa f occidentale • **die ~**, la costa occidentale degli USA, la West Coast.

Westlage f esposizione f a ovest/ponente.

Westler <-s, -> m (**Westlerin** f) hist meist pej (*von Bewohnern der DDR gebrauchte Bezeichnung*) tedesco (-a) m (f) occidentale/[dell'Ovest].

westlich A adj <attr> **1** geog occidentale; {GEBIET, LAND} auch dell'ovest; {LANDESTEIL, STADTTEIL} ovest; {LAGE} occidentale: **das ~e Europa**, l'Europa occidentale/[dell'Ovest]; **20 Grad ~er Länge**, 20 gradi di longitudine ovest; **die ~en Nachbarn Deutschlands**, i vicini occidentali della Germania; **im ~en Teil der Stadt**, nella parte occidentale/ovest della città **2** meteo (*aus Westen*) {LUFTMASSEN, STRÖMUNG} proveniente da ovest; {WIND} auch da ovest, di ponente **3** (*nach Westen*): **in ~e)/~er Richtung**, in direzione ovest/occidentale, verso ovest/occidente; **das Schiff ist auf ~em Kurs**, la nave fa rotta verso ovest **4** (*zum politischen Westen gehörend*) {BÜNDNIS, DEMOKRATIEN, PRESSE} occidentale, dell'Ovest **5** (*zum Abendland gehörend*) {KULTUR} dell'Occidente, occidentale B adv a ovest/occidente: **weiter ~ liegen**, trovarsi più a ovest; **~ von etw** (dat) a ovest/occidente di qc C präp + gen {EINES FLUSSES, GEBIRGES, EINER STADT} a ovest/occidente di.

Westmächte subst <nur pl> pol: **die ~**, le potenze occidentali.

Westmark <-, -> f fam hist marco m (in circolazione nella Germania occidentale).

westöstlich A adj <attr> {LUFTSTRÖMUNG, VERLAUF} da ovest a est B adv da ovest a est • **Westöstlicher Diwan** lit (*Werk von J.W. Goethe*), Divano occidentale orientale.

Westpreußen <-s, ohne pl> n geog hist Prussia f occidentale.

westpreußisch adj della Prussia occidentale.

Westpunkt m geog punto m di ponente.

Westrom <-s, ohne pl> n hist impero m romano d'occidente.

weströmisch adj hist: **das Weströmische Reich**, l'impero romano d'occidente.

Westschweiz f geog Svizzera f francese.

Westseite f lato m ovest/occidentale.

Westsektor m hist {BERLIN} settore m occidentale.

Westwall m hist: **der ~**, la linea Sigfrido.

Westwand f {+BERG} parete f ovest; {+GEBÄUDE} auch parete f occidentale.

westwärts adv **1** (*nach Westen*) {DREHEN, WEHEN, SICH WENDEN} verso occidente/ovest; ponente **2** rar (*im Westen*) a occidente/ovest/ponente.

Westwind m meteo (vento m da) ponente m, vento m da ovest.

Westzone f <meist pl> hist zona f occidentale.

weswegen① adv → **warum**.

weswegen② konj → **weshalb**.

Wettannahme, **Wettannahmestelle** f → **Wettbüro**.

Wettbewerb <-(e)s, -e> m **1** (*Veranstaltung*) concorso m, gara f: **ein internationaler ~**, un concorso/una gara internazionale **2** sport gara f, competizione f **3** <nur sing> ökon concorrenza f, competizione f: **freier ~**, libera concorrenza; **harter ~**, concorrenza dura; **unlauterer ~**, concorrenza sleale • **aus einem ~ ausscheiden**, ritirarsi da un concorso/una gara; (*ausgeschieden werden*), essere eliminato da un concorso/una gara; **einen ~ ausschreiben/veranstalten**, ⌊bandire/indire⌋/[organizzare] un concorso/una gara; **einen/[in einem] ~ gewinnen**, vincere un concorso/una gara; **in ~ mit jdm stehen**, essere in competizione con qu; **an einem ~ teilnehmen**, partecipare a un concorso/una gara; **in ~ mit jdm treten**, entrare in concorrenza/competizione con qu; **zu einem ~ zugelassen werden**, essere ammesso a un concorso/una gara.

Wettbewerber <-s, -> m (**Wettbewerberin** f) **1** (*Teilnehmer*) concorrente mf, candidato (-a) m (f) **2** ökon (*Konkurrent*) concorrente mf.

Wettbewerbsabrede f jur patto m di non concorrenza.

Wettbewerbsausschreibung f bando m di concorso/gara.

Wettbewerbsbedingung f <meist pl> **1** condizione f di ammissione/partecipazione ⌊al concorso⌋/[alla gara] **2** <nur pl> ökon leggi f pl della concorrenza.

Wettbewerbsbeschränkung f ökon limitazione f alla concorrenza.

Wettbewerbsdruck m <nur sing> ökon pressione f della/[esercitata dalla] concorrenza.

wettbewerbsfähig adj ökon {BETRIEB, FIRMA, PREIS, PRODUKT} concorrenziale, competitivo.

Wettbewerbsfähigkeit <-, ohne pl> f ökon competitività f, concorrenzialità f.

wettbewerbsfördernd adj ökon {MASSNAHME} che favorisce la concorrenzialità.

Wettbewerbsfreiheit <-, ohne pl> f ökon libertà f di concorrenza.

Wettbewerbshemmnis n ökon ostacolo m alla libera concorrenza.

Wettbewerbsnachteil m ökon svantaggio m concorrenziale.

Wettbewerbsrecht n ökon diritto m della concorrenza.

Wettbewerbsteilnehmer m (**Wettbewerbsteilnehmerin** f) concorrente mf, partecipante mf a un concorso/una gara; sport concorrente mf, partecipante mf a una gara/competizione.

Wettbewerbsverbot n ökon divieto m di concorrenza.

Wettbewerbsverzerrung f ökon distorsione f della concorrenza.

Wettbewerbsvorteil m ökon vantaggio m concorrenziale.

Wettbüro n ricevitoria f (delle scommesse).

Wette <-, -n> f scommessa f • **(mit jdm) eine ~ abschließen/eingehen**, fare una scommessa (con qu); **eine ~ annehmen**, accettare una scommessa; **jede ~ eingehen, dass ...**: **ich gehe jede ~ ein, dass ...**, scommetto qualsiasi cosa che ...; ci scommetto la testa che ..., mi ci gioco qualsiasi cosa che ...; **eine ~ gewinnen**, vincere una scommessa; **was gilt die ~?**, che cosa scommettiamo?; **eine ~ um etw** (akk) **machen** {UM EINE FLASCHE SEKT, ZWANZIG EURO}, scommettere qc; **um die ~ ...**: **um die ~ fahren/laufen/rennen**, fare a gara a chi ⌊arriva prima⌋/[va/corre più forte]; **um die ~ singen/spielen**, fare a gara a chi canta/suona meglio; **um die ~ essen**, fare a gara a chi mangia di più.

Wetteifer <-s, ohne pl> m spirito m ⌊di competizione⌋/[competitivo].

wetteifern itr gareggiare, competere; **mit jdm um etw** (akk) **~** {UM JDS AUFMERKSAMKEIT, GUNST, ZUNEIGUNG, DEN ERSTEN PLATZ} gareggiare con qu per qc, competere con qu per qc, fare a gara con qu per qc.

wetten A itr **1** (*eine Wette um etw machen*) **(mit jdm)** ((**um** etw akk) **~** scommettere (qc) (con qu): **ich wette 100 Euro**, scommetto 100 euro; (**wollen wir**) **~?**, scommettiamo? **2** (*einen Tipp abgeben*) **auf etw** (akk) **~** {AUF EIN PFERD, EINEN PLATZ, SIEG} puntare su qc, fare una puntata su qc, scommettere su qc B tr (*eine Wette machen*) **etw ~** scommettere qc: **was wollen wir ~?**, che cosa scommettiamo?; **ich wette zehn zu eins, dass ...**, scommetto dieci contro a uno che ... • **~, dass?** fam, scommettiamo?; **das schafft er doch nie! - Wetten, dass!**, non ce la farà mai! - Scommettiamo!?; **~, (dass) ...**, scommettere che ...; **ich wette, ⌊dass sie es vergessen hat⌋/[sie hat es vergessen]!**, scommetto/scommettiamo che l'ha dimenticato!; **so haben wir nicht gewettet!** fam, i patti non erano questi!

Wetter① <-s, -> n meteo **1** (*Zustand der Athmosphäre*) tempo m: **beständiges/regnerisches/sonniges/unbeständiges ~**, tempo stabile/piovoso/soleggiato/instabile; **bei diesem ~**, con questo tempo; **bei jedem ~**, con ogni tempo; **bei schönem/schlechtem ~**, col bel/brutto tempo, col tempo buono/[brutto/cattivo]; **das ~ ist schön/schlecht**, il tempo è ⌊bello/buono⌋/[brutto/cattivo]; **es ist schönes/schlechtes ~**, ⌊(c')è⌋/[fa] bel/brutto tempo; **das ~ wird schön**, il tempo si mette al bello; **das ~ wird schlecht**, il tempo si guasta; **morgen soll das ~ wieder schön werden**, sembra che domani il tempo si rimetta; **wenn das ~ es erlaubt, wollen wir draußen feiern**, tempo permettendo, vorremmo festeggiare all'aperto; **wir haben herrliches ~** fam, qui il tempo è bellissimo/meraviglioso; **hoffentlich hält sich das ~!**, speriamo che il tempo regga!; **das ~ schlägt um**, il tempo sta cambiando; **das ~ voraussagen**, fare le previsioni del tempo; **wie ist das ~?**, che tempo fa?, com'è il tempo?; **wie wird das ~ morgen?**, che tempo farà domani?, come sarà il tempo domani? **2** (*Unwetter*) maltempo m, tempaccio m fam; (*Gewitter*) temporale m: **ein ~ zieht herauf**, sta arrivando un temporale; **was für ein ~!**, che tempo(acci)o/[tempo da cani/lupi]! *fam* ● **alle ~!** *fam*, acciderba! *fam*; **um gut(es) ~ bitten** *fam* (*um Verständnis, Wohlwollen bitten*), cercare di farsi perdonare; **ein ~ zum Eierlegen** *fam*, un tempo fantastico; **bei solchem ~ jagt man keinen Hund vor die Tür!**, con un tempo così si sta bene rintanati in casa; **bei jdm gut ~ machen** *fam* (*jdn gnädig stimmen*), cercare di arruffianarsi qu *fam*; ˌ**über das**ˌ/[**vom**] **~ reden**, parlare del tempo.

Wetter[2] *subst* <*nur pl*> *min* aria f ● **schlagende/böse** *rar*/**matte** *rar* **~**, grisou.

Wetter[3] m (**Wetterin** f) scommettitore (-trice) m (f).

Wetteramt n ufficio m meteorologico.

Wetteransage f *radio TV* → **Wetterbericht**.

Wetteraussicht f <*meist pl*> *meteo* previsioni f pl del tempo.

Wetterbeobachtung <-, *ohne pl*> f *wiss* osservazione fˌdel tempoˌ/[meteorologica].

Wetterbeobachtungsstelle f osservatorio m meteorologico.

Wetterbericht m bollettino m meteorologico/meteo, meteo m *fam*.

Wetterbesserung f miglioramento m del tempo.

wetterbeständig *adj* {ANSTRICH, FARBE} resistente alle intemperie.

wetterbestimmend *adj* determinante per il tempo: **~ bleiben/sein** (HOCH, TIEF), ˌrimanere determinante perˌ/[determinare] il tempo.

Wetterchen <-s, *ohne pl*> n *dim von* **Wetter** *fam* bel tempo m: **das ist ja wieder mal ein ~ heute!**, che ˌbel tempoˌ/[tempo fantastico] fa oggi!

Wetterdach n (*über einem Fenster, einer Tür*) tettuccio m.

Wetterdienst m servizio m meteorologico.

Wetterfahne f banderuola f, segnavento m.

wetterfest *adj* {AUSRÜSTUNG, KLEIDUNG} resistente alle intemperie; (*wasserfest*) impermeabile.

Wetterfrosch m **1** *fam* (*Laubfrosch*) raganella f, ila f **2** *scherz* (*Meteorologe*) meteorologo m.

wetterfühlig *adj* sensibile ai cambiamenti del tempo, meteoropatico *med*.

Wetterfühligkeit <-, *ohne pl*> f sensibilità f ai cambiamenti del tempo, meteoropatia f *med*: **an ~ leiden**, soffrire di meteoropatia.

Wetterhahn m galletto m (segnavento).

Wetterhäuschen n *fam* igrometro m a forma di minuscola casetta.

Wetterin f → **Wetter**[3].

Wetterkarte f carta f meteorologica/[del tempo].

Wetterkunde <-, *ohne pl*> f *meteo* meteorologia f.

Wetterlage f *meteo* condizioni f pl meteorologiche/[del tempo], situazione f meteorologica/[del tempo].

wetterleuchten *unpers* lampeggiare: **es wetterleuchtet**, lampeggia.

Wetterleuchten <-s, *ohne pl*> n lampi m pl/bagliori m pl/baleni m pl lontani/[in lontananza].

Wetterloch n *fam* pisciatoio m *fam*.

Wettermeldung f notizia fˌsul tempoˌ/[sulle condizioni meteorologiche].

wettern *itr fam* bestemmiare *fam*: **mein Vater hat fürchterlich gewettert, als ich um vier Uhr nachts nach Hause kam**, mio padre mi ha fatto una terribile scenata quando sono rientrato (-a) alle quattro di notte; **gegen/über jdn/etw ~** {GEGEN DEN STAAT, ÜBER DIE UNORDNUNG, DIE ZEITEN} tuonare *contro qu/qc*, imprecare *contro qu/qc*, inveire *contro qu/qc*.

Wetterprognose f → **Wettervorhersage**.

Wetterprophet m (**Wetterprophetin** f) *fam* **1** (*jd, der das Wetter voraussagen kann*) persona f che sa fare le previsioni del tempo: **mein Onkel ist ein richtiger ~**, mio zio sa sempre in anticipo che tempo farà **2** *scherz* (*Meteorologe*) meteorologo (-a) m (f).

Wettersatellit m satellite m meteorologico.

Wetterscheide f linea f di confine tra due zone meteorologiche; (*Wasserscheide*) spartiacque m, linea f di displuvio.

Wetterschiff n nave f di osservazione meteorologica.

Wetterseite f (*Schlechtwetterseite*) lato m esposto ˌalle intemperieˌ/[al maltempo]; (*Windseite*) lato m esposto al vento.

Wetterstation f stazione f meteorologica, osservatorio m meteorologico.

Wettersturz m *meteo* ˌbrusco abbassamento mˌ/[caduta f improvvisa] della temperatura.

Wetterumschlag m, **Wetterumschwung** m improvviso cambiamento m del tempo.

Wetterverhältnisse *subst* <*nur pl*> condizioni f pl meteorologiche/atmosferiche/[del tempo].

Wetterverschlechterung f peggioramento mˌdel tempoˌ/[delle condizioni meteorologiche].

Wettervoraussage f → **Wettervorhersage**.

Wettervorhersage f *meteo* previsioni f pl del tempo, meteo m *fam*.

Wetterwarte <-, -n> f osservatorio m meteorologico, stazione f meteorologica.

Wetterwechsel m cambiamento m del tempo: **es wird in den nächsten Tagen einen ~ geben**, nei prossimi giorni cambierà il tempo.

wetterwendisch *adj pej* {CHARAKTER, MENSCH} instabile, incostante, volubile; (*launisch*) lunatico: **~ sein**, avere un carattere volubile/instabile.

Wetterwolke f nube f temporalesca.

Wettfahrt f gara f, corsa f: **los, wir machen eine ~ mit dem Rad!**, forza, facciamo a gara a chi va più veloce in bicicletta!

Wettkampf m *meist sport* competizione f (sportiva), gara f.

Wettkämpfer m (**Wettkämpferin** f), **Wettkampfteilnehmer** m (**Wettkampfteilnehmerin** f) concorrente mf, partecipante mf a una gara sportiva.

Wettlauf m (gara f di) corsa f: **einen ~ machen/gewinnen**, fare/vincere una (gara di) corsa ● **ein ~** ˌ**mit der**ˌ/[**gegen die**] **Zeit**, una corsa/lotta contro il tempo; **etw im ~ mit der Zeit tun**, fare una corsa contro il tempo.

Wettläufer m (**Wettläuferin** f) corridore (-trice) m (f), concorrente mf (di una gara di corsa).

wettˌmachen *tr fam* **1** (*ausgleichen*) **etw ~** (*mit etw* dat/*durch etw* akk) **~** {MANGELNDE BEGABUNG DURCH FLEISS, MANGELNDE HÜBSCHHEIT MIT FREUNDLICHKEIT} compensare *qc con qc*, supplire *a qc con qc*, bilanciare *qc con qc* **2** (*aufholen*) **etw ~** {FEHLER, VERLUST, VERSÄUMNIS} riparare *a qc*, porre rimedio *a qc*; {RÜCKSTAND} recuperare *qc* **3** (*sich erkenntlich zeigen*) **etw ~** {GEFALLEN, GEFÄLLIGKEIT} ricambiare *qc*, contraccambiare *qc*.

Wettrennen n **1** *sport* corsa f; (*Autowettrennen*) (gara f di) corsa f automobilistica; **machen wir ein ~?**, facciamo una corsa (per vedere chi arriva primo (-a))? **2** (*Wettstreit*) gara f, competizione f.

Wettrüsten <-s, *ohne pl*> n *mil* corsa f agli armamenti: **atomares ~**, corsa alle armi nucleari.

Wettschwimmen <-s, -> n gara f di nuoto.

Wettspiel n gara f, competizione f.

Wettstreit m gara f, competizione f ● **mit jdm um etw** (akk) **im ~ liegen**, essere in competizione con qu per qc; **sich mit jdm im ~ messen**, misurarsi con qu, entrare in gara con qu, gareggiare con qu, rivaleggiare con qu; **mit jdm in ~ treten**, entrare in competizione/gara con qu.

wettˌstreiten <*irr*> *itr* <*meist inf*> (**mit jdm**) (**um etw**) **~** competere (*con qu*) (*per qc*), gareggiare (*con qu*) (*per qc*).

wetzen[1] *tr* <*sein*> *fam* {MESSER, SCHERE, SCHNEIDE, SENSE} affilare *qc*: **die Katze wetzt ihre Krallen am Baumstamm**, il gatto si affila le unghie al tronco dell'albero.

wetzen[2] *itr* <*sein*> *fam* **irgendwohin ~** {UM DIE ECKE, HIN UND HER} sfrecciare/correre + *compl di luogo*: **er wetzt über die Straße**, attraversa la strada come un fulmine.

Wetzstahl m acciaio m, acciaiolo m.

Wetzstein m cote f, pietra f per affilare.

WEU <-, *ohne pl*> f *pol Abk von* Westeuropäische Union: UEO f (*Abk von* Unione dell'Europa Occidentale).

WEZ <-, *ohne pl*> f *Abk von* Westeuropäische Zeit: TMG m (*Abk von* tempo medio di Greenwich), GMT m.

WG <-, -s *oder rar* -> f *fam Abk von* Wohngemeinschaft: alloggio m in comune: **mit anderen in einer WG leben**, vivere in comune con altri.

Whg. *Abk von* Wohnung: appartamento.

Whirlpool m vasca f per idromassaggio, Jacuzzi® f.

Whiskey, **Whisky** <-s, -s> m whisk(e)y m: **~ pur**, whisk(e)y liscio.

White-Collar-Kriminalität f → **Weiße-Kragen-Kriminalität**.

WHO <-, *ohne pl*> f *Abk von engl* World Health Organization: OMS f (*Abk von* Organizzazione mondiale della sanità).

wich 1. und **3.** *pers sing imperf von* **weichen**.

Wichsbürste f spazzola f da scarpe.

Wichse <-, -n> f **1** *fam* (*Schuhwichse*) lucido m (da scarpe), crema f per lucidare **2** <*nur sing*> *fam* (*Prügel*) botte f pl: **wenn ihr so weitermacht, gibt's ~!**, se continuate così, sono botte!; **~ kriegen**, buscarle *fam*, prenderle *fam* ● (**alles) eine ~!** (*alles ein- und dasselbe!*), sempre la solita solfa!

wichsen A *tr* **1** (*glänzend machen*) **etw ~** {SCHUHE, STIEFEL} lucidare *qc*: **etw blank ~** {FUSSBODEN, SCHUHE, STIEFEL}, lustrare *qc*, tirare a lucido *qc* **2** *fam region* (*prügeln*) **jdn ~** picchiare *qu*, menare *qu fam*: **jdn kräftig ~**, darle di santa ragione a qu B *itr vulg* (*onanieren*) farsi una sega *vulg* ● **jdm eine ~** *fam*, dare/mollare un ceffone a qu.

Wichser <-s, -> m *vulg* **1** (*Onanist*) segaiolo m *vulg* **2** (*Mistkerl*) stronzo m *slang*, testa f di cazzo *vulg*.

Wicht <-(e)s, -e> m **1** *fam* (*klein gewachsener Mensch*) nano m **2** *fam* (*Kind*) marmocchio m **3** *pej* (*männliche Person*): **elender ~**, brutto schifoso; **so ein feiger ~!**, che vigliacco! ● **armer ~**, povero diavolo, poveraccio.

Wichtel <-s, -> m, **Wichtelmännchen** <-s, ->

wichtig adj **1** (*bedeutsam*) {ENTSCHEIDUNG, FUNKTION, GRUND, NEUERUNG, VERÄNDERUNG} importante: **für jdn/etw ~ sein**, essere importante per qu/qc; **jdm ~ sein**, essere importante per qu/qc; **es ist (mir/[für mich]) ~, dass ...**, è importante (per me) che ... *konjv*: **es wäre mir ~ zu erfahren/wissen, ob ...**, sarebbe molto importante per me ⌞venire a sapere⌟/[sapere] se ...; **es ist ~, etw zu tun**, è importante fare qc; **etwas sehr Wichtiges**, una cosa molto importante; **das ist jetzt nicht so ~**, non è così importante al momento; **das Wichtigste ist, eine Entscheidung zu treffen**, la cosa più importante è prendere una decisione **2** *iron* (*Wichtigkeit vorschützend*): **eine ~e Miene aufsetzen**, darsi arie d'importanza; **mit ~er Miene**, con l'aria di chi si sente importante • (**das ist**) **nur halb so ~** *fam*, (questo) non è poi tanto importante; **etw zu ~ nehmen**, dare ⌞importanza⌟/[troppo peso] a qc; **sich zu ~ nehmen** *fam*, prendersi troppo sul serio; **Wichtigeres zu *tun* haben, als ...**, avere cose ben più importanti da fare che ...; **nichts Wichtigeres zu *tun* haben, als ...**, non avere niente di meglio da fare che ...; **sich (dat) ~ vorkommen**, credersi importante, darsi importanza.

Wichtigkeit <-, *ohne pl*> f importanza f • **etw (dat) eine gewisse ~ beimessen/beilegen**, attribuire una certa importanza a qc; **von größter/höchster ~ (für jdn) sein**, essere ⌞della massima importanza⌟/[molto importante]/[importantissimo] (per qu).

wichtig|machen rfl sich (*mit etw* dat) ~ darsi ⌞delle arie⌟/[importanza] (con qc), farsi bello (-a) (con qc).

Wichtigmacher m (**Wichtigmacherin** f) A *fam pej*, **Wichtigtuer** <-s, -> m (**Wichtigtuerin** f) *fam pej* pallone m gonfiato *fam*, persona f che si dà ⌞delle arie⌟/[molta importanza]: **ein ~ sein**, darsi ⌞delle arie⌟/[molta importanza].

wichtigtuend adj → **wichtigtuerisch**.

Wichtigtuerei <-, *ohne pl*> f *fam pej* boria f, arie f pl: **mit seiner ~ geht er einem ganz schön auf den Keks** *fam*, con le sue arie d'importanza dà proprio ai nervi *fam*.

wichtigtuerisch adj *fam pej* {PERSON} che ⌞si dà delle arie⌟/[fa il grosso *fam*]/[si dà molta importanza].

wichtig|tun <irr> rfl → **wichtig|machen**.

Wicke <-, -n> f *bot* veccia f; (*Gartenwicke*) pisello m odoroso.

Wickel <-s, -> m **1** *med* impacco m: **jdm einen (kalten) ~ machen/anlegen**, fare/applicare un impacco freddo a qu **2** (*etw Gewickeltes*) rotolo m: **ein ~ Wolle**, un gomitolo di lana **3** (*Gegenstand, auf den etw gewickelt wird*) rocchetto m **4** (*Lockenwickel*) bigodino m • **jdn am/beim ~ haben/nehmen** *fam*, tirare le orecchie a qu, fare ⌞un cicchetto⌟/[una lavata di testa] a qu; **etw am/beim ~ haben/nehmen** *fam* (*etw aufgreifen und ausführlich behandeln*), essere alle prese con qc; **jdn am/beim ~ packen/kriegen** *fam*, prendere qu per la collottola.

Wickelkind n bambino m in fasce, neonato m.

Wickelkleid n (vestito m) incrociato m.

Wickelkommode f fasciatoio m.

wickeln A tr **1** (*auf-*) **etw (auf/um etw** akk) **~** {BAND, SCHNUR AUF EINE ROLLE} avvolgere qc ⌞su [attorno a] qc⌟; {GARN AUF EINE ROLLE} avvolgere qc su qc; {DRAHT AUF EINE SPULE} *auch* bobinare qc su qc: **die Binden müssen gewickelt werden**, le fasce vanno avvolte/arrotolate; **Wolle zu einem Knäuel ~**, aggomitolare la lana **2** (*auf Wickler drehen*): **die Haare ~**, mettersi i bigodini **3** (*verbinden*) **etw ~** {ARM, BEIN} fasciare qc, bendare qc **4** (*einem Säugling eine Windel anlegen*) **jdn ~** mettere il pannolino *a qu*: **hast du das Baby schon gewickelt?**, hai già cambiato il (pannolino al) piccolo? **5** (*ein-*) **jdn in etw** (akk) **~** {BABY, KRANKEN IN EINE DECKE} avvolgere qu in qc, avviluppare qu in qc; **etw in etw** (akk) **~** {GESCHENK, ZERBRECHLICHES IN PAPIER} avvolgere qc in qc: **die Porzellantassen in Papier ~**, incartare le tazze di porcellana **6** (*aus-*) **jdn aus etw** (dat) **~** {BABY, KRANKEN AUS DER DECKE} togliere qc *a qu*, levare qc *a qu*; **etw aus etw** (dat) **~** togliere qc da qc, levare qc da qc: **ein Geschenk aus dem Papier ~**, scartare un regalo; **etw von etw** (dat) **~** {TAU VON PFLOCK} sciogliere qc da qc; {Draht/Schnur von der Rolle ~}, svolgere il filo/la cordicella B rfl **1** (*sich einhüllen*) **sich in etw** (akk) **~** {IN EINE DECKE, EIN UMSCHLAGTUCH} avvolgersi in qc, avvilupparsi in qc; **sich (dat) etw um etw** (akk) **~** {SCHAL, TUCH UM DEN HALS} mettersi (*a attorno*) *a qc*, avvolgersi (*a attorno*) *a qc* **2** (*sich um etw schlingen*) **sich um etw** (akk) **~** {LEINE, SCHNUR UM DIE BEINE, DEN KÖRPER, DAS RAD} avvilupparsi intorno a qc, attorcigliarsi intorno a qc • **falsch gewickelt sein** *fam*, sbagliarsi di grosso *fam*.

Wickelraum m (*in Autobahnraststatt, Kaufhaus*) locale m dove si cambiano i neonati.

Wickelrock m gonna f a portafoglio.

Wickeltisch m → **Wickelkommode**.

Wickler <-s, -> m **1** → **Lockenwickel** **2** *zoo* tortrice m.

Widder <-s, -> m **1** *zoo* montone m **2** <*nur sing*> *astr* Ariete m **3** (*jd, der im Zeichen des Widders geboren ist*) (segno m dell')Ariete m: **er/sie ist (ein) ~**, è (un/dell')Ariete.

wider präp + akk *geh* ~ **etw** contro qc: **~ Erwarten**, contro ogni aspettativa; **~ das Gesetz handeln**, agire contro la legge; **~ seine Überzeugungen handeln**, agire contro le proprie convinzioni; **~ ihren/seinen Willen**, contro la sua volontà, suo malgrado • **das Für und (das) Wider**, il pro e il contro.

widerborstig adj **1** (*schwer zu glätten*) {FELL, HAAR(BÜSCHEL)} ribelle **2** (*widerspenstig*) {KIND, PERSON} ribelle, riottoso, ricalcitrante: **sich ~ zeigen**, mostrarsi ricalcitrante.

Widerborstigkeit <-, *ohne pl*> f carattere m/indole f ribelle.

widerfahren <*irr, ohne ge*> *itr* <*sein*> *geh* **jdm ~** {LEID, UNGLÜCK, UNHEIL} accadere *a qu*, capitare *a qu*: **mir ist etwas Seltsames ~**, mi è accaduta/successa una cosa strana, mi è capitato qc di strano; **jdm Gerechtigkeit ~ lassen**, rendere giustizia a qu.

widergesetzlich adj *geh* {VERHALTEN} contrario alla legge.

Widerhaken m uncino m.

Widerhall m *geh* **1** (*Echo*) eco f *oder rar* m, risonanza f **2** *fig* (*Resonanz*) risonanza f, eco f *oder rar* m: **(bei jdm) (keinen) ~ finden**, (non) avere/suscitare risonanza (presso qu), (non) trovare (alcuna) eco (presso qu); **die Inszenierung fand keinen besonderen ~ beim Publikum**, la messa in scena non suscitò particolare risonanza presso il pubblico.

wider|hallen *itr* **1** (*zurückschallen*) {RUF, SCHUSS, STIMME} risuonare, (ri)echeggiare, riverberare: **die Explosion hallte von den Bergwänden wider**, l'esplosione fu rimandata dalle pareti della montagna **2** (*von etw erfüllt sein*) **von etw** (dat) ~ {HOF, RAUM VON GELÄCHTER, GESCHREI} echeggiare *di qc*: **der Saal hallte vom Stimmengewirr wider**, la sala echeggiava del brusìo di voci.

Widerhandlung <-, -en> f CH → **Zuwiderhandlung**.

Widerlager n *bau* spalla f, piediritto m.

widerlegbar adj {ANSICHT, ARGUMENTATION, BEHAUPTUNG} confutabile: **nicht ~**, inconfutabile; **etw ist (nicht) leicht ~**, qc (non) è ⌞facile da confutare/demolire⌟/[facilmente confutabile].

widerlegen <*ohne ge*> A tr **jdn ~** confutare *qu*; **etw ~** {ANSICHT, BEHAUPTUNG, THEORIE} confutare qc, controbattere qc: **es war ganz einfach, ihn zu ~**, è stato molto semplice confutarlo; **sich leicht ~ lassen**, essere facilmente confutabile B rfl **sich (selbst) ~** contraddirsi, smentirsi.

Widerlegung <-, -en> f **1** <*nur sing*> (*das Widerlegen*) confutazione f **2** (*widerlegender Text*) smentita f.

widerlich *pej* A adj **1** (*sehr unsympathisch*) {INDIVIDUUM, MENSCH} ripugnante, disgustoso, nauseante, schifoso *fam* **2** (*Ekel erregend*) {ANBLICK, GESCHMACK} disgustoso, ripugnante; {GESTANK} *auch* stomachevole: **Innereien sind mir richtig ~**, le frattaglie mi ⌞disgustano veramente⌟/[fanno veramente schifo *fam*] **3** (*äußerst unangenehm*) {GEFÜHL, ZUSTAND} odioso, spiacevolissimo B adv **1** (*überaus*) {FEUCHT, HEIß, KLEBRIG, SÜß} disgustosamente, schifosamente *fam*: **es war ~ schwül diesen Sommer**, c'è stata un'afa schifosa quest'estate **2** (*unangenehm*): **das schmeckt ~**, ha un sapore stomachevole/disgustoso/schifoso *fam*.

Widerlichkeit <-, -en> f *pej* **1** <*nur sing*> (*das Widerlichsein*) ripugnanza f, ribrezzo m **2** (*etw Widerliches*) cosa f disgustosa/ripugnante/ rivoltante/ stomachevole/ schifosa *fam*; (*widerliche Tat*) azione f ripugnante.

Widerling <-s, -e> m *fam pej* tipo m schifoso *fam*: **das ist ein richtiger ~**, quel tipo mi fa proprio schifo.

widernatürlich adj *pej* {BEZIEHUNG, VERHALTEN} contro natura, perverso.

widerrechtlich A adj abusivo, illecito, illegale; {ANEIGNUNG} indebito: **die ~e Nutzung einer S.** (gen)/**von etw** (dat), l'uso abusivo di qc B adv illegalmente, in modo illecito, abusivamente: **sich (dat) etw ~ aneignen**, appropriarsi indebitamente di qc, usurpare qc; **~ geparkte Fahrzeuge werden abgeschleppt!**, i veicoli in divieto di sosta verranno rimossi!

Widerrede f obiezione f, replica f: **keine ~ dulden**, non ammettere obiezioni/repliche; **etw ohne ~ tun**, fare qc senza obiettare • **keine/ohne ~!**, senza discussioni!

Widerruf <-(e)s, -e> m **1** *jur* {+TESTAMENT, VERTRAG, VERWALTUNGSAKT} revoca f **2** (*Zurücknahme*) {+AUSSAGE, BEHAUPTUNG} ritrattazione f, smentita f: **(öffentlich) ~ leisten**, dare una smentita (pubblica) • **bis auf ~ (gestattet)**, (consentito) salvo revoca.

widerrufen <*irr, ohne ge*> A tr **etw ~ 1** *jur* {TESTAMENT, VERTRAG, VERWALTUNGSAKT} revocare qc **2** (*öffentlich zurücknehmen*) {NACHRICHT} ritrattare qc; {BEHAUPTUNG, GESTÄNDNIS} *auch* smentire qc B *itr* (*öffentlich zurücknehmen*) {ANGEKLAGTER, ZEUGE} ritrattare.

widerruflich A adj revocabile: **~ sein**, essere revocabile B adv {GENEHMIGEN, GESTATTEN} salvo revoca, riservandosi la facoltà di revoca.

Widerrufsklausel f *com jur* clausola f di revoca.

Widerrufsvorbehalt m *jur* riserva f di revoca.

Widersacher <-s, -> m (**Widersacherin** f)

geh antagonista mf, avversario (-a) m (f): **ein persönlicher/politischer ~**, un avversario/rivale personale/politico.

Widerschein <-(e)s, -e> m riflesso m, riverbero m.

widersetzen <ohne ge-> rfl **1** (*Widerstand leisten*) **sich jdm ~** opporsi *a qu*, ribellarsi *a qu*: **sich jdm offen ~**, ribellarsi apertamente a qu **2** (*sich gegen etw sträuben*) **sich etw** (dat) **~** {EINER ANORDNUNG, MASSNAHME} opporsi *a qc*: **sich einem Wunsch nicht ~ können**, non potersi opporre a un desiderio.

widersetzlich adj **1** (*sich widersetzend*) {KIND} ribelle; {PERSON} *auch* recalcitrante, renitente; {SOLDAT, UNTERGEBENE} insubordinato: **sich ~ zeigen**, mostrarsi ribelle/renitente; *mil* mostrarsi insubordinato (-a); {KIND, SCHÜLER} *auch* mostrarsi indocile **2** (*Widersetzlichkeit ausdrückend*) riluttante: **mit ~er Miene**, con aria riluttante; **mit ~em Ton**, con riluttanza/[tono riluttante].

Widersinn <-(e)s, ohne pl> m *geh* controsenso m, assurdità f.

widersinnig adj {BEHAUPTUNG, PLAN} assurdo, paradossale, insensato: **das ist doch ~!**, ma è un controsenso!

widerspenstig adj **1** (*sich widersetzend*) {HERANWACHSENDE, KIND} recalcitrante, riottoso, ribelle, ritroso, indocile; {MITARBEITER} insubordinato; {PFERD} recalcitrante, riottoso, indocile **2** (*widerborstig*) {HAARE} ribelle • **Der Widerspenstigen Zähmung** *lit* (*Werk von Shakespeare*), La bisbetica domata.

Widerspenstigkeit <-, ohne pl> f **1** <nur sing> (*widerspenstige Art*) {+MITARBEITER, UNTERGEBENE} riottosità f, ritrosia f; {+KIND, JUGENDLICHER} *auch* indocilità f: **er ist von einer unglaublichen ~**, ha un carattere incredibilmente ribelle **2** (*widerspenstige Handlung*) insubordinazione f.

wider|spiegeln Ⓐ tr **1** (*reflektieren*) **etw ~** {WASSER BÄUME, LICHTER} riflettere *qc*, rispecchiare *qc* **2** (*ausdrücken*) **etw ~** {GESICHT, MIENE GEDANKEN, GEFÜHLE} {BESCHREIBUNG, ROMAN EPOCHE, VERHÄLTNISSE} riflettere *qc*, rispecchiare *qc* Ⓑ rfl **1** (*als Spiegelbild erscheinen*) **sich ~** {BÄUME, FIGUREN, GESICHT IN DEN SCHAUFENSTERN, AUF DER SEEOBERFLÄCHE, IM WASSER} riflettersi/rispecchiarsi + *compl di luogo* **2** (*erkennbar werden*) **sich in etw** (dat) **~** {STIMMUNG IN EINEM BILD, GEMÄLDE} {SITTEN, VERHÄLTNISSE IN EINEM ROMAN} rispecchiarsi *in qc*, riflettersi *in qc*.

widersprechen <irr, ohne ge-> Ⓐ itr **1** (*eine entgegengesetzte Meinung vertreten*) **jdm/etw ~** contraddire *qu/qc*: **jdm heftig/energisch/höflich ~**, contraddire qu ˌcon veemenza,ˌ/[energicamente]/[garbatamente]; **da muss ich Ihnen leider ~!**, mi dispiace, maˌdevo contraddirLaˌ/[non sono d'accordo con Lei]! **2** (*nicht zustimmen*) **etw** (dat) **~** opporsi *a qc*: **die Gewerkschaften haben dem Vorschlag der Regierung widersprochen**, i sindacati si sono opposti alla proposta del governo **3** (*nicht übereinstimmen*) **etw** (dat) **~** {AUSSAGE, BEHAUPTUNG DEN FAKTEN, DEM HERGANG; ENTWICKLUNG, ERGEBNIS ERFAHRUNGEN} essere in contraddizione/contrasto/opposizione *con qc*, contraddire (*a*) *qc*: **das widerspricht meinen Grundsätzen**, ciòˌcontraddice aiˌ/[è/va contro i] miei principi Ⓑ rfl (*nicht übereinstimmen*) **sich** (dat) **~ in etw** (dat) **~** {ZEUGE IN SEINEN AUSSAGEN, AUSSAGEN IN MEHREREN PUNKTEN} essere contraddittorio (*in qc*): **sich ~ de Nachrichten/Ergebnisse**, ˌnotizie contraddittorieˌ/[risultati contraddittori].

Widerspruch <-(e)s, -sprüche> m **1** <nur sing> (*Widerrede*) obiezione f, protesta f: **keinen/[nicht den geringsten] ~ dulden**, non ammettere alcuna/[la minima] obiezione; **es erhob sich allgemeiner ~**, si sollevò la protesta generale; **auf ~/jds ~ stoßen**, incontrare opposizione/[l'opposizione di qu] **2** (*fehlende Übereinstimmung*) contraddizione f: **das ist ein eindeutiger ~**, è una contraddizione/un controsenso palese **3** *jur* (*Rechtsmittel gegen Verwaltungsakt*) ricorso m (amministrativo) • (**gegen etw** akk) **~ einlegen** *jur*, presentare un ricorso (contro qc); **in ~ zu jdm/etw geraten**, entrare in contraddizione con qu/qc; **etw ohne jeden ~ hinnehmen**, accettare qc senza obiezioni/[alcuna protesta]; **der ~ liegt darin, dass ...**, la contraddizione sta nel fatto che ...; **zum ~ reizen**, suscitare obiezioni/proteste; **ein ~ in sich sein**, essere una contraddizione in termini; **im/in ~ zu/mit etw** (dat) **stehen/sein**, essere in contrasto con qc, essere in ˌcontraddizione conˌ/[opposizione a] qc; **in krassem ~ zu/mit etw** (dat) **stehen**, essere in ˌstridente contrastoˌ/[netta contraddizione] con qc; **im ~ zu seinen Überzeugungen handeln**, agire ˌin contrasto conˌ/[contro] le proprie convinzioni; **sich in Widersprüche verwickeln**, cadere in contraddizione.

widersprüchlich Ⓐ adj **1** (*sich widersprechend*) {AUSSAGEN, BERICHTE, MELDUNGEN} contraddittorio, pieno di contraddizioni **2** (*inkongruent*) {FORMULIERUNG, MEINUNG, URTEIL} contraddittorio, incongruente, incoerente; {VERHALTEN} *auch* ambiguo Ⓑ adv in modo contraddittorio, contraddittoriamente: **etw ist ~ formuliert**, qc è formulato in modo contraddittorio/incongruente; **sich ~ verhalten**, avere un comportamento contraddittorio/ambiguo.

Widersprüchlichkeit <-, -en> f **1** <nur sing> (*das Widersprüchlichsein*) {+AUSSAGEN, BERICHTE, MELDUNGEN} contraddittorietà f; {+FORMULIERUNG, URTEIL, VERHALTEN} *auch* incoerenza f, incongruenza f **2** (*etw Widersprüchliches*) contraddizione f.

widerspruchsfrei Ⓐ adj privo di contraddizioni, coerente, conseguente Ⓑ adv in modo conseguente, senza contraddizioni.

Widerspruchsgeist <-(e)s, -er> m **1** <nur sing> (*Neigung zu widersprechen*) spirito m di contraddizione **2** (*Person*) bastian contrario m *fam*.

widerspruchslos Ⓐ adj {HINNAHME, ZUSTIMMUNG} senza obiezioni/discussioni Ⓑ adv {AKZEPTIEREN, BEFOLGEN, GEHORCHEN, HINNEHMEN} senza obiezioni/fiatare *fam*/discutere.

widerspruchsvoll adj pieno/ricco di contraddizioni, contraddittorio.

Widerstand <-(e)s, Widerstände> m **1** <nur sing> (*das Sichwidersetzen*) **~** (**gegen jdn/etw**) resistenza f (*a qu/qc*): **bewaffneter/tapferer/verzweifelter/zäher ~**, resistenza armata/ coraggiosa/ disperata/ tenace **2** (*Hindernis*) resistenza f: **sie schaffte es trotz aller Widerstände**, ce l'ha fatta nonostante tutta la resistenza che ha incontrato **3** <nur sing> *pol* (*~sbewegung*): **der ~**, la Resistenza **4** <nur sing> *mech* (*entgegenwirkende Kraft*) resistenza f: **gegen den ~ einer S.** (gen) **ankämpfen** {+SOG, STRÖMUNG, WIND}, lottare contro la forza di qc **5** <nur sing> *el* resistenza f: **elektrischer/magnetischer ~**, resistenza elettrica/magnetica • **aktiver/passiver ~**, resistenza attiva/passiva; **dem ~ angehören, im ~ sein**, ˌessere nellaˌ/[far parte della] Resistenza; **den ~ aufgeben**, arrendersi; **nach einmonatiger Belagerung gab die Stadt ihren ~ auf**, dopo un mese di assedio la città si arrese; **beim geringsten ~ aufgeben**, gettare la spugna alla minima difficoltà; **zum ~ aufrufen**, incitare alla resistenza; **zum bewaffneten ~ aufrufen**, incitare alla resistenza armata; **bewaffneter ~**, resistenza armata; **jds ~ brechen/überwinden**, spezzare/vincere la resistenza di qu; (**jdm**) **~ leisten**, opporre resistenza (a qu); **ohne ~** (**zu leisten**), senza opporre resistenza; **den ~ organisieren** *pol*, organizzare la resistenza; **~ gegen die Staatsgewalt** *jur*, resistenza a pubblico ufficiale; **jd stößt bei jdm** (**mit etw** dat) **auf ~**, qu incontra la resistenza di qu (in qc).

Widerständler <-s, -> m (**Widerständlerin** f) → **Widerstandskämpfer**.

Widerstandsbewegung f *pol* (movimento m di) resistenza f.

widerstandsfähig adj **1** (*solide*) {STOFF} resistente, robusto; {MATERIAL} *auch* solido **2** (*stark*) {KONSTITUTION} robusto, resistente; {KÖRPER} *auch* solido: (**gegen etw** akk) **~ sein** {GEGEN ANSTECKUNGEN, KRANKHEITEN}, essere resistente (a qc); **gegen Antibiotika ~e Bakterien**, batteri resistenti/[che resistono] agli antibiotici.

Widerstandsfähigkeit <-, ohne pl> f **1** (*Solidität*) {+STOFF} resistenza f, robustezza f; {+MATERIAL} *auch* solidità f **2** (*Robustheit*) {+KONSTITUTION, MENSCH} resistenza f, robustezza f; {+KÖRPER} *auch* solidità f.

Widerstandskämpfer m (**Widerstandskämpferin** f) *pol* combattente mf nella/della resistenza; (*in Bezug auf den Zweiten Weltkrieg*) *auch* partigiano (-a) m (f), membro m della Resistenza, resistente mf.

Widerstandskraft <-, ohne pl> f **~** (**gegen etw** akk) {GEGEN ANSTECKUNGEN, KRANKHEITEN} resistenza f *a qc*.

widerstandslos adv **1** (*ohne Widerstand zu leisten*) {SICH ERGEBEN, SICH FESTNEHMEN LASSEN} senza opporre/fare resistenza **2** (*ohne auf Widerstand zu stoßen*) {ETW DURCHSETZEN KÖNNEN} senza incontrare resistenza; {EROBERN, EINNEHMEN} senza incontrare resistenza.

Widerstandsmesser <-s, -> m *el* ohmmetro m.

widerstehen <irr, ohne ge-> Ⓐ itr **1** (*sich erfolgreich wehren*) **jdm/etw ~** {DEN ANGREIFERN, EINER BELAGERUNG, DEM FEIND, DEN FEINDLICHEN TRUPPEN} resistere *a qu/qc* **2** (*aushalten*) **etw** (dat) **~** {MATERIAL starker BEANSPRUCHUNG, STARKER BELASTUNG, HOHER TEMPERATUR} resistere *a qc*, essere resistente *a qc* **3** (*nicht nachgeben*) **jdm/etw ~** {EINEM CHARMEUR, JDS CHARME, KORRUPTIONSVERSUCH, EINEM VERLANGEN} resistere *a qu/qc*: **der Versuchung nicht ~ können**, non poter resistere alla tentazione **4** (*Abneigung erregen*) **jdm ~** {GERUCH, SPEISE} nauseare *qu*, disgustare *qu*, rivoltare lo stomaco *a qu*: **das Fett am Fleisch widersteht mir**, il grasso della carne mi rivolta lo stomaco Ⓑ unpers (*Abneigung erregen*): **es widersteht jdm, etw zu tun**, a qu ripugna/[è odioso *geh*] fare qc; **es widersteht ihm, nicht die Wahrheit zu sagen**, gli ripugna non dire la verità • **bei etw** (dat) **nicht ~ können** {BEI SÜSSEM, GUTEM WEIN}, non poter resistere davanti a qc, gettare le armi davanti a qc; **bei Sachertorte kann er einfach nicht ~**, davanti alla Sachertorte ˌgetta le armiˌ/[si arrende].

widerstreben <ohne ge-> itr **1** (*zuwider sein*) **jdm ~** ripugnare *a qu*: **ein solches Verhalten widerstrebt ihm**, un simile comportamento gli ripugna; **es widerstrebt jdm, etw zu tun** {JDN HINZUHALTEN, ZU LÜGEN}, a qu ripugna fare qc; **es widerstrebt ihr, Verpflichtungen einzugehen**, è riluttante ad assumersi degli impegni **2** *geh* (*sich widersetzen*) **etw** (dat) **~** {JDS ANORDNUNG,

WUNSCH} opporsi *a qc*.
Widerstreben <-*s, ohne pl*> n riluttanza f, ripugnanza f: **etw mit ~ tun**, fare qc con riluttanza/ripugnanza; **etw nach anfänglichem ~ tun**, fare qc dopo un'iniziale riluttanza/ripugnanza.
widerstrebend **A** adj {ANTWORT, ZUSAGE} riluttante: **mit ~en Gefühlen**, con riluttanza **B** adv {ANNEHMEN, ANTWORTEN, MITKOMMEN} con riluttanza, controvoglia.
Widerstreit <-(*e*)*s, ohne pl*> m *geh* {+INTERESSEN} conflitto m; {+MEINUNGEN} contrasto m: **im ~ zu etw** (dat) **stehen**, essere in contrasto con qc; **seine Liebe zur Familie steht im ~ zu seinem Bedürfnis nach Freiheit**, il suo amore per la famiglia è in contrasto con il suo bisogno di libertà; **ein ~ zwischen etw** (dat) **und etw** (dat), un conflitto/contrasto tra qc e qc; **im ~ zwischen Pflichtgefühl und Neigung sein**, essere in conflitto tra il senso del dovere e le proprie inclinazioni.
widerstreitend adj {EMPFINDUNGEN, GEFÜHLE} contrastante.
widerwärtig **A** adj **1** (*eklig*) {GERUCH, GESCHMACK, MENSCH} ripugnante, repellente, disgustoso, rivoltante: **etw ist jdm ~** {JDS BENEHMEN}, qc ripugna a qu; **er ist mir richtig ~**, lo trovo un essere davvero ripugnante; **~ aussehen**, avere un aspetto ripugnante **2** (*hinderlich*) {UMSTÄNDE} avverso **B** adv {SICH VERHALTEN} in modo odioso *fam*/ripugnante: **~ stinken**, puzzare in modo nauseabondo; **das schmeckt ja ~!**, ha un sapore rivoltante/disgustoso!
Widerwärtigkeit <-, -*en*> f **1** (*nur sing*) (*das Widerwärtigsein*) {+GERUCH, GESCHMACK} natura f ripugnante/repellente **2** (*etw Widerwärtiges*) cosa f ripugnante/repellente/disgustosa **3** (*widerwärtige Tat*) azione f odiosa **4** (*Hindernis*) avversità f.
Widerwille <-*ns, ohne pl*>, **Widerwillen** *rar* <-*s, ohne pl*> m **1** (*Ekel*) ripugnanza f (profonda), repulsione f, disgusto m **2** (*Abneigung*) avversione f, (forte) antipatia f ● **jdn mit ~n betrachten**, guardare qu con disgusto; **~n gegen etw** (akk) **empfinden** {GEGEN EINEN BESTIMMTEN ANBLICK, EIN GERICHT}, provare ripugnanza/ripulsione/disgusto per qc; **~n gegen jdn hegen/haben**, nutrire/avere una profonda avversione nei confronti di qu; **mit ~n** {ERZÄHLEN, ESSEN, SEINE HAUSAUFGABEN MACHEN, MITGEHEN}, controvoglia; **nur mit ~n an etw** (dat) **teilnehmen**, essere restio a prendere parte a qc; **etw nur mit ~n tun können**, fare qc controvoglia/[obtorto collo *geh*].
widerwillig **A** adj **1** (*widerstrebend*) {ENTSCHULDIGUNG, ZUGESTÄNDNIS} fatto con riluttanza **2** (*Unmut ausdrückend*) {ANTWORT} seccato; {GESTE} di fastidio **B** adv **1** (*widerstrebend*) {MITMACHEN, TEILNEHMEN} con riluttanza: **etw nur ~ zugeben**, essere restio ad ammettere qc **2** (*mit Unmut*) {ETW AUSFÜHREN, BEFOLGEN, GEHORCHEN} controvoglia, di malavoglia, obtorto collo *geh*: **~ antworten**, dare una risposta seccata, rispondere in tono seccato/infastidito.
Widerwort <-(*e*)*s, -e*> n {*meist pl*} obiezione f, replica f: **jdm ~e geben**, contraddire qu; **ich dulde keine ~e!**, non ammetto repliche!; **keine ~e!**, niente obiezioni!; **ohne ~ e**, senza ribattere/replicare; **das Kind gehorchte ohne ~e**, il bambino obbedì senza fiatare.
widmen **A** tr **1** (*zueignen*) **jdm etw ~** {BILD, LIED, OPER, ROMAN, WERK} dedicare *qc a qu* **2** (*ausschließlich verwenden*) **jdm/etw etw ~** {SEINE KRAFT, SEIN LEBEN DEM BERUF, DER FAMILIE, FORSCHUNG} dedicare *qc a qu/qc*, consacrare *qc a qu/qc*; {SEIN LEBEN DER KUNST, DEN MITMENSCHEN} votare *a qu/qc*:

jdm/etw (nicht) die genügende Aufmerksamkeit ~, (non) dedicare a qu/qc l'attenzione necessaria; **die Wochenenden ~ sie ihren Hobbys**, i fine settimana li dedicano ai loro hobby **B** rfl (*sich intensiv beschäftigen*) **sich jdm/etw** (dat) **~** {EINEM FREUND, DEN KINDERN} dedicarsi *a qu/qc*; {DEM STUDIUM} *auch* applicarsi *a qc*, consacrarsi *a qc*: **sich ganz der Musik ~**, votarsi/consacrarsi totalmente alla musica.
Widmung <-, -*en*> f **1** (*persönliche Worte*) **~** (**an jdn**) dedica f (*a qu*): **jdm eine ~ ins Buch schreiben**, scrivere a qu una dedica in/su un libro; **eine persönliche ~**, una dedica personale **2** (*Zueignung*) **~ einer S.** (gen) **an jdn** {EINES (KUNST)WERKES, EINER SYMPHONIE} dedica f *di qc a qu* **3** (*Schenkung*) donazione f.
widrig adj **1** (*behindernd*) {KLIMA} sfavorevole; {WINDE} *auch* contrario **2** (*ungünstig*) {BEDINGUNGEN, UMSTÄNDE} avverso, sfavorevole; {GESCHICK} *auch* contrario.
widrigenfalls adv *adm* in caso contrario.
Widrigkeit <-, -*en*> f contrarietà f, avversità f: **mit ~en zu kämpfen haben**, avere da/[dover] combattere contro le avversità.
wie **A** adv **1** (*interrogativ: auf welche Art und Weise*) come, in quale maniera, in che modo: **wie funktioniert der Apparat?**, come/[in che modo] funziona l'apparecchio?; **ich verstehe nicht, wie das passieren konnte**, non capisco come sia potuto succedere; **wie soll ich das wissen?**, come faccio (io) a saperlo?, cosa vuoi che ne sappia?; **wie meinst du das?**, cosa intendi (dire)/[vuoi dire]?; **wie kommt es, dass ...?**, com'è che ...?, come mai ...?; **wie soll man da nicht grinsen?!**, come si fa a non sogghignare?! **2** (*interrogativ: nach Eigenschaften oder Umständen fragend*) come?: **wie heißen Sie?**, come si chiama (Lei)?; **wie war euer Urlaub?**, come sono andate le (vostre) vacanze?; **er möchte gerne wissen, wie es ihr geht**, vorrebbe sapere come sta (lei); **wie gefällt dir mein neuer Mantel?**, ti piace il mio nuovo cappotto?; **wie gefällt es dir hier?**, come ti trovi qui?; **wie ist euer neuer Mitarbeiter?**, com'è il vostro nuovo collaboratore? **3** (*interrogativ: in direkten und indirekten Fragesätzen*): **wie viel** quanto: **wie viel kostet das?**, quanto costa?; **weißt du, wie viel Uhr es ist?**, sai che ore sono/[ora è]?; **wie viel er auch verdient, er ist nie zufrieden**, per quanto guadagni, non è mai contento **4** (*interrogativ: in Fragesätzen vor Komparativ*) **wie viel:** (**um**) **wie viel älter ist denn deine Schwester?**, quanti anni più di te ha tua sorella?, quanto è più grande di te tua sorella?; **wie viel einfacher wäre es, wenn ...**, come sarebbe più facile se ... **konjv** **5** (*relativisch*) il modo/la maniera in cui, come: **ihm gefällt die Art, wie sie sich bewegt**, gli piace la maniera in cui lei si muove; **in dem Maße, wie ...**, nella (stessa) misura in cui ...; **es war eine Mondnacht, wie sie sie noch nie gesehen hatten**, era una notte di chiaro di luna come non ne avevano mai viste **6** (*interrogativ: nach genaueren Details fragend*) **wie + adj/adv** quanto + *adj/adv*: **wie groß ist sie?**, quanto è alta lei?; **wie hoch sind die Räume?**, quanto sono alte le stanze?; **wie teuer ist es?**, quanto costa?; **wie weit ist es noch?**, quanto (ci) manca ancora?; **wie weit sind Sie** (**mit Ihrer Arbeit**)**?**, a che punto è (con il lavoro)?; **ich muss wissen, wie viele Leute kommen werden**, devo sapere quanta gente verrà **7** *fam* (*bei rhetorischen Fragen*): **du hältst dich wohl für sehr klug, wie?**, credi di essere molto furbo (-a) (nev)vero/[o no]?; **das gefällt dir, wie?**, ti piace, (non è) vero? **8** *fam* (*in Ausrufen*) quanto, co-

me, che: **wie glücklich sie ist!**, quanto è felice!; **wie schade!**, che peccato!; **wie gut, dass ...**, meno male che ...; **wie dumm von mir, den Termin zu vergessen!**, che stupido (-a) sono stato (-a) a dimenticare l'appuntamento!; **wie sie sich freut!**, com'è contenta! **B** konj **1** (*vergleichend*) come, quanto: **sie ist so groß wie er**, è alta quanto lui; **ein Mann wie er**, un uomo come lui; **er ist so alt wie ich**, ha la mia (stessa) età; **er sieht aus wie ein Künstler**, ha l'aria dell'artista; **die Lage ist so gut wie unverändert**, la situazione è pressoché/praticamente invariata **2** (*vergleichender Nebensatz*): **es kam so, wie er es erwartet hatte**, è andata come lui si aspettava; **du kannst so viel reden, wie du willst, ich höre dir sowieso nicht zu**, parla pure quanto vuoi, tanto non ti ascolto/[non ti ascolto comunque] **3** (*zum Beispiel*) come, quale: **Industrieländer wie Deutschland oder Italien**, paesi industrializzati come/quali Germania o Italia **4** (*ebenso*): **als Schauspieler wie auch als Regisseur war er sehr bekannt**, era molto noto sia come attore che come regista **5** (*Aufzählung*) e, come anche, sia ... sia/che: **Reiche wie Arme, i ricchi come i poveri, ricchi e poveri**; **Junge wie Alte nahmen an der Kundgebung teil**, giovani e/[sia giovani che] vecchi parteciparono alla manifestazione **6** fam (*im Temporalsatz: als*) come, quando, (non) appena: **wie ich in den Bus einsteige, merke ich, dass es der falsche ist**, come/appena salgo sull'autobus, mi accorgo che è quello sbagliato; **wie ich hinausgehe, ...**, uscendo ..., mentre esco ... **7** *fam* (*als ob*): **wie wenn, come se ...**; *konjv*: **es ist heiß, wie wenn es Sommer wäre**, è caldo come se fosse estate **8** *fam* (*nach Komparativ*) di: **sein Auto ist schneller wie deins**, la sua macchina è più veloce della tua **9** (*nach Verben der Wahrnehmung*): **ich hörte, wie sie über dich sprachen**, li/le ho sentiti (-e) parlare di te; **ich sah, wie er über die Straße ging**, lo vidi attraversare la strada ● **wie auch** (**immer**): **wie klug du auch immer sein magst, ...**, per quanto intelligente tu possa essere ...; **wie man es auch macht, es ist ihm nie recht**, comunque lo si faccia, non gli va mai bene; **wie bitte?** (*ich habe nicht verstanden*), come?, cosa? *fam*, come hai/ha detto?; (*was fällt dir/Ihnen ein*), come?, cosa?, ma cosa dici/dice?; **wie das?**, come mai?; **wie denn?**, e come?, e in che modo?; **wie gehabt**, come al solito/[sempre]; **wie gesagt**, come già detto; **wie gewöhnlich**, come al solito; **wie dem auch sei**, comunque sia, sia come sia; **und wie!** fam, eccome!; **hast du Hunger? – Und wie!**, hai fame? – Eccome!; **wie wäre es mit etw** (dat)**?** {EINEM BIER, SPAZIERGANG}, che ne diresti/direbbe di qc?; **wie du mir, so ich dir prov**, chi la fa l'aspetti.
Wie <-, *ohne pl*> n: **das Wie**, il come; **auf das Wie kommt es an**, dipende dal modo/come.
Wiedehopf <-(*e*)*s, -e*> m *ornith* upupa f ● **wie ein ~ stinken** *fam*, puzzare come un maiale.
wieder adv **1** (*Wiederholung ausdrückend*) di nuovo, nuovamente, ancora (una volta): **~ einmal**, ancora una volta; **so, das hätten wir ~ einmal geschafft!**, anche per questa volta ce l'abbiamo fatta!; **er ist mal ~ entlassen worden**, è stato licenziato ancora una volta/[di nuovo]; **nie ~, mai più**; **das darfst du nie ~ tun**, non lo devi fare mai più; **nie ~ Krieg!**, mai più guerre!; **es regnet ja schon ~**, sta piovendo di nuovo; **immer ~**, continuamente, di nuovo; **immer und immer ~**, **und ~**, sempre di nuovo, ancora e ancora; **sie streiten um nichts und ~ nichts**, litigano per un nonnulla; **man hat ihn ~ und ~**

aufgefordert teilzunehmen, è stato più e più volte invitato a partecipare **2** (*drückt Rückkehr in einen früheren Zustand aus*) di nuovo: **von vorn anfangen**, ricominciare, cominciare daccapo; **sich ~ anziehen**, rivestirsi; **~ gesund werden**, ristabilirsi, rimettersi; **er wird bald ~ gesund sein**, presto si sarà ristabilito; **ich bin gleich ~ da**, torno subito; **da bin ich ~!**, eccomi qua/[di nuovo]!; **es wird schon alles ~ in Ordnung kommen**, du wirst sehen, tutto tornerà a posto, vedrai; **das kann man doch ~ reparieren**, si può riparare, vedrai/vedrà! **3** (*andererseits*): **da hat er auch ~ Recht!**, d'altronde, ha ragione!; **es gefällt mir und gefällt mir ~ nicht**, mi piace e non mi piace!; **das neue Schreibprogramm ist umfassender, dafür aber ~ komplizierter**, il nuovo programma di scrittura è più completo, ma anche più difficile **4** *fam* (*noch*): **wann war das ~?**, quando è stato?; **wie war ~ sein Name?**, com'è che si chiamava? **5** *fam* (*dient Aussage verstärkend, meist unübersetzt*): **was soll das denn ~?**, è questa?, come sarebbe?, che cosa significa?; **wo hast du das ~ her?** {EINEN GEGENSTAND}, dove l'hai preso?, da dove salta fuori?; {EIN SCHIMPFWORT} e questa dove l'hai sentita?

W<u>ie</u>deranfang *m* → **Wiederbeginn**.
W<u>ie</u>derannäherung <-, -en> *f* riavvicinamento m.
W<u>ie</u>deranpfiff *m sport* fischio m d'inizio ₍della ripresa₎/[del secondo tempo].
W<u>ie</u>deranstoß *m Fußball* calcio m d'inizio della ripresa.
w<u>ie</u>der|<u>au</u>f|arbeiten *tr etw ~ nukl* {BRENNELEMENTE} ritrattare qc, rigenerare qc.
W<u>ie</u>der<u>au</u>farbeitung *f nukl* {+BRENNELEMENTE} rigenerazione f, ritrattamento m, reprocessing m.
W<u>ie</u>der<u>au</u>fbau *m* ricostruzione f.
w<u>ie</u>der|<u>au</u>f|bauen *tr* → **auf|bauen**.
w<u>ie</u>der|<u>au</u>f|bereiten *tr etw ~* {ALTPAPIER, BLECH, GLAS, GUMMI} rigenerare qc.
W<u>ie</u>der<u>au</u>fbereitung *f* rigenerazione f; *nukl* {+BRENNELEMENTE} auch ritrattamento m, reprocessing m.
W<u>ie</u>der<u>au</u>fbereitungsanlage *f bes. nukl* impianto m di rigenerazione/ritrattamento.
W<u>ie</u>der<u>au</u>ferstehung *f relig* → **Auferstehung**.
w<u>ie</u>der|<u>au</u>f|forsten *tr* → **auf|forsten**.
W<u>ie</u>der<u>au</u>fforstung *f* rimboschimento m.
w<u>ie</u>der|<u>au</u>f|führen *tr* → **auf|führen**.
W<u>ie</u>der<u>au</u>fführung *f* rimessa f in scena, ripresa f.
wieder<u>au</u>fladbar *adj* {BATTERIE, CHIPKARTE} ricaricabile.
w<u>ie</u>der|<u>au</u>f|laden *a.R. von* wieder aufladen → **auf|laden**.
w<u>ie</u>der|<u>au</u>f|leben *itr <sein>* → **auf|leben**.
W<u>ie</u>der<u>au</u>fleben <-s, ohne pl> *n* {+HANDEL, WIRTSCHAFT} ripresa f, rinascita f; {+WISSENSCHAFT} rinascita f; {+KÜNSTE} auch rinascimento m: **das ~ einer Liebe**, un ritorno di fiamma.
W<u>ie</u>der<u>au</u>fnahme *f* **1** (*erneuter Beginn*) {+GESPRÄCHE, KONTAKTE, VERHANDLUNGEN} ripresa f, riapertura f; **die ~ der diplomatischen Beziehungen**, la ripresa delle relazioni diplomatiche; **wir haben uns zu einer ~ des Kontakts mit ihm entschlossen**, abbiamo deciso di riallacciare i contatti con lui **2** *jur* {+PROZESS, STRAFVERFAHREN} revisione f **3** (*als Mitglied*): **jds ~ (in etw akk)**, la reintegrazione di qu (in qc), la riammissione di qu (in qc) **4** (*in den Spielplan*) {+STÜCK} ripresa f.

W<u>ie</u>der<u>au</u>fnahmeverfahren *n jur* procedimento m di revisione.
w<u>ie</u>der|<u>au</u>f|nehmen <irr> *tr* → **auf|nehmen**.
w<u>ie</u>der|<u>au</u>f|richten *tr* → **auf|richten**.
w<u>ie</u>der|<u>au</u>f|rüsten *itr tr* → **auf|rüsten**.
W<u>ie</u>der<u>au</u>früstung *f* riarmo m, riarmamento m.
W<u>ie</u>der<u>au</u>fschwung *m ökon* ripresa f.
w<u>ie</u>der|<u>au</u>f|tauchen *itr <sein>* (*sich wiederfinden*) {BUCH, SCHLÜSSEL} ricomparire, saltare fuori *fam*.
W<u>ie</u>der<u>au</u>sfuhr *f com* riesportazione f.
w<u>ie</u>der|beg<u>e</u>gnen <ohne ge-> A *itr <sein> jdm ~* rincontrare qu B *rfl <sein>* sich/einander ~ geh rincontrarsi.
W<u>ie</u>derbeginn *m* nuovo inizio m, ripresa f.
w<u>ie</u>der|bek<u>o</u>mmen <irr, ohne ge-> *tr etw ~* avere (indietro) qc, riavere qc, recuperare qc, riottenere qc: **das Buch wirst du nie ~**, il libro non lo riavrai/recupererai mai più; **ich bekomme noch zwei Euro Wechselgeld wieder**, ₍devo avere₎/[mi deve] ancora due euro di resto.
w<u>ie</u>der|bel<u>e</u>ben *tr jdn ~* rianimare qu.
W<u>ie</u>derbel<u>e</u>bung *f* **1** *med* rianimazione f **2** (*erneute Belebung*) {+BRÄUCHE, SITTEN, TRADITIONEN} recupero m, rilancio m **3** *ökon*: **~ der Wirtschaft**, rilancio economico.
W<u>ie</u>derbel<u>e</u>bungsversuch *m med* tentativo m di rianimazione.
w<u>ie</u>der|besch<u>a</u>ffen <ohne ge-> *tr* (*jdm*) *etw ~* {ARBEITSPLATZ, STELLUNG} far riavere qc a qu; {ENTWENDETEN, VERLOREN GEGANGENEN GEGENSTAND} auch recuperare qu (a qu).
W<u>ie</u>derbesch<u>a</u>ffung *f* recupero m.
w<u>ie</u>derbeschr<u>ei</u>bbar *adj* {CD} riscrivibile.
w<u>ie</u>der|br<u>i</u>ngen <irr> *tr* (*jdm*) *etw ~* riportare qc (a qu), restituire qc (a qu), rendere qc (a qu): **sieh zu, dass du mir den Wagen ohne Kratzer wiederbringst**, vedi di riportarmi la macchina senza graffi; **ich bring dir die Schere sofort wieder**, le forbici te le riporto/rendo subito; **hat er die Bücher wiedergebracht?**, ha restituito/riportato i libri?
w<u>ie</u>der|<u>ei</u>n|fallen *a.R. von* wieder einfallen → **ein|fallen**.
W<u>ie</u>der<u>ei</u>nfuhr *f com* reimportazione f.
w<u>ie</u>der|<u>ei</u>n|führen *tr* → **ein|führen**.
W<u>ie</u>der<u>ei</u>nführung *f* {+BRÄUCHE, FEIERTAGE, GESETZ, STEUER, VERBOT} reintroduzione f, ripristino m *adm*.
w<u>ie</u>der|<u>ei</u>n|gliedern *tr* → **ein|gliedern**.
W<u>ie</u>der<u>ei</u>ngliederung <-, ohne pl> *f* reinserimento m, reintegrazione f: **berufliche/ soziale ~**, reinserimento professionale/sociale; **die ~ von Drogensüchtigen**, il recupero di tossicodipendenti; **die ~ von Langzeitarbeitslosen in den Arbeitsmarkt**, il reinserimento di disoccupati cronici nel mercato del lavoro.
w<u>ie</u>der|<u>ei</u>n|setzen A *tr* (*ernennen*) → **ein|setzen** B *itr a.R. von* wieder einsetzen → **ein|setzen**.
W<u>ie</u>der<u>ei</u>nsetzung <-, -en> *f* (*in ein Amt, eine Position*) reinsediamento m, reintegrazione f • **~ in den vorigen Stand** *jur*, restituzione nel termine.
w<u>ie</u>der|<u>ei</u>n|steigen <irr> *itr <sein>* (*in etw akk*) ~ {IN DEN ARBEITSPROZESS, IN DEN BERUF} ritornare (a qc), essere reinserito (in qc).

w<u>ie</u>der|<u>ei</u>n|stellen *tr* → **ein|stellen**.
W<u>ie</u>der<u>ei</u>nstellung <-, -en> *f* {+MITARBEITER} riassunzione f.
W<u>ie</u>der<u>ei</u>nstieg *m* ~ (*in etw akk*) ritorno m (*a qc*), reinserimento m (*a/in qc*).
W<u>ie</u>der<u>ei</u>ntritt *m* **1** (*erneuter Eintritt*) ~ (*in etw akk*) {IN EINE ORGANISATION, PARTEI} rientro m (*in qc*) **2** (*Rückkehr*) ~ (*in etw akk*) {+RAUMSCHIFF, SATELLIT IN DIE ERDATMOSPHÄRE} rientro m *in qc*.
w<u>ie</u>der|entd<u>e</u>cken *tr jdn/etw ~* {AUTOR, BUCH, OPER, HISTORISCHE STÄTTEN} riscoprire qu/qc: **die Insel ist erst in der letzten Zeit für den Tourismus wiederentdeckt worden**, l'isola è stata riscoperta dal turismo solo di recente.
W<u>ie</u>derentd<u>e</u>ckung *f* riscoperta f: **die ~ eines verloren geglaubten Gemäldes**, la riscoperta di un quadro che si credeva perduto.
w<u>ie</u>der|erh<u>a</u>lten <irr, ohne ge-> *tr geh* → **wieder|bekommen**.
w<u>ie</u>der|erk<u>e</u>nnen <irr, ohne ge-> *tr jdn/ etw ~* riconoscere qu/qc: **nicht wiederzuerkennen sein**, essere irriconoscibile; **ich habe ihn kaum wiedererkannt**, quasi non l'ho riconosciuto.
w<u>ie</u>der|erl<u>a</u>ngen <ohne ge-> *tr geh etw ~* {FREIHEIT, SELBSTVERTRAUEN} recuperare qc, riacquistare qc: **das Bewusstsein ~**, riprendere conoscenza; **sie erlangte nur mit Mühe ihre Fassung wieder**, riacquistò solo a fatica la padronanza di sé.
w<u>ie</u>der|ern<u>e</u>nnen <irr, ohne ge-> *tr* (*im Amt bestätigen*) *jdn ~* (ri)confermare qu (nel proprio incarico).
W<u>ie</u>derern<u>e</u>nnung *f* nuova nomina f: **bei seiner dritten ~ zum Regierungschef wurde allgemeiner Protest laut**, quando fu nominato capo del governo per la terza volta, scoppiò la protesta generale.
w<u>ie</u>der|er<u>o</u>bern <ohne ge-> *tr etw ~* {LAND, POSITION} riconquistare qc.
w<u>ie</u>der|er<u>ö</u>ffnen <ohne ge-> *tr* → **eröffnen**.
W<u>ie</u>derer<u>ö</u>ffnung *f* riapertura f.
w<u>ie</u>der|ersch<u>ei</u>nen <irr, ohne ge-> *itr <sein>* ~ **1** (*erneut sichtbar werden*) riapparire, ricomparire **2** (*sich erneut zeigen*) (*jdm*) ~ {ENGEL, JUNGFRAU MARIA} riapparire (*a qu*) **3** (*erneut herausgegeben werden*) {REIHE} essere ripubblicato, uscire di nuovo; {ZEITSCHRIFT, ZEITUNG} uscire di nuovo, (ri)tornare in edicola.
W<u>ie</u>derersch<u>ei</u>nen *n* ricomparsa f, riapparizione f: **bis zum Wiedererscheinen der Zeitschrift vergingen zehn Jahre**, passarono dieci anni prima che il periodico ritornasse in edicola.
w<u>ie</u>der|erst<u>a</u>tten <ohne ge-> *tr geh jdm etw ~* {STEUERN} rimborsare qc a qu; {AUSGABEN, KOSTEN} auch rifondere qc a qu.
W<u>ie</u>derst<u>a</u>ttung <-, -en> *f* {+AUSGABEN, KOSTEN, STEUERN} rimborso m.
w<u>ie</u>der|erw<u>a</u>chen <ohne ge-> *itr <sein>* {EHRGEIZ, GEFÜHL, INTERESSE} risvegliarsi.
w<u>ie</u>der|erw<u>e</u>cken <ohne ge-> *tr jdn ~* suscitare qu.
w<u>ie</u>der|finden <irr> A *tr* **1** (*etw Verlorenes oder Verlegtes entdecken*) *jdn/etw ~* {VERLEGTES GELD, WEGGELAUFENES KIND, VERLORENEN SCHLÜSSEL} ritrovare qu/qc: **es vergingen Stunden, bevor sie den Kleinen endlich wiedergefunden hatten**, passarono delle ore prima che riuscissero finalmente a trovare il piccolo **2** (*anderswo vorfinden*) *etw ~* {STILELEMENT IN EINEM ANDEREN BAU} ritrovare qc B *rfl* **1** (*wiederauftauchen*) sich (*irgendwo*) ~ {VERLEGTES GELD, WEGGELAU-

FENES KIND, VERLORENER SCHLÜSSEL} (ri)trovarsi (+ compl di luogo), essere ritrovato (-a) (+ compl di luogo): **das Buch hat sich wiedergefunden**, il libro è stato ritrovato; **keine Angst, der Brief wird sich schon irgendwo ~**, niente paura, da qualche parte la lettera si ritroverà **2** (sich plötzlich irgendwo befinden) **sich irgendwo ~** {VERUNGLÜCKTER IM KRANKENHAUS} ritrovarsi + compl di luogo **3** (zu sich selbst finden) **sich ~** ritrovare se stesso (-a).

Wiedergabe f **1** <nur sing> (Bericht) {+REDE, VORGÄNGE, VORTRAG} resoconto m; (Beschreibung) auch descrizione f, esposizione f: **eine detaillierte ~ der Ereignisse**, una descrizione dettagliata dei fatti **2** (Reproduktion) {+FARBEN, GEMÄLDE, TON} riproduzione f: **eine getreue ~**, una riproduzione fedele **3** <nur sing> (Darbietung) {+THEATERSTÜCK} rappresentazione f; {+GEDICHT, ROLLE} recitazione f; {+MUSIKSTÜCK} esecuzione f, interpretazione f **4** (Übersetzung) {+TEXT} traduzione f **5** <nur sing> (Zitierung) {+TEXTSTELLE, ZITAT} citazione f.

Wiedergabequalität f mus tech qualità f del suono.

Wiedergabetaste f tasto m del replay.

Wiedergabetreue f {+STEREOGERÄT, VIDEOGERÄT} fedeltà f di riproduzione.

wieder|geben <irr> tr **1** (zurückgeben) **jdm etw ~**, restituire qc a qu, rendere qc a qu, ridare qc a qu: **wann gibst du mir die Bücher wieder, die ich dir geliehen habe?**, quando mi restituisci i libri che ti ho prestato?; **jdm die Freiheit ~**, ridare/restituire la libertà a qu **2** (berichten) **etw irgendwie ~** {REDE, VORTRAG} riportare/riferire qc + compl di modo; {EREIGNIS, VORGANG} auch descrivere qc + compl di modo: **etw wortgetreu/bruchstückhaft ~**, riferire qc fedelmente/[in modo frammentario]; **etw sinngemäß ~**, rendere il senso di qc; **haarklein ~, was vorgefallen ist**, descrivere per filo e per segno quello che è accaduto; **der Artikel gibt die Ereignisse nur sehr ungenau wieder**, l'articolo descrive gli eventi in maniera molto approssimativa **3** (ausdrücken) **etw** (mit etw dat) **~** rendere qc (con qc), esprimere qc (con qc): **Partizipien und Gerundien muss man im Deutschen fast immer mit einem Nebensatz ~**, i participi e i gerundi in tedesco vanno resi quasi sempre con (delle) frasi subordinate; **es fällt mir schwer, meine Gefühle in Worten wiederzugeben**, mi è difficile esprimere i sentimenti a parole **4** tech **etw irgendwie ~** {FERNSEHER, FOTOAPPARAT, LAUTSPRECHER FARBEN, TON} riprodurre qc + compl di modo **5** (reproduzieren) **etw irgendwie ~** {FÄLSCHER, MALER FARBEN, GEMÄLDE} riprodurre qc + compl di modo **6** (darbieten) **etw** (**irgendwie**) **~** {GEDICHT} recitare qc (+ compl di modo); {ROLLE} auch interpretare qc (+ compl di modo); {MUSIKSTÜCK} eseguire/interpretare qc (+ compl di modo) **7** (zitieren) **etw** (**irgendwie**) **~** citare qc (+ compl di modo) **8** (übersetzen) **etw irgendwie ~** {GEDICHT, TEXT} rendere/tradurre qc + compl di modo **9** (darstellen) **jdn/etw ~** rappresentare qc/qu: **das Gemälde gibt eine Szene aus der Bibel wieder**, il dipinto rappresenta una scena della Bibbia **10** (nachvollziehen) **etw ~** riprodurre qc, riflettere qc: **der Film gibt die Atmosphäre jener Jahre sehr gut wieder**, il film riflette molto bene l'atmosfera di quegli anni.

wieder|geboren adj rinato: **~ werden**, rinascere.

Wiedergeburt <-, ohne pl> f **1** relig reincarnazione f **2** fig (Renaissance) rinascita f; {+MODE, TENDENZ} auch revival m: **eine ~ er-**

leben, avere una rinascita; **eine geistige ~**, una rinascita spirituale.

wieder|gewinnen <irr, ohne ge-> tr **1** ökol (gewinnen) **etw ~** {ROHSTOFFE, TRINKWASSER} recuperare qc **2** (zurückgewinnen) **etw ~** {FASSUNG, FREIHEIT, GLEICHGEWICHT, KONTROLLE} riacquistare qc, recuperare qc, ritrovare qc: **er hatte seine gute Laune schnell wiedergewonnen**, aveva ben presto recuperato il buonumore.

Wiedergewinnung <-, ohne pl> f ökol {+ROHSTOFFE, TRINKWASSER} recupero m.

wieder|grüßen A tr **jdn ~** ricambiare il saluto di qu B itr ricambiare il saluto.

wieder|gut|machen tr **etw ~** {FEHLER, UNRECHT} riparare qc, rimediare a qc; {SCHADEN, VERLUST} auch risarcire qc: **nicht wiedergutzumachende Fehler**, errori irreparabili/irrimediabili.

Wiedergutmachung <-, -en> f **1** (Entschädigung) risarcimento m, indennizzo m, riparazione f **2** jur (im Völkerrecht) riparazione f.

Wiedergutmachungskosten subst <nur pl> riparazioni f pl di guerra.

wieder|haben A tr **1** (zurückhaben) **etw wieder qc: morgen haben Sie Ihren Wagen wieder**, domani riavrà la Sua macchina; **endlich habe ich den Computer wieder**, finalmente mi hanno restituito/ridato il computer; **kann ich meinen Füller ~?**, posso riavere la mia penna? **2** (wieder mit jdm vereint sein) **jdn ~** riavere qu, ritrovare qu: **bald hast du deinen Papa wieder**, fra poco riavrai il tuo papà B rfl sich (einander) **~** essere di nuovo riuniti (-e), essersi ritrovati (-e): **endlich hatten sie sich wieder**, finalmente erano di nuovo riuniti • **jdn/etw ~ wollen**, voler riavere qu/qc, voler (avere) indietro qc; **er will seine Bohrmaschine ~**, vuole indietro il suo trapano.

wieder|her|richten tr **etw ~** {PARK, PLATZ} risistemare qc, rimettere a posto qc; {GEBÄUDE, HAUS} auch ristrutturare qc; {KIRCHE} restaurare qc.

wiederherstellbar adj **1** {BESCHÄDIGTES, ZERSTÖRTES} recuperabile, ripristinabile **2** inform recuperabile, ripristinabile • **nicht ~**, irrecuperabile.

wieder|her|stellen tr **1** med **jdn/etw ~** {JDS GESUNDHEIT} rimettere in sesto qu/qc; {PATIENTEN} auch rimettere in salute qu: **die Thermalkur hat sie völlig wiederhergestellt**, i bagni termali l'hanno rimessa completamente in salute **2** (etw in den früheren Zustand bringen) **etw ~** {FRIEDEN, KONTAKT, ORDNUNG, RUHE} ristabilire qc, ripristinare qc: **die Regierung versucht, die Sicherheit des Staates wiederherzustellen**, il governo sta cercando di ristabilire/ripristinare la sicurezza dello Stato **3** (restaurieren) **etw ~** {GEBÄUDE, GEMÄLDE, KUNSTWERK} restaurare qc, ripristinare qc: **den ursprünglichen Zustand einer S.** (gen) **~**, ripristinare qc **4** inform **etw ~** {DATEI} recuperare qc, ripristinare qc: **wiederhergestellt**, recuperato.

Wiederherstellung f **1** med ristabilimento m: **eine völlige ~ des Patienten darf man nicht erwarten**, non bisogna aspettarsi un completo ristabilimento del paziente **2** (das Wiederherstellen) {+BEZIEHUNGEN} ristabilimento m; {+FRIEDEN, ORDNUNG, RUHE} auch ripristino m **3** (Wiederinstandsetzung) {+GEBÄUDE, KUNSTWERK} restauro m, recupero m, ripristino m, restaurazione f rar • **Klage auf ~ der Besitzlage/des Besitzstandes** jur, azione di reintegrazione f.

Wiederherstellungskosten subst <nur pl> spese f pl di recupero.

wiederholbar adj ripetibile: **das Experi-**

ment ist jederzeit ~, l'esperimento [è sempre ripetibile]/[può essere ripetuto in qualsiasi momento]; **nicht ~**, irripetibile.

Wiederholbarkeit <-, ohne pl> f ripetibilità f.

wieder|holen① A tr (zurückholen) **etw ~** (andare a) riprendere qc: **ich bin nur gekommen, um meine Sachen wiederzuholen**, sono solo venuto (-a) a riprendere le mie cose B rfl sich (dat) **etw ~** andare a riprendersi qc.

wiederholen② <ohne ge-> A tr **etw ~ 1** (noch einmal tun oder sagen) {ANTWORT, AUFRUF, FRAGE} ripetere qc, reiterare qc; {ANGEBOT, FORDERUNG} auch rinnovare qc, rifare qc fam; {EINLADUNG} auch ripetere qc, replicare qc: **ich kann nur ~, was ich schon gesagt habe**, posso soltanto ripetere ciò che ho già detto; **können Sie das bitte noch einmal ~?**, può ripetere, per cortesia? **2** (noch einmal zeigen) {AUFFÜHRUNG} replicare qc; {FILM, SENDUNG} auch ritrasmettere qc, ridare qc fam **3** (sich von neuem einprägen) {AUFGABE, GELERNTES, VOKABELN} ripetere qc, ripassare qc: **hast du die Lektion wiederholt?**, hai ripetuto/ripassato la lezione? **4** Schule univ {JAHR, KLASSE, KURS, PRÜFUNG} ripetere qc B rfl sich **~ 1** (etw noch einmal sagen) ripetersi: **ich will mich nicht ständig ~!**, non voglio ripetermi continuamente! **2** (immer wiederkehren) {FIGUREN, MUSTER} ripetersi, ricorrere; {PROBLEM} ripresentarsi: **das Ornament wiederholt sich mehrmals auf der Fassade**, l'ornamento [si ripete]/[ricorre] più volte sulla facciata **3** (noch einmal geschehen) {KATASTROPHE, UNGLÜCK, ZUSTAND} ripetersi; {PHÄNOMEN} auch ripresentarsi, ricorrere: **so etwas darf sich absolut nicht mehr ~!**, cose simili non devono assolutamente ripetersi!; **achten Sie darauf, dass sich solche Fehler nicht ~**, faccia in modo che simili errori non si ripetano più.

wiederholt A adj <attr> {EINLADUNG} ripetuto, rinnovato; {ERMAHNUNG} auch reiterato B adv ripetutamente, più volte, a più riprese: **Ihr Sohn hat ~ den Unterricht gestört**, Suo figlio ha ripetutamente disturbato la lezione; **sie ist ~ gebeten worden, pünktlicher zu sein**, ha ricevuto reiterati inviti a essere più puntuale geh; **er hat es ~ versucht**, ci ha provato a più riprese.

Wiederholung <-, -en> f **1** (erneutes Tun/ Sagen) {+WAHLEN} ripetizione f; {+ANGEBOT, ANTWORT, FORDERUNG, FRAGE} auch reiterazione f geh; {+EXPERIMENT} replica f, ripetizione f **2** (nochmaliges Zeigen) {+AUFFÜHRUNG, FILM, SENDUNG} replica f: **die ~ der Sendung ist aus technischen Gründen nicht möglich**, la replica della trasmissione non è possibile per motivi tecnici **3** TV {+SZENE} replay m: **~ in Zeitlupe**, replay al rallentatore **4** (erneutes Lernen) {+LEKTION, STOFF, VOKABELN} ripetizione f **5** Schule univ {+JAHR, KLASSE, KURS, PRÜFUNG} ripetizione f: **eine ~ der Prüfung ist nicht möglich**, non è possibile ripetere l'esame.

Wiederholungsfall m adm: **im/[für den] ~**, in caso di recidiva; **im ~ müssen Sie mit einer Geldstrafe rechnen**, in caso di recidiva deve aspettarsi un'ammenda.

Wiederholungsgefahr f pericolo m di recidiva; jur pericolo m di reiterazione del reato.

Wiederholungsprüfung f univ: **eine ~ machen**, ripetere l'esame.

Wiederholungsspiel n sport ripetizione f.

Wiederholungstäter m (**Wiederholungstäterin** f) jur recidivo (-a) m (f).

Wiederholungstermin m univ secondo

appello m: **einen ~ ansetzen**, fissare la data del secondo appello.
Wiederholungszeichen n *mus* (segno m del) ritornello m.
Wiederholungszwang m *psych* coazione f a ripetere.
Wiederhören n: **auf ~!**, a risentirci!
Wiederimpfung f *med* (vaccino m di) richiamo m.
Wiederinstandsetzung f {+HAUS, WOHNUNG} ripristino m, restauro m.
wieder|käuen tr **etw ~ 1** *fam pej* (wiederholen) {IDEEN, THEMA, THESEN} rimasticare qc **2** *zoo* {KUH, SCHAF} ruminare qc **B** itr *zoo* {KUH, SCHAF} ruminare.
Wiederkäuer <-s, -> m *zoo* ruminante m.
Wiederkauf m *jur* (*im Kaufvertrag*) riscatto m.
wieder|kaufen tr *jur* **etw ~** riscattare qc.
Wiederkaufsrecht n *jur* diritto m di riscatto.
Wiederkaufsvereinbarung f: **Kaufvertrag mit ~** *jur*, contratto di compravendita con patto di riscatto.
Wiederkaufsvorbehalt m: **Kaufvertrag mit ~** *jur*, contratto di compravendita con patto di riscatto.
Wiederkehr <-, *ohne pl*> f **1** *geh* (*Rückkehr*) ritorno m: **bei meiner ~**, al mio ritorno **2** (*periodische ~*) ricorrenza f: **die ~ eines Gedenktags**, la ricorrenza di una giornata commemorativa.
wieder|kehren itr <*sein*> *geh* **1** (*zurückkehren*) (ri)tornare (a casa); **aus etw** (dat) **~** {AUS DEM KRIEG} ritornare da qc, essere di ritorno da qc **2** (*sich wiederholen*) {GEDANKE} (ri)tornare; {GELEGENHEIT} *auch* ripetersi; {MOTIV, THEMA} ricorrere **~d**, ricorrente.
wieder|kommen <*irr*> itr <*sein*> **1** (*zurückkommen*) (ri)tornare: **wann kommst du wieder?**, quando (ri)torni?; **ich komme gleich wieder**, torno subito; **wann kommt ihr aus dem Urlaub wieder?**, quando tornerete/rientrate dalle ferie/vacanze? **2** (*noch einmal kommen*) tornare: **könnten Sie bitte morgen ~?**, potrebbe tornare per cortesia domani? **3** (*sich noch einmal bieten*) {GELEGENHEIT} (ri)tornare, ripetersi: **so eine Chance kommt nie wieder!**, una tale opportunità non si ripeterà/ripresenterà più!
wieder|kriegen tr *fam* → **wieder|bekommen**.
Wiederschauen n *süddt A*: **auf ~!**, arrivederci!
wieder|schenken tr *geh*: **jdm/etw die Freiheit ~** {EINEM GEFANGENEN, TIER}, restituire/ridonare/ridare a qu/qc la libertà.
wieder|sehen <*irr*> tr **jdn/etw ~** {EINEN FREUND, DIE HEIMAT} rivedere qu/qc: **nach vielen Jahren sah er sie wieder**, dopo tanti anni la rivide • **etw nie ~** {AUSGELIEHENEN GEGENSTAND}, non rivedere più qc.
Wiedersehen <-s, *ohne pl*> n rivedersi m, ritrovarsi m; (*von mehreren Freunden nach langer Zeit*) rimpatriata f; (*Zusammensein*) incontro m: **ein lang ersehntes ~**, un incontro lungamente anelato; **darf ich auf ein ~ mit Ihnen hoffen?**, posso sperare di rivederLa? • **auf ~!**, arrivederci!; (*Höflichkeitsform*) *auch* **auf ein baldiges ~!**, arrivederci (a) presto!; (**das**) **~ feiern**, festeggiare l'incontro (di due persone che si rivedono dopo tanto tempo), fare una (bella) rimpatriata; **macht Freude scherz**, si chiama Pietro (torna indietro) *fam scherz*; **jdm Auf/auf ~ sagen**, dire arrivederci a qu, salutare qu.
Wiedersehensfreude f gioia f di rivedersi.
Wiedertäufer m (**Wiedertäuferin** f)

relig hist anabattista mf.
wieder|tun a.R. *von* wieder tun → **tun**①.
wiederum adv *geh* **1** (*aufs Neue*) di nuovo, nuovamente: **am nächsten Tag bat er mich ~ um 100 Euro**, il giorno dopo mi chiese nuovamente 100 euro **2** (*meinerseits, deinerseits, seinerseits...*) a mia/tua/sua/... volta: **ich habe es von Claudia erfahren, sie ~ von einem Bekannten**, io l'ho saputo da Claudia e lei a sua volta da un conoscente **3** (*andererseits*) d'altra parte, comunque.
wieder|vereinigen *<ohne ge->* rfl **sich ~** {GETEILTES LAND} riunificarsi: **Ost und West ~**, riunificare l'Est e l'Ovest; **das wiedervereinigte Deutschland**, la Germania riunificata.
Wiedervereinigung f *pol* riunificazione f • **die deutsche ~**, la riunificazione delle due Germanie.
wieder|verheiraten rfl **sich ~** risposarsi; sposarsi in seconde nozze.
Wiederverheiratung f seconde nozze f pl.
wieder|verkaufen *<ohne ge->* tr (*weiterverkaufen*) **etw ~** rivendere qc.
Wiederverkäufer m (**Wiederverkäuferin** f) rivenditore (-trice) m (f).
Wiederverkaufspreis m *ökon* prezzo m di rivendita.
wiederverwendbar adj {MEHRWEGFLASCHE} riutilizzabile; {PAPIER} *auch* riciclabile, recuperabile.
wieder|verwenden *<ohne ge-, irr oder reg>* tr **etw ~** {ALTGLAS, ALTMETALL, ALTPAPIER} riutilizzare qc.
Wiederverwendung f riutilizzazione f, riutilizzo m.
wiederverwertbar adj riutilizzabile; *ökol auch* riciclabile, recuperabile.
wieder|verwerten *<ohne ge->* tr *ökol* **etw ~** {ALTGLAS, ALTMETALL, ALTPAPIER} riciclare qc, recuperare qc: **der Großteil der Abfallstoffe, kann wiederverwertet werden**, la maggior parte dei rifiuti può essere riciclata.
Wiederverwertung f *ökol* riutilizzo m, recupero m, riutilizzazione f.
Wiedervorlage <-, *ohne pl*> f *adm* ripresentazione f: **zur ~!**, da ripresentare!
Wiederwahl f rielezione f: **sich zur ~ stellen**, ricandidarsi, candidarsi di nuovo; *pol auch* presentarsi per un nuovo mandato.
wieder|wählen tr (*in Amt bestätigen*) **jdn/etw ~** {PARTEI, POLITIKER} rieleggere qu: **wiedergewählt werden**, essere rieletto.
Wiege <-, -n> f **1** (*Kinderbettchen*) culla f **2** *geh* (*Entstehungsort*) culla f: **Florenz ist die ~ der Renaissance**, Firenze è la culla del Rinascimento • **von der ~ bis zur Bahre** *geh*, per tutta la vita; **jdm in die ~ gelegt worden sein** {FÄHIGKEIT, TALENT}, essere un dono di natura per qu, essere innato in qu; **jds ~ steht** irgendwo: **seine ~ stand in Köln** *geh*, Colonia gli dette i natali *geh*, nacque a Colonia.
Wiegemesser n mezzaluna f.
wiegen① *<wiegt, wog, gewogen>* **A** tr **1** (*das Gewicht feststellen*) **jdn/etw ~** pesare qu/qc: **ich wiege erst alle Zutaten**, prima peso tutti gli ingredienti; **Säuglinge werden jeden Tag gewogen**, i lattanti ₍vengono pesati₎/[si pesano] tutti i giorni **2** (*ein bestimmtes Gewicht haben*) **etw ~** pesare qc: **er wiegt über 90 Kilo**, pesa più di 90 kili; **wie viel wiegst du?**, quanto pesi?; **das Paket wiegt zu viel**, il pacco ₍pesa troppo₎/[è troppo pesante] **B** itr pesare: **der Metzger hat diesmal großzügig gewogen**, questa volta il macellaio è stato molto generoso nel pesare **C** rfl

sich ~ pesarsi • **leicht ~** {KOFFER, TASCHE}, essere leggero; **schwer ~** {KOFFER}, pesare molto, essere molto pesante; {JDS MEINUNG, URTEIL}, avere molto peso.
wiegen② **A** tr **1** (*sanft schwingen*) **jdn ~** {KIND, SÄUGLING} cullare qu: **er wiegte das Baby in den Armen**, cullava il bimbo tra le braccia; **den Säugling in den Schlaf ~**, cullare il neonato per farlo addormentare **2** (*sacht hin und her bewegen*) **etw ~** {KOPF} dondolare qc: **die Wellen ~ die kleinen Boote**, le onde cullano le barchette **3** (*zerkleinern*) **etw ~** {BASILIKUM, KERBEL, PETERSILIE} tritare qc con la mezzaluna, fare il battuto di qc **B** rfl **1** (*sich hin und her bewegen*) **sich ~** {MENSCH BEIM GEHEN, TANZEN} dondolare; {BOOT AUF DEN WELLEN} dondolare; {ÄHREN, GRAS IM WIND} muoversi: **sich nach dem Rhythmus der Musik ~**, dondolarsi al ritmo della musica; **sich in den Hüften ~**, ancheggiare, dondolare le anche/i fianchi; **ein ~der Gang**, un'andatura ancheggiante **2** (*fälschlich annehmen*) **sich in etw** (dat) **~** cullarsi *in* qc: **er wiegte sich in der Hoffnung, dass sie sich in ihn verliebte**, si cullava nella speranza che lei si innamorasse di lui; **sich in Sicherheit ~**, illudersi di essere al sicuro.
wiegend adj: **schwer ~** {BEDENKEN}, serio; {FOLGEN, GRÜNDE} *auch*, grave, di un certo peso; {FEHLER, IRRTUM, VERSTOß}, grave; {ENTSCHEIDUNG, ENTSCHLUSS}, importante, di una certa importanza.
Wiegenfest n *geh oder scherz* compleanno m.
Wiegenlied n ninnananna f: **jdm ein ~ singen**, cantare una ninnananna a qu.
wiehern itr **1** {PFERD} nitrire **2** *fam* (*schallend lachen*) ridere sguaiatamente, sghignazzare.
Wien <-s, *ohne pl*> n *geog* Vienna f: **wir fahren nach ~**, andiamo a Vienna; **das alte ~**, la vecchia Vienna.
Wiener① <inv> adj di Vienna, viennese • **der ~ Kongress** *hist*, il Congresso di Vienna; **~ Schnitzel**, cotoletta alla milanese; **~ Walzer**, valzer viennese; **~ Würstchen**, würstel.
Wiener② <-, -> f <*meist pl*> *gastr* "salsiccia f di carne suina e bovina", ≈ würstel m: **ein Paar ~**, un paio di würstel.
Wiener③ <-s, -> m (**Wienerin** f) viennese mf.
wienerisch adj {ATMOSPHÄRE} viennese • **das Wienerische**, il (dialetto) viennese.
wienern tr *fam* **etw ~** {FUßBODEN, SCHUHE, TAFELSILBER} lucidare qc, tirare a lucido qc, lustrare qc: **die Fensterscheiben sind so blank gewienert wie noch nie**, i vetri sono tirati a lucido come non mai.
wies 1. *und* 3. *pers sing imperf von* weisen.
Wiese <-, -n> f prato m: **eine saftig grüne ~**, un bel prato verde; **die ~ muss gemäht werden**, l'erba del prato va tagliata/mietuta; **über eine ~ rennen**, attraversare un prato correndo; **auf einer ~ spielen**, giocare in un prato • **auf der grünen ~** {BAUEN, ERRICHTEN, PLANEN}, in piena/aperta campagna.
Wiesel <-s, -> n *zoo* donnola f • **flink wie ein ~**, agile come uno scoiattolo.
wieselflink adj {KIND, TIER} agile come uno scoiattolo.
wieseln itr <*sein*> **durch etw** (akk) **~** {DURCH DEN KORRIDOR, DIE ZIMMER} correre con agilità *per/attraverso* qc.
Wiesenblume f *bot* fiore m di campo.
Wiesenchampignon m *bot* (fungo m) prataiolo m, champignon m.
Wiesengrund m *geh obs* conca f prativa.
Wiesenklee m *bot* trifoglio m dei prati.
Wiesenschaumkraut n *bot* crescione m

dei prati.

wieso adv perché, come mai: **~ tust du so was?**, perché fai queste cose?; **er hat mich gefragt, ~ du nicht gekommen bist**, mi ha chiesto perché non sei venuto (-a); **~ gehst du nicht mit?**, come mai non vieni?

wieviel a.R. *von* wie viel → **wie**.

wievielmal interr adv quante volte: **~ wart ihr schon in der Türkei?**, quante volte siete già stati (-e) in Turchia?

wievielter, wievielte, wievieltes interr adj: **der/die Wievielte bin ich?**, a che posto/numero sono?; **das wievielte Mal war das?**, quante volte sono con questa?; **das wievielte Glas Wein ist denn das schon?**, a quanti bicchieri di vino siamo (con questo)?; **am wievielten August hat sie Geburtstag?**, (in) che giorno d'agosto compie gli anni?; ⌊**der Wievielte ist**⌉/[**den Wievielten haben wir**] **heute?** (*welches Datum haben wir heute?*), quanti ne abbiamo oggi?; **am Wievielten kommen sie?**, (in) che giorno vengono?; **zum wievielten Mal wird das Stück aufgeführt?**, quante volte hanno già rappresentato l'opera?

wieweit konj → **inwieweit**.

wiewohl konj *geh obs* → **obwohl**.

Wigwam <-s, -s> m wigwam m.

Wikinger <-s, -> m (**Wikingerin** f) *hist* vichingo (-a) m (f).

Wikingerschiff n *hist* nave f vichinga.

wikingisch adj *hist* vichingo.

wild **A** adj **1** (*spontan wachsend*) {ERDBEEREN, KRÄUTER, ROSEN} selvatico: **~er Wein**, vite vergine/canadese **2** *zoo* (*undomestiziert*) {PFERD} selvaggio; (*gefährlich wirkend*) feroce: **ein ~es Tier**, un animale selvaggio, una belva **3** (*primitiv*) {VOLKSTAMM} selvaggio, primitivo **4** (*im ursprünglichen Zustand*) {GEBIRGE, SCHLUCHT, WALD} selvaggio: **~e Gewässer**, acque selvagge **5** (*ungebändigt*) {STURM} furioso, violento; {JAGD, KAMPF, VERFOLGUNG} *auch* furibondo; {TOBEN} scatenato, sfrenato: **~e Drohungen ausstoßen**, pronunciare violente minacce; **in ~em Galopp jagten sie dahin**, correvano a galoppo sfrenato; **ein ~er Haufen**, una banda di scalmanati; **eine ~e Leidenschaft**, una passione violenta/scatenata/sfrenata; **ein ~er Streit**, una lite furiosa/selvaggia; **~e Wut**, furia scatenata, ira furente; **~e Feste feiern** *fam*, darsi ai bagordi, folleggiare **6** (*sehr lebhaft*) {KIND} scatenato, scalmanato, turbolento, irrequieto: **seid nicht so ~!**, non fate tanto chiasso/baccano!; **eine ~e Klasse**, una classe scalmanata **7** *pej* (*unzivilisiert*) {BURSCHEN, COWBOYS, JUNGEN} rozzo **8** <attr> (*nicht erlaubt*) {FISCHEN, MÜLLKIPPE} abusivo, illegale: **in ~er Ehe leben** *obs*, convivere, vivere more uxorio *geh*; **~es Parken**, sosta selvaggia; **ein ~er Streik**, uno sciopero selvaggio; **~es Zelten/Campen**, campeggio libero **9** <meist attr> (*ungepflegt*) {BART, HAARE} incolto, non curato **B** adv **1** (*spontan*) {WACHSEN} spontaneamente **2** (*nicht domestiziert*): **~ lebende Tiere**, animali che vivono in libertà; (*Pferde, Rinder*) *auch* animali (che vivono) allo stato brado **3** (*unkontrolliert*) {WUCHERN} selvaggiamente: **~ wucherndes Unkraut**, erbacce che si propagano dappertutto **4** (*unerlaubt*) {PARKEN} abusivamente; {FISCHEN, JAGEN} di frodo: **~ zelten/campen**, fare campeggio libero **5** (*ungeordnet*) {VERSTREUEN} alla rinfusa, dappertutto: **alle Kleider lagen ~ verstreut herum**, tutti i vestiti erano sparsi alla rinfusa **6** (*maßlos*) {ANGREIFEN} selvaggiamente, in modo selvaggio: **~ fluchen**, bestemmiare come un turco *fam*/facchino *fam* • **das ist halb/**[**nicht so**] **~** *fam* (*nicht so schlimm*), non è (mica) grave; **jdn ~** **machen**, mandare in bestia qu; **etw ~ machen** {PFERDE}, fare imbizzarrire qc; **auf jdn/etw ~ sein** *fam*, essere pazzo di qu/qc *fam*, andare matto (-a) per qc *fam*; **~ werden** {PERSON}, andare in bestia, imbestialirsi; {TIERE}, imbizzarrirsi, agitarsi; **wie ~** {ARBEITEN, AUF JDN EINSCHLAGEN, RENNEN, UM SICH SCHLAGEN, SCHREIEN, TANZEN}, come un/una matto (-a)/forsennato (-a).

Wild <-(e)s, ohne pl> n **1** *zoo* (*jagdbare Tiere*) selvaggina f, cacciagione f: **das ~ äst/**[**wechselt das Revier**], la selvaggina bruca/[si sposta] **2** *gastr* selvaggina f, cacciagione f: **~ essen/zubereiten**, mangiare/cucinare della selvaggina/cacciagione; **er mag gerne ~**, gli piace la selvaggina/cacciagione.

Wildbach m torrente m (di montagna).

Wildbahn f: **auf/in freier ~** {LEBEN}, allo stato libero, nell'habitat naturale; (*Pferde, Rinder*) allo stato brado; **Tiere in freier ~ beobachten**, osservare animali allo stato libero/[nel loro habitat naturale].

Wildbestand m *zoo* selvaggina f (presente in un certo territorio).

Wildbiene f *zoo* ape f selvatica.

Wildbret <-s, ohne pl> n *gastr* selvaggina f, cacciagione f.

Wilddieb m (**Wilddiebin** f) → **Wilderer**.

Wilde <dekl wie adj> mf *obs oft pej* selvaggio (-a) m (f) • **wie ein ~r** *fam*, come un forsennato *fam*; **sich wie ein ~r aufführen**, comportarsi ⌊come un forsennato/selvaggio⌉/[in modo incivile]; **wie ein ~r fahren**, guidare come un pazzo.

Wildente f *zoo* anatra f/anitra f selvatica; (*Stockente*) germano m reale.

Wilderei <-, ohne pl> f caccia f di frodo, bracconaggio m.

Wilderer <-s, -> m (**Wilderin** f) bracconiere (-a) m (f), cacciatore (-a) m (f) di frodo.

wildern **A** itr **1** (*unerlaubt jagen*) cacciare di frodo, praticare il bracconaggio: **er geht ~**, (lui) va a caccia di frodo, fa del bracconaggio **2** (*streunen und wild lebende Tiere töten*) {HUND, KATZE} uccidere la selvaggina **B** tr *etw* **~** {REH, WILDSCHWEIN} cacciare abusivamente qc.

Wildfang m *fam scherz* diavoletto m *fam*, piccola peste f *fam*.

Wildfleisch n (carne f di) selvaggina f, cacciagione f.

Wildform f {+PFLANZE} variante f selvatica.

Wildfraß m → **Wildschaden**.

wildfremd adj *fam* {GEGEND, STADT} completamente/totalmente sconosciuto; {MENSCH} *auch* perfettamente sconosciuto, del tutto estraneo: **der Mann, der plötzlich vor ihr stand, war ihr ~**, l'uomo che ad un tratto ⌊le si presentò⌉/[(lei) si trovò] davanti le era del tutto estraneo; **auf dem Fest waren lauter ~e Leute**, alla festa c'era tutta gente che non avevo mai visto; **ich bin hier ~**, non conosco nessuno qui/[in questo posto].

Wildfremde <dekl wie adj> mf (perfetto (-a)) sconosciuto (-a) m (f).

Wildfrucht f frutto m selvatico.

Wildfütterung f foraggiamento m della selvaggina.

Wildgans f *zoo* oca f selvatica.

Wildgehege n (*im Zoo*) recinto m (per animali selvaggi); (*in Wildparks*) oasi f di protezione faunistica; (*zur Jagd*) riserva f di caccia.

Wildgeschmack <-(e)s, ohne pl> m sapore m di selvatico/selvaggina: **das Fleisch hat einen ausgeprägten ~**, questa carne ha un forte sapore di selvatico.

Wildheit <-, ohne pl> f **1** (*Unzivilisiertheit*) {+EINGEBORENE, VOLKSSTAMM} selvatichezza f **2** (*Ungezügeltheit*) {+DROHUNG} violenza f, furia f; {+JAGD, KAMPF, LEIDENSCHAFT} *auch* sfrenatezza f **3** (*große Lebhaftigkeit*) {+KINDER} turbolenza f, irrequietezza f **4** (*Unberührtheit*) {+LANDSCHAFT, NATUR} stato m/carattere m selvaggio.

Wildhüter <-s, -> m (**Wildhüterin** f) guardacaccia mf.

Wildkaninchen n *zoo* coniglio m selvatico.

Wildkatze f gatto m selvatico.

wildlebend adj → **lebend**.

Wildleder n **1** (*Leder von wild lebenden Tieren: von Gämse*) (pelle f di) camoscio m; (*von Hirsch*) (pelle f di) cervo m; (*von Dammhirsch*) (pelle f di) daino m; (*von Antilope*) (pelle f di) antilope f **2** (*Veloursleder*) pelle f scamosciata.

Wildlederjacke f giacca f (in/di pelle) scamosciata.

wildledern adj {HANDSCHUHE, SCHUHE} scamosciato.

Wildlederschuh m <meist pl> scarpa f scamosciata/[in/di pelle scamosciata].

Wildledertasche f borsa f (in/di pelle) scamosciata.

wild|machen tr → **wild**.

Wildnis <-, -se> f **1** *geog* (*unbesiedeltes Gebiet*) regione f selvaggia, luogo m selvaggio: **Urlaub in der ~**, vacanze nella natura selvaggia **2** *pej* <meist sing> (*verwildertes Grundstück*): **der Park ist inzwischen zur ~ verkommen**, il parco è ormai in uno stato di abbandono totale.

Wildpark m riserva f per animali selvaggi.

Wildpferd n *zoo* cavallo m selvatico/brado.

Wildpflanze f *bot* pianta f selvatica.

wildreich adj {GEBIET, REVIER} ricco di selvaggina/cacciagione.

Wildreis m riso m selvatico.

wildromantisch adj {LANDSCHAFT} romantico e selvaggio.

Wildsau f **1** *zoo* femmina f di/del cinghiale, cinghiale m femmina, scrofa f **2** *fam pej* (*Person*) maiale m, porco m • **wie eine ~ fahren** *vulg pej*, guidare come un dannato/pazzo.

Wildschaden m danno m causato dalla selvaggina.

Wildschwein n **1** *zoo* cinghiale m **2** <nur sing> *gastr* (*Fleisch vom ~*) (carne f di) cinghiale m.

wildwachsend adj → **wachsend**.

Wildwasser n torrente m.

Wildwasserboot n *sport* kayak m.

Wildwasserrennen n *sport* gara f di discesa (di canoa fluviale).

Wildwechsel <-s, -> m **1** (*Pfad, den das Wild häufig benutzt*) passo m della selvaggina **2** <nur sing> (*Überwechseln des Wildes*) passo m/passaggio m di selvaggina: **Achtung, ~!**, attenzione, passaggio selvaggina!

Wildwest <ohne art> m far west m, selvaggio west m.

Wildwestfilm m (film m) western m.

Wildwestroman m romanzo m ambientato nel selvaggio/far west.

Wildwuchs <-es, ohne pl> m **1** *bot* (*nicht beeinflusstes Pflanzenwachstum*) crescita f spontanea **2** (*durch ~ entstandene Pflanzen*) piante f pl selvatiche e erbacce f pl **3** (*ungehemmte Entwicklung*) **~ einer S.** (gen) {+PARTEIEN, VERORDNUNGEN} proliferazione f.

Wilfried m (*Vorname*) Vilfredo.

Wilhelm <-s, ohne pl> m Guglielmo m • **Kai-**

ser ~ D hist, il Kaiser Guglielmo; ~ **Tell** hist lit, Guglielmo Tell.

wilhelmịnisch adj D hist guglielmino: **das Wilhelminische Zeitalter**, l'epoca guglielmina.

wịll 1. *und* 3. *pers sing präs von* wollen.

Wịlle <-ns, *ohne pl*> m **1** (*Entscheidungsfähigkeit*) volontà f: **einen schwachen/starken ~n haben**, avere una schwachen/starken ~n haben, avere una volontà debole/forte; **er hat keinen ~n**, non ha (forza di) volontà **2** (*Absicht*) volontà f, intenzione f: **den besten ~n zeigen**, mostrare le migliori intenzioni • **jdm seinen ~n** *aufzwingen*, imporre a qu la propria volontà; **auf seinem ~n bestehen**, impuntarsi; **beim besten ~n**, con tutta la buona volontà; **daran kann ich beim besten ~n nichts (mehr) ändern**, anche con tutta la buona volontà non posso farci niente; **es war kein böser ~**, non è stata cattiva volontà; **seinen ~n durchsetzen**, imporre la propria volontà, voler fare di testa propria; **einen eisernen ~n haben**, avere una volontà di ferro/[ferrea]; **es am guten ~n fehlen lassen**, mancare di buona volontà; **den festen ~n haben, etw zu tun**, avere la ferma intenzione di fare qc; **der freie ~** *philos*, il libero arbitrio; **aus freiem ~**, di propria (spontanea) volontà; **gegen/wider jds ~n** (*ohne jds Erlaubnis*), contro la volontà/il volere di qu; (*ungewollt*), involontariamente, senza intenzione; **dein ~ geschehe!** *relig*, sia fatta la tua volontà!; **der gute ~**, la buona volontà; **bei/mit einigem guten ~n können wir es schaffen**, con un po' di buona volontà ce la possiamo fare; **guten ~ns sein**, avere le migliori intenzioni; **jeder nach seinem ~n**, ciascuno a suo modo; **jdm seinen ~n lassen** *fam*, lasciar fare qu (a modo suo); **der Letzte ~** (*das Testament*), le ultime volontà; **der ~ zur Macht** *lit philos* (*Werk von Nietzsche*), La volontà di potenza; **nach jds ~n**, come vuole qu; **du sollst deinen ~n haben!**, fai come vuoi/[ti pare]/[credi]!; **wider ~n**, controvoglia, malvolentieri; **jdm zu ~n sein geh obs** (*sich jdm unterwerfen*), soggiacere alla volontà di qu; (*sich einem Mann hingeben*), darsi a qu; **wo ein ~ ist, ist auch ein Weg** *prov*, volere è potere *prov*.

wịllen *präp geh*: **um jds/etw ~**, per (amor di) qu/qc; **er hat es um der Familie ~ getan**, l'ha fatto per (amor del)la famiglia; **um des lieben Friedens ~**, per amor di pace; **um Himmels ~!**, per amor del cielo!

wịllenlos adj {GESCHÖPF, MENSCH} privo di/[senza] volontà, passivo, abulico: **völlig ~ sein**, essere completamente privo di volontà; **jds ~es Werkzeug sein**, essere uno strumento nelle mani di qu.

Wịllenlosigkeit <-, *ohne pl*> f assenza f/mancanza f di volontà, abulia f, passività f.

wịllens adj geh: **~ sein, etw zu tun** (*bereit sein, etw zun tun*), essere disposto a fare qc; (*entschlossen sein, etw zu tun*) essere intenzionato a/[avere intenzione di] fare qc; **ich bin nicht ~, deine Frechheiten weiter zu dulden**, non sono assolutamente disposto (-a) a tollerare oltre le tue impertinenze; **er ist ~, mit seinem Protest weiterzumachen**, è deciso/intenzionato a continuare la sua protesta.

Wịllensakt m atto m di volontà.

Wịllensäußerung f manifestazione f/espressione f di volontà.

Wịllensbildung f: **politische ~**, maturazione di una/[della] volontà politica.

Wịllenserklärung f *bes. jur* dichiarazione f di volontà/intenti.

Wịllensfreiheit <-, *ohne pl*> f *bes. philos* libero arbitrio m.

Wịllenskraft <-, *ohne pl*> f forza f di volontà. lontà.

Wịllenskundgebung f → **Willensäußerung**.

wịllensschwach adj {MENSCH} con poca (forza di) volontà, debole: **~ sein**, mancare di forza di volontà, non avere carattere/polso.

Wịllensschwäche <-, *ohne pl*> f debolezza f di carattere, mancanza f di/forza di volontà/[carattere].

wịllensstark adj [(dotato) di]/[con] grande forza di volontà, volitivo: **~ sein**, avere carattere.

Wịllensstärke <-, *ohne pl*> f grande forza f di volontà.

wịllentlich adv geh {KAPUTT MACHEN, ÜBERTRETEN, ZERSTÖREN} deliberatamente, volutamente, di proposito, intenzionalmente.

wịllfährig adj geh pej compiacente.

Wịlli m (*Vorname*) → **Wilhelm**.

wịllig A adj {HELFER, MITARBEITER} volenteroso, disponibile; {KIND, SCHÜLER} diligente, volenteroso: **~ sein, etw zu tun**, essere pronto/disposto a fare qc B adv {EINSPRINGEN, HELFEN, MITMACHEN} di buon grado, volentieri.

wịllkọmmen adj **1** (*angenehm*) {ABWECHSLUNG, EINLADUNG, NACHRICHT, UNTERBRECHUNG} gradito: **eine ~e Gelegenheit**, una gradita opportunità, un'occasione gradita; **diese Gelegenheit ist mir sehr ~**, è un'ottima occasione; **etw ist jdm ~** {ANGEBOT, EINLADUNG}, qc è/giunge gradito (-a) a qu; **das ist mir sehr ~!**, mi fa molto comodo! **2** (*gern gesehen*) {GAST, PERSON} gradito: **ein ~er Besuch**, una visita gradita, un ospite gradito; **seien Sie ~!**, siate il/le benvenuti (-e)! • **~ (zu Hause)!**, benvenuto (-a)/bentornato (-a) (a casa)!; **jdn ~ heißen geh**, dare/porgere geh il benvenuto a qu; **herzlich ~!**, benvenuto (-a)!; **du bist jederzeit herzlich ~!**, a casa mia sei/sarai sempre il/la benvenuto (-a)!

Wịllkọmmen <-s, *ohne pl*> n geh benvenuto m: **jdm ein herzliches ~ bereiten**, dare a qu un caloroso benvenuto, fare/riservare una calorosa accoglienza a qu; **ein frostiges ~**, un'accoglienza molto fredda/[glaciale].

Wịllkọmmensgruß m saluto m di benvenuto.

Wịllkọmmenstrunk m geh brindisi m di benvenuto.

Wịllkür <-, *ohne pl*> f arbitrio m: **das ist die reine ~**, questo è puro/mero arbitrio • **jds ~ ausgeliefert/ ausgesetzt/ preisgegeben sein**, essere alla mercé di qu.

Wịllkürakt m atto m [d'arbitrio]/[arbitrario]; *pol* atto m di dispotismo.

Wịllkürherrschaft f *pol* regime m dispotico, dispotismo m.

wịllkürlich A adj **1** (*auf Willkür beruhend*) {ANORDNUNG, BESTRAFUNG, MAßNAHME} arbitrario **2** (*zufällig*) {AUSWAHL, VERTEILUNG} casuale **3** (*nicht unwillkürlich*) {AUGENZWINKERN, BEWEGUNG, GESTE} volontario B adv **1** (*auf Willkür beruhend*) {ANORDNEN, BENACHTEILIGEN, BESTIMMEN, BESTRAFEN, FESTLEGEN} arbitrariamente, in modo arbitrario, d'arbitrio **2** (*zufällig*) {AUSWÄHLEN, VERTEILEN, ZUTEILEN} a caso, casualmente: **die Farben sind völlig ~ zusammengestellt worden**, i colori sono stati abbinati in modo del tutto casuale.

Wịllkürmaßnahme f misura f arbitraria, provvedimento m arbitrario.

Wịlma f (*Vorname*) Wilma.

wịmmeln A itr **1** (*sich lebhaft durcheinanderbewegen*) (*irgendwo*) **~** {MENSCHEN} formicolare + *compl di luogo*; {INSEKTEN} auch brulicare + *compl di luogo*: **unter dem Stein wimmelten die Ameisen**, le formiche brulicavano sotto il sasso **2** (*voll sein von etw*) **von etw** (dat) **~** {ARTIKEL, AUFSATZ VON FEHLERN, UNGENAUIGKEITEN} formicolare *di qc*, pullulare *di qc*; {MUSEEN, PLATZ, RESTAURANTS, STADT VON BESUCHERN, MENSCHEN, TOURISTEN} *auch* brulicare *di qc*: **die Straße wimmelte von Menschen**, la strada brulicava/formicolava/pullulava di gente; **der See wimmelt von Fischen**, il lago pullula di pesci B unpers: **irgendwo wimmelt es von jdm/etw** (pl), qc pullula/formicola di qu/qc; **in der Stadt wimmelt es von Touristen**, la città brulica/formicola/pullula di turisti; **in dem Teich wimmelt es von Forellen**, lo stagno pullula di trote; **in dem Text wimmelt es von Neologismen**, il testo pullula/formicola di neologismi.

wịmmern itr piagnucolare, frignare; (*vor Schmerzen*) gemere: **das Kind wimmerte leise vor sich hin**, il bambino continuava a frignare flebilmente.

Wịmmet <-s, *ohne pl*> m CH fam vendemmia f.

Wịmpel <-s, -> m gagliardetto m; *naut* guidone m.

Wịmper <-, -n> f ciglio m • **mit den ~n klimpern**, sbattere le ciglia; **sich** (dat) **die ~n tuschen**, mettersi/darsi *fam* il mascara/il rimmel®; **ohne mit der ~ zu zucken**, senza batter(e) ciglio.

Wịmpernschlag m **1** (*kurzes Schließen der Augenlider*) battito m/batter m di ciglio: **ohne jeden ~**, senza battere ciglio **2** (*sehr kurze Zeitspanne*) batter m di ciglio: **nur einen ~ dauern**, durare solo un batter di ciglio; **um einen ~ siegen/verlieren**, vincere/perdere di un soffio.

Wịmperntusche f mascara m, rimmel® m.

Wịmpertierchen n *zoo* ciliato m.

Wịnd <-(e)s, -e> m **1** *meteo* vento m: **ein schwacher/starker ~**, un vento debole/forte; **ein stürmischer ~**, un vento impetuoso/[di tempesta]; **ein lauer/sanfter/warmer ~**, un vento tiepido/lieve/caldo; **ein eisiger/ kalter/schneidender ~**, un vento gelido/freddo/tagliente; **der ~ bläst/[legt sich]/ [pfeift]/[weht]**, il vento soffia/[si placa]/[fischia/sibila]/[tira]; **ein leichter ~ erhob sich/[kam auf]/[wehte]**, si alzò/[si levò]/[spirava] un venticello leggero; **der ~ kommt/weht von Osten/Westen**, il vento viene/tira da est/ovest; **den ~ im Rücken haben**, avere il vento in poppa **2** <*oft pl*> euph (*Blähungen*) flatulenza f, gas m intestinale: **einen ~ abgehen lassen**, fare aria euph/vento euph • **von etw** (dat) **~ bekommen** *fam*/**kriegen** *fam*, avere sentore di qc; **frischen ~ in etw** (akk) **bringen**, portare una ventata d'aria fresca in qc; **daher weht/bläst der ~!** *fam* (*so ist das also!*), ecco perché! *fam*; **der ~ dreht sich**, il vento gira/[sta cambiando]; **in der Politik hat sich der ~ gedreht**, in politica è cambiato il vento; (**total/völlig) durch den ~ sein** *slang* non starci con la testa *fam*, essere (completamente) fuori fase *fam*, essere scombussolato/confuso/disorientato; **als sie mir den Lottogewinn mitteilten, war ich erstmal völlig durch den ~**, quando mi comunicarono la vincita al lotto, andai fuori di testa *slang*; **es geht ein starker ~**, tira/soffia un forte vento; **~ machen** *fig*, darsi delle arie, vantarsi; **viel ~ um etw** (akk) **machen**, fare un gran parlare di qc; **viel ~ um nichts machen**, fare molto rumore per nulla; **mit dem ~**, con il vento a favore; **mit dem ~ segeln**, seguire il vento; **sich** (dat) **den ~ um die Nase/Ohren wehen lassen** *fam*, girare il mondo; (*das Leben kennen lernen*), conoscere il mondo, fare esperienze; **in den ~ reden** *fam*, parlare al vento, sprecare il fiato; **da ist jedes Wort in den ~ geredet**, sono parole al vento; **etw in den ~ schlagen** {RAT, WARNUNG}, non dare ascolto/retta a qc; **jdn in den ~ schießen** *fam*, mandare qu a quel paese *fam*; **etw in den ~ schießen** {GELD}, buttare al vento qc; {MAHNUNG, RATSCHLAG}, non dare retta/ascolto a qc, ignorare qc; **schnell wie der ~**, veloce come il vento; **etw in den ~ schreiben (können)** *fam*, (potersi) scordare/dimenticare qc, dire addio a qc; **(hart) am ~ segeln**, andare/navigare di bolina; **gegen den ~ segeln**, navigare controvento; *(sich unkonformistisch verhalten)*, andare controcorrente; **jdm den ~ aus den Segeln nehmen** *fam*, smontare qu *fam*; **bei ~ und Wetter**, con il bello e il brutto tempo, che piova o tiri vento; **hier weht jetzt ein anderer/neuer ~** *fig*, ora tira un'altra aria, ora spira un'aria nuova; **merken/wissen, woher der ~ weht** *fam*, sapere da che parte tira il vento; **in alle ~e zerstreut**, sparso dappertutto/[in ogni dove]; **ihre Mitglieder sind heute in alle ~e zerstreut**, i suoi membri sono oggi sparsi per il mondo; **wer ~ sät, wird Sturm ernten** *prov*, chi semina vento, raccoglie tempesta *prov*.

Windabweiser m *autom* deflettore m.

Windbeutel m *gastr* bignè m, profiterole m oder f.

Windbö, Windböe f raffica f di vento.

winddicht adj antivento.

Winde <-, -n> f **1** *tech* argano m; *(kleinere ~)* verricello m; *(Schraubenwinde)* martinetto m **2** *bot* convolvolo m.

Windei n **1** *(Ei ohne Schale)* uovo m senza guscio **2** *med* mola f **3** *fam pej (Bluff)* bluff m, inganno m: **das ist doch ein ~!**, è solo un bluff!

Windel <-, -n> f <*meist pl*> **1** *(Stoffwindel)* pannolino m: **eine frische/nasse/saubere ~**, un pannolino nuovo/bagnato/pulito; **dem Baby die ~n wechseln**, cambiare il pannolino al bambino **2** *(Fertigwindel)* pannolino m; *(Höschenwindel)* pannolino m mutandina • **noch in den ~n liegen** *fig*, essere ancora in fasce.

Windelhöschen n mutandina f portapannolino.

windeln tr **jdn ~** {KIND} mettere un pannolino a qu; {KRANKEN} mettere un pannolone a qu.

windelweich adv *fam*: **jdn ~ prügeln/schlagen**, darle a qu di santa ragione *fam*, battere qu come un materasso *fam*.

winden① <*windet, wand, gewunden*> **A** tr **1** *(mit einer Winde irgendwohin befördern)* **etw irgendwohin ~** {FRACHT, LADUNG AUF EINEN LASTWAGEN, EINEN WAGGON, LAST AUF EIN GERÜST} sollevare qc con un argano/martinetto **2** *geh (flechten)* **etw (zu etw** dat) **~** intrecciare qc *(facendone qc)*: **Blumen zu einem Kranz ~**, intrecciare una ghirlanda di fiori **3** *geh (binden)* **jdm etw in/um etw** (akk) **~** {BAND IN DIE HAARE} intrecciare qc in qc a qu; {BAND, KRANZ, TUCH UM DEN KOPF} cingere qc di qu con qc: **er wand dem Kleinen einen Wollschal um den Kopf**, avvolse la testa del piccolo in una sciarpa di lana **4** *(gewaltsam wegnehmen)*: **jdm etw aus der Hand ~**, strappare qc dalle mani di qu; **sie wand ihm den Brief aus der Hand**, gli strappò la lettera di mano **B** rfl **1** *(um etw herumwachsen)* **sich (um etw** akk) **~** {PFLANZE UM EINE REGENRINNE, EINEN STAMM} avviticchiarsi a qc, attorcigliarsi *(intorno)* a qc: **das Efeu windet sich um die Eiche**, l'edera si avviticchia alla quercia **2** *(sich schlängelnd fortbewegen)* **sich** *(irgendwohin)* **~** {SCHLANGE DURCH DAS DI- CKICHT, ÜBER DEN WEG} ᴸstrisciare/muoversi serpeggiandoᴶ/[snodarsi] *+ compl di luogo*: **der Regenwurm wand sich im Gras**, il lombrico si snodava nell'erba **3** *(sich schlängeln)* **sich irgendwohin ~** {BACH, PFAD, WEG} serpeggiare/snodarsi *(+ compl di luogo)*: **der kleine Bach windet sich durch das ganze Tal**, il piccolo ruscello serpeggia per l'intera valle **4** *(sich krümmen)* **sich** (**vor etw** dat) **~** {VOR SCHMERZEN} contorcersi *(da/per qc)*: **sie hat sich gewunden vor Bauchschmerzen**, si contorceva per il mal di pancia **5** *(Ausflüchte suchen)* **sich ~** svicolare, scantonare: **wenn du ihn nach seinen Plänen fragst, windet er sich immer**, quando gli chiedi dei suoi progetti svicola sempre **6** *geh (binden)* **sich** (dat) **etw in/um etw** (akk) **~** {BAND IN DIE HAARE} intrecciare qc in qc: **sich** (dat) **ein Tuch um den Kopf ~**, cingersi la testa con un foulard, avvolgersi/mettersi un foulard intorno alla testa.

winden② *unpers*: **es windet**, tira vento.

Windenergie f *ökol* energia f eolica.

Windenergieanlage f *ökol* impianto m eolico.

Windeseile f: **in/mit ~**, in un battibaleno *fam*/lampo *fam*, in quattro e quatt'otto *fam*: **die Nachricht verbreitete sich in ~**, la notizia si sparse in un battibaleno; **mit ~ packte sie die notwendigsten Sachen zusammen**, in ᴸquattro e quatt'ottoᴶ/[un batter d'occhio] mise insieme le cose indispensabili.

Windfang m bussola f.

Windgenerator m *tech* generatore m eolico, aerogeneratore m.

windgeschützt adj {HANG, STRAND} riparato/[al riparo] dal vento.

Windgeschwindigkeit f velocità f del vento.

Windhauch m alito m di vento.

Windhose f *meteo* tromba f d'aria.

Windhund m **1** *zoo* levriero m: **Afghanischer ~**, levriero afgano **2** *fam pej (unzuverlässiger Mann)* farfallone m.

windig adj **1** *(mit viel Wind)* {TAG, WETTER} ventoso; {GEGEND, ORT} *auch* battuto ᴸdal ventoᴶ/[dai venti]: **es ist ~**, tira vento, è ventoso, c'è vento; **bei ~em Wetter**, col vento **2** <*attr*> *fam pej (zweifelhaft)* {PERSON, TYP} sventato *fam*; {ALIBI, AUSREDE} inattendibile, poco credibile; {ANGELEGENHEIT, SACHE} dubbio, incerto; {PLAN} campato in aria **3** <*attr fam pej (nicht solide)* {HAUS} cadente, malandato, fatiscente: **eine ~e Bude/Hütte**, una catapecchia/bicocca.

Windjacke f giacca f a vento.

Windjammer <-s, -> m *naut* grande veliero m.

Windkanal m *tech* galleria f ᴸdel ventoᴶ/[aerodinamica], tunnel m ᴸdel ventoᴶ/[aerodinamico].

Windkraft f → **Windenergie**.

Windkraftanlage f *ökol* centrale f eolica.

Windkraftwerk n *ökol* → **Windkraftanlage**.

Windlicht n portacandele m in vetro (per proteggere la fiamma dal vento).

Windmaschine f *theat* macchina f del vento.

Windmesser <-s, -> m *tech* anemometro m.

Windmühle f mulino m a vento • **gegen ~n kämpfen**, combattere contro i mulini a vento.

Windmühlenflügel m pala f del mulino a vento.

Windpark m parco m eolico.

Windpocken subst <*nur pl*> *med* varicella f.

Windrad n **1** *tech* {+MÜHLE} pale f pl (del mulino) **2** *tech (Windgenerator)* pale f pl eoliche, generatore m eolico **3** → **Windrädchen**.

Windrädchen n girandola f.

Windrichtung f direzione f/letto m del vento.

Windröschen n *bot* → **Anemone**.

Windrose f rosa f dei venti.

Windsack m manica f a vento.

Windschatten m {+BERG, GEBIRGE} versante m/lato m sottovento; {+GEBÄUDE} lato m ᴸriparato dalᴶ/[al riparo dal] vento: **im ~ sein**, stare sottovento; **in jds ~**/[im ~] **von etw** (dat) **fahren**, essere/trovarsi nella scia di qu/qc • **im ~ von jdm/etw** *(im Gefolge)*, sulla scia di qu/qc.

windschief adj *oft pej* {BAUM, DACH, HAUS} storto, sghembo.

windschnittig adj {KAROSSERIE, MODELL} aerodinamico.

Windschott <-s, -s> n *autom* paravento m.

Windschutzscheibe f {+AUTO, LASTWAGEN, MOTORRAD} parabrezza m.

Windseite f lato m/versante m esposto al vento, (lato m/versante m) sopravvento m.

Windspiel n **1** *zoo*: **Italienisches ~**, piccolo levriero italiano **2** *(Mobile)* piccolo mobile m.

Windstärke f forza f/intensità f del vento: **es herrschtᴸ/[wir haben] ~ sechs**, il vento è a forza sei.

windstill adj {TAG} calmo, senza vento: **es war völlig ~**, non spirava un alito di vento.

Windstille f calma f, bonaccia f *naut*: **bei ~**, con la bonaccia; **völlige ~**, calma piatta.

Windstoß m colpo m/folata f/raffica f di vento.

Windsurfbrett n *sport* windsurf m, tavola f ᴸda surfᴶ/[a vela].

windsurfen itr <*nur inf*> fare/[praticare il] windsurf.

Windsurfer <-s, -> m (**Windsurferin** f) windsurfista mf, windsurfer mf.

Windsurfing <-s, *ohne pl*> n *sport* windsurfing m, windsurf m.

Windturbine f *tech* turbina f eolica.

Windung <-, -en> f <*meist pl*> *(Kurve)* {+WEG} sinuosità f, tortuosità f; {+STRAßE} *auch* serpentina f; {+FLUSS} ansa f, meandro m; {+DARM} ansa f; {+GEHIRN} circonvoluzione f **2** *(spiralenförmiger Verlauf)* {+SCHRAUBE} passo m; {+SPULE} spira f.

Windverhältnisse subst <*nur pl*> condizioni f pl del vento: **heute herrschen günstige ~**, oggi le condizioni del vento sono favorevoli.

Wink <-(e)s, -e> m **1** *(Zeichen)* cenno m: **ein kurzer/deutlicher/stummer ~**, un ᴸbreve cennoᴶ/[cenno esplicito]/[segno muto]; **ein schneller/heimlicher ~**, ᴸun rapido cennoᴶ/[un cenno furtivo]; **ein ~ mit dem Kopf**, un cenno con la testa; **auf einen ~ hin kam er sofort an unseren Tisch**, bastò un cenno e venne subito al nostro tavolo **2** *(Hinweis)* suggerimento m, consiglio m; *(warnend)* avvertimento m • **von jdm einen ~ bekommen**/**erhalten**, avere un suggerimento da qu; **jdm einen ~ geben**, dare un suggerimento a qu; **ein ~ des Schicksals**, un segno del destino; **ein ~ mit dem Zaunpfahl** *fam scherz*: **das ist/war ein ~ mit dem Zaunpfahl!**, ho capito ᴸl'antifonaᴶ/[al volo]!

winke: **~, ~ machen** *Kindersprache*, fare ciao (con la mano).

Winkel <-s, -> m **1** *geom* angolo m: **ein rechter/spitzer/stumpfer ~**, un angolo retto/acuto/ottuso; **ein ~ von 90 Grad**, un angolo di 90 gradi; **einen ~ messen**, misurare un angolo; **einen ~ von 180 Grad bilden**, formare un angolo di 180 gradi **2** *tech* → **Winkelmaß 3** *mil* gallone m **4** (*Ecke*) angolo m, canto m: **in allen ~n nachgucken/suchen**, guardare/cercare in tutti gli angoli **5** (*abgelegenes Plätzchen*) angol(in)o m, cantuccio m: **ein malerischer/stiller ~**, un angolo pittoresco/silenzioso • **toter ~**, angolo/punto morto; **im toten ~ liegen**, essere/trovarsi nell'angolo morto.

Winkeladvokat m (**Winkeladvokatin** f) *pej* leguleio m *pej*, causidico m *pej*, azzeccagarbugli m *pej*, cavalocchio m *pej*, avvocato (-essa) m (f) da strapazzo *pej*.

Winkeleisen n *bau* (ferro m) angolare m/cantonale m, ferro m a L.

winkelförmig adj angolare, ad angolo.

Winkelfunktion f *math* funzione f goniometrica.

Winkelhalbierende <*dekl wie adj*> f *math* bisettrice f.

winkelig adj → **winklig**.

Winkelmaß n *tech* squadra f.

Winkelmesser <-*s*, -> m *tech* goniometro m, rapportatore m.

Winkelzug m *meist pej* stratagemma m, sotterfugio m, espediente m: **geschickte/raffinierte Winkelzüge**, abili/astuti stratagemmi; **mit einem schlauen ~ hat er sich wieder einmal aus der Affäre gezogen**, con un astuto espediente si è nuovamente tratto d'impiccio.

winken <*winkt, winkte, gewinkt oder fam gewunken*> **A** itr **1** (*grüßen*) **jdm** ~ salutare *qu* con (un cenno del)la mano: **jdm mit einem Taschentuch ~**, salutare qu sventolando un fazzoletto; **die Kinder winkten noch lange zum Abschied**, i bambini continuarono a lungo a salutare con la mano **2** (*jdn/etw auffordern, sich zu nähern*) **jdm/etw** ~ {DEM KELLNER, OBER, TAXIFAHRER} fare un cenno/segno a *qu*, chiamare *qu/qc* con/facendogli un cenno **3** (*in Aussicht stehen*) **jdm** ~ attendere *qu*: **ihm winkt eine hohe Belohnung**, lo attende una lauta ricompensa; **dem Sieger winkt ein Gewinn von etwa einer halben Million Euro**, il vincitore porterà a casa un premio di circa mezzo milione di euro **B** tr (*jdn auffordern, sich an eine best. Stelle zu begeben*) **jdn/etw irgendwohin** ~ far cenno/segno *a qu* di muoversi + *compl di luogo*: **die Polizei winkte den Wagen ₎auf den Seitenstreifen₎/[zur Seite]**, la polizia fece segno alla macchina di ₎fermarsi sulla corsia d'emergenza₎/[accostare]; **jdn zu sich ~**, fare cenno a qu di avvicinarsi.

winklig adj {HAUS} pieno d'angoli; {GASSE} tortuoso; {ALTSTADT} tutto angoli e viuzze.

winseln itr **1** (*jaulen*) {HUND} guaire, uggiolare **2** *pej* (*erflehen*) (**um etw** akk) ~ implorare *qc* piangendo/frignando: **um Gnade ~**, piangendo supplicava pietà.

Winter <-*s*, -> m inverno m: **ein milder/langer/schneereicher/strenger ~**, un inverno mite/lungo/nevoso/rigido; **es wird ~**, arriva/comincia l'inverno, stiamo entrando nell'inverno; **im ~**, in inverno, d'inverno; **mitten im ~**, in pieno₎/[nel cuore dell'] inverno; **im tiefen ~**, nel rigore dell'inverno; **den ~ über, über den ~**, durante l'inverno; **gut durch den ~ kommen**, superare bene l'inverno, svernare bene; **jeden ~ fahren sie zum Skilaufen**, vanno a sciare ogni inverno • **nuklearer ~**, inverno nucleare.

Winterabend m sera f/serata f ₎d'inverno₎/[invernale]: **die ~e verbringen sie gemeinsam um den Kamin**, le serate d'inverno le passano insieme intorno al camino; **es war ein kalter ~**, era una fredda sera d'inverno.

Winteranfang m inizio m dell'inverno.

Wintercamping n campeggio m invernale.

Winterdienst m *adm* servizio m spazzaneve.

Wintereinbruch m arrivo m (improvviso) dell'inverno.

Winterfahrplan m {+BAHN, BUS} orario m invernale.

Winterfell n *zoo* {+HUND, KATZE} pelo m invernale; {+ESEL, PFERD} *auch* mantello m invernale; {+BÄR, FUCHS, WOLF} pelliccia f invernale.

Winterferien subst <*nur pl*> vacanze f pl invernali.

winterfest **A** adj **1** (*für den Winter geeignet*) {REIFEN} invernale, da inverno; {KLEIDUNG, SCHUHE} *auch* per l'inverno: **etw ~ machen** {AUTO, BOOT}, attrezzare qc per l'inverno **2** (*der Kälte standhaltend*) {PFLANZE} resistente ₎al freddo₎/[alle temperature rigide] **B** adv {SICH ANZIEHEN, SICH KLEIDEN} da inverno.

Wintergarten m giardino m d'inverno.

Wintergetreide n cereali m pl vernini.

Winterhalbjahr n *Schule* semestre m invernale.

winterhart adj *bot* {PFLANZE} resistente ₎al freddo₎/[alle temperature rigide].

Winterkälte f freddo m invernale.

Winterkartoffel f *bot* patata f che si conserva facilmente durante l'inverno.

Winterkleid n **1** (*Kleid für den Winter*) vestito m invernale **2** *zoo* mantello m invernale.

Winterkleidung f abbigliamento m invernale, vestiti m pl/abiti m pl invernali.

Winterkollektion f collezione f invernale: **~ 2006/2007**, collezione inverno 2006/2007.

Winterkurort m stazione f climatica invernale.

Winterlandschaft f paesaggio m invernale.

winterlich **A** adj {KLEIDER, TEMPERATUR, WETTER} invernale; {LANDSCHAFT} *auch* d'inverno: **es ist ~**, abbiamo/[c'è] un clima invernale; **es ist ~ geworden**, si è fatto inverno **B** adv {SICH KLEIDEN} da inverno, in modo invernale: **es ist ~ kalt**, fa un freddo invernale.

Winterluft f aria f invernale.

Wintermantel m cappotto m (invernale).

Wintermode f moda f₎per l'inverno₎/[invernale].

Wintermonat m mese m invernale.

Winternacht f notte f d'inverno: **in einer ~**, in una notte d'inverno.

Winterolympiade <-, *ohne* pl> f *sport* olimpiadi f pl invernali.

Winterpause f {+HOTEL, PENSION} pausa f/chiusura f invernale.

Winterreifen m pneumatico m/gomma f invernale.

Winterruhe f *zoo* ibernazione f.

winters adv *geh* in/d'inverno.

Wintersachen subst <*nur pl*> *fam* vestiti m pl invernali, abbigliamento m invernale.

Wintersaison f stagione f invernale.

Winterschlaf m *zoo* letargo m: **~ halten** (*sich im ~ befinden*), essere in letargo; (*einen ~ antreten*) andare/cadere in letargo.

Winterschlussverkauf (a.R. Winterschlußverkauf) m *com* saldi m pl invernali, liquidazione f di fine inverno.

Wintersemester n *univ* (Abk WS) semestre m invernale.

Wintersonnenwende f solstizio m invernale/[d'inverno].

Winterspeck m *fam scherz*: **~ ansetzen**, mettere su ciccia *fam*/kili (durante l'inverno).

Winterspiele subst <*nur pl*> *sport* giochi m pl olimpici invernali, olimpiadi f pl della neve *fam*.

Wintersport m sport m invernale: **~ treiben**, praticare/fare uno sport invernale; **in den ~ fahren**, (andare a) fare la settimana bianca.

Wintersportort m località f sciistica/[dove si praticano gli sport invernali].

wintersüber adv *geh* durante l'inverno, in inverno.

Wintertag m giorno m/giornata f₎d'inverno₎/[invernale].

wintertauglich adj {FAHRZEUG} adatto per l'inverno; {REIFEN} *auch* invernale, da inverno.

Winterurlaub m vacanze f pl invernali.

Winterweizen m *agr* frumento m vernino/autunnale.

Winterwetter n tempo m invernale.

Winterzeit f **1** (*Jahreszeit*) periodo m invernale, inverno m **2** (*Uhrzeit*) orario m invernale.

Winzer <-*s*, -> m (**Winzerin** f) viticoltore (-trice) m (f).

Winzergenossenschaft f cantina f sociale, cooperativa f vinicola.

Winzerin f → **Winzer**.

winzig **A** adj **1** (*sehr klein*) {BILD, FLECK, INSEKT, TIER} piccolissimo, microscopico; {*bes.* HAUS, ZIMMER} minuscolo: **aus dem Flugzeug sieht alles ~ aus**, visto dall'aereo tutto è piccolissimo/minuscolo **2** (*geringfügig*) {DEFEKT, DIFFERENZ, UNTERSCHIED} piccolissimo, minimo **B** adv: **~ klein**, piccolissimo, microscopico.

Winzigkeit <-, -*en*> f **1** <*nur sing*> (*geringste Größe*) estrema piccolezza f, microscopicità f **2** *fam* (*Kleinheit*) sciocchezza f, piccolezza f, inezia f.

Winzling <-*s*, -*e*> m *slang* **1** (*kleines Kind*) affarino m, scricciolo m **2** (*kleines Ding*) cosetina f, cosetta f minuscola/microscopica; (*kleines Auto*) automobile f piccola **3** (*unbedeutender Mensch oder Sache*): **noch ist das Unternehmen ein ~**, l'impresa è ancora di piccole dimensioni.

Wipfel <-*s*, -> m *bot* {+BAUM} vetta f, cima f: **die ~ rauschten im Wind**, le cime stormivano al vento.

Wippe <-, -*n*> f altalena f (a) bilico f: **auf die ~ steigen**, salire sull'altalena; **von der ~ steigen**, scendere dall'altalena.

wippen itr **1** (*auf der Wippe schaukeln*) andare sull'altalena a bilico **2** (*hin und her bewegen*) **mit etw** (dat) ~ dondolare *qc*: **mit dem Fuß ~**, dondolare il piede; **ein ~der Gang**, un'andatura dondolante **3** (*hin und her schwingen*) {HUTFEDER, ROCK} ondeggiare: **ihre Locken wippten**, i suoi riccioli ondeggiavano.

wir <*unser, uns, uns*> pers pron 1. pers pl **1** (*als betontes Subjekt*) noi: **wir beide**, noi due; **wir Deutschen**, noi/noialtri tedeschi; **wir als Freunde ...**, noi come amici; **wir Armen!**, poveri (-e) noi!; **wir spielen Tennis, ihr spielt lieber Fußball**, noi giochiamo a tennis, voi preferite giocare a calcio; **wer ist da? – Wir sind's**, chi è? – Siamo noi; (*als unbetontes Subjekt vor Verben nicht übersetzt*): **wir gehen heute Abend ins Kino**, stasera andiamo al cinema **2** (*auf den Verfasser einer Rede oder eines Textes bezogen: ich*) noi: **wir untersuchen in unserer Studie folgende**

Aspekte: ..., nel nostro studio analizziamo i seguenti aspetti: ... **3** fam (*vertrauliche Anrede: du, Sie, ihr*): **jetzt wollen wir aber schön ins Bett gehen!**, ora però, da bravi (-e), andiamo a letto!; **das wollen wir schön sein lassen!**, è meglio lasciar perdere!; **da haben wir uns wohl getäuscht?!** *iron*, sembra proprio che ₍tu ti sia sbagliato (-a)₎/[lei si sia sbagliata]!

Wirbel <-s, -> m **1** *anat* (*~knochen*) vertebra f **2** (*Haarwirbel*) ritrosa f *tosk* **3** (*schnelle, kreisende Bewegung*) {+WASSER} vortice m, mulinello m; {+LUFT, SAND, SCHNEE} *auch* turbine m **4** (*Trubel*) confusione f, casino m *fam*: **mach nicht so einen ~!**, non far tanta confusione!; **im ~ der Ereignisse**, nel turbinio/vortice degli eventi **5** (*Aufsehen*) clamore m **6** (*Holzstift*) {+CELLO, GEIGE, GITARRE, KONTRABASS} pirolo m, bischero m **7** *mus* (*Trommelwirbel*) rullo m ● **viel ~ um jdn/etw machen**, sollevare un gran polverone intorno a qu/qc; **viel ~ um nichts**, tanto rumore per nulla.

Wirbelbogen m *anat* arco m vertebrale.

Wirbelkasten m *mus* cavigliere m.

Wirbelknochen m *anat* vertebra f.

wirbellos adj invertebrato: **ein ~es Tier**, un invertebrato.

Wirbellose <dekl wie adj> subst <nur pl> *zoo* invertebrati m pl.

wirbeln A tr <haben> (*schnell im Kreis bewegen*) **jdn/etw irgendwohin ~** {BLÄTTER DURCH DIE LUFT} far ₍girare vorticosamente qu/qc₎/[turbinare qc]/[volteggiare qu] + *compl di luogo*: **sie wirbelte den Kleinen durch die Luft**, fece volteggiare in aria il piccolo; **er wirbelte seine Partnerin** ₍**über die Tanzfläche**₎/[**durch den Saal**], fece volteggiare la sua partner ₍sulla pista (da ballo)₎/[attraverso la sala] B itr <sein> (*sich schnell und drehend bewegen*) (**irgendwohin**) ~ {BLÄTTER, SCHNEEFLOCKEN DURCH DIE LUFT} turbinare/mulinare/[far mulinello] + *compl di luogo*; {TÄNZER DURCH DEN SAAL, ÜBER DIE TANZFLÄCHE} volteggiare + *compl di luogo*.

Wirbelsäule f <meist sing> *anat* colonna f vertebrale, spina f dorsale.

Wirbelsäulengymnastik f *sport* ginnastica f per la colonna vertebrale.

Wirbelsäulenverkrümmung f *med* scoliosi f.

Wirbelsturm m *meteo* ciclone m, uragano m ● **tropischer ~**, ciclone tropicale.

Wirbeltier n *zoo* vertebrato m: **die ~e**, i vertebrati.

Wirbelwind m **1** *meteo* turbine m, vortice m di vento **2** (*lebhaftes Kind*) *scherz* uragano m *fam scherz*, terremoto m *fam scherz*: **sie ist ein richtiger ~!**, è un vero terremoto!

wirbt 3. pers sing präs *von* werben.

wird 3. pers sing präs *von* werden.

wirft 3. pers sing präs *von* werfen.

Wir-Gefühl, **Wirgefühl** n sentimento m/senso m ₍del noi₎/[della comunità/collettività].

wirken① A itr **1** (*eine bestimmte Wirkung haben*) **irgendwie** (**auf jdn/etw**) **~** avere un effetto/un'azione + *adj* (*su qu/qc*), essere + *adj* (*per qu/qc*): **ein Gläschen Wein wirkt leicht anregend**, un bicchierino di vino ₍ha un leggero effetto₎/[è leggermente eccitante; **der Genuss eines einzigen Pilzes kann tödlich ~**, il consumo di un solo fungo può essere/risultare letale; **seine Anwesenheit wirkt beruhigend auf sie**, la sua presenza ha su di lei un effetto rassicurante; **der Klimawechsel hat heilend gewirkt**, il cambiamento di clima ha avuto un effetto salutare **2** (*wirkungsvoll sein*) **irgendwie** (**gegen etw akk**) **~** agire + *compl di modo* (*contro qc*), essere efficace (*contro qc*), avere un effetto/un'azione + *adj* (*contro qc*): **Aspirin wirkt besonders gut gegen Erkältungen**, l'aspirina ₍agisce bene₎/[è efficace] soprattutto contro il raffreddore; **die Schlaftablette** ₍**hat schnell gewirkt**₎/[**fängt an zu ~**], il sonnifero ₍ha fatto subito effetto₎/[comincia a fare effetto/agire]; **wir haben ihm ein Mittel gegeben, das vor allem schmerzstillend wirkt**, gli abbiamo dato un preparato che ₍ha soprattutto un effetto antidolorifico₎/[calma soprattutto il dolore]; **der Hustensaft wirkt überhaupt nicht!**, questo sciroppo contro la tosse non fa (nessun) effetto!; **es hat gewirkt!**, ha funzionato! **3** (*einen bestimmten Eindruck machen*) **irgendwie ~** {GESTRESST, JUGENDLICH, MÜDE, ÜBERARBEITET} sembrare/parere + *adj*, dare l'impressione di essere + *adj*, avere un aspetto/un'aria + *adj*: **er wirkt kränklich in letzter Zeit**, negli ultimi tempi ha un aspetto malaticcio; **ein sympathisch ~des Mädchen**, una ragazza ₍dall'aspetto simpatico₎/[dall'aria simpatica]; **sie wirkt immer ₍gut gelaunt₎/[traurig]**, dà sempre l'idea/l'impressione di essere ₍di buonumore₎/[triste]; **sie wirkte lächerlich mit dem riesigen Hut**, aveva un'aria ridicola con quell'enorme cappello; **ihre Heiterkeit wirkte unecht**, la loro allegria sembrava/suonava fasulla **4** (*zur Geltung kommen*) risaltare: **an der anderen Wand würde das Bild besser ~**, sull'altra parete il quadro ₍risalterebbe di più₎/[farebbe più figura] **5** *geh* (*beruflich sein*) **irgendwo** (**als etw** nom) **~** operare/lavorare/[essere attivo] *come qc + compl di luogo*: **er hat lange als Arzt in Afrika gewirkt**, ha operato a lungo come medico in Africa B tr: **wahre Wunder ~**, fare miracoli; **sie wirkt bei den Kindern wahre Wunder**, con i bambini fa miracoli; **er hat in der Firma wahre Wunder gewirkt** (*er hat Unerwartetes geleistet*), in quella ditta ha fatto veri e propri miracoli; **Gutes ~**, fare del bene ● **wie etw** (nom) **~**, fare l'effetto di qc; **die Nachricht hat wie eine Bombe gewirkt**, la notizia ha avuto l'effetto di una bomba.

wirken② tr *etw* ~ {GOBELIN, TEPPICH} tessere *qc*.

Wirken <-s, ohne pl> n *geh* operato m, attività f.

wirkend adj: **sicher ~**, di sicuro effetto, a effetto sicuro; **ein sicher ~es Medikament**, un medicinale a effetto sicuro/garantito.

wirklich A adj **1** (*tatsächlich*) {WERT} effettivo, reale; {LEBEN, NAME} vero: **das ist eine ~e Begebenheit**, questo è un fatto realmente accaduto; **eine ~e Besserung**, un miglioramento effettivo **2** (*echt*) {FREUND, KÜNSTLER} vero; {VERBESSERUNG} *auch* reale: **das war eine ~e Hilfe**, è stato un aiuto reale; **er ist ein ~er Könner**, è uno che ci sa veramente fare B adv **1** (*der Wirklichkeit entsprechend*) {GESCHEHEN, SICH ZUTRAGEN} effettivamente, realmente, (per) davvero: **denkst du das ~?**, lo pensi davvero?; **sie ist nicht ~ daran interessiert**, non è realmente interessata; **die Geschichte hat sich ~ zugetragen**, la storia è effettivamente/realmente accaduta **2** (*echt*) realmente, davvero, veramente: **sie kann ~ Klavier spielen**, sa veramente suonare il piano; **er versteht ~ was davon**, se ne intende realmente/davvero **3** (*verstärkend: in der Tat*) veramente, davvero, proprio: (**nein**), **~?!**, (ma) davvero?!; **kommst du ~ nicht?**, davvero/veramente non vieni?; **sie ist ~**, è il davvero!, proprio lei!; **das habe ich ~ nicht gewusst**, non lo sapevo proprio/davvero; **das ist ~ die Höhe!**, è veramente il colmo!; **das ist ~ nett von**

Ihnen, è veramente gentile da parte Sua; **ich bin ~ neugierig, wer alles da sein wird**, sono veramente curioso (-a) di sapere/vedere chi ci sarà ● **~ und wahrhaftig**, veramente, veramente.

Wirklichkeit <-, -en> f <meist sing> realtà f: **~ werden**, diventare realtà, realizzarsi; **die harte/raue/nackte ~**, la dura/cruda/nuda realtà; **die gesellschaftliche/politische/wirtschaftliche ~**, la realtà sociale/politica/economica; **die ~ sieht ganz anders aus**, la realtà è ₍tutt'altra cosa₎/[completamente diversa]; **den Bezug zur ~ verloren haben**, aver perduto il contatto con la realtà ● **der ~ ins Auge sehen**, guardare in faccia la realtà; **die ~ entstellen/verfälschen**, alterare/travisare la realtà; **in ~**, in realtà.

Wirklichkeitsform f *gram* (modo m) indicativo m.

wirklichkeitsfremd adj **1** (*unrealistisch*) {IDEAL, PLAN, VORSTELLUNGEN} ₍lontano dalla₎/[senza riscontro nella] realtà **2** (*ohne Bezug zur Wirklichkeit*) {MENSCH} che vive fuori₎/[avulso] dalla realtà.

wirklichkeitsgetreu A adj {DARSTELLUNG, WIEDERGABE, ZEICHNUNG} fedele alla realtà, realistico B adv {BERICHTEN, DARSTELLEN, WIEDERGEBEN} rimanendo fedele alla realtà; {ABBILDEN, ZEICHNEN} *auch* in maniera realistica.

Wirklichkeitsmensch m realista mf.

wirklichkeitsnah A adj {DARSTELLUNG, ERZÄHLWEISE} aderente alla realtà, realistico, icastico *lit* B adv {DARSTELLEN, ERZÄHLEN} rimanendo aderente alla realtà, realisticamente, in maniera icastica *lit*.

Wirklichkeitssinn <-(e)s, ohne pl> m senso m della realtà, realismo m.

Wirklichkeitstreue f fedeltà f alla realtà.

wirksam A adj {MASSNAHME} efficace; {MEDIKAMENT, MITTEL} *auch* che ₍fa effetto₎/[funziona] B adv {HELFEN, UNTERSTÜTZEN, VERTEIDIGEN} efficacemente, in modo efficace ● **~ sein** *jur*, essere in vigore; **~ werden** *jur* {GESETZ, URTEIL}, acquistare efficacia.

Wirksamkeit <-, ohne pl> f **1** {+MASSNAHME, MEDIKAMENT, MITTEL} efficacia f **2** *jur* {+GESETZ, RECHTSGESCHÄFT, URTEIL, VERTRAG, VERWALTUNGSAKT} efficacia f ● **~ erlangen** *jur*, acquistare efficacia; **~ haben** *jur*, avere efficacia; **Wiedererlangung der ~** *jur*, reviviscenza, riacquisto di efficacia.

Wirkstoff m *bes. pharm* principio m attivo.

Wirkung <-, -en> f **1** (*Einfluss*) effetto m: **eine starke/nachhaltige ~ auf jdn haben**, avere un forte/duraturo effetto su qu; **auf etw** (akk) **eine ~ haben**, influire su qc, produrre degli effetti su qc; **dieses Gift entfaltet seine ~ sehr langsam**, questo veleno agisce molto lentamente; **seine ~ tun**, avere l'effetto desiderato; **die gewünschte ~** (**nicht**) **erzielen**, (non) ottenere/sortire l'effetto desiderato; **seine Worte verfehlten ihre ~**, le sue parole non sortirono l'effetto desiderato **2** (*Wirksamkeit*) effetto m, azione f: **leider hat das Medikament noch keine ~ gezeigt**, purtroppo il farmaco non ha ancora mostrato nessun effetto; **die ~ hat noch lange angehalten**, l'effetto è durato a lungo **3** (*Eindruck*) effetto m: **seine ~ aufs Publikum ist ungeheuer**, l'effetto che fa sul pubblico è immenso **4** *jdm jur* effetto m (*giuridico*) ● **eine durchschlagende ~**, un effetto bomba; **zur ~ kommen** {MASSNAHME, MITTEL}, avere effetto; {KLEID, SCHMUCK}, risaltare, fare figura; **mit ~**: **mit ~ vom ...** adm, con effetto dal ...; **mit ex nunc** adm, con effetto (giuridico) ex nunc; **mit sofortiger ~** adm, con effetto immediato; **an ~ verlieren**, perdere (l')efficacia.

Wirkungsbereich m sfera f/campo m d'azione: **einen kleinen/großen ~ haben**, avere una piccola/ampia sfera d'azione.

Wirkungsbreite f *bes. pharm* spettro m d'azione.

Wirkungsdauer f durata f dell'effetto.

Wirkungsfeld n → **Wirkungsbereich**.

Wirkungsgrad m *phys* {+Maschine, Motor} rendimento m, resa f.

Wirkungskette f *chem* catena f d'azione.

Wirkungskreis m sfera f di attività, ambito m d'azione.

wirkungslos adj {Medikament, Therapie} inefficace, che non fa effetto: **eine ~e Rede**, un discorso inefficace/[privo di]/[senza] effetto; **alle Versuche zu vermitteln sind bis jetzt ~ geblieben**, tutti i tentativi di mediazione sono rimasti sinora senza effetto.

Wirkungslosigkeit <-, *ohne pl*> f {+Maßnahme, Therapie, Unternehmung, Worte} inefficacia f.

Wirkungsstätte f *geh* luogo m in cui opera/[ha operato]: **Goethes langjährige ~ war Weimar**, il luogo in cui Goethe operò a lungo fu Weimar.

wirkungsvoll adj **1** (*wirksam*) {Maßnahme, Mittel, Worte} efficace, di (grande) effetto, incisivo: **seine Worte waren sehr ~**, le sue parole fecero molto effetto **2** (*effektvoll*) {Aufmachung, Beleuchtung, Dekoration} di grande effetto.

Wirkungsweise f {+Gerät} funzionamento m; {+Medikament, Therapie} azione f.

Wirkwaren subst <*nur pl*> (articoli m pl di) maglieria f.

wirr adj **1** (*ungeordnet*) disordinato; {Haar} arruffato, scompigliato **2** (*unklar*) {Gedanken, Traum} confuso; {Rede} *auch* sconclusionato, scombinato: **~es Zeug reden**, sragionare; **er ist ein ~er Kopf**, ha le idee confuse; **er ist ganz ~ im Kopf**, sragiona, non ha più la testa *fam* ● **jdn (ganz) ~ machen**, confondere qu, mandare in confusione qu.

Wirren subst <*nur pl*> disordini m pl, confusione f: **in den ~ des Krieges/der Revolution**, nel caos della guerra/rivoluzione.

Wirrkopf m *pej* confusionario (-a) m (f).

wirrköpfig adj confusionario: **~ sein**, essere confusionario.

Wirrnis <-, -se> f *geh* **1** (*Wirren*) disordine m, confusione f, caos m: **die ~se der Revolution**, i disordini della rivoluzione **2** (*Wirrwarr*) confusione f, disordine m; (*in den Gedanken*) confusione f.

Wirrung <-, -en> f *lit* intrico m, groviglio m: **Irrungen und ~en**, traversie, alterne vicende.

Wirrwarr <-s, *ohne pl*> m confusione f; (*Unordnung*) *auch* disordine m, caos m: **der ~ von Stimmen verwirrte ihn**, una ridda di voci; **ein ~ von Bändern und Fäden**, un groviglio di nastri e fili; **ein fürchterlicher ~ empfing sie**, li/la accolse una terribile confusione.

Wirsing <-s, *ohne pl*> m *bot*, **Wirsingkohl** m *bot* (cavolo m) verza f.

Wirt <-(e)s, -e> m (**Wirtin** f) **1** (*Gastwirt*) oste (-essa) m (f) **2** *obs* (*Gastgeber*) padrone (-a) m (f) di casa **3** *obs* (*Zimmerwirt*) affittacamere mf **4** *biol* ospite m.

Wirtschaft <-, -en> f **1** <*meist sing*> (*System*) (*Personen*) mondo m economico: **freie/gelenkte ~**, economia libera/[regolata/controllata]; **in der freien ~ arbeiten**, lavorare nel (settore) privato **2** (*Gastwirtschaft*) osteria f, trattoria f: **in die ~ gehen**, andare all'osteria/[in trattoria] **3** *obs* (*Hauswirtschaft*) economia f domestica; (*Haushalt*) governo m di casa: **jdm die ~ führen**, mandare avanti la casa a qu **4** *fam* (*Zu-

stände*) baraonda f *fam*, confusione f **5** (*Landwirtschaft*) (piccola) azienda f agricola ● **die ~ ankurbeln**, incrementare l'economia, dare nuova linfa/[nuovo impulso] all'economia; **eine blühende ~**, un'economia florida/fiorente; **eine schöne ~!** *fam*, bella confusione! *fam*; **in der ~ tätig sein**, lavorare nel settore economico.

wirtschaften itr **1** (*haushalten*) (**mit etw dat**) **~** {mit dem Geld} fare economia (*di qc*), amministrare oculatamente qc, economizzare (*qc*): **gut/schlecht ~**, amministrare/gestire bene/male i soldi; **mit Gewinn ~**, amministrare con profitto; **sie wissen zu ~**, sanno risparmiare, sono bravi economi **2** (*sich betätigen*) **irgendwo ~** {im Haushalt} affaccendarsi + *compl di luogo* ● **etw zugrunde ~**, portare qc alla rovina.

Wirtschafter <-s, -> m **1** → **Wirtschaftler 2** (*wirtschaftlicher Leiter eines Betriebes oder Großhaushaltes*) amministratore m, economo m **3** *slang* (*männliche Person, die im Bordell Aufsicht führt*) protettore m *euph*, magnaccia m *region*.

Wirtschafterin f **1** (*Haushälterin*) governante f **2** (*wirtschaftliche Leiterin eines Betriebes oder Großhaushaltes*) amministratrice f, economa f.

Wirtschaftler <-s, -> m (**Wirtschaftlerin** f) economista mf.

wirtschaftlich A adj **1** <*meist attr*> (*die Wirtschaft betreffend*) {Aufschwung, Erfolg, Lage, Situation} economico: **die USA verhängten ~e Sanktionen über Kuba**, gli USA hanno decretato sanzioni economiche nei confronti di Cuba **2** (*finanziell*) economico: **ich kenne ihre ~en Verhältnisse nicht**, non conosco la loro situazione economica **3** (*sparsam*) {Haushaltung, Planen} al risparmio, attento, oculato **4** *tech* {Auto, Waschmaschine} economico **5** *com* {Anbaumethode, Produktion} conveniente B adv **1** (*finanziell*) economicamente: **~ von jdm abhängig sein**, dipendere economicamente da qu; **es geht ihnen ~ wieder besser**, stanno di nuovo meglio economicamente **2** (*die Wirtschaft betreffend*) sul piano economico, economicamente: **es geht ~ voran**, l'economia è in ripresa **3** (*sparsam*) {Planen} economizzando: **~ haushalten**, amministrare i soldi con parsimonia.

Wirtschaftlichkeit <-, *ohne pl*> f *ökon* {+Produktion, Unternehmen} redditività f; {+Auto, Gerät} economicità f.

Wirtschaftlichkeitsberechnung, **Wirtschaftlichkeitsrechnung** f *ökon* valutazione f della redditività.

Wirtschaftsabkommen n accordo m economico.

Wirtschaftsaufschwung m ripresa f economica.

Wirtschaftsauskunft f <*meist pl*> informazione f sulla situazione economica (di qu).

Wirtschaftsausschuss (a.R. **Wirtschaftsausschuß**) m **1** *industr* comitato m economico **2** *parl* commissione f economia.

Wirtschaftsbarometer n *ökon* termometro m della situazione economica.

Wirtschaftsbelebung f *ökon* rilancio m economico.

Wirtschaftsberater m (**Wirtschaftsberaterin** f) consulente mf economico (-a).

Wirtschaftsbereich m settore m/comparto m economico.

Wirtschaftsbeziehungen subst <*nur pl*> relazioni f pl economiche.

Wirtschaftsblockade f embargo m (economico), blocco m economico.

Wirtschaftsboykott m boicottaggio m economico.

Wirtschaftsbuch n libro m dei conti/[delle entrate e uscite].

Wirtschaftsdelikt n reato m economico.

Wirtschaftsembargo n *ökon* embargo m (economico).

Wirtschaftsentwicklung f sviluppo m economico.

Wirtschaftsethik <-, *ohne pl*> f etica f economica.

Wirtschaftsexperte m (**Wirtschaftsexpertin** f) esperto (-a) m (f) di economia.

Wirtschaftsfaktor m fattore m economico.

wirtschaftsfeindlich adj {Maßnahmen} antieconomico.

Wirtschaftsflüchtling m migrante m economico.

Wirtschaftsförderung <-, *ohne pl*> f aiuti m pl economici.

Wirtschaftsform f sistema m economico.

Wirtschaftsforschungsinstitut n *ökon* istituto m di ricerche economiche.

Wirtschaftsfrage f <*meist pl*> questione f economica.

Wirtschaftsführer m (**Wirtschaftsführerin** f) grande industriale mf, capitano m d'industria.

Wirtschaftsgebäude n fabbricato m di servizio.

Wirtschaftsgebiet n area f economica.

Wirtschaftsgefälle n gap m/divario m economico.

Wirtschaftsgefüge n struttura f economica.

Wirtschaftsgeld <-(e)s, *ohne pl*> n soldi m pl per le spese domestiche/[di casa].

Wirtschaftsgemeinschaft f comunità f economica ● **Europäische ~** (*Abk* EWG) *hist*, Comunità economica europea (*Abk* CEE) *hist*.

Wirtschaftsgeografie, **Wirtschaftsgeographie** f geografia f economica.

Wirtschaftsgeschichte <-, *ohne pl*> f storia f dell'economia/[economica].

Wirtschaftsgipfel m *ökon* vertice m economico.

Wirtschaftsgut n bene m economico: **langlebige Wirtschaftsgüter**, beni economici durevoli.

Wirtschaftsgymnasium n *D* "scuola f media superiore ad indirizzo economico".

Wirtschaftshilfe f aiuto m economico.

Wirtschaftshistoriker m (**Wirtschaftshistorikerin** f) storico (-a) m (f) dell'economia.

Wirtschaftsindikator m *ökon* indicatore m economico.

Wirtschaftsinformatiker m (**Wirtschaftsinformatikerin** f) laureato (-a) esperto (-a) m (f) in economia informatica.

Wirtschaftsingenieur m (**Wirtschaftsingenieurin** f) ≈ ingegnere mf industriale.

Wirtschaftsjahr n *ökon* (anno m d')esercizio m.

Wirtschaftsjournalist m (**Wirtschaftsjournalistin** f) giornalista mf esperto (-a) di economia.

Wirtschaftskapitän m capitano m d'industria.

Wirtschaftskraft f *ökon* forza f economica.

Wirtschaftskreise subst <*nur pl*> ambienti m pl economici.

Wirtschaftskrieg m guerra f economica.
Wirtschaftskriminalität f criminalità f economica.
Wirtschaftskrise f ökon crisi f economica.
Wirtschaftslage f situazione f economica.
Wirtschaftsleben <-s, ohne pl> n vita f economica.
Wirtschaftslehre f Schule scienze f pl economiche.
Wirtschaftsmacht f **1** (wirtschaftliche Stärke) {+LAND, NATION} potere m economico **2** (wirtschaftlich bedeutendes Land) potenza f economica.
Wirtschaftsmagazin n rivista f economica, magazine m economico.
Wirtschaftsmetropole f capitale f economica.
Wirtschaftsminister m (**Wirtschaftsministerin** f) ministro m dell'economia.
Wirtschaftsministerium n ministero m dell'economia.
Wirtschaftsordnung f ökon sistema m economico.
Wirtschaftsplanung f pianificazione f/programmazione f economica.
Wirtschaftspolitik f politica f economica.
wirtschaftspolitisch adj di/della politica economica.
Wirtschaftspotenzial, **Wirtschaftspotential** n ökon potenziale m economico.
Wirtschaftspresse <-, ohne pl> f stampa f economica.
Wirtschaftsprognose f previsioni f pl economiche.
Wirtschaftsprozess (a.R. Wirtschaftsprozeß) m processo m economico.
Wirtschaftsprüfer m (**Wirtschaftsprüferin** f) revisore m ⌊contabile⌋/[dei conti], auditor mf.
Wirtschaftsprüfung f ökon revisione f ⌊contabile⌋/[del bilancio], auditing m.
Wirtschaftsrat <-(e)s, ohne pl> m D "comitato m composto da rappresentanti dei lavoratori dipendenti e dei datori di lavoro, con funzione consultiva nei confronti del parlamento e del governo".
Wirtschaftsraum m **1** <meist pl> fabbricato m di servizio **2** ökon area f economica: **europäischer ~**, area economica europea.
Wirtschaftsrecht <-(e)s, ohne pl> n diritto m economico.
Wirtschaftsredakteur m (**Wirtschaftsredakteurin** f) redattore (-trice) m (f) (delle pagine) di economia.
Wirtschaftsreform f ökon riforma f economica.
Wirtschaftssabotage f sabotaggio m economico.
Wirtschaftssanktion f <meist pl> sanzione f economica.
Wirtschaftsspionage f spionaggio m industriale.
Wirtschaftsstandort m ökon sede f per attività economiche.
Wirtschaftsstraftat f → **Wirtschaftsdelikt**.
Wirtschaftssystem n ökon sistema m economico: **kapitalistisches ~**, sistema economico capitalista; **staatlich gelenktes ~**, sistema economico a controllo statale.
Wirtschaftsteil m {+ZEITUNG} pagina f economica, pagine f pl dell'economia.
Wirtschaftstheorie f teoria f economica.

Wirtschafts- und Währungsunion f pol (Abk WWU) Unione f Economica e Monetaria (Abk UEM).
Wirtschaftsunternehmen n impresa f (economica), operatore m economico: **kommunales ~**, azienda municipale.
Wirtschaftsverband m associazione f economica.
Wirtschaftsverbrechen n reato m economico.
Wirtschaftswachstum <-s, ohne pl> n crescita f economica, sviluppo m economico.
Wirtschaftswissenschaft f <meist pl> univ scienza f economica.
Wirtschaftswissenschaftler m (**Wirtschaftswissenschaftlerin** f) economista mf, studioso (-a) m (f) di scienze economiche.
Wirtschaftswunder n fam miracolo m economico ● **das ~** (Deutschlands wirtschaftlicher Aufschwung, bes. nach 1948), il miracolo economico (tedesco).
Wirtschaftszeitung f giornale m economico, testata f economica.
Wirtschaftszweig m settore m economico.
Wirtshaus n osteria f, taverna f, trattoria f; (mit Unterkunft) locanda f.
Wirtsleute subst <nur pl> **1** (von Wirtshaus) trattori m pl, padroni m pl dell'osteria, locandieri m pl **2** (als Zimmervermieter) padroni m pl di casa.
Wirtsorganismus m biol organismo m ospite.
Wirtspflanze f bot pianta f ospite.
Wirtstier n zoo (animale m) ospite m.
Wirz <-es, -e> m CH bot verza f.
Wisch <-(e)s, -e> m fam pej pezzo m di carta fam: **zeig mal den ~ her!**, fa' vedere quel pezzo di carta!; **der ~ ist überhaupt nichts wert!**, quel fogliaccio non vale un bel niente!
Wischarm m autom {+SCHEIBENWISCHER} braccio m.
Wischblatt n → **Wischerblatt**.
wischen Ⓐ tr **1** (feucht säubern) **etw ~** {BODEN, FLUR, TREPPE, ZIMMER} pulire/lavare qc (con uno straccio umido), passare lo straccio su/in qc: **ich muss nur noch die Treppe ~, dann bin ich fertig**, mi rimane da passare lo straccio soltanto sulle scale, e poi ho finito; **trocken ~ → trocken|wischen** **2** (mit einem Lappen entfernen) **etw ~** (von etw dat) ~ togliere qc (con un panno) da qc: **die Essensreste/Krümel vom Tisch ~**, togliere gli avanzi/le briciole dal tavolo; **Staub ~**, spolverare; **den Staub von den Möbeln ~**, ⌊spolverare i⌋/[togliere la polvere dai] mobili **3** (ab~) **jdm etw von/aus etw** (dat) **~** pulire qc di qu da qc: **sie wischte dem Kind die Krümel aus den Mundwinkeln**, pulì la bocca del bambino dalle briciole; **er wischte dem Kranken den Schweiß von der Stirn**, asciugò il sudore sulla fronte del malato; **er wischte ihr die Tränen vom Gesicht**, le asciugò le lacrime sul viso Ⓑ itr **1** (mit einem feuchten Lappen sauber machen) (**irgendwo**) ~ {IM BAD, IN DER KÜCHE, IN EINEM ZIMMER} ⌊pulire in terra⌋/[dare/passare lo straccio] (+ compl di luogo) **2** (über etw fahren) **mit etw** (dat) **über etw** (akk) ~ passare qc su qc: **sie wischte mit der Hand über die glatte Tischfläche**, passò la mano sulla superficie liscia del tavolo Ⓒ rfl **1** (ab~): **sich** (dat) **den Schweiß von der Stirn ~**, asciugarsi il sudore dalla fronte; **sich** (dat) **mit der Serviette den Mund ~**, pulirsi la bocca con il tovagliolo; **sich** (dat) **die Augen ~**, asciugarsi le lacrime; **sich** (dat) **den Schlaf aus den Augen ~**, stropicciarsi gli occhi (al risveglio)

2 (über etw fahren) **sich** (dat) **mit etw** (dat) **über etw** (akk) ~ passarsi qc su qc: **sie wischte sich mit der Hand über die Stirn**, si passò una mano sulla fronte ● **eine gewischt bekommen** fam/**kriegen** fam, prendere un ceffone fam/una sberla fam; **jdm eine ~ fam**, mollare un ceffone a qu fam; **einen gewischt kriegen/bekommen** fam (einen elektrischen Schlag bekommen), prendere la scossa (elettrica).
wischen② itr <sein> fam (sich schnell irgendwohin bewegen) **irgendwohin ~** sgattaiolare/sgusciare + compl di luogo: **der Hund wischte aus der halbgeöffneten Tür**, il cane sgattaiolò fuori attraverso la porta semiaperta; **der Dieb wischte aus dem Haus**, il ladro sgattaiolò/sgusciò fuori di casa.
Wischer <-s, -> m **1** (Scheibenwischer) tergicristallo m **2** (Grafik) sfumino m.
Wischerblatt n spazzola f del tergicristallo.
wischfest adj {FARBE} che non sbava.
Wischiwaschi <-s, ohne pl> n fam pej blablà m fam, discorsi m pl a vanvera.
Wischlappen m strofinaccio m, straccio m, cencio m.
Wisent <-s, -e> m zoo bisonte m europeo.
Wismut <-(e)s, ohne pl> n chem bismuto m.
wispern Ⓐ tr **etw ~** sussurrare qc, bisbigliare qc: **er wisperte ihr etwas ins Ohr**, le sussurrò qualcosa all'orecchio Ⓑ itr sussurrare, bisbigliare: **was habt ihr beiden denn da zu ~?**, (che) cos'avete da bisbigliare voi due?
Wissbegierde (a.R. Wißbegierde), **Wissbegier** (a.R. Wißbegier) <-, ohne pl> f brama f/desiderio m di sapere/conoscere; (bes. intellektueller Natur) curiosità f intellettuale ● **jds ~ befriedigen**, soddisfare la curiosità di qu; **von ~ besessen sein**, essere posseduto dal desiderio di conoscere/sapere.
wissbegierig (a.R. wißbegierig) adj bramoso/desideroso di sapere/conoscere; (neugierig) curioso: **er ist unheimlich ~**, ha una grandissima curiosità intellettuale.
wissen <weiß, wusste, gewusst> Ⓐ tr **1** (kennen) ~ {ADRESSE, NAME, STRASSE, TELEFONNUMMER, WEG} conoscere qc, sapere qc: **ich weiß (es) nicht!**, non (lo) so!; **ich weiß es nicht mehr**, non me lo ricordo più; **weißt du schon das Neu(e)ste?**, la sai l'ultima?; **ich weiß nicht, was ich machen soll**, non so (che) cosa fare; **weißt du, wie es passiert ist?**, sai com'è successo?; **Sie müssen ~, dass ...**, deve sapere che ...; **ich möchte nicht ~, was sie für das Bild bezahlt haben**, non voglio neppure sapere quanto hanno speso per il quadro; **als ob ich das wüsste!**, come se lo sapessi!; **das weiß ich doch nicht!** fam, ma che ne so io!, non lo so davvero!; **sie weiß genau**, was sie will, sa esattamente quello/ciò che vuole; **das hätte ich ~ müssen!**, avrei dovuto saperlo!; **weißt du, was ...**, sai (che) cosa ...; **was weiß der denn schon!** fam, che cosa vuoi che ne sappia lui!; **gut, dass ich es weiß**, bene a saperlo/sapersi; **er weiß unheimlich viel**, sa un'infinità/un sacco di cose; **ich wusste, dass es so kommen würde**, sapevo che sarebbe andata così **2** (über jdn/etw Informationen haben) **etw über jdn/etw ~** {NICHTS, VIEL, WENIG} sapere qc di qu/qc, conoscere qc di qu/qc: **über diese Geschichte ~ sie nichts**, non sanno niente di questa storia; **er wusste alles/nichts über die letzten Vorfälle**, sapeva/ignorava tutto degli ultimi avvenimenti; **sie ~ alles, aber auch einfach alles über sie**, sanno tutto di lei, vita, morte e miracoli **3** (können): **etw zu tun ~**, saper fare qc; **sie weiß mit kranken Menschen umzugehen**,

ci sa fare con/[sa come trattare] le persone malate; **ich weiß seine Freundlichkeit zu schätzen**, so apprezzare la sua gentilezza; **ich weiß damit nichts anzufangen**, no so che farmene; **sie weiß etwas aus sich zu machen**, si sa mettere *fam*/tenere *fam* **4** (*jdn/etw in einer bestimmten Situation wählen*) **jdn/etw irgendwie/irgendwo** ~ sapere *qu/qc + compl di modo/luogo*: **jdn in Sicherheit** ~, sapere qu al sicuro; **jdn versorgt** ~, sapere che qu viene accudito; **er wusste sie in guten Händen**, la sapeva in buone mani; **das Haus in guter Obhut** ~, sapere la casa in buone mani **5** (*sich über etw erfahren haben*) **etw von etw** (dat) ~ sapere *qc di qc*: **sie haben nichts von seinen Schwierigkeiten gewusst**, non sapevano niente delle sue difficoltà; **ich habe nie etwas davon gewusst**, non ne ho mai saputo niente B *itr* **1** (*etw über etw erfahren haben*) **von etw** (dat) ~ (VON JDS PROBLEME(N), SCHWIERIGKEITEN) sapere *di qc*, essere a conoscenza *di qc*: **ich weiß von nichts**, io non so niente; **die ganze Familie wusste von der Sache, nur ich nicht**, tutta la famiglia sapeva della faccenda, solo io no **2** (*sich über etw klar sein*) **um etw** (akk) ~ {UM DIE GEFAHR, NOT, WICHTIGKEIT} sapere *di qc*, conoscere *qc*, essere a conoscenza *di qc*: **man weiß genau um die Gefährlichkeit bestimmter Konservierungsstoffe**, [si sa benissimo della]/[si conosce benissimo la] pericolosità di certi conservanti; **obwohl sie um die Dringlichkeit der Angelegenheit wussten, haben sie nichts unternommen**, pur sapendo che la faccenda era urgente non hanno fatto niente ● **alles besser** ~ **(wollen)**, saperla sempre più lunga *fam*; **es nicht *anders/besser*** ~, non saper fare altrimenti/diversamente; **nicht *aus* noch *ein*** ~, non sapere [a che santo votarsi]/[che pesci pigliare *fam*]/[dove sbattere la testa *fam*]; **sich zu *beherrschen*** ~, sapersi controllare; **sich zu *benehmen*** ~, sapere come comportarsi/[ci si comporta]; **das *brauchen* nicht alle zu** ~, non c'è bisogno che lo sappiano tutti; **das *braucht* niemand zu** ~, non c'è bisogno che si [venga a sapere]/[(ri)sappia]; **dass du es nur (gleich) weißt!**/[Sie es nur (gleich) ~], sappilo/[che lo sappia]!; **sich zu *helfen*** ~, sapersela cavare, sapersi [trarre d'impaccio]/[arrangiare]; **sich nicht mehr zu helfen** ~, non sapere più cosa fare; **ich weiß**, lo so, lo so; **ich weiß (schon)** *fam*, **(das ist mir bekannt)**, lo so; (*ungeduldig*), vabbene, vabbene; **man *kann* nie** ~, non si può mai sapere; ~, **wo es *langgeht* *fam***, sapere come funzionano le cose; **jdn etw** ~ **lassen**, far sapere qc a qu, informare qu di qc; **jdn** ~ **lassen, ob/wann/wie** ..., far sapere a qu se/quando/come ...; **das *musst* du (selbst)** ~, lo devi sapere tu; **nicht, dass ich wüsste**, non che io sappia; **da weiß ich *nichts* von** *fam*, non ne so un bel niente; **man weiß ja nie**, non si sa mai; **weißt du,**/[**wissen Sie**] **noch?**, ma [ti ricordi,]/[si ricorda]?; **jd weiß, wovon er *redet*,** qu sa [di che cosa sta parlando]/[quello che dice]; **das weiß ich *selbst***, lo so da me; **soviel/soweit ich weiß** ..., che io sappia, a/per quanto ne so (io); **wer weiß** *was fam*, chissà cosa è; *was weiß ich!* (e) che ne so! *fam*; **weißt du *was*,** ..., sai (che) cosa ...; **und *was* weiß ich noch alles** *fam*, e chi ho ha più ne metta *fam*; **nicht mehr *weiter*** ~, non sapere più cosa fare; **(ja) wenn ich das wüsste!**, lo sa Iddio!; **wenn ich nur wüsste** ..., se solo sapessi ...; **wer weiß**, chissà; **wer weiß *wie***, non ti dico quanto/come; **sie hält sich für wer weiß wie intelligent**, si ritiene un'intelligentona; **wer weiß *wie* oft**: **ich habe ihn wer weiß wie oft gesehen**, l'ho visto chissà quante

volte; **du weißt,**/[**Sie** ~] **ja, wie das so ist**, sai/sa com'è; **wer weiß wo** *fam*, chissà dove; **woher soll ich das** ~?, come faccio a saperlo?; **woher weißt du das?**, come [lo sai,]/[fai a saperlo]?; **ich weiß nicht mehr, wohin mit den Büchern/**..., non so più dove mettere/cacciare *fam* i libri/...; **es (genau)** ~ **wollen** *fam*, voler approfondire, volerne sapere di più; **von jdm/etw nichts (mehr)** ~ **wollen**, non [volerne più sapere]/[voler più sentir parlare] di qu/qc; **was ich nicht weiß, macht mich nicht heiß** *prov*, occhio non vede, cuore non duole *prov*.

Wissen <-s, *ohne pl*> n **1** (*Kenntnisse*) sapere m, conoscenza f, conoscenze f pl: **das menschliche** ~, il sapere umano, la conoscenza umana; **ein Mensch von großem** ~, una persona di [grande sapere]/[vasta conoscenza]; **ein umfangreiches** ~ **besitzen/haben**, avere una vasta conoscenza; **ein umfangreiches technisches** ~, vaste cognizioni tecniche; **ein großes** ~ **in Mathematik haben**, avere un'ottima conoscenza della matematica **2** *fam* (*Kenntnis eines Sachverhalts*) ~ **über etw** (akk)/**von etw** (dat) conoscenza f *di qc*: **sein** ~ **über die wahren Hintergründe kann uns sehr nützlich sein**, la sua conoscenza dei veri retroscena ci può essere molto utile **3** *geh* (*bewusste Kenntnis*) ~ **um etw** (akk) conoscenza f *di qc*: **trotz ihres** ~**s um die Gefährlichkeit des Unternehmens haben sie nichts gesagt**, nonostante [avessero piena,]/[fossero a] conoscenza della pericolosità dell'impresa, non hanno detto nulla ● **sich** (dat) **ein bestimmtes** ~ **aneignen**, acquistare conoscenze specifiche; **nach bestem** ~ **und Gewissen**, secondo scienza e coscienza; **meines/unseres** ~**s**, a/per quanto ne so/sappiamo; **ohne mein** ~, a mia insaputa, senza che lo sapessi; **wider/gegen besseres** ~, in malafede; ~ **ist Macht** *prov*, sapere è potere *prov*.

wissend A *adj* {BLICK, LÄCHELN} d'intesa B *adv* {LÄCHELN, NICKEN} in segno d'intesa.

Wissenschaft <-, -en> f **1** (*Forschungstätigkeit*) scienza f: **die Fortschritte der** ~, i progressi della scienza; **die reine/angewandte** ~, la scienza pura/applicata; **in der** ~ **tätig sein**, lavorare in campo scientifico **2** (*-sbereich*) scienza f: **die exakten** ~**en**, le scienze esatte; **in den letzten Jahren haben sich viele neue** ~**en entwickelt**, negli ultimi anni si sono sviluppate diverse nuove scienze **3** <*nur sing*> (*Gesamtheit der Wissenschaftler*) scienza f, mondo m scientifico: **die** ~ **hat auf dem Gebiet der Krebsvorsorge wichtige Erkenntnisse gewonnen**, la scienza ha acquisito importanti conoscenze nel campo della prevenzione oncologica ● **die Akademie der** ~**en**, l'Accademia delle Scienze; **eine** ~ **für sich sein** *fam*, essere una scienza a sé; ~ **und Technik**, (la) scienza e (la) tecnica.

Wissenschaftler <-s, -> m (**Wissenschaftlerin**) f) scienziato (-a) m (f).

wissenschaftlich A *adj* **1** (*die Wissenschaft betreffend*) {TAGUNG, ZEITSCHRIFT} scientifico **2** (*auf den Prinzipien einer Wissenschaft basierend*) {ARBEIT, METHODE} scientifico B *adv* (*auf den Prinzipien einer Wissenschaft basierend*) {ARBEITEN, DENKEN} scientificamente, in modo scientifico, scientificamente: ~ **ausgebildet**, con una formazione scientifica; **es ist** ~ **noch nicht erwiesen**, non è stato ancora scientificamente provato; ~ **tätig sein**, fare ricerca, lavorare in campo scientifico.

Wissenschaftlichkeit <-, *ohne pl*> f scientificità f, carattere m scientifico: **keinen Anspruch auf** ~ **erheben**, non avere nessuna pretesa di scientificità.

Wissenschaftsbegriff m concetto m di scienza.

Wissenschaftsbetrieb <-(e)s, *ohne pl*> m *fam* sistema m scientifico.

Wissenschaftsgeschichte f storia f della scienza.

Wissenschaftsglaube m fede f nella scienza.

Wissenschaftsjournalismus m giornalismo m scientifico.

Wissenschaftsjournalist m (**Wissenschaftsjournalistin** f) giornalista mf scientifico (-a).

Wissenschaftssprache f lingua f scientifica, linguaggio m scientifico.

Wissenschaftstheorie f epistemologia f.

Wissenschaftszweig m settore m/ramo m scientifico.

Wissensdrang m *geh*, **Wissensdurst** m *geh* sete f di sapere/conoscenza: **vor** ~ **brennen**, ardere di brama di sapere/conoscenza; **seinen** ~ **stillen**, appagare/placare la propria sete di sapere.

Wissensgebiet n campo m dello scibile.

Wissenslücke f lacuna f.

Wissensstand <-(e)s, *ohne pl*> m stato m [delle conoscenze]/[dell'arte].

Wissensstoff <-(e)s, *ohne pl*> m (bagaglio m di) conoscenze f pl.

Wissenstransfer m **1** (*Vermittlung zwischen Wissenschaft und Wirtschaft*) trasmissione f del sapere **2** (*Weitergabe von Wissen*) trasferimento m del sapere.

Wissensvermittlung f trasmissione f del sapere.

Wissensvorsprung <-(e)s, *ohne pl*> m: **unsere Leser haben gegenüber den anderen einen** ~, i nostri lettori sono più informati degli altri.

wissenswert *adj* {NEUIGKEIT, TATSACHE} che vale la pena sapere, degno [di nota]/[d'interesse]: **der Artikel enthält viel Wissenswertes**, l'articolo contiene molte cose degne d'interesse.

wissentlich A *adj* {FALSCHMELDUNG, KRÄNKUNG} deliberato, intenzionale, voluto: **eine** ~**e Unterlassung der Aufsichtspflicht**, un'omissione deliberata dell'obbligo di sorveglianza B *adv* {KRÄNKEN, UNTERLASSEN} deliberatamente, intenzionalmente, volutamente: **sie haben den Zwischenfall** ~ **falsch dargestellt**, hanno dato una descrizione deliberatamente/intenzionalmente falsa dell'accaduto; **er hat sich** ~ **der Gefahr ausgesetzt**, si è esposto deliberatamente/intenzionalmente/[in piena consapevolezza] al pericolo; **sie hat ihn** ~ **hintergangen**, lo ha consapevolmente ingannato.

wittern A *tr* **1** *zoo* (*mit dem Geruchssinn wahrnehmen*) **jdn/etw** ~ fiutare *qu/qc* **2** (*ahnen*) **etw** ~ {CHANCE, SKANDAL, VORTEIL} fiutare *qc*, avere sentore *di qc*; {BETRUG, FALLE} *auch* subodorare *qc*, annusare *qc*, sentire odore *di qc*: **Gefahr** ~, fiutare il pericolo B *itr zoo* (*in der Luft schnuppern*) {HASE, REH, WILDSCHWEIN} fiutare l'aria.

Witterung① <-, *ohne pl*> f *meteo* tempo m (atmosferico): **nasskalte/wechselnde** ~, tempo [freddo umido]/[variabile]; **bei jeder** ~, con ogni tempo; **bei günstiger** ~, col tempo favorevole.

Witterung② <-, *ohne pl*> f **1** *Jagd* (*Geruchssinn*) fiuto m: **eine feine** ~ **haben**, avere un fiuto molto acuto **2** *Jagd* (*Geruchsspur*) usta f: **die** ~ **aufnehmen/verlieren**, trovare/perdere l'usta; **der Hund bekam** ~ **von einem Fasan**, il cane fiutò un fagiano **3** (*Ahnungsvermögen*) fiuto m: **eine sichere** ~ **für etw** (akk) **haben**, avere fiuto sicuro per qc; ~ **von**

etw (dat) bekommen, fiutare qc, avere sentore di qc, annusare qc.

witterungsbedingt adj {SCHÄDEN} dovuto alle intemperie: **die Risse im Putz sind ~**, le crepe nell'intonaco sono dovute alle intemperie.

witterungsbeständig adj resistente ₋alle intemperie₋/[agli agenti atmosferici].

Witterungseinfluss (a.R. Witterungseinfluß) m <meist pl> influenza f ₋del tempo₋/[atmosferica].

Witterungsumschlag m, **Witterungsumschwung** m brusco cambiamento m del tempo.

Witterungsverhältnisse subst <nur pl> meteo condizioni f pl atmosferiche/meteorologiche.

Witwe <-, -n> f vedova f: **~ werden**, rimanere/restare vedova ● **grüne ~** fam scherz, "moglie f che passa la giornata da sola in una casa in mezzo al verde"; **Schwarze ~** zoo, vedova nera.

Witwenrente f pensione f di reversibilità (spettante alle vedove).

Witwenschaft <-, ohne pl> f vedovanza f.

Witwenschleier m obs velo m vedovile.

Witwenstand m → **Witwentum**.

Witwentröster m fam cacciatore m di vedove fam iron.

Witwentum <-, ohne pl> n → **Witwenschaft**.

Witwer <-s, -> m vedovo m.

Witwerrente f pensione f di reversibilità (spettante ai vedovi).

Witwerschaft f {+WITWER} vedovanza f.

Witz <-es, -e> m **1** (witzige Geschichte) barzelletta f: **ein guter/schmutziger/unanständiger ~**, una barzelletta buona/[sporca]/[indecente]; **ein zweideutiger ~**, una barzelletta ambigua/[a doppio senso]; **einen ~ erzählen**, raccontare una barzelletta; **keine ~e erzählen können**, non saper raccontare le barzellette; **er macht immer sehr geistreiche ~e**, fa sempre delle battute spiritose; **~e reißen** fam, raccontare barzellette; **sich über einen ~ totlachen**, ridere a crepapelle per una barzelletta; **und wo ist da der ~?**, ma che c'è ₋la ridere₋/[di spiritoso]? **2** <nur sing> (Esprit) spirito m; (geistreiche Bemerkung) arguzia f, facezia f, frizzo m, battuta f fam: **er hat ~**, è un uomo di spirito; **~ und Verstand haben**, essere una persona ₋piena di spirito₋/[faceta]; **ein beißender ~**, uno spirito mordace/salace; **ihr fehlt der ~**, ₋manca il₋/[non ha] spirito **3** <nur sing> obs (Klugheit): **am Ende seines ~e sein**, non saper più cosa inventarsi ● **das ist (ja wohl) ein ~!?, das soll doch (wohl) ein ~ sein!?** (das kann doch nicht möglich sein!?), ma vuoi/volete scherzare?!; **jetzt, nachdem alles vorbereitet ist, willst du nicht mehr feiern? Das soll wohl ein ~ sein?!**, ora che è tutto pronto non vuoi più festeggiare? ₋Non dirai sul serio?!₋/[Ma tu stai scherzando?!]; **das ist der (ganze) ~ (bei der Sache)** fam (darauf allein kommt es dabei an), è tutto lì (il trucco) fam; **mach keine ~e!** fam, **du machst wohl ~e!** (das ist nicht dein Ernst!), scherzi?!, stai scherzando!?; **ohne ~ (im Ernst)**, senza scherzi; **der ~ an der ganzen Sache ist, dass ...**, il bello è che ... fam; **ein ~ sein**: **die Klassenarbeit war ein ~**, il compito in classe era (tutto) da ridere.

Witzblatt n giornale m umoristico.

Witzblattfigur f fam pej personaggio m da barzelletta.

Witzbold <-(e)s, -e> m fam **1** (wer oft Witze macht) burlone m **2** pej (jd, der sich einen dummen Scherz erlaubt) simpaticone m.

Witzelei <-, -en> f spiritosaggini f pl, facezie f pl.

witzeln itr (über jdn/etw) ~ fare ₋dello spirito₋/[battute] (su qu/qc), prendere in giro qu, burlarsi di qu/qc: **wenn sie zusammen sind, ist es ein einziges Witzeln**, quando sono insieme è tutto un fare battute; **er witzelt auch über sich selber**, fa battute perfino su se stesso.

Witzfigur f pej personaggio m da barzelletta.

witzig **A** adj **1** (schlagfertig und scherzhaft) {PERSON} spiritoso, arguto, faceto: **ein ~er Typ**, un tipo divertente/faceto **2** (von Schlagfertigkeit zeugend) {ANTWORT, ART, EINFALL} spiritoso, arguto, faceto: **er hat immer ~e Bemerkungen auf Lager**, ha sempre la battuta pronta **B** adv {DARSTELLEN, ERZÄHLEN} spiritosamente, argutamente, in modo spiritoso/arguto/faceto ● **sehr ~!** iron (das finde ich gar nicht ~!), molto divertente! iron.

witzlos adj **1** fam (sinnlos) {UNTERNEHMUNG, VORHABEN} inutile, senza senso, insensato: **es ist völlig ~, sie vom Gegenteil überzeugen zu wollen**, ₋è perfettamente inutile₋/[non ha alcun senso] volerla convincere del contrario **2** (ohne Witz) {BEMERKUNG} insulso; {MENSCH} auch senza/[privo di] spirito, insipido: **was für eine ~e Person!**, che persona insulsa!

WM <-, -s> f Abk von Weltmeisterschaft: (campionati m pl) mondiali m pl, campionato m del mondo.

wo① adv **1** (in direkten und indirekten Fragesätzen) dove: **wo warst du?**, dove ₋sei stato (-a)₋/[eri]?; **können Sie mir sagen, wo die Post ist?**, mi sa dire dov'è la posta?; **wo wollen wir uns treffen?**, dove vuoi che ci incontriamo/troviamo?; **wo denn?**, ma dove?; **wer weiß, wo mein Schlüsselbund ist?**, chissà dove sono le mie chiavi? **2** (relativisch: örtlich) dove: **dieses Foto wurde in Italien gemacht, wo wir im Urlaub waren**, questa foto è stata scattata in Italia, dove abbiamo trascorso le vacanze; **da, wo ich wohne**, là dove abito io; **an dem Platz, wo sich immer die Jugendlichen treffen**, nella piazza dove ₋la₋/[nella quale] si incontrano sempre i giovani; **bleib, wo du bist!**, resta dove sei!; **überall, wo man gemütlich zusammensitzen kann**, ovunque si possa stare comodamente insieme; **wo sie wohnt, gibt es nicht viel Verkehr**, dove abita (lei) non c'è molto traffico; **wo immer**, ovunque ... konjv; **wo immer du auch sein magst geh**, (d)ovunque tu sia; **wo immer er auch hingeht ...**, ovunque (lui) vada ... **3** (relativisch: zeitlich): **jetzt/nun, wo ...**, ora/adesso che ...; **jetzt/nun, wo sie sich wieder vertragen haben**, ora/adesso che si sono rappacificati; **dass sie ausgerechnet heute kommen müssen, wo ich doch überhaupt keine Zeit habe!** fam, ₋che debbano₋/[ma devono] venire proprio oggi che non ho assolutamente tempo! ● **ach wo!** fam, **na no!** fam, macché! fam, ma và! fam; **wo fehlt's?** fam (was ist nicht in Ordnung?), cosa c'è che non va?; **wo gibt's denn so was?!** fam (so etwas gibt es doch nicht), ma è mai possibile?! fam, ma non esiste! fam; **von wo** fam {KOMMEN}, da dove; {SEIN}, di dove.

wo② konj fam **1** (da, zumal) dal momento che, visto/dato che: **was willst du Schaufenster angucken, wo du doch kein Geld hast?**, che te guardi a fare le vetrine ₋dal momento che non hai soldi₋/[se soldi non ne hai]?; **warum seid ihr nicht auf das Fest gegangen, wo ihr doch so gerne tanzt?**, come mai non siete andati (-e) alla festa, visto che vi piace tanto ballare? **2** (obwohl) mentre: **er sagte, er wäre müde, wo er doch nur keine Lust hatte**, ha detto di essere stanco, mentre invece non ne aveva voglia.

w.o. Abk von wie oben: c.s. (Abk von come sopra).

woanders adv altrove, da un'altra parte: **sie arbeitet inzwischen ~**, nel frattempo lavora altrove; **er war mit den Gedanken ganz ~**, ₋aveva la testa₋/[era col pensiero] altrove; **er wollte nun sein Glück ~ versuchen**, è andato a cercare fortuna da un'altra parte.

woandersher adv {KOMMEN} da un'altra parte.

woandershin adv {FAHREN, GEHEN, LAUFEN} altrove, da qualche altra parte, in un altro luogo/posto: **sie musste noch ~**, doveva ancora andare in un altro posto; **wir ziehen ~**, ci trasferiamo altrove.

wob **1.** und **3.** pers sing imperf von weben.

wobei adv **1** (interrogativ: meist im Gerund übersetzt) ~ **ist das passiert? – Beim Skifahren**, com'è successo? – Sciando; **~ ist dir das Glas denn kaputtgegangen?**, come ti si è rotto il bicchiere?; **~ bist du gerade? – Beim Korrigieren**, cosa stai facendo? – Sto correggendo; **~ ist er im Moment? – Beim letzten Kapitel**, a cosa sta lavorando? – All'ultimo capitolo; **~ ist er erwischt worden?**, cosa stava combinando quando lo hanno preso? **2** (relativisch: meist mit Gerund übersetzt): **sie las ein Buch, ~ sie Musik hörte**, leggeva un libro ascoltando musica; **morgen kommen Freunde zum Essen, ~ mir einfällt, dass wir keinen Wein mehr haben**, domani sera vengono degli amici a cena e ora che ci penso, non abbiamo più vino **3** (einschränkend: während) per quanto: **die Sitzung ist an sich nur für die Abteilungsleiter, ~ es besser ist, wenn alle daran teilnehmen**, la riunione in realtà sarebbe solo per i capireparto, per quanto sia meglio che partecipino tutti.

Woche <-, -n> f settimana f: **alle zwei ~n**, ogni due settimane; **das Baby ist erst zwei ~n alt**, il/la bambino (-a) ha solo due settimane; **Anfang/Ende der ~**, ₋all'inizio₋/[alla fine] della settimana, a inizio/fine settimana; **bis (zum) Ende der ~**, entro la fine della settimana; **~ nächste ~!**, alla prossima settimana!; **~ für ~**, settimana dopo settimana, di settimana in settimana; **heute in ₋einer ~₋/[zwei ~n]**, oggi a otto/quindici; **jede ~**, ogni settimana, tutte le settimane; **kommende ~**, la settimana che viene; **drei ~n lang**, per tre settimane; **im Laufe der ~**, ₋nel corso della₋/[in questa] settimana; **letzte/[in der letzten] ~**, la scorsa settimana, la settimana scorsa/passata; **Mitte der ~**, a metà settimana; **nächste/[in der nächsten] ~**, la prossima settimana; **einmal pro ~**, una volta (al)la settimana; **unter der ~**, durante la settimana; **vergangene/vorige ~**, la settimana scorsa/passata; **vor einer ~**, una settimana fa; **während der ~**, durante la settimana ● **in die ~n kommen** obs, essere prossima al parto, essere in procinto di partorire; **in den ~n sein** obs, essere nel puerperio.

Wochenanfang m inizio m della settimana: **am ~**, a inizio settimana.

Wochenarbeitszeit f totale m delle ore lavorative settimanali: **die ~ beträgt 35 Stunden**, la settimana lavorativa è di 35 ore.

Wochenbeginn m principio m/inizio m della settimana.

Wochenbericht m rapporto m settimanale.

Wochenbett <-(e)s, ohne pl> n puerperio m: **im ~ sein**, essere nel puerperio.

Wochenbettfieber n med febbre f puerperale.

Wochenblatt n *journ* settimanale m.
Wochenendausflug m scampagnata f, gita f di/del fine settimana.
Wochenendausgabe f {+Zeitung} edizione f del sabato.
Wochenendbeilage f {+Zeitung} supplemento m del fine settimana.
Wochenendbeziehung f rapporto m a distanza (in cui i partner si vedono solo il fine settimana).
Wochenende n fine settimana m *oder* f, weekend m: **am ~**, il fine settimana; **sie fährt oft übers ~ weg**, va spesso via ⌊per il⌋/[nel] weekend; ⌊**das nächste**⌋/[**am nächsten**] **~ fahren wir ans Meer**, il prossimo fine settimana andiamo al mare; **langes/verlängertes ~**, ponte *fam*; **sie machen ein verlängertes ~**, fanno il ponte/[fine settimana lungo]; **schönes ~!**, buon ⌊fine settimana⌋/[weekend]!
Wochenendehe f "matrimonio m in cui i coniugi si vedono solo nel fine settimana".
Wochenendhaus n seconda casa f, casa f per le vacanze; (**~ am Meer**) casa f al mare; (**~ in den Bergen**) casa f in montagna.
Wochenendseminar n seminario m nel fine settimana.
Wochenendticket n D *Eisenb* "biglietto m a tariffa speciale valido durante il fine settimana".
Wochenfluss (a.R. Wochenfluß) <-es, ohne pl> m *med* flusso m puerperale, lochi m pl *med*.
Wochenkarte f (*für Bahn, Bus*) abbonamento m settimanale.
wochenlang **A** *adj* <attr> {Unsicherheit, Warten} di (più/parecchie) settimane **B** *adv* per intere settimane: **das Paket war ~ unterwegs, bevor es ankam**, il pacco ha impiegato delle settimane per arrivare; **sein Bein war ~ eingegipst**, ha avuto una gamba ingessata per settimane intere.
Wochenlohn m salario m settimanale.
Wochenmarkt m mercato m settimanale: **auf den ~ gehen**, andare al mercato settimanale; **Gemüse und Obst auf dem ~ kaufen**, comprare la verdura e la frutta al mercato settimanale.
Wochenschau <-, ohne pl> f **1** *film hist* cinegiornale m **2** *TV* attualità f pl/cronaca f della settimana.
Wochenstunde f *Schule* ora f di lezione settimanale: **wir haben sechs ~n Deutsch**, abbiamo/facciamo sei ore di tedesco (al)la settimana.
Wochentag m **1** (*Tag der Woche*) giorno m della settimana **2** (*Werktag*) giorno m feriale/lavorativo: **nur an ~n geöffnet**, aperto solo nei giorni feriali.
wochentags *adv* **1** (*an Wochentagen*) durante la settimana: **~ essen sie abends alle zusammen**, durante la settimana mangiano tutti insieme la sera **2** (*an Werktagen*) nei giorni feriali/lavorativi: **~ kommt er oft erst sehr spät nach Hause**, nei giorni feriali spesso torna a casa soltanto molto tardi.
wöchentlich **A** *adj* {Abrechnung, Erscheinen, Kontrolle, Wäsche} settimanale: **der ~e Bericht muss spätestens freitags abends fertig sein**, il rapporto settimanale deve essere pronto al più tardi il venerdì sera **B** *adv* {abrechnen, besuchen, erscheinen, kontrollieren} settimanalmente, ogni settimana: **die Post wird in dem kleinen Ort nur zweimal ~ zugestellt**, la posta in quel paesino viene recapitata soltanto due volte la settimana.
wochenweise *adv* {Abrechnung} settimanalmente, di settimana in settimana; {Arbei-ten} a settimane.
Wochenzeitschrift f *journ* (rivista f) settimanale m.
Wochenzeitung f *journ* (giornale m) settimanale m.
Wöchnerin f puerpera, partoriente f.
Wodka <-s, -s> m vodka f.
wodran *adv* *fam* → **woran**.
wodrauf *adv* *fam* → **worauf**.
Wodu <-, ohne pl> m vudù m.
wodurch *adv* **1** (*in direkten und indirekten Fragesätzen*) come, in che modo, attraverso/[per mezzo di] che cosa: **~ ist er so misstrauisch geworden?**, che cosa l'ha portato a essere così diffidente?; **ich weiß nicht, ~ dieser Schaden verursacht wurde**, non so da che cosa è stato causato il danno; **~ wollen Sie das erreichen?**, in che modo crede di ottenerlo? **2** (*relativisch: durch welchen Vorgang*) per cui: **sie war zu lange in der Sonne, ~ sie sich einen Sonnenbrand geholt hat**, è stata troppo al sole, ⌊per cui si è presa⌋/[prendendosi] una bella scottatura.
wofür *adv* **1** (*in direkten und indirekten Fragesätzen*) per che cosa: **~ interessieren Sie sich?**, di che cosa si interessa?; **~ halten Sie mich?**, per chi mi prende?; **können Sie mir sagen, ~ das gut ist?**, sa dirmi a che cosa serve?; **warum rufst du sie nicht an? – Wofür?**, perché non la chiami? – A che pro? **2** (*relativisch: für welche Sache*) per cui: **die schwere Salatschüssel fiel ihr hin, ~ sie wirklich nichts konnte**, la pesante insalatiera le cadde in terra, cosa di cui lei non aveva davvero colpa; **das ist ein Verbrechen, ~ man lebenslänglich bekommen müsste**, è un crimine per cui ci vorrebbe l'ergastolo; **er ist nicht das, ~ er sich ausgibt**, non è quello per cui si spaccia.
wog 1. und 3. pers sing imperf *von* **wiegen**①.
Woge <-, -n> f *geh* **1** <meist pl> (*starke Welle*) flutto m *lit*, onda f, cavallone m: **schäumende ~n**, onde spumeggianti; **die ~n schlugen über ihnen zusammen**, i flutti si richiusero sopra di loro **2** (*Wallung*) **~ einer S.** (gen) ondata f *di qc*: **die ~ der Begeisterung/Entrüstung**, un'ondata/un'ondata di entusiasmo/indignazione; **~n von Protest schüttelten das Land**, ondate di protesta scossero il paese ● **die ~n glätten** (*in einer Auseinandersetzung vermittelnd eingreifen*), gettare/buttare acqua sul fuoco; **die ~n glätten sich** (*die Erregung klingt ab*), le acque si calmano, torna il sereno.
wogegen **A** *adv* **1** (*in direkten und indirekten Fragesätzen*) contro (che) cosa: **~ richtet sich überhaupt der Protest?**, contro (che) cosa è diretta la protesta?; **weißt du denn, ~ du allergisch bist?**, sai a che cosa sei allergico (-a)? **2** (*relativisch*) contro, contro il/la quale: **es wurde eine Vertagung vorgeschlagen, ~ die Opposition Einspruch erhob**, venne proposto un rinvio contro cui l'opposizione sollevò un'obiezione; **sie würde gern ein Jahr im Ausland studieren, ~ absolut nichts einzuwenden ist**, vorrebbe studiare un anno all'estero, cosa su cui non c'è assolutamente niente da obiettare; **es gibt vieles, ~ man nichts tun kann**, ci sono molte cose contro le quali non si può fare nulla **B** *konj* → **wohingegen**.
wogen *itr* **1** (*sich hin und her bewegen*) {Ähren, Halme} ondeggiare, fluttuare: **das Meer wogt**, il mare è agitato; **die Menschenmenge wogte bedrohlich**, la folla ondeggiava minacciosa **2** *geh* (*toben*) {Kampf, Schlacht} infuriare.
wogend *adj* {Meer, See} ondoso: **mit ~em Busen**, con il seno prorompente.
woher *adv* **1** (*in direkten und indirekten Fragesätzen: örtlich*) di/da dove: **~ kommst du?**, da dove vieni?; (*aus* ⌊**welchem Land**⌋/[**welcher Stadt**]) di/da dove sei?; **~ bist du?**, di/da dove sei?; **~ kommt der Brief?**, da dove viene la lettera?; **weißt du, ~ sie stammt?**, lo sai di dov'è lei? **2** (*in direkten und indirekten Fragesätzen: aus welcher Quelle*) come: **woher weißt du das?**, come ⌊lo sai⌋/[sei venuto (-a) a saperlo]?; **~ soll ich das wissen?**, come faccio a saperlo?, che ne so io?; **~ hast du das Buch?**, come (l')hai avuto il libro?, dove (l')hai trovato il libro?; **ich habe mich schon immer gefragt, ~ er die blauen Augen hat**, mi sono sempre chiesto (-a) da chi abbia preso gli occhi azzurri; **~ kommt es eigentlich, dass es bei euch immer so schön warm ist?**, come mai da voi è sempre così bello caldo? **3** (*relativisch*) da cui, dal quale: **wenn du so frech bist, kannst du dahin verschwinden, ~ du gekommen bist!**, se sei così impertinente puoi tornartene da dove sei venuto (-a)!; **der Ort, ~ sie kommt, liegt in der Türkei**, il paese di cui è originaria è in Turchia ● **aber ~ (denn), ach ~!**, macché!
wohin *adv* **1** (*in direkten und indirekten Fragesätzen*) dove: **~ geht ihr?**, dove andate?; **~ fährt dieser Bus?**, dove va/[è diretto] questo autobus?; **wer weiß, ~ ich meinen Pass gelegt habe**, chissà dove ho messo il passaporto; **~ habt ihr denn das alte Bett getan?**, (e) dove avete messo il letto vecchio?; **ich weiß nicht, ~ damit**, non so ⌊cosa farmene⌋/[dove metterlo]; **~ du auch gehen magst**, (d)ovunque tu vada; **~ so spät?**, dove vai a quest'ora? **2** (*relativisch*) in cui, nel/nella quale: **es gibt keinen Ort, ~ ihr die Katze nicht folgt**, non c'è luogo in cui la gatta non la segua ● **ich muss mal ~** *fam euph* (*ich muss zur Toilette*), devo andare in un posticino *fam*.
wohinein *adv* **1** (*in Fragesätzen*) dove: **~ soll ich den Salat tun?**, dove metto l'insalata? **2** (*relativisch*) dove, in cui, nel/nella quale.
wohingegen *konj* mentre, invece: **er hat eine gut bezahlte Stelle gefunden, ~ seine Frau noch immer arbeitslos ist**, lui ha trovato un posto ben retribuito, ⌊mentre sua moglie⌋/[sua moglie invece] è ancora disoccupata.
wohl① *adv* **1** <wohler, am wohlsten> (*körperlich und geistig gut*) bene: **mir ist jetzt ~er**, ora ⌊mi sento⌋/[sto] meglio; **sich ~ fühlen**, sentirsi bene; **fühlst du dich nicht ~?**, non ti senti bene?; **ihr ist nicht ~ heute**, non si sente bene oggi **2** <besser, am besten> (*gut*) {Bedenken, Planen, Überlegen} bene: **so ein Schritt will ~ überlegt sein**, un simile passo deve essere ponderato; **~ daran tun, (etw) zu tun**, fare bene a fare (qc); **er hat ~ daran getan, seine Entscheidung nochmal zu überdenken**, ha fatto bene a riflettere ancora sulla sua decisione **3** (*behaglich*): **sich in jds Gegenwart ~ fühlen**, sentirsi a proprio agio in presenza di qu; **jdm ist nicht (ganz) ~ bei etw** (dat), qu non si sente a proprio agio nel fare qc; **mir ist nicht (ganz) ~ bei der Sache**, non sono tranquillo (-a) in questa faccenda, la cosa non mi torna/quadra (mica tanto) **4** (*aber*): **~ aber**, ma/però (...) sì; **sie ist nicht sehr musikalisch, ~ aber der Bruder**, lei non ha orecchio, ⌊il fratello però⌋/[ma il fratello] sì **5** (*ungefähr*) circa, all'incirca: **es wird ~ zwei Stunden dauern**, ci vorranno circa due ore **6** (*durchaus*) bene: **sie war sich sehr ~ bewusst, dass nun alles anders werden würde**, era ben conscia/consapevole che adesso tutto sarebbe cambiato ● **bekomms!** *fam*, buon pro (ti/vi faccia)!, alla salute!; **~ geformt** → **wohlge-**

formt; ~ *genährt* → **wohlgenährt**; *leb-/*leben Sie ~!, addio!; *sehr* ~ *obs* (*gewiss, ja*), sì, senz'altro; **sehr ~, mein Herr!**, sissignore!, comandi!; **~ oder übel**, volente o nolente, per amore o per forza; **jetzt haben wir zugesagt, da werden wir ~ oder übel hingehen müssen**, una volta che abbiamo accettato l'invito dovremo andarci, volenti o nolenti.

wohl② *partik* **1** (*wahrscheinlich*) probabilmente: **das wird ~ so sein**, sarà (probabilmente) così, può anche darsi (che sia così); **das mag ~ sein**, può darsi benissimo; **sie wird ~ kaum kommen**, è ↓molto probabile↓/[facile] che non venga; **ich muss mich ~ erkältet haben**, si vede che ho preso freddo; **das wird ~ das Beste sein**, sarà (senz'altro) la cosa migliore; **wo hast du die Sachen versteckt? – Ja, wo ~?**, dove hai nascosto le cose? – E dove, secondo te?, Prova a indovinare!; (*manchmal unübersetzt*): **das warst ~ du als kleines Mädchen?**, questa eri tu da bambina?; (*mit Futur übersetzt*): **den Schirm hat ~ einer der Gäste vergessen**, l'ombrello lo avrà dimenticato uno degli ospiti; **er ist ~ krank?**, sarà malato, pare che sia malato; **das wird ~ das Beste sein**, sarà (senz'altro) la cosa migliore; **werden Sie zu unserer Party kommen? – Wohl kaum!**, verrà alla nostra festa? – Sarà difficile, non credo! **2** (*oft unübersetzt: verstärkend bei Ausrufen*) ma, pure; **willst du ~ aufhören!**, ma la vuoi smettere!; **du bist ~ nicht gescheit!**, ma sei matto (-a)!; **du hast sie ~ nicht mehr alle?!** *fam*, ma sei fuori di testa?! *fam*, ti manca qualche rotella?! *fam*; **man wird ~ noch fragen dürfen!**, si potrà pur chiedere!, chiedere è lecito!; **das kann man ~ sagen!**, si può ben dirlo!, lo puoi dire forte!, altroché!; **du bist ~ heute mit dem linken Bein aufgestanden!**, ti sei alzato (-a) con il piede sinistro/sbagliato oggi, eh!; **das ist doch ~ nicht dein Ernst!**, non dirai mica sul serio?! **3** (*zwar*) sì ... ma/però: **du weißt ~, wo meine Zigaretten sind, du willst es nur nicht sagen!**, sai sicuramente dove sono le mie sigarette, ma/[solo che] non me lo vuoi dire!; **er wusste ~, wer angerufen hatte, wollte es ihr aber nicht sagen**, sapeva bene/sì chi aveva chiamato, ma/però non glielo voleva dire **4** (*oft unübersetzt: gefälligst*): **hört ihr jetzt ~ auf, so rumzutoben!**, volete smetterla una buona volta di fare casino!; **nimmst du ~ bitte die Schuhe vom Sofa!**, mi fai il piacere di togliere quelle scarpe dal divano! **5** (*wer weiß*) chissà: **ob er ~ schreiben wird?**, chissà se scriverà?; **ob sie uns ~ hier finden werden?**, chissà se ci troveranno qui?

Wohl <-(e)s, ohne pl> n **1** (*~ergehen*) bene m, benessere m: **das allgemeine/öffentliche ~**, il bene comune/pubblico; **jds körperliches/seelisches ~**, il benessere fisico/psichico di qu; **das ~ der Bürger liegt in den Händen der Regierung**, il bene dei cittadini è nelle mani del governo; **zum ~ des Landes**, nell'interesse del paese; **das ist nur zu eurem ~**, questo è soltanto per il vostro bene; **für das leibliche ~ der Gäste sorgen**, avere cura del benessere fisico degli ospiti **2** (*in Trinksprüchen: Gesundheit*) salute f ● **auf jds ~ anstoßen/trinken**, brindare/bere alla salute di qu; **auf dein/euer/Ihr ~!**, alla tua/vostra/Sua salute!; **auf jds ~ bedacht sein**, pensare al bene di qu; **um jds ~ besorgt sein**, essere preoccupato per la salute di qu; **auf jds ~ das Glas erheben/leeren**, ↓alzare il bicchiere↓/[bere] alla salute di qu; **sich um jds ~ kümmern/sorgen**, aver cura ↓del benessere↓/[della salute] di qu; **zum ~!**, (alla) salute!

wohlan *interj obs* orsù! *obs*.

wohlauf *adj* <präd> *geh*: **~ sein**, stare bene (di salute); **jetzt ist sie wieder ~**, adesso sta di nuovo bene, ora si è rimessa.

wohlbedacht *adj* {Entscheidung, Handlung, Urteil} meditato, (ben) ponderato.

Wohlbefinden n benessere m (psicofisico), salute f, wellness f: **sich nach jds ~ erkundigen**, informarsi della salute di qu ● **für das leibliche ~ der Gäste sorgen**, aver cura del benessere fisico degli ospiti.

Wohlbehagen <-s, ohne pl> n senso m/sensazione f di benessere: **~ breitete sich irgendwo aus** {Im Körper}, si diffuse una sensazione di benessere + *compl di luogo*; (**großes**) **~ empfinden**, sentire/provare un (grande) senso di benessere; **~ schaffen**, creare un'atmosfera di benessere; **etw mit ~ tun**, fare qc di gusto; **mit sichtlichem ~**, con evidente piacere.

wohlbehalten *adj* <präd> *geh* {Person} sano e salvo; {Geschirr, Paket} in ↓buono/perfetto stato↓/[perfette condizioni], intatto: **die Kleine ist ~ bei den Großeltern eingetroffen**, la piccola è arrivata sana e salva dai nonni; **~ kamen sie am Abend von ihrem Ausflug zurück**, la sera tornarono sani e salvi dalla loro escursione.

wohlbehütet *adj* {Kind} molto seguito/protetto: **ein ~es Mädchen**, una ragazza ↓tenuta sotto una campana di vetro↓/[vissuta nella bambagia].

wohlbekannt *adj* {Anblick, Landschaft, Lektüre, Stimme} ben noto, molto familiare, molto conosciuto.

wohlbeleibt *adj euph* {Frau, Mann} corpulento, bene in carne.

wohlberaten *adj geh* → **beraten**.

wohldosiert *adj geh* ben dosato.

wohldurchdacht *adj* {Plan, Vorschlag} (ben) meditato, ponderato.

Wohlergehen <-s, ohne pl> n → **Wohlbefinden**.

wohlerzogen, wohl erzogen <besser erzogen, besterzogen> *adj* {Kind} (ben)educato; {Mensch} educato, garbato, costumato *lit*.

Wohlfahrt <-, ohne pl> f *geh* **1** (*das Wohl des Einzelnen, der Gemeinschaft*) prosperità f, benessere m: **die ~ des Landes im Auge haben**, pensare alla prosperità del paese; **die öffentliche ~**, il benessere pubblico **2** *obs* (*~spflege*) assistenza f pubblica/sociale: **von der ~ leben**, vivere di assistenza/sussidi **3** *fam obs* (*~amt*) ufficio m assistenza sociale.

Wohlfahrtseinrichtung f ente m assistenziale.

Wohlfahrtsmarke f francobollo m emesso a scopo di beneficenza.

Wohlfahrtsstaat m *pol oft pej* stato m assistenziale.

Wohlfahrtsverband m organizzazione f di assistenza pubblica.

wohlfeil *adj obs* a buon mercato, economico.

wohl|fühlen *rfl* → **wohl**①.

Wohlfühlhotel n albergo m benessere.

Wohlgefallen n piacere m, compiacimento m, compiacenza f ● **sich in (allgemeines) ~ auflösen** *fam* (*zu aller Zufriedenheit ausgehen*), finire bene, avere un lieto fine; (*entzweigehen*), sfasciarsi, cadere a pezzi; **der Koffer ist dabei, sich in ~ aufzulösen**, la valigia sta cadendo a pezzi; (*verschwinden*), dissolversi, sparire nel nulla, scomparire; **der Ring kann sich doch nicht in ~ aufgelöst haben!**, un anello non può mica essere sparito nel nulla!; **jdm sein ~ ausdrücken**, esprimere il proprio compiacimento a qu; **~ an etw** (*dat*) **finden**, trovare diletto/piacere/soddisfazione in/[nel fare] qc; **sein ~ an jdm/etw haben**: **sie haben ihr ~ an den Kindern**, i figli danno loro molte soddisfazioni.

wohlgefällig A *adj* {Blicke, Lächeln} soddisfatto, compiaciuto **B** *adv* {jdn ansehen, gucken} con compiacimento/soddisfazione: **er lächelte ~** (*selbstgefällig*), sorrideva compiaciuto.

wohlgeformt *adj* {Beine} benfatto; {Körper} *auch* ben proporzionato.

Wohlgefühl <-, ohne pl> n senso m/sensazione f di benessere.

wohlgelaunt *adj* {Gesellschaft, Mensch} di buonumore, allegro: **eine wohlgelaunte Runde**, un'allegra/una gaia compagnia.

wohlgelitten *adj geh* benvisto, benvoluto: **sie ist überall ~**, è benvista dappertutto; **er ist im Bekanntenkreis von allen ~**, nella cerchia dei conoscenti è benvoluto da tutti.

wohlgemeint *adj* {Tipp} dato a fin di bene, da amico; {Vorschlag} fatto a fin di bene: **ein ~er Rat**, un consiglio da amico.

wohlgemerkt *adv fam* nota bene, beninteso: **sie tat es, ~, hinter seinem Rücken**, lo fece, nota bene, alle sue spalle; **~, die Ausgaben werden geteilt**, beninteso, le spese verranno divise.

wohlgemut *adj* <meist präd> *geh* di buonumore e fiducioso.

wohlgenährt *adj oft iron* ben pasciuto/nutrito: **~ sein**, essere bene in carne.

wohlgeordnet *adj geh* ben ordinato: **in ~en Verhältnissen leben**, vivere in una situazione regolare.

wohlgeraten *adj geh* **1** (*gut erzogen*) {Kind} venuto su bene: **ihre Kinder sind alle ~**, i loro ragazzi sono venuti tutti su bene **2** (*gelungen*) {Werk} venuto bene, riuscito (bene).

Wohlgeruch m *geh* fragranza f, profumo m, buon odore m: **ein ~ erfüllte das ganze Haus**, un buon profumo riempiva tutta la casa ● **alle Wohlgerüche Arabiens** *lit*, tutti i profumi d'Arabia *lit*.

Wohlgeschmack <-(e)s, ohne pl> m *geh* buon sapore m, gusto m gradevole.

wohlgesetzt *adj* {Rede} ben formulato: **in ~en Worten**, con parole ben formulate.

wohlgesinnt *adj*: **jdm ~ sein**, essere bendisposto verso qu.

wohlgesonnen *adj fam* → **wohlgesinnt**.

wohlhabend *adj* {Familie, Person} benestante, agiato: **~ sein**, essere benestante/agiato.

wohlig A *adj* {Wärme} piacevole, gradevole: **ein ~es Gefühl der Behaglichkeit umfing ihn**, una gradevole sensazione di benessere l'avvolgeva **B** *adv* {sich ausstrecken, sich rekeln} voluttuosamente, con voluttà.

Wohlklang m *geh* **1** (*wohlklingende Töne*) suono m armonico/armonioso **2** <nur sing> (*angenehmer Klang*) {+Instrument, Stimme} armonia f, musicalità f, melodia f.

wohlklingend *adj* {Stimme} melodioso, armonioso, piacevole.

Wohlleben <-s, ohne pl> n *geh* vita f agiata.

wohlmeinend *adj* **1** (*wohl gemeint*) {Rat} amichevole, da amico **2** (*freundlich gesinnt*) benintenzionato, bendisposto.

wohlproportioniert *adj* {Figur} ben proporzionato.

wohlriechend *adj geh* {Duft} fragrante; {Essen} *auch* odoroso, profumato; {Blume} odoroso, profumato: **ein ~es Brötchen**, un panino fragrante.

wohlschmeckend *adj geh* {Dessert, Getränk} che ha un buon sapore, gustoso.

Wohlsein n: **(zum) ~!**, (alla) salute!

wohlsituiert *adj* → **situiert**.

Wohlstand <-(e)s, ohne pl> m benessere m, agiatezza f, prosperità f: **ein bescheidener ~**, un modesto benessere; **es zu ~ bringen**, riuscire a raggiungere una certa prosperità; **im ~ leben**, vivere ₍nel benessere₎/[nell'agiatezza] ● **bei dir/euch ist wohl der ~ ausgebrochen!** *fam scherz*, hai/avete ₍vinto un terno al lotto₎/[fatto tredici]? *fam*.

Wohlstandsbürger m (**Wohlstandsbürgerin** f) *pej* figlio (-a) m (f) della società del benessere.

Wohlstandsdenken n *pej* mentalità f consumistica.

Wohlstandsgefälle <-s, ohne pl> n disparità f/divario m/gap m tra le diverse classi sociali.

Wohlstandsgesellschaft f società f ₍del benessere₎/[consumistica]/[opulenta].

Wohlstandskriminalität f criminalità f tipica della società del benessere.

Wohlstandsmüll <-s, ohne pl> m spazzatura f/rifiuti m pl della società consumistica.

Wohlstandsschere f forbice f esistente tra ricchi e poveri.

Wohltat n **1** *geh* (*Wohltätigkeit*) opera f di bene, opera f buona, bene m: **jdm eine ~ erweisen**, fare del bene a qu; **auf die ~en anderer angewiesen sein**, dipendere dalla carità altrui **2** <nur sing> (*Erleichterung*) benedizione f, sollievo m, toccasana m: **der Tee ist eine wahre ~ nach der Kälte draußen**, il tè è una vera benedizione dopo il freddo che faceva fuori.

Wohltäter m (**Wohltäterin** f) benefattore (-trice) m (f): **ein ~ der Menschheit**, un benefattore dell'umanità.

wohltätig adj {EINRICHTUNG} caritatevole, benefico; {WERK} *auch* di carità: **für ~e Zwecke, zu ~en Zwecken**, a scopi benefici.

Wohltätigkeit <-, ohne pl> f *obs* beneficenza f, carità f.

Wohltätigkeitsbasar m fiera f di beneficenza.

Wohltätigkeitskonzert n concerto m di beneficenza.

Wohltätigkeitsveranstaltung f spettacolo m di beneficenza.

Wohltätigkeitsverein m associazione f ₍di beneficenza₎/[benefica].

wohltemperiert adj **1** *mus* {KLAVIER} ben temperato **2** *geh* (*richtig temperiert*) {WEIN, ZIMMER} dalla giusta temperatura, temperato *rar* ● **Das Wohltemperierte Klavier** (*Werk von J.S. Bach*), Il clavicembalo ben temperato.

wohltuend A adj {MÜDIGKEIT, RUHE, WÄRME} piacevole, gradevole; {BAD, WIRKUNG} benefico; {WORTE} che fanno bene; {SCHLAF} ristoratore B adv {LEISE, RUHIG, STILL} piacevolmente, gradevolmente: **draußen war es ~ frisch**, fuori era piacevolmente fresco; **sie waren ~ erschöpft nach dem Ausflug**, dopo l'escursione sentivano una sana stanchezza.

wohlüberlegt A adj {ÄUSSERUNG, HANDLUNG, URTEIL} ben meditato, ponderato B adv {HANDELN, SPRECHEN, URTEILEN} ponderatamente, dopo matura/lunga riflessione: **~ vorgehen**, agire ₍con ponderatezza₎/[ponderatamente].

wohlverdient adj {ERHOLUNG, RUHESTAND, URLAUB} meritato; {STRAFE} *auch* giusto.

Wohlverhalten n buona condotta f, comportamento m corretto; fair buona condotta f.

wohlweislich adv {SCHWEIGEN, TUN, UNTERLASSEN} (molto) saggiamente: **er hat ~ nichts gesagt**, si è guardato bene dal dire qualcosa; **ich habe es ~ unterlassen, ihm meine Telefonnummer zu geben**, ho evita-

to saggiamente di dargli il mio numero di telefono.

Wohlwollen <-s, ohne pl> n benevolenza f ● **bei allem ~, aber das geht zu weit**, con tutta la buona volontà, questo è troppo; **jdn mit ~ betrachten/behandeln**, considerare/trattare qu con benevolenza; **jdm ~ entgegenbringen**, dimostrare benevolenza verso qu; **sich** (dat) **jds ~ erwerben**, (ac)cattivarsi la benevolenza/simpatia di qu; **sich** (dat) **jds ~ verscherzen**, giocarsi la benevolenza/simpatia di qu.

wohlwollend A adj {GESINNUNG, HALTUNG} benevolo: **ein ~es Urteil**, un giudizio benevolo; **sie hatte nur ~e Worte für ihre Studenten**, aveva solo parole benevole per i suoi studenti B adv {PRÜFEN} con benevolenza: **jdm ~ auf die Schulter klopfen**, dare a qu una pacca benevola/affettuosa sulla spalla; **die Direktion steht unserem Projekt sehr ~ gegenüber**, la direzione guarda al nostro progetto con molta benevolenza.

Wohnanhänger m roulotte f, caravan m.

Wohnanlage f complesso m residenziale.

Wohnbauten subst <nur pl> immobili m pl ad uso abitativo.

Wohnbereich m *bau* zona f giorno.

Wohnbevölkerung f *adm* popolazione f residente, residenti m pl.

Wohnbezirk m zona f residenziale.

Wohnblock <-(e)s, -s *oder* CH *Wohnblöcke*> m isolato m, caseggiato m.

Wohncontainer m container m/modulo m abitativo.

Wohndichte f densità f ₍di abitanti₎/[abitativa].

Wohndiele f ingresso m abitabile.

Wohneinheit f *bau* unità f abitativa/[di abitazione].

wohnen itr **1** (*sein Domizil haben*) *irgendwo* ~ abitare/risiedere/stare *fam*/dimorare *lit* + *compl di luogo*: **wo wohnst du?**, dove abiti/[stai (di casa) *fam*]?; **sie wohnt in Köln/[der Schweiz]**, abita ₍a Colonia₎/[in Svizzera]; ₍**auf dem Land**₎/[**in der Stadt**]/ [**im Zentrum**] ~, abitare/stare in campagna/città/centro; **wir ~ in der Buddestraße**, abitiamo nella Buddestraße; **am Stadtrand ~**, abitare in periferia; **im ersten/dritten Stock ~**, abitare al primo/terzo piano; **zur Miete ~**, stare/abitare in affitto; **zur Untermiete ~**, stare/abitare in subaffitto **2** (*vorübergehend seine Unterkunft haben*) **bei jdm/irgendwo ~** (IM HOTEL) alloggiare/stare *presso/da qu/+ compl di luogo*: **während des Kurses wohnt sie bei Freunden**, durante il corso sta/alloggia da amici; **bei den Eltern ~**, abitare/stare/vivere con i genitori **3** (*irgendwie untergebracht sein*) *irgendwie* ~: **ihr wohnt hier günstig/laut/schön**, abitate in un ₍alloggio a buon mercato₎/[luogo rumoroso]/[bel posto]; **sie wohnt sehr teuer**, paga molto d'affitto; **zum Glück ~ wir jetzt sehr ruhig**, fortunatamente adesso abitiamo in una zona molto tranquilla; **möbliert ~**, abitare in ₍una camera ammobiliata₎/[un appartamento ammobiliato].

Wohnfläche f superficie f abitabile.

Wohngebäude n edificio m/casa f d'abitazione.

Wohngebiet n zona f residenziale.

Wohngegend f quartiere m/zona f residenziale: **das ist eine sehr teure ~**, è un quartiere residenziale molto caro.

Wohngeld n *adm* (*für Mietwohnungen*) sussidio m per l'affitto: **~ beantragen**, chiedere un sussidio per l'affitto.

Wohngeldberechtigte <dekl wie adj> mf avente mf diritto a un sussidio per l'affitto.

Wohngeldempfänger m (**Wohngeldempfängerin** f) *adm* beneficiario (-a) m (f) di un sussidio per l'affitto.

Wohngelegenheit f possibilità f di alloggio.

Wohngemeinschaft f (*Abk* WG) (*Personen*) "persone f pl che dividono un appartamento o una casa"; (*Haushalt*) alloggio m in comune: **in eine ~ einziehen**, andare ad abitare in un alloggio in comune; **in einer ~ wohnen**, abitare in comune con altri.

Wohngetto n *pej* ghetto m.

Wohnghetto n → **Wohngetto**.

Wohngift n "sostanze f pl tossiche utilizzate per la costruzione o la ristrutturazione di una casa".

wohnhaft adj <präd> *adm* residente: (*irgendwo*) ~ **sein**, essere residente + *compl di luogo*; **wo sind Sie ~?**, dov'è residente?, dove risiede?; **Frau L., ~ in Freiburg**, la signora L., residente a Friburgo; (*irgendwo wohnend*) domiciliato, abitante *rar*.

Wohnhaus n → **Wohngebäude**.

Wohnheim n (*für Studenten*) casa f dello studente, studentato m; (*für alte Menschen*) casa f di riposo, pensionato m per anziani; (*für Arbeiter*) alloggio m comune per operai.

Wohnkomfort <-s, ohne pl> m comfort m abitativo: **ein Appartment mit sämtlichem ~**, un appartamento con tutte le comodità.

Wohnküche f cucina f abitabile/tinello.

Wohnkultur f cultura f dell'abitare.

Wohnlage f posizione f (dell'abitazione): **eine gute/teure ~**, una ₍buona zona₎/[zona cara]; **in ruhiger ~**, in posizione tranquilla; **in einer der besten ~n mit Blick auf den See**, in una delle migliori posizioni con vista sul lago.

Wohnlandschaft f *arch* ambiente m spazioso con divano e poltrona.

wohnlich adj {HAUS, ZIMMER} accogliente, confortevole: **es sich ~ machen**, creare un po' di comfort intorno a sé, rendere confortevole la propria abitazione.

Wohnlichkeit <-, ohne pl> f {+HOTELZIMMER, RAUM} comfort m, carattere m accogliente.

Wohnmobil n camper m, autocaravan m, motorhome m, motorcaravan m.

Wohnnebenkosten subst <nur pl> (*für Strom, Wasser, Heizung etc.*) spese f pl accessorie.

Wohnort m (luogo m di) residenza f, domicilio m.

Wohnqualität f qualità f ₍dell'abitare₎/ [abitativa]: **ein Viertel mit hoher ~**, un quartiere ad alta qualità abitativa.

Wohnraum m **1** (*Raum zum Wohnen*) ambiente m/locale m/stanza f/vano m (ad uso abitativo), camera f: **die Wohnräume sind im ersten Stock**, l'abitazione è al primo piano **2** <nur sing> (*Wohnungen*) spazi m pl abitativi: **es fehlt an ~**, mancano le case/gli alloggi, c'è carenza di alloggi.

Wohnraumbeschaffung f creazione f di spazi abitativi.

Wohnrecht n *jur* diritto m d'abitazione.

Wohnschlafzimmer n (stanza f) soggiorno-letto m.

Wohnsiedlung f complesso m residenziale.

Wohnsilo m *oder* n *pej* casermone m.

Wohnsitz m *adm jur* (*örtlicher Schwerpunkt der Lebensbeziehungen*) domicilio m; (*Meldeschrift*) residenza f: **seinen ~ an einem Ort nehmen** *adm jur*/**aufschlagen** *fam*, ₍eleggere il proprio domicilio₎/[prendere la residenza] in un luogo; **seinen ~ in Hamburg haben/nehmen**, avere/prendere la residenza ad Amburgo; **den ~ wechseln**, cambiare domicilio/residenza • *fester ~*, domicilio fisso; **ohne festen ~**, senza fissa dimora; *mit ~* **in ...**, residente/domiciliato a ...; *ständiger ~*, domicilio permanente; *steuerlicher ~*, domicilio fiscale; *der zweite ~*, il secondo domicilio.

wohnsitzlos adj adm senza fissa dimora.
Wohnstadt f quartiere m (periferico) residenziale; *(Trabantenstadt)* città f satellite.
Wohnstraße f strada f residenziale.
Wohnstube f obs → **Wohnzimmer**.
Wohnturm m arch **1** *(mittelalterliches Wohnhaus)* casa f torre **2** *(Hochhaus)* grattacielo m, (edificio m a) torre f.
Wohn- und Lebensverhältnisse subst <nur pl> condizioni f pl abitative e di vita.
Wohnung <-, -en> f appartamento m, abitazione f, casa f; *(Unterkunft)* auch alloggio m, sistemazione f: **eine ~ mit drei Zimmern**, una casa/un appartamento di tre stanze/vani; **eine geräumige/helle/sonnige ~ haben**, avere un appartamento spazioso/luminoso/soleggiato; **wir haben eine ~ gekauft**, abbiamo comprato la casa/un appartamento; **unsere ~ liegt im dritten Stock**, il nostro appartamento ⌊si trova⌋/[è] al terzo piano • **aus einer ~ ausziehen**, lasciare un appartamento/una casa; **eine ~ mit Balkon**, un appartamento con terrazzo; **eine eigene ~ haben**, avere un appartamento per conto proprio; **eine ~ einrichten**, arredare un appartamento/una casa; **in eine ~ einziehen**, andare ad abitare in un appartamento/una casa; **eine ~ kündigen**, disdire ⌊il contratto di locazione di⌋/[un appartamento]; **eine ~ mieten**, prendere in affitto un appartamento/una casa; **eine ~ suchen**, cercare casa; **eine ~ vermieten**, ⌊dare in locazione/affitto⌋/[affittare] un appartamento/una casa; **die ~ wechseln**, cambiare casa.
Wohnungsamt n fam ufficio m casa fam, ufficio m (comunale) per l'assegnazione di alloggi.
Wohnungsangebot n offerta f di case/appartamenti/alloggi.
Wohnungsauflösung f sgombero m: **Möbel wegen ~ zu verkaufen**, vendesi mobili per sgombero.
Wohnungsbau <-(e)s, ohne pl> m edilizia f residenziale/abitativa: **sozialer ~**, edilizia popolare.
Wohnungsbauförderung f incentivi m pl per la costruzione di alloggi.
Wohnungsbaugenossenschaft f cooperativa f edilizia.
Wohnungsbaugesellschaft f società f immobiliare.
Wohnungsbedarf m fabbisogno m di alloggi/abitazioni.
Wohnungseigentum n jur proprietà f immobiliare.
Wohnungseigentümer m (**Wohnungseigentümerin** f) proprietario (-a) m (f) di un'abitazione/un appartamento; *(in einem Gebäude mit Eigentumswohnungen)* condomino (-a) m (f).
Wohnungseinbruch m furto m con scasso in un'abitazione.
Wohnungseinrichtung f arredamento m (della casa), mobilia f.
Wohnungsgeld n adm *(für Mietwohnungen)* indennità f di alloggio (per impiegati statali).
Wohnungsinhaber m (**Wohnungsinhaberin** f) conduttore (-trice) m (f) adm, locatario (-a) m (f), affittuario (-a) m (f), inquilino (-a) m (f), pigionante mf.

wohnungslos adj <präd> *(ohne Wohnung)* senza casa; *(ohne Obdach)* senza tetto.
Wohnungsmakler m (**Wohnungsmaklerin** f) agente mf immobiliare, immobiliarista mf.
Wohnungsmangel m scarsità f/carenza f di alloggi.
Wohnungsmarkt m mercato m immobiliare: **der freie ~**, il mercato libero degli alloggi.
Wohnungsmiete f (canone m di) affitto m/locazione f, pigione f tosk.
Wohnungsnot <-, ohne pl> f emergenza f casa, grande carenza f di alloggi.
Wohnungspolitik f politica f degli alloggi.
Wohnungsschlüssel m chiave f ⌊di casa⌋/[dell'appartamento].
Wohnungssuche f: **auf ~ sein**, cercare/[essere in cerca di] casa; **wir sind auf ~**, ⌊siamo in cerca di⌋/[stiamo cercando] casa.
Wohnungssuchende <dekl wie adj> mf persona f in cerca di un alloggio/una casa.
Wohnungstausch m permuta f di abitazione; *(für den Urlaub)* scambio m (di) casa.
Wohnungstür f porta f di casa.
Wohnungswechsel m trasloco m, cambio m di casa: **ich plane einen ~**, ho intenzione di cambiare casa.
Wohnungswesen <-, ohne pl> n adm edilizia f abitativa: **der Beauftragte für das ~**, l'incaricato per l'edilizia abitativa.
Wohnungswirtschaft f settore m immobiliare.
Wohnverhältnisse subst <nur pl> condizioni f pl abitative/d'alloggio.
Wohnviertel n quartiere m/zona f residenziale.
Wohnwagen m **1** *(Anhänger)* roulotte f **2** *(Wohnmobil)* camper m.
Wohnzimmer n **1** *(Zimmer)* soggiorno m; *(im traditionellen Sinn)* salotto m, sala f, salone m **2** *(~einrichtung)* ⌊mobilia f da⌋/[arredamento del]) salotto m.
Wok <-, -s> m wok m.
wölben **A** rfl **1** *(überspannen)* **sich** *(über etw* akk*) ~* {BRÜCKE ÜBER DEN FLUSS} inarcarsi sopra qc: **ein sternenklarer Himmel wölbte sich über uns**, il cielo stellato disegnava un arco sopra di noi; **ein riesiges Zelt wölbte sich über den Festplatz**, un'enorme tenda s'inarcava sopra la piazza della festa **2** *(sich biegen)* **sich ~** {FUSSBODEN, HOLZBODEN} inarcarsi, incurvarsi, imbarcarsi: **nach der Überschwemmung hat das Parkett angefangen sich zu ~**, dopo l'alluvione il parquet ha cominciato a inarcarsi/imbarcarsi; **die Mauer wölbt sich nach dem strömenden Regen der letzten Tage gefährlich nach außen**, dopo le piogge torrenziali degli ultimi giorni il muro si è inarcato pericolosamente in fuori **B** tr *(in einem Bogen anlegen)* **etw ~** {DECKE} fare/costruire qc a volta: **eine gewölbte Decke**, un soffitto a volta.
Wölbung <-, -en> f {+DECKE, KUPPEL, TORBOGEN} curvatura f, bombatura f: **eine starke/leichte ~**, una forte/leggera curvatura; **die ~ eines Torbogens**, la curvatura dell'arco di un portone.
Wolf <-(e)s, Wölfe> m **1** zoo lupo m: **ein Rudel Wölfe**, un branco di lupi; **der ~ in der Fabel**, lupus in fabula **2** med intertrigine f **3** tech → **Fleischwolf** • **jdn durch den ~ drehen** fam, ridurre qu in poltiglia; **sich durch den ~ gedreht fühlen** fam, sentirsi ⌊a pezzi fam⌋/[le ossa rotte fam]; **mit den Wölfen heulen** fam, ⌊stare nel⌋/[seguire il] branco; **hungrig sein**/[Hunger haben] **wie ein ~**, avere una fame da lupo/lupi; **ein ~ im**

Schafspelz **sein**, essere un lupo in veste d'agnello.
Wölfchen <-s, -> n dim *von* Wolf lupacchiotto m, lupetto m.
Wolfgang m *(Vorname)* Wolfango rar.
Wölfin f zoo lupa f.
wölfisch adj da lupo: **ein Hund mit vielen, typisch ~en Verhaltensweisen**, un cane con molti tratti comportamentali tipici del lupo.
Wölfling <-s, -e> m *(jüngster Pfadfinder)* lupetto m.
Wolfram① <-s, ohne pl> n chem tungsteno m, wolframio m.
Wolfram② m *(Vorname)* Wolframo.
Wolframfaden m tech filo m di tungsteno.
Wolframit n min wolframite f, tungstenite f.
Wolfsangel f tagliola f per lupi.
Wolfsbarsch m fisch spigola f, branzino m.
Wolfshund m fam zoo cane m lupo.
Wolfshunger m → **Bärenhunger**.
Wolfsmensch m → **Werwolf**.
Wolfsmilch f bot euforbia f, erba f del latte region.
Wolfsrachen m med palatoschisi f med, gola f di lupo fam.
Wolga <-, ohne pl> f geog Volga m.
Wolgadeutsche <dekl wie adj> mf "russo (-a) m (f) di origine tedesca che ora risiede nella zona lungo il Volga".
Wölkchen <-s, -> n dim *von* Wolke nuvoletta f.
Wolke <-, -n> f **1** *(Ansammlung von Wassertropfen oder Eiskristallen)* nuvola f, nube f meteo oder geh, nugolo m lit: **weiße/dicke/tiefhängende ~n**, nubi/nuvole bianche/grosse/basse; **drohende/gewitterschwere ~n**, nuvole minacciose/[cariche di poggia]; **schwere ~n hängen am Himmel**, nubi pesanti sono sospese in cielo; **der Himmel ist von ~n verhangen**, il cielo è coperto dalle/di nuvole; **der Gipfel war in ~n gehüllt**, la cima era avvolta dalle nuvole/nubi; **dunkle/drohende ~n ziehen am Horizont auf**, nuvole nere/[procellose/minacciose] s'avvicinano dall'orizzonte; **dicke ~n jagen/rasen am Himmel**, grosse nuvole cavalcano/corrono nel cielo; **die Sonne bricht durch die ~n**, il sole squarcia le nuvole; **~n ziehen auf**, si (r)annuvola; **wir flogen über den ~n**, volavamo al di sopra delle nuvole **2** *(wolkenähnliche Zusammenballung) ~* **von etw** (dat)/**einer S.** (gen) {VON PARFÜM, RAUCH, STAUB} nuvola f di qc, nube f di qc, nuvolo m di qc: **wir wurden in eine riesige ~ von Sand gehüllt**, venimmo avvolti (-e) da una densa nube/nuvola di sabbia; **eine ~ von Mücken**, un nuvolo/nugolo di zanzare • **aus allen ~n fallen** fam *(sehr überrascht sein)*, cascare dalle nuvole; **auf/über** (akk) **den ~n schweben** *(unrealistisch sein)*, vivere nelle/sulle/[tra le] nuvole.
Wolkenbank f banco m di nubi/nuvole.
Wolkenbildung f formazione f di nubi/nuvole.
Wolkenbruch m nubifragio m: **ein ~ geht nieder**, si scatena un nubifragio.
wolkenbruchartig adj {REGENFÄLLE} torrenziale.
Wolkendecke <-, ohne pl> f cappa f di nuvole/nubi: **die Stadt lag unter einer dichten ~**, la città era coperta da una densa cappa ⌊di nubi⌋/[nuvolosa].
Wolkenfeld n area f nuvolosa.
Wolkenfetzen m geh brandello m di nubi.
Wolkenformation f formazione f di nubi.

Wolkenhimmel m cielo m nuvoloso.
Wolkenkratzer m *arch* grattacielo m.
Wolkenkuckucksheim n *geh*: **im ~ leben**, vivere ₍in un mondo immaginario/irreale₎/[nel paese dei sogni].
Wolkenlandschaft f paesaggio m di nubi.
wolkenlos adj {HIMMEL} senza nubi/nuvole, sereno, pulito: **~ sein**, essere ₍senza nubi/nuvole₎/[sereno].
Wolkenmasse f massa f nuvolosa/[di nubi], ammasso m di nubi.
Wolkenschicht f strato m di nubi.
Wolkenschleier m velo m di nubi.
wolkenverhangen adj {HIMMEL} coperto (di nuvole); {BERG, TAL} coperto/avvolto dalle nuvole.
Wolkenwand f cortina f di nubi/nuvole.
wolkig adj nuvoloso, annuvolato: **heute ist es leider ~**, oggi purtroppo è nuvoloso; **das Wetter wird heiter bis ~ sein**, il tempo sarà sereno variabile; **es wird ~**, (il cielo) si sta annuvolando.
Wolldecke f coperta f di lana, plaid m.
Wolle <-, -n> f **1** <*nur sing*> (*Haar*) {+SCHAF, ZIEGE} lana f: **~ spinnen/waschen**, filare/lavare la lana **2** (*Garn aus ~*) lana f: **feine/dicke/grüne ~**, lana fine/grossa/verde; **ein Knäuel ~**, un gomitolo di lana; **diese ~ ist sehr ergiebig**, questa lana rende molto; **die ~ kratzt/[ist weich]**, la lana punge/[è morbida/soffice]; **sich** (dat) **einen Pullover aus ~ stricken**, farsi un maglione di lana **3** (*Tuch aus ~*) lana f: **ein Anzug aus ~**, un vestito di lana; **der Stoff ist reine ~**, il tessuto è (di) pura lana; **aus reiner ~**, di pura lana **4** *fam* (*sehr dichtes Haar*) lana f *rar*, crine m *lit*: **willst du dir nicht mal deine ~ scheren lassen?**, non vuoi farti tagliare ₍il nido₎/[quella zazzera]? *pej* • **sich (mit jdm) in die ~ kriegen** *fam* (*mit jdm Streit bekommen*), accapigliarsi (con qu), bisticciare (con qu) *fam*, prendersi per i capelli *fam*; **sich in der ~ liegen** *fam*, essere in lite.
wollen① adj <*attr*> di lana: **~e Handschuhe/Strümpfe**, guanti/calze di lana.
wollen② <*will, wollte, hat wollen*> Modalverb **1** (*die Absicht, den Wunsch haben, etw zu tun*) **etw tun ~** voler fare qc: **willst du mitgehen?**, vuoi venire?; **er will ein paar Monate in Indien herumreisen**, vuole andare per qualche mese in giro per l'India; **ich will das Sekretariat anrufen**, voglio chiamare in segreteria; **was willst du (mal) werden?**, cosa vuoi diventare?; **ich will noch arbeiten**, voglio ancora lavorare; **du hast ja nicht auf mich hören ~!**, non hai voluto darmi retta/ascolto!; **du willst dich sicher jetzt ausruhen?**, adesso ti vorrai riposare, no?; **wir wollten gerade essen**, stavamo per andare a tavola; **den Film habe ich schon lange sehen ~**, è da molto che volevo vedere questo film; **die Kundgebung will die Bürger informieren**, la manifestazione ha lo scopo di informare i cittadini; **was ich sagen wollte, ...**, dicevo ...; **was ich noch sagen wollte**, a proposito ... **2** (*haben mögen*) **etw haben ~** voler avere qc: **er will unbedingt einen Motorroller haben**, vuole (avere) a tutti i costi uno scooter; **wenn sie etwas haben will, dann bekommt sie es auch**, quando lei vuole (avere) una cosa, la ottiene **3** <*nur 1. pers pl präs*> (*Aufforderung*): **wir ~ nicht mehr davon sprechen!**, non ne parliamo più!; **wir ~ auf ein gutes neues Jahr anstoßen!**, brindiamo all'anno nuovo! **4** <*nur im imperf*> (*höfliche Einleitung einer Bitte oder Frage*): **ich wollte dich (nur) fragen, ob du mir vielleicht einen Koffer leihen könntest**, volevo (solo) chiederti se mi potevi prestare una valigia; **ich wollte Sie fragen, ob Sie mir vielleicht ein Empfehlungsschreiben mitgeben könnten**, volevo chiederLe se mi potrebbe scrivere una lettera di presentazione **5** <*nur im konjv I*> (*höfliche Aufforderung, etw zu tun*): **~ Sie mir bitte folgen!**, voglia seguirmi per favore!, mi segua per favore!; **wenn Sie bitte einen Moment warten ~!**, attenda un momento per favore!; **wenn Sie bitte Platz nehmen ~!**, se vuole accomodarsi!, prego, si accomodi! **6** (*energische Aufforderung*): **willst du wohl endlich deine Hausaufgaben machen!**, ti decidi una buona volta a fare i compiti?!, vuoi fare i compiti, sì o no?!; **wollt ihr wohl etwas leiser sein!**, volete fare un po' meno rumore/chiasso?!; **willst du jetzt mal deinen Mund halten!**, vuoi chiudere un po' il becco?; **willst du (jetzt) wohl aufstehen!** *fam*, ti decidi ad alzarti?, ti alzi, sì o no? **7** *meist iron* (*Meinung des Sprechenden ausdrückend*) **etw sein ~** voler essere qc: **und er will ein Opernkenner sein!**, e lui sarebbe/[pretende di essere] un intenditore di lirica!; **und so jemand will Arzt sein!** *fam*, e quello ₍sarebbe un₎/[si chiama] medico?; **und der will gut Deutsch können?**, e quello dice di sapere bene il tedesco? **8** (*Zweifel in Bezug auf jds Aussage*): **sie will nichts davon gewusst haben**, dice/[vuole far credere] che non ne sapeva niente; **er will dich gestern gesehen haben**, dice di averti visto (-a) ieri; **er will gesehen haben, wie sich küssten**, dice di averli visti ₍che si baciavano₎/[baciarsi] **9** (*nicht wie vorgesehen ablaufen*): **der Wagen wollte einfach nicht anspringen**, la macchina non voleva partire; **er will einfach nicht auf mich hören**, non vuole proprio darmi retta/ascolto!; **es will einfach nicht aufhören zu regnen**, non vuole proprio smettere di piovere; **der Husten wollte und wollte nicht besser werden**, la tosse non accennava proprio a migliorare **10** (*passivisch: müssen*): **die Entscheidung will wohl überlegt sein**, è una decisione che va ponderata; **das will überlegt sein**, occorre rifletterci; **Klavierspielen will gelernt sein**, suonare il pianoforte è una cosa che va imparata **11** (*mahnender Ausruf*): **das will ich auch hoffen/[gehofft haben]!**, lo voglio sperare!, lo spero bene!; **das will ich nicht gehört haben!**, faccio come se non avessi sentito!, facciamo finta di non aver sentito! • **das will nichts heißen!**, non vuol dire nulla!; **wir ~ sehen!**, vedremo!, staremo a vedere!
wollen③ <*will, wollte, gewollt*> Vollverb **A** tr **1** (*den Wunsch haben, etw zu bekommen*) **etw ~** volere qc: **etw unbedingt ~**, volere qc a ogni costo; **willst du noch ein Glas Wein?**, vuoi un altro bicchiere di vino?; **was wollte sie denn?** ₍che cosa₎/[cos'è che] voleva?; **wen wollte sie denn?** *fam*, chi voleva?, con chi voleva parlare?, chi stava cercando?; **er weiß, was er will**, (lui) sa quello che vuole; **ich weiß gar nicht, was du willst, es ist doch nichts passiert!**, non capisco cosa vuoi, in fondo non è successo niente!; **(machen Sie es,) wie Sie ~!**, (faccia) come vuole!; **was hat er von dir gewollt?**, che cosa voleva da te?; **er hat für die Reparatur nichts gewollt** *fam*, non ha voluto niente per la riparazione **2** (*etw beabsichtigen*) **etw ~** voler fare qc: **das habe ich nicht gewollt!**, non ₍lo volevo₎/[l'ho fatto apposta]!; **etw mit etw** (dat) **~** voler fare qc con qc: **was willst du mit der Schere?**, che cosa vuoi fare con le forbici?; **irgendwohin ~**: **sie will zum Film**, vuole fare l'attore; **sie will ins Konservatorium**, vuole ₍fare il₎/[andare al] conservatorio; **sie will zur/[an die] Uni**, vuole fare l'università; **er will so schnell wie möglich fort**, vuole partire/[andare via] al più presto **3** (*verlangen*) **etw ~** volere qc, esigere qc: **er will eine sofortige Antwort**, vuole/esige una risposta immediata; **~, dass ...**, volere che ... *konjv*: **ich will, dass jetzt hier Ruhe einkehrt!**, voglio che si faccia silenzio!; **er will, dass wir uns die ganze Sache noch einmal überlegen**, vuole che riflettiamo ancora una volta su tutta la faccenda; **sie will, dass alle Bekannten und Freunde zu dem Konzert kommen**, vuole che tutti gli amici e conoscenti vengano al concerto; **er will, dass ich mich entschuldige**, vuole/[pretende che] io mi scusi; **er will, dass man ihm gehorcht**, vuole ₍essere ubbidito₎/[che gli si ubbidisca]; **die Eltern ~, dass er Arzt wird**, i genitori ₍lo vogliono₎/[vogliono che faccia il] medico **4** <*konjv II 1. pers sing*> (*wünschen*) **etw ~** volere che ... *konjv*: **ich wollte, es wäre Sonntag!**, vorrei che fosse domenica!; **ich wollte, es wäre schon alles vorbei!**, vorrei che fosse già tutto passato/finito! **5** *fam* (*brauchen*) **etw ~** {BLUME, PFLANZE} volere qc, aver bisogno di qc: **die Orchidee will vor allem Licht und Feuchtigkeit**, l'orchidea vuole soprattutto luce e umidità **B** itr **1** (*den Wunsch haben, irgendwohin zu gehen/fahren*) **zu jdm/irgendwohin ~** voler andare da qu/+ *compl di luogo*: **der Kleine will nach Hause**, il piccolo vuole andare a casa; **sie ~ nächsten Sommer in die Berge**, l'estate prossima vogliono andare in montagna; **wir ~ am Wochenende nach Paris**, vogliamo andare a Parigi il fine settimana; **wo wollt ihr denn hin?**, dove volete andare?; **zu wem ~ Sie?**, chi sta cercando?, con chi vuole/desidera parlare? **2** (*nicht mehr gut funktionieren*): **nicht mehr so (recht) ~**, non andare più, non volere andare proprio più, non funzionare più; **die Beine ~ nicht mehr**, le gambe non funzionano più; **auch die Augen ~ nicht mehr so recht**, anche gli occhi non ne vogliono più sapere (di funzionare) • **jd hat es nicht anders gewollt**, qu se l'è voluta/cercata; **zu ~ brauchen**: **man kann alles machen, man braucht es nur zu ~**, tutto si può fare, basta volerlo; **dann ~ wir mal!** *fam*, allora, cominciamo!; **wer nicht will, der hat schon**, peggio per te/voi!, va bene, allora no!; **wer will, der kann**, volere è potere; **etw lieber ~ qc**: **ich will lieber ins Kino als ins Theater**, preferisco andare al cinema piuttosto che a teatro; **er/sie mag nun ~ oder nicht** (*ob er/sie nun will oder nicht*), che voglia o no, che gli/le piaccia o no; **ich will nicht mehr!**, non ho più voglia!; **da ist nichts mehr zu ~** *fam*, non c'è più niente da fare; **nichts zu ~ haben**: **du hast gar nichts zu ~!**, tu non hai (nessuna) voce in capitolo!; **ob du willst/[er/sie will] oder nicht**, volente o nolente, per amore o per forza; **ohne es zu ~**, senza volerlo; **wenn man so will ...**, se vogliamo ..., diciamo ..., se così si può dire ...; **was du nicht willst, das man dir tu'**, **das füg auch keinem andern zu** *prov*, non fare agli altri ciò che non vorresti fosse fatto a te.
Wollfaden m filo m di lana.
Wollfaser f fibra f di lana.
Wollgarn n filato m di lana.
Wollhandschuh m guanto m di lana.
wollig adj **1** (*aus Wolle*) {JACKE, PULLOVER} di lana **2** (*wie Wolle*) {GEWEBE} lanoso, soffice **3** (*dicht*) {HAAR} lanoso, lanuto *rar*.
Wolljacke f giacca f di lana.
Wollkamm m cardo m, pettine m (da lana).
Wollkämmer <-s, -> m (**Wollkämmerin** f) cardatore (-trice) m (f), operaio (-a) m (f) addetto (-a) alla pettinatura della lana.
Wollkleid n abito m/vestito m di lana.

Wollknäuel n gomitolo m di lana.
Wollmantel m cappotto m di lana.
Wollmaus f **1** zoo cincillà m oder f **2** fam laniccio m.
Wollmusselin m mussola f/mussolina f di lana.
Wollsachen subst <nur pl> indumenti m pl di lana.
Wollschal m sciarpa f di lana.
Wollsiegel n marchio m di pura lana vergine.
Wollsocke f calzino m di lana.
Wollspinnerei f lanificio m.
Wollstoff m tessuto m/stoffa f di lana.
Wollstrumpf m calza f di lana.
Wollstrumpfhose f calzamaglia f/collant m di lana.
Wollust <-, ohne pl> f geh voluttà f ● **sich der ~ hingeben**, abbandonarsi alla voluttà; **in höchster ~**, in estasi; **mit wahrer/[einer wahren] ~** (etw tun), (fare qc) con vera voluttà; **mit wahrer ~ rächte er sich an ihm**, si vendicò di lui con vera voluttà; **sie piesackte die anderen mit wahrer ~**, punzecchiava gli altri con piacere maligno.
wollüstig geh **A** adj {Frau, Körper, Mann} voluttuoso, sensuale; {Augenaufschlag, Blick, Pose} auch lascivo: **seine ~e Freude an etw (dat) haben**, provare voluttà nel fare qc, andare in estasi per qc **B** adv {Genießen} voluttuosamente, con voluttà, con intenso piacere; {jdn ansehen} auch lascivamente, con lascivia: **stöhnen**, gemere di piacere; **er schlürfte ~ seinen Cognac**, sorseggiava con voluttà il suo cognac.
Wollwaren subst <nur pl> articoli m pl di lana, lanerie f pl.
Wollwäsche f: **heute mache ich nur die ~**, oggi lavo solo gli indumenti di lana.
Wollwaschgang m programma m di lavaggio per la lana.
Wollwaschmittel n detersivo m per lana.
Womanizer <-s, -> m donnaiolo m.
womit adv **1** (in direkten und indirekten Fragesätzen: auf welche Weise) con che cosa, da dove: **~ willst du das wiedergutmachen?**, come pensi di riparare a ciò che hai fatto?; **ich frage mich, ~ wir diesen riesigen Tisch transportieren sollen?**, mi chiedo con che cosa trasportiamo questo enorme tavolo?; **~ soll ich anfangen?**, da dove/[che cosa devo cominciare?; **~ kann ich Ihnen dienen?**, in che cosa posso esserLe utile?; **~ habe ich das verdient?**, che cosa ho fatto per meritare questo? **2** (relativisch: mit welcher Sache) con cui: **~ ich nicht sagen will, dass ...**, con questo/ciò non voglio dire che ... konjv: **~ du es auch immer versuchst, es wird dir nicht gelingen**, con qualunque mezzo (tu) ci provi non ci riuscirai; **das ist es, ~ er nicht zufrieden ist**, è proprio questo ciò di cui non è contento; **das ist etwas, ~ ich mich nicht besonders auskenne**, è una cosa di cui non capisco granché.
womöglich adv magari, forse, chissà che non ... konjv: **~ kommt er schon heute**, può darsi che arrivi/[(chissà,) magari arriva] già oggi; **sie sind ~ schon fertig**, magari hanno/[chissà che non abbiano] già finito; **es war ~ doch ein Fehler**, forse/probabilmente è stato davvero uno sbaglio.
wonach adv **1** (in direkten und indirekten Fragesätzen: nach was) che cosa, di che cosa: **~ hast du sie gefragt?**, che cosa le hai chiesto?; **~ schmeckt dein Aperitif?**, di (che) cosa sa/[che sapore ha] il tuo aperitivo?; **~ sollen wir uns richten?**, come ci dobbiamo regolare?; **~ riechen diese Blumen (da)?**,

che profumo hanno quei fiori?; **~ drehst du dich denn immer um?**, per che cosa continui a voltarti? **2** (relativisch: nach welcher Sache) di cui, che: **das ist genau das, ~ ich dich schon lange fragen wollte**, è proprio quello che volevo chiederti da tanto; **das ist etwas, ~ ich überhaupt kein Verlangen habe**, è qualcosa di cui non sento il minimo bisogno; **wir haben spät gegessen und uns lange unterhalten, ~ wir dann schlafen gegangen sind** fam, abbiamo mangiato tardi e parlato a lungo, dopodiché siamo andati (-e) a dormire; (demzufolge/derzufolge) secondo cui, in base al/alla quale: **eine neue Regelung, ~ alle Hausbesitzer ihre leer stehenden Wohnungen zur Verfügung stellen müssen**, un nuovo regolamento [in base al]/[secondo il] quale i proprietari di case sono tenuti a mettere a disposizione i loro appartamenti sfitti; **es gibt auch eine zweite Version, ~ die Polizisten die Angreifer gewesen sind**, c'è anche una seconda versione secondo la quale ad attaccare sarebbero stati gli agenti di polizia.
Wonne <-, -n> f geh delizia f, gioia f, vero piacere m, godimento m: **mit ~**, con piacere/gioia; **die ~n der Liebe**, le delizie dell'amore; **ihrem Spiel zuzuhören war eine wirkliche ~**, ascoltare loro che suonavano è stato un vero godimento; **es ist eine (wahre) ~, ihm zuzuschauen**, è un vero piacere guardarlo; **alles war eitel ~**, tutto era gioia e serenità.
Wonnemonat m obs (mese m di) maggio m.
Wonneproppen <-s, -> m fam scherz bambino m paffuto/paffutello: **das Baby ist ein richtiger ~**, questo bambino è proprio un bambolotto.
wonnig adj delizioso: **was für ein ~es Baby!**, che delizia di bambino!; **guck mal, wie ~!**, guarda che delizia!
woran adv **1** (in direkten und indirekten Fragesätzen: an welchem Gegenstand) a (che) cosa: **~ will er die Leine festmachen?**, a cosa vuole fissare la corda?; **~ hast du dich denn verletzt?**, con (che) cosa ti sei ferito (-a)?; **~ arbeitest du gerade?**, a che cosa stai lavorando al momento?; (an welchem Umstand) da/di che cosa: **~ liegt das?**, da cosa dipende?; **~ denkst du?**, a cosa pensi?; **~ erinnert Sie das?**, che cosa Le [fa venire in mente]/[ricorda]?; **nun weiß ich (wenigstens), ~ ich bin**, ora (almeno) so come regolarmi; **ich weiß nicht, ~ ich bei ihm bin**, non so [cosa pensare di lui]/[chi ho per le mani fam]; **man fragt sich, ~ er wohl gestorben ist?**, ci si chiede di (che) cosa sia morto **2** (relativisch) a cui, al/alla quale: **das Projekt, ~ sie gerade arbeiten** fam, il progetto al quale stanno lavorando; **das Einzige, ~ mich erinnere ...**, l'unica cosa che mi ricordo/ricordi ...; **... ~ ich merkte, dass ...**, ... cosa che mi fece capire che ...
worauf adv **1** (in direkten und indirekten Fragesätzen: auf welche Sache) su che cosa: **~ willst du den Braten legen?**, su (che) cosa vuoi mettere l'arrosto?; **~ setzen wir die Kinder?**, su cosa mettiamo a sedere i bambini?; **~ wollen Sie hinaus?**, dove vuole [arrivare]/[(andare a parare)?], che cosa vorrebbe insinuare?; (auf welchem Umstand) su (che) cosa, a che cosa, che cosa; **~ gründet denn seine These?**, e su (che) cosa poggia la sua tesi?; **~ warten wir noch?**, che altro aspettiamo?; **~ soll man sich dann noch verlassen?**, allora su (che) cosa si può fare ancora affidamento?; **ich weiß nicht, ~ Sie sich beziehen**, non so a che cosa si riferisce **2** (relativisch: räumlich) su/sopra cui, sul/sulla quale, dove: **und wo ist der Zettel, ~**

alle Adressen standen? fam, e dov'è il foglietto su cui erano scritti tutti gli indirizzi? **3** (relativisch: auf welche Sache, per cui): **~ sie entgegnete, dass sie blendend ohne ihre Hilfe auskäme**, al che lei rispose che se la cavava benissimo senza il loro/suo aiuto; **die Ansprache war vorbei, ~ die ganze Gesellschaft sich zum Essen begab**, il discorso era finito, quindi tutta la compagnia andò a tavola; **niemand öffnete die Tür, ~ er ein zweites Mal klingelte**, nessuno venne ad aprire la porta, al che suonò una seconda volta; **es war erst sechs Uhr, ~ sie sich auf die andere Seite drehte und weiterschlief**, erano solo le sei perciò lei si girò sull'altro fianco e continuò a dormire ● **~ du dich verlassen kannst!** fam (da kannst du sicher sein!), e ci puoi contare/scommettere!, puoi stare sicuro (-a)!
woraufhin adv **1** (in direkten und indirekten Fragesätzen: auf welches Ding hin) in seguito a che cosa, in/per conseguenza di che cosa, perché: **hat er sich veranlasst gefühlt, dir Avancen zu machen?**, e in seguito a che cosa si è sentito autorizzato a farti delle avance?; **und ~ ist sie so wütend geworden?**, [e in conseguenza di che cosa]/[perché] è diventata così furibonda? **2** (relativisch: worauf) al che, dopodiché, perciò, per cui: **es knackte und rauschte in der Leitung, ~ die Verbindung ganz unterbrochen wurde**, si sentì uno scricchiolio e un fruscio, dopodiché la linea cadde del tutto; **er sagte, es gebe keine Hoffnung mehr, ~ sie in Tränen ausbrach**, disse che non c'era più speranza al che lei scoppiò in lacrime; **der Lehrer war nicht gekommen, ~ die Schüler sich berechtigt fühlten, nach Hause zu gehen**, l'insegnante non era venuto, per cui gli studenti si sentirono autorizzati a tornare a casa.
woraus adv **1** (in direkten und indirekten Fragesätzen: aus welchem Material) di (che) cosa: **~ ist die Skulptur gemacht?**, di (che) cosa è fatta la scultura?; **~ ist der Stoff?**, di che materiale è quel tessuto?; **können Sie mir sagen, ~ dieser Tisch ist?**, sa dirmi di che cosa è fatto questo tavolo?; (aus welchem Umstand) da (che) cosa: **~ kann man das schließen?**, da cosa lo puoi dedurre?; **~ leitet sich der Gebrauch der Verbform her?**, da (che) cosa deriva l'uso della forma verbale? **2** (relativisch: aus welchem Gegenstand) di cui: **da können Sie ganz unbesorgt sein, der Stoff, ~ die Bezüge sind, ist sogar abwaschbar** fam, può stare tranquillo (-a), il tessuto di cui sono fatte le fodere è perfino lavabile; **ich gebe euch den Titel des Buchs, ~ der Auszug ist, den wir heute gelesen haben** fam, vi do il titolo del libro da cui è tratto il brano che abbiamo letto oggi; (aus welchem Umstand) da cui, che; **er kam nicht, ~ ich schloss, dass er doch etwas beleidigt war**, non venne, dal che dedussi che era sì un po' offeso.
worden part perf von werden.
worein adv → **wohinein**.
worin adv **1** (in direkten und indirekten Fragesätzen: in welcher Sache) in cui: **und ~ besteht der Vorteil?**, e in cosa consiste il vantaggio?; **ich kann nicht begreifen, ~ der Unterschied besteht**, non riesco a capire in che cosa consista la differenza **2** (relativisch: in dem) in cui: **es gibt vieles, ~ ich mich von dir unterscheide**, ci sono diversi aspetti in cui mi distinguo da te; **der Punkt, ~ sie sich einig sind**, il punto [su cui]/[sul quale] sono d'accordo.
Workaholic <-s, -s> m psych stacanovista mf, fanatico (-a) m (f) del lavoro, lavorodipendente mf.

Work-out, Workout <-s, -s> n sport allenamento m, workout m.
Workshop <-s, -s> m workshop m, seminario m: **einen ~ veranstalten**, organizzare un workshop.
Workstation <-, -s> f inform workstation f, stazione f di lavoro.
Worldcup <-s, -s> m sport coppa f del mondo.
World Wide Web <- - -(s), ohne pl> n inform (Abk WWW) World Wide Web m inform (Abk WWW).
Worms <-, ohne pl> n geog Worms.
Wormser① <inv> adj di Worms ● **das ~ Edikt** hist, l'editto di Worms.
Wormser② <-s, -> m (**Wormserin** f) abitante mf di Worms.
Wort <-(e)s, Wörter/-e> n **1** <pl Wörter> (grafisches und semantisches Zeichen) parola f, vocabolo m, termine m, voce f: **ein langes ~**, una parola lunga/[un vocabolo lungo]; **ein mehrsilbiges ~**, una parola polisillaba; **ein ~ aussprechen/buchstabieren/übersetzen**, pronunciare/compitare/tradurre una parola; **ein zusammengesetztes ~**, una parola composta; **unter dem ~ «Notiz» führt der Duden Folgendes auf ...**, alla voce «Notiz» il Duden dice ... **2** <pl Worte> (Ausdruck) parola f: **nach dem passenden/treffenden ~ suchen**, cercare la parola adatta/giusta; **«Hass» ist ein schlimmes ~**, «odio» è una parola terribile **3** <pl Worte> (Bemerkung) parola f: **anerkennende/aufmunternde/freundliche/verletzende ~e**, parole di riconoscimento/d'incoraggiamento/[gentili]/[offensive]; **~e des Dankes/Trostes finden**, trovare parole di gratitudine/conforto; **sie hat kein ~ mit mir gesprochen**, non mi ha rivolto neanche la parola; **er hat mir kein ~ davon gesagt**, non me ne ha fatto parola; **mir fehlen die ~e!**, non ho parole!; **kein ~ mehr!**, neanche una parola di più!; **ich will kein ~ mehr davon hören!**, non ne voglio più sentir parlare!; **nach seinen eigenen ~en**, secondo le sue stesse parole; **spar dir deine ~e!**, risparmia il fiato!; **daran ist kein ~ wahr/[kein wahres ~]**, non c'è una parola di vero in questo; **davon war mit keinem ~ die Rede**, non ne abbiamo proprio parlato; **bei diesen ~en** (bei gleichem Subjekt), ciò dicendo; (bei unterschiedlichem Subjekt) mentre dic(eva) questo ... **4** <pl Worte> (Ausspruch) detto m, motto m, massima f: **dieses ~ ist/stammt von Heine**, questo è un detto di Heine **5** <nur sing> (Ehrenwort) parola f: **mein ~!**, parola mia!, parola d'onore!; **du hast mein ~!**, hai la mia parola!; **sein ~ halten**, mantenere la parola data, essere di parola ● **jdm das ~ abschneiden**, troncare la parola a qu; **mit anderen ~en**, in altre parole/[altri termini]; **in des ~es wahrster Bedeutung**, nel senso più vero della parola; **ums ~ bitten**, chiedere la parola; **sein ~ brechen/zurücknehmen**, venire meno alla/[rimangiarsi la] parola data; **mit diesen ~en**, con queste parole, detto questo; **in einem ~**, in una parola; **in einfachen ~en**, in parole semplici/povere; **etw in einfachen ~en darstellen**, raccontare/descrivere qc in termini/parole semplici; **ein gutes ~ für jdn einlegen**, mettere/spendere una buona parola per qu; **jdm das ~ entziehen/verbieten**, togliere la parola a qu/[proibire a qu di parlare]; **das ~ ergreifen**, prendere la parola; **jdm das ~ erteilen/geben**, dare/concedere la parola a qu; **jdm/etw mit keinem ~ erwähnen**, non nominare qu/qc neanche con una sola parola; **jdm ins ~ fallen**, troncare la parola in bocca a qu; **etw in ~e fassen**, esprimere qc a parole, formulare qc; **das große ~ führen/haben** (das Gespräch bestimmen), tenere banco; **~ für ~**, parola per parola; **etw ~ für ~ abschreiben/wiedergeben**, copiare/riportare qc parola per parola/[pari pari]; **ein ~ gab das andere und dann ...** (es kam zum Streit), una parola tirò l'altra e poi ...; **jdm sein ~ geben**, dare la propria parola a qu; **geflügeltes ~**, frase celebre; **aufs ~ gehorchen/hören**, ubbidire alla parola; **genug der ~e!**, basta con le parole!; **das letzte ~ ist noch nicht gesprochen**, non è ancora detta l'ultima parola; **jdm aufs ~ glauben**, credere a qu sulla parola; **seine ~e auf die Goldwaage legen** (genau überlegen, bevor man etw sagt), misurare/pesare le proprie parole; (jds Wort sehr genau nehmen), pesare ogni parola; **das ~ Gottes** relig, il verbo/la parola di Dio; **dein ~ in Gottes Ohr!** (wir wollen es hoffen!), che sia come dici!, speriamo!; **große ~e machen**, fare dei grandi discorsi, essere bravo a parlare; **das ~ haben**, avere la parola; **jdm bleibt das ~ im Hals/[in der Kehle] stecken**, qu non riesce a proferire/spiccicare fam parola; **hast du/[hat man] ~e?** fam, non ci sono/[ho] parole!; **kein ~ herausbringen (können)**, non riuscire a proferire/spiccicare fam parola; **in ~en** adm (in Buchstaben ausschreiben), in lettere; **nicht zu ~ kommen**, non poter/[riuscire a] dire una parola; **jdn nicht zu ~ kommen lassen**, non lasciar parlare qu; **das letzte ~ haben (wollen)**, (pretendere di) avere l'ultima parola; **das ist mein/sein/ihr/... letztes ~**, è la mia/sua/... ultima parola; **sich zu ~ melden**, chiedere/domandare la parola; **mit einem ~**, in una sola parola, in breve, insomma; **ein ~ mitzureden haben**, avere voce in capitolo; **jdm das ~ aus dem Mund(e) nehmen**, togliere la parola di bocca a qu; **jdm das ~ im Mund umdrehen**, rigirare la parole in bocca a qu; **jdm jedes ~ einzeln aus der Nase ziehen müssen**, dover cavare le parole di bocca a qu; **jdm beim ~ nehmen**, prendere qu in/sulla parola; **ein offenes/ernstes ~ mit jdm reden/sprechen**, parlare apertamente/seriamente con qu, fare un discorso chiaro/serio a qu; **ohne ein ~ zu sagen**, senza dire (una) parola; **etw in ~ und Schrift beherrschen** {FREMDSPRACHE}, avere una buona padronanza di qc; **mit ~ und Tat**, con le parole e con i fatti, a parole e a fatti; **ein umgangssprachliches ~**, una voce familiare/colloquiale; **jedes ~ unterschreiben** (jds Ansicht/Interpretation völlig teilen), sottoscrivere in pieno; **kein ~ über etw** (akk) **verlieren**, non fare parola di qc; **kein ~ verstehen**, non capire una parola; **sein eigenes ~ nicht verstehen**, non riuscire a capire nulla; **nicht viele ~e machen**, non fare tanti discorsi; **mit jdm ein paar ~e wechseln**, scambiare due parole con qu; **mit wenigen ~en**, in poche/due parole; **ein Mann/Mensch von wenigen ~en**, un uomo/una persona di poche parole.
Wortakzent m accento m della parola.
Wortart f ling parte f del discorso.
Wortbedeutung f significato m, accezione f, senso m della/[di una] parola.
Wortbedeutungslehre f ling semasiologia f.
Wortbeugung f ling flessione f.
Wortbildung f ling formazione f di una parola/[delle parole].
Wortbruch m mancare m/[venire meno m] alla parola data.
wortbrüchig adj: **~ werden**, mancare alla/[non mantenere la] parola data.
Wörtchen <-s, -> n dim von Wort parolina f: **ein ~ mitzureden haben** fam, avere voce in capitolo; **da habe ich ja wohl auch ein ~ mitzureden!**, potrò dire anch'io la mia!; **mit dir habe ich noch ein ~ zu reden** fam (jdn nachträglich für etw zur Rede stellen), ho da dirti due paroline ● **wenn das ~ «wenn» nicht wär, wär mein Vater Millionär** prov, se mia nonna avesse le ruote, sarebbe una carriola fam.
Wortemacher m (**Wortemacherin** f) "uno (-a) m (f) tutto (-a) fumo e niente arrosto", "uno (-a) m (f) bravo (-a) solo a parole".
Wörter pl von Wort.
Wörterbuch n dizionario m, vocabolario m: **ein einsprachiges/zweisprachiges ~**, un dizionario monolingue/bilingue; **etw in einem ~ nachschlagen**, cercare qc sul/[consultare un] dizionario; **ein deutsch-italienisches/italienisch-deutsches ~**, un dizionario tedesco-italiano/italiano-tedesco.
Wörterverzeichnis n → **Wortverzeichnis**.
Wortfamilie f ling famiglia f di parole.
Wortfeld n ling campo m semantico.
Wortfetzen subst <nur pl> brandelli m pl di conversazione, frasi f pl smozzicate: **ich konnte nur ein paar ~ hören**, sono riuscito (-a) ad ascoltare solo qualche parola qua e là.
Wortfolge f gram ordine m delle parole nella frase, costruzione f della frase.
Wortform f gram forma f della parola.
Wortforschung <-, ohne pl> f ling lessicologia f.
Wortfrequenz f ling frequenza f (di una parola).
Wortführer m (**Wortführerin** f) portavoce mf.
Wortgebrauch m uso m della/[di una] parola.
Wortgefecht n (geistreiche Polemik) schermaglia f, scaramuccia f; (Streit) diverbio m, battibecco m, alterco m.
Wortgeklingel n pej paroloni m pl, parolone f pl: **das ist doch nur leeres ~!**, sono sole vuoti paroloni!
Wortgeografie, Wortgeographie f ling geografia f linguistica.
Wortgeplänkel n scaramuccia m, schermaglia f.
Wortgeschichte f ling etimologia f.
wortgetreu Ⓐ adj {ÜBERSETZUNG, WIEDERGABE} letterale, testuale: **eine ~ Übersetzung**, una traduzione pedissequa Ⓑ adv {ÜBERSETZEN, WIEDERGEBEN} alla lettera, letteralmente.
Wortgewalt <-, ohne pl> f potenza f dell'espressione, eloquenza f.
wortgewaltig adj eloquente: **eine ~e Rede**, un discorso di un'eloquenza trascinante.
wortgewandt adj eloquente, che ha la parola forte, facondo lit: **sie ist sehr ~**, ha il dono dell'eloquenza/[della parola], ha una bella parlantina fam.
Wortgewandtheit f eloquenza f: **von einer beeindruckenden ~ sein**, essere di un'eloquenza impressionante.
Wortgruppe f ling gruppo m di parole/[lessicale].
Wortgut <-s, ohne pl> n patrimonio m lessicale, lessico m.
Wortindex m indice m (delle parole)/[dei termini].
Wortinhalt m contenuto m di una parola.
wortkarg adj **1** (wenig redend) {MENSCH} di poche/[avaro f di] parole, laconico: **~ sein**, essere di poche/[avaro f di] parole, essere poco loquace **2** (mit wenigen Worten)

{ANTWORT, ÄUßERUNG} laconico: **eine sehr ~e Ausführung des Vorgefallenen**, una descrizione molto laconica/stringata dell'accaduto.

Wortkargheit f {+MENSCH} laconicità f; {+ANTWORT, ÄUßERUNG} *auch* stringatezza f.

Wortklauber <-s, -> m (**Wortklauberin** f) *pej* cavillatore (-trice) m (f), pignolo (-a) m (f), pedante mf, chi spacca il capello in quattro.

Wortklauberei <-, -en> f *pej* pignoleria f, pedanteria f, cavillosità f.

Wortklauberin f → **Wortklauber**.

wortklauberisch adj {PERSON} pedante, cavilloso, che spacca il capello in quattro.

Wortlaut <-(e)s, ohne pl> m {TEXT} contenuto m; {+REDE} *auch* testo m: **der ~ des Telegramms war folgender ...**, il testo del telegramma era il seguente ...; **im folgenden ~**, ... è così redatto; **im vollen ~** {WIEDERGEBEN, ZITIEREN}, integralmente; **die Rede des Präsidenten wird im vollen ~ veröffentlicht**, il discorso del presidente verrà pubblicato integralmente.

Wörtlein n *rar* → **Wörtchen**.

wörtlich A adj {ZITAT} letterale, testuale: **~e Rede**, discorso testuale B adv {ÜBERSETZEN} letteralmente, alla lettera, pedissequamente: **~ wiedergeben/zitieren**, riportare/citare testualmente ● **alles (zu) ~ nehmen**, prendere tutto (troppo) alla lettera.

wortlos A adj {AUSTAUSCH, VERSTÄNDIGUNG, VERSTEHEN} muto, senza parole, tacito B adv {BETRACHTEN, IDN UMARMEN, WEGGEHEN, ZUSCHAUEN} in silenzio, senza parlare: **wir verstehen uns ~**, ci intendiamo senza parlare, ci capiamo al volo *fam*; **~ verließ sie den Raum**, lasciò la stanza senza (dire) una parola; **sie verabschiedeten sich ~**, si congedarono in silenzio.

Wortlosigkeit <-, ohne pl> f mutismo m.

Wortmeldung f richiesta f di (prendere/avere la) parola: **es liegen schon diverse ~en vor**, già in diversi hanno chiesto di prendere la parola; **~en liegen nicht vor, es gibt keine ~en**, nessuno ha chiesto la parola; **wir bitten um ~en**, preghiamo di voler prendere la parola; **wir danken für Ihre ~**, La ringraziamo del Suo contributo.

Wortprägung f creazione f/coniazione f di una parola/un termine.

Wortregister n indice m (dei termini).

wortreich A adj 1 (*überladen*) {ENTSCHULDIGUNG, ERKLÄRUNG} verboso, prolisso; {STIL} ridondante, ampolloso 2 (*reich an Wörtern*) {SPRACHE} ricco (di vocaboli) B adv {DARLEGEN, SICH ENTSCHULDIGEN} verbosamente, prolissamente.

Wortsalat m *fam* accozzaglia f di parole.

Wortschatz m <*meist sing*> 1 (*alle Wörter einer Sprache*) lessico m, patrimonio m lessicale 2 (*alle Wörter, über die ein Einzelner verfügt*) lessico m, vocabolario m: **aktiver/passiver ~**, lessico attivo/passivo; **einen sehr umfangreichen ~ haben**, avere un vocabolario molto vasto.

Wortschöpfung f parola f creata ad hoc; (*neues Wort*) neologismo m.

Wortschwall m <*meist sing*> *pej* profluvio m/torrente m/fiume m di parole: **jdn mit einem ~ überschütten**, subissare qu con un torrente/[sommergere qu] di parole.

Wortsinn <-s, ohne pl> m significato m di una parola.

Wortspiel n gioco m di parole.

Wortstamm m *ling* radice f di una parola.

Wortstellung <-, ohne pl> f ordine m delle parole.

Worttrennung f *ling* → **Silbentrennung**.

Wortverbindung f sintagma m lessicale.

Wortvdreher m (**Wortverdreherin** f) chi distorce il senso di una parola.

Wortverdrehung f travisamento m di un termine/una parola.

Wortverzeichnis n glossario m; (*im Wörterbuch*) lemmario m.

Wortwahl <-, ohne pl> f scelta f di parole/termini: **die ~ war nicht sehr glücklich**, la scelta delle parole non è stata molto felice.

Wortwechsel m diverbio m, altero m, battibecco m: **daraus entstand ein hitziger ~**, ne nacque un acceso battibecco.

wortweise adv {ÜBERSETZEN, WIEDERGEBEN} parola per parola.

wortwörtlich A adj {ÜBEREINSTIMMUNG, WIEDERGABE} testuale, parola per parola: **was er sagte war nichts als eine ~e Wiederholung**, ciò che disse non era che una pedissequa ripetizione B adv {ÜBEREINSTIMMEN} parola per parola; {WIEDERGEBEN} *auch* alla lettera, letteralmente, pari pari: **das hat sie ~ gesagt**, queste sono le sue testuali parole; **etw ~ nehmen**, prendere qc alla lettera.

Wortzusammensetzung f *ling* 1 (*das Zusammensetzen*) composizione f di parole 2 (*zusammengesetztes Wort*) composto m, parola f composta.

worüber adv 1 (*in direkten und indirekten Fragesätzen: über welchen Gegenstand*) su/sopra che cosa: **~ soll ich das Bild hängen? Über das Bett oder über die Kommode?** *fam*, sopra che cosa vuoi che appenda il quadro? Sopra il letto o sopra il cassettone?; **~ bist du denn gestolpert?**, in che cosa sei inciampato (-a)?; (*über welchen Gedanken, welches Thema*) su che cosa, di che cosa; **~ denkst du so angestrengt nach?**, su cosa stai riflettendo con tanto impegno?; **wir fragen uns, ~ sie seit Tagen brütet**, ci chiediamo su (che) cosa stia rimuginando da giorni; **~ hast du dich denn mit ihm unterhalten?**, di che cosa hai parlato con lui?; **~ ist er eigentlich so glücklich?**, (*che*) cos'è che lo rende tanto felice? 2 (*relativisch: über welchen Gegenstand*) su/sopra cui, sul/sulla quale, sopra il/la quale: **das ist ein altes Sofa, ~ sie einfach ein großes Tuch gebreitet hat** *fam*, questo è un vecchio divano su/sopra cui lei ha steso un grande telo; (*über welchen Gedanken, welches Thema*) su cui, sul/sulla quale, di cui, del/della quale: **er wird uns schon noch mitteilen, ~ er so lange nachgedacht hat**, alla fine ci farà sapere su (che) cosa ha riflettuto tanto a lungo; **wir uns auch unterhalten, es endet immer mit einem Streit**, di qualunque/qualsiasi cosa parliamo, finiamo sempre per litigare; **die Großmutter gab ihrem Enkel 20 Euro, ~ sich sehr freute**, la nonna dette al nipote 20 euro, cosa di cui lui fu molto felice.

worum adv 1 (*in direkten und indirekten Fragesätzen: um welchen Gegenstand*) intorno/attorno a (che) cosa: **~ soll ich das Band wickeln?**, intorno a che cosa devo avvolgere il nastro?; **~ gehörte diese Banderole?**, intorno a che cosa stava questa fascetta?; (*um welches Thema*) di che cosa; **~ geht's eigentlich?**, di (che) cosa si tratta?; **~ hat sie dich gebeten?**, che cosa ti ha chiesto?; **er möchte wissen, ~ er sich kümmern soll**, vorrebbe sapere di che cosa si dovrà occupare; **~ sie letztlich streiten, weiß keiner**, in fondo nessuno sa per che cosa stanno litigando 2 (*relativisch: um welchen Gegenstand*) intorno a cui, intorno al/alla quale: **das Rohr, ~ die Stofffetzen gewickelt waren** *fam*, il tubo intorno a cui/[al quale] erano avvolti gli stracci; (*um welche Angelegenheit*) intorno a cui, intorno al/alla quale; **der Punkt, ~ sich die ganze Auseinandersetzung drehte, ist jetzt endlich geklärt** *fam*, il punto intorno al quale ruotava il diverbio è stato finalmente chiarito.

worunter adv 1 (*in direkten und indirekten Fragesätzen: unter welchem Gegenstand*) sotto che cosa: **~ habt ihr das Geld versteckt?**, sotto che cosa avete nascosto i soldi?; **~ lag der Brief?**, sotto che cosa era la lettera?; (*unter welcher Sache*) di che cosa, sotto che cosa; **~ leidet er denn?**, di che cosa sta soffrendo?; **~ ich wüsste wirklich nicht, ~ ich das einordnen soll**, non saprei davvero sotto che cosa catalogarlo; (*unter einer Menge*) fra cui 2 (*relativisch*): **eine Menschenmenge, ~ sich viele Kinder befanden** *fam*, una folla fra cui si trovavano molti bambini; **etwa, ~ er sich einfach nichts vorstellen konnte**, qualcosa che non riusciva a immaginare; **die Emission von Schadstoffen hat zugenommen, ~ die Umwelt besonders leidet**, l'emissione di sostanze nocive è aumentata, cosa di cui l'ambiente risente particolarmente.

Wotan <-s, ohne pl> m *myth* Wotan m, Odino m.

wovon adv 1 (*in direkten und indirekten Fragesätzen: von welchem Gegenstand*) da che cosa: **~ hast du die Etikette abgemacht?**, da che cosa hai staccato l'etichetta?; (*von was*) di che cosa; **~ war die Rede?**, di che cosa stavate/stavano parlando?; **und ~ willst du leben?**, e di che cosa pensi di vivere?; **ich weiß gar nicht, ~ ich so müde bin**, non so proprio che cosa mi ha stancato (-a) così!; **wenn ich nur wüsste, ~ das abhängt!**, se solo sapessi da che cosa dipende! 2 (*relativisch: von welcher Angelegenheit*) di cui, del/della quale: **das ist ein Thema, ~ er nichts versteht** *fam*, è un argomento di cui non capisce niente; **das ist im Moment das Einzige, ~ wir sprechen**, questa è al momento l'unica cosa di cui parliamo.

wovor adv 1 (*in direkten und indirekten Fragesätzen: vor welchem Gegenstand*) davanti a che cosa, di fronte a che cosa: **~ hattest du die Vase denn gestellt?**, davanti a che cosa avevi messo il vaso?; (*vor welchem Umstand*) di che cosa; **~ hast du denn solche Angst?**, ma di che cosa ha tanta paura?; **~ empfindest du Widerwillen?**, cos'è che ti fa ribrezzo? 2 (*relativisch: lokal*) dove, davanti a cui, davanti al/alla quale: **am Ausgang, ~ die Fans auf ihn warteten** *fam*, all'uscita dove/[davanti alla quale] l'aspettavano i suoi fan; (*vor welchem Umstand*) di cui; **das Einzige, ~ ich mich fürchte**, l'unica cosa di cui ho paura.

wozu adv 1 (*in direkten und indirekten Fragesätzen: zu welchem Zweck*) a/per che cosa, perché, a che/quale scopo: **weißt du, ~ das gut ist?**, sai a (che) cosa serve questo?; **~ brauchst du das?**, a/per che cosa ti serve?; **~ hast du dich entschlossen?**, per che cosa hai deciso?; **~ hat man ihn rufen lassen?**, perché/[a quale scopo] è stato fatto chiamare?; **du solltest mal mit ihm reden! — Wozu?**, dovresti parlargli! – A che scopo?; (*um welchen Anlass*) a che cosa, per che cosa; **~ bin ich eingeladen?**, a (che) cosa sono stato (-a) invitato (-a)?; **~ haben sie dir gratuliert?**, per che cosa ti hanno fatto gli auguri?; **~ hast du denn so viele Kuchen gebacken?**, perché/[come mai] hai fatto tanti dolci? 2 (*relativisch: zu welchem Zweck*) per cui: **sie wollte nach der Schule ins Schwimmbad, ~ sie ihren Badeanzug mitnahm**, dopo la scuola voleva andare in piscina, per cui si portò dietro il costume; (*zu wel-*

cher Sache) di cui, del/della quale, su cui, sul/sulla quale; **~ du dich auch entschließt, ...**, (per) qualunque cosa tu decida ...; **das, ~ ich dir rate**, quello che ti consiglio; **das ist ein Thema, ~ sie sich grundsätzlich nicht äußert**, questo è un argomento su cui non si esprime per principio; (*zusätzlich zu etw*) a cui, al/alla quale; **~ noch kommt, dass ...**, (a) cui si aggiunge (il fatto) che ..; **~ noch die täglichen Ausgaben kommen**, a cui vanno aggiunte ancora le spese quotidiane.

wrack adj {Flugzeug, Schiff} in avaria.

Wrack <-(e)s, -s, oder rar -e> n {+Flugzeug, Schiff} relitto m, carcassa f: **ein ~ heben/ verschrotten**, recuperare/rottamare una carcassa ● **ein (menschliches) ~**, un relitto (umano); **er ist nur noch ein ~**, ormai è solo un rottame.

wrang 1. und 3. pers sing imperf von wringen.

wringen <wringt, wrang, gewrungen> tr etw ~ {nasse Wäsche} strizzare qc; **etw aus etw** (dat) ~ {Wasser aus einem Lappen, Tuch} togliere/[far uscire] qc da qc strizzandolo.

WS n univ Abk von Wintersemester: semestre m invernale.

WSV m Abk von Winterschlussverkauf: saldi m pl invernali.

WTO <-, ohne pl> f ökon Abk von engl World Trade Organization: Organizzazione f Mondiale per il Commercio (Abk OMC).

Wucher <-s, ohne pl> m pej usura f, strozzinaggio m: **~ (mit etw dat) treiben**, praticare lo strozzinaggio (con qc); **da ist ja ~!**, ma questo è strozzinaggio bell'e buono!

Wucherei <-s, ohne pl> f pej strozzinaggio m, usura f.

Wucherer <-s, -> m (**Wucherin** f) pej usuraio (-a) m (f), strozzino (-a) m (f).

wucherisch adj {Preise, Zinsen} usurario, da usuraio/strozzino: **das sind ja wirklich ~e Preise!**, sono veramente prezzi da usuraio/strozzino!

Wuchermiete f pej affitto m esoso/[da strozzino pej].

wuchern itr 1 <haben oder sein> bot (wild wachsen) {Unkraut} proliferare, {Pflanze} auch crescere rigogliosamente, lussureggiare 2 <sein> med (sich zu stark vergrößern) {Geschwür, Tumor} crescere incontrollatamente, proliferare 3 <haben> (*mit etw dat*) praticare l'usura (con qc), fare l'usuraio (con qc): **mit seinem Geld/Vermögen ~**, prestare soldi a usura/strozzo fam.

wuchernd adj {Pflanze} dalla crescita rigogliosa: **eine wild ~e Pflanze**, una pianta che si propaga dappertutto; {Fantasie} esuberante.

Wucherpreis m pej prezzo m esoso/esorbitante/[da usuraio/strozzino].

Wucherung <-, -en> f 1 <nur sing> (unkontrolliertes Wachsen) {+Zellen} proliferazione f; med neoplasia f, {+Drüsen, Haut} vegetazione f 2 (Geschwulst) escrescenza f: **eine bösartige ~**, un tumore maligno; {+Drüsen, Haut} vegetazione f.

Wucherzins m <meist pl> interesse m usuraio/[da usuraio/strozzino]: **zu ~en**, a interessi usurai/esosi; **~en von jdm verlangen**, strozzare qu.

wuchs 1. und 3. pers sing imperf von wachsen①.

Wuchs <-es, ohne pl> m 1 (Wachstum) crescita f: **eine Pflanze von schnellem/üppigem ~**, una pianta dalla crescita rapida/rigogliosa 2 (Gestalt) corporatura f, statura f 1: **von kleinem/hohem ~**, di statura piccola/alta; **von kräftigem/schlankem/zartem ~**, di corporatura robusta/snella/sottile.

Wucht <-, ohne pl> f forza, violenza f, impe-

to m: **mit voller ~**, a tutta forza; **der Stein traf ihn mit voller ~**, la pietra lo colpì con grande violenza; **er brach unter der ~ der Schläge zusammen**, crollò sotto la violenza dei colpi ● **das ist eine ~!** fam, è una cannonata! fam; **sie ist eine ~!** fam, lei è uno schianto! fam.

wuchten tr 1 (etw irgendwohin heben) **etw irgendwohin ~** {Kiste, Koffer auf einen Gepäckträger} mettere a fatica/stento qc (sollevandolo) + compl di luogo 2 sport: **den Ball ins Netz/Tor ~**, scaraventare/[spedire con forza] la palla in rete.

wuchtig A adj 1 (mit großer Wucht erfolgend) {Aufprall, Hieb, Schlag, Stoß} forte, violento: **mit einem ~en Axthieb trennte er den Ast ab**, con un forte colpo d'ascia tagliò il ramo 2 (groß und schwer) {Mensch, Möbel} massiccio, pesante; {Statur} imponente, massiccio, {Gepäckstück} pesante, voluminoso: **der Schrank ist viel zu ~ für den kleinen Raum**, l'armadio è troppo massiccio per quella stanzetta B adv {zuschlagen} con forza/violenza.

Wudu m → **Wodu**.

Wühlarbeit f pej attività f sovversiva.

wühlen A tr (graben) **etw in etw** (akk) ~ scavare qc in qc razzolando, {Schwein, Wildschwein} scavare qc in qc grufolando/[col grugno]: **das Wildschwein hatte ein riesiges Loch in die Erde gewühlt**, il cinghiale aveva scavato col grugno un'enorme buca nel terreno B itr 1 (in etw graben) (**mit etw** dat) (**in etw** dat) ~ {Person} razzolare (con qc) (in qc); {Maulwurf, Maus} scavare (con qc) in qc; {Schwein mit der Schnauze} grufolare (con qc) in qc: **zwei dicke Maulwürfe ~ im Garten**, due talponi scavano nel giardino; **die Ferkel wühlten mit ihren Rüsseln im Schlamm**, i maialini grufolavano col grugno nel fango; **wenn sie liest, wühlt sie immer in ihren Haaren**, quando legge si arruffa sempre i capelli 2 (in etw rum~) **in etw** (dat) (**nach etw** dat) ~ {Hund, Katze} razzolare in qc (alla ricerca di qc): **der Hund wühlte aufgeregt im Abfall (nach einem leckeren Happen)**, il cane razzolava eccitato nei rifiuti (alla ricerca di un boccone appetitoso); **Wildschweine ~ im Boden nach Eicheln und Wurzeln**, i cinghiali grufolano nel terreno alla ricerca di ghiande e radici 3 fam (kramend suchen) **in etw** (dat) (**nach etw** dat) ~ frugare/rovistare/razzolare scherz/grufolare in qc scherz (alla ricerca di qc): **sie wühlte ₁in einem Haufen von₁/ [zwischen den] Papieren**, frugava/razzolava ₁in una pila di₁/[tra le] carte 4 pej (hetzen) **gegen jdn/etw ~** {gegen eine Partei, die Regierung} fare opera/azione di sobillazione contro qu/qc C rfl 1 (sich hineingraben) **sich irgendwohin ~** introdursi/infilarsi + compl di luogo scavando: **der Maulwurf wühlt sich in die Erde**, la talpa penetra sotterra; **sich durch den Boden ~** {Maulwurf}, scavare una galleria nella terra 2 (sich durch etw arbeiten) **sich durch etw** (akk) ~ {durch einen Aktenberg, durch einen Haufen Arbeit} smaltire qc, sbrigare qc: **sich durch einen Stoß von Rechnungen ~**, smaltire una massa di fatture.

Wühler① <-s, -> m zoo roditore m.

Wühler② <-s, -> m (**Wühlerin** f) fam pej sobillatore (-trice) m (f).

Wühlmaus f zoo arvicola f.

Wühltisch m fam banco m ₁di merce in svendita₁/[delle occasioni]/[di articoli a prezzi stracciati].

Wulst <-(e)s, rar -e> m oder <-, Wülste> f 1 (Verdickung) {+Bauch, Doppelkinn, dicker Nacken} cuscinetto m; {+Narbe} rigonfia-

mento m 2 med protuberanza f, escrescenza f 3 (wurstförmiges Gebilde) rotolo m 4 arch tondino m; (an der attischen Basis) toro m.

wulstig adj {Lippen} tumido, {Nacken} grasso; {Narbe} rigonfio.

Wulstlippen subst <nur pl> fam labbra f pl tumide.

Wulstnacken m fam collo m grosso/grasso/taurino.

wumm interj (bei lautem Knall) bum!

wund adj coperto di piaghe/vesciche, piagato: **das Baby hat einen ~en Po**, il neonato ha il sederino arrossato/[in fiamme]; **ich habe von den neuen Schuhen ganz ~e Füße**, ho i piedi piagati/[pieni di vesciche] a causa delle scarpe nuove.

Wundbehandlung f med medicazione f.

Wundbrand <-(e)s, ohne pl> m med cancrena f.

Wunde <-, -n> f 1 (Verletzung) ferita f; (Schuss-, Stichwunde) auch lesione f: **eine offene/frische/oberflächliche/tödliche ~**, una ferita aperta/fresca/superficiale/[mortale/letale]; **die ~ blutet/[eitert/nässt]/ [schmerzt]/[vernarbt]**, la ferita sanguina/ suppura/[fa male]/[rimargina]; **eine ~ behandeln/desinfizieren/verbinden/klammern/nähen**, medicare/disinfettare/fasciare/[mettere le graffette a]/cucire una ferita; **sie hat eine tiefe ~ am Kopf**, ha una profonda ferita alla testa; **er blutet aus der ~**, sanguina dalla ferita 2 (schmerzliches Erlebnis) ferita f, piaga f: **alte ~n (wieder) aufreißen**, riaprire una vecchia ferita/piaga; **an alte ~n rühren**, toccare ₁vecchie ferite₁/ [note dolenti]; **tiefe ~n schlagen**, provocare profonde ferite.

wunder a.R. von Wunder → **Wunder** 4.

Wunder <-s, -> n 1 (übernatürliches Ereignis) miracolo m, prodigio m: **die ~ Jesu**, i miracoli di Gesù 2 (unerwartet glückliches Ereignis) miracolo m: **wie durch ein ~ blieben sie unverletzt**, come per miracolo rimasero illesi (-e); **nur ein ~ kann ihn retten**, solo un miracolo lo può salvare; **wenn nicht ein ~ geschieht**, se non succede un miracolo; **da kann man nur auf ein ~ hoffen**, non c'è che sperare in un miracolo; **das ist ein wahres ~**, è un vero miracolo 3 (bewundernswerte Sache) miracolo m, prodigio m, meraviglia f, portento m: **ein ~ der Technik**, un miracolo/prodigio della tecnica; **die ~ der Natur**, le meraviglie della natura; **ein Wunder an Genauigkeit/Präzision**, un miracolo/prodigio/portento di precisione 4 (mit bestimmten interrogativen Wörtern): **er bildet sich ~ was ein**, si crede di essere chissà chi; **er glaubt, ~ was getan zu haben** fam, crede di aver fatto chissà che (cosa); **sie glaubt, ~ wie intelligent zu sein**, chissà come si crede intelligente ● **ein blaues ~ erleben**: **du wirst noch dein blaues ~ erleben!**, ne vedrai ancora delle belle!; **an ~ glauben**, credere nei/ ai miracoli; **an ein ~ grenzen**, essere quasi un miracolo, avere del miracoloso/portentoso; **(das ist doch) kein ~!** fam, non c'è da stupirsi/meravigliarsi!; **es ist (doch) kein ~, dass er zu spät gekommen ist**, non c'è (mica) da stupirsi/meravigliarsi che sia arrivato in ritardo; **er hat die Prüfung schon wieder nicht bestanden! – Kein ~, er bereitet sich ja auch nicht vor!**, è stato di nuovo bocciato all'esame! – Non c'è da stupirsi. Non si prepara mai!; **was ~?** (wen sollte das schon wundern?), c'è poco da stupirsi; **was ~, dass sie sofort zu ihm gelaufen ist**, che cosa c'è di strano fam₁/[c'è da stupirsi] se è corsa subito da lui; **wie durch ein ~**, come per miracolo; **(wahre) ~ wirken**, fare (dei veri) miracoli; **die Medizin hat wahre ~ gewirkt**, la

medicina ha fatto dei veri miracoli.
wunderbar **A** adj **1** (*schön*) meraviglioso, magnifico, favoloso, stupendo, splendido: **sie ist ein ~er Mensch**, è una persona splendida/meravigliosa; **~ aussehen**, avere un aspetto splendido; **wir hatten im Urlaub ~es Wetter**, abbiamo avuto un tempo stupendo/splendido durante le vacanze **2** (*wie ein Wunder*) miracoloso, portentoso, prodigioso **B** adv **1** *fam* (*überaus*) {BEQUEM, ENTSPANNEND, LEICHT, WEICH} meravigliosamente, magnificamente, stupendamente: **das neue Gerät ist ~ leicht zu handhaben**, il nuovo apparecchio è facilissimo da usare; **ein ~ fruchtiger Wein**, un vino straordinariamente fruttato **2** (*hervorragend*) {SPIELEN, SICH UNTERHALTEN, SICH VERSTEHEN} in modo meraviglioso, meravigliosamente, stupendamente, magnificamente, splendidamente, {FUNKTIONIEREN, KLAPPEN} *auch* a meraviglia: **es ist alles ~ gelaufen**, tutto ha funzionato a meraviglia; **sie singt ~**, canta che è una meraviglia ● **ans Wunderbare grenzen**, rasentare il miracoloso.
wunderbarerweise adv miracolosamente: **~ wurde ich bei dem Unfall nicht verletzt**, per miracolo non sono rimasto (-a) ferito (-a) nell'incidente.
Wunderding n **1** <*meist pl*> (*außergewöhnliche Geschichten*) storie f pl/cose f pl meravigliose **2** (*wunderbarer Gegenstand*) meraviglia f.
Wunderdoktor m *iron* guaritore m.
Wunderglaube m fede f nei miracoli.
wundergläubig adj <präd>: **~ sein**, credere ai/nei miracoli.
Wunderheiler <-s, -> m (**Wunderheilerin** f) guaritore (-trice) m (f).
Wunderheilung f guarigione f miracolosa.
Wunderhorn n **1** *lit myth* corno m magico **2** *scherz* (*Penis*) pene m.
wunderhübsch adj {MÄDCHEN} stupendo, bellissimo.
Wunderkerze f candelina f magica.
Wunderkind n, **Wunderknabe** m bambino m prodigio.
Wunderkraft f forza f miracolosa, potere m taumaturgico.
Wunderlampe f lampada f magica.
Wunderland n *lit* paese m ⌊delle meraviglie⌋/[incantato] ● **Alice im ~ lit** (*Erzählung von L.Carroll*), Alice nel paese delle meraviglie.
wunderlich adj {ANWANDLUNG, IDEE} strano, bizzarro, strambo *fam*, bislacco, strampalato, stravagante {MENSCH} *auch* originale, eccentrico: **welch ~er Einfall!**, che idee bislacche/strampalate!; **er ist etwas ~**, è un po' eccentrico; **eine ~e Aufmachung**, un abbigliamento eccentrico/stravagante; **ein ~er Kauz**, un originale.
Wundermittel n *oft iron* rimedio m miracoloso, toccasana m.
wundern **A** tr (*erstaunen*) **jdn ~** {AUSSAGE, BENEHMEN, WORTE} meravigliare qu, stupire qu, sorprendere qu: **das wundert mich**, questo mi meraviglia **B** rfl **1** (*erstaunt sein*) **sich** (**über jdn**/**etw**) **~** meravigliarsi (*di qu*/*qc*), stupirsi (*di qu*/*qc*): **ich kann mich nur ~**, non posso che meravigliarmi; **ich wundere mich über nichts mehr**, non mi stupisco più di niente; **er wunderte sich, dass es schon dunkel war, als er aus dem Haus trat**, si stupì/meravigliò (del fatto) che fosse già buio quando uscì di casa; **habt ihr euch nicht gewundert, als ihr plötzlich allein wart?**, ma non vi siete meravigliati (-e) quando ad un tratto vi siete trovati (-e) soli (-e)? **2** *süddt CH* (*sich verwundert oder zweifelnd fragen*): **sich ~, warum**/**ob**/**wie ...** chiedersi/domandarsi perché/se/come ...: **ich wundere mich, warum er nicht gekommen ist**, mi chiedo/domando perché non sia venuto **C** unpers (*es überrascht jdn*): **es wundert jdn (, dass ...)**, qu si stupisce/meraviglia (*che ... konjv*); **es wunderte sie, dass der Saal noch völlig leer war**, si stupiva che la sala fosse ancora completamente vuota; **es wundert mich überhaupt nicht**, non mi meraviglia affatto; **es würde**/**sollte mich nicht ~, wenn ...**, non mi sorprenderebbe se ... *konjv*; **es kann niemanden ~, wenn ...**, nessuno si stupisce se ... ● **ich muss mich doch sehr (über dich**/**ihn**/**sie) ~!**, mi meraviglio (di te/lui/lei)!; **du wirst dich noch ~! fam**, vedrai! *fam*.
wunder|**nehmen** <irr> unpers: **es nimmt mich nicht wunder, dass ...**, non mi meraviglia/stupisce che ... *konjv*; **es würde mich nicht ~, wenn ... konjv**, non mi meraviglierei se ... *konjv*.
wunders adv *fam rar* → **wunder**.
wundersam *geh* **A** adj {ERZÄHLUNG, KLANG, MELODIE} strano, misterioso, enigmatico **B** adv in modo strano/misterioso: **~ klingen**, avere un suono strano.
wunderschön adj {BILD, KIND, KLEID} meraviglioso, magnifico, bellissimo, stupendo: **ein ~er Sonnenuntergang**, un tramonto stupendo/magnifico; **eine ~e Frau**, una donna bellissima; **die Gegend um Volterra ist ~**, il paesaggio intorno a Volterra è bellissimo.
Wundertat f miracolo m, prodigio m.
Wundertäter m (**Wundertäterin** f) taumaturgo m, chi fa miracoli.
wundertätig adj {KRAFT, PERSON} taumaturgico.
Wundertier n **1** (*Märchenwesen*) animale m fantastico **2** (*seltsame Person*) bestia f rara: **jdn wie ein ~ bestaunen**, guardare qu come se fosse una bestia rara.
Wundertüte f busta f sorpresa.
wundervoll adj → **wunderbar**.
Wunderwaffe f arma f miracolosa.
Wunderwelt f **1** → **Wunderland 2** (*Welt voller Wunder*) mondo m fantastico.
Wunderwerk n {+NATUR} meraviglie f pl, miracoli m pl; {+TECHNIK} *auch* prodigi m pl.
Wundfieber n *med* febbre f traumatica.
Wundheilung f guarigione f della ferita, cicatrizzazione f.
Wundinfektion f *med* infezione f di una piaga/ferita.
Wundklammer f *med* graffa f per ferite.
wund|**laufen** <irr> rfl: **sich (dat) (die Füße) ~** → **laufen**.
wund|**liegen** <irr> rfl → **liegen**.
Wundmale subst <*nur pl*> *geh* stigmate f pl.
Wundpflaster n cerotto m (con la garza).
Wundrose f *med* infezione f della ferita.
Wundsalbe f *pharm* pomata f (cicatrizzante) per ferite.
Wundschorf m crosta f della ferita.
Wundstarrkrampf <-(e)s, ohne pl> m *med* tetano m: **jdn gegen ~ impfen (lassen)**, (far) vaccinare qu contro il tetano.
Wunsch <-(e)s, Wünsche> m **1** (*Verlangen*) ~ (**nach etw** dat) desiderio m (*di qc*): **ein geheimer**/**großer**/**unerfüllbarer ~**, un desiderio segreto/grande/inesaudibile; **einen ~ haben**/**hegen**, avere/nutrire un desiderio; **du hast vielleicht Wünsche!**, hai proprio delle belle pretese!; **du hast noch einen ~ frei**, puoi esprimere ancora un desiderio; **ihr einziger ~ ist (es), sich irgendwo am Meer zu erholen**, il suo unico desiderio è di riposarsi da qualche parte al mare; **das war sein sehnlichster ~**, era il suo più ardente desiderio; **sie widerstand dem ~, sich ein Paar neue Schuhe zu kaufen**, resistette al desiderio di comprarsi un paio di scarpe nuove; **haben Sie (sonst) noch einen ~?**, desidera/[ha bisogno di] altro?; **der ~ nach Harmonie**, il desiderio di armonia **2** <*meist pl*> (*Glückwunsch*) augurio m: **mit den besten Wünschen**, con i migliori auguri; **die besten Wünsche zu deinem Geburtstag**, i migliori auguri per il tuo compleanno ● **auf (jds) ~**, su/a richiesta (di qu); **auf ~ können Sie auch Tee bekommen**, a/su richiesta (Lei) può avere anche del tè; **jdm jeden ~ von den Augen ablesen**, esaudire ogni desiderio di qu; **dein ~ sei**/**ist mir Befehl scherz**, ogni tuo desiderio per me è un ordine; **jdm einen ~ erfüllen**, esaudire un desiderio di qu; **ein frommer ~**, un pio desiderio; **nach ~**, a piacere: **gestalten Sie Ihre Webseite nach ~**, designate la vostra pagina web ⌊a piacere⌋/[secondo i vostri desideri]; **es geht alles nach ~**, tutto procede ⌊nel modo voluto⌋/[secondo i piani]; **der ~ ist hier der Vater des Gedankens** *scherz*, ti/Le piacerebbe che i tuoi/Suoi desideri fossero realtà!
wünschbar adj *CH* → **wünschenswert**.
Wunschbild n ideale m.
Wunschdenken n pia illusione f: **das ist reines ~!**, ma è un pio desiderio!
Wünschelrute f bacchetta f da rabdomante.
Wünschelrutengänger m (**Wünschelrutengängerin** f) rabdomante mf.
wünschen **A** tr **1** (*als Wunsch formulieren*) **jdm etw ~** augurare qc a qu: **jdm ⌊alles Gute⌋**/**[viel Glück] ~**, augurare ⌊tante buone cose⌋/[buona fortuna] a qu; **jdm ⌊guten Morgen⌋**/**[gute Nacht] ~**, dare il buongiorno/la buonanotte a qu; **jdm ⌊angenehmen Aufenthalt⌋**/**[gute Fahrt] ~**, augurare ⌊un piacevole soggiorno⌋/[buon viaggio] a qu; **wir ~ dir alles Gute zum Geburtstag**, ti facciamo tanti auguri di buon compleanno; **wir ~ Ihnen frohe Ostern**, Le ⌊auguriamo una⌋/[facciamo tanti auguri di] buona Pasqua; **ich wünsche dir gute Besserung**, ti auguro una pronta guarigione; **ich wünsche dir von Herzen, dass du glücklich wirst**, ti auguro di cuore di trovare la felicità; **diese Krankheit würde ich niemandem**/**[meinem schlimmsten Feind nicht] ~**, è una malattia che non augurerei ⌊a nessuno⌋/[neanche al mio peggior nemico] **2** *geh* (*verlangen*) **etw ~** desiderare qc, esigere qc, volere qc: **ich wünsche umgehend eine Erklärung**, esigo immediatamente una spiegazione; **er wünscht eine Vertagung der Konferenz**, desidera un rinvio della conferenza; **Sie werden am Telefon gewünscht**, La desiderano al telefono; **~ Sie noch etwas?**, desidera ancora qualcosa?; **Sie ~?**, desidera?; **wann ~ Sie das Frühstück?**, a che ora desidera fare colazione?; **die Dame wünscht ein Zimmer mit Bad und Balkon**, la signora desidera una camera con bagno e balcone; **der Chef wünscht das nicht**, il capo non (lo) vuole; **ich wünsche, dass ihr augenblicklich still seid**, desidero che facciate immediatamente silenzio; **sie wünschte, dass man ihr alle Unterlagen brachte**, chiese che le si portasse tutta la documentazione; **ich wünsche nicht mehr gestört zu werden**, non desidero essere più disturbato (-a), vorrei non essere più disturbato (-a)/[che non mi si disturbasse più] **3** (*jdn woandershin haben wollen*) **jdn irgendwohin ~** mandare qu + *compl di luogo*: **jdn weit weg ~**, volere che qu sia mille miglia lontano; **in**

dem Moment wünschte sie ihn auf den Mond, in quel momento avrebbe voluto che fosse lontano mille miglia; **er wünschte sie ⌊zur Hölle⌋/[zum Teufel]**, la mandò ⌊al diavolo⌋/[all'inferno]. **4** (*als irrealer Wunsch im konjv II*): **ich wünschte, ich könnte ihm helfen!**, vorrei poterlo aiutare!; **ich wünschte, ich hätte mehr Zeit!**, vorrei/[mi piacerebbe] avere più tempo!; **ich wünschte, ich könnte nach Hause fahren!**, vorrei tanto poter andare a casa!; **ich wünschte, ich hätte ihm nichts davon erzählt!**, vorrei non avergli raccontato niente!; **er wünschte, es wäre nicht geschehen**, avrebbe desiderato che non fosse successo, come avrebbe voluto che non fosse successo! **B** *rfl* **1** (*als Geschenk erbitten*) **sich** (dat) **etw** (*von jdm*) (**zu etw** dat) ~ desiderare (*da qu*) *qc* (come regalo) (*per qc*): **was wünschst du dir denn ⌊zum Geburtstag⌋/[zu Weihnachten]?**, cosa desideri/[ti piacerebbe avere] per ⌊il compleanno⌋/[Natale]?; **sie wünscht sich schon lange ein Auto**, è da molto che desidera una macchina; **wünsch dir was!**, esprimi un desiderio! **2** (*etw erhoffen*) **sich** (dat) **etw** ~ {FRIEDEN, ZUFRIEDENHEIT} desiderare *qc*, volere *qc*, augurarsi *qc*: **ich glaube, sie ~ sich jetzt ein Kind**, credo che ora desiderino/vogliano un figlio; **er wünscht sich nur, dass alle seine Kinder ihr Auskommen haben**, si augura soltanto che i suoi figli abbiano tutti il necessario per vivere; **sie wünscht sich sehnlichst ein eigenes Haus**, desidera ardentemente una casa propria; **man hätte sich kein schöneres Wetter ~ können**, non ci si poteva augurare un tempo migliore; **wir ~ uns eine fruchtbare Zusammenarbeit**, ⌊ci auguriamo⌋/[speriamo in] una proficua collaborazione; **er ist so, wie man sich einen Freund/Mitarbeiter/Professor wünscht**, è proprio come ci si augura che sia un amico/collaboratore/professore **(sehr/viel) zu ~ übrig lassen**, lasciar (molto) a desiderare; **seine Leistungen lassen sehr zu ~ übrig**, le sue prestazioni lasciano molto a desiderare; **das Essen lässt in der letzten Zeit viel zu ~ übrig**, negli ultimi tempi il cibo lascia molto a desiderare.

wünschenswert adj {VERÄNDERUNG, VERBESSERUNG} auspicabile, desiderabile: **es ist ~, dass ...**, è desiderabile/auspicabile che ... konjv: **eine Revision des Prozesses wäre ~**, una revisione del processo sarebbe auspicabile; **es wäre keinesfalls ~, dass alle zur gleichen Zeit in Urlaub gingen**, non sarebbe auspicabile che tutti andassero in ferie contemporaneamente.

Wunschform f gram ottativo m.

wunschgemäß A adj <attr> {AUSFÜHRUNG, ERLEDIGUNG} conforme ai desideri, come: **eine ~e Lieferung der Ware ist uns leider nicht möglich**, purtroppo non siamo in grado di consegnare la merce come (da Voi) desiderato/richiesto **B** adv {AUSFÜHREN, ERLEDIGEN} conformemente ai desideri, come desiderato/richiesto: **die Angelegenheit ist ~ erledigt worden**, la faccenda è stata sistemata come (da Lei) richiesto; **es ist alles ~ verlaufen**, tutto è andato come desiderato/[si desiderava].

Wunschkandidat m (**Wunschkandidatin** f) *meist pol* candidato (-a) m (f) ideale.

Wunschkind n bambino m desiderato.

Wunschkonzert n *radio* programma m radio con brani richiesti dagli ascoltatori.

wunschlos adj: ~ **glücklich sein**, essere perfettamente felice; **ich bin im Moment ~ glücklich**, al momento ⌊non mi manca niente⌋/[sto benissimo], per ora ho tutto quello che si può desiderare; **ich bin ~ glücklich!** *fam scherz* (*ich brauche nichts*), non ⌊ho biso-

gno di⌋/[mi serve] niente!, ho tutto quello che mi serve!

Wunschpartner m (**Wunschpartnerin** f) partner mf ideale.

Wunschsatz m *gram* frase f ottativa; (*Satzteil*) proposizione f ottativa.

Wunschtraum m sogno m (impossibile/irrealizzabile): **das ist doch bloß ein ~!**, è solo un sogno!, non è che un'illusione/un'utopia!; **das wird wohl immer ein ~ bleiben**, ⌊rimarrà sempre⌋/[questo è e resta] un sogno; **das war schon immer mein ~!**, è sempre stato il mio sogno nel cassetto!

Wunschvorstellung f sogno m.

Wunschzettel m lista f dei regali (che si desiderano): **einen ~ ans Christkind schreiben**, scrivere la letterina a Babbo Natale; **auf unserem ~ steht jetzt noch ein Auto**, ora ⌊vorremmo anche comprare⌋/[ci vorrebbe anche] la macchina nuova.

wupp interj zaff!: ~ **war sie verschwunden!**, e zaff, scomparve!

Wupper <-, *ohne pl*> f *geog* (*Fluss*) Wupper f: **über die ~ gehen** *slang euph* (*sterben*), passare a miglior vita; (*kaputtgehen*) essere andato *fam*.

würbe 1. *und* 3. pers sing konjv II *von* werben.

wurde 1. *und* 3. pers sing imperf *von* werden.

würde 1. *und* 3. pers sing konjv II *von* werden.

Würde <-, -n> f **1** <*nur sing*> (*innewohnender Wert*) dignità f, decoro m: **die menschliche/persönliche ~**, la dignità umana/personale; **jds ~ antasten/verletzen**, violare/offendere la dignità/il decoro di qu; **die ~ des Menschen ist unantastbar**, la dignità dell'uomo è inviolabile **2** <*nur sing*> (*Ausstrahlung*) dignità f: **seine ~ wahren**, mantenere/conservare la propria dignità; **er hatte eine natürliche ~**, aveva una naturale dignità; **er verbeugte sich voller ~**, si inchinò pieno di dignità **3** (*Achtbarkeit, bes. einer Institution*) dignità f, decoro m, rispettabilità f: **die nationale ~ des Staates**, la dignità/il decoro dello stato come nazione; **die ~ des Gerichts**, la dignità/il decoro del tribunale; **die ~ des Alters**, la rispettabilità della vecchiaia **4** (*Rang*) grado m; (*Titel*) titolo m: **zu höchsten ~n gelangen/emporsteigen**, ⌊raggiungere i⌋/[salire ai] gradi più alti; **zu akademischen ~n gelangen**, giungere agli onori accademici; **man verlieh ihr die ~ eines Doktors in Medizin**, le venne conferito il titolo di dottore in medicina ● **jdn in eine ~ einsetzen** *obs*, insediare qu in una carica/un ufficio; **mit ~**, con dignità, dignitosamente; **unter jds** (dat) **~**: **ich will keinen Streit anfangen, das ist unter meiner ~**, non voglio scatenare una lite, non mi abbasso a ⌊questo livello⌋/[tanto]; **unter jds ~ sein, etw zu tun**, essere indegno di qu fare qc; **es für unter seiner ~ halten, etw zu tun**, ritenere indegno fare qc; **unter aller ~ sein** (*extrem schlecht*), essere indegno di; **die Zimmer in dem Hotel waren unter aller ~**, le camere in quell'albergo erano una vergogna/[cosa vergognosa].

würdelos A adj **1** (*ohne Würde*) {AUFTRETEN, BENEHMEN, VERHALTEN} senza f/privo di] dignità, indegno: **ein ~er Mensch**, una persona indegna, un essere indegno **2** (*die Würde verletzend*) che offende la dignità/il decoro, indegno: **eine ~e Behandlung**, un trattamento che offende la dignità; **eine ~e Art, die alten Leute zu behandeln**, un modo indegno di trattare gli anziani **B** adv **1** (*ohne Würde*) {AUFTRETEN, SICH BENEHMEN, SICH VERHALTEN} senza dignità, in modo indegno **2** (*die Würde verletzend*) {BEHANDELN, UMGEHEN} in modo indegno: **sie gehen ziemlich ~ mit den Kranken um**, trattano i malati in un

modo piuttosto indegno.

Würdenträger m (**Würdenträgerin** f) *geh* dignitario (-a) m (f); <pl> *auch* dignità f pl: **geistliche und weltliche ~**, dignitari ecclesiastici e laici; **die höchsten ~ des Staates und der Kirche**, le più alte dignità statali ed ecclesiastiche.

würdevoll adj {AUSSEHEN, RAHMEN} dignitoso; {AUFTRETEN, MIENE} grave.

würdig A adj **1** (*würdevoll*) {FEIER, ALTER HERR} dignitoso; {AUSSEHEN} rispettabile: **er hielt eine sehr ~e Ansprache**, tenne un discorso molto dignitoso **2** (*angemessen*) {NACHFOLGER, WIDERSACHER} degno; {EMPFANG, RAHMEN} *auch* adeguato **3** <präd> (*wert sein*) **jds/etw ~ sein** essere degno di qu/qc: **du bist ihrer nicht ~**, non sei degno (-a) di lei; **jdn etw** (gen) **für ~ halten** {EINES AMTES, AUFTRAGS}, ritenere qu degno (-a) di qc; **sie ist für ~ befunden worden, das Amt zu übernehmen**, è stata ritenuta degna di assumere la carica; **sich einer Aufgabe ~ erweisen**, dimostrarsi degno (-a) di un compito **B** adv **1** (*mit Würde*) {AUFTRETEN, SICH BENEHMEN, SICH VERHALTEN} in modo dignitoso, con dignità, dignitosamente **2** (*angemessen*) {BEGRÜSSEN, EMPFANGEN, VERTRETEN} degnamente.

würdigen tr **1** (*lobend anerkennen*) **jdn/etw ~** {EINSATZ, LEISTUNG, VERDIENST, WERK} apprezzare *qu/qc*, riconoscere *qc*: **etw zu ~ wissen**, saper apprezzare qc **2** (*für würdig befinden*) **jdn etw** (gen) ~ degnare qu di qc: **jdn keines Blickes ~**, non degnare qu di uno sguardo; **sie würdigte ihn nicht der geringsten Aufmerksamkeit**, non lo degnò della minima attenzione.

Würdigung <-, -en> f apprezzamento m, riconoscimento m: **ihr langjähriger Einsatz hat leider nicht die gebührende ~ gefunden**, il suo pluriennale impegno purtroppo non ha ricevuto l'apprezzamento dovuto; **eine ~ seiner Leistung**, un riconoscimento del suo operato; **in ~ seiner Verdienste**, a/come riconoscimento dei suoi meriti.

Wurf① <-(e)s, Würfe> m **1** (*das Werfen*) lancio m, tiro m: **ein guter/kraftvoller ~**, un buon/[vigoroso/forte] tiro/lancio; **ein geschickter ~**, un tiro/lancio ben riuscito; **ein weiter ~**, un lancio/tiro lungo; **zum ~ ausholen/ansetzen**, prepararsi al lancio/tiro **2** (*das Würfeln*) lancio m ● **jdm gelingt** (mit etw dat) **ein großer ~**, qu riesce a fare un bel colpo (con qc); **mit dem neuen Modell ist Volkswagen ein großer ~ gelungen**, con il nuovo modello la Volkswagen ha ⌊messo a segno un bel colpo⌋/[fatto centro]; **alles auf einen ~ setzen**, tentare il tutto per tutto.

Wurf② <-(e)s, Würfe> m <meist sing> zoo figliata f, cucciolata f: **ein ~ Hunde/Katzen**, una cucciolata/figliata di cagnolini/gattini.

Wurfbahn f traiettoria f.

würfe 1. *und* 3. pers sing konjv II *von* werfen.

Würfel <-s, -> m **1** *math* cubo m **2** (*Spielwürfel*) dado m: **~ spielen**, giocare a dadi; **den ~ werfen**, lanciare/gettare/tirare il dado; **der ~ zeigt vier**, il dado indica quattro **3** *gastr* (*~förmiges*) dado m, cubetto m: **die Möhren/Zwiebeln in ~ schneiden**, tagliare le carote/cipolle a dadi/cubetti; (*Brühwürfel*) dado m; (*Zuckerwürfel*) zolletta f ● **die ~ sind gefallen**, il dado è tratto.

Würfelbecher m bussolotto m.

Würfelbrett n tavoliere m.

würfelförmig adj, **würfelig A** adj {MUSTER} a dadi/scacchi; {KARTOFFELN, MÖHREN} a dadi/cubetti, a dadolini **B** adv {GESCHNITTEN, SCHNEIDEN} a dadi/cubetti.

Würfelkante f *math* spigolo m del dado.

Würfelmuster n disegno m a scacchi/dadi.

würfeln A tr 1 (*eine bestimmte Zahl mit dem Würfel werfen*) **etw** ~ fare qc con i dadi: **ich habe eine Sechs gewürfelt**, ho fatto sei (con i dadi) 2 (*in Würfel schneiden*) **etw** ~ {FLEISCH, KARTOFFELN, KÄSE, MÖHREN} tagliare a dadi/cubetti qc: **etw grob/fein ~**, tagliare a ₍dadi (grossi)₎/[dad(ol)ini] qc B itr (*Würfel spielen*) (**um etw** akk) ~ ₍UM GELD₎ giocare (a qc) a dadi; (*die Würfel werfen*) tirare/lanciare/gettare i dadi: **um wie viel würfelst du?**, quanto ti giochi a dadi?

Würfelspiel n gioco m dei dadi.
Würfelspieler m (**Würfelspielerin** f) giocatore (-trice) m (f) di dadi.
Würfelzucker m zucchero m in zollette.
Wurfgeschoss (a.R. Wurfgeschoß), **Wurfgeschoß** A CH n proiettile m.
Wurfmesser n coltello m da lancio.
Wurfpfeil m freccetta f.
Wurfscheibe f *sport* disco m.
Wurfsendung f → **Postwurfsendung**.
Wurfspieß m giavellotto m.
Wurftaube f *sport* piattello m.
Wurftaubenschießen n *sport* tiro m al piattello.
Würgeengel, Würgengel m *relig* angelo m sterminatore.
Würgegriff m presa f/stretta f alla gola • **im ~ des Todes**, nella stretta della morte.
Würgemal <-(e)s, -e> n segno m di strangolamento.
würgen A tr 1 (*versuchen zu er~*) **jdn** (**am Hals**) ~ stringere qu alla gola: **jdn bewusstlos** ~, far perdere i sensi a qu stringendogli la gola; **jdn zu Tode** ~, strozzare/strangolare qu 2 (*am Hals beengen*) **jdn/etw** ~ {HALSBAND, ENGER KRAGEN} strozzare qu/qc B itr 1 (*nicht hinunterschlucken können*) **an etw** (dat) ~ ₍AN ZÄHEM FLEISCH₎ strozzarsi con qc 2 (*widerwillig essen*) **an etw** (dat) ~ inghiottire/[mandare giù] a fatica qc: **was würgst du denn so an dem Fisch? Schmeckt er dir nicht?**, non ti va il pesce che non riesci a mandarlo giù? 3 (*Brechreiz haben*) avere conati/urti di vomito: **sie musste erst schrecklich ~ und hat sich dann erbrochen**, prima ha avuto terribili conati/urti di vomito e poi ha rimesso.
Würger <-s, -> m (**Würgerin** f) *pej* strangolatore (-trice) m (f).
Wurm① <-(e)s, Würmer> m 1 *zoo* verme m (*Regenwurm*) lombrico m; (*Made*) baco m; (*Spulwurm*) verme m; (*Holzwurm*) tarlo m: **bei kleinen Kindern kommt es öfter vor, dass sie Würmer haben**, capita abbastanza spesso che i bambini piccoli abbiano i vermi/bachi; **in der Vitrine sitzt der ~**, nella vetrina c'è il tarlo; **der ~ krümmt/windet sich**, il verme si contorce; **das Obst war voller Würmer**, la frutta era piena di vermi/bachi *fam* 2 *fam* (*Mensch*): **armer ~**, disgraziato, sciagurato, povero diavolo; **elender ~**, verme ~; **jdm die Würmer aus der Nase ziehen (müssen)** *fam*, (dover) cavare le parole di bocca a qu *fam*; **da ist/sitzt/steckt der ~ drin** *fam*, (qui) c'è qualcosa (di fondamentale) che non va/funziona.
Wurm② <-(e)s, Würmer> n *fam* (*kleines Kind*) creaturina f, esserino m: **das arme, kleine ~**, la povera, piccola creaturina.
wurmähnlich adj {TIER} vermicolare.
wurmartig adj vermiforme.
Würmchen <-s, -> n dim *von* Wurm 1 (*kleiner Wurm*) vermicello m, vermetto m 2 (*kleines Kind*) creaturina f.
wurmen *fam* A tr (*ärgern*) **jdn** ~ {MISSERFOLG, NIEDERLAGE} rodere a qu, bruciare a qu, far rabbia a qu: **seine Kritik hat mich sehr gewurmt**, la sua critica mi ha ₍roso pa-₎ recchio₎/[fatto una rabbia!] B unpers: **es hat die Mannschaft arg gewurmt, ein zweites Mal zu verlieren**, alla squadra è bruciato non poco subire una seconda sconfitta.

Wurmfarn m *bot* felce f maschio.
wurmförmig adj → **wurmartig**.
Wurmfortsatz m *anat* appendice f.
Wurmfraß <-es, *ohne pl*> m danno m causato da tarli.
wurmig adj {OBST} bacato.
Wurmkrankheit f *med* → **Wurmleiden**.
Wurmkur f vermifugo m, cura f antielmintico.
Wurmleiden n *med* verminosi f, elmintiasi f *med*.
wurmstichig adj {HOLZ} tarlato, pieno di tarli; {OBST} bacato: ~ **werden** {HOLZ}, tarlare.
wurscht adj *fam*: **er/sie ist mir ~**, me ne frego/infischio di lui/lei; **das ist mir doch ~!**, e chi se ne frega! *fam*.
Wurst <-, Würste> f 1 (*Aufschnitt*) affettato m; (*~waren*) insaccati m pl, salumi m pl; (*Streichwurst*) pâté m: **kauf auch etwas** ~, compra anche un po' di affettato; **sich** (dat) **eine Scheibe ~ aufs Brot legen**, mettersi dell'affettato sul pane; **sich ein Brötchen mit ~ beschmieren**, farsi un panino col pâté; **unsere ~ ist immer frisch**, i nostri salumi sono sempre freschi; **er mag alle Arten von ~** (**gern**), a lui piacciono tutti i tipi di salumi/insaccati 2 (*Bratwurst*) salsiccia f/würstel m (da arrostire); (*Brühwurst*) würstel m/salsiccia f (da lessare): **eine geräucherte ~**, una salsiccia affumicata 3 *fam* (*wurstförmiger Kot*) stronzo m *vulg*, cacca f *fam*: **der Hund hat eine ~ mitten auf den Bürgersteig gemacht**, il cane ha fatto la cacca proprio sul marciapiede • **sich** (dat) **nicht die ~ vom Brot nehmen lassen**, non lasciarsi mettere i piedi ₍in testa₎/[sul collo]; **jetzt geht es um die ~!** *fam*, qui si gioca il tutto per tutto!; **jdm wurst sein** *fam* (*jdm gleichgültig sein*), ₍non importare niente₎/[importare un fico secco *fam*] a qu; **das ist dem doch völlig wurst!** *fam*, quello se ne frega/infischia altamente! *fam*, a quello non gliene importa un fico secco! *fam*; **ist mir doch wurst!**, me ne frego!, che vuoi che me ne freghi!, non mi interessa un bel niente!; **mit der ~ nach der Speckseite werfen** *fam*, buttar sardine per prendere lucci.
Wurstbrot n (*mit einer Bratscheibe*) fetta f di pane con dell'affettato; (*aus zwei Brotscheiben bestehend*) panino m con dell'affettato: **sich** (dat) **ein ~ schmieren**, spalmare del pâté su una fetta di pane.
Würstchen <-s, -> n dim *von* Wurst 1 *gastr* (*zum Braten*) salsiccia f/würstel m (da arrostire); (*zum Brühen*) salsiccia f/würstel m (da lessare): **Frankfurter ~**, würstel da arrostire; **Wiener ~**, würstel da lessare; **ein Paar ~ mit Senf**, due würstel con la senape 2 *fam* (*armer Mensch*) poveretto m *fam*, poveraccio m *fam*, disgraziato m, povero diavolo m *fam*: **er ist wirklich ein armes ~**, è veramente un povero diavolo/disgraziato.
Würstchenbude f, **Würstchenstand** m bancarella f/chiosco m ₍delle salsicce₎/[dei würstel].
Würstel <-s, -> n *bes.* A würstel m.
wursteln itr *fam pej* lavoricchiare (₍la vuoto₎/[senza combinare niente]), aggeggiare *fam*: **er wurstelt den ganzen Tag, man weiß nie recht woran**, lavoricchia tutto il giorno, ma non si sa mai bene cosa faccia realmente.
Wurstfabrik f salumificio m, fabbrica f di salumi.
Wurstfinger subst <*nur pl*> *fam pej* dito m ₍a salsicciotto₎/[grosso].
Wursthaut f pelle f, budello m.
wurstig adj *fam* {BENEHMEN} menefreghista.
Wurstigkeit <-, *ohne pl*> f *fam* menefreghismo m.
Wurstplatte f piatto m con diversi tipi di insaccati/affettati/salumi.
Wurstsalat m *gastr* insalata f a base di würstel.
Wurstvergiftung f *med* avvelenamento m da salumi.
Wurstwaren subst <*nur pl*> salumi m pl, insaccati m pl, affettati m pl.
Wurstzipfel m estremità f della salsiccia.
Württemberg <-s, *ohne pl*> n *geog* Württemberg m.
Württemberger① <inv> adj del Württemberg.
Württemberger② <-s, -> m (**Württembergerin** f) (*in Württemberg wohnend*) abitante mf del Württemberg; (*aus Württemberg stammend*) originario (-a) m (f) del Württemberg.
Würze <-, -n> f 1 (*Gewürz*) condimento m: **eine scharfe/süße/bittere ~**, un condimento piccante/dolce/amaro 2 (*Aroma*) {KAFFEE, WEIN} aroma m 3 *fam* (*Pfiff*) mordente m: **eine Geschichte ohne ~**, una storia ₍senza sale₎/[priva di mordente].
Wurzel <-, -n> f 1 *bot* radice f 2 *anat* {+HAAR, ZAHN} radice f 3 *geh* (*Ursprung*) radice f, origine f: **seine geistigen ~n greifen ins neunzehnte Jahrhundert zurück**, le sue radici culturali affondano nel diciannovesimo secolo; **die ~ allen Übels**, la radice di ogni male; **das Übel an der ~ packen**, affrontare il problema alla radice 4 *ling* radice f 5 *math* radice f: **zweite/dritte ~**, radice quadrata/cubica; **die ~ aus einer Zahl ziehen**, estrarre la radice da un numero; **die ~ aus sechzehn ist vier**, la radice quadrata di sedici è quattro • **etw mit der ~ ausrotten**, estirpare qc con la radice; **~n schlagen** {PERSON}, mettere radici; {PFLANZE} auch, attecchire.
Wurzelballen m pane m di terra: **Weihnachtsbäume werden nur mit ~ verkauft**, gli alberi di Natale si vendono solo con il pane.
Wurzelbehandlung f *med* devitalizzazione f, terapia f canalare.
Wurzelbürste f bruschino m, brusca f.
Wurzelgemüse n *bot* radici f pl commestibili.
Wurzelhaut f *med* periodonto m *med*.
Wurzelhautentzündung f *med* periodontite f *med*.
Wurzelholz n *bot* radica f.
wurzelig, wurzlig adj pieno di radici.
Wurzelknolle f *bot* tubero m.
wurzellos adj 1 (*ohne Wurzel*) {ZAHN} senza/[privo di] radice; {PFLANZE} senza/[privo di] radici 2 *geh* (*heimatlos*) sradicato: **völlig ~ sein**, non avere radici.
wurzeln itr 1 *bot* *irgendwo* ~ radicare/attecchire + *compl di luogo*: **der Baum wurzelt tief im Boden**, l'albero radica profondamente/[in profondità] nel terreno; **Pappeln ~ flach**, i pioppi radicano ₍in superficie₎/[superficialmente] 2 (*tief in jdm gründen*) **tief in jdm** ~ (*MISSTRAUEN, VORURTEILE*), esser(si) radicato profondamente in qu; **seine Angst wurzelt tief**, la sua paura ha radici profonde 3 (*seinen Ursprung haben*) **in etw** (dat) ~ ₍IDEEN IN EINER BEWEGUNG, PARTEI₎ essere radicato *in qc*.

Wurzelspross (a.R. Wurzelsproß) m *bot* pollone m (di radice).

Wurzelstock m *bot* rizoma m.

Wurzelwerk <-s, ohne pl> n radici f pl.

Wurzelwort n *ling* etimo m.

Wurzelzeichen n *math* segno m di radice.

Wurzelziehen <-s, ohne pl> n *math* estrazione f della radice.

würzen **A** tr **1** *gastr etw (mit etw* dat) ~ insaporire qc (con qc); {MIT ESSIG, ÖL, PFEFFER, SALZ} condire qc (con qc): etw mit frischen Kräutern ~, aromatizzare qc; etw mit trockenen Kräutern/[Pulvergewürz] ~, speziare qc, drogare qc *rar*; **der Kuchen ist mit viel Zimt und Nelke gewürzt**, il dolce è speziato con molta cannella e garofano **2** (*spicken*) *etw mit etw* (dat) ~ {REDE MIT ANSPIELUNGEN, WORTSPIELEN} insaporire qc con qc, condire qc con qc, speziare qc con qc: **er würzte seine Rede mit humorvollen Anekdoten**, condì/insaporì il suo discorso con degli aneddoti spiritosi; **sie hat ihre Erzählung mit aufreizenden Anspielungen gewürzt**, ha speziato il suo racconto con pruriginose allusioni **B** itr insaporire/condire il cibo con (le) spezie: **die Suppe ist scharf/stark gewürzt**, la minestra è piccante/[molto speziata].

würzig **A** adj **1** (*von kräftigem Geschmack o Geruch*) {ESSEN, SUPPE} saporito; {BIER, WEIN} aromatico; {PFEIFENRAUCH, TABAK} aromatico; {PARFÜM} speziato **2** (*anzüglich*) {BEMERKUNG, ERZÄHLUNG, WITZ} piccante, salace, spinto **B** adv: **ein ~ riechender Tabak**, un tabacco aromatico; **ein ~ schmeckender Wein**, un vino aromatico.

Würzkraut n erba f aromatica.

Würzmischung f spezie f pl miste, misto m/miscela f di spezie.

Würzstoff m condimento m.

Würzwein m *gastr* vino m aromatizzato.

wusch 1. *und* 3. *pers sing imperf von* waschen.

wüsche 1. *und* 3. *pers sing konjv* II *von* waschen.

Wuschelhaar n *fam* capelli m pl folti e riccioluti/crespi.

wuschelig adj: ~es Haar, capelli folti e riccioluti/crespi.

Wuschelkopf m *fam* **1** (*Haarschopf*) testa f dai capelli folti e riccioluti/crespi **2** (*Mensch mit wuscheligen Haaren*) chi ha i capelli folti e riccioluti/crespi.

wusste (a.R. wußte) 1. *und* 3. *pers sing imperf von* wissen.

wüsste (a.R. wüßte) 1. *und* 3. *pers sing konjv* II *von* wissen.

Wust① <-(e)s, ohne pl> m *pej* ~ *von/an etw* (dat) {AN/VON KLEIDERN, PAPIER} guazzabuglio m di qc, accozzaglia f di qc, ammasso m di qc: **ein unbeschreiblicher ~ von Papier, Büchern, Unterlagen**, un guazzabuglio indescrivibile di carte, libri, documenti.

Wust② <-, ohne pl> f *CH adm Abk von* Warenumsatzsteuer: ≈ IVA f (*Abk von* imposta sul valore aggiunto).

wüst **A** adj **1** (*öde*) {GEGEND, LAND} deserto, desolato; (*unbebaut*) incolto, selvaggio **2** (*höchst unordentlich*) {CHAOS, DURCHEINANDER, UNORDNUNG} spaventoso, terribile, tremendo; {HAARE} scompigliato, arruffato, scarmigliato: **hier sieht es ja ~ aus!**, ma qui c'è un caos spaventoso/[è tutto sottosopra]! **3** (*übel*) selvaggio, terribile, infernale: **eine ~e Drohung**, una minaccia terribile; **ein ~er Lärm**, un chiasso/baccano *fam* infernale; **~e Lästerungen**, bestemmie oscene; **eine ~e Schlägerei**, una rissa selvaggia/tremenda **B** adv (*übel*) {SCHIMPFEN} selvaggiamente, in modo terribile/osceno: **~ fluchen**, bestemmiare come un turco/carrettiere; **alles lag ~ durcheinander**, era tutto sottosopra; **jdn ~ zurichten**, conciare qu molto male.

Wüste <-, -n> f deserto m: **mit Kamelen die ~ durchqueren**, attraversare il deserto con i cammelli; **eine Oase in der ~ finden**, trovare un'oasi nel deserto ● **die ~ Gobi** *geog*, il deserto del Gobi; **jdn in die ~ schicken** *fam* (*jdn entlassen*), dare il benservito a qu; (*bes. einen Politiker oder hohen Funktionär*), silurare qu *fam*; (*jdn zum Teufel jagen*) {FREUND, FREUNDIN}, mandare qu a quel paese *fam*, scaricare qu *fam*.

wüsten itr *mit etw* (dat) ~ {MIT DEM EIGENEN VERMÖGEN} sprecare qc, dissipare qc, sperperare qc.

Wüstenbildung f desertificazione f.

Wüstenei <-, -en> f **1** *geh* (*öde Gegend*) deserto m **2** *scherz* (*Chaos*) caos m, confusione f.

Wüstenfuchs m *zoo* fennec m, volpe f del deserto/[della sabbia].

wüstenhaft adj {GEGEND, LANDSCHAFT} (come un) deserto, desolato.

Wüstenklima n *meteo* clima m desertico.

Wüstenkönig m *lit* (*Löwe*) re m della foresta, leone m.

Wüstenlandschaft f paesaggio m desertico.

Wüstensand m sabbia f del deserto.

Wüstenschiff n *scherz* nave f del deserto *scherz*, cammello m.

Wüstensohn m *lit* figlio m del deserto.

Wüstentier n animale m desertico/[del deserto].

Wüstenwind m *meteo* vento m del deserto.

Wüstling <-s, -e> m *pej* libertino m, (uomo m) dissoluto m.

Wut <-, ohne pl> f rabbia f, collera f, ira f, furia f, furore m: **aufgestaute/dumpfe Wut**, una rabbia/collera accumulata/sorda; **blind vor Wut**, accecato dall'ira; **rasend vor Wut**, furente/fremente d'ira/[di collera]; **eine fürchterliche Wut erfasste/packte sie**, fu invasa/presa da una tremenda collera ● **seine Wut an jdm/etw auslassen**, sfogare la propria rabbia su qu/qc; *außer sich vor Wut sein*, essere fuori di sé dalla rabbia; **eine Wut im** *Bauch* **haben** *fam*, avere la rabbia in corpo; **vor Wut bringen**, mandare qu su tutte le furie/[in bestia] *fam*, fare andare in collera/[arrabbiare] qu; **eine Wut haben**, avere una (gran) rabbia, essere arrabbiatissimo; **eine (unheimliche/wahnsinnige) Wut auf jdn haben**, essere arrabbiatissimo con qu, essere (molto) in collera con qu; **vor Wut kochen**, bollire di rabbia; **in Wut kommen/geraten**, montare su tutte le furie, andare in collera, inviperire, arrabbiarsi; **vor Wut platzen**, schiattare di/[scoppiare dalla] rabbia; **sich (immer mehr) in Wut reden**, caricarsi/scaldarsi (parlando); **vor Wut schäumen**, avere la bava alla bocca, schiumare di rabbia; **schäumend vor Wut**, con la bava alla bocca; **seine Wut zügeln**, trattenere/frenare la propria rabbia.

Wutanfall m accesso m/impeto m di rabbia/collera/furore: **in einem ~**, in un impeto di collera ● **einen ~ bekommen/kriegen**, avere un accesso di rabbia, montare su tutte le furie.

Wutausbruch m scoppio m di collera/rabbia/furore, scatto m di rabbia/ira.

wüten itr **1** (*voller Wut toben und dabei zerstören*) scatenarsi: **die Menge wütete**, la folla si era scatenata **2** (*zerstörerisch einhergehen*) {EPIDEMIE, FEUER, STURM} infuriare, imperversare: **der Krieg hat furchtbar gewütet**, la guerra ha imperversato in modo terribile.

wütend **A** adj **1** (*zornig*) {BLICK, GESICHTSAUSDRUCK, STIMME} infuriato, arrabbiato, furibondo, furente, irato: **sie hatte einen ganz ~en Gesichtsausdruck**, era molto irata in volto, aveva un'espressione furibonda; **ein ~er Stier**, un toro infuriato; **unheimlich/wahnsinnig ~ sein**, essere incazzato (-a) nero (-a) *slang*; **auf jdn ~ sein**, essere in collera/[arrabbiato] con qu; **über etw** (akk) **~ sein**, essere arrabbiato per qc; **er ist ~ darüber, dass er nicht eingeladen worden ist**, è arrabbiato perché non è stato invitato; **jdn ~ machen**, fare arrabbiare qu, far andare in collera qu, mandare qu su tutte le furie; **~ werden**, infuriarsi, andare in collera/[su tutte le furie], incavolarsi *fam*, incazzarsi *slang* **2** <attr> (*heftig*) {KAMPF, STURM} furioso, violento: **ein ~er Hunger**, una fame furibonda/violenta; **~e Schmerzen**, dolori cocenti **B** adv (*zornig*) {ANBRÜLLEN, BESCHIMPFEN, SCHREIEN} pieno (-a) di rabbia/collera, furente.

wutentbrannt **A** adj fremente/pieno di rabbia, furibondo **B** adv {AUF JDN LOSGEHEN, SICH AUF JDN STÜRZEN} fremente/pieno (-a) di rabbia, furiosamente, come una furia: **~ stürmte er aus dem Raum**, furibondo, corse fuori dalla stanza.

Wüterich <-s, -e> m *pej* (*zu Wutausbrüchen neigender Mensch*) uomo m molto irascibile; (*grausamer Mensch*) bruto m.

Wutgeheul n, **Wutgeschrei** n grida f pl di rabbia.

wutschäumend adv, **wutschnaubend** adv {HINAUSSTÜRZEN, AUF JDN LOSGEHEN} schiumante di rabbia, con la bava alla bocca.

wutverzerrt adj sfigurato dalla rabbia: **jdn mit ~em Gesicht ansehen**, guardare qu con il viso sfigurato dalla rabbia.

Wwe *Abk von* Witwe: vedova f.

WWF <-, ohne pl> m *Abk von engl* World Wide Fund for Nature: WWF m (*Fondo mondiale per la natura*).

WWF-Sprecher m (**WWF-Sprecherin** f) portavoce mf del WWF.

Wwr *Abk von* Witwer: vedovo m.

WWU <-, ohne pl> f *Abk von* Wirtschafts- und Währungsunion: UEM f (*Abk von* Unione Economica e Monetaria).

WWW <-, ohne pl> n *Abk von* World Wide Web: WWW.

WWW-Server <-s, -> m *inform* server m/gestore m WWW.

WZ <-, ohne pl> f *Abk von* Weltzeit: tempo m universale.

X, x

X, x <-, -> n **1** (*Buchstabe*) X, x f oder m **2** (*als Namensersatz*) x: **Herr X**, il signor x **3** <kleingeschrieben> *fam* (*viele*) non so quanti (-e), un tot di *fam*: **es haben x Leute angerufen**, ha chiamato ˌnon so quantaˌ/[un tot di] gente **4** <kleingeschrieben> *math* x f ● **Größe XL**, taglia XL; **jdm ein X für ein U vormachen (wollen)** *fam*, dare a intendere a qu lucciole per lanterne *fam*, ˌfar vedereˌ/[dare a intendere] nero per bianco a qu *fam*; **sich kein X für ein U vormachen lassen** *fam*, non farsi abbindolare/fregare *fam*; **X wie Xanthippe**, x come xeres; → *auch* **A, a**.

x-Achse f *math* asse m delle x.

Xanthippe <-, -n> f *fam* megera f *fam*, arpia f *fam*.

Xaver m (*Vorname*) Saverio.

X-Beine subst <nur pl> gambe f pl a x.

x-beinig, X-beinig adj ˌcon leˌ/[dalle] gambe a x.

x-beliebig adj *fam* qualsiasi, qualunque ● **jeder x-Beliebige**, uno qualsiasi/qualunque; **ich würde das sicher nicht für jeden x-Beliebigen tun**, non lo farei certo per il primo venuto.

X-Chromosom n *biol* cromosoma m x.

Xenon <-s, ohne pl> n *chem* xeno m.

xenophob adj *geh* xenofobo.

Xenophobie f *geh* xenofobia f.

Xerografie, Xerographie <-, -n> f *typ* xerografia f.

Xerokopie <-, -n> f *typ* xerocopia f.

xerokopieren <ohne ge-> tr **etw** ~ xerocopiare qc.

x-fach *fam* **A** adj innumerevole **B** adv cento/mille volte *fam*.

x-fache <dekl wie adj> n: **ein x-faches verdienen**, guadagnare cento volte tanto ● **um das x-fache** {GRÖßER, SCHNELLER}, cento volte *fam*.

x-förmig, X-förmig adj a (forma di) x.

x-mal adv *fam* cento volte *fam*, non so quante volte *fam*.

x-ter, x-te, x-tes adj *fam*: **der/die/das x-te ...**, l'ennesimo (-a) ...: **das x-te Mal**, l'ennesima volta; **zum x-ten Mal**, per l'ennesima volta.

Xylofon, Xylophon <-s, -e> n *mus* xilofono m.

Y, y

Y, y <- *oder fam* -s> n Y, y f *oder* m ● Y wie Ypsilon, y come yacht; → *auch* **A, a**.
y-Achse f *math* asse m delle y.
Yacht f → **Jacht**.
Yachtklub, Yachtclub m → **Jachtklub**.
Yak <-s, -s> m *zoo* yak m.
Yard <-s, -s *oder mit Zahlangaben* -> n yard m *oder* f.
Y-Chromosom n *biol* cromosoma m y.
Yen <-(s), -(s)> m *ökon* (*Währungseinheit in Japan*) yen m.
Yeti <-s, -s> m yeti m.
y-förmig, Y-förmig adj a (forma di) y.
Yoga <-(s), *ohne pl*> n *oder* m yoga m: ~ machen/(be)treiben, fare yoga.
Yogasitz m posizione f del loto.
Yogaübung f esercizio m (di) yoga.
Yoghurt a.R. *von* Joghurt → **Joghurt**.
Yoghurtbecher a.R. *von* Joghurtbecher → **Joghurtbecher**.
Yoghurtmaschine a.R. *von* Joghurtmaschine → **Joghurtmaschine**.
Yogi <-s, -s> m yogin m.
Yo-Yo <-s, -s> n → **Jo-Jo**.
Ypsilon <-(s), -s> n (*Buchstabe* Y) ipsilon f *oder* m.
Yucca <-, -s> f, **Yuccapalme** f *bot* yucca f.
Yuppie <-s, -s> m *oft pej* yuppie m.
Yvonne f (*Vorname*) Ivonne.

Z, z

Z, z <-, - oder fam -s> n Z, z f oder m ● **Z wie Zacharias/Zeppelin**, z come Zara, z di Zara fam; → auch **A, a**.

Zabaglione, Zabaione <-, -s> f gastr zaba-(gl)ione m.

Zacharias m (Vorname) Zaccaria.

zack interj slang zac!, zacchete! ● **bei jdm muss alles ~, ~ gehen**, qu non ti lascia neanche il tempo di pensare; *jetzt aber ~ (~)! fam*, su, presto!; **jetzt** *macht* **mal ein bisschen ~!**, datevi una mossa, su! fam.

Zack m fam: **jdn auf ~ bringen**, mettere in riga qu, far filare qu, far trottare qu; **etw auf ~ bringen** {BETRIEB, GESCHÄFT, LOKAL, VERWALTUNG}, far funzionare qc; **nach kürzester Zeit hatte sie die Abteilung auf ~ gebracht**, dopo pochissimo tempo era riuscita a far funzionare il reparto; **auf ~ sein** {PERSON}, essere in gamba fam; **die neue Kollegin ist schwer auf ~**, la nuova collega è proprio in gamba; **in Geschichte ist er unheimlich auf ~**, in storia è ferratissimo; {ABTEILUNG, BETRIEB} funzionare ˌalla grande fam ˌ/[a meraviglia].

Zacke <-, -n> f {+BLATT, KAMM, SÄGE} dente m; {+GABEL, HARKE, RECHEN} auch rebbio m; {+BRIEFMARKE} dentello m; {+KRONE, STERN} punta f; {+BERGKAMM} picco m, dente m: **am Kamm fehlen ein paar ~n**, al pettine mancano un paio di denti; **ein Blatt mit vielen kleinen ~n**, una foglia frastagliata/seghettata.

Zacken <-s, -> m fam bes. süddt A → **Zacke** ● **jdm bricht/fällt kein ~ aus der Krone, wenn er etw tut** fam, qu non si sciupa/rovina se fa qc.

Zackenbarsch m fisch cernia f.

Zackenkrone f corona f merlata/[con merli a torre].

Zackenlinie f (linea f a) zig zag m.

zackig **A** adj **1** (gezackt) {BRUCHSTELLE, FELSBROCKEN, GRANATSPLITTER} frastagliato; {RAND} auch dentellato, seghettato: **eine ~e Bergkette**, una catena montuosa dal profilo frastagliato **2** fam (schnell und ruckartig) brusco **3** fam (schmissig) {MARSCH, MUSIK} cadenzato: **mit einer ~en Bewegung**, di scatto **4** fam (schneidig) {BURSCHE} effervescente, brioso **B** adv fam (schnell und ruckartig) {SICH BEWEGEN} bruscamente, di scatto.

Zadar <-s, ohne pl> n geog Zara f.

zagen itr geh titubare, tentennare.

zaghaft **A** adj timido; (zaudernd) esitante, titubante, tentennante: **ein ~er Annäherungsversuch**, un timido approccio **B** adv timidamente; (zaudernd) con esitazione/titubanza, esitante, titubante, tentennante: **die Antwort kam nur ~**, rispose titubante/esitante.

Zagreb <-s, ohne pl> n geog Zagabria f.

zäh **A** adj **1** (von fester Konsistenz) {FLEISCH, STEAK} duro, stopposo, tiglioso, legnoso; {LEDER} resistente, robusto; {LEHMBODEN, MORAST} duro, compatto: **das Fleisch ist zäh wie Leder**, la carne è dura come un sasso **2** (zähflüssig) {MASSE, TEIG} compatto; {HONIG, ÖL, SCHLEIM, SIRUP} denso, viscoso **3** (widerstandsfähig) {MENSCH} resistente, robusto: **das ist ein zäher Bursche!**, è un ragazzo robusto lui!; **eine zähe Natur haben**, essere una pellaccia fam; **Katzen haben ein zähes Leben**, i gatti hanno sette vite **4** (beharrlich) {WIDERSTAND} tenace, ostinato, accanito: **etw mit zähem Fleiß tun**, fare qc con irriducibile zelo; **ein zäher Wille**, una volontà di ferro **5** (schleppend) {DISKUSSION, VERHANDLUNG} che si trascina, faticoso **B** adv **1** (beharrlich): **zäh an etw (dat) festhalten**, restare tenacemente attaccato (-a) a qc **2** (schleppend) {VORANGEHEN, VORANKOMMEN} a stento, a fatica, trascinandosi.

Zäheit a.R. von Zähheit → **Zähheit**.

zähflüssig adj **1** (dickflüssig) {HONIG, KLEBER, ÖL, SIRUP} denso, viscoso **2** (schleppend) {VERKEHR} lento, rallentato, non scorrevole.

Zähflüssigkeit <-, ohne pl> f **1** (Dickflüssigkeit) {+HONIG, KLEBER, ÖL, SIRUP} densità f, viscosità f **2** (Schleppendsein): **die ~ des Verkehrs**, rallentamenti, traffico rallentato.

Zähheit <-, ohne pl> f {+FLEISCH, STEAK} durezza f, stopposità f, legnosità f; {+LEDER} resistenza f, robustezza f.

Zähigkeit <-, ohne pl> f **1** (Widerstandsfähigkeit) {+MENSCH, TIER} resistenza f **2** (Beharrlichkeit) tenacia f, ostinazione f.

Zahl <-, -en> f **1** math numero m; (Ziffer) cifra f: **arabische ~en**, numeri arabi, cifre arabe; **römische ~en**, numeri romani; **ganze/gebrochene/gemischte ~**, numero intero/frazionario/misto; **gerade/ungerade ~**, numero pari/dispari; **positive/negative ~**, numero positivo/negativo; **natürliche ~**, numero naturale; **reelle/rationale/irrationale ~en**, numeri reali/razionali/irrazionali; **~en addieren/[miteinander multiplizieren]/[(durcheinander) dividieren]**, ˌaddizionare/ sommareˌ/ [moltiplicare]/ [dividere] numeri; **eine ~ˌdurch drei dividierenˌ/[mit drei multiplizieren]**, dividere/moltiplicare un numero per tre; **die ~ 13 bringt Unglück**, il numero 13 porta sfortuna; **ein gutes Gedächtnis für ~en haben**, avere una buona memoria per i numeri; **gut mit ~en umgehen können**, essere bravo a far di conto **2** ˂nur pl˃ (Zahlenangaben) cifre f pl: **(keine) ~en nennen geh**, (non) dare delle cifre; **die genauen ~en liegen uns noch nicht vor**, non disponiamo ancora delle cifre esatte **3** ˂nur sing˃ (Anzahl) numero m: **die ~ der Infizierten**, il numero degli infetti; **eine große ~ Besucher/[wertvolle(r) Bücher]**, un gran numero di visitatori/[libri preziosi] **4** gram numero m ● **an ~** {ÜBERLEGEN, UNTERLEGEN}, numericamente, di numero; **an der ~: es/sie waren zehn an der ~**, erano dieci (di numero); **in großer/größerer ~**, inˌgran numeroˌ/[numero ancora maggiore]; **der ~ nach**, numericamente; **rote ~en: in die roten ~en kommen/geraten**, andare in rosso; **aus den roten ~en herauskommen**, essere di nuovo in attivo; **rote ~en schreiben**, essere in rosso/perdita; **in den roten ~en sein/stecken**, essere in rosso; **schwarze ~en: schwarze ~en schreiben**, essere in attivo; **eine runde ~**, una cifra tonda; **jds ~ ist voll** {DER MITGLIEDER, TEILNEHMER}, qu è al (gran) completo; **in voller ~**, al (gran) completo.

Zahladjektiv n ling (aggettivo m) numerale m.

zahlbar adj ˂meist präd˃ com pagabile; {SCHULDEN} auch solvibile: **~ˌbei Lieferungˌ/[nach Erhalt]**, pagabile alla consegna; **ˌbinnen einer Wocheˌ/[in drei Monaten]**, pagabile ˌentro una settimanaˌ/[a tre mesi]; **in fünf Monatsraten**, pagabile in cinque rate mensili; **30 Tage nach Sicht ~**, pagabile a 30 giorni vista.

zählbar adj **1** (sich zählen lassend) {ANZAHL, MENGE} calcolabile, determinabile **2** ling {SUBSTANTIV} numerabile: **«Gemüse» ist ein nicht ~es Substantiv**, «verdura» è un nome collettivo.

Zahlbarkeit <-, ohne pl> f pagabilità f; {+SCHULDEN} auch solvibilità f.

zählebig adj **1** (widerstandsfähig) {PFLANZE, TIER} resistente, robusto, duro a morire fam **2** (schwer auszurotten) {GERÜCHT, GEWOHNHEIT, VORURTEIL} duro a morire fam.

zahlen **A** tr **1** (be~) (jdm) **etw/etw (an jdn)** ~ pagare qc (a qu): **die Miete/Steuern ~**, pagare l'affitto/le tasse; **seine Schulden ~**, pagare/saldare/liquidare i propri debiti; **ein Strafmandat ~**, pagare una multa; **der Beitrag ist direkt an den Verein zu ~**, la quota va pagata direttamente all'associazione; **er hat ihr 2000 Euro für das Bild gezahlt**, le ha dato 2000 euro per il quadro; **was habe ich (Ihnen) zu ~?**, quanto Le devo?; **eine Rechnung ~**, pagare una fattura, saldare un conto; **auf eine Ware Zoll ~**, pagare il dazio su una merce **2** (als Entgelt ~) (jdm) **etw ~** (ABFINDUNG, GEHALT, LOHN) pagare qc (a qu), corrispondere qc (a qu); versare qc (a qu): **sie ~ ihr ein Gehalt von über 4000 Euro**, le pagano/corrispondono uno stipendio di oltre 4000 euro **B** itr **1** (be~) pagare: **ˌ(in) barˌ/[in Raten] ~**, pagare ˌin contantiˌ/[a rate]; **mit ausländischer Währung ~**, pagare in valuta estera; **die Firma kann nicht mehr ~**, la ditta non può più pagare; **mit einem Scheck/einer Kreditkarte ~**, pagare con un assegno/una carta di credito; **die Versicherung will nicht ~**, l'assicurazione non vuole pagare; **lass nur, ich zahle**, lascia, pago/[faccio *fam*]/[ci penso *fam*] io; *für jdn* ~ pagare *per qu*; **er zahlte für alle**, ha pagato per tutti **2** (*als Gehalt* ~) *irgendwie* ~ pagare/retribuire/rimunerare + *compl di modo*: **gut/schlecht** ~, pagare bene/male; **prompt/pünktlich/[mit Verzögerung]** ~, pagare prontamente/puntualmente/[in ritardo]; **die Firma zahlt miserabel**, la ditta paga stipendi da fame **3** (*als Unterhalt entrichten*) *für jdn* ~ {FÜR EINEN GESCHIEDENEN EHEPARTNER, EIN KIND} pagare gli alimenti *a qu* • **bitte ~!, ~ bitte!** (*im Lokal, Restaurant*), il conto, per favore!

zählen A *tr* **1** (*die Anzahl von etw feststellen*) *jdn/etw* ~ contare *qu/qc*, conteggiare *qu/qc*; {BEVÖLKERUNG} censire *qu/qc*: **das Kleingeld** ~, contare gli spiccioli; **die Kursteilnehmer** ~, contare/conteggiare i partecipanti al corso; **er zählte ihm das Geld auf den Tisch**, contò i soldi e glieli mise sul tavolo **2** *geh* (*dazurechnen*) *jdn zu jdm/etw* ~ annoverare *qu fra/tra qu/qc*: **die Musikkritik zählt ihn zu den bedeutendsten Dirigenten der Welt**, la critica musicale lo considera uno dei più eminenti direttori d'orchestra del mondo; **jdn zu seinen Freunden/Kunden** ~, annoverare qu fra i propri amici/clienti **3** *geh* (*als gesamte Anzahl aufweisen*) *etw* ~ {GRUPPE, ORTSCHAFT, VEREIN EINWOHNER, MITGLIEDER} contare *qc*: **nach dem Krieg zählte der Ort nur noch 250 Einwohner**, dopo la guerra il paese contava ormai solo 250 abitanti; **man zählte das Jahr ...** *obs*, correva l'anno ... **4** *Karten* (*wert sein*) *etw* ~ {FARBE, SPIELKARTE EINE BESTIMMTE PUNKTZAHL} valere *qc*, contare *qc*: **die Dame zählt neun Punkte**, la donna vale nove (punti) **5** (*Bedeutung haben*) *etw* ~ {VIEL, WENIG} contare *qc*: **er zählt etwas in der Stadt**, è uno che conta in città; **nichts** ~, non contare nulla B *itr* **1** (*Zahlen aufsagen*) contare: **von 1 bis 100** ~, contare da 1 fino a 100; **sie kann schon bis 50** ~, sa già contare fino a 50 **2** (*addieren*) (*irgendwie*) ~ contare (+ *compl di modo*): **richtig/falsch** ~, contare bene/male; **langsam/schnell** ~, contare piano/velocemente **3** (*gehören*) *zu jdm/etw* ~ {ZUR ELITE, ZU JDS FREUNDESKREIS} essere annoverato *fra qu/qc*, far parte del novero *di qu/qc*: **er zählt zu den bedeutendsten Lyrikern unserer Zeit**, è annoverato fra i [considerato uno dei] poeti più importanti del nostro tempo **4** *geh* (*sich verlassen*) *auf jdn/etw* ~ contare *su qu/qc*: **ich zähle auf dich**, conto su di te; **auf ihn kannst du nicht** ~, su di lui non puoi contare/[fare affidamento]; **du kannst auf meine Hilfe** ~, puoi contare sul mio aiuto **5** (*gewertet werden*) contare, valere: **das Tor zählt nicht**, il gol non conta/vale/[è valido] **6** (*Bedeutung haben*) contare, valere: **für die Direktion zählt nur die Leistung**, per la direzione conta/vale/[ha importanza] soltanto il rendimento **7** (*ausmachen*) **nach etw** (*dat*) ~ {NACH DUTZENDEN, HUNDERTEN} contarsi *a qc*: **die Opfer des Unglücks** ~ **nach Hunderten**, le vittime della sciagura si contano a centinaia C *rfl* (*sich zugehörig fühlen*) **sich zu jdm/etw** ~ annoverarsi *fra qu/qc*, considerarsi nel novero *di qu/qc*: **sie zählt sich zu den bevorzugten Gästen dieses Hauses**, si considera nel novero degli ospiti più graditi di questa casa; **er kann sich zu den erfolgreichsten Regisseuren des Landes** ~, si può vantare di essere nel novero dei registi più affermati del paese • **etw** *bis* **etw** (*akk*) ~ [bis zu etw (dat)] ~ {STUNDEN, TAGE, WOCHEN BIS ZU EINEM BESTIMMTEN EREIGNIS}: **sie zählte die Tage bis zum Wiedersehen**, contava i giorni che mancavano al loro prossimo in-

contro; **die Kinder ~ die Wochen bis Weihnachten**, i bambini contano le settimane che mancano a Natale; **nicht bis drei ~ können** *fam*, non saper fare due più due.

Zahlenangabe *f*: **keine ~n machen können**, non poter dare delle cifre.

Zahlenfolge *f* serie *f* numerica, sequenza *f* di numeri.

Zahlengedächtnis *n* memoria *f* per i numeri: **ein gutes/schlechtes ~ haben**, avere buona/[non avere] memoria per i numeri.

Zahlenkolonne *f* colonna *f* di numeri.

Zahlenkombination *f* combinazione *f* numerica/[di cifre/numeri].

Zahlenlotterie *f*, **Zahlenlotto** *n* → **Lotto**.

zahlenmäßig A *adj* <attr> {ÜBERLEGENHEIT, UNTERLEGENHEIT} numerico B *adv* **1** (*an Anzahl*) numericamente, di numero: **sie waren uns ~ überlegen**, erano numericamente superiori a noi **2** (*in Zahlen*) {AUSDRÜCKEN, DARSTELLEN} in cifre: **~ nicht zu erfassen sein**, impossibile da definire in cifre.

Zahlenmaterial <-s, ohne pl> *n* dati *m pl* statistici, cifre *f pl*.

Zahlenreihe *f* → **Zahlenfolge**.

Zahlenschloss (a.R. Zahlenschloß) <-es> *n* {+AKTENKOFFER, SAFE} serratura *f* a combinazione (di numeri); {+FAHRRAD, MOFA} lucchetto *m* a combinazione.

Zahlensymbolik *f* simbologia *f* dei numeri/[numerica].

Zahlensystem *n* sistema *m* numerico, numerazione *f*.

Zahlenverhältnis *n* proporzione *f* numerica.

Zahler <-s, -> *m* (**Zahlerin** *f*) chi paga, pagatore (-trice) *m* (*f*): **pünktlicher/säumiger** ~, pagatore puntuale/moroso; **und der Vater ist der** ~, e il padre paga; **ein guter/schlechter** ~, essere un buon/cattivo pagatore; **er ist ein pünktlicher** ~, è uno che paga puntualmente.

Zähler① <-s, -> *m* **1** *tech* contatore *m*: **den ~ ablesen**, leggere il contatore; {+CD-PLAYER, VIDEOREKORDER} contagiri *m* **2** *math* (*obere Zahl eines Bruchs*) numeratore *m* **3** *slang sport* (*Treffer*) gol *m*, rete *f*; (*Punkt für die Mannschaft*) punto *m*.

Zähler② *m* (**Zählerin** *f*) censitore (-trice) *m* (*f*).

Zählerablesung *f* lettura *f* del contatore.

Zählerschränkchen *n* armadietto *m* del contatore.

Zählerstand *m* lettura *f* del contatore: **den ~ ablesen**, rilevare il consumo del contatore, leggere il contatore *fam*.

Zahlgrenze *f* autom {+ÖFFENTLICHER NAHVERKEHRSMITTEL} limite *m* della zona tariffaria.

Zählkandidat *m* (**Zählkandidatin** *f*) *pol* candidato (-a) *m* (*f*) che fa numero.

Zahlkarte *f* post bollettino *m* di versamento.

zahllos *adj* innumerevole.

Zählmaß *n* com unità *f* numerica.

Zahlmeister *m* (**Zahlmeisterin** *f*) **1** (*Schatzmeister*) {+VEREIN} tesoriere (-a) *m* (*f*) **2** *mil* ufficiale *m* pagatore.

zahlreich A *adj* **1** (*sehr viele*) {BESUCHER, TEILNEHMER, ZWISCHENFÄLLE} numeroso: **dafür gibt es in der Geschichte ~e Beispiele**, a questo riguardo si trovano nella storia numerosi esempi; **solche Phänomene sind nicht sehr** ~, simili fenomeni non sono molto frequenti; **er hat ~e Mitarbeiter**, ha numerosi collaboratori **2** (*groß*) {FREUNDES-

KREIS, NACHKOMMENSCHAFT} numeroso: **das Publikum war sehr** ~, il pubblico era molto numeroso B *adv* {SICH EINFINDEN, ERSCHEINEN, SICH VERSAMMELN} in gran numero: **die Ausstellung war ~er als das Jahr zuvor besucht**, l'affluenza alla mostra è stata maggiore rispetto allo scorso anno.

Zahlrohr *n* tech contatore *m* Geiger.

Zahlschalter *m*, **Zahlstelle** *f* **1** adm cassa *f* **2** bank {+WECHSEL} domicilio *m*.

Zahltag *m* **1** industr giorno *m* di paga **2** (*Fälligkeitstag*) (giorno *m*/data *f* di) scadenza *f* del pagamento.

Zahlung <-, -en> *f* **1** (*das Bezahlen*) {+GEHÄLTER, LÖHNE, MIETE, STEUERN} pagamento *m*, versamento *m*, corresponsione *f*: **eine ~ in Raten/[in bar]/[per Scheck]**, un pagamento a rate/[in contanti]/[con assegno]; **~ in fünf bequemen Raten**, pagamento in cinque comode rate; **die ~en einstellen**, sospendere i pagamenti; **jdn zur ~ eines Bußgeld(e)s verurteilen**, condannare qu al pagamento di una penale; **die ~ erfolgte in bar**, il pagamento è stato effettuato in contanti; **wegen nicht erfolgter ~**, per mancato pagamento **2** (*gezahlter Betrag*) pagamento *m*, versamento *m*: **die ~ erhalten**, ricevere il pagamento/versamento; **eine einmalige ~**, un pagamento in un'unica soluzione; **eine fällige ~**, un pagamento in scadenza; **bei ~ Fälligkeit**, pagamento alla scadenza; (**jdm**) **etw in ~ geben** com (*als Kunde*) {ESSENMARKEN, SCHECKS}, dare qc (a qu) in pagamento; (*als Anzahlung*), dare indietro qc a qu *fam*; **den alten Wagen in ~ geben**, dare in permuta la vecchia auto; **gegen ~ von etw** (*dat*) {VON EINEM BESTIMMTEN BETRAG}, dietro/su pagamento di qc; **~e ~/[~en] (an jdn) leisten form**, effettuare il versamento/i versamenti (a qu); **~ bei Lieferung**, pagamento alla consegna; **etw in ~ nehmen com** (*als Zahlungsmittel akzeptieren*) {ESSENMARKEN, SCHECKS}, accettare qc in pagamento; (*als Anzahlung annehmen*), prendere indietro qc *fam*; **den alten Wagen in ~ nehmen**, prendere in permuta l'auto vecchia; **zur ~ fällig sein** {SCHECK, WECHSEL}, essere in scadenza.

Zählung <-, -en> *f* conteggio *m*, computo *m*, conta *f*; (*Verkehrszählung, Volkszählung*) censimento *m*.

Zahlungsabkommen *n* ökon accordo *m* di pagamento.

Zahlungsanweisung *f* ordine *m*/mandato *m* di pagamento.

Zahlungsaufforderung *f* avviso *m* di pagamento/sollecito *m*/intimazione *f*; (*Mahnung*) ingiunzione *f* di pagamento.

Zahlungsaufschub *m* dilazione *f* di pagamento, moratoria *f*: **jdm einen ~ gewähren**, concedere/accordare a qu una dilazione di pagamento.

Zahlungsbedingungen subst <nur pl> condizioni *f pl*/modalità *f pl* di pagamento.

Zahlungsbefehl *m* jur A CH → **Mahnbescheid**.

Zahlungsbeleg *m* ricevuta *f*, scontrino *m*; bank (*bei Überweisung*) distinta *f* di pagamento.

Zahlungsbescheid *m* (pre)avviso *m* di pagamento.

Zahlungsbilanz *f* ökon bilancia *f* (internazionale) dei pagamenti: **eine positive/negative ~**, una bilancia dei pagamenti con segno positivo/negativo.

Zahlungseinstellung *f* sospensione *f* dei pagamenti.

Zahlungsempfänger *m* (**Zahlungsempfängerin** *f*) beneficiario (-a) *m* (*f*)/destinatario (-a) *m* (*f*) di un pagamento.

Zahlungserleichterung f agevolazione f/facilitazione f di pagamento.

zahlungsfähig adj {FIRMA, GESCHÄFTSMANN, KUNDE} solvente, solvibile, in grado di pagare: **nicht ~ sein**, essere insolvente/insolvibile, non essere in grado di pagare.

Zahlungsfähigkeit <-, ohne pl> f {+GESCHÄFTSMANN, KUNDE} solvenza f, solvibilità f; {+FIRMA} auch liquidità f.

Zahlungsfrist f ˌtermine m diˌ/[scadenza f del] pagamento.

Zahlungsgrund m bank causale f di versamento.

zahlungskräftig adj fam {KÄUFER, KUNDE} danaroso fam.

Zahlungsmittel n mezzo m di pagamento: **gesetzliches ~**, moneta legale.

Zahlungsmodalität f <meist pl> modalità f di pagamento.

Zahlungsmoral f disponibilità f a pagare.

Zahlungsschwierigkeiten subst <nur pl> difficoltà f pl di pagamento: **in ~ geraten**, non poter (più) far fronte ai pagamenti.

zahlungsunfähig adj {KUNDE} insolvente, insolvibile, non in grado di pagare.

Zahlungsunfähigkeit <-, ohne pl> f insolvenza f, insolvibilità f.

Zahlungsverkehr m ökon transazioni f pl finanziarie, operazioni f pl di pagamento, pagamenti m pl, movimento m (di denaro): **im internationalen ~**, nei pagamenti internazionali • **bargeldloser ~**, pagamenti senza contanti.

Zahlungsverpflichtung f <meist pl> obbligo m/impegno m di pagamento: **seinen ~en nachkommen**, far fronte ai propri obblighi di pagamento.

Zahlungsverzug m jur morosità f, ritardo m nei pagamenti.

Zahlungsweise f forma f di pagamento.

zahlungswillig adj {KUNDE} intenzionato/disposto a pagare: **der Gast war nicht ~**, l'ospite non era intenzionato a pagare.

Zahlungsziel n com (termine m di) scadenza f del pagamento.

Zählwerk n contatore m; {+CD-PLAYER, VIDEOREKORDER} contagiri m: **ein mechanisches/elektronisches ~**, un contatore meccanico/elettronico.

Zahlwort <-(e)s, Zahlwörter> n gram → **Zahladjektiv**.

Zahlzeichen n cifra f.

zahm adj **1** (zutraulich) {PFERD} docile, mansueto; (gezähmt) {RAUBTIER, REH, VOGEL} addomesticato **2** fam (mild) {KRITIK} clemente, indulgente, mite **3** fam (gefügig) {KLASSE} docile: **nach dem ersten Anpfiff ist die neue Mitarbeiterin ganz ~ geworden**, dopo la prima sgridata la nuova collaboratrice si è ˌdata una calmataˌ/[ammansita].

zähmbar adj {TIER} addomesticabile, domabile: **Löwen sind nur schwer ~**, i leoni sono molto difficili da addomesticare.

zähmen Ⓐ tr etw **~ 1** (zahm machen) {VOGEL} addomesticare qc; {WILDES TIER} auch domare qc, ammansire qc, mansuefare qc lit; **einen Bären/Wolf ~**, addomesticare un orso/lupo; (dressieren) ammaestrare qc, addestrare qc **2** (zügeln) {AUSGELASSENHEIT, NEUGIER, TRIEB, WUT} contenere qc, dominare qc, porre un freno a qc, domare qc, tenere a freno qc: **seine Leidenschaften ~**, imbrigliare le proprie passioni Ⓑ rfl (sich zügeln) **sich ~** frenarsi, dominarsi, contenersi: **sie wusste sich kaum in ihrer Wut zu ~**, riusciva a malapena a dominarsi, arrabbiata com'era.

Zahmheit <-, ohne pl> f {+TIER} domesticità f; (Folgsamkeit) docilità f, mansuetudine f.

Zähmung <-, -en> f <meist sing> **1** (das Zähmen) {+BÄR, LÖWE, PFERD} domatura f, doma f region; (zum Haustier machen) addomesticamento m; (das Dressieren) ammaestramento m, addestramento m **2** (Bändigung) {+LEIDENSCHAFTEN, TRIEBE} dominio m, controllo m.

Zahn <-(e)s, Zähne> m **1** anat {+MENSCH, TIER} dente m; (Giftzahn, Reiß~, Stoß~) zanna f: ˌstrahlend weißeˌ/[gerade]/[unregelmäßige]/[schiefe] **Zähne**, denti bianchissimi/regolari/irregolari/storti; **gepflegte/gesunde/gute/kariöse Zähne haben**, avere denti curati/sani/buoni/cariati; **schlechte Zähne haben**, non avere i denti buoni; **Zähne bekommen**, mettere i denti; **die Zähne** ˌ**brechen durch**ˌ/[**kommen**], i denti ˌrompono la gengivaˌ/[spuntano]; **ein fauler ~**, un dente marcio; **falsche/künstliche Zähne**, denti finti; **vorstehende Zähne**, denti sporgenti/[in fuori]/[da coniglio fam]; **ein wackelnder ~**, un dente che balla per; **der Zahn wackelt/schmerzt**, il dente ˌballa/dondolaˌ/[fa male]; **sich (dat) die Zähne richten lassen**, farsi mettere a posto i denti fam; **ihm ist ein ~ abgebrochen**, gli si è spezzato/rotto un dente; **seine/ihre Zähne fangen an auszufallen**, comincia a perdere i denti; **sich (dat) gut die Zähne putzen**, lavarsi bene i denti; **der Zahn muss gezogen werden**, il dente è da togliere; **(jdm) einen ~ plombieren/füllen**, piombare/otturare un dente (a qu); **der Hund bleckte/fletschte/zeigte die Zähne**, il cane arrotò/digrignò/mostrò i denti **2** (Zacke) {+KAMM, SÄGE, ZAHNRAD} dente m: **die Zähne**, la dentatura • **sich (dat) an jdm die Zähne ausbeißen** fam, non spuntarla con qu; **sich (dat) an etw (dat) die Zähne ausbeißen** fam, rompersi il capo su qc; **bis an die Zähne bewaffnet sein**, essere armato fino ai denti; **einen** ˌ**ganz schönen**ˌ/[**irren**]/[**höllischen**] **~ draufhaben** fam, andare ˌa una velocità folleˌ/pazzesca/[sparato (-a) slang]; **die dritten Zähne** scherz, la dentiera; **jdm die Zähne einschlagen**, spaccare i denti a qu; **die ersten Zähne**, i ˌprimi dentiˌ/[denti di latte], la dentatura ˌdi latteˌ/[caduca]; **jdm auf den ~ fühlen** fam, tastare il polso a qu; **mit den Zähnen klappern** (vor Angst, Kälte), battere i denti; **mit Zähnen und Klauen verteidigen**, difendere qc con le unghie e con i denti; **mit den Zähnen** knirschen, digrignare i denti; **etw zwischen die Zähne kriegen** fam, mettere qc sotto i denti fam; **lange** Zähne: **jd kriegt lange Zähne**, a qu viene l'acquolina in bocca; **gerade (mal) für den Hund ~ reichen/sein** fam, bastare appena a stuzzicare l'appetito; **jdm tut kein ~ mehr weh** fam, qu è passato a miglior vita euph; **jdm die Zähne zeigen** fam, mostrare i denti/le zanne a qu; **der ~ der Zeit** fam, le ingiurie del tempo; **der ~ der Zeit nagt an allem**, il tempo logora tutto; **jdm einen ~ ziehen** fam, estrarre/togliere un dente (a qu); **den ~ werde ich ihm ziehen** fam, glielo toglierò/leverò io dalla testa; **sich (dat) einen ~ ziehen lassen** med, farsi togliere/estrarre un dente; **den ~ kannst du dir ziehen lassen!** fam, toglietelo dalla testa! fam; **einen ~ zulegen** fam (die Geschwindigkeit steigern oder schneller arbeiten), accelerare; **die Zähne zusammenbeißen** fam, stringere i denti; **mit zusammengebissenen Zähnen** fam, a denti stretti; **die zweiten Zähne**, i denti permanenti/definitivi, la dentatura definitiva; **zwischen den Zähnen** {ETW KNURREN, SAGEN, SPRECHEN}, a denti stretti, tra i denti.

Zahnarzt m (**Zahnärztin** f) dentista mf, odontoiatra mf.

Zahnarzthelfer m (**Zahnarzthelferin** f) assistente mf alla poltrona, aiuto m dentista.

Zahnärztin f → **Zahnarzt**.

zahnärztlich adj {BEHANDLUNG} dentistico, odontoiatrico: ˌ**~es Honorar**ˌ/[**~e Liquidation**], onorario/parcella del dentista; **in ~er Behandlung sein**, essere in cura dal dentista.

Zahnarztpraxis f gabinetto m/studio m dentistico/odontoiatrico.

Zahnarztstuhl m poltrona f/sedia f (del dentista).

Zahnbehandlung f cura f dentistica: **ich habe eine längere ~ vor mir**, mi aspettano diverse sedute dal dentista; **die ~ hat mich 2000 Euro gekostet**, ho speso 2000 euro di dentista.

Zahnbelag <-(e)s, ohne pl> m placca f dentaria.

Zahnbett n anat paradenzio m.

Zahnbrasse f fisch dentice m.

Zahnbürste f spazzolino m da denti • **elektrische ~**, spazzolino (da denti) elettrico.

Zähnchen <-s, -> n dim von Zahn dentino m.

Zahncreme f → **Zahnpasta**.

Zahndurchbruch m dentizione f.

zähnefletschend Ⓐ adj <attr> che arrota/digrigna i denti Ⓑ adv arrotando/digrignando i denti.

Zähneklappern <-s, ohne pl> n battere m i denti • **unter ~**, battendo i denti.

zähneklappernd Ⓐ adj <attr> che batte i denti Ⓑ adv {DASITZEN, DASTEHEN} battendo i denti.

Zähneknirschen <-s, ohne pl> n digrignamento m • **unter ~** {AKZEPTIEREN, EINWILLIGEN} a denti stretti.

zähneknirschend adv {EINWILLIGEN, SICH FÜGEN, ZAHLEN, ZUGEBEN} a denti stretti: **~ akzeptierte er die Entscheidung**, a denti stretti accettò la decisione.

zahnen itr mettere i denti: **das Baby zahnt schon**, il bambino/la bambina sta già mettendo i denti; **das Zahnen**, la dentizione.

Zahnersatz m protesi f dentaria.

Zahnfäule f med carie f.

Zahnfleisch n gengiva f, gengive f pl • **auf dem ~ gehen/kriechen** fam (völlig erschöpft sein), sputare sangue; (in einer finanziellen Notlage sein), essere alla frutta fam.

Zahnfleischbluten <-s, ohne pl> n sanguinamento m delle gengive: **~ haben**, avere le gengive ˌche sanguinanoˌ/[sanguinanti].

Zahnfleischentzündung f med gengivite f.

Zahnfleischschwund m med paradentosi f, paradontosi f: ˌ**~ haben**ˌ/[**an ~ leiden**], ˌavere laˌ/[soffrire di] paradentosi/paradontosi.

Zahnfüllung f form med otturazione f.

Zahnhals m anat colletto m.

Zahnheilkunde f geh odontologia f wiss.

Zahnimplantat n med (Prothese) impianto m dentale.

Zahnimplantation <-, -en> f med (Vorgang) impianto m (di un dente).

Zahnklammer f apparecchio m (per la correzione dei denti).

Zahnklinik f clinica f odontoiatrica.

Zahnkranz m tech corona f dentata.

Zahnkrem, **Zahnkreme** f → **Zahncreme**.

Zahnkrone f med corona f dentaria/dentale.

Zahnlaut m ling (consonante f) dentale f.

zahnlos adj {ALTE, MUND} sdentato, senza denti.

Zahnlücke f dente m mancante, finestra f fam.

Zahnmedizin f med odontoiatria f.

Zahnpasta f, **Zahnpaste** f dentifricio m.

Zahnpflege f cura f dei denti; (beim Zahnarzt) pulizia f dei denti, igiene f dentale.

Zahnprothese f protesi f dentaria.

Zahnputzglas n bicchiere m per lo spazzolino da denti.

Zahnrad n tech ruota f dentata.

Zahnradbahn f Eisenb ferrovia f a cremagliera/dentiera.

Zahnradgetriebe n tech ingranaggio m.

Zahnschmelz m smalto m (dentario): **Zucker greift den ~ an**, lo zucchero intacca lo smalto.

Zahnschmerz m ‹meist pl› mal m di denti.

Zahnseide f filo m interdentale.

Zahnspange f → **Zahnklammer**.

Zahnstein ‹-s, ohne pl› m tartaro m.

Zahnstocher ‹-s, -› m stuzzicadenti m.

Zahnstummel m, **Zahnstumpf** m moncone m di dente.

Zahntechnik ‹-, ohne pl› f odontotecnica f.

Zahntechniker m (**Zahntechnikerin** f) odontotecnico (-a) m (f).

Zahnung ‹-, -en› f {+SÄGE, ZAHNRAD} dentatura f; {+BLATT, BRIEFMARKE} dentellatura f.

Zähnung ‹-, -en› f {+BRIEFMARKE} dentellatura f.

Zahnweh ‹-s, ohne pl› n fam → **Zahnschmerz**.

Zahnwurzel f anat radice f ⌊del dente⌋/ ⌊dentaria⌋.

Zaire ‹-s, ohne pl› m geog Zaire m.

Zairer ‹-s, -› m (**Zairerin** f) zairese mf, zairiano (-a) m (f).

zairisch adj zairiano, zairese.

Zamba f → **Zambo**.

Zambo m (**Zamba** f) zambo (-a) m (f).

Zampano m fam: **den (großen) ~ machen/spielen**, fare il gradasso/lo smargiasso, fare il grosso slang.

Zander ‹-s, -› m fisch lucioperca f oder m.

Zange ‹-, -n› f 1 tenaglie f pl, (Kneifzange) pinze f pl; (Feuerzange) molle f pl: **einen Nagel mit der ~ herausziehen**, tirare via un chiodo con le tenaglie/pinze; **ein Scheit mit der ~ aus dem Feuer holen**, prendere un tizzone dal fuoco con le molle 2 med (Geburtszange) forcipe m: **ein Kind mit der ~ holen**, estrarre un bambino con il forcipe 3 zoo ‹meist pl› {+KREBS, SKORPION} chele f pl, tenaglie f pl fam, pinze f pl fam • **jdn/etw nicht mit der ~ anfassen**: **den/das würde ich nicht einmal mit der ~ anfassen**, non lo toccherei neanche con ⌊le pinze⌋/⌊il dito mignolo⌋; **jdn in der ~ haben** fam, avere qu in pugno; **jdn in die ~ nehmen** fam, mettere qu ⌊alle strette fam⌋/⌊sotto torchio fam⌋.

zangenförmig adj a (forma di) tenaglia.

Zangengeburt f med parto m con il forcipe • **das war die reinste ~!** fam (das war äußerst schwierig), è stato un parto difficile!

Zank ‹-(e)s, ohne pl› m litigio m, lite f, bisticcio m fam: **in ~ um/über etw (akk) geraten**, arrivare a ⌊una lite⌋/⌊bisticciar(si)⌋ per qc; **in ihrer Familie herrscht ständig ~ und Streit**, nella loro famiglia litigano continuamente; **sie sind/liegen ständig im ~**, non fanno che litigare; **in dauerndem ~ leben**, vivere in continuo litigio.

Zankapfel ‹-s, ohne pl› m pomo m della discordia.

zanken fam A itr 1 (sich streiten) bisticciare fam, litigare: **müsst ihr denn immer ~?**, ma ⌊dovete sempre⌋/⌊che avete sempre da⌋ bisticciare?; **die Kinder ~ ständig**, i bambini sono sempre a litigare/bisticciare fam 2 region (schimpfen) **mit jdm (wegen etw gen oder fam dat) ~** {MUTTER, VATER} sgridare qu (per qc), rimbrottare qu (per qc) B rfl (sich streiten) **sich ~** bisticciarsi fam, litigar(si): **hört auf, euch zu ~!**, smettetela di bisticciar(vi)!; **sie ~ sich dauernd**, (si) litigano/bisticciano in continuazione; **sich um etw (akk) ~** bisticciar(si) per qc, litigar(si) per qc; **sie ~ sich um das Erbe**, litigano per l'eredità; **sich mit jdm ~** {BRUDER MIT DER SCHWESTER} bisticciare con qu, litigare con qu.

zänkisch adj litigioso: **ein ~er Mensch**, un attaccabrighe; **eine ~e Alte**, una vecchia bisbetica; **~ sein**, avere un'indole litigiosa, essere un/un'attaccabrighe fam.

Zanksucht ‹-, ohne pl› f pej indole f litigiosa, litigiosità f rar: **er neigt zur ~**, è un attaccabrighe/litigone.

zanksüchtig adj litigioso, rissoso, che cerca la lite: **~ sein**, essere un/un'attaccabrighe.

Zäpfchen ‹-s, -› n 1 med supposta f: **ein schmerzstillendes/fiebersenkendes ~**, una supposta ⌊analgesica/antidolorifica⌋/⌊antipiretica⌋; **jdm ein ~ einführen**, mettere una supposta a qu 2 anat ugola f.

zapfen tr etw ~ {BENZIN, BIER, LIMONADE, WEIN} spillare qc: **zapf uns noch ein Bier!**, spillaci un'altra birra!

Zapfen ‹-s, -› m 1 bot {+NADELBAUM} pigna f, strobilo m bot 2 (Holzstöpsel) tappo m, zipolo m, zaffo m 3 (Eiszapfen) ghiacciolo m 4 tech (Bolzen) maschio m, tenone m.

zapfenartig, **zapfenförmig** adj a forma di pigna, conico.

Zapfenstreich ‹-(e)s, ohne pl› m 1 (Signal für das Ende der Ausgeizeit für Soldaten) ritirata f 2 mil ritirata f, silenzio m • **den ~ blasen**, suonare il silenzio/la ritirata; **der Große ~** (Potpourri aus allen Militärfanfaren), pot-pourri di fanfare/⌊motivi militari⌋ (Militärkonzert), concerto di musica militare • **sein** fam: **um Mitternacht ist ~**, a mezzanotte si chiude baracca fam/bottega fam.

Zapfenzieher m CH → **Korkenzieher**.

Zapfhahn m {+FASS} spina f, cannella f; {+ZAPFSÄULE} erogatore m (di carburante).

Zapfpistole f pistola f (dell'erogatore).

Zapfsäule f distributore m/pompa f obs di/del carburante, colonnina f.

Zapfstelle f 1 → **Zapfsäule** 2 (für Wasser) punto m di presa; (in Kurbädern) mescita f.

zappelig, **zapplig** adj fam 1 (sich ständig bewegend) {KIND} irrequieto, che non sta mai fermo, che ha il ballo di San Vito: **ein ausgesprochen ~es Kind**, un bambino vivace/irrequieto/⌊con l'argento vivo addosso⌋; **sei nicht so ~!**, sta' un po' fermo (-a)! 2 (innerlich unruhig) irrequieto, inquieto, agitato: **jdn ~ machen**, innervosire qu; **(ganz) vor etw (dat) sein** {VOR AUFREGUNG, UNGEDULD}, essere (tutto) irrequieto/agitato per qc; {VOR ERWARTUNG} essere (tutto) eccitato per qc.

zappeln itr 1 (sich hin und her bewegen) **an/in etw (dat)** {FISCH AN DER ANGEL, IM NETZ} guizzare a/in qc; {HASE, KANINCHEN IN DER FALLE, SCHLINGE} dibattersi in qc 2 (sich unruhig bewegen) dimenarsi, agitarsi: **musst du immer so ~?**, devi sempre dimenarti/agitarti così?; **die Kinder zappelten vor Ungeduld**, i bambini scalpitavano; **mit etw (dat) ~** {MIT DEN ARMEN} dimenare qc; **mit den Beinen ~**, sgambettare • **jdn ~ lassen** fam, ⌊far ballare⌋/⌊tenere⌋/⌊lasciare⌋ qu sulla corda fam, tenere qu sulle spine fam.

Zappelphilipp ‹-s, -e oder -s› m fam saltamartino m: **du bist vielleicht ein ~!**, ma che saltamartino che sei!

zappen itr fam TV fare (lo) zapping: **durch die Kanäle ~**, fare lo zapping (tra i canali), passare da un canale all'altro; **das Zappen**, lo zapping.

zappenduster adj ‹präd› fam 1 (völlig dunkel): **irgendwo ist es ~**, è buio pesto/fitto + compl di luogo 2 (aussichtslos): **und dann ist's ~**: **jetzt kann ich gerade noch die Miete bezahlen, und dann ist's ~**, ora mi restano giusto i soldi per (pagare) l'affitto, dopodiché la vedo brutta; **mit etw (dat) sieht es ~ aus**, per quanto riguarda qc la situazione è drammatica; **mit Arbeitsplätzen sieht es ~ aus**, per quanto riguarda i posti di lavoro la situazione è nera.

Zapping ‹-s, ohne pl› n fam TV zapping m.

zapplig adj → **zappelig**.

Zar ‹-en, -en› m hist zar m.

Zarathustra m hist Zarathustra m • **Also sprach ~** lit philos (Werk von F. Nietzsche), Così parlò Zarathustra.

Zarenfamilie f hist famiglia f dello zar.

Zarenherrschaft f hist zarismo m, dominio m degli zar.

Zarenreich n hist impero m zarista.

Zarentum ‹-s, ohne pl› n hist zarismo m.

Zarge ‹-, -n› f 1 (Rahmen) {+FENSTER, STUHL, TÜR} telaio m, intelaiatura f 2 (Seitenwand) {+SAITENINSTRUMENT, SCHACHTEL} fascia f 3 (Gehäuse) {+EINBAUGERÄT, PLATTENSPIELER} châssis m.

Zarin f hist zarina f.

Zarismus ‹-, ohne pl› m hist zarismo m.

zaristisch adj zarista: **das ~e Russland**, la Russia zarista.

zart A adj 1 (grazil) {ARME, FINGER, GESICHT} delicato; {KIND} auch gracile, fragile; {KÖRPERBAU} gracile, esile; **von ~er Gestalt sein**, essere minuto 2 (weich) {HAUT} delicato, morbido 3 (anfällig) {GESUNDHEIT, KONSTITUTION} delicato, fragile: **sie war schon immer sehr ~**, è sempre stata molto delicata 4 (sehr fein) {PORZELLAN} delicato, fine; {GEWEBE, STOFF} auch sottile: **ein Schal aus ~er Seide**, un foulard di seta fine; **eine Bluse aus ~em Batist**, una camicetta di sottile batista 5 (ganz jung) {KNOSPE, PFLANZE, SPROSS, TRIEB} delicato, tenero: **die ersten ~en Blüten**, i primi teneri fiori; **im ~en Alter von drei Jahren**, alla tenera età di tre anni 6 (mürbe) {GEMÜSE} tenero, morbido: **das Fleisch ist ganz ~**, la carne è tenera come il burro 7 (liebevoll) {ART, UMGANG} delicato; {KUSS, UMARMUNG} tenero, affettuoso 8 obs (zärtlich) {GEFÜHL} tenero, delicato: **~e Bande knüpfen**, stringere dolci legami 9 (sensibel) {GEMÜT} delicato: **das ist nichts für ~e Gemüter!**, non è roba per animi delicati! 10 (angenehm sanft) {WINDHAUCH} lieve, leggero; {BERÜHRUNG, GESTE} auch delicato, tenero; {DUFT} delicato, fine; {FARBE} delicato, tenue: **ein ~es Grün**, un verde tenero/tenue; {KLANG, TON} delicato, soave; **mit ~er Stimme**, con voce soave/dolce B adv 1 (liebevoll) teneramente, con tenerezza: **er küsste sie ~ auf die Stirn**, la baciò teneramente sulla fronte 2 (angenehm sanft) {ANRÜHREN, BERÜHREN} delicatamente, con delicatezza, lievemente, leggermente: **sie strich ihm ~ über das Haar**, gli passò delicatamente una mano fra i capelli; {KLINGEN, TÖNEN} delicatamente, soavemente; **~ nach etw (dat) duften**, profumare delicatamente di qc; **ihr Haar duftete ~ nach Honig**, i suoi capelli avevano un delicato profumo di miele; **jdn ~ umarmen**, stringere qu in un tenero abbraccio; **~ mit jdm/etw umgehen**, trattare qu/qc con delicatezza/dolcezza; **nicht sehr ~ mit jdm umgehen**, non essere troppo tenero con qu.

zartbesaitet adj {GEMÜT} delicato; {MENSCH} d'animo sensibile.

zartbitter adj → **halbbitter**.

Zartbitterschokolade f cioccolato m fondente.

zartblau adj {BLUME, STEIN, STOFF} azzurro tenue: **die Tischdecke war ~**, la tovaglia era di un azzurro tenue.

zartfühlend adj {MENSCH} delicato (con gli altri), sensibile (verso gli altri), pieno di tatto/delicatezza: **das war nicht sehr ~d von dir**, non è stato molto delicato da parte tua.

Zartgefühl n delicatezza f, tatto m, sensibilità f: **~ haben**, avere tatto; **ich hätte ihr etwas mehr ~ zugetraut**, credevo che avesse più tatto; **sie sind mit dem größten ~ zu Werke gegangen**, hanno agito con la massima delicatezza.

zartgliedrig, **zartgliederig** adj {FIGUR} delicato, sottile; {FINGER, HÄNDE} affusolato: **eine ganz ~e Person**, una figurina molto sottile.

Zartheit <-, ohne pl> f **1** (zarte Beschaffenheit) {+GESICHT, ZÜGE} delicatezza f; {+GLIEDMAßEN, KIND, KÖRPERBAU} auch gracilità f **2** (Weichheit) {+BLATT, KNOSPE} delicatezza f; {+HAUT} auch morbidezza f **3** (feine Beschaffenheit) {+GEWEBE, STOFF} finezza f, delicatezza f **4** (mürbe Beschaffenheit) {+FLEISCH, GEMÜSE} tenerezza f, morbidezza f.

zärtlich A adj **1** (zart und voller Liebe) {KUSS, PARTNER, UMARMUNG, WORT} tenero, pieno di tenerezza, affettuoso: **ein ~er Blick**, uno sguardo tenero/affettuoso; **sie sind sehr ~ miteinander**, sono molti teneri/affettuosi l'uno con l'altra **2** geh (liebevoll) {ELTERN, MUTTER} tenero, affettuoso, amorevole: **ein ~er Vater**, un padre affettuoso; **voll ~er Sorge für jdn sein**, essere pieno di affettuose premure per qu B adv **1** (zart und voller Liebe) {ANGUCKEN, BERÜHREN, STREICHELN} teneramente, con tenerezza, affettuosamente: **jdn ~ in die Arme nehmen**, abbracciare qu teneramente **2** geh (liebevoll) {PFLEGEN, UMSORGEN} con tenera dedizione, amorevolmente.

Zärtlichkeit <-, -en> f **1** <nur sing> (das Zärtlichsein) tenerezza f: **in ihrem Blick lag eine große ~**, il suo sguardo era pieno di tenerezza; **eine große ~ für jdn empfinden**, provare una grande tenerezza per qu **2** <meist pl> (Liebkosung) tenerezze f pl, carezze f pl, affettuosità f pl: **~en austauschen**, scambiarsi tenerezze/affettuosità; **sich nach jds ~en sehnen**, avere un grande desiderio delle tenerezze di qu; {zärtliche Worte} parole ˌd'amoreˌ/ˌtenereˌ; **jdm ~en ins Ohr flüstern**, bisbigliare paroline ˌd'amoreˌ/ˌtenereˌ all'orecchio di qu • **voller ~**, ˌpieno (-a) diˌ/[con] tenerezza; **jdn voller ~ ansehen**, guardare qu ˌcon occhi pieniˌ/[pieno (-a)] di tenerezza.

zartrosa <inv> adj rosa tenue/pallido: **~ sein**, essere di un rosa tenue.

Zäsium <-s, ohne pl> n chem cesio m.

ZASt <-, ohne pl> f **1** D Abk von Zinsabschlagsteuer: "imposta f sugli interessi di redditi da capitale" **2** pol Abk von Zentrale Aufnahmestelle: "Ufficio m centrale per le richieste di asilo politico".

Zaster <-s, ohne pl> m slang grana f slang: **der hat ~**, quello lì è pieno di grana; **rück den raus!**, sgancia/scuci la grana!

Zäsur <-, -en> f **1** mus poet cesura f **2** geh cesura f geh, svolta f (netta): **eine deutlich sichtbare ~ setzen**, segnare una svolta netta.

Zauber <-s, ohne pl> m **1** (Handlung) incantesimo m, magia f: **ein böser ~**, un sortilegio, una fattura, una malia, un maleficio; **einen ~ anwenden**, ricorrere a un incantesimo, fare una magia; **einen ~ über jdn/etw aussprechen**, pronunciare un incantesimo su qu/qc, incantare qu/qc; **sich von einem ~ befreien**, liberarsi da una fattura/una malia/un sortilegio; **jdn von einem ~ erlösen**, liberare qu da una fattura/un sortilegio; **jdn durch einen ~ heilen**, guarire qu con un incantesimo; **den ~ lösen/bannen**, sciogliere/rompere l'incantesimo; **unter einem bösen ~ stehen**, essere vittima di un sortilegio **2** (Zauberkraft) poteri m pl magici, virtù f pl magiche **3** <nur sing> (Faszination) incanto m, incantesimo m, magia f: **der ~ der Musik**, l'incanto della musica; **der ~ ihres Blicks**, l'incanto del suo sguardo; **der ~ einer Vollmondnacht**, la magia/l'incantesimo/l'incanto di una notte di luna piena; **von jdm/etw geht ein magischer ~ aus**, qu/qc emana un fascino magico; **einen starken ~ auf jdn ausüben**, esercitare un forte fascino su qu; **jds ~ erliegen**, soccombere al fascino di qu **4** fam pej (großes Aufheben) casino m fam, baccano m fam, chiasso m: **viel ~ um etw (akk) machen/veranstalten**, fare un gran rumore intorno a qc; **was soll der ganze ~?**, perché tutto questo casino/baccano?
• **ein fauler ~** fam pej: **das ist alles nur fauler ~**, è tutto ˌun truccoˌ/[fumo]/[un imbroglio]; **mach/macht keinen faulen ~!**, piantala/piantatela con questi trucchetti!; **der ganze ~** fam pej: **was soll der ganze ~?**, perché tutto questo casino? fam; **das ist der ganze ~**, è tutto qui; **den ~ kenn ich!** fam pej, questo trucco (ormai) lo conosco!

Zauberbann m incantesimo m, malia f: **unter einem ~ stehen**, essere vittima di un incantesimo/una malia.

Zauberberg m lit: **Der ~** (Roman von Th. Mann), La montagna incantata.

Zauberbuch n libro m di magia.

Zauberei <-, -en> f **1** <nur sing> (Magie) magia f, incantesimi m pl: **an ~ glauben**, credere agli incantesimi **2** (Zauberkunststück) gioco m di prestigio, trucco m (da mago) • **an ~ grenzen**, rasentare il magico.

Zauberer <-s, -> m (Zauberin f) **1** (Märchenfigur) mago (-a) m (f), fattucchiere (-a) m (a/e) f: **ein böser/guter ~**, un mago cattivo/buono **2** (Zauberkünstler) mago (-a) m (f), prestigiatore (-trice) m (f), illusionista mf.

Zauberflöte f mus flauto m magico: **Die ~** (Oper von W.A. Mozart), Il flauto magico.

Zauberformel f **1** (magische Formel) formula f magica **2** fam (Patentlösung) formula f magica, apriti sesamo m: **«Solarzelle» heißt die neue ~ zur Energieeinsparung**, «pannello solare» è la nuova parola magica per il risparmio energetico.

zauberhaft A adj {ABEND, BILD, PAAR, PANORAMA, WOHNUNG} incantevole: **sie verbrachten eine ~e Zeit zusammen**, trascorsero insieme un periodo incantevole; **~e Landschaft**, un paesaggio incantevole; **eine ~e Person**, una persona incantevole; **du siehst ~ aus heute Abend**, ˌhai un aspetto incantevoleˌ/[sei incantevole] stasera B adv in modo incantevole: **er hat ~ gespielt**, ha suonato in modo incantevole.

Zauberhand f: **wie von/durch ~**, come per incanto.

Zauberin f → **Zauberer**.

Zauberkasten m scatola f di trucchi da prestigiatore.

Zauberkraft f potere m magico/taumaturgico oft iron: **ein Amulett mit ~**, un amuleto con poteri magici; **diesem Trank werden Zauberkräfte zugesprochen**, a questa pozione si attribuiscono ˌpoteri magiciˌ/[virtù magiche].

zauberkräftig adj con poteri magici, magico: **eine ~e Formel**, una formula magica.

Zauberkunst f (arte f della) magia f.

Zauberkünstler m (Zauberkünstlerin f) mago (-a) m (f), illusionista mf, prestigiatore (-trice) m (f).

Zauberkunststück n gioco m di prestigio, trucco m (da mago).

Zauberlehrling m apprendista m stregone.

zaubern A tr **1** (erscheinen lassen) **etw aus etw ~** {KANINCHEN, TAUBE, AUS DEM ÄRMEL, DEM HUT} tirare fuori qc (come per magia) da qc: **eine Taube aus dem Zylinder ~**, fare apparire come per magia una colomba dal cilindro; **das Geld aus einer Tasche in die andere ~**, far passare magicamente il denaro da una tasca all'altra **2** fam (herstellen) **etw ~** (aus etw dat) **~**: **er zauberte uns aus den Resten ein hervorragendes Abendessen**, con gli avanzi riuscì a prepararci una cena squisita; **sie zaubert aus Stoffresten wunderschöne Decken**, dai resti di stoffa tira fuori delle coperte bellissime; **herrliche Töne aus einem Instrument ~**, tirare fuori come per magia dei suoni celestiali da uno strumento **3** (durch Zauberkraft hinbringen) **jdn/etw irgendwohin ~**, trasferire/proiettare qu/qc come per incantesimo + compl di luogo B itr **1** (übernatürliche Kräfte anwenden) fare magie/incantesimi: **Feen und Hexen können ~**, le fate e le streghe sanno fare magie/incantesimi **2** (Zaubertricks vorführen) fare giochi di prestigio: **~ können**, saper fare giochi di prestigio • **ich kann doch nicht ~!** fam, non posso fare miracoli!, non ho la bacchetta magica!

Zaubernuss (a.R. Zaubernuß) f <-, ohne pl> bot amamelide f.

Zauberspruch m formula f magica.

Zauberstab m bacchetta f/verga f magica.

Zaubertrank m pozione f magica, filtro m magico.

Zaubertrick m → **Zauberkunststück**.

Zauberwirkung f effetto m ˌdi un incantesimoˌ/[magico].

Zauberwort <-(e)s, -e> n **1** (zauberkräftiges Wort) parola f magica **2** fam (Patentlösung) parola f magica, apriti sesamo m: **das neue ökologische ~ heißt «Wiederaufbereitung»**, la nuova parola magica dell'ecologia è «riciclaggio».

Zauberwurzel f mandragola f.

Zaubrer m (Zaubrerin f) → **Zauberer**.

Zauderer <-s, -> m (Zauderin f) persona f irresoluta/titubante/indecisa.

zaudern itr tentennare, titubare, esitare: **nur kurz**ˌ/[lange] **~**, tentennare/titubare/esitare ˌun attimoˌ/[a lungo]; **er zauderte mit seiner Entscheidung**, indugiò a decidersi/[prendere una decisione]; **ohne zu ~**, senza esitare/[pensarci due volte].

Zaudrer <-s, -> m (Zaudrerin f) → **Zauderer**.

Zaum <-(e)s, Zäume> m briglia f: **dem Pferd den ~ anlegen**, ˌmettere le briglie alˌ/[imbrigliare il] cavallo • **jdn im ~ halten**, tenere a freno qu, tenere in/a briglia qu, imbrigliare qu; **etw im ~ halten** {NEUGIER, UNGEDULD, ZORN}, tenere a freno qc, frenare qc; **seine Zunge im ~ halten**, tenere a freno la

lingua; ein Pferd gut/fest im ~ halten, tenere un cavallo bene in briglia; **seine Leidenschaften im ~ halten**, imbrigliare/frenare le proprie passioni; **sich im ~ halten**, trattenersi, controllarsi, dominarsi; **wenn er wütend ist, kann er sich nicht im ~ halten**, quando è arrabbiato non si controlla; **die Kinder konnten sich vor Ungeduld kaum im ~ halten**, i ragazzi scalpitavano.

zäumen tr *etw* ~ {MAULTIER, PFERD} mettere le briglie *a qc*, imbrigliare *qc*.

Zaumzeug <-(e)s, -e> n briglie f pl, finimenti m pl.

Zaun <-(e)s, Zäune> m recinto m, recinzione f; (*Lattenzaun*) steccato m, staccionata f, stecconato m; (*aus waagrechten Latten*) staccionata f; **ein elektrischer ~**, una recinzione elettrica, un recinto elettrico; **ein ~ aus Latten/Maschendraht**, una recinzione/un recinto di stecconi/[rete metallica]; **einen ~ um etw (akk) errichten/ziehen**, innalzare una recinzione intorno a qc, circondare qc con una recinzione, recingere qc, recintare qc; **den ~ anstreichen/reparieren**, verniciare/riparare lo steccato/il recinto; **über den ~ klettern**, scavalcare la recinzione/il recinto/lo steccato; **durch den ~ schlüpfen** (*durch Maschendraht*), passare attraverso la recinzione; (*durch Lattenzaun*) infilarsi tra le stecche del recinto • **etw vom ~ brechen** {AUSEINANDERSETZUNG, KONFLIKT}, provocare qc • {KRIEG, STREIT} *auch*, far scoppiare qc; **ein lebender ~**, una siepe (viva/naturale).

zaundürr adj *A fam* magro/secco come un chiodo *fam*/uno stecco *fam*.

Zaungast m spettatore (-trice) m (f) esterno (-a): **Zaungäste**, curiosi; **nur als Zaungäste an etw (dat) teilnehmen** {AN EINEM FUSSBALLSPIEL}, assistere a qc da lontano senza aver pagato; (*keine Bedeutung besitzen*) fare (solo) da spettatore: **am Wirtschaftstreffen nahmen die afrikanischen Staaten nur als Zaungäste teil**, alla conferenza economica gli Stati africani hanno fatto solo atto di presenza.

Zaunkönig m *ornith* scricciolo m.

Zaunlatte f steccone m.

Zaunpfahl m palo m da recinzione.

Zaunwinde <-, -n> f *bot* vilucchio m delle siepi, vilucchione m.

zausen A tr (*in Unordnung bringen*) *etw* ~ {FELL, JDS HAARE} arruffare qc, scompigliare qc, scarmigliare qc: **der Wind zauste ihr Haar**, il vento le scompigliava i capelli; **der Sturm zaust die Baumkronen**, la tempesta arruffa le chiome degli alberi B itr (*zupfen*) **an/in etw (dat)** ~ {AN DEN HAAREN, IM FELL} arruffare qc; {AN DEN OHREN} grattare (leggermente) qc C rfl (*in Unordnung bringen*): **sich (dat) die Haare ~**, arruffarsi/scarmigliarsi i capelli.

z. B. *Abk von* zum Beispiel: p.es. (*Abk von* per esempio).

ZDF <-(s), ohne pl> n *Abk von* Zweites Deutsches Fernsehen: "secondo canale m (della televisione pubblica tedesca)": **im ZDF kommt heute Abend ein Krimi**, sul secondo stasera danno/[c'è] un giallo.

ZDLer m *fam* → Zivildienstleistende.

Zebra <-s, -s> n zebra f.

Zebrastreifen m strisce f pl pedonali, passaggio m pedonale, zebre f pl: **vor dem ~ anhalten**, fermarsi davanti alle strisce (pedonali); **über den ~ gehen**, attraversare sulle strisce (pedonali).

Zebu <-s, -s> m *oder* n *zoo* zebù m.

Zechbruder m *fam pej* **1** (*jd, der viel trinkt*) bevitore m, beone m, ubriacone m **2** (*Trinkgenosse*) compagno m di bevute.

Zeche① <-, -n> f conto m: **seine ~ bezahlen**, pagare (il conto)le proprie consumazioni • **jdn um die ~ betrügen**, non pagare il conto a qu; **die ~ bezahlen müssen** fam, (dover) pagare lo scotto/il fio; **eine große/hohe ~ machen**, consumare molto (in un locale); **die ~ prellen**, andarsene senza pagare (il conto).

Zeche② <-, -n> f *min* miniera f (di carbone): **auf einer ~ arbeiten**, lavorare in (una) miniera; **eine ~ stilllegen**, chiudere una miniera.

zechen itr *fam meist scherz* sbevazzare *fam*, trincare *fam*: **sie zechten bis zum frühen Morgen**, sbevazzarono fino all'alba.

Zecher <-s, -> m (**Zecherin** f) bevitore (-trice) m (f), beone (-a) m (f).

Zechgelage n sbevazzata f *fam*: **ein ~ abhalten**, sbevazzare, trincare.

Zechkumpan m (**Zechkumpanin** f) compagno (-a) m (f) di bevute.

Zechpreller <-s, -> m (**Zechprellerin** f) "chi se ne va senza pagare (il conto)".

Zechprellerei <-, -en> f "mancato pagamento m di consumazione in un locale pubblico".

Zechtour f *fam* giro m delle osterie • **auf ~ gehen, eine ~ machen**, fare il giro delle osterie.

Zeck <-(e)s, -e> m *süddt A fam* → Zecke.

Zecke <-, -n> f *zoo* zecca f: **von ~n befallen sein** {HUND, KATZE}, avere le zecche; **von einer ~ gebissen werden**, essere morso da una zecca.

Zeckenbiss (a.R. Zeckenbiß) m morso m di (una) zecca.

Zeckenimpfung f *med* vaccinazione f contro le zecche.

Zeder <-, -n> f **1** *bot* cedro m **2** (*~nholz*) (legno m di) cedro m.

Zedernholz n legno m di cedro.

Zeh <-s, -en> m *anat* dito m del piede.

Zehe <-, -n> f **1** *anat* dito m del piede: **die ~n**, le dita (del piede) **2** (*Knoblauchzehe*) spicchio m d'aglio • **auf** (**den**) **~n** {GEHEN, HERUMSCHLEICHEN}, in punta di piedi; **die große ~**, l'alluce, il ditone *fam*, il dito grosso *fam*; **die kleine ~**, il mignolo del piede; **sich auf die ~n stellen**, mettersi in punta di piedi; **jdm auf die ~n treten** (*jdn kränken*), offendere/urtare qu (involontariamente); (*jdn unter Druck setzen*), fare pressione/pressing su qu; **dem werd' ich mal auf die ~n treten, damit er sich beeilt!**, gli farò un po' di pressione perché si spicci!

Zehennagel m unghia f del piede.

Zehenpantolette f → Zehentrenner.

Zehensandale f sandalo m infradito.

Zehenspitze f punta f dei piedi: **sich auf die ~ stellen**, mettersi in punta di piedi; **auf (den) ~n**, in punta di piedi; **auf den ~n tanzen**, ballare sulle punte (dei piedi).

Zehentrenner m infradito m.

zehn zahladj **1** (*Zahl*) dieci: **etwa ~**, una decina; **sie wohnt Hausnummer ~**, abita al (numero) dieci; **im Jahre ~ n. Chr.**, nell'anno dieci d.C.; **vor ~ Jahren**, dieci anni fa; **~ Prozent**, il dieci percento; **die Produktion ist um ~ Prozent gestiegen**, la produzione è aumentata del dieci percento; **ein Zeitraum von ~ Jahren**, un lasso di tempo di dieci anni **2** (*Lebensalter*) dieci anni: **~ sein/werden**, avere/[compiere/fare *fam*/finire *fam*] dieci anni; **er ist noch nicht ganz/[schon über] ~**, non ha ancora/[ha già] compiuto dieci anni; **mit ~ Jahren**, a dieci anni **3** (*Uhrzeit*) le dieci: **es ist ~ Uhr**, sono le dieci; (*abends*) auch sono le ventidue; **es ist ~ Uhr vormittags/nachts**, sono le dieci del mattino/[di sera]; **um ~**, alle dieci; **es ist fünf vor/nach ~**, sono le dieci meno/e cinque (minuti); **es ist Viertel vor ~**, sono le dieci meno un quarto, manca un quarto alle dieci; **es ist halb ~**, sono le nove e mezza/mezzo; (*abends*) auch sono le ventuno e trenta; **es ist kurz nach ~**, sono le dieci appena passate; **es ist kurz vor ~**, manca poco alle dieci, sono quasi le dieci **4** *sport* (*Punkte*) dieci: **~ zu null** (dat), **ein zu ~** a qc; **zu zwei verlieren**, perdere dieci a due • **gegen ~** (*Uhr*), verso le dieci, alle dieci circa; (*Personen*), contro dieci; **hoch ~** math, alla decima (potenza); **zwei hoch ~ macht 1024**, due alla decima fa 1024.

Zehn <-, -en> f **1** (*Zahl*) dieci m **2** *fam* (*Transport*): **die ~** (*Bus-, Straßenbahnlinie*), il dieci (*U-Bahn-Linie*) la linea dieci: **die ~ verkehrt auch an Feiertagen**, il dieci circola anche nei giorni festivi **3** *sport*: **die ~**, il (numero) dieci; **die ~ liegt an der Spitze**, il dieci è in testa **4** *Karten Würfel* dieci m: **auf die ~ setzen**, puntare sul dieci; **eine ~ Pik**, un dieci di picche; → *auch* Vier.

zehnbändig adj in/di dieci volumi: **~ sein**, essere in dieci volumi.

zehneinhalb <inv> zahladj **1** (*Zahl*) dieci e mezzo: **~ Kilometer**, dieci chilometri e mezzo; **~ Stunden**, dieci ore e mezza **2** *fam* (*10 500 Euro*) diecimilacinquecento euro.

Zehner <-s, -> m **1** *fam* (*Zahl*) dieci m **2** *fam* (*Zehneuroschein*) banconota f/biglietto m da dieci euro **3** *fam* (*Zehncentstück*) moneta f da dieci centesimi **4** <*meist pl*> *math* decina f: **erst die Einer und dann die ~ addieren**, sommare prima le unità e poi le decine.

Zehnerbruch m math frazione f decimale.

Zehnerkarte f **1** (*Fahrkarte*) carnet m/blocchetto m da dieci corse **2** (*Eintrittskarte*) carnet m per dieci ingressi; (*für Schwimmbad*) auch tessera f per dieci ingressi.

zehnerlei <inv> <attr> dieci tipi (di qc), di dieci tipi: **~ Sorten Brot/Wein**, dieci tipi di pane/vino; **~ Farben**, dieci colori differenti; **davon gibt es ~ Sorten**, ce n'è una decina di tipi **2** (*substantivisch*) una decina (di cose); → *auch* viererlei.

Zehnerpackung f com confezione f da dieci: **Joghurt in ~/[eine ~ Joghurt] kaufen**, comprare lo yogurt nella confezione da dieci.

Zehnerstelle f math (numero m delle) decine f pl: **auf die nächste ~ aufgerundet**, arrotondato alla decina superiore.

Zehnersystem n math → Dezimalsystem.

Zehnertastatur f *inform* tastierino m numerico.

zehnfach A adj **1** (*zehnmal so groß*) decuplo, dieci volte maggiore: **ein Grundstück in der ~en Größe**, un terreno dieci volte più grande; **eine ~e Vergrößerung von etw (dat) machen lassen**, fare ingrandire qc di dieci volte **2** (*zehnmalig*): **wegen ~en Mordes angeklagt sein**, essere accusato di dieci omicidi **3** (*zehnmal erstellt*) in dieci esemplari/copie: **davon hätte ich gern eine ~e Kopie**, ne vorrei dieci copie B adv **1** (*in zehn Exemplaren*) {VORHANDEN SEIN} in dieci esemplari; {AUSFERTIGEN} *auch* in zehn copie **2** (*zehnmal*) {KOPIEREN, UNTERSCHREIBEN} dieci volte.

Zehnfache <dekl wie adj> n • (**an etw** dat) decuplo m (*di qc*): **das ~ an Leistung**, un rendimento dieci volte superiore • **um das ~**: **um das ~ höher**, dieci volte più alto/[superiore]; **sich um das ~ vermehren**, moltiplicarsi per dieci; **die Besucherzahlen sind**

um das ~ gestiegen, il numero dei visitatori ⌊è aumentato di dieci volte⌋/[è decuplicato].
Zehnfi̱ngersystem <-s, ohne pl> n: **das ~ lernen**, imparare a scrivere a macchina con tutte e dieci le dita; **im ~ schreiben**, battere/scrivere ⌊al computer⌋/[a macchina] con dieci dita.
Zehnja̱hresfeier f decennale m, decimo anniversario m.
Zehnja̱hrestag m (giorno m/ricorrenza f del) decimo anniversario m.
Zehnja̱hrfeier f → **Zehnjahresfeier**.
zehnja̱hrig adj <meist attr> **1** (zehn Jahre alt) decenne, di/[che ha] dieci anni **2** (zehn Jahre dauernd) (⌊di una⌋/[della] durata) di dieci anni, decennale: **das ~e Bestehen der Republik feiern**, celebrare il decennale della repubblica; **nach ~er Berufserfahrung**, dopo un'esperienza professionale ⌊di dieci anni⌋/[decennale]; **nach ~em Arbeitsleben**, dopo dieci anni di lavoro.
zehnjährlich **A** adj decennale, che ricorre ogni dieci anni: **die ~e Wiederkehr**, la ricorrenza decennale **B** adv ogni dieci anni.
Zehnkampf m sport decathlon m.
Zehnkämpfer m sport decatleta m.
zehnmal adv dieci volte: **es ~ klingeln lassen**, (far) suonare/squillare dieci volte • **~ so viel**, dieci volte tanto; **~ so viele Gäste**, dieci volte più ospiti.
zehnmalig adj dieci volte: **man hörte ~en Glockenschlag**, si sentirono ⌊suonare le campane dieci volte⌋/[dieci rintocchi di campana]; **nach ~er Aufführung**, dopo dieci rappresenatzioni.
Zehnma̱rkschein m hist D banconota f/biglietto m da dieci marchi.
Zehnme̱terbrett n sport piattaforma f per i tuffi da dieci metri.
Zehnpfe̱nnigstück n hist D moneta f da dieci pfennig.
zehnt adv: **zu ~**, in dieci; **wir waren zu ~**, eravamo (in) dieci; **sie kamen zu ~**, arrivarono in dieci.
zehntausend <inv> zahladj **1** (Zahl) diecimila **2** fam (10 000 Euro) diecimila euro **3** (viele ~ ...): **Zehntausende von ...**, decine di migliaia di ... • **die oberen Zehntausend/zehntausend**, l'alta società, la crème de la crème geh.
zehnte zahladj → **zehnter**.
Ze̱hnte <dekl wie adj> mf **1** (an 10. Stelle Seiende) decimo (-a) m (f) **2** (10. Tag des Monats): **der ~**, il dieci (del mese) **3** (10. Monat des Jahres): **der erste/zweite/... ~**, il primo/due/... (di) ottobre **4** (Herrscher): **Karl X.** (gesprochen der Zehnte), Carlo X (gesprochen decimo) • **als ~r/~** (an 10. Stelle kommend), decimo/decima, in decima posizione; **jeder ~** (einer von zehn), uno su dieci; (in der Reihenfolge), uno ogni dieci; → auch **Vierte**.
ze̱hntel <inv> adj <attr>: **eine ~ Sekunde**, un decimo di secondo.
Ze̱hntel <-s, -> n oder CH m decimo m, decima parte f: **ein ~ ⌊einer S. (gen)⌋/[von etw (dat)]**, un decimo di qc, la decima parte di qc.
Ze̱hntelsekunde f decimo m di secondo.
ze̱hntens adv (in) decimo (luogo), per decimo.
ze̱hnter, ze̱hnte, ze̱hntes zahladj <meist attr> **1** (Datum) dieci: **heute ⌊ist der zehnte⌋/[haben wir den zehnten] Juni**, oggi è il dieci giugno; **am zehnten August**, il dieci (di) agosto **2** (Jahreszahl) decimo: **das zehnte Jahrhundert**, il decimo secolo **3** (Reihenfolge) decimo (-a) **d**: **das ist das zehnte Bonbon, das du isst**, è la decima caramella che mangi; **nach dem zehnten Versuch**, dopo dieci tentativi; **er kam auf den zehnten Platz**, si piazzò al decimo posto, arrivò decimo **4** (zum zehnten Mal) {AUFLAGE, GEBURTSTAG} decimo (-a) **5** math decimo (-a): **der zehnte Teil ⌊ihres Monatslohns⌋/[von ihrem Monatslohn fam]**, ⌊la decima parte⌋/[un decimo] del suo mensile • **jeder/jede/jedes zehnte ...** {FRAU, KANDIDAT, POLITIKER}, un(o)/una ... ogni/su dieci; → auch **vierter**.

ze̱hren itr **1** geh (von etw leben) **von etw (dat)** ~ {VON DEM ERSPARTEN, DEN VORRÄTEN} vivere (fino all'esaurimento) di qc; {TIER VON FETTRESERVEN} nutrirsi di qc; **von den letzten Reserven ~**, consumare le ultime riserve **2** (sich an etw erfreuen) **von etw (dat) ~** {VON ERINNERUNGEN, EINEM SCHÖNEN URLAUB} vivere di qc: **in den letzten Treffen zehrte sie Monate**, è vissuta per mesi del loro ultimo incontro; **von vergangenem Ruhm ~**, vivere delle glorie passate **3** (zusetzen) **an jdm/etw ~** {ENTBEHRUNGEN, SORGEN AN JDS GESUNDHEIT, KRÄFTEN} logorare qc: **der Kummer hat an ihren Nerven gezehrt**, il dolore le ha logorato il sistema nervoso; **die finanziellen Sorgen ~ an ihnen**, le preoccupazioni economiche sono il loro tarlo **4** (die körperlichen Kräfte angreifen) **an jdm/etw ~** {FIEBER} consumare qu/qc, divorare qu/qc, sfinire qu/qc.
Ze̱ichen <-s, -> n **1** (Piktogramm) segno m: **ein dreieckiges/kreisförmiges/rätselhaftes ~**, un segno triangolare/[(di forma) circolare]/[misterioso] **2** (Merkzeichen) segno m: **sich (dat) ein ~ an den Rand machen**, farsi un segno a margine **3** (Schriftzeichen) carattere m **4** (Markierung) marca f, marchio m: **einem Tier ein ~ einbrennen**, imprimere (a fuoco) un marchio/una marca su un animale **5** (Symbol) segno m, simbolo m: **die Sprache ist ein System von ~**, la lingua è un sistema di segni; **mathematische/chemische ~**, simboli matematici/chimici; **«O» ist das chemische ~ für Sauerstoff**, «O» è il simbolo chimico dell'ossigeno; **das ~ « - » steht für die Substraktion**, il segno « - » indica la sottrazione **6** inform carattere m **7** (Geste) segno m, gesto m, cenno m, segnale m: **ein deutliches/unverständliches/heimliches ~**, un segno/gesto chiaro/incomprensibile/misterioso; **sich durch ~ miteinander verständigen**, capirsi/intendersi a segni; **ein ~ der Zustimmung geben**, fare un gesto di assenso **8** (Signal) segno m: **ein akustisches/optisches ~**, un segnale acustico/ottico; **das ~ zur Abfahrt ertönte**, si udì il segnale di partenza; **jdm ein ~ mit der Taschenlampe geben**, fare a qu un segnale con la pila **9** (Hinweis) indice m, segno m: **ein ~ für etw (akk) sein**, essere segno/indice di qc **10** (Vorzeichen) segno m, indizio m, sintomo m; med sintomo m, avvisaglia f: **ein sicheres/klares/untrügliches ~**, un sintomo/indizio chiaro/evidente/inequivocabile; **ein böses/schlechtes ~**, un brutto cattivo segno; **das ist ein gutes ~**, è buon segno; **die ersten ~ der Krankheit**, ⌊i primi sintomi⌋/[le prime avvisaglie] della malattia; **das ist ein ~ dafür, dass es Regen geben wird**, è segno che pioverà **11** (Namenszeichen): **jds ~ la sigla di qu 12** (Ausdruck) segno m: **ein ~ von Schwäche/Müdigkeit**, un segno di debolezza/stanchezza **13** gram → **Satzzeichen 14** → **Sternzeichen, Tierkreiszeichen** • **als/zum ~ einer S. (gen)** {DER GUTEN ABSICHT, DER FRIEDFERTIGKEIT, DES GUTEN WILLENS}, in/come segno di qc; {DER FREUNDSCHAFT, LIEBE}, come pegno di qc; **als ~ unserer Dankbarkeit**, come segno della nostra gratitudine; **zum ~ des Friedens reichten sie sich die Hände**, si diedero le mani in segno di pace; **auf jds ~ hin** {ANFANGEN, LOSLAUFEN}, a un cenno di qu; **jdm ein ~ geben/machen**, fare (un) segno/cenno a qu; **machte ihm ein ~, er solle näher kommen**, gli fece cenno/segno di avvicinarsi; **das ~ zu etw (dat) geben**, dare il segnale di qc; **im ~ einer S. (gen) geboren sein** astr, essere nato sotto il segno di qc; **ein ~ des Himmels**, un segno del cielo; **seines/ihres ~s obs oder scherz**: **er ist ⌊seines ~s⌋/[Lehrer seines ~s]**, fa di mestiere/professione l'insegnante; **~ setzen**, dare dei (forti) segnali; **(die) ~ setzen** (beim Schreiben), mettere la punteggiatura; **im ~ einer S. (gen) stehen** astr, essere nel segno di qc; **im/[unter dem] ~ einer S. (gen) stehen**, essere all'insegna di qc; **die ~ stehen auf Sturm**, c'è maretta in vista; **wenn nicht alle ~ trügen ...**, tutto lascia intendere/presagire che ...; **es geschehen noch ~ und Wunder!** scherz, miracolo!; **die ~ der Zeit**, i segni del tempo; **es ist ein ~ unserer Zeit, dass ...**, è un segno dei tempi che ... konjv; **zum ~, dass ...**, per dimostrare che ...

Ze̱ichenblock <-(e)s, -s> m blocco m da disegno.
Ze̱ichenbrett n tavola f/tavoletta f da disegno.
Ze̱ichencode m inform ling codice m di caratteri.
Ze̱ichendreieck n squadra f.
Ze̱ichendrucker m inform stampante f ⌊a caratteri⌋/[seriale].
Ze̱ichenerkennung <-, ohne pl> f inform riconoscimento m di caratteri.
Ze̱ichenerklärung f le(g)genda f.
Ze̱ichenfeder f pennino m da disegno.
Ze̱ichenfolge f serie f/sequenza f di segni; inform stringa f di caratteri.
Ze̱ichengeld n ökon moneta f legale.
Ze̱ichengerät n strumento m da disegno; inform plotter m.
Ze̱ichenkode m → **Zeichencode**.
Ze̱ichenkohle f carboncino m (da disegno).
Ze̱ichenlehrer m (**Ze̱ichenlehrerin** f) obs insegnante mf di disegno.
Ze̱ichenleser m inform lettore m di caratteri.
Ze̱ichenmaschine f tech tecnigrafo m.
Ze̱ichenpapier n carta f da disegno.
Ze̱ichenprogramm n inform programma m di disegno.
Ze̱ichensaal m Schule aula f di disegno.
Ze̱ichensetzung <-, ohne pl> f gram interpunzione f, punteggiatura f.
Ze̱ichensprache f linguaggio m (mimico-) gestuale; (Gehörlosensprache) lingua f dei segni.
Ze̱ichenstift m matita f da disegno.
Ze̱ichenstunde f → **Zeichenunterricht**.
Ze̱ichentisch m tavolo m da disegno.
Ze̱ichentrickfilm m film cartone m animato.
Ze̱ichenunterricht m (lezione f di) disegno m.
Ze̱ichenvorrat m inform set m di caratteri.
ze̱ichnen **A** tr **1** (ab~) **jdn/etw ~** disegnare qu/qc: **einen Akt ~**, disegnare un nudo; **jdn/etw mit ein paar Strichen ~**, fare uno schizzo di qu/qc; **jdn/etw nur in Umrissen ~**, delineare il profilo di qu/qc **2** (grafisch darstellen) **etw ~** disegnare qc: **den Grundriss eines Gebäudes ~**, disegnare la

pianta di un edificio; **Pläne für einen Neubau ~**, fare il progetto di una nuova costruzione **3** (*markieren*) **etw** ~ {Baum, Kisten, Wäsche} contrassegnare *qc*, marcare *qc*; {Vieh, Waren} *auch* marchiare *qc* **4** (*in Mitleidenschaft ziehen*) **jdn** ~ {Entbehrung, Krankheit} segnare *qu*: **die ständige Sorge um den Mann hatte sie gezeichnet**, la continua preoccupazione per il marito l'aveva segnata; **von etw** (dat) **gezeichnet sein**, essere segnato *da qc*, portare i segni *di qc*; **schon vom Tod gezeichnet sein**, portare già i segni della morte **5** (*beschreiben*) **etw irgendwie** ~ {Schriftsteller Romangestalt} disegnare/delineare *qc* + *compl di modo*: **ein erschöpfendes Bild der politischen Lage ~**, fare un quadro esauriente della situazione politica; **ein optimistisches/pessimistisches Bild der Zukunft ~**, dare del futuro un quadro ottimistico/pessimistico **6** *obs* (*unter~*) **etw** ~ firmare *qc*: **gezeichnet: Frau Roth**, firmato: Signora Roth; **wir ~ hochachtungsvoll Meyer & Co**, ⌊La/Vi salutiamo distintamente⌋/[distinti saluti] Meyer & Co **7** *ökon* **etw** ~ {Aktie, Spendenbetrag, Wertpapier} sottoscrivere *qc* **B** *itr* **1** *form* (*verantwortlich sein*) **als etw** (nom) ~ firmare *come qc*: **als Herausgeber des Buches zeichnet Herr P.**, il signor P. firma come curatore; **für etw** (akk) (**verantwortlich**) ~, assumersi la responsabilità di *qc*; **für den Artikel zeichnet der Direktor**, il direttore si assume la responsabilità dell'articolo **2** (*eine Zeichnung anfertigen*) (**mit etw** dat) ~ disegnare (*a qc*): **mit Bleistift/Kohle ~**, disegnare a matita/carboncino; **sehr gut ~**, disegnare molto bene **3** (*arbeiten*) **an etw** (dat) ~ lavorare *a qc*: **an dem Entwurf hat er lange gezeichnet**, ha lavorato molto a quel progetto • (**etw**) **nach etw** (dat) ~ {nach einem Modell, einer Vorlage}, disegnare (qc) secondo/seguendo *qc*; (**etw**) **nach der Natur** ~, disegnare (qc) dal vero; **schön gezeichnet sein** {Fell, Gefieder, Hund, Schmetterling}, avere un bel disegno.

Zeichnen <-s, *ohne pl*> n **1** (*Anfertigung einer Zeichnung*) disegno m: **technisches** ~, disegno tecnico **2** (*Zeichenunterricht*) (lezione f/corso m di) disegno m: **im ~ war sie immer gut**, in disegno è sempre andata bene.

Zeichner <-s, -> m (**Zeichnerin** f) **1** *kunst* disegnatore (-trice) m (f) **2** *com* {+Wertpapier} sottoscrittore (-trice) m (f) • ⌊technischer ~⌋/[technische ~in], ⌊disegnatore tecnico industriale⌋/[disegnatrice tecnica industriale].

zeichnerisch **A** *adj* <attr> **1** (*das Zeichnen betreffend*) {Begabung, Talent} per il disegno: **er hat ausgeprägte ~e Fähigkeiten**, ha una spiccata attitudine per il disegno; **sein ~es Können unter Beweis stellen**, dare prova delle proprie capacità di disegnatore (-trice) **2** (*in Form von Zeichnungen*) {Darstellung, Unterlage, Wiedergabe} grafico: **das ~e Werk Leonardos**, i disegni di Leonardo **B** *adv* **1** (*in Form von Zeichnungen*) {darstellen, wiedergeben} graficamente, in forma di disegno **2** (*das Zeichnen betreffend*): **~ begabt sein**, ⌊essere portato⌋/[avere talento] per il disegno.

Zeichnung <-, -en> f **1** disegno m: **eine flüchtige/künstlerische/lustige ~**, un disegno abbozzato/artistico/[divertente/buffo]; **eine naturgetreue/maßstabgetreue ~**, un disegno ⌊conforme all'originale⌋/[in scala]; **eine technische ~**, un disegno tecnico; **eine ~ machen**, fare un disegno *di qc* **2** *bot zoo* (*farbige Musterung*) disegno m: **die ~ eines Schmetterlings/Tigers**, il disegno ⌊sulle ali di una farfalla⌋/[sul manto di una tigre]; **eine Blüte mit einer farbenfrohen ~**,

un fiore con un disegno a tinte vivaci **3** (*Darstellung*) {+Romanfigur} descrizione f, raffigurazione f, rappresentazione f: **die realistische/lebendige/übertriebene/gelungene ~ einer Figur**, la descrizione/rappresentazione realistica/viva/caricata/riuscita di un personaggio **4** *ökon* (*das Unterschreiben*) {+Aktien, Anleihe} sottoscrizione f • (**von jdm/etw**) **eine ~ anfertigen**, fare un disegno (di qu/qc); **etw nach einer ~ anfertigen**, realizzare *qc* sulla base di un disegno.

zeichnungsberechtigt *adj* autorizzato a firmare.

Zeichnungsberechtigte <dekl wie adj> mf *com* chi è autorizzato (-a) ⌊a firmare⌋/[alla firma], chi ha facoltà di firma.

Zeichnungsberechtigung f *com* autorizzazione f ⌊a firmare⌋/[alla firma].

Zeigefinger m *anat* (dito m) indice m: **mit dem ~ auf jdn/etw zeigen/deuten**, additare *qu/qc* con l'indice, indicare *qu/qc* col dito; **mahnend/warnend den ~ (er)heben**, alzare l'indice in segno di ammonimento.

zeigen **A** *tr* **1** (*sehen lassen*) (**jdm**) **etw** ~ mostrare *qc* (*a qu*), far vedere *qc* (*a qu*); {Ausweis, Papiere} *auch* esibire *qc form*: **~ Sie mir bitte Ihren Führerschein!**, mi mostri/[faccia vedere] la patente!, favorisca la patente, prego!; **wir mussten der Polizei unsere Pässe ~**, abbiamo dovuto mostrare i passaporti alla polizia; **zeig mal, was du da in der Hand hast!**, fammi un po' vedere che cosa hai in mano! **2** (*angeben*) **jdm etw** ~ mostrare *qc a qu*, indicare *qc a qu*; **jdm den Weg** ~, mostrare/indicare la strada a qu; **jdm ~, wie er zum Rathaus kommt**, mostrare/indicare a qu come si arriva al comune; **einem Gast sein Zimmer ~**, ⌊far vedere⌋/[indicare] a un ospite la sua stanza **3** (*vorführen*) **jdm etw** ~ mostrare *qc a qu*, far vedere *qc a qu*: **der Freundin die neuesten Anschaffungen ~**, mostrare/[far vedere] all'amica gli acquisti più recenti; **zeig uns doch mal dein neues Auto!**, facci un po' vedere la macchina nuova!; **den Verwandten das Haus ~**, mostrare la casa ai parenti; **jdm die Gegend/Stadt ~**, ⌊far vedere⌋/[mostrare] a qu la zona/città; **jdm ~, wie/wo ...** {wie etw funktioniert, geht, wo etw sitzt, zu sehen ist}, mostrare/[far vedere] a qu come/dove ...; **jdm ~, wie die Heizung funktioniert**, mostrare/[far vedere] a qu come funziona il riscaldamento; **zeigst du mir, wie man das macht?**, mi fai vedere come si fa?; **jdm die Vorteile/Nachteile einer S.** (gen) ~, illustrare a qu i vantaggi/gli svantaggi di *qc*; **jdm jdn** ~ {seinen Freund, seine Freundin} presentare *qu a qu* **4** *film theat TV* (**jdm**) **etw** ~ {Film, Stück} presentare *qc* (*a qu*), **etw irgendwo** ~ dare/[far vedere] *qc* + *compl di luogo*: **im Dritten ~ sie den letzten Film von Spielberg**, sul terzo danno l'ultimo film di Spielberg **5** (*zum Ausdruck bringen*) **etw** ~ {Mensch Ärger, Freude, Gefühle, Interesse} (di)mostrare *qc*, manifestare *qc*, dare a vedere *qc*: **sie zeigte offen ihre Enttäuschung**, mostrò/manifestò apertamente la sua delusione; **sie haben immer viel Verständnis gezeigt**, hanno sempre (di)mostrato molta comprensione; **keine Spur von Angst ~**, non mostrare la minima paura; **keine Reue ~**, non mostrare (segni di) pentimento **6** (*erkennen lassen*) **etw** ~ (di)mostrare *qc*, rivelare *qc*, indicare *qc*: **~, dass ...**, (di)mostrare/indicare che ...; **die Erfahrung zeigt, dass ...**, l'esperienza insegna che ...; **die Erfahrung hat gezeigt, dass man sich auf ihn nicht verlassen kann**, l'esperienza dimostra che non ci si può fidare di lui; **eine solche Reaktion zeigt große Un-**

reife, una reazione simile mostra/rivela una grande immaturità **7** (*unter Beweis stellen*) **etw** ~ {Fleiß, Umsicht} (di)mostrare *qc*, dare dimostrazione di *qc*: **großen Mut ~**, dare dimostrazione di grande coraggio; **all sein Können ~**, (di)mostrare tutto ciò che si sa fare **8** (*an~*) **etw** ~ indicare *qc*, segnare *qc*: **der Tacho zeigte 160 Stundenkilometern**, il contakilometri segnava 160 kilometri orari; **die Uhr zeigte acht**, l'orologio segnava le otto; **die Waage zeigt 53 Kilo**, la bilancia indica 53 kili **B** *itr* **1** (*deuten*) **irgendwohin** ~ {Mensch} indicare *qc/+ compl di luogo*: **sie zeigte** ⌊**nach unten**⌋/[**zur Seite**], indicò ⌊verso il basso⌋/[di lato]; **er zeigte zum See**, indicò il lago; **sie zeigten in die Richtung, aus der sie gekommen waren**, indicarono la direzione da cui erano venuti (-e); **sie zeigte mit dem Kopf nach oben**, con la testa fece un cenno verso l'alto; **auf jdn/etw** ~ indicare *qu/qc*, mostrare *qu/qc*; **er zeigte auf einen kleinen Jungen und sagte: "Das ist der Dieb!"**, indicò un ragazzino dicendo: "Quello è il ladro!"; **mit dem Finger auf jdn/etw** ~, indicare *qu/qc* col dito, additare *qu/qc* **2** (*weisen*) {Magnetnadel, Pfeil, Zeiger in eine bestimmte Richtung} indicare *qc*: **nach Norden/Süden ~**, indicare il nord/sud; **das Schild zeigte genau in die andere Richtung**, il cartello indicava esattamente la direzione opposta; **auf etw** (akk) ~ {auf einen bestimmten Punkt, Teilstrich, eine Ziffer} segnare *qc*, essere *su qc*, indicare *qc*; **die Ampel zeigt auf Grün**, il semaforo è verde; **das Barometer zeigt auf Regen**, il barometro segna pioggia; **die Benzinuhr zeigt auf** ⌊**halb voll**⌋/[**leer**], l'indicatore della benzina segna ⌊mezzo pieno⌋/[vuoto] **3** *inform* **auf etw** (akk) ~ indicare *qc* **C** *rfl* **1** (*sich sehen lassen*) **sich** (*irgendwo*) ~ mostrarsi/[farsi vedere] (+ *compl di luogo*): **sie zeigt sich oft an der Seite ihres Mannes**, si mostra spesso in pubblico a fianco di suo marito; **sich mit jdm/etw/in etw** (dat) ~ mostrarsi/[farsi vedere] *con qu/qc/in qc*; **sich kaum in der Öffentlichkeit ~**, mostrarsi raramente in pubblico; **sich auf dem Balkon ~**, mostrarsi al balcone; **sich am Fenster ~**, mostrarsi/affacciarsi alla finestra; **sie will sich nur ~**, vuole solo ⌊farsi vedere⌋/[mettersi in mostra]; **in dem Aufzug kannst du dich unmöglich ~**, conciato (-a) così non ti puoi assolutamente far vedere in giro **2** (*zu sehen sein*) **sich** (**irgendwo**) ~ apparire/comparire + *compl di luogo*: **am Horizont zeigten sich dunkle Wolken**, all'orizzonte comparvero nuvole nere; **Ende Februar ~ sich schon die ersten Veilchen**, verso fine febbraio spuntano già le prime violette **3** (*sich herausstellen*) **sich ~** dimostrarsi, rivelarsi: **jetzt zeigt sich, dass er nicht genügend vorbereitet war**, adesso si vede che non era preparato a sufficienza; **es muss sich erst noch ~, ob die Entscheidung richtig war**, resta ancora da dimostrare che la decisione fosse (quella) giusta; **es hat sich gezeigt, dass sie Recht hatte**, si è visto che (lei) aveva ragione **4** (*sich erweisen*) **sich ... ~** {Mensch} mostrarsi ...: **sich über etw** (akk) **besorgt ~**, mostrarsi preoccupato (-a) per *qc*; **er hat sich** ⌊**sehr versöhnlich**⌋/[**ausgesprochen großzügig**] **gezeigt**, si è mostrato ⌊molto conciliante⌋/[particolarmente generoso]; **sich von seiner besten Seite ~**, mostrare il proprio lato migliore • **es jdm ~** *fam*: **dir werd' ich's ~!**, te la farò vedere io!; **dem/der werde ich es ~!**, gliela farò vedere io!; **denen habe ich es aber gezeigt!**, a quelli (-e) gliel'ho fatta vedere io!; **jetzt zeig mal, was du kannst!** *fam*, (su) facci vedere cosa sai fare!; **das wird** sich ~, si vedrà.

Zeiger① <-s, -> m **1** (*Uhrzeiger*) lancetta f: **die ~ stehen auf 11 Uhr**, le lancette segnano le 11; **die ~ rücken auf 12 Uhr**, le lancette si avvicinano alle/[muovono verso le] 12; **den ~ verrücken/verstellen**, spostare la lancetta **2** *autom tech* (*Anzeigenadel*) indice m, indicatore m; {+KOMPASS, WAAGE} ago m: **der ~ des Seismografen**, l'indice del sismografo; **der ~ schlägt aus**, l'indice oscilla • **jdm auf den ~ gehen** *fam*, dare ai nervi a qu; {PERSON} *auch* stare sulle scatole a qu *slang*; **der große/kleine ~**, la lancetta dei minuti/[delle ore], la lancetta lunga/corta.

Zeiger② <-s, -> m *inform* puntatore m.

Zeigestab, **Zeigestock** m bacchetta f.

zeihen <zeiht, zieh, geziehen> *tr geh obs* **jdn etw** (gen) **~** {DER FEIGHEIT, EINES MORDS, EINES VERBRECHENS} tacciare qu di qc, imputare qu di qc: **jdn des Diebstahls/[einer Lüge] ~**, imputare qu di furto/[aver mentito].

Zeile <-, -n> f **1** (*Textzeile*) riga f, rigo m: **einige ~n unterstreichen/streichen**, sottolineare/cancellare alcune righe; **beim Abschreiben eine ~ auslassen**, saltare una riga nella copiatura; **die erste ~ einrücken**, far rientrare la prima riga; **vielen Dank für deine lieben ~n!**, grazie per le tue care parole! **2** *typ* linea f **3** (*Reihe*) {+HÄUSER} fila f; {+BÄUME, WEINSTÖCKE} filare m • **mit einer ~/[zwei ~n] Abstand** {SCHREIBEN, SETZEN}, con interlinea singola/doppia; **eine neue ~ anfangen**, andare accapo; **mit keiner ~: sie hat mit keiner ~ erwähnt, dass ...**, non ha detto neanche una parola circa ...; **(etw) zwischen den ~n lesen**, leggere (qc) tra le righe; **bis zur letzten ~** {LESEN, VERSCHLINGEN}, dalla prima all'ultima riga; **bis zur letzten ~ dieses Briefs**, fino all'ultima parola; **neue ~!**, a capo!; **dritte/vierte ~ von oben/unten**, terza/quarta riga (partendo) dall'alto/[dal basso]; **jdm ein paar ~n schreiben**, scrivere due righe a qu; **zwischen den ~n stehen**, trasparire tra le righe.

Zeilenabstand m *typ* interlinea f.

Zeilenbauweise f *bau* "costruzione f di case tutte uguali lungo una strada".

Zeilendrucker m *inform* stampante f a righe.

Zeileneinsteller <-s, -> m {+SCHREIBMASCHINE} regolatore m dell'interlinea.

zeilenfrei *adj TV* {BILD} senza righe.

Zeilenhonorar n compenso m a riga: **(ein) ~ bekommen**, essere pagato a riga.

Zeilenschalter m {+ELEKTRONISCHE SCHREIBMASCHINE} comando m di interlinea; {+MECHANISCHE SCHREIBMASCHINE} leva f dell'interlinea.

Zeilensetzmaschine f linotype® f.

Zeilensprung m *ling* enjambement m.

Zeilenumbruch m *inform* accapo m automatico.

Zeilenvorschub m *inform* avanzamento m di riga.

zeilenweise *adv* a riga: **~ bezahlt werden**, venire pagato (-a) a riga; **einen Text ~ berechnen**, conteggiare le righe di un testo.

Zeisig <-s, -e> m *ornith* lucherino m.

zeit *präp* + *gen*: **~ meines/seines/ihres Lebens**, per tutta la mia/sua vita, vita natural durante *form*.

Zeit <-, -en> f **1** <*nur sing*> *phys* tempo m **2** <*nur sing*> (*verfügbarer ~raum*) tempo m: **sich** (dat) **die/seine ~ einteilen**, organizzarsi il tempo; **mir fehlt einfach die ~**, mi manca semplicemente il tempo; **es ist noch genug ~, um ...**, c'è ancora abbastanza tempo per ...; **du solltest die ~ nutzen und einen Computerkurs machen**, dovresti sfruttare il tempo per fare un corso di computer; **seine ~ mit etw** (dat) **verbringen**, passare/trascorrere il (proprio) tempo facendo/[a fare] qc **3** (*~raum*) tempo m, periodo m: **das war für mich eine schwierige ~**, per me è stato un periodo difficile; **die schönste ~ (in)** jds **Leben**, il più bel periodo della vita di qu: **eine schöne ~ mit jdm verbringen/verleben**, trascorrere/vivere un bel periodo insieme a qu; **in ~en der Not/des Überflusses**, in/nei periodi di bisogno/abbondanza; **es gibt ~en, in denen alles gut geht**, ci sono dei periodi in cui va tutto bene; **er hat ~en, da ist er ganz ausgeglichen**, passa dei periodi in cui è piuttosto equilibrato; **vor geraumer ~**, parecchio tempo addietro; **das ist schon seit langer ~ so**, è così già da molto (tempo); **fünf Jahre sind eine lange ~**, cinque anni sono lunghi/[un sacco di tempo]; **die erste ~ alles etwas schwierig**, i primi tempi è tutto un po' difficile; **sie leben schon längere ~ zusammen**, vivono insieme già da diverso tempo; **es war letztes Jahr um diese ~**, (è stato) l'anno scorso di questi tempi/[in questo periodo] **4** (*Epoche*) epoca f, età f, tempi m pl: **vergangene/kommende/künftige ~en**, tempi passati/futuri/[a venire]; **das waren finstere/harte ~en**, erano tempi bui/duri; **in alter ~**, nei tempi antichi; **in früherer ~/[früheren ~en]**, una volta, un tempo; **eine Sage aus alter ~**, una leggenda dei tempi antichi; **die ~ der Reformation**, l'età della Riforma; **die ~ Schillers und Goethes**, l'età di Schiller e Goethe **5** (*Gegenwart*): **in dieser ~**, in questi tempi; **in der heutigen ~**, al giorno d'oggi, oggigiorno; **bei/in diesen unsicheren ~en**, coi tempi che corrono; **der Geschmack/Stil der ~**, il gusto/lo stile del tempo **6** (*~zone*) fuso m orario: **die mitteleuropäische/westeuropäische ~**, il fuso orario dell'Europa centrale/[di Greenwich]; **es ist drei Uhr mitteleuropäischer ~**, sono le tre (del fuso orario) dell'Europa centrale **7** <*nur sing*> (*Uhrzeit*) ora f: **hast du die genaue ~?**, hai l'ora esatta?; **die ~ ansagen**, dare l'ora esatta; **jdn nach der ~ fragen**, chiedere l'ora a qu; **in der ~ von 9 bis 11**, tra le 9 e le 11; **die Uhr zeigt die ~ an**, l'orologio segna/indica l'ora; **Ort und ~ eines Treffens ausmachen**, fissare luogo e ora di un incontro; **um welche ~ wollt ihr essen?**, a che ora volete mangiare? **8** (*~punkt*) ora f, orario m: **nur zu bestimmten ~en zu Hause sein**, essere a casa solo a certe ore/[in certi orari]; **Besuch ist nur zu festgesetzten ~en möglich**, le visite sono possibili soltanto nelle ore stabilite/[negli orari stabiliti]; **eine Verhandlung auf unbestimmte ~ vertagen**, aggiornare un'udienza a data da destinarsi *form*; **feste ~en einhalten**, rispettare determinati orari/[degli orari precisi]; **acht (Uhr) ist doch eine gute ~ zum Aufstehen**, le otto del mattino sono un'ora ragionevole per alzarsi **9** <*nur sing*> (*passender Moment*) momento m: **es ist jetzt nicht die ~, das zu besprechen**, non è il momento di discuterne; **die ~ für eine Entscheidung ist gekommen**, è giunto il momento di decidere **10** *sport* tempo m: **die ~ messen/nehmen/stoppen**, prendere il tempo, cronometrare; **eine gute ~ laufen/fahren/[machen]/[schwimmen]**, correre/[realizzare/fare]/[nuotare] un buon tempo; **~ nehmen müssen** (*BOXER*), essere contato *slang*; **er hat die 100 Meter in einer sehr guten ~ geschafft**, ha corso/fatto i cento (metri) in un ottimo tempo **11** *gram* tempo m: **einfache/zusammengesetzte ~en**, tempi m semplici/composti; **in welcher ~ steht das Verb?**, qual è il tempo del verbo? • **die ~ ist abgelaufen**, il tempo è finito/scaduto; **in absehbarer ~**, a breve, fra non molto (tempo); **... aller ~en**, ... di tutti i tempi/[ogni tempo]; **die gute alte ~**, i bei tempi andati; **die ~en ändern sich**, i tempi cambiano; **die ~ arbeitet für jdn**, il tempo lavora per/[gioca a favore di]/[è dalla parte di] qu; **auf ~** {BESCHÄFTIGEN, EINSTELLEN}, a tempo determinato; {MIETEN}, per un periodo determinato/limitato; {REGELUNG}, temporaneo; {VERTRAG}, a termine; {AMT, ARBEIT, BESCHÄFTIGUNG}, interinale, a tempo; **Beamter auf ~**, impiegato non di ruolo/[precario]; **Soldat auf ~**, militare di carriera; **außer der ~**, fuori orario; **bessere ~en**, tempi migliori; **auf bessere ~en warten**, aspettare tempi migliori; **bessere ~en gesehen/gekannt haben**, aver visto/conosciuto tempi migliori; **in jds bester ~/[besten ~en]**, negli anni migliori di qu; **~ brauche ich**, per (fare) questo ho bisogno di tempo; **er braucht viel zu viel ~, um ...**, mette troppo tempo per/a ...; **etw braucht seine ~**, qc richiede del/[vuole il suo] tempo; **etw dauert seine/einige ~**, ci vuole del/[un bel po' di] tempo per (fare) qc; **so ein Umbau dauert seine ~**, per ristrutturare una casa ci vuole del tempo; **es dauerte einige ~, bis er wiederkam**, passò/[ci volle] un bel po' di tempo prima che tornasse; **jdm läuft die ~ davon** *fam*, a qu non basta il tempo; **die ~ drängt**, il tempo stringe; **seit ewigen ~en** *fam*, da un'eternità; **für alle ~(en)** *fam*, per sempre; **etw für alle ~en entschieden haben**, aver deciso qc una volta per tutte; **eine ganze ~** *fam*, un bel po' di tempo; **die ganze ~ (über)**, (per) tutto il tempo; **wo warst du die ganze ~?**, dove sei stato (-a) (per) tutto questo tempo?; **jdm ~ für etw** (akk) **geben**, dare a qu il tempo per (fare) qc; **an keine ~ gebunden sein**, non avere orari/scadenze; **zu gegebener ~ geh**, a tempo debito geh/opportuno; **mit der ~ gehen**, essere/stare al passo/[andare coi tempi]; **jds ~ ist gekommen** (*jd muss etw Bestimmtes tun*), è arrivato/giunto il momento di qu; (*jds Tod steht bevor*), è giunta l'ora di qu; **ihre ~ ist gekommen** *euph* (*sie steht kurz vor der Geburt*), ha finito il tempo *fam*; **seine ~ für gekommen halten**, ritenere che sia ora di/[di dover] agire; **die genaue ~**, l'ora esatta; **~ gewinnen**, guadagnare tempo; **zur gleichen/selben ~** (*zur gleichen Uhrzeit*), alla stessa ora; (*gleichzeitig*), allo/nello stesso momento; (*in der Vergangenheit*), nello stesso periodo; **~/[keine ~] haben**, avere/[non avere] tempo; **heute Nachmittag habe ich ~, da kann ich mit dir ins Kino gehen**, oggi pomeriggio ho tempo/[sono libero (-a)], posso venire al cinema con te; **~ haben, etw zu tun**, avere il tempo di fare qc; **... ~ für etw** (akk) **haben** {ZEHN MINUTEN, EINE STUNDE}, avere ... (di tempo) per (fare) qc; **das hat ~**, c'è tempo; **mit etw** (dat) **hat es noch ~**, c'è ancora tempo per (fare) qc; **das hat noch ~ bis morgen**, per questo c'è tempo fino a domani; **es ist höchste ~, etw zu tun**, è proprio arrivato il momento di fare qc; **das war aber auch höchste ~!** *iron*, era ora!; **es ist ~, etw zu tun/[dass jd etw tut]**, è ora di fare qc/[che qc faccia]; **es ist an der ~, etw zu tun**, è venuto/giunto il momento di fare qc; **wenn es an der ~ ist**, quando sarà (venuto) il momento/[(venuta) l'ora]; **in jüngster ~**, recentemente, di recente; **eine/einige ~ lang**, per un po' di/[certo] tempo; **er schwieg eine ~ lang**, rimase zitto per un po'; **eine ~ lang mit der Therapie aussetzen**, sospendere una terapia per (qualche tempo)/[un certo periodo]; **eine ~ lang brauchen**, metterci un po' (di tempo); **es dauerte eine ~ lang, bevor der Strom wiederkam**, passò un po' di tempo prima che tornasse la corrente; **jdm wird die ~ lang**, a qu il tempo non passa mai; **die längste ~**, fin troppo (tempo); **hier bin ich die längste ~ gewesen**, qui ci sono stato (-a) fin troppo (tempo)/[a lungo]; **er ist die längste ~ Herrscher gewesen**, è stato al potere fin troppo; **lass dir ~!**, fai con calma!; **jdm ~ lassen**, dare tempo a qu; **jdm ~ lassen, etw zu tun**, dare a qu il tempo per/di fare qc; **sich (dat) (bei/mit etw dat) ~ lassen** (*sich die nötige ~ nehmen*), prendersi (tutto) il tempo necessario (per (fare) qc); (*etw extrem langsam tun*), prendersela comoda/calma (con qc); **sie lässt sich im Allgemeinen ~ mit den Übersetzungen**, generalmente se la prende comoda con le traduzioni; **mit der Rückzahlung des Darlehens können Sie sich drei Jahre ~ lassen**, ha tre anni (di tempo) per restituire il prestito; **in** *letzter*/ [*der letzten*] **~**, negli ultimi tempi, ultimamente; **(ach,) du** *liebe* **~!** *fam*, santo cielo!, oh Dio mio!; **mit der ~**, col tempo, con l'andare/il passare del tempo; **nach ~** {BERECHNEN, ZAHLEN}, a ore (di lavoro); {BEZAHLUNG, LOHN}, a ore (di lavoro); **für die nächste ~**, per il prossimo futuro; **in** *nächster*/ [*der nächsten*] **~**, prossimamente, a breve; **zu nachtschlafender ~**, nel cuore della notte, in piena notte, a notte fonda; **sich** (dat) **~ für jdn/etw nehmen**, dedicare (del) tempo a qu/qc; **sich die ~ für etw (akk)/zu etw (dat) nehmen**, prendersi il tempo per qc; **die ~ für dein Hobby musst du dir nehmen**, devi prendertelo il tempo per il tuo hobby; **sie nimmt sich kaum die ~ zum Essen**, si prende/concede a malapena il tempo per mangiare; **~ raubend → zeitraubend**; **zur rechten ~**, al momento giusto/opportuno; **du bist gerade noch zur rechten ~ gekommen**, sei arrivato (-a) giusto in tempo; **die ~ ist/[ist noch nicht]** *reif*, i tempi sono/[non sono ancora] maturi; **~ schinden**, prendere/[cercare di guadagnare] tempo; **schlechte ~**, tempi duri; **~ sparen**, risparmiare tempo; **~ sparend → zeitsparend**; **... seiner/ihrer ~**, ... del suo tempo; **er** [**ist ein Kind**]/ [**war der berühmteste Maler**] **seiner ~**, è figlio/[fu il pittore più famoso] del suo tempo; **seit dieser/der/jener** *geh* **~**, da allora, da quel tempo; **auf ~ spielen** *sport*, fare melina *slang*; **jdm die ~ stehlen/rauben** *geh*, [far perdere]/[portare via]/[rubare ql] il tempo a qu; **darf ich Ihnen fünf Minuten Ihrer kostbaren ~ rauben?**, posso rubarLe cinque minuti del Suo prezioso tempo?; **die ~ schien stillzustehen**, il tempo sembrava essersi fermato; **die ~ totschlagen** *fam*, ammazzare/ingannare il tempo; **schon über die ~sein** {SCHWANGERE}, aver finito il tempo *fam*; **schon ... über die ~ sein** {ZWEI, DREI MONATE, WOCHEN}, essere in ritardo di ...; **die ~ überschreiten**, superare il tempo (consentito); **die ~ umstellen**, cambiare l'ora; **vor unserer ~** (*Zeitrechnung*), avanti Cristo; **seit** *unvordenklichen* **~en** *geh*, da tempo immemorabile; **seit** *uralten* **~en**, dai tempi dei tempi; **die ~ vergeht/verrinnt** *geh*/**verstreicht**, il tempo passa/[se ne va]; **damit die ~ vergeht**, per far passare il tempo; **wie doch die ~ vergeht!**, come [passa (veloce)]/[corre] il tempo!, il tempo vola!; **es ist keine ~ zu** *vergeuden*, non c'è tempo da perdere; **seine ~ (mit etw dat)** *vergeuden*, sprecare/[buttare via]/[sciupare] il (proprio) tempo (con/facendo qc); **~ verlieren**, perdere tempo; **wir dürfen jetzt keine ~ verlieren**, adesso non dobbiamo perdere tempo; **ohne ~ zu verlieren**, senza perdere tempo, senza porre tempo in mezzo; **jdm/sich (dat) die ~ vertreiben**, fare passare il tempo a qu/[ingannare il tempo]; **sie vertrieb den Kindern die ~ mit Vorlesen**, fece passare il tempo ai bambini leggendogli qualcosa; **von ~ zu ~**, di tanto in tanto; **vor der ~**, prima del tempo, (in)n)anzitempo *geh*; **seiner ~ voraus sein**, precorrere/anticipare i tempi; **das war vor jds (dat) ~** (*als jemand noch zu jung oder noch nicht geboren war*), era prima che qu [ci fosse]/ [nascesse]; (*als jd noch nicht hier tätig war*), era prima che qu arrivasse; **das waren noch ~en!**, quelli (sì che) erano tempi!, altri tempi!; **jd hat alle ~ der Welt, (um) etw zu tun**, qu ha tutto il tempo [che vuole]/[necessario] per fare qc; **es wird ~**, [etw zu tun]/[dass jd etw tut], sarebbe ora [di fare qc]/[che qu facesse qc]; **zu der ~ als ...**, [all'epoca]/[nel periodo] in cui ...; **zu allen ~en**, sempre, dacché mondo è mondo; **zu jeder ~** {ANRUFEN, ERREICHBAR SEIN}, in qualsiasi/ogni momento, a tutte le ore; **alles** *zu seiner* **~**, tutto/[ogni cosa] a suo tempo; **zur ~ einer S.** (gen) {DES RÖMISCHEN REICHES, DER FRANZÖSISCHEN REVOLUTION}, al tempo/[ai tempi] di qc; **es war zur ~ der Weinlese**, fu nel periodo/[era il tempo/l'epoca] della vendemmia; [**zur ~ jds**]/[**zu jds ~en**], [al tempo]/[ai tempi] di qu; **zur ~ der alten Griechen/Römer**, ai tempi degli antichi greci/romani; **zu meiner ~**, ai miei tempi; **zur ~ Napoleons, zu Napoleons ~en**, [al tempo]/[ai tempi] di Napoleone; **zur ~ → zurzeit**; **~ ist Geld** *prov*, il tempo è denaro; **~ gewonnen, alles gewonnen** *prov*, chi ha tempo non aspetti tempo *prov*; **wer nicht kommt zur rechten ~, der muss essen, was übrig bleibt** *prov*, chi tardi arriva, male alloggia *prov*; **spare in der ~, so hast du in der Not** *prov*, chi compra il superfluo, venderà il necessario *prov*; **kommt ~, kommt Rat** *prov*, la notte porta consiglio *prov*; **die ~ heilt Wunden**/[**alle Wunden**] *prov*, il tempo è il miglior medico *prov*/[guarisce ogni male *prov*].

Zeitabschnitt m periodo m (di tempo), lasso m di tempo.

Zeitabstand m intervallo m di tempo: **die beiden Sprinter gingen mit einem ~ von drei Hundertstelsekunden durchs Ziel**, i due velocisti tagliarono il traguardo a tre centesimi di secondo l'uno dall'altro • **in immer kürzeren/längeren Zeitabständen**, a intervalli sempre più brevi/lunghi.

Zeitalter n **1** (*Geschichtsepoche*) era f, età f, evo m: **das christliche ~**, l'età cristiana, l'era di Cristo/[cristiana/volgare]; **das atomare ~**, l'era atomica; **das augusteische ~**, l'età/l'epoca augustea; **das ~ der Antike/Moderne**, l'evo antico/moderno, l'età antica/moderna; **das ~ des Barock**, l'età del barocco, l'era barocca; **das ~ Dantes**, l'età di Dante; **im ~ der Technik**, nell'età/era della tecnica; **unser ~**, l'età contemporanea, la nostra epoca; **in unserem ~**, nella nostra epoca **2** *geol* era f • **das Goldene ~**, l'età [dell'oro]/[aurea]; **das goldene ~ einer S.** (gen) {DER ARCHITEKTUR, BILDHAUEREI, KÜNSTE}, [il periodo aureo]/[i tempi d'oro] di qc.

Zeitangabe f **1** (*Angabe des Zeitpunkts*) (indicazione f della) data f; (*Angabe der Uhrzeit*) (indicazione f della) ora f/orario m: **die ~n in diesem Fahrplan sind ungenau**, in questa tabella gli orari non sono esatti; **die genaue ~ ist für die Unfallaufnahme sehr wichtig**, l'ora esatta è molto importante per i rilievi sul luogo dell'incidente **2** (*Angabe der Dauer*) (indicazione f della) durata f: **eine Wanderkarte mit ~n**, una carta dei sentieri con indicazione della durata dei singoli percorsi **3** *gram* complemento m di tempo, indicazione f temporale • **ohne ~** (*ohne Datum*), senza data; (*ohne Angabe der Uhrzeit*) senza indicazione di orario.

Zeitansage f (*im Radio*) segnale m orario; (*am Telefon*) (servizio m dell')ora f esatta.

Zeitarbeit <-, ohne pl> f **1** (*befristete Arbeit*) lavoro m/impiego m [a tempo (determinato)]/[interinale] **2** (*System*) sistema m di lavoro interinale.

Zeitarbeiter m (**Zeitarbeiterin** f) *ökon* lavoratore (-trice) m (f) [a tempo (determinato)]/[interinale].

Zeitarbeitsfirma f società f di lavoro interinale/temporaneo.

Zeitarbeitskraft f → **Zeitarbeiter**.

Zeitarbeitsverhältnis n rapporto m di lavoro interinale/temporaneo.

Zeitaufnahme f *fot* posa f.

Zeitaufwand <-(e)s, ohne pl> m (dispendio m di) tempo m: **das ist viel zu viel ~**, ciò richiede/costa/prende troppo tempo • **mit möglichst wenig/geringem ~** {ERLEDIGEN, VORBEREITEN}, senza [dover sprecare tanto/troppo]/[mettersi troppo] tempo; **unter großem ~** {ERSTELLEN, VERWIRKLICHEN}, lavorandoci molto, impegnando(ci) molto tempo; **dieses Gutachten wurde unter großem ~ erstellt**, è voluto molto (tempo) per redigere questa perizia; **mit großem ~ verbunden sein**, richiedere/prendere molto tempo, richiedere un enorme dispendio di tempo; **die Erstellung des Katalogs war mit einem enormen ~ verbunden**, la realizzazione del catalogo è costata moltissimo tempo.

zeitaufwändig, **zeitaufwendig** adj che richiede/prende molto tempo: **eine viel zu ~e Arbeit**, un lavoro che richiede troppo tempo.

zeitbedingt adj {VERHÄLTNISSE} determinato [dai tempi]/[dall'epoca]; {ANSCHAUUNG} *auch* influenzato [dai tempi]/[dall'epoca]; {PROBLEMATIK} legato [ai tempi]/[all'epoca].

Zeitbegriff <-(e)s, -e> m **1** (*Vorstellung von der Zeit*) nozione f/concetto m/cognizione f del/di tempo **2** → **Zeitgefühl**.

Zeitbestimmung f *gram* complemento m di tempo.

Zeitbewusstsein (a.R. Zeitbewußtsein) n coscienza f del tempo.

Zeitbild n quadro m [di un'epoca]/[dell'epoca].

Zeitbombe f bomba f a orologeria/tempo • **zu einer ~ geworden sein** (ÜBERBEVÖLKERUNG, UMWELTVERSCHMUTZUNG), essere diventato un problema esplosivo (SPANNUNGEN, UNTERSCHIEDE ZWISCHEN ARM UND REICH), essere diventato una [miscela esplosiva]/[mina vagante]; **wir sitzen auf einer ~** (*die Situation ist sehr gefährlich*), siamo seduti su una polveriera; **die ~ tickt**, la bomba sta per esplodere.

Zeitdauer f durata f.

Zeitdokument n testimonianza f [dell'epoca]/[di un'epoca].

Zeitdruck <-(e)s, ohne pl> m assillo m del tempo • **in ~ geraten/kommen**, dover fare una corsa contro il tempo; **am Ende war er mit der Arbeit in ~ gekommen**, alla fine dovette accelerare i tempi per finire il lavoro; **in ~ sein**, **unter ~ stehen**, avere poco tempo a disposizione, avere molta fretta, avere problemi di tempo *fam*; **jdn unter ~ setzen**, mettere sotto pressione qu; **sich (von jdm) unter ~ setzen lassen**, lasciarsi imporre dei ritmi (di lavoro) incalzanti (da qu); **unter ~** {ARBEITEN}, sotto pressione; {ENTSCHEIDEN, UNTERSCHREIBEN}, sotto la pressione del momento.

Zeiteinheit f **1** unità f di tempo **2** *tel* scatto m.

Zeiteinteilung f organizzazione f/gestione f del tempo: **gute/schlechte ~**, tempo ben/mal suddiviso/organizzato; **ohne eine rigorose ~ verzettelst du dich**, se non organizzi bene il tempo ti perdi in mille cose; **um das gewaltige Arbeitspensum zu schaffen, legte er sich eine genaue ~ zurecht**, per far fronte all'enorme mole di lavoro, fece una precisa tabella di marcia.

Zeitenfolge f gram consecutio f temporum, correlazione f dei tempi: **streng die ~ berücksichtigen**, rispettare rigorosamente la consecutio temporum.

Zeitenwende f → **Zeitwende**.

Zeiterfassung f bes. industr rilevazione f dell'orario di lavoro.

Zeiterfassungssystem n bes. industr sistema m di rilevazione dell'orario di lavoro.

Zeiterscheinung f espressione f/fenomeno m dei tempi: **der Massentourismus ist eine ~**, il turismo di massa è un fenomeno dei nostri tempi; **der Bildungsroman ist eine ~ des 19. Jahrhunderts**, il romanzo di formazione è un fenomeno tipico del XIX secolo.

Zeitersparnis f risparmio m di tempo: **die Abkürzung war eine riesige ~ für uns**, la scorciatoia ci ha fatto guadagnare/risparmiare tantissimo tempo.

Zeitfahren <-s, -> n Radsport corsa f a cronometro.

Zeitfaktor <-s, ohne pl> m fattore m tempo: **der ~ spielt eine wichtige Rolle bei etw** (dat) {BEI DER AUSFÜHRUNG EINER ARBEIT, EINEM BAUVORHABEN, GESCHICKLICHKEITSSPIEL}, il fattore tempo ha un'importanza enorme in/per qc.

Zeitfenster n lasso m di tempo, finestra f di tempo.

Zeitform f gram tempo m (verbale): **in der ~ der Gegenwart/Vergangenheit stehen**, essere al presente/passato.

Zeitfrage f 1 (aktuelles Problem) questione f d'attualità: **zu ~n Stellung nehmen**, prendere posizione riguardo a questioni d'attualità 2 (Frage der Zeit) questione f di tempo: **das ist eine reine ~**, è solo una questione di tempo.

zeitgebunden adj → **zeitbedingt**.

Zeitgefühl <-s, ohne pl> n nozione f/cognizione f/senso m del tempo • **kein/[überhaupt kein] ~ haben**, non aver [nessuna]/[la minima] nozione/cognizione del tempo; **kein ~ mehr haben**, aver perduto la nozione del tempo; **das ~ verlieren**, perdere la nozione del tempo.

Zeitgeist <-es, ohne pl> m spirito m del tempo/[dei tempi]: **der damalige ~**, lo spirito del tempo di allora.

zeitgemäß A adj {AUSSTATTUNG, EINRICHTUNG} che corrisponde ai gusti del tempo, moderno, attuale; {ANSICHT, EINSTELLUNG, VORSTELLUNG} adeguato ai tempi; {DARSTELLUNG, PROBLEMATIK} attuale: **ein ~es Thema**, un tema attuale; **~er Komfort**, un comfort che soddisfa le/[risponde alle] esigenze del tempo; **nicht mehr ~ sein** {AUSSTATTUNG, EINRICHTUNG}, essere [passato di]/[fuori] moda; {ANSICHT, EINSTELLUNG} auch essere ormai superato; {DARSTELLUNG} non corrispondere più ai gusti del tempo; {PROBLEMATIK, THEMA} non essere più attuale B adv {AUSSTATTUNG, EINRICHTEN} seguendo le tendenze del tempo; **etw ~ darstellen**, rappresentare qc secondo lo spirito del tempo.

Zeitgenosse m (**Zeitgenossin** f) 1 (in der gleichen Zeit lebender Mensch) contemporaneo (-a) m (f) 2 fam meist pej (Mitmensch) tipo m (f), tizio m (f), soggetto m:

was (für) ein unsympathischer ~!, che tipo antipatico!

zeitgenössisch adj 1 (der gegenwärtigen Epoche) contemporaneo: **die ~en Autoren**, gli autori/[i] contemporanei 2 (der damaligen Epoche) dell'epoca, coevo: **auf den ~en Aufnahmen**, nelle foto dell'epoca/[di quel periodo]; **in den ~en Darstellungen**, nelle descrizioni dell'epoca/[coeve]; **die ~e Kritik**, la critica coeva/[dell'epoca].

Zeitgeschehen <-s, ohne pl> n 1 (avvenimenti m pl di) attualità f pl 2 (Rubrik in der Zeitung) attualità f pl: **über das ~ berichten**, riferire su(gli) avvenimenti di attualità; **das ~ interessiert die Leser besonders**, le attualità destano particolare interesse nei lettori.

Zeitgeschichte <-, ohne pl> f storia f recente/contemporanea.

zeitgeschichtlich A adj di/della storia recente: **die wichtigsten ~en Ereignisse kennen**, conoscere gli avvenimenti più importanti della storia recente B adv {AUFSCHLUSSREICH, INTERESSANT} dal punto di vista storico-politico.

Zeitgeschmack <-(e)s, ohne pl> m gusto m del tempo/[dell'epoca].

Zeitgewinn <-(e)s, ohne pl> m guadagno m/risparmio m di tempo: **das bedeutet einen ~**, questo significa guadagnare tempo; **auf ~ spielen**, (cercare di) prendere tempo.

zeitgleich A adj 1 (gleichzeitig) {ABLÄUFE, EREIGNISSE, ERSCHEINUNGEN, VORGÄNGE} contemporaneo, simultaneo, sincrono 2 sport (mit der gleichen Zeit) {ANKUNFT} simultaneo, sincrono B adv 1 (gleichzeitig) {ABLÄUFE, VOR SICH GEHEN} simultaneamente, in sincronia, contemporaneamente 2 sport (mit der gleichen Zeit) simultaneamente: **den ersten Platz belegen**, arrivare primi (-e) [a pari]/[con lo stesso] tempo; **~ ins Ziel gehen/kommen**, tagliare simultaneamente/contemporaneamente il traguardo.

Zeitgründe subst <nur pl>: **aus ~n**, per motivi/questioni di tempo.

Zeithistoriker m (**Zeithistorikerin** f) storico (-a) m (f) contemporaneo (-a).

Zeithorizont m tempi m pl (previsti): **ein ~ für die Umsetzung struktureller Änderungen wird nicht genannt**, non si fa cenno ai tempi previsti per la realizzazione delle modifiche strutturali; **ökon orizzonte m temporale**.

zeitig A adj <attr> 1 (frühzeitig) {FRÜHJAHR, WINTER} precoce 2 obs (früh): **am ~en Abend/Nachmittag**, in prima serata/[nel primo pomeriggio] B adv {ZU BETT GEHEN} presto, di buonora, {JDN BENACHRICHTIGEN} per tempo; {AUFSTEHEN, DAS HAUS VERLASSEN} auch presto, di buonora: **jetzt wird es schon ~ dunkel/hell**, adesso fa buio/giorno presto/prima; **je ~er wir fahren, desto/umso besser**, prima partiamo meglio è.

zeitigen tr geh etw ~ sortire qc, produrre qc: **ein/kein Ergebnis ~**, dare un/nessun risultato; **die Maßnahmen haben schon erste Erfolge gezeitigt**, le misure hanno prodotto già i primi successi; **dieser Vorfall hat eine unerwartete Wirkung gezeitigt**, questo avvenimento ha sortito un effetto inaspettato.

zeitintensiv adj impegnativo, che richiede di molto tempo.

Zeitkarte f (Wochenkarte) (tessera f d') abbonamento m settimanale (ai mezzi di trasporto pubblico); (Monatskarte) (tessera f d') abbonamento m mensile (ai mezzi di trasporto pubblico): **eine ~ kaufen**, fare un abbonamento m; **die ~ erneuern**, rinnovare l'ab-

bonamento.

Zeitkarteninhaber <-s, -> m (**Zeitkarteninhaberin** f) abbonato (-a) m (f) (ai mezzi di trasporto pubblico).

Zeitkorridor m lasso m/intervallo m di tempo.

Zeitkritik f <meist sing> critica f del presente: **~ üben**, esprimere riflessioni critiche sulla propria epoca.

zeitkritisch A adj {FILM, ROMAN} che affronta temi d'attualità; {MAGAZIN, THEMA} di attualità; {SONG} impegnato, di protesta B adv {ANALYSIEREN, BELEUCHTEN, BESCHREIBEN} con (un) occhio critico.

Zeitlang f: **eine ~ → Zeit**.

zeitlebens adv **~** per tutta la/[durante tutta la mia/sua/...] vita, vita natural durante form oder scherz: **er hat ~ nur geschuftet**, ha sgobbato per tutta la vita; **es kam ~ zu keiner Versöhnung zwischen ihnen**, per tutta la vita non riuscirono a rappacificarsi.

zeitlich A adj 1 (chronologisch) cronologico, di tempo; {DIMENSION} temporale: **der ~e Ablauf einer S.** (gen), il decorso di qc; **die ~e Abfolge der Ereignisse berücksichtigen**, rispettare la cronologia/[successione cronologica] degli eventi; **in großem/kurzem ~em Abstand**, a grande/breve distanza di tempo; **etw in eine ~e Reihenfolge bringen**, mettere qc in ordine cronologico/[secondo una successione temporale] 2 (terminlich) dell'orario, del tempo, dei tempi: **eine bessere ~e Einteilung der Arbeitsstunden**, un'organizzazione migliore delle ore di lavoro; **ich muss sehen, ob dieser Termin in meine ~e Planung passt**, devo vedere se posso inserire quest'appuntamento nella mia agenda 3 relig temporale: **~e Güter**, beni temporali/terreni; **~e Strafen**, pene temporali B adv 1 (terminlich): **es könnte ~ eng werden**, i tempi potrebbero essere stretti; **wir müssen uns ~ aufeinander abstimmen**, dobbiamo metterci d'accordo sui tempi; **ich weiß nicht, ob ich das ~ hinkriege/schaffe** fam, non so se ce la faccio con i tempi fam; **versuch, es ~ einzurichten**, vedi di trovare il tempo; **das wird ~ kaum einzurichten sein**, sarà difficile trovare il tempo; **~ passt es mir gut**, l'ora(rio) mi va bene; **das ist ~ nicht möglich**, per motivi di tempo non è possibile 2 (in Bezug auf den Zeitraum) {BEGRENZEN, HINAUSSCHIEBEN} nel tempo: **~ zusammenfallen**, coincidere; **etw ~ einordnen/bestimmen**, datare qc; **~ begrenzt**, a tempo determinato, limitato nel tempo • **das Zeitliche segnen** euph oder scherz (sterben), passare a miglior/[ad altra] vita lit, rendere l'anima a Dio lit; scherz (kaputtgehen): **mein Computer wird bald das Zeitliche segnen/[hat das Zeitliche gesegnet]**, il mio computer [sta per passare]/[è passato] a miglior vita scherz.

Zeitlimit n limite m di tempo, tempo m massimo: **jdm (für etw akk) ein ~ setzen**, dare a qu un limite di tempo/[tempo massimo] (per (fare) qc).

Zeitlohn m salario m a tempo.

zeitlos adj {KUNST, PHILOSOPHIE} senza tempo, atemporale: **~e Ideen**, idee sempre attuali; **das ist ein ~er Stil**, è uno stile senza tempo; {KLEIDUNGSSTÜCK} classico, senza tempo, sempre attuale; {MODELL, SCHNITT} auch intramontabile; **der Mantel hat eine ganz ~e Form**, il cappotto ha una forma classica/[sempre attuale].

Zeitlupe <-, ohne pl> f film TV rallentatore m • **in ~**, al rallentatore/ralenti; **etw (noch einmal) in ~ sehen** {SZENE, TOR}, (ri)vedere qc alla moviola; **etw in ~ zeigen**, mostrare (fare vedere) qc al rallentatore/ralenti/[alla moviola].

Zeitlupenaufnahme f *film* ripresa f al rallentatore/ralenti.

Zeitlupentempo <-, ohne pl> n: **im ~**, al rallentatore; **im ~ arbeiten**, lavorare al rallentatore; **nur im ~ vorwärtskommen**, avanzare a passo di lumaca.

Zeitmanagement n *ökon* gestione f del tempo, time management m.

Zeitmangel m mancanza f di tempo ● **aus ~**, per mancanza di tempo.

Zeitmaschine f macchina f del tempo.

Zeitmaß <-es, ohne pl> n **1** (*Tempo*) cadenza f, ritmo m **2** (*Maß für die Zeit*) unità f di misura f/del tempo.

Zeitmessung f **1** (*das Messen der Zeit*) misurazione f del tempo; (*mit Stoppuhr*) cronometraggio m: **Uhren/Stoppuhren dienen der ~**, gli orologi/i cronometri servono a misurare il tempo **2** (*nur sing*) (*Wissenschaft*) cronologia f.

zeitnah A adj {PROBLEMATIK, THEMA} attuale; {AUFFÜHRUNG, INSZENIERUNG, ÜBERSETZUNG} moderno: **~e Probleme zur Diskussion stellen**, proporre problematiche attuali come argomento di discussione; **~en Unterricht machen**, fare lezione su questioni/problematiche attuali B *adv* {INSZENIEREN, ÜBERSETZEN} in chiave moderna: **den Unterricht ~ gestalten**, ⌞rendere attuale⌟/[attualizzare] l'insegnamento.

Zeitnähe <-, ohne pl> f {+AUFFÜHRUNG, INSZENIERUNG, PROBLEM, ROMAN, THEMA} attualità f.

Zeitnahme f *sport* cronometraggio m.

Zeitnehmer <-s, -> m (**Zeitnehmerin** f) *sport* cronometrista mf.

Zeitnot <-, ohne pl> f mancanza f di tempo ● **in ~ geraten/kommen**, finire per ⌞non avere più⌟/[avere poco] tempo; **sie gerät mit ihrer Übersetzung so langsam in ~**, comincia a essere un po' indietro con la traduzione; **in ~ sein**, avere ⌞poco tempo⌟/[il tempo contato]/[i minuti contati]; **ich bin in ~**, ho i minuti contati.

Zeitplan m **1** (*geplanter Ablauf*) calendario m, tabella f di marcia: **der ~ für etw** (akk) {FÜR DAS SCHULJAHR, SEMESTER, DIE VERANSTALTUNGEN}, il calendario di qc; {FÜR EINE ARBEIT} la tabella di marcia di qc; **einen ~ für etw** (akk) **aufstellen**, fare il calendario/[l'orario/la tabella di marcia] di qc; **den ~ einhalten**, rispettare ⌞la tabella di marcia⌟/[i tempi]; **hinter dem ~ zurück sein**, essere indietro ⌞sulla tabella di marcia⌟/[sui tempi] **2** (*Tabelle*) orario m.

Zeitproblem n problema m di tempo.

Zeitpunkt m <*meist sing*> **1** (*Moment*) momento m, (*Stunde*) ora f: **der ~ des Abschieds ist gekommen**, è arrivato/giunto il momento di dir(si) addio; **ein günstiger ~** (für etw akk), un momento favorevole/propizio (per qc); **den richtigen/passenden/geeigneten ~ (für etw akk) abwarten**, aspettare il momento giusto/adatto (per (fare) qc); **den richtigen/passenden/geeigneten ~ (für etw akk) verpassen/versäumen**, perdere l'attimo (per (fare) qc); **das ist jetzt nicht der richtige ~ für eine Diskussion**, non è questo il momento adatto per una discussione **2** (*Termin*) data f: **den ~ für etw** (akk) **festsetzen/vereinbaren**, ⌞stabilire la⌟/[accordarsi sulla] data di qc; **wir werden Sie zum gegebenen ~ informieren**, La informeremo a tempo debito; **wenn wir den ~ für gegeben halten, ...**, se riteniamo che sia arrivato il momento ... ● **zu einem anderen ~**, in un altro momento; **zu einem früheren ~**, prima; **zu einem späteren ~**, in seguito/[un secondo momento]; **von diesem**

~ an, da questo/quel momento in poi, a partire da questo/quel momento; **zu diesem/dem ~** (*zukünftigen ~*), per quella data; (*vergangenen ~*), in quel momento; **zu diesem ~ war er schon längst nicht mehr in der Stadt**, in quel momento aveva già lasciato la città da un pezzo; **zu diesem ~** ⌞**müssten wir längst fertig sein**⌟/[**hätten wir längst fertig sein sollen**], per quella data dovremmo aver finito da un pezzo; **ich weiß nicht, ob zu dem ~ jemand im Haus ist**, non so se a quell'ora c'è qualcuno in casa; **zum ~ einer S.** (gen), al momento di qc; **zum jetzigen ~**, al momento attuale; **zum jetzigen ~ ist die Lage noch nicht einschätzbar**, al momento attuale non è ancora possibile dare un quadro della situazione.

Zeitraffer <-s, ohne pl> m *film* accelerazione f: **im ~**, in accelerazione.

Zeitrafferaufnahme f ripresa f accelerata.

Zeitrahmen m arco m/lasso m di tempo.

zeitraubend adj che richiede molto/[(un) grande dispendio di] tempo: **die Abwicklung der Formalitäten war sehr ~**, il disbrigo delle formalità ci ha portato via moltissimo tempo *fam*.

Zeitraum m arco m/spazio m/intervallo m/lasso m di tempo, periodo m (di tempo): **ein ~ von vielen Jahren**, un lasso di tempo di molti anni; **etw über einen langen ~ hinweg tun**, fare qc per un lungo periodo; **in einem relativ kurzen/langen ~**, in un arco/lasso di tempo relativamente breve/lungo; **all das passierte in einem ~ von wenigen Jahrzehnten**, tutto ciò accadde nell'arco di pochi decenni; **im ~ von einer Stunde**, ⌞nello spazio⌟/[nel giro] di un'ora; **im ~ von wenigen Jahrhunderten**, nell'arco di pochi secoli.

Zeitrechnung <-, ohne pl> f era f: **die christliche/jüdische ~**, l'era cristiana/[di Cristo]/[volgare]; **die ersten Jahrhunderte unserer ~**, i primi secoli della nostra era ● **nach ... ~** {CHRISTLICHER, ISLAMISCHER, JÜDISCHER}, secondo il calendario ...; *vor/nach* **unserer ~** (Abk ⌞v.u.Z.⌟/[n.u.Z.]), avanti/dopo Cristo (Abk ⌞a.C.⌟/[d.C.]).

Zeitreise f viaggio m ⌞attraverso il⌟/[nel] tempo.

Zeitschalter m *el* interruttore m a tempo.

Zeitschiene f **1** (*Programmierung*) tabella f di marcia **2** (*Altersgruppe*) fascia f d'età **3** *TV* fascia f (oraria).

zeitschnell adj {SPORT} veloce: **der ~ste Fahrer**, il pilota ⌞più veloce⌟/[con il miglior tempo].

Zeitschrift f (*Illustrierte*) rivista f, magazine m, rotocalco m; (*Fachzeitschrift*) periodico m: **eine ~ für jdn/etw** {FÜR FRAUEN, HERREN, MODE, SCHNITTE}, una rivista ⌞per qu⌟/[di qc]; {FÜR MEDIZIN, MEDIZINISCHEN RAT} un periodico di qc; **eine ~ durchblättern**, sfogliare una rivista/un rotocalco; **eine ~ abonnieren**, ⌞abbonarsi⌟/[fare un abbonamento] a una rivista/un periodico; **die ~ erscheint nur zweimal im Monat**, la rivista esce solo due volte al mese; **eine ~, die zweimal im Monat**⌟/[**wöchentlich**] **erscheint**, un periodico/una rivista bimensile/settimanale; **eine ~ für Literatur/Musik**, un periodico/una rivista di letteratura/musica.

Zeitschriftenhändler m (**Zeitschriftenhändlerin** f) giornalaio (-a) m (f); (*Kiosk*) edicolante fm ● **ab heute bei Ihrem ~ erhältlich**, da oggi in edicola.

Zeitschriftenkatalog m catalogo m dei periodici.

Zeitschriftenlesesaal m sala f periodi-

ci/riviste, emeroteca f.

Zeitschriftenmappe f → **Lesemappe**.

Zeitschriftenwerber m (**Zeitschriftenwerberin** f) venditore (-trice) m (f) porta a porta di abbonamenti a riviste.

Zeitsoldat m *mil* soldato m volontario (che presta servizio per un tempo determinato).

Zeitspanne f arco m/lasso m di tempo ● **in einer ~ von etw** (dat), in un lasso di tempo, di qc, nel giro di qc.

zeitsparend A adj {METHODE, PRODUKTIONSVERFAHREN} che fa risparmiare/guadagnare tempo B *adv* risparmiando/guadagnando tempo.

Zeitstrafe f *sport* penalità f (di tempo): **zwei Minuten ~**, due minuti di penalità.

Zeittafel f tavola f/tabella f cronologica, prospetto m cronologico.

Zeittakt m *tel* durata f di uno scatto: **Ortsgespräch mit ~**, telefonata urbana a tempo.

Zeitumstellung f (*von Winter- auf Sommerzeit und umgekehrt*) cambio m dell'ora; (*bei verschiedenen Zeitzonen*) differenza f di fuso orario: **die ~ dauert bei Überseeflügen immer etwas länger**, dopo un volo transoceanico ci vuole più tempo per abituarsi al cambiamento di fuso orario.

Zeitung <-s, -en> f **1** (*Druckerzeugnis*) giornale m, testata f; (*Tageszeitung*) *auch* quotidiano m: **eine lokale/regionale/überregionale ~**, un giornale locale/regionale/[interregionale/nazionale]; **eine unabhängige ~**, una testata indipendente; **eine ~ abonnieren/bestellen**, abbonarsi a un giornale; **eine ~ abonniert haben**, essere abbonato a un giornale; **eine ~ abbestellen**, disdire l'abbonamento a un giornale; **~en austragen**, recapitare/consegnare i giornali a domicilio; **eine ~ beziehen**, ricevere un giornale in abbonamento; **etw aus der ~ erfahren**, apprendere/[venire a sapere] qc dal giornale; **eine ~ gründen**, fondare un giornale; **eine ~ herausgeben/verlegen**, pubblicare un giornale; **etw in die ~ lesen**, leggere qc sul giornale; **regelmäßig ~ lesen**, leggere regolarmente il giornale; **in der ~ steht, dass ...**, sul giornale c'è scritto che ...; **morgen erscheint die ~ nicht**, domani il giornale non esce; **die ~ hat ihr Erscheinen eingestellt/**[**einstellen müssen**], il giornale ⌞non esce più⌟/[ha dovuto chiudere] **2** (*Presseunternehmen*) giornale m: **bei einer ~ arbeiten**, lavorare in/presso un giornale ● **etw in die ~ bringen**, passare/dare qc alla stampa; **das bringe ich in die ~!**, informo/informerò la stampa/i giornali!; **eine ~ geht ein**, un giornale chiude; **durch alle ~en gehen**, finire su tutti i giornali; **von der ~ sein**, essere della stampa; **etw in die ~ setzen**, mettere qc sul giornale.

Zeitunglesen n lettura f dei giornali: **sie ist gerade beim ~**, sta leggendo il giornale.

Zeitungsabonnement n abbonamento m a un giornale.

Zeitungsannonce f annuncio m/inserzione f (sul giornale): **eine ~ aufgeben**, mettere/[far pubblicare] un annuncio/un'inserzione sul giornale; **die ~n lesen**, leggere gli annunci ⌞sul giornale⌟/[sui giornali].

Zeitungsanzeige f → **Zeitungsannonce**.

Zeitungsartikel m articolo m di giornale, pezzo m *slang*: **in einem ~ von gestern habe ich gelesen, dass ...**, in un articolo sul giornale di ieri ho letto che ...

Zeitungsausschnitt m ritaglio m di giornale.

Zeitungsausträger m (**Zeitungsausträgerin** f) chi consegna i giornali a domicilio.

Zeitungsbeilage f supplemento m di/del giornale; (*wöchentliche Beilage*) magazine m: **die wöchentliche ~**, il ␣supplemento settimanale␣/[magazine] (del giornale); (*Bildbeilage*) inserto m illustrato; (*Kulturbeilage*) supplemento m/inserto m culturale; (*Werbebeilage*) inserto m pubblicitario.

Zeitungsbericht m servizio m, reportage m.

Zeitungsente f *fam* bufala f, canard m.

Zeitungsfrau f (*Verkäuferin*) giornalaia f; (*Austrägerin*) chi consegna i giornali a domicilio.

Zeitungshalter m listello m reggigiornale.

Zeitungsinserat n → **Zeitungsannonce**.

Zeitungsjargon m *pej* gergo m giornalistico, giornalese m *pej oder iron* • **im ~**, in giornalese.

Zeitungsjunge m 1 → **Zeitungsausträger** 2 → **Zeitungsverkäufer**.

Zeitungskiosk m edicola f, chiosco m del giornalaio: **zum ~ gehen**, andare ␣dal giornalaio␣/[all'edicola].

Zeitungskorrespondent m (**Zeitungskorrespondentin** f) corrispondente mf, inviato (-a) m (f), reporter mf.

Zeitungslektüre f lettura f dei giornali.

Zeitungsleser m (**Zeitungsleserin** f) lettore (-trice) m (f) di giornale/giornali: **ein aufmerksamer/interessierter ~ sein**, essere un attento/interessato lettore di giornale/giornali; **unter den Schülern gibt es zu wenig ~**, tra gli studenti sono troppo pochi quelli che leggono il giornale.

Zeitungsmann m (*Verkäufer*) giornalaio m; (*Austräger*) chi consegna i giornali a domicilio.

Zeitungsmeldung f notizia f di/del giornale.

Zeitungsnotiz f trafiletto m, stelloncino m: **nur eine kurze ~ über den Vorfall finden**, trovare soltanto un trafiletto sull'accaduto.

Zeitungspapier n 1 (*Papier von Zeitungen*) carta f di giornale: **etw in ~ einwickeln/einschlagen**, avvolgere/involtare qc in carta di giornale 2 (*Papier für Zeitungen*) carta f da giornale.

Zeitungsredakteur m (**Zeitungsredakteurin** f) redattore (-trice) m (f) (di un giornale).

Zeitungsständer m (*am Kiosk*) espositore m di/per giornali; (*im Privathaushalt*) portariviste m, portagiornali m.

Zeitungsverkäufer m (**Zeitungsverkäuferin** f) (*im Kiosk*) giornalaio (-a) m (f), edicolante mf, edicolista mf; (*auf der Straße*) strillone (-a) m (f).

Zeitungsverträger m (**Zeitungsverträgerin** f) *CH* → **Zeitungsausträger**.

Zeitungswesen <-s, ohne pl> n giornalismo m, stampa f: **das ~ in Deutschland/Frankreich**, la stampa tedesca/francese; **im ~ tätig sein**, lavorare in ambito giornalistico␣/[nel mondo della carta stampata]; (*als Journalist*) lavorare nel giornalismo.

Zeitungswissenschaft <-, ohne pl> f giornalismo m: **~ studieren**, studiare giornalismo.

Zeitunterschied m 1 (*von Ortszeit*) differenza f di (fuso) orario 2 *sport* differenza f di tempo.

Zeitvergeudung f → **Zeitverschwendung**.

Zeitverlust <-(e)s, ohne pl> m perdita f di tempo; (*verlorene Zeit*) tempo m perso: **das würde ␣einen enormen␣/[zwei Stunden] ~ bedeuten**, (questo) significherebbe ␣un'enorme perdita di tempo␣/[perdere due ore]; **versuchen, den ~ aufzuholen**, cercare di recuperare il tempo perso.

Zeitverschiebung f differenza f di (fuso) orario.

Zeitverschwendung <-, ohne pl> f spreco m di tempo: **das ist doch reine ~!**, ma è tempo perso/buttato *fam!*; **es wäre (reine) ~, etw zu tun**, fare qc significherebbe sprecare/[buttare via] il tempo.

zeitversetzt A adj *radio TV* differito: **eine ~e Übertragung**, una (trasmissione in) differita B adv {AUSSTRAHLEN, SENDEN} in differita.

Zeitvertrag m contratto m a termine/[tempo determinato]: **jdn mit einem ~ einstellen**, assumere qu con un contratto a termine.

Zeitvertreib <-(e)s, -e> m <meist sing> passatempo m, svago m: **Musik hören ist sein liebster ~**, ascoltare musica è il suo passatempo preferito • **zum ~** (*als Hobby*), per/come passatempo; (*um sich die Zeit zu vertreiben*), per passare il tempo.

zeitweilig A adj 1 <attr> (*vorübergehend*) {ANORDNUNG, VERFÜGUNG} temporaneo, provvisorio: **~e Schwierigkeiten**, difficoltà temporanee/passeggere 2 (*gelegentlich*) temporaneo; {REGENFÄLLE, SCHAUER} intermittente: **mit ~er Bewölkungsauflockerung**, con schiarite temporanee/[a tratti] B adv 1 (*vorübergehend*) {ANORDNEN, VERFÜGEN} temporaneamente, in via temporanea: **die Straße ist ~ gesperrt**, la strada è temporaneamente chiusa (al traffico) 2 (*gelegentlich*) ogni tanto, a momenti/volte: **~ völlig in sich versunken sein**, essere a volte completamente assorto nei propri pensieri.

zeitweise adv 1 (*gelegentlich*) {AUFTRETEN, IN ERSCHEINUNG TRETEN} di tanto in tanto, di quando in quando, a volte 2 (*für gelegentliche Zeitabschnitte*) a momenti/periodi: **~ schien es so, als würden sie sich gut verstehen**, a periodi/momenti sembrava che andassero d'accordo; **sie wohnt ~ bei ihrem Freund**, a periodi abita dal suo ragazzo; **... und ~ Regen**, ... con piogge intermittenti/[a tratti].

Zeitwende <-, ohne pl> f svolta f epocale; (*Beginn einer neuen Ära*) inizio m di una nuova era • **vor/nach der ~**, avanti/dopo Cristo.

Zeitwert m valore m corrente: **die Versicherung ersetzt nur den ~ des Wagens**, l'assicurazione rimborsa soltanto il valore corrente della macchina.

Zeitwertkonto n "conto m su cui i lavoratori possono versare parte dei contributi pensionistici per creare una forma di previdenza alternativa".

Zeitwort <-(e)s, -wörter> n *ling* verbo m.

Zeitzeichen n *radio TV* segnale m orario: **beim ~ ist es 16 Uhr**, al segnale orario sono le ore 16.

Zeitzeuge m (**Zeitzeugin** f) testimone mf di un'epoca: **heute Abend haben wir ~n ins Studio eingeladen**, stasera abbiamo ospiti in studio persone che hanno vissuto quell'epoca.

Zeitzone f fuso m orario.

Zeitzünder m spoletta f a tempo: **die Bombe war mit einem ~ versehen**, la bomba era provvista di una spoletta a tempo.

Zeitzündung f accensione f a tempo.

Zelebrant <-en, -en> m *relig* celebrante m.

zelebrieren <ohne ge-> tr *etw* ~ 1 *relig* celebrare qc, officiare qc 2 (*feierlich begehen*) {JDS GEBURTSTAG, TODESTAG} celebrare qc 3 *geh iron* (*übertrieben feierlich gestalten*): **die gemeinsamen Mahlzeiten werden bei ihnen regelrecht zelebriert**, i loro pasti sono vere e proprie cerimonie solenni.

Zellatmung f *biol* respirazione f cellulare.

Zellbildung f *biol* citogenesi f.

Zelle <-, -n> f 1 (*Gefängniszelle*) cella f: **jdn in seine ~ bringen/führen**, portare/condurre qu nella propria cella; **sie haben ihn in eine ~ gesperrt**, l'hanno chiuso in una cella 2 (*Klosterzelle*) cella f, celletta f 3 (*Telefonzelle*) cabina f telefonica: **jdn aus der ~ anrufen**, chiamare qu dalla cabina (telefonica) 4 *biol* cellula f: **lebende/tote ~n**, cellule vive/morte 5 (*Hohlraum*) {+WABE} cella f: **die ~n einer Bienenwabe**, le celle di un favo 6 *el* (*Element*) {+AKKUMULATOR, BATTERIE} elemento m, cella f; (*Fotozelle*) cellula f fotoelettrica 7 *pol* cellula f: **subversive ~n**, cellule sovversive • **die (kleinen) grauen ~n** *fam scherz*, la materia grigia *fam*; **die kleinen grauen ~n anstrengen**, far lavorare la materia grigia.

Zellenbildung f → **Zellbildung**.

Zellforschung f *med* citologia f.

Zellgewebe n *biol* tessuto m cellulare.

Zellkern m *biol* nucleo m della cellula.

Zellkernteilung f *biol* mitosi f, cariocinesi f.

Zellkörper m *biol* corpo m cellulare.

Zellmembran f membrana f cellulare/plasmatica.

Zellophan <-s, ohne pl> n → **Cellophan**®.

Zellophanpapier n → **Cellophanpapier**.

Zellplasma n *biol* citoplasma m.

Zellstoff <-(e)s, ohne pl> m 1 (*Holzprodukt*) cellulosa f 2 (*sehr saugfähiger Stoff*) tessuto m di cellulosa.

Zellstofffabrik, **Zellstoff-Fabrik** f fabbrica f di cellulosa.

Zellstofftuch n panno m di cellulosa.

Zellteilung f *biol* divisione f cellulare.

Zellulartherapie <-, ohne pl> f *med* terapia f cellulare.

Zellulitis <-, ohne pl> f *med* cellulite f: **~ haben**, avere la cellulite; **etw gegen ~ tun**, combattere la cellulite; **mit einer richtigen Diät kann man viel gegen ~ tun**, con la dieta giusta si può fare molto contro la cellulite.

Zelluloid <-(e)s, ohne pl> n 1 *chem* celluloide f 2 *slang film* (*Filmstreifen*) pellicola f • **etw auf ~ bannen** *slang*, filmare qc, riprendere qc.

Zelluloidstreifen m *slang film* pellicola f.

Zellulose <-, -n> f cellulosa f.

Zellwand f *biol* parete f, cellulare.

Zellwolle f lana f di cellulosa.

Zelot <-en, -en> m (**Zelotin** f) 1 *geh* (*Fanatiker*) fanatico (-a) m (f) 2 *hist* zelota mf.

Zelt <-(e)s, -e> n 1 (*Campingzelt*) tenda f: **ein ~ ␣aufbauen/aufschlagen␣/[abbauen]**, ␣montare/piantare␣/[smontare] una tenda; **in einem ~ schlafen/leben**, dormire/vivere in (una) tenda 2 (*Zirkuszelt*) tendone m; (*Bierzelt, Festzelt*) auch padiglione m • **seine ~e abbrechen** *meist scherz*, levare le tende *fam*; **seine ~e irgendwo aufschlagen** *meist scherz*, piantare le tende + *compl di luogo*.

Zeltbahn f 1 (*Stoff für ein Zelt*) telo m da tenda 2 (*Zeltplane*) telone m.

Zeltblache <-, -n> f *CH*, **Zeltblatt** n A → **Zeltplane**.

Zeltdach n 1 *arch* tetto m a piramide/padiglione 2 *bau* {+STADION} tetto m a om-

brello.
zelten itr fare campeggio, andare in tenda; *irgendwo* ~ campeggiare/[andare in tenda]/[fare (il) campeggio] + *compl di luogo*: **direkt am Seeufer ~**, campeggiare/[fare campeggio] proprio in riva al lago ● **~ gehen**, andare in campeggio + *compl di luogo*; **er geht im Urlaub ~**, va in vacanza in tenda; **wir gehen jedes Jahr im Urlaub ~**, tutti gli anni passiamo le vacanze in tenda; **wild ~**, fare campeggio libero.

Zelten <-s, ohne pl> n campeggio m, camping m: **hier ist freies ~ gestattet**, è consentito il campeggio libero ● **irgendwohin zum ~ gehen**, andare ⌊a fare campeggio⌋/[in tenda] + *compl di luogo*; **~ verboten!**, divieto di campeggio!, no camping!

Zelter m (**Zelterin** f) → **Zeltler**.
Zelthering m → **Zeltpflock**.
Zeltlager n accampamento m, campo m, attendamento m; {+ASYLANTEN, FLÜCHTLINGE} *auch* tendopoli f; {*Ferienlager*} campeggio m: **das ~ aufbauen/abbrechen**, piantare/[levare/togliere] l'accampamento; **in einem ~ leben/wohnen**, vivere/abitare in una tendopoli; **in den Ferien ins ~ fahren**, fare un campo vacanze.
Zeltler <-s, -> m (**Zeltlerin** f) campeggiatore (-trice) m (f).
Zeltmast m palo m portante.
Zeltpflock m picchetto m da tenda.
Zeltplane f tendone m (impermeabile).
Zeltplatz m **1** (*Gelände*) (terreno m per) campeggio m/camping m **2** (*Platz für ein Zelt*) posto m tenda.
Zeltstange f paletto m da tenda.
Zement <-(e)s, -e> m *bau* cemento m.
Zementfußboden m pavimento m di/in cemento.
zementieren <ohne ge-> tr *etw* ~ **1** (*mit Zement versehen*) {BODEN, EINFAHRT, HOF} cementare *qc* **2** *geh pej* (*festigen*) {MACHT, SOZIALE UNTERSCHIEDE, POLITISCHE VERHÄLTNISSE} consolidare *qc* **3** *metall* cementare *qc*, sottoporre *qc* a cementazione.
Zen <-(s), ohne pl> n *relig* zen m: **die Kunst des Zen**, l'arte zen.
Zenbuddhismus m *relig* buddismo m zen.
Zenit <-(e)s, ohne pl> m **1** *astr* zenit m **2** *geh* (*Höhepunkt*) zenit m, apice m, culmine m, apogeo m ● **im ~ stehen** *astr*, essere allo zenit; **im ~ einer S. (gen) stehen** {+ERFOLG, KARRIERE, MACHT}, essere ⌊allo zenit⌋/[all'apice]/[al culmine]/[all'apogeo] di *qc*; **den ~ des Lebens überschritten haben**, avere passato gli anni migliori della vita.
Zenmeister <-s, -> m maestro m zen.
zensieren <ohne ge-> Ⓐ tr **1** (*benoten*) *jdn/etw* ~ valutare *qu/qc*, dare un voto *a qu/qc*; *jdn/etw mit etw* (dat) ~ dare *qc a qu/qc*: **einen Aufsatz mit «ausreichend» ~**, ⌊valutare sufficiente⌋/[dare la sufficienza a] un componimento **2** (*einer Zensur unterwerfen*) *etw* ~ {BUCH, FILM, MANUSKRIPT, ZEITUNG} censurare *qc* Ⓑ itr dare ⌊un voto⌋/[dei voti]: **mild/streng ~**, essere indulgente/severo nel dare i voti.
Zensor <-s, -en> m (**Zensorin** f) **1** (*Zensurausübender*) censore (-a) m (f) **2** *hist* censore m.
Zensur <-, -en> f **1** *nur sing* (*prüfende Kontrolle*) censura f: **scharfe/strenge ~ ausüben**, esercitare una rigida/severa censura; **die ~ einführen/aufheben/abschaffen**, introdurre/sospendere/abolire la censura; **durch die ~ gehen**, passare la censura; **der ~ unterliegen**, essere censurato/[soggetto a censura]; *etw der* ~ *unterwerfen*, imporre la censura a *qc* **2** <nur sing> (*Behörde*) (ufficio m della) censura f **3** (*Note*) voto m: **eine gute/schlechte ~ (in etw dat) bekommen**, prendere un buon/brutto voto (in *qc*); *jdm* ⌊**in einer Prüfung**⌋/[**für eine Klassenarbeit**] **eine gute/schlechte ~ geben**, dare a qu un buon/brutto voto a ⌊un esame⌋/[un compito in classe]; **gute/schlechte ~en haben**, avere buoni/brutti voti.
zensurieren <ohne ge-> tr *itr A CH* → **zensieren**.
Zensus <-, -> m **1** *geh* (*Volkszählung*) censimento m **2** *hist* (*Vermögensliste*) censo m **3** *hist* (*Steuerabgabe*) censo m.
Zentaur <-en, -en> m *myth* centauro m.
Zentenarausgabe f *geh Verlag* edizione f del centenario.
Zentesimalpotenz f *pharm* potenza f centesimale.
Zentigramm n (Abk cg) centigrammo m (Abk cg).
Zentiliter m *oder* n (Abk cl) centilitro m (Abk cl).
Zentimeter m *oder* n (Abk cm) centimetro m (Abk cm).
Zentimetermaß n metro m.
Zentner <-s, -> m **1** (*50 kg*) mezzo quintale m: **zwei ~**, un quintale **2** *A CH* (*100 Kg*) quintale m.
Zentnergewicht n peso m da mezzo quintale.
Zentnerlast f **1** (*Last von Zentnern*) peso m di quintali **2** (*schwere Bürde*) peso m enorme, macigno m ● *jdm fällt etw wie eine ~* ⌊*vom Herzen*⌋/[*von der Seele*], qu si toglie un gran peso dal cuore; **jdm wie eine ~ auf der Seele** {SCHLECHTES GEWISSEN, SCHULD}, essere un grosso peso per qu.
zentnerschwer Ⓐ adj **1** (*sehr schwer*) {KISTE, LAST, SACK} pesante come il piombo **2** (*einen Zentner schwer*) (che pesa⌋/[di] mezzo quintale; (*mehrere Zentner schwer*) di/[che pesa] diversi/svariati quintali: **~ sein** (*sehr schwer sein*), pesare ⌊un quintale⌋/[quintali] **3** (*sehr belastend*) {SORGE} che schiaccia Ⓑ adv: **auf jdm lasten/ruhen** {SCHLECHTES GEWISSEN, SCHULD}, pesare come un macigno a qu; **jdm ~ im Magen liegen** {ESSEN}, essere rimasto sullo stomaco a qu; **~ wiegen** {AUSSAGE, URTEIL}, pesare enormemente, avere un peso enorme.
zentral Ⓐ adj **1** (*im Zentrum befindlich*) centrale m: **das Hotel hat eine ganz ~e Lage**, l'albergo ⌊si trova in posizione centralissima⌋/[è direttamente in centro] **2** (*maßgeblich*) {ASPEKT, FIGUR, PROBLEM, PUNKT} centrale: **von ~er Bedeutung sein**, essere di importanza capitale **3** (*übergeordnet*) {LEITUNG, PLANUNG, VERWALTUNG} centrale, centralizzato **4** *inform tech* {BEDIENUNG, STEUERUNG} centralizzato: **~e Datenerfassung**, raccolta centralizzata di dati; **die Heizung wird ~e Steuerung**, il riscaldamento è centralizzato **5** *anat* {NERVENSYSTEM} centrale Ⓑ adv **1** (*im Zentrum*) {LIEGEN, WOHNEN} in centro: **~ gelegen**, in ⌊posizione centrale⌋/[centro] **2** (*von übergeordneter Stelle*) {GELEITET, REGIERT} in modo centralizzato: **die Altenheime werden ~ verwaltet**, le residenze per anziani ⌊vengono amministrate in modo centralizzata⌋/[hanno un'amministrazione centralizzata] **3** *tech* in modo centralizzato: *etw* ~ **bedienen/steuern**, regolare *qc* con un sistema centralizzato; **ein ~ gesteuertes Sicherheitssystem**, un sistema di sicurezza centralizzato **4** *anat*: **~ gesteuertes Nervensystem**, sistema nervoso centrale.
Zentralabitur n *D Schule* "esami m pl di maturità le cui prove in alcuni Länder vengono stabilite a livello ministeriale".
Zentralafrika n *geog* Africa f centrale.
Zentralafrikaner m (**Zentralafrikanerin** f) abitante mf dell'Africa centrale.
zentralafrikanisch adj centr(o)africano ● **die Zentralafrikanische Republik** *pol*, la Repubblica Centr(o)africana.
Zentralalpen subst <nur pl> *geog* Alpi f pl centrali.
Zentralamerika n *geog* America f centrale.
zentralamerikanisch adj centr(o)americano.
zentralasiatisch adj centr(o)asiatico.
Zentralasien n *geog* Asia f centrale.
Zentralausschuss (a.R. Zentralausschuß) m *adm* commissione f/comitato m centrale.
Zentralbank f banca f centrale ● **Europäische ~** (Abk EZB), Banca Centrale Europea (Abk BCE).
Zentralbau m *arch* edificio m/costruzione f a pianta centrale: **das Pantheon ist ein ~**, il Pantheon è a pianta centrale.
zentralbeheizt adj {GEBÄUDE, WOHNUNG} con riscaldamento centralizzato.
Zentrale <-, -n> f **1** (*Hauptstelle*) {+TAXIUNTERNEHMEN} centrale f: **die Wagen werden von der ~ geschickt**, le macchine vengono mandate dalla centrale; {+BANK, PARTEI, UNTERNEHMEN} (sede f) centrale f; **mit weiteren Fragen wenden Sie sich bitte an unsere ~**, per ulteriori chiarimenti si rivolga per favore alla nostra (sede) centrale **2** *tel* {+TELEFONGESELLSCHAFT} centrale f (telefonica); {+FIRMA, PARTEI, VERLAG} centralino m **3** *tech* (*Schaltzentrale*) sala f comandi.
Zentraleinheit f *inform* unità f centrale (di elaborazione).
Zentralfigur f {+FILM, GESCHEHEN, ROMAN} figura f/personaggio m centrale, protagonista mf.
Zentralgewalt <-, ohne pl> f *pol* potere m centrale.
Zentralheizung f **1** (*Heizung*) riscaldamento m centrale/centralizzato **2** *fam* (*Heizkörper*) termosifone m, radiatore m.
Zentralisation <-, -en> f centralizzazione f, accentramento m.
zentralisieren <ohne ge-> tr *etw* ~ {STAAT} centralizzare *qc*; {VERWALTUNG} *auch* accentrare *qc*.
Zentralisierung f → **Zentralisation**.
Zentralismus <-, ohne pl> m centralismo m.
zentralistisch Ⓐ adj {STAAT, SYSTEM} centralistico, accentratore Ⓑ adv in modo centralistico/accentratore, centralisticamente.
Zentralkatalog m catalogo m collettivo.
Zentralkomitee n *pol* comitato m centrale.
Zentralkraft f *phys* forza f centrale.
Zentralmassiv <-s, ohne pl> n *geog* Massiccio m Centrale.
Zentralnervensystem n *anat* sistema m nervoso centrale.
Zentralorgan n organo m ufficiale.
Zentralperspektive f prospettiva f centrale/lineare/conica.
Zentralrat m consiglio m centrale: **~ der Juden in Deutschland**, Consiglio Centrale Ebraico, Consiglio delle Comunità Ebraiche Tedesche.
Zentralrechner m *inform* elaboratore m/unità f centrale.
Zentralspeicher m *inform* memoria f centrale.

Zentralstelle f: ~ für die Vergabe von Studienplätzen (Abk ZVS), "ufficio m centrale per l'assegnazione di posti di studio (in un corso di laurea a numero chiuso) nelle università tedesche".
Zentralverband m adm confederazione f nazionale.
Zentralverriegelung f autom chiusura f centralizzata.
Zentralverwaltung f amministrazione f centrale.
Zentren pl von Zentrum.
zentrieren <ohne ge-> tr inform tech etw ~ centrare qc.
Zentrierung <-, ohne pl> f inform tech centratura f; mech centraggio m.
zentrifugal adj {BEWEGUNG, KRAFT} centrifugo.
Zentrifugalkraft f phys forza f centrifuga.
Zentrifuge <-, -n> f tech centrifuga f.
zentrifugieren <ohne ge-> tr etw ~ {BLUT, MILCH} centrifugare qc.
zentripetal adj biol med phys centripeto.
Zentripetalkraft f phys forza f centripeta.
zentrisch adj centrico.
Zentrum <-s, Zentren> n **1** (Mittelpunkt) centro m: **das ~ des Erdbebens**, l'epicentro del terremoto; **das ~ eines Wirbelsturms**, l'occhio di un ciclone **2** (Stadtzentrum) centro m: **im ~ wohnen/einkaufen**, abitare/[fare la spesa] in centro **3** (Schwerpunkt) {+KULTUR, MODE, WIRTSCHAFT} centro m: **ein industrielles/politisches ~**, un centro industriale/politico; **die Zentren der Macht**, i centri del potere ● **im ~ einer S. (gen) stehen**, essere/trovarsi al centro di qc; **jd/etw steht im ~ des (öffentlichen) Interesses**, qu/qc è/[si trova] al centro dell'attenzione (generale).
Zentrumspartei f pol partito m di centro ● **Deutsche ~** hist, Partito (tedesco) di Centro.
Zeppelin <-s, -e> m dirigibile m, Zeppelin m: **mit dem ~ fliegen**, andare in dirigibile.
Zepter <-s, -> n oder rar m scettro m ● (irgendwo) **das ~ führen/schwingen** fam scherz, avere lo scettro del comando (+ compl di luogo), condurre le danze; **zu Hause schwingt sie das ~**, a casa è lei che ha lo scettro del comando/[comanda]; **das ~ niederlegen** geh, deporre lo scettro; **das ~ an sich reißen**, usurpare lo scettro.
zerbeißen <irr, ohne ge-> tr **1** (kaputtbeißen) etw ~ {BONBON, NUSS, TABLETTE} spezzare/rompere qc coi denti; {BLEISTIFT} mordicchiare qc: **der Hund zerbeißt ihm alle Schuhe**, il cane gli ha rovinato tutte le scarpe a furia di mordicchiarle/rosicchiarle **2** (zerstechen) **jdn ~** riempire qu di punture, mangiare qu fam: **ich bin völlig zerbissen**, sono un'unica puntura, sono (ri)coperto (-a) di punture; **jdm etw ~** {ARME, BEINE} riempire qu di punture qc a qu; **die Mücken haben ihr die Arme zerbissen**, le zanzare le hanno ricoperto le braccia di punture/[martoriato le braccia].
zerbersten <irr, ohne ge-> itr <sein> **1** (auseinanderplatzen) {GLAS, MAUER, SÄULE} frantumarsi, andare in pezzi/[mille pezzi]; {FLUGZEUG, HEIZKESSEL, SCHIFF, TANK} esplodere andando in mille pezzi **2** geh (platzen) **vor etw** (dat) ~ {VOR ÄRGER, NEID, WUT} scoppiare di qc: **der Kopf schien ihm vor Schmerzen zu ~**, gli sembrava che la testa gli scoppiasse dai dolori.
Zerberus <-, -se> m **1** <nur sing> myth: **der ~**, il Cerbero **2** (Mensch) cerbero m: **seine Sekretärin ist ein richtiger ~**, la sua segretaria è un vero cerbero ● **etw wie ein ~ bewachen**, sorvegliare qc come un mastino.
zerbeulen tr → **verbeulen**.
zerbomben <ohne ge-> tr etw ~ distruggere qc con i bombardamenti/le bombe, bombardare qc: **zerbombt**, distrutto/[raso al suolo] dalle bombe.
zerbrechen <irr, ohne ge-> **A** tr <haben> (in Stücke brechen) etw ~ {GLAS, TASSE, TELLER, VASE} rompere qc, mandare in pezzi/frantumi qc, frantumare qc; {HOLZSTAB, STOCK} spezzare qc **B** itr <sein> **1** (in Stücke brechen) {GLAS, TASSE, TELLER, VASE} rompersi, andare in pezzi/frantumi, frantumarsi: **zerbrochenes Geschirr**, stoviglie rotte; **in (tausend) Stücke ~**, andare/rompersi in (mille) pezzi, andare in frantumi; **in Stücke zerbrochen sein**, essere a pezzi; **jdm in der Hand/[beim Abwaschen] ~**, spezzarsi/rompersi a qu [fra le mani]/[rigovernando]: **die Karaffe ist mir beim Spülen zerbrochen**, la caraffa mi si è rotta mentre la lavavo **2** geh (scheitern) {FREUNDSCHAFT} naufragare; {EHE} auch fallire; {BÜNDNIS, KOALITION} spaccarsi: **eine zerbrochene Ehe**, un matrimonio fallito/naufragato; **ihre Liebe zerbrach** geh, il loro amore naufragò **3** (seelisch zugrunde gehen) **an etw** (dat) ~ {AN EINEM KUMMER, SEINEM SCHICKSAL} soccombere a qc; **am Leben zerbrochen sein**, essere stato sconfitto dalla vita.
zerbrechlich adj **1** (leicht zerbrechend) {GESCHIRR, GLAS, PORZELLAN, PUPPE, SPIELZEUG} fragile, delicato, frangibile rar: **leicht ~ sein**, essere molto fragile, rompersi molto facilmente; **Vorsicht, ~!**, attenzione, fragile! **2** (zart) {GESCHÖPF, PERSON} gracile, delicato: **~ wirken**, {avere un aspetto}/[dare l'impressione di essere] molto gracile.
Zerbrechlichkeit <-, ohne pl> f **1** (das Zerbrechlichsein) fragilità f **2** geh (Zartheit) gracilità f.
zerbröckeln <ohne ge-> **A** tr <haben> etw ~ {BROT, KEKS, KUCHEN} sbriciolare qc, sminuzzare qc, sbocconcellare qc: **ein ganz zerbröckeltes Brötchen**, un panino tutto sbocconcellato **B** itr <sein> {FASSADE, GESTEIN, PUTZ} sgretolarsi: **das Brot lässt sich kaum schneiden, es zerbröckelt sofort**, il pane si taglia male, si sbriciola subito.
zerbröseln tr itr → **zerkrümeln**.
zerdeppern <ohne ge-> tr fam etw ~ {GESCHIRR, PORZELLAN} fracassare qc, mandare in frantumi/pezzi qc: **Fensterscheiben ~**, mandare in frantumi i vetri.
zerdrücken <ohne ge-> tr etw ~ **1** (zerquetschen) schiacciare qc: **Kartoffeln mit der Gabel ~**, schiacciare le patate con la forchetta; **eine Fliege an der Fensterscheibe ~**, spiaccicare/schiacciare una mosca contro il vetro **2** fam → **zerknittern**.
Zerealien subst <nur pl> cereali m pl: **Kinderriegel mit fünf ~**, barrette (per bambini) ai cinque cereali.
zerebral adj **1** anat med cerebrale **2** ling {LAUT} cerebrale.
zerebrospinal adj anat med cerebrospinale.
Zeremonie <-, -n> f cerimonia f: **eine feierliche, prunkvolle/religiöse ~**, una cerimonia solenne/[sfarzosa/sontuosa]/[religiosa]; **die ~ der Hochzeit/Taufe**, la cerimonia [delle nozze]/[del battesimo].
zeremoniell geh **A** adj (feierlich) {EMPFANG} (che segue un rigido) cerimoniale **B** adv (feierlich) in modo cerimoniale, cerimonialmente rar.
Zeremoniell <-s, -e> n geh cerimoniale m, rituale m: **das diplomatische/militärische/höfische ~**, il cerimoniale diplomatico/militare/[di corte]; **nach einem strengen ~ ablaufen**, seguire/[svolgersi secondo] un rigido cerimoniale.
Zeremonienmeister m cerimoniere m, maestro m di cerimonia.
zerfahren① adj {STRASSE, WEG} dissestato.
zerfahren② adj (nervös und unkonzentriert) {MENSCH} sfasato: **einen ~en Eindruck machen**, sembrare nervoso (-a) e distratto (-a).
Zerfahrenheit <-, ohne pl> f distrazione f, sbadataggine f.
Zerfall <-(e)s, ohne pl oder fachspr Zerfälle> m **1** <nur sing> {+DENKMAL, FASSADE, GEBÄUDE} rovina f, degrado m, decadimento m **2** <nur sing> {+MORAL, REICH, SITTE} decadenza f, scadimento m, declino m, decadimento m: **der ~ einer Kultur/Nation**, la decadenza/il declino di una civiltà/nazione; **der ~ jeglicher Moral**, il decadimento/degrado di ogni morale; **der ~ des Römischen Reiches**, il declino dell'Impero romano **3** nukl phys decadimento m, disintegrazione f: **der ~ radioaktiver Teilchen**, il decadimento/la disintegrazione di particelle radioattive; **nuklearer ~**, scissione nucleare **4** <nur sing> chem {+KÖRPER, MATERIE} decomposizione f, disfacimento m.
zerfallen <irr, ohne ge-> itr <sein> **1** (auseinanderfallen) {HÜTTE, MAUER, ZAUN} cadere a pezzi; {bes. BAUWERK} andare/cadere in rovina: **der Palast zerfällt langsam/[immer mehr]**, il palazzo cade lentamente a pezzi/[va/cade sempre più in rovina]; **in/zu Asche/Staub ~**, ridursi in cenere/polvere; **ein ~es Gebäude**, un edificio in rovina/[diroccato]/[cadente] **2** (untergehen) {IMPERIUM, REICH} disgregarsi, disintegrarsi, essere in declino **3** nukl phys decadere, disintegrarsi **4** (sich gliedern) **in etw** (akk) ~ {IN ABSCHNITTE, PHASEN, TEILE} dividersi in qc, essere diviso in qc: **der Essay zerfällt in mehrere Abschnitte**, il saggio è suddiviso in varie parti ● **mit jdm/etw ~ sein**, essere in rotta con qu/qc; **mit der Familie völlig ~ sein**, essere in rotta totale con la famiglia; **mit sich und der Welt ~ sein**, essere in conflitto con se stesso e con gli altri.
Zerfallserscheinung f {+BAUWERK, GEBÄUDE} manifestazione f/segno m di degrado/decadimento; {+IMPERIUM, REICH} sintomo m/manifestazione f/segno m di declino/decadenza.
Zerfallsprodukt n nukl phys prodotto m di decadimento/disintegrazione.
Zerfallsprozess (a.R. Zerfallsprozeß) m processo m di decomposizione.
Zerfallsstoff, **Zerfallstoff** m <meist pl> bes. med scoria f: **giftige ~e**, scorie tossiche.
zerfetzen <ohne ge-> tr **1** (in Fetzen reißen) etw ~ {BRIEF, PAPIER} stracciare qc, strappare qc, fare a pezzi qc; {KLEID, STOFF} fare/ridurre a brandelli qc, lacerare qc, sbrindellare qc **2** (in Stücke reißen) jdn/etw ~ {BOMBE, MASCHINE, MINE KÖRPER, MENSCHEN; TIER KÖRPERTEIL, MENSCHEN, TIER} dilaniare qu/qc, straziare qc, straziare qc a qu: **die Granate zerfetzte ihm ein Bein**, la granata gli dilaniò una gamba **3** fam (verreißen) jdn/etw ~ {AUTOR, FILM, THEATERAUFFÜHRUNG} fare a pezzi qu/qc fam, stroncare qu/qc fam.
zerfetzt adj {BRIEF, PAPIER} stracciato, strappato, a pezzi; {FAHNE, STOFF} auch lacerato, a brandelli, sbrindellato; {KÖRPER, MENSCH} dilaniato: **ein ~es Kleid**, un abito lacero/[tutto sbrindellato].
zerfleddern tr fam etw ~ {BUCH, SCHUL-

HEFT, UMSCHLAG, ZEITUNG} sbrindellare qc, squinternare qc: **völlig zerfleddert sein** {BUCH, UMSCHLAG, ZEITUNG}, essere ₁a brandelli₁/[completamente sbrindellato/squinternato].

zerfleischen ‹ohne ge-› **A** tr **1** (in Stücke reißen) **jdn/etw ~** {TIER} sbranare qu/qc, dilaniare qu/qc, fare a pezzi qu/qc, straziare qu/qc: **der Tierbändiger ist von einem Löwen zerfleischt worden**, il domatore è stato sbranato da un leone **2** (quälen) **jdn ~** {EIFERSUCHT, SCHULDGEFÜHLE} dilaniare qu **B** rfl **1** (sich quälen) **sich** (**in/vor etw** dat) **~** {IN/VOR SCHULDGEFÜHLEN} essere dilaniato da qc: **sich vor Eifersucht ~**, essere divorato dalla gelosia; **sich in bittersten Selbstvorwürfen ~**, massacrarsi con continui rimproveri (a se stesso) **2** (sich heftig streiten) **sich** (**gegenseitig**) **~** sbranarsi fam, farsi a pezzi l'uno (-a) con l'altro (-a), squartarsi fam.

zerfließen ‹irr, ohne ge-› itr ‹sein› **1** (schmelzen) {BUTTER, SCHOKOLADE, SPEISEEIS} sciogliersi, liquefarsi, squagliarsi; {MAKE-UP} colare: **in der Sonne ~**, sciogliersi al sole **2** (auseinanderfließen) {FARBE, TINTE} sbavare **3** fam pej (ein Übermaß an etw zeigen) **in/vor etw** (dat) **~** effondersi in qc: **in/vor Mitleid ~**, effondersi in grandi gesti di compassione **4** (sich auflösen): **in Tränen ~**, sciogliersi/disfarsi in lacrime.

zerfressen ‹irr, ohne ge-› tr **1** (fressend beschädigen) **etw ~** {HOLZWÜRMER, MÄUSE, MOTTEN} rodere qc, rosicchiare qc, mangiare qc: **von Motten ~ sein**, essere tarmato/[roso dalle tarme] **2** (zersetzen) **etw ~** {BAKTERIEN, PILZ, WITTERUNGSEINFLÜSSE GESTEIN, SKULPTUR} (cor)rodere qc; {LAUGE, ROST, SÄURE EISEN, METALL} auch mangiare qc **3** med (jdm) **etw ~** {LEPRA, TUMOR} divorare qc (a qu); {WUNDBRAND} mangiare qc (a qu) fam **4** (quälen): **jdm das Herz ~** {EIFERSUCHT}, divorare qu, auch spezzare/strappare il cuore a qu.

zerfurchen ‹ohne ge-› tr **etw ~ 1** (durch Fahrspuren) scavare solchi in qc **2** (faltig werden lassen) solcare di rughe qc: **zerfurcht** {GESICHT, STIRN}, segnato/solcato da (profonde) rughe.

zergehen ‹irr, ohne ge-› itr ‹sein› **1** (flüssig werden) {TABLETTE} sciogliersi; {BUTTER, FETT} auch fondersi, liquefarsi, squagliarsi: **etw** (**in etw** dat) **~ lassen** {BUTTER IN DER PFANNE, IM TOPF}, far fondere/sciogliere qc (in qc); {TABLETTE IM WASSER} far sciogliere qc (in qc) **2** (schmelzen) **jdm auf/in etw** (dat) **~** {AUF DER ZUNGE, IM MUND} sciogliersi (a qu) su/in qc: **die Tablette langsam im Mund ~ lassen**, far sciogliere lentamente la pastiglia in bocca.

zergliedern ‹ohne ge-› tr **1** (sezieren) **etw ~** {PFLANZE} sezionare qc; {LEICHNAM, ORGAN} auch anatomizzare qc, dissecare qc, dissezionare qc **2** (analysieren) **etw ~** {PROBLEM, PROZESS} analizzare (in dettaglio) qc **3** gram **etw ~** {KONSTRUKTION, SATZ} analizzare qc, fare l'analisi logica di qc; **etw in etw** (dat) **~** scomporre in qc qc.

zerhacken ‹ohne ge-› tr **etw ~** {HOLZ} spaccare qc in piccoli pezzi; {FLEISCH} tagliare a pezzetti qc, spezzettare qc; {KNOCHEN} fare/ridurre a pezzetti qc; {KNOBLAUCH, KRÄUTER, ZWIEBEL} tritare qc: **er hat die alte Kommode** (**zu Brennholz**) **zerhackt**, ha spaccato il vecchio comò (per farne legna da ardere).

zerhauen ‹ohne ge-› tr ‹zerhieb oder zerhaute, zerhauen› **etw ~** {BRETT, STÜCK HOLZ, STEIN} spaccare qc.

zerkauen ‹ohne ge-› tr **etw ~ 1** (zerklei-nern) {BISSEN, FLEISCH, SPEISEN} masticare bene qc: **zerkaute Fingernägel**, unghie rosicchiate/mangiucchiate **2** (beschädigen) {TIER HALSBAND, LEINE} rosicchiare qc.

zerkleinern ‹ohne ge-› tr **etw ~** {BROT, GEMÜSE} sminuzzare qc, spezzettare qc; {FLEISCH} auch trinciare qc; {NÜSSE} frantumare qc; {KNOBLAUCH, ZWIEBEL} tritare qc; {VIEHFUTTER} trinciare qc.

zerklüftet adj {GEBIRGSMASSIV, KÜSTE, LANDSCHAFT} frastagliato; {FELSWAND} auch con profondi crepacci.

Zerklüftung ‹-, -en› f frastagliatura f.

zerknautschen ‹ohne ge-› fam **A** tr **etw ~** {KLEIDUNGSSTÜCK, STOFF} spiegazzare qc, (s)gualcire qc, stropicciare qc fam region, cinciscchiare qc **B** rfl **sich** (dat) **etw ~** spiegazzarsi qc, (s)gualcirsi qc.

zerknautscht adj fam {AUSSEHEN, GESICHT} sbattuto; {HUT} sbertucciato; {KLEID} sgualcito, stropicciato.

zerknirscht A adj contrito, compunto, profondamente mortificato: **eine ~e Haltung**, un atteggiamento contrito/compunto; **ein ~es Gesicht machen**, fare una faccia contrita; **~ sein**, essere contrito/compunto/[profondamente mortificato]; **mit ~er Stimme**, con voce contrita **B** adv in modo contrito/compunto, contritamente, con contrizione: **etw ~ zugeben**, ammettere qc con contrizione.

zerknittern ‹ohne ge-› tr **etw ~** {PAPIER} sgualcire qc, spiegazzare qc; {KLEID, STOFF} auch stropicciare qc, sbertucciare qc, cinciscchiare qc.

zerknittert adj **1** (verknittert) sgualcito, spiegazzato: **ein ganz ~es Hemd**, una camicia tutta sgualcita/stropicciata **2** (faltig) {GESICHT, HAUT} rugoso, pieno di rughe, grinzoso • **~ sein** fam (niedergeschlagen sein), essere abbattuto/demoralizzato/abbacchiato fam; **er war ganz ~ nach ihren Vorhaltungen**, era mogio mogio dopo i suoi rimproveri.

zerknüllen ‹ohne ge-› tr **etw ~** {BLATT PAPIER, BRIEF, ZETTEL} appallottolare qc, accartocciare qc: **etw in der Hand ~**, appallottolare/accartocciare qc nella mano.

zerkochen ‹ohne ge-› **A** itr ‹sein› scuocer-(si), spappolarsi: **zerkocht** {GEMÜSE, KARTOFFELN}, scotto, stracotto **B** tr ‹haben› **etw ~** {GEMÜSE, KARTOFFELN, NUDELN, SUPPENFLEISCH} stracuocere qc fam, far scuocere qc: **du hast das Gemüse zu Brei zerkocht!**, hai fatto cuocere la verdura così tanto da ridurla in poltiglia!

zerkratzen ‹ohne ge-› **A** tr **1** (beschädigen) **etw ~** graffiare qc, rigare qc; {SPITZER GEGENSTAND} auch scalfire qc: **Jugendliche hatten ihm die Karosserie mit einem Nagel zerkratzt**, dei ragazzacci gli avevano graffiato/rigato la macchina con un chiodo; **ein zu scharfes Putzmittel zerkratzt die Waschbecken**, un detergente troppo aggressivo graffia il lavandino; **alle Türen im Haus sind von den Hunden zerkratzt**, i cani hanno graffiato tutte le porte di casa; **ein zerkratzter Tisch**, un tavolo tutto graffiato/rigato **2** (verletzen) **(jdm) etw ~** graffiare (a qu): **die kleine Katze hat ihr die Hände zerkratzt**, il gattino le ha graffiato le mani; **die Dornen hatten ihr die Arme ganz zerkratzt**, le spine le avevano graffiato tutte le braccia **B** rfl (sich durch Kratzen verletzen) **sich ~** graffiarsi qc.

zerkrümeln ‹ohne ge-› **A** tr ‹haben› **etw ~** {BROT, KEKS, KUCHEN} sbriciolare qc, sminuzzare qc **B** itr ‹sein› sbriciolarsi.

zerlassen ‹irr, ohne ge-› tr **etw ~** {FETT, MARGARINE, SCHMALZ} (far) sciogliere/fondere qc: **~e Butter**, burro fuso.

zerlaufen ‹irr, ohne ge-› itr fam → **zerfließen**.

zerlegbar adj {REGAL, SCHRANK} scomponibile, smontabile.

zerlegen ‹ohne ge-› tr **etw ~ 1** (auseinandernehmen) {ELEKTROGERÄT, MASCHINE, MOTOR, UHR} smontare qc; {KOMMODE, REGAL, SCHRANK} auch scomporre qc: **etw in seine Bestandteile ~**, scomporre qc nei suoi elementi/componenti **2** (zerteilen) {SCHLACHTTIER} tagliare a pezzi qc; (in große Stücke) squartare qc; {BRATEN, GEFLÜGEL, WILD(BRET)} trinciare qc: **den Puter kunstgerecht ~**, trinciare il tacchino a regola d'arte; {FISCH} sfilettare qc **3** math {ZAHL} scomporre qc, decomporre qc **4** gram {KONSTRUKTION, SATZ} analizzare qc, fare l'analisi (logica) di qc.

Zerlegung ‹-, -en› f **1** (das Auseinandernehmen) {+ELEKTROGERÄT, MASCHINE, MÖBEL, MOTOR, UHR} smontaggio m **2** (Zerteilung) {+SCHLACHTTIER} squartamento m; {+BRATEN, GEFLÜGEL, WILD} trinciatura f; {+FLEISCH} sfilettatura f **3** math {+ZAHL} scomposizione f **4** gram {+KONSTRUKTION, PERIODE, SATZ} analisi f.

zerlesen adj {ZEITSCHRIFT, ZEITUNG} sciupato (a forza di essere letto); {BUCH, HEFT} auch squinternato/scompaginato (a forza di essere letto).

zerlumpt adj **1** (sehr abgetragen) {KLEIDUNG} lacero, cencioso, stracciato **2** (in Lumpen gekleidet) {ALTE, BETTLER, KINDER} cencioso, vestito di stracci, lacero.

zermahlen ‹ohne ge-› tr **etw ~** {KAFFEEBOHNEN, PFEFFERKÖRNER} macinare qc; {GETREIDE} auch triturare qc: **Salz/Zucker pulverfein ~**, polverizzare il sale/lo zucchero; **etw zu etw** (dat) **~** {GETREIDE, KÖRNER ZU MEHL} macinare qc fino ad ottenere qc; **Kaffeebohnen zu Pulver ~**, ₁macinare finemente₁/[polverizzare] i chicchi di caffè.

zermalmen ‹ohne ge-› tr **jdn/etw ~** stritolare qu/qc, schiacciare qu/qc: **der Kran stürzte um und zermalmte drei Arbeiter**, la gru si ribaltò schiacciando tre operai; **jdm etw ~** maciullare qc a qu, spappolare qc a qu; **das Getriebe zermalmte ihm den rechten Arm**, l'ingranaggio gli maciullò/spappolò il braccio destro.

zermanschen ‹ohne ge-› tr fam **etw ~** ridurre in poltiglia qc: **die Erdbeeren sind ja ganz zermanscht!**, ma queste fragole (si) sono completamente disfatte!

zermartern ‹ohne ge-› tr fam: **sich** (dat) **das Hirn/den Kopf ~**, lambiccarsi/arrovellarsi il cervello fam.

zermürben ‹ohne ge-› tr **jdn ~** estenuare qu, logorare qu, sfinire qu, sfibrare qu: **die täglichen Diskussionen mit den Kindern ~ sie**, le discussioni quotidiane con i figli la estenuano/sfiniscono; **von Sorgen zermürbt sein**, essere logorato dalle preoccupazioni; **den Angeklagten durch ein Kreuzverhör ~**, fiaccare la resistenza dell'imputato con un (interrogatorio di) terzo grado.

zermürbend A adj {UNGEWISSHEIT, WARTEN} estenuante, sfibrante, logorante: **diese ewigen Streitereien sind ~**, questi continui litigi sono estenuanti₁/[logorano]; **ein ~er Kleinkrieg**, una logorante guerra a colpi di spillo; **es ist absolut ~, mit ihm zusammenzuarbeiten**, è veramente snervante lavorare insieme a lui **B** adv **~ (schrecklich) ~** (**auf jdn**) **wirken** {AUSEINANDERSETZUNG, STREIT}, avere un effetto (terribilmente) estenuante/logorante su qu.

Zermürbungskrieg m *mil* guerra f di logoramento.
Zermürbungstaktik f tattica f di logoramento.
zernagen <ohne ge-> tr **etw** ~ rosicchiare qc, rodere qc: **die Mäuse hatten alle Kabel der Waschmaschine zernagt**, i topi avevano fatto a pezzi i fili elettrici della lavatrice a forza di rosicchiarli.
zerpflücken <ohne ge-> tr **etw** ~ **1** (zupfend in Stücke reißen) {BLUME} sfogliare qc; {SALATBLÄTTER} spezzettare qc; {PAPIERSERVIETTE, PAPIERTASCHENTUCH} stracciare qc, strappare qc **2** (widerlegen) {ALIBI, ARGUMENT, ZEUGENAUSSAGE} smontare/demolire qc (punto per punto) **3** (verreißen) {NEUERSCHEINUNG, THEATERSTÜCK} stroncare qc (in tutte le sue parti).
zerplatzen <ohne ge-> itr <sein> {LUFTBALLON, REIFEN, SEIFENBLASE} scoppiare.
zerquetschen <ohne ge-> tr **1** (zermalmen) **jdn/etw** ~ schiacciare qu/qc, stritolare qu/qc: **die Lore kippte um und zerquetschte einen Bergmann**, il vagoncino si ribaltò e schiacciò/stritolò un minatore; **eine Laus zwischen den Fingern** ~, schiacciare un pidocchio tra le dita; **jdm etw** ~ schiacciare qc a qu, stritolare qc a qu, maciullare qc a qu, spappolare qc a qu: **er zerquetschte mir fast die Hand bei der Begrüßung**, poco mancò che mi stritolasse la mano salutandomi; **die Stahlplatte hat ihm zwei Zehen zerquetscht**, la lastra d'acciaio gli ha maciullato due dita di un piede **2** (zerdrücken) **etw** ~ {GEKOCHTE KARTOFFELN, MÖHREN} schiacciare qc.
Zerquetschte subst <nur pl> *fam*: ... **und ein paar** ~, ... e rotti *fam*; **der Katalog kostet 50 Euro und ein paar** ~, il catalogo costa 50 euro e rotti.
Zerrbild n **1** (verzerrtes Spiegelbild) immagine f deformata **2** (verzerrte Darstellung) caricatura f: **ein ~ der wirklichen Verhältnisse**, una caricatura della situazione reale.
zerreden <ohne ge-> tr **etw** ~ {PROBLEM, THEMA} sviscerare eccessivamente qc: **die Gefühle** ~, raffreddare i sentimenti a forza di parlarne.
zerreiben <irr, ohne ge-> tr **1** (in kleinste Teile reiben) **etw** ~ triturare qc; (mit den Fingern) sbriciolare qc; ˌtrockene Blumen/[Kräuter]ˌ ~, sminuzzare ˌdei fiori secchi/[delle erbe]ˌ; **den Käse** ~, grattugiare il formaggio; (zu Pulver reiben) polverizzare qc, ridurre qc in polvere; **Farbpigmente** ~, polverizzare dei pigmenti di colore; **Gewürze im Mörser** ~, pestare le erbe nel mortaio **2** (vernichten) **jdn** ~ {FEIND, GEGNER} polverizzare qu, fare a pezzi qu *fam* **3** (aufreiben) **jdn** ~ {ARBEIT, SORGEN} logorare qu: **von ständigen Auseinandersetzungen zerrieben werden**, essere logorato da continue discussioni.
zerreißen <irr, ohne ge-> A tr <haben> **1** (in Stücke reißen) **etw** ~ {BRIEF, FAHRSCHEIN, FOTO, STOFF} stracciare qc, strappare qc: **etw in tausend kleine Stücke** ~, strappare qc in mille pezzettini; **er hat schon wieder seine Hose zerrissen**, ha di nuovo strappato i pantaloni **2** (durchreißen) **etw** ~ {FADEN, NETZ} strappare qc; {KETTE} spezzare qc; {STRICK} rompere qc **3** (mit den Zähnen) **jdn/etw** ~ {TIER BEUTE, DOMPTEUR} sbranare qu/qc, fare a pezzi qu/qc; {JDS HOSE, DIE LEINE} strappare qc **4** (zerfetzen) **jdn** ~ {BOMBE, EXPLOSION, GRANATE} dilaniare qu **5** (quälen): **jdm das Herz** ~ {ANBLICK, SCHAUSPIEL, SZENE}, spezzare/straziare il cuore a qu **6** (durchdringen) {BLITZ, LICHTSTRAHL DIE DUNKELHEIT} squarciare qc; {SCHREI STILLE} auch lacerare qc B itr <sein> (durchreißen) {MATERIAL, PAPIER} strapparsi; {bes. STOFF} lacerarsi; {FADEN, SEIL, STRICK} spezzarsi, strapparsi: **Aluminiumfolie zerreißt leicht**, i fogli di alluminio si rompono facilmente; **das Segel ist während des Sturms zerrissen**, la vela si è strappata durante la bufera C rfl <haben> **1** (beschädigen) **sich** (dat) **etw** ~ strapparsi qc, farsi uno strappo a/in qc: **sich beim Brombeerpflücken die Jacke** ~, strapparsi la giacca (rac)cogliendo le more **2** *fam* (sich überschlagen) **sich vor etw** (dat) ~ {VOR FREUNDLICHKEIT, HILFSBEREITSCHAFT} profondersi in dimostrazioni di qc: **sich** ~, **um etw zu tun**, ˌfarsi in quattro/[fare i salti mortali]ˌ per fare qc; **sich für jdn** ~ farsi in quattro per qu • **jdn zerreißt es (fast) (vor Lachen)**, qu si piega in due dal ridere, qu si sbellica/spancia ˌdalle risa/[dal ridere]ˌ; **zum Zerreißen gespannt sein** {ATMOSPHÄRE}, essere teso all'inverosimile; **ich kann mich doch nicht** ~!, non posso dividermi in due! (ich kann nicht alles auf einmal erledigen!) ho soltanto due mani; **ich könnte sie** ~!, la farei a fettine/pezzettini!, la sbranerei!; **ich könnte mich** ~! *fam* (vor Ärger, Wut), mi ammazzerei! *fam*.
Zerreißprobe f **1** *tech* prova f di trazione **2** (harte Probe) dura prova f, banco m di prova: **eine** ~ **für ihre Beziehung**, un banco di prova per il loro rapporto.
zerren A tr **1** (ziehen) **jdn/etw irgendwohin** ~ tirare/trascinare qu/qc + compl di luogo: **jdn aus dem Bett** ~, tirare qu giù dal letto; **jdn aus dem Raum** ~, trascinare qu fuori dalla stanza; **jdn auf die Straße** ~, trascinare qu in strada; **die Entführer zerrten die Geisel in ein Auto**, i sequestratori caricarono a viva forza l'ostaggio in macchina; **die Einkaufstüten aus dem Kofferraum** ~, tirare fuori dal bagagliaio le borse della spesa; **jdm die Kleider vom Leib** ~, strappare i vestiti di dosso a qu **2** *pej* (bringen) **jdn vor jdn/etw** ~ trascinare qu davanti a qu/qc: **jdn vor Gericht** ~, trascinare qu in tribunale; **etw an die Öffentlichkeit** ~, dare qc in pasto al pubblico B itr (ziehen) **an etw** (dat) ~ {MENSCH, TIER} dare degli strattoni a qc, tirare qc: **an jds Ärmel** ~, tirare qu per la manica; **an den Nerven** ~, essere snervante C rfl *med* (etw überdehnen) **sich** (dat) **etw** ~ {MUSKEL, SEHNE} stirarsi qc.
zerrinnen <irr, ohne ge-> itr <sein> geh **1** (zerfließen) sciogliersi, fondersi, liquefarsi: **der Schnee zerrinnt an der Sonne**, la neve si scioglie al sole **2** (vergehen) {HOFFNUNGEN, PLÄNE} svanire; {TRÄUME} auch andare in fumo; {JAHRE, ZEIT} fuggire geh, passare (in un baleno): **in nichts** ~, svanire nel nulla **3** *rar* (aufgebraucht werden) {ERBSCHAFT, VERMÖGEN} svanire: **jdm zerrinnt das Geld zwischen/unter den Fingern**, qu ha le mani bucate.
zerrissen adj **1** (in Stücke gerissen) {HANDTUCH, HOSE} lacero, stracciato, strappato, a brandelli: **mit ~en Kleidern herumlaufen**, andare in giro con i vestiti laceri **2** (mit sich selbst zerfallen) {MENSCH} lacerato, dilaniato, travagliato: **innerlich ~ sein**, essere lacerato interiormente/dentro.
Zerrissenheit <-, ohne pl> f: **innere** ~, lacerazione interiore.
Zerrspiegel m specchio m deformante.
Zerrung <-, -en> f *med* stiramento m.
zerrütten <ohne ge-> tr **1** (stark angreifen) **etw** ~ {STREITIGKEITEN, ÜBERANSTRENGUNG NERVEN} logorare qc; {AUFREGUNG, SORGEN GESUNDHEIT} auch minare qc: **der ständige Alkoholkonsum zerrüttet seine Gesundheit**, il consumo costante di alcolici gli sta minando la salute; **jdn körperlich/seelisch** ~, minare la salute fisica/mentale di qu; **die Jahre im Konzentrationslager haben sie körperlich und seelisch zerrüttet**, gli anni nel campo di concentramento l'hanno distrutta fisicamente e psicologicamente **2** (in seinem Gefüge zerstören) **etw** ~ {BEZIEHUNG, EHE} rovinare qc; {STAATSFINANZEN, WIRTSCHAFTLICHE VERHÄLTNISSE} dissestare qc.
zerrüttet adj **1** (stark angegriffen) {GESUNDHEIT} minato, seriamente compromesso: **völlig ~ Nerven haben**, avere i nervi a pezzi **2** (zerstört): **eine ~e Ehe**, un matrimonio sfasciato; **aus ~en Familienverhältnissen kommen**, ˌvenire daˌ/[avere alle spalle] una famiglia disastrata; **innerlich ~ sein**, essere psicologicamente distrutto.
Zerrüttung <-, ohne pl> f **1** (Zustand extremer Angegriffenheit) {+GESUNDHEIT, NERVEN} logoramento m: **die ~ der Gesundheit zur Folge haben**, finire per minare la salute **2** (Zerstörung des Zusammenhalts) {+FAMILIE, STAAT} sfascio m; {+EHE} rottura f insanabile.
zersägen <ohne ge-> tr **etw** ~ {BALKEN, BRETT, STAMM} segare (a/in pezzi) qc.
zerschellen <ohne ge-> itr (**an etw** dat) ~ {FLUGZEUG AM BODEN} schiantarsi (a qc); {FLUGZEUG AN EINEM BERG; SCHIFF AN EINEM RIFF} schiantarsi (contro qc), sfracellarsi (contro qc).
zerschlagen① <irr, ohne ge-> A tr **1** (zerbrechen) **etw** ~ frantumare qc, fracassare qc; (absichtlich) auch ˌfare a ˌ/[ridurre in] pezzi qc: **einen Teller** ~, frantumare un piatto; **in seiner Wut die Einrichtung** ~, fare a pezzi i mobili in un accesso d'ira **2** (durch Darauffallen beschädigen) **etw** ~ {STEIN WINDSCHUTZSCHEIBE} frantumare qc, infrangere qc; {SCHWERER AST, STEIN AUTODACH} fracassare qc, sfasciare qc **3** *mil* (vernichten) **jdn/etw** ~ {ARMEE, FEIND} sgominare qu/qc, sbaragliare qu/qc, annientare qu/qc **4** (zerstören) **etw** ~ {KARTELL, KRIMINELLE ORGANISATION, RAUSCHGIFTRING} sgominare qc, smantellare qc: **einen Staat** ~, smembrare uno stato B rfl (sich nicht verwirklichen) **sich** ~ {GESCHÄFT} andare a monte; {PLAN, PROJEKT} sfumare, andare in fumo; {HOFFNUNGEN} svanire: **die Sache hat sich** ~ {GESCHÄFT, TRANSAKTION}, l'affare è andato a monte; {PROJEKT, VORHABEN} non se ne fa più niente.
zerschlagen② adj <präd> a pezzi, distrutto, sfinito: **völlig ~ sein**, essere completamente a pezzi; **sich wie ~ fühlen**, sentirsi ˌdistrutto (-a)ˌ/[a pezzi].
Zerschlagung <-, rar -en> f **1** *mil* {+ARMEE, FEIND} sbaragliamento m, annientamento m **2** (das Unschädlichmachen) {+KARTELL, KRIMINELLE ORGANISATION, RAUSCHGIFTRING} smantellamento m.
zerschlissen adj logoro, liso, consunto.
zerschmeißen <irr, ohne ge-> tr *fam* **etw** ~ fracassare qc, ridurre in pezzi qc.
zerschmettern <ohne ge-> tr **1** (mit großer Wucht zerschlagen) **etw** (irgendwo) ~ {AUF DEM BODEN, AN DER WAND} fracassare qc (scagliandolo contro/su qc): **ein Stein hatte das Schaufenster zerschmettert**, una sassata aveva fracassato la vetrina **2** (zertrümmern) (**jdm**) **etw** ~ {KIEFER, KNOCHEN, SCHÄDEL} sfracellare qc a qu, fracassare qc a qu: **ein stürzender Felsbrocken zerschmetterte ihm die Beine**, un masso in caduta libera gli sfracellò le gambe; **mit zerschmetterten Gliedern liegen bleiben**, rimanere a terra con gli arti sfracellati.
zerschneiden <irr, ohne ge-> A tr **1** (in Stücke schneiden) **etw** ~ {FOTO, ZEITUNGSSEITE} tagliare qc, tagliuzzare qc; {FLEISCH, GEMÜSE} tagliare a pezzetti(ni) qc: **du musst**

ihm das Fleisch ~, la carne gliela devi tagliare a pezzettini; **den Kuchen/die Pizza ~**, tagliare ⌊il dolce (a fette)⌋/[la pizza (a tranci)]; **einen Braten ~**, trinciare un arrosto **2** (*durchschneiden*) (*jdm*) *etw* ~ {FADEN, LEINE, SEIL} tagliare qc (a qu) **3** (*durch Schneiden beschädigen*) *etw* ~ {BILD, GESCHENKPAPIER, STOFF} tagliare male qc, rovinare qc (tagliandolo male) **4** (*durch Schnitte verletzen*) *jdm etw* ~ tagliare qc a qu, fare dei tagli a qu in qc: **die Scherben zerschnitten ihr die Füße**, si è tagliata tutti i piedi con i cocci B *rfl* (*durch Schnitte verletzen*) **sich** (*dat*) *etw* ~ {FINGER, FÜßE, HÄNDE} tagliarsi qc; **sich** (*dat*) *etw* **an etw** (*dat*) ~ tagliarsi qc con qc: **ich habe mir die Fußsohle an den Glasscherben zerschnitten**, mi sono tagliato (-a) la pianta del piede con dei cocci di vetro.

zerschrammen <*ohne* ge-> A *tr* (*durch Schrammen beschädigen*) *etw* ~ {MÖBELSTÜCK, TISCHPLATTE} graffiare qc, rigare qc, scalfire qc B *rfl* (*durch Schrammen verletzen*) **sich** (*dat*) *etw* ~ {HANDFLÄCHEN, KNIE} graffiarsi qc.

zerschreddern <*ohne* ge-> *tr* → **schreddern**.

zerschunden *adj* (*mit Schürfwunden*) escoriato, scorticato, sbucciato, spellato *fam*; (*mit Schrammen*) graffiato: **~e Knie**, ginocchia sbucciate; (*mit vielen Schrammen*) ginocchia piene di graffi.

zersetzbar *adj ökol* decomponibile; (*biologisch abbaubar*) biodegradabile.

zersetzen <*ohne* ge-> A *tr* **1** (*auflösen*) *etw* ~ {BAKTERIEN, FÄULNIS LEICHE, ORGANISCHE MATERIE} decomporre qc; {SÄURE METALL} corrodere qc **2** (*untergraben*) *etw* ~ {BESTEHENDE ORDNUNG} minare qc, insidiare qc; {MORAL, SITTEN} corrompere qc: **~de Reden/Schriften** *pol*, discorsi/scritti sovversivi; **die Wehrkraft ~**, demoralizzare le truppe; **~d wirken** {KRITIK}, essere distruttivo B *rfl chem* **sich ~** {LEICHE, ORGANISCHE MATERIE} decomporsi.

Zersetzung <-, *ohne* pl> *f* **1** *chem* {+LEICHE, ORGANISCHE MATERIE} decomposizione f; {+METALL} corrosione f **2** (*Untergrabung*) {+BESTEHENDE ORDNUNG} sovvertimento m; {+MORAL, SITTEN} corruzione f: **~ der Wehrkraft**, demoralizzazione delle truppe.

zersiedeln <*ohne* ge-> *tr etw* ~ {GEGEND, LANDSCHAFT} cementificare qc.

Zersiedelung, **Zersiedlung** <-, -en> *f* cementificazione f.

zerspalten <*ohne* ge-> A *tr* (*auseinanderschlagen*) *etw* ~ {FELS, HOLZ, SCHÄDEL} fendere qc, spaccare qc B *rfl* (*sich teilen*) **sich** *in etw* (*dat*) ~ {ORGANISATION, PARTEI} scindersi (in qc).

zersplittern <*ohne* ge-> A *tr* <*haben*> (*in Splitter zerschlagen*) *etw* ~ {BLITZ, STURM BAUM, LATERNENPFAHL, MAST} disintegrare qc B *itr* <*sein*> **1** (*in Splitter zerbrechen*) {FENSTERSCHEIBE, GLAS} disintegrarsi, frantumarsi; {HOLZ} ridursi in schegge: **bei dem Aufprall ist die Windschutzscheibe zersplittert**, nell'urto il parabrezza è andato in frantumi; **zersplittertes Holz**, schegge di legno **2** *pol*: **zersplittert sein**, essere frammentato/smembrato: **Deutschland war in viele Kleinstaaten zersplittert**, la Germania era frammentata in molti staterelli; **die Partei ist zersplittert**, il partito è diviso in numerose correnti; **zersplitterte Stimmen**, voti dispersi.

zersprengen <*ohne* ge-> *tr* **1** (*auseinandertreiben*) *jdn*/*etw* ~ {MILITÄR, POLIZEI DEMONSTRANTEN, MENSCHENANSAMMLUNG} disperdere qu/qc, sbaragliare qu/qc **2** (*in Stücke sprengen*) *etw* ~ far esplodere qc.

zerspringen <*irr, ohne* ge-> *itr* <*sein*> **1** (*auseinanderplatzen*) {GLAS, TASSE, VASE} frantumarsi, andare in frantumi: **in tausend Stücke ~**, andare in mille pezzi **2** *geh* (*bersten*): **jdm zerspringt etw vor etw** (*dat*) ~ {HERZ VOR FREUDE}, a qu scoppia qc di qc; {KOPF VOR ANSTRENGUNG, ÜBERMÜDUNG} a qu scoppia qc da qc; **das Herz wollte ihr im Leibe ~**, sembrava che le scoppiasse il cuore; **mir zerspringt der Kopf vor Schmerzen**, mi scoppia la testa dal dolore.

zerstampfen <*ohne* ge-> *tr* **1** (*zerquetschen*) *etw* ~ {GEKOCHTES GEMÜSE, KARTOFFELN} schiacciare qc; {GEWÜRZE} pestare qc: **Äpfel zu Mus ~**, schiacciare le mele fino a farne una mousse; **Kartoffeln zu Brei ~**, schiacciare le patate fino a farne un purè; **zerstampfte Kartoffeln**, patate schiacciate **2** (*zertreten*) *etw* ~ {KÜHE, PFERDE FELD, WIESE} calpestare qc.

zerstäuben <*ohne* ge-> *tr etw* ~ {FLÜSSIGKEIT, PARFÜM} nebulizzare qc, vaporizzare qc, atomizzare qc.

Zerstäuber <-s, -> *m* (*für Parfüm*) vaporizzatore m, nebulizzatore m, atomizzatore m, spruzzatore m.

zerstechen <*irr, ohne* ge-> A *tr* **1** (*beschädigen*) *etw* ~ {LEDER, POLSTER} bucherellare qc, riempire di piccoli fori qc: **einen Reifen ~**, bucare/forare una gomma **2** (*verletzen*) *jdn* ~ {BIENEN, MÜCKEN} riempire di punture qu: **von Mücken zerstochen**, divorato/[mangiato vivo *fam*] dalle zanzare B *rfl* (*sich an etw Spitzem verletzen*) **sich** (*dat*) *etw* ~ pungersi qc.

zerstieben <*zerstiebt, zerstob oder zerstiebte, ist zerstoben oder rar zerstiebt*> *itr* **1** (*zerstäubt werden*) {FUNKEN, SCHNEE, WASSERTROPFEN} schizzare in tutte le direzioni **2** (*auseinandereilen*) {MENSCHENMENGE} dispersersi in un attimo, fuggire in tutte le direzioni: **als die Polizei kam, zerstoben die Demonstranten in alle Richtungen**, al sopraggiungere della polizia ci fu un fuggi fuggi generale dei manifestanti.

zerstörbar *adj* che si può distruggere/demolire, distruttibile: **leicht/schwer ~ sein**, essere facile/difficile da distruggere/demolire.

zerstören <*ohne* ge-> *tr* **1** (*unwiederbringlich beschädigen*) *etw* ~ {ANGRIFF, BOMBE, KRIEG BRÜCKE, STADT} distruggere qc; {GEBÄUDE} *auch* demolire qc: **etw völlig/restlos ~**, distruggere qc completamente; {GEBÄUDE, STADT} radere al suolo qc: **sein Elternhaus wurde ⌊im Krieg⌋/[durch Bomben/Feuer] zerstört**, la sua casa paterna fu distrutta ⌊durante la guerra⌋/[dalle bombe]/[dal fuoco] **2** (*abreißen*) *etw* ~ {TECHNISCHE ANLAGEN, GEBÄUDE} demolire qc, abbattere qc: **ein ganzes Stadtviertel ~**, radere al suolo un intero quartiere **3** *ökol* (*verunstalten*) *etw* ~ {GEGEND, HABITAT, LANDSCHAFT, GRÜNE LUNGE} distruggere qc, devastare qc, fare scempio di qc **4** (*zunichtemachen*) *etw* ~ {JDS GESUNDHEIT, GLÜCK} rovinare qc; {JDS EHE, HOFFNUNG} distruggere qc; {TRÄUME} *auch* infrangere qc: **zerstörte Ideale/Illusionen**, ⌊ideali infranti⌋/[illusioni perdute]; **vom Schmerz zerstört**, distrutto dal dolore.

Zerstörer① <-s, -> *m* **1** *naut* cacciatorpediniere m **2** (*Zerstörerin* f) (*aereo m da*) caccia m.

Zerstörer② <-s, -> *m* (**Zerstörerin** f) (*distruttore m* (-trice) *m* (f).

zerstörerisch *adj* {AKTION, WIRKUNG} distruttivo, devastante, devastatore: **~ sein/wirken**, essere/[avere un effetto] distruttivo/devastante; **~e Kräfte**, forze devastatrici.

Zerstörung <-, -en> *f* **1** <*nur sing*> (*das Zer-* *stören*) {+ANLAGE, BRÜCKE, STADT} distruzione f; {+GEBÄUDE} *auch* demolizione f **2** <*nur sing*> *ökol* {+HABITAT, LANDSCHAFT, GRÜNE LUNGE, NATUR} distruzione f, devastazione f; (*bauliche Verunstaltung*) deturpamento m, scempio m **3** (*Verwüstung*) desolazione f, rovina f, devastazione f, distruzione f: **der Krieg brachte überall nur ~ mit sich**, ovunque la guerra portò solo devastazione **4** (*das Zunichtemachen*) {+EHE, HOFFNUNG, TRÄUME} distruzione f.

Zerstörungsdrang <-(e)s, *ohne* pl> *m psych* impulso m distruttivo.

Zerstörungskraft *f* forza *f* distruttiva/distruttrice.

Zerstörungstrieb <-(e)s, *ohne* pl> *m psych* pulsione *f* distruttiva.

Zerstörungswut *f* furia *f* distruttrice/devastatrice.

zerstoßen <*irr, ohne* ge-> *tr etw* ~ {GEWÜRZE} pestare qc: **etw im Mörser ~**, pestare qc nel mortaio.

zerstreiten <*irr, ohne* ge-> *rfl* **sich** (*über etw* (akk)/**wegen etw** gen *oder fam dat*) ~ {ÜBER EINE FRAGE, WEGEN EINES PROBLEMS, EINER KLEINIGKEIT} litigare a morte (per/[a causa di] qc): **sie haben sich schon zigmal zerstritten und zigmal versöhnt**, hanno litigato a morte mille volte e mille volte hanno rifatto pace; **sich mit jdm** (**über etw** (akk)/**wegen etw** gen *oder fam dat*) ~ {ÜBER EINE FRAGE, WEGEN EINES/M PROBLEM(S), EINER KLEINIGKEIT} guastarsi con qu (per/[a causa di] qc), litigare a morte con qu (per/[a causa di] qc); **sich wegen des Erbes mit den Geschwistern ~**, guastarsi con i fratelli a causa dell'eredità; ⌊**sich** (**mit jdm**) **zerstritten haben**⌋/[(**mit jdm**) **zerstritten sein**], essere in urto/rotta fam (con qu).

zerstreuen <*ohne* ge-> A *tr* **1** (*verteilen*) *etw* ~ disseminare qc, sparpagliare qc; {WIND ASCHE, SAMEN} disperdere qc: **der Wind hat das trockene Laub zerstreut**, il vento ha sparpagliato le foglie secche **2** (*auseinandertreiben*) *jdn*/*etw* ~ {POLIZEI DEMONSTRANTEN, MENGE} disperdere qu/qc: **die ehemaligen Bewohner des Dorfes wurden in alle Winde zerstreut**, coloro che un tempo abitavano in questo paese sono sparpagliati in ogni angolo del mondo **3** (*beseitigen*) *etw* ~ {JDS ÄNGSTE, BESORGNISSE, VERDACHT, ZWEIFEL} dissipare qc, dissolvere qc, fugare qc: **es gelang ihm, all unsere Bedenken zu ~**, riuscì a dissipare tutti i nostri dubbi **4** *phys etw* ~ {LICHT} diffondere qc **5** (*ablenken*) *jdn* ~ {KINOBESUCH, PERSON, SPIEL} distrarre qu; (*unterhalten*) svagare qu, divertire qu: **jdn mit allerlei Anekdoten/Scherzen ~**, divertire qu con ogni sorta di aneddoti/scherzi; **wir müssen versuchen, sie mit irgendetwas zu ~**, dobbiamo cercare in qualche modo di svagarla; **die Oper/das Theater zerstreut ihn einigermaßen**, andare ⌊all'opera⌋/[a teatro] lo distrae abbastanza B *rfl* **1** (*auseinandergehen*) **sich ~** {DEMONSTRANTEN, MENSCHENMENGE} dispersersi **2** (*sich ablenken*) **sich** (**mit etw** dat) ~ {MIT FERNSEHGUCKEN, LEKTÜRE, SPAZIERENGEHEN} distrarsi (con qc); (*auf fees. unterhaltsame Art*) svagarsi (con qc): **du solltest dich ein bisschen ~**, dovresti distrarti/svagarti un po'.

zerstreut A *adj* (*unkonzentriert*) distratto, svagato, disattento, (*in bestimmten Momenten*) *auch* sbadato: **~ sein** (*immer*), essere distratto; (*manchmal*) essere sbadato; **der typische ~e Professor**, è il classico professore ⌊sempre con la testa fra le nuvole⌋/[perso nel suo mondo]; **entschuldige, ich war ~, was hast du gesagt?**, scusami, ero ⌊distratto (-a)₁/[con la testa altrove], che cosa hai detto?; **das ist nur passiert, weil du so ~ warst,** (questo) è successo solo per la tua sbadataggine; **ach, bist du ~, jetzt pass mal ein bisschen (besser) auf!**, mamma mia come sei sbadato (-a), ma sta' un po' (più) attento (-a)!; **~ wirken**, sembrare distratto (-a)/svagato (-a) **B** *adv* {ANTWORTEN, ZUHÖREN} distrattamente: **er lächelte sie ~ an**, le sorrise distrattamente; **~ auf die Uhr gucken**, guardare distrattamente l'orologio.

Zerstreutheit <-, *ohne pl*> *f* svagatezza *f*, distrazione *f*; (*situationsbedingte* ~) sbadataggine *f*: **seine ~ ist sprichwörtlich**, la sua sbadataggine è proverbiale; **etw passiert aus purer ~**, qc succede per semplice distrazione.

Zerstreuung <-, *-en*> *f* **1** (*ablenkende Unterhaltung*) distrazione *f*, svago *m*: **jdm ~en bieten** {GASTGEBER GÄSTEN, STADT TOURISTEN}, offrire dei diversivi a qu; **sich keinerlei ~ gönnen**, non concedersi alcuno svago; **kaum ~ haben**, avere poche occasioni di svago; **~/~en suchen**, cercare ₁un diversivo₁/[dei diversivi]; **in etw** (*dat*) **~ suchen**, cercare di distrarsi con qc **2** → **Zerstreutheit 3** <*nur sing*> (*das Auseinandertreiben*) {+DEMONSTRANTEN, MENSCHENMENGE} dispersione *f* **4** *phys* (*von Licht*) diffusione *f* ● **zur ~**, per distrarsi; **das mache ich nur zur ~**, lo faccio solo per distrarmi; **zur ~ haben wir Tischtennis gespielt**, per distrarci abbiamo giocato a ping-pong.

zerstückeln <*ohne ge*-> *tr pej etw* ~ **1** (*in Stücke schneiden*) {LEICHE} fare a pezz(ett)i *qc*, sezionare *qc* **2** (*in zu viele Stücke teilen*) {FLÄCHE, LAND} frazionare *qc*, parcellizzare *qc* **3** *fam* (*unterbrechen*) {*jdm*} *etw* ~ {SEMESTER, TAG} spezzare *qc* (*a qu*).

Zerstückelung, Zerstücklung <-, *-en*> *f pej* **1** (*das Zerstückeln*) {+LEICHE} sezionamento *m* **2** (*Aufteilung*) {+FLÄCHE, LAND} smembramento *m*, frazionamento *m*.

zerteilen <*ohne ge*-> *geh* **A** *tr* **1** (*aufteilen*) *etw* (**in** *etw akk*) ~ dividere *qc* (*in qc*); (*durch Schneiden*) tagliare *qc* (*a qu*); {BRATEN, GEFLÜGEL} trinciare *qc*: **das Brot** ~ spezzare il pane **2** (*auseinanderdrängen*) *etw* ~ {BOOT, SCHIFF WELLEN} fendere *qc*: **die Scheinwerfer ~ den Nebel**, i fari fendono la nebbia; {WIND WOLKEN} disperdere *qc* **B** *rfl* (*sich auflösen*) **sich** ~ {WOLKEN} disperdersi, dissiparsi; {NEBEL} *auch* dissolversi ● **ich kann mich doch nicht ~!** *fam* (*nicht mehrere Sachen gleichzeitig tun*), non posso mica dividermi in due!; (*nicht an verschiedenen Orten zugleich sein*), non ho mica il dono dell'ubiquità!

Zertifikat <-(*e*)*s*, *-e*> *n* **1** *adm obs* (*Bescheinigung*) certificato *m*, attestato *m* **2** (*Zeugnis*) diploma *m*.

zertrampeln <*ohne ge*-> *tr etw* ~ {BEET, BLUMEN, FRISCH GESÄTE WIESE} pesticciare *qc*, calpestare *qc*.

zertreten <*irr, ohne ge*-> *tr etw* ~ **1** (*zerstören*) {BEET, BLUMEN} calpestare *qc*, pesticciare *qc* **2** (*mit dem Fuß zerquetschen*) {GLUT, ZIGARETTE} spegnere *qc* con i piedi; {KÄFER, SPINNE, WURM} schiacciare *qc* con i piedi.

zertrümmern <*ohne ge*-> *tr* **1** (*zu Trümmern schlagen*) *etw* ~ {EINRICHTUNG, MÖBEL} fracassare *qc*, sfasciare *qc*, fare a pezzi *qc*; {FENSTERSCHEIBEN, SPIEGEL} frantumare *qc*, fare a pezzi *qc*; *jdm etw* ~ (ANGREIFER, BOXER, GESCHOSS KIEFER, KNOCHEN) fracassare *qc a qu*, frantumare *qc a qu*: **jdm den Schädel ~**, fracassare il cranio a qu; **Rowdys haben ihm das ganze Lokal zertrümmert**, dei teppisti gli hanno completamente sfasciato il locale **2** (*durch enorme Gewalt zerstören*) *etw* ~ {BRECHER BOOT, SCHIFF; EXPLOSION, FELS-

BROCKEN FAHRZEUG} distruggere *qc*; {GEBÄUDE} *auch* ridurre *qc* a un cumulo di macerie **3** *med*: **Nierensteine ~**, frantumare dei calcoli renali.

Zervelatwurst *f gastr* "insaccato *m* di carne di maiale e di manzo con aggiunta di speck e di spezie".

zerwühlen <*ohne ge*-> *tr etw* ~ **1** (*aufwühlen*) {GELÄNDEWAGEN, MAULWURF BODEN} smuovere *qc*: **Wildschweine haben den Garten zerwühlt**, i cinghiali hanno distrutto il giardino grufolando nel terreno **2** (*durcheinanderbringen*) {HAAR} scompigliare *qc*; {BETT} buttare all'aria *qc*; {LAKEN} spiegazzare *qc*: **ein zerwühltes Bett**, un letto disfatto.

Zerwürfnis <*-ses, -se*> *n geh* grave disaccordo *m*; (*endgültig*) rottura *f*: **zwischen den Freunden kam es zu einem ~**, fra i due amici si giunse a una rottura definitiva.

zerzausen <*ohne ge*-> *tr* (*jdm*) *etw* ~ {HAAR} arruffare *qc* (*a qu*), scapigliare *qc* (*a qu*), scompigliare *qc* (*a qu*), scarmigliare *qc* (*a qu*); (*etw dat*) *etw* ~ {EINEM HUND, VOGEL DAS FELL, GEFIEDER} arruffare *qc* (*a qc*): **vom Wind zerzauste Haare**, capelli arruffati/scompigliati dal vento; **der Wind hat ihr die Frisur zerzaust**, il vento ₁l'ha spettinata₁/[le ha arruffato i capelli].

Zession <-, *-en*> *f jur* {+FORDERUNG} cessione *f*.

Zessionar <*-s, -e*> *m* (**Zessionarin** *f*) *jur* cessionario (-a) *m* (*f*).

Zeter *n*: **~ und Mordio schreien** *fam*, fare/sollevare un putiferio: **meine Mutter wird ~ und Mordio schreien, wenn ich mit dieser Frisur nach Hause komme!**, e chi la sente mia madre, se mi vede tornare con questa pettinatura!

Zetermordio <*-s, ohne pl*> *n fam obs* → **Zeter.**

zetern *itr pej* sbraitare, strillare; (*jammern*) lagnarsi/lamentarsi ad alta voce.

Zettel <*-s, -*> *m* (*Stück Papier*) foglietto *m*, pezz(ett)o *m* di carta; (*mit einer Nachricht*) biglietto *m*: **es lag nur ein ~ mit einem knappen Gruß auf dem Tisch**, sul tavolo c'era soltanto un biglietto con un breve saluto; **sich** (*dat*) **etw auf einem ~ notieren**, annotar(si) *qc* su un foglietto; **jdm einen ~ zustecken**, passare di nascosto un biglietto a qu; (*Bestellzettel*) tagliando *m*, coupon *m*; (*Karteizettel*) scheda *f*; (*Kassenzettel, Beleg*) scontrino *m*, ricevuta *f*; (*Kontrollzettel*) etichetta *f*; (*Stimmzettel*) scheda *f*; (*Handzettel*) volantino *m*; **~ ankleben verboten!**, divieto di affissione!

Zettelkasten *m* (*scatoletta f*) portafogliettini *m*; (*Karteikasten*) schedario *m*.

Zettelwirtschaft <-, *ohne pl*> *f fam pej* (caos *m* di) foglietti *m pl* e foglietti *m pl*: **der hat vielleicht eine ~!**, quello è sommerso da foglietti e foglietti!

Zeug <*-(e)s, ohne pl*> *n* **1** *fam meist pej* (*Krempel*) roba *f*, cose *f pl*, robaccia *f fam pej*; (*kleine, unnütze Gegenstände*) *auch* aggeggi *m pl*, cianfrusaglie *f pl pej*, ciarpame *m pej*: **was soll ich mit dem ganzen ~ anfangen?**, che me ne faccio di tutta questa roba?; **was hab ihr denn da wieder für ein ~ angeschleppt?**, che roba avete portato di nuovo?; **das ~ kann in den Keller**, sono cose che vanno (portate) in cantina; **weg mit dem ~!**, fai/fate sparire quella roba(ccia)! **2** *fam* (*persönliche Sachen*): **mein/sein/... ~, la mia/sua/... roba; ist das dein ~?**, è tua questa roba?; **räumt euer ~ auf!**, mettete a posto le vostre cose!; **auf sein ~ halten**, badare alla propria roba; **sein ~ in Ordnung halten**, tenere in ordine le proprie cose **3** *fam*

(*Lebensmittel*) roba *f*: **das ~ liegt einem schwer im Magen**, è roba che rimane sullo stomaco; **das ~ schmeckte furchtbar!**, quella roba aveva un sapore tremendo!; **willst du einen Schnaps? – Nein, danke, so scharfes ~ trinke ich nicht**, vuoi una grappa? – No, grazie, roba così forte non la bevo **4** *fam pej* (*unsinniges Gerede*) stupidaggini *f pl fam*, sciocchezze *f pl*, scemenze *f pl fam*, cretinate *f pl fam*, cavolate *f pl fam*: **red doch nicht so ein blödes/dummes ~!**, non dire cretinate/cavolate!; **glaub doch nicht all das ~ (, was die Leute reden)**, non credere a tutte le sciocchezze (che dice la gente); **wirres ~ reden**, sragionare, farneticare **5** *fam* (*Kleidung*) roba *f*: **dickes/leichtes/sommerliches/winterliches ~**, roba pesante/leggera/estiva/invernale; **jedes Mal neues ~ anhaben**, portare/indossare ogni volta (della) roba nuova; **das** ₁**ist ~**₁/[~ ist] **zum Waschen**, è roba ₁che va lavata₁/[da lavare]; **sich** (*dat*) **neues ~ für den Sommer/Winter kaufen**, comprarsi della roba nuova per l'estate/inverno **6** *obs* (*Stoff*) stoffa *f*: **Bettwäsche aus feinem ~**, lenzuola di stoffa fine ● **jdm** (*etwas*) **am ~ flicken** *fam*, avere/trovare (*qc*) da ridire su qc; **was das ~ hält** *fam* (*mit allen Kräften*), a più non posso; **laufen, was das ~ hält**, correre a perdifiato/[rotta di collo] *fam*; **schreien, was das ~ hält**, urlare con quanto fiato si ha in gola; ₁**jd hat**₁/[**in jdm steckt**] **das ~ zu etw** (*dat*) *fam*, qu ₁ha la stoffa di₁/[è tagliato per (diventare)] qc: **sie hat das ~ zur Forscherin**, ha la stoffa della ricercatrice; **er hat einfach nicht das ~ zum Unterrichten**, (lui) semplicemente non è tagliato per ₁l'insegnamento₁/[fare l'insegnante]; **sich ins ~ legen** *fam*, darsi daffare, darci dentro *fam*/sotto *fam*; **sich mächtig/tüchtig/richtig ins ~ legen** *fam*, darsi un gran daffare, mettercela tutta; **sich für jdn/etw** (**mächtig/tüchtig/richtig**) **ins ~ legen** *fam*, darsi (un gran) daffare per qu/qc.

Zeuge <*-n, -n*> *m* (**Zeugin** *f*) **1** (*Augenzeuge, Ohrenzeuge*) testimone *mf*: **unfreiwillig(er)/zufällig(er) ~**, Zeugin einer S. (*gen*) **sein/werden**, essere ₁(un) testimone involontario₁/[casualmente testimone] di *qc*; **~n anführen**, produrre testimoni; **etw** ₁**im Beisein**₁/[**in Gegenwart**] **von ~n sagen/tun**, dire/fare *qc* in presenza di testimoni **2** *jur* testimone *mf*, teste *mf*: **ein ~ der Anklage**, un testimone/teste ₁dell'accusa₁/[a carico]; **ein ~ der Verteidigung**, un testimone/teste ₁della difesa₁/[a discarico]; **ein zuverlässiger/glaubwürdiger ~**, un testimone/teste attendibile/credibile; **einen ~n ablehnen**, non ammettere un testimone; **jdn als ~n anrufen/hören**, chiamare qu a testimoniare, interrogare/udire qu in qualità di testimone; **als ~ aufgerufen werden**, essere chiamato a testimoniare; (*deporre*) (come/quale testimone)]; **als ~ auftreten/erscheinen**, comparire come/quale testimone; **als ~ aussagen**, testimoniare, deporre (come/quale testimone); **einen ~n befragen**, interrogare un testimone; **~n benennen/[beibringen/stellen]**, citare/produrre i testimoni; **jdn als ~n hören**, sentire qu in qualità di testimone; **~n vernehmen**, escutere/interrogare/udire i testimoni; **als ~ (vor)geladen werden**, essere citato/chiamato in giudizio/tribunale quale/come testimone **3** *adm* (*bei einer Trauung, einem Vertragsabschluss*) testimone *mf* (*a qc*): **wer sind eure ~n bei der Trauung?**, chi sono i vostri testimoni di nozze? ● **jdn als/zum ~n anrufen**, chiamare qu come testimone/testimoniare; **die ~n Jehovas**, i Testimoni di Geova; **die letzten ~n einer S.** (*gen*) {DER ANTIKE, VERGAN-

GENHEIT}, ⌊le ultime testimonianze⌋/[gli ultimi testimoni] (che rimangono) di qc; **stumme ~n einer S.** (gen): **die verlassenen Häuser der Bergarbeiter sind stumme ~ in einer vergangenen Zeit**, le case abbandonate dei minatori sono muti testimoni di tempi passati; **unter/vor ~n,** ⌊in presenza di⌋/[davanti a] testimoni.

zeugen① tr geh **jdn (mit jdm) ~** {MANN, VATER KIND, NACHKOMMEN} concepire qu (con qu), generare qu (con qu): **Kinder ~,** procreare; **die Nacht, in der das Kind gezeugt wurde**, la notte in cui venne concepito il bambino.

zeugen② itr **1** (auf etw schließen lassen) **von etw** (dat) ~ {VON JDS FÄHIGKEITEN} testimoniare qc, dimostrare qc, attestare qc: **ihre Antwort zeugt von großer Sachkenntnis**, la sua risposta attesta la sua grande competenza in materia; **diese Ruinen ~ von einer glorreichen Vergangenheit**, questi resti testimoniano un passato glorioso; **seine Reaktion zeugt nicht von besonderer Feinfühligkeit**, ⌊con la sua reazione non dimostra⌋/[la sua reazione non è segno di] particolare sensibilità **2** jur geh **für/gegen jdn** ~ testimoniare/deporre ⌊a favore di⌋/[contro] qu.

Zeugenaussage f jur testimonianza f, dichiarazione f testimoniale, deposizione f (⌊del testimone⌋/[dei testimoni]): **falsche ~,** falsa testimonianza; **eine ~ machen/unterschreiben,** fare/firmare una deposizione.

Zeugenbank f jur banco m dei testimoni: **auf der ~ sitzen**, sedere sul banco dei testimoni.

Zeugenbeeinflussung f jur subornazione f di/dei testimoni.

Zeugenbefragung f jur interrogatorio m ⌊del testimone⌋/[dei testimoni].

Zeugenbeweis m jur prova f testimoniale, testimonianza f.

Zeugenschaft <-, ohne pl> f testimonianza f, deposizione f.

Zeugenschutzprogramm n jur programma m per la protezione dei testimoni.

Zeugenstand <-(e)s, ohne pl> m jur banco m dei testimoni: **jdn in den ~ rufen** (als Zeugen aufrufen), ⌊chiamare qu a comparire⌋/[citare qu] come testimone; **in den ~ gerufen werden**, essere chiamato ⌊sul banco dei testimoni⌋/[a testimoniare/deporre]; **im ~ sitzen**, sedere sul banco dei testimoni; **in den ~ treten**, andare al banco dei testimoni; **treten Sie in den ~!**, si accomodi al banco dei testimoni!

Zeugenverhör n jur, **Zeugenvernehmung** f jur escussione f/esame m/interrogatorio m/audizione f dei testi(moni).

Zeughaus n bes. mil hist arsenale m.

Zeugin f → Zeuge.

Zeugnis <-ses, -se> n **1** Schule pagella f, scheda f di valutazione: **ein gutes/schlechtes/mäßiges/glänzendes ~,** una pagella buona/cattiva/discreta/eccellente; **ein gutes ~ nach Hause bringen**, portare a casa una buona pagella/[scheda di valutazione]; **bald gibt es ~se**, fra un po' ci saranno le pagelle **2** (Arbeitszeugnis) referenza f: **jdm ein ~ ausstellen**, scrivere le referenze a qu; **legen Sie uns bitte Ihre letzten ~se vor**, presenti, per favore, le referenze relative agli ultimi impieghi; **sehr gute ~se haben**, avere ottime referenze, essere referenziatissimo **3** (Bescheinigung) certificato m, attestato m: **jdm ein ~ ausstellen**, rilasciare un certificato/attestato a qu; **ein ärztliches ~ beibringen müssen**, dover produrre un certificato medico **4** geh (Beweis) testimonianza f, prova f: **~se einer untergegangenen Kultur**/[der Vergangenheit], testimonianze ⌊di una cultura scomparsa⌋/[del passato]; **ein beredtes ~ einer S.** (gen) **sein**, essere una testimonianza eloquente di qc; **ein untrügliches ~ für etw** (akk) **sein**, essere una prova inconfutabile di qc; **mit dieser Entscheidung hat sie ein glänzendes ~ ihrer Unbestechlichkeit gegeben**, con questa decisione, lei ha dato prova della sua incorruttibilità; **dieses Verhalten ist ~ seiner Unreife**, questo comportamento rivela/testimonia la sua immaturità.

Zeugs <-, ohne pl> n fam pej roba f, robaccia f pej, ciarpame m pej.

Zeugung <-, -en> f geh <meist sing> procreazione f, generazione f, concepimento m: **die ~ neuen Lebens**, il concepimento di una nuova vita.

Zeugungsakt m **1** biol atto m della procreazione **2** (kreativer Akt) atto m creativo.

zeugungsfähig adj form biol {MANN} ⌊atto a geh⌋/[capace di] procreare, fertile.

Zeugungsfähigkeit <-, ohne pl> f form biol capacità f ⌊di procreare⌋/[riproduttiva], fertilità f.

Zeugungsorgan n anat organo m genitale.

Zeugungstermin m med seduta f per un'inseminazione artificiale.

zeugungsunfähig adj form biol {MANN} sterile, incapace di procreare.

Zeugungsunfähigkeit <-, ohne pl> f form biol sterilità f, incapacità f di procreazione.

Zeus <-, ohne pl> m myth (altgriechischer Gott) Zeus m; (von den Römern assimiliert) Giove m ● **was tun, spricht ~** scherz, e ora come ⌊la mettiamo⌋/[facciamo]/[si fa]?

zeuseln itr CH → **zündeln**.

z.H., z.Hd., z.Hdn. Abk von zu Händen: all'attenzione di.

Zichorie <-, -n> f bot cicoria f.

Zicke <-, -n> f **1** zoo capra f **2** fam pej (Frau) bisbetica f pej, megera f pej, strega f pej: **das ist vielleicht eine alte ~!**, è proprio una vecchia bisbetica!; **dumme ~!**, oca! fam pej; **so eine eingebildete ~!**, che razza di presuntuosa!

Zicken subst <nur pl> fam (Eigenwilligkeiten) capricci m pl, storie f pl fam ● **~ machen** (sich anstellen), fare ⌊le bizze⌋/[storie]; **mach bloß keine ~!**, non fare storie!

zickig adj fam pej {FRAU, MÄDCHEN} bisbetico; (launisch) lunatico, capriccioso; (überdreht) esaltato: **die Mädchen in meiner Klasse sind alle furchtbar ~**, le ragazze della mia classe sono tutte bisbetiche; (prüde) pudico.

Zicklein <-s, -> n zoo capretto (-a) m (f).

zickzack adv a zigzag.

Zickzack <-(e)s, -e> m zigzag m ● **im ~**, a zigzag, zigzagando; **im ~ fahren/gehen/laufen**, andare/camminare/correre a zigzag, zigzagare.

Zickzackkurs m **1** (im Zickzack verlaufender Kurs) {+AUTO} percorso m a zigzag; {+SCHIFF} rotta f a zigzag **2** (widersprüchliches Vorgehen) atteggiamento m ondivago: **der ~ der Regierung in der Rentenfrage ist wenig überzeugend**, è poco convincente la continua altalena del governo nella questione delle pensioni ● **im ~**, a zigzag, zigzagando; **im ~ fahren/laufen**, zigzagare, andare a zigzag; **sie fuhr den Wagen im ~ durch die Straßen**, guidava a zigzag per le strade.

Zickzacklinie f linea f a zigzag.

Zickzackschere f forbici f pl dentellate.

Ziege <-, -n> f **1** zoo capra f **2** fam pej oca f: **so eine alberne ~!**, che razza di scema!; **alte ~!**, brutta vecchiaccia! fam; **blöde/dumme ~!**, ma, che oca!/cretina! fam pej.

Ziegel <-s, -> m **1** (Baumaterial) laterizio m; (quaderförmig) mattone m; (flach) campigiana f: **etw aus ~n mauern**, murare qc con mattoni **2** (Dachziegel) tegola f; (Flachziegel) embrice m, tegola f piana; {DACHPFANNE} coppo m, tegola f curva: **ein Dach mit ~n decken**, coprire un tetto di tegole ● **~ brennen**, cuocere laterizi.

Ziegelbau m costruzione f ⌊in mattoni⌋/[laterizia], opera f laterizia.

Ziegelbrenner m (**Ziegelbrennerin** f) fornaciaio (-a) m (f).

Ziegelbrennerei f → **Ziegelei**.

Ziegeldach n tetto m di tegole.

Ziegelei <-, -en> f (für Ziegelsteine) fornace f (da mattoni), fabbrica f di laterizi; (für Dachziegeln) fabbrica f di tegole.

ziegelrot adj rosso mattone.

Ziegelstein m (Baumaterial) laterizio m; (quaderförmig) mattone m; (flach) campigiana f: **~e**, materiale laterizio, laterizi; **ein Rundbogen aus ~(en)**, un arco laterizio/[(fatto) di mattoni].

Ziegenbart m **1** zoo barba f caprina **2** fam scherz (Spitzbart) pizzo m: **einen ~ haben**, portare il pizzo **3** bot (Pilz) barba f di capra.

Ziegenbock m zoo caprone m, becco m.

Ziegenfell n pelle f di capra.

Ziegenhirt, **Ziegenhirte** m (**Ziegenhirtin** f) guardiano (-a) m (f) di capre, capraio (-a) m (f).

Ziegenkäse m formaggio m di capra, caprino m.

Ziegenleder n capretto m; (bes. für Handschuhe und Schuhe) chevreau m.

Ziegenmelker m ornith caprimulgo m, succiacapre m.

Ziegenmilch f latte m di capra.

Ziegenpeter <-s, ohne pl> m fam med → **Mumps**.

zieh 1. und 3. pers sing imperf von ziehen.

Ziehbrunnen m pozzo m a carrucola.

Zieheltern subst <nur pl> region genitori m pl affidatari.

ziehen <zieht, zog, gezogen> A tr <haben> **1** (hinter sich herschleppen) **etw ~** {KARREN, WAGEN} tirare qc, trainare qc: **die Lokomotive zog nur wenige Wagen**, la locomotiva tirava solo poche carrozze; **früher zogen Ochsen den Pflug**, in passato erano i buoi a tirare l'aratro; **du musst den Schlitten aber selbst ~!**, la slitta però devi tirartela da te/solo (-a)! **2** (bewegen) **jdn/etw irgendwohin** ~ tirare qu/qc + compl di luogo; **das Boot an Land ~**, tirare la barca ⌊a riva⌋/[in secco]; **den Sessel näher ans Fenster ~**, avvicinare la poltrona alla finestra, tirare la poltrona più vicino alla finestra; **die Tür leise ins Schloss ~**, chiudere la porta tirandola piano; **der Kahn wurde in einen Strudel gezogen**, la chiatta venne risucchiata da un vortice; **die Knie bis unters Kinn ~**, portare le ginocchia fin sotto il mento; **jdn/etw aus etw** (dat) **~** tirare qu/qc fuori da qc: **einen Ertrunkenen/eine Kiste aus dem Wasser ~**, tirare un annegato/una cassa fuori dall'acqua; **jdn/etw an sich/etw** (akk) ~ tirare qu/qc a sé/qc; (liebevoll) auch stringere qu/qc a sé/qc; **sie zog das Kind an sich**/[ihre Brust], strinse il bambino a sé/[al seno/petto] **3** (zerren) **jdn/etw an etw** (dat) ~ {AM ÄRMEL, AN DEN HAAREN, OHREN, AM ROCKZIPFEL} tirare qu/qc per qc; **jdn/etw**

ziehen | ziehen

(an etw dat) irgendwohin ~ tirare/trascinare qu/qc (per qc) + compl di luogo: die Entführer zogen ihr Opfer mit Gewalt in ihr Auto, i sequestratori trascinarono con la forza la vittima in macchina; der Kleine zog sie zu der Spielzeugeisenbahn, il piccolo la tirò verso il trenino; er zog die Freundin zu/neben sich aufs Sofa, tirò la sua ragazza accanto a sé sul divano **4** (die Richtung ändern) etw irgendwohin ~ dirigere qc + compl di luogo: das Auto scharf nach rechts ~, portare con una brusca sterzata la macchina sulla destra; ein Flugzeug nach oben/unten ~, ⌊cabrare un aereo⌋/[abbassare un aereo in picchiata] **5** (betätigen) etw ~ {HAND-, NOTBREMSE, SPÜLUNG} tirare qc: die Orgelregister ~, tirare i registri dell'organo **6** (aus dem Automaten holen) etw ~ {KAUGUMMI, SÜSSIGKEITEN, ZIGARETTEN} prendere qc ⌊al distributore⌋/[alla macchinetta fam]: wo kann man denn hier Zigaretten ~?, c'è un distributore di sigarette nei paraggi?; Geld am Automaten ~, prelevare soldi al bancomat **7** (in eine bestimmte Lage bringen) etw irgendwohin ~ tirare qc + compl di luogo: den Hut ⌊ins Gesicht⌋/[auf die Augen] ~, tirarsi/calarsi il cappello ⌊sul viso⌋/[sugli occhi]; (vor jdm) den Hut ~, levarsi il cappello (davanti a qu); die Mütze über die Ohren ~, tirarsi il berretto sulle orecchie; die Vorhänge vor die Fenster ~, tirare le tende, chiudere le tende delle finestre; etw über etw (akk) ~ mettere qc sopra qc, infilar(si) qc sopra qc; einen Pullover über das T-Shirt ~, mettersi/infilarsi un golf sopra la maglietta **8** (durch~) etw durch etw (akk) ~ far passare qc per qc; {FADEN DURCHS NADELÖHR} infilare qc in qc **9** (verschieben) etw irgendwohin ~ {FIGUR, SPIELSTEIN AUF EIN ANDERES FELD} muovere/spostare qc + compl di luogo: den Turm auf ein anderes Feld ~, muovere la torre (su un altra casella); {MARKIERTES OBJEKT AUF DEM COMPUTERBILDSCHIRM} trascinare qc + compl di luogo **10** (heraus~) etw ~ {SPIELKARTE} pescare qc; {LOS} auch estrarre qc; {KORKEN} cavare qc; {ZAHN} auch estrarre qc, togliere qc: wenn die Wunde verheilt ist, werden die Fäden gezogen, quando la ferita (si) sarà rimarginata verranno tolti i punti; einen Gewinn ~, tirare/estrarre a sorte un premio; etw aus dem Verkehr ~, ritirare qc dalla circolazione; {BANKNOTEN, MÜNZEN} auch mettere qc fuori corso; einen Nagel aus der Wand ~, estrarre/[tirare via] un chiodo dalla parete; jdm einen Splitter aus dem Finger ~, estrarre/[tirare via] a qu una scheggia dal dito; die Wurzel aus einer Zahl ~ math, estrarre la radice di un numero **11** (ab~) (jdm) etw von etw (dat) ~ {ARMBAND, RING} sfilare qc da qc (a qu), togliere qc da qc (a qu): jdm den Stiefel vom Fuß ~, sfilare a qu lo stivale dal piede **12** (hervorholen) etw (aus etw dat) ~ tirare fuori qc (da qc); {MESSER, PISTOLE AUS DEM HALFTER} auch estrarre qc (da qc): er zog seinen Degen/Revolver, ⌊estrasse la rivoltella⌋; er zog ein paar Scheine aus seiner Brieftasche, tirò fuori un paio di biglietti dal portafoglio **13** (durch Dehnen herstellen) etw ~ {DRAHT, RÖHRE} trafilare qc; {KERZEN} fare qc **14** (verlegen) etw ~ {KABEL, LEITUNG, ROHR} posare qc; {GRENZE} tracciare qc; {GRABEN} scavare qc; {MAUER} tirare su, costruire qc: einen Zaun um das Grundstück ~, innalzare una recinzione intorno al terreno **16** (spannen) etw ~ {DRAHT, LEINE, SCHNUR} tirare qc; {BETTLAKEN, HANDTÜCHER, WÄSCHE} auch distendere qc tirandolo: lang ~, tirare qc, tendere qc **17** (entstehen lassen) etw ~ fare qc: der Honig zieht Fäden, il miele fila/[fa le fila]; der Klebstoff zieht Blasen, la colla forma/[fa (le)] bolle **18** (auf~) etw auf etw (akk) ~ {BILD, FOTO AUF PAPPE} montare qc su qc; {SAITEN AUF EIN INSTRUMENT} tendere qc su qc, mettere qc a qc: Perlen auf eine Schnur ~, infilare perle su un filo; eine neue Saite auf das Cello ~, mettere una corda nuova al violoncello **19** (dehnen) etw ~ {LAUT, WORT} strascicare qc; {SILBE} allungare qc **20** (zeichnen) etw ~ {KREIS, SENKRECHTE} tracciare qc: Linien mit dem Lineal ~, tirare/tracciare linee con il righello **21** (machen) etw ~ {KOPIE} fare qc: Computerprogramme schwarz ~, copiare illegalmente programmi di computer **22** (züchten) etw ~ {BLUMEN, GEMÜSE, PFLANZEN} coltivare qc; {TIERE} allevare qc; jdm etw aus etw (dat) ~ {AUS EINEM ABLEGER, AUS SAMEN} tirare su qc da qc **23** (die Gesichtszüge verändern): eine Grimasse/einen Flunsch ~, fare una smorfia/il broncio; die Augenbrauen nach oben ~, inarcare le sopracciglia; die Stirn in Falten ~, corrugare la fronte **24** (in sich aufnehmen) etw ~ assorbire qc: diese Pflanze zieht sehr viel Wasser, questa pianta assorbe molta acqua **25** (gewinnen) etw aus etw (dat) ~ {GELD, GEWINN, PROFIT AUS EINEM GESCHÄFT} trarre qc da qc, ricavare qc da qc: einen Vorteil aus etw (dat) ~, trarre partito/vantaggio da qc; {ERZE AUS DEM ERDREICH, ÖL AUS EINER PFLANZE} ricavare qc da qc; {PFLANZE NAHRUNG AUS DEM BODEN} trarre qc da qc **26** (an~) jdn irgendwohin ~ {ARBEITSUCHENDE, TOURISTEN IN EINE STADT} attrarre/attirare qu + compl di luogo; etw auf sich (akk) ~ {JDS AUFMERKSAMKEIT} (at)tirare qc su di sé; {GROLL, HASS} auch tirarsi addosso qc: alle Blicke auf sich ~, attirare tutti gli sguardi (su di sé); jds Unwillen/Zorn auf sich ~, ⌊attirare su di sé⌋/[tirarsi addosso] il risentimento/l'ira di qu **27** (zur Folge haben) etw nach sich ~ {UNANNEHMLICHKEITEN, LANGWIERIGE VERHANDLUNGEN} avere qc come conseguenza, comportare qc: das wird gerichtliche Folgen nach sich ~, ciò avrà delle conseguenze legali; der Bruch zog eine langwierige Konvaleszenz nach sich, la frattura comportò una lunga convalescenza **28** (in Verbindung mit Substantiven): Folgerungen/Konsequenzen (aus etw dat) ~, trarre delle conclusioni (da qc); etw ins Lächerliche ~, buttarla sul ridicolo fam; etw in die Länge ~, tirare qc per le lunghe; eine Lehre/den Schluss aus etw (dat) ~, trarre un insegnamento/la conclusione da qc; falsche Schlüsse aus etw (dat) ~, trarre delle conclusioni sbagliate da qc; jdn (für etw akk) zur Rechenschaft ~, chiedere conto/ragione di qc a qu; jdn (für etw akk) zur Verantwortung ~, chiamare qu a rispondere di qc; einen Vergleich ~, fare/istituire un parallelo, fare un confronto; jdn ins Vertrauen ~, confidarsi con qu; etw in Zweifel ~, mettere in dubbio qc **29** fam (schlagen) jdm etw über etw (akk) ~ {FLASCHE, LATTE ÜBER DEN KOPF} dare/tirare qc a qu + compl di luogo fam **30** inform (herunterladen): etw aus dem Netz/Internet ~, scaricare qc ⌊dalla rete⌋/[da Internet] **B** itr **1** <haben> (zerren) (an etw dat) ~ {AN EINER KETTE, LEINE, EINEM SEIL} tirare (qc) **2** <sein> (um~) irgendwohin ~ {INS AUSLAND, AUFS LAND, IN EINE ANDERE STADT} trasferirsi/[andare a stare/vivere/abitare] + compl di luogo: in ⌊ein anderes Haus⌋/[eine andere Wohnung] ~, cambiare casa; sie ist vorübergehend zu einer Freundin gezogen, è andata a stare temporaneamente da un'amica **3** <sein> (sich-gendwohin begeben) irgendwohin ~ andare/dirigersi + compl di luogo; {ARMEE, KONVOI, TRUPPEN} muovere/avanzare/dirigersi + compl di luogo; {PFADFINDER, WANDERER} camminare + compl di luogo: heimwärts ~, ⌊dirigersi verso⌋/[tornare a] casa; in die Fremde ~, lasciare la patria; über die Grenze ~, attraversare/passare la frontiera; die Fußballfans zogen zum Stadion, i tifosi andavano/[si dirigevano] verso lo stadio; in den Krieg ~, andare in guerra; die Truppen ~ ⌊an die Front⌋/[ins Manöver], le truppe ⌊muovono alla volta del fronte⌋/[compiono esercitazioni]; durch etw (akk) ~ attraversare qc; (ziellos) girare per qc, vagare per qc **4** (den Lebensraum wechseln) irgendwohin ~ {TIERE, ZUGVÖGEL} migrare + compl di luogo; {LACHSE} risalire la corrente: die Lachse ~ flussaufwärts, i salmoni risalgono la corrente **5** <sein> (dringen) irgendwohin ~ {GESTANK, SCHWADEN} (e)spandersi/diffondersi + compl di luogo, invadere qc, pervadere qc: mach die Tür zu, sonst zieht der Rauch ins ganze Haus, chiudi la porta, sennò il fumo invade tutta la casa **6** <sein> (vorbei~): die Wolken ~ (am Himmel), le nuvole ⌊si muovono/spostano⌋/[passano] veloci (in cielo); Nebel zieht über die Felder, sui campi scende/cala la nebbia **7** <sein> (eindringen) in etw (akk) ~ {IN DIE HAND, INS HOLZ} penetrare in qc; {FEUCHTIGKEIT INS MAUERWERK} auch permeare qc, infiltrarsi in qc **8** <sein> (wehtun) {WUNDE} far male, bruciare **9** <haben> (saugen) an etw (dat) ~ {AN EINEM STROHHALM} succhiare da qc; {AN EINEM JOINT, EINER PFEIFE, ZIGARETTE, ZIGARRE} dare ⌊un tiro⌋/[dei tiri] a qc, tirare una boccata a qc: er zog nervös an seiner Pfeife, tirava boccate nervose alla pipa; lass mich mal an deiner Zigarette ~, fammi dare un tiro alla sigaretta **10** <haben> (den nötigen Zug haben): gut/schlecht ~ {PFEIFE}, tirare bene/male; {KAMIN, OFEN} auch avere un buon/cattivo tiraggio **11** <haben> fam (beschleunigen): gut/schlecht/nicht ~ {MOTOR, WAGEN}, ⌊tirare bene/male⌋/[non tirare] fam **12** <haben> (sein Aroma entfalten) {TEE} essere/stare in infusione: den Tee drei bis fünf Minuten ~ lassen, lasciare il tè in infusione da tre a cinque minuti **13** <haben> gastr (langsam garen) cuocere a fuoco lento, bollire piano, sobbollire: die Lachscreme soll nicht kochen, sondern nur ~, la crema di salmone non deve bollire, ma soltanto sobbollire; etw in einer Marinade ~ lassen, (lasciar) marinare qc, tenere qc in marinata **14** <haben> fam (Erfolg haben) (bei jdm) ~ tirare slang, avere successo (presso qu), {MASCHE, TRICK} funzionare (con qu): die neuen Tankstellenläden ~ enorm, le nuove stazioni di servizio con negozio annesso tirano un sacco slang; so was zieht (beim Publikum) nicht, cose del genere non ⌊piacciono (al pubblico)⌋/[vanno fam]; der Trick mit dem Kaninchen zieht immer, il trucco del coniglio funziona sempre; das zieht bei mir nicht fam, con me non attacca fam **15** (Spielfiguren verrücken) (mit etw dat) ~ muovere (qc), fare una mossa (con qc): wer zieht zuerst?, chi muove per primo? **16** (die Pistole ~) ⌊tirare fuori⌋/[estrarre] la pistola: zieh!, tira!, spara! **C** rfl <haben> **1** (dauern) sich ~ {DISKUSSION, UNTERSUCHUNG, VERHANDLUNG, VERHÖR} andare per le lunghe, trascinarsi: die Konferenz hat sich vielleicht in die Länge gezogen!, quella conferenza non finiva più!; die Wochen vor dem Urlaub ~ sich, le settimane prima delle vacanze non passano mai **2** (sich erstrecken) sich irgendwohin ~ estendersi + compl di luogo: der Gebirgszug zieht sich von Ost nach West, la catena montuosa si estende da est a ovest; die Berliner Mauer zog sich quer durch die Stadt, il muro di Berlino ⌊attraversava tutta⌋/[tagliava in due] la città; **das Grundstück zieht sich bis zum See**, il terreno ⌊si estende⌋/[arriva] fino al lago; **die Narbe zieht sich über die ganze Gesichtshälfte**, la cicatrice attraversa tutta una metà del viso **3** (*immer wieder vorkommen*) **sich durch etw** (akk) **~** (*MOTIV, THEMA*) ricorrere *in qc*, ritornare *in qc*: **dieses Thema zieht sich durch den ganzen Roman**, questo tema ⌊ricorre in⌋/[è il filo conduttore di] tutto il romanzo **4** (*sich ver~*) **sich ~** (*HOLZ, RAHMEN*) (in)curvarsi, lavorare **5** (*sich hoch~*) **sich an etw** (dat) **irgendwohin ~** (AN EINEM AST, SEIL) tirarsi *su* + *compl di luogo* aggrappandosi *a qc* **D** unpers <*haben*> **1** (*unangenehm als Luftzug zu verspüren*): **es zieht**, c'è corrente/riscontro/[uno spiffero]; **jdm zieht es im Rücken**, qu sente aria alla schiena; **mach ruhig das Fenster zu, wenn es dir zieht**, chiudi pure la finestra se ti fa corrente *fam*; **hier zieht es aus allen Ritzen**, qui ⌊è pieno di spifferi⌋/[ci sono correnti d'aria dappertutto] **2** (*drängen*) **es zieht jdn irgendwohin**, qu si sente attratto (-a) da qc; (NACH HAUSE, ZU JDM) qu ha nostalgia di qu/qc, qu ha voglia di andare + compl di luogo/da qu **3** (*wehtun*) **jdm zieht es in etw** (dat), qu ⌊sente male⌋/[ha dei dolori] a qc; **~de Schmerzen**, dolori diffusi ● **einen ~ lassen** *slang*, fare un peto, sganciare *fam*.

Ziehen <-s, *ohne pl*> n (*Schmerz*) dolori m pl diffusi: **ein ~ im Bauch verspüren**, sentir tirare la pancia *fam*.

Ziehharmonika f *mus* fisarmonica f: (**auf der**) **~ spielen**, suonare la fisarmonica.

Ziehkind n *region* → **Pflegekind**.

Ziehmutter f *region* → **Pflegemutter**.

Ziehung <-, -en> f estrazione f: **die ~ der Lottozahlen**, le estrazioni (dei numeri) del lotto.

Ziehvater m *region* → **Pflegevater**.

Ziel <-(e)s, -e> n **1** *sport* (+WETTKAMPFSTRECKE) traguardo m, (linea f d'arrivo m: **als Erster/Zweiter** ⌊**das ~ erreichen**⌋/[**durchs ~ gehen**], ⌊tagliare/passare⌋/[raggiungere] per primo/secondo il traguardo; **als Letzter ins ~ kommen**, arrivare (per) ultimo al traguardo **2** (*Ort, den jd erreichen will*) {+WANDERUNG} meta f; {+FAHRT, REISE} *auch* destinazione f: **unser morgiges ~ ist Gießen**, domani vogliamo ⌊arrivare fino a⌋/[raggiungere] Gießen; **am ~ ankommen**, arrivare/giungere ⌊a destinazione⌋/[alla meta]; **wir sind endlich am ~ angekommen**, siamo finalmente arrivati (-e) a (destinazione); **kurz vor dem ~ umkehren (müssen)**, (dover) tornare indietro poco prima della meta; **mit unbekanntem ~ verreisen**, partire con/per destinazione ignota **3** *mil sport* (*anvisierter Punkt*) bersaglio m; (*Angriffsziel*) obiettivo m: **ein bewegliches/festes ~**, un bersaglio mobile/fisso; (jdm) **ein gutes ~ bieten** *mil*, essere un obiettivo facile (da colpire) (per qu); **das ~ anvisieren**, mirare al bersaglio, puntare il bersaglio, prendere la mira; **das ~ treffen**, centrare/colpire/prendere il bersaglio; *mil* colpire l'obiettivo; **ins ~ treffen**, centrare/colpire il bersaglio; (**genau ins Schwarze**) fare centro, colpire/cogliere nel segno; **das ~ verfehlen**, sbagliare mira; *mil* mancare il bersaglio; **als ~ dienen** {BLECHBÜCHSE, FLASCHE, VOGELSCHEUCHE}, fare/servire da bersaglio; **am ~ vorbeischießen**, mancare il bersaglio (sparando) **4** (*angestrebtes Ergebnis*) scopo m, obiettivo m, fine m, meta f, traguardo m, mira f: **klare/langfristige ~e**, obiettivi chiari/[a lungo termine]; **die politischen/militärischen/wirtschaftlichen ~e eines Landes**, gli obiettivi politici/militari/economici di un Paese: **es ist erklärtes ~ der Regierung, die Steuer zu senken**, è obiettivo dichiarato del governo (quello) di ridurre le tasse; **ein ~ anstreben/verfolgen/erreichen/verwirklichen**, ⌊tendere a⌋/[perseguire]/[raggiungere]/[realizzare] uno scopo; **sein ~ erreichen**, raggiungere/[il proprio obiettivo/scopo]/[il traguardo]; (*sich durchsetzen*) *auch* aver la vinta, spuntarla *fam*; **die Kleine erreicht ihr ~ immer, vor allem beim Vater**, la piccola ⌊ce l'ha sempre vinta⌋/[la spunta sempre], specie col padre; **diese Maßnahmen führen nicht zum ~**, queste misure non daranno l'effetto desiderato; **weit gesteckte ~e vor Augen haben**, avere mire ambiziose; **ein klares/festes ~ vor Augen haben**, avere in mente un obiettivo/fine (ben) preciso; **ohne Umwege auf sein ~ zusteuern**, puntare dritto (-a) allo scopo; **auf diese Weise kommst du nie zum ~**, in questo modo non ⌊arriverai mai alla meta⌋/[raggiungerai mai il tuo scopo]; **vorrangiges ~ ist es, die Arbeitslosigkeit zu verringern**, il nostro fine/obiettivo preminente è ridurre il tasso di disoccupazione; **sich** (dat) **ein ~ setzen/stecken**, prefiggersi uno scopo/un fine, proporsi una meta/un fine/un obiettivo; **seine ~e nicht aus den Augen verlieren**, non perdere di vista i propri scopi; **sie hat sich ein hohes ~ gesetzt**, si è posta un obiettivo ambizioso **5** (*Produktionsziel*) obiettivo m **6** *fig* (*~scheibe*) bersaglio m, oggetto m: **~ jds Kritik/Spott sein**, essere/diventare (l')oggetto ⌊delle critiche⌋/[dello scherno] di qu ● **etw zum ~ haben** {BESTREBUNGEN, HANDLUNG, MAẞNAHMEN}, avere come scopo qc, mirare a qc, essere destinato/volto a qc; **mit dem ~ ..., con l'intento di ...; über das ~ (hinaus)schießen** *fam*, peccare di eccesso di zelo; **am ~ seiner Wünsche sein**, aver raggiunto ciò che si voleva.

Zielbahnhof m *Eisenb* stazione f di destinazione.

Zielband n *sport obs* nastro m d'arrivo.

zielbewusst (a.R. zielbewußt) **A** adj {CHARAKTER, VORGEHENSWEISE} determinato, risoluto; {MENSCH} *auch* che sa quello che vuole: **eine ~e junge Frau**, una giovane donna che sa quello che vuole **B** adv {HANDELN, VORGEHEN} con determinazione/risolutezza: **auf etw** (akk) **zusteuern**, puntare dritto (-a) a qc.

zielen itr **1** (*anvisieren*) mirare, prendere la mira: **gut/schlecht/genau ~**, mirare bene/male/dritto; **er zielte und schoss**, prese la mira e sparò; **auf jdn ~** (*mit einer Schusswaffe*) puntare un'arma da fuoco *contro qu*; (*mit einem Pfeil, Stein, einer Schleuder*) mirare *a qu*; **auf etw ~** {AUF JDS HERZ, EIN KANINCHEN, JDS KOPF, EINEN VOGEL} mirare *a qc* **2** (*gerichtet sein*) **auf jdn/etw ~** {LAUF, SCHUSSWAFFE} essere puntato *su/contro qu/qc* **3** (*sich beziehen*) **auf jdn/etw ~** {BEMERKUNG, KRITIK} alludere *a qu/qc*, essere rivolto *a qu/qc*, riguardare *qu/qc*, riferirsi *a qu/qc*: **ihre Bemerkungen zielten auf einige Kolleginnen**, le sue osservazioni erano indirizzate ad alcune colleghe; **mit etw** (dat) **auf jdn/etw ~**, alludere *con qc a qu*; **mit einer Frage/Kritik auf bestimmte soziale Missstände ~**, alludere con una domanda/critica a certi mali sociali; (WERBUNG AN EINE BESTIMMTE VERBRAUCHERGRUPPE) essere mirato *a qu/qc*, rivolgersi *a qu* **4** (*ab~*) **auf etw** (akk) **~** (MAẞNAHMEN, PLAN AUF EINE SCHNELLE LÖSUNG, VERÄNDERUNG, VERBESSERUNG) mirare *a qc*.

Zielfahndung f ricerche f pl che si concentrano su un sospetto.

Zielfernrohr n can(n)occhiale m di puntamento; {+JAGDGEWEHR} can(n)occhiale m di mira.

Zielflughafen m *aero* aeroporto m di destinazione.

Zielfoto n *sport* photo finish m.

Zielgebiet n *mil* (zona f dell')obiettivo m.

zielgenau adj {WAFFE} di precisione.

Zielgerade f *sport* rettilineo m/dirittura f d'arrivo: **als Erster in die ~ einlaufen/einbiegen**, imboccare per primo il rettilineo d'arrivo.

zielgerichtet **A** adj {MAẞNAHMEN, VORGEHEN} finalizzato, mirato **B** adv {HANDELN, VORGEHEN} in modo finalizzato/mirato.

Zielgruppe f *bes. com* target m, fascia f di (potenziali) consumatori: **die ~n einer Werbekampagne**, il target di una campagna pubblicitaria; **bei der Entwicklung eines Produktes bestimmte ~n im Auge haben**, sviluppare un nuovo prodotto puntando su un determinato target.

Zielhafen m porto m di destinazione.

Zielkamera f telecamera f per il photo finish.

Zielkauf m *Börse* acquisto m/contratto m a termine.

Zielkonflikt m obiettivi m pl contrastanti.

Zielkurve f *sport* curva f finale/[di arrivo].

Ziellinie f *sport* ⌊linea f di arrivo⌋/[del traguardo]; (*Ziel*) traguardo m.

ziellos **A** adj {HERUMZIEHEN, UMHERIRREN} senza (una) meta; {LEBEN} *auch* senza scopo; {MENSCH} che non ha uno scopo nella vita **B** adv {HERUMWANDERN, UMHERIRREN} senza meta: **in den Tag hineinleben**, vivere alla giornata.

zielorientiert **A** adj {HANDELN, VERHALTEN} mirato, finalizzato; {PERSON} che va dritto (-a) allo scopo, determinato **B** adv in modo mirato.

Zielort m luogo m di destinazione.

Zielphoto a.R. *von* Zielfoto → **Zielfoto**.

Zielrichter m (**Zielrichterin** f) *sport* giudice mf d'arrivo.

Zielscheibe f **1** (*Schießscheibe*) bersaglio m: **die ~ anvisieren**, mirare al bersaglio; **auf die ~ schießen**, sparare/tirare al bersaglio; **die ~ treffen**, colpire/centrare il bersaglio **2** (*Person, auf die jds Handeln gerichtet ist*) bersaglio m, oggetto m: **jdm als ~ einer S.** (gen) **dienen**, fare/servire da bersaglio a qu per qc; **zur ~ jds Kritik/Spott werden**, diventare il bersaglio ⌊delle critiche⌋/[dello scherno] di qu; **er wurde im ganzen Dorf zur ~ des Spottes**, diventò lo zimbello di tutto il paese.

Zielsetzung <-, -en> f obiettivo m, finalità f: **das ist eine realistische ~**, questo è un obiettivo realistico; **ein Projekt mit eindeutig umweltschützenden ~en**, un progetto con finalità spiccatamente ecologiche.

zielsicher **A** adj **1** (*das Zielen beherrschend*) {SCHÜTZE} dalla mira sicura: **~ sein**, avere la mira sicura, essere ⌊un ottimo tiratore⌋/[un'ottima tiratrice] **2** (*entschlossen*) {HANDELN, VORGEHEN} determinato, deciso, risoluto: **mit ~en Schritten**, con/a passo deciso **B** adv {HANDELN, VORGEHEN} con determinazione/risolutezza: **~ auf jdn zugehen**, andare (dritto (-a)) incontro a/[verso] qu.

Zielsprache f **1** *ling* (*Sprache, in die übersetzt wird*) lingua f d'arrivo **2** *inform* linguaggio m tradotto/oggetto.

zielstrebig **A** adj {ART, VORGEHEN} determinato, risoluto; {MENSCH} *auch* che sa cosa/[quello che] vuole: **ein ~es Mädchen**, una ragazza che sa quello che vuole **B** adv con determinazione/risolutezza, tenacemente: **~**

auf etw (akk) **hinarbeiten**, perseguire uno scopo con risolutezza.

Zielstrebigkeit <-, ohne pl> f determinazione f, risolutezza f.

Zielvorgabe f obiettivo m: **eine ~ einhalten/erfüllen**, raggiungere/realizzare l'obiettivo posto.

Zielvorrichtung f dispositivo m di puntamento.

ziemen rfl geh obs: **sich nicht für jdn ~** {LAUTES SCHREIEN, FRECHES VERHALTEN}, non convenirsi/addirsi a qu; **so ordinäre Ausdrücke ~ sich nicht für ein Mädchen**, espressioni così volgari non si addicono a una ragazza; **es ziemt sich nicht, etw zu tun**, non sta bene fare qc; **es ziemt sich nicht, so direkte Fragen zu stellen**, non sta bene fare delle domande così dirette.

ziemlich A adj <attr> fam 1 (beträchtlich) {ANSTRENGUNG, ENTFERNUNG, STRECKE, UNTERSCHIED} bello fam; {VERMÖGEN} auch discreto, niente male fam: **die Ausstellung hat ~en Anklang gefunden**, la mostra ha avuto una larga risonanza/eco; **ich hatte ~e Mühe, ihn zu überzeugen**, mi è costata parecchia fatica convincerlo; **das ist eine ~e Frechheit**, è una bella sfacciataggine fam; **er hat ~es Glück gehabt**, ha avuto una bella fortuna; **es hat eine ~e Zeit gedauert**, c'è voluto un bel po' di tempo 2 (einigermaßen zutreffend): **mit ~er Genauigkeit** {BERECHNEN, BESCHREIBEN, VORAUSSAGEN}, con una certa/discreta precisione; **etw mit ~er Sicherheit wissen**, essere abbastanza sicuro/certo di qc; **das wird sich mit ~er Sicherheit genauso abspielen**, è quasi certo che le cose andranno così B adv 1 (beträchtlich) {HEISS, KALT, SCHWER, SPÄT} abbastanza, piuttosto, alquanto geh, assai lit oder region: **sie sind noch ~ fit für ihr Alter**, sono ancora abbastanza in salute considerata la loro età; **er ist ~ sauer auf sie**, è abbastanza arrabbiato con lei; **~ oft**, abbastanza spesso; **~ viel**, parecchio, abbastanza; **~ viel Geld**, un bel po' di fam/[parecchi] soldi; **~ viele Leute**, parecchia gente 2 (einigermaßen) {SICH ANSTRENGEN, BEEILEN MÜSSEN} abbastanza, piuttosto: **er hat sich ~ anstrengen müssen, um ...**, ha dovuto fare parecchi sforzi per ... 3 (weitgehend) {GENAU, SICHER} abbastanza, assai lit: **sich** (dat) **~ sicher sein, dass ...**, essere quasi certo che ... 4 fam (fast): **(so) ~**, quasi, pressappoco, suppergiù fam; **das ist so ~ dasselbe** fam, è quasi lo stesso, è suppergiù la stessa cosa; **sie ist so ~ in meinem Alter**, ha all'incirca la mia stessa età; **habt ihr alles untergebracht? – So ~!**, avete sistemato tutto? – Più o meno!; **es ist so ~ alles falsch**, in pratica è tutto sbagliato 5 obs (schicklich) decoroso, conveniente.

ziepen region bes. norddt A tr **jdn ~** (beim Kämmen) tirare i capelli a qu; **jdn an etw** (dat) **~** {AN DEN HAAREN} tirare qc a qu; {AM OHR} auch pizzicare qc a qu B tr 1 (piepsen) {VOGEL} pigolare 2 (kurz wehtun) fare male: **au, das ziept!** (beim Kämmen), ahi, fa male!; (beim Einstechen) ahi, punge! C unpers: **es ziept jdm irgendwo** {IM ARM, BEIN, KREUZ, AM OHR}, a qu fa male qc; **mir ziept's in den Schultern**, sento delle punture alle spalle.

Zier <-, ohne pl> f obs → **Zierde**.

Zierat a.R. von **Zierrat** → **Zierrat**.

Zierde <-, -n> f {meist sing} geh 1 (Schmuck): **eine ~ für etw** (akk) **sein** {DENKMAL, GEBÄUDE, PARK FÜR EIN DORF, EINEN PLATZ, EINE STADT}, essere un ornamento di qc {jdm/etw zur Ehre Gereichendes}: **die ~ einer S.** (gen) **sein** {PERSON}, essere il vanto di qc: **das neue Museum ist die ~ der Stadt**, il nuovo museo è il vanto/[fiore all'occhiello] della città ● **zur ~**, come ornamento/decorazione; **zur ~ Blumen auf den Tisch stellen**, mettere fiori sul tavolo come decorazione; **sich zur ~ eine Kette umtun** fam, mettersi una collana per ornamento.

zieren A tr geh (schmücken) **etw ~** {ADLIGE NAMEN, TITEL DEN BRIEFKOPF; ORDEN DIE BRUST; SCHMUCKSTÜCKE ARME, HÄNDE, KLEIDUNGSSTÜCK} adornare qc, ornare qc; {BILDER, BLUMEN EINEN RAUM; ORNAMENTE EINE FASSADE} auch abbellire qc, decorare qc: **hohe Tannenbäume zierten die weihnachtliche Kirche**, alti abeti abbellivano la chiesa già addobbata per il Natale; **etw mit etw** (dat) **~** (ad)ornare qc con/di qc, abbellire qc con/di qc, decorare qc con/di qc B rfl pej (aus Stolz zaudern) **sich ~** fare il prezioso/la preziosa, farsi prezioso (-a): **wenn man ihn mal um etwas bittet, ziert er sich immer**, se una volta gli chiedi qualcosa (lui) si fa/[fa il] prezioso; (aus falscher Zurückhaltung) fare complimenti/cerimonie; **komm, zier dich nicht lange!**, su, non fare tanti complimenti ● **ohne sich zu ~**, senza tanti complimenti!

Ziererei <-, -en> f pej complimenti m pl.

Zierfarn m bot felce f ornamentale.

Zierfisch m pesce m d'acquario.

Ziergarten m giardino m (ornamentale).

Ziergras n bot erba f ornamentale.

Zierleiste f 1 (verzierende Leiste) (am Auto) modanatura f; (an einem Bilderrahmen, Gebäude, Möbelstück, an einer Wand) auch listello m (ornamentale) 2 typ fregio m.

zierlich adj 1 (klein und fein) {FRAU, KIND, KÖRPER} gracile, minuto, esile; {FIGUR} auch sottile; {SESSEL, TISCH} grazioso: **sie ist sehr ~**, (lei) è una personcina fragile 2 (anmutig) {BEWEGUNG, KNICKS} grazioso, fine.

Zierlichkeit <-, ohne pl> f 1 (Feinheit) {+KIND, KÖRPER} gracilità f, esilità f; {+FIGUR} auch sottigliezza f 2 (Anmut) {+BEWEGUNG, GRUSS, KNICKS} grazia f, finezza f.

Ziernaht f cucitura f decorativa.

Zierpflanze f bot pianta f ornamentale.

Zierrat <-(e)s, -e> m geh decorazione f, ornamenti m pl, addobbi m pl: **bloß(er) ~ sein**, essere solo decorazione, servire solo per abbellire/[da ornamento]; **überflüssiger ~**, addobbi superflui, orpelli.

Zierschrift f scrittura f ornamentale.

Zierstrauch m bot arbusto m ornamentale; (kleiner) cespuglio m ornamentale.

Ziffer <-, -n> f 1 (Zahlzeichen) cifra f: **in ~n**, in cifre; **eine Zahl mit sechs ~n**, un numero di sei cifre 2 (Absatz) comma m: **Artikel 7, ~ 2 (des) BGB**, articolo 7, comma 2 del Codice Civile Tedesco ● **arabische/römische ~n**, cifre arabe/romane, numeri arabi/romani.

Zifferblatt n quadrante m.

Ziffernfeld n inform tastierino m numerico.

Zifferntaste f el tasto m numerico/[delle cifre]: **die ~n**, i tasti numerici/[delle cifre].

zig adj fam un sacco di ... fam, parecchi/parecchie: **in deiner Abwesenheit haben zig Leute angerufen**, mentre eri via hanno chiamato parecchie persone; **der Sturm hat zig Bäume entwurzelt**, la tempesta ha sradicato un sacco di alberi.

Zigarette <-, -n> f sigaretta f: **starke/leichte ~n**, sigarette forti/leggere; **nikotinarme/nikotinfreie ~n**, sigarette povere/a basso contenuto di/[senza] nicotina; **~n mit/ohne Filter**, sigarette con/senza filtro; **eine Packung/Schachtel/[Stange] ~n**, un pacchetto/una stecca di sigarette; **sich** (dat) **eine ~ anzünden/anstecken**, accendersi una sigaretta; **eine ~ ausdrücken**, spegnere una sigaretta; **sich** (dat) **eine ~ drehen**, arrotolare una sigaretta; **sich** (dat) **seine ~n selbst drehen**, farsi le sigarette da sé; **eine ~ rauchen**, fumar(si) una sigaretta; **eine ~ nach der anderen rauchen**, fumare una sigaretta dopo l'altra; **an der ~ ziehen**, dare un tiro a/[tirare una boccata] alla sigaretta.

Zigarettenanzünder m (im Auto) accendisigaro m, accendisigari m.

Zigarettenasche f cenere f di sigaretta/sigarette.

Zigarettenautomat m distributore m di sigarette.

Zigarettenetui n portasigarette m.

Zigarettenlänge f: **auf eine ~**, il tempo di fumarsi una sigaretta.

Zigarettenpackung f → **Zigarettenschachtel**.

Zigarettenpapier n cartina f da sigarette.

Zigarettenpause f pausa f per (fumare) una sigaretta: **eine ~ machen**, fare una pausa per fumarsi una sigaretta.

Zigarettenqualm m, **Zigarettenrauch** m fumo m di sigaretta/sigarette.

Zigarettenraucher m (Zigarettenraucherin f) fumatore (-trice) m (f) di sigarette.

Zigarettenschachtel f pacchetto m di sigarette.

Zigarettensorte f marca f di sigarette.

Zigarettenspitze f bocchino m (per sigarette).

Zigarettenstummel m mozzicone m/cicca f di sigaretta.

Zigarettentabak m tabacco m da sigarette.

Zigarillo <-s, -s> m oder n oder <-, -s> f fam sigaretto m.

Zigarre <-, -n> f sigaro m: **eine leichte/milde/[schwere/starke] ~**, un sigaro leggero/dolce/[forte]; **eine helle/dunkle ~**, un sigaro chiaro/scuro; **eine ~ mit Bauchbinde** fam/Streifband, un sigaro con la fascetta; **die ~ zieht nicht**, questo sigaro non tira; **die Spitze (an) einer ~ abbeißen/abschneiden**, spuntare un sigaro con i denti/un tagliasigari; **ich rauche jetzt in aller Ruhe meine ~**, adesso mi fumo un bel sigaro in santa pace ● **eine ~ bekommen** fam (einen Rüffel bekommen), prendersi un cicchetto fam/[una lavata di capo fam]/[un rabbuffo fam]; **eine ~ verpassen** (jdn heftig tadeln), fare un cicchetto a qu fam, dare una strigliata a qu fam, fare una lavata di capo a qu fam.

Zigarrenabschneider m tagliasigari m.

Zigarrenfabrik f fabbrica f di sigari.

Zigarrenkiste f (Packung) scatola f di sigari; (zum Aufbewahren) scatola f per sigari, (scatola f) portasigari m.

Zigarrenqualm m, **Zigarrenrauch** m fumo m di sigaro.

Zigarrenraucher m (Zigarrenraucherin f) fumatore (-trice) m (f) di sigari.

Zigarrensorte f marca f/tipo m/qualità f di sigaro.

Zigarrenspitze f 1 (Mundstück) punta f del sigaro 2 (Halter) bocchino m (per sigari).

Zigarrenstummel m mozzicone m di sigaro, cicca f (di sigaro).

Zigarrentabak m tabacco m da sigaro.

Zigeuner <-s, -> m (Zigeunerin f) 1 (Angehöriger eines nicht sesshaften Volksstamms) zingaro (-a) m (f), nomade mf; (bes. aus Ungarn stammend) zigano (-a) m (f); (aus Spanien stammend) gitano (-a) m (f) 2 fam (jd, der

zigeunerhaft | **Zinklegierung** 1351

ein unstetes Leben führt) zingaro (-a) m (f).
zigeunerhaft adj zingaresco, zingaro *rar.*
Zigeunerkapelle f orchestra f zigana.
Zigeunerkind n piccolo (-a) zingaro (-a) m (f), zingarello (-a) m (f), bambino (-a) m (f) di zingari.
Zigeunerlager n campo m/accampamento m di zingari; (*zugewiesen*) campo m nomadi.
Zigeunerleben n **1** (*Leben der Zigeuner*) vita f da zingaro **2** *fam pej* (*unstetes Leben*) vita f ₍da zingaro₎/[zingaresca]/[nomade]: **ein ~ führen**, fare vita da zingaro.
Zigeunermusik f musica f degli zingari; (*bes. der ungarischen Zigeuner*) musica f zigana.
Zigeunerprimas m primo violino m di un'orchestra zingara.
Zigeunerschnitzel n *gastr* "scaloppina f di vitello o maiale in salsa piccante".
Zigeunersprache <-, *ohne* pl> f: **die ~**, la lingua degli zingari, lo zingaresco, lo zingarico.
zigfach *fam* **A** adj *fam* {VERGRÖSSERUNG, VERTEUERUNG} di non so quante volte **B** adv di parecchie volte: **etw ~ vergrößern**, ingrandire qc di parecchie/[un tot di] volte; **die Immobilienpreise haben sich um ein Zigfaches erhöht**, i prezzi degli immobili sono aumentati di non so quante volte.
zigmal adv tantissime/parecchie/[un sacco di] volte: **ich habe dir schon ~ gesagt, ...**, ti ho già detto mille volte ...; **er hat es schon ~ versucht, aber ...**, ci ha già provato chissà/ [non so] quante volte, ma ...
zigtausend, **Zigtausend** adj *fam*: **~ ...**, parecchie migliaia di ...; ₍**~ Jugendliche**₎/ [**~e von Jugendlichen**] **waren nach Woodstock gereist**, migliaia e migliaia di giovani erano andati a Woodstock.
Zikade <-, -n> f *zoo* cicala f.
ziliar adj *med* ciliare.
Ziliarkörper m *anat* corpo m ciliare.
Zimbabwe <-s, *ohne* pl> n *geog*: **das ~**, lo Zimbabwe.
zimbabwisch adj zimbabwese, dello Zimbabwe.
Zimbal <-s, -e *oder* -s> n *mus* zimbalon m, salterio m tedesco, dulcimer m.
Zimbel <-, -n> f *mus* **1** (*meist* pl> (*kleines Becken*) piatto m; *hist* cembalo m **2** (*Orgelregister*) timbro m di un organo (simile al carillon).
Zimber <-s, -n> m *hist* cimbro m.
Zimmer <-s, -> n **1** (*in einer Wohnung*) stanza f; (*Gästezimmer, Kinderzimmer, Schlafzimmer*) camera f; (*Arbeitszimmer*) studio m: **ein großes**/**helles**/**sonniges ~**, una stanza grande/luminosa/soleggiata; **ein ~ aufräumen**/**lüften**/**putzen**, ₍mettere in ordine₎/ [arieggiare]/[pulire] una camera/stanza; **ein ~ einrichten**/**anstreichen**/**tapezieren**, ₍arredare/ammobiliare₎/[pitturare]/[mettere la carta da parati a] una camera/stanza; **jedes Kind hat sein eigenes ~**, ogni figlio ha la sua camera/stanza; **geh bitte in dein ~!**, per favore vai in camera tua!; (*als Angabe auf dem Immobilienmarkt*) vano m, locale m; **eine Wohnung mit zwei ~n**, un appartamento di due vani, un bivano; **die ~ gehen alle nach Süden**/**Westen**, i locali danno tutti a sud/ovest **2** (*Hotelzimmer*) camera f: **ein ~** ₍**bestellen**/**reservieren**₎/ [**nehmen**], prenotare/prendere una camera; (**sich** *dat*) **etw aufs ~** ₍**bestellen**/[**bringen lassen**], farsi portare qc in camera; **auf**/**in sein ~ gehen**, andare in camera; **auf**/**in sein ~ sein**, essere in camera; **ein ~ verlas-**

sen, lasciare una camera ● **~ frei** (**haben**), (avere) camere libere; **das ~ hüten**/[**hüten müssen**] (*wegen Krankheit*), dover restare a letto; **ein möbliertes ~**, una camera ammobiliata; **zu vermieten**, affittasi camere.
Zimmerantenne f antenna f interna.
Zimmerarbeit f lavoro m di carpenteria.
Zimmerbrand m incendio m in (una) stanza.
Zimmerchef m *CH slang mil* nonno m *slang mil.*
Zimmerdecke f soffitto m ₍di una₎/[della] camera/stanza.
Zimmerecke f angolo m della camera/ stanza.
Zimmerei <-, -en> f **1** (*Zimmerwerkstatt*) carpenteria f, bottega f/officina f del carpentiere **2** *fam* (*Zimmerhandwerk*) carpenteria f, mestiere m/arte f *obs* di/del carpentiere.
Zimmereinrichtung f arredamento m/ mobilia f ₍di una₎/[della] camera/stanza.
Zimmerer <-s, -> m (**Zimmerin** f) → **Zimmermann.**
Zimmererarbeit f → **Zimmerarbeit.**
Zimmererhandwerk n → **Zimmerhandwerk.**
Zimmererwerkstatt f → **Zimmerwerkstatt.**
Zimmerflucht f fuga f di stanze/saloni.
Zimmerhandwerk <-s, *ohne* pl> n carpenteria f, mestiere m di carpentiere.
Zimmerin f → **Zimmerer.**
Zimmerkellner m (**Zimmerkellnerin** f) cameriere (-a) m (f) ai piani.
Zimmerlautstärke <-, *ohne* pl> f: **das Radio**/**Fernsehen auf ~ stellen**, mettere la radio/televisione a basso volume.
Zimmerlinde f *bot* sparmannia f africana.
Zimmermädchen n cameriera f ai piani.
Zimmermann <-(e)s, -leute> m carpentiere m: **er ist ~**, fa il carpentiere ● **jdm zeigen, wo der ~ das Loch gelassen hat** *fam*, indicare la porta a qu.
Zimmermeister m (**Zimmermeisterin** f) mastro m carpentiere.
zimmern **A** tr **etw ~** fare/costruire qc (in legno): **einen Tisch aus Kirschbaum ~**, costruire un tavolo di legno (di) ciliegio; **eine grob gezimmerte Truhe**, una cassapanca fatta alla buona **B** itr lavorare il legno, fare lavori di carpenteria: **er zimmert gern**, gli piace ₍lavorare il legno₎/[fare lavori di carpenteria]; **an etw ~** lavorare *a qc* (di legno), costruire/fare qc in legno; **er zimmert gerade an einem Regal**, sta costruendo/facendo uno scaffale in legno.
Zimmernachweis m (ufficio m) informazioni f pl alberghiere.
Zimmernummer f numero m della camera.
Zimmerpflanze f *bot* pianta f da appartamento.
Zimmerschlüssel m chiave f della camera.
Zimmerservice m servizio m in camera.
Zimmersuche <-, *ohne* pl> f ricerca f di una stanza/camera: **auf ~ sein**, ₍essere in cerca di₎/[cercare] una camera.
Zimmertanne f *bot* araucaria f (da appartamento).
Zimmertemperatur f temperatura f ambiente: **etw bei ~ aufbewahren**, conservare qc a temperatura ambiente; (*in einem bestimmten Zimmer*) temperatura f della/nella stanza; **die ~ sollte nicht über 21 Grad liegen**, la temperatura delle stanze non dovrebbe superare i 21 gradi.

Zimmertheater n piccolo teatro m (a gestione privata).
Zimmerthermometer n *oder* A CH m termometro m da interno.
Zimmertür f porta f della camera.
Zimmervermietung f **1** (*das Vermieten von Zimmern*) affitto m di camere **2** (*Makler*) affittacamere m ● (*in Anzeigen*) camere in affitto.
Zimmervermittlung f **1** (*Tätigkeit*) mediazione f di camere **2** (*Büro am Bahnhof, Flughafen, auf einer Messe*) (ufficio m) informazioni f pl alberghiere; (*für Studenten*) "ufficio m che si occupa di trovare stanze agli studenti".
Zimmerwand f parete f di/della stanza.
Zimmerwerkstatt f carpentiera f, bottega f/officina f del carpentiere.
zimperlich adj *pej* **1** (*übertrieben schmerzempfindlich*) delicato(a); (*wehleidig*) che ₍si lamenta₎/[piagnucola] (subito), lamentoso: **nun sei mal nicht so ~, der kleine Kratzer kann doch gar nicht so wehtun!**, non fare tante storie, un graffietto così non può fare tanto male! **2** (*übertrieben pingelig*) schizzinoso, schifiltoso: **sehr ~ beim Essen sein**, essere molto schizzinoso/schifiltoso/difficile nel mangiare; **was Sauberkeit angeht, darf man bei ihnen nicht so ~ sein**, quanto alla pulizia, con loro non bisogna guardare troppo per il sottile; **wenn es darum geht, seine Ideen durchzusetzen, ist er gar nicht so ~**, quando si tratta di imporre le sue idee, non va tanto per il sottile **3** (*auf affektierte Weise schamhaft*) prude, esageratamente pudibondo: **~ sein** {FRAU, MÄDCHEN}, fare la smorfiosa; **was soll dieses ~e Getue?** (*an einer Frau gerichtet*), come mai questi modi da santarellina/[madonnina infilzata]?
Zimperlichkeit <-, -en> f *pej* <*meist* sing> **1** (*Überempfindlichkeit*) (eccessiva) delicatezza f; (*Wehleidigkeit*) essere m piagnucoloso **2** (*übertriebene Pingeligkeit*) schizzinosità f, schifiltosità f **3** (*übertriebene Schamhaftigkeit*) pruderie f.
Zimperliese <-, -n> f *fam pej* smorfiosa f.
Zimt <-(e)s, *ohne* pl> m **1** (*Gewürz*) cannella f **2** *fam pej* (*Unsinn*) sciocchezze f pl *fam*, stupidaggini f pl, corbellerie f pl: **das ist ja alles ~!**, (ma) sono tutte sciocchezze!; **rede nicht solchen ~!**, non dire stupidaggini! **3** *fam pej* (*Kram*) robaccia f, ciarpame m *pej.*
Zimtbaum m *bot* cannella f, cinnamono m.
zimtfarben adj, **zimtfarbig** adj (color) cannella.
Zimtstange f bastoncino m di cannella.
Zimtstern m *gastr* "biscotto m natalizio a forma di stella, speziato alla cannella".
Zimtzicke f *fam pej*, **Zimtziege** f *fam pej* (donna f) bisbetica f.
Zink[1] <-(e)s, *ohne* pl> n *chem* zinco m.
Zink[2] <-(e)s, -en> m *mus hist* cornetto m.
Zinkblech n lamiera f zincata/[di zinco]: **aus ~**, di/in zinco.
Zinkblende f *min* sfalerita f, blenda f *slang.*
Zinke <-, -n> f **1** (*Zahn*) {+KAMM} dente m; {+(HEU)GABEL, RECHEN} *auch* rebbio m **2** (*Holzzapfen*) incastro m a coda di rondine.
zinken[1] tr **etw ~** {SPIELKARTE} truccare *qc*: **gezinkte Karten**, carte (da gioco) truccate.
zinken[2] adj di zinco.
Zinken <-s, -> m *fam oft pej* nasone m *fam*, nappa f *slang pej.*
Zinker <-s, -> m (**Zinkerin** f) *slang* {+SPIELKARTE} baro (-a) m (f).
zinkhaltig adj ₍che contiene₎/[contente] zinco. **~ sein**, contenere zinco.
Zinklegierung f lega f di zinco.

Zinkoxid, **Zinkoxyd** n ossido m di zinco.
Zinksalbe f med pomata f all'ossido di zinco.
Zinksalz n chem sale m di zinco.
Zinkspat m min smithsonite f.
Zinksulfat n chem solfato m di zinco.
Zinkverbindung f composto m di zinco.
Zinkweiß n bianco m di zinco.
Zinn <-(e)s, ohne pl> n **1** (Metall) stagno m: **geschmolzenes ~**, stagno fuso; (Legierung) peltro m **2** (~geschirr) vasellame m di peltro, peltri m pl.
Zinnbecher m bicchiere m/coppa f di peltro.
Zinne <-, -n> f **1** arch <meist pl> merlo m **2** CH (Dachterrasse) terrazza f sul tetto **3** (Bergspitze) cima f: **die ~n der Berge**, le cime delle montagne; **die Drei ~n** geog, le Tre Cime di Lavaredo.
zinnern, **zinnen** adj {BECHER, FIGUR, KRUG, TELLER} di peltro.
Zinnerz n minerale m di stagno.
Zinnfigur f figurina f/statuetta f di peltro.
Zinngeschirr n vasellame m di peltro, peltri m pl.
Zinngießerei f fonderia f di stagno.
zinnhaltig adj stannifero, che contiene stagno.
Zinnie <-, -n> f bot zinnia f.
Zinnkraut <-(e)s, ohne pl> n bot coda f di cavallo/[cavallina], equiseto m.
Zinnkrug m brocca f/boccale m di peltro.
Zinnober <-s, -> m **1** min cinabro m **2** (Farbe) cinabro m **3** <nur sing> fam pej (wertloses Zeug) roba f fam: **ich werfe den ganzen ~ weg**, butto via ˌtutta quella robaˌ/[tutto quel ciarpame]; (Unsinn) sciocchezze f pl, stupidaggini f pl; **du erzählst vielleicht einen ~!**, ma che sciocchezze vai raccontando! ● **einen fürchterlichen ~ (wegen etw gen** oder **fam dat) machen** fam (unnötige Aufregung wegen etw machen), fare un ˌgran chiassoˌ/[grande rumore] (per qc).
zinnoberrot adj rosso cinabro/vermiglio.
Zinnsoldat m soldatino m di peltro; (Bleisoldat) soldatino m di piombo.
Zins① <-es, -en> m <meist pl> ökon interesse m: **feste ~en**, interesse fisso; **gesetzliche ~en**, interesse legale; **hohe/niedrige ~en**, interessi alti/bassi; **fällige/rückständige ~en**, interessi maturati/arretrati; **laufende/steigende ~en**, interessi ˌcorrentiˌ/[in corsoˌ]/[in crescita]; **~en bringen/tragen**, procurare/fruttare/dare interessi; **keine ~en bringen**, non fruttare interessi, essere infruttifero; **von seinen ~en leben**, vivere di rendita; **jdm etw auf ~en leihen**, prestare qc a qu a interesse; **ein Kapital auf ~ legen**, mettere a frutto un capitale; **ein Darlehen zu 5%/hohen ~en**, un mutuo/prestito a un tasso d'interesse ˌdel 5%ˌ/[elevato]; **11% ~en für einen Kredit zahlen**, pagare un mutuo con l'interesse dell'11%; **auf Spareinlagen gibt es 4% ~en**, sui depositi a risparmio danno il 4% d'interessi ● **jdm etw mit ~ und Zinseszins(en) heimzahlen/zurückgeben** {UNGERECHTE BEHANDLUNG, UNRECHT}, rendere qc a qu con gli interessi; **(jdm) etw mit ~(en) und Zinseszins(en) zurückgeben/zurückzahlen** {GELD, SCHULDEN}, restituire/rimborsare qc (a qu) a usura.
Zins② <-es, -e> m **1** süddt A CH (Miete) pigione f, affitto m, canone m di locazione: **den ~ zahlen**, pagare l'affitto m **2** hist (Grundzins) censo m.
Zinsabschlagsteuer f D (Abk ZAST) "imposta f sugli interessi di redditi da capitale".
Zinsabschnitt m Börse cedola f (d'interes-

si), coupon m.
Zinsbauer m hist censuario m.
Zinsbogen m Börse foglio m cedole.
zinsbringend adj fruttifero: **nicht ~ sein**, non fruttare/dare interessi, essere infruttifero.
Zinsenkonto n bank conto m interessi.
Zinserhöhung f aumento m del tasso d'interesse.
Zinsertrag m provento m finanziario.
Zinseszins m interesse m composto.
Zinsfuß m → **Zinssatz**.
Zinsgefälle n differenziale m di tasso d'interesse.
zinsgünstig adj {KAPITALANLAGE, SPARVERTRAG, WERT} a tasso d'interesse favorevole; {DARLEHEN} a tasso (d'interesse) agevolato.
Zinslast, **Zinsenlast** f onere m degli interessi.
zinslos **A** adj {DARLEHEN} senza/[esente da] interessi **B** adv senza (chiedere) interessi.
Zinsniveau n ökon livello m del tasso d'interesse.
Zinspolitik <-, ohne pl> f ökon politica ˌdei tassiˌ/[degli interessi].
Zinsrechnung f calcolo m degli interessi.
Zinssatz m tasso m/saggio m d'interesse.
Zinsschein m Börse cedola f (di interessi), coupon m.
Zinsschwankung f ökon fluttuazione f/variazione f del tasso d'interesse.
Zinssenkung f riduzione f del tasso d'interesse.
Zinstermin m bank scadenza f del pagamento degli interessi; Börse scadenza f della cedola.
Zinstief n livelli m pl minimi del tasso d'interesse.
zinstragend adj ökon {ANLAGE, KAPITAL} fruttifero.
zinsvariabel adj bank {WERTPAPIERE} a tasso variabile.
Zinswucher m usura f, strozzinaggio m.
Zionismus <-, ohne pl> m sionismo m.
Zionist <-en, -en> m (**Zionistin** f) sionista mf.
zionistisch adj sionista, sionistico.
Zip-Datei, **Zipdatei** f inform file m zip/zippato.
Zipfel <-s, -> m **1** (schmales Ende) {+KISSEN, SCHÜRZE, TASCHENTUCH, TISCHDECKE} cocca f, punta f, pizzo m region, angolo m; {+HEMD, KLEID, ROCK} lembo m; {+ZIPFELMÜTZE} punta f **2** (Endstück) {+WURST} culaccione m **3** geog {+LAND, SEE} punta f **4** fam (Penis) pistolino m fam, pisellino m fam ● **etw am/beim rechten ~ anfassen/anpacken** fam **etw auf geschickte Weise beginnen**), prendere qc per il verso giusto; **etw an/bei allen vier ~n haben** fam (etw sicher haben), avere qc saldamente in pugno.
Zipfelmütze f berretto m a punta.
zipfeln itr fam {MANTEL, ROCK} avere un orlo irregolare.
Zip-Format, **Zipformat** n inform formato m zip.
Zipp® <-s, -> m A → **Reißverschluss**.
zippen tr inform → **komprimieren** 4.
Zipperlein <-s, -> n fam scherz **1** <nur sing> obs (Gicht) gotta f, podagra f: **das ~ haben**, avere la gotta **2** (Gebrechen) dolorino m, doloretto m; (bes. im Alter) acciacco m.
Zippverschluss (a.R. Zippverschluß) m A → **Reißverschluss**.
Zirbeldrüse f anat ghiandola f/corpo m

pineale, epifisi f.
Zirbelkiefer f **1** bot (pino m) cembro m **2** (Holz) (legno m di) cembro m.
zirka adv (Abk ca.) circa, (all')incirca, pressa(p)poco ~: **die Fahrt dauert ~ drei Stunden**, il viaggio dura circa tre ore; **der Urlaub kostet mich ~ 2000 Euro**, le vacanze mi costano all'incirca 2000 euro; **der Kleine wiegt ~ 10 Kilo**, il piccolo pesa circa 10 kili.
Zirkel <-s, -> m **1** (Gerät) compasso m; (Stechzirkel) balaustrino m: **mit dem ~ einen Kreis ziehen/schlagen**, tracciare un cerchio con il compasso **2** (Gruppe) circolo m, cerchia f, cenacolo m: **ein intellektueller/literarischer ~**, un circolo intellettuale/letterario; **sich in einem ~ von Künstlern und Musikern bewegen**, frequentare/[far parte di] una cerchia di artisti e musicisti **3** geh (Kreis) circolo m, cerchio m.
Zirkeldefinition f wiss definizione f circolare.
Zirkelkasten m astuccio m dei compassi.
Zirkelschluss (a.R. Zirkelschluß) m philos wiss circolo m vizioso, petitio principii m philos.
Zirkeltraining n sport circuit training m, allenamento m a circuito.
Zirkon <-s, -e> m min zircone m.
Zirkonium <-s, ohne pl> n chem zirconio m.
zirkular, **zirkulär** adj geh circolare.
Zirkular <-s, -e> n CH (lettera f) circolare f.
Zirkularnote f pol nota f circolare.
Zirkulation <-, -en> f **1** (Umlauf) {+GELD} circolazione f **2** <nur sing> anat med circolazione f **3** meteo circolazione f.
zirkulieren <ohne ge-> itr <haben oder rar sein> **1** (in einer bestimmten Bahn kreisen) (**irgendwo**) ~ {BLUT, LUFT} circolare (+ compl di luogo); {GELD} auch girare fam (+ compl di luogo) **2** (kursieren) {GERÜCHT} circolare, girare, correre: **über jdn ~ allerlei Gerüchte**, su qu ˌcircola ogni sorta di voceˌ/[corrono molte voci]; **eine Liste/Zeitschrift ~ lassen**, far circolare/girare una lista/rivista.
Zirkumflex <-es, -e> m ling accento m circonflesso.
Zirkus <-, -se> m **1** hist circo m **2** (Unternehmen) circo m (equestre): **der ~ geht auf Tournee**, il circo va in tournée; **in den ~ gehen**, andare al circo; **der ~ kommt nach**ˌ/[gastiert in] **Berlin**, il circo viene/[si esibisce] a Berlino; **Artist beim ~ sein**, essere un artista di circo **3** <nur sing> (~vorstellung) spettacolo m (ˌdel/di circoˌ/[circense]): **der ~ beginnt um 16 Uhr**, lo spettacolo al circo comincia alle 16 **4** (~zelt) (tendone m del) circo m: **wo haben sie denn dieses Jahr den ~ aufgestellt?**, dove hanno messo il circo quest'anno? **5** fam pej (Wirbel) confusione f, casino m: **einen großen ~ machen/veranstalten** (sich aufregen), fare un gran casino fam; (sich anstellen, meist als Kind) fare storie; **jetzt ist Zeit fürs Bett, und wehe, ihr macht ~!**, è ora di andare a letto, guai a voi se fate storie!; **das wird einen schönen ~ geben!** (das wird Ärger geben), succederà/scoppierà un pandemonio!
Zirkusarena f → **Zirkusmanege**.
Zirkusclown m clown m, pagliaccio m di circo.
Zirkusdirektor m direttore m di circo.
Zirkusmanege f arena f/pista f del circo.
Zirkuspferd n cavallo m da circo.
Zirkusreiter m (**Zirkusreiterin** f) cavallerizzo (-a) m (f) da circo.
Zirkusvorstellung f spettacolo m ˌdi/del circoˌ/[circense].
Zirkuszelt n tendone m da/del circo.

zirpen itr {ZIKADE} finire, stridere; {HEUSCHRECKE} stridere; {GRILLE} cantare, fare cri cri.

Zirrhose <-, -n> f med cirrosi f.

Zirrus <-, - oder Zirren> m meteo cirro m.

Zirruswolke f meteo cirro m.

zirzensisch adj geh circense.

zisalpinisch, zisalpin adj geh cisalpino.

zischeln **A** tr (zischend flüstern) etw ~ sussurrare/bisbigliare qc sibilando (con tono arrabbiato); **jdm etw ins Ohr** ~, sibilare qc all'orecchio di qu **B** itr (gehässig flüstern) (über jdn) ~ bisbigliare (sul conto di qu); **sie** ~ **miteinander**, fanno pissi pissi.

zischen **A** tr <haben> **1** (mit ärgerlicher, unterdrückter Stimme sagen) etw ~ dire qc sibilando (con un sibilo); {SCHIMPFWORT, VERWÜNSCHUNG} sibilare qc; **"halt die Klappe!"**, **zischte er wütend**, "chiudi il becco!", disse con un sibilo iroso **2** fam (genussvoll trinken) etw ~ {BIER, ERFRISCHUNGSGETRÄNK} farsi qc fam, tracannare qc fam, spararsi qc slang **B** itr <haben> **1** (Zischlaute von sich geben) {SCHLANGE} sibilare; {GANS} soffiare **2** (auspfeifen) {PUBLIKUM, ZUSCHAUER} fischiare **3** <haben> (zischende Geräusche verursachen) {GLÜHENDES EISEN, HEISSES FETT} sfrigolare, sfriggere, stridere: **das glühende Eisen zischte, als er es ins Wasser tauchte**, il ferro incandescente stridette quando lo immerse nell'acqua; {SCHNELLKOCHTOPF, WASSERKESSEL} fischiare, sibilare **4** <sein> (~d entweichen) **aus etw** (dat) ~ {GAS AUS DEM ROHR; DAMPF AUS DEM KESSEL, VENTIL} uscire fischiando/[con un fischio] da qc, fischiare uscendo da qc, sfiatare da qc sibilando; {BIER, SPRUDELWASSER AUS DER FLASCHE, DEM ZAPFHAHN} sprizzare/schizzare da qc sibilando **5** <sein> fam (sich schnell bewegen) **irgendwohin** ~ {FAHRZEUG, MENSCH} sfrecciare/schizzare + compl di luogo; {GEWEHRKUGEL, PFEIL} sibilare + compl di luogo: **zisch mal eben zum Bäcker!**, fai una corsa dal fornaio!; **er zischte wie ein Blitz über den Hof/[um die Ecke]**, sfrecciò/schizzò come un lampo attraverso il cortile/[dietro l'angolo]; **aus dem Haus** ~, schizzare fuori di casa; **ein Federball zischte durch die Luft**, un volano attraversò l'aria con un sibilo; **ein Pfeil zischte durch die Luft**, una freccia fendette l'aria con un sibilo; **die Kugeln zischten ihm nur so um die Ohren**, le pallottole gli fischiavano attorno alle orecchie ● **jdn eine** ~ fam, mollare una sberla/un ceffone a qu fam; **einen** ~ fam, farsi fam/spararsi slang/tracannare fam una birra.

Zischen <-s, ohne pl> n {+SCHLANGE} sibilo m; {+GANS} soffio m; {+DAMPF-, WASSERKESSEL} fischio m, sibilo m; {+HEISSES EISEN, ÖL} sfrigolio m, stridore m, stridio m: **man hörte das** ~ **der Kugeln**, si sentiva il sibilo/fischio delle pallottole.

Zischlaut m ling sibilante f.

Ziseleur <-s, -e> m (Ziseleurin) cesellatore (-trice) m (f).

Ziselierarbeit f **1** *nur sing* (das Ziselieren) (lavoro m di) cesellamento m/cesello m **2** (Gegenstand) cesellatura f, oggetto m cesellato.

ziselieren <ohne ge-> tr etw ~ {ARMREIF, SILBERBESTECK, TABLETT} cesellare qc, lavorare di cesello qc: **ein Brieföffner mit ziselierter Klinge**, un tagliacarte con (la) lama cesellata.

Ziselierer m (Ziseliererin) → Ziseleur

Ziselierkunst f cesello m, cesellatura f.

Ziselierung <-, -en> f **1** (das Ziselieren) cesellamento m, lavoro m di cesello **2** (Verzierung) cesellatura f.

Zisterne <-, -n> f cisterna f.

Zisternenwasser n acqua f di cisterna.

Zisterzienser <-s, -> m (Zisterzienserin f) relig cisterc(i)ense mf.

Zisterzienserorden <-s, ohne pl> m relig ordine m dei cisterc(i)ensi.

Zitadelle <-, -n> f cittadella f.

Zitat <-(e)s, -e> n citazione f, passo m: **etw mit einem** ~ **belegen**, documentare qc con una citazione; **ein falsches** ~, una citazione sbagliata; **Ende des** ~**s**, chiuse le virgolette; **das ist ein bekanntes** ~ **aus Fontanes «Stechlin»**, questa è una famosa citazione tratta da «Il signore di Stechlin» di Fontane.

Zitatenlexikon n dizionario m delle citazioni.

Zitatensammlung f raccolta f di citazioni.

Zither <-, -n> f mus cetra f (da tavolo), Zither m: ~ **spielen**, suonare la cetra.

zitieren <ohne ge-> tr **1** (wiedergeben) **jdn/etw** ~ citare qu/qc: **etw falsch/ungenau/wörtlich** ~, citare qc [in modo scorretto]/[in modo impreciso]/[testualmente/alla lettera]; **etw aus dem Gedächtnis** ~, citare qc a memoria; **nach einer bestimmten Ausgabe** ~, citare da una determinata edizione; **an dieser Stelle möchte ich (Ihnen) Goethe** ~, a questo punto vorrei citar(Vi) Goethe; **ein Gedicht von Rilke** ~, citare dei versi di Rilke; **die Quellen** ~, citare le fonti; **eine Textstelle/einen Passus aus einem Text** ~, citare un passo di un testo **2** (vorladen) **jdn irgendwohin** ~ {ANGESTELLTEN ZUM CHEF, SCHÜLER ZUM DIREKTOR} convocare qu [in]/[invitare qu a presentarsi] + compl di luogo: **einen Bürger aufs Rathaus** ~, invitare un cittadino a presentarsi in comune; **jdn vor Gericht/[den Kadi]** ~, citare qu in giudizio/tribunale.

Zitrat <-(e)s, -e> n chem citrato m.

Zitrin① <-s, -e> m min citrino m.

Zitrin② <-s, ohne pl> n biol citrina f.

Zitronat <-(e)s, ohne pl> n gastr cedro m candito.

Zitrone <-, -n> f bot **1** (Frucht) limone m: **Tee mit** ~, tè al limone; **eine** ~ **auspressen**, spremere un limone **2** (Baum) limone m ● **jdn ausquetschen/auspressen wie eine** ~ fam (jdn ausfragen), spremere qu come un limone fam, fare il terzo grado a qu; **jd hat mit** ~**n gehandelt** fam, qu ha sbagliato i (suoi) calcoli; **eine heiße** ~, una limonata calda.

Zitronenbaum m bot (albero m di) limone m.

Zitroneneis n gelato m di/al limone.

Zitronenfalter m zoo cedronella f.

zitronengelb adj giallo limone/citrino lit: **eine ~e Hose tragen**, indossare un paio di pantaloni giallo limone.

Zitronengras n bot citronella f.

Zitronenkern m seme m del/di limone.

Zitronenlimonade f limonata f gassata, lemonsoda® f.

Zitronenmelisse <-, ohne pl> f bot melissa f, cedronella f fam, erba f cedrina.

Zitronenpresse f spremilimoni m, spremiagrumi m.

Zitronensaft m succo m di limone: **frisch gepresster** ~, spremuta f di limone.

Zitronensäure f acido m citrico.

Zitronenschale f scorza f/buccia f di limone.

Zitronenscheibe f fetta f di limone.

Zitrusfrucht f agrume m: **Zitrusfrüchte enthalten besonders viel Vitamin C**, gli agrumi sono particolarmente ricchi di vitamina C.

Zitrusgewächs n bot, **Zitruspflanze** f bot agrume m.

Zitruspresse f spremiagrumi m.

Zitteraal m fisch anguilla f elettrica, gimnoto m.

Zittergras n bot brillantina f, tremolina f.

zitterig adj → zittrig.

Zitterlähmung <-, ohne pl> f fam med morbo m di Parkinson.

zittern itr **1** (beben) tremare; {STIMME} auch tremolare: **am ganzen Körper** ~, tremare in tutto il corpo; **wie Espenlaub** ~, tremare [come una foglia/canna]/[verga a verga]; **vor etw** (dat) ~ {VOR AUFREGUNG, FREUDE, KÄLTE} tremare di/per qc; {VOR EMPÖRUNG, LEIDENSCHAFT, NERVOSITÄT, WUT} auch vibrare di qc, fremere di qc; **vor Angst** ~, tremare di paura, avere la tremarella; **mir** ~ **die Hände/Knie**, mi tremano le mani/ginocchia; **ihm zitterte die Stimme vor verhaltenem Zorn**, la voce gli tremava dall'ira repressa **2** (vibrieren) {FENSTERSCHEIBE, KOMPASSNADEL} tremare, vibrare **3** fam (Angst haben) tremare, bubbolare rar oder lit: **während einer Prüfung/eines Verhörs ganz schön** ~, tremare non poco durante un esame/interrogatorio; **vor jdm/etw** ~ tremare (di paura) davanti a qu/qc/[alla prospettiva di qc]; **vor dem Mathelehrer** ~, tremare davanti al professore di matematica; **vor der nächsten Prüfung** ~, tremare di paura al pensiero del prossimo esame **4** (bangen) **um jdn/etw** ~ tremare per qu/qc, trepidare per qu/qc, essere in ansia per qu: **um jds Leben** ~, tremare per la vita di qu; **die Parteien** ~ **um den Wahlausgang**, i partiti tremano per l'esito delle elezioni; **ich habe ganz schön um dich gezittert, als du im OP warst**, ho trepidato non poco per te mentre eri in sala operatoria.

Zittern <-s, ohne pl> n tremito m, tremore m; (vor Angst) tremarella f fam; {+BLÄTTER, STIMME} tremolio m: **jd bekommt/kriegt das** ~, a qu viene la tremarella ● **mit** ~ **und Zagen** geh, tutto (-a) impaurito (-a).

zitternd **A** adj tremante; {STIMME} auch tremolante **B** adv {JDM DIE HAND REICHEN} tremante, tremando: **vor Angst** ~ **stiegen sie die dunkle Treppe hinauf**, tremando/tremanti di paura salirono su per le scale buie.

Zitterpappel f bot pioppo m tremulo, tremula f.

Zitterpartie f fam **1** sport (aufregendes Spiel) partita f al cardiopalma **2** (unsichere Sache): **der Flug mit dieser Fluggesellschaft war eine echte** ~!, il volo con quella compagnia aerea mi ha fatto venire il cardiopalma; ~ **an der Börse hält an**, continua la tensione in borsa; ~ **um die WM-Qualifikation**, trepidazione per la qualificazione ai mondiali.

Zitterrochen m fisch torpedine m.

Zitterspiel n slang sport partita f al cardiopalma.

zittrig adj **1** (zum Zittern neigen) {HÄNDE, ALTER MENSCH} tremante, tremolante: ~ **sein/werden**, essere tremolante/[cominciare a tremare] **2** (schwach) {STIMME} tremante, tremolante: **mit etwas ~er Stimme antworten**, rispondere con un leggero tremolio nella voce/[voce leggermente tremula]; **sich noch etwas ~ auf den Beinen fühlen**, sentirsi ancora un po' malfermo (-a) sulle/[tremare le] gambe.

Zitze <-, -n> f **1** zoo mammella f, poppa f **2** vulg (Brust) tetta f fam, zizza f region;

(*Brustwarze*) tetta f *fam*, capezzolo m.

Zivi <-s, -s> m *fam* (Abk *von* Zivildienstleistender) persona f che presta servizio civile.

zivil Ⓐ adj **1** (*nicht militärisch*) civile: **~en Zwecken dienen**, servire a scopi civili; **~ Kleidung tragen**, indossare abiti civili/borghesi; **in ~er Kleidung** (*nicht militärisch*), in abito civile, in borghese; **im ~en Leben**, nella vita civile **2** *fam* (*akzeptabel*) {Bedingungen, Forderungen} ragionevole; {Preis} *auch* giusto; {Chef, Umgangston, Vorgesetzter} civile: **die Mutter war sehr erleichtert, als ihr Sohn auf der Familienfeier in (ganz) ~er Kleidung auftauchte**, la madre fu molto sollevata quando suo figlio comparve alla festa di famiglia vestito in modo decente Ⓑ adv (*anständig*) {sich benehmen, mit jdm umgehen} da persona civile, in modo civile, civilmente; **jdn ~ behandeln**, trattare qu civilmente/[con civiltà]; **kannst du dich nicht etwas ~er ausdrücken?**, non potresti esprimerti in modo meno colorito?

Zivil <-s, ohne pl> n abiti m pl civili/borghesi: **in ~ sein**, essere in borghese; **~ tragen**, indossare abiti civili/borghesi, essere in borghese.

Zivilangestellte <dekl wie adj> mf impiegato (-a) m (f) civile.

Zivilanzug m abito m civile.

Zivilbehörde f autorità f civile.

Zivilberuf m professione f da civile: **er ist im ~ Ingenieur**, nella vita civile fa l'ingegnere.

Zivilbeschädigte <dekl wie adj> mf invalido m civile.

Zivilbevölkerung f popolazione f civile, civili m pl.

Zivilcourage <-, ohne pl> f (*zur Verteidigung allgemeiner Belange*) coraggio m civile; (*zur Verteidigung bes. der eigenen Meinung*) coraggio m delle proprie opinioni: **~ haben/besitzen**, avere ₍coraggio civile₎/[il coraggio delle proprie opinioni]; **~ beweisen/zeigen**, dimostrare ₍coraggio civile₎/[il coraggio di difendere le proprie opinioni]; **die ~ haben, öffentlich zu protestieren**, avere il coraggio (civile) di protestare pubblicamente.

Zivildiener m A → **Zivildienstleistende**.

Zivildienst <-es, ohne pl> m *adm* servizio m civile: **~ leisten**, prestare servizio civile; **Leistende** → **Zivildienstleistende**.

Zivildienstleistende <dekl wie adj> m persona f che presta servizio civile.

Zivile <dekl wie adj> mf *fam* agente mf di polizia in borghese.

Zivilehe f *jur* matrimonio m civile.

Zivilfahnder m (**Zivilfahnderin** f) investigatore (-trice) m (f) della polizia in borghese.

Zivilgericht n *jur* tribunale m civile.

Zivilgesetzbuch <-(e)s, ohne pl> n *CH jur* codice m civile.

Zivilgesetzgebung f legislazione f civile.

Zivilisation <-, -en> f **1** *nur sing* (*Entwicklungsstufe*) civiltà f: **eine hohe/niedrige ~ haben**, avere un alto/basso grado di civiltà **2** (*entwickelte Gesellschaft*) civiltà f: **in die ~ zurückkehren**, tornare nella civiltà **3** (*Zivilisierung*) civilizzazione f, incivilimento m: **die fortschreitende ~ bringt neue Krankheiten mit sich**, la sempre maggiore civilizzazione porta con sé nuove malattie.

Zivilisationskrankheit f <*meist pl*> malattia f ₍dovuta al progresso₎/[del benessere].

zivilisationsmüde adj stanco ₍della civiltà₎/[del mondo civile].

Zivilisationsmüdigkeit f tedio m ₍della civiltà₎/[del mondo civile].

zivilisatorisch adj {Entwicklung, Krankheit, Schäden} (proprio) della civiltà/civilizzazione.

zivilisieren <ohne ge-> tr **jdn/etw** ~ {Eingeborene, Stamm} civilizzare qu/qc, incivilire qu/qc, portare la civiltà a qu/qc.

zivilisiert Ⓐ adj **1** (*gesittet*) {Benehmen, Mensch} civile, urbano: **~ sein**, essere civile; **es würde dir nichts schaden, etwas ~er zu werden**, non faresti male a incivilirti un po' **2** (*moderne westliche Zivilisation habend*) {Land, Staat} civile, evoluto Ⓑ adv (*gesittet*) {sich aufführen, benehmen} civilmente, in modo civile/urbano, da persona civile.

Zivilist <-en, -en> m (**Zivilistin** f) civile mf, borghese m.

Zivilkammer f *jur* sezione f civile.

Zivilklage f *jur* azione f civile.

Zivilkleidung f abiti m pl borghesi/civili.

Zivilleben n vita f civile: **im ~**, nella vita civile.

Zivilluftfahrt f *aero* aviazione f civile.

Zivilperson f *form* → **Zivilist**.

Zivilprozess (a.R. Zivilprozeß) m *jur* processo m civile.

Zivilprozessordnung (a.R. Zivilprozeßordnung) f *jur* (Abk ZPO) codice m di procedura civile (Abk C.P.C., Cod. Proc. Civ.).

Zivilrecht <-(e)s, ohne pl> n *jur* diritto m civile.

Zivilrechtler <-s, -> m (**Zivilrechtlerin** f) *jur* civilista mf.

zivilrechtlich Ⓐ adj <*attr*> {Verfahren} civile; {Norm} civilistico, di diritto civile Ⓑ adv {haften} civilmente, secondo le norme del diritto civile, in sede civile; {anfechtbar, relevant} dal punto di vista del diritto civile.

Zivilrichter m (**Zivilrichterin** f) *jur* giudice m civile.

Zivilsache f **1** *jur* causa f civile **2** <*nur pl*> abiti m pl civili/borghesi.

Zivilschutz m **1** (*Schutzmaßnahmen für die Zivilbevölkerung*) protezione f civile **2** (*Truppe für den ~*) (corpo m della) protezione f civile.

Zivilstreitsache f *jur* causa f civile.

Zivilverfahren n *jur* procedura f/procedimento m civile.

ZK <-(s), -s oder rar -> n *pol* (Abk *von* Zentralkomitee) CC m (Abk *von* Comitato Centrale).

Zloty <-s, -s> m (*Währung*) zloty m.

Zmittag <-s, ohne pl> m oder n *CH* pranzo m.

Zmorge <-ns, -n>, **Zmorgen** <-(s), -> m oder n *CH* (*prima*) colazione f.

Znacht <-(s), ohne pl> m oder n *CH* cena f.

ZNS n *med* Abk *von* zentrales Nervensystem: SNC m (Abk *von* sistema m nervoso centrale).

Znüni <-s, ohne pl> m oder n *CH* spuntino m mattutino.

Zobel <-s, -> m **1** *zoo* zibellino m **2** (*Fell*) (pelliccia f di) zibellino m.

Zobelfell n (pelliccia f di) zibellino m.

Zobelkragen m collo m di zibellino.

Zobelmantel m (pelliccia f di) zibellino m.

Zobelpelz m (pelliccia f di) zibellino m.

zockeln itr <*sein*> *fam* → **zuckeln**.

zocken itr *fam* giocare d'azzardo.

Zocker <-s, -> m (**Zockerin** f) *slang* giocatore (-trice) m (f) d'azzardo.

zodiakal adj *geh* zodiacale.

Zofe <-, -n> f *hist* cameriera f (personale).

Zoff <-s, ohne pl> m *fam* litigata f: **wenn du so weitermachst, dann gibt's ~!**, se continui così, finiremo per litigare!; **mit jdm ~ haben**, litigare/bisticciarsi con qu; **~ machen**, piantare grane *fam*.

zoffen rfl *fam* **sich** (*mit jdm*) ~ litigare (*con qu*).

zog 1. und 3. pers sing imperf *von* ziehen.

zöge 1. und 3. pers sing konjv II *von* ziehen.

zögerlich adj {Mensch, Verhalten} esitante, titubante, tentennante; {Verlauf} lento.

zögern itr esitare, indugiare, titubare, tentennare: **einen Augenblick/Moment ~**, esitare/titubare un attimo/momento; **zu lange ~**, esitare/tentennare troppo a lungo; **du warst doch so begeistert, warum zögerst du jetzt?**, eri così entusiasta, perché ora indugi?; **mit etw** (dat) ~ esitare/indugiare a fare qc; **mit der Antwort ~**, esitare/indugiare a rispondere; **sie zögerte nicht lange mit ihrer Zustimmung**, acconsentì senza indugio/esitare; **~, etw zu tun**, esitare/indugiare/tentennare a fare qc; **sie zögert noch**, è ancora titubante/tentennante ● **ohne zu ~**, senza esitare/[pensarci due volte].

Zögern <-s, ohne pl> n esitazione f, titubanza f, indugio m, tentennamento m *rar* ● **nach anfänglichem ~**, dopo l'iniziale esitazione; **nach einigem ~**, dopo qualche esitazione; **nach langem ~**, dopo ₍lunga esitazione₎/[molti indugi]; **ohne ~**, senza esitazione/indugio.

zögernd Ⓐ adj {Einwilligung, Haltung, Zustimmung} esitante, titubante: **eine ~e Antwort**, una risposta esitante/titubante; **mit ~en Schritten**, con passi indecisi Ⓑ adv {einwilligen, zustimmen} con esitazione: **nur ~ seine Einwilligung geben**, essere riluttante a dare il proprio consenso; **etw ~ unterschreiben**, firmare qc esitando; **Anzeichen eines wirtschaftlichen Aufschwungs machen sich nur ~ bemerkbar**, i segnali della ripresa economica tardano a farsi vedere.

Zögling <-s, -e> m *obs* allievo (-a) m (f)/alunno (-a) m (f) (interno (-a)); (*bes. Internatszögling*) collegiale mf, convittore (-trice) m (f).

Zöliakie <-, -n> f *med* → **Sprue**.

Zölibat <-(e)s, ohne pl> n oder *relig* m celibato m: **das/den ~ befolgen**, osservare/rispettare il celibato; **im ~ leben**, vivere in celibato.

zölibatär *relig* Ⓐ adj {Priester} che ₍vive in₎/[mantiene il] celibato Ⓑ adv: **~ leben**, vivere in celibato.

Zölibatär <-s, -e> m *relig* religioso m che vive in celibato.

Zoll① <-(e)s, Zölle> m **1** (*Einfuhrabgabe*) dazio m (doganale): **für/auf etw** (akk) ~ **(be)zahlen**, pagare ₍il dazio doganale₎/[la dogana] per qc; **~ erheben/verlangen**, riscuotere/chiedere il dazio; **auf einer Ware liegt (kein) ~**, su una merce (non) c'è dazio doganale; **die Zölle abschaffen/anheben/senken**, abolire/alzare/ridurre i dazi doganali **2** *fam* (*~verwaltung*) dogana f: **die Ware liegt beim ~**, la merce è bloccata/ferma in dogana; **den ~ passieren**, passare la dogana **3** *hist* (*Brückenzoll, Straßenzoll*) pedaggio m ● **durch den ~ kommen** *fam*, passare la dogana; **durch den ~ müssen** *fam*, dover passare la dogana.

Zoll② <-(e)s, -> m (*Längenmaß*) pollice m: **~ für ~**/**jeder ~**/**in jedem ~** *geh obs* ... (Eine Dame, ein Gentleman), fino alla punta dei capelli, in tutto e per tutto; **~ breit** → **Zollbreit**.

Zollabfertigung f sdoganamento m, pratiche f pl/operazioni f pl doganali.

Zollabkommen n accordo m/convenzione f doganale.

Zollamt n ufficio m doganale, dogana f.

zollamtlich Ⓐ adj doganale Ⓑ adv {geöff-

NET, GEPRÜFT) da parte della dogana: **~ abgefertigt sein**, essere sdoganato.

Zollbeamte m (**Zollbeamtin** f) funzionario (-a) m (f) doganale, doganiere m.

Zollbegleitpapiere subst <nur pl> documenti m pl doganali; (*für Schiffe*) manifesto m doganale.

Zollbehörde f autorità f doganale.

Zollbestimmung f <meist pl> disposizione f doganale.

Zollbreit <-, -> m: **keinen ~ zurückweichen/**[**von der Stelle weichen**] *obs*, non indietreggiare di un millimetro, non spostarsi di una virgola/un capello.

Zolldeklaration f → **Zollerklärung**.

zollen tr geh jdm etw ~ {ANERKENNUNG, BEWUNDERUNG, LOB} tributare qc a qu: **jdm Dank ~**, tributare ringraziamenti a qu; **jdm Achtung/Beifall ~**, rispettare/applaudire qu.

Zollerklärung f dichiarazione f doganale.

Zollfahnder m (**Zollfahnderin** f) funzionario (-a) m (f) della dogana (addetto al controllo del confine di Stato), ≈ finanziere m.

Zollfahndung f corpo m di doganieri (addetti al controllo del confine di Stato), ≈ (corpo m della) Guardia f di Finanza.

zollfrei A adj {ARTIKEL, WARE} esente da dazio, franco dogana; {AUSFUHR, EINFUHR} in franchigia; {BEREICH, GEBIET, HAFEN} franco B adv {EINFÜHREN, MITBRINGEN} in franchigia (doganale): **~ einkaufen**, comprare in franchigia doganale; (*in einem Geschäft im ~en Bereich*) comprare in un duty free shop.

Zollfreigebiet n, **Zollfreizone** f zona f franca.

Zollgebiet n territorio m doganale.

Zollgrenzbezirk m zona f doganale di confine.

Zollgrenze f confine m/frontiera f doganale.

Zollhoheit f sovranità f doganale.

Zollinhaltserklärung f dichiarazione f doganale (sulla merce trasportata).

Zollkontrolle f controllo m doganale.

Zöllner <-s, -> m (**Zöllnerin** f) **1** *fam obs* (*Zollbeamter*) doganiere m, funzionario (-a) m (f) doganale **2** *hist* gabelliere m *hist*, esattore m; *bibl* pubblicano m.

Zollpassierschein m *jur* lasciapassare m doganale.

zollpflichtig adj soggetto a dazio.

Zollrecht <-(e)s, ohne pl> n diritto m doganale.

Zollschranke f <meist pl> barriera f doganale: **Abbau der ~n**, abbattimento delle barriere doganali.

Zollsenkung f riduzione f dei dazi doganali.

Zollstock m metro m pieghevole.

Zolltarif m tariffa f doganale.

Zollunion f unione f doganale/daziaria.

Zollverwaltung f amministrazione f doganale.

Zombie <-(s), -s> m **1** (*wiederbelebter Mensch*) zombie m, zombi m **2** *fam* (*unselbstständiger Mensch*) schiappa f *fam*, imbranato (-a) m (f) *fam*.

Zone <-, -n> f **1** (*Bereich*) zona f; *bes. geog* zona f: **heiße/kalte ~**, una zona torrida/glaciale/polare]; **die tropische/gemäßigte/arktische ~**, la zona tropicale/temperata/artica **2** *tel* zona f tariffaria; (*im öffentlichen Verkehr*) fascia f (kilometrica), zona f tariffaria **3** *hist fam* (*Ostzone*): **die ~**, la Germania orientale, la RDT ● **atomwaffenfreie ~** *pol*, zona denuclearizzata; **blaue ~** (*der Bereich*,

in dem die Autos mit Parkscheibe parken können), zona disco (orario); **entmilitarisierte ~** *pol*, zona/fascia smilitarizzata; **~ des Schweigens** *phys*, zona di silenzio.

Zonengrenze f **1** *hist* (*Grenze zwischen den Besatzungszonen*) confine m tra le zone di occupazione **2** *fam hist* (*Grenze zur DDR*): **die ~**, il confine con la RDT **3** *autom* limite m tra due zone tariffarie.

Zonenrandgebiet <-(e)s, ohne pl> n *hist* zona f di confine tra le due Germanie.

Zonentarif m *tel* tariffa f suddivisa per zone; (*im öffentlichen Verkehr*) tariffa f suddivisa per zone.

Zonenzeit f ora f del fuso orario (locale).

Zoni <-s, -s> m *fam pej* (*diskriminierend*) → **Ossi**.

Zoo <-s, -s> m zoo m: **einen Zoo besuchen**, fare una visita allo zoo; **in den Zoo gehen**, andare ₍allo zoo₎/[al giardino zoologico].

Zoodirektor m direttore m dello zoo.

Zoogeschäft n, **Zoohandlung** f negozio m di piccoli animali e articoli zoologici.

Zoologe <-n, -n> m (**Zoologin** f) zoologo (-a) m (f).

Zoologie <-, ohne pl> f zoologia f.

Zoologin f → **Zoologe**.

zoologisch A adj zoologico: **in den ~en Garten gehen**, andare al giardino zoologico B adv zoologicamente, dal punto di vista zoologico.

Zoologische <-n, -n> m *fam obs* giardino m zoologico: **in den ~n gehen**, andare al giardino zoologico.

Zoom <-s, -s> n **1** *film fot* (*~objektiv*) zoom m **2** *film* (*das ~en*) zumata f, ripresa f/inquadratura f effettuata con lo zoom.

zoombar adj *fot* zumabile.

zoomen *film fot* A tr *jdn/etw* ~ zumare qu/qc B itr zumare.

Zoomfunktion f *fot* funzione f (dello) zoom.

Zoomobjektiv n zoom m.

Zoomtaste, **Zoom-Taste** f *fot* tasto m (dello) zoom.

Zootier n animale m dello zoo.

Zoowärter m (**Zoowärterin** f) guardiano (-a) m (f) dello zoo.

Zopf <-(e)s, Zöpfe> m **1** (*Haarzopf*) treccia f; (*beim Mann*) codino m: **jdm Zöpfe flechten**, ₍intrecciare i capelli₎/[fare le trecce] a qu; **sich** (dat) **Zöpfe flechten**, farsi le trecce; **Zöpfe haben/tragen**, avere/portare le trecce; **er trägt einen falschen ~**, porta il codino/posticcio **2** *gastr* (*Hefezopf*) treccia f dolce di pasta lievitata ● **alter ~**: **das ist ein alter ~** *fam* (*eine längst bekannte Sache*), è una storia più vecchia del cucco *fam*; (*eine völlig veraltete Idee oder Sache*), è roba sorpassata; ₍**den alten ~**₎/[**alte Zöpfe**] **abschneiden**, fare piazza pulita di qc.

Zopfmuster n (*bei Strickarbeiten*) (motivo m a) treccia f: **ein Pullover mit ~**, un maglione con (motivo a) trecce.

Zopfspange f fermacapelli m, fermaglio m.

Zorn <-(e)s, ohne pl> m ira f, collera f: (*besonders heftig*) furore m, furia f: **blinder/ohnmächtiger/maßloser ~**, un'ira cieca/impotente/smodata; **blind vor ~ sein**, essere cieco di furore; **seinen ~ an jdm auslassen**, sfogare la propria ira/collera su qu; **jds ~ erregen**, suscitare l'ira di qu; **in ~ geraten**, andare/montare in collera, andare su tutte le furie; **einen ~ auf jdn haben**, essere in collera con qu; **ich hab' vielleicht einen ~ auf ihn!**, sono talmente ₍in collera₎/[arrabbiato] con lui!; **jdn packt der ~**, qu si ac-

cende/infiamma d'ira; **er hat im ~ alle Briefe zerrissen**, in un accesso d'ira ha strappato tutte le sue lettere; **im ~ sagt sie oft Dinge, die sie später bereut**, nella rabbia (lei) dice spesso cose di cui poi si pente.

Zornausbruch m → **Zornesausbruch**.

zornbebend adv {JDN ANGUCKEN, ETW TUN} fremendo/tremando ₍d'ira₎/[di collera]: **~ packte er seine Sachen**, fece fagotto fremente di collera.

Zornesader f *geh*: **jdm schwillt die ~ (an)**, a qu sale il sangue alla testa.

Zornesausbruch m scatto m/scoppio m/accesso m d'ira, impeto m di collera: **in einem ~**, in uno scatto d'ira; **zu Zornesausbrüchen neigen**, lasciarsi trasportare dall'ira, essere molto irascibile/iracondo.

Zornesfalte f *geh* cipiglio m iracondo.

Zornesröte f: **jdm die ~ ins Gesicht treiben**, fare diventare qu rosso (-a) dalla collera.

Zornestränen subst <nur pl> lacrime f pl di rabbia.

zornig A adj adirato, incollerito, irato: **ein ~er Blick**, uno sguardo ₍carico d'ira₎/[iracondo]; **mit einer ~en Geste**, con un gesto di collera; **~e Worte**, parole di rabbia; (**wegen etw gen** *oder* **fam dat**) **~ auf jdn sein**, essere adirato/[in collera] con qu (per qc); **er ist ~ über ihr Verhalten**, è in collera con lei per il suo comportamento; **~ werden**, adirarsi, incollerirsi; **leicht ~ werden**, andare/montare facilmente in collera; (**wegen etw gen** *oder* **fam dat**) **~ werden**, adirarsi/[andare in collera] (per qc); **sie wurde fürchterlich ~**, **als sie das hörte**, andò su tutte le furie quando lo seppe B adv {AUFFAHREN, ANTWORTEN} con ira, irosamente: **jdn ~ anblitzen**, guardare qu con occhi che lampeggiano d'ira; **ihre Augen blitzten ~**, gli occhi le lampeggiavano di ira/collera, per la rabbia lanciava fiamme dagli occhi; **~ aufstampfen**, pestare i piedi per la rabbia.

zornschnaubend adj → **wutschäumend**.

Zote <-, -n> f *pej* oscenità f, sconcezza f ● **~n reißen** *fam*, dire sconcezze.

Zotenreißer m (**Zotenreißerin** f) *pej* persona f sboccata/scurrile.

zotig adj *pej* {AUSDRUCK, BEMERKUNG, LIED, WITZ} sconcio, osceno, sporco.

Zotte <-, -n> f <meist pl> **1** (*herabhängendes Haarbüschel bes. bei Tieren*) ciuffo m (di peli) **2** *anat* {+DARM} villo m.

Zottel <-, -n> f *fam* **1** <meist pl> (*herabhängendes Haarbüschel*) {+HUND, SCHAF} ciuffo m (di peli) **2** <nur pl> *pej* (*unordentliche Haare*) capelli m pl lunghi e arruffati: **die ~n hingen ihm wirr ins Gesicht**, i capelli lunghi gli ricadevano in ciuffi arruffati sul viso; **was hast du denn für ~n?**, ma che zazzera hai? **3** (*Troddel*) nappa f.

zottelig, **zottlig** adj **1** (*struppig*) {FELL, PELZ} a ciuffi, ispido: **wie lange willst du noch mit dieser ~en Mähne herumlaufen?**, hai intenzione di andare ancora in giro parecchio con quella zazzera? **2** *pej* (*lang und ungepflegt*) {FRISUR, HAARE, MÄHNE} lungo e arruffato; {BART} incolto.

zottig adj → **zottelig**.

zottlig adj → **zottelig**.

ZPO <-, ohne pl> f *Abk von* Zivilprozessordnung: ≈ C.P.C., Cod. Proc. Civ. (*Abk von* Codice di Procedura Civile).

z. T. *Abk von* zum Teil: in parte.

Ztr. *Abk von* Zentner: mezzo quintale.

zu A *präp + dat* **1** (*bis zu jdm hin*) **zu jdm** da *qu*: **zu mir/dir/ihm/...**, da me/te/lui/...; (*zu jdm nach Hause*) auch a casa mia/tua/sua/...; **kommst du nachher noch zu mir?**, vieni ⌊da me⌋/[a casa mia] dopo?; **sie ist zu ihrer Freundin gegangen**, è andata dalla sua amica; **morgen muss ich zum Arzt**, domani devo andare dal medico; **kommst du mit zur Schneiderin?**, mi accompagni dalla sarta? **2** (*bis zu etw hin*) a: **sie sind schon zu Bett gegangen**, sono già andati (-e) a letto; **bitte, zu Tisch!**, a tavola, prego!; **zu Boden fallen**, cadere a/in/per terra; **zu den Tennisplätzen musst du da lang(gehen)**, per arrivare ai campi da tennis devi andare di là; **zum/zur/...** {ZUM BAHNHOF, FLUGHAFEN, ZUR POST}, al/alla ...; **ich muss zur Bank**, devo andare in banca; **bringst du mich bitte zum Bahnhof?**, mi accompagni alla stazione?; **sie ist heute nicht ⌊zur Schule⌋/ [zum Unterricht] gekommen**, oggi non è venuta a scuola/lezione; **fährt der Bus zur Stadtmitte?**, va in centro quest'autobus? **3** (*in Richtung*) **zu jdm/etw** verso *qu/qc*, per *qc*; **sich zu jdm hinwenden**, voltarsi verso qu; **der Weg zum Bahnhof**, la strada per la stazione; **zum Himmel hinaufschauen**, guardare ⌊in alto⌋/[su] verso il cielo; **das Fenster ⌊zum Hof⌋/[zur Straße]**, la finestra (che dà) ⌊sul cortile⌋/[sulla strada]; **das Fenster zur Südseite**, la finestra che guarda verso sud **4** (*durch*): **zu etw herein/hinaus**: **zum Fenster herein-/hinausschauen**, guardare ⌊dentro casa⌋/[fuori dalla finestra] **5** (*einer Sache zugehörig*) **zu etw** con *qc*, insieme a *qc*: **zur Pizza trinkt man Bier**, con la pizza si beve la birra; **zu dem blauen Sofa passt doch kein grüner Teppich!**, al divano blu non si intona certo un tappeto verde!, con il divano blu non sta certo bene un tappeto verde!; **etw zu etw** *qc* di *qc*; **hast du den Deckel zu der Pfanne gesehen?**, hai visto il coperchio della/[per la] padella?; **ich kann den Gürtel zu dem roten Kleid nicht finden**, non riesco a trovare la cintura del vestito rosso; **ich weiß den Text zu dem Lied nicht mehr**, non ricordo più il testo della canzone; **Anmerkungen/[das Vorwort] zu einem Text**, ⌊(delle) note⌋/[la prefazione] a un testo **6** (*in Begleitung von etw*) **zu etw** a *qc*: **zur Gitarre singen**, cantare accompagnandosi alla chitarra; **zur Musik tanzen**, ballare ⌊al ritmo della musica⌋/[con l'accompagnamento musicale]; **zum Essen trinke ich gern ein Glas Wein**, ⌊ai pasti⌋/[pasteggiando] bevo volentieri un bicchiere di vino **7** (*neben*) **zu jdm/etw** accanto/vicino a *qu/qc*: **er setzte sich zu ihr in die erste Reihe**, si sedette accanto a lei in prima fila; **komm, setz dich ein bisschen zu uns!**, vieni, siedi un po' con/[vicino a] noi!; **sie stellte das Glas zu den anderen in den Schrank**, mise il bicchiere nella vetrina vicino/insieme agli altri **8** (*zeitlich: Zeitpunkt*) a: **zu Beginn der Saison**, all'inizio della stagione; **zu Anfang fiel ihr das Schreiben leicht**, ⌊all'inizio⌋/[inizialmente] le riusciva facile scrivere; **zum Schluss hielt er noch eine kurze Rede**, alla fine tenne un breve discorso; **zum Schluss noch ein Wort des Dankes**, per concludere una parola di ringraziamento; **zu später Stunde**, a tarda ora; **zu jeder Stunde/Zeit**, ⌊a tutte le ore⌋/[in ogni momento]; (*Zeitspanne*) in, a; **zu dieser/jener Zeit**, ⌊in questo periodo⌋/[a/in quei tempi]; **zu meiner Zeit**, ai miei tempi; **von Tag zu Tag**, di giorno in giorno **9** (*anlässlich einer Sache*): **zu Ostern/Weihnachten**, per Pasqua/Natale; **jdm etw ⌊zum Geburtstag⌋/[zu Weihnachten] schenken**, regalare *qc* a *qu* per ⌊il (suo) compleanno⌋/[Natale]; **eine Rede zur Eröffnung einer Messe halten**, tenere un discorso in occasione dell'inaugurazione di una fiera; **ich gratuliere Ihnen zu diesem Erfolg**, mi congratulo con Lei per il successo conseguito **10** (*bis zu einem Termin*): **zum ...** {15. JUNI, 30 SEPTEMBER, ENDE ...}, per il/la ..., entro ...; **zum Ende des Jahres wird das Haus fertig sein**, per la fine dell'anno la casa sarà pronta; **zum Mittagessen bin ich zurück**, sarò di ritorno a pranzo; **bis zum Montag musst du dich entschieden haben**, (al massimo) entro/per lunedì devi aver preso una decisione; **der Wechsel ist zum 30. April fällig**, la cambiale scade il 30 aprile; **bis zum Donnerstag wird der Brief wohl da sein**, entro/[da qui a]/[per] giovedì la lettera sarà sicuramente arrivata; **das Gesetz tritt zum ersten August in Kraft**, la legge entrerà in vigore dal primo agosto **11** (*zum Zwecke einer Sache*): **jdn ⌊zum Essen⌋/[zu einem Spaziergang] einladen**, invitare qu a ⌊cena⌋/[fare una passeggiata]; **zu einer Party/Tagung gehen**, andare a un party/congresso; **zur Untersuchung ins Krankenhaus gehen**, andare in ospedale per passare una visita **12** (*für etw bestimmt*) **etw zu etw** {MUSIK ZU EINEM FILM; STOFF ZU EINEM KLEIDUNGSSTÜCK} *qc* per *qc*; {MILCH, ZUCKER ZUM KAFFEE, TEE} *qc* con/in *qc*: **möchtest du Kaffee oder Tee zum Frühstück?**, vuoi caffè o tè per/a colazione?; **das Material zu diesem Roman fand sie in alten Archiven**, il materiale per questo romanzo l'ha trovato in alcuni vecchi archivi **13** (*für eine Handlung bestimmt*): **etw zum ...** {ABWASCHEN, PUTZEN, STREICHEN}, *qc* per ...; **ich brauche (et)was zum Schreiben**, mi serve qualcosa per scrivere; **Stifte zum Malen**, matite ⌊da disegno⌋/[per disegnare] **14** (*um etw herbeizuführen*): **zu jds ...** {ABSCHRECKUNG, BERUHIGUNG, ORIENTIERUNG, UNTERHALTUNG}: **ich kann Ihnen zu Ihrer Beruhigung sagen, dass ...**, per rassicurarLa/tranquillizzarLa/[Sua sicurezza/tranquillità] posso dirLe che ...; **zu seiner ⌊Entlastung/Entschuldigung⌋/[Verteidigung]**, a sua discolpa/difesa; **zur Information unserer verehrten Kunden**, per informazione della nostra spettabile clientela **15** (*sich auf jds Zustand beziehend*): **zu jds ...** {BEDAUERN, ERSTAUNEN, FREUDE, ZUFRIEDENHEIT}, con ... di *qu*; **zu meinem großen Bedauern muss ich Ihnen mitteilen, dass ...**, con mio grande dispiacere Le devo comunicare che ...; **zum Dank**, come/[in segno di]/[per] ringraziamento **16** (*etw zu tun*) **zu + substantiviertes Verb** {ZUM LESEN, SPIELEN} per/da *fare qc*: **etw zum Basteln/Lesen mitnehmen**, portarsi dietro qualcosa ⌊per fare bricolage⌋/[da leggere]; **das Wasser ist nur zum Kochen/Waschen (gut)**, l'acqua è buona solo per cucinare/lavar(si); **ich habe keine Lust zum Schwimmen**, non ho voglia di nuotare; **wie sind Sie zum Schreiben gekommen?**, che cosa La ha portata/spinta a scrivere? **17** (*eine Sache betreffend*) **zu etw** {BEFRAGEN, INTERVIEWEN, VERNEHMEN} ⌊in merito⌋/[riguardo] a *qc*, a proposito di *qc*, su *qc*: **zu diesem Thema wollte ich noch Folgendes sagen ...**, ⌊su questo argomento⌋/[a questo proposito]/[in merito a ciò] volevo dire ancora ...; **eine Untersuchung zum Romantikbegriff**, uno studio sul concetto di romanticismo **18** (*eine bestimmte Stellung bewirkend: bleibt unübersetzt*): **jdn zum Abteilungsleiter befördern**, promuovere qu caporeparto; **sich (dat) jdn zum Freund/Feind machen**, ⌊farsi amico (-a)⌋/[inimicarsi] qu; **jdn zum König krönen**, incoronare qu (re); **zum Doktor der Medizin promovieren**, conseguire il dottorato in medicina; **endlich wurde einmal eine Frau zur Staatspräsidentin gewählt**, finalmente una donna è stata eletta presidente della Repubblica **19** (*im Zusammenhang mit Verben: einen bestimmten Zustand bewirkend*): **das Laub ist zu Asche verbrannt**, le foglie si sono ridotte in cenere; **die Leiche wurde zu Asche verbrannt**, la salma è stata cremata; **die Gewürze zu Pulver zermahlen**, ridurre le spezie in polvere; **das Wasser ist zu Eis gefroren**, l'acqua ⌊si è trasformata in ghiaccio⌋/[è ghiacciata]; **jdn zum Lachen/Weinen bringen**, far ridere/piangere qu; **jdn zur Verzweiflung bringen**, portare qu alla disperazione **20** (*in Zusammenhang mit Subst und Adj: jdn betreffend*): **die Beziehung/Freundschaft zu jdm**, il rapporto/l'amicizia con qu; **die Liebe/Zuneigung zu jdm**, l'amore/l'affetto per qu; **das Vertrauen zu jdm**, la fiducia in qu; **nett zu jdm sein**, essere carino/gentile con qu **21** (*die Lage kennzeichnend*): **zu Bett/Hause sein**, essere ⌊a letto⌋/[a/in casa]; **zu jds Rechten/Linken**, sulla/alla destra/sinistra di qu; **der Dom zu Münster**, il duomo di Münster; **geboren zu Trier, im Jahre 1856** *obs*, nato (-a) a Treviri, nell'anno 1856 **22** (*Art und Weise kennzeichnend*): **zu Fuß/Pferd**, a piedi/cavallo; **zu Schiff**, ⌊con la⌋/[per] nave; **zu Wasser und zu Lande erreichbar sein**, essere raggiungibile per via d'acqua e di terra; **einen Vertrag zu schlechten Bedingungen abschließen**, concludere un contratto a cattive condizioni; **etw zu einem hohen/vernünftigen Preis anbieten**, offrire *qc* a un prezzo alto/ragionevole; **sie ist Raumpflegerin, zu (gut) Deutsch, Putzfrau**, è addetta alla manutenzione dei locali: tradotto in italiano, fa la donna delle pulizie **23** (*im Verhältnis zu*) **etw zu etw** *qc* a *qc*: **Saft und Sekt im Verhältnis eins zu drei**, succo e spumante in rapporto/proporzione di uno a tre; **zwei verhält sich zu sechs wie vier zu zwölf**, due sta a sei come quattro (sta) a dodici; **die Gewinnchancen stehen 50 zu 50**, le probabilità di vincere sono 50 a 50 **24** *sport* (*gegen*): **es stand zwei zu null am Ende der ersten Halbzeit**, il primo tempo si è chiuso sul due a zero **25** (*bei Mengenangaben*) **etw zu etw** {FLASCHE ZU ZWEI LITERN, PACKUNG ZU SECHS FLASCHEN} *qc* da *qc*: **ein Eis zu drei Euro, bitte!**, un gelato da tre euro, per favore!; **Erdbeeren zu sechs Euro das Kilo**, delle fragole a sei euro il kilo; **etw zum halben Preis verkaufen**, vendere *qc* a metà prezzo; **zu zweit/dritt/.../mehreren**, in due/tre/.../parecchi (-ie)/diversi (-e); **zu Dutzenden/Hunderten/Tausenden**, a dozzine/centinaia/migliaia; **das Haus gehört zur Hälfte ihm, zur Hälfte seiner Frau**, metà della casa appartiene a lui, metà a sua moglie, la casa è per metà sua, per metà di sua moglie; **sie hat die Arbeit nur zur Hälfte gemacht**, ha fatto il lavoro solo a/per metà; **zu einem großen/kleinen Teil**, in gran/piccola parte; **die Arbeit zu einem Viertel fertig haben**, aver fatto ⌊un quarto del lavoro⌋/[il lavoro per un quarto] **26** (*bei Adelstiteln: von*): **der/die ... zu ...**, il/la ... di ...; **der Graf zu Mansfeld**, il conte di Mansfeld **27** (*in Namen von Gaststätten*): **Zum goldenen Adler**, Dall'/All'Aquila d'Oro; **Gasthaus zum Hirschen**, Albergo al Cervo **B** *adv* **1** (*allzu*) troppo: **das Wasser ist zu heiß**, l'acqua è troppo calda; **du kommst zu spät**, arrivi troppo tardi; **zu sehr/viel**, troppo; **zu viele Bäume/Häuser**, ⌊troppi alberi⌋/[troppe case]; **ich würde ja zu gern(e) verreisen!**, mi piacerebbe tanto fare un viaggio! **2** (*ge-*

schlossen) chiuso: **Augen zu!**, chiudi/chiudete gli occhi!; **Tür zu!**, chiudere la porta! **3** (*örtlich*) *irgendwohin/etw* (dat) *zu verso/*[*in direzione di*] *qc*: **dem Ausgang zu**, verso l'uscita, in direzione dell'uscita **4** *fam* (*eine Aufforderung ausdrückend*): **nur zu!**, **immer zu!**, avanti!, coraggio!, forza!; **geh/ mach zu!**, sbrigati/spicciati! **C** *konj* **1** (*verwendet mit dem Infinitiv nach best. Verben, Substantiven und Adjektiven*) **zu** + *inf*, di/a + *inf*: **ich habe die Möglichkeit, es zu tun**, ho la possibilità di farlo; **es ist nötig, etw zu tun**, è necessario fare qc; **es hört auf zu regnen**, smette di piovere; **jdm helfen, etw zu tun**, aiutare qu a fare qc; **ich habe noch zu tun**, ho ancora da fare; **du hast zu fragen/gehorchen!**, devi chiedere/obbedire!; (**es**) **ist**) **kaum zu glauben!**, da non crederci; **das ist nicht zu machen**, non è fattibile, non si può fare **2** (*mit part präs: drückt eine Erwartung, Möglichkeit oder Notwendigkeit aus*): **die zu erledigende Korrespondenz**, la corrispondenza da evadere; **der zu erwartende Besucherandrang blieb diesmal aus**, questa volta non si è verificato l'afflusso di visitatori che tutti si aspettavano ● **zu Grunde** → **zugrunde**; **etw** *ist* **zu etw** (dat) {ZU JDS BESTEM}, qc è per qc; {ZU JDS VORTEIL, NACHTEIL}, qc è a qc; {ZUM AUS-DER-HAUT-FAHREN, WEINEN}, qc è da fare qc; **es ist zum Wahnsinnigwerden!**, (c')è da impazzire!; **das ist ja zum Lachen!**, ma è veramente ridicolo!, ma fa ridere i polli! *fam*; **zu** *Nutze* → **zunutze**; **zu** *sein* → **sein**②; **zu** *was?* *fam*, a che pro?; **zu was soll das gut sein?** *fam*, a che serve/ servirebbe?; **zu etw** (dat) **werden** {ZU ASCHE, STAUB}, trasformarsi/ridursi in qc, farsi qc *geh*; {ZUM DIEB, MÖRDER}, diventare qc; **er ist mittlerweile zum Mann geworden**, nel frattempo è diventato⌐/⌐si è fatto⌐ uomo.

zu|allererst *adv fam* innanzitutto, prima di tutto, prima di ogni cosa: **~ müssen wir Feuer anmachen**, per primissima cosa bisogna accendere il fuoco.

zu|allerletzt *adv fam* alla fine (di tutto), per ultimissima cosa: **er kommt ~ dran**, è proprio l'ultimo a cui tocca, a lui tocca proprio per ultimo.

zu|arbeiten *itr jdm* ~ preparare il lavoro a qu, svolgere *per qu* (dei) lavori preliminari/preparatori.

zu|ballern *tr fam etw* ~ {TÜR} sbattere *qc*, chiudere *qc* sbattendolo.

zu|bauen *tr etw* ~ {GRÜNE FLÄCHE, PLATZ} cementificare *qc* *pej*, riempire *qc* di costruzioni; {LÜCKE} chiudere *qc* con una costruzione: **sie haben den ganzen Platz zugebaut**, hanno costruito su tutta la piazza; **jdm den Ausblick ~**, togliere/impedire a qu la vista con una costruzione.

Zubehör <-(*e*)*s*, -*e* oder CH -*en*> *n* oder rar *m* **1** (*Ausstattung*) {BAD, HAUS, KÜCHE} arredamento *m*, corredo *m*; {+BETRIEB, LABOR, WERKSTATT} attrezzatura *f*, corredo *m* **2** (*ergänzende Teile*) {+GERÄT, PKW, SKIAUSRÜSTUNG} accessori *m pl*: **ein Staubsauger mit allem ~**, un aspirapolvere con/[dotato di] tutti gli accessori.

Zubehörteil *n* accessorio *m*.

zu|beißen <*irr*> *itr* **1** (*die Zähne aufeinanderbeißen*) stringere i denti; (*beim Zahnarzt*) chiudere (la bocca) **2** (*beißen*) {HUND} azzannare, mordere, dare un morso.

zu|bekommen <*irr*, *ohne ge*-> *tr fam etw* ~ {FENSTER, KISTE, KOFFER} riuscire a chiudere *qc*: **ich bekomme die Knöpfe am Mantel nicht zu**, non riesco ad abbottonare il cappotto; **sie bekam in der Eile ihr Kleid nicht zu**, nella fretta non riusciva ⌐a chiuder(si)⌐ [ad abbotonar(si)] il vestito; **er bekam den Reißverschluss nicht zu**, non riuscì a tirare su la cerniera; **er bekam vor Staunen den Mund nicht mehr zu** *scherz*, (lui) rimase a bocca aperta per la sorpresa.

Zuber <-*s*, -> *m region* mastello *m*.

zu|bereiten <*ohne ge*-> *tr* (*jdm*) *etw* ~ {ARZNEI, ESSEN, GETRÄNK} preparare *qc* (*a qu*), fare *qc* (*a qu*) *fam*: **Fisch ~**, preparare/cucinare il pesce; **alles war mit Liebe zubereitet**, tutto era stato preparato con amore.

Zubereitung <-, -*en*> *f* <*meist sing*> **1** (*das Zubereiten*) preparazione *f* **2** *pharm* preparato *m*.

zu|betonieren *tr etw* ~ **1** (*mit Beton bedecken*) {STRASSE} pavimentare *qc* (di calcestruzzo) **2** (*völlig bebauen*) {FREIE FLÄCHE, STADT} cementificare *qc*.

Zubettgehen <-*s*, *ohne pl*> *n* andare *m* a letto: **vor dem ~**, prima di ⌐andare a letto⌐/ [coricarsi]; **du solltest beim ~ darauf achten, dass** ..., andando a letto dovresti fare attenzione che ... *konjv*.

zu|billigen *tr jdm etw* ~ {ENTSCHÄDIGUNG, PREISNACHLASS, RECHT, STRAFERLEICHTERUNG} accordare *qc a qu*, concedere *qc a qu*: **ich will dir gern ~, dass es ein Versehen war, aber ...**, ti concedo volentieri che sia stata una svista, ma ...; **ich billige ihm zu, davon nichts gewusst zu haben**, gli concedo che non ne sapeva niente; **jdm mildernde Umstände ~** *jur*, concedere a qu circostanze attenuanti.

Zubilligung <-, -*en*> *f* concessione *f*: **unter ~ mildernder Umstände**, con la concessione delle (circostanze) attenuanti.

zu|binden <*irr*> **A** *tr etw* ~ {BÜNDEL, SACK} legare *qc*, chiudere *qc*: **den Sack mit einem Stück Schnur ~**, legare il sacco con un pezzo di spago; {SCHNÜRSENKEL} annodare *qc*; {SCHUHE, SCHÜRZE} *auch* allacciare *qc*: **bind mal deine Schuhe zu!**, allacciati/annodati le scarpe! **B** *rfl sich* (dat) *etw* ~ {SCHNÜRSENKEL} annodarsi *qc*; {SCHUHE, SCHÜRZE} *auch* allacciarsi *qc*.

zu|bleiben <*irr*> *itr* <*sein*> *fam* **1** (*verschlossen bleiben*) {FENSTER, TÜR} rimanere chiuso (-a): **der Koffer will nicht ~**, la valigia ⌐non vuole rimanere chiusa⌐/[si riapre sempre] **2** (*nicht öffnen*) {GESCHÄFT, MUSEUM} rimanere/essere chiuso: **die Läden bleiben heute zu**, oggi i negozi rimangono chiusi.

zu|blinzeln A *itr jdm* ~ ammiccare *a qu*, strizzare l'occhio *a qu*, fare l'occhiolino/l'occhietto *a qu*: **jdm freundlich/verschmitzt/ aufmunternd ~**, ammiccare a qu in modo amichevole/[con occhio birichino]/[in modo incoraggiante] **B** *rfl sich* (dat) ~ farsi l'occhiolino/l'occhietto.

zu|bringen <*irr*> *tr* **1** (*verbringen*) *etw* (*irgendwie*) ~ passare *qc* (+ *compl di modo*): **sie hat mehrere Monate im Krankenhaus zugebracht**, (lei) ha passato parecchi mesi all'ospedale; **er hat den ganzen Abend mit Warten zugebracht**, ha passato/sprecato tutta la sera in attesa⌐/⌐[ad aspettare]; **eine Nacht im Freien ~**, passare una notte all'aperto/all'addiaccio **2** *fam* → **zu|bekommen**.

Zubringer <-*s*, -> *m autom* **1** (*Verbindungsstraße*) bretella *f*, raccordo *m* svincolo *m* **2** (*Bus*) (bus *m*) navetta *f*.

Zubringerbus *m* → **Zubringer** 2.

Zubringerdienst *m autom* servizio *m* navetta: **der ~ zum Flughafen/Messegelände**, il servizio navetta all'aeroporto/[l'area fieristica].

Zubringerstraße *f autom* (*Verbindungsstraße*) bretella *f*, raccordo *m*.

Zubrot <-(*e*)*s*, *ohne pl*> *n* **1** *obs* (*Beilage*) companatico *m* **2** *oft scherz* (*zusätzlicher Verdienst*): guadagno *m* ⌐in più⌐/[extra]/[supplementare] ● **sich** (dat) **etw dazu ein ~ verdienen**, arrotondare lo stipendio (con/facendo qc).

zu|buttern *tr fam etw* ~ aggiungere/mettere *qc* di tasca propria: **wenn meine Eltern uns nichts ~ würden, könnten wir das Haus nicht abzahlen**, se i miei genitori non ci dessero una mano non ce la faremmo (mai) a pagare le rate della casa; **bei solchen Projekten muss der Staat immer viel ~**, in simili progetti lo stato deve sempre metterci un sacco di soldi *fam*.

Zucchini *subst* <*nur pl*> zucchine *f pl*, zucchini *m pl*: **ein Kilo ~ kaufen**, comprare un kilo di zucchini.

Zucht① <-, -*en*> *f* **1** <*nur sing*> (*das Züchten*) {+HUNDE, KATZEN, RASSETIERE} allevamento *m*; {+BIENEN, SEIDENRAUPEN} *auch* coltura *f*; {PERLEN, PFLANZEN} allevamento *m*, coltura *f*, coltivazione *f* **2** (*-betrieb*) allevamento *m* **3** (*gezüchtete Pflanze*) varietà *f*; {+HUND, PFERD} razza *f*; {+BAKTERIEN} coltura *f*: **diese ~ Hunde ist besonders schön**, questa razza di cani è particolarmente bella.

Zucht② <-, *ohne pl*> *f obs* (*Disziplin*) disciplina *f* ● **~ und Ordnung**, ordine e disciplina.

Zuchtbulle *m zoo* toro *m* da monta/razza/ riproduzione.

Zuchteber *m zoo* verro *m*.

züchten *tr etw* ~ {TIERE} allevare *qc*; {PERLEN, PFLANZEN} *auch* coltivare *qc*.

Züchter <-*s*, -> *m* (**Züchterin** *f*) {+RASSETIERE} allevatore (-trice) *m* (*f*); {+PERLEN, PFLANZEN} *auch* coltivatore (-trice) *m* (*f*).

Zuchtfarm *f* (azienda *f* di) allevamento *m*.

Zuchthaus *n* **1** *hist oder* CH (*Haftanstalt*) penitenziario *m obs* <*nur sing*> *hist* (-*strafe*) reclusione *f*, carcere *m*; (*lebenslänglich*) ergastolo *m*, carcere a vita: **zu 20 Jahren ~ verurteilt werden**, essere condannato a 20 anni (di reclusione); **darauf steht ~**, per questo reato è prevista la reclusione **3** *fam* (*Gefängnis*) carcere *m*, prigione *f*: **ins ~ kommen**, finire in carcere.

Zuchthäusler <-*s*, -> *m* (**Zuchthäuslerin** *f*) *pej obs* galeotto (-a) *m* (*f*).

Zuchthausstrafe *f hist* (pena *f* di) reclusione *f* (in un penitenziario): **die Staatsanwaltschaft plädierte für eine lebenslängliche ~**, il pubblico ministero chiese l'ergastolo.

Zuchthengst *m zoo* stallone *m*.

züchtig *obs oder scherz* **A** *adj* {MÄDCHEN} virtuoso *obs*; {LEBENSWANDEL, VERHALTEN} *auch* morigerato, costumato *rar*; {MENSCH} pudico, verecondo *obs oder lit* **B** *adv* {LEBEN} pudicamente, virtuosamente *obs*, con pudicizia: **die Augen niederschlagen**, abbassare pudicamente gli occhi.

züchtigen *tr geh jdn* ~ castigare *qu* (corporalmente), punire *qu* (corporalmente): **jdn mit der Rute/dem Stock ~**, punire qu a colpi di verga/bastone.

Züchtigung <-, -*en*> *f geh* castigo *m* (corporale), punizione *f* (corporale).

Zuchtmittel *n jur* mezzo *m* di correzione.

Zuchtperle *f* perla *f* coltivata.

Zuchtstier *m zoo* → **Zuchtbulle**.

Zuchtstute *f zoo* giumenta *f* da puledro, fattrice *f* (equina).

Zuchttier *n zoo* animale *m* da riproduzione/razza, riproduttore *m*.

Züchtung <-, -*en*> *f* **1** (*das Züchten*) {+TIERE} allevamento *m*; {+PERLEN, PFLANZEN} *auch* coltivazione *f* **2** (*gezüchtete Art*) {+BLUMEN,

PFLANZEN} varietà f; {+TIERE} razza f: **diese Rosen sind eine neue ~**, questa è una nuova varietà di rose; **diese Hunde sind eine besonders schöne ~**, questi cani sono di una razza particolarmente bella.

Zuchtvieh n *zoo* animali m pl riproduttori/[da riproduzione/razza].

Zuchtwahl f *‹meist sing› biol:* **natürliche ~**, selezione f naturale.

zuckeln itr *‹sein› fam* **irgendwohin ~** (*gemütlich gehen*) camminare ˻lemme lemme˼/[piano piano] + *compl di luogo*; (*gemütlich fahren*) {BUMMELZUG, KARREN} muoversi/procedere lentamente + *compl di luogo*: **er zuckelte müde hinter den anderen zum Hotel**, seguì gli altri con passo stanco fino all'albergo.

zucken A itr 1 *‹haben›* (*zusammen~*) {MENSCH} sussultare, trasalire: **sie zuckte, als sie die Wunde berührten**, sussultò quando la toccarono la ferita; **das Kind ließ sich verarzten, ohne ˻auch nur˼/[mit der Wimper] zu ~**, il bambino si lasciò/fece medicare senza batter ciglio 2 *‹haben›* (*sich ruckartig bewegen*) {LIPPEN, MUNDWINKEL} contrarsi; {MUSKEL} *auch* sussultare; {AUGENLID} (s)battere: **seine Mundwinkel zuckten nervös**, gli angoli della bocca gli si contrassero; {VERENDETES TIER} essere scosso da violenti sussulti 3 *‹haben›* (*ruckartig bewegen*) **mit etw** (dat) **~** {MIT DEN ARMEN, DEN BEINEN, DER HAND} muovere qc ˻di scatto˼/[bruscamente]: **mit den Achseln/Schultern ~**, scrollare/alzare le spalle, stringersi nelle spalle, fare spallucce; **sie zuckt ständig mit den Augen/dem Mund**, ha un tic (nervoso) che le fa ˻strizzare continuamente gli occhi˼/[contrarre continuamente la bocca] 4 *‹haben›* (*aufleuchten*) (**irgendwo**) **~** {BLITZ, FLAMME} guizzare + *compl di luogo*; {LICHTSCHEIN} *auch* balenare + *compl di luogo* 5 *‹sein›* (*sich zickzackartig bewegen*) **irgendwohin ~** {BLITZ, FLAMME} guizzare + *compl di luogo*; {LICHTSCHEIN, MÜNDUNGSFEUER} *auch* balenare + *compl di luogo*: **Blitze zuckten ˻durch die Nacht˼/[über den nächtlichen Himmel]**, fulmini ˻guizzavano nella notte˼/[solcavano/fendevano il cielo notturno]; **jdm zuckt jäh/plötzlich ein Gedanke durch den Kopf**, a qu balena/balugina un pensiero B unpers 1 *‹haben›* (*sich unwillkürlich bewegen*): **es zuckt um jds Augenwinkel/Mund**, a qu si contrae l'occhio/la bocca 2 *‹haben› fam* (*wehtun*): **es zuckt jdm irgendwo**, qu ha dei dolori lancinanti + *compl di luogo* 3 *‹haben› fam* (*Lust verspüren*): **es zuckt jdm irgendwo**, qu si sente prudere/pizzicare qc; **es zuckt jdm in den Fäusten/Händen**, qu si sente prudere/pizzicare le mani; **als sie die Musik hörte, zuckte es ihr in den Füßen**, a sentire quella musica le prudevano i piedi.

Zucken ‹-s, ohne pl› n tremito m; {+MUSKELN} sussulto m.

zücken tr **etw ~ 1** *geh* (*blankziehen*) {MESSER} brandire qc; {DEGEN, SCHWERT} *auch* sguainare qc, snudare qc *lit*; {PISTOLE} estrarre qc: **mit gezücktem Schwert**, con la spada in pugno **2** *fam* (*hervorziehen*) {AUSWEIS, BRIEFTASCHE, PORTMONEE} tirare fuori qc, cacciare fuori qc *fam*: **wo es etwas zu sehen gab, zückte er seinen Fotoapparat**, ovunque ci fosse qualcosa da vedere lui tirava fuori la macchina fotografica; **der Kellner zückte seinen Block und nahm unsere Bestellungen auf**, il cameriere estrasse il blocchetto e prese le nostre ordinazioni; **an der Grenze hielten alle ihre Pässe gezückt**, alla frontiera tutti tenevano i passaporti pronti.

Zucker ‹-s, ohne pl *oder rar* -› m **1** *gastr* zuc-

chero m: **brauner/weißer/raffinierter/feiner ~**, zucchero ˻di canna˼/[bianco]/[raffinato]/[fine]; **ein Löffel ~**, un cucchiaio/cucchiaino di zucchero; **ein Stück ~**, una zolletta di zucchero, uno zuccherino; **nehmen Sie ~ ˻in den˼/[zum] Kaffee?**, ci mette ~/[prende]/[vuole] (dello) zucchero nel caffè?, il caffè lo prende zuccherato?; **den Kaffee/Tee mit/ohne ~ trinken**, bere il caffè/tè con/senza zucchero; **etw mit Süßstoff anstatt mit ~ süßen**, addolcire qc con il dolcificante anziché con lo zucchero **2** *chem* zucchero m **3** *‹nur sing› fam med* (*Diabetes*) diabete m: **an ~ erkrankt sein**, essere malato di diabete; **~ haben**, ˻avere il˼/[soffrire di] diabete. ● **jdm ~ in den Arsch** *vulg*/**Hintern blasen** *fam pej*, leccare il culo a qu *vulg*, fare il leccaculo con qu *vulg*; **~ sein** *slang* {EINFALL}, essere ˻fico *slang*˼/[la fine del mondo *fam*] {MÄDCHEN}, essere uno schianto *fam*.

Zuckerbäcker m (**Zuckerbäckerin** f) A *oder obs* pasticcere (-a) m (f).

Zuckerbäckerei f A *oder obs* pasticceria f.

Zuckerbäckerin f → **Zuckerbäcker**.

Zuckerbäckerstil m *pej arch* stile m architettonico sovraccarico (tipico di alcune costruzioni sovietiche del dopoguerra).

Zuckerbrot n *meist scherz:* **mit ~ und Peitsche**, col bastone e la carota.

Zuckerdose f zuccheriera f.

Zuckererbse f *bot* (pisello m) mangiatutto m, taccola f *nordital*.

Zuckerfabrik f zuccherificio m.

Zuckergehalt m contenuto m/percentuale f di zucchero; (*auf Etiketten, Packungen*) ~ **haben**, avere zuccheri m pl.

Zuckerguss (a.R. Zuckerguß) m glassa f, ghiaccia f: **mit ~**, glassato; **etw mit ~ überziehen**, glassare qc.

zuckerhaltig adj saccarifero, zuccherino.

Zuckerhut m pan m di zucchero ● **der ~ in Rio** *geog*, il Pan di Zucchero a Rio.

zuckerig, zuckrig adj **1** (*mit Zucker bedeckt*) (in)zuccherato, (ri)coperto/spolverizzato/cosparso di zucchero: **die Tischplatte ist ganz ~**, warte, ich putz sie ab, il tavolo è ricoperto/pieno di zucchero, aspetta che lo pulisco **2** (*viel Zucker enthaltend*) {KUCHEN, MARMELADE, MASSE} pieno di zucchero, zuccheroso, zuccherino.

zuckerkrank adj *fam* diabetico: **~ sein**, essere diabetico.

Zuckerkranke ‹dekl wie adj› mf *fam med* diabetico (-a) m (f), affetto (-a) m (f) da diabete.

Zuckerkrankheit f *med* diabete m (mellito).

Zuckerl ‹-s, -(n)› n *fam* **1** *südtt A* → **Bonbon 2** (*etwas ganz Besonderes*) chicca f: **ein ~ für die Liebhaber alter Musik**, una chicca per gli appassionati di musica antica.

Zuckerlecken ‹-s, ohne pl› n: **kein ~ sein** *fam*, non essere uno zuccherino *fam*.

Zuckerlösung f soluzione f zuccherina/[d'acqua zuccherata].

Zuckermelone f *bot* melone m, popone m *tosk*.

zuckern tr **etw ~ 1** (*mit Zucker süßen*) zuccherare qc, mettere dello zucchero in qc: **den Wein ~**, aggiungere dello zucchero al vino; **der Kaffee ist zu stark gezuckert**, il caffè è troppo zuccherato **2** (*mit Zucker bestreuen*) {KEKSE, KUCHEN} inzuccherare qc, ricoprire/spolverizzare qc di zucchero.

Zuckerraffinerie f raffineria f di zucchero.

Zuckerrohr n *bot* canna f da zucchero.

Zuckerrübe f *bot* barbabietola f da zuc-

chero.

Zuckerschlecken n *fam* → **Zuckerlecken**.

Zuckerspiegel ‹-s, ohne pl› m *med* tasso m glicemico: **sein ~ ist gesunken**, ha avuto/subito un calo ˻degli zuccheri˼/[glicemico].

Zuckerstreuer m (*für Puderzucker*) spolverino m.

zuckersüß A adj **1** (*sehr süß*) {GETRÄNK} dolcissimo, che è uno zucchero; {FRUCHT} *auch* zuccherino, zuccheroso: **die Erdbeeren sind saftig und ~**, le fragole sono succose e zuccherine/dolcissime; **er trinkt immer ~en Kaffee**, (lui) beve il caffè sempre dolcissimo **2** *fam pej* (*übertrieben liebenswürdig*) {LÄCHELN, WORTE} zuccheroso, melliflo: (**zu jdm**) **~ sein**, essere ˻uno zuccherino˼/[tutto (-a) lattemiele] con qu B adv {ANTWORTEN, LÄCHELN} in modo zuccheroso/melliflo: **~ tun**, essere ˻tutto (-a) lattemiele˼/[uno zucchero].

Zuckerwasser ‹-s, ohne pl› n acqua f zuccherata: **dieser Kaffee/Tee ist reines ~**, questo caffè/tè è soltanto acqua zuccherata.

Zuckerwatte f zucchero m filato.

Zuckerwerk ‹-(e)s, ohne pl› n *obs* dolciumi m pl.

Zuckerzange f mollette f pl da zucchero.

zuckrig adj → **zuckerig**.

Zuckung ‹-, -en› f *meist pl* {+LIPPEN, MUNDWINKEL} contrazione f; {+GLIEDER, MUSKELN} *auch* sussulto m; {+AUGENLIDER} battito m; (*krampfartig*) spas(i)mo m; {+EPILEPTIKER} convulsione f ● **die letzten ~en** *geh* (*letztes Aufbäumen vor dem Ende*), i colpi di coda; **in den letzten ~en liegen** *fam scherz* (*am Ende sein*), mandare gli ultimi rantolii; **nervöse ~en**, un tic nervoso.

Zudecke f *region* coperta f.

zudecken A tr **etw** (**mit etw** dat) **~** (*ri*)*coprire qc* (*con qc*): **sie deckte die Salatschüssel mit einem sauberen Geschirrtuch zu**, ricoprì l'insalatiera con un canovaccio pulito; **jdn** (**mit etw** dat) **~** coprire qu (*con qc*): **sie deckte das schlafende Kind ganz behutsam zu**, coprì delicatamente il bambino addormentato con una coperta B rfl **sich** (**mit etw** dat) **~** coprirsi (*con qc*): **die Obdachlosen hatten sich notdürftig mit alten Kartons zugedeckt**, i senzatetto si erano coperti alla meno peggio con dei vecchi cartoni.

zudem adv *geh* inoltre, per di più, oltre a ciò.

zudenken ‹*irr*› tr *geh* **jdm etw ~ 1** (*zu schenken beabsichtigen*) destinare qc a qu: **das Buch hatte ich eigentlich meiner Schwester zugedacht**, veramente questo libro volevo regalarlo a mia sorella **2** (*für bestimmt sein*) destinare qc a qu; (*BEVORZUGTEN PLATZ*) *auch* riservare qc a qu: **jdm zugedacht sein**, essere destinato a qu; **dem Geburtstagskind war der Ehrenplatz zugedacht worden**, al/alla festeggiato (-a) era stato destinato il posto d'onore.

zudrehen A tr **1** (*schließen*) **etw ~** {GASHAHN, HEIZUNG, VENTIL, WASSERHAHN} chiudere qc (*girandolo*) **2** (*zuwenden*) **jdm etw ~** {GESICHT, KOPF} voltare qc verso qu, girare qc verso qu: **jdm den Rücken ~**, voltare le spalle a qu B rfl (*zuwenden*) **sich jdm ~**: **er drehte sich interessiert dem Fragenden zu**, si voltò incuriosito verso colui che aveva posto la domanda.

zudringlich adj {VERKÄUFER, VERTRETER} importuno, entrante, invadente; {MANN FRAU GEGENÜBER} troppo intraprendente: **(jdm gegenüber) ~ werden**, prendersi troppe confidenze (con qu); (*sexuell*) cominciare a fare delle avance(s) (a qu); **dann ist er richtig ~ geworden**, poi (lui) ha incominciato a molestarmi/[allungare le mani].

Zu̱dringlichkeit <-, -en> f **1** <*nur* sing> (*Aufdringlichkeit*) invadenza f, importunità f **2** <*meist* pl> (*zudringliche Handlung*) avance f, molestia f: **sich gegen jds ~en wehren**, difendersi dalle molestie di qu.

zu̱|dröhnen rfl *slang* **sich (mit *etw* dat) ~** {MIT FERNSEHEN, MUSIK} rintontirsi *con qc*, stordirsi *con qc*; {MIT RAUSCHGIFT} farsi *di qc slang*: **zugedröhnt (sein)** (*mit Alkohol*), (essere) sbronzo *fam*; (*mit Rauschgift*) (essere) fatto *slang*.

zu̱|drücken A tr **1** (*drückend schließen*) *etw* **~** {KLAPPE, LADE, LUKE, TÜR} chiudere *qc* (premendolo): **dem Toten die Augen ~**, chiudere gli occhi al morto **2** (*fest drücken*) *jdm etw* **~** stringere *qc a qu*: **jdm den Hals/ die Kehle ~**, strozzare qu, strangolare qu B *itr* (*fest drücken*): **er drückt sehr fest zu, wenn man ihm die Hand gibt**, stringe molto quando gli si dà la mano; **er hat so fest zugedrückt, dass er sie bald erwürgt hätte**, le ha stretto talmente la gola che per un pelo non l'ha strangolata.

zu̱|eignen A *tr geh obs* (*widmen*) *jdm etw* **~** {BUCH, GEDICHT, OPER} dedicare *qc a qu* B *rfl jur* (*sich etw widerrechtlich aneignen*) **sich** (dat) *etw* **~** appropriarsi indebitamente *di qc*, usurpare *qc*.

Zu̱eignung <-, -en> f *jur* appropriazione f indebita, usurpazione f.

zu̱|eilen *itr* <*sein*> *geh* **auf jdn ~** correre incontro *a qu*: **er eilte auf sie zu**, le è corso incontro.

zueina̱nder *adv* {SPRECHEN} l'uno (-a) ₁all'altro (-a)ˌ/[con l'altro (-a)]; {DRÄNGEN, STREBEN} l'uno (-a) verso l'altro (-a): **seid freundlich ~**, siate gentili l'uno (-a) con/verso l'altro (-a); **Vorhänge und Teppich müssen ~ passen**, tende e tappeto devono armonizzare tra (di) loro; **ich finde, die beiden Rottöne passen nicht ~**, trovo che le due tonalità di rosso non stiano bene insieme; **die zwei passen richtig gut ~**, quei due sono proprio una bella coppia; **das Vertrauen ~ ist sehr wichtig**, ₁avere fiducia l'uno (-a) nell'altro (-a)ˌ/[la fiducia reciproca] è molto importante; **man versteht nicht richtig, was sie für ein Verhältnis ~ haben**, non si riesce a capire che rapporto ci sia fra di loro; **die Zuneigung, die sie ~ hatten**, ..., ₁la reciproca simpatia/[la simpatia che avevano l'uno (-a) per l'altro (-a)] ... ● ~ *finden*, trovarsi; **die zwei haben endlich ~ gefunden**, alla fine i due si sono trovati; **nach zweijähriger Trennung haben sie wieder ~ gefunden**, dopo due anni di separazione si sono riconciliati.

zueina̱nder|finden <irr> itr → **zueinander**.

zueina̱nder|halten <irr> itr → **zueinanderstehen**.

zueina̱nder|passen itr → **zueinander**.

zueina̱nder|stehen itr <*haben oder südd A CH sein*> aiutarsi/sostenersi a vicenda: **vor allem in der Not sollte man ~**, soprattutto nel bisogno occorre aiutarsi (a vicenda).

zu̱|erkennen <irr, *ohne* ge-> tr *jdm etw* **~** {ANSPRUCH, RECHT} riconoscere *qc a qu*; {ENTSCHÄDIGUNG, SUMME} accordare *qc a qu*, concedere *qc a qu*; {AUSZEICHNUNG, PREIS} aggiudicare *qc a qu*, assegnare *qc a qu*, conferire *qc a qu*.

Zu̱erkennung <-, *ohne* pl> f {+ANSPRUCH, RECHT} riconoscimento m; {+ENTSCHÄDIGUNG,

SUMME} *auch* accordo m, concessione f; {+PREIS} aggiudicazione f, assegnazione f, conferimento m.

zue̱rst *adv* **1** (*als Erstes*) prima, per prima cosa: **~ trinken wir mal einen Aperitif**, prima/[per cominciare] prendiamo un aperitivo; **~ gehen wir essen und dann ins Kino**, prima andiamo a mangiare qualcosa e poi al cinema; **~ machen wir mal Lockerungsübungen**, cominciamo con gli esercizi di riscaldamento **2** (*als Erster*) (per) primo (-a): **wer ~ kommt, wird ~ bedient**, chi prima arriva, prima verrà servito; **mach du ~!**, fai tu per primo (-a)!, fai prima tu!; **Ulrich war ~ da**, Ulrich è arrivato per primo **3** (*anfangs*) prima, dapprima, inizialmente, all'inizio, in un primo tempo/momento: **~ war es schwierig, sich einzugewöhnen**, dapprima/[in un primo momento] fu difficile ambientarsi; **~ war er mir eher unsympathisch**, all'inizio mi era piuttosto antipatico **4** (*zum ersten Mal*) per la prima volta: **wo habt ihr euch ~ gesehen?**, dove vi siete visti (-e) la prima volta? ● **wer ~ kommt, mahlt ~** *prov*, chi prima arriva, macina *prov*, chi nasce prima pasce *prov*.

zu̱|fächeln A tr: *jdm* (*mit etw* dat) **Kühlung/Luft ~**, fare fresco/vento a qu con qc, sventolare/ventilare il viso a qu (con qc); **jdm mit einer Zeitung Luft ~**, fare vento a qu con un giornale B rfl: **sich** (dat) (*mit etw* dat) **Kühlung/Luft ~**, farsi fresco/vento (con qc), sventolarsi (con qc), sventagliarsi (con qc).

zu̱|fahren <irr> itr <*sein*> **1** (*in eine bestimmte Richtung*) **auf jdn/etw ~** dirigersi *verso qu/qc*, andare *verso qu/qc*: **der Wagen fuhr auf den Abgrund zu**, la macchina si dirigeva verso lo strapiombo; **pass auf, das Auto fährt genau auf dich zu**, sta' attento (-a), la macchina si sta dirigendo proprio verso di te; **wir fahren jetzt auf den Pass zu**, ₁stiamo andandoˌ/[ci stiamo dirigendo] verso il passo **2** *fam* (*schneller fahren*) andare più veloce, accelerare: **los, fahr zu!**, su, vai/muoviti!

Zu̱fahrt f accesso m; (*~sweg: zu einem Haus*) viale m d'accesso; (*zum Parkplatz, zur Tiefgarage*) corsia f d'accesso: **die ~ zu *etw*** (dat), l'accesso a *qc*.

Zu̱fahrtsstraße f strada f d'accesso; (*zur Autobahn*) raccordo m (autostradale).

Zu̱fahrtsweg m (*kleiner ~*) stradina f; (*großer ~*) viale m d'accesso: **der ~ zu den Wohnhäusern ist privat**, la via d'accesso alle abitazioni è di proprietà privata.

Zu̱fall m caso m, casualità f; (*zufälliges Zusammentreffen von Ereignissen*) *auch* combinazione f, coincidenza f; *jur* caso m fortuito: **der ~ kam uns glücklicherweise zu Hilfe**, il caso ci diede fortunatamente una mano; **eine Laune/ein Spiel des ~s**, un capriccio della sorte/fortuna; **viel zu viele Zufälle auf einmal!**, troppe coincidenze tutte insieme! ● *aus/durch/der reine ~*, per caso/sorte *geh*: **das ist ~!**, è (stato) un caso! **das ist aber ein ~!**, ma guarda che coincidenza/caso!; **es ist ~, dass ...**, è un caso che ... *konjv*; **es ist** ₁(ein) **purer/reiner ~**/[ein glücklicher/seltsamer] ~, dass ..., è un ₁puro/vero caso ˌ/[caso fortunato/strano] che ... *konjv*, è un puro/vero/fortunato/strana coincidenza/combinazione/casualità che ... *konjv*; **es ist kein ~, dass ...**, non è un caso che ... *konjv*; **das kann doch kein ~ sein!**, non può essere una (semplice) coincidenza!; *so/* [*was für fam*] *ein ~!*, che combinazione/coincidenza!; **etw dem ~ verdanken**, dovere *qc* ₁al caso ˌ/[a una coincidenza]; **das hat sie dem ~ zu verdanken**, questo lo deve al caso;

sie verdankt es nur dem ~, dass ₁**ihr nichts passiert ist**ˌ/[sie die Prüfung bestanden hat], è un puro caso che ₁non le sia successo niente ˌ/[abbia passato l'esame]; **der ~ wollte (es), dass ...**, il caso volle che ... *konjv*.

zu̱|fallen <irr> itr <*sein*> **1** (*sich schließen*) {DECKEL, KLAPPE, LUKE} chiudersi: **die Tür fiel krachend zu**, la porta si chiuse ₁con uno schianto ˌ/[sbattendo forte]; **jdm fallen die Augen/Lider zu**, a qu si chiudono gli occhi/le palpebre; **ihr fielen fast die Augen zu**, a stento teneva gli occhi aperti **2** (*zuteil werden*) *jdm* **~** {ERBE, GEWINN, PREIS} spettare *a qu*, toccare *a qu*; (*zufällig*) toccare in sorte *a qu*: **jdm zugefallen sein**, essere toccato/andato *a qu* a qu **3** (*zugewiesen sein*) *jdm* **~** {AUFGABE} incombere *a qu*; {ROLLE} spettare *a qu*, toccare *a qu*; {VERANTWORTUNG} ricadere *a qu*: **diese Entscheidung fällt den Eltern zu**, questa decisione spetta ai genitori **4** (*anstrengungslos erwerben*) *jdm* **~** {ANERKENNUNG, ERFOLG} piovere dal cielo *a qu*, arrivare *a qu*; {IDEEN} venire facilmente *a qu*: **ihm fällt alles zu**, gli riesce tutto facile, ha facilità a fare tutto; (*in der Schule*) impara tutto con estrema facilità; **ihr fallen die Herzen aller Kinder zu**, conquista come ₁per magia ˌ/[niente fosse] il cuore dei bambini.

zu̱fällig A *adj* casuale, accidentale; (*Begegnung, Ereignis, Zusammentreffen*) *auch* fortuito: **Ähnlichkeiten mit lebenden Personen sind rein ~**, le somiglianze con persone viventi o vissute sono del tutto casuali B *adv* per caso/combinazione, casualmente, fortuitamente; (*Begegnung*) *auch* per puro caso: **rein ~**, per puro caso; **ich war ganz ~ auch da**, per ₁pura combinazione ˌ/[puro caso] c'ero anch'io; **wie ~**, come per caso; **wir haben uns ~ am Bahnhof getroffen**, ci siamo incontrati (-e) per caso alla stazione; **weißt du ~, wo meine Schlüssel sind?**, sai per caso dove sono le mie chiavi?

zu̱fälligerwei̱se *adv* → **zufällig**.

Zu̱fälligkeit <-, -en> f **1** <*nur* sing> (*das Zufälligsein*) casualità f; {+EREIGNIS} *auch* accidentalità f: **an der ~ einer S.** (gen) **zweifeln**, dubitare della casualità di qc; **~ von Wettervorhersagen**, l'aleatorietà delle previsioni del tempo **2** (*zufälliges Ereignis*) caso m: **das Dasein wird von ~en regiert**, l'esistenza è dominata dal caso.

Zu̱fallsauswahl f *Statistik* selezione f casuale.

zu̱fallsbedingt *adj* dovuto al caso.

Zu̱fallsbekanntschaft f conoscenza f casuale, persona f conosciuta per caso ● **eine ~ machen**, fare una ₁incontro casuale/fortuito.

Zu̱fallsergebnis n risultato m casuale/fortuito/aleatorio, caso m, coincidenza f, combinazione f.

Zu̱fallsfund m scoperta f casuale/[fatta per caso].

Zu̱fallsprodukt n prodotto m del caso.

Zu̱fallstreffer m **1** (*beim Ballspielen, Schießen*) colpo m messo a segno per caso: **einen ~ landen**, fare centro per caso **2** (*beim Glücksspiel*) colpo m di fortuna, botta f di culo *slang* **3** (*zufälliger Erfolg*) colpo m di fortuna.

zu̱|fassen itr **1** (*zugreifen*): **er sah den Teller fallen und fasste blitzschnell zu**, vide che il piatto stava per cadere e lo afferrò in un lampo; (*zubeißen*) **als der Junge den Hund streichelte, fasste der plötzlich zu**, mentre il ragazzo lo accarezzava, il cane d'un tratto gli dette un morso **2** (*die Gelegenheit ergreifen*) afferrare/cogliere l'occasione **3** *fam* (*helfen*) (*bei etw* dat) **~** {BEIM AUFRÄUMEN, PUTZEN, UMZUG} dare una mano (*a fare qc*) *fam*: **du könntest ja auch mal mit ~!**, potresti anche dare una mano ogni tanto!. **zu|faxen** tr *jdm* etw ~ • faxare qc a qu, mandare per fax qc a qu.

zu|fliegen <irr> itr <sein> **1** (*sich fliegend zubewegen*) **auf** *jdn/etw* ~ {Flugzeug, Passagiere, Pilot, Rakete} volare verso/[in direzione di] qu/qc, dirigersi verso qu/qc (in volo): **der Hubschrauber flog genau auf eine Touristengruppe zu**, l'elicottero puntò dritto verso un gruppo di turisti; **wir fliegen jetzt direkt auf Kapstadt zu**, adesso stiamo facendo rotta su Città del Capo; {Ball, Pfeil, Vogel} volare verso/[in direzione di] qu/qc, dirigersi verso/[in direzione di] qu/qc **2** (*zu jdm geflogen kommen*) *jdm* ~ • volare in casa di qu: **uns ist ein Papagei zugeflogen**, ci è volato in casa un pappagallo; **grüner Wellensittich zugeflogen!**, volato/trovato in casa pappagallino verde; **3** (*anstrengungslos erreichen*) *jdm* ~ • riuscire facile a qu; {Ideen} venire facilmente a qu: **ihm fliegt alles zu**, a lui riesce tutto facile; (*in der Schule*) impara tutto con estrema facilità; **jetzt streng dich aber mal ein bisschen an oder erwartest du, dass dir alles zufliegt?**, applicati un po', non aspettare che ti piova tutto dal cielo!; **alle Herzen fliegen ihm zu**, (lui) conquista il cuore di tutti; **ihr ist die Sympathie aller sofort zugeflogen**, si è subito conquistata la simpatia di tutti **4** *fam* (*zufallen*) {Fenster, Klappe} chiudersi da sé (di botto): **mir ist die Tür zugeflogen**, mi si è chiusa la porta (davanti).

zu|fließen <irr> itr <sein> **1** (*in etw münden*) *etw* (dat) ~ • scorrere verso qc, affluire a qc, gettarsi in qc: **die Ruhr fließt dem Rhein zu**, la Ruhr ˌsi getta nelˌ/[affluisce al] Reno **2** (*dazufließen*) *etw* (dat) ~ {Frischwasser, Süßwassser einem Binnengewässer} affluire a qc, alimentare qc: **das Wasser kann ja nicht warm werden, wenn ständig kaltes zufließt**, l'acqua non può riscaldarsi se ne affluisce continuamente di fredda **3** (*zuteilwerden*) *jdm/etw* ~ {Beitrag, Geld, Spende Erdbebenopfer, Hilfsbedürftige, Hilfsorganisation} affluire a qu/qc, andare a qu/qc, essere devoluto a qu/qc: **diese Mittel fließen dem Internationalen Roten Kreuz zu**, questi fondi vanno alla Croce Rossa Internazionale.

Zuflucht f <meist sing> rifugio m: **jdm** ~ **bieten/geben**, offrire/dare rifugio a qu; **vor etw** (dat) ~ **suchen/finden** {vor einem Kälteeinbruch, Unwetter}, cercare/trovare riparo a qc; **irgendwo (vor jdm/etw)** ~ **finden/suchen**, trovare/cercare rifugio + compl di luogo (per sottrarsi a qu/qc); **bei ihnen fand er** ~ **vor seinen Verfolgern**, sfuggì ai suoi inseguitori trovando rifugio ˌpresso diˌ/[a casa] loro • **jds einzige/letzte** ~ **sein**, essere l'unico/l'ultimo rifugio di qu; **in etw** (dat) **seine** ~ **finden** {im Glauben, in der Musik, im Wandern}, trovare rifugio in qc; **zu etw** (dat) **(seine)** ~ **nehmen** geh {zum Alkohol, zu Drogen}, rifugiarsi in qc.

Zufluchtsort m, **Zufluchtsstätte** f geh rifugio m.

Zufluss (a.R. Zufluß) m **1** <nur sing> (*das Zufließen*) afflusso m, affluenza f: **bei weiterem** ~ **von Wasser**, se l'acqua continua ad affluire; **der ständige** ~ **frischen Wassers ist gewährleistet**, è garantito l'afflusso costante di acqua fresca; **der** ~ **von Spenden war dieses Jahr höher als letztes Jahr**, quest'anno sono affluite più donazioni dell'anno scorso **2** geog {+Fluss} affluente m; {+See} immissario m: **der Fischteich erhält** ~ **von zwei Gebirgsbächen**, la peschiera ˌriceve le acque diˌ/[viene alimentata da] due torrenti.

zu|flüstern tr *jdm etw* ~ • bisbigliare qc a qu, sussurrare qc a qu; (*als Hilfe*) suggerire qc a qu.

zufolge präp dat + ~, ~ + gen rar secondo, stando a: **seiner Aussage** ~ **hatte der Autofahrer Schuld an dem Unfall**, ˌsecondo laˌ/[stando alla] sua deposizione l'incidente sarebbe stato causato dal conducente della macchina; **den Beweisen** ~ **müsste er freigesprochen werden**, stando alle prove (lui) dovrebbe essere assolto • **dem** ~ (*relativisch: wonach*): **es liegt uns ein Bericht vor**, ~ ..., siamo in possesso di un rapporto ˌsecondo cuiˌ/[in base al quale] ...; **es hat sich ein Umstand ergeben**, ~ ..., si è verificata una circostanza ˌper cuiˌ/[in seguito alla quale] ...

zufrieden A adj {Gesichtsausdruck, Lächeln, Mensch} contento, soddisfatto: **immer fröhlich und** ~ **sein**, essere sempre allegro e contento; **mit einem ~en Lächeln**, con un sorriso di soddisfazione; **nie** ~ **sein**, non essere mai contento; **er ist ein durch und durch ~er Mensch**, è una persona completamente soddisfatta; **mit jdm/etw** ~ **sein**, essere contento/soddisfatto di qu/qc; **wir können** ~ **sein, mit dem, was wir haben**, possiamo essere contenti di ciò che abbiamo; **damit musst du** ~ **sein!**, ti devi (ac)contentare di questo!; **sie ist mit nichts** ~, (lei) non si accontenta mai di niente; **ich wäre ja schon mit 200 Euro mehr** ~, mi (ac)contenterei anche solo di 200 euro in più; ~ **aussehen/wirken**, avere un'aria soddisfatta, sembrare contento (-a) B adv {Lächeln} soddisfatto (-a), con aria soddisfatta; {Nicken} con/[in segno di] soddisfazione: **er zeigte ihnen** ~ **das neu erstandene Haus**, mostrò loro con aria soddisfatta la casa appena acquistata.

zufrieden|geben <irr, part perf zufriedengelassen> rfl **sich (mit etw dat)** ~ • accontentarsi (di qc).

Zufriedenheit <-, ohne pl> f contentezza f, soddisfazione f: ~ **am Arbeitsplatz**, sentirsi a proprio agio sul lavoro • **zu jds** ~ {Ausführen, Erledigen, Regeln}, con soddisfazione di qu; **er hat die Angelegenheit zur allgemeinen** ~ **endlich bereinigt**, con soddisfazione di tutti ha finalmente chiarito la faccenda.

zufrieden|lassen <irr> tr *jdn/etw* ~ • lasciare ˌin paceˌ/[stare] qu/qc; **lass doch das arme Tier zufrieden!**, lasciala in pace quella povera bestia!; *jdn (mit etw dat)* ~, lasciare qu in pace (con qc).

zufrieden|stellen tr → **stellen**.

zufriedenstellend adj adv → **stellen**.

zu|frieren <irr> itr <sein> {Fluss, See} ghiacciare, gelare: **ein zugefrorener Weiher**, un laghetto ghiacciato/gelato.

zu|fügen tr **1** (*antun*) *jdm etw* ~ {Böses} fare qc a qu; {Schaden} auch (ar)recare qc a qu; {Kummer, Leid} causare qc a qu, cagionare qc a qu lit; {Niederlage, Verlust} infliggere qc a qu: **jdm Schmerzen** ~, dare dei dolori a qu; **jdm Unrecht** ~, fare un torto a qu; **jdm mit etw (dat) eine Verletzung** ~, causare una ferita a qu con qc **2** geh (hin~) *etw* (dat) *etw* ~ • aggiungere qc a qc: **der Soße einen Schuss Brandy** ~, aggiungere alla salsa un goccio di brandy • **was du nicht willst, dass man dir tu, das füg auch keinem anderen zu!** prov, non fare agli altri ciò che non vuoi si faccia a te! prov.

Zufuhr <-, -en> f **1** (*Versorgung*) {+Ersatzteile, Versorgungsgüter} approvvigionamento m, rifornimento m: **die ~ von Lebensmitteln**, l'approvvigionamento di viveri; **jdm die** ~ **abschneiden**, tagliare i rifornimenti a qu **2** tech alimentazione f: **um eine ausreichende** ~ **von Sauerstoff zu gewährleisten**, per garantire un apporto sufficiente di ossigeno; **die** ~ **von Strom**, l'alimentazione elettrica **3** (*das Zuströmen*) {+Erdgas, Kraftstoff, Luft} afflusso m, auch m: **die** ~ **kalter Luftmassen aus dem Norden**, l'afflusso di masse d'aria fredda dal nord.

zu|führen A tr **1** (*zuleiten*) *jdm/etw etw* ~ {einem Kranken, dem Organismus Kalorien, Nahrung, einer Maschine Kraftstoff, Strom} alimentare qc con qc: **dem Motor Benzin** ~, alimentare il motore con benzina; **dem Magen Nahrung** ~, dare nutrimento allo stomaco; **einem Kranken künstliche Nahrung/[Sauerstoff]** ~, ˌsomministrare ossigeno a un malato **2** (*verschaffen*) *jdm/etw jdn* ~ {einer Firma, einem Verein Mitglieder, Kunden} procurare qu a qu/qc, procacciare qu a qu/qc: **einer Zeitschrift neue Abonnenten** ~, procacciare nuovi abbonati a una rivista; **dem Hengst die Stute** ~, portare la cavalla allo stallone **3** (*zufließen lassen*) *jdm/etw etw* ~ {Geld, Kapital einer Firma, Partei} ossigenare qu/qc con qc; {Erlös, Gelder, Gewinn einer wohltätigen Einrichtung, einem karitativen Zweck} devolvere qc a qu/qc: **der Erlös des weihnachtlichen Verkaufs wird der Krebsforschung zugeführt**, il ricavato delle vendite di Natale ˌsarà devolutoˌ/[andrà] alla ricerca sul cancro **4** geh (*übergeben*) *etw etw* (dat) ~: **etw seiner ursprünglichen Bestimmung** ~, tornare a usare qc per lo scopo previsto; **etw einer glücklichen Lösung** ~, condurre qc a una felice soluzione; **jdn seiner gerechten Strafe** ~, dare a qu la giusta punizione; **etw einer neuen Verwendung** ~, trovare per qc un nuovo utilizzo B itr (*auf etw zu verlaufen*) **auf etw** (akk) ~ {Straße, Weg} condurre a qc, portare a qc: **die Straße führt direkt auf das Anwesen/Hotel zu**, la strada conduce direttamente ˌalla tenutaˌ/[all'albergo].

Zufußgehen, Zu-Fuß-Gehen <-s, ohne pl> n l'andare m a piedi, il camminare m.

Zug① <-(e)s, Züge> m **1** *Eisenb* treno m: **mit dem Zug fahren/kommen**, andare/venire in/col treno; **den Zug nehmen/benutzen**, ˌprendere ilˌ/[servirsi del] treno; **jdn ˌvom Zug abholen**ˌ/**[zum Zug bringen]**, ˌandare a prendereˌ/[accompagnare] qu al treno; **sich nach den Zügen nach Berlin erkundigen**, informarsi sull'orario dei treni per Berlino; **den Zug erreichen/erwischen** *fam*, riuscire a prendere il treno; **den Zug versäumen/verpassen**, perdere il treno; **hast du den Zug noch erwischt?**, hai fatto in tempo a prendere il treno?; **im Zug sitzen**, stare seduto (-a) in treno, essere in/sul treno; **der Zug ˌhält anˌ/[fährt ab]**, il treno ˌ(si) fermaˌ/[(ri)parte]; **der Zug fährt/läuft im Bahnhof ein**, il treno entra in stazione; **der Zug aus/nach Florenz läuft auf Gleis 5 ein**, il treno ˌproveniente daˌ/[per] Firenze è in arrivo al binario 5; **wann geht dein Zug?**, quando parte il tuo treno?; quando ce l'hai, il treno? *fam*; **dieser Zug verkehrt nur werktags/feiertags**, questo treno viaggia solo nei giorni feriali/festivi; **Vorsicht bei der Abfahrt des Zuges!**, attenzione, treno in partenza!; **Vorsicht/Achtung, durchfahrender Zug!**, attenzione, treno in transito! **2** (*Lastzug*) autotreno m, treno m stradale **3** *rar* (*Gespann*) tiro m • **der Zug ist abgefahren fam** (*es ist zu spät*), bisognava pensarci prima; **für den ist der Zug abgefahren**, lui, ormai, ha perso il treno; **tut mir leid, jetzt ist der Zug abgefahren**, mi dispiace ma arrivi/arrivate ˌtroppo tardiˌ/[dopo la musica]; **auf den fahrenden Zug (auf)springen**, saltare sul treno in corsa;

(sich einen Vorteil zunutze machen), saltare sul carro del vincitore; **im falschen Zug sitzen** *fam*, essere ˌsulla strada sbagliataˌ/[fuori strada].

Zug② <-(e)s, Züge> *m* **1** <*nur sing*> *phys* (*Zugkraft*) trazione *f*; (*Spannung*) tensione *f* **2** (*bei Brettspielen*) mossa *f*: **ein kluger/geschickter/guter Zug**, una mossa intelligente/abile/buona; **wer hat den ersten Zug?**, chi fa la prima mossa?, chi muove per primo?; **in drei Zügen siegen**, vincere in tre mosse **3** <*nur sing*> (*das Fortziehen*) {+MENSCHEN} migrazione *f*; {+VÖGEL} *auch* passo *m*; {+WOLKEN} passaggio *m* **4** (*sich bewegende Gruppe*) {+DEMONSTRANTEN, FLÜCHTLINGE, SOLDATEN, TRAUERNDE} corteo *m*, processione *f*, teoria *f lit*; {+MILITÄRFAHRZEUGE, PANZER} fila *f*, colonna *f*: **sich einem Zug anschließen**, unirsi a un corteo; **sich zu einem Zug formieren**, unirsi formando un corteo; **in einem Zug mitmarschieren**, marciare in un corteo **5** *mil* (*Kompanieabteilung*) sezione *f*, plotone *m* **6** (*Schluck*) sorso *m*, sorsata *f*: **einen kräftigen Zug aus der Flasche nehmen**, bere un bel sorso dalla bottiglia **7** (*inhalierte Menge*) tirata *f*, boccata *f*, tiro *m fam*: **ein paar Züge**, un paio di boccate; **einen Zug an einer Zigarette/Pfeife tun**, dare/fare un tiro a una sigaretta/pipa **8** <*nur sing*> (*Luftzug*) corrente *f* (d'aria), spiffero *m fam*, riscontro *m rar*: **Zug (ab)bekommen/gekriegt haben** *fam*, aver preso un colpo d'aria; **im Zug sitzen/stehen**, essere ˌnel riscontroˌ/[in una corrente d'aria]; **dort sitzt du im Zug**, lì stai/[sei esposto (-a)] alla corrente (d'aria); **keinen Zug vertragen, empfindlich gegen Zug sein**, essere (molto) sensibile alle correnti d'aria **9** <*nur sing*> (*Luftzufuhr*) {+KAMIN, OFEN} tiraggio *m*: **der Kamin hat einen guten Zug**, il camino ˌha un buon tiraggioˌ/[tira bene] **10** <*meist pl*> (*Schriftzug*) tratto *m*: **in/mit schönen/klaren/kräftigen/runden Zügen schreiben**, scrivere a tratti belli/nitidi/vigorosi/tondeggianti **11** (*Gesichtszug*) tratti *m pl*, lineamenti *m pl*, fattezze *f pl*: **herbe/strenge/weiche Züge**, tratti austeri/severi/morbidi; **schöne, gleichmäßige Züge haben**, avere dei bei lineamenti regolari; **einen bitteren Zug um den Mund haben**, avere una piega amara intorno alla bocca; **jds Züge hellen sich auf**, il volto di qu si illumina; **ihre Züge sind verbittert**, ha un volto un'espressione amareggiata **12** (*Charakterzug*) tratto *m* (del carattere): **ein charakteristischer/hervorstechender Zug an jdm**, un tratto caratteristico/pronunciato in/di qu; **der Ort hat seine bäuerlichen Züge bewahrt**, il paesino ha conservato le sue caratteristiche agresti **13** (*Schwimmbewegung*) bracciata *f*; (*Rundschlag*) remata *f*, colpo *m* di remi **14** (*Schwarm*) {+FISCHE} branco *m*, banco *m*; {+VÖGEL} stormo *m* ● **auf einen Zug** {AUSTRINKEN, LEEREN}, in un sorso, (tutto) d'un fiato; **in großen/groben Zügen**, a grandi linee, a sommi capi; **einen guten Zug (am Leib) haben** *fam*, essere un buon bevitore; **einen Zug ins ... haben** {INS LÄCHERLICHE, KLEINLICHE}, avere il (non so) che di ...; **im Zuge einer S.** (*gen*), nel corso di qc; **in einem Zug** {LESEN}, (tutto) d'un fiato; {AUSTRINKEN, LEEREN} *auch*, in un sorso; {ERLEDIGEN}, in ˌun colpoˌ/[una volta]; **sie stürzte den Sekt in einem Zug hinunter**, mandò giù lo spumante ˌin un sorsoˌ/[tutto d'un fiato]; **in etw** (*dat*) **ist Zug** *fam*: **in diesem Laden ist kein Zug drin**, in questo posto manca lo spirito d'iniziativa; **etw ist ein Zug von jdm** {EIN HÄSSLICHER, EIN SCHÖNER, KEIN SCHÖNER}, qc è un ... tratto/aspetto (di) qu; **das war kein schöner Zug von dir**, non è

stato molto gentile da parte tua, bell'azione da parte tua!; **zum Zug(e) kommen**, avere un ruolo attivo; **nicht zum Zug(e) kommen**, non riuscire a farsi valere; (*im Gespräch*), non riuscire a dire la propria con qu; **in der neuen Firma kommt er nicht zum Zuge**, nella nuova ditta non riesce ad emergere; **in den letzten Zügen liegen** *fam* {STERBENDER}, essere ˌal lumicino *fam*ˌ/[agonizzante], essere ridotto agli estremi; {FIRMA, UNTERNEHMEN}, essere ˌagli sgoccioliˌ/[al lumicino]; **einen Zug machen** (*einen Spielstein ziehen*), fare una mossa, muovere; (*inhalieren*), dare/fare un tiro; **am Zug sein**: **du bist am Zug**, tocca/sta a te; **Schwarz/Weiß ist am Zug**, muove il nero/bianco; **ich habe getan, was ich konnte; jetzt ist er am Zug**, ho fatto quel che potevo, ora ˌtocca/staˌ a/[a lui]; **Zug um Zug** {AUSFÜHREN, ERLEDIGEN}, (l')uno (-a) dopo l'altro (-a); **in vollen Zügen** {AUSKOSTEN, GENIESSEN}, pienamente, fino in fondo, appieno; {EINATMEN, EINSAUGEN, EINZIEHEN}, a pieni polmoni; **das ist der Zug der Zeit, das liegt im Zug der Zeit**, è il trend del momento.

Zug③ <-s, *ohne pl*> *n geog* **1** (*Kanton*) (cantone *m* di) Zug *m* **2** (*Stadt*) (città *f* di) Zug *f*.

Zugabe <-, -n> *f* **1 com** omaggio *m* (pubblicitario): **als ~**, in omaggio/regalo **2** *mus* bis *m*, fuoriprogramma *m*: **als ~**, come fuoriprogramma/bis; **eine ~ fordern**, chiedere il bis; **eine ~ geben**, fare/concedere il bis **3** <*nur sing*> (*das Zugeben*) aggiunta *f*: **unter ~ von etwas Fett/Wasser**, aggiungendo/[con l'aggiunta di] un po' di grasso/acqua ● **~, ~!** (*Rufe aus dem Publikum*), ancora, ancora!, bis, bis!

Zugabteil *n* scompartimento *m* di/del treno.

Zugang *m* **1** (*Eingang*) accesso *m*, entrata *f*: **alle Zugänge zum Stadion waren gesperrt**, tutti gli accessi allo stadio erano bloccati **2** <*nur sing*> (*Zutritt*) ~ **zu jdm/etw** accesso *m* ˌda/presso quˌ/[a qc], adito *m* a qu/qc *lit*: **sich** (*dat*) **zu jdm/etw ~ verschaffen**, procurarsi l'accesso ˌda/presso quˌ/[a qc]; **jdm den ~ zu jdm/etw verwehren**, impedire a qu l'accesso ˌda/presso quˌ/[a qc] **3** <*nur sing*> (*Möglichkeit des Verstehens*) ~ **zu jdm/etw**: **zu jdm keinen ~ finden**, non riuscire a capire qu, non trovare un'intesa con qu; **keinen ~ zur bildenden Kunst finden**, ˌnon trovare accessoˌ/[rimanere estraneo (-a)] all'arte figurativa; **keinen ~ zur Musik haben**, non avere nessun/alcun rapporto con la musica **4** <*nur sing*> (*Zugriff*) ~ **zu etw** (*dat*) {ZU AKTEN, DOKUMENTEN, INFORMATIONEN} accesso *m* a qc **5** *form* (*Aufnahme*) (*von Büchern*) (nuova) accessione *f*, (nuova) acquisizione *f*; (*von Mitgliedern, Schülern*) (nuova) iscrizione *f* **6** <*meist pl*> (*hinzukommende Person oder Sache: Bücher*) (nuovi) acquisti *m pl*; (*Schüler*) (nuovi) iscritti *m pl*; (*Mitglieder*) *auch* (nuovi) acquisti *m pl*; (*Gefangene, Patienten*) (nuovi) arrivi *m pl*; (*Waren*) (nuovi) arrivi *m pl* ● **zu jdm/etw haben**, avere accesso ˌda/presso quˌ/[a qc]; **sie hat jederzeit ~ zum Geschäftsführer**, ha libero accesso presso l'amministratore; **kein ~!**, vietato l'accesso!

zugange *adj fam*: **mit jdm/etw ~ sein**, essere alle prese con qu/qc; **er ist noch immer mit der Autoreparatur ~**, ˌsta ancora cercando diˌ/[è ancora occupato a] riparare la macchina; **irgendwo ~ sein** {IM KELLER, NEBENAN, AUF DER TERRASSE}, ˌessere affaccendatoˌ/[trafficare] + compl di luogo; **was macht deine Frau? – Sie ist in der Küche ~**, che sta facendo tua moglie? – È affaccendata in cucina.

zugänglich *adj* **1** (*erreichbar*) {GELÄNDE, ORTSCHAFT} accessibile, raggiungibile: **leicht/schwer ~ (sein)**, (essere) ˌfacilmente/difficilmente accessibileˌ/[di facile/difficile accesso]; **kaum ~ (sein)**, (essere) ˌpoco accessibileˌ/[quasi inaccessibile]; **das Dorf ist für Autos so gut wie nicht ~**, il paese è praticamente inaccessibile alle macchine **2** (*verfügbar*) {BEWEISE, DOKUMENTE, KARTEIEN} a cui si ha accesso: **schwer ~e Informationen**, informazioni a cui è difficile accedere; **solche Daten müssten allen/[für alle] ~ sein**, dati di questo genere dovrebbero essere accessibili a tutti; **etw ist jdm/[für jdn] ~** {DOKUMENTE, INFORMATIONEN}, ˌqc è accessibile a quˌ/[qu ha accesso a qc]; **diese Sammlung ist allgemein/[nur Kunsthistorikern] ~**, ˌquesta collezione è aperta al pubblicoˌ/[solo gli storici d'arte hanno accesso a questa collezione] **3** (*aufgeschlossen*) {ART, MENSCH} accessibile, abbordabile, accostabile, avvicinabile: **ein schwer ~er Charakter**, un carattere ˌpoco socievoleˌ/[scostante]; **ein wenig/kaum ~er Mensch**, una persona ˌpoco abbordabileˌ/[di difficile accesso]; **für etw** (*akk*)/**[etw** (*dat*) **zugänglich] ~ sein**, essere aperto a qc; **allem Neuen gegenüber ~ sein**, essere aperto a tutte le novità; **sie ist für Schmeicheleien überhaupt nicht ~**, è assolutamente impermeabile alle lusinghe; **der Chef ist allen Verbesserungsvorschlägen ~**, il capo è sempre disponibile ad accogliere tutte le proposte di miglioramento **4** (*verständlich*) {KUNSTWERK, ROMAN} accessibile ● **jdm etw ~ machen** {AUSGRABUNGSSTÄTTE, MUSEUM, PRIVATSAMMLUNG}, dare a qu accesso a qc; {SCHWIERIGES WERK}, rendere comprensibile qc a qu; **die Sammlung wird endlich der Öffentlichkeit ~ gemacht**, finalmente la collezione viene aperta al pubblico.

Zugänglichkeit <-, *ohne pl*> *f* **1** (*Verfügbarkeit*): **die ~ einer S.** (*gen*), l'accesso a qc **2** (*Aufgeschlossenheit*): **jds ~ für etw** (*akk*) {FÜR ARGUMENTE, ALLES SCHÖNE, GUTE TIPPS}, l'apertura mentale di qu a qc, la ricettività di qu a qc.

Zugangsstraße *f* strada *f* d'accesso.

Zugangsweg *m* via *f*/viale *m* d'accesso.

Zuganschluss (a.R. Zuganschluß) *m* coincidenza *f* (di un treno).

Zugbegleiter① *m Eisenb* dépliant *m* con gli orari del treno.

Zugbegleiter② *m* (**Zugbegleiterin** *f*) *Eisenb* membro *m* del personale viaggiante (di un treno).

Zugbegleitpersonal *n Eisenb* personale *m* viaggiante (del treno).

Zugbrücke *f arch* ponte *m* levatoio.

zuˈgeben <*irr*> *tr* **1** (*eingestehen*) **etw ~** {TAT} confessare qc; {FEHLER, IRRTUM, SCHULD} *auch* ammettere qc, riconoscere qc: **jdm gegenüber etw ~**, confessare qc a qu; **~, etw getan zu haben**, ammettere di aver fatto qc; **gib's doch endlich ~!**, ammettilo/confessalo una buona volta!; **etw offen/unumwunden/[nur ungern] ~**, ammettere qc apertamente/francamente/[a malincuore]; **ich muss ~, dass ich davon absolut keine Ahnung hatte**, devo ammettere che non ne avevo la più pallida idea; **du wirst doch ~, dass das die beste Lösung ist!?**, converrai che questa è la soluzione migliore!?; **die Situation hat sich geändert, das gebe ich zu, aber ...**, la situazione è cambiata, lo riconosco/ammetto ma ... **2** (*erlauben*): **~, dass**, permettere che ... *konjv* **3** (*hinzufügen*) **etw** (*dat*) **etw ~** aggiungere qc a qc: **der Soße noch einen Schuss Sahne ~**, aggiungere un goccio di panna alla salsa **4** *mus* **etw ~** {PIA-

NIST, SÄNGER, SOLIST} concedere qc come bis.
zugedacht **A** part perf von zu|denken **B** adj geh: jdm ~ sein {GESCHENK}, essere destinato a qu; {EIN TEIL DER ERBSCHAFT} essere destinato a qu.
zugegeben **A** part perf von zu|geben **B** adv ammetto che, ammettiamo che, bisogna ammettere che: ~ es war viel Pech dabei, aber ..., ⌊bisogna ammettere⌋/[ammettiamo che è stata una bella sfortuna, ma ...]; ~ es war nicht deine Schuld, aber ..., ammetto che non è stata colpa tua, ma ...
zugegebenermaßen adv geh: er hat sich ~ die Arbeit zu einfach gemacht, come ammette lui stesso, ha preso il lavoro sottogamba; **ich hatte mich ~ nicht genügend auf die Prüfung vorbereitet**, devo ammettere che non mi ero preparato (-a) abbastanza per l'esame; **ich habe mich ~ ihm gegenüber nicht richtig verhalten**, devo riconoscere che non mi sono comportato (-a) bene nei suoi confronti.
zugegen adj geh: bei etw (dat) ~ sein, essere presente a qc.
zu|gehen <irr> **A** itr <sein> **1** (darauf losgehen) **auf jdn/etw** ~ andare/avanzare/procedere/dirigersi verso/[in direzione di] qu/qc: **er ging geradewegs auf sie zu**, andò d(i)ritto verso di lei; **sie ging einige Schritte auf das Haus zu**, avanzò di qualche passo in direzione della casa **2** (sich jdm wieder annähern) **auf jdn** ~ (ri)avvicinarsi a qu, cercare un'intesa con qu: **wenn du jetzt nicht auf ihn zugehst, hast du ihn als Freund verloren**, se tu (adesso) non fai il primo passo per riconciliarti con lui, l'avrai perso come amico; **aufeinander** ~, avvicinarsi (l')uno (-a) all'altro (-a) **3** form (übermittelt werden) **jdm** ~ {HINWEIS, NACHRICHT} pervenire a qu, giungere a qu: **jdm geht ein Brief zu**, riceve una lettera; **unser Schreiben wird Ihnen in den nächsten Tagen per Post ~**, la nostra lettera Le perverrà per posta nel corso dei prossimi giorni; **jdm etw ~ lassen**, far pervenire/giungere qc a qu **4** fam (sich schließen lassen) chiuder(si); {KLAPPE, SONNENSCHIRM} auch richiuder(si): **die Tür/der Reißverschluss geht schwer zu**, ⌊la porta chiude male⌋/[la lampo non si chiude bene]; (sich schließen) (ri)chiudersi; **irgendwo im Haus ging eine Tür zu**, da qualche parte in casa si chiuse una porta; **Türen gingen auf und zu**, era un continuo aprirsi e chiudersi di porte **5** (sich nähern) **etw** (dat)/**auf etw** (akk) ~ avvicinarsi a qc, essere vicino a qc: **sie geht auf die Fünfzig zu**, ⌊si avvicina alla⌋/[va verso la] cinquantina; **das Fest ging dem Ende/Höhepunkt zu**, la festa ⌊volgeva al termine⌋/[si avvicinava al punto culminante] **6** fam (schneller gehen) allungare il passo **B** unpers <sein> **1** (als Stimmung herrschen): **bei ihnen geht es immer lustig zu**, a casa loro c'è sempre allegria; **auf ihren Festen geht es immer sehr laut zu**, alle loro feste c'è sempre tanto chiasso; **hier geht's ja ganz schön zu!**, che baraonda!; **mein Gott, wie geht's denn hier zu?**, dio mio, che casino!; **dort geht es zu wie im Irrenhaus/Taubenschlag**, quel posto ⌊sembra un manicomio⌋/[è un porto di mare], sembra di essere in un manicomio/[porto di mare]; **hier geht es nicht mit rechten Dingen zu**, qui ⌊accadono cose strane⌋/[c'è qualcosa che non (mi) quadra]; **er weiß, wie es ⌊im Leben⌋/[in der Welt] zugeht**, lui sa come va la vita/il mondo **2** (bald werden) **auf etw** (akk) **zu** {AUF DEN ABEND, AUF OSTERN, AUF DEN SOMMER, AUF WEIHNACHTEN}, qc si avvicina, siamo vicini a qc; **es ging schon auf Mittag zu, als wir endlich am Meer ankamen**, ⌊era già⌋/[si era fatto] quasi mezzogiorno quando finalmente arrivammo al mare ● geh **(doch) zu!** fam (lauf schneller), avanti, cammina!
Zugehfrau f süddt **A** donna f di servizio, domestica f.
zu|gehören <ohne ge-> itr geh **etw** (dat) ~ fare parte di qc, appartenere a qc.
zugehörig adj (Zubehör bildend) relativo; (Bestandteil bildend) appartenente, annesso: **die einst Griechenland ~e Insel**, l'isola un tempo appartenente alla Grecia; **sie haben das Landgut mit allen ~en Gehöften gekauft**, hanno comprato la tenuta con tutte le coloniche annesse; **das Regal mit allen ~en Teilen**, lo scaffale con tutti i relativi pezzi/componenti ● **sich etw** (dat) ~ **fühlen**, sentirsi (di far) parte di qc, sentire di appartenere a qc; **er fühlte sich dem neuen Freundeskreis schon nach kurzer Zeit ~**, già dopo poco tempo sentiva di appartenere alla nuova cerchia di amici.
Zugehörigkeit <-, ohne pl> f **zu etw** (dat) {ZU EINER GRUPPE, PARTEI, RELIGION, EINEM VEREIN} appartenenza f a qc: **adoptierte Kinder müssen erst das Gefühl der ~ zu ihren neuen Familien entwickeln**, i figli adottati sviluppano il senso di appartenenza alla loro nuova famiglia solo con il tempo.
Zugehörigkeitsgefühl n senso m di appartenenza.
zugeknöpft adj fam (verschlossen) {MENSCH} schivo, chiuso; (sich zu bestimmten Themen nicht äußernd) abbottonato: **trotz seiner Annäherungsversuche bleibt sie ~**, malgrado i suoi tentativi di avvicinamento lei rimane chiusa nel suo guscio; **in Bezug auf den Prozess ist er ~**, riguardo al processo ⌊tiene la bocca cucita⌋/[non si sbottona].
Zügel <-s, -> m <meist pl> redine f, briglia f: **dem Pferd die ~ anlegen**, mettere le redini/briglie al cavallo; **ein Pferd am ~ führen**, portare/condurre a mano un cavallo; **ein Pferd in die ~ fallen**, fermare un cavallo strattonando le redini; **die ~ locker/straff halten**, tenere le redini lente/tirate ● **jdm/etw die ~ anlegen**, tenere a briglia/freno qu/qc, imbrigliare qu/qc; **die ~ anziehen** (beim Reiten), tirare le redini/briglie; **die ~ straffer (an)ziehen** (strenger werden), tirare la briglia; **die ~ ergreifen**, prendere le redini; **die ~ kurz halten** (beim Reiten), tenere le redini ben tirate; **bei jdm die ~ kurz halten**, tenere qu a briglia/freno; **die ~ (fest) in der Hand haben/halten** (beim Reiten oder auf das Meistern einer Situation bezogen), avere le redini (saldamente) in mano; **die ~ ⌊locker⌋/schleifen lassen⌋/[lockern]** (beim Reiten), allentare le redini, lasciare le briglie sul collo; (größere Freiheit lassen), lasciare le briglie sul collo a qu, allentare le redini; **die ~ schießen lassen**, abbandonare/lasciare le redini; **bei jdm die ~ schießen lassen**, lasciare le briglie sul collo a qu; (freie Hand lassen) **die ~ schießen lassen** {SEINEN GEFÜHLEN, SEINEM ZORN}, dare libero sfogo a qc; {DER EINBILDUNGSKRAFT, FANTASIE}, auch sbrigliare qc; **mit verhängten** ~ {DAVONPRESCHEN, REITEN}, a briglia sciolta.
Zügelhilfe f: **einem Pferd ~ geben**, guidare un cavallo con l'ausilio delle briglie.
zügellos **A** adj {GENUSSSUCHT, LEIDENSCHAFT} sfrenato; {LEBEN} dissoluto; {FANTASIE, VORSTELLUNGSKRAFT} sbrigliato; {MENSCH} senza freni, dissoluto **B** adv {AUSLEBEN, SICH ETW HINGEBEN, LEBEN} in modo sfrenato, sfrenatamente, senza freni.
Zügellosigkeit <-, ohne pl> f sfrenatezza f; {+LEBEN} dissolutezza f: **sexuelle ~**, sessualità sfrenata.
zügeln① **A** tr **1** (zurückhalten) **etw** ~ {PFERD, REITTIER} trattenere/[tenere a freno] qc (tirando le redini) **2** (beherrschen) **etw** ~ {GEFÜHLE, LEIDENSCHAFT, WUT} frenare qc, tenere a freno qc, imbrigliare qc: **sie sollte ihre Fantasie etwas ~!**, dovrebbe imbrigliare un po' la sua fantasia! **B** rfl (sich zurückhalten) **sich** ~ frenarsi, trattenersi: **sie konnte sich kaum ~**, riuscì a malapena a trattenersi; **du musst lernen, dich zu ~**, devi imparare a frenarti.
zügeln② CH **A** itr <sein> (umziehen) traslocare; **irgendwohin** ~ trasferirsi + compl di luogo **B** tr <haben> (transportieren) **etw irgendwohin** ~ {BÜCHER, MÖBEL AUF DEN DACHBODEN, IN EINE ANDERE WOHNUNG} (tras)portare qc + compl di luogo.
Zugereiste <dekl wie adj> mf nuovo (-a) arrivato (-a) m (f): **sie blieben ihr Leben lang ~ im Dorf**, nel paese rimasero per tutta la vita forestieri.
zugeschnitten **A** part perf von zu|schneiden **B** adj: **sich jdm ~ sein** (genau jds Fähigkeiten entsprechen) {ARBEIT, AUFTRAG, AUSSCHREIBUNG, STELLUNG}, essere fatto (su misura) per qu; **auf jdn/etw ~ sein** (etw genau treffen) {FERNSEHPROGRAMM, ZEITUNG AUF HAUSFRAUEN, INTELLEKTUELLE}, rivolgersi a un target di qu, essere pensato/studiato per qu; {AUF JDS GESCHMACK} adattarsi perfettamente a qc; **die Kosmetikwerbung ist genau auf die Vorstellungen junger Leute ~**, la pubblicità dei cosmetici è stata studiata per un target di giovani.
zu|gesellen <ohne ge-> rfl geh **1** (sich anschließen) **sich jdm/etw** ~ {EINER PERSON} unirsi a qu/qc, {EINER GRUPPE} auch aggregarsi a qc, associarsi a qc **2** (hinzukommen) **sich etw** (dat) ~ aggiungersi a qc.
zugestandenermaßen adv come bisogna ammettere/riconoscere.
Zugeständnis <-ses, -se> n concessione f: **zu keinem ~ bereit sein**, non essere disposto a fare concessioni; (jdm/[an etw akk]) **Zugeständnisse machen**, fare delle concessioni (a qu/qc).
zu|gestehen <irr, ohne ge-> tr **1** (zubilligen) **jdm etw** ~ accordare qc a qu, concedere qc a qu: **jdm ~, ⌊dass ...⌋/[etw zu tun]**, concedere a qu ⌊che ...⌋/[di fare qc]; **zugestanden, concesso 2** (zugeben) (jdm) ~, **dass ...**, concedere/riconoscere a qu che ...; **du wirst mir ~, dass ich korrekt gehandelt habe**, mi vorrai concedere di aver agito correttamente; **eins muss man ihr ~, Geschmack hat sie!**, una cosa le va riconosciuta, ha gusto!; **ich muss ~, etwas vorschnell reagiert zu haben**, devo ammettere di aver reagito con precipitazione.
zugetan **A** part perf von zu|tun **B** adj <präd> geh: **jdm ~ sein**, essere affezionato a qu, provare affetto per qu; **er ist ihr herzlich in Liebe ~**, (lui) prova ⌊molto affetto⌋/[amore] per lei; **etw** (dat) ~ **sein** {DEN SCHÖNEN KÜNSTEN, DER KLASSISCHEN MUSIK}, essere appassionato di qc; **der guten Küche sehr ~ sein**, amare molto la buona tavola, essere dedito ai piaceri della tavola scherz; **dem Alkohol ~ sein**, avere un debole per la bottiglia scherz, essere devoto a Bacco scherz.
zugewandt **A** part perf von zu|wenden **B** adj **etw** (dat) ~ prospiciente qc, che dà su qc, che fa volto verso qc: **die dem See ~te Seite des Hauses**, il lato della casa ⌊prospiciente il⌋/[che dà sul] lago; **..., den Rücken dem Fenster ~, ...** (con) le spalle (volte) verso la finestra.
Zugewinn m **1** (Vermehrung) aumento m, incremento m: **ein ~ an Vermögen**, un incremento del patrimonio; **ein ~ an Wähler-**

stimmen, un aumento dei voti **2** *jur* (*in der Ehe*) incremento m patrimoniale.

Zugewinnausgleich m *jur* "compensazione f del patrimonio conseguito durante il matrimonio".

Zugewinngemeinschaft f *jur* "regime m legale di separazione dei beni con la sola divisione dell'incremento patrimoniale allo scioglimento del matrimonio".

Zugezogene <dekl wie adj> mf nuovo (-a) arrivato (-a) m (f), "chi si è trasferito da poco in un posto".

Zugfahrkarte f *Eisenb* biglietto m ˌdel trenoˌ/[ferroviario].

Zugfahrplan m *Eisenb* orario m dei treni.

Zugfahrt f viaggio m in treno: **auf der ~ von München nach Hamburg**, durante il viaggio in treno da Monaco ad Amburgo.

Zugfeder f *tech* molla f di trazione.

zugfest adj *tech* resistente alla trazione.

Zugfestigkeit <-, ohne pl> f *tech* resistenza f alla trazione.

Zugfolge f *Eisenb* successione f dei vagoni.

Zugführer m (**Zugführerin** f) **1** *Eisenb* capotreno mf **2** *mil* caposquadra m.

zu|gießen <irr> **A** tr *etw* ~ aggiungere qc: gieß noch etwas Wasser zu, sonst setzen die Kartoffeln an, aggiungi un altro po' d'acqua, altrimenti le patate si attaccano; **jdm etw** ~ (ri)mettere qc a qu, versare ancora qc a qu **B** itr (**jdm**) ~ riempire il bicchiere (a qu): **darf ich Ihnen ~?**, posso versarLe ancora un po' di ...?

zugig adj ˌesposto alleˌ/[pieno di] correnti d'aria: **irgendwo ist es ~** {AUF DEM BAHNSTEIG}, c'è corrente + compl di luogo; {IM EINGANG, AUF DEM KORRIDOR, IM TREPPENHAUS} *auch*, ci sono degli spifferi + compl di luogo.

zügig **A** adj **1** (*rasch erfolgend*) {ABFERTIGUNG, BEDIENUNG} rapido, spedito; {BEARBEITUNG, ERLEDIGUNG} *auch* sollecito, spiccio; {VERKEHR} scorrevole: **ein ~es Tempo vorlegen**, procedere a ritmo spedito **2** *CH* → **zugkräftig** **B** adv rapidamente, speditamente, in modo spedito: **~ fahren**, andare a velocità sostenuta; **wenn wir ~ fahren, schaffen wir es in drei Stunden**, se andiamo veloci ce la faremo in tre ore; **mit etw (dat) ~ vorankommen**, andare un bel po' avanti con qc.

zu|gipsen tr *etw* ~ {LOCH, RISS} (ot)turare/(ri)chiudere/tappare qc con il gesso.

Zugkontrolle f *Eisenb* **1** (*Kontrolle*) controllo m sul/in treno **2** (*Kontrolleur*) controllore (*rar* -a) m (f).

Zugkraft f **1** *phys* forza f di trazione **2** <nur sing> (*Anziehungskraft*) {+AUFFÜHRUNG, FILM} attrazione f, attrattiva f, richiamo m; {+KÜNSTLER, SÄNGER} richiamo m; {+SLOGAN, WERBUNG} *auch* forza f di seduzione: **die ~ einer Inszenierung/Oper**, il richiamo di ˌuna messinscenaˌ/[un'opera (lirica)]; **der Schauspieler übt eine besondere ~ auf das jüngere Publikum aus**, quell'attore attira soprattutto il pubblico più giovane.

zugkräftig adj {AUFFÜHRUNG, FILM} che attrae/fa presa sul pubblico, che tira *slang*, trascinante; {INITIATIVE} *auch* che fa presa sul blocco; {SLOGAN, WERBESPRUCH, WERBUNG} di sicuro richiamo, che fa presa sulla gente, che tira *slang* {ARGUMENT} che fa presa: **eine ~e Schlagzeile**, un titolone di grande effetto.

zugleich adv **1** (*gleichzeitig*) allo/nello stesso tempo, contemporaneamente: **und jetzt alle ~!**, e ora tutti (-e) insieme!; **ich kann doch nicht alles ~ machen**, non posso fare tutto contemporaneamente **2** (*ebenso*) nel contempo, allo stesso tempo, al tempo stesso: **sie ist Sportlehrerin und Leistungs-**

sportlerin ~, è insegnante di educazione fisica e allo stesso tempo pratica sport a livello agonistico.

Zugluft <-, ohne pl> f corrente f d'aria, spiffero m, riscontro m *rar*.

Zugmaschine f *autom* {+LKW} motrice f; *agr* trattore m.

Zugnetz n → **Schleppnetz**.

Zugnummer f **1** *Eisenb* numero m del treno **2** (*Attraktion*) {+THEATER-, ZIRKUSPROGRAMM} grande attrazione f, pezzo m forte, cavallo m di battaglia.

Zugpersonal <-s, ohne pl> n *Eisenb* personale m (viaggiante) del treno.

Zugpferd n **1** *agr* cavallo m da tiro **2** (*jd oder etw besonders zugkräftig Wirkendes*) attrazione f, richiamo m; (*Mensch*) *auch* trascinatore m: **er ist das ~ des Films/der Darbietung**, è lui il trascinatore ˌdel filmˌ/[dello spettacolo].

Zugpflaster n *med* (cerotto m) vescicante m.

zu|greifen <irr> itr **1** (*zufassen*) **sie konnte gerade noch ~, bevor die Vase auf den Boden fiel**, riuscì ad afferrare il vaso un secondo prima che cadesse per terra **2** (*sich bei Tisch bedienen*) servirsi, prendere: **zier dich nicht, greif zu!**, non fare complimenti, serviti/prendi!; **bitte greifen Sie zu!**, si serva, prego!, prenda pure!, non faccia complimenti! **3** (*die Gelegenheit ergreifen*): **bei solchen Gelegenheiten muss man ~**, bisogna afferrare/[approfittare di] simili occasioni, bisogna cogliere la palla al balzo; **wenn das Haus immer noch zum Verkauf steht, werden wir sofort ~**, se la casa è ancora in vendita, ˌcoglieremo l'occasione al voloˌ/[la prenderemo subito]; **bei solchen Sonderangeboten muss man ~**, di fronte a simili offerte non bisogna esitare, offerte simili vanno colte al volo; **sie haben ihr die Stelle als Redakteurin angeboten und sie hat sofort zugegriffen**, le hanno offerto il posto di redattrice e lei ha subito accettato/[detto di sì] **4** (*eingreifen*) intervenire, agire: **die Polizei griff sofort zu und konnte so die Geiselnahme verhindern**, la polizia intervenne subito e potè così evitare la cattura di ostaggi **5** *fam* (*helfen*) dare una mano **6** *inform* **auf etw (akk) ~** {AUF DATEN, INFORMATIONEN, EIN PROGRAMM} accedere a qc, aver accesso a qc.

Zugrestaurant n *Eisenb* ristorante m del treno.

Zugriff m **1** *inform* ~ **auf etw** (akk) accesso m a qc: **der ~ auf diese Webseite**, l'accesso a questa pagina (Web); **serieller/wahlfreier ~**, accesso seriale/casuale; **direkter/sequenzieller ~**, accesso diretto/sequenziale **2** (*Zugang*) ~ **auf etw** (akk) accesso m (a qc): **~ auf ein fremdes Konto haben**, avere accesso a un conto bancario altrui **3** (*Einschreiten*) intervento m *der*: **der ~ der Polizei erfolgte um 23 Uhr**, l'intervento della polizia avvenne alle ore 23 • **sich jds ~ entziehen**: **sich dem ~ der Gerichte/Justiz entziehen**, ˌsfuggire alle mani dellaˌ/[sottrarsi alla] giustizia; **sich dem ~ der Polizei entziehen**, sottrarsi ˌall'arrestoˌ/[alla cattura (della polizia)]; **sich dem (dat) durch raschen ~ sichern** {EIN ZUM VERKAUF STEHENDES HAUS, EINE WARE, EINE ZU VERMIETENDE WOHNUNG}, assicurarsi qc agendo rapidamente.

Zugriffsberechtigung f *inform* autorizzazione f all'accesso.

Zugriffscode m *inform* codice m d'accesso.

Zugriffsgeschwindigkeit f *inform* velocità f d'accesso.

Zugriffskode m → **Zugriffscode**.

Zugriffsschutz m, **Zugriffssicherung** f *inform* protezione f contro accessi non autorizzati.

Zugriffszeit f *inform* tempo m d'accesso.

zugrunde adv: (**an etw** dat) ~ **gehen** {FIRMA, UNTERNEHMEN}, andare ˌin rovinaˌ/[a rotoli] per/[a causa di] qc; {KULTUR, ZIVILISATION} scomparire (a causa di qc); {REICH} crollare (per/[a causa di] qc); {BEZIEHUNG, EHE} naufragare/[fare naufragio] (per/[a causa di] qc), andare a rotoli (per/[a causa di] qc), sfasciarsi (per/[a causa di] qc); **jd geht an etw** (dat) **~** {AM ALKOHOL, RAUCHEN, EINER DROGE}, qu si rovina la salute con qc, qc rovina la salute a qu; {AN EINER KRANKHEIT, EINEM KUMMER} soccombere a qc; **er wird schon nicht daran ~ gehen!**, non morirà certo per questo!; **elend ~ gehen**, soccombere miseramente; **etw** (dat) **~ legen**, basare qc su qc, fondare qc su qc, impostare qc su qc, porre qc come/a base di qc; **einer Anklage eindeutige Zeugenaussagen ~ legen**, basare/fondare un'accusa su dichiarazioni univoche da parte di testimoni; **einer Ausstellung ein bestimmtes Thema ~ legen**, impostare una mostra su un determinato tema; **dem Deutschunterricht viele zeitgenössische Texte ~ legen**, basare l'insegnamento del tedesco in gran parte su testi contemporanei; **einer Predigt ein Papstzitat ~ legen**, impostare una predica su una citazione del papa; **etw** (dat) **~ liegen** {ÜBERLEGUNG EINER MEINUNG, EINEM URTEIL}, essere alla base di qc; **jdn/etw ~ richten** (*finanziell*) {FEHLINVESTITION, KONKURRENT}, rovinare qu/qc, mandare in rovina qu/qc, causare la rovina di qu/qc; (*gesundheitlich*) rovinare la salute di qu; **der Alkohol wird ihn noch ~ richten**, l'alcol finirà per distruggerlo; **eine ~ gerichtete Existenz**, un'esistenza rovinata/distrutta; **sich (selbst) ~ richten**, essere la causa della propria rovina, rovinarsi con le proprie mani, scavarsi la fossa (con le proprie mani) *fam*; **sie hat sich für die Familie ~ gerichtet**, si è rovinata per la famiglia.

Zugrundelegung <-, -en> f <meist sing>: **bei/unter ~ einer S.** (gen), basandosi su qc, sulla base di qc; **bei ~ eines Durchschnittseinkommens von 3000 Euro, ...**, basandosi su un mensile standard di 3000 euro, ...

zugrundeliegend adj → **liegend**.

Zugsabteil n A → **Zugabteil**.

Zugsalbe f *med* pomata f vescicante.

Zugschaffner m (**Zugschaffnerin** f) *Eisenb* controllore (*rar* -a) m (f) (del treno).

Zugseil n fune f traente.

Zugsführer m (**Zugsführerin** f) A → **Zugführer**.

Zugspitze① <-, ohne pl> f *geog* Zugspitze m.

Zugspitze② <-, ohne pl> f *Eisenb* primi vagoni m pl del treno: **die Wagen der ersten Klasse befinden sich an der ~**, i vagoni di prima classe si trovano in testa al treno.

Zugtelefon (a.R. Zugtelephon) n telefono m sul treno: **ich rufe dich vom ~ aus an**, ti sto chiamando dal telefono del treno.

Zugticket n → **Zugfahrkarte**.

Zugtier n *agr* animale m da tiro.

zu|gucken itr *fam* ~ **zu|sehen** 1.

Zugunglück n *Eisenb* incidente m di treno: **ein (folgen)schweres ~**, un disastro ferroviario, una sciagura ferroviaria.

zugunsten **A** präp + gen: ~ **jds/einer S.** (gen), **jdm ~**, a/in favore di qu/qc; **ihm/ihr ~**, a/in suo favore, a favore di lui/lei; **eine Sammlung ~ der Flüchtlinge aus dem Kosovo**, una colletta in favore dei profughi del Kosovo **B** adv: ~ **von jdm**, a/in favore di qu; ~ **von seiner Schwester hat er auf das**

Erbe verzichtet, ha rinunciato all'eredità a/in favore di sua sorella.

zugute|halten <irr> tr geh jdm etw ~ tenere conto di qc per giustificare qu: **man muss ihr ihre Unerfahrenheit ~**, le va concessa l'attenuante dell'inesperienza; **man muss ihm aber ~, dass er sich sehr bemüht**, bisogna comunque dargli atto che si impegna molto ● **sich** (dat) **etwas auf etw** (akk) ~ **geh** (auf etw stolz sein) {AUF SEINE BEKANNTSCHAFTEN, FÄHIGKEITEN, KENNTNISSE}, farsi/menare vanto di qc.

zugute|kommen <irr> itr geh **1** (nützlich sein) **jdm** ~ {ERFAHRUNGEN, KENNTNISSE} tornare utile a qu/[a vantaggio/beneficio di qu]: **das kommt dir alles eines Tages zugute**, tutto ciò un giorno tornerà a tuo beneficio; **ihre guten Sprachkenntnisse kommen ihr jetzt zugute**, le sue buone conoscenze linguistiche adesso le tornano utili **2** (zufließen) **jdm/etw** ~ {ERLÖS, GELD, SPENDE EINEM BEGÜNSTIGTEN, ERBEN} andare a beneficio di qu/qc; {DEN ERDBEBENOPFERN, EINER MILDTÄTIGEN ORGANISATION} essere devoluto (in beneficenza) a qu/qc; **jdm etw** ~ **lassen**, far beneficiare qu di qc.

zugute|tun <irr> rfl: **sich** (dat) **etwas** ~, concedersi qualcosa; **du denkst immer nur an die Kinder, jetzt tu dir auch mal was zugute!**, pensi sempre e soltanto ai ragazzi, fai qualcosa per te stesso (-a)!

Zugverbindung f Eisenb **1** (Verbindung zwischen zwei Orten) collegamento m ferroviario **2** (Anschluss von einem Zug zum anderen) coincidenza f.

Zugverkehr m Eisenb traffico m ferroviario.

Zugvogel m uccello m migratore.

Zugwind m → **Zugluft**.

Zugzeit f periodo m di/della migrazione.

Zugzwang m <meist sing>: **jdn in ~ bringen**,/[unter ~ setzen], costringere qu ad agire/[a prendere una decisione], mettere qu con le spalle al muro fam; **in ~ sein/geraten, unter ~ stehen**, essere costretto/[trovarsi/vedersi obbligato (-a)] a agire/[prendere una decisione, trovarsi con l'acqua alla gola fam]/[le spalle al muro fam].

zu|haben <irr> fam A itr (geschlossen sein) {AMT, GESCHÄFT, LOKAL} essere chiuso B tr (geschlossen haben) **etw** ~ {AUGEN, MUND} avere chiuso (-a) qc: **sie hat die Augen zu, schläft aber nicht**, ha gli occhi chiusi ma non dorme; (zugemacht haben) {KOFFER, LUKE, MOTORHAUBE, TÜR} avere qc chiuso (-a); {REIßVERSCHLUSS} avere qc tirato (-a) su; {HOSE, KLEID} avere qc abbottonato (-a); {SCHUHE} avere qc allacciato (-a): **hast du die Fenster endlich alle zu?**, hai chiuso finalmente tutte le finestre?; **er hat sein Hemd immer bis oben hin zu**, porta sempre la camicia abbottonata fino al collo.

zu|halten <irr> A tr **1** (mit der Hand bedecken) **jdm etw** ~ {AUGEN, NASE, OHREN} chiudere a qu, tappare qc a qu; {MUND} chiudere/tappare qc a qu con la mano **2** (geschlossen halten) **etw** ~ tenere chiuso (-a) qc: **seht zu, dass ihr die Fenster bei dieser Kälte zuhaltet**, con questo freddo assicuratevi di avere le finestre chiuse **3** (zudrücken) **etw** ~ {TÜR} sbarrare qc appoggiandovisi contro B itr geh (sich zubewegen) **auf jdn/etw** ~ {AUTO, FAHRER AUF EINEN ABZWEIG, EINE EINFAHRT; SCHIFF AUF DIE LANDUNGSBRÜCKE} dirigersi verso qu/qc, andare dritto verso qu/qc, puntare verso qc; {FLUGZEUG, SCHIFF AUF EINEN (FLUG)HAFEN, EINE STADT} fare rotta su qc: **pass auf, der Wagen hält direkt auf dich zu!**, sta' attento (-a), la macchina sta venendo dritta verso di te! C rfl sich

etw ~ {AUGEN, NASE, OHREN} tapparsi qc; {MUND} mettersi la mano davanti a qc; (um nicht zu sprechen) tapparsi qc.

Zuhälter <-s, -> m protettore m, sfruttatore m, pappa m region, magnaccia m region.

Zuhälterei <-, ohne pl> f jur sfruttamento m della prostituzione, prossenetismo m lit.

zuhanden adv CH: ~ **Frau/Herrn X**, all'attenzione della signora,/[del signor] X.

zu|hängen tr **etw** ~ {BILD, FENSTER, SPIEGEL} coprire qc (con un drappo/una tenda); {SCHADHAFTE STELLE} auch nascondere qc dietro un drappo/una tenda; {ÖFFNUNG} chiudere qc (con un drappo/una tenda): **den Vogelkäfig nachts mit einem Tuch ~**, coprire di notte la gabbia degli uccelli con un drappo.

zu|hauen A tr **etw** ~ **1** (behauen) {HOLZBLOCK, MARMORBLOCK, STEIN} squadrare qc, sgrossare qc **2** fam (geräuschvoll schließen) {FENSTER, TÜR} sbattere qc, chiudere qc sbattendolo B itr picchiare, menare fam region: **er holte aus und haute zu**, alzò la mano e colpì; **hau zu!**, avanti, mena!

zuhauf adv geh {KOMMEN} a frotte: **es gibt etw ~**, di qc ce n'è a iosa/bizzeffe.

zuhause adv → **Haus**.

Zuhause <-s, ohne pl> n casa f; jds ~ la casa di qu: **ein schönes/gemütliches ~ haben**, avere una bella casa,/[casa accogliente]; **kein ~ haben**, non avere casa/[non avere casa dove ci si sente a casa]; **bei jdm**,/[irgendwo] **ein zweites ~ finden**, trovare una seconda casa a qu,/[+ compl di luogo].

zu|heilen itr <sein> {SCHNITTWUNDE, SCHÜRFWUNDE} rimarginar(si), cicatrizzar(si).

Zuhilfenahme <-, ohne pl> f: **mit/unter ~ einer S.** (gen),/[**von etw** (dat)] con l'ausilio di qc, ricorrendo/[facendo ricorso] a qc: **nur unter ~ zusätzlicher Hilfsmittel**,/[**von zusätzlichen Hilfsmitteln**], soltanto facendo ricorso,/[ricorrendo] a ulteriori supporti tecnici; **ohne ~ einer S.** (gen),/[**von etw** (dat)] senza l'ausilio di qc, senza ricorrere a qc; **ohne ~ eines Kredits kann er das Haus nicht kaufen**, senza ricorrere a un mutuo non può comprare la casa.

zu|hören itr (**jdm/etw**) ~ ascoltare (qu/qc), stare a sentire (qu/qc): **hör mal genau zu!**, ascolta bene!; **du hörst ja gar nicht (richtig) zu!**, non stai neanche a sentire!; **gut ~ können**, saper ascoltare; **hört mal zu, ich glaube, es ist besser**, **wenn** ...., ascoltate/sentite, credo (che) sia meglio se ...; **jetzt hör mal gut/schön zu, mein Lieber!**, adesso stammi bene a sentire, mio caro!

Zuhörer m (**Zuhörerin** f) ascoltatore (-trice) m (f); {+GERICHTSVERHANDLUNG, KONFERENZ, VORTRAG} uditore (-trice) m (f).

Zuhörerbank f (banco m dell')uditorio m.

Zuhörerschaft f ascoltatori m pl, uditorio m.

zuinnerst adv geh intimamente, nell'intimo, nel profondo: **von etw** (dat) ~ **getroffen sein** {VON EINER ANSCHULDIGUNG, EINEM VERDACHT, VORWURF}, essere/rimanere colpito (-a) nel profondo da qc; ~ **von etw** (dat) **überzeugt sein**, essere intimamente convinto di qc.

zu|jubeln itr **jdm** ~ inneggiare a qu, acclamare qu.

Zukauf m bes. Börse acquisto m supplementare.

zu|kaufen A itr Börse fare un acquisto supplementare B tr **1** Börse **etw** ~ {AKTIEN, TITEL} acquistare qc in via supplementare **2** (hinzukaufen) **etw** ~ {FEHLENDES TEIL} acquistare/comprare qc (in più).

zu|kehren A tr **jdm etw** ~ {DAS GESICHT} voltare qc verso qu, volgere qc verso qu: **jdm den Rücken ~**, voltare/girare/volgere le spalle a qu B rfl sich **jdm** ~ voltarsi verso qu, girarsi verso qu, volgersi verso qu.

zu|kiffen rfl slang sich ~ farsi slang: **zugekifft sein**, essere fatto slang.

zu|klappen A tr <haben> **etw** ~ {BUCH, DECKEL} (ri)chiudere qc (con uno scatto) B itr <sein> {DECKEL, FENSTER} chiudersi (con uno scatto).

zu|kleben tr **1** (verschließen) **etw** ~ {BRIEF, UMSCHLAG} chiudere qc; {UMSCHLAG OHNE KLEBESTREIFEN} chiudere qc con la colla; {LOCH} incollare qc **2** (bekleben) **etw mit etw** (dat) ~ {FLÄCHE, WAND MIT PLAKATEN} ricoprire qc incollandoci/appiccicandoci qc; {FLECK, LOCH} auch nascondere qc con/incollandoci qc: **die Wände mit Postern ~**, ricoprire la parete con/incollandoci dei poster; **den Wasserfleck an der Wand mit Tapete ~**, nascondere la chiazza d'umido sulla parete con carta da parati.

zu|kleistern tr fam **1** (verschließen) → **zu|kleben 2** (bedecken) → **zu|kleben 3** (mit Kleister beschmieren) **etw** ~ {TISCH, WAND} ricoprire qc di colla **4** (zu viel Make-up auftragen) **etw** ~ {GESICHT} truccare troppo qc: **zugekleistert sein**, essere un mascherone fam.

zu|knallen A tr <haben> fam **etw** ~ {FENSTER} chiudere qc sbattendolo/[con fracasso]; {TÜR} auch sbattere qc B itr <sein> {FENSTER, TÜR} chiudersi sbattendo/[con un tonfo].

zu|kneifen <irr> tr **etw** ~ {MUND} serrare qc; {AUGEN} auch strizzare qc.

zu|knöpfen A tr (**jdm**) **etw** ~ {HEMD, KLEID, MANTEL} abbottonare qc (a qu): **knöpf deine Bluse zu!**, abbottonati la camicia! B rfl sich (dat) **etw** ~ abbottonarsi qc.

zu|knoten A tr **etw** ~ {BEUTEL, SACK} annodare qc, fare un nodo a qc B rfl sich (dat) **etw** ~ {SCHAL} annodarsi qc: **sich das Kopftuch unterm Kinn fest ~**, annodare per bene il fazzoletto sotto il mento.

zu|kommen <irr> itr <sein> **1** (sich nähern) **auf jdn/etw** ~ venire/andare verso qu/qc, avvicinarsi a qu/qc, dirigersi verso qu/qc: **freudestrahlend**/[**mit ausgebreiteten Armen**] **auf jdn** ~, avvicinarsi a,/[venire verso] qu (con il viso) raggiante/[a braccia aperte]; **die Lawine kam genau auf unser Dorf zu**, la slavina stava venendo,/[puntava] proprio verso il nostro paese; **mit eiligen Schritten auf jdn** ~, avvicinarsi a qu con passo affrettato **2** (bevorstehen) **auf jdn** ~: **auf jdn kommt etw zu** {ARBEIT, AUFGABE}, qc attende/aspetta qu; {AUSGABEN, PROBLEME, UNANNEHMLICHKEITEN} auch qu va incontro a qc; **sie ahnten nicht, was auf sie zukam**, non avevano la minima idea di che cosa li attendeva/aspettava, non immaginavano a che cosa andavano incontro **3** (sich an jdn wenden) **auf jdn** ~ rivolgersi a qu: **wir werden in dieser Angelegenheit noch auf Sie ~**, per questa questione ci riserviamo di rivolgerci a Lei **4** (gebühren) **jdm** ~ {EHRE, ROLLE} spettare a qu; {AUFGABE, ENTSCHEIDUNG} competere a qu, essere di competenza di qu: **der Titel kommt ihr rechtmäßig zu**, il titolo le spetta di diritto; **es kommt jdm zu, etw zu tun**, spetta a qu fare qc; **es kommt uns nicht zu, ein Urteil abzugeben**, non spetta/compete a noi dare un giudizio **5** (sich gehören) **jdm** ~ addirsi a qu, confarsi a qu, convenirsi a qu: **als Außenstehendem kommt dir eine solche Frage nicht zu**, una simile domanda non si addice a un estraneo **6** (beizumessen sein): **etw** (dat) **kommt Bedeutung/Gewicht zu**, qc è di una certa importanza; **dieser Entdeckung kommt eine zukunftsträchtige Bedeutung**

zu, questa scoperta è di enorme importanza per il futuro ● **jdm etw ~ lassen** geh (jdm etw schenken) {GELD, SPENDE}, far pervenire/avere qc a qu; (jdm etw gewähren) {HILFE, UNTERSTÜTZUNG}, accordare qc a qu, dare qc a qu; {VERGÜNSTIGUNG}, concedere qc a qu; (jdm etw überlassen) {NACHRICHT}, fare pervenire/avere qc a qu; **etw auf sich ~ lassen**: ich lasse das/[die Dinge] einfach auf mich ~, starò a vedere come si mette/[mettono le cose]; **lass die Sache einfach auf dich ~!**, lascia semplicemente che le cose facciano il loro corso!

zu|kriegen tr fam → **zu|bekommen**.

Zu|kunft <-, ohne pl oder rar Zukünfte> f **1** (Gegenteil von Gegenwart) futuro m; (das Bevorstehende) auch avvenire m: **eine unsichere/ungewisse ~**, un futuro incerto; **nicht wissen, was die ~ bringen wird**, non sapere (che) cosa riserva/[ha in serbo] il futuro; **beruhigt/optimistisch der ~ entgegenblicken**, guardare con tranquillità/ottimismo al futuro; **auf eine bessere ~ hoffen**, sperare in un avvenire migliore; **in die ~ schauen**, guardare al futuro; **die ~ voraussagen**, predire il futuro; **an seine ~ denken**, pensare al proprio futuro/avvenire; **überhaupt nicht an seine ~ denken**, non preoccuparsi minimamente del proprio futuro/avvenire; **sie planen ihre gemeinsame ~**, progettano la vita futura insieme; **unsere gemeinsame ~ hängt von dieser Entscheidung ab**, il nostro avvenire dipende da questa decisione; **jdm eine glänzende ~ prophezeien**, predire a qu un brillante avvenire/futuro **2** gram: **die ~**, il futuro ● **für alle ~**, per sempre, una volta per tutte; **in ferner/naher ~**, in un lontano/prossimo futuro; **jdm/etw gehört die ~**, il futuro appartiene a/[è di] qu; **~/[keine ~] haben** {BERUF, METHODE, VERFAHREN}, avere un/[non avere] futuro; **er hat eine große ~ vor sich**, ha un grande avvenire davanti a sé; **in ~**, in futuro/avvenire; (von jetzt an), d'ora in poi/avanti; **wende dich in ~ bitte an mich, bevor du irgendwelche Entscheidungen triffst**, in futuro, prima di prendere qualsiasi decisione, per favore rivolgiti a me; **wir werden in ~ andere Saiten aufziehen, wenn ihr nicht besser arbeitet**, se non cominciate a lavorare meglio si cambia musica; **die ~ wird es lehren**, chi vivrà vedrà; **die ~ wird es lehren, ob ...**, il futuro ci dirà se ...; **das liegt noch in der/ferner ~**, deve ancora succedere, è ancora di là da venire; **mit ~**, con un avvenire; **das ist eine junge Frau mit ~**, è una giovane (donna) che ha un (sicuro) avvenire; **in nächster ~**, nell'immediato futuro; **ohne ~**, senza avvenire/futuro; **ohne ~ sein**, non avere (un) avvenire.

zu|künftig ◳ adj <attr> **1** (bevorstehend) {ENTWICKLUNG, EREIGNIS, GENERATION} futuro, a venire: **die ~e Zeit**, il (tempo) futuro, l'avvenire **2** (designiert) {AMTSINHABER, MINISTER} futuro: **ihr ~er Mann**, il suo futuro marito ◳ adv in futuro/avvenire: **ich bitte, dies ~ zu unterlassen!**, in futuro cerca/cercate/cerchi per favore di farne a meno!

Zu|künftige <dekl wie adj> mf fam: ihr ~r/[seine ~], il suo futuro marito/[la sua futura moglie].

Zukunftsangst f paura f dell'avvenire/[del futuro].

Zukunftsaussichten subst <nur pl> prospettive f pl per l'avvenire/il futuro: **in diesem Beruf hast du keine ~**, questo mestiere non ti dà sbocchi.

Zukunftsberuf m professione f/mestiere m del futuro/dell'avvenire.

Zukunftsbranche f branca f/settore m del futuro/[dell'avvenire]: **das wird die ~ sein**, è questo il settore del futuro.

Zukunftserwartung f aspettativa f per l'avvenire/il futuro: **keine besonderen/[große] ~en haben**, non aspettarsi/[aspettarsi] molto dal futuro.

Zukunftsfach n univ materia f del futuro.

zukunftsfähig adj che guarda il/[rivolto al] futuro: **nicht ~ sein**, non avere prospettive; **etw/jdn ~ machen**, preparare qc/qu al futuro.

Zukunftsforscher m (**Zukunftsforscherin** f) futurologo (-a) m (f).

Zukunftsforschung f futurologia f.

Zukunftsfrage f questione f/interrogativo m che riguarda il futuro.

zukunftsfroh adj geh ottimista riguardo al futuro: **~ sein**, essere ottimista riguardo al futuro, guardare al futuro con ottimismo.

Zukunftsgestaltung f organizzazione f/progettazione f del futuro.

Zukunftsglaube <-ns, ohne pl>, **Zukunftsglauben** <-s, ohne pl> m geh avvenirismo m.

zukunftsgläubig adj {HALTUNG, MENSCH} avvenirista: **~ sein**, essere un avvenirista.

Zukunftsmarkt m mercato m del futuro.

Zukunftsmusik <-, ohne pl> f fam: **(noch) ~ sein** (PLAN, PROJEKT), essere (ancora) (un')utopia/un sogno; **das ist noch reine ~**, questo per ora è pura utopia, sono ancora castelli in aria.

zukunftsorientiert ◳ adj {FORSCHUNG, PLANUNG} orientato verso il/[rivolto al] futuro ◳ adv {ANLEGEN, AUSRICHTEN, PLANEN} guardando/[con la mente rivolta] al futuro.

Zukunftsperspektive f prospettiva f per il futuro/l'avvenire.

Zukunftsplan m progetto m per il futuro/l'avvenire: **viele Zukunftspläne haben**, avere molti progetti per l'avvenire.

Zukunftsroman m lit romanzo m di fantascienza; (gesellschaftspolitisch) romanzo m utopistico.

zukunftssicher adj {ARBEITSPLATZ, EXISTENZ} sicuro; {GELDANLAGE, INVESTITION} sicuro nel tempo.

Zukunftsszenario n scenario m del futuro.

Zukunftstechnologie f tecnologia f del futuro.

Zukunftsthema n tema m del futuro.

zukunftsträchtig adj {ENTWICKLUNG, NEUERUNG} promettente; {METHODE, VERFAHREN} dell'avvenire; {BERUF, BRANCHE} auch che offre buone prospettive per il futuro.

Zukunftsvision f progetto m di grande respiro (per il futuro).

zukunftsweisend adj {ERFINDUNG, IDEE} che anticipa il futuro; {TECHNOLOGIE} auch d'avanguardia.

Zukurzgekommene <dekl wie adj> mf svantaggiato (-a) m (f), sfigato (-a) m (f) slang: **die ewig ~**, quelli che ci rimettono sempre, gli sfigati cronici slang; **die ~n in unserer Gesellschaft**, quelli che nella nostra società sono sempre svantaggiati.

zu|labern tr fam → **voll|labern**.

zu|lächeln itr jdm ~ sorridere a qu, fare un sorriso a qu.

Zulage f (Gehaltszulage: für Nacht- und Sonntagsarbeit) compenso m maggiorato, straordinario m; (für Außendienst, Schwerarbeit) indennità f; (für besondere Leistung) gratifica f, premio m di produzione.

zulande a.R. von zu Lande → **Land**①.

zu|langen itr fam **1** (bei Tisch zugreifen) servirsi/prendere (abbondantemente): **kräftig/tüchtig ~**, servirsi abbondantemente; **die Gäste haben tüchtig zugelangt**, gli ospiti hanno mangiato con grande/[di buon] appetito **2** (beim Arbeiten zupacken) darci dentro fam, lavorare sodo fam: **sie kann ~, wenn es d(a)rauf ankommt**, all'occorrenza/[quando ce n'è bisogno] sa lavorare, quando c'è da lavorare non si tira indietro **3** (viel Geld verlangen) spolpare qu fam: **hier langt der Staat zu, ohne eine Leistung zu erbringen**, in questo caso lo stato si limita a fare l'esattore senza offrire alcuna controparita **4** region (genügen) bastare, esser sufficiente.

zulänglich geh ◳ adj sufficiente ◳ adv {BEKANNT} sufficientemente; {ERPROBT} a sufficienza: **nicht ~ vorbereitet sein**, non essere abbastanza preparato, non avere la preparazione necessaria/sufficiente.

zu|lassen <irr> tr **1** (dulden) **etw ~** permettere qc, ammettere qc: **ihr Gerechtigkeitssinn würde das nicht ~**, il suo senso di giustizia non lo ammetterebbe; **wie konntest du das ~?**, come hai potuto permetterlo?; **wir können (es) auf keinen Fall ~, dass sie dort allein hingeht**, non possiamo assolutamente permettere che lei ci vada da sola; **ich werde nicht ~, dass jemand bevorteilt wird**, non tollererò che qualcuno venga favorito **2** adm (die Genehmigung erteilen) jdn (zu etw dat) ~ {ZU EINEN AUSWAHLVERFAHREN, EINER PRÜFUNG} ammettere qu (a qc); {ZUM STUDIUM, ZUR TEILNAHME AN ETW} ammettere qu a fare qc: **jdn zum Abitur ~**, ammettere qu all'esame di maturità; {ANWALT, ARZT, HEILPRAKTIKER ZUR AUSÜBUNG DES BERUFS} abilitare qu (a (fare) qc), dare a qu l'abilitazione (a (fare) qc); **jdn als etw** (akk) ~ {ALS ANWALT, ARZT, HEILPRAKTIKER} abilitare qu a esercitare la professione di qc, autorizzare qu a esercitare come qc; {ALS PROZESSBEOBACHTER} ammettere qu in qualità/veste di qc; **ein zugelassener Anwalt/Arzt**, un avvocato/medico abilitato all'esercizio della professione; **bei einem Gericht zugelassen sein**, essere abilitato a un tribunale; **etw (zu etw** dat/**für etw** akk) **~** {BUS FÜR DIE PERSONENBEFÖRDERUNG, WAGEN ZUM VERKEHR} autorizzare qc a qc; **Wertpapiere an der Börse ~**, ammettere i titoli in borsa; **das Gesundheitsministerium hat das Medikament zugelassen**, il ministero della sanità ha dato l'autorizzazione alla/[ha autorizzato la] vendita del farmaco **3** adm (anmelden) **etw ~** {ZULASSUNGSSTELLE KRAFTFAHRZEUG} immatricolare qc; {FAHRZEUGBESITZER} far immatricolare qc: **sie hat den Wagen auf ihren Sohn zugelassen**, ha fatto immatricolare la macchina a nome del figlio; **das Auto ist in Frankfurt zugelassen**, la macchina è immatricolata a Francoforte **4** fam (geschlossen lassen) **etw ~** {DECKEL, DOSE, FENSTER, TÜR} lasciare chiuso (-a) qc; {HEMD, MANTEL} lasciare abbottonato (-a) qc: **lass die Jacke zu, es ist noch zu kalt**, non ti sbottonare la giacca, fa ancora troppo freddo **5** (Zugang gewähren) **jdn/etw ~** {AUSLÄNDISCHE BEOBACHTER, PRESSE} ammettere qu/qc, lasciare entrare qu/qc: **Journalisten waren nicht zugelassen**, i giornalisti non erano ammessi; **der Film ist für Jugendliche unter 18 Jahren nicht zugelassen**, il film è vietato ai minori di 18 anni **6** (gestatten) **etw ~** {ARBEIT, VERHÄLTNISSE, ZEIT} permettere qc: **das Gesetz lässt keine Ausnahme zu**, la legge non ammette eccezioni; **ihr Schweigen lässt keine andere Erklärung zu (, als dass ...)**, non c'è altra spiegazione al suo silenzio (se non che ...); **ihr Verhalten lässt keinen Zweifel zu**, il suo comportamento non lascia dubbi; **die Wetterverhältnisse ließen kein höheres Tempo zu**, le condizioni del tempo non permettevano di andare più veloci; **sein Zustand lässt keine andere Wahl zu**, il suo stato non ˌpermette altre scelteˌ/ˌlascia scelta˩.

zu̱lässig *adj* **1** (*erlaubt*) {FARBSTOFF, HILFSMITTEL} ammesso, permesso; {BEEINFLUSSUNG, EINMISCHUNG, VORGEHEN} ammissibile; {HANDLUNG, METHODE, MITTEL} leicito; **~e Abweichung**, tolleranza; **~e Beanspruchung** *tech*, sollecitazione ammissibile; **~es Gesamtgewicht**, carico massimo; **~e Höchstgeschwindigkeit**, velocità massima consentita; **es ist nicht ~, dass ...**, non è ammissibile che ... *konjv*; **etw ist rechtlich (nicht) ~**, qc (non) è ˌpermesso per legge˩/[lecito] **2** *jur* {ANTRAG, BEWEIS, KLAGE, VERFAHREN} ammissibile; {MASSNAHME} proponibile: **ein Verfahren für ~ erklären**, dichiarare ammissibile un procedimento.

Zu̱lässigkeit <-, ohne pl> *f* **1** (*Erlaubtsein*) {+HANDLUNG} liceità *f* **2** *jur* {+BERUFUNG, KLAGE, VERFAHREN} ammissibilità *f*.

Zu̱lassung <-, -en> *f* **1** (*Genehmigung*) autorizzazione *f*; **~ zu etw** (dat) {ZUM ABITUR, ZU EINEM BEWERBUNGSVERFAHREN, EINER PRÜFUNG, ZUM STUDIUM} ammissione *f a qc*; {ZUR TEILNAHME} *auch* permesso m *di fare qc*: **Antrag auf ~ zu einer Prüfung**, richiesta di ammissione a un esame; **jds ~ als etw** {ALS ANWALT, KASSENARZT} abilitazione *di qu* ˌa esercitare˩/[all'esercizio di] *qc*; **einem Arzt die ~ entziehen**, ritirare a un medico l'abilitazione (di esercitare) **2** *autom* (*Registrierung*) {+KRAFTFAHRZEUG} immatricolazione *f* **3** *fam autom* (*Fahrzeugschein*) carta *f*/libretto *m fam* di circolazione **4** (*Börsenzulassung*) ammissione *f* in borsa.

Zu̱lassungsbeschränkung *f univ* numero *m* chiuso: **in vielen Fächern besteht eine ~**, in molte discipline universitarie c'è il numero chiuso.

Zu̱lassungsnummer *f autom* (numero *m* di) matricola *f*.

Zu̱lassungspapiere *subst* <nur pl> *autom* documenti *m pl* di circolazione.

Zu̱lassungsprüfung *f* esame *m* d'ammissione.

Zu̱lassungsstelle *f adm* ufficio *m* di immatricolazione; (*für Kraftfahrzeuge*) motorizzazione *f* civile.

zu̱lasten *präp + gen* → **Last**.

Zu̱lauf *m* **1** <nur sing> (*Zustrom von Personen*) affluenza *f*, concorso *m*, afflusso *m* **2** (*Zufluss von Wasser*) afflusso *m*/affluenza *f* d'acqua: **den ~ drosseln**, limitare il flusso dell'acqua; **das Schwimmbecken hat vier Zuläufe**, la piscina è alimentata in quattro punti ◆ **sich nicht über mangelnden ~ beklagen können** {ANWALT, ARZT, GESCHÄFT}, non potersi lamentare di mancanza di clientela; **großen/starken ~ haben** {ANWALT, ARZT}, avere una vasta clientela; {AUSSTELLUNG, THEATERSTÜCK}, avere/registrare una grande affluenza di pubblico; **der Vortrag hatte großen ~**, alla conferenza ci fu molta affluenza; {LOKAL, MUSEUM}, essere molto frequentato.

zu̱|laufen <irr> *itr* <sein> **1** (*sich zubewegen*) **auf etw/jdn ~** {MENSCH, TIER} correre verso/[in direzione di] qu/qc: **der Hund kam plötzlich auf mich zugelaufen**, improvvisamente il cane mi corse incontro; (*auf etw zuwandern*) {AUF EINEN BERGSEE, ORT} camminare verso/[in direzione di] qc **2** (*in einer bestimmten Richtung verlaufen*) **auf etw** (akk) **~** {STRASSE, WEG} andare verso qc, correre verso qc: **die Straße läuft genau auf den Bahnhof zu**, la strada va direttamente verso

la stazione **3** (*zu jdm laufen und bleiben*) **jdm ~** trovare rifugio presso/[a casa di] qu: **eine zugelaufene Katze**, un gatto raccolto per strada **4** (*aufsuchen*) **jdm/etw ~** {KRANKE, PATIENT DEM SPEZIALISTEN; KUNDE DEM ANWALT, HEILPRAKTIKER} correre *da qu fam*; {AUSSTEIGER, FRUSTRIERTE EINER SEKTE; JUGENDLICHE, STUDENTEN EINER ORGANISATION, PARTEI} affluire *a qc*: **die Patienten laufen dem neuen Arzt in hellen Scharen zu**, i pazienti corrono in massa dal nuovo medico **5** (*hinzufließen*) {WASSER} arrivare: **wo läuft denn hier das Wasser zu?**, qual è il punto dove arriva l'acqua (qui)?; **heißes/kaltes Wasser ~ lassen**, aggiungere acqua calda/fredda **6** (*auslaufen*) **irgendwie ~** terminare + *compl di modo*: **Hosenbeine, die unten eng ~**, pantaloni a tubo; **nach oben schmal ~de Säulen**, colonne che si rastremano; **spitz ~de Schuhe**, scarpe (che terminano) a punta **7** *fam* (*sich beeilen*) correre: **los, lauf zu!**, su, corri! *fam*.

zu̱|legen A *rfl* **1** *fam* (*sich kaufen*) **sich** (dat) **etw ~** {AUTO, FERNSEHER, KLIMAANLAGE, SOMMERKLEIDUNG} comprarsi *qc*, farsi *qc fam*; {HAUSTIER} prendersi *qc* **2** *oft scherz* (*sich anschaffen*) **sich** (dat) **jdn/etw ~** {FREUNDIN, GELIEBTEN} farsi *qu fam*, cercarsi *qu*, trovarsi *qu*; {BAUCH, WAMPE} mettere su *qc*; {KÜNSTLERNAMEN, PSEUDONYM} prendere *qc*: **er hat sich einen Bart zugelegt**, si è fatto crescere la barba; **du solltest dir einen Freund ~**, dovresti trovarti il ragazzo; **sich** (dat) **eine neue Frisur ~**, cambiare pettinatura; **sich** (dat) **ein Hobby ~**, trovarsi un hobby; **wollt ihr euch keine Kinder ~?**, non volete (avere) (dei) bambini? B *tr fam* **1** (*dazulegen*) **etw ~** aggiungere *qc*, mettere *qc*: **legen Sie noch ein paar Scheiben Schinken zu**, metta altre due fette di prosciutto **2** (*zusätzlich zahlen*) **etw ~** {BETRAG} aggiungere *qc*: **jdm etw an Gehalt ~**, aumentare a qu lo stipendio di qc; **etw zu etw** (dat) **~** dare/mettere *qc* come contributo *a*/per *qc*, contribuire con *qc a qc*: **seine Eltern haben zu dem Hauskauf 50 000 Euro zugelegt**, i suoi genitori hanno contribuito con 50 000 euro all'acquisto della casa **3** *fam* (*zunehmen*) **etw ~** {KILO, PFUNDE} prendere *qc fam*, mettere su *qc fam*: **etw wieder ~**, riprendere *qc* C *itr fam* **1** (*zunehmen*) mettere su pancia/ciccia *fam*, ingrassare, aumentare di peso **2** (*sein Tempo steigern*) aumentare la velocità, accelerare: **die Marathonläufer haben zum Ziel hin noch ganz schön zugelegt**, verso il traguardo i maratoneti hanno accelerato ancora l'andatura **3** (*wachsen*) crescere: **die rechten Parteien haben bei den letzten Wahlen zugelegt**, i partiti di destra sono cresciuti alle ultime elezioni; **diese Branche hat kräftig zugelegt**, questo settore ha notevolmente aumentato i profitti.

zu̱leide, zu̱leid *adv*: **jdm etwas/nichts ~ tun** *obs*, fare/[non fare] del male a qu; **was hat er dir ~ getan?**, che male ti ha fatto?; **keiner Fliege etwas ~ tun (können)** *fam*, non fare del male a una mosca *fam*.

zu̱|leiten *tr* **1** (*zufließen lassen*) **etw** dat) **etw ~** {WASSER} convogliare *qc* verso: **einem Gerät Strom ~**, alimentare un apparecchio elettrico **2** *geh* (*übermitteln*) **jdm/etw ~** {NACHRICHT} trasmettere *qc a qu/qc*; {SCHREIBEN} far pervenire *qc a qu/qc*: **einer Zeitung brisante Informationen ~**, far avere a un giornale delle informazioni di scottanti.

Zu̱leitung *f* **1** <nur sing> (*das Zuleiten*) {+ERDGAS, WASSER} afflusso *m*; {+STROM} alimentazione *f* **2** <nur sing> (*Übermittlung*) {+NACHRICHT, SCHREIBEN} trasmissione *f* **3** (*Leitung*) {+BENZIN} tubo *m* d'alimentazio-

ne; {+ERDGAS, WASSER} conduttura *m*, condotto *m*; {+STROM} linea *f* d'alimentazione.

Zu̱leitungsrohr *n* {+BENZIN} tubo *m* d'alimentazione; {+ERDGAS, WASSER} *auch* condotto *m*.

zu̱letzt *adv* **1** (*als Letztes*) per ultimo: **sie hat in London, Florenz und ~ in München gewohnt**, (lei) ha vissuto a Londra, Firenze e per ultimo a Monaco di Baviera; **wo waren Sie ~ beschäftigt?**, qual è stato il Suo ultimo impiego?; **sich** (dat) **etw bis ~ aufheben**, serbarsi *qc* per ultimo; **daran hätte ich ~ gedacht**, questa è l'ultima cosa a cui avrei pensato **2** (*als Letzte(r)*) {ANKOMMEN, EINTREFFEN} (per) ultimo (-a): **er kommt immer ~ an die Reihe**, gli tocca sempre per ultimo, è sempre l'ultimo a cui tocca; **der ~ Gekommene**, l'ultimo arrivato/venuto **3** *fam* (*zum letzten Mal*) {VON JDM HÖREN, JDN SPRECHEN, TREFFEN} l'ultima volta: **ich habe sie ~ auf dem Kongress gesehen**, l'ultima volta l'ho vista al congresso; **wann warst du ~ zur Kontrolle?**, quando sei stato (-a) l'ultima volta al controllo? **4** (*zum Schluss*) alla fine, infine, da ultimo: **~ mussten wir dann doch nachgeben**, alla fine non ci restò che cedere; **~ konnte sie gar nichts mehr allein machen**, ˌalla fine˩/[da ultimo] non riusciva a fare più niente da sola ◆ **bis ~**, fino ˌall'ultimo˩/[alla fine]: **sie blieben bis ~**, rimasero fino alla fine; **er wollte bis ~ nicht wahrhaben, dass ihre Beziehung kaputt war**, fino all'ultimo si è rifiutato di riconoscere che il loro rapporto era ormai logoro; **ganz ~** (*ganz am Ende einer Reihe*), in coda, in ultimissima posizione; (*ganz zum Schluss*), all'ultimo; **nicht ~**, non per/in ultimo, soprattutto: **sie bekam die Stelle nicht ~ wegen ihrer Beziehungen**, ottenne il posto non per ultimo grazie alle sue conoscenze; **die vielen Unfälle geschehen nicht ~ wegen überhöhter Geschwindigkeit**, i molti incidenti si verificano soprattutto/[non in ultimo] per eccesso di velocità.

zu̱liebe *adv jdm ~* {BLEIBEN, EINSPRINGEN, KOMMEN, MACHEN} per fare (un) piacere *a qu*, per *qu*; **etw** (dat) **~** {DER FAMILIE, KARRIERE, WAHRHEIT} per amore *di qc*: **sie hat der Arbeit ~ ihr ganzes Privatleben geopfert**, per amore del lavoro ha sacrificato tutta la sua vita privata.

Zu̱lieferbetrieb *m*, **Zulieferer** <-s, -> *m*, **Zulieferfirma** *f ökon* fornitore *m*, ditta *f* fornitrice.

Zu̱lieferindustrie *f ökon* (industria *f* dell')indotto *m*.

Zu̱lu① <-(s), -(s)> *m oder* <-, -(s)> *f* zulu *mf*.

Zu̱lu② <-(s), ohne pl> *n* lingua *f* bantu.

Zu̱lufrau, **Zu̱lu-Frau** *f* → **Zulu**①.

zum *präp* = zu dem → **zu**.

zu̱|machen A *tr* **1** (*schließen*) **etw ~** {DECKEL, FENSTER, KLAPPE, SCHUBLADE, TÜR} chiudere *qc*: **die Augen/den Mund ~**, chiudere gli occhi/la bocca **2** (*verschließen*) **etw ~** {DOSE, GLAS} (ri)chiudere *qc*; {FLASCHE} *auch* tappare *qc*; {BRIEF, UMSCHLAG} chiudere *qc*; {LOCH} (ot)turare *qc*, tappare *qc* **3** (*zuknöpfen, zubinden*) **etw ~** {HEMD, JACKE, MANTEL} abbottonare *qc*; {GÜRTEL} allacciare *qc*; {SCHUHE} *auch* legare *qc* **4** (*den Betrieb einstellen*) **etw ~** {GESCHÄFT, LADEN} chiudere *qc* B *itr* **1** (*schließen*) {AMT, BÄCKER, BANK, GESCHÄFT, METZGER} chiudere: **die Läden machen um 19 Uhr zu**, i negozi chiudono alle 19 **2** (*den Betrieb einstellen*) {GESCHÄFTSINHABER, UNTERNEHMER} chiudere; {FIRMA, GESCHÄFT} *auch* cessare l'attività **3** *region* (*sich beeilen*) sbrigarsi, spicciarsi *fam* C *rfl* (*zuknöpfen, zubinden*) **sich** (dat) **etw ~** {HEMD, JACKE, MANTEL} chiudere *qc*, abbottonarsi *qc*; {Gürtel} allacciarsi *qc*; {Schuhe} auch legarsi *qc*.

zu|mailen tr *jdm etw ~* – mandare *qc a qu* via/per/tramite mail; *etw zugemailt bekommen*, ricevere *qc* per mail.

zumal geh **A** adv (*besonders*) soprattutto, specialmente: **die Luftverschmutzung ist hoch, ~ im Sommer**, l'inquinamento atmosferico è alto, specialmente d'estate; **sie kommen gern für ein paar Tage, ~ es hier schon warm ist**, vengono volentieri per un paio di giorni, soprattutto perché qui fa già caldo **B** konj (*besonders da*) tanto più che: **sie wird kaum in Urlaub fahren, ~ sie gerade ein Kind bekommen hat**, non andrà in vacanza, tanto più che ha appena partorito.

zu|mauern tr *etw ~* – {Durchgang, Fenster, Tür} murare *qc*, chiudere *qc* con un muro.

zumeist adv geh perlopiù.

zu|messen <irr> tr geh → **bei|messen**.

zumindest adv 1 (*wenigstens*) perlomeno, almeno, quantomeno: **du hättest ihn ~ begrüßen sollen**, avresti dovuto perlomeno/quantomeno/[se non altro] salutarlo; **auch wenn der Wagen total kaputt ist, ~ ist ihnen nichts passiert**, pazienza se la macchina è distrutta, almeno/perlomeno a loro non è successo niente 2 (*jedenfalls*) perlomeno, almeno: **so schien es ~**, così perlomeno sembrava; **das sagen ~ die ausländischen Beobachter**, così almeno dicono gli osservatori stranieri.

zumutbar adj {Arbeitspensum, Arbeitszeit, Bedingung} accettabile, ragionevole; {Belastung, Lärm, Stress} sopportabile, tollerabile: **solch lange Wartezeiten sind nicht ~**, tempi d'attesa così lunghi non sono accettabili; **es ist nicht ~, dass ...**, non è accettabile che ... konjv; **für jdn ~/[nicht ~] sein** {Arbeitspensum, Bedingung}, essere accettabile/inaccettabile per qu; {Belastung, Lärm} essere sopportabile/insopportabile per qu; **es ist jdm/[für jdn] (nicht) ~, dass er/sie etw tut/[etw zu tun]**, (non) si può pretendere da qu che/[che qu] faccia qc.

Zumutbarkeit <-, -en> f ~ *einer S.* (gen)/ *von etw* (dat) {der Arbeitszeit, bestimmter Bedingungen} accettabilità f *di qc*, ragionevolezza f *di qc*; {von Belastung, Lärm, Stress} tollerabilità f *di qc*: **solche Arbeitsbedingungen sind an der Grenze der ~**, simili condizioni di lavoro sono al limite della tollerabilità.

zumute adv: **jdm ist irgendwie ~** {heiter, seltsam, unwohl}, qu si sente + *compl di modo/adj*; **wie ist Ihnen ~?**, come si sente?; **ihnen war komisch ~**, si sentivano strani (-e); **mir war dabei nicht ganz wohl ~**, non è che mi ci sentissi proprio a mio agio; **ihm wurde ganz seltsam ~, als er in den Abgrund sah**, provò una strana sensazione quando guardò lo strapiombo; **als das Licht plötzlich ausging, wurde ihr ganz ängstlich ~**, quando improvvisamente la luce si spense, le venne paura; **wenn dir danach ~ ist, kannst du ja immer noch kommen**, se poi te la senti/[ti va] puoi sempre venire; **jdm ist zu etw (dat) ~** {zum Lachen, Scherzen, Weinen}, qu è in vena/[ha voglia] di fare qc; **mir ist nicht zum Lachen ~**, non ho voglia/[mi va] di ridere; **lass sein, mir ist nicht nach zum Scherzen ~**, lascia stare, non sono in vena di scherzi/[mi va di scherzare].

zu|muten **A** tr *jdm/etw etw ~* – pretendere *qc da qu/qc*; **du kann man niemandem ~**, non (lo) si può pretendere da nessuno; **den Anblick wollte er ihr nicht ~**, ha voluto risparmiarle quella scena; **jdm zu viel ~**, pretendere troppo da qu; **seinen Kräften zu viel ~**, pretendere troppo dalle proprie forze, chiedere troppo a se stesso (-a); **seinem Organismus zu viel ~**, sottoporre il proprio organismo a fatiche eccessive/[sforzi eccessivi] **B** rfl *sich* (dat) *etw ~* pretendere *qc* da se stesso (-a); {Arbeit, Aufgabe} imporsi *qc*: **das kannst du dir ruhig ~**, lo puoi fare tranquillamente; **sich** (dat) **einiges/[eine ganze Menge] ~**, pretendere un bel po' da se stesso (-a); **er mutet sich immer zu viel zu**, vuole sempre strafare; **sie hat sich wieder mal zu viel zugemutet**, ha sopravvalutato ancora una volta le sue forze; **mutest du dir mit diesem Job nicht zu viel zu?**, non è che con questo lavoro chiedi troppo a te stesso (-a)?

Zumutung <-, -en> f *pej*: **eine ~ sein**, essere inaccettabile; **das ist eine ~!**, ma è una cosa inaudita/[inaccettabile]!, è una bella pretesa!; **sie empfand es als eine ~, in einem solchen Hotel absteigen zu müssen**, riteneva indecente dover pernottare in un albergo del genere; **es ist eine ~, die Leute mitten in der Nacht anzurufen!**, ci vuole una bella faccia tosta a chiamare la gente nel cuore della notte!

zunächst adv 1 (*zuerst*) per prima cosa, innanzitutto: **~ werden wir mal die Wohnung streichen**, per prima cosa imbiancheremo la casa 2 (*anfangs*) all'inizio, dapprima, in un primo momento: **sie waren ~ gar nicht so begeistert von der Idee**, all'inizio/[in un primo momento] non erano affatto entusiasti dell'idea 3 (*vorerst*) per il momento, per ora/adesso: **das kann man ~ außer Acht lassen**, per ora/[il momento] questo si può lasciare da parte.

zu|nageln tr *etw ~* {Fass, Kiste, Sarg} inchiodare *qc*, chiudere *qc* inchiodandolo; *etw mit etw* (dat) *~* {Fenster, Türöffnung mit Brettern, Latten} chiudere/sbarrare *qc* inchiodandoci (sopra) *qc*.

zu|nähen tr *etw ~* {aufgeplatzte Naht, Riss} ricucire *qc*, chiudere *qc* cucendolo.

Zunahme <-, -n> f {+Inflation, Unfallopfer} aumento m; {+Arbeitslosigkeit, Produktion} auch incremento m; {+Kapital, Reichtum, Vermögen} aumento m, incremento m, accrescimento m; {+Verkehr} intensificazione f, aumento m: **eine erhebliche/deutliche ~ der Kriminalität**, una recrudescenza della criminalità; **eine beträchtliche/geringfügige ~ der Aidsfälle**, un aumento/incremento considerevole/trascurabile dei casi di AIDS.

Zuname m 1 *form* (*Nachname*) cognome m: **mit Vor- und ~ unterschreiben**, firmare con nome e cognome 2 *obs* (*Beiname*) soprannome m.

Zündanlage f *autom* impianto m di accensione.

Zündblättchen n (*für Spielzeugpistolen*) (capsula f) fulminante m (per armi giocattolo).

zündeln itr *südd A* giocare col fuoco/[con i fiammiferi]; *mit etw* (dat) *~* {mit einem Feuerzeug, mit Streichhölzern} giocare con *qc*.

zünden **A** itr 1 *tech* {Rakete, Triebwerk} partire 2 (*zu brennen anfangen*) {Silvesterknaller, Streichholz, Zündschnur} accendersi, prendere fuoco 3 (*in Begeisterung versetzen*) {Ansprache, Aufruf, Rede} suscitare entusiasmo, infiammare/incendiare/accendere gli animi **B** tr *tech etw ~* {Bombe, Sprengladung} far esplodere/detonare *qc*; {Gas, Pulver, Treibstoff} accendere *qc*; {Rakete} lanciare *qc* ♦ **bei jdm hat es gezündet** *fam scherz* (jd hat endlich verstanden), a qu si è accesa finalmente la lampadina! *fam*, qu ci è arrivato finalmente! *fam*.

zündend adj {Idee} elettrizzante; {Rede, Worte} auch incendiario; {Vorschlag} ecci-

tante.

Zunder <-s, -> m *hist* (*leicht brennbares Material*) esca f ♦ **jdm ~ geben** *fam* (*jdn zu größerer Eile antreiben*), mettere il fuoco al culo a qu *fam*; *fam* (jdn zusetzen) attaccare qu; *fam* (jdn ermutigen) incoraggiare qu; **etw ~ geben** *fam* (etw anfachen) {Diskussion, Streit} alimentare *qc*; *fam*; **es gibt ~!** *fam* (*es gibt Prügel*), saranno legnate!; **~ kriegen** *fam* (*Prügel bekommen*), prender(si) un sacco/fracco di legnate *fam*; (*attackiert werden*): **der hat ordentlich ~ gekriegt!**, l'hanno sistemato ben bene!; **trocken wie ~**, secco come le stoppie.

Zünder <-s, -> m 1 *tech* detonatore m, spoletta f 2 <*nur pl*> A (*Streichhölzer*) fiammiferi m pl; (*Wachszünder*) cerini m pl.

Zündflamme f fiamma f pilota.

Zündfunke m *autom* scintilla f di accensione.

Zündholz n *südd A* → **Streichholz**.

Zündholzschachtel f → **Streichholzschachtel**.

Zündhütchen n capsula f (fulminante), innesco m.

Zündkabel n *autom* cavo m d'accensione.

Zündkerze f *autom* candela f (d'accensione).

Zündplättchen n → **Zündblättchen**.

Zündschloss (a.R. Zündschloß) n *autom* interruttore m di accensione, blocchetto m di accensione.

Zündschlüssel m *autom* chiave f di accensione.

Zündschnur f miccia f.

Zündspule f *autom* bobina f (d'accensione).

Zündstoff m 1 (*Initialsprengstoff*) (esplosivo m) innescante m, detonante m 2 <*nur sing*> (*Konfliktpotenzial*) materia f esplosiva: **~ bieten/enthalten** {Film, Theaterstück, Thema}, essere esplosivo.

Zündung <-, -en> f 1 *autom* (impianto m di) accensione f: **die ~ einstellen**, regolare/registrare/[mettere a punto] l'accensione 2 *tech* {+Rakete, Sprengsatz, Triebwerk} accensione f 3 (*Zündvorrichtung bei Sprengkörpern*) innesco m.

Zündverteiler m *autom* spinterogeno m.

Zündvorrichtung f *tech* (*von Sprengkörpern*) dispositivo m di accensione, innesco m, detonatore m.

Zündzeitpunkt m *autom* punto m di accensione.

zu|nehmen <irr> **A** itr 1 (*dicker werden*) {Mensch} ingrassare, aumentare/crescere di peso: **stark/tüchtig ~**, ingrassare molto; **du hast in der letzten Zeit ja ganz schön zugenommen**, hai messo su un bel po' (di kili) ultimamente; **du musst ~**, devi mettere su un po' di ciccia *fam*; **an Gewicht ~**, aumentare/crescere di peso 2 (*sich vergrößern*) {Belastung, Inflation, Umweltverschmutzung} aumentare; {Arbeitslosigkeit, Kriminalität} auch crescere; {Verkehr} intensificarsi, aumentare: **die Lärmbelastung hat dermaßen zugenommen, dass ...**, l'inquinamento acustico ha raggiunto livelli tali che ...; **die Zahl der Arbeitslosen nimmt kontinuierlich zu**, il numero dei disoccupati è in continuo aumento 3 (*stärker werden*) {Ärger, Aufregung, Gereiztheit, Spannung, Zorn} aumentare, crescere; {Schmerzen} auch intensificarsi 4 (*anwachsen*) {Hitze, Kälte, Regen, Wind} aumentare, intensificarsi, farsi/diventare più intenso (-a); **an etw** (dat) *~* aumentare *di qc* 5 (*phasisch wachsen*) {Mond} crescere; {Nächte, Tage} allungarsi: **der Mond nimmt zu/ab**, la luna cresce/cala **6** (*bei Handarbeiten: die Maschenzahl erhöhen*) crescere/aumentare (le maglie/i punti) **B** *tr etw* ~ {KILO, PFUND} ingrassare *di qc*, aumentare *di qc*, mettere *su qc fam*: **ein paar Kilo(s) kannst du ruhig ~**, puoi tranquillamente metter su qualche kilo *fam*; **sie hat seit ihrer Krankheit wieder drei Kilo zugenommen**, ha ripreso tre kili dopo la malattia.

zunehmend **A** *adj* in aumento, crescente: **mit ~em Alter**, con ˌl'avanzare degli anniˌ/[l'età], invecchiando; **die ~e Kriminalität in unseren Städten ist alarmierend**, la recrudescenza della criminalità nelle nostre città è allarmante; **in ~em Maße**, in misura crescente/[sempre maggiore]; **wir haben ~en Mond**, la luna è crescente **B** *adv* sempre più, in misura crescente; {SICH BESSERN, VERSCHLECHTERN} costantemente, progressivamente: **die Kinder sind ~ desinteressiert an traditionellen Spielzeug**, i ragazzi sono sempre più disinteressati ai giocattoli tradizionali; **diese Partei gewinnt/verliert ~ an Einfluss**, questo partito acquista/perde sempre più influenza.

zuˌneigen **A** *itr* (*eine Vorliebe zu etw haben*) *etw* (dat) ~ {KONSERVATIVEN IDEEN, EINER BESTIMMTEN PARTEI} essere incline *a qc*, propendere *per qc*, tendere *a qc*: **ich neige der Ansicht zu, dass ...**, ˌsono inclineˌ/[propendo] a credere che ... *konj*; **sie neigt eher der gegenteiligen Ansicht zu**, tende piuttosto a pensare il contrario **B** *rfl geh* **1** (*sich zu jdm/ etw hinbeugen*) **sich jdm/etw** ~ {MENSCH EINEM GEGENSTAND, EINER PERSON} chinarsi *verso qu/qc*: **die Bäume neigen sich dem Fluss zu**, gli alberi si piegano verso il fiume **2** *geh* (*bald zu Ende sein*): **sich dem Ende ~** {FEST, JAHR, JAHRHUNDERT, SOMMER, TAG}, volgere ˌalla fineˌ/[al termine], avvicinarsi alla fine; **die Vorräte neigen sich dem Ende zu**, le provviste stanno per finire **C** *tr*: **jdm den Kopf ~**, inclinare il capo/la testa verso qu • **jdm zugeneigt sein** *geh* (*jdn sehr gern mögen*), nutrire affezione per qu; *etw* (dat) **zugeneigt sein** {DEN KÜNSTEN, DER MUSIK}, avere propensione/inclinazione per qc.

Zuneigung <-, ohne pl> *f* ~ (**zu jdm/für jdn**) affetto *m* (*per qu*), simpatia *f* (*per qu*), affezione *per qu* *f geh*: ~ **zu jdm empfinden**, provare affetto/simpatia per qu; **jdm seine ~ beweisen/zeigen**, dimostrare a qu il proprio affetto.

Zunft <-, Zünfte> *f* **1** *hist* corporazione *f* (di arti e mestieri), arte *f* **2** *fam scherz* (*Gruppe von Leuten mit demselben Beruf*) corporazione *f pej*, lobby *f pej*: **die ~ der Journalisten**, la corporazione dei giornalisti; **gegen die ~ der Ärzte kommt man nicht an**, con la corporazione dei medici non si riesce mai a spuntarla; **die ~ der Junggesellen**, la combriccola/congrega degli scapoli • **die schreibende ~** *scherz*, la lobby/cricca *fam* dei giornalisti; **von der ~ sein** (*vom Fach sein*), essere del mestiere.

Zunftbrief *m hist* statuto *m* ˌdi unaˌ/[della] corporazione.

Zunftgeist <-es, ohne pl> *m pej* spirito *m* corporativo/[di corpo].

zünftig *adj* **1** *hist* (*vom Zunftwesen geprägt*) corporativo; (*zu einer Zunft gehörend*) appartenente a una corporazione **2** *fam* (*urig*) {HÜTTENFEST, KAMINABEND} come si deve, coi fiocchi; {ESSEN} come Dio comanda; {KNEIPE, WEINKELLER} che fa colore locale: **er sieht in seinen Lederhosen richtig ~ aus!**, guarda com'è carino con quei pantaloni di pelle! **3** *fam* (*gehörig*) {OHRFEIGE, TRACHT, PRÜGEL} bello.

Zunftmeister *m hist* mastro *m*/capo *m* ˌdi unaˌ/[della] corporazione.

Zunftordnung *f hist* statuto *m* ˌdi unaˌ/[della] corporazione.

Zunge <-, -n> *f* **1** *anat* lingua *f* **2** *poet* (*Sprache*) lingua *f*: **die Völker arabischer/germanischer/griechischer ~**, i popoli di lingua araba/germanica/greca **3** *gastr* (*Kalbszunge, Rinderzunge*) lingua *f*: **geräucherte ~**, lingua affumicata **4** (*etw länglich Geformtes*) lingua *f*, linguetta *f*: **die ~n der Flammen**, le lingue di fuoco; **die ~ des Schuhs**, la linguetta di una scarpa; **die ~ der Waage**, l'ago della bilancia **5** *fisch* (*Seezunge*) sogliola *f*, lingua *f rar* **6** *mus* {+BLASINSTRUMENTE, ORGEL} ancia *f*, linguetta *f* • **jd beißt sich** (dat) **eher/lieber die ~ ab, als etw zu sagen**, qu si taglierebbe la lingua piuttosto di dire qualcosa; **sich (an/bei etw** dat) **die ~ abbrechen/verrenken** {AN EINEM NAMEN, WORT}, incespicare nel pronunciare/ dire qc; **an deinem Namen bricht man sich ja die ~ ab**, il tuo nome è ˌun vero scioglilinguaˌ/[impronunciabile]; **mit der ~ anstoßen** *fam*, parlare con la lisca *fam*, essere bleso; **sich** (dat) **auf die ~ beißen**, mordersi la lingua; **eine belegte ~ haben**, avere la lingua impastata/patinata; **böse ~n**, malelingue, linguacce, linguacciuti, maldicenti; **böse ~n behaupten, dass ...**, le malelingue affermano che ...; **auf der ~ brennen** {PAPRIKA, SCHNAPS}, far bruciare la lingua; **jdm brennt etw auf der ~** (*jd will unbedingt etw sagen*), qu brucia/muore dalla voglia di dire qc; **ein**ˌ**e feine ~ haben**, avere il palato fine/delicato; **jdm geht etw** ˌ**leicht/glatt**ˌ/[**schwer**] **von der ~**, a qu ˌla lingua sciolta ˌ/[riesce a stento a dire qc]; **jdm hängt die ~** ˌ**aus dem Hals**ˌ/[**zum Hals heraus**] *fam* (*jd ist sehr durstig*), qu ha la gola secca/riarsa (per la sete); (*jd ist außer Atem*), qu ˌha la lingua di fuoriˌ/[è senza fiato]; **eine ... ~ haben**: **eine böse/boshafte ~ haben**, essere ˌuna malalinguaˌ/[maldicente]; **eine falsche ~ haben**, essere una lingua bugiarda/biforcuta; **eine giftige ~ haben**, avere la lingua velenosa; **eine lose ~ haben**, avere la lingua lunga; **eine scharfe/spitze ~ haben**, avere la lingua ˌmordace/tagliente/affilataˌ/[che taglia e cuce]; **mit (heraus)hängender ~** (*ganz außer Atem*), con la lingua ˌdi fuoriˌ/[penzoloni]; **die ~ herausstrecken** (*beim Arzt*), mostrare/[tirare fuori] la lingua; **jdm die ~ herausstrecken/zeigen**, fare le linguacce a qu; **seine ~ hüten/zügeln**, tenere a freno/ posto la lingua, frenare la lingua; **zügeln Sie Ihre ~!**, tenga a freno la lingua!; **jdm liegt etw**ˌ/[**jd hat etw**] **auf der ~** (*jd erinnert sich fast an etw*), qu ha qc sulla punta della lingua; (*etw wird beinah von jdm ausgesprochen*), qu si morde la lingua per non dire qc; **es lag mir auf der ~, ihr zu sagen, dass sie eine blöde Gans ist, aber dann ...**, stavo per dirle che è una cretina ma poi ...; **(jdm) die ~ lösen** (*jdn zum Sprechen animieren*) {ALKOHOL, VERSPRECHEN, WEIN}, sciogliere la lingua a qu; (*jdn zwingen, etw zu gestehen*), far parlare qu; **die ~n lösen sich** *geh*, le persone si sciolgono; **etw mit tausend ~n predigen** *geh*, dire qc in mille modi; **mit der ~ schnalzen**, schioccare la lingua; **eine schwere ~ haben** (*vom Alkohol*), avere la lingua legata; **mit doppelter/gespalteter ~ sprechen** *geh*, avere la lingua biforcuta; **sich** (dat) (**an etw** dat) **die ~ verbrennen** {AN EINER HEIßEN SPEISE}, scottarsi/bruciarsi la lingua (con qc); (*etw sagen, was einem später schadet*), darsi il dito nell'occhio; **etw zergeht (jdm) auf der ~** {DESSERT, FLEISCH, PRALINE}, qc si scioglie in bocca (a qu); (**sich** dat) **etw auf der ~ zergehen lassen** (*etw voller Genuss aussprechen*), assaporare qc pronunciandolo; **er ließ ihren Namen auf der ~ zergehen**, assaporò il suo nome pronunciandolo.

züngeln *itr* **1** *zoo* {EIDECHSE, SCHLANGE} far guizzare la lingua **2** (*sich schnell und unruhig bewegen*) **aus etw** (dat) ~ {FLAMMEN AUS DEM DACHSTUHL, DEM FENSTER} guizzare *da qc*: **das Feuer züngelte im Kamin**, ˌlingue di fuoco guizzavanoˌ/[le fiamme lingueggiavano] nel camino; **an etw** (dat)/**um etw** (akk) ~ {FLAMMEN UM DAS HAUS, AN DEN WÄNDEN} lambire *qc*.

Zungenbändchen *n anat* frenulo *m* linguale, scilinguagnolo *m rar*.

Zungenbrecher *m fam* (*Name, Wort*) nome *m* impronunciabile/[difficile da pronunciare]; (*Spruch*) scioglilingua *m*.

zungenbrecherisch *adj fam* {NAME, WORT} da scioglilingua, di difficile pronuncia, difficile da pronunciare.

zungenfertig *adj* {ANWALT, POLITIKER, VERTRETER} eloquente, che ha laˌlingua prontaˌ/ [parola facile].

Zungenfertigkeit <-, ohne pl> *f geh* eloquenza *f*, prontezza *f* di lingua/parola, facilità *f* di parola.

zungenförmig *adj* a forma di lingua, linguiforme.

Zungenhäutchen *n anat* → **Zungenbändchen**.

Zungenkuss (a.R. Zungenkuß) *m* bacio *m* ˌcon la linguaˌ/[in bocca].

Zungenlaut *m ling* (consonante *f*) linguale *f*.

Zungenpiercing *n* piercing *m* alla lingua, tongue *m*.

Zungen-R, Zungen-r <-, ohne pl> *n ling* R *f* linguale/arrotata *fam*.

Zungenschlag *m* **1** (*bei Alkohol*) lingua *f* legata **2** *mus* colpo *m* di lingua • **ein falscher ~**, un lapsus (linguae).

Zungenspatel *m med* abbassalingua *m*.

Zungenspitze *f anat* punta *f* della lingua.

Zungenwurst *f gastr* insaccato *m* di lingua.

Zungenwurzel *f anat* radice *f* della lingua.

Zünglein <-s, -> *n* dim *von* Zunge • **das ~ an der Waage sein**, essere l'ago della bilancia.

zunichte *adv geh*: ~ **sein** {HOFFNUNGEN}, essersi infranto, essere sfumato; {PLÄNE, VORHABEN} essere distrutto.

zuˌnichteˌmachen *tr geh etw* ~ {PLÄNE, VORHABEN} distruggere *qc*, mandare ˌin fumo *fam*ˌ/[a monte *fam*] *qc*; {HOFFNUNGEN} infrangere *qc*, frustrare *qc*.

zuˌnichteˌwerden <irr> *itr geh* {HOFFNUNGEN} infrangersi, sfumare; {PLÄNE, VORHABEN} andare ˌin fumoˌ/[a monte].

zuˌnicken **A** *itr jdm* ~ fare (un) cenno ˌcol capoˌ/[con la testa] *a qu*: **jdm aufmunternd ~**, fare un cenno incoraggiante (col capo) a qu, incoraggiare qu facendogli un cenno col capo **B** *rfl* **sich** (dat) (**gegenseitig**) ~ farsi (un) cenno ˌcol capoˌ/[con la testa].

zuˌnutze *adv*: **sich** (dat) *etw* ~ **machen** {TECHNISCHE ERRUNGENSCHAFTEN}, trarre vantaggio/partito da qc, servirsi di qc; **sich die Entdeckung eines anderen ~ machen**, servirsi della scoperta di un altro; **sich jds Kenntnisse ~ machen**, trarre vantaggio dalle conoscenze di qu; {JDS NAIVITÄT, UNERFAHRENHEIT} approfittare di qc, trarre vantaggio da qc, sfruttare qc; **sich jds Gutgläubigkeit ~ machen**, ˌapprofittare dellaˌ/[sfruttare la] buona fede di qu.

zuoberst *adv* (*ganz oben*) in cima, in alto, sopra a tutto: ~ **auf dem Packen Post lag der lang ersehnte Brief**, in cima al pacco della posta c'era la lettera lungamente attesa.

zu|ordnen tr **1** (*zurechnen*) **jdn etw** (dat) ~ {AUTOR, KÜNSTLER EINER BEWEGUNG, EINER RICHTUNG, EINEM STIL} inquadrare *qc in qc*, annoverare *qu tra i rappresentanti di qc*, collocare *qu in qc*: **die meisten Jugendlichen kann man keiner politischen Richtung ~**, la maggior parte dei giovani non è riconducibile ad alcuna etichetta politica; **die junge Autorin lässt sich noch keiner bestimmten Stilrichtung ~**, la giovane autrice non ⌊la si può ancora inquadrare⌋/[non è ancora inquadrabile] in un genere (stilistico) preciso; *etw etw* (dat) ~ {BILD, KUNSTWERK EINER EPOCHE, EINER STILRICHTUNG} inquadrare *qc in qc*; {MINERAL, PFLANZE, TIER EINER ART, GRUPPE, KATEGORIE} classificare *qc tra qc* **2** (*in Beziehung setzen*) *etw etw* (dat) ~ associare *qc a qc*, correlare *qc a qc*: **ein Wort einem Gegestand ~**, associare una parola a un oggetto.

Zuordnung <-, -en> f **1** (*das Zuordnen*) ~ (*zu etw* dat) {+AUTOR, POLITIKER ZU EINER BESTIMMTEN BEWEGUNG, RICHTUNG; +BILD, KUNSTWERK ZU EINER BESTIMMTEN EPOCHE, STILRICHTUNG} collocazione f (*in qc*), inquadramento m (*in qc*) **2** *wiss* (*Klassifizierung*) {+MINERAL, PFLANZE, TIER} classificazione f **3** (*Herstellen einer Wechselbeziehung*) correlazione f, associazione f: **die ~ eines Wortes zu einem Gegenstand**, l'associazione di una parola a un oggetto **4** (*das Zuweisen*) {+KOMPETENZEN, VERANTWORTLICHKEITEN} attribuzione f **5** *math* associazione f.

zu|packen *fam* **A** itr **1** (*zugreifen*) dare di piglio: **der kann ja ~!**, ha buone braccia!; **als er sah, dass die Bretter vom Laster zu rutschen drohten, packte er schnell zu**, quando vide che le assi stavano per scivolare dal camion, le afferrò al volo **2** (*mithelfen*) (*bei etw* dat) (*mit*) ~ dare una mano *a fare qc*: **du könntest auch mal mit ~!**, potresti anche dare una mano ogni tanto!; **sie kann ~, wenn sie will**, quando vuole sa lavorare; **wenn alle beim Aufräumen ~, sind wir schnell fertig**, se tutti danno una mano a mettere a posto finiremo presto **B** tr **1** (*warm einpacken*) **jdn** ~ {KIND, KRANKEN} intabarrare *qu fam*, imbaccucare *qu fam* **2** (*vollpacken*) *etw mit etw* (dat) ~ {TISCH MIT BÜCHERN} ricoprire *qc di qc*, riempire *qc di qc*.

zupackend adj **1** (*energisch*) {ART, CHARAKTER} energico, dinamico; {WERBUNG} aggressivo **2** (*ständig fordernd*) {STEUERSYSTEM} vessatorio, oppressivo.

zu|parken tr **jdn/etw** ~ {FAHRER AUSFAHRT, EINFAHRT} bloccare *qu/qc* parcheggiandogli la macchina davanti: **den Bürgersteig ~**, impedire il passaggio (dei pedoni) sul marciapiede parcheggiandovi la macchina; **man hat mich völlig zugeparkt**, ⌊mi hanno chiuso (-a)⌋/[sono rimasto (-a) bloccato (-a)] tra le macchine.

zu|pass|kommen (a.R. zupaß kommen), **zupasse|kommen** itr *<sein>* geh: **jdm ~** {BEFÖRDERUNG, GEHALTSERHÖHUNG, GEWINN, HILFE}, capitare/venire a proposito *a qu*, arrivare nel momento giusto *a qu*, capitare a fagiolo *qu fam*.

zupfen A tr **1** (*ruckartig ziehen*) **jdn an etw** (dat) ~ tirare ⌊qu per qc⌋/[qc a qu]: **jdn am Ärmel ~**, tirare qu per la manica; **die Kleine zupfte den Opa am Bart**, la piccola tirava ⌊il nonno per la barba⌋/[la barba al nonno] **2** (*herausziehen*) *etw* ~ {UNKRAUT} strappare *qc*; Baumwolle ~, cogliere il cotone; *etw aus/von etw* (dat) ~ {FADEN VOM PULLOVER} sfilare *qc da qc*; {HAARE AUS DER BÜRSTE} togliere *qc da qc*; {FADEN AUS EINEM GEWEBE, HAAR AUS DEM BART} *auch* strappare *qc da qc*; {AUGENBRAUEN ~}, depilare le sopracciglia a qu **3** *mus etw* ~ {SAITEN} pizzicare *qc*; {GEIGE, GITARRE, HARFE, ZITHER} pizzicare (le corde *di*) *qc* **B** itr (*ruckartig ziehen*) **an etw** (dat) ~ {AM BART, AM SCHLIPS} giocherellare *con qc* tirandolo: **an den Saiten ~**, pizzicare le corde **C** rfl **1** (*herausziehen*) **sich** (dat) *etw* ~ {BARTHAARE} strapparsi *qc*; {AUGENBRAUEN} depilarsi **2** (*ziehen*) **sich** (dat) **an etw** ~ {AM BART, AN DEN HAAREN, OHRLÄPPCHEN} giocherellare *con qc* tirandolo.

Zupfinstrument n *mus* strumento m a pizzico.

zu|pfropfen tr *etw* ~ {FASS, FLASCHE} tappare/turare *qc* (con un turacciolo).

zu|pressen tr *etw* ~ {AUGEN} chiudere *qc* stringendolo; {LIPPEN} serrare *qc*: **den Mund ~**, serrare le labbra.

zu|prosten itr **jdm** ~ brindare *a qu*, fare un brindisi *a qu*, ⌊alzare il bicchiere/calice⌋/[bere] alla salute *di qu*.

zur *präp fam* = zu der → **zu**.

zurande adv → **Rand**.

zurate adv → **Rat**①.

zu|raten <irr> itr **jdm** (*zu etw* dat) ~ {ZUR ANNAHME VON ETW, ZU EINEM KAUF, VERTRAGSABSCHLUSS} consigliare/raccomandare (fortemente) ⌊a qu di fare qc⌋/[qc a qu]: **alle rieten uns zu, das Haus zu kaufen**, tutti ci consigliarono di comprare la casa; **zu einem Studienurlaub im Ausland kann ich dir nur ~**, un soggiorno di studio all'estero non è che da consigliare • **auf jds Zuraten (hin)**, su consiglio/raccomandazione di qu.

zu|raunen tr **jdm etw** ~ sussurrare/bisbigliare *qc* all'orecchio *di qu*.

Zürcher① *<inv>* adj *CH* {EINWOHNER, HOTEL, SEHENSWÜRDIGKEIT, SPEZIALITÄT} zurighese, di Zurigo.

Zürcher② <-s, -> m (**Zürcherin** f) *CH* zurighese mf, abitante mf di Zurigo.

zu|rechnen tr **1** (*zuordnen*) **jdn etw** (dat) ~ {KOMPONISTEN, KÜNSTLER, MALER, MUSIKER EINER EPOCHE, EINER RICHTUNG} annoverare/includere *qu fra i rappresentanti di qc*, inquadrare *qu in qc*; *etw etw* (dat) ~ {BILD, KUNSTWERK EINER EPOCHE, EINER STILRICHTUNG} annoverare *etw tra le opere di qc*, inquadrare *qc in qc* **2** (*zur Last legen*) **jdm etw** ~ {FEHLER, VERSÄUMNIS} imputare *qc a qu*: **jdm die Schuld an etw** (dat) ~, attribuire a qu la colpa di qc.

zurechnungsfähig adj **1** *jur obs* capace d'intendere e di volere **2** (*geistig normal*) che è nel pieno possesso delle proprie facoltà mentali, sano di mente.

Zurechnungsfähigkeit <-, ohne pl> f **1** *jur obs* capacità f d'intendere e di volere: **verminderte ~**, parziale incapacità di intendere e di volere **2** (*geistige Normalität*) sanità f mentale: **an jds ~ zweifeln**, dubitare ⌊della sanità mentale di qu⌋/[che qu sia nel pieno possesso delle facoltà mentali].

zurecht|biegen tr *etw* ~ **1** *tech* (*in die richtige Form biegen*) {DRAHT, HALTERUNG, METALLBÜGEL} sagomare *qc*, piegare *qc* (fino a dargli la forma voluta); (*gerade biegen*) raddrizzare *qc* **2** *fam* (*nach Bedarf verändern*) {AUSSAGE, FAKTEN} piegare/rigirare *fam qc* ⌊a proprio piacimento⌋/[secondo i propri interessi]: **die Wahrheit ~**, piegare la verità a proprio piacimento **3** *fam* (*in Ordnung bringen*) {SITUATION} sistemare *qc fam*, mettere a posto *qc fam*: **du wirst sehen, er biegt das schon wieder zurecht**, vedrai che ⌊(ri)metterà a posto⌋/[raddrizzerà] le cose.

zurecht|finden <irr> rfl **1** (*sich eingewöhnen*) **sich irgendwo** ~ {AM ARBEITSPLATZ, IN EINER NEUEN UMGEBUNG} ambientarsi + *compl di luogo*, trovarsi + *adv* + *compl di luogo*: **er findet sich in der neuen Firma nicht zurecht**, non si trova bene nella nuova ditta; **sie findet sich in der Welt nicht mehr zurecht**, non si trova più a suo agio in questa società **2** (*sich orientieren*) **sich irgendwo** ~ {IN EINER FREMDEN STADT, UMGEBUNG} orientarsi + *compl di luogo*: **soll ich dir den Weg zeigen? – Danke, ich finde mich schon allein zurecht**, vuoi che ti mostri/indichi la strada? – Grazie, ⌊me la cavo⌋/[la trovo] da solo (-a); **in der Nacht fand sie sich in der fremden Stadt noch nicht zurecht**, di notte non era ancora in grado di orientarsi nella città sconosciuta **3** (*mit etw klarkommen*) **sich in/mit etw** (dat) ~ {MIT EINER NEUEN AUFGABE, IN, MIT EINEM PROGRAMM, EINER TABELLE} raccapezzarsi in *qc*, cavarsela *con qc*, riuscire a capire *qc in qc*: **die Dokumentation ist so komplex, dass ich mich darin nicht zurechtfinde**, la documentazione è così complessa che non ⌊mi ci raccapezzo⌋/[ne cavo le gambe *fam*]; **finden Sie sich allein zurecht?**, ce la fa da solo (-a) (o ha bisogno di aiuto)?

zurecht|kommen <irr> itr *<sein>* **1** (*auskommen*) **mit jdm** ~ {MIT EINEM KOLLEGEN, PARTNER} intendersi *con qu*, andare abbastanza d'accordo *con qu*; {MIT SCHÜLERN} saperci fare *con qu*, saper prendere/trattare *qu* **2** (*klarkommen*) **mit etw** (dat) ~ {MIT EINEM PROGRAMM, EINER TECHNIK} raccapezzarsi *in qc*, cavarsela *con qc*; {MIT EINEM GERÄT} saper ⌊usare *qc*⌋/[dove mettere le mani *con qc*]: **ich komme damit nicht zurecht**, non so dove mettere le mani, non ⌊mi ci raccapezzo⌋/[ci capisco un tubo *fam*].

zurecht|legen A tr (*griffbereit hinlegen*) **jdm etw** ~ {GEGENSTAND, KLEIDUNGSSTÜCK, UNTERLAGEN} preparare *qc a qu*: **ich habe ihm schon alles für die Reise zurechtgelegt**, gli ho già preparato tutto per il viaggio **B** rfl *sich* (dat) *etw* ~ **1** (*sich griffbereit hinlegen*) preparare *qc*: **hast du dir schon zurechtgelegt, was du morgen brauchst?**, hai già preparato quello che ti serve domani? **2** (*sich etw im Voraus überlegen*) {ALIBI, ANTWORT, ENTSCHULDIGUNG} escogitare *qc*, architettare *qc*, inventare *qc*: **du brauchst dir gar keine Ausrede zurechtzulegen, er glaubt dir sowieso nicht!**, inutile che cerchi di fabbricare una scusa, tanto lui non ti crede!

zurecht|machen A tr **1** *fam* (*vorbereiten*) (**jdm**) *etw* ~, *etw* (*für jdn*) ~ {BETT, GÄSTEZIMMER, SALAT} preparare *qc* (*per/a qu*): **hast du schon gegessen oder soll ich dir noch (et)was ~?**, hai già mangiato o vuoi che ti prepari qualcosa? **2** (*schminken*) **jdn** ~ {KOSMETIKERIN KUNDIN, SCHAUSPIELER} truccare *qu*, fare il trucco *a qu*: **sie ist immer sehr gut zurechtgemacht** (*gut angezogen und geschminkt*), è sempre molto ⌊ben messa *fam*⌋/[aggiustata *fam*]; **sie ist zu auffällig zurechtgemacht** (*übertrieben geschminkt und hergerichtet*), è troppo in tiro *slang* **B** rfl (*sich herrichten*) **sich** ~ sistemarsi, darsi una sistemata *fam*, mettersi a posto: **ich müsste mich etwas ~**, dovrei darmi una sistemata, mi devo restaurare un po'; **ich mache mich nur schnell zurecht, dann komme ich**, mi sistemo/[metto a posto] un attimo e arrivo; **sie kann sich gut ~**, sa mettersi molto bene; **wie hat die sich denn zurechtgemacht?** *fam pej*, ma come si è conciata/combinata quella?

zurecht|rücken tr *etw* ~ **1** (*an seinen Platz rücken*) {BRILLE, KRAWATTE} aggiustarsi *qc*, sistemar(si) *qc*; {STÜHLE} ₁mettere a posto₁/[sistemare] *qc* (spostandoli) **2** (*in Ordnung bringen*) sistemare *qc*, aggiustare *qc*, mettere a posto *qc*: **du solltest diese Sache wieder ~**, dovresti/[cerca di] sistemare questa faccenda.

zurecht|schneiden <irr> tr *etw* ~ {HOLZ, PAPIER, STOFF} tagliare *qc* (secondo le proprie esigenze).

zurecht|stutzen tr **1** (*zurechtschneiden*) *etw* ~ {HAARE} spuntare *qc*; {BAUM, HECKE} *auch* potare *qc* **2** *fam* (*zurechtweisen*) *jdn* ~ sistemare *qu fam*, mettere a posto *qu fam*.

zurecht|weisen <irr> tr *jdn* (*wegen etw gen oder dat*) ~ {ANGESTELLTEN, MITARBEITER, SCHÜLER} redarguire *qu* (*per qc*), riprendere *qu* (*per qc*), rimproverare *qu* (*per qc*), rimbrottare *qu* (*per qc*) *fam*: **jdn scharf/streng ~**, redarguire/riprendere aspramente/severamente *qu*.

Zurechtweisung f rimprovero m, rabbuffo m, rimbrotto m, richiamo m.

zurecht|zimmern tr *fam oft pej etw* ~ {BÜCHERREGAL, TISCH} (cercare di) costruire *qc* alla ₁bell' e meglio₁/[meno peggio].

zu|reden itr *jdm* ~ (*, etw zu tun*) cercare di convincere *qu* (*a fare qc*): **erst nach langem Zureden entschloss er sich zu diesem Schritt**, solo dopo una lunga opera di convincimento decise di fare quel passo ● **auf jds Zureden (hin)**, su consiglio di *qu*; **jdm gut ~** (*ermutigen*), incoraggiare *qu*; (*zu überreden versuchen*), cercare di persuadere *qu*.

zureichend geh A adj {EINKOMMEN, GRUND} sufficiente B adv {SICH INFORMIEREN, VORBEREITEN} sufficientemente, a sufficienza: **was diese Dinge angeht, sind Sie nicht ~ informiert**, su queste cose non è informato a sufficienza.

zu|reiten <irr> A tr <haben> *etw* ~ {PFERD} addestrare *qc*, scozzonare *qc*, domare *qc* B itr <sein> **auf jdn/etw** ~ cavalcare verso *qu/qc*, dirigersi (a cavallo) verso *qu/qc*.

Zürich <-s, ohne pl> n geog Zurigo f.

Züricher① <inv> adj {BAHNHOF, GESCHÄFTE, SPEZIALITÄT} di Zurigo, zurighese.

Züricher② m (**Züricherin** f) zurighese mf, abitante mf di Zurigo.

Zürichsee, **Zürich-See** m geog: **der ~**, il lago di Zurigo.

zu|richten tr **1** (*vorbereiten*) *etw* ~ {ESSEN} preparare *qc*, approntare *qc* **2** (*zur Weiterverarbeitung*) *etw* ~ {HOLZ, STEIN} sgrossare *qc*; {BLECH} aggiustare *qc*; {LEDER, PELZ} rifinire *qc*, apprettare *qc* **3** (*verletzen*) *jdn irgendwie* ~ {SCHLIMM, SCHRECKLICH} conciare/sistemare *qu* + *compl di modo*: **sie haben ihn bei der Schlägerei ziemlich zugerichtet**, in quella rissa l'hanno conciato male **4** (*beschädigen*) *etw irgendwie* ~ {FAHRRAD, MÖBELSTÜCK, TEPPICH} ridurre/conciare *qc* + *compl di modo* ● *jdn* **arg/übel** ~, aggiustare/conciare/sistemare *qu* per le feste *fam*, ridurre *qu* a mal partito; **etw arg/übel ~**, conciare male *qc fam*, ridurre *qc* in cattivo stato; **arg/übel zugerichtet sein**, essere malridotto; **der Teppichboden ist übel zugerichtet**, la moquette è ₁ridotta male₁/[in pessimo stato].

zu|riegeln tr *etw* ~ {FENSTER, TOR, TÜR} chiudere *qc* con il catenaccio/paletto.

zürnen itr geh (*mit*) *jdm* ~ essere adirato/[in collera] con *qu*.

zu|rollen A tr <haben> *jdm etw ~*, *etw* **auf jdn** ~ {FASS, REIFEN} fare rotolare *qc* verso *qu* B itr <sein> **auf jdn/etw** ~ {BALL, FASS, FELSBROCKEN} rotolare verso *qu/qc*, muoversi rotolando verso *qu/qc*.

Zurschaustellung f esibizione f, ostentazione f, sfoggio m.

zurück adv **1** (*wieder da*): (*von etw dat*) ~ **sein** {VON EINEM AUSFLUG, EINER REISE}, essere ₁di ritorno₁/[(ri)tornato (-a)] (da *qc*); **morgen sind wir wieder ~**, ₁saremo di ritorno₁/[torneremo] domani; **ist sie schon aus dem Urlaub ~?**, è già (ri)tornata dalle vacanze?; **(ich) bin gleich ~!**, torno subito!; **seit wann ist Peter ~?**, (da) quando è tornato Peter?; **(du bist) schon ~?**, (sei) già di ritorno? **2** (*weiter* (*nach*) *hinten*) (all')indietro: **zwei Schritte ~**, **einen vor**, due passi indietro, uno avanti **3** (*wieder zum Ausgangspunkt*) ritorno: **einmal Frankfurt hin und ~** (*am Bahnschalter*), (un biglietto di) andata e ritorno per Francoforte; **~ an Absender!**, al mittente!; **die Fahrt ~ war sehr anstrengend**, il viaggio di ritorno è stato molto faticoso; **vor und ~**, avanti e indietro **4** *fam* (*noch nicht so weit*): **~ sein** {VEGETATION}, essere indietro; **in/mit etw dat** ~ **sein** {IN DER ENTWICKLUNG, IN MATHEMATIK, MIT DER ARBEIT}, essere indietro in/con *qc*; **hinter seiner Zeit ~ sein**, non essere al passo con i tempi ● **es gibt kein Zurück (mehr)**, non si può più tornare indietro, non c'è più ritorno.

zurück|befördern <ohne ge-> tr *jdn/etw* ~ {BRIEF, PAKET, PERSON} rimandare indietro *qu/qc*, rispedire indietro *qu/qc*.

zurück|begleiten <ohne ge-> tr *jdn* (*irgendwohin*) ~ riaccompagnare/ricondurre *qu* (+ *compl di luogo*): **begleitest du mich nach Hause zurück?**, mi riaccompagni a casa?

zurück|behalten <irr, ohne ge-> tr **1** (*für immer behalten*) *etw* <ohne dat> ~ {KÖRPERLICHEN SCHADEN VON EINEM KRIEG, UNFALL, EINER VERLETZUNG} riportare *qc* (*in qc*): **Sie werden sicher eine Narbe ~**, sicuramente Le rimarrà una cicatrice **2** (*vorläufig einbehalten*) *etw* ~ {BETRAG, UNTERLAGEN} tenere *qc* (per sé), trattenere *qc*.

Zurückbehaltungsrecht <-(e)s, ohne pl> n jur diritto m di ritenzione.

zurück|bekommen <irr, ohne ge-> tr *etw* ~ **1** (*zurückerhalten*) {AUSGELIEHENEN, GESTOHLENEN GEGENSTAND, VERLIEHENES GELD} riavere *qc*, avere indietro *qc*: **ich habe die Videokassetten endlich ~**, finalmente ₁ho riavuto le₁/[sono rientrato (-a) in possesso delle] videocassette; **ich bekomme noch Geld von dir zurück**, devo ancora avere dei soldi da te **2** (*Wechselgeld bekommen*) {BESTIMMTEN BETRAG} dover avere *qc* di resto: **ich bekomme zwei Euro zurück**, devo avere due euro di resto; **Moment, Sie bekommen noch (et)was zurück!**, un momento, ₁deve ancora avere₁/[Le devo ancora dare] il resto! **3** *fam* (*in die Ausgangsstellung zurückbringen*) {HEBEL} (riuscire a) rimettere *qc* nella posizione iniziale.

zurück|beordern <ohne ge-> tr geh, **zurück|berufen** <irr, ohne ge-> tr *jdn* (*aus etw dat*) ~ {DIPLOMATEN, JOURNALISTEN} richiamare *qu* (*da qc*): **er wurde aus dem Kriegsgebiet zurückbeordert**, è stato richiamato dalla zona di guerra.

zurück|beugen A tr *etw* ~ {KOPF, OBERKÖRPER} piegare indietro *qc*, mettere indietro *qc* B rfl **sich ~** piegarsi indietro.

zurück|bilden rfl **1** (*schwinden*) **sich ~** {GESCHWULST} regredire, tornare indietro; {MUSKEL} atrofizzarsi **2** biol (*sich zurückentwickeln*) regredire.

zurück|binden <irr> A tr *etw* ~ {HAARE} legar(si) *qc*, raccogliere *qc* B rfl **sich** (dat) *etw* ~ {HAARE} legarsi *qc*.

zurück|bleiben <irr> itr <sein> **1** (*nicht mitdürfen*) (*irgendwo*) ~ {ANGEHÖRIGE, KIND IM AUSLAND, ZU HAUSE} rimanere/restare + *compl di luogo* **2** (*nicht mitgenommen werden*) *irgendwo* ~ {KOFFER AM BAHNHOF, IM HOTEL; MÖBELSTÜCK, PFLANZEN IN DER ALTEN WOHNUNG} rimanere/restare + *compl di luogo* **3** (*als Folge bleiben*) (*von etw dat*) ~: **von dem Unfall ist ihr eine Behinderung zurückgeblieben**, l'incidente le ha lasciato una menomazione **4** (*übrig bleiben*) (*bei/von etw dat*) ~ {GIFTIGE RÜCKSTÄNDE, SCHADSTOFFE BEI VERBRENNUNG} rimanere *da qc*: **bei einer Scheidung bleiben immer die Kinder als Leidtragende zurück**, sono sempre i figli a pagare le conseguenze di un divorzio **5** (*im Tempo folgen*) (*hinter jdm*) ~ {RENNFAHRER, WANDERER} rimanere indietro (*rispetto a qu*) **6** (*sich nicht wie erwartet entwickeln*) (*in etw dat*) (*hinter jdm/etw*) ~ essere indietro (*in qc*) (*rispetto a qu/qc*): **das Kind ist in seinem Wachstum hinter seinen Altersgenossen zurückgeblieben**, nella crescita il bambino è indietro rispetto ai coetanei; **der Junge bleibt hinter unseren Erwartungen zurück**, il ragazzo non è all'altezza delle nostre aspettative **7** (*geringer ausfallen*) **hinter etw** (dat) ~ {ARBEITSLOSIGKEIT, GEHÄLTER, INFLATION, WIRTSCHAFTSENTWICKLUNG} essere ₁inferiore *a*₁/[al di sotto *di*] *qc*: **die wirtschaftliche Entwicklung ist hinter den Erwartungen zurückgeblieben**, lo sviluppo economico è inferiore alle aspettative **8** (*sich nicht nähern*) restare/rimanere indietro: **bleiben Sie zurück!**, resti indietro!; **bitte vom Bahnsteig ~!** (*Ansage*), per favore, allontanarsi dal binario!

zurück|blenden itr film inserire/fare un/dei flashback.

zurück|blicken itr **1** (*sich umsehen*) voltarsi indietro, guardare indietro: **ohne zurückzublicken, fuhr er links ab**, senza guardare indietro girò a sinistra; **zum letzten Mal blickte er auf die Stadt zurück**, si girò per l'ultima volta a guardare la città, si voltò per dare un ultimo sguardo alla città; **er blickte zu ihr zurück**, si voltò a guardarla **2** (*sich vor Augen führen*) **auf etw** (akk) ~ {AUF DIE VERGANGENHEIT} guardare indietro *a qc*: **wenn ich so auf die letzten Jahre zurückblicke, ...**, se ripenso agli ultimi anni ... ● **auf etw** (akk) ~ **können**: **er kann auf ein glückliches Leben ~**, ₁può dire di aver vissuto₁/[ha dietro di sé] una vita felice.

zurückblickend adv retrospettivamente, a posteriori, guardando indietro.

zurück|bringen <irr> tr **1** (*wiederbringen*) (*jdm*) *etw* ~ {GELIEHENES BUCH, FAHRRAD, WERKZEUG} riportare *qc* (*a qu*) **2** com (*zurückgeben*) *etw* ~ (*zu jdm/irgendwohin*) ~ {FEHLERHAFTE WARE} riportare/[dare indietro] *qc* (*a qu* + *compl di luogo*) **3** (*zurückbegleiten*) *jdn* (*irgendwohin*) ~ riportare/riaccompagnare *qu* (+ *compl di luogo*): **frag Thomas, ob er dich nach der Party ~ kann**, chiedi a Thomas se dopo la festa ti può riaccompagnare; **wir bringen euch die Kinder noch vor dem Abendessen zurück**, ₁vi riportiamo₁/[riaccompagneremo] i bambini prima di cena **4** (*zurückbringen*) *jdn irgendwohin* ~ {GEISTESKRANKEN IN DIE HEILANSTALT; GEFLOHENEN HÄFTLING INS GEFÄNGNIS} ricondurre/riportare *qu* + *compl di luogo*.

zurück|datieren <ohne ge-> A tr **1** (*mit einem früheren Datum versehen*) *etw* ~ {BRIEF, RECHNUNG} retrodatare *qc*, antidatare *qc* **2** (*eine frühere Entstehungszeit als bisher festsetzen*) *etw* ~ {GEMÄLDE, KUNSTWERK, LITERARISCHES WERK AUF, IN EINE BESTIMMTE EPOCHE, IN EINEN BESTIMMTEN ZEITRAUM} retrodatare *qc* (*a qc*), far risalire le origini *di qc* a *qc*; **etw** (**um etw** akk) ~ {UM EINE BESTIMMTE ZEITSPANNE} retrodatare *qc* (di *qc.* B *itr (entstanden sein)* **auf etw** (akk) ~ risalire *a qc.*

zurück|denken <irr> *itr* **an jdn/etw** ~ {AN DEN ERSTEN FREUND, DIE SCHULZEIT, DEN LETZTEN URLAUB} ripensare *a qu/qc*, riandare con la memoria/mente *a qu/qc*, (ri)tornare con la mente/il pensiero/il ricordo *a qu/qc*: **soweit ich ~ kann, lebte meine Familie immer in demselben Haus**, per quanto possa ricordare la mia famiglia ha sempre vissuto nella stessa casa.

zurück|drängen *tr* **1** *(wieder wegdrängen)* **jdn/etw** ~ {MILITÄR, POLIZEI DEMONSTRANTEN, MENGE} respingere *qu/qc*, spingere indietro *qu/qc* **2** *(unterdrücken)* **etw** ~ {ANGST, GEFÜHLE} reprimere *qc*, soffocare *qc*.

zurück|drehen *tr* **1** *(zurückstellen)* **etw** ~ {UHR} mettere indietro *qc*; {UHRZEIGER} girare *qc* in senso antiorario, spostare indietro *qc*; **etw auf etw** (akk) ~ {AUF DEN AUSGANGSPUNKT, AUF NULL} rimettere *qc a qc* **2** *(drosseln)* {HEIZUNG, LAUTSTÄRKE, BÄSSE, HÖHEN AM VERSTÄRKER} abbassare *qc* **3** *geh (revidieren)* **etw** ~: **die Uhr/Zeit lässt sich nicht ~**, non si può tornare indietro.

zurück|dürfen <irr> *itr fam* **1** *(zurückgehen)* *(irgendwohin)* ~ poter/[avere il permesso di] (ri)tornare (+ *compl di luogo*): **jetzt darf sie endlich in ihr Land zurück**, adesso può finalmente tornare/rientrare nel suo paese **2** *(zurückgelegt werden)*: **nicht irgendwohin** ~ {AUFGETAUTE SPEISEN IN DEN KÜHLSCHRANK}, non poter essere rimesso (-a) (+ *compl di luogo*).

zurück|eilen *itr* <sein> *(irgendwohin)* ~ {INS HAUS, NACH HAUSE} ₍(ri)tornare in fretta₎/affrettarsi a tornare] (+ *compl di luogo*).

zurück|erhalten <irr, *ohne ge*-> *tr* → **zurück|bekommen**.

zurück|erinnern <*ohne ge*-> *rfl* **sich (an jdn/etw)** ~ {AN DIE KINDHEIT, DIE EHEMALIGEN LEHRER} ricordarsi *(di qu/qc)*, ricordare *qu/qc*, riandare/ritornare con la mente/la memoria *a qu/qc*: **wenn ich mich so zurückerinnere ...**, a ripensarci ...

zurück|erobern <*ohne ge*-> *tr* **1** *mil* **etw** ~ {GEBIET, STADT, STELLUNG} riconquistare *qc*, riprender(si) *qc* **2** *(erneut gewinnen)* **jdn/etw** ~ {FRAU, MANN EHEMALIGE(N) GELIEBTE(N), PARTNER(IN)} riconquistare *qu/qc*; {ABGEORDNETER WAHLKREIS, UNTERNEHMEN MARKTANTEIL} *auch* riprendersi *qc*.

zurück|erstatten <*ohne ge*-> *tr* → **rück|erstatten**.

zurück|erwarten <*ohne ge*-> *tr* **jdn** ~ aspettare il ritorno *di qu*: **ich hatte dich erst später zurückerwartet**, pensavo che tu tornassi più tardi; **ich erwarte Sie zum Wochenende zurück**, aspetto il Suo rientro/ritorno per il fine settimana.

zurück|fahren <irr> A *tr* <haben> **1** *(zurückbringen)* **etw** ~ {GELIEHENES MOTORRAD, LEIHWAGEN} riportare *qc*, portare indietro *qc* **2** *(rückwärtsfahren)* **etw** ~ {FAHRZEUG} andare indietro *con qc*, fare ₍marcia indietro₎/[retromarcia] *con qc* **3** *(wieder zum Ausgangspunkt fahren)* **etw** ~ {STRECKE} ripercorrere *qc*, rifare *qc far*: **ich musste die ganze Strecke ~, weil ich etwas vergessen hatte**, ho dovuto rifare tutta la strada perché avevo dimenticato una cosa; **wir sind den gleichen Weg zurückgefahren**, siamo (-e) tornati (-e) per la stessa strada **4** *(zurückbegleiten)* **jdn** ~ riaccompagnare/riportare/[portare indietro] *qu* (in macchina/moto) **5** *(reduzieren)* **etw** ~ {PRODUKTION} ridurre *qc*; {AUSGABEN, SUBVENTIONEN} *auch* tagliare *qc* **6** *slang tech* **etw** ~ {TECHNISCHE ANLAGE, KRAFTWERK} ridurre la potenza *di qc* B *itr* <sein> **1** *(zum Ausgangspunkt fahren)* *(ir-*

gendwohin) ~ {ZUM HOTEL, IN EIN LAND} (ri)tornare (+ *compl di luogo*): **nach Hause ~ auch**, rientrare a casa, rincasare; **fahrt ihr mit dem Zug zurück?**, tornate in treno? **2** *(rückwärtsfahren)* andare indietro: **fahren Sie bitte ein Stück zurück!**, per favore, vada/[si sposti] un po' indietro con la macchina/moto! **3** *(zurückweichen)* indietreggiare/arretrare/ritrarsi (spaventato (-a)).

zurück|fallen <irr> *itr* <sein> **1** *sport (zurückbleiben)* {LÄUFER, RADFAHRER} rimanere/restare indietro **2** *sport (absteigen)* {MANNSCHAFT, VEREIN} retrocedere: **in die zweite Liga ~**, retrocedere in (serie) B **3** *(in einen früheren Zustand verfallen)* **in etw** (akk) ~ {IN DEN ALLTAGSTROTT, ALTE GEWOHNHEITEN} ricadere *in qc*; {IN DEPRESSION, LETHARGIE} *auch* ripiombare *in qc*, precipitare nuovamente *in qc* **4** *(wieder jds Eigentum werden)* **an jdn** ~ tornare *a qu*, (ri)tornare in possesso *di qu* **5** *(angelastet werden)* **auf jdn** ~ {JDS BENEHMEN AUF DIE ANDEREN} ricadere *su qu*, ripercuotersi *su qu*: **wenn sie schlecht arbeitet, fällt das auf uns alle zurück**, se lei lavora male, ne faccino tutti (-e) le spese; **deine Taten werden auf dich ~**, le tue azioni si ritorceranno contro di te.

zurück|finden <irr> A *tr*: **den Weg ~**, trovare la strada del ritorno; **den Weg zu etw** (dat) ~, trovare la strada per/di *qc* B *itr* **1** *(den Rückweg finden)* *(irgendwohin)* ~ {ZUM BAHNHOF, NACH HAUSE, IN DIE STADT} ritrovare la strada (+ *compl di luogo*): **findest du allein zurück?**, ₍ritrovi la strada₎/[riesci a tornare] da solo (-a)? **2** *(zu jdm zurückgehen)* **zu jdm** ~ {ZUR EHEFRAU, ZUM EHEMANN, ZUM PARTNER} ritornare *da qu*, ritrovare *qu* ● **(wieder) zu sich (dat) selbst ~**, ritrovare se stesso (-a), ritrovarsi.

zurück|fliegen <irr> A *tr* <haben> **jdn/etw** *(irgendwohin)* ~ {FLUGZEUG} riportare/[portare indietro] *qc* (+ *compl di luogo*); {BEOBACHTER, JOURNALISTEN, POLITIKER} riportare/ricondurre *qu* (in aereo) + *compl di luogo* B *itr* <sein> *(irgendwohin)* ~ {ZU SEINEN ELTERN, NACH HAUSE, IN DIE SCHWEIZ} (ri)tornare (in aereo) (+ *compl di luogo*): **wir fliegen um sieben Uhr zurück**, il nostro volo di ritorno è alle sette.

zurück|fließen <irr> *itr* <sein> **1** *(wieder zum Ausgangspunkt fließen)* *(irgendwohin)* ~ {BLUT ZUM HERZEN; WASSER INS BECKEN, IN DEN KANAL, DEN SPEICHER} rifluire/ritornare + *compl di luogo* **2** *ökon* **(an jdn/etw)** ~ {GELDER, MITTEL AN MITGLIEDER, STEUERZAHLER} rifluire *verso qu/qc*.

zurück|fordern *tr* **etw (von jdm)** ~ {AUSGELIEHENEN GEGENSTAND} richiedere *qc (a qu)*, esigere/pretendere *(da qu)* la restituzione *di qc*, domandare/chiedere indietro *qc (a qu)*; {GELD, KREDIT} *auch* esigere *(da qu)* il rimborso *di qc*.

zurück|fragen *itr* chiedere/domandare a propria volta: **"warum willst du das wissen?", fragte er zurück**, "perché lo vuoi sapere?", chiese ₍a sua volta₎/[di rimando].

zurück|führen A *tr* **1** *(als Folge von etw darstellen)* **etw auf etw** (akk) ~ {GERINGE ERNTE AUF SCHLECHTES WETTER, FLUGZEUGABSTURZ AUF TECHNISCHEN FEHLER} ricondurre *qc a qc*, attribuire *qc a qc*, imputare *qc a qc*: **sein Verhalten ist darauf zurückzuführen, dass ....**, il suo comportamento è ₍da attribuire₎/imputare] [dovuto] al fatto che ...; **worauf ist das zurückzuführen?**, a che cosa è dovuto/attribuibile? **2** *(von etw ableiten)* **etw auf jdn/etw** ~ {AUSDRUCK, WORT AUF EINE ANDERE SPRACHE, GRAB, INSCHRIFT AUF DIE ZEIT DER GERMANEN, KELTEN} far risalire *qc a*

origini di *qc* **3** *(wieder zum Ausgangsort geleiten)* **jdn irgendwohin** ~ {PATIENTEN ZU SEINEM BETT, TANZPARTNERIN AN DEN TISCH} ricondurre/riportare/riaccompagnare *qu* + *compl di luogo* B *itr (zum Ausgangsort führen)* **irgendwohin** ~ {STRAßE, WEG IN DEN ORT, ZUM PARKPLATZ} riportare/ricondurre + *compl di luogo*: **aus/von etw** (dat) **führt kein Weg zurück**, da *qc* non c'è ritorno.

zurück|geben <irr> *tr* **1** *(wiedergeben)* **(jdm) etw** ~ {ENTLIEHENES BUCH, GELD, KONFISZIERTE IMMOBILIE, KLASSENARBEITEN} restituire *qc (a qu)*, riconsegnare *qc (a qu)*, rendere *qc (a qu)*, ridare *qc (a qu)*, dare indietro *qc (a qu)*: **jdm/[einem Tier] die Freiheit ~**, restituire la libertà ₍a qu₎/[un animale], rimettere in libertà *qu*/[un animale] **2 com etw** ~ {NICHT BENUTZTEN ARTIKEL, BESCHÄDIGTE, FEHLERHAFTE WARE} restituire *qc*, dare indietro *qc* **3** *(nicht länger beanspruchen)* **etw** ~ {AUSWEIS, FÜHRERSCHEIN, MITGLIEDSKARTE} restituire *qc*, riconsegnare *qc*: {MANDAT} restituire *qc*: **sein Parteibuch ~**, restituire la tessera *(di un partito)* **4** *(erwidern)* **(jdm) etw** ~ {KOMPLIMENT} ricambiare *qc (a qu)*, restituire *qc (a qu)* **5** *(erneut verleihen)* **jdm etw** ~ {ERFOLG, FREUND, LEHRER, JDS VERSTÄNDNIS SELBSTVERTRAUEN, SICHERHEIT, ZUVERSICHT} ridare *qc a qu*, restituire *qc a qu*, rendere *qc a qu* **6** *sport* **etw (an jdn)** ~ {SPIELER BALL AN TORWART, ANDEREN SPIELER} rimandare *qc (a qu)*, restituire *qc (a qu)*, dare/passare indietro *qc (a qu)* B *itr* **1** *(antworten)* replicare, dire di rimando, ribattere **2** *radio TV* **an jdn/etw** ~ restituire la linea *a qu/qc*: **wir geben ans Studio zurück**, (restituiamo la) linea allo studio **3** *sport* **an jdn** ~ {SPIELER AN ANDEREN SPIELER} restituire *qc*/[dare indietro] il pallone *a qu*.

zurückgeblieben *adj* **1** *(nicht normal entwickelt)* ritardato: **geistig/körperlich Zurückgebliebene**, ritardati mentali/fisici; **strukturell ~e Länder**, paesi con un ritardo strutturale **2** *(geringer als erwartet)* inferiore: **die hinter den Prognosen ~en Ergebnisse**, i risultati rivelatisi inferiori alle aspettative **3** *(irgendwo verbleibend)* rimasto: **die nach dem Erdbeben noch in der Gegend ~en Einwohner**, gli abitanti ancora rimasti nella zona dopo il terremoto.

zurück|gehen <irr> A *itr* <sein> **1** *(wieder zum Ausgangsort gehen)* *(irgendwohin)* ~ {ZUM BAHNHOF, NACH HAUSE, INS HOTEL} (ri)tornare/(ri)tornare in casa, rincasare; **ich geh nochmal zurück und hol' einen Schirm** *fam*, torno indietro a prendere l'ombrello **2** *(nach hinten gehen)* {PERSON} indietreggiare, andare indietro **3** *(zurückweichen)* {FEIND} retrocedere, ritirarsi, battere in ritirata **4** *(zurückkehren)* {ZU DEN ELTERN, IN DIE EHEMALIGE FIRMA, IN DIE HEIMAT, ZUM PARTNER} (ri)tornare *(da qu/+ compl di luogo)*: **er geht ins Ausland zurück**, (ri)torna a vivere all'estero **5** *(abnehmen)* {ARBEITSLOSIGKEIT, ZAHL DER VERKEHRSTOTEN} calare, scendere, diminuire; {FIEBER, HOCHWASSER, PREISE, TEMPERATUREN, UMSATZ} *auch* abbassarsi; {INTERESSE} diminuire, scemare, calare; {STURM} placarsi; {SCHMERZ} *auch* diminuire, scemare, attenuarsi: **im Laufe der Nacht geht die Temperatur auf fünf Grad zurück**, durante la notte la temperatura scende a cinque gradi **6** *(herstammen)* **auf jdn/etw** ~ {GEFLÜGELTES WORT AUF GOETHE} risalire *a qu/qc*; {BRAUCH AUF DIE ALTEN GERMANEN, AUF DAS MITTELALTER} *auch* rimontare *a qu/qc* **7** *(zurückgeschickt werden)* **(an jdn)** ~ {FEHLERHAFTE WARE AN DEN HERSTELLER; UNTERLAGEN AN EINEN KANDIDATEN} ritornare *a qu*, tornare indietro *(a qu)*:

der Motor ist defekt, er geht an den Hersteller zurück, il motore è guasto, deve essere rispedito al produttore; **das Päckchen ist ungeöffnet zurückgegangen**, il pacco è stato rispedito senza essere stato aperto; **etw ~ lassen** {BESTELLTES ESSEN, FEHLERHAFTE WARE}, (ri)mandare indietro qc **8** med (*sich zurückbilden*) {BLUTERGUSS} riassorbirsi; {SCHWELLUNG} sgonfiarsi **9** (*die Rückreise antreten*) tornare indietro, ritornare: **wann geht der Bus zurück?**, quando torna indietro l'autobus? **B** tr *<sein>* **1** (*wieder zum Ausgangsort gehen*): **denselben Weg ~**, ˌtornare indietroˌ/[ritornare] per la stessa strada, rifare la stessa strada all'indietro/all'inverso; **sie musste den ganzen Weg allein ~**, dovette fare tutta la strada di ritorno da sola **2** (*nach hinten gehen*): **einen Schritt ~**, fare un passo indietro, indietreggiare di un passo **C** unpers *<sein>*: **nach dem Abendessen geht es dann ins Hotel zurück**, dopo cena si torna in albergo.

zurückgesetzt adj **1** *region com* {ARTIKEL, PREIS} ribassato, scontato **2** (*benachteiligt*): **sich ~ fühlen**, sentirsi ˌmesso (-a) da parteˌ/[trascurato (-a)].

zurück|gewinnen *<irr, ohne ge->* tr *etw* ~ {VERLORENES GELD, SPIELEINSATZ} riguadagnare qc, recuperare qc; {FREIHEIT} riconquistare qc, {SELBSTBEWUSSTSEIN} *auch* ritrovare qc, riacquistare qc: **jds Vertrauen ~**, riguadagnarsi/riacquistare la fiducia di qu.

zurückgezogen **A** adj *<attr>* {LEBENSWEISE} ritirato, appartato: **ein ~es Leben führen**, fare/[condurre una] vita ritirata **B** adv: **~ leben**, fare vita ritirata.

Zurückgezogenheit *<-, ohne pl>* f vita f ritirata: **in völliger ~ leben**, vivere isolato (-a) dal resto del mondo, fare vita molto ritirata, vivere in ritiro.

zurück|greifen *<irr>* itr **1** (*von etw Gebrauch machen*) **auf etw** (akk) ~ {AUF ALTE HAUSMITTEL, BEWÄHRTE METHODEN} ricorrere *a* qc, fare ricorso *a* qc; {AUF ERSPARNISSE} *auch* attingere *a* qc **2** (*beim Erzählen mit Zurückliegendem beginnen*) (**auf etw** akk) ~ tornare (indietro nel tempo) *a* qc, riandare *a* qc, fare un passo indietro (*fino a* qc): **da müsste ich weit ~**, dovrei tornare molto indietro nel tempo.

zurück|haben *<irr>* tr *fam etw* ~ {GESTOHLENES AUTO, AUSGELIEHENEN GEGENSTAND, KONFISZIERTE IMMOBILIE} riavere qc, avere indietro qc: **wir wollen unser Geld ~!**, ridateci i soldi!

zurück|halten *<irr>* **A** tr **1** (*nicht fortlassen*) *jdn* ~ {PERSON} trattenere qu: **jdn am Arm ~**, trattenere qu per il braccio **2** (*nicht weitergehen lassen*) *jdn/etw* (*irgendwo*) ~ {POLIZEI DEMONSTRANTEN, MENSCHENMENGE; ZÖLLNER REISENDEN AN DER GRENZE} trattenere qu/qc (+ compl di luogo): **er wurde auf dem Polizeipräsidium zurückgehalten**, è stato trattenuto in questura **3** (*nicht weitergeben*) *etw* ~ {BEWEISE, GELDER, INFORMATIONEN} trattenere qc; {NACHRICHTEN} non divulgare/diffondere qc **4** (*unterdrücken*) ~ {TRÄNEN} trattenere qc; {WUT, ZORN} *auch* contenere qc **5** (*von etw abhalten*) *jdn* (**von etw** dat) ~ trattenere qu (dal fare qc), far desistere qu (da qc): **jdn von einem Vorhaben ~**, far desistere qu da un proposito; **ihr hättet ihn von dieser Dummheit ~ sollen**, avresti dovuto trattenerlo dal fare questa stupidaggine; **er lässt sich nicht von diesem Schritt ~**, non si riesce a dissuaderlo/trattenerlo dal fare questo passo **B** itr **1** (*zögern*) **mit etw** (dat) ~ {MIT EINER BEKANNTMACHUNG, DER ÜBERNAHME EINER FIRMA, DEM VERKAUF VON AKTIEN} aspettare *a fare* qc

2 (*vorsichtig äußern*) **mit etw** (dat) ~ {MIT SEINER MEINUNG, SEINEM URTEIL} non sbilanciarsi *in* qc: **mit seinem Lob nicht ~**, non lesinare (gli) elogi **C** rfl **1** (*sich im Hintergrund halten*) **sich** (*bei/in etw* dat) ~ {BEI, IN EINER DISKUSSION} non sbilanciarsi (*durante/in* qc): **sich mit seiner Meinung ~**, non sbilanciarsi **2** (*sich beherrschen*) **sich** (**mit etw** dat) ~ {MIT ESSEN, TRINKEN} contenersi (*in* qc), controllarsi (*in* qc): **ich musste mich ~, sonst hätte ich ihn geohrfeigt**, mi sono dovuto (-a) trattenere, altrimenti l'avrei preso a schiaffi.

zurückhaltend **A** adj **1** (*unaufdringlich*) {ART, VERHALTEN} riservato, discreto; {MENSCH} *auch* schivo: **sie ist immer sehr ~**, sta sempre molto sulle sue **2** *<meist präd>* (*kühl*) {BEIFALL} tiepido: **jdm gegenüber sehr ~ sein**, fare il sostenuto/la sostenuta con qu **3** (*vorsichtig*) {ÄUßERUNG, KRITIK} cauto, prudente **B** adv **1** (*vorsichtig*) {SICH ÄUßERN, REAGIEREN} con cautela/prudenza **2** (*unaufdringlich*) {SICH VERHALTEN} con discrezione/riservatezza, in modo riservato **3** (*kühl*) {JDN EMPFANGEN} tiepidamente, con scarso entusiasmo.

Zurückhaltung *<-, ohne pl>* f **1** (*unaufdringliche Art*) {+PERSON} riservatezza f, discrezione f: **~ üben**, usare discrezione **2** (*kühle Reaktion*) tiepidezza f, scarso entusiasmo m: **die Börse reagierte mit großer ~**, la borsa reagì molto fiaccamente; **sein neues Buch wurde mit ~ aufgenommen**, il suo nuovo libro è stato accolto con scarso entusiasmo.

zurück|holen **A** tr **1** (*an den Ausgangsort zurückbringen*) *jdn/etw* ~ andare a riprendere *qu/qc* **2** (*zurückrufen*) *jdn* ~ {BOTSCHAFTER} richiamare *qu* **3** (*wieder in seinen Besitz bringen*) *etw* ~ (**von jdm**) ~ {ENTLIEHENEN, GESTOHLENEN GEGENSTAND} (andare a) riprendere *qc* (da qu) **B** rfl (*wieder in seinen Besitz bringen*) **sich** (dat) *etw* (**von jdm**) ~ {ENTLIEHENEN, GESTOHLENEN GEGENSTAND} (andare a) riprendersi *qc* (da qu).

zurück|kämmen **A** tr (*jdm*) *etw* ~ {HAARE} pettinare all'indietro *qc* (*a qu*) **B** rfl **sich** (dat) *etw* ~ {HAARE} pettinarsi *qc* all'indietro.

zurück|kaufen tr *etw* ~ {VORHER VERKAUFTES AUTO, GRUNDSTÜCK, HAUS} ricomprare *qc*, riacquistare *qc*.

zurück|kehren itr *<sein> geh* **1** (*zurückkommen*) (*irgendwohin*) ~ {IN DIE GEBURTSSTADT, NACH HAUSE} (ri)tornare/rientrare (+ *compl di luogo*): **in die Heimat ~**, (ri)tornare/[fare ritorno]/[rientrare] in patria, rimpatriare; **zu jdm** ~ {ZU DEN ELTERN, ZUM PARTNER} (ri)tornare *da qu*; **aus/von etw** (dat) ~ {AUS DEM AUSLAND, VON EINER REISE, AUS DEM URLAUB} (ri)tornare *da qc*, rientrare *da qc* **2** (*sich wieder einstellen*) {BILDER, ERINNERUNG} (ri)tornare: **langsam kehrte das Bewusstsein zurück**, lentamente riprese conoscenza **3** (*wieder aufnehmen*) **zu etw** ~ {ZU EINER DISKUSSION, ZU ALTEN GEWOHNHEITEN, ZUM GEWOHNTEN LEBEN} (ri)tornare *a qc*, riprendere *qc*; {ZU EINEM THEMA} (ri)tornare *a qc*.

zurück|klappen tr *etw* ~ {AUTOSITZ, LEHNE} reclinare *qc*, ribaltare *qc*.

zurück|kommen *<irr>* itr *<sein>* **1** (*zum Ausgangsort kommen*) (**aus/von etw** dat) ~ {AUS DEM AUSLAND, VON EINEM SPAZIERGANG, EINER REISE, VOM URLAUB} (ri)tornare (*da qc*), rientrare (*da qc*): **er ist gestern aus den USA zurückgekommen**, è (ri)tornato/rientrato ieri dagli Stati Uniti; **zu jdm/irgendwohin** ~ {ZU DEN ELTERN, NACH KÖLN} (ri)tornare *da qu/*(+ *compl di luogo*): **nach Hause ~**, (ri)tornare/[far ritorno] a casa, rientrare;

rincasare; **der Brief ist (an den Absender) zurückgekommen**, la lettera è (ri)tornata al mittente **2** (*sich wieder einstellen*) {ERINNERUNG, FIEBER, SCHMERZEN} (ri)tornare **3** (*wieder aufgreifen*) **auf jdn/etw** ~ {AUF EINEN KANDIDATEN} riprendere in considerazione *qu/qc*; {AUF EIN ARGUMENT, EINEN PUNKT, EIN THEMA, EINEN VORSCHLAG} *auch* (ri)tornare *a/ su qc*, riconsiderare *qc*: **um auf Ihren Vorschlag zurückzukommen ...**, tornando/ [per tornare] alla Sua proposta ...; **darf ich auf dein Angebot von gestern ~?**, posso ˌritornare allaˌ/[riprendere la] tua offerta di ieri?; **wir werden gegebenenfalls auf Sie ~**, eventualmente La ricontatteremo **4** *fam* (*passivisch: zurückgebracht werden*) **irgendwohin** ~ essere da rimettere + *compl di luogo*: **die Bücher kommen aufs Regal zurück**, i libri vanno rimessi sullo scaffale **5** (*den Ausgangspunkt erreichen*) (ri)tornare: **um diese Zeit fahren keine Züge mehr. Wie kommen wir jetzt zurück?**, a quest'ora non ci sono più treni. E adesso come facciamo a tornare?

zurück|können *<irr>* itr **1** (*zurückkehren können*) (**zu jdm/irgendwohin**) ~ {INS AUSLAND, NACH HAUSE} poter/[riuscire a] (ri)tornare (*da qu/+ compl di luogo*) **2** (*sich anders entscheiden können*): **nicht mehr ~**, non poter più tornare indietro.

zurück|kriegen tr *fam* → **zurück|bekommen**.

zurück|lächeln itr ricambiare un sorriso.

zurück|lassen *<irr>* tr **1** (*dalassen*) *jdn/ etw* (*irgendwo*) ~ {FLÜCHTLINGE, VERTRIEBENE ANGEHÖRIGE, EIGENTUM IN DER HEIMAT, GEPÄCK IM HOTEL} lasciare *qc* (+ *compl di luogo*) **2** (*hinterlassen*) *jdm etw* ~, *etw* **für jdn** ~ {ADRESSE, NACHRICHT, TELEFONNUMMER} lasciare *qc a/per qu* **3** (*nach dem Tod allein lassen*) *jdn* ~ {VERUNGLÜCKTER FRAU UND KINDER} lasciare *qu* **4** (*zurückbleiben lassen*) *etw* ~ {UNFALL SPÄTFOLGEN; VERLETZUNG NARBE} lasciare *qc* **5** *sport jdn* ~ lasciarsi dietro *qu*, lasciare indietro *qu* **6** *fam* (*zurückkehren lassen*) *jdn* (**zu jdm/irgendwohin**) ~ {ZU DER FAMILIE, NACH HAUSE} far/lasciar (ri)tornare *qu da qu/+ compl di luogo*).

Zurücklassung *<-, ohne pl>* f: **unter ~ von** *etw* (dat) {VON FINANZIELLEN PROBLEMEN, SCHULDEN}, lasciando *qc*.

zurück|laufen *<irr>* itr *<sein>* **1** (*zum Ausgangspunkt laufen*) (**zu jdm/irgendwohin**) ~ {INS BÜRO, NACH HAUSE, ZU EINER PERSON} tornare (indietro) (a piedi) (*da qu/+ compl di luogo* ~: **ihr könnt das Auto nehmen, wir laufen zurück**, potete prendere la macchina, noi torniamo a piedi **2** (*sich laufend zurückbewegen*) {TONBAND, VIDEOKASSETTE} riavvolgersi, tornare indietro *fam*: **etw ~ lassen** {TONBAND, VIDEOKASSETTE}, (far) riavvolgere *qc* **3** (*zurückfließen*) (*irgendwohin*) ~ {WASSER IN EIN BECKEN, EINEN BEHÄLTER} rifluire (+ *compl di luogo*).

zurück|legen **A** tr **1** (*wieder an Ort und Stelle legen*) *etw* (*irgendwohin*) ~ {BUCH, ZEITUNG AUF DEN SCHREIBTISCH, INS ZIMMER} rimettere *qc + compl di luogo*, riporre *qc + compl di luogo*: **hast du die Fotos wieder zurückgelegt?**, hai rimesso ˌa postoˌ/[via *fam*] le foto? **2 com jdm etw** ~, **etw für jdn** ~ {KLEID, SCHUHE} mettere ˌda parteˌ/[via *fam*] *qc per qu*: **können Sie mir den Rock (bis morgen) ~?**, può mettermi da parte la gonna (fino a domani)? **3** (*sparen*) *etw* ~ {BESTIMMTEN GELDBETRAG} mettere da parte *qc*, accantonare *qc*: **im letzten Jahr konnte sie mehr als 1000 Euro ~**, l'anno scorso è riuscita a risparmiare più di 1000 euro **4** (*bewältigen*) *etw* ~ {STRECKE, WEG} percorrere *qc*; {ENTFERNUNG} *auch* coprire *qc*: **zehn km ₁mit dem Fahrrad₁/[zu Fuß] ~**, percorrere/fare dieci chilometri ₁in bicicletta₁/[a piedi] **5** (*zurücklehnen*) **etw ~** {KOPF} appoggiare *qc* (all')indietro **B** rfl **1** (*sich nach hinten lehnen*) **sich ~** appoggiarsi all'indietro: **sich ₁auf der Couch₁/[im Sessel] ~**, appoggiarsi allo schienale ₁del divano₁/[della poltrona]; **sie legte sich bequem zurück**, appoggiò comodamente la schiena; **beim Skifahren sollte man sich nicht zu weit ~**, quando si scia non si dovrebbe stare troppo indietro/seduti **2** (*sparen*) **sich** (dat) **etw ~** metter(si) ₁da parte₁/[via *fam*] *qc*: **er hat sich für das Alter eine schöne Summe zurückgelegt**, si è messo da parte una bella sommetta per la vecchiaia.

zurück|lehnen **A** tr **etw ~** {KOPF} appoggiare *qc* (a uno schienale) **B** rfl **sich ~** appoggiarsi (allo schienale di *qc*): **sie lehnte sich bequem auf dem Sofa zurück**, si sedette comoda sul divano.

zurück|liegen <irr> itr <haben oder süddt A CH sein> **1** (*her sein*) + *Zeitangabe* {EREIGNIS, ERLEBNIS, STUDIUM EIN JAHR, ZWEI MONATE} risalire *a* + *compl di tempo* + *fa*: **der Unfall liegt mehr als zehn Jahre zurück**, l'incidente risale a più di dieci anni fa, sono passati più di dieci anni dall'incidente; **dieses Treffen liegt schon so weit zurück, dass ich mich nicht mehr daran erinnern kann**, ₁l'incontro risale a così tanto tempo fa₁/[è passato talmente tanto (tempo) da quell'incontro] che non lo ricordo più; **es liegt nun mehrere Jahre zurück, dass ...**, ormai sono passati diversi anni da quando ...; **das liegt so weit zurück**, è successo tanto tempo fa **2** *sport* (*hinter jdm*) **~** {LÄUFER, MANNSCHAFT} essere/trovarsi indietro (*rispetto a qu*): **weit/[um fünf Punkte] ~**, essere ₁molto indietro₁/[indietro di cinque punti].

zurück|mailen itr (*jdm/an jdn*) **~** rispondere alla mail (*di qu*).

zurück|melden rfl **sich ~** (*bei jdm*) **~** {BEIM KOMPANIECHEF, VORGESETZTEN} presentarsi *da qu* al proprio ritorno/rientro: **wir wollten uns nur bei euch ~**, volevamo solo dirvi/informarvi che siamo tornati (-e).

zurück|müssen <irr> itr *fam* **1** (*zum Ausgangsort zurückgehen müssen*) (*irgendwohin*) **~** {INS BÜRO, ZUR UNIVERSITÄT, NACH BONN} dover (ri)tornare (+ *compl di luogo*): **ich muss um zehn (Uhr) nach Hause zurück**, devo ₁tornare/rientrare a casa₁/[rincasare] alle dieci **2** (*zurückgelegt werden müssen*) *irgendwohin* {BÜCHER INS REGAL, FLEISCH, MILCH IN DEN KÜHLSCHRANK} dover essere rimesso (-a) + *compl di luogo*.

Zurücknahme <-, -n> f **1** (*das Zurücknehmen*): **der Ware nur gegen Vorlage des Kassenzettels**, la merce si riprende solo dietro presentazione dello scontrino **2** (*das Widerrufen*) {+BESTELLUNG} annullamento m; {+ANSCHULDIGUNG, ÄUSSERUNG, BEHAUPTUNG, BELEIDIGUNG} ritrattazione f; {+ANTRAG, GESETZENTWURF, KLAGE} ritiro m.

zurück|nehmen <irr> tr **etw ~ 1 com** {GESCHÄFT, HÄNDLER VERKAUFTEN ARTIKEL, DEFEKTES GERÄT} riprendere *qc*, (ri)prendere indietro *qc* **2** (*widerrufen*) {BELEIDIGUNG} ritirare *qc*, ricacciarsi in gola *qc fam* {ANSCHULDIGUNG, ÄUSSERUNG, BEHAUPTUNG} ritrattare *qc*, ricacciarsi in gola *qc fam* {VERSPRECHEN} rimangiarsi *qc*: **nimm das sofort zurück!**, ritira/ritratta subito quello che hai detto! **3** (*für ungültig erklären*) {BESTELLUNG} annullare *qc*, {ANTRAG, VERSPRECHEN} ritirare *qc*, {ANORDNUNG, GESETZ} revocare *qc*: **die Klage ~** *jur*, desistere dalla causa; **den Strafantrag ~** *jur*, ritirare la querela **4** *mil* {TRUPPEN} riti-

rare *qc* **5** (*nach hinten bewegen*) {KOPF, SCHULTERN} portare *qc* all'indietro **6** (*regulieren*) {BÄSSE, HÖHEN AM VERSTÄRKER, LAUTSTÄRKE} abbassare *qc*: **das Gas ~**, rallentare **7** (*in die vorherige Lage bringen*) {FUSS, HAND} togliere *qc* **8** {Brettspiel} {ZUG} ritirare *qc*.

zurück|pfeifen <irr> tr **1** *fam* (*eine Aktion abbrechen lassen*) **jdn ~** {KANZLER MINISTER; VORGESETZTE BEHÖRDE BEAMTEN} richiamare *qu*, dare l'alt *a qu* **2** (*durch einen Pfiff zurückkommen lassen*) **etw ~** {HUND} richiamare *qc* (con un fischio).

zurück|prallen itr <sein> **1** (*abprallen*) (*von etw* dat) **~** {BALL, GESCHOSS, STEIN VON DER MAUER, WAND} rimbalzare *su qc*; {HITZE VON DER HAUSWAND} essere restituito *da qc* **2** (*zurückweichen*) (*vor etw* dat) **~** {VOR SCHRECK} fare un salto indietro (*da/per qc*).

zurück|reichen **A** tr *geh* (*zurückgeben*) **jdm etw ~** {AUSGEHÄNDIGTES BUCH, FOTOS} restituire *qc a qu*, riconsegnare *qc a qu*: **können Sie mir bitte die Butter ~?**; mi può passare di nuovo il burro, per cortesia? **B** itr (*zurückgehen*) (*bis*) **in etw** (akk) **~** {ANFÄNGE IN DIE ANTIKE, INS MITTELALTER, IN ALTE ZEITEN} risalire *in qc*, avere origine *in qc*; {BRAUCH, TRADITION} *auch* rimontare *a qc*.

zurück|reisen itr <sein> ritornare, rientrare, fare il viaggio di ritorno: **nächste Woche reisen wir in die Schweiz zurück**, la prossima settimana (ri)torniamo in Svizzera.

zurück|reißen <irr> tr **jdn ~** tirare indietro *qu*.

zurück|rollen **A** tr <haben> **etw ~** {FASS, REIFEN, STEIN} far rotolare *qc* fino al punto di partenza **B** itr <sein> (*BALL*) rotolare indietro: **der Ball rollte ins Spielfeld zurück**, il pallone è rientrato in campo; {FAHRZEUG, WAGGON} andare indietro; **der Wagen rollt zurück**, la macchina sta andando indietro.

zurück|rudern itr <sein> **1** *sport* (*irgendwohin*) **~** tornare ₁a remi₁/[remando] (+ *compl di luogo*) **2** *fam* (*eine Äußerung, Maßnahme etc zurücknehmen*) fare marcia indietro, tornare sui propri passi.

zurück|rufen <irr> **A** tr **1** *tel* **jdn ~** richiamare *qu*: **ich rufe Sie zurück, sobald der Chef wieder im Hause ist**, La richiamo (non) appena torna il principale **2** (*jdn zur Rückkehr auffordern*) **jdn etw ~** {HUND, KIND, SCHÜLER} richiamare *qu* **3** (*wieder beleben*) **jdn ins Leben ~**, richiamare in vita *qu* **4** (*zurückbeordern*) **jdn/etw ~** {BOTSCHAFTER, SPEZIALTRUPPE} richiamare *qu/qc* **5** (*als Antwort geben*): **"wann kommst du nach Hause?", rief sie – "Um acht!", rief er zurück**, "quando torni?" gli chiese – e lui di rimando "alle otto!" **6** (*jdn an etw erinnern*): **jdm etw ₁in die Erinnerung₁/[ins Gedächtnis] ~**, richiamare alla memoria/mente di *qu* **B** itr *tel* richiamare: **er hat gesagt, er ruft/rufe später zurück**, ha detto che ₁richiama/richiamerà *fam*₁/[avrebbe richiamato] più tardi **C** rfl: **sich** (dat) **jdn/etw ins Gedächtnis ~**, richiamare alla memoria *qu/qc*, rammentarsi di *qu/qc*.

zurück|schalten itr **1** (*zum Ausgangspunkt schalten*) **auf etw** (akk) **~** {AUFS ZWEITE PROGRAMM} rimettere *su qc*, (ri)tornare *su qc* **2** *autom* (*in etw* akk/*auf etw* akk) **~** scalare (*in qc*), rimettere (in) *qc fam*, ingranare una marcia inferiore: **in den ersten Gang ~**, rimettere la prima.

zurück|schauen itr *süddt A CH* → **zurück|blicken**.

zurück|scheuen itr <sein> **vor etw** (dat) **~** indietreggiare *davanti a qc*, arretrare *davanti a qc*: **solche Typen scheuen nicht ein-

mal vor Mord zurück**, gente del genere non si tira indietro neanche davanti all'omicidio; **vor nichts ~**, non arretrare di fronte a niente.

zurück|schicken tr **1** (*wieder hinschicken*) (*jdm*) **etw ~** {GESCHENK, POST} rispedire *qc* (*a qu*), rimandare *qc* (*a qu*), (ri)spedire indietro *qc* (*a qu*), mandare indietro *qc* (*a qu*): **einen Brief an den Absender ~**, rispedire una lettera al mittente **2** (*abweisen*) **jdn ~** {BOTEN} (ri)mandare indietro *qu*, {ASYLANTEN, FLÜCHTLING} *auch* rispedire a casa *qu*, (far) rimpatriare *qu*.

zurück|schieben <irr> tr **1** (*wieder an den Ausgangspunkt schieben*) **jdn ~** spingere indietro *qu*; **etw ~** {BETT, SCHRANK} rimettere *qc* al suo posto: **er half ihr, den Schrank wieder an die Wand zurückzuschieben**, l'aiutò a spingere di nuovo l'armadio contro il muro **2** (*nach hinten schieben*) **etw ~** {BETT, SCHRANK, SCHREIBTISCH} spostare indietro *qc*, spingere indietro *qc* **3** (*zur Seite schieben*) {RIEGEL, VORHANG} aprire *qc*.

zurück|schlagen <irr> **A** tr <haben> **1** *mil* **jdn/etw ~** {VORSTOSS} respingere *qc*; {FEIND, ANGREIFENDE TRUPPEN} *auch* ricacciare (indietro) *qu/qc*; {ANGRIFF} respingere *qc*, rintuzzare *qc* **2** *sport bes. Tennis Tischtennis* **etw ~** {BALL} respingere *qc*, rinviare *qc*, rimandare *qc* **3** (*umklappen*) **etw ~** {BETTLAKEN, DECKE} rovesciare all'indietro *qc*; {KRAGEN} rovesciare *qc*; {SCHLEIER} sollevare *qc*; {VORHANG} aprire *qc* **B** itr **1** <haben> (*den Schlag erwidern*) restituire il colpo: **er gab ihr eine Ohrfeige, und sie schlug sofort zurück**, le dette uno schiaffo e lei gli rese restituì/rese subito; **der Feind schlägt zurück**, il nemico passa al contrattacco **2** <sein> (*sich zurückbewegen*) {PENDEL, SCHAUKEL} tornare indietro: **die Wellen schlagen von der Kaimauer zurück**, le onde si rifrangono sul molo **3** <haben> (*sich nachteilig auswirken*) **auf etw** (akk) **~** {REFORMEN, SPARMASSNAHMEN AUF DIE WAHL} ripercuotersi *su qc*.

zurück|schneiden <irr> tr **etw ~** {ÄSTE, ROSEN} spuntare *qc*, potare *qc*; {BAUM, HECKE} *auch* cimare *qc*, svettare *qc*; {RASEN} tagliare *qc*.

zurück|schnellen itr <sein> {GUMMIBAND, SPRUNGFEDER} schizzare indietro.

zurück|schrauben tr **etw ~** {BEDÜRFNISSE, ERWARTUNGEN} ridimensionare *qc*; {ANSPRÜCHE} *auch* moderare *qc*, {ENERGIEVERBRAUCH} ridurre *qc*, diminuire *qc*; {GEHÄLTER} tagliare *qc*, abbassare *qc*.

zurück|schrecken <irr> itr <sein> **1** (*vor Schreck zurückfahren*) (*vor jdm/etw*) **~** {VOR EINEM ANBLICK, EINER PLÖTZLICH AUFTAUCHENDEN GESTALT} indietreggiare/arretrare spaventato (-a) (*davanti a qu/qc*) **2** (*Bedenken haben*) **vor etw** (dat) **~** {VOR EINER AUFGABE, EINEM BETRUG, EINER LÜGE, EINER KRIMINELLEN TAT} arretrare *di fronte a qc*, indietreggiare *di fronte a qc*: **vor Gewalt/Mord nicht ~**, non esitare a ₁ricorrere alla violenza₁/[uccidere]; **nicht davor ~, etw zu tun**, non fermarsi/indietreggiare davanti a *qc*; **vor nichts ~** (*keine Schwierigkeit scheuen oder skrupellos sein*), non fermarsi/indietreggiare/arretrare di fronte a niente.

zurück|schreiben <irr> **A** tr (*jdm*) **etw ~**, **etw** (*an jdn*) **~** {EINEN BESCHWERDEBRIEF, EIN PAAR ZEILEN} riscrivere *qc* (*a qu*), rispondere *con qc* (*a qu*) **B** itr (*jdm*) **~** riscrivere (*a qu*), rispondere (*a qu*).

zurück|schwimmen <irr> itr <sein> (*irgendwohin*) **~** {ZUM BOOT, ANS UFER} tornare (indietro) a nuoto (+ *compl di luogo*).

zurück|schwingen <irr> itr <sein> {PENDEL, SCHAUKEL} tornare indietro.

zurück|sehen <irr> itr → **zurück|blicken**.

zurück|sehnen rfl sich *nach etw* (dat)/ *zu jdm* ~ {NACH HAUSE, NACH SEINER JUGEND, ZU EINEM GELIEBTEN MENSCHEN} avere nostalgia *di qu/qc*.

zurück|sein a.R. *von* zurück sein → **sein**②.

zurück|senden <irr oder reg> tr geh *etw* (*an jdn*) ~ {BRIEF, UNTERLAGEN} rispedire *qc* (*a qu*), rimandare *qc* (*a qu*), (ri)spedire indietro (*a qu*).

zurück|setzen A tr **1** (*an frühere Stelle setzen*) *jdn* (*irgendwohin*) ~ {KIND AUF DAS BETT, IN DEN KINDERSTUHL, IN DEN SESSEL} rimettere *qu* + *compl di luogo* **2** (*nach hinten setzen*) *jdn* ~: er setzte den Schüler in die letzte Reihe zurück, fece (ri)tornare l'alunno nell'ultima fila **3** (*etw nach hinten fahren*) *etw* ~ {AUTO} [fare marcia]/[andare] indietro *con qc*, spostare indietro *qc*, indietreggiare *con qc*: können Sie bitte Ihren Wagen ein Stück ~?, può spostare un po' indietro la (Sua) macchina, per favore? **4** (*nach hinten versetzen*) *etw* ~ {BLUMENBEET, GARTENTOR, MAUER} spostare indietro *qc* **5** (*benachteiligen*) *jdn* ~ mettere da parte *qu*, trascurare *qu* **6** *inform etw* ~ ripristinare *qc* **7** *region* (*herabsetzen*) *etw* ~ {AUSLAUFENDE ARTIKEL, MODELLE} ribassare *qc* B itr (*nach hinten fahren*) (*mit etw* dat) ~ {MIT EINEM AUTO} andare/[fare marcia] indietro (*con qc*), indietreggiare (*con qc*): der Fahrer setzte ein paar Meter zurück, l'automobilista andò indietro (con la macchina) di qualche metro C rfl **1** (*sich wieder an die frühere Stelle setzen*) sich (*irgendwohin*) ~ {AUF DIE COUCH, AN DEN SCHREIBTISCH} rimettersi [a sedere]/[seduto (-a)] (+ *compl di luogo*), risedersi (+ *compl di luogo*) **2** (*sich weiter nach hinten setzen*) sich ~ sedersi più indietro: sie setzte sich zwei Reihen zurück, si [mise a sedere]/[sedette] due file più indietro.

Zurücksetzung <-, -en> f discriminazione f: etw als ~ empfinden, vivere *qc* come una discriminazione; von einer ~ der ausländischen Mitschüler kann keine Rede sein, non si può parlare di discriminazione nei confronti degli studenti stranieri.

zurück|sinken <irr> itr <sein> (*irgendwohin*) ~ **1** (*wieder untergehen*) {GEGENSTAND INS WASSER} sprofondare (+ *compl di luogo*) **2** (*zurückfallen*) {AUF DIE COUCH, IN DEN SESSEL} abbandonarsi/sprofondarsi + *compl di luogo*.

zurück|springen <irr> itr <sein> **1** (*an den früheren Platz zurück*) *irgendwohin* ~ tornare (con un salto) + *compl di luogo*: als der Bus plötzlich losfuhr, sprang sie auf den Bürgersteig zurück, quando improvvisamente l'autobus partì, fece un salto indietro sul marciapiede **2** (*nach hinten springen*) saltare (all')indietro, fare un salto (all')indietro **3** (*zurückprallen*) {BALL} rimbalzare **4** (*nach hinten versetzt sein*) {FASSADE, MAUER} rientrare.

zurück|spulen A tr ~ {FILM, TONBAND, VIDEOKASSETTE} far tornare indietro *qc*, riavvolgere *qc*; (*für Arbeitszwecke*) sbobinare *qc* B itr tornare indietro, riavvolgersi.

zurück|stecken A tr (*wieder irgendwohin stecken*) *etw* ~ (*irgendwohin*) ~ {AUSWEIS, FOTO IN DIE BRIEFTASCHE} rimettere via/[riporre] *qc* (+ *compl di luogo*): steck dein Geld mal wieder zurück, ich lade dich ein!, rimetti via i soldi, offro io! B itr *fam* **1** (*geringere Ansprüche stellen*) ridimensionarsi, accontentarsi di meno, moderarsi: sie ist nicht bereit, ein wenig zurückzustecken, non è disposta a [ridurre/ridimensionare le sue pretese] (*darsi una regolata fam*) ~

müssen, doversi limitare/moderare **2** (*nachgeben*) fare un passo indietro, scendere a compromessi.

zurück|stehen <irr> itr <haben oder süddt A CH sein> **1** (*weiter hinten stehen*) {BAUM, GEBÄUDE} essere arretrato: alle Bäume müssen mindestens zehn Meter von der Landstraße ~, tutti gli alberi devono trovarsi a una distanza di almeno dieci metri dalla strada provinciale **2** (*verzichten*) (*hinter jdm*) ~ venire dopo *qu*, venire secondo (-a) (*dietro qu*): sie musste immer hinter ihrem älteren Bruder ~, veniva sempre dopo il fratello maggiore **3** (*weniger wert sein*) (*hinter jdm/etw*) ~ {HINTER DER KONKURRENZ} rimanere/restare indietro (*rispetto a qu/qc*): keiner wollte ~, nessuno volle essere da meno; in seinen schulischen Leistungen steht er weit hinter den anderen zurück, a scuola è molto indietro rispetto agli altri **4** (*an die zweite Stelle rücken*) passare in secondo piano, venire dopo: hinter diesem Problem müssen alle anderen ~, di fronte a questo problema tutti gli altri [passano in secondo piano]/[devono essere accantonati].

zurück|stellen tr **1** (*an den alten Platz stellen*) *etw* (*irgendwohin*) ~ {VASE AUF DEN TISCH} rimettere *qc* + *compl di luogo*: {BUCH INS REGAL, WEIN IN DEN KÜHLSCHRANK} *auch* riporre *qc* + *compl di luogo*: du kannst ruhig meine Wörterbücher benutzen, aber stell sie dann wieder zurück!, usa pure i miei vocabolari, ma poi rimettili a posto! **2** (*nach hinten stellen*) *etw* ~ mettere indietro *qc*, spostare indietro *qc*: ihr müsst den Tisch weiter ~, sonst haben wir nicht genug Platz, dovete spostare il tavolo un po' più indietro, altrimenti non abbiamo spazio sufficiente **3** (*früher einstellen*) *etw* ~ {UHR} mettere indietro *qc*; {ZEIGER} *auch* spostare indietro *qc*: die Uhr eine Stunde ~, mettere indietro l'orologio di un'ora **4** (*niedriger stellen*) *etw* ~ {HEIZUNG} abbassare *qc* **5** (*aufschieben*) *etw* ~ {BAU, PLAN, PROJEKT} accantonare *qc*, mettere da parte *qc*; {ARBEIT} *auch* lasciare indietro *qc*: der Umbau der Schule muss aus finanziellen Gründen zurückgestellt werden, la ristrutturazione della scuola deve essere accantonata per motivi economici; die Übersetzung muss nächsten Monat fertig sein, bis dahin muss ich alles andere ~, la traduzione deve essere pronta per il mese prossimo, fino a quel momento tutto il resto devo lasciarlo indietro **6** (*vorläufig von etw befreien*): ab August geborene Kinder können ein Jahr zurückgestellt werden, per i ragazzi nati da agosto in avanti la scolarizzazione può essere rinviata di un anno; vom Wehrdienst zurückgestellt werden, essere dichiarato rivedibile **7** (*zurücklegen*) (*jdm*) *etw* ~ {ANGEZAHLTE ELEKTRORÄTE, SCHUHE} mettere [da parte]/[via *fam*] *qc per qu* **8** (*hintanstellen*) *etw* ~ {FORDERUNG, WUNSCH} far passare *qc* in [second'ordine]/[secondo piano], accantonare *qc*: um die Harmonie in der Familie nicht zu gefährden, stellt sie ihre eigenen Bedürfnisse immer zurück, per non compromettere l'armonia familiare mette sempre da parte le sue esigenze personali.

zurück|stoßen <irr> A tr <haben> **1** (*an den früheren Platz stoßen*) *jdn/etw* ~ rispingere *qu/qc*, spingere indietro *qu/qc*: er stieß den Stuhl mit dem Fuß zurück, con il piede spinse indietro la sedia; jdn ins Zimmer ~, rispingere *qu* nella stanza **2** (*zurückweisen*) *jdn* ~ respingere *qu*: sie ist total in ihn verknallt, aber er stößt sie immer wieder zurück, si è presa una terribile cotta per lui, ma lui la respinge sempre B itr <sein> {FAHRZEUGFÜHRER} [fare marcia]/[andare]

indietro.

zurück|strahlen A tr *etw* ~ {LICHT} riflettere *qc*; {HAUSWAND, OFENSTEIN WÄRME} restituire *qc* B itr {LICHT} riflettersi; {WÄRME} venir restituito (-a).

zurück|streichen <irr> rfl sich (dat) *etw* ~ {DAS HAAR} mandare indietro *qc*.

zurück|streifen tr *etw* ~ {ÄRMEL} tirare su *qc*, rimboccare *qc*.

zurück|strömen itr <sein> (*irgendwohin*) ~ {MENSCHENMENGE, TOURISTEN} rifluire + *compl di luogo*: nach den Sommerferien strömen die Urlauber in die Städte zurück, dopo le vacanze estive fiumane di villeggianti tornano nelle città; nach dem Gewitter strömte das Wasser in die Gullis zurück, dopo il temporale l'acqua rifluì nei tombini.

zurück|stufen tr *jdn* ~ {KFZ-VERSICHERUNG VERSICHERTEN} aumentare il premio *a qu*; *jdn in etw* (akk) ~: einen Angestellten in eine niedrigere Gehaltsgruppe ~, inquadrare un dipendente in una categoria retributiva inferiore; einen Offizier im Dienstgrad ~, degradare un ufficiale.

zurück|stutzen tr *etw* ~ **1** (*zurückschneiden*) {ÄSTE, ROSEN} spuntare *qc*, potare *qc*; {BAUM, HECKE} *auch* cimare *qc*, sfrondare *qc*, svettare *qc* **2** (*reduzieren*) {SOZIALLEISTUNGEN} tagliare *qc*.

zurück|tragen <irr> tr **1** (*wieder hintragen*) *etw* (*irgendwohin*) ~ {GEGENSTAND ZUM AUTO, INS HAUS} riportare *qc* (+ *compl di luogo*) **2** *com etw* (*zu jdm/irgendwohin*) ~ {FEHLERHAFTE WARE} riportare/restituire *qc* (*a qu/+ compl di luogo*).

zurück|treiben <irr> A tr <haben> *jdn* ~ {POLIZEI DEMONSTRANTEN; SOLDATEN FEINDLICHE TRUPPEN} respingere *qu*, ricacciare (indietro) *qu*; *etw irgendwohin* ~ {VIEH AUF DIE WEIDE} riportare/ricondurre *qc* + *compl di luogo* B itr <sein> {HOLZ} essere/venire riportato (-a) dalla corrente: zum Ufer ~, venire riportato (-a) a riva.

zurück|treten <irr> A itr <sein> **1** (*nach hinten treten*) indietreggiare, retrocedere: am Bahnsteig fünf bitte ~! Der Zug fährt in zwei Minuten ab!, allontanarsi dal binario cinque! Il treno parte tra due minuti! **2** (*seinen Rücktritt erklären*) {MINISTER, VORSITZENDER} dare/rassegnare *geh* le dimissioni, dimettersi: er ist von seinem Amt als Minister zurückgetreten, si è dimesso dalla carica di ministro; die zurückgetretene Regierung, il governo dimissionario **3** (*weniger wichtig werden*) (*hinter etw* dat) ~ passare in secondo piano (*rispetto a qc*), perdere importanza (*di fronte a qc*) **4** (*rückgängig machen*) *von etw* (dat) ~ {VON EINER ABMACHUNG, EINEM VERTRAG} recedere *da qc*; {VON EINEM KAUF} annullare *qc*; {VON EINEM RECHT} rinunciare *a qc* **5** (*nach hinten versetzt sein*) {KÜSTE, UFER} rientrare B tr <sein> (*nach hinten treten*) *etw* ~: einen Schritt ~, fare un passo indietro, indietreggiare di un passo.

zurück|tun <irr> tr *fam etw* ~ rimettere (a posto) *qc*: hast du die Bücher wieder zurückgetan?, hai rimesso (a posto) i libri?

zurück|verfolgen <ohne ge-> tr *etw* (*bis in etw* akk) ~ {ENTWICKLUNG} ricostruire *qc* (*fino a qc*), ripercorrere *qc* (*fino a qc*); {STAMMBAUM, TRADITION} *auch* far risalire *qc a qc*: diese Tradition lässt sich bis ins 13. Jahrhundert ~, questa tradizione risale al XIII secolo.

zurück|verlangen <ohne ge-> tr *etw* (*von jdm*) ~ {GELIEHENEN GEGENSTAND, GELD} volere indietro *qc* (*da qu*), chiedere indietro *qc* (*a qu*), richiedere *qc* (*a qu*), rivolere *qc* (*da qu*): sie verlangte ihre Bücher zurück, ha chiesto/voluto indietro i suoi libri; **die Aufführung war derart schlecht, dass viele Zuschauer ihr Geld zurückverlangten**, lo spettacolo era talmente scadente che molti spettatori rivolevano i soldi del biglietto.

zurück|versetzen <ohne ge-> **A** tr **1** (*wieder an die frühere Stelle versetzen*) **jdn irgendwohin** ~ {BEAMTEN, LEHRER} ritrasferire *qu + compl di luogo* **2** (*in eine vergangene Zeit versetzen*) **jdn** (**in etw** akk) ~ {IN EIN VERGANGENES JAHRHUNDERT, DIE JUGENDJAHRE} riportare *qu a qc*: **sie fühlte sich in ihre Kindheit zurückversetzt**, si sentiva tornata bambina; **hier fühlt man sich ins Mittelalter zurückversetzt**, sembrare di essere tornati al Medioevo **B** rfl (*sich in eine vergangene Zeit hineindenken*) **sich** *in etw* (akk) ~ ritornare/riandare (Lcol pensiero⌋/[con la mente]) *a qc*: **versuch mal, dich in die Jahre kurz nach dem Krieg zurückzuversetzen**, cerca di immaginarti come si viveva negli anni immediatamente successivi alla guerra.

zurück|weichen <irr> itr <sein> **1** (*zurücktreten*) (**vor jdm/etw**) ~ {VOR EINEM GRAUSIGEN ANBLICK, EINEM VERBRECHER} indietreggiare/ritrarsi/arretrare (*davanti a qu/qc*): **er wich unwillkürlich zurück**, indietreggiò istintivamente **2** (*aus dem Weg gehen*) **vor etw** (dat) ~ {VOR DISKUSSIONEN, SCHWIERIGKEITEN, VOR EINEM STREIT} indietreggiare/ritrarsi *di fronte a qc* **3** mil (**vor jdm/etw**) ~ {TRUPPEN VOR DEM FEIND} indietreggiare/arretrare/retrocedere (*davanti a qu/qc*); {VOR EINEM ANGRIFF} ripiegare (*davanti a qc*).

zurück|weisen <irr> tr **1** (*abweisen*) **jdn** ~ {ASYLANTEN, EINWANDERER, FLÜCHTLINGE, PERSON OHNE VISUM} respingere *qu* **2** (*ablehnen*) **etw** ~ {ANGEBOT, ANSINNEN, ANTRAG, FORDERUNG, VORSCHLAG} respingere *qc* **3** (*sich gegen etw verwahren*) **etw** ~ {BEHAUPTUNG} respingere *qc*; {BESCHULDIGUNG, VORWURF} auch rigettare *qc*: **ich weise diese Anschuldigung entschieden zurück**, respingo fermamente quest'accusa.

Zurückweisung f **1** (*Abweisung*) {+ASYLANTEN, EINWANDERER, FLÜCHTLINGE} respingimento m **2** (*Ablehnung*) {+FORDERUNG} rifiuto m **3** (*Verwahrung gegen etw*) {+BEHAUPTUNG, VORWURF} respingere m *qc*.

zurück|werfen <irr> tr **1** (*zum früheren Punkt werfen*) (**jdm**) **etw** ~ {BALL} rimandare *qc* (*a qu*), ributtare *qc* (*a qu*), rinviare *qc* (*a qu*), rigettare *qc* (*a qu*); **etw irgendwohin** ~ {STEIN AUF DIE STRASSE} ributtare *qc + compl di luogo*; {BALL INS SPIELFELD} auch rimandare/rinviare/rigettare *qc + compl di luogo*: **die Wellen warfen den Schwimmer immer wieder ans Ufer zurück**, le onde continuavano a trascinare il nuotatore verso riva **2** (*nach hinten werfen*) **etw** ~ {KOPF} rovesciare indietro *qc*; {HAAR} buttare indietro *qc* **3** (*reflektieren*) **etw** ~ {FELSWAND ECHO, SCHUTZMAUER SCHALL} rinviare *qc*, rimandare *qc*, riverberare *qc*; {WAND LICHT, STRAHLEN} riflettere *qc* **4** (*in eine schlechtere Position bringen*) **jdn/etw** ~ {INFLATION, KRISE WIRTSCHAFT EINES LANDES; MISSERFOLG FORSCHUNG} far retrocedere/regredire/[tornare indietro] *qu/qc*: **jdn beruflich** ~ {LANGE ABWESENHEIT, KRANKHEIT}, penalizzare *qu* professionalmente; **das hat uns um Jahre zurückgeworfen**, ci ha fatti tornare indietro di anni; **die heimische Fußballmannschaft verlor 3:1 und wurde damit auf den vierten Platz zurückgeworfen**, la squadra locale ha perso 3 a 1 precipitando così al quarto posto **5** *mil* **jdn** ~ {FEIND} respingere *qu*, ricacciare (indietro) *qu*.

zurück|wirken itr (*auf jdn/etw*) ~ ripercuotersi *su qu/qc*, riverberarsi *su qu/qc*, riflettersi *su qu/qc*.

zurück|wollen **A** itr *fam* (*zurückgehen wollen*) (*irgendwohin*) ~ {NACH HAUSE, IN DIE HEIMAT} voler (ri)tornare (+ *compl di luogo*) **B** tr (*zurückhaben wollen*) **etw** ~ {SEINE BÜCHER, SEIN GELD} volere indietro *qc*, rivolere *qc*.

zurück|wünschen **A** tr (*wiederhaben wollen*) **jdn/etw** ~ {FREIHEIT, PARTNER} desiderare il ritorno *di qu/qc*; {DIE JUGENDZEIT, STUDIENZEIT} desiderare (ri)tornare *a qc*, voler rivivere *qc* **B** rfl **1** (*wiederhaben wollen*) **sich** (dat) **jdn/etw** ~ {DIE JUGENDZEIT, SCHULZEIT} desiderare (ri)tornare *a qc*, voler rivivere *qc* **2** (*zurückgehen wollen*) **sich irgendwohin** ~ {NACH HAUSE, IN EINEN URLAUBSORT} desiderare (ri)tornare *+ compl di luogo*.

zurück|zahlen tr **1** (*erstatten*) (**jdm**) **etw** ~ {DARLEHEN, KREDIT} restituire *qc* (*a qu*), rendere *qc* (*a qu*): **du kannst mir das Geld in drei Raten** ~, puoi restituirmi/rendermi i soldi in tre rate; **etw an etw** (akk) ~ {GELIEHENES GELD AN DIE BANK, KREDITINSTITUT} restituire *qc a qc* **2** *fam* (*heimzahlen*) **jdm etw** ~ far pagare *qc a qu*: **das zahl ich ihm zurück!**, gliela farò pagare! *fam*; **diese Gemeinheit werd ich ihr** ~!, te la farò pagare cara questa vigliaccata!

zurück|ziehen <irr> **A** tr <haben> **1** (*nach hinten ziehen*) **etw** ~ {BEIN, HAND} tirare indietro *qc*, ritirare *qc*, ritrarre *qc*; {SCHRANK} tirare indietro *qc*, spostare indietro *qc*: **er konnte das Kind im letzten Moment auf den Bürgersteig** ~, all'ultimo momento riuscì a tirare il bambino (indietro) sul marciapiede **2** (*zur Seite ziehen*) **etw** ~ {GARDINEN, RIEGEL, VORHANG} aprire *qc* **3** (*widerrufen*) **etw** ~ {ANTRAG, BESCHWERDE, KANDIDATUR, KLAGE, VORSCHLAG} ritirare *qc*; {AUFTRAG, BESTELLUNG} auch revocare *qc* **4** (*zurückbeordern*) **jdn/etw** ~ {BOTSCHAFTER, TRUPPEN} ritirare *qu/qc*, richiamare *qu/qc* **5** (*vom Markt nehmen*) **etw** ~ {HERSTELLER AUTOTYP, MEDIKAMENT} ritirare (dal mercato) *qc* **B** itr <sein> (*wieder hinziehen*) **irgendwohin** ~ {NACH FRANKFURT, AUFS LAND, IN DIE STADT} ⌊(ri)tornare a vivere⌋/[ritrasferirsi] + *compl di luogo* **C** rfl <haben> ~ **1** (*sich begeben*) **sich irgendwohin** ~ {IN DIE BERGE, NACH HAUSE, AUF SEIN ZIMMER} ritirarsi + *compl di luogo* **2** (*sich entfernen*) **sich aus/von etw** (dat) ~ {VON DER BÜHNE, AUS DEM GESCHÄFTSLEBEN, DER POLITIK} ritirarsi *da qc*: **sich ins Privatleben** ~, ritirarsi a vita privata **3** (*den Kontakt mit jdm aufgeben*) **sich von jdm** ~ {VON FREUNDEN, DEN MENSCHEN} allontanarsi *da qu*: **sie hat sich ganz von den Menschen/der Welt zurückgezogen**, si è completamente allontanata ⌊dalla gente⌋/[dal mondo]; **sich in sich selbst** ~, ⌊ripiegarsi su⌋/[rinchiudersi] se stesso ~ **4** *mil* **sich** ~ {TRUPPEN} ritirarsi, ripiegare, battere in ritirata **D** *unpers*: **es zieht jdn irgendwohin zurück**, sentire (il desiderio di) (ri)tornare + *compl di luogo*: **die Deutschen zieht es immer wieder nach Italien zurück**, i tedeschi si sentono sempre e di nuovo attratti dall'Italia; **viele Auswanderer zieht es in die Heimat zurück**, molti emigranti sentono il ⌊desiderio di tornare in⌋/[richiamo della] patria.

zurück|zucken itr (*vor etw* dat) ~ indietreggiare sussultando (*davanti a qc*).

Zuruf <-(*e*)*s*, -*e*> m grido m; (*Aufruf*) acclamazione f: **die Wahl des Komitees erfolgt durch einfachen** ~, l'elezione del comitato avviene per semplice acclamazione; **der Spieler stürmte unter den anfeuernden** ~**en des Publikums nach vorn**, spinto dalle grida di incitamento del pubblico, il giocatore si lanciò in avanti; **die** ~**e der Zuschauer machten ihr Mut**, le acclamazioni degli spettatori lo incoraggiarono ● **auf** ~ (GEHORCHEN, REAGIEREN), al richiamo; (*bei Auktionen*), a viva voce; (*an der Börse*), alle grida.

zu|rufen <irr> tr **jdm etw** ~ gridare *qc a qu*: **jdm** ~, ⌊dass er/sie etw tun soll⌋/[etw zu tun], gridare *a qu di fare qc*.

zurzeit adv attualmente, al/[per il] momento: **wir haben** ~ **keine Zimmer frei**, al momento non abbiamo camere libere.

Zusage <-, -*n*> f positiva, conferma f; (*Versprechen*) promessa f, assicurazione f: **die** ~, **etw zu tun**, l'impegno di/a fare *qc*; **wir haben die** ~ **der Behörde, dass die Bauarbeiten gestoppt werden**, abbiamo la promessa/l'impegno da parte delle autorità che i lavori di costruzione saranno fermati; **eine** ~ **auf eine Bewerbung (hin) bekommen**, ricevere una risposta positiva a una domanda di impiego; **von einem (der) Teilnehmer fehlt noch die** ~, manca ancora la conferma di uno dei partecipanti ● **eine feste/endgültige** ~, un sì definitivo: **ich brauche Ihre feste** ~, **sonst muss ich mich an jemand anderen wenden**, ho bisogno che Lei mi ⌊dia la conferma definitiva⌋/[dica definitivamente di sì], altrimenti mi devo rivolgere a qualcun altro; (**jdm**) **eine/seine** ~ **geben**, impegnarsi (con qu), dare la propria parola (*a qu*); (**jdm**) **eine/seine** ~ **geben, etw zu tun**, ⌊impegnarsi (con qu) a⌋/[promettere (a qu) di] fare *qc*; **jdm keine** ~ **machen können**, non poter promettere niente a qu.

zu|sagen **A** tr **1** (*zusichern*) (**jdm**) **etw** ~ {HILFE, UNTERSTÜTZUNG} promettere *qc* (*a qu*); {KREDIT} accordare *qc* (*a qu*): **jdm sofortige Hilfe** ~, promettere a qu (un) aiuto immediato; **er ist nicht erschienen, obwohl er seine Teilnahme zugesagt hatte**, nonostante avesse promesso di partecipare, non si è fatto vedere; **er hat zugesagt, er schreibt den Artikel**, ha accettato/[detto di sì]: scriverà l'articolo! **2** (*bestätigen*) **jdm etw** ~ {SEIN KOMMEN, SEINE TEILNAHME} confermare *qc a qu*: **sie hat den Veranstaltern ihre Teilnahme zugesagt**, ha confermato agli organizzatori la sua partecipazione **B** itr **1** (*eine Zusage geben*) (**jdm**) ~ {FIRMA EINEM BEWERBER} dare una risposta positiva (*a qu*); {EINGELADENER DEM GASTGEBER} auch accettare l'invito (*di qu*): **das Unternehmen hat mir zugesagt, ich bekomme die Stelle!**, l'impresa mi ha dato (una) risposta positiva, ho avuto il posto!; **einer/jds Einladung** ~, accettare ⌊un invito⌋/[l'invito di qu] **2** **geh** (*gefallen*) **jdm** ~ {ANGEBOT, ARTIKEL, ESSEN, GETRÄNK} piacere *a qu*, essere di gradimento/gusto *di qu*: **das Auto sagt mir zu**, la macchina mi piace; **dieser Wein sagt mir zu**, questo vino ⌊mi piace⌋/[è di mio gusto]; **wenn Ihnen das Produkt nicht zusagt, ...**, se non rimane soddisfatto (-a) del prodotto ...; **der Typ sagt mir nicht zu**, quel tipo non mi dice niente.

zusammen adv **1** (*gemeinsam*) {REISEN, SPIELEN} insieme, assieme: **zahlen Sie getrennt oder** ~?, pagano separatamente/separati (-e) o insieme?, conti separati o un conto unico?; **wir haben** ~ **eine Vorspeise bestellt**, abbiamo ordinato un antipasto in due⌋/[insieme]/[da dividere (tra noi)]; ~ **sieht das sehr elegant aus**, insieme è molto elegante; **mit jdm** ~, ~ **mit jdm**, insieme a/con qu, assieme a qu; **sie ist mit ihm** ~ **in die Schule gegangen**, ha frequentato ⌊insieme con/a⌋/[assieme] a lui la scuola **2** (*gleich-*

zeitig) insieme 3 (~gerechnet) in tutto/totale, complessivamente: **das macht ~ 40 Euro**, in totale fanno 40 euro • **alle ~**, tutti (-e) insieme; **er besitzt mehr als alle anderen ~**, possiede più lui di tutti gli altri (messi) insieme; **alles ~**, tutto insieme, complessivamente, nel complesso.

Zusạmmenarbeit <-, ohne pl> f collaborazione f, cooperazione f: **eine enge/internationale/wirtschaftliche ~**, una collaborazione stretta/internazionale/economica; **nur durch eine enge ~ unter den Kollegen kann das Projekt gelingen**, il progetto andrà in porto solo a patto che ci sia una stretta collaborazione tra colleghi; **in ~ mit jdm**, in collaborazione/cooperazione con qu.

zusạmmen|arbeiten itr **mit jdm/etw** ~ collaborare/cooperare/lavorare ˌinsieme a˩/[con] qu/qc: **die Konzerne arbeiten auf wirtschaftlicher Ebene zusammen**, i gruppi industriali collaborano/cooperano a livello economico; **ich würde gern mit ihm ~**, mi piacerebbe lavorare con lui.

zusạmmen|ballen A tr **1** (zu einer festen Masse formen) etw ~ {LEHM, PAPIER} appallottolare qc: **Schnee zu einem Klumpen ~**, ammassare la neve **2** (eine Faust machen): **die Hände/Fäuste ~**, serrare le mani/i pugni; **die Hand zur Faust ~**, serrare/chiudere la mano a pugno B rfl (sich zusammenziehen) **sich** ˌirgendwo˩ ~ {GEWITTERWOLKEN} addensarsi/ammassarsi (+ compl di luogo); {MENSCHENMENGE} ammassarsi/accalcarsi (+ compl di luogo): **die Zuschauermenge ballte sich am Eingang zusammen**, la folla degli spettatori si ammassò all'entrata.

zusạmmen|bauen tr etw ~ {MODELLFLUGZEUG, MOTOR, RADIO, SCHRANK} montare qc, assemblare qc: **etw wieder ~**, rimontare qc.

zusạmmen|beißen <irr> tr etw ~ {KIEFER} serrare qc; {LIPPEN, ZÄHNE} auch stringere qc.

zusạmmen|bekommen <irr, ohne ge-> tr fam **1** (versammeln können) jdn/etw ~ riuscire a ˌmettere insieme˩/[riunire] qu/qc **2** (aufbringen können) etw ~ {GELD} riuscire a ˌmettere insieme˩/[racimolare fam]/[raggranellare fam]/[raccapezzare fam] fam **3** (rekonstruieren können) etw ~ {PUZZLE} riuscire a fare/comporre qc; {TATHERGANG} riuscire a ricostruire qc; {GESCHICHTE} auch riuscire a mettere insieme qc.

zusạmmen|betteln rfl sich (dat) etw ~ {ESSEN, KLEIDER, DAS NOTWENDIGE} mettere insieme qc mendicando: **die Straßenkinder müssen sich ihr Essen jeden Tag aufs Neue ~**, tutti i giorni i bambini di strada devono trovare da mangiare mendicando ad ogni angolo.

zusạmmen|binden <irr> tr etw ~ {FADEN, GARBEN} legare (insieme) qc; etw zu etw (dat) ~ {KORN ZU EINER GARBE} legare qc (in qc): **sich das Haar zu einem Schwanz ~**, raccogliere i capelli in una coda; **das Kopftuch unterm Kinn ~**, annodar(si) il fazzoletto sotto il mento; **die Blumen zu einem Strauß ~**, fare/comporre un mazzo di fiori.

zusạmmen|bleiben <irr> itr <sein> **1** (beieinanderbleiben) rimanere/restare insieme: **die Kinder sollen in der Gruppe ~**, i ragazzi devono rimanere uniti nel gruppo; **mit jdm ~**, rimanere/restare ˌinsieme a˩/[con] qu **2** (als Paar ~) rimanere/restare insieme: **trotz der Schwierigkeiten blieben die beiden zusammen**, nonostante le difficoltà i due rimasero insieme; **mit jdm ~**, rimanere/restare ˌinsieme a˩/[con] qu.

zusạmmen|bomben tr etw ~ {LAND, STÄDTE} bombardare qc radendolo al suolo, radere qc al suolo con le bombe: **der Stadtteil wurde völlig zusammengebombt**, il quartiere è stato cancellato dalle bombe.

zusạmmen|borgen rfl fam sich (dat) etw ~ {AUSSTATTUNG, GELD, KLEIDER} farsi prestare qc a destra e a sinistra fam, mettere insieme qc facendoselo prestare fam.

zusạmmen|brauen A tr fam scherz (als Getränk zubereiten) (jdm) etw ~ {COCKTAIL, GESÖFF, MISCHUNG, ZEUG} preparare qc (a qu): **was braust du uns denn da zusammen?**, si può sapere che ˌmiscuglio diabolico˩/[terribile intruglio] ci stai preparando? B rfl (entstehen) sich ~ {GEWITTER, UNHEIL} prepararsi • **da braut sich doch was zusammen!** fam (etwas Unangenehmes), qualcosa bolle in pentola! fam; (ein Gewitter), si sta preparando un bel temporale!

zusạmmen|brechen <irr> itr <sein> **1** (kollabieren) {PERSON} collassare, avere un collasso: **sein Kreislauf ist zusammengebrochen**, ha collassato; (ohnmächtig) crollare/stramazzare a terra svenuto (-a)/morto (-a); **vor Erschöpfung ~**, crollare stremato (-a)/estenuato (-a); **als er die schreckliche Nachricht erhielt, brach er zusammen**, quando ha ricevuto quella terribile notizia è crollato **2** (zum Erliegen kommen) {TELEFONNETZ} andare in tilt; {VERKEHR} auch bloccarsi (completamente), paralizzarsi, collassare; {MARKT, WIRTSCHAFT} crollare, subire un tracollo/crollo; {BÖRSE} auch subire un crash; {BANKWESEN} subire un crac: **genau in dem Moment ist die Verbindung zusammengebrochen** tel, proprio in quel momento è caduta la linea; **wegen des Gewitters ist die Stromversorgung zusammengebrochen**, a causa del temporale la rete elettrica è andata in tilt; {WIDERSTAND} crollare **3** (im COMPUTER, RECHNER) subire un crash **4** (zusammenstürzen) {BRÜCKE, GERÜST, KONSTRUKTION} crollare, rovinare: **das Dach brach unter dem Gewicht zusammen**, il tetto crollò/sprofondò sotto il peso **5** (sich auflösen) {LÜGENGEBÄUDE, REICH, THEORIE} crollare: **unter dem Ansturm der Barbaren brach das Römische Reich zusammen**, l'impero romano crollò sotto l'assalto dei barbari; **die Firma ist zusammengebrochen**, la ditta ha subito un tracollo; **damals brach für sie eine Welt zusammen**, allora le crollò/cadde il mondo addosso.

zusạmmen|bringen <irr> tr **1** (beschaffen) etw (für etw akk) ~ {GELD, SUMME} racimolare qc (per qc) fam, raggranellare qc (per qc) fam, mettere insieme qc (per qc) fam, raccapezzare qc (per qc) fam: **die nötige Summe für einen Hauskauf ~**, mettere insieme la somma necessaria all'acquisto di una casa; **sie wusste nicht, wie sie das Geld für die Miete ~ sollte**, non sapeva dove trovare/raccapezzare i soldi per l'affitto **2** (in Kontakt bringen) jdn ~ {PERSONEN} mettere in contatto qu; **jdn mit jdm ~** mettere in contatto qu con qu, far conoscere qu a qu: **seine Tätigkeit hat ihn mit vielen Menschen zusammengebracht**, la sua attività ˌgli ha fatto incontrare˩/[l'ha messo in contatto con] molte persone; **das Schicksal hat uns zusammengebracht**, è il destino che ci ha fatti (-e) conoscere; **jdn wieder ~** {GETRENNTE, STREITENDE}, riunire qu, riconciliare qu; **das gemeinsame Leid hat uns wieder zusammengebracht**, la sofferenza comune ci ha riuniti (-e) **3** fam (können) etw ~ {GEDICHT} ricordar(si) (come fa) qc: **bringst du das Lied noch zusammen? Ich habe alles vergessen**, ti ricordi (come faceva) quella canzone? L'ho dimenticata tutta; **er brachte keinen vernünftigen Satz mehr zusammen**, non riusciva più a mettere insieme una frase sensata.

Zusạmmenbruch m **1** (Kollaps) {+LAND, POLITISCHES SYSTEM, WIRTSCHAFT} collasso m, crollo m; {+BANK} crac m; {+BÖRSE} crash m; {+VERKEHR} collasso m, paralisi f, blocco m totale; {+FIRMA} tracollo m **2** med psych {+KREISLAUF} collasso m; (Nervenzusammenbruch) crollo m psicofisico, esaurimento m (nervoso): **sie war dem ~ nahe**, era sull'orlo del collasso, era a un passo ˌdal crollo psicofisico˩/[dall'esaurimento (nervoso)].

zusạmmen|brüllen tr fam **1** (so brüllen, dass jd angelaufen kommt): **der/die/das ganze ... ~** {BELEGSCHAFT, DORF, FAMILIE}, urlare/sbraitare tanto che tutto (-a) ... ˌcorre a˩/[accorre per] vedere; **als er den Schaden entdeckte, brüllte er das ganze Haus zusammen**, quando scoprì il danno, urlò tanto che tutti gli inquilini corsero a vedere che cosa era successo **2** (anbrüllen) jdn ~ {CHEF UNTERGEBENEN; LEHRER SCHÜLER} fare degli urlacci a qu fam, fare una partaccia a qu.

zusạmmen|drängen A tr (zusammenpferchen) jdn/etw (irgendwo) ~ {MENSCHEN, TIERE} pigiare/stipare/ammassare qu/qc + compl di luogo: **die Schafe wurden im Pferch zusammengedrängt**, le pecore furono stipate nello stabbio; **zusammengedrängt**, assiepato, ammassato, accalcato; **die Leute stehen dicht/eng zusammengedrängt im Bus**, in autobus la gente sta stipata/pigiata come sardine B rfl (sich dicht an dicht) sich ~ {MENSCHEN} stringersi l'uno (-a) all'altro (-a); **sich** ˌirgendwo˩ ~ {TIERE AUF DER WEIDE} ammassarsi + compl di luogo; {MASSE, MENSCHEN AUF EINEM PLATZ, AUF ENGSTEM RAUM} auch assieparsi/accalcarsi/affollarsi/stiparsi + compl di luogo: **die Fans drängen sich vor der Bühne zusammen**, i fan ˌsi ammassano/accalcano/affollano˩/[fanno calca] davanti al palcoscenico.

zusạmmen|drücken tr **1** (etw flacher machen) etw ~ {BOOT, DOSE} schiacciare qc: **die beiden Lkws hatten das Auto völlig zusammengedrückt**, i due camion avevano completamente schiacciato la macchina **2** (aneinanderdrücken) etw ~ {ZWEI TEILE} pressare qc (per unirli).

zusạmmen|fahren <irr> A itr <sein> **1** (zusammenzucken) trasalire, sussultare, sobbalzare **2** (zusammenstoßen) {ZWEI ZÜGE} scontrarsi; {ZWEI AUTOS, ZWEI LKWS} auch andare a sbattere fam; **mit etw ~** {AUTO MIT EINEM ANDEREN} scontrarsi con qc, andare a sbattere contro qc B tr fam <haben> **1** (überfahren) jdn ~ {FAHRRADFAHRER, FUßGÄNGER} mettere sotto qu fam, arrotare qu, investire qu **2** (zu Schrott fahren) etw ~ sfasciare qc.

zusạmmen|fallen <irr> itr <sein> **1** (einstürzen) (in sich akk) ~ {GERÜST} crollare, venire giù fam; {BRÜCKE, KONSTRUKTION} auch rovinare: **wie ein Kartenhaus ~**, crollare come un castello di carte **2** (nichtig werden) (in sich akk) ~ {ARGUMENTATION, LÜGENGEBÄUDE} crollare **3** (zusammensinken) (in sich akk) ~ {AUFLAUF, KUCHEN, TEIG} sgonfiarsi, afflosciarsi; {FEUER} spegnersi a poco a poco **4** (sich gleichzeitig ereignen) {EREIGNISSE} coincidere: **etw und etw fällt (zeitlich) zusammen**, qc coincide con qc; **mit etw zusammen ~** {DER FEIERTAG MIT DEM SONNTAG, DER GEBURTSTAG MIT KARNEVAL} coincidere con qc: **deine Ferien fallen mit meinen zusammen**, le tue vacanze coincidono con le mie **5** (schwach werden) {MENSCH} deperire, andare giù fam: **ein zusammengefallenes Gesicht**, un viso emaciato/smunto **6** (sich decken) {GEOMETRISCHE FIGUREN, LINIEN} coincidere.

zusammen|falten tr **1** (*durch Falten verkleinern*) *etw* ~ {BLATT, PAPIER, SERVIETTE, ZEITUNG} (ri)piegare *qc* **2** (*falten*): **die Hände ~**, congiungere le mani **3** *slang* {*jdn zusammenstauchen*} *jdn* ~ fare un cazziatone *a qu fam*.

zusammen|fassen Ⓐ tr **1** (*resümieren*) *etw* ~ riassumere *qc*, ricapitolare *qc*, riepilogare *qc*, sintetizzare *qc*: **er fasste die zentralen Punkte des Vortrages zusammen**, riassunse i punti centrali della relazione; **das lässt sich ⌊in drei Sätzen⌋/[wie folgt] ~**, lo si può riepilogare ⌊in poche parole⌋/[come segue]; **etw in Stichworten/[groben Zügen] ~**, riassumere *qc* ⌊per sommi capi⌋/[sommariamente] **2** (*vereinigen*) *jdn/etw in/zu etw* (dat) ~ {INTERESSENTEN, TEILNEHMER IN/ZU GRUPPEN, GRUPPEN ZU EINER PARTEI} riunire *qu/qc in qc*: **die Teilnehmer in Klassen von 15 Personen ~**, raggruppare i partecipanti in classi di 15 persone; *etw unter etw* (dat) ~ {UNTER EINEM OBERBEGRIFF} raggruppare *qc* sotto *qc*; {UNTER EINER KATEGORIE} raggruppare *qc in qc* Ⓑ itr (*ein Resümee ziehen*) riassumere, ricapitolare, riepilogare: **wenn ich ~ darf, ...**, riassumendo ..., ricapitolando ...

zusammenfassend Ⓐ adj {BERICHT, DARSTELLUNG, ÜBERBLICK} riassuntivo, riepilogativo, sintetico Ⓑ adv {BERICHTEN, DARSTELLEN} sintetizzando, in sintesi, per sommi capi, riassumendo, ricapitolando: **~ lässt sich sagen, dass ...**, riassumendo/ricapitolando/riepilogando si può dire che ...

Zusammenfassung f **1** (*das Zusammenfassen*) {+EREIGNISSE, INHALT} riassunto m, riepilogo m, sintesi f, ricapitolazione f **2** (*Resümee*) riassunto m.

zusammen|fegen tr *etw* ~ {BLÄTTER, DRECK, KRÜMEL} raccogliere *qc* con la scopa.

zusammen|finden <irr> rfl *geh* **sich ~** (*irgendwo*) ~ riunirsi (+ *compl di luogo*): **sich ~, um etw zu tun**, riunirsi/ritrovarsi per fare *qc* • **da haben sich ja die Richtigen zusammengefunden!** *iron scherz*, Dio li fa e poi li accoppia.

zusammen|flicken tr *fam* **1** *meist pej* (*zusammennähen*) *etw* ~ {HOSE, MANTEL, PULLOVER} rattoppare *qc*, rappezzare *qc*, rammendare *qc*: **etw notdürftig ~**, rattoppare/rappezzare *qc* alla meglio/[meno peggio] **2** *pej* (*schreiben*) *etw* ~ {ARTIKEL, DOKTORARBEIT} rappezzare *qc* (alla meglio) **3** (*operieren*) *jdn* ~ {PATIENTEN, VERLETZTEN} ricucire *qu fam*: **im Krankenhaus haben sie ihn wieder zusammengeflickt**, all'ospedale l'hanno ricucito.

zusammen|fließen <irr> itr <sein> **1** (*zusammen ineinanderfließen*) (*irgendwo*) ~ {FLÜSSE} confluire + *compl di luogo* **2** (*sich vermischen*) {FARBEN, KLÄNGE} fondersi.

Zusammenfluss (a.R. Zusammenfluß) <-es, ohne pl> m *geog* confluenza f.

zusammen|fügen geh Ⓐ tr *etw* ~ {MOSAIKSTEINE, TEILE EINES PUZZLES} comporre *qc*, mettere insieme *qc*, unire *qc*; {BAU-, MASCHINENTEILE} assemblare *qc*, mettere insieme *qc*; *etw zu etw* (dat) ~ {PUZZLETEILE ZU EINEM BILD, STEINE ZU EINEM MOSAIK} comporre *qc in qc*, unire/[mettere insieme] *qc* realizzando *qc*: **etw zu einem Ganzen ~**, fare di *qc* un insieme Ⓑ rfl **sich ~** incastrarsi.

zusammen|führen tr *jdn* ~ {BEKANNTE, FREUNDE} far incontrare *qu*: **das Schicksal hat uns zusammengeführt**, il destino ci ha fatti (-e) incontrare; **Familien (wieder) ~**, riunire le famiglie.

Zusammenführung f {+FAMILIEN} ricongiungimento m: **die geplante ~ der beiden Organisationen**, la prevista fusione delle due organizzazioni.

zusammen|gehen itr *fam* (*koalieren*) {FRAKTIONEN, PARTEIEN, SPLITTERGRUPPEN} mettersi insieme, fare alleanza.

zusammen|gehören <ohne ge-> itr **1** (*zueinander gehören*) {MANN UND FRAU} essere fatti (l') uno per l'altra; {GLEICHGESINNTE} intendersi; {FREUNDE, PARTNER} *auch* andare molto d'accordo: **die beiden gehören doch schon lange zusammen**, è tanto che quei due stanno insieme **2** (*ein Ganzes bilden*) {SPIELKARTEN, SPIELSTEINE} andare insieme; {HANDSCHUHE, SCHUHE, SOCKEN} *auch* formare/fare un paio: **die Socken gehören nicht zusammen**, questi calzini non ⌊vanno insieme⌋/[sono appaiati].

zusammengehörig adj {KARTEN, SPIELSTEINE} che vanno insieme; (*paarweise ~*) {SCHUHE, SOCKEN} *auch* che formano/fanno un paio: **sich ~ fühlen**, sentirsi uniti (-e); {MANN UND FRAU} *auch* sentirsi fatti (l')uno (-a) per l'altro (-a).

Zusammengehörigkeit <-, ohne pl> f (*in einer Gruppe, Partei*) coesione f: **die Eheringe symbolisieren die ~ der Ehepartner**, le fedi simboleggiano l'unione dei coniugi; **ein Gefühl der ~ verband sie**, li univa un forte legame.

Zusammengehörigkeitsgefühl <-s, ohne pl> n (*von Eheleuten, Paaren*) senso m di appartenenza, forte legame m; (*in der Familie*) senso m della famiglia; (*in der Gruppe, Klasse, Mannschaft*) spirito m di corpo/solidarietà.

zusammengekauert adj rannicchiato, accovacciato, raccolto.

zusammengesetzt adj **1** (*bestehend*): **aus etw** (dat) ~ **sein**, essere ⌊composto di/da⌋/[formato da] *qc* **2** *ling* {VERBFORM, WORT} composto.

zusammengewürfelt adj {GESELLSCHAFT} eterogeneo; {GRUPPE} *auch* composto; {KLEIDERKOMBINATION} messo insieme a caso; {WOHNUNGSEINRICHTUNG} raccogliticcio, preso/raccattato qua e là.

zusammen|glucken itr *fam* {FREUNDINNEN, NACHBARINNEN} stare/essere sempre insieme, essere inseparabili/[culo e camicia *fam*].

zusammen|haben <irr> tr *fam* **1** (*zusammengebracht haben*) *jdn/etw* ~ {SACHEN, UTENSILIEN} aver pronto (-a) *qc*; {INTERESSENTEN, MITGLIEDER, SPIELER} aver trovato/[messo insieme] *qu*; {INFORMATIONEN, UNTERLAGEN} aver raccolto/[messo insieme] *qc*: **die Mannschaft ~**, aver formato/[messo su *fam*] la squadra; **hast du jetzt alle Informationen zusammen?**, hai ⌊messo insieme⌋/[raccolto] tutte le informazioni (che ti servono)? **2** (*etw aufgebracht haben*) *etw* ~ {BETRAG, GELD, SUMME} aver ⌊messo insieme⌋/[racchezzato] *qc*.

Zusammenhalt <-s, ohne pl> m coesione f: **der ~ in der Familie/Gruppe ist gut**, c'è una buona coesione all'interno ⌊della famiglia⌋/[del gruppo].

zusammen|halten <irr> Ⓐ tr **1** (*verbinden*) *etw* ~ {KLEBSTOFF, SCHRAUBEN} tenere unito (-a)/insieme *qc*; {BAND, SCHNUR} *auch* legare *qc*: **die Schraube hält die Bretter zusammen**, la vite tiene unite le assi **2** *fam* (*nicht ausgeben*) *etw* ~ {ERSPARNISSE, GELD} tener(si) stretto (-a) *qc*: **er kann sein Geld einfach nicht ~**, ha le mani bucate *fam* **3** (*beieinanderhalten*) *jdn/etw* ~ {GRUPPE, HERDE, MENSCHEN, TIERE} tenere unito (-a)/insieme *qu/qc*: **ein guter Schäferhund hält die Herde auch bei Gefahr zusammen**, un buon cane da pastore tiene unito il gregge anche in caso di pericolo Ⓑ itr **1** (*verbunden bleiben*) {BRETTER, VERLEIMTE TEILE} tenere: **das hält schon zusammen!**, certo che tiene! **2** (*zueinanderhalten*) essere solidale: **die beiden halten zusammen, die verraten sich nicht**, quei/quelle due sono molto uniti (-e), non si tradiscono; **in schweren Zeiten ~**, rimanere uniti (-e) in tempi difficili.

Zusammenhang m **1** (*Beziehung*) nesso m, connessione f, relazione f, rapporto m; (*Wechselbeziehung*) correlazione f: **zwischen den beiden Vorfällen besteht ein/kein direkter ~**, tra i due avvenimenti ⌊esiste un⌋/[non esiste alcun] nesso/[rapporto diretto]; **es ist unbestritten, dass es zwischen Schlafstörungen und Depression einen ~ gibt**, è indiscutibile che ci sia un nesso/una correlazione tra disturbi del sonno e depressione; **zwischen den beiden Phänomenen muss es doch einen ~ geben**, tra i due fenomeni ci deve pur essere una relazione; **gibt es zwischen den Attentaten irgendeinen ~?**, si può in qualche modo stabilire un nesso tra questi attentati?, c'è qualche cosa che accomuna questi attentati? **2** (*Kohärenz*) {+ARGUMENTATION, ERZÄHLUNG, GEDANKENGÄNGE, TEXT} nesso m (logico), coesione f, coerenza f: **dem Text fehlt jeglicher ~**, questo testo è totalmente privo di coesione; **in größeren Zusammenhängen denken**, ragionare in termini più ampi **3** (*Kontext*) contesto m: **der gesellschaftliche/kulturelle/politische ~**, il contesto sociale/culturale/politico; **bei der Beschreibung eines Phänomens muss man die historischen Zusammenhänge berücksichtigen**, nel descrivere un fenomeno bisogna tener conto del contesto storico **4** *jur* {+STREITSACHEN} connessione f • *jdn/etw mit jdm/etw in ~ bringen* (*in Verbindung bringen*), mettere in relazione/rapporto *qu/qc* con *qu/qc*: **man hat seinen Wahlerfolg mit der jüngsten Bestechungsaffäre in ~ gebracht**, c'è chi ⌊vede un nesso tra⌋/[mette in relazione] il suo successo elettorale e il recente scandalo delle tangenti; **sein Schweigen bringe ich mit unserem letzten Streit in ~**, ricollego il suo silenzio al nostro ultimo litigio; *jd/etw wird in ~ mit etw* (dat) *genannt* {FIRMA, GRUPPE, PERSON MIT EINER AFFÄRE, EINEM VERBRECHEN, EINEM VORFALL}, (il nome di) *qu/qc* viene citato ⌊in riferimento/relazione a⌋/[quando si parla di] *qc*; **einen ~ zwischen etw und etw** (dat) **herstellen**, stabilire un nesso/rapporto/una relazione tra *qc* e *qc*, mettere *qc* in relazione con *qc*; *im ~* {DARSTELLEN, ERZÄHLEN}, nel contesto; *im/in ~ mit etw* (dat) (*zugleich mit etw*), nell'ambito di *qc*, in rapporto a *qc*; *im/in ~ mit seiner Forschungsarbeit machte er die Entdeckung, dass ...*, nell'ambito della sua ricerca scoprì che ...; **in diesem ~ ist zu erwähnen, dass ...**, a questo proposito c'è da dire che ...; **in welchem ~?**, a quale proposito?; **in ~ mit dieser Geschichte will ich euch etwas erzählen**, a proposito di questa storia vi voglio raccontare una cosa; *ohne ~*: **das ist nur eine Aneinanderreihung loser Gedanken, ohne inneren ~**, non è altro che una successione di pensieri senza il minimo nesso (logico); **ohne ~ kann man das nicht verstehen**, senza contesto non lo si può capire; *etw aus dem ~ reißen*, isolare/staccare *qc* dal suo contesto; **das ist aus dem ~ gerissen**, è avulso dal contesto; *etw im (...) ~ sehen* {IM GESELLSCHAFTLICHEN, HISTORISCHEN ...}, vedere *qc* nel (suo) contesto (...); *etw ist im/in ~ mit etw* (dat) *zu sehen*, *qc* va visto ⌊nel contesto di⌋/[in rapporto a] *qc*; **keinen ~ zwischen etw** (dat) **und etw** (dat) **sehen**, non vedere il nesso/il rapporto/la relazione tra *qc* e *qc*; **ich sehe zwischen diesen beiden Ereignis-**

sen absolut keinen ~, non vedo ₍alcuna connessione₎/[alcun nesso] tra questi due avvenimenti; **ich sehe da keinen ~**, non vedo il nesso; **im/in ~ mit etw** (dat) **stehen**, essere in rapporto/relazione con qc; **Vorfälle, die in keinem ~ stehen**, fatti che non hanno alcun rapporto tra loro, fatti tra cui non esiste ₍alcun rapporto₎/[alcuna relazione]; **ursächlicher/kausaler ~**, nesso causale, rapporto di ₍causa e effetto₎/[causalità].

zusąmmen|hängen <irr> itr **1** (*in Beziehung stehen*) **mit etw** (dat) **~** essere in relazione con qc, essere dovuto a qc, dipendere da qc: **der Treibhauseffekt hängt mit dem ansteigenden Kohlendioxidgehalt in der Atmosphäre zusammen**, l'effetto serra è/[va messo] in relazione con l'aumento del tasso di anidride carbonica nell'atmosfera; **das Ansteigen der Benzinpreise hängt mit der Verteuerung des Rohöls zusammen**, il continuo aumento del prezzo della benzina ₍va messo in relazione con il₎/[è dovuto al] rincaro del petrolio; **es hängt sicher mit dem Wetter zusammen, dass ich dauernd so müde bin**, dipende sicuramente dal tempo se sono sempre così stanco (-a); **etw ~ hängt damit zusammen, dass ...**, qc ₍dipende da₎/[è dovuto a] il fatto che ...; **es wird wohl damit ~, dass ...**, dipenderà da fatto che ..., sarà perché ...; **und alles, was damit zusammenhängt**, e tutto ciò che comporta/[ne deriva] **2** (*lose verbunden sein*) {FOTOS, PAPIERBLÄTTER} essere attaccati (-e): **die Kalenderblätter hängen nur noch lose zusammen**, i fogli del calendario sono attaccati (tra loro) solo per un filo; **die Insel hing einmal mit dem Festland zusammen**, un tempo quest'isola era unita alla terraferma **3** *fam* (*unzertrennlich sein*): **sie hängen immer zusammen** {EHELEUTE, FREUNDE}, sono sempre attaccati (-e) *fam*/appiccicati (-e) *fam*, stanno sempre insieme • **wie hängt das zusammen?**, qual è il nesso?

zusąmmenhängend A adj **1** (*etw betreffend*) **~ mit etw** (dat) {FRAGEN, ÜBERLEGUNGEN} connesso con qc, inerente/attinente a qc: **die damit ~en Probleme sind zahlreich**, i problemi attinenti/[che ne derivano] sono numerosi **2** (*kohärent*) {BERICHT, DARSTELLUNG, ERZÄHLUNG} che ha/segue un filo logico **3** *jur* {STREITSACHEN} connesso B adv (*kohärent*) {BERICHTEN, DARSTELLEN} seguendo un filo logico.

zusąmmenhanglos, **zusąmmenhangslos** A adj {BERICHT, DARSTELLUNG, ERZÄHLUNG} sconnesso, sconclusionato, senza filo logico, privo di coesione; {GEDANKEN} slegato, scollegato; {REDE, SÄTZE} *auch* sconnesso, sconclusionato: **~ sein**, mancare di coesione, essere privo di filo logico; **~es Zeug reden**, sragionare B adv {ERZÄHLEN, REDEN} in modo sconnesso/sconclusionato, senza seguire un filo logico.

zusąmmen|hauen <haute zusammen oder hieb zusammen, zusammengehauen> tr *fam* **1** (*zertrümmern*) **etw ~** {LOKAL, WOHNUNG} fracassare qc, sfasciare qc, distruggere qc; {EINRICHTUNG, GESCHIRR} *auch* fare a pezzi qc **2** (*verprügeln*) **jdn ~** pestare qu, riempire di botte qu **3** (*etw schnell machen*) **etw ~** {ARTIKEL, TEXT} buttare giù qc; {BERICHT, REDE} *auch* raffazzonare qc, abborracciare qc: **zusammengehauen**, abborracciato, raffazzonato.

zusąmmen|heften tr **etw** (**mit etw** dat) **~** {BLÄTTER, UNTERLAGEN MIT EINER BÜROKLAMMER} fermare qc (con qc); {MIT HEFTKLAMMERN} *auch* pinzare qc (con qc), spillare qc (con qc); *typ* {BUCHSEITEN, PROSPEKT MIT EINEM FADEN} cucire qc (con qc), fascicolare qc (con qc); {STOFFTEILE MIT EINEM FADEN} imbastire qc (con qc); {MIT STECKNADELN} appuntare qc (con qc): **etw in einem Hefter ~**, inserire qc in un raccoglitore.

zusąmmen|kauern rfl sich (*irgendwo*) **~** rannicchiarsi/accovacciarsi/accoccolarsi (+ *compl di luogo*).

zusąmmen|kaufen tr *fam pej* **etw ~** {TAUSEND SACHEN, EINEN HAUFEN ZEUG} comprare qc un po' qua e un po' là: **alles Mögliche ~**, comprare di tutto; **was hast du denn da schon wieder zusammengekauft?**, quanta roba hai comprato anche questa volta?

zusąmmen|kehren tr *süddt fam* → **zusąmmen|fegen**.

zusąmmenklappbar adj {FAHRRAD, KINDERWAGEN} pieghevole; {LIEGESTUHL, TISCH} *auch* ripiegabile: **ein ~es Taschenmesser**, un coltello a serramanico.

zusąmmen|klappen A tr <*haben*> (*durch Klappen zusammenlegen*) **etw ~** {TASCHENMESSER} chiudere qc; {CAMPINGTISCH, KLAPPRAD, LIEGESTUHL} *auch* (ri)piegare qc B itr <*sein*> **1** (*sich klappend schließen*) {KLAPPSTUHL, LIEGESTUHL} chiudersi: **Vorsicht, wenn du dich auf den Stuhl setzt, er klappt leicht zusammen**, fai attenzione se ti siedi su quella sedia, è facile che si chiuda **2** *fam* (*zusammenbrechen*) crollare, accasciarsi, cadere/stramazzare a terra: **nach der Anstrengung klappte sie zusammen**, dopo la fatica/lo sforzo crollò; **der Faustschlag in den Magen ließ ihn ~**, il pugno nello stomaco lo mise k.o.

zusąmmen|klauben tr *süddt A* **etw ~** {KLEIDER, HERUMLIEGENDE SACHEN} raccogliere qc, raccattare qc.

zusąmmen|klauen rfl *fam* sich (dat) **etw ~** rubare/sgraffignare qc ₍qua e là₎/[a destra e a manca], rubare qc a man salva: **Straßenkinder müssen sich meistens alles ~, um zu überleben**, di solito i bambini di strada sono costretti a rubare dappertutto per riuscire a sopravvivere; **er hat sich die Stereoanlage stückweise zusammengeklaut**, si è fatto l'impianto stereo rubando/sgraffignando pezzo dopo pezzo.

zusąmmen|kleben A tr <*haben*> (*durch Kleben verbinden*) **etw ~** {ZERRISSENEN BRIEF, ZERRISSENES FOTO} rincollare qc, incollare i pezzi di qc; {FETZEN, SCHERBEN} *auch* incollare qc, attaccare qc: **einen zerbrochenen Teller wieder ~**, incollare (i pezzi di) un piatto rotto B itr <*haben oder sein*> {BLÄTTER, BRIEFMARKEN, SEITEN, TEILE} esser(si) incollati (-e)/appiccicati (-e): **die Bonbons sind alle zusammengeklebt**, le caramelle si sono tutte appiccicate; **jdm kleben die Finger zusammen**, a qu si appiccicano le dita.

zusąmmen|kneifen <irr> tr **etw ~** {AUGEN} strizzare qc; {LIPPEN, MUND} stringere qc, serrare qc.

zusąmmen|knoten tr **etw ~** {BAND, FADEN, SEIL} annodare qc: **die Enden eines Seiles ~**, annodare le estremità/i capi di una corda; **etw wieder ~**, riannodare qc.

zusąmmen|knüllen tr **etw ~** {SERVIETTE, TASCHENTUCH} appallottolare qc; {BLATT PAPIER, EINTRITTSKARTE, TÜTE} *auch* accartocciare qc.

zusąmmen|kommen <irr> itr <*sein*> **1** (*sich treffen*) {PERSONEN, GRUPPE} ritrovarsi, incontrarsi: **wir kommen erst wieder im Mai zusammen**, non ci rivedremo prima di maggio; **mit jdm ~** incontrarsi con qu: **in diesem Beruf kommt man viel mit Menschen zusammen**, questa professione ti porta spesso a incontrare gente **2** (*harmonieren*): **die beiden sind so grundverschieden,** **dass sie einfach nicht ~**, quei/quelle due sono talmente diversi (-e) che non si trovano **3** (*sich versammeln*) ritrovarsi, incontrarsi, radunarsi, riunirsi: **die Mitglieder kommen einmal im Monat zusammen**, i soci si ritrovano una volta al mese; **zur Kundgebung kamen Tausende von Menschen zusammen**, per la manifestazione si radunarono migliaia di persone **4** (*sich akkumulieren*) {DINGE, FAKTOREN, PROBLEME, UMSTÄNDE} accumularsi, (as)sommarsi: **etw und etw kommen zusammen** {SCHLECHTES ESSEN UND KOPFWEH, VIEL ARBEIT UND VIEL RAUCHEN}, a qc si aggiunge/(as)somma/unisce qc: **es ist einfach viel zusammengekommen und deshalb hat er die Nerven verloren**, si sono accumulate troppe cose e così ha perso la testa **5** (*sich summieren*) {GELD, SCHULDEN, SPENDEN} accumularsi: **bei der letzten Spendenaktion ist einiges ~**, nell'ultima colletta hanno racimolato/[messo insieme] una bella somma; **wenn du auch diese Beträge mitrechnest, kommt doch einiges zusammen**, se calcoli anche questi importi, viene fuori una bella cifra • **heute kommt mal wieder alles zusammen!** *fam*, oggi capitano tutte a me!; **so jung kommen wir nie wieder zusammen**, resta/restate ancora un po', chissà quando ci rivedremo.

zusąmmen|krachen itr <*sein*> *fam* **1** (*zusammenstürzen*) {BRÜCKE, HAUS, KONSTRUKTION} crollare di schianto, crollare/[venire giù] con gran fracasso **2** (*zusammenstoßen*) {AUTOS, ZÜGE} scontrarsi.

zusąmmen|kratzen tr *fam* **etw ~** {ERSPARNISSE, GELD} racimolare qc *fam*, raggranellare qc *fam*: **sein letztes Geld für etw** (akk) **~**, raschiare il fondo del barile per fare qc; **wir mussten unser ganzes Italienisch ~, um uns verständigen zu können**, dovemmo mettere insieme ₍quelle quattro parole₎/[quel poco] di italiano che sapevamo per farci capire.

zusąmmen|kriegen tr *fam* → **zusąmmen|bekommen**.

Zusąmmenkunft <-, -künfte> f riunione f, incontro m, ritrovo m; (*Versammlung*) *auch* raduno m: **jdn zu einer ~ einladen**, invitare qu a stare un po' in compagnia.

zusąmmen|läppern rfl *fam* sich **~** {BETRÄGE, KOSTEN, SUMMEN} accumularsi (poco a poco): **an Ausgaben läppert sich so einiges im Monat zusammen**, le spese, se sommate, raggiungono ogni mese una bella cifra.

zusąmmen|laufen <irr> itr <*sein*> **1** (*zusammenströmen*) (*irgendwo*) **~** {MENSCHEN, SCHAULUSTIGE} AUF DEM PLATZ, VOR DEM RATHAUS} accorrere/convergere/affluire/riversarsi + *compl di luogo* **2** (*ineinanderfließen*) (*irgendwo*) **~** {BÄCHE, FLÜSSE} confluire (+ *compl di luogo*) **3** (*sich in einem Punkt treffen*) (*irgendwo*) **~** {LINIEN} convergere (+ *compl di luogo*); {STRAßEN} *auch* congiungersi/confluire (+ *compl di luogo*); {TÄLER} confluire (+ *compl di luogo*): **in der Perspektivzeichnung laufen alle Parallelen in einem Punkt zusammen**, nel disegno in prospettiva tutte le parallele convergono in un unico punto **4** *fam* (*sich vermischen*) {FARBEN} (con)fondersi, mescolarsi.

zusąmmen|leben itr {PARTNER, STUDENTEN} convivere; **mit jdm ~** (con)vivere con qu, vivere insieme a/con qu: **sie sind zwar nicht verheiratet, leben aber zusammen**, non sono sposati ma convivono; **ein ~des Paar**, una coppia che convive.

Zusąmmenleben <-s, *ohne pl*> n **1** (*das gemeinsame Leben*) convivenza f; (*im gleichen Haus*) *auch* coabitazione f: **das ~ mit dem Partner**, la convivenza con il partner **2** (*Ko-*

existenz) convivenza f, coesistenza f: **ein friedliches ~ verschiedener Nationen**, una pacifica convivenza/coesistenza di diverse nazioni • *außereheliches ~*, convivenza extraconiugale/[*more uxorio jur*]; **~ in häuslicher Gemeinschaft** *jur*, convivenza.

zusạmmen|legen A *tr* **1** (*zusammenfalten*) *etw ~* {KLEIDER, SERVIETTE, WÄSCHE, ZEITUNG} (ri)piegare *qc*: **etw wieder ~**, ripiegare *qc*; **leg bitte die Bluse nach dem Bügeln sorgfältig zusammen**, ti prego di piegare la camicia con cura dopo averla stirata **2** (*vereinigen*) *etw ~* {BEHÖRDEN, KLASSEN, KURSE} unire *qc*, mettere insieme *qc*: **bei zu wenig Anmeldungen werden die beiden Kurse zusammengelegt**, se le iscrizioni dovessero essere poche i due corsi verrano accorpati; {ABTEILUNGEN, ORGANISATIONEN, VERBÄNDE} fondere *qc*, accorpare *qc*; {PRÜFUNGEN, TERMINE, VERANSTALTUNGEN} far coincidere *qc*, riunire *qc*; {GRUNDSTÜCKE} unire *qc*, accorpare *qc* **3** (*zusammentragen*) *etw ~* {GEGENSTÄNDE, SACHEN} radunare *qc*, raggruppare *qc*, ammucchiare *qc*, mettere insieme *qc*: **bevor er den Koffer packte, legte er die Sachen auf dem Bett zusammen**, prima di fare la valigia radunò le cose sul letto **4** (*in einen Raum legen*) *jdn ~* {HÄFTLINGE, KRANKE} riunire *qu*, raggruppare *qu*: **wegen Platzmangels wurden sechs Patienten in einem Raum zusammengelegt**, per mancanza di spazio sei pazienti sono stati riuniti in una sola stanza B *itr* (*Geld aufbringen*) (**für etw** akk) ~ {FÜR DAS ABENDESSEN, EIN GESCHENK} ˌmettere insieme i soldiˌ/[dare un contributo] (*per fare qc*): **die gesamte Verwandtschaft musste ~, um den Jungen auf die Universität zu schicken**, tutti i parenti dovettero dare un contributo economico per mandare il ragazzo all'università; **für sein Geschenk haben wir alle zusammengelegt**, ˌci siamo messi (-e) insiemeˌ/[abbiamo raccolto i soldi] per fargli il regalo.

Zusạmmenlegung ‹-, -*en*› f {+KLASSEN, KURSE, TERMINE} accorpamento m; {+ABTEILUNGEN} *auch* fusione f; {+GRUNDSTÜCKE} accorpamento m; {+HÄFTLINGE, PATIENTEN} raggruppare m *qu*: **eine Forderung der Terroristen ist ihre ~**, una delle richieste dei terroristi è essere messi in cella insieme.

zusạmmen|leihen *tr* → **zusammenborgen**.

zusạmmen|leimen *tr etw ~* {STUHL, TISCH} incollare *qc*; {BRETTER} attaccare *qc* con la colla: **etw wieder ~**, rincollare *qc*.

zusạmmen|lesen ‹*irr*› *tr etw ~* {FALLOBST} raccattare *qc*, raccogliere *qc*: **herumliegendes Spielzeug ~**, raccattare i giocattoli sparsi in giro.

zusạmmen|löten *tr etw ~* {METALLSTÜCKE, ROHRE} brasare/saldare (insieme) *qc*.

zusạmmen|lügen ‹*irr*› A *tr*: **eine Menge/viel/was ~**, raccontare un sacco di balle/panzane/frottole/bugie B *rfl*: **sich (dat) alles/[eine Menge]/[viel] ~**, inventarsi un sacco di balle/panzane/frottole/bugie; **das hat sie sich doch alles zusammengelogen**, è tutto inventato di sana pianta.

zusạmmen|nageln *tr etw ~* {BRETTER, HOLZHÜTTE, KISTE} inchiodare *qc*.

zusạmmen|nähen A *tr etw ~* {KLEID, LAKEN, WUNDE} cucire *qc*: **nähen Sie am Ende alle Stoffteile zusammen**, alla fine cucia (insieme) tutti i pezzi di stoffa B *rfl* (*sich* (dat) *etw* (selbst) ~ cucirsi *qc* (da sé/solo (-a)): **die Decke habe ich mir aus Stoffresten zusammengenäht**, questa coperta me la sono fatta con degli scampoli di stoffa.

zusạmmen|nehmen ‹*irr*› A *tr* (*konzentriert einsetzen*) *etw ~* {KRAFT, VERSTAND} raccogliere *qc*, mettere insieme *qc*: **seine Gedanken ~**, raccogliere le idee, fare mente locale; **seine ganze Kraft ~**, ˌmettere insiemeˌ/[chiamare a raccolta]/[fare appello a]/[raccogliere] tutte le proprie energie/forze; **seinen Mut ~**, farsi animo/coraggio; **seinen ganzen Mut ~**, prendere il coraggio a quattro mani; **nimm doch mal ˌdeinen Verstandˌ/[deine fünf Sinne] zusammen!**, fai un po' lavorare il cervello! *fam*, spremiti le meningi! *fam* B *rfl* (*sich beherrschen*) **sich ~** controllarsi, dominarsi, padroneggiarsi: **nimm dich zusammen!**, controllati!, datti un contegno! • **alles zusammengenommen**, in tutto, tutto compreso; (*zusammengerechnet*) *auch*, in totale; (**wenn jd etw zusammennimmt ...**, considerando *qc* ...; **wenn man alle Vor- und Nachteile zusammennimmt, ist es ein gutes Geschäft**, considerando/[tenendo conto di] tutti i vantaggi e gli svantaggi l'affare è buono.

zusạmmen|packen A *tr* **1** (*packen*) *etw ~* {KLEIDUNGSSTÜCKE} preparare *qc* (per portarlo via); {SEINE SACHEN} raccogliere *qc* (per portarlo via); **die Schulsachen für den nächsten Tag ~**, preparare la cartella per il giorno dopo; **endlich Feierabend! Er packte seine Sachen zusammen und ging**, finalmente si stacca. Raccolse/prese le sue cose e se ne andò; **das Spielzeug ~**, rimettere a posto i giocattoli **2** (*gemeinsam einpacken*) *etw ~* {VERSCHIEDENE ARTIKEL, KÄSESORTEN} impacchettare insieme *qc*, incartare insieme *qc*, mettere *qc* nello stesso pacchetto: **Sie können das Fleisch mit dem Schinken ~**, può incartare insieme la carne e il prosciutto B *itr fam* (*wegräumen*) raccogliere la proprie cose: **pack endlich zusammen, es ist schon spät!**, prendi le tue cose, è già tardi! • **können** *fam* (*aufgeben müssen*), (*dover*) ˌfare le valigieˌ/[fare fagotto]: **nach dieser herben Niederlage konnte die Mannschaft ~**, dopo questa bruciante sconfitta alla squadra non rimase che fare le valigie.

zusạmmen|passen *itr* **1** (*zueinander passen*) {PARTNER} stare bene insieme, essere ben assortiti (-e): **die beiden passen wirklich gut zusammen!**, quei due stanno proprio bene insieme! **2** (*miteinander harmonieren*) {KLEIDUNGSSTÜCKE} stare bene insieme; {FARBEN} *auch* armonizzare: **die Farben passen nicht zusammen**, quei colori ˌnon stanno bene insiemeˌ/[fanno a pugni]; **die Möbel passen die gut zusammen**, i mobili formano un insieme armonico **3** (*sich ineinanderfügen*) {SCHRAUBE UND MUTTER, TEILE} incastrarsi perfettamente.

zusạmmen|pferchen *tr* **1** (*in einen Pferch sperren*) *etw ~* {VIEH} stabbiare *qc* **2** (*zusammengedrängt einsperren*) *jdn/etw* (*irgendwo*) ~ {GEFANGENE, TIERE IN EINEM RAUM} stipare/pigiare *qu/qc* + *compl di luogo*: **zusammengepfercht**, stipato, pigiato.

Zusạmmenprall ‹-*s, ohne pl*› m {+FLUGZEUGE, SCHIFFE} collisione f; {+FAHRZEUGE} *auch* scontro m, urto m: **der ~ der beiden Lastwagen**, lo scontro/il cozzo/l'urto tra i due camion.

zusạmmen|prallen *itr* ‹*sein*› {FLUGZEUGE, SCHIFFE} entrare in collisione; {FAHRZEUGE} *auch* scontrarsi, urtarsi: **der Wagen prallte mit einem entgegenkommenden Fahrzeug zusammen**, l'automobile ˌcozzò controˌ/[si scontrò con] un altro veicolo che viaggiava in direzione opposta; **in der Dunkelheit prallten wir mit den Köpfen zusammen**, nel buio ci siamo dati (-e) una bella testata.

zusạmmen|pressen *tr etw ~* **1** (*gegeneinanderpressen*) {BEINE, KNIE, LIPPEN} stringere *qc*: **etw fest ~**, serrare *qc*; **er presste die Lippen vor Ärger/Schmerz fest zusammen**, strinse le labbra per la rabbia/il dolore; **mit zusammengepressten Lippen**, a labbra strette/serrate **2** *tech* {BLECHE, METALLTEILE} pressare *qc*, schiacciare *qc*, comprimere *qc*: **mit dieser Maschine werden die Autowracks zusammengepresst**, con questa macchina si pressano/schiacciano/comprimono le carcasse delle automobili.

zusạmmen|raffen A *tr etw ~* **1** (*eilig einsammeln*) {KLEIDUNGSSTÜCKE, UNTERLAGEN} raccogliere *qc* ˌalla rinfusaˌ/[in fretta]: **die Einbrecher konnten nur ein paar Schmuckstücke ~**, i ladri riuscirono solo ad arraffare alcuni gioielli **2** *pej* (*anhäufen*) {BESITZ, GELD, VERMÖGEN} accumulare *qc*: **in wenigen Jahren hat er ein Vermögen zusammengerafft**, in pochi anni ha messo insieme un patrimonio **3** (*raffen*) {WEITES KLEIDUNGSSTÜCK, ROCK} sollevare *qc*, tirar(si) su *qc* B *rfl fam* (*sich überwinden*) **sich ~** darsi una mossa *fam*.

zusạmmen|raufen *rfl fam* **sich ~** {ARBEITSKOLLEGEN} trovare un modus vivendi, imparare ad andare d'accordo; {(EHE-)PARTNER} *auch* imparare a ˌstare insiemeˌ/[convivere].

zusạmmen|rechnen *tr math etw ~* addizionare *qc*, sommare *qc*, fare la somma/il totale di *qc*: **alles zusammengerechnet**, in tutto/totale, tutto compreso; **bitte rechnen Sie alles zusammen, ich zahle!**, faccia un conto unico, per favore, pago tutto io!

zusạmmen|reimen *rfl fam* **sich ~** (dat) *etw ~* {DINGE, FAKTEN, VORFÄLLE} spiegarsi *qc* a modo proprio, darsi una spiegazione per *qc*: **die Nachbarin hat uns zwei zusammen gesehen, jetzt reimt sie sich bestimmt was/[eine Geschichte] zusammen!**, la vicina ci ha visti insieme, sai ora che bella storia ci ricama sopra! *fam*; **den Rest kann ich mir (selber) ~**, il resto me lo posso immaginare, per il resto basta fare due più due *fam*, al resto ci arrivo da me.

zusạmmen|reißen ‹*irr*› A *rfl fam* **sich ~** stringere i denti, cercare di controllarsi: **jetzt reiß dich mal zusammen!**, cerca di controllarti! B *tr slang mil*: **die Hacken ~**, battere i tacchi.

zusạmmen|ringeln *rfl* **sich ~** {SCHLANGE} avvolgersi/attorcigliarsi su se stesso (-a); {BLATT, HAARE} arricciarsi.

zusạmmen|rollen A *tr* (*einrollen*) *etw ~* {LANDKARTE, POSTER, SCHLAFSACK, SEIL, TEPPICH} arrotolare *qc* B *rfl* (*sich einrollen*) **sich ~** {IGEL} appallottolarsi; {HUND} acciambellarsi; {KATZE} *auch* raggomitolarsi; {SCHLANGE} avvolgersi/attorcigliarsi su se stesso (-a); {LANDKARTE, POSTER} arrotolarsi.

zusạmmen|rotten *rfl pej* **sich** (*irgendwo*) ~ {SCHLÄGERTRUPPS} assembrarsi/radunarsi + *compl di luogo*; {HUNDE, WÖLFE} abbrancarsi [riunirsi in branco]/[imbrancarsi] (+ *compl di luogo*).

zusạmmen|rücken A *tr* ‹*haben*› (*enger aneinanderstellen*) *etw* (pl)/*etw und etw ~* {BÄNKE, MÖBEL, STUHL UND TISCH} accostare *qc*/[*qc a qc*], avvicinare *qc*/[*qc a qc*] B *itr* ‹*sein*› **1** (*aneinanderrücken*) stringersi, avvicinarsi: **die Zuschauer rückten noch etwas zusammen, damit alle Platz fanden**, gli spettatori si strinsero ancora un po', in modo che tutti trovassero posto **2** (*stärker zusammenhalten*) avvicinarsi (l')uno (-a) all'altro (-a): **in schlechten Zeiten ~**, avvicinarsi nei momenti difficili.

zusạmmen|rufen ‹*irr*› *tr jdn ~* {MITARBEITER, SCHÜLER} convocare *qu*, chiamare *qu* a raccolta: **er rief die Jungen auf dem Hof**

zusammen, chiamò i ragazzi a raccolta nel cortile.

zusammen|sacken itr **1** (*zusammensinken*) {MENSCH} crollare: **ein Schuss krachte, der Terrorist sackte getroffen (in sich) zusammen**, risuonò uno sparo e il terrorista si accasciò a terra (colpito); **die eingeschlafenen Zuschauer waren auf ihren Stühlen zusammengesackt**, gli spettatori addormentati si erano afflosciati sulle sedie **2** (*einsacken*) (**in sich**) ~ {BLÄTTERDACH, GERÜST} crollare, rovinare: **auf dem Monitor war zu sehen, wie das gesprengte Haus in sich zusammensackte**, sullo schermo si vide accartocciarsi su stesso l'edificio fatto esplodere.

zusammen|schalten A tr *el inform* **etw** ~ {ELEKTRISCHE EINHEITEN, PERIPHERGERÄTE, SENDER} interconnettere *qc*, collegare *qc* B *rfl* **sich** ~ {FERNSEHSENDER, RADIOSENDER} collegarsi.

Zusammenschau <-, *ohne pl*> f sintesi f.

zusammen|schaufeln tr **etw** ~ {DRECK, ERDE, KIES} ammucchiare/ammassare *qc* con la pala.

zusammen|scheißen <*irr*> tr *slang* **jdn** ~ fare un cazziatone *slang*/[una parte di merda *vulg*] *a qu*: **der Chef hat ihn mächtig zusammengeschissen**, il capo gli ha fatto un culo così *slang*.

zusammen|schieben <*irr*> tr **etw** ~ {BÄNKE, TISCHE} accostare *qc*, avvicinare *qc*.

zusammen|schießen <*irr*> tr *fam* **jdn** ~ ridurre *qu* come un colabrodo *fam*, massacrare *qu* a colpi d'arma da fuoco.

zusammen|schlagen <*irr*> A tr <*haben*> **1** (*jdn verprügeln*) **jdn** ~ pestare *qu*: **er wurde brutal zusammengeschlagen und beraubt**, è stato pestato brutalmente e derubato; **ich schlag' dich zusammen, wenn...**, ti spacco la faccia/il culo *vulg* se ... **2** (*in etw zertrümmern*) **etw** ~ {EINRICHTUNG, GESCHIRR, MOBILIAR} fracassare *qc*, fare a pezzi *qc*: **in seiner Wut schlug er die ganze Wohnung zusammen**, preso dalla rabbia fece a pezzi l'appartamento **3** (*gegeneinanderschlagen*) **etw** ~ {ABSÄTZE, HACKEN, HÄNDE} battere *qc*: **die Hände über dem Kopf** ~, mettersi le mani nei capelli **4** (*zusammenfalten*): **die Zeitung** ~, ripiegare/chiudere *fam* il giornale B *itr* <*sein*> **1** (*gegeneinanderschlagen*) {KÖPFE, KUGELN} (*sich*) ~ battere (l')uno ~ contro l'altro (-a) **2** (*niederschlagen*) **über jdm/etw** ~ {BRECHER, WELLE} abbattersi *su qu/qc*; {FEUER, FLAMMEN, MEER} inghiottire *qu/qc*; {UNHEIL} abbattersi *su qu*.

zusammen|schließen <*irr*> A tr (*aneinanderschließen*) **jdn/etw** (*mit etw* dat) ~ {FAHRRÄDER MIT EINEM SCHLOSS} chiudere insieme *qc* (*con qc*): **Gefangene mit Handschellen** ~, ammanettare insieme i prigionieri B *rfl* **1** (*sich vereinigen*) **sich** (*zu/in etw* dat) ~ {LÄNDER, STAATEN IN EINER GEMEINSCHAFT} associarsi (*in qc*), unirsi (*in qc*); {FIRMEN, PARTEIEN ZU EINEM KONZERN, IN EINER GRÖSSEREN PARTEI} *auch* fondersi (*in qc*): **die Unternehmer haben sich zu/in einem Verband zusammengeschlossen**, gli imprenditori si sono consociati/[costituiti in associazione] **2** (*sich verbinden*) **sich gegen jdn/etw** ~ {GEGEN EINEN GEMEINSAMEN FEIND} unirsi (*contro qu*), allearsi (*contro qu*): **sich im Kampf für/gegen etw** (akk) ~, unirsi nella lotta per/contro *qc*.

Zusammenschluss (a.R. Zusammenschluß) m {+FIRMEN, KONZERNE} fusione f; {+GRUPPIERUNGEN} *auch* associazione f, consociazione f; {+BETROFFENE, GLEICHGESINNTE} associazione f, unione m: **genossenschaftlicher** ~, cooperativa, consorzio.

zusammen|schmelzen <*irr*> itr <*sein*> **1** (*schmelzen*) (**an/in etw** dat) ~ {SCHNEE AUF DER SONNE} sciogliersi/squagliarsi/liquefarsi (*a/sotto qc*); {EIS} *auch* fondersi (*a qc*): **das Eis ist bis auf eine dünne Schicht zusammengeschmolzen**, il ghiaccio si è sciolto riducendosi a uno strato sottile **2** *fam* (*rasch weniger werden*) {RESERVEN, VORRÄTE} scemare/assottigliarsi a vista d'occhio; {ERSPARNISSE, GELD, VERMÖGEN} diminuire a vista d'occhio; {ANZAHL} *auch* assottigliarsi; **bis auf etw** (akk) ~ ridursi *a qc*: **nach Abzug der Ausgaben ist der Gewinn auf klägliche 100 Euro zusammengeschmolzen**, detratte le spese l'utile si è ridotto a 100 miseri euro.

zusammen|schneiden <*irr*> tr *film radio TV* **etw** ~ {FILM, VIDEO} montare *qc*: **die gelungenen Szenen werden ausgewählt und zusammengeschnitten**, le scene ben riuscite vengono scelte e montate; {LIEDER, SONGS} mixare *qc*; **etw aus etw** (dat) ~ {FILM AUS ANDEREN FILMEN, AUS EINER FERNSEHSERIE} montare *qc* utilizzando spezzoni *di qc*.

Zusammenschnitt m *film radio TV* montaggio m.

zusammen|schnüren tr **1** (*zubinden*) **etw** ~ {ALTPAPIER, KLEIDERBÜNDEL} legare *qc* (*con uno spago*) **2** (*beengen*) **jdm etw** ~ {ANGST, AUFREGUNG DIE KEHLE} chiudere *qc a qu*: **die Angst schnürte mir die Kehle zusammen**, avevo un nodo alla gola per la paura; **der Anblick schnürte mir das Herz zusammen**, davanti a quella scena mi si strinse il cuore.

zusammen|schrauben tr **etw** ~ {BRETTER, PLATTEN} avvitare *qc* (insieme), unire *qc* con delle viti: **er schraubte das Regal zusammen**, montò lo scaffale con delle viti.

zusammen|schrecken <*irr*> itr <*sein*> sobbalzare/sussultare/trasalire (per lo spavento): **er schreckte zusammen, als das Telefon klingelte**, quando squillò il telefono trasalì per lo spavento.

zusammen|schreiben <*irr*> A tr **1** *gram* (*in einem Wort schreiben*) **etw** ~ {SUBSTANTIV, VERB} scrivere *qc* tutto attaccato (-a): **das schreibt man zusammen**, (questo) si scrive tutto attaccato **2** (*aufsetzen*) **etw** ~ {REDE, VORTRAG} buttare giù *qc*: **sie hat den Artikel aus alten Zeitungen zusammengeschrieben**, ha scritto il pezzo attingendo a vecchi articoli di giornale **3** *fam pej* (*Unsinn schreiben*) **etw** ~: **der hat wieder mal einen Artikel zusammengeschrieben, das hältst du im Kopf nicht aus!**, è riuscito a mettere insieme un altro dei suoi articoli: c'è da mettersi le mani nei capelli!; **einen Mist/Unsinn** ~, scrivere cavolate *fam*/cazzate *slang*/stupidaggini B *rfl* **sich** (dat) **etw** ~: **sich ein Vermögen** ~, guadagnare un patrimonio facendo lo scrittore/la scrittrice.

zusammen|schrumpfen itr <*sein*> **1** (*einschrumpfen*) {ÄPFEL, KARTOFFELN} avvizzire; {HAUT} *auch* raggrinzare, incartapecorire: **das Steak ist beim Braten zusammengeschrumpft**, durante la cottura la bistecca si è ritirata **2** (*sich stark vermindern*) {ERSPARNISSE, VERMÖGEN, VORRÄTE} diminuire/calare a vista d'occhio: **meine Ersparnisse sind auf ein Drittel zusammengeschrumpft**, i miei risparmi si sono ridotti a un terzo della somma iniziale **3** (*ganz klein werden*) {MENSCH} rimpicc(i)olire, farsi piccolo (-a) piccolo (-a): **im Alter ist sie zusammengeschrumpft**, con la vecchiaia è rimpicciolita/[diventata più piccola].

zusammen|schustern tr *fam pej* **etw** ~ {ABLAGE, KISTE, REGAL} fare/costruire *qc* alla meglio: **etw wieder** ~, riparare/aggiustare *qc* alla meglio.

zusammen|schütten tr **etw** ~ {FLÜSSIGKEITEN, GETRÄNKE} versare *qc* nello stesso recipiente.

zusammen|schweißen tr **1** *tech* **etw** ~ {METALLTEILE, ROHRE, SCHIENEN} saldare (insieme) *qc* **2** (*verbinden*) **jdn** ~ {GEMEINSAME ERFAHRUNG, LEID DIE FAMILIE, FREUNDE, PARTNER} legare/unire indissolubilmente *qu*.

zusammen|sein a.R. *von* zusammen sein → **sein**②.

Zusammensein <-s, *ohne pl*> n **1** (*Beisammensein*) {+VERLIEBTE} stare m insieme: **ihr gelegentliches** ~, i loro incontri occasionali; **sie freuen sich sehr auf ihr nächstes** ~, non vedono l'ora di rincontrarsi; **das** ~ **mit jdm**, lo stare insieme a *qu*, il tempo che *qu* passa/[ha passato] con *qu*; **das ständige** ~ **mit ihr ist sehr anstrengend**, stare sempre con lei è molto faticoso **2** (*Zusammentreffen*) riunione f, incontro m: **ein gemütliches/zwangloses** ~ **unter Freunden**, una riunione piacevole/informale tra amici; **jdn zu einem geselligen** ~ **einladen**, invitare *qu a* un incontro tra amici/[passare un po' di tempo insieme].

zusammen|setzen A tr **1** (*aus Teilen herstellen*) **etw** ~ {GERÄT, MASCHINE} montare *qc*, assemblare *qc*; {MOSAIK, PUZZLE} comporre *qc*, fare *qc*; {EINZELTEILE, STÜCKE} assemblare *qc*, montare insieme *qc*: **dieser Computer ist aus verschiedenen Teilen zusammengesetzt**, questo computer è un assemblaggio di diversi pezzi; **etw (wieder)** ~ {GERÄT, GEWEHR, MOTOR}, rimontare *qc*, rimettere insieme *qc* **2** (*nebeneinandersetzen*) **jdn** ~ {KINDER, SCHÜLER} far sedere *qu* (l')uno (-a) accanto all'altro (-a); (*in der Klasse*) *auch* fare sedere *qu* nello stesso banco: **der Lehrer setzte die beiden nicht zusammen, weil sie immer so viel quatschten**, l'insegnante non fece sedere i due nello stesso banco perché chiacchieravano sempre B *rfl* **1** (*sich gemeinsam niederlassen*) **sich** ~ sedersi (l')uno (-a) accanto all'altro (-a); (*im Restaurant*) sedersi allo stesso tavolo **2** (*zusammenkommen*) **sich** ~ incontrarsi, (ri)trovarsi, vedersi: **sich auf ein Glas Wein** ~, incontrarsi/vedersi per bere un bicchiere di vino insieme; **wir müssen uns mal gemütlich** ~ **und die Angelegenheit in Ruhe besprechen**, dobbiamo vederci uno di questi giorni con un po' di calma per parlare di questa faccenda; **sich zu etw** (dat) ~ {ZU BERATUNGEN, BESPRECHUNGEN} riunirsi/[sedersi attorno a un tavolo] *per fare qc*; **sich zu Verhandlungen** ~, sedersi al tavolo delle trattative, riunirsi per trattare **3** (*bestehen*) **sich aus jdm/etw** ~ comporsi *di qu/qc*, essere composto *di/da qu/qc*, essere formato *da qc*.

Zusammensetzung <-, -en> f **1** (*Kombination der Bestandteile*) {+MITTEL, MOLEKÜL, PRÄPARAT} composizione f **2** (*personelle Struktur*) {+AUSSCHUSS, GREMIUM, TEILNEHMER} composizione f **3** *ling* (sostantivo m) composto m.

zusammen|sinken <*irr*> itr <*sein*> (**in sich**) ~ **1** (*zu Boden gleiten*) accasciarsi: **ohnmächtig** ~, accasciarsi privo (-a) di sensi; **vom Schlaf übermannt, sank er in sich zusammen**, sopraffatto dal sonno, si accasciò; **zusammengesunken dasitzen**, starsene seduto (-a) ripiegato (-a) su se stesso (-a) **2** (*in sich zusammenfallen*) {BALLONHÜLLE, DACH, SEGEL, ZELT} afflosciarsi; {TEIG} *auch* abbiosciarsi; {GLUT} spegnersi.

zusammen|sitzen <*irr*> itr <*haben oder süddt A CH sein*> **1** (*nebeneinandersitzen*) (*irgendwo*) ~ essere/stare seduti (l')uno (-a) accanto all'altro (-a) (+ *compl di luogo*); {IN DER KLASSE} *auch* stare (seduti) nello stesso banco (+ *compl di luogo*); {IM KONZERT, THEATER} avere dei posti vicini (+ *compl di luogo*) **2** (*gemeinsam irgendwo sitzen*) stare insieme, passare del tempo insieme: **nach dem Training sitzen sie oft noch bei einem Bier zusammen**, dopo l'allenamento spesso passano un po' di tempo insieme davanti a una birra.

zusạmmen|sparen rfl *fam* **sich** (dat) *etw* ~ {EINEN BESTIMMTEN BETRAG, ETWAS GELD, EIN VERMÖGEN} raggruzzolare qc, mettere insieme qc risparmiando: **sie hat sich schon ein hübsches Sümmchen zusammengespart**, ha già messo ˌda parteˌ/[via] un bel gruzzoletto; **sich** (dat) *etw* **für** *etw* (akk) ~ {GELD FÜR DAS AUTO, DIE REISE} metterci ˌda parteˌ/[via] qc (per qc), raggruzzolare qc (per qc).

zusạmmen|sperren tr *jdn/etw* ~ {HÄFTLINGE, TIERE} rinchiudere qu/qc.

Zusạmmenspiel <-s, *ohne pl*> n **1** (*Übereinstimmung*) {+MANNSCHAFT, (SCHAU)SPIELER, THEATERGRUPPE} affiatamento m, (spirito m di) cooperazione f; {+MUSIKER, ORCHESTER} sintonia f: **das ~ innerhalb einer Gruppe**, l'affiatamento all'interno di un gruppo; **die Mannschaft überzeugte durch ihr ~**, la squadra convinse per la perfetta intesa tra i giocatori **2** (*das Zusammenwirken*) interazione f: **das ~ verschiedener Faktoren führte zum Fall der Berliner Mauer**, l'interazione di diversi fattori portò alla caduta del muro di Berlino.

zusạmmen|spielen itr **1** (*aufeinander abgestimmt sein*) **irgendwie** ~ {GUT, BESTENS} essere affiatati (-e) + *compl di modo*: **die Schauspieler haben in diesem Stück nicht gut zusammengespielt**, in questa pièce gli attori non erano ˌbenˌ sintonizzatiˌ/[sulla stessa lunghezza d'onda] **2** (*aufeinander einwirken*) {DINGE, FAKTOREN, ZUFÄLLE} concorrere, interagire: **merkwürdige Zufälle spielen manchmal zusammen**, a volte si combinano strane coincidenze.

zusạmmen|stauchen tr *fam jdn* ~ dare una strigliata/[bella strapazzata] a qu *fam*.

zusạmmen|stecken A tr *<haben>* (*miteinander verbinden*) *etw* ~ {STOFFTEILE} appuntare qc con ˌuno spilloˌ/[degli spilli]; {HAAR} raccogliere/appuntare/fermare qc con delle forcine: **das Haar zu einem Knoten ~**, raccogliere i capelli in una crocchia B itr <*haben oder südtd A CH sein*> *fam* (*zusammen sein*) stare (sempre) appiccicati (-e)/attaccati (-e) *fam*: **die Kinder sind unzertrennlich, sie stecken den ganzen Tag zusammen**, i ragazzi sono inseparabili, stanno tutto il giorno appiccicati (l'uno all'altro.

zusạmmen|stehen <irr> itr *<haben oder südtd A CH sein*> **1** (*beieinanderstehen*) {MENSCHEN} stare insieme; {GEGENSTÄNDE, MÖBEL} *auch* stare/trovarsi (l')uno (-a) accanto all'altro (-a): **nach dem Film standen wir noch lange zusammen und diskutierten**, dopo il film restammo insieme a discutere ancora un bel po'; **die Leute standen in kleinen Grüppchen vor dem Theater zusammen**, la gente era riunita a piccoli gruppi davanti al teatro **2** *geh* (*einander unterstützen*) (re)stare uniti (-e), serrare le fila: **in harten Zeiten müssen wir alle ~**, nei tempi duri dobbiamo restare uniti (-e).

zusạmmen|stellen A tr **1** (*auf einen Fleck stellen*) *etw* ~ {BÜCHER, GERÄTE, STÜHLE, TISCHE} raggruppare qc, mettere insieme/vicino/[(l')uno (-a) accanto all'altro (-a)] qc **2** (*nebeneinanderstellen*) *etw* ~ accostare qc **3** (*aufstellen*) *etw* ~ {DATEN, MATERIAL, UN-TERLAGEN} raccogliere qc, raggruppare qc; {ADRESSEN} compilare un elenco/una lista di indirizzi, fare un indirizzario; {FAHRPLAN, LISTE, PROGRAMM, SPEISEKARTE, ÜBERSICHT} compilare qc; {REISE, STADTRUNDFAHRT} organizzare qc; {MANNSCHAFT} formare qc, mettere insieme/su qc; {DELEGATION} *auch* comporre qc: **eine Ausstellung ~**, allestire/mettere su *fam* una mostra; **einen wunderbaren Blumenstrauß ~**, comporre uno stupendo mazzo di fiori; **ein Menü ~**, preparare/elaborare un menu; **die Gänge eines Mittagessens ~**, assortire le portate di un pranzo; **die Farben/Möbel eines Raumes nach bestimmten Kriterien ~**, combinare i colori/mobili di una stanza secondo determinati criteri **4** *Verlag* (*herausgeben*) *etw* ~ {ANTHOLOGIE, SAMMELBAND} compilare qc; {REIHE} creare qc B rfl (*eine Gruppe bilden*) **sich ~**, mettersi vicino, disporsi in gruppo: **stellt euch zusammen, ich möchte ein Foto machen**, ˌmettetevi vicinoˌ/[disponetevi in gruppo], vorrei fare una foto.

Zusạmmenstellung <-, -en> f **1** (*Aufstellung*) {+LISTE, PROGRAMM} compilazione f; {+ADRESSEN, NAMEN} lista f, elenco m; {+MENÜ} preparazione f, elaborazione f **2** (*Kombination*) {+FARBEN, MODELLE} combinazione f **3** (*Übersicht*) {+DATEN, FAKTEN} tavola f, prospetto m **4** *nur sing Verlag* (*Herausgabe*) {+ANTHOLOGIE, SAMMELBAND} compilazione f; {+REIHE} creazione f: **für die ~ einer Krimireihe verantwortlich sein**, essere responsabile di una collana di gialli.

zusạmmen|stimmen itr {FARBEN} accordarsi, intonarsi (tra loro); {INSTRUMENTE} essere intonati (tra loro).

Zusạmmenstoß m **1** (*Kollision*) collisione f, scontro m, urto m, cozzo m: **der ~ der beiden Fahrzeuge**, la collisione/lo scontro tra le due automobili **2** *fam* (*Auseinandersetzung*) scontro m: **einen ~ mit jdm haben**, avere uno scontro con qu: **es kommt immer häufiger zu Zusammenstößen mit meinem Chef**, ci sono sempre più spesso degli scontri tra me e il mio capo.

zusạmmen|stoßen <irr> itr <*sein*> **1** (*kollidieren*) {AUTOS, ZÜGE} scontrarsi, entrare in collisione, collidere *rar*; **mit etw** (dat) ~ scontrarsi con qc, entrare in collisione con qc **2** (*zusammenprallen*) {PERSONEN} urtarsi, cozzarsi; *mit jdm* ~ urtare (contro) qu: **sie sind mit den Köpfen zusammengestoßen**, si sono dati (-e) una gran testata **3** (*in eine Auseinandersetzung geraten*) **mit** *jdm* ~ scontrarsi con qu **4** (*aneinandergrenzen*) {GÄRTEN, GRUNDSTÜCKE} confinare, essere confinanti; **mit etw** (dat) ~ confinare *con qc*, essere confinante con qc.

zusạmmen|streichen <irr> tr **1** (*kürzen*) *etw* ~ {ARTIKEL, MANUSKRIPT} tagliare qc, accorciare qc facendo dei tagli **2** (*reduzieren*) *etw* **auf** *etw* (akk) ~ {ARBEITSPLÄTZE AUF WENIGE STELLEN, ARTIKEL AUF EINE SPALTE, PROGRAMM AUF WENIGE PUNKTE, UNTERSTÜTZUNG AUF EIN PAAR EURO} ridurre qc a qc (facendo dei tagli).

zusạmmen|strömen itr <*sein*> {*irgendwo*} ~ {MENGE, ZUSCHAUER} affluire/confluire/concorrere *rar* (+ *compl di luogo*): **aus allen Richtungen ~**, confluire/concorrere da ogni dove; **die Besucher strömten** ˌ**zum Konzert**ˌ/[**auf dem Platz**] **zusammen**, gli spettatori sono affluiti/accorsi ˌal concertoˌ/[in piazza].

zusạmmen|stürzen itr <*sein*> {BRÜCKE, GERÜST, HAUS} crollare, rovinare; {DACH} *auch* sprofondare: **das Dach stürzte unter der Last des Schnees zusammen**, il tetto sprofondò sotto il peso della neve.

zusạmmen|suchen tr *etw* ~ {BENÖTIGTE GEGENSTÄNDE, UNTERLAGEN} raccogliere qc.

zusạmmen|tragen <irr> tr **1** (*auf einen Haufen tragen*) *etw* ~ {BLÄTTER, VERSTREUTE GEGENSTÄNDE, HOLZ, REISIG} raccogliere qc, raccattare qc **2** (*sammeln*) *etw* (*für etw* akk) ~ {BEWEISE, MATERIAL FÜR EINE DOKTORARBEIT, DOKUMENTATION} raccogliere qc (per qc), mettere insieme qc (per qc).

zusạmmen|treffen <irr> itr <*sein*> **1** (*sich treffen*) {PERSON} incontrarsi; *mit jdm* ~ incontrare qu: **zufällig mit jdm ~**, imbattersi in qu; **in der Stadt bin ich zufällig mit meinem Lehrer zusammengetroffen**, in centro mi sono imbattuto (-a) (nel mio insegnante **2** (*gleichzeitig auftreten*) {EREIGNISSE, UMSTÄNDE} coincidere, concorrere, essere coincidenti.

Zusạmmentreffen n **1** (*Begegnung*) incontro m: **ein zufälliges ~**, un incontro casuale **2** (*gleichzeitiges Auftreten*) {+EREIGNISSE, FAKTOREN, UMSTÄNDE} coincidenza f, concomitanza f: **durch das ~ ungünstiger Umstände**, per un concorso di circostanze sfavorevoli **3** *jur* concorso m: **~ von Strafen**, concorso di pena; **~ von Straftaten**, concorso di reati.

zusạmmen|treiben <irr> tr *etw* ~ {HERDE, TIERE} adunare qc; *jdn irgendwo* ~ {HEER, POLIZEI DIE DEMONSTRANTEN, DORFBEWOHNER AUF EINEM PLATZ, IN EINEM GEBÄUDE} radunare qu + *compl di luogo*.

zusạmmen|treten <irr> A tr *fam* <*haben*> (*zertreten*) *jdn* ~ rompere le ossa a qu a calci/pedate, riempire qu di calci: **er wurde zusammengetreten und erlitt einige Knochenbrüche**, è stato preso a calci ed ha riportato diverse fratture B itr <*sein*> {GERICHT, PARLAMENT, VORSTAND} riunirsi: **nach der Sommerpause tritt der Bundestag wieder zusammen**, dopo la pausa estiva il Bundestag si riunirà di nuovo.

zusạmmen|trommeln tr *fam jdn* ~ {ANHÄNGER, FAMILIE, FREUNDE, MITGLIEDER} chiamare a raccolta qu, radunare qu: **sie trommelte die Nachbarschaft zusammen, damit alle nach dem Hund suchten**, chiamò a raccolta il vicinato affinché tutti cercassero il cane.

zusạmmen|tun <irr> rfl *fam* **sich** (*zu etw* dat) ~ {BETROFFENE, GLEICHGESINNTE ZU EINER AKTION, INITIATIVE} mettersi insieme (per qc), unirsi (per qc): **für das Megakonzert haben sich die Veranstalter zusammengetan**, per il megaconcerto gli organizzatori si sono associati; **wollen wir uns nicht ~? Gemeinsam sind wir stärker!**, perché non ci mettiamo insieme? Uniti ci siamo più forti!; **sich mit jdm ~** mettersi con qu, associarsi a qu.

Zusạmmenveranlagung f *Steuer* cumulo m di redditi.

zusạmmen|wachsen <irr> itr <*sein*> **1** *med*: (*wieder*) ~ {KNOCHEN}, (ri)saldarsi **2** ~ **zusammengewachsene Augenbrauen haben**, avere le sopracciglia attaccate/unite; **zusammengewachsene Zehen haben**, avere le dita del piede attaccate (tra loro); **die Zwillinge sind an der Schulter zusammengewachsen**, quei gemelli sono uniti per la spalla **3** (*sich verbinden*) {ORTSCHAFTEN, STADTTEILE} finire per formare un tutt'uno: **durch den Bau neuer Häuser sind die beiden Viertel zusammengewachsen**, con la costruzione di nuove case i due quartieri hanno finito per formare un tutt'uno **4** (*ein Zusammengehörigkeitsgefühl entwickeln*) {PERSONEN} affiatarsi: **mit den Jahren ist das Orchester zusammengewachsen**, con gli anni l'orchestra si è affiatata; "**jetzt**

wächst zusammen, was zusammengehört" (*Zitat von Willy Brandt*), torna insieme ciò che è nato per stare insieme **5** (*ineinander wachsen*) {BÄUME, PFLANZEN} attaccarsi l'uno (-a) all'altro (-a) (crescendo); **mit etw** (dat) **~** attaccarsi *a qc* (crescendo): **der Efeu ist mit dem Baumstamm regelrecht zusammengewachsen**, crescendo l'edera ha finito per diventare ˻una parte del˼/[tutt'uno col] tronco.

zusa**mmen**|**wehen** tr *etw* **~** {WIND BLÄTTER, SCHNEE} ammucchiare *qc*.

zusa**mmen**|**wirken** itr **1** *geh* (*zusammenarbeiten*) {MITGLIEDER, SPEZIALISTEN, STAATEN} cooperare, collaborare: **alle Länder müssen ~, um dieses Vorhaben in die Tat umzusetzen**, tutti i paesi devono cooperare per realizzare questo progetto **2** (*vereint wirken*) {FAKTOREN, KRÄFTE, UMSTÄNDE} concorrere: **hier wirkten verschiedene unglückliche Umstände zusammen**, ˻c'è stato un concorso˼/[c'è stata una concomitanza] di circostanze sfortunate.

zusa**mmen**|**zählen** tr *etw* **~** {KOSTEN, POSTEN, WAHLSTIMMEN} sommare *qc*.

zusa**mmen**|**ziehen** <irr> **A** tr <haben> **1** (*enger machen*) *etw* **~** {MASCHEN, SCHLAUFE, SCHLINGE UM DEN HALS} stringere *qc* (tirando): **ein Loch im Strumpf ~**, rammendare alla meglio un buco in una calza; **die Augenbrauen ~**, aggrottare/corrugare le sopracciglia **2** *gram etw* (*zu etw* dat) **~** {ARTIKEL UND PRÄPOSITIONEN ZU EINEM WORT} contrarre *qc* (*in qc*): **«in das» wird umgangssprachlich zu «ins» ~**, nella lingua parlata le parole «in das» si contraggono in «ins» **3** (*sammeln*) *etw* (*irgendwo*) **~** {POLIZEI, SOLDATEN, TRUPPEN} concentrare *qc* + *compl di luogo*: **die Truppen** ˻**an der Grenze**˼/[**um die Stadt**] **~**, concentrare le truppe ˻al confine˼/[intorno alla città] **4** *math etw* **~** {POSTEN} sommare *qc*; {SUMME, ZAHLEN} *auch* addizionare *qc* **5** (*durch Säure reizen*): (**jdm**) **den Mund ~** {SÄURE, ZITRONE}, fare allegare/allappare la bocca a *qu*; **zu viel Essig zieht einem den Mund zusammen**, troppo aceto fa allegare la bocca **B** itr <sein> (*in eine gemeinsame Wohnung ziehen*) andare ad abitare insieme, prendere (una) casa insieme; {PAAR} ˻andare a vivere˼/[mettere su casa] insieme; **mit jdm ~** andare ad abitare *con qu*, prendere casa *con qu*; {MIT DEM PARTNER} andare a vivere *con* [˻insieme a˼] *qu*, mettere su casa *con qu* **C** rfl <haben> **1** (*sich verengen*) **sich ~** {BLUTGEFÄẞ, PUPILLEN, SCHLINGE} restringersi; {SCHLIEẞMUSKEL} contrarsi: **wenn ich nur an Zitronen denke, zieht sich mir schon der Mund zusammen**, soltanto a pensare al limone, mi si allega la bocca; **jdm zieht sich das Herz zusammen**, a qu si stringe il cuore **2** (*schrumpfen*) **sich ~** {HOLZ, FESTER KÖRPER BEI KÄLTE} restringersi **3** (*sich ballen*) **sich ~** {WOLKEN} accumularsi; {GEWITTER} prepararsi, incombere: **ein heftiges Unwetter zieht sich zusammen**, ˻si sta preparando˼/[incombe] un violento temporale.

zusa**mmen**|**zimmern** tr *fam etw* **~** {BETT, REGAL, TISCH} fare/costruire *qc* alla meglio.

zusa**mmen**|**zucken** itr <sein> trasalire, sussultare: **sie zuckte vor Schmerz/Schreck zusammen**, trasalì per il dolore/lo spavento.

Zu**satz** <-(e)s, Zusätze> m **1** (*zugefügter Teil*) **~ (zu etw** dat) aggiunta f (*a qc*), appendice f (*a qc*), corollario m (*di qc*); {ZU EINEM BRIEF} postscritto m (*a qc*), codicillo m (*a qc*); {ZU EINEM GESETZ} aggiunta f (*a qc*), codicillo m (*a qc*), clausola f aggiuntiva (*a qc*); {ZU EINEM TESTAMENT} codicillo m (*a qc*); {ZU EINEM VERTRAG} *auch* postilla f (*a qc*) **2** *chem gastr pharm* additivo m: **Fastfood enthält viele Zusätze**, i cibi del fast food contengono molti additivi **3** <*nur sing*> (*Beigabe*) aggiunta f: **den Wein durch ~ von Wasser strecken**, allungare il vino aggiungendo acqua; **ohne ~ von etw** (dat) {VON FARB-, KONSERVIERUNGSSTOFFEN}, senza aggiunta di *qc*.

Zu**satzabkommen** n *pol* accordo m integrativo: **ein ~ abschließen**, concludere un accordo integrativo.

Zu**satzaktie** f *Börse* azione f gratuita.

Zu**satzantrag** m *adm* domanda f supplementare: **einen schriftlichen ~ stellen/einreichen**, presentare/inoltrare una domanda supplementare; *parl* emendamento m: **die Opposition hat einen ~ zur Gesetzesvorlage gestellt**, l'opposizione ha presentato un emendamento al disegno di legge.

Zu**satzbestimmung** f disposizione f integrativa/complementare/suppletiva.

Zu**satzbremsleuchte** f *autom* luce f di arresto ausiliaria, stop m ausiliario.

Zu**satzgerät** n apparecchio m supplementare; {+COMPUTER} (unita f) periferica f; (*Zubehörteil*) accessorio m.

Zu**satzinformation** f informazione f supplementare/aggiuntiva/[in più].

Zu**satzjob** m secondo lavoro m, lavoretto m extra *fam*.

Zu**satzklausel** f *jur* clausola f aggiuntiva.

Zu**satzkosten** subst <*nur pl*> costi m pl supplementari/accessori.

Zu**satzkraft** f (persona f di) aiuto m/sostegno m: **Zusatzkräfte**, personale ˻in più˼/[aggiuntivo].

Zu**satzkrankenversicherung** f assicurazione f sanitaria integrativa.

Zu**satzkurs** m *ökon* corso m integrativo.

zusä**tzlich A** adj **1** (*nachträglich*) {KOSTEN} aggiuntivo, supplementare, in più, extra **2** (*ergänzend*) {AUSFÜHRUNGEN, HINWEISE, INFORMATIONEN} supplementare, aggiuntivo, suppletivo; {UNTERRICHT} integrativo, supplementare; {BELASTUNG} ulteriore, aggiuntivo; {STELLEN} in più; {ARBEITSSTUNDEN} *auch* extra: **eine ~e Arbeitskraft einstellen**, assumere una persona in più **B** adv (*darüber hinaus*) in più; {ZAHLEN} *auch* extra: **~ arbeitet sie noch für einen anderen Verlag**, in più lavora anche per un'altra casa editrice; **~ möchte ich Sie auf unsere Sonderangebote aufmerksam machen**, inoltre/[oltre a ciò] vorrei richiamare la Sua attenzione sulle nostre offerte; **~ zu jdm/etw**, in aggiunta a *qu*/*qc*, oltre a *qu*/*qc*: **das Frühstück auf dem Zimmer kostet ~ 10 Euro**, per la colazione in camera c'è un supplemento di 10 euro, la colazione in camera costa 10 euro in più.

Zu**satzprämie** f *Versicherung* premio m aggiuntivo.

Zu**satzrente** f pensione f integrativa.

Zu**satzscheinwerfer** m *autom* proiettore m/faro m ausiliario.

Zu**satzspeicher** m *inform* memoria f aggiuntiva.

Zu**satzstoff** m *chem* additivo m, sostanza f additiva.

Zu**satztarif** m tariffa f supplementare.

Zu**satzteil** n pezzo m/elemento m accessorio: **mit den entsprechenden ~en können Sie Ihren Computer enorm aufrüsten**, con le periferiche adeguate può rendere il suo computer molto più potente.

Zu**satzvergütung** f indennità f integrativa.

Zu**satzversicherung** f assicurazione f supplementare/integrativa.

Zu**satzzahl** f (*im Lotto*) jolly m, numero m supplementare.

zuscha**nden** adv *geh*: **sich ~ arbeiten**, ammazzarsi di lavoro; **das Auto ~ fahren**, sfasciare la macchina; **~ gehen** {HOFFNUNGEN}, svanire; {PLÄNE, VORHABEN} *auch* andare in malora; **etw ~ machen** {JDS ERWARTUNGEN, HOFFNUNGEN}, ridurre a nulla *qc*, distruggere *qc*; {PLÄNE, VORHABEN} *auch* mandare a monte/rotoli *qc*, rovinare *qc*; **ein Pferd ~ reiten**, sfiancare un cavallo.

zu|**schanzen** tr *fam jdm etw* **~** {AUFTRAG, JOB, POSTEN} fare avere *qc a qu*, trovare *qc a qu*.

zu|**scharren** tr *etw* **~** {TIER ERDLOCH} chiudere/riempire *qc* raspando: **etw mit den Händen ~**, riempire *qc* (di terra) con le mani; **der Hund hat sein Geschäft zugescharrt**, raspando il cane ha coperto i suoi escrementi.

zu|**schauen** itr → **z**u|**sehen**.

Zu**schauer** <-s, -> m (**Z**u**schauerin** f) spettatore (-trice) m (f); (*Zielgruppe*) *auch* testimone mf; (*Fernsehzuschauer*) telespettatore (-trice) m (f); **die ~**, il pubblico; {+FUẞBALLSPORT} *auch* i tifosi ● **bei etw** (dat) **keine ~ gebrauchen können**: **ich kann bei dieser Arbeit keine ~ gebrauchen**, quando faccio questo lavoro preferisco non avere pubblico.

Zu**schauerkulisse** f (cornice f di) pubblico m.

Zu**schauermenge** f folla f di spettatori.

Zu**schauerraum** m *theat film* **1** (*Saal*) auditorio m, auditorium m **2** (*Zuschauermenge*) pubblico m, spettatori m pl.

Zu**schauerterrasse** f terrazzone m per gli spettatori.

Zu**schauertribüne** f tribuna f.

Zu**schauerzahl** f numero m degli/di spettatori; (*Fernsehsendung*) numero m dei/di telespettatori.

zu|**schaufeln A** tr (*mit Erde bedecken*) *etw* **~** riempire *qc* (con la pala): **das Grab ~**, riempire la fossa **B** rfl *fam* (*sich eindecken*): **sich mit Arbeit ~**, riempirsi di lavoro.

zu|**schicken** tr *jdm etw* **~** {KATALOG, PROSPEKT, RECHNUNG, UNTERLAGEN} spedire *qc a qu*, mandare *qc a qu*, inviare *qc a qu*: **sich** (dat) **etw ~ lassen**, farsi spedire/mandare/inviare *qc*; (**von jdm**) **zugeschickt bekommen**, ricevere *qc* (da *qu*) (per posta).

zu|**schieben** <irr> tr **1** (*schließen*) *etw* **~** {ABTEILTÜR, SCHIEBEFENSTER} chiudere *qc* (spingendo); {SCHUBLADE} chiudere *qc*: **den Riegel ~**, mettere il chiavistello **2** (*hinschieben*) *jdm etw* **~** {DEM KIND, GAST EIN GLAS, DEN TELLER, EIN STÜCK BROT} passare *qc a qu* **3** (*auf jdn abwälzen*) *jdm etw* **~** {UNANGENEHME AUFGABE, DRECKSARBEIT} addossare *qc a qu*, scaricare *qc su qu*, accollare *qc a qu*; {VERANTWORTUNG} *auch* riversare *qc su qu*; {SCHULD} addossare *qc a qu*, accollare *qc a qu*: **sich** (dat) **gegenseitig die Verantwortung ~**, rimpallarsi la responsabilità, fare a scaricabarile *fam*.

zu|**schießen** <irr> **A** tr <haben> **1** *Fußball jdm etw* **~** {BALL} passare *qc a qu*: **dem Linksaußen den Ball ~**, passare il pallone all'ala sinistra **2** *fam* (*zusätzlich zur Verfügung stellen*) *etw* (**für etw** akk/**zu etw** dat) **~** {EINEN BESTIMMTEN BETRAG FÜR EIN, ZU EINEM FEST, FÜR EINE, ZU EINER UNTERNEHMUNG} contribuire *con qc* (*a qc*), concorrere *con qc* (*a qc*); *jdm/etw etw* **~** dare un contributo *di qc a qu/qc*: **für den Autokauf hat ihm sein Bruder eine Kleinigkeit zugeschossen**, il fratello ha ˻contribuito con una piccola somma all'acquisto˼/[messo qualcosa per l'acquisto] della macchina; **ihre Eltern schießen ihr etwas zu**, i suoi ₁le danno/allungano *fam* qualcosa₁/[l'aiutano] **3** (*zuwerfen*) *jdm etw* ~ {BLICK} lanciare *qc a qu*: **jdm vernichtende Blicke** ~, fulminare qu con lo sguardo; **sie schoss ihm einen wütenden Blick zu**, gli lanciò un'occhiata ₁carica d'ira₁/[di fuoco] **B** *itr* <*sein*> *fam* **auf jdn/etw** ~ {PERSON} precipitarsi/[correre sparato (-a)] *verso qu/qc*; {FAHRZEUG} lanciarsi *verso qu/qc*; **als es klingelte, schoss sie auf die Tür zu**, al suono del campanello si precipitò alla porta; **auf das Ziel** ~ {LÄUFER, PFERD, RENNWAGEN}, procedere a tutta velocità verso il traguardo.

Zuschlag <-(*e*)*s*, *Zuschläge*> *m* **1** *Eisenb* supplemento *m*: **einen** ~ **für den Intercity lösen**, fare il supplemento per l'intercity; **dieser Zug kostet** ~, su questo treno è obbligatorio/richiesto il supplemento **2** *post* soprattassa *f* **3** *industr* compenso *m* aggiuntivo, supplemento *m* allo stipendio; (*für Feiertags-, Nachtarbeit*) maggiorazione *f*: **einen** ~ **für Nachtarbeit bekommen**, ricevere una maggiorazione della retribuzione per il lavoro notturno; (*für Außendienst*) *auch* indennità *f* di trasferta **4** *com* maggiorazione *f*, sovrapprezzo *m*, soprapprezzo *m*: **die Ware wurde mit einem** ~ **von 20% verkauft**, la merce è stata venduta con un sovrapprezzo del 20% **5** (*Annahme eines Höchstgebotes*) aggiudicazione *f*: **der** ~ **erfolgt an jdn**, qu si aggiudica qc *f form* (*Auftragserteilung*) assegnazione *f*, concessione *f* ● **den** ~ **erhalten** (*bei Versteigerung*), aggiudicarsi qc (a un'asta), essere l'aggiudicatario; (*nach Ausschreibung*) aggiudicarsi l'appalto; *jdm den* ~ **erteilen** (*bei Versteigerung*), aggiudicare qc a qu; (*bei Auftrag*), concedere qc a qu.

zu|schlagen <*irr*> **A** *tr* <*haben*> **1** (*schließen*) *etw* ~ {PERSON, WIND DECKEL} chiudere *qc* facendolo sbattere; {FENSTER, TÜR} *auch* sbattere *qc*; {BUCH} chiudere *qc*: **die Tür hinter sich (dat)** ~, andarsene sbattendo la porta **2** (*offiziell zusprechen*) *jdm etw* ~ {AUKTIONATOR EINEM STEIGERER; BEHÖRDE EINEM AUSSCHREIBUNGSTEILNEHMER} aggiudicare *qc a qu*, assegnare *qc a qu*: **den Auftrag für den Bau der Brücke wurde der Firma X zugeschlagen**, l'appalto per la costruzione del ponte fu concesso alla ditta X **3** *sport jdm etw* ~ {BALL} passare *qc a qu* **4** (*um etw erhöhen*) *etw* (dat) ~ {TEILBETRAG EINEM PREIS, HONORAR} aggiungere *qc a qc* **B** *itr* **1** <*sein*> (*krachend zufallen*) {DECKEL, FENSTER, TÜR} (ri)chiudersi sbattendo **2** <*haben*> (*einen Hieb versetzen*) (**mit etw** dat) ~ {MIT EINEM SCHWEREN GEGENSTAND, MIT DER HAND} colpire (*con qc*): **der Mörder hatte mit einem Stein mehrmals zugeschlagen**, l'assassino l'aveva colpito (-a) ripetutamente con una pietra; **schlag doch zu, wenn du dich traust!**, su, colpisci, se ne hai il coraggio!; **das Schicksal hat grausam zugeschlagen**, il destino ha inferto un duro colpo (a qu) **3** <*haben*> *fam* (*rasch annehmen*) approfittarne (subito), cogliere la palla al balzo *fam*, sfruttare la situazione: **bei den günstigen Angeboten muss man einfach** ~, bisogna approfittare subito di offerte così vantaggiose; **die Wohnung hat mir so gut gefallen, dass ich sofort zugeschlagen habe**, l'appartamento mi è piaciuto così tanto che l'ho preso subito **4** <*haben*> *fam* (*essen*) buttarsi sul cibo, abbuffarsi: **er hat zugeschlagen, als hätte er wochenlang nichts gegessen**, si è buttato sul cibo come se non avesse mangiato per settimane; **nach der Wanderung hatten sie großen Hunger und schlugen beim Essen kräftig zu**, dopo la camminata avevano molta fame e a tavola hanno mangiato a quattro palmenti; **sie hat bei dem kalten Büfett tüchtig zugeschlagen**, al buffet ha fatto davvero il pieno **5** <*haben*> *fam* (*zugreifen*) **mit etw** (dat) ~ {BEHÖRDE, STAAT MIT EINER STEUER, GEBÜHRENERHÖHUNG} dare una stangata (*con qc*) *fam* **6** <*haben*> *fam* (*aktiv werden*) {POLIZEI} intervenire; {TÄTER} colpire; {PRESSE, KRITIKER} scatenarsi: **die Grippewelle hat auch dieses Jahr wieder voll zugeschlagen**, anche quest'anno l'influenza ha colpito in pieno!

zuschlagfrei *adj* {ZUG} senza/[che non richiede] supplemento.

Zuschlagkarte *f Eisenb* supplemento *m*.

zuschlagpflichtig *adj* {ZUG} con supplemento obbligatorio.

zu|schließen <*irr*> **A** *tr* ~ {HAUSTÜR, KOFFER, WOHNUNG} chiudere *qc* a chiave **B** *itr* chiudere a/[con la] chiave: **hast du zugeschlossen?**, hai chiuso a/[con la] chiave?

zu|schmieren *tr fam etw* (*mit etw* dat) ~ {FUGEN, LÖCHER MIT GIPS, MÖRTEL} tappare *qc con qc*, turare *qc con qc*, stuccare *qc con qc*: **die Bohrlöcher mit Gips** ~, turare i fori del trapano con il gesso.

zu|schnallen *tr etw* ~ {KOFFER} chiudere la cinghia *di qc*; {RIEMEN, SKISTIEFEL} chiudere *qc*; {GÜRTEL} allacciare *qc*, affibbiare *qc*.

zu|schnappen *itr* <*sein*> (*sich schließen*) {FALLE, SCHLOSS} scattare; {DECKEL, TASCHENMESSER, TÜR} chiudersi (di scatto): **die Mausefalle ist zugeschnappt**, è scattata la trappola per i topi; **die Tür ist zugeschnappt und ich habe keinen Schlüssel**, la porta si è chiusa e io sono senza chiave **2** <*haben*> (*zubeißen*) {HUND, KROKODIL} mordere: **der Hund schnappte zu und biss ihr ins Bein**, il cane le agganciò una gamba e l'azzannò.

zu|schneiden <*irr*> *tr* (*jdm*) *etw* ~ {BRETTER, STOFF} tagliare *qc* (*a qu*) (su misura): **eine Hose** ~, tagliare un pantalone; **sich** (dat) **etw für etw** (akk) ~ **lassen** {BRETTER FÜR EIN REGAL, STOFF FÜR EIN KLEID}, farsi tagliare *qc* (su misura) per *qc*.

zu|schneien *itr* <*sein*> {AUTO, HAUS, WALDWEG} coprirsi di neve: **zugeschneit sein**, essere ₁coperto di₁/[sepolto dalla] neve; **letzte Woche war ich zugeschneit**, la scorsa settimana ero bloccato (-a) per la neve; **ein zugeschneiter Weg**, un sentiero ₁coperto di₁/[impraticabile per la] neve.

Zuschnitt <-(*e*)*s*, -*e*> *m* **1** <*nur sing*> (*das Zuschneiden*) {+STOFF} taglio *m*; {+BRETTER, HOLZ} taglio *m* **2** (*Form*) {+ANZUG, KLEID, WESTE} taglio *m*, foggia *f* **3** <*meist sing*> (*Format*) {+MENSCH} levatura *f*, statura *f*, calibro *m*: **Musiker von diesem** ~ **finden hoffentlich eine Stelle**, speriamo che musicisti di questa levatura trovino lavoro; **ein Kulturprogramm internationalen** ~**s**, un programma culturale di livello internazionale.

zu|schnüren *tr* **1** (*durch Schnüren verschließen*) *etw* ~ {BÜNDEL, PAKET} legare *qc* (con uno spago); {KORSETT, SCHUHE} allacciare *qc* **2** (*abschnüren*) *jdm etw* ~ {ANGST, SORGE DIE KEHLE} serrare *qc a qu*: **jds Kehle ist (von etw** dat**) wie zugeschnürt** {VON DER ANGST, SORGE}, qu si sente la gola chiusa (per qc); {VOM DURST} qu ha la gola secca/arsa (per qc).

zu|schrauben *tr etw* ~ {DECKEL, SCHRAUBVERSCHLUSS} avvitare *qc*; {FLASCHE, MARMELADENGLAS} chiudere *qc* (avvitandolo): **den Deckel wieder** ~, richiudere il coperchio.

zu|schreiben <*irr*> *tr* **1** (*für den Urheber halten*) *jdm etw* ~ {EIN KUNSTWERK, EINEN ROMAN} attribuire *qc a qu* **2** (*glauben, dass jd/ etw etw hat*) *jdm/etw etw* ~ {EINEM MENSCHEN, EINER PFLANZE, QUELLE BESONDERE FÄHIGKEITEN} attribuire *qc a qu/qc*: **dieser Pflanze wird eine besondere Heilwirkung zugeschrieben**, a questa pianta viene attribuito un particolare effetto curativo; **du kannst den Erfolg des Unternehmens nicht nur ihm** ~, non puoi ascrivere il successo dell'impresa solo a lui **3** (*zur Last legen*) *jdm etw* ~ {FEHLER, IRRTUM, SCHULD} imputare *qc a qu*, attribuire *qc a qu*, addebitare *qc a qu*: **den Unfall der Nachlässigkeit der Arbeiter** ~, imputare l'infortunio alla negligenza degli operai ● **etw sich selbst zuzuschreiben haben**: **das hast du dir selbst zuzuschreiben!**, l'hai voluto tu!, te la sei voluta!; **seine Entlassung hat er sich selbst zuzuschreiben**, se è stato licenziato, deve ₁ringraziare solo₁/[prendersela solo con] se stesso; **etw ist etw** (dat) **zuzuschreiben**, qc è attribuibile/[da attribuire] a qc: **dass er so vergesslich ist, ist seinem Alter zuzuschreiben**, il fatto che si dimentica di tutto è colpa della vecchiaia.

zu|schreiten <*irr*> *itr* <*sein*> *geh* **auf jdn/ etw** ~ incedere *verso qu/qc*: **das Brautpaar schritt auf den Altar zu**, gli sposi incedevano verso l'altare.

Zuschrift <-, -*en*> *f form* (*jds*) ~ (**auf etw** akk/**zu etw** dat) {AUF EINE ANNONCE} risposta *f* (scritta) (*di qu*) (*a qc*); {ZU EINER FERNSEH-, RADIOSENDUNG, EINEM ZEITUNGSARTIKEL} lettera *f* (*di qu*) (*a qc*): **viele** ~**en auf eine Anzeige erhalten**, ricevere molte risposte a un annuncio.

zuschulden *adv*: **sich (dat) etw** ~ **kommen lassen**: **er hat sich Nachlässigkeiten im Amt** ~ **kommen lassen**, si è reso colpevole di negligenza nell'esercizio delle sue funzioni; **jd hat sich etwas** ~ **kommen lassen**, qu ha mancato/[qualcosa da rimproverarsi]; **sie ist fristlos entlassen worden! – Hat sie sich denn etwas** ~ **kommen lassen?**, l'hanno licenziata in tronco! – Come mai? Ha fatto qualcosa che non doveva?; **jd hat sich nichts** ~ **kommen lassen**, qu non ha niente da rimproverarsi; **Herr Richter, ich habe mir nie etwas** ~ **kommen lassen**, Signor giudice, non mi sono mai reso (-a) colpevole dinanzi alla legge.

Zuschuss (a.R. *Zuschuß*) <-(*e*)*s*, *Zuschüsse*> *m* sovvenzione *f*, contributo *m*; (+ELTERN, VERWANDTE) aiuto *m* (in denaro); (*Unterstützungszahlung*) sussidio *m*: **er hat einen** ~ **zur Miete beantragt**, ha fatto domanda per (ricevere) un sussidio per l'affitto; **das Theater erhält private und staatliche Zuschüsse**, il teatro riceve sussidi da enti pubblici e privati; **ohne die Zuschüsse seiner Eltern könnte er nicht studieren**, se i genitori non lo sovvenzionassero un po' non potrebbe frequentare l'università; **Kleinbauer können heute nur dank staatlicher Zuschüsse überleben**, oggi i piccoli coltivatori sopravvivono solo grazie alle sovvenzioni statali.

Zuschussbetrieb (a.R. *Zuschußbetrieb*) *m*, **Zuschussunternehmen** (a.R. *Zuschußunternehmen*) *n* impresa *f* in perdita; (*bezuschusster Betrieb*) impresa *f* sovvenzionata.

zu|schustern *tr* → **zu|schanzen**.

zu|schütten *tr* **1** (*auffüllen*) *etw* ~ {GRUBE, LOCH} riempire *qc*: **einen Graben/Kanal** ~, interrare un fosso/canale **2** *fam* (*hinzufügen*) *etw* ~ {FLÜSSIGKEIT, WASSER} aggiungere *qc*, metterci (ancora) *qc*: **der Reis ist zu trocken, schütt noch ein bisschen Brühe zu!**, il riso è troppo asciutto, aggiungi ancora un po' di brodo!

zu|sehen <*irr*> *itr* **1** (*beobachten*) (stare a) guardare: **ich spiele nicht mit, ich sehe nur zu**, non gioco, sto solo a guardare; **bei etw** (dat) ~ {BEI DEN BAU-, GARTENARBEITEN} assistere *a qc*; {BEI EINEM FUßBALLSPIEL, WETTKAMPF} *auch* guardare *qc*; **jdm** (**bei etw** *dat*) ~ ˻stare a guardare˼/˻osservare˼ *qu* (*mentre fa qc*): **die Touristen konnten dem Glasbläser bei seiner Arbeit ~**, i turisti ebbero l'opportunità di vedere un soffiatore (di vetro) all'opera **2** (*untätig bleiben*) **jdm/etw** ~ {EINEM DIEB, DEM TREIBEN, UNFUG} ˻stare a guardare *qu/qc*˼/˻assistere *a qc*˼ senza muovere un dito: **die Polizei sah der Plünderung zu ohne einzuschreiten**, la polizia assistette al saccheggio senza intervenire **3** (*dafür sorgen*): ~, **dass ...**: **sieh zu, dass du morgen fertig bist!**, vedi/cerca di finire per domani!; **ich will ~, dass ich übermorgen wieder fit bin**, vedrò di rimettermi in sesto per dopodomani; **er muss selbst ~, wie er das Problem löst**, deve vedere lui come risolvere il problema; **sieh zu, dass du dir nicht wehtust!**, vedi di non farti male!; **sieh zu, dass alles in Ordnung ist, wenn der Gast kommt!**, procura/[fai in modo] che tutto sia a posto quando arriva l'ospite ● **sieh zu, wo du bleibst!**, arrangiati!, cavoli tuoi!; *fam*: **da kann man doch nicht ruhig ~**, non si può starsene a guardare come se niente fosse!; **bei etw** (*dat*) **nicht mehr länger/lange ~ können** *fam*, non poter stare più a guardare qc; **da seh' ich nicht mehr länger zu!** *fam*, non posso più stare lì a guardare senza fare niente!; *mal* ~, *ob/was/wie* ..., vedere un po' se/[che cosa]/[come] ...; **ich sehe mal zu, was ich für ihn tun kann** *fam*, vedo un po' che cosa posso fare per lui; *tatenlos* ~, starsene a guardare ˻senza muovere un dito˼/[con le mani in mano], stare alla finestra.

zu̱sehends *adv* a vista d'occhio: **er erholt sich ~**, si sta riprendendo in fretta; (*merklich*) sensibilmente, notevolmente, percepibilmente; **in den letzten Jahren haben sich seine finanziellen Verhältnisse ~ verbessert**, negli ultimi anni la sua situazione economica è sensibilmente migliorata.

Zu̱seher <-s, -> *m A* → **Zuschauer**.

zu̱|sein *a.R. von* zu sein → **sein**².

zuse̱iten *präp* + *gen obs* ai lati di.

zu̱|senden <*irr oder reg*> *tr* → **zu|schicken**.

Zu̱sendung *f* ~ *einer S.* (*gen*) invio *m di qc*, spedizione *f di qc*.

zu̱|setzen A *tr* **1** (*hinzufügen*) (*etw dat*) *etw* ~ {EINEM GERICHT, LEBENSMITTELN AROMASTOFFE, KONSERVIERUNGSSTOFFE} aggiungere *qc* (*a qc*): **ohne zugesetzten Zucker**, senza ˻zuccheri aggiunti˼/[aggiunta di zucchero]; **dem Wein Wasser/Zucker ~**, aggiungere acqua/zucchero al vino **2** (*Geld verlieren*) (**bei etw** *dat*) *etw* ~ {GELD BEI EINEM GESCHÄFT} perdere *qc* (*in qc*), rimetterci *qc* (*in qc*) *fam* B *itr fam* **1** (*bedrängen*) **jdm** (*mit etw* *dat*) ~ (*jdm keine Ruhe lassen*) tormentare *qu* (*con qc*), assillare *qu* (*con qc*), incalzare *qu* (*con qc*): **die Presse hat der Regierung durch ihre Enthüllungen hart zugesetzt**, con simili rivelazioni la stampa ha ˻esercitato notevoli pressioni sul governo˼/[messo il governo alle strette]; (*jdn unter Druck setzen*) fare/esercitare pressioni *su qu* (*con qc*) **2** (*belasten*) **jdm** ~ {NEGATIVE ERFAHRUNG} provare *qu*; {HITZE} fiaccare *qu*; {KRANKHEIT} *auch* estenuare *qu*; {STRESS, ÜBERBELASTUNG} mettere a dura prova *qu*: **die Krankheit hat ihm arg zugesetzt**, la malattia l'ha duramente provato ● **nichts zuzusetzen haben**, non avere più energie.

zu̱|sichern *tr* **jdm etw** ~ {HILFE, MITARBEIT, UNTERSTÜTZUNG} assicurare *qc a qu*, garantire *qc a qu*: **jdm freies Geleit ~**, garantire a qu un salvacondotto; **jdm etw vertraglich ~**, garantire a qu per contratto; **jdm ~, dass** ...: assicurare/garantire a qu che ...; **mir wurde zugesichert, dass ...**, mi è stato garantito che ...

Zu̱sicherung *f* **1** <*nur sing*> (*das Zusichern*) {+HILFE, STILLSCHWEIGEN, UNTERSTÜTZUNG} assicurazione *f*, garanzia *f*: **ich brauche Ihre ~, dass Sie die Regeln einhalten werden**, mi serve la Sua assicurazione che rispetterà le regole **2** (*Zugesichertes*) assicurazione *f*, garanzia *f*: **kann man sich auf die ~ des Ministers verlassen?**, ˻ci si può fidare delle˼/[si può fare affidamento sulle] assicurazioni del ministro?

Zu̱spätkommende <*dekl wie adj*> *mf fam* ritardatario (-a) *m* (*f*).

zu̱|sperren *tr südd A* → **zu|schließen**.

Zu̱spiel <-(*e*)*s, ohne pl*> *n sport* passaggio *m* (di palla).

zu̱|spielen *tr* **1** *sport* **jdm etw** ~ {BALL, PUCK} passare *qc a qu*: **der zugespielte Ball**, il passaggio (di palla); **der Verteidiger spielte dem Stürmer den Ball geschickt zu**, il difensore passò con maestria il pallone all'attaccante **2** (*zukommen lassen*) **jdm/etw etw** ~ {EINEM JOURNALISTEN, PARTEIGEGNER, DER PRESSE FOTOS, INFORMATIONEN} far arrivare/pervenire *qc a qu*, passare *qc a qu*: **ihm wurden vertrauliche Unterlagen zugespielt**, gli passarono dei documenti riservati.

zu̱|spitzen A *tr* **1** (*spitz machen*) *etw* ~ {PFAHL, STOCK} appuntare *qc*, fare la punta *a qc*, aguzzare *qc*, acuminare *qc* **2** (*schärfer formulieren*) *etw* ~ {BEHAUPTUNG, FRAGE} puntualizzare *qc*: **darf ich die Frage zugespitzt formulieren?**, posso riformulare la domanda in modo più esplicito? B *rfl* **1** (*sich verschärfen*) *sich* ~ aggravarsi; {AUSEINANDERSETZUNG, KONFLIKT, KRISE} *auch* acutizzarsi, inasprirsi, acuirsi, esacerbarsi, esasperarsi; {LAGE} aggravarsi, inasprirsi: **die Lage spitzt sich immer mehr zu**, la situazione si aggrava sempre di più **2** (*sich zusammenfassen lassen*) *sich* **auf etw** (*akk*) ~: **das Problem können wir auf folgende Frage ~**: ..., il problema può essere riassunto/sintetizzato nella seguente domanda: ... **3** (*spitz werden*): *sich nach oben ~* {OBELISK, PFAHL, SPAZIERSTOCK}, terminare a punta, aguzzarsi.

Zu̱spitzung <-, -en> *f* <*meist sing*> {+KONFLIKT, KRISE, LAGE} inasprimento *m*, aggravamento *m*, esasperazione *f*, acutizzazione *f*.

zu̱|sprechen <*irr*> A *tr* **1** *jur* **jdm etw** ~ {ANSPRUCH, RECHT} riconoscere *qc a qu*; {ERBSCHAFT, NACHLASS} assegnare *qc a qu*; {VORMUNDSCHAFT} *auch* conferire *qc a qu*; {SORGERECHT} dare *qc a qu*: **das Kind wurde dem Vater zugesprochen**, il bambino fu affidato al padre **2** (*zuerkennen*) **jdm etw** ~ {SIEG} assegnare *qc a qu*, attribuire *qc a qu*; {PREIS} *auch* conferire *qc a qu*, aggiudicare *qc a qu* **3** *geh* (*zuteilwerden lassen*) **jdm etw** ~ dire parole *di qc a qu*: **jdm Mut/Trost ~**, dire a qu parole di incoraggiamento/conforto **4** (*zuschreiben*) **jdm/etw etw** ~ {BESONDERE FÄHIGKEITEN, HEILKRÄFTE} attribuire *qc a qu/qc*, ascrivere *qc a qu/qc*, riconoscere *qc a qu* B *itr* (*zureden*) **jdm irgendwie** ~ {BEGÜTIGEND, BERUHIGEND, BESÄNFTIGEND} parlare in tono + *adj a qu*: **jdm gut ~**, cercare di ˻far ragionare˼/[tranquillizzare] *qu* **2** *geh* (*mit Genuss essen/trinken*) *etw* ~ {DEM ALKOHOL, WEIN} gradire *qc*; {DEM ESSEN, NACHTISCH} *auch* fare onore *a qc*: **sie sprachen dem kalten Büfett tüchtig zu**, hanno ˻preso d'assalto *fam*˼/[spolverato *fam*] il buffet; **beim Fest wurde dem Wein kräftig zugesprochen**, alla festa il vino ha avuto un successone.

Zu̱spruch <-(*e*)*s, ohne pl*> *m geh* **1** (*Aufmunterung*) parole *f pl* di incoraggiamento; (*Trost*) parole *f pl* di conforto: **ärztlicher/geistlicher ~**, (parole di) conforto da parte di un medico/[religioso/prete]; **~ von allen Seiten erhalten**, ricevere parole di conforto da parte di tutti **2** (*Zulauf*) affluenza *f*: **sich großen/regen ~s erfreuen** {AUSSTELLUNG, VERANSTALTUNG}, registrare una grande affluenza di pubblico; {LOKAL, RESTAURANT}, essere molto ˻in slang˼/[in voga] **3** (*Beifall*) favore *m*, consenso *m*: **~ finden**, avere successo; **der neue Roman von Grass findet regen ~**, il nuovo romanzo di Grass ha incontrato il favore del pubblico; **der Vorschlag fand den ~ der Kommission**, la proposta incontrò il favore della commissione.

Zu̱stand <-(*e*)*s, Zustände*> *m* **1** (*Beschaffenheit*) stato *m*, condizioni *f pl*: **das Haus ist in schlechtem ~**, la casa è in ˻cattivo stato˼/[cattive condizioni]; **die antiken Möbel befinden sich noch in einem recht guten ~**, i mobili antichi si trovano ancora in un discreto stato di conservazione **2** (*Verfassung*) stato *m*, condizioni *f pl*: **wie ist der ~ von Frau Meier nach der Operation?**, in che condizioni è la signora Meier dopo l'intervento?; **in einem ~ geistiger Verwirrung**, stato confusionale; **in einem bemitleidenswerten ~ sein**, essere in uno stato pietoso/[da fare pietà], essere ridotto ai minimi termini; **die Ware traf in beschädigtem/unversehrtem ~ bei uns ein**, la merce ci è arrivata danneggiata/[in perfetto stato]; **jds geistiger/seelischer ~**, lo stato mentale/psichico di qu; **jds gesundheitlicher/körperlicher ~**, lo stato/le condizioni di salute˼/[le condizioni fisiche] di qu; **der Patient wurde ˻im bewusstlosen˼/[in einem bedenklichen] ~ eingeliefert**, il paziente fu ricoverato in ˻stato di incoscienza˼/[condizioni critiche]; **in angetrunkenem ~ Auto fahren**, guidare in stato di ubriachezza **3** *chem* stato *m*: **Moleküle in festem/flüssigem/gasförmigem ~**, molecole allo stato solido/liquido/gassoso; **in den festen ~ übergehen**, passare allo stato solido **4** <*meist pl*> (*Verhältnisse*) situazione *f*, stato *m* di cose: **in den Aufnahmelagern herrschen katastrophale Zustände**, la situazione nei campi di accoglienza è catastrofica ● **Zustände bekommen/kriegen** *fam*, perdere il lume della ragione, andare su tutte le furie *fam*; **immer dieser Krach, ich kriege noch Zustände!**, sempre questo chiasso, sento che sto per esplodere!; **in diesem ~**, nello stato in cui sei/è/...; **in deinem ~ solltest du nicht mehr rauchen**, avanti come sei (nella gravidanza) dovresti smettere di fumare; **ist doch kein ~!** *fam*, non è mica possibile!, così non si può andar avanti!; **Zustände wie im alten Rom!** *fam*, sembra di essere in una gabbia di matti!; **das sind unhaltbare Zustände!** *fam*, è uno scandalo!, è una situazione scandalosa!

zu̱stande *adv*: *etw* ~ **bringen/bekommen** {EINIGUNG, KOMPROMISS}, riuscire a ˻arrivare a˼/[raggiungere] *qc*; {ARBEIT, LEISTUNG}, riuscire a fare *qc*: **der hat doch in seinem Leben nie (et)was ~ gebracht**, non ha mai realizzato niente (di buono) in tutta la vita; **ich bin so müde, ich bringe nichts Vernünftiges mehr ~**, sono talmente stanco (-a) che non riesco più a combinare niente; **er hat den ganzen Tag gearbeitet, ohne etwas ~ zu bekommen**, ha lavorato tutto il giorno senza ˻concludere niente˼/[costruito]; **es ~ bringen, dass jd etw tut**, riuscire a far *qc a qu*, ottenere/[fare in modo] che qu faccia *qc*: **sie hat es trotz aller Schwierigkeiten ~ gebracht, dass alle Seiten zufrieden sind**, nonostante tutte le difficoltà è riuscita a fare in modo che tutti (-e) fossero contenti (-e); ~ **kommen** {TREFFEN}, avere luogo; {ABKOMMEN}, essere raggiunto/concluso; {VERTRAG}, venire stipulato (-a).

Zustandekommen, Zu-Stan·de·kom·men <-s, ohne pl> n {+ABKOMMEN} conclusione f, raggiungimento m; {+VERTRAG} stipula(zione) f; {+KONGRESS, TREFFEN} realizzazione f: **das ~ der Koalition scheiterte an der Rentenfrage**, la coalizione non si formò a causa delle divergenze in materia pensionistica.

zuständig adj {BEHÖRDE, GERICHT, INSTANZ} competente; {BEAMTE, KOLLEGE, MINISTER} auch responsabile: **für etw (akk) ~ sein**, essere competente di qc, essere addetto a qc; {BEHÖRDE, GERICHT, INSTANZ} essere competente per qc; **für die Qualitätskontrolle ~ sein**, essere addetto al controllo della qualità; **für die Überwachung ~ sein**, essere addetto alla vigilanza; **für Diebstahl ist das Strafgericht ~**, i furti sono di competenza del tribunale penale; **wenden Sie sich bitte an** ⌊**den ~en Sachbearbeiter**⌋/[**die ~e Stelle**], si rivolga per favore ⌊alla persona⌋/[all'ufficio] competente; **der für die Heizungsanlage ~e Techniker**, il tecnico responsabile dell'impianto di riscaldamento; **dafür ist mein Kollege ~**, questo è di competenza del mio collega.

Zuständigkeit <-, -en> adm f jur {+BEHÖRDE, GERICHT, INSTANZ} competenza f, pertinenza f, spettanza f: **die ~ eines Gerichts feststellen**, determinare la competenza di un organo giudiziario ● **in jds ~ (akk) fallen**, essere di competenza/pertinenza/spettanza di qu, ricadere sotto la giurisdizione di qu adm jur; **das fällt nicht mehr in unsere ~**, questo esula dalle nostre competenze; **in die ~ des Verwaltungsgerichts fallen**, rientrare nelle competenze del tribunale amministrativo; **örtliche ~** jur, competenza per territorio; **sachliche ~** jur, competenza per materia.

Zuständigkeitsbereich m ambito m/ sfera f di competenza.

Zuständigkeitsstreit m adm conflitto m di competenze.

Zustandsänderung f phys cambiamento m di stato.

Zustandspassiv n gram passivo m di stato.

Zustandsverb n gram verbo m di stato.

zustatten|kommen <irr> itr <sein> geh jdm ~ {FÄHIGKEITEN, KENNTNISSE} tornare ⌊utile a qu⌋/[a vantaggio/beneficio di qu]: **wenn du Fremdsprachen kannst, wird dir das im Berufsleben sehr ~**, il fatto di conoscere le lingue straniere ⌊ti tornerà utile⌋/[tornerà a tuo vantaggio] nella professione.

zu|stechen <irr> itr colpire qu con ⌊una lama⌋/[uno strumento acuminato]; **mit etw (dat) ~** colpire con qc, affondare la lama di qc (nel corpo di qu).

zu|stecken tr jdm etw ~ {BRIEF, GELD} ⌊fare avere⌋/[dare] di nascosto qc a qu: **die Mutter steckte dem Kind heimlich etwas Geld zu**, senza farsi vedere la madre diede al figlio un po' di soldi; **er steckte dem Beamten einen Hunderteuroschein zu**, di nascosto passò al funzionario una banconota da 100 euro.

zu|stehen <irr> itr **1** (von Rechts wegen gehören) **jdm ~** {ERBSCHAFT, GELD, HAUS, URLAUB} spettare/toccare a qu (di diritto): **jdm steht eine Entschädigung zu**, qu ha diritto a un risarcimento; **dieses Recht steht ihnen zu**, questo è un loro diritto; **jdm steht das Recht zu, etw zu tun**, qu ha diritto di fare qc; **jdm zahlen, was ihm zusteht**, pagare a qu ciò che gli ⌊è dovuto⌋/[spetta] **2** (zukom-

men): **jdm steht etw zu** {ÄUßERUNG, URTEIL}, qu ha il diritto di fare qc, a qu spetta/compete qc; **es steht jdm (nicht) zu, etw zu tun**, a qu (non) ⌊spetta fare⌋/[compete qc]; **es steht mir nicht zu, darüber zu urteilen**, non spetta a me esprimere un giudizio su queste cose.

zu|steigen <irr> itr <sein> salire (dopo la prima stazione) ● **(ist) noch jemand zugestiegen?**, i biglietti sono già stati visti/controllati?; già visto il biglietto, signori?

Zustellbezirk m post distretto m postale.

zu|stellen tr **1** post form (jdm) etw ~ recapitare qc (a qu), consegnare qc (a qu): **der Eilbrief wird Ihnen direkt nach Hause zugestellt**, l'espresso Le viene recapitato direttamente a casa; **wie oft wird hier die Post zugestellt?**, ogni quanto viene distribuita la posta qui? **2** jur (jdm) etw ~ {KLAGESCHRIFT, MAHNBESCHEID} notificare qc (a qu): **die Verschriftlichung des Urteils wird Ihnen zugestellt**, la versione scritta della sentenza Le verrà notificata **3** fam (versperren) (jdm) etw (mit etw dat) ~ {AUSGANG, EINGANG, TÜR MIT KISTEN, EINEM SCHRANK} bloccare qc (a qu) con qc, ingombrare qc (a qu) con qc: **die Arbeiter haben den Durchgang mit Kisten zugestellt**, gli operai hanno bloccato il passaggio con delle casse.

Zusteller <-s, -> m (**Zustellerin** f) form fattorino (-a) m (f), persona f che recapita qc.

Zustellgebühr f post tassa f di consegna.

Zustellung f post consegna f, recapito m; jur {+DOKUMENT, KLAGESCHRIFT, URTEIL} notificazione f, notifica f.

Zustellungsanschrift f jur domicilio m eletto: **als ~ die Kanzlei Mayer bestimmen/wählen**, eleggere domicilio presso lo studio legale Mayer; **in ~ ...**, elettivamente domiciliato in ...; **Bestimmung/Wahl der ~**, elezione di domicilio.

Zustellungsbevollmächtigte <dekl wie adj> mf jur domiciliatario (-a) m (f).

Zustellungsfrist f adm jur termine m di notifica(zione).

Zustellungsurkunde f adm jur relazione f/relata f di notifica(zione).

Zustellungsverfahren n adm jur procedimento m di notifica(zione).

Zustellvermerk m form post "annotazione f fatta dal portalettere su una busta per indicarne il mancato recapito".

zu|steuern A tr <haben> **1** (hinlenken) **etw auf etw** (akk) ~ {AUTO AUF EINEN GRABEN, SCHLITTEN AUF EINEN SCHNEEHAUFEN} portare qc verso qc, dirigere qc verso qc: **das Schiff auf den Hafen ~**, dirigere/pilotare la nave verso il porto **2** fam (beisteuern) **etw (zu etw dat) ~**, mettere qc (per qc), dare qc (per qc) B <sein> **1** fam (darauf zugehen) **auf jdn/etw ~** {PERSON AUF EINEN BEKANNTEN, DIE KNEIPE, TELEFONZELLE}, {FAHRZEUG AUF EINEN ABGRUND, BAUM, FUßGÄNGER} dirigersi verso qu/qc {SCHIFF AUF EINEN HAFEN, EINE INSEL, DIE KÜSTE} auch ⌊fare rotta⌋/[puntare] su/verso qc **2** (darauf zutreiben) **auf etw** (akk) ~ {GESELLSCHAFT, LAND auf EINE KATASTROPHE, EINEN KRIEG} andare diritto (-a) verso qc; {AUF EINE KRISE} andare verso qc, avvicinarsi a qc.

zu|stimmen itr **1** (einer Meinung sein) **jdm ~** essere d'accordo con qu, essere dello stesso parere di qu, concordare con qu, convenire con qu: **ich kann Ihnen da nur ~**, non posso che essere d'accordo con Lei; **in diesem Punkt stimme ich Ihnen zu**, ⌊sono d'accordo⌋/[concordo] con Lei su questo punto **2** (einverstanden sein) etw (dat) ~ {EINEM ANTRAG, GESETZESENTWURF} approvare

qc; {EINER ENTSCHEIDUNG, EINEM PLAN, VORSCHLAG} auch acconsentire a qc, assentire a qc: **auch die Opposition hat dem Gesetzentwurf zugestimmt**, anche l'opposizione ha votato a favore del disegno di legge; **erst war mein Vater gegen den Umbau des Hauses, aber dann hat er doch zugestimmt**, dapprima mio padre era contrario alla ristrutturazione della casa ma alla fine ha ⌊detto di sì⌋/[acconsentito]; **dem kann ich/man nur ~**, ⌊sono pienamente⌋/[non si può che essere] d'accordo (con ciò che dici/dice/...), ⌊concordo pienamente⌋/[non si può che concordare] con ciò che dici/dice/...

zustimmend A adj {BLICK, GESTE} di approvazione, di assenso; {ÄUßERUNG} favorevole: **ein ~es Kopfnicken**, un cenno di approvazione/assenso con la testa B adv {LÄCHELN, NICKEN} in segno di approvazione/assenso: **sich ~ äußern**, esprimersi favorevolmente, esprimere ⌊la propria approvazione⌋/[il proprio consenso/assenso].

Zustimmung f assenso m, consenso m, approvazione f ● **bei jdm ~ finden** {VORSCHLAG}, incontrare il favore di qu; **seine ~ (zu etw dat) geben/verweigern geh** {ZU EINEM GESETZESENTWURF, VORSCHLAG}, concedere/negare ⌊la propria approvazione⌋/[il proprio consenso] (a qc); **mit/ohne jds ~**, senza/con il consenso di qu; **unter jds ~**, con l'approvazione di qu.

zu|stopfen A tr **1** (schließen) **etw (mit etw dat) ~** {LOCH, RITZE IN DER WAND} turare qc (con qc), tappare qc (con qc) **2** (stopfen) **etw ~** {LOCH IM STRUMPF} rammendare qc B rfl (schließen) **sich** (dat) **etw (mit etw dat) ~** {NASENLÖCHER, OHREN} tapparsi qc (con qc), turarsi qc (con qc).

zu|stöpseln fam A tr etw ~ {ABFLUSS} chiudere qc con un tappo; {FLASCHE} auch tappare qc, turare qc B itr mettere il tappo.

zu|stoßen <irr> A tr <haben> (schließen) **etw (mit etw dat) ~** {EINGANGSTÜR, FENSTER MIT DEM ELLENBOGEN, FUß, KNIE} chiudere qc (dando una spinta per qc): **sie hatte beide Hände voll und stieß deshalb die Tür mit dem Fuß zu**, aveva entrambe le mani occupate e perciò chiuse la porta (spingendola) con il piede B itr **1** <haben> (in eine Richtung stoßen) (mit etw dat) ~ {MIT STICHWAFFE} colpire (con qc), affondare la lama di qc (nel corpo di qu): **mit den Hörnern ~**, dare una cornata **2** <sein> (geschehen) **jdm ~** {ETWAS SCHLIMMES, UNGLÜCK} accadere a qu, capitare a qu, succedere a qu: **hoffentlich ist ihm nichts zugestoßen!**, speriamo non gli sia successo niente!; **wenn mir mal etwas zustößt, ...**, se dovessi succedermi/capitarmi qualcosa ...

zu|streben itr <sein> **auf etw** (akk)/**etw** (dat) ~ {AUF DEN AUSGANG, EINGANG, DIE TÜR, DEM AUSGANG, EINGANG, DER TÜR} dirigersi verso qc.

Zustrom <-(e)s, ohne pl> m **1** meteo corrente f, flusso m **2** (Zuwanderung) {+ARBEITSUCHENDE, FLÜCHTLINGE} flusso m, ondata f; {+BESUCHER, SCHAULUSTIGE, TOURISTEN} auch affluenza f, afflusso m: **großen ~ haben** {AUSSTELLUNG, MUSEUM, SEHENSWÜRDIGKEIT}, registrare una grande affluenza.

zu|strömen itr <sein> **1** meteo **aus etw** (dat) ~ {LUFTMASSEN, MEERESLUFT AUS DEM NORDEN, SÜDEN} provenire da qc **2** (sich zubewegen) **auf etw** (akk)/**etw** (dat) ~ {MENGE, MENSCHEN AUF DEN AUSGANG, DEM AUSGANG} affluire verso qc, dirigersi (in massa) verso qc; {AUF DAS STADION, DEM STADION} auch affluire (in massa) a qc **3** (hinfließen) **etw (dat) ~** {FLUSS DEM MEER} affluire a qc.

zu|stürmen itr <sein> **auf jdn/etw** ~ {KIND AUF DEN BESUCHER, DAS HAUS; HUND AUF SEIN HERRCHEN} precipitarsi *verso qu/qc*: **die Kinder kamen auf das Haus zugestürmt**, i bambini si precipitarono verso la casa.

zu|stürzen itr <sein> **auf jdn/etw** ~ {AUF DEN AUSGANG, EINEN POLIZISTEN, DIE TÜR} precipitarsi *verso qu/qc*: **voller Panik stürzten die Leute auf die Notausgänge zu**, presa dal panico la gente si precipitò verso le uscite d'emergenza.

zutage adv: **etw** ~ **bringen/fördern** {AUSMASS, GEHEIMNIS, HINTERGRÜNDE, WAHRHEIT}, fare luce *su qc*; **die Untersuchung brachte einen Skandal ungeheuren Ausmaßes** ~, l'indagine fece luce su uno scandalo di dimensioni inaudite; **etw** ~ **fördern** {BERGMANN}, estrarre *qc a luce*; {ARCHÄOLOGE}, riportare *qc* alla luce, dissotterrare *qc*; **sie kramte im Schrank und förderte ein Kleid ihrer Großmutter** ~ *fam*, frugò nell'armadio e tirò fuori un vestito di sua nonna; ~ **kommen** {MISSWIRTSCHAFT, VERSÄUMNIS, WAHRHEIT}, venire alla luce/[a galla]/[fuori] *fam*, emergere; {ÜBERRESTE EINES TEMPELS, ALTE URKUNDEN}, tornare alla/[rivedere la] luce; {ÜBERMALTE FRESKEN}, affiorare; ~ **treten** {NACKTER FELS}, emergere; {KNOCHEN}, venir fuori; **erst Tage später traten die Mängel** ~, solo alcuni giorni dopo emersero i difetti; **offen** ~ **liegen** {AUSMASS, GEGENSÄTZE, VERSÄUMNIS}, essere evidente/manifesto/lampante/palese, essere sotto gli occhi di tutti.

Zutat <-, -en> *f* ⟨meist pl⟩ *gastr* ingrediente *m*.

zu|teilen tr **1** (*zuweisen*) **jdm etw** ~ {ARBEIT, AUFGABE, MITARBEITER, PENSUM, ROLLE} assegnare *a qu qu/qc*: **den Mitarbeitern ihre Aufgaben** ~, ripartire le incombenze tra i collaboratori; **den Schauspielern ihre Rollen** ~, assegnare le parti agli attori; **den Gästen die Sitzplätze** ~, assegnare i posti a tavola agli invitati; **das mir zugeteilte Pensum**, la mole di lavoro che mi è stata assegnata; **jeder Wettkämpfer bekam eine Startnummer zugeteilt**, ogni partecipante alla gara ricevette il pettorale **2** (*austeilen*) **jdm etw** ~ {EINER EINZELNEN PERSON IHREN ANTEIL, IHRE PORTION, RATION} dare *qc a qu*, destinare *qc a qu*, assegnare *qc a qu*; {MEHREREN PERSONEN, DER BEVÖLKERUNG} distribuire *qc a qu*: **im Krieg wurden die Lebensmittel zugeteilt**, durante la guerra i generi alimentari venivano razionati.

Zuteilung *f* **1** (*Zuweisung*) {+ARBEIT, AUFGABE, MITARBEITER} distribuzione *f*, assegnazione *f*: **die** ~ **der Arbeiten an die Mitarbeiter**, la distribuzione/ripartizione del lavoro tra i collaboratori **2** (*das Zuteilen*) {+ANTEILE, PORTIONEN} distribuzione *f*, ripartizione *f*: **die** ~ **von Lebensmitteln**, il razionamento dei viveri **3** (*das Zugeteilte: Anteil*) parte *f* spettante; (*Ration*) razione *f* spettante ● **auf** ~: **etw nur auf** ~ **bekommen** {BENZIN, FLEISCH, ZUCKER}, ricevere *qc* solo razionato *(-a)*; **im Krieg bekam man Lebensmittel nur auf** ~, durante la guerra ognuno poteva avere solo la razione di viveri che gli spettava; **etw gibt es nur auf** ~, *qc* è razionato.

zuteil|werden <irr> itr <sein>: **jdm wird etw zuteil** *geh* {GUTE BEHANDLUNG, GROSSE EHRE}, *qc* tocca *a qu*, *qu* ha (in sorte) *qc*; {SCHLECHTE BEHANDLUNG, SCHWERES SCHICKSAL}, *a qu* tocca in sorte *(-a) qc*; {SCHWERES SCHICKSAL}, *a qu* tocca (in sorte) *qc*: **mir wurde die Ehre zuteil**, ..., ho avuto l'onore di ...; **ihm wurde großes Glück zuteil**, gli toccò in sorte una grande fortuna; **jdm etw** ~ **lassen** {BESONDERE BEHANDLUNG, GNADE, GUNST}, fare in modo che *qu* abbia *qc*.

zu|texten tr *fam* **jdn** ~ fare la testa come un pallone *a qu fam*.

zutiefst adv {BELEIDIGT, GEKRÄNKT SEIN, ETW BEDAUERN} profondamente; {BETROFFEN, BEWEGT, ERSCHÜTTERT, GERÜHRT} *auch* nel più profondo dell'anima/[del cuore]: **ich bereue es** ~, me ne pento con tutto il cuore; **etw** ~ **verabscheuen**, aborrire *qc*.

zu|tragen <irr> *geh* **A** tr **1** (*übermitteln*) **jdm etw** ~ {GERÜCHT, VORFALL} riferire *qc a qu*, riportare *qc a qu*; {INFORMATION, NACHRICHT} far arrivare/pervenire *qc a qu*: **mir ist zugetragen worden, dass ...**, mi è stato riferito che ..., mi è giunto all'orecchio che ... **2** (*herbringen*) **jdm etw** ~ {LUFTSTOSS, WIND DUFT, GERÄUSCHE, GERUCH} portare *qc* (*fino*) *a qu*: **der Wind trug uns die Stimmen aus dem Tal zu**, il vento portò fino a noi le voci dalla valle **B** rfl *geh* (*sich ereignen*) **sich** ~ accadere, avvenire, succedere; (*ablaufen*) svolgersi: **das hat sich vor vielen Jahren zugetragen**, (ciò) accadde tanti anni fa **C** *unpers*: **es trug sich zu, dass ...**, accadde che ... *konjv*: **nun trug es sich zu, dass der König seinen Sohn vermählen wollte** *lit*, accadde dunque che il re volesse trovare una sposa per il figlio.

Zuträger <-s, -> *m* (**Zuträgerin** *f*) *pej* (*für die Polizei*) confidente *mf*, informatore *(-trice) m (f)*; (*Denunziant*) delatore *(-trice) m (f)*.

zuträglich adj *geh* **1** (*gesundheitsfördernd*) **jdm** ~ {ESSEN, KLIMA, LUFT} che fa bene *a qu*, salutare *per qu*: **jdm nicht** ~ **sein** {ESSEN}, non fare bene *a qu*; {HITZE, KÄLTE, KLIMA} *auch* non essere salutare per *qu*, non giovare *a qu* **2** (*förderlich*) **etw** (*dat*) ~ {ESSEN DER GESUNDHEIT} che fa bene *a qc*; {KLIMA} *auch* che giova *a qc*: **die Heirat war seinen Geschäften sehr** ~, quel matrimonio fu una manna per i suoi affari; **dein Verhalten ist der Arbeit im Team sicher nicht** ~, il tuo comportamento non giova certo al lavoro di squadra.

zu|trauen A tr **jdm etw** ~ {AUFGABE, LEISTUNG, LÜGE, TAT} credere *qu capace di qc*; {AUSDAUER, GUTEN GESCHMACK, MUT, TALENT} credere che *qu abbia/possegga qc*: **jdm** ~, **etw zu tun**, credere *qu capace di fare qc* **B** rfl **sich** (*dat*) **etw** ~ {ARBEIT, AUFGABE, LEISTUNG} credersi/sentirsi capace di *qc*, sentirsela (*di fare qc*): **er traute sich die Lösung des Problems zu**, si sentiva capace di risolvere il problema; **das traue ich mir nicht zu!**, non me la sento! ● **jdm allerhand/einiges** ~, avere molta fiducia nelle capacità/qualità di *qu*; **jdm ist alles zuzutrauen**, *qu* è capace di tutto, c'è da aspettarsi di tutto da *qu*; **glaubst du, dass er so etwas machen würde? – Dem traue ich alles zu!**, credi che lui farebbe una cosa del genere? – Lo credo capace di questo e altro!; **das hätte ich ihm (gar) nicht zugetraut**, non l'avrei creduto capace di una cosa simile; **das ist ihm/ihr zuzutrauen!** *fam iron*, ne è capacissimo *(-a)! fam iron*; **sich nichts** ~, non avere fiducia in sé/[nelle proprie capacità]; **jdm nicht viel** ~, non avere molta fiducia in/[nelle capacità] di *qu*; **jdm zu viel/wenig** ~, sopravvalutare/sottovalutare le capacità di *qu*; **sich zu viel** ~, sopravvalutarsi, sopravvalutare le proprie capacità.

Zutrauen <-s, *ohne pl*> n fiducia *f*: **jds** ~ **zu jdm**, la fiducia di *qu* in *qu*; (*Vertrautheit*) confidenza *f* ● ~ **zu jdm** *fassen*/**gewinnen**, prendere confidenza con *qu*, familiarizzare con *qu*; ~ **zu jdm haben** (*jdm vertrauen*), avere fiducia nelle capacità di *qu*; **zu sich selbst haben**, confidare nelle proprie forze, avere fiducia in sé *(-a)*; **das** ~ **zu jdm verlieren**, perdere la fiducia in *qu*.

zutraulich A adj {KIND} che dà confidenza *a*; {HUND, KATZE} mansueto, docile: **das Kind ist fremden Leuten gegenüber sehr/[nicht sehr]** ~, il bambino/la bambina dà subito/[fa fatica a dare] confidenza agli sconosciuti; ~ **werden** {KIND}, dare confidenza; {TIER} perdere la paura delle persone **B** adv (*sich nähern*) fiducioso *(-a)*, con fiducia, fiduciosamente.

zu|treffen <irr> itr **1** (*richtig sein*) {ANNAHME, BEHAUPTUNG, VERMUTUNG} essere giusto/esatto; {VORWURF} essere fondato: **die Beschreibung trifft genau auf jdn/etw zu**, la descrizione corrisponde perfettamente *a qu/qc*/[di *qu/qc*] è proprio azzeccata]; **es trifft zu, dass ...**, è vero che ...; **es trifft nicht immer zu, dass ...**, non è sempre vero che ... **2** (*passen*) **auf jdn/etw** ~ {ANFORDERUNGSPROFIL, BESCHREIBUNG} corrispondere *a qu/qc* (*fedelmente*) **3** (*gelten*) **auf/für jdn/etw** ~ valere *per qu/qc*: **diese Verhaltensmuster treffen für viele Tiere zu**, questi modelli comportamentali sono tipici di molti animali; **das Gesetz trifft auf diesen Fall nicht zu**, la legge non è applicabile a questo caso.

zutreffend A adj (*richtig*) {ANNAHME, BEHAUPTUNG, VERMUTUNG, VORWURF} giusto, esatto; **auf jdn** ~ (*BESCHREIBUNG*), corrispondente *a qu* **B** adv {BEMERKEN, FESTSTELLEN} giustamente, esattamente; **jdn/etw** ~ **beschreiben**, fare una descrizione azzeccata/indoviata di *qu/qc* ● **Zutreffendes bitte ankreuzen**, barrare la voce che interessa; **das nicht Zutreffende → Nichtzutreffende**.

zu|treiben <irr> **A** tr <haben> **jdn/etw auf jdn/etw** ~, **jdm/etw** ~ spingere *qu/qc verso qu/qc*: **der leichte Wind trieb das Boot auf das/[dem] Ufer zu**, la brezza spinse la barca verso/a riva **B** itr <sein> **auf jdn/etw** ~ {BOOT, SCHIFF} essere sospinto/[(tras)portato dalla corrente] *verso qc*: **das Floß trieb auf das Ufer zu**, la zattera fu sospinta verso/a riva.

zu|treten <irr> **A** itr **1** <haben> (*einen Tritt geben*) dare un calcio/una pedata **2** <sein> (*zugehen*) **auf jdn/etw** ~ avvicinarsi *a qu/qc*, fare un passo *verso qu/qc*, accostarsi *a qu/qc* **B** tr <haben> (*schließen*) **etw** ~ {TÜR} chiudere *qc* con un calcio/una pedata.

zu|trinken <irr> itr {DEN FREUNDEN, TISCHNACHBARN} brindare *a qu*, fare un brindisi *a qu*, bere alla salute di *qu* **B** rfl **sich** (*gegenseitig*) ~ brindare, fare un brindisi.

Zutritt <-s, *ohne pl*> *m* (*zu etw dat*) accesso *m* (*a qc*) ● **jdm den** ~ **gewähren** *geh*, consentire *a qu* l'accesso *(a qc)*; (*freien*) ~ (*zu etw dat*) **haben** {ZU EINER ABTEILUNG, EINEM GEBÄUDE, GELÄNDE}, avere (libero) accesso *(a qc)*; {ZU EINER AUSSTELLUNG, VERANSTALTUNG}, entrare gratuitamente *(a qc)*; **er hat bei dieser Familie jederzeit** ~, per lui la casa di questa famiglia è sempre aperta; **jdm den** ~ **verbieten**/**verweigern**, vietare/impedire l'accesso *a qu*; ~ **verboten!**, **kein** ~!, vietato l'accesso!, divieto d'accesso!; **sich** (*dat*) ~ **zu etw** (*dat*) **verschaffen** {ZUR FORSCHUNGSABTEILUNG, ZUM GEHEIMARCHIV}, riuscire a entrare/introdursi in *qc*; **er hat sich mit Gewalt** ~ **zum Labor verschafft**, si è introdotto con la forza nel laboratorio.

zu|tun <irr> tr *fam* **1** (*dazutun*) **etw** ~ aggiungere *qc* **2** (*schließen*): **kein Auge** ~, non chiudere occhio.

Zutun <-s, *ohne pl*> *n*: **ohne jds** ~ {SICH ABSPIELEN, PASSIEREN}, senza l'intervento di *qu*, senza che qualcuno abbia fatto niente; **es ge-**

schah ohne mein ~, è successo senza che io abbia fatto niente.

zuungunsten A *präp + gen oder obs dat* a svantaggio/sfavore/scapito di: **das Wahlergebnis ist ~ der Sozialdemokraten ausgefallen**, le elezioni si sono chiuse a sfavore dei socialdemocratici B *adv* – **von jdm** a sfavore/svantaggio/scapito *di qu*.

zuunterst *adv* {LEGEN, LIEGEN, SEIN} in fondo a tutto, in fondo: **das Buch, das du suchst, liegt ~ im Stapel**, il libro che cerchi è l'ultimo della pila.

zu|verdienen <ohne ge-> *fam* A *rfl* sich (dat) *etw* ~ {EINEN BESTIMMTEN BETRAG} guadagnare *qc* [in più]/[extra] B *itr*: – **müssen**, dover arrotondare lo stipendio con lavori extra; **wenn dir mein Gehalt nicht ausreicht, musst du eben ~**, se non ti basta il mio stipendio devi guadagnare qualcosa anche tu.

Zuverdienst *m* guadagno *m* extra/supplementare: **ihr Lohn reicht nicht aus, deshalb ist sie auf einen ~ wie Putzen angewiesen**, il suo stipendio non è sufficiente perciò ha bisogno di guadagnare qualcosa extra, per esempio facendo le pulizie.

zuverlässig A *adj* 1 (*verlässlich, vertrauenswürdig*) {ARZT, LIEFERANT, REISEAGENTUR} affidabile, che dà affidamento; {FREUND, KOLLEGE} *auch* fidato; ~ **sein**, essere affidabile; **sie ist sehr/nicht sehr]** ~, su di lei [si può contare]/[non si può fare molto affidamento]; ~ **wirken**, sembrare affidabile, dare affidamento 2 (*immer funktionierend*) {AUTO, GERÄT, MOTOR} affidabile; {ARZNEI} che funziona sempre 3 (*glaubwürdig*) {BERICHT, INFORMATION, NACHRICHT, ZEUGE} attendibile: **etw aus ~er Quelle wissen**, sapere qc da fonte attendibile B *adv*: – **arbeiten** {PERSON}, lavorare coscienziosamente; {MASCHINE} lavorare con precisione: **die Geräte sind seit fünf Jahren in Betrieb und funktionieren immer noch ~**, questi apparecchi sono in funzione da cinque anni e mostrano ancora una grande affidabilità.

Zuverlässigkeit <-, ohne pl> f 1 (*Verlässlichkeit*) {+AGENTUR, FIRMA, LIEFERANT} affidabilità f; {+FREUND, KOLLEGE} *auch* fidatezza f 2 (*zuverlässiges Funktionieren*) {+AUTO, GERÄT, MOTOR} affidabilità f, reliability f 3 (*Glaubwürdigkeit*) {+BERICHT, INFORMATION, NACHRICHT} attendibilità f: **ich zweifle nicht an der ~ des Zeugen**, non metto in dubbio l'attendibilità/la credibilità del testimone.

Zuverlässigkeitsprüfung f *autom tech*, **Zuverlässigkeitstest** *m autom tech* test *m* di affidabilità.

Zuversicht <-, ohne pl> f fiducia f, ottimismo *m* • **voll(er) ~** (*adjektivisch*), pieno di fiducia; (*adverbial*) *auch*, con ottimismo/fiducia; **voller ~ in die Zukunft blicken**, guardare fiducioso (-a) al futuro.

zuversichtlich A *adj* {GESICHT, MENSCH, MIENE} fiducioso, ottimista: ~ **sein, dass jd etw tut**, [essere fiducioso]/[confidare (nel fatto)] che qu faccia qc; **ich bin ganz ~, dass er die Prüfung besteht**, sono fiducioso (-a) che superi l'esame; **sie ist sehr ~, dass sie die Stelle bekommt**, confida di essere assunta; ~ **wirken**, avere un aria fiduciosa B *adv* {DREINBLICKEN} con aria fiduciosa.

Zuversichtlichkeit <-, ohne pl> f atteggiamento *m* fiducioso/ottimista.

zuviel *a.R. von zu viel* → **viel**①.

Zuviel <-s, ohne pl> *n*: **ein ~ an etw** (dat), troppo (-a) di qc; **ein ~ an Liebe kann niemals schaden**, troppo amore non fa mai male.

zuvor *adv* prima: ~ **noch etw erledigen**, sbrigare qc prima; **die Woche ~**, la settimana prima/precedente • **als ~**, di prima; **das Fahrrad läuft jetzt besser als ~**, ora la bicicletta va meglio di prima; **an ... ~: am Abend/Tag ~**, la sera/il giorno prima/precedente, la vigilia; **in ... ~: im Jahr ~, in der Woche ~**, l'anno prima/precedente, la settimana prima/precedente; **kurz ~**, poco prima; **nie ~**, mai prima d'ora; **tags ~**, il giorno prima/precedente, la vigilia; **wie ~**, come prima.

zuvor|kommen <irr> *itr* <sein> 1 (*unterlaufen*) *etw* (dat) ~ {ERMAHNUNG, FRAGEN, STRAFPREDIGT, VORWÜRFEN} prevenire *qc*, anticipare *qc*; **jds Wünschen ~**, anticipare i desideri di qu; **etw** (dat) ~, **indem man etw tut**, prevenire qc facendo qc 2 (*schneller sein*) **jdm** (*mit etw* dat) ~ {MIT EINEM ANGEBOT, EINER ANZEIGE, HANDLUNG} anticipare *qu* (*con qc*), prevenire *qu* (*con qc*), precedere *qu* (*con qc*): **jemand ist uns gerade zuvorgekommen**, qualcuno ci ha preceduti (-e).

zuvorkommend A *adj* {GASTGEBER, NACHBAR} premuroso, gentile; {BEDIENUNG, VERKÄUFER} *auch* sollecito: **ein ~es Wesen haben**, essere una persona disponibile B *adv* {BEHANDELN} con gentilezza; {BEDIENEN} *auch* con sollecitudine.

Zuvorkommenheit <-, ohne pl> f {+GASTGEBER, NACHBAR} premura f, gentilezza f; {+BEDIENUNG, VERKÄUFER} *auch* sollecitudine f: **jdn mit großer ~ behandeln**, trattare qu con molta cortesia.

Zuwachs <-es, Zuwächse> *m* ~ (*an jdm/etw*) {AN MITGLIEDERN, TEILNEHMERN} aumento *m* (*di qu/qc*); {AN BESITZ, KAPITAL, PRODUKTION, VERMÖGEN} *auch* incremento *m* (*di qc*); {AN BEVÖLKERUNG} crescita f (*di qc*), aumento *m* (*di qc*): **ein ~ von 30%**, un incremento del 30% • **auf ~** *fam* {KAUFEN, NÄHEN}, a crescenza; ~ **bekommen**: **wir haben ~ bekommen**, la nostra famiglia [è cresciuta]/[si è allargata]; **wir bekommen demnächst ~**, abbiamo un bebè in arrivo.

zu|wachsen <irr> *itr* <sein> 1 (*sich schließen*) {WUNDE} rimarginar(si), chiudersi 2 (*sich mit Strauchwerk bedecken*) {FASSADE, GARTEN, MAUER, WEG} (ri)coprirsi di vegetazione; **mit etw** (dat) ~ {MIT BUSCHWERK, UNKRAUT} (ri)coprirsi *di qc*: **mit etw** (dat) **zugewachsen sein**, essere ricoperto da qc; **die Fassade ist völlig mit Efeu zugewachsen**, la facciata è completamente ricoperta d'edera 3 (*zuteil werden*) **jdm ~: jdm wächst etw zu** {NEUE AUFGABEN, VERANTWORTUNG}, a qu viene attribuito qc; **jdm wachsen neue Kräfte zu**, qu sviluppa nuove energie.

Zuwachsrate f {+PRODUKTION} tasso *m* di crescita: **die ~ beträgt 1,4%**, il tasso di crescita è dell'1,4%.

Zuwanderer *m* (**Zuwanderin** f) immigrante *mf*.

zu|wandern *itr* <sein> immigrare: **aus einer anderen Region/Stadt ~**, trasferirsi da un'altra regione/città.

Zuwanderung f immigrazione f.

Zuwanderungsgesetz *n* legge f sull'immigrazione.

Zuwandrer *m* (**Zuwandrerin** f) → **Zuwanderer**.

zu|wanken *itr* <sein> **auf jdn/etw** ~ {BETRUNKENER, ERSCHÖPFTER} avvicinarsi barcollando/vacillando *a qu/qc*.

zu|warten *itr* (**mit etw** dat) ~ aspettare (*a fare qc*).

zuwege *adv*: **etw ~ bringen** {EINIGUNG, LEISTUNG}, (riuscire ad) arrivare a qc; **nichts ~ bringen**, non combinare nulla; **es ~ bringen, dass jd etw tut**, riuscire a far fare qc a qu [in modo]/[sì] che qu faccia qc: **schließlich hat er es doch ~ gebracht, dass sie sich einigten**, alla fine è riuscito a fare [in modo]/[sì] che trovassero un accordo.

zu|wehen A *tr* (*durch Wehen bedecken*) *etw* ~ {STURM, WIND BERGSTRAßE, WALDWEG} coprire qc di neve; {UFERPROMENADE} coprire qc di sabbia B *itr* 1 (*bedeckt werden*): **zugeweht sein** {STRAßE, WEG}, essere coperto di neve/sabbia; {TOREINFAHRT} essere bloccato dalla neve 2 (*entgegenflattern*) **auf jdn/etw** ~ {BLÄTTER, ZETTEL} essere/venire portato (-a) dal vento verso qu/qc 3 (*sich zubewegen*) **auf jdn/etw** ~ {WIND} soffiare *su/[in direzione di] qu/qc*.

zuweilen *adv geh* talvolta, di tanto in tanto, talora.

zu|weisen <irr> *tr* **jdm etw** ~ {ARBEITSPLATZ, QUARTIER, STUDIENPLATZ} assegnare *qc a qu*.

zu|wenden <irr oder reg> A *tr* **jdm/etw etw** ~ 1 (*hinwenden*) {KOPF} volgere qc a/verso qu/qc, voltare qc verso/[in direzione di] qu/qc: **das Gesicht der Sonne ~**, rivolgere il viso al/[verso il] sole; **jdm den Rücken ~**, dare le spalle a qu 2 *geh* (*widmen*) {SEINE AUFMERKSAMKEIT} (ri)volgere *qc a qu/qc* 3 (*zukommen lassen*) {EINER PERSON GELD, FINANZIELLE UNTERSTÜTZUNG} dare *qc a qu/qc*; {EINER ORGANISATION} devolvere *qc a qu/qc* B *rfl* 1 (*sich widmen*) **sich jdm/etw** ~ {DER FAMILIE, DEM PARTNER} dedicarsi *a qu/qc*, rivolgere la propria attenzione *a qu/qc*; {EINEM HOBBY, STUDIUM} dedicarsi *a qc*: **sie hatte sich schon wieder der Zeitung zugewandt, als ...**, era tornata a leggere il giornale quando ... 2 (*hindrehen*) **sich jdm/etw** ~ voltarsi *verso qu/qc*, volgersi verso *qu/qc*: **als sie eintrat, wandten sich ihr alle Blicke zu**, quando entrò gli sguardi di tutti si diressero verso di lei.

Zuwendung f 1 (*finanzielle Hilfe: amtlich*) sussidio *m*, contributo *m*; (*von Eltern, Freunden, Verwandten*) aiuto *m* (*economico*); (*als Geschenk*) donazione f 2 *jur* lascito *m*: **jdm etw eine ~ machen**, fare un lascito *a qu/qc* 3 <*nur sing*> (*Hinwendung*) attenzioni f pl, cure f pl: **das Kind braucht viel ~**, il/la bambino (-a) ha bisogno di molte attenzioni; **die ~ der Eltern gegenüber ihren Kindern**, l'affetto dei genitori verso i propri figli • **unentgeltliche ~** *jur*, liberalità.

zuwenig *a.R. von zu wenig* → **wenig**.

Zuwenig <-, ohne pl> f: **ein ~ an etw** (dat), troppo poco (-a) di qc, penuria/scarsità di qc: **ein ~ an Geld ist immer unangenehm**, avere [penuria di denaro]/[troppo pochi soldi *fam*] è sempre spiacevole.

zu|werfen <irr> *tr* 1 (*zuschlagen*) *etw* ~ {AUTOTÜR, DECKEL, TÜR} chiudere *qc* [con forza]/[sbattendo] 2 (*hinwerfen*) **jdm/etw etw** ~ {DEM LÖWEN FLEISCHBROCKEN} gettare *qc a qu/qc*; {DEN KINDERN DEN BALL} *auch* lanciare *qc a qu*: **jdm einen Blick ~**, lanciare un'occhiata/uno sguardo a qu; **jdm einen drohenden/giftigen/liebevollen Blick ~**, lanciare a qu un'occhiata minacciosa/velenosa/[carica di affetto]; **jdm eine Kusshand ~**, mandare un bacio con la mano a qu.

zuwider① *adv*: **jdm ~ sein** {PERSON}, suscitare/destare una profonda avversione in qu; **die Tussi ist mir echt ~** *fam*, quella tizia non la sopporto proprio *fam*; {ART, ESSEN, GEWALT, HEUCHELEI} *auch* ripugnare qu, disgustare qu; **das ist mir ~**, mi ripugna, mi disgusta, lo detesto.

zuwider② *präp geh* **etw** (dat) ~ {DEM ABKOMMEN, VERBOT, DER VERNUNFT} contrariamente *a qc*, in contraddizione *con qc*: **dem Abkommen/Vertrag ~ verkaufte er das Haus**, contrariamente a quanto stabilito

⌐nell'accordo⌐/[nel contratto] vendette la casa.

zuwi̱der|handeln itr *geh etw* (dat) ~ {EINER ANORDNUNG, EINEM GESETZ, EINER VERFÜGUNG} contravvenire *a qc*, trasgredire *qc*; {EINEM BEFEHL, VERBOT} trasgredire *a qc*.

Zuwi̱derhandelnde <dekl wie adj> mf form contravventore (-trice) m (f) jur, trasgressore m, trasgreditrice f: ~ **werden nach dem Gesetz bestraft**, i trasgressori saranno puniti secondo la legge.

Zuwi̱derhandlung f form ~ (**gegen etw** akk) (**gegen ein Verbot**) trasgressione f (*di qc*); (**gegen eine Anordnung, Gesetz**) *auch* contravvenzione f (*a qc*): **~en werden bestraft**, ogni trasgressione verrà punita.

zuwi̱der|laufen <irr> itr <sein> form etw (dat) ~ andare contro *qc*, essere contrario *a qc*: **diesen Kandidaten zu unterstützen, würde seinen Interessen ~**, appoggiare questo candidato ⌐sarebbe contrario ai⌐/[andrebbe contro i] suoi interessi.

zu̱|winken itr *jdm* ~ fare un cenno (con la mano) *a qu*: **jdm zum Abschied ~**, fare un cenno di commiato a qu.

zu̱|zahlen A tr etw ~ pagare qc in più, aggiungere qc: **Sie müssen noch drei Euro ~**, deve pagare ⌐tre euro in più⌐/[altri tre euro] B itr pagare qualcosa in più: **muss man hier was ~?**, c'è da aggiungere qualcosa?; (*bei Rezepten, Untersuchungen, Krankenhausaufenthalten*) pagare il ticket.

Zu̱zahlung f pagamento m/contributo m supplementare/addizionale/extra; (*bei Rezepten, Untersuchungen, Krankenhausaufenthalten*) ticket m.

zuze̱iten adv geh talora.

zu̱|ziehen <irr> A tr <haben> 1 (*zusammenziehen*) etw ~ {KNOTEN, SCHLAUFE, SCHLINGE} stringere qc 2 (*schließen*) etw ~ {GARDINE, TÜR} tirare qc (per chiuderlo) 3 (*hinzuziehen*) jdn ~ {ARZT, GUTACHTER, SPEZIALISTEN} chiamare qu a consulto, consultare qu, interpellare qu B itr <sein> (aus etw dat) ~ trasferirsi da qc: **immer mehr Menschen ziehen aus dem Umland zu**, sempre più persone si trasferiscono qui dall'hinterland; **wir haben viele Arbeiter, die aus dem Ausland zugezogen sind**, abbiamo molti operai (che sono) immigrati dall'estero; **wir kennen die Stadt noch nicht so gut, wir sind erst kürzlich zugezogen**, non conosciamo ancora bene la città, ⌐stiamo qui⌐/[ci siamo trasferiti (-e)] da poco tempo C rfl <haben> 1 (*sich zusammenziehen*) sich ~ {KNOTEN, SCHLAUFE, SCHLINGE} stringersi 2 (*erleiden*) sich (dat) etw ~ {ERKÄLTUNG} prendersi qc, beccarsi qc fam, buscarsi qc fam; {GEHIRNERSCHÜTTERUNG} riportare qc; {KNOCHENBRUCH, PRELLUNG, SCHNITTWUNDE, VERLETZUNG} procurarsi qc: **bei dem Regen hat er sich einen Schnupfen zugezogen**, con questa pioggia si è preso/beccato/buscato un raffreddore; **sie hat sich beim Skilaufen eine Prellung zugezogen**, sciando si è procurata una contusione 3 (*auf sich ziehen*) sich (dat) etw ~ {JDS HASS, UNMUT, UNWILLEN} tirarsi addosso qc, attirarsi qc: **sich den Zorn des Vaters ~**, attirarsi le ire del padre 4 meteo sich ~ {HIMMEL} coprirsi, rannuvolarsi: **es zieht sich zu, bald wird es regnen**, il cielo si sta coprendo/rannuvolando, presto pioverà.

Zu̱zug <-(e)s, ohne pl> m arrivo m, trasferimento m; (*aus dem Ausland*) auch immigrazione f.

zuzüglich präp + gen più: **das Buch kostet 30 Euro ~ Porto**, il libro costa 30 euro affrancatura; **die Miete kommt auf 1000 Euro ~ (der) Betriebskosten**, l'affitto ammonta a 1000 euro più le spese di condominio.

zu̱|zwinkern A itr jdm ~ ammiccare *a qu*, strizzare l'occhio *a qu*, fare l'occhiolino *a qu*: **jdm freundlich/ermunternd ~**, strizzare l'occhio a qu amichevolmente/[con affabilità]/[in segno di incoraggiamento] B rfl sich (gegenseitig) ~ farsi l'occhiolino, scambiarsi una strizzatina d'occhi.

ZVS <-, ohne pl> f Abk von Zentralstelle für die Vergabe von Studienplätzen: "ufficio m centrale per l'assegnazione di posti (in un corso di laurea a numero chiuso) nelle università tedesche".

zwa̱cken tr itr fam → **zwicken**.

zwang 1. und 3. pers sing imperf von zwingen.

Zwang <-(e)s, Zwänge> m 1 (*Gewalt*) costrizione f, coercizione f, coazione f: **körperlicher ~**, violenza fisica 2 (*innerer Drang*) impulso m irrefrenabile; psych auch compulsione f, coazione f: **einem inneren ~ folgen**, seguire un irrefrenabile impulso interiore 3 <meist pl> (*Notwendigkeit*) costrizione f; coercizione f: **gesellschaftliche/politische/wirtschaftliche Zwänge**, costrizioni sociali/politiche/economiche, i diktat della società/politica/economia; **unter dem ~ der Verhältnisse**, costretto dalle circostanze; **der ~ des Gesetzes**, gli imperativi della legge; **sich dem ~ zur Teilnahme entziehen**, sottrarsi all'obbligo di partecipare; **äußere Zwänge**, costrizioni/pressioni esterne ● **allen ~ ablegen**, liberarsi da ogni costrizione; **etw (dat) ~ antun/auferlegen** {SEINEN EMPFINDUNGEN, GEFÜHLEN}, reprimere qc; **sich (dat) selbst ~ antun**, farsi violenza, violentare/reprimere la propria natura; ⌐seinen Gefühlen⌐/[sich (dat)] **keinen ~ antun**, non fare complimenti, non farsi problemi; **tu dir bloß keinen ~ an!** auch iron non fare complimenti!; **aus ~**, per costrizione; (**auf jdn**) ~ **ausüben**, ricorrere/[far ricorso] alla coercizione (con qu), esercitare forti pressioni (su qu); **es besteht kein ~** ⌐**zu etw (dat)**⌐/[**, etw zu tun**], non c'è l'obbligo di (fare) qc; **ohne ~**, volontariamente, liberamente; **ohne ~ tun**, fare qc senza esser(vi) costretto; **unter ~** {AUSSAGEN, HANDELN}, perché costretto (-a); **unter ~ stehen**, essere costretto a fare qc.

zwänge 1. und 3. pers sing konjv II von zwingen.

zwängen A tr etw irgendwohin ~ {BÜCHER IN DIE TASCHE, KLEIDER IN DEN KOFFER} ⌐far entrare⌐/[mettere] qc a forza + compl di luogo, cacciare/stipare qc + compl di luogo: **den Fuß in den Schuh ~**, volersi infilare a forza una scarpa; **den Ring auf den Finger ~**, infilare a forza l'anello; **die Zeitung in den Briefkasten ~**, schiacciare il giornale per farlo entrare nella cassetta della posta B rfl sich in/durch etw (akk) ~ {IN EINEN VOLLEN RAUM, DURCH EINEN TÜRSPALT} infilarsi dentro/attraverso qc: **er zwängte sich zu/mit den anderen ins Auto**, si pigiò/stipò insieme agli altri nella macchina; **sie zwängte sich in den engen Rock**, si infilò a fatica la gonna stretta; **sich durch die Menge ~**, farsi largo tra la folla.

zwanghaft A adj (ANGEPASSTSEIN, BEDÜRFNIS, VERHALTEN) ossessivo, maniacale; psych {GEDANKE, TRIEB, VORSTELLUNGEN, WIEDERHOLUNGEN} coatto, compulsivo, ossessivo B adv: ~ **angepasst sein**, essere di un conformismo ossessivo; ~ **arbeiten**, essere ossessionato dal lavoro; **sich ~ verhalten**, avere un comportamento maniacale; **sie wäscht sich ~ sechs Mal am Tag**, ha la coazione a lavarsi sei volte al giorno.

zwanglos A adj 1 (*ungezwungen*) {BEISAMMENSEIN, GESPRÄCH, TREFFEN} informale, non formale; {BENEHMEN} disinvolto, spigliato 2 (*unregelmäßig*) {ANORDNUNG, REIHENFOLGE} irregolare: **in ~er Folge erscheinen** {BÄNDE EINER ENZYKLOPÄDIE, ZEITSCHRIFT}, uscire con periodicità irregolare B adv {VERLAUFEN} senza cerimonie; {SICH TREFFEN} in modo informale, informalmente; {SICH UNTERHALTEN} auch con disinvoltura ● **da geht es recht/ziemlich ~ zu** {AUF EINEM EMPFANG, IM KLUB, HOTEL}, lì non si bada molto ⌐alle formalità⌐/[all'etichetta]; **bei uns im Büro geht es ziemlich ~ zu**, da noi in ufficio c'è un'atmosfera abbastanza rilassata.

Zwanglosigkeit <-, ohne pl> f {+EMPFANG, TREFFEN} carattere m informale, tono m familiare; {+BENEHMEN, MENSCH} disinvoltura f, spigliatezza f.

Zwangsabschiebung f pol espulsione f.

Zwangsabtretung f jur {+BESITZ, GRUNDSTÜCK, HAUS} cessione f forzata.

Zwangsadoption f jur adozione f forzata.

Zwangsanleihe f ökon prestito m forzoso/forzato.

Zwangsarbeit <-, ohne pl> f 1 (*Freiheitsstrafe*) lavori m pl forzati: **zu 20 Jahren ~ verurteilt werden**, venire condannato (-a) a 20 anni di lavori forzati 2 (*in den KZs*) lavoro m coatto.

Zwangsarbeiter m (**Zwangsarbeiterin** f) 1 (*zu Zwangsarbeit Verurteilter*) forzato (-a) m (f) 2 (*in den KZs*) lavoratore (-trice) m (f) coatto (-a).

Zwangsarbeiterentschädigung f pol risarcimento m ai lavoratori coatti del Terzo Reich.

Zwangsaufenthalt m 1 jur obbligo m di soggiorno, soggiorno m obbligato, domicilio m coatto hist 2 (*durch äußere Umstände bestimmt*) sosta f/permanenza f forzata: **wegen Motorschadens hatten wir in dem Kaff einen dreistündigen ~** fam, per un guasto al motore siamo stati costretti (-e) a una sosta di tre ore in quel posto dimenticato da Dio.

Zwangsehe f → **Zwangsheirat**.

Zwangseinweisung f jur internamento m/ricovero m forzato/coatto.

Zwangsenteignung f jur espropriazione f forzata, esproprio m forzato.

Zwangserkrankung f med psych → **Zwangsstörung**.

zwangsernährt <nur inf oder part perf: zwangsernährt> tr jdn ~ sottoporre qu ad alimentazione forzata.

Zwangsernährung f alimentazione f forzata.

Zwangsgedanke m med psych pensiero m coatto/ossessivo.

Zwangsgeld n adm jur ammenda f.

Zwangshandlung f psych azione f coatta, compulsione f.

Zwangsheirat f matrimonio m forzato/coatto.

Zwangsherrschaft f hist → **Gewaltherrschaft**.

Zwangshypothek f jur ipoteca f giudiziale.

Zwangsjacke f camicia f di forza ● **jdm eine ~ anlegen, jdn in eine ~ stecken**, mettere la camicia di forza a qu.

Zwangskurs m bank corso m forzoso.

Zwangslage f situazione f ⌐senza via d'uscita⌐/[difficile]: **er befindet sich in der ~, die Hälfte seiner Angestellten entlassen zu müssen**, si vede costretto a licenziare metà dei dipendenti ● **in eine ~ geraten**, ritrovarsi/cacciarsi fam in un vicolo cieco; **in einer ~ stecken** fam, essere con le spalle al muro *fam*.

zwangsläufig **A** adj {ENTWICKLUNG, ERGEBNIS, FOLGE} inevitabile, ineluttabile **B** adv per forza (di cose), per necessità, inevitabilmente, necessariamente: **es musste ~ dazu kommen**, era inevitabile.

Zwangsläufigkeit <-, ohne pl> f {+ENTWICKLUNG, EREIGNISSE} ineluttabilità f, inevitabilità f.

Zwangsmaßnahme f misura f coercitiva, provvedimento m coercitivo; *pol* sanzione f.

Zwangsmittel n *adm* mezzo m coattivo/coercitivo.

Zwangsneurose f *psych* nevrosi f ossessiva, psicastenia f *wiss*.

Zwangsräumung f *jur* {+MIETWOHNUNG} sfratto m (esecutivo): **die Polizei veranlasste die ~ des besetzten Hauses**, la polizia ordinò lo sgombero della casa occupata.

Zwangssparen n *bank* risparmio m forzato.

Zwangssterilisation f *jur* sterilizzazione f forzata.

Zwangsstörung f *med psych* disturbo m ossessivo-compulsivo, sindrome f ossessivo-compulsiva.

zwangsumsiedeln <nur inf und part perf: *zwangsumsiedelt*> tr *jdn* (*irgendwohin*) ~ deportare qu (+ compl di luogo): **unter Stalin wurden Millionen von Menschen zwangsumgesiedelt**, sotto Stalin furono deportate milioni di persone.

Zwangsumtausch m *fam* → **Pflichtumtausch**.

Zwangsverfahren n *jur* procedura f coattiva.

Zwangsvergleich m *jur* concordato m fallimentare.

Zwangsverkauf m *jur* vendita f giudiziale/forzata.

Zwangsversetzung f trasferimento m forzato/coatto.

zwangsversteigern <nur inf und part perf: *zwangsversteigert*> tr *jur etw* ~ vendere qc al pubblico incanto, vendere qc a un'asta giudiziaria.

Zwangsversteigerung f *jur* asta f giudiziaria.

Zwangsverwaltung f *jur* amministrazione f giudiziaria: **unter ~**, sotto sequestro f.

Zwangsvollstreckung f *jur* esecuzione f forzata.

Zwangsvorstellung f *psych* ossessione f, idea f ossessiva/coatta, fissazione f: **an/unter ~en leiden**, avere delle ossessioni.

zwangsweise **A** adj (*unfreiwillig*) {EINWEISUNG, RÄUMUNG, VOLLSTRECKUNG} forzato, coatto **B** adv 1 (*unter Zwang*) con la forza, forzatamente; *jur* coercitivamente, coattivamente: **jdn ~ ernähren**, sottoporre qu ad alimentazione forzata; **jdn ~ einweisen**, sottoporre qu a ricovero forzato; **jdn ~ versetzen**, trasferire qu d'ufficio; **jeder Autobesitzer muss sich ~ versichern**, tutti coloro che possiedono un'auto hanno l'obbligo di assicurarsi 2 (*zwangsläufig*) {SICH ENTWICKELN, EREIGNEN} inevitabilmente, necessariamente.

zwanzig <inv> zahladj 1 (*Zahl*) venti: **lest den Text auf Seite ~!**, leggete il testo a pagina venti!; **~ Prozent**, il venti percento; **die Preise stiegen um ~ Prozent**, i prezzi salirono del venti percento 2 (*Alter*) vent'anni: **sie ist ~** [um die ~], ha [una ventina d'anni]/[una ventina d'anni]; **ihr Freund ist/wird ~**, il suo ragazzo ha/[compie/fa *fam*] vent'anni; **Mitte ~ sein**, avere sui venticinque anni 3 (*Uhrzeit*) venti: **es ist ~ Uhr**, sono le (ore) venti/[otto di sera *fam*]; **er kommt um ~ Uhr**, arriva/viene alle otto di sera; **es ist ~ Uhr fünfzehn/dreißig**, sono le (ore) venti e quindici/trenta 4 *sport* (*Punkte*) venti: (**es steht**) **~ zu 40**, (il gioco/la partita sta) venti a quaranta 5 (*Stundenkilometer*) venti (km orari) ● **mit ~** (*Geschwindigkeit*), a venti (all'ora); (*Alter*), a vent'anni; → *auch* **vier**.

Zwanzig <-, -en> f 1 (*Zahl*) venti m 2 *fam* (*Transport*): **die ~** (*Bus-, Straßenbahnlinie*), il/la venti; (*U-Bahnlinie*) la linea venti 3 *fam sport*: **die ~**, il (numero) venti 4 (*Alter*) vent'anni; → *auch* **Vier**.

Zwanzigcentstück n moneta f/pezzo m da venti centesimi.

zwanziger <inv> adj <attr> 1 (*Jahrzehnt von 20-29*): **die ~ Jahre**, gli anni Venti; **in den ~ Jahren**, negli anni Venti 2 (*Wein aus dem Jahre 1920*): **ein ~ Jahrgang**, un vino del 1920 3 (*den Wert 20 habend*) {GLÜHBIRNE} da venti watt; {SCHRAUBE} da venti ● **die Goldenen Zwanziger**, gli anni Venti: gli anni ruggenti.

Zwanziger <-s, -> m 1 (*nur pl*) (*Jahrzehnt 1920-29*): **die ~**, gli anni Venti 2 *fam* (*Alter*): **eine Frau/ein Mann in den ~n**, una donna/un uomo tra i venti e i trent'anni 3 (*Wein aus dem Jahre 1920*) vino m del 1920 4 *fam* (*Geldschein*) banconota f/biglietto m da venti euro 5 *CH* moneta f da venti centesimi.

Zwanzigerjahre, **zwanziger Jahre**, **20er Jahre**, **20er-Jahre** subst <nur pl> (*Jahrzehnt von 20-29*): **die ~**, gli anni Venti; **die Goldenen ~**, gli anni Venti: gli anni ruggenti.

Zwanzigerpackung f confezione f da venti; {+ZIGARETTEN} pacchetto m da venti.

Zwanzigeuroschein m banconota f/biglietto m da venti euro.

zwanzigfach **A** adj 1 (*zwanzigmal so groß*) venti volte maggiore: **eine ~e Vergrößerung für ein Plakat**, un manifesto ingrandito venti volte 2 (*zwanzigmal erstellt*): **die Unterlagen in ~er Ausfertigung**, la documentazione in venti copie **B** adv {KOPIEREN, SCHREIBEN, WIEDERHOLEN} venti volte; {VERVIELFÄLTIGEN} in venti copie; {ANFERTIGEN} auch in venti esemplari; → *auch* **vierfach**.

Zwanzigfache <dekl wie adj> n: **das ~ an Leistung**, un rendimento di venti volte superiore; **etw um das ~ erhöhen**, aumentare qc di venti volte.

zwanzigjährig adj <meist attr> 1 (*zwanzig Jahre alt*) {BAUM, TIER} che ha/[di] venti anni; {MENSCH} auch ventenne, dell'età di vent'anni: **~ verließ sie ihr Elternhaus**, ˌa vent'anniˌ/[ventenne] lasciò la casa paterna 2 (*zwanzig Jahre lang*) {BESTEHEN} ventennale; {KONFLIKT, KRIEG, VERTRAG} auch della durata di vent'anni.

Zwanzigjährige <dekl wie adj> mf ventenne mf: **als ~**, a vent'anni, ventenne; **die heute ~n**, quelli che oggi hanno vent'anni, i ventenni di oggi.

zwanzigmal adv {KOPIEREN, SCHREIBEN, WIEDERHOLEN} venti volte: **~ höher/länger**, venti volte più alto/lungo.

Zwanzigmarkschein m *hist* banconota f/biglietto m da venti marchi.

Zwanzig-Minuten-Takt, **Zwanzigminutentakt** m intervallo m/frequenza f di venti minuti: **der Bus fährt im Zwanzig-Minuten-Takt**, l'autobus passa a intervalli di venti minuti.

zwanzigprozentig adj {ERHÖHUNG, VERMINDERUNG} del venti percento; {LIKÖR, WEIN} che ha venti gradi.

zwanzigst <inv> adv: **zu ~**, in venti.

zwanzigste zahladj → **zwanzigster**

Zwanzigstel <-s, -> n: **ein ~** ˌeiner S. (gen)ˌ/[von etw (dat)] un ventesimo di qc, la ventesima parte di qc: **ein ~ von hundert ist fünf**, ˌun ventesimoˌ/[la ventesima parte] di cento è cinque.

zwanzigster, zwanzigste, zwanzigstes zahladj <meist attr> 1 (*bei Datum*) venti: **heute ist der zwanzigste Mai**, oggi è il venti (di) maggio 2 (*Jahreszahl*) ventesimo (-a): **das zwanzigste Jahrhundert**, il ventesimo secolo, il Novecento 3 (*Reihenfolge*) {BESUCHER, TEILNEHMER} ventesimo (-a): **in der zwanzigsten Reihe**, in/nella ventesima fila 4 (*zum 20. Mal*) {AUFLAGE, GEBURTSTAG} ventesimo (-a): **den zwanzigsten Todestag eines Schriftstellers feiern**, celebrare il ventennale[ventesimo anniversario] della morte di uno scrittore 5 *math* ventesimo (-a): **der zwanzigste Teil von etw (dat)**, la ventesima parte di qc, un ventesimo di qc ● **jeder/jede/jedes zwanzigste ...** {BÜRGER, GEGENSTAND, KIND, TIER}, uno (-a) ... su/ogni venti; → *auch* **vierter**.

Zwanzigstundenwoche f, **20-Stunden-Woche** f *industr* settimana f di venti ore.

zwanzigtausend <inv> zahladj ventimila.

Zwanziguhrnachrichten subst <nur pl> *radio* notiziario m/[giornale m radio] delle (ore) venti; *TV* notiziario m/telegiornale m delle (ore) venti.

zwar adv 1 (*erklärend*) **und ~**, e precisamente, e cioè ovvero, ossia; **mein Vater hat ein neues Auto, und ~ einen BMW**, mio padre ha una nuova macchina, (e cioè) una BMW; **das System basiert auf drei Schulstufen, und ~ Grundschule, Mittel- und Oberstufe**, il sistema si basa su tre livelli di istruzione ovvero scuola elementare, media e superiore; **ich komme nächste Woche, und ~ am Montag**, vengo la prossima settimana, e precisamente lunedì; **bleib stehen, und ~ sofort!**, fermati, e subito!; **ich werde ihm schreiben, und ~ noch heute**, gli scriverò, anzi lo faccio oggi stesso; **jetzt wird aufgeräumt, und ~ gründlich!**, ora mettiamo tutto a posto, e perbene!; **und ~? Was wollen Sie damit sagen?**, e, allora? Che cosa intende dire? 2 (*einräumend*) **... ~, aber ...**: **es ist ~ anstrengend, aber es lohnt sich**, certamente è faticoso, ma ne vale la pena; **er ist ~ höflich, (aber) trotzdem traue ich ihm nicht**, ˌgentile, è gentileˌ/[per essere gentile lo è], eppure non mi fido di lui; **sie weiß ~, dass sie das nicht tun soll, aber ...**, sa benissimo che non lo deve fare ma ...; **die Kette ist ~ schön, aber ziemlich teuer**, la collana è senza dubbio bella, ma anche piuttosto cara.

Zweck <-(e)s, -e> m 1 (*Ziel*) scopo m, fine m, finalità f, obiettivo m; (*Absicht*) auch intento m: **der pädagogische/politische ~**, lo scopo/il fine/l'intento pedagogico/politico 2 <nur sing> (*Sinn*) senso m: **das hat keinen ~**, non ha senso, non serve a niente; **es hat keinen ~, etw zu tun**, nonˌha sensoˌ/[serve a niente] fare qc; **es hat keinen ~, davon zu reden**, parlarne non porta a niente 3 (*Verwendungszweck*) funzione f, uso m, destinazione f: **der ~ eines Messers ist Schneiden**, la funzione di un coltello è (quella di) tagliare, un coltello è fatto per tagliare; **Spenden für wohltätige ~e**, offerte a fini benefici; **ein Gerät für technische ~e**, un apparecchio per usi tecnici; **er braucht sein Handy ausschließlich für berufliche ~e**, il cellulare gli serve esclusivamente per motivi di lavoro; **welchen ~ hat dieser Hebel?**, a che cosa serve questa leva? ● **der ~ einer S. (gen) besteht/liegt in etw (dat)**, lo scopo di qc è qc, qc è finalizzato a qc; **der ~ einer S. (gen)** ₍besteht/liegt darin₎/[ist (der)], dass ..., lo scopo di qc è che ...; **der ~ dieses Zusammenschlusses besteht/liegt in einer angestrebten Risikominderung**, questa fusione ₍è finalizzata a₎/[ha come scopo] una riduzione dei rischi; **(zu) einem ~ ...**/[... ~en] *dienen* {ANORDNUNG, MAßNAHME, PLAN}, avere uno scopo ...; (*eine bestimmte Funktion erfüllen*) {FAHRZEUG, GERÄT}, avere una funzione ..., servire a qc; **welchem ~ soll diese Maßnahme dienen?**, qual è lo scopo di questa misura?; **das Konzert dient einem wohltätigen ~**, è un concerto di beneficenza; **das dient einem guten ~**, questo serve a una giusta causa; **das dient doch nur seinen politischen ~en**, questo gli serve solo per i suoi fini politici; **seinen ~ *erfüllen***, essere funzionale, assolvere alla propria funzione; **diese Konstruktion erfüllt ihren ~**, questa costruzione assolve alla sua funzione; **seinen ~ *erreichen***, raggiungere il proprio scopo; **der ~ heiligt die *Mittel*** *prov*; **etw für seine ~e *nutzen***, sfruttare qc ₍per scopi personali₎/[a proprio vantaggio]; **was *soll* das für einen ~ haben?**, a che pro?; **das ist ja der ~ der *Übung* *fam scherz* (*das ist das angestrebte Ziel*), a questo si voleva arrivare, questo era lo scopo; **seinen ~ *verfehlen***, non raggiungere il proprio scopo; **einen ~ *verfolgen***, perseguire uno scopo; **zu diesem ~**, a questo/tale scopo; **zu welchem ~?**, a che scopo?, per fare/ottenere che cosa?; **zum ~ einer S. (gen) (*mit dem Ziel*)** ₍con lo₎/[allo] scopo di fare qc, al fine di fare qc; (*in der Absicht*), con l'intento di fare qc.

Zweckbau <-(e)s, -bauten> m fabbricato m/costruzione f funzionale.

zweckbestimmt adj {ANLAGE, MITTEL} finalizzato (a uno scopo).

Zweckbestimmtheit f finalità f.

Zweckbestimmung① f destinazione f (a uno scopo/un fine specifico).

Zweckbestimmung② f *gram* complemento m di fine/scopo.

Zweckbindung f *ökon* destinazione f vincolata: **die ~ öffentlicher Gelder**, la destinazione vincolata dei finanziamenti pubblici.

Zweckbündnis n unione f/alleanza f funzionale/strategica.

Zweckdenken <-s, ohne pl> n mentalità f utilitaristica, utilitarismo m.

zweckdienlich adj *form* {ANGABEN, HINWEISE} utile: **~e Hinweise bitte an das nächste Polizeirevier**, chi avesse informazioni utili è pregato di recarsi al più vicino posto di polizia; **etw (dat) ~ sein** {DEN ERMITTLUNGEN, DEM FORTGANG EINER UNTERSUCHUNG}, essere utile a qc.

Zweckdienlichkeit f *form* funzionalità f.

Zwecke <-, -n> f → *Reißzwecke*.

Zweckehe f matrimonio m di convenienza.

zweckentfremden <*meist inf und part perf: zweckentfremdet*> tr *etw* ~ {GEGENSTAND, GERÄT} usare qc impropriamente; {ÖFFENTLICHE GELDER, SPENDEN} fare un uso improprio di qc; **etw als etw (akk) ~** {WOHNZIMMER ALS ARBEITSRAUM} adibire qc a qc, {LEINTUCH ALS VORHANG} utilizzare qc come qc.

Zweckentfremdung f {+ÖFFENTLICHE GELDER, SPENDEN} uso m improprio/[diverso da quello previsto].

zweckentsprechend A adj adeguato, appropriato B adv {BENÜTZEN, VERWENDEN} in modo adeguato/appropriato.

zweckfrei adj {FORSCHUNG, KUNST} puro, fine a se stesso (-a).

Zweckfreiheit f assenza f di finalità.

zweckfremd adj {GEBRAUCH, VERWENDUNG} improprio.

zweckgebunden adj *ökon* {GELDER} a destinazione vincolata; {AUSGABEN} vincolato a un uso specifico, finalizzato.

zweckgemäß adj **1** → *zweckentsprechend* **2** → *zweckmäßig*.

Zweckgemeinschaft f: **eine ~ sein**, stare insieme per convenienza; **unsere Wohngemeinschaft ist eine reine ~, um Geld zu sparen**, la nostra è una coabitazione d'interesse: viviamo insieme solo per risparmiare.

zweckgerichtet adj {DENKEN, HANDELN, VORGEHEN} finalizzato (a uno scopo), mirato.

zwecklos adj inutile, vano: **es ist ~, etw zu tun**, ₍è inutile₎/[non serve a niente] fare qc.

Zwecklosigkeit <-, ohne pl> f inutilità f.

zweckmäßig adj **1** (*für den Zweck geeignet*) {KLEIDUNG} adeguato, appropriato, adatto; {AUSRÜSTUNG, EINRICHTUNG} *auch* funzionale **2** (*sinnvoll*) {AGIEREN, HANDELN, VORGEHEN} conveniente, opportuno, appropriato; {VERHALTEN} *auch* indicato: **es ist ~, etw zu tun**, ₍è opportuno/indicato₎/[conviene] fare qc; **es ist nicht ~, etw zu tun**, è controproducente/inopportuno fare qc.

Zweckmäßigkeit <-, ohne pl> f **1** (*Geeignetsein für einen best. Zweck*) {+ENTSCHEIDUNG, HANDELN, VERHALTEN, VORGEHEN} convenienza f, opportunità f; {+KLEIDUNG} praticità f **2** *philos* finalità f.

Zweckoptimismus m ottimismo m di facciata.

Zweckpessimismus m pessimismo m di facciata.

zwecks *präp + gen form* a(llo) scopo di, per: **suche Partner(in) ~ späterer Heirat**, cerco compagno (-a) per eventuale matrimonio; **~ Erneuerung des Personalausweises**, per il rinnovo della carta d'identità.

Zwecksparen n *bank* "deposito m vincolato a un investimento finalizzato/prestabilito".

Zweckverband m consorzio m intercomunale.

zweckwidrig adj {BENÜTZUNG, GEBRAUCH, VERWENDUNG} improprio, inappropriato.

zwei <*inv oder obs gen zweier, dat zweien*> *zahladj* **1** (*Zahl*) due: **~ Paar Hosen kaufen**, comprare due paia di pantaloni; **es sind noch genau ~ Monate bis Weihnachten**, mancano giusto due mesi a Natale; **~ Prozent**, il due percento; **die Produktion ist um ~ Prozent gestiegen**, la produzione è aumentata del due percento **2** (*Uhrzeit*) due: **es ist ~ (Uhr)**, sono le due; (*nachmittags*) *auch* sono le quattordici; **es ist ~ Uhr nachmittags/nachts**, sono le due ₍del pomeriggio₎/[di notte]; **um ~ isst sie zu Mittag**, alle due pranza; **es ist halb ~**, è l'una e mezzo/mezza; (*nachmittags*) *auch* sono le tredici e trenta; **es ist kurz vor ~**, sono quasi le due, ₍manca poco₎/[mancano pochi minuti] alle due **3** (*Alter*) due anni: **meine Tochter ist/wird ~**, mia figlia ha/[compie/fa *fam*] due anni; **er ist** ₍**noch nicht ganz**₎/[**schon über**] **~**, non ha ancora/[ha già] compiuto due anni; **mit ~**, a due anni **4** *sport* (*Punkte*) due: **(es steht) wir führen ~ zu ~**, (la partita/il gioco sta) quattro a due; **~ zu eins verlieren**, perdere due a uno • **~ *auf* einmal**, a due a due, per/alla volta; *ein*, **~ ...**, uno o due ...; **er bleibt ein, ~ Tage weg**, sta via uno o due giorni; **sie kommt in ein, ~ Stunden zurück**, torna fra un'ora o due; **das kann man nicht mit ein, ~ Worten beschreiben**, non (lo) si può descrivere in due parole; **für** {ARBEITEN, ESSEN, SCHUFTEN, TRINKEN}, per due; **gegen ~ (*Uhr*)**, verso le due; (*Personen*), contro due; **einer gegen ~ ist nicht fair**, uno contro due non è leale; **dazu *gehören* ~!** *fam* (*zum Heiraten*), bisogna essere in due; (*zum Streiten*) *auch* si è sempre in due; **an einem Streit ist nie einer schuld, dazu gehören immer noch ~!**, in una lite la colpa non è mai di uno solo, si è sempre in due!; **hoch ~** *math*, alla seconda (potenza), al quadrato; **drei hoch ~ macht neun**, tre ₍alla seconda₎/[al quadrato] fa nove; **das ist so *sicher*, wie ~ mal ~ vier ist**, è sicuro come due e/più due fanno quattro; **~ *und* ~ (*plus zwei*)**, due e/più due; (*zu zweit*), a due e due, per due; (*nur*) *wir* **~** *fam*, (solo) noi due; → *auch* **vier**.

Zwei <-, -en> f **1** (*Zahl*) due m **2** *fam* (*Transport*): **die ~** (*Bus-, Straßenbahnlinie*), il due; (*U-Bahnlinie*) la linea due; **die ~ ist schon vorbeigefahren**, il due è già passato **3** *D* (*Schulnote*): **eine ~**, ≈ otto, ≈ distinto; **eine Eins wäre natürlich besser, aber eine ~ ist auch nicht schlecht**, certo ottimo/dieci sarebbe meglio, ma neanche distinto/otto mi dispiace **4** *fam sport*: **die ~**, il/la due; **die** ₍**liegt an der Spitze**₎/[**macht das Rennen**], (*Rennwagen*) la due ₍è in testa₎/[conduce la gara]; (*Sportler, Rennpferd*) il (numero) due ₍è in testa₎/[sta facendo la gara] **5** (*Karten, Würfel*) due m: **auf die ~ setzen**, puntare sul due; **Herz ~ ziehen**, pescare il due di cuori; → *auch* **Vier**.

Zweiachser <-s, -> m *autom* (*Wagen*) veicolo m a due assi; (*Anhänger*) rimorchio m a due assi; (*Kutsche*) tiro m a due.

zweiachsig adj {ANHÄNGER, GESPANN, WAGEN} a due assi.

Zweiakter <-s, -> m *theat* opera f teatrale in due atti; *mus* opera f lirica in due atti.

zweiarmig adj {KERZENSTÄNDER, KRAN, LEUCHTER, MONTAGEFAHRZEUG} a due bracci.

zweiatomig adj *chem phys* biatomico, diatomico.

zweibahnig adj → *zweispurig*.

zweibändig adj in due volumi: **~ sein**, essere in due volumi.

Zweibeiner <-s, -> m *scherz* bipede m *scherz*.

zweibeinig adj **1** *biol* {INSEKT, TIER} bipede **2** (*mit zwei Beinen konstruiert*) {MÖBELSTÜCK, TISCH} a due gambe.

Zweibettzimmer n (*mit zwei Betten*) camera f a due letti; (*für zwei Personen*) (camera f) doppia f.

Zweiblatt n *bot* listera f.

zweiblättrig adj **1** *bot* {PFLANZE} a/con due foglie; {BLATT} bifogliato **2** *arch* bilobato.

Zweibund m *hist* duplice alleanza f.

Zweicentstück n moneta f/pezzo m da due centesimi.

zweideutig A adj **1** (*doppeldeutig*) {ANTWORT, ORAKEL, VERHALTEN} ambiguo, equivoco **2** (*schlüpfrig*) {ANSPIELUNG, BEMERKUNG, BLICK, WITZ} ambiguo, licenzioso, a doppio senso: **~e Reden führen**, fare (dei) discorsi ₍a doppio senso₎/[ambigui] B adv {SICH AUSDRÜCKEN, VERHALTEN} in modo ambiguo/equivoco, con ambiguità: **~ antworten**, rispondere in modo ambiguo/equivoco, dare una risposta ambigua.

Zweideutigkeit <-, -en> f **1** *nur sing* (*Doppeldeutigkeit*) ambiguità f, doppio senso m **2** (*schlüpfrige Bemerkung*) (osservazione f) a) doppio senso m: **der Artikel steckt voller ~en**, l'articolo è pieno di doppi sensi.

zweidimensional A adj {BILD, FLÄCHE} bidimensionale, a due dimensioni B adv {ABBILDEN, DARSTELLEN, ZEICHNEN} in bidimensionale, in due dimensioni.

Zweidrittelmehrheit f *parl* maggioranza f dei/di due terzi: **für Verfassungsänderungen ist eine ~ notwendig**, per modificare la costituzione occorre la maggioranza dei due terzi • **mit ~**, con la maggioranza dei due terzi.

zweieiig adj biol biovulare, dizigotico: **~e Zwillinge**, gemelli dizigotici/biciorali.

zweieinhalb <inv> zahladj **1** (Zahl) due e mezzo: **~ Kilometer**, due kilometri e mezzo; **~ Stunden**, due ore e mezza **2** fam (2500 Euro) duemilacinquecento euro.

zweien <inv> zahladj obs dat von zwei.

zweier <inv> zahladj gen von zwei.

Zweier <-s, -> m **1** sport due m; (Ruderboot mit einem Ruder pro Person) due m di punta; (mit zwei Rudern pro Person) due m di coppia: **~ mit/ohne Steuermann**, due con/senza (timoniere) **2** fam (Zweicentstück) moneta f da due centesimi; (Zweieurostück) moneta f da due euro **3** D fam Schule: **ein -**, e; ≈ distinto; **einen ~ in Mathematik bekommen**, prendere distinto/otto in matematica **4** fam (Buslinie): **der ~**, il 2.

Zweieranschluss (a.R. Zweieranschluß) m tel (apparecchio m) duplex m.

Zweierbeziehung f rapporto m a due / di coppia: **eine symbiotische ~**, un rapporto simbiotico; **eine ~ mit jdm eingehen**, iniziare un rapporto di coppia con qu; **in einer ~ leben**, fare vita di coppia, vivere in un rapporto di coppia.

Zweierbob m sport bob m due.

Zweiergruppe f gruppo m di due.

Zweierkajak m sport kayak m a due posti.

Zweierkiste f fam rapporto m a due / di coppia.

zweierlei <inv> zahladj **1** <attr> {BROT, KÄSE, WEIN} due specie/tipi di..., due ... differenti (-e)/diversi (-e); {SCHUHE, STRÜMPFE} due ... spaiati (-e): **~ Farben/Größen/Möglichkeiten**, due colori/misure/possibilità differenti; **auf ~ Weise**, in due modi differenti; **~ Sorten Brot**, due tipi di pane; **mit ~ Maß messen**, usare due pesi e due misure **2** (substantivisch) due cose f pl (diverse): **es ist ~, ob ... oder ...**, sono due cose ben diverse se ... o ... • **Sagen und Tun ist ~** prov, fra il dire e il fare c'è di mezzo il mare prov.

Zweierpack <-s, -s> m confezione f doppia / [di due].

Zweierreihe f fila f per due: **sich in ~n aufstellen**, mettersi in fila per due.

Zweieurostück n moneta f/pezzo m da due euro.

zweifach A adj **1** (zweimal so groß) {BETRAG, SUMME} doppio, due volte maggiore/ [più alto]: **die ~e Anzahl/Menge**, il doppio: **eine ~e Vergrößerung von etw (dat) machen lassen**, fare ingrandire qc di due volte **2** (zweimal erfolgt) {MORD, MÖRDER} duplice: **der ~e Vater**, il due volte padre; **der ~e Weltmeister**, il due volte campione del mondo **3** (zweimal erstellt) {KOPIE} duplice, doppio: **in ~er Ausfertigung**, in due esemplari/copie, in duplice/doppia copia B adv **1** (in zwei Exemplaren) {VORHANDEN SEIN} in due esemplari; {AUSFERTIGEN} auch in due copie / [duplice copia] **2** (zweimal) due volte: **etw ~ falten**, piegare qc in quattro (parti); **~ gesichert sein** {SCHLOSS, TRESOR, TÜR} essere munito di un doppio dispositivo di sicurezza; **einen Stoff ~ legen**, piegare in due un tessuto to; **etw ~ unterschreiben**, firmare qc due volte; **etw ~ vergrößern**, ingrandire qc del doppio.

Zweifache <dekl wie adj> n: **das ~ (an etw dat)**, il doppio (di qc); **das ~ bezahlen/verdienen**, pagare/guadagnare il doppio; **das ~ an Leistung**, un rendimento due volte superiore • **um das ~: um das ~ höher**, due volte più alto /[superiore]; **sich um das ~ vermehren**, raddoppiarsi, moltiplicarsi per due; **die Besucherzahlen sind um das ~ gestiegen**, il numero dei visitatori è raddoppiato.

Zweifamilienhaus n casa f/villetta f bifamiliare.

Zweifarbendruck m **1** typ <nur sing> (Verfahren) bicromia f **2** (gedruckte Darstellung) (stampa f/immagine f in) bicromia f.

zweifarbig A adj a due colori, bicolore B adv {LACKIEREN, STREICHEN} di due colori; {DRUCKEN} a due colori.

Zweifel <-s, -> m dubbio m: **berechtigter/unberechtigter/quälender ~**, dubbio fondato/infondato/tormentoso • **in jdm steigen ~ auf, bei jdm regen sich ~**, a qu sorgono/nascono dei dubbi, qu è assalito da un dubbio; **nicht alle ~ ausräumen können**, non poter fugare tutti i dubbi; **jds ~ beseitigen/zerstreuen**, dissipare i dubbi di qu; **es bestehen ~ an etw (dat)** {AN DER EHRLICHKEIT, RICHTIGKEIT, WAHRHEIT}, ci sono dei dubbi su / [rispetto a] qc; **es besteht kein/nicht der geringste/leiseste ~ (daran), dass ...**, non c'è alcun dubbio/[ombra di dubbio] che ...; **über allen/jeden ~ erhaben sein** geh, essere al di sopra di ogni sospetto; **(so) seine ~ haben** fam, avere i propri dubbi; **ich habe (da) so meine ~, ob ...**, ho i miei dubbi sul fatto che ... konjv; **(an etw dat) ~ hegen** geh {AN JDS AUFRICHTIGKEIT, EINER DARSTELLUNG}, nutrire dubbi (sull [in merito a] qc); **kein/[ohne (jeden)] ~**, senza (alcun) dubbio, indubbiamente, senza ombra di dubbio; **jdm kommen ~**, a qu vengono dei dubbi, qu comincia ad avere dei dubbi; **jdn über etw (akk) im ~ lassen** {ÜBER EINE ANGELEGENHEIT, ENTSCHEIDUNG, SITUATION}, lasciare qu nell'incertezza riguardo a qc; **keinen ~ daran lassen, dass ...**, non lasciare alcun dubbio sul fatto che ... konjv; **sich (dat) im ~ über etw (akk) sein** {ÜBER JDS GLAUBWÜRDIGKEIT, DIE RICHTIGKEIT, ZUVERLÄSSIGKEIT}, avere dei dubbi su qc, essere in dubbio su qc; **sich (dat) im ~ sein, ob ...**, essere in dubbio se ...; **(für jdn) außer ~ stehen**, essere fuori dubbio (per qu); **das steht außer ~!** fam, non ci piove! fam, è fuori di dubbio!; **es unterliegt keinem ~, dass ...**, non c'è nessun/alcun dubbio che ...; **etw in ~ ziehen** geh {AUSSAGE, BEHAUPTUNG, RICHTIGKEIT}, mettere in dubbio qc, dubitare di qc.

Zweifelderwirtschaft <-, ohne pl> f agr rotazione f (agraria) biennale.

zweifelhaft adj **1** (anzuzweifeln) {ENTSCHEIDUNG, INTERPRETATION, LÖSUNG, WORT} dubbio **2** (fraglich) {ERFOLG} dubbio, incerto; {ERGEBNIS} auch dubbioso: **es ist ~, ob ...**, è dubbio/incerto se .. **3** (nicht echt) {KOMPLIMENT, VERGNÜGEN} dubbio: **das scheint mir ein ~es Vergnügen zu sein!**, mi sembra un divertimento dubbio! **4** pej (dubios) {ABSICHTEN, AUSSEHEN, GESCHICHTE, RUF} sospetto, dubbio, dubbioso; {HERKUNFT} auch equivoco; {BURSCHE, GESCHÄFT} losco, dubbioso.

zweifellos adv {FALSCH, RICHTIG, UNZUTREFFEND, ZUTREFFEND} senza dubbio, indubbiamente: **~ Recht haben**, avere indubbiamente/[senza dubbio] ragione; **~ Unrecht haben**, avere senza dubbio torto.

zweifeln itr **1** (Zweifel haben) dubitare: **warum zweifelt er noch? Ist die Situation nicht klar?**, perché dubita ancora? Non è chiara la situazione?; **an jdm/etw ~** dubitare di qu/qc, mettere in dubbio qu/qc: **(daran) ~, ob ...**, essere in dubbio se ...; **(daran) ~, dass ...**, dubitare che ... konjv; **ich habe keine Minute daran gezweifelt, dass er gewinnen würde**, non ho dubitato nean-che un minuto che avrebbe vinto; **nicht daran ~, dass ...**, non dubitare che ... konjv; **wer könnte daran ~?**, chi potrebbe dubitar(ne)? **2** (an Selbstbewusstsein verlieren) **an sich (dat) (selbst) ~** avere poca fiducia in se stesso (-a) • **daran gibt es nichts zu ~!**, non ci piove! fam, non c'è dubbio!

zweifelnd adj dubbioso, scettico.

Zweifelsfall m caso m dubbio: **im ~**, in caso di dubbio, nel dubbio • **im ~ für den Angeklagten** jur, in dubio pro reo.

zweifelsfrei A adj {BEWEIS, ERGEBNIS} indubitabile, che non lascia dubbi, indubbio: **~ sein**, essere indubbio B adv **1** (jeden Zweifel ausräumen) {BEWEISEN} senza lasciare dubbi: **es ist ~ erwiesen, dass ...**, è stato ampiamente provato che ... **2** → **zweifellos**.

zweifelsohne adv oft iron → **zweifellos**.

Zweifingersuchsystem n fam scherz: **im ~ tippen**, scrivere a macchina con due dita.

zweiflammig adj {HERD, KOCHER} a due fuochi; {LAMPE, LATERNE} a due luci.

Zweifler <-s, -> m (**Zweiflerin** f) scettico (-a) m (f) • **ein ewiger ~ sein**, essere come San Tommaso, essere uno che dubita sempre di tutto.

zweiflerisch adj rar {MENSCH} scettico.

zweiflügelig, zweiflüglig adj **1** (mit zwei Seitenteilen) {GEBÄUDE} a/con due ali; {FENSTER} a due battenti; {TOR, TÜR} auch a due ante: **ein ~es Altarbild**, una pala d'altare a / con due ali/sportelli [/a due ante], un dittico **2** biol {INSEKT} a/con due ali.

Zweifrontenkrieg m mil guerra f su due fronti • **einen ~ führen**, condurre una guerra su due fronti, combattere su due fronti.

Zweifüßer <-s, -> m zoo bipede m.

Zweig <-(e)s, -e> m **1** bot ramo m; (kleiner ~) rametto m, ramoscello m; (Laubzweig) auch frasca f, fronda f: **ein blühender/dürrer ~**, un ramo in fiore [/secco]; **ein grüner ~**, un ramoscello verde; **herabhängende ~e**, rami penduli **2** (Seitenlinie) {+FAMILIE} ramo m **3** (Sparte) {+INDUSTRIE, WISSENSCHAFT} ramo m, branca f **4** Schule (Fachrichtung) indirizzo m: **naturwissenschaftlicher/neusprachlicher/humanistischer ~**, indirizzo scientifico/linguistico/[classico/umanistico] • **auf keinen / [nie auf einen] grünen ~ kommen** fam, non arrivare mai a niente, non concludere mai niente, non riuscire a fare nulla, non battere chiodo fam; **bei so einem Gehalt kommt man ja nie auf einen grünen ~**, con uno stipendio così basso non si riesce mai a concludere nulla.

Zweigbetrieb m industr filiale f, succursale f.

zweigeschlechtig adj **1** bot bisessuale, ermafrodito **2** biol ermafrodito.

Zweigeschlechtigkeit <-, ohne pl> f biol bot bisessualità f.

zweigeschossig adj → **zweistöckig**.

Zweigespann n **1** fam scherz (Gruppen von zwei Personen) tandem m, duo m, duetto m, coppia f: **die beiden arbeiten gut zusammen, sie sind ein perfektes ~**, i due lavorano bene insieme, sono una coppia perfetta **2** (Gespann mit zwei Zugtieren) tiro m a due; (mit zwei Pferden) carrozza f/vettura f a due cavalli.

zweigestrichen adj mus {NOTE} trasportato di un'ottava.

zweigeteilt adj **1** (in zwei Teile geteilt) {LAND, STADT} diviso in due (parti), bipartito: **Berlin war eine ~e Stadt**, Berlino era una città divisa (in due parti) **2** (zwei Meinungen haben): **in etw (dat) ~ sein**, essere diviso/spaccato in due su qc; **in der Rentenfrage**

war die Partei ~, sulle pensioni il partito era diviso/spaccato in due.

Zweiggeschäft n *com* succursale f.

Zweiglein <-s, -> n *dim von* Zweig ramoscello m, rametto m.

zweigleisig A adj **1** *Eisenb* a doppio binario **2** *oft pej* (*zwei Alternativen verfolgend*) {POLITIK} del doppio binario: ~**e Verhandlungen führen**, condurre trattative su due fronti B adv {VERHANDELN} su due fronti ● ~**fahren** *pej*, seguire la politica del doppio binario, tenere il piede in due staffe *pej*.

Zweigniederlassung f {+BANK} filiale f; {+BETRIEB} *auch* succursale f.

Zweigstelle f {+BETRIEB} (sede f) succursale f; {+BANK} agenzia f, filiale f; {+POST} ufficio m.

Zweigwerk n *industr* succursale f, filiale f.

zweihändig *mus* A adj <attr> a due mani B adv {SPIELEN} a/con due mani.

zweihäusig adj *bot* dioico.

zweihenkelig, zweihenklig adj {KORB, TOPF} a/con due manici; {AMPHORE, KRUG, TASSE} a due anse, biansato.

zweihöckerig adj *zoo* {KAMEL} con due gobbe.

zweihundert <inv> zahladj **1** (*Zahl*) duecento: ~ **Gramm Schinken**, ⌊due etti⌋/[duecento grammi] di prosciutto, ~ **Prozent**, il duecento percento; **die ~ Meter Brust(schwimmen) gewinnen**, vincere i duecento (metri) rana; **im Jahre** ~, nell'(l'anno) duecento **2** (*Alter*) duecento anni: **die Kirche ist** ~ **Jahre alt**, questa chiesa ha duecento anni **3** (*Stundenkilometer*) duecento (km orari); → *auch* **vierhundert**.

Zweihunderteuroschein m banconota f/biglietto m da duecento euro.

Zweihundertjahrfeier f (celebrazioni f pl del) bicentenario m.

zweihundertjährig adj <meist attr> **1** (*200 Jahre alt*) {EICHE, SCHLOSS} (che ha)/[di] duecento anni: **das ~e Bestehen der Stadt**, i duecento anni di vita della città; **eine Feier zum ~en Bestehen der Universität**, una festa per il duecentenario dell'università **2** (*200 Jahre dauernd*) {FRIEDEN, VERTRAG} (della durata) di duecento anni: **nach ~er Herrschaft**, dopo ⌊un dominio/durata⌋ di duecento anni⌋/[duecento anni di dominio].

zweihundertmal adv duecento volte: ~ **schneller/stärker**, duecento volte più veloce/forte; → *auch* **viermal**.

Zweihundertmarkschein m *D hist* banconota f/biglietto m da duecento marchi.

Zweihundertmeterlauf m *sport* duecento metri m pl (piani).

Zweihundertmeterläufer m (**Zweihundertmeterläuferin** f) *sport* duecentista mf, duecentometrista mf.

zweihundertprozentig A adj (*von 200 Prozent*) del duecento percento B adv *fam* (*ganz und gar*): ~ **sicher sein**, essere sicuro al mille per mille *fam*.

Zweihundertstel <-s, -> n *math* duecentesimo m.

zweihundertster, zweihundertste, zweihundertstes adj **1** (*an 200. Stelle*) {BESUCHER, KUNDE} duecentesimo (-a) **2** (*zum 200. Mal*) {GEBURTSTAG} duecentesimo (-a): **den zweihundertsten Todestag eines Künstlers feiern**, celebrare il bicentenario /[duecentesimo anniversario] della morte di un artista **3** (*1/200. Mal*): **der zweihundertste Teil** ⌊einer S. (gen)⌋/[von etw (dat)], ⌊la duecentesima parte⌋/[un duecentesimo] di qc; → *auch* **vierter**.

zweihunderttausend <inv> zahladj duecentomila.

Zweijahresplan m *ökon* piano m biennale.

zweijährig adj <meist attr> **1** (*zwei Jahre alt*) {BAUM, KIND, TIER} (dell'età) di due anni **2** (*zwei Jahre lang*) biennale, (della durata) di due anni: **nach ~er Amtszeit musste er zurücktreten**, dopo essere stato in carica due anni ha dovuto dimettersi; **von ~er Dauer sein**, durare due anni; **~e Laufzeit**, scadenza biennale; **mit ~er Verspätung**, con due anni di ritardo **3** *bot* {BLÜTE, PFLANZE, STAUDE} biennale, bienne.

Zweijährige <dekl wie adj> mf bambino (-a) m (/f) di due anni: **als ~ brauchte sie noch Windeln**, a due anni portava ancora i pannolini.

Zweikammersystem n *parl* bicameralismo m, sistema m bicamerale.

Zweikampf m **1** (*Duell*) duello m **2** *Schach* sfida f; *sport auch* duello m ● **jdn zum ~ (heraus)fordern**, sfidare q a duello.

Zweikanalton m *TV* doppio audio m.

zweikeimblättrig, zweikeimblätterig adj *bot* dicotiledone.

Zweiklassengesellschaft, Zwei-Klassen-Gesellschaft f società f a due velocità, società f divisa in due classi.

Zweiklassenmedizin, Zwei-Klassen-Medizin f "sistema m sanitario con pazienti di serie A e di serie B", sanità f classista.

zweiköpfig adj <attr> **1** (*aus zwei Personen bestehend*) {AUSSCHUSS, FAMILIE} (composto) di due persone **2** (*mit zwei Köpfen*) {WAPPENTIER} bicipite; {DRACHE, MONSTER} *auch* con/a due teste: **ein Wappen mit einem ~en Adler**, uno stemma con un'aquila bicipite.

Zweikreisbremse f *autom* freno m a doppio circuito.

Zweiliterflasche f bottiglia f/bottiglione m da due litri.

zweimal adv {ANFERTIGEN, KOPIEREN} due volte: **den Schlüssel ~ herumdrehen**, dare due giri di chiave; ~ ⌊**pro/im Monat**⌋/[**monatlich**], due volte al mese; ~ ⌊**am Tag**⌋/[**täglich**]/[**in der Woche**]/[**wöchentlich**], due volte ⌊al giorno/dì⌋/[(al) la settimana]; **die Zeitschrift erscheint ~ monatlich**, questa rivista ⌊esce due volte al mese⌋/[è bimensile]; ~ **so hoch/lang/stark**, ⌊due volte⌋/[il doppio] più alto/lungo/forte; ~ **so viel** ⌊**viele**⌋ (...), il doppio (di ...), due volte più (di ...); **dieses Jahr kamen ~ so viele Besucher wie letztes Jahr**, quest'anno c'è stato il doppio dei visitatori rispetto all'anno scorso; **40 Euro? Das ist ~ so viel wie ich ausgeben wollte!**, 40 euro? Ma è il doppio di quanto volevo spendere!; **du bist so mager, in das Kleid passt du ja ~ rein!** *fam*, sei tanto magra che in questo vestito ci entri due volte! *fam* ● **jdm etw nicht ~ sagen**, non dire qc a qu una seconda volta; **sich (dat) etw nicht ~ sagen lassen**, non farsi dire qc due volte; **sich (dat) etw ~ überlegen**, pensarci su due volte; **er überlegt es sich immer ~, bevor er seine Zustimmung gibt**, ci pensa sempre due volte prima di dare il suo consenso; **etw ~ umdrehen müssen** *fam*: **sie muss** ⌊**jede Mark**⌋/[**jeden Pfennig/Cent**] ~ **umdrehen**, deve guardare alle cinque lire.

zweimalig adj {KANDIDAT, WELTMEISTER} due volte: **der ~e Olympiasieger**, il due volte campione olimpico; **trotz ~er Anfrage**, malgrado una richiesta ripetuta; **erst auf ~es Klingeln/Klopfen reagieren**, reagire solo ⌊al secondo squillo⌋/[alla seconda volta che si sente bussare]; **nach ~em Versuch**, dopo il secondo tentativo; **eine ~e Wiederholung der gleichen Klasse ist nicht möglich**, non è possibile ripetere la stessa classe due volte; → *auch* **viermal**.

Zweimannboot n *naut* barca f/imbarcazione f per due (persone).

Zweimarkstück n *hist* moneta f/pezzo m da due marchi.

Zweimaster <-s, -> m *naut* due alberi m.

zweimonatig adj <attr> **1** (*zwei Monate alt*) {SÄUGLING, WELPE} di due mesi **2** (*zwei Monate dauernd*) {AUFENTHALT, PHASE, VERHANDLUNGEN} (della durata) di due mesi; {MIETVERTRAG, KURS} *auch* bimestrale: **nach ~em Waffenstillstand**, dopo una tregua durata/di due mesi, dopo due mesi di tregua; **erst nach ~em Warten erhielten wir eine Antwort**, solo dopo un'attesa di due mesi abbiamo ricevuto risposta.

zweimonatlich A adj {AUSZAHLUNG, ERSCHEINEN, RATE, WECHSEL} bimestrale B adv {ERSCHEINEN, WECHSELN} ogni due mesi, bimestralmente.

Zweimonatszeitschrift f rivista f/periodico m bimestrale.

zweimotorig adj *aero* {ANTRIEB, FLUGZEUG} bimotore: **ein ~es Düsenflugzeug**, un bireattore.

Zweiparteiensystem n *pol* bipartitismo m, sistema m bipartitico.

Zweipfennigstück n *hist* moneta f/pezzo m da due pfennig.

Zweipfundbrot n *gastr*, **Zweipfünder** <-s, -> m *gastr* (filone m di) pane m da un kilo.

Zweiphasenstrom m *el* corrente f bifase.

zweiphasig adj **1** *el* bifase **2** (*in zwei Abschnitten*) {ABSCHNITT, AUSBILDUNG, LEHRGANG} (che si svolge) in due fasi.

Zweiplätzer m *CH* → **Zweisitzer**.

zweipolig adj *el* {STECKDOSE, STECKER} bipolare.

Zweipunktgurt m *aero aut* cintura f (di sicurezza) fissata in due punti.

Zweirad n **1** (*Kinderfahrrad*) bicicletta f **2** *form* (*Fahrzeug mit zwei Rädern*) (veicolo m a) due ruote f **3** (*historisches Fahrrad*) biciclo m, velocipede m.

zweirädrig, zweiräderig adj {ANHÄNGER, KARREN} a/con due ruote; ~ **sein**, avere due ruote.

Zweireiher <-s, -> m *text* (*Anzug*) vestito m con (giacca) doppiopetto, (*Jackett*) (giacca f) doppiopetto m.

zweireihig A adj **1** (*in zwei Reihen*) {BESTUHLUNG, SITZORDNUNG} su due file **2** *text* {JACKE, MANTEL} doppiopetto; {ANZUG} con (giacca) doppiopetto B adv **1** (*in zwei Reihen*) su due file: **etw ~ anordnen**, disporre qc su due file **2** (*mit zwei Knopfreihen*): ~ **geknöpft**, a doppiopetto.

zweisaitig adj *mus* a due corde.

Zweisamkeit <-, ohne pl> f *geh oder scherz* intimità f, essere m in due: **in inniger ~**, intimamente uniti; **in trauter ~**, in due, da soli.

zweischiffig adj *arch* {KIRCHE} a due navate.

zweischneidig adj **1** (*auf zwei Seiten schneidend*) {DOLCH, MESSER, SCHWERT} a doppio taglio/filo, a doppia lama; {RASIERER} *auch* bilama **2** (*mit Vor- und Nachteilen*) {ANGELEGENHEIT, SACHE} ambiguo; {ARGUMENT} *auch* a doppio taglio: **ein ~es Schwert sein**, essere un'arma a doppio taglio.

zweiseitig A adj **1** (*zwei Seiten umfassend*) {ARTIKEL, BRIEF, BROSCHÜRE} di due pagine **2** (*zwei Seiten aufweisend*) ⌊che ha⌋/[a] due lati; {JACKE, REGENMANTEL, STOFF} double-face, reversibile, rovesciabile **3** *geom* bilatero **4** *jur pol* {ABKOMMEN, VERTRAG} bilaterale ■B *adv* **1** (*auf beiden Seiten*) {BESCHREIBEN, BESCHRIFTEN} davanti e dietro, su (entr)ambi i lati **2** (*rechts und links*): **etw ~ benutzen können** {JACKE}, poter usare qc a diritto e a rovescio; **der Anorak ist ~ tragbar**, la giacca a vento è double-face; **etw ~ tragen (können)** {JACKE, MANTEL, PULLOVER}, (poter) indossare qc sia da diritto che da rovescio.

zweisilbig *adj* bisillabo, di due sillabe; {VERS} *auch* binario: **ein ~es Wort**, un bisillabo; **~ sein**, essere bisillabo.

Zweisitzer <-s, -> *m* **1** *autom* automobile f/ vettura f biposto/[a due posti] **2** *aero* biposto m.

zweisitzig *adj* {AUTO, CABRIOLET} biposto, a due posti: **ein ~es Sportflugzeug**, un biposto.

zweispaltig *typ* ■A *adj* **1** (*in zwei Spalten*) {LAY-OUT, SATZ, TABELLE, WÖRTERBUCH} a due colonne **2** (*zwei Spalten lang*) {ARTIKEL, BERICHT, KRITIK} su due colonne ■B *adv* {DRUCKEN, SETZEN} su due colonne.

Zweispänner <-s, -> *m* tiro m a due (cavalli), carrozza f a due cavalli.

zweisprachig ■A *adj* **1** (*zwei Sprachen anwendend*) {FAMILIE, GEBIET, KIND} bilingue: **~ sein** {GRENZGEBIET, MENSCH}, essere bilingue **2** (*in zwei Sprachen gedruckt*) {ARTIKEL, PUBLIKATION} (scritto) in due lingue; {HINWEISSCHILD, WÖRTERBUCH} bilingue ■B *adv* *ling*: **~ aufwachsen**, crescere bilingue; **erzogen werden**, essere educato a parlare due lingue **2** *Verlag* {HERAUSGEBEN, HERAUSKOMMEN} in due lingue.

Zweisprachigkeit <-, *ohne pl*> *f* bilinguismo m.

zweispurig *adj* **1** *autom* {AUTOBAHN, STRASSE} a due corsie: **~ sein**, ⌊essere a⌋/[avere] due corsie **2** *Eisenb* {BAHNSTRECKE} a doppio binario: **~ sein**, avere due binari **3** (*zwei Tonspuren aufweisen*) {TONBAND} a due piste.

Zweistärkenglas *n opt* lente f bifocale.

zweistellig *adj* {ZAHL} di due cifre; {BETRAG, HAUSNUMMER} a due cifre: **~ sein**, essere composto da due cifre.

Zweisternehotel *n* albergo m/hotel m a due stelle.

zweistimmig *mus* ■A *adj* **1** (*mit zwei Stimmen erfolgend*) {CHOR, GESANG} a due voci **2** (*für zwei Stimmen geschrieben*) {CHORAL, KANON} per due voci ■B *adv* {SINGEN} a due voci.

zweistöckig ■A *adj* {GEBÄUDE, HAUS} di/a due piani: **~ sein**, ⌊essere a/di⌋/[avere] due piani ■B *adv* {ANLEGEN, BAUEN} a due piani.

zweistrahlig *adj aero* {FLUGZEUG, JET} bireattore: **~ sein**, essere a/[dotato di] due propulsori a reazione.

Zweistrahlröhre *f el* tubo m a due fasci.

Zweistromland <-s, *ohne pl*> *n geog hist*: **das ~**, la terra fra due fiumi, la Mesopotamia.

Zweistromsystem *n el* sistema m a due flussi.

Zweistufenrakete *f aero* missile m a due stadi.

Zweistufenscheibenwischer *m autom* tergicristallo m a due velocità.

zweistufig ■A *adj* **1** (*in zwei Phasen erfolgend*) {PLAN} in due fasi/tempi; {ZÜNDUNG} a due fasi, bifase **2** *aero* {RAKETE} a due stadi **3** (*zwei Stufen aufweisend*) {TREPPE} a due scalini/gradini; {GARTENANLAGE, TERRASSIERUNG} a/su due livelli/gradini ■B *adv* **1** (*in zwei Phasen*) {ZÜNDEN} in due tempi **2** (*auf zwei Stufen*) {ANLEGEN} su due livelli.

zweistündig *adj* <*attr*> {FAHRT, FILM} (della durata) di due ore: **mit ~er Verspätung**, con due ore di ritardo, con un ritardo di due ore; **nach ~em Schlangestehen kamen sie an die Reihe**, dopo una coda di due ore venne il loro turno; **von ~er Dauer sein**, durare due ore.

zweistündlich ■A *adj* che ha luogo ogni due ore; {APPELL, KONTROLLE} che si ripete ogni due ore ■B *adv* {EINNEHMEN, ERFOLGEN} ogni due ore: **~ fahren** {INTERCITY}, viaggiare ⌊a intervalli di⌋/[ogni] due ore.

zweit *adv*: **zu ~**, in due; **zu ~ sein**, essere in due; **zu ~ leben**, vivere in due/coppia; **zu ~ nebeneinandergehen**, camminare (l')uno (-a) accanto all'altro (-a); **ein Gespräch zu ~**, un colloquio a ⌊quattr'occhi⌋/[due].

zweitägig *adj* <*meist attr*> {AUFENTHALT, BESUCH, FAHRT} (della durata) di due giorni: **mit ~er Verspätung**, con due giorni di ritardo, con un ritardo di due giorni; **nach ~er Reise**, dopo ⌊due giorni di viaggio⌋/[un viaggio di due giorni].

Zweitakter <-s, -> *m autom* → **Zweitaktmotor**.

Zweitaktergemisch *n autom* miscela f.

Zweitaktmotor *m autom* motore m a due tempi.

zweitältester, zweitälteste, zweitältestes *adj* {SOHN, TOCHTER} secondo (-a), secondogenito (-a); {EINWOHNER, SCHÜLER} secondo (-a) per età; {KOLLEGE} *auch* secondo (-a) per anzianità: **die zweitälteste Kirche des Dorfes**, la seconda chiesa del paese per antichità ● **jds Zweitältester/ Zweitälteste**, il secondogenito/la secondogenita di qu; **das ist unsere Zweitälteste**, è la nostra secondogenita.

zweitausend <*inv*> *zahladj* **1** (*Zahl*) duemila: **~ Jahre alt sein** {INSCHRIFT, RUINE, URKUNDE}, essere di duemila anni fa, avere duemila anni; {KULTUR, RELIGION, ZIVILISATION} essere vecchio di duemila anni; **das Jahr ~**, il duemila; **im Jahr(e) ~ vor Christus**, nel-(l'anno) duemila avanti Cristo **2** *fam* (*2000 Euro*) duemila euro.

Zweitausender <-s, -> *m* (*2000 m hoher Berg*) vetta f/montagna f alta/di duemila metri; (*zwischen 2000 und 3000 m*) vetta f/ monagna f tra i duemila e i tremila metri.

Zweitausendjahrfeier *f* (celebrazioni f pl del) bimillenario m.

zweitausendjährig *adj* <*meist attr*> **1** (*2000 Jahre alt*) {INSCHRIFT, RUINE} bimillenario, che ha duemila anni **2** (*2000 Jahre lang*) {ENTWICKLUNG, KULTUR, PROZESS, REICH} bimillenario, (della durata) di duemila anni: **das ~e Bestehen der Stadt**, i duemila anni di vita della città; **nach ~em Bestehen ging diese Kultur zugrunde**, dopo duemila anni di vita quella cultura tramontò.

Zweitausfertigung *f* (+BRIEF, SCHREIBEN, VERTRAG) duplicato m.

Zweitauto *n autom* seconda macchina f: **fast jede Familie hat heutzutage ein ~**, oggigiorno quasi tutte le famiglie possiedono la seconda macchina.

Zweitbegünstigte <*dekl wie adj*> *mf jur* secondo (-a) beneficiario (-a) m (f).

Zweitbesetzung *f theat* secondo cast m.

zweitbester, zweitbeste, zweitbestes *adj* secondo (-a), secondo (-a) migliore: **die zweitbeste Leistung**, la seconda miglior prestazione; **das ist Tolstois zweitbestes Buch nach «Krieg und Frieden»**, questo è il miglior libro di Tolstoj dopo «Guerra e Pace» ● **Zweitbester/Zweitbeste sein**, essere secondo (-a); **Zweitbester/ Zweitbeste werden**, giungere ⌊secondo (-a)⌋/[al secondo posto]; *sport auch*, classificarsi secondo (-a).

Zweitdruck *m typ* ristampa f.

zweite *zahladj* → **zweiter**.

Zweite <*dekl wie adj*> *mf* **1** (*Reihenfolge*): **der/die ~**, il secondo/la seconda; **der ~ von rechts**, il secondo da destra; **das ~, worauf ich hinweisen möchte, ist ...**, la seconda cosa su cui vorrei richiamare l'attenzione è ... **2** (*zweites Kind*): **der/die/das ~**, il secondo (figlio)/[la seconda (figlia)], il secondogenito/la secondogenita; **die ~n sind oft benachteiligt**, i secondogeniti sono spesso svantaggiati; **sie erwartet ihr ~s**, aspetta il secondo figlio **3** (*weitere Person*): **ein ~r, eine ~**, una seconda/un'altra persona, un altro/un'altra; **ein ~r wird hier nicht gebraucht**, qui non ⌊c'è bisogno di⌋/[ci vuole] ⌊un'altra/una seconda persona⌋/[un altro] **4** (*der 2. Tag des Monats*): **der ~**, il due; **am ~n jeden Monats**, il due di ogni mese **5** (*2. Monat des Jahres*): **der erste/zweite/... ~**, il primo/due/... (di) febbraio **6** (*bei historischen Namen*): **Ludwig II.** *gesprochen* **der Zweite**, Ludovico II (*gesprochen* secondo) **7** *mus* (*Sinfonie*): **jds ~, die ~ von jdm**, la Seconda di qu; **Beethovens ~, die ~ von Beethoven 8** *fam* (*Zweites Deutsches Fernsehen*): **das ~**, il secondo (canale); **was kommt heute Abend im ~n?**, che cosa danno stasera sul secondo (canale)? **9** *fam Eisenb*: **bitte einmal ~r nach ...**, un biglietto di seconda (classe) per ..., per favore ● **als ~r/~** {(AUF)GERUFEN WERDEN, SPRECHEN}, per secondo (-a); {DURCHS ZIEL GEHEN}, secondo (-a); **als ~r/~** ⌊**dran sein**⌋/[**drankommen**], essere il/la secondo (-a) ⌊a cui tocca⌋/[nell'ordine]; **ein ~s**, ⌊una seconda⌋/[un'altra] cosa; **jeder ~**, uno sì due ⌊(-a)⌋/[nessun altra]; **~r/~ sein** {FAHRZEUG, LÄUFER, RENNFAHRER, RENNPFERD}, essere ⌊secondo (-a)⌋/[in classifica]/[in seconda posizione]; **~r/~ werden** {FAHRZEUG, LÄUFER, RENNFAHRER, RENNPFERD}, finire/classificarsi secondo (-a), arrivare ⌊secondo (-a)⌋/[in seconda posizione]; **zum ~n**: **zum Ersten, zum ~n, zum Dritten** (*bei Auktionen*), ... e uno, ... e due, ... e tre; **~r auch Vierte**.

Zweite Deutsche Fernsehen <-n -s, *ohne pl*> *n TV*: **das Zweite Deutsche Fernsehen**, il secondo canale tedesco.

zweiteilen <*nur inf oder part perf: zweigeteilt*> *tr* **etw** {BROT, KUCHEN} dividere qc ⌊in due⌋/[a metà] ● **sich nicht ~ können** *fam* (*nicht alles auf einmal machen können*), non potersi dividere a metà; (*nicht poter essere in più orten gleichzeitig sein*), non poter essere in due posti contemporaneamente, non avere il dono dell'ubiquità.

Zweiteiler[1] <-s, -> *m fam text* due pezzi m.

Zweiteiler[2] <-s, -> *m TV* film m per la TV in due puntate.

zweiteilig *adj* **1** (*aus zwei Teilen bestehend*) a due pezzi: **ein** ⌊**~er Badeanzug**⌋/[**~es Kleid**], un due pezzi; **~ sein**, essere composto da due pezzi **2** *film lit TV* {FERNSEHFILM} in due puntate/parti; {ROMAN} in due parti; {FILM} *auch* in due episodi.

Zweiteilung <-, *-en*> *f* **1** *form* {+LAND, STADT} divisione f in due parti; {+AUFGABENBEREICH, MINISTERIUM, VERWALTUNG} *auch* bipartizione f **2** *biol* scissione f, scissiparità f *wiss*.

Zweite-Klasse-Abteil, Zweiter-Klasse-Abteil *n Eisenb* scompartimento m di seconda classe.

Zweite-Klasse-Wagen, Zweiter-Klasse-Wagen *m Eisenb* vagone m/carrozza f di seconda classe.

zweitens *adv* **1** (*an zweiter Stelle in einer*

Aufzählung) secondo, due, in secondo luogo: **ich muss heute erstens aufräumen und ~ einkaufen gehen**, oggi devo: uno fare ordine in casa e due andare a fare la spesa *fam*; **erstens habe ich das nicht gesagt und ~ wäre es auch egal**, primo non l'ho detto e secondo non farebbe comunque differenza **2** (*als zweiter Punkt*) in secondo luogo, come seconda cosa: **~ möchte ich hinzufügen, dass ...**, in secondo luogo vorrei aggiungere che ... ● **bei/unter ~** (*unter Punkt zwei*), al punto due, al secondo punto.

zweiter, zweite, zweites zahladj <*meist attr*> **1** (*Datum*) due: ₍**der zweite**₎/ **[am zweiten] Oktober**, il due (di) ottobre **2** (*Jahreszahl*) secondo (-a): **im zweiten Jahrhundert vor/nach Christus**, nel secondo secolo avanti/dopo Cristo **3** (*Reihenfolge*) secondo (-a): **die zweite Auflage eines Buches**, la seconda edizione di un libro; (*Sohn/Tochter*) **aus zweiter Ehe**, (figlio (-a)) di secondo letto; **sie feiert ihren zweiten Geburtstag**, festeggia i (suoi) due anni; **zweiten Grades**, di secondo grado; **aus zweiter Hand**, di seconda mano; **in die zweite Klasse gehen**, frequentare la seconda classe; **zweiter Klasse reisen**, viaggiare in seconda classe; **Bürger zweiter Klasse sein**, essere cittadino di serie B; **in zweiter Linie** (*Verwandschaftszweig*), in seconda linea; (*an zweiter Stelle*) in secondo luogo; ₍**das zweite**₎/**[zum zweiten] Mal**, la/una seconda volta; **zum zweiten Mal heiraten**, sposarsi per la seconda volta; **auf dem zweiten Platz landen**, piazzarsi al secondo posto; **an zweiter Stelle**, al secondo posto; **die zweite Stimme singen**, fare la seconda voce ● **jeder/jede/jedes zweite ...**, un(o)/una ... su/ogni due; **jeder zweite Einwohner**, un abitante su due; **jeden zweiten Tag**, ogni due giorni, un giorno sì e uno no; ₍**ein zweiter**₎/ **[eine zweite] ... sein** (CARUSO, JEANNE D'ARC, NAPOLEON), essere un novello/una novella ...; → *auch* **vierter**.

Zweiterkrankung f *med* malattia f secondaria: **Infektionen führen oft noch zu ~en**, le infezioni portano spesso malattie secondarie.

Zweitexemplar n {+BUCH} secondo/altro esemplare m.

Zweitfahrzeug n seconda automobile f.

Zweitfrau f {+HAREMSBESITZER} seconda moglie f.

Zweitfrisur f *euph* capelli m pl posticci.

Zweitgerät n secondo/altro apparecchio m.

zweitgrößter, zweitgrößte, zweitgrößtes adj {MENSCH} secondo (-a) per altezza: **die Zweitgrößte in der Klasse sein**, essere la seconda della classe per altezza; {LAND, SEE, STADT} secondo (-a) per estensione; {FLUSS} secondo (-a) per lunghezza.

zweithöchster, zweithöchste, zweithöchstes adj **1** (*der Höhe nach*) {BERG, HAUS, TURM} secondo (-a) per altezza **2** (*dem Rang nach*) {BEAMTER, POLITIKER, POSITION, STELLUNG} secondo (-a) ₍nella gerarchia₎/[per importanza].

zweitinstanzlich adj *jur* {VERFAHREN} di secondo grado.

zweitjüngster, zweitjüngste, zweitjüngstes adj {KIND} penultimo (-a).

zweitklassig adj *pej* {AUTOR} di ₍second' d'ordine₎/[serie B]; {HOTEL, RESTAURANT} *auch* di seconda categoria; {FILM, MANNSCHAFT} di serie B.

Zweitklässler (a.R. Zweitkläßler) <-s, -> m (Zweitklässlerin f) *Schule* scolaro (-a) m (f) della/di seconda elementare.

zweitlängster, zweitlängste, zweitlängstes adj secondo (-a) per lunghezza.

zweitletzter, zweitletzte, zweitletztes adj {FAHRZEUG, FRAGE, LÄUFER} penultimo (-a): **als Zweitletzter/Zweitletzte ankommen** *sport*, arrivare penultimo (-a); **auf dem zweitletzten Platz landen**, classificarsi al penultimo posto.

Zweitmeinung f secondo parere m: **eine ~ einholen**, (ri)chiedere/sentire *fam* un secondo parere.

Zweitplatzierte (a.R. Zweitplacierte, Zweitplazierte) <dekl wie adj> m(f) *sport* secondo (-a) m (f) classificato (-a)/piazzato (-a).

zweitrangig adj **1** (*weniger wichtig*) {ARGUMENT, PROBLEM} secondario, di secondaria importanza: **von ~er Bedeutung sein**, essere di importanza secondaria **2** → **zweitklassig**.

Zweitschlüssel m seconda chiave f, doppione m/copia f della chiave.

Zweitschrift f duplicato m: **eine ~ eines Dokuments ausstellen**, rilasciare il duplicato di un documento.

Zweitstimme f *parl* "in un sistema elettorale misto, voto m destinato alla quota proporzionale".

Zweitürer <-s, -> m *autom* automobile f a due porte, due porte f *fam*.

zweitürig adj {AUTO, WAGEN} a due porte.

Zweitwagen m seconda macchina f.

Zweitwohnsitz m *adm* secondo domicilio m: **einen ~ in einer anderen Stadt haben**, avere un secondo domicilio in un'altra città.

Zweitwohnung f seconda casa f.

Zweivierteltakt m *mus* tempo m/misura f/battuta f di due quarti.

zweiwertig adj **1** *chem* {ELEMENT, MOLEKÜL} bivalente **2** *ling* {VERB} bivalente, che ha due valenze.

Zweiwertigkeit <-, -en> f <*meist* sing> **1** *chem* {+ATOM, ELEMENT} bivalenza f **2** *ling*: **~ eines Verbes**, bivalenza di un verbo.

zweiwöchentlich A adj {KONFERENZ, KONTROLLE, SITZUNG} (che si ripete) ogni ₍due settimane₎/[quindici giorni], bimensile, quindicinale B adv {AUSLIEFERN, ERSCHEINEN, SENDEN, STATTFINDEN} ogni ₍due settimane₎/ [quindici giorni].

zweiwöchig adj {AUFENTHALT, FERIEN, KURS} (della durata) di ₍due settimane₎/ [quindici giorni]: **nach ~er Kur kehrte er nach Hause zurück**, dopo un soggiorno di cura di due settimane tornò a casa.

Zweizeiler <-s, -> m *poet* distico m.

zweizeilig A adj **1** (*zwei Zeilen lang*) {APHORISMUS, MITTEILUNG, SINNSPRUCH, ÜBERSCHRIFT, WIDMUNG} di due righe; {GEDICHT, STROPHE} di due versi **2** *typ*: **~er Abstand**, interlinea doppia B adv *typ* {SCHREIBEN, SETZEN} a/con interlinea doppia.

Zweizimmerwohnung f bilocale m, appartamento m di due vani: **~ zu verkaufen/vermieten**, vendesi/affittasi bilocale.

Zweizylinder m *fam autom* (motocicletta f a) due cilindri m, (motocicletta f) bicilindrica f.

Zweizylindermotor m *autom* (motore m) bicilindrico m, (motore m a) due cilindri m.

zweizylindrig adj *autom* {MOTOR(RAD)} a due cilindri.

Zwerchfell n *anat* diaframma m.

Zwerchfellatmung f respirazione f diaframmatica/[con il diaframma].

zwerchfellerschütternd adj **1** (*sehr heftig*): **ein ~es Lachen**, una risata omerica/convulsa **2** (*komisch*) {FILM, UNTERHALTUNG, WITZ} esilarante.

Zwerg <-(e)s, -e> m (Zwergin f) **1** (*Gnom*) nano (-a) m (f), gnomo m *myth*; (*Gartenzwerg*) nano (-a) m (f) per il giardino **2** (*Liliputaner*) nano (-a) m (f); (*zu klein geratener Mensch*) *auch* pigmeo (-a) m (f) **3** *fam pej* (*Knirps*) nanetto (-a) m (f), nanerottolo (-a) m (f), mezza cartuccia f *pej* ● **Schneewittchen und die sieben ~e** *lit*, Biancaneve e i sette nani.

Zwergbaum m *bot* albero m nano.

Zwergdackel m *zoo* bassotto m nano.

Zwergenaufstand m: **einen ~ machen** *slang*, fare un casino inutile (per niente) *fam*: **jetzt mach doch wegen so was keinen ~!**, non fare ₍tanto casino *fam*₎/[un tale pandemonio] per una cosa del genere!

zwergenhaft adj {AUSSEHEN, GESTALT, WUCHS} (da) nano.

Zwergenhaftigkeit <-, ohne pl> f statura f nana/minuta.

Zwergenkönig m (Zwergenkönigin f) *myth* re m/regina f degli gnomi.

Zwergenvolk n *myth* (popolo m degli) gnomi m pl.

Zwergform f {+BAUM, PFLANZE} specie f nana; {+TIER} razza f nana.

Zwerggalerie f *arch* loggia f ad arcatelle.

Zwerghuhn n *zoo* pollo m nano.

Zwergin f → **Zwerg**.

Zwergkiefer f *bot* → **Latschenkiefer**.

Zwerglein <-s, -> n *dim von* Zwerg nanetto m, nanerello m, nanerottolo m.

Zwergorange f *bot* kumquat m.

Zwergpalme f *bot* palma f nana/[di S. Pietro]/[da scope].

Zwergpinscher m *zoo* grif(f)oncino m.

Zwergpudel m *zoo* barboncino m nano.

Zwergschule f *Schule* (scuola f) pluriclasse f.

Zwergstaat m *pol* microstato m *pol*, stato m minuscolo, ministato m, staterello m.

Zwergstern m *astr* stella f nana.

Zwergvolk n pigmei m pl, popolo m pigmeo.

Zwergwuchs <-(e)s, ohne pl> m **1** *med* nanismo m, microsomia f **2** *biol* nanismo m.

zwergwüchsig adj {MENSCH} nano; {VOLK} *auch* di nani: **~ sein**, essere affetto da nanismo.

Zwetsche <-, -n> f *bot*, **Zwetschge** <-, -n> f *süddt* CH *bot* **1** (*Frucht*) prugna f, susina f **2** (*Baum*) prugno m, susino m.

Zwetschenbaum, **Zwetschgenbaum** m *bot* prugno m, susino m.

Zwetschenentsteiner, **Zwetschgenentsteiner** <-s, -> m snocciolatoio m (per prugne).

Zwetschenkern, **Zwetschgenkern** m nocciolo m di/della prugna/susina.

Zwetschenknödel, **Zwetschgenknödel** m *gastr* "dolce m di gnocchi di patate farciti con prugne, bolliti e conditi con burro fuso, zucchero e cannella".

Zwetschenkuchen, **Zwetschgenkuchen** m *gastr* dolce m (di pasta lievitata) di prugne/susine.

Zwetschenmarmelade, **Zwetschgenmarmelade** f *gastr* marmellata f di prugne/susine.

Zwetschenmus, **Zwetschgenmus** n mousse f/passato m/composta f di prugne.

Zwetschenschnaps, **Zwetschgenschnaps** m, **Zwetschenwasser**, Zwetsch-

genwasser n acquavite f di prugne.
Zwetschgendatschi <-s, ohne pl> m *süddt gastr* crostata f di prugne.
Zwetschke <-, -en> f A → **Zwetsche**.
Zwickel <-s, -> m **1** *text* (keilförmiger Einsatz) tassello m, gherone m **2** *arch* pennacchio m **3** *süddt A fam* (*Zweieurostück*) moneta f/pezzo m da due euro; *hist* (*Zweimarkstück*) moneta f/pezzo m da due marchi.
zwicken A itr (*irgendwo*) ~ {HOSE, KRAGEN} stringere (+ *compl di luogo*) B tr **1** (*kneifen*) *jdn* ~ dare un pizzico/pizzicotto *a qu*, pizzicare *qu*; *jdn in etw* (akk) ~ {IN DAS BEIN, DIE WANGE} pizzicare *qc a qu/qu su qc*, dare un pizzico/pizzicotto *su qc a qu*: **der Papagei hat sie in den Finger gezwickt**, il pappagallo le ha ˌpizzicato unˌ/[dato un pizzico sul] dito; **er zwickte den Freund in den Arm**, ˌpizzicò l'amicoˌ/[diede all'amico un pizzico/pizzicotto] sul braccio **2** (*stichartig schmerzen*) *jdn* ~ {ISCHIAS, RHEUMA} dolere *a qu*: **mein Ischias zwickt mich mal wieder**, il nervo sciatico mi dà di nuovo delle fitte; **ihn zwickt sein schlechtes Gewissen**, ha dei rimorsi di coscienza C *unpers*: **es zwickt jdn irgendwo**, qu sente/ha delle fitte + *compl di luogo* ● **es zwickt und zwackt ihn überall**, qu è pieno di acciacchi.
Zwicker <-s, -> m pince-nez m, (occhiali m pl a) stringinaso m.
Zwickmühle f (*Spiel*) filetto m doppio ● **in der ~ sein/sitzen** *fam*, trovarsi in un (bel) pasticcio *fam*, trovarsi/[essersi cacciato] in un brutto/bell'impiccio *fam*, essere tra l'incudine e il martello; **ich sitze ganz schön in der ~!**, sono proprio in un bel guaio!
Zwieback <-(e)s, Zwiebäcke oder -e> m *gastr* fette f pl biscottate: ˌeine Scheibeˌ/[ein] ~, una fetta biscottata.
Zwiebel <-, -n> f **1** *gastr* cipolla f: **das Fleisch mit den ~n anbraten**, far rosolare la carne insieme alle cipolle **2** *bot* bulbo m **3** *obs oder scherz* (*Taschenuhr*) cipolla f, cipollone m **4** *fam* (*Haarknoten*) crocchia f.
Zwiebeldach n *arch* {+TURM} tetto m a (forma di) bulbo.
zwiebelförmig adj **1** (*die Form einer Zwiebel habend*) {KIRCHTURMDACH, KUPPEL} a forma di bulbo, bulbiforme **2** *bot* {WURZEL} bulbiforme.
Zwiebelgewächs n *bot* (pianta f) bulbosa f; <*meist* pl> (*Lauchgewächse*) alliacea f.
Zwiebelhaube f *arch* cupola f ˌa (forma di) bulboˌ/[bulbiforme].
Zwiebelknolle f *bot* bulbo m.
Zwiebelkuchen m *gastr* torta f salata alle cipolle.
Zwiebelkuppel f *arch* cupola f ˌa (forma di) bulboˌ/[bulbiforme].
Zwiebelmarmor m (marmo m) cipollino m.
Zwiebelmuster n {+PORZELLAN} "decorazione f a motivi floreali di colore blu".
zwiebeln tr *fam jdn* ~ strapazzare *qu fam*, tartassare *qu*.
Zwiebelpflanze f *bot* → **Zwiebelgewächs**.
Zwiebelring m fettina f/rondella f di cipolla.
Zwiebelschale f *bot* buccia f di/della cipolla.
Zwiebelsuppe f *gastr* zuppa f con le cipolle.
Zwiebelturm m *arch* campanile m (con cupola) a bulbo.
Zwiegespräch n *geh* colloquio m a due: **im ~ mit** ˌsich selbstˌ/[Gott] **sein**, dialogare con ˌse stesso (-a)ˌ/[Dio].

Zwielicht <-(e)s, ohne pl> n **1** (*Dämmerlicht*) luce f crepuscolare: **im ~**, fra il lusco e il brusco *fam*; **im ~ der Abend-/Morgendämmerung**, nella luce incerta ˌdel crepuscoloˌ/[dell'alba] **2** (*Mischung von künstlichem und natürlichem Licht*) penombra f; **jdn/etw im ~ nicht genau erkennen können**, ˌriconoscere quˌ/[identificare qc] nella penombra solo a malapena ● **ins ~ geraten**, venire messo (-a) in cattiva luce.
zwielichtig adj *pej* {GESTALT, MILIEU} equivoco, losco; {GEGEND, LOKAL} di dubbia fama; {ANGELEGENHEIT, GESCHÄFT} losco, poco chiaro.
Zwiespalt <-(e)s, ohne pl> m *geh* **1** (*inneres Uneinsein*) conflitto m (interiore): **sich im ~ zwischen Gefühl und Vernunft befinden**, essere combattuto tra sentimento e ragione; **im ~ sein, was zu tun ist**, essere combattuto sul da farsi; **mit sich** (dat) **im ~ sein**, essere in conflitto con se stesso (-a) **2** *rar* (*Uneinigkeit*) dissidio m, disaccordo m: **ein ~ innerhalb der Regierung**, un dissidio all'interno del governo.
zwiespältig adj {EINDRÜCKE} discordante, discrepante; {GEFÜHLE} contrastante; {CHARAKTER, MENSCH} ambivalente, contradditorio: **~e Gefühle in jdm wachrufen**, suscitare in qu (dei) sentimenti contrastanti.
Zwiesprache <-, ohne pl> f *geh*: (*stumme*) **~ mit jdm halten**, dialogare (in spirito) con qu; **~ mit Gott halten**, dialogare con Dio.
Zwietracht <-, ohne pl> f *geh* discordia f ● **unter/zwischen jdm** (pl) **herrscht ~**, tra qu regna la discordia; **~ säen/stiften**, seminare discordia/zizzania, fomentare la discordia.
Zwilling <-s, -e> m **1** <*meist* pl> (*Geschwister*) gemello (-a) m (f): **er/sie ist ein ~**, è un gemello/una gemella **2** <*nur* pl> *astr* Gemelli m pl: **im Zeichen (der) ~e geboren sein**, essere nato ˌsotto ilˌ/[nel] segno dei Gemelli **3** (*jd, der im Sternbild der ~e geboren ist*) <*segno m dei*> Gemelli m pl: **er/sie ist (ein) ~**, è (dei/un) Gemelli **4** (*Gewehr*) doppietta f ● **eineiige/zweieiige ~e**, gemelli ˌmonozigoticiˌ/monocorialiˌ/[dizigotici/bicoriali]; **siamesische ~e**, gemelli siamesi.
Zwillingsbruder m (fratello m) gemello m.
Zwillingsgeburt f *med* parto m gemellare.
Zwillingspaar n (coppia f di) gemelli m pl.
Zwillingsreifen m *autom* pneumatici m pl gemellati.
Zwillingsschwester f (sorella f) gemella f.
Zwingburg f *hist* fortezza f, rocca(forte) f.
Zwinge <-, -n> f **1** (*Schraubzwinge*) sergente m, servente m; (*Schraubstock*) morsetto m, morsa f **2** (*Metallring*) ghiera f.
zwingen <zwingt, zwang, gezwungen> A tr **1** (*durch Druck veranlassen*) *jdn* (*zu etw tun*) ~ costringere/(s)forzare/obbligare/coartare *qu a* (*fare*) *qc*: **es zwingt dich niemand**, nessuno ti obbliga; *jdn* ˌzur Eileˌ/[zum Handeln] ~, costringere qu ad affrettarsi/agire; **du kannst ihn nicht zu seinem Glück ~!**, non puoi costringerlo ad accettare i regali della fortuna!; **die Partei zwang den Abgeordneten zum Rücktritt**, il partito costrinse il deputato a dimettersi; *jdn* ~, **etw zu tun**, costringere/forzare/obbligare/coartare qu a fare qc: **sein Pflichtgefühl zwang ihn zu schweigen**, il suo senso del dovere lo indusse ˌal silenzioˌ/[a tacere]; **sich nicht (zu etw** dat) **~ lassen**, non lasciarsi costringere (a fare qc); **ich lasse mich nicht ~!**, non mi potete costringere!; **zu etw** (dat) **gezwungen sein/werden** {ZUR AUFGABE, HÖFLICHKEIT, ZUM RÜCKTRITT}, essere/venir costretto (-a)/obbligato (-a) a fare qc; **er war zu dieser Lüge gezwungen**, fu costretto a ricorrere a questa bugia **2** *geh* (*gewaltsam drängen*) *jdn irgendwohin* ~: **jdn zu Boden ~**, atterrare qu; {BOXER, RINGER} mettere/mandare qu al tappeto; **jdn in die Knie ~**, mettere in ginocchio qu B rfl (*etw unter Druck tun*) **sich zu etw** (dat) ~ {ZUM ARBEITEN, ZU EINEM LÄCHELN}, imporsi *di fare qc*: **sich zur Ruhe/Sparsamkeit/Vorsicht ~**, imporsi la calma/parsimonia/prudenza; **sich ~, etw zu tun**, sforzarsi di fare qc; **ich muss mich jeden Morgen an den Schreibtisch ~**, tutte le mattine devo fare violenza su me stesso (-a) per sedermi alla scrivania; **ich musste mich dazu ~!**, ho dovuto fare violenza su me stesso (-a)! C itr (*etw notwendig machen*) **zu etw** (dat) ~ {TATSACHEN, UMSTAND ZUM HANDELN, UMDENKEN} costringere *a* (*fare*) *qc*, obbligare *a* (*fare*) *qc* ● **sich zu etw** (dat) **gezwungen sehen, sich gezwungen sehen, etw zu tun**, vedersi costretto (-a) a fare qc; **ich sehe mich** ˌgezwungen abzureisenˌ/[zur Abreise gezwungen], mi vedo costretto (-a) a partire.
zwingend A adj **1** (*unbedingt*) {GRUND} impellente; {NOTWENDIGKEIT} *auch* imperioso, stringente: **~e Rechtsnormen** *jur*, norme giuridiche imperative/cogenti **2** (*überzeugend*) {BEWEIS} convincente, persuasivo; {SCHLUSS} logico; {LOGIK} stringente B adv {SICH ERGEBEN, FOLGERN} necessariamente: **notwendig sein** {KONTROLLE, REFORM, VERBESSERUNG}, imporsi/[rendersi necessario (-a)] (con urgenza); **Anschnallen im Auto ist ~ vorgeschrieben**, allacciare la cintura di sicurezza in macchina è obbligatorio per legge.
Zwinger <-s, -> m (*Hundezwinger*) canile m; (*Raubtierzwinger*) serraglio m.
zwinkern itr (*mit einem Auge*) ammiccare, strizzare l'occhio; (*mit zwei Augen*) sbattere le palpebre: **freundlich/überrascht ~**, ammiccare ˌin segno d'intesaˌ/[con aria sorpresa]; **nervös ~**, sbattere nervosamente le palpebre; **vertraulich ~**, fare una strizzata/strizzatina d'occhio; **mit den Augen ~**, sbattere le palpebre.
zwirbeln tr *etw* ~ {FADEN} attorcigliare qc, attorcere qc *text*, ritorcere qc: **seinen Schnurrbart ~**, arricciarsi i baffi.
Zwirn <-(e)s, -e> m *text* (filo m di) refe m, filo m/filato m ritorto.
zwirnen tr *text etw* ~ {FÄDEN} ritorcere qc.
Zwirnrolle f *text* rocchetto m.
Zwirnsfaden m *text* (singolo) filo m di refe.
zwischen präp **1** + dat (*räumlich: sich dazwischen befindend*) ~ *jdm/etw* (pl) tra/fra qu/qc; (*inmitten*) in mezzo *a qu/qc*: **den beiden Grundstücken liegt ein kleiner Wald**, tra i due appezzamenti di terreno c'è un boschetto; ~ **den Margeriten wachsen ein paar Kornblumen**, ˌtra leˌ/[in mezzo alle] margherite cresce qualche fiordaliso; ~ *jdm*/*etw* (pl) tra/fra *qu/qc* e *qu/qc* + akk (*tra, etw dazwischen platzierend*) ~ *jdn*/*etw* (pl) tra/fra *qu/qc*; (*inmitten*) *auch* in mezzo *a qu/qc*: **das Kind legt sich morgens immer ~ uns**, la mattina il bambino viene sempre a letto in mezzo a noi; **er mischte sich unbemerkt ~ die Anwesenden**, si mischiò inosservato ˌtra iˌ/[in mezzo ai] presenti; ~ *jdm*/*etw* **und** *jdm*/*etw* tra/fra *qu/qc* e *qu/qc* **2** + dat (*zeitlich: dazwischenliegend*) ~ **etw und etw** tra/fra qc e qc: ~ **dem dritten und sechsten Juni**, tra/fra il tre e il sei (di) giugno; ~ **neun und zehn Uhr**,

tra le nove e le dieci; ~ **Weihnachten und Neujahr**, fra Natale e Capodanno; + akk (*etw dazwischen legend*) ~ *etw und etw* tra/fra qc e qc; **einen Termin ~ die erste und zweite Woche des Monats legen**, fissare un appuntamento tra la prima e la seconda settimana del mese **3** + dat (*als wechselseitige Beziehung*) ~ *jdm/etw* (pl) *jdm/etw* tra/fra qu/qc: **es ist aus ~ uns**, tra (di) noi è finita; ~ **Gut und Böse**, tra il bene e il male; ~ *jdm/etw und jdm/etw* tra qu/qc e qu/qc; ~ **ihm und seiner Mutter bestand ein gutes Verhältnis**, tra/fra lui e sua madre c'era un buon rapporto **4** + dat (*zahlenmäßig dazwischenliegend*) ~ *etw und etw* tra/fra qc e qc: ~ **20 und 30 Grad**, tra i 20 e (i) 30 gradi; ~ **40 und 50 Kilo**, tra i 40 e (i) 50 kili; ~ **10 und 11 Meter**, tra (i) dieci e (gli) undici metri.

Zwischenablage f *inform* appunti m pl.

Zwischenabrechnung f *ökon* conteggio m/computo m parziale/provvisorio.

Zwischenakt m *mus theat* intermezzo m.

Zwischenaktmusik f intermezzo m, interludio m.

Zwischenapplaus m (*bei Konzerten*) applauso m spontaneo (durante l'esibizione): **nach seiner Soloarie bekam er (einen) ~**, dopo l'assolo ricevette un applauso spontaneo.

Zwischenaufenthalt m (*mit dem Flugzeug, Schiff*) sosta f, scalo m: **die Reisenden hatten einen zweistündigen ~ in Brüssel**, i viaggiatori fecero uno scalo di due ore a Bruxelles • **irgendwo einen ~ einlegen**, fare tappa + *compl di luogo*.

Zwischenbemerkung f parentesi f, inciso m, osservazione f (incidentale); (*Unterbrechung*) interruzione f: **eine ~ machen**, aprire una parentesi; **wenn ich mir eine ~ erlauben darf, ...**, se posso permettermi una (breve osservazione fra) parentesi ...; **während ihres Vortrages wurde sie immer wieder von ~en unterbrochen**, durante la conferenza il pubblico la interrompeva continuamente con brevi osservazioni; **ich verbitte mir Ihre ~en**, non tollero le Sue continue interruzioni; **nur eine kurze ~: wie bist du vorgegangen?**, permettimi una breve parentesi: come hai proceduto?

Zwischenbericht m (*für Institutionen, den Arbeitgeber*) relazione f provvisoria.

Zwischenbescheid m risposta f interlocutoria/provvisoria; *adm* avviso m provvisorio.

zwischenbetrieblich adj {AUSTAUSCH, VEREINBARUNG, VERTRAG, ZUSAMMENARBEIT} interaziendale, tra (le) imprese.

Zwischenbilanz f *ökon* bilancio m parziale/provvisorio • **eine ~ ziehen**, fare un primo bilancio; **mit 50 zog er eine ~ seines Lebens**, a 50 anni fece un primo bilancio della sua vita.

zwischen|blenden tr *film radio* → **ein|blenden**.

Zwischenblutung f *med* perdite f pl di sangue intermestruali; (*stärker*) emorragia f intermestruale, metrorragia f.

Zwischenboden m *bau* controsoffitto m: **einen ~ einziehen**, costruire un controsoffitto.

Zwischendeck n *naut* interponte m.

Zwischendecke f *bau* → **Zwischenboden**.

Zwischending n *fam* → **Mittelding**.

zwischendrin adv *fam* **1** (*räumlich: dazwischen*) (là) in mezzo: **der Platz war voller Menschen und ~ meine kleine Schwester**, la piazza era piena di gente e là in mezzo si trovava la mia sorellina **2** (*in der Zwischenzeit*) tra/fra una cosa e l'altra, nel frattempo: **sie räumte auf, putzte und kaufte ~ auch noch ein**, mise tutto a posto, fece le pulizie e fra una cosa e l'altra riuscì anche a fare la spesa.

zwischendurch adv **1** (*in der Zwischenzeit*) frattanto, nel frattempo, nei ritagli di tempo: **sie arbeitete am Computer und erledigte ~ ein paar Telefonate**, lavorava al computer interrompendosi ogni tanto per telefonare; **und ~ trank sie Kaffee**, e nel frattempo bevve un po' di caffè; **das mach' ich so ~**, lo faccio nei ritagli di tempo **2** (*ab und zu*) di tanto in tanto, ogni tanto: ~ **machte er sich Notizen**, di tanto in tanto prendeva appunti **3** (*außer der Reihe*): **iss nichts ~!**, non mangiare niente tra un pasto e l'altro!; **ich habe eine kleine Nascherei für ~ mitgebracht**, ho portato qualche stuzzichino per tamponare la fame (tra un pasto e l'altro) **4** (*hier und da*) qua e là **5** (*zwischen etw hindurch*) {LAUFEN, LEGEN, SCHIESSEN, VERLAUFEN, VERLEGEN} in mezzo: **er hatte sich breitbeinig vor ihm aufgebaut, also schoss er den Ball genau ~**, gli si era messo davanti a gambe divaricate, cosicché lui riuscì a infilare la palla proprio in mezzo.

Zwischeneiszeit f *geol* periodo m interglaciale.

Zwischenergebnis n risultato m provvisorio/parziale; *sport* punteggio m/risultato m parziale/provvisorio; *med* esito m provvisorio: **die ersten ~se der Wahl erwarten wir gegen 20 Uhr**, aspettiamo i risultati parziali delle elezioni intorno alle 20.

Zwischenexamen n → **Zwischenprüfung**.

Zwischenfall <-(e)s, -fälle> m **1** (*unerwartetes Ereignis*) incidente m, inconveniente m, contrattempo m, (*episodio m*) imprevisto m: **ein bedauerlicher ~**, un episodio increscioso; **ein bangloser ~**, un incidente di percorso; **ein lustiger ~**, un divertente imprevisto; **ein peinlicher ~**, un ₌penoso incidente₌/ [episodio imbarazzante] **2** <*nur pl*> (*Ausschreitungen*) incidenti m pl: **an der Grenze kam es zu blutigen/schweren Zwischenfällen**, al confine si verificarono sanguinosi/ gravi incidenti • **ohne Zwischenfälle verlaufen** {REISE, VERANSTALTUNG}, svolgersi senza intoppi; {FEIER, PARTEITAG, VERSAMMLUNG} *auch*, svolgersi senza inconvenienti; {DEMONSTRATION}, svolgersi senza incidenti.

Zwischenfinanzierung f *bank* prefinanziamento m.

Zwischenfrage f domanda f (nel mezzo di un discorso): **gestatten/erlauben Sie mir eine ~?**, mi permette una domanda?, permette che La interrompa con una domanda?

Zwischenfutter n *text* controfodera f.

Zwischengas <-es, ohne pl> n *autom*: ~ **geben**, fare la doppietta.

Zwischengericht n *gastr* portata f intermedia, piatto di mezzo m, entremets m.

zwischengeschlechtlich adj {BEZIEHUNG, KOMMUNIKATION, VERHALTEN} tra i sessi.

Zwischengeschoss (a.R. Zwischengeschoß), **Zwischengeschoß** A CH n *arch* piano m intermedio, (*zwischen Parterre und 1. Stock*) mezzanino m, (*piano m*) ammezzato m.

Zwischengröße f *text* mezza taglia f; (*bei Schuhen*) mezzo numero m.

Zwischenhalt m CH → **Zwischenaufenthalt**.

Zwischenhandel m *com* intermediazione f commerciale.

Zwischenhändler m (**Zwischenhändlerin** f) *com* intermediario (-a) m (f) commerciale.

Zwischenhirn n *anat* diencefalo m.

Zwischenhoch n *meteo* zona f temporanea di alta pressione.

zwischenkirchlich adj {AUSTAUSCH, BEZIEHUNGEN, KONTAKTE} interconfessionale, tra le chiese.

Zwischenlager n *industr* (*für Waren*) magazzino m provvisorio; (*für Atommüll, Brennstäbe*) deposito m provvisorio/intermedio.

zwischen|lagern tr *etw* ~ {ATOMMÜLL, BRENNSTÄBE} depositare qc provvisoriamente.

Zwischenlagerung f {+ATOMMÜLL, BRENNSTÄBE} deposito m provvisorio/intermedio.

zwischen|landen itr <*sein*> *aero* **irgendwo** ~ fare scalo + *compl di luogo*.

Zwischenlandung f scalo m: **Flug ohne ~**, volo senza scali intermedi; **eine ~ machen**, fare uno scalo.

Zwischenlauf m *sport* semifinale f.

Zwischenlösung f soluzione f provvisoria/temporanea.

Zwischenmahlzeit f spuntino m, snack m; (*am Nachmittag, bes. für Kinder*) merenda f.

zwischenmenschlich adj {KOMMUNIKATION, KONTAKTE, PROBLEME, VERHALTEN} interpersonale, fra/tra gli individui/le persone: **die ~en Beziehungen**, i rapporti ₌interpersonali₌/[con gli altri].

Zwischenpause f (breve) intervallo m.

Zwischenprodukt n *industr* prodotto m intermedio.

Zwischenprüfung f *univ* "esame m che permette di accedere alla seconda fase di un ciclo di studi".

Zwischenraum m **1** (*räumlich*) ~ **zwischen etw** (dat pl)/**etw und etw** (dat) spazio m tra qc/qc e qc, intervallo m tra qc/ qc e qc; (*enger*) ~ intercapedine f tra qc/qc e qc, interstizio m tra qc/qc e qc; (*Abstand*) distanza f tra qc/qc e qc **2** (*zeitlich*) intervallo m (di tempo), lasso m di tempo: **langer/ kurzer ~**, intervallo/lasso di tempo lungo/ breve **3** *typ* ~ (*zwischen etw* dat pl) {ZWISCHEN BUCHSTABEN, WÖRTERN} spazio m (*tra qc*), spaziatura f (*tra qc*); (*zwischen den Zeilen*) *auch* interlinea f (*tra qc*).

Zwischenring m *fot* anello m distanziatore.

Zwischenruf m intervento m/commento m ad alta voce: **bei etw** (dat)/**auf etw** (akk) **~e machen**, disturbare/interrompere qc intervenendo ad alta voce.

Zwischenrufer m (**Zwischenruferin** f) chi interrompe intervenendo ad alta voce: ~ **gaben ihren Protest kund**, c'era chi protestava ad alta voce.

Zwischenrunde f *sport* semifinale f.

Zwischensaison f media stagione f: **in der ~ sind die Hotelpreise noch günstig**, durante la media stagione i prezzi degli alberghi sono ancora convenienti.

zwischen|schalten tr <*meist inf oder part perf*> *etw* ~ inserire qc.

Zwischenspeicher m *inform* memoria f [di transito]/[temporanea].

zwischen|speichern tr *inform etw* ~ memorizzare qc temporaneamente.

Zwischenspeicherung f *inform* memorizzazione f temporanea: **automatische ~**, memorizzazione automatica.

Zwischenspiel n **1** *theat* intermezzo m; *mus auch* interludio m **2** *lit* intermezzo m **3** *geh* (*belanglose Episode*) intermezzo m.

Zwischenspurt m *sport* scatto m, accelerazione f, sprint m ● **einen ~ einlegen**, fare uno scatto, imprimere alla corsa un'improvvisa accelerazione.

zwischenstaatlich *adj* <attr> {BEZIEHUNGEN, HANDELSGESCHÄFTE, KONFERENZ} tra (gli) stati, internazionale.

Zwischenstadium n stadio m intermedio, fase f intermedia.

Zwischenstation f sosta f, tappa f: **irgendwo ~ machen**, fare sosta/tappa + *compl di luogo*.

Zwischenstecker m *el* adattatore m, riduttore m.

Zwischenstock m, **Zwischenstockwerk** n → **Zwischengeschoss**.

Zwischenstopp <-s, -s> m **1** *sport* {+RENNFAHRER} pit stop m: **für den Reifenwechsel musste der Rennfahrer einen ~ an den Boxen einlegen**, per il cambio pneumatici il pilota dovette fare una breve sosta ai box **2** → **Zwischenaufenthalt**.

Zwischenstück n **1** *el tech* {+LEITUNG, ROHR} raccordo m **2** *lit theat* intermezzo m.

Zwischenstufe f → **Zwischenstadium**.

Zwischensumme f *math* totale m/somma f parziale; (*in der Buchführung*) subtotale m: **die ~ ziehen**, fare una somma parziale.

Zwischentitel m *film* didascalia f.

Zwischenton m **1** (*farbliche Variante*) tinta f intermedia, sfumatura f, nuance f **2** <*nur pl*> (*indirekte Aussage*) sfumature f pl.

Zwischenträger m (**Zwischenträgerin** f) **1** (*beim Druckverfahren*) superficie f intermedia **2** *bau* trave f secondaria **3** *tel* sottoportante f.

Zwischenurteil n *jur* sentenza f interlocutoria/parziale.

Zwischenwand f *bau* tramezzo m, muro m divisorio: **eine ~ einziehen**, alzare un tramezzo.

Zwischenwelle f *tech* albero m intermedio.

Zwischenwirt m *biol* ospite m intermedio.

Zwischenzeit f **1** (*Zeit zwischen zwei Ereignissen*): **in der ~**, nel frattempo, frattanto, intanto, in quel mentre **2** *sport* (tempo m) intermedio m, tempo m parziale; *bes*. Ski Radsport *auch* intertempo m: **eine gute ~ fahren/laufen/[haben]**, avere un buon (tempo) intermedio/[intertempo].

zwischenzeitlich *adv form* nel frattempo, frattanto.

Zwischenzeugnis n **1** (*Arbeitszwischenzeugnis*) "attestato m relativo al lavoro svolto" **2** *Schule* pagella f di metà anno.

Zwist <-(e)s, -e> m *geh* dissidio m ● **den alten ~ begraben**, mettere da parte i vecchi rancori; **einen ~ beilegen**, appianare un dissidio; **mit jdm über etw (akk) in ~ geraten**, entrare in attrito con qu per qc; **mit jdm einen ~ haben**, avere un dissidio con qu.

Zwistigkeit <-, -en> f <*meist pl*> *geh* dissidio m, contrasto m.

zwitschern *itr* cinguettare: **das Zwitschern**, il cinguettio ● **einen ~ *fam***, bersi/farsi un bicchierino *fam*, bagnarsi l'ugola *fam*/il becco *fam*.

Zwitter <-s, -> m *biol med* ermafrodito m, androgino m.

Zwitterbildung f ermafroditismo m, ermafrodismo m.

Zwitterblüte f *biol* fiore m ermafrodito.

zwitterhaft *adj* **1** *biol* ibrido **2** (*doppeldeutig*) ambiguo.

Zwitterwesen n **1** *biol* ermafrodito m, androgino m **2** *fig* (essere m) ibrido m.

zwittrig, zwitterig *adj biol bot* ermafrodito, bisessuato; {GEBILDE, WESEN} ibrido.

zwo <inv> zahladj *fam* due.

zwölf <inv> zahladj **1** (*Zahl*) dodici; (*ein Dutzend*) una dozzina: **ein Zeitraum von ~ Jahren**, un dodicennio; **~ Prozent**, il dodici percento **2** (*Uhrzeit*) (le ore) dodici: **es ist ~ (Uhr)** (*mittags*), sono le (ore) dodici, è mezzogiorno; (*nachts*) sono le (ore) dodici/ventiquattro, è mezzanotte; **es ist Viertel vor/nach ~** (*mittags*), sono le dodici/[è mezzogiorno] meno/e un quarto; (*nachts*) sono le dodici/[è mezzanotte] meno/e un quarto **3** (*Alter*) dodici anni: **er ist/wird ~**, (lui) ha/[compie/fa *fam*] dodici anni; **mit ~ anni** **4** *sport* (*Punkte*) dodici: (**es steht**) **zwanzig zu ~**, (la partita sta) venti a dodici; → *auch* **vier**.

Zwölf <-, -en> f **1** (*Zahl*) dodici m **2** *fam* (*Transport*): **die ~** (*Bus-, Straßenbahnlinie*), il dodici; (*U-Bahn-Linie*) la linea dodici **3** *fam sport*: **die ~**, il/la dodici; → *auch* **Vier**.

zwölfarmig *adj* {LEUCHTER} a dodici bracci: **~ sein**, avere dodici bracci.

zwölfbändig *adj* {AUSGABE, WERK} in dodici volumi.

Zwölfeck n *math* dodecagono m.

Zwölfender <-s, -> m *zoo* cervo m con corna a dodici palchi.

Zwölfer <-s, -> m *fam* (*Buslinie*): **der ~**, il dodici.

zwölffach *adj* **1** (*zwölfmal so groß*) {BETRAG, SUMME} dodici volte maggiore/[più alto]: **die ~e Vergrößerung eines Fotos**, una foto ingrandita dodici volte; **die ~e Menge an Essen**, una quantità di cibo dodici volte maggiore; **wir haben den ~en Preis bezahlt**, abbiamo pagato un prezzo dodici volte superiore; (*zwölf volte tanto*) **2** (*zwölfmal erfolgt*) dodici volte **3** (*zwölfmal erstellt*) {KOPIE} dodici: **in ~er Ausfertigung**, in dodici copie *B adv* {AUSFERTIGEN, VORHANDEN SEIN} in dodici copie/esemplari; → *auch* **vierfach**.

Zwölffache <*dekl wie adj*> n: **das ~ bezahlen/verdienen**, pagare/guadagnare dodici volte tanto.

Zwölffingerdarm m *anat* duodeno m: **ein Geschwür am ~**, un'ulcera duodenale.

zwölfgeschossig *adj* {GEBÄUDE} di/a dodici piani *B adv* {BAUEN} a dodici piani.

zwölfhundert <inv> zahladj milleduecento: **~ Teilnehmer**, milleduecento partecipanti; **im Jahr ~**, nell'anno milleduecento; **um (das Jahr) ~**, verso il/[intorno al] milleduecento, nel milleduecento circa; → *auch* **vierhundert**.

zwölfjährig *adj* <*meist attr*> **1** (*zwölf Jahre alt*) {PFLANZE, TIER} che ha/[di] dodici anni; {KIND} *auch* dodicenne, dell'età di dodici anni **2** (*zwölf Jahre lang*) (della/[di una] durata) di dodici anni; → *auch* **vierjährig**.

Zwölfjährige <*dekl wie adj*> mf dodicenne mf, ragazzo (-a) m (f) di dodici anni: **als ~r/~**, a/[all'età di] dodici anni.

zwölfköpfig *adj* <attr> {AUSSCHUSS, FAMILIE, GRUPPE} di dodici persone/componenti.

zwölfmal *adv* dodici volte: **~ so ...** {GROSS, LANG(E), SCHNELL, TEUER}, dodici volte più ...; **~ so viel/viele**, dodici volte tanto; → *auch* **viermal**.

zwölfmalig *adj* dodici volte: **nach ~em Versuch**, dopo il dodicesimo tentativo/[dodici tentativi]; **nach ~em Klingelnlassen gab ich es auf**, dopo aver fatto squillare il telefono per dodici volte mi sono arreso (-a); → *auch* **viermalig**.

Zwölfmeilenzone f zona f delle dodici miglia.

zwölfmonatig *adj* <attr> **1** (*zwölf Monate alt*) {KLEINKIND} (dell'età di) dodici mesi/[un anno] **2** (*zwölf Monate dauernd*) {AUFENTHALT, REISE} (della/[di una] durata) di dodici mesi/[un anno]; → *auch* **viermonatig**.

zwölfmonatlich *A adj* {KONTROLLE, UNTERSUCHUNG} (che si ripete) ogni dodici mesi/[anno] *B adv* {ABRECHNEN, ERSCHEINEN} ogni dodici mesi, ogni anno, annualmente.

Zwölfpfünder <-s, -> m (*Fisch*) pesce m da dodici kili.

zwölfseitig *adj* <*meist attr*> {BRIEF, LISTE} di dodici pagine.

Zwölfsilber, Zwölfsilbler <-s, -> m *poet* dodecasillabo m.

zwölfstellig *adj* {BETRAG, SUMME} a dodici cifre.

zwölfstündig *adj* <attr> (della/[di una] durata) di dodici ore: **in ~en Abständen**, a intervalli di dodici ore; **nach ~em Aufenthalt**, dopo una sosta durata/di dodici ore, dopo dodici ore di sosta; → *auch* **vierstündig**.

zwölfstündlich *A adj* <attr> ogni dodici ore; {APPELL, KONTROLLE} che si ripete ogni dodici ore *B adv* {EINNEHMEN, ERFOLGEN} ogni dodici ore; → *auch* **vierstündlich**.

zwölft *adv*: **zu ~**, in dodici; **heute waren wir nur zu ~**, oggi eravamo solo in dodici.

Zwölftafelgesetz n *jur hist*: le leggi f pl delle dodici tavole, le dodici tavole f pl.

zwölftägig *adj* {BESUCH, KONGRESS} (della/[di una] durata) di dodici giorni: **nach ~er Reise**, dopo un viaggio durato/di dodici giorni, dopo dodici giorni di viaggio; → *auch* **viertägig**.

zwölftausend <inv> zahladj dodicimila.

zwölfte zahladj → **zwölfter**.

Zwölfte <*dekl wie adj*> mf **1** (*12. Tag des Monats*): **der ~**, il dodici; **am ~n eines jeden Monats**, il dodici di ogni mese **2** (*12. Monat des Jahres*): **der erste/zweite/...**, il primo/due/... (di) dicembre **3** (*Reihenfolge*) dodicesimo (-a) m (f): **im Hochsprung ist sie ~ geworden**, nel salto in alto si è piazzata dodicesima **4** (*Herrscher*): **Ludwig XII.** (*gesprochen der Zwölfte*), Luigi XII (*gesprochen dodicesimo*) ● **~r/~ sein/werden** *sport*, essere/finire dodicesimo (-a); → *auch* **Vierte**.

Zwölftel <-s, -> n: **ein ~ einer S. (gen)/[von etw (dat)]**, un dodicesimo (di qc), la dodicesima parte (di qc).

zwölftens *adv* (in) dodicesimo (luogo): **unter ~** (*unter Punkt zwölf*), al punto dodici.

zwölfter, zwölfte, zwölftes zahladj <*meist attr*> **1** (*Datum*) dodici: **der zwölfte Mai**, il dodici (di) maggio **2** (*Jahreszahl*) dodicesimo (-a): **das zwölfte Jahrhundert**, il dodicesimo secolo **3** (*Reihenfolge*) dodicesimo (-a): **im zwölften Kapitel**, nel dodicesimo capitolo, nel capitolo dodici **4** (*zum zwölften Mal*) {AUFLAGE, GEBURTSTAG} dodicesimo (-a) **5** *math* dodicesimo (-a): **der zwölfte Teil von etw (dat)**, la dodicesima parte di qc, un dodicesimo di qc ● **jeder/jede/jedes zwölfte ...** {FRAU, MANN, KIND}, un(o)/una ... su/ogni dodici; → *auch* **vierter**.

Zwölftonlehre <-, *ohne pl*> f *mus* dodecafonia f.

Zwölftonmusik f *mus* musica f dodecafonica.

Zwölfuhrläuten <-s, *ohne pl*> n rintocchi m pl (delle dodici)/[di mezzogiorno].

Zwölfuhrzug m treno m delle dodici.

zwoter, zwote, zwotes *adj fam* → **zweiter**.

Zyanid <-s, -e> n *chem* cianuro m.

Zyankali <-s, *ohne pl*> n *chem* cianuro m di

potassio; (als Gift) cianuro m.
Zykladen subst <nur pl> geog: **die ~**, le Cicladi.
Zyklame <-, -n> f A bot, **Zyklamen** <-s, -> n bot ciclamino m.
Zyklen pl von Zyklus.
zyklisch A adj 1 (regelmäßig wiederkehrend) {ENTWICKLUNG, VERLAUF} ciclico: **~e Konjunkturschwankungen**, fluttuazioni cicliche; **~es Geschichtsverständnis**, concezione ciclica della storia 2 lit {AUFBAU, ROMAN} ciclico 3 chem: **~e Verbindung**, composto ciclico B adv 1 (einen Kreis, Ring bildend) {SICH BILDEN, FORMEN, GRUPPIEREN} in modo circolare: **~ angelegt sein** {LITERARISCHES, MUSIKALISCHES WERK}, avere (una) forma ciclica 2 (regelmäßig wiederkehrend) {ABLAUFEN, SICH EREIGNEN} ciclicamente, in modo ciclico, periodicamente: **~ verlaufen** {GESCHICHTE, KONJUNKTUR}, svolgersi in cicli / [in fasi cicliche]; **~ wiederkehrend**, ciclico, periodico.
Zyklon ① <-s, -e> m meteo ciclone m tropicale; (bes. in Ostasien) tifone m.
Zyklon ② <-s, ohne pl> n tech (separatore m a) ciclone m.
Zyklon ③ <-s, ohne pl> n chem acido m cianico: **~ B**, cyclon B.
Zyklone <-, -n> f meteo ciclone m.
Zyklop <-en, -en> m myth ciclope m.
Zyklopenmauer f arch mura f pl ciclopiche.
zyklopisch adj ciclopico.
Zyklotron <-s, -e oder -s> n nukl ciclotrone m.
Zyklus <-, Zyklen> m geh 1 (Kreislauf) ciclo m: **einem ~ folgen/unterliegen**, seguire un ciclo / [un andamento ciclico] 2 (Folge)

{+VERANSTALTUNGEN} ciclo m; {+BILDER, GEDICHTE, LIEDER} ciclo m 3 med ciclo m (mestruale) 4 ökon ciclo m.
Zykluszeit f inform ciclo m di memoria.
Zylinder <-s, -> m 1 geom cilindro m 2 autom tech cilindro m: **ein Motor mit vier ~n**, un motore a quattro cilindri 3 (Lampenzylinder) tubo m (di vetro) 4 (Hut) (cappello m a) cilindro m, tuba f; (zusammenklappbar) cappello m a soffietto: **(irgendwo) in Frack und ~ erscheinen**, presentarsi in frac e cilindro (+ compl di luogo); **der Zauberer zog ein Halstuch aus dem ~**, il prestigiatore estrasse un foulard dal cilindro.
Zylinderblock m autom blocco m cilindri, monoblocco m (cilindri).
zylinderförmig adj → zylindrisch.
Zylinderglas n {+GAS-, PETROLEUMLAMPE} tubo m di vetro.
Zylinderhut m → Zylinder 4.
Zylinderkopf m 1 autom testata f, testa f del cilindro 2 {+SCHRAUBE} testa f cilindrica.
Zylinderkopfdichtung f autom guarnizione f della testata.
Zylinderkopfschraube f tech vite f a testa cilindrica.
Zylinderschloss (a.R. Zylinderschloß) n mech serratura f a cilindro.
zylindrisch adj cilindrico, a (forma di) cilindro.
Zymase <-, ohne pl> f biochem zimasi f.
Zymbal n mus → Zimbal.
Zyniker <-s, -> m (**Zynikerin** f) cinico (-a) m (f), persona f cinica • **ein geborener ~ sein**, essere un cinico per antonomasia / eccel-

lenza.
zynisch A adj {ART, BEMERKUNG, MENSCH} cinico B adv {SICH ÄUßERN, GRINSEN} cinicamente, con cinismo, in modo cinico.
Zynismus <-, rar Zynismen> m 1 <nur sing> (Art) cinismo m 2 <meist pl> (Bemerkung) osservazione f cinica, commento m cinico.
Zypern <-s, ohne pl> n geog (isola f di) Cipro f: **auf ~**, a Cipro.
Zyprer <-s, -> m (**Zyprerin** f) cipriota mf.
Zypresse <-, -n> f bot cipresso m.
Zypressenhain m cipresseto m, cipressaia f.
Zypressenholz n (legno m di) cipresso m.
Zyprier <-s, -> m (**Zyprierin** f) → Zyprer.
Zypriot <-en, -en> m (**Zypriotin** f) cipriota mf.
zypriotisch, **zyprisch** adj cipriota, cipriota lit.
Zyste <-, -n> f biol med cisti f, ciste f.
zystisch adj cistico.
Zystoskopie <-, -en> f med cistoscopia f.
Zytodiagnostik f med diagnostica f citologica.
Zytologie <-, ohne pl> f med citologia f.
zytologisch adj med citologico.
Zytoplasma <-s, Zytoplasmen> n biol citoplasma m.
Zytostatikum <-s, Zytostatika> n pharm citostatico m.
zytostatisch adj citostatico.
zzgl Abk von zuzüglich: più.
z. Z(t). Abk von zur Zeit a.R. von zurzeit → **zurzeit**.

italiano • tedesco
Italienisch • Deutsch

A, a

A, a <-> f o rar m (*prima lettera dell'alfabeto italiano*) A, a n: **A maiuscola**, großes A; **a minuscola**, kleines a ● **A., AA., A.A.A.** ... *giorn* (*negli annunci*), "sortiert bei Kleinanzeigen die einzelnen Rubriken"; **a come *Ancona*** (*nella compitazione delle parole*) a, A wie Anton; **a *commerciale***, Klammeraffe m, At(-Zeichen) n; *gruppo sanguigno* **A** *med*, Blutgruppe f A; *vitamina* **A** *biol*, Vitamin n A; **dall'a alla *zeta*** (*per intero*), von A bis Z.

a① **1** *abbr di* anno: J. (*abbr di* Jahr) **2** *abbr di* ara: a (*abbr di* Ar) **3** *fis abbr di* accelerazione: Beschl. (*abbr di* Beschleunigung).

a② <*ad, al, allo, all', alla, ai, agli, alle*> prep **1** (*compl di termine*) **a qu/qc** (*si traduce gener col dat*): **regalare un libro a un amico**, einem Freund ein Buch schenken; **credere a qu**, jdm glauben; (*con qualche verbo si usa l'acc*) **telefonare a un amico**, einen Freund anrufen; **chiedere qc a qu**, jdn etw fragen; **rispondere a una domanda**, eine Frage beantworten; **mentire a qu**, jdn anlügen; **sopravvivere a una sciagura**, ein Unglück überleben **2** (*stato in luogo*) **a qc** in etw (dat), auf etw (dat): **stare volentieri a letto**, gern im Bett liegen; **a pagina 5**, auf (der) Seite 5; {AL FIUME, AL LAGO} an etw (dat): **passare le vacanze al mare**, die Ferien am Meer verbringen; **rimanere a casa**, ˌzu Hauseˌ/[zuhause A CH] bleiben; (*con nomi di città, paesi, ecc.*) in etw (dat): **ci siamo incontrati a Torino**, wir haben uns in Turin getroffen **3** (*stato in luogo: presso*) **a qc** bei etw (dat), an etw (dat): **lavorare alla Fiat**, bei Fiat arbeiten; **insegna all'università**, er/sie lehrt an der Universität; (*con nomi di città, paesi, ecc*) bei etw (dat): **Napoleone venne sconfitto a Waterloo**, Napoleone wurde bei Waterloo geschlagen; (*stato in luogo: attaccato a*) an etw (dat): **il quadro è appeso alla parete**, das Bild hängt an der Wand; (*stato in luogo: attorno a*) um etw (acc): **portare una catenina al collo**, ein Kettchen um den Hals tragen; (*nelle insegne*) zu etw (dat): **Al leon d'oro**, Zum goldenen Löwen **4** (*distanza*) **a qc** in etw (dat): **a una distanza di 50 metri**, in einer Entfernung von 50 Metern; (*spesso non si traduce*): **a 20 chilometri da Venezia**, 20 Kilometer von Venedig (entfernt) **5** (*moto a luogo*) **a qc** in etw (acc), auf etw (acc), zu etw (dat): **andare al cinema/a teatro**, ins Kino/Theater gehen; **andare alla posta**, ˌauf dieˌ/[zur] Post gehen; {AL FIUME, AL LAGO} an etw (acc): **andare al mare**, ans Meer fahren; **andare a casa**, ˌnach Hauseˌ/[nachhause A CH] gehen; (*moto a luogo: vicino a*) an etw (acc): **appendere il quadro alla parete**, das Bild an die Wand hängen; (*moto a luogo: verso*) nach etw (dat), gegen etw (acc), Richtung + sost: **andare a nord**, nach/Richtung/gegen Norden gehen; **svoltare a sinistra**, nach links (ab|)biegen; (*con nomi di città, paesi, ecc.*) nach etw (dat): **vado ad Acqui**, ich fahre nach Acqui; *fig* zu etw (dat); **venire al fatto**, zur Sache kommen **6** (*tempo*) **a qc** in etw (dat), zu etw (dat), an etw (dat), bei etw (dat), bis + *sost*: **all'alba**, bei Tagesanbruch/Sonnenaufgang; **a domani**, bis morgen; **a marzo**, im März; **a Natale**, (zu) Weihnachten; (*si traduce a volte con un avv*): **al venerdì**, freitags; **a mezzogiorno**, am Mittag, mittags; (*con riferimento all'ora*) um, bis; **dalle otto alle dieci**, von acht bis zehn (Uhr); **alle sette**, um sieben (Uhr); (*con un inf sostantivato*) bei etw (dat), als; **al calar del sole**, bei Sonnenuntergang; **al vederlo impallidì**, als er/sie ihn sah, wurde er/sie blass **7** (*età*) **a qc** mit etw (dat): **sposarsi a vent'anni**, mit zwanzig Jahren heiraten **8** (*modo o maniera*) **a qc** mit etw (dat), nach etw (dat): **alla cacciatora** *gastr*, nach Jägerart; **a voce alta**, mit lauter Stimme; (*spesso si traduce con un agg o un avv*): **all'antica**, altmodisch; **imparare a memoria qc**, etw auswendig lernen; (*a volte si traduce col genitivo*): **a testa alta**, erhobenen Hauptes **9** (*mezzo o strumento*) **a qc** mit etw (dat), zu etw (dat): **cucire a macchina**, mit der Maschine nähen; **andare a piedi**, zu Fuß gehen; (*tra due sostantivi si traduce spesso con una parola composta*): **barca a vela**, Segelboot **10** (*paragone*) **a qu/qc** (*si traduce col dat*): **è simile a lui**, er/sie ist ihm ähnlich **11** (*prezzo e misura*) **a qc** zu etw (dat), für etw (acc), mit etw (dat): **a pochi euro**, für ein paar Euro; **correre a 120 chilometri l'ora**, (mit) 120 Stundenkilometer(n) fahren; **a metà prezzo**, zum halben Preis **12** (*pena*) **a qc** zu etw (dat): **condannare a morte qu**, jdn zum Tode verurteilen **13** (*causa*) **a qc** bei etw (dat): **a quel grido si voltò**, bei diesem Schrei drehte er/sie sich um **14** (*fine o scopo*) **a qc** zu etw (dat), für etw (acc): **prepararsi alla partenza**, sich auf die Abfahrt vorbereiten, sich zur Abfahrt fertig machen **15** (*vantaggio o svantaggio*) **a qc** für (acc): **la vitamina A fa bene agli occhi**, Vitamin A ist gut für die Augen; (*spesso si traduce col dat*): **fumare nuoce alla salute**, Rauchen schadet der Gesundheit **16** (*limitazione*) **a qc** nach etw (dat), auf etw (acc): **a mio avviso**, meiner Meinung nach; **a prima vista**, auf den ersten Blick **17** (*qualità*) **a qc** (*spesso si traduce con un agg*): **a quadretti**, kariert; (*tra due sostantivi si traduce spesso con una parola composta*): **cappello a cilindro**, Zylinder(hut) **18** (*pred*) **a qu/qc** zu *jdm/etw*, als *jdn/etw*: **prendere qu a modello**, (sich dat) jdn zum/als Vorbild nehmen **19** (*con valore distributivo*) **a qc** pro etw (acc): **tre volte al giorno**, dreimal am/pro Tag **20** (*quantità*) **a qc** zu etw (dat), in etw (dat); (*spesso si traduce con un avv*): **a dozzine**, zu/in Dutzenden, dutzendweise **21** *mat* in etw (dat), zu etw (dat), hoch; **2 al quadrato**, 2 im/zum Quadrat, 2 hoch 2 **22** (*in numerose loc prep*): **fino a**, bis; (*in loc avv con valore modale*): **a faccia a faccia**, von Angesicht zu Angesicht; **a stento**, nur mit Mühe; (*in loc avv con valore modale e distributivo*): **a uno a uno**, einzeln; **uno alla volta**, einer nach dem anderen; **a due a due**, paarweise, zu zweit **23** (*seguita da un inf, introduce proposizioni causali, condizionali, finali, relative, temporali*): **rimase ad aspettare all'entrata**, er/sie blieb am Eingang und wartete; **hai fatto bene ad uscire**, du hast gut daran getan hinauszugehen; **a vederlo così, non sembra un genio**, wenn man ihn so sieht, sieht er nicht gerade aus wie ein Genie; **prepararsi a partire**, sich auf die Abfahrt vorbereiten, sich zur Abfahrt fertig machen; **sono l'unico a saperlo**, ich bin der Einzige, der es weiß; **a dire la verità le cose stanno diversamente**, um die Wahrheit zu sagen, die Dinge liegen anders; (*con alcuni verbi non si traduce*): **l'aiuto a pulire**, ich helfe ihm/ihr putzen; **andare a giocare**, spielen gehen; **mette a dormire i bambini**, er/sie legt die Kinder schlafen, er/sie bringt die Kinder ins Bett; **imparo a nuotare**, ich lerne schwimmen; **mi insegnò a leggere**, er/sie lehrte mich lesen, er/sie brachte mir das Lesen bei; **vengono a trovarmi**, sie kommen mich besuchen **24** (*nelle esclamazioni*): **al diavolo!**, zum Teufel!; **al fuoco!**, Feuer!; **al ladro!**, haltet den Dieb!

a③ *inter onomatopeica rom fam*: **a scemo!**, du Blödmann!, du Idiot!

a- *pref privativo* a-, un-, -los: **acellulare**, zellenlos; **amorale**, unmoralisch; **asociale**, asozial.

A 1 *autom post abbr di* Austria: A (Österreich) **2** *abbr di* autostrada: A (*abbr di* Autobahn) **3** *fis abbr di* ampere: A (*abbr di* Ampere).

A. 1 *abbr di* autore: Aut. (*abbr di* Autor) **2** *geom abbr di* area: Fl. (*abbr di* Fläche) **3** *geom abbr di* altezza: h (*abbr di* Höhe) **4** *post abbr di* assicurata: WBf (*abbr di* Wertbrief), WSdg (*abbr di* Wertsendung).

AA 1 *abbr di* Alto Adige: Südtirol **2** *mil abbr di* Accademia Aeronautica: Akademie f der Luftwaffe.

AAMS f *abbr di* Amministrazione Autonoma dei Monopoli di Stato: "Autonome Staatsmonopolverwaltung".

Aarau f *geog* Aarau n.

AAS f *abbr di* Azienda Autonoma di Soggiorno: Fr-VerkA (*abbr di* Fremdenverkehrsamt).

AAST f *abbr di* Azienda Autonoma di Soggiorno e Turismo: "Italienischer Fremdenverkehrsverein".

AA.VV. *abbr di* Autori Vari: Versch. Aut. (*abbr di* Verschiedene Autoren).

ab. *abbr di* abitanti: Einw., EW, EW (*abbr di*

àbaco <-chi> m **1** (tavoletta per operazioni aritmetiche) Abakus m, Rechenbrett n **2** (libretto) Rechenbuch n **3** (aritmetica) Rechnen n **4** mat Nomogramm n **5** arch Abakus m.

ab aetèrno loc avv lat (dall'eternità) vor aller Zeit.

abàte m relig Abt m.

abat-jour <-> m franc **1** (paralume) Lampenschirm m **2** (lampada con paralume) Lampe f mit Schirm, Schirmlampe f.

abbacchiàre <abbacchio, abbacchi> A tr **1** rar (bacchiare) ~ qc {NOCI} etw ab|schütteln **2** fig (demoralizzare) ~ qu jdn entmutigen B itr pron fig: **abbacchiarsi** {PERSONA} den Mut verlieren.

abbacchiàto, (-a) agg (demoralizzato) niedergeschlagen, traurig, mutlos.

abbacchiatùra f **1** {+NOCI} Abschütteln n **2** (periodo) Erntezeit f (von Früchten).

abbàcchio <-chi> m region Lamm(fleisch) n.

abbacinaménto m **1** anche stor (accecamento) Blendung f; (azione) anche Blenden n **2** fig (illusione) Täuschung f; (inganno) anche Blendung f **3** fig (autoinganno) Verblendung f.

abbacinàre tr lett **1** anche stor ~ (qu/qc) {SOLE OCCHI} (jdn/etw) blenden **2** fig forb ~ (qu) {PROMESSE} jdn täuschen, jdn blenden forb; {PASSIONE} jdn verblenden.

àbbaco → abaco.

abbagliaménto m **1** (atto) Blendung f; (azione) anche Blenden n **2** fig (illusione) Täuschung f; (inganno) anche Blendung f **3** fig (autoinganno) Verblendung f.

abbagliànte A agg **1** (accecante) {LUCE, SOLE} blendend, grell **2** fig (sfolgorante) {BELLEZZA} berückend, verwirrend **3** fig (illusorio) illusorisch, trügerisch B <di solito al pl> m autom Fernlicht n: **accendere gli abbaglianti**, das Fernlicht einschalten; **viaggiare con gli abbaglianti accesi**, mit Fernlicht fahren.

abbagliàre <abbaglio, abbagli> A tr **1** ~ (qu/qc) {SOLE OCCHI} (jdn/etw) blenden **2** fig (ingannare) ~ (qu) {PROMESSE} jdn täuschen, jdn verblenden B itr rar blenden C itr pron **abbagliarsi: mi si abbagliano gli occhi**, ich werde geblendet.

abbàglio <-gli> m **1** rar (per troppa luce) Blendung f **2** fig (svista) Versehen n: **ho preso un ~**, mir ist ein Versehen passiert/unterlaufen, ich habe einen Bock geschossen fam.

abbaiaménto m (latrato) Bellen n; (fastidioso) Gebell n.

abbaiàre <abbaio, abbai> A itr **1** {CANE} bellen; ~ **contro qu₁/[a qc]** jdn/etw an|bellen **2** fig scherz (gridare) (wie ₁ein Stier fam₁/[am Spieß fam]) brüllen B tr ~ **qc** {ORDINI} etw bellen.

abbaìno m edil **1** (finestrino) Dachfenster n **2** (soffitta) Mansarde f.

abbàio① <abbai> m rar Bellen n.

abbàio② <abbaii> m (abbaiare prolungato) Gebell n.

abbandonàre A tr **1** (lasciare per sempre) ~ **qu** {FAMIGLIA, PARTNER} jdn verlassen, von jdm weg|gehen, jdn sitzen lassen fam: **ha abbandonato moglie e figli**, er hat Frau und Kinder verlassen/[sitzen lassen] fam; ~ **qu/qc** jdn/qc an|setzen: ~ **un animale/bambino**, ein Tier/Kind aussetzen **2** (lasciare) ~ **qc** {LUOGO} etw verlassen, von etw (dat) weg|gehen, von etw (dat) fort|gehen, aus etw (dat) (weg|)gehen, aus etw (dat) (fort|)gehen: **ha abbandonato la sua città natale**, er/sie hat seine/ihre Geburtsstadt verlassen, er/sie ist aus seiner/ihrer Geburtsstadt weggezogen; {MACCHINA, MOTO, MOTORINO ecc.} etw stehen lassen **3** (non aiutare) ~ **qu** jdn im Stich lassen: **i suoi amici l'hanno abbandonata nel momento del bisogno**, ihre Freunde haben sie ₁in der Not₁/[in einem Moment, in dem sie sie gebraucht hätte,] im Stich gelassen; {UN FERITO SUL CAMPO DI BATTAGLIA} jdn zurück|lassen **4** (lasciare in balia) ~ **qu a qu/qc** jdn jdm/etw überlassen: ~ **qu al suo destino**, jdn seinem Schicksal überlassen; ~ **qu a se stesso**, jdn sich (dat) selbst überlassen **5** (trascurare) ~ **qc** {GIARDINO, TERRENO} etw verwahrlosen lassen; {CAMPO} etw unbebaut/unbestellt lassen; {EDIFICIO} etw verfallen lassen **6** (rinunciare a) ~ **qc** {LAVORO, LOTTA, SPERANZA, USANZA} (etw) auf|geben; {IDEA, PROGETTO (etw)} auf|geben, etw fallen lassen, von etw (dat) ab|kommen: **ha abbandonato** spec sport, er/sie hat aufgegeben; **mio fratello ha abbandonato gli studi universitari**, mein Bruder hat das Studium abgebrochen **7** (venir meno) ~ **qu** jdn verlassen: **le forze lo abbandonano**, die Kräfte verlassen ihn, seine Kräfte lassen nach **8** (lasciare andare) ~ **qc** (+ compl di luogo) {PARTI DEL CORPO} etw (irgendwohin) sinken lassen: ~ **le braccia**, die Arme sinken lassen; ~ **la testa sulla spalla di qu**, seinen Kopf auf jds Schulter sinken lassen **9** (fuoriuscire) ~ **qc** aus etw (dat) aus|scheiden: ~ **un partito/un'associazione**, aus einer Partei/Vereinigung ausscheiden **10** (allentare) ~ **qc** {FRENO} etw los|lassen; {REDINI} anche etw locker lassen **11** dir ~ **qu** {CONIUGE} jdn verlassen, jdn im Stich lassen B rfl **1** (perdersi d'animo): **abbandonarsi** den Mut verlieren, verzagen forb **2** (lasciarsi cadere): **abbandonarsi** + compl di luogo sich (irgendwohin) sinken lassen, (irgendwohin) nieder|sinken: **si abbandonò sul letto**, er/sie sank aufs Bett nieder, er/sie ließ sich aufs Bett fallen/sinken **3** (cedere): **abbandonarsi a qc** {ALLA DISPERAZIONE, AI RICORDI} sich etw (dat) überlassen; {ALL'ILLUSIONE, ALLA PASSIONE} sich etw (dat) hin|geben; {AI VIZI} sich etw (dat) ergeben; {AGLI ECCESSI} anche sich zu etw (dat) hin|reißen lassen **4** (affidarsi ciecamente): **abbandonarsi a qu/qc** jdm blind/rückhaltlos vertrauen ● ~ **il mondo/la vita** eufem (morire), aus dem Leben scheiden eufem: (ritirarsi), der Welt entsagen.

abbandonàto, (-a) agg **1** (lasciato) ~ (da qu) (von jdm) verlassen: ~ **da Dio**, von Gott verlassen, gottverlassen **2** (senza abitanti) {CITTÀ} aufgegeben; {CASA} verlassen, (non più frequentata) {CHIESETTA} verlassen **3** (trascurato) vernachlässigt; {CASA} baufällig; {GIARDINO} verwahrlost, verwildert **4** (lasciato in balia) ~ **a qu/qc** jdm/etw überlassen: ~ **a se stesso**, sich (dat) selbst überlassen **5** fig lett (reclinato) {CAPO} herunterhängend.

abbandóno m **1** (l'abbandonare) Verlassen n **2** dir Verlassen n: ~ **della moglie**, Verlassen n der Ehefrau; ~ **del tetto coniugale**, Aufgabe f der häuslichen Gemeinschaft **3** anche dir (rinuncia) Aufgabe f, Verzicht m **4** sport (ritiro) Aufgabe f **5** (rilassamento) Erschlaffung f **6** fig (cedimento) Hingabe f **7** (trascuratezza) Vernachlässigung f, Verwahrlosung f: **cadere in ~**, {EDIFICIO} verfallen; {GIARDINO} verwildern, verwahrlosen ● **dell'energia nucleare**, Ausstieg m aus der Kernenergie; ~ **di minore dir** (reato), Aussetzung f von Minderjährigen; **in un momento di ~**, in einem schwachen Augenblick.

abbarbagliàre <abbarbaglio, abbarbagli> tr rar **1** (abbagliare) ~ (qc) {OCCHI} etw blenden **2** fig (frastornare) ~ (qu) (jdn) blenden.

abbarbicaménto m (radicamento) Wurzelfassen n.

abbarbicàre <abbarbico, abbarbichi> A itr (attecchire) Wurzeln schlagen B itr pron **1** bot (mettere radici): **abbarbicarsi a qc** in etw (dat) Wurzeln schlagen; {EDERA} sich an etw (dat) ranken **2** fig (radicarsi): **abbarbicarsi a qu** {OPINIONE} bei jdm Wurzeln schlagen, bei jdm Fuß fassen; {ERRORE, VIZIO} sich bei jdm fest|setzen **3** fig (fissarsi stabilmente): **abbarbicarsi a qc** in etw (dat) Wurzeln schlagen **4** fig (aggrapparsi): **abbarbicarsi a qc** {A UN BRACCIO} sich an etw (acc) klammern.

abbaruffàre A tr rar (scompigliare) ~ **qc** etw durcheinander|bringen, etw verwirren, etw in Unordnung bringen B rfl rec (litigare): **abbaruffarsi** sich raufen fam, handgreiflich werden forb.

abbassalìngua <-> m med (Zungen-)spatel m.

abbassaménto m **1** (riduzione) {+MURO} Niedrigermachen n; (diminuzione) {+PREZZI} Senkung f; {+TEMPERATURA} Sinken n; {+INTENSITÀ} Abschwächen n; {+CORRENTE} Abfall m: ~ **del livello culturale**, Sinken n des Bildungsniveaus; ~ **del tenore di vita**, Zurückschrauben n des Lebensstandards **2** chim fis med {+FEBBRE, ORGANO, PRESSIONE, PUNTO DI EBOLLIZIONE} Senkung f: ~ **della temperatura corporea**, Rückgang m/Abnahme f der Körpertemperatur; ~ **della vista**, Verschlechterung f des Sehvermögens; ~ **di voce**, Schwächung f der Stimme.

abbassàre A tr ~ **qc 1** (portare dall'alto in basso) etw senken; {AVVOLGIBILE, SBARRE DEL PASSAGGIO A LIVELLO} etw herunter|lassen; {QUADRO} etw tiefer hängen; {BANDIERA} etw ein|holen; {FINESTRINO} etw herunter|drehen; (non manualmente) etw herunter|lassen **2** (volgere verso il basso) {OCCHI} etw senken, etw nieder|schlagen **3** (diminuire di altezza, intensità, valore) etw verringern; {MURO} etw niedriger machen; {SIEPE} etw zurück|schneiden; {FEBBRE, PREZZO, TEMPERATURA, VOCE} etw senken; {RADIO} etw leiser stellen; {PRIMATO} etw unterbieten, etw brechen; {FARI} etw ab|blenden; {elettr TENSIONE} etw verringern B itr pron: **abbassarsi** (calare) {FEBBRE} sinken; {SOLE} unter|gehen; {BAROMETRO, TEMPERATURA} fallen C rfl: **abbassarsi 1** (chinarsi) sich bücken **2** fig (umiliarsi) sich erniedrigen, sich demütigen ● ~ **le corna/la cresta** fig (diventare più umile), klein beigeben, den Schwanz/Kopf einziehen.

abbàsso A avv (stato) unten; (moto a luogo) hinunter; (moto da luogo) herunter B inter (invettiva): ~ **il governo!**, nieder mit der Regierung! C <-> m Niederrufe m pl.

abbastànza A avv **1** (sufficientemente) genug **2** (con valore consecutivo) ~ ... **da/per fare qc** ... genug, um etw zu tun: **è ~ grande da/per poter decidere da solo**, er ist alt genug, um allein Entscheidungen treffen zu können; **non ha ~ intuito da/per capire**, er/sie hat nicht genug Einfühlungsvermögen, um zu verstehen **3** (alquanto) ziemlich **4** iron (oltre il limite) genug: **averne ~ di qu/qc**, von jdm/etw genug haben B <inv> in funzione di agg (sufficiente) genug, genügend: **avete ancora ~ tè?**, habt ihr noch genügend Tee?; **non ha ~ esperienza**, er/sie verfügt nicht über genügend Erfahrung.

abbàte → abate.

abbàttere A tr **1** (atterrare) ~ **qu** jdn nieder|schlagen **2** (far fallen); {ALBERO} etw fällen; {MURO} etw ein|reißen; {AEREO} etw ab|schießen **3** (uccidere) ~ **qc** etw töten; {SELVAGGINA} etw erlegen; (al macello) {VITELLO} etw schlachten **4** *fig* (*prostrare*) ~ *qu* jdn nieder|schlagen; {MALATTIA} jdn schwächen **5** *fig* (*rovesciare*) ~ *qc* {REGIME} etw stürzen **B** *itr* pron **1** (*cadere con violenza*): **abbattersi** + *compl di luogo* (PIOGGIA, TEMPORALE, ecc. SULLA CITTÀ, SUL PAESE) irgendwo nieder|gehen: **un violento uragano si abbatté sulla costa**, ein heftiger Hurrikan ging an der Küste nieder; {PERSONA AL SUOLO} irgendwo auf|schlagen **2** (*piombare addosso*): **abbattersi su qu** {DISGRAZIA} über jdn herein|brechen **3** *fig* (*scoraggiarsi*): **abbattersi** den Mut verlieren, verzagen.

abbattiménto *m* **1** (*atterramento*) Niederschlagen *n* **2** {+ALBERO} Fällen *n*; {+MURO} Einreißen *n*; {+AEREO} Abschuss *m* **3** {+SELVAGGINA} Erlegen *n*; (*al macello*) {+TORO} Schlachten *n* **4** *min* {+MINERALI} Förderung *f* **5** *fig* (*prostrazione*) Niedergeschlagenheit *f*; (*da malattia*) Schwächung *f* • **alla base fisco**, (Steuer)freibetrag *m*; **~ in carena mar**, Kielholung *f*.

abbattuffolàre *tr* (*appallottolare*) ~ *qc etw* zusammen|ballen.

abbazìa *f* Abtei *f*.

abbazìale *agg* **1** (*di abbazia*) Abtei- **2** (*di abate*) Abt-.

abbecedàrio <-ri> *m* (*sillabario*) Abc-Buch *n*.

abbelliménto *m* **1** (*il rendere più bello*) Verschönerung *f* **2** (*ornamento*) Verzierung *f* **3** *mus* Koloratur *f*.

abbellìre <abbellisco> **A** *tr* **1** (*rendere più bello*) ~ *qc* {STANZA} etw verschönern; *fig eufem* {RACCONTO} etw aus|schmücken **2** (*ornare*) ~ *qc* (*con qc*) {COPERTA CON UN RICAMO} etw (*mit etw* dat) verzieren; {CASA COI FIORI} etw (*mit etw* dat) schmücken **3** *fig* ~ (*qu*) jdn auf|werten **B** *itr* pron (*diventare più bello*): **abbellirsi** schöner werden: **da quando si è dimagrito si è abbellito molto**, seitdem er abgenommen hat, ₍hat er sehr gewonnen₎/[ist er sehr viel attraktiver geworden]/[sieht er sehr viel besser aus] **C** *rfl* (*rendersi più bello*): **abbellirsi** sich schön machen: **passa tutto il suo tempo davanti allo specchio ad abbellirsi**, er/sie verbringt die ganze Zeit vor dem Spiegel, um sich schön zu machen.

abbeveràggio <-gi> *m* Tränken *n*.

abbeveràre **A** *tr* (*dar da bere*) ~ *qc* {BESTIAME} etw tränken **B** *rfl*: **abbeverarsi (a qc)** {ALLA FONTANA} (an etw dat) trinken.

abbeveràta *f* **1** (*abbeveraggio*) Tränken *n* **2** (*luogo*) Tränke *f*.

abbeveratóio <-toi> *m* (*vasca*) Tränke *f*.

àbbia 1ª, 2ª e 3ª pers sing del congv pres e 3ª pers sing dell'imperat pres *di* avere①,②.

abbiccì <-> *m* **1** (*alfabeto*) Abc *n* **2** (*sillabario*) Abc-Buch *n* **3** *fig* (*principi basilari*) Abc *n*, Grundlage *f*, Anfangsgründe *m* forb; (*nei manuali*) Abc *n*: **l'~ della fotografia**, das Abc der Fotografie.

abbiènte **A** *agg* (*facoltoso*) wohlhabend **B** *mf* Wohlhabende *mf decl come agg*: **i non abbienti**, die Mittellosen.

abbiètto *e deriv* → **abietto** *e deriv*.

abbigliaménto *m* **1** (*indumenti*) (Be)kleidung *f*, Kleidungsstücke *n pl*: **~ per bambino/donna/uomo**, Kinder-/Damen-/Herren(be)kleidung *f* **2** (*settore industriale*): **l'industria dell'~**, die Bekleidungsindustrie **3** (*modo di abbigliarsi*) Kleidungsart *f*.

abbigliàre <abbiglio, abbigli> **A** *tr* **1** (*vestire*) ~ *qu* jdn kleiden **2** (*adornare*) ~ *qc* {ANIMALE} etw schmücken **B** *rfl*: **abbigliarsi** sich kleiden.

abbinaménto *m* **1** (*associazione*) Verbindung *f*; {+CAUSE} Verflechtung *f* **2** {+COLORI, VESTITI} Kombination *f* **3** *econ* Kompensationsgeschäft *n* **4** *sport* (*sponsorizzazione*) Sponsoring *n* **5** *sport* (*accoppiamento di gara*) Paarung *f*.

abbinàre *tr* **1** ~ *qc* {COLORI, GIACCA E PANTALONI} etw miteinander kombinieren: **questo apparecchio abbina telefono, fax e segreteria telefonica**, dieser Apparat kombiniert Telefon, Fax und Anrufbeantworter; **quando faccio jogging porto anche il cane fuori così abbino le due cose**, wenn ich jogge, so verbinde ich die beiden Sachen; ~ *qc a qc* {CAMICIA ALLA CRAVATTA, CUSCINI GIALLI AL DIVANO BLU} *etw* (*mit etw* dat) kombinieren; {VINO AL MENU} *etw auf etw* (acc) ab|stimmen **2** *tess* ~ *qc* {FILI} *etw* dublieren.

abbinàta *f* (*nell'ippica*) Doppelwette *f*.

abbindolaménto *m* **1** (*ammaliamento*) Umgarnung *f* **2** (*inganno, imbroglio*) Täuschung *f*, Schwindelei *f spreg*.

abbindolàre *tr fig* ~ *qu* **1** (*irretire*) jdn umgarnen **2** (*ingannare*) jdn ein|wickeln: **ha saputo abbindolarmi e ha ottenuto quel che voleva**, er hat mich so verstanden, mich einzuwickeln und hat sein/ihr Ziel erreicht.

abbindolatóre, (-trice) *m* (*f*) (*imbroglione*) Schwindler(in) *m*(*f*).

abbioccàre <abbiocco, abbiocchi> *itr <essere> itr pron* (*farsi vincere dalla stanchezza*): **abbioccarsi** ein|nicken *fam*, wegpennen *fam*.

abbioccàto, (-a) **A** *part pass di* abbioccare **B** *agg* (*stanco e assonnato*) schläfrig, verschlafen, verpennt *fam*.

abbisognàre *itr* **1** <avere> (*aver bisogno*) ~ *di qc etw* brauchen, *etw* (gen) bedürfen *forb*: **abbisogno di denaro**, ich brauche Geld **2** <essere> *lett* (*essere necessario*): **mi abbisogna qc**, ich brauche etw, ich habe etw nötig, ich bedarf etw (gen) *forb*; **fammi sapere se ti abbisogna qualcosa**, lass mich wissen, wenn du etwas brauchst.

abboccaménto <-> *m* (*colloquio*) Unterredung *f*.

abboccàre <abbocco, abbocchi> **A** *tr* ~ *qc* **1** *rar* (*prendere con la bocca*) {PESCE ESCA} an|beißen **2** *region* (*riempire fino all'orlo*) {BOTTE} *etw* bis zum Rand füllen **3** *tecnol* {TUBI} *etw* zusammen|stecken **B** *itr* <avere> *fig* ~ (*a qc*) an|beißen: **il pesce ha abboccato all'amo**, der Fisch hat angebissen; **nessun editore aveva abboccato alla loro proposta**, kein Verleger hatte auf ihren Vorschlag angebissen **2** *tecnol* (*combaciare*) {TUBAZIONI} ineinander|passen **C** *rfl rec* (*avere un colloquio*): **abboccarsi** eine Unterredung haben.

abboccàto, (-a) *agg* **1** *enol* (*amabile*) {VINO} vollmundig **2** *rar* {UOMO} beim Essen nicht wählerisch.

abboccatùra *f* **1** (*combaciamento*) {+TUBI} Anschluss *m* **2** (*imboccatura*) {+RECIPIENTE} Öffnung *f*.

abboffàrsi *e deriv* → **abbuffarsi** *e deriv*.

abbominàre *e deriv* → **abominare** *e deriv*.

abbonacciàre <abbonaccio, abbonacci> **A** *tr* <avere> (*calmare*): ~ *qu* jdn beruhigen, jdn besänftigen **B** *itr <essere> itr pron* (*placarsi*): **abbonacciarsi** {VENTO} sich legen; {MARE} ruhig werden, sich beruhigen, sich glätten.

abbonaménto *m* **1** *gener* Abonnement *n*: **disdire l'~**, ein Abonnement abbestellen/kündigen; **fare l'~ a qc**, etw abonnieren; **~ a una rivista**, Zeitschriftenabonnement *n*; **~ a teatro**, Theaterabonnement *n* **2** (*ferroviario, tranviario*) Zeitkarte *f*: **~ settimanale**, Wochenkarte *f* **3** (*prezzo*) Bezugspreis *m* **4** (*tessera*) Abonnementkarte *f*.

abbonàre① *tr* ~ *qc* **1** (*defalcare*) *etw* nach|lassen **2** {ESAME} *etw* an|rechnen **3** *fig* (*perdonare*) {COLPA} *etw* erlassen.

abbonàre② **A** *tr* ~ *qu* (*a qc*) {A UNA RIVISTA} etw für jdn abonnieren **B** *rfl*: **abbonarsi (a qc)** *etw* abonnieren: **abbonarsi a un giornale**, eine Zeitung abonnieren; **abbonarsi al tram**, eine Dauerkarte für die Straßenbahn kaufen; **abbonarsi al teatro**, ein Theaterabonnement abschließen.

abbonàto, (-a) **A** *agg* abonniert **B** *m* (*f*) Abonnent(in) *m*(*f*): **~ al teatro**, Theaterabonnent *m*; **~ al telefono/alla TV**, Fernsprech-/Fernsehteilnehmer *m*.

abbondànte *agg* **1** (*copioso*) reichlich; (*quasi troppo*) üppig **2** (*che supera la misura*) reichlich, gut: **sono rimasti tre settimane abbondanti in vacanza**, sie blieben reichliche/gut drei Wochen im Urlaub; **tre metri abbondanti**, gut drei Meter; {VESTITO} weit **3** *eufem* (*grasso*) kräftig.

abbondanteménte *avv* (*in modo abbondante*) reichlich, im Überfluss.

abbondànza *f* **1** ~ (*di qc*) Fülle *f* (*von etw* dat/+ gen): **c'era ~ di ottimo cibo**, es gab eine Fülle ₍von ausgezeichneten₎/[ausgezeichneter] Speisen; **~ di raccolto**, Ernteichtum *m*; {+SOLDI} Haufen *m fam* + nom/ + gen pl; (*quasi troppo*) Überfluss *m* (*an etw* dat): **vivere nell'~**, im Überfluss leben **2** *astr fis* Häufigkeit *f* • **in ~** (*abbondantemente*), im Überfluss, in Hülle und Fülle; **raccontare qc con ~ di particolari** (*dettagliatamente*), etw in allen Einzelheiten erzählen.

abbondàre *itr* **1** (*essere in grande quantità*) reichlich vorhanden sein; (*essere quasi troppo*) im Überfluss vorhanden sein: **in montagna abbonda la neve**, in den Bergen gibt es Schnee in Massen **2** (*avere gran quantità*) ~ *di qc* {GIORNALI DI INFORMAZIONI} *mit etw* (dat) reichlich versorgt sein *forb*, *an etw* (dat) Überfluss haben; {FRUTTA DI VITAMINE} *etw* reichlich enthalten, reich *an etw* (dat) sein **3** (*eccedere*) ~ **in qc** {IN RACCOMANDAZIONI} es *mit etw* (dat) übertreiben.

abbonìre <abbonisco> **A** *tr* **1** (*calmare*) ~ *qu* jdn besänftigen **2** *rar* (*bonificare*) ~ *qc* {TERRENO} *etw* urbar/fruchtbar machen **3** *enol* ~ *qc* {BOTTE} *etw* schönen **B** *itr pron* (*calmarsi*): **abbonirsi** sich beruhigen.

abbòno *fam* → **abbuono**.

abbordàbile *agg* **1** (*accessibile*) {SPESA} tragbar, erschwinglich *fam* **2** (*avvicinabile*) {DONNA} zugänglich; {PROFESSORE} umgänglich: **è un argomento ~**, über dieses Thema ₍kann man₎/[lässt sich] reden/diskutieren.

abbordàggio <-gi> *m* **1** *mar* Enterung *f*; (*azione*) *anche* Entern *n*: **andare all'~**, zum Entern ansetzen **2** *fig* (*approccio*) Annäherung(sversuch *m*) *f* • **lanciarsi all'~ della fama**, nach Ruhm eifern.

abbordàre *tr* **1** *fig* ~ *qc* {ARGOMENTO} *etw* an|gehen, *etw* in Angriff nehmen, *an etw* (acc) heran|treten *forb* **2** *fig fam* (*avvicinare*) ~ *qu* jdn an|sprechen, jdn an|machen *slang*, jdn an|baggern *slang* **3** *mar* ~ *qc* {BASTIMENTO} *etw* entern **4** (*affrontare*): ~ **una curva**, in die Kurve fahren.

abbòrdo *m* **1** *fig* (*avvicinamento*) Annäherung *f* **2** *mar* (*abbordaggio*) Entern *n*.

abborracciaménto *m* (*raffazzonatura*) Pfusch *m fam*, Schluderarbeit *f fam*.

abborracciàre <abborraccio, abborracci> *tr* (*raffazzonare*) ~ *qc* {LAVORO} *etw* verpfuschen *fam*; (*uso assol*) pfuschen *fam*, schludern *fam*.

abborraciatóre, (-trice) *m* (*f*) (*raffazzonatore*) Pfuscher(in) *m*(*f*) *fam*.

abborraciatùra *f* (*lavoro raffazzonato*) Pfusch *m fam*, Schluderarbeit *f fam*.

abborraccióne, (-a) *m* (*f*) Pfuscher(in)

abborrire e deriv → **aborrire** e deriv.

abbottonàre A tr ~ qc etw zu|knöpfen B rfl **1 abbottonarsi** (qc) {GIACCA} sich (dat) etw zu|knöpfen **2** fig fam (chiudersi): **abbottonarsi** sich in sich zurück|ziehen, sich zugeknöpft geben fam.

abbottonàto, (-a) agg anche fig (chiuso) zugeknöpft ● **essere/stare ~** fig (essere cauto nel parlare), zugeknöpft fam sein, verschlossen/zurückhaltend sein.

abbottonatùra f **1** (l'abbottonare) Zuknöpfen n **2** (serie di bottoni e occhielli) Knopfreihe f **3** (parte dell'indumento coi bottoni) Knopfleiste f.

abbozzàre① tr ~ qc **1** (schizzare) {ROMANZO} etw entwerfen, etw skizzieren; {DISEGNO} anche etw an|deuten **2** (accennare) {IDEA, SALUTO, SORRISO, TEORIA} etw an|deuten.

abbozzàre② itr merid fam (subire senza protestare) ab|nicken, gute Miene zum bösen Spiel machen.

abbozzàta f Skizzierung f, Skizzieren n.

abbozzatìccio, (-a) <-ci, -ce> A agg **1** (approssimativo) {DISEGNO, PROGETTO} skizzenhaft **2** {LAVORO} (flüchtig) hingeworfen B m (lavoro affrettato) (flüchtig) hingeworfene Arbeit.

abbòzzo m **1** (schizzo) {+IDEA, LEGGE} Entwurf m; {+DIPINTO} anche Skizze f: **fare l'~ di una casa**, den Entwurf eines Hauses anfertigen **2** fig {+SORRISO} Andeutung f **3** biol embryonale Anlage.

abbozzolàrsi rfl **1** zoo {BACO DA SETA} sich ein|spinnen, sich verpuppen **2** (raggrumarsi) {FARINA} klumpen.

abbr. abbr di abbreviazione: Abk. (abbr di Abkürzung).

abbracciàre <abbraccio, abbracci> A tr **1** (con le braccia) ~ qu/qc {MAMMA, ANIMALE} jdn/etw umarmen **2** fig (comprendere) ~ qc {CAMPI, DISCIPLINE} etw umfassen; (contenere) {MENTE CONOSCENZE MOLTO VASTE} etw erfassen **3** fig (dedicarsi) ~ qc {CAUSA} etw vertreten, sich für etw (acc) ein|setzen; {PROFESSIONE} etw ergreifen; {FEDE} sich zu etw (dat) bekennen; {OPINIONE, PARTITO} sich etw (dat) an|schließen B itr pron: **abbracciarsi a qc** {PIANTA} etw umranken C rfl rec: **abbracciarsi** sich umarmen.

abbràccio <-ci> m Umarmung f: **stringere qu in un ~**, jdn fest umarmen; (nelle lettere) **un ~ forte, tuo ...**, eine feste/dicke fam Umarmung, dein ...; es umarmt dich ganz fest, dein ...

abbrancàre① <abbranco, abbranchi> A tr **1** (afferrare) ~ qc {ANIMALE PREDA} etw (er)greifen; {CANE} etw fassen **2** (arraffare) ~ qc etw fest an|packen B itr pron: **abbrancarsi a qc** {A UN RAMO} sich an etw (acc) (an)|klammern.

abbrancàre② <abbranco, abbranchi> A tr (riunire in branco) ~ qc {PECORE} etw (zur Herde) zusammen|treiben B rfl: **abbrancarsi** sich zusammen|scharen.

abbreviaménto m (accorciamento) (Ab)kürzung f; {+TESTO} Kürzung f; {+PENA} Nachlass m; ling (nella metrica) Kürzung f.

abbreviàre <abbrevio, abbrevi> tr **1** (accorciare) ~ qc {DISCORSO, PANTALONI} etw kürzen; {PERCORSO} etw ab|kürzen; {TEMPI} etw verkürzen ● **per/ad abbreviarla**, um es kurz zu machen.

abbreviatìvo, (-a) agg (che abbrevia) kürzend, Kürzungs-.

abbreviatóre m dir Abbreviator m.

abbreviatùra f (Ab)kürzung f.

abbreviazióne f **1** ling (abbr abbr.) Ab-
kürzung f; (forma ridotta di una parola) Kurzwort n: **«cine»** è l'~ di «cinematografo», «Kino» ist das Kurzwort für «Kinematograph» **2** mus Abbreviatur f **3** dir (riduzione) Abkürzung f.

abbriviàre mar A tr ~ qc etw beschleunigen B itr Fahrt auf|nehmen.

abbrìvio, **abbrìvo** <-vi> m **1** mar Fahrt f: **aumentare/diminuire l'~**, die Fahrt beschleunigen/verlangsamen **2** fig (spinta) Anstoß m ● **prendere l'~** anche fig (prendere lo slancio), in Fahrt/Schwung kommen.

abbronzànte (nella cosmesi) A agg {LATTE} Bräunungs-, Sonnen- B m Bräunungsmittel n.

abbronzàre A tr **1** (scurire) ~ qc {METALLI} etw bronzieren **2** ~ (qc) {SOLE PELLE} etw bräunen B itr pron: **abbronzarsi** braun werden.

abbronzatùra f Bräunung f; (azione) anche Bräunen n.

abbruciacchiàre <abbruciacchio, abbruciacchi> tr rar ~ qc **1** (in superficie) {POLLAME} etw an|sengen **2** {ERBA} etw versengen.

abbrunaménto m (il rendere bruno) Bräunen n **2** (in segno di lutto) Anlegen n von Trauer, Umhüllen n mit Trauerflor.

abbrunàre A tr ~ qc **1** (rendere scuro) {NUBI CIELO} etw verdunkeln **2** (fregiare a lutto) {BANDIERA} etw mit (einem) Trauerflor/Trauerrand versehen B itr pron rar (farsi scuro): **abbrunarsi** dunkel werden C rfl rar: **abbrunarsi** Trauerkleidung an|legen.

abbrunàto, (-a) agg (a lutto) {RAGAZZO} in Trauer, schwarz gekleidet; {BANDIERA} umflort; {CARTA} mit Trauerrand.

abbrustoliménto m Röstung f; (azione) anche Rösten n.

abbrustolìre <abbrustolisco> A tr (tostare) ~ qc {CAFFÈ, PANE} etw rösten B itr pron scherz (al sole): **abbrustolirsi** sich rösten.

abbrustolìta f leichte Röstung, Schnellröstung f: **dare un'~ a qc**, etw leicht/schnell rösten, etw anrösten.

abbrutiménto m (abiezione) Verrohung f: **ridursi in uno stato di ~**, verrohen.

abbrutìre <abbrutisco> A tr <avere> ~ (qu) {ALCOL UOMO} jdn verrohen lassen B itr <essere> itr pron: **abbrutirsi** verrohen.

abbruttìre <abbruttisco> rar A tr <avere> (rendere brutto) ~ qu {DONNA} jdn hässlich machen, ~ qc {PIAZZA} etw verschandeln fam B itr <essere> itr pron: **abbruttirsi** hässlich werden.

abbuffàrsi rfl fam **1** (mangiare con ingordigia) rein|hauen fam **2** ~ **di qc** {DI DOLCI} sich (dat) den Bauch mit etw (dat) voll|schlagen fam.

abbuffàta f Völlerei f, Fresserei f volg.

abbuiàre <abbuio, abbui> A tr forb ~ qc **1** (oscurare) {LAMPADA} etw ab|dunkeln; {CITTÀ, STRADA} etw verdunkeln **2** fig lett (coprire di silenzio) {NOTIZIA} etw verschleiern, etw vertuschen B <essere> itr dunkel werden C itr pron: **abbuiarsi 1** rar (oscurarsi) {CIELO} sich verdunkeln **2** fig lett (incupirsi) {VISO} sich verdüstern **3** fig lett (annebbiarsi) verwirrt sein: **la mente gli si è abbuiata**, seine Sinne sind verwirrt.

abbuonàre → **abbonare**①.

abbuòno m **1** (rif. a prezzo) Nachlass m, Rabatt m: **concedere un ~ sul prezzo**, einen Preisnachlass/[Nachlass auf den Preis] gewähren **2** sport (vantaggio) Vorgabe f: (nell'ippica) Handikap n.

abburattaménto m (setacciatura) {+FARINA} Durchsieben n.

abburattàre tr **1** (setacciare) ~ qc {FARI-
NA} etw durch|sieben **2** fig (vagliare) ~ qc etw prüfen, etw ab|wägen **3** rar fig (malmenare) ~ qu jdn strapazieren, jdn beuteln fam, jdn misshandeln.

abc m TV abbr dell'ingl automatic brightness control (regolatore automatico di luminosità): ABC (automatische Helligkeitsregelung).

ABC <-> m → **abbicci**.

abdicàre <abdico, abdichi> itr **1** ~ (**a qc**) auf etw (acc) verzichten, ~ **al trono**, abdanken, auf den Thron verzichten **2** fig (rinunciare) ~ **a qc** {A UN DIRITTO} von etw (dat) zurück|treten; {A UN'EREDITÀ} auf etw (acc) verzichten.

abdicatàrio, (-a) <-ri> m agg entsagend; {SOVRANO} abdankend.

abdicazióne f ~ (**a qc**) Rücktritt m (von etw dat): ~ **al trono**, Abdankung f, Thronverzicht m.

abducènte agg anat abduzierend scient, abziehend, wegführend.

abdùrre <coniug come condurre> tr anat ~ qc {PARTE DEL CORPO} etw abduzieren scient.

abduttóre anat A agg Abzieh- B m Abziehmuskel m, Abduktor m.

abduzióne f **1** med Abduktion f scient **2** filos Abduktion f.

abecedàrio → **abbecedario**.

Abèle m bibl (nome proprio) Abel.

aberrànte agg (anomalo) anomal; biol ling abweichend.

aberrazióne f **1** gener Abweichung f: ~ **del gusto**, Geschmacksverirrung f; ~ **mentale**, Ausgeburt f eines Geisteskranken; ~ **sessuale**, abartiges Sexualverhalten **2** astr fis mat Aberration f **3** biol Mutation f **4** med Missbildung f: ~ **cromosomica**, Chromosomenmissbildung f.

abetàia f Tannenwald m.

abéte m **1** bot (albero) Tanne f: ~ **bianco**, Weißtanne f; ~ **rosso**, Fichte f, Rottanne f **2** (legno) Tannenholz n.

abetìna f Tannenwald m.

ABI f banca abbr di Associazione Bancaria Italiana: "Verband der Italienischen Banken".

abicì → **abbicci**.

abiettézza f (bassezza) Gemeinheit f, Verworfenheit f, Niedrigkeit f.

abiètto, (-a) agg (meschino) {ANIMO, INDIVIDUO} gemein, niederträchtig, erbärmlich.

abiezióne f (meschinità) Gemeinheit f, Niedertrachtigkeit f, Erbärmlichkeit f.

abigeàto m dir (reato) Viehdiebstahl m.

àbile agg **1** (valente, accorto) fähig, tüchtig, gewandt: ~ **negli affari**, geschäftstüchtig; **un ~ ballerino**, ein gewandter Tänzer; **un ~ diplomatico**, ein fähiger Diplomat; ~ **nel parlare**, gewandt im Sprechen; **è ~ nel convincere le persone**, er/sie versteht es, die Leute zu überzeugen; (in attività manuali) geschickt; **è un ~ artigiano**, er ist ein geschickter Handwerker **2** anche mil (idoneo) ~ (**a qc**) tauglich (für etw acc), geeignet (für etw acc): **essere ~ a un lavoro**, arbeitstauglich sein, für eine Arbeit geeignet sein.

-àbile suff -bar: **declinabile**, deklinierbar; **realizzabile**, realisierbar.

abilità <-> f **1** (capacità, attitudine) Fähigkeit f, Geschick n, Gewandtheit f: ~ **manuale**, handwerkliches Geschick, Fingerfertigkeit f, Geschicklichkeit f **2** (destrezza, astuzia) Geschick n.

abilitànte agg **1** tauglich machend **2** (che dà l'idoneità allo svolgimento di una professione) Eignungs-, Zulassungs-: **corsi abilitanti**, Eignungs-, Zulassungskurse m pl.

abilitàre A tr ~ **qu a qc 1** (preparare) jdn zu etw (dat) befähigen **2** anche dir jdn (zu

abilitato | Abramo 1405

etw dat) zu|lassen, *jdn* (*zu etw* dat) berechtigen, *jdm etw* erteilen: **è stato abilitato all'insegnamento**, ihm wurde die Lehrbefugnis erteilt **B** rfl: **abilitarsi** sich qualifizieren, zugelassen werden.

abilitato, (-a) **A** agg staatlich geprüft, zugelassen: **insegnante ~**, Lehrer m mit zweitem Staatsexamen **B** m (f) Lehrer(in) m(f) mit zweitem Staatsexamen.

abilitazione f *anche dir* (*idoneità*) Befähigung f, Befugnis f, Qualifizierung f: **all'insegnamento**, Lehrbefähigung f, Lehrbefugnis f.

abilmente avv geschickt; (*con eleganza*) gewandt; **è riuscito ad evitare ~ le domande più insidiose**, er hat es geschafft, auch den hinterhältigsten Fragen geschickt auszuweichen.

ab imis loc avv *lat* (*dalle fondamenta*) von Grund auf.

ab initio loc avv *lat* (*dal principio*) von Anfang an.

ab intestato *lat dir* **A** <inv> loc agg {SUCCESSIONE} Intestat- **B** loc avv {SUCCEDERE} durch Intestaterbfolge.

abissale agg **1** Tiefsee-; abgrundtief **2** *fig* (*immenso*) {IGNORANZA} abgrundtief, bodenlos.

Abissinia f *geog* Abessinien n.

abissino, (-a) **A** agg abessinisch **B** m (f) (*abitante*) Abessinier(in) m(f) **C** m <solo sing> (*lingua*) Abessinisch(e) n.

abisso m **1** *anche fig* (*baratro*) Abgrund m: **gli abissi dell'animo umano** *fig*, die Abgründe der menschlichen Seele; **cadere/sprofondare in un ~** *fig*, von einem Abgrund verschlungen werden; (*del mare*) Tiefseegraben m; **gli abissi del mare**, die Tiefsee f *sing*, die Untiefen f pl des Meeres **2** *fig* (*grande differenza*) Abgrund m, Kluft f **3** *fig* (*grande quantità*) **di qc** Übermaß n *an etw* (dat); **un ~ di miserie**, ein Meer von Elend **4** *fig* (*rovina finanziaria*) Zusammenbruch m, Ruin m **5** *fig lett* (*inferno*) Abgrund m, Unterwelt f: **tra l'educazione di quei due ci corre un ~** *fig* (*c'è un'enorme differenza*), zwischen den Manieren dieser beiden liegen Welten; **c'è di mezzo un ~** *fig* (*una grande differenza*), dazwischen liegen Welten.

abitabile agg (*che si può abitare*) {ISOLA, ZONA} bewohnbar; {CASA} bewohnbar, bezugsfertig.

abitabilità <-> f *amm* Bewohnbarkeit f.

abitacolo m (*cabina*) {+AUTO} Innenraum m; {+MEZZI PUBBLICI} Fahrgastraum m; {+CAMION} Führerhaus n, Fahrerhaus n; {+AUTO DA CORSA} Cockpit n; {+AEREO} *anche* Kanzel f.

abitante **A** agg ~ + **compl di luogo** {CUGINO A MILANO, IN ITALIA} *in etw* (dat) wohnend **B** m (*rif. a città*) (*abbr ab.*) Einwohner(in) m(f) **2** (*rif. ad appartamento, casa*) Bewohner(in) m(f).

abitare **A** tr ~ **qc** *etw* bewohnen **B** itr ~ + **compl di luogo** *irgendwo* wohnen: **~ in campagna/città**, auf dem Land/[in der Stadt] wohnen; **~ a Firenze**, in Florenz wohnen; **~ al numero 10 di via Dante**, in der via Dante 10 wohnen; **~ in periferia**, am Stadtrand wohnen.

abitativo, (-a) agg Wohn-, Wohnungs-: **edilizia abitativa**, Wohnungsbau m.

abitato, (-a) **A** agg bewohnt; (*popolato*) bevölkert **B** m Wohngebiet n, Siedlung f: (*villaggio*) Ortschaft f: **~ cittadino/rurale**, städtische/ländliche Siedlung; **gruppo di abitati**, Ansiedlungen f pl; **uscire dall'~**, das Wohngebiet verlassen.

abitatore, (-trice) m (f) *lett* Bewohner(in) m(f).

abitazione f **1** (*l'abitare*) Wohnen n; *dir*: **diritto di ~**, Wohnrecht n **2** (*appartamento*) Wohnung f; (*casa*) Wohnhaus n: **le prime abitazioni dell'uomo**, die ersten Behausungen f pl des Menschen; **abitazioni rurali/urbane**, Landhäuser n pl/Stadtwohnungen f pl.

àbito m **1** (*vestito*) Kleidung f; (*da cerimonia*) Gewand n; (*da donna*) Kleid n; (*da uomo*) Anzug m: **~ da uomo**, Herrenanzug m **2** (*abitudine*) Gewohnheit f **3** (*disposizione*) Veranlagung f, Anlage f **4** *med psic* Habitus m: **~ mentale**, Geisteshaltung f **5** *relig* Ordenstracht f, Habit m o n • **~ borghese**, Zivil n; **è obbligatorio l'~ lungo**, (langes) Abendkleid ist vorgeschrieben; **prender l'~** (*farsi monaco*), ins Kloster gehen; **~ talare** (*sacerdotale*), Talar m; **l'~ non fa il monaco** *prov*, der Schein trügt *prov*.

abituale agg **1** (*consueto*) gewohnt, üblich: **comportamento ~**, gewohnheitsmäßiges Verhalten; **l'~ raduno annuale dei boy scout**, das gewohnte/übliche Jahrestreffen der Pfadfinder **2** *dir* (*UBRIACHEZZA*) gewohnheitsmäßig: **delinquente ~**, Gewohnheitsverbrecher m **3** *relig* habituell.

abitualità <-> f (*consuetudine*) Gewohnheitsmäßigkeit f.

abitualmente avv gewöhnlich.

abituare **A** tr ~ **qu/qc a qu/qc** {BAMBINO A UNA NUOVA BABY-SITTER, ANIMALE A UN NUOVO PADRONE} *jdn/etw an jdn/etw* gewöhnen: **~ qu a sopportare il dolore**, jdn daran gewöhnen, Schmerzen zu ertragen; jdn an Schmerzen gewöhnen **B** rfl: **abituarsi a qu/qc** sich *an jdn/etw* gewöhnen: **mi sono abituato ad andare via tutti i fine settimana**, ich habe mich daran gewöhnt, jedes Wochenende wegzufahren; **mi sono abituata al nuovo lavoro/[alla nuova professoressa]**, ich habe mich an die neue Arbeit/[Professorin/Lehrerin] gewöhnt.

abituato, (-a) agg **~ a qc** *an etw* (acc) gewöhnt, *mit etw* (dat) vertraut: **essere ~ a fare qc**, gewöhnt sein, etw zu tun; **lentamente mi sono ~ al pensiero di andare all'estero**, langsam habe ich mich mit dem Gedanken vertraut gemacht, ins Ausland zu gehen • **una ragazza bene** *iron*/[**male**] **abituata** (*viziata*), ein verzogenes/verwöhntes Mädchen; **un bambino ben ~**, ein wohlerzogenes Kind, ein Kind ohne große Ansprüche.

abitudinario, (-a) <-ri m> **A** agg (*consuetudinario*) Gewohnheits- **B** m (f) Gewohnheitsmensch m; (*cliente*) Stammkunde m, (Stammkundin) f.

abitudine f **1** (*consuetudine*) Gewohnheit f: **la forza dell'~**, die Macht der Gewohnheit; **perdere l'~ di fare qc**, sich (dat) abgewöhnen, etw zu tun; **prendere l'~ di fare qc**, sich (dat) angewöhnen, etw zu tun **2** (*assuefazione*) Gewöhnung f: **fare l'~**, sich an etw (acc) gewöhnen • **d'~** (*abitualmente*), gewöhnlich; **che razza di abitudini!**, was sind das denn für schlechte Angewohnheiten!

abitùro m *lett* (*catapecchia*) armselige Behausung/Hütte.

abiura f **1** (*rinuncia*) Abschwörung f **2** (*ritrattazione*) Zurücknahme f.

abiurare tr ~ **qc** (*etw* dat) ab|schwören.

ablativo m *ling* Ablativ m: **~ assoluto**, absoluter Ablativ, Ablativus absolutus.

ablatore m *med* Zahnsteinentferner m.

ablazione f **1** *med* (*asportazione*) Entfernen n, Entfernung f, Ablation f **2** *geol* Ablation f *scient*, (Gesteins)abtragung f.

abluzione f **1** (*lavaggio*) Waschen n, Reinigung f **2** *relig* Ablution f: **~ rituale**, Waschung f.

abnegazione f **1** *relig* Entsagung f *forb*, Verzicht m **2** (*spirito di sacrificio*) Opfergeist m, Opferbereitschaft f, Opferwilligkeit f **3** (*atto*) Selbstverleugnung f, Aufopferung f.

abnorme agg **1** (*anormale*) abnormal; {PROVVEDIMENTO} regelwidrig **2** (*aberrante*) abnorm, von der Norm abweichend.

abolire <aboliscoᐳ tr **qc 1** *dir* (*abrogare*) {DECRETO, LEGGE} etw auf|heben, etw außer Kraft setzen, etw ab|schaffen: **~ la pena di morte**, die Todesstrafe abschaffen **2** (*togliere dall'uso*) etw beseitigen.

abolitivo, (-a) agg *dir* {DECRETO} aufhebend, abschaffend.

abolizione f **1** (*eliminazione*) {+FUMO, MANCE, VINO} Abschaffung f **2** *dir* Aufhebung f, Abschaffung f.

abolizionismo m *polit* Abolitionismus m.

abolizionista <-i m, -e f> mf Abolitionist(in) m(f).

abolizionistico, (-a) <-ci, -che> agg abolitionistisch.

abomaso m *veter* Labmagen m, vierter Magen der Wiederkäuer.

abominare tr *lett* (*detestare*) **~ qu/qc** jdn/etw verabscheuen.

abominazione f → **abominio**.

abominévole agg (*detestabile*) verabscheuenswert, abscheulich.

abominio <-ni> m *lett* **1** (*disprezzo*) Abscheu m o f, Verabscheuung f: **avere qc in ~**, etw verabscheuen, (*vor etw* dat) Abscheu empfinden **2** (*cosa, atto*) Scheußlichkeit f.

aborigeno, (-a) **A** agg (*indigeno*) einheimisch, ursprünglich; *etnol* aborigen **B** m (f) Ureinwohner(in) m(f): **gli aborigeni dell'Australia**, die Ureinwohner/Aborigines Australiens.

aborrimento m *rar* (*rifiuto*) Abscheu m o f.

aborrire <irr aborrisco o aborro> **A** tr *forb* (*detestare*) **~ qc** {MENZOGNA} etw verabscheuen, etw hassen **B** itr (*rifuggire*) **~ da qc** {DAL SANGUE} sich (*vor etw* dat) ekeln, sich (*vor etw* dat) grausen; (*in senso morale*) {DALL'IPOCRISIA} sich (*über etw* acc) entsetzen.

aborrito, (-a) agg *forb* verhasst.

abortire <abortisco> itr **1** (*avere*) *med* (*intenzionalmente*) ab|treiben, abortieren; (*spontaneamente*) eine Fehlgeburt haben; {MAMMIFERI} verwerfen **2** (*essere*) *fig* {PROGETTO, TENTATIVO} scheitern, fehl|schlagen, misslingen, missglücken.

abortista <-i m, -e f> mf Abtreibungsbefürworter(in) m(f).

abortito, (-a) **A** part pass *di* abortire **B** agg *fig* (*non realizzato*) {PROGETTO} abgebrochen, fehlgeschlagen, misslungen.

abortivo *med* **A** agg Abtreibungs-, abortiv *scient* **B** m (*sostanza*) Abtreibungsmittel n.

aborto m **1** (*spontaneo*) Fehlgeburt f; *med* (us) m *obs scient*, Abgang m; (*{+MAMMIFERI}*) Verwerfen n **2** (*procurato*) Abtreibung f, Schwangerschaftsabbruch m **3** (*feto*) Fehlgeburt f **4** *bot* Verkümmerung f **5** *fig* {+PROGETTO} Misslingen n **6** *fig* (*persona o animale molto brutti*) Missgeburt f, Missgestalt f.

ab ovo loc avv *lat* (*dal principio*) ab ovo *forb*, von Anfang an, bei Adam und Eva *fam*.

abr. abbr *di* abrogato: aufgehoben.

abracadabra <-> m **1** (*parola magica*) Abrakadabra n, Hokuspokus m **2** (*parole incomprensibili*) sinnloses Gewäsch.

abradere <*coniug come* radere> tr *lett* (*raschiare via*) **~ qc** *etw* ab|kratzen, *etw* ab|schaben.

abràmide m *itt* Brasse f.

Abramo m (*nome proprio*) Abraham m.

abrasi 1ª pers sing del pass rem *di* abradere.

abrasióne f 1 Ausradierung f; (*azione*) *anche* Radieren n, Abschaben n, Abkratzen n 2 (*traccia*) Radierspur f 3 *geol* Abrasion f 4 *med* (*lesione*) Schürfwunde f, Hautabschürfung f, Schramme f; (*operazione*) Auskratzung f, Ausschabung f 5 *tecnol* Abnutzung f *durch Reibung*; (*azione*) *anche* Schmirgeln n, Abschleifen n, Abschaben n, Abscheuern n.

abrasività <-> f *tecnol* Schleifbarkeit f.

abrasivo, (-a) A *agg* (*che abrade*) abschleifend, schmirgelnd, Scheuer-, Schleif-, Schmirgel- B m Schleifmittel n.

abrogàbile *agg dir* abschaffbar, aufhebbar.

abrogàre <*abrogo, abroghi*> tr *dir* ~ *qc* {LEGGE} *etw* auf|heben, *etw* außer Kraft setzen, *etw* ab|schaffen.

abrogativo, (-a) *agg dir* aufhebend, außer Kraft setzend: **referendum ~**, (*gesetzes*)aufhebender Volksentscheid.

abrogazióne f *dir* Abrogation f, Aufhebung f, Außerkraftsetzen n, Abschaffung f.

abrogazionista <-i m, -e f> *m* "wer eine (Gesetzes)abschaffung befürwortet".

abruzzése A *agg* abruzzesisch, abruzzisch B *mf* (*abitante*) Abruzzese m, Abruzzesin f C *m* <*solo sing*> (*dialetto*) Abruzzesisch(e) n.

Abrùzzo, m, **Abrùzzi**, m pl Abruzzen pl.

ABS m *autom abbr del ted* Antiblockiersystem (*antiblocco*): ABS n.

absidàle *agg arch* zur Apsis gehörig, Apsidial-.

absidàto, (-a) *agg arch* 1 (*forma*) apsisförmig 2 (*dotato di abside*) mit Apsis versehen.

àbside A f *arch* Apsis f B m *astr* Apside f.

absintìna f *chim* Absinthin n.

abstract <-> m *ingl* (*estratto*) {+ARTICOLO SCIENTIFICO} Abstract n.

abulìa f 1 (*indolenza*) Energielosigkeit f, Schlappheit f, Apathie f, Trägheit f: **scuotersi dall'~**, aus seiner Apathie aufschrecken 2 *med* Abulie f *scient*.

abùlico, (-a) <-ci, -che> A *agg* 1 energielos, schlapp, apathisch, träg 2 *med* an Abulie leidend B m (f) 1 energieloser Mensch, Waschlappen m *fam*, Schlappi m *slang* 2 *med* "wer an Abulie leidet".

abusàre itr 1 ~ *di qu/qc jdn/etw* missbrauchen; (*approfittare*) *jdn/etw* aus|nutzen, sich (*dat*) *jdn/etw* zunutze machen 2 (*eccedere nell'uso*) ~ *di qc etw* missbrauchen, *etw* übermäßig gebrauchen: ~ **di un cibo**, von *etw* (*dat*) zu viel essen, sich an *etw* (*dat*) überessen/überfressen *fam* 3 (*usare violenza*) ~ **di qu** {DI UNA DONNA} *jdn* missbrauchen.

abusàto, (-a) *agg* 1 missbraucht, ausgenützt 2 (*troppo usato*) abgenutzt, abgebraucht.

abusivaménte *avv* missbräuchlich.

abusivìsmo m unerlaubtes Handeln, unerlaubte Tätigkeit: **~ edilizio**, ungesetzliches Bauen.

abusività <-> f {+ATTO, COSTRUZIONE} Rechtswidrigkeit f, Widerrechtlichkeit f.

abusìvo, (-a) A *agg* (*illegale*) rechtswidrig, illegal, widerrechtlich, {MESTIERE} nichtamtlich, unbefugt B m (f) "ohne Genehmigung handelnde Person".

abùso m *anche dir* {+ALCOL, FIDUCIA, STUPEFACENTI} Missbrauch m *von etw* (*dat*)/+ *gen*: **fare ~ di un cibo**, von *etw* (*dat*) zu viel essen, sich an *etw* (*dat*) überessen/überfressen *fam*; **~ d'ufficio** *dir* (*reato*), Amtsmissbrauch m.

a.c. 1 *abbr di* anno corrente: l. J., lfd. J. (*abbr di* laufenden Jahres; laufendes Jahr) 2 *abbr di* a capo: Abs. (*abbr di* Absatz).

a.C. *abbr di* avanti Cristo: v. Chr. (*abbr di* vor Christus).

AC A m *banca abbr di* assegno circolare: Rundscheck m, Zahlstellenscheck m B f *abbr di* Azione Cattolica: ≈ KA (*abbr di* Katholische Aktion).

acàcia <-cie> f *bot* Akazie f.

acagiù <-> m 1 *bot* (*mogano*) Mahagonibaum m 2 *bot* (*anacardio*) Nierenbaum m 3 (*legno di mogano*) Mahagoni(holz) n.

acànto m *arch bot* Akanthus m.

a cànto → **accanto**.

a càpo → **accapo**.

acariàsi <-> f 1 *med* Akariasis f *scient* 2 *veter* Milbenkrankheit f.

acarìcida <-i m, -e f> *chim* A *agg* milbentötend B m milbentötendes Mittel.

acariòsi <-> f *bot* Akarinose f.

àcaro m *zoo* Milbe f: **~ della scabbia**, Krätzmilbe f.

acattòlico, (-a) <-ci, -che> *relig* A *agg* nicht katholisch, akatholisch B m (f) Nichtkatholik(in) m (f), Akatholik(in) m (f) *rar*.

acàule *agg bot* stängellos.

ACC f *dir abbr di* Alta Corte Costituzionale: "(italienisches) Verfassungsgericht".

àcca <-> f o *rar* m 1 (*lettera*) Ha n 2 *fig fam* (*in frasi negative: niente*): **non ... un'~**, kein bisschen, keine Spur, nicht die Bohne *fam*; **non capire un'~ di francese**, kein Wort Französisch verstehen; **non valere un'~**, keinen Heller wert sein *fam*.

accadèmia f 1 (*scuola*) Akademie f, (Hoch)schule f: **Accademia di Belle Arti/[navale]**, Kunst-/Marineakademie f; **Accademia d'arte drammatica**, Schauspielschule f 2 (*associazione di studiosi*) Akademie f ● **fare dell'~** *fig* geschwollen daherreden.

accademicaménte *avv* 1 akademisch 2 *fig spreg* (*astrattamente*) trocken, lebensfremd.

accadèmico, (-a) <-ci, -che> A *agg* 1 (*di accademia*) akademisch; (*rif. a università*) Universitäts- 2 *fig spreg* (*retorico*) akademisch, lebensfern B m (f) Akademiker(in) m (f).

accademìsmo m Akademismus m, Formalismus m.

accademìsta <-i> *mf mil* Kadett m.

accadére <difet *usato solo alla* 3ª *pers sing e* pl, *coniug come* cadere> A itr <*essere*> (*capitare*) geschehen, vor|fallen, sich ereignen: **ci mancò poco che non accadesse una disgrazia**, um ein Haar/[beinah] wäre ein Unglück geschehen; **~ a qu** *jdm* zu|stoßen, *jdm* widerfahren, *jdm* passieren: **sono cose che accadono a tutti**, das kann jedem (mal) passieren B *impers* geschehen, vor|kommen, passieren: **accaddero cose strane**, es geschahen/passierten seltsame Dinge; **come spesso accade**, wie es häufig vorkommt/geschieht; **gli accade spesso di sbagliare**, es kommt oft vor, dass er Fehler macht; **er macht oft Fehler ● che accade?**, was ist los?; **qualunque cosa accada**, was auch (immer) geschehen mag; *fig* (*in ogni caso*), auf alle Fälle, auf Biegen und/oder Brechen *fam*; **accada quel che accada**, komme was wolle, was auch immer geschehen möge.

accadùto, (-a) A *agg* geschehen B m <*solo sing*> (*fatto*) Ereignis n, Geschehnis n; (*fatto spiacevole o imbarazzante*) Vorfall m, Vorkommnis n: **abbiamo commentato l'~**, wir haben den Vorfall besprochen; **mi dispiace per l'~**, ich bedaure das Vorkommnis.

accagliàre <*accaglio, accagli*> A tr <*avere*> ~ *qc* {LATTE} *etw* gerinnen lassen B itr <*essere*> itr pron: **accagliarsi** {LATTE} gerinnen, sich verdicken.

accagliatùra f (*coagulamento*) Gerinnung f, Verdickung f.

accalappiacàni <-> mf Hundefänger(in) m (f).

accalappiaménto m 1 (*cattura*) (Ein)fangen n 2 *fig* (*lusinga*) Umgarnen n, Einwickeln n *fam*; (*inganno*) Hereinlegen n *fam*, Betrug m, Bestrickung f *forb*.

accalappiàre <*accalappio, accalappi*> tr 1 (*catturare*) ~ *qc* {CANE} *etw* (ein|)fangen 2 *fig* (*circuire*) ~ *qu jdn* umgarnen, *jdn* ein|wickeln *fam*; (*ingannare*) *jdn* herein|legen *fam*, *jdn* betrügen, *jdn* bestricken *forb*.

accalappiatóre, (-trice) m (f) *rar* 1 (*accalappiacani*) Hundefänger(in) m (f) 2 *fig* (*ingannatore*) Bauernfänger(in) m (f), Betrüger(in) m (f).

accalcàre <*accalco, accalchi*> A tr (*stipare*) ~ *qc etw* zusammen|pferchen B itr pron (*affollarsi*): **accalcarsi** (+ *compl di luogo*) {MANDRIA LUNGO IL FIUME; TURISTI ALL'ENTRATA DEL MUSEO} sich (eng) (*irgendwo*) zusammen|drängen.

accaldàrsi itr pron 1 ~ (**per/[a causa di**] *qc*) {RAGAZZI PER LA FATICA} sich (*bei etw dat/wegen etw gen*) erhitzen 2 *fig* (*eccitarsi*): ~ **in qc** {POLITICO NELLA DISCUSSIONE} sich (*in etw dat*) ereifern, sich (*in etw dat*) erregen; ~ **per qc** {TIFOSO PER LA SQUADRA DEL CUORE} sich (*wegen etw gen*) auf|regen, (*wegen etw gen*) in Aufregung geraten.

accaldàto, (-a) *agg* 1 (*per il caldo o la fatica*) erhitzt 2 *fig* (*agitato*) aufgeregt.

accaloràre A tr *rar* (*dare vivacità*) ~ *qc* {DISPUTA} *etw* an|heizen, *etw* erhitzen B *rfl* (*eccitarsi*): **accalorarsi in/per qc** {NELLA LITE, PER UN'INGIUSTIZIA} sich (*in etw dat/wegen etw gen*) erhitzen, sich (*in etw dat/wegen etw gen*) ereifern: **accalorarsi nel parlare**, sich beim Sprechen erhitzen.

accampaménto m 1 (*sistemazione provvisoria*) Lager n: **~ di profughi/zingari**, Flüchtlings-/Zigeunerlager n 2 *fig* Saustall m *volg spreg*: **la sua stanza sembra un ~**, sein/ihr Zimmer ist ein Saustall *volg spreg*, in seinem/ihrem Zimmer sieht's aus wie (im Saustall)/[die Sau] *volg spreg* 3 *mil* Feldlager n ● **piantare/togliere l'~**, das Lager auf|schlagen/ab|brechen.

accampàre A tr 1 *anche mil* (*sotto tende*) ~ *qu* {PROFUGHI, SOLDATI} *jdn* lagern 2 *fig* (*addurre*) ~ *qc* {RAGIONI, SCUSE} *etw* an|führen, *etw* vor|bringen; {PRETESTO} *etw* erfinden 3 *fig* (*avanzare*) ~ *qc* (**su** *qu/qc*) {DIRITTI} *etw* (*von jdm/etw*) beanspruchen; {PRETESE} *etw* (*auf jdn/etw*) erheben B *rfl*: **accamparsi** sein/das Lager auf|schlagen; *fig* (*sistemarsi alla meglio*) *irgendwo* kampieren *fam*, *irgendwo* logieren: **accamparsi a meglio in casa di amici**, bei Freunden kampieren *fam*.

accaniménto m 1 Verbissenheit f, Wut f, Ingrimm m *forb obs* 2 (*odio*) Erbitterung f 3 (*tenacia*) Zähigkeit f, Ausdauer f, Beharrlichkeit f ● **~ terapeutico** *med*, "(künstliche) lebensverlängernde Maßnahmen".

accanìrsi <*mi accanisco*> itr pron 1 (*infierire*) ~ (**contro qu**) sich (*gegen jdn*) erbittern *forb*, sich (*über jdn*) erbosen, *über jdn* her|ziehen *fam*, sich (*über jdn*) erregen: **sembra che la sorte si accanisca contro di lui**, er scheint vom Schicksal verfolgt (zu sein) 2 (*ostinarsi*) ~ **in qc** {NELLA LOTTA} sich *in etw* (*acc*) verbohren, sich *in etw* (*acc*) verbeißen,

sich *auf etw* (acc) versteifen.
accanito, (-a) agg **1** (*acceso*) {DISCUSSIONE} verbissen, erbittert **2** (*incallito*) {FUMATORE} stark, eingefleischt **3** (*perseverante*) {LAVORATORE} eifrig, ausdauernd **4** {ODIO} blind, glühend.
accannellàre tr *tess* ~ *qc etw* auf|spulen.
accànto [A] avv (*vicino*) daneben; (*rif. a casa, ecc.*) nebenan: **abitava lì ~**, er/sie wohnte dort nebenan [B] loc prep: ~ **a qu/qc** (*stato*) neben jdm/etw; (*moto*) neben jdn/etw [C] <inv> agg <posposto> (von) nebenan, anliegend, angrenzend: **abito nella casa ~**, ich wohne nebenan.
accantonaménto① m **1** {+MERCI} Einlagerung f, Rückstellung f **2** *comm* Beiseitelegung f, Zurücklegung f, (*azione*) {+UTILI} Zurücklegen n, Zurücklegung f **3** *fig* (*rinvio*) {+PROGETTO} Aufschub m, Zurückstellung f.
accantonaménto② m *mil* Einquartierung f.
accantonàre① tr ~ *qc* **1** {MERCI} *etw* ein|lagern; {DENARO} *etw* zurück|legen, *etw* beiseite|legen **2** *fig* (*rimandare*) {PROBLEMA} *etw* zurück|stellen, *etw* auf|schieben, *etw* beiseite|legen: {DISCUSSIONE NECESSARIA} *etw* verschieben.
accantonàre② *mil* [A] tr ~ *qu* {SOLDATI} jdn ein|quartieren [B] rfl: **accantonarsi** sich ein|quartieren, Quartier beziehen.
accaparraménto m (*incetta*) Aufkaufen n; (*di generi razionati*) Hamstern n.
accaparràre [A] tr ~ *qc* **1** (*fare incetta*) *etw* auf|kaufen, (*rif. a generi razionati*) (*etw*) hamstern **2** (*fissare l'uso o l'acquisto di una cosa versando una caparra*) "einen Handel durch eine Anzahlung ab|schließen" [B] rfl intens: **accaparrarsi** *qc* {FAVORE, SIMPATIA DI QU} sich (dat) *etw* sichern, sich (dat) *etw* erwerben; {PREMIO} (sich dat) *etw* ergattern *fam*: **accaparrarsi voti**, sich (dat) Stimmen sichern, Stimmen fangen.
accaparratóre, (-trice) m (f) Aufkäufer(in) m(f); (*di generi razionati*) Hamsterer m, (Hamstern f).
accapigliàrsi <*mi accapiglio, ti accapigli*> rfl rec **1** {RAGAZZI} sich (dat) in die Haare geraten/fahren/kriegen *fam*, sich raufen, handgemein werden *obs* **2** *fig* (*litigare*) ~ **su** *qc* {ESPERTI} (über *etw* acc) zanken, (über *etw* acc) streiten.
accàpo [A] avv: **andare ~**, eine neue Zeile beginnen, einen Absatz machen [B] <-> m (*capoverso*) Absatz m.
accappatóio <-toi> m (*vestaglia di spugna*) Bademantel m.
accappiàre <*accappio, accappi*> tr ~ *qc* eine Schleife/Schlinge *mit etw* (dat) machen.
accapponàre [A] tr (*castrare*) ~ *qc* {GALLO} *etw* kastrieren, *etw* verschneiden [B] itr pron: **a qu si accappona la pelle**, jd bekommt eine Gänsehaut ● **far ~ la pelle a qu** (*far rabbrividire*), jdn (er)schauern machen/lassen.
accarezzaménto m *rar* (*carezza*) Streicheln n, Liebkosung f, Liebkosen n; *anche fig* Zärtlichkeit f.
accarezzàre [A] tr **1** ~ *qu* jdn liebkosen; {BAMBINO} jdn verhätscheln *fam* **2** ~ *qc* {ANIMALE} *etw* streicheln **3** *fig* (*sfiorare*) ~ *qu/qc* {VENTO LA PELLE} jdn/*etw* streicheln, *jdm* über *etw* (acc) streichen **4** *fig* (*lusingare*) ~ *qu/qc* {AMOR PROPRIO, VANITÀ DI QU} jdm schmeicheln: **l'orgoglio di qu**, jds Stolz schmeicheln **5** *fig* (*vagheggiare*) ~ *qc* {IDEA, PROPOSITO} *mit etw* (dat) liebäugeln, *mit etw* (dat) spielen, *etw* hätscheln; {SPERANZA} *etw* hegen [B] rfl indir: **accarezzarsi** *qc* {BARBA} sich (dat) *etw*/[über *etw* acc] streichen [C] rfl rec: **accarezzarsi** sich gegenseitig/ein-

ander liebkosen ● ~ **qu con lo** *sguardo*/**gli occhi** *fig* (*contemplarlo con amore*), jdn zärtlich/liebevoll ansehen; ~ **le spalle**/**il groppone a qu** *fig iron* (*picchiarlo*), jdn durchprügeln, jdm den Hintern versohlen *fam*, jdm das Fell/Leder gerben *fam*.
accartocciaménto m Zusammenrollen n.
accartocciàre <*accartoccio, accartocci*> [A] tr (*appallottolare*) ~ *qc etw* zusammen|rollen, *etw* zusammen|wickeln [B] itr pron: **accartocciarsi** sich zusammen|rollen, schrumpeln *region*, schrumpfen; {FOGLIA} sich kräuseln.
accartocciàto, (-a) agg zusammengeschrumpft, zusammengerollt; {FOGLIA} gekräuselt.
accasàre [A] tr (*far sposare*) ~ *qu* {FIGLIA} jdn verheiraten, jdn unter die Haube bringen *fam scherz* [B] rfl: **accasarsi 1** (*sposarsi*) heiraten **2** (*metter su casa*) einen Hausstand/Haushalt gründen: **trova difficoltà ad accasarsi**, er/sie hat Schwierigkeiten, einen Hausstand zu gründen.
accasàto, (-a) agg **1** (*sposato*) verheiratet **2** *sport* gesponsert.
accasciaménto m (*spossamento*) Niedergeschlagenheit f, Bedrückung f, Ermattung f, Mattigkeit f.
accasciàre <*accascio, accasci*> [A] tr ~ *qu* {VECCHIAIA} (*jdn*) entkräften, (*jdn*) schwächen; {DISGRAZIA} *jdn* bedrücken, *jdn* nieder|schlagen [B] itr pron **1** (*lasciarsi cadere*): **accasciarsi** + **compl di luogo** *irgendwo* zusammen|sinken, *irgendwo* zusammen|brechen **2** *fig* (*demoralizzarsi*): **accasciarsi** verzagen, den Mut verlieren, schwach/mutlos werden.
accasciàto, (-a) agg **1** (*spossato*) entkräftet **2** *fig* (*demoralizzato*) entmutigt, niedergeschlagen.
accasermàre tr *mil* ~ *qu* {SOLDATI} jdn kasernieren.
accastellaménto m **1** (*azione*) Aufeinanderschichten n **2** (*struttura*) Kastell n, Aufbauten pl auf Vorder- und Hinterdeck.
accastellàre tr ~ *qc* {CASSE} *etw* auf|häufen, *etw* auf|schichten, *etw* auf|türmen.
accatastàbile agg *dir* {IMMOBILE} (im/ins) Grundbuch eintragbar.
accatastaménto① m Stapel m, Haufen m, Aufschichtung f, Anhäufung f, Aufstapelung f; (*azione*) Stapeln n, Aufschichten n, Anhäufen n.
accatastaménto② m *dir* Eintragung f ins Grundbuch/Kataster.
accatastàre① tr ~ *qc* **1** {LIBRI} *etw* (auf)-stapeln; *etw* auf|häufen, *etw* auf|schichten; {LEGNA} *anche etw* auf|schichten **2** (*affastellare*) *etw* aufeinander werfen, *etw* an|häufen, *etw* bündeln **3** *fig* (*accumulare*) {IDEE, PROGETTI} *etw* an|häufen, *etw* an|sammeln, *etw* zusammen|tragen.
accatastàre② tr *dir* (*registrare al catasto*) ~ *qc etw* ins Grundbuch/Kataster ein|tragen.
accatastàto, (-a) agg **1** aufgestapelt **2** *dir* im Grundbuch/Kataster eingetragen.
accattabrìghe → **attaccabrighe**.
accattafièno <-> m *agr* Heurechen m.
accattàre tr *forb* **1** ~ (*qc*) {SOLDI} *etw* er-betteln, (um *etw* acc) betteln, (um *etw* acc) schnorren *fam* **2** *fig* (*racimolare*) ~ *qc* {SCUSE} *etw* suchen, nach *etw* (dat) suchen.
accattivànte agg (*seducente*) {MODI} einnehmend, gewinnend.
accattivàre [A] tr *stor* ~ *qu* jdn gefangen nehmen [B] rfl indir (*guadagnarsi*): **accatti-**

varsi *qc* {AMICIZIA, SIMPATIA DI QU} sich (dat) *etw* erwerben, *etw* gewinnen.
accàtto m *forb* **1** (*questua*) Betteln n, Bettelei f, Schnorren n *fam* **2** (*elemosina*) Almosen n ● **d'~** *fig* (*di seconda mano*), entlehnt, aus zweiter Hand.
accattóna f → **accattone**.
accattonàggio <-gi> m Betteln n, Betteln n, Bettlergewerbe n, Schnorrerei f *fam*.
accattóne, (-a) m (f) Bettler(in) m(f), Schnorrer(in) m(f) *fam*.
accavallaménto m Verschränkung f; {+MUSCOLI} Zerrung f; (*azione*) Übereinanderlegen n.
accavallàre [A] tr **1** (*sovrapporre*) ~ *qc etw* übereinander|legen, *etw* übereinander|schichten; {GAMBE} *etw* übereinander|schlagen, *etw* kreuzen: **una gamba sull'altra**, ein Bein über das andere schlagen; {MAGLIE} *etw* über|schlagen, *etw* verschränken, *etw* über|holen **2** *fig* {FOGLI} (*etw*) in|stecken [B] itr pron: **accavallarsi 1** (*sovrapporsi*) sich quer legen, sich verschließen; {NUVOLE} sich auf|häufen, sich auf|türmen, sich zusammen|ballen; {ONDE} sich überschlagen, sich überstürzen; *fam* {MUSCOLI} gezerrt werden **2** *fig* {AVVENIMENTI, IDEE, PENSIERI} sich überstürzen, sich überschlagen.
accavallàto, (-a) agg {GAMBE} übereinandergeschlagen, {DENTI} übereinanderstehend.
accavallatùra f *tecnol* Auslassung f.
accavigliàre <*accaviglio, accavigli*> tr ~ *qc* **1** *mar etw* am Poller befestigen **2** *tess etw* auf|wickeln, *etw* auf|spulen.
accecaménto m **1** (*l'accecare*) Blenden n, Blendung f **2** (*cecità*) Blindheit f, Geblendetsein n **3** {+TUBI} Verschluss m; {+FINESTRE} Zumauern n **4** *agr* Entfernen/Abbrechen von Baumknospen **5** *fig* (*offuscamento*) Verblendung f, Trübung f: **nell'~ della collera**, in blinder Wut.
accecànte agg (*che acceca*) blendend; {LUCE} grell.
accecàre <*acceco o acciecco, accechi o acciechi*> [A] tr <*avere*> **1** ~ *qu* (jdn) blenden, (*jdn*) blind machen **2** (*abbagliare*) ~ (*qu*) (*jdn*) blenden **3** (*oscurare*) ~ *qc* {LAMPADA} *etw* verdunkeln **4** (*ostruire*) ~ *qc* {CANALE, TUBI} *etw* verstopfen, *etw* verschließen, *etw* vermauern **5** (*murare*) ~ *qc* {FINESTRA} *etw* zu|mauern **6** *agr* ~ *qc* {RAMI} *etw* (dat) Knospen ab|brechen **7** *fig* (*offuscare*) ~ (*qu*) {ODIO} jdn blind machen; {PASSIONE} *anche* jdn blenden [B] itr <*essere*> *lett* erblinden, blind werden.
accecatóio <-toi> m *tecnol* Versenkbohrer m, Spitzsenker m.
accecatùra f *tecnol* Versenkung f.
accèdere <*coniug come cedere*> itr ~ **a** *qc* **1** (*essere*) (*avvicinarsi*) sich (*etw* dat) nähern, *etw* erreichen, (*recarsi*) *irgendwo* hin|gehen, sich *irgendwohin* begeben; (*entrare*) in *etw* (acc) ein|treten, *etw* betreten, in *etw* (acc) kommen: **per queste scale si accede alla torre**, diese Treppe führt zum Turm, über diese Treppe gelangt man zum Turm **2** <*avere*> *fig* (*entrare a far parte*) *etw* (dat) bei|treten, in *etw* (acc) ein|treten; (*aderire*) {A UNA PROPOSTA} *etw* (dat) zu|stimmen, (in *etw* acc) ein|willigen, *etw* (dat) bei|stimmen, *etw* (dat) bei|pflichten.
acceleraménto m (*accelerazione*) Beschleunigung f, Beschleunigen n, Zunahme f.
accelerando <-> m *mus* Accelerando n.
accelerànte m *chim* Beschleuniger m.
accelerare [A] tr (*affrettare*) ~ (*qc*) {PASSO, TEMPI} (*etw*) beschleunigen; {ANDATURA} *etw* höher schalten; {VELOCITÀ} *etw* erhöhen, *etw* vergrößern [B] itr (*aumentare la velocità*) {AU-

accelerāta f Gasgeben n, Aufdrehen n fam.

accelerāto, (-a) A agg anche fis beschleunigt, schnell B m ferr stor Schnellzug m, D-Zug m.

acceleratóre, (-trice) A agg beschleunigend, Beschleunigungs- B m 1 autom Gaspedal n, Gashebel m: **premere l'~**, auf das Gaspedal/den Gashebel treten, Gas geben 2 chim fis fot Beschleuniger m 3 econ Akzelerator m.

accelerazióne f 1 fis (abbr a) Beschleunigung f 2 film Zeitraffung f 3 econ Akzeleration f.

accèndere <accendo, accesi, acceso> A tr ~ qc 1 (FUOCO, SIGARETTA) etw an|zünden; {STUFA} etw an|heizen 2 {LUCE} etw an|zünden, etw an|machen, etw an|knipsen, etw an|drehen; (mettere in funzione) {LAVATRICE} etw ein|schalten, etw an|stellen, etw an|machen fam; {MOTORE} anche etw an|lassen: **~ il riscaldamento**, heizen 3 fig {CUORE} etw entflammen forb, etw entzünden; {ENTUSIASMO, SPERANZA} etw wecken; {ODIO} etw entfachen; {LITE} anche etw beginnen: **~ gli animi**, die Gemüter erregen 4 banca dir {CONTO} etw eröffnen, etw ein|richten; {IPOTECA} etw bestellen; {PRESTITO} etw auf|nehmen B rfl itr pron: **accendersi 1** (prender fuoco) Feuer fangen, sich entzünden {LUCE, STUFA} an|gehen 3 fig (scatenarsi) {PASSIONE} entbrennen forb: **accendersi d'amore per qu**, in Liebe zu jdm entbrennen/entflammen forb, für jdn in Liebe entbrennen/entflammen forb; **accendersi d'ira**, in Zorn entbrennen forb • **ha da ~?**, haben Sie Feuer?

accendigàs <-> m Gasanzünder m.

accendino m Feuerzeug n.

accendisigari <-> m Feuerzeug n.

accenditóio <-toi> m Anzünder m.

accenditóre m Zünder m, Zündapparat n, Anzünder m.

accèndo 1ª pers sing pres di accendere.

accennàre A tr ~ qc 1 (indicare) auf etw (acc) hin|weisen, auf etw (acc) (hin|)deuten, auf etw (acc) zeigen 2 (esporre brevemente) {QUESTIONE} etw an|deuten, etw erwähnen 3 (abbozzare) {SALUTO} etw an|deuten; {DISEGNO} etw skizzieren B itr 1 (alludere) ~ **a qc** {A UNA QUESTIONE} auf etw (acc) an|spielen, sich auf etw (acc) beziehen 2 (fare un cenno) ~ **di fare qc** (ein) Zeichen geben, etw zu tun 3 (far l'atto di fare qc) ~ **a fare qc** an|kündigen, etw zu tun; sich an|schicken, etw zu tun; (minacciare) (an|)drohen, etw zu tun; (far presagire) Anstalten machen, etw zu tun: **non accennava a concludere il suo discorso**, er/sie machte keine Anstalten, seine/ihre Rede zu schließen/[zum Ende zu kommen]; **la nevicata non accennava a smettere**, es sah nicht so aus, als würde es aufhören, zu schneien • ~ **di sì**, ein zustimmendes Zeichen geben, (con la testa) nicken.

accénno m 1 (cenno) {+SORRISO} Andeutung f 2 (indizio) ~ **a qc** Hinweis m auf etw (acc), Anzeichen n für etw (acc) 3 (allusione) ~ **a qu/qc** {AL SUO EX, A UNA QUESTIONE} Anspielung f auf jdn/etw, Andeutung f auf jdn/etw.

accensióne f 1 (atto dell'accendere) {+FUOCO} Ent-, Anzünden n 2 tecnol Einschalten n, Zündung f: **a candela**, Kerzenzündung f 3 autom (Ent)zündung f: **chiavetta di ~**, Zündschlüssel m 4 banca dir (apertura) {+CONTO} Eröffnung f {+IPOTECA} Bestellung f; {+DEBITO} Begründen n, Eingehen n, Aufnehmen n.

accentàre tr ~ **qc** etw akzentuieren, anche mus etw betonen; anche fig etw hervor|heben.

accentazióne f ling Akzentuierung f, Akzentsetzung f.

accènto m 1 ling Akzent m, Betonung f: ~ **acuto/circonflesso/grave**, Akut m/Zirkumflex m/Gravis m 2 (intonazione) Akzent m, Tonfall m: **dall'~ si direbbe romano**, vom Akzent her müsste er Römer sein; (tono) Ton m 3 fig (enfasi) Nachdruck m, Gewicht n: **mettere/porre l'~ su una questione**, den Akzent auf ein Problem legen, ein Problem mit Nachdruck behandeln, etw hervorheben 4 fig (sfumatura) {TRISTE} Ton m; {+TRISTEZZA} Spur f 5 lett (parola) Wort n: **gli amorosi accenti**, die Worte der Liebe, die Liebesworte 6 mus Akzent m.

accentraménto m 1 (concentrazione) Konzentration f; {+DATI, IDEE} Zentralisierung f; (azione) anche Zentralisieren n 2 polit {+FUNZIONI AMMINISTRATIVE} Zentralisierung f.

accentràre A tr 1 (riunire) ~ **qc** (+ compl di luogo) {UFFICI NEL CENTRO STORICO} etw (irgendwo) konzentrieren, etw (irgendwo) zusammen|ziehen 2 fig (accumulare) ~ **qc** etw in sich (dat) vereinen: **lui accentra tutte le competenze necessarie per/a que- sto incarico**, er vereint alle für diese Aufgabe notwendigen Kompetenzen in sich 3 fig (attirare) ~ **qc** {ATTENZIONE, INTERESSE DI QU} etw auf sich ziehen, etw auf sich lenken; {SGUARDI} anche etw an|ziehen 4 polit ~ **qc** {POTERI} etw zentralisieren, etw an sich reißen B itr pron: **accentrarsi** (+ compl di luogo) sich (irgendwo) konzentrieren.

accentratóre, (-trice) A agg {STRATEGIA} zentralisierend, konzentrierend B m (f) Machtmensch m, Einmann-Demokrat(in) m(f) scherz: **è un ~**, er kann nicht delegieren, er reißt alle Macht an sich.

accentuàre A tr ~ **qc** 1 (pronunciare con enfasi) {PAROLA} etw betonen, etw akzentuieren 2 fig (rendere evidente) {ASPETTO} etw betonen, etw hervor|heben, etw deutlich machen B itr pron: **accentuarsi** sich verstärken, sich aus|weiten; {FREDDO} zu|nehmen; {CRISI} sich verschlimmern, sich verschärfen, sich zu|spitzen.

accentuàto, (-a) agg (marcato) betont, markant: **ha i lineamenti accentuati**, er/sie hat markante/scharfe Gesichtszüge.

accentuazióne f 1 ling Betonung f 2 fig (incremento) Steigerung f: **l'~ del rialzo dei prezzi**, die Zunahme des Preisanstiegs.

accerchiaménto m 1 Umzingeln n; fig Einkreisen n: **politica di ~**, Einkreisungspolitik f 2 mil Umzingelung f.

accerchiàre <accerchio, accerchi> A tr anche mil ~ **qu/qc** jdn/etw umzingeln; anche fig jdn/etw ein|kreisen B rfl: **accerchiarsi di qu** {DI PERSONE DI FIDUCIA} sich mit jdm umgeben.

accertàbile agg (verificabile) feststellbar, nachweisbar, nachprüfbar.

accertabilità <-> f Feststellbarkeit f, Nachweisbarkeit f, Nachprüfbarkeit f.

accertaménto m 1 (verifica) Ermittlung f, Feststellung f: ~ **fiscale**, Steuerermittlung f 2 dir Feststellung f: ~ **peritale** (perizia), Sachverständigengutachten n.

accertàre A tr ~ **qc a qu** 1 (assicurare) ~ **qc a qu** jdm etw versichern: ~ **che... ind**, versichern, dass... ind 2 (appurare) ~ **qc** etw fest|stellen, etw ermitteln: ~ **che... ind**, feststellen, dass... ind; **dir etw fest|stellen**; ~ **che... ind**, feststellen, dass... ind; **fisco etw prüfen**; ~ **che... ind**, prüfen, dass... ind B rfl: **accertarsi di qc** sich etw (gen) vergewissern: **accertarsi che qc sia stato fatto**, sich vergewissern, dass etw getan wurde.

accertàto, (-a) agg (certo) {FATTO} nachgewiesen; {NOTIZIA} überprüft, bestätigt.

accèsi 1ª pers sing del pass rem di accendere.

accéso, (-a) A part pass di accendere B agg 1 (che brucia) brennend 2 (in funzione) eingeschaltet; {LUCE} eingeschaltet {MOTORE} anche laufend 3 (brillante) {COLORE} intensiv, leuchtend, knallig fam: **rosso ~**, knallrot 4 fig (ardente) {OCCHI} glühend; {DISCUSSIONE} hitzig: **essere ~ d'amore**, in Liebe entbrannt sein forb; **essere ~ di collera/[d'ira]**, wut-/zornentbrannt sein.

accessìbile agg 1 (raggiungibile) {LOCALITÀ} erreichbar, zugänglich 2 (comprensibile) {TEORIA} (leicht) verständlich 3 (modico) {PREZZO} annehmbar 4 (affabile, alla mano) {PERSONA} zugänglich.

accessibilità <-> f 1 (l'essere raggiungibile) Erreichbarkeit f, Zugänglichkeit f 2 (comprensibilità) Verständlichkeit f 3 fig (affabilità) Zugänglichkeit f.

accessióne f 1 dir polit Beitritt m 2 dir (modo di acquisto della proprietà) Zuwachs m: ~ **di proprietà**, Eigentumszuwachs m 3 rar (in biblioteca) Zugang m: **recenti accessioni**, Neuzugänge m pl.

accèsso[①] m 1 (entrata) Zutritt m: **divieto di ~**/[**vietato l'**] ~, Betreten verboten; ~ **libero**, freier Zutritt 2 ~ **a qc** {A UN LUOGO} Zugang m zu etw (dat); (rif. a veicoli) Zufahrt f zu etw (dat) 3 dir: **diritto di ~**, Zutrittsrecht n 4 ~ **a qc** {A UNA PROFESSIONE} Zugang m zu etw (dat), Beitritt m zu etw (dat) 5 fig ~ **presso qu** Zugang m zu jdm 6 inform Zugriff m: ~ **commutato**, Wählleitung f; ~ **dedicato**, dedizierter Zugriff; ~ **remoto**, Fernzugriff m.

accèsso[②] m 1 med {+EPILETTICO} Anfall m: ~ **di tosse**, Hustenanfall m 2 fig (impulso improvviso) Anfall m, Ausbruch m: ~ **d'ira**, Wutanfall m; **in un ~ di generosità** scherz, in einem Anfall von Großzügigkeit.

accessoriàre <accessorio, accessori> tr (fornire di accessori) ~ **qc** {AUTOMOBILE} etw mit Accessoires ausstatten.

accessoriàto, (-a) agg autom mit Zubehör ausgestattet.

accessòrio, (-a) <-ri> A agg 1 (complementare) zusätzlich; Begleit-, Neben- 2 fig (secondario) nebensächlich B m <di solito al pl> 1 Zubehör n; (dell'abbigliamento) Accessoires n pl 2 tecnol Zubehör n • **accessori del premio** (nei contratti d'assicurazione), Prämiennebenkosten pl.

accessorìsta <-i m, -e f> mf 1 (fabbricante) Hersteller(in) m(f) von Zubehör(teilen) 2 (venditore) Verkäufer(in) m(f) von Zubehör(teilen), Zubehörhändler(in) m(f).

accessorìstica <-che> f autom 1 (settore) Zubehörindustrie f 2 (insieme degli accessori) Zubehör n.

accestìre <accestisco> itr <essere> agr bot sich bestocken.

accétta f (arnese) Beil n • **lavoro fatto con l'~** fig (malamente), hingehauene Arbeit fam spreg; **darsi l'~ sui piedi** fig (danneggiarsi), sich (dat o acc) ins eigene Fleisch schneiden; **den Ast absägen, auf dem man sitzt**; **tagliato con l'~** fig (rude), grobschlächtig.

accettàbile agg annehmbar, akzeptabel forb.

accettabilità <-> f Annehmbarkeit f, Akzeptabilität f forb.

accettànte A agg {BANCA} annehmend B mf Akzeptant m, Bezogene mf decl come agg.

accettàre tr 1 ~ (qc) {CONSIGLIO, REGALO, SCUSE, SFIDA} (etw) an|nehmen; {CONDIZIONE, OFFERTA, PROPOSTA} anche etw akzeptieren 2 (acconsentire) ~ di fare qc akzeptieren, etw zu tun 3 (accogliere) ~ qu jdn auf|nehmen 4 fig comm dir ~ qc etw akzeptieren, etw an|nehmen: ~ una successione, eine Erbschaft annehmen.

accettazióne f 1 (in consegna) Annahme f: ~ bagagli/merci, Gepäck-/Warenannahme f; per mancata ~, mangels Annahme 2 comm ~ di qc Akzept n von etw (dat) 3 dir ~ di qc Annahme f von etw (dat): ~ dell'eredità, Erbschaftsannahme f 4 ~ in qc {IN UNA COMUNITÀ, NEGLI OSPEDALI} Aufnahme f in etw (acc) 5 (ufficio) Empfang m, Rezeption f.

accètto, (-a) agg (accolto) willkommen; {PERSONA} gern gesehen: ben ~ → benaccetto.

accettóre m chim fis Akzeptor m.

accezióne f ling Bedeutung f, Sinn m.

acchetàre lett (calmare) A tr ~ qc {PASSIONI} etw beruhigen B rfl: acchetarsi sich beruhigen.

acchiappafarfàlle <-> m (retino) Schmetterlingsnetz n.

acchiappamósche <-> m 1 (per catturare mosche) Fliegenfänger m; (schiacciamosche) Fliegenpatsche f, Fliegenklatsche f 2 fig (fannullone) Tagedieb m spreg, Faulenzer m spreg.

acchiappanùvoli <-> mf Traumtänzer(in) m(f) spreg, Fantast(in) m(f) spreg.

acchiappàre A tr (afferrare) 1 ~ qc etw fangen, etw erwischen: ~ un gatto per la coda, eine Katze beim Schwanz fassen 2 fig fam (cogliere sul fatto) ~ qu jdn erwischen fam, jdn ertappen fam: ~ un ladro, einen Dieb erwischen fam/ertappen fam 3 fam (colpire) ~ qu/qc (con qc) {CON UNA PIETRA} (jdn/etw) (mit etw dat) treffen: un sasso l'acchiappò in un braccio, ein Stein hat ihn am Arm getroffen B rfl rec: acchiapparsi sich fangen: giocare ad acchiapparsi, Fangen/Haschen spielen.

acchiappavóti A <inv> agg fam spreg (per acchiappare voti) {MANOVRA, STRATEGIA} Stimmenfang- B <-> mf Stimmenfänger(in) m(f).

acchiappìno m tosc (gioco) Fangspiel n.

acchiocciolàre A tr ~ qc etw schneckenförmig winden B rfl: acchiocciolarsi sich zusammen|kauern, sich zusammen|rollen.

-acchiòtto suff dim klein, -chen: fessacchiotto, Dummerchen, kleiner Spinner; orsacchiotto, Bärchen.

acchito m (nel biliardo) Aussetzen n, Ausgangslage f • di primo ~ fig (subito), auf Anhieb.

acciaccaménto m (ammaccamento) Quetschung f.

acciaccàre <acciacco, acciacchi> tr 1 (ammaccare) ~ qc {PARAFANGO} etw verbeulen, etw zerquetschen 2 (pestare) ~ qc {INSETTO} etw zerquetschen 3 rar fig (abbattere) ~ qu {MALATTIA} (jdn) schwächen: la malattia lo ha molto acciaccato, die Krankheit hat ihn sehr geschwächt/mitgenommen.

acciaccàta f spec autom Delle f.

acciaccàto, (-a) agg 1 (ammaccato) verbeult, zerquetscht, zerbeult 2 fam (indebolito) zerschlagen, kaputt fam 3 fig (prostrato) geschwächt, entkräftet, mitgenommen.

acciaccatùra f 1 med Beule f; (contusione) Quetschung f 2 mus Vorschlag m 3 autom Delle f.

acciàcco <-chi> m (malanno) Beschwerden f pl, Gebrechen n pl: essere pieno di acciacchi, alle möglichen Gebrechen haben, kränklich sein; gli acciacchi della vecchiaia, die Altersbeschwerden, die Gebrechen des Alters.

acciaiàre <acciaio, acciai> tr metall ~ qc etw verstählen.

acciaiatùra f metall Verstählung f.

acciaierìa f metall Stahlwerk n.

acciaìno m Wetzstahl m.

acciàio <acciai> m metall Stahl m: ~ dolce, weicher Stahl; ~ duro, Hartstahl m; ~ inossidabile/temprato, rostfreier/gehärteter Stahl.

acciaiòlo m Wetzstahl m.

acciambellàre A tr ~ qc etw ein|kringeln B rfl: acciambellarsi {GATTO} sich zusammen|rollen.

acciarìno m 1 Feuerstahl m: battere l'~, Feuer schlagen 2 (acciaiolo) Wetzstahl m 3 (nelle armi antiche) Pfanne f 4 (del mozzo della ruota) Achsnagel m.

acciarpàre tr (eseguire in fretta) ~ (qc) {LAVORO} etw verpfuschen fam; (uso assol) pfuschen fam, schludern fam.

acciarpatùra f 1 (lavoro) Pfuschwerk n fam 2 (l'acciarpare) Pfuscherei f fam.

accidèmpoli eufem → accidenti.

accidentàccio inter fam intens zum Teufel!, Himmelherrgott!

accidentàle agg 1 (casuale) zufällig: è stata solo un'~ coincidenza, es war nur ein Zufall/zufälliges Zusammentreffen] 2 (accessorio) nebensächlich 3 filos akzidentell; qualità ~, Akzidenz n.

accidentalità <-> f (casualità) Zufälligkeit f 2 (irregolarità) {+TERRENO} Unebenheit f, Ungleichmäßigkeit f.

accidentalménte avv (casualmente) zufällig, in unvorhergesehener Weise.

accidentàto, (-a) agg 1 (irregolare) {TERRENO} uneben 2 fig (pieno di difficoltà) bewegt: viaggio ~, Reise mit Hindernissen 3 rar med {BRACCIO} gelähmt.

accidènte m 1 (caso) Zufall m: per ~, aus Zufall, zufällig; gli accidenti della vita, die Wechselfälle des Lebens 2 fig fam (in frasi negative: niente): non ... un ~, kein bisschen, keine Spur fam, nicht die Bohne fam; non m'importa un ~, ich scher' mich den Teufel drum fam 3 fig fam (persona fastidiosa o eccessivamente vivace) Quälgeist m fam, Plagegeist m fam, Störenfried m: quel ragazzino è un vero ~, dieser Junge ist ein echter Störenfried 4 fam (colpo apoplettico) Schlag(anfall) m: gli venisse un ~!, der Schlag soll ihn treffen! 5 fam (malanno) Schnupfen m: vestiti bene, se no ti pigli un ~, zieh dich warm an, sonst holst du dir einen Schnupfen 6 rar (disgrazia, incidente) Unglücksfall m: un malaugurato ~ mi fece perdere l'aereo, wegen eines unglücklichen Zwischenfalls habe ich das Flugzeug verpasst 7 filos Zufälligkeit f, Akzidens n 8 ling Akzidens n 9 mus Versetzungszeichen n, Akzidens n • correre come un ~, rennen wie der Teufel; mandare un ~ a qu (augurargli del male), jdm die Pest an den Hals wünschen; mi venisse un ~!, fig fam (stento a credere), ich denk, mich laust der Affe! fam; ich glaub, ich spinn! fam.

accidènti inter fam 1 (di rabbia o contrarietà) verflixt (noch mal)! fam, zum Donnerwetter! fam, fam, verdammt (noch mal)! fam: ~, ho dimenticato l'appuntamento!, verflixt noch mal, ich habe den Termin vergessen! fam; ~ a lui!, zum Teufel mit ihm! 2 (di meraviglia) Donnerwetter!: ~ come sei cresciuto!, Donnerwetter, du bist aber groß geworden!

accidèrba eufem → accidenti.

accìdia f (indolenza) Unlust f; anche relig Trägheit f.

accidióso, (-a) agg (indolente) unlustig, träge: vita accidiosa, träges Leben.

accigliàre <acciglio, accigli> A tr (nella falconeria) "(dem Falken) die Augenlieder zu|nähen" B itr pron: accigliarsi die Stirn runzeln; fig finster drein|blicken, sich verfinstern: appena lo vide si accigliò, sobald er/sie ihn sah, verfinsterte sich [sein/ihr Gesicht]/[seine/ihre Miene].

accigliàto, (-a) agg fig finsterblickend: avere il viso ~, ein finsteres Gesicht machen.

accìngersi <coniug come cingersi> itr pron ~ a qc sich an etw (acc) machen: ~ al lavoro, sich an die Arbeit machen; ~ a fare qc, sich anschicken, (etw zu tun); ~ a partire, langsam aufbrechen.

-àccio suff alterat spreg verflixt fam, verdammt fam spreg, Scheiß- spreg: ragazzaccio, verflixter Bengel fam, Scheißkerl volg.

acciocché cong lett ~ ... congv damit ... ind, auf dass ... ind: te lo ripeto ~ tu mi capisca bene, ich wiederhole es dir, damit/[auf dass] du mich richtig verstehst.

acciottolàre tr ~ qc 1 {STRADA} etw pflastern 2 rar {STOVIGLIE} mit etw (dat) scheppern, mit etw (dat) klappern.

acciottolàto m Steinpflaster n.

acciottolio <-lii> m Scheppern n, (Teller)klappern n.

accipicchia eufem → accidenti.

accìsa f dir Akzise f.

acciuffàre A tr (prendere) ~ qu {LADRO} jdn erwischen fam B rfl rec: acciuffarsi sich (dat) in die Haare geraten fam.

acciùga <-ghe> f 1 itt (alice) Sardelle f, An(s)chovis f: filetti d'~ sott'olio, Sardellenfilets n in Öl; pasta d'acciughe, Sardellenpaste f 2 fig (persona magra) Hering m • stare pigiati come acciughe fig (molto stretti), zusammengedrängt sein wie die Sardinen in der Büchse.

acclamàre A tr ~ qu 1 (applaudire) (jdm) applaudieren, (jdm) Beifall spenden 2 (eleggere) jdn durch Zuruf/Akklamation wählen 3 fig (celebrare) jdn feiern B itr ~ a qc über etw (acc) jubeln.

acclamazióne f 1 (consenso popolare) begeisterte Zustimmung 2 (elezione senza votazione) Akklamation f, Zuruf m.

acclaràre tr forb ~ qc etw klären, etw klar|stellen.

acclimàre A tr ~ qu/qc (a qc) jdn/etw an etw (acc) gewöhnen, etw (irgendwo) ein|gewöhnen B rfl: acclimarsi sich akklimatisieren.

acclimataménto m Akklimatisierung f.

acclimatàre A tr ~ qu/qc (a qc) {MALATO, ANIMALI AL NUOVO CLIMA} jdn/etw an etw (acc) gewöhnen, etw (irgendwo) ein|gewöhnen B itr pron: acclimatarsi (a qc) {A UN AMBIENTE} sich (irgendwo) ein|gewöhnen, sich an etw (acc) gewöhnen; {A UN CLIMA} anche sich (irgendwo) akklimatisieren.

acclimatazióne, **acclimazióne** f Akklimatisierung f.

acclùdere <coniug come escludere> tr ~ qc a qc {FOTOCOPIA A UNA LETTERA} etw (dat) etw bei|fügen, etw (dat) etw bei|legen.

acclùsi 1ª pers sing del pass rem di accludere.

acclùso, (-a) A part pass di accludere B agg beigefügt, beiliegend: ~ alla lettera invio ..., anbei/[als Anlage] übersende ich ...

accoccàre <accocco, accocchi> tr **1** ~ qc {FRECCIA} etw an|legen **2** ~ qc {FAZZOLETTO} etw zusammen|knoten **3** fig obs (assestare) ~ qc (**a qu**) {COLPO} jdm einen Schlag versetzen • **accoccarla a qu** fig (ingannarlo), jdm einen üblen Streich spielen.

accoccolàrsi rfl (rannicchiarsi) sich zusammen|kauern.

accodàre A tr **1** (disporre in fila) ~ qc {CAVALLI} etw aneinander|koppeln **2** ~ qu {PERSONE, SCOLARI} jdn hintereinander auf|stellen B rfl **1** (disporsi in fila): **accodarsi** sich ₁in einer Reihe₁/[hintereinander] auf|stellen **2** fig (seguire): **accodarsi** (**a qc**) {A UN CORTEO} sich (in etw dat) an|schließen.

accogliènte agg **1** (comodo) {CASA} gemütlich, einladend **2** (ospitale) {PERSONA} gastfreundlich.

accogliènza f Empfang m, Aufnahme f: **fare buona ~ a qu**, jdn freundlich empfangen.

accògliere <coniug come cogliere> A tr **1** (ricevere) ~ qu jdn auf|nehmen, jdn empfangen **2** (accettare) ~ qu {SOCIO} jdn auf nehmen; ~ qc {CONSIGLIO, DOMANDA, PROPOSTA} (etw) an|nehmen **3** (contenere) ~ qu {TEATRO 2000 SPETTATORI} jdn fassen, jdn auf nehmen **4** dir ~ qc {RICORSO} etw (dat) statt| geben B rfl lett (radunarsi): **accogliersi** sich versammeln.

accoglimènto m **1** (accettazione) {+DOMANDA} Annahme f **2** lett (accoglienza) Aufnahme f, Empfang m.

accòlito, (-a) A m relig Akoluth m, Akolyth m B m (f) fig spreg (seguace) Jünger(in) m(f), Anhänger(in) m(f).

accollacciàto, (-a) agg (accollato) {VESTITO} hochgeschlossen.

accollàre A tr fig (caricare) ~ qc a qu {IMPEGNO, SPESA A UN SOCIO} jdm etw auf|halsen fam, jdm etw auf|bürden B itr {ABITO, SCARPA} hochgeschlossen sein C rfl indir: **accollarsi qc** {IMPEGNO, RESPONSABILITÀ} etw auf sich nehmen; {DEBITO} etw übernehmen.

accollàto, (-a) agg **1** {CAMICETTA} hochgeschlossen.

accollatùra f Halsausschnitt m.

accòllo m **1** arch Vorsprung m, Verzierung f **2** dir Schuldübernahme f.

accòlta f lett **1** (riunione) {+MAGISTRATI} Versammlung f **2** spreg {+MASCALZONI} Rotte f spreg, Meute f fam spreg, Haufen m fam.

accoltellamènto m Messerstecherei f.

accoltellàre tr ~ qu **1** (uccidere) jdn erstechen **2** (ferire) jdn nieder|stechen, jdn mit Messerstichen verletzen.

accoltellatóre, (-trice) m (f) Messerstecher(in) m(f), Messerheld(in) m(f).

accomandànte dir A mf Kommanditist(in) m(f) B agg beschränkt haftend.

accomandàre A tr **1** (raccomandare) ~ **qu a qu** jdm jdn an|vertrauen **2** ~ qc a qu {ANIMA A DIO} jdm etw an|empfehlen B rfl lett: **accomandarsi a qu** sich jds Schutz an| vertrauen forb.

accomandatàrio, (-a) <-ri m> dir A m (f) Komplementär(in) m(f) B agg unbeschränkt haftend.

accomàndita f dir (società in accomandita) Kommanditgesellschaft f.

accomiatàre, accommiatàre A tr (congedare) ~ qu jdn verabschieden B rfl: **accom(m)iatarsi** (**da qu**) sich (von jdm) verabschieden, (von jdm) Abschied nehmen.

accomodamènto m **1** gener Vergleich m, Ausgleich m, Einigung f: ~ **amichevole**, gütlicher Ausgleich **2** bibl Akkommodationslehre f **3** ott Akkommodation f.

accomodànte agg (condiscendente) entgegenkommend; gefügig, nachgiebig, fügsam.

accomodàre A tr **1** (aggiustare) ~ qc {CALZE} etw aus|bessern; {BICICLETTA} etw reparieren; {CASA} etw wieder her|richten **2** (riordinare) ~ qc etw in Ordnung bringen, (etw) auf|räumen **3** (preparare) ~ qc {STANZA} etw (her|)richten **4** fig (sistemare) ~ qc {FACCENDA} etw erledigen; {VESTITO} etw richten; {CAPELLI} etw in Ordnung bringen, sich (dat) etw frisieren **5** fig (saldare) ~ qc {DEBITO} etw begleichen **6** fig (comporre) ~ qc {LITE} etw bei|legen **7** iron (conciare) ~ qu jdn übel zu|richten B itr (tornare comodo) ~ **a qu** jdm passen C itr pron: **accomodarsi** ₁in Reine₁/[in Ordnung] kommen: **col tempo tutto si accomoda**, mit der Zeit kommt alles ₁ins Lot₁/[in Ordnung]; kommt Zeit, kommt Rat prov D rfl: **accomodarsi 1** (adattarsi) sich behelfen **2** (mettersi a proprio agio) es sich (dat) bequem machen; (sedersi) Platz nehmen **3** (entrare) ein|treten E rfl rec (accordarsi): **accomodarsi** sich einigen • **prego, si accomodi!** (si segga!), bitte, nehmen Sie Platz!; (entri!), bitte, treten Sie ein!

accomodatùra f (riparazione) {+SCARPE, SEDIA} Ausbesserung f, Reparatur f.

accomodazióne f ott Akkommodation f.

accompagnamènto m **1** Begleitung f: **lettera di ~**, Begleitbrief m; ~ **musicale**, musikalische Begleitung **2** (seguito) Geleit n, Gefolge n: ~ **funebre**, Totengeleit n **3** dir (davanti all'autorità giudiziaria) Vorführung f (vor den Richter).

accompagnàre A tr **1** (andare insieme) ~ qu (+ **compl di luogo**) jdn (irgendwohin) begleiten; (portare) jdn irgendwohin bringen: ~ **qu a casa**, jdn nach Hause begleiten/ bringen; ~ **il defunto al cimitero**, dem Verstorbenen das letzte Geleit geben; ~ qu **alla stazione**, jdn zum Bahnhof begleiten/bringen; **insistette nel volerci ~**, er/sie beharrte darauf, uns zu begleiten; ~ **la sposa all'altare**, die Braut zum Altar führen **2** (unire) ~ qc (**con qc**) (etw dat) etw bei|fügen: ~ **un dono con un biglietto**, einem Geschenk ein Kärtchen beifügen **3** (chiudere con delicatezza) ~ qc {CANCELLO, PORTA} etw langsam schließen **4** fig (seguire): ~ **qu col pensiero**, an jdn denken; ~ **qu con lo sguardo**, jdm nachblicken **5** dir ~ **qu** (dem Richter) vorführen **6** mus ~ **qu** jdn begleiten: ~ **qu con il violino**, jdn auf der Violine begleiten B rfl **1** (prendere come compagno): **accompagnarsi a/con qu** {A STRANI TIPI} sich an jdn an|schließen, sich zu jdm gesellen; {CON UNA DONNA SPOSATA} sich mit jdm liieren forb, eine Verbindung/Liaison forb mit jdm ein|gehen **2** mus: **accompagnarsi con qc** sich mit etw (dat) begleiten C itr pron: **accompagnarsi** (+ **compl di modo**) {COLORI BENE, MALE} (irgendwie) harmonieren, (irgendwie) zusammen|passen • **meglio soli che male accompagnati** prov, besser allein, als in schlechter Gesellschaft.

accompagnàto, (-a) A part pass di accompagnare B agg **1** (in compagnia di qu) in Begleitung/Gesellschaft: **esce sempre ~**, er geht immer in Begleitung/Gesellschaft aus **2** fig (unito) ~ **da qc** von etw (dat) begleitet, mit etw (dat) einhergehend: **mal di gola ~ da febbre**, von Fieber begleitetes Halsweh, mit Fieber einhergehendes Halsweh.

accompagnatóre, (-trice) m (f) anche mus Begleiter(in) m(f): ~ **turistico**, Reisebegleiter m.

accompagnatòria f amm Begleitbrief m, Begleitschreiben n.

accompagnatòrio, (-a) <-ri m> agg (di accompagnare) {BIGLIETTO} Begleit-.

accompagnatrìce f → **accompagnatore**.

accompàgno m amm: **lettera di ~**, Begleitbrief m.

accomunàre A tr **1** (mettere in comune) ~ qc {FORZE} etw vereinen; {RICCHEZZA} etw zusammen|tun **2** (avere in comune): qc accomuna qu {INTERESSI} jd hat etw gemeinsam **3** (riunire) ~ qc {QUALITÀ} etw verbinden, etw vereinen, etw vereinigen **4** (mettere alla pari) ~ (**qu**) {MORTE UOMINI} jdn gleich machen, jdn gleich behandeln B rfl rec (rendersi uguali): **accomunarsi** (**in qc**) {NELLA SVENTURA} sich (in etw dat) verbrüdern.

acconciamènto m rar Aufmachung f.

acconciàre <acconcio, acconci> A tr **1** (preparare) ~ qc {LETTO, STANZA} etw (her|)richten **2** fig rar (sistemare) ~ qc {QUESTIONE} etw erledigen, etw regeln **3** (adornare con cura) ~ qu jdn zurecht|machen; (pettinare) jdn frisieren; (abbigliare) jdn an|kleiden B rfl **1** (abbellirsi): **acconciarsi** sich zurecht|machen; (pettinarsi) sich frisieren; (abbigliarsi) sich an|kleiden **2** (adattarsi) **acconciarsi a fare qc** sich damit behelfen, etw zu tun; sich mit etw (dat) behelfen; ~ **a dormire per terra**, sich damit behelfen, auf dem Boden zu schlafen **3** forb (disporsi) **acconciarsi a fare qc** sich darauf vor|bereiten, etw zu tun; sich auf etw (acc) vor|bereiten: **acconciarsi a partire**, sich auf die Abfahrt vorbereiten.

acconciatóre, (-trice) m (f) (parrucchiere) Friseur m, (Friseuse f).

acconciatùra f **1** (pettinatura) Frisur f **2** (ornamento) Haarschmuck m.

accòncio, (-a) <-ci, -ce> agg **1** (idoneo) geeignet **2** (opportuno) angebracht.

accondiscendènte agg **1** (accomodante) entgegenkommend **2** (arrendevole) nachgiebig.

accondiscendènza f → **condiscendenza**.

accondiscéndere <coniug come scendere> itr (dare il consenso) ~ **a qc** {A UNA PREGHIERA} auf etw (acc) ein|gehen, (in etw acc) ein|willigen.

acconsentimènto m rar Zustimmung f.

acconsentìre A itr **1** ~ (**a qc**) (etw dat) zu|stimmen, (in etw acc) ein|willigen; {A UNA RICHIESTA} auf etw (acc) ein|gehen **2** tecnol ~ **a qc** {ALLA PRESSIONE} (etw dat) nach|geben B tr lett (accordare) ~ qc etw erlauben; {PRESTITO} etw bewilligen.

acconsenziènte agg {SILENZIO} zustimmend.

accontentamènto m Zufriedenstellen n, Befriedigung f.

accontentàre A tr **1** ~ **qu** jdn zufrieden stellen **2** (appagare) ~ qc {DESIDERIO} etw erfüllen B rfl: **accontentarsi** (**di qu/qc**) sich (mit jdm/etw) begnügen, sich (mit jdm/etw) zufrieden|geben.

accónto m (anticipo) Anzahlung f: ~ **d'imposta**, Steuervorauszahlung f; **in ~**, als Anzahlung • ~ **dividendo** econ, Dividendenvorschuss m, Abschlagdividende f.

accoppàre fam A tr **1** ~ qu (uccidere) ~ **qu/qc** {ANIMALE} jdn/etw erschlagen, jdn kaltmachen **2** fig (massacrare) ~ qu jdn übel zu| richten B rfl: **accopparsi** krepieren fam.

accoppiaménto m **1** (abbinamento) {+BALLERINI} Zusammenstellung f: ~ **di colori/parole**, Farbkombination f/Wortverbindung f **2** (rif. a persone) Beischlaf m, Begattung f; (rif. a animali) Paarung f, Beschälung f **3** elettr radio Kopplung f **4** inform Verbindung f, Kopplung f **5** mecc Kupplung f; Passung f.

accoppiàre <accoppio, accoppi> A tr **1** (ab-

binare) ~ *qu/qc jdn/etw* zusammen|stellen, *jdn/etw* verbinden **2** (*unire carnalmente*) ~ *qc* {ANIMALI} *etw* paaren **3** *inform* ~ *qc etw* verbinden, *etw* koppeln **4** *tecnol* ~ *qc etw* koppeln **B** *rfl* **1** (*mettersi in coppia*): **accoppiarsi *con qu*** sich *mit jdm* zusammen|tun **2** (*unirsi carnalmente*): **accoppiarsi *con qc*** {ANIMALE CON UN ANIMALE} *etw* begatten **C** *rfl rec:* **accoppiarsi 1** {PERSONE} sich zusammen|tun **2** (*unirsi carnalmente*) {ANIMALI} sich begatten, sich paaren.

accoppiàta f (*nell'ippica*) Doppelwette f.

accoppiàto, (-a) *agg* **1** (*abbinato*) gepaart, paarweise geordnet **2** *mecc* gekuppelt **3** *radio elettr* gekoppelt • **quei due sono bene accoppiati!** *anche scherz*, die beiden passen gut zusammen! *scherz*, da haben sich ₁die zwei Richtigen₁/[zwei] gefunden!

accoppiatóre m **1** *ferr* Kuppelschlauch m **2** *elettr radio* Koppler m: ~ **direzionale**, Richtungskoppler m.

accoraménto m (*dolore profondo*) tiefer Kummer, Gram m, Herzeleid n *lett*.

accoràre **A** *tr* **1** (*uccidere*) ~ *qc* {MAIALE} *etw* (dat) (das Messer) ins Herz stechen **2** *fig* (*addolorare*) ~ *qu jdn* zutiefst betrüben, *jdn* zutiefst bekümmern **B** *itr pron fig:* **accorarsi** betrübt werden; **accorarsi *per qc*** sich (dat) *etw* zu sehr zu Herzen nehmen, *etw* zu schwer|nehmen.

accoràto, (-a) *agg* (*addolorato*) {VOCE} traurig; {VEDOVA} *anche* untröstlich; {PIANTO} herzzerreißend.

accorciaménto m {+ASSE, BASTONE} Verkürzen n; {+GONNA, TESTO} Kürzung f, Kürzen n; {+GIORNATE} Kürzerwerden n.

accorciàre <*accorcio, accorci*> **A** *tr* ~ *qc* **1** (*abbreviare*) *etw* verkürzen; {PERCORSO} *anche etw* ab|kürzen; {DISCORSO} *etw* kürzen; ~ **le distanze** *anche fig*, den Abstand verringern **2** (*diminuire di lunghezza*) *etw* kürzer machen **B** *itr pron:* **accorciarsi** sich verkürzen; {GIORNATE} *anche* kürzer werden; *fig* {DISTANZE} sich verringern.

accorciàta f Kürzen n, Abkürzen n, Verkürzen n.

accorciatìvo, (-a) *gramm* **A** *agg* ab-, verkürzend **B** m Kurzform f, Kurzwort n.

accorciatùra f Abkürzung f.

accordàre **A** *tr* ~ *qc* **1** (*conciliare*) *etw* in Einklang bringen **2** (*armonizzare*) {STILI} *etw* (miteinander) in Einklang bringen; {COLORI} *etw* (aufeinander) ab|stimmen **3** (*concedere*) {GRAZIA} *etw* gewähren, *etw* zu|gestehen; *amm etw* bewilligen **4** *gramm etw* übereinstimmen lassen, *etw* in Übereinstimmung bringen **5** *mus* {CHITARRA, PIANOFORTE} *etw* stimmen **B** *itr pron* **1** {COLORI} **accordarsi** zusammen|passen **2** (*conformarsi*) **accordarsi *con qc*** {COMPORTAMENTO} *mit etw* (dat) überein|stimmen **C** *rfl rec:* **accordarsi (*su qc*)** {COLLABORATORI SUL PROCEDERE} sich (*über etw* acc) einigen.

accordàto, (-a) *agg* **1** (*concesso*) {PERMESSO} gewährt; {GRAZIA} *anche* zugestanden *forb* **2** *fig* {COLORI} zueinander passend, (aufeinander) abgestimmt **3** *mus* gestimmt.

accordatóre, (-trice) m (f) *mus* Stimmer(in) m (f).

accordatùra f *mus* Stimmen n (von Instrumenten).

accòrdo m **1** (*concordia*) Einigkeit f, Übereinstimmung f, Einklang m, Einverständnis n **2** (*intesa*) Übereinkunft f, Einigung f, Einvernehmen n: ~ **amichevole**, freundschaftliches Übereinkommen, gütliche Einigung, gütliches Einvernehmen **3** (*patto*) Abkommen n **4** (*armonia*) {+COLORI} Abstimmung f **5** *dir* (*contratto*) Vertrag m **6** *dir* (*trattato*)

(*völkerrechtlicher*) Vertrag **7** *dir* (*transazione*) {+PARTI IN LITE} Vergleich m **8** *gramm* Übereinstimmung f **9** *mus* Akkord m • **andare d'~** (*essere in armonia*), {FRATELLI} sich vertragen; **andare d'~ con qu** (*essere in armonia con qu*), {CON UN VICINO DI CASA} sich mit jdm vertragen, sich mit jdm (gut) verstehen; **di clearing** *econ*, Clearingabkommen n; **di comune ~** (*concordemente*), im Einvernehmen; **d'~!** (*bene!*), einverstanden!, o.k.!; **come d'~** (*come convenuto*), wie vereinbart; **essere d'~** (*concordare, convenire*), einverstanden sein; **mettersi d'~** (*trovare un'intesa*), sich einigen; ~ **multifibre** *econ*, Multifaser-Abkommen n; **prendere (gli) accordi**, Vereinbarungen treffen; **stare agli accordi** (*stare ai patti*), die Abmachungen einhalten; **trovarsi d'~ su qc** (*concordare su qc*), sich (dat) über *etw* (acc) einig sein.

accòrgersi <*mi accorgo, ti accorgi, mi accorsi, mi sono accorto*> *itr pron* **1** (*vedere*) ~ **di qu/qc** *jdn/etw* wahr|nehmen, *jdn/etw* bemerken **2** (*rendersi conto*) ~ **di qc** *etw* merken, *etw* bemerken, sich *etw* (gen) bewusst werden: **non si è accorto di morire**, er ist gestorben, ohne es zu merken; (*nel sonno*) er ist sanft entschlafen *forb eufem*; **ti accorgerai presto che con me non si scherza**, du wirst bald merken, dass mit mir nicht zu spaßen ist.

accorgiménto m **1** (*avvedutezza*) Umsicht f, Aufmerksamkeit f, Klugheit f **2** (*espediente*) Trick m, Kniff m, Kunstgriff m.

accorpaménto m {+IMPRESE} Zusammenlegung f.

accorpàre *tr* ~ *qc etw* zusammen|legen.

accórrere <*coniug come* correre> *itr* <*essere*> {PERSONE} herbei|eilen, herbei|laufen: **accorremmo sul luogo dell'incidente**, wir eilten zum Unfallort.

accórsi A 1ª pers sing del pass rem di accorrere **B** mi – 1ª pers sing del pass rem di accorgersi.

accórso *part pass* di accorrere.

accortézza f **1** (*avvedutezza*) Umsicht f, Sorgfalt f **2** (*sagacia*) Schlauheit f.

accòrto, (-a) **A** *part pass* di accorgersi **B** *agg* (*prudente*) aufmerksam, vorsichtig, umsichtig; (*astuto*) klug, schlau: **essere/stare ~**, vorsichtig sein, auf der Hut sein; **fare ~ qu di qc**, jdn vor *etw* (dat) warnen.

accosciàrsi <*mi accoscio, ti accosci*> *rfl* (*accovacciarsi*) in die Hocke gehen, sich nieder|kauern, sich hin|hocken.

accostàbile *agg* **1** (*accessibile*) {SPIAGGIA} erreichbar **2** (*disponibile*) {PERSONA} zugänglich.

accostaménto m **1** {+COLORI} Kombination f **2** (*anche fig*) (*avvicinamento*) ~ **a qc** {A RIVA, AL SACRAMENTI} Annäherung f *an etw* (acc); *fig* (*adesione*) {A UN PARTITO} Anschluss m *an etw* (acc), Annäherung f *an etw* (acc) **3** *mar* Anlegen n.

accostàre A *tr* **1** (*avvicinare*) ~ *qc* {BICCHIERI} *etw* nebeneinander|stellen, *etw* nebeneinanderrücken; {TAPPETI} *etw* zusammen|schieben; ~ **qc a qc** {MACCHINA AL MARCIAPIEDE} *etw* näher *an etw* (acc) parken; {BICCHIERE ALLE LABBRA} *etw an etw* (acc) führen; {ORECCHIO AL MURO} *etw an etw* (acc) legen: ~ **la sedia alla parete**, den Stuhl an die Wand rücken **2** ~ **qu** sich *jdm* nähern **3** (*socchiudere*) ~ *qc* {IMPOSTE, PORTA} *etw* an|lehnen **B** *itr aero mar* den Kurs wechseln **C** *rfl* **1** **accostarsi a qu/qc** sich (*jdm/etw*) nähern **2** *fig:* **accostarsi a qc** {ALL'ARTE} sich *etw* (dat) an|nähern; {A UN PARTITO} *etw* (dat) bei|treten; {A UN'IDEA} *etw* (dat) bei|pflichten; {AI CLASSICI} sich *an etw* (acc) an|

lehnen.

accostàta f *aero mar* **1** (*cambiamento di rotta*) Kursänderung f **2** (*manovra d'accostare*) {+AEREO} Landung f; {+NAVE} Anlegen n.

accostàto, (-a) *agg* (*socchiuso*) {IMPOSTE, PORTONE} angelehnt.

accòsto A *avv* (*vicino*) daneben, dabei **B** *loc prep:* ~ **a qu/qc** (*stato*) neben jdm/etw; (*moto*) neben jdn/etw.

accostumàre A *tr rar* (*abituare*) ~ **qu (a qc)** *jdn an etw* (acc) gewöhnen **B** *rfl:* **accostumarsi (a qc)** sich *an etw* (acc) gewöhnen.

accotonàre *tr* ~ *qc* **1** *tess etw* auf|rauen **2** {CAPELLI} *etw* toupieren.

account <-> m *ingl* **1** *comm* {+CASSA, FORNITORI} Buchung f **2** *comm* (*account executive*) Kontakter(in) m(f), Kundenbetreuer(in) m(f) **3** *industr* Buchung f **4** *inform* Account m.

account executive <-, - -s *pl ingl*> *loc sost mf ingl comm* Kontakter(in) m(f), Kundenbetreuer(in) m(f).

accovacciàrsi <*mi accovaccio, ti accovacci*> *rfl* {ANIMALE} sich nieder|kauern; {PERSONA} in die Hocke gehen, sich nieder|hocken.

accozzàglia f **1** (*gruppo*) {+GENTE DIVERSA} Haufen m *fam*, zusammengewürfelte Menge **2** (*mucchio*) {+MOBILI} Haufen m *fam*, Sammelsurium n *spreg* **3** *fig* {+STILI DIVERSI} Gemisch n, Mischmasch m *fam*.

accozzàme m *spreg* **1** (*gruppo*) {+PERSONE} Haufen m *fam*, zusammengewürfelte Menge **2** (*mucchio*) {+OGGETTI INUTILI} Haufen m *fam*, Sammelsurium n *spreg*.

accozzaménto m (*mescolanza*) bunte Mischung.

accozzàre *tr* ~ *qu/qc* {PERSONE DIVERSISSIME, COLORI, IDEE} *jdn/etw* zusammen|würfeln.

accreditàbile *agg comm* akkreditierbar.

accreditaménto m **1** (*conferma*) {+NOTIZIA, OPINIONE} Bestätigung f, Bekräftigung f **2** *banca* Gutschrift f: ~ **in conto**, Verrechnung f **3** *diplomazia* {+DIPLOMATICO} Akkreditierung f, Beglaubigung f.

accreditànte A *agg* beglaubigend, bewahrheitend **B** *mf banca* Kreditgeber(in) m(f).

accreditàre *tr* **1** (*avvalorare*) ~ *qc* {NOTIZIA, TESI} *etw* glaubhaft machen **2** *banca* ~ *qc* {SOMMA} *etw* gut|schreiben **3** *diplomazia* ~ *qu* {DIPLOMATICO} *jdn* akkreditieren.

accreditàrio, (-a) <-*ri*> m (f) *banca* Kreditnehmer(in) m(f).

accreditàto, (-a) **A** *agg* **1** (*che gode credito*) {DITTA} angesehen, renommiert **2** (*degno di credito*) {NOTIZIA} glaubwürdig **3** *diplomazia giorn* {DIPLOMATICO, GIORNALISTA} akkreditiert **B** m (f) *banca* Akkreditierte mf *decl come agg*.

accrèdito m *banca* Gutschrift f, Kredit m.

accréscere <*coniug come* crescere> **A** *tr* <*avere*> (*potenziare*) ~ *qc* {RICCHEZZA} *etw* an|wachsen lassen, *etw* vergrößern; {PRESTIGIO} *etw* erhöhen, *etw* steigern: ~ **la propria cultura**, sich weiterbilden **B** *itr* <*essere*> (*crescere*) ~ **in qc** {NEL SUCCESSO} *etw* steigern, *etw* vergrößern **C** *itr pron:* **accrescersi** {RENDITA} steigen, zu|nehmen; {CRISI} sich zu|spitzen.

accresciménto m **1** (*aumento*) {+POPOLAZIONE, RICCHEZZA} Anwachsen n, Zunahme f, Vermehrung f; {+PREZZI, PRODOTTO INTERNO LORDO} Erhöhung f **2** *biol* (*crescita, sviluppo*) Wachstum m **3** *dir* Anwachsung f.

accrescitìvo, (-a) **A** *agg* steigernd, wachstumsfördernd **B** m *gramm* Vergrößerungsform f.

accucciàrsi <mi accuccio, ti accucci> rfl {CANE} sich hin|legen; (in seguito ad un ordine) kuschen: **stare accucciato in un angolo** (accovacciato), {PERSONA} sich in eine Ecke kuscheln.

accudiménto m {+BAMBINO} Versorgung f, Betreuung f; {+INFERMO} anche Pflege f.

accudìre <accudisco> **A** tr (avere cura) ~ **qu** {BAMBINO} jdn versorgen, jdn betreuen; {INFERMO} anche jdn pflegen **B** itr ~ **a qc** etw besorgen, sich um etw (acc) kümmern, etw erledigen.

acculàre **A** tr ~ **qc** **1** (far retrocedere) {MULO} etw ⌊rückwärts|gehen⌋/[zurückgehen] lassen **2** (appoggiare sulla parte posteriore) {CARRO} etw hinten auf|setzen **B** itr pron **1 accularsi** {QUADRUPEDI} sich auf die Hinterbeine setzen **2** fig spreg (stanziarsi): **accularsi** (+ compl di luogo) {PARENTI} sich irgendwo ein|nisten spreg.

acculturaménto m → **acculturazione**.

acculturàre **A** tr etnol sociol ~ **qu** {POPOLO} jdn akkulturieren **B** itr pron: **acculturarsi 1** etnol sociol {POPOLO} akkulturiert werden, sich kulturell an|passen **2** {PERSONA} sich (oberflächlich) bilden.

acculturàto, (-a) agg **1** {PERSONA} mit Halbbildung, pseudogebildet: **è un uomo – più che colto**, die Bildung eines Mannes ⌊geht nicht in die Tiefe⌋/[ist nur aufgesetzt] **2** etnol sociol {GRUPPO SOCIALE, POPOLAZIONE} akkulturiert.

acculturazióne f etnol sociol {+GRUPPO SOCIALE, NAZIONE} Akkulturation f, kulturelle Anpassung.

accumulaménto m Anhäufung f, Ansammlung f.

accumulàre **A** tr (ammucchiare) ~ (**qc**) {OGGETTI, RICCHEZZE} etw an|häufen **B** itr pron: **accumularsi** {LAVORO} sich anhäufen, sich ansammeln; {LIBRI} sich häufen, sich stapeln.

accumulatóre, (-trice) **A** m (f) Sammler(in) m(f) **B** m **1** elettr Akkumulator m, Sammler m: **caricare un ~**, einen Akkumulator laden; **~ al ferro-nickel**, Edisonakkumulator m **2** tecnol Speicher m, Sammler m: **~ idraulico**, Druckwasserspeicher m; **~ di vapore**, Dampfspeicher m **3** inform Akkumulator m.

accumulazióne f **1** (cumulo) Anhäufung f, Ansammlung f; (azione) anche Ansammeln n, (An)häufen n **2** econ Kapitalansammlung f, Akkumulation f **3** ling Akkumulation f **4** fis Zuwachs m **5** tecnol (Auf)speicherung f.

accùmulo m **1** (ammasso) Anhäufung f **2** elettr Stauung f **3** geol Akkumulation f, Ablagerung f **4** tecnol Speicherung f.

accurataménte avv (con cura) sorgfältig; (in modo preciso) gründlich, genau.

accuratézza f (cura) Sorgfalt f; (precisione) Gründlichkeit f, Genauigkeit f; (scrupolosità) Gewissenhaftigkeit f.

accuràto, (-a) agg **1** (curato) {LAVORO} akkurat, sorgfältig, sauber; (preciso) gründlich, genau, präzise **2** (meticoloso) {PERSONA} gepflegt.

accùsa f **1** (attribuzione di colpa) Beschuldigung f, Anschuldigung f **2** dir (imputazione) Anklage f **3** (magistrato) Staatsanwalt m: **pubblica ~**, Staatsanwalt(schaft f) m **4** (nei giochi di carte) Meldung f, Ansage f.

accusabilità <-> f Klagbarkeit f.

accusàre **A** tr **1** (incolpare) ~ **qu/qc (di qc)** {POLITICO, ISTITUZIONE DI NEGLIGENZA} jdn/ etw (etw gen) beschuldigen, jdn/etw (etw gen) an|klagen, jdm/etw etw vor|werfen, jdn (etw gen) bezichtigen **2** dir ~ **qu (di qc)** {IM-PIEGATO DI FURTO, DI TRUFFA} jdn (etw gen/wegen etw gen) an|klagen, jdn (etw gen) beschuldigen, jdn (etw gen) bezichtigen: **~ qu di aver rubato**, jdn (wegen) des Diebstahls anklagen **3** (palesare) ~ **qc** {DOLORE, MALE} etw verspüren, etw fühlen, etw haben; (lasciar scorgere) {STANCHEZZA} etw erkennen lassen, etw zeigen, etw verraten **4** (nei giochi di carte) ~ **qc** {ASSO} etw melden, etw an| sagen **B** rfl: **accusarsi di qc** sich (etw gen) an|klagen, sich (etw gen) beschuldigen **C** rfl rec: **accusarsi di qc** sich (gegenseitig) (etw gen) an|klagen, sich (gegenseitig) (etw gen) beschuldigen, sich (gegenseitig) etw (gen) bezichtigen.

accusàta f → **accusato**.

accusatìvo m gramm Akkusativ m, Wenfall m.

accusàto, (-a) dir **A** agg angeklagt, beschuldigt **B** m (f) (imputato) Angeklagte mf decl come agg.

accusatóre, (-trice) m (f) **1** gener Ankläger(in) m(f) **2** (magistrato) Staatsanwalt m, (Staatsanwältin f) **3** dir Kläger(in) m(f).

accusatòrio, (-a) <-ri m> agg anche dir anklagend, Anklage-.

accusatrìce f → **accusatore**.

àce① **A** <inv> agg (con vitamina A, C ed E) {SUCCO DI FRUTTA} ACE- **B** <-> m (succo) ACE--Getränk n.

àce② <-> m ingl sport (nel tennis) Ass n.

acefalìa f med Kopflosigkeit f, Azephalie f scient.

acèfalo, (-a) agg **1** (senza testa) {ANIMALE} kopflos **2** fig (senza direzione) {PARTITO} führungslos **3** edit {LIBRO} "ohne die ersten Seiten oder ohne Titel".

acellulàre agg biol zellenlos.

acerbità <-> f **1** (asprezza) Schärfe f, Herbheit f, Bitterkeit f **2** (immaturità) Unreife f, Unreifheit f.

acèrbo, (-a) agg **1** (immaturo) unreif **2** anche fig (aspro) {CRITICA} scharf **3** fig (molto giovane) {VINO} zu jung; {RAGAZZO} anche grün **4** fig (duro) {DOLORE} bitter, heftig; {PUNIZIONE} hart.

àcero m **1** bot Ahorn m **2** (legno) Ahorn(holz n) m.

acèrrimo, (-a) <superl di acre> agg (irriducibile) {NEMICO} Tod-, erbittert; {ODIO} bitter, tödlich, unversöhnlich.

acescènza f enol (il diventare aceto) {+VINO} Sauerwerden n, Übergehen n in Säure, Stich m fam.

acetàbolo m anat (Hüft)gelenkpfanne f.

acetàto m chim tess Acetat n.

acètico, (-a) <-ci, -che> agg chim essigsauer, essighaltig, Essig-.

acetièra f (ampolla) Essigfläschchen n.

acetificàre <acetifico, acetifichi> tr chim ~ **qc** {VINO} etw zu Essig werden lassen.

acetìle m chim Acetyl n.

acetilène m chim Acetylen n.

acetìlico, (-a) <-ci, -che> agg chim Acetyl-.

acetilsalicìlico, (-a) <-ci, -che> agg chim Acetylsalicyl-.

acetìre <acetisco> itr <essere> zu Essig werden.

acéto m **1** Essig m: **~ aromatico**, Kräuteressig m; **~ balsamico**, Balsamessig m; **cetriolini sott'~**, Essiggurken f pl; **mettere qc sott'~**, etw in Essig einlegen **2** fig lett (mordacità) Bissigkeit f.

acetóne m **1** chim Aceton n **2** (solvente per smalto) Nagellackentferner m **3** med Acetonämie f scient, Acetonurie f scient, Ketonurie f scient.

acetósa f bot Sauerampfer m.

acetosèlla f bot Sauerklee m: **sale di ~**, Kleesalz n.

acetosità <-> f Säure f.

acetóso, (-a) agg sauer, säuerlich.

achèo, (-a) **A** agg {GUERRIERO} achäisch **B** <di solito al pl> m (f) lett (persona) Achäer(in) m(f).

Acherónte m fig lett Unterwelt f.

Achìlle m (nome proprio) Achilles.

achillèa f bot Schafgarbe f.

achillèo, (-a) agg mitol {TALLONE} Achilles-; anat {TENDINE} Achilles-.

ACI m **1** abbr di Automobile Club d'Italia: "Italienischer Automobilklub"; ≈ ADAC m (abbr di Allgemeiner Deutscher Automobil-Club) **2** abbr di Azione Cattolica Italiana: "Katholische Aktion Italiens"; ≈ Katholische Aktion.

acìclico, (-a) <-ci, -che> agg bot chim fis geol azyklisch.

acidificànte chim **A** agg säurebildend **B** m Säuerungsmittel n.

acidificàre <acidifico, acidifichi> **A** tr <avere> ~ **qc** {SOSTANZA} etw säuern **B** itr <essere> sauer werden.

acidificazióne f chim Säurebildung f, (An)säuerung f.

acidità <-> f **1** (asprezza) Säure f **2** chim Säuregrad m, Acidität f, Säuregehalt m **3** med Überacidität f: **~ di stomaco**, Sodbrennen n fam **4** fig (mordacità) Bissigkeit f.

àcido, (-a) **A** agg **1** (aspro) sauer **2** (inacidito) {LATTE, VINO} sauer **3** fig {COMMENTO, RISPOSTA} bissig; {CRITICA} anche beißend, scharf **4** agr geol {ROCCIA, SUOLO} sauer **5** chim sauer, säurehaltig: **reazione acida**, saure Reaktion **B** m anche chim Säure f: **~ cianìdrico**, Blausäure f, Zyanwasserstoff m; **~ cloridrico/muriatico**, Salzsäure f, Chlorwasserstoffsäure f; **~ fenico**, Karbolsäure f, Phenol n, Monoxydbenzol n; **resistente agli acidi**, säurebeständig, säurefest; **~ solfidrico**, Schwefelwasserstoff m.

acidòsi <-> f med Überacidität f, Acidose f scient.

acìdulo, (-a) agg (leggermente acido) {SAPORE} säuerlich.

acidùme m **1** (sapore) saurer Geschmack **2** (sostanza) Säure f.

acinètico, (-a) <-ci, -che> agg **1** med akinetisch scient **2** farm bewegungshemmend.

aciniförme agg beerenartig, traubenförmig.

àcino m **1** (d'uva) (Wein)traube f; **~ d'uva**, (Wein)traube f **2** (vinacciolo) (Weintrauben)kern m **3** lett {+ROSARIO} Perle f **4** anat Lungen-, Drüsenbläschen n.

acinóso, (-a) agg anat azinös scient.

aclassìsmo m polit Klassenlosigkeit f.

aclassìsta <-i m, -e f> agg polit klassenlos.

ACLI f pl abbr di Associazioni Cristiane dei Lavoratori Italiani: "Christlicher Verband der Italienischen Arbeiter".

àcme f **1** fig (apice) Höhepunkt m, Gipfel m **2** med Höhepunkt m, Wendepunkt m, Akme f scient.

àcne f med Finnenausschlag m, Akne f scient.

acnèico, (-a) <-ci, -che> agg med Aknescient.

aconcettuàle agg filos begriffslos.

aconfessionàle agg konfessionslos, bekenntnislos.

aconfessionalità <-> f Konfessions-, Bekenntnislosigkeit f.

acostituzionàle agg dir {DELIBERAZIONE} verfassungswidrig.

acotilèdone *bot* A *agg* keimblattlos, akotyledon *scient* B *f* keimblattlose Pflanze, Akotyledone *f scient*.

àcqua *f* **1** *gener* Wasser *n* ~ **benedetta**, Weihwasser *n*; **acque bianche/nere**, Regenwasser *n*/Abwässer *n pl*; ~ **corrente**, fließendes Wasser; ~ **dolce/dura**, weiches/hartes Wasser; ~ **dolce/salata**, Süß-/Salzwasser *n*; ~ **gassata**, Sprudel *m*, Sprudelwasser *n*; ~ **minerale/potabile**, Mineral-/Trinkwasser *n*; **dare l'~ alle piante**, die Pflanzen gießen; ~ **di raffreddamento** *mecc*, Kühlwasser *n*; ~ **salmastra**, Brackwasser *n*; ~ **superficiale**, Tageswasser *n* **2** <*gener al pl*> (*distesa di acque*) Gewässer *n pl*, Wasserfläche *f*: **acque interne**, Binnengewässer *n pl*; **acque navigabili**, schiffbare Gewässer *n pl*; **acque territoriali**, Hoheits-, Territorialgewässer *n pl* **3** (*pioggia*) Regen *m*: ~ **a catinelle/dirotto**, Regenguss *m*; **l'~ viene giù a catinelle/dirotto**, es gießt in Strömen; **ho preso tanta di quell'~**! *fam*, ich bin dermaßen nass geworden! *fam* **4** <*di solito al pl*> (*acque termali*) Thermalquellen *f pl*, (Thermal)bad *n* **5** (*miscuglio liquido*) Wasser *n*: ~ **borica**, Borwasser *n*; ~ **di Colonia**, Kölnischwasser *n*; ~ **ossigenata**, Wasserstoffsuperoxyd *n*; ~ **ragia**, Terpentin *n*; ~ **regia**, Königswasser *n*; ~ **di rose**, Rosenwasser *n*; ~ **tonica**, Tonic(wasser) *n*, Tonic Water *n* **6** <*di solito al pl*> (*liquido amniotico*) Fruchtwasser *n* **7** (*limpidezza*) {+DIAMANTE} Wasser *n*, Glanz *m*, Feuer *n*: **un brillante d'~ purissima**, ein Brillant reinsten Wassers **8** *astrol*: **segno d'~**, Sternzeichen *n* des Wassers • ~ **alta**, Hochwasser *n*; (*alta marea*) Flut *f*; **gettare l'~ sporca col bambino dentro** *fig* (*eliminare inequivocabilmente*), das Kind mit dem Bade ausschütten; ~ **bassa**, Untiefe *f*; (*bassa marea*) Ebbe *f*; ~ **in bocca!** *fig* (*non riferire qc*), still!, kein Wort darüber!, das bleibt unter uns!; *calmare le acque fig* (*far diminuire la tensione*), die Wogen glätten; **navigare/essere/trovarsi in cattive acque** *fig* (*in ristrettezze economiche*), in der Klemme sitzen *fam*, auf dem Trockenen sitzen *fam*; **essere un'~ cheta** *fig* (*rif. a chi agisce in silenzio*), ein stilles Wasser sein; *fare ~ ferr mar* (*rifornirsi d'acqua*), Wasser nehmen/fassen; *mar* (*imbarcare acqua attraverso una falla*), Wasser aufnehmen, leck sein; *fam* (*orinare*), (sein) Wasser lassen, urinieren, harnen *rar*; **acqua, acqua, fuoco, fuoco** (*nel linguaggio infantile*) (*gioco*), kalt, kalt, heiß, heiß; **gettare ~ sul** *fuoco fig* (*cercare di sedare le tensioni*), Öl auf die Wogen gießen; **ha l'~ alla gola** *fig* (*è in difficoltà*), das Wasser steht ihm/ihr bis zum Hals; **intorbidare le acque** *fig* (*fare confusione*), absichtlich Verwirrung stiften; *lavorare sott'~ fig* (*manovrare di nascosto*), im Trüben fischen *fam*, heimlich agieren, im Verborgenen handeln; **portare l'~ al mare** *fig* (*fare cosa inutile*), Eulen nach Athen tragen *forb*; **pestar l'~ nel mortaio** *fig* (*fare cosa inutile*), Wasser ˌin einˌ/[mit einem] Sieb schöpfen; **tirare l'~ al proprio mulino** *fig* (*pensare ai propri interessi*), nur an den eigenen Vorteil denken, seine Schäfchen ins Trockene holen/bringen *fam spreg*; **fare ~ da tutte le parti** *fig* (*avere dei problemi*), {AZIENDA} in großen Schwierigkeiten sein; {DISCORSO} vorne und hinten nicht stimmen *fam*; {ARGOMENTO, ecc.} hinken; **passare le acque**, kuren; **è ormai ~ passata** *fig* (*appartiene al passato*), das ist Schnee von gestern; **è passata molta ~ sotto i ponti** *fig* (*è passato molto tempo*), es ist viel Wasser den Tiber hinabgeflossen; **ne deve essere ancora di ~ sotto i ponti** (*ci vuole ancora molto tempo*), da/[bis dahin] fließt noch viel Wasser den Berg/den Rhein/die Elbe/die Spree/...

hinunter; **acque refluc**, Abwässer *n pl*; **all'~ di rose** *fig* (*superficiale, inutile*), oberflächlich, unernst ausgeführt; **essere all'~ e sapone** *fig* (*naturale*), einfach/natürlich aussehen; *scoprire* **l'~ calda** *fig* (*ciò che è scontato*), das Rad neu erfinden; ~ *sporca fig*, Brühe *f fam spreg*; ~ **tinta** *fam*, verdünnter/gewässerter Wein; **trasparente come l'~**, glasklar; **l'~ va al mare** *prov*, das Glück trifft immer die Gleichen; ~ **cheta rovina i ponti** *prov*, steter Tropfen höhlt den Stein *prov*; **passata non macina più** *prov*, was vorbei ist, ist vorbei *prov*; Vergangenes soll man ruhen lassen.

àcqua-àcqua <inv> *loc agg mil* {MISSILE} Wasser-Wasser-.

àcqua-ària <inv> *loc agg mil* {MISSILE} Wasser-Luft-.

acquacòtta *f gastr* Acquacotta *f* (*Tomaten-Gemüsesuppe auf gerösteten Brotscheiben*).

acquafòrte <*acqueforti*> *f arte* **1** (*tecnica*) Radierung *f* **2** (*disegno*) Radierung *f*.

acquafortìsta <-*i m*, -*e f*> *mf* Kupferstecher(in) *m*(*f*), Radierer(in) *m*(*f*).

acquagym → **aquagym**.

acquàio <*acquai*> A *agg* wasserführend B *m* (*lavello*) Spülbecken *n*.

acquaiòlo, (-a) A *agg* (*acquatico*) Wasser- B *m* (*f*) *rar* Wasserträger(in) *m*(*f*).

acquamanile *m stor* (*recipiente*) Aquamanile *n*.

acquamarìna A <*acquemarine*> *f min* Aquamarin *m* B <inv> *agg* {TESSUTO} aquamarinblau, aquamarinfarben C <-> *m* (*colore*) Aquamarinblau *n*.

acquanàuta <-*i m*, -*e f*> *m* (*f*) Aquanaut(in) *m*(*f*), Unterwasserforscher(in) *m*(*f*).

acquaplàno *m stor* Surf-, Gleitbrett *n*.

acquarágia <-*ge*> *f chim* Terpentin *n*.

acquarèllo *e deriv* → **acquerello**① *e deriv*.

acquàrio <-*ri*> *m* **1** (*vasca, edificio*) Aquarium *n* **2** *astrol astr*: **Acquario**, Wassermann *m*; **sono dell'/un Acquario**, ich bin (ein) Wassermann.

acquartieraménto *m mil* Einquartierung *f*.

acquartieràre *mil* A *tr* ~ *qu* {SOLDATI} jdn ein|quartieren B *rfl*: **acquartierarsi** sich ein|quartieren.

acquasànta, **àcqua sànta** <*acquasanta o acquesante*> *f loc sost f* Weihwasser *n*.

acquasantièra *f* Weihwasserbecken *n*.

acquascooter <-> *m ingl mar* Wasserscooter *m*, Wassermotorroller *m*.

acquàta *f* **1** (*acquazzone improvviso*) Platzregen *m* **2** *mar stor* Wasservorrat *m*.

àcqua-tèrra <inv> *loc agg mil* {MISSILE} Wasser-Boden-.

acquàtico, (-a) <-*ci*, -*che*> *agg* {FLORA} Wasser-.

acquatìnta *f arte* **1** (*tecnica*) Aquatinta *f* **2** (*disegno*) Aquatinta *f*.

acquattàrsi *rfl* {ANIMALE} sich ducken, sich nieder|kauern; {PERSONA} anche sich nieder|hocken, in die Hocke gehen.

acquavìte *f enol* Schnaps *m*, Branntwein *m*, Aquavit *m*: ~ **di lamponi**, Himbeergeist *m*; ~ **di vino**, ~ **di vinaccia**, Weinbrand *m*.

acquazzóne *m* (*rovescio*) Platzregen *m*, Wolkenbruch *m*: **abbiamo preso un bell'~**, wir sind in einen ganz schönen Wolkenbruch gekommen/geraten.

acquedótto *m* **1** Wasserleitung *f*; *stor* Aquädukt *n* **2** *anat* Kanal *m*.

acquefòrti *pl di* acquaforte.

acquemarìne *pl di* acquamarina.

àcqueo, (-a) *agg* {VAPORE} Wasser-.

acquerellàre *tr rar arte* ~ *qc* {PAESAGGIO} etw in Aquarell malen, aquarellieren.

acquerellìsta <-*i m*, -*e f*> *mf arte* Aquarellmaler(in) *m*(*f*).

acquerèllo① *m arte* **1** (*arte*) Aquarellmalerei *f*; (*tecnica*) Aquarelltechnik *f* **2** (*quadro*) Aquarell(bild) *n*.

acquerèllo② *m* (*vinello*) Trester-, Treberwein *m*.

acquerùgiola *f* (*pioggerellina*) Niesel-, Sprüh-, Staubregen *m*.

acquetàre *lett* → **acquietare**.

acquétta *f* **1** (*pioggerella*) Sprühregen *m* **2** (*vinello*) leichter Wein.

acquìcolo, (-a) *agg* {ANIMALE} im/[auf dem] Wasser lebend; {PIANTA} im/[auf dem] Wasser wachsend.

acquicoltùra *f* {+PESCI, PIANTE} Aquakultur *f*.

acquiescènte *agg* (*docile*) gefügig, fügsam; (*remissivo*) nachgiebig.

acquiescènza *f* (*docilità*) Gefügigkeit *f*, Fügsamkeit *f*; (*remissività*) Nachgiebigkeit *f* **2** *dir* (*rinuncia*) Verzicht *m*: ~ **all'impugnazione**, Rechtsmittelverzicht *m*.

acquiéscere <*acquiesco, acquiesci*> *itr rar* ~ **a qc** {A UNA SENTENZA} etw an|nehmen, sich *in etw* (acc) fügen.

acquietaménto *m* Beruhigung *f*; {+DOLORE} Linderung *f*.

acquietàre A *tr* ~ *qc* **1** (*calmare*) {DOLORE} etw beruhigen, etw lindern; {IRA} etw besänftigen **2** (*appagare*) {DESIDERIO} etw befriedigen; {FAME} etw stillen; {SETE} anche etw löschen **3** (*sopire*) {LITE} etw schlichten B *itr pron*: **acquietarsi 1** sich beruhigen **2** {VENTO} sich legen.

acquìfero, (-a) *agg* (*che porta acqua*) {FALDA} wasserführend, Wasser-.

acquirènte A *mf* (*compratore*) Käufer(in) *m*(*f*) B *agg* erwerbend, ankaufend: **la parte** ~, der Ankäufer.

acquisìre <*acquisisco*> *tr* **1** (*ottenere*) ~ *qc* {CITTADINANZA, DIRITTO, PROPRIETÀ} etw erwerben **2** *fig* ~ *qc* {CONOSCENZA} sich (dat) etw erwerben, sich (dat) etw an|eignen; {ESPERIENZA} etw sammeln; {ABITUDINE} etw an|nehmen **3** *dir* ~ *qc a qc* {DOCUMENTI AGLI ATTI} etw zu etw dat nehmen: ~ **prove al processo**, die Beweisaufnahme/Beweiserhebung durchführen.

acquisitìvo, (-a) *agg dir* Kauf-.

acquisìto, (-a) *agg* **1** erworben; {ABITUDINE} angenommen; {PARENTE} angeheiratet **2** *dir biol* {DIRITTO, FACOLTÀ} erworben.

acquisitóre, (-*trice*) *m* (*f*) Erwerber(in) *m*(*f*).

acquisizióne *f* Erwerbung *f*; *anche psic* Erwerb *m*.

acquistàbile *agg* käuflich.

acquistàre A *tr* **1** (*comprare*) ~ (*qc*) etw kaufen, etw erwerben **2** *fig* (*acquisire*) ~ *qc* {ESPERIENZA} etw sammeln; {FIDUCIA, TEMPO} etw gewinnen; {SICUREZZA, TERRENO} an etw (dat) gewinnen B *itr* **1** sich verbessern **2** (*migliorare*) ~ **in qc** {BENI SIMPATIA} an etw (dat) gewinnen: ~ **in bellezza**, besser aussehen, schöner sein; ~ **in salute**, die gesundheitliche Verfassung verbessern, gesundheitlich besser in Form sein.

acquistàto, (-a) *agg* gekauft, erworben.

acquìsto *m* **1** (*l'acquistare*) Kauf *m*, Einkauf *m*; {+AUTO, MOBILI, *ecc.*} Anschaffung *f*; {+AZIONI} Ankauf *m*; {+BENI, COSE} Kauf *m*: **incauto** ~ (*reato*), "Kauf *m* von Sachen, ohne sich der rechtmäßigen Herkunft vergewissert zu haben" **2** (*cosa acquistata*) Kauf *m*,

Einkauf m; (auto, mobili ecc.) Anschaffung f **3** fig (persona) Neuzugang m **4** dir {+DIRITTO, EREDITÀ} Erwerb m **5** sport {+GIOCATORE} Anwerbung f ● bell'~ hai fatto! iron (bell'affare), da hast du dir ja was (Schönes) eingehandelt/eingebrockt fam!; d'~, {PARENTE} angeheiratet; fare acquisti (fare spese), Einkäufe machen; fare un buon ~ (un buon affare), ein gutes Geschäft machen.

acquitrino m Sumpf m, Morast m.

acquitrinóso, (-a) agg (paludoso) sumpfig, moorig.

acquolina f **1** (saliva): **far venire a qu l'~ in bocca**, jdm den Mund wässrig machen; **ho/sento/[mi viene] l'~ in bocca**, mir läuft das Wasser im Mund zusammen **2** (pioggerellina) Sprühregen m.

acquosità <-> f {+FRUTTO, MINESTRA, SOLUZIONE, ecc.} Wässrigkeit f.

acquóso, (-a) agg **1** (che contiene acqua) wasserhaltig **2** (simile all'acqua) wässrig.

àcre <acerrimo> agg **1** {ODORE, SAPORE} herb, scharf; {FUMO} beißend **2** fig (aspro) {COMMENTO} bissig; {CRITICA} anche scharf, beißend.

acrédine f **1** rar {+SOSTANZA} Schärfe f; Herbheit f, Herbe f **2** fig (asprezza) Bissigkeit f, Schärfe f **3** fig (rancore) Bitterkeit f.

acreménte avv **1** (aspramente) scharf, heftig **2** (accanitamente) verbissen.

acribìa f lett (precisione) Akribie f, höchste/peinliche Genauigkeit.

acrilammìde <-> f chim Acrylamid n.

acrìlico, (-a) <-ci, -che> **A** agg chim tess Acryl- **B** m **1** chim tess Acryl n **2** (colore) Acrylfarbe f.

acrimònia f **1** (asprezza) Schärfe f, Bissigkeit f: **una risposta piena di ~**, eine bissige/scharfe Antwort **2** (rancore) Bitterkeit f, Verbitterung f: **lo disse con ~**, er/sie sagte es voll/mit Bitterkeit.

acrimonióso, (-a) agg (aspro) bissig, scharf.

acriticità <-> f **1** Kritiklosigkeit f **2** (dogmatismo) Dogmatismus m forb spreg.

acrìtico, (-a) <-ci, -che> agg **1** {ADESIONE} unkritisch, kritiklos **2** (dogmatico) {OPERA} dogmatisch.

àcro m metrol Acre m.

acròbata <-i m, -e f> mf (Luft)akrobat(in) m(f); (funambolo) Seiltänzer(in) m(f).

acrobàtica <-che> f Akrobatik f.

acrobàtico, (-a) <-ci, -che> agg (da acrobata) akrobatisch.

acrobatìsmo m **1** (equilibrismo) Akrobatik f **2** fig rar (funambolismo) Balanceakt m.

acrobazìa f (esercizio) akrobatische Übung; anche fig (salto mortale) Kunststück n: **fare delle acrobazie per sbarcare il lunario**, sich auf den Kopf stellen, um mit seinem/dem Geld bis zum Monatsende auszukommen.

acromàtico, (-a) <-ci, -che> agg fis achromatisch.

àcromo, (-a) agg (senza colore) farblos, unbunt.

acrònimo m ling Akronym n.

acròpoli <-> f archeol Akropolis f.

acròstico <-ci> m **1** lett Akrostichon n **2** enigmistica "Worträtselspiel n, bei dem die Anfangsbuchstaben der zu erratenden Wörter ein neues Wort oder einen neuen Satz ergeben".

ACS f franc abbr di Automobile Club de Suisse (Automobile Club della Svizzera): ACS m.

action movie <-> loc sost m ingl film Actionfilm m.

ac.to comm abbr di acconto: a/c (abbr di a conto).

acufène m med Ohrensausen n.

acuìre <acuisco> **A** tr ~ qc **1** (appuntire) etw spitzen **2** fig (affinare) {INGEGNO, VISTA} etw schärfen **3** fig (intensificare) {DOLORE} etw verschlimmern; {DESIDERIO} etw reizen **B** itr pron: **acuirsi** {DOLORE} sich verschlimmern, schlimmer werden; {CRISI, SITUAZIONE} anche sich zu|spitzen, sich verschärfen; {DESIDERIO} dringender werden.

acuità <-> f **1** (acutezza) Schärfe f: **~ visiva**, Sehschärfe f **2** rar fig (acume) Scharfsinn m.

aculeàto, (-a) agg (con aculei) {PIANTA} stachelig; {ANIMALE, BACCA, FUNGO} Stachel-; {MOSCA} Stech-.

acùleo m **1** zoo Stachel m **2** bot Dorn m, Stachel m.

acùme m fig forb **1** (acutezza) {+RAGIONAMENTO} Schärfe f **2** (perspicacia) Scharfsinn m, Scharfsinnigkeit f.

acuminàre tr (appuntire) ~ qc etw spitzen.

acuminàto, (-a) agg (appuntito) Spitz-; anche bot zugespitzt.

acùstica <-che> f fis Akustik f.

acùstico, (-a) <-ci, -che> agg **1** fis akustisch, Schall- **2** anat Gehör-, Hör-.

acutàngolo m mat spitzwink(e)lig.

acutézza f **1** Schärfe f: **~ visiva**, Sehschärfe f; {+SUONO} Schrillheit f, Grelle f **2** fig (perspicacia) Scharfsinnigkeit f, Scharfsinn m.

acutizzàre **A** tr (intensificare) ~ qc {DOLORE} etw verschlimmern; {DESIDERIO} etw reizen **B** itr pron: **acutizzarsi** {MALE} sich verschärfen; {CRISI, SITUAZIONE} anche sich zu|spitzen; {DESIDERIO} dringender werden; {MALATTIA} sich verschlimmern.

acutizzazióne f **1** {+CRISI, SITUAZIONE} Zuspitzung f, Verschärfung f **2** med akutes Stadium.

acùto, (-a) **A** agg **1** (aguzzo) {UNGHIA} scharf, zugespitzt; mat spitz; arch {ARCO} Spitz- **2** (penetrante) heftig, stark; {FREDDO} beißend; {ODORE} anche scharf; {SUONO} schrill, durchdringend, scharf; {URLO} spitz; {VISTA} scharf; {DOLORE} stechend **3** fig (vivo, struggente) {DESIDERIO} brennend, heftig **4** fig (perspicace) {OSSERVAZIONE} scharfsinnig **5** med {FASE} akut **6** mus {NOTA} hoch **B** m mus hoher Ton: **prendere bene un ~**, ⌈eine Höhe⌋/[einen hohen Ton] gut bringen/wiedergeben.

ad① prep a davanti a vocale.

ad② abbr di Amministratore delegato: Geschäftsführer m.

AD abbr del lat Anno Domini (nell'anno del Signore): A.D. (abbr di Anno Domini).

adagiàre <adagio, adagi> **A** tr ~ **qu + compl di luogo** {NELLA CULLA, SUL LETTO} jdn (irgendwohin) betten; {NELLA POLTRONA} jdn irgendwohin legen **B** rfl **1** (distendersi): **adagiarsi su qc** sich (irgendwohin) betten, sich (irgendwohin) hin|legen, sich (irgendwohin) legen **2** fig (abbandonarsi): **adagiarsi (in qc)** sich etw (dat) hin|geben, sich etw (dat) überlassen: **non bisogna adagiarsi**, man sollte sich nicht gehen lassen.

adagino <dim di adagio①> avv **1** ganz langsam **2** (con prudenza) behutsam.

adagio① **A** avv **1** (lentamente) langsam **2** (con cautela) behutsam **3** mus adagio **B** inter impr: ~!, langsam!, sachte!, Vorsicht!; **~! Non è così semplice**; **con i rimproveri!**, nur mal langsam mit den Vorwürfen! **C** <-gi> m mus Adagio n.

adagio② <-gi> m (proverbio) Sprichwort n;

(massima, sentenza) Sinnspruch m.

adamantìno, (-a) agg **1** diamanten, Diamant(en)- **2** fig (splendente) leuchtend, glänzend, strahlend **3** fig (saldo) {COSCIENZA, ONESTÀ} hart, fest, unnachgiebig.

adamìtico, (-a) <-ci, -che> agg **1** relig adamitisch **2** scherz: **in costume ~**, im Adamskostüm fam scherz.

Adàmo m (nome proprio) Adam m ● **da ~ in qua** fig (dal tempo dei tempi), seit Adams Zeiten fam.

adattàbile agg anpassungsfähig: **qc è facilmente ~ a qu/qc**, etw ist leicht an jdn/etw anzupassen.

adattabilità <-> f Anpassungsfähigkeit f.

adattaménto m **1** anche biol ~ (**a qc**) Anpassung f (an etw acc); (spirito di ~, Anpassungsfähigkeit f **2** (trasformazione) {+OPERA} Bearbeitung f, Adaptation f: **l'~ cinematografico del racconto non è riuscito**, die Adaptation der Erzählung fürs Kino ist nicht gelungen; tecnol Anpassen n (an etw acc); {+IMMOBILE} Umbau m (zu etw dat) **3** (versione) {+OPERA} Fassung f, Version f: **l'~ televisivo di un romanzo**, die Fernsehfassung eines Romans **4** ling Adaptation f **5** ott {+OCCHIO} Akkommodation f **6** psic Anpassung f.

adattàre **A** tr **1** (conformare) ~ **qc a qu/qc** {PAROLE ALLA CIRCOSTANZA, VESTITO ALLA PERSONA} etw jdm/etw an|passen **2** (cambiare) ~ **qc a qc** {STANZA A STUDIO} etw (in etw acc/zu etw dat) um|wandeln, (etw in etw acc/zu etw dat) um|bauen **3** ~ **qc** {OPERA} etw bearbeiten: ~ **un romanzo per lo schermo**, einen Roman für den Film/das Fernsehen bearbeiten **B** itr pron: **adattarsi (a qu/qc)** zu jdm/etw passen, für jdn/etw geeignet sein, etw (dat) angemessen sein: **questa parte non ti si adatta**, diese Rolle ⌈ist nicht für dich geeignet⌋/[passt nicht zu dir] **C** rfl: **adattarsi (a qc)** (adeguarsi) {ALL'AMBIENTE, AL CLIMA, ALLA SITUAZIONE} sich (etw dat/an etw acc) an|passen **2** (rassegnarsi) {AL DESTINO} sich (in etw acc) fügen.

adattativo, (-a) agg **1** anpassend **2** biol Anpassungs- **3** mecc adaptiv.

adattatóre m **1** elettr Adapter m **2** mecc Anpassungsglied n, Passstück n ● **~ video** inform, Videokarte f, Bildschirmadapter m.

adàtto, (-a) agg ~ (**a qu/qc**) **1** (idoneo) {PERSONA} (für jdn/etw) geeignet; (all'altezza) jdm/etw gewachsen **2** (appropriato) {LUOGO, RUOLO, SPETTACOLO} (für jdn/etw) geeignet; {FISICO} (zu etw dat) geeignet: **adesso non è il momento ~**, jetzt ist nicht der richtige/passende/geeignete Augenblick.

addebitaménto m comm Belastung f.

addebitàre tr **1** comm ~ **qc (a qu)** jdn (mit etw dat) belasten **2** fig (attribuire) ~ **qc a qu** {ERRORE} jdm etw zur Last legen, jdm etw an|kreiden.

addèbito m **1** comm Belastung f: **nota di ~**, Lastschrift f **2** fig (accusa) Beschuldigung f: **fare/muovere un ~ a qu di qc** (gen), jdn etw (gen) beschuldigen, eine Beschuldigung wegen etw (gen) gegen jdn erheben; **respingere ogni ~**, jede Beschuldigung zurückweisen.

addènda m pl lat edit Nachtrag m, Addenda n pl.

addèndo m mat Summand m, Addend m.

addensaménto m **1** {+NEBBIA} Verdichtung f; {+LIQUIDI} Eindickung f; (azione) anche Eindicken n **2** (accumulo) {+EVENTI} Anhäufung f; {+NUVOLE} Zusammenballung f.

addensànte **A** agg Verdickungs- **B** m chim Verdickungsmittel n.

addensàre **A** tr ~ **qc 1** etw verdichten; {LIQUIDO} etw eindicken (lassen), etw verdi-

cken 2 *rar fig (accumulare)* {ERRORI} *etw* an|häufen **B** *itr pron rfl:* **addensarsi 1** {NEBBIA} sich verdichten; {CREMA} sich verdicken **2** *(infittirsi)* {NUVOLE} sich zusammen|ballen **3** *(ammassarsi)* {FOLLA} zusammen|strömen.

addentàre A *tr* **1** *(mordere)* ~ **qc** *etw* mit den Zähnen packen; {CANE GAMBA} in *etw* (acc) beißen; {BAMBINO MELA} *anche etw* an|beißen **2** ~ **qc** {PINZE} *etw* fassen: **le tenaglie addentano il chiodo**, die Zange fasst den Nagel **B** *rfl mecc:* **addentarsi** ineinander|greifen.

addentellàre *tr arch* ~ **qc** *etw* verzahnen.

addentellàto, (-a) **A** *agg rar (seghettato)* verzahnt **B** *m* **1** *arch edil* Verzahnung *f* **2** *fig (appiglio)* Anknüpfungspunkt *m*.

addentràrsi *itr pron* ~ **in qc 1** *(inoltrarsi) in etw* (acc) ein|dringen **2** *fig* {IN UN PROBLEMA} sich *mit etw* (dat) näher beschäftigen/[vertraut machen]; {IN UNO STUDIO} *etw* vertiefen.

addéntro A *avv* inwendig **B** *loc prep:* ~ **a qc**, ~ **in qc** *(stato)* im Inneren von *etw* (dat)/+ gen; *(moto)* ins Innere von *etw* (dat)/+ gen • **essere ~ in qc** *fig (essere buon conoscitore di qc)*, sich in *etw* (dat) gut auskennen, in *etw* (dat) bewandert sein.

addestraménto *m* **1** *anche mil* {+PERSONA} Ausbildung *f* **2** {+ANIMALE} Dressur *f*; {+CANE} Abrichtung *f*; {+CAVALLO} Zureiten *n*.

addestràre A *tr* **1** *(preparare)* ~ **qu** *jdn* aus|bilden **2** *(ammaestrare)* ~ **qc** {ANIMALE} *etw* dressieren; {CANE} *etw* ab|richten; {CAVALLO} *etw* zu|reiten **B** *rfl* **1** *(esercitarsi):* **addestrarsi (in qc)** sich *(in/an etw* dat) üben, sich *in/an etw* (dat) schulen **2** *mil:* **addestrarsi** exerzieren.

addestràto, (-a) *agg* **1** *(preparato)* {PERSONA} ausgebildet; *mil* {MILITARE} (militärisch) ausgebildet **2** *(ammaestrato)* {ANIMALE DA CIRCO} dressiert; {CAVALLO} *anche* zugeritten; {CANE} abgerichtet.

addestratóre, (-trice) *m* (f) **1** *anche mil* {+PERSONA} Ausbilder(in) *m*(f) **2** {+ANIMALE} Dresseur(in) *m*(f); {+CANE} Abrichter(in) *m*(f).

addétto, (-a) **A** *agg* **1** *(assegnato)* ~ **(a qc)** {PERSONALE} (für *etw* acc) zuständig; *(responsabile)* {ALLE RELAZIONI CON LA STAMPA} *(für etw* acc) verantwortlich **2** *(adibito)* ~ **a qc** {ANIMALE, LUOGO, MEZZO DI TRASPORTO} für *etw* (acc) bestimmt **B** *m* (f) **1** Angehörige *mf decl* come agg, Zuständige *mf decl* come agg; *(impiegato)* Angestellte *mf decl* come agg **2** *diplomazia* Attaché *m* • **vietato l'ingresso ai non addetti ai lavori**, Zutritt für Unbefugte verboten; ~ **ai lavori** *(chi ha una competenza specifica)*, Befugte *m decl* come agg, Zuständige *m decl* come agg, Insider *m*, Eingeweihte *m decl* come agg; ~ *stampa*, Pressesprecher *m*.

addì *avv amm* den, am: **Torino, ~ 31 ottobre 2001**, Turin, den 31. Oktober 2001.

addiàccio <-ci> *m* **1** *(recinto per bestiame)* Pferch *m*, Hürde *f* **2** *mil (bivacco)* Lager *n*, Biwak *n:* **dormire all'~**, [im Freien]/[unter freiem Himmel] übernachten, biwakieren.

addiètro *avv* **1** *(luogo)* zurück **2** *(tempo)* vergangen, vor *etw* (dat): **anni ~**, vor Jahren; **per l'~**, in der Vergangenheit; **tempo ~**, früher, vor einiger Zeit • **restare ~** *anche fig (indietro)*, zurückbleiben; **tirarsi ~**, einen Rückzieher machen.

addio A *inter* **1** leb(t) wohl, ade *fam*, adieu *obs* **2** *fig* **sono arrivati loro e ~ pace!**, sie sind angekommen und [der Friede ist dahin,]/[aus/vorbei ist es mit der Ruhe!]; **mi ammalai e ~ vacanze!**, ich bin krank geworden und konnte die Ferien abschreiben/vergessen! *fam* **B** <*addii*> *m* **1** *(saluto)* Lebewohl *n* **2** *(atto)* Abschied *m:* **l' ~ fu molto melanconico**, der Abschied war sehr melancholisch • **~ al celibato**, Polterabend *m;* **dire ~ a qu/qc**, *jdm/etw* ade sagen, sich von *jdm/etw* verabschieden; *fig (abbandonarlo)*, *jdn/etw* verlassen, *jdm* den Laufpass geben *fam*.

addirittùra A *avv* **1** *(perfino)* sogar, geradezu **2** *(veramente)* wirklich **3** *(direttamente)* geradewegs **B** *in funzione di inter sag* bloß!; ach, komm!: **ha mangiato in quattro minuti ~ ~!**, er/sie hat in vier Minuten gegessen – Sag bloß!; **non lo posso sopportare! – ~!**, ich kann ihn/es nicht ertragen! – Ach komm!/[Jetzt übertreibst du aber!].

addirsi <*difet usato solo alla 3ª pers sing e pl, coniug come dire*> *itr pron* ~ **a qu** {INCARICO, LAVORO A UN NEOLAUREATO} für *jdn* geeignet sein, *jdm* entsprechen; {COLORE, VESTITO A UNA RAGAZZINA} sich für *jdn* gehören, sich für *jdn* schicken, *zu jdm* passen.

additàre *tr* **1** *(mostrare con il dito)* ~ **qc** (mit dem Finger) auf *etw* (acc) zeigen **2** *fig (indicare)* ~ **qu** *jdn* an|geben, *jdn* an|führen: ~ **qu come esempio**, *jdn* als Beispiel anführen; ~ **qu alla pubblica riprovazione** *forb*, *jdn* der öffentlichen Ächtung preisgeben *forb*.

additivàre *tr (aggiungere additivi)* ~ **qc** {SOSTANZA} *etw* (dat) Zusätze hinzu|fügen.

additività <-> *f fis fot mat* Ergänzungsfunktion *f*.

additivo, (-a) **A** *agg* additiv, Zusatz- **B** *m* Additiv *n*, Zusatz *m*.

addivenìre <*coniug come venire*> *itr* <*essere*> *forb (giungere)* ~ **a qc** {A UN ACCORDO} zu *etw* (dat) gelangen, *etw* erreichen.

addizionàle A *agg comm dir fis fot* zusätzlich, Zusatz- **B** *f fisco* Zusatzsteuer *f*, Ergänzungsabgabe *f*.

addizionàre *tr* **1** ~ **qc** {DUE NUMERI} *(etw)* zusammen|zählen, ~ **qc (a qc)** *(etw zu etw* dat) addieren **2** *chim* ~ **(qc a qc)** *etw etw* (dat) hinzu|fügen.

addizionàto, (-a) *agg* ~ *(da/di/con qc)* {PRODOTTO DI, CON CONSERVANTI} mit *etw* (dat) (angereichert): **benzina addizionata di olio**, Benzin *m* mit Ölzusatz, Gemisch *n*.

addizionatóre, (-trice) **A** *m inform* Addierwerk *n* **B** *f (macchina)* Addiermaschine *f*.

addizióne *f mat* Addition *f:* **fare l'~**, addieren.

addobbàre A *tr (decorare)* ~ **qc** {ALBERO DI NATALE} *etw* dekorieren, *etw* schmücken; {CHIESA} *anche etw* aus|schmücken **B** *rfl scherz (agghindarsi):* **addobbarsi** {PERSONA} sich heraus|putzen, sich zurecht|machen.

addobbatóre, (-trice) *m* (f) Dekorateur(in) *m*(f).

addòbbo *m* **1** *(l'addobbare)* Dekorieren *n*, Schmücken *n* **2** *(ornamenti)* Dekoration *f*, Schmuck *m*, Ausstattung *f:* **gli addobbi natalizi**, der Weihnachtsschmuck.

addolciménto *m* **1** *(dolcificazione)* Süßen *n* **2** *fig (attenuazione)* Milderung *f* **3** *chim metall* {+ACQUA, METALLO} Enthärtung *f*.

addolcìre <*addolcisco*> **A** *tr* ~ **qc 1** *(dolcificare)* {CAFFÈ} *etw* süßen **2** *fig (mitigare)* {NOTIZIA, PAROLA} *etw* schönen; {SOFFERENZA} *etw* mildern **3** *chim metall* {ACCIAIO, ACQUA} *etw* enthärten **B** *itr pron:* **addolcirsi** {VINO} süßer werden **2** *fig (mitigarsi)* {CARATTERE} sanfter werden; {TEMPO} milder werden.

addolcitóre *m chim* (Wasser)enthärter *m*.

addoloràre A *tr* ~ **qu** *jdn* betrüben, *jdm* Schmerz zu|fügen **B** *itr pron:* **addolorarsi** *(per qc)* *(über etw* acc) traurig sein, sich *(über etw* acc) grämen *forb*, sich *über etw* (acc) betrüben *forb obs*.

addoloràta *f relig* Schmerzensreiche *f; arte* Schmerzensmutter *f*.

addoloràto, (-a) *agg* schmerzerfüllt; {MADONNA} schmerzensreich.

addòme *m anat* **1** *(ventre)* Unterleib *m* **2** *zoo* Hinterleib *m*, Abdomen *n*.

addomesticaménto *m* Zähmung *f*, Domestizierung *f*.

addomesticàre <*addomestico, addomesti­chi*> *tr* **1** *(rendere domestico)* ~ **qc** {ANIMALE} *etw* zähmen **2** ~ **qc** {TERRENO} *etw* kultivieren **3** *(ammaestrare)* ~ **qc** {ANIMALE} *etw* dressieren; {CAVALLO} *anche etw* zu|reiten; {CANE} *etw* ab|richten **4** *fig (rendere mite)* ~ **qu** *jdn* bändigen **5** *fig (abituare)* ~ **qu a qc** *jdn an etw* (acc) gewöhnen.

addomesticàto, (-a) *agg* **1** {ANIMALE} domestiziert, gezähmt **2** *fig (manipolato)* {CIFRE, ELEZIONI} manipuliert; {BILANCIO} frisiert.

addominàle A *agg anat* Unterleib(s)-, Bauch-, Leib- **B** *m pl anat* **1** *(muscoli)* Bauchmuskeln *m pl* **2** *(esercizi)* Übungen für Bauchmuskeln, Bauchmuskeltraining *n:* **fare gli addominali**, die Bauchmuskeln trainieren.

addormentàre A *tr* ~ **qu 1** *(far dormire) jdn* zum Schlafen bringen; {MEDICINA, MUSICA, ecc.} *jdn* einschläfern **2** *med (con narcotico) jdn* narkotisieren, *etw* betäuben **3** *fig (intorpidire) jdn* ein|schläfern **B** *itr pron* **1** **addormentarsi** ein|schlafen **2** *(intorpidirsi):* **qc si addormenta a qu**, {BRACCIO} *jdm* schläft *etw* (nom) ein.

addormentàto, (-a) *agg* **1** *(immerso nel sonno)* schlafend **2** *(assonnato)* schläfrig **3** *med (con narcotico)* narkotisiert, betäubt **4** *fig* {PAESE} verschlafen **5** *fig (intorpidito)* steif, eingeschlafen **6** *fig (tardo d'ingegno)* lahm, schlaff **B** *m* (f) Schlafende *mf decl* come agg.

addossaménto *m* Aufbürden *n*.

addossàre A *tr* **1** *(accostare)* ~ **qc a qc** *etw* (an *etw* acc) (heran|)rücken, *etw* (an *etw* acc) heran|schieben; *(appoggiare) etw* (an *etw* acc) an|lehnen **2** *(affibbiare)* ~ **qc a qu** {LAVORO} *jdm etw* auf|bürden, *jdm etw* auf|halsen *fam;* {RESPONSABILITÀ} *anche jdm etw* auf|laden; *(spesa) jdn (mit etw* dat/durch *etw* acc) belasten **3** *fig (imputare)* ~ **qc a qu** {COLPA} *jdm etw* an|lasten **B** *rfl* **1** *(appoggiarsi):* **addossarsi a qu/qc** sich *(an jdn)*/[*etw*] an|lehnen **2** *indir fig (accollarsi):* **addossarsi qc** {LAVORO} sich (dat) *etw* auf|bürden; {COLPA, SPESA} *etw* auf sich nehmen **C** *rfl rec (accalcarsi):* **addossarsi (+ *compl di luogo)*** sich *(irgenwohin)* drängen.

addossàto, (-a) *agg* ~ **a qu/qc** *jdn*/*etw* angelehnt: **era ~ al muro**, er lehnte an der Mauer.

addòsso A *avv* **1** *(sulla persona)* *(stato)* auf sich (dat), an sich (dat), am Leib: **avere ~ qc**, {VESTITO} *etw* an|haben; *(moto)* auf sich, an sich; **mettere ~ qc**, *etw* anziehen **2** *(nell'animo, in corpo)* in sich (dat), im Leibe: **avere la febbre ~**, Fieber haben; **avere la rabbia ~**, eine Wut im Bauch haben; **questo tempo mette tristezza ~**, dieses Wetter [zieht einen runter *fam*]/[schlägt einem aufs Gemüt] **B** *loc prep:* **~ a qu/qc** *(stato)* dicht neben *jdm/etw;* *(moto)* dicht neben *jdn/ etw:* **essere uno ~ all'altro**, dicht zusammengedrängt sein; **andare ~ a due pedoni**, zwei Fußgänger anfahren; **saltare ~ a qu**, über *jdn* herfallen, *jdn* angreifen, auf *jdn* losgehen **C** *in funzione di inter sag* packt ihn/sie, haltet ihn/sie: **dagli! ~!**, auf ihn!, haltet ihn!; **~ all'imbroglione!**, haltet/[los auf] den Betrüger! • **farsela ~** volg, sich (dat) ins Hemd machen fam, (sich dat) in die Hosen scheißen volg; **levarsi qu d'~** (liberarsene) fig, sich (dat) jdn vom Halse schaffen fam; **stare ~ a qu** fig (opprimerlo), jdm keine Ruhe lassen.

addòtto, (-a) A part pass di addurre B agg (prodotto) {SPIEGAZIONE} vorgebracht, vorgetragen; {ESEMPIO} angeführt.

addottoràre università A tr ~ **qu in qc** ≈ jdn (in etw dat) promovieren B rfl: **addottorarsi in qc** ≈(in etw dat) promovieren.

addottrinàre A tr (istruire) ~ **qu** jdn unterweisen, jdn aus|bilden B rfl 1 rar **addottrinarsi** sich bilden 2 scherz (scaltrirsi): **addottrinarsi (in qc)** (in etw dat) schlau/klug werden: **addottrinarsi bene nei trucchi del mestiere**, alle Tricks/Schlichen seines Berufs kennen.

addottrinàto, (-a) agg 1 (esperto) ~ **in qc** {IN UNA CERTA DISCIPLINA} in etw (dat) ausgebildet 2 (istruito) gebildet.

adducìbile agg {ESEMPIO} anführbar, vorbringbar.

addùco 1ª pers sing dell'ind pres di addurre.

addùrre <coniug come condurre> tr ~ **qc** 1 (produrre) {SCUSA} etw vor|bringen; {ARGOMENTO, PROVA} etw an|führen 2 anat etw adduzieren scient.

addùssi 1ª pers sing del pass rem di addurre.

adduttóre, (-trice) A agg 1 {CANALE} Zuleitungs- 2 anat {MUSCOLO} Beuge- B m anat Abduktor m scient, Beuger m.

adduzióne f 1 med Adduktion f scient 2 tecnol Zuleitung f, Zufuhr f.

Àde m mitol Hades m.

adeguaménto m anche econ Angleichung f; (azione) anche Angleichen n.

adeguàre A tr (pareggiare) ~ **qc (a qc)** {PREZZI} etw an etw (acc) an|gleichen; (adattare) etw etw (dat) an|passen B rfl (adattarsi): **adeguarsi (a qc)** {ALLA CIRCOSTANZA, AI TEMPI} sich (an etw acc) an|passen.

adeguatézza f (+COMPENSO) Angemessenheit f.

adeguàto, (-a) agg (proporzionato) angemessen, passend, entsprechend: **stipendio ~ alle capacità di qu**, ein jds Fähigkeiten angemessener/entsprechender Lohn.

adeguazióne f Anpassen n, Anpassung f.

adèmpiere <adempio o adempisco, adempii, adempiuto o adempiuto> A tr ~ **qc** 1 (compiere) {DOVERE} etw erfüllen, etw (dat) nach|kommen 2 (mantenere) {PROMESSA} etw halten 3 (esaudire) {DESIDERIO} etw (dat) nach|kommen, jdm etw erfüllen B itr (ottemperare) ~ **a qc** {A UN COMPITO} etw (dat) nach|kommen C itr pron (compiersi): **adempiersi** {DESIDERIO, PROFEZIA} sich erfüllen, in Erfüllung gehen.

adempiménto m (compimento) Erfüllung f: **morire nell'~ del proprio dovere**, in Erfüllung seiner Pflicht sterben.

adempìre → **adempiere**.

adempìsco 1ª pers sing pres di adempiere.

adempiùto, adempito part pass di adempiere.

adenocarcinòma <-i> m med Drüsenkrebs m, Adenokarzinom n scient.

adenòide med A agg Drüsen-, adenoid scient B f pl adenoide Vegetationen f pl scient, Wucherungen f pl.

adenoidèo, (-a) agg med 1 (delle adeinoidi) adenoid scient 2 (affetto da adeinoidi) {SOGGETTO} mit adenoiden Vegetationen scient/Wucherungen pl.

adenòma <-i> m med Drüsenschwulst m, Adenom n scient.

adenosintrifosfàto m biol (abbr ATP) Adenosintriphosphat n scient.

adenotomìa f med Rachenoperation f, Adenotomie f scient.

adenovìrus <-> m biol med Adenovirus n scient.

adèpto, (-a) m (f) {+PARTITO, SOCIETÀ} Anhänger(in) m(f), Mitglied n.

aderènte A agg 1 (attaccato) haftend, klebend 2 (attillato) {VESTITO} eng anliegend 3 fig (corrispondente) ~ **a etw** (dat) getreu: **racconto ~ ai fatti**, eine tatsachengetreue Erzählung B mf (seguace) Mitglied n: **gli aderenti al partito**, die Parteimitglieder.

aderènza f 1 (l'essere aderente) Haftung f, Haftfähigkeit f 2 fis Reibung f 3 med Verwachsung f, Adhärenz f scient 4 <di solito al pl> fig (conoscenza) Beziehungen f pl.

adèrgere <coniug come ergere> lett A tr (sollevare) ~ **qc** {VOLTO} etw erheben B itr pron: **adergersi** sich erheben.

aderìre <adersico> itr ~ **a qc** 1 (rimanere a contatto) (essere vicino), irgendwo haften, irgendwo kleben; {SCARPA, VESTITO} (an etw dat) eng an|liegen 2 fig (sostenere) {A UNA PROPOSTA} (etw dat) zu|stimmen, auf etw (acc) ein|gehen; {A UNA RICHIESTA} etw (dat) nach|kommen, etw (dat) nehmen 3 fig (entrare a far parte) {A UN PARTITO} (etw dat) bei|treten.

aderizzàre tr ~ **qc** 1 autom {PNEUMATICO} etw griffig machen 2 tecnol {STRADA} etw auf rauen.

adèrsi 1ª pers sing del pass rem di adergere.

adèrto part pass di adergere.

adescaménto m 1 anche fig {+PESCI, UCCELLI} Ködern n 2 dir (da parte di una prostituta) Verlockung f, Verführung f 3 idraul Auffüllen n.

adescàre <adesco, adeschi> tr 1 (attirare) ~ **qc** {PESCI, UCCELLI} etw ködern 2 fig (irretire) ~ **qu (con qc)** {CON UNA PROMESSA} jdn (durch etw acc) ködern fam 3 dir ~ **qu** {PROSTITUTA} jdn verführen 4 idraul ~ **qc** {TUBO} etw auf|füllen.

adescatóre, (-trice) A agg (che adesca) verführerisch B m (f) Verführer(in) m (f).

adesióne f 1 fis Adhäsion f, Haftvermögen n 2 fam (aderenza) Haftung f 3 fig (sostegno) ~ **(a qc)** {A UNA PROPOSTA, A UN TRATTATO} Zustimmung f (zu etw dat), Einwilligung f (zu etw dat); {A UNA RICHIESTA} Nachkommen n 4 fig (entrata) ~ **(a qc)** {A UN PARTITO, ecc.} Beitritt m (zu etw dat).

adesività <-> f anche fis Haftfestigkeit f; {+COLLA} Klebfestigkeit f.

adesìvo, (-a) A agg klebend, Kleb(e)- B m 1 (colla) Klebstoff m 2 (etichetta autoadesiva) Aufkleber m.

adèspoto, (-a) agg 1 lett (senza padrone) ohne Besitzer 2 filol (anonimo) {CODICE, MANOSCRITTO} anonym, namenlos.

adèsso A avv 1 (ora) jetzt, nun: **e ~?, und was nun?**; **~ o mai più**, jetzt oder nie; **per ~**, vorläufig, einstweilen, im Moment; **da ~ in poi**, von jetzt an; **~ sì che stiamo freschi**, das ist ja eine schöne Bescherung fam iron 2 (poco fa) gerade (eben) 3 (tra poco) (jetzt) gleich 4 (ai nostri giorni) heutzutage: **la gioventù d'~**, die heutige Jugend, die Jugend von heute B nella loc cong: **adesso che... ind** nun, da... ind; jetzt, da... ind: **~ che ci conosciamo**, nun, da wir uns kennen; **~ che sei guarito**, jetzt, da du wieder gesund bist.

ADH m abbr dell'ingl AntiDiuretic Hormone (ormone antidiuretico, vasopressina): ADH n (abbr di antidiuretisches Hormon scient).

ad hoc lat A <inv> loc agg (adeguato) Ad--hoc- forb: **una soluzione ad hoc**, eine Ad-hoc-Lösung forb B loc avv (appositamente) ad hoc forb, mit Absicht, absichtlich; eigens zu diesem Zweck: **è una cosa fatta ad hoc**, das wird eigens zu diesem Zweck gemacht.

ad honòrem lat A <inv> loc agg Ehren-: **laurea ad honorem**, Ehrendoktorwürde f B loc avv honoris causa, ehrenhalber.

adiacènte agg (contiguo) ~ **(a qc)** (etw dat) anliegend, (an etw acc) angrenzend.

adiacènza f (vicinanza) Umgebung f, Nähe f: **abitava nelle adiacenze di un caffè**, er/sie wohnte in der Nähe eines Cafés.

adibìre <adibisco> tr 1 (usare) ~ **qc a qc** etw als etw (acc) benutzen 2 (destinare) ~ **qu a qc** jdn für etw (acc) vor|sehen, jdn für etw (acc)/zu etw (dat) bestimmen: **~ un impiegato ad altre funzioni**, einem Angestellten andere Aufgaben zuweisen.

ADICOR f comm abbr di Associazione Difesa Consumatori e Risparmiatori: "Verbraucher- und Sparerschutzverband".

Àdige m geog Etsch f.

adimensionàle agg fis dimensionslos.

adinamìa f med Körperschwäche f, Adynamie f scient.

ad interim lat A <inv> loc agg {MINISTERO} Interims- B loc avv {ASSUMERE} vorläufig, zeitweilig, vorübergehend.

àdipe m Fett(gewebe) n, Körperfett n.

adipòsi <-> f med Fettleibigkeit f.

adiposità <-> f (grassezza) lokale Fettkonzentration.

adipóso, (-a) agg (grasso) {TESSUTO} Fett-, fetthaltig.

adiràrsi itr pron (arrabbiarsi) ~ **(con qu per qc)** jdm (wegen etw gen) zürnen forb.

adiràto, (-a) agg (arrabbiato) {PERSONA} erzürnt; {VOCE} verärgert: **essere ~ con qu**, auf jdn böse sein.

adìre <adisco> tr dir ~ **qc** 1 {TRIBUNALE} etw an|rufen: **le vie legali**, den Rechtsweg beschreiten 2 (accettare) {EREDITÀ} etw an|treten.

àdito m ~ **a qc** (accesso) {A UNA STANZA} Eingang m zu etw (dat), Zugang m zu etw (dat); anche fig Zutritt m zu etw (dat) 2 fig (spazio) {A CRITICHE, A SOSPETTI} Veranlassung f zu etw (dat), Anlass m zu etw (dat): **dare ~ alle più svariate ipotesi**, zu den unterschiedlichsten Vermutungen Anlass geben.

adizióne f dir (accettazione dell'eredità) Antreten n einer Erbschaft/eines Erbes.

ad libitum loc avv lat (a piacere) ad libitum, nach Belieben.

ADMO f abbr di Associazione Donatori di Midollo Osseo: "Verband m der Knochenmarkspender".

ADN m biol abbr di Acido Desossiribonucleico: DNS f (abbr di Desoxyribo(se)nukleinsäure).

adocchiàre <adocchio, adocchi> tr ~ **qu/qc** 1 jdn/etw erblicken, jdn/etw erspähen 2 (con compiacenza e desiderio) {PREDA} mit jdm/etw liebäugeln.

adolescènte A agg 1 jung, jugendlich, halbwüchsig 2 fig (immaturo) unreif B mf Jugendliche mf decl come agg, Heranwachsende mf decl come agg; (maschio) junger Mann; (femmina) junges Mädchen.

adolescènza f Jugend(alter n) f.

adolescenziàle agg heranwachsend, Jugend-.

adombràbile agg 1 (suscettibile) empfindlich, verletzbar 2 (ombroso) {CAVALLO} scheu.

adombraménto m 1 (oscuramento) Beschattung f, Verdunklung f 2 (ombreggiamento) Schattierung f 3 (suscettibilità) Empfindlichkeit f 4 fig poet (accenno) Andeutung f 5 fig (sospetto) Argwohn m 6 fig {+CAVAL-

LO} Scheuen n.

adombràre A tr ~ *qc* **1** (*oscurare*) *etw* beschatten, Schatten (*auf etw* acc) werfen **2** (*nascondere*) *etw* verbergen, *etw* verdunkeln, *etw* verschleiern: **grosse nubi adombrano il cielo**, große Wolken verdunkeln den Himmel **3** (*ombreggiare*) {DISEGNO} *etw* schattieren **4** *fig poet* (*simboleggiare*) *etw* versinnbildlichen B itr pron: **adombrarsi 1** {CAVALLO} scheuen **2** *fig* (*risentirsi*) {PERSONA} gekränkt sein; (*insospettirsi*) argwöhnisch *forb*/stutzig werden.

adóne m *mitol*: **Adone**, Adonis m • **non è certamente un ~/Adone**, er ist nicht gerade ein Adonis *forb*.

adontàrsi itr pron *forb* ~ **per** *qc wegen etw* (gen) beleidigt sein, sich *wegen etw* (gen) beleidigt fühlen, (*jdm*) *etw* übel nehmen.

adoperàbile agg brauchbar, verwendbar.

adoperàre A tr (*usare*) ~ *qc etw* benutzen, *etw* (ge)brauchen, *etw* an|wenden: ~ **la biro per scrivere**, zum Schreiben einen Kuli benutzen B rfl (*impegnarsi*): **adoperarsi per qu/qc** sich (*für jdn/etw*) ein|setzen, sich (*für jdn/etw*) engagieren: **adoperarsi in favore dei poveri**, sich für die Armen einsetzen/engagieren.

adopràre *e deriv* → **adoperàre** *e deriv*.

adoràbile agg **1** (*degno di essere adorato*) anbetungswürdig **2** (*delizioso*) {MANIERE} bezaubernd; {PERSONA} *anche* entzückend, reizend.

adoràre tr **1** *anche fig* (*venerare*) ~ (*qu*) {DIVINITÀ, PERSONA} *jdn* an|beten, *jdn* verehren **2** (*prediligere*) ~ *qc* {ARTE, CIBO} *etw* lieben, *etw* sehr mögen.

adoràto, (-a) agg (*prediletto*) angebetet, innig geliebt: **il figlio ~**, der angebetete Sohn; **la mia adorata mamma**, meine (innig) geliebte Mutti/Mama.

adoratóre, (-trice) m (f) **1** *relig* Anbeter(in) m(f), Verehrer(in) m(f) **2** (*ammiratore*) Verehrer(in) m(f), Bewunderer m, (Bewund(r)erin f).

adorazióne f *relig* Anbetung f, Verehrung f; *fig* (*amore sviscerato*) *anche* Affenliebe f *fam*.

adornàre A tr (*ornare*) ~ **qu/qc di/con** *qc jdn/etw* (*mit etw* dat) schmücken, (*etw*) (*mit etw* dat) verzieren B rfl: **adornarsi** (*di/con qc*) sich (*mit etw* dat) schmücken.

adornatóre, (-trice) A agg Schmuck- B m(f) "wer schmückt".

adórno, (-a) agg (*ornato*) ~ (*di qc*) (*mit etw* dat) geschmückt, *mit etw* (dat) verziert.

adottàndo, (-a) m (f) *dir* zu adoptierendes Kind.

adottànte *dir* A agg adoptierend B mf Adoptierende mf decl come agg.

adottàre tr **1** *dir* ~ *qu* {BAMBINO} *jdn* adoptieren **2** *fig* ~ *qc* {LIBRO} *etw* verwenden; {METODO} *etw* an|wenden; {PROVVEDIMENTI} *etw* ergreifen, *etw* treffen; {REGOLA DI VITA} *etw* an|nehmen.

adottàto, (-a) A agg adoptiert B mf Adoptierte mf decl come agg.

adottìvo, (-a) agg **1** {FIGLIO, PADRE} Adoptiv- **2** *fig* (*di elezione*) {PATRIA} Wahl-.

adozióne f **1** *dir* Adoption f: **~ internazionale**, Adoption f mit Auslandsberührung; **~ dei minori**, Adoption f Minderjähriger **2** *fig* (*attuazione*) {PROVVEDIMENTO} Ergreifen n; {METODO} Anwendung f **3** *fig* (*scelta*) Wahl f: **patria di ~**, Wahlheimat f.

ADP A m *biol abbr dell'ingl* Adenosine Diphosphate (*adenosindifosfato*): ADP n (*abbr di* Adenosindiphosphat) B f *inform abbr dell'ingl* Automatic Data Processing (*elaborazione automatica dei dati*): ADP n (*automatische Datenverarbeitung*).

ad persónam <inv> loc agg *lat* zur Person gehörig, persönlich.

a.d.r. *abbr di* a domanda risponde: Antwort f (auf die Fragen im Vernehmungsprotokoll).

adrenalìna f *biol* Adrenalin n.

adrenalìnico, (-a) <-ci, -che> agg **1** (*di adrenalina*) Adrenalin-: **scarica adrenalinica**, Adrenalinstoß m **2** *fig* (*che sviluppa energia, emozioni*) {CONCERTO ROCK, SPORT} adrenalinfördernd; (*irrequieto*) {TIPO} Adrenalin-.

adrenèrgico, (-a) <-ci, -che> agg *med* adrenergisch *scient*, Adrenalin absondernd.

Adrìana f (*nome proprio*) Adriane.

adriàno, (-a) agg *stor* Hadrians-.

Adriàno m (*nome proprio*) **1** Adrian **2** *stor* Hadrian.

adriàtico, (-a) <-ci, -che> *geog* A agg adriatisch, Adria- B m: **Adriatico**, Adria f.

adsorbènte *chim fis* A agg adsorbierend, bindend B m Adsorbens n.

adsorbiménto m *chim fis* Adsorption f.

aduggiàre <aduggio, aduggi> *lett* A tr **1** (*coprire d'ombra*) ~ (*qc*) *etw* beschatten **2** *fig* (*inaridire*) ~ *qc etw* unterdrücken, *etw* bedrängen B itr pron *anche fig* (*inaridirsi*): **aduggiarsi** verkümmern.

adulàre tr (*lusingare*) ~ *qu/qc* {VANITÀ DI QU} *jdm/etw* schmeicheln.

adulatóre, (-trice) A agg (*che lusinga*) schmeichlerisch B m (f) Schmeichler(in) m(f).

adulatòrio, (-a) <-ri m> agg (*di adulazione*) schmeichlerisch, Schmeichel-.

adulatrìce f → **adulatore**.

adulazióne f (*lusinga*) Schmeichelei f.

adùlta f → **adulto**.

adùltera f → **adultero**.

adulterànte A agg (*che altera*) verfälschend B m Verfälschungsmittel n.

adulteràre tr ~ *qc* **1** (*sofisticare*) *etw* verfälschen; {VINO} *etw* panschen **2** *fig* (*corrompere*) *etw* verderben.

adulteràto, (-a) agg **1** (*sofisticato*) {SOSTANZA} verfälscht; {VINO} gepanscht **2** *fig* (*corrotto*) verdorben.

adulteratóre, (-trice) A agg fälschend; (*rif. a vino*) panschend B m (f) (*sofisticatore*) Fälscher(in) m(f); {+VINO} Panscher(in) m(f).

adulterazióne f **1** (*sofisticazione*) Verfälschung f; {+VINO} Panschen n **2** *fig* (*falsificazione*) {+VERITÀ} Verdrehung f.

adulterìno, (-a) agg **1** *dir* {FIGLIO} unehelich **2** {RELAZIONE} außerehelich.

adultèrio <-ri> m *anche dir* (*tradimento*) Ehebruch m: **commettere ~**, Ehebruch begehen.

adùltero, (-a) A agg ehebrecherisch B m (f) Ehebrecher(in) m(f).

adùlto, (-a) A agg **1** (*cresciuto*) {PERSONA} erwachsen; {ANIMALE, PIANTA} ausgewachsen **2** *fig* (*maturo*) {INGEGNO, STILE} ausgereift, reif: **l'età adulta**, das Erwachsenenalter, das mittlere Alter B m (f) Erwachsene mf decl come agg.

adunànza f (*assemblea*) Versammlung f: **convocare un'~**, eine Versammlung einberufen.

adunàre A tr (*riunire*) ~ *qu* {AMICI, SOCI} *jdn* versammeln, *jdn* zusammen|rufen; ~ *qc etw* an|häufen, *etw* sammeln, *etw* vereinen: **adunare in sé tutti i difetti**, er/sie vereinte in sich alle Fehler; **questo volume aduna tutti i suoi scritti**, dieser Band vereint/umfasst alle seine/ihre Schriften B itr pron:

adunarsi (+ *compl di luogo*) sich (*irgendwo*) versammeln.

adunàta f **1** *gener* Versammlung f **2** *mil* Appell m: **~!**, Antreten!; **suonare l'~**, zum Appell blasen.

adùnco, (-a) <-chi, -che> agg gekrümmt, krumm, hakenförmig; {NASO} Haken-.

adunghiàre <adunghio, adunghi> tr *rar* ~ *qc* {ANIMALE} *etw* krallen, *etw* mit den Krallen packen.

adùnque cong *lett* also, mithin *forb*, ergo *forb*.

adusàre *lett* A tr (*abituare*) ~ *qc a qc* {INTELLETTO} *jdn etw* (acc) gewöhnen B rfl: **adusarsi a qc** {ALLA FATICA} sich *an etw* (acc) gewöhnen.

adusàto, (-a) agg *lett* (*abituato*) ~ *a qc an etw* (acc) gewöhnt: **~ alle fatiche**, an Mühen gewöhnt.

adùsto, (-a) agg *forb* **1** (*inaridito*) {PIANTA} versengt, ausgedorrt **2** *fig* (*asciutto*) {PERSONA} mager, dürr; {VISO} hager.

advertising <-> m *ingl* (*nella pubblicità*) Advertising n, Werbung f, Reklame f.

advisor <-> mf *ingl* (*nell'organizzazione aziendale*) Advisor m.

ADVS f *abbr di* Associazione Donatori Volontari del Sangue: "Verband m Freiwilliger Blutspender".

adynaton <-, adynata pl *greco*> m *greco ling* (*figura retorica*) Adynaton f.

AEC f *abbr di* Atomic Energy Commission (*commissione per l'energia atomica*): AEC f (*Atomenergie-Kommission*).

AeCl m *abbr* Aero Club italiano: "Aero-Klub m Italiens".

aèdo m *lett* **1** *stor* Aöde m **2** *fig* (*poeta*) Dichter m, Sänger m.

AEM f *abbr di* Azienda ₍Elettrica Municipalizzata₎/[Energetica Municipale]: Städtische Elektrizitätswerke.

aeràggio <-gi> m (*aerazione*) Lüftung f, Belüftung f; {+STANZA} Durchlüftung f.

aeràre tr (*dare aria*) ~ *qc* {CAMERA} *etw* lüften.

aeratóre m Lüfter m; (*impianto*) Belüftungsanlage f.

aerazióne f (Be)lüftung f.

àere m *poet* Luft f.

aereàre *e deriv* → **aerare**.

aereifórme → **aeriforme**.

aèreo[1] m **1** (*aeroplano*) Flugzeug n **2** *radio* (*antenna*) (Hoch)antenne f.

aèreo[2], (-a) agg **1** (*relativo all'aria*) Luft- **2** *fig* (*inconsistente*) {DISCORSO} leer **3** *lett* (*etereo*) luftig, duftig: **aeree danze**, luftige Tänze **4** *aero* Luft-, Flug- **5** *tecnol* Ober-, Frei-, Luft-.

aèreo- *e deriv* → **aero-** *e deriv*.

aerifórme A agg *fis* luftförmig, gasförmig B m (*gas*) Gas n.

AER LINGUS f (*linee aeree irlandesi*): AER LINGUS f (Irländische Fluggesellschaft).

aero- primo elemento **1** *aero* Luft-, Air-, Flug-: **aeronautica**, Luftschifffahrt, Flugwesen; **aeromobile**, Luftfahrzeug; **aerobus**, Airbus **2** *anche fis scient* Luft-, Aero-: **aerobico**, aerobisch; **aerofagia**, Luftschlucken, Aerophagie; **aerodinamica**, Aerodynamik.

aeroambulànza f *aero* Rettungsflugzeug n.

aeròbica <-che> f (*ginnastica*) Aerobic n.

aeròbico, (-a) <-ci, -che> agg **1** *biol* aerob **2** *sport* Aerobic-.

aeròbio, (-a) *biol* A agg {BATTERI} aerob B m Aerobier m, Aerobiont m.

aerobrigàta f *aero mil* Geschwader n,

Luftbrigade f.

aerobus <-> m *aero* Airbus m.

aerocisterna f *aero* Tankflugzeug n, Betankungsflugzeug n, Lufttanker m.

aeroclub m *aero* Flugverein m, Aeroklub m.

aerodinàmica f *fis* Aerodynamik f.

aerodinamicità <-> f **1** *fis* Aerodynamik f **2** *tecnol* Windschlüpfigkeit f.

aerodinàmico, (-a) <-ci, -che> agg **1** *fis* aerodynamisch **2** *tecnol* {CARROZZERIA} stromlinienförmig, Stromlinien-, windschnittig, windschlüpfig.

aeròdromo m *aero* Flugplatz m, Luft-, Flughafen m.

aerofagìa f *med* Luftschlucken n, Aerophagie f *scient*.

aerofàro m *aero* Luftfahrtleuchtfeuer n.

AEROFLOT f *stor* (*linee aeree sovietiche*): Aeroflot f (*russische Luftfahrtgesellschaft*).

aeròfono m Aerophon n.

aeròforo m Belüftungsapparat m, Entlüfter m.

aerofotografìa f *aero topogr* **1** (*tecnica*) Luftfotografie f **2** (*fotografia*) Luftaufnahme f.

aerografìa f *arte* Spritzlackierung f.

aeròrafo m *tecnol* Spritzpistole f.

aerogràmma <-i> m *post* Luftpostbrief m.

aerolìnea f *aero* Luft(verkehrs)linie f.

aerolite, **aerolito** m *astr* Meteorstein m.

aeromarìttimo, (-a) agg See- und Luft-.

aeròmetro m *fis* Aerometer n.

aeromòbile m *aero* Luftfahrzeug n.

aeromodellìsmo m **1** (*tecnica*) Flugmodellbau m **2** (*attività*) Modellflugzeugsport m.

aeromodellista <-i m, -e f> mf Flugzeugmodellbauer(in) m(f).

aeromodellistica <-che> f Technik f des Modellflugzeugs.

aeromodèllo m Modellflugzeug n, Flugmodell n.

aeromòto m Druckwelle f, Luftbeben n.

aeronàuta <-i m, -e f> m (f) Aeronaut(in) m(f), Luftschiffer m.

aeronàutica f Luftfahrt f, Flugwesen n: ~ **civile**, zivile Luftfahrt; ~ **italiana/tedesca**, italienische/deutsche Luftfahrt; ~ **militare**, Luftwaffe f; **storia dell'~**, Geschichte der Luftfahrt; **ufficiale dell'~**, Luftwaffenoffizier m.

aeronàutico, (-a) <-ci, -che> agg Luft(fahrt)-, Flugzeug-, aeronautisch: **accademia aeronautica**, Luftfahrtakademie f; **industria aeronautica**, Flugzeugindustrie f; **ingegnere ~**, Luftfahrtingenieur(in) m(f).

aeronavàle agg Luft- und Flotten-: **battaglia ~**, Luft- und Seeschlacht; **manovra ~**, Luft- und Flottenmanöver.

aeronàve f *aero* **1** (*dirigibile*) Luftschiff n **2** (*astronave*) Raumschiff n.

aeronavigazióne f Luftschifffahrt f.

aeroplàno m Flugzeug n, (Flug)maschine f: ~ **da caccia/ricognizione/turismo**, Jagd-/Aufklärungs-/Verkehrsflugzeug n; ~ **civile/militare**, Zivil-/Militärflugzeug n; ~ **a elica**/**[a reazione]/[supersonico]**, Propeller-/Düsen-/Überschallflugzeug n; **l'~ di linea**, Strecken-, Linienflugzeug n; **l'~ della Lufthansa sta atterrando/decollando**, die Lufthansa-Maschine startet/landet gerade; **prendo l'~ delle 10.00 per Parigi**, ich nehme die 10.00-Uhr-Flug/[die 10.00-Uhr--Maschine] nach Paris; **perdere l'~**, das Flugzeug verpassen; **viaggiare in ~**, fliegen, im Flugzeug reisen.

aeropòrto m Flughafen m, Flugplatz m.

Lufthafen m: ~ **civile**, Zivilflughafen m; ~ **chiuso al traffico**, (für den Verkehr) gesperrter Flughafen; ~ **di destinazione/partenza**, Ziel-/Abflughafen m; ~ **militare/privato**, Militär-/Privatflugplatz m.

aeroportuàle *aero* A agg {ATTREZZATURE} Flughafen- B m (f) Flughafenarbeiter(in) m(f).

aeropostàle A agg Luftpost- B m Postflugzeug n.

aerorifornimento m *aero* Versorgung f aus der Luft.

aeroscàlo m *aero* Flughafen m für Zwischenlandungen, Landeplatz m.

aeroscuòla <aeroscuole> f *aero* Schulflugzeug n.

aerosfèra f **1** *fis geog* Atmosphäre f **2** (*atmosfera terrestre*) Erdatmosphäre f.

aerosiluràntẹ *aero mil* A agg Lufttorpedo- B m Torpedoflugzeug n.

aerosoccórso m *aero* Luftrettungsdienst m.

aerosòl <- o rar -s> m **1** (*sospensione di particelle in un gas*) Aerosol n **2** (*contenitore*) Sprühdose f.

aerosolterapìa f *med* Aerosoltherapie f *scient*.

aerospaziàle agg *aero astr* Luft- und Raumfahrt-.

aerospàzio <-zi> m Welt-, Luftraum m.

aero-spìa f *aero* Spionageflugzeug n.

aerostàtica <-che> f *fis* Aerostatik f.

aerostàtico, (-a) <-ci, -che> agg *aero* aerostatisch.

aeròstato m *aero* (Heiß)luftballon m, Aerostat m; (*fisso*) Fesselballon m; (*dirigibile*) Luftschiff n.

aerostazióne f *aero* Terminal n, Abfertigungsgebäude n.

aerostière, (-a) m (f) *stor aero* Ballonflieger(in) m(f).

aerotassì → **aerotaxi**

aerotàxi m *aero* Lufttaxi n.

aerotècnica <-che> f *aero* Luftfahrttechnik f.

aerotècnico, (-a) <-ci, -che> *aero* A agg luftfahrttechnisch B m (f) Luftfahrttechniker(in) m(f).

aeroterapìa f *med* Aerotherapie f *scient*.

aerotèrmo m *tecnol* Lufterhitzer m, Heißluftheizung f.

aeroterrèstre agg *aero* Luft-Erd-.

aerotrasportàre tr *aero anche mil* ~ **qu/qc** {MEZZI MILITARI, TRUPPE} jdn/etw per Flugzeug/Luft transportieren/befördern.

aerotraspòrto m Lufttransport m, Luftbeförderung f: ~ **di merci**, Luftfracht f.

aerovìa f *aero* Luftstraße f, Luftweg m.

AF A f *abbr di* Agricoltura e Foreste: Land- und Forstwirtschaft B f *aero abbr del franc* Air France (*linee aeree francesi*): AF f (*französische Fluggesellschaft*) C m pl *amm abbr di* Assegni Familiari: Familienzulage f, Kindergeld n D f *elettr abbr di* Alta Frequenza: HF f (*abbr di* Hochfrequenz).

àfa f (*calura*) Schwüle f: **che afa!**, ist das schwül (heute)!; **c'è afa oggi**, heute ist es schwül.

afasìa f *ling med psic* Aphasie f.

afàsico, (-a) <-ci, -che> *med* A agg {DISTURBO} aphasisch *scient* B m (f) Aphasiker(in) m(f).

afèresi <-> f **1** *ling* Aphärese f **2** *enigmistica* (*Rätselspiel n*, *bei dem zwei Worte erraten werden müssen, von denen eines im anderen enthalten ist*) **3** *med* Plasmapherese f *scient*.

affàbile agg (*cordiale*) liebenswürdig, freundlich: **modi affabili**, liebenswürdige Art; **persona ~**, freundlicher/umgänglicher Mensch; **è ~ con tutti**, er/sie ist zu allen freundlich.

affabilità <-> f (*cordialità*) Liebenswürdigkeit f, Freundlichkeit f: **accogliere/ascoltare qu con ~**, jdn freundlich aufnehmen/anhören; **la sua ~ è proverbiale**, seine/ihre Liebenswürdigkeit ist sprichwörtlich.

affabulatòrio, (-a) agg *lett*: **discorso ~**, Lügenmärchen n *fam*, (*fabelhaft ausgeschmückte*) Geschichte.

affabulazióne f *lett* Plot m, Handlungsgerüst n.

affaccendamento m (*attività frenetica*) Geschäftigkeit f.

affaccendàrsi rfl (*darsi da fare*): ~ **intorno a qc** sich an etw (dat) zu schaffen machen, *mit etw* (*dat*)/*an etw* (*dat*) hantieren.

affaccendàto, (-a) agg (*indaffarato*) sehr beschäftigt, (viel)beschäftigt: **ha sempre l'aria affaccendata**, er/sie sieht immer viel beschäftigt aus; **essere molto ~**, sehr beschäftigt sein.

affacciàre <affaccio, affacci> A tr **1** rar (*mostrare*) ~ **qu/qc** (+ **compl di luogo**) {NONNA VISO ALLA FINESTRA} irgendwo jdn/etw zeigen **2** fig (*manifestare*) ~ **qc** {IDEA} etw vor|bringen; {DUBBIO} etw äußern B itr pron (*essere rivolto*): **affacciarsi** (+ **compl di luogo**) irgendwohin gehen: **le nostre finestre si affacciano sul cortile**, unsere Fenster gehen auf den Hof C rfl **1** (*mostrarsi*): **affacciarsi** (+ **compl di luogo**) sich irgendwo zeigen: **affacciarsi alla finestra/porta**, sich am Fenster/[in der Tür] zeigen; **il re si affacciò al balcone**, der König zeigte sich am Balkon **2** fig: **affacciarsi alla mente**, durch den Kopf gehen; **un pensiero/ricordo le si affacciò alla mente**, ein Gedanke/eine Erinnerung ging ihr durch den Kopf /[kam ihr in den Sinn]).

affagottàre tr **1** (*fare fagotto*) ~ **qc** {LE PROPRIE COSE} etw zusammen|bündeln **2** fig (*infagottare*) ~ **qu** {VESTITO} jdn ein|mummen.

affaire <-, -s pl *franc*> m *franc dir polit* Affäre f: **l'~ Dreyfus**, die Dreyfus-Affäre.

affamaménto m **1** (*riduzione alla fame*) Aushungern n **2** *fig* (*impoverimento*) Verelendung f.

affamàre tr (*ridurre alla fame*) ~ **qu** {POPOLAZIONE} jdn hungern lassen, jdn aus|hungern.

affamàto, (-a) A agg **1** (*che ha fame*) hungrig **2** *fig* (*bramoso*) ~ **di qc** nach etw (dat) gierig: **essere ~ di gloria**, ruhmbegierig sein B m (f) Hungernde mf decl come agg ● **dare da mangiare agli affamati** *bibl*, die Hungernden speisen.

affamatóre, (-trice) m (f) Ausbeuter(in) m(f): ~ **del popolo**, Aushungerer m/Ausbeuter m des Volks.

affanculo → **vaffanculo**.

affannàre A tr <*avere*> ~ **qu** **1** (*provocare difficoltà di respiro*) jdn keuchen lassen, jdm Atemnot bereiten **2** *fig* (*angustiare*) jdn beunruhigen, jdn ängstigen B itr <*essere*> rar keuchen C rfl **1** (*provare affanno*): **affannarsi** keuchen **2** *fig* (*adoperarsi*): **affannarsi** (**per qc**) sich (*wegen etw gen*) bemühen, sich (*wegen etw gen*) ab|mühen, sich (*wegen etw gen*) an|strengen: **affannarsi a fare qc**, sich bemühen, um etw zu tun; sich anstrengen, um etw zu tun **3** *fig* (*preoccuparsi*): **affannarsi per qu** sich (*wegen jds/etw*) Sorgen machen, sich (*wegen jds/etw*) auf|regen, sich (*wegen jds/etw*) ängstigen: **non af-**

fannarti tanto per noi, mach dir ₎wegen uns₎/[unseretwegen] nicht so viele Sorgen.
affannàto, (-a) agg 1 (*ansante*) atemlos: **un respiro ~**, ein schwerer Atem 2 *fig* (*pieno di affanni*) bekümmert, besorgt, bedrückt.
affànno m 1 (*difficoltà di respiro*) Atemnot f, Keuchen n: **respirare con ~**, ₎mit Mühe₎/ [schwer] atmen 2 *fig* (*preoccupazione*) Sorge f, Angst f: **avere mille affanni**, tausend Sorgen haben; **avere l'~**, Angst/Panik haben, voller Angst sein; **pieno di affanni**, voller Angst, sorgenvoll, bedrückt.
affannóso, (-a) agg 1 (*difficile*) {RESPIRO} keuchend, schwer 2 *fig* (*che provoca ansia*) mühselig 3 *fig* (*febbrile*) fiebrig: **ricerca affannosa**, fiebrige Suche.
affardellàre tr ~ **qc** 1 (*riunire*) {COPERTE} *etw* bündeln 2 *mil* {ZAINO} *etw* packen.
affàre m 1 (*cosa da fare*) Angelegenheit f, Sache f, Geschäft n: **avere un ~ in sospeso**, noch eine Angelegenheit zu erledigen haben; **un ~ importante/urgente**, ein wichtiges/dringendes Geschäft; **rimandare/sbrigare un ~**, eine Sache verschieben/erledigen 2 *comm* (*affare*) **concludere un ~**, ein Geschäft abschließen; **fare un ~**, ein Geschäft machen; **fare un buon/cattivo ~**, ein gutes/schlechtes Geschäft machen 3 <*solo pl*> **essere negli affari**, im Geschäft sein; **fare affari**, Geschäfte machen; **mettersi in affari**, ins Geschäft einsteigen; **ritirarsi dagli affari**, sich aus den Geschäften zurückziehen; **come vanno gli affari?**, wie gehen die Geschäfte?, wie läuft das Geschäft?; **gli affari vanno a gonfie vele**, die Geschäfte gehen glänzend 4 *dir* Sache f, Angelegenheit f: **~ contenzioso**, Streitsache f 5 *fam* (*cosa, faccenda*) Sache f, Angelegenheit f: **bell'~ avete combinato voi due!**, ihr zwei habt ja was Schönes angerichtet!; **è un brutto ~**, das ist eine schlimme Sache; **è un ~ di cuore**, es ist eine Herzensangelegenheit; **~ di famiglia**, Familienangelegenheit f; **farsi gli affari propri**, sich um den eigenen Kram kümmern *fam*; **non ₎è ~ tuo₎/[sono affari tuoi]**, das geht dich nichts an, das ist nicht ₎dein Bier₎/[deine Sache] *fam*; **non impicciarti degli affari degli altri!**, steck deine Nase nicht in anderer Leute Angelegenheiten!; **impicciati degli affari tuoi!**, kümmere dich um deinen eigenen Kram *fam*!; **un ~ importante/[da poco]** [serio], eine wichtige/unwichtige/ernste Sache; **un ~ da nulla**, eine Kleinigkeit; **affari privati/pubblici**, öffentliche/private Belange 6 *fam* (*aggeggio*) Ding n *fam*, Dings-(da) n *fam*: **che cos'è quell'~ ?**, was ist das für ein Ding? • **affari esteri** *polit*, auswärtige Angelegenheiten; **~ fatto!** (*d'accordo*), der Handel gilt!; **~ giudiziario**, gerichtliche Angelegenheit; **di mal ~**, übel beleumdet; **casa/donna di mal ~** *eufem*, Freudenhaus n/ Freudenmädchen f; **gente di mal ~**, verrufene Leute; **un ~ d'oro** *fig* (*eccezionale*), ein Bombengeschäft *fam*; **~/affari di stato** *polit*, Staatsangelegenheit(en) f (pl); *fig iron* (*questione alla quale viene attribuita eccessiva importanza*), Haupt- und Staatsaktion f, Staatsaffäre f *fam*; **gli affari sono affari** *prov*, Geschäft ist Geschäft.
affarìsmo m Geschäftemacherei f.
affarìsta <*-i m, -e f*> mf *spreg* (*speculatore*) Geschäftemacher(in) m(f).
affarìstico, (-a) <*-ci, -che*> agg Geschäfts-.
affaróne m *fam* Bombengeschäft n *fam*, Bombensache f *fam*.
affascinànte agg {IDEA, PROPOSTA} faszinierend; {DONNA, LIBRO, RACCONTO, UOMO} anche bezaubernd; {RICORDO} zauberhaft.
affascinàre① tr 1 (*incantare*) ~ **qu** jdn faszinieren, jdn bezaubern 2 (*sedurre*) ~ (**qu**) jdn verführen.
affascinàre② tr ~ **qc** {LEGNA} *etw* bündeln.
affascinatóre, (-trice) **A** agg bezaubernd **B** m (f) (*seduttore*) Verführer(in) m(f).
affastellaménto m 1 *anche agr* {+FIENO} Bündelung f 2 (*ammasso confuso*) Anhäufung f, Haufen m, Gemisch n, Sammelsurium n *spreg*, Mischmasch m *fam*; *fig* {+FATTI, PROVE} Durcheinander n: **~ di parole**, wirres/ zusammenhangloses Gerede, Wortsalat m *spreg*.
affastellàre tr ~ **qc** 1 *anche agr* {FIENO, LEGNA} *etw* bündeln 2 (*ammassare confusamente*) {LIBRI} *etw* an|häufen; {PAROLE} *etw* wirr aneinanderreihen: **~ prove**, Beweise zusammentragen.
affaticaménto m Ermüdung f.
affaticàre <*affatico, affatichi*> **A** tr 1 (*stancare*) ~ **qu/qc** jdn/etw an|strengen, jdn/etw ermüden 2 (*sforzare*) ~ **qc** {CUORE, OCCHI, VISTA} *etw* überanstrengen, *etw* überfordern **B** *rfl*: **affaticarsi (in qc)** 1 (*stancarsi*) {NEL LAVORO} sich (*bei etw dat*) an|strengen, (*bei etw dat*) müde werden: **affaticarsi a fare qc**, sich bei etw (*dat*) anstrengen 2 (*adoperarsi, affannarsi*) sich bemühen, sich ab|mühen, sich ab|rackern *fam*, schuften *fam*: **affaticarsi intorno a un argomento**, sich mit einem Thema abmühen; **affaticarsi per i figli**, sich für die Kinder abrackern *fam*; **affaticarsi dal mattino alla sera per guadagnarsi da vivere**, von morgens bis abends schuften *fam*, um sein Brot zu verdienen.
affaticàto, (-a) agg (*stanco*) übermüdet, überarbeitet, überanstrengt: **avere gli occhi affaticati**, überanstrengte Augen haben; **mi sento molto ~**, ich fühle mich überarbeitet; **ti trovo molto ~**, ich finde, du siehst überarbeitet/übermüdet aus.
affàtto avv 1 (*completamente*) gänzlich, vollständig, durchaus: **punti di vista ~ diversi**, vollständig unterschiedliche Gesichtspunkte 2 (*come rafforzativo di negazioni*) durchaus nicht, überhaupt nicht, ganz und gar nicht: **non gradì affatto questo complimento**, er/sie wusste dieses Kompliment ganz und gar nicht zu schätzen; **non lo conosco ~**, ich kenne ihn überhaupt nicht; **io non c'entro ~**, ich habe überhaupt nichts damit zu tun; **non fa ~ freddo**, es ist ganz und gar nicht kalt; **niente ~**, (ganz und) gar nicht, überhaupt nicht; **non ho ~ sonno**, ich bin durchaus nicht müde 3 (*in risposte negative*) ganz und gar nicht, überhaupt nicht: **disturbo? – Affatto!**, störe ich? – Überhaupt nicht!; **hai sonno? – Affatto!**, bist du müde? – Ganz und gar nicht!
affatturàre tr 1 (*stregare*) ~ **qu** jdn verhexen 2 (*adulterare*) ~ **qc** {VINO} *etw* panschen; {ALIMENTI} *etw* verfälschen.
afferènte agg 1 *anat* {VASO} afferent *scient* 2 *dir* {QUESTIONE} betreffend.
afferìre intr ~ **a qc** 1 (*essere attinente*) *etw* betreffen, sich *auf etw* (*acc*) beziehen 2 (*appartenere*) {RICERCATORI AL DIPARTIMENTO} *zu etw* (*dat*) gehören.
affermàre **A** tr 1 (*confermare*) ~ **qc** *etw* bestätigen; **~ che ... ind**, bestätigen, dass ... *ind*; **~ di ... inf**, behaupten, dass ... *ind* 2 (*sostenere*) ~ **qc** {I PROPRI DIRITTI} *etw* behaupten 3 *dir* ~ **qc** {INNOCENZA DI QU} *etw* behaupten 4 (*dire di sì*) bejahen **B** *itr pron*: **affermarsi** sich behaupten, sich durch|setzen: **come attore si è ormai affermato**, als Schauspieler hat er sich nunmehr durchgesetzt; **affermarsi in una gara**, sich in einem Wettkampf durchsetzen/behaupten.

affermatìvo, (-a) agg 1 (*positivo*) {GESTO} zustimmend, bejahend; {RISPOSTA} *anche* positiv: **in caso ~**, wenn ja; **in modo ~**, zustimmend 2 *gramm* bejahend.
affermàto, (-a) agg 1 (*conosciuto*) {PROFESSIONISTA} anerkannt, berühmt: **una cantante affermata**, eine anerkannte/berühmte Sängerin; **un prodotto ~**, ein Produkt, das sich durchgesetzt hat.
affermazióne f 1 (*asserzione*) Behauptung f: **le sue affermazioni non sono credibili**, seine/ihre Behauptungen sind nicht glaubwürdig 2 (*atto dell'affermare*) Bejahung f, Bestätigung f: **alla nostra domanda rispose con un'~**, auf unsere Frage antwortete er/sie bejahend, unsere Frage bestätigte/bejahte er/sie 3 (*successo*) Erfolg m.
afferràre **A** tr 1 (*prendere*) ~ **qu/qc** jdn/ *etw* (er)greifen, jdn/etw fassen, jdn/etw packen 2 *fig* ~ **qc** {OCCASIONE} *etw* ergreifen 3 *fig* (*comprendere*) ~ **qc** {IDEA, SENSO} *etw* begreifen, *etw* erfassen **B** *rfl*: **afferrarsi a qu/qc** 1 sich *an jdn/etw* klammern 2 *fig* {A UN'IDEA} sich *an etw* (*acc*) klammern.
Aff. Est. *abbr di* (Ministero degli) Affari Esteri: ≈ AA (abbr di Auswärtiges Amt).
affettàre① tr ~ **qc** {CARNE, PANE} *etw* in Scheiben schneiden, *etw* auf|schneiden.
affettàre② tr ~ **qc** 1 (*ostentare*) {BUON GUSTO, ELEGANZA} *etw* demonstrativ zeigen, *etw* zur Schau stellen 2 *lett* (*simulare*) *etw* heucheln: **affettava di guardare con insistenza la ricca collana**, er/sie tat so, als betrachte er/sie eingehend das kostbare Collier.
affettàto①, (-a) **A** agg (*tagliato a fette*) in Scheiben geschnitten, aufgeschnitten **B** m *gastr* Aufschnitt m.
affettàto②, (-a) agg {ELEGANZA, STILE} gekünstelt: **parlare in modo ~**, gekünstelt/manieriert *spreg* sprechen; {MANIERE, POSE} affektiert, geziert.
affettatrìce f Wurstschneidemaschine f.
affettaverdùre <*->* m Gemüseschneidemaschine f.
affettazióne f (*artificiosità*) Affektiertheit f, Geziertheit f, Künstelei f: **~ di modi**, geziertes Benehmen; **parlare con ~**, gekünstelt sprechen; **senza ~**, ungekünstelt, ohne Künstelei.
affettività <*->* f 1 (*capacità affettiva*) Warmherzigkeit f 2 *psic* Emotionalität f, Affektivität f.
affettìvo, (-a) agg 1 (*che riguarda gli affetti*) Gefühls-: **rapporto ~**, emotionale Bindung; **vita affettiva**, Gefühlsleben n 2 *psic* emotional, affektiv, Gefühls- 3 (*affettuoso*) warmherzig, gefühlsbetont.
affètto① m 1 (*inclinazione sentimentale*) Liebe f, Zuneigung f: **avere/provare ~ per qu**, jdn gern/lieb haben; **l'~ per il professore aumentava di settimana in settimana**, seine/ihre Zuneigung zu seinem/ihrem Lehrer/Professor wuchs mit jeder Woche; **riporre il proprio ~ in qu**, jdm seine Liebe/ Zuneigung schenken 2 (*oggetto del sentimento*) Liebe f: **quell'amico era il suo unico ~**, dieser Freund war ₎der Einzige, den er/ sie gern hatte₎/[sein Ein und Alles] • **ti saluto con ~**, ich grüße dich herzlich.
affètto②, (-a) agg ~ **da qc** (*colpito*) {DA MALATTIA} *von etw* (*dat*) befallen, *an etw* (*dat*) leidend 2 *dir*: **~ da ipoteca**, mit einer Hypothek belastet; **~ da vizi**, mit Fehlern/Mängeln behaftet, fehlerhaft, mangelhaft 3 *rar* {DA STUPORE} *von etw* (*dat*) erfasst 4 *mat*: **~ da esponenti**, mit Exponenten versehen.
affettuosaménte avv {ABBRACCIARE QU} liebevoll.
affettuosità <*->* f 1 (*amorevolezza*) Herz-

lichkeit f, **Warmherzigkeit** f **2** ‹solo pl› (manifestazioni d'affetto) Zärtlichkeiten f pl, Liebesbeweise m pl.

affettuóso, (-a) agg **1** (amorevole) {GESTO, PAROLA} liebevoll; {PERSONA} anche warmherzig; (cordiale) herzlich; (tenero) zärtlich **2** mus affettuoso, con affetto, leidenschaftlich, bewegt.

affezionàre A tr (appassionare) ~ **qu a qc** {BAMBINO ALLA MUSICA} jdn für etw (acc) begeistern, ⌐bei jdm⌐/[jds] Interesse für etw (acc) wecken, bei jdm Begeisterung für etw (acc) (er)wecken B itr pron: **affezionarsi** (a qu/qc) {A UNA PERSONA, A UN GATTINO} Zuneigung zu jdm/etw fassen, jdm/etw lieb gewinnen, jdn ins Herz schließen; {A UN IDEALE} sich für etw (acc) begeistern: **si è affezionata al paese e ai suoi abitanti**, sie hat den Ort und seine Bewohner lieb gewonnen.

affezionatíssimo, (-a) ‹superl di affezionato› agg (abbr aff.mo) **1** (molto affezionato) herzlich zugetan, treu ergeben **2** (nelle formule di cortesia spec epistolari) herzlichst: **tuo ~**, dein dich herzlich liebender ...; ⌐in Liebe⌐/[herzlichst], dein ...

affezionàto, (-a) agg **1** (legato) ~ **a qu/qc** jdm/etw zugetan forb: **il bambino è ~ alla baby-sitter**, das Kind hängt an seiner Babysitterin, das Kind ist seiner Babysitterin sehr zugetan forb, dem Kind ist seine Babysitterin sehr ans Herz gewachsen **2** (fedele) {CLIENTE} anhänglich, treu **3** (appassionato) **~ a qc** von etw (dat) begeistert: **essere ~ al proprio lavoro**, an seiner Arbeit hängen, seine Arbeit lieben, von seiner Arbeit begeistert sein.

affezióne f **1** (sentimento) Zuneigung f, Wohlwollen n **2** med Leiden n, Erkrankung f **3** psic Gemütsbewegung f.

affiancaménto m **1** Nebeneinanderstehen n; (azione) anche Nebeneinanderstellen n **2** fig Unterstützung f, Hilfe f.

affiancàre ‹affianco, affianchi› A tr **1** (mettere a lato) ~ **qc** (a qc) etw neben etw (acc) stellen **2** fig (sostenere) ~ **qu** jdn (unter)stützen, jdm zur Seite stehen, jdm helfen **3** mil ~ **qu/qc** etw/jdm flankieren B itr pron: **affiancarsi** {BARCA} seitlich an|legen C rfl fig: **affiancarsi a qu** jdn unterstützen, an jds Seite treten.

affiancàto, (-a) agg Seite an Seite, nebeneinander: **camminare affiancati**, Seite an Seite gehen, nebeneinandergehen.

affiataménto m **1** (accordo) Einvernehmen n, Übereinstimmung f **2** mus sport teat {+ORCHESTRA, SQUADRA, COMPAGNIA TEATRALE} Einklang m, Harmonie f, Zusammenspiel n.

affiatàre A tr (creare accordo) ~ **qu** jdm mit jdm/etw vertraut machen; {SQUADRA} jdn zu einem guten Zusammenspiel bringen; {ORCHESTRA} jdn aufeinander ein|spielen lassen B itr pron: **affiatarsi** sich miteinander vertraut machen; mus sport teat sich aufeinander ein|spielen.

affiatàto, (-a) agg (concorde) {GRUPPO} vertraut, aufeinander eingespielt; {COPPIA} anche einander zugetan: **nella nostra classe siamo molto affiatati**, in unserer Klasse ⌐verstehen wir uns sehr gut⌐/[sind wir sehr gut aufeinander eingespielt]; {SQUADRA} (gut) eingespielt.

affibbiàre ‹affibbio, affibbi› tr **1** (allacciare) ~ **qc** {CINTURA} etw zu|schnallen, etw schnüren **2** fig (assestare) ~ **qc a qu** {PUGNO, SCHIAFFO} jdm etw versetzen **3** fig (dare) ~ **qc a qu** {COLPA} jdm etw in die Schuhe schieben; {MULTA, NOMIGNOLO} jdm etw geben, jdm etw verpassen fam: ~ **a qu un lavoro poco gradito**, jdm eine unangenehme Arbeit zuschieben.

affiche ‹-› f franc (manifesto) Plakat n.

affidàbile agg {COLLABORATORE} vertrauenswürdig, zuverlässig.

affidaménto m **1** (l'affidare) Anvertrauen n **2** (fiducia) Vertrauen n, Zuversicht f; (garanzia) Gewähr f forb, Sicherheit f: **che non dà alcun ~**, unzuverlässig; **non dare nessun ~**, keinerlei Vertrauen erwecken; **quell'uomo non mi dà molto ~**, dieser Mann scheint mir nicht sehr vertrauenserweckend (zu sein); **fare ~ su qu**, sich auf jdn verlassen **3** dir (istituto del diritto di famiglia) {+MINORE} Pflegschaft f: **affidamento congiunto**, geteiltes Sorgerecht ● **l'~ di un minorenne a un istituto**, die Einweisung eines Minderjährigen in ein Heim.

affidàre A tr **1** (dare in custodia) ~ **qu/qc a qu/qc** {DOCUMENTO ALLA SEGRETARIA} jdm/etw jdn/etw an|vertrauen: ~ **un malato alle cure di un buon medico**, einen Kranken der Pflege eines guten Arztes anvertrauen **2** ~ **qc a qu** {INCARICO} jdn mit etw (dat) betrauen B rfl **1** (rimettersi): **affidarsi a qu/qc** {A DIO} sich jdm an|vertrauen, auf jdn vertrauen; {AI GENITORI} sich jdm überlassen: **affidarsi al caso**, sein Schicksal dem Zufall überlassen **2** (contare su): **affidarsi a qc** {ALLA BONTÀ DI QU} sich auf etw (acc) verlassen, auf etw (acc) vertrauen.

affidatàrio, (-a) ‹-ri m› dir A agg Pflege-, pflegend B m (f) Pfleger(in) m(f).

affidàvit ‹-› m banca Affidavit n, Bankbestätigung f.

affído m **1** amm {+MINORE} Pflegschaft f **2** università einjähriger Lehrauftrag (an einer Universität).

affievoliménto m **1** {+SUONO, VISTA} (Ab)schwächung f **2** radio (evanescenza) Schwund m, Fading n.

affievolìre ‹affievolisco› A tr (indebolire) ~ **qc** etw (ab|)schwächen B rfl: **affievolirsi 1** {POLSO} schwächer werden; {FORZE} nach|lassen, ermatten; {VISTA} schlechter werden **2** radio: **i segnali si affievoliscono**, der Empfang wird schwächer.

affievolìto, (-a) agg **1** {VISTA} geschwächt; {FORZE} ermattet; {POLSO} schwach **2** radio {SEGNALI} schwach.

affìggere ‹irr affiggo, affiggi, affissi, affisso› A tr **1** (attaccare) ~ **qc** (+ compl di luogo) {MANIFESTO SUL MURO} etw irgendwo an|schlagen, etw irgendwo an|heften **2** rar fig lett (fissare) ~ **qc su qu/qc** {OCCHI} etw auf jdn/etw heften forb, jdn/etw fixieren B itr pron rar fig lett (fissarsi): **affiggersi su qu/qc** sich auf jdn/etw heften.

affigliàre e deriv → **affiliare** e deriv.

affilacoltèlli ‹-› m Messerschärfer m.

affilaménto m {+RASOIO, SCIABOLA} Schärfung f; (azione) anche Schärfen n.

affilàre A tr ~ **qc 1** (molare) {COLTELLO, FORBICI, LAMA} etw schleifen, etw schärfen, etw wetzen **2** (temperare) {MATITA} etw (an|)spitzen **3** fig (assottigliare) {MALATTIA VISO} etw aus|zehren, etw schmal/dünn werden lassen B itr pron: **affilarsi** {VISO} schmal(er)/dünn(er) werden.

affilàta solo nella loc verbale: **dare un'~ a qc** {AL COLTELLO, AL RASOIO} etw leicht schärfen.

affilàto, (-a) agg **1** (tagliente) {LAMA} geschärft **2** fig (sottile) {NASO} fein, dünn; {VOLTO} fig (malefico) spitz, scharf.

affilatrìce f tecnol Schleifmaschine f.

affilatùra f {+COLTELLO, UTENSILE} Schliff m; (azione) Schleifen n.

affiliàre ‹affiglio, affili› A tr **1** (iscrivere, associare) ~ **qu/qc a qc** {ALBERGO, SOCIO} jdn/etw in etw (acc) auf|nehmen **2** stor ~ **qu** {BAMBINO} jds Pflegschaft übernehmen B rfl: **affiliarsi a qc** {A UN PARTITO} etw (dat) bei|treten, in etw (acc) ein|treten.

affiliàta f econ Tochtergesellschaft f.

affiliàto, (-a) A agg (collegato) angehörig, angeschlossen B m (f) (adepto) Mitglied n: **gli affiliati della massoneria**, die Mitglieder des Freimaurerbundes, die Freimaurer.

affiliazióne f **1** ~ **a qc** {A UNA SOCIETÀ} Aufnahme f in etw (acc) **2** stor (affidamento) Pflegschaft f.

affinàggio ‹-gi› m metall Affination f.

affinaménto m **1** fig (raffinamento) {+GUSTO, STILE} Verfeinerung f **2** enol {+VINO} Veredelung f **3** metall Affination f.

affinàre A tr ~ **qc 1** (render sottile) etw dünn machen, etw verdünnen **2** (temperare) {COLTELLO} etw schärfen **3** fig (raffinare) {GUSTO, SENSIBILITÀ} etw verfeinern; {STILE} anche etw verbessern; {VISTA, ecc.} etw schärfen **4** metall etw affinieren B itr pron: **affinarsi 1** (assottigliarsi) dünner werden, sich verdünnen **2** fig (perfezionarsi) sich verbessern, sich verfeinern.

affinazióne f metall Affination f.

affinché cong ~ ... congv damit ... ind, auf dass ... ind forb: **lo dico ~ si sappia**, ich sage das, damit man Bescheid weiß.

affìne A agg **1** (simile) ~ (**a qc**) {ANIMA, GUSTO, IDEA, SPIRITO} etw ähnlich **2** biol chim ling {SPECIE, ELEMENTI, LINGUA} verwandt B mf angeheiratete Verwandte mf decl come agg.

affinità ‹-› f **1** (somiglianza) {+GUSTI, IDEE} Ähnlichkeit f **2** (simpatia) Affinität f, (Wesens)verwandtschaft f: ~ **intellettuale**, Geistesverwandtschaft f **3** (parentela) Verschwägerung f **4** chim Affinität f ● **le ~ elettive lett** (titolo di un'opera di J. W. v. Goethe), die Wahlverwandtschaften f pl.

affiochiménto m (affievolimento) Dämpfung f, Abschwächung f, Heiserkeit f, Heiserwerden n.

affiochìre ‹affiochisco› A tr (attenuare) ~ **qc** {VOCE} etw dämpfen, etw ab|schwächen B itr pron: **affiochirsi** schwächer werden.

affiochìto, (-a) agg (attenuato) {VOCE} heiser; {SUONO} rau.

affioraménto m **1** Auftauchen n **2** geol Aufschluss m, Ausbiss m, Ausstrich m.

affioràre itr ‹essere› **1** (spuntare, emergere) an die Oberfläche kommen, auf|tauchen: ~ (da qc) {CRESTE DEI MONTI DALLA NEBBIA; SCOGLIO DALL'ACQUA} aus etw (dat) (hervor)ragen; {NEBBIA DALLA VALLE} aus etw (dat) auf|steigen; {DELFINO DALL'ACQUA} aus etw (dat) hervor|springen **2** fig (trapelare) {INDIZI, LIEVE ROSSORE, VERITÀ} sich zeigen, auf|tauchen, ans Licht kommen **3** geol zutage treten/kommen.

affissàre tr lett (fissare) ~ **qu/qc** jdn/etw fest an|blicken: ~ **gli occhi in qu/qc**, den Blick auf jdn/etw heften, jdn/etw nicht aus den Augen lassen.

affìssi 1a pers sing del pass rem di **affiggere**.

affissióne f Anschlag m: **l'~ dei risultati sportivi**, der Anschlag/Aushang der Sportergebnisse.

affìsso, (-a) A part pass di **affiggere** B agg (attaccato) **~ a qc** {AVVISO ALLA PORTA} an etw (dat) angeschlagen C m **1** (manifesto) Aushang m, Anschlag m, Plakat n **2** ‹di solito pl› edil (serramenti): **gli affissi**, die Türen und Fenster **3** ling Affix n.

affittàbile agg vermietbar.

affittacàmere ‹-› mf Zimmervermieter(in) m(f).

affittàre tr **1** (dare in affitto) ~ **qc** (**a qu**) {APPARTAMENTO} jdm etw vermieten: **affittasi**

alloggio ammobiliato, möblierte Wohnung zu vermieten; {TERRENO} *jdm etw* verpachten **2** (*prendere in affitto*) ~ *qc* (*da qu*) *etw* von *jdm* mieten; {TERRENO} *etw* von *jdm* pachten.

affittasi <-> *m* (*cartello*) "Zu-vermieten--Hinweis(schild)n *m*".

affitto *m* **1** (*locazione*) {+IMMOBILE} Miete *f*; {+TERRENO} Pacht *f*: **dare/prendere in ~**, *etw* vermieten/mieten; **dare/prendere in ~ un terreno**, *etw* verpachten/pachten **2** (*canone*) Miete *f*, Mietzins *m*: **pagare l'~**, seine Miete bezahlen **3** *dir* (*locazione di una cosa produttiva*) {+AZIENDA} Pacht *f*.

affittuàrio, (-a) <-*ri m* > A *agg* (*di immobile*) Miet-; *dir* (*di terreno*) Pacht- B *m* (*f*) {+IMMOBILE} Mieter(in) *m*(*f*); *dir* {+TERRENO} Pächter(in) *m*(*f*).

afflàto *m lett* **1** (*alito*) Odem *m poet* **2** (*ispirazione*) Eingebung *f*, Einfall *m*.

affliggere <*irr affliggo, affliggi, afflissi, afflitto*> A *tr* ~ *qu* **1** (*tormentare*) *jdm* quälen, *jdn* belasten, *jdn* plagen: **è afflitto da una grave forma di artrosi**, er leidet unter einer schweren Arthrose **2** (*deprimere*) *jdn* traurig stimmen, *jdn* bedrücken, *jdn* betrüben, *jdm* zu schaffen machen: **la notizia ci afflisse tutti**, die Nachricht ˌstimmte uns alle traurigˌ/[schlug uns allen aufs Gemüt] B *itr pron* (*addolorarsi*): **affliggersi per qc** sich *mit etw* (*dat*) quälen, *über etw* (*acc*) betrübt/erschüttert/bekümmert sein: **affliggersi per la morte di un amico**, über den Tod eines Freundes erschüttert sein.

afflissi 1ª *pers sing del pass rem di affliggere*.

afflitto, (-a) A *agg* **1** (*che soffre*) bedrückt, betrübt, niedergeschlagen: **è ~ per la morte del padre**, der Tod seines Vaters ˌmacht ihm schwer zu schaffenˌ/[hat ihn sehr mitgenommen]; (*da malattia*) **essere ~ dall'emicrania**, an Migräne leiden **2** (*triste*) {VOCE} traurig, {SGUARDO, VISO} *anche* unglücklich, bekümmert B *m* (*f*) Betrübte *mf decl come agg*, Niedergeschlagene *mf decl come agg*: **consolare gli afflitti** *bibl*, die Betrübten trösten.

afflizióne *f* **1** (*abbattimento, tristezza*) Traurigkeit *f*, Niedergeschlagenheit *f*, Kummer *m* **2** (*causa del tormento*) Leid *n*, Plage *f*, Kreuz *n*.

afflosciàre <*affloscio, afflosci*> A *tr* **1** (*render floscio*) ~ *qc* {INATTIVITÀ MUSCOLI} *etw* erschlaffen lassen: **il caldo ha fatto ~ la panna montata**, in der Hitze ist die Schlagsahne in sich zusammengefallen **2** (*togliere vigore*) ~ *qu* {AFA} *jdn* entkräften, *jdn* ermatten *forb* B *itr pron*: **afflosciarsi 1** (*diventare sgonfio*) {PALLONE} erschlaffen; {VELA} schlaff werden **2** *fig* (*diventare floscio*) {PELLE DEL VISO} erschlaffen; {VECCHIA GENERAZIONE} verzagen, den Mut verlieren **3** *fig* (*svenire*) in Ohnmacht fallen, das Bewusstsein verlieren.

affluènte *m* Nebenfluss *m*: **gli affluenti di destra/sinistra del Reno**, die rechten/linken Nebenflüsse des Rheins, die rechts-/linksrheinischen Nebenflüsse.

affluènza *f* **1** {+LIQUIDI} Zufluss *m*, Zustrom *m*; *med* {+SANGUE} Andrang *m* **2** (*afflusso*) {+PERSONE} Andrang *m*, Zustrom *m*: ~ **alle urne**, Wahlbeteiligung *f*: **affluenza record**, Rekordandrang *m* **3** {+MERCI} Schwemme *f*.

affluìre *itr* <*essere*> + *compl di luogo* **1** (*scorrere*) {SCARICHI DALLE TUBATURE} *irgendwoher* zuˌfließen, *irgendwoher* zuˌströmen; {FIUME NEL MARE} *irgendwohin* fließen **2** (*accorrere*) {PERSONE IN CHIESA, ALLA FESTA, ALLA SPIAGGIA} (*in Scharen*) *irgendwohin* strömen; {DALLA PROVINCIA} *aus etw* (*dat*) herbeiˌströmen: **la folla affluisce all'entrata dello stadio**, die Menge strömt zum Eingang des Stadions **3** {MERCI NEI MAGAZZINI} im Überfluss *irgendwohin* gelangen; {SUI MERCATI} *etw* überfluten, *etw* überschwemmen.

afflùsso *m* **1** {+LIQUIDI} Zufluss *m*, Zustrom *m*; *med*: ~ **del sangue**, Blutandrang *m* **2** (*affluenza*) {+PERSONE} Andrang *m*, Zustrom *m* **3** {+MERCI} Schwemme *f*: **l'~ di capitali all'estero**, Kapitalabwanderung *f econ*.

aff.mo *abbr di* affezionatissimo: herzlichst.

affocàre <*affoco o affuoco, affochi o affuochi*> *poet* A *tr* ~ *qu/qc* **1** (*dar fuoco a*) *jdn/etw* entzünden, *jdn/etw* anˌzünden **2** *fig* (*eccitare*) {ANIMI} *jdn/etw* erregen B *itr pron*: **affocarsi 1** (*infiammarsi*) Feuer fangen, sich entzünden, sich entflammen *forb* **2** (*avvampare*) feuerrot werden, rot anˌlaufen **3** *fig* (*eccitarsi*) sich ˌan|[regen, sich erregen.

affogaménto *m* **1** (*l'annegarsi*) Ertrinken *n* **2** (*l'annegare*) Ertränken *n*; (*rif. a animale*) *anche* Ersäufen *n*.

affogàre <*affogo, affoghi*> A *tr* <*avere*> **1** (*annegare*) ~ *qu jdn* ertränken; ~ *qc* {ANIMALE} *etw* ersäufen, *etw* ertränken **2** *gastr* ~ *qc* {PESCE} *etw* kochen: ~ **le uova**, verlorene Eier zubereiten B *itr* <*essere*> ertrinken C *itr pron*: **affogarsi** ertrinken, ersaufen *fam*: **cadde in acqua e si affogò**, er/sie fiel ins Wasser und ertrank D *rfl*: **affogarsi** sich ertränken.

affogàto, (-a) A *agg* **1** (*annegato*) ertrunken: **morire ~**, ertrinken **2** (*buio*) {STANZA} dunkel, duster B *m* (*f*) Ertrunkene *mf decl come agg* • (*gelato*) ~ **al caffè** *gastr*, Eiskaffee *m*.

affollaménto *m* **1** (*folla*) Menge *f*, Masse *f* **2** (*ressa*) Gedränge *n*, Andrang *m* **3** *edit* (*nella pubblicità*) Werbeanteil *m*; *radio TV anche* Frequenz *f* der Werbespots.

affollàre A *tr* ~ *qc* **1** (*gremire*) {GENTE STRADA} *etw* füllen, *etw* bevölkern **2** *fig* (*riempire*) {ANSIE MENTE DI QU} *etw* erfüllen B *itr pron* **affollarsi** + *compl di luogo* **1** (*accalcarsi*) {PUBBLICO DAVANTI AL TEATRO} *irgendwo* zusammen|strömen, sich *irgendwo* drängen, *irgendwo* drängeln *fam* **2** *fig* (*addensarsi*) {CRITICHE AL GOVERNO SUI GIORNALI} sich *irgendwo* häufen: **vecchi ricordi mi si affollavano nella mente**, alte Erinnerungen schwirrten mir durch den Kopf.

affollàto, (-a) *agg* (*gremito*) {CINEMA, NEGOZIO, STRADA} gedrängt voll, überfüllt: **d'estate i treni sono sempre affollati**, im Sommer sind die Züge immer überfüllt.

affondaménto *m* **1** Versenkung *f* (*azione*) *anche* Versinken *n*, Versenken *n* **2** *fig* (*fallimento*) {+IMPRESA} Scheitern *n*.

affondàre A *tr* ~ *qc* (+ *compl di luogo*) **1** *etw* (*in etw dat*) versenken: ~ **una nave nemica**, ein feindliches Schiff versenken; {SEMI NELLA TERRA} *etw* (*in etw dat*) vergraben, *etw* (*in etw dat*) ein|graben, *etw* (*in etw dat*) versenken, *etw* (*in etw acc*) ein|senken **2** (*far penetrare a fondo*) {PALO NELLA TERRA} *etw* tief (*in etw dat*) ein|treiben, *etw* (*irgendwohin*) versenken: ~ **i denti nella coscia del pollo**, kräftig in den Hühnerschenkel beißen; ~ **i piedi nella melma**, die Füße in den Schlamm tauchen; ~ **le mani nelle tasche dei pantaloni**, die Hände in die/den Hosentaschen vergraben B *itr* **1** (*andare a fondo*) {NAVE} unter|gehen, sinken **2** (*sprofondare*) ~ **in** *qc* {NEL FANGO, NELLA NEVE} in *etw* (*dat*) versinken, *in etw* (*acc*) ein|sinken.

affóndo A *avv rar* gründlich: **andare ~ di** *qc*, *etw* (*dat*) auf den Grund gehen B *m sport* Ausfall *m*.

affossaménto *m* **1** (*effetto*) Graben *m*, Grube *f* **2** (*azione*) Ausheben *n* **3** *fig* (*accantonamento definitivo*) {+PROGETTO} Begra-ben *n*.

affossàre A *tr* **1** (*provvedere di fossi*) ~ *qc* {TERRENO} *etw* mit Gräben durchziehen (*circondare di fossi*) *etw* mit Gräben umgeben **2** (*incavare*) ~ *qc* {SENTIERO} *etw* vertiefen, *etw* aus|höhlen **3** *fig* (*accantonare definitivamente*) {IDEA, PROGETTO, PROPOSTA} *etw* begraben B *itr pron*: **affossarsi** hohl/ausgehöhlt sein; **affossarsi** (*in qc*) {OCCHI NELL'ORBITA} tief (*in etw dat*) liegen; {GUANCE} (*uso assol*) ein|fallen.

affossàto, (-a) *agg* **1** (*incavato*) ausgehöhlt **2** *fig* {GUANCE} eingefallen; {OCCHI} tiefliegend.

affossatùra *f* **1** (*affossamento*) Aushebung *f* **2** *fig* (*incavatura*) Aushöhlung *f*; {+VOLTO} Eingefallensein *n*.

affrancaménto *m* **1** (*liberazione*) {+SCHIAVO} Befreiung *f* **2** {+LETTERA} Frankierung *f*.

affrancàre <*affranco, affranchi*> A *tr* **1** (*liberare*) ~ *qu* (*da qc*) {UOMO DALLA SCHIAVITÙ} *jdn* (*von etw dat*) befreien, *jdn aus etw* (*dat*) erlösen; *fig* ~ *qu/qc da qc* {ANIMA DALLE PASSIONI} *jdn/etw von etw* (*dat*) befreien, *jdn/etw von etw* (*dat*) erlösen **2** ~ *qc* {LETTERA} *etw* frankieren, *etw* frei|machen **3** ~ *qc* {TERRENO} *etw* frei|machen, *etw* befreien B *itr pron* (*liberarsi*): **affrancarsi da qc** {DAI DEBITI} sich (*von etw dat*) befreien; {DALLA SERVITÙ} sich (*aus etw dat*) befreien; *fig* {DA UNA PASSIONE} sich *von etw* (*dat*) befreien, sich *von etw* (*dat*) lösen.

affrancàto, (-a) A *agg* {LETTERA} frankiert, freigemacht B *m* (*f*) (*schiavo liberato*) Befreite *mf decl come agg*.

affrancatrice *f post* Frankiermaschine *f*.

affrancatùra *f post* **1** (*azione*) Frankierung *f* **2** (*francobolli*) Porto *n*.

affrancazióne *f* **1** Befreiung *f*; (*azione*) *anche* Befreien *n* **2** *dir* (*diritto potestativo dell'enfiteuta*) "Recht *n* auf Erwerb des der Erbpacht unterliegenden Grundstücks".

affrànto, (-a) *agg* ~ *da qc* **1** (*stremato*) {DALLA STANCHEZZA} *vor etw* (*dat*) (*völlig*) erschöpft **2** (*afflitto*) {DAL DOLORE} *von etw* (*dat*) gebrochen.

affratellaménto *m* (*unione*) Verbrüderung *f*.

affratellàre A *tr* (*legare*) ~ *qu* {AVVENTURA} *jdn* zu Brüdern machen B *rfl*: **affratellarsi** (*con qu*) sich (*mit jdm*) verbrüdern.

affrescàre <*affresco, affreschi*> *tr arte* ~ *qc* {PARETE} *etw* mit Fresken bemalen.

affreschìsta <-*i m*, -*e f* > *mf arte* Freskenmaler(in) *m*(*f*).

affrésco <-*schi*> *m arte* Fresko *n*.

affrettàre A *tr* ~ *qc* **1** (*aumentare la velocità*) {IL PASSO} *etw* beschleunigen **2** (*anticipare*) {LE NOZZE, LA PARTENZA} *etw* vor|verlegen; {I LAVORI} *etw* vor|ziehen B *itr pron*: **affrettarsi** sich beeilen: **si affrettarono a smentire la notizia**, sie beeilten sich, die Nachricht zu widerrufen; **affrettatevi, se volete arrivare in tempo**, beeilt euch, wenn ihr rechtzeitig kommen wollt; **affrettarsi verso l'uscita**, zum Eingang eilen.

affrettàto, (-a) *agg* **1** (*rapido*) {PASSO} eilig **2** (*frettoloso*) {DECISIONE} voreilig, überstürzt; {PARTENZA} hastig, überstürzt **3** *spreg* {LAVORO} flüchtig, hingeworfen; {LETTURA} flüchtig.

affricàta *f ling* Affrikata *f*.

affrontàre A *tr* ~ *qc* **1** (*andare incontro con audacia*) ~ *qc* {LA MORTE} *etw* (*dat*) entgegen|treten, *etw* (*dat*) gegenüber|treten; {PERICOLO, SITUAZIONE SPIACEVOLE} *etw* auf sich nehmen, sich *etw* (*dat*) stellen; {IL DISPREZZO DI QU} *etw* (*dat*) die Stirn bieten **2** (*assalire*) ~

affronto | agghiacciare

qu {NEMICO} jdn an|greifen **3** (*farsi incontro*) ~ *qu* sich *jdm* stellen: **lo affrontai e lo informai di ogni cosa**, ich stellte mich ihm und informierte ihn über jede Einzelheit; (*con intenzioni ostili*) {LADRO} *jdm* entgegen|treten **4** *fig* (*prendere in esame*) ~ *qc* {PROBLEMA, QUESTIONE} *etw* in Angriff nehmen **5** *fig* (*sostenere*) ~ *qc* {SPESA} *etw* auf sich nehmen **6** *mecc* ~ *qc etw* stumpf verbinden **B** *rfl rec anche sport* (*scontrarsi*): **affrontarsi** sich gegenüberstehen, aufeinander|treffen, aneinander|geraten.

affrónto *m* (*offesa*) Beleidigung f, Affront m *forb*: **dimenticare gli affronti ricevuti**, die erlittenen Beleidigungen vergessen; **fare un ~ a qu**, jdn beleidigen; **patire un ~**, beleidigt werden; **sopportare un ~ senza dir nulla**, eine Beleidigung schweigend hinnehmen.

affumicàre <*affumico, affumichi*> *tr* ~ *qc* **1** (*riempire di fumo*) {STANZA} *etw* verräuchern **2** (*annerire col fumo*) {PENTOLA} *etw* verrußen **3** *gastr* {CARNE, PESCE} *etw* räuchern.

affumicàto, (-a) *agg* **1** (*pieno di fumo*) {STANZA} verräuchert **2** (*annerito dal fumo*) {PAIOLO} verrußt **3** *gastr* {PESCE, PROSCIUTTO} geräuchert **4** (*colorato di bruno*) nachgedunkelt; {LENTI} getönt.

affumicatóio <-*toi*> *m* Räucherkammer f.

affumicatùra *f gastr* Räucherung f; (*azione*) *anche* Räuchern n.

affuocàre → **affocare**.

affusolàre *tr* ~ *qc etw* spindelförmig zu|spitzen.

affusolàto, (-a) *agg* **1** (*sottile, snello*) {DITA} schmal, spindeldünn **2** (*a forma di fuso*) {ELEMENTO DI FERRO} spindelförmig.

affùsto *m* **1** *artiglieria* {+CANNONE} Lafette f **2** *tecnol* {+TELESCOPIO} Stativ n.

afgàno *e deriv* → **afghano** *e deriv*.

Afghànistan *m geog* Afghanistan n: **l'~**, Afghanistan n; **l'~ di cento anni fa**, das Afghanistan von vor hundert Jahren.

afghàno, (-a) **A** *agg* afghanisch **B** *m* (f) (*abitante*) Afghane m, (Afghanin f) **C** *m* <*solo sing*> (*lingua*) Afghanisch(e) n.

AFI *f* **1** *abbr di* Associazione Filatelica Italiana: "Verband der Italienischen Philatelisten" **2** *ling abbr di* Associazione Fonetica Internazionale: IPV m (*abbr di* Internationaler Phonetikverband).

aficionado <-*s pl spagn*> *m spagn* Fan m, Bewunderer m, treuer Anhänger.

àfide *m zoo* Blattlaus f.

a.f.m. *comm abbr di* a fine mese: ult. (*abbr di* ultimo).

afonìa *f med* Stimmlosigkeit f, Aphonie f *scient*.

àfono, (-a) *agg med* stimmlos.

aforìsma <-*i*> *m* Aphorismus m.

aforìstico, (-a) <-*ci, -che*> *agg* (*sentenzioso*) {SCRITTI} aphoristisch.

a fortiòri *lat* **A** <inv> *loc agg filos* a fortiori **B** *loc avv* (*a maggior ragione*) umso mehr.

afosità <-> *f* Schwüle f.

afóso, (-a) *agg* {TEMPO} schwül, drückend: **caldo ~**, drückende Hitze; **un'afosa sera d'agosto**, ein schwüler Augustabend.

Àfrica *f geog* Afrika n: **l'~ nera**, Schwarzafrika n.

africàno, (-a) **A** *agg* afrikanisch **B** *m* (f) (*abitante*) Afrikaner(in) m(f).

afrikaans <-> *m olandese* Afrikaans n.

àfro①, (-a) *agg lett* (*africano*) afrikanisch.

àfro②, (-a) *agg* (*aspro e acre*) herb, sauer.

afroamericàno, (-a) **A** *agg* {MUSICA} afroamerikanisch **B** *m* (f) (*persona*) Afroamerikaner(in) m(f).

afroasiàtico, (-a) <-*ci, -che*> **A** *agg* afroasiatisch **B** *m* (f) <*di solito al pl*> (*persona*) Afroasiat(in) m(f).

afrocubàno, (-a) **A** *agg* {MUSICA} afrokubanisch **B** *m* (f) (*persona*) Afrokubaner(in) m(f).

afrodisìaco, (-a) <-*ci, -che*> **A** *agg* aphrodisisch **B** *m* Aphrodisiakum n.

afróre *m lett* "starker, säuerlicher Geruch".

àfta *f med* Aphthe f *scient* • **~ epizootica** *veter*, Maul- und Klauenseuche f.

after date <inv> *loc agg ingl comm* {CAMBIALE} a dato, vom Tage der Ausstellung an.

after hours <-> *loc sost m ingl* (*locale notturno*) Afterhours.

aftershave <-> *m ingl* (*nella cosmesi*) Aftershave n, Rasierwasser n.

ag. *abbr di* agosto: Aug. (*abbr di* August).

AG *f dir abbr di* Autorità Giudiziaria: Gericht n, Gerichts-, Justizbehörde f.

agà → **aghà**.

àgape *f relig* Agape f.

àgar-àgar <-> *m malese farm gastr* Agar-Agar m o n.

àgata *f min* Achat m.

Àgata *f* (*nome proprio*) Agathe f.

àgave *f bot* Agave f.

âgé <-, -*s pl franc*> *franc agg* (*attempato*) betagt, bejahrt.

AGE *f giorn abbr di* Associazione Giornalisti Europei: VEJ m (*abbr di* Verband Europäischer Journalisten), AJE f (*abbr del franc* Association des journalistes européens).

agènda *f* **1** (*libretto*) Notizbuch n: **~ tascabile**, Taschennotizbuch n; **~ da tavolo**, Notizkalender m **2** (*elenco di argomenti*) Agenda f, Tagesordnung f • **~ 2000**, Agenda f 2000; **~ elettronica**, Notepad n.

agènte A *agg* wirkend, wirksam **B** *mf* **1** *gener* Agent(in) m(f), Makler(in) m(f): **~ di assicurazione**, Versicherungsagent(in) m(f); **~ di cambio**, Börsenmakler(in) m(f); **~ immobiliare**, Immobilienmakler(in) m(f); **~ teatrale**, Theateragent(in) m(f) **2** (*guardia*) Polizist(in) m(f), Polizeibeamte m *decl come agg*, (Polizeibeamtin f): **~ di pubblica sicurezza**, Polizeibeamte m *decl come agg*, (Polizeibeamtin f) **3** *comm* Agent(in) m(f), Vertreter(in) m(f), Makler(in) m(f): **~ di commercio**, Handelsvertreter(in) m(f) **C** *m* **1** *chim gramm med* Agens n: **agenti cancerogeni**, Krebs erregende Stoffe m pl; **~ patogeno**, pathogener Erreger; **complemento di ~**, Agens m **2** <*solo pl*> *meteo*: **agenti atmosferici**, atmosphärische Einflüsse m pl; *chim* Wirkstoffe m pl; **agenti chimici**, Chemikalien f pl • **agenti fisici**, Naturkräfte f pl; **~ investigativo**, Detektiv m, Geheimpolizist m; **~ provocatore**, Agent provocateur m, Lockspitzel m; **~ segreto** (*spia*) Geheimagent m, Spion m, Spitzel m *spreg*.

agenzìa *f* **1** (*impresa*) Agentur f: **~ immobiliare**, Immobilien(vermittlungs)büro n; **~ pubblicitaria**, Werbeagentur f; **~ stampa**, Presseagentur f; **~ teatrale**, Theateragentur f **2** (*ufficio*) Büro n: **~ viaggi**, Reisebüro n **3** (*filiale*) Vertretung f, Filiale f **4** *giorn* (*notizia d'agenzia*) Agenturmeldung f • **~ di cambio banca**, Wechselstube f; **~ d'investigazione**, Detektei f, Detektivbüro n.

agevolàre *tr* **1** (*aiutare, favorire*) ~ *qu jdn* unterstützen: **~ qu nel suo lavoro**, jdn bei seiner Arbeit unterstützen **2** (*render facile*) ~ *qc* {COMPITO, LAVORO} *etw* erleichtern.

agevolàto *agg* (*facilitato*) {PAGAMENTO} begünstigt, erleichtert.

agevolazióne *f* (*facilitazione*) Erleichterung f, Vergünstigung f: **concedere/fare agevolazioni**, Vergünstigungen zugestehen; **agevolazioni fiscali**, Steuererleichterungen f pl; **agevolazioni di pagamento**, Zahlungserleichterungen f pl.

agévole *agg* **1** (*facile*) {LAVORO} leicht **2** (*comodo*) bequem: **rendere il percorso più ~**, den Streckenverlauf leichter gestalten.

agevolézza *f* **1** (*facilità*) Leichtigkeit f: **~ di parola**, Redegewandtheit f **2** (*facilitazione*) Erleichterung f **3** (*comodità*) Annehmlichkeit f, Bequemlichkeit f: **~ di movimenti**, Behändigkeit f.

aggallàre *itr* <*essere*> (*venire a galla*) {PALOMBARO} auf|tauchen.

agganciaménto *m* **1** (*aggancio*) Kopp(e)lung f, Anschluss m **2** *astr* (*manovra*) Koppelungsmanöver n, Docking n, Ankopplung f.

agganciàre <*aggancio, agganci*> *tr* **1** (*chiudere*) ~ *qc* {VESTITO} *etw* zu|haken; {CINTURA} *etw* zu|schnallen **2** (*appendere*) ~ *qc* {CAPPOTTO} *etw* auf|hängen **3** (*unire*) ~ *qc* (a *qc*) {VAGONI ALLA LOCOMOTRICE} *etw* (an *etw*) an|hängen, *etw* (an *etw* acc) an|kuppeln **4** *fig fam* (*abbordare*) ~ *qu* {RAGAZZA} jdn an|sprechen, jdn an|machen *fam*, jdn an|baggern *slang* **5** *mil* ~ *qu* {NEMICO} mit jdm in (Tuch)fühlung kommen **6** *sport*: ~ **la palla**, in Ballbesitz kommen.

aggàncio <-*ci*> *m* **1** *ferr* Kopp(e)lung f **2** *fig* (*rapporto*) Beziehung f, Bezug m: **film che non ha nessun ~ con la realtà**, ein Film ohne jeglichen/irgendeinen Bezug zur Wirklichkeit **3** *fig* (*conoscenza*) Beziehung f: **avere un ~/degli agganci**, Beziehungen haben.

aggeggiàre <*aggeggio, aggeggi*> *itr fam* (*gingillarsi*) die Zeit vertrödeln *fam*.

aggéggio <-*gi*> *m* Ding n, Gerät n, Dingsda n *fam*, Dingsbums n *fam*.

aggettànte *agg arch* {BALCONE, MENSOLA} vorspringend, herausragend.

aggettàre *itr* <*essere*> *arch* (*sporgere in fuori*) {TERRAZZO} vor|springen, heraus|ragen.

aggettivàle *agg ling* **1** (*di aggettivo*) adjektivisch, Adjektiv-: **funzione ~**, Adjektivfunktion f; **locuzione ~**, adjektivische Wortverbindung f **2** (*che forma aggettivi*) adjektivbildend: **desinenza ~**, Adjektivendung f.

aggettivàre *tr ling* ~ *qc* {AVVERBIO} *etw* zu einem Adjektiv /Adjektive verwenden, *etw* in ein Adjektiv /Adjektive verwenden.

aggettivàto, (-a) *agg ling* {PARTICIPIO} adjektiviert.

aggettivazióne *f ling* Adjektivierung f.

aggettìvo *m* **1** *gramm* Adjektiv n, Eigenschaftswort n: **~ numerale cardinale/ordinale**, Kardinal-/Ordinalzahladjektiv n, Kardinal-/Ordinalzahlwort n; **~ possessivo**, Possessivpronomen n; **~ qualificativo**, Eigenschaftswort n **2** *fig* (*attributo*) Attribut n, Qualität f: **qualificare qu di aggettivi poco simpatici**, jdn mit wenig schmeichelhaften Attributen bedenken *forb o scherz*.

aggètto *m* **1** *edil* Vorbau m: **fare ~**, (her)vorragen, (her)vorspringen **2** *alpin* Überhang m.

agghiacciànte *agg fig* (*spaventoso*) {EFFETTO, PARTICOLARE, SCIAGURA, VISIONE} entsetzlich, grauenvoll, fürchterlich.

agghiacciàre A *tr* <*avere*> **1** (*far diventare ghiacciato*) ~ *qc* {ACQUA} *etw* gefrieren (lassen) **2** *fig* (*smorzare*) ~ *qc* {ENTUSIASMO} *etw* dämpfen **3** *fig* (*raggelare per lo spavento*) ~ *qu*/*qc* {SANGUE} jdn/*etw* erstarren lassen: **un grido ci agghiacciò**, ein Schrei ließ uns erstarren **B** *itr* <*essere*> *itr pron*: **agghiacciarsi 1** (*divenir ghiaccio*) vereisen, gefrieren 2 (*sentire molto freddo*) (er)schaudern, schlottern, frieren wie ein Schneider *fam* 3 *fig* (*inorridire*) erstarren.

agghindàre A tr (*adornare*) ~ **qu** jdn heraus|putzen, *jdn* zurecht|machen B itr pron: **agghindarsi** sich heraus|putzen, sich zurecht|machen.

agghindàto, (-a) agg 1 (*BAMBINA*) herausgeputzt 2 *fig* (*adorno*) {DISCORSO} rhetorisch ausgefeilt, hochgestochen *fam spreg*; {STILE} anche gepflegt.

aggiaccàre <*aggiacco, aggiacchi*> tr ~ **qc** 1 (*piegare*) {VENTO ERBA, GRANO} *etw* nieder| beugen, *etw* flach|drücken 2 *fam* (*sgualcire*) {VESTITO} *etw* zerknautschen *fam*.

àggio <*aggi*> m *econ* 1 (*nel cambio*) Agio n, Aufgeld n 2 (*provvigione*) {+ESATTORE} Provision f.

aggiogàre <*aggiogo, aggioghi*> tr 1 (*mettere al giogo*) ~ **qc** {BUOI, TORI} *etw* ins Joch spannen 2 *fig* (*vincolare*) ~ **qu a qc** {AL CARRO DELLA POLITICA} *jdn in etw* (acc) ein|spannen 3 *fig* (*soggiogare*) ~ **qu** *jdn* unterjochen.

aggiornaménto m 1 (*revisione*) {+CATALOGO, LISTINO DEI PREZZI} Neubearbeitung f 2 (*perfezionamento*) Fort-, Weiterbildung f: ~ **professionale**, berufliche Fort-/Weiterbildung 3 (*rinvio*) Vertagung f, Aufschub m 4 *edit* (*supplemento*) Ergänzungsband m 5 (*ammodernamento*) {+INDUSTRIA} Modernisierung f.

aggiornàre[1] A tr ~ **qc** 1 (*mettere a giorno*) {CATALOGO, REGISTRO} *etw* auf den neuesten Stand bringen, *etw* aktualisieren; (*rielaborare*) *etw* (neu) bearbeiten 2 (*rinnovare*) {GUARDAROBA} *etw* erneuern 3 (*rinviare*) {PROCESSO, SEDUTA} *etw* vertagen B rfl: **aggiornarsi** 1 (*mettersi al corrente*) sich fort| bilden, auf dem Laufenden bleiben, sich auf dem Laufenden halten: **le riviste permettono ai tecnici di aggiornarsi**, die Zeitschriften gestatten es den Technikern, ˌsich auf dem Laufenden zu haltenˌ/[auf dem Laufenden zu bleiben] 2 (*adeguarsi ai tempi*) mit der Zeit gehen, sich (den Zeiten) anpassen.

aggiornàre[2] itr impers <*essere*> *poet* (*albeggiare*) tagen, Tag werden, dämmern.

aggiornàto, (-a) agg 1 (*informato*) informiert, auf dem Laufenden: **un politico ~ sugli sviluppi di una situazione**, ein über den ˌStand der Dingeˌ/[Entwicklungsstand] informierter Politiker 2 (*messo a giorno*) {ELENCO, REGISTRO} aktualisiert, auf den letzten/ neuesten Stand; (*rielaborato*) {DIZIONARIO} aktualisiert, überarbeitet 3 *inform* {VERSIONE} auf den letzten Stand, neueste(r, s).

aggiotàggio <-gi> m *econ* Agiotage f, Börsenspekulation f, Kurstreiberei f *fam spreg*.

aggiraménto m 1 (*accerchiamento*) Einkreisen n; *mil* Umzingelung f 2 *fig* (*raggiro*) Betrug m, Hinterlist f.

aggirànte agg *mil* {MANOVRA} Umzingelungs-.

aggiràre A tr 1 (*circondare*) ~ **qu/qc** *jdn*/ *etw* ein|kreisen; *mil* {POSIZIONI NEMICHE} *jdn*/ *etw* umzingeln 2 *fig* (*evitare*) ~ **qc** {OSTACOLO} *etw* umgehen 3 *fig* (*ingannare*) ~ **qu** *jdn* betrügen, *jdn* hintergehen B itr pron 1 (*andare attorno*): **aggirarsi + compl di luogo** sich *irgendwo* herum|treiben *fam spreg*: **aggirarsi per le strade**, sich auf der Straße herumtreiben 2 *fig* (*girare*): **aggirarsi intorno a qc** um *etw* (acc) kreisen: **la conversazione si aggirava intorno a problemi politici**, die Unterhaltung kreiste um politische Fragen 3 (*approssimarsi*): **aggirarsi su qc** in etwa *etw* betragen, ungefähr *bei etw* (dat) liegen: **le spese si aggirano sul milione**, die Kosten betragen in etwa eine Million.

aggiudicànte A agg {COMMISSIONE} zuerkennend B m (f) Zuteiler m, Erteiler m.

aggiudicàre A tr ~ **qc a qu** 1 (*assegnare*) {PREMIO, RICOMPENSA} *jdm etw* zu|erkennen 2 (*nelle vendite all'asta*) *jdm etw* zu| schlagen: **il quadro fu aggiudicato al miglior offerente**, das Bild wurde dem Meistbietenden zugeschlagen; (*per concorso*) *etw an jdn* vergeben 3 (*attribuire*) {MERITO} *jdm etw* zu|erkennen B rfl indir (*conquistare*): **aggiudicarsi qc** {VITTORIA} *etw* gewinnen, *etw* davon|tragen, *etw* erringen; {PRIMO POSTO} *etw* erreichen, *etw* erlangen.

aggiudicatàrio, (-a) <-ri> m (f) *dir* Käufer(in) m(f), Auftragnehmer(in) m(f).

aggiudicazióne f *dir* 1 (*all'asta*) {+MOBILE} Zuschlag m 2 (*in una gara*) {+FORNITURA} Vergabe f.

aggiùngere <coniug come giungere> A tr 1 ~ **qc a qc** {ACQUA AL VINO} *etw* (dat) *etw* hinzu|fügen, *etw* (dat) *etw* bei|fügen; {CLAUSOLA A UN CONTRATTO, OSSERVAZIONE A UN DISCORSO} *etw* (dat) *etw* an|fügen; {FASCINO ALLA DOLCEZZA} *etw* mit *etw* (dat) vereinen: ~ **un flash a una macchina fotografica**, einen Fotoapparat mit einem Blitz(gerät) versehen 2 (*soggiungere*) ~ **qc** *etw* hinzu|fügen: **non ho nulla da ~**, ich habe (dem) nichts hinzuzufügen; **e se non sei contento, aggiunse, fa lo stesso**, und wenn es dir nicht recht ist, fügte er/sie hinzu, ist das auch egal B itr pron: **aggiungersi a qc** *zu etw* (dat) hinzu|kommen.

aggiùnta[1] A f 1 gener Zusatz m, Zugabe f: **con l'~ di qc**, mit dem Zusatz von *etw* (dat); **in ~**, zusätzlich; **per ~**, als Zugabe 2 (*ciò che si aggiunge*) {+LIBRO} Ergänzung f B loc prep (*oltre a*): **in ~ a qc** zusätzlich zu *etw* (dat).

aggiùnta[2] f → **aggiunto**.

aggiuntàre tr rar (*unire*) ~ **qc** {PEZZI DI LEGNO} *etw* zusammen|fügen, *etw* zusammen| setzen, *etw* zusammen|passen.

aggiuntatùra f 1 *rar* Naht f; (*azione*) anche Zusammennähen n 2 (*punto in cui due cose vengono unite*) Nahtstelle f.

aggiuntìvo, (-a) A agg (*che integra*) zusätzlich, Zusatz-, Ergänzungs- B m *ott* Clip m, Vorhänger m.

aggiùnto, (-a) A agg 1 (*aggregato*) {SEGRETARIO} Hilfs-, beigeordnet; {MEDICO} Assistenz- 2 {SALE} hinzugefügt; {COMMENTO} zusätzlich, Zusatz- B m (f) Assistent(in) m(f); Stellvertreter(in) m(f): ~ **giudiziario**, Gerichtsassessor m; **l'~ del sindaco**, Mitarbeiter/Stellvertreter des Bürgermeisters.

aggiustaménto m 1 *mil* {+TIRO} Einschießen n, Richten n 2 *econ* {+PREZZI} Anpassung f 3 *fig* (*accomodamento*) {+CONTRASTO} Beilegen n, Ausgleich m: ~ **di conti**, Abrechnung f.

aggiustàre A tr 1 (*riparare*) ~ **qc** *etw* reparieren, {VESTITO, ecc.} *etw* aus|bessern 2 *fig* (*comporre*) ~ **qc** {DIVERBIO} *etw* bei|legen 3 *fig fam iron* (*sistemare*) ~ **qu** es *jdm* zeigen *fam*: **adesso t'aggiusto io!**, dir werd' ich' s jetzt zeigen! *fam*; ~ **qu per le feste**, *jdn* böse/ übel zurichten 4 *mil* ~ **qc** {MIRA, TIRO} *etw* ein|schießen, *etw* richten 5 *gastr* ~ **di qc** {DI SALE} mit *etw* (dat) ab|schmecken B rfl 1 (*sistemarsi*): **aggiustarsi sich zurecht|machen: aggiustati un po', sei tutto in disordine!**, mach' dich ein bisschen zurecht, du siehst völlig/total *fam* unordentlich aus!; indir **aggiustarsi qc**, {CRAVATTA} *etw* richten 2 *fam* (*adattarsi*): **aggiustarsi** sich arrangieren, sich ein|richten, sich behelfen C rfl rec (*venire ad un accomodamento*): **aggiustarsi** sich einigen: **ci aggiustere** mo facilmente sulle condizioni di pagamento, wir werden uns leicht über die Zahlungsbedingungen einig werden D itr pron (*accomodarsi*): **aggiustarsi** ˌins Reineˌ/[in Ordnung] kommen: **le cose si aggiusteranno**, alles wird ˌsich regelnˌ/[gut *fam*]; **presto o tardi tutto si aggiusta**, früher oder später ˌkommt alles ins Lotˌ/[wird alles wieder gut].

aggiustàta f *fam*: **dare un'~ a qc**, *etw* richten, *etw* in Ordnung bringen; **darsi un'ai capelli**, sich (dat) die Haare frisieren/ richten.

aggiustatóre, (-trice) m (f) 1 Reparateur(in) m(f), Ausbesserer(in) m(f) 2 *tecnol* Monteur(in) m(f).

aggiustatùra f (*riparazione*) Reparatur f.

agglomeraménto m 1 (*ammassamento*) {+COSE} (Zusammen)ballung f 2 *rar* {+PERSONE} Anhäufung f.

agglomerànte m *chim* Bindemittel n.

agglomeràre A tr (*ammassare*) ~ **qu** zusammen|pferchen; ~ **qc** {POLVERE} *etw* zusammen|ballen, *etw* an|häufen B itr pron: **agglomerarsi + compl di luogo** {GENTE NEI CENTRI URBANI} sich *irgendwo* ballen, sich *irgendwo* sammeln; {SOSTANZA} *irgendwo* klumpen: **il fango si agglomera sulle scarpe**, der Schlamm klumpt an den Schuhen.

agglomeràto m 1 (*centro abitato*) Siedlung f: ~ **urbano**, städtisches Ballungsgebiet 2 *geol* Agglomerat m 3 *tecnol* Sinterstoff m: **agglomerati di carbone/legno**, Presskohle f/Pressholz n.

agglomerazióne f 1 Anhäufung f, Zusammenballung f; (*azione*) anche Anhäufen n, Zusammenballen n 2 (*insieme di persone o cose agglomerate*) Ansammlung f, Agglomeration f: ~ **urbana**, Ballungsgebiet n.

agglutinànte agg 1 (*che fa agglutinare*) {SOSTANZA} zusammenleimend, Binde- 2 *ling* {LINGUA} agglutinierend.

agglutinàre *chim* A tr ~ **qc** *etw* agglutinieren, *etw* binden B itr pron: **agglutinarsi** sintern.

agglutinazióne f *chim ling* Agglutination f.

aggobbìre <*aggobbisco*> A tr <*avere*> rar (*ingobbire*) ~ **qu** *jdn* bucklig machen, *jdn* krümmen: **l'età l'ha aggobbito**, mit den Jahren ist er ganz buck(e)lig geworden B itr <*esse­re*> itr pron (*diventare gobbo*) bucklig/krumm werden: **aggobbirsi con l'età**, mit dem Alter einen Buckel bekommen.

aggomitolàre A tr ~ **qc** {LANA} *etw* auf| wickeln B rfl (*raggomitolarsi*): **aggomitolarsi (+ compl di luogo**) {BAMBINO SUL DIVANO} sich (*irgendwo*) zusammen|rollen.

aggottàre tr 1 *edil* ~ **qc** *etw* trocken|legen 2 *mar* ~ (**qc**) {ACQUA} *etw* aus|pumpen.

aggradàre <difet *usato solo nella 3ª pers sing dell'ind pres*> itr *forb* (*essere gradito*) belieben *forb o iron*, gefallen: **come ti aggrada**, wie es dir beliebt *forb o iron*; **fate ciò che vi aggrada**, macht, was euch gefällt; **questo vino non mi aggrada**, dieser Wein ˌschmeckt/ mundet *forb* mir nichtˌ/[ist nicht nach meinem Geschmack]; **se vi aggrada**, wenn es euch beliebt.

aggranchire <*aggranchisco*> A tr <*avere*> (*rattrappire*) ~ **qc** {FREDDO MANI} *etw* erstarren lassen, *etw* klamm/gefühllos werden lassen B itr <*essere*> itr pron (*intirizzire*): **aggranchirsi** erstarren, starr/klamm/gefühllos werden; ~ **dal freddo**, Kälte steif/ klamm/gefühllos werden; **mi si sono aggranchite le gambe per il freddo**, meine Beine sind vor Kälte erstarrt/[ganz klamm]/ [gefühllos].

aggrappàre A tr (*afferrare*) ~ *qc* {RAMO} *etw* umklammern B rfl 1 **aggrapparsi *a* qu/qc** sich *an jdn/etw* klammern: **aggrapparsi al braccio di qu**, sich an jds Arm klammern 2 *fig*: **aggrapparsi *a qc*** {A UNA SPERANZA} sich *an etw* (acc) klammern.

aggravaménto m 1 (*peggioramento*) {+SITUAZIONE} Verschärfung f; {+MALATTIA} Verschlimmerung f 2 (*aumento*) {+PENA} Verschärfung f.

aggravànte *dir* A agg erschwerend: **circostanze aggravanti**, erschwerende Umstände m pl, Strafschärfungsgründe m pl B f erschwerender Umstand, Strafverschärfungsgrund m.

aggravàre A tr ~ *qc* 1 (*peggiorare*) {SITUAZIONE} *etw* verschlechtern, *etw* verschlimmern, *etw* verschärfen 2 (*aumentare*) {PENA} *etw* verschärfen 3 *fig* (*rendere più grave*) {RESPONSABILITÀ} *etw* erschweren B itr <*essere*> itr pron: **aggravarsi** {MALATTIA} sich verschlimmern; {SITUAZIONE} *anche* sich zu|spitzen: **il malato si è aggravato**, der Zustand des Kranken hat sich verschlechtert.

aggràvio <-*vi*> m *forb* 1 *lett* (*incomodo*) Belastung f, Last f: **essere di ~ a qu**, jdm zur Last fallen 2 *lett* (*carico*) Last f: **fare ~ a qu di qc**, jdm *etw* zur Last legen, jdm (*gen*) beschuldigen 3 *dir econ* Last f, Belastung f: **~ fiscale**, Steuerlast f.

aggraziàre <*aggrazio, aggrazi*> A tr ~ *qc etw* verfeinern, {LINEA DI UN ABITO} *etw* verschönern B rfl: **aggraziarsi *qu*** jds Gunst erlangen.

aggraziàto, (-a) agg 1 (*grazioso*) {GESTO, VISO} graziös, anmutig 2 *fig* (*garbato*) {FRASE} gefällig, liebenswürdig, höflich.

aggredire <*aggredisco*> tr 1 (*assalire*) ~ *qu* jdn überfallen: **~ qu alle spalle**, jdn von hinten überfallen 2 *fig* (*affrontare con decisione*) ~ *qc* {PROBLEMA} *etw* an|gehen, *etw* in Angriff nehmen 3 *fig* (*investire con parole*) ~ *qu* jdn an|herrschen, jdn an|fahren: **mi hanno aggredito con una serie di domande**, sie haben mich mit einer Unmenge von Fragen überfallen.

aggreditrice f → **aggressore**

aggregaménto m 1 Angliederung f; (*azione*) *anche* Angliedern n 2 (*riunione di più cose*) Vereinigung f.

aggregàre <*aggrego, aggreghi*> A tr 1 (*aggiungere*) ~ *qc* (*a qc*) {TERRITORIO A UNO STATO} *etw* (dat) *etw* an|gliedern: **dei sobborghi a una città**, Vororte eingemeinden 2 (*ammettere*) ~ *qu* (*a qc*) {A UNA SOCIETÀ SEGRETA} jdn *in etw* (acc) auf|nehmen B rfl: **aggregarsi** (*a qc*) {A UNA COMITIVA} sich *etw* (dat) an|gliedern, sich *etw* (dat) an|schließen.

aggregàto, (-a) A agg 1 (*unito a un gruppo*) {SOCIO} angehörig 2 (*distaccato provvisoriamente*) {FUNZIONARIO, UFFICIALE} abgestellt, abgeordnet B m 1 (*raggruppamento*) {+PERSONE} Ansammlung f; {+DOMANDE} Komplex m: **~ urbano**, Siedlungskomplex m 2 *biol chim elettr geol mat* Aggregat n.

aggregazióne f 1 {+SOCIO} Aufnahme f 2 (*gruppo*) Ansammlung f 3 *sociol* Treffen m, Versammlung f: **il comitato di quartiere è un centro di ~**, das Stadtteilkomitee ist ein Treffpunkt 4 *fis* Aggregat n: **stato di ~**, Aggregatzustand m 5 *stat* Aggregation f, Anhäufung f.

aggressióne f (*assalto*) Überfall m: **~ a mano armata**, bewaffneter Überfall; **subire un'~**, überfallen werden, einen Überfall erleiden *forb*.

aggressività <-> f 1 (*impulso alla violenza*) Aggressivität f 2 *psic* Aggression f.

aggressivo, (-a) A agg 1 (*violento*) aggressiv, gewalttätig 2 *fig* (*provocatorio*) {STILE} aggressiv B m *chim* Kampfstoff m: **~ biologico/chimico**, chemischer/biologischer Kampfstoff C m (f) (*chi è violento*) gewaltbereiter/aggressiver Mensch.

aggressóre, (**aggreditrice**) A agg (*che aggredisce*) angreifend: **paese/stato ~**, Aggressor m B m (f) Angreifer(in) m (f).

aggrinzàre A tr (*increspare*) ~ *qc* {FRONTE} *etw* runzeln; {NASO} *etw* kräuseln B itr <*essere*> itr pron: **aggrinzarsi** {PELLE, VOLTO} runzelig werden.

aggrinzire <*aggrinzisco*> *rar* A tr <*avere*> ~ *qc* {VISO} *etw* runzeln, *etw* in Falten ziehen B itr <*essere*> itr pron: **aggrinzirsi** sich runzeln.

aggroppàre *lett* A tr (*ammassare*) ~ *qc etw* an|häufen, *etw* scheffeln *fam spreg* B itr pron (*ammassarsi*): **aggropparsi** {NUBI} sich an|häufen, sich zusammen|ballen; *fig* {RICCHEZZA} sich an|sammeln.

aggrottàre tr ~ *qc* {FRONTE, SOPRACCIGLIA} *etw* runzeln.

aggrottàto, (-a) agg {FRONTE, SOPRACCIGLIA} gerunzelt.

aggrovigliaménto m (*intrico*) Verwicklung f.

aggrovigliàre <*aggroviglio, aggrovigli*> A tr (*ingarbugliare*) ~ *qc* {MATASSA} *etw* verwickeln, *etw* verwirren B itr pron: **aggrovigliarsi** 1 {FILO} sich verknoten 2 *fig* (*complicarsi*) sich verwickeln, sich verwirren: **la situazione è aggrovigliata**, die Situation ist verworren/[hat sich kompliziert].

aggrovigliàto, (-a) agg 1 (*ingarbugliato*) {MATASSA} verwickelt 2 *fig* (*intricato*) {FACCENDA} verwickelt, kompliziert: **si tratta di una vicenda aggrovigliata**, es handelt sich um eine komplizierte/verwickelte Angelegenheit 3 *fig* (*complesso*) {STILE} verschlungen.

aggrumàre A tr ~ *qc etw* gerinnen lassen B itr pron (*coagularsi*): **aggrumarsi** gerinnen.

aggruppaménto m 1 Gruppierung f, Ansammlung f; (*azione*) *anche* Gruppieren n, Ansammeln n 2 (*riunione*) Ansammlung f: **un ~ di gente**, eine Menschenansammlung.

aggruppàre A tr *rar* (*riunire in gruppo*) ~ *qc etw* gruppieren B rfl: **aggrupparsi** {PERSONE} sich sammeln, sich gruppieren: **s'erano aggruppati davanti alla chiesa**, sie hatten sich vor der Kirche versammelt.

agguantàre A tr 1 (*prendere*) ~ *qu* (*per qc*) {AVVERSARIO, FUGGITIVO PER LA CAMICIA} jdn (*an etw* dat) fassen, jdn (*an etw* dat) fest|halten, jdn (*an etw* dat) ergreifen: **~ qu per il braccio**, jdn am Arm packen; **agguantò le chiavi al volo**, er/sie fing die Schlüssel in der Luft auf 2 *fam* (*colpire*) ~ **qu con qc** {CON UN SASSO} jdn mit *etw* (dat) treffen 3 *mar* (*uso assol*) {ANCORA} Grund fassen B itr pron *rar*: **agguantarsi *a qc*** sich *an etw* (dat) fest|halten.

agguàto m 1 (*imboscata*) Falle f: **cadere in un ~**, in eine Falle gehen/tappen; **tendere un ~ a qu**, jdm eine Falle stellen 2 (*luogo*) Hinterhalt m: **attirare qu in un ~**, jdn in einen Hinterhalt locken; **essere/stare in ~**, im Hinterhalt liegen; **mettersi in ~**, sich in den Hinterhalt legen.

agguerrire <*agguerrisco*> A tr 1 *mil* ~ *qu* {SOLDATI} jdn drillen 2 *fig* (*temprare*) ~ *qu/qc* (*a qc*) jdn/*etw* gegen *etw* (acc) ab|härten: **l'animo alla lotta per la sopravvivenza**, sich für den Kampf des Überlebens stählen B itr pron: **agguerrirsi** 1 (*prepararsi alla guerra*) sich in Kampfbereitschaft halten 2 *fig* (*fortificarsi*) sich stählen, sich ab|härten.

agguerrito, (-a) agg 1 (*forte, resistente*) {ANIMO} gut gerüstet, abgehärtet: **essere ~ contro le avversità della vita**, gegen die Widerwärtigkeiten des Lebens gut gerüstet sein 2 *fig* (*preparato*) {STUDENTE} gut vorbereitet, beschlagen; (*addestrato*) {AVVERSARIO} wehrhaft.

aghà <-> m *turco anche stor* Aga m: **aghà kahn**, Aga Khan m.

aghétto m 1 (*cordoncino*) Schnürband n 2 *mil* (*cordellina*) Achsel-, Fangschnur f.

aghifòglia f *bot* Nadelbaum m.

aghifórme agg *bot* nadelförmig.

AGI f 1 *abbr di* Associazione Guide Italiane: "Verband m Italienischer Fremdenführer" 2 *abbr di* Agenzia Giornalistica Italiana: AGI f (*italienische Nachrichtenagentur*).

agiatézza f 1 (*benessere*) Wohlstand m: **ciò che guadagna gli permette una certa ~**, sein Verdienst gestattet ihm einen gewissen Wohlstand 2 (*comodità*) Gemächlichkeit f *obs*.

agiàto, (-a) agg 1 (*benestante*) wohlhabend, vermögend 2 (*comodo*) bequem.

agibile agg {TEATRO} benutzbar; {CAMPO} zugänglich.

agibilità <-> f {+AEROPORTO, STAZIONE, TEATRO} Benutzbarkeit f; {+CAMPO} Bespielbarkeit f.

àgile agg 1 (*scattante*) {PERSONA} gewandt, behänd(e), flink 2 *fig* (*pronto*) {INGEGNO, INTELLIGENZA, SPIRITO} wach, beweglich 3 *fig obs* (*breve e chiaro*) {LIBRO} kurz und bündig, klipp und klar *fam*.

agilità <-> f 1 (*facilità di movimento*) Gelenkigkeit f, Gewandtheit f, Flinkheit f 2 *fig* (*prontezza*) {+INGEGNO, SPIRITO} Wachheit f, Beweglichkeit f.

agility <-> f *ingl* Agility f.

àgio <*agi*> m 1 (*comodità*) Behaglichkeit f, Bequemlichkeit f: **essere/sentirsi/stare/trovarsi a proprio ~**, sich wie zu Hause/[wohl] fühlen; **fare un lavoro a proprio ~**, eine Arbeit tun, bei der man sich wohl fühlt/[die einem entspricht]; **mettere qu a suo ~**, dafür sorgen, dass jemand sich wohl fühlt; es jdm angenehm/behaglich machen; jdm seine Befangenheit nehmen; **mettersi a proprio ~**, es sich (dat) gemütlich/behaglich/bequem machen 2 (*opportunità*) Möglichkeit f, Spielraum m: **aver ~ di fare qc**, die Gelegenheit haben, *etw* zu tun 3 <*solo pl*> (*comodità del vivere*) Annehmlichkeiten f pl: **vivere negli agi**, im Wohlstand leben.

agiografia f *relig* Hagiographie f.

agiogràfico, (-a) <-*ci*, -*che*> agg 1 *relig* {LEGGENDA, RICERCA, SCRITTORE, TRADIZIONE} hagiographisch *forb* 2 (*celebrativo, adulatorio*) lobend, preisend.

agiògrafo, (-a) m (f) 1 *relig* Hagiograph(in) m (f) 2 *spreg* Hofschreiber(in) m (f).

AGIP f *abbr di* Azienda Generale Italiana Petroli: "Italienische Mineralölgesellschaft".

agire <*agisco*> itr 1 (*fare*) handeln, tun: **è ora di ~**, es ist Zeit zu handeln 2 (*comportarsi*) sich verhalten, sich benehmen: **~ bene/male**, sich gut/schlecht benehmen; **~ da persona seria/[sciocco]**, sich wie ein zuverlässiger/verantwortungsbewusster Mensch/[Dummkopf] benehmen 3 (*avere effetto*) {VELENO} wirken 4 *dir* (*in giudizio*) gerichtliche Schritte ergreifen/unternehmen: **~ contro qu**, gegen jdn gerichtlich vorgehen; **~ a difesa del proprio diritto**, das eigene Recht verteidigen 5 *teat* spielen 6 *tecnol* funktionieren: **i freni agiscono bene**, die Bremsen funktionieren gut.

AGIS f abbr di Associazione Generale Italiana dello Spettacolo: "Italienischer Hauptverband für (öffentliche) Veranstaltungen und Unterhaltung".

agitàbile agg **1** (*che si può scuotere*) schüttelbar **2** *fig* (*impressionabile*) leicht erregbar, empfindlich.

agitàre **A** tr **1** (*scuotere*) ~ **qc** *etw* schütteln; {FAZZOLETTO} *etw* schwenken, *mit etw* (dat) wedeln, *mit etw* (dat) winken **2** *fig* (*turbare*) ~ **qu/qc** *jdn* auf|regen; {POPOLO, ANIMO} *jdn/etw* erregen, *jdn/etw* in Aufruhr versetzen **3** *fig* (*prendere in esame*) ~ **qc** {QUESTIONE} *etw* erörtern **B** rfl: **agitarsi 1** (*rigirarsi*) sich hin und her werfen, sich hin und her wälzen: **l'ammalato si è agitato tutta la notte**, der Kranke hat sich die ganze Nacht im Bett hin und her gewälzt **2** *fig* (*turbarsi*) sich beunruhigen, sich auf|regen: **è un tipo che si agita per poco**, er ist jemand, der sich wegen einer Kleinigkeit aufregt **C** *itr pron* **1** (*muoversi*): **agitarsi** sich bewegen: **i rami degli alberi si agitano nel vento**, die Äste der Bäume bewegen sich im Wind **2** *fig*: **agitarsi in qc** {SENTIMENTO} sich *in jdm* regen: **un'idea fissa si agita in lui**, eine fixe Idee treibt ihn um **3** *polit*: **agitarsi** {MASSE OPERAIE} sich erheben.

agitàto, (-a) **A** *agg* **1** (*movimentato*) {BAMBINO, SONNO} unruhig; {DISCUSSIONE} bewegt; {MARE} *anche* aufgewühlt **2** *fig* (*eccitato, turbato*) aufgeregt **3** *mus* {ALLEGRO} agitato **B** m *mus* Agitato n **C** m (f) Tobsüchtige mf decl come agg.

agitatóre, (-trice) **A** m (f) *polit* Scharfmacher(in) m(f) *fam*, Agitator(in) m(f) **B** m *chim tecnol* Rührapparat m, Rührstab m.

agitazióne f **1** (*turbamento*) Unruhe f, Aufregung f: **la notizia mi ha messo in ~**, die Nachricht hat mich in Aufregung versetzt; **essere in uno stato di grande ~**, sehr aufgeregt sein **2** *polit* (*politische*) Agitation: **i ferrovieri sono in ~**, die Eisenbahner sind im Arbeitskampf **3** *mus*: **con ~** lebhaft, erregt.

àgit-pròp <-> *loc sost mf polit* Agitprop mf *fam*.

àgli *prep* a *con art* gli.

agliàceo, (-a) *agg gastr* {ODORE} Knoblauch-; {CONDIMENTO} *anche* nach Knoblauch riechend/schmeckend.

àglio <agli> m Knoblauch m.

agnellino m **1** (*animale*) Lämmchen n **2** (*pelliccia*) Persianer m ● **è un ~** *fig* (*persona docile*), er/sie ist lammfromm.

agnèllo m **1** *zoo* Lamm n: ~ **arrosto**, Lammbraten m; **dolce/mansueto/mite come un ~**, sanft wie ein Lamm, lammfromm; ~ **pasquale**, Osterlamm n **2** (*pelliccia*) Lammfell n **3** *relig*: ~ **di Dio**, Lamm Gottes ● **è un ~** *fig* (*è una persona mite*), er ist ein sanftmütiger/lammfrommer Mensch.

Agnèse f (*nome proprio*) Agnes.

agnizióne f *teat* Wiedererkennung f einer Figur: **l'~ finale**, (die abschließende) Wiedererkennung(sszene).

agnolòtti m <di solito al pl> *gastr* "mit Fleisch gefüllte Nudeltaschen".

agnosticìsmo m *anche filos* Agnostizismus m.

agnòstico, (-a) <-ci, -che> **A** *agg* agnostizistisch **B** m (f) Agnostiker(in) m(f).

Àgnus Dèi <-> *loc sost m lat relig* Agnus Dei n, Lamm n Gottes.

àgo <*aghi*> m Nadel f: **ago da calza/maglia**, kurze/lange Stricknadel; **infilare un ago**, eine Nadel einfädeln; **ago da lana/ricamo**, Stopf-/Sticknadel f; **ago torto**, Häkelnadel f **2** {+BILANCIA} Zeiger m, Zunge f; {+BUSSOLA} Nadel f **3** {+SIRINGA} Kanüle f **4** (*pungiglione*) Stachel m **5** *bot* {+CONIFERE} Nadel f **6** *ferr* Zunge f ● **essere l'ago della bilancia** *anche fig* (*essere determinante per una decisione*), das Zünglein an der Waage sein; **cercare un ago in un** *pagliaio fig* (*cercare una cosa difficile da trovare*), eine Stecknadel in einem Heuhaufen suchen *fam*.

agoaspiràto m *med* Nadelaspiration f.

agoaspirazióne f *med* Nadelaspiration f.

agognàre **A** tr *forb* (*bramare*) ~ (**qc**) {POTERE, RICCHEZZA} *nach etw* (dat) lechzen, vor Sehnsucht *nach etw* (dat) vergehen **B** itr (*ambire*) ~ **a qc** {ALLA META} *nach etw* (dat) streben.

agognàto, (-a) *agg* (*desiderato*) {META, SUCCESSO} ersehnt, sehnlichst herbeigewünscht.

à gogo *loc avv franc* **1** (*a volontà*) à gogo, nach Belieben, in Hülle und Fülle: **whisky à gogo**, Whisky a gogo [so viel das Herz begehrt]/[nach Belieben] **2** (*in abbondanza*) in Hülle und Fülle: **divertimento à gogo**, Spaß ohne Ende.

agóne m **1** *forb* (*concorso*) {LETTERARIO} Wettstreit m **2** *lett* (*campo*) Kampfplatz m: **scendere nell'~**, in den Ring treten.

agonìa f **1** *med* Todeskampf m, Agonie f: **entrare in ~**, den Todeskampf beginnen; **essere in ~**, im Todeskampf/[im Sterben]/[in den letzten Zügen *fam*] liegen **2** *fig* Agonie f: **l'~ di un regno**, die letzten Tage/[der Herbst] eines Reichs **3** *fig* (*angoscia*) Todesängste f pl: **aspettarti è stata una vera ~**, beim Warten auf dich habe ich wahre Todesängste ausgestanden.

agonìsmo m **1** (*competitività*) Kampfgeist m, Wetteifer m **2** *sport* (Hoch)leistungssport m.

agonìsta <-i m, -e f> m (f) **1** *lett stor* (*atleta*) Wettkämpfer(in) m(f), Agonist(in) m(f) **2** (*muscolo*) Agonist.

agonìstica <-che> f *sport* Agonistik f, (Wett)kampfkunst f.

agonìstico, (-a) <-ci, -che> *agg* **1** (*relativo all'agonismo*) Kampf-: **attività agonìstica**, Wettkampf m; **spirito ~**, Kampfgeist m **2** *fig* (*combattivo*) kämpferisch, Kampf-.

agonizzànte (-a) *agg* sterbend, im Sterben liegend **B** m (f) Sterbende mf decl come agg.

agonizzàre itr **1** (*essere in agonia*) im Sterben liegen **2** *fig* (*languire*) dahin|siechen; {CIVILTÀ} zu Grunde gehen; {COMMERCI} sich (dahin)schleppen.

agopuntùra f *med* Akupunktur f: **fare l'~ a qu**, jdn akupunktieren.

àgora, agorà <-> f *greco stor* Agora f.

agorafobìa f *med* Platzangst f, Agoraphobie f *scient*.

agoràio <-rai> m Nadelbüchse f.

agostàno, (-a) *agg* (*d'agosto*) {ARSURA, FIENO, FUNGHI, PESCHE, POMODORI} August-.

agostiniàno, (-a) *relig* **A** *agg* Augustiner- **B** m (f) Augustiner(in) m(f).

Agostino m (*nome proprio*) Augustin.

agósto m (*abbr* ag.) August m ● **~, moglie mia non ti conosco**, "Ferienzeit ist Fremdgeh-Zeit"; → *anche* **settembre**.

agrammaticàle *agg ling* ungrammatisch.

agrària f Agrarwissenschaft f.

agràrio, (-a) <-ri> **A** *agg* landwirtschaftlich, Agrar-: **partito ~** *polit*, Agrarier m **B** m (f) Gutsbesitzer m.

agreement <-> m *ingl econ polit* Agreement n, Einigung f, Vereinbarung f, Abkommen n.

agrèste *agg* **1** (*della campagna*) {PRODOTTI, VITA} ländlich, Land-: **pace ~**, ländlicher Frieden, ländliche Ruhe **2** *rar lett* (*incolto, rozzo*) {GENTE} bäuerisch, grob, ungehobelt.

{TEMPI} unkultiviert.

agrétto, (-a) **A** *agg* (*piuttosto agro*) säuerlich, herb **B** m **1** (*sapore*) Säuerlichkeit f, Herbheit f **2** *bot* Gartenkresse f.

agricolo, (-a) *agg* (*dell'agricoltura*) landwirtschaftlich, Land-.

agricoltóre, (-trice) m (f) **1** (*coltivatore*) Bauer m, (Bäuerin f) **2** (*imprenditore*) Landwirt(in) m(f).

agricoltùra f Landwirtschaft f.

agrifòglio <-gli> m *bot* Stechpalme f.

agrigenètica <-che> f *biol* Agrargenetik f.

agrimensóre, (-a) m (f) Land(ver)messer(in) m(f), Feldmesser(in) m(f).

agrimensùra f Landvermessung f.

agriturìsmo m **1** (*vacanza*) "Ferien pl / Urlaub m auf dem Bauernhof" **2** (*azienda agricola*) Agriturismo m.

agriturìstico, (-a) <-ci, -che> *agg* (*relativo all'agriturismo*) {AZIENDA} agrotouristisch.

àgro① m (*campagna*) ländliche Umgebung: **Agro Romano**, die Römische Campagna.

àgro②, (-a) **A** *agg* **1** (*acido e piccante*) {SAPORE} sauer **2** *fig* (*pungente*) {CRITICA, PAROLE} beißend, verletzend **B** m **1** (*agrezza*) sau(e)rer Geschmack **2** *fig* (*amarezza*) Verbitterung f: **avere dell'~ con qu**, auf jdn sauer sein *fam*, über jdn verbittert sein **C** <inv> *loc agg gastr*: **all'~**, mit Zitronensaft angerichtet/zubereitet **D** *loc avv gastr*: **all'~**, mit Zitronensaft.

agroalimentàre *agg* Agrar- und Ernährungs-.

agrobiologìa f *biol* Agrobiologie f.

agrobiòlogo, (-a) <-ghi, -ghe> m (f) *biol* Agrobiologe m, Agrobiologin f).

agrodólce A *agg anche fig* süßsauer **B** <inv> *loc agg avv gastr*: **all'~**, süßsauer.

agronòma f → **agronomo**.

agronomìa f Agronomie f, Landwirtschaftswissenschaft f.

agrònomo, (-a) m (f) Agronom(in) m(f), Diplomlandwirt(in) m(f).

agropastoràle *agg* (*dell'agricoltura e della pastorizia*) {AZIENDA} Weide- und Ackerbau-.

agrumàrio, (-a) <-ri> *agg* {COMMERCIO, MERCATO, PRODOTTI} Zitrusfrüchte-, Agrumen-.

agrùme m <di solito al pl> *bot* **1** (*frutto*) Zitrusfrucht f **2** (*pianta*) Zitruspflanze f.

agruméto m Agrumen-/Zitrusplantage f.

agucchiàre <*agucchio, agucchi*> itr (*cucire negligentemente*) sticheln.

aguzzàre A tr ~ **qc 1** (*appuntire*) {BASTONE} *etw* (zu|)spitzen **2** *fig* (*acuire*) {INGEGNO, VISTA} *etw* schärfen; {ORECCHIE} *etw* spitzen; {APPETITO} *etw* wecken, *etw* an|regen **B** itr *pron* itr: **aguzzarsi** {VISTA} sich schärfen ● **nel bisogno si aguzza l'ingegno** *prov*, Not macht erfinderisch *prov*.

aguzzatùra f **1** (*l'operazione di aguzzare*) Spitzen n **2** {+FERRO, LAMA} Spitze f.

aguzzìno, (-a) **A** m **1** *stor* Galeerenaufseher m **2** (*carceriere*) Kerkermeister m **B** m (f) *fig* (*tormentatore*) Folterknecht m, Peiniger(in) m(f), Menschenschinder m *spreg*: **non è un datore di lavoro, è un ~**, das ist kein Arbeitgeber, sondern ein Menschenschinder *spreg*.

aguzzo, (-a) *agg* **1** (*acuminato*) {PALO} spitz, zugespitzt **2** *fig* (*intenso, penetrante*) {MENTE} scharf; {SGUARDO} *anche* durchdringend.

ah *inter* ah!, ach!: **ah eccoti finalmente!**, aha! Da bist du ja endlich!; **ah! Ti sei deciso?**, aha! Hast du dich endlich entschlossen?

AHF *med abbr dell'ingl* Antihemophilic Factor

ahi inter (di dolore) au(a)!: **ahi! Mi sono punto**, au(a)! Ich habe mich gestochen.

ahia inter onomatopeica fam (di dolore improvviso) au(a): **~, mi sono punto!**, au(a), ich habe mich gestochen!

ahimè inter (di dispiacere) oje!, ojemine!, (o) weh!, ach!: **~, che disgrazia!**, oje, so ein Unglück!

ai① prep a con art i.

ai② pl di aio.

ai③ inter fam: **non dire né ai né bai**, ₍nicht Piep₎/[keinen Piep mehr] sagen fam, keinen Ton von sich (dat) geben.

AI f **1** inform abbr dell'ingl Artificial Intelligence (intelligenza artificiale) KI f (abbr di Künstliche Intelligenz) **2** mil abbr di Aeronautica Italiana: "Italienische Luftwaffe" **3** polit abbr dell'ingl Amnesty International (amnistia internazionale) AI **4** abbr dell'ingl Air India (linee aeree indiane) AI (indische Fluggesellschaft) **5** abbr dell'ingl Artificial Insemination (inseminazione artificiale) künstliche Befruchtung.

àia f Tenne f: **nell'aia**, auf der Tenne.

AIACE f abbr di Associazione Italiana Amici del Cinema d'Essai: "Verband m der Italienischen Programmkinofreunde".

AICS f abbr di Associazione Italiana di Cultura e Sport: "Italienischer Kultur- und Sportverband".

Aidelberga f geog Heidelberg n.

AIDO f abbr di Associazione Italiana Donatori di Organi: "Italienischer Organspender-Verband".

aids, AIDS <-> m o rar f med abbr dell'ingl Acquired Immune Deficiency Syndrome (Sindrome da Immunodeficienza Acquisita): Aids n: **malato di ~**, Aidskranke m decl come agg; **test dell'~**, Aidstest m.

AIE f edit abbr di Associazione Italiana degli Editori: "Verband Italienischer Verleger".

AIEA f abbr di Agenzia Internazionale dell'Energia Atomica: IAEO f (abbr di Internationale Atomenergie-Organisation), IAEA f (abbr di International Atomenergie-Agentur).

AIG f abbr di Associazione Italiana Alberghi per la Gioventù: "Italienisches Jugendherbergswerk"; ≈ DJH n; (abbr di Deutsches Jugendherbergswerk).

aikido <-> m giapponese Aikido n.

àio, (-a) <ai m> m (f) Erzieher(in) m(f).

aiòla → **aiuola**.

aïoli <-> m franc gastr AioliSoße f.

airbag <-> m ingl autom Airbag m.

airbus <-, -bus(s)es pl ingl> m ingl aero Airbus m.

AIRC f abbr di Associazione Italiana per la Ricerca sul Cancro: "Italienischer Krebsforschungsverband".

aire m (slancio) Anstoß m, Antrieb m: **dare l'~ a qc**, etw in Gang setzen ● **prendere l'~**, Anlauf nehmen; fig (lanciarsi), in Schwung kommen.

AIRE f abbr di Anagrafe degli Italiani Residenti all'Estero: "Register m der im Ausland wohnenden Italiener".

Air France f aero (linee aeree francesi) Air France f.

airone m ornit Reiher m: **~ cinerino**, Grau-, Fischreiher m.

air-terminal <-> m ingl (Flughafen)terminal m o n.

AISE o f abbr di Agenzia Informazione e Sicurezza Esterna: "militärischer Abschirmdienst Italiens".

aitante agg (robusto) mannhaft, stattlich: **un giovane ~**, ein stattlicher junger Mann; **spalle aitanti**, kräftige Schultern.

aiuòla f Beet n: **aiuole fiorite**, blühende Beete n pl; **aiuole di margherite**, Margeritenbeete n pl; **preparare un'~**, ein Beet anlegen; **vietato calpestare le aiuole**, das Betreten der Blumenanlagen ist verboten.

aiutànte Ⓐ mf (collaboratore) Gehilfe m, Gehilfin f, Helfer m(f), Assistent(in) m(f) Ⓑ m mil Adjutant m, Stabsoffizier m: **~ di bandiera/campo**, Fahnenjunker m/Feldadjutant m.

aiutàre Ⓐ tr **1** ~ qu jdm helfen: **~ qu a fare qc**, jdm helfen, etw zu tun **2** (soccorrere, assistere) ~ qu jdn unterstützen: **bisogna ~ quella povera donna**, dieser armen Frau muss geholfen werden **3** (favorire) ~ **qc** etw erleichtern, etw fördern: **la tecnica aiuta il progresso**, die Technik fördert den Fortschritt Ⓑ rfl: **aiutarsi** (v. (selbst) helfen: **si arrampicava aiutandosi coi piedi e con le mani**, er/sie kletterte, indem er/sie Hände und Füße zur Hilfe nahm Ⓒ rfl rec: **aiutarsi** sich gegenseitig helfen: **tra fratelli bisogna aiutarsi**, Geschwister müssen zusammenhalten.

aiùto Ⓐ m **1** (assistenza, soccorso) Hilfe f, Beistand m: **chiamare qu in ~**, jdn zu Hilfe rufen; **chiedere/invocare ~**, um Hilfe rufen; **chiedere un ~ (in denaro) a qu**, jdn um finanzielle Hilfe bitten; **correre in ~**, zu Hilfe eilen/kommen; **con l'~ di Dio**, mit Gottes Hilfe; **essere/servire di ~ a qu**, jdm nützlich sein; **gridare ~**, um Hilfe rufen; **porgere/portare ~**, Hilfe leisten; **venire in ~ di qu**, jdm zu Hilfe kommen **2** (collaboratore) Assistent(in) m(f), Helfer(in) m(f): **~ (medico)**, Assistenzarzt m, (Assistenzärztin f); **~ regista**, Regieassistent(in) m(f) **3** <solo pl> Hilfsgüter n pl: **aiuti alimentari/militari**, Nahrungsmittel-/Militärhilfe f; **aiuti ai paesi in via di sviluppo**, Entwicklungshilfe f; **aiuti umanitari**, humanitäre Hilfe Ⓑ inter impr: **~!**, Hilfe!

aizzàre tr **1** (incitare) ~ **qu (contro qu)** jdn (gegen jdn) auf]hetzen, jdn (gegen jdn) auf]wiegeln **2** ~ **qu/qc (contro qu/qc)** jdn/etw (auf jdn/etw) hetzen: **per fermare il ladro la polizia gli aizzò dietro i cani**, um den Dieb zu fassen, hetzte die Polizei Hunde auf ihn.

aizzatóre, (-trice) m (f) Hetzer(in) m(f).

à jour franc (nei lavori femminili) Ⓐ <inv> loc agg (ORLO, PUNTO, RICAMO) à jour, durchbrochen Ⓑ <-> loc sost m Ajourarbeit f.

al prep a con art il.

a.l. fis abbr di anno luce: ly (abbr di light year) (Lichtjahr).

àla <ali> f **1** {+UCCELLO} Flügel m: **battere le ali**, mit den Flügeln schlagen **2** fig (tesa) {+CAPPELLO} Krempe f **3** fig (fila laterale) Spalier m: **fare ala**, für jdn/etw Spalier bilden/stehen; **tra due ali di gente**, durch das Spalier der Menge **4** fig (protezione) Fittich m: **essere sotto le ali di qu**, unter jds Fittichen sein/stehen fam scherz **5** fig lett (slancio) Schwinge f: **sulle ali della fantasia**, auf den Schwingen der Fantasie **6** aero Tragfläche f **7** anat Flügel m, Lappen m **8** arch bot mil polit {+CASTELLO, ESERCITO, PARTITO} Flügel m **9** sport Flügel m: **ala destra/sinistra**, rechter/linker Flügel; (persona) Rechts-/Linksaußen m, Rechts-/Linksaußenstürmer m ● **abbassare le ali** fig (essere più umile), den Kopf/Schwanz einziehen, klein beigeben; **in un batter d'ali** fig (in un attimo), im Flug, im Nu fam, in null Komma nichts; **mettere le ali** fig (emanciparsi), sich auf eigene Füße/Beine stellen, sich freischwimmen, sich abnabeln; **ala di mulino**, Windmühlenflügel m; **la paura gli ha messo le ali ai piedi** fig (l'ha fatto andare di corsa), die Angst ₍beflügelte seine Schritte₎/[verlieh ihm Flügel forb]; **avere le ali ai piedi** fig (andare di corsa), Siebenmeilenstiefel anhaben fam scherz, Siebenmeilenschritte machen fam scherz, eilen; **tarpare le ali a qu** fig (limitare), jdm die Flügel stutzen/beschneiden.

alabàrda f Hellebarde f.

alabardàto, (-a) agg **1** (armato di alabarda) mit einer Hellebarde bewaffnet **2** (a forma di alabarda) {GIGLIO} schwertlilienförmig **3** sport {GIOCATORE} des Fußballvereins Triest.

alabastrino, (-a) agg **1** (di alabastro) alabastern, aus Alabaster **2** fig (candido) {MANI, VISO} alabasterweiß, fig.

alabàstro m **1** Alabaster m: **di ~**, aus Alabaster, alabastern **2** (oggetto in ~) Alabaster n: **collezionare alabastri**, Objekte aus Alabaster sammeln ● **pelle/spalle d'~** fig lett (candido), alabasterfarbene Haut/Schultern.

à la carte franc Ⓐ <inv> loc agg {MENU} à la carte Ⓑ loc avv {MANGIARE} à la carte.

à la coque <inv> loc franc gastr: **uovo à la coque**, weich(gekocht)es Ei.

àlacre agg **1** (solerte) {FUNZIONARIO, IMPIEGATO} emsig, eifrig, pflichtbewusst **2** fig (fervido) {INGEGNO, SPIRITO} lebhaft, wach.

alacrità <-> f **1** (solerzia) Eifer m: **lavorare con ~**, eifrig/emsig arbeiten **2** fig (vivacità) {+INGEGNO} Lebhaftigkeit f.

alàggio <-gi> m mar **1** (traino) Treideln n **2** (manovra per tirare in secco) Einholung f (azione) anche Einholen n.

alalà Ⓐ inter lett hussa!: **eia! eia! eia! ~** stor (grido fascista), ≈ heil, heil, heil! Ⓑ <-> m Hurraschrei m.

alamanno → **alemanno**.

alamàro m {+ABITO FEMMINILE} Verschnürung f, Schnürverschluss m; {+UNIFORME} Spiegel m.

alambicco <-chi> m Destillierkolben m.

alàno m zoo Dogge f.

à la page <inv> loc agg franc nach neuester Mode: **essere à la page**, nach neuester Mode gekleidet sein; **una ragazza à la page**, ein Mädchen ₍à la mode₎/[wie aus dem Modejournal].

alàre① agg (di ali) {PIUME} Flügel-.

alàre② m (arnese) Feuerbock m.

alàre③ tr ~ **qc 1** mar (tirare) {GOMENA} etw ein]holen **2** (trascinare) {IDROVOLANTE, IMBARCAZIONE} etw treideln.

Alàsca f geog Alaska n.

a làtere <inv> loc agg lat Neben-: **legato a latere** relig, päpstlicher Gesandter; **giudice a latere** dir, beisitzender Richter.

alàto, (-a) agg **1** (fornito di ali) {FORMICA} geflügelt **2** fig (sublime, elevato) {PAROLE, PENSIERO} erhaben; {STILE} gehoben.

alb. abbr di albergo: Hotel.

àlba f **1** {+GIORNO} Morgengrauen n, Tagesanbruch m, Morgendämmerung f: **alzarsi all'~**, bei Morgengrauen aufstehen; **sul far dell'~**, bei Tagesanbruch; **sin dall'~**, seit Tagesanbruch; **spunta l'~**, es dämmert **2** fig forb (inizio) {+MONDO NUOVO, VITA} Beginn m; {+LIBERTÀ} Morgenröte f.

albagia f forb Hochmut m, Überheblichkeit f.

albanése Ⓐ agg albanisch Ⓑ mf (abitante) Albaner(in) m(f) Ⓒ m <solo sing> (lingua) Albanisch(e) n.

Albanìa f geog Albanien n.

albarèllo m Apothekergefäß n.

àlbatro m ornit Albatros m.

albèdo <-> f **1** {+AGRUMI} "weiße Innenschicht der Schale von Zitrusfrüchten" **2** *fis* {+PIANETA, SATELLITE} Albedo f, Hellbezugswert m.

albeggiaménto m Morgengrauen n.

albeggiàre <difet *usato solo alla* 3ª *pers sing, albeggerà*> **A** *itr* <*essere*> **1** {GIORNO} dämmern, grauen *forb* **2** *fig lett* (*essere agli albori*) {CIVILTÀ} in den Anfängen sein, im Aufgang sein **B** *impers* dämmern, tagen *forb*, grauen *forb*: **cominciava ad ~**, es begann zu dämmern; **d'estate albeggia presto**, im Sommer dämmert/tagt *forb* es früh.

alberàre *tr* ~ *qc* **1** {VIALE} *etw* mit Bäumen bepflanzen **2** *mar* {NAVE} *etw* mit Masten versehen, *etw* bemasten.

alberàta f **1** (*fila di alberi*) Baumreihe f **2** *mar* Bemastung f.

alberàto, (-a) *agg* **1** {PIAZZA} mit Bäumen bepflanzt/umgeben, von Bäumen umsäumt **strada** ~a mit Bäumen ⌊bepflanzte Straße⌋/[bepflanzter Weg]; **viale** ~ Allee f **2** *mar* {NAVE} bemastet.

alberatùra f **1** (*insieme di alberi*) Baumbestand m **2** *mar* Bemastung f.

alberèllo → **albarello**.

alberéto m Gehölz n, Baumbestand m.

albergàre <*albergo, alberghi*> *forb* **A** *tr* **1** (*alloggiare*) ~ **qu** *jdn* beherbergen, *jdn* unter|bringen **2** *fig* (*avere*) ~ *qc etw* hegen, *etw* in sich (dat) tragen: ~ **nell'animo sentimenti di odio**, im Herzen Hassgefühle hegen **B** *itr* ~ + *compl di luogo* **1** (*abitare*) {IN UNA PENSIONE} *irgendwo* wohnen, *irgendwo* untergebracht sein **2** *fig* (*essere presente*) {AMORE, PACE NEL CUORE DI QU} *irgendwo* wohnen; {ODIO, RANCORE NEL CUORE DI QU} *irgendwo* nisten.

albergatóre, (-trice) m (f) Hotelier m, Hotelbesitzer(in) m(f).

alberghièro, (-a) *agg* (*relativo agli alberghi*) {INDUSTRIA, RAMO, SCUOLA, SINDACATO} Hotel-.

albèrgo <-*ghi*> m **1** (*hôtel*) Hotel n: ~ **di prima/seconda categoria**, Hotel erster/zweiter Klasse; **scendere in un** ~, in einem Hotel absteigen **2** *lett* (*asilo*) Zuflucht f: **dare ~ a qu**, *jdn* beherbergen ● ~ **della gioventù**, Jugendherberge f.

àlbero m **1** *bot* Baum m: **arrampicarsi su un** ~, auf einen Baum klettern; ~ **da frutto**, Obstbaum m; ~ **di Giuda**, Judasbaum m; ~ **del pane**, Brot(frucht)baum m **2** *anat* {+ARTERIA} Ast m **3** *inform* Baum m **4** *mar* {+NAVE} Mast m: ~ **maestro**, Großmast m; **un tre alberi**, ein Dreimaster **5** *tecnol* Welle f, Baum m: ~ **a camme/gomiti**, Nocken-/Kurbelwelle f; ~ **motore**/[**di trasmissione**], Antriebs-/Transmissionswelle f ● ~ **della cuccagna**, Maibaum m; ~ **genealogico** (*grafico delle relazioni di parentela*), Stammbaum m; ~ **di Natale**, Judasbaum m; **sembrare un** ~ **di Natale** *fig* (*rif. a una donna troppo ingioiellata*), behängt wie ein Pfingstochse sein *fam spreg*; ~ **della scienza del bene e del male** *bibl*, Baum m der Erkenntnis; ~ **della vita** *anat bibl*, Lebensbaum m.

Albertìna f (*nome proprio*) Albertine.

Albèrto m (*nome proprio*) Albert.

albicàre <*albico, albichi*> *itr* **1** <*avere*> *lett* (*biancheggiare*) weiß schimmern **2** <*essere*> (*albeggiare*) dämmern.

albicòcca **A** <-*che*> f (*frutto*) Aprikose f **B** <*inv*> *agg* {TESSUTO} aprikosenfarben, apricot **C** <-*a*> m (*colore*) Apricot n.

albicòcco <-*chi*> m *bot* Aprikosenbaum m.

albìna f → **albino**.

albinìsmo m **1** *bot* Pigmentlosigkeit f, Albinismus m *scient* **2** *med* Albinismus m *scient*.

albìno, (-a) **A** *agg* albinotisch, Albino- **B** m (f) Albino m: **è un'albina**, sie ist ein Albino.

àlbo m **1** (*bacheca*) {+COMUNE} Anschlagbrett n, schwarzes Brett **2** (*registro*) {+AVVOCATI, ecc.} (Berufs)register n: **iscriversi all'~ professionale**, sich ins Berufsregister eintragen lassen; ~ **dei medici**, Ärzteregister n; **radiare qu dall'~**, *jdn* aus dem Register streichen **3** (*album*) Album n: ~ **di famiglia**, Familienalbum n **4** (*libro illustrato*) Bilderbuch n ● **l'~ d'onore**/**d'oro** (*elenco di personalità importanti*), das Goldene Buch.

albóre m <*di solito al pl*> **1** (*prima luce dell'alba*) Morgengrauen n: **fin dai primi albori**, seit den frühen Morgengrauen **2** *fig lett* (*inizio*) {+STORIA, VITA} Anfang m, Anfänge m *pl*, Beginn m; {+NUOVA EPOCA} Anbruch m *forb*: **gli albori della civiltà**, der Anbruch *forb* der Zivilisation.

albùgine f **1** *med* Leukom n *scient* **2** *bot* echter Mehltau.

àlbum m **1** Album n: ~ **da disegno**, Zeichenheft n; ~ **per fotografie/francobolli**, Foto-/Briefmarkenalbum n **2** (*disco*) Langspielplatte f, Album n ● **sfogliare insieme l'~ di famiglia** *anche fig* (*raccontare la propria vita*), gemeinsam die Familiengeschichte/Familienchronik durchgehen.

albùme m **1** {+UOVO} Eiweiß n, Albumen n **2** *bot* {+SEME} Eiweiß n.

albumìna f *biol chim* Albumin n.

albuminemìa f *med* Albuminämie f *scient*.

albùrno m *bot* Splint m, Splintholz n.

àlcali <-> m *chim* Alkali n.

alcalinità <-> f *agg chim* (*basicità*) Alkalinität f.

alcalìno, (-a) *agg chim* alkalisch.

Alcantàra® <-> f Alcantara® n.

àlce f *zoo* Elch m.

alchechèngi <-> m (*frutto*) Blasenkirsche f.

alchimìa f **1** Alchimie f **2** <*di solito al pl*> *fig spreg* Betrügerei f: **alchimie politiche**, politische Betrügerei, politischer Bluff *fam*.

alchimìsta <-*i* m, -*e* f> mf Alchimist(in) m(f).

alchimìstico, (-a) <-*ci, -che*> *agg* **1** alchimistisch **2** *fig* (*misterioso*) geheimnisvoll, rätselhaft.

alchimizzàre *tr* ~ *qc* **1** (*alterare*) {METALLI} *etw* durch Alchimie verwandeln **2** *fig etw* fälschen.

àlcol, àlcole *rar* <-> m **1** *chim* Alkohol m: ~ **assoluto**, reiner Alkohol; ~ **denaturato**, denaturierter Alkohol; ~ **etilico**/**metilico**/**propilico**, Äthyl-/Methyl-/Propylalkohol m **2** (~ *etilico*) {+VINO} Alkohol m: **disinfettare una ferita con l'~**, eine Wunde mit Alkohol desinfizieren **3** (*alcolici*) alkoholische Getränke n *pl* ● **annegare i dispiaceri/dolori nell'~** *fig* (*bere per dimenticare*), (seinen) Kummer/Schmerz im Alkohol ertränken; **darsi all'~** *fig* (*bere troppo*), dem Alkohol verfallen, (anfangen zu) saufen *fam*; **l'~ scioglie la lingua** *fig* (*fa parlare*), Alkohol löst die Zunge.

alcoldipendènte **A** *agg* alkoholabhängig **B** *mf* Alkoholabhängige *mf decl come agg*.

alcolemìa f *med* Alkoholspiegel m.

alcolicità <-> f {+LIQUORE, VINO} Alkoholgehalt m.

alcòlico, (-a) <-*ci, -che*> **A** *agg* {BEVANDA, FERMENTAZIONE, GRADO} alkoholisch, alkoholhaltig **B** m Spirituose f, alkoholisches Getränk n: **è dedito agli alcolici**, er ist dem Alkohol verfallen; **qui è proibita la vendita di alcolici**, hier ist es verboten, Spirituosen zu verkaufen.

alcolìsmo m Alkoholismus m.

alcolìsta <-*i* m, -*e* f> mf Alkoholiker(in) m(f).

alcolizzàre **A** *tr* ~ *qc* {SOLUZIONE, VINO} *etw* (dat) Alkohol hinzu|setzen, *etw* mit Alkohol versetzen, *etw* alkoholisieren **B** *rfl*: **alcolizzarsi** sich betrinken.

alcolizzàto, (-a) **A** *agg* alkoholisiert **B** m (f) Alkoholiker(in) m(f).

alcoltèst <-> m (*esame*) Alkoholtest m; (*strumento*) Tüte f *slang*, Röhrchen n *fam*.

àlcool *e deriv* → **alcol** *e deriv*.

alcòva f **1** (*parte della stanza*) Alkoven m **2** (*camera da letto*) Schlafgemach n *forb*, Alkoven m.

alcùn, alcùn' → **alcuno**.

alcunché <*inv*> *pron indef lett* **1** (*qualcosa*) etwas: **c'è nel suo contegno ~ di misterioso**, in seinem/ihrem Benehmen liegt etwas Geheimnisvolles, sein/ihr Benehmen ist irgendwie geheimnisvoll **2** (*in frasi negative: nulla*) nichts, nicht im Geringsten: **non c'è ~ di difficile in questo lavoro**, in dieser Arbeit liegt nicht die geringste Schwierigkeit; **non temete ~**, er braucht nichts zu fürchten **3** (*qualsiasi cosa*) irgendetwas: **rifiuta di dire ~ in merito**, er/sie lehnt es ab, diesbezüglich irgendetwas zu sagen.

alcùno, (-a) **A** *agg indef m* <*davanti a s impura, gn, pn, ps, x, z, y, j e alla semiconsonante i*, *negli altri casi diventa* **alcun**> f <*davanti a consonante e alla semiconsonante i, negli altri casi diventa* **alcun**> *se la vocale è atona l'elisione è facoltativa*> **1** (*in frasi negative: nessuno*) kein, keinerlei: **senza alcuna esitazione**, ohne jegliches Zögern; **non ha avuto alcun riguardo**, er/sie hat keinerlei Rücksicht genommen **2** <*di solito al pl*> (*qualche*) einige: **sono venuti alcuni amici**, es sind einige Freunde gekommen **B** *pron indef* <*solo pl*> einige, mehrere; **alcuni..., altri/alcuni...** einige, andere...: **alcune andavano, alcune/altre venivano**, einige gingen, andere kamen; **vedemmo alcuni andarsene**, wir sahen einige weggehen; **alcune di voi verranno con me**, einige von euch kommen mit mir.

aldèide f *chim* Aldehyd m.

aldilà <-> m (*vita ultraterrena*) Jenseits n: **nell'~**, im Jenseits; **non credere nell'~**, nicht an das/ein Jenseits glauben.

alé *inter fam* (*di incitamento*) vorwärts!, los!

àlea f **1** *forb* (*rischio*) Risiko n, Wagnis n: **correr l'~**, das Risiko eingehen **2** *dir* Risiko n.

aleàtico <-*ci*> m *enol* "süße Rotweinrebensorte bzw. der entsprechende Rotwein".

aleatorietà <-> f Unvorsehbarkeit f, Ungewissheit f, Unberechenbarkeit f: **l'~ di una previsione**, die Ungewissheit einer Vorhersage.

aleatòrio, (-a) <-*ri* m> *agg* **1** (*azzardato*) {IMPRESA} ungewiss, gewagt **2** *dir* {CONTRATTO} Risiko-, Eventual-.

aleggiàre <*aleggio, aleggi*> *itr* **1** (*agitare le ali*) die Flügel bewegen, mit den Flügeln schlagen **2** *fig forb* (*spirare*) ~ (+ *compl di luogo*) {PROFUMO NELL'ARIA} *irgendwo* in der Luft hängen: **tra i presenti aleggiava un senso di mistero**, ein Hauch von Geheimnis umgab die Anwesenden.

aléggio → **alleggio**.

alemànno, (-a) **A** *agg* **1** *lett* (*della Germania*) deutsch **2** *stor* (*della Svizzera tedesca*) alemannisch **B** m (f) Alemanne m, (Alemannin f) **C** m <*solo sing*> (*lingua*) Alemannisch(e) n, Deutsch n *lett*.

alesàggio <-*gi*> m *mecc* **1** (*diametro*) Boh-

rung f 2 (*l'alesare*) Aufbohren n.
Alessàndra f (*nome proprio*) Alexandra.
alessandrinìsmo m 1 (*carattere dell'arte dell'età ellenistica*) Hellenismus m 2 (*forma d'arte*) Dekadenz f.
alessandrìno①, (-a) agg 1 (*ellenistico*) {ARTE, ARTISTA, GRAMMATICO, POETA} hellenistisch 2 (*raffinato e decadente*) {GUSTO} dekadent.
alessandrìno②, (-a) ling A agg {VERSO} Alexandriner- B m (*verso*) Alexandriner m.
Alessàndro m (*nome proprio*) Alexander.
alessìa f med Leseunfähigkeit f, Alexie f scient.
Alèssia f (*nome proprio*) Alexa.
alétta <dim di ala> f 1 (*gruppo di penne*) {+UCCELLO} Flaumfedern f pl 2 aero Flosse f: **alette di compensazione**, Ausgleichsruder n 3 edit (*risvolto*) Umschlagsklappe f 4 mar Flosse f: **alette di rollìo**, Schlingerkiel m 5 tecnol {+COMPRESSORE, TURBINA} Schaufel f: **alette di una bomba**, Stabilisierungsflossen f pl; **alette di raffreddamento**, Kühlrippen f pl ● ~ **parasole** autom, Sonnenblende f.
alettóne m 1 aero Querruder n 2 autom Spoiler m.
àlfa① <-> A m o f (*lettera greca*) Alpha n B agg fis Alpha-: **particelle** ~, Alphateilchen n pl; **raggi** ~, Alphastrahlen m pl ● **l'** ~ e **l'omega** fig (*il principio e la fine*), das A und O; **dall'** ~ **all'omega** fig (*dal principio alla fine*), von A bis Z; ~ **privativo**, Alpha n privativum.
àlfa② f bot Alfagras n, Esparto(gras) m) m.
alfabèta <-i> A agg (*che sa leggere e scrivere*) lese- und schreibkundig B mf Lese- und Schreibkundige mf decl come agg f.
alfabètico, (-a) <-ci, -che> agg {INDICE, ORDINE, SCRITTURA} alphabetisch.
alfabetìsmo m Lese- und Schreibfähigkeit f, Alphabetisierung f: **l'~ è totale in quella regione**, der Alphabetisierungsgrad erreicht in dieser Region 100%.
alfabetizzàre tr 1 (*insegnare a leggere e scrivere*) ~ **qu** jdn alphabetisieren 2 (*mettere in ordine alfabetico*) rar ~ **qc** etw in alphabetische Reihenfolge bringen, etw alphabetisieren.
alfabetizzazióne f Alphabetisierung f: **corsi di** ~ **per adulti**, Alphabetisierungskurse für Erwachsene.
alfabèto m 1 {CIRILLICO, GRECO, LATINO} Alphabet n: ~ **fonetico internazionale**, Internationales Phonetikalphabet; ~ **Morse**, Morsealphabet n 2 fig (*principi basilari*) Abc n, Grundlage f, Anfangsgründe m pl forb ● **perdere l'** ~ fig (*confondersi*), aus dem Text/ Konzept geraten, den Faden verlieren; **non sapere neppure l'** ~ fig (*essere ignorante*), ein entsetzlicher Banause sein spreg; ungebildet sein, das es kracht.
alfanumèrico, (-a) <-ci, -che> agg inform {CODICE} alphanumerisch.
alfière① m 1 fig (*primo promotore*) {+IDEA, MOVIMENTO RIVOLUZIONARIO} Vorkämpfer m 2 mar (*guardia marina*) Bootsmann m 3 mil (*sottotenente*) Fähnrich m 4 mil (*portabandiera*) Fahnen-, Bannerträger m 5 sport Mannschaftskapitän m.
alfière② m (*negli scacchi*) Läufer m.
alfìne avv schließlich, endlich.
Alfònso m (*nome proprio*) Alfons.
àlga <-ghe> f bot Alge f.
àlgebra f mat Algebra f ● **per me questo è** ~ fig fam (*incomprensibile*), für mich ist das Chinesisch fam.
algèbrico, (-a) <-ci, -che> agg mat {CALCOLO, METODO, OPERAZIONE} algebraisch.

Algerìa f geog Algerien n.
algerìno, (-a) A agg algerisch B m (f) (*abitante*) Algerier(in) m(f).
àlgico, (-a) <-ci, -che> agg Algie-, Algesie-, schmerzempfindlich; (*doloroso*) schmerzhaft.
àlgido agg 1 lett (*freddo*) eisig, eiskalt 2 med {STATO} unterkühlt.
àlgol <-> inform A agg {LINGUAGGIO} Algol- B m Algol n.
algologìa① f med Schmerzforschung f.
algologìa② f bot Algenkunde f.
algorìtmo m mat Algorithmus m.
Algòvia f geog Allgäu n.
ALI m abbr di Atlante Linguistico Italiano: "Italienischer Sprachatlas".
aliànte m aero Segelflugzeug n: ~ **sportivo/** [**da trasporto**], Sport-/Lastensegler m.
àlias avv lat (*ovvero*) alias: **James Bond, ~ 007**, James Bond, alias 007.
àlibi <-> m lat 1 dir Alibi n: **avere un** ~ **di ferro** fig (*inattaccabile*), ein hieb- und stichfestes Alibi haben 2 fig (*giustificazione*) Vorwand m, Alibi n, Rechtfertigung f: ~ **morale**, moralische Rechtfertigung; **ho sempre l'** ~ **del lavoro**, ich habe immer die Arbeit als Vorwand/Alibi.
alìce f itt Sardelle f, An(s)chovis f.
alienàbile agg dir {BENE, PROPRIETÀ} veräußerlich.
alienabilità <-> f dir {+BENE, PROPRIETÀ} Veräußerlichkeit f.
alienaménto m dir (*alienazione*) {+BENI} Veräußerung f.
alienànte agg (*che aliena*) {LAVORO, SITUAZIONE} entfremdend.
alienàre A tr 1 dir (*trasferire, vendere*) ~ **qc (a qu)** {BENE, TERRENO} (jdm) etw/[etw (an jdn)] veräußern 2 (*allontanare, estraniare*) ~ **qu (da qu)** {SOCIETÀ UOMO DALLA NATURA} jdn jdm entfremden 3 fig (*distogliere*) ~ **qc da qu** {AFFETTO, BENEVOLENZA} jdn etw (gen) berauben, jdm von etw (acc) bringen: **mi ha alienato l'affetto dei figli**, er/sie hat mich um die Zuneigung meiner Kinder gebracht B itr pron 1 (*estraniarsi*): **alienarsi da qu/qc** {DALLA FAMIGLIA, DAL LAVORO} sich jdm/etw entfremden 2 (*rendere estraneo*): **alienarsi qu** sich bei jdm verscherzen fam 3 fig (*distogliere da sé*): **alienarsi qc** {AFFETTO} sich (dat) etw verscherzen: **alienarsi la simpatia di tutti**, sich (dat) die Sympathien aller/[es sich (dat) mit allen] verscherzen C rfl lett (*astrarsi*): **alienarsi (in qc)** {IN UN PENSIERO} sich ganz (in etw acc) vertiefen.
alienàto, (-a) A agg 1 dir {BENE} veräußert 2 filos (*estraniato*) entfremdet: **sentirsi** ~ **a qu/qc**, sich jdm/etw gegenüber entfremdet fühlen 3 psic gestörtgestört B m (f) 1 Geistesgestörte mf decl come agg: **casa di cura per alienati**, Heilanstalt für Geisteskranke 2 filos (*persona estraniata*) Entfremdete mf decl come agg.
alienazióne f 1 dir (+BENI) Veräußerung f 2 filos Entfremdung f: **l'** ~ **dell'uomo nella società industriale**, die Entfremdung des Menschen in der Industriegesellschaft 3 psic Geistesgestörtheit f: ~ **mentale**, Geistesgestörtheit f.
alienìsta <-i m, -e f> mf psic Psychiater(in) m(f).
aliéno, (-a) A agg 1 (*contrario*) ~ **da qc** {DALLE DISCUSSIONI} etw (dat) gegenüber abgeneigt: **non era** ~ **dal cambiare casa**, er war nicht abgeneigt, umzuziehen 2 (*estraneo*) ~ **da qc** etw (dat) gegenüber fremd: **essere** ~ **da ogni sentimento di pietà**, kein Mitleid kennen 3 (*di altri*) {COSE} von ande-

ren 4 (*extraterrestre*) außerirdisch B m (f) (*extraterrestre*) außerirdisches Wesen, Außerirdische mf decl come agg.
alimentàre① A agg Lebensmittel-, Nahrungs(mittel)-: **generi alimentari**, Lebens-, Nahrungsmittel n pl B m pl Lebens-, Nahrungsmittel n pl.
alimentàre② A tr 1 (*nutrire*) ~ **qu** jdn ernähren: ~ **un malato**, einen Kranken ernähren; ~ **qc** {ANIMALE} etw füttern: ~ **un gatto**, eine Katze füttern 2 (*rifornire*) ~ **qc (di qc)** {FUOCO, MACCHINA, MOTORE} etw mit etw (dat) speisen: ~ **una caldaia di carbone**, einen Heizkessel mit Kohle speisen; {ALTOFORNO} etw beschicken; (*di viveri*) ~ **qc** {CITTÀ} etw versorgen 3 (*mantenere vivo*) ~ **qc** {VENTO INCENDIO} etw schüren, etw unterhalten; fig {AMORE, PASSIONE} etw lebendig/[am Leben] erhalten; {ODIO} etw schüren, etw anstacheln; {SPERANZA} etw nähren forb; {PASSIONE DI QU} etw nähren, etw schüren, etw 'am Leben'/[lebendig] halten: **la loro relazione alimenta i pettegolezzi della città**, ihr Verhältnis gibt Stoff für den Stadtklatsch her/[unterhält die ganze Stadt] B rfl (*nutrirsi*): **alimentarsi di qc** sich mit/von etw (dat) ernähren, von etw (dat) leben: **si alimenta solo di cibi liquidi**, er/sie ernährt sich nur mit Flüssignahrung; fig {SENTIMENTO} von etw (dat) leben; **la loro amicizia si alimenta di lettere**, ihre Freundschaft lebt durch Briefe/[bleibt durch Briefe lebendig] ● ~ **un conto corrente** banca, ein Konto unterhalten.
alimentarìsta <-i m, -e f> mf 1 (*commerciante*) Lebensmittelhändler(in) m(f) 2 (*lavoratore*) "in der Lebensmittelindustrie Beschäftigte" mf decl come agg 3 (*studioso*) Ernährungswissenschaftler(in) m(f).
alimentatóre, (-trìce) A m (f) (*tecnico*) Speiser m, Beschicker m B m 1 elettr Energieleitung f 2 tecnol {+CARTA} Beschicker m.
alimentazióne f 1 (*l'alimentare*) Ernährung f: ~ **insufficiente/sufficiente**, unzureichende/ausreichende Ernährung 2 (*alimenti*) Kost f, Nahrung f: **una sana** ~, eine gesunde Kost 3 (*caricamento*) {+ARMA} Ladung f 4 elettr {+CIRCUITO} Stromzufuhr f, Stromversorgung f 5 tecnol (*con materiali o energia*) Beschickung f, {+MACCHINA} Speisung f, Versorgung f 6 tecnol (*nelle macchine utensili*) Vorschub m, Zuführung f, Beschickung f: ~ **a caricatore**, Magazinzuführung f; ~ **a** ˌ**nastro trasportatore**ˌ/[**rulli**], Förderband-/Laufrollenbeschickung f.
aliménto m 1 (*cibo*) Ernährung f, Nahrung f, Nahrungsmittel n: **il latte è un** ~ **completo**, Milch ist ein vollwertiges Nahrungsmittel 2 <solo pl> dir Alimente pl, Unterhalt m: **pagare gli alimenti a qu**, jdm Alimente zahlen, an jdn Unterhaltszahlungen leisten 3 tecnol Speisung f, Zufuhr f: **fornire** ~ **a un motore**, einen Motor speisen.
alìnea <-> m tip Absatz m, Abschnitt m.
alìquota f 1 (*quota*) Anteil m: **versare un'** ~ **delle spese**, einen Kostenanteil überweisen 2 fisco (*percentuale*) Steuersatz m: ~ **costante/progressiva**, fester/progressiver Steuersatz 3 mat Aliquote f, aliquoter Teil.
aliscàfo m mar Tragflächenboot n.
alisèo meteo m Passat(wind) m.
ALITÀLIA f aero (*linee aeree Italiane*) Alitalia f (*italienische Fluggesellschaft*).
alitàre itr 1 (*respirare*) (aus|)atmen, hauchen 2 fig (*soffiare*) ~ (+ **compl di luogo**) (*irgendwo*) leise wehen, (*irgendwo*) säuseln: **il vento alitava tra gli alberi**, der Wind säuselte in den Bäumen.
àlito m 1 (*fiato*) Atem m: ~ **cattivo/pesan-**

te, Mundgeruch m, übel riechender forb Atem; ~ **che puzza di tabacco/vino**, Tabak-/Weinfahne f **fam 2** fig (*lieve soffio*): ~ **di vento**, Windhauch m; **non spira un ~ di vento**, kein Lüftchen regt sich.

alitòsi <-> f med Mundgeruch m.

all. abbr di allegato, allegati: Anl. (abbr di Anlage).

all', àlla prep a con art l', la①.

allacciaménto m **1** (*collegamento di impianti*) {+ACQUA, GAS, LUCE, TELEFONO} Anschluss m **2** ferr Anschluss m, Verbindung f: **binario di ~**, Verbindungsgleis n; ~ **ferroviario** (*tra due città*), Bahnverbindung f; (*da una fabbrica*) (Eisen)bahnanschluss m **3** med {+VENE} Abbinden n.

allacciàre <*allaccio, allacci*> A tr **1** (*legare*) ~ **qc** {VESTITO} etw zu|machen; {SCARPE} etw zu|schnüren, etw zu|binden; {CINTURA (DI SICUREZZA)} etw an|legen **2** (*collegare*) ~ **qu/qc** {GAS, LINEE FERROVIARIE, LUCE, TELEFONO} etw an|schließen; ~ **un abbonato su un numero telefonico**, einem Fernsprechteilnehmer seine Telefonnummer zuteilen; ~ **una linea elettrica**, eine Stromleitung anschließen; {CITTÀ, LOCALITÀ, PAESI} etw miteinander verbinden **3** (*intrecciare*) ~ **qc** {+RELAZIONE} etw knüpfen, {AMICIZIA} anche etw schließen **4** agr ~ **qc** {VITI} etw befestigen **5** med ~ **qc** {VENE} etw ab|binden **6** mar ~ **qc** etw (fest|)binden; ~ **la vela sul boma**, das Segel an den Besanmast binden **7** tecnol ~ **qc** {ACQUE} etw an|schließen B rfl indir: **allacciarsi** (*qc*) {SCARPE} sich (*dat*) etw zu|schnüren, sich (*dat*) etw zu|binden; {CINTURA} sich (*dat*) etw zu|schnallen, sich (*dat*) etw zu|machen.

allacciatùra f **1** (*azione*) {+SCARPA} Zuschnüren n, Zubinden n; {+CAPPOTTO, GONNA} Zumachen n **2** (*chiusura*) {+CAPPOTTO, GONNA} Schnürung f rar; {+CAPPOTTO, GONNA} Verschluss m.

allàccio <-*ci*> m amm {IDRICO, TELEFONICO} Anschluss m.

aladièse A agg (*di Agliè*) von/aus Agliè B mf (*abitante*) Einwohner(in) m(f) von Agliè.

allagaménto m Überschwemmung f.

allagàre <*allago, allaghi*> A tr (*inondare*) ~ **qc** {ACQUA CANTINA, PAVIMENTO, FIUME PIANURA, PIOGGIA SUOLO} etw überschwemmen, etw überfluten: **il torrente è straripato e ha allagato la campagna**, der Fluss ist über die Ufer getreten und hat das Land überschwemmt; {LATTE, SANGUE, VINO PAVIMENTO} etw bedecken, {NEBBIA STRADA} über etw (*acc*) fallen, über etw (*acc*) wallen forb; {MALCOSTUME, VIZI SOCIETÀ} (*in etw etw*) um sich greifen B itr pron: **allagarsi** {CANTINA, PIANURA} überschwemmt sein: **la campagna si è completamente allagata**, das Land ist vollkommen überschwemmt.

allampanàto, (-*a*) agg (*smunto*) abgemagert, hager.

allantoìna f chim Allantoin n.

allargaménto m {+PIAZZA} Erweiterung f; {+STRADA} Verbreiterung f; fig {+INDAGINI} Ausweitung f; {+DIRITTO DI VOTO} Ausdehnung f.

allargàre <*allargo, allarghi*> A tr ~ **qc 1** (*rendere più largo*) {ENTRATA} etw erweitern; {STRADA} etw verbreitern, etw breiter machen; {PANTALONI, VESTITI} etw weiten, etw weiter machen **2** (*estendere*) {CAMPO D'AZIONE, RICERCHE} etw aus|dehnen, etw aus|weiten, etw erweitern: ~ **la cerchia delle proprie amicizie**, seinen Freundeskreis erweitern; ~ **il voto**, das Stimmrecht ausdehnen **3** (*aprire*) {BRACCIA} etw aus|breiten; {DITA} etw spreizen **4** fig (*confortare*) {ANIMO} etw erleichtern: **la notizia gli ha allargato il**

cuore, seit dieser Nachricht ist ihm leichter ums Herz B itr sport (*nel calcio*) ~ **su qc** {SULL'ALA DESTRA} über etw (*acc*) spielen C rfl fig **1** (*ingrandirsi*): **allargarsi** {AZIENDA, NEGOZIO} sich vergrößern: **si sono allargati**, sie haben sich vergrößert **2** (*prendere confidenza*): **allargarsi** (*con qu*) sich (*dat*) aus|sprechen D itr pron (*ampliarsi*): **allargarsi** sich erweitern, sich aus|dehnen, {STRADA} sich ausbreitern: **dopo quest'ansa il fiume si allarga**, hinter dieser Biegung verbreitet sich der Fluss.

allarmànte agg (*preoccupante*) {NOTIZIA, SITUAZIONE} alarmierend, beunruhigend.

allarmàre A tr (*mettere in allarme*) ~ **qu** {FATTO} jdn alarmieren, jdn beunruhigen: **la notizia li allarmò**, die Nachricht beunruhigte sie B itr pron (*spaventarsi*): **allarmarsi per qc** sich wegen qc (*gen*) beunruhigen, wegen etw (*gen*) beunruhigt/besorgt sein: **allarmarsi per nulla**, sich wegen nichts/einer Nichtigkeit beunruhigen.

allarmàto, (-*a*) A part pass di allarmare B agg **1** (*preoccupato*) {AMICO, SGUARDO} alarmiert, beunruhigt **2** (*dotato di allarme*) {PORTA} mit Alarmanlage.

allàrme m **1** (*segnale*) Alarm m: ~ **aereo**, Fliegeralarm m; **dare l'~**, Alarm schlagen; **al primo ~**, beim ersten Alarm **2** (*dispositivo*) Alarmanlage f; (*nei treni*) Notbremse f **3** (*stato*) Alarm m: **cessato ~**, Entwarnung f; **procurato ~** dir, Auslösung f falschen Alarms; **stato di ~**, Alarmzustand m **4** fig (*ansia*) Angst f, Unruhe f, Besorgnis f: **essere in ~ per qu/qc**, sich um jdn/etw Sorgen machen; **mettersi in ~**, in Besorgnis geraten, Angst bekommen, unruhig werden • ~ **bomba**, Bombenalarm m; **falso ~** anche fig (*errata segnalazione di pericolo*), blinder/falscher Alarm, Fehlalarm m; ~ **inquinamento**, Umweltalarm m; ~ **ozono** ecol, Ozonoalarm m; ~ **valanghe**, Lawinenalarm m.

allarmìsmo m **1** (*stato di allarme*) Panik(stimmung) f **2** (*talvolta i giornali diffondono l'~ tra la gente*, gelegentlich verbreiten die Zeitungen Panikstimmung unter der Bevölkerung **2** (*tendenza ad allarmarsi*) Sorge f, Anspannung f: **vive in uno stato di continuo ~**, er/sie lebt in einem Zustand ständiger Sorge/Anspannung **3** (*tendenza ad allarmare*) Panikmache f spreg.

allarmìsta <-*i m, -e f*> mf (*chi difonde notizie allarmanti*) Panikmacher(in) m(f) spreg.

allarmìstico, (-*a*) <-*ci, -che*> agg {CAMPAGNA, VOCI} alarmierend, beunruhigend.

allattaménto m **1** {+BAMBINO} Stillen n: ~ **artificiale**, künstliche Ernährung f (des Säuglings); ~ **al seno**, Stillen n; {+CUCCIOLO} Säugen n **2** (*periodo*) {+BAMBINO} Stillzeit f; {+CUCCIOLO} Säugezeit f.

allattàre tr (*alimentare con il latte*) ~ **qu** {MAMMA NEONATO} jdn stillen: ~ **un bambino artificialmente/[al seno]**, ein Kind ⌞künstlich ernähren⌟/[stillen]; ~ **qc** {GATTA GATTINO} etw säugen.

àlle prep a con art le.

alleànza f **1** (*tra Stati*) Bündnis n, Allianz f spec stor: **difensiva**, Verteidigungsbündnis n; **concludere un patto di ~**, ein Bündnis schließen; **stringere/rompere un'~**, ein Bündnis schließen/brechen **2** (*tra enti, partiti, persone*) Übereinkunft f, Allianz f: ~ **parlamentare**, parlamentarische Allianz • **Alleanza Nazionale** polit, Nationale Allianz; **la Triplice Alleanza** stor, Dreibund m.

alleàre A tr (*unire*) ~ **qu/qc** {CAUSA PERSONE, NAZIONI} jdn/etw miteinander verbinden/vereinigen: **gli interessi comuni hanno alleato i due paesi**, die gemeinsamen Interessen haben die beiden Länder zu Verbünde-

ten gemacht; ~ **qu con qu** jdn mit jdm verbinden, jdn mit jdm vereinigen B rfl **1** (*unirsi con vincolo di alleanza*): **allearsi a/con qu/qc** {A PERSONE, A NAZIONI} sich mit jdm/etw verbünden, sich mit jdm/etw alliieren: **la Francia si alleò con l'Inghilterra**, Frankreich verbündete sich mit England **2** (*associarsi*): **allearsi a/con qu (in qc)** {PARTITO CON GLI ECOLOGISTI IN UNA COALIZIONE} sich mit jdm (*dat*) zusammenschließen **3** fig (*unirsi*): **allearsi con/contro qu** {AMICI, NEMICI} sich ⌞mit jdm⌟/[gegen jdn] verbünden, sich ⌞mit jdm⌟/[gegen jdn] zusammen|tun: **si è alleato con i miei peggiori nemici**, er hat sich mit meinen schlimmsten Feinden verbündet/zusammengetan; **si sono alleati tutti contro di me**, sie haben sich alle gegen mich verbündet.

alleàto, (-*a*) A agg (*unito da un patto di alleanza*) {PAESI} verbündet; stor alliiert, Alliierten- B m (f) **1** Verbündete mf decl come agg: **gli Alleati** stor, die Alliierten pl decl come agg **2** fig (*sostenitore*) {+PARTITO} Anhänger(in) m(f): **mia mamma sarà sicuramente una nostra alleata**, meine Mutter wird uns sicher unterstützen.

allegàre① <*allego, alleghi*> tr **1** (*accludere*) ~ **qc** (**a qc**) {CERTIFICATI, DOMANDE} (*etw dat*) etw bei|fügen, {PROVE, RICHIESTE} (*etw dat*) etw bei|legen; {PROVE, RICHIESTE} etw (*dat*) etw bei|fügen: ~ **del denaro a una lettera**, einem Brief Geld beilegen; **documenti da ~ agli atti del processo**, Schriftstücke, die den Prozessakten beizufügen sind; **alla domanda bisogna ~ i documenti**, der Bewerbung müssen die Unterlagen beigefügt werden **2** (*allappare*) ~ **qc** etw stumpf machen.

allegàre② <*allego, alleghi*> tr **1** (*addurre*) ~ **qc a qc** etw (*zu etw dat*) an|führen: ~ **prove a discarico e fatti a colpa**, Entlastungsbeweise und belastende Umstände anführen **2** (*invocare*) ~ **qc per qc** {PRETESTI, SCUSE} etw (*zu etw dat*) vor|bringen.

allegàto, (-*a*) A agg (*accluso*) beigefügt, beigelegt: **documenti allegati: tre**, Anlagen: drei; **ti prego di restituirmi la lettera allegata**, ich bitte dich, mir den beigelegten Brief wiederzugeben; **qui ~**, anbei, beiliegend, ⌞in der⌟/[als] Anlage B m **1** (*abbr all.*) Anlage f: **in ~**, anbei, beiliegend; ~ **numero quattro**, Anlage Nummer vier **2** inform angehängte Datei, Attachment m.

alleggeriménto m **1** {+PESO} Entlastung f **2** fig (*sollievo*) Erleichterung f **3** fisco Erleichterung f.

alleggerìre <*alleggerisco*> A tr **1** (*render leggero*) ~ **qc** {PACCO, PESO} etw leichter machen **2** fig (*rendere più sopportabile*) ~ **qc a/di qu** {PENA, SOFFERENZA} jdm etw erleichtern; {DOLORE} jdm lindern **3** fig scherz (*derubare*) ~ **qu di qc** jdm um etw (*acc*) erleichtern fam scherz, jdm um etw (*acc*) leichter machen fam scherz: **il borsaiolo l'ha alleggerito del portafoglio**, der Taschendieb hat ihn um seine Brieftasche erleichtert fam scherz **4** fig (*sgravare*) ~ **qu da qc** {CONTRIBUENTI DALLE TASSE, DALLE IMPOSTE} jdn von etw (*dat*) befreien **5** aero mar ~ **qc di qc** {DI DUE TONNELLATE} etw um etw (*acc*) erleichtern: ~ **la nave della zavorra**, das Schiff vom Ballast befreien B rfl: **alleggerirsi 1** (*indossare indumenti più leggeri*) sich leichter kleiden/an|ziehen: **in primavera non ci si deve ~ troppo**, im Frühling darf man sich nicht zu leicht anziehen **2** fig (*liberarsi*) ~ **di qc** {DI UN PESO, DI UNA PREOCCUPAZIONE} sich von etw (*dat*) befreien: **mi sono alleggerito di un fardello**, ich habe mich von einer Last befreit.

allèggio <-*gi*> m mar **1** (*sbarco del carico*) Leichtern n, Löschen n **2** (*galleggiante*)

Leichter m 3 (foro) {+IMBARCAZIONE} Pfropfloch n.

allegoría f arte ling Allegorie f, Sinnbild n.

allegoricaménte avv allegorisch, sinnbildlich.

allegòrico, (-a) <-ci, -che> agg arte ling {SIGNIFICATO} allegorisch, sinnbildlich.

allegraménte avv fröhlich, froh: **spassarsela ~**, sich gut amüsieren.

allegrétto <dim di allegro> m mus Allegretto n.

allegrézza f forb lett (letizia) Fröhlichkeit f, Freude f.

allegría f Lustigkeit f, Heiterkeit f, Fröhlichkeit f: **c'è tanta ~ qui!**, hier herrscht große Heiterkeit!, hier geht's lustig zu!; **il fuoco acceso mette ~**, das brennende Feuer ₍stimmt fröhlich₎/[macht Laune fam]; **questa notizia mi ha messo l'~ addosso**, diese Nachricht hat mich richtig gefreut; **passare una serata in ~ con gli amici**, mit Freunden einen fröhlichen Abend verbringen; **è uno spettacolo che fa ~**, die Veranstaltung macht Laune fam; **vivere in ~**, fröhlich und ausgelassen leben.

allégro, (-a) A agg 1 (gaio) {CASA, MUSICA, STANZA} fröhlich; {CARATTERE, MUSICA, TEMPERAMENTO, UMORE} anche heiter; {COMPAGNIA, SERATA} lustig; {GENTE, PERSONA} anche vergnügt: **essere ~**, fröhlich sein; **avere una faccia allegra**, fröhlich/vergnügt aussehen 2 (vivace) {COLORE} lebhaft, fröhlich 3 fam (brillo) beschwipst fam, angeheitert: **essere un po' ~**, etwas beschwipst sein fam 4 fam (brioso) {GUIDA} schwungvoll B m mus Allegro n • **c'è poco da stare allegri!** (rif. a situazione grave), da gibt es nichts zu spaßen!, das ist überhaupt nicht lustig!; **gente allegra il ciel l'aiuta** prov, dem Fröhlichen hilft Gott prov.

allegróne, (-a) m (f) (buontempone) Spaßvogel m.

allelùia A <-> m relig Halleluja n B inter impr: ~!, halleluja! scherz; **na endlich!**; **~, era ora che arrivassi!**, halleluja scherz/[na endlich], es war höchste Zeit, dass du kommst!

allenaménto m 1 (esercizio) Übung f, Training n: **essere fuori ~**, aus der Übung sein; **gli manca l'~**, ihm fehlt die Übung; **tenere in ~ la memoria**, das Gedächtnis üben/trainieren; **tenersi in ~**, in Übung bleiben; **bere per tenersi in ~ scherz**, trinken, um nicht aus der Übung zu kommen scherz 2 sport {+ATLETA} Training n: **partita di ~**, Trainingsspiel n.

allenàre A tr 1 (addestrare) ~ **qu/qc** {ATLETA, CAVALLO DA CORSA, SQUADRA} jdn/etw trainieren 2 (abituare) ~ **qu a qc** {RAGAZZI ALLA FATICA} jdn an etw (acc) gewöhnen: ~ **i giovani allo studio**, die jungen Leute an das Lernen gewöhnen 3 (esercitare) ~ **qc** {MEMORIA} etw trainieren B rfl 1 (esercitarsi): **allenarsi (per qc)** sich auf etw (acc) vorbereiten, (für etw acc) trainieren: **si è allenato con cura per questa competizione**, er hat sich sorgfältig auf diesen Wettkampf vorbereitet₎/[für diesen Wettkampf trainiert] 2 (prepararsi): **allenarsi a qc** {AL CALCOLO} etw üben; {ALLO STUDIO} sich an etw (acc) gewöhnen.

allenàto, (-a) A part pass di allenare B agg sport (preparato) durchtrainiert: **una squadra ben allenata**, eine gut durchtrainierte Mannschaft.

allenatóre, (-trice) m (f) (tecnico) {+SQUADRA DI CALCIO, CAVALLI DA CORSA} Trainer(in) m(f) 2 (pugile) Sparringspartner(in) m(f) 3 (motociclista) Schrittmacher(in) m(f).

allentaménto m 1 (distensione) {+ARCO, CORDA} Lockern n, Nachlassen n 2 mecc {+FRENI} Nachlassen n.

allentàre A tr 1 (rendere lento) ~ **qc** {CINTURA, NODO, VITE} etw lockern 2 (rendere meno rigido) ~ **qc** {DISCIPLINA, SORVEGLIANZA} etw lockern 3 (calmare) ~ **qc** {IRA} etw mildern, etw besänftigen; {TENSIONE} etw lockern, etw verringern 4 (rallentare) ~ **qc** {PASSO, RITMO} etw verlangsamen 5 fam (appioppare) ~ **qc a qu** {CEFFONE, SBERLA, SCHIAFFO} jdm etw verpassen fam B itr pron: **allentarsi 1** (divenire lento) {CORDA} locker werden, sich lockern: **il nodo si è allentato**, der Knoten hat sich gelockert 2 fig (diminuire d'intensità) nach₎lassen: **i legami di amicizia che si allentano**, nachlassende freundschaftliche Bindungen • ~ **il freno/le redini** fig (lasciare più libertà), die Zügel lockern.

allergènico, (-a) <-ci, -che> agg biol allergenisch.

allergía f 1 med ~ (**a qc**) {AGLI ANTIBIOTICI} Allergie f (gegen etw acc): ~ **alimentare**, Lebensmittelallergie f; ~ **da contatto**, Berührungs-, Kontaktallergie f 2 fig scherz (avversione) ~ **a qc** {ALLA FATICA, ALLO STUDIO} Widerwille m gegen etw (acc), Allergie f gegen etw (acc).

allèrgico, (-a) <-ci, -che> agg med ~ (**a qc**) {BAMBINO AL LATTE, FENOMENO, REAZIONE ALLA POLVERE, AL SOLE} (gegen etw acc) allergisch: **è ~ al polline**, er ₍ist gegen Pollen allergisch₎/[hat Heuschnupfen].

allergizzànte agg {FATTORE} Allergie-.

allergología f med Allergologie f scient.

allergòlogo, (-a) <-gi, -ghe> m (f) med Facharzt m (Fachärztin f) für Allergologie, Allergologe m, (Allergologin f).

allèrta, all'èrta A f (allarme) Alarm m: **dare/suonare l'~**, Alarm schlagen B avv: **stare ~** fig (vigilare), auf der Hut sein, Acht geben.

allertàre tr ~ **qu** {CARABINIERI, TRUPPE} jdn in Alarmzustand versetzen.

allestiménto m 1 (approntamento) {+FLOTTA, SPEDIZIONE} Ausrüstung f, Ausstattung f; {+CENA} Zubereitung f; {+VETRINA} Gestaltung f: **curare l'~ della mostra**, sich um die Ausstattung der Ausstellung kümmern 2 aero mar Ausrüstung f, Dekorierung f 3 film Szenerie f 4 teat {+COMMEDIA} Inszenierung f • **in ~** (in preparazione), in Vorbereitung.

allestíre <allestisco> tr ~ **qc 1** (preparare) {PRANZO} etw zu₎bereiten; {FESTA} etw organisieren; {VETRINA} etw dekorieren, etw gestalten; {MOSTRA} etw aus₎statten; {STAND} etw auf₎bauen; teat {COMMEDIA, SPETTACOLO} etw inszenieren 2 mar mil (armare) {ESERCITO, NAVE} etw aus₎rüsten.

allettaménto① m forb {+PASSIONI, SENSI} Verlockung f, Verführung f.

allettaménto② m {+FRUMENTO} Umlegen n, Niederdrücken n.

allettànte agg (invitante) {PROPOSTA} verlockend, einladend: **quell'albergo ha un aspetto poco ~**, dieses Hotel sieht nicht sehr einladend aus.

allettàre① tr 1 (attirare) ~ **qu (con qc)** {PROPOSTA} jdn (mit etw dat) (an)₎locken: **confesso che l'idea mi alletta**, ich gestehe, dass mich die Idee reizt; **lo hanno allettato con la speranza di un grosso guadagno**, sie haben ihn mit der Hoffnung auf einen großen Gewinn gelockt; ~ **qc (qu) a qc** {ALLE NOZZE, ALLO STUDIO} jdn zu etw (dat) locken 2 (indurre) ~ **qu a qc** {ALLE NOZZE, ALLO STUDIO} jdn zu etw (dat) bewegen.

allettàre② A tr 1 (costringere a letto) ~ **qu** {MALATTIA, PARALISI} jdn ans Bett fesseln 2 (piegare) ~ **qc** {GRANDINE, PIOGGIA, VENTO ERBA, GRANO, MESSI} etw um₎legen, etw nieder₎drücken, etw um₎knicken B itr pron (piegarsi): **allettarsi per/[a causa di] qc** {ERBA, GRANO, MESSI ₍PER LA₎/[A CAUSA DELLA] PIOGGIA, ₍PER IL₎/[A CAUSA DEL] PESO} wegen etw (gen)/durch etw (acc) umgelegt/niedergedrückt/umgeknickt sein C rfl (mettersi a letto): **allettarsi** sich ins Bett legen: **si è allettato per l'influenza**, er hat sich wegen einer Grippe ins Bett gelegt, er liegt mit einer Grippe ₍im Bett₎/[da(r)nieder forb].

allevaménto m 1 {+CAVALLI, TROTE, VISONI} Zucht f; {+POLLI} anche Haltung f: ~ **in batteria**, Batterie-, Käfighaltung f; {+BACO DA SETA, PIANTE} Zucht f, Züchtung f 2 (luogo) {+ANIMALI} Zucht f; {+PIANTE} Gärtnerei f; {+POLLI} Farm f; {+CAVALLI} Gestüt n: **ho visto un ~ di visoni**, ich habe eine Nerzzucht gesehen 3 {+BAMBINI} Aufziehen n, Großziehen n.

allevàre tr 1 (crescere) ~ **qu** {BAMBINO} jdn auf₎ziehen, jdn groß₎ziehen: **è stato allevato dalla nonna**, er wurde von der Großmutter aufgezogen; ~ **qc** {CUCCIOLO} etw groß₎ziehen: **la gatta alleva con amore i suoi piccoli**, die Katze zieht ihre Kleinen liebevoll groß 2 (allattare) ~ **qu** {BAMBINO} jdn nähren, jdn stillen 3 (educare) ~ **qu (con qc)** jdn (mit etw dat) erziehen: ~ **i figli con sani principi**, die Kinder nach gesunden Grundsätzen erziehen; ~ **un figlio bene/male**, einen Sohn gut/schlecht erziehen 4 (di animali a scopo di sfruttamento) ~ **qc** {BACHI DA SETA, BESTIAME, CAVALLI, OSTRICHE} etw züchten 5 (coltivare) ~ **qc** {PIANTE} etw ziehen.

allevatóre, (-trice) m (f) {+BESTIAME} Züchter(in) m(f).

alleviàre <allevio, allevii> tr (rendere più lieve) ~ **qc** {FATICA, PESO} etw erleichtern; {PENA} etw mildern; {SOFFERENZA} anche etw lindern: ~ **il dolore di un ferito grave**, den Schmerz eines Schwerverletzten lindern.

allibíre <allibisco> itr <essere> (restare sbalordito) erstarren, bestürzt/sprachlos sein: **a quelle parole allibì**, bei diesen Worten erstarrte er/sie • **son cose da far ~**, bei solchen Dingen ist man sprachlos.

allibíto, (-a) agg betroffen, sprachlos, baff fam: **sentendo le loro parole rimasi ~**, als ich ihre Worte hörte, war ich sprachlos; **rimanere ~**, betroffen/baff fam sein.

allibraménto m dir (Ver)buchung f, Eintragung f.

allibràre tr (registrare) ~ **qc** {DEBITO, SCOMMESSA} etw (ver)buchen, etw registrieren.

allibratóre m (nell'equitazione) Buchmacher m.

allietàre A tr (rendere lieto) ~ **qu/qc (con qc)** {FAMIGLIA CON MOLTE VISITE} jdn/etw mit etw dat/durch etw acc erfreuen, jdm/etw (mit etw dat/durch etw acc) Freude machen: **un bimbo è venuto ad ~ la nostra casa**, ein Kind hat unser Haus mit Freude erfüllt B itr pron (farsi lieto): **allietarsi per qc** {PER GLI EVENTI} sich über etw (acc) freuen.

allièvo, (-a) m (f) 1 {+ARTISTA, LICEO} Schüler(in) m(f); {+ARTIGIANO} Auszubildende mf decl come agg, Azubi mf fam, Lehrling mf fam 2 mil Anwärter m 3 sport Neuling m, Schüler(in) m(f): **una squadra (di) allievi**, eine Jugendmannschaft.

alligatóre m zoo Alligator m.

allignàre itr <avere o rar essere> 1 (attecchire) {PIANTA} gedeihen: **a questa altezza il castagno non alligna**, in dieser Höhe ₍gedeihen Kastanien nicht₎/[wachsen keine Kastanien] 2 (essere presente) ~ **in qu/qc** {LIBERTÀ, SENTIMENTO, VIRTÙ NEI POPOLI, NELL'ANIMO} in jdm/etw verwurzelt sein.

all inclusive <inv> loc agg ingl {VIAGGIO} All Inclusive-.

allineaménto m **1** (disposizione in linea) Aufreihen n: **l'~ di più oggetti**, das Aufreihen mehrerer Gegenstände **2** astr Flucht f **3** econ {+PREZZI, SALARI} Angleichung f **4** mar (Flotten)verband m **5** polit Anpassung f **6** tip Justieren n, Justierung f ● **~ monetario** econ, Währungsangleichung f.

allineàre **A** tr **1** (disporre sulla stessa linea) ~ **qu** jdn in einer Reihe auf|stellen/an|treten lassen, jdn auf|reihen lassen; ~ **qc** etw auf|reihen, etw in einer Reihe auf|stellen **2** econ (adeguare) ~ **qc** {PREZZI} etw an|gleichen **3** mil (schierare) ~ **qu** {TRUPPE} jdn auf|stellen **4** tip ~ **qc** {CARATTERI, TITOLI} etw justieren **B** rfl **1** (disporsi sulla stessa linea): **allinearsi** (+ **compl di luogo**) {ATLETI, SCOLARI} sich (irgendwo) ₁in einer Reihe₁/[Reih und Glied] auf|stellen: **allineatevi!**, ausrichten! **2** fig polit (conformarsi): **allinearsi a/con qu, a/con/su qc** {PARTECIPANTI A/CON/SU IDEE, A/CON/SU PRINCIPI} sich jdm/etw/[an jdn/etw] an|passen, sich jdm/etw/[an jdn/etw] an|gleichen: **allinearsi sulla posizione ufficiale di un partito**, sich der offiziellen Parteilinie anpassen.

allitterazióne f ling Alliteration f.

àllo prep a con art lo.

allocàre <alloco, allochi> tr econ (ripartire) ~ **qc (fra qc)** {FONDI, RISORSE} etw an|legen; {BENI FRA PIÙ ENTI} anche etw unter etw (dat) verteilen.

allocazióne f **1** polit (ripartizione) {+RISORSE} Verteilung f; {+MATERIE PRIME} Aufteilung f **2** inform Speicherverteilung f: ~ **dinamica/diretta**, dynamische/direkte Speicherverteilung **3** (nell'equitazione) Preisverteilung f.

allòcco, (-a) <-chi, -che> **A** m ornit Waldkauz m **B** m (f) fig (stupido) Tölpel m spreg, Dummkopf m spreg: **fare la figura di un ~**, als Dummkopf spreg/ein Idiot fam spreg da|stehen; **rimanere/[stare lì] come un ~**, wie der Ochse vorm ₁neuen Tor₁/[Scheunentor]/[Berg] dastehen fam.

allocutivo, (-a) agg gramm {FORMULA, PRONOME} Anrede-.

allocutòrio, (-a) <-ri> agg gramm {FORMULA, PRONOME} Anrede-.

allocuzióne f **1** (discorso solenne) (feierliche) Ansprache f **2** relig Allokution f.

allòdola f ornit Lerche f.

allogàre <allogo, alloghi> **A** tr ~ **qc 1** (porre in luogo adatto) etw unter|bringen: ~ **i libri negli scaffali**, die Bücher in die Regale stellen; ~ **i mobili in una stanza**, die Möbel in ein Zimmer stellen **2** (ospitare) ~ **qu** (+ **compl di luogo**) jdn (irgendwo) unter|bringen: **lo allogarono a casa di un amico**, sie brachten ihn im Haus eines Freundes unter **3** (impiegare) ~ **qu** jdn unter|bringen: **allogarono il fratello maggiore come meccanico in un'officina e l'altro presso un avvocato**, sie brachten den älteren Bruder als Mechaniker in einer Werkstatt und den anderen bei einem Rechtsanwalt unter **4** (accasare) ~ **qu** jdn verheiraten **5** (dare in affitto) ~ **qc** {ALLOGGIO, PODERE} etw vermieten **6** (investire) ~ **qc** {CAPITALE, DENARO} etw an|legen **B** rfl **1** (sistemarsi in un luogo): **allogarsi + compl di luogo** {IN UN ALBERGO, IN UNA CASA} irgendwo unter|kommen, irgendwo Unterkunft finden: **allogarsi in città**, in der Stadt unterkommen **2** (trovare lavoro): **allogarsi** eine Stelle/einen Posten an|nehmen: **allogarsi come autista presso qu**, eine Stelle als Chauffeur bei jdm annehmen.

allògeno, (-a) etnol **A** agg (CITTADINO, MINO-RANZA) fremdstämmig **B** m (f) Fremde mf decl come agg.

alloggiaménto m **1** (l'alloggiare) Unterbringung f, Beherbergung f; mil {+TRUPPE} Einquartierung f **2** (luogo) Unterkunft f; <di solito al pl> mil {+TRUPPE} Quartier n **3** tecnol Sitz m; {+OROLOGIO} Gehäuse n.

alloggiàre <alloggio, alloggi> **A** tr <avere> **1** (dare ospitalità) ~ **qu** {PARENTE} jdn beherbergen, jdn irgendwo unter|bringen: ~ **provvisoriamente un amico**, einen Freund ₁vorübergehend beherbergen₁/[bei sich (dat) unterbringen/wohnen lassen/aufnehmen] **2** mil (accantonare) ~ **qu** {ESERCITO, TRUPPE} jdn ein|quartieren **3** tecnol (collocare) ~ **qc in qc** {PEZZO} etw in etw (acc) ein|setzen **B** itr <essere> ~ + **compl di luogo 1** (abitare) irgendwo wohnen, irgendwo untergebracht sein: **sono alloggiato provvisoriamente presso mia sorella**, ich wohne vorübergehend bei meiner Schwester; {IN ALBERGO} irgendwo wohnen; {SINISTRATI, TRUPPE PRESSO PARENTI, IN RICOVERI DI FORTUNA} irgendwo einquartiert sein **2** fig (albergare) irgendwo wohnen: **nel suo cuore alloggiano buoni sentimenti**, sein/ihr Herz ist voller edler Gefühle.

allòggio <-gi> m **1** (dimora) Unterkunft f: **prendere ~ presso un albergo del centro**, in einem Hotel im Zentrum wohnen; **cercare/trovare ~**, eine Unterkunft suchen/finden; **dare ~ a qu**, jdm Obdach gewähren; **prendere ~ presso qu**, bei jdm unterkommen **2** (appartamento) Wohnung f: **alloggi popolari**, Sozialwohnungen f pl **3** <solo pl> mar Kajüte f.

allògrafo m **1** ling Allograph n **2** dir von fremder Hand (geschrieben).

allontanaménto m **1** (distacco) Entfernung f: ~ **dai propri cari**, Trennung f von seinen Lieben **2** (espulsione) {+SCOLARO} Ausschließung f, Entfernung f **3** (licenziamento) {+IMPIEGATO} Entlassung f, Entfernung f **4** (rimozione) {+PERICOLO} Abwendung f, Beseitigung f **5** fig (straniamento) Entfremdung f: **tra i due coniugi ci fu un progressivo ~**, das Ehepaar wurde einander immer fremder.

allontanàre **A** tr **1** (collocare lontano) ~ **qc** etw entfernen **2** (mandar via) ~ **qu da qu/qc** {LA FOLLA DAL LUOGO DELL'INCIDENTE} jdn ₁von jdm/etw₁/[aus etw (dat)] entfernen; {DAL POSTO DI LAVORO} jdn entlassen: **l'ho allontanato da me**, ich habe ihn mir vom Hals(e) fam geschafft **3** (separare) ~ **qu** {PERSONE} jdn trennen, jdn auseinander bringen: **la vita lo ha allontanati**, das Leben hat sie getrennt; ~ **qu da qu/qc** jdn von jdm/etw trennen **4** fig (rimuovere) ~ **qc** {SOSPETTO} {+PERICOLO} anche etw bannen **B** itr pron rfl **1** (andare lontano): **allontanarsi (da qu/qc)** {DAI GENITORI, DALLA RIVA} sich von jdm/etw entfernen **2** (assentarsi): **allontanarsi da qu/qc** {DALL'UFFICIO} sich aus etw (dat) (weg)gehen **3** fig (discostarsi): **allontanarsi da qu/qc** {DALL'AMICO} sich von jdm/etw ab|wenden; {DALLA FEDE} anche von etw (dat) ab|kommen ● **ha un modo di fare che allontana** fig (che crea distacco), er/sie hat eine abstoßende Art.

allopatìa f med Allopathie f scient.

allóra avv **1** (in quel momento passato) da, damals: **fu ~ che lo conobbi**, damals lernte ich ihn kennen **2** (in quel momento futuro): **quando avrai la mia età ~ capirai**, wenn du (erst einmal) so alt bist wie ich, dann wirst du es verstehen **B** cong **1** (in questo caso) (al)so, dann: **se vuoi venire, ~ preparati**, wenn du mitkommen willst, (dann) mach dich fertig **2** (dunque) nun, also: e ~, **che si fa?**, und was machen wir nun?, und was passiert jetzt?; **se non vuoi andare in montagna dicci ~ cosa vuoi fare!**, wenn du nicht ins Gebirge willst, was willst du dann machen?; ~ **siamo pari**, dann sind wir also quitt; ~, **non c'è speranza?**, besteht also keine Hoffnung?, es ist also hoffnungslos? **C** agg damalig **l' ~ presidente**, der damalige Präsident ● **da ~ in poi**, von da an; **mezzi di trasporto di ~** (di quel tempo), die damaligen Verkehrsmittel, die Verkehrsmittel von früher; **fino ~**, bis dahin.

allorché cong lett ~ ... ind als ... ind: **mi vide, mi si fece subito incontro**, als er/sie mich sah, kam er/sie mir sofort entgegen.

allòro m bot fig Lorbeer m ● **cogliere allori**₁/[conquistare l'~] fig (vincere), Lorbeeren ernten; **dormire/riposare sugli allori** fig (rimanere inattivo), sich auf seinen Lorbeeren ausruhen fam.

allorquàndo cong lett ~ ... ind als... ind: **stavo per uscire ~ lo vidi arrivare**, ich war gerade am Weggehen, als ich ihn kommen sah.

allotropìa f chim ling Allotropie f.

allòtropo m **1** chim Allotrop m **2** ling Allosem n.

àlluce m großer Zeh, große Zehe.

allucinànte **A** agg fig (impressionante) {ESPERIENZA, IMMAGINE, PENSIERO, SITUAZIONE} fürchterlich, schrecklich **B** inter impr: ~!, Wahnsinn!

allucinàto, (-a) **A** agg **1** (che soffre di allucinazioni) halluzinierend **2** fig fam (esaltato) {ARIA} sinnesverwirrt, geistesgestört **B** m (f) **1** (chi soffre di allucinazioni) Halluzinierende mf decl come agg: **le visioni di un ~**, die Visionen eines Sinnesverwirrten/[halluzinierenden Geisteskranken] **2** fig fam (esaltato) Schwärmer(in) m(f).

allucinazióne f **1** (visione) Halluzination f: **credevo già di aver avuto le allucinazioni**, ich glaubte schon, Gespenster zu sehen **2** med Halluzination f: **soffrire di allucinazioni**, an Halluzinationen leiden.

allucinògeno, (-a) **A** agg {SOSTANZA} halluzinogen **B** m Halluzinogen n.

allùdere <irr alludo, allusi, alluso> itr (accennare) ~ **a qu/qc** auf jdn/etw an|spielen: **a cosa vuoi ~?**, worauf spielst du an?

allùme m chim min Alaun m: ~ **di rocca**, Steinalaun m.

allumìnio m chim Aluminium n.

allunàggio <-gi> m astr Mondlandung f.

allunàre① itr <essere> astr (approdare) {ASTRONAUTA, NAVICELLA} auf dem Mond landen.

allunàre② tr ~ **qc** etw halbmondförmig aus|schneiden.

allùnga f **1** (tubo di vetro) Verlängerungsstück n **2** banca Allonge f.

allungaménto m **1** {+CORDA, PERCORSO, VESTITO} Verlängern n **2** (prolungamento) {+GIORNATE, VITA} Verlängerung f **3** (diluimento) {+CAFFÈ, LATTE, VINO} Verdünnen n; {+BRODO} anche Verlängern n **4** banca {+CAMBIALE} Verlängerung f **5** ling tecnol {+VOCALE} Dehnung f.

allungàre <allungo, allunghi> **A** tr **1** (accrescere di lunghezza) ~ **qc (di qc)** {CORDA} etw (um etw acc) verlängern, etw (um etw acc) länger machen: ~ **un vestito di qualche centimetro**, ein Kleid um einige Zentimeter länger machen; {TAVOLO} etw aus|ziehen; {PERCORSO} etw verlängern: **così si allunga la strada**, auf diese Weise macht man einen Umweg; mar {CAVO} etw aus|legen **2** (prolungare) ~ **qc** etw verlängern: **la vita del malato**, das Leben des Kranken verlängern; {DI-

allungo {SCORSO, FERIE, VIAGGIO} *etw* verlängern, *etw* aus|dehnen **3** (*distendere*) ~ *qc* {BRACCIO, GAMBE} *etw* (aus|)strecken; {COLLO} *etw* recken **4** (*protendere*) ~ *qc* {MANO} *etw* aus|strecken: **gli allungò la mano per farlo alzare**, er reichte ihm die Hand, um ihm beim Aufstehen zu helfen **5** (*diluire*) ~ *qc* (*con qc*) {VERNICE, VINO} *etw* (*mit etw dat*) verdünnen: ~ **lo smalto col solvente**, den Lack (mit einem Lösungsmittel) verdünnen; *gastr* {BRODO, SALSA} *etw* (*mit etw dat*) verlängern, *etw* (*mit etw dat*) strecken **6** *fam* (*dare*) ~ *qc a qu* {LIBRO, PIATTO} *jdm etw* reichen; {MANCIA} *jdm etw* geben; {CALCIO, CEFFONE, MANROVESCIO} *jdm etw* verpassen *fam* **7** *sport* ~ *qc* {PALLA} *etw* vor|legen **B** *itr sport* (*effettuare un allungo*) einen Spurt ein|legen **C** *itr pron*: **allungarsi 1** (*accrescersi in lunghezza*) länger werden: **l'ombra del monte si allunga sulla pianura**, der Berg wirft immer längere Schatten auf die Ebene **2** (*accrescersi in durata*) {GIORNO} länger werden: **d'inverno le notti si allungano**, im Winter werden die Nächte länger **3** (*crescere*) {RAGAZZO} groß werden **D** *rfl* (*distendersi*): **allungarsi + compl di luogo** {SUL LETTO, SULLA SABBIA, SU UNA SEDIA} sich *irgendwo* aus|strecken.

allùngo <-ghi> *m* **1** *banca* (*foglio di allungamento*) Allonge f **2** *sport* (*nella scherma*) Ausfall m; (*nel calcio*) Vorlage f; (*nel ciclismo*) Spurt m; (*nel pugilato*) Gerade f.

allupàto, (-a) *agg* **1** *affamato*) ausgehungert **2** *region* (*arrapato*) (sexuell) erregt, spitz *fam*, geil *spreg*, scharf *fam*.

allure <-> *f franc* **1** (*portamento*) elegantes Benehmen **2** *sport* (+CAVALLO) Gangart f; {+PODISTA} Laufstil m; {+CICLISTA} Fahrweise f.

allùsi 1ª *pers sing del pass rem di* alludere.

allusióne *f* (*accenno*) Anspielung f, Andeutung f: **una chiara ~**, eine deutliche Anspielung; **fare ~ a qu/qc**, auf jdn/etw anspielen; **si è limitato a fare vaghe allusioni**, er machte nur vage Andeutungen.

allusìvo, (-a) *agg* (*che allude*) {IMMAGINE} anspielend.

allùso *part pass di* alludere.

alluvionàle *agg geol* alluvial, angeschwemmt.

alluvionàto, (-a) **A** *agg* {ZONA} überschwemmt **B** *m* (f) Hochwassergeschädigte(r) *f/m decl come agg*.

alluvióne *f* **1** (*inondazione*) Überschwemmung f **2** *fig spreg* (*grossa quantità*) {+FILM, ROMANZI} Flut f: ~ **di parole**, Wortschwall m *spreg*.

almanaccàre <*almanacco, almanacchi*> **A** *tr* (*congetturare*) ~ *qc* {ESPEDIENTE, PROGETTO} (*über etw acc*) (nach|)grübeln, (*über etw acc*) nach|denken **B** *itr* grübeln, nach|denken: ~ **intorno al futuro**, über die Zukunft nachdenken; **per quanto almanaccassi, non riuscivo a risolvere il problema**, soviel ich auch grübelte, es gelang mir nicht, das Problem zu lösen.

almanàcco <-*chi*> *m* (*calendario*) Almanach m.

alméno *avv* **1** (*come minimo*) wenigstens, mindestens, zumindest: **avresti potuto ~ scrivermi**, du hättest mir wenigstens schreiben können; **costerà ~ 30 000 euro**, das wird mindestens 30 000 Euro kosten **2** (*con valore limitativo*) wenigstens, zumindest: **è un architetto, ~ credo**, er/sie ist Architekt(in), das glaube ich jedenfalls; **l'incidente provocò danni alle cose, ma ~ non ci furono feriti**, der Unfall verursachte Sachschäden, aber zumindest gab es keine Verletzten **3** (*con valore ottativo*) ~ .... *congv* wenn nur.... *congv*, wenigstens.... *congv*: **se ~ partisse con noi!**, wenn er/sie wenigstens mit uns fahren würde!; ~ **non piovesse!**, wenn es nur nicht regnen würde!

àlmo, (-a) *agg* **1** *poet* {SOLE, TERRA} lebenspendend **2** (*glorioso, nobile*) {MONUMENTO} ehrwürdig.

àloe <-> *f o m bot* Aloe f.

alògena *f* (*lampadina*) Halogenlampe f.

alògeno, (-a) **A** *agg* {FARO, LAMPADA} Halogen- **B** *m* Halogen n.

alóne *m* **1** (*macchia sfumata*) Rand m: **la macchia di caffè è andata via, ma è rimasto l'~**, der Kaffeefleck ist weggegangen, aber es ist ein Rand geblieben **2** {+LUNA, SOLE} Aureole f, Hof m; {+LAMPADA} Lichtschein m; *fot* Lichthof m **3** *fig* (*aureola*) {+GLORIA, SANTITÀ} Nimbus m *forb*.

alopecìa *f med* Haarausfall m, Alopezie f *scient*: ~ **areata**, Flächenhaarausfall m.

àlpaca <-> *m* **1** *tess* (*lana*) Alpaka n; (*tessuto*) Alpaka m **2** *zoo* Alpaka n.

alpàcca <-*che*> *f metall* Neusilber n.

àlpaga → alpaca.

alpax® <-> *m metall* Alpax m.

àlpe *f* **1** (*pascolo*) Alm f, Hochweide f **2** *lett* (*alta montagna*) Gebirge n.

alpéggio <-*gi*> *m* Alm f.

alpèstre *agg* (*delle Alpi*) {PAESAGGIO, VEGETAZIONE, ZONA} alpin, Alpen-; (*di montagna*) Gebirgs-.

Alphorn <-, *Alphörner pl ted*> *m ted mus* (*corno*) Alphorn n.

Àlpi *f pl geog* Alpen pl.

alpigiàno, (-a) **A** *agg* **1** (*delle Alpi*) {USI} Berg-, Alpen- **2** (*rustico*) {BURRO, PANE} Land- **B** *m* (f) Bergbewohner(in) m(f).

alpinìsmo *m* Bergsteigen n, Alpinismus m.

alpinìsta <-*i m, -e f*> *mf* Bergsteiger(in) m(f), Alpinist(in) m(f).

alpinìstico, (-a) <-*ci, -che*> *agg* {ATTREZZATURA, SPORT} alpinistisch.

alpìno, (-a) **A** *agg* **1** (*delle Alpi*) {CATENA, GHIACCIAI} alpin, Alpen- **2** (*dell'alta montagna*) {CANTI} alpin, Hochgebirgs- **B** *m* Alpenjäger m, ≈ Gebirgsjäger m.

alquànto, (-a) **A** *agg indef* (*parecchio*) einige(r, s), einiges: **aveva bevuto alquanta acqua**, er/sie hatte etwas Wasser getrunken; **c'erano alquanti partecipanti**, es waren einige Teilnehmer da; **dopo ~ tempo**, nach einiger Zeit **B** *pron indef* <*pl*> *rar* (*molti*) einige, etliche, mehrere: **ne ho comprate alquante**, ich habe einige/etliche davon gekauft; **ne ho visti alquanti**, ich habe mehrere davon gesehen **C** *avv* (*abbastanza*) ziemlich, beträchtlich: **è ~ migliorato**, er hat sich beträchtlich verbessert; **si è ~ discusso sul nuovo progetto**, es wurde ziemlich viel über das neue Projekt diskutiert; **è una cosa ~ seccante**, das ist eine ziemlich lästige Angelegenheit; **sono ~ stanco**, ich bin ziemlich müde.

ALS *biol abbr dell'ingl* Antilymphocytic Serum (*siero antilinfocitario*) ALS n; (*abbr di* Antilymphozytenserum).

Alsàzia *f geog* Elsass n: ~-**Lorena**, Elsass-Lothringen n; **vado in ~**, ich fahre ins Elsass.

alt A *inter anche mil* halt!: **plotone alt!**, Abteilung halt! **B** <-> *m* Halt m, Anhalten n, Unterbrechung f: **dare/ordinare l'alt**, (an)halten/unterbrechen lassen.

alt. *abbr di* altezza, altitudine: h. (*abbr di* Höhe).

Alt. 1 *geog abbr di* Altopiano: Hochebene f, Hochplateau n **2** *inform abbr dell'ingl* Alternate: alt. (*abbr di* alternativ, alternierend) (Alternate, Wechsel.

àlta fedeltà A <*inv*> *loc agg* {RIPRODUZIONE} Hi-Fi- **B** <-> *loc sost f* Hi-Fi f, High Fidelity f: **impianto ad alta fedeltà**, Hi-Fi-Anlage H.

altaléna *f* **1** Schaukel f; (*a bilico*) *anche* Wippe f; **andare in ~**, schaukeln **2** *fig* (*alternarsi di alti e bassi*) Auf und Ab n, Hin und Her n, Schwanken n: **la vita è un'~**, das Leben ist ein Auf und Ab • **fare l'~ sulla sedia** (*dondolarsi*), mit dem Stuhl schaukeln; **fare l'~** *fig* (*oscillare*), schwanken, unentschlossen sein

altalenànte *agg fig* (*oscillante*) {RENDIMENTO} schwankend.

altaménte *avv* (*assai*) äußerst, ausgesprochen, sehr: **un gesto ~ significativo**, eine äußerst vielsagende Geste; **infischiarsene ~**, auf etw (acc) völlig pfeifen *fam*, sich (dat) einen Dreck aus etw (dat) machen; **un popolo ~ civilizzato**, ein hochzivilisiertes Volk.

altàna *f* (*costruzione*) Altan m.

altàre *m* {+CATTEDRALE, CHIESA} Altar m: ~ **maggiore**, Hochaltar m • **accostarsi all'~** *fig* (*fare la comunione*), die Kommunion empfangen; **andare all'~** *fig* (*sposarsi*), heiraten, jdm das Jawort geben; **condurre qu all'~** (*sposare*), jdn zum Altar führen *forb*; **levare/mettere/porre su sugli altari** *fig* (*santificare*), jdn heilig|sprechen; *fig* (*considerare molto*), jdn in den Himmel heben *fam*; ~ **della patria** (*tomba del Milite Ignoto a Roma*), Grab n des Unbekannten Soldaten; **sacrificare qu/qc sull'~ di qc** *fig* (*rinunciarvi*), jdn/etw auf dem Altar etw (gen) opfern *forb*.

altarìno *m* **1** (*in casa*) (Haus)altar m **2** {+CHIESA} (Neben)altar m • **scoprire gli altarini** *fig scherz* (*scoprire piccoli segreti*), aus dem Nähkästchen *fam scherz*/der Schule plaudern.

alteràbile *agg* **1** {CIBO} verderblich; {COLORE} nicht echt **2** *fig* (*irritabile*) reizbar.

alteràre A *tr* **1** (*modificare*) ~ *qc etw* verändern: **la luce artificiale altera i colori**, das künstliche Licht verändert die Farben; {CALDO CIBO} *etw* verderben; {NOTA, SUONI, VOCI} *etw* ändern; {VINO CERVELLO, MENTE} *etw* beeinträchtigen **2** (*falsificare*) ~ *qc* {LIBRI CONTABILI, REGISTRI} *etw* fälschen; {VERITÀ} *etw* verdrehen, *etw* entstellen, *etw* verfälschen **3** (*mutare*) ~ *qc* {DOLORE, ODIO LINEAMENTI, VISO} *etw* verzerren, *etw* entstellen **4** *fig* (*irritare*) ~ *qu* {RUMORE} *jdn* auf|regen, *jdn* erregen: **basta un nonnulla per alterarlo**, er regt sich über jede Kleinigkeit auf **B** *itr pron* **1** (*modificarsi*): **alterarsi (con qc)** {COLORE, TESSUTO COL CALORE, CON LA LUCE} sich *durch etw* (acc) verändern **2** (*guastarsi*): **alterarsi (con qc)** {CIBO, VINO COL CALORE, CON LA LUCE, CON L'UMIDITÀ} durch *etw* (acc) schlecht werden, *durch etw* (acc) verderben **3** (*mutarsi*): **alterarsi** *fig* sich verzerren: **l'espressione del suo viso andava sempre più alterandosi**, sein/ihr Gesicht verzerrte sich immer mehr **4** *fig* (*turbarsi*): **alterarsi (per qc)** sich *wegen etw* (gen) erregen, *wegen etw* (gen) die Fassung verlieren: **non alterarti, cerca di stare calmo**, reg dich nicht auf, versuche, ruhig zu bleiben.

alteratìvo, (-a) *agg ling* {SUFFISSO} produktiv, bedeutungsverändernd.

alteràto, (-a) *agg* **1** (*adulterato*) verfälscht **2** *fig* (*irato*) gereizt **3** *ling* {AGGETTIVO, SOSTANTIVO} durch Suffix verändert.

alterazióne *f* **1** (*modificazione*) {+COLORE, MERCE} Veränderung f; {+CIBO} Verderben n **2** (*falsificazione*) {+DOCUMENTO} Fälschung f **3** (*mutamento*) {+VISO} Verzerrung f **4** *med* {+BATTITI DEL CUORE, PULSAZIONI} Alteration f *scient* **5** *mus* {+NOTA} Alteration f.

altercàre <*alterco, alterchi*> *itr* (*bisticciare*) streiten, sich zanken.

altèrco <-chi> m Auseinandersetzung f, Wortwechsel m.
àlter ègo <-> loc sost m lat Alter Ego n.
alterézza f forb Ehrgefühl n.
alterigìa <-gie o -ge> f Hochmut m.
alternànza f 1 (*l'alternarsi*) Wechsel m: **l'~ di bene e di male**, der Wechsel von Gut und Böse 2 agr {+COLTIVAZIONI} Wechsel m • **~ di generazioni** biol, Generationswechsel m; **~ vocalica** ling, Vokalwechsel m.
alternàre **A** tr 1 (*avvicendare*) **~ qu/qc** {PERSONE, OGGETTI} jdn/etw ab|wechseln lassen: **~ il bianco e il nero**, Weiß und Schwarz aufeinander folgen lassen, Weiß auf Schwarz folgen lassen; **~ un uomo e una donna a tavola**, Männer und Frauen bei Tisch abwechselnd Platz nehmen lassen, bunte Reihe machen; **qc a/con qc** {IL BENE AL/COL MALE} etw auf etw (acc) folgen lassen; **~ il riso al/col pianto**, abwechselnd lachen und weinen 2 agr **~ qc** {COLTIVAZIONI} etw im Wechsel an|bauen **B** rfl rec (*avvicendarsi*): **alternarsi** {OGGETTI, PERSONE} sich/einander ab|wechseln, sich/einander forb ab|lösen: **si alternano i giorni e le notti**, Tag und Nacht lösen einander forb ab; **nella vita si alternano gioie e dolori**, im Leben wechseln Freud und Leid einander forb ab; **alternarsi a/con qc** sich mit etw (dat) ab|wechseln; **i periodi di attività intensa si alternano a/con lunghi momenti di riposo**, Zeiten intensiver Arbeit wechseln sich mit langen Ruhephasen ab; **alternarsi (+ compl di luogo)** sich irgendwo ab|wechseln; **alternarsi al capezzale del malato**, sich am Bett des Kranken abwechseln.
alternataménte avv in regelmäßig abwechselnder Folge.
alternatìva f 1 (*scelta obbligata*) Alternative f: **essere/trovarsi nell'~ di cedere o di andarsene**, vor der Alternative stehen, nachzugeben oder wegzugehen 2 (*soluzione*) Wahl f, Alternative f, Möglichkeit f: **non c'è altra ~**, es gibt keine andere Wahl/Möglichkeit, **è un'~ valida**, das ist eine echte Alternative 3 (*l'alternarsi*) Wechsel m: **un'~ di timori e di speranze**, ⌐das Hin und Her⌐/⌐das Auf und Ab⌐/⌐ein Wechsel⌐ von Furcht und Hoffnung 4 polit Alternative f.
alternativaménte avv abwechselnd, wechselweise.
alternatìvo, (-a) agg 1 {MEDICINA, POLITICA, SOLUZIONE} alternativ, Alternativ- 2 fis {MOTO} alternierend 3 tecnol {MOTORE} alternierend.
alternàto, (-a) agg 1 (*alterno*) {CANTO, MOVIMENTO, RIME} Wechsel- 2 elettr {CORRENTE} wechselnd, alternierend, Wechsel-.
alternatóre m elettr (Wechselstrom)generator m.
altèrno, (-a) agg 1 (*alternato*) {MOTO, RITMO} abwechselnd: **a settimane/ore alterne**, jede zweite Woche/Stunde, alle zwei Wochen/Stunden; **le alterne vicende della vita**, die Wechselfälle des Lebens 2 bot {DISPOSIZIONE, STRUTTURA} wechselständig 3 mat {ANGOLI} Wechsel-.
altèro, (-a) agg (*spavaldo*) {ARIA, MODI, PORTAMENTO} würdevoll, erhaben; {ATTEGGIAMENTO, DONNA} selbstbewusst; (*fiero*) stolz; (*superbo*) hochmütig.
altézza **A** f 1 gener {+COSA} Höhe f; {+PERSONA} Größe f 2 (*profondità*) {+MARE} Tiefe f: **in questo punto l'~ dell'acqua è di circa tre metri**, an dieser Stelle ist das Wasser ungefähr drei Meter tief 3 (*altitudine*) Höhe f: **a quest'~ l'ossigeno è già rarefatto**, in dieser Höhe ist die Luft schon dünn 4 fig (*eccellenza*) {+INGEGNO} Größe f {+POESIA} anche Erhabenheit f 5 fig (*livello*) Höhe f: **essere all'~ di fare qc**, ⌐in der Lage⌐/[fähig] sein, etw zu tun; **questo non è all'~ della sua fama**, das ist nicht auf seinem/ihrem Niveau; **non la ritenevano all'~**, sie hielten sie für ungeeignet; **essere all'~ della situazione**, der Situation gewachsen sein, auf der Höhe der Situation sein 6 (*titolo principesco*): **Altezza**, Hoheit f; **Altezza Reale/Imperiale**, königliche/kaiserliche Hoheit; **Altezza Serenissima**, Durchlaucht f; **Sua Altezza**, Seine Hoheit 7 astr mat fis {+ASTRO, CILINDRO, TRIANGOLO, SUONO, ecc.} Höhe f 8 tess Breite f: **tessuto a doppia ~**, Stoff doppelter Breite **B** loc prep (*in prossimità*): **all'~ di qc** {DI UN LUOGO} auf der Höhe von etw (dat); **all'~ di Trieste**, auf der Höhe von Triest • **~ critica** aero, kritische Höhe; **un grattacielo di 150 metri d'~** (*alto 150 metri*), ein 150 Meter hoher Wolkenkratzer.
altezzosaménte avv hochmütig.
altezzosità <-> f Hochmut m.
altezzóso, (-a) agg (*superbo*) {PERSONA} hochmütig.
alticcio, (-a) <-ci, -ce> agg (*brillo*) {PERSONA} angeheitert: **essere ~**, angeheitert sein; **è tornato a casa alquanto ~**, er ist ziemlich angeheitert nach Hause gekommen.
altifórni pl di altoforno.
altimetrìa f topogr Höhenmessung f.
altìmetro m topogr Höhenmesser m.
altipiano → altopiano.
altisonànte agg 1 (*sonoro*) {VOCE} wohlklingend 2 iron (*tronfio*) {FRASI, PAROLE, TITOLO} hochtrabend spreg.
altìssimo <superl di alto> **A** agg 1 sehr hoch 2 fig (*sublime*) {POETA} hehr forb, erhaben **B** m (*Dio*): **l'Altissimo**, der Allerhöchste decl come agg; **la volontà dell'Altissimo**, der Wille des Allerhöchsten.
altitùdine f (*quota*) Höhe f: **a quest'~ non si respira bene**, in dieser Höhe atmet man nicht gut.
àlto, (-a) *più alto o superiore, altissimo o supremo o sommo* **A** agg 1 {COSA} hoch pred, hohe(r, s); {PERSONA} groß 2 (*profondo*) {ACQUA, MARE} tief 3 (*in luogo elevato*) hoch(gelegen): **una cima alta 3800 metri**, ein 3800 m hoher Berg; **il sole è già sull'orizzonte**, die Sonne steht schon hoch am Horizont 4 geog Ober- 5 {FEBBRE, PERCENTUALE, PRESSIONE, PREZZO, STIPENDIO, SUONO, VOCE} hoch pred, hohe(r, s) 6 (*spesso*): **un'alta coltre di foglie secche**, eine dicke Schicht trockener Blätter 7 {FUNZIONARIO, UFFICIALE} hoch pred, hohe(r, s); {COMANDO, COMMISSARIATO} Ober- 8 fig lett (*nobile*) {IMPRESA, SENTIMENTO} edel, erhaben, vornehm 9 tess {STOFFA} breit: **un tulle ~ tre metri**, ein drei Meter breiter Tüll 10 fig (*difficile*) schwierig, hoch pred: **è un ragionamento troppo ~ per quella gente**, das ist einfach zu hoch für die fam **B** m 1 Höhe f: **gli alti e i bassi della vita**, die Höhen und Tiefen des Lebens 2 (*parte più elevata*) {+CASA} oberer Teil 3 (*cielo*) Himmel m: **ci vorrebbe un aiuto dall'~**, hier könnte nur noch Gott helfen **C** avv hoch: **mirare ~**, ein hohes Ziel anstreben, hoch hinauswollen fam; **saltare/volare ~**, ⌐hoch springen⌐/[hoch fliegen] **D** loc avv 1 **in ~**: oben: **arrivare in ~** fig (*socialmente*), oben ankommen 2 **dall'~** von oben, von der Höhe (aus): **dall'~ del campanile**, vom Kirchturm aus; **vedere le cose dall'~**, die Dinge von oben betrachten 3 **dall'~ in basso** von oben herab: **guardare qu dall'~ in basso**, jdn von oben herab ansehen.
Àlto Àdige m geog Südtirol n, Tiroler Etschland n.

altoateṣìno, (-a) **A** agg südtirolerisch, Südtiroler- **B** m (f) (*abitante*) Südtiroler(in) m(f).
altofórno <altiforni> m metall Hochofen m.
altolà, **àlto là** **A** inter loc inter spec mil halt **B** <-> m loc sost m mil Halt m • **dare l'~ a qu** fig fam (*fermarlo*), jdn stoppen; **mettere l'~ alle spese** fig fam (*mettere un freno*), die Ausgaben kürzen.
altolocàto, (-a) agg (*influente*) {PERSONAGGIO} hochgestellt.
altoparlànte m Lautsprecher m.
altopiano <altipiani> m geog Hochebene f: **l'~ del Tibet**, die tibetanische Hochebene.
altorilièvo m arte Hochrelief n.
altresì avv forb (*anche*) auch, gleichfalls, ebenfalls: **è ~ il mio parere**, das ist auch meine Meinung, das denke ich auch.
altrettànto, (-a) **A** agg indef ebenso viel, genauso viel: **cinque donne e altrettanti bambini**, fünf Frauen und ebenso viele Kinder; **con ~ entusiasmo**, mit ebenso viel Begeisterung **B** pron indef 1 (*la medesima cosa*) dasselbe: **mi voltò le spalle e io feci ~**, sie kehrte mir den Rücken zu und ich tat dasselbe 2 (*la medesima quantità o misura*) ebenso viel, genauso viel: **lo zucchero non basta, ne devi aggiungere ~**, das ist nicht genug Zucker, du musst noch einmal so viel dazugeben **C** avv ebenso, ebenfalls, gleichfalls: **buon appetito! – Grazie, ~!**, guten Appetit! – Danke, ebenfalls/gleichfalls!; **lui ha fretta e io ~**, er hat es eilig und ich ebenfalls.
àltri <inv> pron indef 1 (*qualcuno*) man, ein anderer: **uno sostiene una ragione, ~ un'altra**, jeder vertritt seine eigene Meinung; **non vorrei che ~ mi giudicasse male**, ich möchte nicht, dass man schlecht von mir denkt 2 (*altra persona*) andere(r, s): **~ potrebbe dire il contrario**, andere könnten das Gegenteil behaupten; **non c'è ~ che lui di cui possa fidarmi**, ich kann nur ihm vertrauen; es gibt außer ihm niemanden, dem ich vertrauen kann.
altrièri, **altr'ièri** lett → altro ieri.
altriménti avv 1 (*caso contrario*) sonst, ander(e)nfalls: **se vuoi venire con noi bene, ~ stai a casa**, wenn du Lust hast mitzukommen, dann komm, sonst bleibst du eben zu Hause; **sbrighiamoci, ~ perdiamo il treno**, beeilen wir uns, sonst verpassen wir den Zug 2 (*diversamente*) anders: **non potevamo fare ~**, wir hatten keine andere Wahl.
àltro, (-a) **A** agg indef 1 (*diverso*) andere(r, s): **è un'altra questione**, das ist ein anderes Problem; **erano altri tempi**, das waren andere Zeiten 2 (*nuovo, ulteriore*) weitere(r, s), noch ein(e): **sono sorte altre difficoltà**, es sind weitere Schwierigkeiten aufgetaucht; **prendi un'altra tazza di tè**, nimm doch noch eine Tasse Tee 3 (*con art det: rimanente*) übrig, restliche(r, s): **gli altri invitati si sono trattenuti fino a mezzanotte**, die übrigen Gäste sind bis Mitternacht geblieben 4 (*scorso*) {MESE, SETTIMANA} letzte(r, s), vorige(r, s): **l'altra volta**, letztes Mal 5 (*prossimo*) {MESE, SETTIMANA} nächste(r, s), kommend: **un'altra volta starai più attento**, das nächste Mal passt du besser auf 6 (*secondo*) {EINSTEIN, RINASCIMENTO} zweite(r, s) **B** pron indef 1 (*altra persona*) andere(r, s): **un ~ al tuo posto avrebbe agito diversamente**, ein anderer hätte an deiner Stelle anders gehandelt 2 <solo sing> (*altra cosa*) andere(r, s): **c'è dell'~**, da ist/kommt noch was (anderes), es geht noch weiter; **parlare d'~**, von anderem sprechen; **stavo pensando ad ~**, ich dachte gerade an etwas anderes 3 <solo sing> (*in frasi negative: niente*) weiter, mehr: **non c'è ~ da aggiungere**, da gibt es

nichts weiter hinzuzufügen; **non avere ~ da fare**, nichts anderes zu tun haben **4** (*nuovo, ulteriore, rimanente*) mehr, weiter: **ne voglio altre**, ich will noch mehr davon **5** *m* <pl> (*gente*) andere: **gli altri possono dire quel che vogliono**, die anderen können sagen, was sie wollen **C** loc avv **al ~ per ~ →** **peraltro: non vorrei per ~ dirti una cosa sbagliata**, ich möchte dir im Übrigen nichts Falsches sagen **2 più che ~** vor allem: **lo faccio più che ~ per lui**, ich mache es vor allem für ihn **3 senz'~** ohne weiteres, ganz sicher, sicherlich: **è senz'~ il migliore**, er ist sicherlich der Beste **4 tra l'~** im Übrigen, übrigens, abgesehen davon, außerdem: **tra l'~ non avrei neanche il tempo di uscire**, abgesehen davon hätte ich gar nicht die Zeit aufzugehen **5 tutt'~** ganz im Gegenteil, durchaus/ganz und gar nicht, alles andere als: **è tutt'~ che buono**, er ist ˌalles andere alsˌ/ [ganz und gar nicht] gut/anständig; **hai intenzione di accettare? – Tutt'~**, willst du annehmen? – Ganz im Gegenteil; **questo libro è tutt'~ che noioso**, dieses Buch ist alles andere als langweilig **6 se non ~** wenigstens, zumindest: **se non ~ non piove**, wenigstens regnet es nicht **D** loc inter: **~ che!**, und wie!, und ob! → **altroché ● chi ~ mi potrebbe aiutare?**, wer sonst könnte mir helfen?; **~ è dire, ~ è fare**, mit Reden ist es nicht getan, das ist leichter gesagt als getan; **noi altri/voi altri**, wir (unsererseits)/ihr (eurerseits); **stupido/sciocco/[buono a nulla] che non sei ~!**, du bist ein Dummkopf/Nichtsnutz, nichts weiter! *spreg.*

altroché inter und wie!, und ob!: **ti sei divertito? – Altroché!**, hast du dich amüsiert? – Und wie!

altro ieri avv loc avv: **l'altro ieri 1** vorgestern: **gli ho scritto proprio l'altro ieri**, ich habe ihm gerade erst vorgestern geschrieben **2** (*recentemente nel passato*) vor kurzem: **fino all'altro ieri non sapevo nemmeno che esistesse**, bis vor kurzem wusste ich nicht einmal, dass er/sie/es existierte.

altrónde loc avv: **d'~** im Übrigen, übrigens: **d'~ non ha torto**, im Übrigen hat er/sie nicht Unrecht.

altróve avv anderswo, woanders: **essere ~ col pensiero**, mit den Gedanken (ganz) woanders sein; **mi rivolgerò ~**, ich werde mich anderswohin wenden; **in quei giorni mi trovavo ~**, in/an den Tagen befand ich mich woanders.

altrùi A <inv> agg poss {BENE, LIBERTÀ} von anderen, anderer: **le cose ~**, die Sachen anderer; **bisogna rispettare le opinioni ~**, man muss die Meinung anderer respektieren **B** <inv> pron indef lett andere, die anderen: **come ad ~ piace**, wie es den anderen gefällt **C** <-> *m lett* fremdes Eigentum: **l'invidioso desidera l'~**, der Neider begehrt ˌfremdes Eigentumˌ/[, was anderen gehört].

altruismo *m* Altruismus *m*, Nächstenliebe *f*, Selbstlosigkeit *f*.

altruista <-*i m, -e f*> **A** agg {SCELTA} altruistisch, selbstlos **B** *mf* Altruist(in) *m(f)*.

altruistico, (-a) <-ci, -che> agg {GESTO} altruistisch, selbstlos.

altùra *f* **1** (*luogo elevato*) Anhöhe *f*: **la mia casa è su un'~**, mein Haus liegt auf einer Anhöhe **2** *mar*: **d'~** Hochsee-: **motoscafo/navigazione/pesca d'~**, Hochseeyacht *f*/ Hochseeschifffahrt *f*/Hochseefischfang *m*.

alunnàto *m* **1** (*condizione*) Lehre *f* **2** (*durata*) Lehrzeit *f*.

alùnno, (-a) *m* (*f*) (*scolaro*) Schüler(in) *m(f)*: **un ~ di terza elementare**, ein Schüler der dritten (Grundschul)klasse.

alveàre *m* **1** (*arnia*) Bienenstock *m* **2** *fig spreg* (*edificio sovrappopolato*) Wohnsilo *m* o *n*.

àlveo *m* **1** (Fluss)bett *n*; {+RUSCELLO, TORRENTE} Bett *n* **2** *lett* (*grembo*) {MATERNO} Schoß *m*.

alveolàre agg **1** *anat* {CAVITÀ} alveolar **2** *ling* {CONSONANTE} alveolar.

alvèolo *m* **1** *anat* Alveole *f scient*: **alveoli dentali/polmonari**, Zahn-/Lungenalveole *f scient* **2** *bot* Zelle *f*.

àlvo *m* **1** *lett* (*ventre*) Schoß *m*: **nell'~ materno**, im mütterlichen Schoß **2** *anat* Darmkanal *m*, Alvus *m scient*.

alzabandièra <-> *m* Fahnenhissen *n*: **fare l'~**, die Fahnen hissen.

alzacristàllo <-> *m* (*autom*) (*a mano*) Fensterkurbel *f*; (*elettrico*) elektrischer Fensterheber.

alzàre A ~ qc 1 (*portare dal basso in alto*) *etw* heben; {AVVOLGIBILE, SBARRE DEL PASSAGGIO A LIVELLO} *etw* hochˌziehen; {BANDIERA, VELE} *etw* hissen; {FINESTRINO} *etw* hochˌkurbeln; (*non manuale*) *etw* hochˌlassen *fam* **2** (*volgere verso l'alto*) {OCCHI} *etw* heben **3** (*aumentare di altezza*) *etw* erhöhen; {MURO} *anche etw* höher machen: **~ una casa di un piano**, ein Haus aufstocken; (*aumentare di intensità, valore*) {PREZZO, TEMPERATURA} *etw* erhöhen; {VOCE} *etw* hochˌtreiben; {VOCE} *etw* erheben; *radio etw* lauter stellen/machen **4** (*costruire*) {MURO} *etw* errichten; {MONUMENTO} *anche etw* aufstellen **5** (*nella caccia*) {UCCELLO} *etw* aufscheuchen **B** itr pron: **alzarsi 1** (*levarsi*) {BUFERA, RUMORE} sich erheben: **un brusio si alzò dalla folla**, ein Rauschen ging durch die (Menschen)menge; **all'improvviso si alzò un forte vento**, plötzlich kam ein starker Wind auf; {LUNA, SOLE} aufˌgehen **2** (*crescere*) in die Höhe schießen *fam*/groß werden: **quel bambino si è alzato molto dall'anno scorso**, das Kind ist seit letztem Jahr sehr ˌgroß gewordenˌ/[in die Höhe geschossen *fam*] **3** (*aumentare*) {FEBBRE, TEMPERATURA} steigen: **il livello del fiume si alza in modo preoccupante**, der Wasserstand des Flusses steigt bedrohlich **C** rfl **1** (*tirarsi su*): **alzarsi** (+ *compl di luogo*) {DAL LETTO} (*aus etw dat*) aufˌstehen, sich (*aus etw dat*) erheben; {DALLA SEDIA} (*von etw dat*) aufˌstehen, sich (*von etw dat*) erheben: **il malato si è alzato ieri per la prima volta**, der Kranke ist gestern zum ersten Mal aufgestanden; **alzarsi a parlare**, aufstehen, um zu reden; **si alzò fino alla sommità del muro a forza di braccia**, er zog sich mit den Armen bis zum Mauerrand hoch; **alzarsi da tavola**, vom Tisch aufstehen **2** (*svegliarsi*): **alzarsi** aufstehen: **mi alzo tutte le mattine alle sette**, ich stehe jeden Morgen um sieben Uhr auf; **alzarsi presto/tardi**, früh/spät aufstehen **3** (*levarsi in volo*): **alzarsi** {UCCELLO} aufˌfliegen, aufˌsteigen **● le corna/la cresta** *fig* (*insuperbirsi*), übermütig werden.

alzàta *f* **1** (*l'alzare*) {+MURO} Erhöhung *f*; {+CASA} Aufstockung *f* **2** (*per la frutta*) Etagere *f* **3** (*nella caccia*) **sparare all'~**, auf einen Vogel während seines Aufstiegs schießen **● d'ingegno** *fig iron* (*trovata ingegnosa*), Geistesblitz *m fam*; **votare per ~ di mano**, durch Handzeichen abstimmen; **~ di scudi** (*ribellione*), offener Protest, Aufbegehren *n*; **~ di spalle** (*in segno di noncuranza*), Achselzucken *n*; **~ di testa** *fig* (*reazione insolita*), Laune *f*, Flause *f*, Aufbegehren *n*; **la sua ~ di testa ci stupì tutti**, dass er/sie ˌsich mit Händen und Füßen sträubteˌ/[sich auf die Hinterbeine stellte]/[eine (dicke) Lippe riskierte *fam*], wunderte uns alle.

alzatàccia <-*ce*, *pegg di alzata*> *f* (*levataccia*) sehr frühes Aufstehen: **fare un'~**, ˌsehr früh/[in aller Herrgottsfrühe] aufstehen.

alzàto, (-a) **A** agg **1** (*alto*) {SARACINESCA} hochgezogen, hochgelassen, offen **2** (*in piedi*) auf den Beinen, aufgestanden: **alle cinque sono già ~**, um fünf bin ich schon auf den Beinen **B** *m arch* Aufriss *m*.

alzatóre, (-trice) *m* (*f*) *sport* (*nella pallavolo*) Zuspieler(in) *m(f)*.

Alzheimer <-> *m med* Alzheimer (Krankheit) *f m*.

àlzo *m* **1** (*della scarpa*) Schuhspanner *m* **2** {+FUCILE} Visier *n*; {+CANNONI} Aufsatz *m*.

a.m. abbr *del lat* ante meridiem (*usato nei paesi anglofoni per l'indicazione dell'ora*) (*antimeridiano, di mattina*) a.m. (*vormittags, Vormittags-*).

AM 1 *mil* abbr *di* Aeronautica Militare: "Italienische Luftwaffe" **2** *mil* abbr *di* Accademia Militare: Militärakademie *f* **3** *radio* abbr *dell'ingl* Amplitude Modulation (*Modulazione d'Ampiezza*) AM *f* (*abbr di* Amplitudenmodulation).

amàbile agg **1** (*piacevole*) {CARATTERE, PERSONA} liebenswürdig, liebenswert **2** (*affabile*) {MODI, SORRISO} reizend **3** (*gradevole*) {VINO} lieblich.

amabilità <-> *f* Liebenswürdigkeit *f*: **una persona di grande ~**, ein ausgesprochen liebenswürdiger Mensch.

AMAC *f* abbr *di* Aeronautica Militare Aviazione Civile: "Militärischer und Ziviler Luftverkehr".

amàca <-*che*> *f* Hängematte *f*.

amalfitàno, (-a) **A** agg (*di Amalfi*) von/aus Amalfi {COSTIERA} *anche* Amalfi- **B** *m* (*f*) (*abitante*) Amalfitaner(in) *m(f)*.

amàlgama <-*i*> *m* (*lega*) Amalgam *n* **2** *fig* (*mescolanza*) Amalgam *n*, Gemisch *n*: **un ~ di poesia e di prosa**, ein Amalgam/Gemisch aus Poesie und Prosa.

amalgamàre A tr **1** (*impastare*) **~ qc** {COLORI, INGREDIENTI} *etw* vermengen, *etw* (ver)mischen: **~ la farina e l'acqua**, Mehl und Wasser vermengen/(ver)mischen **2** *fig* (*unire cose diverse*) **~ qu/qc** {GRUPPI DI PERSONE, CIVILTÀ, LINGUE, RELIGIONI} *jdn/etw* vermischen, *jdn/etw* amalgamieren *forb* **3** *chim* (*unire in lega*) **~ qc** *etw* amalgamieren **B** itr pron (*unirsi*): **amalgamarsi** {SQUADRA} zusammenˌwachsen **C** rfl (*fondersi*): **amalgamarsi** (*con qu/qc*) sich (*mit jdm/etw*) vermischen, sich (*mit jdm/etw*) verbinden: **i nuovi arrivati si amalgamarono presto con gli altri**, die Neuankömmlinge fügten sich schnell in die Gruppe ein.

amanita *f bot* Amanita *f*, Wulstling *m*: **~ falloide**, Grüner Knollenblätterpilz.

amànte A agg (*che ama*) liebend: **un uomo ~ della giustizia/pace**, ein gerechtigkeits-/friedensliebender Mensch; **essere ~ della natura/musica**, Natur-/Musikliebhaber sein **B** *mf* **1** (*amore*) Geliebte *mf decl come agg*: **essere l'~ di qu**, die/der Geliebte von jdm sein; **farsi l'~**, sich (dat) eine(n) Geliebte(n) zulegen/anschaffen *fam* **2** (*apprezzatore*) {+CACCIA, TEATRO, VINO, ecc.} Liebhaber(in) *m(f)*: **~ della buona tavola**, Feinschmecker(in) *m(f)* **3** *lett* (*innamorato*) Geliebte *mf decl come agg forb obs*, Liebhaber *m obs*.

amanuènse *m* **1** Schreiber *m*, Kopist *m* **2** (*impiegato*) {+AVVOCATO, NOTAIO, ecc.} Schreibgehilfe *m*, Schreiber *m*.

amaraménte avv *spec fig* bitter, mit Bitterkeit.

amarànto A <-> *m* **1** *bot* Amarant *m*, Fuchsschwanz *m* **2** (*colore*) Amarantrot *n* **B** <inv> agg amaranten, amarant(rot): **una stoffa ~**, ein amarantener Stoff.

amarcòrd *m* (*ricordo nostalgico*) wehmütige Erinnerung.

amàre Ⓐ tr **1** (*voler bene*) ~ qu {FRATELLI, GENITORI, PROSSIMO} jdn lieben, jdn lieb-/ gern|haben **2** (*provare attrazione*) ~ {DONNA, UOMO} jdn lieben: ~ **una donna alla follia**, eine Frau wahnsinnig/rasend lieben *fam* **3** (*fare l'amore*) ~ qu {DONNA, UOMO} jdn lieben, Liebe *mit jdm* machen *fam*: ~ **appassionatamente** qu, jdn leidenschaftlich/heiß lieben; **sa** ~ **molto bene**, er ist ein guter Liebhaber, er/sie ist gut im Bett *fam* **4** (*essere affezionato*) ~ qu/qc {BAMBINO BABYSITTER; CANE, GATTO PADRONE, CUCCIA} jdn/etw gern haben, jdn/etw lieben, *an* jdm/etw hängen **5** (*essere solidali*) ~ qu {MALATI, POVERI} jdm (solidarisch/[in Nächstenliebe]) verbunden sein **6** (*prediligere*) ~ qc etw vor|ziehen, etw bevorzugen: **le piante tropicali amano il clima caldo e umido**, Tropenpflanzen ziehen ein warmes und feuchtes Klima vor **7** (*provare interesse*) ~ qc {ARTE, CINEMA, MUSICA, POESIA, SPORT, TEATRO, ecc.} etw lieben, etw mögen: ~ **fare qc**, etw gern tun; **amo viaggiare**, ich reise gern; **ama essere al centro dell'attenzione**, er/sie steht gern im Mittelpunkt (des Interesses) **8** (*aspirare*) ~ qc {AUTORITÀ, BENE, RICCHEZZA, VERITÀ} etw lieben Ⓑ rfl rec **1** (*volersi bene*): **amarsi** sich lieben, sich lieb haben: **non si amano più**, sie lieben sich nicht mehr **2** (*fare l'amore*) sich lieben, Liebe machen *fam*: **si amarono per ore**, sie liebten sich stundenlang • **farsi** ~, liebenswert sein; **farsi** ~ **da qu**, jds Liebe gewinnen.

amareggiàre <*amareggio, amareggi*> Ⓐ tr *fig* **1** (*rendere amaro*) ~ qc {EVENTO, NOTIZIA, ecc. VITA} etw verbittern, jdm bitter machen **2** *fig* (*rattristare*) ~ qu {COMPORTAMENTO, FATTO, NOTIZIA, ecc.} jdn betrüben, jdn verbittern: **la risposta della figlia lo amareggiò molto**, die Antwort seiner Tochter betrübte ihn sehr Ⓑ itr pron (*rattristarsi*): **amareggiarsi (per qu/qc)** {PER IL COMPORTAMENTO DI QU, PER IL FATTO, PER L'INGRATITUDINE, PER LA NOTIZIA, PER LA SCORRETTEZZA, ecc.} über jdn/etw verbittert sein, sich *über* jdn/etw grämen *forb*: **non amareggiarti troppo**, gräme dich nicht zu sehr *forb*.

amareggiàto, (-a) agg (*afflitto, rattristato*) betrübt, verbittert.

amarèna f Sauerkirsche f, Amarelle f.

amarétto m **1** (*biscottino*) Mandelmakrone f **2** (*liquore*) Amaretto m, Mandellikör m.

amarézza f **1** (*sapore*) {+FIELE, MEDICINA, ecc.} Bitterkeit f **2** *fig* (*tristezza*) Verbitterung f, Traurigkeit f: **constatare con** ~ **l'ingratitudine del prossimo**, den Undank des Nächsten mit Verbitterung feststellen; **parlare dei figli con** ~, mit Verbitterung über seine Kinder reden; **provare/sentire** ~, Verbitterung empfinden/spüren **3** <*solo pl*> (*dispiaceri*) Verdruss m, Ärger m: **la vita gli ha dato molte amarezze**, er wurde in seinem Leben oft enttäuscht.

amaricànte m **1** (*additivo*) Bitterstoff m **2** (*liquore*) Bittere m.

amàrico, (-a) <-*ci, -che*> Ⓐ agg amharisch Ⓑ m f (*abitante*) Amharer(in) m (f) Ⓒ m <*solo sing*> (*lingua*) Amharisch n.

amàro, (-a) Ⓐ agg *anche fig* {DELUSIONE, IRONIA, LACRIME, MEDICINA} bitter; {PAROLE} *anche* hart; {MANDORLA} Bitter-: **aver la bocca amara**, einen bitteren Nachgeschmack auf der Zunge haben Ⓑ m **1** (*sapore*) {+CAFFÈ, MANDORLA, ecc.} Bittere n decl come agg **2** (*liquore*) Kräuterbitter m **3** *fig* (*rancore*) Verbitterung f, Groll m *forb* • **caffè** ~ (*senza zucchero*) ungesüßter Kaffee; **cioccolato** ~ (*fondente*), bittere Schokolade, Bitterschokolade f; **avere dell'** ~ **in** *corpo fig* (*provare rancore*)

einen Groll auf jdn haben *forb*; **inghiottire/masticare** ~ *fig* (*subire*), eine bittere Pille schlucken *fam*.

amarógnolo, amarógno, (-a) Ⓐ agg {BEVANDA} bitterlich, leicht bitter Ⓑ m (*sapore*) "leicht bitterer, herber Geschmack".

amaróne m *enol* Amarone m (*dunkelroter Wein aus Venetien*).

amarràre e deriv → **ammarare** e deriv.

amàto, (-a) Ⓐ agg geliebt Ⓑ m (f) Geliebte mf decl come agg: **il mio** ~, mein Geliebter.

amatóre, (-trice) m (f) **1** (*chi ama*) Liebende mf decl come agg **2** (*appassionato*) {+CACCIA, CAVALLI, ecc.} Liebhaber(in) m (f) **3** (*non professionista*) Amateur(in) m (f); *spreg* Dilettant(in) m (f) *fam*.

amatoriàle agg *fot sport* {VIDEO} Amateur-.

amatriciàno, (-a) agg: **spaghetti all'amatriciana**, Spaghetti mit Speck, Tomaten, Zwiebeln und Käse.

amàzzone f **1** (*cavallerizza*) Reiterin f **2** *mitol* Amazone f • **cavalcare all'** ~ (*con le gambe da un lato della sella*), im Damensattel/Damensitz reiten.

Amazzonia f *geog* Amazonasgebiet n, Amazonasregion f.

amazzònico, (-a) <-*ci, -che*> agg *geog* {BACINO, FORESTA} Amazonas-.

àmba f *geog* Tafelberg m.

ambàgi f pl *rar fig* (*giri di parole*) Umschweife pl: **parlare per** ~, drumherumreden *fam*; **parlare/rispondere senza** ~, ohne Umschweife reden/antworten.

ambaradàn <-> m *scherz* **1** (*grande confusione*) Hexenkessel m, Kuddelmuddel n *fam*, Tohuwabohu n *spreg* **2** (*organizzazione complessa*) Laden m *fam*: **mandare avanti tutto l'**~, den ganzen Laden schmeißen *fam*.

ambasceria f *diplomazia* **1** (*delegazione*) Abordnung f, Gesandtschaft f **2** (*incarico*) Botschaft f, Auftrag m: **accettare un'** ~, einen Auftrag annehmen.

ambàscia <-*sce*> f **1** (*difficoltà di respiro*) Atemnot f, Beklemmung f **2** *fig* (*angoscia*) Sorge f, Kummer m.

ambasciàta f **1** (*messaggio*) Botschaft f: **fare/portare un'**~, eine Botschaft überbringen **2** *diplomazia* (*persone*) Gesandtschaft f; (*sede*) Botschaft f: **l'** ~ **di Germania presso la Santa Sede**, die deutsche Botschaft beim Heiligen Stuhl.

ambasciatóra f *fam* (*messaggera*) Botin f.

ambasciatóre, (-trice) Ⓐ m (f) **1** (*messaggero*) {+PACE} Bote m, (Botin f) **2** *diplomazia* Botschafter(in) m (f) Ⓑ f (*moglie di un ambasciatore*) Frau Botschafterin • **ambasciator non porta pena** *prov*, den Boten trifft keine Schuld.

ambàta f (*nel lotto*) Ambenserie f.

àmbe f pl *di* ambo.

ambedùe Ⓐ <*inv*> agg num (*entrambi*) beide: ~ **gli amici**, beide Freunde, die beiden Freunde; **lo afferrò con** ~ **le mani**, er/sie fasste/packte ihn mit beiden Händen Ⓑ pron (*obl*) beide: **si alzarono** ~, sie erhoben sich beide.

àmbi *rar* m pl *di* ambo.

ambidèstro, (-a) agg **1** (*di mani*) {TENNISTA} beidhändig **2** (*di gambe*) {CALCIATORE} beidbeinig **3** *fig lett* (*astuto*) schlau.

ambientàle agg **1** (*dell'ambiente*) {CARATTERISTICHE, CONDIZIONI} Umwelt- **2** *ecol* {PATRIMONIO, POLITICA, TUTELA} Umwelt-: **equilibrio** ~ (*ecologico*), ökologisches Gleichgewicht.

ambientalìsmo m **1** *ecol* Umweltschutz(bewegung) m **2** *sociol* Milieutheorie f.

ambientalìsta <-*i* m, -*e* f> Ⓐ agg *ecol* {ASSOCIAZIONE} Umwelt(schutz)- Ⓑ m (f) **1** *ecol*

Umweltschützer(in) m (f) **2** *psic* Milieutheoretiker(in) m (f).

ambientalìstico, (-a) <-*ci, -che*> agg *ecol* {ASSOCIAZIONE} Umwelt(schutz)-, Öko- *fam*.

ambientaménto m (*adattamento*) {+PERSONA} Anpassung f, Sicheinleben n; {+PIANTA} Akklimatisierung f.

ambientàre Ⓐ tr **1** (*acclimatare*) ~ qc {ANIMALI} etw ein|gewöhnen **2** *film lett teat* (*collocare*) ~ qc in qc {AUTORE, POETA, REGISTA COMMEDIA, RACCONTO, FILM NEL DOPOGUERRA, NEL MEDIOEVO, NELLE MONTAGNE, IN ORIENTE} etw in etw (dat) spielen lassen Ⓑ rfl: **ambientarsi (in qc) 1** (*acclimatarsi*) {ANIMALI NEI CLIMI FREDDI} sich *an* etw (acc) gewöhnen, sich (*an* etw acc) akklimatisieren **2** (*trovarsi a proprio agio*) {IN CITTÀ, IN UFFICIO} sich (*in* etw dat) ein|leben, sich (*in* etw dat) ein|gewöhnen, sich (*in* etw dat) akklimatisieren: **non è ancora riuscito ad ambientarsi nella nuova casa**, er hat sich in seiner neuen Wohnung noch nicht einleben können.

ambientazióne f **1** {+PERSONA} Anpassung f, Sicheinleben n; {+PIANTA} Akklimatisierung f **2** *film teat TV* Ausstattung f, Einrichtung f; (*azione*): **l'** ~ **del film nel Medioevo**, der Film spielt im Mittelalter.

ambiènte m **1** (*ambito*) Umgebung f, Raum m: ~ **di lavoro** (*persone e/o mezzi*), Arbeitsumfeld n; **trovarsi nel proprio** ~ **naturale**, sich in seiner natürlichen Umgebung befinden; *sociol* Milieu n, Kreise m pl; **cambiare** ~, einen Milieuwechsel vornehmen; **essere/trovarsi nel/[fuori del] proprio** ~, ⌊in seinem Element⌋/[außerhalb seines Elements] sein; **gli ambienti letterari**, die literarischen Kreise; **la notizia è trapelata da ambienti bene informati**, die Nachricht ist aus gut unterrichteten Kreisen durchgesickert **2** (*stanza*) Raum m, Zimmer n: **un appartamento di tre ambienti**, eine Dreizimmerwohnung **3** (*atmosfera*) Atmosphäre f: **l'**~ **in quella casa era molto cordiale**, in diesem Haus herrschte eine sehr freundliche Atmosphäre **4** *biol* {ACQUATICO, MARINO, TERRESTRE, ecc.} Umwelt f, Lebensraum m: ~ **desertico**, wüstenhafte/wüstenähnliche Landschaft **5** *chim* Umgebung f: ~ **acido**, Säureumgebung f **6** *ecol* Umwelt f **7** *inform* (*sistema operativo*) Bereich m.

ambiguaménte avv zweideutig, doppelsinnig.

ambiguità <-> f **1** (*due significati*) {+FRASE, PAROLA} Zwei-, Doppeldeutigkeit f; (*più significati*) Viel-, Mehrdeutigkeit f **2** *spreg* (*falsità*) {+COMPORTAMENTO, PERSONA} Falschheit f, Scheinheiligkeit f.

ambìguo, (-a) agg **1** (*con due significati*) {FRASE, PAROLA, RISPOSTA} zwei-, doppeldeutig; (*con più significati*) mehr-, vieldeutig **2** *spreg* (*falso*) {PERSONA} scheinheilig, falsch, zwielichtig, undurchsichtig; {COMPORTAMENTO} *anche* verdächtig; {FAMA} zweifelhaft.

àmbio <*ambi*> m (*andatura*) {+CAMMELLO, CAVALLO, GIRAFFA, ORSO} Passgang m.

ambìre <*ambisco*> Ⓐ tr (*bramare*) ~ qc {CARICA, TITOLO} etw an|streben, etw erstreben, *nach* etw (dat) streben Ⓑ itr (*aspirare*) ~ **a qc** {A UNA CARICA, A UNA NOMINA, A UN TITOLO} *nach* etw (dat) streben, etw an|streben: ~ **a essere eletto rappresentante di partito**, danach streben, zum Parteifunktionär gewählt zu werden; das Amt des Parteifunktionärs anstreben.

àmbito① m **1** (*campo*) {+LETTERATURA, SCIENZE, ecc.} Bereich m: **tutto questo non rientra nell'**~ **della mia competenza**, all das gehört nicht zu meinem Kompetenzbereich; **l'**~ **del proprio lavoro**, der eigene Arbeitsbereich **2** (*cerchia*) {+FAMIGLIA} Kreis m: **nell'**~

delle proprie amicizie, im Kreis seiner Freunde 3 (*limiti*) Bereich m: **le leggi hanno valore nell'~ del territorio nazionale**, die Gesetze haben innerhalb der Landesgrenzen Gültigkeit 4 *mus* {+MELODIA} Bereich m.

ambito②, (-a) *agg* (*desiderato*) {CARICA, INCARICO} ersehnt; {PREMIO} begehrt.

ambivalènte *agg* (*duplice*) {PRINCIPIO} ambivalent *forb*; {RIMEDIO} *anche* doppelwertig; {RISPOSTA, SOLUZIONE} doppelsinnig, mehrdeutig, ambivalent *forb*.

ambivalènza *f anche psic* Ambivalenz *f*.

ambizióne *f* 1 (*voglia di emergere*) {SFRENATA, SMODATA} Ehrgeiz m: **una persona piena di ~**, ein sehr ehrgeiziger/karrieresüchtiger *spreg*/karrieregeiler *slang* Mensch 2 (*aspirazione*) {+CARICHE, ONORI} Ambition *f forb*, (Be)streben n, Ehrgeiz m: **la sua ~ di gloria**, sein/ihr Streben nach Ruhm, seine/ihre Ruhmsucht; **la sua ~ è fare il giornalista**, er will unbedingt Journalist werden; **una persona senza ambizioni**, ein Mensch ohne Ehrgeiz.

ambizióso, (-a) **A** *agg* {PERSONA} ehrgeizig (*nel lavoro*) *anche* karrieresüchtig *spreg*, karrieregeil *slang*; {PROGETTO, PROGRAMMA} ambitioniert *forb* **B** *m* {Ehrgeizige mf decl come agg}; Streber(in) m(f) *spreg*, Ehrgeizling m *spreg*.

àmbo **A** <inv o ambi rar, ambe> *agg* num bede: ~/**ambi** *rar* **i lati**, beide Seiten f pl; ~/**ambe le mani**, beide Hände f pl **B** *m* (*nella tombola e nel lotto*) Doppeltreffer m, Ambo m **A**.

ambosèssi <inv> *agg* (*negli annunci*) beiderlei Geschlechts; (*nella moda*) Unisex-.

àmbra **A** <-> *agg* {VINO} bernsteinfarben; {COLORE} Bernstein- **B** *f* 1 (~ *gialla*) Bernstein m 2 (*colore*) Bernsteinfarbe *f* 3 (*profumo*) Amber m ● **~ grigia** (*nella cosmesi*), Amber m, Ambra *f*.

ambràto, (-a) *agg* 1 (*di colore simile all'ambra*) {COLORE, PELLE, VINO} bernsteinfarben 2 (*di profumo simile all'ambra*) {PROFUMO} nach Amber duftend.

ambròsia *f mitol* Ambrosia *f*, Götterspeise *f*.

ambrosiàno, (-a) **A** *agg* 1 (*di Milano*) mailändisch, Mailänder 2 *relig* {CANTO, CARNEVALE, RITO} ambrosianisch **B** *m* (*f*) (*milanese*) Mailänder(in) m(f).

ambulàcro *m arch* Wandelgang m.

ambulànte **A** *agg* (*girovago*) {SUONATORE, VENDITORE} Straßen-; {BIBLIOTECA} Wander- **B** *mf comm* Straßenhändler(in) m(f).

ambulànza *f* (*autoambulanza*) Krankenwagen m, Ambulanz *f*: **chiamare l'~**, den Krankenwagen rufen.

ambulatoriàle *agg* 1 (*dell'ambulatorio*) Praxis- 2 (*in ambulatorio*) {INTERVENTO} ambulant.

ambulatòrio, (-a) <-ri m> **A** *agg anat* {APPARATO} Geh- **B** *m* {+MEDICO} Praxis *f*: **venga domani nel mio ~**, kommen Sie morgen in meine Praxis.

amburghése **A** *agg* {PORTO} Hamburger **B** *mf* (*abitante*) Hamburger(in) m(f).

Ambùrgo *f geog* Hamburg n.

AME *f econ abbr di* Accordo Monetario Europeo: EWA n; (*abbr di* Europäische Währungsabkommen).

amèba *f zoo* Amöbe *f*.

àmen *inter lat* 1 *relig* amen! 2 *fig fam* (*sia pure*) amen! *fam*: **allora ~, non ne parliamo più!**, amen *fam*/[in Ordnung], sprechen wir nicht mehr davon? ● **giungere all'~** *fig* (*all'ultimo*), zum Abschluss kommen; **in un ~** *fig* (*in un attimo*), im Nu *fam*.

amenità <-> *f* 1 (*piacevolezza*) {+DISCORSO} Schönheit *f*, Reiz m; {+LUOGO} *anche* Anmut *f*, Lieblichkeit *f*, Amönität *f* 2 (*facezia*) Bonmot n, witzige/geistreiche Bemerkung 3 *spreg* (*cosa strampalata*) Dummheit *f*, Unsinn m, Quatsch m *fam*.

amèno, (-a) *agg* 1 (*piacevole*) {LUOGO} lieblich, anmutig, reizvoll, amön 2 (*faceto*) {BATTUTA, CONVERSAZIONE} witzig; {COMPAGNIA} lustig 3 (*strano*) sonderbar, komisch, seltsam: **un tipo ~**, ein komischer Typ.

amenorrèa *f med* Amenorrhö(e) *f scient*.

amer. *abbr di* americano: am., amerik. (*abbr di* amerikanisch).

Amèrica *f geog* Amerika n: **l'America Centrale**, Mittel-, Zentralamerika n; **l'America Latina**, Lateinamerika n; **l'America del Nord/Sud**, Nord-/Südamerika n ● **scoprire l'America** *fig iron* (*una cosa nota a tutti*), das Rad noch einmal erfinden *fam*; **trovare l'America** *fig* (*floridezza economica*), sein Glück machen.

americanàta *f iron anche spreg* showmäßiges/disneylandmäßiges/hollywoodmäßiges Spektakel *slang*: **il ricevimento è stato un'autentica ~**, der Empfang war so richtig showmäßig/disneylandmäßig/hollywoodmäßig *slang*.

americanismo *m* 1 *anche ling* (*costume, imitazione, uso*) Amerikanismus m 2 (*ammirazione*) Amerikabegeisterung *f*.

americanista <-i m, -e f> *mf* (*studioso*) Amerikanist(in) m(f).

americanistica <-che> *f* (*disciplina*) Amerikanistik *f*.

americanizzazióne *f* Amerikanisierung *f*.

americàno, (-a) **A** *agg* amerikanisch **B** *m* (*f*) (*abitante*) Amerikaner(in) m(f).

amerindio, (-a) <-di m> **A** *agg* indianisch **B** *m* (*f*) (*persona*) Indianer(in) m(f).

ametista **A** <inv> *agg* {COLORE, TESSUTO} violett **B** *f min* Amethyst m.

amfetamìna *f farm* Amphetamin n.

amiànto *m min* Asbest m.

amica *f* → **amico**.

amicàle *agg lett* freundschaftlich.

amichétto, (-a) <-dim *di* amico> *m* (*f*) 1 (*amico di un bambino*) Freund(in) m(f), Spielkamerad m(f) 2 (*amante*) Gespiele m, (Gespielin) f *scherz*.

amichévole *agg* 1 (*da amico*) {SGUARDO, TRATTAMENTO} freundschaftlich 2 *inform* {PROGRAMMA} benutzerfreundlich 3 *sport* {PARTITA} Freundschafts-: **incontro ~**, Freundschaftsspiel n.

amicizia *f* 1 (*legame, affetto*) Freundschaft *f*: **dimostrare a qu la propria ~**, jdm seine Freundschaft beweisen; **in tutta ~**, in aller Freundschaft 2 (*relazione amorosa*) Verhältnis n 3 (*solo pl*) *fig* Beziehungen f pl: **avere amicizie altolocate**, gute Beziehungen haben; **ha molte amicizie**, er/sie hat viele Beziehungen ● **~ di cappello/saluto** *fig* (*superficiale*), Grußfreundschaft *f*; **~ disinteressata/interessata**, ˌselbstlose/uneiˈgennützige/[ˈeigennützige] Freundschaft; **fare/stringere ~ con qu**, mit jdm Freundschaft schließen; **~ particolare** *eufem* (*tra omosessuali*), Warme-Brüder-Freundschaft *fam spreg*; **per ~** (*disinteressatamente*), aus Freundschaft, ohne Eigennutz.

amico, (-a) <-ci, -che> **A** *agg* {PAESE} befreundet; {VOLTO} wohlwollend; (*benevolo*) {PAROLE} freundlich, gut **B** *m* (*f*) 1 (*legato da sentimenti di amicizia*) Freund(in) m(f): **~ carissimo/intimo**, liebster/intimer Freund; **~ di famiglia**, Freund m des Hauses/der Familie; **~ d'infanzia**, Jugendfreund m; **è meglio averlo ~ che nemico**, es ist besser, ihn zum Freund als zum Feind haben 2 *eufem* (*amante*) Freund(in) m(f), Geliebte mf decl come agg: **avere/farsi l'~**, einen Freund haben, sich (dat) einen Freund zulegen/anschaffen *fam* 3 *fam* (*persona non determinata*) Freund(in) m(f): **ehi, ~, che intenzioni hai?**, he, du/Alter/[alter Freund], was hast du denn vor? 4 *<di solito al pl>* (*cultore*) Freunde m pl: **associazione degli amici del teatro**, Verein der Theaterfreunde ● **l'~ del cuore** *fig* (*migliore*), Busen-/Herzensfreund m; **falso ~** *ling*, falscher Freund; **~ del giaguaro** *fig scherz* (*chi sta dalla parte dei nemici*), Treuloser m *anche scherz*, Überläufer m, Judas m *spreg o scherz*, Schlange *f spreg o scherz*; **essere amici per la pelle** *fig* (*molto*), miteinander durch dick und dünn gehen; **amici come prima** *fam*, nichts für ungut; **dagli amici mi guardi Iddio, ché dai nemici mi guardo io** *prov*, Gott schütze mich vor meinen Freunden, um meine Feinde kümmere ich mich selber; **chi trova un ~ trova un tesoro** *prov*, wer einen Freund hat ˌkann sich glücklich schätzen/[ist reich]; ein treuer Freund ist wie ein festes Zelt, wer einen solchen findet, hat einen Schatz gefunden; ein wahrer Freund ist Gold wert.

amidàceo, (-a) *agg* (*che contiene amido*) stärkehaltig.

àmido *m* Stärke *f*; (*per la biancheria*) (Wäsche)stärke *f*.

AMIG *f abbr di* Associazione Mutilati e Invalidi di Guerra: "Italienischer Kriegsversehrten- und Kriegsinvalidenverband".

amigdala *f* 1 *anat* (*tonsilla*) Mandel *f* 2 *archeol* Faustkeil m 3 *min* mandelförmiges Gestein.

aminoacido → **amminoacido**.

amlètico, (-a) <-ci, -che> *agg* 1 (*di Amleto*) hamletisch 2 *fig* (*contraddittorio e irresoluto*) {CARATTERE, CONTEGNO} hamletisch: **dubbio ~**, quälender/bohrender Zweifel.

Amm. *abbr di* Ammiraglio: Adm. (*abbr di* Admiral).

ammaccàre <ammacco, ammacchi> **A** *tr* 1 (*deformare*) **~ qc** {SASSO AUTOMOBILE, PARAFANGO, PENTOLA} *etw* verbeulen: **la grandine ha ammaccato la frutta**, durch den Hagel hat das Obst Druckstellen/Dellen bekommen 2 (*provocare contusioni*) **~ qc a qu** {AVVERSARIO NASO} *jdm etw* ein|schlagen; {COSTOLE, OSSA} *jdm etw* quetschen: **~ l'occhio a qu**, jdm ein blaues Auge schlagen **B** *itr pron*: **ammaccarsi** 1 (*deformarsi*) {AUTOMOBILE, PENTOLA, VASSOIO} sich verbeulen, Dellen bekommen: **si è ammaccato il paraurti**, die Stoßstange hat eine Delle 2 (*guastarsi*) {VERDURA} Druckstellen bekommen: **stai attento che la frutta non si ammacchi**, pass auf, dass das Obst keine Druckstellen bekommt.

ammaccatùra *f* 1 {+PARAURTI} Beule *f* 2 {+PARTI DEL CORPO} Quetschung *f* 3 {+FRUTTA} Druckstelle *f*.

ammaestramento *m* 1 (*addestramento*) {+ANIMALI} Dressur *f* 2 (*insegnamento*) {+ALLIEVI, MASSE} Unterweisung *f*, Belehrung *f* 3 (*lezione*) {+STORIA} Unterricht m 4 *forb* (*precetti*) Belehrung *f*, Lehre *f*.

ammaestràre *tr* 1 (*addestrare*) **~ qc** {CAVALLO, PULCI, SCIMMIA} *etw* dressieren; {CANE} *anche etw* ab|richten 2 (*istruire*) **~ qu in qc** {MASSE} *jdn in etw* (dat) unterweisen, *jdn über etw* (acc) belehren: **~ gli allievi nel canto**, die Schüler im Singen unterweisen, den Schülern das Singen beibringen 3 (*rendere esperto*) **~ (qu)** {DISGRAZIE, EVENTI, STORIA} (*für jdn*) lehrreich sein: **l'esperienza ammaestra più d'ogni consiglio**, die Erfahrung lehrt mehr als jeglicher Ratschlag, durch Schaden wird man klug *prov*, Erfahrung ist die beste Lehrmeisterin *prov* **4** *fig* (*plagiare*) ~ **qu** *jdn* ab|richten *spreg*: **l'hanno ammaestrato proprio bene!**, sie haben ihn wirklich gut abgerichtet! *spreg*.

ammaestratóre, (**-trice**) *m* (*f*) {+ORSI} Ausbilder(in) *m*(*f*), Dresseur *m*.

ammagliàre <*ammaglio, ammagli*> *tr* ~ **qc 1** (*legare*) {BALLE, CASSE} *etw* ein|schnüren, *etw* zu|schnüren **2** (*fare il bordo*) {MATERASSO} *etw* um|nähen **3** (*nei lavori femminili*) *etw* auf|nehmen.

ammainabandièra <-> *m* (*manovra*) Flaggeneinholung *f*: **fare l'~**, die Flagge einholen.

ammainàre *tr* **1** (*abbassare*) ~ (**qc**) {BANDIERA} *etw* ein|holen, *etw* ein|ziehen: **~ a mezz'asta**, auf Halbmast setzen **2** *mar* (*calare*) ~ (**qc**) {ALBERETTO, PENNONE, VELA} *etw* streichen.

ammalàre A *itr* <*essere*> (*cadere malato*) {ANIMALI, PERSONE} erkranken, krank werden: **all'improvviso il ragazzo ammalò**, plötzlich erkrankte der Junge B *itr pron* (*diventare malato*): **ammalarsi** (**di qc**) (*an etw dat*) erkranken, krank werden, *etw* kriegen *fam*; **ci siamo ammalati di varicella due mesi fa**, vor zwei Monaten sind wir an Windpocken erkrankt/[bekamen wir die Windpocken].

ammalàto, (**-a**) A *agg* krank: **~ di cuore/fegato**, herz-/leberkrank; **essere ~ di tumore**, einen Tumor haben B *m* (*f*) Kranke *mf* *decl come agg*: **~ di cuore**, Herzkranke *m* (*f*) *decl come agg*.

ammaliaménto *m* Bezauberung *f*.

ammaliàre <*ammalio, ammalii*> *tr* ~ **qu 1** (*legare con malie*) {MAGA, STREGA} *jdn* verzaubern **2** *fig* (*incantare*) {BELLEZZA, DONNA, SUONO} *jdn* bezaubern, *jdn* betören: **la sua voce lo ammaliò**, ihre Stimme betörte ihn.

ammaliatóre, (**-trice**) A *agg* (*che ammalia*) {SGUARDO, SORRISO} bezaubernd, betörend B *m* (*f*) **1** (*chi ammalia*) Zauberer(in) *m*(*f*) **2** *fig* (*affascinatore*) bezaubernder Mensch.

ammalinconìre <*ammalinconisco*> A *tr* <*avere*> (*immalinconire*) ~ (**qu**) *jdn* melancholisch stimmen B *itr* <*essere*> *itr pron* (*diventare malinconico*): **ammalinconirsi** melancholisch werden.

ammànco <*-chi*> *m* (*disavanzo*) Fehlbetrag *m*: **~ di cassa**, Fehlbetrag *m* in der Kasse.

ammandorlàto, (**-a**) *agg* (*a forma di mandorla*) rauten-, mandelförmig.

ammanettàre *tr* ~ **qu 1** (*legare con manette*) {POLIZIOTTO DELINQUENTE, LADRO} *jdm* Handschellen an|legen **2** (*arrestare*) {GUARDIA IMPUTATO} *jdn* fest|nehmen: **poco dopo il furto li ammanettarono tutti**, kurz nach dem Diebstahl wurden alle festgenommen.

ammanicàrsi <*mi ammanico, ti ammanichi*> *itr pron fam*: ~ (**con qu**) Beziehungen (*zu jdm*) an|knüpfen/auf|nehmen.

ammanicàto, (**-a**) *agg fam* ~ (**con qu**) *mit jdm* verfilzt, (*von jdm*) protegiert *forb*: **essere ~ con ambienti mafiosi**, mit der Mafia verfilzt sein.

ammanieràre *tr* ~ **qc** {STILE} *etw* aus|schmücken, *etw* zieren; {ABITO} *etw* auf|putzen.

ammanieràto, (**-a**) *agg* (*artificioso*) {DISCORSO, STILE} manieriert *forb spreg*, gekünstelt.

ammanigliàto, (**-a**) *agg* (*unito con maniglie*) verklammert • **essere ~** *fig fam* (*avere agganci*), an der Quelle sitzen, Beziehungen/[Vitamin B *fam*] haben.

ammannìre <*ammannisco*> *tr obs* (*prepara-*

re) ~ **qc** {CUOCA CENA, PRANZO} *etw* zu|bereiten, *etw* vor|bereiten.

ammansìre <*ammansisco*> A *tr* **1** (*rendere mansueto*) ~ **qc** {DOMATORE BELVE, FIERE} *etw* zähmen, *etw* zahm machen **2** *fig* (*calmare*) ~ **qu** *jdn* besänftigen, *jdn* beschwichtigen: **con un sorriso ha ammansito il padre**, mit einem Lächeln besänftigte er/sie seinen/ihren Vater B *itr itr pron* (*calmarsi*): **ammansirsi** sich beruhigen: **dopo qualche minuto si ammansì**, nach einigen Minuten beruhigte er/sie sich.

ammantàre *lett* A *tr* **1** (*avvolgere con manto*) ~ **qu** {SIGNORA, SPOSA} *jdn* in einen Mantel hüllen; ~ **qc** {SCULTURA} *etw* verhüllen **2** (*coprire*) ~ **qc** (**di qc**) {BRINA, FIORI CAMPAGNA, PIANURA, MONTE} *etw* (*mit etw dat*) bedecken, *etw* (*mit etw dat*) überziehen: **l'inverno ammanta di neve le cime delle montagne**, der Winter bedeckt die Bergspitzen mit Schnee **3** *fig* (*nascondere*) ~ **qc** {DIFETTO, VERITÀ} *etw* vertuschen, *etw* verstecken; {ESISTENZA DI QU} *etw* verbergen B *itr pron*: **ammantarsi di qc 1** (*coprirsi*) {CAMPAGNA DI BRINA, DI NEVE} sich *mit etw dat* bedecken/überziehen: **il prato si ammanta di fiori**, die Wiese ist mit Blumen übersät **2** *fig* (*ostentare*) {DI DIGNITÀ, DI ONORE, DI VIRTÙ} *etw* vor|täuschen: **ammantarsi della propria saggezza**, Weisheit vortäuschen.

ammàppalo *eufem* → **ammazzalo**.

ammàppete *eufem* → **ammazzate**.

ammaràggio <*-gi*> *m aero* {+AEREO, ELICOTTERO, IDROVOLANTE, NAVICELLA SPAZIALE} Wassern *n*, Wasserung *f*.

ammaràre *itr* <*essere o avere*> *aero* (*AEREO, ELICOTTERO, IDROVOLANTE, NAVICELLA SPAZIALE*) auf dem Wasser landen, wassern.

ammarràre ~ **qc 1** *rar mar* (*ormeggiare*) {BARCA, BATTELLO} *etw* verankern, *etw* vertäuen **2** *tecnol* (*fissare*) {CAVO, FUNE} *etw* fest|machen.

ammassaménto *m* **1** (*accumulo*) {+LIBRI, MERCE, ROTTAMI} Aufhäufung *f* **2** {+TRUPPE} Zusammenziehung *f*, Konzentration *f*.

ammassàre A *tr* **1** (*ammucchiare*) ~ **qu** (+ **compl di luogo**) {SOLDATI, TRUPPE} *jdn* (*irgendwo*) zusammen|ziehen: **avevano ammassato tutto l'esercito alla frontiera**, sie hatten die ganze Armee an der Grenze zusammengezogen; ~ **qc** (+ **compl di luogo**) {LIBRI, PROVVISTE, ROTTAMI} *etw* (*irgendwo*) auf|häufen, *etw* an|sammeln: **ho ammassato i vestiti sul letto**, ich habe die Kleider auf dem Bett zusammengelegt **2** (*accumulare*) ~ **qc** {DENARO, GIOIELLI, RICCHEZZE} *etw* an|häufen **3** *agr* (*portare all'ammasso*) ~ **qc** (**in qc**) {GRANO NEI SILO} *etw* (*in etw dat*) (auf)|speichern B *itr pron*: **ammassarsi** (+ **compl di luogo**) (*accalcarsi*) {GENTE, PUBBLICO} sich (*irgendwo*) zusammen|drängen: **la folla si ammassò nel rifugio**, die Menschenmenge drängte sich im Luftschutzraum zusammen **2** (*accumularsi*) {DENARO, ORO} sich (*irgendwo*) an|häufen.

ammassicciàre <*ammassiccio, ammassicci*> A *tr* ~ **qc 1** (*ammucchiare*) *etw* an|häufen **2** (*riunire in massa compatta*) *etw* fest|machen **3** (*massicciare*) {STRADA} *etw* beschottern B *itr pron* (*rassodarsi*): **ammassicciarsi** {FERRO} fest werden.

ammàsso *m* **1** (*mucchio*) {+CARTACCE} Haufen *m* **2** *astr* {+GALASSIE} Anhäufung *f* **3** *dir econ* {+PRODOTTI} Ablieferung *f*: **portare qc all'~**, *etw* ab|liefern; (*deposito*) Sammelstelle *f* **4** *geol* Ablagerung *f*.

ammattìre <*ammattisco*> *itr* <*essere*> **1** (*diventare matto*) ~ **per qc, a causa di qc, in seguito a qc, con qc** {PER IL DOLORE, IN SEGUITO A UNA MALATTIA, CON UN PROBLEMA, PER LA

RABBIA} *durch etw* (*acc*)/[*wegen etw* (*gen*)]/[*infolge etw* (*gen*)]/[*bei etw* (*dat*)] verrückt/wahnsinnig werden, *durch etw* (*acc*)/[*wegen etw* (*gen*)]/[*infolge etw* (*gen*)]/[*bei etw* (*dat*)] den Verstand verlieren **2** *fig* (*perdere la pazienza*) ~ **con qu/qc** *bei jdm/etw* verrückt werden, *bei jdm/etw* den Verstand verlieren: **con lei/lui c'è da ~**, der/sie kann einen verrückt machen/[zum Wahnsinn treiben], es ist zum Verrücktwerden mit ihm/ihr!; **far ~ qu**, *jdn* verrückt machen; **io ammattisco!**, ich werde noch verrückt!; **questo lavoro mi fa ~**, diese Arbeit macht mich noch verrückt **3** *fig* (*scervellarsi*) ~ (**su qc**) {SU UN PROBLEMA, SU UNA QUESTIONE} sich (*dat*) (*über etw acc*) den Kopf zerbrechen.

ammattonàre *tr* (*pavimentare con mattoni*) ~ **qc** {CANTINA, LOCALE, STANZA} *etw* mit Backsteinen aus|legen/aus|kleiden.

ammattonàto, (**-a**) *edil* A *agg* gepflastert B *m* (Backstein)pflaster *n*.

ammàzza *inter centr* (*accidenti*) Donnerwetter! *fam*.

ammazzacaffè <-> *m fam* Verdauungsschnaps *m*.

ammàzzalo *inter rom fam* (*accidenti*) Donnerwetter! *fam*.

ammazzaménto *m* **1** *rar* (*strage*) Blutbad *n* **2** *fig* (*lavoro*) Schufterei *f fam*.

ammazzàre A *tr* **1** (*uccidere*) ~ **qu/qc** (**con qc**) {ANIMALI, PERSONE CON LA PISTOLA, COL PUGNALE, COL VELENO} *jdn/etw* (*mit etw dat*) töten, *jdn/etw* (*mit etw dat*) um|bringen: **la malattia l'ha ammazzato in pochi mesi**, die Krankheit hat ihn in wenigen Monaten dahingerafft **2** (*macellare*) ~ (**qc**) {MACELLAIO AGNELLO, BUE, MAIALE} (*etw*) schlachten: **in questa macelleria si ammazza il martedì**, in dieser Metzgerei wird dienstags geschlachtet **3** (*affaticare*) ~ **qu** {CALURA, FATICA} *jdn* (*fast*) um|bringen, *jdn* fertig|machen *fam*: **tutti questi impegni mi ammazzano**, all diese Verpflichtungen bringen mich (fast) um; **un lavoro che ammazza**, eine aufreibende Arbeit **4** (*deprimere*) ~ **qu** {NOIA, OZIO} *jdn* um|bringen, *jdn* erdrücken: **l'inazione mi ammazza**, Untätigkeit bringt mich um **5** (*ingannare*) ~ **qc** {TEMPO} *etw* tot|schlagen; {NOIA} sich (*dat*) *etw* vertreiben **6** (*nei giochi di carte*) (*superare*) ~ **qc** (*etw*) stechen: **l'asso ammazza il re**, Ass sticht König B *itr pron* (*perdere la vita*): **ammazzarsi ums Leben kommen, um|kommen: si è ammazzato in un incidente automobilistico**, er ist bei einem Autounfall ums Leben gekommen C *rfl* **1** (*darsi la morte*): **ammazzarsi** (**con qc**) {CON LA PISTOLA} sich (*mit etw dat*) um|bringen, sich (*mit etw dat*) töten, (*mit etw dat*) Selbstmord begehen: **per il dispiacere si è ammazzato**, er hat sich vor Kummer umgebracht; **si è ammazzata per lui**, sie hat sich seinetwegen umgebracht; **si è ammazzato impiccandosi/[col veleno]**, er hat sich aufgehängt/vergiftet **2** *fig* (*sovraccaricare*): **ammazzarsi di qc** sich *vor etw* (*dat*) (fast) um|bringen: **non dovresti lavorare così tanto, ti ammazzi di fatica**, du solltest nicht so viel arbeiten, du machst dich noch kaputt/[schuftest dich noch tot *fam*] D *rfl rec*: **ammazzarsi** sich gegenseitig um|bringen, sich gegenseitig töten • **lo ammazzo!** *fam*, ich bringe ihn (noch) um!; ~ **qu di botte/legnate** *fig* (*ridurre in gravi condizioni*), *jdn* brutal zusammenschlagen, *jdn* krankenhausreif schlagen *fam*; **non ammazzarsi certamente di fatica** *fig fam* (*non faticare molto*), sich nicht gerade überanstrengen *fam*; **non ammazzarsi certamente di lavoro** *fig fam* (*non lavorare molto*), sich nicht gerade ⌊zu Tode schuften/arbeiten *fam*⌋/[totarbeiten *fam*]/[überarbeiten].

ammazzasètte <-> mf (*spaccone*) Aufschneider(in) m(f) *fam spreg*, Prahler(in) m(f).

ammazzàta f *fig fam* (*sfacchinata*) Plackerei f *fam*, Schinderei f *spreg*.

ammàzzate inter *region fam* (*accidenti*) Donnerwetter!

ammènda f **1** *fig* Buße f: **fare ~ dei propri peccati**, (für) seine Sünden büßen **2** *dir sport* Geldstrafe f.

ammennìcolo m **1** (*cavillo*) Vorwand m, Ausflucht f **2** (*cosa piccola e di poco valore*) Kleinigkeit f: **una stanza piena di ammennìcoli**, ein Zimmer voller Kleinkram *fam* **3** <*solo pl*> (*accessori*) Zubehörteile m pl.

ammèsso, (-a) A agg **1** (*introdotto*) **~ a qc** {OSPITE A CORTE} in etw (dat) vorgelassen **2** (*accettato*) ~ **a qc** {AVVOCATO ALL'ORDINE, MARATONETA A UNA GARA, STUDENTE ALLA SCUOLA DI PERFEZIONAMENTO} in etw (dat) zugelassen **3** (*tollerato*) ~ {CONTESTAZIONE, DISCUSSIONE} erlaubt, geduldet **4** (*riconosciuto*) {COLPA, ERRORE, TORTO} zugegeben B m (f) Zugelassene mf decl come agg C loc cong (*anche se*): **~ che... congv**. vorausgesetzt, dass... *ind*: **ammesso e non concesso che tu abbia ragione**, angenommen, dass du wirklich Recht hast.

ammétttere <*coniug come mettere*> tr **1** (*introdurre*) ~ **qu a qc** {ALLA PRESENZA DI QU} jdn zu etw (dat) zu|lassen: **il fedele è stato ammesso all'udienza papale**, der Gläubige ist zur päpstlichen Audienz zugelassen worden **2** (*accogliere*) ~ **qu in qc** {NELLA FAMIGLIA, IN UN ISTITUTO DI CURA, NELLA SOCIETÀ} jdn in etw (acc) auf|nehmen **3** (*accettare*) ~ **qu/qc (a qc)** {STUDENTE ALL'ACCADEMIA, ALL'ESAME, DOMANDA} jdn/etw (zu etw dat) zu|lassen **4** (*tollerare*) ~ **qc** {SCUSA} etw dulden, etw zu|lassen: **non ammettiamo discussioni**, wir dulden keine Diskussionen; **queste cose in casa mia non le ammetto**, das lasse ich in meinem Haus nicht zu **5** (*riconoscere*) ~ **qc** {ESISTENZA DI DIO, RAGIONE} etw zu|geben, {TORTO} anche etw ein|räumen: **bisogna ~ che non hai tutti i torti**, man muss einräumen/zugeben, dass du nicht ganz Unrecht hast; **hai ragione, lo ammetto, però...**, ich gebe zu, dass du Recht hast, aber...; **sì, mi sono sbagliato, lo ammetto**, ich gebe zu, dass ich mich geirrt habe **6** (*supporre*) ~ **qc** {BUONA FEDE, RAGIONE} etw an|nehmen, etw voraus|setzen, *von* etw (dat) aus|gehen: **ammettiamo pure che non l'abbia fatto apposta**, ⌊nehmen wir ruhig an⌋/[gehen wir ruhig davon aus], dass er/sie es nicht absichtlich getan hat; **anche ammettendo la sua innocenza...**, auch wenn man ⌊annimmt, dass er/sie unschuldig ist⌋/[seine/ihre Unschuld voraussetzt]...

ammezzàre tr ~ **qc 1** (*riempire a metà*) {RECIPIENTE} etw halb füllen **2** (*vuotare a metà*) {CONTENITORE} etw halb leeren **3** (*fare a metà*) {LAVORO} etw halb aus|führen **4** (*dire a metà*) {FRASE} etw zur Hälfte aus|sprechen.

ammezzàto m *edil* Halb-, Zwischengeschoss n.

ammezzìre <*ammezzìsco*> itr <*essere*> itr pron: **ammezzìrsi** {FRUTTA} überreif werden.

ammiccaménto m **1** (*ammicco*) Blinzeln n, Zublinzeln n **2** med Zwinkern n.

ammiccànte agg *fig* (*allusivo*) {SGUARDO} anspielend, anspielungsreich, bedeutungsvoll: **battuta ~**, Anspielung f.

ammiccàre <*ammicco, ammicchi*> itr **1** (*fare cenni d'intesa con gli occhi*) ~ **a qu** {A UN AMICO, A UNA DONNA} jdm zu|zwinkern, jdm zu|blinzeln **2** *fig* (*fare segni d'intesa*) **~ a qu** *mit* jdm flirten, *mit* jdm liebäugeln: **il centro ammicca alla destra**, die Mitte liebäugelt mit der Rechten **3** (*nei giochi di carte*) (*intendersi a cenni*) sich mit Zeichen verständlich machen, Zeichen geben.

ammìcco <-*chi*> m (*atto*) Zwinkern n, Zublinzeln n.

ammìde m *chim* Amid n.

ammìna f *chim* Amin n.

amministràre A tr ~ **qc 1** (*gestire*) {AFFARI, BENI, COMUNE, CONDOMINIO, PATRIMONIO, STATO} etw verwalten: **la giustizia**, Recht sprechen **2** *fig* {FORZA, TEMPO} (sich dat) etw ein|teilen, *mit* etw (dat) haus|halten; {COMBATTIMENTO, GUERRA} etw führen **3** *relig* {SOMMINISTRARE} {PRETE SACRAMENTI} etw spenden; *rar* {MAMMA MEDICINA} etw verabreichen B itr pron (*gestirsi*): **amministrarsi** sich organisieren, (sich dat) die Zeit ein|teilen: **è incapace di amministrarsi da un punto di vista economico**, er/sie kann einfach nicht mit Geld umgehen.

amministratìvo, (-a) agg {ATTO, DIRITTO, ELEZIONE, POTERE, QUESTIONE} administrativ, Verwaltungs-.

amministràto, (-a) A agg **1** (*gestito*) {AZIENDA} verwaltet **2** (*determinato dalla pubblica amministrazione*) {PREZZI, TARIFFE} amtlich festgelegt B m (f) Anvertraute mf decl come agg, Bürger(in) m(f): **il municipio ha molta cura degli amministrati**, die Stadtverwaltung kümmert sich sehr um ihre Bürger.

amministratóre, (-trice) m (f) (*responsabile*) {+SOCIETÀ} Verwalter(in) m(f): **~ delegato**, ⌊Vorsitzende m decl come agg des Verwaltungsrates⌋/[Geschäftsführer] m (einer Aktiengesellschaft) ● **~ di rete** *inform*, Systemverwalter m.

amministrazióne f **1** (*organizzazione*) {+PATRIMONIO FAMILIARE, SOCIETÀ} Verwaltung f: **la pubblica ~**, die öffentliche Verwaltung; {+GIUSTIZIA} Pflege f **2** (*ufficio*) Verwaltung f **3** *dir* Verwaltung f: **~ controllata**, Geschäftsaufsicht f (zur Abwendung des Konkurses); **~ locale**, Lokalverwaltung f; **~ straordinaria**, außerordentliche Verwaltung ● **cose di ordinaria ~** *fig* (*normali*), alltägliche Angelegenheiten f pl.

amminoacìdo m *chim* Aminosäure f.

ammiràbile agg (*straordinario*) bewundernswert.

ammiràglia f **1** *autom* Begleitwagen m **2** *mar* Flaggschiff n.

ammiràglio <-*gli*> m *mar mil* Admiral m.

ammiràre tr **1** (*osservare*) ~ **qc** {OPERA D'ARTE, PAESAGGIO} etw bewundern, etw bestaunen **2** (*stimare*) ~ **qu per qc** jdn wegen etw (gen) bewundern, jdn wegen etw (gen) schätzen: **tutti lo ammirano per il suo coraggio**, alle bewundern ⌊ihn wegen seines Mutes⌋/[seinen Mut] **3** *fig* (*apprezzare*) ~ **qc** {LA FORZA DI UNA MADRE} etw bewundern, voller Bewunderung *für* etw (acc) sein: **ammiro la tua sfacciataggine!** *iron*, deine Frechheit ist ja bewundernswert!

ammiràto, (-a) agg **1** (*stimato*) bewundert: **era un attore molto ~**, er war ein sehr bewunderter Schauspieler **2** (*pieno di ammirazione*) voller Bewunderung: **essere/rimanere ~ di qc**, etw bewundern, voller Bewunderung für etw (acc) sein.

ammiratóre, (-trice) m (f) **1** (*estimatore*) {+BELLO} Bewunderer m, (Bewund(r)erin f) **2** (*fan*) {+ATTORE} Verehrer(in) m(f), Fan m **3** (*spasimante*) Verehrer m(f).

ammirazióne f (*apprezzamento*) Bewunderung f: **nutrire/provare/sentire ~ per qu/qc**, für jdn/etw Bewunderung hegen/empfinden/verspüren, jdn/etw bewundern.

ammirévole agg (*straordinario*) {CORAGGIO, FORZA} bewundernswert.

ammissìbile agg **1** (*accettabile*) annehmbar, akzeptabel: **(non) è ~ che ... congv**, es ist (nicht) akzeptabel, dass ... *ind*; man kann durchaus (nicht) zulassen, dass ... *ind* **2** *dir* {AZIONE, RICORSO} zulässig.

ammissibilità <-> f **1** (*accettabilità*) **~ a qc** {+STUDENTE ALL'ESAME} Zulässigkeit f zu etw (dat) **2** *dir* {+RICORSO} Zulässigkeit f.

ammissióne f **1** (*l'ammettere*) ~ **(a qc)** {+STUDENTE A UN ESAME} Zulassung f (zu etw dat); {+SOCIO A UN CIRCOLO} Aufnahme f (in etw acc) **2** (*confessione*) Eingeständnis n: **fare delle ammissioni**, etw eingestehen.

Amm.ne abbr *di* Amministrazione: Verw. (abbr *di* Verwaltung).

ammobigliàre e deriv → **ammobiliare** e deriv.

ammobiliaménto m (*arredamento*) {+CASA} Möblierung f.

ammobiliàre <*ammobilio, ammobili*> tr (*arredare*) ~ **qc** {APPARTAMENTO, STANZA} etw möblieren, etw ein|richten.

ammobiliàto, (-a) agg (*arredato*) {APPARTAMENTO, CAMERA} möbliert.

ammodernaménto m (*rinnovamento*) Modernisierung f; (*azione*) anche Modernisieren n.

ammodernàre A tr (*rimodernare*) ~ **qc** {CAPPOTTO, PALAZZO, STILE, VESTITO} etw modernisieren: **hanno ammodernato l'arredamento della loro casa**, sie haben ihre Wohnung(seinrichtung) modernisiert B rfl (*aggiornarsi*): **ammodernarsi** sich der Zeit an|passen: **dovresti cercare di ammodernarti!**, du solltest versuchen, dich der Zeit anzupassen!; **si sono ammodernati nello stile**, sie haben ihren Stil der Zeit angepasst.

ammòdo A <inv> agg (*educato*) {PERSONA} anständig B avv (*per bene*) anständig: **fare le cose ~**, die Dinge richtig/anständig/[wie es sich gehört] machen.

ammogliàre <*ammoglio, ammogli*> A tr (*dare moglie*) ~ **qu (con qu)** {RAGAZZO CON LA FIDANZATA} jdn (mit jdm) verheiraten: **ha ammogliato il figlio maggiore con una brava ragazza**, er/sie hat seinen/ihren ältesten Sohn mit einem anständigen Mädchen verheiratet B rfl (*prendere moglie*): **ammogliarsi (con qu)** {CON UNA DONNA} jdn heiraten: **si è ammogliato con la sua migliore amica**, er hat seine/ihre beste Freundin geheiratet.

ammogliàto A agg (*sposato*) verheiratet B m ein verheirateter Mann.

ammollàre① A tr ~ **qc (in qc) 1** (*rendere molle*) {LEGUMI, TESSUTO} etw (in etw dat) ein|weichen: **~ il pane nel latte**, das Brot in Milch einweichen/eintauchen **2** (*mettere a mollo*) {BUCATO, PANNI} etw ein|weichen B itr pron: **ammollarsi (+ compl di luogo) 1** (*diventare molle*) {FAGIOLI, LENTICCHIE NEL LATTE, NEL VINO} (*irgendwo*) weich werden: **il pane si ammolla nell'acqua**, das Brot wird im Wasser weich **2** *fam* (*inzupparsi*) {NEL FIUME} durchnässt/⌊durch und durch nass⌋/[klatschnass] *fam* werden: **è rimasto due ore ad ammollarsi sotto la pioggia**, er stand zwei Stunden im Regen und war völlig durchgeweicht.

ammollàre② tr **1** (*allentare*) ~ **qc** {CAVO, CORDA} etw lockern, etw nach|lassen **2** *fig* (*appioppare*) ~ **qc (a qu)** {PUGNO, SCHIAFFO} jdm etw versetzen, jdm etw verpassen *fam* **3** *fig* (*rifilare*) ~ **qc (a qu)** {BANCONOTA FALSA, MERCE AVARIATA} jdm etw an|hängen, jdm etw an|drehen *fam*: **mi hanno ammollato cin-**

que euro falsi di resto, man hat mir beim Rausgeben 5 Euro Falschgeld angedreht *fam*.
ammollimènto m Erweichung f; (*azione*) anche Erweichen n.
ammollìre <*ammollisco*> **A** tr **1** (*ammorbidire*) ~ *qc* {CALORE, SOLE BURRO, CERA, CERALACCA, PECE} *etw* auf|weichen, *etw* erweichen: **il caldo ammollisce l'asfalto**, die Hitze weicht den Asphalt auf **2** *forb lett* (*mitigare*) ~ *qc* {DOLORE DI QU, PENA DI QU} *etw* lindern, *etw* mildern **3** *fig* (*infiacchire*) ~ *qu* {COMODITÀ, OZIO} *jdn* verweichlichen: **il lusso eccessivo l'ha ammollito**, sein allzu luxuriöses Leben hat ihn verweichlicht **B** itr pron **1** (*ammorbidirsi*): **ammollirsi** {BURRO, CERA, CERALACCA, PECE} weich werden **2** *fig* (*intenerirsi*): **ammollirsi** gerührt sein **3** *fig* (*infiacchirsi*): **ammollirsi in qc** {NELLE COMODITÀ, NELL'OZIO} durch *etw* (acc) verweichlichen.
ammòllo m (*prelavaggio*) Einweichen n: **lasciare qc in ~**, *etw* einweichen.
ammonìaca f *chim* Ammoniak n.
ammoniménto m **1** (*avvertimento*) Ermahnung f **2** (*rimprovero non grave*) Verweis m, Rüge f **3** (*per ammaestramento*) Belehrung f.
ammònio m *chim* Ammonium n.
ammonìre <*ammonisco*> tr **1** (*mettere in guardia*) ~ *qu* (*contro qc*) {CONTRO UN PERICOLO} *jdn* (*vor etw* dat) warnen: **l'ho ammonito molte volte contro i pericoli di questa situazione**, ich habe ihn oft vor den Risiken dieser Situation gewarnt; **ti avevo ammonito che a frequentare quelle persone saresti finito male**, ich hatte dich davor gewarnt, dass du durch den Umgang mit diesen Leuten ein schlimmes Ende nehmen würdest **2** (*esortare*) ~ *qu* jdn ermahnen; ~ qu a non fare qc, *jdn* ermahnen, etw nicht zu tun; **l'aveva ammonita a non andare nel bosco**, er/sie hatte sie ermahnt, nicht in den Wald zu gehen **3** (*ammaestrare*) ~ *qu* {ERRORE, LEZIONE} eine Lehre/lehrreich *für jdn* sein, *jdm* eine Lehre sein: **l'esempio ti ammonisca a esser più saggio**, das Beispiel soll dir eine Lehre sein, dich klüger zu verhalten **4** (*rimproverare*) ~ *qu* (*per qc*) {ALLENATORE, PADRE GIOCATORE, FIGLIO} *jdn* (*wegen etw* gen) rügen, *jdn* (*wegen etw* gen) zurecht|weisen: **la maestra ammonì lo scolaro per aver fatto troppo baccano durante la lezione**, die Lehrerin rügte den Schüler, weil er während der Stunde zu viel Lärm gemacht hatte **5** *amm dir* (*rivolgere un'ammonizione*) ~ *qu* {POLIZIA CONDUCENTE DELL'AUTOMOBILE} *jdn* verwarnen **6** *dir* (*avvertire*) ~ *qu* {MAGISTRATO PARTI} *jdn* belehren: **il giudice ha ammonito i testimoni**, der Richter hat die Zeugen belehrt; *sport* ~ *qu* (*per qc*) {ARBITRO GIOCATORE} *jdn* (*wegen etw* gen) verwarnen: **il centravanti è stato ammonito dall'arbitro per fallo**, der Mittelstürmer ist vom Schiedsrichter wegen eines Fouls verwarnt worden.
ammonìte f *zoo* (*fossile*) Ammonit m, Ammonshorn n.
ammonitìvo, (-a) agg (*di monito*) {RICHIAMO} (er)mahnend.
ammonìto, (-a) **A** agg **1** (*rimproverato*) zurechtgewiesen **2** *dir sport* verwarnt **B** m (f) (*persona*) Verwarnte mf decl come agg.
ammonitóre, (-trice) **A** agg **1** (*di rimprovero*) {VOCE} mahnend **2** (*di avvertimento*) {SOGNO} warnend **B** m (f) Mahner(in) m(f).
ammonizióne f **1** (*avvertimento*) Mahnung f **2** (*rimprovero*) Verweis m, Rüge f; *amm dir* Verwarnung f **3** *sport* Verwarnung f, Verweis m.

ammontàre① **A** tr <*avere*> (*ammassare*) ~ *qc* (+ *compl di luogo*) {BAGAGLI, CASSE, LIBRI} *etw* (*irgendwo*) auf|häufen: **ho ammontato la legna in giardino**, ich habe das Holz im Garten aufgestapelt **B** itr <*essere*> (*raggiungere*) ~ *a qc* {MONTEPREMI, PREMIO A UNA CERTA SOMMA} sich *auf etw* (acc) belaufen, *etw* betragen: **i debiti ammontano a un milione**, die Schulden belaufen sich auf eine Million.
ammontàre② m (*importo*) {+SPESA} (Gesamt)betrag m, Summe f.
ammonticchiàre <*ammonticchio, ammonticchi*> **A** tr (*ammucchiare*) ~ *qc* (+ *compl di luogo*) {IMMONDIZIA, LIBRI, PANNI, STOVIGLIE, ecc.} *etw* (*irgendwo*) auf|häufen, *etw* (*irgendwo*) (an)sammeln: **il giardiniere ha ammonticchiato le foglie secche in un angolo del giardino**, der Gärtner hat das trockene Laub in einer Ecke des Gartens aufgehäuft; **ho ammonticchiato i vestiti sulla sedia**, ich habe die Kleider auf dem Stuhl aufgehäuft **B** rfl: ammonticchiarsi (+ *compl di luogo*) **1** (*accumularsi*) {LAVORO} sich (*irgendwo*) an|sammeln, sich (*irgendwo*) an|häufen: **le pratiche si ammonticchiano sulla scrivania**, die Akten stapeln sich auf dem Schreibtisch **2** (*accalcarsi*) {BAMBINI} sich (*irgendwo*) (eng) zusammendrängen.
ammorbaménto m **1** (*inquinamento*) {+ARIA} Verpestung f; (*azione*) anche Verpesten n **2** *fig* (*corruzione*) {+PENSIERI} Verdorbenheit f; (*azione*) anche Verderben n.
ammorbàre tr **1** (*infettare*) ~ *qu* {MALATO GENTE} *jdn* an|stecken: **una persona infetta può ammorbarne un'altra**, eine infizierte Person kann eine andere Person anstecken **2** (*appestare*) ~ *qc* {FETORE, MIASMI, TANFO AMBIENTE} *etw* verpesten: **il fumo delle ciminiere ammorba l'atmosfera**, der Rauch aus den Fabrikschloten verpestet die Atmosphäre; **un puzzo acre ammorbava l'aria**, ein beißender Gestank verpestete die Luft **3** *fig fam* (*infastidire*) ~ *qu* *jdn* nerven *fam*, *jdn* belästigen: **ci ha ammorbati per due ore con i suoi discorsi**, er/sie hat uns zwei Stunden lang mit seinem/ihrem Gerede genervt *fam* **4** *fig* (*corrompere*) ~ *qc* {OZIO, VIZIO PENSIERI, SENTIMENTI} *etw* verderben: **il pessimismo ammorba la vita**, (der) Pessimismus verleidet einem das Leben.
ammorbidènte **A** agg (*che ammorbidisce*) aufweichend **B** m (*additivo*) Weichspüler m, Weichspülmittel n.
ammorbidiménto m **1** {+PELLE} Gerbung f; (*azione*) anche Gerben n **2** {+CERA} Erweichung f; (*azione*) anche Erweichen n.
ammorbidìre <*ammorbidisco*> **A** tr <*avere*> ~ *qc* **1** (*render morbido*) {CALORE, CREMA, SOLE BURRO, CERA} *etw* weich(er) machen, *etw* erweichen: **l'impasto con un po' di latte**, den Teig mit ein wenig Milch weicher machen; ~ **la pelle di un paio di guanti**, Handschuheder geschmeidiger machen **2** *fig* (*addolcire*) {CONTRASTI, LINEAMENTI DEL VOLTO, POLITICA} *etw* mildern, *etw* sanfter machen: **gli anni non hanno ammorbidito il tuo carattere**, die Jahre haben dich nicht sanfter gemacht, dein Wesen ist durch die Jahre nicht milder geworden **3** (*sfumare*) ~ *qc* {LINEA} *etw* weicher machen: ~ **i contorni del disegno**, die Umrisse der Zeichnung weicher gestalten; {COLORI} *etw* ab|tönen **B** itr <*essere*> (*diventare morbido*) {BURRO, CERA, PECE} weich werden: **la ceralacca ammorbidisce alla fiamma**, der Siegellack wird bei Hitze weich **C** itr pron (*addolcirsi*): **ammorbidirsi** sanfter werden.
ammortaménto m *dir econ* **1** (*ripartizione di un costo in più esercizi*) Abschreibung f,

Amortisation f **2** (*estinzione*) Tilgung f.
ammortàre tr *econ* ~ *qc* **1** (*estinguere*) {DEBITO, MUTUO} *etw* amortisieren, *etw* tilgen **2** (*ripartire nel tempo*) *etw* tilgen, *etw* amortisieren: **ammortai le spese d'impianto in sei mesi**, ich tilgte die Kosten für die Anlage innerhalb von sechs Monaten.
ammortìre <*ammortisco*> tr (*smorzare*) ~ *qc* (*a qu*) {ALCOL SENSI} *etw* (*bei jdm*) trüben, *etw* (*bei jdm*) verlangsamen; {CALDO, FREDDO RIFLESSI} *etw* (*bei jdm*) dämpfen; ~ *qc* {COLORE, TINTA, TONO} *etw* (ab|)dämpfen, *etw* ab|schwächen; {CUSCINO SUONO, URTO} *etw* dämpfen, *etw* ab|schwächen: **la nebbia ammortisce i rumori**, der Nebel dämpft die Geräusche.
ammortizzaménto m **1** anche *mecc* {+URTO} Dämpfung f; (*azione*) anche Dämpfen n **2** *econ* {+DEBITO} Tilgung f; (*azione*) anche Tilgen n.
ammortizzàre tr ~ *qc* **1** *econ* (*ammortare*) {DEBITO, MUTUO} *etw* amortisieren, *etw* tilgen: **ho ammortizzato la spesa in due anni**, ich habe die Ausgabe innerhalb von zwei Jahren amortisiert **2** *mecc* (*attutire*) {COLPI, URTI, VIBRAZIONI} *etw* ab|schwächen, *etw* dämpfen.
ammortizzatóre m *tecnol* Stoßdämpfer m ● **ammortizzatori sociali** *econ*, Sozialmaßnahmen f pl.
ammosciàre <*ammoscio, ammosci*> **A** tr <*avere*> ~ *qu/qc* *jdn/etw* entkräften, *jdn/etw* kraftlos machen, *etw* welken lassen, *etw* auf|weichen: **il caldo ammoscia i fiori**, die Hitze lässt die Blumen welken **B** itr <*essere*> itr pron: **ammosciarsi 1** (*diventare moscio*) auf|weichen: **il mio cappello s'è ammosciato per la pioggia**, mein Hut ist durch den Regen aufgeweicht **2** *fig* (*perdere entusiasmo*) ermatten, sinken: **dopo tanta allegria l'ambiente si ammosciò**, nach so viel Heiterkeit sank die Stimmung.
ammoscìre <*ammoscisco*> → **ammosciare**.
ammostàre *enol* **A** tr ~ *qc* {UVA} *etw* keltern **B** itr {UVA} zu Most werden.
ammostatùra f *enol* Mostbereitung f.
Amm.re *abbr di* Amministratore: Verw. (*abbr di* Verwalter).
ammucchiaménto m (*accumulo*) An-, Aufhäufung f; (*azione*) anche An-, Aufhäufen n.
ammucchiàre <*ammucchio, ammucchi*> **A** tr **1** (*ammassare*) ~ *qc* (+ *compl di luogo*) {BAGAGLI, CASSE, LIBRI, SPAZZATURA} *etw* (*irgendwo*) stapeln, *etw* (*irgendwo*) an|häufen, *etw* (*irgendwo*) auf|häufen: **la nonna ammucchiava i mobili in cantina**, die Großmutter stapelte die Möbel im Keller **2** anche *fig* (*accumulare*) ~ *qc* {LETTERE, NOTE} *etw* an|häufen, *etw* an|sammeln; {DENARO, GIOIELLI, RICCHEZZE} anche *etw* horten **B** itr pron: **ammucchiarsi** (+ *compl di luogo*) **1** (*accalcarsi*) sich (*irgendwo*) zusammen|drängen: **la folla si ammucchiava davanti alla casa dell'attore**, die Menge drängte sich vor dem Haus des Schauspielers zusammen **2** (*accumularsi*) {MOBILI, PRATICHE} sich (*irgendwo*) stapeln, sich (*irgendwo*) an|häufen; sich (*irgendwo*) an|sammeln: **le sue lettere si ammucchiavano sulla scrivania**, seine/ihre Briefe stapelten sich auf dem Schreibtisch.
ammucchiàta f **1** (*orgia*) Gruppensex m, Orgie f **2** *spreg* (*unione confusa*) Haufen m *fam*, Anhäufung f: **un'~ di politicanti**, ein Haufen Politikaster/[von Politikastern] *fam spreg*.
ammuffìre <*ammuffisco*> itr **1** (*prender la*

ammutinamento | **AMT**

muffa; {BISCOTTI, CARTA, PANE} (ver)schimmeln; {MOBILI, TESSUTI} vermodern **2** *fig* (*restare inattivo*) {PERSONA} versauern *fam*, verkümmern: **non voglio ~ ⌊in casa⌋/⌊sui libri⌋**, ich will nicht ⌊zu Hause⌋/⌊über den Büchern⌋ versauern *fam* **3** *fig* (*restare inutilizzato*) {LIBRI} verschimmeln, verstauben: **tenere il denaro ad ~**, das Geld verschimmeln lassen; {BARCA, MOTO} verrosten, vor sich hin gammeln *fam*; **la tua bici sta ammuffendo in cantina**, dein Fahrrad ⌊verrostet im Keller⌋/⌊gammelt im Keller vor sich hin *fam*⌋.

ammutinaménto *m* Meuterei *f*.

ammutinàrsi *itr pron* ⟨*sollevarsi*⟩: {MARINAI, MILITARI} meutern: **i prigionieri si sono ammutinati**, die Gefangenen haben gemeutert.

ammutolìre ⟨*ammutolisco*⟩ **A** *tr* ⟨*avere*⟩ (*far tacere*) ~ **qu** {PAURA, SCONFORTO} jdn verstummen lassen: **lo stupore lo ammutolì**, vor Staunen verstummte er **B** *itr* ⟨*essere*⟩ **1** (*restare muto*) die Sprache verlieren: **quando il professore lo interroga ammutolisce**, wenn ihn der Lehrer ausfragt, ⌊verschlägt es ihm die Sprache⌋/⌊bringt er kein Wort heraus⌋ **2** (*tacere improvvisamente*) ~ (**per qc**) {PER LA PAURA, PER LA RABBIA, PER LO SCONFORTO} *aus/vor etw* (dat) verstummen.

amnesìa *f* **1** (*vuoto di memoria*) Gedächtnisschwund *m*, Gedächtnisverlust *m*, Amnesie *f*: **ho avuto un'~ improvvisa**, ich hatte einen plötzlichen Gedächtnisschwund **2** *med* Gedächtnisschwund *m*, Amnesie *f* *scient*.

amnèsico, (-a) <-ci, -che> *agg med* Amnesie-, amnestisch.

amnèstico, (-a) <-ci, -che> *agg med* Amnesie-, amnestisch.

àmnio *m* *anat* Fruchtblase *f*, Amnion *n* *scient*.

amniocèntesi <-> *f* *med* Fruchtwasseruntersuchung *f*, Fruchtwasserentnahme *f*, Amniozentese *f* *scient*.

amnioscopìa *f* *med* Amnioskopie *f* *scient*.

amniòtico, (-a) <-ci, -che> *agg med* Frucht-: **liquido ~**, Fruchtwasser *n*.

amnistìa *f* *dir* Amnestie *f*, Straferlass *m*.

amnistiàre ⟨*amnistio, amnistii*⟩ *tr dir* ~ **qu/qc** {DETENUTO, PRIGIONIERO, REATO} jdn/etw amnestieren.

amnistiàto *dir* **A** *agg* amnestiert **B** *m* (*f*) Amnestierte *mf decl come agg*.

àmo *m* Angelhaken *m* • **abboccare all'amo** *anche fig* (*cascarci*), anbeißen *fam*.

a mòdo → **ammodo**.

Àmok <-> *m malese psic* Amok *m*.

amoràle *agg* {PERSONA} amoralisch, unmoralisch.

amoralità <-> *f* {+COMPORTAMENTO, PERSONA} Amoralität *f*, Unmoral *f*.

amoràzzo <*pegg di amore*> *m spreg* (*tresca*) Liebschaft *f spreg*, Liebelei *f*.

amóre *m* **1** (*CORRISPOSTO, INFELICE, ROMANTICO*) Liebe *f*: **~ eterosessuale/omosessuale**, heterosexuelle/homosexuelle Liebe; **~ materno**, Mutterliebe *f*; **giurarsi ~ eterno**, sich (dat) ewige Liebe schwören; **amor patrio/proprio**, Vaterlands-/Eigenliebe *f*; **non avere un briciolo di amor proprio**, kein bisschen Selbstachtung besitzen; **provare/sentire ~ per/verso qu**, Liebe für jdn empfinden; **~ del prossimo**, Nächstenliebe *f* **2** (*persona amata*) Liebe *f*, Liebste *mf decl come agg*: **ha avuto molti amori**, er/sie hatte viele (Liebes)beziehungen **3** (*persona o cosa bella e/o buona*) Schatz *m*, Engel *m*: **quella ragazza è un ~**, dieses Mädchen ist ein Engel **4** (*zelo*) Begeisterung *f*, Hingabe *f*: **lavorare con ~**, mit Hingabe arbeiten **5** (*passione*) Liebe *f*, Leidenschaft *f*: **~ per l'arte**, Liebe *f* zur Kunst; **~ per lo studio**, Freude *f* am Lernen **6** *mitol* Amor *m* **7** *zoo* Brunst *f*: **andare/entrare/essere in ~**, in der Brunst sein • **andare/vivere d'~ e d'accordo** (*senza contrasti*), ein Herz und eine Seele sein; **per amor ⌊del cielo⌋/⌊di Dio⌋!** (*di supplica, di incitamento*), um Gottes willen!; **d'~**, {LETTERA, POESIA, ROMANZO} Liebes-; **far (al)l'~ con qu** *fig* (*avere un rapporto sessuale*), jdn lieben, mit jdm schlafen/⌊Liebe machen *fam*⌋; *fig fam* (*corteggiarlo*), jdm den Hof machen, jdn umwerben, mit jdm turteln *scherz*; **essere fortunato/sfortunato in ~**, Glück/⌊Pech/kein Glück⌋ in der Liebe haben; **per ~ o per forza** *fig* (*in tutti i modi*), wohl oder übel, notgedrungen, ob man will oder nicht; **~ libero** *fig* (*senza legami matrimoniali*), freie Liebe; **~ contro natura** *fig* (*perverso*), widernatürliche/perverse Liebe; **~ e morte lett**, Liebe und Tod; **per ~ di pace** *fig* (*per evitare litigi*), um des lieben Friedens willen; **per ~ di qu**, aus Liebe zu jdm; **per amor tuo**, dir zuliebe; **~ platonico** *fig* (*casto*), platonische Liebe *forb*; **l'~ profano/sacro** *fig relig anche arte*, die profane/sakrale Liebe, die weltliche/göttliche Liebe; **per ~ di verità** *fig* (*ad essere sinceri*), um ehrlich zu sein; **l'~ è cieco** *prov*, Liebe macht blind *prov*; **il primo ~ non si scorda mai** *prov*, alte Liebe rostet nicht *prov*.

amoreggiaménto *m* Liebelei *f*.

amoreggiàre ⟨*amoreggio, amoreggi*⟩ *itr* (*flirtare*) **~ con qu** mit jdm flirten: **quella ragazza amoreggia con chiunque**, dieses Mädchen flirtet mit jedem.

amorétto <*dim di amore*> *m anche spreg* (*flirt*) Flirt *m*: **non piangere! In fondo si tratta solo di un ~ estivo**, wein doch nicht! Eigentlich war es nur ein Sommerflirt.

amorévole *agg* (*premuroso*) {MADRE, VOCE} liebevoll.

amorevolézza *f* **1** (*benevolenza*) Liebenswürdigkeit *f*, Wohlwollen *n*: **parlare con ~ del figlio**, liebevoll von seinem Sohn reden **2** <*di solito al pl*> (*atti*) Liebenswürdigkeiten *f pl*.

amòrfo, (-a) *agg* **1** (*informe*) {MATERIA} amorph, form-, gestaltlos **2** *fig* (*indeciso*) {PERSONA} konturlos **3** *chim fis* amorph, nicht kristallin(isch).

amorìno <*dim di amore*> *m* **1** (*bimbo*) Wonneproppen *m fam scherz* **2** *arte* Putte *f*, Amorette *f*.

amoróso, (-a) **A** *agg* **1** (*affettuoso*) {GESTO, PADRE} liebevoll, zärtlich **2** (*d'amore*) {AVVENTURA, PASSIONE} Liebes- **B** *m* (*f*) *fam* (*fidanzato*) Geliebte *mf decl come agg*.

amovìbile *agg* **1** {OGGETTO} entfernbar, beweglich, zu bewegen(d) **2** (*trasferibile*) {PERSONA} versetzbar; (*licenziabile*) absetzbar.

AMP *m chim abbr dell'ingl* Adenosine Monophosphate (*adenosin monofosfato*): AMP *n* (*abbr di* Adenosin-Monophosphat).

amperàggio <-gi> *m elettr* Amperestärke *f*.

ampere <-> *m elettr fis* (*abbr* A) Ampere *n*.

amperòmetro *m elettr* Amperemeter *n*.

amperóra <-> *f elettr* Amperestunde *f*.

Àmpex® <-> *m TV* **1** (*macchina*) Ampex® *f* *slang* **2** (*registrazione*) Ampex *f slang*.

ampiaménte *avv* **1** (*abbondantemente*) reichlich, im Überfluss: **come è ~ dimostrato**, wie ausführlich bewiesen worden ist **2** (*in ogni dettaglio*) ausführlich: **mi ha esposto ~ la questione**, er/sie hat mir das Problem ausführlich dargestellt/geschildert.

ampiézza *f* **1** (*larghezza*) {+ABITO, GONNA} Weite *f*; {+STRADA} Breite *f* **2** (*estensione*) {+LOCALE} Ausdehnung *f* **3** (*spaziosità*) Größe *f*, Geräumigkeit *f*: **una stanza di notevole ~**, ein Zimmer von beachtlicher Größe **4** *fig* (*abbondanza*) Fülle *f*, Reichtum *m*; {+SPIEGAZIONE, ecc.} Ausführlichkeit *f* **5** (*grandezza*) {+SCIAGURA} Umfang *m*: **è molto stimato per l'~ della sua cultura**, er wird wegen seiner umfassenden Bildung sehr geschätzt **6** *fis* Amplitude *f* **7** *geog mar* {+MAREA} Höhe *f* **8** *mat* {+ANGOLO} Größe *f*.

àmpio, (-a) <*ampi m*> *agg* **1** (*largo*) weit: **nel senso più ~ ⌊della parola⌋/⌊del termine⌋**, im weitesten Sinne des Wortes **2** (*spazioso*) geräumig **3** *fig* {+SPIEGAZIONE, ecc.} ausführlich; {GARANZIA, ecc.} weitreichend.

amplèsso *m* **1** (*coito*) Beischlaf *m forb*, Koitus *m* **2** *lett* (*abbraccio*) Umarmung *f*.

ampliàbile *agg* (*che può essere ampliato*) erweiterbar, vergrößerbar, ausdehnbar.

ampliabilità <-> *f* Erweiterbarkeit *f*, Vergrößerbarkeit *f*, Ausdehnbarkeit *f*.

ampliaménto *m* **1** (*allargamento*) {+CONOSCENZE} Erweiterung *f*; {+APPARTAMENTO} *anche* Vergrößerung *f*; {+STRADA} Verbreiterung *f* **2** (*azione*) *anche* {+CONOSCENZE} Erweitern *n*; {+APPARTAMENTO} *anche* Vergrößern *n*; {+STRADA} Verbreitern *n*.

ampliàre <*amplio, amplii*> **A** *tr* ~ **qc 1** (*rendere più ampio*) {STRADA} etw verbreitern; {INDUSTRIA, PARCHEGGIO} etw vergrößern; {APPARTAMENTO} *anche* etw aus|bauen: **visto il successo, ha ampliato l'azienda**, aufgrund des Erfolgs hat er/sie seine/ihre Firma vergrößert **2** *fig* (*aumentare*) {CULTURA} etw erweitern: **ha deciso di ampliare le sue conoscenze sull'argomento**, er/sie hat beschlossen, seine/ihre Kenntnisse auf diesem Gebiet zu erweitern **B** *itr pron* (*ingrandirsi*): **ampliarsi** {CENTRI TURISTICI} sich aus|dehnen, sich vergrößern, sich aus|weiten: **la città si ampliano sempre più**, die Städte dehnen sich immer weiter aus.

amplificàre <*amplifico, amplifichi*> *tr* ~ **qc 1** (*rendere più esteso*) {AUTORITÀ, CONCETTO, POTERE} etw erweitern, etw aus|dehnen **2** (*esasperare*) {DIFETTI, MERITI, RACCONTO, VIRTÙ} etw auf|bauschen: **i pregi di un'opera**, die Vorzüge eines Werkes aufbauschen **3** *tecnol* (*aumentare*) {CORRENTE, SEGNALE, SUONO} etw verstärken.

amplificatóre, (-trice) **A** *agg* verstärkend, Verstärker- **B** *m elettr fis* Verstärker *m*.

amplificazióne *f elettr fis* Verstärkung *f*.

àmplio → **ampio**.

amplitùdine *f* **1** *astr* Amplitude *f* **2** *geog mar* Gezeitenunterschied *m*.

ampólla *f* **1** (*boccetta*) {+ACETO, OLIO} Fläschchen *n* **2** *anat* Ampulle *f* **3** *elettr* Kolben *m* **4** *relig* Ampulle *f*.

ampollièra *f* (*porta ampolle*) Öl- und Essigständer *m*.

ampollosità <-> *f* (*enfasi*) {+STILE} Geschwollenheit *f*, Schwülstigkeit *f*.

ampollóso, (-a) *agg* (*enfatico*) {STILE} geschwollen, schwülstig.

amputàre *tr* **1** (*asportare*) ~ **qc** (**a qu**) {BRACCIO, GAMBA, MANO} (jdm) etw amputieren: **gli hanno dovuto ~ il dito**, sie haben ihm den Finger amputieren müssen **2** *fig* (*eliminare una parte*) ~ **qc** {DISCORSO, SCRITTO} etw kürzen: **l'ultima parte dell'articolo è stata amputata**, der letzte Teil des Artikels wurde gekürzt.

amputazióne *f* **1** *fig* (*abbreviazione*) {+ARTICOLO} Kürzung *f* **2** *med* {+ARTO} Amputation *f scient*, Abnahme *f*.

AMSA *f abbr di* Azienda Municipale Servizi Ambientali: "Städtische Müllabfuhr und Straßenreinigung".

AMT *f abbr di* Azienda Municipale Trasporti: "Städtischer Verkehrsverbund/Verkehrsbetrieb".

amu f nucl abbr dell'ingl atomic mass unity (unità di massa atomica): u, amu obs, AME f obs (abbr di atomare Masseneinheit).

Amuchina® f chim "chlorhaltiges Desinfektionsmittel".

amuléto m Amulett n.

an- → **a-**.

AN f polit abbr di Alleanza Nazionale: "Nationale Allianz" (italienische Rechtspartei).

ANA f abbr di Associazione Nazionale Alpini: "Italienischer Alpenverein".

ANAA f mil abbr di Associazione Nazionale Arma Aeronautica: "Nationaler Luftwaffen-Verband".

anàbasi <-> f lett Anabasis f.

anabattismo m relig Anabaptismus m, Lehre f der Wiedertäufer.

anabattista <-i m, -e f> mf relig Wiedertäufer(in) m(f).

anabbagliànte **A** agg autom elettr blendfrei **B** <di solito al pl> m autom Abblendlicht n.

anabolizzànte biol **A** agg {SOSTANZA} muskelaufbauend **B** m Anabolikum n.

anacàrdio <-di> m bot **1** (pianta) Nierenbaum m **2** (frutto) Nierenbaumfrucht f.

anacolùto m ling Anakoluth n.

anacònda <-> m zoo Anakonda f.

anacorèsi <-> f (vita ritirata) Einsiedelei f.

anacorèta <-i> m Einsiedler m, Klausner m: fare una vita da /[vivere come un] ~ fig (vivere semplicemente e in solitudine), wie ein Einsiedler leben.

anacreòntico, (-a) <-ci, -che> agg lett (di Anacreonte) anakreontisch.

anacronismo m (inattualità) Anachronismus m forb, Überholtheit f.

anacronistico, (-a) <-ci, -che> agg (inattuale) {IDEA} anachronistisch forb, überholt, unzeitgemäß.

anacrùsi <-> f **1** ling Auftakt m, Anakrusis f, Vorschlagsilbe f **2** mus Auftakt m.

anadiplòsi <-> f ling Anadiplose f.

anaeròbico, (-a) <-ci, -che> agg biol anaerob.

anaeròbio, (-a) biol **A** agg {BATTERI} anaerob **B** m Anaerobier m.

anafilàttico, (-a) <-ci, -che> agg med {SHOCK} anaphylaktisch scient.

anàfora f ling Anapher f.

anaforèsi <-> f fis Anodenstrom m.

anafòrico, (-a) <-ci, -che> agg ling anaphorisch.

anagogìa f relig Anagoge f.

anagògico, (-a) <-ci, -che> agg relig {INTERPRETAZIONE} anagogisch.

anàgrafe f **1** (registro) Einwohnerverzeichnis n: ~ scolastica, Verzeichnis n der schulpflichtigen Kinder; (di stato civile) Personenstandsregister n **2** (ufficio) Einwohnermeldeamt n; (di stato civile) Standesamt n ● ~ tributaria amm, Steuerbehörde f, Finanzamt n.

anagràfico, (-a) <-ci, -che> agg (dell'anagrafe) {CERTIFICATO, REGISTRO} Einwohner-, Personenstands-.

anagràmma <-i> m ling Anagramm n.

anagrammàre tr ~ qc {PAROLA} etw in Form eines Anagramms bringen.

analcòlico, (-a) <-ci, -che> **A** agg (senza alcol) {BEVANDA} alkoholfrei **B** m alkoholfreies Getränk.

anàle agg anat anal.

analfabèta <-i m> **A** agg **1** (che non sa leggere e scrivere) analphabetisch **2** (ignorante) ungebildet **B** mf **1** Analphabet(in) m(f)

2 (ignorante) ungebildeter Mensch, Ignorant(in) m(f) spreg.

analfabetismo m Analphabetismus m, Analphabetentum n: ~ di ritorno, erworbener Analphabetismus.

analgèsico, (-a) <-ci, -che> farm **A** agg {FARMACO} schmerzstillend, analgetisch scient **B** m Schmerzmittel n, schmerzstillendes Mittel, Analgetikum n scient.

anàlisi <-> f **1** gener anche econ gramm {+AZIENDA} Analyse f; {+TESTO LETTERARIO} anche Interpretation f, Untersuchung f {+PROBLEMA} Untersuchung f, Analyse f: ~ approfondita della situazione politica, gründliche Analyse/Interpretation der politischen Situation; ~ di bilancio, Bilanzanalyse f; ~ costi-benefici, Kosten-Nutzen-Analyse f; fare l'~ di qc, etw analysieren, etw genau untersuchen; ~ grammaticale, Wortanalyse f, grammatikalische Analyse; ~ logica/[del periodo], Satzanalyse f, logische Analyse; ~ di mercato, Marktanalyse f **2** med (esame) {+SANGUE, URINA} Untersuchung f: fare le analisi, Untersuchungen machen lassen **3** chim Analyse f **4** mat Analysis f **5** psic Psychoanalyse f, Analyse f fam: entrare/essere in ~, eine Psychoanalyse machen ● ~ in quota/al suolo meteo, Messung f in der Höhe/[in Bodenhöhe]; in ultima ~ (in conclusione), letztendlich.

analista <-i m, -e f> mf **1** anche econ inform Analytiker(in) m(f), Forscher(in) m(f): ~ di gestione/mercato/sistemi, Betriebs-/Markt-/Systemanalytiker(in) m(f); questo scrittore è un sottile ~ della società contemporanea, dieser Schriftsteller ist ein feinsinniger Beobachter unserer Gesellschaft; ~ tempi e metodi, Verantwortliche mf decl come agg für die kostengünstigste Herstellungstechnik **2** chim med Laborant(in) m(f) **3** psic (Psycho)analytiker(in) m(f): andare da un ~ freudiano/junghiano, zu einem Freudianer/Jungianer gehen.

analitica <-che> f filos Analytik f.

analiticità <-> f (l'essere analitico) {+STUDIO} analytischer Charakter; {+STUDENTE} Neigung f zur Analyse.

analitico, (-a) <-ci, -che> agg **1** (dell'analisi) {PROCEDIMENTO} analytisch, Untersuchungs-: indice -, Sachregister n **2** (portato ad analizzare) {INTELLIGENZA, MENTE} analytisch forb, logisch begabt **3** chim filos ling mat {METODO} analytisch.

analizzàbile agg analysierbar, zerlegbar.

analizzàre tr **1** (sottoporre ad analisi) ~ qc {LIQUIDO, MINERALE} etw analysieren: gli esperti hanno analizzato diversi campioni d'acqua prima di stilare il referto, die Experten haben mehrere Wasserproben analysiert, bevor sie den Befund abfassten **2** (prendere in esame) ~ qc {BRANO, COMUNICATO, CONTRATTO, LEGGE} etw prüfen; {PROBLEMA, QUESTIONE} etw untersuchen: dopo aver attentamente analizzato i pro e i contro si decisero a partire, nachdem sie die Für und Wider aufmerksam geprüft /[hin- und hergewogen] hatten, entschlossen sie sich abzufahren **3** chim tess ~ qc {LANA, SOSTANZA, STOFFA} etw analysieren **4** fis (scomporre) ~ qc {LUCE} etw brechen **5** gramm {FRASE, PERIODO} etw analysieren, etw zergliedern **6** psic ~ qu/qc {MALATO, MANIACO, NEVROTICO} jdn/etw analysieren, jdn einer Psychoanalyse unterziehen: lo psichiatra ha analizzato un caso particolare di schizofrenia, der Psychiater hat einen besonderen Fall von Schizophrenie analysiert ● farsi ~, sich analysieren lassen; fig scherz (essere un po'matto), reif für den Psychiater/die Couch sein scherz.

analizzatóre, (-trice) **A** m (f) Analytiker(in) m(f) **B** m chim fis tecnol (strumento) Analysegerät n, Analyseinstrument n.

anallèrgico, (-a) <-ci, -che> agg anche med anallergisch scient.

analogìa f **1** (somiglianza) {+IMMAGINI, SITUAZIONI, TESTI} Analogie f, Ähnlichkeit f, Übereinstimmung f **2** filos (nella logica) Analogie f **3** fis Analogie f.

analògico, (-a) <-ci, -che> agg **1** {METODO} analog **2** inform tecnol {ADDIZIONATORE, OROLOGIO} analog; {CALCOLATORE, SCRITTURA} anche Analog- **3** ling (LINGUA) analog.

anàlogo, (-a) <-ghi, -ghe> agg **1** (che ha elementi in comune) analog, ähnlich, übereinstimmend, gleichartig: anche loro hanno avuto dei risultati analoghi, sie kamen ebenfalls zu ähnlichen Ergebnissen **2** anat {ORGANI} analog.

anamnèsi <-> f filos med relig Anamnese f.

anamorfòsi <-> f **1** ott Anamorphose f, Verzerrung f, Entzerrung f **2** arte (nella pittura) Anamorphose f **3** med Gestaltwandel m, Anamorphosis f scient.

ànanas <-> m Ananas f.

anapèsto m ling Anapäst m.

anarchìa f anche fig Anarchie f.

anàrchico, (-a) <-ci, -che> **A** agg **1** (dell'anarchia) {IDEE} anarchistisch, anarchisch **2** fig (ribelle) {CARATTERE} störrisch, widerspenstig **B** m (f) **1** Anarchist(in) m(f): anarchico insurrezionalista, aufrührerischer Anarchist **2** fig scherz (ribelle) Revoluzzer(in) m(f), Rebell(in) m(f), Bürgerschreck m.

anarchismo m **1** Anarchismus m **2** fig (insofferenza verso le norme) {+GIOVANI} Rebellion f, Widerspenstigkeit f, Protesthaltung f.

anarcoide **A** agg (sovversivo) Anarcho- **B** mf Anarcho m slang.

anarco-insurrezionalista <-i, -e> **A** agg {AREA} Anarcho-revolutions-; {GRUPPO} Anarchorevoluzzer- **B** mf Anarchorevoluzzer(in) m(f).

ANAS f abbr di Azienda Nazionale Autonoma delle Strade: "Italienische Straßenaufsichtsbehörde".

anastàtico, (-a) <-ci, -che> agg tip {COPIA, RISTAMPA} anastatisch.

anàstrofe f ling Anastrophe f.

anatèma <-i> m **1** (maledizione) Fluch m: lanciare l'~ contro qu, jdn verfluchen, jdn verwünschen **2** relig (scomunica) Kirchenbann m, Anathem(a) n.

anatocismo m banca econ Zinseszinsen pl.

Anatòlia f geog Anatolien n.

anatòlico, (-a) <-ci, -che> **A** agg anatolisch **B** m (f) (abitante) Anatolier(in) m(f).

anatomìa f **1** (scienza) Anatomie f: ~ animale/umana/vegetale, Tier-/Menschen-/Pflanzenanatomie f; ~ comparata/patologica, vergleichende/pathologische Anatomie **2** (dissezione) {+CADAVERE} Sektion f, Sezieren n **3** fig (analisi minuziosa) {+TESTO} Detailanalyse f **4** fig (struttura) {+ORGANISMO} Anatomie f **5** fam (aspetto fisico) Körperbau m.

anatòmico, (-a) <-ci, -che> **A** agg **1** {STUDIO} anatomisch **2** (modellato) {PLANTARE, SEDILE} körpergerecht **3** fig (minuzioso) {CRITICA} minuziös forb, peinlich genau; {ANALISI} anche Detail- **B** m (f) rar Anatom m.

anatomizzàre tr ~ qc **1** (sezionare) {ARTO, CADAVERE, ORGANISMO} etw sezieren **2** fig (analizzare) {AUTORE, RAGIONAMENTO, SENTIMENTO} etw analysieren, etw zergliedern: gli studenti hanno anatomizzato il testo prima di commentarlo, die Studenten haben den Text analysiert, bevor sie ihn kommentieren.

anatomopatologìa f *med* Pathophysiologie f *scient*.

anatomopatòlogo, (-a) <-gi, -ghe> m (f) *med* pathologischer Anatom, Spezialist(in) m(f) für pathologische Anatomie.

ànatra f Ente f.

anatròccolo m Entenküken n, Entenjunge n *decl come agg* ● **il brutto anatroccolo** (*titolo di una fiaba*), das hässliche Entlein.

ànca <*anche*> f *anat* Hüfte f.

ANCA f *abbr di* Associazione Nazionale Cooperative Agricole: "Nationalverband der landwirtschaftlichen Genossenschaften".

ANCE f **1** *comm abbr di* Associazione Nazionale Commercio Estero: ANCE f (*Italienische Außenhandelsvereinigung*) **2** *edil abbr di* Associazione Nazionale Costruttori Edili: "Italienischer Bauunternehmerverband".

ancèlla f *lett* Magd f ● **l'~ del Signore** (*la Madonna*), die reine Magd.

ancestràle agg **1** (*atavico*) atavistisch **2** *biol* Ur-.

ànche A *avv* **1** (*pure*) auch: **tu parti – Sì! – E tua sorella? – Anche!**, verreist du? – Ja! – Und deine Schwester? – Ebenfalls!/[Die auch]!; **ho studiato storia e ~ geografia**, ich habe Geschichte und auch Geographie studiert **2** (*inoltre*) dazu, außerdem: **c'è da considerare ~ il fatto che ...**, außerdem ist zu beachten, dass ...; **è gentile e ~ carina**, sie ist nett und dazu noch hübsch **3** (*perfino*) noch, sogar: **me la sono cavata benissimo, ~ senza di lui**, ich bin auch ohne ihn sehr gut zurechtgekommen; **~ da te dovevo sentirmelo dire!**, sogar von dir musste ich mir das anhören!; **è ~ troppo generoso**, er ist sogar zu großzügig; **sei stato ~ troppo gentile con quel maleducato**, du warst sogar zu freundlich zu diesem Flegel; **ci mancava ~ questa!**, das hat uns gerade noch gefehlt! **4** (*almeno*) wenigstens, zumindest: **potevi ~ dirmelo!**, du hättest es mir wenigstens sagen können!; **avresti potuto ~ stare zitto**, du hättest zumindest still sein können **5** (*in frasi negative: neanche*) auch, ebenfalls nicht: **~ oggi non potrò venire**, heute kann ich auch/ebenfalls nicht kommen B *loc cong* (*introduce una proposizione concessiva ipotetica*) ~ **se ... congv/ind, quand'~ ... congv, ~ a ... inf, ~ ... gerundio** auch/selbst wenn ... *congv*: **~** [**a pregarlo**]/[**pregandolo**] **non accetterebbe**, selbst wenn man ihn bitten würde, würde er nicht einwilligen; [~ **se**]/ [**quand'~**] **volesse, non potrebbe farcela**, selbst wenn er/sie wollte, würde er/sie es nicht schaffen.

ancheggiàre <*ancheggio, ancheggi*> *itr* (*camminare muovendo i fianchi*) {ATTRICE, SIGNORA} sich in den Hüften wiegen, mit dem Po wackeln *fam*: **camminare/incedere ancheggiando**, sich beim Gehen in den Hüften wiegen; **le indossatrici ancheggiano sulla passarella**, die Mannequins wiegen sich auf dem Laufsteg in den Hüften.

anchilosàre A *tr* (*irrigidire*) **~ qc** etw steif machen B *itr pron*: **anchilosarsi** {GAMBE} sich versteifen, steif werden.

anchilosàto, (-a) agg **1** (*irrigidito*) {ARTICOLAZIONE} ungelenkig, steif **2** *fig* (*tardo*) {MEMORIA} träge, schlecht.

anchorman <-, *anchormen* pl *ingl*> *loc sost* m *ingl giorn TV* Anchorman m, Nachrichtensprecher m, Moderator m.

ANCI f *abbr di* Associazione Nazionale dei Comuni Italiani: "Nationalverband der Italienischen Gemeinden".

ància <*ance*> f *mus* Rohrblatt n.

ancien régime *loc sost* m *franc* (*sistema del passato*) Ancien Régime n.

ancìpite agg **1** *poet* (*a due tagli*) {LAMA} zweischneidig **2** *fig lett* (*ambiguo*) zweideutig **3** *ling* schwankend, anzeps.

ancóna f *arte* Altarbild n.

Ancóna f *geog* Ancona n.

anconetàno, (-a) A *agg* aus/von Ancona B m (f) (*abitante*) Einwohner(in) m (f) von Ancona.

àncora① f *mar* Anker m: **essere/stare all'~**, vor Anker liegen; **gettare l'~**, den Anker auswerfen ● **levare/salpare l'~** *anche fig* (*andarsene*), den Anker auswerfen/lichten; **~ di salvezza** *fig* (*ultima possibilità*), Rettungsanker m.

ancóra② *avv* **1** (*fino ad ora*) bisher, noch: **non è ~ pronto**, er ist noch nicht fertig **2** (*fino a quel momento*) noch: **alle dieci di sera non era ~ arrivato**, um zehn Uhr abends war er noch nicht angekommen **3** (*un'altra volta*) noch einmal, nochmals: **proverò ~**, ich werde es noch einmal versuchen **4** (*aggiunta*) noch: **non sai tutto: c'è ~ dell'altro**, du weißt noch nicht alles, da gibt es noch etwas anderes; **ne vuoi ~ un po'?**, möchtest du noch ein wenig? **5** (*perfino*) sogar noch: **oggi il dolce è ~ più buono di ieri**, heute ist der Kuchen sogar noch besser als gestern; **tu sei ~ più fortunato di me**, du hast sogar noch mehr Glück als ich.

ancoràggio <-*gi*> m **1** (*collegamento di strutture*) {+PONTE} Verankerung f **2** *mar* (*atto*) {+NAVE} Ankern n **3** *mar* (*luogo*) Ankerplatz m; (*specchio d'acqua*) Ankergrund m.

ancoràre A *tr* **1** (*ormeggiare*) **~ qc** (+ *compl di luogo*) {NAVE} etw (*irgendwo*) verankern: **abbiamo ancorato la barca in rada**, wir haben das Boot auf der Reede verankert **2** (*fissare*) **~ qc a** (*qc*) **con qc, ~ a qc** (*con qc*) {ANTENNA, PALO} etw (*an etw dat*) (*mit etw dat*) festmachen, etw (*an etw acc*) (*mit etw dat*) verankern **3** *fig* (*attaccare*) **~ qc a/in qc** {CERTEZZA, CRITICA, IPOTESI, RAGIONAMENTO} etw an etw (acc) festmachen **4** *econ* (*rapportare*) **~ qc a qc** {MARCO, STERLINA, ecc.} etw an etw (acc) koppeln, etw an etw (acc) binden: **l'euro al dollaro**, der Euro an den Dollar koppeln **5** *polit* (*vincolare*) **~ qc a qc** etw an etw (acc) binden **6** *sport* (*assicurare*) **~ qc a qc** {ALPINISTA ALLA VETTA} *an etw* (dat) befestigen B *rfl* **1** (*gettare l'ancora*): **ancorarsi** (+ *compl di luogo*) (*irgendwo*) ankern, (*irgendwo*) vor Anker gehen: **si sono ancorati a 400 m da riva**, sie sind 400 m vor der Küste vor Anker gegangen **2** (*aggrapparsi*): **ancorarsi a qc** {AL CORNICIONE, ALLA ROCCIA} sich *an etw* (acc) klammern, sich *an etw* (dat) festklammern; *fig* {A UNA CERTEZZA, ALLA FIDUCIA} sich *an etw* (acc) klammern; **s'è ancorato alla speranza di rivederla**, er klammerte sich an die Hoffnung, sie wieder zu sehen **3** *fig* (*stabilirsi*): **ancorarsi +** *compl di luogo* {IN CASA} sich irgendwo niederlassen, irgendwo Wurzeln schlagen *iron*: **s'è ancorato nel suo ufficio**, er hat in seinem Büro Wurzeln geschlagen *iron*.

ancorché *cong lett* **~ ... congv** **1** (*sebbene*) obwohl ... *ind* **2** (*anche se*) wenn auch ... *ind*.

andài 1a *pers sing del pass rem di* andare.

Andalusìa f *geog* Andalusien n.

andalùso, (-a) A *agg* andalusisch B m (f) (*abitante*) Andalusier(in) m (f).

andaménto m **1** (*svolgimento*) {+AFFARI, CASA, MERCATO, VITA} (Fort)gang m; {+MALATTIA} *anche* Verlauf m: **un buon ~ della stagione turistica**, ein guter Verlauf der (Touris-mus)saison **2** (*portamento*) Gang m **3** *fig* (*contegno*) Haltung f, Benehmen n, Verhalten n **4** *mus* (*movimento*) Tempo n.

andànte A *agg* **1** (*ordinario*) {MOBILI, STOFFA, STOVIGLIE, VESTITI} gängig; (*di poco pregio*) von geringem Wert **2** (*corrente*) {ANNO, MESE} laufend **3** (*scorrevole*) {STILE} leicht, flüssig **4** *mus* andante B m *mus* Andante n.

andàre <*irr* vado, andai, andato> A *itr* <*essere*> **1** (*a piedi*) **~** (+ *compl di luogo*) {A CASA, DA MIA MADRE, IN PARROCCHIA} (*irgendwohin*) gehen, (*irgendwohin*) laufen **2** (*in macchina, tram, treno, ecc.*) **~** (+ *compl di luogo*) {IN GRECIA, AL MARE, IN MONTAGNA, DAGLI ZII} (*irgendwohin*) fahren; (*in aereo*) (*irgendwohin*) fliegen; (*a cavallo*) (*irgendwohin*) reiten: **~ a cavallo**, reiten **3** (*portare*) **~** + *compl di luogo* {STRADA A ROMA} irgendwohin führen **4** (*essere di moda*) getragen werden: **le minigonne quest'anno vanno molto**, dieses Jahr ist der Minirock groß in Mode **5** (*avere smercio*) {PRODOTTO} sich irgendwie verkaufen: **questo libro andrà molto**, dieses Buch wird sich gut verkaufen **6** (*essere di misura giusta*) **~ a qu** {SCARPE, VESTITO} jdm passen: **mi vanno ancora gli abiti di quando ero più giovane**, mir passen noch die Kleider von früher **7** (*piacere*) **~ a qu** jdm gefallen, jdm passen *fam*: **vi vanno i nuovi programmi?**, gefallen euch die neuen Pläne?, seid ihr mit den neuen Plänen einverstanden? **8** (*funzionare*) gehen, laufen, funktionieren: **l'ascensore non va**, der Aufzug funktioniert nicht; **il motore va a diesel**, der Motor läuft mit Diesel **9** (*~ bene*) gehen, in Ordnung sein: **è andata!**, es hat geklappt, es ist gut (aus)gegangen; **c'è qualcosa che non va?**, ist irgendwas nicht in Ordnung?; **se va, va, se non va pazienza**, wenn es klappt, wunderbar, wenn nicht, dann eben nicht **10** (*essere rivolto*) **~ a qu/qc** {SGUARDO} jdm/etw zugewandt sein, *auf jdn/etw* gerichtet sein; {PAROLE} *an jdn/etw* gerichtet sein; {PENSIERO} *bei jdm* sein; (*rivolgere*) **con ~ a qu/qc** {CON LO SGUARDO} sich *mit etw* (dat) jdm/etw zu|wenden, sich *mit etw* (dat) *an jdn/etw* wenden **11** (*avere una certa velocità*) fahren: **andava molto forte**/[**ai 100 all'ora**], er/sie fuhr [sehr schnell]/ [(mit) 100 km/h] **12** (*frequentare*) **~ a qc** {A LEZIONE DI PIANO, AGLI SCOUT} zu (etw dat) gehen, {A SCUOLA} in/auf etw (acc) gehen, zu etw (dat) gehen **13** (*avvicinarsi*) **~ per qc** {NONNO PER I 70 ANNI} auf etw (acc) zu|gehen: **il suo bambino va per i 6 anni**, sein/ihr Kind wird bald 6 (Jahre alt) **14** <*difet solo 3a pers sing pl*> (*avere valore legale*) {MONETA} Gültigkeit haben, in Umlauf sein **15** (*urtare*) **~ addosso a qu/qc** *auf jdn/etw* auf|fahren, *jdm* (hinten) drauf|fahren, *jdm* drauf| brummen *fam* **16** (*avanzare*) **~ avanti** vorwärts|gehen, vorwärts|schreiten: **non aspettatemi, andate avanti**, wartet nicht auf mich, geht schon voraus; (*anticipare*) {OROLOGIO} vor|gehen; *fig* (*continuare*) weiter|machen, fort|fahren, weiter|gehen; **così non si può ~ avanti!**, so kann das nicht weitergehen!; **questa storia va avanti da un pezzo**, diese Geschichte zieht sich seit geraumer Zeit hin **17** *fig* (*progredire*) **~ avanti** voran| gehen: **il lavoro va avanti bene**, die Arbeit geht gut voran **18** (*entrare*) **~ dentro** hin|ein|gehen, rein|gehen *fam*; *fig tam* eufem (*in prigione*) irgendwohin kommen/[gesteckt werden] *fam* **19** (*seguire*) **~ dietro a qu/qc** {UOMO A UNA RAGAZZA, ALLA MODA} jdm/etw folgen; *fig* (*imitare*) {ECCO} nach|ahmen; *fig* (*corteggiare*) jdm nach|stellen **20** (*uscire*) **~ fuori** hinaus|gehen, raus|gehen *fam* **21** (*scendere*) **~ giù** {PERSONA} hinunter|gehen, *fig* (*deprimersi*) den Mut verlieren, verzagen; {PREZZO} fallen; *fig fam* (*accettare*) ~ giù *a qu* von jdm aufgenommen werden: **questa non mi è proprio andata giù**, das konnte ich wirklich nicht (hinunter)schlucken *fam* [auf mir sitzen lassen] **22** (*indietreggiare*) ~ **indietro** zurück|gehen; (*ritardare*) {OROLOGIO} nach|gehen; *fig* (*retrocedere*) zurück|weichen **23** (*sbilanciarsi*) ~ oltre zu weit gehen: **è andato troppo oltre**, er ist zu weit gegangen **24** (*salire sopra*) ~ **(di) sopra** nach oben gehen, rauf|gehen *fam* **25** (*scendere sotto*) ~ **(di) sotto** nach unten gehen, runter|gehen *fam* **26** (*salire*) ~ **su** hinauf|gehen **27** (*allontanarsi*) ~ **via** fort|gehen, weg|gehen: **vada via!**, gehen Sie weg! **28** (*sparire*) ~ **via** {FEBBRE, MACCHIA} weg|gehen; {SOLDI} *anche* verschwinden **29** (*essere venduto*) ~ **via** {ABITI, PANE} weg-, ab|gehen: **le 400 copie del libro sono andate via in un attimo**, die 400 Buchexemplare waren im Handumdrehen weg *fam* **30** (*finire*) ~ **in qc** {IN FIAMME} in etw (acc) auf|gehen; {IN BRICIOLE, IN MILLE PEZZI} in etw (acc) zerfallen; {IN CENERE} zu etw (dat) zerfallen; {IN PRIGIONE} in etw (acc) gehen: ~ **a finire**, ein Ende nehmen, zu Ende gehen, ausgehen, enden; **se continua così, va a finire che li pianto in asso**, wenn das so weitergeht, werde ich sie noch im Stich lassen; **come è andata a finire?**, wie ist es denn ausgegangen?; **di questo passo, dove andremo a finire?**, wo werden wir (noch) enden, wenn wir so weitermachen?; **dove sono andati a finire i miei occhiali?**, wo ist denn meine Brille hingekommen? **31** (*per fare qc, spesso non si traduce la prep a*) ~ **a fare qc** etw tun gehen: **vado a lavorare**, ich gehe arbeiten; (*a volte si traduce con l'inf sost*) ~ **a mangiare**, essen gehen, zum Essen gehen **32** (*essere*) ~ + *agg* {FIERO, ORGOGLIOSO} *agg* + sein **33** (*dover essere*) ~ + **part pass** *part pass* + werden müssen; **questa è una cosa che va chiarita subito**, die Sache muss sofort geklärt werden; **... che non va trascurato**, ..., der/die/das nicht vernachlässigt werden darf; (*essere*) sein; ~ **smarrito**, verloren gegangen sein; ~ **errato**, sich irren; **se non vado errato**, wenn ich (mich) nicht irre **34** (*per cercare*) ~ **a/per fam qc** {A/PER TARTUFI} etw suchen (gehen); {A/PER FUNGHI} etw sammeln (gehen); {A/PER FRAGOLE} etw pflücken (gehen) **35** *fig* (*procedere*) {LAVORO} ab|laufen, entwickeln: **come vanno gli affari?**, wie gehen/laufen die Geschäfte? **36** *sport* ~ **a qc** {A CANESTRO, A RETE} etw erzielen B *itr pron*: **andarsene 1** weg|gehen, (fort|)gehen: **me ne vado subito**, ich gehe sofort; (*sparire*) verschwinden **2** <difet *solo alla 3ᵃ pers sing e pl*> (*essere consumato*) drauf|gehen *fam*: **se ne sono andati tre milioni di euro**, drei Millionen Euro sind dabei draufgegangen *fam* **3** <difet *solo alla 3ᵃ pers sing e pl*> (*trascorrere*) vergehen: **gli anni della gioventù se ne vanno troppo in fretta**, die Jugendjahre vergehen zu schnell **4** *fig eufem* (*morire*) von jdm gehen: **se n'è andato all'improvviso**, er ist unerwartet von uns gegangen C *impers*: ~ **a qu di fare qc 1** (*piacere*) jdm gefallen, etw zu tun: **gli va di farsi notare**, er fällt gern auf, er gefällt sich dann aufzufallen *forb* **2** (*avere voglia*) Lust haben: **ti va di ~ al cinema?**, hast du Lust, ins Kino zu gehen? D *m* **1** (*andatura*) Gang *m* **2** (*il muoversi*) Gang *m*: **era un continuo ~ e venire di persone**, es war ein ständiges Kommen und Gehen • **andiamo!**, los!, auf!, lasst uns gehen!; **con l'~ degli anni/del tempo** *fig* (*col passar del tempo*), mit der Zeit; **andar di bene in meglio** (*migliorare*), immer besser gehen; *iron*, immer schöner werden *iron*; **va bene!** (*nelle risposte: d'accordo*), einverstanden, in Ordnung; **gli è andata bene/male!** (*ha avuto fortuna/sfortuna*), er hat Glück/Pech gehabt!, er ist (noch einmal) davongekommen/[schlecht weggekommen]!; **sei rimasto senza soldi? Andiamo bene!** *iron*, du hast kein Geld mehr? Da(nn) sind wir ja gut dran!/[Na, toll/bravo]! *iron fam*; **va bene se vengo domani alle 20.00?**, ist/geht es in Ordnung *fam*, wenn ich morgen um 20.00 Uhr komme?; ~ **buca** *fig fam* (*fallire*), ins Wasser fallen, schiefgehen *fam*; **ci vuole tre giorni per avere l'esito** (*ci vogliono tre giorni*), es dauert drei Tage, bis das Ergebnis da ist; **come va va** *fig fam*, es kommt, wie es kommt *fam*; **vada come va** *fig fam* (*non importa come va*), komme, was wolle; **come va? – bene grazie!**, wie geht es dir/euch?/[wie geht's]? – Danke, gut!; **va'** ₍**al diavolo**₎/[all'inferno]/[a farti benedire]/[in malora]/[a quel paese] *fig*, ₍geh zum Teufel *fam*₎/[fahr zur Hölle]/ [hol dich der Teufel *fam*]/[scher dich zum Teufel *fam*]/[geh dich ins Pfeffer wächst *fam*]; **andava dicendo a tutti che sarebbe partito**, er/sie erzählte überall herum, dass er abfahren würde; ~ **forte** *fig fam* (*avere successo*), Erfolg haben, seinen Weg machen, von Erfolg gekrönt sein; **ma va' là!** (*ma figurati!*), erzähl(e) mir doch nichts!; ach, komm!; **lascia** ~, **pago io!** (*lascia stare, pago io*), lass mal, ich bezahle (schon)!; **lasciar** ~ **qc** (*trascurarla*), etw schleifen lassen; **lasciar** ~ **qu** (*lasciarlo libero*), jdn frei lassen; **lasciarsi** ~ (*lasciarsi cadere*), sich fallen lassen; *fig* (*non curarsi più*), sich gehen lassen; **lasciarsi** ~ **a qc** *fig* (*abbandonarsi*), {AI RICORDI} sich etw (dat) überlassen; **è andata liscia** *fig* (*andata bene*), es ist alles glatt-/gutgegangen; **un giovane che andrà lontano** *fig* (*che farà cose importanti*), ein junger Mann, der es weit bringen wird; **a lungo** ~ *fig* (*col tempo*), mit der Zeit, auf die Dauer; **per mal che vada** (*nel caso peggiore*), sollte es schlecht ausgehen; **ne va del mio onore/nome/...** (*è questione del mio onore/nome/ecc.*), hier geht es um ₍meine Ehre₎/[meinen Namen]/[...]; **per oggi vada** (*per oggi passi*), heute mag es (noch) hingehen; **non è un capolavoro, ma può** ~ (*è accettabile*), es ist (zwar) kein Meisterwerk, aber es geht (noch); **va da sé che.... (è chiaro che...)**, klar ist, dass...; selbstverständlich ist, dass selbst versteht sich von selbst, dass ...; **o la va o la spacca** *fig* (*rif. ad azione rischiosa che si vuole intraprendere comunque*), hier geht es um Ganze, wird schon schiefgehen! *fam scherz*; **piove a tutto** ~ *fig* (*a pieno ritmo*), es gießt in Strömen; **non va (bene)** (*non è giusto*), das darf nicht sein; **la situazione va migliorando**, die Situation ₍verbessert sich (ständig)₎/[wird immer besser]; **va e viene** (*torna subito*), {ZIA} er/sie/es kommt gleich wieder; (*è transitorio*) {RICCHEZZA} er/sie/es kommt und geht; **chi va piano va sano e va lontano** *prov*, langsam, aber sicher.

andàta *f* **1** (*atto*) Gehen *n* **2** (*con mezzo di locomozione*) Hinreise f, Hinfahrt f: **biglietto di** ₍(sola)₎ ~₎/[~ **e ritorno**], ₍einfache Fahrkarte₎/[Rückfahrkarte] f; **all'~ viaggeremo in prima classe**, auf der Hinfahrt reisen wir erster Klasse; **viaggio di** ~ **e ritorno**, Hin- und Rückreise f **3** *sport*: **di** ~ Hin-: **girone di** ~, Hinrunde f.

andàto, (-a) *agg* **1** (*passato*) {TEMPI} vergangen, alt **2** (*rovinato*) {SCARPA} ruiniert **3** (*avariato*) {CIBO} verdorben, schlecht: ~ **a male**, schlecht geworden, verdorben.

andatùra *f* **1** (*modo dell'andare*) Gang m, Gangart f **2** *autom* {+VEICOLO} Geschwindigkeit f: **procedere ad un'~ sostenuta**, ein hohes Tempo einlegen, schnell fahren **3** *lett* (*portamento*) Haltung f **4** *sport* {+ATLETA} Lauf m, Gangart f: **fare l'~**, das Tempo machen/vorlegen; **rompere l'~** (*nell'equitazione*), die Gangart ändern.

andàzzo *m* **1** (*comportamento criticabile*) Unsitte f, schlechte Angewohnheit: **hai preso un ~ che non mi piace**, du hast dir da was angewöhnt, was mir nicht gefällt **2** (*piega*) böse Wendung: **gli affari hanno preso un brutto ~**, die Geschäfte haben eine unerfreuliche Wendung genommen.

Ànde *f pl geog* Anden *pl*: **le ~**, die Anden.

andìno, (-a) *agg* {PAESAGGIO} Anden-.

andirivièni <-> *m* **1** (*viavai*) Hin und Her n, Kommen und Gehen n: **che ~ in quest'albergo!**, was für ein Kommen und Gehen in diesem Hotel!, in diesem Hotel ₍geht's ja zu *fam*₎/[herrscht ja Hochbetrieb]! **2** (*dedalo*) {+CORRIDOI, VICOLI, VIE} Gewirr n.

àndito *m* (*corridoio*) Flur m, Korridor m, Gang m.

Andòrra *f geog* Andorra n.

andorràno, (-a) A *agg* aus/von Andorra, Andorraner B *m* (*f*) (*abitante*) Andorraner(in) m(f).

Andrèa *m* (*nome proprio*) Andreas.

Andreìna *f* (*nome proprio*) Andrea.

andrièse A *agg* (*di Andria*) von/aus Andria B *mf* (*abitante*) Einwohner(in) m(f) von Andria.

androcèo *m* **1** *arch* Androceum n (*Männergemach in altgriechischen Häusern*) **2** *bot* Andrözeum n, Staubblätter n pl.

andrògeno, (-a) *biol* A *agg* {ORMONE} androgyn B *m* Androgen n.

androginìa *f biol* Zwittertum n, Zweigeschlechtlichkeit f, Androgynie f *obs*.

andrògino, (-a) A *agg* **1** *fig* (*con caratteristiche dei due sessi*) {FASCINO} androgyn **2** *biol* (*ermafrodito*) androgyn, Zwitter- B *m* **1** *fig* (*persona con caratteristiche dei due sessi*) Androgyn(e) m **2** *biol* (*ermafrodito*) Zwitter m, Hermaphrodit m.

andròide A *agg med* (*che presenta caratteri maschili*) männlich B *m* (*f*) (*automa*) Android m, künstlicher Mensch.

andròlogo, (-a) <-gi, -ghe> *m* (*f*) *med* Androloge m, (Andrologin f).

andròne *m arch* {+CASA} Hausflur m, Eingangshalle f.

andropàusa *f med* Andropause f *scient*.

anecògeno, (-a) *agg med* anechogen.

aneddòtica <-che> *f* **1** (*arte di raccogliere aneddoti*) Anekdotik f **2** (*raccolta*) Anekdotensammlung f.

aneddòtico, (-a) <-ci, -che> *agg* anekdotisch, anekdotenhaft.

anèddoto *m* (*raccontino*) Anekdote f.

anelàre A *tr fig lett* (*desiderare*) ~ **qc** {GLORIA, LIBERTÀ, SUCCESSO} etw sehnlichst wünschen, sich *nach* etw (dat) sehnen, etw ersehnen B *itr* **1** (*ansimare*) {ATLETA} keuchen, außer Atem sein: **la ballerina anelava dopo lo spettacolo**, die Tänzerin war nach der Vorstellung ganz außer Atem **2** *fig* (*aspirare*) ~ **a qc** {ATTRICE AL SUCCESSO}, {GIUDICE ALLA VERITÀ}, {PRIGIONIERO ALLA LIBERTÀ} etw ersehnen, etw an|streben: ~ **ad avere una promozione**, eine Beförderung anstreben.

anelàstico, (-a) <-ci, -che> *agg fis* unelastisch.

anèlito *m* **1** *fig* (*brama*) {+GRANDEZZA} Sehnsucht f **2** *lett* (*respiro*) {+ATLETA} Keuchen n.

anèllo A *m* **1** (*per le dita*) Ring m: ~ **episcopale/pastorale**, Bischofsring m; ~ **matrimoniale/nuziale**, Ehering m; ~ **sigillo**, Siegelring m **2** *anche fig anat astr bot chim econ sport zoo* (*cerchio*) {+ALBERO, CHIAVI, FUMO,

anemia | **angustiare**

FUNGO, LOMBRICO} Ring m; {+TENDA} Öse f; {+CATENA} Glied n; *autom sport (nell'atletica* {+PISTA} Bahn f **3** <*solo pl*> *sport (attrezzo)* Ringe m pl **B** <inv> loc agg avv: **ad ~** ringförmig ● **essere l'~ debole della** *catena fig (l'elemento debole*), das schwache Glied in der Kette sein; **~ di congiunzione** *anche fig (tramite)*, Verbindungsglied n; *dare/***mettere l'~ a qu** *fig (sposare qu)*, jdn heiraten; **essere l'~ mancante** *fig (l'elemento mancante)*, das fehlende Glied in der Kette sein; **prendere l'~** *fig (sposarsi)*, heiraten.

anemìa f *med* Blutarmut f, Anämie f *scient*.
anèmico, (-a) <-ci, -che> **A** agg **1** *(pallido)* blass **2** *fig (fiacco)* blutleer, ohne Leben **3** *med* blutarm, anämisch *scient* **B** m (f) *med* anämischer Mensch.
anemòmetro m *meteo* Windmesser m, Anemometer n.
anèmone m **1** *bot* Anemone f **2** *zoo* Seerose f.
anestesìa f *farm med* Narkose f, Anästhesie f *scient*: **~ generale**, Vollnarkose f; **~ locale**, örtliche Betäubung, Lokalanästhesie f *scient*.
anestesìsta <-i m, -e f> mf *med* Anästhesist(in) m(f); Narkosearzt m, Narkoseärztin f.
anestètico, (-a) <-ci, -che> *farm med* **A** agg betäubend, anästhetisch *scient* **B** m Betäubungsmittel n, Anästhetikum n *scient*.
anestetizzàre tr **1** *med veter (sottoporre ad anestesia)* **~ qu/qc** {MEDICO, VETERINARIO PAZIENTE, ANIMALE} jdn/etw betäuben, jdn/ etw anästhesieren *scient*: **occorre ~ il malato prima di operarlo**, der Kranke muss vor der Operation betäubt werden **2** *fig (rendere insensibile)* **~ (qu) a qc** {ALLE ANGHERIE, AL DOLORE} (jdn) etw (dat) gegenüber unempfindlich machen, jdn (gegen etw acc) ab| stumpfen.
anèto m *bot* Dill m.
aneurìsma <-i> m *med* Aneurysma n *scient*: **~ dissecante**, Aneurysma dissecans n *scient*.
anfetamìna → **amfetamina**
anfìbio, (-a) <-bi m> **A** agg **1** *aero mot* amphibisch **2** *zoo* amphibisch, Amphibien- **B** m **1** *aero* Amphibienflugzeug n **2** <*solo pl*> *mil (scarpe)* Springerstiefel m pl **3** *mot* Amphibienfahrzeug n **4** *zoo* Amphibie f: **gli anfìbi**, Amphibien f pl.
anfiteàtro m **1** *(edificio)* Amphitheater n **2** *(aula)* Hörsaal m **3** *geol*: **~ morenico**, Moränenkessel m.
anfitriòne m *(padrone di casa ospitale)* großzügiger Gastgeber.
ànfora f *(vaso)* Amphore f.
anfràtto m *(luogo stretto e tortuoso)* Kluft f, Schlucht f.
anfrattuòso, (-a) agg *rar (tortuoso)* zerklüftet.
ang. *mat abbr di angolo:* Ecke.
angariàre <*angario, angarii*> tr *(tormentare)* **~ qu** {SOCIETÀ, TIRANNO SINGOLO, SUDDITO} jdn unterdrücken; **~ qu/qc** {ANIMALE} jdn/etw quälen, jdn/etw schinden.
Àngela f *(nome proprio)* Angela.
angelèno, (-a) **A** agg {CARATTERISTICA, VITA, *ecc.*} von Los Angeles **B** m (f) *(abitante)* Einwohner(in) m(f) von Los Angeles.
angèlico, (-a) <-ci, -che> agg *(di, da angelo)* {GERARCHIA} Engels-; {BELLEZZA, SORRISO, VISO} *anche* engelhaft, engel(s)gleich.
àngelo m **1** Engel m; *scherz (guardia)* Schutzengel m *iron* **2** *fig (persona molto brava e bella)* Engel m: **quel bambino è un ~**, dieses Kind ist ein Engel; **cantare/suonare come un ~**, engel(s)gleich *forb* singen/spielen ● **~** *custode relig*, Schutzengel m; **~ del focolare** *scherz (casalinga)*, (guter) Hausgeist *scherz*; **~ delle** *tenebre (Lucifero)*, der Engel der Finsternis.
àngelus <-> m *lat relig* Angelusgebet n.
angherìa f *(sopruso)* Schikane f, Gewalttätigkeit f: **essere sottoposto a mille angherie**, tausend Schikanen ausgesetzt sein, ständig schikaniert werden.
angìna f *med* Angina f *scient*.
angìna pèctoris <-> loc sost f *lat med* Angina f pectoris *scient*.
angiografìa f *med* Angiographie f *scient*.
angiogràfico, (-a) <-ci, -che> agg *med* angiographisch.
angiogràmma <-i> m *med* Angiogramm n *scient*.
angioìno, (-a) agg *stor* angiovinisch, von/ der Anjou.
angiolétto, (-a) <dim di angelo> m (f) **1** *(piccolo angelo)* Engelchen n **2** *iron* Unschuldsengel m *scherz*, Frechdachs m *fam scherz*.
angiòlogo, (-a) <-gi, -ghe> m (f) *med* Angiologe m, (Angiologin f).
angiòma <-i> m *med* Angiom n *scient*.
angioplàstica <-che> f *med* Angioplastik f *scient*, Gefäßchirurgie f.
angiospèrma *bot* **A** agg {PIANTA} bedecktsamig **B** f Angiosperma n.
angiostatìna f *med* Angiostatin n.
anglicanèsimo m *relig* Anglikanismus m.
anglicàno, (-a) *relig* **A** agg {CHIESA} anglikanisch **B** m (f) Anglikaner(in) m(f).
anglicìsmo, **anglìsmo** m *ling* Anglizismus m.
anglicizzàre **A** tr **~ qc** *etw* anglizieren **B** itr pron **1** {POPOLAZIONE} sich anglizieren, sich verengländern **2** {VOCABOLO} angliziert werden.
anglicizzazióne f Anglizisierung f.
anglìsta <-i m, -e f> mf *lett ling* Anglist(in) m(f).
anglìstica <-che> f *lett ling* Anglistik f.
anglo-americàno, **angloamericàno**, (-a) <-i m, -e f> **A** agg {LETTERATURA} angloamerikanisch **B** m (f) Angloamerikaner(in) m(f).
anglòfono, (-a) **A** agg anglophon, englischsprachig **B** m (f) Englischsprachige mf.
anglosàssone **A** agg {PAESI} angelsächsisch **B** mf *(abitante dell'Inghilterra)* Angelsachse m, Angelsächsin f.
Angòla f *geog* Angola n.
angolàno, (-a) **A** agg angolanisch **B** m (f) *(abitante)* Angolaner(in) m(f).
angolàre① **A** agg Eck-, eckig **B** m *(mobile)* Eckmöbel n.
angolàre② tr **~ qc 1** *(porre ad angolo)* {MATTONI, PIETRE} etw im Winkel aus|richten **2** *film (riprendere)* {FOTOGRAFO, REGISTA SCENA, SOGGETTO} etw unter einem bestimmten Winkel auf|nehmen **3** *sport (lanciare diagonalmente)* {CALCIATORE, TENNISTA PALLA, PALLONE} etw in die Ecke schlagen.
angolatùra f **1** *(piega)* Faltung f, Falte f **2** *fig (prospettiva)* Gesichtspunkt m, Blickwinkel m.
angolazióne f **1** *film fot TV* Blickwinkel m **2** *fig (punto di vista)* Gesichtspunkt m, Blickwinkel m: **vedere un problema sotto una diversa ~**, ein Problem unter einem anderen Blickwinkel betrachten **3** *sport* Eckschuss m.
angolièra f **1** *(mobile)* Eckmöbel n **2** *(armadio)* Eckschrank m **3** *(scaffale)* Eckregal n.

àngolo m **1** *(canto)* Ecke f: **il caffè all'~ della strada**, das Café an der Ecke; **dietro/ girato l'~**, um die Ecke; **sedere in un ~**, in einer Ecke sitzen **2** *(posto)* Ecke f, Winkel m: **~ di cottura**, Kochnische f; **negli angoli più riposti**, in den abgelegensten Winkeln; **un ~ tranquillo**, eine stille Ecke **3** *anche mat* {ACUTO, CONCAVO, CONVESSO, OTTUSO, RETTO} Winkel m; {+MOBILE} Kante f; {+FAZZOLETTO} Zipfel m; {+BOCCA} Winkel m: **una strada fa ~ con un'altra**, eine Straße kreuzt eine andere **4** *sport* Eckball m, Eckstoß m, Ecke f *fam* ● **cercare in tutti gli angoli** *fig (dappertutto)*, an allen Ecken und Enden suchen; **chiudere qu nell'~** *fig (non lasciare scampo a qu)*, jdn in die Ecke drängen; **d'~**, Eck-; **mettere qu in un ~** *(per punizione)*, jdn in die Ecke stellen; *fig (trascurare)* jdn links liegen lassen *fam*; **smussare gli angoli** *fig (mitigare le difficoltà)*, die Kanten abschleifen; **starsene in un ~** *fig (da parte)*, abseits stehen; **ai quattro angoli della terra/del mondo**, in allen vier Himmelsrichtungen, in allen Winkeln der Erde; **un ~ di terra**, ein Fleckchen Erde.
angolóso, (-a) agg **1** *(che ha angoli)* {CORPO, VISO} eckig **2** *fig (spigoloso)* {CARATTERE} eckig, spröde, schroff.
àngora <inv> *solo nella loc agg*: **d'~** {CONIGLIO, GATTO, LANA, PULLOVER} Angora-.
angòscia <-sce> f **1** *(stato di ansia)* Angst f, Beklemmung f: **passare ore d'~**, bange/ angsterfüllte Stunden durchleben; **essere in preda all'~**, von Angst befallen sein **2** *med* Angstzustand m.
angosciànte agg *(che causa angoscia)* {DUBBIO, SITUAZIONE} beunruhigend, quälend.
angosciàre <*angoscio, angosci*> **A** tr *(dare angoscia)* **~ qu** {ATTESA, DUBBIO, SOSPETTO, TENSIONE, *ecc.*} jdn ängstigen, jdm Angst machen, jdn beunruhigen: **la sua presenza mi angoscia**, seine/ihre Anwesenheit ängstigt/ beunruhigt mich; {+PROBLEMA} jdm Sorgen machen: **il futuro di questa azienda mi angoscia**, ich mache mir um die Zukunft dieses Betriebs Sorgen **B** itr pron *(provare angoscia)*: **angosciarsi (per qu/qc)** {PER I FIGLI, PER IL LAVORO} sich (dat) *(um jdn/etw)* Sorgen machen, *(um jdn/etw)* besorgt sein: **si angosciava per le cattive condizioni di salute di sua madre**, er/sie machte sich Sorgen wegen des schlechten Gesundheitszustands seiner/ihrer Mutter; **si angosciava nel dubbio/sospetto**, er/sie wurde vom Zweifel/Verdacht gequält.
angosciàto, (-a) agg {SGUARDO} angstvoll, verängstigt, ängstlich: **essere terribilmente ~**, ungeheuer verängstigt sein.
angoscióso, (-a) agg **1** *(che dà angoscia)* {PROBLEMA} beängstigend, beklemmend; {ATTESA} *anche* quälend **2** *(che manifesta angoscia)* {GRIDO, *ecc.*} angstvoll, angsterfüllt.
ångström <-> m *svedese fis* Ångström n.
anguìlla f *itt* Aal m: **essere scivoloso come un'~** *fig (essere sfuggente)*, aalglatt/[glatt wie ein Aal] sein.
anguillésco, (-a) <-schi, -sche> agg *fig (sfuggente)* {ATTEGGIAMENTO} aalglatt *spreg*.
angùria f *sett (cocomero)* Wassermelone f.
angùstia f **1** *(penuria)* {+DENARO} Knappheit f; {+STANZA} Enge f: **essere/trovarsi in angustie**, in finanziellen Schwierigkeiten sein, einen finanziellen Engpass haben **2** *(preoccupazione)* Beklemmung f, Sorge f **3** *fig (meschinità)* {+IDEE} Engstirnigkeit f, Beschränktheit f, Kleinlichkeit f, Engherzigkeit f.
angustiàre <*angustio, angusti*> **A** tr *(affliggere)* **~ qu** {NOTIZIA, PREOCCUPAZIONE} jdn be-

lasten; **jdn** plagen, **jdn** bedrücken, **jdn** quälen: **l'insuccesso lo angustiò moltissimo**, der Misserfolg belastete/bedrückte ihn sehr **B** *itr pron* (*angosciarsi*): **angustiarsi** (*per qc*) (*wegen etw* gen) bedrückt sein, sich (*wegen etw* gen) ängstigen, sich *um etw* (acc) Sorgen machen: **non angustiarti per così poco**, mach dir wegen einer solchen Kleinigkeit ˪keine Sorgen˩/[keinen Kopf *fam*].

angustiàto, (**-a**) *agg* (*afflitto*) bedrückt, bekümmert, betrübt.

angùsto, (**-a**) *agg forb* **1** (*stretto*) {PASSAGGIO, SPAZIO} knapp, eng **2** *fig* (*meschino*) {SPIRITO} engstirnig, beschränkt, kleinlich, engherzig.

ANIA f *abbr di* Associazione Nazionale Imprese Assicuratrici: "Nationalverband der Italienischen Versicherungsunternehmen".

ANICA f *film abbr di* Associazione Nazionale Industrie Cinematografiche e Affini: "Nationalverband für Film- und Unterhaltungsindustrie".

ànice m **1** (*liquore*) Anisette m, Anislikör m **2** *bot* Anis m.

anicìno m (*biscotto*) Anisplätzchen n.

anìdride f *chim* Anhydrid n: ~ **carbonica**, Kohlendioxid n; ~ **solforosa**, Schwefeldioxyd n.

anilìna f *chim* Anilin n.

ànima f **1** (*parte spirituale dell'uomo*) Seele f: **le anime dei morti**, die Seelen der Toten; **avere l'~ innocente/pura**, eine unschuldige/reine Seele haben **2** *fig* (*spirito animatore*) {+AFFARE, COMPLOTTO, IMPRESA} Seele f **3** (*persona*) Seele f, Person f: **un paese di 200 anime**, ein 200-Seelen-Dorf **4** (*nucleo centrale*) Innere n decl come agg, Kern m; {+ARMI} Rohr n; {+LEGNO} Kernholz n; *tecnol* {+CAVO, FERRO, ecc.} Kern m **5** *mus* {+ORGANO} Kern m ● **all'~! fam** (*apicchia!*), Donnerwetter! *fam*, meiner Seele!; **amare con tutta l'~** qu *fig* (*appassionatamente*), jdn von ganzem Herzen lieben; **aprire l'~** a qu *fig* (*confidarsi*), jdm sein Herz ausschütten, jdm in seiner Seele lesen lassen; ˪**arrivare all'**˩/ [**toccare l'**] **~ a qu** *fig* (*commuovere*), jdm nahegehen, jdm ˪zu Herzen˩/[unter die Haut] gehen; ˪**la buon'~ di mia madre**˩/[**mia madre, buon'~**] (*rif. a defunto*), ˪meine selige Mutter˩/[meine Mutter selig *obs*]; ~ **candida** *fig* (*ingenuo*), unschuldige/reine/gute Seele; **non c'era** ~ **viva** *fig* (*nessuno*), es war keine Menschenseele da; **darsi/dedicarsi** ~ **e corpo a qc** *fig* (*con totale dedizione*), sich etw (dat) mit Leib und Seele hingeben/verschreiben; **dannarsi l'** ~ *fig* (*fare ogni sforzo possibile per ottenere una cosa*), alles Menschenmögliche tun; (**essere pronto a**) **dare l'** ~ **per qu** *fig* (*fare grandi sacrifici*), (bereit sein,) sein Herzblut für jdn hin(zu)geben **forb**; **cercar qc come un** ~ **dannata** *fig* (*disperatamente*), etw verzweifelt suchen; **vendere l'** ~ **al** *diavolo fig* (*accettare qualsiasi compromesso*), dem Teufel seine Seele verkaufen; **venderebbe l'** ~ **al diavolo pur di passare l'esame**, er/sie würde dem Teufel seine/ihre Seele verkaufen, nur um die Prüfung zu bestehen; **raccomandare l'** ~ **a Dio** (*prepararsi a morire*), seine Seele in Gottes Hände befehlen *forb obs*; **render l'** ~ **a Dio** *eufem* (*morire*), ˪seinen Geist˩/[seine Seele] aushauchen *forb eufem*/aufgeben *iron*; **essere l'** ~ **di qc** *fig* (*la persona principale*), {+AZIENDA, GRUPPO} die Seele von etw (dat) sein; **mi gira l'** ~ *fig fam* (*sono irritato*), das nervt mich *fam*; **leggere in fondo all'** ~ **di qu** *fig* (*capirlo bene*), in jds Seele/ Herzen lesen; **ci mette l'** ~ **per riuscire in quell'impresa** *fig* (*ce la mette tutta*), er/sie gibt sein/ihr Letztes her, damit ihm/ihr dieses Unternehmen gelingt; ~ **mia!** *fam* (*rif. a persona che ci è molto cara*), mein Herz!; **essere un'** ~ **nera** *fig* (*persona malvagia*), eine schwarze Seele haben, ein Teufel/[bösartiger Mensch] sein; **mettersi l'** ~ **in** *pace fig* (*rassegnarsi*), sich mit etw (dat) abfinden, sich in sein Schicksal ergeben; **finalmente si è messo l'** ~ **in pace**, nun hat die liebe Seele endlich Ruh *scherz*; **essere/sembrare un'** ~ ˪**in pena**˩/[**del purgatorio**] *fig* (*irrequieto, ansioso*), ˪ein unruhiger Geist˩/[eine gequälte Seele] sein *obs*; **rimetterci l'** ~ *fig* (*perdere tutto*), alles verlieren, völlig baden gehen *fam*; **ci ho rimesso l'**~, alles ist jetzt beim/ zum Teufel *fam*, ich habe alles verloren; **romper l'** ~ **a qu** *fig fam* (*infastidire*), jdm ˪auf die Nerven˩/[auf den Geist] gehen *fam*; **sbattersene l'** ~ *fig fam* (*infischiarsene*), darauf pfeifen *fam*; **sputare l'** ~ *fig fam* (*fare un grande sforzo*), Blut und Wasser schwitzen *fam*, sich brutal ins Zeug legen *fam*, Himmel und Hölle in Bewegung setzen; **stare sull'** ~ **a qu** *fig fam* (*essere antipatico*), jdm unsympathisch sein; **trovare l'** ~ **gemella** *fig* (*partner ideale*), ˪den idealen Partner˩/[eine verwandte Seele] finden.

animàle A m **1** (*essere animato*) Lebewesen n **2** (*bestia*) Tier n: ~ **domestico/selvatico**, Haustier/[wildes Tier]; **animali d'allevamento**, Zuchttiere n pl **3** *fig spreg* (*persona rozza*) Tier n; (*persona stupida*) Dummkopf m *spreg* **B** *agg* **1** (*degli animali*) {FISIOLOGIA, REGNO} Tier- **2** *fig* (*corporeo*) {ISTINTO} tierisch, tierhaft ● **è un vero** ~ **da palcoscenico** (*è nato per fare l'attore*), er ist wie für die Bühne geschaffen, er ist ein echter Theatermensch.

animalésco, (**-a**) <-**schi, -sche**> *agg* **1** (*di animale*) {ISTINTO} animalisch, tierisch **2** *spreg* (*bestiale*) {MODO} brutal, bestialisch *spreg*; {VISO} vierschrötig; {VITA} viehisch *spreg*.

animalìsmo m (*movimento*) Tierschutz-(bewegung) f m.

animalìsta <-**i** m, -**e** f> **A** *agg* (*che difende gli animali*) {IDEA} der Tierschützer: **movimento** ~, Tierschutzbewegung f **B** *mf* Tierschützer(in) m(f).

animalità <-> f (*bestialità*) Tierhaftigkeit f, Animalität f.

animàre A *tr* **1** (*infondere l'anima*) ~ **qu/qc** {DIO UOMO, CORPO} jdm/etw Leben einhauchen; *fig* {SCULTORE CRETA, MARMO} jdn/ etw beseelen, jdm/etw Leben einhauchen **2** *fig* (*vivacizzare*) ~ **qc** {ALBERI IN FIORE PAESAGGIO; MUSICA SPETTACOLO; OTTIMISMO CONVERSAZIONE} etw beleben: **un continuo viavai anima le strade**, ein unablässiges Treiben belebt die Straßen **3** *fig* (*illuminare*) ~ **qc** {FELICITÀ VISO} etw beleben: **un dolce sorriso le animò il volto**, ein sanftes Lächeln ließ ihr Gesicht aufleuchten **4** *fig* (*promuovere*) ~ **qc** {DENARO, GUADAGNO, PROFITTO COMMERCIO} etw an|regen: **l'ambizione anima la sua impresa**, der Ehrgeiz ist der Antriebsfeder seines/ihres Unternehmens **5** *fig* (*alimentare*) ~ **qc** {INVIDIA} etw schüren; {SORRISO PASSIONE; VENTO INCENDIO} etw entfachen: **l'odio anima la sua reazione**, sein/ihr Hass führt ihn/sie zu dieser Reaktion **6** *fig* (*incoraggiare*) ~ **qu a qc** {INTENZIONE, PASSIONE, ecc. ALLO STUDIO} jdn (zu etw dat) an|treiben, jdn (zu etw dat) an|spornen: **lo anima una grande ambizione**, ein großer Ehrgeiz treibt ihn an, er ist von großem Ehrgeiz getrieben; **il coraggio lo ha animato a fare il primo passo**, sein Mut brachte ihn dazu, den ersten Schritt zu tun **B** *itr pron*: **animarsi 1** (*prender vita*) {FIGURA, PAESAGGIO, STRADA} sich beleben: **al mattino la città si**

anima presto, am Morgen belebt sich die Stadt früh **2** *fig* (*illuminarsi*) {VOLTO} sich beleben, lebhafter werden; {OCCHI} *anche* (*anfangen zu*) leuchten: **il suo viso si animò quando riconobbe la voce dell'amico**, sein/ihr Gesicht belebte sich, als er/sie die Stimme des Freundes erkannte **3** *fig* (*accalorarsi*) sich erhitzen, sich ereifern: **animarsi nel parlare**, sich beim Sprechen erhitzen; **si animò nella speranza di ottenere qualcosa**, er/sie eiferte sich in der Hoffnung, etwas zu erreichen.

animàto, (**-a**) *agg* **1** (*vivente*): **essere** ~, Lebewesen n **2** (*infervorato*) {CONVERSAZIONE} lebhaft, angeregt **3** (*affollato*) {VIA} belebt; {TRAFFICO} lebhaft ● **cartoni/disegni animati** *film*, Zeichentrickfilm m.

animatóre, (**-trice**) **A** *agg* (*che anima*) {PRINCIPIO} belebend, beseelend **B** m (f) **1** *gener* (+SOMMOSSA) Initiator(in) m(f) **2** (*chi intrattiene*) {+GRUPPO, SERATA} Animateur(in) m(f): ~ **culturale/scolastico/turistico**, Freizeitbetreuer m/Freizeitpädagoge m/Animateur m **3** *film* {+CARTONI ANIMATI} Trickfilmzeichner(in) m(f).

animazióne f **1** (*movimento*) Betrieb m, Treiben n: **al porto c'era molta** ~, im Hafen herrschte großer Betrieb **2** (*intrattenimento*) Animation f, Unterhaltung f **3** (*vivacità*) Lebhaftigkeit f, Leben n: **discutere/parlare con** ~, lebhaft diskutieren/sprechen **4** *film* Zeichentrick m: **cinema/film d'**~, Zeichentrickfilm m.

animèlla f *gastr* Bries n, Gekröse n.

animìsmo m *etnol filos relig* Animismus m.

ànimo A **1** m (*spirito*) Geist m **2** (*mente*) Geist m, Verstand m: **giudicare con** ~ **sereno**, mit klarem Verstand urteilen **3** (*sede dei sentimenti*) Gemüt n **4** (*anima*) Seele f **5** (*pensieri*) Gedanken m pl, Sinn m **6** (*memoria*) Herz n: **serbar nell'** ~ **qc**, etw in seinem Herzen bewahren **7** (*coraggio*) Mut m: **farsi** ~, sich (dat) Mut machen, Mut fassen; **perdersi d'**~, den Mut verlieren, verzagen **8** (*intendimento*) Absicht f, Wille m: **aver in/ l'** ~ **di far qc**, vorhaben, etw zu tun **B** *inter* (*coraggio*) nur Mut!: ~ **ragazzi!**, nur Mut, Jungs! ● **essere d'**~ **buono** *obs* (*essere buono*), gutmütig sein; **leggere nell'**~ **di qu** (*capire*), in jds Seele/Herzen/Gedanken lesen; **mettersi l'**~ **in** *pace fig* (*rassegnarsi*), sich mit etw (dat) zufrieden|geben, sich mit etw (dat) abfinden; **star con l'**~ **in sospeso** *fig* (*in ansia*), in quälender Ungewissheit sein.

animosità <-> f **1** (*ostilità*) Feindseligkeit f, Animosität f **2** *lett* (*coraggio*) Mut m, Kühnheit f, Beherztheit f.

animóso, (**-a**) *agg* **1** (*coraggioso*) {RAGAZZO} mutig, kühn, beherzt **2** (*impetuoso*) {CAVALLO} ungestüm **3** *raro* (*ostile*) feindselig.

anisètta f *enol* Anislikör m, Anisette f.

anisomorfìsmo m *ling* Anisomorphismus m.

Anìta f (*nome proprio*) Anita.

ànitra → **anatra**.

ANM f *abbr di* Associazione Nazionale Magistrati: "Nationaler Richterverband".

ANMI f *abbr di* Associazione Nazionale Marinai d'Italia: "Nationalverband der Italienischen Matrosen".

ANMIC f *abbr di* Associazione Nazionale Mutilati e Invalidi Civili: "Nationalverband der Zivilbeschädigten".

ANMIG f *abbr di* Associazione Nazionale Muti-

lati e Invalidi di Guerra: "Nationalverband der Kriegsbeschädigten".
ANMIL abbr *di* Associazione Nazionale Mutilati e Invalidi del Lavoro: "Nationalverband der Arbeitsunfähigen".
Ànna f (*nome proprio*) Anna, Anne.
annacquàre tr ~ *qc* **1** (*diluire*) {LATTE, VINO} *etw* mit Wasser verdünnen **2** *fig* (*attenuare*) {INGIURIA} *etw* ab|mildern, *etw* ab|schwächen; {REALTÀ, VERITÀ} *etw* schönen, *etw* verharmlosen: **i quotidiani hanno annacquato la notizia**, die Tageszeitungen haben die Nachricht verharmlost **3** *econ* (*sopravvalutare*) {CAPITALE} *etw* überbewerten.
annacquàta f **1** (*pioggerella*) Niesel-, Sprühregen m **2** (*annacquare leggermente*): **dare un'~ ai fiori**, den Blumen einen Guss Wasser geben; **dare un'~ al vino**, Wein mit Wasser leicht verdünnen.
annaffiàre <*annaffio, annaffi*> tr **1** (*con l'acqua*) ~ (*qc*) {CONTADINO, GIARDINIERE AIUOLA, CAMPO, FIORI, ORTO} *etw* (be)wässern, *etw* (be)gießen, *etw* (be)sprengen: **una leggera pioggerellina ha annaffiato le aiuole di fiori**, die Blumenbeete sind durch den Nieselregen gegossen worden; {STRADA} *etw* sprengen **2** *scherz* (*annacquare*) ~ *qc* {VINO} *etw* verdünnen **3** *fig gastr* (*accompagnare*) ~ *qc con qc* {UN CIBO CON UNA BEVANDA} *etw zu etw* (dat) trinken: **l'arrosto va annaffiato con dell'ottimo vino rosso**, zum Braten sollte ein sehr guter Rotwein getrunken werden.
annaffiàta f **1** (*annaffiatura rapida*) leichter Guss **2** (*pioggia breve e leggera*) Niesel-, Sprühregen m.
annaffiatóio <*-toi*> m Gießkanne f.
annaffiatùra f Begießen n.
annàli m pl **1** Annalen pl, Jahrbuch n **2** (*storia*) Annalen pl (der Geschichte): **un fatto destinato a rimanere negli ~**, ein Ereignis, das in die Annalen eingehen wird.
annalìsta <*-i* m, *-e* f> mf (*scrittore di annali*) Annalist(in) m(f), Annalenschreiber(in) m(f).
annalìstica <*-che*> f (*genere*) Annalistik f, Annalen-/Geschichtsschreibung f.
annaspàre tr (*avvolgere sull'aspo*) ~ *qc* {COTONE, LANA} *etw* haspeln, *etw* weifen, *etw* auf|spulen, *etw* auf|wickeln: **annaspare il filo per far la matassa**, er/sie spulte den Draht zu einer Wicklung auf itr **1** (*agitarsi confusamente*) ~ (*in qc*) (*in etw* dat) zappeln: **annaspava disperatamente nell'acqua**, er/sie zappelte verzweifelt im Wasser; **annaspava nel buio**, er/sie tappte im Dunkeln herum **2** (*gesticolare*) ~ {CON LE BRACCIA} *mit etw* (dat) herum|fuchteln *fam*, *mit etw* (dat) herum|gestikulieren: **annaspava con le mani parlando**, während er/sie sprach, fuchtelte er/sie mit den Händen herum *fam* **3** (*raspare*) ~ *con qc* {GALLINA CON LE ZAMPE} (*mit etw* dat) scharren **4** (*affaccendarsi*) ~ *tra qc* {TRA I FOGLI, TRA I LIBRI, TRA I PANNI, TRA LE PENTOLE} *sich zwischen etw* (dat) zu schaffen machen: **annaspa da ore tra le sue carte senza riuscire a trovare quella giusta**, seit Stunden kramt er/sie in seinen/ihren Unterlagen (herum), ohne die richtige zu finden **5** *fig* (*confondersi*) sich verhaspeln *fam*: **~ nel parlare/rispondere**, sich beim Sprechen/Antworten verhaspeln *fam*.
annàta f **1** (*durata di un anno*) {FREDDA, PIOVOSA} Jahr n: **una buona/cattiva ~**, ein gutes/schlechtes Jahr **2** (*produzione*) {+GIORNALE, RIVISTA, VINO} Jahrgang m **3** (*importo*) Jahresbeitrag m.
annebbiaménto m **1** (*formazione di nebbia*) Nebelbildung f **2** *fig* (*offuscamento*) {+COSCIENZA, MENTE, VISTA} Trübung f, Umnebelung f.
annebbiàre <*annebbio, annebbi*> tr ~ *qc* **1** (*velare*) {FUMO, NUBE, UMIDITÀ, VAPORE} *etw* verhüllen, *etw* bedecken, *etw* vernebeln **2** *fig* (*ottundere*) {FUMO, VIZIO IDEA, VISTA} *etw* trüben, *etw* umnebeln, *etw* benebeln: **l'alcol annebbia la mente**, Alkohol trübt den Verstand itr pron ~ (*velarsi*): **annebbiarsi** {ARIA, CIELO} neb(e)lig werden, nebeln *forb*: **il tempo si annebbia**, es wird neb(e)lig **2** *fig* (*offuscarsi*): **annebbiarsi a qu** {DISCORSO, PENSIERO} sich *jdm* trüben, *jdm* unklar werden: **mi si annebbiano le idee**, meine Gedanken werden unklar; **mi si annebbia la vista**, mein Blick trübt sich.
annegaménto m **1** (*l'annegarsi*) Ertrinken n **2** (*l'annegare*) Ertränken n; (*rif. a animale*) *anche* Ersäufen n: **morire per ~**, ertrinken.
annegàre <*annego, anneghi*> tr <*avere*> **1** (*uccidere affogando*) ~ *qu*/*qc* (*in qc*) {PERSONA} *jdn*/*etw* (*in etw* dat) ertränken: **ucissero il poveretto annegandolo nel fiume**, sie ertränkten den armen Kerl im Fluss; {GATTINI} *etw* (*in etw* dat) ertränken, *etw* (*in etw* dat) ersäufen: **hanno annegato i cuccioli appena nati nel canale**, sie haben die neugeborenen Welpen im Kanal ersäuft **2** *fig* (*dimenticare*) ~ *qc in qc* {RICORDI NELL'ALCOL} *etw in etw* (dat) ertränken, *etw in etw* (dat) ersäufen: **~ i dipiaceri nel vino**, seinen Kummer im Wein ertränken/ersäufen itr <*essere*> **1** (*morire per annegamento*) ertrinken: **pochi istanti dopo il tuffo è annegato**, wenige Augenblicke nach dem Sprung ist er ertrunken **2** *fig* (*perdersi*): **in *qc*** {IN UN MARE DI DEBITI, NELL'ORO} *in etw* (dat) versinken: **annegava in un mare di folla**, er/sie verlor sich in der Menschenmenge rfl (*uccidersi per annegamento*): **annegarsi** (*in qc*) {NEL CANALE, NEL LAGO, NEL MARE} sich ertränken, ins Wasser gehen *obs eufem*: **si è annegato buttandosi nel fiume**, er ertränkte sich, indem er sich in den Fluss stürzte.
annegàto, (*-a*) agg **1** (*ucciso con annegamento*) ertränkt **2** (*morto per annegamento*) ertrunken m (f) **1** (*ucciso con annegamento*) Ertränkte mf decl come agg **2** (*morto per annegamento*) Ertrunkene mf decl come agg.
anneriménto m (*scurimento*) Schwärzen n.
annerìre <*annerisco*> tr <*avere*> (*scurire*) ~ *qc* (*con qc*) {CARBONE CITTÀ} *etw* mit *etw* (dat) schwärzen, *etw* mit *etw* (dat) schwarz machen: **il fumo annerisce le cose**, (der) Rauch macht die Dinge schwarz; **la caligine annerisce il volto e le mani degli spazzacamini**, der Rauch schwärzt das Gesicht und die Hände der Schornsteinfeger itr <*essere*> (*diventare scuro*) {COLORE, EDIFICI} dunkel werden, (nach|)dunkeln: **certi metalli anneriscono**, bestimmte Metalle dunkeln (nach) itr pron (*scurirsi*): **annerirsi** {COLORE, EDIFICIO, METALLO} (nach|)dunkeln; {CIELO} sich verdunkeln.
annèssi 1ª pers sing del pass rem *di* annettere.
annessióne f (*appropriazione*) {+TERRITORIO} Annexion f, Anschluss m: **l'~ di uno stato a un altro**, die Annexion eines Staates durch einen anderen.
annèsso, (*-a*) agg ~ (*a qc*) **1** (*adiacente*) *an etw* (acc) anliegend, *mit etw* (dat) verbunden, *zu etw* (dat) gehörig **2** (*allegato*) *etw* (dat) beigefügt, beiliegend **3** *polit an etw* (acc) annektiert m <*di solito al pl*> **1** *arch* Anbauten m pl, Nebengebäude n pl **2** *anat* Nebenorgane n pl **3** (*cose*) Zubehör n ● **gli annessi e connessi**, das (ganze) Drum und Dran *fam*; alles, was dazugehört.
annèttere <*irr annetto, annettei o annessi, annesso*> tr **1** (*unire*) ~ *qc* (*a qc*) *etw* (*an etw* acc) an|bauen, *etw* (*an etw* acc) an|fügen: **~ un magazzino alla fabbrica**, ein Lager an die Fabrik anbauen **2** (*allegare*) ~ *qc a qc* {CERTIFICATO, DOCUMENTO} *etw* (dat) *etw* bei|fügen, (*etw* dat) *etw* bei|legen: **~ un foglio a una lettera**, einem Brief ein Blatt beilegen **3** *fig* (*attribuire*) ~ *qc a qc* {CREDITO, IMPORTANZA} *etw* (dat) *etw* bei|messen: **non annetto alcuna importanza alle sue affermazioni**, ich messe seinen Äußerungen keinerlei Bedeutung bei **4** *polit* (*incorporare*) ~ *qc* (*a qc*) {REGIONE} *etw* (*etw* dat) ein|verleiben, {STATO TERRITORIO} *etw* annektieren.
Annìbale m *stor* (*nome proprio*) Hannibal.
annichilàre *e deriv* → **annichilìre** *e deriv*.
annichilazióne f (*annichilimento*) Vernichtung f **2** *fis* Zerstrahlung f.
annichiliménto m Vernichtung f.
annichilìre <*annichilisco*> tr **1** (*annientare*) ~ *qu*/*qc* {FLOTTA, PAESE, TRUPPE} *jdn*/*etw* vernichten, *jdn*/*etw* zerstören: **annichilirono l'esercito nemico**, sie vernichteten die feindliche Armee **2** *fig* (*avvilire*) ~ *qu* {OPINIONE, SGUARDO, VERITÀ} *jdn* demütigen: **quelle parole lo annichilirono**, diese Worte demütigten ihn itr pron *fis* (*trasformarsi in energia*): **annichilirsi** zerstrahlen: **la massa si è annichilita**, die Masse ist zerstrahlt rfl **1** (*annullarsi*): **annichilirsi** sich (selbst) vernichten, zunichte/verloren gehen: **nulla si annichilisce**, nichts geht zunichte/verloren, nichts verschwindet im Nichts / [spurlos] **2** *fig* (*umiliarsi*): **annichilirsi per qu**/*qc*, **a causa di qu**/*qc* sich vor *jdm*/*etw* / [wegen *jds*/*etw*] herab|würdigen: **per lei si annichilì**, ihretwegen erniedrigte er/sie sich zutiefst.
annidàre tr **1** *rar* (*porre nel nido*) ~ *qc* {PULCINO} *etw* ins Nest setzen **2** *fig* (*celare*) ~ *qc in qc* *etw in etw* (dat) verbergen: **annidava nell'animo sentimenti di rancore**, in seinem/ihrem Herzen hegte er/sie Rachegefühle itr pron: **annidarsi** (+ *compl di luogo*) **1** (*nascondersi*) sich (*irgendwo*) verbergen, sich (*irgendwo*) verstecken: **si salvò annidandosi in un granaio**, er/sie rettete sich, indem er/sie sich in einem Kornspeicher versteckte **2** *fig* {ODIO, RANCORE} sich (*irgendwo*) fest|setzen, sich (*irgendwo*) ein|nisten: **in lui si annida un gran desiderio di vendetta**, er sinnt auf / [dürstet nach] Rache, er ist rachsüchtig/rachedürstend/rachedurstig *forb* rfl (*fare il nido*): **annidarsi** (+ *compl di luogo*) (*irgendwo*) nisten, sich *irgendwo* ein|nisten: **in cantina si annidano i topi**, im Keller machen sich die Mäuse breit; **nelle vecchie case si annidano molti insetti**, in alten Häusern verbreiten sich viele Insekten; **gli uccelli si annidano sugli alberi**, die Vögel nisten auf den Bäumen.
annientaménto m **1** (*distruzione*) {+CITTÀ, ESERCITO} (völlige) Vernichtung/Zerstörung f **2** *fig* Vernichtung f.
annientàre tr ~ *qu*/*qc* **1** (*distruggere*) {ESERCITO, NEMICO} *jdn*/*etw* (völlig) vernichten, *jdn*/*etw* (völlig) zerstören: **con i suoi espedienti annienta ogni ostacolo**, mit seinen/ihren Mitteln beseitigt er/sie jedes Hindernis **2** *fig* (*annullare*) {DOLORE} *jdn*/*etw* zerstören, *jdn* fertig|machen *fam*, *jdn*/*etw* den Rest geben *fam*: **gli ultimi eventi hanno annientato le prove**, die letzten Ereignisse haben die Beweise zunichtegemacht / [in sich zusammenfallen lassen]; **questa noti-

zia mi ha annientato, diese Nachricht hat mich vernichtet/niedergeschmettert; il continuo mentire ha annientato la sua personalità, das ständige Lügen hat seine/ihre Persönlichkeit unterminiert **B** rfl **1** (ridursi al nulla) **annientarsi** vernichtet werden/sein, zunichte|werden, zunichte sein **2** (umiliarsi) **annientarsi** sich zutiefst erniedrigen/demütigen.

anniversàrio, (-a) <-ri m> **A** agg {FESTA, GIORNO} Jahres- **B** m **1** Jahrestag m: ~ **di matrimonio**, Hochzeitstag m **2** rar (compleanno) Geburtstag m.

ànno m **1** Jahr n: **compiere un ~**, ein Jahr alt werden; **negli anni della crisi economica**, in den Jahren der Wirtschaftskrise; **a₁ un ~₁/[dieci anni]**, mit ₁einem Jahr₁/[zehn Jahren]; **a giugno sarà tre anni che stiamo insieme**, im Juni werden/sind es drei Jahre, dass wir zusammen sind; **frequentare il terzo ~ di liceo** (in Italia), in der dritten Klasse des Lyzeums sein; (in Germania) in der elften Klasse sein; (in Austria) in der siebten Klasse sein; (in Svizzera) in der fünften Klasse sein; **il primo/l'ultimo dell'~**, der erste/letzte Tag des Jahres, Neujahr n/Silvester n; **₁un ~₁/[vent'anni] fa**, vor ₁einem Jahr₁/[zwanzig Jahren] **2** <solo pl> Jahre pl: **compiere gli anni**, Geburtstag haben; **essere avanti/[in là] con gli anni**, betagt sein, im fortgeschrittenen/vorgerückten Alter sein; **dimostra più anni di quelli che ha**, er/sie sieht älter aus als er/sie ist; **quanti anni hai? – Ho vent'anni**, wie alt bist du? – Ich bin zwanzig (Jahre alt); **gli anni Venti/Trenta**, die Zwanziger-/Dreißigerjahre, die ₁zwanziger/dreißiger₁/[20er/30er] Jahre ● **~ accademico/bisestile/civile/commerciale/fiscale/scolastico**, Studien-/Schalt-/Kalender-/Geschäfts-/Steuer-/Schuljahr n; **~ climaterico**, unheilvolles Jahr; **con gli anni** (col tempo), mit der Zeit, mit den Jahren; **correva l'~ ...** (era il...), es war im Jahr ...; **di ~ in ~**, von Jahr zu Jahr; **nell'~ di Grazia ...** (nel...), im Jahr des Herrn ...; **~ luce** astr, Lichtjahr n; fig (distanza molto grossa): **tra il mio modo di vedere le cose e il tuo ci sono anni luce**, zwischen meinen Ansichten und deinen liegen Welten; **metterci un ~ a fare qc** fig (impiegare molto tempo), ewig fam brauchen, um etw zu tun; **~ nuovo/vecchio**, Neues/Altes Jahr; **~ per ~**, Jahr für Jahr; **perdere un ~** fig (rimanere bocciato a scuola), sitzen bleiben, durchfallen fam, ein Jahr wiederholen müssen; **gli anni di piombo** fig (dal titolo del film di M. von Trotta, gli anni del terrorismo, dal 1970 al 1982), die bleierne Zeit; **~ ponte**, Übergangsjahr n; **portare bene/male gli anni** fig (sembrare più giovane/vecchio), für sein Alter gut/schlecht aussehen; **~ sabbatico università** (di ricerca), Forschungsjahr n, = Freisemester n; **~ santo** relig, Heiliges Jahr; **anni or sono** (molti anni fa), vor Jahren; **gli anni verdi** fig (giovinezza), die Jugendjahre; **~ nuovo, vita nuova** prov, neues Jahr, neuer Anfang.

annodàre A tr **1** (fare un nodo) **~ qc** (a qc) {CORDA, LEMBI DELLE LENZUOLA, NASTRI} etw (mit etw dat) verknoten; **~ qc a qu** {CRAVATTA AL MARITO} jdm etw um|binden: **annoda il fazzoletto al collo!**, binde dir das Halstuch um! **2** fig (allacciare) **~ qc con qu** {RELAZIONE} etw (mit jdm) (an|)knüpfen; {AMICIZIA} anche etw mit jdm schließen **3** fig (collegare) **~ qc** {SCRITTORE AZIONE, TRAMA} etw knüpfen: **ha annodato l'intreccio del suo primo racconto**, er/sie hat den Handlungsfaden seiner/ihrer ersten Erzählung geknüpft **B** itr pron: **annodarsi** (**a qu**) **1** (aggrovigliarsi) {FILO, LANA} sich jdm verwickeln: **con quel vento i capelli mi si erano tutti annodati**, bei diesem Wind haben sich mir die Haare zerzaust/verknotet **2** fig (imbrogliarsi): **gli si annodano le parole quando è stanco**, er verhaspelt/verheddert sich, wenn er müde ist fam **C** rfl (allacciarsi): **annodarsi qc** (CRAVATTA, FAZZOLETTO) sich (dat) etw (zu|)binden: **ha ancora difficoltà ad annodarsi le scarpe**, er/sie hat noch Schwierigkeiten, sich (dat) die Schuhe zuzubinden.

annodatùra f **1** (l'annodare) Knoten n **2** (nodo) Knoten m.

annoiàre <annoio, annoi> **A** tr (tediare) **~ qu** (**con qc**) {DISCORSO, LIBRO, SPETTACOLO} jdn mit etw (dat) langweilen: **mi hai annoiata con i tuoi stupidi scherzi**, du hast mich mit deinen blöden Witzen genervt fam, ich habe deine blöden Witze satt **B** rfl (stancarsi, provare noia): **annoiarsi** (**di qc**) {DEI DISCORSI, DELLA TRASMISSIONE} sich (bei etw dat) langweilen, etw satt|haben, etw satt sein: **a quella festa mi sono annoiato**, ich habe mich auf diesem Fest gelangweilt; **mi sono proprio annoiata di stare qui ad aspettare**, ich habe/bin es wirklich satt, hier zu bleiben und zu warten.

annoiàto, (-a) agg (stufo) gelangweilt.

ànno lùce → **anno**.

annonàrio, (-a) <-ri m> agg Lebensmittel-: **carta/tessera annonaria**, Lebensmittelkarte f.

annóso, (-a) agg **1** (con molti anni) {ALBERO} alt **2** (che dura da tempo) {QUESTIONE} alt, langjährig.

annotàre tr **~ qc 1** (prendere nota) {NOME, NUMERO, SPESA} (sich dat) etw notieren, (sich dat) etw auf|schreiben, sich (dat) Notizen machen: **vuoi ~ la data del prossimo appuntamento?**, willst du (dir) das Datum des nächsten Treffens notieren? **2** (corredare di note) {DOCENTE, REDATTORE POEMA, ROMANZO} etw mit Anmerkungen versehen, etw kommentieren: **il saggio è stato annotato da un eminente critico letterario**, in hervorragender Literaturkritiker hat den Aufsatz mit Anmerkungen versehen.

annotatóre, (-trice) **B** m (f) (commentatore) Kommentator(in) m(f).

annotazióne f **1** (registrazione) {+DATA, INDIRIZZO} Notiz f, Vermerk m **2** (postilla) {+AUTORE} Anmerkung f: **fare delle annotazioni a un testo**, einen Text mit Anmerkungen versehen.

annottàre itr impers <essere> (diventare notte) Nacht werden: **d'estate annotta tardi**, im Sommer wird es spät dunkel.

Annóver f geog Hannover n.

annoveràbile agg rar zählbar.

annoveràre tr **1** rar (enumerare) **~ qu/qc** {AMICI, LIBRI, QUADRI, VITTORIE, ecc.} jdn/etw aufzählen **2** (includere) **~ qu/qc tra qu/qc** jdn/etw zu jdm/etw zählen: **lo annovero tra i miei migliori amici**, ich zähle ihn zu meinen besten Freunden.

annuàle A agg **1** (di un anno) {RACCOLTO} Jahres- **2** (che dura un anno) {CONTRATTO} (Ein)jähren-, einjährig **3** (di ogni anno) {FESTA, RITROVO} jährlich **B** m rar (anniversario) Jahresfeier f.

annualità <-> f **1** (periodo di un anno): **l'~ del contratto lo preoccupa molto**, dass der Vertrag auf ein Jahr begrenzt/befristet ist, macht ihm große Sorgen **2** (somma annuale) Jahresbeitrag m; (di ammortamento di un debito) jährliche Tilgungsquote.

annualizzàre tr **~ qc 1** (rendere annuale) {CONTRATTO} etw auf ein Jahr fest|legen, etw jährlich erneuern **2** (aggiornare ogni anno) {ENCICLOPEDIA} etw jährlich aktualisieren.

annualizzazióne f **1** {+CONTRATTO} jährliches Erneuern **2** {+ENCICLOPEDIA} jährliches Aktualisieren.

annuàrio <-ri> m {SCOLASTICO +PUBBLICA AMMINISTRAZIONE, STATISTICA} Jahrbuch n, Jahresbericht m.

annuìre <annuisco> itr **1** (fare segno di sì) (zustimmend) nicken, zu|stimmen: **mi ascoltava annuendo di tanto in tanto**, er/sie hörte mir zu und nickte ab und zu (mit dem Kopf); **annuì con un cenno del capo**, er/sie nickte zustimmend, er/sie stimmte durch (ein) Kopfnicken zu; **gli chiesi se aveva finito gli esami ed egli annuì**, ich fragte ihn, ob er seine Prüfungen beendet habe, und er nickte **2** (acconsentire) **~ a qc** {A UNA DOMANDA} etw (dat) zu|stimmen; {A UNA PROPOSTA} in etw (acc) ein|willigen: **il direttore annuiva a ogni sua richiesta**, der Direktor stimmte jeder seiner/ihrer Forderungen zu.

annullaménto m **1** (l'annullare) {+RISULTATO} Annullierung f **2** (disdetta) {+RIUNIONE} Absage f; comm {+ORDINAZIONE} Stornierung f **3** (distruzione) {+PERSONA} Vernichtung f **4** dir {+CONTRATTO, NORMA} Nichtigerklärung f; {+ATTO AMMINISTRATIVO, MATRIMONIO, SENTENZA} Aufhebung f **5** mat Annullierung f **6** post {+FRANCOBOLLO} Entwertung f.

annullàre A tr **~ qc 1** (disdire) {APPUNTAMENTO, FESTA, IMPEGNO} etw ab|sagen **2** (rendere nullo) etw annullieren, etw für nichtig erklären, etw auf|heben: **questa lettera annulla la precedente**, durch diesen Brief ist der vorhergehende als gegenstandslos zu betrachten; comm {ORDINE} etw stornieren; post {FRANCOBOLLO} etw entwerten, etw ab|stempeln; {AVVENIMENTO, SCOPERTA, SVOLTA ESITO, RISULTATO} etw zunichte/ungültig machen, etw für nichtig erklären, etw annullieren **3** (distruggere) {FINE, MORTE} etw vernichten: **una catastrofe atomica annullerebbe ogni forma di vita**, eine atomare Katastrophe würde alles Leben vernichten **4** amm (revocare) etw rückgängig machen, etw zurück|nehmen: **la disposizione fu annullata dall'autorità**, die Anordnung wurde von den Behörden zurückgenommen **5** dir (rendere nullo) {CONTRATTO} etw für nichtig erklären; {LA PUBBLICA AMMINISTRAZIONE BANDO; GIUDICE, TRIBUNALE ATTO, TESTAMENTO} etw auf|heben: **la Sacra Rota ha annullato il loro matrimonio**, die Rota hat ihre Ehe aufgehoben **B** itr pron **1** (svanire): **annullarsi in qc** {NELL'ARIA, NELL'ETERE} sich (in etw acc) verflüchtigen, sich (in etw dat) auflösen **2** fig (annichilirsi): **annullarsi in qu/qc** {NEL DESIDERIO} in jdm/etw (völlig) auf|gehen; {NEL MARE} sich in etw (dat) in Nichts auf|lösen: **il beato si annulla in Dio**, der Selige geht in Gott auf **C** rfl rec (eliminarsi): **annullarsi** {DISPOSIZIONI, SPINTE} sich (gegenseitig) auf|heben: **due forze uguali e contrarie si annullano**, zwei gleich große entgegengesetzte Kräfte heben sich auf.

annùllo m post {+FRANCOBOLLO} Entwertung f.

annunciàre <annuncio, annunci> tr **1** (dare notizia) **~ qc** {FIDANZAMENTO, MATRIMONIO, MORTE, NASCITA, RITORNO, SCONFITTA, VITTORIA} etw bekannt geben **2** (predire) **~ qc** {INDOVINO} etw vorher|sagen: **i profeti annunciarono la venuta di Gesù Cristo**, die Propheten verkündeten die Ankunft Jesu Christi **3** (predicare) **~ qc** {GESÙ, PAPA BUONA NOVELLA, PAROLA DI DIO} etw verkündigen **4** (preannunciare) **~ qc** {BRINA, FIORI INVERNO, ESTATE} etw an|kündigen **5** (informare della presenza di qu) **~ qu/qc** (**a qu**) {ARRIVO, VISITA} jdn/etw (bei jdm) (an|)melden: **lo annuncio al presidente?**, soll ich ihn beim Präsidenten anmelden?; **si fece annunciare dalla segretaria**, er/sie ließ sich von der Sekretärin anmelden; **gli fu annunciata una visita**, ihm wurde ein Besuch (an)gemeldet.

annunciatóre, (**-trice**) m (f) **1** gener Melder(in) m(f) **2** radio TV Sprecher(in) m(f), Ansager(in) m(f).

Annunciazióne f relig Mariä Verkündigung f.

annúncio <-ci> m **1** Mitteilung f, Meldung f: **fare un ~ ufficiale**, eine öffentliche Mitteilung machen; **~ choc**, Schockmeldung f **2** (nel giornale) Annonce f: **annunci in breve**, Kurzanzeigen f pl, kleine Anzeigen; **annunci economici/mortuari**, Klein-/Todesanzeigen f pl; **mettere un ~ sul giornale**, eine Anzeige in die Zeitung setzen; **~ pubblicitario**, Werbeanzeige f **3** radio TV Ansage f **4** fig (indizio) Anzeichen n: **le prime rughe sono l'~ della vecchiaia**, die ersten Falten sind ein Zeichen ⌊des Alters⌋/[, dass man alt wird].

annunziàre e deriv → **annunciare** e deriv.

Annunziàta <-> f **1** (festa) Mariä Verkündigung f **2** (Maria Vergine) Heilige Jungfrau, Jungfrau f Maria.

ànnuo, (**-a**) agg **1** (di un anno) Jahres- **2** (che ricorre una volta all'anno) {FESTA} jährlich **3** bot {PIANTA} einjährig.

annusàre A tr **1** (fiutare) **~ qu/qc** {FIORE, ODORE, PROFUMO} an jdm/etw riechen; {ANIMALI} jdn/etw beschnuppern: **il cane non faceva che ~ dappertutto**, der Hund schnupperte nur überall herum **2** (aspirare) **~ qc** etw schnupfen **3** fig (intuire) **~ qc** {AFFARE, INGANNO, TRUFFA} etw wittern: **ho annusato subito l'imbroglio**, ich habe den Betrug sofort gewittert B rfl rec (fiutarsi): **annusarsi** {ANIMALI} sich beschnuppern: **i gatti si annusano ogni volta che si incontrano**, die Katzen beschnuppern sich jedes Mal, wenn sie sich begegnen.

annusàta f: **dare un'~ a qc**, etw beriechen.

annuvolaménto m **1** (l'addensarsi di nuvole) {+CIELO} Bewölkung f **2** fig (+VOLTO) Verfinsterung f.

annuvolàre A tr **1** (coprire di nuvole) **~ qc** {NEBBIA, NUVOLA CAMPAGNA, CITTÀ, MARE} etw überziehen **2** fig (offuscare) **~ qc a qu** {VINO MENTE, SPIRITO} jdm etw trüben; {EVENTO, NOTIZIA MENTE, SPIRITO} jdm etw verfinstern B itr pron: **annuvolarsi 1** (coprirsi di nuvole) {CIELO} sich bewölken **2** fig (turbarsi) {VOLTO} sich verdüstern, sich verfinstern: **il suo sguardo si annuvolò immediatamente**, sein/ihr Blick verdüsterte sich auf der Stelle; **alla notizia si annuvolò**, bei der Nachricht verfinsterte sich seine/ihre Miene.

àno m anat After m, Anus m scient.

anòdino, (**-a**) agg **1** (calmante) {MEDICAMENTO, RIMEDIO} schmerzstillend **2** fig (insignificante) {DISCORSO, PERSONA} unbedeutend.

anodizzàre tr chim fis **~ qc** {METALLO} etw eloxieren, etw anodisieren.

anodizzàto, (**-a**) agg chim fis {ALLUMINIO} eloxiert, anodisiert.

ànodo m elettr Anode f.

anòfele m zoo Anopheles f, Malaria-Stechmücke f.

anomalìa f **1** (deviazione dalla norma) Abweichung f **2** gramm (irregolarità) Unregelmäßigkeit f **3** med Anomalie f scient.

anòmalo, (**-a**) agg **1** (che devia dalla norma) {FENOMENO} abweichend **2** gramm (irregolare) unregelmäßig **3** med anomal scient.

anònima f **1** dir (società ~) Aktiengesellschaft f **2** (organizzazione criminosa) Geheim-, Verbrecherorganisation f: **~ seque**-

stri, Entführerbande f.

anonimàto m (incognito) Anonymität f forb: **conservare l'~**, anonym forb bleiben.

anonimìa f (mancanza di nome) Anonymität f forb.

anonimità <-> f (mancanza di caratteristiche particolari) {+LUOGO} Anonymität f.

anonimizzàre tr (rendere anonimo) **~ qc** {ARCHIVIO DI CARTELLE CLINICHE} etw anonymisieren.

anonimizzazióne f (il rendere anonimo) Anonymisieren n, Anonymisierung f.

anònimo, (**-a**) A agg **1** (senza nome) {LETTERA} anonym forb, ohne Verfasser **2** fig (insignificante) {CITTÀ} unbedeutend B m (f) (autore) Anonymus m forb, Unbekannte mf decl come agg.

ànorak <-> m ingl **1** {+ESCHIMESI} Anorak m **2** (giacca a vento) Anorak m.

anoressànte m med Appetitzügler m, Appetithemmer m, Anorektikum m scient.

anoressìa f med Magersucht m, Anorexie f scient.

anorèssico, (**-a**) <-ci, -che> psic A agg {RAGAZZA} magersüchtig, anorektisch scient; {CONDIZIONI} Anorexie- scient B m (f) Magersüchtige mf decl come agg, Anorektiker(in) m(f) scient.

anormàle A agg **1** (inconsueto) {COMPORTAMENTO, SITUAZIONE} unnormal, anormal, außergewöhnlich **2** med anomal, krankhaft B mf **1** fig (omosessuale) Homosexuelle mf decl come agg **2** med Anomale mf decl come agg.

anormalità <-> f Normabweichung f, Anomalie f, Abnormität f.

ANPI f abbr di Associazione Nazionale Partigiani d'Italia: "Nationalverband der Italienischen Partisanen".

ànsa f **1** (manico) {+VASO} Henkel m, Griff m **2** (curva) {+FIUME} Schleife f **3** anat Krümmung f.

ANSA f abbr di Agenzia Nazionale Stampa Associata: ANSA f (italienische Presseagentur).

ansàre itr **1** (ansimare) keuchen, japsen fam: **ansava salendo gli ultimi gradini**, keuchend stieg er/sie die letzten Treppenstufen hinauf **2** fig (sbuffare) {MARE} rauschen; {TRENO} keuchen, puffen.

anseàtico, (**-a**) <-ci, -che> agg stor (dell'Hansa) hanseatisch: **lega anseatica**, Hanse f.

anserino, (**-a**) agg **1** (d'oca) {ANDATURA} Watschel-, gänseartig **2** med: **cute anserina**, Gänsehaut f.

ànsia f **1** Angst f, Beklemmung f, angstvolle Unruhe: **essere in ~ per qu**, sich um jdn Sorgen machen; **attendere una notizia con ~**, unruhig auf eine Nachricht warten; **sono in ~ per il suo ritardo**, ich bin wegen seiner/ihrer Verspätung in Sorge; **vivere nell'~**, in ständiger Angst leben **2** psic Angst f.

ansietà <-> f (apprensione) Angstzustand m, Beklemmungszustand m.

ansimàre itr **1** (respirare con affanno) {CAVALLO, RAGAZZO} keuchen, außer Atem sein: **l'atleta ansimava dopo la corsa**, der Athlet war nach dem Rennen ganz außer Atem **2** fig (sbuffare) {LOCOMOTIVA} puffen, keuchen.

ansiògeno, (**-a**) agg psic {MESSAGGIO} beunruhigend, beklemmend.

ansiolìtico, (**-a**) <-ci, -che> A agg med {EFFETTO, SOSTANZA} angstlösend, anxiolytisch scient B m farm angstlösendes Mittel, Anxiolytikum n scient.

ansióso, (**-a**) A agg **1** (impaziente) begierig, ungeduldig: **sono ~ di vedere il regalo**,

ich bin auf das Geschenk gespannt **2** (che soffre d'ansia) {PERSONA} ängstlich **3** (pieno d'ansia) {SGUARDO} besorgt **4** psic {TURBE} Angst-, Beklemmungs- B m (f) Ängstliche mf decl come agg.

ànta① f **1** (sportello) {+ARMADIO} Tür f **2** (battente di finestra) (Fenster)laden m **3** arch (pilastro) Ante f.

ànta② m pl scherz die Lebensjahre von 40-90: **passare gli ~**, in die Jahre kommen.

antagonìsmo m (rivalità) Antagonismus m forb.

antagonìsta <-i m, -e f> A agg **1** (rivale) gegnerisch **2** anat {MUSCOLI} Gegen- **3** fis {FORZE} entgegengesetzt B mf **1** (rivale) Antagonist(in) m(f) forb, Gegner(in) m(f), Widersacher(in) m(f); sport Gegner(in) m(f), Gegenspieler(in) m(f) **2** lett (personaggio) Gegenspieler(in) m(f), Antagonist(in) m(f) forb C m (muscolo) Antagonist m scient.

antagonìstico, (**-a**) <-ci, -che> agg **1** {SPIRITO} antagonistisch forb, Widerspruchs- **2** anat {FUNZIONE} Gegen-.

antàlgico, (**-a**) <-ci, -che> farm A agg schmerzstillend, analgetisch scient B m schmerzstillendes Mittel, Analgetikum n scient.

antàrtico, (**-a**) <-ci, -che> geog A agg {CONTINENTE, FAUNA} antarktisch B m Antarktis f.

Antàrtide f geog Antarktis f.

ànte- pref (anteriorità) vor-, Vor-: **anteguerra**, Vorkriegszeit f; (precedenza nello spazio) vor-, Vor-; **anteporre**, voranstellen, voransetzen.

antecedènte A agg (precedente) vorig, vorhergehend B m **1** (ciò che è avvenuto prima) Vorhergehende n decl come agg: **gli antecedenti del fatto**, die Vorgeschichte dieses Ereignisses **2** <solo pl> (passato) {+PERSONA} Vorleben n, Vergangenheit f: **ha dei pessimi antecedenti**, er/sie hat ein schlimmes Vorleben **3** gramm Antezedens n.

antecedènza A f (precedenza) Vortritt m B loc avv: **in ~** im Voraus.

antecessóre m ant **1** (predecessore) Vorgänger m **2** <di solito al pl> mil Vorhut f solo sing.

antefàtto m (precedente) Vorgeschichte f.

anteguèrra A <inv> agg {ANNI} Vorkriegs- B m Vorkriegszeit f.

ànte lìtteram <inv> loc agg avv lat: **fu un positivista ante litteram**, er war ein Vorläufer des Positivismus.

antelucàno, (**-a**) agg lett {ORA} vor dem Morgengrauen.

antenàto, (**-a**) m (f) (avo) Vorfahr(in) m(f), Ahn m forb, Ahne mf, Ahnherr m forb obs, Ahnfrau f forb obs: **gli antenati del conte sono tutti ritratti in questa stanza**, in diesem Raum befinden sich die Porträts aller Vorfahrens des Grafen.

antènna f **1** radio TV Antenne f **2** zoo {+FARFALLA} Fühler m **3** mar {+MINA} Rah(e) f.

antennìsta <-i m, -e f> mf Antennenfachmann m, Antennenfachfrau f.

anteporre {coniug come porre} tr **~ qc a qc 1** (porre innanzi) etw (dat) etw voran|stellen, etw (dat) etw voran|setzen: **bisogna ~ il nome al cognome**, der Vorname muss dem Nachnamen vorangestellt werden **2** (considerare più importante) etw (dat) etw vor|ziehen: **~ sempre il lavoro al riposo**, die Arbeit stets der Erholung vorziehen.

anteprìma A f film teat Voraufführung f B loc avv anche fig (in anticipo): **in ~** im Voraus: **proiettare un film in ~**, einen Film voraufführen; **ho avuto la notizia in ~**, ich habe die Nachricht im Voraus erfahren • **di**

stampa *inform*, Preview n, Seitenansicht f.
antèra f *bot* Staubbeutel m.
anterióre agg **1** (*davanti*) {TRAZIONE, ZAMPA} vordere(r, s), Vorder- **2** (*precedente*) ~ (*a qc*) {FATTO AL DISASTRO} *etw* (dat) vorhergehend.
anteriorità <-> f (*precedenza*) Vorzeitigkeit f, Vorhergehen n.
antesignàno, (-a) m (f) (*precursore*) {+DOTTRINA, MOVIMENTO CULTURALE, RIVOLUZIONE} Vorläufer(in) m(f), Vorkämpfer(in) m(f), Vorreiter(in) m(f), Wegbereiter(in) m(f).
ànti-① pref (*precedente*) vor-, Vor-: **antica-mera**, Vorzimmer; **antisala**, Vorraum.
ànti-② pref **1** (*contro*) anti-, Anti-, gegen-, Gegen-: **anticiclone**, Antizyklone m; **antipapa**, Gegenpapst **2** (*non ...*) nicht(-), Nicht-: **antiabbagliante**, nicht blendend, blendfrei.
antiabbagliànte *autom* 🅐 agg nicht blendend, blendfrei 🅑 <*di solito al pl*> m Abblendlicht n.
antiabortìsta <-i m, -e f> 🅐 agg (*contrario all'aborto*) gegen die gesetzliche Abtreibung: **medico** ~, Abtreibungsverweigerer(in) m(f) 🅑 mf Abtreibungsgegner(in) m(f).
antiabortìvo, (-a) *farm* 🅐 agg {FARMACO} antiabortiv 🅑 m Antiabortivum n.
antiàcido *farm* 🅐 <inv> agg {MEDICAMENTO} säurehemmend 🅑 m *med* {GASTRICO} Säurehemmstoff m.
antiaderènte <inv> agg {PENTOLA, TEGAME} teflonbeschichtet; {STRATO} Antihaft-.
antiaèrea f *mil* Flugabwehr f.
antiaèreo, (-a) agg *mil* **1** (*per attacco*) {ARTIGLIERIA, CANNONE} Flugabwehr- **2** (*per difesa*) {RIFUGIO} Luftschutz-.
antiaggregànte *farm* 🅐 <inv> agg {FARMACO} gerinnungshemmend 🅑 <-> m Gerinnungshemmer m.
anti-Aids <inv> agg *med* {FARMACO, TEST} (Anti-)Aids-.
antialcòlico, (-a) <-ci, -che> agg (*contrario all'alcolismo*) {CAMPAGNA, LEGA} Antialkohol-.
antiàlghe <inv> agg (*contro le alghe*) {TRATTAMENTO} gegen Algen.
antiallergènico <-ci> m *farm* Antiallergen n.
antiallèrgico, (-a) <-ci, -che> agg *farm* {MEDICAMENTO} Allergie-.
antiamericanìsmo m Antiamerikanismus m.
antiamericàno, (-a) agg antiamerikanisch.
antiappannànte *autom tecnol* 🅐 agg Antibeschlag(s)- 🅑 m (*sostanza*) Antibeschlag(s)mittel n; (*dispositivo*) Antibeschlag(s)einrichtung f; (*panno*) Antibeschlag(s)tuch n.
antiasmàtico, (-a) <-ci, -che> *farm* 🅐 agg {FARMACO} Antiasthmatika- 🅑 m Antiasthmatikum n.
antiatòmico, (-a) <-ci, -che> agg atombombensicher; {RIFUGIO} Atom-.
antiàtomo m *fis* Antimaterie f.
antibàgno m (*disimpegno*) Badezimmervorraum m.
antibattèrico, (-a) <-ci, -che> agg *farm* antibakteriell.
antibiogràmma <-i> m *med* (*esame*) Antibiotika-Test f; (*modulo*) Antibiogramm n.
antibiòtico, (-a) <-ci, -che> *farm* 🅐 agg antibiotisch 🅑 m Antibiotikum n.
antibloccàggio, **antiblòcco** *autom* 🅐 <inv> agg {SISTEMA} Antiblockier- 🅑 <-> m (abbr ABS) Antiblockiersystem n.
antibrìna <inv> agg gegen (Rau)reif.
anticàccia 🅐 <inv> agg {PROPAGANDA} gegen die Jagd 🅑 <-> m (f) (*chi è contrario alla caccia*) Jagdgegner(in) m(f).
anticàglia f *spreg* (*vecchio oggetto*) Gerümpel n *spreg*, alter Plunder *fam*: **un mucchio di anticaglie**, ein Haufen Gerümpel *fam spreg*.
anticalcàre 🅐 <inv> agg kalklösend 🅑 m <-> (*prodotto*) Kalklöser m.
anticàmera f *anche fig* Vorzimmer n: **attendere in** ~, im Vorzimmer warten ● **non mi passa neppure per l'**~ **del** *cervello fig fam* (*non ci penso nemmeno*), das fällt mir nicht mal im Traum ein *fam*; **fare** ~ *fig* (*aspettare di essere ricevuti*), (im Vorzimmer) warten, antichambrieren *forb*; **fare un'ora di** ~, eine Stunde lang warten; **è l'**~ **della morte** (*fase precedente*), das ist der nahende Tod.
anticancerògeno, (-a) agg *med* krebsbekämpfend, krebshemmend.
anticàncro <inv> agg *med* Krebs-: **centro** ~, Krebsforschungszentrum n.
anticapitalìsmo m Antikapitalismus m.
anticàrie *farm* 🅐 <inv> agg {DENTIFRICIO} karieshemmend, Antikaries- 🅑 <-> m kariesvorbeugendes Mittel.
anticàrro <inv> agg *mil* {MINA} Panzerabwehr-.
anticàto, (-a) agg (*che sembra antico*) {LEGNO, MOBILE} antikisiert, auf alt gemacht *fam*.
anticellulìte <inv> agg (*nella cosmesi*) {TRATTAMENTO} Zellulitis-, gegen Zellulitis.
antichìsta <-i m, -e f> mf *lett* (*studioso*) Altertumswissenschaftler(in) m(f).
antichità <-> f **1** (*qualità*) Alter n **2** (*epoca*) Altertum n, Antike f: **un filosofo dell'**~, ein Philosoph der Antike **3** <*di solito al pl*> (*oggetto*) Antiquität f: **museo di** ~, Antiquitätenmuseum n.
anticiclóne m *meteo* Hochdruckgebiet n, Antizyklone f *scient*.
anticipàre tr **1** (*spostare prima nel tempo*) ~ *qc* {ESAMI, LAVORI, PARTENZA} *etw* vor|verlegen, *etw* vor|ziehen: **anticiperemo la data del matrimonio**, wie werden die Hochzeit/das Hochzeitsdatum vorverlegen **2** (*arrivare in anticipo*) (*uso assol*) {AUTOBUS, CALDO, STAGIONI, ecc.} früher kommen: **quest'anno il freddo ha anticipato**, dieses Jahr ist es früher kalt geworden; (*TRENO*) früher (an)kommen **3** (*dare in anticipo*) ~ *qc* {GIORNALISTA, RICERCATORE} ESITO, NOTIZIA, RISULTATO} *etw* im Voraus bekannt geben **4** (*dire in anticipo*) ~ *qc* {CONCLUSIONI, CONSEGUENZE} *etw* vorweg| nehmen: **non voglio** ~ **il seguito della vicenda**, ich will den Ausgang der Ereignisse nicht vorwegnehmen **5** (*preannunciare*) ~ *qc* {NUBI PIOGGIA, TEMPORALE} *etw* (dat) voraus| gehen, *etw* (dat) vorher|gehen, *etw* an|kündigen: **il tuono anticipa il temporale**, der Donner geht dem Gewitter voraus **6** (*pagare in anticipo*) ~ *qc* (*a qu*) {PAGAMENTO, TASSE} (*jdm*) *etw* voraus(be)zahlen, (*jdm*) *etw* im Voraus bezahlen: **hanno dovuto** ~ **lo stipendio al dipendente**, sie haben dem Angestellten das Gehalt im Voraus bezahlen müssen; {CIFRA} *etw* vor|schießen, *etw* vor|strecken: **gli hanno anticipato una bella somma di denaro**, sie haben ihm eine große Geldsumme vorgestreckt **7** *sport* (*precedere*) ~ *qu* {AVVERSARIO} *jdm* zuvor|kommen.
anticipatóre, (-trice) 🅐 agg (*precursor*) vorwegnehmend, antizipatorisch *forb* 🅑 m (f) Vorläufer(in) m(f).
anticipazióne f **1** {+ESAME, RIUNIONE, PARTENZA} Vorverlegung f; (*azione*) *anche* Vorverlegen n **2** (*informazione*) Vorwegnahme f: **dare delle anticipazioni**, etwas vorwegnehmen **3** (*previsione*) Voraussage f, Vorhersage f: **non si possono fare anticipazioni sui risultati della gara**, es können keine Voraussagen über die Wettkampfergebnisse gemacht werden **4** (*antecedente*) Vorwegnahme f, Ankündigung f: **quell'attacco fu l'**~ **dell'imminente malattia**, dieser Anfall kündigte die unmittelbar bevorstehende Krankheit an **5** *econ* {+SOMMA} Voraus(be)zahlung f **6** *ling* Voranstellung f **7** *mus* Antizipation f ● ~ **bancaria** *banca*, Beleihung f.
anticìpo 🅐 m **1** {+PARTENZA, RIENTRO} Vorverlegung f; (*azione*) *anche* Vorverlegen n **2** (*effetto*) Verfrühung f: **è arrivato con un** ~ **di dieci minuti**, er ist zehn Minuten zu früh gekommen **3** {+SOMMA} Vorschuss m **4** (*caparra*) Anzahlung f **5** *autom* Zündvorverstellung f, Versteller m 🅑 *loc avv* (*prima*): **in** ~ im Voraus; (*troppo presto*) zu früh ● ʟgiocare d'~ʟ/[battere sull'~] *anche fig sport* (*precedere l'avversario*), die Züge des Gegners vorwegnehmen.
anticlericàle 🅐 agg antiklerikal 🅑 m (f) Antiklerikale mf decl come agg.
anticlericalìsmo m Antiklerikalismus m.
anticlìmax <-> m o f *ling* Antiklimax f.
antìco, (-a) <-chi, -che> 🅐 agg **1** (*vecchio*) {ABITUDINE, PASSIONE, SPERANZA} alt **2** (*nell'arredamento*) antik **3** *stor* antik, alt: **l'**~ **Egitto**, das alte Ägypten; **gli antichi greci**, die alten Griechen; **storia antica**, Geschichte f des Altertums 🅑 m Alte n decl come agg, Antike n decl come agg: ~ **d'epoca**, Stilmöbel n; **imitare l'**~, Antikes nachahmen 🅒 m (f): **gli antichi**, die Alten pl, die Vorfahren m pl.
anticoagulànte *farm* 🅐 agg {FARMACO} blutgerinnungshemmend 🅑 m Antikoagulans n *scient*, Antikoagulantium n *scient*.
anticollisióne <inv> agg {DISPOSITIVO} Antikollisions-.
anticolonialìsmo m *polit* Antikolonialismus m.
anticolonialìsta <-i m, -e f> *polit* 🅐 agg antikolonialistisch 🅑 m (f) Antikolonialist(in) m(f).
anticomunìsmo m *polit* Antikommunismus m.
anticomunìsta <-i m, -e f> *polit* 🅐 agg antikommunistisch 🅑 m (f) Antikommunist(in) m(f).
anticoncezionàle *farm* 🅐 agg empfängnisverhütend, antikonzeptionell *scient* 🅑 m Verhütungsmittel n, empfängnisverhütendes Mittel.
anticonformìsmo m (*spregiudicatezza*) Nonkonformismus m.
anticonformìsta <-i m, -e f> 🅐 agg nonkonformistisch *forb* 🅑 mf Nonkonformist(in) m(f).
anticonformìstico, (-a) <-ci, -che> agg nonkonformistisch.
anticongelànte *chim* 🅐 agg Gefrierschutz- 🅑 m Gefrierschutzmittel n.
anticonvenzionàle agg (*non convenzionale*) {ATTEGGIAMENTO} unkonventionell, ungewöhnlich, ausgefallen.
anticòrpo m *biol* Antikörper m, Abwehrstoff m.
anticorrosióne <inv> agg (*che protegge dalla corrosione*) {VERNICE} Antikorrosions-.
anticorrosìvo, (-a) agg *chim* korrosionsfest.
anticorruzióne <inv> agg {LEGGE} Antikorruptions-.
anticostituzionàle agg *dir* verfassungswidrig.
anticostituzionalità <-> f *dir* Verfassungswidrigkeit f.
anticriminalità <inv> agg {MISURE} Verbrechensbekämpfungs-.

anticrimine <inv> agg {SQUADRA} zur Verbrechensbekämpfung.
anticrisi <inv> agg econ krisenbekämpfend.
anticristo m relig Antichrist m.
anticrittogàmico, (-a) <-ci, -che> chim **A** agg Pflanzenschutz- **B** m Pflanzenschutzmittel n.
antidatàre tr (retrodatare) ~ qc {ASSEGNO, ATTO, DOCUMENTO, LETTERA} etw zurück|datieren: **antidatarono il manoscritto di qualche anno**, sie datierten die Handschrift um einige Jahre zurück.
antideficit <inv> agg econ die Staatsverschuldung vermindernd, schuldensenkend.
antidemocràtico, (-a) <-ci, -che> **A** agg antidemokratisch, demokratiefeindlich **B** m (f) Demokratiefeind(in) m(f).
antidepressivo, (-a) farm **A** agg {PILLOLA} antidepressiv **B** m Antidepressivum n.
antiderapànte autom **A** agg rutschfest **B** m rutschfester Reifen.
antidetonànte chim **A** agg {BENZINA} klopffest **B** m Antiklopfmittel n.
antidiabètico, (-a) <-ci, -che> **A** agg {TERAPIA} Antidiabetes- **B** m farm {FARMACO} Antidiabetikum n scient.
antidiarròico, (-a) <-ci, -che> farm **A** agg {CURA} antidiarrhöisch scient **B** m Durchfallmittel n, Antidiarrhoikum n scient.
antidiftèrico, (-a) <-ci, -che> agg farm {SIERO} Diphtherie-Immun-; {VACCINAZIONE} Diphterie-.
antidiluviàno, (-a) agg **1** (preistorico) vorsintflutlich fam **2** fig fam scherz (vecchissimo) vorsintflutlich fam, uralt, steinalt: **ha una valigia antidiluviana**, er/sie hat einen ⌊uralten Koffer⌋/[Koffer von anno dazumal fam scherz].
antidiurètico, (-a) <-ci, -che> agg med {ORMONE} antidiuretisch scient.
antidivìstico, (-a) <-ci, -che> agg (da antidivo) {COMPORTAMENTO} ohne Starallüren forb.
antidìvo, (-a) m (f) (personaggio famoso non esibizionista) Antistar m, Star m ohne Allüren forb.
antidivorzìsta <-i m, -e f> mf anche dir (contrario al divorzio) Ehescheidungsgegner(in) m(f).
antidolorìfico, (-a) <-ci, -che> farm **A** agg {SOSTANZA} schmerzstillend, Schmerz- **B** m schmerzstillendes Medikament, Schmerzmittel n.
antidòping sport **A** <inv> agg {CONTROLLO, ESAME, LABORATORIO} Doping- **B** <-> m Dopingkontrolle f.
antidoto m ~ (**contro** qc) Gegengift n (gegen etw acc); anche fig (rimedio) Gegenmittel n (gegen etw acc): **è il miglior ~ contro la pigrizia**, das ist das beste Mittel gegen Faulheit.
antidròga <inv> agg {CAMPAGNA, LEGGE} drogenbekämpfend, Drogenbekämpfungs-, zur Drogenbekämpfung.
antieconòmico, (-a) <-ci, -che> agg {SCELTA, SOLUZIONE} unwirtschaftlich.
antieffrazióne <inv> agg {CASSAFORTE, SERRATURA} einbruchsicher, unknackbar.
antielmìntico, (-a) <-ci, -che> farm **A** agg (vermifugo) {PREPARATO} Wurm- **B** m Wurmmittel n.
antiemètico, (-a) <-ci, -che> farm **A** agg {FARMACO} gegen Erbrechen, antiemetisch scient **B** m Antiemetikum n scient.
antiemorràgico, (-a) <-ci, -che> farm **A** agg antihämorrhagisch, blutstillend **B** m antihämorrhagisches scient/blutstillendes Mittel, Antihämorrhagikum n scient.
antiemorroidàle farm **A** agg {POMATA} antihämorrhoidal scient **B** m Medikament zur Therapie von Hämorrhoiden scient.
antiepilèttico, (-a) <-ci, -che> farm **A** agg {FARMACO} antiepileptisch scient **B** m Antiepileptikum n scient.
antieròe m lett Antiheld m.
antiestètico, (-a) <-ci, -che> agg (brutto) unästhetisch, hässlich.
antifalsificazióne A agg {BANCONOTA} fälschungssicher **B** <-> f {+BANCONOTA} Fälschungssicherheit f.
antifascìsmo m polit Antifaschismus m.
antifascìsta <-i m, -e f> polit **A** agg antifaschistisch **B** m (f) Antifaschist(in) m(f).
antifebbrìle farm **A** agg {FARMACO} fiebersenkend **B** m Fiebermittel n.
antifermentatìvo, (-a) chim **A** agg {SOSTANZA} Konservierungs- **B** m Konservierungsstoff m.
antifona f relig {+MESSA} Wechselgesang m, Antiphon f • **capire l'** ~ fig fam (cogliere l'allusione), die Anspielung/den Hinweis/den Wink verstehen; **è sempre la solita** ~ fig fam (discorso ripetuto), es ist immer ⌊die alte Leier⌋/[das alte Lied] fam.
antifórfora <inv> agg (nella cosmesi) {LOZIONE, SHAMPOO} gegen Schuppen, Antischuppen-.
antifràsi <-> f ling Antiphrase f.
antifràstico, (-a) <-ci, -che> agg ling antiphrastisch.
antifùmo A <inv> agg **1** (antitabacco) {CAMPAGNA} Antiraucher-, rauchbekämpfend **2** tecnol {DISPOSITIVO} rauchvermindernd **B** <-> m tecnol Rauchabzug m.
antifùrto A <inv> agg diebstahlsicher **B** <-> m Diebstahlsicherung f, Diebstahlschutz m.
antigàs <inv> agg gegen Gas (schützend), Gas-: **maschera** ~, Gasmaske f.
antigèlo chim **A** <inv> agg Frostschutz-, Gefrierschutz- **B** <-> m Frostschutzmittel n.
antigène m biol Antigen n.
antighiàccio <inv> agg aero {DISPOSITIVO} Enteisungs-.
antigiènico, (-a) <-ci, -che> agg (contrario all'igiene) {ABITUDINE} unhygienisch.
antigiudaìsmo m Antijudaismus m.
antigiurìdico, (-a) <-ci, -che> agg (contrario al diritto) {PROCEDURA} rechtswidrig.
antiglòbal, **anti-glòbal A** <inv> agg (no global) Antiglobalisierungs- **B** <-> mf Globalisierungsgegner(in) m(f).
antiglobalizzazióne <inv> agg (no global) Antiglobalisierungs-.
antigovernatìvo, (-a) agg (contrario al governo) {PROPAGANDA} regierungsfeindlich.
antigràffio <inv> agg {SUPERFICIE} kratzfest.
antigràndine <inv> agg {RAZZO} Hagel(schutz)-.
antiimperialìsmo → **antimperialismo**.
antiimperialìsta → **antimperialista**.
antiimperialìstico → **antimperialistico**.
antiincèndio → **antincendio**.
antiinfiammatòrio → **antinfiammatorio**.
antiinflattìvo → **antinflativo**.
antiinflazióne → **antinflazione**.
antiinflazionìstico → **antinflazionìstico**.
antiinfluenzàle → **antinfluenzale**.
antiinfortunìstico → **antinfortunìstico**.
antiinquinaménto → **antinquinamento**.
antiipertensìvo, (-a) farm **A** agg {FARMACO} antihypertensiv **B** m Antihypertensivum n.
Antìlle f pl geog Antillen pl.
antìlope f zoo Antilope f.
antimàcchia <inv> agg {TRATTAMENTO} Fleckenschutz-; {TESSUTO} fleckengeschützt.
antimàfia A <inv> agg {LEGGE} zur Bekämpfung der Mafia, Antimafia-: **certificato** ~ fam, Antimafiabescheinigung f **B** <-> f Mafia-Untersuchungsausschuss m.
antimalàrico, (-a) <-ci, -che> farm **A** agg {FARMACO} Malaria-, gegen Malaria wirksam **B** m Malariamittel n.
antimeridiàno① m geog Halbmeridian m.
antimeridiàno②, (-a) agg (abbr a. m.) {ORA} Vormittags-.
antimetafìsico, (-a) <-ci, -che> filos **A** agg antimetaphysisch **B** m Gegner m der Metaphysik.
antimicòtico, (-a) <-ci, -che> farm **A** agg {POMATA} antimykotisch scient, gegen Pilzerkrankungen, Pilz- fam **B** m Antimykotikum n, Mittel n gegen Pilzerkrankungen.
antimilitarìsta <-i m, -e f> **A** agg {POSIZIONE} antimilitaristisch **B** mf Antimilitarist(in) m(f).
antimìne <inv> agg mil Antiminen-, Minensuch-.
antimìssile <inv> agg mil Raketenabwehr-: **difesa** ~, Raketenabwehr f.
antimitòtico, (-a) <-ci, -che> farm **A** agg antimitotisch, mitosehemmend **B** m Antimitotikum n.
antimonàrchico, (-a) <-ci, -che> polit **A** agg antimonarchisch **B** m (f) Antimonarchist(in) m(f), Monarchiegegner(in) m(f).
antimònio <-> m chim Antimon n.
antimonopolìstico, (-a) <-ci, -che> agg (contrario ai monopoli) {POLITICA} monopolverhindernd, antimonopolistisch.
antimperialìsmo m Antiimperialismus m.
antimperialìsta <-i m, -e f> polit **A** agg {POLITICA} antiimperialistisch **B** mf Antiimperialist(in) m(f).
antimperialìstico, (-a) <-ci, -che> agg (contrario all'imperialismo) {POLITICA} antiimperialistisch.
antimùffa A <inv> agg {TRATTAMENTO} schimmelverhütend, schimmelabweisend **B** <-> m schimmelverhütendes/schimmelabweisendes Mittel.
antinazionàle agg (contrario agli interessi nazionali) {SENTIMENTO} antinational.
antinazìsta <-i m, -e f> polit **A** agg {IDEOLOGIA} antinazistisch: **la sua fu una scelta decisamente** ~, er/sie entschied sich eindeutig gegen den Nazismus **B** mf Antinazist(in) m(f), Nazigegner(in) m(f): **una riunione di antinazisti**, eine Versammlung von Antinazisten.
antincèndio A <inv> agg {DISPOSITIVO} Feuerschutz-; {LOTTA} Brand- **B** <-> m Löschmittel n; (schiuma) Löschschaum m.
antinèbbia A <inv> agg {DISPOSITIVO} gegen den Nebel, Nebel- **B** <-> m (faro) Nebelscheinwerfer m.
antinéve <inv> agg Schnee-: **catene** ~, Schneeketten f pl.
antinevràlgico, (-a) <-ci, -che> farm **A** agg {FARMACO} antineuralgisch **B** m Antineuralgikum n.
antinfettìvo, (-a) agg farm {PROFILASSI} in-

fektionsabwehrend.
antinfiammatòrio, (-a) <-ri m> farm **A** agg {FARMACO} entzündungshemmend **B** m entzündungshemmendes Mittel.
antinflativo, (-a) agg econ antiinflationistisch, antiinflationär, inflationsdämpfend.
antinflazióne <inv> agg {DECRETO} Antiinflations-.
antinflazionistico, (-a) <-ci, -che> agg econ antiinflationistisch, antiinflationär, inflationsdämpfend: **misure antinflazionistiche**, Maßnahmen zur Inflationsbekämpfung.
antinfluenzàle farm **A** agg {VACCINO} Grippeschutz- **B** m Grippemittel n.
antinfortùni <inv> agg {POLIZZA} Unfall-.
antinfortunìstico, (-a) <-ci, -che> agg (per prevenire gli infortuni) {ASSICURAZIONE} Unfall-; {LEGISLAZIONE} Unfallschutz-: **misure antinfortunistiche**, Maßnahmen zur Unfallverhütung/zum Unfallschutz.
antinomìa f filos Antinomie f.
antinòmico, (-a) <-ci, -che> agg filos antinomisch.
antinquinaménto <inv> agg (che combatte l'inquinamento) umweltfreundlich, gegen die Umweltverschmutzung (gerichtet): **misure ~**, Umweltschutzmaßnahmen.
antintercettazióne <inv> agg tel {SISTEMA} Antiabhör-.
antintrusióne <inv> agg autom {BARRE} Stoßdämpfer-, Aufprallschutz-.
antinucleàre **A** agg **1** (contro l'uso bellico dell'energia nucleare) Antiatom-: **trattato ~**, Atomwaffensperrvertrag m **2** (contro le centrali nucleari) Antiatomkraftwerk-: **movimento ~**, Antiatomkraftwerkbewegung f; **protesta ~**, Antiatomkraftwerkprotest m **B** mf **1** (contro l'uso bellico dell'energia nucleare) Atomwaffengegner(in) m(f) **2** (contro le centrali nucleari) Kernkraft(werks)gegner(in) m(f), Atomkraft(werks)gegner(in) m(f).
antinuclearìsta <-i m, -e f> → **antinucleare**.
antinùcleo m fis Antinukleon n.
antinvecchiaménto <inv> agg (contro l'invecchiamento) {TRATTAMENTO} Antialterung-, Antiage-.
antioccidentàle **A** agg {POLITICA} antiwestlich **B** mf Antiwestler(in) m(f).
antioràrio, (-a) <-ri m> agg {MOVIMENTO} gegen den/entgegen dem Uhrzeigersinn.
antiossidànte chim **A** agg {SOSTANZA} oxydierungsbeständig **B** m Antioxydans n.
antipànico <inv> agg: **porta ~**, Notausgang m, Feuertür f.
antipàpa <-i> m Gegenpapst m.
antiparassitàrio, (-a) <-ri m> chim **A** agg schädlingsbekämpfend **B** m Schädlingsbekämpfungsmittel n.
antiparlamentàre agg polit antiparlamentarisch.
antiparticèlla f fis Antiteilchen n.
antiparticolàto <inv> agg autom {FILTRO} Antipartikel-.
antipàsto m gastr Vorspeise f, Vorspeisenteller m: **~ misto**, gemischte Vorspeisen f pl (Aufschnitt, Oliven, Schinken, etc.).
antipatìa f (avversione) Abneigung f, Antipathie f: **avere/provare ~ per/verso qu/qc**, eine Abneigung gegen jdn/etw haben/empfinden; **l'ha preso in ~**, er ist ihm/ihr unsympathisch geworden; **è di una tale ~ che nessuno può sopportarlo**, er ist dermaßen unsympathisch, dass ihn niemand ertragen kann.
antipàtico, (-a) <-ci, -che> **A** agg **1** (non simpatico) unsympathisch: **essere ~ a qu**, jdm unsympathisch sein; **ha un modo di fare ~**, er/sie hat eine unsympathische Art; **trovare qu ~**, jdn unsympathisch finden **2** (spiacevole) unangenehm: **è ~ dover dire certe cose**, es ist unangenehm, gewisse Dinge sagen zu müssen **B** m (f) unsympathischer Mensch: **è proprio un'antipatica**, sie ist wirklich unsympathisch.
antipatriòttico, (-a) <-ci, -che> agg {COMPORTAMENTO} unpatriotisch.
antipatriottìsmo m Antipatriotismus m.
antiperistàlsi f (in fisiologia) Antiperistaltik f scient.
antipièga <inv> agg {TESSUTO} knitterfrei.
antipirètico, (-a) <-ci, -che> farm **A** agg {FARMACO} fiebersenkend, antipyretisch scient **B** m fiebersenkendes Mittel.
antiplàcca <inv> agg {DENTIFRICIO} gegen Zahnbelag/Plaque.
antìpodi m pl geog Antipoden m pl • **abitare agli ~ fig** (molto lontano), weit auseinander wohnen; **essere agli ~ fig** (opposti), diametral entgegengesetzt sein; **la sua opinione è agli ~ della mia fig** (opposta), wir sind entgegengesetzter Meinung.
antipodìsta <-i m, -e f> mf (acrobata) Antipodist(in) m(f).
antipòlio med **A** <inv> agg {VACCINAZIONE} gegen Kinderlähmung **B** <-> f (vaccino) Mittel n gegen Kinderlähmung.
antipolìtica <-che> f antipolitische Haltung.
antipólvere <inv> agg {PRODOTTO} staubdicht.
antipopolàre agg {PROVVEDIMENTO} unpopulär, unbeliebt.
antipòrta f Vortür f.
antiproibizionìsmo m Antiprohibitionismus m.
antiproibizionìsta <-i m, -e f> **A** agg {PROTESTA} antiprohibitionistisch **B** m (f) (seguace) Antiprohibitionist(in) m(f).
antiproièttile <inv> agg {GIUBBOTTO} schusssicher, kugelsicher, schussfest.
antipùlci <inv> agg {COLLARE} Antifloh-.
antiquària① f **1** (scienza) Altertumswissenschaft f **2** (commercio) Antiquitätenhandel m.
antiquària② f → **antiquario**.
antiquariàto m **1** (commercio) Antiquitätenhandel m **2** (raccolta) Antiquitätensammlung f.
antiquàrio, (-a) <-ri m> **A** agg {COMMERCIO} antiquarisch, Antiquitäten-; (libreria, ecc.) Antiquariats- **B** m (f) (commerciante) Antiquitätenhändler(in) m(f).
antiquàto, (-a) agg **1** (in disuso) {PAROLA} veraltet, antiquiert **2** (fuori moda) {ABITO} altmodisch **3** (non aggiornato ai tempi) {MACCHINARIO} veraltet, überholt; {IDEA} anche vorgestrig; {LINGUA} antiquiert spreg.
antiràbbico, (-a) <-ci, -che> agg med {ISTITUTO} Tollwutschutz-; {SIERO, VACCINO} gegen Tollwut.
antiràcket <inv> agg {SQUADRA} gegen das organisierte Verbrechen.
antirapìna <inv> agg überfallsicher: **squadra ~**, Einsatzgruppe f zur Bekämpfung von Überfällen.
antirazzìsmo m Antirassismus m.
antiriciclàggio agg (contro il riciclaggio) {NORME} gegen Geldwäsche fam.
antirifflèsso <inv> agg ott {LENTE} spiegelungsfrei, entspiegelt.
antirigètto <inv> agg med {TERAPIA} gegen Organabstoßung.

antirivoluzionàrio, (-a) <-ri m> **A** agg (contrario alla rivoluzione) gegenrevolutionär **B** m (f) Gegenrevolutionär(in) m(f).
antiromànzo m lett Antiroman m.
antirùggine chim **A** <inv> agg Rostschutz- **B** <-> m Rostschutzmittel n.
antirùghe (nella cosmesi) **A** <inv> agg {CREMA, GEL} gegen Faltenbildung, Antifalten- **B** <-> m (crema) Antifaltencreme f.
antirumóre <inv> agg (che riduce il rumore) {BARRIERA} lärmbekämpfend, Lärmbekämpfungs-, Lärmschutz-.
antisàla f Vorraum m.
antiscàsso <inv> agg einbruch(s)sicher.
antiscientìfico, (-a) <-ci, -che> agg (contrario al metodo scientifico) {PROCEDIMENTO} wissenschaftsfeindlich.
antiscìppo <inv> agg {BORSA} diebstahlsicher: **squadra ~**, Einheit f zur Bekämpfung des Handtaschenraubs.
antiscìvolo <inv> agg (antisdrucciolevole) rutschfest, gleitsicher.
antiscòppio <inv> agg explosionsgeschützt.
antisdrucciolévole agg tecnol {PNEUMATICI} rutschsicher.
antisemìtico, (-a) <-ci, -che> agg **1** (dell'antisemitismo) antisemitisch **2** (contro gli ebrei) {ATTO DI TERRORISMO} antisemitisch.
antisemitìsmo m Antisemitismus m.
antisequèstro <inv> agg gegen Menschenraub/Entführung.
antisèttico, (-a) <-ci, -che> med **A** agg antiseptisch scient **B** m Antiseptikum n scient.
antisfondaménto <inv> agg (resistente allo sfondamento) {FINESTRA} einbruch(s)sicher.
antisindacàle agg dir gewerkschaftsfeindlich.
antisìsmico, (-a) <-ci, -che> agg (resistente ai terremoti) erdbebensicher.
antiskating ingl elettr **A** <inv> agg Antiskating- **B** <-> m Antiskatingvorrichtung f.
antislittaménto <inv> agg autom {COMPORTAMENTO} gleitlos, gleitsicher.
antismòg <inv> agg gegen den Smog, smogvertütend, smogbekämpfend.
antisociàle **A** agg (pericoloso per la società) {ATTEGGIAMENTO} unsozial, asozial **B** m (f) **1** Asoziale mf decl come agg **2** psic Asoziale mf decl come agg, Verwahrloste mf decl come agg.
antisofisticazióne, **antisofisticazióni** <inv> agg (degli alimenti) gegen Lebensmittelverfälschung: **nucleo ~**, Lebensmittelüberwachungsstelle f; (del vino) gegen das Weinpanschen (gerichtet).
antisolàre (nella cosmesi) **A** agg {CREMA} Sonnenschutz- **B** m Sonnenschutzmittel n.
antisommergìbile mil **A** agg {ELICOTTERO} U-Boot-Abwehr- **B** m U-Boot-Jäger m.
antisommòssa <inv> agg {REPARTO} Aufstandsbekämpfungs-.
antisoviètico, (-a) <-ci, -che> agg polit stor {PROPAGANDA} antisowjetisch.
antispam ingl inform **A** <inv> agg {PROGRAMMA} Spamschutz-, Antispam- **B** <-> m Spamfilter m, Spamschutz m, Antispam m.
antispàmming ingl inform **A** <inv> agg {FILTRO} Spamschutz-, Antispamming- **B** <-> m Spamfilter m, Spamschutz m, Antispamming m.
antispàstico, (-a) <-ci, -che> farm **A** agg {FARMACO} krampflösend, entkrampfend, antispastisch **B** m Antispasmodikum n scient, Antispastikum n scient.
antisportìvo, (-a) agg {COMPORTAMENTO}

unsportlich.
antistamìnico, (-a) <-ci, -che> farm **A** agg antihistaminisch scient **B** m Antihistaminikum n scient.
antistànte agg (che sta davanti) ~ (**qc**), (**a qc**) {CAMPO, PARCHEGGIO ALLA FABBRICA} vor etw (dat) liegend; {CASA, EDIFICIO} etw (dat) gegenüber, etw (dat) gegenüberstehend, etw (dat) gegenüberliegend: **il monumento ~ al palazzo**, das dem Gebäude gegenüberstehende Denkmal, das Denkmal gegenüber dem Gebäude; **il prato ~ (al)la casa**, die Wiese vor dem Haus.
antistàtico, (-a) <-ci, -che> agg tecnol {TRATTAMENTO} antistatisch.
antistoricìsmo m {+INTERPRETAZIONE} Ahistorismus m.
antistòrico, (-a) <-ci, -che> agg ahistorisch.
antistràppo agg tess {TESSUTO} reißfest.
antistrèss <inv> agg (che combatte lo stress) {TECNICA} gegen (den) Stress, Antistress-, entspannend: **una breve vacanza è un ottimo rimedio ~**, ein kurzer Urlaub ist ein ausgezeichnetes Mittel ⌐gegen Stress¬/[, um Stress abzubauen].
antisudorìfero, (-a) farm **A** agg schweißhemmend **B** m schweißhemmendes Mittel.
antitabàcco <inv> agg (antifumo) {CENTRO} Antiraucher-: **in tutto il mondo si moltiplicano le campagne ~**, in der ganzen Welt gibt es immer mehr Kampagnen/Feldzüge gegen das Rauchen.
antitàrlo <inv> agg (che protegge dai tarli) holzwurmvernichtend **B** <-> m Holzschutzmittel n.
antitàrme **A** <inv> agg {PRODOTTO} Motten(bekämpfungs)- **B** <-> m Motten(bekämpfungs)mittel n.
antitàrtaro <inv> agg farm {DENTIFRICIO} gegen Zahnstein.
antitedésco, (-a) <-schi, -sche> agg {POLITICA} antideutsch.
antiterrorìsmo **A** <inv> agg {LEGGI, NUCLEO} Antiterror- **B** <-> m Antiterrorismus m.
antiterrorìstico, (-a) <-ci, -che> agg {AZIONE} zur Bekämpfung des Terrorismus.
antitèsi <-> f 1 (contrasto) Gegensatz m: **essere in ~ con qu**, zu jdm in Widerspruch stehen 2 filos Antithese f.
antitetànica f (vaccinazione) Antitetanusimpfung f.
antitetànico, (-a) <-ci, -che> agg med {SIERO, VACCINO} gegen Wundstarrkrampf.
antitètico, (-a) <-ci, -che> agg (in antitesi) antithetisch, gegensätzlich: **il tuo modo di concepire la vita è ~ al mio**, deine Lebensauffassung hat mit meiner nichts zu tun.
antitìfico, (-a) <-ci, -che> agg med {VACCINAZIONE} gegen Typhus, Typhus-Schutz-.
antitraspirànte **A** agg Antitranspirant- **B** m Antitranspirant n, schweißhemmendes Mittel.
antitrombìna f med Antithrombin n.
antitrust econ **A** <inv> agg {LEGGE} Antitrust- **B** m Antitrust m.
antitubercolàre farm **A** agg antituberkulös scient, Tuberkulose- **B** m Tuberkulosebehandlung f.
antitumoràle med **A** agg tumorbekämpfend, gegen Tumor **B** m tumorbekämpfendes Mittel.
antiùlcera farm **A** agg {FARMACO} Antigeschwür- **B** m Antigeschwürmittel n.
antiuòmo <inv> agg mil {MINA} Land-, Tret-, Antipersonen-.
antiùrico, (-a) <-ci, -che> agg farm med {FARMACO} Harnsäure hemmend.
antiùrto <inv> agg (resistente agli urti) schlag-, stoßfest.
antiusùra <inv> agg {NORMA, PROVVEDIMENTO} verschleißhemmend.
antivelèno **A** <inv> agg Gegengift-: **centro ~**, Giftberatungsstelle f **B** <-> m farm (antidoto) Gegengift n.
antivigìlia f (giorno precedente alla vigilia) "Tag m vor dem Vorabend": **~ di Natale**, Tag m vor Heiligabend, 23. Dezember; **~ di Pasqua**, Karfreitag m.
antivìpera farm **A** <inv> agg {SIERO} Antivipern- **B** <-> m (siero) Antivipernserum n.
antiviràle med **A** agg {CURA} antiviral **B** m antivirales Mittel.
antivìrus **A** <inv> agg inform {PROGRAMMA} Antivirus- **B** <-> m 1 farm {CURA} antivirales Mittel 2 inform Antivirusprogramm n.
antivivisezióne <inv> agg {MOVIMENTO} gegen die Vivisektion.
antivivisezionìsmo m (movimento contrario alla vivisezione) Antivivisektionsbewegung f.
antivivisezionìsta <-i m, -e f> **A** agg gegen Tierversuche, gegen Vivisektion **B** mf Tierversuchsgegner(in) m(f), Gegner(in) m(f) der Vivisektion.
antizanzàre **A** <inv> agg Mücken(bekämpfungs)- **B** m Mücken(bekämpfungs)mittel n.
antologìa f (raccolta) {+BRANI} Anthologie f.
antològica <-che> f arte (mostra ~) anthologische Ausstellung f, Überblicksausstellung f.
antològico, (-a) <-ci, -che> agg (di antologia) {RACCOLTA, RASSEGNA} anthologisch.
Antònia f (nome proprio) Antonia, Antonie.
antonimìa f ling Antonymie f.
antònimo, (-a) ling **A** agg antonym **B** m Antonym n.
Antonìno, **Antònio** m (nome proprio) Anton, Antonius.
antonomàsia f ling Antonomasie f: **per ~**, schlechthin, par excellence forb; **Dante è il poeta italiano per ~**, Dante ist der italienische Dichter schlechthin.
antràce m med Anthrax m, Milzbrand m.
antracìte <inv> agg {TESSUTO} anthrazit-(farben) **B** f min Anthrazit m **C** <-> m (colore) Anthrazit n.
àntro m 1 (caverna) Höhle f 2 fig spreg (casa misera) Loch n fam spreg 3 med Höhlung f.
antròpico, (-a) <-ci, -che> agg geog anthropisch.
antropizzazióne f (adattamento dell'ambiente) Zivilisierung f, Vermenschlichung f.
antropo- primo elemento (uomo) anthropo-, Anthropo-, menschen-, Menschen-: **antropologìa**, Anthropologie, **antropomòrfo**, anthropomorph, menschenähnlich; **antropoide**, Menschenaffe.
antropocèntrico, (-a) <-ci, -che> agg filos {TEORIA} anthropozentrisch.
antropocentrìsmo m filos Anthropozentrismus m.
antropòfago, (-a) <-gi, -ghe> etnol **A** agg menschenfressend **B** m (f) Menschenfresser(en) m(f).
antropogènesi <-> f etnol Anthropogenese f.
antropòide **A** agg anche zoo {SCIMMIA} anthropoid, menschenähnlich; {VASO} menschenförmig **B** m zoo Menschenaffe m, Anthropoid(e) m.
antropologìa f Anthropologie f: **~ criminale/culturale**, Kriminal-/Kulturanthropologie f.
antropòlogo, (-a) <-gi, -ghe> m (f) Anthropologe m, (Anthropologin f).
antropomòrfico, (-a) <-ci, -che> agg anthropomorphisch.
antropomorfìsmo m Anthropomorphismus m.
antropomòrfo, (-a) agg anthropomorph, menschenähnlich: **scimmie antropomorfe**, Menschenaffen m pl.
antroposofìa f filos relig Anthroposophie f.
ANUA f mil abbr di Associazione Nazionale Ufficiali dell'Aeronautica: "Nationalverband der Luftfahrtoffiziere".
anulàre **A** agg {RACCORDO} ringförmig, Ring- **B** m anat Ringfinger m.
anùria f med Anurie f scient.
anùro **A** zoo **A** agg schwanzlos **B** m pl Anuren pl.
Anvèrsa f geog Antwerpen n.
ànzi avv 1 (al contrario) im Gegenteil, sogar: **non mi dispiace, ~ ne sono felice**, es tut mir nicht leid, im Gegenteil, ich bin (sogar) froh darüber; **non è stupido, ~!**, er ist nicht dumm, ganz im Gegenteil!; er ist alles andere als dumm! 2 (o meglio) besser noch: **vediamo alla stazione, ~ vengo a prenderti a casa**, treffen wir uns am Bahnhof, besser noch, ich hole dich von zu Hause ab 3 (con valore rafforzativo) sogar, ja: **hai fatto bene, ~ benissimo**, du hast gut daran getan, ja, sogar sehr gut ● **~ che → anziché**.
anziàna f → anziano.
anzianità <-> f 1 (vecchiaia) Alter n 2 amm Dienstalter n: **ha dieci anni di ~ nella ditta**, er/sie hat zehn Dienstjahre bei der Firma.
anziàno, (-a) **A** agg alt: **è la più anziana del paese**, sie ist die Dorfälteste; **un giudice ~ amm**, ein Richter mit hohem Dienstalter; **l'ufficiale più ~ amm**, der dienstälteste Offizier **B** m (f) 1 (persona attempata) Alte mf decl come agg: **bisogna rispettare gli anziani**, man soll Achtung vor den Alten/[älteren Leuten] haben 2 (studente universitario) "Student(in) m(f) ab dem dritten Studienjahr" 3 (del lavoro) ältere Betriebsangehörige mf decl come agg: **gli anziani Fiat**, die pensionierten FIAT-Angehörigen ● **Consiglio degli Anziani** stor, Ältestenrat m.
anzianòtto, (-a) <dim di anziano> agg recht/ziemlich alt: **non ti sembra un po' ~ per certe cose?**, meinst du nicht, dass er für gewisse Dinge schon ein bisschen zu alt ist?
anziché cong ~ ... inf 1 (invece di) (an)statt zu... inf: **~ chiederle scusa si arrabbiò ancora di più con lei**, anstatt sie um Verzeihung zu bitten, wurde er/sie nur noch zorniger mit ihr 2 (piuttosto che) eher ... ind, als... inf; lieber ... ind, als... inf: **preferisco stare a casa ~ uscire con loro**, ich bleibe lieber zu Hause, als mit ihnen auszugehen ● **~ no** (piuttosto) ziemlich; **è carina ~ no**, sie ist ziemlich hübsch.
anzidétto, (-a) agg amm (suddetto) oben genannt, besagt.
anzitèmpo avv (prima del previsto) vorzeitig, vor der Zeit: **morire ~**, vorzeitig sterben.
anzitùtto avv (prima di tutto) vor allem, zunächst: **~ dimmi come stai**, sag mir zunächst einmal, wie es dir geht.
A.O. polit abbr di Avanguardia Operaia: "Arbeiter-Avantgarde" f.
aorìsto m ling Aorist m.
aòrta f anat Hauptschlagader f, Aorta f scient.
aostàno, (-a) agg Aostatal-.
AP 1 abbr di Albo Professionale: Berufsregister n 2 abbr di Alto Patronato: Schirmherr-

schaft *f* **3** *aero abbr dell'ingl* Air Portugal (*linee aeree portoghesi*) Air Portugal **4** *giorn abbr dell'ingl* Associated Press (*Stampa associata*) AP *f* (*US-amerikanische Nachrichtenagentur*).

APA *f giorn abbr del ted* Austria Press Agentur (*agenzia austriaca per la stampa*) APA *f* (*abbr di* Austria Presse Agentur).

apache *mf* (*pellirossa*) Apache *m*, Apatschin *f*.

a parte <-> *loc sost m teat* À part *n*, Beiseitesprechen *n*.

apartheid <-> *f o m afrikaans* (*segregazione razziale*) Apartheid *f*, Rassentrennung *f*.

apartitico, (**-a**) <-*ci*, -*che*> *agg* {ASSOCIAZIONE} parteiunabhängig.

apatia *f* **1** *filos* Gleichgültigkeit *f*, Interesselosigkeit *f* **2** *psic* Apathie *f*, Teilnahmslosigkeit *f*.

apatico, (**-a**) <-*ci*, -*che*> *agg* **1** *filos* gleichgültig, interesselos **2** *psic* apathisch, teilnahmslos.

a. p. c. *banca abbr di* a pronta cassa: gegen Barzahlung.

ape *f zoo* Biene *f*: **ape domestica/operaia**, Arbeits-/Honigbiene *f*; **ape maschio**, Drohne *f*; **ape regina**, Bienenkönigin *f*.

Ape® *f* Lastendreirad *n*, Ape *f*.

aperitivo *m* Aperitif *m*.

apersi 1ª pers sing del pass rem *di* aprire.

aperto, (**-a**) **A** part pass *di* aprire **B** agg **1** (*non chiuso*) {BRACCIA, FIORE, PIAGA} offen; {BOCCA, BOTTIGLIA, FINESTRA, PORTA} *anche* geöffnet; {ACQUA, GAS, RUBINETTO} aufgedreht; {ALI} ausgebreitet; {OMBRELLO, VENTAGLIO} aufgespannt; *fig* {CARATTERE, MENTALITÀ} offen, aufgeschlossen; (*anticonformista*) unkonventionell **2** (*accessibile*) ~ (**a qu**) {CONCORSO} (*jdm/[für jdn]*) offen; {NEGOZIO} (*jdm/[für jdn]*) zugänglich: **biblioteca aperta a tutti**, allen offen stehende Bibliothek; **l'ufficio è al pubblico dalle 15 alle 19**, das Büro ist von 15 bis 19 Uhr geöffnet **3** (*avviato*) {NEGOZIO} (neu) eröffnet; {SCUOLA} geöffnet **4** (*non concluso*) {PROBLEMA} offen **5** (*evidente*) {CONTRASTO, PROTESTA, RESISTENZA} offen **6** (*dichiarato*) {GUERRA, NEMICO} erklärt **7** (*pieno*) {MARE} offen; {CAMPAGNA} *anche* frei **8** *banca* {CONTO} offen **9** *elettr ling mil* {CIRCUITO, VOCALE, CITTÀ} offen **C** <inv> *loc agg* (*scoperto*): **all'~** Frei-: **piscina all'~**, Freibad; **teatro all'~**, Freiluft-, Freilichttheater **D** *loc avv*: **all'~** (*stato in luogo*) im Freien: **d'estate si può mangiare all'~**, im Sommer kann man im Freien essen; (*moto a luogo*) ins Freie; **usciamo un po' all'~**, gehen wir ein wenig ins Freie.

apertura *f* **1** (*azione*) {+PORTA} Öffnen *n*, Öffnung *f* **2** (*inizio*) {+CACCIA} Eröffnung *f*, Beginn *m*; {+SCUOLA} *anche* Anfang *m*; {+NEGOZIO} Eröffnung *f* **3** (*buco*) Öffnung *f*, Loch *n*: **praticare un'~ nella parete**, ein Loch in die Wand machen **4** *fig* {+MENTE} Aufgeschlossenheit *f* **5** *fig polit* Öffnung *f*: ~ ₗal centroⱼ/[a destra]/[sinistra], Öffnung *f* ₗzur Mitteⱼ/[nach rechts]/[nach links] **6** *banca* {+CONTO} Eröffnung *f* **7** *elettr* {+CIRCUITO} Öffnung *f* **8** *fot* {+DIAFRAMMA} Öffnung *f* **9** *inform* {+FILE} Öffnen *n* • ~ **d'ali/alare** *aero ornit*, Flügelspannweite *f*.

APEX *m aero abbr di* Advance Purchase Excursion (*tariffa aerea scontata*) APEX (*im Voraus bezahlter Sondertarif*).

API *f* **1** *abbr di* Anonima Petroli Italiana: "Italienische Mineralölgesellschaft" **2** *comm abbr di* Associazione Piccole (e medie) Imprese: "Verband der kleinen (und mittleren) Unternehmen".

apiario <-*ri*> *m* **1** (*luogo*) Bienenhaus *n* **2** (*arnia*) Bienenhaus *n*; (*alveare*) Bienenstock *m*.

apicale *agg biol ling* apikal.

apice *m* **1** (*culmine*) Gipfel *m*: **è all'~ della carriera**, er/sie ist auf dem Höhepunkt seiner/ihrer Laufbahn; **essere all'~ della felicità**, in allerhöchstem Glück schwelgen, im sieb(en)ten Himmel schweben/sein *fam* **2** *anat bot* Spitze *f* **3** *astr ling* Apex *m*.

apicoltore, (**-trice**) *m* (*f*) Imker(in) *m*(*f*), Bienenzüchter(in) *m*(*f*).

apicoltura *f* Bienenzucht *f*.

apicultore *e deriv* → **apicoltore** *e deriv*.

a piombo → **appiombo**.

APL *m inform abbr dell'ingl* A Programming Language: APL *f* (*Programmiersprache*).

aplasia *f med* Aplasia *f scient*, Aplasie *f scient*.

aplomb <-> *m franc* **1** (*caduta*) senkrechte Fallrichtung **2** *fig* (*disinvoltura*) Aplomb *m forb*, Selbstsicherheit *f*, Forschheit *f*.

apnea <-> *f* **1** *med* Atemstillstand *m*, Apnoe *f scient* **2** *sport* (*nel nuoto*) Atem-, Luftanhalten *n*: **immersione in ~**, Tauchen *n* ohne Sauerstoffgerät.

apocalisse *f relig* Apokalypse *f*; *fig* Apokalypse *f forb*, Katastrophe *f*, Untergang *m*.

apocalittico, (**-a**) <-*ci*, -*che*> *agg fig anche relig* {LETTERATURA, PAESAGGIO, VISIONE} apokalyptisch.

apocope *f ling* Apokope *f*.

apocrifo, (**-a**) **A** *agg* (*falso*) {TESTAMENTO} unecht, zweifelhaft: **Vangeli apocrifi** *relig*, apokryphe Evangelien **B** *m anche relig* {+BIBBIA} Apokryph *n*, Apokryphon *n*.

apodittico, (**-a**) <-*ci*, -*che*> *agg filos* apodiktisch.

apofonia *f ling* Ablaut *m*.

apogeo, (**-a**) **A** *agg* (*che si trova all'apice*) erdfern **B** *m* **1** *astr* {+ORBITA} Erdferne *f*, Apogäum *n scient* **2** *fig* (*apice*) Gipfel *m*, Höhepunkt *m*: **essere all'~ della gloria**, sich auf dem Gipfel des Ruhmes befinden.

apolide A *agg* (*privo di cittadinanza*) staatenlos **B** *mf* Staatenlose *mf decl come agg*.

apolitico, (**-a**) <-*ci*, -*che*> *agg* (*disinteressato alla politica*) unpolitisch, apolitisch *forb*.

apollineo, (**-a**) *agg anche polit* (*di Apollo*) {SPIRITO} apollinisch.

apollo *m mitol*: **Apollo**, Apoll *m* • **credersi un ~/Apollo** *fig* (*credersi molto bello*), sich für einen Adonis halten.

apologeta <-*i m*, -*e f*> *mf* (*elogiatore*) Apologet(in) *m*(*f*) *forb*.

apologetica <-*che*> *f* Apologetik *f forb*.

apologetico, (**-a**) <-*ci*, -*che*> *agg* (*di elogio*) {SPIRITO} apologetisch *forb*.

apologia *f* (*elogio*, *difesa*) Verteidigungsrede *f*, Apologie *f forb* • ~ **di reato** *dir*, Verherrlichung *f* von Straftaten.

apologista <-*i m*, -*e f*> *mf* **1** (*chi scrive apologie*) Apologet(in) *m*(*f*) *forb* **2** (*difensore*) Verteidiger(in) *m*(*f*).

apologo <-*ghi*> *m lett* (*racconto*) Apolog *m*, Fabel *f*, allegorische Erzählung *f*.

apoplessia *f med* Schlaganfall *m*, Apoplexie *f scient*.

apoplettico, (**-a**) <-*ci*, -*che*> *med agg* **A** apoplektisch *scient*: **colpo ~**, Schlaganfall *m* **B** *m* (*f*) Apoplektiker(in) *m*(*f*).

aporia *f filos* Aporie *f*.

apostasia *f relig* Apostasie *f*; *anche fig* (*rinnegamento*) Lossagung *f*.

apostata, <-*i m*, -*e f*> *mf* (*rinnegato*) Abtrünnige *mf decl come agg*.

a posteriori *lat filos* **A** <inv> *loc agg avv* {DECISIONE} a posteriori *forb*, nachträglich, später **B** <-> *loc sost m* Aposteriori *n*, Erfahrungssatz *m*.

apostolato *m gener anche relig* Apostolat *m o m*; (*dei dodici apostoli*) Apostelamt *n*.

apostolico, (**-a**) <-*ci*, -*che*> *agg relig* {LETTERA, NUNZIO} apostolisch, päpstlich.

apostolo *m* **1** *relig* Apostel *m* **2** *fig* (*propugnatore*) {+DOTTRINA} Verfechter *m*.

apostrofare① **A** *tr* (*aggredire a parole*) ~ **qu** *jdn* an|fahren *fam*, *jdn* an|herrschen, *jdn* an|schnauzen *fam*: **lo apostrofò dicendo: "Dove credi di andare?"**, er/sie fuhr ihn an und sagte: "Wo willst du hin?"; **lo apostrofò duramente**, er/sie herrschte ihn barsch an **B** *itr lett* (*rivolgere un'apostrofe*) *jdn* apostrophieren *forb rar*, *jdn* feierlich an|reden.

apostrofare② *tr gramm* ~ **qc** {ARTICOLO, PAROLA, VOCALE} *etw* apostrophieren.

apostrofe *f lett ling* Apostrophe *f*, Anrede *f*.

apostrofo *m gramm* Apostroph *m*.

apotema <-*i*> *m mat* Mittellot *n*, Mittelsenkrechte *f*.

apoteosi <-> *f* **1** *relig* Apotheose *f*, Vergöttlichung *f* **2** *fig* (*celebrazione*) Verherrlichung *f*: **fare l'~ di qu**, *jdn* verherrlichen **3** *teat* Apotheose *f*: **nell'Ottocento spesso i balletti si concludevano con l'~ finale**, im 19. Jahrhundert endeten die Ballettvorstellungen oft in einer Apotheose; *fig* (*spettacolo*) Apotheose *f*; **un'~ di colori**, eine Farbenpracht.

apotropaico, (**-a**) <-*ci*, -*che*> *agg* {FORMULA, ISCRIZIONE} apotropäisch *forb*, Unheil abwehrend.

app. 1 *abbr di* appendice: Anh. (*abbr di* Anhang) **2** *abbr di* appartamento: Whg. (*abbr di* Wohnung).

App. *geog abbr di* Appennino: Apennin.

appagamento *m* (*soddisfazione*) {+DESIDERIO, SENSI} Befriedigung *f*.

appagare <*appago*, *appaghi*> **A** *tr* **1** (*soddisfare*) ~ **qu/qc** {ASPIRAZIONE, CURIOSITÀ, ESIGENZA} *jdn/etw* befriedigen: **ha appagato il suo desiderio di vendetta**, er/sie hat seinen/ihren Rachedurst befriedigt *forb* **2** *anche fig* (*placare*) ~ **qc** {FAME, SETE} *etw* stillen: **nulla appaga la sua sete di conoscenza**, sein/ihr Wissensdurst lässt sich nicht stillen **3** (*piacere*) ~ **qc** {OCCHIO} *etw* erfreuen: **questa musica appaga l'orecchio**, diese Musik erfreut das Ohr **B** *rfl* (*accontentarsi*): **appagarsi di qc** sich *mit etw* (dat) begnügen, sich *mit etw* (dat) zufrieden|geben: **si appaga di poco**, er/sie gibt sich mit wenig zufrieden.

appaia 1ª, 2ª e 3ª pers sing del pres congv *di* apparire.

appaiamento *m* (*accoppiamento*) Paarung *f*.

appaiare <*appaio*, *appai*> **A** *tr* (*mettere in coppia*) ~ **qu/qc** {PERSONE, OGGETTI} *jdn/etw* paarweise zusammen|stellen/zusammen|tun: ~ **due buoi per l'aratura**, zwei Ochsen zum Pflügen zusammenspannen; **le calze/i guanti**, die Strümpfe/Handschuhe paarweise zusammentun **B** *rfl* (*mettersi in coppia*): **appaiarsi** sich paaren.

appallottolare A *tr* (*ridurre in pallottole*) ~ **qc** {CRETA, MOLLICA} *etw* zusammen|ballen, *etw* zusammen|knüllen: **appallottolò il foglio e lo gettò via**, er/sie knüllte das Blatt zusammen und warf es weg **B** *itr pron* (*ridursi in pallottole*): **appallottolarsi** {FARINA, DETERSIVO, TALCO} verklumpen, klumpig werden: **la polenta si è tutta appallottolata**, die Polenta ist ganz verklumpt/[klumpig geworden] **C** *rfl* (*raggomitolarsi*): **appallottolarsi** sich zusammen|kauern, sich zusammen|rollen, sich ein|rollen: **l'istrice s'è ap-

pallottolato, das Stachelschwein hat sich zusammengekauert.

appaltàre tr **1** (*dare in appalto*) ~ *qc a qu/qc* {*DIRETTORE, SINDACO* AUTOSTRADA, CONCORSO, RIFORNIMENTO, SCAVI} *jdn/etw* mit *etw* (dat) beauftragen, *etw an jdn/etw* als Auftrag vergeben: **l'assessore ha appaltato i lavori di restauro della cattedrale all'impresa meno cara**, der Referent hat die kostengünstigste Firma mit den Restaurierungsarbeiten an der Kathedrale beauftragt **2** *rar* (*prendere in appalto*) ~ *qc etw* übernehmen.

appaltatóre, (**-trice**) m (f) **1** (*chi prende in appalto*) Auftragnehmer(in) m (f) **2** (*chi dà in appalto*) Auftraggeber(in) m (f).

appàlto m *dir* Auftragsvergabe f: **dare/prendere dei lavori in** ~, Aufträge vergeben/übernehmen; (*contratto*) Werk(lieferungs)vertrag m.

appannàggio <*-gi*> m **1** *polit* Apanage f **2** *fig* (*prerogativa*) Vorzug m, Vergünstigung f: **essere** ~ **esclusivo di qu**, ein Vorrecht von jdm sein.

appannaménto m **1** (*offuscamento*) {+VISTA} Trübung f; {+OCCHIALI, SPECCHIO} Beschlagen n **2** *fig* (*perdita di lucidità*) Trübung f.

appannàre A tr ~ *qc* **1** (*velare*) {FIATO, UMIDITÀ FINESTRA, OCCHIALI, VETRO} *etw* beschlagen: **il vapore appanna lo specchio**, der (Wasser)dampf beschlägt den Spiegel **2** *fig* (*offuscare*) {IGNORANZA, IRA INTELLETTO, RIFLESSI, VISTA, SENSI} *etw* trüben, *etw* beeinträchtigen B itr pron **1** (*velarsi*): **appannarsi** (**con/per** *qc*) {OCCHIALI, SPECCHIO CON IL FIATO, CON/PER IL VAPORE} (*durch etw* acc/*wegen etw* gen) an|laufen, (*durch etw* acc/*wegen etw* gen) beschlagen: **i vetri della finestra si sono appannati per l'umidità**, die Glasscheiben sind wegen der Feuchtigkeit angelaufen **2** *fig* (*offuscarsi*): **appannarsi** {SENSI} sich trüben: **mi si appanna la vista**, meine Sehkraft lässt nach **3** (*farsi fioco*): **appannarsi** heiser werden: **gli si appanna la voce**, seine Stimme wird heiser; {SUONO} matt werden.

apparàto m **1** *amm anat lett teat tecnol* Apparat m: **l'~ statale**, der Staatsapparat; ~ **circolatorio**, Gefäßsystem n; ~ **critico**, kritischer Apparat; **l'~ scenico**, Bühnenausstattung f **2** (*per manifestazioni*) Aufmachung f, Schmuck m **3** *fig* (*insieme di nozioni*) {+LEGGI, PARTITO} Apparat m: **disporre di un ricco ~ culturale**, über ein umfangreiches kulturelles Wissen verfügen **4** *fig* (*insieme di funzionari*) Apparat m (der Funktionäre) **5** *mil* Apparat m: ~ **bellico**, Kriegsmaschinerie f.

apparecchiàre <*apparecchio, apparecchi*> A tr **1** (*preparare*) ~ *qc* (*per qu/qc*) *etw* (*für jdn/etw*) decken: **ho apparecchiato la tavola per il pranzo**, ich habe den Mittagstisch gedeckt; {CENA, COLAZIONE} *etw* (*für jdn/etw*) zu|bereiten **2** (*allestire la tavola*) (*uso assol*) decken: **ho apparecchiato per sei in terrazza**, ich habe für sechs Personen auf der Terrasse gedeckt **3** (*sottoporre all'apparecchiatura*) ~ *qc* {CARTA, TESSUTO} *etw* zu|richten, *etw* aus|rüsten, *etw* aus|statten B rfl *lett* (*prepararsi*): **apparecchiarsi** (*a qc*) sich (*auf etw* acc) vor|bereiten: **s'apparecchiò all'attacco**, er/sie bereitete sich auf den Angriff vor.

apparecchiatùra f **1** *tecnol* (*complesso di dispositivi*) Apparatur f, Vorrichtung f: ~ **elettrica**, elektrische Vorrichtung **2** *tecnol* (*insieme di strumenti*) Einrichtung f: **mi mostrò l'~ necessaria al suo lavoro**, er/sie zeigte mir die für seine/ihre Arbeit notwendige Ausrüstung.

apparécchio <*-chi*> m **1** *tecnol* Apparat m, Gerät n: ~ **radiofonico/televisivo**, Radio/Fernsehgerät n, Radio n/Fernseher m; ~ **telefonico**, Telefon-, Fernsprechapparat m, Telefon n **2** (*per i denti*) (Zahn)spange f; **quanto devi tenere ancora l'~?**, wie lange musst du die Zahnspange noch tragen? **3** *aero* Flugzeug n.

apparentaménto m *polit* Koalition f.

apparentàre A tr *rar* (*imparentare*) ~ *qu* {SCONOSCIUTI} *jdn* verschwägern: **questo matrimonio ha apparentato le due famiglie**, diese Hochzeit hat die beiden Familien miteinander verschwägert B rfl **1** (*imparentarsi*): **apparentarsi** (*a/con qu/qc*) {AI/[CON I] NOBILI, ALLA/[CON LA] BUONA SOCIETÀ} sich (*mit jdm/etw*) verschwägern, ein Verwandtschaftsverhältnis (*mit jdm/etw*) ein|gehen **2** *polit* (*coalizzarsi*): **apparentarsi** (*con qu/qc*) {COALIZZAZIONE} sich (*mit jdm/etw*) verbünden, (*mit jdm/etw*) eine Koalition ein|gehen: **in vista delle prossime elezioni i due partiti si sono apparentati con la sinistra**, im Hinblick auf die nächsten Wahlen sind die beiden Parteien eine Koalition mit der Linken eingegangen.

apparènte agg (*che appare*) {MOTIVO, MOVIMENTO} scheinbar: **la sua calma è solo** ~, er/sie ist nur scheinbar ruhig, seine/ihre Ruhe trügt.

apparènza A f **1** (*ciò che sembra*) (An)schein m: **l'~ delle cose**, der Schein der Dinge; **a giudicare dall'~**, dem Anschein nach zu urteilen **2** (*aspetto*) Äußere n decl come agg, Aussehen n, Erscheinung f: **avere una bella/brutta** ~, schön/hässlich aussehen **3** *fig* <*di solito al pl*> *fig* (*forma*) Schein m: **badare alle apparenze**, die Form wahren, auf das Äußere achten/[Wert legen]; **salvare le apparenze**, den Schein wahren B loc avv **1** (*a prima vista*): **in** ~ dem Anschein nach **2** **all'** ~ anscheinend • **essere tutto** ~ (*e non sostanza*), leerer/bloßer Schein sein; **l'~ inganna** *prov*, der Schein trügt.

apparìre <*irr appaio o apparisco, apparvi o apparsi, apparso*> itr <*essere*> **1** (*comparire*) erscheinen, auf|tauchen: **quando la ragazza apparve tutti tacquero**, als das Mädchen erschien, verstummten alle; {LUNA, SOLE} auf|tauchen; {ISOLA, RIFUGIO} sichtbar werden **2** (*presentarsi*) ~ *a qu* {ANGELO ALLA VERGINE}, {SPETTRO ALLA VEDOVA} *jdm* erscheinen: **gli apparve in sogno l'amico morto**, ihm erschien der tote Freund im Traum **3** (*essere chiaro*) {TORTO} an den Tag kommen, offenbar werden: **la verità prima o poi apparirà**, früher oder später kommt die Wahrheit ⌊an den Tag⌋/⌊ans Licht⌋ **4** (*sembrare*) ~ + *agg* {COLPEVOLEZZA, PERSONA, QUESTIONE, SOLUZIONE DIFFICILE, GENTILE, SICURA, VICINA} scheinen + *agg*, irgendwie werden: **non mi è apparso molto contento**, er schien mir nicht sehr zufrieden (zu sein); **vuole** ~ **elegante**, er/sie will elegant aussehen; **la soluzione non appare facile**, die Lösung scheint nicht einfach zu sein; **vestita di nero appare più bella**, in Schwarz ⌊sieht sie schöner aus⌋/[wirkt sie attraktiver].

appariscènte agg (*vistoso*) {BELLEZZA, DONNA} auffallend; {COLORE, COMPORTAMENTO} auffällig.

apparizióne f **1** *anche relig* Erscheinen n, Erscheinung f: **avere delle apparizioni**, Visionen haben **2** (*comparsa*) Erscheinen n, Auftreten n: **fare solo una breve** ~, nur ⌊einen kurzen Besuch⌋/[eine Stippvisite *fam*] machen **3** *TV* Auftritt m.

appàrsi 1ª pers sing del pass rem *di* apparire.

appàrso part pass *di* apparire.

appartaménto m (*abbr* app.) **1** Wohnung f: **affittasi/vendesi** ~, Wohnung zu vermieten/verkaufen; ~ **ammobiliato**, möblierte Wohnung; ~ **di tre stanze più servizi**, Dreizimmerwohnung mit Küche und Bad; (*in albergo*) Appartement n, Suite f **2** <*solo pl*> Gemächer n pl: **si è fatto tardi: è ora che mi ritiri nei miei appartamenti** *scherz*, es ist spät geworden: Zeit, dass ich mich in meine Gemächer zurückziehe *scherz*; **il re si ritirò nei suoi appartamenti**, der König zog sich in seine Gemächer zurück.

appartàrsi rfl **1** (*mettersi in disparte*): ~ (*con qu*) sich (*mit jdm*) zurück|ziehen, sich (*mit jdm*) ab|sondern: **mi sono appartata con lui**, ich habe mich mit ihm zurückgezogen; **ci appartammo per un po'**, wir sonderten uns für eine Weile ab **2** *anche fig* (*isolarsi*): ~ (+ *compl di luogo*) sich (*irgendwohin*) zurück|ziehen: **s'è appartato nella sua camera**, er hat sich in sein Zimmer zurückgezogen; **ha preferito** ~ **dalla vita politica**, er/sie hat es vorgezogen, sich vom politischen Leben zurückzuziehen.

appartàto, (**-a**) agg (*isolato*) {LUOGO} abseits liegend, abgelegen: **fare una vita appartata**, ein zurückgezogenes Leben führen; **vivere** ~ **da tutti**, fern/zurückgezogen von allen leben.

appartenènte A agg (*che appartiene*) ~ (*a qc*) zu *etw* (dat) gehörig, angehörig, zugehörig B m (f) Angehörige mf decl come agg: **gli appartenenti al sindacato**, die Gewerkschaftsangehörigen.

appartenènza f (*adesione*) ~ (*a qc*) {A UN GRUPPO} Zugehörigkeit f (*zu etw* dat).

appartenére <*coniug come* tenere> itr <*essere o avere*> **1** (*essere di proprietà*) ~ *a qu* {AUTOMOBILE, DOCUMENTO, LIBRO, ecc.} *jdm* gehören: **quest'oggetto mi appartiene**, dieser Gegenstand gehört mir **2** (*far parte*) ~ *a qu/qc* {ALLA BORGHESIA, ALL'OPERA, ALLA REGIONE} *jdm/etw* an|gehören, *zu jdm/etw* gehören: **i canti appartengono alle opere giovanili**, die Gesänge gehören zu seinen/ihren Jugendwerken; **il comune di Cuneo appartiene al Piemonte**, die Gemeinde Cuneo gehört zum Piemont; **non appartiene alla nostra famiglia**, er/sie gehört nicht zu unserer Familie; **appartiene a una famiglia piccolo borghese**, er/sie kommt/stammt aus einer kleinbürgerlichen Familie; **le vespe appartengono agli imenotteri**, die Wespen gehören zu den Hautflüglern; {AL PARTITO} Mitglied *von etw* (dat) + gen sein.

appàrvi 1ª pers sing del pass rem *di* apparire.

appassiménto m *anche fig* (*lo sfiorire*) {+BELLEZZA, FIORE} (Ver)welken n, Verblühen n.

appassionàre A tr **1** (*infondere passione*) ~ *qu* {ORATORE, SPORT, STORIA PUBBLICO, GENTE, LETTORI} *jdn* begeistern: **questo romanzo mi ha appassionato molto**, dieser Roman hat mich sehr begeistert **2** (*commuovere*) ~ *qu/qc* {EVENTO, OMICIDIO, RAPIMENTO GENTE, PAESE} *jdn/etw* bewegen, *jdn/etw* rühren, *jdn/etw* in Atem halten, *jdn/etw* in seinen Bann ziehen: **è una vicenda che appassiona tutta la città**, das Ereignis bewegt die ganze Stadt⌊/[hält die ganze Stadt in Atem⌋ B itr pron **1** (*prendere passione*): **appassionarsi** *a qc* {ALLA LETTERATURA, ALLO SPORT, AL TEATRO} sich *für etw* (acc) begeistern **2** *fig lett* (*commuoversi*): **appassionarsi** *per qu/qc* {PER LA CAUSA, PER LA POVERA GENTE} *von jdm/etw* ergriffen sein, *mit jdm* fühlen.

appassionàto, (**-a**) A agg **1** (*pieno di passione*) {PAROLE, SGUARDO, TEMPERAMENTO} leidenschaftlich **2** (*interessato*) ~ *di qc* {DI CINEMA, DI SPORT, ecc.} *von etw* (dat) begeistert

B m (f) {+MONTAGNA, OPERA, ecc.} Liebhaber(in) m(f), Fan m: ~ **di sport**, Sportfan m, Sportbegeisterte m decl come agg **C** avv *mus* appassionato, leidenschaftlich, stürmisch.

appassire <*appassisco*> **A** tr <*avere*> *gastr* (*soffriggere*) ~ **qc** *etw* glasig braten: **fare ~ la cipolla in poco burro**, die Zwiebel in ein wenig Butter glasig braten **B** itr <*essere*> *dir pron* **1** (*avvizzire*) ~/**appassirsi** *a*/**con qc** {FIORI, UVA AL/COL SOLE} *in etw* (dat)/*bei etw* (dat) (ver)welken, welk werden: **le foglie (si) sono tutte appassite col caldo**, die Blätter sind in der Hitze alle verwelkt **2** *fig* (*sfiorire*) ~ **con qc** {GIOVINEZZA, VOLTO CON GLI ANNI, COL TEMPO} mit *etw* (dat) verblühen, *mit etw* (dat) verwelken: **la sua bellezza appassiva**, seine/ihre Schönheit verblühte.

appeal <-> m *ingl* Appeal m.

appellànte *dir* **A** agg {PARTE} Berufungs- **B** mf Berufungskläger(in) m(f).

appellàre A tr **1** *lett* (*chiamare*) ~ **qu**/**qc jdn**/*etw irgendwie* nennen: **appellarono Amedeo il giovane principe**, sie nannten den jungen Prinzen Amadeus **2** *dir* (*fare appello*) ~ **qc** {CONTROPARTE SENTENZA} *etw* (durch Berufung) anfechten, *gegen etw* (acc) Berufung ein|legen **B** itr *dir* (*fare appello*): ~ **contro qc** {CONTROPARTE} *gegen etw* (acc) Berufung ein|legen: **il condannato appellò contro la sentenza**, der Verurteilte legte gegen das Urteil Berufung ein **C** itr *pron* **1** (*rivolgersi*): **appellarsi a qu**/**qc** {ALLA GENEROSITÀ DI QU, ALLA GIUSTIZIA, ALLA SAGGEZZA DI QU} *an jdn*/*etw* appellieren, sich *an jdn*/*etw* wenden: **mi appello alla vostra indulgenza**, ich appelliere an eure Nachsicht **2** *dir* (*fare appello*): **appellarsi** (**contro qc**) {CONTROPARTE CONTRO LA SENTENZA} (*gegen etw* acc) Berufung ein|legen: **i condannati si appellarono**, die Verurteilten gingen in die Berufung.

appellativo m **1** *ling* (*nome comune*) Appellativ n **2** (*soprannome*) Beiname m: ~ **ingiurioso**, Schimpfname m; ~ **scherzoso**, Spitzname m **3** (*epiteto*) Bezeichnung f.

appèllo m **1** (*chiamata*) Appell m; (*per nome*) Aufruf m: **fare l'~**, aufrufen; **presentarsi all'~**, zum Appell antreten; **rispondere all'~**, sich bei Namensappell melden **2** *fig* (*richiamo*) ~ (**a qc**) {A UN ORDINE} Aufruf m (*zu etw* dat) **3** *dir* Berufung f: **ricorrere in ~**, in die Berufung gehen **4** *lett* (*invocazione*) Appell m, Aufruf m **5** *università* {+ESAME} Termin m **non c'è ~ contro la sua decisione** *fig* (*è irrevocabile*), seine/ihre Entscheidung ist unwiderruflich; **fare ~ alla generosità di qu** *fig* (*ricorrere*), an jds Großzügigkeit appellieren *forb*; **fare ~ a tutte le proprie forze** *fig* (*sforzarsi al massimo*), seine ganzen Kräfte einsetzen; **mancare all'~** *anche eufem* (*essere morto o disperso*), tot/verschwunden sein; **contro la morte non c'è ~** *fig* (*non c'è rimedio*), gegen den Tod gibt es kein Gegenmittel; **~ al Paese** *giorn*, Appell m an die Bevölkerung; **senza possibilità di ~** *fig* (*che non può essere cambiato*), endgültig, unwiderruflich.

appéna A avv **1** (*a stento*) gerade noch, kaum, nur mit Mühe: **ce l'ho fatta appena appena**, ich habe es ₍gerade noch₎/[um ein Haar *fam*]/[um Haaresbreite *fam*] geschafft; **ho fatto ~ la metà del lavoro**, ich habe erst die Hälfte der Arbeit gemacht; **riusciamo ~ a distinguerlo**, wir können ihn kaum erkennen **2** (*solo*) nur, erst: **mi ha fatto ~ un cenno**, er/sie hat mir nur ein Zeichen gegeben; **versami ~ due dita di vino**, schenke mir nur einen Schluck Wein ein; **costa due milioni? ~ ?** *iron*, das kostet zwei Millionen? – Nur! *iron*; (*temporale*) erst: **sono ~ le dieci**, es ist erst zehn Uhr **3** (*giusto*) gerade: ~ **facciamo in tempo**, wir schaffen es gerade noch rechtzeitig **4** (*da poco*) eben, gerade erst, kaum: **sono ~ arrivato**, ich bin eben erst angekommen; **erano ~ usciti**, sie waren gerade erst ausgegangen **B** *cong* sobald, sowie, kaum: ~ **arrivato si è messo al lavoro**, kaum war er angekommen, begann er mit der Arbeit; **non ~ guarirai andremo al mare**, sowie du gesund bist, fahren wir ans Meer; ~ **verrà glielo dirò**, sobald er/sie kommt, sage ich es ihm/ihr.

appèndere <*irr appendo, appesi, appeso*> **A** tr **1** (*attaccare*) ~ **qc** (**a qc**) *an*/*auf etw* (acc) hängen, *etw* auf|hängen: **appendi l'impermeabile all'attaccapanni/alla stampella**, hänge den Regenmantel an den Kleiderhaken₁/[auf den Bügel]; **appendiamo il lampadario al soffitto**, hängen wir den Lampenschirm an die Decke; **ho appeso il quadro alla parete**, ich habe das Bild an die Wand gehängt **2** (*impiccare*) ~ **qu** (**a qc**) {ASSASSINO, LADRO} *jdn* (*an etw* dat) auf|hängen, *jdn* (*an etw* acc) hängen, *jdn* (*an etw* dat) auf|knüpfen: **appesero il condannato alla forca**, sie hängten den Verurteilten an den Galgen **B** rfl *anche fig* (*attaccarsi*): **appendersi a qu**/**qc** *sich an jdm*/*etw* hängen, *sich an jdm*/*etw* fest|halten: **non appena lo vide gli si appese al collo**, kaum hatte er/sie ihn gesehen, warf er/sie sich ihm an den Hals; {AL BRACCIO DI QU} *sich bei jdm ein|haken*, *sich bei jdm ein|hängen fam*.

appendiàbiti m (*attaccapanni*) Kleiderhaken m.

appendìce f **1** (*aggiunta*, abbr *app*.) Anhang m, Zusatz m: ~ **a un discorso**, Nachtrag m zu einem Vortrag; ~ **a un libro**, Anhang m/Appendix m eines Buches **2** (*nei giornali*) Feuilleton n: **letteratura/scrittore d'~** *spreg*, Feuilletonliteratur f *spreg*/Feuilletonschreiber m *spreg* **3** *anat* Blinddarm m.

appendicìte f *med* Blinddarmentzündung f: ~ **acuta/cronica**, akute/chronische Blinddarmentzündung.

appendigónna <-> m Rockbügel m.

appennìnico, (-a) <-ci, -che> agg {STRADA} apenninisch.

Appennìno m *geog* Apennin m: **gli Apennìni**, die Apenninen.

Appenzèll *geog* **A** m (*cantone*) Appenzell n **B** f (*città*) Appenzell n.

appercezióne f *filos psic* Apperzeption f.

appesantìre <*appesantisco*> **A** tr (*rendere più pesante*) ~ **qc** {CARICO, ZAINO} *etw* schwer machen, *etw* beschweren: **con tutti quei libri appesantisci troppo la valigia**, mit all diesen Büchern machst du der Koffer zu schwer; *fig* {ALLENAMENTO GAMBE; STANCHEZZA SONNO} *etw* schwer(er) werden lassen; {LAVORO} *etw* erschwerend: **troppi grassi appesantiscono lo stomaco**, zu viel Fett belastet den Magen; {SCRITTURA} *etw* schwerfällig machen; **gli avverbi appesantiscono lo stile**, Adverbien machen den Stil schwerfällig **B** itr *pron* (*diventare più pesante*): **appesantirsi** (**con/per qc**) {CARICO, ZAINO CON/PER I MATTONI} *durch etw* (acc) schwerer werden: **la borsa si è appesantita**, die Tasche ist schwerer geworden; {LAVORO CON/PER I NUOVI ORARI} (*wegen etw* gen) schwerer/anstrengender werden; {GAMBE CON/L'ESTATE} (*in etw* dat) schwer werden; **le palpebre gli si appesantiscono per il sonno**, seine ₍Augenlider werden schwer₎/[Augen fallen ihm zu] vor Müdigkeit.

appési 1ª pers sing del pass rem *di* appendere.

appéso part pass *di* appendere.

appestàre tr **1** (*contagiare*) ~ **qu**/**qc** {COLERA, LEBBRA EMIGRANTI, NAZIONE} *etw* verseuchen, *jdn*/*etw* an|stecken: **questa malattia appesta l'intero paese**, diese Krankheit verseucht das ganze Land **2** (*riempire di odori nauseabondi*) ~ (**qc**) {FUMO, INCENDIO AMBIENTE, ARIA, ATMOSFERA} *etw* verpesten: **il suo sigaro appesta tutta la casa**, er/sie verpestet mit seiner/ihrer Zigarre das ganze Haus; **c'è un tanfo che appesta**, es herrscht ein bestialischer/erstickender Modergeruch, es stinkt bestialisch nach Moder **3** *fig* (*corrompere*) ~ **qu** {CATTIVE LETTURE, FILM VIOLENTI GIOVANI} *jdn* verderben: **i vizi appestano la società**, Laster verderben die Gesellschaft.

appestàto, (-a) m (f) (*malato di peste*) Pestkranke mf decl come agg.

appetìbile agg (*allettante*) {OFFERTA} verlockend, attraktiv.

appetìre <*appetisco*> *lett* **A** tr <*avere*> (*desiderare*) ~ **qc** {EREDITÀ, GLORIA, ONORE} *etw* an|streben, sich *nach etw* (dat) sehnen; {CIBO} *etw* (acc) Appetit/Lust haben **B** itr <*essere o avere*> (*suscitare l'appetito*) ~ (**a qu**) {CIBO} (*jds*) Appetit an|regen: **antipasti che appetiscono**, appetitliche Vorspeisen.

appetìto m **1** (*di cibo*) Appetit m: **mangiare con ~**, mit Appetit essen; **far passare/venire l'~**, den Appetit verderben/anregen; **stuzzicare l'~**, den Appetit anregen **2** *fig* (*desiderio*) Verlangen n, Durst m, Hunger m: **appetiti sessuali**, sexuelles Verlangen, ₍Hunger m nach₎/[Lust f auf] Sex *fam* ● **buon ~!**, guten Appetit!; **l'~ vien mangiando** *prov*, der Appetit kommt beim Essen *prov*.

appetitosità <-> f (*gustosità*) {+CIBO} Appetitlichkeit f.

appetitóso, (-a) agg (*stuzzicante*) {PIATTO} appetitanregend, appetitlich; *fig* {FIGURA} appetitlich.

appetizer <-> m *ingl* (*stuzzichino*) Appetizer m.

appezzaménto m (*di terreno*) Grundstück n.

appianaménto m **1** (*spianamento*) {+TERRENO} (Ein)ebnen n, (Ein)ebnung f; {+STRADA} Planieren n; {+INTONACO} Glätten n **2** *fig* (*sistemazione*) {+DIFFICOLTÀ, DIVERGENZA DI OPINIONI} Ausgleich m; {+LITE} Beilegung f, Schlichtung f.

appianàre A tr ~ **qc 1** (*spianare*) {TERRENO} *etw* (ein|)ebnen; {STRADA} *etw* planieren; {INTONACO} *etw* glätten **2** (*abbattere*) {BOSCO, SELVA} *etw* ab|holzen **3** *fig* (*risolvere*) {DIFFICOLTÀ, DIVERGENZA D'OPINIONI} *etw* beseitigen; {LITE} *etw* bei|legen, *etw* schlichten **B** itr *pron* (*risolversi*): **appianarsi** sich (auf|)klären: **tutto si è appianato dopo una lunga discussione**, alles hat sich nach einer langen Diskussion geklärt; **col tempo ogni cosa si appiana**, mit der Zeit klärt sich alles auf.

appiattàrsi rfl (*rimpiattarsi*) ~ (+ **compl di luogo**) {DIETRO A UN CESPUGLIO, DIETRO A UN MURO, NEL BUIO, NELL'OMBRA} sich (*irgendwo*) verstecken.

appiattiménto m **1** {+SUPERFICIE} Abflachung f **2** *fig* (*livellamento*) {+STIPENDIO, TENORE DI VITA} Angleichung f, Nivellierung f *forb*; {SPIRITUALE} Verflachung f.

appiattìre <*appiattisco*> **A** tr **1** (*rendere piatto*) ~ **qc** {MATERASSO, SUPERFICIE} *etw* glatt machen, *etw* platt drücken: **appiattisco la cucitura con il ferro da stiro**, ich bügle die Naht mit dem Bügeleisen platt; **la sbarra di metallo è stata appiattita al laminatoio**, die Metallstange wurde im Walzwerk geglättet **2** *fig* (*ridurre*) ~ **qc** (**a qu**) {STIPENDIO, VALORE} (*jdm*) *etw* herab|setzen, *etw* reduzieren **3** *fig* (*avvilire*) ~ **qc** (**a qu**) {ABITUDINE, NOIA VALORI} (*jdm*) *etw* platt erscheinen lassen: **il suo scarso entusiasmo gli appiat-**

tisce la vita, weil er/sie sich für wenig begeistern kann, scheint ihm/ihr das Leben eintönig zu sein B itr pron: **appiattirsi 1** (*divenire piatto*) {MATERASSO, SUPERFICIE} flach werden: **più ci si avvicina al mare del nord e più il paesaggio si appiattisce**, je näher man der Nordsee kommt, desto flacher wird die Landschaft **2** *fig* (*ridursi*) {STIPENDIO, VALORI} zurück|gehen **3** *fig* (*avvilirsi*) {INTERESSE, VITA} verflachen, eintönig werden: **il livello culturale del paese si appiattisce di giorno in giorno**, das kulturelle Niveau des Landes verflacht von Tag zu Tag C *rfl* (*farsi piatto*): **appiattirsi** (+ *compl di luogo*) {BAMBINO, ANIMALE} sich (*irgendwohin*) ducken: **il cane si appiattì al suolo**, der Hund duckte sich/[legte sich flach] auf den Boden; **i soldati si appiattirono dietro al reticolato**, die Soldaten duckten sich hinter dem Gitter.

appiccàre <*appicco, appicchi*> A *tr* **1** (*incendiare*): ~ (**il**) **fuoco a qc**, {ALLA CATASTA DI LEGNA} etw in Brand stecken; **appiccò fuoco alla casa**, er/sie steckte das Haus in Brand **2** (*attaccare*) ~ *qc* (*a qc*) {LAMPADARIO AL SOFFITTO, MANIFESTO AL MURO} *etw* (*an etw dat*) befestigen, *etw* (*an etw dat*) an|bringen; {QUADRO ALLA PARETE} *etw* (*an etw dat*) auf|hängen **3** (*impiccare*) ~ *qu* (*a qc*) {ASSASSINO, LADRO, ALL'ALBERO, AL SOFFITTO} *jdn* (*an etw dat*) auf|hängen, *jdn* (*an etw dat*) auf|knüpfen B *itr pron*: **appiccarsi 1** *bot* (*attecchire*) {PIANTE} Wurzeln schlagen **2** *lett* (*trasmettersi*) {MALATTIA} sich übertragen C *rfl*: **appiccarsi a qc 1** (*attaccarsi*) {AL BRACCIO, AL MURO, ALLA RINGHIERA} sich *an etw* (*dat*) fest|halten: **s'è appiccato a un sostegno**, er hat sich an einer Stütze festgehalten **2** (*impiccarsi*) sich auf|hängen, sich auf|knüpfen: **si appiccò a un albero**, er/sie hängte sich an einem Baum auf.

appiccicàre <*appiccico, appiccichi*> A *tr* **1** (*attaccare*) ~ (*qc*) (+ *compl di luogo*) {FRANCOBOLLO SULLA BUSTA} *etw irgendwohin* kleben, *etw* (*irgendwohin*) auf|kleben **2** (*attribuire*) ~ *qc a qu* {UN SOPRANNOME} *jdm etw* an|hängen B *itr pron rfl* **1** (*attaccarsi*): **appiccicarsi a qu/qc** *an jdm/etw* kleben: **col caldo gli abiti mi si appiccicano addosso**, bei heißem Wetter kleben meine Kleider am Körper **2** *fig* (*imporre la propria presenza*): **appiccicarsi a qu** *an jdm* kleben, sich *an jdn* hängen: **sta' attento a quel seccatore, se ti si appiccica addosso è la fine**, nimm dich vor dieser Nervensäge in Acht, wenn er mal an dir klebt, ist es aus.

appiccicatìccio, (-a) <-ci, -ce> *agg* **1** (*attaccaticcio*) klebrig **2** *fig* (*petulante*) {PERSONA} lästig, aufdringlich.

appiccicàto, (-a) *agg* **1** (*attaccato*) angeklebt: **aveva i capelli appiccicati sulla fronte**, die Haare klebten ihm/ihr auf der Stirn **2** *fam* (*unito*) ~ *a qu* *an jdm* hängend **3** *fam* (*trasmesso*) {MALATTIA} angesteckt.

appiccicóso, (-a) *agg* **1** (*attaccaticcio*) klebrig **2** *fig* (*petulante*) {PERSONA} lästig, aufdringlich.

appìcco <-chi> *m alpin* Steilwand f.

appiè B *avv rar fig* (*in fondo*) am (Fuß)ende B *loc prep lett* (*sotto*): ~ **di qc**, {DEL MONTE} am Fuß von etw (dat); {DEL LETTO, DELLA PAGINA} am (Fuß)ende von etw (dat)/+ *gen*: **note ~ di pagina**, Fußnoten f pl.

appiedàto, (-a) *agg* (*a piedi*) zu Fuß: **oggi sono ~: la mia macchina non è partita**, heute bin ich zu Fuß: mein Wagen ist nicht angesprungen.

appièno *avv forb* (*del tutto*) völlig, vollkommen, gänzlich, ganz und gar: **comprendere ~ il significato di qc**, die Bedeutung von etw (dat) genau verstehen.

appigionàre *tr* (*affittare*) ~ *qc* {CAMERA, CASA, LOCALE} *etw* vermieten.

appigliàrsi A *itr pron* ~ *a qc* **1** (*appiccarsi*) {FUOCO AL BOSCO, ALLA CASA} *auf etw* (*acc*) über|greifen: **l'incendio si appigliò al fienile**, der Brand griff auf die Scheune über **2** (*attecchire*) {PIANTE AL MONTE, AL RAMO, AL TERRENO} *an etw* (*dat*) Wurzeln an|setzen: **l'edera si appiglia al tronco del fico**, der Efeu setzt am Feigenstamm Wurzeln an **3** *fig* (*ricorrere*) {A UN ESPEDIENTE, A UNA SCUSA} *zu etw* (*dat*) greifen: **si appigliò a quell'unico pretesto**, er/sie griff zu dieser einzigen Ausrede B *rfl* (*aggrapparsi*): ~ *a qu/qc* {AL RAMO, ALLA RINGHIERA} sich *an jdn/etw* klammern: **gli si appigliò al braccio per non cadere**, er/sie klammerte sich an seinen Arm, um nicht hinzufallen.

appìglio <-*gli*> *m* **1** (*punto d'appoggio*) Halt m, Stützpunkt m: **il muro esterno non offre appigli**, die Außenmauer bietet keinen Halt **2** *fig* (*pretesto*) Vorwand m, Aufhänger m: **cercare un ~ per giustificarsi**, einen Vorwand suchen, um sich zu rechtfertigen; **dare/offrire appigli alle critiche**, Anlass zur Kritik geben; **si serve di ogni ~**, ihm/ihr ist jeder Vorwand recht, er/sie ist nie um eine Ausrede verlegen **3** *alpin* Griff m, Haken m • **~ tattico** *mil*, Geländevorteil m.

appiómbo, **a piómbo** A *m loc sost* m (*direzione verticale*) Lot n, lotrechter Fall; *edil* {+MURO} senkrechte Stellung B *avv loc avv* (*perpendicolarmente*) lotrecht.

appioppàre *tr* **1** (*attribuire*) ~ *qc a qu* {SOPRANNOME} *jdm etw* an|hängen *fam spreg*; {RESPONSABILITÀ} anche *jdm etw* auf|bürden: **gli hanno appioppato questo ridicolo nomignolo**, sie haben ihm diesen lächerlichen Spitznamen angehängt **2** *fam* (*dare*) ~ *qc a qu* {COMPITO, LAVORO, CONTRAVVENZIONE} *jdm etw* auf|brummen *fam*: ~ **una multa a qu**, jdm eine Geldstrafe aufbrummen *fam*; {SBERLA, SCHIAFFO} *jdm etw* versetzen, *jdm etw* verpassen *fam*; **gli appioppò un bel ceffone**, er/sie verpasste ihm eine kräftige Ohrfeige **3** (*rifilare*) ~ *qc a qu jdm etw* an|hängen *fam spreg*: **il truffatore gli appioppò una banconota falsa**, der Betrüger hängte ihm eine falsche Banknote an *fam spreg* **4** *agr* (*legare ai pioppi*) ~ *qc* {VITI} *etw* an Pappeln binden **5** *agr* (*piantare a pioppi*) ~ *qc* {RIVA DEL FIUME, TERRENO} *etw* mit Pappeln bepflanzen.

appisolàrsi *itr pron* (*assopirsi*): ~ (+ *compl di luogo*) {DAVANTI AL FUOCO, SULLA POLTRONA, SULLA SDRAIO, AL SOLE} (*irgendwo*) ein|nicken.

applaudìre <*applaudo o applaudisco*> A *tr* **1** (*battere le mani*) ~ (*qu/qc*) {GENTE CANTANTE, DISCORSO} (*jdm/etw*) applaudieren, (*jdm/etw*) Beifall spenden/klatschen, *jdn/etw* beklatschen: **il pubblico applaudì fragorosamente**, das Publikum spendete stürmisch Beifall B *itr* (*battere le mani*) **1** ~ (*a qu/qc*) {GENTE, PUBBLICO ALLA CANTANTE, AL DISCORSO} (*jdm/etw*) applaudieren, (*jdm/etw*) Beifall spenden, (*jdm/etw*) Beifall klatschen **2** (*mostrarsi favorevole*) ~ *a qc* {ALLA PROPOSTA} *etw* (*dat*) zu|stimmen, *von etw* (*dat*) begeistert sein, *etw* gut|heißen: **applaudo alla sua iniziativa**, seine/ihre Initiative findet meinen Beifall.

applàuso *m* (*battimano*) Applaus m, Beifall m: **applausi a scena aperta**, Szenenapplaus m, Beifall m auf offener Szene; (*consenso*) Zustimmung f.

àpplet <-> *m ingl inform* Applet, Mini-Anwendungsprogramm n.

applicàre <*applico, applichi*> A *tr* **1** (*mettere sopra*) ~ *qc* (*a qc*) {GUARNIZIONE, UNGUENTO ALLA PIAGA} *etw* (*auf etw acc*) auf|tragen, *etw* (*auf etw acc*) an|bringen; {TOPPA AI PANTALONI} *etw* (*irgendwo*) auf|nähen **2** (*incollare*) ~ *qc* (*a/su qc*) {CEROTTO ALLA FERITA, FRANCOBOLLO SULLA BUSTA} *etw* (*auf etw acc*) kleben: **l'etichetta va applicata alla/sulla bottiglia**, das Etikett muss auf die Flasche geklebt werden **3** (*attaccare*) ~ *qc* (*a qc*) {INFISSI, SCURI, TENDE ALLA FINESTRA} *etw* (*an etw dat*) an|bringen **4** (*accostare*) ~ *qc a qc etw* (*an etw acc*) legen, nahe *an etw* (*acc*) heran|gehen: **applicò l'orecchio alla porta**, er/sie legte das Ohr an die Tür **5** *fig* (*attribuire*) ~ *qc a qu* {EPITETO, NOME, TITOLO} *jdm etw* verleihen: **gli applicarono un nomignolo divertente**, sie gaben/verpassten ihm einen lustigen Spitznamen **6** *fig* (*rivolgere*) ~ *qc a qc* {ANIMO} *etw etw* (*dat*) zu|wenden: **applicò la mente alla meditazione**, er/sie wendete seinen/ihren Geist der Meditation zu **7** *fig* (*mettere in atto*) ~ *qc* (*a qc*) {ESEMPIO, RICERCA, TEORIA} *etw* (*auf etw acc*) an|wenden; {LEGGE} anche *etw* in Kraft setzen; {REGOLAMENTO} *etw* durch|setzen: **la disposizione si applica se...**, die Bestimmung findet Anwendung, wenn... **8** *fig* (*impiegare*) ~ *qu a qc* {A UN COMPITO, A UN UFFICIO} *jdn* (*an etw dat*) ver|wenden, *jdn für etw* (*acc*) ein|setzen, *jdn mit etw* (*dat*) betrauen **9** *amm dir fisco* (*infliggere*) ~ *qc* (*a qu*) {POLIZIA MULTA} *jdm etw* auf|erlegen; {GIUDICE PENA} *etw* (*über jdn*) verhängen; {COMUNE TASSA} *etw* erheben B *rfl* **1** (*dedicarsi*): **applicarsi a qc** {ALLA RICERCA, ALLO STUDIO} sich *mit etw* (*dat*) widmen, sich *mit etw* (*dat*) beschäftigen: **si applica al suo lavoro**, er/sie widmet sich seiner/ihrer Arbeit **2** (*impegnarsi*): **applicarsi** sich an|strengen, sich (*dat*) Mühe geben, fleißig sein: **è un ragazzo intelligente, ma si applica troppo poco**, er ist ein intelligenter Junge, aber er ist nicht fleißig genug/[gibt sich nicht genug Mühe].

applicatìvo, (-a) *agg* **1** (*di applicazione*) {NORMA} Anwendungs-: **circolare applicativa di una legge**, Erläuterung eines Gesetzes **2** *inform* {SISTEMA} Anwendungs-; {PROGRAMMA, SOFTWARE} Applikations-.

applicàto, (-a) A *agg* **1** (*messo sopra*) angebracht **2** (*incollato*) aufgeklebt **3** *fig* (*messo in atto*) {TEORIA} angewandt **4** *amm dir fisco* (*inflitto*) {PENA} auferlegt B *m* (*f*) Angestellte mf decl come agg • **chimica/fisica/meccanica applicata**, angewandte Chemie/Physik/Mechanik.

applicazióne *f* **1** (*il mettere sopra*) {+POMATA} Auftragen n **2** (*l'incollare*): ~ **di tappezzeria**, Tapezieren n **3** (*elemento decorativo*) {+PIZZO} Anbringung f, Applikation f *forb* **4** *fig* (*utilizzo*) Anwendung f, Verwendung f: **è un'invenzione che può avere molte applicazioni**, das ist eine Erfindung, die vielerlei Verwendung finden kann; das ist eine vielseitig verwendbare Erfindung **5** *fig* (*attuazione*) {+CRITERIO, TEORIA} Anwendung f **6** *fig* (*impegno*) Anstrengung f, Bemühen n, Eifer m, Fleiß m: **studiare con ~**, fleißig/[mit Eifer] studieren/lernen **7** (*in fisioterapia*) Applikation f, Anwendung f: **doversi sottoporre ad un ciclo di cinque applicazioni**, sich einer Reihe von fünf Anwendungen unterziehen müssen **8** *inform* (*programma, software*) Anwendung f • **applicazioni tecniche** *scuola stor*, Werkunterricht m.

applique <-> *f franc* (*lampada a muro*) Wandleuchter m.

appoderàre *tr* (*frazionare in poderi*) ~ *qc* {TENUTA, TERRENO} *etw* in Landgüter auf|teilen.

appoggiafèrro <-> *m* Bügeleisenablage f.

appoggiapièdi <-> *m* **1** (*poggiapiedi*) Fußbank *f*, Fußschemel *m* **2** (*supporto integrato*) {+SEDILE DI UN AEREO} Fußstütze *f*, {+MOTOCICLETTA} *anche* Fußraste *f*.

appoggiàre <*appoggio, appoggi*> ⬛ *tr* **1** (*accostare*) ~ *qc* (*a qc*) {MOBILE, SCALA, SCI} *etw* (*an etw dat*) an|lehnen, *etw an etw* (*acc*) an|lehnen **2** (*posare*) ~ *qc* (*su qc*) {CASSA SUL PAVIMENTO, PIATTO SULLA CREDENZA, VALIGIA SULLA PANCA} *etw* (*irgendwo*) ab|stellen; {GOMITI SUL TAVOLO} *etw* (*auf etw acc*) stützen; {TESTA SUL CUSCINO} *etw* (*auf etw acc*) legen **3** (*appioppare*) ~ *qc* (*a qu*) {BASTONATA, SCHIAFFO} *jdm etw* versetzen **4** *fig* (*sostenere*) ~ *qu/qc* {CANDIDATO, INIZIATIVA, PARTITO, PROPOSTA} *jdm/etw* unterstützen, *etw* befürworten: **appoggiò le sue idee con autorità**, er/sie verteidigte nachdrücklich seine/ihre Ideen; ~ {NOTA, VOCE} *etw* hervor|heben **5** *fig* (*basare*) ~ *qc su qc* {AFFERMAZIONE, DEDUZIONE} *etw auf etw* (*dat*) gründen: **i miei dubbi appoggiano su validi indizi**, meine Zweifel gründen auf stichhaltigen/beweiskräftigen Indizien **6** *sport* (*nel calcio*) (*passare*) ~ *qc a qu jdm etw* servieren ⬛ *itr* (*poggiare*) ~ *su qc* {BALCONE, TETTO} (*auf etw dat*) ruhen: **la colonna appoggia su un forte basamento**, die Säule ruht auf einem kräftigen Sockel ⬛ *itr pron fig* (*basarsi*): **appoggiarsi su qc** {ACCUSA SU PROVE, AFFERMAZIONE SU FATTI} sich *auf etw* (*acc*) stützen, sich *auf etw* (*acc*) gründen ⬛ *rfl* **1** (*sostenersi*): **appoggiarsi a qc** {AL BASTONE, AL BRACCIO DI QU, ALLA RINGHIERA} sich *auf etw* (*acc*) stützen, sich *an etw* (*acc*) (an|)lehnen: **si appoggiò alla spalla del marito**, sie lehnte sich an die Schulter ihres Mannes **2** *fig* (*ricorrere*): **appoggiarsi a qu/qc** {A UN AMICO, ALLA MADRE, AL PARTITO} sich *an jdn/etw* wenden, sich *auf jdn/etw* stützen, *bei jdm/etw* Unterstützung suchen.

appoggiatèsta <-> *m* (*poggiatesta*) Kopf-, Nackenstütze *f*.

appoggiatùra *f* **1** *mus* Vorschlag *m* **2** *teat* {+PAROLA} Hervorhebung *f*.

appòggio <*-gi*> *m* **1** (*sostegno*) Stütze *f*, Halt *m* **2** *fig* (*aiuto*) Stütze *f*, Unterstützung *f*, Hilfe *f*: **potete contare sul nostro ~**, ihr könnt euch auf unsere Hilfe verlassen; **dare a qu il proprio ~**, jdm seine Unterstützung zuteil werden lassen; **jdn unterstützen**; **~ morale**, moralische Unterstützung **3** <*di solito al pl*> *fig* (*conoscenze*) Bekannte *mf* decl come agg, Beziehungen *f pl*: **avere degli appoggi in comune**, Beziehungen in der Gemeinde/Stadt haben **4** *dir* Anlegen *n*: **diritto/servitù d'~**, Anlegerecht *n* **5** *edil* {+CUPOLA, PONTE, VOLTA} Stütze *f*, Konsole *f* **6** *mar mil* (*azione di fuoco*) Rückendeckung *f*, Verstärkung *f* **7** *sport* (*attrezzo*) Stützhantel *f*.

appollaiàrsi <*mi appollaio, ti appollai*> *rfl* **1** (*accovacciarsi*): ~ (*su/in qc*) {UCCELLO NEL NIDO, SUL PIOLO, SUL RAMO} sich *auf/in etw* (*acc*) setzen; {PERSONA NELL'ANGOLO, SULLA SCALA, SU UNO SGABELLO} sich (*irgendwo*) nieder|kauern, sich (*auf/in etw acc*) hocken **2** *fig* (*stabilirsi*): ~ *da qu* sich *bei jdm* ein|nisten *spreg*.

appollaiàto, (*-a*) *agg* (*accovacciato*) zusammen-, niedergekauert, niedergeduckt: **starsene appollaiato su una sedia**, zusammengekauert auf einem Stuhl sitzen.

appórre <*coniug come porre*> ⬛ *tr* **1** (*porre sopra*) ~ *qc* (*a qc*) {SIGILLO} (*an etw dat*) an|bringen; {DATA} *etw* (*dat*) *etw* hinzu|fügen: **apposero una lapide in memoria**, sie brachten einen Gedenkstein an; **appose la propria firma all'atto di vendita**, er/sie setzte seine Unterschrift unter/[unterschrieb] den Kaufvertrag; **apposero una firma in bianco**, sie unterzeichneten mit einer Blankounterschrift **2** (*aggiungere*) ~ *qc a/in qc* {INIZIALE, QUOTA} *etw* (*dat*) *etw* hinzu|fügen: **appose una clausola all'atto di vendita**, er/sie fügte dem Kaufvertrag eine Klausel hinzu **3** *fig lett* (*attribuire*) ~ *qc* (*a qc*) *a qu* {COMPORTAMENTO A INFAMIA} *jdm etw* (*als etw acc*) zu|schreiben; {ERRORE A COLPA} *anche jdm etw* zur Last legen, *jdn etw* (*gen*) beschuldigen: **le appose la sua buona volontà a lode**, er/sie lobte sie wegen ihres guten Willens [hielt ihr ihren guten Willen zugute forb] ⬛ *rfl fig lett* (*indovinare*): **apporsi a qc** *etw* erraten: ~ **al vero**, die Wahrheit erraten, den Nagel auf den Kopf treffen *fam*.

apportàre *tr* **1** (*produrre*) ~ *qc* (*a qu/qc*) {DOLORE, FASTIDIO} (*jdm/etw*) *etw* verursachen, (*jdm/etw*) *etw* zu|fügen: **la sua perdita apportò un grave danno alla società**, sein/ihr Verlust fügte der Gesellschaft einen schweren Schaden zu; {BENESSERE} *jdm/etw etw* bringen, *etw* erzeugen, *etw* mit sich (*dat*) bringen **2** (*aggiungere*) ~ *qc a qc* {CAPITALE ALLA SOCIETÀ} *etw* (*dat*) *etw* hinzu|fügen, *etw in etw* (*acc*) ein|bringen; {VARIAZIONI AL TESTO} *etw an etw* (*dat*) vor|nehmen: **apportò numerose modifiche al disegno di legge**, er/sie nahm zahlreiche Änderungen an dem Gesetzentwurf vor **3** (*preannunciare*) ~ *qc* {CIVETTA, COMETA, GATTO NERO CALAMITÀ, DISGRAZIA} *etw* an|kündigen **4** *dir* (*addurre*) ~ *qc* {DOCUMENTI} *etw* bei|bringen: **apportò numerose prove a carico del teste**, er/sie brachte zahlreiche Beweise zu Lasten des Zeugen bei **5** *lett* (*portare*) ~ *qc* {VOCE} *etw* tragen: **il vento apporta i suoni e gli odori**, der Wind trägt die Geräusche und die Gerüche; {RAGAZZO NOTIZIA} *etw* überbringen; {SOLE ENERGIA, LUCE} *etw* bringen **6** *lett* (*citare*) ~ *qc* {FRASE, MOTTO, VERSO} *etw* zitieren; *etw* an|führen.

appòrto *m* **1** (*azione*) {+NUOVE FORZE, NUOVE IDEE, SOSTEGNI} Zufuhr *f* **2** (*contributo*) Beitrag *m* **3** *dir* {+CAPITALI} Einlage *f* **4** (*nell'occultismo*) Apport *m*, spirituelle Erscheinung.

appòsi 1ª pers sing del pass rem *di* apporre.

appositaménte *avv* (*apposta*) eigens: **dispositivo ~ concepito per ...**, eigens für ... entwickelte Vorrichtung; **il medico è venuto ~ per lei**, der Arzt ist eigens für sie /[nur ihretwegen] gekommen.

appositìvo, (*-a*) *agg* **1** (*aggiunto*) {TITOLO} Zusatz-, Ergänzungs- **2** *ling* appositiv, appositionell.

appòsito, (*-a*) *agg* (*fatto apposta*) (eigens) dazu bestimmt, (eigens) dafür vorgesehen: **reggersi agli appositi sostegni**, sich an den dafür bestimmten Griffen festhalten; **rivolgersi all'~ sportello**, wenden Sie sich an den dafür vorgesehenen Schalter; passend, geeignet, entsprechend; **il cognac si beve negli appositi bicchieri**, Cognac trinkt man aus entsprechenden/passenden Gläsern [/Cognacgläsern]; **i gioielli vanno conservati in apposite cassette**, Schmuck sollte in entsprechenden/geeigneten Schmuckkästchen aufbewahrt werden.

apposizióne *f* **1** *gramm* Apposition *f* **2** (*l'apporre*) {+SIGILLO} Anbringung *f*: ~ **della firma**, Unterzeichnung *f*.

appòsta ⬛ *avv* **1** (*di proposito*) mit Absicht, absichtlich: **l'ho detto ~**, das habe ich absichtlich gesagt; **neanche a farlo ~**, (rein) zufällig, wie es der Zufall so will, wie das Leben so spielt; **l'ha fatto ~ a non salutarci**, er/sie hat uns absichtlich nicht gegrüßt **2** (*unicamente*) ~ **per qu/qc** {PER LA SUA CAUSA, PER LUI} extra *für jdn/etw*, ausdrücklich, zu diesem Zweck, eigens *für jdn/etw*: **devi venire, la festa è stata organizzata ~ in tuo onore**, du musst kommen, das Fest wurde eigens/ausdrücklich dir zu Ehren organisiert; **è venuto ~ per te**, er ist extra deinetwegen gekommen ⬛ <*inv*> *agg* **1** (*apposito*) besondere(r, s), speziell, Spezial-, extra: **ci vogliono dei chiodi ~**, dafür braucht man Spezialnägel **2** (*riservato*) allein, nur: **una stanza ~ per i bambini**, ein eigenes Zimmer für die Kinder.

appostaménto *m* **1** (*agguato*) Hinterhalt *m* **2** (*posizione*) Postierung *f*, Aufstellung *f*: **mettersi in ~**, sich auf die Lauer legen **3** *mil* Stellung *f*, Postierung *f* **4** (*nella caccia*) {FISSO, TEMPORANEO} Ansitz *m*, Hochsitz *m*, Jägerstand *m*.

appostàre ⬛ *tr* **1** (*tenere d'occhio*) ~ *qu/qc* {PREDA, SELVAGGINA} *auf jdn/etw* lauern; {NEMICO} *jdm* auf|lauern **2** (*mettere in appostamento*) ~ *qu* {SENTINELLE, TRUPPE} *jdn* postieren, *jdn* auf|stellen ⬛ *rfl*: **appostarsi** (+ *compl di luogo*) **1** (*nascondersi per spiare*) sich (*irgendwo*) *auf die Lauer* legen: **mi appostai all'angolo della strada**, ich legte mich an der Straßenecke auf die Lauer **2** (*mettersi in appostamento*) {ESERCITO} sich (*irgendwo*) postieren, (*irgendwo*) Stellung beziehen: **le sentinelle si appostarono intorno all'isolato**, die Wachposten postierten sich rings um den Häuserblock.

appostìssimo ⬛ <*inv*> *agg* {PERSONA} wohlerzogen, vertrauenswürdig ⬛ *avv* (*benissimo*) hervorragend, ausgezeichnet: **mi sento ~**, ich fühle mich ausgezeichnet.

apprèndere <*coniug come* prendere> ⬛ *tr* **1** (*comprendere*) ~ *qc* (*con qc*) {NOZIONE} *etw* (*mit etw dat*) begreifen, *etw* (*mit etw dat*) verstehen, *etw (mit etw dat*) auf|fassen, sich (*dat*) *etw* (*mit etw dat*) an|eignen: **ha appreso il difficile concetto con estrema facilità**, er/sie hat den schwierigen Gedanken ganz schnell/leicht aufgefasst **2** (*imparare*) ~ *qc* {ARTE, LAVORO, MESTIERE} *etw* (er)lernen: **ha appreso bene le regole grammaticali**, er/sie hat die Grammatikregeln gut gelernt **3** (*venire a sapere*) ~ *qc* (*da qc*) {NOTIZIA DAL GIORNALE} *etw* (*aus etw dat*) erfahren ⬛ *itr pron fig lett* (*propagarsi*): **apprendersi a qc** {INCENDIO AL BOSCO} *auf etw* (*acc*) über|greifen; {PASSIONE AL CUORE} Besitz *von etw* (*dat*) ergreifen ⬛ *rfl* (*afferrarsi*): **apprendersi a qc** {ALLA CORDA, ALLA FUNE, ALLA RINGHIERA} sich *an etw* (*dat*) fest|klammern.

apprendiménto *m* **1** {+MATERIA DI STUDIO} Lernen *n* **2** {+MESTIERE} Erlernung *f* **3** *psic* Erwerb *m*.

apprendìsta <*-i m, -e f*> *mf* (*allievo*) Auszubildende *mf* decl come agg, Azubi *mf fam*, Lehrling *m fam*: ~ **sarta**, Schneiderlehrling *m*; **l'~ stregone**, Zauberlehrling *m*.

apprendistàto *m* **1** *dir* (*speciale rapporto di lavoro*) Lehre *f*: **fare l'~ presso un falegname**, seine Lehre bei einem Tischler machen, bei einem Tischler in der Lehre sein **2** (*periodo*) Lehrzeit *f*.

apprensióne *f* (*preoccupazione*) Sorge *f*, Besorgnis *f*: **essere/stare in ~**, in Sorge sein, sich (*dat*) Sorgen machen, besorgt sein; **la tua ~ è ingiustificata**, deine Sorge ist unbegründet, du machst dir unbegründet/grundlos Sorgen; **mettere/tenere qu in ~**, jdn in Sorge versetzen/lassen.

apprensìvo, (*-a*) *agg* **1** (*ansioso*) {CARATTERE, PERSONA} ängstlich, furchtsam **2** (*che mostra ansietà*) {SGUARDO} ängstlich, angstvoll.

appressàrsi *rfl* (*avvicinarsi*): ~ *a qu/qc* {ALL'AMICO, ALLA FINE, ALLA META, ALLA VECCHIAIA} sich *jdm/etw* nähern.

apprèsso ⬛ *avv* **1** (*accanto*) daneben, nahe bei: **si porta sempre il cane ~**, er/sie hat immer seinen/ihren Hund ⌊bei sich⌋/[dabei]; **vada avanti fino al cinema, la farmacia è ~**, gehen Sie weiter bis zum Kino, daneben ist die Apotheke **2** (*dietro*) hinter: **quelli che venivano ~ erano bagnati fradici**, die, die nachkamen/[hinterher kamen], waren klatschnass **3** (*più tardi*) nachfolgend, später: **come ~**, wie folgt; **come si mostrerà ~**, wie später gezeigt wird; **subito ~**, gleich/unmittelbar darauf **B** <inv> agg (*dopo*) {GIORNO, NOTTE, VOLTA} folgend **C** prep (*vicino*) ~ (**a qu/qc**) (*stuto*) neben *jdm/etw*, (nahe) bei *jdm/etw*: **stammi ~!**, bleib (nahe) bei mir!; (*moto*) hinter *jdm/etw*; **vienimi ~!**, geh hinter mir her!, folge mir! **D** loc prep: ~ **a qu/qc** hinter *jdm/etw*: **andare ~ a qu/qc**, hinter jdm/etw hergehen • **stare/andare ~ a qu** (*desiderare qu*), hinter jdm her sein *fam*.

apprestaménto m **1** (*preparativo*) {+DIFESA} Vorbereitung f, Aufbauen n **2** <*di solito al pl*> *mil* {DIFENSIVI, OFFENSIVI +ARTIGLIERIA} Maßnahmen f pl.

apprestàre A tr **1** (*preparare*) ~ **qc** {ARMI} *etw* scharf machen; {VIAGGIO} *etw* vor|bereiten **2** (*offrire*) ~ **qc** (**a qu**) {AIUTO, CURA, SOCCORSO} (*jdm*) *etw* leisten; {AIUTI AI TERREMOTATI} (*jdm*) *etw* bereit|stellen **B** rfl (*prepararsi*): **apprestarsi** (**per qc**) {PER L'EVENTO, PER L'OCCASIONE} sich (*auf/für etw* acc) vor|bereiten: **si apprestò per la festa**, er/sie bereitete sich auf das Fest vor; **apprestarsi a fare qc**, sich anschicken, etw zu tun; sich darauf vorbereiten, etw zu tun; **si apprestò a partire**, er/sie bereitete sich ⌊darauf vor abzureisen⌋/[auf die Abreise vor].

apprettàre tr (*dare l'appretto*) ~ **qc** {CAMICIA, TOVAGLIA} *etw* appretieren; (*per la stiratura*) *etw* stärken.

apprettatùra f (*inamidatura*) {+FILATO, TESSUTO} Appretur f; (*per la stiratura*) Stärken n.

apprètto m (*sostanza*) {ANTIPIEGA, IGNIFUGO} Appretur f: **dare l'~ a qc**, *etw* appretieren; (*per la stiratura*) (Wäsche)stärke f: **dare l'~ a qc**, *etw* stärken.

apprezzàbile agg **1** (*pregevole*) {LAVORO, OPERA, RISULTATO} bemerkenswert **2** (*di una certa entità*) {DIFFERENZA, SOMMA, ecc.} nennenswert, beträchtlich.

apprezzaménto m **1** (*l'apprezzare*) {+BUONA AZIONE, OPERA, QUADRO} Wertschätzung f: **esprimere il proprio ~**, seine Wertschätzung zum Ausdruck bringen **2** <*di solito al pl*> (*giudizi*) Urteile n pl: **non faccia apprezzamenti sulle persone che non conosce**, urteilen Sie nicht über Leute/Menschen, die Sie nicht kennen **3** <*di solito al pl*> (*opinioni*) Meinung f: **i tuoi apprezzamenti non mi interessano**, deine Meinung interessiert mich nicht **4** *econ* Aufwertung f: ~ **dell'euro sul dollaro**, Aufwertung f des Euros gegenüber dem Dollar.

apprezzàre tr **1** (*stimare*) ~ **qu/qc** {AUTORE, CHIAREZZA} *jdn/etw* würdigen, *jdn/etw* schätzen; *jdn/etw* zu würdigen/schätzen wissen: **più si conosce questo ragazzo più lo si apprezza**, je besser man diesen Jungen kennt, desto mehr schätzt man ihn **2** (*valutare*) ~ **qc** {BENE, IMMOBILE} *etw* schätzen; ~ **un lavoro nel suo giusto valore**, eine Arbeit ⌊angemessen bewerten⌋/[anerkennen].

appròccio <-*ci*> m **1** (*contatto*) Kontakt m: **i primi approcci sono sempre i più difficili**, die ersten Kontakte sind immer die schwierigsten **2** (*avvicinamento*) ~ (**a qc**) {DIFFICILE, FACILE ALLA FILOSOFIA, A UN PROBLEMA} Herangehen(sweise) n (*an etw* acc), Annäherung(sweise) f (*an etw* acc) **3** <*di solito al pl*> *fig* (*avance*) Annäherung(sversuch m): **fare degli approcci**, Annäherungsversuche machen; **tentare un ~**, einen Annäherungsversuch starten *fam* **4** *fig* (*ottica*) {PSICOANALITICO} Ansatz m **5** *mil* Annäherung f.

approdàre itr <*essere o avere*> **1** (*giungere*) ~ (+ **compl di luogo**) {IN UN'ISOLA, AL PORTO, A RIVA} (*irgendwo*) landen, (*irgendwo*) an|legen **2** *fig* (*raggiungere*): ~ **a nulla**, {IMPRESA} zu nichts führen, nichts bringen *fam*; **le ricerche non** ⌊**hanno approdato**⌋/[**sono approdate**] **a nulla**, die Nachforschungen haben ⌊zu nichts geführt⌋/[nichts gebracht *fam*], bei den Nachforschungen ist nichts herausgekommen.

appròdo m **1** (*manovra*) Landung f: **l'~ è difficile in mezzo agli scogli**, das Landen inmitten der Klippen ist schwierig **2** (*luogo*) Landungs-, Landeplatz m: **dobbiamo trovare un altro ~**, wir müssen einen anderen Landeplatz finden **3** *fig* (*risultato*) {CULTURALE +IMPRESA, RICERCA} Erfolg m.

approfittàre A itr **1** (*trarre profitto*) ~ **di qc** {DELL'ESPERIENZA, DEGLI STUDI} *etw* (aus|)nutzen, sich (dat) *etw* zunutze machen, *von etw* (dat) profitieren: **approfitta della sua assenza per uscire**, er/sie nützt seine/ihre Abwesenheit, um auszugehen/fortzugehen **2** (*abusare*) ~ **di qu/qc** {DELLA BUONA FEDE DI QU} *jdn/etw* missbrauchen, *jdn/etw* aus|nutzen: **è troppo buono e tutti approfittano di lui**, er ist einfach zu gutmütig und alle nutzen ihn aus **3** (*usare violenza*) ~ **di qu** {DI UNA DONNA} *jdn* (sexuell) missbrauchen **B** itr pron (*avvantaggiarsi*): **approfittarsi di qu/qc** {DELLA CORTESIA DI QU} *jdn/etw* aus|nutzen.

approfittatóre, (-trice) m (f) (*profittatore*) Spekulant(in) m(f): ~ **di guerra**, Kriegsgewinnler(in) m(f) *spreg*.

approfondiménto m **1** (*il rendere profondo*) {+CANALE, POZZO, SCAVO} Vertiefung f **2** *fig* (*l'andare a fondo*) {+RICERCA, STUDI} Vertiefung f **3** *fig* (*il divenire profondo*) {+AMICIZIA, INTESA} Vertiefung f, Festigung f.

approfondìre <*approfondisco*> **A** tr **1** (*rendere profondo*) ~ **qc** {FOSSO, SCAVO} *etw* tiefer machen, *etw* vertiefen: **per trovare l'acqua bisogna ~ il pozzo**, um Wasser zu finden, muss man den Brunnen vertiefen **2** *fig* (*rendere più intenso*) ~ **qc** {DOLORE, RIMPIANTO} *etw* vertiefen, *etw* verstärken **3** *fig* (*studiare a fondo*) ~ **qc** {ARGOMENTO, MATERIA} *etw* vertiefen, *etw* eingehend untersuchen, *etw* genau prüfen **B** itr pron **1** (*divenire profondo*): **approfondirsi** (**con/in qc**) {INTESA, LEGAME, RELAZIONE, SOLCO COL/NEL TEMPO} sich *mit etw* (dat) vertiefen, sich *mit etw* (dat) intensivieren **2** *fig* (*acquistare maggiore competenza*): **approfondirsi** (**in qc**) sein Wissen/seine Kenntnisse (*in etw* dat/*über etw* acc) vertiefen: **s'approfondì nella conoscenza delle sue opere**, er/sie vertiefte sein Wissen über seine/ihre Werke.

approntaménto m (*preparazione*) {+DIFESA} Vorbereitung f, Aufbauen n; *mil* {+TRUPPE} Bereitstellung f.

approntàre tr (*preparare*) ~ **qc** {ARMI} *etw* scharf machen; {CIBO} *etw* vor|bereiten; {DIFESA} *anche etw* auf|bauen; {NAVE} *etw* rüsten; *mil* {BATTERIE, UNITÀ} *etw* bereit|stellen.

appropinquàrsi itr pron *scherz* ~ (**a qu/qc**) sich *jdm/etw* an|nähern: **approppinquati che ti vedo bene**, komm näher/[an mein Herz *scherz*], damit ich dich besser sehen kann.

appropriàre <*approprio, appropri*> **A** tr *rar* (*adattare*) ~ **qc a qc** {MUSICA ALLE PAROLE} *etw* *auf etw* (acc) ab|stimmen; {STILE ALLA CIRCOSTANZA} *anche etw* (dat) an|passen **B** itr tr pron (*impadronirsi*): **appropriarsi** (**di**) **qc** {(DI) BENI, (DELL') EREDITÀ, (DI) MERITI, (DEL) TITOLO} sich (dat) *etw* an|eignen, sich (dat) *etw* zu Eigen machen, sich *etw* (gen) bemächtigen **C** itr pron *rar* (*essere adatto*): **appropriarsi (a) qu/qc** zu *jdm/etw* passen, *jdm/etw* entsprechen.

appropriàto, (-a) agg **1** (*adatto*) ~ (**a/per qu/qc**) {VESTITO ALLA/[PER LA] CIRCOSTANZA} (*für jdn/etw*) geeignet **2** (*calzante*) {RISPOSTA} passend, treffend: **ecco il termine ~!**, das ist das passende/richtige Wort!; **sostituire i puntini con la parola appropriata**, die Pünktchen mit dem passenden Wort ersetzen.

appropriazióne f **1** (*l'appropriarsi*) {+BENE, EREDITÀ, TERRITORIO} Aneignung f **2** *fig* {+MERITO, TITOLO} Aneignung f • ~ **indebita** *dir* (*reato di* ~), Unterschlagung f.

approssimàrsi A itr pron (*essere prossimo*) ~ {ESTATE, INVERNO, ORA} sich nähern, näher kommen, näher rücken: **le vacanze ormai si approssimano**, jetzt rücken die Ferien näher **B** rfl *anche fig* (*avvicinarsi*) ~ **a qc** {ALLA CINQUANTINA, ALLA META, AL VERO} sich *etw* (dat) nähern: **i mezzi blindati si approssimano alla frontiera**, die gepanzerten Fahrzeuge nähern sich der Grenze.

approssimativo, (-a) agg **1** (*vicino alla misura esatta*) {CALCOLO, CONTO, NUMERO} ungefähr, annähernd, approximativ *forb*; (*al vero*) (*valutazione*) ungefähr **2** (*impreciso*) {VALUTAZIONE} ungenau **3** (*superficiale*) {CONOSCENZA, PERSONA} oberflächlich.

approssimazióne A f **1** (*vicinanza*) Annäherung f, Approximation f *forb*: **prevedere qc con una certa ~**, etw ungefähr voraussehen **2** (*imprecisione*) {+RAGIONAMENTO} Ungenauigkeit f: **peccare di ~**, ungenau sein **3** *mat* Näherungswert m: ~ **per difetto/eccesso**, zu tief/hoch gegriffener Näherungswert **B** loc avv (*in modo approssimativo*): **per ~** annähernd.

approvàre tr **1** (*giudicare buono*) ~ **qu/qc** {COINVOLGIMENTO, IDEA, OPERATO, BUONA VOLONTÀ} *jdm/etw* zu|stimmen, *etw* billigen, *etw* gut|heißen, *mit etw* (dat) einverstanden sein: **approvo in pieno la sua opinione al riguardo**, ich stimme seiner/ihrer diesbezüglichen Meinung vollkommen zu; **ha fatto bene, lo approvo pienamente**, das hat er/sie gut gemacht, ich bin damit vollkommen einverstanden; **non approvo che tu esca tutte le sere**, ich billige nicht, dass du jeden Abend ausgehst; *amm* ~ **qc** {BILANCIO} *etw* beschließen, *etw* genehmigen **2** (*promuovere*) ~ **qu** (**a/in qc**) {ALLIEVO, CANDIDATO} *jdn* in *etw* (dat) bestehen lassen: **non è stata approvata agli esami**, sie hat die Prüfungen nicht bestanden; **è stato approvato in tutte le materie**, er ist in allen Fächern versetzt worden **3** *dir* (*autorizzare*) {+APERTURA DI UN ESERCIZIO PUBBLICO} *etw* genehmigen **4** *polit* (*ratificare*) ~ **qc** {MOZIONE} *etw* (dat) statt|geben, *etw* an|nehmen; {LEGGE, PROVVEDIMENTO} *etw* verabschieden, *etw* beschließen, *etw* an|nehmen: **la Camera ha approvato il progetto di legge**, die Kammer hat die Gesetzesvorlage angenommen **5** (*acconsentire*) (*uso assol*) ein|willigen: **approvare con gli occhi**, mit einem Blick einwilligen.

approvazióne f **1** (*il giudicare buono*) {+COMPORTAMENTO, DISCORSO, OPERATO, OPINIONE} Billigung f, Anerkennung f: **essere degno di**⌋/[**meritare**] ~, Zustimmung verdienen; *amm* {+BILANCIO} Genehmigung f, Beschließung f **2** (*consenso*) Zustimmung f: **concedere/dare la propria ~**, seine Zustimmung geben; {+PARENTI} Genehmigung f **3** (*riconoscimento*) Anerkennung f, Beifall m:

ha ottenuto l'~ di tutti i docenti, er/sie fand bei allen Dozenten Anerkennung/Beifall, er/sie wurde von allen Dozenten gelobt **4** (*promozione*) {+ALLIEVO} Versetzung f; {+CANDIDATO} Annahme f: **non ottenere l'~ di una tesi di laurea**, die Examensarbeit nicht anerkannt bekommen **5** *polit* (*ratifica*) {+LEGGE} Verabschiedung f, Beschluss m, Annahme f: **~ definitiva**, endgültige Verabschiedung **6** *relig* Erlaubnis f.

approvvigionaménto m **1** (*rifornimento*) {+CASA, FAMIGLIA} Versorgung f, Verpflegung f: **l'~ della città è stato difficile durante la guerra**, die Versorgung der Stadt war während des Krieges schwierig **2** <*di solito al pl*> (*provvista*) {+ACQUA} Vorrat m; {+VIVERI} *anche* Proviant m: **i magazzini erano colmi di approvvigionamenti**, die Lager waren voll mit Vorräten **3** *mil* Verproviantierung f.

approvvigionàre A tr **1** (*rifornire di viveri*) ~ **qu/qc** (*di qc*) {CASA, FAMIGLIA} jdn/etw (*mit etw dat*) versorgen: **approvvigionarono la città con un ponte aereo**, sie versorgten die Stadt durch eine Luftbrücke **2** *mar* (*fornire*) ~ **qc** (*di qc*) {FLOTTA DI ARMI, NAVE DI STRUMENTI DI NAVIGAZIONE, DI VIVERI} *etw* (*mit etw dat*) versehen, *etw* (*mit etw dat*) aus|rüsten **3** *mil* (*fornire*) ~ **qu** (*di qc*) {ESERCITO, TRUPPE DI MUNIZIONI, DI TENDE, DI VIVERI} *jdn* (*mit etw dat*) verproviantieren B rfl (*rifornirsi*): **approvvigionarsi di qc** {DI BENZINA, DI NAFTA, DI VIVERI} sich *mit etw* (*dat*) versorgen, sich *mit etw* (*dat*) ein|decken.

appuntaménto m (*incontro prestabilito*) Verabredung f, Treffen n, Termin m, Date n *slang*: **~ d'affari/dal medico**, ⌊geschäftliche Verabredung⌋/[Arzttermin] m; **~ amoroso**, Rendezvous n, Stelldichein n *obs*; **avere un ~ con qu**, eine Verabredung/ein Date *slang* mit jdm haben; **prendere un ~ con un collega**, einen Termin mit einem Kollegen vereinbaren/ausmachen *fam*; **dare ~ a qu**, jdm einen Termin geben; **darsi un ~**, sich verabreden; **fissare/prendere un ~ dal medico**, sich (*dat*) einen Termin beim Arzt geben lassen; **avere un ~ galante** *scherz*, ein Rendezvous haben *scherz*; **mancare all'~**, bei einer Verabredung fehlen, nicht zur Verabredung kommen/erscheinen; *fig* (*deludere le previsioni*) {SQUADRA} die Erwartungen enttäuschen; **ricevere su/per ~**, nach Vereinbarung empfangen.

appuntàre① A tr **1** (*fare la punta*) ~ **qc** {BASTONE, MATITA} *etw* (an|)spitzen **2** (*fissare*) **~ qc** (*a qu*) {DECORAZIONE, MEDAGLIA} *jdm etw* an|heften; {AGO, SPILLA} *jdm etw* an|stecken **3** *anche fig* (*dirigere*) ~ **qc su qu/qc** {ATTENZIONE, FATICA, OCCHI, SFORZI, SGUARDO} *etw auf jdn/etw* richten; B *itr pron* (*rivolgersi*): **appuntarsi su qc** {INTERESSE} sich *auf etw* (*acc*) richten, *auf etw* (*acc*) gerichtet sein: **su quel fatto si è appuntata la nostra attenzione**, unsere Aufmerksamkeit konzentrierte sich auf diese Tatsache.

appuntàre② tr **1** (*prendere nota*) ~ **qc** (**su qc**) {INDIRIZZO, MESSAGGIO SU UN FOGLIO, NUMERO DI TELEFONO SULL'AGENDA} *jdn* (*in/auf etw dat*) auf|schreiben, *etw* (*in etw acc/dat*)/(*auf etw dat*) notieren, *etw* (*in etw acc*) ein|tragen **2** *fig forb* (*biasimare*) ~ **qu/qc di qc** {DI IMPERFEZIONE, DI INCOMPETENZA} *jdn/etw* (*gen*) bezichtigen, *jdm etw* an|lasten, *jdm etw* vor|halten.

appuntàto m *mil* {+CARABINIERI} Obergefreite m decl come agg.

appuntìno, a puntìno <*dim di* appunto①> *avv* (*con precisione*) sorgfältig, genau, haargenau: **carne cotta ~**, auf die Minute genau gekochtes Fleisch; **lavoro eseguito ~**, sorgfältig ausgeführte Arbeit.

appuntìre <*appuntisco*> tr (*rendere aguzzo*) ~ **qc** {BASTONE, MATITA} *etw* (an|)spitzen.

appuntìto, (-a) agg (*a punta*) {MENTO, NASO, PALO} spitz.

appùnto① A avv **1** (*proprio*) genau, eben, gerade: **stavo ~ parlando di te**, ich habe gerade/eben von dir gesprochen; **~ per questo volevo vederti**, genau deswegen wollte ich dich sehen **2** (*con valore rafforzativo*) eben, genau: **ma non eri tu che volevi partire? – Appunto!**, aber warst du es nicht, der/die abfahren wollte? – Eben! B *inform* Notizblockspeicher m, Zwischenablage f C *loc avv*: **per l'~ 1** (*precisamente*) ganz genau **2** (*affermazione energica*) gewiss, jawohl; ja, genau: **è lei il nuovo impiegato? – Per l'~!**, sind Sie der neue Angestellte? – Jawohl/[Ja, genau!]

appùnto② m **1** (*nota*) {+STORIA, VIAGGIO} Notiz f, Vermerk m: **farsi un ~ di qc**, sich (*dat*) eine Notiz über etw (*acc*) machen **2** <*di solito al pl*> Aufzeichnungen f pl: **prendere appunti**, (dat) Notizen machen; **mi presti gli appunti di latino?**, leihst du mir deine Latein-Aufzeichnungen? **3** *fig* (*rimprovero*) Vorwurf m, Vorhaltung f, Tadel m: **fare/muovere un ~ a qu**, jdm einen Vorwurf machen, einen Vorwurf gegen jdn erheben.

appuraménto m **1** (*accertamento*) {+VERITÀ} Ermittlung f, Feststellung f; {+NOTIZIA} Überprüfung f **2** *banca* (*verifica*) {+CONTO} Überprüfung f.

appuràre tr **1** (*controllare*) ~ **qc** {INFORMAZIONE} *etw* nach|prüfen, *etw* überprüfen: **bisogna ~ se i suoi dubbi sono esatti**, es muss überprüft werden, ob seine/ihre Zweifel begründet sind; **hanno appurato che la notizia era falsa**, sie haben festgestellt, dass die Nachricht falsch war **2** (*mettere in chiaro*) ~ **qc** {ACCADUTO} *etw* klar|stellen, *etw* richtig|stellen **3** *banca* ~ **qc** {CONTO CORRENTE} *etw* überprüfen.

apr. *abbr di* aprile: Apr. (*abbr di* April).

apribile agg **1** (*che si può aprire*) {CASSETTO, PORTA} zu öffnen(d); {TETTO} aufklappbar, Hebe-, (*per scorrimento*) Schiebe- **2** (*allungabile*) {TAVOLO} ausziehbar.

apribottìglie <-> m Flaschenöffner m.

apribùste <-> m Brieföffner m.

aprìle m (*abbr* apr.) April m; → *anche* **settembre** ● **l'~ della vita** *fig* (*la giovinezza*), der Lenz des Lebens *poet*, die Jugend; **~, dolce dormire** *prov*, "im April schläft man süß" **~, non ti scoprire** *prov*, "kleide dich im April nicht zu leicht".

a priòri *lat filos* A <inv> *loc agg avv* apriorisch *forb*, aus der Vernunft gewonnen B *loc sost* m Apriori n, Vernunftsatz m.

apripìsta <-> m **1** *anche sport* (*sciatore*) Vorläufer(in) m(f) **2** *mecc* (*trattore*) Planierraupe f.

apripòrta <-> m Türöffner m.

aprìre <*irr* apro, apersi o aprii, aperto> A tr <*avere*> **1** (*disserrare*) ~ **qc** (*a qu*) {CASSA, CASSETTO, FINESTRA} (*jdm*) *etw* öffnen, (*jdm*) *etw* auf|machen; (*con la chiave*) (*jdm*) *etw* auf|schließen; (*uso assol*) {PORTA} *jdm* auf|machen *fam*, auf|sperren: **aprimi per favore!**, mach mir bitte auf! *fam*; **non ~ a nessuno!**, mach niemandem auf! *fam*; **vai ad ~!**, geh aufmachen! *fam* **2** (*fare*) ~ **qc** (*a qu*) {BUCO, FINESTRA, SQUARCIO} *etw* (*in etw acc*) machen; {FOSSATO} *etw* aus|heben; {TRUPPE BRECCIA, VARCO} *etw* (*in etw acc*) schlagen **3** (*fendere*) ~ **qc** (*con qc*) {MARE CON LA PRUA} *etw* (*mit etw dat*) durchpflügen; {CADAVERI COL BISTURI, FERITA, LETTERA COL TAGLIACARTE} *etw* (*mit etw dat*) öffnen **4** (*allargare*) ~ **qc** {COMPASSO, OTTURATORE, VENTAGLIO} *etw* öffnen; {OMBRELLO} *anche etw* auf|spannen; {BOCCA} *etw fam*, *etw* öffnen; {ALI, BRACCIA, TOVAGLIOLO} *etw* aus|breiten **5** (*dispiegare*) ~ **qc** {GIORNALE} *etw* auf|schlagen; {VELE} *etw* setzen **6** (*slacciare*) ~ **qc** (*a qu*) {CAPPOTTO, GOLFINO AL BAMBINO} *jdm etw* öffnen, *jdm etw* auf|machen **7** (*scassinare*) ~ **qc** (*con qc*) {CASSAFORTE} *etw* (*mit etw dat*) auf|brechen, *etw* (*mit etw dat*) öffnen **8** (*stappare*) ~ **qc** (*con qc*) {BOTTIGLIA} *etw* (*mit etw dat*) öffnen **9** *fig* (*iniziare l'erogazione*) ~ **qc** {GAS} *etw* auf|drehen: **apri l'acqua se ti vuoi lavare**, dreh das Wasser auf, wenn du dich waschen willst; *fam* {LUCE} *etw* an|machen *fam*, *etw* an|-, ein|schalten **10** (*mettere in funzione*) ~ **qc** {RADIO, TELEVISIONE} *etw* an|stellen, *etw* an|machen *fam*, *etw* an|-, ein|schalten; {RUBINETTO} *etw* auf|drehen; {CHIUSA, DIGA} *etw* öffnen **11** *fig* (*avviare*) ~ **qc** {NEGOZIO} *etw* eröffnen, *etw* auf|machen *fam*; {ISTITUTO, SCUOLA} *etw* gründen **12** *fig* (*iniziare*) ~ **qc** {ANNO SCOLASTICO, CORSO, LEGISLATURA, SEDUTA, TRATTATIVE} *etw* eröffnen **13** *fig* (*inaugurare*) ~ **qc** {CORTEO, PROCESSIONE} *etw* an|führen; {CACCIA, SPETTACOLO} *etw* eröffnen **14** *fig* (*bandire*) ~ **qc** {APPALTO, CONCORSO} *etw* aus|schreiben **15** (*migliorare le proprie conoscenze*) ~ **qc** (*a qu*) {INTELLETTO, MENTE} *jdm etw* erweitern **16** *banca* ~ **qc** {CONTO CORRENTE} *etw* eröffnen, *etw* an|legen, *etw* ein|richten **17** (*nei giochi di carte*) (*uso assol*) an|fangen, eröffnen: **chi apre?**, wer fängt an? **18** *sport* ~ **qc** {GIOCO} *etw* eröffnen B *itr* **1** <*essere*> (*permettere l'accesso*) {BIBLIOTECA, CINEMA, MUSEO} öffnen, auf|machen *fam*: **il negozio apre alle 3**, das Geschäft macht um 3 (Uhr) auf *fam* **2** <*avere*> *fig polit* (*stabilire una collaborazione*) ~ **a qc** {A DESTRA, A SINISTRA} sich *nach etw* (*dat*) hin öffnen C *itr pron*: **aprirsi** (+ *compl di luogo*) **1** (*schiudersi*) {FINESTRA SUL GIARDINO} (*irgendwohin*) gehen, *auf etw* (*acc*) hinaus|gehen; {SCOLLATURA} (*irgendwo*) weit ausgeschnitten sein: **la giacca si apre troppo sul davanti**, die Jacke ist vorne zu weit ausgeschnitten **2** (*fendersi*) {TERRENO} sich (*irgendwo*) spalten: **la montagna si è aperta su un lato**, der Berg hat sich auf der einen Seite gespalten **3** (*rasserenarsi*) sich auf|hellen, sich auf|klären, auf|klaren: **il cielo si è aperto verso sud**, der Himmel hat sich gegen Süden aufgehellt **4** *fig* (*allargarsi*) {SENTIERO, VIA} breiter werden **5** (*cominciare*) {SESSIONE} beginnen; {ANNO, MESE} an|brechen: **una nuova giornata si apre davanti a noi**, vor uns liegt ein neuer Tag **6** *fig* (*inaugurare*) {MOSTRA, ecc.} eröffnet werden D rfl **1** (*sbocciare*): **aprirsi** {FIORE} sich öffnen, auf|gehen **2** *fig* (*confidarsi*): **aprirsi a/con qu** {AL/COL PROPRIO MIGLIORE AMICO, AL/COL CONFESSORE} sich *jdm* an|vertrauen ● **~ il proprio animo/cuore a qu** *fig* (*confidarsi*), ⌊jdm sein Herz⌋/[sein Herz bei jdm] ausschütten.

apriscàtole <-> m Dosen-, Büchsenöffner m.

àpside m *astr* Apside f.

APT f *abbr di* Azienda di Promozione Turistica: "Fremdenverkehrsförderverein m".

apuàno, (-a) agg apuanisch: **le Alpi apuane**, die Apuanischen Alpen.

a puntìno → **appuntino**.

aquagym <-> f (*ginnastica in acqua*) Aquagym n, AquaGym n, Aqua-Gym n, Wassergymnastik f.

aquaplaning <-> m *ingl autom* Aquaplaning n.

aquàrio → **acquario**.

àquila f **1** *ornit* Adler m **2** (*simbolo*) {IMPERIALE, ROMANA} Adler m ● **d'~** *fig* (*molto acuto*)

{OCCHIO, SGUARDO} scharf, Adler-; *essere un'~* *fig fam scherz* (*molto intelligente*), ein richtiges Genie sein *scherz*; **gridare come un ~** (*molto forte*), lauthals schreien; **non essere un'~** *fig fam scherz* (*non essere perspicace*), nicht gerade ₍ein Genie₎/[eine große Leuchte] sein *iron*; **~ selvaggia** *fig aero*, wilder Streik der Piloten.

aquilàno, (-a) **A** agg aus Aquila **B** m (f) (*abitante*) Einwohner(in) m(f) von Aquila.

aquilìno, (-a) agg **1** (*dell'aquila*) Adler- **2** (*adunco*) {NASO} hakenförmig, Adler- **3** (*penetrante*) {OCCHIO, SGUARDO} scharf, Adler-.

aquilóne m (*gioco*) Drachen m.

Aquisgràna f *geog* Aachen n.

a/r, **A/R** *ferr* abbr *di* Andata e Ritorno: (Hin- und) Rückfahrt.

AR 1 abbr *di* Altezza Reale: Königliche Hoheit **2** *aero* abbr *dello spagn* Aerolineas Argentinas (*linee aeree argentine*) Aerolinas Argentinas (*argentinischer Fluggesellschaft*) **3** *ferr* abbr *di* Andata e Ritorno: Hin- und Rückfahrt f **4** *post* abbr *di* Avviso di Ricevimento: Rückschein m.

àra① f **1** *archeol relig* (*cippo*) Altar m: **ara sacrificale**, Opferaltar m, Opferstein m **2** *lett* (*altare*) Altar m.

àra② f *agr* (*misura*, abbr a) Ar n.

àra③ m *ornit* (*pappagallo*) Ara m.

arab. abbr *di* arabico: ar., arab. (abbr *di* arabisch).

àraba f → **arabo**.

arabescàre <*arabesco, arabeschi*> tr ~ **qc 1** (*ornare con arabeschi*) *etw* mit Arabesken verzieren **2** *fig* (*ornare con disegni bizzarri*) *etw* mit Schnörkeln versehen.

arabescàto, (-a) **A** part pass *di* arabescare **B** agg **1** (*con arabeschi*) mit Arabesken verziert **2** (*con segni simili ad arabeschi*) mit Schnörkeln versehen.

arabésco, (-a) <*-schi, -sche*> **A** agg (*arabo*) {COSTUME, MANIERA} arabisch **B** <*di solito al pl*> m **1** (*ornamentazione*) Arabeske f **2** (*ghirigoro*) Schnörkel m.

Aràbia f *geog* Arabien n: **~ Saudita**, Saudi- -Arabien n.

aràbico, (-a) <*-ci, -che*> agg **1** (*dell'Arabia*) {DESERTO} arabisch **2** {CIFRA} arabisch **3** *fig* (*incomprensibile*) unverständlich, eigenartig, fremdartig.

arabista <*-i m, -e f*> mf (*studioso*) Arabist(in) m(f).

arabistica <*-che*> f (*studio della lingua e cultura araba*) Arabistik f.

arabizzàre **A** tr (*assimilare ai costumi arabi*) ~ **qc** *etw* arabisieren **B** itr pron: **arabizzarsi** sich arabisieren.

arabizzazióne f (*assimilazione alla cultura araba*) Arabisierung f.

àrabo, (-a) **A** agg arabisch **B** m (f) (*abitante*) Araber(in) m(f) **C** m <*solo sing*> (*lingua*) Arabisch(e) n ● **questo è ~ per me** *fig* (*incomprensibile*), das ist Chinesisch für mich *fam*, das sind für mich böhmische Dörfer; **parlare ~** *fig* (*in modo incomprensibile*), Chinesisch sprechen *fam*.

aràchide f **1** *bot* (*pianta*) Erdbohne f **2** <*di solito al pl*> (*frutto*) Erdnuss f.

Aràcnidi m pl *zoo* Arachniden pl *scient*, Spinnentiere pl.

aracnofobìa f *psic* Spinnenangst f, Arachnophobie f.

aragonése **A** agg (*dell'Aragona*) aragonisch; (*del regno d'Aragona*) {DINASTIA} aragonisch, Aragonier- **B** mf (*abitante*) Aragonier(in) m(f); Aragonese m, Aragonesin f; (*sovrano*) Herrscher(in) m(f)/König(in) m(f) Aragoniens.

aragósta **A** f *zoo* Languste f **B** <*>* m (*colore*) Zinnoberrot n **C** <*inv*> agg (*colore*) {VESTITO} zinnoberrot.

aràldica <*-che*> f Heraldik f, Wappenkunde f.

aràldico, (-a) <*-ci, -che*> agg {MOTTO, RICERCA, STEMMA} heraldisch.

aràldo m **1** *stor* (*ufficiale di corte*) Herold m **2** (*messaggero*) Bote m: **~ di pace/vittoria**, Friedens-/Siegesbote m.

aramàico <*-ci, -che*> **A** agg aramäisch **B** m <*solo sing*> (*lingua*) Aramäische n.

arancéto m Orangenhain m.

arància <*-ce*> f Orange f, Apfelsine f: **~ amara**, Pomeranze f.

aranciàta f (*bevanda*) Orangenlimonade f, Orangeade f.

aranciéra f **1** (*serra fredda*) Orangerie f **2** *arch stor* {+CASTELLO, PALAZZO} Orangerie f.

arancìno m **1** (*frutti immaturi*) kleine unreife Orange: **liquore d'~**, Orangenlikör m **2** *gastr* Reiskrokette f.

aràncio **A** <*-ci*> m **1** (*pianta*) Apfelsinen-, Orangenbaum m **2** (*frutto*) Orange f, Apfelsine f: **~ sanguinello**, Blutorange f **B** <*inv*> agg (*colore*) {CAMICETTA, VESTITO} orange(farben), orangenfarbig **C** <*>* m (*colore*) Orange n.

arancióne **A** <*inv*> agg {CAPPELLO, VESTITO} orange(farben), orangenfarbig **B** <*>* m (*colore*) Orange n.

aràre tr **1** (*dissolcare*) ~ (**qc**) {CAMPO, TERRA} *etw* pflügen, *etw* ackern **2** *fig lett* (*solcare*) ~ **qc** {CIELO} *etw* durchfurchen; {MARE} *anche etw* durchfahren **3** (*non far presa sul fondo*) (*anche uso assol*) {FONDO} den Anker schleppen ● **~ diritto** *fig* (*comportarsi bene*), sich gut aufführen, sich anständig benehmen.

aratóre, (-**trice**) **A** agg {BUE} Pflug- **B** m (f) (*chi ara*) Pflüger(in) m(f).

aràtro m *agr* (*attrezzo*) Pflug m.

aratùra f *agr* (*l'arare*) Pflügen n; (*stagione*) Pflügezeit f.

aràzzo m {FIAMMINGO, FRANCESE, ITALIANO} Gobelin m, Wandteppich m.

arbitràggio <*-gi*> m **1** *dir* Schiedsgutachten n: **ricorrere all'~**, auf die Möglichkeit der Schiedsgerichtsvereinbarung zurückgreifen **2** *econ comm* (*acquisto e vendita immediata*) Arbitrage f **3** *sport* {+PARTITA} Schiedsrichteramt n.

arbitraggista <*-i m, -e f*> mf *econ comm* Arbitrageur m, Arbitragist(in) m(f), Spekulant(in) m(f).

arbitràle agg (*dell'arbitro*) {GIUDIZIO} schiedsrichterlich, Schieds-.

arbitràre tr ~ (**qc**) **1** (*decidere*) {CONTROVERSIA, LITIGIO, VERTENZA} *etw* arbitrieren, *etw* durch Schiedsspruch entscheiden **2** *sport* (*dirigere*) {PARTITA DI CALCIO, DI PALLACANESTRO, DI PALLAVOLO} (*etw*) pfeifen, *etw* schiedsrichtern; {INCONTRO DI BOXE, DI TENNIS} *etw* schiedsrichtern leiten, bei *etw* (dat) als Schiedsrichter fungieren.

arbitrarietà <*>* f **1** {+INTERPRETAZIONE, PROVVEDIMENTO} Willkürlichkeit f, Beliebigkeit f **2** {+SCELTA} Eigenmächtigkeit f **2** *ling* {+SEGNO LINGUISTICO} Arbitrarität f, Konventionalität f.

arbitràrio, (-a) <*-ri m*> agg (*fatto ad arbitrio*) {DISCORSO, INTERPRETAZIONE} arbiträr, willkürlich, beliebig; {ARRESTO} eigenmächtig; {ASSENZA} willentlich.

arbitràto m *dir* **1** (*procedimento*) Schiedsverfahren n **2** (*collegio*) Schiedsgericht n **3** (*lodo*) Schiedsspruch m: **sottomettersi all'~**, sich der schiedsrichterlichen Entscheidung beugen.

arbitrio **A** <*-tri*> m **1** (*facoltà di scelta*) Gutdünken n, Ermessen n: **ad ~ di qu**, nach jds Belieben; **lasciare qc all'~ di qu**, etw dem Ermessen von jdm überlassen; **a mio/tuo ~**, nach meinem/deinem Ermessen; **secondo il proprio ~**, nach eigenem Gutdünken **2** (*abuso*) Willkür f, Willkürakt m: **commettere un ~**, einen Willkürakt begehen; **sostituire l'~ alle leggi**, das Gesetz durch Willkür ersetzen; **certi arbitri dovrebbero essere puniti**, bestimmte Willkürakte sollten bestraft werden **B** loc avv (*arbitrariamente*): **d'~** willkürlich, eigenmächtig ● *libero ~* *relig*, Willensfreiheit f; **prendersi l'~ di fare qc** *fig* (*farla arbitrariamente*), sich (dat) die Freiheit nehmen, etw zu tun.

àrbitro, (*rar* -a) m(f) **1** (*giudice*) {+DISCUSSIONE, LITE} Schiedsrichter(in) m(f), Schiedsmann m **2** (*chi dispone a sua discrezione*) {+FUTURO, VITA} Herr m, Gebieter(in) m(f): **sono ~ di me stesso**, ich bin mein eigener Herr **3** *fig* (*chi stabilisce una norma*): **~ di moda**, Modemacher(in) m(f) **4** *dir* {+CONTROVERSIA} Schiedsrichter(in) m(f) **5** *sport* (*nel calcio*) Schiedsrichter(in) m(f); (*nell'equitazione, nel pattinaggio*) Kampfrichter m; (*nel pugilato*) Ringrichter(in) m(f); **~ cornuto/venduto**, gekaufter *fam* Schiedsrichter.

arbòreo, (-a) agg (*di albero*) {VEGETAZIONE} baumartig, Baum-.

Arbòrio m (*varietà di riso*) Arborio(-Reis) m.

arbùsto m Strauch m, Busch m, Staude f.

arc *mat* abbr *di* arco: arc. (abbr *di* Arkus, Arcus) (Kreisbogen).

Arc. abbr *di* Arcivescovo: Eb., Erzb., Ebf. (abbr *di* Erzbischof).

àrca <*-che*> f **1** *bibl* (*imbarcazione*) {+NOÈ} Arche f **2** (*mobile*) Truhe f **3** (*sepolcro*) Sarkophag m ● **dell'Alleanza** *relig*, Bundeslade f; **essere un'~ di scienza/virtù/...** *fig* (*essere molto dotto/virtuoso/...*), überaus gebildet/tugendhaft/... sein *forb*, ein Ausbund an/von Wissen/Tugend/... sein *spreg o iron*; **essere/sembrare un'~ di Noè** *fig* (*rif. a luogo gremito di animali*), die reinste Tierschau/ Menagerie sein; **vecchio come l'~ di Noè** *fig* (*molto vecchio*), uralt, steinalt.

àrcade **A** agg **1** (*dell'Arcadia*) {PASTORE} arkadisch **2** *lett* {POETA} arkadisch *lett* **B** mf *lett* (*scrittore*) Arkadier(in) m(f) *lett*.

arcàdia f *lett anche stor* (*luogo*) Arkadien n: **fare dell'~** *fig spreg* (*discutere a vuoto*), daherreden *spreg*, ₍leeres Stroh₎/[Phrasen] dreschen *fam*.

arcàdico, (-a) <*-ci, -che*> agg **1** (*dell'Arcadia*) {DIALETTO} arkadisch **2** (*bucolico*) {SEMPLICITÀ} arkadisch, bukolisch; {PAESAGGIO} *anche* idyllisch **3** *fig spreg* (*lezioso*) {POESIA, STILE} gekünstelt, manieriert *forb spreg*.

arcaicità <*>* f (*antichità*) Altertümlichkeit f.

arcaicizzànte **A** part pres *di* arcaicizzare **B** agg archaisierend.

arcaicizzàre itr archaisieren.

arcaicizzazióne f Archaisierung f.

arcàico, (-a) <*-ci, -che*> agg (*antico*) {LETTERATURA, LINGUA, PERIODO, STILE} archaisch.

arcaìsmo m *lett ling* Archaismus m.

arcàngelo m *relig* Erzengel m: **l'~ Gabriele/Michele**, der Erzengel Gabriel/Michael.

arcàno, (-a) **A** agg (*occulto*) {DISEGNO} geheimnisvoll, mysteriös; {PAROLE} dunkel; {SENSO} verborgen **B** m (*mistero*) {+NATURA} Geheimnis n, Mysterium n *forb*: **svelare l'~**, das Geheimnis lüften; **gli arcani della diplomazia/politica**, die Geheimnisse der Diplomatie/Politik.

arcàta f **1** *arch* {+PONTE, VIADOTTO} Bogen m, Arkade f **2** *anat* {SOPRACCIGLIARE} Bogen m: **~ dentaria**, Zahnbogen m **3** *mus* (*movimento*)

Bogenstrich m.
arch. abbr di architetto: Arch. (**abbr di** Architekt).
archè f filos Ursprung m.
archéggio <-gi> m mus (movimento) Bogenstrich m.
archeòloga f → **archeologo**.
archeologia f Archäologie f: **~ industriale/subacquea**, Industrie-/Unterwasserarchäologie f.
archeològico, (-a) <-ci, -che> agg (dell'archeologia) {REPERTO, SCAVO, STUDIO} archäologisch.
archeòlogo, (-a) <-gi, -ghe> m (f) Archäologe m, (Archäologin f).
archeozòico, (-a) <-ci, -che> geol **A** agg: **era archeozoica**, Archäozoikum n, Erdfrühzeit f **B** m Archäozoikum n, Erdfrühzeit f.
archetìpico, (-a) <-ci, -che> agg lett (che fa da modello) {EROE} archetypisch.
archètipo **A** agg filos lett (esemplare) {IDEA} archetypisch **B** m **1** (modello) {+POEMI CAVALLERESCHI} Archetyp m, Urform f **2** arte lett {+CODICE, MANOSCRITTO} Archetypus m, Urhandschrift f; {+STATUA} Urbild n **3** filos Archetyp(us) m, Urbild n, Urform f **4** psic {+ESPERIENZA} Archetyp(us) m.
archétto <dim di arco> m **1** arch kleiner Bogen m **2** ferr {+FILOBUS, TRAM} (Stromabnehmer)bügel m **3** mecc (seghetto) Bügel m: **~ da traforo**, Laubsäge f **4** mus fam {+VIOLINO, VIOLONCELLO} (Streich)bogen m.
archiàtra <-i> m (medico) {+CORTE, PAPA} Leibarzt m.
archibùgio <-gi> m artiglieria stor Arkebuse f, Hakenbüchse f.
architétta f → **architetto**.
architettàre tr ~ **qc 1** rar (progettare) {EDIFICIO} etw entwerfen **2** fig (ideare) {PIANO} sich (dat) etw aus|denken, etw entwickeln; {SISTEMA} etw entwerfen **3** fig iron (macchinare) {IMBROGLIO} etw aus|hecken fam, etw schmieden: **hanno architettato un progetto diabolico**, sie haben einen teuflischen Plan ausgeheckt fam.
architètto, (-a) m (f) **1** Architekt(in) m(f) **2** fig (ideatore) {+BEFFA, IMPRESA} Urheber(in) m(f), Planer(in) m(f), Architekt(in) m(f) • **il divino ~** fig (Dio), Schöpfer m, Gott m.
architettònico, (-a) <-ci, -che> agg **1** arch {DISEGNO, ELEMENTO} architektonisch **2** (armonico) {LINEA} architektonisch.
architettùra f **1** (tecnica) {CIVILE, MILITARE, SACRA} Architektur f, Baukunst f **2** (opera) Bauwerk n, Architektur f: **in questa città vi sono stupende architetture**, in dieser Stadt gibt es wunderbare Bauwerke **3** (struttura) {+NAVE} Struktur f; fig {+CORPO UMANO} Aufbau m, Struktur f; {+ROMANZO} anche Architektur f, Baustil m **4** arte {BAROCCA, GOTICA} Architektur f **5** università Architektur f.
architràve m edil Stützbalken m, Träger m; {+FINESTRA, PORTA} Sturz m; arch Architrav m.
archiviàre <archivio, archivi> tr ~ **qc 1** (collocare in archivio) {DOCUMENTO} etw archivieren; registrarono e archiviarono tutte le pratiche nel giro di un mese, sie registrierten und archivierten alle Dokumente innerhalb eines Monats **2** fig (accantonare) {+PROBLEMA} etw ad acta legen forb, etw zu den Akten legen, etw überwinden: **archiviarono la questione**, sie legten die Frage ad acta **3** dir (procedere all'archiviazione) etw ein|stellen: **il processo fu archiviato**, das Verfahren wurde eingestellt.
archiviazióne f **1** (registrazione in archivio) {+ATTI, CASO, PRATICA} Archivierung f;

{+ISTRUTTORIA} Einstellung f **2** dir {+PROCESSO} Einstellung f.
archìvio <-vi> m **1** (raccolta) {NOTARILE, STORICO +FAMIGLIA} Archiv n: **mettere qc in ~**, etw in das Archiv aufnehmen; **~ di Stato**, Staatsarchiv n **2** (luogo) Archiv n **3** inform Datenarchiv n.
archivìsta <-i m, -e f> mf (addetto all'archivio) Archivar(in) m(f).
àrci-① primo elemento (primo, capo) Erz-: **arciduca**, Erzherzog; **arcivescovo**, Erzbischof.
àrci-② pref rafforzativo erz-, sehr: **arcicontento**, rund(her)um zufrieden fam, überglücklich, glückselig; **arcinoto**, allseits/überall bekannt.
ARCI f abbr di Associazione Ricreativa Culturale Italiana: "Italienischer Freizeit- und Kulturverband".
arcicontènto, (-a) agg fam (contentissimo) rund(her)um zufrieden fam, überglücklich, glückselig.
arcidiàcono m relig Archidiakon m.
arcidiòcesi <-> f relig Erzdiözese f.
arcidùca, (-duchessa) <-chi m> m (f) Erzherzog m, (Erzherzogin f).
arcière, (-a) m (f) mil sport Bogenschütze m, (Bogenschützin f).
arcìgno, (-a) agg **1** (burbero) {ARIA, VISO} finster; {DONNA} mürrisch **2** (severo) {PALAZZO} schmucklos.
arcimiliardàrio, (-a) <-ri m> **A** agg (multimilardario) steinreich **B** m (f) Multimilliardär(in) m(f).
arcinòto, (-a) agg (risaputo) {FATTO} allseits/überall bekannt.
arcióne m **1** (arco della sella) Sattelbogen m **2** (sella) Sattel m: ₁**montare in**₁/[**smontare di**] **~**, sich in den Sattel schwingen₁/[vom Sattel steigen]; **tenersi in ~**, sich im Sattel halten.
arcip. abbr di arcipelago: Arch., A-I (abbr di Archipel) m Inselgruppe f.
arcipèlago <-ghi> m **1** geog (gruppo di isole) Archipel m, Inselgruppe f **2** fig lett (di fenomeni simili) Gruppe f, Komplex m.
arciprète m relig Erzpriester m.
arcistùfo, (-a) agg fam: **essere ~**, die Nase (gestrichen) voll haben fam.
arcivescovìle agg relig {SEDE} erzbischöflich.
arcivéscovo m relig Erzbischof m.
àrco <-chi> m **1** (arma) Bogen m **2** arch {MORESCO, ROMANICO +PONTE} Bogen m: ~ ₁**(a sesto) acuto**₁/[**gotico**]/[**ogivale**], Spitzbogen m; **~ carenato**/[**a dorso d'asino**], Kielbogen m/Eselsrücken m; **~ di controspinta**/**spinta**, Gegendruck-/Stützbogen m; **~ convesso**, Konvexbogen m; **~ di Costantino**/**trionfo**, Konstantins-/Triumphbogen m; **~ a ferro di cavallo**, Hufeisenbogen m; ~ ₁**(a sesto) inflesso**₁/[**fiamma**], Kiel-/Flammenbogen m; **~** ₁**a monta depressa**₁/[**scemo**], Flachbogen m; **~ rampante**, Strebebogen m; **~ romano**/[**a tutto sesto**]/[**a tutto tondo**], Rundbogen m; **~ trifogliato**/**trilobato**, Kleeblattbogen m **3** fig (periodo) Zeitspanne f, Lauf m; {+VITA} Lauf m; **nell'~ degli anni**, im Lauf der Jahre **4** anat {+SOPRACCIGLIA} Bogen m **5** geog {ALPINO} Bogen m **6** mat (Kreis)bogen m **7** mus {+VIOLINO} Bogen m **8** <solo pl> mus (strumenti) Streichinstrumente n pl • **ad ~** (a forma di ~), bogenförmig, Bogen-; **~ costituzionale** polit, "italienische Parteien, die sich zur Verfassung bekennen"; **~ riflesso** anat, Reflexbogen m; **~ voltaico** fis, Lichtbogen m; **l'~ troppo teso si spezza** prov, allzu straff gespannt, zerspringt

der Bogen.
arcobaléno m Regenbogen m.
arcolàio <-lai> m (utensile) Haspel f, Garnwinde f.
arcónte m stor Archont m.
arcuàre A tr (piegare ad arco) **~ qc (a qu)** {ETÀ, MANI FERRO, LEGNO, SCHIENA} (jdm) etw krümmen, etw biegen **B** rfl (piegarsi ad arco): **arcuarsi** sich krümmen.
ardènte agg **1** (cocente) {ASFALTO, CARBONE, SABBIA} glühend; {SOLE} anche brennend **2** fig (intenso) {PASSIONE} heiß, glühend; {DESIDERIO} brennend: **un'~ preghiera**, ein inbrünstiges Gebet forb **3** fig (focoso) {OCCHI} leidenschaftlich, feurig; {CARATTERE} anche temperamentvoll; {ROSSO} leuchtend, glühend.
àrdere <irr ardo, arsi, arso> **A** tr <avere> **1** (bruciare) **~ qu/qc** {FUOCO ERETICO, LEGNA, STREGA} jdn/etw verbrennen **2** (inaridire) **~ qc** {SOLE TERRA} etw aus|dörren, etw aus|trocknen; {GELO PIANTE} etw vernichten **3** (struggere) **~ qu** {DESIDERIO, PASSIONE} jdn verzehren **B** itr <essere o avere> **1** (bruciare) ~ (+ **compl di luogo**) {CARBONE, FUOCO, LEGNA NEL CAMINO, NELLA STUFA} (irgendwo) brennen; (risplendere) {FIACCOLE} (irgendwo) leuchten **2** (essere molto caldo) **~ di/da qc** {DAL CALDO, DI FEBBRE} vor etw (dat) glühen: **la strada arde sotto il sole**, die Straße glüht unter der Sonne **3** fig (essere intenso) **~ in qc** {IRA, ODIO NEL CUORE DI QU, NEL PETTO DI QU} in etw (dat) glühen, in etw (dat) brennen **4** fig (provare una passione) **~ di/da qc** {DALLA GIOIA, D'IMPAZIENZA, D'IRA} vor etw (dat) brennen, vor etw (dat) glühen: **~ d'amore**, in Liebe entbrannt sein; **dal desiderio di fare qc**, den brennenden Wunsch verspüren, etw zu tun; darauf brennen, etw zu tun.
ardèsia A <inv> agg {COLORE, RIFLESSO} schiefergrau **B** f min Schiefer m **C** <-> m (colore) Schiefergrau n.
ardiménto m lett **1** (coraggio) Mut m, Kühnheit f: **una donna di grande ~**, eine sehr mutige Frau **2** anche fig (coraggioso) {+SCRITTORE} Kühnheit f: **il poeta si è concesso certi ardimenti nello stile**, der Dichter hat sich einige stilistische Kühnheiten erlaubt.
ardimentóso, (-a) agg (audace) {GUERRIERO} tapfer, wagemutig.
ardìre① <ardisco> itr (osare) etw wagen: **se potessi, ardirei**, wenn ich könnte, würde ich es wagen; **non ardiva (di) rispondergli**, er/sie wagte (es) nicht, ihm zu antworten.
ardìre② m **1** (audacia) Kühnheit f, Verwegenheit f: **avere/prendersi l'~ di fare qc**, ₁**die Freiheit haben**₁/[**sich (dat) die Freiheit nehmen**], etw zu tun; **è stato un bell'~ il tuo**, das war wirklich mutig von dir, du hast großen Mut bewiesen **2** (impudenza) Dreistigkeit f, Unverschämtheit f, Frechheit f: **ebbe l'~ di mentire**, er/sie besaß die Dreistigkeit zu lügen.
arditézza f **1** (coraggio) {+ANIMO} Mut m, Tapferkeit f **2** (impudenza) {+PAROLE, RICHIESTA, SGUARDO} Dreistigkeit f, Unverschämtheit f, Vermessenheit f **3** <solo pl> fig lett (audacia) {ARCHITETTONICHE +POETA, SCRITTORE, STILE} Kühnheit f.
ardìto, (-a) **A** agg **1** (coraggioso) {ALPINISTA, ATTO} mutig, kühn **2** (impudente) {FRASE, PAROLA} dreist, unverschämt; {COMPLIMENTO, ecc.} frech **3** (originale) {CONCETTO, IMMAGINE} gewagt **4** (rischioso) {IMPRESA} gewagt **B** m mil stor (soldato) Einzelkämpfer m.
ardóre m **1** (calore) {+FIAMMA, SABBIA, SOLE} Hitze f, Glut f **2** fig (passione) Leidenschaft f: **amare con ~**, leidenschaftlich lieben; **giovane pieno d'~**, junger Mann voller Leiden-

schaft 3 *fig* (*zelo*) Eifer m, Fleiß m: **lavorare con ~**, mit Eifer arbeiten 4 *fig* (*impeto*) {+LOTTA} Feuer n: **nell'~ della discussione**, im Eifer des Gefechts; **sostenere con ~ un'opinione**, eine Meinung leidenschaftlich vertreten.

àrduo, (-a) *agg* 1 (*impervio*) {SENTIERO} steil 2 *fig* (*difficile*) {IMPRESA, LAVORO} schwierig.

àrea f 1 (*superficie*) Fläche f: **edificabile/fabbricabile**, Bauland n, Baugrund m 2 (*zona*) Gebiet n, Raum m, Zone f: **di espansione**, Ausdehnungsgebiet n; ~ **sottosviluppata**, unterentwickeltes Gebiet; *fig* Raum m, Gebiet n, Bereich m; ~ **culturale**, Kulturraum m, Kulturgebiet n; **allargare l'~ di influenza**, den Einflussbereich ausdehnen; ~ **linguistica**, Sprachraum m 3 *fig polit* (*raggruppamento*) Gruppierung f 4 *geol meteo* Gebiet n: ~ **sismica** *geol*, Erdbebengebiet n; ~ **ciclonica** *meteo*, Tiefdruckgebiet n 5 *mat* Fläche f 6 *sport* Raum m: ~ **di rigore**, Strafraum m • ~ **attrezzata**, Sport- und Spielgelände n; ~ **euro**, Euroland n, Eurogebiet n; ~ **di servizio** *autom*, Raststätte f, Rasthof m; ~ **di sviluppo** *econ*, Entwicklungsgebiet n.

areàre → **aerare**.

areligiòso, (-a) *agg* (*che non professa una religione*) areligiös.

arèna① f 1 (*sabbia*) {+DESERTO, FIUME, MARE} Sand m 2 *poet* (*spiaggia*) Gestade n *poet*, Strand m • **costruire/fabbricare sull'~** *fig* (*basare su fondamenta fragili*), auf Sand bauen; **seminare nell'~** *fig* (*lavorare con scarsi risultati*), für nichts und wieder nichts arbeiten.

arèna② f *arch* 1 (*anfiteatro*) {+ARLES, VERONA} Arena f; (*per la corrida*) Arena f 2 (*cinema*) Freilichtkino n 3 (*teatro*) Freilichtbühne f 4 *stor* {+ANFITEATRO} Arena f. Amphitheater n • ~ **politica** *fig* (*luogo di competizione*), politische Arena f; **scendere nell'~** *fig* (*iniziare la lotta*), in den Ring steigen.

arenària f 1 *min* (*roccia*) Sandstein m 2 *bot* Sandkraut f.

arenàrsi *itr pron* 1 (*incagliarsi*) {BARCA, NAVE} stranden 2 *fig* (*bloccarsi*) {AFFARE, INCHIESTA, QUESTIONE} ins Stocken geraten: **s'arenò alle prime difficoltà**, er/sie geriet bei den ersten Schwierigkeiten ins Stocken.

arèngo <-ghi> *m stor* (*assemblea*) Versammlung f; (*palazzo*) Versammlungsort m.

arenìle m (*litorale*) {MARINO} Sandstrand m.

arenòso, (-a) *agg* (*sabbioso*) {LIDO, TERRENO} sandig.

àreo- e deriv → **aereo-** e deriv.

areogràmma <-i> m *stat* Histogramm n.

areòla f *anat*: ~ (**mammaria**), (Brust)warzenhof m.

aretino, (-a) A *agg* aus/von Arezzo B m (f) (*abitante*) Bewohner(in) m(f) von Arezzo.

àrgano m *mecc* Winde f: **a mano**, Handwinde f • **con gli argani** *fig* (*con fatica*), mit großer Mühe.

argentàre tr ~ **qc** {CORNICE, POSATE, VASELLAME} etw versilbern.

argentàto, (-a) *agg* 1 (*rivestito d'argento*) versilbert 2 (*del colore dell'argento*) {CAPELLI, FOGLIA, VOLPE} silbern, silbrig.

argent de poche <-> *loc sost m franc* (*spiccioli*) Kleingeld m.

argènteo, (-a) *agg* 1 (*d'argento*) {COPPA, MONETA} silbern 2 (*color argento*) {CAPELLI, FILO, RAGGIO} silbrig, Silber-.

argenterìa f 1 (*oggetti d'argento*) Silberwaren f pl: ~ **da tavola**, Tafelsilber n 2 (*negozio*) Silberwarengeschäft n.

argentière m 1 (*artigiano*) Silber- schmied(in) m(f) 2 (*venditore*) Silberwarenhändler(in) m(f).

argentìfero, (-a) *agg* (*che contiene argento*) {FILONE, TERRENO} silberhaltig.

argentìna f (*nella moda*) "weitärmliger Pullover mit rundem Ausschnitt".

Argentìna f *geog* Argentinien n.

argentìno①, (-a) *agg* 1 (*brillante*) {SUONO} silberhell: **voce** ~, glocken-/silberhelle Stimme 2 *lett* (*del colore dell'argento*) silbern, silbrig.

argentìno②, (-a) *geog* A *agg* {TANGO} argentinisch B m (f) (*abitante*) Argentinier(in) m(f).

argènto m 1 (*metallo*) Silber n 2 (*colore*) {+LUCE, LUNA} Silber n 3 <*di solito al pl*> (*argenteria*) Silberwaren f pl: **lucidare gli argenti**, das Silber putzen • ~ **vivo** *fam* (*mercurio*), Quecksilber n; **avere l'~ vivo addosso** *fig* (*essere molto vivace*), Quecksilber im Leib haben *fam*.

argentòne m *metall* Neusilber n, Alpaka® n *obs*: **oggetti/posate di** ~, Gegenstände/Besteck aus Neusilber.

argìlla f 1 (*creta*) {BIANCA, GRASSA, PER VASAI} Ton m 2 *edil* {ESPANSA} Schamotte f 3 *poet* (*corpo*) Leib m • **esser fatto della stessa ~** *fig* (*essere uguale*), aus dem gleichen Holz geschnitzt sein.

argillòso, (-a) *agg* 1 (*che contiene argilla*) {ROCCIA, TERRENO} tonhaltig 2 (*simile all'argilla*) {MATERIALE} tonartig.

arginaménto m (*l'arginare*) {+FIUME, TORRENTE} Eindämmung f; *fig* (*contenimento*) {+OFFENSIVA} Aufhalten n, Stoppen n; {+CRISI ECONOMICA} Beruhigung f, Eindämmung f: ~ **dei danni**, Schadensbegrenzung f.

arginàre tr 1 (*fornire di argini*) ~ **qc** {FIUME, TERRENO, TORRENTE} etw ein|dämmen, etw mit Dämmen versehen 2 (*porre un freno*) ~ **qu/qc** {FOLLA, IMMORALITÀ} jdm/etw Einhalt gebieten, jdn/etw auf|halten; {ALLAGAMENTO} anche etw ein|dämmen: **l'esercito arginò l'avanzata del nemico**, die Armee hielt den Vormarsch des Feindes auf; **arginarono l'ondata dei manifestanti**, sie geboten der Demonstrantenwelle Einhalt.

arginatùra f (*costruzione di argini*) Eindämmung f.

àrgine m 1 (*terrapieno*) {+FIUME} Damm m, Deich m: **rompere gli argini**, den Damm brechen; {+FERROVIA} Gleisbett n 2 *fig* (*freno*) Einhalt m: **fare** ~ **all'impeto della folla**, dem Ansturm der Menge Einhalt gebieten; **porre un** ~ **a qc**, etw (dat) Einhalt gebieten, etw (dat) einen Riegel vorschieben.

àrgo① <*arghi*> m *mitol* Argus m.

àrgo② <-> m *chim* Argon n.

argomentàre A tr rar (*dedurre*) ~ **qc da qc** {VERITÀ DA UN'ALTRA, LE SUE INTENZIONI DAL SUO COMPORTAMENTO} etw aus etw (dat) folgern, aus/von etw (dat) auf etw (acc) schließen B *itr* (*ragionare*) ~ **contro qu** (*gegen jdn*) argumentieren.

argomentazióne f 1 (*l'argomentare*) {DEBOLE, VALIDA} Argumentation f, Gedankengang m: **un'~ che non regge**, eine Argumentation, die nicht standhält/[standhaltig ist] 2 *filos* (*nella logica*) Beweisführung f, Argumentation f; (*nella retorica*) Argumentation f.

argoménto m 1 (*tema*) {+COLLOQUIO, CONVERSAZIONE, FILM, LEZIONE, ROMANZO, TESI} Thema n, Gegenstand m: **affrontare un** ~, ein Thema angehen; **allontanarsi dall'~**, vom Thema abweichen; **attenersi all'~**, sich ans Thema halten; **cambiare** ~, das Thema wechseln; **entrare nel vivo dell'~**, zum eigentlichen Kern der Sache kommen; **è meglio evitare certi argomenti**, es ist besser, bestimmte Themen zu vermeiden; ~ **del giorno**, Tagesgespräch n; **mettersi a parlare del proprio ~ preferito** *fam*, von seinem Lieblingsthema zu reden beginnen; **restare in** ~, beim Thema bleiben; **ritornare sull'~**, auf das Thema zurückkommen; ~ **scottante**, ein brennendes/heißes *fam* Thema; **la svalutazione della moneta costituisce l'~ di maggiore attualità**, die Abwertung der Währung ist das aktuellste Thema; **toccare un ~ delicato**, ein heikles Thema berühren 2 (*ragionamento*) {FORTE, PERSUASIVO, SOLIDO} Argument n: **non avere argomenti**, keine Argumente haben; **opporre solidi argomenti a qu**, jdm stichhaltige Argumente entgegenhalten, stichhaltige Argumente gegen jdn/etw haben; **era a corto di argomenti**, er hatte keine Argumente mehr, ihm gingen die Argumente aus 3 (*prova*) Beweis(grund) m: **addurre/fornire argomenti irrefutabili/pertinenti/validi**, unanfechtbare/dazugehörende/triftige Beweis(gründ)e anführen/liefern; **portare un ~ a favore di qu**, einen Beweisgrund zugunsten von jdm vorbringen 4 (*motivo*) {+DIVERTIMENTO, RISO} Vorwand m, Anlass m: **dare/offrire ~ a qu di qc**, jdm Anlass zu etw (dat) geben/bieten 5 *mat* {+NUMERO COMPLESSO} Anomalie f • ~ **cornuto** *filos* (*dilemma*), Dilemma n.

argonàuta <-i> m 1 *lett rar* (*navigatore ardito*) Argonaut m 2 *mitol* Argonaut m.

argot <-> m (*gergo*) Jargon m (*dei malviventi parigini*) Argot n.

Argovia m *geog* Aargau m.

arguìre <*arguisco*> tr *rar* (*dedurre*) ~ **qc da qc** {DA UN INDIZIO, DA UN SEGNO} etw (dat) etw entnehmen: **dalla sua espressione arguisco che mente**, seinem/ihrem Gesichtsausdruck entnehme ich, dass er/sie lügt.

argutézza f 1 *rar* (*arguzia*) {+INGEGNO, MENTE} Scharfsinn m; {+SCRITTORE} *anche* Geist m 2 (*facezia*) Witz m.

argùto, (-a) *agg* 1 (*sottile*) {INGEGNO, SPIRITO, UOMO} scharfsinnig 2 (*brillante*) {CONVERSATORE} geistreich 3 (*spiritoso*) {MOTTO, RISPOSTA} geistvoll, witzig 4 (*acuto*) {SGUARDO} scharf, stechend, durchdringend; {ARIA} ausdrucksvoll 5 *lett* (*argentino*) {SUONO, VOCE} schrill, durchdringend.

argùzia f 1 (*sottigliezza*) {+PERSONA} Geist m, Scharfsinn m: **discorsi pieni di** ~, geistreiche Reden; **mancare di** ~, es an Scharfsinn fehlen lassen, nicht sehr scharfsinnig sein; **sguardo pieno di** ~, scharfsinniger Blick 2 (*facezia*) Witz m, Scherz m, Findigkeit f: **l'osservazione apparve come un'~ agli occhi di tutti**, die Bemerkung schien allen ein Scherz zu sein.

ària① A f 1 *gener anche chim fis* {FRIZZANTE, PUNGENTE, PURA, SANA, VIZIATA} Luft f: **mi manca l'~**, ich bekomme/kriege *fam* keine Luft; **respirare ~ buona**, gute Luft atmen; {+VENTO} Luft f, Wind m; **non c'è un filo d'~ qui**, es regt sich kein Lüftchen, hier weht kein Lüftchen 2 (*atmosfera, clima*) {+MARE, MONTAGNA} Luft f: **sarà il cambiamento d'~!**, das wird die Luftveränderung sein! 3 (*altezza*) Luft f 4 *arte* (*plein air*) Freilichtmalerei f: **all'aperta**, im Freien 5 *aero* (*aviazione*) Flugwesen n: ~ **-aria/-terra**, Luft-Luft f/Luft-Boden m 6 *astrol*: **segno d'~**, Luftzeichen n 7 *chim* {CARBURATA, COMBURENTE} Luft f 8 <*di solito al pl*> (*nell'equitazione*) {BASSE, RILEVATE +ALTA SCUOLA, MANEGGIO} Figur f 9 *mecc fam* (*starter*) Choke m: **tirare l'~**, den Choke ziehen 10 *meteo* {ARTICA, TROPICALE} Klima n 11 *mus* {ALLEGRA, POPOLARE} Lied n 12 *tecnol* Luft f: **ad ~**, -luft f; **ad ~ compressa**, mit Druck-/Pressluft B *loc avv* (*all'insù*): **all'/in/per ~** {SALTARE} in/durch die Luft;

guardare in ~, in die Luft schauen/gucken *fam*; **sollevarsi in** ~, sich in die Luft erheben; **sparare (un colpo) in** ~, in die Luft schießen, einen Schuss in die Luft abfeuern C inter *impr* (*via!*) Platz (da)!: ~!, Platz da!, weg (da)!; **e se non vi piace,** ~!, und wenn es euch nicht gefällt/passt *fam*, könnt ihr ja **ora via, svelti,** ~.!, jetzt macht aber, dass ihr wegkommt! ● **è** *ancora* **in** ~ *fig fam* (*è ancora provvisorio, insicuro*), es hängt/schwebt noch in der Luft *fam*; **andare all'**~ *fig* (*non realizzarsi*), sich in Luft auflösen *fam*, ins Wasser fallen; **andare all'**~ **aperta** (*all'aperto*), ˌan die frische Luftˌ/[ins Freie] gehen; **dormire all'**~ **aperta** (*all'aperto*), ˌim Freienˌ/[unter freiem Himmel] schlafen; ~ **di burrasca/tempesta/temporale** *fig* (*di guai*), dicke Luft *fam*; **buttare all'**/**in**/**per** ~ **qc** *fig* (*mettere in disordine*), etw durcheinander|bringen, etw auf den Kopf stellen; **cambiare** ~ (*aprire le finestre*), lüften; *fig* (*trasferirsi, fuggire*), für Tapetenwechsel sorgen *fam*; **campare/vivere d'**~ *fig* (*vivere con poco*), von Luft und Liebe leben *fam scherz*; **campato in** ~ *fig* (*senza solide basi*), {AFFERMAZIONE, TIMORI} aus der Luft gegriffen; **discorsi campati in** ~, leeres Geschwätz *spreg*, Gewäsch n *fam spreg*; **questo progetto è campato in** ~, das Projekt hängt völlig in der Luft *fam*; ~ **condizionata**, Klimaanlage f; **dare** ~ **a una stanza** (*aerarla*), ein Zimmer (durch)lüften; **esserci per** ~ *fig* (*stare per succedere*), in der Luft liegen; **c'è qc nell'**/**per l'**~ *fig* (*è imminente*), es liegt etw in der Luft; **era nell'**~ **già da giorni che lo avrebbero arrestato** *fig* (*se ne aveva la sensazione*), schon seit Tagen lag es in der Luft, dass sie ihn festnehmen würden; **questa non è** ~ **per noi**, das ist kein günstiger Zeitpunkt für uns; **fare** ~ *fam*, furzen, einen ziehen/fahren lassen, einen Darmwind abgehen lassen; ~ **fritta** *fig fam* (*discorso senza contenuto*), leere Worte, leeres Gerede *spreg*, Blabla n *spreg*; **vendere** ~ **fritta** *fig*, nur schöne Worte machen, Phrasen dreschen *fam*, daherreden *spreg*; **guardare per** ~ *fig* (*far finta di niente*), so tun, als ˌwäre nichtsˌ/[ob nichts wäre]; *anche fig* (*essere distratti*), mit offenen Augen schlafen/träumen, ein Hans Guckinlieluft sein *scherz*; **mandare qc all'**~ *fig* (*impedirne la realizzazione*), etw ˌins Wasser fallenˌ/ [platzen] lassen, etw über den Haufen werfen *fam*; **a mezz'**~ (*a poca altezza dal suolo*), in/auf mittlerer Höhe; **discorsi librati/sollevati a mezz'**~, allgemein gehaltene Rede, Andeutungen f pl; **penzolare a mezz'**~ *fig*, in der Luft hängen/schweben *fam*; **parlare all'**~ *fig fam* (*senza che nessuno ascolti*), gegen eine Wand/Mauer reden; **l'**~ **s'è fatta pesante** *fig* (*la situazione è imbarazzante*), die Atmosphäre ist bedrückend geworden; **pigliare/prendere un po' d'**~ (*uscire a fare una passeggiata*), ein bisschen (frische) Luft schnappen (gehen); **saltare in** ~ (*esplodere*), in die Luft fliegen/gehen *fam*, explodieren; *fig* (*essere eliminato*), ein böses Ende nehmen, übel aus|gehen; **sentirsi mancare l'**~ *fig* (*sentirsi soffocare*), keine Luft mehr kriegen; **capire/sentire che** ~ **tira** *fig*, herausfinden/verstehen, wie der Stimmung ist; die Stimmung/Lage sondieren; **non tira** ~ **buona qui** *fig*, hier ist dicke Luft *fam*.

ària② f **1** (*aspetto*) {MITE, SEMPLICE} Anschein m, Äußere n decl come agg: **senza averne l'**~, ohne ˌden Anschein zu erweckenˌ/[danach auszusehen]; ~ **di famiglia**, Familienähnlichkeit f; **quel ragazzo ha un'**~ **trasandata**, der Junge sieht ungepflegt aus **2** (*espressione*) {AFFRANTA, TRISTE} Miene f: **avere un'**~ **allegra/stanca/strana**, fröhlich/müde/merkwürdig aussehen; **lo guar-**

dava con ~ **minacciosa**, er/sie sah ihn drohend an **3** (*solo pl*) *fig* (*boria*) Wichtigtuerei f *fam spreg*, Angeberei f *spreg*: **darsi delle arie**, sich wichtig tun/machen *fam spreg*, sich aufspielen *fam spreg*; **si dà delle arie da intellettuale**, er/sie macht einen auf intellektuell *fam spreg*; **oh, quante arie!**, ach, was für eine Wichtigtuerei/Angeberei *fam spreg*; **ach, gib/gebt nicht so an!** *spreg* ● **qu ha l'**~ **di fare qc** *fig* (*sembra fare qc*), jd scheint etw zu tun.

ària-àcqua <inv> loc agg *mil* {MISSILE} Luft--Wasser-.

ària-ària <inv> loc agg *mil* {MISSILE} Luft--Luft-.

ariàno, (-a) *anche polit stor* A agg {LINGUA} arisch B m (f) Arier(in) m (f).

ària-spàzio <inv> loc agg *mil* {MISSILE} Luft--Raum-.

ària-tèrra <inv> loc agg *mil* {MISSILE} Luft--Boden-.

aridità <-> f **1** (*siccità*) {+CLIMA, TERRENO} Dürre f, Trockenheit f **2** *fig* (*insensibilità*) {+CUORE, SPIRITO} Leere f, Gefühllosigkeit f, Kälte f.

àrido, (-a) A agg **1** (*secco*) {CLIMA, TERRENO} dürr, trocken **2** *fig* (*insensibile*) {SPIRITO} gefühllos, nüchtern; {CUORE} *anche* kalt, teilnahmslos **3** *fig* (*povero*) {STILE} trocken, kraftlos; {MATERIA, STUDI} kopflastig B m pl (*materiale*) trockene Güter n pl.

arieggiàre <*arieggio, arieggi*> A tr **1** (*cambiare aria*) ~ **qc** {ABITI, LETTI, STANZE} etw lüften **2** *fig* (*imitare*) ~ **qu/qc** {ATTEGGIAMENTO, MODO DI FARE} jdn/etw nach|ahmen, jdn/etw imitieren **3** *fig* (*somigliare*) ~ **qu/qc** {MAESTRO, POETA, OPERA} jdm/etw ähneln B itr *rar* (*atteggiarsi*) ~ **a qu** {A GRAN DAMA, A INTELLETTUALE} sich *als* jd/etw auf|führen/auf|spielen, auf + agg machen B m.

ariète m **1** *zoo* Widder m **2** *astr astrol* ~ Ariete, Widder m; **sono dell'**/**un Ariete**, ich bin (ein) Widder **3** *mil stor* Sturmbock m.

ariètta <*dim di aria*①> f **1** (*venticello*) soffiava un'~ **deliziosa**, es wehte ein angenehmes Lüftchen **2** *mus* Ariette f.

aringa <-*ghe*-> f Hering m.

ariòso, (-a) A agg **1** (*ampio*) {LOCALE} luftig, weit **2** *fig* (*armonioso*) {PROSA} großzügig, weitläufig **3** *mus* arioso, liedhaft B m *mus* Arioso m.

arista① f **1** *bot* Granne f **2** *lett* (*spiga*) Ähre f.

arista② f *gastr* Schweinerücken m.

aristocràtico, (-a) <-*ci*, -*che*> A agg **1** (*nobile*) {AMBIENTE, FAMIGLIA} aristokratisch, ad(e)lig **2** *fig* (*raffinato*) {MODI, VISO} vornehm, edel, fein **3** *polit* {GOVERNO, STATO} aristokratisch B m (f) **1** (*nobile*) Aristokrat(in) m (f) **2** *polit* (*sostenitore*) Aristokrat(in) m (f).

aristocrazia f **1** (*nobiltà*) {+CITTÀ} Aristokratie f, Adel m **2** (*insieme dei migliori*) Elite f: ~ **intellettuale**, intellektuelle Elite f **3** (*raffinatezza*) {+INGEGNO, SPIRITO} Feinheit f, Raffinement n **4** *fig* (*signorilità*) Vornehmheit f, Noblesse f, Großmut m: **trattare qu con** ~, jdn nobel/großmütig behandeln **5** *polit* (*forma di governo*) Aristokratie f ● **Aristocrazia nera** (*clericale*), geistliche Aristokratie.

Aristòtele m *stor* Aristoteles m.

aristotèlico, (-a) <-*ci*, -*che*> *filos* A agg aristotelisch B m (f) Aristoteliker(in) m (f).

aritmètica <-*che*-> f *mat* Arithmetik f, Rechnen n.

aritmètico, (-a) <-*ci*, -*che*> A agg **1** {OPERAZIONE} arithmetisch, Rechen- **2** *fig* (*chiaro*) {EVIDENZA} unwiderlegbar B m (f) *rar*

(*studioso*) Arithmetiker(in) m (f).

aritmia f *med* Arrhythmie f *scient*: ~ **cardiaca**, Herzrhythmusstörungen pl.

aritmico, (-a) <-*ci*, -*che*> agg *anche med* {POLSO} unregelmäßig.

arlecchinàta f (*farsa*) Harlekinade f, Hanswurstiade f, Hanswursterei f.

arlecchinésco, (-a) <-*schi*, -*sche*> agg **1** (*da Arlecchino*) {COSTUME} harlekinisch **2** (*ridicolo*) {COMPORTAMENTO} närrisch.

arlecchino A m **1** (*maschera*) Harlekin m, Hanswurst m: **essere vestito come un** ~ (*di tanti colori*), kunterbunt gekleidet sein **2** *fig* (*buffone*) Spaßvogel m, Spaßmacher m, Hanswurst m B <inv> agg (*di colori diversi*) {ALANO, OPALE, TESSUTO} (bunt)gefleckt.

àrma <-*i*-> f **1** (*oggetto*) Waffe f: ~ **atomica**, Atomwaffe f, atomare Waffen f pl; ~ **automatica**, Schnellfeuerwaffe f; ~ **batteriologica/chimica**, bakteriologische/chemische Waffe; ~ **bianca**, blanke Waffe; Hieb-, Stichwaffe f; ~ **da fuoco**, Feuerwaffe f; **armi a corto/medio raggio**, Kurz-/Mittelstreckenraketen f pl **2** (*solo pl*) (*servizio militare*) Militärdienst m: **andare sotto le armi**, einberufen werden, zum Bund gehen *fam*; **chiamare alle armi** (*qu*), jdn einberufen, jdn einziehen **3** *fig* (*mezzo*) {+INDIFFERENZA, RIDICOLO, SCIOPERO} Waffe f, (Hilfs)mittel n **4** *dir* Waffe f: ~ **del delitto**, Tatwaffe f; **armi improprie**, "gefährliche Werkzeuge, deren Besitz gesetzlich verboten ist"; **armi proprie**, "Schuss- und sonstige zum Angriff bestimmte Waffen" **5** *mil* (*corpo dell'esercito*) {+CARABINIERI, GENIO} Waffen-, Truppengattung f, Waffe f: ~ **di fanteria**, Infanterie f ● **abbandonare**/**abbassare**/**deporre**/**posare le armi** *anche fig* (*arrendersi*), die Waffen strecken *forb*; **all'armi!**, zu den Waffen!; **non avere armi contro qu** *fig* (*essere impotente*), jdm nichts entgegensetzen können, wehrlos gegen jdn sein; ~ **azzurra** *aero*, italienische Luftwaffe; **partire con armi e bagagli** *fig* (*con tutto*), mit Sack und Pack abreisen *fam*; ~ (**benemerita**) (*carabinieri*), Karabinieri m pl; **passare qu per le armi** *mil stor* (*giustiziare*), jdn standrechtlich erschießen; **prendere le armi** (*prepararsi alla guerra*), unter (den) Waffen sein/stehen *forb*, kampfbereit sein, für den Krieg rüsten; **presentare le armi** *mil*, das Gewehr präsentieren; **essere alle prime armi** *fig* (*inesperto*), ein (blutiger) Anfänger sein; ~ **a doppio taglio** *fig* (*pericolosa*), zweischneidiges Schwert; **sconfiggere qu con le sue stesse armi** *fig* (*nel suo stesso modo*), jdn mit seinen eigenen Waffen schlagen; **avere un'**~ **segreta** *fig* (*elemento a proprio favore sconosciuto agli altri*), eine Geheimwaffe haben; **armi spirituali** *relig*, geistige Waffen; **ha le armi spuntate** *fig* (*può far poco*), ihm/ihr sind die Hände (und Füße) gebunden; **venire alle armi** (*combattere*), (zu) kämpfen (beginnen).

armacòllo m loc avv: **ad** ~ (quer über Brust und Rücken) umgehängt.

armadiétto <*dim di armadio*> m (*piccolo armadio*) {+PALESTRA} Schränkchen n: ~ **farmaceutico**, Apothekerschränkchen n.

armadillo m *zoo* Gürteltier n.

armàdio <-*di*-> m {+BIANCHERIA, VESTITI} Schrank m: ~ **baule**, Schrankkoffer m; ~ **blindato**, Panzerschrank m; ~ **farmaceutico**, Arzneischrank m; ~ **guardaroba**, Kleiderschrank m; ~ **quattro stagioni**, "geräumiger Kleiderschrank für Winter- und Sommergarderobe"; ~ **a muro**/**specchio**, Wandschrank m/Spiegelschrank m.

armàdio-lètto <-*di* -> m Schrankbett n.

armaiòlo m **1** (*fabbricante*) Waffenhersteller m **2** (*venditore*) Waffenhändler m.

armamentàrio <-ri> m 1 (*attrezzatura*) {+FALEGNAME} Rüstzeug n, Ausrüstung f: **perché ti porti tutti quei trucchi? – Meglio avere dietro tutto l'~!** *scherz,* warum schleppst du dein ganzes Schminkzeug mit *fam*? – Es ist besser, immer seine ganze Ausrüstung dabeizuhaben! *scherz* 2 *fig fam scherz* (*insieme di idee*) {+PREGIUDIZI} Wust m *spreg.*

armaménto m 1 *mil* (*l'armare*) {+VOLONTARI} Bewaffnung f 2 <*solo pl*> *mil* (*potenziamento bellico*) Rüsten n: **controllo/limitazione degli armamenti,** Rüstungskontrolle f/Rüstungsbegrenzung f 3 *ferr* Oberbau m 4 *mar* (*attrezzatura*) {+NAVE} Ausrüstung f 5 *mar* (*equipaggio*) {+BARCA} Besatzung f 6 *min* Gerüst n, Stütze f 7 *tecnol* {+AEREO, IMPIANTO, LINEA} Einrichtung f.

armàre A tr 1 (*fornire di armi*) **~ qu** (*di qc*) (*contro qu*) {PAESE, TRUPPA} jdn (*mit etw dat*) (*gegen jdn*) bewaffnen, jdn (*mit etw dat*) (*gegen jdn*) aus|rüsten 2 (*fortificare*) **~ qc** {CITTADELLA} etw befestigen 3 (*costituire*) **~ qc** {COMPAGNIA, DIVISIONE} etw zusammen|stellen, etw aus|heben 4 (*preparare*) **~ qc** {ARMA, CANNONE, FUCILE, PISTOLA} etw laden 5 *mil* (*chiamare alle armi*) **~ qu** {RISERVISTI} jdn zu den Waffen rufen 6 *mil* (*potenziarsi*) (*uso assol*) {NAZIONE} auf|rüsten 7 *arch* (*fornire di impalcatura*) **~ qc** (*con qc*) {EDIFICIO, FOSSO, GALLERIA, PONTE, POZZO CON UN PONTEGGIO} etw (*mit etw dat*) (ab)|stützen 8 *ferr* (*attrezzare*) **~ qc** {FERROVIA} etw befestigen; *mar* {BALENIERA, BARCA, BRIGANTINO, VELIERO} etw aus|statten, etw aus|rüsten 9 *teat* (*rinforzare*) **~ qc** {DIPINTO, SCENARIO} etw verstärken B *rfl:* **armarsi di qc** 1 (*munirsi*) {DI UN BASTONE, DI UN FUCILE, DI UNA PIETRA, DI UNA PISTOLA, DI UN SASSO} sich (*mit etw dat*) bewaffnen; (*uso assol*) (auf)|rüsten, zu den Waffen greifen 2 (*provvedersi di un oggetto*) sich (dat) etw besorgen, sich (*mit etw dat*) versorgen: **si armò di un giornale e attese l'arrivo del treno,** er/sie besorgte sich eine Zeitung und wartete auf die Ankunft des Zuges 3 *fig* (*provvedersi di qualità morali*) {DI CORAGGIO, DI PAZIENZA, DI BUONA VOLONTÀ} sich (*mit etw dat*) wappnen
● **armiamoci e partite** *scherz* (*di autoironia*), macht ihr mal/[euch ruhig die Finger schmutzig] *fam*; (*di rimprovero*), Hauptsache, ihr ₁macht euch nicht die Finger schmutzig₁/[müsst nicht den Kopf hinhalten], oder? *fam*.

armàta f 1 *aero* (*flotta aerea*) Luftwaffe f, Luftstreitmacht f 2 *mar* (*flotta*) Kriegsflotte f 3 *mil* Armee f, Heer n: **l'Invincibile Armata** *stor,* die unbesiegbare Armada.

armàto, (-a) A agg 1 (*fornito d'armi*) (*di qc*) (*contro qu/qc*) {PAESE, TRUPPA} (*mit etw dat*) bewaffnet, (*mit etw dat*) (gegen jdn) gerüstet 2 (*fortificare*) (*mit etw dat*) befestigt 3 (*provvisto*) **~ di qc** {DI UN GIORNALE} *mit etw* (dat) versorgt, {DI BUONA VOLONTÀ} *mit etw* (dat) gewappnet 4 *arch* **~ (con qc)** {FOSSO, GALLERIA, PONTE} (*mit etw dat*) gestützt B m pl (*soldati*) Soldaten m pl, Bewaffnete mf decl come agg.

armatóre, (-trice) A agg (*gestore*) {COMPAGNIA, SOCIETÀ} Reederei- B m (f) 1 *mar* (*persona, società che gestisce*) Reeder(in) m(f) 2 *edil* (*operaio*) {+GALLERIA} Zimmermann m.

armatùra f 1 *stor* (*+GUERRIERO*) Rüstung f 2 *edil* (*struttura*) {PROVVISORIA +LEGNO} Gerüst n; {+CEMENTO ARMATO} Armierung f: **~ del tetto,** Dachstuhl m 3 *tess* Bindung f: **~ raso/saia/tela,** Atlas-/Diagonal-/Leinwandbindung f.

àrme f (*in araldica, stemma*) Wappen n.

armeggiàre <*armeggio, armeggi*> itr 1 (*affaccendarsi*) **~ intorno a qc** {INTORNO AL MOTORE, INTORNO ALLA PORTA} sich an etw (dat) zu schaffen machen, an etw (dat) herum|hantieren *fam,* an etw (dat) (he)rum|machen *fam:* **armeggiava da un'ora intorno ai fornelli,** er/sie machte sich seit einer Stunde am Herd zu schaffen 2 (*rovistare*) **~** (+ *compl di luogo*) (*irgendwo*) herum|wühlen 3 *fig* (*dimenarsi*) **~** (+ *compl di luogo*) (*irgendwo/irgendwohin/irgendwoher*) torkeln: **l'ubriaco armeggiava per le strade,** der Betrunkene torkelte durch die Straßen 4 *fig* (*fantasticare*) herumphantasieren *fam* 5 *fig* (*farneticare*) faseln *fam spreg* 6 *fig* (*tramare*) intrigieren, Ränke schmieden *forb obs*: **armeggiava per essere eletto,** er intrigierte, um gewählt zu werden.

arméggio <-gii> m 1 (*affaccendarsi*) Herumwirtschaften n *fam*, Herumfuchteln n *fam,* Herumhantieren n *fam* 2 (*tramare*) Machenschaft f *spreg*.

Armènia f *geog* Armenien n.

armèno, (-a) A agg armenisch B mf (*abitante*) Armenier(in) m(f) C m <*solo sing*> (*lingua*) Armenisch(e) n.

arménto m *lett* (*branco*) {+BUOI, CAVALLI} Herde f.

armerìa f 1 (*magazzino*) {+ARSENALE} Waffenkammer f, Zeughaus n 2 (*negozio*) Waffengeschäft n 3 (*collezione*) Waffensammlung f.

armière m 1 (*fabbricante*) Waffenhersteller m 2 (*venditore*) Waffenhändler m 3 *aero mil* Waffenmeister m.

armìgero A agg 1 (*armato*) bewaffnet 2 (*bellicoso*) kriegslustig, kriegerisch B m 1 (*uomo d'armi*) Krieger m 2 (*scudiero*) Knappe m 3 *fig scherz* (*guardia del corpo*) Gorilla m *fam*, Leibwache f.

armistìzio <-zi> m *mil* Waffenstillstand m: **concedere/firmare un ~ senza condizioni,** einen bedingungslosen Waffenstillstand gewähren/unterzeichnen.

àrmo m *mar* Besatzung f, Mannschaft f.

armonìa f 1 *mus* {+ORCHESTRA} Harmonie f, Zusammenklang m, (*scienza degli accordi*) Harmonielehre f, Harmonik f 2 (*consonanza*) {+COLORI} Harmonie f, Abstimmung f; {+SUONI, VOCI} Wohlklang m 3 *fig* (*buona proporzione*) {+CORPO UMANO, PERIODO, STILE, STROFA; COSMICA +UNIVERSO} Harmonie f 4 *fig* (*concordia*) Eintracht f, Einigkeit f: **fra di loro non c'era buona ~,** unter ihnen herrschte keine Einigkeit; **essere/vivere in buona ~ con qu,** mit jdm in ₁gutem Einvernehmen sein/leben₁/[(Frieden und) Eintracht leben]; **distruggere/ristabilire l'~ di una famiglia,** die Einigkeit/Eintracht einer Familie zerstören/wiederherstellen 5 *fig* (*conformità*) {+AZIONE, FATTI, PENSIERO} Übereinstimmung f, Einklang m: **agire in ~ con le leggi,** im Einklang mit dem Gesetz handeln.

armònica <-che> f 1 *mus* (*strumento*) Harmonika f: **~ a bocca/mantice,** Mund-/Ziehharmonika f 2 *fis* Oberwelle f, Oberschwingung f.

armònico, (-a) <-ci, -che> agg 1 *anche mus* {SUONO} harmonisch, ebenmäßig 2 *fig* (*ben proporzionato*) harmonisch: **l'~ sviluppo del corpo umano,** die harmonische Entwicklung des menschlichen Körpers 3 *enol* {+VINO} harmonisch.

armònio <-ni> → **armonium**.

armonióso, (-a) agg 1 (*piacevole*) {PROSA} harmonisch; {MUSICA, VOCE} *anche* wohlklingend 2 *fig* (*ben proporzionato*) {FORME} harmonisch; {CORPO} ebenmäßig.

armònium <-> m *mus* (*strumento*) Harmonium n.

armonizzàre A tr 1 (*rendere armonioso*) **~ qc** {PROSA, STILE, VERSI} etw harmonisch gestalten 2 *fig* (*mettere in accordo*) **~ qc** {COLORI, PARTICOLARI} etw in Einklang bringen, etw aufeinander ab|stimmen: **~ gli interessi di più persone,** die Interessen mehrerer Leute ₁(miteinander) in Einklang₁/[unter einen Hut *fam*] bringen; **ha armonizzato le diverse parti dell'opera,** sie hat die verschiedenen Teile des Werkes aufeinander abgestimmt; **~ qc con/e qc** {COLORE, PARTE, PARTICOLARE} etw mit etw (dat) in Einklang/Übereinstimmung bringen; **ho armonizzato bene la tinta delle tende con quella del copriletto,** ich habe die Vorhänge farblich gut auf die Tagesdecke abgestimmt 3 *mus* **~ qc** {CANTO} etw harmonisieren B itr (*essere in armonia*) **~** (**con qu/qc**) {COLLEGA, TINTA} (*mit jdm/etw*) harmonisieren, *zu jdm/etw* passen, zusammen|passen: **il suo carattere non armonizza con il nostro,** sein/ihr Charakter passt nicht zu dem unseren; **questi colori armonizzano tra di loro,** diese Farben passen gut zusammen.

armonizzazióne f 1 *mus* {+BRANO, COMPOSIZIONE} Harmonisierung f 2 *fig* (*mettere in accordo*) {+COLORI, ELEMENTI, PROGRAMMI} Abstimmen n 3 *fisco* {+IMPOSTE} Harmonisierung f: **~ fiscale,** Steuerharmonisierung f.

arnése m 1 (*attrezzo*) {+ELETTRICISTA, MECCANICO} Werkzeug n, Gerät n: **~ da falegname,** Schreiner-, Tischlerwerkzeug n; **arnesi del mestiere,** Berufs-, Handwerkzeug n 2 *fam* (*oggetto non specificato*) Ding n, Dings(da) n *fam:* **come si chiama quell'~?,** wie heißt dieses Ding da?; **come puoi suonare su quell'~?,** wie kannst du nur auf diesem Ding spielen? 3 *fam* (*abito*) Aufzug m *spreg,* Aufmachung f: **non posso ricevere gli ospiti in quest'~,** ich kann die Gäste nicht in diesem Aufzug *spreg* empfangen 4 *fig fam spreg* (*cattivo individuo*) Subjekt n *spreg,* Kerl m *fam:* **~ da galera** *fam,* ein übles Subjekt *spreg*
● **essere bene/male in ~** (*essere in buone/cattive condizioni di salute*), (gesundheitlich) gut/schlecht beieinander sein *fam*; (*economiche*), gute/schlechte Zeiten durch|machen.

àrnia f Bienenstock m, Bienenhaus n.

àrnica <-che> f *bot* Arnika f.

aròma <-i> m 1 (*profumo*) {+CAFFÈ, VINO} Aroma n 2 <*di solito al pl*> *gastr* (*gusti*) Gewürz n: **il basilico e la cannella sono aromi,** Basilikum und Zimt sind Gewürze.

aromaterapìa f *med* Duft-, Aromatherapie f.

aromàtico, (-a) <-ci, -che> agg 1 (*profumato*) {ACETO, SOSTANZA, VINO} aromatisch, würzig; {PIANTA} Gewürz- 2 *chim* {COMPOSTI, SERIE} aromatisch.

aromatizzàre tr **~ qc** 1 (*rendere aromatico*) {CUOCO ACETO, CARNE, PESCE} etw würzen, etw aromatisieren 2 *chim* etw aromatisieren.

àrpa f *mus* Harfe f.

arpagóne m *forb* (*avaro*) Geizhals m *spreg*.

arpeggiàre <*arpeggio, arpeggi*> itr *mus* 1 (*fare arpeggi*) arpeggieren 2 (*suonare strumenti a corda*) Streichinstrumente spielen.

arpéggio <-gi> m *mus* Arpeggio n.

arpìa f 1 *fig* (*persona avida*) raffgieriger Mensch 2 *fig* (*megera*) böses Weib *fam spreg,* (alte) Hexe *spreg*: **è una vecchia ~,** sie ist eine alte Hexe *spreg* 3 *mitol ornit* Harpyie f.

arpicòrdo m *mus* (*clavicembalo*) Clavicembalo n, Spinett n.

arpionàre tr **~ qc** {PESCATORE SQUALO} etw harpunieren.

arpióne m 1 (*uncino*) Haken m 2 (*cardine*) (Tür-/Fenster)angel f 3 *mecc* (*nottolino*) Ha-

ken m 4 (nella pesca) (arpone) Harpune f.
arpista <-*i* m, -*e* f> mf *mus* Harfenspieler(in) m(f).
arpóne m (*nella pesca*) Harpune f.
àrra f 1 *dir* (*caparra*) Anzahlung f 2 *fig lett* (*pegno*) Pfand n, Unterpfand n *obs*.
arrabattàrsi itr pron *fam* (*darsi da fare*): ~ (**per fare qc**) sich ab|rackern *fam*, um etw zu tun; sich ab|mühen, um etw zu tun: **s'arrabatta per vivere**, er/sie rackert sich ab *fam*, um zu überleben.
arrabbiàre <*arrabbio, arrabbi*> **A** itr <*essere*> (*prendere la rabbia*) {CANE} tollwütig werden, die Tollwut bekommen **B** itr pron 1 (*farsi prendere dalla collera*): **arrabbiarsi** (**con qu**) (**per qc**) {MADRE CON IL FIGLIO PER IL DISORDINE, PER IL RITARDO} (*auf jdn*) (*wegen etw gen*) wütend/zornig/böse werden, sich *über jdn/etw* ärgern, sich *über jdn/etw* auf|regen: **se continui mi arrabbio!**, wenn du so weitermachst, werde ich böse!; **far ~ qu**, jdn wütend machen; **arrabbiarsi per ogni piccola sciocchezza**, sich über jede Kleinigkeit ärgern 2 *fam* (*dedicarsi*): **arrabbiarsi a fare qc** sich darin verbeißen, *etw* zu tun, sich darauf versteifen, *etw* zu tun: **s'arrabbia tutto il giorno ad accumulare denaro**, er/sie ˌbeschäftigt sich den ganzen Tag damit, ˌ/[macht den ganzen Tag nichts anderes als] Geld zu scheffeln ● **non t'arrabbiare!** (*gioco*), Mensch, ärgere dich nicht!
arrabbiàta *fam* **A** f (*arrabbiatura*) Zorn m, Wut f: **prendersi un'~**, wütend werden, sich ärgern, sich aufregen **B** loc avv: **all'~** 1 (*in fretta, senza cura*) hastig, flüchtig: **fare un compito di matematica all'~**, eine Mathematikaufgabe ˌhastig erledigen˩/[hinwerfen] 2 *gastr* {PENNE, SPAGHETTI} all'arrabbiata, mit scharfer Soße.
arrabbiàto, (-*a*) agg 1 (*idrofobo*) {CANE} tollwütig 2 *fig* (*infuriato*) ~ (**con qu/qc**) {PERSONA} (*auf jdn/über etw acc*) wütend, (*auf jdn/über etw acc*) zornig 3 *fig* (*accanito*) {FEMMINISTA, FUMATORE, GIOCATORE} hartnäckig, verbissen, eingefleischt ● **giovani arrabbiati** *lett stor*, Zornige junge Männer, Angry Young Men *forb*.
arrabbiatùra f (*accesso d'ira*) Wutanfall m, Ärger m: **farsi passare l'~**, seine Wut/seinen Ärger abreagieren, Dampf ablassen *fam*; **prendersi un'~**, einen Wutanfall/Koller *fam* bekommen.
arraffàre tr *fam* ~ **qc** 1 (*afferrare*) {PERSONA} *etw* an sich reißen, *etw* zusammen|raffen; {CANE} *etw* fassen: **arraffa tutto quello che trova**, er/sie reißt alles, was er/sie findet, an sich 2 (*rubare*) {TEPPISTA} *etw* stehlen, *etw* klauen *fam*: **è uno che arraffa tutto quello che può**, er klaut alles, was ihm unter die Finger kommt *fam*.
arraffóne, (-*a*) m (f) (*chi arraffa*) Raffer(in) m(f), raffgieriger Mensch.
arrampicàre <*arrampico, arrampichi*> **A** itr <*essere*> 1 *alpin* (*salire*) klettern 2 *sport* (*nel ciclismo*) eine Steigung nehmen **B** itr pron 1 (*salire attaccandosi*): **arrampicarsi su qc** {SULL'ALBERO, SULLA CIMA, SUL LETTO} *auf etw* (*acc*) klettern: **arrampicarsi su una parete**, eine Felswand hinauf|klettern 2 (*crescere*): **arrampicarsi** (+ **compl di luogo**) {EDERA, GLICINE, VITE VERGINE LUNGO IL MURO} *an etw* (*dat*) (empor|)ranken; {SUL TETTO} (sich) *auf etw* (*dat*) ranken 3 (*inerpicarsi*): **arrampicarsi** (+ **compl di luogo**) {AUTOMOBILE, MOTO, ecc. VERSO LA COLLINA, SU PER LA STRADA} *etw* hinauf|fahren: **l'autobus s'arrampica tutti i giorni su per i colli**, der Autobus fährt jeden Tag die Hügel hinauf.
arrampicàta f 1 (*l'inerpicarsi*) Kletterpartie f *fam*, Bergwanderung f: **ci siamo fatti una bella ~**, wir haben eine schöne Kletterpartie *fam* gemacht 2 (*l'arrampicarsi*) ~ **a qc** {ALLE PERTICHE} Klettern n *auf etw* (*acc*) 3 *fig* (*nella carriera*) Aufstieg m 4 *alpin* (*scalata*) Klettertour f: ~ **libera**, Freeclimbing n 5 *sport* (*nel ciclismo*) (Bewältigung f einer) Steigung f.
arrampicatóre, (-*trice*) m (f) 1 *fig spreg* (*arrivista*) Aufsteiger m(f), Emporkömmling m *spreg*: ~ **sociale**, sozialer Aufsteiger 2 *alpin* (*alpinista*) Kletterer m, (Kletterin) f.
arrancàre <*arranco, arranchi*> itr 1 (*avanzare a fatica*) sich (hin|)schleppen, hinken, humpeln: **l'animale arrancava sulle gambe malferme**, das Tier schleppte sich auf unsicheren Beinen dahin, ˌ/[sich schleppen]; **il carro arrancava tra la polvere**, der Wagen schleppte sich mühsam durch den Staub 2 (*affaticarsi*) sich ab|mühen: **il ragazzo arrancava sul libro di lettura**, der Junge mühte sich mit dem Lesebuch ab 3 *sport* (*nel canottaggio*) kraftvoll rudern.
arrangiaménto m 1 (*accomodamento*) Übereinkommen n, Vereinbarung f, Übereinkunft f: **cercare un ~**, sich mit jdm zu arrangieren/einigen (ver)suchen 2 *mus* {MUSICALE} Arrangement n, Bearbeitung f: ~ **per pianoforte**, Klavierbearbeitung f, Arrangement n für Klavier.
arrangiàre <*arrangio, arrangi*> **A** tr 1 (*sistemare*) ~ **qc** {VESTITO} *etw* richten; {STANZA} *etw* her|richten, *etw* zurecht|machen; {QUESTIONE} *etw* erledigen, *etw* regeln: **vedremo di ~ questa faccenda**, wir werden versuchen, diese Angelegenheit in Ordnung zu bringen 2 *fig fam* (*rimediare alla meglio*) ~ **qc** {LETTO DI FORTUNA, PRANZO} *etw* zurecht|machen: **in pochi minuti ha arrangiato un'ottima cena**, in wenigen Minuten hat er/sie ein ausgezeichnetes Abendessen zurechtgemacht/gezaubert 3 *fig fam* (*rubare*) ~ **qc** *etw* beschaffen *fam* 4 *fig fam* (*malmenare*) ~ **qu** jdn übel zu|richten 5 *mus* ~ **qc** (**per qc**) {CANZONE, PEZZO PER ORCHESTRA DA CAMERA} *etw* (*für etw acc*) arrangieren: **arrangiarono un brano per pianoforte**, sie arrangierten ein Stück für Klavier **B** itr pron 1 (*sistemarsi alla meglio*): **arrangiarsi da qu** {DA UN AMICO, DAI GENITORI} *bei jdm* unter|kommen: **in attesa di una sistemazione migliore, arrangiati da me**, bis du eine bessere Unterkunft findest, kannst du bei mir unterkommen 2 (*industriarsi*): **arrangiarsi** (**per fare qc**) sich (dat) (*bei etw dat*) zu helfen wissen, sich behelfen (, um etw zu tun), sich arrangieren (, um etw zu tun): **nelle difficoltà occorre arrangiarsi**, in schwierigen Situationen muss man sich arrangieren können; **per vivere s'arrangia a fare qualche lavoretto qua e là**, um zu leben, jobbt er/sie hin und wieder; **arrangiarsi con ogni mezzo**, sich mit allem behelfen; **bisogna pur arrangiarsi in qualche modo**, irgendwie muss man ja zurechtkommen **C** rfl rec (*accordarsi*): **arrangiarsi** sich einigen, sich einig werden: **fra noi ci arrangeremo benissimo**, wir werden uns problemlos einig werden ● **s'arrangi!** (*esortazione a sbrigarsela da soli*) ˌ/[siehe selbst sehen, wie er/sie zurechtkommt!; **arrangiatevi!**, seht zu, wie ihr damit ˌfertig werdet˩/ [klarkommt]!
arrangiatóre, (-*trice*) m (f) *mus* Arrangeur m.
arrapànte **A** part pres *di* arrapare **B** agg *fam* (*eccitante*) geil *volg*, scharf *volg*, aufgeilend *volg*.
arrapàre **A** tr *volg* (*eccitare*) ~ **qu** jdn scharf machen *volg*, jdn auf|geilen *volg* **B** rfl: **araparsi** sich auf|geilen *volg*.
arrapàto agg *volg* (*eccitato*) geil *spreg*, scharf *fam*, spitz *fam*.
arrecàre <*arreco, arrechi*> tr 1 (*portare*) ~ **a qu/qc** {NOTIZIA} jdm/etw *etw* (über)bringen 2 (*causare*) ~ **qc** (**a qu/qc**) {BENEFICIO, DANNO} *jdm/etw* (*jdm/etw*) verursachen: **il temporale ha arrecato gravi danni agli impianti**, das Gewitter hat ˌdie Anlagen schwer beschädigt˩/[an den Anlagen schweren Schaden angerichtet]; ~ **qc a qu/qc** {DOLORE A UN ANIMALE} jdm/etw *etw* bereiten, jdm/etw *etw* zu|fügen: **comportandosi così mi ha arrecato un gran dolore**, sein/ihr Verhalten hat mir sehr wehgetan.
arredaménto m 1 {MODERNO + CASA} Einrichtung f: **occuparsi di ~**, sich mit Inneneinrichtung beschäftigen; **un divano, un tavolo, poche sedie formavano tutto l'~ della stanza**, die Zimmereinrichtung bestand nur aus einer Couch, einem Tisch und wenigen Stühlen; **un ~ di cattivo gusto**, eine geschmacklose Einrichtung; **negozio di ~**, Einrichtungs-, Möbelgeschäft n 2 *film teat* Ausstattung f.
arredàre tr (*ammobiliare*) ~ **qc** (**con qc**) {CASA, UFFICIO} *etw* (*mit etw dat*) ein|richten: **ha arredato la casa con gusto**, er/sie hat seine/ihre Wohnung geschmackvoll eingerichtet; **ha arredato il salotto con mobili in stile**, er/sie hat das Wohnzimmer mit Stilmöbeln eingerichtet.
arredatóre, (-*trice*) m (f) 1 Innenarchitekt(in) m(f) 2 *film* Dekorateur(in) m(f); *teat anche* Bühnenbildner(in) m(f).
arrèdo m 1 (*suppellettile*) Einrichtungsgegenstand m 2 *solo pl*> (*insieme delle suppellettili*) Ausstattung f ● **arredi sacri** *relig*, Kirchengerät n; ~ **urbano** *arch*, Stadtmobiliar n.
arrembàggio <-*gi*> m *mar* (*assalto*) {+NAVE} Entern n, Enterung f ● **all'~!**, Attacke!; **andare/buttarsi all'~ di qc** *anche fig* (*alla conquista*), sich auf etw (acc) stürzen.
arrèndersi <*coniug come* rendere> rfl 1 (*darsi per vinto*) sich ergeben, kapitulieren: **siete circondati, arrendetevi!**, ihr seid umzingelt, ergebt euch!; **la città si arrese per fame**, die Stadt kapitulierte wegen Hungers; **dovette lottare a lungo, ma non si arrese**, er/sie musste lange kämpfen, aber er/sie ergab sich nicht 2 *fig* (*cedere*): ~ (**a qc**) {ALL'EVIDENZA, ALLA RAGIONE} sich *in etw* (*acc*) fügen, sich *jdm/etw* beugen, (*jdm/etw*) nach|geben: **si arrese al proprio destino**, er/sie fügte sich in sein/ihr Schicksal; **si arrese alle sue preghiere**, er/sie gab seinen/ihren Bitten nach.
arrendévole agg 1 (*conciliante*) ~ **a qu/qc** {PERSONA} (*jdm/etw gegenüber*) entgegenkommend, (*jdm/etw gegenüber*) versöhnlich: **mostrarsi ~ alle insistenze di qu**, jds Drängen nachgeben *fam* 2 (*che si arrende facilmente*) {CARATTERE, MOGLIE} nachgiebig, fügsam 3 (*cedevole*) {STOFFA} geschmeidig, nachgiebig.
arrendevolézza f 1 (*carattere conciliante*) {+PERSONA} Entgegenkommen n 2 (*docilità*) {+CARATTERE} Nachgiebigkeit f, Fügsamkeit f 3 (*cedevolezza*) {+STOFFA} Geschmeidigkeit f, Nachgiebigkeit f.
arrèso, (-*a*) part pass *di* arrendersi.
arrestàre **A** tr 1 (*fermare*) ~ **qc** {MACCHINA, MOTORE, TRENO} *etw* zum Stillstand bringen, *etw* an|halten, *etw* stoppen; {EMORRAGIA} *etw* zum Stillstand bringen, *etw* stillen; *fig* (*impedire*) *etw* verhindern, *etw* unterbrechen: **la guerra ha arrestato lo sviluppo del paese**, der Krieg hat die Entwicklung des Landes zum Stillstand gebracht; **il suo sguardo arrestò il mio gesto**, sein/ihr Blick ließ mich in meiner Bewegung innehalten 2 (*catturare*) ~ **qu** (**per qc**) {POLIZIA ASSASSI-

NO PER STRAGE, LADRO PER FURTO} *jdn* (*wegen etw* gen) verhaften, *jdn* (*wegen etw* gen) fest|nehmen: **fu arrestato sotto l'accusa di omicidio**, er wurde wegen Mordes verhaftet/festgenommen **B** *itr pron* (*fermarsi*): **arrestarsi** {MOTORE, TRENO} stehen bleiben; {RUMORE} auf|hören; {EMORRAGIA} *anche* zum Stehen/Stillstand kommen: **ci siamo arrestati di botto**, plötzlich ˌblieben wir stehenˌ/[hielten wir an].

arrèsto *m* **1** (*interruzione*) {+ATTIVITÀ, MOTO} Stillstand *m* **2** (*fermata*) {+AUTOMOBILE} Anhalten *n*, Halt *m*: **non scendere prima del completo ~ del treno**, nicht aussteigen, bevor der Zug nicht vollkommen zum Stillstand gekommen ist **3** *dir* (*privazione temporanea di libertà in caso di flagranza*) vorläufige Festnahme: **eseguire un ~**, eine (vorläufige) Festnahme vornehmen **4** *dir* (*tipo di pena detentiva*) Freiheitsstrafe *f*: **essere agli arresti domiciliari**, unter Führungsaufsicht/Hausarrest stehen; **punire qu con l'~**, jdn mit Freiheitsstrafe bestrafen, jdn mit einer Freiheitsstrafe belegen **5** <*di solito al pl*> mil Arrest *m* **6** *tecnol* Blockierung *f* • **cardiaco med**, Herzstillstand *m*; **~ del gioco sport**, Spielunterbrechung *f*.

arretraménto *m* (*l'arretrare*) {+FOLLA, VEICOLO} Rückzug *m*.

arretràre **A** *tr* <*avere*> (*mandare indietro*) ~ **qu/qc** {TRUPPE} *jdn/etw* zurück|ziehen; {FERMATA DELL'AUTOBUS} *etw* zurück|setzen **B** *itr* <*essere*> **1** (*retrocedere*) zurück|treten, zurück|weichen, zurück|gehen: **l'acqua si retrava a poco a poco**, das Wasser ˌging allmählich zurückˌ/[fiel allmählich]; **arretrai di un metro**, ich trat einen Meter zurück; **arretrammo di fronte al pericolo**, wir wichen/schreckten vor der Gefahr zurück **2** *fig* (*cambiare idea*) ~ **da qc** {DAL PENSIERO, DALLA POSIZIONE PRESA} *von etw* (dat) ab|gehen, *von etw* (dat) ab|rücken: **non intendo arretrare di un millimetro dalle mie decisioni**, ich beabsichtige nicht, auch nur einen Millimeter von meinen Entscheidungen abzugehen/abzurücken.

arretratézza *f* (*scarso sviluppo*) {CULTURALE, ECONOMICA, MENTALE} Rückständigkeit *f*, Unterentwicklung *f*, Entwicklungsrückstand *m*: **~ industriale**, industrielle Rückständigkeit.

arretràto, (-a) **A** *agg* **1** (*indietro nello spazio*) {VILLA} abgelegen; {TRUPPE} zurückgezogen **2** *fig* (*indietro nel tempo*) {LAVORO} überfällig; {PAGAMENTO} nachträglich, ausstehend; {NUMERO DI UNA RIVISTA} alt: **avere un conto ~ con la giustizia**, eine offene Rechnung mit der Justiz haben **3** *fig* (*indietro nello sviluppo*) {AREA, PAESE, POPOLAZIONE, ZONA} rückständig, unterentwickelt **4** *fig* (*superato*) {IDEA, MENTALITÀ} veraltet, überholt **B** *m* <*di solito al pl*> **1** (*somme*) Rückstände *m pl*: **pagare/riscuotere gli arretrati**, Rückstände bezahlen/eintreiben **2** *fig* (*conto in sospeso*) **avere degli arretrati con qu**, noch ˌetw mit jdm zu regelnˌ/[eine offene Rechnung mit jdm] haben **C** <inv> *loc agg* (*in ritardo*): **in ~ con il lavoro**, mit der Arbeit im Rückstand sein.

arricchiménto *m* **1** (*l'arricchirsi*) {PROGRESSIVO +NAZIONE} Bereicherung *f* **2** *fig* (*ampliamento*) {COSTANTE +LINGUA} Anreicherung *f*, Bereicherung *f* **3** *industr* {+ALIMENTO} Anreicherung *f* **4** *fis* {ISOTOPICO} Anreicherung *f* **5** *min* {+MINERALE} Aufbereitung *f*, Anreicherung *f*.

arricchìre <*arricchisco*> **A** *tr* <*avere*> **1** (*rendere ricco*) ~ **qu/qc** {FAMIGLIA, PARENTI, SOCIETÀ, STATO} *jdn/etw* bereichern, *jdm/etw* reich(er) machen, *jdm/etw* zu Reichtum verhelfen: **l'industria lo ha arricchito enormemente**, die Industrie hat ˌihn ungeheuer reich gemachtˌ/[ihm zu enormem Reichtum verholfen] *fig* {LETTURA SPIRITO} *jdn/etw* bereichern **2** *anche fig* (*aumentare*) ~ **qc** {LETTURA CONOSCENZA, CULTURA} *etw* erweitern; {VOLUMI BIBLIOTECA} *etw* bereichern, *etw* ergänzen **3** *fig* (*adornare*) ~ **qc** (**con/di qc**) {CASA, GIARDINO DI FIORI} *etw* (mit *etw* dat) aus|schmücken, *etw* (mit *etw* dat) aus|statten **4** *chim* (*addizionare*) ~ **qc di/in qc** (*mit etw* dat) *etw* hinzu|fügen, (mit *etw* dat) *etw* zu|setzen; {ASPIRINA DI VITAMINA C} *etw* mit *etw* (dat) an|reichern **B** *itr* <*essere*> (*diventare ricco*) reich(er) werden **C** *itr pron* (*diventare ricco*): **arricchirsi** (**con qc**) {PERSONA CON LE TANGENTI} sich (*mit/an etw* dat) bereichern, (*mit etw* dat) reich werden: **arricchirsi ˌa dannoˌ/[alle spalle]/[a spese] di qu**, sich auf jds Kosten bereichern; **si sono arricchiti in breve tempo**, sie sind in kurzer Zeit reich geworden *fig* {COLLEZIONE, LINGUA} ergänzt/bereichert werden; **la letteratura si è arricchita di nuovi poeti**, neue Dichter haben die Literatur bereichert.

arricchìto, (-a) **A** *agg* **1** (*diventato ricco*) ~ (**da qc**) {COMMERCIANTE DALLA SUA ATTIVITÀ} (*durch etw* acc) bereichert, (*durch etw* acc) reich; *fig* {SPIRITO DALLA LETTURA} (*durch etw* acc) bereichert **2** *fig* (*aumentato*) ~ (**da qc**) {CONOSCENZA DALLA LETTURA} (*durch etw* acc) erweitert; {BIBLIOTECA DA NUOVE ACQUISIZIONI} (*durch etw* acc) bereichert, (*durch etw* acc) ergänzt **3** *fig* (*adornato*) ~ (**con/di qc**) (*mit etw* dat) (aus)geschmückt, (*mit etw* dat) ausgestattet **4** *chim* (*addizionato*) ~ (**di/in qc**) (*mit etw* dat) aufbereitet **5** *min* {URANIO} (*mit etw* dat) angereichert **B** *m* (*f*) *spreg* (*parvenu*) Neureiche *mf decl come agg spreg*, Parvenü *m forb*.

arricciacapélli <-> *m* Lockenstab *m*.

arricciaménto *m* {+CAPELLI} Kräuseln *n*.

arricciàre <*arriccio, arricci*> **A** *tr* **1** (*piegare a forma di riccio*) ~ **qc** (**con qc**) {BAFFI CON IL TIRABAFFI} *etw* (*mit etw* dat) kräuseln; {CAPELLI CON LA SPAZZOLA} *etw* (*mit etw* dat) kräuseln, *etw* (*mit etw* dat) in Locken legen **2** (*accartocciare*) ~ **qc** {CALORE, SOLE ANGOLI DI UNA PAGINA, FOGLIA} *etw* zusammen|rollen **3** (*corrugare*) ~ **qc** (**per**/[**a causa di**] **qc**) {LABBRA} *etw* (*wegen etw* gen) kräuseln; {NASO} *etw* (*wegen etw* gen) rümpfen, *etw* (*wegen etw* gen) kraus|ziehen; {FRONTE} *etw* (*wegen etw* gen) runzeln; {MUSO} *etw* (*wegen etw* gen) in Falten ziehen **4** *edil* (*incalcinare*) ~ **qc** {MURATORE MURO} *etw* mit Kalkmörtel bewerfen **B** *itr pron* **1** (*diventare riccio*): **arricciarsi** (**con qc**) {CAPELLI CON L'UMIDITÀ} (*durch etw* acc) lockig/wellig werden; {BAFFI} (*durch etw* acc) kraus werden **2** (*accartocciarsi*): **arricciarsi** (**a/con qc**) (*durch etw* acc) kraus werden; {ANGOLO DELLA PAGINA, FOGLIA COL CALORE, AL SOLE} sich (*in etw* dat/*durch etw* acc) kräuseln: **i fogli si sono accartocciati con l'umidità**, die Blätter ˌhaben sich durch die Feuchtigkeit gewelltˌ/[sind durch die Feuchtigkeit wellig geworden].

arricciàto, (-a) **A** *agg* **1** (*arrotolato*) {BAFFI, CAPELLI} gekräuselt, lockig **2** (*con un'arricciatura*) {CAMICETTA, STOFFA} gekräuselt **3** (*corrugato*) {NASO} gerümpft; {LABBRA} gekräuselt **B** *m edil rar* (*arricciatura*) Rauputz *m*, Berapp *m*.

arricciatùra *f* **1** {+CAPELLI} Locken *n* **2** (*ondulazione*) {+TESSUTO} Kräuselung *f* **3** *edil* Rauputz *m*, Berapp *m*.

arricciolàre **A** *tr* (*dare forma di ricciolo*) ~ **qc** {BURRO} *etw* kräuseln; {CAPELLI} *anche etw* locken **B** *itr pron rar* (*arricciarsi*): **arricciolarsi** (**a qu**) {CAPELLI} lockig werden, sich (*jdm*) locken.

arrìdere <*coniug come ridere*> *itr anche fig* (*sorridere*) ~ **a qu** {GIOVINEZZA, SUCCESSO} *jdm* lachen *poet*, *jdm* gewogen sein: **la fortuna ci arride**, das Glück ist uns hold *forb*.

arrière-goût <-, *arrière-goûts pl franc*> *m franc* (*retrogusto*) Nachgeschmack *m*.

arrière-pensée <-, *arrière-pensées pl franc*> *m franc* (*pensiero nascosto, secondo fine*) Hintergedanke *m*.

arrìnga <-*ghe*> *f* **1** (*discorso*) Rede *f*, Ansprache *f*, Plädoyer *n forb* **2** *dir* Plädoyer *n*.

arringàre <*arringo, arringhi*> *tr* ~ **qu** **1** (*pronunciare un'arringa*) {DEPUTATO FOLLA, POPOLO} *an jdn* eine Rede/Ansprache halten **2** (*esortare*) {INTERLOCUTORE} *jdn* ermuntern, *jdm* gut zu|reden: **arringò i soldati prima del combattimento**, vor dem Gefecht redete er/sie den Soldaten gut zu **3** *dir* {AVVOCATO GIURATI} *vor jdm* ein Plädoyer halten.

arrischiàre <*arrischio, arrischi*> **A** *tr* **1** (*rischiare*) ~ **qc in qc** {BENI, VITA} *etw* (*bei etw* dat) riskieren, *etw* (*bei etw* dat) aufs Spiel setzen: **arrischiò tutti i suoi averi in quell'impresa**, er/sie riskierte sein/ihr ganzes Vermögen bei diesem Unternehmen; (*uso assol*) riskieren, **preferisce ~ piuttosto che rinunciare**, lieber riskiert er/sie, als dass er/sie verzichtet **2** (*azzardare*) ~ **qc** {DOMANDA, GIUDIZIO, INTERVENTO} *etw* wagen: **ha arrischiato una mossa molto audace**, er/sie hat einen sehr kühnen Zug gewagt **B** *rfl* **1** (*esporsi ad un rischio*): **arrischiarsi in qc** sich *an etw* (acc) wagen: **non arrischiatevi in quell'affare**, wagt euch nicht an dieses Geschäft **2** (*osare*): **arrischiarsi a fare qc** es wagen, *etw* zu tun; sich (ge)trauen, *etw* zu tun: **non so se arrischiarmi a farle questa osservazione**, ich weiß nicht, ob ich ihr gegenüber diese Bemerkung wagen soll.

arrischiàto, (-a) *agg* (*avventato*) {IMPRESA} gewagt, überstürzt; {DOMANDA} unbesonnen; {GIUDIZIO} voreilig.

arrivàre *itr* <*essere*> **1** (*giungere*) ~ (+ **compl di luogo**) {IN CAMPAGNA, A CASA, A TORINO, SULLA PIAZZA, DALLA ZIA} (*irgendwo*) an|kommen, (*irgendwo*) ein|treffen, (*irgendwohin*) kommen: **la nonna arriverà domani sera in aereo**, die Oma kommt morgen Abend mit dem Flugzeug an; **arrivi a proposito!**, du kommst wie gerufen!; **il treno arriva in stazione alle sei**, der Zug kommt um sechs am Bahnhof an; {FIN DIETRO L'ANGOLO, FINO AL MOLO} bis zu *etw* (dat) kommen; ~ **a qu** {LETTERA, PACCO} *bei jdm/für jdn* an|kommen: **ieri mi è arrivata una sorpresa per posta**, gestern ˌist für mich eine Überraschung per Post (an)gekommenˌ/[habe ich eine Überraschung per Post bekommen]; **bada che ti arriva uno schiaffo!**, pass auf, dass du keine Ohrfeige fängst/kriegst! *fam* **2** (*cadere*) ~ **addosso a qu** {CALCINACCIO} *auf jdn* fallen; ~ **a qu** (+ **compl di luogo**) {RAMO IN TESTA} *jdm* (*irgendwohin*) fallen **3** (*contattare*) ~ **a qu** {AL DIRETTORE, AL MINISTRO} *zu jdm* vor|dringen, *zu jdm* gelangen, *bei jdm* vor|sprechen: **se fosse necessario arriverei al Papa**, wenn nötig, würde ich bis zum Papst vordringen **4** (*riuscire a prendere*) ~ **a qc** {AL BICCHIERE, AL LIBRO} *an etw* (acc) heran|reichen, *an etw* (acc) kommen: **arrivi alla bottiglia?**, kommst du an die Flasche (he)ran? **5** (*toccare*) ~ (**a qu**) (**fino**) **a qc** {ACQUA, CAPELLI, MONTE, VESTITO} (FINO) AL L'ARGINE, (FINO) ALLE SPALLE, (FINO) AL CIELO, (FINO) AL GINOCCHIO} (*jdm*) bis zu *etw* (dat)/bis *an etw* (acc) gehen, (*jdm*) bis zu (dat)/bis *an etw* (acc) reichen: **l'acqua gli**

arriva al ginocchio, das Wasser reicht ihm bis zum Knie; **le trecce le arrivano alla cintura**, die Zöpfe gehen ihr bis zum Gürtel **6** (*classificarsi*) ~ **+ agg** {PRIMO, ULTIMO} *etw* werden: **nella sua classe di concorso è arrivato secondo**, in seiner Wettbewerbsklasse wurde er Zweiter **7** *fig* (*raggiungere*) ~ **a qc** {STUDIO ALLA FINE} sich *etw* (dat) nähern, *auf etw* (acc) zu|gehen; {PERSONA A OTTANT'ANNI} *anche etw* erreichen, *etw* werden: **il suo compenso arriverà a un milione**, sein/ihr Honorar wird wohl eine Million Euro erreichen **8** *fig* ~ **a qc** {ALLA META} *etw* erreichen, {A UNA CONCLUSIONE, A UNO SCONTRO} zu *etw* (dat) kommen, *zu etw* (dat) gelangen: ~ **alla laurea**, sein Studium abschließen; ~ **alla pensione**, in Pension gehen; ~ **a fare qc**, ˌ(es) schaffenˌ/[so weit gehen], *etw* zu tun; **arriverà a negarlo**, er/sie wird noch leugnen/[so weit gehen, zu leugnen]; **se continuate così arriveremo ad odiarci**, wenn ihr so weitermacht, werden wir euch noch hassen; ~ **a lavorare/studiare dieci ore al giorno**, es schaffen, zehn Stunden am Tag zu arbeiten/lernen; **eravamo tutti d'accordo, ed ecco arriva lui a sollevar questioni**, wir waren uns alle einig, und jetzt kommt er und stellt alles in Frage; **dove vuoi ~ ?**, worauf willst du hinaus?, was willst du damit sagen?; **so già dove vuoi ~!**, ich weiß schon, worauf du hinaus willst! **9** *fig* (*durare*) ~ **a qc** {SOLDI ALL'ANNO PROSSIMO; VIVERI ALLA PROSSIMA SETTIMANA} *bis zu etw* (dat) reichen, *bis zu etw* (dat) halten **10** *fig* (*affermarsi*) (*uso assol*) Erfolg haben, hoch|kommen, vorwärts|kommen, arrivieren: **voleva solo ~**, er/sie wollte nur Erfolg haben **11** *fig* (*riuscire a capire*): **arrivarci** es begreifen, dahinter|kommen, drauf|kommen *fam*: **avrebbe potuto arrivarci da solo**, er/sie hätte allein ˌdahinterkommenˌ/[d(a)raufkommen] können *fam*; **non ci arrivi?** Eppure è molto semplice, begreifst du das nicht? Dabei ist es ganz einfach **12** *fig* (*riuscire a pagare*): **arrivarci** (mit dem Geld) auskommen/hin|kommen *fam* **13** *fig* (*eguagliare*) ~ **a qc** {ALL'ONESTÀ DI QU} *etw* erreichen, sich *mit etw* (dat) messen können: **chi può ~ alla sua bontà?**, wer kann sich an Gutherzigkeit mit ihm/ihr messen?, wer hat schon ein so gutes Herz wie er/sie? **14** *fig fam* (*essere sazio*) satt sein **15** *fig* (*accadere*) geschehen, passieren, sich ereignen: **arriverà questo: che tutti sarete puniti**, es wird Folgendes geschehen: ihr werdet alle bestraft • **dove siamo arrivati!** *fig*, wo sind wir (nur) gelandet!, wie weit ist es mit uns gekommen!; **si doveva ~ a questo per capire il nostro errore**, so weit musste es kommen, damit wir unseren Fehler einsehen; **chi tardi arriva male alloggia** *prov*, wer zu spät kommt, hat das Nachsehen; wer nicht kommt zur rechten Zeit, der muss essen, was übrig bleibt *prov*.

arrivàto, (-a) **A** *agg fig* (*socialmente*) arriviert *spreg*, hochgekommen, etabliert: **ormai è un uomo ~**, er ist nunmehr ein etablierter Mann **B** m (f) **1** (*pervenuto*) Neuankömmling m: **ecco un nuovo ~**, hier ist wieder ein Neuankömmling **2** *fig spreg* (*socialmente*) Arrivierte mf decl come agg *spreg*, Emporkömmling m *spreg*, Parvenü m *forb* • **ben ~!**, willkommen!; **non ti fiderai del primo ~!** *fig* (*di uno sconosciuto*), du wirst doch nicht dem Erstbesten (ver)trauen! *fig*; **mi sentivo proprio l'ultimo ~** *fig* (*chi non ha ancora nessuna esperienza*), ich kam mir wie ˌein (blutiger) Anfängerˌ/[der letzte Idiot *fam spreg*] vor.

arrivedérci **A** *inter* auf Wiedersehen: ~ **(a) domani/presto/stasera**, bis morgen/bald/[heute Abend] **B** m (*saluto*) Auf Wiedersehen n: **è solo un ~**, **non un addio**, es ist nur ein Auf Wiedersehen, kein Lebewohl.

arrivedérla *inter* auf Wiedersehen.

arrivismo m *spreg* (*ambizione*) Karrieremacherei f *spreg*, Strebertum n *spreg*.

arrivista <-*i* m, -*e* f> mf *spreg* (*carrierista*) Karrieremacher(in) m(f) *spreg*, Streber(in) m(f) *spreg*.

arrivistico, (-a) <-*ci*, -*che*> *agg* (*caratterizzato da arrivismo*) {SMANIA} karrieresüchtig, karrieristisch *spreg*.

arrìvo m **1** (*l'arrivare*) ~ (+ *compl di luogo*) {+AUTOBUS, NONNA A CASA} Ankunft f (*irgendwo*), Eintreffen n (*irgendwo*): **ora d'~**, Ankunftszeit f; **il treno è in ~ sul quarto binario**, der Zug fährt (in Kürze) auf Gleis vier ein; *sport* Einlauf m; ~ **in gruppo**, Gruppeneinlauf m; ~ **in volata**, Endspurt m **2** (*luogo*) Ziel n: **lato arrivi**, Ankunftsseite f; **punto d'~**, Ziel n, Zielpunkt m; *sport* Ziel n; **arrivi aero**, Ankunftshalle f **3** (*il ricevere*) {+MERCE, PACCO} Eingang m: **lettere in ~**, eingehende Post **4** <*solo pl*> Eingang m: **quel negozio ha arrivi quotidiani di merce fresca**, dieses Geschäft ˌbekommt täglich frische Waren geliefertˌ/[hat täglich eingehende Ware] **5** <*solo pl*> (*novità*) Neueingang m: **questi sono gli ultimi arrivi da Parigi in fatto di prêt-à-porter**, dies sind die neuesten Prêt-à-porter-Eingänge aus Paris • **avere qc in ~ comm**, *etw* erwarten; **essere in ~** (*stare per arrivare*), gleich/[in Kürze] ankommen.

arroccaménto m **1** (*arrocco*) Rochade f **2** *mil* Verbindungslinie f.

arroccàre <*arrocco*, *arrocchi*> **A** *tr* **1** (*negli scacchi*) ~ **qc** *etw* rochieren **2** ~ **qu** {TRUPPE} *jdn* entlang der Front bewegen **3** *fig* (*mettere al riparo*) ~ **qu** *jdn* in Sicherheit bringen **B** *rfl* **1** (*negli scacchi*): **arroccarsi** rochieren **2** *fig* (*mettersi al riparo*): **arroccarsi in qc** sich (*irgendwo*) in Sicherheit bringen **3** *sport*: **arroccarsi in qc** {IN DIFESA} betonieren *slang*, sich *in etw* (acc) zurück|ziehen • **arroccarsi nelle proprie posizioni**, sich auf seine Position versteifen, auf seiner Meinung beharren, seine Position betonieren.

arròcco <-*chi*> m (*negli scacchi*) Rochade f.

arrochiménto m (*raucedine*) {+VOCE} Heiserkeit f.

arrochire <*arrochisco*> **A** *tr* <*avere*> (*rendere roco*) ~ **qc** (**a qu**) {CLIMA, FREDDO CANTO, VOCE} (*jdm*) *etw* heiser werden lassen **B** *itr* <*essere*> (*diventare roco*) {CANTO, VOCE} heiser werden **C** *itr pron* (*diventare roco*): **arrochirsi** {PERSONA, VOCE} heiser werden: **s'arrochiva a forza d'urlare**, er/sie ˌwurde sichˌ/[wurde durch das Schreien] heiser.

arrogànte **A** *agg* (*superbo*) {MODI, PERSONA} arrogant *spreg*, überheblich, anmaßend **B** m (*persona superba*) arroganter *spreg* Mensch, Wichtigtuer(in) m(f) *fam spreg*: **non fare l'~!**, sei nicht so anmaßend!

arrogànza f (*superbia*) {+MODI, PERSONA} Arroganz f *spreg*, Überheblichkeit f, Anmaßung f.

arrogàre <*arrogo*, *arroghi*> **A** *tr* **1** (*attribuire*) ~ **qc a qu** {DIRITTO, MERITO, TITOLO A SÉ} *jdm etw* verleihen, *etw für jdn* in Anspruch nehmen, *etw für jdn* beanspruchen: **arrogò a stesso ogni privilegio**, er/sie nahm jegliches Privileg für sich in Anspruch **2** *stor* (*compiere un'arrogazione*) ~ **qu** adoptieren **B** *rfl indir* (*attribuirsi*): **arrogarsi qc** {DIRITTO, MERITO, TITOLO} sich (dat) *etw* an|maßen.

arrossaménto m {+PELLE} Rötung f.

arrossàre **A** *tr* <*avere*> (*far diventare rosso*) ~ **qc** {SANGUE, VENTO GOTE, OCCHI} *etw* röten, *etw* rot werden lassen: **il freddo mi ha arrossato le mani**, meine Hände sind durch die Kälte ganz rot, die Kälte hat meine Hände gerötet; {AUTUNNO FOGLIE, TERRA} *etw* rot färben **B** *itr* <*essere*> *itr pron* (*diventare rosso*): **arrossarsi** {GOTE, MANI, OCCHI} sich röten, rot werden; {ACQUA, FOGLIE, TERRA} *anche* sich rot färben: **al tramonto le acque del lago arrossano**, bei Sonnenuntergang färbt sich der See rot.

arrossire <*arrossisco*> *itr* <*essere*> (*diventare rosso in volto*) ~ **da/di/per qc** {PER UN COMPLIMENTO, PER IL PIACERE, DI RABBIA, DALLA/PER LA VERGOGNA} *aus/vor etw* (dat)/*wegen etw* (gen) erröten, *aus/vor etw* (dat)/*wegen etw* (gen) rot werden/an|laufen: **mi fai ~!**, du bringst mich zum Erröten!, du treibst mir die Röte ins Gesicht!; **arrossisce per niente**, er/sie errötet wegen jeder Kleinigkeit.

arrostire <*arrostisco*> **A** *tr* <*avere*> ~ **qc** {CASTAGNE, PANE} *etw* rösten; {CARNE, PESCE} *anche etw* braten: **arrostirono il pollo allo spiedo**, sie brieten das Huhn am Spieß **B** *itr* <*essere*> {CARNE, PESCE} braten; {CASTAGNE, PANE} rösten **C** *itr* <*essere*> *itr pron fig fam scherz* (*abbronzarsi*): **arrostirsi** braten *fam*, sich (in der Sonne) rösten *scherz*, sich in/von der Sonne braten lassen *fam*: **vuoi proprio ~ al sole**, du willst wohl richtig in der Sonne braten *fam*, **non fa che arrostirsi al sole da mattino a sera**, er/sie tut nichts anderes, als von morgens bis abends in der Sonne zu braten *fam*.

arrostito, (-a) *agg fig fam scherz* (*troppo abbronzato*) gegrillt *fam scherz*: **viso ~ dal sole**, von der Sonne gegrilltes Gesicht *fam scherz*.

arròsto *gastr* **A** <*inv*> *agg* {POLLO} gebraten, Brat-; {CASTAGNE} geröstet, Röst-: **patate ~**, Bratkartoffeln f pl, Röstis pl CH **B** m {+MAIALE, VITELLO} Braten m **C** *avv*: **cuocere/fare ~ qc**, *etw* braten.

arrotàre *tr* **1** (*affilare*) ~ **qc** {COLTELLO, FALCE, LAMA, RASOIO, SCURE} *etw* schleifen, *etw* wetzen **2** (*levigare*) ~ **qc** {BICCHIERE, VASO} *etw* polieren; {PAVIMENTO} *anche etw* schleifen, *etw* glätten **3** *fig* (*investire*) ~ **qu/qc** {AUTISTA, AUTOMOBILE CANE, CICLISTA, PEDONE} *jdn*/*etw* an|fahren, *über jdn/etw* überfahren.

arrotatrice f Schleifmaschine f.

arrotino, (-a) m (f) Scherenschleifer(in) m(f).

arrotolàre **A** *tr* (*avvolgere*) ~ **qc** {CARTA, FILO, FOGLIO} *etw* auf|rollen, *etw* zusammen|hüllen; {SIGARETTA} *etw* drehen **B** *itr pron* (*avvolgersi*): **arrotolarsi** (+ *compl di luogo*) sich (*irgendwo*) ein|rollen: **si arrotola nelle coperte**, er/sie hüllt/wickelt sich in die Decken; **la serpe si arrotola**, die Schlange ringelt sich zusammen.

arrotondàre **A** *tr* ~ **qc 1** (*rendere rotondo*) {SPIGOLO} *etw* ab|runden; {FORO, SASSO} *etw* rund machen **2** *fig* (*rendere più armonioso*) {FRASE, PERIODO} *etw* aus|feilen **3** (*aumentare*) {PAGA, STIPENDIO} *etw* auf|bessern **4** *mat* {NUMERO, SOMMA} (*per eccesso*) *etw* auf|runden, (*per difetto*) *etw* ab|runden **B** *itr pron*: **arrotondarsi 1** (*diventare rotondo*) {FORO, SASSO, SPIGOLO} rund werden **2** *fig* (*ingrassare*) rundlich werden: **con gli anni s'è arrotondato**, mit den Jahren ist er rundlich geworden.

arrovellàrsi *rfl* **1** (*rodersi*): ~ (**per qc**) {PER POCO, PER UNA QUESTIONE} sich ˌ(wegen *etw* gen)ˌ/[über *etw* acc] ärgern, sich (*wegen etw* gen) verrückt machen, sich (*wegen etw* gen) den Kopf zerbrechen: **non arrovellarti per queste sciocchezze**, ärgere dich nicht über diese Kleinigkeiten **2** (*affannarsi*): ~ **per fare qc** sich ab|mühen, *etw zu tun*; sich an|strengen, *etw zu tun*: **da ieri mi sto arrovellando per convincerli**, seit gestern mühe ich mich ab, sie zu überzeugen.

arroventàre **A** tr (*rendere rovente*) ~ qc {FABBRO, FUOCO, SOLE ASFALTO, CITTÀ, FERRO, SABBIA} etw zum Glühen bringen **B** itr pron (*diventare rovente*): **arroventarsi** {ASFALTO, CITTÀ, FERRO} glühend heiß werden: **la sabbia s'arroventa sotto il sole**, der Sand wird unter der Sonne glühend heiß.

arruffapòpoli <-> mf rar (*sobbillatore*) Volksaufwiegler(in) m(f) spreg.

arruffàre **A** tr ~ qc **1** (*scompigliare*) {CAPELLI} etw zerzausen, etw zerraufen; {FILI, MATASSA} etw verwirren, etw durcheinander|bringen **2** fig (*confondere*) {IDEE, PENSIERI, RICORDI} etw verwirren, etw durcheinander|bringen: **l'accaduto gli arruffò le idee**, der Vorfall verwirrte ihn völlig **B** itr pron: **arruffarsi** (*a qu/qc*) **1** (*scompigliarsi*) {CAPELLI} in Unordnung geraten, (*jdm*) aus der Fasson geraten: **col vento mi si arruffano i capelli**, der Wind zerzaust meine Haare; {MATASSA} sich verwirren **2** fig (*confondersi*) {IDEE, PENSIERI, RICORDI} sich verwirren, durcheinander|kommen.

arruffianàre fam **A** tr rar (*prostituire*) ~ qu a qu jdn mit jdm verkuppeln spreg **B** rfl indir fig (*accattivarsi*): **arruffianarsi** qu/qc {SIMPATIA DI QU} jdn/etw gewinnen **C** itr pron fig (*accordarsi*): **arruffianarsi con qu** einen Klüngel mit jdm aus|handeln fam, sich (*mit jdm*) einigen, einen Deal (*mit jdm*) machen slang.

arrùffio <-fii> m fam (*confusione*) Wirrwarr m, Durcheinander n.

arruffóne, (-a) m (f) **1** (*disordinato*) Wirrkopf m spreg **2** (*imbroglione*) Schwindler(in) m(f) spreg.

arrugginìre <arrugginisco> **A** tr (*avere*) **1** (*rendere rugginoso*) ~ qc {ACQUA, SALSEDINE, UMIDITÀ METALLO} etw rostig machen, etw rosten lassen **2** fig (*indebolire*) ~ qu/qc {PIGRIZIA MENTE} jdn/etw ein|rosten lassen fam, jdn/etw träge werden lassen: **la mancanza di moto mi ha arrugginito**, der Mangel an Bewegung hat mich träge werden lassen **B** itr <essere> itr pron: **arrugginirsi** (*con qc*) **1** (*ricoprirsi di ruggine*) {BICI, FERRO, LIMA, SERRATURA CON L'UMIDITÀ} (*durch etw acc*) rosten, (*durch etw acc*) rostig werden **2** fig (*indebolirsi*) {MEMORIA, MENTE, NONNO CON IL TEMPO, CON LA VECCHIAIA} (*mit etw dat*) ein|rosten fam: **stando fermi i muscoli si arruginiscono**, wenn die Muskeln nicht bewegt werden, rosten sie ein fam.

arruolaménto m **1** mil {+VOLONTARI} Anwerbung f, Einziehung f **2** mar Anheuern n.

arruolàre **A** tr ~ qu (*in qc*) **1** (*assoldare*) {MERCENARI IN UN GRUPPO TERRORISTICO} jdn (*für etw acc*) an|werben **2** mil (*reclutare*) {GIOVANI DI LEVA NEGLI ALPINI, VOLONTARI NELLA LEGIONE STRANIERA} jdn (*zu etw dat*) ein|berufen, jdn (*zu etw dat*) ein|ziehen; mar {GIOVANI DI LEVA IN MARINA} jdn (*zu etw dat*) an|heuern **B** rfl mil (*entrare volontariamente*) **arruolarsi** (*in qc*) {GIOVANI DI LEVA, VOLONTARI NEGLI ALPINI, NELLA LEGIONE STRANIERA} sich freiwillig (*zu etw dat*) melden; mar {MARINAI} sich freiwillig (*zu etw dat*) anheuern lassen.

arsenàle m **1** (*collezione di armi*) Waffensammlung f: **a casa sua ha un ~**, zu Hause hat er/sie eine Waffensammlung **2** fig rar (*mucchio*) {+SCIENZA} Arsenal n **3** mar mil Werft f **4** mil (*fabbrica*) Waffenschmiede f **5** mil (*deposito*) Arsenal n, Zeughaus n **6** fig scherz (*ammasso disordinato*) Rumpelkammer f fam, Sammelsurium n spreg: **la sua cantina è un vero ~**, sein/ihr Keller ist eine richtige Rumpelkammer fam.

arsènico <-ci> m chim Arsen n, Arsenik m.

àrsi 1ª pers sing del pass rem di ardere.

ARSI f abbr di Associazione per la Ricerca Scientifica Italiana: "Italienische Forschungsgemeinschaft"; ≈ DFG f (abbr di Deutsche Forschungsgemeinschaft).

àrso, (-a) **A** part pass di ardere **B** agg **1** (*bruciato*) {LEGNA} verbrannt **2** (*disseccato, inaridito*) ~ (*da qc*) {TERRA DAL SOLE} (*durch etw acc*) ausgedörrt, (*durch etw acc*) ausgetrocknet, {VEGETAZIONE} anche (*durch etw acc*) dürr **3** (*secco*) {GOLA} trocken.

arsùra f **1** (*calore*) {+SOLE} (Glut)hitze f **2** (*aridità, siccità*) {+DESERTO} Dürre f, Trockenheit f **3** (*secchezza*) {+GOLA} Brennen n: **ho un'~ terribile**, ich habe ein fürchterliches Brennen im Hals; (*per febbre*) Hitze f, Glut f.

art. abbr di articolo: Art. (abbr di Artikel).

art déco <-> loc sost m franc arte Art déco m.

art dirèctor <-, art directors pl ingl> loc sost mf ingl künstlerische(r) Leiter(in) m(f), Artdirector m.

àrte **A** f **1** (*attività creativa*) Kunst f: **~ applicata/industriale**, Kunstgewerbe n; **le belle arti**/[**arti figurative**], die schönen/bildenden/darstellenden Künste; **~ culinaria**, Kochkunst f; **~ decorativa**, Raumkunst f; **arti grafiche**, Graphik f, graphische Künste; **~ magica**, Zauberkunst f, Zauberei f, Schwarze Kunst; **~ minimale**, Minimal Art f; **~ musicale**, Tonkunst f; **~ poetica**, Dichtkunst f; **le sette arti**, die sieben Künste; **~ del tessere**, Webkunst f **2** (*prodotto artistico*) {BAROCCA, CONTEMPORANEA, ITALIANA, POVERA, SACRA +MEDIOEVO, RINASCIMENTO} Kunst f **3** (*stile*) {+DANTE, GIOTTO} Kunst f **4** (*mestiere*) {+MEDICO} Beruf m; {+FABBRO} Gewerbe n, Handwerk n: **esercitare un'~**, eine Kunst ausüben; **~ mineraria**, Bergbau m; **~ muraria**, Maurerhandwerk n **5** (*attività degli animali*) {+API, FORMICHE, RONDINI} Arbeit f, Werk n, Geschicklichkeit f **6** (*abilità*) {+ARTISTA} Kunstfertigkeit f, Geschicklichkeit f, Gewandtheit f; {+FINGERE, PIACERE} Kunst f: **conoscere l'~**/[**essere esperto nell'~**] **di fare qc**, {DI SEDURRE, DI TACERE AL MOMENTO GIUSTO} die Kunst von etw (*dat*)/+gen beherrschen; die Kunst beherrschen, etw zu tun; **lavoro fatto con ~**, eine kunstgerechte/kunstfertige Arbeit; **l'~ di farsi ben volere**, die Kunst, sich beliebt zu machen **7** (*artificio, astuzia*) List f, Kunstgriff m, Kniff m **8** stor (*corporazione*) Zunft f: **arti maggiori/minori**, höhere/niedere Künste **9** teat (*tecnica artistica*) {+ATTORE, CANTANTE} Technik f: **~ drammatica**, Schauspielkunst f; **essere nato in ~ slang**, Künstlerblut haben fam **B** loc avv (*apposta*): **ad ~** absichtlich; (*con artificio*) mit List (und Tücke) • **abbandonare l'~**, das Handwerk aufgeben; **~ bianca** obs, Backkunst f; **darsi all'~** (*diventare un artista*), sich der Kunst widmen/hingeben, Künstler werden; (*di artigiani*), ein Handwerk betreiben, Handwerker werden; **~ del dire**/[**oratoria**], Redekunst f; **Antonio de Curtis, in ~ Totò**, Antonio de Curtis, Künstlername Totò; **arti liberali** lett stor, freie Künste f pl; **arti manuali/meccaniche** lett stor, Handwerk n; **arti marziali**, Kampfsportarten f pl; **arti e mestieri**, Kunstgewerbe n; **~ militare**, Kriegskunst f; **non avere né ~ né parte** fig (*né mestiere, né posizione*), nichts können und nichts haben, ein Nichtskönner und ein Habenichts sein spreg; **è un ragazzo senza né ~ né parte** fig (*senza mestiere né posizione*), der Junge kann nichts, ist nichts, taugt nichts scherz/[ist ein Nichtskönner und ein Habenichts spreg]; **l'~ per l'~**, L'art pour l'art n forb, Kunst f um der Kunst willen; **a regola d'~** fig (*perfettamente*), kunstfertig, kunstgerecht, nach allen Regeln der Kunst; **senza ~**, kunstlos; **impara l'~ e mettila da parte** prov, gelernt ist gelernt.

artefàre <coniug come fare> tr ~ qc **1** (*alterare*) {SCRITTURA} etw ab|ändern **2** (*adulterare*) {SOSTANZA} etw fälschen.

artefàtto, (-a) agg **1** (*non genuino*) {CIBO} verfälscht; {VINO} gepanscht **2** (*artificioso*) {MODI, STILE} künstlich, gekünstelt.

artéfice m **1** (*autore*) {+INGANNO, NUOVA CORRENTE ARTISTICA} Urheber(in) m(f): **~ di una scoperta**, Entdecker m; **essere l'~ del proprio destino**, der Urheber seines eigenen Schicksals sein, für sein Schicksal verantwortlich sein **2** (*artista*) {+OPERA D'ARTE} Künstler(in) m(f), Schöpfer(in) m(f) **3** (*artigiano*) {+STUCCHI} Handwerker(in) m(f) **4** relig (*Dio*) Schöpfer m: **il sommo Artefice**, Gott m, Schöpfer m (der Himmels und der Erde).

artèria f **1** anat Schlagader f, Arterie f **2** fig (*via di comunicazione*) {STRADALE} Verkehrsader f; {FLUVIALE} Wasserweg m; {FERROVIARIA} Linie f.

arteriosclerosi <-> f med Arterienverkalkung f, Arteriosklerose f scient.

arteriosclerotico, (-a) <-ci, -che> **A** agg **1** med arteriosklerotisch scient **2** fig (*rimbambito*) verkalkt fam spreg, vertrottelt fam spreg **B** m (f) **1** med Arteriosklerotiker(in) m(f) scient **2** fig fam (*svanito*) Trottel m fam spreg: **non arrabbiarti per quello che ti dice quell'~**, ärgere dich nicht über das, was dieser Trottel sagt fam spreg.

arterioso, (-a) agg anat med {PRESSIONE, SANGUE} Arterien-.

artesiàno, (-a) agg {FALDA, POZZO} artesisch.

arteterapia f psic Kunsttherapie f, künstlerische Therapie f.

àrtico, (-a) <-ci, -che> geog **A** agg {MARE, POLO, ZONA} arktisch **B** m: **l'Artico**, die Arktis.

articolàre① **A** tr **1** (*muovere*) ~ qc {BRACCIO, GAMBA} etw beugen, etw bewegen **2** (*pronunciare*) ~ qc {PAROLA, SILLABA} etw artikulieren, etw aus|sprechen **3** fig (*suddividere*) ~ qc (*in qc*) {DISCORSO, INTERVENTO IN DUE SEZIONI, PERIODO} etw (*in etw acc*) gliedern, etw (*in etw acc*) unterteilen **B** itr pron **1** (*congiungersi*): **articolarsi** (*con qc*) {FEMORE, SPALLA COL BACINO, COL BRACCIO} (*mit etw dat*) (durch ein Gelenk) verbunden sein: **modo in cui si articolano due ossa**, die Art, in der zwei Knochen miteinander verbunden sind **2** (*suddividersi*): **articolarsi** (*in qc*) {INTERVENTO, PERIODO IN DUE PARTI} sich (*in etw acc*) gliedern, sich (*in etw acc*) teilen.

articolàre② agg anat med {CAPSULA, DOLORE} Gelenk-, Glieder-.

articolàto, (-a) agg **1** (*che ha possibilità di articolarsi*) beweglich: **membra articolate**, Glieder n pl **2** fig (*organico*) {DISCORSO, SCRITTO} gegliedert: **un periodo ben(e)/male ~**, ein gut/schlecht gegliederter Satz **3** mecc (*snodabile*) {GIUNTO} verstellbar **4** geog (*frastagliato*) {LINEA COSTIERA} gezackt, zerklüftet.

articolazióne f **1** (*l'articolare*) {+BRACCIA} Bewegung f, Artikulation f **2** anat (*giuntura*) Gelenk n **3** ling (*pronuncia*) {+FONEMA} Artikulation f, Aussprache f **4** mecc tecnol Gelenk n **5** geog {COSTIERA} Gliederung f **6** fig (*suddivisione*) {+DISCORSO, PERIODO} Gliederung f.

articolìsta <-i> m, **-e** f mf giorn Artikelschreiber(in) m(f).

artìcolo m (abbr art.) **1** (*pezzo giornalistico*) {SCIENTIFICO +CRONACA, ECONOMIA, STORIA DELLE RELIGIONI} Artikel m: **~ di apertura/fondo**, Leitartikel m; **~ denuncia**, J'accuse n forb; **~ di terza pagina**, Feuilleton n, Kulturteil m;

pubblicare/scrivere un ~, einen Artikel schreiben/veröffentlichen **2** (*voce*) {+DIZIONARIO, ENCICLOPEDIA} Artikel m **3** *comm* (*oggetto*) {SPORTIVO +ESPORTAZIONE, LUSSO} Artikel m, Ware f: **articoli casalinghi**, Haushaltsartikel m pl; **sono articoli che non trattiamo**, diese Artikel führen wir nicht; **è un ~ che si vende bene**, der Artikel verkauft sich gut; **articoli da viaggio**, Reiseartikel m pl **4** *contabilità* {+BILANCIO} Posten m **5** *dir* {+LEGGE, REGOLAMENTO} Artikel m, Paragraph m: **l'~ 1624 (del) codice civile** (abbr art. 1624 c.c.), Artikel 1624 italienisches Zivilgesetzbuch (abbr Art. 1624 ZGB); **visto l'~...**, nach Einsichtnahme von Artikel ...; {+CONTRATTO} Artikel m, Punkt m, Klausel f **6** *gramm* Artikel m, Geschlechtswort n: **~ determinativo/indeterminativo**, bestimmter/unbestimmter Artikel; **~ partitivo**, Teilungsartikel, partitiver Artikel **7** *relig* {+FEDE} Artikel m, Satz m **8** *fig fam scherz* (*tipo*) Typ m *fam*, Kerl m *fam* **9** *anat bot zoo* {+ORGANO} Abschnitt m ● **essere in ~ di morte** (*in punto di morte*), im Sterben liegen.

Àrtide f *geog* Arktis f.

artière m **1** *lett* (*artigiano*) Handwerker m **2** *mil* Pionier m.

artificiàle agg **1** (*non naturale*) {LAGO, LUCE, PIOGGIA} künstlich **2** *fig* (*falso*) {MODO DI FARE, SORRISO} unnatürlich, gekünstelt *spreg* **3** (*sintetico*) {LANA, SETA} Kunst- **4** *med* {CUORE, FECONDAZIONE, RENE, RESPIRAZIONE} künstlich.

artificialità <-> f *fig* (*falsità*) {+SORRISO} Künstlichkeit f, Unnatürlichkeit f.

artificière m **1** *mil* Munitionstechniker m **2** Pyrotechniker m, Feuerwerker m.

artifìcio <-ci> m **1** (*stratagemma*) Kunstgriff m, Kniff m: **ricorrere a un ~ per ottenere qc**, einen Kunstgriff anwenden, um etw zu erreichen **2** (*ricercatezza*) {+ORATORIA} Finesse f *forb*, Gesuchtheit f **3** (*affettazione*) Geziertheit f, Affektiertheit f: **parlare/scrivere con ~**, affektiert/geziert schreiben/sprechen **4** *lett rar* (*abilità*) Kunstfertigkeit f: **fare qc con mirabile ~**, etw mit bewundernswerter Kunstfertigkeit tun ● **~ di calcolo** *mat*, rechnerischer Kunstgriff; **~ scenico** *teat*, Trick m, Bühneneffekt m, szenischer Effekt.

artificiosità <-> f **1** (*non naturalezza*) {+SITUAZIONE} Künstlichkeit f **2** (*affettazione*) {+GESTO, MODI} Geschraubtheit f *fam spreg*, Affektiertheit f *forb*.

artificióso, (-a) agg **1** (*fatto con artificio*) {RAGIONAMENTO} ausgeklügelt, raffiniert; {ESPEDIENTE} *anche* kunstfertig **2** *forb* (*non spontaneo*) {PAROLE, STILE} gekünstelt *spreg*, gesucht **3** (*affettato*) {PERSONA} affektiert *forb*, unnatürlich.

artifìzio *e deriv* → **artificio** *e deriv*.

artigiàna f → **artigiano**.

artigianàle agg **1** (*dell'artigiano*) {LAVORO, PRODOTTO} handwerklich, Handwerks-; {GELATO} aus Eigenproduktion **2** (*alla buona*) {PACCO} einfach, formlos **3** *spreg* (*poco originale*) {BRANO, QUADRO, VERSI} anspruchslos, einfach, rudimentär *forb*, primitiv.

artigianalità <-> f {+PRODOTTO} Handwerklichkeit f.

artigianàto m **1** (*attività*) Handwerk n: **~ artistico**, Kunsthandwerk n **2** (*categoria*) Handwerkerschaft f **3** (*prodotto*) Handwerksprodukt n.

artigiàno, (-a) **A** agg (*dell'artigiano*) {LAVORO, PRODUZIONE} handwerklich, Handwerks- **B** m (f) Handwerker(in) m(f).

artigliàre <artiglio, artigli> tr (*afferrare con gli artigli*) ~ **qc** {AQUILA PREDA} etw mit seinen Klauen/Krallen packen.

artigliàto, (-a) agg **1** (*con artigli*): **rapace ~**, Greifvogel m **2** (*simile a un artiglio*) {MANO} krallig, krallenartig, krallenförmig.

artiglière m *mil* Artillerist m.

artiglieria f *mil* {+GROSSO CALIBRO} Artillerie f: **~ leggera/pesante**, leichte/schwere Artillerie.

artìglio <-gli> m **1** (*unghia*) {+AQUILA, TIGRE} Kralle f, Klaue f **2** *fig* (*potere*) Klaue f: **cadere negli artigli di qu**, jdm in die Klauen geraten ● **dai, tira fuori gli artigli!** *fig* (*l'aggressività*), sei (einmal) deine Krallen!

artìsta <-i m, -e f> mf **1** (*creatore, autore*) {+RINASCIMENTO} Künstler(in) m(f) **2** (*interprete*) {+CIRCO} Artist(in) m(f); {+RADIO, TELEVISIONE} Künstler(in) m(f): **~ di cartello**, berühmte(r) Künstler(in) m(f); **~ cinematografico**, Filmschauspieler m; **~ lirico**, Opernsänger m; **~ di strada**, Straßenkünstler m; **~ di varietà**, Varieté-Künstler m **3** (*chi esegue molto bene un lavoro*) Künstler(in) m(f): **quel falegname è un vero ~**, dieser Tischler ist ein wahrer Künstler.

artisticità <-> f {+PRODUZIONE} künstlerischer Wert.

artìstico, (-a) <-ci, -che> agg **1** (*che riguarda l'arte e gli artisti*) {ATTIVITÀ, CULTURA} künstlerisch, Kunst-; {AMBIENTE} Künstler-: **un'opera di scarso valore ~**, ein Werk von geringem künstlerischem Wert; **le ricchezze artistiche di un paese**, die Kunstreichtümer eines Landes; (*da artista di circo*) artistisch **2** (*fatto ad arte*) künstlerisch.

art nouveau <- -> *loc sost f franc* arte Jugendstil m; (*in Francia e nei paesi anglosassoni*) Art nouveau f.

àrto m *anat* {INFERIORE, SUPERIORE} Glied n, Gliedmaße f: **~ artificiale**, Prothese f.

artrite f *med* Gelenkentzündung f, Arthritis f *scient*.

artrìtico, (-a) <-ci, -che> *med* **A** agg arthritisch *scient*, Gelenk- **B** m (f) Gichtkranke mf *decl come agg*, Arthritiker(in) m(f).

artroscopìa f *med* (*indagine, intervento*) Arthroskopie f *scient*.

artroscòpio <-pi> m *med* (*strumento*) Arthroskop n *scient*.

artròsi <-> f *med* Arthrose f *scient*, Arthrosis f *scient*.

arturiàno, (-a) agg *lett* (*del re Artù*) {EPOPEA} des Königs Artus.

art work <- -> *loc sost m ingl* (*nella pubblicità*) Artwork n.

arùspice agg *relig etrusca rom* (*sacerdote*) Haruspex m.

aruspicìna f *relig etrusca rom* (*arte divinatoria*) Haruspicin f.

arvìcola f *zoo* Feldmaus f.

arzigogolàre **A** tr (*architettare*) **~ qc** {PIANO, PROGETTO} etw aus|hecken *fam*, etw aus|tüfteln *fam*: **è sempre intento ad ~ qualche malignità**, er ist stets dabei, irgendeine Bosheit auszuhecken *fam* **B** itr (*su qc*) **1** (*sottilizzare*) (*bei etw dat*) Haarspalterei betreiben, (*bei etw dat*) haarspalterisch sein *spreg*: **arzigogolavano su un caso controverso**, sie diskutierten bis in die kleinste Einzelheit einen umstrittenen Fall **2** (*fantasticare*) (*über etw acc*) nach|denken, (*über etw acc*) nach|grübeln: **arzigogolava sul suo futuro**, er/sie grübelte über seine/ihre Zukunft nach.

arzigogolàto, (-a) agg **1** (*ricercato e artificioso*) {DISCORSO} gekünstelt *spreg*, gestelzt *spreg* **2** (*cavilloso*) {GIUSTIFICAZIONE} spitzfindig.

arzìgogolo m **1** (*cavillo*) Spitzfindigkeit f: **non perderti in arzigogoli**, verliere dich nicht in Spitzfindigkeiten **2** (*giro di parole*) Wortspiel n **3** (*trovata fantasiosa*) (phantasievoller) Einfall **4** (*fronzolo*) Firlefanz m *fam spreg*, Schnickschnack m *fam spreg*: **mi piacciono i vestiti semplici, senza tanti arzigogoli**, mir gefallen einfache Kleider, ohne viel Firlefanz/Schnickschnack *fam spreg*.

arzìllo, (-a) agg **1** (*vispo*) lebhaft, munter: **oggi ti vedo molto ~**, heute finde ich dich ausgesprochen munter; {VECCHIETTO} rüstig **2** *scherz* (*brillo*) angeheitert, beschwipst *fam*.

AS *abbr di* Altezza Serenissima: Euere (königliche) Hoheit.

ÀSA **A** f *abbr di* Associazione (italiana) per le Scienze Aeronautiche: "(Italienischer) Verband für Luftfahrtwissenschaften" **B** m *fot abbr dell'ingl* American Standards Association: ASA f.

asbèsto m *min* Asbest m.

asbùrgico, (-a) <-ci, -che> agg (*degli Asburgo*) {MONARCHIA} habsburgisch, Habsburger-.

Asbùrgo m *stor* Habsburg f: **gli ~**, die Habsburger.

àsce pl *di* ascia.

ascèlla f **1** *anat* Achselhöhle f **2** *bot* Blattachsel f.

ascellàre agg **1** *anat* {TEMPERATURA} Achsel-, in der Achselhöhle **2** *bot* Blattachsel-.

ascendentàle agg *anche dir* (*ascendente*) {LINEA, MOTO} aufsteigend.

ascendènte **A** agg **1** (*che sale*) {FASE} aufsteigend, ansteigend **2** *anat astr dir* {AORTA, COLON, MOTO} aufsteigend: **in linea ~**, in aufsteigender Linie **3** *meteo* {CORRENTE, VENTO} aufsteigend **4** *mus* {SCALA} ansteigend **B** mf <*di solito al pl*> (*parenti*) {DIRETTO} Vorfahr(in) m(f) **C** m **1** (*influenza*) Einfluss m: **avere/esercitare un certo/grande ~ su qu**, einen gewissen/großen Einfluss auf jdn haben/ausüben **2** *astrol* Aszendent m: **è un Leone con ~ Cancro**, er/sie ist Löwe, (sein/ihr) Aszendent Krebs.

ascendènza f **1** (*antenati*) {MATERNA, PATERNA} Aszendenz f, Verwandtschaft f in aufsteigender Linie **2** (*origine*) Herkunft f, Abstammung f: **è di ~ operaia**, er/sie kommt aus einer Arbeiterfamilie **3** *fig lett* (*influsso*) {DANTESCA, PASCOLIANA} Einfluss m.

ascèndere <*coniug come* scendere> *itr* <*essere*> **1** *lett* (*salire*) **~ a/per/su qc** {PER UN'ALTURA} zu etw (*dat*) hoch|-, empor|steigen, etw be-, hinauf|steigen; *fig* {AL TRONO} etw besteigen; {AL CIELO} zu etw (*dat*) auf|steigen, {*in etw* (*acc*)}/{*zu etw* (*dat*)} auffahren **2** (*ammontare*) **~ a qc** {DEBITO, SPESA, UTILI A QUALCHE MILIONE} sich *auf etw* (*acc*) belaufen, *etw* betragen **3** *fig* (*innalzarsi*) **~ a qc** {AL GRADO SUPERIORE, AGLI ALTI ONORI} sich *zu etw* (*dat*) erheben, *zu etw* (*dat*) auf|steigen.

ascensionàle agg **1** (*che tende a salire*) {CORRENTE, MOVIMENTO} aufsteigend **2** *aero* {VELOCITÀ} zunehmend.

ascensióne f **1** (*salita*) Aufstieg m; {+PALLONE AEROSTATICO} Auffahrt f **2** *alpin* {+MONTE BIANCO} Besteigung f **3** *relig* Himmelfahrt f: **l'Ascensione**, (Christi) Himmelfahrt f.

ascensóre m Aufzug m, Fahrstuhl m, Lift m: **chiamare/prendere l'~**, den Fahrstuhl rufen/nehmen; **salire in ~**, mit dem Fahrstuhl nach oben fahren.

ascensorìsta <-*i m, -e f*> mf **1** (*manovratore*) Fahrstuhlführer(in) m(f) **2** (*tecnico*) Fahrstuhlmonteur m.

ascèsa f (*il salire*) Aufstieg m: **i prezzi sono in continua ~**, die Preise steigen kontinuierlich; *fig* **~ (a/verso qc)** {+UOMO AI PIÙ ALTI ONORI} Aufstieg m (*zu etw dat*); {AL TRONO} Besteigen n (*von etw dat*), Besteigung f (*von*

ascési ‹-› f Askese f.

ascèsso m *med* (Eiter)geschwür n, Abszess m *scient*.

ascèta ‹-*i* m, -*e* f› mf (*eremita*) Asket(in) m(f): **vivere da ~**, asketisch/enthaltsam leben.

ascètico, (-**a**) ‹-*ci*, -*che*› agg (*contemplativo*) {VITA} asketisch.

ascetismo m *anche fig* (*regola spirituale*) Askese f.

àscia ‹*asce*› f (*attrezzo*) Axt f, Beil n • **disotterrare l'~ di guerra** *fig scherz* (*iniziare una controversia*), das Kriegsbeil ausgraben *scherz*; **fatto con l'~ fig** (*grossolano*), grob, ungehobelt, ungeschliffen.

ascientificità ‹-› f Unwissenschaftlichkeit f.

ascientifico, (-**a**) ‹-*ci*, -*che*› agg unwissenschaftlich.

ASCII f *inform abbr dell'ingl* American Standard Code for Information Interchange (*codifica standard americana per lo scambio di informazioni*) ASCII, USASCII (*Amerikanische Datenübertragungs-Codenorm*).

ascissa f *mat* Abszisse f.

asciugabiancheria ‹-› m o f (Wäsche)trockner m.

asciugacapélli [A] ‹-*inv*› agg: **casco ~**, Trockenhaube f [B] ‹-› m (*fon*) Föhn m, Haartrockner m.

asciugamàno m (*telo*) Handtuch n: **~ da bagno**, Badetuch n; **~ di spugna**, Frottier-, Frotteetuch m.

asciugàre ‹*asciugo*, *asciughi*› [A] tr ‹*avere*› **1** (*rendere asciutto*) **~ qc** (**con qc**) {SUPERFICIE BAGNATA} *etw* (*mit etw dat*) trocken|wischen: **ho asciugato il pavimento con un panno**, ich habe den Fußboden mit einem Putzlappen trockengewischt; {MANI, STOVIGLIE} *etw* (*mit etw dat*) ab|trocknen; {CAPELLI} *anche etw* (*mit etw dat*) trocken|reiben **2** (*prosciugare*) ‹*qc* {CALDO, VENTO CITTÀ, PALUDE, VALLE} *etw* aus|trocknen: **il sole ha già asciugato le strade**, die Sonne hat die Straßen schon getrocknet **3** (*tergere*) **~ qc a qu** (**con qc**) {FRONTE, SUDORE} *jdm etw* (*mit etw dat*) ab|wischen: **le asciugò le lacrime col fazzoletto**, er/sie wischte ihr die Tränen mit dem Taschentuch ab **4** *fig* (*indebolire*) **~ qu** {FATICA, SFORZO} *jdn* entkräften: **il lavoro l'ha completamente asciugato**, die Arbeit hat ihn völlig entkräftet **5** *fig* (*vuotare bevendo*) **~ qc** {BICCHIERE, BOTTIGLIA} *etw* leeren [B] itr ‹*essere*› itr pron (*diventare asciutto*): **asciugarsi** {PANNI, SUPERFICIE BAGNATA} trocknen, trocken werden: **la biancheria stesa al sole asciuga subito**, die in der Sonne aufgehängte Wäsche trocknet sofort [C] rfl **1** (*tergersi*): **asciugarsi sich ab|trocknen: asciugati prima di uscire!**, trockne dich ab, bevor du rausgehst! **2** rfl indir **asciugarsi qc** {MANI, VISO} sich (*dat*) *etw* ab|trocknen.

asciugatóio ‹-*toi*› m **1** (*asciugamano da bagno*) Badetuch n **2** *tecnol* (*essiccatoio*) Trockner m.

asciugatrice f *tecnol rar* (*asciugabiancheria*) (Wäsche)trockner m.

asciugatùra f (*l'asciugare*) {+PIATTI, POSATE} (Ab)trocknen n.

asciugatùtto [A] ‹-› m (*carta molto assorbente*) Küchenrolle f, Saugpapier n [B] ‹*inv*› agg {ROTOLO} Küchen-.

asciuttézza f **1** *rar* (*secchezza*) {+CLIMA} Trockenheit f **2** *fig* (*magrezza*) {+CORPO} Magerkeit f; {+VISO} Hagerkeit f **3** *fig* (*asprezza*) {+MANIERE, STILE} Trockenheit f.

asciùtto, (-**a**) [A] agg **1** (*asciugato*) {ASCIU-GAMANO, SUPERFICIE} getrocknet **2** (*non bagnato*) {CAPELLI, MANI, PAVIMENTO, STOVIGLIE} trocken; {PALUDE, TERRENO} *anche* ausgedorrt, ausgedörrt; {TORRENTE} ausgetrocknet **3** (*secco*) {LABBRA, VENTO} trocken; {SOLE} stechend **4** *fig* (*magro*) hager, mager, drahtig: **una donna alta e asciutta**, eine große, hagere/drahtige Frau **5** *fig* (*brusco*) {MODI, RISPOSTA} trocken, schroff, barsch; {PERSONA} nüchtern, hölzern: **rispondere con tono ~**, trocken/barsch antworten **6** *enol* {VINO} trocken [B] m (*luogo asciutto*) Trockene n decl come agg: **mettere qc all'~**, *etw* ins Trockene bringen [C] avv **1** (*senza liquidi*) trocken: **mangiare ~**, essen, ohne zu trinken; kalt essen **2** *fig* (*in modo secco*) kühl: **disse ~ di no**, er/sie verneinte kühl • **essere/ritrovarsi all'~** *fig* (*senza soldi*), auf dem Trock(e)nen sitzen/sein *fam*, abgebrannt/blank sein *fam*.

ascolàno, (-**a**) [A] agg von/aus Ascoli [B] m (f) (*abitante*) Ascolaner(in) m(f).

ascoltàre [A] tr **1** (*stare a sentire con attenzione*) **~ qu/qc** {ORATORE, LEZIONE} *jdm/etw* zu|hören: **ascoltavo con interesse tutto ciò che il professore diceva**, interessiert hörte ich allem zu, was der Professor/Lehrer sagte; **ascolta!** (*uso assol*), hör zu!; **ascolta, cosa ne pensi di quanto è successo?**, hör mal, was denkst du über das, was passiert ist?; **si udì un rumore, tutti ascoltarono**, man ein Geräusch vernahm, ⌊hörten alle hin⌋/ [lauschten alle] **2** (*assistere*) **~ qc** {MESSA} *etw* (*dat*) bei|wohnen *forb*, *etw* besuchen **3** (*dar retta*) **~ qc** *etw* (*dat*) folgen, *auf etw* (*acc*) hören: **ascolta solo quello che il cuore gli detta**, er hört nur auf die Stimme seines Herzens; **ascolta la voce della coscienza!**, folge der Stimme deines Gewissens!; **~ qu** {CANE, RAGAZZO PADRONE} *auf jdn* hören; **non vuole mai ascoltare i suoi genitori**, er/sie will nie auf seine/ihre Eltern hören; **mi ascolti, lasci perdere!**, hören Sie auf mich und lassen Sie es sein! **4** (*esaudire*) **~ qu/qc** (*DIO PREGHIERA*) *jdn/etw* erhören: **che il cielo vi ascolti!**, euer Wort in Gottes Ohr!, (*auf*) dass der Himmel euch erhöre! **5** *med* (*auscultare*) **~ qc** {MEDICO BATTITO CARDIACO} *etw* ab|horchen, *etw* auskultieren *scient* [B] itr **1** (*prestare attenzione*) zu|hören **2** (*origliare*) **~ (+ compl di luogo)** (*irgendwo*) horchen, (*irgendwo*) lauschen: **ascoltava dietro alla porta**, er/sie lauschte an der Tür.

ascoltatóre, (-**trice**) m (f) (*chi ascolta*) {+RADIO} (Zu)hörer(in) m(f).

ascólto m **1** (*l'ascoltare*) Zuhören n: **dopo un'ora di ~**, nach einer Stunde Zuhören **2** (*attenzione*) Gehör n: **prestare ~ a qu**, *jdm* Gehör schenken **3** *radio TV* (*indice di ~*) Einschaltquote f • **dare/prestare ~ a qu** (*dar retta*), auf *jdn* hören; **essere/mettersi/stare in ~** (*ascoltare*), zuhören; **restate in ~!**, bleiben Sie (weiter) eingeschaltet!; **stare in ~** (*origliare*), lauschen.

AS.COM. f *abbr di* Associazione Commercianti: Händlerverband m.

ascòrbico, (-**a**) ‹-*ci*, -*che*› agg *chim* {ACIDO} Ascorbin-, Askorbin-.

ascrivere ‹*coniug come scrivere*› tr **1** (*annoverare*) **~ qu / tra qu** ⌊/[**in qc**]⌋ {NEL NUMERO, TRA I PARTECIPANTI, TRA I SOCI} *jdn* zu *etw* (*dat*) zählen, *jdn etw* (*dat*) zu|ordnen: **in quella prova fu ascritto fra i migliori**, bei dieser Prüfung zählte er zu den Besten **2** (*attribuire*): **~ il risultato a merito/lode degli studenti**, das Ergebnis als Verdienst der Studenten an|sehen • **la crisi politica a biasimo del cancelliere**, die Verantwortung für die politische Krise ⌊dem Kanzler zuschreiben⌋/[beim Kanzler sehen]; **non so a che cosa – il suo strano comportamento**, ich weiß nicht, worauf sein/ihr seltsames Verhalten zurückzuführen ist.

ascrivibile agg (*attribuibile*) **~ a qc** {ERRORE A DISTRAZIONE} *etw* (*dat*) zuzuschreiben(d), *auf etw* (*acc*) zurückzuführen(d): **una inesattezza ~ alla fretta**, ein Flüchtigkeitsfehler, eine auf die Eile zurückzuführende Ungenauigkeit.

ASE f *giorn abbr di* Associazione Stampa Europea: EPA f; (*abbr di* Europäische Presse Agentur).

asemàntico, (-**a**) ‹-*ci*, -*che*› agg *ling* {UNITÀ} nicht semantisch.

asèpsi ‹-› f *med* Keimfreiheit f, Asepsis f *scient*.

asessuàle agg *biol* {RIPRODUZIONE} ungeschlechtlich.

asessualità ‹-› f (*indifferenza per il sesso*) Asexualität f.

asessuàto, (-**a**) agg **1** (*senza organi sessuali*) geschlechtslos **2** *biol* (*asessuale*) {RIPRODUZIONE} ungeschlechtlich **3** *fig* (*indifferenziato*) undifferenziert.

asèttico, (-**a**) ‹-*ci*, -*che*› agg **1** *med* keimfrei, aseptisch *scient* **2** *fig* (*freddo*) {PERSONA} leidenschaftslos, kalt, kühl; {STILE} steril, kalt, unpersönlich.

asfaltàre tr (*coprire con asfalto*) **~ qc** {PIAZZA, STRADA} *etw* asphaltieren.

asfaltatùra f **1** (*azione*) Asphaltieren n **2** (*superficie*) Asphaltdecke f.

asfàlto m **1** (*miscela di roccia e bitume*) Asphalt m **2** (*superficie*) {+STRADA} Asphaltdecke f.

asfissìa f *med* Erstickung f: **morte per ~**, Erstickungstod m.

asfissiànte agg **1** (*che asfissia*) {GAS} erstickend, Stick- **2** (*soffocante*) {PUZZA} zum Ersticken: **qui c'è un caldo ~**, hier herrscht eine Affenhitze *fam* **3** *fig* (*opprimente*) {ATMOSFERA} erdrückend **4** *fig fam* (*noioso*) aufdringlich, lästig: **non essere così ~ con le tue continue richieste di soldi!**, sei nicht so aufdringlich mit deinen ständigen Geldforderungen!

asfissiàre ‹*asfissio*, *asfissi*› [A] tr ‹*avere*› **1** *med* (*causare asfissia*) **~ qu** (**con qc**) {FUMO, GAS; CON UN CUSCINO} *jdn* (*mit etw dat*) ersticken **2** *fig* (*soffocare*) **~ (qu)** {ARIA VIZIATA, FUMO, ODORE} (*jdn*) ersticken: **c'è una puzza che asfissia**, es herrscht ein Gestank, der einem den Atem verschlägt; hier stinkt's, dass einem die Luft wegbleibt **3** *fig fam* (*infastidire*) **~ qu** (**con qc**) {CON LE PRETESE, CON LE RICHIESTE} *jdn* (*mit etw dat*) nerven *fam*, *jdn* (*mit etw dat*) belästigen, *jdn* (*mit etw dat*) stören: **asfissia tutti con le sue continue domande**, er/sie nervt alle mit seinen/ihren ständigen Fragen *fam* [B] itr ‹*essere*› **1** (*essere colpito da asfissia*) **~ (con/per qc)** {PER IL FUMO, COL GAS} *durch etw* (*acc*)/*wegen etw* (*gen*) ersticken: **rischiò di ~ per la mancanza di ossigeno**, er/sie lief Gefahr, wegen Sauerstoffmangels zu ersticken **2** (*sentirsi mancare il respiro*) **~ (con qc)** {CON L'ARIA VIZIATA, CON L'ODORE} (*bei etw dat*) ersticken: **con tutto questo fumo mi sembra di ~**, bei all diesem Rauch habe ich das Gefühl zu ersticken [C] rfl (*darsi la morte per asfissia*): **asfissiarsi (con qc)** {CON IL GAS DI SCARICO, CON IL METANO} sich (*mit etw dat*) ersticken: **s'è asfissiato col gas**, er hat ⌊sich mit Gas umgebracht⌋/[den Gashahn aufgedreht *fam eufem*].

asfissiàto, (-**a**) [A] agg erstickt [B] m (f) erstickte mf decl come agg • **morire asfissiati**, ersticken.

asfittico, (-**a**) ‹-*ci*, -*che*› agg **1** *med* asphyktisch *scient* **2** *fig* (*poco vitale*) {PROSA} leblos.

Àsia f *geog* Asien n: **~ Minore**, Kleinasien n.
asiàtico, (-a) <-ci, -che> **A** agg (*dell'Asia*) asiatisch **B** m (f) (*abitante*) Asiat(in) m(f) **C** f *med* (*influenza*): **l'~**, asiatische Grippe.
asilànte mf (*rifugiato*) Asylant(in) m(f).
asillàbico, (-a) <-ci, -che> agg *ling* {FONEMA, VOCALE} nicht silbenbildend, asonantisch.
asìlo m **1** (*rifugio*) Zuflucht f, Obdach n *forb*: **chiedere/trovare ~**, ¡um Zuflucht bitten¡/[Zuflucht finden]; **offrire ~ a qu**, jdm Obdach *forb* gewähren **2** (*ricovero*) {NOTTURNO} Asyl n; {+MENDICITÀ, VECCHIAIA} Heim n **3** (*scuola materna*); **~ infantile**, Kindergarten m; **~ nido**, (Kinder)krippe f **4** *dir polit* (*diritto al rifugio*) Asyl n: **chiedere ~ politico**, um politisches Asyl bitten/nachsuchen.
asimmetrìa f (*mancanza di simmetria*) Asymmetrie f.
asimmètrico, (-a) <-ci, -che> agg (*che non ha simmetria*) {ASPETTO, COSTRUZIONE, DISPOSIZIONE} asymmetrisch.
àsina f *zoo* Eselin f.
asinàio <-nai> m **1** (*guidatore*) Eselsführer m, Eseltreiber m **2** (*allevatore*) Eselzüchter m.
asinàta f *fam* (*sciocchezza*) Eselei f *fam*.
asincronìa f (*mancanza di sincronia*) Asynchronie f.
asìncrono, (-a) agg *elettr fis tecnol* asynchron.
asìndeto m *ling* Asyndeton n.
asinerìa f (*asinata*) Eselei f *fam*.
asinésco, (-a) <-schi, -sche> agg *spreg* (*da asino*) {DISCORSO, MANIERE} eselhaft *fam*, töricht *spreg*.
asinìno, (-a) agg **1** (*da asino*) {ORECCHIE} Esels-; {NATURA} Esel- **2** *fig* (*da zotico*) {COMPORTAMENTO, SCHERZO, TESTARDAGGINE} eselhaft *fam*, töricht *spreg* **3** *med* (*tosse*): **tosse asinina**, Keuchhusten m.
àsino m **1** Esel m **2** *fig spreg* (*ignorante*) Esel m, Dummkopf m *spreg*: **sei proprio un ~!**, du bist wirklich ein Esel! *fam*, du bist ein echter Esel! *fam*; **zitto ~!**, sei still, du Esel! *fam* ● **far come l'~ di Buridano** *fig* (*essere indeciso*), sich nicht entscheiden können, wie er ein Buche steht; **essere un ~ calzato e vestito** *fig* (*un grande ignorante*), ein Esel sein, wie er im Buche steht; **qui casca l'~!** *fig* (*questo è il punto critico*), da liegt der Hase im Pfeffer! *fam*, das ist der entscheidende/springende Punkt!; **cercare l'~ ed esserci sopra** *fig* (*cercare affannosamente una cosa che è vicina*), etw vor der Nase haben und es nicht sehen, den Wald vor lauter Bäumen nicht sehen; **essere cocciuto come un ~**, störrisch wie ein (Maul)esel sein; **fare l'~** *fig* (*il cascamorto*), Süßholz raspeln *fam*; **legare l'~ dove vuole il padrone** *fig*, sein Mäntelchen nach dem Wind hängen *spreg*; **~ risalito** *fig* (*persona rozza arricchita*), Neureiche mf decl come agg; **fare come l'~ che porta il vino e beve l'acqua** *fig* (*non sfruttare i risultati del proprio lavoro*), den anderen den Neger machen *fam spreg*, sich für dumm verkaufen lassen, sich ausnützen lassen; **quando gli asini voleranno** *fig* (*mai*), wenn Ostern und Pfingsten auf einen Tag fallen *fam*, am Nimmerleinstag *fam scherz*; **meglio un ~ vivo che un dottore morto** *prov*, lieber dumm leben, als gescheit sterben.
asintàttico, (-a) <-ci, -che> agg *ling* ohne Syntax.
asintomàtico, (-a) <-ci, -che> agg *med* symptomfrei, asymptomatisch.
asìntoto m *mat* Asymptote f.
asìsmico, (-a) <-ci, -che> agg **1** (*non soggetto a terremoti*) {ZONA} erdbebenfrei **2** (*antisismico*) {COSTRUZIONE} erdbebensicher.

asistemàtico, (-a) <-ci, -che> agg {RICERCATORE, PROCEDIMENTO} unsystematisch.
askenazìta <-i m, -e f> *relig ebraica* **A** agg der Aschkenasim, der ost- und mitteleuropäischen Juden, aschkenasisch **B** mf Aschkenas m.
ASL f *amm* abbr *di* Azienda Sanitaria Locale: "Örtliches Gesundheitsamt", ≈ AOK f (abbr *di* Allgemeine Ortskrankenkasse).
àsma m o f *med* Asthma n.
asmàtico, (-a) <-ci, -che> **A** agg **1** *med* (*dell'asma*) {ATTACCO, RESPIRO} asthmatisch **2** *med* (*che soffre d'asma*) an Asthma leidend **3** *fig* (*discontinuo*) {DISCORSO} holp(e)rig; {MOTORE} keuchend **B** m (f) *med* Asthmatiker(in) m(f).
asociàle A agg (*individualista*) {CARATTERE, INDIVIDUO, TEMPERAMENTO} asozial **B** mf (*persona*) Asoziale mf decl come agg: **è proprio un ~**, er ist wirklich ein Asozialer.
asocialità <-> f Asozialität f.
àsola f {+ABITO, CAMICIA} Knopfloch n, Öse f.
aspàrago <-gi> m Spargel m.
Aspartàme® m *farm* Aspartam(e) n.
aspecìfico, (-a) <-ci, -che> agg **1** (*non specifico*) unspezifisch **2** *med* {INFIAMMAZIONE} aspezifisch.
aspèrgere <*coniug come* emergere> tr **~ qc di qc 1** (*spruzzare*) {BARA DI ACQUA BENEDETTA} etw mit etw (dat) besprengen **2** *lett* (*cospargere*) {VISO DI LACRIME} etw mit etw (dat) benetzen.
asperità <-> f **1** (*ruvidità*) {+SUPERFICIE} Rauheit f; {+TERRENO} Unebenheit f **2** *fig* (*durezza*) {+CARATTERE} Schroffheit f; {+STILE} Härte f **3** <*di solito al pl*> (*difficoltà*) {+VITA, ecc*.*} Widrigkeit f.
aspersòrio <-ri *o* -rii> m *relig* Weihwasserwedel m.
aspettàre A tr **1** (*essere in attesa*) **~ (qu/qc)** {EREDITÀ, NOTIZIA} jdn/etw erwarten; {AMICO, GENTE, OSPITI, TELEFONATA} *anche* (*auf jdn/etw*) warten: **non gli resta che aspettare la morte**, ihm bleibt nichts weiter (übrig), als auf den Tod zu warten; **non aspetto nessuno**, ich erwarte niemanden; **aspettiamo che avvenga qualcosa di nuovo**, wir warten darauf, dass etwas Neues passiert; **aspettava da anni il ritorno del padre**, er/sie wartete seit Jahren auf die Rückkehr seines/ihres Vaters; **aspettava l'autobus**, er/sie wartete auf den Bus; **farsi ~**, auf sich warten lassen; **sono due ore che aspetto**, seit zwei Stunden warte ich; **~ a lungo in piedi**, lange im Stehen warten; **è stanco di ~**, er hat es satt zu warten *fam*; **prima di uscire aspettò che il temporale finisse**, bevor er/sie hinausging, wartete er/sie das Gewitter ab **2** (*essere incinta*) **~ (qu)** {DUE GEMELLI} jdn erwarten: **~ un bambino** *fig*, ein Kind erwarten, schwanger sein **B** rfl intens (*prevedere*): **aspettarsi qc (da qu)** {RISULTATO, TANTO} sich (dat) etw (von jdm) erwarten, mit etw (dat) rechnen: **questo non me lo sarei mai aspettato da parte sua**, das hätte ich nicht von ihm/ihr erwartet; **non mi aspettavo di trovarla qui**, ich rechnete nicht damit, sie/Sie hier anzutreffen ● **c'era da aspettarselo!** (*era prevedibile!*), das war zu erwarten!; **me l'aspettavo**, das hatte ich mir gedacht/erwartet, das dachte ich mir; **quando uno meno se lo aspetta**, wenn man es am wenigstens erwartet; **non aspettarsi nulla di buono**, sich (dat) nichts Gutes erwarten; **da loro possiamo aspettarci questo e altro**, bei ihnen können wir uns auf dies und anderes gefasst machen; **qui t'aspettavo!** *fig* (*adesso ti metto alla prova*), jetzt hab ich dich!, hier-auf/darauf habe ich gewartet!; **aspetta e spera!** *fam*, abwarten und Tee trinken! *fam*; **chi la fa l'aspetti** *prov*, wie du mir, so ich dir *prov*.
aspettatìva f **1** <*di solito al pl*> (*attesa*) {+GUADAGNO, SUCCESSO} Erwartung f: **superare/tradire le aspettative**, die Erwartungen übertreffen/enttäuschen; **essere superiore a ogni ~**, alle Erwartungen übertreffen **2** *amm* {+IMPIEGATO, INSEGNANTE} Sonderurlaub m: **essere in ~**, beurlaubt sein; **chiedere due mesi di ~**, zwei Monate Sonderurlaub beantragen; **mettersi in ~ per motivi di salute**, aus gesundheitlichen Gründen unbezahlten Urlaub nehmen ● **~ di vita** *stat*, Lebenserwartung f.
aspètto m **1** (*modo di apparire*) {+PERSONA} Aussehen n, Äußere n decl come agg: **non bisogna giudicare le persone dall'~**, man soll die Leute nicht nach ihrem Aussehen beurteilen; **un uomo di bell'~**, ein gut aussehender Mann; {+CASA, MARE, PAESE} Aussehen n, Erscheinungsbild n, Anblick m; **la città ha cambiato ~**, die Stadt hat ihr Gesicht verändert; **alla luce dei nuovi fatti la faccenda cambia ~**, in Anbetracht der neuen Tatsachen sieht die Sache anders aus; **dall'~ non si direbbe, però in questo ristorante si mangia bene**, so wie's hier aussieht, würde man es nicht sagen, aber in diesem Restaurant isst man gut **2** (*espressione*) {TRISTE, TURBATO} Gesichtsausdruck m, Miene f, Gesicht n **3** *fig* (*lato*) {ECONOMICO, POLITICO} Aspekt m, Seite f, Gesichtspunkt m: **i diversi aspetti di uno stesso problema**, die verschiedenen Aspekte eines Problems; **considerare la questione sotto tutti gli aspetti**, das Problem von allen Blickwinkeln/Seiten beleuchten **4** *astrol* {+PIANETA} Aspekt m **5** *gramm* {+VERBO} Aspekt m ● **all'~** (*all'apparenza*), dem Anschein/Aussehen *obs* nach; **al primo ~** (*a prima vista*), auf den ersten Blick.
aspic <-> m *gastr* Aspik m.
àspide m *zoo* Aspisviper f.
aspirànte A agg **1** saugend, Saug- **2** *tecnol* {POMPA} Saug- **B** mf (*chi aspira*) **~ (a qc)** {AL POSTO, AL TITOLO} Anwärter(in) m(f) (*auf etw* acc), Aspirant(in) m(f) (*für/auf etw* acc); (*alla mano di una donna*) Bewerber m: **è un ~ attore/cantante**, sein Wunsch ist es, Schauspieler/Sänger zu werden; **l'~ al trono di ...**, der Anwärter auf den Thron von ...
aspirapólvere <-> m Staubsauger m: **passare l'~ in camera da letto**, im Schlafzimmer staubsaugen.
aspiràre A tr **1** (*respirare*) **~ qc** {FUMO, PROFUMO} etw ein|atmen: **apri la finestra per ~ un po' di aria fresca**, mach das Fenster auf, damit man ein bisschen frische Luft atmen kann **2** (*risucchiare*) **~ qc con qc** {POLVERE CON L'ASPIRAPOLVERE} etw mit etw (dat) auf|saugen, (*uso assol*) saugen; {BEVANDA CON UNA CANNUCCIA} etw durch etw (acc) saugen: **le pompe hanno aspirato tutta l'acqua**, die Pumpen haben das ganze Wasser angesaugt **3** *ling* **~ qc** {CONSONANTE, SUONO} etw aspirieren, behauchen; **i toscani aspirano la c**, die Toskaner aspirieren das c **B** itr (*anelare*) **~ a qc** {ALL'AMORE} sich *auch* etw (dat) sehnen; {ALLA GLORIA, A UN PREMIO} nach etw (dat) streben, nach etw (dat) trachten *forb*, etw an|streben: **aspira a lasciare la provincia per venire nella capitale**, er/sie hat vor, die Provinz zu verlassen, um in die Hauptstadt zu kommen; **aspira al successo mondano**, er/sie strebt nach gesellschaftlichem Erfolg.
aspiratóre m (*apparecchio*) Sauggerät n; *med* Aspirator m.
aspirazióne f **1** (*inspirazione*) {+ARIA, FU-

MO} Einatmen n **2** *fig* (*desiderio*) Wunsch m: **è la sua più grande ~**, es ist sein/ihr größter Wunsch; **una ragazza piena di aspirazioni**, ein Mädchen, das hoch hinaus will **3** *fig* (*l'anelare*) **~ (a qc)** {AL BENE, ALLA GLORIA, ALLA VIRTÙ} Streben n (*nach etw dat*), Bestreben n **4** *ling* {+SUONO} Aspiration f, Behauchung f **5** *tecnol* {+GAS, LIQUIDI} An-, Absaugen n.
aspirina® f *farm* Aspirin® n.
asportàbile *agg* **1** (*che si può portare via*) entfernbar, abnehmbar: **il frontalino della radio è ~**, die Frontplatte des Radios ist abnehmbar **2** *med* entfernbar.
asportàre *tr* **1** (*portar via*) **~ qc** etw fort|tragen, etw entfernen: **i ladri asportarono un prezioso quadro**, die Diebe entwendeten ein wertvolles Gemälde **2** *med* **~ qc** {RENE, TUMORE} etw entfernen **3** *bot* {ERBACCIA} etw jäten; {PIANTA} etw entfernen.
asportazióne f *med* {+CISTI, POLMONE} Entfernung f, Entfernen n.
aspòrto **A** m (*il portare via*) {+MATERIALE} Abtransport m, Abfuhr f **B** *loc avv*: **da ~** zum Mitnehmen: **pizza da ~**, Pizza zum Mitnehmen.
asprézza f **1** (*al gusto*) {+AROMA, SAPORE} Herbe n, Strenge f, Saure n; {+VINO} Herbheit f **2** (*al tatto*) {+PIETRA, SUPERFICIE} Rauheit f **3** (*all'udito*) {+SUONO} Schrillheit f **4** (*scabrosità*) {+TERRENO} Rauheit f **5** (*rigore*) {+CLIMA} Rauheit f **6** *anche fig* (*difficoltà*) {+PERCORSO} Härte f, Schwierigkeit f: **le asprezze della vita**, die Härten des Lebens **7** *fig* (*durezza*) {+LOTTA} Verbissenheit f, Härte f: **combattere con ~**, verbissen/erbittert kämpfen; (*severità*) {+CARATTERE, MODI} Strenge f.
asprigno, (-a) **A** *agg* **1** (*leggermente acido*) {SAPORE DI UN FRUTTO; VINO} leicht herb, säuerlich **2** *fig* (*rozzo*) {MODI} grob, rau, ruppig *spreg* **3** *fig* (*ostile*) {PAROLE} hart, feindselig **B** m (*leggera asprezza*) {+MELA} Herbe n, Säuerliche n.
àspro, (-a) <superl *fig anche* asperrimo> *agg* **1** (*acerbo*) {VINO} herb; {ODORE, SAPORE DELL'ACETO} *anche* scharf, sauer **2** (*stridente*) {SUONO} schrill **3** (*ruvido*) {PIETRA, SUPERFICIE} rau **4** (*scabroso*) {PAESAGGIO} rau **5** (*rigido*) {CLIMA} rau, streng **6** (*ripido, scosceso*) {TERRENO} uneben, steil: **seguirono un cammino ~ tra le rocce**, sie folgten einem steilen Weg zwischen den Felsen **7** *fig* (*rozzo*) {MODI} rau, grob **8** *fig* (*accanito*) {LOTTA} hart, erbittert, scharf **9** *fig* (*duro*) {PAROLE, TONO} hart **10** (*severo*) {RIMPROVERO} streng; {CRITICA} scharf **11** *ling* scharf.
aspromontàno, (-a) *agg* (*dell'aspromonte*) aus dem Aspromonte.
Ass. 1 *abbr di* assicurazione: Vers. (*abbr di* Versicherung) **2** *abbr di* assicurata: Wertbrief m **3** *abbr di* assegno: Scheck m.
assaggiàre <*assaggio, assaggi*> *tr* **~ qc 1** (*provare*) {BEVANDE, CIBO} etw kosten, etw probieren, *etw* versuchen: **assaggia il brodo e dimmi se va bene di sale**, probier (einmal) die Brühe und sag(e) mir, ob sie gut gesalzen ist; **assaggi questo vino, vedrà quanto è buono!**, probieren Sie (einmal) diesen Wein, Sie werden sehen, wie gut er ist! **2** (*mangiare pochissimo*) {CIBO, PRANZO} *etw* kaum an|rühren: **non ha avuto nemmeno il tempo di ~ la cena**, er/sie hat noch nicht einmal Zeit gehabt, das Abendessen anzurühren **3** (*bere pochissimo*) (*an etw dat*) nippen: **questa sera il vino l'ho appena assaggiato, devo guidare**, heute Abend habe ich an dem Wein nur genippt, ich muss noch fahren **4** *fig scherz* (*provare*) {FRUSTA, PUGNI} *etw* zu spüren bekommen *scherz*: **~ il bastone/le botte**, den Stock zu spüren bekommen *scherz*; Prügel/Schläge bekommen.
assaggiatóre, (-trice) m (f) **1** (*degustatore*) {+CAFFÈ, VINO} Vorkoster(in) m(f), Nahrungsmittelprüfer(in) m(f) **2** (*saggiatore*) {+METALLI PREZIOSI} Prüfer(in) m(f).
assaggino <*dim di* assaggio> m **1** (*piccolo assaggio*) Kostpröbchen n, Häppchen n **2** (*in negozi di alimentari*) Kostprobe f.
assàggio <-*gi*> m **1** (*l'assaggiare*) Kosten n, Probieren n: **dare/prendere qc in ~**, eine Kostprobe von etw (*dat*) reichen/nehmen **2** (*piccola quantità*) {+BEVANDA, CIBO} Kostprobe f **3** (*campione*) {+MERCE} Probe f **4** *fig* (*prova*) {+BRAVURA, CAPACITÀ} Probe f.
assài **A** *avv* **1** (*abbastanza*) genug: **averne ~ di qu/qc**, genug von jdm/etw haben **2** (*molto*) (*con agg e avv*) sehr, viel: **è ~ complicato**, das ist äußerst kompliziert; **~ volentieri**, sehr gern; (*con verbi*) sehr, viel; **ha fatto ~ per i suoi parenti**, er/sie hat viel für seine/ihre Verwandten getan; **mi sono stancata ~**, ich habe mich sehr angestrengt; (*con comparativi*) viel; **~ meglio/peggio**, viel besser/schlechter **3** *iron* (*nulla*) nichts: **m'importa ~ di lui!**, auf ihn lege ich gerade Wert! *iron* **B** <*inv*> *in funzione di agg* (*molto*) viel: **ho avuto ~ fastidi**, ich hatte viel Ärger **C** <-> *in funzione di sost* m **1** <*solo pl*> (*parecchi*) viele pl decl come agg: **sono ~ quelli che ne sono convinti**, viele sind davon überzeugt **2** (*molto*) viel, große Menge: **per guadagnare l'~ avventurano il poco**, in der Hoffnung, viel zu verdienen, setzen sie das Wenige, was sie haben, aufs Spiel.
assàle m *autom tecnol* Achse f.
assalìre <*irr assalgo o assalisco, assalii o assalsi, assalito*> *tr* **1** (*aggredire*) **~ qu** {NEMICO} jdn an|greifen, jdn an|fallen, jdn überfallen: **assalì l'avversario alle spalle**, er/sie fiel den Gegner von hinten an; *fig* **~ qu (con qc)** {CON INSULTI, CON RICHIESTE} jdn mit etw (*dat*) überfallen, *über jdn* (*mit etw dat*) her|fallen: **lo assalì con le sue domande**, er/sie fiel ihn mit seinen/ihren Fragen **2** (*dare l'assalto*) **~ qc** {CITTADELLA, FORTEZZA} etw stürmen, *etw* an|greifen **3** *fig* (*invadere*) **~ qu** {IRA, ODIO, RIMORSO} jdn überkommen: **la passione lo assalì**, die Leidenschaft überkam ihn **4** *fig* (*sopravvenire*) **~ qu** {FEBBRE, MALATTIA} jdn überfallen, jdn befallen: **lo assalì un attacco di tosse**, er bekam einen Hustenanfall.
assalitóre, (-trice) m (f) (*aggressore*) Angreifer(in) m(f).
assaltàre *tr* (*dare l'assalto*) **~ qu/qc** {RAPINATORI, TRUPPE BANCA, TRENO} jdn/etw überfallen; {FORTEZZA, POSTAZIONI NEMICHE} *anche etw* stürmen: **i sioux assaltarono la diligenza in mezzo al deserto**, die Sioux-Indianer überfielen die Postkutsche mitten in der Wüste.
assaltatóre, (-trice) m (f) (*aggressore*) Angreifer(in) m(f).
assàlto **A** m **1** (*azione violenta*) **~ (a qc)** {ALLA BANCA, ALLA GIOIELLERIA} Überfall m (*auf etw acc*); *mil* {+FORTEZZA, NAVE; AL FORTE} Überfall m (*auf etw acc*), Angriff m (*auf etw acc*): **truppe d'~**, Angriffstruppen f, Sturmtruppen f pl, Landungstruppen f pl; {AL BOTTEGHINO, AL TRENO} Sturm m (*auf etw acc*) **2** *fig* (*manifestazione violenta*) {+MALE} Anfall m: **l'~ del dubbio/ricordo lo colse impreparato**, die Wucht des Zweifels/[der Erinnerung] traf ihn unvorbereitet, [der Zweifel]/[die Erinnerung] traf ihn unvorbereitet **3** *sport* (*nella scherma*) Gang m, Gefecht n **B** *loc inter impr*: **all'~!**, Attacke! **C** <*inv*> *loc agg giorn*: **d'~**, {FINANZIERE, PRETORE} hartnäckig ● **andare all'~ di qu/qc**, jdn/etw angreifen; *fig* auf etw (*acc*) Sturm laufen; ₍**dare l'~ a**₎/[**prendere d'~**] **qu/qc** (*aggredirlo*), jdn/etw überfallen, *etw* in Sturm nehmen; (*conquistarlo*), jdn/etw im Sturm erobern; *fig* (*affrontarlo con decisione*), sich jdm stellen, etw in Angriff nehmen; **prendere d'~ qc** *fig* (*invaderlo*), etw stürmen.
assaporàre *tr* **~ qc 1** (*gustare con voluta lentezza*) {BEVANDA, CIBO, SIGARETTA} *etw* genießen: **assaporava il suo tè in silenzio**, er/sie genoss in Ruhe seinen/ihren Tee; {FERIE, VENDETTA} *etw* aus|kosten **2** *fig* (*gustare spiritualmente*) {PAROLA, SENSAZIONE, SUONO} *etw* genießen: **finalmente assaporava la libertà ritrovata**, endlich genoss er/sie die wiedergefundene Freiheit.
assassina f → **assassino**.
assassinàre *tr* **1** (*uccidere*) **~ qu** {NEMICO, RAPINATORE} jdn ermorden, jdn um|bringen, *er/sie* jdn töten: **l'ha assassinato nel sonno**, er/sie hat ihn im Schlaf ermordet **2** *fig* (*danneggiare*) **~ qu/qc** {FAMA, REPUTAZIONE} jdn/etw ruinieren: **l'hanno assassinato nell'onore**, sie haben ihn in seiner Ehre getroffen **3** *fig* (*rovinare*) **~ qc (con qc)** {COMMEDIA, LAVORO, POESIA} *etw* (*durch etw acc*) verhunzen *fam spreg*, *etw* (*durch etw acc*) verschandeln *fam*: **ha assassinato il brano musicale con una pessima esecuzione**, er/sie hat das Musikstück durch eine miserable Interpretation verhunzt *fam spreg*.
assassìnio <-*ni*> m **1** (*omicidio*) {POLITICO} Mord m: **commettere un ~**, einen Mord begehen; {BRUTALE} Mord m, Ermordung f **2** *fig* (*sconcio*) Verschandelung f *fam*, Verhunzung f *fam spreg*.
assassìno, (-a) **A** *agg* **1** (*che uccide*) {MANO} Mörder-; {ARMA, TENDENZE} Mord- **2** *fig* (*seducente*) {OCCHIATA} verführerisch **3** *fig* (*opprimente*) {FREDDO} höllisch *fam*, beißend **4** *fig spreg* (*faticoso*) {LAVORO} Knochen- *fam*, sehr anstrengend **B** m (f) **1** (*omicida*) Mörder(in) m(f): **la polizia ha arrestato l'~**, die Polizei hat den Mörder verhaftet **2** *fig* {+PARTITURA} Verunstalter(in) m(f), Verhunzer(in) m(f) *fam spreg* **3** *fig spreg* (*scellerato*) Frevler(in) m(f) *forb*.
assatanàto, (-a) *agg rom* **1** (*indemoniato*) {SGUARDO} besessen **2** (*eccitato*) aufgeheult *volg*, lüstern *forb*, scharf *fam*, geil *spreg*.
àsse① f (*tavola di legno*) Brett n: **~ di equilibrio** *sport*, Schwebebalken m; **~ per lavare**/[**la pasta**], Wasch-/Nudelbrett n; **ammucchiare le assi nel magazzino**, Bretter im Lager anhäufen; **~ da stiro**, Bügelbrett n; **~ del trampolino** *sport*, Sprungbrett n ● **essere chiuso fra quattro assi** *fig* (*nella bara*), in der Kiste liegen *fam*.
àsse② m **1** *arch astr bot fis geol mat mecc tecnol* Achse f: **l'~ delle ascisse/ordinate**, Abszissen-/Ordinatenachse f, x-/y-Achse; **~ cartesiano** *mat*, kartesianische Achse; **~ fisso/rotante** *mecc*, ₍feststehende Achse₎/[Rotationsachse] f; **fuori ~** *arch astr bot fis geol mat mecc tecnol*, von der Achsenlinie abweichend; **~ ottico** *fis*, optische Achse; **~ di rotazione** *mat*, Rotationsachse f; **~ stradale**, Verkehrsachse f; **l'~ della Terra**, Erdachse f **2** *stor* (*alleanza*): **l'Asse**, Achse f; **l'Asse Roma-Berlino**, die Achse Rom-Berlin ● **essere l'~ di qc** *fig* (*essere la base*), die Grundlage von etw (*dat*) sein.
àsse③ m *dir* (*patrimonio*) Vermögen n: **~ ecclesiastico/patrimoniale**, Kirchen-/Gesamtvermögen n; **~ ereditario**, Erbschaft f, Nachlass m.
assecondàre *tr* **1** (*favorire*) **~ qc** {DESIDERI} *etw* erfüllen, *etw* befriedigen, *etw* (*dat*) entsprechen; {PROGETTO, SFORZI, TENTATIVO} *etw* unterstützen, *etw* fördern: **assecondò in**

tutto e per tutto le ricerche, er/sie unterstützte die Forschungen in jeder Hinsicht 2 (*soddisfare*) ~ **qu/qc** {ESIGENZA, RICHIESTA} *jdn/etw* unterstützen, *etw* (dat) nach|kommen *forb*: **non bisogna ~ tutti i capricci di un bambino**, man muss nicht auf alle Launen eines Kindes eingehen; **i genitori lo assecondavano in tutto**, die Eltern unterstützten ihn in allem 3 (*seguire*) ~ **qc** {RITMO DELLA MUSICA, TEMPO} *etw* (dat) folgen.

assediàre <*assedio, assedi*> tr 1 mil (*circondare*) ~ **qu/qc** {TRUPPE CASTELLO, CITTÀ, PIAZZAFORTE} *jdn/etw* belagern: **l'esercito nemico assediava anche l'ultima roccaforte**, die feindliche Armee belagerte auch die letzte Hochburg; {ACQUA} {FUOCO} *jdn/etw* umzingeln: **le fiamme li assediavano da ogni parte**, die Flammen umzingelten sie von allen Seiten 2 *fig* (*attorniare*) ~ **qu/qc** {FOLLA ATTORE, CANTANTE, UFFICIO} *jdn/etw* umlagern, *jdn/etw* belagern *fam*, *jdn/etw* umringen: **i viaggiatori assediavano gli sportelli della biglietteria**, die Reisenden ⌊belagerten/bestürmten⌋ die Fahrkartenschalter *fam*⌊/standen vor den Fahrkartenschaltern Schlange⌋ 3 *fig* (*infastidire*) ~ **qu con qc** {CON OFFERTE} *jdn mit etw* (dat) bedrängen, *jdn mit etw* (dat) bestürmen: **lo assediano con continue richieste di denaro**, sie bedrängen ihn mit unablässigen Geldforderungen 4 *fig fam* (*importunare*) ~ **qu** {DONNA} *jdn* belästigen: **smetti di ~ quella povera ragazza!**, hör auf (damit), das arme Mädchen zu belästigen!

assediàto, (-a) Ⓐ agg 1 (*circondato*) belagert: ~ **dalla neve**, eingeschneit 2 *fig* (*importunato*) bedrängt, belästigt Ⓑ m (f) Belagerte mf decl come agg.

assèdio <-*di*> m 1 mil *anche fig* Belagerung f: **togliere l'~ a una città**, die Belagerung einer Stadt aufheben; **cingere d'~ una città**, eine Stadt belagern; **i fotografi cinsero d'~ la casa**, die Fotografen belagerten das Haus *fam*; **i ricordi lo strinsero d'~**, die Erinnerungen bedrängten ihn 2 *comm* {ECONOMICO} Blockade f.

assegnaménto m 1 (*aggiudicazione*) {+PREMIO} Zuerkennung f 2 (*stanziamento*) {+SOMMA} Bewilligung f 3 *fig* (*affidamento*) Vertrauen n: **fare ~ su qu**, auf jdn zählen/bauen, sich auf jdn verlassen.

assegnàre tr 1 (*dare*) ~ **qc a qu** {CAMERA, UFFICIO AL DIRETTORE} *jdm etw* zu|weisen, *jdm etw* zu|teilen: **gli hanno assegnato il suo posto a tavola**, man habe ihm seinen Tischplatz zugewiesen; {COMPITO AGLI STUDENTI, LEZIONE} *jdm etw* auf|geben; {BENE, PAGAMENTO, SOMMA} *jdm etw* zu|weisen; {PROPRIETÀ} *anche jdm etw* zu|erkennen; {DOTE} *jdm etw* ausjsetzen: ~ **una parte in un lascito a qu**, jdm einen Teil vermachen; {CREDITO, PENSIONE} *jdm etw* gewähren, *jdm etw* bewilligen; *jdm etw* einjräumen; ~ **qc a qc** {CREDITI ALLA RICOSTRUZIONE} *etw zu qc* (dat) bestimmen 2 (*stabilire*) ~ **qc** (*per qc*) {SCADENZA, TERMINE PER LA CONSEGNA} *etw* (*für etw* acc) fest|setzen: **hanno assegnato sei ore per il compito in classe**, sie haben sechs Stunden für die Klassenarbeit festgesetzt 3 (*conferire*) ~ **qc a qu/qc** {PREMIO, RICONOSCIMENTO A UN LIBRO, A UNO SCRITTORE} *jdm/etw etw* zu|erkennen, *jdm/etw etw* verleihen, *etw an jdn/etw* vergeben; {DIO DONO DELLA PAROLA, VITA} *jdm etw* verleihen, *jdm etw* schenken 4 (*affidare*) ~ **qc a qu** {IMPEGNO} *jdm etw* an|vertrauen, *jdm mit etw* (dat) betrauen: **il lavoro che gli è stato assegnato non gli si confà**, die Arbeit, die ihm anvertraut wurde, ist nichts für ihn 5 (*destinare*) ~ **qu a qc** {DIPENDENTE A UN COMPITO, A UN LAVORO} *jdm etw* zu|weisen; {A UN UFFICIO} *jdn etw* (dat) zu|weisen: **lo assegna-**

rono al reparto spedizioni, sie wiesen/teilten ihn der Versandabteilung zu 6 lett (*addurre*) ~ **qc a sostegno di qu/qc** *etw* in den Dienst *von/etw* stellen.

assegnatàrio, (-a) <-*ri* m> m (f) *dir* (*beneficiario*) {+CASA, TERRENO} Empfänger(in) m(f).

assegnazióne f 1 (*il dare*) {+CAMERA, DOTE, POSTO, RENDITA, SOMMA, UFFICIO} Zuweisung f: **fu decisa l'~ dell'incarico al più anziano del gruppo**, man entschied, den Auftrag dem Ältesten der Gruppe anzuvertrauen; {+COMPITO A SCUOLA} Aufgeben n 2 (*aggiudicazione*) ~ (*a qu*) {+PREMIO} Zuerkennung f (*an jdn*), Vergabe f (*an jdn*), Verleihung f (*an jdn*) 3 (*destinare*) ~ **a qc** {A UN UFFICIO} Zuweisung f *zu etw* (dat): ~ **a un compito**, die Zuweisung einer Aufgabe 4 *dir* {+BENI} Zuteilung f, Zuweisung f.

asségno m 1 *banca comm* (abbr Ass.) Scheck m: ~ **in bianco/postale/(s)barrato**, Blanko-/Post-/Verrechnungsscheck m; ~ **circolare**, Rundscheck m; **girare/emettere/riscuotere un ~**, einen Scheck girieren/ausstellen/einlösen; **un ~ di mille euro**, ein Scheck über tausend Euro; ~ **fuori/su piazza**, ⌊Fern-/Versandscheck⌋/[Platzscheck] m; ~ **postdatato**, zurückdatierter Scheck; ~ **scoperto/[a vuoto]**, ungedeckter Scheck; ~ **non trasferibile**, nicht übertragbarer Scheck, Rektascheck m; ~ **turistico**, Reisescheck m 2 (*assegnazione*) Zuwendung f, Unterstützung f, Beihilfe f: ~ **alimentare**, Unterhalt(szuschuss) m; **assegni familiari**, Familienzulage f, Kindergeld n; ~ **mensile**, Monatsscheck m, monatliche Zuwendung; ~ **di studio**, Studien-, Ausbildungsbeihilfe f 3 (*rendita*) Rente f 4 *post* Nachnahme f: **gravare di ~**, per Nachnahme versenden, mit Nachnahme belasten; **pagamento/pagare contro ~**, Zahlung/Zahlen per Nachnahme.

assemblage <-> m *franc arte* Assemblage f.

assemblàggio <-*gi*> m 1 *fig arte* Assemblage f 2 *inform* Assembling n, Assemblieren n 3 *tecnol* Zusammensetzen n, Montage f.

assemblàre tr 1 (*sottoporre ad assemblaggio*) ~ **qc** {PARTI, PEZZI} *etw* zusammen|setzen, *etw* montieren 2 *inform etw* zusammen|stellen.

assemblatóre, (-*trice*) Ⓐ agg *inform* {PROGRAMMA} Assembler- Ⓑ m (f) (*operaio*) Montagearbeiter(in) m(f).

assemblèa f 1 (*riunione*) {+AZIONISTI, OPERAI, STUDENTI} Versammlung f: ~ **aperta**, Versammlung f mit offener Diskussion; **convocare/sciogliere l'~**, die Versammlung einberufen/auflösen; ~ **fiume**, Mammutversammlung f, Mammutsitzung f; ~ **generale/plenaria**, Plenum n; ~ **ordinaria/straordinaria**, ordentliche/außerordentliche Versammlung 2 *amm polit* Versammlung f: ~ **legislativa/parlamentare**, ⌊gesetzgebende Versammlung⌋/[Parlamentsversammlung].

assembraménto m (*adunata*) {+CURIOSI, GENTE} Zusammenkunft f, Ansammlung f: **sciogliere un ~**, eine Ansammlung auflösen.

assembràre itr itr pron (*radunarsi*) *assembrarsi* (+ **compl di luogo**) sich (*irgendwo*) an|sammeln, sich (*irgendwo*) versammeln: **la folla si assembrava intorno all'incidente**, am Unfallort sammelte sich eine Menschenmenge (an).

assennatézza f (*saggezza*) {+INTERVENTO, PERSONA, PROPOSTA} Besonnenheit f, Vernünftigkeit f.

assennàto, (-a) agg (*saggio*) {DECISIONE, DISCORSO, PERSONA} besonnen, vernünftig: **per la sua età è molto ~**, für sein/ihr Alter

ist er/sie sehr besonnen/vernünftig.

assènso m 1 (*approvazione*) Zustimmung f, Einverständnis n: **cenno/mormorio di ~**, ⌊Zeichen des Einverständnisses⌋/[zustimmendes Raunen]; **dare/negare il proprio ~**, seine Zustimmung geben/versagen 2 *dir* (*autorizzazione*) ~ **a qc** {+GENITORI} Zustimmung f *zu etw* (dat): ~ **al matrimonio della figlia minorenne**, Zustimmung f zur Heirat der minderjährigen Tochter.

assentàrsi itr pron (*rimanere assente*): ~ (**da qc**) sich (*aus/von etw* dat) entfernen: **si è assentato dal proprio ufficio per qualche minuto**, er hat sich für einige Minuten aus seinem Büro entfernt.

assènte Ⓐ agg 1 (*non presente*) ~ (**da/a qc**) {DA SCUOLA} (*in etw* dat) abwesend; {A UNA RIUNIONE} (*bei etw* dat) abwesend 2 (*inesistente*) fehlend: **qui è del tutto ~ un'organizzazione razionale**, was hier vollkommen fehlt, ist eine vernünftige Organisation 3 (*distratto*) {ESPRESSIONE, SGUARDO} abwesend Ⓑ mf 1 *anche dir* (*chi non è presente*) Abwesende mf decl come agg 2 *eufem* (*defunto*) Tote mf decl come agg.

assenteìsmo m 1 (*assenza*) Fehlen n, Fernbleiben n, Abwesenheit f; (*dal lavoro, per malattia*) Krankfeiern n; (*dal lavoro senza motivo*) Blaumachen n *fam*, unentschuldigtes/notorisches *forb spreg* Fernbleiben 2 *polit sociol* (politisch-soziale) Interesselosigkeit, (politisch-soziales) Desinteresse.

assenteìsta <-*i* m, -*e* f> mf 1 (*lavoratore*) Drückeberger(in) m(f) *fam spreg*, Krankfeierer m *spreg* 2 *polit sociol* (politisch-sozial) desinteressierter Mensch.

assentìre <*assento*> itr (*dare l'assenso*) ~ (**a qc**) (**con qc**) {A UNA RICHIESTA} (*etw* dat) (*mit etw* dat) zu|stimmen: **assentì con un cenno della testa alla proposta**, er/sie stimmte dem Vorschlag mit einem Kopfnicken zu.

assènza f 1 (*non presenza*) ~ (**da qc**) {DAL LAVORO, DA SCUOLA} Abwesenheit f (*von etw* dat), Fehlen n (*von etw* dat): **fare troppe assenze**, zu häufig fehlen; ~ **ingiustificata**, unentschuldigtes Fehlen; **in sua ~ la sostituisco**, in ihrer Abwesenheit vertrete ich sie 2 (*inesistenza*) {+SAPORE} Mangel m: ~ **d'aria**, Mangel m an Luft, Luftmangel m; ~ **di buona volontà**, Mangel m an gutem Willen.

assenziènte agg (*consenziente*) zustimmend: **si sono sposati assenzienti i genitori**, sie haben mit Zustimmung der Eltern geheiratet; **tua madre ~**, wenn deine Mutter zustimmt.

assènzio <-*zi*> m 1 *bot* Wermut m 2 (*liquore*) Absinth m 3 *fig lett* (*amarezza*) {+VITA} Bitterkeit f.

asserìre <*asserisco*> tr (*affermare*) ~ **qc** *etw* behaupten, *etw* versichern: **asserisce di essere stato malato**, er behauptet fest, krank gewesen zu sein; ~ **qc in giudizio**, etw vor Gericht behaupten/versichern/beteuern.

asserragliàre <*asserraglio, asserragli*> Ⓐ tr (*sbarrare*) ~ **qc** {STRADA, VIA} *etw* sperren; {USCIO} *etw* versperren Ⓑ rfl 1 (*barricarsi*): **asserragliarsi** + **compl di luogo** {GENTE, TRUPPE IN CASA, SUL MONTE, SUL PONTE} sich (*irgendwo*) verbarrikadieren 2 *fig* (*ostinarsi*): **asserragliarsi in/su qc** {SULLE PROPRIE POSIZIONI} *auf etw* (dat) beharren: **si è asserragliato nel più completo mutismo**, er hat sich in vollkommenes Schweigen gehüllt.

assertivo, (-a) agg *lett* (*affermativo*) {PROPOSIZIONE} behauptend, bejahend.

assèrto m (*asserzione*) Behauptung f, Beteuerung f.

assertóre, (-*trice*) m (f) (*sostenitore*) {+FEDE, INDIPENDENZA, LIBERTÀ} Befürwor-

asservimento ter(in) m(f), Verfechter(in) m(f): **assertori di un sistema di liberalismo economico**, Befürworter eines liberalistischen Wirtschaftssystems.

asservimento m (*sottomissione*) ~ **a qu/qc** {AL PADRONE, AL POTERE, ALLO STRANIERO} Unterwerfung f *unter jdn/etw*; *fig* {+ISTINTO ALLA RAGIONE} Unterwerfung f *unter etw* (acc).

asservire <*asservisco*> **A** *tr* (*assoggettare*) ~ **qu/qc** {GENTE, PAESE, POPOLO} *jdn/etw* unterwerfen; *fig* ~ **qc (a qc)** {ISTINTI ALLA RAGIONE, MATERIA, TEORIA} *etw* (*etw* dat) unterwerfen **B** *rfl* (*sottomettersi*): **asservirsi (a qu/qc)** {AL NEMICO, AL POTERE} sich *jdm/etw* unterwerfen.

asserzione f **1** (*l'affermare*) {+DATO DI FATTO, VERITÀ} Behauptung f, Beteuerung f: **i fatti hanno giustificato le sue asserzioni**, die Ereignisse haben seine/ihre Behauptungen gerechtfertigt **2** (*dichiarazione*) Behauptung f: **un'~ falsa e gratuita**, eine falsche und unbegründete Behauptung; {+TESTIMONI} Aussage f.

assessorato m *polit* **1** (*ufficio*) ~ **a qc** {ALL'AMBIENTE} Referat n *für etw* (acc); ~ **alla cultura**, Kulturreferat n **2** (*durata*) Amtszeit f (des Referenten).

assessore, (*fam scherz* -**a**) **A** m (f) *polit* Referent(in) m(f): ~ **alla cultura/sanità**, Kultur-/Gesundheitsreferent(in) m(f) **B** m *stor* (*giudice popolare*) {+CORTE D'ASSISE} Beisitzer m, Assessor m.

assestamento m **1** (*sistemazione*) {+AFFARI} Regelung f, Ordnen n **2** (*regolazione*) {+TIRO} Einstellung f **3** *edil* {+MATTONI, PIETRE} Setzung f **4** *geol* Senkung f: **movimenti/scosse di ~**, Nachbeben n/Bodensetzung f.

assestare A *tr* ~ **qc 1** (*regolare*) {CARICA, MECCANISMO, MIRA, TIRO} *etw* ein|stellen **2** (*mettere in ordine*) {CAMERA, CASA, SCRIVANIA} *etw* in Ordnung bringen, *etw* auf|räumen; *fig* {AFFARI} *etw* regeln, *etw* in Ordnung bringen **3** (*dare*) ~ **qc a qu** {CEFFONE, COLPO, SBERLA, SCHIAFFO ALL'AMANTE} *jdm etw* versetzen **B** *itr pron edil geol* (*consolidarsi*): **assestarsi** {COSTRUZIONE, SUOLO} sich setzen: **dopo la frana il terreno si è assestato**, nach dem Erdrutsch hat sich der Erdboden gesetzt **C** *rfl* **1** (*mettersi a posto*): **assestarsi (+ compl di luogo)** {IN MACCHINA, SULLA SEDIA} es sich (dat) (*irgendwo*) bequem machen: **si assestò bene sulla poltrona**, er/sie machte es sich auf dem Sessel bequem **2** *fig*: **assestarsi sich erholen**: **dopo l'acquisto della casa non si è ancora assestato finanziariamente**, seit dem Hauskauf hat er sich finanziell noch nicht erholt.

assestata f (*il riordinare o il riordinarsi*) Aufräumen n, Ordnen n: **dare un'~ alla casa**, die Wohnung schnell aufräumen, zu Hause klar Schiff machen *fam*; **darsi un'~ prima di uscire**, sich vor dem Ausgehen schnell herrichten/[frisch machen].

assestato, (-**a**) *agg* **1** *rar* (*ordinato*) {CASA, UFFICIO} geordnet **2** *fig* (*assennato*) {GIOVANE, RAGAZZA} besonnen.

asset <-> m *ingl econ* Asset n.

asset allocation <*inv*> *loc sost* f *ingl econ* Asset Allocation f.

assetare *tr* **1** (*ridurre alla sete*) ~ **qu** *jdn* durstig machen: **la lunga marcia sotto il sole ci ha assetati**, der lange Marsch unter der Sonne hat uns durstig gemacht; ~ **qu/qc** {CALDO, SICCITÀ CITTÀ, PAESE, PIANTE} *jdn/etw* fast verdursten lassen **2** *fig lett* (*rendere bramoso*) ~ **qu (di qc)** {CURIOSITÀ, IRA, VIRTÙ DI CONOSCENZA, DI GIUSTIZIA} *jdn* begierig/durstig *nach etw* (dat) machen, *jdn nach etw* (dat) lechzen lassen: **lo asseta un gran desiderio di vendetta**, ein großer Rachedurst *forb* erfüllt ihn.

assetato, (-**a**) **A** *agg* **1** (*che ha sete*) durstig: **essere terribilmente ~**, schrecklich durstig sein **2** (*che ha bisogno d'acqua*) {CAMPI, PIANURA, TERRENO} ausgetrocknet **3** *fig* (*avido*) gierig, durstig: ~ **di denaro**, geldgierig *spreg*; ~ **di sangue**, blutdurstig *forb*, blutrünstig; ~ **di sapere**, wissensdurstig **B** m (f) Durstige mf decl come agg, Dürstende mf decl come agg *forb* • **dar da bere agli assetati** *bibl*, den Durstigen zu trinken geben.

assettare A *tr* **1** (*sistemare*) ~ **qc** {CASA} *etw* auf|räumen, *etw* in Ordnung bringen: **assettò la camera prima di uscire**, bevor er/sie aus dem Haus ging, räumte er/sie sein/ihr Zimmer auf **2** (*collocare*) ~ **qc + compl di luogo** {BOTTIGLIE, PIATTI} *etw* irgendwohin räumen, *etw* irgendwohin legen: **assettò i libri sopra il tavolo**, er/sie räumte/legte die Bücher auf den Tisch **B** *rfl* (*mettersi in ordine*): **assettarsi** sich zurecht|machen, sich fertig machen: **si assettò e uscì**, er/sie machte sich fertig und ging aus; *indir* **assettarsi qc** {CAPELLI, VESTITO} sich (dat) *etw* zurecht|machen, *etw* in Ordnung bringen.

assetto m **1** (*sistemazione*) {+STANZA} Ordnung f: **dare ~ a qc**, etw in Ordnung bringen, etw ordnen **2** *mil* (*equipaggiamento*) Ausrüstung f: (*tenuta*) Austattung f **3** (*ordinamento*) {POLITICO, TERRITORIALE; +GOVERNO} Ordnung f: **il futuro ~ dell'Europa**, die zukünftige Ordnung Europas **4** *aero mar* {+NAVE} Trimm m, Trimmlage f, Trimmung f **5** *autom* Lage f, Position f: ~ **di guida**, Sitzposition f • **essere bene/male in ~** *fig* (*in buone/cattive condizioni*), in gutem/schlechtem Zustand sein; **essere in ~ di guerra** anche fig, in voller Kriegsausrüstung sein; ~ **proprietario**, Besitzordnung f; ~ **societario**, Gesellschaftsordnung f.

asseverare *tr* **1** *lett* (*affermare*) ~ **qc** {NOTIZIA, FATTO} *etw* bekräftigen, *etw* bestätigen; {VERITÀ DI UN'AFFERMAZIONE} *etw* beteuern **2** *amm* (*vistare*) ~ **qc** {TRADUZIONE} *etw* bestätigen, *etw* beeiden.

Assia f *geog* Hessen n.

assiale *agg geol mat* axial.

assiano, (-**a**) **A** *agg* hessisch **B** m (f) (*abitante*) Hesse m, (Hessin f).

assicella <*dim di asse*①> f Brettchen n.

assicurare A *tr* **1** (*garantire*) ~ **qc (a qu)** {AVVENIRE, LAVORO, PACE, SUCCESSO} *jdm etw* sichern, *jdm etw* gewährleisten, *jdm etw* garantieren; {RETRIBUZIONE} *anche etw* sicher|stellen: **ti assicuro che le cose sono andate come ti ho detto**, ich versichere dir, dass alles so gelaufen ist, wie ich dir gesagt habe; **mi ha assicurato di non dire nulla**, er/sie hat mir versichert, nichts zu sagen **2** (*fissare*) ~ **qc (a qc) con qc**, ~ **qc a qc (con qc)** {FINESTRA CON DEI GANCI, PALO CON DELLA CORDA} *etw mit etw* (dat) (*an etw* dat) befestigen, *etw mit etw* (dat) (*an etw* dat) fest|machen: **assicurò la bicicletta al cancello con una catena**, er/sie machte das Fahrrad mit einer Kette am Tor fest **3** *alpin* ~ **qu/qc** {COMPAGNO DI CORDATA, FUNE} *jdn/etw* ab|sichern **4** *dir* (*stipulare un'assicurazione*) ~ **qu/qc contro qc** {CONTRO I FURTI, CONTRO GLI INFORTUNI} *jdn/etw* (*gegen etw* acc) versichern: **assicurò l'appartamento contro l'incendio**, er/sie versicherte die Wohnung gegen Brand,/[schloss eine Feuerversicherung für die Wohnung ab]; ~ **qu sulla vita**, für jdn eine Lebensversicherung abschließen **5** *mar* (*legare*) ~ **qc** {BARCA, BOMA, REMO} *etw* fest| machen: **assicurai il canotto in coperta**, ich machte das Boot auf Deck fest **6** *post* ~ **qc** {LETTERA, PACCO, PLICO} *etw* als Wertsendung schicken **B** *rfl* **1** (*accertarsi*): **assicurarsi di qc** {DELLA CORRETTEZZA DI QU, DELLA PRESENZA DI QU} sich *etw* (gen) versichern, sich *von etw* (dat) überzeugen, sich *etw* (gen) vergewissern: **si assicuri che non manchi nulla**, überzeugen Sie sich davon, dass nichts fehlt **2** *indir* (*garantirsi*): **assicurarsi qc** {LAVORO} sich (dat) *etw* sichern: **mette da parte denaro per assicurarsi una vecchiaia tranquilla**, er/sie legt Geld beiseite, um sich (dat) ein ruhiges Alter zu sichern **3** *alpin*: **assicurarsi a qc** {ALLA CORDA} sich *an etw* (dat) ab|sichern **4** *dir*: **assicurarsi contro qc** {CONTRO IL FURTO, CONTRO L'INCENDIO} sich (*gegen etw* acc) versichern: **assicurarsi sulla vita**, eine Lebensversicherung abschließen.

assicurata f *post* (*abbr* Ass.) Wertbrief m: **fare un'~**, eine Wertsendung schicken.

assicurato, (-**a**) **A** *agg* **1** (*garantito*) {AVVENIRE, POSTO, SUCCESSO} gesichert **2** (*fissato*) ~ **a qc** {AL PALO} *an etw* (dat) festgemacht **3** *dir* ~ **contro qc** {CONTRO IL FURTO, CONTRO GLI INCENDI} *gegen etw* (acc) versichert **4** *post* als Wertsendung geschickt **B** m (f) Versicherte mf decl come agg, Versicherungsnehmer(in) m(f).

assicuratore, (-**trice**) **A** *agg dir* {COMPAGNIA, ENTE, SOCIETÀ} Versicherungs- **B** m (f) (*persona*) Versicherungsvertreter(in) m(f), Versicherungskaufmann m, (Versicherungskauffrau f).

assicurazione f **1** (*garanzia*) {+AFFETTO DI QU} Versicherung f, Beteuerung f; {+RIMBORSO} Gewährleistung f, Garantie f: **ci ha dato ~ che sarebbe venuta**, sie hat uns versichert, dass sie kommen würde **2** *arch* {+BALCONE, EDIFICIO} Abstützung f **3** *dir* (*contratto*, *abbr* Ass) ~ (**contro qc**) {CONTRO IL FURTO, CONTRO L'INCENDIO, CONTRO LE MALATTIE} Versicherung f (*gegen etw* acc): **essere coperto da un'~**, Versicherungsschutz haben, versichert sein; ~ **contro i danni**, Schadensversicherung f; **fare/stipulare un'~**, eine Versicherung abschließen; ~ **contro gli infortuni**, Unfallversicherung f; ~ **della responsabilità civile**, Haftpflichtversicherung f; ~ **sanitaria privata**, private Krankenversicherung f; ~ **sulla vita**, Lebensversicherung f.

assideramento m *med* Erfrierung f: **morire per ~**, erfrieren.

assiderare A *tr* <*avere*> *anche med* (*gelare*) ~ **qu/qc** {GHIACCIO, NEVE, VENTO FORTE, GERMOGLI} *jdn/etw* erfrieren lassen: **il freddo ha assiderato le pianticelle**, die Pflänzchen sind durch die Kälte erfroren; **il gelo gli ha assiderato un dito del piede**, durch den Frost ist ihm ein Zeh erfroren; **la tramontana ci aveva assiderati**, durch den Nordwind sind wir vor Kälte fast erfroren **B** *itr* <*essere*> ~ (**per qc**), *itr pron*: **assiderarsi (per qc)** {PER IL FREDDO} (*vor etw* dat) erfrieren: **si sono quasi assiderati per il gelo**, sie sind vor Kälte fast erfroren; **la notte scorsa credevo di ~**, gestern Nacht glaubte ich zu erfrieren; *med* sich (dat) (*durch etw* acc) Erfrierungen zu|ziehen.

assiderato, (-**a**) *agg anche med* (*gelato*) erfroren: **morire assiderati**, erfrieren; **sono ~** *fam*, mir ist eiskalt.

assidersi <*irr mi assido, mi assisi, ti assidesti, assiso*> *itr pron lett* **1** (*mettersi a sedere*): ~ **su qc** {SULLO SCRANNO, SUL SEGGIO, SUL TRONO} sich *auf etw* (dat) nieder|lassen, *auf etw* (dat) Platz nehmen **2** (*posarsi*): ~ (+ **compl di luogo**) {ANIMALI} sich (*irgendwo*) nieder| lassen **3** (*essere sito*): ~ + **compl di luogo** {CITTÀ} *irgendwo* liegen.

assiduità <-> f **1** (*perseveranza*) {+ATTENZIO-

NI, CURE} Ausdauer f, Beharrlichkeit f: **~ nella lettura/nello sport**, Ausdauer f beim Lesen/Sport; **~ nello studio**, Fleiß m beim Lernen **2** (*frequenza abituale*) regelmäßiger Besuch: **frequentare una casa con ~**, viel in einem Haus verkehren, oft in einem Haus zu Besuch sein.

assìduo, (-a) agg **1** (*costante*) {CURE} unermüdlich; {LAVORO, LETTURA} *anche* ausdauernd, beharrlich; (*regolare*) {FREQUENTATORE, VISITATORE} ständig, dauernd, unermüdlich; {CLIENTE} Stamm- **2** (*diligente*) ~ (*in/a qc*) {NELLO/ALLO STUDIO} *in/bei etw* (dat) beständig, *in/bei etw* (dat) fleißig.

assième Ⓐ avv (*insieme*) zusammen: **mettere/riunire/stare/uscire ~**, zusammenstellen/zusammentun/[zusammen sein]/[zusammen ausgehen] Ⓑ prep: **~ a/con qu/qc** (zusammen) mit jdm/etw: **verrò ~ a te**, ich komme mit dir Ⓒ <-> m **1** (*complesso*) Gesamtheit f: **l'~ delle costruzioni forma una perfetta simmetria**, die Gesamtheit der Gebäude ergibt eine perfekte Symmetrie **2** *mus teat* {ORCHESTRALE} Ensemble n.

assiepàre Ⓐ tr **1** *lett* (*cingere con siepi*) **~ qc** {CAMPO, TERRENO} *etw* mit einer Hecke umschließen **2** *fig* (*affollare*) **~ qc** {GENTE, PIAZZA, STAZIONE, STRADA, ecc.} *etw* überfüllen Ⓑ itr pron (*affollarsi*): **assieparsi** (+ **compl di luogo**) sich (*irgendwo*) zusammen|drängen: **assieparsi intorno a qu/qc**, sich um jdn/etw drängen, jdn/etw umzingeln.

assillànte agg **1** (*pressante*) {LAVORO} aufreibend **2** {CREDITORE} hartnäckig; {PENSIERO} quälend.

assillàre tr (*tormentare*) **~ qu** (**con/di qc**) (**a causa di qc**) {CURIOSITÀ, PENSIERO} *jdn* (*mit etw* dat) (*wegen etw* gen) quälen; {CREDITORE CON/DI RICHIESTE} *jdn* (*mit etw* dat) (*wegen etw* gen) bedrängen: **lo assillavano con domande insistenti**, sie bedrängten ihn mit aufdringlichen Fragen.

assìllo m **1** *fig* (*tormento*) {+MORTE} quälender Gedanke: **~ del gioco/guadagno**, innerer Zwang/Drang, [zu spielen,]/[Geld zu verdienen]; **avere l'~ dei debiti**, wegen der Schulden keine Ruhe finden; **~ del lavoro**, Arbeitswut f, Arbeitseifer m; **è il suo ~**, das ist seine/ihre ständige Sorge **2** *zoo* (*insetto*) Bremse f, Stechfliege f.

assimilàbile agg **1** (*assorbibile*) {ALIMENTO, SOSTANZA} assimilierbar: **una nozione facilmente ~**, ein Wissen, das man sich leicht aneignen kann **2** (*paragonabile*) **~ a qc** {SITUAZIONE A UN'ALTRA} *mit etw* (dat) vergleichbar.

assimilabilità <-> f {ELEMENTO} Assimilierbarkeit f.

assimilàre Ⓐ tr **1** *fig* (*far proprio*) **~ qc** {ABITUDINI, FATTI, NOZIONI} sich (dat) *etw* an|eignen, sich (dat) *etw* zu Eigen machen *forb*; {IDEE} *etw* auf|greifen: **ha assimilato rapidamente gli elementi essenziali della matematica**, er/sie hat sich die mathematischen Grundkenntnisse sehr schnell angeeignet **2** *fig* (*integrare*) **~ qu** {MINORANZA ETNICA} *jdn* assimilieren **3** *biol* (*assorbire*) **~ qc** {PROTEINE, SALI, SOSTANZE, VITAMINE} *etw* assimilieren, *etw* auf|nehmen; (*uso assol*) zu|nehmen, Nahrung verwerten: **assimilo molto**, ich nehme leicht zu **4** *lett* (*considerare simile*) **~ qc** {CARATTERISTICHE, FATTI} *etw* vergleichen, *etw* gleich|stellen: **non si possono ~ pareri tanto diversi**, so unterschiedliche Meinungen kann man nicht miteinander vergleichen **5** *ling* **~ qc** {SUONO, VOCALE} *etw* assimilieren Ⓑ itr pron *ling*: **assimilarsi** assimiliert werden, sich an|gleichen.

assimilativo, (-a) agg (*atto ad assimilare*) {CAPACITÀ, FACOLTÀ} Assimilations-.

assimilàto, (-a) Ⓐ part pass *di* assimilare Ⓑ agg assimiliert.

assimilazióne f **1** *fig* (*apprendimento*) {+COGNIZIONI} Aufnahme f, Aneignung f; {+PRINCIPI} Aufgreifen n, Übernahme f: **capacità di ~**, Aufnahmefähigkeit f **2** *fig* (*integrazione*) {+EMIGRATI, MINORANZE} Assimilation f, Integration f **3** *fig* (*comparazione*) {+CONCETTI, FATTI} Vergleichen n, Gleichstellung f **4** *biol ling* {+SOSTANZE} Assimilierung f, Aufnahme f; {+ALIMENTI} *anche* Verwertung f.

assiòma <-i> m *anche filos mat* Axiom n.

assiomàtico, (-a) <-ci, -che> agg **1** (*evidente*) {PRINCIPI, VERITÀ} axiomatisch, unanfechtbar, unanzweifelbar **2** *filos mat* {TRATTAZIONE} axiomatisch.

assìro, (-a) *stor* Ⓐ agg assyrisch Ⓑ m (f) (*abitante*) Assyrer(in) m(f) Ⓒ m <solo sing> (*lingua*) Assyrisch(e) n.

assiro-babilonése <- -i> agg *stor* {CIVILTÀ} assyrisch-babylonisch.

assìse f pl **1** *dir* (*Corte d'Assise*) (italienisches) erstinstanzliches Schwurgericht **2** *fig* (*assemblea*) (Voll)versammlung f: **le ~ di un partito politico**, die Vollversammlung einer politischen Partei.

Assìsi m *geog* Assisi n.

assist <-> m *ingl sport* (nel calcio, nella pallacanestro) Vorlage f.

assistéi 1ª pers sing del pass rem *di* assistere.

assistentàto m *amm* **1** (*carica*) Assistentenstelle f **2** (*durata*) Assistenzzeit f.

assistènte Ⓐ agg Assistenz- Ⓑ mf (*aiutante*) Assistent(in) m(f): **~ di bordo**, Steward(ess) m(f); **~ di laboratorio**, Laborassistent(in) m(f); **~ ospedaliero**, Assistenzarzt m, (Assistenzärztin f); **~ alla regia**, Regieassistent(in) m(f); **~ sanitario**, "wer in der Gesundheitsfürsorge arbeitet"; **~ di scena**, Fernsehstudioassistent(in) m(f); **~ sociale**, Sozialarbeiter(in) m(f); **~ universitario**, (Hochschul)assistent(in) m(f).

assistènza f **1** (*aiuto*) Betreuung f, Hilfe f, Beistand m: **fare/prestare ~ a qu**, jdm Beistand/Hilfe leisten; **~ finanziaria**, Kapitalhilfe f; **~ medica**, ärztliche Betreuung; **richiedere l'~ di qu**, jds Hilfe anfordern **2** (*organizzazione*) Fürsorge f: **~ alla clientela** *comm*, Kundendienst m; **~ legale** *dir*, Rechtsbeistand m; **~ religiosa**, religiöser Beistand; **~ sanitaria**, Gesundheitsfürsorge f, medizinische Versorgung; **~ sociale**, (Sozial)fürsorge f, Sozialhilfe f; **~ tecnica** *comm*, Kundendienst m; **~ al volo** *aero*, Flugsicherheitsdienst m **3** (*presenza*) {+AVVOCATO, PUBBLICO, TESTIMONE} Anwesenheit f ● **mutua ~**, gegenseitige Hilfeleistung f.

assistenziàle agg (*di soccorso*) {ATTIVITÀ, OPERE} Hilfs-, Fürsorge-.

assistenzialìsmo m *polit* (Entartung f des) Wohlfahrtsstaat(es) m *spreg*.

assistenzialìsta <-i m, -e f> agg *anche polit* {POLITICA} wohlfahrtsstaatlich *spreg*.

assistenzialìstico, (-a) <-ci, -che> agg (*dell'assistenzialismo*) {REGIME} wohlfahrtsstaatlich, Wohlfahrtsstaat-.

assistenzialità <-> f Fürsorglichkeit f.

assistenziàrio <-ri> m (*istituto*) Fürsorgeamt n, Wohlfahrtsamt n *fam*.

assìstere <coniug come esistere> Ⓐ tr **~ qu** **1** (*aiutare*) {ANZIANO, POVERO} *jdm* helfen, *jdm* bei|stehen **2** (*curare*) {INFERMIERE FERITO, MALATO, MORIBONDO} *jdn* pflegen, *jdn* betreuen, sich *um jdn* kümmern; {MEDICO} *jdm* ärztlichen Beistand leisten **3** (*coadiuvare*) {CAPOUFFICIO IMPIEGATO} *jdm* assistieren; {NEGOZIANTE CLIENTE} *jdm* behilflich sein **4** *dir* {AVVOCATO CLIENTE} *jdm* Rechtsbeistand leisten: **~ legalmente qu**, jdm Rechtsbeistand leis-

ten Ⓑ itr (*essere presente*) **~ a qc** {A UNA CONFERENZA, A UN INCONTRO DI CALCIO, A UNA LEZIONE, ALLA MESSA} *etw* (dat) bei|wohnen *forb*, *an etw* (dat) teil|nehmen, *bei etw* (dat) anwesend/zugegen sein.

assistìto, (-a) Ⓐ agg **1** (*nella sanità*) unterstützt **2** (*nelle assicurazioni*) betreut **3** *inform* gesteuert, gestützt; **~ dal calcolatore**, computergestützt Ⓑ m (f) **1** (*nella sanità*) Betreute mf decl come agg **2** (*nelle assicurazioni*) Versicherte mf decl come agg **3** (*da un avvocato*) Klient(in) m(f).

assìto m *lett* **1** (*parete*) Bretterwand f **2** (*pavimento*) Dielenboden m.

àsso① m **1** (*nei giochi di carte*) Ass n: **~ di cuori/fiori/picche/quadri**, Herz-/Kreuz-/Pik-/Karoass m; **avere/buttare/pescare l'~**, das Ass haben/werfen/ziehen; (*nei giochi di dadi*) Eins f **2** *fig* (*campione*) Ass n *fam*, Größe f, Kanone f *fam*: **un ~ del ciclismo**, ein Crack des Radsports; **un ~ dello sport**, ein Sportkanone *fam*, ein Sportass *fam*; **un ~ del volante**, ein fantastischer Autofahrer; **è sempre stato un ~ della fisica**, er war immer ein Ass in Physik *fam* ● **avere l'~ nella manica** *fig* (*elemento a proprio favore sconosciuto agli altri*), einen Trumpf in der Hand haben; **~ pigliatutto** (*nei giochi di carte*), Ass sticht alle Karten; **fare l'~ pigliatutto** *fig* (*chi sfrutta una situazione favorevole*), alles einstreichen/einsacken/einheimsen *fam*, ganz schön dreist sein.

àsso② loc avv: **in ~** im Stich: **lasciare/piantare qu in ~**, jdn im Stich lassen, jdn sitzen lassen, jdn hängen lassen *fam*; **piantare tutto in ~**, alles hinschmeißen *fam*; **restare/rimanere in ~**, allein bleiben, im Stich gelassen werden, sitzen bleiben.

associàre <associo, associ> Ⓐ tr **1** (*rendere partecipe*) **~ qu a qc** {AGLI AFFARI, ALL'IMPRESA, AL LAVORO} *jdn* als Teilhaber *in etw* (acc) auf|nehmen; {A UN PARTITO} *jdn* als Mitglied *in etw* (acc) auf|nehmen **2** (*mettere insieme*) **~ qu/qc** {UN GRUPPO DI AMICI} *jdn/etw* verein(ig)en, *jdn/etw* zusammen|bringen; *comm* {CAPITALI} *etw* vereinigen **3** *fig* (*collegare*) **~ qc** {IDEE} *etw* miteinander verbinden, *etw* miteinander verknüpfen, *etw* assoziieren; **~ qc a qc** *etw* mit *etw* (dat) in Verbindung/Zusammenhang bringen: **associava la sua immagine a un periodo felice**, mit seinem/ihrem Bild assoziierte er/sie eine glückliche Zeit **4** (*trasferire*) **~ qu/qc a qc** {ALLE CARCERI, ALLA CHIESA, AL CIMITERO} *jdn/etw in etw* (acc) überführen Ⓑ rfl **1** (*iscriversi*): **associarsi a qc** {A UN PARTITO} *etw* (dat) bei|treten, *in/bei etw* (dat) Mitglied werden: **mi sono associato al circolo di tennis**, ich bin Mitglied im Tennisclub geworden **2** (*unirsi*): **associarsi a qu/qc, con qu/qc (a qc)** {ALL'IMPRESA, ALL'INIZIATIVA} sich *jdm/etw* an|schließen, sich *mit jdm/etw* (zu etw) zusammen|schließen; *fig*: **associarsi a qu/qc** sich *jdm/etw* an|schließen: **ci associamo alla vostra opinione**, wir schließen uns eurer Meinung an; **ci associamo a voi nell'esprimere il nostro disappunto**, wir teilen eure Enttäuschung **3** (*assumere come socio*): **associarsi qu (in qc)** {FIGLIO NELLA DITTA} *jdn an etw* (dat) beteiligen **4** (*sottoscrivere*): **associarsi a qc** {A UN GIORNALE} *etw* subskribieren **5** *fig* (*partecipare*): **associarsi a qc** {AL DOLORE DI QU, ALLA FELICITÀ DI QU, AL LUTTO DI QU} *an etw* (dat) teil|haben, *an etw* (dat) teil|nehmen, *etw* teilen: **tutti i colleghi si associano alla vostra gioia**, alle Kollegen freuen sich mit euch Ⓒ rfl rec (*unirsi*): **associarsi** sich vereinigen, sich verbinden, sich zusammen|schließen: **le due ditte si sono associate per fronteggiare la concorrenza estera**,

die beiden Firmen haben sich zusammengeschlossen, um der ausländischen Konkurrenz entgegenzutreten.
associativo, (-a) agg *anche mat psic* {MEMORIA, PROPRIETÀ, QUOTA} assoziativ.
associàto, (-a) **A** agg 1 (*collegato*) ~ (*a qc*) {IDEE} mit etw (dat) verknüpft 2 (*componente di un'associazione*) zugehörig, zugehörig 3 *università* {PROFESSORE} außerordentlich **B** m (f) *università* außerordentliche(r) Professor(in).
associazióne f 1 (*unione*) {+PERSONE} Vereinigung f, Verein m, Bund m; {POLITICA} *anche* Assoziation f: ~ **artistica/sportiva**, Kunst-/Sportverein m; ~ **di beneficenza**, Wohltätigkeitsverein m; ~ **di categoria**, Berufsverband m; ~ **a delinquere**, kriminelle Vereinigung; ~ **segreta**, Geheimbund m; ~ **sovversiva**, Untergrundorganisation f, terroristische Vereinigung; ~ **di stampo mafioso**, Mafia-Vereinigung f 2 (*iscrizione*) Beitritt m: **quota di** ~, Vereinsbeitrag m, Vereinsgebühr f; ~ **a un club**, Vereinsbeitritt m 3 (*trasferimento*) {+DEFUNTO, DETENUTO} Überführung f: ~ **alle carceri/alla chiesa**, Überführung f ⌊ins Gefängnis⌋/[in die Kirche] 4 *astr*: ~ **stellare**, Sternhaufen m 5 *biol* {MICROBICA} Verband m 6 *dir* Vereinigung f: **diritto di** ~, Recht n, Vereinigungen zu bilden; **libertà di** ~, Vereinigungsfreiheit f 7 *med* {+DIVERSI FARMACI} (*gleichzeitige*) Verabreichung f, Kombination f 8 *anche bot mat psic* (*collegamento*) {+IDEE, IMMAGINI, RICORDI} Assoziation f *forb*: **libera** ~, freie Assoziation *forb.*
associazionìsmo m 1 *polit* {CATTOLICO, OPERAIO} Gruppenbildungstendenz f 2 *psic* Assoziationstheorie f.
assodaménto m 1 (*consolidamento*) {+TERRENO} Befestigung f, Konsolidierung f 2 *fig* (*accertamento*) {+POSIZIONE} Stärkung f, Festigung f.
assodàre **A** tr ~ *qc* 1 (*rendere sodo*) {SICCITÀ TERRENO} etw hart machen; {ARGINE, MURO} etw befestigen; {STRADA} etw feststampfen; {UOVO} etw hart kochen 2 *fig* (*consolidare*) {CARATTERE, INGEGNO, POSIZIONE} etw stärken, etw festigen 3 *fig* (*accertare*) {FATTO, NOTIZIA} etw feststellen, etw überprüfen; {VERITÀ} etw ermitteln **B** itr pron: **assodarsi** 1 (*divenir sodo*) {CEMENTO, COLLA, GESSO, MALTA} hart werden 2 *fig* (*rafforzarsi*) {CARATTERE, INGEGNO, POSIZIONE} sich stärken, sich festigen.
assoggettaménto m 1 (*sottomissione*) {+POPOLO} Unterwerfung f: ~ **alla legge**, Unterwerfung f unter das Gesetz 2 (*costrizione*) Zwang m, Nötigung f: ~ **dei cittadini alle tasse**, die Bürger der Steuerpflicht unterziehen.
assoggettàre **A** tr 1 (*sottomettere*) ~ *qu/qc* (*a qc*) {NAZIONE, NEMICO, POPOLO} jdn/etw (dat) unterwerfen 2 (*sottoporre*) ~ *qu/qc a qc* {A MALTRATTAMENTI, A VESSAZIONI} jdn/etw (dat) aussetzen; *econ* {CITTADINI ALLE TASSE} jdm etw aufbürden; {MERCE AL DAZIO} etw (dat) auferlegen, etw auf etw (acc) erheben **B** rfl: **assoggettarsi a qc** 1 (*sottomettersi*) {A UNA NORMA, A UNA REGOLA} sich etw (dat) unterwerfen: **si è assoggettato alla sua autorità**, er hat sich seiner/ihrer Gewalt gebeugt 2 (*sottoporsi*) {A UNA CURA} sich etw (dat) unterziehen 3 (*adattarsi*) sich in etw (acc) fügen: **assoggettarsi a fare qc**, sich darin fügen, etw zu machen; **si assoggettarono contro voglia ad andare in esilio**, sie fügten sich wider Willen darin, ins Exil zu gehen.
assolàto, (-a) agg (*soleggiato*) {STANZA, STRADA} sonnig.
assoldàre tr ~ *qu* 1 (*prendere a servizio*) {SICARIO, SPIA} jdn dingen *forb spreg* 2 *mil* {MERCENARI, UOMINI} jdn anwerben, jdn in Sold nehmen.
assòlo <-> m 1 *mus* (*CORALE, STRUMENTALE* +FLAUTO, TENORE, VIOLINO) Solo n, Solopart m: **eseguire un** ~, ein Solo singen/spielen; *teat* (+BALLERINO) Solo n 2 *fig* (*azione individuale*) {+ATLETA, SPORTIVO} Alleingang m, Solo n *slang.*
assòlsi 1ª pers del pass rem *di* assolvere.
assòlto part pass *di* assolvere.
assolutaménte avv 1 (*senz'altro*) unbedingt: **vuole** ~ **vedervi**, er/sie will euch unbedingt sehen; (*in frasi negative*) keineswegs: **non voleva** ~ **criticarti**, er/sie wollte dich keineswegs kritisieren 2 (*del tutto*) absolut, völlig, ganz: **è** ~ **impossibile**, das ist absolut/völlig/ganz unmöglich; (*in frasi negative*) überhaupt nicht, gar nicht; **non ha capito** ~ **niente**, er/sie hat überhaupt/gar nichts verstanden.
assolutézza f Absolutheit f.
assolutìsmo m *polit* Absolutismus m.
assolutìsta <-i m, -e f> *polit* **A** agg absolutistisch **B** mf Absolutist(in) m(f).
assolutìstico, (-a) <-ci, -che> agg *polit* {GOVERNO, REGIME, TENDENZE} absolutistisch.
assolutizzàre tr ~ *qc* 1 (*considerare unico*) etw verabsolutieren 2 (*portare alle estreme conseguenze*) etw verabsolutieren.
assolutizzazióne f 1 (*l'assolutizzare*) Verabsolutierung f 2 (*estremizzazione*) Verabsolutierung f.
assolùto, (-a) **A** agg 1 (*senza limiti*) {GOVERNO, MONARCHIA} absolut: **maggioranza assoluta**, absolute Mehrheit; {LIBERTÀ} absolut, unbeschränkt; {POTERE} unumschränkt; {VOLONTÀ} entschieden, unbeugbar; {FEDE} blind; **aveva un'assoluta fiducia nelle sue capacità**, er/sie hatte volles Vertrauen in seine/ihre Fähigkeiten 2 (*generale*) {VERITÀ} absolut 3 (*totale*) {SILENZIO} vollkommen, völlig: **ha un'assoluta padronanza di sé**, er/sie hat eine vollkommene Selbstbeherrschung 4 (*urgente*) {NECESSITÀ} unbedingt: **ho un bisogno** ~ **di vederti**, ich muss dich unbedingt sehen 5 *fig* (*drastico*) {DECISIONE, RISOLUZIONE} drastisch 6 *chim* {ALCOL, ESSENZA} rein 7 *dir* {DIRITTI} absolut 8 *fis* {SPIRITO} absolut 9 *fis mat meteo* {DENSITÀ, MOTO, PESO SPECIFICO, UMIDITÀ} absolut 10 *gramm* {ABLATIVO, GENITIVO} absolut: **uso** ~ **di un verbo**, absoluter Gebrauch eines Verbs 11 *film teat* {PRIMA (VISIONE)} Ur- **B** m 1 *filos* Absolute n decl come agg: **il concetto/la ricerca dell'**~, ⌊der Begriff des⌋/[die Suche nach dem] Absoluten 2 *sport* (*campionati assoluti*) Nationalmeisterschaften f pl **C** loc avv: **in** ~ 1 (*senza limitazione o condizione*) absolut: **ciò vale in** ~, das gilt uneingeschränkt 2 *comm* absolut, uneingeschränkt, ohne aufschiebende Klausel.
assolutòrio, (-a) <-ri m> agg *dir* {SENTENZA, VERDETTO} auf Freispruch lautend.
assoluzióne f 1 *dir* Freispruch m: **l'imputato sperava nell'**~, der Angeklagte hoffte auf einen Freispruch 2 *relig* Absolution f: **ricevere l'**~ **dei peccati**, die Absolution empfangen.
assòlvere <*irr* assolvo, assolsi, assolto> tr 1 (*compiere*) ~ *qc* {COMPITO, DOVERE, FUNZIONE} etw erfüllen, etw (dat) nachkommen 2 (*liberare*) ~ *qu da qc* {DA UN IMPEGNO, DA UN OBBLIGO, DA UNA PROMESSA} jdn von etw (dat) entbinden, jdn von etw (dat) befreien 3 *rar* (*pagare*) ~ *qc* {DEBITO} etw begleichen 4 *dir* ~ *qu* {GIUDICE IMPUTATO} jdn freisprechen: **il tribunale ha assolto l'imputato**, das Gericht hat ⌊den Angeklagten freigesprochen⌋/[auf Freispruch erkannt] 5 *relig* (*rimettere*) ~ ⌊*qu* (*da qc*)⌋/[*qc* (*a qu*)] {CONFESSORE, PRETE PENITENTE, PECCATO AL PENITENTE} jdn (von etw dat) lossprechen, jdm die Absolution (von etw dat) erteilen.
assomiglianza f (*somiglianza*) Ähnlichkeit f.
assomigliàre <assomiglio, assomigli> **A** tr *rar* <*avere*> 1 (*paragonare*) ~ *qu/qc a qu/qc* {DONNA A UN ANGELO, LA MORTE AL SONNO} jdn/etw mit jdm/etw vergleichen 2 (*render simile*) ~ *qu/qc a qu/qc* {ISTINTO UOMO ALLA BESTIA} jdn/etw jdm/etw ähnlich machen, jdn/etw zu jdm/etw machen **B** itr <*essere o avere*> (*essere simile*) ~ *a qu/qc* {FIGLIA ALLA MADRE; VILLA A UN CASTELLO} jdm/etw ähneln, jdm/etw gleichen, jdm/etw ähnlich sehen **C** rfl rec (*essere simile*): **assomigliarsi** {COSE, PERSONE} sich ähneln, sich gleichen, sich ähnlich sehen, ähnlich sein: **padre e figlio si assomigliano come due gocce d'acqua**, Vater und Sohn ähneln sich wie ein Ei dem anderen; **i due racconti si assomigliano molto**, die zwei Erzählungen ⌊ähneln sich sehr⌋/[sind sehr ähnlich].
assommàre① **A** tr <*avere*> (*riunire*) ~ *qc* {VIRTÙ E VIZI} etw in sich vereinen; ~ *qc* (*in qc*) {VIVACITÀ E RIFLESSIONE NEL PROPRIO CARATTERE} etw in etw (dat) vereinen; ~ *qc a qc* {DISPONIBILITÀ ALLA SIMPATIA} etw mit etw (dat) vereinigen **B** itr <*essere*> (*ammontare*) ~ *a qc* {DANNO A DUE MILIARDI} sich auf etw (acc) belaufen, etw betragen: **i dispersi assommano a un centinaio**, die Anzahl der Vermissten beläuft sich auf circa einhundert **C** itr pron *fig forb* (*sommarsi*): **assommarsi in qu** {BONTÀ E VIZI} in jdm vereint sein; **assommarsi a qc** {ERRORE AD ALTRI} zu etw (dat) hinzukommen.
assommàre② *mar* **A** tr <*avere*> (*tirare a galla*) ~ *qc* {RELITTO, RETI, TORPEDINE} etw emporziehen, etw hochziehen **B** itr <*essere*> 1 (*venire a galla*) {PALOMBARO, SOMMOZZATORE} auftauchen 2 (*salire in coperta*) {MARINAIO} auf Deck steigen.
assonànza f *ling* Assonanz f, Gleichklang m 2 *fig lett* (*armonia*) {+COLORI} Übereinstimmung f.
assonnàto, (-a) agg 1 (*pieno di sonno*) {OCCHI} verschlafen, schläfrig: **ero mezzo/tutto** ~, ich war halb/ganz verschlafen 2 *fig* (*torpido*) {MENTE, SPIRITO} träge.
assonometrìa f *mat* Axonometrie f.
assopiménto m Einschläferung f; (*azione*) *anche* Einschlafen n.
assopìre <assopisco> **A** tr 1 (*indurre sopore*) ~ *qu* {CALURA, FEBBRE} jdn einschläfern: **il calmante lo assopì subito**, das Beruhigungsmittel schläferte ihn sofort ein 2 *fig* (*sedare*) ~ *qc* {I NERVI} etw beruhigen; {DISCORDIA, LITIGI} etw schlichten; {DOLORE} etw lindern, etw stillen; {IRA} etw besänftigen **B** itr pron: **assopirsi** 1 (*addormentarsi*) einnicken, einschlummern *forb*: **si è appena assopito**, er ist gerade eingenickt 2 *fig* (*calmarsi*) {DISCORDIA, IRA, ODIO} sich legen; {AGITAZIONE, DOLORE} *anche* nachlassen.
assorbènte **A** agg 1 (*che assorbe*) {POLVERE, SOSTANZA} absorbierend, (auf)saugend 2 *fis* {POTERE} absorbierend, Absorptions- **B** m 1 Absorptionsmittel n: ~ **igienico**, Damen-, Monatsbinde f; ~ **interno**, Tampon m 2 *fis* (*isolante*) Isoliermittel n: ~ **acustico**, Geräuschdämpfungsmittel n.
assorbènza f Saugfähigkeit f.
assorbiménto m 1 (*l'impregnare*) {+ACQUA, CALORE, UMIDITÀ} Absorption f, Aufnahme f 2 *fig* (*assimilazione*) {+NOZIONI} Aufnahme f, Aneignung f; {+INSEGNAMENTO} Aufgreifen n 3 *fig* (*utilizzazione*) {+MANODOPERA} Einstellung f 4 *astr fis tecnol* {INTERSTELLARE,

SELETTIVO +ATMOSFERA TERRESTRE, GAS, CALORE, LUCE, NEUTRONI} Absorption f: **macchina frigorifera ad ~**, Absorptionskältemaschine f **5** *biol* {CUTANEO, DIGESTIVO, RESPIRATORIO} Resorption f **6** *econ* {+AZIENDA, SOCIETÀ} Übernahme f **7** *med* {+EMATOMA} Zurückbildung f.

assorbire <*irr assorbo o assorbisco, assorbi o assorbisci*> *tr* **1** (*impregnare*) **~ qc** {CARTA, SPUGNA, TESSUTO ACQUA, CALORE, LUCE, UMIDITÀ} *etw* auf|saugen, *etw* absorbieren **2** (*assimilare*) **~ qc** {AUTORE, STUDENTE CULTURA, NOZIONI} *etw* auf|nehmen, sich (dat) *etw* an|eignen **3** *fig* (*consumare*) **~ qc** {LAVORO, MERCATO TEMPO} *etw* verschlingen, {SPESE INCASSI, RISPARMI} *etw* auf|zehren; {LAVASTOVIGLIE ENERGIA} *etw* verbrauchen: **ogni suo risparmio è stato assorbito da quell'affare**, dieses Geschäft hat seine/ihre ganzen Ersparnisse aufgezehrt **4** *fig* (*impegnare*) **~ qu/qc** {ATTIVITÀ POLITICA, FAMIGLIA, VOLONTARIATO ATTENZIONE, ENERGIE, INTERESSE} *jdn/etw* (ganz) beanspruchen, *jdn/etw* (ganz) in Anspruch nehmen **5** *fig* (*inghiottire*) **~ qc** {CITTÀ PERIFERIA} *etw* verschlingen, *etw* (ver)schlucken; *lett* {FLUTTI BATTELLO} *etw* verschlucken, *etw* verschlingen **6** *fig* (*neutralizzare*) **~ qc** {ATTACCHI} *etw* ab|wehren, *etw* auf|fangen; *sport* {ATLETA, CALCIATORE COLPO} *etw* ab|wehren; (*nel pugilato*) *anche etw* auf|fangen **7** *econ* (*accorpare*) **~ qc** {GRUPPO INDUSTRIALE AZIENDA} *etw* übernehmen, sich (dat) *etw* ein|gliedern, sich (dat) *etw* ein|verleiben, *etw* schlucken *fam spreg*: **la sua impresa ne ha assorbite molte altre**, sein/ihr Unternehmen hat viele andere Betriebe übernommen geschluckt *fam spreg* **8** *econ* (*utilizzare*) **~ qc** {INDUSTRIA MANODOPERA} *etw* übernehmen, *etw* auf|nehmen, *etw* ein|stellen, *etw* beschäftigen; {MERCATO PRODUZIONE} *anche etw* absorbieren.

assordante *agg* (*rumoroso*) {+RUMORE} ohrenbetäubend.

assordare A *tr* <*avere*> **1** (*render sordo*) **~ (qu)** {RUMORE, SUONO} *jdn* taub machen **2** (*stordire*) **~ qu** {FRASTUONO, MUSICA} *jdn* betäuben **3** (*attutire*) **~ qc** {SABBIA, TAPPETO RUMORE, SUONO} *etw* dämpfen **4** *fig* (*infastidire*) **~ qu con qc** {CON I PETTEGOLEZZI, CON LE RICHIESTE} *jdn* mit *etw* (dat) belästigen, *jdm* mit *etw* (dat) auf die Nerven gehen/fallen *fam*, *jdn* mit *etw* (dat) plagen: **lo assorda tutto il giorno con le sue chiacchiere inutili**, er/sie fällt ihm den ganzen Tag mit seinem/ihrem Geseiere auf die Nerven *fam spreg* B *itr* <*essere*> (*diventar sordo*) **~ (per/[a causa di] qc)** {[PER IL]/[A CAUSA DEL] CAMBIAMENTO DI PRESSIONE} (*durch etw* acc) taub werden.

assortimento *m* (*scelta*) {+ARTICOLI, COLORI, CRAVATTE, *ecc*.} Sortiment *n*, Auswahl *f*.

assortire <*assortisco*> *tr* **1** (*ordinare*) **~ qc secondo qc** {ABITI SECONDO IL COLORE, SCARPE SECONDO LA MISURA} *etw* nach *etw* (dat) sortieren, *etw* nach *etw* (dat) ordnen: **~ libri secondo l'argomento**, Bücher thematisch ordnen **2** (*accordare*) **~ qc (a qc)** {ACCESSORI AL VESTITO, CRAVATTA ALL'ABITO} *etw* passend (*zu etw* dat) zusammen|stellen **3** *comm rar* (*rifornire*) **~ qc di qc** {NEGOZIO DI MERCE} *etw* mit *etw* (dat) versorgen, *etw* mit *etw* (dat) beliefern.

assortito, (-a) *agg* **1** (*misto*) {ANTIPASTI, CARAMELLE} gemischt **2** (*accoppiato*) **ben/mal ~**, {COLORI} gut/schlecht zusammengestellt; **coppia ben/mal assortita**, gut/schlecht zusammenpassendes Paar **3** *comm rar* (*rifornito*): **ben/mal ~**, {NEGOZIO} mit großer/geringer Auswahl.

assorto, (-a) A *part pass di* assorbire B *agg* **1** (*svagato*) {ARIA, SGUARDO} gedankenverlo-

ren **2** *fig* (*immerso*) **~ in qc** {NEI PROPRI PENSIERI, NELLO STUDIO} *in etw* (acc) versunken, *in etw* (acc) vertieft.

assottigliamento *m* **1** Verdünnung *f*, (*azione*) *anche* Verdünnen *n* **2** *fig* {+RENDITA} Verringerung *f*, Verminderung *f*.

assottigliare <*assottiglio, assottigli*> A *tr* **1** (*render sottile*) **~ qc (con qc)** {FERRO CON LA LIMA, TRAVE CON L'ACCETTA} *etw* (*mit etw* dat) dünner machen; {TAVOLA CON LA PIALLA} *etw* (*mit etw* dat) ab|hobeln; {FALCE, LAMA CON LA COTE} *etw* (*mit etw* dat) schleifen; **~ qc a qu** *jdn/etw* abmagern lassen: **la malattia gli ha assottigliato il viso**, sein Gesicht ist durch die Krankheit abgemagert; {ABITO FIGURA, GAMBE ALLA MOGLIE} *jdn/etw* schlanker machen/[wirken lassen] **2** *fig* (*ridurre*) **~ qc** {RENDITA, SCORTA, SPESA} *etw* verringern, *etw* vermindern: **gli investimenti hanno assottigliato il suo conto in banca**, die Investitionen haben sein/ihr Bankkonto schrumpfen lassen **3** *fig rar* (*affinare*) **~ qc** {STUDI CERVELLO, INGEGNO, MENTE, VISTA} *etw* schärfen B *itr pron* **1** (*dimagrire*): assottigliarsi (**per/[a causa di] qc**) (*durch etw* acc/*wegen etw* gen) ab|magern, (*durch etw* acc/*wegen etw* gen) ab|nehmen: **a causa della malattia si è molto assottigliato**, er ist durch die Krankheit sehr abgemagert **2** *fig* (*ridursi*): assottigliarsi {RENDITA, SPESA} ab|nehmen, sich verringern, schrumpfen: **il conto in banca si va assottigliando**, das Bankkonto schrumpft ständig; **la speranza di trovarlo vivo si assottiglia di giorno in giorno**, die Hoffnung, ihn lebend zu finden, schwindet von Tag zu Tag.

assuefare <*irr, coniug come strafare* anche *med*> A *tr* (*abituare*) **~ qu/qc a qc** {A UN CLIMA, A UNA DROGA} *jdn/etw an* (acc) gewöhnen B *rfl*: assuefarsi **a qu/qc** sich *an jdn/etw* gewöhnen.

assuefatto, (-a) *anche med* A *part pass di* assuefare B *agg* **~ a qc** *an etw* (acc) gewöhnt.

assuefazione *f* **~ a qc** **1** (*abitudine*) {A UN CLIMA, A UN METODO DI LAVORO DIVERSO} Gewöhnung *f* (*an etw* acc) **2** *med* {A UN FARMACO} Gewöhnung *f* (*an etw* acc): **una droga che dà ~**, eine Droge, die abhängig macht.

assumere <*irr assumo, assunsi, assunto*> A *tr* **1** (*prendere su di sé*) **~ qc** {DIREZIONE, IMPEGNO, OBBLIGO, POTERE, RESPONSABILITÀ} *etw* übernehmen **2** (*prendere*) **~ qc** {BEVANDE ASPETTO, COLORE; IDEE FORMA, SIGNIFICATO} *etw* an|nehmen: **le montagne al tramonto assumono un colore dorato**, bei Sonnenuntergang erhalten die Berge einen goldenen Anstrich; **nei racconti il diavolo assume forme diversissime**, in Erzählungen nimmt der Teufel ganz verschiedene Gestalten an; {PERSONAGGIO ARIA, CONTEGNO, TONO} *etw* an|nehmen: **assunse un atteggiamento di sfida nel parlare**, beim Sprechen nahm er/sie eine herausfordernde Haltung ein; **~ qc come qc** {COME ESEMPIO, COME MODELLO, COME UNITÀ DI MISURA} *etw als etw* (acc) nehmen **3** (*procurarsi*) **~ qc** *etw* ein|holen, {TESTIMONIANZE} sich *etw* beschaffen: **assunsero informazioni sul nuovo impiegato**, sie holten Informationen über den neuen Angestellten ein **4** (*ingerire*) **~ qc** {BEVANDA, CIBO, DROGA, FARMACO, SOSTANZA} *etw* ein|nehmen, *etw* zu sich (dat) nehmen: **dopo certe medicine non è bene ~ alcol**, nach der Einnahme bestimmter Medikamente sollte man keinen Alkohol zu sich nehmen **5** (*prendere alle proprie dipendenze*) **~ qu** {AZIENDA, DITTA IMPIEGATO, OPERAIO, SEGRETARIA; FAMIGLIA DOMESTICA} *jdn* an|stellen, *jdn* ein|stellen: **l'hanno assunto come direttore dell'ufficio vendite**, sie haben ihn als Vertriebsleiter eingestellt; **ha assun-**

to una nuova donna di servizio, er/sie hat eine neue Haushaltshilfe angestellt **6** *anche fig lett* (*elevare*) **~ qu a qc** {POETA AI PIÙ ALTI ONORI, RE AL TRONO, RELIGIOSO AL CARDINALATO, AL PONTIFICATO} *jdn zu etw* (dat) erheben **7** (*presupporre*) **~ che... congv** an|nehmen, dass... *ind*: **assumiamo che dica la verità**, nehmen wir an, dass er/sie die Wahrheit sagt B *rfl indir*: **assumersi qc 1** (*attribuirsi*) {MERITO DI QC} sich (dat) *etw* zu|schreiben; {ONERE DI QC} *für etw* (acc) auf|kommen, *etw* übernehmen **2** (*addossarsi*) {COMPITO, INCARICO, RESPONSABILITÀ, SPESE} *etw* auf sich nehmen, *etw* übernehmen.

assùnsi 1ª *pers sing hist rem di* assumere.

Assùnta *f relig* **1** (*Maria Vergine*) Heilige Jungfrau **2** (*festa*) Mariä Himmelfahrt *f*.

assùnto A *part pass di* assumere B *m* **1** (*tesi*) These *f*, Annahme *f*: **difendere/sostenere un ~**, eine These verteidigen **2** (*incarico*) Verpflichtung *f*, Aufgabe *f*: **mi sono liberato di un gravoso ~**, ich habe mich von einer lästigen Aufgabe befreit.

assunzione *f* **1** (*l'assumere*) {+COMANDO, INCARICO} Übernahme *f*; {+TITOLO} Annahme *f* **2** (*nell'organizzazione aziendale*) {+PERSONALE} Einstellung *f*: **~ in prova**₁/[a tempo indeterminato], Probeeinstellung *f*/[Einstellung *f* auf unbestimmte Zeit] **3** (*elevazione*) **~ a qc** {AL PONTIFICATO, AL TRONO} Erhebung *f zu etw* (dat) **4** *biol* (*ingestione*) {+CIBO} Einnahme *f* **5** *relig*: **l'Assunzione (della Vergine)**, Mariä Himmelfahrt *f* ● **~ di prove** *dir*, Beweisaufnahme *f*, Beweiserhebung *f*.

assurdità <-> *f* **1** (*strameria*) {+GIUDIZIO, RAGIONAMENTO} Sinnlosigkeit *f*, Widersinnigkeit *f* **2** (*cosa assurda*) Absurdität *f*: **stai dicendo delle ~**, du redest absurdes Zeug *fam*; was du da sagst, ist absurd.

assùrdo, (-a) A *agg* **1** (*senza senso*) {PRETESA, RAGIONAMENTO, SITUAZIONE, STORIA, *ecc*.} absurd; {COMPORTAMENTO, LITE} sinnlos; {AFFERMAZIONE, PENSIERO} widersinnig: **sarebbe ~ agire così**, es wäre absurd, so zu handeln **2** (*strano*) {PERSONA} aberwitzig, seltsam, bizarr B *m* **1** (*l'essere assurdo*) {+SITUAZIONE, TESI, *ecc*.} Absurde *n decl come agg* **2** (*assurdità*) Absurdität *f*: **e così siamo arrivati all'~ di dover pagare due volte il biglietto**, und jetzt sind wir in der absurden Situation, die Fahrkarte zweimal bezahlen zu müssen; **quello che dici è un'~**, was du sagst, ist eine Absurdität/absurd **3** *filos* Absurde *n* ● **ragionare per ~**, etwas ad absurdum führen, etwas durch die Widersinnigkeit seines Gegenteils bewiesen; **se per ~ rifiutasse** (*rif. a ipotesi inverosimile*), sollte er/sie, so absurd das sein mag, ablehnen; **teatro dell'~**, absurdes Theater.

assùrgere <*irr assurgo, assurgi, assursi, assursto*> *itr* <*essere*> *fig lett* (*innalzarsi*) **~ a qc** {ALLA VETTA} *zu etw* (dat) empor|steigen; {A UN'ALTA CARICA, A DIGNITÀ} *anche etw* erreichen; {ALLA GLORIA DEGLI ALTARI} sich *zu etw* (dat) erheben.

asta① *f* **1** (*bastone*) Stab *m*, Stange *f*; {+BANDIERA} Mast *m*: **bandiere a mezz'~**, Fahnen auf Halbmast; {+RANDA} Baum *m* **2** {+COMPASSO} Schenkel *m*; {+OCCHIALI} Bügel *m* **3** (*lancia*) Speer *m*, Lanze *f* **4** (*nella scrittura*) Grundstrich *m*: **la prima cosa che imparavano i bambini a scuola era fare le aste**, in der Schule lernten die Kinder als Erstes den Aufstrich **5** *mil* {+FUCILE} Lauf *m* **6** *sport* Stab *m* **7** *tecnol* Stange *f*, Stab *m*.

àsta② *f* (*vendita*) Versteigerung *f*, Auktion *f*: **bandire un'~**, eine Versteigerung bekannt geben; **~ deserta**, Versteigerung *f* ohne Interessenten; **~ fallimentare/giudiziaria**, Konkurs-/Zwangsversteigerung *f*; **mettere**

all'~ qc, etw versteigern.
astànte mf <di solito al pl> (presente) Anwesende mf decl come agg: **gli astanti applaudirono**, die Anwesenden applaudierten.
astanterìa f (pronto soccorso) {+OSPEDALE} Aufnahmeraum m, Aufnahmezimmer n.
astàtico, (-a) <-ci, -che> agg elettr mecc {MAGNETE} astatisch.
astèmio, (-a) <-mi m> **A** agg (che non beve alcol) abstinent: **sono ~**, ich trinke keinen Alkohol **B** m (f) Abstinenzler(in) m(f).
astenérsi <irr mi astengo, mi astenni, astenuto> rfl **1** (evitare): **~ da qc** {DAL CIBO, DAL FUMO, DAL GIOCO, DAI PETTEGOLEZZI, DAL VINO} sich etw (gen) enthalten: **~ dal fare qc**, davon Abstand nehmen, etw zu tun **2** dir (non prender parte al giudizio) sich enthalten: **il giudice si è astenuto**, der Richter hat sich enthalten **3** polit (non votare): **~ (da qc)** {DAL VOTO} sich etw (gen) enthalten.
astenìa f med Kraftlosigkeit f, Asthenie f scient.
astènico, (-a) <-ci, -che> med **A** agg schmalwüchsig, asthenisch scient **B** m (f) Astheniker(in) m(f), Leptosomatiker(in) m(f).
astensióne f **1** (l'astenersi) **~ da qc** {DAL FUMO, DAI RAPPORTI SESSUALI, DAL VINO} Enthaltung f von etw (dat), Verzicht m auf etw (acc) **2** (non partecipazione) **~ (da qc)** {DALLE ASSEMBLEE, DAL LAVORO} Fernbleiben n (von etw dat) **3** polit Enthaltung f: **~ dal voto**, Stimmenthaltung f: **~ record**, Rekordenthaltung f.
astensionìsmo m polit Stimmenthaltung f.
astenùto, (-a) A part pass di astenersi **B** m (f) "wer sich der Stimme enthält": **votanti 37, astenuti 17**, Stimmberechtigte: 37, Stimmenthaltungen: 17; **gli astenuti sono 18**, es gibt 18 Stimmenthaltungen.
astèrgere <coniug come tergere> tr **~ qc** lett **1** (nettare) {FERITA} etw säubern **2** (asciugare) {CALICE, FRONTE, SUDORE} etw ab|wischen **3** fig (cancellare) {ONTA, RICORDO} etw tilgen, etw aus|radieren fam.
asterìsco <-schi> m **1** tip (stelletta) Sternchen n, Asteriskus m **2** giorn (stelloncino) kurze Notiz.
asteròide m astr Asteroid m.
asticciòla <dim di asta①> f **1** {+FRECCIA} Schaft m **2** (cannello) Federhalter m.
àstice m zoo Hummer m.
asticèlla <dim di asta①> f (regolo) Sprunglatte f.
astigiàno, (-a) A agg aus/von Asti **B** m (f) (abitante) Einwohner(in) m(f) von Asti.
astigmàtico, (-a) <-ci, -che> fis med **A** agg {OCCHIO} astigmatisch scient **B** m (f) Astigmatiker(in) m(f).
astigmatìsmo m fis med Astigmatismus m scient.
astinènte agg (che si astiene) **~ da/in qc** {NEL CIBO, DAI PIACERI DELLA CARNE} in etw (dat) enthaltsam, abstinent.
astinènza f (rinuncia) {PERIODICA, SESSUALE} Abstinenz f, Enthaltsamkeit f: **dall'alcol**,**|[dalle carni]|[dal vino]**, Abstinenz vom Alkohol/von Fleischspeisen/vom Wein, **fare ~**, Enthaltsamkeit üben.
àstio <asti> m (rancore) Groll m forb, Missgunst f: **avere/nutrire ~ verso/contro qu**, einen Groll |auf jdn haben|/|gegen jdn hegen| forb; **guardare qu con/senza ~**, jdn missgünstig/|ohne Missgunst| ansehen.
astiosità <-> f (l'essere astioso) Feindseligkeit f, Groll m forb.
astióso, (-a) agg (pieno di rancore) {ANIMO, PAROLE} feindselig, {PERSONA} grollend forb, missgünstig.

astóre m ornit Habicht m.
astòrico, (-a) <-ci, -che> agg (non in rapporto con la storia) {LETTURA, VISIONE} ahistorisch.
àstracan, àstrakan <-> m (pelliccia) Astrachanpelz m.
astràle agg **1** astrol astr {INFLUSSO} astral, die Gestirne betreffend **2** fig (eccezionale) {SUCCESSO} außerordentlich, riesig fam.
astràrre <coniug come trarre> **A** tr **1** (distogliere) **~ qc da qc** {ANIMO, ATTENZIONE, MENTE DALLE COSE MATERIALI, DALL F COSE TERRENE} etw von etw (dat) ab|lenken **2** filos (separare) **~ qc da qc** {L'UNIVERSALE DAL PARTICOLARE} etw von etw (dat) abstrahieren **B** itr (prescindere) **~ da qc** {DALLE CIRCOSTANZE, DAL DATO REALE} von etw (dat) ab|sehen: **non si può giudicare astraendo dai fatti**, man kann kein Urteil abgeben, ohne die Tatsachen zu berücksichtigen|/|und von den Tatsachen absehen| **C** rfl (isolarsi): **astrarsi da qc** {DALL'AMBIENTE CIRCOSTANTE} sich von etw (dat) lösen, etw vergessen: **quando studia si astrae dal resto del mondo**, |wenn er/sie lernt|/|beim Lernen|, vergisst er/sie die ganze Welt um sich herum; **quando studia si astrae completamente** (uso assol), wenn er/sie lernt, ist er/sie ganz in Gedanken vertieft.
astrattézza f **1** {+CONCETTO, RAGIONAMENTO} Abstraktheit f, Abgehobenheit f **2** spreg (inconsistenza) Gehaltlosigkeit f, Gedankenarmut f.
astrattìsmo m arte (nella pittura) abstrakte Kunst.
astrattìsta <-i m, -e f> arte (nella pittura) **A** agg {CORRENTE, PITTORE} abstrakt **B** mf abstrakte(r) Künstler(in) m(f).
astràtto, (-a) A part pass di astrarre **B** agg **1** (non concreto) {CONCETTO, IDEA, RAGIONAMENTO} abstrakt, theoretisch **2** (assorto) nachdenklich, in Gedanken vertieft: **sembrava ~**, er sah nachdenklich aus **3** (separato) abstrahiert **4** gramm mat {NUMERO, SOSTANTIVO} abstrakt **C** loc avv (astrattamente): **in ~** abstrakt, auf abstrakte Weise: **discutere/ragionare in ~**, abstrakt/abgehoben diskutieren/argumentieren **D** m Abstrakte n decl come agg: **l'~ e il concreto**, das Abstrakte und das Konkrete.
astrazióne f **1** Abstraktion f: **fare ~ da qc**, von etw (dat) absehen; **perdersi in astrazioni**, sich in Abstraktionen verlieren; **non c'è scienza senza ~**, es gibt keine Wissenschaft ohne Abstraktion **2** fig (ipotesi assurda) absurde Annahme.
astringènte farm med **A** agg adstringierend **B** m Adstringens n.
astringere <coniug come stringere> tr farm **~ qc** {TESSUTI} etw adstringieren, etw zusammen|ziehen.
àstro m **1** astr Stern m, Gestirn n **2** fig (stella) {+CICLISMO, CINEMA, VARIETÀ} Star m, Stern m: **è l'~ nascente del balletto**, er/sie ist der neue Stern am Balletthimmel.
astròfilo, (-a) m (f) Amateurastronom(in) m(f).
astrofìsica <-che> f astr Astrophysik f.
astrologìa f astrol Astrologie f.
astrològico, (-a) <-ci, -che> agg astrol astrologisch.
astròlogo, (-a) <-gi, -ghe> m (f) astrol Astrologe m, (Astrologin f).
astronàuta <-i m, -e f> mf astr Astronaut(in) m(f).
astronàutica <-che> f astr Raumfahrt f.
astronàutico, (-a) <-ci, -che> agg astr {STUDI, VOLO} astronautisch, Raum-.
astronàve f aero astr Raumschiff n.

astrònoma f → **astronomo**.
astronomìa f Astronomie f.
astronòmico, (-a) <-ci, -che> agg **1** astr {CALCOLI, CANNOCCHIALE, UNITÀ} astronomisch **2** fig fam (enorme) {CIFRE, PREZZI} astronomisch fam.
astrònomo, (-a) m (f) astr Astronom(in) m(f).
astruserìa f **1** (l'essere astruso) {+DISCORSO, RAGIONAMENTO} Verworrenheit f **2** (cosa astrusa) abstruses/verworrenes Zeug, Hirngespinst n spreg: **ma che razza di astruserie sono queste?**, was sind das nur für Hirngespinste? spreg.
astrusità <-> f {+TEORIA} Verworrenheit f.
astrùso, (-a) agg (involuto) {CONCETTO, TERMINE} abstrus, verworren: **parlare in modo ~**, verworren reden.
astùccio <-ci> m (custodia) {+COLLANA, OCCHIALI} Etui n, Futteral n: **~ per posate**, Besteckkasten m.
astùto, (-a) agg (furbo) {ESPEDIENTE, PAROLE} schlau, listig.
astùzia f **1** (l'essere astuto) {+PERSONA, VOLPE} Schlauheit f, List f: **giocare d'~**, mit List vorgehen **2** (di solito al pl) (trucco) Trick m, Kniff m: **piccole astuzie di donna**, kleine weibliche Tricks; **conosce tutte le astuzie del mestiere**, er/sie kennt alle Berufstricks.
at <-> m ingl inform At(-Zeichen) n, Klammeraffe m.
AT 1 abbr di Antico Testamento: A.T. (abbr di Altes Testament) **2** abbr di Alta Tensione: Hochspannung f.
ATA f **1** aero abbr di Associazione Trasporto Aereo: Luftbeförderungsverband m **2** comm abbr di Associazione Turistica Albergatori: Hotelverband m.
atarassìa f filos Ataraxie f, Seelenruhe f, Gleichmütigkeit f.
atàvico, (-a) <-ci, -che> agg anche med (ancestrale) atavistisch.
ATC m aero abbr dell'ingl Air Traffic Control (controllo traffico aereo): ATC f (Flugsicherung).
atciù → **ecci**.
àtea f → **ateo**.
ateìsmo m Atheismus m.
ateìstico, (-a) <-ci, -che> agg {AFFERMAZIONI, ATTEGGIAMENTO} atheistisch.
atelier <-> m franc {+FOTOGRAFO, PITTORE, RESTAURO, SARTO, SCULTORE} Atelier n.
atemporàle agg filos zeitlos.
Atène f geog Athen n.
atenèo m (università) Universität f, Alma Mater f forb.
ateniése A agg Athener, aus/von Athen **B** m (f) Athener(in) m(f).
àteo, (-a) A agg {AFFERMAZIONI, DOTTRINA, POSIZIONI} atheistisch **B** m (f) Atheist(in) m(f).
atèrmico, (-a) <-ci, -che> agg autom fis {LUNOTTO} Isolier-, atherman, adiabatisch.
atesìno, (-a) A agg **1** (dell'Adige) {POPOLAZIONE, VALLI} Etsch- **2** (dell'Alto Adige) Südtiroler **B** m (f) (abitante) Südtiroler(in) m(f).
ATI f aero abbr di Aereo Trasporti Italiani: "Italienische, für kleinere Flughäfen zuständige Fluggesellschaft".
atipicità <-> f (diversità) atypische Eigenschaft/Beschaffenheit f.
atìpico, (-a) agg **1** (inusuale) {CASO, FENOMENO} atypisch, von der Regel abweichend, unüblich **2** med {CELLULA, POLMONITE} atypisch, von der Regel abweichend **3** econ {TITOLI} unbenannt.
atlànte① m {ANATOMICO, BOTANICO, CELESTE} Atlas m: **~ (geografico)**, Atlas m; **~ linguisti-**

co/storico, Sprach-/Geschichtsatlas m.
atlànte② m arch Atlant m.
atlàntico, (-a) <-ci, -che> A agg 1 geog atlantisch, Atlantik-: **l'Oceano Atlantico**, der Atlantische Ozean 2 polit: **patto ~**, Atlantikpakt m B m geog: **Atlantico**, Atlantik m.
Atlàntide f geog mitol Atlantis n.
atlèta <-i m, -e f> mf 1 (persona robusta) Athlet(in) m(f) fam, Kraftmensch m 2 fig ietf (campione) {+FEDE} Verfechter(in) m(f), Kämpfer(in) m(f) 3 sport Athlet(in) m(f).
atlètica <-che> f sport Athletik f: **~ leggera/pesante**, Leicht-/Schwerathletik f.
atlètico, (-a) <-ci, -che> agg 1 (da atleta) {CORPO} athletisch fam, muskulös 2 (dell'atletica) {ESERCIZI, GARE} athletisch.
atletismo m rar Athletik f.
atm fis abbr di atmosfera: atm obs; (abbr di Atmosphäre).
ATM f abbr di Azienda Trasporti Municipali: Städtischer Verkehrsverbund/Verkehrsbetrieb.
atmosfèra f 1 astr geog {SOLARE, STELLARE, TERRESTRE} Atmosphäre f: **limpidità/purezza dell'~**, Klarheit/Reinheit der Luft; **gli strati dell'~**, die atmosphärischen Schichten 2 (aria) {VIZIATA} Luft f 3 fig (condizione) {SERENA, TRISTE} Atmosphäre f, Stimmung f: **oggi in casa c'è un'~ molto pesante**, zu Hause herrscht heute eine sehr gedrückte Stimmung 4 fis Atmosphäre f: **una pressione di dieci atmosfere**, ein Druck von zehn Atmosphären.
atmosfèrico, (-a) <-ci, -che> agg astr geog {PRESSIONE} atmosphärisch: **condizioni atmosferiche**, Wetterlage f.
atòllo m geog Atoll n.
atòmica f mil (accorciativo di bomba atomica) (Atom)bombe f.
atòmico, (-a) <-ci, -che> agg 1 fis chim {CALORE, FISICA, MASSA, RAGGIO} Atom-, atomar: **numero/peso ~**, Atomzahl f/Atomgewicht n 2 fis (nucleare) {BOMBA, ERA, GUERRA, PILA, PIOGGIA} Atom-; {ENERGIA} anche Kern- 3 fig (esplosivo) {BELLEZZA} fantastisch, umwerfend fam.
atomizzàre tr <- qc 1 (nebulizzare) {LOZIONE, PROFUMO} etw zerstäuben 2 fig spreg (analizzare eccessivamente) {CONCETTO, FENOMENO, QUESTIONE, STRUTTURA} etw zersplittern, etw atomisieren spreg 3 fis etw atomisieren.
atomizzatòre m tecnol Zerstäuber m, Atomiseur m.
àtomo m 1 chim fis nucl {+IDROGENO, URANIO} Atom n 2 fig (parte piccolissima) {+VERITÀ, VITA} Spur f, Quäntchen n.
atonàle agg mus {MUSICA} atonal.
atonìa f 1 ling (mancanza di accento) Unbetontheit f 2 med (mancanza di tono) {INTESTINALE, MUSCOLARE} Schlaffheit f, Atonie f scient 3 fig lett (fiacchezza) Mattigkeit f.
àtono, (-a) agg 1 ling {SILLABA, VOCALE} unbetont 2 rar (privo di tono) {OCCHIO, SGUARDO} matt.
atòpico, (-a) <-ci, -che> agg med atopisch.
atòssico, (-a) <-ci, -che> agg (non nocivo) {RIVESTIMENTO} atoxisch, ungiftig.
atout <-> m franc 1 (nei giochi di carte) Trumpf m, Atout n o m 2 fig (possibilità) Trumpf m: **avere un ~**, einen Trumpf in der Hand haben.
ATP m abbr di adenosintrifosfato: ATP; (abbr di Adenosintriphosphat).
atrazina f chim Atrazin n.
àtrio <atri, rar atrii> m 1 arch (ingresso) {+ALBERGO, SCUOLA, STAZIONE} Eingangshalle f; {TEATRO} Foyer n 2 anat {+CUORE} Vorhof m,

Vorkammer f.
atrioventricolàre agg anat Atrioventrikulär-.
atròce agg 1 (crudele) {SUPPLIZIO, VENDETTA} grausam, furchtbar 2 (raccapricciante) {SPETTACOLO, VISIONE} grauenhaft, schauderhaft, entsetzlich: **è la cosa più ~ che potesse capitare**, das ist das Entsetzlichste, was passieren konnte 3 (angoscioso) {DUBBIO} furchtbar, entsetzlich 4 (molto intenso) {DOLORE} schrecklich, wahnsinnig fam: **avere una fame ~ fam**, (einen) schrecklichen Hunger haben fam 5 fam (orribile) grässlich, schrecklich, furchtbar: **era vestita in modo ~**, sie war furchtbar angezogen.
atrocità <-> f 1 (l'essere atroce) {+GUERRA, SPETTACOLO, SUPPLIZIO} Grausamkeit f, Grässlichkeit f 2 (cosa atroce) Gräuel m, Gräueltat f.
atrofìa f biol med Schwund m, Atrophie f scient: **~ muscolare**, Muskelschwund m.
atrofizzàre A tr <- qc 1 (rendere atrofico) {INATTIVITÀ, MALATTIA ARTI, MUSCOLI} etw schrumpfen lassen 2 fig (ridurre) {OZIO CERVELLO, MENTE} etw einschrumpfen lassen; {ABITUDINE PASSIONI} etw einschlafen lassen B rfl: **atrofizzarsi** 1 anche med (diventare atrofico) {ARTI} schrumpfen, schwinden, atrophieren med: **se non sono esercitati i muscoli si atrofizzano**, wenn die Muskeln nicht bewegt werden, kommt es zu Muskelschwund 2 fig (consumarsi) {MENTE, PASSIONI} nach|lassen: **a fare sempre lo stesso lavoro mi si atrofizza il cervello**, wenn ich immer dieselbe Arbeit mache, werde ich noch bescheuert/meschugge fam.
atrofizzazione f Schrumpfung f (azione) anche Schrumpfen n, Schwinden n, Athrophieren n.
atropina f chim farm Atropin n.
ATS m banca (scellino austriaco) öS (abbr di österreichischer Schilling).
attaccabottòni <-> mf fam fig (seccatore) lästige(r) Schwätzer(in) m(f).
attaccabrìghe <-> mf fam (provocatore) Streithammel m fam anche scherz, Stänkerer m fam spreg, Zänker(in) m(f) spreg.
attaccaménto m fig (affezione) **~ a qu/qc** {AL DENARO, AL LAVORO, ALLA VITA} Hängen n an jdm/etw, Liebe f zu jdm/etw; {ALLA MAMMA} anche Anhänglichkeit f jdm gegenüber, Verbundenheit f mit jdm: **dimostrare ~ al dovere**, sich als sehr pflichtbewusst erweisen; **si fece notare per il suo ~ al lavoro**, er/sie fiel durch die Hingabe auf, mit der er/sie arbeitete.
attaccànte A agg {ESERCITO, SQUADRA} angreifend B m sport Stürmer m, Angriffsspieler m.
attaccapànni <-> m Kleiderhaken m; (a stelo) Kleiderständer m.
attaccàre① <attacco, attacchi> A tr <- qc 1 (fissare) {APPLICARE} {MANIFESTO} etw befestigen, etw an|bringen; {APPLICARE} {MANIFESTO} etw an|schlagen, etw an|kleben; {CEROTTO, FRANCOBOLLO} etw auf|kleben; (cucire) {BOTTONE, CERNIERA, MANICA} etw an|nähen; (legare) {CORDA, FILO} etw fest|binden; (saldare) {PEZZI DI METALLO} etw verschweißen 2 (appendere) **~ qc a qc** {GIACCA ALL'ATTACCAPANNI, QUADRO AL MURO} etw an etw (acc) hängen 3 (aggiogare) **~ qc a qc** {BUOI, CAVALLI AL CARRO} etw vor etw (acc) spannen, etw an|spannen 4 (iniziare) (qc) {DISCORSO, LAVORO} (etw)/(mit etw dat) an|fangen, (etw)/(mit etw dat]) beginnen; **~ qc con qu** {BRIGA, LITE, ZUFFA} etw mit jdm an|fangen, etw mit jdm beginnen 5 (cominciare a lavorare) (uso assol) **~** (+ **compl di tempo**) {ALLE CINQUE, ALLE OTTO, DOMANI, LA PROSSIMA SETTI-

MANA} (irgendwann) an|fangen, (irgendwann) beginnen 6 (appiccare) **~ qc** {FUOCO} etw legen 7 fig (polemizzare) **~ qu/qc** {POLITICO, DECISIONE} jdn/etw an|greifen, jdn/etw attackieren 8 alpin (iniziare la scalata) **~ qc** {PARETE} in etw (acc) ein|steigen 9 elettr (collegare) {FERRO DA STIRO, FRIGORIFERO, GIRADISCHI, LAVATRICE, ecc.} etw an|schließen; (mettere in funzione) etw ein|schalten, etw an|schalten 10 med (contagiare) **~ qc a qu** {MALATTIA} jdn mit etw (dat) an|stecken: **mi hai attaccato il raffreddore!**, du hast mich mit deiner Erkältung angesteckt!; {VIZIO} jdn zu etw (dat) verleiten 11 mus teat **~** (qc) {ATTORE BATTUTA, BRANO} (mit etw dat) ein|setzen; {VIOLINI ALLEGRO} anche (etw) beginnen: **attacca!**, Einsatz!; **~ con il prologo**, mit dem Prolog einsetzen; **~ in tempo**, genau/richtig einsetzen B itr 1 (avere azione adesiva) {COLLA} kleben, haften: **questa colla non attacca**, dieser Kleber klebt/haftet nicht 2 fig (attecchire) {ALBERI, FIORI} Wurzeln schlagen; fig {IDEE} Zustimmung/Anklang finden, an|kommen: **questa moda da noi non attaccherà**, diese Mode wird ₁sich bei uns nicht durchsetzen₁/[bei uns keinen Anklang finden]/[bei uns nicht einschlagen] C impers (cominciare): **~ a fare qc** an|fangen, etw zu tun: **attacca a piovere**, es fängt an zu regnen D itr pron 1 (incollarsi): **attaccarsi a qc** {CARTA} an etw (dat) haften, an etw (dat) kleben; **attaccarsi** (aneinander|)haften, (aneinander|)kleben: **le pagine si sono attaccate**, die Seiten kleben aneinander 2 gastr: **attaccarsi** {CARNE, DOLCE, SALSA} an|brennen: **l'arrosto s'è attaccato**, der Braten ist angebrannt 3 med (trasmettersi): **attaccarsi** sich übertragen: **è una malattia che si attacca?**, ist das eine ansteckende Krankheit?; fig {PAURA, VIZIO} sich übertragen E rfl 1 (aggrapparsi): **attaccarsi a qc** {ALPINISTA ALLA PARETE} sich an jdn/etw (an|)klammern; {BAMBINO ALLA MAMMA} anche sich an jdm fest|halten; {EDERA AL MURO, A UN RAMO, ALLA RINGHIERA, AL TRONCO} sich an etw (dat) (in die Höhe) ranken, an etw (dat) empor|ranken, sich um etw (acc) ranken; fig: **attaccarsi a qc** {A UN PRETESTO, A UNA SCUSA} sich an etw finden, sich an etw (acc) klammern 2 fig (affezionarsi): **attaccarsi a qu/qc** an jdm/etw hängen, Zuneigung zu jdm/etw fassen: **mi sono attaccato a lui come a un figlio**, ich hänge an ihm wie an einem Sohn, er ist mir wie ein Sohn ans Herz gewachsen ● **con me non attacca!** fig fam (non c'è niente da fare), bei mir läuft da nichts! fam, das zieht bei mir nicht! fam.
attaccàre② <attacco, attacchi> A tr 1 (intaccare) **~ qc** {ALCOL, FUMO FEGATO, POLMONI} etw an|greifen 2 (assalire) **~ qu/qc** {NEMICO, FORTEZZA} jdn/etw an|greifen, jdn/etw attackieren: **~ qu di fronte**, jdn frontal angreifen 3 chim (corrodere) **~ qc** {ALGHE, RUGGINE RESINA, METALLO} etw an|greifen, etw zerfressen 4 sport (uso assol) (accelerare) beschleunigen; (nel calcio) (sviluppare azione offensiva) an|greifen 5 fig (osteggiare) **~ qu/qc** {OPINIONE, TESI} jdn/etw heftig/scharf kritisieren; {AVVOCATO, GOVERNO, PARTITO, RELIGIONE} jdn/etw an|greifen, jdn/etw bekämpfen, jdn/etw attackieren: **tutti hanno attaccato il mio punto di vista**, alle haben meinen Standpunkt angegriffen/[heftig kritisiert]; **in assemblea ci hanno attaccato violentemente**, in der Versammlung haben sie uns heftig angegriffen/attackiert B itr (muovere all'assalto) {TRUPPE} an|greifen: **~ a fondo**, mit allen Kräften angreifen; **i soldati attaccarono allo scoperto**, die Soldaten griffen ohne Deckung an C rfl rec (scontrarsi): **attaccarsi** {NEMICI, PUGILI} sich/einander forb

gegenseitig an|greifen, übereinander her|fallen.

attaccatìccio, (-a) <-ci, -ce> **A** agg **1** (appiccicoso) {CARTA DA CARAMELLE, MANI, SOSTANZA} klebrig **2** fig spreg {PERSONA} lästig, aufdringlich: **è un tipo ~**, er ist ein aufdringlicher Kerl fam **B** m: **sapere di ~**, angebrannt schmecken.

attaccàto, (-a) agg fig **1** (affezionato) **~ a qu/qc** {ALLA VITA} an jdm/etw hängend; {FIGLIO ALLA MADRE} jdm/etw sehr zugetan, anhänglich: **essere ~ alla famiglia/al lavoro/ai soldi**, an der Familie/Arbeit/am Geld hängen **2** (ligio) **~ a qc** etw (dat) treu: **~ al dovere**, pflichtgetreu, pflichtbewusst; **~ alla legge**, gesetzestreu.

attaccatùra f (attacco) {+CAPELLI, MANICA, MUSCOLO} Ansatz m.

attaccatùtto m (colla) Alleskleber m.

attacchinàggio <-gi> m (affissione) Plakatierung f.

attacchinàre itr polit (besonders zu politischen oder gewerkschaftlichen Zwecken) plakatieren.

attacchìno, (-a) m (f) (chi attacca i manifesti) Plakatankleber(in) m(f).

attàcco ① <-chi> **A** m **1** anche mil (assalto) {TERRORISTICO} Angriff m: **~ -kamikaze**, Kamikazeattentat n; **muovere un ~ a qc**, einen Angriff gegen etw (acc) führen; **preparare un ~**, einen Angriff vorbereiten; **~ suicida**, Selbstmordattentat n **2** fig (critica, accusa) Angriff m, Attacke f: **i continui attacchi al presidente**, die fortgesetzten Angriffe gegen den Präsidenten **3** med {EPILETTICO; +TOSSE} Anfall m: **~ di cuore**, Herzanfall m **4** sport (parte di una squadra) Angriff m, Sturm m **5** sport (azione) Angriff m **B** loc inter impr: **all'~!**, Attacke!

attàcco ② <-chi> m **1** (giunzione) {+MANICA} Ansatz m, Verbindungsstelle f; {+SCI} Bindung f **2** (inizio) {+RACCONTO} Anfang m, Beginn m **3** (servizio da tiro) Gespann n: **~ a due/quattro**, Zwei-/Viergespänner m **4** elettr tel Anschluss m **5** mus {+STRUMENTO, VOCE} Einsatz m.

attaché <-> m franc (addetto) Attaché m.

attached document <-> loc sost m, **attachment** <-> m ingl inform Attachment n, angehängte Datei.

attagliàrsi <mi attaglio, ti attagli> itr pron (adattarsi): **~ a qu/qc** {AL CARATTERE, ALLA DOMANDA, ALLA PERSONA, AL RUOLO} genau zu jdm/etw passen.

attanagliàre <attanaglio, attanagli> tr **1** (afferrare con le tenaglie) **~ qc** etw mit Zangen greifen **2** (stringere forte) **~ qc a qu** {BRACCIA, POLSI} jdn an etw (dat) fest|halten **3** fig (assillare) **~ qu/[qc (a qu)]** {EMICRANIA, PENTIMENTO, RIMORSO ANIMA, CERVELLO} jdn/etw peinigen.

attardàre A tr lett (rallentare) **~ qc** {NEBBIA, NEVE, PIOGGIA CAMMINO, MARCIA} etw auf|halten, etw verlangsamen **B** itr pron (trattenersi) **attardarsi** (+ compl di luogo) {NEL BOSCO, PER STRADA, IN UFFICIO} sich (irgendwo) auf|halten, (noch) (irgendwo) bleiben: **mi sono attardata a casa per ascoltare le ultime notizie alla radio**, ich bin noch zu Hause geblieben, um die letzten Nachrichten im Radio zu hören.

attecchiménto m (radicamento) {+ABITUDINE} Verwurz(e)lung f.

attecchìre <attecchisco> itr **~** (+ compl di luogo) **1** bot (mettere radici) {INNESTO, PIANTA} (irgendwo) Wurzeln fassen: **la talea ha attecchito bene**, der Setzling hat gut Wurzeln gefasst **2** fig (diffondersi) {ABITUDINE, SENTIMENTO} (irgendwo) Wurzeln fassen, sich (irgendwo) durch|setzen, (irgendwo) um sich greifen: **è una moda che non può ~**, diese Mode wird sich nicht durchsetzen/[nicht einschlagen].

atteggiaménto m **1** (comportamento) {ARROGANTE, SOSPETTO} Auftreten n, Verhalten n: **assumere un ~ strafottente**, ein unverschämtes Verhalten an den Tag legen; **non sopporto gli atteggiamenti volgari**, ordinäres Verhalten kann ich nicht ausstehen **2** (espressione) {TRISTE +VOLTO} Ausdruck m, Miene f **3** (posizione) {+CRITICA} Haltung f, Einstellung f **4** (posa) Verhaltensweise f, Attitüde f forb, Pose f: **è solo un ~**, das ist nur eine Pose/Attitüde forb.

atteggiàre <atteggio, atteggi> **A** tr (conferire un atteggiamento) **~ qc** (**a qc**) {BOCCA DI SPREZZO} etw (dat) einen + agg Ausdruck verleihen; {MANI A PREGHIERA} etw zu etw (dat) falten: **~ il volto a sofferenza**, eine Leidensmiene aufsetzen **B** itr pron (disporsi): **atteggiarsi a qc** {VISO A DOLORE, A MERAVIGLIA} einen + agg Ausdruck an|nehmen: **il suo volto si atteggiò a stupore**, sein/ihr Gesicht nahm einen erstaunten Ausdruck an **C** rfl (ostentare una condizione): **atteggiarsi a qc** {A MARTIRE, A VITTIMA} sich als etw (nom) gebärden, sich als etw (nom) auf|spielen, auf etw (nom) machen fam: **atteggiarsi a gran signore**, sich als großer Herr aufspielen.

attempàto, (-a) agg (anziano) {SIGNORE} bejahrt, alt.

attendaménto m **1** (campo) {+ZINGARI} Zeltlager n **2** mil Feldlager n.

attendàrsi itr pron: **~** (+ compl di luogo) **1** (accamparsi) (irgendwo) die Zelte auf|schlagen: **le truppe si attendarono in campagna**, die Truppen schlugen ihr Lager auf dem Feld auf **2** fig scherz (stabilirsi) sich (irgendwo) nieder|lassen, (irgendwo) die Zelte auf|schlagen scherz: **si sono attendati a casa sua da due mesi**, sie haben sich seit zwei Monaten bei ihm zu Hause eingenistet spreg/breitgemacht fam.

attendènte m mar mil (soldato) Offiziersbursche m.

attèndere <coniug come tendere> **A** tr (aspettare) **~** (**qu/qc**) {EREDITÀ, NOTIZIE} jdn/etw erwarten; {AMICO, GENTE, OSPITI, TELEFONATA} auf (auf jdn/etw) warten: **farsi ~**, auf sich warten lassen; **non attendo nessuno**, ich erwarte niemand(en); **ormai non si può più ~**, wir können nicht länger warten; **attendiamo che avvenga qualcosa di nuovo**, wir warten darauf, dass etwas Neues passiert **B** itr (dedicarsi) **~ a qu/qc** {A UN MALATO} sich um jdn/etw kümmern; {AGLI AFFARI, AL LAVORO} sich etw (dat) widmen, etw (dat) nach|gehen: **~ alle faccende domestiche**, die Hausarbeit machen/besorgen, sich um den Haushalt kümmern **C** rfl intens (aspettarsi): **attendersi qc** (**da qu**) {FATTO, NOTIZIA, RISULTATO} etw (von jdm/+ gen) erwarten, mit etw (dat) (von jdm/+ gen) rechnen: **non mi attendevo una reazione simile**, ich hatte keine derartige Reaktion erwartet.

attendìbile agg (credibile) {NOTIZIA} glaubwürdig, glaubhaft; {INFORMAZIONE, PROVE} anche zuverlässig: **l'ho appreso da fonte ~**, ich habe es aus zuverlässiger Quelle.

attendibilità <-> f (credibilità) {+NOTIZIA} Glaubwürdigkeit f, Glaubhaftigkeit f.

attenère <coniug come tenere> **A** itr <essere> (concernere) **~ a qu/qc** {ALLA CAUSA, AL SUO PERSONAGGIO, ALLA QUESTIONE} jdn/etw betreffen, etw (acc) an|gehen: **simili obiezioni non attengono al problema**, derlei Einwände haben nichts mit dem Problem zu tun **B** rfl fig (conformarsi): **attenersi a qc** {AI CONSIGLI, AI AI CONSIGLI, AL AI CONSIGLI} sich an etw (acc) halten; {ALLE INDICAZIONI, AL- LE ISTRUZIONI} anche sich nach etw (dat) richten: **atteniamoci ai fatti**, halten wir uns an die Tatsachen; **attenetevi strettamente agli ordini**, haltet euch strikt an die Befehle.

attentàre A itr (minacciare) **~ a qu/qc** {NEMICO, TERRORISTA ALL'INCOLUMITÀ DI QU, ALL'ONORE DI QU, AL SOVRANO} einen Anschlag/ein Attentat auf jdn/etw verüben, jdn/etw bedrohen, jdn/etw gefährden: **~ alla vita di qu**, jdm nach dem Leben trachten **B** itr pron (osare): **attentarsi a/di fare qc** es wagen, etw zu tun; sich (ge)trauen, etw zu tun.

attentàto m **1** (azione violenta) ~ (**a qu/qc**) {ALLA SICUREZZA, A UN SOVRANO, ALLA VITA DI QU} Attentat n (auf jdn), Anschlag m (auf/gegen jdn/etw): **un ~ dinamitardo**, ein Sprengstoffanschlag; **è un ~ contro lo stato**, das ist ein Angriff gegen den Staat **2** fig (offesa) **~ a qc** {AL BUON GUSTO, AL PUDORE DI QU} Verstoß m gegen etw (acc).

attentatóre, (-trice) m (f) (chi fa un attentato) Attentäter(in) m(f).

attènti A inter **1** (attenzione) Achtung!, Vorsicht!: **~ al cane!**, Vorsicht, bissiger Hund! **2** mil (comando) habt acht!, stillgestanden! **B** <-> m (comando) Stillgestanden n: **dare l'~**, den Befehl zum Stillstehen geben **C** loc avv (posizione): **sull'~** Habtachtstellung f, Grundstellung f: **mettersi sull'~**, Grundstellung einnehmen; **mettere qu sull'~** fig (far rigare diritto), jdn strammstehen lassen.

attènto, (-a) **A** agg **1** (interessato) aufmerksam: **aria attenta**, aufmerksame Miene; **stare molto ~ al discorso**, der Rede sehr aufmerksam folgen/zuhören; **non sta mai ~ a quello che gli si dice**, er/sie gibt nie Acht auf das, was man ihm/ihr sagt **2** (accurato) {CURE} sorgfältig; {ANALISI, LETTURA} genau **3** lett (diligente) {IMPIEGATO} gewissenhaft **B** inter impr Achtung!, Vorsicht!: **attenti!**, Achtung!, pass(t) auf!, Vorsicht!; **alle macchine!**, Achtung vor den Autos auf!; **attente a non scivolare!**, passt auf, dass ihr nicht ausrutscht!; **stai ~!**, pass auf!; **state attenti a quello che fate**, passt auf, was ihr macht.

attenuànte A agg dir {ELEMENTO} mildernd: **circostanze attenuanti**, mildernde Umstände m pl, Strafmilderungsgründe m pl **B** f **1** dir (generica, specifica) mildernder Umstand, Strafmilderungsgrund m: **concedere/riconoscere un'~**, (bei der Strafzumessung) einen mildernden Umstand berücksichtigen **2** fig (scusa) Entschuldigung f: **non hai proprio attenuanti**, du hast keinerlei Entschuldigungen.

attenuàre A tr **~ qc 1** (rendere tenue) {COLORE, URTO} etw ab|schwächen; {RUMORE, SUONO} etw dämpfen **2** (diminuire) {DOLORE} etw ab|schwächen, etw lindern; {COLPA} etw mildern; {PENA} anche etw vermindern; {MERITI} etw schmälern **3** fig (affievolire) {TEMPO RICORDI} etw verblassen lassen **B** itr pron: **attenuarsi 1** (divenire tenue) {DOLORE, MALTEMPO, VIOLENZA} nach|lassen: **la tempesta di neve si è attenuata**, der Schneesturm hat nachgelassen **2** (affievolirsi) {LUCE} schwächer werden; fig {RICORDO} verblassen; {SENTIMENTO} schwächer werden, nach|lassen.

attenuazióne f anche fig (riduzione) {+PENA, TENSIONE} Verminderung f, Milderung f; {+DOLORE} Abschwächung f, Linderung f.

attenzióne A f **1** (interessamento) Aufmerksamkeit f: **attirare/destare l'~ di qu**, jds Aufmerksamkeit erwecken/erregen; **per favore, un attimo di ~**, ich bitte um einen Moment Aufmerksamkeit; **fare ~ alla lezione**, beim Unterricht aufpassen; **sottoporre qc all'~ di qu**, jdn auf etw (acc) aufmerksam machen, jdn auf etw (acc) hinweisen, jds

Aufmerksamkeit auf etw (acc) lenken **2** (*cautela*) Vorsicht f: **fai ~!**, gib Acht!, pass auf!; **fare qc con ~**, etw vorsichtig machen; **fare molta ~ quando si attraversa la strada**, sehr ˌvorsichtig seinˌ/[aufpassen,] wenn man die Straße überquert **3** *anche comm* (*considerazione*) Beachtung f: **alla cortese ~ di ...**, zu Händen von ...; **questa situazione merita tutta la vostra ~**, diese Situation verdient eure volle Beachtung **4** <*di solito al pl*> (*premure*) Aufmerksamkeiten f pl, Liebenswürdigkeiten f pl: **colmare qu di attenzioni**, jdn mit Aufmerksamkeiten überhäufen/überschütten; **essere pieno di attenzioni per qu**, voller Aufmerksamkeit jdm gegenüber sein **B** *inter impr* Achtung!, Vorsicht!: **~ alla discesa!**, Achtung bei der Abfahrt!; **~, scotta!**, Vorsicht, heiß!

atterràggio <-*gi*> m **1** *aero* Landung f: **compiere/fare un ~ di fortuna**, notlanden; **~ strumentale**, Blindlandung f **2** *sport* Aufsprung m: **~ con gli sci**, Landung f (beim Skispringen).

atterraménto m **1** (*abbattimento*) {+MURO} Einreißen n, Niederreißen n; {+ALBERO} Fällen n **2** *aero* (*atterraggio*) Landung f **3** *sport* (*nella lotta*) Niederschlag m; (*nella lotta*) Niederwerfen n; {+AVVERSARIO} Niederstrecken n.

atterràre **A** *tr* <*avere*> **1** (*abbattere*) **~ qu/qc** {ASSALITORE} jdn niederˌschlagen; {EDIFICIO, MURO} *etw* niederˌreißen, *etw* einˌreißen; {ALBERO} *etw* fällen **2** *sport* (*nella lotta*) **~ qu** {AVVERSARIO} jdn niederˌwerfen; (*nel pugilato*) jdn niederˌschlagen **3** *fig lett* (*prostrare*) **~ qu** {EVENTO, NOTIZIA} jdn niederˌschlagen, jdn niederˌschmettern **B** *itr* <*essere o avere*> **1** (*posarsi a terra*) {ELICOTTERO} landen: **l'aereo è atterrato prima del previsto**, das Flugzeug ist früher als vorgesehen gelandet **2** *lett* (*abbattersi al suolo*) zu Boden stürzen: **l'albero atterrò con grande fragore**, der Baum stürzte mit lautem Krachen zu Boden **3** *sport* (*toccare terra*) {ATLETA, SCIATORE} aufˌkommen, landen *fam*: **il saltatore atterrò malamente**, der Springer ist schlecht aufgekommen.

atterrìre <*atterrisco*> **A** *tr* (*terrorizzare*) **~ qu (con qc)** {EVENTO, NOTIZIA; CON MINACCE} jdn (*mit etw dat*) erschrecken, jdm (*mit etw dat*) in Angst versetzen, jdm (*mit etw dat*) Angst einˌjagen: **ero atterrita da quello spettacolo**, ich war entsetzt von diesem Schauspiel **B** *itr pron* (*spaventarsi*): **atterrirsi (per qc)** (sich *fam*) (*wegen etw gen*) erschrecken: **si atterrì pensando al rischio che stava per correre**, er/sie erschrak, als er/sie an das Risiko dachte, das er/sie einging.

attésa **A** f **1** (*azione*) Warten n: **l'~ del tram**, das Warten auf die Straßenbahn **2** (*periodo*) {BREVE, LUNGA, PROLUNGATA} Wartezeit f: **l'~ durò a lungo**, die Wartezeit währte *forb* lange, es war eine lange Wartezeit **3** (*aspettativa*) **~ (in qu)** {NEL PUBBLICO, NEI RAGAZZI} Erwartung f (*von jdm/+ gen*): **deludere l'~**, die Erwartung enttäuschen **B** <*inv*> *loc agg*: **di/d'~** Warte-: **lista d'~**, Warteliste f; **sala d'~**, Wartesaal m; **tempo di ~** *inform*, Warte-, Abrufzeit f **C** *loc avv* (*attendendo*): **in ~**, in Erwartung: **essere in ~ di fare qc**, darauf warten, etw zu tun; **essere in stare in ~ di qu/qc**, jdn/etw erwarten; **essere sempre in ~ di qc**, stets auf etw (acc) warten; **mettere qu in ~ tel**, jdn in die Warteleitung setzen; **in ~ di una Sua cortese risposta, La saluto cordialmente** *comm*, in Erwartung Ihrer Antwort, verbleibe ich mit freundlichen Grüßen ● **essere in ~ (di un bambino)** *fig* (*essere incinta*), ein Kind erwarten.

attéso, (-a) **A** *part pass di* attendere **B** *agg* **1** (*aspettato*) {PARENTE} erwartet **2** (*desiderato*) {DONO} erwünscht **3** *amm* (*considerato*) in Anbetracht, angesichts: **attese le circostanze, ...**, in Anbetracht der Umstände ... **C** *loc cong amm* (*visto che*): **~ che ...**, in Anbetracht dessen/[der Tatsache], dass ...

attestàbile *agg* **1** (*che può essere attestato*) {CIRCOSTANZA} bezeugbar **2** (*certificabile*) {ESISTENZA} bescheinigungsfähig.

attestàre① *tr* **1** (*testimoniare*) **~ qc** {CIRCOSTANZA, FATTO} *etw* bezeugen: **attesto che la notte del delitto lui era con me**, ich bezeuge, dass er in der Tatnacht bei mir war; **~ la verità di un fatto**, die Wahrheit eines Umstandes bezeugen **2** (*certificare*) **~ qc** {DOCUMENTO AVVENIMENTO, ESISTENZA, USO} *etw* bescheinigen, *etw* bestätigen, *etw* nachˌweisen **3** (*asserire*) **~ qc** {INNOCENZA} *etw* beteuern **4** *fig* (*dimostrare*) **~ qc** {PAROLE, ROVINE BUONA FEDE, PRESENZA DI UN POPOLO, STATO D'ANIMO} *etw* beweisen, *von etw* (dat) zeugen.

attestàre② **A** *tr* **~ qc** **1** (*collocare testa a testa*) {LASTRE, MATTONI} *etw* (an den Stirnseiten) aneinanderˌfügen **2** *mil* (*schierare*) {ESERCITO, TRUPPE} *etw* konzentrieren **B** *rfl* **1** *mil* (*schierarsi*): **attestarsi** **~ compl di luogo** {ESERCITO, TRUPPE} sich (*irgendwo*) formieren, (*irgendwo*) Aufstellung nehmen **2** *fig* (*assumere*): **attestarsi su qc** *etw* (acc) einˌnehmen, sich *auf etw* (acc) festˌlegen: **attestarsi su posizioni superate**, überholte Ansichten vertreten/haben.

attestàto **A** *agg* **1** (*testimoniato*) {FATTO} bezeugt **2** (*certificato*) {USO} bezeugt, bestätigt, bescheinigt: **espressione idiomatica non attestata**, nicht belegte/bezeugte/nachgewiesene Redewendung **3** *fig* (*dimostrato*) bewiesen **B** *m* **1** (*certificato*) {+BUONA CONDOTTA} Bescheinigung f, Zeugnis n: **chiedere un ~**, um eine Bescheinigung bitten; **~ medico**, ärztliches Attest; **~ di morte**, Totenschein *m*; **rilasciare un ~**, eine Bescheinigung ausstellen **2** (*dimostrazione*) Beweis *m*, Zeichen *n*: **in ~ della sua riconoscenza**, als Zeichen seiner/ihrer Anerkennung.

attestazióne f **1** (*testimonianza*) Aussage f: **rilasciare una falsa ~**, eine falsche Aussage machen; (*fonte scritta*) {SICURA +USO DI UNA PAROLA} Nachweis *m* **2** (*certificato*) Bescheinigung f **3** *fig* (*dimostrazione*) {+AFFETTO, STIMA} Beweis *m*, Zeichen *n*: **in ~ della sua riconoscenza**, als Zeichen seiner/ihrer Anerkennung.

Àttica f *geog* Attika *n*.

àttico① m **1** (*appartamento*) Dachwohnung f **2** *arch* Attika f.

àttico②, (-a) <-*ci, -che*> *stor* **A** *agg* (*dell'Attica*) {PERIODO, SCRITTORE} attisch *forb*, geistreich **B** *m* (f) (*persona*) Einwohner(in) m (f) von Attika.

attiguità <-> f *rar* (*vicinanza*) {+LOCALI} Nähe f, Nachbarschaft f.

attìguo, (-a) *agg* (*adiacente*) **~ (a qc)** {FONDO, GIARDINO ALLA CASA, ALLA STRADA} (*an etw* acc) angrenzend, (*an etw* acc) anstoßend; {STANZA} Neben-.

àttila <-> m *spreg anche stor* (*distruttore*) ~/ **Attila**, Attila m, Zerstörer m.

attillàto, (-a) *agg* (*aderente*) {ABITO, MAGLIA} eng anliegend.

attimìno <*dim di* attimo> *fam* **A** *m* kleiner Moment, kleiner Augenblick **B** in funzione di *avv fig fam* (*leggermente*): **un ~** {SALATO, STRETTO} etwas, ein bisschen, eine Idee.

àttimo m (*istante*) {+DISTRAZIONE, TEMPO LIBERO} Augenblick *m*: **aspetta un ~!**, warte einen Augenblick!; **di ~ in ~**, jeden Augenblick; **lui entrava nell'~ stesso in cui io uscivo**, gerade als ich hinausging, trat er ein ● **attenda un ~** *anche tel*, Moment, bitte; **cogliere l'~ fuggente** *fig* (*saper apprezzare le gioie della vita*), den/jeden Augenblick genießen, carpe diem *forb*; **in un ~** (*in un baleno*), im Nu *fam*; **non avere un ~ di requie**, keinen Moment Ruhe haben; **un ~** *fig* (*un po'*), {SPOSTARSI} ein bisschen, ein Stückchen; {PAZIENTARE} einen Moment/Augenblick.

attinènte *agg* (*relativo*) **~ (a qc)** {PROBLEMI, QUESTIONI ALL'ARGOMENTO, AL PROGETTO, ALLA RICERCA} zu *etw* (dat) gehörend, *etw* betreffend.

attinènza f **1** (*connessione*) Zusammenhang *m*, Beziehung f, Bezug *m*: **avere un'~ con qc**, in Zusammenhang mit etw (dat) stehen **2** <*solo pl*> (*annessi, accessori*) Beiwerk *n*, Zubehör n: **ha venduto il podere e le relative attinenze**, er/sie hat das Gut mit allem, was dazugehört, verkauft.

attìngere <*coniug come* tingere> **A** *tr* **1** (*tirare su*) **~ qc (a/da qc)** {ACQUA AL/DAL POZZO, AL/DAL RUSCELLO, A/DA UNA SORGENTE} *etw* (*aus etw* dat) schöpfen **2** (*spillare*) **~ qc da qc** {VINO DALLA BOTTE, DALLA DAMIGIANA} *etw* (dat) entnehmen **3** *econ* (*prendere*) **~ qc da qu/a qc** {DENARO DALLA FAMIGLIA} *etw* (*von jdm/aus etw* dat) beziehen; {AL PORTAFOGLIO} *etw* (dat) *etw* entnehmen: **per sanare il suo debito ha attinto dalle finanze della famiglia**, um seine/ihre Schulden zu begleichen, hat er/sie die Familienkasse angezapft *fam* **4** *fig* (*ricavare*) **~ qc da qc** {ESEMPI DAI LIBRI, DAI GIORNALI} *etw* (dat) *etw* entnehmen: **da quali fonti hai attinto queste notizie?**, welchen Quellen sind diese Nachrichten entnommen?; {ENERGIA DAL RIPOSO} *etw* aus *etw* (dat) ziehen **5** *fig lett* (*giungere*) **~ qc** {FAMA, GLORIA} *etw* erlangen, zu *etw* (dat) gelangen **B** *itr lett* (*raggiungere*) **~ a qc** {ALLA SUPREMA BEATITUDINE, ALLE PIÙ ALTE VETTE DI QC} *etw* erlangen, *etw* erreichen; {ALLA VERITÀ} zu *etw* (dat) gelangen.

attìnia f *zoo* Aktinie f, Seeanemone f.

attìnto, (-a) *part pass di* attingere.

attiràre **A** *tr* **1** (*attrarre*) **~ qu/qc (con qc)** {CALAMITA FERRO} jdn/etw (*mit etw* dat) anˌziehen; {CLIENTE CON LA PUBBLICITÀ} jdn (*mit etw* dat) anˌlocken: **~ qu in un'imboscata/un tranello**, jdn in einen Hinterhalt/eine Falle locken **2** *fig* (*richiamare*) **~** {INTERESSE, SGUARDI} *etw* auf sich ˌziehenˌ/[lenken:] **~ su di sé l'attenzione/le ire di qu**, jds Aufmerksamkeit/Hass auf sich ziehen; **è un'idea che non mi attira**, die Idee ˌlockt mich nichtˌ/[macht mich nicht an *fam*]; **il suo vestito attira l'attenzione**, sein Anzug/ihr Kleid fällt auf; **~ qu** {PUBBLICO} jdn anˌziehen **B** *rfl indir* (*accattivarsi*): **attirarsi qc** {ODIO DI QU} sich (dat) *etw* zuˌziehen, *etw* auf sich ziehen; {SIMPATIA DI QU} *etw* gewinnen, sich (dat) *etw* erwerben.

attitudinàle *agg* (*delle attitudini*) Eignungs-, Begabungs-, Befähigungs-: **esame/test ~**, Eignungsprüfung f/Eignungstest m.

attitùdine① f **1** (*disposizione*) **~ (per qc)** {CRITICA, PARTICOLARE PER LE LINGUE} Begabung f (*für etw* acc): **avere ~ per l'arte**, eine künstlerische Begabung haben **2** (*capacità*) **~ (a qc)** Eignung f (*zu etw* dat): **esaminare le attitudini di un candidato**, einen Kandidaten/Bewerber auf seine Eignung hin prüfen; **~ professionale**, Berufseignung f.

attitùdine② f (*atteggiamento*) Haltung f, Stellung f.

attivàre **A** *tr* **~ qc** **1** (*rendere attivo*) {FABBRICA} *etw* in Gang/Betrieb setzen; {LAVORO, PROGETTO} *etw* in Gang bringen; {LINEA} *etw* in Betrieb nehmen; {DISPOSITIVO} *etw* betätigen **2** *amm* (*sollecitare*) {PRATICA, RICORSO, TRATTATIVA} *etw* voran|treiben **3** *chim* {CATALIZZATORE, MOLECOLE} *etw* aktivieren **B** *itr pron* (*darsi da fare*): **attivarsi** sich um|tun: **attivarsi per trovare un appartamento**, sich nach einer Wohnung umtun.

attivàto, (-a) *agg* **1** (*messo in azione*) {MECCANISMO} aktiviert **2** *chim* {CARBONE} Aktiv-.

attivazióne *f* (*il rendere attivo*) {+LINEA TELEFONICA} Inbetriebnahme *f*; *chim fis* {+CATALIZZATORE} Aktivierung *f*.

attivìsmo *m anche filos polit* (*l'essere attivo*) {POLITICO, SFRENATO, SINDACALE} Aktivismus *m*.

attivìsta <-*i m, -e f*> *mf* **1** *filos* Anhänger(in) *m*(*f*) des Aktivismus **2** *polit* (*militante*) Aktivist(in) *m*(*f*).

attivìstico, (-a) <-*ci, -che*> *agg anche filos polit* {ATTITUDINE, POSIZIONE} aktivistisch.

attività <-> *f* **1** (*operosità*) {INSTANCABILE +MENTE, PENSIERO} Aktivität *f* **2** (*lavoro, occupazione*) {ASSISTENZIALE, ARTISTICA, CULTURALE, POLITICA, SOCIALE; +ASSOCIAZIONE, CIRCOLO, PARTITO} Tätigkeit *f*, Beschäftigung *f*: **essere ancora in ~**, noch tätig sein **3** (*funzionamento*): ~ ˌdell'altoforno↗/[della fabbrica]/[della macchina], Hochofen-/Fabrik-/Maschinenbetrieb *m*; **mettere in ~ un motore**, einen Motor in Gang setzen **4** *astr geol* {+VULCANO} Tätigkeit *f*: **l'~ delle macchie solari**, die Tätigkeit der Sonnenflecken **5** <*solo pl*> *econ* (*mezzi*) Aktiva *pl* **6** *med chim* Wirkung *f* ● **~ liquide** *banca*, Barmittel *n pl*, liquide/flüssige Mittel *n pl*/Anlagen *f pl*/Gelder *n pl*; **in ~ di servizio** *amm*, im aktiven Dienst.

attìvo, (-a) **A** *agg* **1** (*operoso*) {UOMO} aktiv, tätig, geschäftig **2** (*che determina l'azione*) {COMPONENTE} entscheidend: **avere/prendere parte attiva a/in un'azione**, an/bei einer Aktion teilnehmen **3** (*in funzione, in azione*) tätig; *tecnol* {AZIENDA, IMPIANTO} in Betrieb; *chim* {PRINCIPI} aktiv; {CARBONE} *anche* Aktiv- **4** *econ* {BILANCIO, SALDO} Aktiv-, aktiv **5** *geol gramm mil* {SERVIZIO, VERBO, VULCANO} aktiv **6** *pedag* {METODO DI INSEGNAMENTO} aktiv **B** *m* **1** *econ* (*condizione*) Aktivum *n*, Aktivposten *m*: **portare all'~ un'azienda**, eine Firma aus den roten Zahlen herausbringen, **tornare in ~**, wieder im Plus sein **2** *gramm* Aktiv *n* **3** *polit* {+SINDACATO} Aktivisten *m pl* ● **avere al proprio ~ qc** *fig* (*aver fatto qc*), *etw* geleistet haben; **segnare qc all'~ di qu** *fig* (*riconoscere come positivo*), jdm etw zugutehalten.

attizzàre *tr* ~ **qc 1** (*ravvivare*) {FIAMMA, FUOCO, INCENDIO} *etw* schüren, *etw* an|fachen **2** *fig* (*eccitare*) {DISCORDIA, IRA, ODIO, RANCORE} *etw* schüren; {PASSIONE} *etw* entfesseln.

attizzatóio <-*toi*> *m* Schüreisen *n*, Schürhaken *m*.

àtto① *m* **1** (*comportamento*) {DISONESTO; +CORAGGIO} Handlung *f*: **ha compiuto un ~ di giustizia**, er/sie hat Gerechtigkeit geübt/[walten lassen *forb*] **2** (*gesto, moto*) {SIMPATICO} Geste *f*, Gebärde *f*: **era inginocchiato in ~ di preghiera**, er kniete zum Gebet nieder; **fece l'~ di uscire**, er/sie ˌwar im Begriff↗/[schickte sich an *forb*] hinauszugehen *forb* **3** (*manifestazione*) {+AMICIZIA, RICONOSCENZA, STIMA} Zeichen *n*, Bezeigung *f forb*, Äußerung *f* **4** (*realizzazione*) Verwirklichung *f*: **essere in ~**, stattfinden; **mettere/tradurre in ~ un proposito**, ein Vorhaben in die Tat umsetzen ˌ/[realisieren] **5** <*solo pl*> (*resoconti collegiali*) {+CONGRESSO} Berichte *m pl* **6** *dir* (*azione*) {LIBERO} Handlung *f*: **~ amministrativo**, Verwaltungsakt *m*; **~ giuridico**, Rechtshandlung *f*; **~ dovuto**, obligatorischer Rechtsakt *m*; **~ illecito**, unerlaubte Handlung *f*; **atti di libidine violenta**, Nötigung *f* zu sexuellen Handlungen; **atti osceni in luogo pubblico**, unzüchtige/sexuelle Handlungen in der Öffentlichkeit; (*documento*) {PRIVATO} Urkunde *f*, Schriftstück *n*; **~ di accusa**, Anklageschrift *f*; **autenticare/registrare un ~**, eine Urkunde beglaubigen/ein|tragen; **~ di matrimonio**, Trauschein *m*, Heiratsurkunde *f*; **mettere qc agli atti** (*archiviare*), etw zu den Akten legen; **~ di morte**, Totenschein *m*, Sterbeurkunde *f*; **~ di nascita**, Geburtsurkunde *f*; **~ notarile**, notarielle Urkunde; **~ notorio**, Notariatsurkunde *f*, Urkunde *f* über andere Erklärungen als Willenserklärungen; **~ pubblico**, öffentliche Urkunde; (*contratto*) Vertrag *m*; **~ di vendita**, Kaufvertrag *m* **7** <*solo pl*> *dir* (*documentazione*) {PARLAMENTARI} Akten *f pl* **8** *filos* Akt *m*: **in ~**, aktual **9** *teat* Akt *m*: **tragedia in cinque atti**, Tragödie in fünf Akten; **~ unico**, Einakter *m* ● **all'~ di... ** *inf*, im Augenblick, als ...; **Atti degli *Apostoli*** *relig*, Apostelgeschichte *f*; **atti d'*archivio***, Archivalien *pl*; **~ di *carità*** *relig* (*manifestazione*) Akt *m* der Nächstenliebe; **non commettere atti impuri** *bibl*, du sollst keine unzüchtigen Handlungen begehen; **dare ~ a qu di qc** (*riconoscere*), jdm etw bestätigen; **~ di *dolore*** *relig* (*preghiera*), Sündenbekenntnis *n*; **~ improprio** (*manifestazione illogica*), Symptomhandlung *f*; **~ *linguistico*** *ling*, Sprechakt *m*; **~ *mancato*** *psic*, Fehlleistung *f*; **mettere/passare qc agli atti** *fig* (*accantonare*), etw ad acta legen *forb*; **nell'**/**sull'~ di uscire** (*nel momento di uscire*), gerade beim Hinausgehen; **all'~ *pratico*** (*in realtà*), in der Praxis; **prendere ~ di qc** (*tener conto*), etw zur Kenntnis nehmen; **fare ~ di presenza**, pro forma irgendwo erscheinen/vorbeischauen; **~ di *supremazia*** *relig stor*, Suprematsakte *f*.

àtto② , (-a) *agg* **~ a qc 1** (*adatto*) {PERSONA AL LAVORO} zu etw (dat) fähig, zu etw (dat) tauglich, *für* etw (acc) geeignet: **~ al servizio militare**, wehrdiensttauglich **2** (*appropriato*) {COSA ALLO SCOPO} zu etw (dat) geeignet, zu etw (dat) passend: **scarpe atte alla corsa**, zum Laufen geeignete Schuhe, Laufschuhe.

attònito, (-a) *agg* **1** (*impressionato*) {ESPRESSIONE, SGUARDO, VISO} bestürzt, erschüttert **2** (*sorpreso*) verblüfft, erstaunt: **guardare qu con occhi attoniti**, jdn ˌmit großen Augen↗/[erstaunt] ansehen; **rimanere ~ per lo stupore**, völlig verblüfft/entgeistert sein.

attorcigliaménto *m* (*avvolgimento*) {+FUNI} Aufwickeln *n*.

attorcigliàre <*attorciglio, attorcigli*> **A** *tr* **1** (*torcere*) ~ **qc** {FILO, LANA} *etw* auf|wickeln **2** (*avvolgere*) ~ **qc intorno a qc** *etw* um *etw* (acc) wickeln **B** *itr pron* (*arrotolarsi*): **attorcigliarsi** {FILO, FUNE} sich verwickeln: **la lana s'era attorcigliata**, die Wolle hatte sich verwickelt **C** *rfl* **1** (*avvolgersi*): **attorcigliarsi** (**intorno a qc**) {SERPE, VIPERA INTORNO ALLA CAVIGLIA} sich (*um etw* acc) winden; {EDERA INTORNO A UN ALBERO} *anche* sich (*um etw* acc) ranken **2** *indir* (*torcersi*): **attorcigliarsi qc** {BAFFI, CAPELLI, TRECCE} sich (dat) *etw* drehen.

attóre, (**attrice**) *m* (f) **1** (*interprete*) {DILETTANTE, PROFESSIONISTA, TEATRALE; +RADIO, TELEVISIONE} Schauspieler(in) *m*(f): **~ cinematografico**, Filmschauspieler *m*; **~ comico**, Komiker *m*; ˌil primo ~↗/[la prima attrice], Hauptdarsteller(in) *m*(f) **2** *fig* (*protagonista*) Protagonist(in) *m*(f): **quell'uomo fu ~ di un evento storico**, dieser Mann spielte bei einem historischen Ereignis eine entscheidende Rolle **3** *dir* Kläger(in) *m*(f): **l'~ il convenuto di una causa civile**, der Kläger und der Beklagte in einem Zivilprozess **4** *ling lett* handelnde Figur: **l'attante e l'~**, der Aktant und die handelnde Figur ● **che ~!** *fig spreg* (*rif. a persona che finge*), das ist vielleicht ein Schauspieler! *spreg*, macht/spielt der ein Theater! *fam*.

attoriàle *agg* (*dell'attore*) schauspielerisch.

attorniàre <*attornio, attorni*> **A** *tr* **1** (*circondare*) ~ **qu**/**qc** {GENTE, PUBBLICO ATTORE, CANTANTE, STELE} jdn/etw umgeben **2** *mil* (*accerchiare*) ~ **qu**/**qc** {ESERCITO POSTAZIONE NEMICA} jdn/etw umstellen, jdn/etw umzingeln **3** *fig* (*circuire*) ~ **qu con qc** {CON LUSINGHE, CON PROMESSE} jdn mit etw (dat) umgarnen, jdn mit etw (dat) ein|wickeln *fam* **B** *rfl* (*circondarsi*): **attorniarsi di qu** {DI DELINQUENTI, DI MASCALZONI} sich *mit jdm* umgeben, jdn um sich scharen.

attórno A *avv* (*rund*)*herum*: **tutt'~ crescono erbacce**, ringsherum wächst Unkraut; **qui ~**, hier in der Gegend; **ce l'ha sempre ~**, er/sie hat ihn/sie immer um sich; **stanno tutti lì ~**, sie stehen alle da herum **B** <*inv*> *in funzione di agg* umstehend: **le case ~ sono disabitate**, die umstehenden Häuser sind unbewohnt **C** *loc prep* **1 ~ a qu**/**qc** um jdn/etw (*herum*): **gli alunni stavano ~ alla cattedra**, die Schüler standen um das Lehrerpult herum; **la terra gira ~ al sole**, die Erde dreht sich um die Sonne **2** (*circa*): **~ a + agg num** um etw (acc) (*herum*): **uscirò ~ alle sei**, ich gehe ca. /ungefähr um sechs ● **darsi d'~** *fig* (*darsi da fare*), sich (dat) Mühe geben, sich bemühen; **guardarsi ~** *fig* (*agire cautamente*), umsichtig vorgehen, vorsichtig sein; (*aggiornarsi, informarsi*), sich umsehen, sich auf dem Laufenden halten; **levarsi/togliersi qu d'~** *fig*, sich (dat) jdn vom Halse schaffen *fam*.

attraccàre <*attracco, attracchi*> *mar* **A** <*avere*> (*accostare*) ~ **qc a qc** {BARCA, NAVE ALLA BANCHINA, AL MOLO} *etw* an *etw* (dat) an|legen **B** *itr* <*essere o avere*> (*accostare*) ~ (**a qc**) {BARCA, NAVE ALLA BANCHINA, AL MOLO} (*an etw* dat) an|legen: **attraccammo senza difficoltà**, wir legten ohne Probleme an.

attràcco <-*chi*> *m mar* **1** (*manovra*) Anlegen *n* **2** (*luogo*) Anlegestelle *f*.

attraènte *agg* **1** (*piacevole*) {LETTURA} fesselnd; {MODI} anziehend **2** (*seducente*) {PERSONA} attraktiv, anziehend: **è una donna molto ~**, sie ist eine sehr attraktive Frau **3** (*allettante*) {IDEA, PROPOSTA} verlockend.

attràrre <*coniug come trarre*> **A** *tr* **1** (*tirare a sé*) ~ **qu**/**qc** (**con qc**) {CALAMITA FERRO} jdn/etw (*mit etw* dat) an|ziehen; {DONNA SGUARDI} *anche etw* auf sich ziehen **2** *fig* (*allettare*) ~ (**qu**) {MODO DI FARE, SIMPATIA} jdn an|ziehen, (jdn) faszinieren; {LETTURA, SPETTACOLO, ecc.} jdn fesseln: **è una proposta che attrae**, das ist ein verlockender Vorschlag **B** *rfl rec*: **attrarsi 1** (*attirarsi*) {POLI OPPOSTI} sich an|ziehen **2** (*piacersi*) {PERSONE} sich gegenseitig an|ziehen.

attrattìva *f* **1** (*fascino*) {+AVVENTURA, RISCHIO} Reiz *m*, Anziehungskraft *f*: **essere dotato di grande ~**, äußerst attraktiv sein; **il paesaggio alpino esercita una grande ~ su di me**, die Alpenlandschaft reizt/fasziniert mich sehr **2** <*solo pl*> (*allettamenti*) Attraktionen *f pl*: **attrattive per i clienti**, Kundenattraktionen *f pl*; **le attrattive della vita**, der Reiz des Lebens.

attràtto, (-a) *part pass di* attrarre.

attraversaménto *m* **1** (*incrocio*) Übergang *m*: **~ pedonale**, Fußgängerüberweg *m* **2** (*l'attraversare*) {+BINARI, PIAZZA, PONTE, STRADA} Überqueren *n*, Überquerung *f*; {+CONFINE} Überschreiten *n*, Überschreitung *f*; {+CITTÀ, PARCO} Durchqueren *n*, Durchquerung *f*; (*con veicolo*) Durchfahren *n*.

attraversàre tr ~ qc **1** (passare attraverso) {FIUME CITTÀ} etw durchqueren; {LAMPO CIELO} etw durchzucken; (a piedi) {PIAZZA, STRADA} etw überqueren; ~ col rosso/verde, bei Rot/Grün ˌüber die Straße gehenˌ/[die Straße überqueren]; ~ **sulle zebre**, über den Zebrastreifen gehen; {CONFINE} etw überschreiten; {BINARI} etw überqueren; (in automobile) etw durchfahren, etw durchqueren; (a cavallo) etw durchreiten; (a nuoto) etw durchschwimmen; über etw (acc) schwimmen; (di corsa) über etw (acc) laufen; (in aereo) etw überfliegen; (in nave) {MARE} über etw (acc) fahren, etw überqueren **2** fig {IDEA, PROGETTO MENTE} jdm durch etw (acc) gehen: **una brillante idea gli attraversò la mente**, eine glänzende Idee schoss ihm durch den Kopf **3** fig (passare) {ECONOMIA, MONDO PERIODO, SITUAZIONE} etw durchlaufen, etw durch|machen: **stanno attraversando un momento difficile**, sie machen gerade eine schwierige Phase durch **4** fig lett (ostacolare) {DISEGNO, PROGETTO} etw durchkreuzen.

attravèrso **A** prep ~ qc loc prep (da una parte all'altra): ~ **a qc** durch etw (acc) (hindurch), quer durch etw (acc): ~ (**a**)**i boschi**, quer durch die Wälder (hindurch); **la luce filtrava ~ le imposte**, das Licht drang durch die Fensterläden; **passare ~ mille pericoli**, tausend Gefahren durchmachen; **mettere uno sbarramento ~ la strada**, eine Straßensperre errichten; **ci guardava ~ i vetri**, er/sie schaute uns durch die Glasscheibe hindurch an **B** prep **1** (per mezzo) ~ **qu/qc** durch jdn/etw, mittels jds/etw: **ne sono venuto a conoscenza ~ un amico/la stampa**, ich habe davon durch einen Freund/die Presse erfahren; **è stato appurato ~ lunghe indagini**, man hat es durch lange Nachforschungen/Ermittlungen herausgefunden **2** (di tempo) ~ **qc** über etw (acc) hinweg, etw (hin)durch, etw über: **il loro amore è rimasto intatto ~ gli anni**, ihre Liebe ist die ganzen Jahre hinweg/über unverändert geblieben.

attrazióne f **1** (quel che attrae) Attraktion f: **un'~ per i turisti**, eine Touristenattraktion **2** (numero) {+CIRCO} Attraktion f **3** fig Anziehung(skraft) f: **provare ~ per qu**, von jdm angezogen sein; **esercitare una forte ~ su qu**, eine große Anziehungskraft auf jdn ausüben **4** fis {LUNARE, MAGNETICA} Anziehung(skraft) f **5** ling Attraktion f, Angleichung f.

attrezzaménto m **1** (atto) Ausstatten n, Ausrüsten n **2** (attrezzatura) Geräte n pl, Ausrüstung f.

attrezzàre **A** tr **1** (equipaggiare) ~ **qc** (**di qc**) {LABORATORIO, OFFICINA, PALESTRA DI MACCHINE} etw (mit etw dat) ein|richten, etw (mit etw dat) aus|statten: **hanno attrezzato lo studio dentistico delle più moderne attrezzature**, sie haben die Zahnarztpraxis mit den modernsten Geräten ausgestattet; {SPEDIZIONE DI VIVERI} etw mit etw (dat) aus| statten **2** alpin (preparare) ~ **qc** {VIA} etw sichern, etw erschließen **3** mar ~ **qc a qc** {BARCA, NAVE A KETCH, A SLOOP} etw (irgendwie) auf|takeln **B** rfl (equipaggiarsi): **attrezzarsi** (**per qc**) {PER UNA GITA, PER UNA SPEDIZIONE} sich (für etw acc) aus|rüsten; {PER LA NOTTE} sich auf etw (acc) vorbereiten: **attrezzarsi per trascorrere una notte all'addiaccio**, sich darauf vorbereiten, eine Nacht unter freiem Himmel zu verbringen.

attrezzàto, (-a) agg **1** anche sport (fornito di attrezzi) ausgestattet: **area attrezzata**, Sport- und Spielgelände n; **parco ~**, Sportpark m **2** alpin {VIA} gesichert.

attrezzatùra f **1** (insieme di attrezzi, strumenti, ecc.) {AGRICOLA, INDUSTRIALE, SANITARIA; +ALBERGO, RISTORANTE} Einrichtung f, Ausstattung f: **~ da campeggio**, Campingausrüstung f {ELETTRICA, MECCANICA} Ausrüstung f **3** mar Takelage f, Takelwerk n.

attrezzerìa f **1** teat Requisiten pl **2** industr Wartungsabteilung f.

attrezzìsta <-i> m, -e f mf **1** sport (atleta) Geräteturner(in) m(f) **2** teat film (trovarobe) {+SCENA} Requisiteur(in) m(f) **3** tecnol (operaio) Ausrüster(in) m(f).

attrezzìstica <-che> f sport (ginnastica) Geräteturnen n.

attrèzzo m **1** (strumento) {+FALEGNAME} Gerät n, Werkzeug n: **~ da cucina**, Küchengerät n; **~ da idraulico**, Klempnerwerkzeug n; **~ per forare**, Locher m; **gli attrezzi del mestiere**, das Berufswerkzeug **2** sport (Fitness)gerät n: **grandi attrezzi**, Sport-, Turngeräte n pl; **piccoli attrezzi**, Handgeräte n pl.

attribuìre <attribuisco> **A** tr **1** (assegnare) ~ **qc a qu** {PREMIO, RICOMPENSA, UTILI} jdm etw zu|erkennen **2** (riconoscere) ~ **qc a qu/qc** {IMPORTANZA, VALORE} jdm/etw etw bei|messen; {MERITO, SUCCESSO} jdm/etw etw zu| schreiben: **mi si attribuiscono delle intenzioni che non ho mai avuto**, mir werden Absichten zugeschrieben/unterstellt, die ich nie gehabt habe; lett obs ~ **il risultato a merito/lode degli studenti**, das Ergebnis als Verdienst der Studenten (an)sehen; **la situazione politica a biasimo del cancelliere**, die Verantwortung für die politische Lage ˌdem Kanzler zuschreibenˌ/[beim Kanzler sehen] **3** (concedere) ~ **qc a qu** {FACOLTÀ, POSSIBILITÀ} jdm etw zu|gestehen **4** (riconoscere la paternità) ~ **qc a qu** {ROMANZO, SCULTURA} jdm etw zu|schreiben: **attribuirono il quadro al Mantegna**, sie schrieben das Bild Mantegna zu **B** rfl indir (arrogarsi): **attribuirsi qc** {DIRITTO, MERITO} sich (dat) etw zu erkennen, etw für sich in Anspruch nehmen, sich (dat) etw an|rechnen: **si attribuisce il successo dell'impresa**, er/sie führt den Erfolg des Unternehmens auf sich zurück.

attributìvo, (-a) agg gramm (che ha funzione di attributo) {FUNZIONE, LOCUZIONE} attributiv.

attribùto m **1** (qualità caratteristica) Merkmal n, Attribut n: **il diritto di grazia è un ~ del capo dello stato**, das Gnadenrecht ist ein Attribut des Staatsoberhauptes **2** (simbolo) Symbol n: **lo scettro è ~ della regalità**, das Zepter ist ein Symbol des Königtums **3** gramm Attribut m **4** filos Eigenschaft f: **gli attributi di Dio**, die Eigenschaften Gottes • **gli attributi** eufem (genitali maschili) das Gehänge fam, das Gemächt(e) scherz.

attribuzióne f **1** (riconoscimento) {+OPERA} Zuschreibung f: **l'~ del quadro a De Chirico è incerta**, es ist unsicher, ob das Bild De Chirico zugeschrieben werden kann **2** (assegnazione) {+PREMIO} Zuerkennung f **3** <solo pl> (mansioni, funzioni) {+CAPO DELLO STATO} Kompetenz-, Aufgabenbereich m.

attrìce f → **attore**.

attricètta <dim di attrice> f zweitklassige Schauspielerin.

attrìto m **1** fis (resistenza) {DINAMICO, INTERNO, STATICO} Reibung f: **~ radente**, Reibung(swiderstand) m f **2** fig (contrasto) ~ **tra qu** {TRA DUE CONIUGI, TRA PADRE E FIGLIO} Reiberei f zwischen jdm, Spannung f zwischen jdm: **tra loro due tutto era diventato causa d'~**, zwischen den beiden gab es wegen allem Streitˌ/[entbrannte aus jeglichem nichtigen Anlass Streit]; **tra di noi c'è un certo ~ da anni**, wir haben seit Jahren ein etwas gespanntes Verhältnis.

attuàbile agg (realizzabile) {PIANO, PROPOSTA} durchführbar, realisierbar.

attuabilità <-> f (realizzabilità) {+IDEA, PROGETTO} Durchführbarkeit f, Realisierbarkeit f.

attuàle agg **1** (odierno) {ESISTENZA, REALTÀ} aktuell, zeitgemäß **2** (presente) {CIRCOSTANZA, POLITICA, SITUAZIONE, STATO DELLE COSE, ecc.} derzeitig, jetzig, gegenwärtig **3** (tuttora valido) {LEGGE, PENSATORE, POETA, ROMANZO} aktuell **4** filos aktual **5** fis {VALORE} effektiv **6** relig {GRAZIA, PECCATO} tätig.

attualìsmo m filos geol Aktualismus m.

attualità <-> **A** f **1** (modernità) {+OPERA, PROBLEMA, TEORIA} Aktualität f **2** <di solito al pl> (avvenimento attuale) Aktualität f: **notizia di ~**, aktuelle Nachricht; **pubblicazione settimanale di ~**, aktuelle Wochenzeitschrift **B** <inv> loc agg (attuale): **di ~** aktuell: **essere/tornare di ~**, ˌaktuell seinˌ/[wieder aktuell werden].

attualizzàre **A** tr ~ **qc 1** (rendere attuale) {PROBLEMA, QUESTIONE} etw aktualisieren **2** econ (calcolare al valore attuale) {ATTIVITÀ FUTURA} den Jetzt-/Aktualwert von etw (dat) berechnen **B** itr pron filos (divenire attuale): **attualizzarsi** aktuell werden.

attualizzazióne f econ Aktualisierung f.

attualménte avv (ora) jetzt, zurzeit, derzeit, gegenwärtig: **l'opera omnia dell'autore ~ in ristampa**, die gesammelten Schriften des Autors werden jetzt neu aufgelegt; **~ si occupa di ecocompatibilità**, zurzeit befasst er/sie sich mit Umweltverträglichkeit.

attuàre **A** tr (realizzare) ~ **qc** {PIANO, PROGETTO, PROGRAMMA} etw verwirklichen, etw realisieren; {REVISIONE, RIFORMA} etw durch| führen **B** itr pron (realizzarsi): **attuarsi** {PIANO, PROGETTO, PROGRAMMA} sich verwirklichen.

attuariàle agg mat stat {MATEMATICA} Versicherungs-.

attuatìvo, (-a) agg (che permette di attuare) {PERMESSO} ausführend, in Kraft setzend.

attuazióne f (realizzazione) {+PIANO, PROGETTO, PROGRAMMA} Verwirklichung f, Realisierung f; {+REVISIONE, RIFORMA} Durchführung f: **è un'idea di difficile ~**, eine schwer ˌzu verwirklichendeˌ/[in Tat umzusetzende] Idee.

attutìre <attutisco> **A** tr (smorzare) ~ **qc** {RUMORE, SUONO} etw dämpfen; {COLPO, URTO} anche etw ab|schwächen: **la neve attutisce i rumori dei passi**, der Schnee dämpft das Geräusch der Schritte; {IRA, SDEGNO} etw besänftigen, etw mildern **B** itr pron (smorzarsi): **attutirsi** {RUMORE, SUONO} schwächer werden; {COLPO, URTO} sich ab|schwächen; {DOLORE, IRA, SDEGNO} nach|lassen.

AU mil abbr di Allievo Ufficiale: Offiziersanwärter m.

a.U.c. abbr lat di ab Urbe condita: a.u.c. (seit der Gründung Roms).

AUC mil abbr di Allievo Ufficiale di Complemento: Offizier(s)anwärter m auf Zeit.

audàce **A** agg **1** (coraggioso) {ESPLORATORE, NAVIGATORE} mutig **2** (arrischiato) {RAPINA} riskant, gewagt; {IMPRESA} anche kühn, verwegen **3** (che osa troppo) {SGUARDO} unverschämt; (a. innovatore) {MODA} gewagt; {IDEE, TEORIE} anche kühn **4** (osé) {FOTO, PAROLE, PROPOSTA, SGUARDO, SPACCO} gewagt, provozierend **B** mf (coraggioso) Mutige mf decl come agg.

audàcia f **1** (coraggio) {+ESPLORATORE} Mut m: **avere l'~ di fare qc**, den Mut haben, etw zu tun **2** forb (atto arrischiato) Kühnheit f, Verwegenheit f **3** (originalità che incontra opposizione) {+TESI} Gewagtheit f, Kühnheit f **4** (*provocazione*) {+FOTO, PAROLE, PROPOSTA, SGUARDO, SPACCO} Provokation f **5** (*insolenza*) Unverschämtheit f, Frechheit f: **ha avuto l'~ di metterci alla porta**, er/sie besaß die Frechheit/Unverschämtheit, uns vor die Tür zu setzen.

audience <-> f **1** *ingl radio TV* Einschaltquote f; Hörer m pl; Zuschauer m pl **2** (*nella pubblicità*) Publikum n.

àudio *elettr radio TV* **A** agg <inv> {SEGNALE, TECNICO} Ton- **B** <-> m Ton m: **togliere l'~**, den Ton wegnehmen.

audiocassètta f (*nastro*) Kassette f.
audioconferènza f (*teleconferenza*) Audio-, Telekonferenz f.
audiofrequènza f *elettr fis radio* Hörfrequenz f.
audioguìda f (*dispositivo portatile*) {+MUSEO} Audioguide m, Audio-Guide m, Audio Guide m.
audiolèṣo, (-a) **A** agg (*sordo*) hörgeschädigt **B** m (f) Hörgeschädigte mf decl come agg.
audiolibro m *edit* Hörbuch n.
audiometrìa f *med* Audiometrie f *scient*.
audiomètrico, (-a) <-ci, -che> agg *med* audiometrisch *scient*.
audiopròteṣi <-> f *med* Hörprothese f, Hörapparat m.
Audiotèl® *comm tel* **A** <-> m Audiotex m **B** <inv> agg {SERVIZIO} Audiotex-.
audioviṣivo, (-a) **A** agg {METODO, MEZZO, SUSSIDIO} audiovisuell **B** m <*di solito al pl*> audiovisuelles Gerät.
audioviṣuàle agg {METODO, SETTORE} audiovisuell.
audit <-> m *ingl econ* Audit m o n, Überprüfung f.
Àuditel <-> m *TV* "System zur Erhebung der Einschaltquoten in Italien".
auditing <-> m *ingl* (*nell'organizzazione aziendale*) Auditing n, Revision f.
auditivo, (-a) agg → **uditivo**.
auditor <-> mf *ingl* (*nell'organizzazione aziendale*) Rechnungsprüfer(in) m(f).
auditòrio <-ri>, **auditòrium** <-> m **1** (*sala per concerti*) Konzertsaal m; (*per registrazione*) Aufnahmestudio n **2** *radio* Senderaum m.
audiziòne f **1** *gener* Hören n **2** (*provino*) {+CANTANTE} Vorsingen n, Probesingen n; {+BALLERINO} Vortanzen n {+MUSICISTA} Vorspielen n; {+ATTORE} Vorsprechen n: **fra un mese ci sarà un'~ a Verona per cantanti e ballerini**, in einem Monat findet in Verona ein Vorsingen und Vortanzen statt **3** *dir* {+TESTIMONI} Anhörung f, Vernehmung f.
àuge <-> f **1** *astr* (*apogeo*) Apogäum n **2** *fig* (*apice*) Gipfel m, Höhepunkt m: **attore/cantante in ~**, Schauspieler/Sänger auf dem Höhepunkt des Erfolgs; **tornare in ~**, wieder zu Ruhm gelangen.
auguràbile agg (*sperabile*) wünschenswert.
auguràle agg **1** (*di auguri*) {DISCORSO, MESSAGGIO, TELEGRAMMA} Glück(wunsch)- **2** *stor* {LIBRI} Auguren-.
auguràre **A** tr (*esprimere un augurio*) ~ **qc** (**a qu**) {BUON ANNO, BUONA FORTUNA, BUONA NOTTE, BUON VIAGGIO} jdm etw wünschen: **buon compleanno a qu**, jdm alles Gute zum Geburtstag wünschen, jdm zum Geburtstag gratulieren; **vi auguriamo che tutto riesca bene**, wir wünschen euch, dass alles gut geht; **ti auguro di riuscire**, ich wünsche dir, dass du Erfolg hast **B** rfl indir (*sperare*): **augurarsi qc** sich (dat) etw wünschen, sich

(dat) etw erhoffen, (etw) hoffen: **mi auguro di riposarmi**, ich hoffe, mich zu erholen; **non c'è da augurarselo**, wir wollen es nicht hoffen.
àugure m *stor* (*sacerdote*) Augur m.
augùrio <-ri> m **1** (*desiderio*) {+GUARIGIONE, PROSPERITÀ} Wunsch m **2** (*presagio*) Vorzeichen n, Omen n, Vorbedeutung f: **essere di buon/cattivo ~**, ein gutes/schlechtes Omen sein, ein gutes/böses Vorzeichen sein **3** (*responso divinatorio*) {+INDOVINO} Wahrsagung f **4** (*voto di felicità, benessere*) Glückwunsch m: **ti/Le faccio i miei migliori auguri per l'Anno Nuovo**, ich wünsche dir/Ihnen alles Gute zum neuen Jahr; **auguri per gli esami!**, alles Gute für die Prüfungen!; **fare gli auguri a qu**, jdm gratulieren; **auguri di felicità!**, viel Glück!; **tanti auguri di Buon Natale e Felice Anno Nuovo**, frohe Weihnachten und ein glückliches neues Jahr; **mi ha mandato gli auguri di Pasqua**, er/sie hat mir Osterglückwünsche geschickt; **auguri per la Sua salute!**, alles Gute für Ihre Gesundheit!; **tanti auguri!**, herzlichen Glückwunsch!; **auguri di buon viaggio!**, gute Reise!
Augùsta① f (*nome proprio*) Auguste.
Augùsta② f *geog* Augsburg n.
augustèo, (-a) agg *stor* (*di O. Augusto*) {ETÀ} augusteisch.
augùsto①, **Augùsto** m (*pagliaccio*) dummer August.
augùsto②, (-a) *lett* **A** agg **1** (*nobile*) {PAROLE, POESIA} erhaben; {PERSONA} *anche* erlaucht *forb*, vornehm **2** (*imperiale*) kaiserlich **B** m (*imperatore*) Imperator m, Kaiser m ● **all'augusta presenza del pontefice**, in Anwesenheit des Heiligen Vaters.
Augùsto m (*nome proprio*) August.
àula f (*sala*) {+ANATOMIA, FISICA, PRETURA, TRIBUNALE} Saal m; *scuola* Klasse f, Klassenzimmer n; *università* Hörsaal m, Aula f ● **abbandonare l'~** *giorn polit* (*per protesta*), den Sitzungssaal verlassen; ~ **bunker** *spec dir*, Hochsicherheitstrakt m; ~ **magna**, Auditorium maximum n, Audimax n *slang giovanile*; {+SCUOLA} Aula f; **far sgombrare l'~**, den Saal räumen lassen.
àulico, (-a) <-ci, -che> agg **1** (*solenne*) {LINGUAGGIO, STILE} erhaben, feierlich, gehoben; {POETA, SCRITTORE} erlaucht *forb* **2** *stor* (*di corte*) {CONSIGLIERE} höfisch, Hof-.
aumentàre **A** tr <*avere*> **1** (*incrementare*) ~ **qc** {PRODUZIONE} etw steigern; {NUMERO, PREZZO, SALARIO, SPESE} etw erhöhen; {ENTRATE, RICCHEZZA} etw vermehren; {PRESTIGIO} etw vergrößern, etw steigern; {FASCINO} *anche* etw erhöhen **2** (*nei lavori femminili*) {PUNTI DI MAGLIA} etw zu|nehmen **B** itr <*essere*> (*crescere*) {POPOLAZIONE} zu|nehmen, (an|)wachsen, sich vermehren: **gli abitanti del paese aumentano ogni giorno**, die Zahl der Dorfbewohner wächst von Tag zu Tag; {+RUMORE} zu|nehmen; {AFFITTO, FEBBRE, NUMERO, SALARIO} steigen; **i prezzi sono aumentati del doppio**, die Preise sind um das Doppelte gestiegen; ~ **di intensità/peso/valore/volume**, an Intensität/Gewicht/Wert/Umfang zunehmen.
aumènto m (*incremento*) {+NUMERO} Erhöhung f; {+PREZZO, SPESE} *anche* Anstieg m; {+POPOLAZIONE} Zunahme f, Zuwachs m; {+SALARIO} Erhöhung f; {+TEMPERATURA} Anstieg m; {+RUMORE} Zunahme f; {+PRODUZIONE} Steigerung f: ~ **di lunghezza**, Längenwachstum n; ~ **di peso**, Gewichtszunahme f; {+ENTRATE} Erhöhung f, Vermehrung f; **non osava chiedere l'~ al suo datore di lavoro**, er/sie wagte es nicht, seinen/ihren Arbeitgeber um eine Gehaltserhöhung zu bitten; **essere in ~**, zunehmen, im Steigen begriffen

sein.
au pair <inv> loc agg avv *franc* {RAGAZZA} Au--pair-; {LAVORARE} au pair.
àura f **1** *lett* (*venticello*) (Luft)hauch m **2** *fig* (*alone*) {+PACE, SERENITÀ} Nimbus m *forb*, Aura f *forb*, (geheimnisvolle) Ausstrahlung: **tutta la faccenda era circondata da un'~ di mistero**, die ganze Angelegenheit war irgendwie geheimnisvoll.
àureo, (-a) agg **1** (*d'oro*) {ANELLO, CORONA} golden, Gold- **2** *fig* (*color oro*) {CHIOMA, LUCE} golden, goldfarben **3** *fig* (*eccellente*) {REGOLA} golden **4** *econ* {DIVISA, RISERVA, SISTEMA, VALUTA} Gold- **5** *lett fig* (*di massimo splendore*) {ETÀ, PERIODO, SECOLO} golden.
aurèola f **1** (*cerchio luminoso*) {+S. FRANCESCO} Aureole f, Heiligenschein m **2** *fig* (*corona*) {+RICCIOLI} Kranz m **3** *fig* (*alone*) {+BONTÀ, SANTITÀ} Nimbus m.
auricolàre **A** agg **1** *anat* {CONDOTTO, PADIGLIONE} Ohr(en)- **2** *fig* (*che riferisce ciò che si è udito*) {TESTIMONE} Ohren- **B** m *radio* Kopfhörer m.
aurifero, (-a) agg *fig* (*che contiene oro*) {FILONE, TERRENO} goldhaltig.
auriga <-ghi> m *stor lett* (*cocchiere*) Kutscher m.
auròra f **1** (*il sorgere del sole*) Morgenrot n, Morgenröte f **2** *fig* (*inizio*) {+VITA} Beginn m, Anfang m; {+CIVILTÀ} *anche* Anbruch m ● **aurora boreale/polare** *meteo*, Süd-/Nord-/Polarlicht n.
auscultàre tr *med* (*ascoltare*) ~ **qc** {MEDICO CUORE, POLMONI} etw auskultieren *scient*, etw ab|horchen.
auscultazióne f *med* Auskultation f *scient*.
auṣiliàre **A** agg *anche gramm* (*che aiuta*) {SCIENZA, VERBO} Hilfs-; {VESCOVO} Weih- **B** m *gramm* (*verbo*) Hilfsverb n **C** mf (*aiutante*) {+IMPRENDITORE} Aushilfe f, Helfer(in) m(f): ~ **del giudice**, Hilfsrichter(in) m (f).
auṣiliàrio, (-a) <-ri> **A** agg **1** (*che è d'aiuto*) {SCIENZE, SERVIZIO} Hilfs- **2** *elettr mar mecc industr* {CIRCUITO, MACCHINARIO, MOTORE, SERBATOIO} Hilfs- **3** *mil* {FORZE, TRUPPE} Hilfs-, Reserve- **B** m (f) (*chi svolge funzione ausiliaria*) Helfer(in) m(f): ~ **di giustizia**, Gerichtshelfer(in) m(f) **C** *mil stor* (*assistenti militari*) Adjutant m **D** m pl *mil stor* (*mercenari*) Hilfstruppen pl.
auṣiliatóre, (-trice) **A** agg *anche relig* (*che soccorre*) Hilfe-, Rettungs-: **Maria Ausiliatrice**, Maria Hilf f **B** m (f) Helfer(in) m(f).
auṣilio <-li> m *forb* (*aiuto*) {DIVINO} Hilfe f: **con l'~ di qu/qc**, mit jds Hilfe, mit der Hilfe von jdm/etw.
AUSL f *amm abbr di* Azienda Unità Sanitaria Locale: "Örtliches Gesundheitsamt".
auspicàbile agg (*sperabile*) wünschenswert, zu hoffen: **è ~ che tutto si risolva presto**, es steht/ist zu hoffen, dass alles rasch gelöst wird.
auspicàre <*auspico, auspichi*> **A** tr (*augurare*) ~ **qc** (**a qu**) {CONCLUSIONE, ESITO FELICE, SUCCESSO} jdm etw wünschen **B** itr *stor* (*trarre gli auspici*) {SACERDOTE} die Zukunft deuten, Auspizien an|stellen *forb*.
auspìcio <-ci> m **1** *stor* (*augurio*) Auspizium m: **trarre gli ~**, die Zukunft deuten, Auspizien anstellen *forb* **2** (*presagio*) Vorzeichen n, Vorbedeutung f, Omen n: **essere di buon/cattivo ~**, ein gutes/schlechtes Vorzeichen sein; **iniziare una attività con/sotto buoni auspici**, eine Tätigkeit unter guten Vorzeichen beginnen **3** (*desiderio*) Wunsch m: **è nostro ~ che...**, es ist unser Wunsch, dass... **4** *fig* (*protezione*) Schutz m; <*di solito al pl*> (*patronato*) Schirmherrschaft f: **la mostra è stata posta sotto gli auspici del Pre-**

sidente della Repubblica, die Ausstellung wurde unter die Schirmherrschaft des Staatspräsidenten gestellt.

austerità <-> f 1 (*severità*) {+VITA} Härte f; {+COSTUMI} *anche* Strenge f; {+CASA} Schlichtheit f, Schmucklosigkeit f 2 *econ polit* Austerity f *forb*, energische Sparpolitik; **di** ~ Spar-.

austèrity <-> f *ingl econ* Austerity f *forb*, energische Sparpolitik.

austèro, (-a) *agg* 1 (*rigido, intransigente*) {DISCIPLINA} streng; {CARATTERE, UOMO} *anche* hart 2 (*senza superfluità*) {ARCHITETTURA, MONUMENTO, PALAZZO, VESTITO} schmucklos, einfach, schlicht; **fare una vita austera**, ein einfaches Leben führen 3 (*duro, difficile*) {TEMPI} hart, rau 4 *enol gastr* {VINO} herb.

austràle *agg geog* {EMISFERO, VENTO} Süd-, südlich.

Austràlia f *geog* Australien n.

australiàno, (-a) **A** *agg* {POPOLAZIONE} australisch **B** m (f) (*abitante*) Australier(in) m(f).

australopitèco <-chi o -ci> m *paleont* Australopithecus m.

Àustria f *geog* (abbr A) Österreich n: ~ **Alta/Bassa**, Ober-/Niederösterreich n.

austrìaco, (-a) <-ci, -che> **A** *agg* {DOMINAZIONE} österreichisch **B** m (f) (*abitante*) Österreicher(in) m(f).

àustro <-> m 1 *lett* (*sud*) Süden m 2 (*vento*) Südwind m.

austro-ungàrico, austrungàrico, (-a) <-ci, -che> *agg stor* {MONARCHIA} österreichisch-ungarisch: **l'impero austr(o-)ungarico**, das österreichisch-ungarische Reich.

autarchìa① f *econ polit* Autarkie f.

autarchìa② f 1 (*autocontrollo*) Selbstbeherrschung f, Selbstkontrolle f 2 *dir* (*indipendenza amministrativa*) Autonomie f.

autàrchico①, (-a) <-ci, -che> *agg* 1 *econ polit* {POLITICA, PROVVEDIMENTI} autark 2 *spreg* {PRODOTTO, STOFFA} minderwertig.

autàrchico②, (-a) <-ci, -che> *agg dir* {ENTE} autonom, unabhängig, selbständig; {AMMINISTRAZIONE} *anche* Selbst-.

aut aut <-> *loc sost lat* (*o..., o...*) Entweder-oder n: **mettere/(im)porre un aut aut a qu**, jdn vor eine Entscheidung stellen.

autèntica <-che> f *amm* {+FOTO, FOTOCOPIA, FIRMA} Beglaubigung f: **apporre l'~ a qc**, etw beglaubigen.

autenticàre <*autentico, autentichi*> tr ~ **qc** 1 (*riconoscere l'autenticità*) {ANTIQUARIO, ESPERTO, STORICO DELL'ARTE} LETTERA, MOBILE, SCULTURA, TAPPETO} etw authentifizieren *forb*, etw beglaubigen, die Echtheit von etw (dat)/+ gen bezeugen: **il quadro è stato autenticato dal figlio del pittore**, die Echtheit des Bildes wurde durch den Sohn des Malers beglaubigt 2 *amm dir* {NOTAIO, PUBBLICO UFFICIALE DOCUMENTO, FIRMA, FOTOGRAFIA} etw beglaubigen.

autenticazióne f *amm* {+FOTOCOPIA, FOTO, FIRMA} Beglaubigung f: **un'~ notarile**, eine notarielle Beglaubigung.

autenticità <-> f 1 (*l'essere autentico*) {+DOCUMENTO, QUADRO} Echtheit f, Authentizität f 2 (*genuinità*) {+ATTEGGIAMENTO} Echtheit f, Unverfälschtheit f 3 *dir* (*veridicità*) {+AVVENIMENTO, FATTO} Glaubwürdigkeit f; {+ATTO} Echtheit f.

autèntico, (-a) <-ci, -che> *agg* 1 (*non falsificato*) {FIRMA, LETTERA, QUADRO} echt, authentisch 2 (*regolare*) {COPIA} authentisch, beglaubigt 3 (*vero*) {VERSIONE DEI FATTI} wahr(heitsgetreu); {ANEDDOTO, RACCONTO} wahr 4 (*originale*) {MOBILE BAROCCO} echt, original, Original- 5 (*genuino*) {ATTEGGIAMENTO} echt,

unverfälscht; (*puro*) rein 6 (*vero e proprio*) echt, wahr: **è un ~ artista**, er ist ein echter Künstler; *iron* ausgemacht, ausgesprochen; **è un ~ mascalzone**, er ist ein ausgemachter Schurke *spreg*.

autentificàre <*autentifico, autentifichi*> tr *amm* (*autenticare*) ~ **qc** etw beglaubigen, etw authentifizieren.

autentificazióne f *amm* (*autenticazione*) Beglaubigung f, Authentifizierung f.

authority <-, *authorities* pl *ingl*> f *ingl amm* Behörde f.

autière m *mil* Fahrer m.

autìsmo m *med psic* (krankhafte) Ichbezogenheit, Selbstbezogenheit f, Autismus m *scient*.

autìsta① <-i m, -e f> mf {+AUTO, AUTOBUS} Fahrer(in) m(f); {+PRIVATO, TAXI} Chauffeur(in) m(f) ● **è un ~ della domenica** (*chi guida male*), er ist ein Sonntagsfahrer *spreg*.

autìsta② <-i m, -e f> *med psic* **A** *agg* autistisch *scient* **B** mf (*malato*) Autist(in) m(f).

autìstico, (-a) <-ci, -che> *agg med psic* {BAMBINO, COMPORTAMENTO} autistisch *scient*.

àuto <-> f (*automobile*) Auto n: ~ **blu**, Repräsentationslimousine f; ~ **civetta**, Zivilstreifenwagen m; ~ **condivisa**, beim Autosharing geteilter Wagen; ~ **pirata**, Fahrerfluchtauto n.

àuto-① *primo elemento* 1 (*di sé stesso*) auto-, Auto-, selbst-, Selbst-: **autodidàttico**, autodidaktisch; **autobiografìa**, Autobiographie; **autocrìtico**, selbstkritisch; **autocontrollo**, Selbstbeherrschung 2 (*da sé*) selbst-, Selbst-: **autoadesìvo**, selbsthaftend, selbstklebend, Selbstklebe-.

àuto-② *primo elemento* (*automobile*) -wagen, Auto-, Fahr-: **autocisterna**, Tank-/Kesselwagen; **autoffìcina**, Auto(reparatur)werkstatt; **autoscuòla**, Fahrschule.

autoabbronzànte **A** *agg* {CREMA} selbstbräunend **B** m Selbstbräunungsmittel n, Selbstbräuner m.

autoaccensióne f *autom* Selbstzündung f.

autoaccessòrio <-ri> m <*di solito al* pl> *autom* Autozubehör n.

autoaccusàrsi *rfl* ~ **di qc** {DI UN FURTO} sich selbst anklagen.

autoadesìvo, (-a) **A** *agg* {ETICHETTA, NASTRO} selbsthaftend, selbstklebend **B** m Sticker m, Aufkleber f.

autoaffermazióne f *psic* Selbstbestätigung f.

autoaiùto m Selbsthilfe f.

autoambulànza f *autom* Kranken-, Rettungs-, Unfallwagen m, Ambulanz f.

autoanàlisi <-> f *psic* Selbstanalyse f.

autoapprendimènto m Selbststudium n, Selbstlernen n.

autoarticolàto m *autom* Sattelschlepper m.

autobiografìa f *lett* {+ARTISTA, POETA} Autobiographie f.

autobiogràfico, (-a) <-ci, -che> *agg lett* {ROMANZO, TESTO} autobiographisch.

autobiografìsmo m *lett* {+ROMANZIERE} autobiographischer Charakter, autobiographische Prägung f.

autoblìnda, autoblindàta rar f *autom* {+POLIZIA} Panzerwagen m.

autoblindàto, (-a) *agg autom mil* {REGGIMENTO, REPARTO} gepanzert, Panzer-.

autobloccànte *agg* 1 *autom mecc* Autoblockier- 2 *edil* {MASSELLO} selbstsperrend.

autoblù <-> f Repräsentationslimousine f.

autobómba f *autom* Autobombe f *slang*.

autobótte f *autom* 1 (*per trasporto liquidi*) Tank-, Kesselwagen m 2 (*innaffiatrice*) Sprengwagen m.

àutobus <-> m *autom* (Auto)bus m, Omnibus m: **aspettare l'~**, auf den (Auto)bus warten; **viaggiare in ~**, mit dem (Auto)bus reisen ● **ha perduto l'~** *fig fam* (*l'occasione*), er/sie hat die Gelegenheit verpasst.

autocalùnnia f *dir* Selbstbezichtigung f, Vortäuschen n einer Straftat.

autocàravan <-> m o f Wohn-, Reisemobil n.

autocàrro m *autom* Last(kraft)wagen m, Lkw m *fam*: ~ **con rimorchio**, Last(kraft)wagen m, Lkw m *fam* mit Anhänger.

autocelebràrsi *rfl* sich selbst feiern.

autocelebratìvo, (-a) *agg* (*che celebra se stesso*) {CONCERTO, DISCORSO} selbstbeweihräuchernd; {SPOT} zur Selbstbeweihräucherung, sich selbst feiernd.

autocelebrazióne f Eigenlob n.

autocensùra f {+AUTORE} Schere f im Kopf *fam*, Selbstzensur f; {+GESTO, OPINIONE} Selbstzensur f.

autocensuràrsi *rfl* 1 {AUTORE} sich selbst zensieren 2 (*controllarsi*) sich zurückhalten.

autocertificàto m *amm* Selbstbescheinigung f.

autocertificazióne f *amm* Selbstbescheinigung f, unterschriebene Erklärung f.

autocistèrna f *autom* Tankwagen m.

autocitàrsi *rfl* {ORATORE} sich selbst zitieren.

autocitazióne f {+ACCADEMICO} Selbstzitat n.

autocivétta f *autom* {+POLIZIA} Zivilstreifenwagen m.

autoclàve f *chim med tecnol* {+DISINFEZIONE} Druckkessel m.

autocolónna f *mil* {+MUNIZIONI, VIVERI} Autokolonne f.

autocombustióne f *anche autom* {+BOSCO, CARBONE} Selbstentzündung f.

autocommiseràrsi *rfl* sich selbst bemitleiden.

autocommiserazióne f (*vittimismo*) Selbstbemitleidung f.

autocompattatóre m (*veicolo*) Abfallstampfer m.

autocompensazióne f Selbstgenügsamkeit f.

autocompiaciménto m (*narcisismo*) Selbstgefälligkeit f.

autoconservazióne f *psic* Selbsterhaltung f: **istinto di ~**, Selbsterhaltungstrieb m.

autoconsùmo m *anche agr econ* Selbstverbrauch m.

autocontròllo m 1 (*dominio di sé*) Selbstbeherrschung f: **mantenere/perdere l'~**, die Selbstbeherrschung bewahren/verlieren 2 *tecnol* Selbststeuerung f.

autoconvìncersi *rfl* sich selbst überzeugen.

autoconvinzióne f Selbstüberzeugung f.

autoconvocàto, (-a) *agg* {ASSEMBLEA, LAVORATORI} "eigenständig, ohne Absprache mit der Gewerkschaft einberufen".

autoconvòglio <-gli> m *autom* Autokonvoi m.

autocorrèggersi *rfl* (*correggersi da soli*) sich selbst verbessern.

autocorrettìvo, (-a) *agg scuola* {ESERCIZIO, TEST} Selbstkorrektur-.

autocorrezióne f *scuola* {+COMPITO} Selbstkorrektur f.

autocorrièra f *autom* Omnibus m, Linien-

bus m.
autocoscienza f filos psic Selbstbewusstsein n.
autòcrate polit A agg {GOVERNO} autokratisch forb B mf **1** (sovrano) Autokrat(in) m(f) forb, Alleinherrscher(in) m(f) **2** (despota) Despot(in) m(f) spreg, Tyrann(in) m(f) spreg.
autocrazìa f polit Autokratie f.
autocrìtica <-che> f (esame di se stessi) Selbstkritik f: **fare l'~**, Selbstkritik üben.
autocrìtico, (-a) <-ci, -che> agg {ESAME} selbstkritisch.
autòctono, (-a) A agg {POPOLAZIONE} autochthon forb, alteingesessen, bodenständig B m (f) {+VALLE D'AOSTA} Alteingesessene mf decl come agg.
autodafé <-> m **1** stor Autodafé n, Ketzerverbrennung f **2** (rogo) öffentliche Verbrennung: **fare un ~ di libri**, eine Bücherverbrennung veranstalten.
autodecisióne f Selbstbestimmung f.
autodefinìrsi rfl sich selbst bezeichnen/beschreiben.
autodemolitóre, (-trice) m (f) (chi demolisce le auto) Schrotthändler(in) m(f).
autodemolizióne f **1** autom {+AUTO} Autoverschrottung f **2** (luogo) (Auto)schrottplatz m.
autodenùncia <-ce o -cie> f **1** Selbstanklage f **2** dir Selbstanzeige f.
autodenunciàrsi <mi autodenuncio, ti autodenunci> rfl **1** (confessare i propri errori) sich selbst tadeln/an|klagen **2** dir sich selbst an|zeigen.
autodeterminazióne f Selbstbestimmung f.
autodiàgnosi <-> f Selbstdiagnose f.
autodichiarazióne f amm Selbsterklärung f, unterschriebene Erklärung f: **~ di avvenuto pagamento**, Quittung f.
autodidàtta <-i m, -e f> mf (chi si è istruito da solo) Autodidakt(in) m(f).
autodidàttica <-che> f Autodidaktik f.
autodidàttico, (-a) <-ci, -che> agg {METODO} autodidaktisch.
autodifèndersi rfl (tutelarsi da soli) sich selbst verteidigen/schützen.
autodifésa f anche dir (difesa personale) Selbstverteidigung f.
autodisciplìna f Selbstdisziplin f.
autodistrùggersi <coniug come struggere> rfl **1** (disintegrarsi) sich selbst zerstören **2** {MISSILE, PROIETTILE} sich selbst vernichten.
autodistruttìvo, (-a) agg {ATTEGGIAMENTO, TENDENZA} selbstzerstörerisch.
autodistruzióne f Selbstzerstörung f, Selbstvernichtung f.
autodonazióne f med Eigenbluttransfusion f.
autòdromo m Autorennbahn f, Rennstrecke f, Motodrom n, Autodrom n: **l'~ di Hockenheim**, Hockenheimring m; **l'~ di Monza**, das Motodrom von Monza.
autoemarginazióne f Selbstausgrenzung f.
autoerotìsmo m Selbstbefriedigung f, Autoerotismus m.
autoesaltazióne f Selbstlob n, Selbstverherrlichung f.
autoesàme m **1** Selbstprüfung f **2** med Selbstuntersuchung f.
autoesclùdersi <coniug come escludersi> rfl (tenersi lontani da qc) sich aus|schließen, sich isolieren, sich ab|sondern.
autofecondazióne f biol Selbstbefruchtung f.

autoferrotranviàrio, (-a) <-ri m> agg autom {RETE} öffentliche(r, s) Verkehrs-.
autofficìna f Auto(reparatur)werkstatt f.
autofilotranviàrio, (-a) <-ri m> agg Autobus-, Trolleybus- und Straßenbahn-.
autofinanziaménto m econ Eigen-, Selbstfinanzierung f.
autofinanziàrsi <autofinanzio, autofinanzi> rfl econ sich eigenfinanzieren.
autoflagellàrsi rfl **1** (flagellare se stessi) sich (selbst) geißeln **2** fig (autocriticarsi) sich (selbst) geißeln, sich niedermachen fam.
autoflagellazióne f anche fig Selbstgeißelung f.
autofòcus fot A agg Autofokus- B m (proiettore) Autofokus m C f (macchina) Autofokus(apparat) m.
autofurgóne m autom Lieferwagen m.
autògeno, (-a) agg (che si genera da sé) autogen.
autogestióne f anche econ Selbstverwaltung f: **a scuola i ragazzi hanno fatto cinque giorni di ~**, die Schüler haben sich in der Schule fünf Tage lang selbst verwaltet.
autogestìre <autogestisco> tr • **qu/qc** {SE STESSO} für jdn/etw selbst sorgen; {SCUOLA} etw selbst verwalten.
autogestìto, (-a) agg (gestito autonomamente) selbstverwaltet n.
autogòl m **1** sport Eigentor n **2** fig (iniziativa controproducente) Eigentor n, Schuss m nach hinten: **fare un ~**, ein Eigentor schießen.
autogonfiàbile A agg {CANOTTO, ZATTERA} selbstaufpumpend, selbstaufblasbar B m (canotto, zattera) Gummiboot n.
autogovernàrsi rfl (amministrarsi da soli) sich selbst verwalten.
autogovèrno m amm Selbstregierung f, Selbstverwaltung f.
autografàto, (-a) agg (firmato dall'autore) {LIBRO} handsigniert, mit Autogramm.
autògrafo, (-a) A agg (manoscritto) eigenhändig geschrieben B m **1** lett (manoscritto) Original n, Handschrift f **2** (documento) Autograph n **3** (firma) {+ATTORE, CANTANTE} Autogramm n: **chiedere l'~ a qu**, jdn um ein Autogramm bitten.
Autogrill® <-> m Autobahnrestaurant n, Raststätte f: **fermiamoci al prossimo autogrill**, halten wir bei der nächsten Raststätte an.
autogrù <-> m o f autom Kranwagen m.
autoguìda f autom automatische Steuerung.
autoimmùne agg med {MALATTIA} autoimmun.
autoimmunitàrio, (-a) <-ri m> agg biol autoimmunisierend, Autoimmun-.
autoimpollinazióne f bot Selbstbestäubung f.
autoincensàrsi rfl (lodare esageratamente se stessi) sich selbst beweihräuchern.
autoingànno m psic Selbstbetrug m.
autoinstallànte agg inform {PROGRAMMA} selbstinstallierend.
autoinvitàrsi rfl sich selbst ein|laden, ohne Einladung erscheinen.
autoipnòsi <-> f Selbsthypnose f.
autoironìa f Selbstironie f.
autoirònico, (-a) <-ci, -che> agg selbstironisch.
autolavàggio <-gi> m autom **1** (luogo) Wagenwäsche f **2** (impianto) (Auto-, Wagen)waschanlage f.
autolegittimàrsi rfl (legittimare se stessi)

sich selbst legitimieren.
autolegittimazióne f Selbstlegitimierung f.
autolesionìsmo m anche fig Selbstverstümmelung f.
autolesionìsta <-i m, -e f> mf Selbstverstümmler(in) m(f).
autolesìvo, (-a) agg (che provoca danno a se stesso) {ATTO} Selbstverstümmelungs-, Selbstverletzungs-.
autolimitàrsi rfl (limitare sé stesso) sich (selbst) beschränken/einschränken: **~ nel mangiare**, sich beim Essen (selbst) einschränken.
autolimitazióne f Selbstbeschränkung f.
autolìnea f autom Buslinie f.
autom. **1** abbr di automatizzato: automatisiert **2** abbr di automobile: Auto (abbr di Automobil).
autòma <-i> m Automat m; fig Roboter m: **camminare come un ~**, mechanisch/robotterhaft laufen; **sembrare un ~**, einem Roboter gleichen, wie ein Roboter aussehen.
automassàggio <-gi> m Selbst-, Eigenmassage f.
automaticità <-> f **1** {+MECCANISMO} Automatik f **2** {+GESTO} Automatik f.
automàtico, (-a) <-ci, -che> A agg **1** {ARMA, BILANCIA, CAMBIO, OROLOGIO} automatisch; {INTERRUTTORE} Selbst-; {TELEFONO} Selbstwähl-; {CAMBIO} Automatik- **2** fig (istintivo) {ATTO, REAZIONE} automatisch **3** anat {MOVIMENTO} unwillkürlich, mechanisch B m **1** (bottone) Druckknopf m **2** (fucile) Repetiergewehr n.
automatìsmo m **1** (l'essere automatico) {+MACCHINA} Automatik f **2** anche fig {+ATTO, REAZIONE} Automatismus m **3** econ Selbststeuerung f, Selbstregelung f **4** psic {DEAMBULATORIO} Automatismus m.
automatizzàre tr (rendere automatico) • **qc** {DISTRIBUZIONE} etw automatisieren; {IMPIANTO, PRODUZIONE, SERVIZIO} anche etw auf EDV um|stellen.
automatizzàto, (-a) agg automatisiert.
automazióne f {+IMPIANTO, INDUSTRIA} Automation f.
automedicazióne f farm Selbstmedikation f.
automercàto m comm Automarkt m.
automèzzo m autom Kraftfahrzeug n: **~ pesante**, Schwerlastfahrzeug n.
automòbile f (autovettura) Auto(mobil) n: **~ con catalizzatore**, Katalysatorauto n; **~ di piccola cilindrata**/**utilitaria**, Kleinwagen m; **~ da corsa**, Rennauto n, Rennwagen m; **~ decappotabile**, Kabrio(lett) n, Cabrio(let) n; **~ elettrica**, Elektroauto n; **~ fuoriserie**/**di serie**, Sonderausführung f/Serienwagen m; **~ da piazza**/**pubblica**, Taxi n; **~ usata**, Gebrauchtwagen m.
automobilìsmo m Kraftfahrwesen n; sport Motor-, Autosport m.
automobilìsta <-i m, -e f> mf Autofahrer(in) m(f) • **~ della domenica**/**da strapazzo** (chi guida male), Sonntagsfahrer(in) m(f) spreg.
automobilìstico, (-a) <-ci, -che> agg {CIRCOLAZIONE, CORSE, GARE, INCIDENTE} Auto-; {INDUSTRIA} Auto(mobil)-; {CIRCUITO} Autorenn-.
automodellìsmo m **1** (costruzione di modelli) Automodellbau m **2** (collezionismo) Automodellsammeln n.
automodellìsta mf **1** (costruttore) Automodellbauer m **2** (collezionista) Automodellsammler(in) m(f).
automontàto, (-a) agg mil {REPARTO, TRUPPA} motorisiert.

automotóre, (**-trice**) agg autom mit Eigenmotor.

automotrìce f ferr {ELETTRICA} Triebwagen m: ~ˌcon motore diesel₁/[a vapore], Diesel-/Dampftriebwagen m.

automunìto, (**-a**) **A** agg (con auto propria) mit eigenem Fahrzeug **B** m (f) (proprietari di auto) Fahrzeugbesitzer(in) m(f).

automutilazióne f Selbstverstümmelung f.

autonoleggiatóre, (**-trice**) m (f) Autoverleiher(in) m(f).

autonolèggio <-gi> m Autovermietung f, Autoverleih m.

autonomìa f **1** (indipendenza) {+GIUDIZIO, VOLONTÀ} Unabhängigkeit f: **conservare la propria** ~, seine Unabhängigkeit bewahren; **godere di una certa** ~, sich einer gewissen Unabhängigkeit erfreuen **2** polit {AMMINISTRATIVA, POLITICA, SINDACALE +BILANCIO, GESTIONE, STATO} Autonomie f, Unabhängigkeit f: **(operaia)**, (Arbeiter)selbstverwaltung f **3** tecnol {+AEREO, NAVE, VEICOLO} Reichweite f, Aktionsradius m: **questo apparecchio ha un'~ (di volo) di** ˌ3 ore₁/[800 miglia], dieses Flugzeug hat eine Reichweite von ˌ3 Stunden₁/[800 Meilen] ● ~ **locale** amm, Selbstverwaltung f; ~ **logistica** mil, Nachschubautonomie f.

autonominàrsi rfl (nominare se stessi) ~ **qc** {DIRETTORE} sich selbst zu etw (dat) ernennen: **si è autonominato direttore**, er hat sich selbst zum Direktor ernannt.

autonomìsmo m amm polit Autonomiebestrebungen f pl.

autònomo, (**-a**) **A** agg (indipendente) {PERSONA} autonom, unabhängig; {AZIENDA, LAVORO} selbständig; {ENTE, GOVERNO} unabhängig: **apparecchio ad alimentazione autonoma**, speisungsunabhängiger Apparat **B** m **1** polit Autonome m: **giovedì ci sarà uno sciopero degli autonomi**, am Donnerstag streiken die Autonomen **2** (iscritto a un sindacato autonomo) Mitglied n einer Unabhängigen Gewerkschaft **3** (lavoratore ~) Selbständige mf decl come agg, Freischaffende mf decl come agg.

autopalpazióne f med Selbstabtastung f, Selbstabtasten n: ~ **del seno**, Selbstabtastung f der Brust.

autoparchèggio <-gi> m (parcheggio) (Auto)parkplatz m.

autopàrco m **1** (parcheggio) {+AZIENDA} Parkplatz m **2** (insieme di veicoli) Fahrzeug-, Wagenpark m.

autoparodìa f Selbstparodie f.

autopiàno m mus mechanisches Klavier, Pianola n.

autopilòta <-i> m aero astr (pilota automatico) Autopilot m, automatische Steuerungsanlage f.

autopìsta f **1** (nel deserto) Piste f **2** (nei parchi di divertimento) Autoskooterbahn f.

autopómpa f autom Feuerwehrauto n, Löschfahrzeug n.

autoportànte agg edil selbsttragend.

autopòrto m LKW-Parkplatz m.

autoprescrizióne f med Selbstverschreibung f.

autopsìa f med {+CADAVERE} Autopsie f, scient.

autopùbblica <-che> f autom (taxi) Taxi m.

autopulènte agg {FORNO} selbstreinigend.

autopùllman <-> m autom Reisebus m.

autopunitìvo, (**-a**) agg psic {MECCANISMO} selbstbestrafend.

autopunizióne f psic Selbstbestrafung f.

autoràdio <-> f **1** (radio) Autoradio n **2** autom {+POLIZIA} Funkstreifenwagen m.

autoradùno m autom Autofahrertreffen n.

autóre, (**autrìce**) **A** m (f) **1** (artefice) {+INIZIATIVA, PROGETTO} Urheber(in) m(f); {+DANNO} Verursacher(in) m(f); {+TEORIA SCIENTIFICA} Begründer(in) m(f): ~ **di una richiesta**, Antragsteller m **2** arte {+FILM} Autor(in) m(f); {+QUADRO} Künstler(in) m(f); {+SCULTURA} Meister(in) m(f) **3** dir {+CRIMINE, REATO} Täter(in) m(f) **4** lett teat {CLASSICO, MODERNO +ROMANZO, TRAGEDIA} Autor(in) m(f), Verfasser(in) m(f): **d'~ ignoto**, von einem unbekannten Autor **5** mus Komponist(in) m(f) **B** <inv> loc agg: **d'~** {FILM} Autoren-; {ROMANZO} eines bedeutenden/berühmten Autors.

autorealizzazióne f psic Selbstverwirklichung f.

autoreferenziàle agg filos autoreferentiell.

autoreggènte agg (nella moda) {CALZA} halterlos.

autoregolamentazióne f polit Selbstreglementierung f: ~ **del diritto di sciopero**, Selbstreglementierung f des Streikrechts.

autoréte f sport (nel calcio) Eigentor n.

autoreverse <-> m tecnol {+REGISTRATORE} Autoreverse n.

autorévole agg **1** (che ha autorità) {PERSONAGGIO, SCRITTORE} angesehen, maßgeblich, einflussreich **2** (che esprime autorità) {ARIA, TONO} gebieterisch **3** (che viene da persona che ha autorità) {CONSIGLIO} maßgebend; {TESTIMONIANZA} glaubwürdig.

autoriàle agg (di un autore) Autoren-.

autoricàmbio m <di solito al pl> **1** (settore) Autoersatzteilproduktionszweig m **2** (negozio) Autoersatzteilgeschäft n.

autoricaricàbile tel **A** agg {SCHEDA TELEFONICA} wiederaufladbar **B** f (scheda) wiederaufladbare (Telefon)karte.

autoricaricàrsi rfl tel {CELLULARE} sich selbst wieder aufladen.

autoridùrre <coniug come condurre> tr ~ **qc** {AFFITTO} etw selbst reduzieren/herabˌsetzen.

autoriduzióne f Preisboykott m.

autorimèssa f (garage) {PUBBLICA} Garage f, Autowerkstatt f.

autoriparazióne f Reparaturwerkstatt f.

autorità <-> **A** f **1** (potere) {+GENITORI, STATO} Autorität f, Gewalt f: ˌfar uso₁/[abusare] **della propria** ~, von seiner Autorität Gebrauch machenˌ/[seine Autorität missbrauchen] **2** (chi gode di prestigio) Autorität f: **è un'~ nel campo della ricerca scientifica**, er/sie ist eine Autorität auf dem Gebiet der wissenschaftlichen Forschung **3** (stima, credito) Einfluss m, Ansehen n: **avere ~ nel proprio campo**, in seinem Bereich/Fach Ansehen genießen **4** amm (organi) Behörde f: **rivolgersi all'~ competente**, sich an die zuständige Behörde wenden **5** <solo pl> amm (titolari) {CITTADINE, CIVILI, ECCLESIASTICHE, MILITARI} Würdenträger m pl, Behörden f pl: **l'inaugurazione fu fatta alla presenza delle ~**, die Einweihung fand in Gegenwart der Würdenträger statt; **consegnare qu alle ~**, jdn (den Behörden) ausliefern **6** dir polit Macht f, (Macht)befugnis f: **avere l'~ di fare qc**, die Macht haben, etw zu tun **B** loc avv: **di** ~ aufgrund der Machtbefugnis ● **vincere una gara con** ~ sport, einen Wettkampf überlegen gewinnen.

autoritàrio, (**-a**) <-ri m> agg **1** (che impone la propria autorità) {CAPO, GOVERNO, PADRE, REGIME} autoritär: **Stato** ~, Obrigkeitsstaat m **2** (prepotente) {CARATTERE} autoritär forb spreg, herrisch **3** (che esprime autorità) {TONO} gebieterisch, autoritär forb spreg.

autoritarìsmo m Autoritarismus m, absoluter Autoritätsanspruch.

autoritràtto m {+PITTORE} Selbstporträt n, Selbstbildnis n; fig Selbstbeschreibung f.

autorizzàre tr ~ **qc 1** (permettere) {GOVERNO, POLIZIA LAVORO, MANIFESTAZIONE, VENDITA} etw genehmigen, etw erlauben: ~ **qu a fare qc**, jdn ermächtigen, etw zu tun; jdn autorisieren forb, etw zu tun; **m'autorizza ad assentarmi?**, erlauben/gestatten Sie mir, dass ich mich entferne?; **mi ha autorizzato a firmare per lui**, er hat mich bevollmächtigt, für ihn zu unterschreiben **2** (giustificare) {PRUDENZA} etw rechtfertigen: **il suo comportamento autorizza i nostri sospetti**, sein/ihr Verhalten rechtfertigt unseren Verdacht.

autorizzazióne f **1** (permesso) {SCRITTA, VERBALE} Genehmigung f, Erlaubnis f: **domandare/ottenere l'~ per fare qc**, ˌum Erlaubnis fragen₁/[die Erlaubnis erhalten], etw zu tun **2** (documento) Genehmigung f: **mostrare l'~**, die Genehmigung vorzeigen **3** dir Genehmigung f: ~ **a procedere**, Genehmigung f der weiteren Strafverfolgung.

autosalóne m autom **1** (esposizione) Automobilausstellung f, Auto(mobil)salon m **2** (salone di vendita) Autohaus n.

autoscàla f autom {+POMPIERI} Feuerwehrleiter f.

autoscàtto m fot Selbstauslöser m.

autoscioglimènto m {+PARTITO} Selbstauflösung f.

autoscóntro m autom Autoskooter m.

autoscuòla f autom Fahrschule f.

autoservìzio <-zi> m autom (Auto)buslinie f; <solo pl> Buslinienetz n.

autosìlo m autom Parkhaus n, Großgarage f.

autosnodàto m autom Gelenkfahrzeug n.

autosoccórso m autom **1** (mezzo) Abschleppwagen m **2** (servizio) Abschleppdienst m.

autostazióne f (di autolinee) Busbahnhof m.

autostìma f psic Selbstachtung f, Selbstwertgefühl n.

autostòp <-> m (modo di viaggiare) Trampen n, Autostopp m: ˌfare l'~₁/[viaggiare in] ~, per Anhalter fahren, trampen.

autostoppìsta <-i m, -e f> mf Tramper(in) m(f), Anhalter(in) m(f).

autostràda f (abbr A) Autobahn f (abbr A): ~ **libera/[a pedaggio]**, gebührenfreie/gebührenpflichtige Autobahn ● ~ **dell'informazione** inform, Datenautobahn f.

autostradàle agg {RETE, TRAFFICO} Autobahn-.

autosufficiènte agg (che basta a se stesso) {NAZIONE} unabhängig; {INDIVIDUO} anche selbständig: **un anziano non** ~, ein ˌauf fremde Hilfe angewiesener₁/[pflegebedürftiger] alter Mensch.

autosufficiènza f Selbständigkeit f, Unabhängigkeit f.

autosuggestionàrsi rfl Autosuggestion betreiben.

autosuggestióne f anche psic Autosuggestion f.

autotassàrsi rfl dir econ sich selbst besteuern.

autotassazióne f dir econ Selbstbesteuerung f.

autotelàio <-lai> m autom Fahrgestell n: ~ **ribassato**, Niederrahmenfahrgestell n.

autotràccia f inform Autotracing n.

autotracking <-> m *ingl inform* Autotracking n.

autotrapianto m *med* (*operazione*) Autotransplantation f *scient*; (*organo*) Autotransplantat n *scient*.

autotrasfusióne f *med* Autotransfusion f *scient*.

autotrasportatóre, (-trice) A agg {DITTA} Gütertransport- B m (f) Fuhrunternehmer(in) m(f).

autotrasporto m *autom* Autotransport m.

autotrazióne f *autom* Antrieb m.

autotrèno m 1 *autom* Lastzug m, Fernlaster m 2 *ferr* Triebwagenzug m.

autòtrofo, (-a) agg *bot* {ORGANISMO} autotroph.

autotutèla f *amm* Selbstschutz m, Selbsthilfe f.

autotutelàrsi rfl (*difendersi da solo*) sich selbst schützen/verteidigen.

autovaccino m *med* Eigenimpfstoff m, Autovakzin n *scient*.

autovalutazióne f (*valutazione delle proprie prestazioni*) Selbsteinschätzung f.

autoveicolo m *autom* Kraftfahrzeug n.

Autovélox® <-> m "Radargerät zur Geschwindigkeitskontrolle".

autovettùra f *autom* (Personenkraft)wagen m.

autrice f → autore.

autunnàle agg (*d'autunno*) {STAGIONE} herbstlich, {COLORI, NEBBIA, PIOGGIA} anche Herbst-.

autùnno m 1 (*stagione*) {FREDDO, PIOVOSO} Herbst m: in/d'~, im Herbst; nell'~ scorso, (im) letzten/vorigen Herbst; d'~, herbstlich, Herbst-: le giornate d'~, die Herbsttage 2 *fig* (*parte finale*) {+CIVILTÀ} Herbst m: l'~ della vita, der Herbst des Lebens *poet*, das reife Lebensalter.

a v *comm abbr di* a vista: a v. (bei Vorlage fällig), NS (abbr *di* bei/nach Sicht): **pagabile a v. /NS** zahlbar.

a. v. *edit abbr di* ad vocem: vgl. (*Verweis in Wörterbüchern und Lexika*).

àva f → avo.

avallànte *comm* A agg (*garante*) {BANCA} avalierend B m (f) (*persona*) Wechselbürge m, (Wechselbürgin f).

avallàre tr ~ qc 1 *comm* {CAMBIALE, FIDEIUSSIONE, MUTUO} etw avalieren 2 *fig* (*confermare*) {PROGETTO} etw bestätigen: il governo ha avallato l'iniziativa, die Regierung hat die Initiative bestätigt; {PAROLA, PROMESSA} etw halten.

avàllo m 1 *comm* (*garanzia*) Aval m, Wechselbürgschaft f: **per ~**, als Wechselbürge 2 *fig* (*appoggio*) Unterstützung f: **con l'~ di qu**, mit jds Hilfe/Unterstützung; **dare il proprio ~ a qu**, jdn unterstützen.

avambràccio <-ci> m *anat* Unterarm m.

avampiède m *anat* Vorfuß m.

avampòrto m *mar* Außenhafen m.

avampòsto m *mil* {PERICOLOSO} Vorposten m.

avan- <*avam- davanti a p e b*> *primo elemento* 1 (*anteriorità*) Vor-, Avant-: **avanguardia**, Avantgarde, **avanspettacolo**, Vorprogramm 2 (*precedenza nello spazio*) Vor-, vor-: **avamposto**, Vorposten; **avancorpo**, Vorbau.

avàna A <inv> agg {COLORE, VESTITO} tabakbraun B ~ m (*tabacco, sigaro*) Havanna f 2 (*colore*) Tabakbraun n.

avancàrica *mil loc avv*: **ad ~** {ARMA} Vorderlader-.

avance <-, -ces pl *franc*> f *di solito al pl* franc (*profferta*) Avance f *forb*, Annäherungsversuch m: **fare delle ~ a qu**, jdm Avancen machen *forb*.

avancòrpo m *arch* Vorbau m.

avanguàrdia A f 1 *mil* Vorhut f: **l'~ cadde in un'imboscata**, die Vorhut geriet in einen Hinterhalt 2 *fig arte lett* {ARTISTICA, LETTERARIA, POETICA} Avantgarde f B *loc agg*: **d'~** {ARTISTA} Avantgarde- ● **essere all'~** (*essere innovativo*), zur Avantgarde gehören.

avanguardismo m Avantgardismus m.

avanguardista <-i m, -e f> mf *arte lett polit* Avantgardist(in) m(f).

avannotto m *itt* Setzling m, Jungfisch m.

avanscopèrta A f *mil* Vorposten m B *loc avv*: **in ~** auf Erkundung: **andare/mandare qu in ~** *fig* (*saggiare le intenzioni di qu*), auf Erkundung gehen/jdn auf Erkundung schicken; **mandala in ~ per vedere se è ancora arrabbiato con noi**, lass sie sondieren *forb*/[schicke sie voraus, damit sie herausbekommt], ob er noch böse auf uns ist.

avanspettàcolo m *film teat* Vorprogramm n.

avànti A *avv* 1 (*stato in luogo*) vorn: **più ~ troverete la casa che cercate**, das Haus, das ihr sucht, findet ihr weiter vorn 2 (*avvicinamento*) näher, nach vorn: **chinarsi in/verso ~**, sich vorwärtsbeugen, sich nach vorne beugen; **fare un passo ~**, einen Schritt nach vorn machen; **farsi ~**, vortreten 3 (*allontanamento*) voraus: **non aspettatemi, andate ~**, wartet nicht auf mich, geht schon voraus 4 (*tempo*) später: **in questi giorni non ho tempo, ci vedremo più avanti**, in diesen Tagen habe ich keine Zeit; wir werden uns später sehen; (*prima*) vorher B *loc prep*: **a qu/qc** 1 (*stato in luogo*) {A LUI, A CASA} vor jdm/etw: **camminava ~ a tutti**, er/sie ging vor allen anderen her 2 (*moto a luogo*) vor jdn/etw C *loc cong* (*tempo*): **~ che ... congv/di ... inf** bevor: **lo vidi ~ che partisse**, ich sah ihn, bevor er abfuhr D <inv> agg 1 (*di luogo*) Vorder- 2 (*di tempo*) vorhergehend, vorige(r, s): **il giorno ~**, am Vortag, tags zuvor E <-> m *sport* {+SQUADRA DI CALCIO} Stürmer m F *inter* 1 (*avvicinamento*) herein: **~, si accomodi!**, herein, nehmen Sie Platz!; **~! un altro!/[il primo!]**, der Nächste/Erste, bitte! 2 (*allontanamento*) los!; *mil* vorwärts!: **~! marsch!**, vorwärts, marsch! 3 (*suvvia*) los: **~, coraggio!**, los, nur Mut!; **~, non fare lo stupido!**, los, stell dich nicht so dumm an! ● **essere ~ negli anni** (*essere anziano*), im vorgerückten/fortgeschrittenen Alter sein; **essere un anno ~ a scuola**, um ein Jahr voraus sein; **quel ragazzo è molto ~ per la sua età** (*è maturo*), dieser Junge ist für sein Alter sehr weit entwickelt; **~ e indietro**, vor und zurück; **non si può andare molto ~**, viel weiter geht's nicht (mehr); **c'è posto!**, nur herein, es ist noch Platz!; **essere ~ negli studi** (*a buon punto*), ziemlich weit mit dem Studium sein; **~ tutta!** anche mar, volle Kraft voraus.

avantielènco <-chi> m Vorabinformation f (im Telefonbuch).

avantièri, avant'ièri *avv* vorgestern.

avantrèno m *autom* Vordergestell n, Vorderachse f.

avanzaménto m 1 (*progresso*) {+RICERCA, TECNICA} Fortschritt m; {+LAVORI} Fortschreiten n, Voranschreiten n 2 *amm* (*promozione*) {+GRADO} Beförderung f: **~ per anzianità**, Beförderung f nach Dienstalter 3 *fot* {+PELLICOLA} Transport m 4 *mecc* (*alimentazione*) {+CARTA, PEZZO, UTENSILE} Vorschub m: **~ a mano**/[automatico], Handvorschub m/[automatischer Vorschub] 5 *min* {+GALLERIA} Vortrieb m.

avanzàre① A tr <avere> 1 (*spostare in avanti*) ~ qc {SEDIA, TAVOLO} etw vor|rücken; {FERMATA DELL'AUTOBUS} anche etw vor|verlegen 2 *fig* (*far progredire*) ~ qc {LAVORO, STUDIO} etw voran|treiben 3 *fig* (*presentare*) ~ qc {IPOTESI} etw auf|stellen; {CONGETTURA} etw an|stellen; {ISTANZA} etw ein|reichen; {SCUSE} etw vor|bringen; {DOMANDA} etw ein|reichen; {PROPOSTA} etw unterbreiten, etw machen 4 *fig* (*superare*) ~ qu in qc {IN ASTUZIA, IN SAPIENZA} jdn an etw (dat) übertreffen; {NELLA CORSA} jdn überholen 5 *amm* (*promuovere*) ~ qu {AZIENDA} jdn befördern: **spero che mi avanzino presto di grado**, ich hoffe, dass ich bald befördert werde B *itr* <essere o avere> 1 (*andare avanti*) {PERSONA} vorwärts|gehen, vorwärts|kommen: **~ a piedi**, vorwärts gehen; {VEICOLO} sich vorwärts|bewegen, (weiter|)fahren 2 (*sporgere*) vor|springen, heraus|ragen, hinaus|ragen: **la siepe avanza parecchi centimetri dallo steccato**, die Hecke ragt etliche Zentimeter über den Lattenzaun hinaus 3 *mil* (*fare un'avanzata*) ~ (+ *compl di luogo*) {TRUPPE} (*irgendwo*) vor|rücken: **l'esercito avanzò di qualche chilometro verso il terrapieno**, die Armee rückte um einige Kilometer in Richtung Erdwälle vor 4 *sport* (*nel calcio*) ~ (+ *compl di luogo*) {ALA, TERZINO IN AREA DI RIGORE} (*irgendwohin*) dringen, (*irgendwohin*) vor|stoßen, **in etw** (acc) ein|dringen 5 *fig* (*procedere*) {VITA} weiter|gehen, {LAVORO, STUDIO} voran|gehen, Fortschritte machen, voran|schreiten; ~ **in qc** {NELL'ARTE, NELLA VIRTÙ} in etw (dat) Fortschritte machen: ~ **negli anni**, älter werden; (*essere promosso*) befördert werden; ~ **negli studi**, im Studium f vorwärtskommen/[vorankommen] C *itr pron*: **avanzarsi** 1 (*farsi innanzi*) sich nähern, heran|rücken, näher treten: **si avanzarono timidamente**, er/sie näherte sich schüchtern 2 *fig* (*approssimarsi*) {ANNO NUOVO, STAGIONI} näher rücken, näher kommen: **la primavera s'avanza**, der Frühling kommt/rückt näher 3 *fig lett* (*osare*): **avanzarsi a qc** {A DOMANDE, A PROPOSTE} etw wagen.

avanzàre② A tr <avere> 1 (*essere creditore*) ~ **qc da qu** {CENTO EURO, SOMMA DI DENARO} etw bei jdm gut|haben 2 *fig* (*risparmiare*) ~ **qc** {DENARO} etw sparen, etw beiseite|legen, {FATICA} sich (dat) etw sparen; {TEMPO} etw (ein|)sparen; {SECCATURE} sich (dat) etw ersparen 3 *fam* (*lasciare*) ~ **qc** {MINESTRA, PANE, POLLO} etw übrig lassen B *itr* <essere o avere> 1 (*rimanere come resto*) {CIBO, DENARO} (übrig) bleiben: **se studi tutto il giorno non ti avanza tempo per divertirti**, wenn du den ganzen Tag lernst/studierst, bleibt dir keine Zeit mehr, um dich zu amüsieren; **è avanzato un po' di pollo**, es ist noch ein bisschen Huhn übrig (geblieben); *mat* (als) Rest (bleiben); **trentasei diviso cinque è uguale a sette e avanza uno**, sechsunddreißig geteilt durch fünf ist gleich sieben Rest eins 2 (*essere sovrabbondante*) reichlich/[im Überfluss] vorhanden sein.

avanzàta f 1 (*l'avanzare*) Vorrücken n 2 *mil* {+ESERCITO} Vormarsch m: **fermare l'~ del nemico**, den Vormarsch des Feindes aufhalten.

avanzàto①, (-a) agg 1 (*spostato in avanti*) vorgeschoben 2 (*inoltrato*) vorgerückt, fortgeschritten: **essere in età molto avanzata**, in vorgerücktem Alter sein; **nonostante l'età avanzata**, trotz des fortgeschrittenen Alters; **è arrivato a notte avanzata**, er ist spät in der Nacht angekommen; **a primavera avanzata**, im späten Frühling 3 *fig* (*progredito*) {FASE} vorgeschritten, fortgeschritten: **corso ~**, Kurs für Fortgeschrittene, Fortgeschrittenenkurs m; **il lavoro è già giù**

molto ~, die Arbeit ist schon weit fortgeschritten **4** *fig (innovatore, audace)* {IDEA, OPINIONE} fortschrittlich **5** *fig (presentato)* {SCUSA} vorgebracht; {IPOTESI} aufgestellt; {CONGETTURA} angestellt; {PROPOSTA} unterbreitet; {RICHIESTA} gestellt: **petizione ~**, eingereichte Petition **6** *amm* befördert.

avanzato②, (-a) *agg (rimasto)* {GRASSO, PANE} übrig geblieben; {DENARO, TEMPO} verblieben.

avànzo **A** *m* **1** *(resto)* {+PANE, TESSUTO} Rest *m* **2** *comm (eccedenza)* {+CASSA} Überschuss *m* **3** *mat* Rest *m*: **il quattro nel nove sta due volte con l'~ di uno**, neun durch vier ist zwei, Rest eins **4** *<solo pl>* {+PRANZO} Überreste *m pl*: **gettare/utilizzare gli avanzi**, die Überreste wegwerfen/[wiederverwenden]; *fig* **avanzi mortali**, sterbliche Überreste; **gli avanzi di tempo**, die restliche Zeit **B** *loc avv (in abbondanza)*: **d'~** im Überfluss: **averne d'~**, von etw (dat) im Überfluss haben; **essercene d'~**, von etw (dat) mehr als genug da sein ● **~ di galera** *fig (delinquente)*, Verbrecher *m*.

avàra *f* → **avaro**.

avarìa *f* **1** *aero mar* Havarie *f*: **essere/trovarsi in ~**, Havarie haben/erleiden **2** *mecc (guasto)* Schaden *m*: **avere un'~ al motore**, einen Motorschaden haben **3** *(deterioramento)* {+MERCE} Beschädigung *f*: **il carico ha subito avarie**, die Ladung hat Transportschäden erlitten.

avariàre **A** *tr <avere> rar (guastare)* **~ qc** {SOLE, UMIDITÀ BEVANDE, CIBO} *etw* verderben: **il gran caldo ha fatto ~ le scorte alimentari**, die große Hitze hat die Nahrungsmittelbestände verdorben **B** *itr pron <essere> rfl (deteriorarsi)*: **avariarsi** {BEVANDE, CIBO} verderben.

avariàto, (-a) *agg (deteriorato)* {CIBO, MERCE} verdorben.

avarìzia *f (tirchieria)* Geiz *m* ● **crepi l'~!** *scherz (rif. a spesa eccezionale)*, zum Teufel mit der Sparsamkeit! *fam*, das gönne ich mir jetzt!, darauf kommt es jetzt auch nicht mehr an!, scheiß drauf *fam scherz*.

avàro, (-a) **A** *agg* **1** *(spilorcio)* {NEGOZIANTE, VECCHIO} geizig **2** *fig (non generoso)* **~ (di qc)** {NATURA, TERRENO} karg, arm *an etw* (dat): **~ di complimenti**, geizig/zurückhaltend mit Komplimenten; **~ di elogi**, sparsam mit Lob; **~ di parole**, wortkarg; **essere ~ con il proprio tempo**, mit seiner Zeit[/[jeder Minute] geizen **B** *m (f) (spilorcio)* Geizige *mf decl come agg*, Geizhals *m spreg*, Geizkragen *m fam spreg*.

àve **A** <-> *f relig (Ave Maria)* Ave-Maria *n*: **recitare un'ave**, ein Ave-Maria beten **B** *inter* **1** *stor* sei gegrüßt! **2** *relig* ave ● **in un'ave** *fig (attimo)*, im Nu *fam*.

avellàna *f (nocciola)* Haselnuss *f*.

avellinése **A** *agg* aus/von Avellino **B** *mf (abitante)* Einwohner(in) *m(f)* von Avellino.

Avellìno *f geog* Avellino *n*.

avèllo *m lett (tomba)* Grab *n*, Gruft *f*: **scendere nell'~**, ins Grab sinken *forb*, sterben.

avemarìa, avemmaria, Àve Marìa **A** *loc sost f* **1** *relig (preghiera)* Ave-Maria *n*: **recitare l'~** *fam*, das Ave Maria beten **2** *(Angelus)* Angelus *m* ○ *n* **3** *(grano del rosario)* Rosenkranzperle ● **sapere qc come l'~** *fig (a memoria)*, etw auswendig wissen, etw in- und auswendig kennen *fam*.

avèna *f bot* Hafer *m f*.

avènte càusa <-i -> *loc sost m dir* Rechtsnachfolger(in) *m(f)*.

avènte dirìtto <-i -> *loc sost m dir* Berechtigte *mf decl come agg*.

avére① <-*irr ho, ebbi, avuto*> ausiliare **1** *(con i verbi tr)* haben: **ha scritto un libro**, er/sie hat ein Buch geschrieben; **aveva detto la verità**, er/sie hatte die Wahrheit gesagt **2** *(con i verbi itr)* haben, sein: **ho sciato tutto il giorno**, ich bin den ganzen Tag Ski gefahren; **abbiamo voluto essere generosi**, wir haben großzügig sein wollen.

avére② <*irr ho, ebbi, avuto*> **A** *tr* **1** *(possedere)* **~ (qc)** {AUTOMOBILE, IDEA, LAVORO, TALENTO, ecc.} *etw* haben: **~ (qc) da bere/mangiare**, (etw) zu essen/trinken haben **2** *(tenere)* **~ qu/qc + compl di luogo** {UN BAMBINO IN BRACCIO} *jdn/etw irgendwo* haben: **dove hai i vestiti?**, wo hast du deine Kleider/Klamotten *fam* **3** *(essere in relazione)* **~ qu** {AMICO, BAMBINO, MOGLIE} *jdn* haben **4** *(con il predicato dell'oggetto)*: **ha la mamma come segretaria**, er/sie hat seine/ihre Mutter als Sekretärin; **ho il bambino ammalato**, mein Kind ist krank; **ha il marito avvocato**, ihr Mann ist Rechtsanwalt **5** *(indossare)* **~ qc** {CAMICIA, PANTALONI} *etw* an|haben, *etw* tragen; *(portare)* {BORSETTA} *etw* tragen, *etw* bei sich haben **6** *(comperare) etw* erwerben, *etw* kaufen: **l'ho avuta a un ottimo prezzo**, ich habe sie zu einem sehr guten Preis erworben/bekommen **7** *(ricevere)* **~ qc** {NOTIZIA} *etw* erhalten; {EREDITÀ} *etw* machen **8** *(fare)* **~ qc** {ESAME, LEZIONE, MATEMATICA} *etw* haben **9** *(ottenere)* **~ qc** {POSTO, PROMOZIONE} *etw* bekommen; {SUCCESSO} *etw* haben **10** *(provare)* **~ qc** {COMPASSIONE, FAME, PAURA, SETE} *etw* haben, *etw* empfinden: **~ sonno**, müde sein; **~ orrore di qc**, sich vor etw (dat) grau(s)en, einen Horror/Abscheu vor etw (dat) haben/empfinden; **~ qc** (+ *compl di luogo*) {DOLORE AL BRACCIO} *etw* an *jdm/etw* haben; **ho male al ginocchio**, mir tut das Knie weh, ich habe es am Knie *fam* **11** *(soffrire di una malattia)* **~ qc** {IL DIABETE, LA FEBBRE, IL RAFFREDDORE, I REUMATISMI} *etw* haben **12** *(godere)* **~ qc** {BUONA SALUTE} *etw* haben, sich *etw* (gen) erfreuen *forb* **13** *(vivere)* **~ qc** {INCIDENTE} *etw* haben; *(avventura)* **~ qc** (+ *compl di luogo*) *etw* haben **14** *(dovere, necessità)* **~ da fare qc** *etw* zu tun haben, *etw* tun müssen: **~ altro da fare/pensare**, *che stare dietro a queste cose*, ˻andere res zu tun haben˼/[an andere Dinge denken müssen], als sich darum zu kümmern; **~ da lavorare**, zu arbeiten haben, arbeiten müssen; **ho da confidarti un segreto**, ich muss dir ein Geheimnis anvertrauen **15** **~ qu/qc accanto** *jdn/etw* neben sich (dat) haben **16** **~ qu/qc contro** *jdn/etw* gegen sich haben **17** **~ qu/qc davanti** *jdn/etw* vor sich (dat) haben **18** **~ qu/qc dietro** *jdn/etw* hinter sich (dat) haben **19** **~ qc dietro** *(avere con sé) etw* dabei|haben: **spero che non piova perché non ho l'ombrello dietro**, ich hoffe es wird nicht regnen, da ich keinen Regenschirm dabei|habe **20** **~ qu/qc di fronte** *jdn/etw* vor sich (dat) haben **21** **~ qu/qc sopra** *jdn/etw* über sich (dat) haben **22** **~ qu/qc sotto** *jdn/etw* unter sich (dat) haben **23** *(indossare)* **~ addosso/su qc** {CAPPOTTO} *etw* an|haben **B** *itr rar forb (essere)*: **averci, avervi**, geben; **non v'ha dubbio/motivo**, es gibt keinen Zweifel/Grund ● **vent'anni**, zwanzig Jahre alt sein; **avercela con qu** *(essere arrabbiato)*, auf jdn böse/sauer sein; *(prenderlo di mira)*, es auf jdn abgesehen haben, jdn auf dem Kieker haben *fam*; *(soprawalutarlo)*, jdn überschätzen, es immer mit jdm/etw haben *fam*; **avercela sempre con qc** *(parlare in continuazione di qc)*, immer von etw (dat) reden, es immer von etw (dat) haben *fam*; *(essere contrario a qc)*, immer etwas gegen etw (acc) auszusetzen haben; **averne fin qui** *fig (essere stufo)*, etw (gen) überdrüssig sein, die Nase (gestrichen) voll haben *fam*; **averne già avuto abbastanza**, schon genug davon gehabt haben, etw satthaben; **~ per certo qc** *(esserne sicuri)*, etw (gen) sicher sein; **che cos'hai?** *(che cosa c'è che non va)*, was hast du?, was ist los mit dir?; **~ un po' del nobile** *(assomigliare)*, etw Ad(e)liges an sich (dat) haben; **~ a che dire con qu** *(litigare)*, mit jdm streiten; **~ a che fare/vedere con qu** *fig (essere in rapporto con qu)*, mit jdm/etw zu tun haben; **chi ha avuto, ha avuto**, die Sache ist damit erledigt/gegessen *fam*, jetzt kann man ohnehin nichts mehr ändern; **aversela a male con qu/qc** *(offendersi)*, sich durch jdn/etw beleidigt fühlen; **~ molto di qu** *fig (assomigliargli)*, viel von jdm haben, jdm sehr ähnlich sehen; **quanti ne abbiamo oggi?** *(tempo)*, der Wievielte ist heute?, den Wievielten haben wir heute? *fam*; **chi più ne ha più ne metta** *fig (eccetera)*, und so weiter, und so fort; **~ presente qu/qc** *(ricordarlo)*, jdn/etw vor Augen haben, sich an jdn/etw erinnern; **~ qu dalla propria**, jdn auf seiner Seite haben; **~ vicino qu** *(abitare vicino a lui)*, neben jdm wohnen; *fig (poter contare su di lui)*, ˻auf jdn zählen˼/[sich auf jdn verlassen]

avére③ *m* **1** <*di solito al pl*> *(patrimonio)* Vermögen *n*: **consumare i propri averi**, das eigene Vermögen aufbrauchen **2** *comm (credito)* Guthaben *n* **3** *comm (sezione del conto)* Haben *n*: **il dare e l'~**, Soll und Haben *n*.

avèrno *m lett (inferno)* Unterwelt *f*, Hölle *f*.

aviàrio, (-a) <-*ri m*> **A** *agg ornit* {MALATTIA} Vogel- **B** *m (uccelliera)* Voliere *f*, Vogelhaus *n*.

aviatóre, (-**trice**) *m (f) aero* Flieger(in) *m(f)*.

aviatòrio, (-a) <-*ri m*> *agg aero* **1** *(dell'aviazione)* Flug- **2** *(di aviatore)* {PRODEZZA} Flieger- **3** *(di aeromobile)* Flugzeug-.

aviatrìce *f* → **aviatore**.

aviazióne *f* Luftfahrt *f*, Flugwesen *n*, Fliegerei *f*: **~ civile**, zivile Luftfahrt; **~ italiana/tedesca**, italienische/deutsche Luftfahrt; **~ militare**, Luftwaffe *f*; **storia dell'~**, Geschichte der Luftfahrt.

avìcolo, (-a) *agg (dell'avicoltura)* {STABILIMENTO} Geflügel-.

avicoltùra, avicultùra *f* Geflügelzucht *f*.

avicunìcolo, (-a) *agg* {ATTIVITÀ} Geflügel- und Kaninchen-.

avidità <-> *f (cupidigia)* {+CIBO, GUADAGNI, POTERE} Gier *f*: **~ di denaro**, Gier nach Geld, Geldgier *f spreg*; {+PIACERI} Sucht *f*; **~ di cambiamenti**, Sucht *f* nach Abwechslung; **~ di sapere**, Wissensdurst *m*, Wissensdrang *m*; **con ~**, gierig.

àvido, (-a) *agg (cupido)* gierig: **~ di conoscere**, wissensgierig; **~ di denaro**, geldgierig *spreg*; **~ di guadagno/vendetta**, profit-/rachsüchtig; **un ragazzo ~ di imparare**, ein lernbegieriger Junge; **un ~ usuraio**, ein geldgieriger Wucherer *spreg*.

avière *m mil* Flieger *m*.

avifàuna *f ornit* Vogelwelt *f*, Ornis *f*.

Avignóne *f geog* Avignon *n*.

avignonése **A** *agg* aus Avignon **B** *mf (abitante)* Avignoner(in) *m(f)*.

àvio <-> *agg aero* {BENZINA} Flug-.

aviogètto *m aero (jet)* Düsenflugzeug *n*.

aviorimèssa *f aero* Flugzeughalle *f*.

aviotrasportàre *tr anche mil* **~ qu/qc** *jdn/etw* auf dem Luftweg befördern.

aviotraspòrto *m (aerotrasporto)* Flugtransport *m*, Luftbeförderung *f*.

AVIS *f abbr di* Associazione Volontari Italiani del Sangue: "Verein der freiwilligen Blutspender Italiens".

avitaminòsi <-> f *med* Vitaminmangel m, Avitaminose f *scient.*

avito, (-a) agg *lett* (*degli avi*) {EREDITÀ, NOME} der Ahnen; {PALAZZO} anche Ahnen-.

àvo, àva mf *lett* **1** (*nonno, nonna*) Ahn m, Ahnfrau f *obs*, Ahne mf decl come agg **2** <*solo pl*> (*antenati*) {ILLUSTRI} Ahnen pl, Vorfahren pl.

avocàdo m *bot* **1** (*frutto*) Avocado f **2** (*pianta*) Avocadobaum m.

avocàre <*avoco, avochi*> tr **1** *amm* ~ **qc** {STATO BENE, EREDITÀ, PREMI} etw konfiszieren, etw beschlagnahmen **2** *dir* ~ **qc a qu** {FACOLTÀ, INCHIESTA A SÉ} etw (selbst) übernehmen.

avocazióne f **1** *amm* Konfiskation f, Beschlagnahme f **2** *dir* {+EMANAZIONE DI UN PROVVEDIMENTO, INDAGINI PRELIMINARI} Devolution f, (Selbst)übernahme f.

avòrio <-ri> **A** <inv> agg **1** {TINTA} Elfenbein- **2** *fig lett* (*candido*) {MANI, PELLE} wie Elfenbein, Alabaster- **B** m **1** (*sostanza*) Elfenbein n **2** (*colore*) Elfenbeinfarbe f **3** <*di solito al pl*> (*oggetto*) Elfenbeinarbeit f.

avrò 1ª pers sing del fut ind *di avere*①.

avùlso, (-a) agg (*staccato*) herausgerissen, isoliert, losgelöst: **un individuo ~ dalla società**, ein von der Gesellschaft ausgeschlossener/isolierter Mensch; **una frase avulsa dal contesto**, ein aus dem Zusammenhang gerissener/losgelöster Satz.

avùto part pass *di avere*①,②.

avv. abbr *di avvocato*: Anw. (abbr *di* Anwalt).

avvalérsi <coniug *come valere*> itr pron (*valersi*): ~ **di qc** {DELL'AIUTO DI QU, DEI CONSIGLI DI QU, DI UN DIRITTO DI QU, DELL'OPERA DI QU} sich etw (gen) bedienen, von etw (dat) Gebrauch machen.

avvallaménto m (*abbassamento*) {+TERRENO} Senkung f.

avvallàre A tr (*abbassare*) ~ **qc** etw senken, etw herab|lassen **B** itr pron: **avvallarsi** {STRADA, TERRENO} sich senken, ein|sinken.

avvaloràre A tr ~ **qc 1** (*dare valore*) {CONFESSIONE, GIUDIZIO ACCUSA, PAROLE} etw bekräftigen, etw bestätigen: **le sue risposte avvalorano la mia testimonianza**, seine/ ihre Antworten bestätigen meine Zeugenaussage **2** *banca* {IMPIEGATO, FUNZIONARIO ASSEGNO, FIRMA} etw bestätigen **B** itr pron (*prender forza*) **avvalorarsi** {IPOTESI, TESI} sich festigen, sich erhärten: **è una congettura che si sta avvalorando**, die Vermutung erhärtet sich gerade.

avvampàre A tr <*avere*> ~ **qc 1** (*strinare*) {FERRO DA STIRO BIANCHERIA} etw versengen **2** *lett* (*infiammare*) {PASSIONE ANIMO} Besitz von etw (dat) ergreifen **B** itr <*essere*> **1** {INCENDIO} (auf)lodern; {FUOCO} anche brennen: **la legna secca avvampa facilmente**, trockenes Holz brennt/entflammt leicht **2** *fig* (*arrossarsi*) {CIELO} glühend rot werden, erglühen *forb* **3** *fig* (*arrossire*) {GUANCE, VOLTO} rot werden; {PERSONA} anche erröten: ~ **fino alla punta dei capelli**, bis über die Ohren rot werden **4** *fig* (*ardere*) ~ **di qc** {D'ODIO, DI PASSIONE} in etw (dat) entbrennen; {DI VERGOGNA} vor etw (dat) erröten; {DI RABBIA, D'IRA} vor etw (dat) kochen.

avvantaggiàre <*avvantaggio, avvantaggi*> **A** tr **1** (*favorire*) ~ **qu/qc** {AMICO, CATEGORIA, PARTITO} jdn/etw bevorteilen, jdn/etw begünstigen, jdn/etw bevorzugen: **ha avvantaggiato la figlia a scapito del figlio**, er/sie hat die Tochter dem Sohn gegenüber bevorzugt **2** (*far progredire*) ~ **qc** {AGRICOLTURA, ECONOMIA, INDUSTRIA} etw fördern **B** rfl **1** (*avvalersi con profitto*): **avvantaggiarsi di qc** {DELL'ASSENZA DI QU, DELLA DISTRAZIONE DI QU} aus etw (dat) Nutzen ziehen, sich (dat) etw zunutze machen **2** (*guadagnar tempo*): **avvantaggiarsi in qc** {IN UNA COMPETIZIONE, NEL LAVORO, NELLA RICERCA, NELLO STUDIO} bei etw (dat) einen Vorsprung gewinnen **3** (*prevalere*): **avvantaggiarsi su qu (di qc)**, avvantaggiarsi (su qu) di qc {SUI CONCORRENTI DI ALCUNI METRI} jdm (um etw acc) voraus sein, jdm gegenüber (um etw acc) im Vorteil/ Vorsprung sein, (in etw dat) einen Vorsprung (vor jdm) haben.

avvantaggiàto, (-a) agg (*favorito*) bevorteilt, begünstigt.

avvedérsi <coniug *come vedere*> itr pron (*accorgersi*): ~ **di qc** {DEL FATTO} etw bemerken: **avvedutosi dell'errore, corse subito ai ripari**, kaum hatte er/sie den Fehler bemerkt, schaffte er/sie Abhilfe; **l'ho fatto senza avvedermene**, ich habe es getan, ohne mir dessen bewusst zu sein.

avvedutézza f **1** (*accortezza*) {+COMPORTAMENTO, DECISIONE} Umsicht f, Besonnenheit f **2** (*furbizia*) Schlauheit f.

avvedùto, (-a) agg **1** (*accorto*) {DONNA, UOMO} umsichtig, besonnen **2** (*furbo*) schlau.

avvelenaménto m (*intossicazione*) Vergiftung f: ~ **delle falde idriche**, Grundwasservergiftung f; ~ **da funghi**, Pilzvergiftung f; **è morto per ~**, er ist an Vergiftung gestorben; ~ **del sangue** *fam* (*setticemia*), Blutvergiftung f.

avvelenàre A tr **1** (*rendere velenoso*) ~ **qc** {BEVANDA, CIBO, FRECCIA} etw vergiften **2** (*ammorbare*) ~ **qc** {GAS, INQUINAMENTO, SMOG ATMOSFERA, MARE, ARIA} etw verpesten **3** (*uccidere con veleno*) ~ **qu** {MARITO, NEMICO, PRESIDENTE} jdn vergiften **4** *fig* (*amareggiare*) ~ **qc (a qu)** {DISPIACERE, ODIO, SOSPETTO GIORNATA} jdm/etw vergällen: **questa donna gli ha avvelenato la vita**, diese Frau hat ihm das Leben zur Hölle gemacht **5** *fig* (*corrompere*) ~ **qu/qc** {FILM, LETTURE ANIMA, GIOVENTÙ, INFANZIA} jdn/etw verderben, Gift *für* jdn/etw sein **B** rfl (*uccidersi*): **avvelenarsi** sich vergiften.

avvelenàto, (-a) agg **1** (*velenoso*) giftig, vergiftet **2** *fig* wütend.

avvenènte agg (*attraente*) {ASPETTO, MODO} angenehm, reizend; {RAGAZZA} anche anmutig, attraktiv.

avvenènza f {+DONNA} Anmut f, Schönheit f: **l'~ del suo aspetto/[dei suoi modi]**, sein/ihr angenehmes Äußeres/[seine/ihre angenehme Art].

avveniménto m (*evento*) {+VITA DI QU} Ereignis n: **per i bambini la festa fu un ~**, das Fest war für die Kinder ein echtes Ereignis; ~ **del secolo**, Jahrhundertereignis n; **un ~ storico**, ein historisches Ereignis.

avvenire① **A** <inv> agg (*futuro*) {GENERAZIONI, SECOLI, TEMPO} künftig **B** <-> m Zukunft f: **pensare all'~ dei figli**, an die Zukunft der Kinder denken; **bisogna pensare all'~**, man muss an die Zukunft denken; **è una situazione/relazione che non ha ~**, die Situation kann so nicht bleiben/[diese Beziehung hat keine Zukunft] **C** loc avv (*in futuro*): **per l'~, in ~** für die Zukunft, in Zukunft, zukünftig.

avvenire② <coniug *come venire*> itr <*essere*> **1** (*accadere*) {DISGRAZIA, FATTO} geschehen, passieren, sich ereignen, statt|finden: **come spesso avviene**, wie es häufig vorkommt/ geschieht; **l'episodio avvenne molto tempo fa**, der Vorfall ereignete sich vor langer Zeit; **voglio sapere com'è avvenuto l'incidente**, ich will wissen, wie es zu dem Unfall kam; **non era mai avvenuto prima**, das war noch nie vorher passiert **2** impers geschehen, vor| kommen: **avvenne per caso che lo incontrassi in chiesa**, ich traf ihn zufällig in der Kirche ● **avvenga quel che vuole/[deve ~]** (sia quel che sia), mag kommen, was will; komme, was wolle; geschehe, was geschehen muss.

avvenirìsmo m (*fiducia nel futuro*) Zukunftsglaube m.

avveniristico, (-a) <-ci, che> agg **1** (*che anticipa il futuro*) {CONCEZIONE} Zukunfts- **2** {FILM, RACCONTO} Science-Fiction- **3** {ARCHITETTURA} futuristisch.

avventàre A tr **1** (*scagliare*) ~ **qc a qu contro/dietro** {BASTONE, SASSO} etw auf/gegen/hinter jdn werfen, jdm etw hinterherwerfen: **gli avventò i cani dietro**, er/sie hetzte die Hunde auf ihn, er/sie jagte ihm die Hunde hinterher **2** *fig* (*azzardare*) ~ **qc** {GIUDIZIO, PARERE, PREVISIONE} etw wagen, etw riskieren **B** rfl (*scagliarsi*): **avventarsi contro/su qu** sich *auf* jdn stürzen: **l'esercito si avventò contro il nemico**, die Armee stürzte sich auf den Feind; **avventarsi + compl di luogo** {GENTE NELLA BATTAGLIA, NELLA RISSA; CANI SULLA CARNE} sich *irgendwohin* stürzen; {FIAMME, ONDE, VENTO CONTRO GLI ALBERI, LUNGO IL PENDIO, SULLA SPIAGGIA} (*irgendwohin*) schlagen.

avventatézza f **1** (*leggerezza*) Unbesonnenheit f: **agire con ~**, unüberlegt handeln **2** (*cosa avventata*) Unbesonnenheit f, Leichtsinn m.

avventàto, (-a) agg (*precipitato*) {GIUDIZIO} voreilig; {PERSONA} unbesonnen, leichtsinnig; {ATTO, PROGETTO} überstürzt: **essere ~ nel decidere/giudicare**, überstürzt ent-scheiden⌋/[voreilig urteilen] **B** loc avv: **all'~** leichtsinnig.

avventìsta <-i m, -e f> mf *relig* Adventist(in) m(f).

avventìzio, (-a) <-zi m> **A** agg **1** (*che viene da fuori*) {GENTE} auswärtig **2** (*provvisorio*) {IMPIEGATO, LAVORATORE} (Aus)hilfs- **3** (*occasionale*) {GUADAGNI} Neben-; *tip* {LAVORO} Gelegenheits- **4** *bot*: **radici avventizie**, Nebenwurzeln f pl **B** m (f) (*lavoratore*) Aushilfe f: **assumere degli avventizi**, Aushilfskräfte einstellen.

avvènto m **1** (*venuta*) {+ESTATE, PERIODO DI PACE} Anbruch m, Anbrechen n, Eintreten n; *relig* {+MESSIA} Advent m **2** (*ascesa*) ~ **a qc** Besteigung f *von* etw (dat)/+ gen, Ergreifung f etw (gen): ~ **al potere**, Machtergreifung f; ~ **al trono**, Thronbesteigung f **3** (*introduzione*) {+NUOVA TECNOLOGIA} Einführung f **4** *relig* (*periodo*) Advent m, Adventszeit f.

avventóre, (-trice) m (f) (*cliente*) {+NEGOZIO} Stammkunde m, (Stammkundin f); {+LOCALE PUBBLICO} Stammgast m.

avventùra A f **1** (*avvenimento straordinario*) {+VIAGGIO} Abenteuer n: **un'~ a lieto fine**, ein Abenteuer mit glücklichem Ausgang; **film/romanzo d'~**, Abenteuerfilm m/Abenteuerroman m **2** (~ *amorosa*) Liebesabenteuer n: **andare in cerca di avventure**, Liebesabenteuer suchen; **un'~ galante**, ein Liebesabenteuer; **è stata solo un'~**, es war nur ein Liebesabenteuer **3** (*impresa rischiosa*) Wagnis n: **amare l'~**, das Wagnis/Abenteuer lieben; **tentare l'~**, das Glück herausfordern **4** *fig* (*fantasia, pensiero*) Abenteuer n **B** loc avv (*per caso*): **per ~** zufällig.

avventuràre A tr **1** (*mettere a rischio*) ~ **qu/qc** {DENARO IN UN'IMPRESA, REPUTAZIONE; SOLDATO INS NOCH NIE COMBATTIMENTO} etw wagen, jds Leben⌋/[etw] aufs Spiel setzen **2** *fig* (*azzardare*) ~ **qc** {IPOTESI} etw wagen: ~ **una domanda/proposta**, ⌊eine heikle Frage stellen⌋/[einen gewagten Vorschlag machen] **B** rfl **1** (*esporsi a un pericolo*): **avventurarsi in qc** {NEL BOSCO, NELLA NOTTE} sich *in* etw (acc) wagen; {NEL MARE, IN STRADA} sich *auf* etw (acc) wagen: **si è avventurato in un**

brutto affare, er hat sich auf ein schlimmes Geschäft eingelassen **2** *fig* (*azzardarsi*): **avventurarsi a fare qc** es wagen, *etw zu tun*; sich trauen, *etw zu tun*: **avventurati ad avanzare la tua proposta**, wage es, deinen Vorschlag zu machen.

avventurièro, (-a) m (f) **1** (*chi cerca la fortuna girando il mondo*) Abenteurer m, (Abenteu(r)erin f) **2** *spreg* (*persona senza scrupoli*) Betrüger(in) m(f), Schwindler(in) m(f) *spreg*.

avventurista <-i m, -e f> **A** agg *polit* abenteuerlich, tollkühn *spreg* **B** mf Abenteuerer m, (Abenteu(r)erin f) (im politischen Bereich).

avventuróso, (-a) agg **1** (*ricco di avventure*) {VIAGGIO, VITA} abenteuerlich **2** (*attratto dall'avventura*) {GIOVANE} abenteuerlustig **3** *fig* (*rischioso*) {INIZIATIVA, POLITICA} abenteuerlich, gewagt.

avveraménto m (*realizzazione*) {+CONDIZIONE, SOGNO} Realisierung f, Verwirklichung f; {+PROFEZIA} Bewahrheitung f.

avveràre A tr *rar* (*realizzare*) **~ qc** {PREVISIONI, SOGNI} *etw* verwirklichen **B** itr pron (*realizzarsi*): **avverarsi** {PREVISIONE, PROFEZIA, SOGNO} ein|treffen, sich bewahrheiten, sich als wahr erweisen; {DESIDERIO} sich verwirklichen, in Erfüllung gehen.

avverbiàle agg *gramm* {FUNZIONE, LOCUZIONE, USO} adverbial.

avvèrbio <-*bi*> m *gramm* {+LUOGO, MODO, TEMPO, ecc.} Adverb n, Umstandswort n.

avversàre tr (*ostacolare*) **~ qu/qc** {COLLEGA, IDEA, PROGETTO} jdn/etw an|fechten, jdn/etw bekämpfen: **non ha fatto che ~ le sue iniziative**, er/sie hat seine/ihre Initiative immer nur bekämpft.

avversàrio, (-a) <-*ri*> m> **A** agg **1** (*contrario*) {FAZIONE, SQUADRA} gegnerisch **2** *anche dir* {PARTE} Gegen-, gegnerisch: **avvocato ~**, Anwalt m der Gegenpartei **B** m (f) **1** (*rivale*) Gegner(in) m(f): **demolire gli argomenti dell'~**, die Argumente des Gegners auseinandernehmen/entkräften; **avere a che fare con un ~ temibile**, es mit einem furchteinflößenden Gegner zu tun haben; **i due avversari erano uno di fronte all'altro**, die beiden Gegner standen sich/einander *forb* gegenüber; **fare il gioco dell'~**, dem Gegner in die Hände spielen; **avere un ~ molto preparato**, einen gut vorbereiteten Gegner haben **2** *anche dir* Gegner(in) m(f) **3** *mil* (*nemico*) Feind m **4** *sport* (*squadra*) Gegner(in) m(f).

avversativo, (-a) agg *gramm* {CONGIUNZIONE} adversativ.

avversatóre, (-trice) **A** agg *forb* (*contrario*) gegnerisch **B** m (f) *rar* (*chi avversa*) {+POLITICA, PROGETTO} Gegner(in) m(f), Gegenspieler(in) m(f).

avversióne f (*antipatia*) **~ a qc**/[**per qu/qc**] Abneigung f *gegen jdn/etw*, Widerwille m *gegen jdn/etw*: **avere ~ per qu/qc**, Abneigung/Widerwillen gegen jdn/etw haben/empfinden; **~ a/per gli spinaci**, Abscheu f gegen Spinat; **~ al/per il lavoro**, Widerwille m/Abneigung f gegen die Arbeit.

avversità <-> f **1** (*ostilità*) {+CLIMA, STAGIONE, VENTI} Widrigkeit f, Unbill f *forb* **2** <*solo pl*> (*disgrazie*) {+SORTE, VITA} Widrigkeiten f pl, Unglück n: **anche nelle ~ il suo coraggio non viene meno**, auch im Unglück verliert er/sie nicht den Mut; **far fronte alle ~**, dem Unglück die Stirn bieten.

avvèrso① prep *rar amm dir* **~ qc** gegen *etw* (acc): **ricorrere in appello ~ la sentenza**, gegen das Urteil Berufung einlegen.

avvèrso②, (-a) agg *forb* **1** (*contrario*) {FA-ZIONE, PARTITO} gegnerisch **2** (*ostile*) {FORTUNA, SORTE} widrig; {PERSONA} feindlich: **mi è sempre stato ~**, er war mir stets feindlich gesinnt, er war schon immer gegen mich *fam* **3** *dir* {PARTE} Gegen-, gegnerisch.

avvertènza f **1** (*precauzione*) Umsicht f, Besonnenheit f: **abbiate l'~ di chiudere la porta**, denkt daran, die Tür zu schließen **2** (*avviso*) Hinweis m: **~ al pubblico**, öffentliche Bekanntmachung; (*ammonimento*) {+FRATELLO, PARENTE} Ermahnung f **3** *lett* (*AUTORE, TRADUTTORE*) Vorwort n **4** <*solo pl*> (*istruzioni per l'uso*) {+MEDICINALE} Anwendungshinweise m pl, Packungsbeilage f, Gebrauchsinformation f: **leggere attentamente le avvertenze**, lesen Sie bitte die Packungsbeilage/Gebrauchsinformation.

avvertiménto m **1** (*avviso*) Benachrichtigung f, Hinweis m; (*consiglio*) Ratschlag m: **trascurare gli avvertimenti di un amico**, die Ratschläge eines Freundes nicht beachten; (*ammonimento*) Ermahnung f **2** (*diffida*) {MAFIOSO} Warnung f.

avvertìre <*avverto rar avvertisco*> tr **1** (*informare*) **~ qu** (*di qc*) {AMICO, COLLEGA, DEL CAMBIAMENTO, DELL'URGENZA} jdn (*von etw* dat/ *über etw* acc) unterrichten, jdn (*von etw* dat/ *über etw* acc) verständigen, jdn (*von etw* dat) benachrichtigen; **li ho avvertiti telefonicamente del nostro arrivo**, ich habe sie telefonisch von unserer Ankunft unterrichtet **2** (*mettere sull'avviso*) **~ qu** (*di qc*) jdn (auf *etw* acc) aufmerksam machen, jdn (auf *etw* acc) hin|weisen: **vi avverto che, in caso contrario, dovrò ricorrere alle maniere forti**, ich mache euch darauf aufmerksam, dass ich andernfalls zu harten Mitteln greifen werde; **il suo istinto lo avvertì dell'imminente pericolo**, sein Instinkt warnte ihn vor der drohenden Gefahr; **ti avverto che devi stare molto attento**, ich rate dir, gut auf|passen **3** (*percepire*) **~ qc** {BELLEZZA, IMPORTANZA, ODORE} *etw* wahr|nehmen; {CALORE, DOLORE, STANCHEZZA} *anche etw* fühlen, *etw* spüren, *etw* empfinden; {RUMORE} *etw* hören: **avvertì che stava per commettere un errore**, er/sie fühlte, dass er/sie im Begriff war, einen Fehler zu begehen.

avvezzàre A tr **1** *forb* (*abituare*) **~ qu/qc a qc** {BUOI AL GIOGO, CORPO ALLA CALURA, A UN LAVORO} jdn/etw an *etw* (acc) gewöhnen: **~ qu a fare qc**, jdn daran gewöhnen, *etw* zu tun **2** *fam* (*educare*) **~ qu** {BAMBINO, FIGLIO} jdn erziehen **B** rfl (*abituarsi*): **avvezzarsi a qc** {AL CALDO, AL CLIMA, ALLA FATICA, AL FUMO, AL RUMORE, ALL'UMIDITÀ, AL VINO} sich an *etw* acc) gewöhnen: **non mi sono ancora avvezzato alla sua presenza**, ich habe mich noch nicht an seine/ihre Anwesenheit gewöhnt.

avvèzzo, (-a) agg **1** (*abituato*) **~ a qc** {AL-LA FATICA, AL LAVORO, ALLA SOFFERENZA} an *etw* (acc) gewöhnt, *etw* gewohnt **2** (*educato*) erzogen: **male ~** (*viziato*), verzogen, verwöhnt, schlecht erzogen.

avviaménto m **1** (*inizio*) {+TRATTATIVA} Beginn m **2** (*l'indirizzare*) **~ a qc** {AL LAVORO, AL-LO STUDIO} Einführung f *in etw* (acc); **~ ad altra professione**, Umschulung f **3** *autom tecnol* (*messa in moto*) {+AUTO} Anlassen n, Starten n; (*il mettersi in moto*) Anspringen n **4** *comm* {+ATTIVITÀ, NEGOZIO} Ingangbringen n.

avviàre (*avvio, avvii*) **A** tr **1** (*mettere sul cammino*) **~ qu/qc a/verso qu/qc** {BAMBINO VERSO LA MADRE} jdn/etw zu jdm/etw führen; {PASSEGGERI AL PORTO} *anche* jdn/etw zu jdm/etw leiten **2** *fig* (*indirizzare*) **~ qu a qc** {A UNA PROFESSIONE} jdn in *etw* (acc) ein|führen, jdn *zu etw* (dat) hin|führen: **avviò il figlio agli studi giuridici**, er/sie führte seinen/ihren Sohn in das Jurastudium ein **3** (*iniziare*) **~ qc** {LAVORO} *etw* beginnen; {FUOCO} *etw* ent|fachen, *etw* entzünden; {DIBATTITO, DISCORSO, INDAGINE, TRATTATIVA} *etw* ein|leiten **4** *comm* {AZIENDA, IMPRESA} *etw* in Gang bringen, *etw* gründen **5** *tecnol* (*mettere in moto*) **~ qc** {AUTOMOBILE, FRESA, MOTORE, POMPA} *etw* an|lassen, *etw* starten **B** itr pron **1** (*incamminarsi*): **avviarsi a/verso qc** {VERSO LA SCALA} sich *zu etw* (dat)/*in etw* (acc) begeben: **si avviarono di corsa verso l'uscita**, sie begaben sich schnell zum Ausgang; **avviarsi a casa**, sich auf den Heimweg machen *fam*/begeben; *tecnol* {MOTORE} an|springen; *fig* {VERSO UNA META} *etw* (dat) entgegen|gehen; {ALLA CATASTROFE, VERSO IL SUCCESSO, AL TRIONFO} *etw* (dat) nahe sein, *mit etw* (dat) rechnen können; sich auf den Weg machen/begeben (*uso assol*) **2** *fig* (*stare per*): **avviarsi a fare qc** im Begriff sein, *etw zu tun*; sich an|schicken forb, *etw zu tun*: **si avviava a diventare un ottimo chirurgo**, er/sie war im Begriff, ein(e) ausgezeichnete(r) Chirurg(in) zu werden.

avviàto, (-a) agg **1** (*iniziato*) {LAVORO} begonnen; {DISCORSO} eingeleitet **2** (*messo in moto*) {MOTORE} angelassen **3** (*solido*) solide: **negozio ben ~**, gut gehendes Geschäft; (*a buon punto*) **~ in qc** in *etw* (dat) weit gekommen; **un giovane ben ~ nella professione**, ein in seinem Beruf schon recht weit gekommener junger Mann.

avvicendaménto m **1** (*alternanza*) {+PARTI, STAGIONI} Abwechseln n, Wechsel m **2** *agr* **~** (*delle colture*), Fruchtfolge f **3** *mil* {+TRUPPE} Ablösung f.

avvicendàre A tr **1** (*alternare*) **~ qu** {GRUPPI DI VOLONTARI, GUARDIE, SENTINELLE} jdn ab|lösen, jdn ab|wechseln; **~ qc a qc** {LAVORO ALLO SVAGO, ROSE ALLE VIOLE} *etw* mit *etw* (dat) abwechseln lassen **2** *agr* **~ qc** {COLTURE} *etw* im Wechsel an|bauen **B** rfl rec (*succedersi*): **avvicendarsi** {OGGETTI, PERSONE} sich/einander *forb* ab|wechseln, sich/einander *forb* ab|lösen: **le due squadre si avvicendano senza interruzione**, die beiden Mannschaften wechseln sich ununterbrochen ab; **le stagioni si avvicendano**, die Jahreszeiten folgen aufeinander.

avvicinaménto m **1** (*l'avvicinarsi*) **~** (*a qu/qc*) {ALLA FAMIGLIA} Annäherung f (*an jdn/etw*) **2** *aero* Anflug m: **~ in contatto strumentale/visivo**, ⌊Instrumentenflug m⌋/[Anflug m mit Bodensicht], **~ controllato da terra**, vom Boden aus überwachter Anflug • **chiedere l'~** *amm*, die Versetzung (in/Richtung Heimatwohnort) beantragen.

avvicinàre A tr **1** (*mettere vicino*) **~ qc** {OGGETTI} *etw* zusammen|rücken, *etw* aneinander|rücken; **~ qc a qc** {SEDIA AL TAVOLO} *etw* an *etw* (acc) (heran|)rücken; {GIORNALE ALLA LUCE} *etw* näher *an etw* (acc) halten **2** (*anticipare*) **~ qc** {DATA, TERMINE} *etw* vor|verlegen **3** (*entrare in rapporti*) **~ qu** {ATTORE, PASSANTE} *an jdn* heran|treten, *an jdn* heran|kommen, *an jdn* nahe|kommen: **non è facile avvicinarlo**, es ist nicht einfach, ⌊ihm nahezukommen⌋/[an ihn heranzukommen]; **avvicinò il ministro per congratularsi con lui**, er/sie trat an den Minister heran, um ihm zu gratulieren; **è una persona che si può ~ con facilità**, das ist ein Mensch, an den man sehr leicht herankommt **4** (*far entrare in rapporti*) **~ qu** {GRUPPI DI PERSONE} jds Bekanntschaft machen; **~ qu a qu** {IL POPOLO ITALIANO A QUELLO TEDESCO} jdn jdm an|nähern **B** itr pron rfl **1** (*farsi vicino*): **avvicinarsi (a qu/qc)** sich (jdm/etw) nähern; (jdm/etw) nahe kommen: **avvicinati!, komm näher!; mi sto avvicinando ai quarant'anni**, ich gehe auf die Vierzig zu *fam*; **il corridoio si stava**

avvicinando al traguardo, der Läufer näherte sich dem Ziel; **non avvicinarti troppo al fuoco!**, geh nicht zu dicht ans Feuer!, komm dem Feuer nicht zu nahe!; **l'ora della partenza si avvicina**, der Moment der Abfahrt rückt näher; *fig* {A DIO, A UNA DOTTRINA, ALLA SOLUZIONE, ALLA VERITÀ} *etw* nahe|kommen, sich (*jdm/etw*) nähern; {AI SACRAMENTI} *etw* empfangen **2** *fig* (*essere simile*): **avvicinarsi a qc** {FOTOGRAFIA, RITRATTO ALL'ORIGINALE} *etw* (*dat*) nahe|kommen, *etw* (*dat*) gleichen; {LEGGEREZZA ALL'INCOSCIENZA} in Richtung + *sost* gehen: **la traduzione si avvicina molto all'originale**, die Übersetzung kommt dem Original sehr nahe.

avvilènte *agg* **1** (*scoraggiante*) {RISULTATO} entmutigend: **è ~ constatare come ogni sforzo sia vano**, es ist entmutigend festzustellen, wie jegliche Anstrengung umsonst ist **2** (*umiliante*) {LAVORO} erniedrigend, entwürdigend **3** (*degradante*) {VIZIO} entwürdigend.

avvilimènto *m* **1** (*abbattimento*) Entmutigung *f*: **cadere in un profondo ~**, allen Lebensmut verlieren; **gettare qu nell'~**, jdn entmutigen, jdm jeden Lebensmut nehmen; **farsi prendere dall'~**, sich entmutigen lassen **2** (*degradazione morale*) Erniedrigung *f*, Demütigung *f*.

avvilire <*avvilisco*> A tr **1** (*degradare*) ~ (*qu/qc*) {MENZOGNA, VIZIO ANIMA} *jdn/etw* erniedrigen, *jdn/etw* entwürdigen **2** (*umiliare*) ~ **qu** (*con qc*) {CON UN RIFIUTO, CON UN RIMPROVERO} *jdn* (*mit etw dat*) kränken: **la tua mancanza di fiducia lo avvilisce**, dein Mangel an Vertrauen kränkt ihn **3** (*abbattere*) ~ **qu** {RISULTATO} *jdn* entmutigen: **le tue parole mi avviliscono**, deine Worte entmutigen mich B *itr pron* (*perdersi d'animo*): **avvilirsi (per/[a causa di] qu/qc)** wegen jds/infolge *etw* (*gen*) verzagen, wegen jds/infolge *etw* (*gen*) den Mut verlieren, wegen jds/infolge *etw* (*gen*) entmutigt sein: **si è molto avvilito per la recente disgrazia**, das Unglück von neulich hat ihn sehr entmutigt/niedergeschlagen; **non avvilirti così in fretta!**, verliere nicht so schnell den Mut! C *rfl rar* (*abbassarsi*): **avvilirsi in qc** verfallen, *etw* (*dat*) verfallen: **s'avvilisce nel vizio**, er/sie verfällt dem Laster.

avviluppàre A *tr* **1** (*avvolgere*) ~ **qu/qc** (**in qc**) {BIMBO IN UNA COPERTA, CASSA IN UN FOGLIO DI CARTA, COLLO} *jdn/etw* (*in etw* acc) ein|wickeln; *fig* {NEBBIA, MISTERO, TRISTEZZA} *jdn/etw* ein|hüllen **2** *rar* (*aggrovigliare*) ~ **qc** {CORDA, FILO, LANA} *etw* verwickeln; *fig* {IDEE, PAROLE} *etw* durcheinanderbringen, *etw* wirr aneinander|reihen B *itr pron* (*aggrovigliarsi*): **avvilupparsi** {CORDA, FILO, MATASSA} sich verwickeln C *rfl* (*avvolgersi*): **avvilupparsi in qc** {NELLA COPERTA, NEL MANTELLO} sich (*in etw* acc) ein|wickeln, sich (*in etw* acc) ein|hüllen.

avvinazzàre A *tr rar* (*ubriacare*) ~ **qu** {UBRIACONE, VECCHIO} *jdn* betrunken machen B *rfl* (*ubriacarsi*): **avvinazzarsi** sich (mit Wein) betrinken.

avvinazzàto, (-a) A **1** *agg* (*ebbro*) beschwipst, angeheitert **2** *fig* (*alterato dal vino*) berauscht, weinselig: **gridare con voce avvinazzata**, mit weinseliger/angeheiterter Stimme schreien B *m* (*f*) (*ubriaco*) Angetrunkene *mf decl come agg*.

avvincènte *agg* (*appassionante*) {FILM, ROMANZO, STORIA} fesselnd, spannend.

avvincere {*coniug come* vincere} *tr* **1** *fig* (*affascinare*) ~ (**qu**) (**con qc**) {PERSONAGGIO, VOCE; CON DEI RACCONTI} *jdn* (*mit etw dat*) fesseln, *jdn* (*mit etw dat*) hin|reißen: **le sue parole mi avvincono**, seine/ihre Worte bezaubern/fesseln mich; **ha una personalità che avvince**, er/sie hat eine fesselnde Persönlichkeit; **è un uomo che avvince**, er ist ein hinreißender/faszinierender Mann **2** *lett* (*cingere*): ~ ₁**le braccia al collo di qu**₁/**[il collo di qu con le braccia]**, die Arme um jds Hals schlingen, jdm um den Hals fallen.

avvinghiàre <*avvinghio, avvinghi*> A *tr* (*cingere con forza*) ~ **qu/qc** (**con qc**) {CON LE BRACCIA} *jdn/etw* (*mit etw dat*) umklammern B *rfl* (*stringersi*): **avvinghiarsi a qc** {AL BRACCIO DI QU, ALLA GAMBA DI QU} sich *an etw* (acc) klammern C *rfl rec* (*stringersi*): **avvinghiarsi** {ATTORI, LOTTATORI} sich aneinander|klammern.

avvìnto, (-a) A *part pass di* avvincere B *agg* **1** *lett* (*stretto*) {COPPIA} eng umschlungen **2** *fig* (*attratto*) fasziniert, hingerissen.

avvìo <-*vii*> *m* **1** (*inizio*) {+TRATTATIVA} Beginn *m*: **dare l'~ a qc**, etw in Gang bringen; **prendere l'~**, in Gang kommen **2** *comm* {+ATTIVITÀ, NEGOZIO} Beginn *m*.

avvisàglia *f* **1** *mil* (*breve combattimento*) Scharmützel *n* **2** <*di solito al pl*> (*primi sintomi*) {+MALE} Anzeichen *n pl*: **alle prime avvisaglie di qc**, bei den ersten Anzeichen von etw (*dat*).

avvisàre *tr* **1** (*informare*) ~ **qu** (*di qc*) {ALTOPARLANTE GENTE DELL'ACCADUTO} *jdn* benachrichtigen, *jdn* über *etw* (acc) informieren: **ti avviso che sono iniziati i lavori**, ich mache dich darauf aufmerksam, dass die Arbeiten begonnen haben **2** (*mettere sull'avviso*) ~ **qu** (*di qc*) *jdn vor etw* (*dat*) warnen: **lo avvisammo che non doveva mentire**, wir warnten ihn davor zu lügen.

avvisatóre, (-trice) A *m* (*f*) (*chi avvisa*) Warner(in) *m*(*f*) B *m* (*segnalatore*) {AUTOMATICO} Warnanlage *f*: ~ **acustico**, Hupe *f*; ~ **d'incendio**, Feuermelder *m*, Feuermeldeanlage *f*.

avvìso *m* **1** (*foglio con un avviso*) Anschlag *m*: **c'era un ~ appeso in biblioteca**, in der Bibliothek hing ein Anschlag **2** (*informazione, notizia*) Meldung *f*, Nachricht *f*: **leggere un ~**, eine Meldung lesen; (*comunicato*) Bekanntmachung *f*, Mitteilung *f*: ~ **a chi legge**, Mitteilung *f* für den Leser; (*sul giornale*) Anzeige *f* **3** (*consiglio, ammonimento*) Warnung *f*, Hinweis *m* **4** *dir* (*avvertenza*) Mitteilung *f*, Benachrichtigung *f*, Anzeige *f*, Bescheid *m*: ~ **di garanzia**, Ermittlungsbescheid *m*; ~ **di mancato pagamento**, Benachrichtigung *f* über den Nichteingang der Zahlung, Zahlungsaufforderung *f*; ~ **di sfratto**, Aufforderung *f* zur Räumung **5** *lett* (*parere, opinione*) Meinung *f*: **essere d'~ contrario**, gegenteiliger Meinung sein; **essere dell'~**, der Meinung sein; **a mio (modesto) ~**, meiner (bescheidenen) Meinung nach; **secondo il mio ~**, meiner Meinung/Ansicht nach, nach meiner Meinung/Ansicht sein; **essere dello stesso ~**, derselben Meinung/Ansicht sein; **essere di tutt'altro ~**, völlig/ganz anderer Meinung sein **6** *mar*: ~ **di** ₁**burrasca/tempesta**₁/**[uragano]**, Sturm-/Hurrikanwarnung *f*; ~ **ai naviganti**, Warnung *f* für die Seefahrer ● ~ **di chiamata** *tel*, Meldung *f* eines weiteren Anrufs; **mettere qu sull'~** (*avvertirlo*), jdn warnen; **sino a nuovo ~** (*fino al prossimo avvertimento*), bis auf weiteres; *previo* ~, nach vorheriger Benachrichtigung; ~ **di ricevuta post**, Empfangsbescheid *m*; **star sull'~** (*in guardia*), auf der Hut sein.

avvistamènto *m* (*l'avvistare*) {+BALENA, COSTA, NEMICO} Sichtung *f*.

avvistàre *tr* (*scorgere*) ~ **qu/qc** {LUCE, NEMICO} *jdn/etw* sehen; {NAVE, RIVA} *anche jdn/etw* sichten: **finalmente avvistarono terra**, endlich sichteten sie Land.

avvitamènto *m* **1** (*l'avvitare*) {+BULLONE, VITE} Anschrauben *n*, Verschrauben *n*, Festschrauben *n*; {+COPERCHIO} Zuschrauben *n*; {+LAMPADINA} Einschrauben *n* **2** *aero* Rolle *f*, Schraube *f* **3** *sport* Schraube *f*.

avvitàre A *tr* **1** (*serrare con viti*) ~ (**qc**) {BULLONE} *etw* irgendwohin schrauben, *etw* an|schrauben, *etw* verschrauben, *etw* fest|schrauben **2** (*unire ruotando*) ~ **qc** {CARTELLO} *etw* an|schrauben; {COPERCHIO} *etw* zu|schrauben; {LAMPADINA} *etw* ein|schrauben B *itr pron*: **avvitarsi** {COPERCHIO} sich schrauben lassen C *rfl aero*: **avvitarsi** eine Rolle machen.

avvitàta *f* **1** (*stringimento di vite*) Verschraubung *f* **2** *aero* Trudeln *n*.

avvitàto, (-a) *agg* **1** (*stretto alla vita*) {GIACCA} tailliert **2** *sport* {TUFFO} mit Drehung.

avvitatóre *m tecnol* Schrauber *m*.

avviticchiàre <*avviticchio, avviticchi*> A *tr lett* (*avvolgere*) ~ **qc** {EDERA MURO DI CINTA} *etw* umranken B *itr pron rfl lett*: **avviticchiarsi a qc 1** (*avvolgersi*) {VITE AL PALO} sich *um etw* (acc) ranken, sich *um etw* (acc) winden **2** *fig* (*stringersi*) {AL COLLO DI UN AMICO} *jdm um etw* (acc) fallen.

avvivàre A *tr* **1** (*render vivo*) ~ **qu/qc** {ACQUA PIANTE; ANIMA CORPO; ARTISTA CRETA, FIGURA; DIO UOMO} *jdn/etw* beleben **2** (*attizzare*) ~ **qc** {VENTO FUOCO, INCENDIO} *etw* an|fachen **3** *fig* (*ravvivare*) ~ **qc** {INTERVENTO CONVERSAZIONE, DIALOGO} *etw* an|regen, *etw* beleben; {COLORE, ENERGIA} *etw* auf|frischen B *itr pron* (*animarsi*): **avvivarsi** sich beleben.

avvizzimènto *m anche fig* (*appassimento*) {+PIANTA, VOLTO} Welken *n*.

avvizzire <*avvizzisco*> A *tr* <*avere*> *fig* (*rendere vizzo*) ~ **qu/qc** {ANNI VOLTO; CALDO FIORE, PIANTA} *jdn/etw* welken lassen B *itr* <*essere*> (*diventare vizzo*) ~ (**con qc**) {FIORI COL CALDO} (*bei etw dat*) (ver)welken; {MELE, PERE} (*bei etw dat*) verschrumpeln, (*bei etw dat*) schrumpelig werden; {PELLE} (*bei etw dat*) welk werden; {VOLTO} (*bei etw dat*) runzelig werden C *itr pron fig* (*sfiorire*): **avvizzirsi** (**con qc**) {BELLEZZA COL TEMPO} (*mit etw dat*) verblühen.

avvocàta *f* **1** (*esercitante l'avvocatura*) Anwältin *f* **2** *fam scherz* (*donna ciarliera*) Klatsch-, Quasseltante *f fam* **3** *relig* (*protettrice*) {MADONNA, SANTA} Schutzpatronin *f*; (*interceditrice*) {MADONNA, SANTA} Fürsprecherin *f*.

avvocatésco, (-a) <-*schi*, *-sche*> *agg spreg* (*pedante*) {ELOQUENZA, STILE} Paragraphenreiter- *spreg*, Bürokraten- *spreg*.

avvocatéssa *f* **1** *rar* (*esercitante l'avvocatura*) Anwältin *f* **2** *fam scherz* Klatsch-, Quasseltante *f fam*.

avvocàto, (-a) *m* (*f*) **1** (*professionista*) (Rechts)anwalt *m*, ((Rechts)anwältin *f*): ~ **civilista/penalista**, auf Zivil-/Strafrecht spezialisierter Rechtsanwalt; ~ **difensore** (*nel processo civile*), Prozessvertreter *m*; (*nel processo penale*) (Straf)verteidiger *m*; ~ **di fiducia**, Wahlverteidiger *m*; **un ~ del foro di...**, ein im Landgerichtsbezirk ... zugelassener Rechtsanwalt; ~ **di parte civile**, Anwalt *m* der Nebenklage; ~ **dello Stato**, Staatsanwalt *m*; ~ **d'ufficio**, Pflichtverteidiger *m* **2** (*titolo*) Rechtsanwalt *m*: **buongiorno**, ~ **Rossi**, guten Tag, Herr Rechtsanwalt Rossi **3** *fig* (*intercessore*) Fürsprecher(in) *m*(*f*), Verfechter(in) *m*(*f*): **farsi ~ di un'opinione**, sich zum Fürsprecher einer Auffassung machen ● ~ **delle cause perse** *fam scherz* (*chi difende posizioni indifendibili*), Winkeladvokat *m spreg*; ~ **del diavolo** *relig*, Advocatus Diaboli *m*; *fig* (*chi sostiene opinioni contrastanti*), Advocatus

Diaboli m; *parlare come un ~ fig fam* (*con facilità*), wie ein Buch reden *fam*; **saperne quanto un ~** *fig* (*essere abile negli intrighi*), gerissen sein *fam*.

avvocatùra f **1** (*professione*) Anwaltsberuf m: **darsi all'~**, den Anwaltsberuf ergreifen; **esercitare l'~**, den Anwaltsberuf ausüben **2** (*complesso di avvocati*) {+BONN, ROMA} Anwaltschaft f: **~ dello stato**, Staatsanwaltschaft f.

avvolgènte agg **1** (*che avvolge*) {FASCIA} Wickel- **2** (*molto comodo*) {SEDILE} komfortabel **3** *fig* (*circondante*) {MANOVRA} einkreisend **4** *fig* (*affascinante*) {ORATORIA} mitreißend.

avvòlgere <coniug come volgere> A tr **1** (*volgere intorno*) **~ qc intorno a qc** {SCIARPA, STOLA, TURBANTE, INTORNO AL COLLO, INTORNO AL CORPO, INTORNO AL CAPO} *etw um etw* (acc) wickeln; (*arrotolare*) **~ qc su qc** {CORDA, FILO, SPAGO SUL ROCCHETTO} *etw auf etw* (acc) wickeln, *etw auf*|wickeln **2** (*avviluppare*) **~ qu/qc in qc** {MAMMA BAMBINO NELLE FASCE} *jdn/etw* (*in etw* acc) (ein|)wickeln, *jdn/etw* (*in etw* acc) (ein|)hüllen; {PACCO, REGALO} *etw in etw* (acc) (ein|)wickeln **3 ~ qc** *fig* **~ qc** {MISTERO PASSATO} *etw* verhüllen, {NEBBIA CITTÀ} *etw* ein|hüllen B *itr pron* (*arrotolarsi*) **avvolgersi in qc** {FILO, CORDA IN UNA MATASSA} sich *auf etw* (acc) auf|wickeln C *rfl* (*avvilupparsi*): **avvolgersi in qc** {IN UNA COPERTA, IN UN LENZUOLO, IN UN MANTELLO} sich (*in etw* acc) (ein|)wickeln, sich (*in etw* acc) (ein|)hüllen.

avvolgìbile A agg {PERSIANA} Roll- B m (*persiana*) Rollladen m.

avvolgicàvo m *elettr* Kabelaufwickler m.

avvolgiménto m **1** (*arrotolamento*) {+CARTA} Aufwicklung f; {+BAMBINO, TURBANTE} Wickeln n; {+CORDA} Aufwickeln n **2** *elettr* Wicklung f **3** *film* {+PELLICOLA} Spulen n **4** *mil* {+NEMICO} Aufrollen n.

avvòlto, (-a) A *part pass di* avvolgere B agg **1** (auf)gewickelt, eingewickelt **2** *fig* (*immerso*) **~ in qc** {PAESE NELLA NEBBIA} *in etw* (acc) gehüllt.

avvoltóio <-toi> m **1** *ornit* Geier m **2** *fig* (*persona avida*) Halsabschneider m *fam spreg*, Geier m *fam spreg*.

avvoltolàre A tr (*arrotolare*) **~ qc** (**in qc**) *etw in etw* (acc) ein|wickeln, *etw* (*zu etw* dat) zusammen|rollen: **avvoltolò le sue cose in un fagotto**, er/sie wickelte seine/ihre Sachen zu einem Bündel zusammen; **~ un oggetto in un foglio di carta**, einen Gegenstand in Papier einwickeln B *rfl*: **avvoltolarsi in qc 1** (*avvilupparsi*) {IN UNO SCIALLE} sich *in etw* (acc) ein|wickeln **2** (*rotolarsi*) {MAIALE NEL FANGO} sich *in etw* (dat) wälzen.

axel <-> m *ingl sport* (*nel pattinaggio*) Axel m.

axolòtl <-> m *zoo* Axolotl m, mexikanischer Schwanzlurch.

ayatollah <-> m *arabo polit relig* Ayatollah m, Ajatollah m.

ayurvèdico, (-a) <-ci, -che> agg ayurvedisch.

Az. abbr *di* azioni: Aktien.

AZ abbr *di* Alitalia: Alitalia f (*italienische Fluggesellschaft*).

azalèa f *bot* Azalee f.

azerbaigiàno, (-a) A agg (*dell'Azerbaigiàn*) aserbaidschanisch, von/aus Aserbaidschan B m (f) (*abitante*) Einwohner(in) m(f) von Aserbaidschan.

azerty <inv> agg *inform*: **tastiera ~**, Standardtastatur f in Italien; ≈ QWERTZ-Tastatur f (*Standardtastatur der englisch- und deutschsprachigen Länder*).

azidotimidìna f *farm* (*abbr* AZT) Azidotimidin m; (*abbr* AZT).

aziènda f **1** (*impresa*) {AGRARIA, AGRICOLA, INDUSTRIALE, PUBBLICA} Betrieb m, Unternehmen n; (*di solito privata*) Firma f: **~ autonoma**, Eigenbetrieb m; **~ di credito**, Kreditunternehmen n; **~ familiare**, Familienbetrieb m; **gestire un'~**, einen Betrieb leiten; **ingrandire un'~**, einen Betrieb vergrößern; **avere una piccola ~ di maglieria**, eine kleine Firma für Strickwaren haben; **~ municipalizzata**, städtischer/kommunaler Betrieb; **~ (autonoma) di soggiorno**, (selbständiger) Verkehrsverein; **essere alla testa di una grossa ~**, Chef eines großen Unternehmens sein **2** *fig* (*settore*) {+CINEMA} Sektor m **3** *amm* (*ente*) Betrieb m, Unternehmen n: **~ a partecipazione statale**, Unternehmen m mit Staatsbeteiligung; **~ tranviaria**, Straßenbahnbetrieb m.

aziendàle agg (*dell'impresa*) {ATTIVO, COMITATO, MENSA} Betriebs-; {CONTRATTO} *anche* betrieblich: **organizzazione ~**, Betriebsorganisation f.

aziendalése A m *iron* (*gergo aziendale*) {+BMW, BANCARIO} Firmenjargon m B agg *iron* {GERGO} Firmen-.

aziendalìsmo m (*atteggiamento*) Gruppen-, Betriebsegoismus m.

aziendalìsta <-i m, -e f> A agg (*di azienda*) betriebsbezogen B mf (*esperto*) Unternehmensfachmann m, Unternehmensexperte m, (Unternehmensexpertin f), Betriebswirt(in) m(f).

aziendalìstica <-che> f (*nell'organizzazione aziendale*) Betriebswirtschaft(slehre) f.

aziendalìstico, (-a) <-ci, -che> agg (*di azienda*) betriebsbezogen.

aziendalizzazióne f (*trasformazione in azienda*) {+ENTE PUBBLICO} Privatisierung f.

àzimut <-> m *astr* Azimut m (f).

azionàbile agg **1** (*che si può azionare*) beweglich **2** *dir* {DIRITTO} klagbar.

azionaménto m *tecnol* (*messa in funzione*) {+LEVE, MECCANISMO, STRUMENTI} Betätigung f: **~ a distanza**, Fernbetätigung f, Fernbedienung f.

azionàre tr (*mettere in azione*) **~ qc** {DISPOSITIVO DI SICUREZZA, INTERRUTTORE, LEVA, MECCANISMO} *etw* in Gang setzen; {MOTORE} *etw* ein|schalten.

azionariàto m **1** (*complesso degli azionisti*) Gesamtheit f der Aktionäre **2** *econ* (*possesso di una quota di azioni*) Aktienpaket n: **~ popolare**, Volksaktie f.

azionàrio, (-a) <-ri m> agg *banca econ* {CAPITALE, MERCATO, PACCHETTO} Aktien-.

azionatóre, (-trice) A m (f) (*persona*) "wer einschaltet, bestätigt" B m (*dispositivo*) Steuermotor m, Trieb m.

azióne① A f **1** (*atto*) {+MANGIARE, PENSARE} Bewegung f: **commettere un'~ cattiva**, eine Untat/Missetat *forb obs* begehen; **~ diplomatica**/**di protesta**, diplomatischer Schritt/Protestaktion] f; **passare all'~**, zur Tat schreiten; **pensiero e ~**, Denken und Handeln; **fare la buona ~ quotidiana**, die tägliche gute Tat vollbringen **2** (*funzionamento*) Aktion f **3** (*attività*) Tätigkeit f: **essere sempre in ~**, rastlos tätig sein, immer in Aktion sein **4** (*insieme di iniziative*) Aktion f, Unternehmung f: **~ di propaganda**, Propagandaaktion f **5** (*influenza, potere*) Wirkung f: **avere ~ su qu**, Macht über jdn haben; **campo/raggio/sfera d'~**, Wirkungsfeld n/Wirkungskreis m/Wirkungsbereich m **6** (*effetto*) {CHIMICA, EOLICA, +CALORE, FARMACO, LUCE, UMIDITÀ} Wirkung f: **studiare l'~ dei gas tossici**, die Wirkung der Giftgase untersuchen; *fig rar* {+PAROLE} Effekt m **7** *dir* Klage f: **~ civile**, Klage f; **intentare/promuovere un'~ legale/giudiziaria**, Klage erheben, einen Prozess anstrengen; **~ penale**, öffentliche Klage; **~ redibitoria**, Klage f auf Wandlung; **~ di reintegrazione**, Klage f auf Wiederherstellung [der Besitzlage]/[des Besitzstandes], Klage f auf Wiedereinräumung des Besitzes, Besitzschutzklage f; **~ di restituzione**, Klage f auf Herausgabe; **~ revocatoria**, Gläubigeranfechtung f, Anfechtungsklage f; **~ di rivendicazione**, Klage f auf Eigentumsherausgabe, Vindikationsklage f **8** *elettr* {DIFFERITA, RITARDATA, TEMPORIZZATA} Wirkung f **9** *fis* (*forza*) {MAGNETICA, MOLECOLARE} Wirkung f **10** *film lett teat* (*intreccio*) {+COMMEDIA, FILM, ROMANZO} Handlung f: **l'~ si svolge a Torino**, die Handlung spielt in Turin **11** *film teat* (*rappresentazione*) Spiel n **12** *mil* {AEREA, NAVALE, +AVVICINAMENTO} Kampfhandlung f, Gefecht n: **~ dimostrativa**, Scheinangriff m **13** *sport* {LENTA, VELOCE} Aktion f: **~ di attacco/difesa**, Angriffs-/Abwehraktion f **14** *tecnol* Betrieb m: **essere in ~**, in Betrieb sein B <inv> loc agg: **d'~** (*attivo*) aktiv, tatkräftig, zupackend: **uomo d'~**, Mann m der Tat; **film d'~**, Actionfilm m ● **~ !** *film*, Aufnahme!; **entrare in ~** (*cominciare ad agire*), in Aktion treten; **mettere in ~ qc**, etw in Gang/Betrieb setzen.

azióne② f *econ* Aktie f: **~ (non) quotata in borsa**, an der Börse (nicht) notierte Aktie; **~ nominativa**/[**al portatore**], Namens-/Inhaberaktie f; **~ privilegiata**, Vorzugsaktie f; **comprare/emettere/vendere azioni**, Aktien kaufen/ausgeben/verkaufen ● **le sue azioni sono in rialzo/ribasso** *fig* (*prestigio*), seine/ihre Aktien steigen/fallen.

azionìsta① <-i m, -e f> mf *banca econ* {+MAGGIORANZA} Aktionär(in) m(f): **assemblea degli azionisti**, Aktionärsversammlung f.

azionìsta② <-i m, -e f> mf *polit stor* Aktionist(in) m(f).

azionìstico, (-a) <-ci, -che> agg *banca econ* {PACCHETTO} Aktien-.

azoospermìa f *med* Azoospermie f *scient*.

azotàto, (-a) agg *chim* {FERTILIZZANTE} stickstoffhaltig.

azotemìa f *med* Azotämie f *scient*.

azòto m *chim* Stickstoff m.

AZT f *farm* (*abbr di* azidotimidina) AZT n (*abbr di* Azidothymidin n).

aztèco, (-a) <-chi, -che> A agg {CIVILTÀ} aztekisch B m (f) (*persona*) Azteke m, (Aztekin f) C m (*solo* sing) (*lingua*) Aztekisch(e) n.

azùki <-> m *giapponese* (*varietà di soia*) Azuki-Bohne f.

azulène m *chim* Azulen n.

azzannàre tr **1** (*addentare*) **~ qu/qc** {CANE, CINGHIALE, LUPO CAVIGLIA DI QU, GAMBA DI QU, PREDA} *jdn/etw* mit den Zähnen packen, zu|schnappen, *nach jdm/etw* schnappen; *scherz* {PERSONA BRACCIO DI QU, BRACIOLA} *in etw* (acc) beißen **2** *fig* (*criticare*) **~ qu** {FEDIFRAGHI, IPOCRITI} *jdn* heftig kritisieren.

azzannàta f (*morso*) {+LUPO} kräftiger Biss.

azzardàre A tr **1** (*rischiare*) **~ qc in qc** {REPUTAZIONE, SOLDI NELL'AFFARE, NELL'IMPRESA} *etw bei etw* (dat) aufs Spiel setzen, *etw bei etw* (dat) riskieren; ein Risiko ein|gehen (*uso assol*): **ha azzardato troppo e si è rovinato**, er/sie hat zu viel riskiert und ist dabei ruiniert **2** (*osare*) **~ qc** {DOMANDA, IPOTESI, PASSO, PROPOSTA} *etw* wagen B *itr pron* **azzardarsi a fare qc 1** (*arrischiarsi*) es wagen, *etw zu tun*; sich erkühnen *forb*, *etw zu tun*: **non mi azzarderei a fargli delle osservazioni**, ich würde es nicht wagen, ihn zu kritisieren **2** (*osare*) es wagen, *etw zu tun*; sich unterstehen, *etw zu tun*: **non azzardarti a rimet-**

tere i piedi qui!, wage es (nur) nicht, dich hier wieder blicken zu lassen!; **non azzardarti a chiedergli un prestito!**, untersteh dich, ihn um Geld zu bitten!

azzardàto, (-a) agg 1 (*rischioso*) {INVESTIMENTO} gewagt; *fig* {PASSO} verwegen 2 (*avventato*) {GIUDIZIO, IPOTESI} unüberlegt, übereilt.

azzàrdo m 1 (*rischio*) Risiko n: **è un ~ troppo grande**, das ist ein zu großes Risiko 2 (*imprudenza*) Wagnis, Gefahr f: **uscire con un simile freddo è un ~**, bei dieser Kälte hinauszugehen, ist gefährlich.

azzardóso, (-a) agg 1 (*temerario*) {PERSONA} wagemutig, verwegen 2 (*incerta*) {COSA, IMPRESA} gewagt, riskant.

azzeccagarbùgli <-> m *spreg* (*avvocato da strapazzo*) Rechtsverdreher m *spreg*, Winkeladvokat m *spreg*.

azzeccàre (*azzecco, azzecchi*) tr 1 (*colpire*) ~ **qc** {BERSAGLIO, CENTRO} etw treffen; ~ **qu** (+ **compl di luogo**) {IN VISO} jdn (*irgendwo*) treffen 2 (*appioppare*) ~ **qc** (*a qu*) {CALCIO, COLPO, PUGNO} jdm etw versetzen 3 *fig* (*indovinare*) ~ **qc** {RISPOSTA} etw erraten • **non ne azzecca mai una** *fig* (*non gliene va mai bene una*), bei ihm/ihr geht immer alles schief *fam*; **ci azzecca sempre** *fig* (*indovina sempre*), er/sie trifft immer ins Schwarze.

azzeccàto, (-a) agg 1 (*indovinato*) {RISPO-STA, ecc.} passend 2 (*riuscito*) {COLPO} gut getroffen, gelungen; {ACCOSTAMENTO, COLORE} gut gewählt.

azzeraménto m 1 *fis inform* Annullierung f 2 *fig* (*annullamento*) {+PROFITTI} Verlust m.

azzeràre tr ~ **qc** 1 (*portare a zero*) {CRONOMETRO} etw auf null stellen 2 (*annullare*) {RISULTATO} etw annullieren, etw für ungültig erklären 3 *fig* (*riportare al punto di partenza*) {POLEMICA} etw zu seinem Ausgangspunkt zurück|führen; {LE POSSIBILITÀ DI DIALOGO} etw zunichte|machen.

azzimàre A tr (*sistemare*) ~ **qu/qc** {PERSONA, CAPELLI DI QU, VESTITO} jdn/etw schmücken, jdn/etw zurecht|machen B rfl *iron* (*sistemarsi*): **azzimarsi** sich (auf)putzen, sich auf|takeln *fam spreg*: **perde un mucchio di tempo ad azzimarsi**, er/sie verliert eine Menge Zeit mit Schönmachen/damit, sich aufzutakeln *fam spreg*.

àzzimo, (-a) A agg *lett* (*non lievitato*) {PANE, PASTA} ungesäuert B m *relig ebraica stor*: **festa degli azzimi**, Passahfest n.

azzittìre <*azzittisco*> A tr <*avere*> (*far tacere*) ~ **qu/qc** {CLASSE, SCOLARESCA} jdn/etw zum Schweigen bringen B itr <*essere*> itr *pron* (*tacere*): **azzittirsi** verstummen: **si azzittì di colpo**, plötzlich verstummte er/sie.

azzonaménto m *urban* Aufteilung f in Zonen.

azzoppàre A tr <*avere*> (*rendere zoppo*) ~ **qu/qc** {CANE} jdn/etw lahm machen; {TAVOLO} etw zum Wackeln bringen B itr <*essere*> itr *pron* (*diventare zoppo*): **azzopparsi a causa di qc** {CANE, CAVALLO} (*wegen etw* gen) lahm werden: **si è azzoppato a causa di quella brutta caduta**, er ist durch diesen schlimmen Sturz gelähmt; {TAVOLO} *wegen etw* (gen) wack(e)lig werden.

azzoppìre <*azzoppisco*> → **azzoppare**.

Azzòrre f pl *geog* Azoren pl.

azzuffàrsi rfl *rec* (*picchiarsi*) {GRUPPI, PARTITI} sich raufen, sich prügeln, aneinander|geraten: **i due uomini stavano per ~**, die beiden Männer waren kurz davor, sich zu prügeln.

azzurrìno, (-a) A agg {CIELO, FIORE} bläulich B m 1 (*colore*) Zartblau n 2 *sport* "Nationalspieler m der Juniorenklasse".

azzùrro, (-a) A agg 1 {CIELO, FIORE, OCCHI} (himmel)blau, azurblau 2 *sport* {ATLETI, SQUADRA} italienisch B m 1 (*colore*) {+CIELO, MARE} (Himmel)blau n, Azurblau n 2 *sport* "italienischer Nationalspieler": **gli azzurri**, die Azzurri, die italienische Nationalmannschaft • **~ di Berlino/cobalto**, Berliner Blau/Kobaltblau n.

azzurrógnolo, (-a) agg (*azzurro sbiadito*) {LUCE, RIFLESSO} bläulich.

B, b

B, b <-> f o rar m (*seconda lettera dell'alfabeto italiano*) B, b n ● **b come Bologna** (*nella compitazione delle parole*), B wie Berta; → anche **A, a**.

b **1** *fis* abbr *di* barn, bar: b (abbr *di* barn, bar) **2** *relig* abbr *di* beato, beata: sel (abbr *di* selige(r, s)).

B **1** *autom post* abbr *di* Belgio: B (abbr *di* Belgien) **2** *chim* abbr *di* boro: B (abbr *di* Bor) **3** *fis* abbr *di* Bel, Baud: B (abbr *di* Bel, Baud) **4** *geog* abbr *di* baia: Bucht f **5** *mus* abbr *di* Basso: B (abbr *di* Bass m) **6** *relig* abbr *di* beato, beata: sel (abbr *di* selige(r, s)).

ba → **bah**.

BA *aero* abbr dell'*ingl* British Airways (*linee aeree inglesi*): BA (abbr *di* British Airways).

babà <-> m *gastr* "Hefeküchlein mit Rum (und Rosinen)".

babào → **babau**.

babàu <-> m *fam* (*mostro*) schwarzer Mann, Butze-/Buhmann m *fam*.

babbèo, (*rar* -**a**) Ⓐ agg (*sciocco*) dumm, einfältig, tölpelhaft *come*, dusselig *fam* Ⓑ m (f) Tölpel m *spreg*, Toffel m, Dussel m *fam*, Pfeife f *fam spreg*.

babbióne, (-**a**) *region* Ⓐ agg (*credulone*) leichtgläubig, einfältig, dusselig *fam* Ⓑ m (f) Einfaltspinsel m *fam spreg*, Weihnachtsmann m *fam*.

bàbbo m *fam region* Papa m *fam*, Papi m *fam*, Vati m *fam* ● **Babbo Natale**, Weihnachtsmann m; **credere a Babbo Natale**, an den Weihnachtsmann glauben; **pagare a ~ morto** (*dopo molto tempo*), jdn lange warten lassen bis man etwas bezahlt bekommt.

babbùccia <-ce> f **1** (*pantofola*) Pantoffel m, Hausschuh m **2** (*scarpina da neonato*) Babyschuh m **3** (*scarpa orientale*) Babusche f.

babbuìno, (-**a**) Ⓐ m *zoo* Pavian m Ⓑ m (f) *fig fam spreg* (*sciocco*) Affe m *fam*, Kamel n *fam*.

babèle f (*confusione*) heilloses Durcheinander, Trubel m, Chaos n.

Babèle f *geog stor* Babel n, Babylon n.

babèlico, (-**a**) <-ci, -che> agg *lett* **1** *geog stor* (*di Babele*) babylonisch **2** *fig* (*confuso*) {CITTÀ} chaotisch, wirr, babylonisch *forb*.

babilonése Ⓐ agg {ARTE} babylonisch Ⓑ mf (*persona*) Babylonier(in) m(f) Ⓒ m <*solo sing*> (*lingua*) Babylonisch(e) n.

babilònia f *fig* (*confusione*) heilloses Durcheinander, Trubel m, Chaos n.

Babilònia f *geog stor* **1** (*città*) Babel n, Babylon n **2** (*provincia*) Babylonien n.

babilònico, (-**a**) <-ci, -che> agg *lett* **1** (*di Babilonia*) babylonisch **2** *fig* (*confuso*) {ORGANIZZAZIONE} chaotisch *forb*, wirr, babylonisch *forb*.

babirùssa <-> m *zoo* Hirscheber m, Babirussa m.

babórdo m *mar* (*parte sinistra della barca*) Backbord n; **a ~ backbord(s)**.

baby <-, babies pl *ingl*> *ingl* Ⓐ <inv> agg **1** (*da bambino*) {PROFUMO} Baby- **2** (*mignon*) {POMODORI} Cocktail- Ⓑ <-> mf (*neonato*) Baby n Ⓒ <-> m **1** (*dose di whisky*) kleiner Whisky **2** *sport* (*nello sci*) Übungshang m Ⓓ <-> f *fam* (*ragazza*) Baby n *fam*.

baby boom <-, - -s pl *ingl*> loc sost m *ingl* (*impennata delle nascite*) Babyboom m.

baby-doll <-, - -s pl *ingl*> m *ingl* Babydoll n.

baby gang <-> loc sost f *ingl* (*banda di giovani teppisti*) Jugendgang f.

baby killer <-> loc sost mf *ingl* (*giovane assassino*) Babykiller m.

baby parking <-> loc sost m *ingl* (*asilo a ore*) "stundenweise bezahlter Kindergarten".

baby pensionàto, (-**a**) loc sost m (f) (*pensionato dopo una breve attività lavorativa*) Jungpensionär(in) m(f), Frührentner(in) m(f).

baby-sitter <-, - -s pl *ingl*> mf *ingl* Babysitter m: **fare la baby-sitter**, babysitten.

babysitteràggio <-gi> m (*servizio di baby-sitter*) Babysitten n, Babysitting n.

baby-sitting <-> m *ingl* (*servizio di baby-sitter*) Babysitten n, Babysitting n *fam*.

bacàre <baco, bachi> Ⓐ tr (*avere*) (*corrompere*) ~ **qc a qu** {PUBBLICITÀ CERVELLO AI BAMBINI} jdm etw verderben Ⓑ itr <*essere*> itr pron **bacarsi** (*guastarsi*): {FRUTTA} wurmstichig werden.

bacàto, (-**a**) agg **1** (*guasto*) {FRUTTA} wurmstichig **2** *fig* (*corrotto*) {SOCIETÀ, POLITICO} verdorben, verderbt *obs*.

bàcca <bacche> f *bot* Beere f.

baccalà <-> m **1** *gastr* Klipp-, Stockfisch m **2** *fig spreg* (*persona stupida*) Trottel m *fam spreg*, Schafskopf m *fam*: **cosa fai lì piantato come un ~?**, was stehst du da wie angewurzelt? **3** *fig* (*persona allampanata*) Hering m *fam scherz*, Streichholz n, Bohnenstange f, Hopfenstange f *fam*: **è magro come un ~**, ist dünn wie ein Hering *fam scherz*.

baccalaureàto, (-**a**) Ⓐ m *scuola* {FRANCESE} Bakkalaureat n; *università* {INGLESE} *anche* Bachelor m Ⓑ m (f) *università* Bakkalaureus m.

baccanàle m **1** *fig spreg* Gelage n, Orgie f **2** <*di solito al pl*> *stor rom* {+ANTICA ROMA} Bacchanal n *forb*, Bacchusfest n *forb*.

baccàno m **1** (*chiasso*) Heidenlärm m *fam*, Radau m *fam*: **~ d'inferno**, Höllenlärm m *fam*; **ne fanno di ~ quei ragazzacci!**, die Lausebengel machen wirklich einen Höllenlärm! *fam* **2** *fig* (*clamore*) Lärm m, Aufsehen n: **la notizia della loro fuga ha fatto molto ~**, die Nachricht ihrer Flucht hat viel Staub aufgewirbelt *fam*/[Aufsehen erregt].

baccànte f **1** *fig spreg* liederliches Frauenzimmer *spreg* **2** *stor* Bacchantin f.

baccarà① <-> m (*gioco*) Bakkarat n.

baccarà② → **baccarat**.

baccarat *franc* Ⓐ <inv> in funzione di agg aus Baccarat Ⓑ <-> m (*cristallo*) Kristall n aus Baccarat.

baccellieràto m *università* (*grado accademico*) {INGLESE} Bachelor m, Bakkalaureat n.

baccellière m **1** *scuola* {FRANCESE} Bakkalaureat n; *università* {INGLESE} *anche* Bachelor m **2** *stor* Knappe m.

baccèllo m **1** *bot* Hülse f, Schote f **2** *arch* Eierstab m.

bacchétta f **1** (*asta*) {+METALLO} Stab m; (*per battere, indicare*) Stock m: **~ per tende**, Gardinenleiste f; **~ magica**, Zauberstab m; **~ da rabdomante**, Wünschelrute f **2** <*di solito al pl*> *gastr cinese* (Ess)stäbchen n **3** *mus* (*del direttore d'orchestra*) Taktstock m, Dirigentenstab m; (*per il tamburo*) Trommelschlägel m **4** *artiglieria mil stor* {+FUCILE} Ladestock m **5** *tecnol* Stab m: **~ per saldatura**, Schweißstab m, Schweißdraht m ● **avere la ~ magica** (*fare miracoli*), zaubern können; **comandare qu a ~ fig** (*con assoluta autorità*), jdn herumkommandieren; **farsi obbedire a ~ fig** (*senza discutere*), (jdn) nach seiner Pfeife tanzen lassen.

bacchettàre tr **1** (*percuotere*) ~ **qc** etw mit der Rute/[dem Stock] schlagen: **~ le dita a qu**, jdm mit dem Stock auf die Finger schlagen **2** *fig* (*criticare*) ~ **qu** {POLITICO MAGGIORANZA GOVERNATIVA} jdn zurecht|weisen, jdm Vorwürfe/Vorhaltungen machen.

bacchettàta f (*colpo*) Stockschlag m, Stockhieb m ● **dare una ~ sulle mani/dita a qu**, jdm einen Stockschlag auf die Hände/Finger geben; *fig* (*criticare aspramente*), jdm bittere Vorwürfe machen, jdm eins auf den Deckel geben *fam*; **prendere una ~ sulle mani/dita**, mit dem Stock eins über die Hände/Finger bekommen; *fig* (*venire redarguito*), eins auf den Deckel kriegen *fam*.

bacchétto m großer Stock.

bacchettóne, (-**a**) *spreg* Ⓐ agg (*bigotto*) {BORGHESIA, RELIGIOSO} bigott *forb spreg*, frömmlerisch *spreg* Ⓑ m (f) **1** (*bigotto*) Frömmler(in) m(f) *spreg*, Betbruder m *spreg*, (Betschwester f *spreg*) **2** (*ipocrita*) scheinheiliger Mensch.

bacchiàre <bacchio, bacchi> tr (*battere*) ~ **qc** {CASTAGNE} etw mit der Stange herunter|schlagen; {CONTADINO NOCI, OLIVE, ecc.} etw ab|schlagen, etw ab|schütteln.

bacchiatùra f (*battitura*) {+CASTAGNE} "Herunterschlagen n mit einer Stange (von Kastanien, etc.)"; {+NOCI} Abschlagen n, Abschütteln n.

bàcchico, (-**a**) <-ci, -che> agg {RITO} bacchisch; {ORGIA, CANTO} Bacchus-.

bàcco A m 1 mitol: Bacco, Bacchus m 2 fig lett scherz (vino) Wein m B loc inter (di meraviglia): per/[corpo di] Bacco!, zum Donnerwetter! fam ● Bacco, tabacco e Venere riducon(o) l'uomo in cenere prov, Wein, Weiber und Tabak bringen jeden Mann ins Grab; Wein, Weib und Gesang, das ist des Menschen Untergang.

bachèca <-che> f 1 (per affissione) schwarzes Brett, Schautafel f, Anschlagbrett n, Pinnwand f, Aushängekasten m 2 (vetrinetta) {+MUSEO, NEGOZIO} Schaukasten m, Vitrine f.

bachelìte® f chim comm Bakelit® n.

bacheròzzo rom → **bacherozzolo**.

bacheròzzolo m 1 (bruco) Raupe f 2 rom fam (scarafaggio) Käfer m.

bachicoltóre, (-trice) m (f) (allevatore di bachi) Seidenraupenzüchter(in) m(f).

bachicoltùra f (allevamento di bachi) Seidenraupenzucht f.

bachicultóre e deriv → **bachicoltore** e deriv.

baciamàno <- o -ni> m (atto) Handkuss m: fare il ~ a qu, jdm einen Handkuss geben.

baciapìle <-> mf spreg fam (bigotto) Frömmler(in) m(f) spreg, Betbruder m spreg, Betschwester f spreg.

baciàre <bacio, baci> A tr 1 gener ~ (qu/qc) (+ compl di luogo) {RAGAZZA, FIGLIO, CROCEFISSO} (jdn/etw) (auf etw acc) küssen: ~ sulle guance/[sulla bocca], auf die Wangen/[den Mund] küssen; **la mano a una signora**, einer Frau die Hand küssen 2 fig forb (sfiorare) ~ qc {SOLE COLLINA} etw streifen B rfl rec: **baciarsi** sich küssen.

baciàto, (-a) agg lett {RIMA} gepaart.

bacìle m (recipiente) (Sammel)becken n.

bacillàre agg med {INFEZIONE} Bazillen-, bazillär.

bacìllo m 1 biol {+TETANO} Bazillus m: ~ **di Koch**, Kochbazillus m 2 fig (germe) {+CORRUZIONE} Bazillus m.

bacinèlla <dim di bacino①> f (recipiente) Becken n, Schüssel f.

bacìno① m 1 (recipiente) Becken n, Schale f, Bottich m, Kübel m, Schüssel f 2 anat Becken n 3 econ Gebiet n: ~ **di crisi**, Krisengebiet n; ~ **d'utenza**, Einzugsgebiet n 4 geog {IMBRIFERO} Becken n, Gebiet n: ~ **artificiale**, Staubecken n; ~ **collettore**, Sammelbecken n; ~ **idrografico**, Wassereinzugsgebiet n; ~ **idroelettrico**, Staubecken n; ~ **del Mediterraneo**, Mittelmeerbecken n; ~ **della Ruhr**, Ruhrgebiet n; in mia anche Revier n; ~ **carbonifero**, Kohlenbecken n 5 mar Dock n, Becken n: ~ **di carenaggio**, (Trocken)dock n.

bacìno② <dim di bacio> m Küsschen n.

bàcio <-ci> A m (atto) Kuss m: **gli diede un ~ sulla bocca/guancia**, sie gab ihm einen Kuss auf den Mund/[die Wange]; **dai il ~ della buona notte a papà e mamma**, gib Mama und Papa einen Gutenachtkuss; ~ **d'addio**/[di riconciliazione], Abschieds-/Versöhnungskuss m; **gli mandò un ~ con la mano**, sie warf ihm einen Kusshändchen zu; ~ **con lo schiocco**, Schmatz(er) m fam B <inv> loc agg fig fam (perfetto): **al ~**, {CENETTA, RAGAZZA} perfekt, super fam, picobello fam ● **baci e abbracci** (nelle lettere), viele Grüße und Küsse; **coprire/mangiare qu di baci** fig (dare tanti baci), jdn abküssen; ~ **di Giuda** (di traditore), Judaskuss m.

bacióne <accr di bacio> m dicker Kuss.

backbone <-> m ingl inform Fernnetz n.

backgàmmon <-> m ingl (gioco) Backgammon n.

background <-> m ingl (retroterra) {CULTURALE} Hintergrund m, Background m forb;

inform Background m, Nachrangigkeit f.

backspace <-> m ingl inform Rücktaste n, Backspace m.

backstage, back-stage <-> m loc sost ingl film moda sport teat (retroscena) Hinterbühne f.

back-to-back <-> m ingl econ Back-to-Back-Finanzierung f.

backup <-> m ingl inform Backup n, Sicherungskopie f: **fare il ~ di un file**, die Sicherungskopie einer Datei herstellen.

bàco <-chi> m 1 fam (verme) Wurm m, Made f: **in questa mela c'è un ~**, in diesem Apfel ist ein Wurm 2 fig (idea fissa) fixe Idee: **lo rode il ~ della gelosia**, die Eifersucht verzehrt ihn; [frisst ihn auf fam] 3 inform Programmfehler m 4 zoo Raupe f: ~ **da seta**, Seidenraupe f.

bacon <-> m ingl gastr (Frühstücks)speck m, Bacon m.

baconiàno, (-a) agg filos (di F. Bacon) {PENSIERO} von Bacon.

bacùcco, (-a) <-chi, -che> fam A agg {VECCHIO} vertrottelt fam, trottelig fam spreg B m (f) Trottel m fam spreg, Dussel m fam.

bàda f: tenere a ~ qu fig (avere sotto il proprio controllo) {CLASSE} jdn hinhalten, jdn in Schach halten fam; {BAMBINO} jdn hüten; tenere a ~ qu con qc {POLIZIA RIVOLTOSI CON DELLE PROMESSE} jdn mit etw (dat) hinhalten, jdn mit etw (dat) in Schach halten fam.

badànte mf fam {+NONNA} private(r) Alten-/Krankenpfleger(in) m(f).

badàre A itr 1 (accudire) ~ **a qu/qc** auf jdn/etw aufpassen, sich um jdn/etw kümmern, jdn/etw hüten: ~ **alla casa**/[ai bambini], das Haus/die Kinder hüten 2 (stare attento) ~ **(a qc)** {ALLA LINEA, ALLA QUALITÀ, ALLA SALUTE, AL SODO} auf etw (acc) aufpassen, auf etw (acc) Acht geben, auf etw (acc) achten: **bada!**, pass auf!; **bada di non dimenticartene!**, gib Acht, dass du es nicht vergisst!; **bada che non gli manchi nulla!**, achte darauf, dass ihm nichts fehlt!; **bada a quello che fai!**, pass auf, was du tust!; sei vorsichtig!; **bada a come parli!**, pass auf, was/[über]eg dir], was du sagst! 3 (pensare) ~ **a qc** sich um etw (acc) kümmern: ~ **solo a divertirsi**, nur ans Vergnügen denken; **bada ai fatti tuoi!**, kümm(e)re dich um deine eigenen Angelegenheiten! 4 (dar peso) ~ **a qc** Wert auf etw (acc) legen: **non ci bada troppo**, er/sie legt nicht so viel Wert darauf B tr (sorvegliare) ~ **qc** {PECORE} etw hüten, etw beaufsichtigen ● **non sapere ~ a se stesso** (non essere in grado di gestirsi), nicht auf sich selbst aufpassen können.

badèssa f relig Äbtissin f ● **fare la ~ fig** (rif. a donna che si dà delle arie), sich aufspielen, angeben; **sembrare/parere una ~ fig** (essere prosperosa), üppig aussehen.

badge <-> m ingl 1 (placchetta) {+COMMESSA} Kennkarte f 2 (distintivo) {+PARTITO} Plakette f, Namensschild n, Abzeichen n.

badìa f 1 (abbazia) Abtei f 2 fig (luogo di abbondanza) Palast m.

badìle m (pala) Schaufel f.

Baedeker® <-> m ted (guida turistica) Baedeker® m.

bàffo A m 1 <di solito al pl> Schnurr-, Schnauzbart m: **avere i baffi**, einen Schnurrbart haben 2 <di solito al pl> {+GATTO} Schnurr-, Schnauzhaare n pl; {+TRICHECO} Barthaar m 3 fig (macchia) {+SUGO} Fleck m, Klecks m 4 <di solito al pl> fig mar {+PRUA} Bugwelle f, Kielwasserschaum m B loc agg fig (eccellente): **coi baffi**, {PITTORE} ausgezeichnet, exzellent forb ● **(non) mi fa un fig volg** (non mi importa), das kümmert mich

einen Scheiß(dreck) volg, ich pfeife darauf fam, das ist mir Wurst/egal fam, das ist mir ganz piepe fam; ~ **di gatto** elettr, Detektornadel f; **una cosa da leccarsi i baffi** fig (molto buona), eine Sache, nach der man sich (dat) die/[alle zehn] Finger lecken kann; **ridere sotto i baffi** fig (di nascosto), sich (dat) ins Fäustchen lachen.

baffóne <accr di baffo> m 1 <di solito al pl> Schnauzbart m 2 fam scherz (persona coi baffi) Schnauzer m fam, Schnauzbart m.

baffùto, (-a) agg (che ha i baffi) {UOMO} schnurrbärtig, mit Schnurrbart.

bagagliàio <-gliai> m 1 aero mar Gepäckraum m 2 autom Kofferraum m 3 ferr (vagone) Gepäck-/Packwagen m, (deposito bagagli) Gepäckaufbewahrung f.

bagàglio <-gli> m 1 gener Gepäck n: **ha molto ~?**, haben Sie viel Gepäck?; **fare/disfare i bagagli**, packen/auspacken; ~ **a mano**, Handgepäck n; **spedire qc come ~ appresso**, etw als Reisegepäck aufgeben 2 fig (patrimonio) {+CONOSCENZE, ESPERIENZE} Ausrüstung f, Ausstattung f, Schatz m: ~ **culturale**, Bildungsgut n.

bagarinàggio <-gi> m (vendita illegale) {+BIGLIETTI} illegaler Verkauf: **fanno ~ davanti al teatro**, vor dem Theater verkaufen sie illegal Eintrittskarten.

bagarìno m (venditore illegale) {+BIGLIETTI} illegaler Verkäufer.

bagarre <-> f franc 1 (tafferuglio) Gerangel n fam, Getümmel n, Tumult m: **c'è stata una ~**, es gab ein Gerangel fam 2 sport Rempelei f.

bagàscia <-sce> f spreg (prostituta) Nutte f fam spreg, Dirne f obs.

bagàscio <-sci> m, **bagascióne** m lett spreg 1 (omosessuale) Schwule m fam decl come agg 2 (puttaniere) Hurenbock m volg.

bagattèlla, bagatèlla f 1 (bazzecola) Bagatelle f, Lappalie f 2 mus Bagatelle f.

bagàtto m (nei giochi di carte) Pagat m.

baggianàta f fam spreg 1 (detto sciocco) Unsinn m, Quatsch m fam, Gefasel n fam: **dai, smetti di dire baggianate!**, komm, hör auf, Quatsch zu reden! 2 (azione sciocca) Dummheit f: **ho fatto una ~**, ich habe eine Dummheit gemacht 3 (bazzecola) Bagatelle f, Lappalie f: **non prenderterla per questa ~**, hab dich nicht so wegen dieser Lappalie.

bàgher <-> m sport (nella pallavolo) Bagger m.

bagliore m 1 (fulgore) {+LAMPO, FARO} Schein m, Schimmer m, Leuchten n 2 fig (manifestazione) {+CIVILTÀ} Schimmer m, Hauch m.

bagnacàuda f gastr Bagnacauda f (Piemonteser Soße aus Öl, Knoblauch und Sardellen).

bagnànte mf Badende mf decl come agg; (in apposite strutture) Badegast m.

bagnàre A tr 1 gener ~ **qu/qc** {PIOGGIA VETRI} jdn/etw nass machen; {TEMPORALE PASSANTI} jdn/etw durchnässen; **il suo volto era bagnato di lacrime**, sein/ihr Gesicht war tränenüberströmt 2 (innaffiare) ~ **qc** {GIARDINIERE FIORI} etw gießen, etw wässern 3 (lambire) ~ **qc** {FIUME REGIONE} durch etw (acc) fließen: **Budapest è bagnata dal Danubio**, durch Budapest fließt die Donau; {MANICA COSTE NORMANNE, MEDITERRANEO EGITTO} etw bespülen; {TIRRENO ISOLA D'ELBA} etw umspülen 4 (umettare) ~ **qc** {LABBRA} etw befeuchten, etw benetzen forb 5 fam ~ **qc** {BAMBINO LETTO} etw nässen 6 (immergere): ~ **qu/qc in qc** {NEONATO, MANI IN UNA BACINELLA} jdn/etw in etw (acc) ein|tauchen; {BISCOTTO NEL VINO} anche etw in etw (dat) ein|weichen;

7 *fig (festeggiare)* ~ *qc* {LAUREA, VITTORIA} *etw* begießen **B** *itr pron*: **bagnarsi 1** (*diventare bagnato*) nass werden: **fa attenzione a non bagnarti!**, pass auf, dass du nicht nass wirst! **2** *fam (orinarsi addosso)* {BAMBINO} ˌsich nassˌ/[in die Hosen] machen *fam* **C** *rfl* **bagnarsi 1** (*fare il bagno*) (+ **compl di luogo**) {NEL FIUME, IN MARE, IN PISCINA} (*irgendwo*) baden **2** *indir (umettarsi)*: ~ *qc* {LABBRA} sich (*dat*) *etw* befeuchten, sich (*dat*) *etw* benetzen *forb*: **bagnarsi il viso per rinfrescarsi**, sich (*dat*) das Gesicht nass machen, um sich zu erfrischen; (*far diventare bagnato qc*): **mi sono bagnato la giacca**, meine Jacke ist nass geworden; **stando sulla neve mi sono bagnato i piedi**, im Schnee sind meine Füße nass geworden.

bagnaròla f **1** *fig fam scherz* (*mezzo di trasporto malridotto*) (Klapper)kiste f *fam*; (*barca*) Eimer m *fam spreg* **2** *fam region (tinozza)* (Bade)zuber m, Badewanne f.

bagnasciùga <-> m **1** (*battigia*) Strandlinie f **2** *mar* Wasserlinie f.

bagnàta f **1** (*bagno*) Bad n, Guss m: **che ~ per venirti a trovare, con questa pioggia!**, bin ich nass geworden, um dich bei diesem Regen besuchen zu kommen! **2** (*azione*) Nassmachen n, Begießen n: **dai una ~ ai fiori**, gib den Blumen Wasser.

bagnàto, (-a) **A** agg **1** {NEVE, PAVIMENTO} nass; {PERSONA} durchnässt: **era ~ fradicio**, er war völlig durchnässt **2** (*umido*) {FRONTE} feucht, nass **B** m **1** (*luogo bagnato*) nasser/ feuchter Boden: **non camminare sul ~!**, geh nicht auf dem feuchten Boden (spazieren)! **2** (*condizione della strada*) Nässe f ● **piove sul ~** (*la fortuna capita sempre agli stessi*), wer hat, dem wird gegeben; das Glück trifft immer dieselben; der Teufel scheißt immer auf den größeren Haufen *prov*; (*la sfortuna capita sempre agli stessi*), ein Unglück kommt selten allein *prov*.

bagnatùra f **1** (*azione*) {+ORTO} Begießen n **2** *med* Heilbad n, Badekur f: **fare le bagnature**, eine Badekur machen.

bagnìno, (-a) agg m (f) {+SPIAGGIA} Bademeister(in) m(f).

bàgno m **1** *gener* Bad n: **fare/farsi il ~ (nella vasca)**, ein Bad nehmen, baden; **fare un ~ in piscina/mare**, im Schwimmbad/ Meer baden; **hai già fatto il ~ al cane?**, hast du den Hund schon gebadet? **2** (*esposizione*) Bad n: **~ di vapore/luce/aria/sole**, Dampf-/Licht-/Luft-/Sonnenbad n **3** (*stanza*) Bad n, Badezimmer n, Baderaum m: **tutte le camere dell'albergo sono con ~**, alle Zimmer des Hotels sind mit Bad **4** (*vasca*) Badewanne f; (*acqua del ~*) {PROFUMATO} Badewasser n **5** *eufem* (*gabinetto*) Toilette f: **devo andare in ~**, ich muss zur/[auf die] Toilette (gehen); **scusi dov'è il ~?**, entschuldigen Sie, wo ist die Toilette? **6** <pl> (*stabilimento termale*) Heil-, Thermalbad n; (*stazione balneare*) Badeort m; (*stabilimento balneare*) Bad n: **abbiamo una cabina ai bagni Stella Maris**, wir haben eine Kabine im Stella-Maris-Bad **7** *fig fam* (*perdita economica*) Einbuße f, finanzieller Verlust **8** *chim fot* Bad n; **~ compensatore**, Kompensationsbad n; **~ di fissaggio/viraggio**, Fixier-/Tönungsbad n; **~ galvanico**, galvanisches Bad; **~ di sviluppo**, Entwicklerbad n **9** *med* {ELETTROSTATICO, GASSOSO, LIQUIDO, MEDICAMENTOSO} Bad n: **fare la cura dei bagni**, eine (Bade)kur machen; **~ di fango**, Fangobad n ● **fare un ~ di folla** (*partecipare a una manifestazione pubblica*), ein Bad in der Menge nehmen; **mettere a ~ qc**, {BIANCHERIA, FAGIOLI} etw einweichen; **~ penale**, Zuchthaus n, Strafanstalt f; **bagni pubblici**, öffentliche Badeanstalten f pl; **~ di sangue** *fig* (*strage*), Blutbad n; **essere in un ~ di sudore**, schweißgebadet/[in Schweiß gebadet] sein; **~ turco**, türkisches Bad; **fare un ~ turco** *fig scherz* (*fare una gran sudata*), kräftig schwitzen, ein Schwitzbad nehmen.

bagnomaria <-> m *gastr* (*sistema di cottura*): **a ~**, Wasserbad n, Bain-Marie n; **cuocere qc a ~**, etw im Wasserbad kochen.

Bagnoschiùma® <-> m Schaumbad n.

bagórdo m *spreg* <di solito al pl> Völlerei f *spreg*, Schwelgerei f, Prasserei f, Schlemmerei f *spreg*: ˌdarsi aiˌ/[fare] **bagordi**, in Saus und Braus leben.

baguette <-> f *franc* **1** (*brillante, taglio*) Baguette f **2** *gastr* Baguette f.

bah *inter fam* (*di incertezza, incredulità, disprezzo*) hm, wer weiß, Gott.

bàia① f *geog* Bucht f, Golf m, Meerbusen m.

bàia② f (*burla*) Ulk m, Streich m, Spott m, Spaß m, Scherz m ● **dare la ~ a qu** (*canzonare*), jdn verulken, jdn veräppeln *fam*.

baiadèra f **1** (*danzatrice*) Bajadere f **2** *spreg* Kurtisane f.

baicolo m *veneto gastr* "feines Gebäck mit Orangenlikoraroma".

bailàmme <-> m (*confusione rumorosa*) Tohuwabohu n, Getümmel n, Lärm m, Krach m: **hanno fatto un ~**, sie haben Krach gemacht.

bàio, (-a) <bai m> *zoo* **A** agg {CAVALLO} rot, rotbraun **B** m (Rot)fuchs m, Braune m *decl* come agg.

baiòcco <-chi> m **1** <di solito al pl> *fam* (*soldi*) Pfennige m pl *fam*, Geld n **2** *stor numism* Bajokko m ● **non avere un ~** *fig fam* (*non avere un soldo*), (völlig) abgebrannt sein; **non valere un ~** *fig* (*valere poco*), keinen Pfennig/[roten Heller] wert sein.

baionétta A f **1** *artiglieria* Bajonett n **2** *mil* (*soldato*) Soldat m **B** <inv> *loc agg tecnol*: **a ~**, {INNESTO, MONTATURA, ZOCCOLO} Bajonett-.

baionettàta f (*colpo di baionetta*) Bajonettstoß m, Bajonettstich m.

bairàm <-> m *relig islamica* {GRANDE, PICCOLO} Bairam m.

bàita f *Berg-, Almhütte* f.

bakelite → bachelite®.

balalàika <-> f *russo mus* Balalaika f.

balanìno m *zoo* Haselnussbohrer m.

balanìte f *med* Eichelentzündung f, Balanitis f *scient*.

balaùsta f *bot* (*frutto del melograno*) Granatapfel m.

balaùstra, balaustràta f *arch* Balustrade f, Brüstung f, Geländer n.

balaustrìno m *tecnol* (*compasso di precisione*) Stechzirkel m.

balaùstro m *arch* (*colonnetta*) Baluster m, Docke f, Baluster-/Geländersäule f.

balbettaménto m (*il balbettare*) Stottern n, Stammeln n; (*balbettio*) Gestotter n *fam*, Gestammel n; {+BAMBINO} Lallen n.

balbettànte agg (*che balbetta*) ~ **per qc** {PERSONA PER L'EMOZIONE} *vor etw* (*dat*) stotternd, *vor etw* (*dat*) stammelnd; {BAMBINO} (*vor etw* (*dat*)) lallend.

balbettàre A *tr* ~ *qc* **1** (*dire in modo confuso*) {SCUSA} etw stammeln; {BAMBINO PRIME PAROLE} etw lallen **2** *fig* (*conoscere a stento*) etw radebrechen: **balbetta qualche parola di ungherese**, sie radebrecht einige Worte Ungarisch **B** *itr* **1** (*tartagliare*) ~ **per qc** (*vor etw* (*dat*)) stottern; {RAGAZZO PER L'ECCITAZIONE} *anche vor etw* (*dat*) stammeln **2** (*cominciare a parlare*) {BAMBINO} lallen.

balbettio <-tii> m Gestotter n *fam*, Gestammel n; {+BAMBINO} Gelalle n, Lallen n.

balbuzie <-> f *med* Stottern n, Stammeln n: **è affetto da ~**, er stottert.

balbuziènte A agg (*affetto da balbuzie*) stotternd, stammelnd, stotterig: **è ~**, er/sie stottert **B** *mf* Stotterer m, Stott(r)erin f.

Balcàni m pl *geog* Balkan m.

balcànico, (-a) <-ci, -che> agg balkanisch; {PENISOLA, QUESTIONE} Balkan-.

balcanizzàre *tr polit* ~ *qc* {PAESE} etw balkanisieren.

balcanizzazióne f *polit* (*frammentazione*) {+STATO} Balkanisierung f; (*azione*) *anche* Balkanisieren n.

balconàta f **1** *arch* {+CASA} langer Balkon **2** *mar* Galerie f **3** *teat* {+CINEMA, TEATRO} Rang m, Balkon m: **i nostri posti sono in ~**, unsere Plätze sind im Rang.

balcóne m *arch* Balkon m: **uscì sul ~**, er/sie trat auf den Balkon hinaus.

baldacchìno m **1** {+TRONO} Himmel m: **~ del letto**, Baldachin m, (Bett)himmel m **2** *relig* Baldachin m, Traghimmel m.

baldànza f (*spavalderia*) Unverfrorenheit f, Übermut m.

baldanzóso, (-a) agg (*spavaldo*) {RAGAZZO, TONO} unverfroren, dreist, keck, übertrieben selbstsicher, übermütig.

Baldassàrre m (*nome proprio*) Balthasar m.

bàldo, (-a) agg (*disinvolto*) {GIOVANE} kühn, selbstsicher, keck.

baldòria f (*festa*) Rummel m, Remmidemmi m *fam*, Trubel m, Ausgelassenheit f: **fare ~**, Remmidemmi machen *fam*, auf die Pauke hauen *fam*, einen durchmachen *fam*.

baldràcca <-che> f *spreg* (*prostituta*) Dirne f *obs*, Hure f *spreg obs*.

Baleàri f *geog*: **le (isole) ~**, die Balearen.

balèna f **1** *zoo* {BIANCA, POLARE} Wal(fisch) m **2** *fig scherz* (*donna grassa*) Tonne f *fig scherz*, Dampfwalze f *fam scherz*.

balenàre <difet usato solo alla 3ª pers sing e pl> *itr* <*essere*> **1** (*splendere improvvisamente*) (+ **compl di luogo**) (*irgendwo*) auf|blitzen, (*irgendwo*) auf|blinken, (*irgendwo*) auf| leuchten: **far ~ qc davanti agli occhi**, etw vor den Augen aufleuchten lassen; **una luce improvvisa balenò nel buio**, ein plötzliches Licht blitzte im Dunkeln auf **2** *fig* (*venire in mente*) ~ **a qu** {PENSIERO} jdm kommen: **mi è balenata un'eccellente idea**, mir ist eine glänzende Idee gekommen.

balenièra f *mar* **1** Walfangboot n, Walfänger m, Walfangschiff n **2** *stor* Beiboot n.

baleniére m *mar* **1** Walfänger m **2** *stor* Walfangschiff n.

balenièro, (-a) agg *mar* (*nella pesca*) {PRODOTTO} Walfang-.

balenìo <-nii> m **1** {+FULMINE} Blitzen n **2** (*riflesso*) {+LAMA} Aufblitzen n **3** *fig* {+FUOCO, SGUARDO} Aufblitzen n, Aufleuchten n.

balèno A m **1** (*lampo*) Blitz m **2** (*riflesso*) Lichtstrahl m, Aufleuchten n **B** *loc avv fig* (*molto in fretta*): **in un ~**, {DIFFONDERE UNA NOTIZIA, PREPARARSI} blitzschnell, im Nu.

balenòttera f *zoo* Furchen-, Finnwal m.

balenòttero, balenòtto m *zoo* (*balena giovane*) junger Wal.

balèra f *region* (*sala da ballo*) Tanzlokal n, Tanzdiele f; (*pista da ballo all'aperto*) Tanzboden m.

balèstra f **1** *artiglieria mil stor* Armbrust f, Schnäpper m **2** <di solito al pl> *autom tecnol* Blattfeder f **3** *tip* Setzschiff n.

bàlia① f (*nutrice*) (Säug)amme f: **era a ~ dalla vicina di casa**, ihre Nachbarn ˌwar ihre Ammeˌ/[nahm sie als Amme in Pflege] ● **~ asciutta** *fig* (*bambinaia*), Kindermädchen n; **avere bisogno della ~** *fig* (*non sapersela cavare da solo*), ein Kindermädchen brauchen; **fare da ~ a qu** *fig* (*occuparsene*), sich um jdn kümmern, jds Kindermädchen sein.

balìa[2] **A** *loc prep* (*in preda a*) **in ~ di qu/qc**, in der Gewalt von jdm/etw, jdm/etw ausgeliefert, jdm/etw preisgegeben: **la nave era in ~ ⌊delle onde⌋/[del mare]**, das Schiff war ⌊den Wellen⌋/[dem Meer] preisgegeben; **essere in ~ della sorte**, ein Spielball des Schicksals sein **B** <-> *f lett rar* (*potere*) Gewalt f, Macht f, Willkür f, Herrschaft f ● **è in ~ di se stesso** (*abbandonato a sé*), er ist sich (dat) selbst überlassen.

balìlla <-> **A** *m stor* (*nel fascismo*) "Mitglied n der faschistischen Jugendorganisation" **B** *f autom*: **Balilla®**, "in den 30er Jahren in Italien verbreitetes Automodell der FIAT".

balìstica <-che> *f artiglieria* Ballistik f.

balìstico, (-a) <-ci, -che> *agg artiglieria* {PERIZIA, STUDIO, VOLO} ballistisch.

bàlla[1] *f comm* {+COTONE, LANA} Ballen m.

bàlla[2] *f* **1** *fig fam* (*frottola*) (Lügen)märchen n, Stuss m *fam spreg*, Schmarren m *fam spreg*, Mist m *fam spreg*: **sono tutte balle!**, das ist alles ⌊Stuss *fam spreg*⌋/[erstunken und erlogen *fam*]!; **non** (rac)**contare/sparare balle!**, erzähl keine Märchen! *fam* **2** <*di solito al pl*> *volg* (*testicoli*) Eier n pl *volg*: **mi ha rotto le balle tutto il giorno**, er/sie ist mir den ganzen Tag auf die Eier gegangen *volg*; **quel ragazzo mi sta proprio sulle balle!**, der Junge/Typ geht mir wirklich auf den Sack *volg*!

ballàbile *mus* **A** *agg* {MUSICA} tanzbar **B** *m* Tanzstück n, Tanzlied n.

ballàre A *tr* (*eseguire*) **~ qc** {TANGO} *etw* tanzen **B** *itr* **1** (*danzare*) tanzen: **venite a ~ con noi questa sera?**, geht ihr heute Abend mit uns tanzen?; **mi fai ~?**, tanzt du mit mir? **2** (*saltare, agitarsi*) **~ per/da qc** {PER L'IMPAZIENZA} zappelig/unruhig sein *vor etw* (dat): **~ dalla/[per la] gioia**, vor Freude tanzen **3** (*tremolare*) **~** (**per qc**) (*vor etw* dat) flimmern: **mi balla un po' la vista**, mir flimmert ein wenig die Augen **4** (*vacillare*) {DENTIERA, TAVOLO} wackeln **5** (*muoversi*) **~** + *compl di luogo* (*irgendwo*) klimpern: **le monete gli ballano in tasca**, die Münzen klimpern in seiner Tasche **6** *fig* (*essere largo*) **~ a qu** {ABITO} jdm am Leib schlottern: **in questa gonna ci ballo dentro**, in diesen Rock passe ich zwei Mal hinein; **il cappotto mi balla**, der Mantel schlottert mir am Leib **7** *mar* schlingern, rollen: **abbiamo ballato parecchio durante la traversata**, während der Überfahrt schlingerten wir sehr **8** *TV* {IMMAGINE} flimmern ● **far ~ qu** *fig* (*far fare a qu ciò che si vuole*), jdn nach seiner Pfeife tanzen lassen; **ora si balla!** *anche fig* (*siamo vicini alla tempesta*), jetzt wird's brenzlig *fam*!

ballast <-> *m ingl ferr* Beschotterung f, Schotterdecke f, Gleisbettung f.

ballàta *f lett* {ROMANTICA} Ballade f; *mus anche* Tanzlied m.

ballatóio <-toi> *m* **1** (*balcone*) (Innen)balkon m **2** (*corridoio*) Treppenabsatz m **3** *mar mil* {+FORTIFICAZIONE} Galerie f.

ballerìna *f* **1** (*scarpa*) Ballerina(schuh m) f **2** *ornit* Bachstelze f.

ballerìno, (-a) **A** *agg* (*instabile*) {PERNO, TAVOLO} wackelig **B** *m* (f) {+COMPAGNIA, JAZZ} Tänzer(in) m(f): **~** *classico*, Balletttänzer m, Ballerino m; **ballerina classica**, Balletttänzerin f, Ballerina f; **prima ballerina**, Primaballerina f, Solotänzerin f; **ballerina di fila**, Gruppentänzerin f; **ballerina di jazz**, Jazztänzerin f.

ballettìstico, (-a) <-ci, -che> *agg* (*del balletto*) {PANORAMA} tänzerisch, Ballett-.

ballétto <*dim di ballo*> *m* **1** (*nella danza*) *spettacolo*) Ballett n; (*corpo di ballo*) Ballettkorps n **2** (*singola coreografia*) {+DANZA MODERNA} Ballett m **3** *fig* (*alternarsi*) {+POLITICI} Wechsel m; {+INFORMAZIONI} Hin und Her n: **~ delle cifre**, Tauziehen n um die Zahlen ● **balletti** *rosa* (*incontri erotici con ragazzine*), Orgien f pl mit minderjährigen Mädchen; **balletti** *verdi* (*incontri erotici con ragazzini*), homosexuelle Orgien f pl mit minderjährigen Jungen.

ballìsta <-i m, -e f> *mf fam scherz* (*chi racconta frottole*) Flunkerer m, (Flunkerin f) *fam*, Aufschneider(in) m(f) *fam spreg*.

bàllo *m* **1** (*il ballare*) Tanzen n **2** (*tipo di ~*) Tanz m: **il valzer è un ~ a tre tempi**, der Walzer ist ein Tanz im Dreiertakt **3** (*giro di ~*) Tanz(runde) f m: **mi ha invitato per il prossimo ~**, er/sie hat mich zum nächsten Tanz eingeladen/aufgefordert; **mi permette questo ~?**, darf ich um diesen Tanz bitten? **4** (*festa*) Ball m, Tanzfest n: **siamo andati al ~ delle debuttanti**, wir sind zum ⌊Abschlussball der Anfänger⌋/[Anfängerball] gegangen; **dare un ~**, einen Ball geben; **mi ha invitato a un ~ in maschera**, er/sie hat mich zu einem Maskenball eingeladen **5** (*sobbalzo*) {+AEREO} Rüttelei f **6** (*arte*) Ballett n ● **entrare in ~** *fig* (*intervenire*), {MOGLIE} dazwischenkommen; {SENTIMENTI} ins Spiel kommen; **essere in ~** *fig* (*essere coinvolto*), {RAGAZZO} (mit) drinstecken *fam*, verwickelt sein; *fig* (*andare di mezzo*) {VITA DI QU} auf dem Spiel stehen; **mettere in ~ qc** (*rischiare*), {LA PROPRIA CREDIBILITÀ} etw aufs Spiel setzen; **mettere/tirare/chiamare in ~ qu** *fig* (*coinvolgere in situazione difficile*), jdn ins Spiel bringen, jdn in eine Sache hineinziehen; **mettere/tirare in ~ qc** *fig* (*prenderla in siderazione*), {UNA VECCHIA STORIA} etw ins Spiel bringen, etw ins Feld führen, etw vorbringen; **tenere in ~ qu/qc** *fig* (*in sospeso*), jdn hinhalten, etw in der Schwebe lassen; **~ di San Vito** *med*, Veitstanz m; **avere il ~ di San Vito** *fig* (*essere sempre in movimento*), Quecksilber im Leib haben; **quando si è in ~, bisogna ballare** *prov*, wer A sagt, muss auch B sagen *prov*.

ballon d'essai <-, -s *pl franc*> *loc sost m franc fig polit* Versuchsballon m.

ballonzolàre *itr* **1** (*sussultare*) {BARCHE} (auf- und nieder)schaukeln, (auf- und nieder)wippen **2** (*saltellare*) {CANE} herumhüpfen, herumhopsen *fam* **3** (*ballare goffamente*) herumhüpfen, herumhopsen *fam*, wie ein Bär tanzen.

ballòtta *f gastr* (*castagna lessa*) gesottene Kastanie.

ballottàggio <-gi> *m* **1** *polit* Stichwahl f, Stichentscheid m **2** *sport* Titelentscheidungskampf m, Stichkampf m.

balneàbile *agg amm* {SPIAGGIA} Bade-, zum Baden geeignet.

balneabilità <-> *f amm* {+FIUME} Geeignetheit f zum Baden.

balneàre *agg* **1** (*dei bagni*) {STAGIONE, STAZIONE} Bade- **2** *fig polit scherz* (*che dura una stagione*) {GOVERNO, MINISTERO} Übergangs-.

balneazióne *f* (*effetto*) Bad n; (*il balneare*) Baden n.

balneoterapìa *f med* Badekur f, Balneotherapie f.

balneoteràpico, (-a) <-ci, -che> *agg med* {TERAPIA} Badekur-, Balneo-.

baloccàre <*balocco, balocchi*> **A** *tr* (*intrattenere*) **~ qu** {BAMBINO} jdn beschäftigen, jdn unterhalten, jdn belustigen **B** *itr pron*: **baloccarsi** (**con qc**) **1** *fam* (*divertirsi*) {BIMBO CON UN TRENINO} (mit etw dat) (herum)spielen, sich (mit etw dat) vergnügen **2** *fam* (*gingillarsi*) (herum)trödeln, bummeln.

balòcco <-chi> *m* **1** *forb* (*giocattolo*) Spielzeug n **2** *fig* (*passatempo*) Zeitvertreib m.

balòrda *f* → **balordo**.

balordàggine *f* **1** (*qualità*) Töpelhaftigkeit f *spreg*, Hirnrissigkeit f *fam*, Dummheit f **2** (*atto*) Tölpelei f *fam spreg*, Unsinn m, Blödsinn m *fam spreg*.

balórdo, (-a) **A** *agg* **1** (*sciocco*) {RAGIONAMENTO} blöde *fam*, blöd(sinnig) *fam*, dämlich *fam*, hirnrissig *fam*, dumm, töricht *spreg* **2** (*brutto*) {SITUAZIONE, TEMPO} blöd(e) *fam* **3** (*mal fatto*) {AFFARE} schlecht, mies *fam spreg* **4** (*che vale poco*) {VITA} wertlos, sinnlos **5** *fam* (*intontito*) betäubt, benommen **B** *m* (f) **1** (*sciocco*) Dumm-, Schafskopf m *fam spreg*, Tölpel m *fam*: **quel ~ di tuo fratello non combina altro che guai**, dieser Schafskopf von deinem Bruder schafft nur Unannehmlichkeiten **2** (*malvivente*) Gauner m *spreg*: **la città di notte si popola di balordi**, die Stadt ist nachts voller Gauner *spreg*.

bàlsa *f bot* Balsabaum m.

balsàmico, (-a) <-ci, -che> **A** *agg* **1** *farm* balsamisch, Balsam- **2** *fig* (*salubre*) {ARIA} gesund, sauber, heilsam **B** *m farm* Balsam m.

bàlsamo *m* **1** Balsam m **2** (*nella cosmesi*) Balsam m: **~ per capelli normali**, Balsam für normales Haar **3** *fig* (*conforto*) Balsam m *forb*, Trost m, Labsal n *forb*.

bàltico, (-a) <-ci, -che> *geog* **A** *agg* {LINGUA, PAESI} baltisch; {RIVE} Ostsee- **B** *m* (*mare*): **Baltico**, Ostsee f.

baluàrdo *m* **1** *mil* Schutzwall m, Bollwerk n: **un ~ contro l'invasore**, ein Schutzwall gegen den Eindringling **2** *fig* (*difesa*) Bollwerk n: **l'ultimo ~ della libertà**, das letzte Bollwerk der Freiheit.

balùba A <inv> *agg etnol* {LINGUA, POPOLAZIONE} (Ba)luba- **B** <-> *mf* **1** *etnol* (Ba)luba- m **2** *spreg scherz* (*incivile*) Primitivling m *spreg*.

baluginàre *itr* <*essere*> **1** (*apparire e sparire*) **~** + *compl di luogo* (*irgendwo*) blitzartig auf|tauchen und wieder verschwinden": **ho visto ~ una figura dietro i vetri**, ich habe hinter der Scheibe eine Gestalt blitzartig auftauchen und wieder verschwinden sehen; {LUCE DIETRO ALLA TENDA} (*irgendwo*) auf|flackern **2** *fig* (*balenare*) **~ a qu** jdm kommen: **mi baluginò un sospetto**, mir kam ein Verdacht.

baluginìo <-nii> *m* (*chiarore*) {+SOLE} Aufleuchten n, Aufblitzen n.

bàlza *f* **1** (*nella moda*) {+VESTITO, ecc.} Volant m, Rüsche f, Falbel f **2** *edil* Sockel m, Borte f, Fußleiste f **3** *geog* Steilhang m **4** *zoo* {+CAVALLO} weißer Streifen (über dem Huf).

balzàno, (-a) *agg* **1** *fig* (*bizzarro*) {ABITUDINE, RAGAZZO} eigentümlich, außergewöhnlich, sonderbar, seltsam **2** *zoo* {CAVALLO} (über den Hufen) weiß gestreift.

balzàre *itr* <*essere*> **1** (*fare un balzo*) **~** + *compl di luogo* {GATTO SUL TAVOLO} (*irgendwohin*) (hoch|)springen, (*irgendwohin*) hüpfen, (*empor*)schnellen: **è balzato sul treno in corsa**, er sprang auf den fahrenden Zug (auf); **la leonessa balzò sulla preda**, die Löwin sprang auf die Beute zu **2** (*alzarsi di scatto*) (+ *compl di luogo*) sich *irgendwohin* schwingen, sich *irgendwohin* stürzen, *irgendwohin* springen: **quando vide l'ora balzò dal letto**, als er/sie sah, wie spät es war, sprang er/sie aus dem Bett; **balzai in piedi per lo spavento**, ich sprang vor Schreck auf **3** (*saltare addosso*) **~ addosso a qu**, sich *auf jdn* stürzen, *auf jdn* drauf|springen **4** (*saltare avanti*): **~ avanti**, vor|schnellen **5** (*saltar fuori*): **~ fuori**, vor|-, heraus|springen **6** (*saltare indietro*): **~ indietro**, zurück|schnellen **7** *fig* (*battere forte*) (+ *compl di luogo*) (*per*

balzellàre *itr* <*essere o avere*> (*saltellare*) hüpfen: **camminava balzellando**, er/sie ₍ging hüpfend₎/[hüpfte].

balzèllo① <*dim di* balzo①> *m* **1** (*salto*) Sprung *m*, Hüpfer *m*, Hupfer *m* **2** (*nella caccia*) Anstand *m*, Ansitz *m*.

balzèllo② *m stor* (*imposta*) {INIQUO} Steuer *f*, Abgabe *f*.

balzellóni *avv e loc avv* (*a piccoli balzi*): **(a)** **~** {PROCEDERE} sprungweise, in Sprüngen, hüpfend, springend: **questo treno va a ~**, dieser Zug fährt ruckelnd.

bàlzo① *m* **1** (*salto*) Sprung *m*, Satz *m fam*: **ha fatto un ~ sulla sedia**, er/sie machte einen Satz auf dem Stuhl; **con un ~ fu giù dal letto**, mit einem Satz *fam* war er/sie aus dem Bett; **fare un ~ avanti e due indietro** einen Sprung nach vorne und zwei zurück machen **2** *fig* (*sussulto*) Sprung *m*: **il cuore mi diede/fece un ~**, mein Herz machte einen Sprung **3** *fig* (*passo*) Sprung *m*: **fare un ~ in avanti nella carriera**, in der beruflichen Laufbahn einen (großen) Sprung nach vorne machen **4** *sport* (*nella ginnastica*) Abschwung *m*; (*nella pallavolo*) Rückprall *m*; (*nella pallacanestro*) Abpraller *m*.

bàlzo② (*balza*) Steilhang *m* **2** (*rupe*) Felsvorsprung *m*.

bambàgia *f* **1** *tess* Baumwollabfall *m*, Baumwollausschuss *m*, Watte *f* **2** *fig* (*comodità*) Watte *f*: **allevare/tenere qu nella ~**, jdn in Watte packen; **stare/vivere nella ~**, wohl behütet leben **3** *bot* Katzenpfötchen *n*.

bambagìno, (-**a**) *agg tess* {TESSUTO} Baumwoll-, baumwollene(r, s).

bambagióso, (-**a**) *agg* **1** (*simile alla bambagia*) {CONSISTENZA} wattig **2** (*che contiene bambagia*) Baumwoll-, baumwollene(r, s) **3** (*morbido*) {CUSCINO} watteweich.

bambìna *f* **1** *gener* Kind *n*, Mädchen *n* **2** (*figlia femmina*) Tochter *f*, Kind *n*: **ha una ~ appena nata**, er/sie hat eine neugeborene Tochter **3** *fig iron scherz* (*persona infantile*) Kindskopf *m*, kleines Kind: **è una ~!**, sie ist kindisch!, sie ist ein Kindskopf! **4** *fig scherz vezz* Kind *n*: **vieni qui ~ (mia)!**, komm her, mein Kind!

bambinàia *f* (*governante*) Kindermädchen *n*, Kinderfrau *f*.

bambinàta *f* (*atto infantile*) Kinderstreich *m*, Kinderei *f*.

bambineggiàre <*bambineggio, bambineggi*> *itr* (*comportarsi da bambino*) kindisch sein, sich kindisch benehmen.

bambinèllo <*dim di bambino*> *m* **1** kleines Kind, Kindchen *n* **2** *fam* (*Gesù Bambino*): **il Bambinello**, Jesus-, Christkind *n*.

bambinésco, (-**a**) <*-schi, -sche*> *agg spreg* (*puerile*) {COMPORTAMENTO, REAZIONE} kindisch, albern.

bambìno 🅐 *m* **1** *gener* Kind *n*; Junge *m*: **adotteresti un ~?**, würdest du ein Kind adoptieren?; **i bambini ci guardano**, die Kinder schauen auf uns; **è un ~ difficile**, er ist ein schwieriges Kind; **~ prodigio**, Wunderkind *n*; (*neonato*) Neugeborene *mfn decl come agg*, Baby *n*: **un ~ in fasce**, ein Neugeborenes (in Windeln); (*lattante*) Säugling *m*; (*feto*) Kind *n*, Baby *n*: **nell'incidente ha perso il ~**, bei dem Unfall hat sie ihr Baby verloren **2** (*figlio maschio*) Sohn *m*, Junge *m*, Kind *n*: **ha un ~ di due anni**, er/sie hat einen zweijährigen Sohn; <*di solito al pl*> (*figli*) Kinder *n pl*: **come stanno i bambini?**, wie geht's den Kindern? **3** *fig iron scherz* (*persona infantile*) Kindskopf *m*, kleines Kind: **non fare il ~!**, sei nicht kindisch!, sei kein Kindskopf! **4** (*Gesù Bambino*): **il Bambino**, Jesus-, Christkind *n*; **il Bambin Gesù**, das Jesus-, Christkind 🅑 *agg* **1** *anche fig* (*giovane*) {REGISTA, SPOSA, DISCIPLINA} jung **2** *fig* (*ingenuo*) {MENTE} naiv, kindlich ● **buttare via il ~ con l'acqua sporca**, das Kind mit dem Bade ausschütten; **ascolta il ~ che c'è in te**, hör auf das Kind in dir; **aspettare un ~** (*essere incinta*), ein Kind erwarten, guter Hoffnung sein *forb obs*; **avere un ~** (*partorire*), ein Kind kriegen/bekommen; (**fin**) **da ~**, von Kindesbeinen an, von Kind auf; **lo faceva già da ~**, das hat er schon als Kind getan; **prima di fare un ~ bisogna pensarci bene**, man sollte es sich gründlich überlegen, bevor man ein Kind in die Welt setzt; **essere innocente come un ~** (*appena nato*), unschuldig wie ein (neugeborenes) Kind sein; **ridere/correre come un ~** *fig* (*spensieratamente*), wie ein Kind lachen/laufen; **lo sanno anche i bambini che…** *fig* (*tutti sanno che…*), jedes Kind weiß, dass …; **~ di strada** (*senza fissa dimora*), Straßenkind *n*.

bambinóne, (-**a**) <*accr di bambino*> *m* (*f*) *fam* **1** (*bambino robusto*) kräftiges Kind **2** *scherz* (*persona infantile*) Kindskopf *m*.

bambocciàta *f* **1** (*azione sciocca*) Kinderei *f* **2** (*discorso*) kindisches Gerede *fam* **3** *arte* (*nella pittura*) Bambocciade *f*.

bambòccio <*-ci*> *m fam* **1** (*bambino*) Pummelchen *n fam*, Dickerchen *n fam scherz* **2** (*fantoccio*) Puppe *f* **3** *fig* (*sciocco*) Tollpatsch *m fam spreg*.

bàmbola *f* **1** (*giocattolo*) Puppe *f*: **~ di ceramica/pezza**, Keramik-/Stoffpuppe *f* **2** (*manichino*) {+SARTO} Glieder-, Schneiderpuppe *f* **3** *fig anche vezz* (*donna bella e insignificante*) (süße) Puppe *fam*; (*fatale*) Puppe *f fam*: **ehi ~!**, he, Puppe! *fam* ● **andare/essere in ~** *fig sport*, die Übersicht verlieren.

bamboleggiàre <*bamboleggio, bamboleggi*> *itr* **1** (*fare il bambino*) {RAGAZZINO} sich kindisch benehmen **2** (*comportarsi in modo lezioso*) {DONNA} sich affektiert *forb*, geziert tun *spreg*.

bambolìna <*dim di bambola*> *f anche fig* (*piccola bambola*) Püppchen *n*.

bàmbolo *m lett* (*bambino*) Kind *n*.

bambolóna <*accr di bambola*> *f fam spreg* (*donna vistosa*) Puppe *f fam*, Rasseweib *n fam*.

bambolòtto *m* **1** (*giocattolo*) Püppchen *n*, Puppe *f* **2** *fig* (*bambino*) Pummelchen *n fam*, Dickerchen *n fam scherz* ● **che bel bambino, sembra un ~!**, was für ein schönes Kind, es sieht aus wie ein Püppchen!

bambù <-> *m* **1** *bot* Bambus *m* **2** (*canna*) Bambusrohr *n*.

banàle *agg* **1** (*mediocre*) {PERSONA} banal *forb spreg*, alltäglich, fade *spreg*; {PENSIERO} *anche* trivial *forb* **2** (*di scarsa rilevanza*) {IMPREVISTO, MALINTESO} banal *forb*, unbedeutend; {EVENTO} *anche* geringfügig, profan *forb* **3** (*semplice*) {RAFFREDDORE} banal *forb*, gewöhnlich, einfach.

banalità <-> *f* **1** (*mediocrità*) {+COMMENTO, SCRITTORE} Banalität *f forb spreg* **2** (*discorso banale*) Banalität *f forb spreg*: **dice solo ~**, er/sie gibt nur Banalitäten von sich.

banalizzàre 🅐 *tr* **~ qc 1** (*rendere banale*) {RAPPORTO} *etw* banalisieren *forb*, *etw* ins Banale ziehen *forb* **2** *ferr etw* in Wechseltrieb nehmen 🅑 *itr pron*: **banalizzarsi** (*diventare banale*): {PROBLEMA} sich vereinfachen.

banàna *f* **1** (*frutto*) Banane *f* **2** (*acconciatura*) (Haar)tolle *f* **3** *elettr* Bananenstecker *m*, Stöpsel *m*.

banana split <-, - -s *pl ingl*> *loc sost f ingl gastr* Bananensplit *f* (*Banane mit Eis u. Schlagsahne*).

bananéto *m agr* Bananenplantage *f*, Bananenpflanzung *f*.

bananièra *f mar* Bananendampfer *m*.

bananièro, (-**a**) 🅐 *agg* (*delle banane*) {MERCATO} Bananen- 🅑 *m* (*f*) (*coltivatore*) Bananenanbauer(in) *m (f)*.

banàno *m bot* Bananenstaude *f*, Bananenbaum *m*.

bànca <*-che*> *f* **1** (*istituto di credito*) Bank *f*: **andare in/alla ~**, ₍auf die₎/[zur] Bank gehen; **~ centrale**, Zentralbank *f*; **~ di credito**, Kreditbank *f*; **~ di credito fondiario/mobiliare**, Boden(kredit)-/Mobiliarbank *f*; **ho versato del denaro in ~**, ich habe Geld auf die Bank gebracht; **avere molto denaro in ~**, viel Geld auf der Bank haben; **~ di deposito**, Depositenbank *f*; **~ d'emissione**, Emissions-, Notenbank *f*; **lavora alla ~ mondiale**, er/sie arbeitet bei der Weltbank; **~ popolare**, Volksbank *f*; **~ di stato**, Staatsbank *f*; <*di solito al pl*> Bankwesen *n* **2** *geogr* (*terrapieno*) Erdwall *m*, Bank *f* **3** *inform* Datenbank *f*: **ho consultato la ~ (dei) dati dell'università**, ich habe die Datenbank der Universität zu Rate gezogen **4** *med* Bank *f*, Depot *n*: **~ degli occhi**₍/[del sangue]/[del seme], Augen-/Blut-/Samenbank *f* ● **~ d'affari**, Geschäftsbank *f*; **~ telefonica**, Bank *f* mit telematischen Dienstleistungen; **~ del tempo** (*associazione basata sullo scambio di prestazioni professionali*), Zeitbank *f*, "Non-Profit-Organisation *f*, die den Austausch beruflicher Leistungen organisiert".

bancàbile *agg banca dir* {CAMBIALE} diskontfähig.

bancàle *m* **1** (*sedile*) Bank *f* **2** (*drappo*) Altartuch *n* **3** *tecnol*: **~ del tornio**, Drehbankbett *n*.

bancarèlla <*dim di banca*> *f* (*banco*) Markt-, Verkaufsstand *m*: **~ di frutta/stoffe/vestiti**, Obst-/Stoff-/Kleiderstand *m*.

bancarellìsta <*-i m, -e f*> *mf* (*venditore*) Markt(stand)verkäufer(in) *m (f)*.

bancàrio, (-**a**) <*-ri m*> *banca* 🅐 *agg* {ASSEGNO, ISTITUTO, SPESE} Bank- 🅑 *m* (*f*) (*impiegato*) Bankangestellte *mf decl come agg*, Banker *m fam*.

bancaròtta *f* **1** *dir* (*reato fallimentare*) Bankrott *m*: **~ fraudolenta/semplice**, betrügerischer/einfacher Bankrott **2** *fig* (*fallimento*) Bankrott *m*, Zusammenbruch *m*, Pleite *f fam* ● **ha fatto ~** (*è fallito*), er/sie ₍hat Bankrott gemacht₎/[ist bankrottgegangen *fam*].

bancarottière, (-**a**) *m* (*f*) (*chi fa bancarotta*) Bankrotteur(in) *m (f)*.

banchettàre *itr* **1** (*partecipare ad un banchetto*) an einem Bankett teil₍nehmen **2** (*mangiare e bere*) schlemmen, tafeln *forb*, schmausen *scherz*.

banchétto <*dim di banco*> *m* **1** (*pranzo*) Bankett *n*, Festmahl *n*, Festessen *n*: **~ di nozze**, Hochzeitsbankett *n* **2** (*piccolo banco*) Bänkchen *n* **3** (*bancarella*) {+MERCATO} Verkaufsstand *m*.

banchière, (-**a**) *m* (*f*) **1** *econ* Bankier *m*, Bankinhaber(in) *m (f)*, Bankbesitzer(in) *m (f)* **2** (*croupier*) Bankhalter(in) *m (f)*.

banchìna <*dim di banca*> *f* **1** *mar* Kai *m*, Mole *f*: **~ d'approdo**, Anlegeplatz *m*, Anlegestelle *f*; **~ di carico/scarico**, Laderampe *f*; **~ d'imbarco**, Kai *m* **2** *ferr* Bahnsteig *m* **3** *urban* (*per ciclisti*) Radweg *m*; (*per pedoni*)

Fußgängerweg m, Bürgersteig m: **~ spartitraffico**, Mittelstreifen m **4** edil Schwelle f, Bankett n, Bankette f **5** sport (nell'ippica) (Erd)wall m **6** obs (terrapieno) Damm m, Erdwall m; mil Berme f.
banchisa f {POLARE} Packeis n.
Banchitàlia f abbr di Banca d'Italia: Italienische Staatsbank.
bànco <-chi> **A** m **1** (sedile) (Sitz)bank f: **~ (di chiesa)**, Kirchenbank f; **~ ˌdegli imputatiˌ/[della giuria]**, Anklage-/Geschworenenbank f **2** (del bar) Theke f, Tresen m: **consumazione al ~**, Verzehr an der Theke; (di negozio) Bank f, Ladentisch m, Theke f; (da lavoro) Bank f, Werk-, Arbeitstisch m **3** (scrivania) (Schul)bank f, (Schreib)pult n: **sui banchi (di scuola)**, auf den Schulbänken **4** (ammasso) {+GHIACCIO, SABBIA} Bank f: **~ di nebbia**, Nebelbank f; **~ di corallo**, (Korallen)riff n; **~ di pesci**, (Fisch)schwarm m **5 banca** Bank f, Geldinstitut n: **~ di Napoli**, Bank f von Neapel **6** comm (banchetto) Markt-, Verkaufsstand m: **~ di fiori**, Blumenstand m **7** ferr Führerstand m **8** fis {FOTOTRICO, OTTICO} Bank f **9** geol {CARBONIFERO; +ARGILLA, CALCARE} Bank f, Schicht f **10** (nei giochi d'azzardo) Bank f: **il ~ vince**, die Bank gewinnt; **tenere/[far saltare] il ~**, die Bank halten/sprengen **11** (nel lotto) Lottoannahmestelle f **12** mar {SCORREVOLE} Bank f **13** tecnol Werkbank f: **~ di macchina utensile**, Werkzeugmaschinentisch m; **~ di fresatrice**, Fräs(er)maschinentisch m **14** tess {+PETTINATURA} Bank f: **~ di stiro**, Streckwerk n **15** tip Setzregal n **B** <inv> loc agg **1** (clandestino) **sotto ~**, {VENDITA} unter der Hand **2** farm **da ~** {MEDICINALE, PRODOTTO} rezeptfrei, frei verkäuflich **C** loc avv (di nascosto): **sotto ~**, {VENDERE QC} unter der Hand ● **parlare ai banchi** fig (a una classe distratta), in den Wind reden; **~ dei pegni**, Pfand-/Leihhaus n; **~ di prova** tecnol, Brems-, Prüfstand m; fig, Bewährungsprobe f; **scaldare il ~** fig (essere passivo a scuola), seine Zeit abhocken fam; **tenere ~** fig (monopolizzare l'attenzione), das Wort führen.
bancogiro m banca Giroverkehr m.
Bàncomat® m banca **1** (sportello automatico) Bank-, Geldautomat m **2** (tessera) Geldkarte f.
bancóne <accr di banco> m (del bar) Theke f, Tresen m; (di negozio) Bank f, Ladentisch m, Theke f; **~ dei surgelati**, Tiefkühlfach m; (di banca, biglietteria, uffici, ecc.) Schalter m; (da lavoro) Bank f, Werk-, Arbeitstisch m; **~ del compositore** tip, Setz-, Pultregal n; **~ per la composizione in piedi** tip, Stehsatzregal n.
banconière, (-a) m (f) **1** (venditore) Verkäufer(in) m(f) **2** (barista) Barmann m, (Barfrau f) Barkeeper m.
banconista <-i m, -e f> → **banconiere**.
banconòta f banca (biglietto) Banknote f, Geldschein m: **una ~ falsa da cento euro**, ein falscher Hundert-Euro-Schein.
bancopòsta <-> m o f post Postbank f.
band <-> f ingl mus Band f.
bànda① f **1** fam (gruppo) Clique f, Bande f, Gruppe f; scherz spreg anche Rotte f spreg; {+MALVIVENTI, RAPINATORI} Bande f: **~ armata**, bewaffnete Bande **2** mil stor (truppa) {IRREGOLARI} Bande f, Trupp m, Schar f, Gruppe f **3** mus (Musik)kapelle f: **~ militare/municipale**, Militär-/Stadtkapelle f.
bànda② f **1** (striscia) Band n, Streifen m: **cravatta a bande rosse e nere**, rot/schwarz gestreifte Krawatte **2** (tracolla) {+CHITARRA} (Koppel)riemen m **3** (in araldica) (Schräg)balken m **4** fis Band(breite) f: **n: ~ di frequenza**, Frequenzband n, Frequenzbereich m **5** inform Band m, Streifen m: **~ perforata**, Lochstreifen m **6** mil {+UNIFORME} Biese f **7** relig "Tresse f als Kreuzschmuck bei Prozessionen" ● **~ magnetica** elettr, Magnetband n; **~ sonora** film, Tonband n.
bànda③ f **1** (battente) {+ARMADIO} Flügel m **2** lett (lato) Seite f: **la gente accorreva da tutte le bande**, die Leute liefen von allen Seiten herbei **3** mar Schiffseite f, Schiffswand f: **andare alla ~**, sich (zur Seite) neigen.
bànda④ f metall Blech n.
bandàna, bandànna <-m, -e f> o m (fazzoletto) (Hals-, Kopf)tuch n.
bandèlla <dim di banda③> f **1** (prolunga) {+TAVOLO} Verlängerung f **2** edil {+FINESTRA} Band n **3** edit Umschlagklappe f **4** metall Scharnierband n, Blechstreifen m.
banderuòla <dim di bandiera> f **1** (piccola bandiera) Fähnchen n; anche mar Wimpel m **2** (ventarola) Wetterfahne f **3** fig spreg (persona molto volubile) Windbeutel m obs spreg, Flattergeist m, wankelmütiger forb spreg / unbeständiger Mensch: **è (volubile come) una ~ (al vento)**, er/sie ist wetterwendisch/ flatterhaft spreg.
bandièra f **1** Fahne f, Flagge f: **~ abbrunata**, Trauerfahne f, Fahne f mit Trauerflor; **~ a mezz'asta**, Fahne f auf Halbmast **2** (gioco) "italienisches Kinderspiel" **3** fig (simbolo) {+PROGRESSO, SCIENZA} Zeichen n, Sinnbild n ● **alzare ~ bianca** mil, die weiße Fahne hissen; fig (rinunciare a un'impresa), das Handtuch/[die Flinte ins Korn] werfen fam, die Waffen strecken; **battere ~ italiana**, unter italienischer Flagge fahren; **cambiare ~** fig (tradire), jdn/etw verraten; fig (cambiare credo), ˌin ein anderesˌ/[ins andere] Lager überwechseln, mit fliegenden Fahnen zu jdm übergehen/überlaufen; **~ gialla**/[di quarantena], gelbe Flagge; **~ nazionale**, Nationalflagge f; **~ ombra**/[di comodo], Billigflagge f; **tenere alta la ~ di qc** fig (fare onore), {DELLA SCUOLA} etw hochhalten.
bandierina <dim di bandiera> f **1** Fähnchen n, Fähnlein n **2** sport (nel calcio) Eckfahne f.
bandinèlla <dim di banda②> f **1** (asciugamano) Handtuchrolle f **2** relig Tuch n über dem Lesepult.
bandire <bandisco> tr **1** (indire) **~ qc** {CONCORSO} etw aus|schreiben **2** (esiliare) **~ qu** jdn verbannen, jdn verstoßen: **Dante fu bandito dai fiorentini**, Dante wurde von den Florentinern verbannt **3** fig (mettere al bando) **~ qc** {CONVENEVOLI, FORMALITÀ} etw verbannen, etw weg|lassen, etw beiseite|lassen: **~ tutti i grassi dalla propria alimentazione**, Fett in seiner Ernährung völlig weglassen.
bandista <-i m, -e f> mf (suonatore) Musikant(in) m(f).
bandìstico, (-a) <-ci, -che> agg (della banda) {CORPO} Kapell-.
bandita f (riserva di caccia) Schon-, Jagdgehege n, Schonung f; (di pesca) Schongewässer n.
banditésco, (-a) <-schi, -sche> agg (da bandito) {AZIONE, COMPORTAMENTO, IMPRESA} Banditen-.
banditismo m Banditentum n.
bandito, (-a) A agg verbannt, ausgestoßen, geächtet **B** m **1** (fuorilegge) Krimineller mf decl come agg, Bandit m **2** (messo al bando) Verbannte mf decl come agg, Geächtete mf decl come agg.
banditóre, (-trice) m (f) **1** (all'asta) Versteigerer m, (Versteigerin f), Auktionator(in) m(f) **2** fig (promotore) {+IDEA} Förder(in) m(f) **3** stor (öffentlicher) Ausrufer m.

bàndo A m **1** anche amm (avviso) {+ASTA, VENDITA} Ausschreibung f, (öffentliche) Bekanntmachung: **~ d'arruolamento**, Einberufung(sbescheid m) f; **~ di concorso**, Ausschreibung f **2** stor (esilio) Verbannung f, Exil n, Ächtung f **B** loc prep fig (a parte) **~ a qc** {ALLE CERIMONIE, ALLE MALINCONIE} Schluss/ fort/weg mit etw (dat): **~ agli scherzi!**, Scherz beiseite!; **~ alle chiacchiere!**, genug geredet!, zur Sache! ● **mettere al ~ qu** (esiliare), jdn verbannen; fig (isolare), jdn isolieren, jdn schneiden; **mettere al ~ qc** anche fig (eliminare), {DOLCI} etw weglassen; **~ militare** mil (atto militare con forza di legge), Militärverordnung f.
bandolièra A f (tracolla) Wehrgehänge f, Schulterriemen m **B** loc avv (a tracolla): **a ~** {PORTARE IL FUCILE} quer über die Brust, umgehängt.
bàndolo m (capo) Stranganfang m ● **cercare/trovare il ~ della matassa** fig (la soluzione), des Rätsels Lösung suchen/finden; **perdere il ~ della matassa** fig (confondersi), den Faden verlieren.
bandóne m **1** (lastra metallica) Eisenblech n **2** (saracinesca) Rolladen m.
bandwidth <-> f ingl inform Bandbreite f.
bang A inter onomatopeica (di rumore secco) peng, knall **B** <-> m (colpo) Knall m ● **~ sonico aero**, Überschallknall m.
bàngio <-gi> → **banjo**.
banjo <-, -(e)s pl ingl> m ingl mus Banjo n.
banking <-> m ingl banca Bankgeschäft n, Bankwesen f.
banlieue <-> f franc (periferia) {PARIGINA} Banlieue f.
banner <-> m ingl inform Banner m.
bàntu, bantù A <inv> agg {LINGUA} Bantu-, bantuisch **B** <-> mf Bantu mf.
bào → **babau**.
baobàb <-> m bot Affenbrotbaum m.
bar① <-> m **1** (locale) (Steh)café n, Lokal n **2** (mobile) Hausbar f; (in stanza d'albergo) Bar f.
bar② <-> m fis (unità di misura) Bar n.
BAR abbr di Battaglione d'Addestramento Reclute: "Ausbildungsbataillon für Rekruten".
bàra① f (feretro) Bahre f, Sarg m ● **fino alla ~** fig (fino alla morte), bis zum Tod; **fino alla ~ sempre si impara** prov, man lernt nie aus.
bàra② f → **baro**.
baràbba <-> m (malvivente) Gauner m spreg, Strolch m spreg.
Baràbba <-> m bibl Barabbas m.
baràcca <-che> f **1** (catapecchia) {+CAMPO DI CONCENTRAMENTO} Baracke f, Verschlag m; (per gli attrezzi) Schuppen m **2** fig fam Laden m, Schuppen m fam, Bruchbude f fam scherz: **mandare/tirare avanti la ~**, den Laden schmeißen fam **3** fig fam spreg (rif. ad apparecchio) Krücke f fam spreg, Kasten m fam spreg: **questa lavatrice è proprio una ~**, diese Waschmaschine ist wirklich ein Altraum fam scherz/eine Klapperkiste fam, es ist einfach hoffnungslos mit dieser Waschmaschine fam scherz; (rif. a veicolo) Mühle f fam, Klapperkiste f fam, Klapperkiste f fam **4** fig fam (baldoria) Rummel m fam, Budenzauber m fam: **far ~**, Rummel/Remmidemmi machen ● **piantare ~ e burattini** fig (mollare tutto), den Bettel hinschmeißen fam.
baracchino <dim di baracca> m **1** fam (chiosco) Bude f, Kiosk m **2** fam slang (apparecchio ricetrasmittente) CB-Funkgerät n **3** fam region (gavetta) Henkelmann m fam **4** alpin mil Hütte f.
baraccóne <accr di baracca> m **1** (costruzione provvisoria) Bude f: **~ del circo**, Zirkusba-

racke f; **~ da fiera**, Jahrmarkts-, Kirmesbude f; **~ del luna park**, Bude f im Vergnügungspark **2** *fig fam* (*comunità disorganizzata*) Saftladen m *fam spreg*.
baraccòpoli <-> f (*complesso di baracche*) Bidonville n, Barackenvorstadt f.
baraónda f (*confusione*) (großes) Durcheinander, Tohuwabohu n, Wirrwarr m, Gewirr n, Remmidemmi m *fam*, Zirkus m *fam*.
baràre itr **1** (*imbrogliare*) betrügen: **~ in amore**, jdn hintergehen, jdn betrügen; **dimmi quanti anni hai e non ~**, sag mir, wie alt du bist aber mogle nicht *fam* **2** (*nei giochi di carte e dadi*) ~ (**a qc**) {AL GIOCO} (*bei etw dat*) falsch|spielen, (*bei etw dat*) mogeln *fam*.
bàratro m *anche fig* (*abisso*) Abgrund m: **sprofondare nel ~**, in den Abgrund stürzen; **sprofondare nel ~ ⌐dell'oblio⌐/[della miseria]**, ⌐in Vergessenheit geraten⌐/[ins Elend stürzen].
barattàre tr (*scambiare*) ~ **qu/qc (con qu/qc)** {UN PRIGIONIERO, UNA BICICLETTA CON UN GIRADISCHI} jdn/etw (*gegen jdn/etw*) (ein|)-tauschen, jdn/etw (*gegen jdn/etw*) um|tauschen.
baràtto m **1** (*scambio*) Tausch(handel) m, (Ein)tausch m (*di prigioniero*) Austausch m: **fare un ~ con qu**, mit jdm tauschen **2** *dir* (*permuta*) Tauschvertrag m.
baràttolo m **1** (*contenitore di latta*) {+VERNICE} Büchse f, Dose f (*di ceramica, ecc.*) Gefäß n; (*di vetro*) {+CONSERVA} Glas n: **il ~ della colla**, der Leimtopf **2** (*contenuto*) Glas n: **si è mangiato un ~ di marmellata**, er hat ein ganzes Glas Marmelade aufgegessen.
bàrba f **1** {+UOMO} Bart m: **portare/avere la ~**, einen Bart tragen; **farsi crescere la ~**, sich (*dat*) einen Bart wachsen lassen; **farsi la ~**, sich rasieren; **hai la ~ da fare**, du hast einen Stoppelbart **2** *fig* (*uomo che ha autorità*) wichtige Persönlichkeit, hohes Tier *fam* **3** *fig fam* (*noia*) Langeweile f: **quel film è/[mi ha fatto venire] una ~!**, der Film hat ¦so einen Bart *fam spreg* ¦/[mich so angeödet *fam*]!; **che ~!**, so was Ödes! *fam* **4** *bot* Wurzel f **5** *mar* Fangleine f **6** *ornit* {+UCCELLO} Flaum m **7** *tip* (*della carta*) "Papierfransen f pl an Wiegendrucken und Luxusausgaben mit rauem Schnitt" **8** *zoo* Bart m: **~ della capra**, Ziegenbart m **~ averne una ~ di qc** *fig fam* (*averne abbastanza*), {DI UNA SITUAZIONE} etw bis obenhin satthaben *fam*; **servire qu di ~ e capelli** *fig* (*conciare per le feste*), jdn übel zurichten; **farla in ~ a qu** *fig* (*ingannarlo*), jdn hinters Licht führen, jdn übers Ohr hauen *fam*; **in ~ a qu/qc** *fig* (*alla faccia di qu*), {A TUTTI, AL DIVIETO} jdm/etw zum Trotz; **~ da istrice** (*che punge*), stachliger Bart; **una ~ d'uomo** *fig* (*un uomo importante*), ein wichtiger Mann; (*noioso*), ein Langweiler.
barbabiètola f *bot* Rote Rübe, Rote Bete/Beete *spec norddt*: **~ da zucchero**, Zuckerrübe f.
barbablù <-> m *scherz* (*marito violento*) Blaubart m.
barbafòrte m *o f bot* Meerrettich m, Kren m *süddt A*.
barbagiànni <-> m **1** *zoo* Schleiereule f **2** *fig spreg* Trottel m *fam spreg*, Tölpel m *spreg*.
barbàglio <-gli> m **1** (*bagliore*) Blendung f **2** (*luce*) grelles Licht.
Bàrbara (*nome proprio*) Barbara.
barbarésco① <-schi> m *enol* Barbaresco m (*Rotwein aus Piemont*).
barbarésco②, (-a) <-schi, -sche> A agg (*della Barberia*) {COSTUME} Berber-, maurisch B m(f) (*abitante*) Berber(in) m(f) C m *zoo* (*cavallo*) Berberpferd n.

barbàrico, (-a) <-ci, -che> agg *anche fig* {INVASIONE, COMPORTAMENTO} barbarisch.
barbàrie <-> f **1** (*inciviltà*) Barbarei f **2** (*ferocia*) Grausamkeit f, Unmenschlichkeit f.
barbarìsmo m *ling* Barbarismus m.
bàrbaro, (-a) A agg **1** *stor* (*POPOLO, USI*) barbarisch, Barbaren- **2** (*rozzo*) barbarisch, roh, unzivilisiert: **che gusti barbari!**, was für ein barbarischer Geschmack! **3** *fig* (*crudele*) {RAPPRESAGLIA} barbarisch, grausam B m (f) **1** *stor* Barbar(in) m(f): **le invasioni dei barbari**, die Invasionen der Barbaren **2** (*rozzo*) Rohling m *spreg*.
Barbaróssa m *stor* **1** (*Federico I*) Barbarossa, Rotbart **2** (*pirata*) Barbarossa.
barbecue <-> m *ingl gastr* Barbecue n, (Grill)fest n, (Garten)grill m; (*griglia*) Bratrost m, Barbecue m.
barbèra m **1** (*vitigno*) "Rotweinrebensorte aus dem Piemont" **2** *enol* Barbera m (*trockener Rotwein aus Piemont*).
barbétta <dim di barba> f **1** (*barba corta*) Bärtchen n **2** *arch* {+TERRAPIENO} Barbette f, Geschützbank f **3** *mar* Schleppseil n, Fangleine f **4** *zoo* Bart m: **~ della capra**, Ziegenbart m.
barbière m (Herren)frisör m • **il ~ di Siviglia** (*titolo di un'opera di G. Rossini*), der Barbier von Sevilla.
barbìglio <-gi> m <*di solito al pl*> *fam scherz* (*baffo*) Koteletten n pl, Schnurrbart m.
barbìglio <-gli> m **1** (*punta uncinata*) {+AMO, FRECCIA} Widerhaken m **2** *zoo* (*appendice sensoriale*) Bartel m.
barbìno, (-a) <dim di barba> agg **1** *fam* (*meschino*) {PARENTE} jämmerlich *spreg*, kleinlich *spreg*, engherzig, mies *fam spreg*: **hai fatto proprio una figura barbina!**, du hast wirklich eine jämmerliche Figur gemacht!/[dich wirklich blamiert]! **2** (*difficile da sopportare*) {LAVORO} unerträglich.
barbitùrico <-ci> A agg Barbitur- B m Barbiturat n.
bàrbo m *itt* Barbe f.
barbògio, (-a) <-gi, -gie o -ge> A agg (*rincitrullito*) tatt(e)rig *fam*, altersschwach B m (f) Tattergreis m *fam spreg*, Tatterweib n *fam spreg*.
barboncìno, (-a) <dim di barbone> m (f) *zoo* Pudel m.
barbóne, (-a) <accr di barba> A m **1** (*lunga barba*) langer Bart, Vollbart m, Matratze f *fam scherz*, Biber m *fam scherz* **2** (*persona con barba lunga*) Bärtige m *decl come agg*, Biber m *fam scherz* **3** *bot* Zaunrübe f **4** *zoo* Pudel m B m (f) *spreg* (*vagabondo*) Obdachlose mf *decl come agg*, Land-, Stadtstreicher(in) m(f) *spreg*, Penner(in) m(f) *fam*.
barbóso, (-a) agg *fig fam* (*noioso*) {CONFERENZA, INSEGNANTE, SPETTACOLO, ecc.*} langweilig, öde, fade *spreg*, ledern *fam*.
Barbour® <-> m *ingl* **1** (*tessuto*) Barbourstoff m **2** (*giaccone*) Barbourjacke f.
barbùto, (-a) agg (*con la barba*) {UOMO, FACCIA} bärtig.
bàrca① <-che> f **1** *mar* Boot n, Kahn m: **andare in ~**, (mit dem) Boot fahren; (*con barca a vela*) segeln; **~ da diporto**, Sport-/Freizeitboot n; **~ a motore/remi/vela**, Motor-/Ruder-/Segelboot n; **~ da pesca/regata**, Fischer-/Regattaboot n **2** *fig fam* (*baracca*) Laden m *fam*, Bude f *fam spreg*: **portare avanti la ~**, den Laden schmeißen *fam*; (*scarpa molto larga*) (Elb)kahn m • **la ~ fa acqua da tutte le parti**, der Kahn leckt an allen Enden; *fig fam*, da ist überall der Wurm drin *fam*; **andare/essere in ~** *fig* (*essere in stato confusionale*), völlig durcheinander

sein; **drizzare la ~** *fig* (*salvare la situazione*), die Situation retten, eine Angelegenheit geradebiegen *fam*; **essere tutti nella stessa ~** *fig* (*nelle stesse condizioni*), alle ⌐im gleichen⌐/[in einem] Boot sitzen; **condurre la ~ in porto** (*in acque tranquille*) *fig* (*concludere un'operazione difficile*), eine Sache über die Bühne bringen *fam*; **finché la ~ va ... fig** (*finché la situazione regge*), solange etw ¦es noch tut *fam* ¦/[noch läuft *fam*]; **dopo una settimana di pioggia in giardino si va in ~** *fig* (*è molto bagnato*), nach einer Woche Regen könnte man im Garten Kanu fahren.
bàrca② <-che> f **1** (*mucchio*) {+FIENO, PAGLIA} Haufen m **2** *fig fam* (*grande quantità*) ~ **di qc** {+DIFETTI, ROBA DA STIRARE} Berg m *von etw* (*dat*)/+ *gen fam*, Haufen m *etw* (*gen*) *fam*: **i suoi parenti hanno una ~ di soldi**, seine/ihre Verwandten haben einen Haufen Geld.
barcaiòlo, (-a) m **1** {+RODANO, VENEZIA} Bootsführer(in) m(f); (*traghettatore*) Fährmann m **2** (*chi noleggia barche*) Bootsverleiher(in) m(f).
barcamenàrsi itr pron (*cavarsela*) sich durch|lavieren *fam*, sich durch|wurs(ch)teln *fam*: **cerca di ~ tra l'ufficio e la casa**, er/sie versucht sich zwischen Büro und zuhause durchzulavieren *fam*.
barcaròla f *mus* Barkarole f.
barcàta f **1** *mar* Boots-, Schiffsladung f **2** *fig fam* (*grande quantità*) ~ **di qc** {+SOLDI} Haufen m *etw* (*gen*) *fam*, Menge f *etw* (*gen*), Berg m *von etw* (*dat*)/+ *gen fam*.
barchétta <dim di barca①> A f **1** (*piccola barca*) kleines Boot, Barke f **2** (*giocattolo*) Schiffchen n: **~ di carta**, Papierschiffchen n B <inv> loc agg (*nella moda*): **a ~** {+SCOLLATURA} Boots-, bootsförmig, weit.
barchétto <dim di barca①> m **1** (*piccola barca da palude*) Jagdboot n **2** (*due alberi*) Zweimaster m für den Fischfang.
barchìno <dim di barca①> m **1** (*piccola barca da palude*) Jagdboot n **2** *mil* Sturmboot n.
barcollaménto m *anche fig* (*tentennamento*) Wanken n, Taumeln n, Getaumel n, Schwanken n.
barcollànte agg *anche fig* (*tentennante*) {UBRIACO, GOVERNO} taumelig, schwankend, wankend.
barcollàre itr **1** (*vacillare*) wanken, taumeln **2** *fig* (*essere precario*) {AUTORITÀ, POTERE} schwanken, wanken.
barcollìo <-lii> m (*continuo barcollare*) {+BARCHE} Getaumel n.
barcollóni avv (*in modo incerto*) wankend, taumelnd, schwankend: **avanzare/andare ~**, (vorwärts)|taumeln.
barcóne① <accr di barca①> m (*grossa barca*) Last-, Schleppkahn m; (*per ponti*) Ponton m.
barcóne② <accr di barca②> m *agr* großer Heuhaufen, Hocke f.
bàrda f **1** (*armatura del cavallo*) Ross-, Pferdeharnisch m **2** (*sella*) Sattel m.
bardàna f *bot* Große Klette.
bardàre A tr **1** (*mettere i finimenti*) ~ **qc** {CAVALLO} *etw* an|-, ein|schirren, *etw* auf|zäumen **2** *fig scherz* (*vestire in modo eccessivo*) ~ **qu** jdn heraus|putzen B rfl *fig scherz* (*vestirsi in modo eccessivo*): bardarsi (+ **compl di modo**) sich (*irgendwie*) auf|takeln *fam spreg*, sich (*irgendwie*) heraus|putzen: **guarda come si è bardata!**, schau mal, wie sie sich aufgetakelt hat!
bardatùra f **1** (*finimenti*) {+CAVALLO} Geschirr n, Sattel-, Zaumzeug n; (*azione*) Aufzäumen n, Anschirren n **2** *fig fam scherz* (*abbigliamento troppo ricco*) Takelage f, Putz m, Aufmachung f, Auftakelung f.
bardìglio <-gli> m *min* aschgrauer Marmor.

bàrdo m *lett* (*poeta*) Barde m.
bardolino m *enol* Bardolino m (*trockener Rotwein aus Venetien*).
bardòsso loc avv (*senza sella*): **a ~** {CAVALCARE} ohne Sattel.
bardòtto, (-a) A m (f) *fig* (*garzone*) Lehrling m B m *zoo* Maulesel m.
barèlla f **1** (*per infermi*) (Trag-, Kranken-)bahre f: **trasportare qu in ~**, jdn auf einer Krankenbahre transportieren **2** (*per terra, sassi, ecc.*) Traggestell n, Trage f.
barellàre tr (*portare in barella*) **~ qu** {AMMALATO} jdn auf einer Bahre fort|tragen; **~ qc** {SABBIA} etw auf einem Traggestell transportieren.
barellière, (-a) m (f) **1** (*per infermi*) (Kranken)träger m **2** (*manovale*) Träger m.
barése A agg aus Bari B mf (*abitante*) Barese m, Baresin f.
barestesìa f *med* Druckempfindlichkeit f.
bargèllo m *stor* **1** (*funzionario*) Polizeihauptmann m **2** (*palazzo*) Stadtgefängnis n.
bargìglio <-gli> m *ornit* {+GALLO} (Hals)lappen m.
Bàri f *geog* Bari n.
baricèntro m *fis mat* {+OGGETTO} Baryzentrum n, Schwerpunkt m.
bàrico① , (-a) <-ci, -che> agg **1** *meteo* barisch **2** *fis* {UNITÀ} Schwer-.
bàrico② , (-a) <-ci, -che> agg *chim* Barium-.
barìle m **1** (*recipiente*) Fass n, Tonne f **2** (*contenuto*) Fass n **3** *fig* (*persona grassa*) Tonne f *fam scherz*: **sei (grasso come) un ~**, du bist (dick wie) eine Tonne f **4** *mar* Tonne f **5** *metrol* Barrel n: **~ di petrolio**, Öltank m • **a barili** *fig* (*in grande quantità*), tonnenweise; **è un ~ di lardo** *fig* (*molto grasso*), er ist ein richtiger Fettkloß *fam spreg*; **dormire su un ~ di polvere** *fig* (*non essere consapevole del pericolo*), auf einem/dem Pulverfass sitzen.
barilétto <dim *di* barile> m **1** (*piccolo barile*) {+VINO} Fässchen n, Fässlein n **2** {+OROLOGIO} Federgehäuse n • **dell'obiettivo** *fot*, Objektivgehäuse n.
barilòtto <dim *di* barile> m **1** (*piccolo barile*) {+POLVERE} Fässchen n, Fässlein n **2** *fam spreg* (*persona piccola e grassa*) (fetter) Mops *fam*, Dickerchen n *fam scherz* **3** *artiglieria* Schwarze n **4** *mus* (*pezzo del clarinetto*) Becher m • **far ~ anche** *fig* (*fare centro*), ins Schwarze treffen.
barimetrìa f *meteo metrol* Barymetrie f.
bàrio m *chim* Barium n.
barìsta <-*i* m, -*e* f> mf **1** (*chi lavora in un bar*) Barkeeper m, Barfrau f, Bardame f **2** (*proprietario*) Wirt(in) m(f), Lokal-, Barbesitzer(in) m(f).
baritonàle agg {VOCE} baritonal, Bariton-.
barìtono, (-a) A agg *ling* Barytonon-, mit unbetonter letzter Silbe B m *mus* (*voce*) Bariton m; (*cantante*) *anche* Baritonist m.
barlettàno, (-a) A agg aus/von Barletta B m (f) (*abitante*) Einwohner m(f) von Barletta.
barlùme m **1** (*debole luce*) fahler Lichtschein, schwacher Schimmer m: **i primi barlumi dell'alba**, das erste Morgenlicht **2** *fig* (*accenno*) Schimmer m, Glimmer m, Schein m: **un ~ di intelligenza/speranza**, ein ⌊Funken Vernunft⌋/[Hoffnungsschimmer].
barman <-, *barmen* pl *ingl*> m *ingl* Barmann m, Barkeeper m, Barmixer m.
barn m *fis* (*unità di misura*) Barn n.
bàro, (-a) m (f) **1** (*nei giochi di carte*) Falschspieler(in) m(f), Mogler(in) m(f) *fam*, Schummler(in) m(f) *fam*, Zinker m *slang* **2** (*truffatore*) Betrüger(in) m(f).
baroccheggiànte agg **1** *arte* {STILE} ba-rockartig **2** *fig* (*vistoso*) {ABBIGLIAMENTO, ALLESTIMENTO SCENICO} barock *forb*, auffällig, auffallend **3** *fig* (*ridondante*) {PROSA} überladen.
barocchétto m *arch arte* Spätbarock n o m.
barocchismo m *arte* Barockstil m; *spreg* Schwulst m *spreg*.
baròcco, (-a) A m <-chi, -che> A agg **1** *arch arte* {CHIESA, DIPINTO, STILE} barock, Barock- **2** *fig spreg* (*ridondante*) {GUSTO, PROSA} überladen, barock, schwülstig *spreg* B m *arch arte* Barock n o m.
baròmetrico, (-a) <-ci, -che> agg *fis* {ALTEZZA, CAMERA} barometrisch, Barometer-.
baròmetro m **1** *fis* Barometer n, Luftdruckmesser m: **il ~ è al**⌊**/[segna] bello stabile**, das Barometer ⌊steht auf stabilem schönem Wetter⌋/[zeigt stabiles schönes Wetter an]; **~ a mercurio/vaschetta**, Quecksilber-/Schalenbarometer n **2** *fig* (*indicatore*) Barometer n: **la stampa è il ~ dell'opinione pubblica**, die Presse ist das Barometer der öffentlichen Meinung.
baronàggio <-gi> m (*baronia*) Baronie f.
baronàle agg **1** (*di barone*) {TITOLO} des Barons **2** (*della baronìa*) die Baronie betreffend.
baróne, (-essa) m (f) **1** (*titolo*) {SICILIANO} Baron(in) m(f), Freiherr(in) m(f) **2** *fig* (*capo*) Boss m *fam*, Magnat m, Baron(in) m(f): **i baroni dell'industria/della finanza**, die Industrie-/Finanzbosse m pl *fam* **3** *fig* (*università spreg*) Institutsmonarch m, Großordinarius m (*Lehrstuhlinhaber mit weit reichender Macht*) • **il ~ rampante** *lett* (*titolo di un'opera di I. Calvino*), der Baron auf den Bäumen.
baronétto m (*titolo*) Baronet m.
baronìa f **1** (*titolo, dominio*) Baronie f, Baronenwürde f **2** *fig spreg* (*potere*) {POLITICA, UNIVERSITARIA} Klüngelwirtschaft f *spreg*, Vetternwirtschaft *spreg*, Klüngel m *spreg*, Clique f *spreg*.
baronìsmo m (*comportamento*) Klüngel-, Cliquen-, Vetternwirtschaft f *spreg*.
bàrra f **1** *gener* (*asta*) {+CIOCCOLATO, COMBUSTIBILE} Riegel m; *autom tecnol* {+TELAIO} Stange f, Stab m **2** (*transenna*) {+PASSAGGIO A LIVELLO, PROTEZIONE} Schranke f; (*al confine*) Grenz-, Schlagbaum m **3** (*segno grafico*) (Schräg)strich m; *mat* (*fratto*) Schrägstrich m: **quaranta ~ sei**, vierzig Schrägstrich sechs; *mus* Taktstrich m **4** (*ammasso di sedimenti*) Barre f, Sand-, Schlammbank f **5** *mar* (Ruder)pinne f, Steuerstange f: **a dritta!**, steuerbord(s)! **6** *metall* (*lingotto*) {+FERRO, RAME} Barren m **7** (*nel morso del cavallo*) Kandare f, Gebissstange f • **essere/stare/andare alla ~** *fig* (*difendere*), bei Gericht verteidigen; **~ di comando** *aero*, Steuerknüppel m; **~ di scorrimento** *inform*, Bildlaufleiste f; **~ spaziatrice**, Leertaste f; **~ di stato** *inform*, Statusleiste f, Statuszeile f; **~ degli strumenti** *inform*, Funktionsleiste f.
barracùda m *itt* Barrakuda m.
barrage <-> m *franc sport* (*nell'equitazione*) Stichkampf m, Stechen n.
barràre tr (*segnare*) **~ qc** {NUMERO, RISPOSTA SBAGLIATA} etw (durch|)streichen; {ASSEGNO} etw sperren.
barré <-> m *mus* Barréakkord m, Barrégriff m, Barré m.
barrétta <dim *di* barra> f *gastr* (*tavoletta*) Riegel m: **~ di cioccolato**, Schokoladenriegel m.
barricadièro, (-a) agg (*rivoluzionario*) {GRUPPO} extremistisch, revolutionär.
barricàre <*bàrrico, bàrrichi*> A tr **~ qc 1** (*ostruire*) {STRADA} etw verbarrikadieren, etw verrammeln *fam* **2** (*sprangare*) {PORTE E FINESTRE} etw verriegeln B rfl **barricàrsi 1** (*rinchiudersi*) (+ *compl di luogo*) {NELLA SCUOLA} sich (*irgendwo*) verbarrikadieren, sich (*irgendwo*) ein|schließen: **si è barricato in casa**, er hat sich zu Hause verkrochen **2** *fig* (*chiudersi*): **~ in qc** {NEL MUTISMO} sich in etw (acc) hüllen.
barricàta f (*riparo*) Barrikade f, Straßensperre f • **andare sulle barricate** *fig* (*insorgere*), auf die Barrikaden gehen.
barrièra f **1** (*sbarra*) Barriere f, Schranke f, Sperre f; *ferr* (Bahn)schranke f **2** (*ostacolo*) Hindernis n, Barriere f: **barriere architettoniche**, bauliche Hindernisse m pl **3** *fig* (*divisione*) {RAZZIALE, SOCIALE} Schranke f: **bisogna abbattere le barriere tra i popoli**, man muss die Schranken zwischen den Völkern einreißen **4** *fig* (*protezione*) Schutz m: **una ~ contro l'umidità**, ein Schutz gegen Feuchtigkeit **5** *fis* {MAGNETICA} Barriere f **6** *geol* Riff n, Bank f: **~ corallina**, Korallenriff n **7** *sport* (*nel calcio*) Mauer f, Riegel m: **fare ~ davanti alla porta**, vor dem Tor mauern • **~ doganale** *econ*, Zollschranke f; **~ stradale**, Straßensperre f; **~ del suono** *aero*, Schallmauer f, Schallwand f.
barrìre <*barrisco*> itr {ELEFANTE} trompeten, schreien.
barrìto m **1** Ruf m /Trompeten n des Elefanten **2** *fig* (*urlo*) Gebrüll n.
barrocciàio <-ciai> m (*carrettiere*) Fuhrmann m, Wagenführer m, Fuhrknecht m.
barroccìno <dim *di* barroccio> m (*veicolo*) Handwagen m, Gig n.
barròccio <-ci> m **1** (*carro*) Karren m **2** (*contenuto*) {+SABBIA} Karren m, Karrenladung f.
Bàrtolo m (*nome proprio*) Barthel.
Bartolomèo m (*nome proprio*) Bartholomäus.
barùffa f (*litigio*) Streit m, Zank m; (*zuffa*) Rauferei f: **far ~** (*litigare*), (heftig) streiten, zanken; (*in modo violento*), raufen.
barzellétta f **1** Witz m: **~ sconcia**, unanständiger/dreckiger *fam* Witz **2** *fig* (*scherzo*) Scherz m: **dare tre esami in una volta non è una ~**, drei Prüfungen gleichzeitig zu haben, ist kein Zuckerlecken/Zuckerschlecken/Vergnügen • **pigliare in ~ qc** *fig* (*prendere sul ridere*), etw von der scherzhaften Seite nehmen.
barzellettière, (-a) m (f) (*chi racconta barzellette*) (geborene(r)) Witzeerzähler(in) m(f).
barzòtto → **bazzotto**.
basàle agg **1** (*della base*) {PARTE DI UN MONUMENTO} basal, Grund- **2** *fig* (*essenziale*) {CRITERIO DELL'ECONOMIA} Basis- **3** *med* {METABOLISMO} Grund-; {TEMPERATURA} Basal- *scient*.
basàltico, (-a) <-ci, -che> agg *min* {ROCCIA} Basalt-, basaltisch, basaltig.
basàlto m *min* Basalt m.
basaménto m **1** (*base*) {+MOBILE, MONUMENTO, ecc.} Sockel m **2** *arch* {+FABBRICATO} Fundament n, Grundmauern f pl, Unterbau m **3** *autom* Motorgehäuse n **4** *geol* Liegende n **5** *tecnol* {+GRU} Bett n, Schabotte f.
basàre A tr **~ qc su qc 1** *fig* (*fondare*) {ACCUSA SU SEMPLICI SOSPETTI, GIUDIZIO SUI FATTI} etw auf etw (acc) gründen, etw auf etw (acc) stützen **2** *rar* (*collocare*) {STATUA SUL PIEDISTALLO} etw auf etw (acc) stellen; {EDIFICIO SULLA ROCCIA} etw auf etw (acc) bauen B rfl **basàrsi** *fig* (*trarre fondamento*): **~ su qc** sich *etw auf etw (acc) stützen*: **su che cosa vi ba-

sate?, worauf stützt ihr euch?; **l'accusa si basa su prove sicure**, die Anklage stützt sich auf sichere Beweise.

bàsco, (-a) ‹*baschi, basche*› **A** *agg* {BERRETTO, PAESE} baskisch **B** *m (f)* (*abitante*) Baske m, (Baskin f) **C** *m* **1** (*cappello*) Baskenmütze f **2** ‹*solo sing*› (*lingua*) Baskisch(e) n.

bascùla f (*bilancia*) Brückenwaage f.

basculànte *agg tecnol* {BRACCIO} Schwing-.

bascùlla → **bascula**.

bàse A ‹inv› in funzione di agg *inform* {DATA, INDIRIZZO} Basis- **B** in funzione di agg e loc agg (*fondamentale*): **di ~** {GRUPPO, RICERCA} Basis-; {ALIMENTO} Grund-; **prezzo/stipendio ~**, Grundpreis m/Grundgehalt m **C** f **1** (*parte inferiore*) Fundament n, Basis f *forb*, Grundlage f, Unterbau m; {+CALICE} Basis f, Fuß m, Sockel m; *anat* Basis f: **~ del cranio**, Schädelbasis f; *arch* {+COLONNA, EDIFICIO, MONUMENTO} Basis f, Sockel m; *gastr* {+MERINGATA} Boden m **2** (*elemento principale*) {+MEDICINALE, MISCELA} Grundelement n, Hauptbestandteil m: **il riso è la ~ dell'alimentazione giapponese**, Reis ist der Hauptbestandteil der japanischen Ernährung **3** *fig* (*elemento essenziale e/o iniziale*) (*evoluzione, scelta, scoperta*) Ursprung m **4** *fig* (*fondamentale*) Basis f *forb*, Grund m, Grundlage f: **le basi di una civiltà**, die Grundlagen einer Kultur **5** ‹*di solito al pl*› *fig* (*nozioni elementari*) Grundkenntnisse f pl, Grundbegriffe m pl, Grundlagen f pl: **gli mancano le basi di latino**, ihm fehlen in Latein die Grundkenntnisse **6** *astr* Station f: **~ spaziale**, Raumstation f; **~ di lancio**, Abschussbasis f **7** *chim* {ALCALINA} Base f **8** (*nella cosmesi: crema, smalto*) Grundierung f: **usare una crema come ~ per il trucco**, eine Creme als Make-up-Grundierung verwenden **9** *econ* {+SISTEMA MONETARIO; FINANZIARIA} Basis f, Grundlage f: **~ monetaria**, Geldmenge f; **~ del premio**, Prämienbasis f **10** *elettr inform tel* {+TRANSISTORE} "eine der Elektroden" **11** *ling* {RADICALE, TEMATICA} Basis f **12** *mat* (*numero*) {+LOGARITMO, POTENZA} Basis f, Grundzahl f; (*in geometria*) {+TRIANGOLO} Grundlinie f; {+PIRAMIDE} Grundfläche f **13** *mil* Basis f, Stützpunkt m: **~ militare**, militärischer Stützpunkt m; **~ operativa**, Operationsbasis f; **~ navale/aerea**, Flotten-/Luftwaffenstützpunkt m **14** *mus* {+CANZONE} Basis f **15** *polit* {+PARTITO} Basis f, Gesamtheit f **16** *sport* (*nel baseball*) Base n, Mal n **D** *loc prep* **1** (*basato su*): **a ~ di qc** auf der Grundlage von etw (dat); **piatto a ~ di riso**, Reisgericht n; **bevanda a ~ d'acqua**, Getränk auf der Grundlage von Wasser **2** (*secondo*) ₍**in ~ a**₎/**sulla ~ di**₎ *qc* ₍auf Grund₎/₍aufgrund₎ von etw (dat)/+ gen, nach etw (dat), gemäß etw (dat): **sulla ~ delle ultime scoperte**, aufgrund der letzten Entdeckungen ● **alla ~ del polmone/...**, an der Lungenbasis/...; **avere buone basi** *fig* (*essere ben preparato*), gute Grundlagen haben; **~ del** *cordless tel.*, Basisstation f; **essere alla ~ di qc** *anche fig* (*essere la principale componente*), (PASTA DELL'ALIMENTAZIONE MEDITERRANEA; DIALOGO DI UN BUON RAPPORTO DI COPPIA) *etw* (dat) zugrunde liegen, die Grundlage *von etw* (dat)/+ *gen* sein; **non far ritorno alla ~** *eufem mil*, nicht zur Basis zurückkehren; {NAVE} *anche*, untergehen; {AEREO} *anche*, abgeschossen werden; *fig scherz* (*non tornare indietro*), {DISCO, LIBRO, MARITO} auf Nimmerwiedersehen verschwinden *fam*, verschollen sein; **~ geodetica** *geog*, Standlinie f; **gettare**/**porre le basi di/per qc** *fig*, (IN UN LAVORO, DI UNA TEORIA) den Grundstein zu etw (dat) legen; **~ imponibile** *dir econ*, Bemessungsgrundlage f; **mancare di basi** *fig* (*non essere preparato*), jeder Grundlage entbehren; **essere la ~ di partenza** *fig* (*punto d'avvio*), der Ausgangspunkt

sein.

baseball ‹-› m *ingl sport* Baseball m.

base jumping ‹-› *loc sost* m *ingl sport* Basejumping n.

basètta① f ‹*di solito al pl*› (*parte della barba*) Koteletten n pl.

basètta② f *elettr* Sockel m.

basettóne ‹*accr di basetta*①› f **1** ‹*di solito al pl*› (*lunghe basette*) lange Koteletten n pl **2** *scherz* (*uomo con le basette*) Mann m mit langen Koteletten.

Basic ‹-› m *inform* BASIC n.

basicità ‹-› f *chim* Basizität f.

bàsico, (-a) ‹-ci, -che› *agg* **1** *chim geol min* {COMPOSTO, ROCCIA} basisch **2** *rar* (*basilare*) {PROBLEMA} basisch.

basificàre ‹*basìfico, basìfichi*› *tr chim* **~ qc** {SOLUZIONE} etw basisch machen.

basilàre *agg* **1** *fig* (*fondamentale*) {NORMA, OPERA, PRINCIPIO} grundlegend, grundsätzlich, Grund- **2** *anat* Basis-.

basilarità ‹-› f {+PRINCIPIO} Grundsätzlichkeit f, grundsätzliche Gültigkeit.

Basilèa A m (*cantone*) Basel n **B** f (*città*) Basel n.

basileése A *agg* {CARNEVALE} Baseler, aus Basel **B** *mf* (*abitante*) Baseler(in) m(f).

basìlica ‹-*che*› f *arch archeol relig* Basilika f: **la ~ di san Pietro**, die Peterskirche.

basìlico ‹-*chi*› m *bot* Basilikum n, Basilienkraut n.

Basìlio m (*nome proprio*) Basilius.

basilìsco ‹-*schi*› m *zoo anche mitol* Basilisk m ● **fissare qu come un ~** *fig* (*in modo terribile*), jdn mit Basiliskenblick *forb* ansehen; jdn ansehen, als ob man ihn (mit Blicken) töten wollte.

basìsta ‹-*i* m, -*e* f› mf **1** *polit* Basispolitiker(in) m(f) **2** *fam* (*nella malavita*) krimineller Vorarbeiter.

bàsket ‹-› m *ingl sport* Basketball m.

basolatùra f (*pavimentazione*) {+STRADA} Pflastern n.

bàsolo m Pflasterstein m.

bàssa f **1** (*depressione*) Tiefebene f: **la ~ padana**, die Poebene **2** *meteo* Tiefdruckgebiet n.

bassaménte *avv fig* (*in modo vile*) {AGIRE} niederträchtig.

basset hound ‹-, - -s pl› *ingl* *loc sost* m *ingl zoo* Basset m.

bassézza f **1** (*bassa statura*) Kleinwuchs m, Kleinheit f **2** *rar* (*l'essere basso*) {+PREZZI} Niedrigkeit f, Niedrigsein n **3** (*viltà*) {+AZIONE} Niederträchtigkeit f, Niedrigkeit f **4** *fig* (*pochezza*) Armseligkeit f: **~ d'animo**, niederträchtige/ niedrige Gesinnung **5** *fig* (*azione vile*) Gemeinheit f: **è capace di qualsiasi ~**, er/sie ist jeder Gemeinheit fähig.

bassifóndi *pl di* bassofondo.

bassipiàni *pl di* bassopiano.

bassìsta ‹-*i* m, -*e* f› mf *mus* (*nel rock*) Bassgitarrist(in) m(f); (*nel jazz*) Bassist(in) m(f).

bàsso, (-a) ‹più basso o inferiore, bassissimo o infimo› **A** *agg* **1** *gener* {MURO, PALAZZO, ecc.} niedrig; {PONTE, SOFFITTO} anche tief; {TACCO} flach, niedrig; {PIZZO} eng, schmal; {RAGAZZA, STATURA} klein **2** (*poco profondo*) {ACQUA DEL FIUME, FONDALE} seicht, untief, niedrig **3** (*non elevato*) {REGIONE} untere(r, s); {SOLE} tief: **la parte bassa della città**, der untere Teil der Stadt **4** (*tenue*) {LUCE} sanft, mild, gedämpft, schwach **5** (*limitato*) {VELOCITÀ} niedrig **6** (*modico*) {PREZZO} niedrig **7** (*scarso*) {STIPENDIO, QUOZIENTE D'INTELLIGENZA} niedrig **8** (*di scarso valore*) {LEGA} niedrig, minderwertig **9** (*sommesso*) leise: **parla a voce molto bassa**, er/sie spricht sehr leise; *anche*

mus (*grave*) {NOTA, TONO, VOCE} tief **10** (*in anticipo*) {RICORRENZA} früh: **quest'anno la Pasqua è bassa**, dieses Jahr ist/fällt Ostern früh **11** *fig spreg* (*negativo*) {AZIONE, SCOPO} niedrig, niederträchtig; (*animalesco*) animalisch: **i bassi istinti**, die niederen Instinkte **12** *geog* (*meridionale*) {SASSONIA} Nieder-, Unter-; (*verso il mare*) {POLESINE} Unter-; (*verso la foce*) {ADIGE} Nieder- **13** *ling* {LATINO, TEDESCO} Nieder- **14** *sociol* {CETO, CLASSI} untere(r, s), niedrig **15** *stor* (*tardo*) {MEDIOEVO} spät, Spät- **B** m **1** (*parte inferiore*) {+CASA, COLONNA, QUADRO} unterer Teil **2** (*abitazione napoletana*) "ärmliche neapolitanische Erdgeschosswohnung" **3** *fig* Tief n: **il suo rendimento scolastico procede ad alti e bassi**, seine/ihre schulische Leistungen weisen Höhen und Tiefen auf **4** *mus* Bass m: **~ continuo**, Generalbass m; **~ profondo**, tiefer Bass; (*cantante*) Bass m, Bassist m; (*strumento*) Bass m, Bassgitarre f **C** *avv* **1** (*giù*) {PIEGARSI} tief; {VOLARE} *anche* niedrig **2** (*a bassa voce*) {PARLARE} leise **D** *loc avv* **1** (*giù: stato*): **da/in ~** {ESSERE} unten; **in ~ a sinistra troverai le patate**, unten links findest du die Kartoffeln; (*moto*) {SCENDERE} nach unten, hinunter, hinab; {GUARDARE} (nach) unten, zu Boden **2** **dal ~**, von unten; **dal ~ verso l'alto potete notare i diversi interventi di restauro**, von unten nach oben könnt ihr die verschiedenen restaurativen Eingriffe bemerken ● **cadere (molto) in ~**, (sehr) tief fallen; *fig* (*decadere*), tief sinken; **colpire**/[**dare un colpo**] **~** *sport anche fig* (*comportarsi in modo scorretto*), einen Schlag unter die Gürtellinie geben; **tenersi ~** (*non avanzare troppe pretese*), wenig verlangen, keine großen Ansprüche haben; *fig* (*fare un'offerta bassa*) *anche*, ein günstiges Angebot machen.

bassofóndo ‹*bassifondi*› m **1** *mar* Untiefe f, Flach n **2** ‹pl› *sociol rar* Unterwelt f; (*quartieri*) {+PARIGI} Elendsviertel n pl.

bassopiàno ‹-*i o bassipiani*› m (*pianura*) Tiefebene f, Niederung f.

bassorilièvo m *arte* (*nella scultura*) Bas-, Flachrelief n.

bassòtto, (-a) ‹*dim di basso*› **A** *agg fam* {RAGAZZO} klein, untersetzt; {TAVOLO} klein, kurz **B** m *zoo* Dackel m.

bassotùba m *mus* Basstuba f.

bassovèntre m *anat* Unterleib m, Unterbauch m *rar*; (*pl genitali*) Unterleib m, Genitalien f pl.

bàsta A *inter impr* **1** (*fine*) Schluss, genug, es reicht: **adesso ~!**, jetzt reicht's!; **basta così, per oggi!**, das reicht (für heute)!; **~ con le chiacchiere!**, Schluss mit dem Geschwätz!; **~, dimentichiamo il passato!**, Schluss jetzt, vergessen wir die Vergangenheit! **2** (*di negazione*) genug: **vuoi ancora un caffè? – No, no, ~ grazie**, möchtest du noch einen Kaffee? – Nein, nein, danke, ich habe genug **3** (*insomma*) kurz, kurzum: **~ per fartela breve ...**, um es kurz zu machen ... **B** *cong* (*purché*): **~ ... inf** es genügt ..., es reicht aus ..., man muss nur ...: **riuscirete, non avere fretta**, ihr schafft es, nur keine Hektik **C** *loc cong*: **~ che ... congv** wenn nur ...; es reicht, wenn/dass ...; **ti do quello che vuoi, ~ che tu te ne vada**, ich gebe dir, was du willst, wenn du nur abhaust ● **averne (a) ~ di qu/qc** *fig* (*averne abbastanza*), genug von jdm/etw haben.

bastànte *agg* (*sufficiente*) {NUMERO, RAZIONE} ausreichend.

bastàrda f → **bastardo**.

bastardàggine f *spreg* (*l'essere bastardo*) Heimtücke f, Hinterfotzigkeit f *volg*, Gemeinheit f.

bastardàta f *fam spreg* (*carognata*) Hinterfotzigkeit f *volg*, Gemeinheit f, Niederträchtigkeit f: **fare una ~ a qu**, jdm eine Gemeinheit antun.

bastàrdo, (-a) **A** *agg* **1** *spreg* (*illegittimo*) {FIGLIO} unehelich **2** *fig spreg* (*cattivo*) schlecht, gemein, dreckig *fam spreg*: **è la persona più bastarda che abbia mai conosciuto**, er/sie ist der größte Dreckskerl *volg spreg*, den ich je kennen gelernt habe **3** *fig* (*irregolare*) falsch, unecht; *tip* {CARATTERI} Bastard- **4** *bot* gekreuzt, hybrid, nicht reinrassig **5** *zoo* {CANE} nicht reinrassig **B** *m* (f) *fam* **1** *spreg* (*figlio illegittimo*) Kuckucksei, uneheliches Kind **2** *fig spreg* (*mascalzone*) Bastard m *spreg*, Dreckskerl m *volg spreg*, Schwein n *volg spreg*: **sporco ~!**, du Dreckskerl/Dreckschwein *volg spreg*! **3** *zoo* Bastard m, Mischling m, Blendling m.

bastàre **A** *itr* <*essere*> (*essere sufficiente*) genügen, (aus|)reichen: **per fare questa traduzione tre ore non bastano**, um diese Übersetzung zu machen, reichen drei Stunden nicht aus; **i soldi non bastano mai**, das Geld reicht nie; **questo certo non può ~**, das kann sicher nicht genügen; **questa somma mi basterà per un mese**, diese Summe wird mir für einen Monat reichen **B** *impers* <*essere*> (*essere sufficiente*) es ist genug, es reicht, man muss nur: **basta riposarsi per stare bene**, man muss sich nur ausruhen, um in Form zu sein; **è un egoista, basti pensare a come tratta sua madre**, er ist ein Egoist, man denke nur daran, wie er seine Mutter behandelt ● **non avere quanto basta per fare qc**, nicht das haben, was nötig ist, um etw zu tun; *come se non bastasse*, als reichte das nicht,/[wäre das nicht genug]; **basti/basta dire che...** (*non occorre altra spiegazione*), es genügt zu erwähnen, dass ...; **e non basta!** (*c'è dell'altro*), und damit nicht genug!; **basta poco per essere felici**, man braucht wenig, um glücklich zu sein; um froh zu sein bedarf es wenig; *quanto basta* (*a sufficienza*), genug, was nötig ist; *gastr farm* (*abbr* q.b.), genug, in hinreichender Menge; **~ a se stesso** (*non aver bisogno di altri*), sich (dat) selbst genügen.

bastiàn contràrio <- -i> *loc sost m fam* (*oppositore*) Querkopf m *fam spreg*, Neinsager m *spreg*: **fare il bastian contrario**, ein ewiger Besserwisser sein; immer widersprechen müssen.

Bastiglia f *stor* Bastille f.

bastiménto m **1** (*nave*) (Fracht)schiff n, Frachter m **2** (*carico*) {+GRANO} Schiffsladung f.

bastióne m **1** *arch* Bastion f, Bollwerk n, Bastei f **2** *fig* (*difesa*) Bollwerk n, Schutzwall m.

bàsto m **1** (*per muli e asini*) Packsattel m **2** *fig rar* (*peso*) Bürde f, Last f ● **avere/portare il ~** *fig* (*essere soggiogato*), sich von jdm einspannen lassen *fam*; **mettere il ~ (al collo) a qu** *fig* (*soggiogarlo*), jdn einspannen *fam*; **essere da ~ e da sella** *fig* (*essere adatto a cose diverse*), in vielen/allen Sätteln gerecht sein.

bastonàre **A** *tr* **1** (*battere*) **~ qu/qc** {RAGAZZA, ASINO} jdn/etw (ver)prügeln, jdn/etw mit dem Stock schlagen: **qu a sangue**, jdn blutig schlagen; **l'hanno bastonato di santa ragione**, sie haben ihn ja ordentlich verprügelt/durchgeprügelt **2** *fig* (*criticare*) **~ qu/qc** jdn/etw verreißen *fam slang*: **la critica l'ha davvero bastonato**, die Kritik hat ihn wirklich verrissen **3** *fig spreg* (*strapazzare*) **~ qc auf etw** (dat) herum|hämmern: **~ il pianoforte**, auf dem Klavier herumhämmern, auf/in die Tasten (des Klaviers) hämmern **B** *rfl rec* (*picchiarsi*): **bastonarsi** sich (ver)-prügeln, sich (ver)hauen *fam*.

bastonàta f **1** (*colpo di bastone*) Stockschlag m, Stockhieb m: **gli dette un fracco di bastonate**, er/sie hat ihm die Hucke vollgehauen *fam*, er/sie hat ihn windelweich geschlagen *fam* **2** *fig* (*batosta*) Schlappe f, Schlag m.

bastoncèllo <*dim di* bastone> m **1** (*piccolo bastone*) Stöckchen n **2** (*panino*) Stangenbrot n **3** *biol* {RETINICO} Stäbchen n **4** *tip* kleinere Grotesk.

bastoncìno <*dim di* bastone> m **1** (*piccolo bastone*) kleiner Stock, Stecken m, Stöckchen n; {+ZUCCHERO} Stange f **2** *arch edil* Astragal m, Rundstab m **3** *biol* Stäbchen n **4** *sport* (*nello sci*) Skistock m; (*nell'atletica leggera: testimone*) (Stafetten)stab m ● **~ di pesce** *gastr*, Fischstäbchen n.

bastóne m **1** *gener* {LISCIO, NODOSO} Stock m, Stange f: **~ bianco**/[**per ciechi**], Blindenstock m; **~ chiodato**, Bergstock m; **~ da montagna**, Berg-/Alpenstock m; **~ da passeggio**, Spazierstock m **2** (*sfilatino*) Baguette n *o* f, Stange f **3** *arch* Rundstab m **4** <*di solito al pl*> (*nei giochi di carte*) "italienische Spielkartenfarbe" **5** *mar* Baum m **6** *mil relig* (*simbolo di autorità*) {VESCOVILE} (Befehls)gewalt f, Befehlsstab m, Kommando n **7** *sport* (*nel baseball, nel golf, nell'hockey*) Schläger m, Stock m; (*nella ginnastica*) Gymnastikstab m **8** *tip* Grotesk f ● **~ animato** (*con lama*), Dolchstab m; **far assaggiare il ~ a qu** *fig* (*bastonarlo*), jdm das Fell gerben *fam*, jdm die Hosen stramm ziehen *fam*; **usare il ~ e la carota** *fig* (*alternare rigore e comprensione*), mit Zuckerbrot und Peitsche regieren *anche scherz*; **avere il ~ del comando** *fig* (*comandare*), das Kommando führen; **~ pilota** *autom ferr*, Zug-/Blockstab m; **ricorrere al ~** *fig* (*ai metodi forti*), andere/strenge Saiten aufziehen; **mettere il ~ tra le ruote a qu** *fig* (*creare difficoltà*), jdm (einen) Knüppel zwischen die Beine werfen, jdm Steine in den Weg legen; **essere il ~ della vecchiaia di qu** *fig* (*un aiuto per la vecchiaia*), jds Stütze im Alter sein.

batàcchio <-chi> m **1** (*della campana*) Glockenschwengel m, Klöppel m **2** (*battiporta*) Türklopfer m **3** *agr* Schlagstange f.

batàta f *bot* **1** (*pianta*) Batate f **2** (*tubero*) Batate f, Süßkartoffel f.

batàvo, (-a) *stor* **A** *agg* batavisch **B** *m* (f) (*persona*) Batavēr(in) m (f).

batch <*inv*> *agg ingl inform* {FILE, PROCEDURA} Batch-, Stapel-.

batch processing <-> *loc sost m ingl inform* Batchprocessing n, Stapelverarbeitung f, Stapelbetrieb m.

batìda <-, -s *pl port*> f *port enol* "Getränk n aus Zuckerrohrschnaps und Obstsaft".

batik <-> m *tess* (*procedimento, tessuto*) Batik m o f.

batimetrìa f *geog* Bathymetrie f.

batimètrico, (-a) <-ci, -che> *agg geog* bathymetrisch, Bathymetrie-.

batìmetro m *mar* (*scandaglio*) Bathometer n, Bathymeter n.

batiscàfo m *mar* Bathyskaph m, Bathyscaphe m o n.

batisfèra f *mar* Bathysphäre f.

batista <-> f *tess* {+COTONE} Batist m.

batòcchio <-chi> m **1** (*bastone*) (großer) Stock: **~ del cieco**, Blindenstock m **2** (*batacchio*) Glockenschwengel m, Klöppel m **3** (*battiporta*) Türklopfer m.

batòsta f **1** *fig* (*sconfitta*) Schlappe f, (schwerer) Schlag: **la squadra straniera ha preso una solenne ~ dalla nostra nazionale**, die auswärtige Mannschaft hat von unserer Nationalmannschaft gewaltig eine auf den Deckel bekommen *fam* **2** *fig* (*colpo*) Schlag m: **dopo questa ~ non si è più ripreso**, nach diesem Schlag hat er sich nicht mehr erholt; **la morte del padre è stata per loro una dura ~**, der Tod ihres Vaters war für sie ein schwerer Schlag **3** *rar* (*percossa*) Schlag m, Stoß m.

battage <-> m *franc comm* (*campagna pubblicitaria*) Werbekampagne f, Werbefeldzug m, Reklamerummel m *fam*.

battàglia **A** f **1** *mil* {AEREA, TERRESTRE} Schlacht f, Feldzug m **2** *fig* (*lotta*) Kampf m, Schlacht f: **la vita è una continua ~**, das Leben ist ein ständiger Kampf **3** *fig* (*campagna*) Kampagne f: **la ~ per il disarmo**, die Abrüstungskampagne; **~ elettorale**, Wahlkampf m **4** *arte* (*nella pittura*) Schlachtgemälde n **5** *sport* Gefecht n, Kampf m: **darsi ~**, kämpfen, sich (dat) einen Kampf liefern **B** <*inv*> *loc agg* (*d'uso ordinario*) **da ~** {BORSA, DIVANO, IMPERMEABILE} Strapazier- ● **~ campale** *mil* (*in campo aperto*), Feldschlacht f; *fig* (*impresa di grande impegno*), große Schlacht; **dare ~ a qu/qc** *mil fig* (*combatterlo*), jdm/etw eine Schlacht liefern; **dare ~ per/contro qu/qc** *fig* (*impegnarsi a favore/contro qu/qc*), {PER UN DETENUTO POLITICO, CONTRO LA PENA DI MORTE} für/gegen jdn/etw kämpfen; **~ incruenta** *fig scherz* (*verbale*), Wortgefecht n; **~ navale** *anche mil* (*gioco*), Schiffeversenken n; **~ a palle di neve**, Schneeballschlacht f.

battagliàre *itr* **1** *fig fam* (*combattere*) kämpfen, streiten **2** *lett* (*partecipare a una battaglia*) mit|kämpfen, mitstreiten.

battaglièro, (-a) *agg anche fig* (*combattivo*) {CARATTERE} kämpferisch.

battàglio <-gli> m **1** (*batacchio*) Glockenschwengel m, Klöppel m **2** (*battiporta*) Türklopfer m.

battagliòla f *mar* Reling f.

battaglióne m *mil* (*abbr* btg.) Bataillon n.

battellière m (*chi conduce un battello*) Bootsführer m, Fährmann m.

battèllo m (*barca*) Boot n, Kahn m: **~ a vapore**, Dampfer m; **navigare in ~ lungo il Danubio**, mit dem Boot die Donau entlang fahren ● **~ pneumatico** (*canotto*), Schlauchboot n.

battènte **A** *agg* **1** (*intenso*) {PIOGGIA} dicht, heftig, prasselnd **B** m **1** (*imposta*) {+PORTA} Flügel m; {+MOBILE} Tür f; {+CASSA} Deckel m: **~ della finestra**, Fensterflügel m **2** (*battaglio*) Schwengel m; (*dell'orologio*) Uhrhammer m, Gong m; **~ della porta**, Türklopfer m **3** *idraul* {+CHIUSA} Gefälle n **4** (*nella moda*) {+TASCA} Patte f **5** *tess* (Web)lade f ● **chiudere i battenti** *fig* (*cessare un'attività*), den Laden dichtmachen *fam*.

bàttere **A** *tr* **1** (*sbattere*) **~ (qc) + compl di luogo** *etw irgendwohin* stoßen: **fammi vedere dove hai battuto**, zeig mir, wo du dich gestoßen hast; {TESTA CONTRO IL MURO} mit etw (dat) gegen etw (acc) schlagen, mit etw (dat) gegen etw (acc) stoßen; {PUGNO SULLA TAVOLA} mit etw (dat) auf etw (acc) schlagen, mit etw (dat) auf etw (acc) hauen *fam*; {COLPO SUL PAVIMENTO} mit etw auf etw (acc) tun **2** (*colpire*) **~ (qc) (con qc)** {CHIODO COL MARTELLO} etw mit etw (dat) ein|schlagen: **se vuoi che ti sentano batti forte**, wenn du willst, dass sie dich hören, klopf laut; **se ci sei batti un colpo!**, wenn du da bist, klopf einmal!; **~ qu/qc** {MAESTRO SCOLARO; CONTADINO ASINO} jdn/etw schlagen; {MATERASSO, TAPPETO} etw (aus|)klopfen; {VENTO PIANURA; ONDE SCOGLIERA} etw peitschen **3** (*picchiare*) **~ qu/qc** (ver)prügeln, jdn/etw (ver)hauen *fam* **4** (*muovere*) **~ qc** {ALI, PALPEBRE} mit etw (dat) schlagen **5** (*suonare*) **~ qc** {LE ORE} etw schlagen: **l'orologio della torre**

batte le tre, die Turmuhr schlägt drei **6** (*percorrere*) ~ *qc* {CAMMINO, VIA} *etw* begehen, *etw* beschreiten; (*con veicolo*) *etw* befahren; (*in lungo e in largo*) *etw* durchstreifen: **la polizia ha battuto tutta la zona,** die Polizei durchstreifte die ganze Gegend; {MARE, OCEANO} *etw* durchfahren; *fig* {DETECTIVE NUOVA PISTA} *etw* beschreiten **7** *fig* (*frequentare*) ~ *qc* {BANDA QUARTIERE} *in etw* (dat) verkehren **8** *fig* (*vincere*) ~ *qu* {ATLETA} *jdn* schlagen, *jdn* besiegen: **l'ho battuto a carte,** ich habe ihn beim Kartenspielen geschlagen; ~ **una squadra cinque a zero,** eine Mannschaft fünf zu null schlagen **9** *fig* (*superare*) ~ *qu/qc jdn/etw* schlagen, *jdn/etw* übertreffen, *etw* brechen: ~ **un primato,** einen Rekord brechen/übertreffen; ~ **il record degli incassi,** den Kassenrekord brechen; ~ **qu in velocità,** jdn an Geschwindigkeit übertreffen; **batte tutti in organizzazione,** beim Organisieren übertrifft er/sie alle **10** *fig spreg* (*prostituirsi*) ~ (*qc*) auf den Strich gehen: ~ **il marciapiede/la strada,** {RAGAZZA} auf den Strich gehen **11** *agr* ~ *qc* {GRANO} *etw* dreschen; {OLIVE, NOCI} *etw* ab|schlagen **12** *alpin* ~ *qc* {SENTIERO} *etw* trampeln; {PISTA} *etw* treten **13** (*nella caccia*) ~ *qc* {BOSCO} *etw* erlegen **14** *econ* ~ *qc* {MONETA} *etw* prägen **15** (*nei giochi d'azzardo*) ~ *qc* {BANCO} *etw* halten **16** *gastr* ~ *qc* {UOVA} *etw* schlagen; {CARNE} *etw* klopfen; {BASILICO} *etw* stampfen **17** *metall* ~ *qc* {FERRO} *etw* hämmern, *etw* treiben, *etw* schlagen **18** *mil* ~ *qc* {L'ARTIGLIERIA LE POSIZIONI NEMICHE} *etw* beschießen **19** *mus* ~ *qc* {TAMBURO} *etw* schlagen; {TEMPO, ACCORDO} *anche etw* (an|)geben **20** *sport* (*nel calcio*) ~ *qc* schießen: ~ **un calcio di rigore/punizione,** einen Elfmeter/Strafstoß schießen **21** *tess* ~ *qc* {LANA} *etw* schwingen **22** *tip* ~ *qc* {CINQUE COPIE DELLA RELAZIONE, LETTERA} *etw* (auf der Schreibmaschine) tippen **B** *itr* **1** (*picchiare*) ~ (+ *compl di luogo*) {SOLE} (*irgendwohin*) knallen, *auf etw* (acc) stechen; {PIOGGIA SUI VETRI} *auf etw* (acc) schlagen, *auf etw* (acc) prasseln; ~ *a/su qc etw* klopfen, *auf/an etw* (acc) pochen, *an etw* (acc) schlagen: ~ **alla porta,** an die Tür klopfen **2** (*sbattere*) ~ (+ *compl di luogo*) {SEDIA CONTRO IL TAVOLO} *an etw* (acc) stoßen, {PALLONE CONTRO LA FINESTRA} *gegen etw* (acc) schlagen **3** (*pulsare*) ~ (*per qc*) {CUORE PER L'EMOZIONE} (*vor etw* dat) klopfen, (*vor etw* dat) schlagen: **il polso batte regolarmente,** der Puls schlägt regelmäßig **4** *fig* (*insistere*) ~ *su qc* immer *auf etw* (dat) bestehen, immer *auf etw* (dat) herum|reiten *fam:* **non si stancherà mai di ~ su questi principi,** er/sie wird nie müde werden, auf diesen Prinzipien herumzureiten *fam* **5** *sport* (*nel tennis, nel ping-pong, nella pallavolo*) aufschlagen **C** *itr pron* **1** (*a duello*): ~ **bersi con qu** sich mit jdm duellieren **2** *fig* (*lottare*): **battersi per qu/qc** {PER UN AMICO, PER UN'IDEA} sich für jdn/etw schlagen, für jdn/etw kämpfen **D** *rfl indir* (*colpirsi*): **battersi qc** {FRONTE, PETTO} sich auf/an etw (acc) schlagen **E** *rfl rec:* **battersi** {DUELLANTI} sich schlagen, kämpfen **F** *m* **1** (*ticchettio*) {INSISTENTE +PIOGGIA} Prasseln n **2** *mus* Schlagen n, Klopfen n ● **battersela** *fig fam* (*scappare*), sich verdrücken *fam*, sich davonmachen, sich aus dem Staube machen; **in un ~ d'occhio** *fig fam* (*in un nonnulla*), im Nu, in null Komma nichts *fam;* **batti e ribatti** finalmente **gli è entrato in testa** *fig* (*a furia di insistere*), nach langem Insistieren ist ihm das endlich in den Kopf gegangen *f*, nach langem Zureden hat er das endlich kapiert.

batteria f **1** (*insieme*) Satz m, Serie f, Batterie f *fam:* ~ **da cucina,** Küchengeräte n pl, Satz m; {+RUBINETTI} Armaturen f pl; *anche psic* {+ESERCIZI, TEST ATTITUDINALI} Serie f, Reihe f **2** *autom elettr* Batterie f: ~ **dell'auto,** Autobatterie f; ~ **atomica/solare,** Atom-/Sonnenbatterie f; {+OROLOGIO} Schlagwerk n **3** (*nella caccia: muta*) Meute f **4** *mar mil* {CORAZZATA, GALLEGGIANTE} Batterie f **5** *mus* Batterie f, Schlagzeug n **6** *sport* Qualifikations-, Vorrunde f **7** *zoo* (*per l'allevamento*) {+POLLI} (Lege)batterie f.

battericida <-*i m, -e f*> *farm* **A** *agg* {SAPONE} bakterizid, bakterientötend, keimtötend **B** *m* Bakterizid n, Antiseptikum n, keimtötendes Mittel.

battèrico, (-a) <-*ci, -che*> *agg biol* bakteriell; {COLTURA, FLORA} Bakterien-.

battèrio <-*ri*> *m biol* Bakterie f: ~ **killer,** Killerbakterie f *slang.*

batteriòfago <-*gi*> *m biol* Bakterienfresser m, Bakteriophage m *scient.*

batteriolisi <-> *f* (*dissolvimento dei batteri*) Bakteriolyse f.

batteriòlogo f → **batteriologo.**

batteriologia f *med* Bakterienkunde f, Bakteriologie f *scient.*

batteriològico, (-a) <-*ci, -che*> *agg med* {ANALISI, ESAME} bakteriologisch, Bakterien-.

batteriòlogo, (-a) <-*gi, -ghe*> *m* (f) *med* Bakteriologe m, (Bakteriologin f).

batteriòsi <-> f biol Fettfleckenkrankheit f, Bakteriose f *scient.*

batterista <-*i m, -e f*> mf **1** *mus* Schlagzeuger(in) m(f) **2** *elettr* Batteriehersteller(in) m(f).

battesimàle *agg relig* {ACQUA, FONTE, RITO} Tauf-.

battésimo m *relig anche fig* Taufe f: ~ **per immersione/aspersione,** Immersions-/Wassertaufe f; ~ **di una nave,** Schiffstaufe f ● ~ **del fuoco** *fig* (*primo combattimento*), Feuertaufe f; ~ **dell'aria** *fig* (*primo volo*), erster Flug; ~ **del sangue** *relig* (*il martirio*), Bluttaufe f; **tenere a ~ qu** *relig*, jdn über die Taufe halten, jds Pate/Patin sein; *fig*, bei jdm Pate stehen; **tenere a ~ qc** *fig*, bei etw (dat) Pate stehen, etw aus der Taufe heben *fam.*

battezzando, (-a) *relig* **A** *agg* (*che sta per essere battezzato*) Tauf- **B** *m* (f) Täufling m.

battezzare **A** *tr* **1** *relig* ~ *qu* {SACERDOTE BAMBINO} *jdn* taufen; (*far ~*) {FIGLIO} *jdn* taufen lassen; (*tenere a battesimo*) {NIPOTE} *jdn* über die Taufe halten; *fig* ~ *qc* {AEREO, LOCOMOTIVA} *etw* taufen **2** (*dare un nome*) ~ *qu/qc* + *compl di modo* *jdn* irgendwie taufen, *jdn* irgendwie nennen: **l'hanno battezzata Silvia/[col nome della nonna]**, sie wurde auf den Namen Silvia/[ihrer Großmutter] getauft **3** *scherz* (*annacquare*) ~ *qc* {VINO} *etw* verdünnen **4** *fig scherz* (*bagnare*) ~ *qu/qc jdn/etw* taufen, *jdn/etw* nass machen **B** *itr pron relig anche fig* (*ricevere il battesimo*): **battezzarsi** sich taufen lassen.

battezzato, (-a) *relig* **A** *agg* {NEONATO} getauft **B** *m* (f) (*chi ha ricevuto il battesimo*) Getaufte mf *decl come agg.*

battezzatóio, battezzatòrio <-*to(r)i*> *m* (*vasca*) Taufbecken n.

battibaléno m *loc avv* (*attimo*): **in un ~** {ACCADERE, ACCORRERE} im Nu, im Handumdrehen, in null Komma nichts *fam.*

battibeccàre <*battibecco, battibecchi*> *itr* (*discutere*) ~ *su qc* {SULLA RESPONSABILITÀ DI UN'AZIONE} sich (um/über etw acc) (herum|)zanken.

battibécco <-*chi*> *m* (*diverbio*) Gezänk n, Wortgefecht n, Wortstreit m: **avere un ~ con qu,** ein Wortgefecht mit jdm haben.

batticàrne <-> *m* Fleischklopfer m.

batticuòre m (*palpitazione*) Herzklopfen n

● **avere** il ~ *anche fig* (*avere l'ansia*), Herzklopfen haben; **far venire il ~ a qu** *fig* (*far venire l'ansia*), jdm Herzklopfen verursachen.

battigia <-*gie o -ge*> f (*bagnasciuga*) Strandlinie f.

battilàstra mf Metall-, Plattenschläger(in) m(f).

battimàno m <*di solito al pl*> (*applauso*) Beifall m.

battiménto m **1** *autom* (*nella cosmesi*) Klopfen n **2** *fis tel* Schwebung f.

battipànni <-> m (*paletta*) Teppichklopfer m.

battipista **A** <*inv*> *agg* {MEZZO} Planier- **B** *m* (f) (*mezzo*) Planierraupe f; (*per la neve*) Schneeraupe f **C** <-> *m sport* (*nello sci*) Vorläufer m.

battipòrta m **1** Türklopfer m **2** (*seconda porta*) Doppeltür f.

battiscópa <-> m (*salvamuro*) Fuß(boden)-, Sockelleiste f.

battista① <-*i m, -e f*> *relig* **A** *agg* Tauf-; {CHIESA} Baptisten- **B** mf Baptist(in) m(f) ● **il Battista** (*S. Giovanni*), Johannes der Täufer.

battista② → **batista.**

battistèro m *arch relig* Taufkirche f, Taufkapelle f, Baptisterium n.

battistràda <-> **A** m **1** *autom* (Reifen)profil n **2** *stor* (*staffiere*) Vorreiter m, Kundschafter m **B** mf **1** *fig* (*chi apre la strada*) Vorreiter(in) m, Wegbereiter(in) m(f): **fare da ~ a qu,** jdm den Weg bereiten **2** *sport* Schrittmacher(in) m(f).

battitàcco <-*chi*> m (*rinforzo*) Stoßborte f.

battitappéto m (*elettrodomestico*) Klopfsauger m, Teppichkehrmaschine f, Teppichkehrer m.

bàttito m **1** *med* {+CUORE} Schlag m, Schlagen n: **50 battiti al minuto,** 50 Pulsschläge pro Minute **2** (*movimento*) {+ALA, PALPEBRE} Schlagen n **3** (*ticchettio*) {+PIOGGIA} Prasseln n; {+OROLOGIO} Ticken n **4** *autom* {+PISTONE} Klopfen n ● **in un ~ di ciglia** *fig* (*in un attimo*), im Nu, im Handumdrehen, in null Komma nichts *fam.*

battitóio <-*toi*> m **1** (*battente*) {+FINESTRA, PORTA} Flügel m **2** {+QUADRO} Rahmeninnenseite f **3** *tess* Reißwolf m, Wollbrecher m.

battitóre, (-*trice*) **A** m (f) **1** *agr* {+GRANO} Drescher(in) m (f) **2** *nel calcio, nella pallavolo* Schläger(in) m(f); (*nel baseball*) *anche* Batter(in) m(f); (*nel tennis*) Aufschläger(in) m(f) **B** m **1** (*banditore*) {+ASTA} Auktionator m **2** (*nella caccia*) Treiber(in) m(f) **3** *tecnol* {+TREBBIATRICE} Drescher m ● ~ **libero** (*nel calcio*), Libero m; *fig polit*, Außenseiter m.

battitrice f (*trebbiatrice*) Dreschmaschine f.

battitura f **1** (*il battere*) Schlagen n; {+MATERASSO} Klopfen n **2** <*di solito al pl*> (*percossa*) Stöße m pl, Schläge m pl **3** *agr* (*trebbiatura*) {+GRANO} Dreschen n; (*periodo*) Dreschzeit f **4** *metall* (*effetto*) Hammerspur f, Hammerschlag m **5** *tess* {+BOZZOLI, LANA} Klopfen n **6** *tip* Tippen n: **il manoscritto è alla ~,** das Manuskript ist beim Tippen.

bàttola f **1** (*utensile*) {+BURRAIO} Stampfe f, Stampfer m **2** <*di solito al pl*> (*davantino*) {+TOGA} Einsatz m aus gestärktem Stoff **3** (*nella caccia*) Schnarre f, Klapper f **4** *edil* Stampfe f, Stampfer m **5** *metall* Schlagholz n, Schlagwerk m **6** *relig* Ratsche f, Klapper f.

battóna f *region volg* (*prostituta*) Nutte f *volg*, Strichmädchen n *fam*, Prostituierte f.

battuta f **1** (*frase scherzosa*) Witz m, Scherz m: **è una ~ di cattivo gusto/[volgare],** das ist ein geschmackloser/ordinärer Witz; **ca-**

varsela con una ~, mit einem Witz davonkommen; **era solo una ~!**, das war nur ein Scherz!; **fare una ~**, einen Scherz machen; **è una ~ scontata!**, das ist alter Witz!; **~ di spirito**, geistreiche Bemerkung **2** (*frase*) Satz m: **liquidare un argomento con poche battute**, ein Thema mit wenigen Sätzen vom Tisch räumen **3** (*colpo*) Schlag m, Stoß m; (*azione*) *anche* Schlagen n **4** (*percossa*) Schlag m, Stoß m **5** (*segno*) blauer Fleck **6** (*punto in cui batte*) {+PORTA} Anschlag m; {+FIUME} Anprall m **7** (*operazione della polizia*) Razzia f, Einsatz m, Großfahndung f: **la polizia ha effettuato una serie di battute nella zona**, die Polizei hat einige Großfahndungen in dem Gebiet durchgeführt **8** *mus* Takt m **9** *sport* (*nell'atletica leggera e nel baseball*) Schlag m; (*nel calcio*) Anstoß m; (*nel canottaggio*) Ruderschlag m; (*nel nuoto*) Anschlag m; (*nella pallavolo, nel tennis, nel ping-pong*) Aufschlag m, Abspiel n **10** *teat* Stichwort n, Einsatz m: **dare la ~**, das Stichwort geben **11** *tip* {+MACCHINA DA SCRIVERE} Anschlag m: **fare 180 battute al minuto**, 180 Anschläge in der Minute tippen; **riga di 45 battute**, Zeile mit 45 Anschlägen ● **~ d'arresto** *mus*, Taktpause f; *fig* (*pausa*), Unterbrechung f, Stillstand m; **subire una ~ d'arresto** *fig* (*bloccarsi*), {LAVORO, PROGETTO} ins Stocken geraten; **avere la ~ pronta** *fig* (*essere spiritoso*), schlagfertig sein; **~** (*di caccia*), Treibjagd f, Treiben n; **essere alle prime/ultime battute** *fig* (*all'inizio, alla fine*), am Anfang/Ende sein; **non perdere una ~** *fig* (*essere molto attento*), keine Nuance überhören.

battuto, (-a) A *agg* **1** (*colpito*) **~ da qc** {COSTA DAL VENTO} von etw (dat) gepeitscht **2** (*pressato*) {NEVE, TERRA} (fest)gestampft **3** (*percorso*) {SENTIERO, VIA} begangen; (*con veicoli*) {STRADA} befahren **4** (*lavorato a martello*) {FERRO, RAME} gehämmert, geschmiedet, Schmiede- B m **1** (*pavimento*) {+CEMENTO} Estrich m **2** *gastr* (*trito*) "Mischung aus feingehacktem Gemüse, Kräutern, Schinken oder Speck für Füllungen, Soßen, etc.".

batùffolo m **1** (*fiocco*) Bausch m: **~ di cotone**, Wattebausch m **2** *fig* (*cane*) Moppel m *fam scherz*; (*bambino*) *anche* Pummelchen n *fam*.

bàu A *inter* wauwau: **il cane fa bau bau**, der Hund macht wauwau B <-> m *onomatopeico* **1** (*latrato*) (Hunde)gebell n, Wauwau n **2** *fig* (*babau*) Butzemann m, Kinderschreck m.

baud <-> m *ingl inform* Baud n.

baùle m **1** (*cassa da viaggio*) Überseekoffer m: **~ armadio**, Schrankkoffer m **2** (*contenuto*) {+VESTITI} Schrank m **3** *fig* (*persona grassa*) Schrank m *fam*: **durante la gravidanza è diventata un ~**, während der Schwangerschaft ist sie eine Kugel fam geworden **4** *autom* {+AUTO} Kofferraum m.

baulétto <dim di baule> m **1** (*cofanetto*) Kästchen n: **~ dei gioielli/cosmetici**, Schmuck-/Kosmetikköfferchen m **2** (*borsetta*) Handköfferchen n.

baùscia m *region* **1** *scherz* (*milanese*) Mailänder m **2** (*spaccone*) Angeber m, Prahler m, Prahlhans m fam, Aufschneider m *fam spreg*, Großmaul n *fam spreg*.

baùtta f **1** (*mantellina*) venezianisches Maskenkostüm **2** (*mascherina*) Larve f, Gesichtsmaske f.

bauxite f *min* Bauxit m.

bàva f **1** *gener* {+NEONATO, CANE IDROFOBO} Schaum m, Schleim m, Geifer m, Speichel m **2** <*di solito al pl*> *metall* Grat m: **~ di trapanatura**, Bart m **3** *zoo* {+LUMACA} Schleim m: {+BACO DA SETA} Spinnfaden m; (*seta fiaccia*)

Flockseide f ● **avere la ~ alla bocca**, Schaum vor dem Mund haben; *fig* (*essere esasperato*), (vor Wut) schäumen *forb*; **far venire la ~ alla *bocca* a qu** *fig* (*esasperarlo*), jdn zur Verzweiflung bringen; **perdere le bave per/**[**dietro a**] **qu/qc** *fig* (*desiderarlo molto*), auf jdn/etw scharf sein *fam*; **~** ┌**di vento**┐/[**d'aria**] *fig* (*leggera brezza*), Windhauch m.

bavaglìno <*dim di bavaglio*> m Lätzchen n.

bavàglio <-gli> m (*fazzoletto*) Knebel m ● **mettere il ~ a qu/qc** *anche fig* (*impedirgli di esprimersi liberamente*), {ALLA STAMPA} jdn/etw knebeln.

bavagliòlo m (*bavaglino*) Lätzchen n.

bavarése A *agg* {CANTO} bay(e)risch B *mf* (*abitante*) Bayer(in) m(f) C m <solo sing> (*dialetto*) Bayerisch(e) n D f *gastr* **1** (*semifreddo*) bay(e)rische Creme, Bavaroise f **2** (*salsa*) "Soße aus Butter, Eigelb und Essig" **3** (*bevanda*) "heißes Getränk aus Schokolade, Eiern, Milch, Zucker und Likör".

bàvero m (*colletto*) Kragen m ● **prendere qu per il ~**, jdn beim Kragen packen; *fig* (*prenderlo in giro*), sich über jdn lustig machen.

bavétta f **1** (*bavaglino*) Lätzchen n **2** *autom* Spritzschutz m **3** <*di solito al pl*> *gastr* feine Bandnudeln **4** *metall* Grat m: **~ di trapanatura**, Bart m.

Bavièra f *geog* Bayern n.

bavóso, (-a) *agg* {BAMBINO, CANE} geifernd, sabbernd.

bazàr <-> m *persiano* **1** Bazar m, Basar m **2** *comm* (*emporio*) Warenhaus n **3** *fig* (*caos*) Durcheinander n, Tohuwabohu n.

bazooka <-> m *ingl mil* Bazooka f.

bàzza① f *fam anche scherz* (*vorspringendes*) Kinn.

bàzza② f *fam* (*fortuna*) Glück n, Dusel m *fam*.

bazzècola f (*inezia*) Lappalie f, Kleinigkeit f: **risolvere questo problema per me è una ~**, dieses Problem ┌zu lösen ist für mich eine Lappalie┐/[löse ich mit links *fam*]; **non preoccuparti di queste cose: sono bazzecole!**, mach dir wegen dieser Dinge keine Sorgen: das sind Kleinigkeiten!

bazzicàre <*bazzico, bazzichi*> A tr (*frequentare*) **~ qu/qc** mit jdm/in etw (dat) verkehren, sich mit jdm/etw herum|treiben *fam spreg*: **bazzica ambienti poco raccomandabili**, er/sie treibt sich in zwielichtigen Milieus herum *fam spreg*; **deve smettere di ~ simili compagnie**, er muss aufhören, mit solchen Leuten zu verkehren┐/[solchen Umgang zu haben] B *itr* (*andare in giro*) **~ (con qu)**/(*compl di luogo*) mit jdm (*irgendwo*) verkehren, mit jdm (*irgendwo*) ein|- und aus|gehen, sich (*mit jdm*) (*irgendwo*) herum|treiben *fam spreg*: **da qualche tempo bazzica per la città con una bella ragazza**, seit einiger Zeit sieht man ihn häufig mit einem schönen Mädchen durch die Stadt streifen; **cercano un tipo che bazzica da queste parti**, sie suchen einen Typen, der sich oft in dieser Gegend herumtreibt; **quell'amico di mio fratello bazzica sempre per casa**, dieser Freund von meinem Bruder geht immer bei uns zu Hause ein und aus.

bazzòtto, (-a) *agg* **1** *gastr* {UOVO} weich-(gekocht), halbweich **2** *fig* (*incerto*) {RISULTATO} unsicher; {TEMPO} unbeständig **3** *fig* schwach, kränklich: **da qualche giorno mi sento un po' ~**, seit einigen Tagen fühle ich mich ein bisschen kränklich **4** *fig* (*mezzo ubriaco*) angetrunken.

BCE f *abbr di* Banca Centrale Europea: EZB f (*abbr di* Europäische Zentralbank).

BCI f *abbr di* Banca Commerciale Italiana: Italienische Handelsbank.

be' → **beh**.

bè *inter* *onomatopeica* {+PECORA} bäh.

beach tènnis <-> *loc sost m ingl* Beach-Tennis n.

beach volley <-> *loc sost m ingl sport* Strand-, Beachvolleyball m.

beagle <-> m *ingl zoo* (*cane*) Beagle m.

beànte *agg* **1** *geol* {FAGLIA} klaffend, trennend **2** *med* {VENA} offen, geöffnet.

bear <-> m *ingl banca* (*ribassista*) Baissier m; (*tendenza*) sinkende Tendenz.

beàre A tr *rar* (*deliziare*) **~ qu/qc** {MAMMA, ANIMA} jdn/etw beglücken B *itr pron* (*dilettarsi*): **bearsi** (*DELLA PRESENZA DI QU*) an etw (dat) Wohlgefallen/Vergnügen finden, in etw (dat) schwelgen *forb*: **si beava alla vista di suo figlio**, er/sie schwelgte im Anblick seines/ihres Sohnes *forb*.

beat *ingl* A <inv> *agg* {CULTURA, MODA} Beat-: **~ generation**, Beatgeneration f B <-> *mf* Beatnik m.

beàta f → **beato**.

beataménte *avv* {PRENDERSI IL SOLE} (glück)selig.

beatificàre <*beatifico, beatifichi*> tr **~ qu 1** *relig* jdn selig|sprechen, jdn beatifizieren **2** *rar* (*deliziare*) {MUSICA} jdn selig machen.

beatificazióne f *relig* {+MISSIONARIO} Seligsprechung f, Beatifikation f.

beatitùdine f **1** (*felicità*) (Glück)seligkeit f **2** *relig* {+ANIMA} Seligkeit f; {EVANGELICA} Seligpreisung f.

beàto, (-a) A *agg* **1** *fig* (*felice*) {RAGAZZO, VITA} glücklich, (glück)selig, beglückt: **~ chi va in vacanza!**, die haben's gut, die in Urlaub fahren!; **~ te!**, du Glücklicher!, du hast es gut! **2** *relig* selig; (*titolo*) {VERGINE} heilig: **il Beatissimo Padre**, der Heilige Vater B *mf relig* Selige *mf decl come agg*.

Beatrice f (*nome proprio*) Beatrix.

beau geste *loc sost m franc* <-, -x -s *pl franc* iron (*bel gesto*) schöne Geste.

beaujolais <-> m *franc enol* Beaujolais m.

beauty <-> m *ingl* (*nella cosmesi*) (*beauty-case*) Kosmetikkoffer m, Beauty-Case n.

beauty case <-, - -s *pl ingl*> *loc sost m ingl* (*nella cosmesi*) Kosmetikkoffer m, Beauty-Case n.

beauty center <-, - -s *pl ingl*> *loc sost m ingl* (*nella cosmesi*) Beautycenter m.

beauty farm <-, - -s *pl ingl*> *loc sost f ingl* (*nella cosmesi*) Beauty-, Schönheitsfarm f.

bebè <-> A m (*neonato*) Baby n, Kleinkind n B <inv> *loc agg*: **alla ~** {COLLETTO, CAPELLI} Baby-.

beccàccia <-ce> f *ornit* Waldschnepfe f.

beccaccìno m **1** *ornit* Bekassine f, Sumpfschnepfe f **2** *mar* kleines Segelboot.

beccafìco <-chi> m *ornit* Grasmücke f.

beccamòrto m *fam* <*di solito al pl*> *spreg* (*becchino*) Totengräber m **2** *fig scherz* (*corteggiatore*) Verehrer m *scherz*, Anbeter m *scherz*: **fare il ~ con qu**, jdn angraben *fam*, jdn anmachen *fam*.

beccàre <*becco, becchi*> A tr **1** **~ qc** {GALLINA GRANTURCO} etw (auf)picken; (*dare una beccata*) **~ qu/qc** nach etw (dat) picken, nach etw (dat) hacken; **non toccare il gallo: ti può ~**, fass den Hahn nicht an: er kann nach dir hacken **2** *fam* (*pungere*) **~ qu/qc** {VESPA, ZANZARA BAMBINO} jdn stechen; {APE BRACCIO} jdn in etw (acc) stechen, etw erwischen *fam* **3** *fig fam* (*conquistare*) **~ qu** {LA BELLA DEL PAESE} jdn kriegen *fam*, jdn schnappen *fam*, jdn erwischen *fam* **4** *fig fam* (*prendere*) **~ qc** {MALANNO, SBORNIA} sich (dat) etw holen *fam* **5** *fig fam* (*guadagnare*) ~ **qc** {MANCIA} *etw* kriegen *fam*, *etw* verdienen: **in quel posto becca 3000 euro al mese**, mit dieser Stelle kriegt *fam* /verdient er/sie 3000 Euro im Monat **6** *fig fam* (*essere condannato a*) ~ **qc** {DUE ANNI DI CARCERE} *zu etw* (dat) verdonnert werden *fam*, sich (dat) *etw* ein|handeln *fam* **7** *fig fam* (*cogliere*) ~ **qu** jdn ertappen, jdn erwischen *fam*: **l'hanno beccato sul fatto**, sie haben ihn auf frischer Tat ertappt **8** *fig fam* (*colpire*) ~ **qu**/**qc** {AMICO, VETRO} jdn/etw treffen **9** *fig fam* (*coinvolgere*) ~ **qu** jdn kriegen *fam*: **non mi beccano mai più a dare il bianco**, sie kriegen mich nie mehr zum Weißen *fam* **10** *fig* (*polemizzare*) ~ **qu** {COMPAGNO} jdn scharf an|greifen **11** *fig fam* (*trovare*) ~ **qc** {LA STRADA GIUSTA} *etw* finden, {IL TEST PIÙ DIFFICILE} *etw* erwischen *fam* **12** *teat* ~ **qu** {SPETTATORI CANTANTE} jdn aus|buhen *fam* (*prendersi*): **beccarsi qc** {MEDAGLIA D'ORO} sich (dat) *etw* holen *fam*: **beccarsi un raffreddore**, sich (dat) einen Schnupfen holen *fam*; {EREDITÀ, SCHIAFFO} *etw* kriegen, **in quel posto si beccano un sacco di mance**, in dem Lokal kriegen *fam* sie einen Haufen Trinkgeld; {DENUNCIA, SEI MESI DI CARCERE} sich (dat) *etw* ein|handeln *fam* **C** rfl rec: **beccarsi 1** {CANARINI} schnäbeln, sich gegenseitig hacken **2** *fig fam* (*bisticciare*) sich zanken: **quando si vedono si beccano in continuazione**, wenn sie sich sehen, zanken sie ständig ● *beccarle fig fam* (*subire una sconfitta*), eins/etwas draufkriegen *fam*; *beccati questa! fam*, da hast/siehst du's! *fam*.

beccàta f **1** (*colpo*) Schnabelhieb m: **dare una ~ a qu**, jdm einen Schnabelhieb geben **2** (*quantità*) (Schnabel)voll m **3** *fig* (*battuta*) bissige/gehässige Bemerkung **4** *fig teat* Buhruf m.

beccatèllo m **1** (*piolo*) {+ATTACCAPANNI} Haken m **2** *arch* Kragstein m.

beccatòio <-toi> agg (*contenitore dei becchime*) {+GABBIA} Futternäpfchen n.

beccatùra f **1** (*segno*) Biss m, Hackwunde f **2** (*azione*) Picken m.

beccheggiàre <*beccheggio, beccheggi*> itr *aero mar* {BARCA} (heftig) schaukeln, stampfen.

beccéggio <-*gi*> m *aero mar* (heftiges) Schaukeln, Stampfen m.

becchettàre **A** tr (*beccare velocemente*) ~ **qc** {GALLINA GRANO} *etw* picken **B** rfl rec: **becchettarsi 1** (*beccarsi*) {COLOMBI} sich (gegenseitig) hacken **2** *fig fam* (*bisticciare*) {SUOCERA E NUORA} sich streiten, sich zanken.

becchìme m (*cibo per uccelli*) (Vogel)futter n; (*per polli*) (Hühner)futter n.

becchìno (*rar -a*) m (f) Totengräber(in) m(f), Leichenbestatter(in) m(f).

bécco① <-*chi*> m **1** *zoo* {+AQUILA} Schnabel m **2** (*parte sporgente*) {+BRICCO} Tülle f, Schnabel m **3** (*vetta affilata*) Spitze f **4** *mus* {+CLARINETTO} Mundstück m ● **non aprir ~ fig fam** (*non parlare, non reagire*), den Schnabel nicht auf|machen/auf|tun *fam*; **bagnarsi il ~ fig fam scherz** (*bere*), sich (dat) einen hinter die Binde gießen/kippen *fam*, sich (dat) die Kehle anfeuchten *fam*; **di Bunsen chim**, Bunsenbrenner m; **chiudi il ~! fam**, halt den Schnabel/die Klappe! *fam*; **~ di civetta edil**, gekrümmter Sims; **mettere il ~ in qc** (*intromettersi*), seine Nase in *etw* (acc) stecken *fam*; **mettere il ~ dappertutto fig fam scherz** (*curiosare*), überall seine Nase hineinstecken *fam*, seine Nase in alles stecken *fam*; (*immischiarsi*), sich in alles seinen Senf dazu|geben *fam*; **~ d'oca** (*molletta per capelli*), Haarklammer f; **non avere ~ d'un quattrino fig fam**

bécco② <-*chi*> m **1** *zoo* (Ziegen)bock m **2** *fig fam* (*marito tradito*) Hirsch m *scherz*, Hahnrei m *spreg*, betrogener Ehemann.

beccùccio <-*ci*, dim di becco①> m **1** {+BRICCO, FIALETTA} Tülle f, Schnabel m **2** (*molletta per capelli*) Haarklammer f.

bécero, (-a) *tosc spreg* **A** agg (*volgare*) {CLIENTE} primitiv *spreg*, ordinär *spreg*, rüpelhaft *spreg* **B** m (f) Primitivling m *spreg*, ordinäre Person *spreg*, Rüpel m *spreg*.

béchamel <-> f *franc gastr* Béchamelsoße f.

becher <-> m *ted chim* Becherglas n.

becquerel <-> m *fis* (*unità di misura*, abbr Bq.) Becquerel n.

bed and breakfast <-> m loc sost m *ingl* (*servizio*) Bed and Breakfast n, Zimmer mit Frühstück n; (*edificio*) Bed and Breakfast n.

bedàno m *tecnol* (*scalpello*) Lochbeitel m.

beduìno, (-a) **A** agg (*dei beduini*) {CAROVANA} beduinisch **B** m (f) **1** (*nomade*) Beduine m, (Beduinin f) **2** *fig* (*persona selvaggia*) Grobian m.

bèe → **bè**.

beeper <-> m *ingl* (*cercapersone*) Piepser m.

beethoveniàno, (-a) *mus* **A** agg (*di L. van Beethoven*) {SINFONIA} von Beethoven, Beethoven-, Beethovens **B** m (f) (*studioso*) Beethoven-Spezialist(in) m(f).

befàna f **1** *fam* (*Epifania*) : **Befana**, Dreikönig(sfest) n **2** *fam* (*regali*) Bescherung f am Dreikönigstag **3** (*personaggio*) : **Befana**, "alte Frau, die in der Dreikönigsnacht den braven Kindern Geschenke und den bösen Kohle bringt" **4** *fig fam* (*donna vecchia e brutta*) Schreckschraube f *fam spreg*, Vettel f *spreg*: **essere una vecchia ~**, eine alte Vettel *spreg* sein.

bèffa f (*burla*) Spott m, Ironie f: **è stata una ~ del destino**, das war Ironie des Schicksals ● **farsi beffe di qu** (*beffarlo*), über jdn spotten, jdn verspotten.

beffàrdo, (-a) agg **1** (*che beffa*) {PERSONAGGIO} spöttisch, höhnisch **2** (*ironico*) {BATTUTA, RISO} ironisch.

beffàre **A** tr (*prendere in giro*) ~ **qu**/**qc** jdn/etw verspotten, jdn/etw verhöhnen: **si è lasciato ~ come uno sciocco**, er hat sich wie ein Dummkopf verspotten lassen **B** itr pron **1** (*prendersi gioco*): **beffarsi di qu**/**qc** sich über jdn/etw lustig machen, über jdn/etw spotten: **tu ti beffi di me!**, du machst dich über mich lustig! **2** (*disprezzare*): **beffarsi di qc** *etw* missachten: **beffarsi della legge**, die Gesetze missachten.

beffeggiàre <*beffeggio, beffeggi*> tr (*beffare profondamente*) ~ **qu**/**qc** {GENITORI, BUONE MANIERE, TRADIZIONE} jdn/etw aus|lachen, jdn/etw verspotten.

bèga <-*ghe*> f *fam* **1** (*litigio*) Streit m, Zoff m *slang*, Knatsch m *slang*: **sono le solite beghe fra vicini di casa**, das ist der übliche Zoff *slang* zwischen Nachbarn; **le vostre beghe amorose non mi interessano**, euer Beziehungsknatsch *fam* interessiert mich nicht **2** (*questione noiosa*) Scherereien f pl, Ärger m, Zoff m *slang*: **si è preso delle belle beghe!**, er hat sich ganz schönen Ärger eingehandelt!

beghìna f **1** *fig fam spreg* (*bigotta*) Betschwester f, Frömmlerin f **2** *relig* Begine f.

bègli m pl → **bello**.

begònia f *bot* Schiefblatt n, Begonie f.

beh inter *fam* **1** (*bene*), (also) gut: **va beh, andiamocene**, na ja, gehen wir **2** (*in proposizioni interr: allora*) na, so: **beh, che facciamo?**, na, was machen wir jetzt? **3** (*ma*) aber, schon: **beh, ha ragione lui**, er hat aber/schon recht; **un aperitivo? – beh, perché no?**, ein Aperitif? – Ja, warum nicht?

behaviorìsmo m *psic* Behaviorismus m.

behaviorìstico, (-a) <-*ci*, -*che*> agg *psic* {ANALISI} behavioristisch.

bèi m pl → **bello**.

BEI f abbr *del franc* Banque Européenne d'Investissement (*banca europea per gli investimenti*): EIB f (abbr di Europäische Investitionsbank).

beige *franc* **A** <*inv*> agg {GIACCA} beige(farben) **B** <-> m (*colore*) Beige n.

Beirut f *geog* Beirut n.

bèl → **bello**.

belàre **A** itr **1** *zoo* {PECORA} blöken; {CAPRA} meckern **2** *fig fam* (*lamentarsi*) jammern, meckern *fam spreg* **B** tr (*declamare lamentosamente*) ~ (**qc**) {POESIA} weinerlich vor|tragen, *etw* dahersülzen *fam*.

belàto m **1** {+PECORA} Blöken n; {+CAPRA} Meckern m **2** *fig* (*lamento*) Jammern n, Meckern n *fam spreg*.

belcànto, **bèl cànto** <-> m loc sost m *mus* Belcanto m, Belkanto m.

bèlga <-*gi* m, -*ghe* f> **A** agg anche *zoo* {ARTE, CAVALLO, RAZZA} belgisch **B** mf (*abitante*) Belgier(in) m(f).

Bèlgio m *geog* Belgien n.

Belgràdo f *geog* Belgrad n.

bell' → **bello**.

bèlla f **1** (*donna bella*) Schöne f, Schönheit f: **la ~ del quartiere**, die Schönheit des Viertels **2** (*innamorata*) Freundin f, Geliebte f, Liebste f: **sta telefonando alla sua ~**, er ruft gerade seine Freundin an **3** (*~ copia*) Reinschrift f: **(ri)copiare in ~**, ins Reine schreiben **4** (*nei giochi di carte*) sport Entscheidungsspiel n: **fare la ~**, das Entscheidungsspiel austragen ● **la ~ addormentata nel bosco** lett (*titolo di una fiaba di C. Perrault*), Dornröschen n; ~ **di giorno** bot, dreifarbige Winde; ~ **di notte** bot, Schweizerhose f; *eufem* (*prostituta*), Prostituierte f, Schöne f der Nacht; → *anche* **bello**.

belladònna <*belledonne*> f *bot* Belladonna f, Tollkirsche f.

bellaménte avv **1** (*bene*) schön, hübsch: **mise ~ in mostra le sue gambe**, sie zeigte ihre Beine schön her **2** *anche iron* (*gentilmente*) schön, sanft, dezent: **gli feci ~ capire che se ne doveva andare**, ich gab ihm dezent zu verstehen, dass er gehen sollte **3** (*tranquillamente*) sorglos, unbekümmert: **passeggiava ~ nei bassifondi della città**, er/sie spazierte sorglos durch die Elendsviertel der Stadt **4** (*comodamente*) ruhig: **se ne è rimasto ~ a casa**, er blieb ruhig zu Hause.

bellavìsta, **bèlla vìsta** <*belle viste*> **A** f loc sost f (*bella veduta*) schöne Aussicht **B** <*inv*> loc agg *gastr*: **in ~** {PROSCIUTTO} in Gelatine eingelegt.

bèlle f pl → **bello**.

belle époque <-> loc sost f *franc stor* Belle Époque f.

bellétto m **1** (*nella cosmesi*) Schminke f: **darsi il ~**, sich schminken **2** *fig lett* (*artificio*) Schminke f, Lack m.

bellézza f **1** (*qualità*) {GRECA, INDIANA, FISICA, MORALE; +DONNA, OPERA D'ARTE} Schönheit f: **è una ragazza di rara ~**, sie ist ein Mädchen von seltener Schönheit; (*splendore*) {+MONUMENTO} Pracht f **2** (*donna bella*) Schönheit f: **ciao, ~!**, hallo, schöne Frau! **3** (*cosa bella*) Prachtstück n, Schönheit f: **le**

bellezze naturali, die Naturschönheiten f pl; **le bellezze architettoniche**, die architektonischen Schönheiten f pl **4** *fig fam* (*gran quantità*) Kleinigkeit f *iron*: **costa la ~ di tre milioni**, das kostet die Kleinigkeit *iron* von drei Millionen **5** *fig fam* (*lungo periodo*) Wenigkeit f *iron*: **è durato la ~ di dieci anni!**, das hat die Wenigkeit *iron* von zehn Jahren gedauert! ● **una ~ all'*acqua e sapone*** (*naturale*), eine natürliche Schönheit; **avere la ~ dell'*asino fig scherz*** (*della giovinezza*), die Schönheit der Jugend haben; **che ~!**, wie (wunder)schön!, klasse! *fam*; *iron*, na, großartig! *iron*, na, toll! *iron*; **va/... che è una ~** *fig* (*molto bene*), es geht/läuft ... wunderbar; **la pasta lievita che è una ~**, der Teig geht wunderbar auf; **finire/chiudere in ~ *fig*** (*bene*), glücklich/gut/glanzvoll enden; **per/di ~** (*di decorazione*), zur Verzierung.

bellicismo m *polit* Kriegswesen f.

bellicista <-*i* m, -*e* f> *polit* **A** agg {SOLUZIONE} kriegerisch **B** mf Kriegshetzer(in) m(f).

bèllico, (-*a*) <-*ci*, -*che*> agg (*di guerra*) {OCCUPAZIONE} kriegerisch, Kriegs-; {INDUSTRIA} Rüstungs-.

bellicosità <-> f **1** (*essere bellicoso*) {+POPOLO} Streitbarkeit f **2** *fig* (*audacia*) {+RAGAZZO} Kühnheit f, Verwegenheit f.

bellicòso, (-*a*) agg **1** (*combattivo*) {POPOLO} kriegerisch **2** *fig* (*indocile*) {CARATTERE, ELEMENTO, RAGAZZA, SPIRITO} kriegerisch, kampflustig, streitbar.

belligerànte A agg (*che è in guerra*) {STATO} Krieg führend **B** mf Kriegführende mf decl come agg.

belligerànza f *dir* (*stato di ~*) Kriegszustand m.

bellimbùsto <bellimbusti> m *fam* (*damerino*) (Lack)affe m *fam spreg*, Geck m *spreg*, Stutzer m *obs spreg*.

belliniàno, (-*a*) agg (*di V. Bellini*) {OPERA} Bellini-.

bellino, (-*a*) <dim *di* bello> agg (*grazioso*) hübsch, niedlich, zierlich: **bellina quella ragazza!**, hübsch, dieses Mädchen!; **quel cappello è abbastanza ~**, der Hut ist ganz niedlich.

bèllo, (-*a*) <begli davanti a vocale, s impura, gn, pn, ps, x, z; bell' davanti a vocale o h muta; bel, bei davanti a consonante che non sia s impura, gn, pn, ps, x, z; belli solo posposto a un sost m> **A** agg **1** *gener* {BAMBINA, MANI, OCCHI, VISO} schön: **passa tutto il tempo a farsi bella**, sie verbringt ihre ganze Zeit damit, sich schön zu machen; **è ~ come il sole/un angelo/Apollo**, er ist schön wie die Sonne/ein Engel/Apoll; **è bella come una sposa**, sie ist schön wie eine Braut; (*carino*) {RAGAZZA} hübsch, {RAGAZZO} gut aussehend **2** (*sereno*) {GIORNATA, TEMPO} schön, heiter: **fa ~**, es ist (*calmo*) {MARE} ruhig; (*limpido*) {CIELO, LUNA, SOLE} klar **3** (*divertente*) {SCAMPAGNATA, SPETTACOLO} schön: **è stato un gran bel concerto**, es war ein sehr schönes Konzert **4** (*felice*) {ANNI, PERIODO} gut, schön **5** (*buono*) gut: **ha preso un bel voto**, er/sie hat eine gute Note bekommen; (*OCCASIONE*) günstig **6** (*di rilievo*) {RUOLO} schön, gut, bedeutend, wichtig **7** *fam* (*notevole*) schön, hübsch; {ETÀ} schön: **mi è costato la bella somma di ...**, das hat mich die hübsche Summe von ... gekostet; **ha messo insieme un bel gruzzoletto**, er/sie hat ein schönes Geldsümmchen angehäuft; **mi sono preso una bella paura**, ich habe ganz schön Angst bekommen *fam* **8** (*grande*) {PORZIONE DI LASAGNE} groß **9** *anche scherz* (*appropriato*) treffend, geeignet: **mi fai una bella domanda**, ₍ıch das ist₎/[du stellst mir] eine) gute Frage! **10** (*valente*) {ATLETA} gut, vortrefflich, tüchtig **11** *fam* rafforzativo echt, schön, wahr, gut, tüchtig: **le ha detto un bel no**, er/sie hat ihr ein klares Nein gesagt; **ho fatto una bella doccia**, ich habe schön geduscht; **nel bel mezzo della sala**, mitten im Saal; **un bel giorno te lo dirò**, eines schönen Tages werde ich es dir sagen; **è proprio un bel pezzo di ragazza!**, sie ist wirklich ein knackiges *fam* Mädchen!; **il cane era ~ pulito**, der Hund war schön sauber; **non valere un bel nulla**, keinen Pfifferling wert sein *fam*; **avere un bel dire**, gut reden haben **12** *fam iron* toll *fam o iron*: **bell'affare!**, tolle Sache! *fam o iron*; **sei un bel cretino**, du bist vielleicht ein Idiot *fam*; **bella figura!**, schöne Blamage!; **sei in un bel pasticcio!**, du sitzt schön in der Tinte! *fam*; **hai una bella faccia tosta!**, du bist ganz schön unverschämt! **B** m **1** *gener* (*bellezza*) Schöne n decl come agg, Schönheit f; *filos* Schöne n decl come agg **2** (*uomo bello*) {+PAESE} Schönheit f **3** (*innamorato*) Freund m, Liebste m decl come agg, Süße m decl come agg, Geliebte m decl come agg *obs*: **è andata al cinema con il suo ~**, sie ist mit ihrem Liebsten/Süßen ins Kino gegangen **4** (*parte interessante*) Beste n decl come agg, Gute n decl come agg, (*bello*) *fam*: **il ~ non è ancora iniziato**, das Beste kommt noch **5** *meteo* schönes Wetter: **il tempo s'è (ri)messo al ~**, das Wetter ist (wieder) schön geworden **C** loc agg *fam* (*vero e proprio*): **bell'e buono**, echt, durch und durch, ausgemacht; **questa è gelosia/invidia bella e buona**, das ist durch und durch Eifersucht/Neid **D** loc avv *fam* **1** (*lentamente*): **bel ~** {ARRIVARE} in aller (Gemüts)ruhe **2** **alla bell'e meglio** (*approssimativamente*), mehr schlecht als recht; (*come è stato possibile*) so gut es eben geht; **il lavoro è stato fatto alla bell'e meglio**, die Arbeit ist mehr schlecht als recht gemacht worden; **per dormire ci siamo sistemati alla bell'e meglio in sala**, zum Schlafen haben wir uns, so gut es eben geht, im Wohnzimmer eingerichtet ● **aveva un bel gridare, ma nessuno lo sentiva**, er konnte schreien, soviel er wollte, aber keiner hörte ihn; **prendere qu con le belle e con le *buone*** (*con diplomazia*), jdn mit diplomatischem Geschick gewinnen; **volerci del ~ e del buono** *fam* (*fare qc con molta fatica*), (einige) Mühe kosten; **ci volle del ~ e del buono per convincerlo**, es hat einige Mühe gekostet, ihn zu überzeugen; **me ne è capitata una bella!**, mir ist vielleicht was passiert!; **che ~!**, wie schön!, *iron*, na, großartig! *iron*, na, toll! *iron*; **ha/c'è di ~ che...** *fam* (*il lato di qu/qc positivo è che...*), das Gute (daran) ist, dass ...; **dirne delle belle**, Schauermärchen erzählen; **è bell'e morto/pronto/trovato**, er ist ₍mausetot *fam enf*₎/[fix und fertig *fam*]/[gefunden worden]; **è troppo ~ per essere vero!**, das ist zu schön, um wahr zu sein!; *fam iron*, komisch daran ist, dass ...; *farsi/diventare ~*, {RAGAZZA} ₍sich schön machen₎/[schön werden]; **farsi ~ di qc** *fig* (*vantarsene*), sich mit etw (dat) brüsten; **l'ho fatta/detta bella!**, da habe ich was angestellt/gesagt!; **ne hai fatte delle belle!**, du hast dir allerhand geleistet *fam*; **~ *mio!***, mein Lieber!, mein lieber Schwan! *scherz*; **oh bella!** *iron* (*di disappunto*), na wunderbar/bravo/großartig! *iron*, wie schön! *fam*; **questo è ~** *fam*, das ist ja gerade!, das ist ja Schöne/Gute daran!; ₍**questa è**₎/[**l'hai fatta**] **bella!** *fam* (*grossa*), das ist ein Ding! *fam*, das gibt's ja nicht! *fam*/da hast du was angestellt!; *sarebbe proprio bella!*, das wäre wirklich schön!; **ne ho *sentite* delle belle!** *fig* (*delle cose straordinarie*), ich habe vielleicht Sachen gehört!; *sul più ~ fam*, im schönsten Augenblick, als es gerade am schönsten war; **ora *viene*/*arriva* il ~!** *iron* (*il difficile*), nun geht's erst richtig los! *fam*.

bellòcchio <-*chi*> m *min* Katzenauge n.

bellòccio, (-*a*) <-*ci*, -*ce*, accr *di* bello> agg *fam* (*grossolanamente bello*) {RAGAZZO} hübsch, von einer natürlichen Schönheit, nett, apart.

bellòna <accr *di* bella> f *fam* (*donna di bellezza apparisciente*) Schönheit f.

bellospìrito, **bèllo spìrito** <begli spiriti> m loc sost m **1** (*persona di spirito*) Schöngeist m **2** *spreg* (*burlone*) Witzbold m *fam*.

Bellùno f *geog* Belluno n.

Belpaése, **bèl paése** <-> m loc sost m **1** (*Italia*) Italien n, schönes Land **2** *gastr*: Belpaese®, Belpaese m (*milder Butterkäse aus der Lombardei*).

beltà <-> f *lett* **1** (*bellezza*) {+BAMBINO, PAESAGGIO} Schönheit f **2** (*donna bella*) Schönheit f, Schöne f decl come agg.

bélva f **1** (*animale feroce*) wildes Tier, Raubtier n, Untier n **2** *fig* (*persona feroce*) Bestie f, (Un)tier n, Unmensch m: **quando beve diventa una ~**, wenn er/sie trinkt, wird er/sie zum Tier.

belvedére A <inv> in funzione di agg {TERRAZZA} Aussichts- **B** <-> m **1** (*luogo*) Aussichtspunkt m **2** *mar* Kreuzbramsegel n.

belzebù, **Belzebù** <-> m (*diavolo*) Beelzebub m.

Bemberg® <-> m *ted tess* Bembergseide f.

bemòlle m *mus* B n, Erniedrigungszeichen n: **si ~**, B n.

benaccètto, (-*a*) agg *lett* (*gradito*) {DONO} willkommen.

benalzàto, (-*a*) inter impr *anche iron* guten Morgen!: **benalzata, hai dormito bene?**, guten Morgen, (hast du) gut geschlafen?

benamàto, (-*a*) agg *lett anche iron* (*diletto*) {CONSORTE} heiß-, vielgeliebt.

benarrivàto, (-*a*) **A** inter impr (*di accoglienza*) willkommen!: **~ in campagna!**, willkommen auf dem Land! **B** m (*saluto*) Willkommensgruß m; **dare il ~ a qu**, jdn (bei seiner Ankunft) willkommen heißen.

benaugurato, (-*a*) agg (*desiderato*) {GIORNO} ersehnt.

benché A cong (*sebbene*) ~ ... (*congv*) obwohl .. *ind*, obgleich .. *ind*, obschon .. *ind*: ~ **(sia) tardi, passerò a prenderti**, obwohl es spät ist, komme ich dich abholen; ~ **non stesse bene, volle uscire lo stesso**, obwohl es ihm/ihr nicht gut ging, wollte er/sie trotzdem aus dem Haus gehen **B** <inv> loc agg (*assolutamente minimo*): ~ **minimo**, mindeste(r, s), geringste(r, s); **non fa il ~ minimo sforzo**, er/sie gibt sich nicht die geringste Mühe; **non ne ho la ~ minima idea**, ich habe nicht die geringste Ahnung davon.

benchmark <-> m *ingl anche econ* Benchmark f.

bènda f **1** (*fascia*) {NERA} Binde f **2** *anche stor* (*ornamento*) (Stirn)band n **3** *mar* Segelstreifen m **4** *med* Binde f, Verband m: ~ **elastica**, elastische Binde; ~ **gessata**, Gipsbinde f ● **avere la ~ agli *occhi*** *fig* (*non vedere la realtà*), mit Blindheit geschlagen sein; **a qu cade la ~ dagli *occhi*** *fig* (*rendersi conto di qc*), jdm fällt es wie Schuppen von den Augen.

bendàggio <-*gi*> m **1** (*bende*) Verband m: **dopo un mese le bendaggi al volto**, nach einem Monat nahmen sie ihr den Gesichtsverband ab **2** (*azione*) {+FERITA} Verbinden n **3** *sport* {+MANO DEL PUGILE} Bandage f.

bendàre A tr ~ *qu*/*qc* (*a qu*) **1** (*coprire gli occhi con una benda*) {BAMBINO} jdn/[jdm etw] verbinden, jdn/[jdm etw] bandagieren; {CONDANNATO A MORTE, OCCHI} *anche* jdn/[jdm etw] zu|binden **2** *med* {FERITO, TESTA, BRACCIO}

AL PAZIENTE} jdn/[jdm etw] verbinden **B** rfl **1** (coprirsi gli occhi con una benda): **bendarsi** sich (dat) die Augen verbinden; indir **bendarsi qc** {OCCHI} sich (dat) etw zu|binden **2** med: **bendarsi** sich verbinden; indir **bendarsi qc** {GINOCCHIO} sich (dat) etw verbinden.

bendatùra f (bendaggio) {+CAVIGLIA} Verband m, Bandage f; (azione) anche Verbinden n.

bendidìo, **bèn di Dìo** <-> m loc sost m (grande quantità di ottimi cibi) alles, was das Herz begehrt: **al ricevimento c'era ogni ~**, beim Empfang gab es alles, was das Herz begehrt.

bendispósto, (-a) agg (favorevole) (**verso**/[**nei confronti di**] **qu/qc**) jdm/etw wohlgesinnt, (jdm/etw gegenüber) wohlwollend.

bène① <meglio, benissimo o ottimamente> **A** avv **1** (in modo buono) {CRESCERE, DORMIRE, MANGIARE} gut, wohl forb **2** (nel modo giusto) {ESPRIMERSI} gut; {COMPORTARSI} anche anständig **3** (opportuno) gut, günstig: **è ~ astenersi dal giudicare**, es ist gut, sich eines Urteils zu enthalten **4** (giusto, esatto) {SENTIRE, VEDERE} genau, richtig: **ho capito ~?**, habe ich richtig verstanden? **5** (molto) {GUADAGNARE} gut, viel **6** anche fig (a fondo) {PULIRE} richtig, gut, gründlich: **se lo conosco ~ non sarà certo puntuale**, wenn ich ihn richtig kenne, wird er sicher nicht pünktlich sein **7** rafforzativo (proprio) ganz, voll, äußerst: **mi riferisco ben a tuo zio**, ich beziehe mich voll auf deinen Onkel; (molto) {ALTO, COTTO} sehr; **ben presto arriverà l'estate**, sehr bald kommt der Sommer **8** pleonastico wohl, recht, doch: **sai ~ che non lo posso fare**, du weißt doch, dass ich das nicht machen kann; fam (con numerali) gut; **ben 3000 euro m'è costato!**, das hat mich gut 3000 Euro gekostet!; **è stato via ben due anni**, er war ˌgut zweiˌ/[zwei volle] Jahre weg **9** iron (male) schön iron, prima iron, toll iron: **adesso sì che siamo ben messi!**, jetzt sitzen wir wirklich schön in der Tinte! fam; **mi giudicate proprio ~!**, ihr beurteilt mich ja wirklich ganz toll! iron; **andiamo ~!**, das läuft ja prima! iron **B** loc avv **1** (in un modo o nell'altro): **~ o male**, wohl oder übel, irgendwie; **~ o male abbiamo finito**, wir sind irgendwie fertig geworden **2** (molto bene): **ben ~**, richtig, (ganz) genau; **abbiamo chiuso ben ~ la porta**, wir haben die Tür richtig zugemacht; **mi guardò ben ~ in viso**, er/sieˌsah mir voll ins Gesichtˌ/[musterte mich genau]; (a fondo) {LAVARE, SPOLVERARE} gründlich, ordentlich **C** <inv> agg (dei ceti elevati) {GENTE, QUARTIERE, LA TORINO} wohlhabend, reich, vornehm **D** inter impr **1** (di consenso, approvazione) gut, prima, in Ordnung: **~! bravo! bis!**, wunderbar!, bravo!, Zugabe! **2** (per iniziare la conversazione) also: **~, sentiamo che cosa hai da dirmi**, also hören wir, was du mir zu sagen hast **3** (per troncare la conversazione) gut: **~, basta così**, gut, das reicht; **~, adesso puoi andare!**, gut, jetzt kannst du gehen! ● **si tratta di ben altro!**, es geht um etwas ganz anderes!; **andare di ~ in meglio** (benissimo), immer besser gehen; iron, immer schöner werden; **averne ben donde**, gute Gründe haben; **lo credo ~**, das glaube ich gern; **ben detto!**, richtig!, gut gesagt!; **ben fatto!**, gut gemacht!; **ben gentile!** (grazie), danke, sehr freundlich!; ˌ**gli sta ~**ˌ/[**ben gli sta**]!, das geschieht ihm recht!; **non sta ~ raccontare bugie** (non è corretto), es gehört sich nicht, Lügen zu erzählen; **sta ~ divertirsi, ma bisogna anche pensare a studiare**, Spaß zu haben, ist gut und schön, aber man muss auch ans Lernen denken; **stare**/**sentirsi ~**/[**poco ~**], sich wohl/[nicht wohl] fühlen; **tutto ~?**, alles in Ordnung?; **per ~ che vada ...**, bestenfalls, im günstigsten Fall.

bène② **A** m **1** (ciò che è buono) Gute n decl come agg **2** (utile) Wohl n, Gute n decl come agg: **lo dico per il tuo ~**, ich sage es zu deinem Besten **3** (cosa positiva) Glück n: **è stato un ~ che il professore fosse già uscito**, es war ein Glück, dass der Lehrer/Professor schon hinausgegangen war; **è (un) ~ che lo si sappia**, es ist ein Glück, dass man es weiß **4** (felicità) Gute n decl come agg, Glück n: **ti auguro ogni ~**, ich wünsche dir alles Gute **5** (buona azione) gute Tat **6** (affetto) Liebe f **7** (persona amata) Schatz m, Geliebte mf decl come agg **8** <di solito al pl> (ricchezze) Güter n pl, Vermögen n, Reichtümer m pl: **ha perso tutti i suoi beni**, er/sie hat all sein/ihr Vermögen verloren **9** <di solito al pl> comm dir econ Güter n pl, Vermögen n: **beni di consumo**, Konsumgüter n pl, Verbrauchsgüter n pl; **beni di consumo durevoli**, dauerhafte Konsumgüter n pl, Gebrauchsgüter n pl; **beni (di) rifugio**, wertbeständige Güter **10** <di solito al pl> dir Gegenstände m pl, Sachen f pl: **beni (in)fungibili**, (un)vertretbare Sachen; **beni immateriali/incorporali**, unkörperliche Gegenstände; **beni immobili**, unbewegliche Sachen, Immobilien f pl, Liegenschaften f pl; **beni materiali/corporali**, körperliche Gegenstände, Sachen f pl; **beni mobili**, bewegliche Sachen, Mobilien f pl, Fahrnis f **B** <inv> loc agg: **per ~** {GENTE} anständig, ehrbar ● **beni culturali**, Kulturgüter n pl; **beni demaniali** dir, öffentliche Sachen, Sachen f pl der Öffentlichen Hand; **ogni ben di Dio** fig fam (di tutto), alles, was das Herz begehrt; **beni di famiglia**, Familienbesitz m; **fare del ~ (a qu/qc)**, {ARIA DEL MARE AI BAMBINI, AI POLMONI} (jdm/etw) guttun; **~ giuridico** dir, Rechtsgut n; **perdere il ben dell'intelletto** fig (impazzire), den Verstand verlieren; **al di là del ~ e del male** fig (al di là di ogni morale), jenseits von Gut und Böse; lett (titolo di un opera di F. Nietzsche), Jenseits von Gut und Böse; **avere dei beni al sole** fig (degli immobili), Immobilien besitzen; **il sommo Bene** fig (Dio), das höchste Gut; **gli voglio un** ˌ**dell'anima**ˌ/[**da morire**] fig (molto bene), ich liebe ihn sehr, ich habe ihn wahnsinnig fam (unheimlich fam gerne; **voler ~ a qu**, jdn gern(e)/lieb haben, jdn lieben; **fa il ~ e scordati, fa il male e pensaci** prov, vergiss deine guten Taten und denke an deine schlechten; **tutto è ~ quel che finisce ~** prov, Ende gut, alles gut prov.

beneamàto → **benamato**.

beneauguràrte agg (di buon augurio): **parole beneauguranti**, Glückwünsche m pl.

benedettìno, (-a) **A** agg relig benediktinisch; {ORDINE, REGOLA} Benediktiner- **B** m (f) relig Benediktiner(in) m(f) **C** m enol Benediktiner(likör) m.

benedétto, (-a) agg **1** relig **~ (da qu)** {BAMBINO DA DIO} (von jdm) gesegnet; {VERGINE} heilig; {TERRA} geweiht; {ACQUA, OLIVO} Weih- **2** (felice) {GIORNO, INCONTRO} glücklich; {CLIMA} gesegnet **3** iron lieb: **benedetta ragazza, perché non studi?**, liebes Mädchen, warum lernst du nicht? **4** eufem (dannato) verdammt, verflixt, verwünscht: **questo ~ treno non arriva più!**, dieser verdammte Zug kommt überhaupt nicht mehr!

Benedétto m (nome proprio) Benedikt.

benedétto agg (che benedice) segnend.

benedìcite <-> m lat relig Tischgebet n.

benedìre <irr benedico, benedici, benedicevo o benedivo fam, benedissi o benedii, benedetto> tr **1** relig **~ qu/qc** {FEDELI, CHIESA, NUOVA CASA, CIBO} jdn/etw (ein|)segnen; {ACQUA} etw weihen **2** fig (proteggere) **~ qu/qc** jdn/etw segnen, jdn/etw behüten: **Dio ti benedica!**, Gott segne dich! **3** fig (ringraziare) **~ qu/qc** (per qc) jdn/etw für etw (acc)/wegen etw (gen) loben, jdn/etw für etw (acc)/wegen etw (gen) segnen: **Dio sia ~**, gelobt sei Gott (der Herr); **devo ~ il giorno in cui ti ho incontrato**, gesegnet sei der Tag, an dem ich dich getroffen habe; **benedico tuo fratello per la sua costanza**, ich lobe deinen Bruder für seine Beständigkeit **4** scherz (bagnare) **~ qu/qc** jdn/etw besprizten ● **andare a farsi ~** fig fam (al diavolo), zum Teufel gehen; **la frutta è andata a farsi ~ fam** (è marcita), das Obst ist verdorben/[schlecht geworden]; **il viaggio è andato a farsi ~** fig fam (è saltato), die Reise ist ins Wasser gefallen; **mandare qu a farsi ~ fam** (mandarlo al diavolo), jdn zum Teufel schicken fam.

benedizióne f **1** relig {PAPALE; +SIGNORE} Segnung f: **dare/impartire la ~ nuziale**, den Hochzeitssegen geben/erteilen; **~ urbi et orbi**, (päpstlicher) Segen urbi et orbi; (azione) anche Segnen n; (funzione) Segensandacht f **2** fig (buon augurio) {MATERNA, PATERNA} Segen m, Gnade f, Gunst f, Huld f forb obs **3** fig (fonte di bene) Segen m, Wohltat f, Glück n: **quell'uomo è la ~ della sua famiglia**, dieser Mann ist das Glück seiner Familie; **questa pioggia è una ~ per la terra**, dieser Regen ist ein Segen für die Erde **4** fig eufem (improperio) Schimpfwort n, Schmähung f: **chissà quante benedizioni ci manderà quando scoprirà il danno!**, wer weiß, wie er/sie auf uns schimpfen wird, wenn er/sie den Schaden entdeckt!

beneducàto, (-a), **ben educàto**, (-a) agg loc agg {RAGAZZO} wohlerzogen.

benefattóre, (-trice) m (f) Wohltäter(in) m(f).

beneficàre <benefico, benefichi> tr (aiutare) **~ qu/qc** {VOLONTARIO BISOGNOSI, POVERI} jdn/etw beschenken, jdm/etw helfen; (finanziariamente) jdn/etw unterstützen, jdm/etw Wohltaten erweisen.

beneficènza A f (carità) Wohltätigkeit f, Wohltaten f pl: **l'incasso della serata sarà devoluto in ~**, die Abendeinnahmen sind für einen guten Zweck **B** <inv> loc agg (benefico): **di ~** {BALLO, ISTITUTO, LOTTERIA} Wohltätigkeits-, Wohlfahrts- ● **non voglio fare della ~ a nessuno** fig (non voglio regalare niente a nessuno), ich bin doch nicht die Heilsarmee!

beneficiàre <beneficio, beneficì> itr (usufruire) **~ di qc** {DELLE CIRCOSTANZE ATTENUANTI} in den Genuss etw (gen) kommen, etw genießen, etw bekommen, Vorteil aus etw (dat) ziehen: **c'è stata un'amnistia, ma lui non ne ha potuto ~**, es hat eine Amnestie gegeben, aber er hat daraus keinen Vorteil ziehen können.

beneficiàrio, (-a) <-ri m> **A** agg dir {TERZO} begünstigt **B** m (f) **1** dir Begünstigte mf decl come agg; (nelle assicurazioni) Bezugsberechtigte mf decl come agg **2** comm {+ASSEGNO, LETTERA DI CREDITO} Empfänger(in) m(f), Wechselnehmer(in) m(f) **3** relig stor Benefiziat m.

beneficiàto, (-a) **A** agg dir {TERZO} begünstigt **B** m (f) **1** dir Begünstigte mf decl come agg; (nelle assicurazioni) Bezugsberechtigte mf decl come agg **2** relig Benefiziat m.

benefìcio <-ci> **A** m **1** (bene) Wohltat f **2** (giovamento) Nutzen m, Gewinn m: **recare ~ a qu/qc**, jdm/etw von Nutzen sein; **trarre ~ da qc**, Gewinn aus etw (dat) ziehen **3** (~ di legge) Vorteil m: **col ~ della (sospensione) condizionale (della pena)**, mit Strafaussetzung zur Bewährung **4** relig Pfründe f **5** stor Benefizium n **B** loc prep (a favore): **a ~ di qu/qc** zu jds/etw Gunsten ● **concedere**

benèfico

a qu il ~ del *dubbio* fig, jdm das Recht auf Zweifel zugestehen; ~ **d'escussione** *dir*, Einrede f der Vorausklage; **accettazione dell'eredità col ~ d'inventario** *dir*, Annahme der Erbschaft unter dem Vorbehalt der Inventarerrichtung; **prendere/accettare qc con ~ d'inventario** fig (*con riserva*), etw unter Vorbehalt nehmen/annehmen.

benèfico, (-a) <-ci, -che, difet del superl: molto benefico, beneficentissimo> agg **1** (*che fa bene*) {CURA, EFFETTO} wohltuend, heilsam **2** (*caritatevole*) {ASSOCIAZIONE} wohltätig, Wohltätigkeits-.

bènefit <-, -s pl ingl> m ingl (*fringe benefit*) Vergünstigung f, Leistung f.

beneinformàto → **beninformato**.

beneintenzionàto, ben intenzionàto → **benintenzionato**.

beneintéso → **beninteso**.

Bènelux m geog Beneluxländer n pl, Beneluxstaaten m pl.

benemerènza f forb (*merito*) Verdienst n.

benemèrita f (*l'arma dei Carabinieri*) **la ~/Benemerita**, Karabinieri m pl.

benemèrito, (-a) <difet del superl: molto benemerito, benemerentissimo> **A** agg (*che ha dei meriti*) {CITTADINO, SOCIO} verdienstvoll, verdient, wohlverdient **B** m (f) verdienstvoller Mensch.

beneplàcito m **1** (*approvazione*) {+AUTORITÀ} Zustimmung f, Einwilligung f, Genehmigung f; **con il ~ di qu/qc** mit der Zustimmung von jdm/etw/+ gen **2** rar (*arbitrio*) Belieben n, Gutdünken n: **a mio/tuo/suo ~**, nach meinem/deinem/[seinem/ihrem] Gutdünken.

benèssere <-> m **1** (*buona salute*) {FISICO, PSICOLOGICO} Wohlbefinden n, Wohlsein n, Wohl n, Wohlergehen n: **provare una sensazione di ~**, sich wohl fühlen **2** (*agiatezza*) Wohlstand m: **assicurare un certo ~ alla propria famiglia**, seiner Familie einen gewissen Wohlstand garantieren.

benestànte **A** agg (*abbiente*) {FAMIGLIA} wohlhabend, begütert, vermögend **B** mf Wohlhabende mf decl come agg, Bessergestellte mf decl come agg.

benestàre <-> m **1** (*approvazione*) Zustimmung f, Einwilligung f, Genehmigung f: **dare il proprio ~ a qu/qc**, jdm/etw seine Einwilligung/Zustimmung geben **2** amm {+AUTORITÀ} Zustimmung f, Genehmigung f, Einverständnis n **3** rar (*tranquillità*) Wohlsein n, Ruhe f.

Benevènto f geog Benevent n.

benevolènza f **1** (*buona disposizione d'animo*) {+INSEGNANTE} Wohlwollen n, Gewogenheit f, Gunst f **2** (*indulgenza*) Nachsicht f: **ha fatto appello alla ~ della commissione**, er/sie hat an die Nachsicht der Kommission appelliert.

benèvolo, (-a) <difet del superl: molto benevolo, benevolentissimo> agg **1** (*favorevole*) {COMMENTO} wohlwollend, günstig **2** (*ben disposto*) ~ **con**/**verso qu** {MADRE VERSO I FIGLI} (*jdm/etw gegenüber*) wohlwollend, gütig (*mit jdm/etw*), nachsichtig (*mit jdm/etw*) **3** (*indulgente*) ~ **con**/**verso qu** {ESAMINATORE VERSO I CANDIDATI} (*jdm/etw gegenüber*) mild, gnädig (*mit jdm/etw*), nachsichtig (*mit jdm/etw*).

benfàtto, (-a), **ben fàtto**, (-a) agg loc agg **1** (*proporzionato*) {BAMBINO} gut gewachsen/gebaut **2** (*ben riuscito*) {COSA, LAVORO} gut (gemacht), ordentlich, sauber, gelungen.

bengàla <-> m **1** (*fuoco d'artificio*) bengalisches Feuer **2** *artiglieria* (*per segnalazioni*) Leuchtkugel f, Leuchtrakete f.

Bengàla m geog Bengalen n.

bengalése **A** agg {FESTA} bengalisch **B** mf (*abitante*) Bengale m, Bengalin f.

bengòdi <-> m (*cuccagna*) Schlaraffenland n.

beniamino, (-a) m (f) **1** (*figlio prediletto*) Liebling m, Lieblings-, Schoßkind n: **l'ultimogenito è il ~ della mamma**, das Nesthäkchen ist Mamas Lieblingskind! **2** (*favorito*) {+DESTINO} Liebling m: ~ **del pubblico**, Publikumsliebling m; **è il ~ delle signore!**, er ist der Liebling der Frauen!

benignità <-> f **1** (*benevolenza*) {+SIGNORA} Güte f, Nachsicht f; {+GIUDIZIO} Milde f, Nachsichtigkeit f **2** lett (*mitezza*) {+CLIMA} Milde f **3** med {+TUMORE} Gutartigkeit f.

benigno, (-a) agg **1** (*benevolo*) {GESTO, SGUARDO, SORRISO} wohlwollend; {CRITICO, GIUDICE} gütig, mild; {AMICO} liebenswürdig **2** fig (*sorte, ecc.*) gütig **3** meteo {CLIMA} mild **4** med {TUMORE} gutartig.

beninformàto, (-a) **A** agg (*chi dispone di buone informazioni*) {COLLEGA, FONTE} gut unterrichtet **B** m (f) Gutinformierte mf decl come agg.

benino <dim di bene①> **A** avv fam (*abbastanza bene*) ganz/recht gut: **è andata ~**, es ist ganz gut gelaufen **B** loc avv (*molto bene*): **per ~** {PULIRE} gründlich.

benintenzionàto, (-a) **A** agg (*che ha buoni propositi*), ~ (**verso qu**) {POLITICO VERSO I DISOCCUPATI} jdm wohlgesonnen, mit guten Absichten (*zugunsten von jdm/etw/+ gen*) **B** m (f) Wohlgesonnene mf decl come agg.

benintéso, ben intéso **A** avv loc avv (*naturalmente*) natürlich, selbstverständlich: **ci divideremo**, ~, **anche le responsabilità**, wir werden selbstverständlich auch die Verantwortung teilen; ~ **sei invitato anche tu**, natürlich bist du auch eingeladen **B** loc cong (*purché*): ~ **che ... cong**, vorausgesetzt, dass ... ind: **ti darò una risposta** ~ **che tu ti faccia vedere**, ich werde dir eine Antwort geben, vorausgesetzt, dass du dich blicken lässt.

benissimo superl *di bene*①.

bènna f tecnol {AUTOMATICA, MORDENTE, RASCHIANTE, RIBALTABILE, STRISCIANTE} Greifer m: ~ **per il cemento armato**, Betonkübel m; ~ **tramoggia**, Trichterkübel m; ~ **trebbiante**, Dreschkorb m; ~ **svedese**, Schwedengreifer m.

bennàto, (-a) agg forb (*beneducato*) wohlerzogen.

benóne <accr di bene①> avv fam (*piuttosto bene*) ziemlich gut: **è andata** ~, es ist ziemlich gut gelaufen.

benpensànte, ben pensànte **A** agg loc agg (*tradizionalista*) {GIORNALISTA} rechtschaffen; spreg bieder, spießig fam spreg **B** mf loc sost mf rechtschaffener Mensch; spreg Biedermann m obs o iron, Spießer(in) m (f) fam spreg.

benservito m (*referenze*) (Dienst)führungs-/Abgangszeugnis n • **dare il ~ a qu** iron {DAL CAMERIERA, ALLA FIDANZATA} jdm den Laufpass geben fam.

bensì cong **1** (*ma*) sondern, wohl aber: **non bisogna indugiare**, ~ **agire**, man muss nicht zögern, sondern handeln **2** (*invece*) sondern, hingegen: **non intendevo offenderti, ma ~ spronarti a studiare di più**, ich wollte dich nicht beleidigen, sondern dich dazu anspornen, mehr zu lernen.

bènthos → **bentos**.

bentornàto, (-a), **ben tornàto**, (-a) **A** inter loc inter impr willkommen!: **bentornati a casa!**, willkommen zu Hause! **B** m (f) Willkommene mf decl come agg **C** <-> m (*saluto*) Willkommensgruß m, Willkommen n.

bèntos <-> m biol Benthos n.

benvenùto, (-a), **ben venùto**, (-a) **A** inter loc inter impr willkommen!: ~ **a casa nostra!**, willkommen bei uns! **B** m (f) Willkommene mf decl come agg: **qui siete i benvenuti**, hier seid ihr willkommen **C** <-> m (*saluto*) Willkommen n, Willkommensgruß m; **dare il ~ a qu**, jdn willkommen heißen.

benvisto, (-a), **ben visto**, (-a) agg loc agg (*apprezzato*) gern gesehen, geschätzt: **non è ~ dai colleghi**, er ist bei den Kollegen nicht gern gesehen; **la sua attività è benvista dalla polizia**, seine/ihre Tätigkeit wird von der Polizei geschätzt.

benvolére <difet usato solo all'inf e part pass> **A** tr (*stimare*) ~ **qu/qc** jdn/etw schätzen, jdn/etw gern(e) mögen, jdn/etw gern haben: **farsi ~ da qu**, jds Zuneigung gewinnen; **prendere a ~ qu**, jdm zugeneigt sein, jdn lieb gewinnen **B** m loc sost m <solo sing> (*stima*) Zuneigung f.

benvolùto, (-a), **ben volùto**, (-a) agg loc agg ~ **da qu/qc** {INSEGNANTE DALLA CLASSE} bei jdm/etw geschätzt, bei jdm/etw beliebt.

benzène m chim Benzol n.

benzìle m chim Benzyl n.

benzìna f {ANTIDETONANTE} Benzin n: ~ **per auto**, Kraftfahrzeug-, Autobenzin n; ~ **avio**/[**d'aviazione**], Flieger-, Flugbenzin n; ~ **normale**/**super**, Normal-/Superbenzin n; ~ **per smacchiare**, Waschbenzin n; ~ **verde**/[**senza piombo**], bleifreies Benzin • **fare** ~ fam (*fare rifornimento*), tanken; **buttare** ~ **sul fuoco** fig (*fomentare l'odio*), Öl ins Feuer gießen; **rimanere senza** ~, ohne Benzin hängen bleiben; fig (*essere esausto*), leere Batterien haben, ausgepowert sein fam spreg.

benzinàio, (-a) <-nai m> m (f) **1** (*addetto*) Tankwart(in) m (f) **2** (*distributore*) Tankstelle f.

benzodiazepìna f chim farm Benzodiazepin n.

benzoìno m **1** (*resina*) Benzoe(harz) n **2** bot Benzoe m **3** chim Benzoesäure f.

benzòlo m chim Benzol n.

beóne, (-a) m (f) fam spreg (*ubriacone*) Säufer(in) m (f) volg spreg, Saufbold m volg spreg.

beòta <-i m, -e f> **A** agg fig spreg (*sciocco*) {ARIA} blöd(e) fam, dumm, idiotisch fam spreg **B** m **1** fig spreg (*sciocco*) Holzkopf m fam spreg, Idiot(in) m (f) fam spreg **2** (*abitante*) Böotier(in) m (f).

Beòzia f geog Böotien n.

Bèppe m (*nome proprio*) Sepp m.

bèrbero, (-a) **A** agg **1** {POPOLAZIONE} berberisch; {CAVALLO} Berber- **B** m (f) **1** (*persona*) Berber(in) m (f) **2** zoo Berberpferd n.

berciàre <bercio, berci> itr tosc fam (*strillare*) schreien, brüllen fam spreg, grölen fam spreg.

bére <irr bevo, bevvi o bevetti o bevei, bevuto> **A** tr **1** (*ingerire*) ~ (**qc**) {RAGAZZO ACQUA, BICCHIERE DI VINO} (*etw*) trinken: **dammi**/**versami ancora da** ~, schenk mir noch was zu trinken ein; **vieni, ti offro qc da** ~, komm, ich gebe dir einen aus; {UOVO} etw aus|trinken; {LUPO} etw trinken, etw saufen: **dai da** ~ **ai cavalli**, tränke die Pferde **2** fig (*assorbire*) ~ (**qc**) etw auf|saugen: **questa pianta beve molto**, diese Pflanze braucht viel Wasser **3** fig (*consumare*) ~ (**qc**) etw verbrauchen, (*etw*) saufen fam, etw schlucken, etw fressen: **la mia macchina beve molta benzina**, mein Auto schluckt viel Benzin **4** fig fam (*credere*) ~ **qc** sich (dat) etw weismachen lassen, sich (dat) etw verscherzen **6** (*non assol*) (~ *alcolici*) alkohol-, trunksüchtig sein, dem Trunk forb ergeben sein: **molte casalinghe**

bevono, viele Hausfrauen trinken/[sind alkoholsüchtig]; **smettere di ~**, mit dem Trinken aufhören; **~ per dimenticare**, trinken, um zu vergessen; **mia moglie non beve**, meine Frau trinkt nicht **7** (*uso assol*) (*inghiottire acqua*) {NUOTATORE} Wasser schlucken **B** rfl indir intens **1 bersi** *qc* {BICCHIERE DI VINO} *etw* trinken **2** *fig fam* (*credere*) **bersi** *qc* {TUTTA LA STORIA} sich (dat) *etw* aufbinden lassen, sich (dat) *etw* weismachen lassen: **si è bevuto tutte quelle frottole**, er hat sich all diese Lügengeschichten aufbinden lassen **C** *m* <*solo sing*> **1** Trinken *n* **2** (*vizio*) Trunksucht f, Trinken n: **darsi al ~**, sich dem Trunk *forb* ergeben, (gewohnheitsmäßig) trinken ● **~ o affogare!** *fig* (*essere costretto a fare qc*), Vogel, friss oder stirb!; **berla/bersela** *fig* (*credere ingenuamente qc*), etw schlucken *fam*, etw glauben; **~ come un cammello/una spugna** *fig* (*bere molto*), saufen wie ein Loch *fam*; **darla a ~ a qu** *fig fam* (*darla a intendere*), jdm etw weismachen, **berci sopra** *fig fam* (*per dimenticare qc*), etw im Alkohol ertränken.

Berétta® <-> f artiglieria "halbautomatische neunkalibrige Pistole der italienischen Armee".

bergamàsco, (-a) <-*schi, -sche*> **A** agg bergamask(isch) **B** m (f) (*abitante*) Bergamasker m, (Bergamaskin f).

bergamòtto m **1** *bot* Bergamottenbaum m **2** (*frutto*) Bergamotte f **3** (*profumo*) Bergamottöl n.

beribèri, **bèri bèri** <-> m loc sost m *med* Beriberi f *scient*.

berillio <-> m *chim* Beryllium n.

berillo m *min* Beryll m.

berlina① f *stor* (*gogna*) Pranger m ● **mettere alla ~** *qu*, jdn an den Pranger stellen; *fig* (*schernire*) anche jdn zum Gespött machen.

berlina② f **1** *autom* Limousine f **2** (*carrozza*) Berline f.

berlinése **A** agg {INVERNO, LAGO} Berliner, berlinerisch **B** mf (*abitante*) Berliner(in) m(f) **C** m <*solo sing*> (*dialetto*) Berlinerisch(e) n.

Berlino f *geog* Berlin n ● **~ Est/Ovest** *stor*, Ost-/Westberlin n.

bermuda m pl (*nella moda*) Bermudas pl, Bermudashorts pl.

Bermùde f pl *geog* Bermudas f pl, Bermuda-Inseln pl.

Bèrna *geog* **A** f (*città*) Bern m **B** m (*cantone*) Bern n.

bernàrda f *volg* (*vulva*) Möse f *volg*, Fotze f *volg*.

bernardino *relig* **A** agg {ORDINE} Bernhardiner- **B** m Bernhardinermönch m.

Bernàrdo m (*nome proprio*) Bernhard m ● **~ l'eremita** *zoo*, Einsiedlerkrebs m; **piccolo/grande S. Bernardo**, Kleiner/Großer St. Bernhard; **S. Bernardo** *relig*, St. Bernhard; *zoo* (*cane*), Bernhardiner m.

bernése **A** agg {CUCINA} Berner- **B** mf (*abitante*) Berner(in) m(f).

berniniàno, (-a) agg (*di G.L. Bernini*) {SCULTURA} Bernini-.

bernòccolo m **1** (*bozzo*) Beule f: **ha un ~ in testa**, er/sie hat eine Beule am Kopf **2** (*sporgenza*) {+TERRENO} Vorsprung m **3** *fig* (*pallino*) ~ **di** *qc* {+COMMERCIO, MATEMATICA} Veranlagung f *für etw* (acc), Neigung f *zu etw* (dat); **nascere col ~ di** *qc*, mit der Veranlagung für etw (acc) geboren werden; **ha il ~ degli affari**, er/sie hat eine Veranlagung für Geschäfte.

berrétta f (*cappello*) Mütze f, Kappe f: ~ **da notte** (*per uomo*) Schlafmütze f; (*per donna*) Nachthaube f.

berrétto m Mütze f, Barett n, Kappe f: **~ da ciclista/fantino**, Fahrrad-/Jockeymütze f; **~ goliardico**, Studentenmütze f.

bersagliàre <*bersaglio, bersagli*> tr **1** (*colpire*) **~** *qu/qc* **di** *qc* {COMPAGNO DI PUGNI} jdn/etw mit etw (dat) bewerfen, *auf* jdn/etw mit etw (dat) ein|schlagen **2** *fig* (*sommergere*) **~** *qu/qc* **di** *qc* {INTERVISTATO DI DOMANDE} jdn/etw mit etw (dat) bombardieren *fam*, (*perseguitare*) **~** *qu/qc* (**di** *qc*) jdn/etw (*mit etw* (dat)) verfolgen, jdn/etw (*mit etw* (dat)) plagen, jdn/etw (*mit etw* (dat)) heim|suchen: **è bersagliato dalla sfortuna**, er ist vom Unglück/Pech verfolgt, er ist ein Pechvogel *fam* **4** *mil* **~** *qu/qc* {POSIZIONE} jdn/etw beschießen, jdn/etw unter Beschuss nehmen.

bersaglièra **A** f *fig scherz* (*donna molto decisa*) Flintenweib n *spreg* **B** loc avv *fig* (*energicamente*): **alla ~** {AGIRE, PRENDERE UNA DECISIONE} frisch und munter, schwungvoll, furchtlos, tollkühn, energisch.

bersaglière **A** m *mil* Bersagliere m; (*Scharfschütze der italienischen Infanterie*) **B** m *fig fam* (*persona molto decisa*) energische/schlagfertige Person, Draufgänger m.

bersàglio <-*gli*> m **1** Ziel n; (*segno*) (Ziel-, Schieß)scheibe f **2** *fig* {+CRITICHE, COMPAGNI DI SCUOLA} Zielscheibe f ● **colpire/centrare il ~** (**in pieno**) *anche fig* (*raggiungere il proprio scopo*), (*voll*) ins Schwarze treffen; **mancare il ~** *anche fig* (*non ottenere quel che si voleva*), das Ziel verfehlen.

Bèrta f (*nome proprio*) Bert(h)a.

Bertóldo m (*nome proprio*) Berthold ● **farne più di ~** (**in Francia**) *fig* (*di tutti i colori*), es zu bunt treiben *fam*.

bertùccia <-*ce*> f **1** *zoo* Magot m, Berberaffe m **2** *fam spreg* (*donna bruttina*) (alte) Schachtel *fam spreg*, Hexe f *spreg*.

Berúf <-, *pl ted*> m *ted* **1** (*professione*) Beruf m **2** (*lett*) (*vocazione*) Berufung f.

besciamèlla f *gastr* Béchamelsoße f.

bestémmia f **1** *fig* (*sproposito*) Unsinn m: **sprecare il cibo è una ~**, Essen zu verschwenden, ist Unsinn **2** *relig* (*Gottes*)lästerung f, Fluch m: **non fa che dire/tirare una ~ dietro l'altra**, alles, was er/sie tut, ist, ohne Ende zu fluchen; **la ~ è reato**, Gotteslästerung ist ein Vergehen.

bestemmiàre <*bestemmio, bestemmi*> **A** tr **1** (*oltraggiare*) **~** (**qu**) {DIO} (*auf* jdn) fluchen, jdn lästern obs **2** (*maledire*) **~ qc** {LA PROPRIA SORTE} etw verfluchen **3** *fig scherz* (*masticare*) **~ qc** {UN PO' DI TEDESCO} etw/in etw (dat) radebrechen **B** itr (*maledire*) **~ contro qu/qc** {CONTRO IL DESTINO} auf/über jdn/etw fluchen, auf/über jdn/etw schimpfen ● **non ~!** (*non dire spropositi!*), rede keinen Unsinn!

bestemmiatóre, (-trice) m (f) Lästermaul n *fam*, Flucher(in) m(f), Gotteslästerer m.

béstia f **1** (*animale*) Tier n: **bestie feroci**, wilde Tiere, Bestien f pl; **bestie da soma/tiro**, Saum-/Last-/Zugtiere n pl; (*domestico*) (Haus)tier n; (*da allevamento*) Vieh n **2** *fam* (*insetto*) Ungeziefer n, Viech n *fam spreg* **3** <*di solito al pl*> *fam scherz* (*stola di pelliccia*) Pelzstola f **4** *fig fam spreg* o *scherz* (*persona rozza*) Raubaus m *fam*, Grobian m *spreg*, (*persona stupida*) Esel m *fam*, Dummkopf m *spreg*, Schwachkopf m *spreg*; (*uomo aggressivo*) (Un)tier n, Bestie f **5** *fig* (*istinto animale*) Tierinstinkt m **6** (*gioco*) "italienisches Kartenglücksspiel" ● **andare/montare in ~** *fig fam* (*arrabbiarsi*), wütend werden, aus der Haut fahren, vor Wut in die Luft gehen *fam*; **far andare in ~ qu** *fig fam* (*far arrabbiare*), jdn ᴌin Harnisch⌡/[in Wut]/[auf die Palme] *fam*]/[zur Weißglut *fam*] bringen; **una brutta ~** *fig* (*cosa difficile*), eine schlimme Sache, (*persona*), ein schrecklicher Mensch; **vivere/dormire/mangiare come una ~** *fig fam* (*in modo inumano*), wie ein Tier leben/schlafen/fressen *fam spreg*; **faticare/lavorare come una ~** *fig fam* (*molto*), ᴌschuften *fam*]/[wie ein Tier arbeiten]; **morire come le bestie** *fig* (*senza ricevere l'estrema unzione*), sterben, ohne die letzte Ölung zu bekommen; **la ~ nera di** *qu fig* (*persona o cosa molto temuta*), das Schreckgespenst *von* jdm/+ gen; **una ~ rara** *fig* (*persona non comune*), ein seltenes Exemplar, ein seltsamer/schräger Vogel *fam scherz*, eine Rarität; **sudare come una ~** *fig fam* (*molto*), schwitzen wie ein Bär/eine Affe; **trattare qu come una ~** *fig fam* (*male*), jdn wie ein Stück Vieh behandeln.

bestiàle **A** agg **1** (*da bestia*) {AGGRESSIVITÀ, FORZA, ISTINTO} tierisch, viehisch **2** *fig* (*disumano*) {ASPETTO, CRUDELTÀ} bestialisch **3** *fig fam* (*molto grande*) {CALDO, FREDDO, PAURA} mörderisch, entsetzlich, tierisch *fam* **B** inter impr *slang* giovanile (*fantastico*) ~!, toll! *fam*, tierisch! *fam*.

bestialità <-> f **1** (*brutalità*) Bestialität f **2** *fig fam* (*discorso, azione*) Blödsinn m *fam spreg*: **ha detto una ~** *fam*, er/sie hat etwas ganz Dummes gesagt.

bestiàme m (*insieme di animali*) Vieh(bestand m) n: **~ grosso/minuto**, Groß-/Kleinvieh n.

bestiàrio <-*ri*> m *lett* {MEDIEVALE} Tierbuch n, Bestiarium n.

bestióne, (-a) <*accr di bestia*> m (f) **1** Riesentier n **2** *fig fam* (*bruto*) Brummer m *fam*.

bèst sèller <-, - -s *pl ingl*> loc sost m *ingl lett mus* Bestseller m.

bèta **A** <-> m o f (*lettera greca*) Beta n **B** <*inv*> agg **1** *fis* {PARTICELLA, RAGGIO} beta-, Beta- **2** *mat* {FUNZIONE} Beta- ● **~ Centauri** *astr*, Beta Centauri (*zweithellster Stern im Sternbild Kentaur*).

betabloccànte *farm* **A** agg Beta(rezeptoren)block- **B** m Beta(rezeptoren)blocker m.

bètel m *bot gastr* Betelpfeffer m; (*palma*) Betelpalme f.

Betlèmme f *geog* Bethlehem n.

betonièra f *edil tecnol* Betonmischmaschine f.

béttola f *fam spreg* (*osteria*) {+PORTO} Spelunke f *spreg*, Kaschemme f *spreg*, Schnapsbude f *fam spreg*.

bettònica <-*che*> f *bot* Zehrkraut n, Heilziest n, Betonie f ● **essere noto/conosciuto come/più della ~** *fig scherz* (*molto noto*), bekannt wie ein bunter Hund sein *fam*.

betùlla f **1** *bot* Birke f **2** (*legno*) Birke f, Birkenholz n.

bevànda f {ALCOLICA, ANALCOLICA, GHIACCIATA} Getränk n.

bevéi, **bevétti** 1ª pers sing del pass rem *di* bere.

beveràggio <-*gi*> m **1** anche *fam scherz* (*bevanda*) Trinkbare n decl come agg **2** (*beverone*) Viehtrank m, Kleiewasser n **3** (*pozione*) {MAGICO} Gebräu n, Gesöff n.

beveróne m (*per le bestie*) Viehtrank m, Kleiewasser n **2** *scherz spreg* (*bevanda di cattivo sapore*) Gebräu n *spreg*, Gesöff n *fam spreg*; (*medicinale*) Gebräu n *spreg*.

bevévo 1ª pers sing dell'imperf *di* bere①.

bevíbile agg **1** (*che si può bere*) {ACQUA} trinkbar **2** (*abbastanza buono*) {SIDRO, VINO} trinkbar.

bevicchiàre <*bevicchio, bevicchi*> **A** tr (*sorseggiare*) **~ qc** {MALATO BRODO CALDO} etw in kleinen Schlucken trinken, etw (lustlos) nippen **B** itr *fam* (*essere dedito all'alcol*) {GIARDINIERE} bechern *fam*, picheln *fam*, saufen *volg*.

bevitóre, (-trice) m (f) (*chi beve*) Trinker(in) m(f); (*chi è dedito all'alcol*) anche Säufer(in) m(f) *volg spreg*.

bévo 1ª pers sing del pres *di* bere.

bevùta f **1** (*il bere*) Trinken n **2** (*bicchierata*) Umtrunk m ● **fare una bella ~**, ordentlich/[ganz schön] bechern *fam scherz*; *iron* (*nuotando*), ordentlich/[ganz schön] Wasser schlucken.

bevùto **A** part pass *di* bere **B** agg *fam* (*sbronzo*) angeheitert, betrunken.

bévvi 1ª pers sing del pass rem *di* bere.

BF f *elettr* abbr *di* bassa frequenza: NF f (abbr *di* Niederfrequenz).

bi- primo elemento **1** (*doppio*) Bi-, Zwei-, beide: **bilaterale**, bilateral, beiderseitig; **bilinguismo**, Zweisprachigkeit, Bilinguismus **2** *chim* Bi-: **bicarbonato**, Bikarbonat.

BI f abbr *di* Banca d'Italia: Italienische Staatsbank.

biàcca <-che> f chim (Blei)weiß n.

biàda f (*foraggio*) Futtergetreide n, Hafer m.

biadesìvo, (-a) agg (*adesivo sui due lati*) {NASTRO} beidseitig klebend.

biànca f **1** *tess* Bleiche f, Bleichen n **2** *tip* Vorderseite f.

Biancanéve f (*nome proprio*) Schneewittchen n ● **~ e i sette nani** (*titolo di una fiaba*), Schneewittchen und die sieben Zwerge.

biancàstro, (-a) agg (*tendente al bianco*) {MURO} weißlich; {GIALLO} hell-.

biancheggiàre <biancheggio, biancheggi> **A** tr (*imbiancare*) ~ **qc** {MURI DI CASA} etw weißen **B** itr (*essere bianco*) {COMETA, MONTAGNE} weiß sein/leuchten; {CIELO} sich aufklären; {MARE} weiß(lich) schäumen.

biancherìa f **1** (*telerie*) {RICAMATA, PULITA, SPORCA} Wäsche f, Weißwaren pl: **~ da tavola/letto**, Tisch-/Bettwäsche f **2** (*indumenti intimi*) (Unter)wäsche f: **~ da uomo/donna**, Herren-/Damen(unter)wäsche f.

bianchétto <dim *di* bianco> m **1** (*colorante*) Bleichmittel n: **~ per i muri**, Kalkweiß n, Kalktünche f; **~ per le scarpe**, weiße Schuhcreme; **~ per cancellare**, Korrekturflüssigkeit f **2** *fam* (*bicchiere di vino bianco*) Glas m Weißwein **3** <di solito al pl> *gastr* „neugeborene„/[frisch geschlüpfte] Sardinen und/oder Sardellen".

bianchézza f (*candidezza*) {+PELLE, TESSUTO} Weiß n, Weiße f.

bianchìccio, (-a) <-ci, -ce, dim di bianco> agg (*che tende al bianco*) schmutzig weiß, weißlich.

biànco, (-a) <-chi, -che> **A** agg **1** {GLOBULI, PARETE, TESSUTO, VESTITO} weiß: **~ avorio**, elfenbeinweiß; **~ ghiaccio**, eisblau; **~ sporco**, schmutzig weiß **2** (*chiaro*) {ORO, ORSO, PANE} Weiß-; {CARNE, PELLE, UVA} hell, weiß **3** (*lindo*) {LENZUOLA} rein, weiß **4** (*pallido*) {COLORITO, FACCIA} blass, bleich: **è diventato ~ per la paura**, er ist vor Angst weiß geworden **5** (*canuto*) {CAPELLI} weiß, ergraut **6** (*non scritto*) {FOGLIO} weiß, unbeschrieben **7** *fig* (*causato dal mancato rispetto delle misure di sicurezza*) {MORTE, OMICIDIO} "durch Missachtung der herrschenden Sicherheitsnormen verursacht" **8** *polit* (*conservatore*) reaktionär; (*cristiano*) christlich-demokratisch **~ 1** (*colore*) {+NEVE} Weiß n: **~ avorio/sporco**, Elfenbein-/Schmutzigweiß n; **~ ghiaccio**, Eisblau n **2** (*parte chiara*) Weiß n ● **avere ancora bisogno del ~** *fig* (*essere infantile*), noch ein Kindermädchen brauchen; **bibita** f (*bevanda*) Getränk n: **~ alcolica/analcolica**, alkoholisches/nichtalkoholisches Getränk.

il ~ a qc, etw weißen, etw tünchen **4** (*vino*) Weißwein m **5** (*nei giochi*) (*nella dama, negli scacchi: giocatore, pedine*) Weiß n **6** *tip* Blockade f **C** m (f) **1** (*persona di pelle bianca*) Weiße mf decl come agg **2** *polit* Christdemokrat(in) m(f) **3** *stor*: **Bianco**, Weiße mf decl come agg; **i Bianchi e i Neri**, die Weißen und die Schwarzen **4** *stor* (*controrivoluzionario russo*) russische(r) Konterrevolutionär(in) **D** <inv> loc agg: **in ~ 1** (*non scritto*) {INTESTAZIONE DI UNA LETTERA} leer: **restituire il compito in ~**, ein leeres Blatt abgeben; **lasciare la data in ~**, kein Datum eintragen **2** (*senza dormire*) {NOTTE} schlaflos, durchwacht **3** (*vestito di bianco*) {DONNA} weiß gekleidet **4** *gastr* {PASTA, RISO} "nur mit Öl oder Butter zubereitet" **5** *banca dir* {ASSEGNO, GIRATA} Blanko- **E** loc avv (*vestito di bianco*): **in ~** {SPOSARSI, VESTIRSI} in Weiß **F** <-> loc sost m: **~ e nero 1** *arte* Schwarzweißzeichnung f, Schwarzweißbild n, Schwarzweißkunst f **2** *film* Schwarzweiß m **3** *fot* (abbr b/n) Schwarzweißfoto n **G** <inv> loc agg *arte film fot*: **in ~ e nero**, {DISEGNO, FILM, FOTOGRAFIA, PELLICOLA, STAMPA} Schwarzweiß- **H** loc avv *arte film fot*: **in ~ e nero**, {FOTOGRAFARE} schwarzweiß ● **andare in ~** *fig* (*fallire*), einen Reinfall *fam* erleben; (*non riuscire a conquistare qu*), bei jdm läuft nichts *fam*; nicht gelingen, jdn zu erreichen; **~ di calce** *edil*, Kalkanstrich m, (Kalk)tünche f; **(essere) ~ come uno lenzuolo/straccio** *fig* (*pallido*), kreidebleich (sein); {dare ad intendere} [far parere]/[far vedere] **~ il nero** *fig* (*far credere una cosa per l'altra*), jdm ein X für ein U vormachen (wollen); **un giorno/una volta dice ~, un giorno/una volta nero** *fig* (*rif. a persona instabile*), er/sie sagt einmal hü und einmal hott *fam*; **~ come la neve**, schneeweiß; **essere ~ e rosso** *fig* (*sano*), kerngesund/[wie Milch und Blut] aussehen.

biancoazzùrro, (-a) sport (*nel calcio*) **A** agg (*della Lazio*) {MAGLIA, VITTORIA} weiß-blau, des Fußballklubs Lazio **B** m (*giocatore*) Weißblaue m decl come agg, Spieler m des Fußballklubs Lazio.

bianconéro, (-a) sport (*nel calcio*) **A** agg (*della Juventus*) {MAGLIA, TIFOSI} weiß-schwarz, von Juventus **B** m (*giocatore*) Weißschwarze m decl come agg, Spieler m von Juventus.

biancóre m {+BUCATO} Weiße f.

biancospìno m *bot* Weiß-, Hagedorn m.

biascicàre <biascico, biascichi> tr **1** (*mangiare lentamente*) **~ (qc)** {BAMBINO BASTONCINO DI LIQUIRIZIA} etw schmatzend kauen **2** *fig* (*pronunciare male*) **~ qc** {COGNOME, POESIA} etw nuscheln *fam*, etw murmeln; *spreg* etw stottern; {QUALCHE PAROLA DI RUSSO} etw radebrechen.

biasimàre tr (*criticare*) **~ qu/qc** (**per qc**) {POLITICO PER LA SUA MANOVRA, SCELTA DEL GOVERNO} jdn/etw für etw (acc) tadeln, jdn/etw wegen etw (gen) rügen.

biasimévole agg (*criticabile*) {AMICO, COMPORTAMENTO} tadelnswert, tadelnswürdig.

biàsimo m (*critica*) Tadel m, Rüge f, Verweis m: **degno di ~**, tadelnswert, tadelnswürdig.

biassiàle agg *fis* zweiachsig.

biatòmico, (-a) <-ci, -che> agg *chim* zweiatomig.

bìbbia f **1** *relig*: **(la) Bibbia**, Bibel f **2** *fig* (*testo fondamentale*) {+CRITICA LETTERARIA} Bibel f.

biberòn <-> m *franc* (Milch)fläschchen n ●

bìblico, (-a) <-ci, -che> agg **1** *relig* {STILE, STUDI, TESTO} biblisch, Bibel- **2** *fig* (*grandioso*) {PROGETTO} aufwendig, großartig.

bibliofilìa f (*amore per i libri rari*) Bibliophilie f.

bibliòfilo, (-a) **A** agg {PASSIONE} bibliophil **B** m (f) (*Bibliophile* mf decl come agg, Bücherliebhaber(in) m(f).

bibliògrafa f → bibliografo.

bibliografìa f **1** (*catalogazione*) Bibliographie f **2** (*elenco*) Bibliographie f, Literatur-, Schrift-, Bücherverzeichnis n: **alla fine del saggio c'è una ~ essenziale sull'argomento**, am Ende des Essays steht eine Bibliographie mit den wichtigsten Büchern zum Thema.

bibliogràfico, (-a) <-ci, -che> agg {RIVISTA} bibliographisch.

bibliògrafo, (-a) m (f) (*esperto di bibliografia*) Bibliograph(in) m(f).

bibliotèca f **1** (*luogo*) Bibliothek f: **~ circolante**, Leihbücherei f, Buchverleih m; **~ comunale/civica**, Stadtbücherei f; **~ statale/nazionale**, Staats-/Nationalbibliothek f; **~ universitaria**, Universitätsbibliothek f; **quel libro si può consultare/[prendere in prestito] in ~**, dieses Buch kann man in der Bibliothek einsehen/ausleihen **2** (*scaffale*) Bücherregal n; (*armadio*) Bücherschrank m **3** (*collezione*) {+POESIA CONTEMPORANEA} Bibliothek f, Büchersammlung f ● **essere una ~ ambulante** *fig scherz* (*essere molto colto*), ein wandelndes Wörterbuch/Lexikon sein *fam scherz*; **~ di programmi/nastri** *inform*, Software(bibliothek) f, Datenbibliothek f.

bibliotecàrio, (-a) <-ri m> m (f) (*addetto*) Bibliothekar(in) m(f).

bicameràle agg *polit* {SISTEMA, COMMISSIONE} Zweikammer-, aus Vertretern beider Kammern bestehend.

bicameralìsmo m *polit* Zweikammersystem n.

bicarbonàto m *chim* Bikarbonat n: **~ di sodio**, Natriumkarbonat n, Natron f.

bicchieràta f **1** (*bevuta*) Umtrunk m: **hanno offerto una ~ d'addio ai colleghi**, sie haben die Kollegen zu einem Abschiedsumtrunk eingeladen **2** (*contenuto*) Glas(voll) n.

bicchière m **1** (Trink)glas n: **~ a calice**, Kelch m, Kelchglas n; **~ di carta**, Pappbecher m; **~ da cognac**, Cognacglas n; **~ graduato**, Messbecher m; **~ da vino/acqua**, Weinglas/Wasserglas n **2** (*contenuto*) Glas n: **un ~ di vino/d'acqua**, ein Glas Wein/Wasser **3** *chim* Pfanne f, Becher m ● **è facile come bere un ~ d'acqua** *fig* (*molto facile*), es ist kinderleicht; **affogare/annegare/perdersi in un ~ d'acqua** *fig* (*farsi spaventare da una piccola difficoltà*), über einen Strohhalm stolpern *fam*; **bere un ~ di troppo** (*ubriacarsi*), ein Glas über den Durst trinken, zu tief ins Glas gucken/schauen *fam*; **farsi un ~** (*bere qc*), (sich dat) einen trinken *fam*, einen heben *fam*; **il ~ della staffa** *fig* (*di congedo*), das Abschiedsglas.

bicchierìno <dim *di* bicchiere> m **1** Gläschen n: **~ da liquore**, Likörgläschen n **2** (*contenuto*) {+COGNAC} Gläschen n.

bicentenàrio m (*secondo centenario*) {+FONDAZIONE DI UNA CITTÀ} zweihundertster Jahrestag.

bichìni → bikini®.

bici <-> f *fam* (*bicicletta*) (Fahr)rad n, Velo n *CH*: **andare in ~**, Rad fahren, (mit dem) Fahrrad fahren.

biciclétta f (Fahr)rad n, Velo n *CH*: **~ da corsa**, Rennrad n; **~ da donna/uomo**, Damen-/Herren(fahr)rad n; **~ pieghevole**, Klapp(fahr)rad n; **andare in ~**, Rad fahren, (mit dem) Fahrrad fahren.

bicìclo m stor Hochrad n.
bicilìndrico, (-a) <-ci, -che> agg mecc {MOTORE} zweizylindrisch, Zweizylinder-.
bicìpite A agg **1** anat Bizeps- **2** (in araldica) {AQUILA} zweiköpfig, Doppel- B m anat Bizeps m.
biclorùro m chim Di-, Doppelchlorid n.
bicòcca <-che> f **1** spreg (catapecchia) Bruchbude f fam **2** lett (piccola rocca) kleine Burg, kleine Festung.
bicolóre A agg **1** gener {TESSUTO} zweifarbig **2** fig polit {GOVERNO} Zweiparteien- B f tip Zweifarbendruckmaschine f.
bicòncavo, (-a) agg fis mat {LENTE} bikonkav.
biconvèsso, (-a) agg fis mat {LENTE} bikonvex.
bicòrnia f (piccola incudine) Hörneramboss m, Sperrhorn n.
bicromìa f tip Zweifarbendruck m.
bicùspide agg anat arch {FACCIATA, VALVOLA} zwei-, doppelspitzig.
bidè <-> m Bidet n: **farsi il ~**, sich am Bidet waschen.
bidèllo, (-a) m (f) scuola Schuldiener(in) m(f), Pedell m.
bidet <-> → **bidè**.
bidimensionàle agg (a due dimensioni) {IMMAGINE} zweidimensional.
bidirezionàle agg (a due direzioni) {CORRENTE} zweiseitig gerichtet; inform bidirektional.
bidonàre tr fam (imbrogliare) **~ qu** jdn beschummeln fam, jdn anschmieren fam, jdn hereinllegen fam: **non farti ~ ogni volta!**, lass dich nicht jedes Mal anschmieren! fam; **sono stato bidonato, questo anello è falso!**, ich bin hereingelegt fam worden, dieser Ring ist eine Fälschung!
bidonàta f **1** fam (imbroglio) Beschiss m fam, Schwindel m fam, Betrug m: **mi hanno tirato/dato una ~!**, sie haben mich beschissen! fam **2** fig (prodotto scadente) Reinfall m fam.
bidoncìno <dim di bidone> m {+LATTE} Kanister m.
bidóne m **1** (recipiente) Tonne f, Kanister m: **~ della benzina**, Benzinkanister m; **~ delle immondizie /della spazzatura**, Mülltonne f; **~ del latte**, Milchkanne f **2** fig fam (imbroglio) Beschiss m fam, Verarschung f volg, Betrug m, Schwindel m **3** fig fam spreg (veicolo) Rostlaube f fam scherz, Krücke f fam scherz **4** fig fam spreg (apparecchio) Krankheit f fam scherz, Krücke f fam scherz **4** fig fam spreg (persona grassa) Tonne f fam scherz ● **mi ha fatto/tirato un ~ fig** (non è venuto all'appuntamento), er/sie hat mich sitzen lassen fam /versetzt fam; (mi ha imbrogliato), er/sie hat mich hereingelegt fam /beschissen vulg /verarscht volg.
bidonìsta <-i m, -e f> mf fam (imbroglione) Betrüger(in) m(f), Schwindler(in) m(f) fam.
bidonvìlle <-> f franc (baraccopoli) {+METROPOLI} Baracken-, Elendsviertel n, Bidonville n.
bièco, (-a) <-chi, -che> A agg **1** lett (torvo) scheel fam, schräg fam, schief fam: **mi guardava con occhio ~**, er/sie sah mich scheel fam an **2** fig (sinistro) {INDIVIDUO, PROPOSITO} hinterlistig, faul fam spreg, tückisch B avv (sinistramente) {GUARDARE} scheel fam, schräg fam.
Biedermeier ted arte A <inv> agg {MOBILE, PERIODO, STILE} Biedermeier- B <-> m Biedermeier n.
bièlla f mecc Pleuelstange f, Pleuel n.
Bièlla f geog Biella n.
Bielorùssia f geog Weißrussland n.

bielorùsso, (-a) A agg {CULTURA} weißrussisch, belorussisch B mf (abitante) Weißrusse m, (Weißrussin f).
biennàle A agg **1** (che dura due anni) {ABBONAMENTO, PIANO} zweijährig, Zweijahres- **2** (che ricorre ogni due anni) {APPUNTAMENTO, CELEBRAZIONE} **3** bot {PIANTA} zweijährig B f arte (manifestazione) Biennale f: **la ~ dell'arte /[del cinema] di Venezia**, die Kunst-/Filmbiennale von Venedig.
Bienne f geog Biel n.
biènnio <-ni> m **1** anche scuola (periodo) Zeitraum m von zwei Jahren, zwei Jahre in pl, Biennium n **2** università {+MEDICINA} Zweijahreskurs m.
biètola, bièta f bot Mangold m.
bietolóne, (-a) m (f) **1** bot Gartenmelde f **2** fig fam (semplicione) Einfaltspinsel m fam spreg, Holzkopf m fam spreg, Doofmann m fam.
bifacciàle agg {LAMPADA} Bifacial-.
bifamiliàre, bifamigliàre agg (per due famiglie) {VILLA} Zweifamilien-.
bifàse agg anche elettr fis (a due fasi) {CORRENTE} zweiphasig, Zweiphasen-.
bìfido, (-a) agg **1** (diviso in due) {LINGUA} zweispitzig; fig anche gespalten **2** med {PIEDE, SPINA} Spalt-.
bifocàle agg fis mat {LENTE} bifokal, Bifokal-.
bifólco, (-a) <-chi, -che> m (f) **1** fig spreg (villano) Prolet(in) m(f) spreg, Flegel m spreg **2** agr Viehhüter m, Ackersmann m; (per buoi) Ochsentreiber m.
bìfora arch A agg zweibogig, zweigeteilt B f (finestra) zweibogiges/zweigeteiltes Fenster.
biforcàre <biforco, biforchi> A tr anche tecnol (dividere) **~ qc** {CIRCUITO} etw zweilteilen B itr pron (diramarsi): **biforcarsi** {STRADE} sich gabeln.
biforcazióne f (divisione) {+RAMO, LINEA FERROVIARIA} Gabelung f, Abzweigung f.
biforcùto, (-a) agg **1** (diviso in due) {RAMO} zweispitzig **2** anat {PIEDE} Spalt-.
bifórme agg lett (che ha due forme) {DIVINITÀ} zwei-, doppelgestaltig, zweiförmig.
bifrónte agg **1** (a due facce) {EDIFICIO} zwei-, doppelgesichtig; {BUSTO, DIVINITÀ} anche januskopfig **2** fig (ambiguo) {POLITICA} doppelgesichtig **3** ling enigmistica {PAROLA, VERSO} von vorne und hinten (gleich) lesbar B m enigmistica "von vorne und hinten (gleich) lesbares Wort".
big <-> mf ingl (personaggio importante) Größe f, großes/hohes Tier fam.
bìga <bighe> f stor rom Biga f.
bìgama f → **bigamo**.
bigamìa f anche dir Doppelehe f, Bigamie f.
bìgamo, (-a) A agg {UOMO} bigamisch; dir in Doppelehe lebend, bigamisch B mf (-a) anche dir Bigamist(in) m(f).
bigàtto m region (baco di seta) Seidenraupe f.
big bang <-> loc sost m ingl astr Big Bang m, Urknall m.
BIGE m ferr abbr del franc Billet Individuel Groupe Étudiant (biglietto individuale gruppo studenti): Schülergruppeneinzelfahrkarte f.
bigèmino, (-a) agg med {PARTO} Zwillings-.
bighellóna f → **bighellone**.
bighellonàre itr (perder tempo) bummeln fam, umherschlendern, sich herumltreiben fam spreg: **abbiamo bighellonato per il paese tutto il giorno**, wir sind den ganzen Tag durchs Dorf gebummelt fam /[im Dorf umhergeschlendert].
bighellóne, (-a) m (f) fam Herumtreiber(in) m(f) fam spreg, Nichtstuer(in) m(f) spreg, Bummler(in) m(f) fam: **fare il ~**, sich herumltreiben fam spreg, herumbummeln fam, flanieren.
bigiàre <bigio, bigi> tr region fam (marinare) **~ (qc)** {LA SCUOLA, LEZIONE DI FISICA} (etw) schwänzen fam.
bìgio, (-a) <-gi, -gie o -ge> agg **1** (grigio) {PANE, TELA} (asch)grau **2** (nuvoloso) {CIELO} trübe.
bigiotterìa f **1** (articoli) Bijouterie f, Modeschmuck m **2** (negozio) Geschäft n für Modeschmuck, Bijouterieladen m.
bìglia → **bilia**.
bigliettàio, (-a) <-tai m> m (f) (chi vende i biglietti) {+AUTOBUS, TRAM} Schaffner m; ferr (Fahr)kartenverkäufer(in) m(f); film teat (Eintritts)kartenverkäufer(in) m(f).
biglietterìa f ferr Fahrkartenschalter m; film teat Kasse f: **~ (del cinema)**, Kinokasse f.
bigliétto m **1** gener Karte f: **~ di auguri/condoglianze**, Glückwunsch-/Beileidskarte f; **~ d'invito**, Einladung(skarte) f **2** (foglietto) Zettel m: **~ segnaposto**, Tischkarte f; (con messaggio) Nachricht f, (schriftliche) Mitteilung; **lasciare/trovare un ~**, eine Nachricht hinterlassen/vorfinden **3** autom ferr {+AUTOBUS, METROPOLITANA, TRAM, TRENO} (Fahr)karte f, Fahrschein m: **vorrei un ~ di prima/seconda classe per Bologna**, ich möchte eine Fahrkarte erster/zweiter Klasse nach Bologna; **ho fatto un ~ di andata e ritorno /[sola andata]**, ich habe eine Rückfahrkarte /[nur eine Hinfahrkarte] gelöst; aero Flugschein m, Ticket n **4** banca econ Schein m, Note f: **un ~ da cento (euro)**, ein Hunderteuroschein m **5** film teat (Eintritts)karte f: **~ d'ingresso**, Eintrittskarte f; **~ intero**, Eintritt m zum vollen/normalen Preis; **~ omaggio**, Freikarte f; **~ ridotto**, ermäßigte Eintrittskarte ● **~ della lotteria**, Lotterieslos n; **~ postale**, Briefkarte f; **da visita** anche fig (presentazione), Visitenkarte f.
bigliettóne <accr di biglietto> m fam (banconota di grosso taglio) großer Schein.
big match <-, - es pl ingl> loc sost m ingl sport (nel pugilato) anche fig das große Match.
bignè <-> m gastr Beignet m, Eclair n.
bigodìno m Lockenwickler m: **mettere i bigodini**, die Haare auf Lockenwickler drehen; **uscire con i bigodini in testa**, mit Lockenwicklern (auf dem Kopf) aus dem Haus gehen.
bigóncia <-ce> f enol Bütte f.
bigòtta f → **bigotto**.
bigotterìa f **1** (bacchettoneria) Bigotterie f, Frömmelei f spreg **2** (ipocrisia) Scheinheiligkeit f fam spreg.
bigòtto, (-a) A agg **1** (bacchettone) {ZIA} bigott, frömmelnd spreg **2** (ipocrita) scheinheilig fam spreg B m (f) Frömmler(in) m(f) spreg, bigotte Person.
bijou <-, -x pl franc> m franc **1** (gioiello) Schmuck m **2** fig fam (persona graziosa) Juwel n, Perle f **3** fam (oggetto) Schmuckstück n.
bikini® <-> m (nella moda) Bikini m.
bilabiàle ling A agg {FONEMA} bilabial B f Bilabial m.
bilàma <inv> agg (a due lame) {RASOIO} Doppelklingen-.
bilància <-ce> f **1** Waage f: **hai già messo la frutta/il bambino sulla ~?**, hast du das Obst/das Kind schon auf die Waage gelegt/gestellt?; **~ per analisi**, Analysenwaage f; **~ automatica**, Schnellwaage f; **~ da cucina**, Küchenwaage f; **~ per lettere**, Briefwaage f; **~ a molla/bìlico**, Feder-/Tafelwaage f; **~ pe-**

sabambini, Säuglings-, Kinderwaage f; ~ **pesapersone**, Personenwaage f; ~ **romana**, Quadranten-, Bogenwaage f 2 (*bilanciere*) {+PENDOLO} Kipphebel m, Gleichgewichtsstange f 3 *astrol astr*: **Bilancia**, Waage f; (*nato sotto il segno della* ~) Waage f: **sono della una Bilancia**, ich bin (eine) Waage 4 *econ* Bilanz f: ~ **commerciale**/[**dei pagamenti**], Handels-/Zahlungsbilanz f 5 *edil* Fensterputzeraufzug m 6 *min* Gruben-, Förderaufzug m 7 (*nella pesca*) Senknetz n 8 *teat* Beleuchtungsrampe f ● ~ **idrostatica** *fis*, Wasser-, Richtwaage f; **pesare/mettere qc sulla** ~ **dell'***orafo fig* (*valutare attentamente*), etw auf die Goldwaage legen *fam*; **far pendere la** ~ **a favore di qu**, die Waage zu jds Gunsten ausschlagen lassen; *porre*/**mettere qc sulla** ~ *fig* (*tener conto di qc*), etw abwägen; **far** *traboccare* **la** ~ (**da un lato**), die Waage zu einer Seite neigen/ausschlagen lassen; *fig* (*influenzare la risoluzione di una situazione*), den Ausschlag geben; **la** ~ **trabocca a favore di qu**, die Waage neigt sich auf jds Seite.

bilanciaménto m 1 (*risultato*) Ausgleich m, Gleichgewicht n; (*azione*) (Ab)wägen n 2 *autom* {+RUOTE} Ausgleich m 3 *mar* {+CARICO} Ausgleichung f 4 *tecnol* {AUTOMATICO, DINAMICO, STATICO} Auswuchtung f.

bilanciàre <*bilancio, bilanci*> **A** tr ~ **qc 1** (*tenere in equilibrio*) *etw* balancieren: ~ **gli sci sulle spalle**, die Skier auf den Schultern balancieren **2** *fig* (*valutare*) *etw* ab|wägen, *etw* ab|schätzen: **i vantaggi e gli svantaggi**, die Vor- und Nachteile abwägen **3** *fig* (*pareggiare*) *etw* aus|gleichen, *etw* im Gleichgewicht halten, *etw* wett|machen: **i pregi dell'opera riescono a bilanciarne i molti difetti**, die Vorzüge des Werkes schaffen es, dessen viele Nachteile wettzumachen **4** *comm* {CONTO, ENTRATE E USCITE} *etw* aus|gleichen, *etw* bilanzieren **5** *mar* {CARICO} *etw* aus|gleichen **6** *tecnol* {VALVOLA DI SICUREZZA} *etw* aus|wuchten **B** rfl **1** (*rimanere in equilibrio*): **bilanciarsi** (+ *compl di luogo*) {FUNAMBOLO SULLA CORDA} sich (*irgendwo*) im Gleichgewicht halten **2** *fig* (*barcamenarsi*): **bilanciarsi** (**tra qc**) sich (*irgendwo*) durch|schlängeln: **bilanciarsi fra due posizioni politiche opposte**, sich zwischen zwei gegensätzlichen politischen Haltungen durchschlängeln **C** rfl rec *fig* (*equilibrarsi*): **bilanciarsi** {FORZE} sich aus|gleichen, sich (*dat*) die Waage halten: **i pro e i contro si bilanciano**, Für und Wider halten sich die Waage.

bilanciàto, (-a) *agg* **1** *fig* (*equilibrato*) {DIETA, PASTO} ausgewogen **2** *econ* {SPESA} bilanziert, ausgeglichen.

bilancière m **1** (*asta*) {+FUNAMBOLO} Balancierstange f **2** (*pertica*) Tragjoch n **3** (*per coniare monete*) **4** *mecc* {BILICO} Bügel m, Schwinghebel m; {+OROLOGIO} Unruh f **5** *mar* Ausleger m **6** *sport* Scheibenhantel f.

bilancìno <*dim di bilancia*> m **1** (*bilancia di precisione*) Feinwaage f: ~ **da farmacista**/**gioielliere**, Apotheker-/Goldwaage f **2** {+CALESSE} Ortscheit n **3** (*cavallo*) Vorspannpferd n **4** *sport* (*nello sci nautico*) Hantel f **5** *teat* {+IMPUGNATURA} {+MARIONETTA} Griff m, Führungsholz ● *pesare qc col* ~ (*esaminare con cura*), etw auf die Goldwaage legen *fam*, etw unter die Lupe nehmen.

bilàncio <-*ci*> m *dir* (~ *di esercizio*) Jahresabschluss m **2** *econ* {ATTIVO, PASSIVO, TRUCCATO} Bilanz f: ~ **di chiusura/apertura**, Schluss-/Eröffnungsbilanz f; ~ **certificato**, bestätigte Bilanz f; ~ **consolidato**, Konzernbilanz f, konsolidierte Bilanz f; **il** ~ **dell'azienda è deficitario/[in perdita]**, die Bilanz der Firma ist defizitär; *anche amm* Haushalt m, Etat m; ~ **familiare/ministeriale**, Familien-/Ministerialhaushalt m; ~ **preventivo/consuntivo**, Haushaltsplan m /Schlussbilanz f; **far quadrare il** ~, die Bilanz ausgleichen, einen Bilanzausgleich machen/vornehmen **3** *fig* (*valutazione*) Bilanz f: **fare il** ~ **della propria vita**/[**delle vittime**]/[**di un'attività**], die Bilanz seines Lebens/[der Opfer]/[einer Tätigkeit] ziehen.

bilateràle *agg* **1** (*che riguarda i due lati*) bilateral, beiderseitig **2** *dir* {ACCORDO} zweiseitig **3** *med* {PARALISI} doppelseitig.

bilateralìsmo m *polit* Bilateralismus m.

Bildungsroman <-> m *ted lett* Bildungsroman m.

bìle f *anat* Galle f ● *crepare dalla* ~ *fig fam* (*dalla rabbia*), vor Wut platzen/bersten *fam*, eine ungeheuere Wut im Bauch haben *fam*; *sputare* ~ *fig* (*tirare fuori tutto il proprio odio*), Gift und Galle speien; *essere verde di/dalla* ~ *fig* (*rodersi dalla rabbia*), sich schwarzärgern *fam*.

-bile → **-abile**, **-ibile**, **-ubile**.

bìlia f **1** (*pallina*) Murmel f, Kugel f **2** (*nel biliardo: palla*) Billardkugel f; (*buca*) (Billard)loch n.

biliardìno <*dim di biliardo*> m kleines Billardspiel ● ~ **elettrico**, Flipper m.

biliàrdo m **1** (*gioco*) Billard(spiel) n: **facciamo una partita a** ~, spielen wir eine Partie Billard **2** (*tavolo*) Billardtisch m **3** (*stanza*) Billardlokal n.

biliàre *agg anat med* {COLICA, PIGMENTO, SECREZIONE} Gallen-.

bìlico <-*ci o -chi*> **A** m **1** (*equilibrio instabile*) (*labiles*) Gleichgewicht, Balance f: **essere**/**stare in** ~, sich im labilen Gleichgewicht befinden, auf der Kippe stehen *fam* **2** (*cerniera*) {+FINESTRA, SPORTELLO} Scharnier n **3** {+BILANCIA} Zapfen m **4** {+CAMPANA} Zapfen m, Bolzen m **B** <inv> loc agg *ferr mecc*: **a** ~ {CARRO, LEVA} Kipp-: **ponte a** ~, Container-, Ladebrücke f ● **essere in** ~ **tra due alternative** *fig* (*essere sospeso*), auf der Kippe stehen *fam*, zwischen zwei Möglichkeiten schwanken; **essere in** ~ **tra la** *vita* **e la morte** *fig* (*essere sospeso*), zwischen Leben und Tod schweben.

bilìngue **A** *agg* **1** (*che parla due lingue*) {BAMBINO, POPOLO} zweisprachig, bilingual **2** (*scritto in due lingue*) {TESTO} zweisprachig, bilinguisch **3** *fig lett* (*falso*) doppelzüngig **B** mf Zweisprachige mf decl come agg.

bilinguìsmo m Zweisprachigkeit f, Bilinguismus m.

biliòne m (*in ital, franc, ingl americ: miliardo*) Milliarde f; (*in ital antico, ingl, ted: mille miliardi*) Billion f.

biliòso, (-a) *agg fig* (*collerico*) {UOMO} reizbar.

bilirubìna f *med* Bilirubin n *scient*.

billétta f *metall* Knüppel m.

bilocàle m (*appartamento di due vani*) Zweizimmerwohnung f.

bìmba f *fam* (*bambina*) (kleines) Kind, (kleines) Mädchen.

bìmbo m *fam* (*bambino*) (kleines) Kind, (kleiner) Junge.

bimensìle *agg* (*quindicinale*) {RIVISTA} zweimal monatlich, halbmonatlich, Halbmonats-, vierzehntägig.

bimestràle *agg* **1** (*ogni due mesi*) {PAGAMENTO, PUBBLICAZIONE} zweimonatlich, Zweimonats- **2** (*di due mesi*) {CORSO} zweimonatig.

bimestralità <-> f **1** (*caratteristica*) {+BOLLETTA} zweimonatliche Aufstellung **2** (*somma*) zweimonatlich ausgezahlte Summe.

bimèstre m **1** (*periodo*) Zeitraum m von zwei Monaten, zwei Monate m pl **2** *comm* Zweimonatsrate f.

bimetàllico, (-a) <-*ci*, -*che*> *agg econ tecnol* {LAMINA, SISTEMA MONETARIO} Bimetall-.

bimetallìsmo m *econ* Bimetallismus m, Doppelwährung f.

bimillenàrio, (-a) <-*ri* m> **A** *agg* (*che avviene ogni duemila anni*) {RICORRENZA} zweitausendjährig **B** m (*anniversario*) Zweitausendjahrfeier f.

bimotóre **A** *agg aero mar* (*dotato di due motori*) {AEREO, MOTOSCAFO} zweimotorig, Zweimotoren- **B** m *aero* zweimotoriges Flugzeug.

binàrio① <-*ri*> m *ferr* **1** (*rotaia*) Gleis n, Schiene f: ~ **morto**, Abstellgleis n; ~ **di allacciamento/raccordo**, Anschlussgleis n; ~ **a scartamento normale**, Normal-, Vollspurgleis n; ~ **a scartamento ridotto**, Schmalspurgleis n; ~ **di transito**, Durchfahrts-, Transitgleis n **2** (*banchina*) Gleis n, Bahnsteig m: **il treno per Monaco parte dal** ~ **16**, der Zug nach München fährt auf Bahnsteig 16 ab ● *vietato attraversare* **i binari**, Überschreiten der Gleise verboten; *doppio* ~ *fig* (*doppio proposito*), Zweigleisigkeit f *spreg*; *uscire dai*/[*rientrare nei*] **binari della** *legalità fig* (*uscire dalla*/[*rientrare nella*] *legalità*), vom Weg der Legalität abkommen/[wieder zum Weg der Legalität zurückkehren]; **essere su un** ~ **morto** *fig* (*essere arenato*), in einer Sackgasse stecken; *rientrare* **nei binari** *fig* (*ritornare sulla retta via*), wieder ins (rechte) Gleis kommen; *uscire* **dai binari**, *ferr* {TRENO} aus den Schienen springen, entgleisen; *fig* (*eccedere*) {MARITO} die Grenzen überschreiten; *fig* (*allontanarsi dalla retta via*), aus dem Gleis kommen.

binàrio②, (-a) <-*ri*> m *agg* **1** (*formato da due parti*) {FORMAZIONE, STRUTTURA} binär, Binär-, zweiteilig, zweigliederig **2** *biol chim* {COMPOSTO, DIVISIONE} binär **3** *inform* {CODICE} binär **4** *ling* {OPPOSIZIONE} Unterscheidungs-, distinktiv *forb*; (*bisillabico*) {VERSO} zweisilbig **5** *mat* {SISTEMA} binär, Binär-, dyadisch **6** *mus* {RITMO} zweiteilig.

binàto, (-a) *agg* **1** *arch* {COLONNE} Doppel-, Zwillings- **2** *mar mil* {TORRE} Doppel-.

binatùra f *tecnol tess* Dublierung f, Dublieren n.

bìndolo m **1** (*arcolaio*) Wollwickler m **2** *fig* (*inganno*) Betrug m, Schwindel m *fam*, Gaunerei f **3** *tecnol* Tretwerk n.

bingo <-, -s pl *ingl*> m *ingl* (*gioco*) Bingo n.

binòcolo m *ott* Fernglas n, Feldstecher m: **guardare lo spettacolo con il** ~ **da teatro**, die Vorstellung durchs Opernglas betrachten; ~ **a prisma**/[**prismatico**], Prismenglas m, Prismenfeldstecher m ● *vedere qc col* ~ *fig fam* (*rif. a cosa irraggiungibile*), etw nie/[nicht im Traum] (wieder) sehen/erreichen.

binoculàre *agg* (*con i due occhi*) {VISIONE} binokular, beidäugig.

binòmio, (-a) <-*mi* m> **A** *agg* **1** (*composto da due termini*) {NOMENCLATURA} Doppel-, aus zwei Namen bestehend **2** *mat* {EQUAZIONE} binomisch **B** m **1** *mat* Binom m **2** *fig* (*coppia*) Paar n: ~ **di parole/concetti**, Wortpaar n /Doppelbegriff m.

bio- primo elemento *scient* bio-, Bio-: **biochimico**, biochemisch; **bioetica**, Bioethik.

bjoagricoltùra f *agr* biodynamische Landwirtschaft, biologischer Anbau.

bjoaliménto m (*alimento biologico*) Biokost f.

bjoarchitettùra f *arch* Bioarchitektur f.

bjocarburànte m *chim* Biobrennstoff m, Biotreibstoff m.

bjocatalizzatóre f *biol chim* Biokatalysator m.

bioccolo m (*batuffolo*) Flocke f, Bausch m: ~ **di lana/neve**, Baumwoll-/Schneeflocke f.

bioceramica <-che> f (*biomateriale*) Biokeramik f.

biochimica <-che> f chim Biochemie f.

biochimico, (-a) <-ci, -che> chim **A** agg biochemisch **B** m (f) (*studioso*) Biochemiker(in) m(f).

biocompatibile agg {MATERIALE} biokompatibel.

biocompatibilità <-> f {+PROTESI} Biokompatibilität f.

biodegradabile agg biol chim Bio-, umweltfreundlich, biologisch abbaubar.

biodegradabilità <-> f biol chim {+FRUTTA} biologische Abbaubarkeit.

biodegradàre tr (*sottoporre a biodegradazione*) ~ **qc** etw biologisch ab|bauen.

biodegradazione f biologischer Abbau.

biodinamica <-che> f Biodynamik f.

biodinamico, (-a) <-ci, -che> agg anche agr {COLTURA, CIBO} bio(logisch-)dynamisch.

biodiversità <-> f biol Biodiversität f.

bioedilizia f edil Biobau m.

bioenergetica <-che> f Bioenergetik f.

bioetica <-che> f biol filos Bioethik f.

bioetico, (-a) <-ci, -che> agg **A** agg {PROBLEMA} bioethisch **B** m (f) Bioethiker(in) m(f).

biofarmaceutico, (-a) <-ci, -che> agg {RICERCA} Biopharma-.

biofeedback <-> m ingl psic Biofeedback n.

biofisica f biol Biophysik f.

biogènesi <-> f (*teoria dell'evoluzione*) Biogenese f.

biogenetico, (-a) <-ci, -che> agg {INTERPRETAZIONE} biogenetisch.

biografa f → **biografo**.

biografia f (*racconto della vita*) {+POETA} Biographie f.

biografico, (-a) <-ci, -che> agg (*della biografia*) {CARATTERE DI UN ROMANZO} biographisch.

biografo, (-a) <-i, -e> m (f) (*autore*) Biograph(in) m(f).

bioindicatore m biol Bioindikator m.

bioingegneria f chim Bioingenieurwissenschaften f pl.

biologa f → **biologo**.

biologia f (*disciplina*) Biologie f.

biologico, (-a) <-ci, -che> agg **1** (*vitale*) {CICLO} biologisch **2** (*della biologia*) {RICERCA} biologisch **3** agr {PRODOTTI} biologisch; {COLTURA} Bio-.

biologo, (-a) <-gi, -ghe> m (f) (*studioso*) Biologe m, (Biologin f).

biomanipolazione f biol Genmanipulation f.

biomeccanica <-che> f biol med Biomechanik f.

biomedicina f Biomedizin f.

biónda f **1** fam Blonde f decl come agg, Blondine f: **bionda ossigenata/naturale**, Wasserstoffblondine f fam/Naturblonde f **2** slang (*sigaretta*) blonde fam Zigarette.

biondàstro, (-a) agg (*che tende al biondo*) {CAPIGLIATURA} strohblond.

biondeggiàre <*biondeggio, biondeggi*> itr (*sembrare, essere biondo*) {SPIGHE DI GRANO} gelb werden, blond werden, blond schimmern.

biondìccio, (-a) <-ci, -ce> agg (*biondo slavato*) {CAPELLI} ins Blonde gehend.

biondina <*dim di* bionda> f (*ragazza bionda*) Blondine f.

biondino <*dim di biondo*> m (*ragazzo biondo*) blonder Junge.

biòndo, (-a) **A** agg **1** {BAMBINO, BAFFI, CHIOMA} blond: **ha i capelli ~ cenere/oro/platino**, er/sie hat asch-/gold-/platinblonde Haare **2** fig (*giallo chiaro*) {TABACCO} blond; {METALLO} anche gelb; {MESSI, SPIGHE} anche goldgelb **B** m **1** (*colore*) Blond n: ~ **cenere/platino**, Asch-/Platinblond n **2** fam Blonde m decl come agg; (*bambino*) Blondschopf m.

biònica <-che> f biol Bionik f.

biònico, (-a) <-ci, -che> agg **1** biol bionisch **2** (*che simula le funzioni umane*) {DONNA} kybernetisch.

biopsìa f med Biopsie f scient.

bioritmo m biol med Biorhythmus m.

biosfèra f biol Biosphäre f.

biosìntesi f biol Biosynthese f.

biossido m chim Dioxyd n, Dioxid n: ~ **di carbonio**, Kohlendioxyd n, Kohlendioxid n.

biotech ingl **A** <-> m o f (*biotecnologia*) Biotechnologie f **B** <inv> agg (*biotecnologico*) biotechnologisch.

biotecnica f biol Biotechnik f.

biotecnologia f biol Biotechnologie f.

biotecnologico, (-a) <-ci, -che> agg biotechnologisch.

biowatching, bio-watching <-> m ingl (*osservazione dell'ambiente*) Beobachtung f / Überwachung f der Umwelt.

bip <-> m onomatopeico (*segnale acustico*) Piepsen m, Piep-Geräusch n.

bipartire <*bipartisco*> **A** tr anche fig (*dividere in due*) ~ **qc** {AFFETTO, COMPENSO} etw zweiteilen, etw halbieren **B** itr pron (*biforcarsi*): **bipartirsi** {STRADA} sich zwei|teilen, sich (in zwei Teile) teilen.

bipàrtisan <inv> agg ingl polit {POLITICA ESTERA} Bipartisan-, bipartisan, überparteilich, partei(en)übergreifend.

bipartìtico, (-a) <-ci, -che> agg polit {SISTEMA} Zweiparteien-.

bipartitìsmo m polit Zweiparteiensystem m.

bipartìto m polit Zweiparteienkoalition f.

bipartizióne f (*divisione*) Zweiteilung f, Halbierung f.

bip bip <-> m onomatopeico (*segnale acustico ripetuto*) Piep-piep n.

bipede A agg zoo zweifüßig **B** m **1** zoo Zweifüßer m; (*coppia di arti*) Gliedmaßen f pl **2** scherz (*uomo*) Zweibeiner m fam scherz.

biplàno m aero Doppeldecker m.

bipolàre agg elettr fis polit {CALAMITA, DINAMO, INTERRUTTORE, SISTEMA POLITICO} zweipolig, bipolar.

bipolarìsmo m polit Zweipoligkeit f, Bipolarität f.

bipolarità <-> f fis Zweipoligkeit f, Bipolarität f.

bipósto A <inv> agg (*a due posti*) zweisitzig **B** <-> m aero Zweisitzer m, zweisitziges Flugzeug **C** <-> m autom Zweisitzer m.

birba f fam scherz (*monello*) Schlingel m scherz, Bengel m fam, Schelm m, Spitzbube m fam.

birbànte mf **1** fam scherz (*monello*) Schlingel m scherz, Bengel m fam, Schelm m, Spitzbube m fam **2** spreg (*mascalzone*) Schurke m spreg, Gauner m spreg.

birbóne, (-a) <*accr di birba*> **A** agg **1** fam scherz (*monello*) {RAGAZZO} spitzbübisch fam **2** spreg (*malvagio*) {TIRO} listig; {UOMO} anche böse **3** fam scherz rafforzativo schrecklich, entsetzlich, abscheulich: **avere una fame/sete birbona**, einen Bärenhunger/Riesendurst haben **B** m (f) **1** fam scherz (*uomo o donna*) Schelm m; (*uomo*) Spitzbube m fam; (*donna*) (kleines) Luder fam **2** spreg (*uomo*) Halunke m, Lump m spreg, Gauner m spreg, Schurke m spreg; (*donna*) Aas n fam spreg, Weib n spreg, übles Frauenzimmer fam spreg.

bird watching <-> loc sost m ingl (*osservazione degli uccelli*) Vogelbeobachtung f.

bireattóre aero **A** agg zweistrahlig **B** m zweistrahliges Flugzeug.

birichìna f → **birichino**.

birichinàta f fam (*azione*) Schelmen-, Jungenstreich m, Spitzbuberei f fam.

birichìno, (-a) fam **A** agg {ARIA, FIGLIO, OCCHI} schelmisch, spitzbübisch **B** m (f) Schlingel m scherz, Bengel m fam, Schelm m, Spitzbube m fam.

birignào <-> m teat Gespreiztheit f spreg.

birillo m (*gioco*) Kegel m.

Birmània f geog Birma n.

birò® <-> f (*penna a sfera*) Kuli m fam, Kugelschreiber m.

birra f **1** Bier n: ~ **in bottiglia**, Flaschenbier n; ~ **chiara/scura/rossa**, helles/dunkles/mittelfarbiges Bier; ~ **alla spina**, Bier vom Fass **2** (*bicchiere di ~*) Bier n ● **dare la ~ a qu** fig fam (*superarlo*), jdn in die Tasche stecken fam; **farci la ~ con qc** fig fam (*non sapere che farsene*), mit etw (dat) nichts anfangen können; **a tutta ~** fig fam (*molto veloce*), volle Pulle fam.

birràio, (-a) <-rai> m (f) **1** (*fabbricante*) Bierbrauer(in) m(f) **2** (*venditore*) Bierhändler(in) m(f), Bierverleger(in) m(f).

birrerìa f **1** (*locale*) Bierstube f, Bierkeller m, Kneipe f **2** (*fabbrica*) Brauerei f.

BIRS f abbr di Banca Internazionale per la Ricostruzione e lo Sviluppo: IBRD f (abbr di International Bank für Wiederaufbau und Entwicklung).

bis lat **A** <inv> agg **1** (*supplementare*) a: **l'articolo 3 bis del regolamento**, Artikel 3a der Ordnung **2** autom ferr Sonder-, zusätzlich: **treno bis**, Sonderzug m **B** <-> m **1** teat mus (*ripetizione*) Dakapo n, Wiederholung f, Zugabe f: **chiedere il bis a un attore**, einen Schauspieler um eine Zugabe bitten; **concedere il bis**, eine Zugabe geben, da capo spielen/singen **2** (*nel mangiare*) erneutes Zugreifen: **fare il bis del dolce**, beim Dessert noch einmal zugreifen, noch einmal vom Dessert nehmen **C** inter impr mus teat nochmal!, da capo!

bisàccia <-ce> f (*borsa*) {+FRATE} Satteltasche f, Quersack m.

Bisànzio f geog Byzanz n.

bisàrca <-che> f autom Autotransporter m.

bisàvola, bisàva f (*bisnonna*) Urgroßmutter f.

bisàvolo, bisàvo m **1** (*bisnonno*) Urgroßvater m **2** <*di solito al pl*> (*antenati*) Vorfahren m pl.

bisbètico, (-a) <-ci, -che> **A** agg (*lunatico*) {VECCHIA} launisch spreg, launenhaft, zickig fam spreg **B** m (f) spreg launischer Mensch fam, Beißzange f spreg, Zicke f fam spreg. ● **la bisbetica domata** (*titolo di un'opera di W. Shakespeare*), der Widerspenstigen Zähmung.

bisbigliàre <*bisbiglio, bisbigli*> **A** tr (*sussurrare*) ~ **qc** (**a qu**) {RAGAZZO PAROLE ALLA VICINA DI BANCO} jdm etw zu|flüstern, jdm etw zuwispern, jdm etw einsagen **B** itr **1** (*sussurrare*) flüstern, tuscheln spreg **2** (*sparlare*) ~ (**su qu/qc**) über jdn/etw tuscheln spreg, über jdn/etw klatschen fam spreg, über jdn/etw her|ziehen fam.

bisbìglio① <-gli> m **1** (*parlottare*) Flüstern n, Wispern m, Tuscheln n spreg **2** (*diceria*) Gemunkel n spreg, Getuschel n spreg, Tuschelei f spreg **3** (*fruscio*) {+VENTO} Flüstern n.

bisbìglio② <-glii> m (*brusio*) Flüstern n, Geflüster n.

bisbòccia <-ce> f fam (baldoria) Fest n, Mordsfete f fam, Sumpferei f fam, (Trink)gelage n: **fare ~**, ordentlich feiern fam, eine Mordsfete machen fam, (ver-, durch)sumpfen fam.

bisbocciàre <bisboccio, bisbocci> itr fam (fare baldoria) ordentlich feiern fam, eine Mordsfete machen fam, (ver-, durch)sumpfen fam.

bisca <bische> f (locale) Spielkasino n; spreg Spielhölle f; **~ clandestina**, illegale Spielhölle.

biscazzière m **1** (gestore di una bisca) Betreiber m einer Spielhölle, Spielhölleninhaber m **2** (frequentatore) Spielhöllenbesucher m.

bìschero, (-a) A agg tosc fig fam (sciocco) blöd fam, dämlich fam spreg B m (f) tosc fig fam (sciocco) Idiot m fam spreg, Blödmann m fam C m mus Wirbel m.

bìscia <bisce> f zoo Natter f: **~ d'acqua**, Wassernatter f; **~ d'India**, indische Natterschlange, Dhaman m; **~ dal collare**, Ringelnatter f ● **a ~** fig (a zig zag), zickzack.

biscottàto, (-a) agg {FETTA DI DOLCE, PANE} zweimal gebacken.

biscotterìa f **1** (fabbrica) Keksfabrik f **2** (negozio) Konditorei f **3** (assortimento) Gebäck n, Backwerk n, Feingebäck n.

biscottièra f (recipiente chiuso) Keksdose f; (ciotola) Gebäckschale f.

biscottifìcio <-ci> m (fabbrica) Keks-, Zwiebackfabrik f.

biscottìno <dim di biscotto> m **1** gastr Keks m, Plätzchen n **2** mecc Lasche f.

biscòtto m **1** gastr Keks m, Plätzchen n: **biscotti per cani**, Hundekekse m pl **2** (ceramica) Biskuit(porzellan) n.

biscugìno, (-a) m (f) (cugino in secondo grado) Cousin m (Cousine f) zweiten Grades.

biscuit <-, -s pl franc> m franc (porcellana bianca) Biskuit(porzellan) n; (oggetto) Gegenstand m aus Biskuit(porzellan) n **2** gastr (semifreddo) Halbgefrorene n decl come agg.

bisdrùcciolo, (-a) ling A agg {PAROLA} mit Betonung auf der viertletzten Silbe B f Wort n mit Betonung auf der viertletzten Silbe.

bisecànte f mat Winkelhalbierende f.

bisellàre tr tecnol **~ qc** {BORDO DI UNA LENTE} etw ab|schrägen, etw abkanten.

bisessuàle A agg **1** anche biol (che prova attrazione per i due sessi) bisexuell, bi fam **2** bot zoo {PIANTA, ANIMALE} doppelgeschlechtig, bisexuell B mf (chi prova attrazione per i due sessi) Bisexuelle mf decl come agg.

bisessualità <-> f anche biol psic Bisexualität f **2** bot zoo {+PIANTA, ANIMALE} Doppelgeschlechtigkeit f.

bisessuàto, (-a) agg **1** biol bisexuell **2** bot zoo {FIORE, ANIMALE} doppelgeschlechtig, Zwitter-.

bisestìle agg (di 366 giorni) {ANNO} Schalt-.

bisèsto, (-a) A agg {ANNO} Schalt- B m (giorno) Schalttag m.

bisettimanàle A agg (che avviene due volte alla settimana) {LEZIONE} zweimal wöchentlich B m (periodico) "Zeitschrift, die zweimal die Woche erscheint".

bisettimanalménte avv (due volte alla settimana) zweimal wöchentlich, zweimal in der Woche.

bisettrìce f mat Winkelhalbierende f.

bisèx fam A <inv> agg (bisessuale) bisexuell B <-> mf Bisexuelle mf decl come agg.

bisillàbico, (-a) <-ci, -che> agg ling {AGGETTIVO} zweisilbig.

bisìllabo, (-a) ling A agg {PAROLA} zweisilbig B m (parola) zweisilbiges Wort; (verso) zweisilbiger Vers, Zweisilber m.

bislàcco, (-a) <-chi, -che> agg fam (strambo) {INDIVIDUO} komisch, sonderbar, verschroben spreg; {IDEA} anche verstiegen.

bislùngo, (-a) <-ghi, -ghe> agg (allungato) {VASSOIO} länglich, lang; (più lungo del normale) {NASO} überlang, extrem lang.

bismùto m chim Wismut n, Bismut n.

bisnipóte mf (pronipote di nonno) Urenkel(in) m(f); (di zio) Großneffe m, Großnichte f.

bisnònna f (madre del nonno) Urgroßmutter f.

bisnònno m (padre del nonno) Urgroßvater m.

bisógna f **1** lett (necessità) Notwendigkeit f **2** rar (affare) Geschäft n, Angelegenheit f.

bisognàre <difet solo 3ª pers sing e pl> A impers **1** (essere necessario) nötig sein, notwendig sein, not|tun, sollen, müssen: **bisognava bene/pure tornare a casa**, man musste eben doch nach Hause zurück **2** (dovere) müssen: **non bisogna crederci**, das muss man nicht glauben; **bisogna che tu lo faccia**, du musst es tun **3** (essere opportuno) sollen: **non bisogna ₁spendere troppo₁/₁pensare troppo al passato₁**, man soll nicht zu viel ausgeben/[an die Vergangenheit denken]; **non bisogna ridere dei difetti altrui**, man soll nicht über die Fehler der anderen lachen **4** (essere permesso) dürfen: **non bisogna fumare**, man darf nicht rauchen **5** enf müssen, sollen: **bisognava vedere!**, das musste man sehen! B itr forb <esse-re> (avere bisogno di) etw nötig haben, etw brauchen, etw benötigen: **mi bisogna molto denaro**, ich brauche viel Geld.

bisognìno <dim di bisogno> m fam eufem (necessità corporale) Geschäft n fam, Geschäftchen n fam: **devo fare un ~**, ich muss ein Geschäft erledigen fam.

bisógno m **1** (necessità) {FITTIZIO, REALE} Bedarf m, Notwendigkeit f: **~ d'affetto**, Liebes-, Anlehnungsbedürfnis n **2** (esigenza) {FISIOLOGICI, PATOLOGICI} Bedürfnis n: **provvedo io al vitto e a ogni suo ~**, ich komme für die Verpflegung und alle seine/ihre Bedürfnisse auf **3** (desiderio) Bedürfnis n, Wunsch m; **sentire il ~ di fare qc**, das Bedürfnis/Verlangen haben/verspüren, etw zu tun **4** (mancanza di mezzi) Not f, Bedürftigkeit f: **essere/trovarsi nel ~**, in Not sein, Not leiden **5** <di solito al pl> fam eufem (necessità corporali) Notdurft f forb, Bedürfnis n: **fare i propri bisogni**, aufs Klo gehen fam, seine Notdurft verrichten forb **6** econ {FUTURI, PRESENTI, PRIMARI, SECONDARI} Bedarf m, Bedürfnis n, Notwendigkeit f ● **al ~**, wenn nötig, nötigenfalls; **avere ~ di qu/qc** (averne necessità), {NEGOZIANTE DI UNA COMMESSA, DI UN AIUTO} jdn/etw brauchen; (desiderarlo) {DI UN CANE} jdn brauchen; **avere ~ di fare qc** (doverla fare), {DI CAMBIARE ARIA} etw tun müssen; **es nötig haben, etw zu tun; non avere ~ di commenti** (essere evidente), keiner Kommentare bedürfen; **avere ~ della balia** fig (non sapersela sbrogliare da solo), ein Kindermädchen brauchen; **(non) c'è ~ di fare qc**, es ist (nicht) notwendig, etw zu tun; **non c'è di aggiungere altro**, dem braucht nichts hinzugefügt zu werden; **che ~ c'è di gridare così**, was muss hier so herumgeschrien werden?; **c'era proprio ~ di dirglielo?** (era proprio necessario?), musste man es ihm/ihr wirklich sagen?; **nel ~**, in der Not; **secondo il ~**, (je) nach Bedarf; **al ~ si conosce l'amico** prov, Freunde in der Not gehen tausend auf ein Lot prov; **il ~ aguzza l'ingegno** prov, Not macht erfinderisch prov.

bisognóso, (-a) A agg **1** (che ha bisogno) **~ di qc** etw (gen) bedürftig: **~ di aiuto/cure**, hilfe-/pflegebedürftig **2** (povero) {FAMIGLIA} bedürftig, Not leidend B m (f) Bedürftige mf decl come agg, Notleidende mf decl come agg.

bisolfàto m chim Bisulfat n.

bisolfìto m chim Bisulfit n.

bisónte m zoo (europeo) Wisent m; (americano) Bison m.

bissàre tr **~ qc** (replicare) {PEZZO MUSICALE} etw noch einmal vor|tragen, etw da capo vor|tragen; fig {IL SUCCESSO} etw wiederholen.

bisso m **1** tess (feines) Leinengewebe, Seeseide f, Muschelseide f **2** zoo Byssus m.

bistécca <-che> f gastr Beefsteak n, Rinderschnitzel n: **~ alla Bismark**, Beefsteak n mit Spiegelei; **~ alla fiorentina**, Florentiner Steak n; **~ con l'osso**, Kotelett n; **~ al sangue**, blutiges Steak; **~ di soia**, Sojasteak n.

bistecchièra f gastr Grillpfanne f; **~** (elettrica), Grillrost m, Grillautomat m, Grillgerät n.

bisticciàre <bisticcio, bisticci> fam A itr (litigare) **~ (per qc)** (wegen etw gen) in Streit liegen: **bisticciavamo in continuazione**, wir lagen ständig in Streit; **~ con qu** (per qc) mit jdm (wegen etw gen) zanken, mit jdm (wegen etw gen) streiten: **passa il tempo a ~ con sua sorella per i giocattoli**, er/sie verbringt seine/ihre Zeit damit, mit seiner/ihrer Schwester wegen des Spielzeugs zu streiten B rfl rec: **bisticciarsi** sich zanken, sich streiten.

bistìccio <-ci> m **1** fam (litigio) {+INNAMORATI} Zank m, Gezänk n, Streit m, Streiterei f **2** (scioglilingua) Wortspiel n **3** ling Paronomasie f.

bistrattàre tr (maltrattare) **~ qu** {ALLIEVO} jdn misshandeln, jdn schlecht behandeln **2** (adoperare male) **~ qc** {STRUMENTO} etw unsachgemäß behandeln.

bistro m (pigmento) Bister m o n.

bistrò <-> m (caffè) Bistro n.

bistrot <-> m franc (caffè) Bistro n.

bisturi <-> m med Skalpell n, Messer n: **~ elettrico**, elektrisches Skalpell; **~ Laser**, Laserskalpell n.

bisùnto, (-a) agg fam (molto unto) {COLLETTO, GREMBIULE, MANI} schmierig, speckig, fettig, verschmutzt.

bit <-> m inform Bit n.

BIT A m abbr del franc Bureau International du Travail (ufficio internazionale del lavoro): IAA n, IArbA n (abbr di Internationales Arbeitsamt) B f abbr di Borsa Internazionale del Turismo: Internationale Touristikbörse.

bitonàle agg (a due note) {SUONO} bitonal.

bitòrzolo m **1** (prominenza) Beule f, Höcker m **2** (foruncolo) Pickel m.

bitorzolùto, (-a) agg (pieno di bitorzoli) {NASO} knollig, knubbelig, Höcker- fam.

bitta f mar Poller m.

bitter <-> m enol Bitter m.

bitumàre tr (rivestire di bitume) **~ qc** {TERRAZZA} etw bituminieren.

bitùme m Bitumen n.

bitùrbo <-> agg autom {MOTORE} Zweikolben-, Zweizylinder-.

biunivocità <-> f mat Eindeutigkeit f.

biunìvoco, (-a) <-ci, -che> agg mat {CORRISPONDENZA} eineindeutig.

bivaccàre <bivacco, bivacchi> itr n (+ compl di luogo) **1** alpin sport anche mil (irgendwo) im Freien übernachten, (irgendwo) biwakieren **2** fig (sistemarsi in modo provvisorio) (irgendwo) kampieren fam, (irgendwo) hausen fam: **hanno bivaccato per una settimana dai loro amici**, sie haben eine Woche bei ih-

ren Freunden gehaust *fam.*
bivàcco <-chi> *m alpin mil sport* **1** (*lo stazionare*) Biwak n, Nachtlager n **2** (*luogo*) Hütte f, Behelfsunterkunft f.
bivalènte *agg* **1** *chim fis* {ATOMO} zweiwertig, bivalent **2** *med* {VACCINAZIONE} bivalent *scient* **3** *fig* (*che ha due valori*) {TEORIA} zweideutig.
bivalènza f **1** *chim fis* {+ATOMO} Zweiwertigkeit f, Bivalenz f **2** *fig* {+PROPOSTA} Zweideutigkeit f.
bivàlve *agg* **1** *bot* zweiklappig **2** *zoo* {CONCHIGLIA} zweischalig.
bìvio <-bivi> *m* **1** (*biforcazione*) Gabelung f, Abzweigung f: **al secondo ~ gira a sinistra**, biege bei der zweiten Abzweigung nach links ab; *ferr* Abzweigstelle f **2** *fig* (*alternativa*) Scheideweg m: **essere (giunto) a un ~**, ₁an einem₁/[am] Scheideweg angelangt sein.
bizantinìsmo *m* **1** *fig spreg* (*pedanteria*) Haarspalterei f *spreg*, Spitzfindigkeit f *spreg*, Pedanterie f *spreg* **2** *arte* Byzantinismus m; *fig spreg* (*preziosismo*) überladene Pracht.
bizantìno, (-a) A *agg* **1** *arte* byzantinisch **2** *fig* (*molto raffinato*) {ELEGANZA} raffiniert, vornehm **3** *fig spreg* (*DISCUSSIONE*) pedantisch *spreg*, spitzfindig *spreg*, haarspalterisch *spreg* B *mf* Byzantiner(in) m(f).
bìzza f (*stizza*) Eigensinn m, Koller m *fam*, Laune f, Schrulle f, Grille f ● **fare le bizze** *fig*, (*fare i capricci*) {BIMBO} ungezogen/bockig sein *fam*, einen Koller kriegen *fam*, bocken *fam*; (*non funzionare*) {FORNO} streiken *fam*.
bizzarrìa f (*stranezza*) Absonderlichkeit f, Wunderlichkeit f, Bizarrerie f **2** (*azione, idea*) Bizarrerie f.
bizzàrro, (-a) *agg* **1** (*originale*) {DISEGNO, SPIRITO, TITOLO} absonderlich, seltsam, komisch, bizarr; {AMICO, IDEA} *anche* wunderlich: **ragiona in modo ~**, seine/ihre Überlegungen sind absonderlich **2** (*focoso*) {CAVALLO} temperamentvoll, eigenwillig, störrisch.
bizzèffe *loc avv fig* (*in abbondanza*): **a ~** in Hülle und Fülle *forb*, haufenweise *fam*; **ce ne sono a ~**, davon gibt es in Hülle und Fülle *forb*.
bizzóso, (-a) *agg* **1** (*che fa i capricci*) {BAMBINO} launenhaft, eigensinnig, bockig *fam* **2** (*ombroso*) {CAVALLO} störrisch, leicht scheuend.
blablà <-> *m fam* onomatopeico (*chiacchiericcio*) Blabla n.
black-jack <-> *m ingl* (*gioco*) Black Jack n.
black music <-> *loc sost f ingl mus* schwarze Musik, Black Music f.
blackout <-> *m ingl astr elettr radio tel* anche *fig* Blackout m o n.
black power <-> *loc sost m ingl polit* Black Power f.
blandìre <blandisco, blandisci> *tr lett* **1** (*carezzare*) ~ **qu/qc** {CANE, GATTO} *jdn/etw* streicheln **2** *fig* (*lenire*) ~ **qc** {DOLORE} *etw* lindern, *etw* stillen **3** *fig* (*lusingare*) ~ **qu/qc** {AMOR PROPRIO} *jdn/etw* liebkosen, *jdm/etw* schmeicheln.
blàndo, (-a) *agg* **1** (*leggero*) {MEDICINALE, PUNIZIONE, RIMPROVERO, RIMEDIO} mild, leicht **2** (*tenue*) {LUCE, PAROLE} sanft, schwach **3** (*dolce*) {VOCE} weich, sanft.
blank <-> *m ingl inform* Blank n; {+PROGRAMMA} Leerzeichen n.
blank verse <-> *loc sost m ingl ling* Blankvers n.
blasfèmo, (-a) A *agg* **1** (*sacrilego*) {PAROLA} blasphemisch, (gottes)lästerlich **2** *fig lett* (*irriverente*) {MODI, PROSA} blasphemisch B *m* (f) *rar* (*bestemmiatore*) Gotteslästerer m, (Gotteslästerin) f.

blasonàto, (-a) A *agg* **1** (*nobile*) ad(e)lig, wappenführend **2** *fig* (*di rango*) {ATLETA, INTELLETTUALE} preisgekrönt B *m* (f) (*aristocratico*) Ad(e)lige *mf decl come agg.*
blasóne *m* **1** (*stemma*) Wappen(schild) n **2** (*nobiltà di nascita*) adelige Abstammung **3** (*motto*) Motto n **4** *fig* (*parola d'ordine*) Parole f.
blastòma <-i> *m med* Blastom n *scient.*
blateràre *fam* A *tr* (*dire insistentemente*) ~ **qc** aus|posaunen *fam*, *etw* aus|trompeten, *etw* lautstark verkünden: **cosa blatera?**, was posaunt er/sie da aus *fam*? B *itr spreg* (*parlare a vanvera*) schwatzen *spreg*, quasseln *fam spreg.*
blàtta f *zoo* Schabe f, Kakerlak m.
blazer <-> *m ingl* (*nella moda*) Blazer m.
blefarìte f *med* Lidentzündung f, Blepharitis f *scient.*
blefaroplàstica <-che> f *med* Augenlidstraffung f, Blepharoplastik f *scient.*
bleffàre e *deriv* → **bluffare** e *deriv.*
blenorragìa, **blenorrèa** f *med* Eiterfluss m, Blennorrhö f *scient.*
blèṣo, (-a) *agg* {ELLE, ESSE} lispelnd: **essere ~**, lispeln.
blindàre *tr* ~ **qc** **1** (*proteggere*) {CASSA, PORTA, TRENO} *etw* panzern; *fig* {CONTESTAZIONE} *etw* neutralisieren; {MANOVRA POLITICA} *etw* ab|sichern **2** *fig* {CITTÀ, QUARTIERE} *etw* überwachen.
blindàto, (-a) *agg* **1** (*protetto*) {AUTO, TRENO} gepanzert; {CARRO} *anche* Panzer- **2** *fig* {TEATRO} überwacht.
blindatùra f *anche fig* (*protezione*) {+FINANZIARIA} Absicherung f.
blìnker <-> *m autom* Warnblinkanlage f.
blister <-> *m ingl farm* Blister m.
blitz <-, -es *pl ingl*> *m ingl mil polit* {+POLIZIA} Blitzaktion f, Blitzangriff m: **fare un ~**, eine Blitzaktion durchführen; *fam anche giorn* (*colpo di mano*), Handstreich m.
blob <-> *m anche fig* Blop m.
bloccàggio <-gi> *m* **1** *mecc* {+FRENI, MOTORE} Blockierung f; {+PORTE} Verriegelung f **2** *sport* (*nel pugilato, nella pallacanestro, nel rugby*) Abfangen n, Halten n.
bloccàre <blocco, blocchi> A *tr* **1** (*chiudere*) ~ **qc** {POLIZIA ACCESSO A UNO STABILE, CANALE, STRADA} *etw* (ab)|sperren, *etw* blockieren, *etw* versperren **2** (*isolare*) ~ **qc** {CITTÀ} *etw* isolieren *etw* ab|schneiden **3** (*interrompere*) ~ **qc** {COMUNICAZIONE} *etw* unterbrechen **4** (*paralizzare*) ~ **qc** {VELENO CUORE, GAMBE} *etw* lähmen; *fig* {SCIOPERO ATTIVITÀ DI UN'AZIENDA, REGIONE} *etw* lahm|legen *etw* blockieren **5** (*fissare*) ~ **qc** (+ *compl di luogo*) {GANCIO ALLA PARETE, ATTACCO DELLO SCI} *etw* (*irgendwo*) fest|klemmen **6** (*inceppare*) ~ **qc** {MECCANISMO} *etw* (ab)|sperren, *etw* verriegeln **7** (*fermare*) ~ **qu/qc** *jdn/etw* auf|halten: **l'ha bloccato proprio mentre stava uscendo**, er/sie hat ihn aufgehalten, als er/sie gerade gehen wollte; {POLIZIA MANIFESTANTI} *jdn/etw* fest|halten; {FEBBRE} *jdn/etw* blockieren, *jdn/etw* lahm|legen **8** (*congelare*) ~ **qc** {PREZZI, SALARI} *etw* ein|frieren; ~ **qc** {LICENZIAMENTO} *etw* stoppen, *etw* auf|halten, *etw* ab|brechen **9** *autom* ~ **qc** {STERZO} *etw* sperren, *etw* blockieren **10** *banca econ* ~ **qc** {ASSEGNO, CREDITO, CONTO, ecc.} *etw* sperren **11** *med* ~ **qc** {EMORRAGIA} *etw* stillen, *etw* zum Stillstand bringen; {FRATTURA} *etw* ruhig|stellen **12** *mil* ~ **qu** {TRUPPE NEMICO} *jdn* blockieren **13** *psic* ~ **qu** {TIMIDEZZA} *jdn* blockieren **14** *sport* (*nel calcio, nel rugby*) ~ **qc** {TIRO} *etw* ab|fangen, *etw* halten; (*nella lotta*) ~ **qu** fixieren B *itr pron* **1** (*fermarsi*): **bloccarsi** {MOTORE} stehen bleiben, blockieren; {SERRATURA, FINESTRA} klemmen; {ASCENSORE} stecken bleiben; *fig* {VENDITE} stocken **2** (*interrompersi*): **bloccarsi** (+ *compl di tempo*) {NEL BEL MEZZO DEL DISCORSO} sich (*irgendwann*) unterbrechen **3** *psic* (*avere un blocco*) {RAGAZZO} sich sperren, verkrampft/blockiert sein.
bloccaruòta <-> *m autom* Parkkralle f.
bloccastèrzo <-> *m autom* Lenkradschloss n: **mettere il ~**, das Lenkradschloss einrasten lassen.
bloccàto, (-a) *agg* **1** (*chiuso*) {CENTRO ABITATO, DOTTO, PASSAGGIO} versperrt; {REGIONE} *anche* Sperr-; {TRAFFICO, VIA DI COMUNICAZIONE} blockiert **2** (*isolato*) isoliert, abgeschnitten: **il passo è rimasto tre giorni ~ da una frana**, der Pass war drei Tage durch eine Lawine abgeschnitten **3** (*fermo*) ~ (+ *compl di luogo*) (*irgendwo*) eingesperrt: **è rimasto ~ in casa per l'influenza**, er sitzt wegen Grippe zuhause fest **4** (*intrappolato*) ~ (+ *compl di luogo*) {MEDICO NEL TRAFFICO, ANIMALE NELL'ASCENSORE, PIEDE NEL BINARIO} (*irgendwo*) stecken geblieben; {RAGAZZO NELL'AUTO} (*irgendwo*) eingesperrt **5** (*fisso*) {AFFITTO} eingefroren **6** *banca econ* (*non trasferibile*) {BENI, PATRIMONIO} Sperr-, gesperrt **7** *psic* ~ (**da qu/qc**) {RAGAZZO DALLA PRESENZA DEI COMPAGNI} (*durch jdn/etw*) verkrampft, (*durch jdn/etw*) blockiert.
blocchétto <*dim di* blocco¹> *m* {+BIGLIETTI} (kleiner) Block; {+ASSEGNI} Heft n.
blòcco¹ <-chi> A *m* **1** (*massa*) Block m: **un ~ di marmo/cemento/ghiaccio**, ein Marmor-/Zement-/Eisblock m **2** (*gruppo*) {+NUOVI NEGOZI} Block m **3** (*taccuino*) Notizblock m: ~ (**per appunti**), Notiz-, Schreibblock m; ~ **da disegno**, Zeichenblock m; (*risma*) Ballen m, Ries n *obs*; ~ **di carta da fotocopiatrice**, ein Ballen Fotokopierpapier **4** *fig anche polit stor* (*unione*) Block m: ~ **sovietico**, Sowjetblock m **5** *autom* Block m: ~ **motore/cilindri**, Motor-/Zylinderblock m **6** *inform* Block m **7** *sport* (*nell'atletica, nel nuoto*) Block m: ~ **di partenza**, Startblock m B *loc avv*: **in ~ 1** (*in massa*) im Ganzen, pauschal, in Bausch und Bogen; *comm* {VENDERE, COMPRARE} en bloc, im Ganzen **2** *fig* (*nell'insieme*) {CONSIDERARE, VALUTARE} en bloc, im Ganzen.
blòcco² <-chi> *m* **1** (*interruzione*) {STRADALE} Sperre f, Sperrung f, Block m **2** (*arresto*) {+TRASMISSIONE} Unterbrechung f **3** (*stasi*) {+AFFITTI, ecc.} Stopp m; {+PREZZI} *anche* Bindung f **4** (*inceppamento*) {+ASCENSORE} Steckenbleiben n; {+SERRATURA} Klemmen n; {+CONGEGNO} Stockung f, Stocken n **5** *ferr* {LUMINOSO, MANUALE} Blockung f **6** *mar mil navale* Blockade f, Seeblockade f, Seesperre f **7** *med* Versagen n: ~ **renale/cardiaco**, Nieren-/Herzversagen n **8** *psic* Hemmung f, Störung f: **non ho risposto alla domanda perché ho avuto un ~**, ich habe nicht auf die Frage geantwortet, weil ich eine Gedächtnislücke hatte **9** *tecnol* Blockierung f, Sperrung f, Sperre f: ~ **di sicurezza di una serratura**, Sicherheitsblockierung f eines Schlosses.
blockbuster <-> *m ingl* Blockbuster m.
block-notes → **bloc-notes**.
bloc-notes <-, -s *pl franc*> *m franc* (*taccuino*) Notiz-, Schreibblock m.
blog <-> *m ingl* (*in internet*) Blog n o m.
blu A <*inv*> *agg* {CIELO, OCCHI} blau: **blu chiaro/scuro**, hell-/dunkelblau; **blu cobalto/elettrico/[di Prussia]**, kobalt-/leuchtend-/preußischblau; **blu marino/oltremare**, marineblau B <-> *m* (*colore*) {+MARE} Blau n: **blu cobalto/elettrico/[marino/oltremare]/[di Prussia]**, Kobalt-/Leuchtend-/Marine-/

Preußischblau n • **blu di metilene** chim, Methylenblau n.

bluàstro, (-a) agg (che tende al blu) {COLORITO, MANI} bläulich.

blucerchiàto, (-a) sport **A** agg (della Sampdoria) {ATLETA} der Sampdoria Genua **B** m (f) (giocatore) (Fußball)spieler m der Sampdoria Genua.

blue chip <-, - -s pl ingl> loc sost f ingl (in Borsa) Blue Chip m.

blue-jeans m pl ingl (nella moda) Blue-jeans pl.

blues ingl mus **A** <inv> agg {MUSICISTA} Blues- **B** <-> m Blues m.

bluette franc **A** <inv> agg {TENDA} hellblau **B** <-> m (colore) Hellblau n.

bluff <-> m franc anche fig (nei giochi di carte) Bluff m spreg.

bluffàre itr anche fig (nei giochi di carte) bluffen spreg.

blùsa f **1** (camicetta) (Hemd)bluse f **2** (camicia da lavoro) Kittel m.

BM f abbr di Banca Mondiale: Weltbank f.

b/n abbr fot abbr di bianco e nero: s/w (abbr di schwarz-weiß).

BNL f abbr di Banca Nazionale del Lavoro: Nationalbank f der Arbeit.

BO m film teat abbr dell'ingl Box Office (botteghino): Kino-, Theaterkasse f.

bòa[1] <-> m **1** zoo Boa f, Abgottschlange f **2** (sciarpa) (Feder)boa f.

bòa[2] f **1** mar Boje f **2** aero Leuchtboje f.

board <-> m ingl Platine f.

boàto m **1** (rimbombo) {+TUONO} Dröhnen n, Donnern n, Getöse n; {+PUBBLICO} Aufschrei m **2** aero Dröhnen n.

boat people <-> loc sost f ingl (profughi) Boatpeople f.

bob <-> m ingl **1** anche sport (slitta) Bob m: **bob a due/quattro**, Zweier-/Viererbob m **2** sport (disciplina) Bobsport m.

bobina f **1** (rocchetto) Rolle f, Spule f: ~ **di filo rosso**, Spule f mit rotem Garn **2** elettr (Strom)spule f **3** film TV Spule f **4** tip Papierrolle f • ~ **di accensione** autom, Zündspule f.

bobtail <-> m ingl zoo Bobtail m.

bócca <-che> f **1** anat Mund m; (labbra) Lippen f pl: **la baciò sulla** ~, er küsste sie auf den Mund; zoo Maul n, Schnauze f **2** fig (apertura) {+BOTTIGLIA, TUBO, VASO} Öffnung f; {+CANNONE} Mündung f; {+FORNO} Tür f **3** geog {+FIUME} Mündung f; {+VULCANO} Krater m, Schlot m; (passaggio) Durchgang m, mar Bucht f: **le bocche di Bonifacio**, die Meerenge von Bonifacio • **avere la ~ amara**, einen bitteren Nachgeschmack auf der Zunge haben; **aprir ~** fig (parlare), den Mund auftun; **non aprire ~** fig (non parlare), den Mund nicht aufbekommen/aufkriegen fam, kein Wort sagen; **avere qu/qc (sempre) sulla ~** fig (parlarne in continuazione), ständig von jdm/etw reden; **avere qc sempre in ~** (usare), {PAROLE STRANIERE, SLOGAN POLITICI} mit etw (dat) um sich schmeißen fam; **essere di ~ buona** fig (mangiare qualunque cosa), beim Essen nicht wählerisch sein, alles essen; fig (sapersi accontentare), nicht wählerisch sein; **avere la ~ buona/cattiva** (avere un buon/cattivo sapore in ~), einen guten/schlechten Nachgeschmack im Mund haben; **cantare a ~ chiusa**, (vor sich hin) summen; **cavare ~ qc a qu** fig (tirargli fuori a forza le parole), jdm etw aus der Nase ziehen fam; **chiudere la ~**, den Mund zumachen; fig (stare zitto), den Mund halten fam; **chiudere/cucire/tappare la ~ a qu** fig fam (farlo stare zitto), jdm den Mund stopfen fam; fig fam (eliminarlo), ihn in die Ecke bringen fam, jdn einen Kopf kürzer machen fam; **cucirsi la ~** fig fam (mantenere un segreto), seinen Mund halten fam; **dire qc con la ~ e non col cuore** fig (solo a parole), etw nur so dahersagen spreg; **dire qc per ~ di qu** fig (per mezzo di qu), etw durch jdn ausrichten lassen; ~ **da fuoco** artiglieria, Geschütz n; ~ **inutile** fig (parassita), Schmarotzer m, Parasit m; **lasciare qu a ~ asciutta** (a digiuno), jdn mit leerem Magen ausgehen lassen; fig, jdn leer aus|gehen lassen; **lasciarsi sfuggire/scappare qc di ~** fig (dire qc che si voleva tacere), sich (dat) etw entschlüpfen lassen, sich (dat) den Mund verbrennen fam; **avere la ~ che puzza ancora di latte** fig (essere inesperti), noch grün hinter den Ohren sein spreg, ein Grünschnabel sein spreg; ~ **di leone** bot, Löwenmaul n, Löwenmäulchen n; ~ **di lupo** arch, Luftschacht m; bot, Immen-, Melissenblatt n; mar (nodo), Schlinge f, Schlaufe f; **in ~ al lupo!** fig fam (augurio), Hals- und Beinbruch! fam, toi, toi, toi! fam; **mettere ~ in qc** fig (intromettersi), sich in etw (acc) einmischen; **mettere qc in ~ a qu**, jdm etw in den Mund stecken; fig (attribuirglielo), jdm Worte in den Mund legen; **parla solo perché ha la ~** fig (a vanvera), er/sie redet ohne Punkt und Komma; **passare di ~ in ~** fig (diffondersi velocemente), von Mund zu Mund gehen; **prendere qc per ~**, {FARMACO} etw oral einnehmen; **riempirsi la ~ (di paroloni)** fig (parlare in modo solenne), große Reden schwingen, ein großes Maul haben/führen volg, das Maul (weit) aufreißen volg; **riempirsi la di qc**, {DI FACILI CRITICHE} schnell bei der Hand mit etw (dat) sein; **a ~ piena**, mit vollem Mund; **restare/rimanere a ~ aperta**, mit offenem Mund dastehen; fig (meravigliato) anche, Mund und Augen auf sperren/auf|reißen volg; **restare/rimanere a ~ asciutta** (a digiuno), mit leerem Magen zurückbleiben; fig (deluso), das Nachsehen haben, leer aus|gehen; **rifarsi la ~** fig (eliminare un gusto cattivo), einen schlechten Nachgeschmack vertreiben, endlich wieder etwas Gutes essen; **sciogliersi in ~** fig (essere molto tenero), {TONNO} auf der Zunge zergehen; **avere tre/molte bocche da sfamare** fig (persone a carico), drei/viele Mäuler zu stopfen haben; ~ **dello stomaco** anat, Magenmund m; **storcere la ~** fig (essere in disaccordo), den Mund verziehen; **tenere la ~ chiusa/cucita** fig (ostinarsi a tacere), den Mund halten; **me l'hai tolto di ~** fig (stavo per dirlo), du hast mir das Wort aus dem Mund genommen; **essere sulla ~ di tutti** fig (pettegolezzi di tutti), in aller Munde sein; **essere la ~ della verità** fig (sincero), die Aufrichtigkeit selbst sein.

boccaccésco, (-a) <-schi, -sche> agg **1** lett {RACCONTO} von Boccaccio **2** fig (licenzioso) schlüpfrig spreg, anstößig, pikant, frivol.

boccàccia <-ce, pegg di bocca> f **1** spreg Schnauze f volg spreg, Maul n volg spreg **2** <di solito al pl> (smorfia) Grimasse f, Schnute f fam, Fratze f fam: **fare le boccacce**, das Gesicht/den Mund verziehen, Grimassen schneiden/ziehen **3** fig spreg (persona pettegola) Lästermaul n fam, Schandmaul n fam spreg.

boccàglio <-gli> m **1** (imboccatura) {+MEGAFONO} Mundstück n; {+MASCHERA} Schnorchel m **2** tecnol Düse f.

boccàle[1] m **1** (recipiente) Krug m: ~ **(da birra)**, Bier-/Maßkrug m; (con coperchio) Deckelkrug m **2** (contenuto) Krug m.

boccàle[2] agg anat {MUCOSA} Mund-.

boccapòrto m **1** ferr Luke f, Feuertür f **2** mar (Schiffs)luke f.

boccascèna m teat Bühnenöffnung f, Bühnenrahmen m.

boccàta f {+PANE} Bissen m; {+ACQUA} Schluck m; ~ **di fumo**, Zug m • **andare a prendere una ~ d'aria** fig (uscire all'aria fresca), frische Luft schnappen gehen; **questa notizia è stata per noi una ~ d'ossigeno** (un sollievo), diese Nachricht war für uns eine ungeheure Erleichterung.

boccétta <dim di boccia> f **1** (bottiglietta) {+PROFUMO} Fläschchen n, Flakon m o n **2** (nel biliardo) Stoßkugel f, Spiel-, Stoßball m.

boccheggiànte agg **1** (che respira a stento) nach Luft ringend **2** fig (agonizzante) {AZIENDA} krisengeschüttelt; {CIVILTÀ} sterbend, im Niedergang befindlich.

boccheggiàre <boccheggio, boccheggi> itr **1** {PESCE} nach Luft ringen; fig ~ **per qc** {PER LA FATICA} (vor etw dat) nach Luft schnappen **2** fig (agonizzare) {MALATO} im Sterben liegen, in den letzten Zügen liegen, mit dem Tode ringen; {IMPRESA} nach Luft schnappen fam, krisengeschüttelt sein.

bocchétta <dim di bocca> f **1** (imboccatura) {+INNAFFIATOIO} Öffnung f; {+TROMBA} Mundstück n **2** edil Öffnung f, Loch n: ~ **di scarico**, Abflussöffnung f; ~ **stradale**, Gully m; ~ **di ventilazione**, Lüftungsdüse f • ~ **di serratura** tecnol, Beschlag m, Schließblech n.

bocchettóne m **1** autom tecnol {+RADIATORE, SERBATOIO} Einfüllstutzen m, Eingussstutzen m **2** mecc Stutzen m.

bocchino <dim di bocca> m **1** (per sigaretta) Zigarettenspitze f **2** {+CLARINETTO, PIPA} Mundstück n **3** slang volg (pompino) Mundfick m volg, Blasen n fam.

bòccia <-ce> f **1** (recipiente) {+VINO} Karaffe f: ~ **dei pesci rossi**, Goldfischglas n **2** (palla) Kugel f **3** <di solito al pl> (gioco) Boccia(spiel) n **4** fam scherz (testa) Birne f fam, Rübe f fam, Schädel m, Kopf m • **a bocce ferme** fig (a cose fatte), wenn die Wogen geglättet sind.

bocciàre <boccio, bocci> **A** tr **1** (respingere) ~ **qc** (IDEA, PROGETTO, PROPOSTA) etw ab|lehnen **2** fam (respingere agli esami) ~ **qu (a qc)** jdn (bei etw dat) durch|fallen/durch|rasseln fam lassen: **all'esame di stato hanno bocciato 5 candidati su 20**, beim Staatsexamen haben sie 5 von 20 Kandidaten durchfallen lassen **2 3** (con una boccia) ~ **qc** {PALLINO} etw treffen, etw aus|werfen **B** itr fam (avere un incidente) {AUTOMOBILISTA} einen Zusammenstoß haben.

bocciàto, (-a) **A** agg (a qc) {ALL'ESAME DI GUIDA} bei etw (dat) durchgefallen fam; scuola {ALLA MATURITÀ} bei etw (dat) sitzen geblieben fam **B** m (f) Durchgefallene mf decl come agg fam; scuola Sitzengebliebene mf decl come agg fam.

bocciatùra f **1** {+PROGETTO} Ablehnung f; (azione) anche Ablehnen n **2** (ammaccatura) {+AUTOMOBILE} Zusammenstoß m; (azione) Zusammenstoßen n **3** (a un esame) Durchfallen n fam; scuola anche Sitzenbleiben n fam.

boccino <dim di boccia> m (nelle bocce) Malkugel f, Zielkugel f.

bòccio <-ci> **A** m (bocciolo) Knospe f **B** <inv> loc agg anche fig (non ancora fiorito): **in ~** {ROSA} noch nicht erblüht; {RAGAZZA, PROGETTO} anche noch nicht reif.

bocciòdromo m Bocciaanlage f, Bocciaspielplatz m.

bocciòfila f (società ~) Bocciaclub m.

bocciòfilo, (-a) **A** agg {SOCIETÀ} Boccia- **B** m (f) (giocatore) Bocciaspieler(in) m (f) **C** f (società) Bocciaklub m.

bocciòlo <dim di boccio> m **1** anche fig (fiore non ancora sbocciato) Knospe f **2** mecc Nocken m.

bóccola f **1** (borchia) Niete f **2** (anello)

Ring m 3 (*rinforzo*) {+BASTONE} Zwinge f 4 *elettr* Buchse f 5 (*in falegnameria*) "kleiner Zylinder zur Verbindung der verschiedenen Teile eines Möbels mittels Schrauben" 6 *ferr* Achsbuchse f, Achslager n 7 *mecc tecnol* Büchse f, Hülse f 8 *sport* (*nel pattinaggio artistico*) Schlinge f

bóccolo m <*di solito al pl*> (*ricciolo*) (Korkenzieher)locke f.

bocconcino <*dim di boccone*> m 1 (*boccone saporito*) Häppchen m, (*buona pietanza*) Leckerbissen m 2 *gastr* <*di solito al pl*> (*spezzatino*) Gulasch n; (*mozzarelline*) Mozzarellahäppchen n pl ● **un bel ~** *fig scherz* (*bella ragazza*), ein knuspriges/knackiges Mädchen *fam*.

boccóne m 1 (*piccola quantità*) {+FORMAGGIO} Bissen m, Happen m: **ha mangiato solo un ~ di carne**, er/sie hat nur ein wenig/bisschen Fleisch gegessen 2 (*pasto rapido*) Bissen m, Happen m: **mangiare un ~**, etwas essen, einen Happen essen 3 (*~ avvelenato*) vergifteter Happen: **dare il ~ a un animale**, einem Tier einen vergifteten Happen geben 4 (*cibo prelibato*) Leckerbissen m 5 *fig* (*pezzetto*) Stückchen n: **ha un ~ di terra al paese**, er/sie hat ein Stückchen Land im Dorf ● **a bocconi**, bissenweise; **fra un ~ e l'altro fam** (*durante il pasto*), während des Essens, zwischendurch; **avere ancora il ~ in bocca** *fig* (*stare ancora mangiando*), mit dem Essen noch nicht fertig sein; **contare i bocconi in bocca a qu** *fig* (*centellinare il cibo*), jdm die Bissen ⌊in den⌋/[im] Mund zählen; **togliersi/levarsi il ~ di bocca per qu** *fig* (*sacrificarsi per qu*), sich (dat) für jdn jeden Bissen vom Mund absparen; **col ~ in gola** *fam* (*senza frapporre indugi*), gleich nach dem Essen, ohne sich (dat) den Mund abgewischt zu haben; **inghiottire un ~ amaro** *fig* (*sopportare*), eine bittere Pille schlucken; **ingoiare**/ [**mandar giù**] **bocconi amari** *fig* (*sopportare*), viel schlucken; **mangiare qc in un sol ~** *fig* (*velocemente*), etw in einem Bissen essen; **mangiarsi qu in un ~** *fig* (*superarlo*), jdn in die Tasche stecken *fam*; **il ~ del prete** *fig* (*codone del pollo*), Bürzel m.

boccóni *avv* (*prono*) {DORMIRE, STARE} auf dem Bauch, bäuchlings: **cadere ~**, der Länge nach hinfallen.

bocconiàno, (-a) *agg* {ECONOMISTA} Bocconi-, der Bocconi-Universität.

bodóni <-> m *tip* Bodoni-Letter f.

body <-, *bodies* pl *ingl*> m *ingl* (*nella moda*) Body m, Bodysuit m.

body building <-> *loc sost* m *ingl sport* Bodybuilding n.

Boemia f *geog* Böhmen n.

boèmo, (-a) A *agg* {ARTIGIANATO} böhmisch B m (f) (*abitante*) Böhme m, (Böhmin f).

boèro, (-a) A *agg stor* {GUERRA} Burenm (f) *stor* Bure m, (Burin f) C m *gastr* "Praline mit einer Likörkirsche".

bofonchiàre <*bofonchio, bofonchi*> A *tr fam* (*mormorare*) **~ qc** etw brummen B *itr fam* (*brontolare*) murren, meckern *fam spreg*.

boh *inter di incertezza*) hm!: **farai degli altri spettacoli? – Boh!**, wirst du noch andere Vorstellungen geben? – Hm!

bohème <-, -s pl *franc*> f *franc arte lett* Bohemeleben n ● **la Bohème** (*titolo di un'opera di G. Puccini*), die Boheme.

bohémien m *franc arte lett* Bohemien m.

bòia A <*inv*> *agg* 1 *fam* (*cattivo*) {MONDO} beschissene *volg*, verdammt *fam spreg* 2 *fig* (*insopportabile*) {FAME} verdammt *fam*, Wahnsinns- *fam*: **fa un freddo/caldo ~**, es ist verdammt *fam* kalt/warm B <-> m 1 (*carnefice*) Henker m, Scharfrichter m 2 *fig* (*mascalzone*) Gauner m *spreg* ● **essere** **il ~ di qu** *fig* (*tormentarlo*), jds Schinder/ Drangsalierer sein *spreg*; **fare il ~ e l'impiccato** *fig* (*svolgere due attività contrastanti*), Hammer und Amboss sein; **~ d'un *mondo*/*cane*!**, beschissene *volg* /verfluchte *fam spreg* Welt!

boiàta f *fam* 1 (*cosa mal riuscita*) Scheiß m *volg*, Scheiße f *volg* 2 (*azione stupida*) Schund m *spreg*, Schmarren m *fam spreg*, Unsinn m 3 (*discorso sciocco*) Scheiß m *volg*, Scheiße f *volg* 4 (*azione cattiva*) Schweinerei f *volg spreg*.

boicottàggio <-gi> m (*sabotaggio*) {+CENSIMENTO} Boykott m, Boykottieren n.

boicottàre *tr* **~ qu/qc** {SINDACATI IMPRENDITORE, PRODOTTI STRANIERI} jdn/etw boykottieren 2 (*ostacolare*) **~ qc** {POLIZIA MANIFESTAZIONE} etw behindern.

bóiler <-> m *ingl* (*scaldaacqua*) Boiler m, Warmwasserbereiter m.

boiserie <-> f *franc* (*rivestimento di legno*) Holzverkleidung f, Holztäfelung f.

bold m *ingl tip* fett, bold.

bolentìno m (*nella pesca*) "Angelschnur f mit mehreren Angelhaken und einem Bleistück am Ende".

boléro m 1 *mus* Bolero m 2 (*corpetto*) Bolero(jäckchen n) m.

bolèto m *bot* Röhrenpilz m, Röhrling m.

bòlgia <-ge> f 1 *fig spreg* (*caos*) Höllenspektakel m *fam enf*, Durcheinander n, Chaos n *in forb* 2 *poet* {+INFERNO DANTESCO} (Höllen-)graben m ● **gettarsi nella ~** *fig* (*gettarsi nella confusione*), sich ins Gewühl stürzen *fam*; **c'è una ~ infernale** *fig spreg* (*una grande confusione*), da ist die Hölle los *fam*.

bòlide m 1 *astr* Bolid m 2 *autom* schneller Flitzer *fam*, Rennwagen m, Bolid m 3 *fig* (*ciò che è molto veloce*) Blitz m: **è passato come un ~**, er ist wie der Blitz vorbeigeschossen 4 *fig fam scherz* (*colosso*) Koloss m.

bolìna f *mar* (*fune*) Bul(e)ine f ● **andare**/**navigare di ~**, hart am Wind segeln.

Bolìvia f *geog* Bolivien n.

bólla① f 1 (*rigonfiamento*) Blase f; (*nel vetro, nel metallo*) (Luft)blase f: **~ d'aria**, Luftblase f 2 *bot* {+PESCO} Kräuselkrankheit f 3 *med* (Wasser)blase f 4 *tecnol* Wasserwaage f ● **in ~** *tecnol* (*orizzontale*), senkrecht; **~ di sapone** anche *fig* (*cosa effimera*), Seifenblase f; **finire/risolversi in una ~ di sapone** *fig* (*in nulla*), wie eine Seifenblase zerplatzen, sich in nichts auflösen, verpuffen.

bólla② f 1 *comm* Schein m: **~ di accompagnamento**, Warenbegleitschein m; **~ di consegna**, Lieferschein m 2 *relig stor* {PAPALE} Bulle f: **~ di scomunica**, Bannbulle f 3 *stor* (*sigillo*) Siegel n.

bollàre *tr* 1 *amm post* **~ qc** {ATTO, DOCUMENTO, PACCO POSTALE} etw (ab)stempeln 2 *fam* (*ammaccare*) **~ qc** {GRANDINE, URTO AUTOMOBILE} etw verbeulen, etw eindellen 3 *fig* (*segnare*) **~ qu/qc** (**come qu/qc**) jdn/etw brandmarken, jdn/etw als jdn/etw ab|stempeln: **questo delitto lo bollerà per sempre come assassino**, dieses Verbrechen wird ihn für immer als Mörder abstempeln; **~ qu d'infamia**, jdn mit Schimpf und Schande überhäufen 4 *fam* (*dare una contravvenzione*) **~ qu** jdm eine Geldstrafe verpassen *fam*.

bollàto, (-a) *agg* 1 *amm post* {CARTA} Stempel-; {DOCUMENTO, LETTERA} (ab)gestempelt 2 *fig* (*disonorato*) gebrandmarkt: **ormai è ~**, jetzt ist er gebrandmarkt.

bollatùra f *amm post* (+CERTIFICATO, PACCO) (Ab)stemp(e)lung f.

bollènte *agg* 1 (*molto caldo*) {MANI} heiß, glühend; {ACQUA, CAFFÈ} *anche* kochend, siedend 2 *fig* (*ardente*) {SPIRITI} erhitzt.

bollétta <*dim di bolla*①> f 1 (*fattura*) {+GAS, LUCE} (Ab)rechnung f 2 (*ricevuta*) {+CONSEGNA, ORDINAZIONE, SPEDIZIONE} Schein m ● **essere/trovarsi in ~** *fig fam* (*non avere denaro*), pleite/blank/abgebrannt sein *fam*.

bollettìno <*dim di bolletta*> m 1 (*modulo*) Schein m, Formular n: **~ di consegna**, Lieferschein m; **~ di versamento**, Zahlkarte f, Einzahlungsschein m 2 (*notiziario*) {PARROCCHIALE} Bericht m, Bulletin n: **~ meteorologico**, (Wetter)bericht m; **~ di guerra** *mil*, Kriegsbericht m; **~ medico** *med*, Krankenbericht m; **~ dei prezzi** *comm*, Preisliste f; **Bollettino *Ufficiale*** (*abbr B.U.*), Amtsberricht m.

bollicìna <*dim di bolla*①> f 1 Bläschen n 2 <pl> (*perlage*) Perlen f pl, Bläschen n 3 <pl> *fam* (*acqua frizzante*) Sprudel(wasser n) m 4 <pl> (*spumante*) Perlwein m 5 <pl> (*bevanda gassata*) Getränk n mit Kohlensäure.

bollilàtte <-> m (*bollitore*) Milch(koch)topf m.

bollìno <*dim di bollo*> m Marke f; {+TESSERA DEL NUOTO} Beitragsmarke f; {+RACCOLTA PUNTI} Sammelpunkt m.

bollìre <*bollo*> A *tr fam* **~ qc** 1 {LATTE} etw (auf)kochen (lassen); {PESCE} etw kochen, etw sieden 2 (*sterilizzare*) {BIBERON, SIRINGA} etw (ab)kochen B *itr* 1 {ACQUA} kochen, sieden 2 *fig fam* (*fare caldo*) vor Hitze um|kommen: **a Roma d'estate si bolle**, in Rom kommt man im Sommer um vor Hitze; **in questa macchina si bolle**, in diesem Auto brät man ja; (*scottare*) {ASFALTO} glühend heiß sein 3 *fig fam* (*fremere*) **~ (di qc)** (*vor etw dat*) kochen, (*vor etw dat*) glühen: **~ di rabbia**, vor Wut kochen 4 *enol* (*fermentare*) {UVA} gären.

bollìta f (*breve bollitura*) (Auf)kochen n: **dare una ~ a qc**, etw kurz aufkochen.

bollìto, (-a) A *agg* {ACQUA, LATTE} (ab)gekocht; {POLLO} gesotten B m *gastr* (*carne da bollire*) Suppenfleisch n; (*lessata*) gekochtes Rind-/(Kalb)fleisch n, Tafelspitz m A.

bollitóre m 1 (*recipiente speciale*) (Wasser)kessel m; (*pentola*) Kochtopf m: **~ per il latte**, Milch(koch)topf m 2 (*autoclave*) Kocher m.

bollitùra f 1 (*bollire*) {+CARNE, FAGIOLI} Kochen n, Sieden n 2 (*durata*) Siedezeit f 3 *metall* Feuerschweißen n.

bóllo m 1 *anche amm* (*marchio*) Stempel m, Siegel m: **~ postale**, Poststempel m; **~ di controllo sanitario**, Gesundheitskontrollstempel m; **~ d'entrata**, Eingangs-, Einreisestempel m; **~ d'uscita**, Ausgangs-, Ausreisestempel m 2 (*strumento*) Stempel m: **~ a secco**/**umido**, trockener/feuchter Stempel 3 *fam* (*francobollo*) Briefmarke f: **un ~ da un euro**, eine 1-Euro-Briefmarke 4 *fig* (*livido*) blauer Fleck 5 *dir* (*imposta di ~*) Stempelsteuer f; (*marca da ~*) Steuermarke f ● **~ di circolazione** *amm autom* (*tassa*), Kraftfahrzeugsteuer f; (*per la moto*), Motorradsteuer f; (*tagliando da esporre*), Kraftfahrzeugsteuermarke f, Zahlungsbeleg m; **esente da ~** *amm*, stempelfrei; **soggetto a ~** *amm*, stempelpflichtig.

bollóre m 1 Sieden n, Aufkochen n, Aufwallen n: **il latte è a ~**, die Milch kocht 2 *fig* (*caldo*) {+ESTATE} Hitze f ● **di solito al pl** *fig* (*eccitazione*) Hitze f, Ungestüm n *in forb*; **far passare i bollori a qu**, jdn beschwichtigen 4 *fig lett* (*entusiasmo*) {+GIOVENTÙ} Begeisterung f.

bòlo m 1 (*massa di cibo*) Bolus m: **~ alimentare**/**masticatorio**, Bissen m /Kaumasse f 2 *veter* große, weiche Pille; Bolus m.

Bológna f *geog* Bologna n.

bolognése A *agg* {CUCINA} aus Bologna,

bolognesisch, Bologneser-, bolognese B mf (*abitante*) Bologneser(in) m(f), Bolognese m, Bolognesin f C <inv> loc agg: alla ~ {RAGÙ, TAGLIATELLE} auf Bologneser Art, "mit Fleischsoße (aus Hackfleisch, Tomaten u. Gewürzen)".

bolsàggine f 1 *fig* (*fiacchezza*) Schlaffheit f, Trägheit f; {+STILE} Schwülstigkeit f *spreg* 2 *veter* Pferdestaupe f.

bolscevìco, (-a) <-chi, -che> *polit stor* A *agg* bolschewikisch, bolschewistisch B m (f) Bolschewik m, Bolschewist *m*.

bolscevìsmo m *polit stor* Bolschewismus m.

bòlso, (-a) *agg* 1 *fig* (*fiacco*) {UOMO, PROSA} schlapp *fam spreg*, schlaff *spreg*, matt 2 *fig* (*asmatico*) {VECCHIO} kurzatmig 3 *veter* {CAVALLO} dämpfig.

Bolzàno f *geog* Bozen m.

bolzóne m 1 (*punzone*) Punze f, Brandeisen n 2 *arch* Mauerbock m, Mauerkeil m 3 *mil stor* Mauerbrecher m, Sturmbock m 4 *numism* Prägestock m, Prägewerkzeug n.

bòma <-> m o f *mar* Baum m.

bómba A <inv> in funzione di agg (*esplosivo*) {NOTIZIA} Bomben- B f 1 (*proiettile esplosivo*) Bombe f: ~ atomica/nucleare, Atombombe f; ~ al fosforo/napalm/plastico, Phosphor-/Napalm-/Plastikbombe f; ~ fumogena, Rauchbombe f; ~ H/[all'idrogeno], Wasserstoffbombe f; bombe incendiarie, Brandbomben f pl; ~ lacrimogena, Tränengasbombe f; ~ a mano, Handgranate f; ~ Molotov, Molotowcocktail m; ~ a orologeria, Zeitbombe f 2 *fig giorn* (*notizia di grande effetto*) Bombe(nnachricht) f, Skandal m 3 *fig fam* (*persona di grandi capacità*) Koryphäe m *forb*, Knaller m *slang* 4 *fig fam* (*auto dalle notevoli prestazioni*) edler Schlitten *fam* 5 *fig fam* (*cibo ricco di calorie*) (Kalorien)bombe f 6 *fig fam region* (*forte alcolico*) scharfes Getränk, starkes alkoholisches Getränk 7 *fig fam region* (*bugia*) Märchen n, Schmu m *fam* 8 *aero* "die Explosion einer Bombe nachahmende Kunstflugfigur" 9 *gastr* "mit Marmelade oder Creme gefüllter Krapfen" 10 *sport* Aufputsch-/Dopingmittel n; (*nel calcio, nella pallacanestro: tiro*) Bombe f ● d'artificio (*pirotecnica*), Feuerwerkskörper m; ~ calorimetrica *chim*, kalorimetrische Bombe; ~ al cobalto *med*, Kobaltkanone f; ~ manometrica *fis*, Manometer n, Druckmesser m; fare scoppiare la ~ *fig*, die Bombe platzen lassen *fam*; tornare a ~ *fig* (*ritornare all'argomento principale*), wieder {zum Kern (des Themas)}/[auf das Thema] zurückkommen; ~ vulcanica/lavica *geol*, (Lava)bombe f.

bombàrda f 1 *artiglieria stor* Bombarde f 2 *mus* Bombarde f, (*strumento*) *anche* Pommer m.

bombardaménto m 1 *mil* Bombardierung f, Beschuss m; (*di artiglieria pesante*) schwerer Beschuss, schweres Feuer, Sperrfeuer m; {AEREO} Bombenangriff m: ~ a tappeto, Flächenbombardierung f, Bombenteppich m 2 *fig* (*attacco*) Beschuss m: subire i continui bombardamenti della stampa, unter ständigem Beschuss *fam* der Presse stehen 3 *fig* (*rapida serie*) {+DOMANDE} Hagel m 4 *fis nucl* {ATOMICO, CATODICO, IONICO} Beschuss m.

bombardàre tr 1 *mil* ~ qu/qc jdn/etw bombardieren, jdn/etw beschießen 2 *fig* (*sottoporre a*) ~ qu/qc di qc {ASSOCIAZIONE DI RICHIESTE DI AIUTO} jdn mit etw (dat) bombardieren, jdn/etw mit etw (dat) überhäufen 3 *fis nucl* ~ qc etw beschießen.

bombardière m 1 *aero* (*aereo*) {DIURNO, NOTTURNO, QUADRIMOTORE} Bomber m, Bombenflugzeug n; (*pilota*) Bombenflieger m, Bomberpilot m 2 *mil* Artillerist m 3 *zoo* Bombardierkäfer m.

bombàre tr *tecnol* ~ qc {PEZZO DI LAMIERA} etw bombieren, etw wölben.

bombaròlo, (-a) m (f) *fam* (*chi compie attentati*) Bombenleger(in) m (f).

bombàto, (-a) *agg* (*convesso*) {SUPERFICIE} bombiert, gewölbt.

bombé <INV> *agg franc* (*convesso*) {SUPERFICIE} bombiert, gewölbt.

bòmber <-> m *ingl* 1 *sport* (*nel calcio*) Bomber m *fam*, Torjäger m *fam*, Scharfschütze m 2 *tess* Bomberjacke f.

bombétta f (*cappello*) Melone f.

bómbice m *zoo* {+GELSO} Spinner m.

bómbo m *zoo* Hummel f.

bómbola f 1 (*recipiente*) (Stahl)flasche f: ~ di aria compressa, (Press)luftflasche f; ~ di gas, Gasflasche f; ~ d'ossigeno, Sauerstoffflasche f; ~ da sub, Tauchgerät n, Pressluftflasche f 2 (*bomboletta*) Sprüh-/Spraydose f.

bombolétta <dim di bombola> f (*recipiente*) Sprüh-/Spraydose f: ~ di lacca per capelli, Haarspraydose f.

bómbolo, (-a) m (f) *fam scherz* (*persona piccola e tozza*) Dickerchen n *scherz*.

bombolóne <accr di bombola> m 1 (*grande bombola*) große (Stahl)flasche 2 *gastr* "mit Creme oder Marmelade gefüllter Krapfen".

bombonièra f (*contenitore di confetti*) Bonbonniere f, Bonbonschachtel f ● questa camera da letto è una ~!, *fig*, dieses Schlafzimmer sieht aus wie eine Schmuckkästchen!

bomprèsso m *mar* Bugspriet n o m.

bonàccia <-ce> f 1 *mar* (*rif. a vento*) Flaute f, Windstille f; (*rif. a mare*) Meeresstille f, ruhige/glatte See 2 *fig* (*pace*) Stille f, Ruhe f.

bonaccióne, (-a) *fam* A *agg* (*semplice e bonario*) {RAGAZZO} gutmütig B m (f) gutmütiger Mensch, gute Haut *fam*.

bonàrda A f (*vitigno*) "norditalienische Rotweinsorte" B m o f *enol* "norditalienischer Rotwein".

bonarietà <-> f (*mitezza*) {+INSEGNANTE} Gutmütigkeit f, Gutherzigkeit f.

bonàrio, (-a) <-ri m> *spagn mus* {AMICO, ASPETTO, RIMPROVERO} gutmütig, gütig, gutherzig.

bonbon <-s> m *franc* (*confetto*) Bonbon m o A n.

bond <-> m *ingl econ* Bond m.

bòngos m pl *spagn mus* Bongos n pl.

Bonifàcio m (*nome proprio*) Bonifatius m.

bonìfica <-che> f 1 (*risanamento*) {+TERRENO} Urbarmachung f; {+PALUDE} Trockenlegung f 2 (*bonifica*) {+BASSIFONDI} Säuberung f 3 *chim* Säuberung f, Reinigung f 4 *mil* {+CAMPO MINATO} Entminung f; (*azione*) *anche* Entminen m 5 *metall* Vergütung f ● ~ sanitaria *med*, Verhütungsmaßnahmen f pl.

bonificàre <bonifico, bonifichi> A tr 1 (*risanare*) ~ qc {TERRENO} etw urbar machen, etw entsumpfen; {PALUDE} etw trocken|legen; {CENTRO STORICO} etw sanieren 2 *fig* ~ qc (*da qc*) {CITTÀ DALLA MICROCRIMINALITÀ} etw (*von etw dat*) säubern 3 *banca econ* ~ qc a qu jdm etw gut|schreiben, jdm etw überweisen ● ~ qc a qu jdm etw gut|schreiben, jdm etw überweisen 4 *chim* ~ qc säubern, etw reinigen 5 *metall* ~ qc {ACCIAIO} etw vergüten B itr pron (*prosciugarsi*) bonificarsi {PIANURA ALLUVIONALE} trocken werden.

bonìfico <-ci> m 1 *banca econ* Überweisung f, Gutschrift f: fare un ~ (bancario), eine (Bank)überweisung machen 2 *comm* {+INTERESSI} Preisnachlass m.

bòno, (-a) *fam* A *agg* (*bello*) {RAGAZZA} gut B m (f) guter Mensch.

bonomìa f (*bonarietà*) Gutmütigkeit f, Gutherzigkeit f.

bonsài <-> m *giapponese* 1 *agr* (*tecnica*) Bonsai n 2 *bot* (*pianta*) Bonsai m.

bontà <-> f 1 (*l'essere buono*) Güte f, Gutmütigkeit f, Gutheit f 2 (*buona qualità*) {+MERCE, PRODOTTO} Güte f, Qualität f; {+INTERVENTO} Wirkung f; {+ARIA, CLIMA} Heilsamkeit f 3 (*cortesia*) Güte f, Freundlichkeit f: abbia la ~ di dirmelo, haben Sie die Güte, es mir zu sagen 4 (*sapore delizioso*) {+ARROSTO} Wohlgeschmack m, Güte f, Vorzüglichkeit f: che ~ questa torta!, diese Torte ist ein Gedicht! ● ~ d'animo, Herzensgüte f; ~ sua/loro (*per merito suo/loro*), sehr gütig!

bon ton <-> *loc sost m franc* (*buone maniere*) guter Ton.

bònus <-> m *lat* 1 (*tagliando*) Coupon m, Schein m 2 *industr* Bonus m, Sondervergütung f.

bònus-màlus <-> m *lat* (*polizza assicurativa*) Schadenfreiheitsrabatt m.

bònzo m 1 *relig buddista* Bonze m 2 *fig* (*chi si dà molte arie*) Großtuer m *spreg*, Gernegroß m *fam scherz*.

boogie-woogie <-> *loc sost m ingl anche mus* Boogie-Woogie m.

book <-> m *ingl* (*album*) {+FOTOGRAFO, MODELLA} Album m.

bookcrossing <-> m *ingl* Bookcrossing n.

booking <-> m *ingl* 1 (*prenotazione*) Buchung f: ~ teatrale, Theaterkartenreservierung f 2 (*scritturazione*) Engagement n, Verpflichtung f.

bookmaker <-, -s pl ingl> m (*allibratore*) Buchmacher m.

bookmark <-> m *ingl inform* Lesezeichen n.

boom <-> m *ingl* 1 *fig* (*grande sviluppo*) {ECONOMICO + SETTORE DELLA MODA} Aufschwung m, Boom m: ~ demografico, demographischer Aufschwung; ~ dell'edilizia, Boom m des Baugewerbes 2 *fig fam* (*successo*) Boom m 3 *fig* {+MODERNARIATO} Boom m ● ~ sonico *aero*, Überschallknall m.

boomerang <-> m *ingl* (*arma australiana*) Bumerang m ● essere un ~ *fig* (*un'azione che si ritorce contro l'autore*), nach hinten losgehen *fam*.

boot <-> m *ingl inform* Booten n.

bòra f *meteo* Bora f.

boràce m *chim* Borax m.

boracìfero, (-a) *agg chim* borhaltig, Borax-, Bor-.

boràto m *chim* Borat n.

borbònico, (-a) <-ci, -che> *stor* A *agg* (*governo*) bourbonisch B m (f) (*seguace*) Anhänger(in) m(f) der Bourbonen.

borbottaménto m *fam* (*brontolio*) Murmeln n, Gemurmel n.

borbottàre A tr ~ qc 1 (*pronunciare indistintamente*) etw murmeln: borbottava una preghiera tra sé e sé, er/sie murmelte ein Gebet vor sich hin 2 (*protestare*) etw brummen: ma che stai borbottando?, was brummst du da in deinen Bart (hinein)? *fam* B itr 1 (*parlare in modo indistinto*) murmeln 2 (*brontolare*) brummen 3 (*mormoreggiare*) {PENTOLA, FONTANA} zischen; {STOMACO} knurren; {INTESTINO} rumoren, kollern.

borbottìo <-tii> m (*rumore di voci*) Gemurmel n, Gestammel n, Gebrumme n: ~ del tuono, Gedröhne n, Rollen n, Grollen n; (*della pentola*) Zischen n; (*dell'acqua*) Gurgeln n; (*dello stomaco*) Knurren n; (*dell'intestino*) Rumoren n, Kollern n.

bòrchia f **1** {+BORSETTA, CINTURA} Metallverzierung f, Beschlag m **2** (chiodo) {+POLTRONA} Ziernagel m: ~ **da tappezziere**, Polsternagel m **3** {+SERRATURA} Beschlag m **4** tecnol {+ALLACCIAMENTO, STANTUFFO} Niete f, Buckel m.

bordàre tr **1** (orlare) ~ qc {SOTTANA, VESTITO} etw (ein)säumen, etw (um)säumen; (per ornamento) ~ qc (di qc) {ASCIUGAMANO DI PIZZO} etw (mit etw dat) verzieren, etw (mit etw dat) besetzen **2** (fare un bordo) ~ qc (di qc) {BIGLIETTO DA VISITA DI NERO, PAGINA DI ROSSO} etw (mit etw dat/irgendwie) umranden **3** mar ~ qc {SCAFO} etw beplanken; {VELA} etw straffen, etw aus|breiten **4** tecnol ~ qc {LAMIERA} etw bördeln.

bordàta f **1** (sparo) Breitseite f **2** fig (rapida serie) {+INSULTI} Kanonade f fam **3** mar Schlag m **4** sport (nel calcio) Bombe f ● **tirare una** ~ sport (nel calcio), eine Bombe schießen; fig giorn (mettere in difficoltà l'avversario), jdn in Schwierigkeiten bringen.

bordatùra f **1** (orlatura) {+COPERTA, TENDA, ecc.} Einfassung f, Bordüre f, Borte f; (azione) (Ein)säumen n, Einfassen n **2** tecnol {+LAMIERA} Bördelarbeit f, Krümpelung f.

bordeaux franc A <inv> agg {TAPPEZZERIA} bordeaux(rot) B <-> m **1** (colore) Bordeaux n **2** enol Bordeaux(wein) m.

bordèllo m **1** (postribolo) Bordell n, Freudenhaus n **2** fig fam (ambiente corrotto) Lasterhöhle f fam spreg, Sündenpfuhl m spreg **3** fig fam (disordine) Tohuwabohu n, Durcheinander n **4** fig fam (fracasso) Radau m fam, Spektakel m fam, Lärm m fam: **smettetela di far ~!**, hört mal auf mit dem Radau! fam.

bordereau <-, -x pl franc> m franc comm → **borderò**.

borderline <inv> agg ingl (limite) {CASO} Grenz-, Borderline-.

borderò m comm anche teat Bordereau m o n, Bordero m o n: ~ **d'acquisto**, Einkaufsverzeichnis n, Einkaufsliste f.

bordino <dim di bordo> m **1** (piccolo orlo) {+TESSUTO} feiner Saum, Einfassung f, Rändchen n; (per ornamento) kleine Borte **2** ferr (Spur)kranz m **3** tecnol {+LAMIERA} Kante f.

bórdo m **1** (orlo) {+VESTITO, ecc.} Saum m; (per ornamento) Borte f: **il ~ di velluto del cappotto**, die Samtborte des Mantels **2** (margine) {+MONETA, SEDIA, TAVOLO, ecc.} Kante f; {+LENTE A CONTATTO, PISCINA} Rand m: **sul ~ della strada**, am Straßenrand m; {+AIUOLA} Einfassung f, Rand(streifen) m **3** aero mar Bord m: **salire a ~ di** una nave/[un aereo], an Bord gehen, einsteigen; **essere a ~ di** una nave/[un aereo], an Bord eines Schiffes/Flugzeugs sein **4** autom: **salire a ~ della macchina**, in den Wagen einsteigen; **auto con due passeggeri a ~**, Auto mit zwei Fahrgästen ● **d'alto ~**, mar {NAVE} Hoch-, mit hohem Bord; fig (di elevato ceto sociale) {GENTE} hochgestellt, besser, angesehen; fig (che frequenta ceti elevati) {PROSTITUTA, TRUFFATORE} Edel-; **di basso ~** mar, {NAVE} mit niedrigem Bord; **virare di ~** mar, wenden; fig scherz (allontanarsi per prudenza), auf dem Absatz kehrt|machen, jdm aus dem Weg gehen; fig scherz (cambiare discorso), das Thema wechseln.

bordò m → **bordeaux**.

bordocàmpo, **bórdo càmpo** <- o bordicampo> m loc sost m sport Spielfeldrand m.

bordóne m mus Bass m, Bordun m ● **fare/tenere ~** mus (fare il basso), die Bassstimme halten; **tenere ~ a qu** fig (assecondarlo), jdm Vorschub/Handlangerdienste spreg leisten, jdm die Stange halten.

bordùra f **1** (margine) {+ABITO} Bordüre f, Rand-(streifen) m **2** (orlo) {+ABITO} Bordüre f, Bor-

te f **3** gastr Garnierung f.

boreàle agg geog {CLIMA, EMISFERO} boreal, nördlich, Nord-.

borgàta f **1** (piccolo centro) Ortschaft f, Flecken m **2** (quartiere) {ROMANA +PERIFERIA} Vorort m, Vorortviertel n.

borghése A agg **1** (della borghesia) {ROMANZO} bürgerlich; {FAMIGLIA} anche Bürger-obs **2** (civile) zivil, Zivil-; fig spreg (di vedute limitate) {MENTALITÀ} (klein-/spieß)bürgerlich spreg B mf **1** (chi appartiene alla borghesia) Bürger(in) m(f), Bourgeois m: **piccolo ~**, Kleinbürger m **2** spreg (chi ha delle vedute ristrette) Spießbürger m spreg, Spießer m spreg C m (civile) Zivilist m ● **mettersi/vestirsi in (abito) ~**, sich in Zivil kleiden.

borghesìa f (ceto medio) Bürgertum n, Bourgeoisie f: **alta/piccola ~**, Groß-/Kleinbürgertum n; **appartiene alla media ~ locale**, er/sie gehört zum hiesigen Mittelstand.

bórgo <-ghi> m **1** (centro abitato) Ortschaft f, Dorf n, Flecken m **2** (quartiere) {+CITTÀ} (Vorstadt)viertel n.

borgomàstro m amm Bürgermeister m.

bòria f (superbia) Aufgeblasenheit f fam spreg, Hochmut m: **essere pieno di ~**, hochmütig sein; **metter su ~**, hochmütig werden.

bòrico, (-a) <-ci, -che> agg chim {ACIDO, ACQUA} Bor-.

boriòso, (-a) agg (superbo) {ARIA, UOMO} aufgeblasen fam spreg, hochmütig, dünkelhaft forb spreg.

bòro m chim Bor n.

Borotàlco® m comm (Körper-/Talkum)puder m.

borràccia <-ce> f (recipiente) Wasserflasche f; mil Feldflasche f.

borràgine f bot Borretsch m.

bórsa① f **1** gener Tasche f, Beutel m: **~ dell'acqua calda**, Wärmflasche f; **~ del ghiaccio**, Eisbeutel m; **~ della spesa**, {+del tabacco}, Einkaufstasche f/Tabakbeutel m; **~ ventiquattrore**, Aktentasche f; **~ da viaggio/spiaggia**, Reise-/Strandtasche f **2** (borsetta) Handtasche f **3** (deformazione) {+PANTALONI} Ausbeulung f **4** fig (denaro) Geld n: **o la ~ o la vita!**, Geld oder Leben! **5** fig fam (noia) Langweile f, Fadheit f **6** anat Beutel m, Sack m: **~ sierosa/sinoviale**, Schleimbeutel m; **~ scrotale**, Hodensack m; **avere le borse sotto gli occhi**, (Tränen)säcke (unter den Augen) haben; {+CANGURO} Beutel m **7** relig Hostienkapsel f ● **aprire/sciogliere la ~** fig (elargire denaro facilmente), den Beutel aufmachen; **avere la ~ piena/vuota** fig (disporre di molti/pochi soldi), einen dicken/leeren Beutel haben, viel/kein Geld haben; **chiudere/stringere la ~** fig (economizzare), den Beutel (fest-/zu)halten, sparsam sein; **reggere la ~ al ladro** fig (diventare suo complice), den Handlanger spreg eines Diebs machen; **~ da lavoro** (nei lavori femminili), Nähkorb m; **~ di studio** scuola università, Stipendium n; **tenere stretta la ~** fig (non spendere), geizig sein.

bórsa② f **1** banca econ Börse f: **oggi la ~ è in rialzo/ribasso**, heute ist die Börse am Steigen/Fallen; **~ merci**, Produkt-, Warenbörse f; **~ valori**, Effekten-, Wertpapierbörse f; **~ telematica**, Telematikbörse f; **giocare in ~**, an der Börse spekulieren **2** (luogo) {+FRANCOFORTE} Börse f **3** (mercato) Markt m: **~ nera**, Schwarzhandel m, Schwarzmarkt m; **~ dei calciatori**, Transfermarkt m.

borsaiòlo, (-a) m (f) (borseggiatore) Taschendieb(in) m(f).

Borsalìno® <-> m (nella moda) "Herrenfilzhut m der Hutfabrik Borsalino®".

borsanéra f (mercato nero) Schwarzhan-

del m, Schwarzmarkt m.

borsàta f **1** (contenuto) Tasche f (voll) f **2** (colpo) Schlag m mit der Tasche.

borsavalóri <borsevalori> f banca Effekten-, Wertpapierbörse f.

borseggiàre <borseggio, borseggi> tr (derubare) ~ qu (di qc) {ANZIANA DEL PORTAFOGLIO} jdm etw stehlen, jdm etw weg|nehmen.

borseggiatóre, **(-trice)** m (f) (ladro) Taschendieb(in) m(f).

borséggio <-gi> m (furto) Taschendiebstahl m.

borsellìno <dim di borsello> m (portamonete) Geldbeutel m, Portmonee n.

borsèllo m (borsa da uomo) Tasche f, Täschchen n.

borsétta <dim di borsa①> f (borsa da donna) (Hand)tasche f, Täschchen n.

borsìno <dim di borsa①> m **1** banca "Bankraum, in dem Börsenhändler Börsenmeldungen verfolgen und Aufträge erteilen" **2** econ Nachbörse f.

borsìsta① <-i m, -e f> mf scuola università (chi ha una borsa di studio) Stipendiat(in) m(f).

borsìsta② <-i m, -e f> mf banca econ Börsenspekulant(in) m(f).

borsìstico, (-a) <-ci, -che> agg banca econ {OPERAZIONE} Börsen-.

borsìte f med Schleimbeutelentzündung f.

boscàglia f (macchia) Niederwald m, Dickicht n; (bosco incolto) Gehölz n.

boscaiòlo, (-a) A m (f) **1** (taglialegna) Holzfäller(in) m(f), Holzhacker(in) m(f) **2** (guardaboschi) Förster m B <inv> loc agg gastr: **alla boscaiola** {PENNE} mit Pilzen.

boschìvo, (-a) agg **1** (a bosco) {ZONA} waldig, Wald- **2** (del bosco) {FLORA} Wald-.

bòsco <boschi> m **1** (foresta) Wald m: **~ ceduo/[da taglio]**, Nutzwald m; **~ demaniale**, Domanialwald m; **~ di querce/faggi/castagni**, Eichen-/Buchen-/Kastanienwald m **2** fig (intrico) {+CAPELLI} Wald m, Menge f, Meer n forb ● **uomo buono da ~ e da riviera** (adatto a tutto), Allerweltskerl m.

boscosità <-> f (densità di boschi) {+REGIONE} Bewaldung f, Waldbestand m.

boscóso, (-a) agg (ricco di boschi) {PAESE} waldig, bewaldet, Wald-, waldreich.

Bòsforo m geog Bosporus m.

Bòsnia f geog Bosnien n.

bosnìaco, (-a) A agg bosnisch B m (f) (abitante) Bosnier(in) m(f), Bosniake m.

boss <-, -e pl ingl> m ingl **1** (malavitoso) Boss m fam **2** scherz (capo) Boss m fam.

bòsso m **1** bot Buchs(baum) m **2** (legno) Buchsbaumholz n.

bòssolo m **1** (urna per votazioni) Wahlurne f; (per elemosine) Sammel-, Almosenbüchse f; (per dadi) Würfel-, Knobelbecher m **2** artiglieria (Patronen)hülse f **3** tecnol Büchse f, Hülse f.

Bot <-> m banca econ abbr di Buoni Ordinari del Tesoro: staatliches Wertpapier.

botànica <-che> f Botanik f.

botànico, (-a) <-ci, -che> A agg {ORTO} botanisch B m (f) (studioso) Botaniker(in) m(f).

bòtola f (apertura) Kellerluke f, Falltür f; teat Versenkung f.

bòtolo m spreg **1** (cane) Köter m spreg, Kläffer m fam spreg **2** fig (persona) Giftzwerg m fam spreg, Keiferer m spreg.

bótta f **1** (colpo) Schlag m, Hieb m: **prendere una ~ contro il tavolo**, gegen den Tisch stoßen **2** (contusione) Beule f **3** (percossa) Stoß m, Prügel m pl, Hiebe m pl, Haue f fam: **fare a botte con qu**, sich mit jdm raufen, sich mit jdm prügeln, sich mit jdm hauen *fam*; **prendere a botte** qu, jdn verprügeln, jdn verhauen *fam*; **riempire qu di botte**, jdn ordentlich verprügeln **4** (*rumore*) Knall m, Krach m **5** *fig* (*danno*) Schlag m, Schlappe f: **è stata una bella ~ per lui**, das war ein schwerer Schlag für ihn **6** *fig* (*battuta pungente*) scharfe Bemerkung, Hieb m **7** *sport* (*nella scherma*) Stoß m, Stich m ● **a botte di qc** (*a colpi di qc*), {DI MILIONI} mit etw (dat); **a ~ calda** *fig* (*istintivamente*) auf der Stelle; **dare una ~ a qc** *fig* (*iniziare un lavoro*), etw angehen, etw anfangen; **in una ~** *fig* (*in un colpo solo*), auf einen Schlag; **dar botte da orbi** (*picchiare duro*), blindlings draufschlagen *fam*; (*punire*), jdm einen Denkzettel verpassen *fam*; **fare ~ e risposta** *fig* (*rapido scambio di battute*), sich (dat) ein Wortgefecht/einen Schlagabtausch liefern; **una ~ di vita** *fig* (*un piacevole evento inatteso*), eine freudige Überraschung.

bottàio, (-a) <-tai m> m (f) Böttcher m, Fassbinder m.

bottàrga <-ghe> f *gastr itt* Rogen m.

bótte **A** f **1** (*recipiente*) {+ROVERE} Fass n **2** (*contenuto*) {+VINO} Fass n **3** *anche fig fam* (*barile*) {+PESCE} Tonne f, Fass n *fam*: **suo marito è una ~**, ihr Mann ist eine Tonne *fam* **4** *arch* Tonne f **5** (*nella caccia*) Tonne f **B** <inv> loc agg arch: **a ~** {SOFFITTO, VOLTA} Tonnen- ● **essere in una ~ di ferro** *fig* (*al sicuro*), ganz sicher sein, von allen Seiten abgesichert sein; **non si può avere la ~ piena e la moglie ubriaca** *prov*, man kann nicht auf zwei Hochzeiten tanzen; **nelle botti piccole sta il vino buono** *prov*, klein, aber fein; **la ~ dà il vino che ha** *prov*, wie der Baum, so die Früchte *prov*.

bottéga <-ghe> f **1** (*negozio*) Geschäft n, Laden m: **~ del salumiere**, Wurstwarengeschäft n **2** (*laboratorio*) Werkstatt f, Werkstätte f: **~ del falegname**, Tischlerwerkstatt f; **è un'opera della ~ di Giotto**, das ist ein Werk aus Giottos Werkstatt ● **andare/stare a ~ da qu** *fig* (*lavorare presso qu*), bei jdm in die Lehre gehen⌋/[in der Lehre sein]; **avere la ~ aperta** *fig fam* (*i pantaloni sbottonati*), den Hosenladen/Hosenschlitz offen haben *fam*; **chiudere ~** (*chiudere il negozio*), (den Laden) dicht|machen; (*cessare l'attività*), dicht|machen; **lavorare a ~ da qu**, bei jdm im Laden arbeiten.

bottegàio, (-a) <-gai m> **A** agg *fig spreg* (*gretto*) {MENTALITÀ} Krämer- *spreg* **B** m (f) **1** (*negoziante*) Händler(in) m(f), Kaufmann m **2** *fig spreg* (*trafficante*) Krämer m *spreg*, Händler m.

botteghìno <dim *di* bottega> m Kasse f, (Karten)schalter m; *film* Kinokasse f; (*nel lotto*) Lottoannahmestelle f; *sport* Wettbüro n; *teat* Theaterkasse f.

botticelliàno, (-a) agg **1** {QUADRO} von Botticelli **2** *fig* {BELLEZZA} Botticelli-.

bottìglia f **1** (*recipiente*) Flasche f: **bere alla ~**, aus der Flasche trinken; **~ da liquore**, Likörflasche f; **~ da un litro**/[due litri], Ein-/Zweiliterflasche f; **~ di vetro**/**plastica**, Glas-/Plastikflasche f **2** (*contenuto*) Flasche f ● **attaccarsi alla ~** *fam* (*bere avidamente*), aus der Flasche trinken; *anche scherz* (*bere molto alcol*) {UBRIACONE} an der Flasche hängen; **~ di Leyda** *scient*, Leydener/Kleistsche Flasche; **~ Molotov**, Molotowcocktail m.

bottiglierìa f **1** (*negozio*) Wein- und Spirituosenhandlung f **2** (*locale*) Abteilung f für Spitzenweine.

bottiglióne <accr *di* bottiglia> m Zweiliterflasche f.

bottìno① m **1** *mil* **~** (**di guerra**), Kriegsbeute f **2** (*refurtiva*) {MAGRO} (Diebes)beute

f, Diebesgut n.

bottìno② m **1** (*pozzo nero*) Senkgrube f, Jauchegrube f **2** *agr* Jauche f.

bòtto **A** m **1** (*colpo*) Schlag m; (*rumore di sparo*) Knall m **2** <*di solito al pl*> *region* (*fuochi d'artificio*) Feuerwerk n **B** loc avv (*improvvisamente*) **1 di ~**, schlagartig, mit einem Schlag **2 in un ~**, mit einem Schlag, im Handumdrehen.

bottóne m **1** *gener* {+MADREPERLA, OSSO} Knopf m: **~ automatico**/[a **pressione**], Druckknopf m **2** (*pulsante*) (Druck)knopf m, Taste f: **premere il ~** ⌊**dell'ascensore**⌋/[del **campanello**], auf den Aufzug-/Klingelknopf drücken; **~ d'avviamento**, Starter(knopf) m **3** (*distintivo*) {+FIORETTO} Knopf m **4** *scient* {DIAFRAMMATICO, GUSTATIVO} Knoten m, Knospe f **5** *bot* (*bocciolo*) Knospe f: **~ d'argento**, Schafgarbe f; **~ d'oro**, Troll-, Dotterblume f ● **attaccare (un) ~ a qu**, jdm einen Knopf annähen; *fig fam* (*sottoporlo a una lunga e noiosa conversazione*), jdn in ein endloses Gespräch verwickeln.

bottonièra f **1** (*serie di bottoni*) {+VESTITO} Knopfreihe f **2** (*asola*) Knopfloch n **3** *elettr* Kommando-/Schalttafel f, Kommando-/Schaltbrett n.

bottonifìcio <-ci> m (*fabbrica di bottoni*) Knopffabrik f.

botulìsmo m *med* Botulismus m *scient*.

bouclé *franc tess* **A** <inv> agg Bouclé- **B** <-> m (*stoffa*) Bouclé m.

boudoir <-> m *franc* (*salottino*) Boudoir m *obs*.

boule <-> f *franc* **1** (*borsa per l'acqua calda*) Wärmflasche f; (*per il ghiaccio*) Eisbeutel m **2** *chim* Blase f.

boulevard <-> m *franc* (*viale*) Boulevard m.

bouquet <-> m *franc* **1** (*mazzolino*) {+SPOSA} Bukett n *forb*, Blumenstrauß m **2** (*nella cosmesi*) {+PROFUMO} Duft m, Blume f **3** *enol* Bukett n, Blume f.

bourbon <-> m *ingl enol* Bourbon-Whisky m.

bourguignonne <-> f *franc gastr* (*fondue* **~**) Bourguignonne f.

boutade <-> f *franc* (*battuta*) scharfsinnige/witzige/geistreiche Pointe/Bemerkung.

boutique <-> f *franc* (*negozio*) Boutique f, Modegeschäft n: **~ da uomo**/**donna**, Herren-/Damenboutique f.

bovarìsmo m *lett* {+DONNA BORGHESE} Bovarysmus m *forb* (*Unzufriedenheit nach Art der Emma Bovary*).

bovàro m **1** (*guardiano*) Kuhhirte m **2** *fig* (*zotico*) Rüpel m *spreg*, Lümmel m *spreg*.

bòve m *lett rar* Ochse m.

bovìndo <-> m → **bow-window**.

bovìno, (-a) **A** agg **1** (*di bue*) {CARNE} Rind(er)-; {ALLEVAMENTO} *anche* Ochsen- **2** *fig* (*simile a quello di un bue*) {SGUARDO} Kuh- *fam*; {OCCHI} *anche* Glotz- *fam* **3** *fig spreg* (*ottuso*) {INTELLIGENZA} stumpf **B** m *zoo* Rind n.

bowling <-> m *ingl* **1** (*gioco*) Bowling n **2** (*luogo*) Bowlingcenter n, Bowlinghalle f.

bow-window <-, -s pl *ingl*> m *ingl arch* Erker m.

box <-, -es pl *ingl*> m *ingl* **1** (*autorimessa*) Garage f **2** (*recinto per bambini*) Laufstall m **3** (*settore*) {+GRANDE MAGAZZINO} Box f, Stand m **4** *edit* Kasten m **5** *autom sport* (*nell'ippica*) Box f ● **box doccia**, Duschkabine f.

boxàre itr *sport* boxen.

boxe <-> f *franc sport* Boxen n, Boxsport m: **tirare di ~**, boxen.

bòxer① <-> m *ingl* <*di solito al pl*> (*nella moda*) Boxershorts pl.

bòxer② <-> m *ingl zoo* Boxer m.

boxeur <-> m *franc sport* Boxer m.

boxìstico, (-a) <-ci, -che> agg (*pugilistico*) {ALLENAMENTO} boxerisch.

box office <-> m *ingl* **1** *film teat* (*botteghino*) Kino-, Theaterkasse f **2** *film* (*incasso*) Filmeinnahme f; (*successo*) Kassenerfolg m.

boy <-, -s pl *ingl*> m *ingl* **1** (*ragazzo d'albergo*) Boy m, Hoteldiener m, Laufbursche m **2** *teat* (*ballerino*) Revuetänzer m.

boy-friend <-, -s pl *ingl*> m *ingl* (*innamorato*) Boyfriend m.

boy-scout <-, -s pl *ingl*> m *ingl* Pfadfinder m, Boy-Scout m.

bòzza① f **1** (*bernoccolo*) Beule f, Höcker m **2** *anat* {FRONTALI, PARIETALI} Höcker m **3** *arch* Steinvorsprung m; (*bugna*) Kragstein m, Bossen-/Rustikaquader m **4** *mar* Stopper m, Stoppseil n.

bòzza② f **1** (*abbozzo*) {+OPERA LETTERARIA, PROGETTO} Entwurf m **2** *edit* (Korrektur)fahne f, (Korrektur)abzug m: **in colonna**, (Druck)fahne f; **correggere le prime/seconde bozze di stampa**, die ersten/zweiten Druckfahnen korrigieren.

bozzettìsta <-i m, -e f> mf **1** *lett* (*chi scrive bozzetti*) Skizzenschreiber(in) m(f) **2** (*cartellonista*) Entwurfzeichner(in) m(f).

bozzettìstico, (-a) <-ci, -che> agg **1** (*di bozzetto*) skizzenhaft **2** *fig* (*frammentario*) {DESCRIZIONE} skizzen-/bruchstückhaft.

bozzétto m **1** *lett* (*breve novella*) Skizze f, Kurzgeschichte f **2** *anche arte arch* (*abbozzo*) {+EDIFICIO, QUADRO} Entwurf m, Skizze f ● **drammatico** *teat*, dramatischer Entwurf.

bòzzo m *region* (*bernoccolo*) Beule f.

bòzzolo m **1** *zoo* {+BACO DA SETA} Kokon m **2** (*nodo*) {+FILO} Knoten m **3** (*grumo*) {+FARINA} Klümpchen n **4** (*protuberanza*) Beule f, Höcker m ● **chiudersi nel proprio ~** *fig* (*isolarsi*), sich verpuppen, sich einspinnen; **uscire dal ~** *zoo*, ausschlüpfen; *fig* (*diventare adulti, belli*), sich mausern, heran|reifen; *fig* (*tornare nel mondo*), wieder unter Menschen gehen.

bps <-> m *inform* (*abbr di* bit per secondo) bps (*abbr di* Bits pro Sekunde).

Bq *fis abbr di* Becquerel: Bq (*abbr di* Becquerel).

BR f pl *polit stor abbr di* Brigate Rosse: Rote Brigaden (*italienische Terroristenorganisation*).

bràca <-che> f **1** <*di solito al pl*> *fam* (*calzoni*) Hose f; (*mutande*) Unterhose f **2** (*imbracatura per operai*) Sicherheitsgurt m, Schlinge f **3** (*fasciatura*) {+BESTIE DA SOMA} Hintergeschirr n **4** (*pannolino*) {+NEONATO} Windel f **5** *mar* Brasse f, Welltau m ● **calare**/**calarsi le brache** *fig fam* (*cedere per paura*), klein beigeben, die Hosen runterlassen *fam*, den Schwanz einziehen *fam*; **far cascare le brache a qu** *fig fam* (*deludere*), jdm das Herz in die Hosen fallen lassen *fam scherz*, jdn verzagen lassen; **rimanere in brache di tela** *fig fam* (*privo di risorse*), an den Bettelstab gekommen sein, bis auf die Unterhose ausgezogen worden sein.

braccàre <*bracco, bracchi*> tr **1** (*nella caccia*) **~ qc** {CERVO, VOLPE} etw hetzen, etw auf|spüren **2** *fig* (*inseguire*) **~ qu** {CONTRABBANDIERE, LADRO} jdn verfolgen, jdn hetzen.

braccétto <dim *di* braccio> **A** m {+LAMPADA} kleiner Arm **B** loc avv (*sotto braccio*): **a ~**, Arm in Arm, eingehakt; **prendere qu a ~**, sich bei jdm einhaken ● **andare a ~ con qu**, mit jdm ⌊Arm in Arm⌋/[eingehakt] gehen; *fig* (*andare molto d'accordo con qu*), sich gut mit jdm verstehen, gut zusammen|passen.

bràccia f pl *di* braccio.

bracciàle m **1** (*ornamento*) Armband n;

(*cerchio*) Armreif *m*, Armring *m* **2** (*fascia distintiva*) {+CROCE ROSSA} Armbinde *f* **3** (*salvagente*) Schwimmflügel *m* **4** *arch* {+FACCIATA} Schmuckring *m*.

braccialétto <*dim di bracciale*> *m* Armband *n*; (*cerchio*) Armreif *m*, Armring *m*; (*cinturino*) {+OROLOGIO} Band *n*.

bracciantàto *m* **1** (*categoria*) Hilfsarbeiter *m pl*, Tagelöhner *m pl* **2** (*condizione*) Tagelöhnertum *n*.

bracciànte *mf* (*lavoratore*) Tagelöhner(in) *m(f)*: **~ agricolo**, landwirtschaftlicher Hilfsarbeiter.

bracciàta **A** *f* **1** (*quantità*) {+RAMI SECCHI} Arm *m* voll: **una ~ di fieno**, ein Arm voll Heu **2** *sport* (*nel nuoto*) (Arm)stoß *m* (*beim Schwimmen*): **faccio ancora un paio di bracciate ed esco**, ich schwimme noch ein paar Stöße und gehe aus dem Wasser **B** *loc avv fig* (*in grande quantità*): **a bracciate**, haufenweise, in Mengen.

bràccio *m* **1** <*pl: -cia f*> {+PERSONA} Arm *m*: **prendere qu per un ~**, jdn am/beim Arm nehmen; *med* Oberarm *m* **2** <*pl*> {+MANO *d'opera*}: **braccia**, Arbeitskräfte *f pl*: **braccia strappate all'agricoltura**, der Landwirtschaft entzogene Arbeitskräfte **3** *metrol* Elle *f* **4** *zoo* {+QUADRUPEDE, STELLA MARINA} Arm *m* **5** <*pl: -ci m*> {+LAMPADA, CANDELIERE} Arm *m*: **a due/tre bracci**, zwei-/dreiarmig; {+GIRADISCHI, TERGICRISTALLO} Arm *m*; *mecc* Arm *m*, Ausleger *m*; **~ della bilancia**, (Waage)balken *m*; **~ della gru**, Kranarm *m* **6** *fig* (*autorità*) {CIVILE, ECCLESIASTICO} Macht *f*, Hand *f*, Gewalt *f*: **il ~ della legge**, die Macht des Gesetzes **7** *arch* {+EDIFICIO} Flügel *m* **8** *geog* Arm *m*: **~ di mare/terra/fiume**, Meerenge *f*/Landzunge *f*/Flussarm *m* **9** *fis* (Hebel)arm *m* **10** *mar* {+SPINNAKER} Brasse *f*, Halteseil *n* ● **a ~** *fig*, (*approssimativamente*) {MISURARE, VALUTARE} ungefähr, Pi mal Daumen *fam*; (*improvvisando*), {PARLARE} aus dem Stegreif, frei; **a braccia** (*con le braccia*), {SOLLEVARE QC, TRASPORTARE QC} auf den Armen; **accogliere/ricevere/aspettare qu a braccia aperte** *fig* (*con calore*), jdn mit offenen Armen empfangen/aufnehmen/erwarten; **agitare le braccia**, mit den Armen fuchteln; (*in segno di saluto*), winken; (*per fare segni*), gestikulieren; **allargare le braccia** *fig* (*essere scoraggiato*), die Arme ausbreiten; **braccia in alto!** (*intimazione di resa*), Arme hoch!; **avere/tenere qu/qc in ~**, jdn/etw im Arm haben/halten; **alzare le braccia** *fig* (*arrendersi*), die Arme heben; **avere** *buone* **braccia** *fig* (*essere dei buoni lavoratori*), eine gute Arbeitskraft sein, tüchtig sein; **buttarsi/gettarsi fra le braccia di qu** *fig* (*affidarsi a qu*), sich jdm in die Arme werfen; **cadere le braccia di qu** *fig*, in jds Arme fallen; **far cadere/cascare le braccia a qu** *fig* (*deludere*), jdn enttäuschen; **a qu cadono/cascano le braccia** *fig* (*qu è deluso*), jd ist enttäuscht/verzagt, jdm fällt das Herz in die Hose *fam*; **avere cento braccia** *fig* (*fare molte cose insieme*), ⌊hundert Sachen gleichzeitig⌋/[alles mit leichter Hand] erledigen; **avere un/il ~ al collo**, den Arm in der Binde tragen; **gettare/buttare le braccia al collo di qu** *fig* (*abbracciarlo con trasporto*), jdm um den Hals fallen; **stare a braccia conserte** (*incrociate*), mit verschränkten Armen dastehen; **star con le braccia in croce** (*incrociate*), mit verschränkten Armen dastehen; *fig*, nichts tun, Däumchen drehen *fam*, keinen Finger rühren *fam*; **dare/offrire il ~ a qu** (*offrirsi come sostegno*), jdm den Arm bieten; **essere il ~ destro di qu** (*il principale sostegno*), jds rechte Hand sein; **ho solo due braccia!** *fig* (*non posso fare di più*), ich habe nur zwei Hände!; **~ di ferro** *fig* (*gara*), Armdrücken *n*;

(*prova di forza*), Kraftprobe *f*, Tauziehen *n*; **fare (il/a) ~ di ferro con qu** *fig* (*prova di forza*), sich mit jdm in einer Kraftprobe messen, es auf eine Kraftprobe ankommen lassen, mit jdm Arm drücken; **c'è stato un lungo ~ di ferro tra imprenditori e sindacati** *fig*, es gab ⌊eine lange Kraftprobe⌋/[ein langes Tauziehen] zwischen Gewerkschaften und Unternehmern; **gettare qu in ~ a qu** *fig* (*metterlo a disposizione*), jdn in jds Arme treiben; **incrociare le braccia**, die Arme kreuzen; *fig* (*scioperare*), die Arbeit niederlegen, streiken; **avere le braccia legate** *fig* (*non poter agire*), an Händen und Füßen gebunden sein; **avere le braccia lunghe** *fig* (*essere potente*), weitreichenden Einfluss haben; **essere il ~ e la mente** *fig* (*chi esegue e chi progetta*), der Ausführende und der Planende sein; **essere in ~ a Morfeo** *fig* (*dormire*), in Morpheus' Armen liegen/ruhen *forb*; **il ~ della morte**, Todestrakt *m*; **prendere qu/qc in ~** (*sulle braccia*), jdn/etw auf den Arm tragen; **stringere qu fra le braccia** (*abbracciarlo*), jdn in die Arme schließen; **tendere le braccia a qu** (*offrire aiuto*), jdm eine hilfreiche Hand bieten; **tenere/portare qc sotto ~**, etw unter dem Arm tragen; **tenere qu/qc in ~**, jdn/etw im Arm halten; **tenere sotto ~ qu**, jdn eingehängt/untergehakt haben; **vivere/campare sulle/delle proprie braccia** *fig* (*del proprio lavoro*), von seiner Hände Arbeit leben.

bracciòlo *m* **1** {+POLTRONA} Armlehne *f* **2** (*mancorrente*) Handlauf *m*.

bràcco <*-chi*> *m zoo* Bracke *m*, Spürhund *m*.

bracconàggio <*-gi*> *m* Wilderei *f*, Wilddieberei *f*.

bracconière *m* (*cacciatore di frodo*) Wilderer *m*, Wilddieb *m*.

bràce *f* **1** Glut *f*, Feuer *n*; (*carbone*) Holzkohle *f* **2** *gastr* (Holzkohlen)grill *m*: **fare la carne/le patate alla ~**, Fleisch/Kartoffeln grillen; **una bistecca alla ~**, ein Steak vom (Holzkohlen)grill ● **farsi/diventare di ~** *fig* (*arrossire*), feuerrot werden; **essere/stare sulle braci (ardenti)** *fig* (*aspettare con impazienza*), wie auf (glühenden) Kohlen sitzen; **occhi/sguardo di ~**, glühende Augen; **soffiare sulla ~** *fig*, das Feuer noch schüren, Öl ins Feuer gießen.

brachétta *f* **1** <*di solito al pl*> (*mutandine*) Höschen *n*, Schlüpfer *m* **2** (*di pantaloni*) Hosenlatz *m* **3** *edit* Fälzel *m*.

brachétto *m enol* "piemontesischer Rotwein".

brachiàle *agg anat* {MUSCOLO} (Ober)arm-, brachial *scient*.

bracière *m* (*recipiente*) Kohlenbecken *n*, Kohlenpfanne *f*.

braciòla *f gastr* Kotelett *n*: **~ di maiale**, Schweinekotelett *n*.

bradicàrdico, (-a) <*-ci, -che*> *agg med* bradykard.

bràdipo *m zoo* (Dreifinger)faultier *n*.

bradisìsmo *m geol* Erdbewegung *f*, Strandverschiebung *f*.

bràdo, (-a) *agg* (*selvatico*) {BESTIAME} ungezähmt, wild, frei lebend.

bràga <*-ghe*> *f* **1** → **braca** **2** *tecnol* Kreuzstück *n*, Gabelrohr *n*.

brahmanésimo *m relig induista* Brahma(n)ismus *m*.

brahmàno *m relig induista* Brahmane *m*.

Braille® *franc* **A** <*inv*> *in funzione di agg* {ALFABETO, SCRITTURA} Braille- **B** <*-*> *m* Blindenschrift *f*, Brailleschrift *f*.

brainstorming <*-*> *m ingl* Brainstorming *n*.

bràma *f lett* (*desiderio*) Begierde *f*, (Sehn-

sucht *f*, Gier *f*: **~ di denaro**, Geldgier *f*; **~ di sapere**, Wissbegierde *f*; **~ di vendetta**, Rachsucht *f*.

bramàno *e deriv* → **brahmano** *e deriv*.

bramantésco, (-a) <*-schi, -sche*> *agg* (*di D. Bramante*) {CUPOLA} Bramante-, von Bramante, Bramantes.

bramàre *tr lett* (*desiderare*) **~ qu/qc** {+DONNA, ONORI} jdn/etw heiß begehren *forb*, nach jdm/etw schmachten *forb*, nach jdm/etw lechzen *forb*.

bramìno → **brahmano**.

bramìre <*bramisco*> *itr* **1** {ORSO} brummen; {CERVO} röhren **2** *fig* (*gridare*) {UOMO} brüllen.

bramìto *m* **1** (*verso*) {+ORSO} Brummen *n*; {+CERVO} Röhren *n* **2** *fig* (*grido*) {+UOMO} Brüllen *n*.

bramosìa *f lett* (*brama*) Begierde *f*, (Sehn-)sucht *f*, Gier *f*, Begehren *n*.

bramóso, (-a) *agg lett* (*avido*) **~ di qc** {ATTORE DI SUCCESSO, OCCHI} sehnsüchtig nach etw (dat), (be)gierig nach/auf etw (dat): **~ di denaro/onori**, geldgierig/ehrsüchtig.

brànca <*-che*> *f* **1** *fig* (*ramo*) {+SCIENZA} Gebiet *n*, Zweig *m*; {+ECONOMIA} *anche* Branche *f*: **le diverse branche della filosofia**, die verschiedenen Gebiete der Philosophie **2** <*di solito al pl*> *fig* (*mano*) Klauen *f pl fam spreg*, Hände *f pl*; *spreg* (*grinfie*) {+USURAIO} Klauen *f pl fam spreg*, Krallen *f pl* **3** *anat* {+NERVO, VASO} Zweig *m*, Ast *m* **4** *arch* (Treppen)absatz *m* **5** *bot* Ast *m* **6** *tecnol* {+PINZE, TENAGLIE} Backe *f*, Maul *n*, Klaue *f* **7** *zoo* (*artiglio*) Klaue *f*; {+ORSO, *ecc.*} Pranke *f*; {+TIGRE, UCCELLO, *ecc.*} Kralle *f*, Tatze *f*; (*zampa*) Pfote *f*; (*chela*) {+GRANCHIO} Schere *f*, Zange *f*.

Brancaleóne <*-*> *m fig* Hansdampf in allen (politischen) Gassen *fam scherz*.

brànchia *f* <*di solito al pl*> Kiemen *f pl*.

branchiàle *agg anat zoo* {APPARATO} Kiemen-.

branchiàto, (-a) *agg anat zoo* **A** *agg* mit Kiemen versehen, Kiemen- **B** *m* Kiemenatmer *m*.

branching <*-*> *m ingl inform* Verzweigung *f*.

brancicàre <*brancico, brancichi*> **A** *itr* (*brancolare*) **~ (+ compl di luogo)** (*irgendwo*) herum|irren, (*irgendwo*) (*herum*|)tappen, (*irgendwo*) (*herum*|)tapsen *fam* **B** *tr fam* (*palpare*) **~ qc** {BRACCIO} betatschen *fam*, etw begrapschen *fam*, etw befühlen.

brànco <*-chi*> *m* **1** *zoo* {+CERVI} Rudel *n*: **un ~ di lupi**, ein Rudel Wölfe; {+BUOI, CAVALLI, TORI} Herde *f*; {+UCCELLI} Schwarm *m* **2** *fig spreg* (*insieme*) {+LADRI, MONELLI} Meute *f fam spreg*, Haufen *m*, Rotte *f spreg*: **che ~ di idioti!**, was für ein Haufen Idioten! ● **a branchi** *fig* (*a gruppi*), haufenweise; **fare ~** *fig* (*fare gruppo*), eine Gruppe bilden; **in ~**, {VIVERE} im Rudel; *fig* (*in gruppo*), {MUOVERSI} im Rudel; **seguire il ~** *fig* (*il gruppo*), der Herde/Masse folgen.

brancolaménto *m anche fig* (*tentennamento*) (Herum)tappen *n*, Herumtasten *n*.

brancolàre *itr anche fig* (*andare tentoni*) **~ (+ compl di luogo)** (*irgendwo*) herum|irren, (*irgendwo*) (*herum*|)tappen, (*irgendwo*) (*herum*|)tapsen *fam*: **~ nel buio/nell'incertezza**, im Dunkeln tappen.

brànda *f* (*letto pieghevole*) Klappbett *n*, Klappliege *f*; *mar* Hängematte *f*; *mil* Feldbett *n*.

brandeburghése *stor* **A** *agg* brandenburgisch **B** *m (f)* (*persona*) Brandenburger(in) *m(f)*.

Brandebùrgo *m geog stor* Brandenburg *n*.

brandèllo *m* **1** (*pezzo*) Fetzen *m*, Stück *n*: **fare/ridurre a brandelli qc**, etw zerfetzen,

brandina | **briglia**

etw in Stücke reißen **2** *fig* (*piccola quantità*) {+FANTASIA} Spur f, Funke m ● **essere (ridotto) a brandelli** (*strappato*), {*VESTITO*} zerrissen sein; *fig* (*in brutte condizioni*), {*PERSONA*} ganz kaputt sein *fam*.
brandìna f (*letto pieghevole*) Klappbett n, Klappliege f.
brandìre <brandisco> tr (*agitare*) ~ **qc** {LANCIA, SPADA} etw schwingen, etw zücken, etw schwenken.
brandy <-> m *ingl enol* Brandy m.
bràno m **1** (*pezzo*) {+CARNE, CARTA} Stück n, Fetzen m: **fare a brani qc**, etw auseinandernehmen, etw zerfetzen, etw in Stücke reißen **2** *lett* (*passo*) Stelle f, Ausschnitt m, Stück n, Passage f, Auszug m, Text m: **un ~ della Divina Commedia**, eine Passage aus der Göttlichen Komödie; **un ~ di Italo Calvino**, ein Text von Italo Calvino **3** *mus* (*brano musicale*), Stelle f: ~ **musicale**, Musikstück n.
branzìno m *region itt* Seebarsch m.
brasàre tr ~ **qc 1** *gastr* {CARNE} etw schmoren **2** *tecnol* {FERRO} etw (hart)löten.
brasàto, (-a) *agg* A *agg* {CONIGLIO} geschmort B (*Rinder*)schmorbraten m.
Brasìle m *geog* Brasilien n.
brasiliàno, (-a) *agg* A *agg* {MUSICA} brasilianisch B m (f) (*abitante*) Brasilianer(in) m (f) C m <solo sing> (*lingua*) Brasilianisch(e).
brasserie <-> f (*birreria o piccola trattoria*) Brasserie f.
Bratislàva f *geog* Pressburg n.
bravaménte *avv* **1** (*bene*) gut, tüchtig **2** (*risolutamente*) beherzt **3** (*con forza*) tapfer.
bravàta f **1** (*azione rischiosa*) Bravour-, Wagestück n *forb*; *anche iron* Glanzleistung f, Glanznummer f **2** (*millanteria*) Aufschneiderei f *fam spreg*, Prahlerei f *spreg*.
bràvo, (-a) *agg* A *agg* **1** (*abile*) tüchtig, fähig, erfahren, patent: **è il più ~ della scuola**, er ist der Tüchtigste der (ganzen) Schule; **essere ~ in qc**₁/[**a fare qc**], etw gut (machen) können; {DECORATORE} geschickt **2** (*buono*) {MADRE, MOGLIE} gut, patent; {BAMBINO} brav, artig, lieb: **fare il ~ (bambino)** *fam*, lieb/artig sein; **su su, da ~, vieni qua** *fam*, sei schön artig und komm her **3** (*onesto*) {LAVORATORE} ehrlich, anständig, rechtschaffen, redlich **4** (*per bene*) {RAGAZZA} anständig, patent **5** *fam* pleonastico rafforzativo gut, tüchtig, schön: **ho le mie brave ragioni per rifiutare**, ich habe meine guten Gründe, um abzulehnen; **dopo pranzo si fuma la sua brava sigaretta**, nach dem Essen raucht er/sie eine schöne Zigarette; (*a volte non si traduce*) **se non leggo la mia brava mezz'ora non riesco ad addormentarmi**, wenn ich nicht meine halbe Stunde lese, kann ich nicht einschlafen **6** *lett* (*coraggioso*) mutig **7** *iron* brav, schön: **brav'uomo!**, braver Mann!; ~ **furbo!**, sehr schlau! B **inter** *impr* (*di ammirazione*) bravo, gut, toll *fam*, ausgezeichnet: ~! **Ancora!**, bravo! Nochmal! C m *stor* (*sgherro*) Scherge m *spreg*.
bravùra f **1** (*qualità*) Geschicklichkeit f, Können n **2** (*virtuosismo*) Bravour f: **con ~**, mit Bravour, bravourös.
break <-> m *ingl* **1** (*interruzione*) Pause f, Unterbrechung f: ~ **pubblicitario**, Werbepause f, Werbeunterbrechung f **2** *sport* (*nella pallacanestro, nel tennis*) Break m ● n.
break dance <-> loc sost f *ingl* (*nella danza*) Breakdance m.
breakdown <-> m *ingl* (*collasso*) {+IMPIANTO} Zusammenbruch m, Breakdown m.
break even <-> loc sost m *ingl econ* Bilanzausgleich m.
break even point <-> loc sost m *ingl econ*

Gewinnschwelle f.
breakfast <-> m (*colazione*) amerikanisches Frühstück, Breakfast n.
break point <-, - -s pl *ingl*> loc sost m *ingl sport* (*nel tennis*) Break n.
bréccia① <-ce> f (*apertura*) Bresche f; *mil anche* Durchbruch m ● **far ~ nell'animo/cuore di qu** *fig* (*conquistarlo*), jdn nicht für sich einnehmen; **fare/aprire una ~** *anche fig* (*aprirsi un varco*), eine Bresche schlagen; **essere/rimanere sulla ~** *fig* (*essere attivo*), in vorderster Linie stehen/bleiben.
bréccia② <-ce> f **1** (*sassi*) Schotter m, Splitt m **2** *geol* {VULCANICA} Breccie f, Brekzie f, Bresche f: ~ **sedimentaria**, Reibungsbrekzie.
brechtiàno, (-a) *agg lett* (*di B. Brecht*) {TEATRO} brechtsche.
brefotròfio <-fi> m (*istituto*) (Kinder)heim n; *stor* Findelhaus n.
Brèma f *geog* Bremen n.
Brènnero m *geog* Brenner m.
brent <-> m (*petrolio greggio*) Brent (*Nordseeöl*)sorte m.
bresàola f *gastr* "luftgetrocknetes, gesalzenes Rindfleisch", ≈ Bündner Fleisch.
Bréscia f *geog* Brescia n.
Breslàvia f *geog* Breslau n.
Bressanóne f *geog* Brixen n.
Bretàgna f *geog* Bretagne f.
bretèlla f **1** {+REGGISENO} Träger m **2** <di solito al pl> (*per pantaloni*) Hosenträger m **3** (*raccordo*) {AUTOSTRADALE} Zubringer-, Verbindungs-, Anschlussstraße f **4** *artiglieria* {+FUCILE} Schulterriemen m **5** *ferr* Schwelle f **6** *mil* {+FORTIFICAZIONE} Riegel m.
brètone, **brèttone** A *agg* {COSTA} bretonisch B *mf* (*abitante*) Bretone m, Bretonin f C m <solo sing> (*lingua*) Bretonisch(e) n.
Bretzel <-, Bretzeln pl *ted*> m *ted gastr* Bretzel f.
brev. 1 *abbr di* brevetto: Pat. (*abbr di* Patent) **2** *abbr di* brevettato: ges. gesch., gesetzlich geschützt.
bréve A *agg* **1** (*che dura poco*) {INCONTRO, PERIODO, VIAGGIO} kurz **2** (*conciso*) {PAROLE} knapp; {DISCORSO, LETTERA} *anche* kurz, kurzgefasst **3** (*corto*) {VIA} kurz, Kurz-, klein **4** *anat* {OSSA, MUSCOLI} kurz **5** *ling* {SILLABA, VOCALE} kurz B **1** *ling* (*sillaba*) kurze Silbe; (*vocale*) kurzer Vokal **2** *mus* Doppelganze f, Brevis f ● **essere ~** *fig* (*esprimersi in modo conciso*), sich kurzfassen; *spreg*, kurz angebunden sein; **a farla/dirla ~** (*in poche parole*), um es kurz zu machen, kurzum, kurz und gut; **in ~** (*brevemente*), kurz, knapp, in Kürze; **tra ~** (*tempo*) (*fra poco*), in Kürze, demnächst, bald, gleich.
brevettàre tr **1** (*munire di brevetto*) ~ **qc** {FORMULA} etw patentieren **2** (*dare il brevetto*) ~ **qu** {SUBACQUEO} jdm den Schein geben.
brevettàto, (-a) *agg* **1** {GIOCATTOLO} patentiert, Patent- **2** *fig scherz* (*garantito*) {RIMEDIO} garantiert.
brevétto m **1** (*abbr brev.*) {DEPOSITO +INVENZIONE} Patent n **2** (*patente*) Schein m: ~ ₁**da pilota**₁/[**di pilotaggio**], Flug-, Pilotenschein m.
breviàrio <-ri> m **1** *relig* Brevier n **2** *fig* (*opera di riferimento*) Bibel f.
brevilìneo, (-a) *med* A *agg* untersetzt B m (f) untersetzter Mensch.
brèvi mànu loc *avv lat* (*personalmente*) {CONSEGNARE UN DOCUMENTO} persönlich.
brevità <-> f Kürze f.
Brezel → Bretzel.
brézza f (*vento leggero*) {+MARE, MONTE} Brise f, Wind m, Lüftchen m.

brìcco <-chi> m (*recipiente*) {+LATTE} Kanne f.
briccóna f → **briccone**.
bricconàta f *fam* (*malefatta*) böser Streich, Gaunerei f *spreg*, Halunkenstreich m; *scherz* Kinderstreich m, Schelmerei f.
briccóne, (-a) A *agg* (*malvagio*) {GENTE, TIRO} schurkisch *spreg*, schelmisch B m (f) Gauner(in) m (f) *spreg*; *fam*; *birbante*) Schelm m, Schlingel m *scherz*.
bricconerìa f *fam* **1** (*qualità*) Schalk m, Spitzbüberei f **2** (*azione*) (Schelmen)streich m, Gaunerei f.
brìciola f **1** (*frammento*) {+PANE, ecc.} Krümel m, Krume f **2** *fig* (*piccola quantità*) {+CERVELLO, SENSIBILITÀ} Spur f, Funke m **3** *fig* (*quantità esigua residua*) kümmerlicher Rest: **dell'intero patrimonio a noi sono rimaste le briciole**, von dem ganzen Besitz ist uns ein trauriger Rest übrig geblieben ● **andare in briciole** *fig* (*rompersi*), zerbröckeln, zusammenbrechen, völlig kaputtgehen *fam*; **ridurre in briciole qc** *fig* (*distruggere*), etw zertrümmern.
briciòlo m **1** (*briciola*) {+PANE, ecc.} Krümel m **2** *fig* {+INTELLIGENZA, ONESTÀ} Spur f, Funke m.
bricolage <-> m *franc* Basteln n, Bastelarbeit f, Heimwerken n.
bridge <-> m *ingl* (*gioco*) Bridge n.
brie <-> m *franc gastr* Brie(käse) m.
briefing <-> m *ingl* (*informazioni, riunioni*) Briefing n.
brìga <-ghe> f **1** (*seccatura*) Mühe f, Unannehmlichkeit f: **prendersi la ~ di (fare) qc**, sich (dat) Mühe geben, etw zu tun **2** (*lite*) Streit m, Händel m pl *forb*; **attaccar ~ con qu**, mit jdm Streit anfangen.
brigadière m *mil* Unteroffizier m (*der Karabinieri*).
brigantàggio <-gi> m *stor* (*attività criminosa*) Räuberwesen n, Brigantentum n.
brigànte, (*rar* -essa) m (f) **1** *stor* (*bandito*) (Straßen)räuber(in) m (f), Bandit(in) m (f); {+MERIDIONE} Brigant m **2** *fam scherz vezz* (*briccone*) Gauner m *spreg*, Schurke m *spreg*, Schelm m, Schlingel m *scherz*.
brigantìno m *mar* Brigg f, Brigantine f.
brigàre <brigo, brighi> *itr fam* (*intrigare*) ~ (**per qc**) {INSEGNANTE PER UN TRASFERIMENTO} sich (um etw *acc*) eifrig bemühen, (um etw *acc*) eifrig bemüht sein, sich (nach etw *dat*) um|tun; *spreg* (*gegen etw acc*) intrigieren; **per ottenere qc**, alle Hebel in Bewegung setzen *fam*, um etw zu erreichen.
brigàta f **1** (*compagnia*) Schar f, Runde f, Gesellschaft f: **essere**/[**far parte**] **della ~**, zur Gesellschaft gehören, mit von der Partie sein **2** *mil* Brigade f: ~ **aerea**, Geschwader n **3** <di solito al pl> *polit stor* {INTERNAZIONALI} Brigaden f pl: **Brigate Rosse**, Rote Brigaden ● **poca ~ vita beata** *prov*, je kleiner die Runde, desto vergnügter die Stimmung.
brigatìsmo m (*delle Brigate Rosse*) Phänomen n/Aktivitäten f pl der Roten Brigaden.
brigatìsta <-i m, -e f> mf *polit stor* (*terrorista*) Angehörige mf der Roten Brigaden.
brighèlla m **1** *teat* (*maschera della Commedia dell'arte*): **Brighella**, Brighella m **2** *fig spreg* (*astuto intrigante*) schlauer Fuchs *fam*, Intrigant m *forb*, Ränkeschmied m *forb obs*.
Brìgida f (*nome proprio*) Brigitte f.
brìglia f **1** <di solito al pl> (*redini*) {+CAVALLO} Zügel m, Zaum m **2** <di solito al pl> (*per bambini*) Laufgurt m, Laufgeschirr m **3** *edil idraul* {+TORRENTE} Wehr m, Sperre f **4** *mar* Stag n **5** *med* Bändchen n, Strang m **6** *tecnol* Dreherz n, Mitnehmer m ● **allentare**/**tirare le briglie** *anche fig*, die Zügel lockern/[(*straffer*) anziehen]; **lasciare le briglie sul collo a**

qu *fig* (*lasciare libero*), jdm alle Freiheiten lassen; **a ~ sciolta** *fig* (*senza freni*), zügellos, mit schleifenden Zügeln.
brik <-> m *ingl comm* {+LATTE} Brik®-Verpackung f.
brillaménto m **1** *astr* {SOLARE} Glänzen n **2** *min* Sprengung f.
brillànte m (*additivo*) Klarspülmittel m.
brillànte [A] agg **1** (*che brilla*) strahlend, leuchtend; {SUPERFICIE} *anche* glänzend **2** (*smagliante*) {VERDE} strahlend, leuchtend **3** *fig* (*eccellente*) {ATTORE, ORATORE} brillant, glänzend; {DONNA, SOLUZIONE} glänzend; {CARRIERA, RISULTATO} glänzend, hervorragend **4** *fig* (*spiritoso*) {CONVERSAZIONE} brillant, geistreich; {UOMO} temperamentvoll [B] m **1** (*diamante*) Brillant m; (*taglio*) Brillant-Schliff m; (*anello*) Brillantring m **2** *teat* Komiker m.
brillantézza f (*l'essere brillante*) {+COLORE} Glanz m.
brillantìna f (*nella cosmesi*) Pomade f, Brillantine f.
brillàre [A] *itr* **1** (*risplendere*) {OCCHI, SOLE, STELLA ecc.} glänzen, leuchten, strahlen **2** (*esplodere*) {MINA} explodieren **3** *fig* (*spiccare*) **~ per qc** {UOMO PER INTELLIGENZA, PER CORAGGIO} glänzen, sich durch etw (acc) aus|zeichnen [B] *tr* **~ qc** **1** (*far esplodere*) {MINA} etw sprengen **2** *agr* {ORZO, RISO} etw schälen, etw polieren.
brillatùra f *agr* {+RISO} Schälen n, Polieren n.
brillìo <-*lii*> m (*il brillare*) Schimmern n.
brìllo, (-a) agg *fam* (*leggermente ubriaco*) beschwipst *fam*, beschickert *fam*.
brìna f (Rau)reif m: **coperto di ~**, mit Reif bedeckt.
brinàre [A] *tr* <*avere*> **~ qc** **1** (*coprire di brina*) {CAMPI} etw bereifen **2** *fig* (*rendere canuto*) {CAPELLI} etw weiß färben [B] *itr impers* <*essere*> reifen, Reif fallen: **questa notte è brinato**, diese Nacht ˌgab es Reifˌ/[hat es gereift].
brinàta f **1** (*formazione di brina*) Reifbildung f **2** (*brina*) (Rau)reif m.
brindàre *itr* (*fare un brindisi*) **~ (a qc)** {AL SUCCESSO DI UN'OPERAZIONE, ALLA SALUTE DEGLI SPOSI} auf etw (acc) an|stoßen, ein Prosit auf etw (acc) aus|bringen.
brindèllo → **brandello**.
brindellóne, (-a) m (f) *fam* (*chi è trasandato*) Schlamper m *fam spreg*, (Schlampe f *fam spreg*).
brìndisi <-> m (*bevuta di augurio*) Trinkspruch m, Toast m, Prosit n: **fare un ~ a qu/qc**, einen Trinkspruch auf jdn/etw ausbringen; (*discorso*) Trinklied n.
brìo m **1** (*vivacità*) {+DESCRIZIONE} Lebhaftigkeit f; {+RAGAZZA} *anche* Schwung m **2** *mus* Lebhaftigkeit f **• con ~** *anche mus*, lebhaft.
brioche <-> f *franc gastr* Brioche f (*Hefegebäck*).
briosità <-> f **1** (*vivacità*) Schwung m, Begeisterung f **2** (*ingegno*) Geist m.
brióso, (-a) agg **1** (*vivace*) {DONNA} schwungvoll, lebhaft m **2** (*ingegnoso*) {SCRITTORE} spritzig, geistvoll.
briscola f **1** (*gioco*) Briskola f (*italienisches Kartenspiel*) **2** (*carta*) Trumpf m **3** <pl> *fig fam* (*botte*) Haue f *fam*, Prügel pl.
Brisgòvia f *geog* Breisgau m.
bristol <-> m (*cartoncino*) Bristolkarton m.
britànnico, (-a) <-*ci*, -*che*> [A] agg **1** (*inglese*) {MARINA} britisch **2** *stor* britannisch [B] m (f) (*abitante*) Brite m.
british <inv> agg *ingl* (*tipicamente inglese*) {SOBRIETÀ} british, britisch.

British Airways f pl *ingl aero* (*linee aeree inglesi*) British Airways pl.
brìvido m **1** Schauder m, Schauer m *forb*; (*di freddo*) Frösteln n, **avere i brividi (di freddo)**, frösteln; (*di febbre*) Schüttelfrost m **2** *fig* (*emozione gradevole*) Nervenkitzel m *fam*, Prickeln n: **sentire un ~ di piacere**, einen Nervenkitzel verspüren *fam*; **~ della velocità**, Geschwindigkeitsrausch m; (*di spavento*) Schauder m, Schauer m *forb*, Grau-(s)en n **• mi vengono i brividi**, mich schaudert's, mich überläuft es kalt; *fig*, es überläuft mich eiskalt, mir läuft es kalt den Rücken runter *fam*.
brizzolàto, (-a) agg **1** (*che incanutisce*) {BARBA, CAPELLI, UOMO} grau meliert **2** (*macchiettato*) {CAVALLO} gescheckt; {MARMO} gefleckt, gesprenkelt.
broadcast <-> m *ingl TV* Broadcast m.
brocantage <-> m *franc* (*attività del rigattiere*) Altwaren-, Antiquitätenhandel m.
bròcca <-*che*> f **1** (*contenitore*) Kanne f, Krug m **2** (*contenuto*) {+ACQUA} Krug m (voll).
broccàto m *tess* Brokat m.
bròcco m **1** (*ronzino*) Klepper m *spreg* **2** *fig fam* (*incapace*) Tollpatsch m, Tölpel m *spreg*.
broccolétto <dim di broccolo> m <di solito al pl> Krautrübe f.
bròccolo m <di solito al pl> Brokkoli pl, Spargelkohl m, Grün n der Kohlrübe **2** *fig fam* (*incapace*) Tollpatsch m, Tölpel m *spreg*.
broche <-> f *franc* (*spilla*) Brosche f.
brochure <-> f *franc* (*opuscolo*) Broschüre f.
bròda f **1** *gastr* Brühe f, Kochwasser n; *spreg* (*cibo insipido*) (dünne) Brühe *fam spreg*, Spülwasser n *fam spreg*, Gebräu n *spreg* **2** (*acqua sporca*) dreckige Brühe *fam spreg* **3** *fig* (*discorso prolisso*) Gewäsch n *fam spreg*, Geschwafel n *fam spreg* **• rovesciare la ~ addosso a qu** *fig lett* (*dargli la colpa*), jdm die Schuld in die Schuhe schieben.
brodàglia f **1** *spreg* (*minestra insipida*) (dünne) Brühe *fam spreg*, Spülwasser n *fam spreg* **2** *spreg* (*caffè lungo*) (dünne) Brühe *fam spreg* **3** *fig spreg* (*discorso*) Gewäsch n *fam spreg*.
brodétto <dim di brodo> m *gastr* Sauce f, Tunke f: **~ (di pesce)**, Fischsuppe f.
bròdo m **1** (*klare*) Brühe f: **~ ristretto**, Kraftbrühe f; (*di verdura/carne/pesce*, Gemüse-/Fleisch-/Fischbrühe f **2** (*quantità*) Tasse f /Teller m Bouillon **3** *fig* (*discorso noioso*) einschläfernde/langweilige Rede **4** *biol* Brühe f, Nährboden m **• andare in ~ di giuggiole** *fig* (*essere molto felice*), überglücklich sein, aus dem Häuschen geraten/fahren *fam*; **lasciar (cuocere/bollire/stare) qu nel suo ~** *fig* (*lasciarlo fare*), jdn im eigenen Saft schmoren lassen *fam*; **tutto fa ~** *fig* (*tutto serve*), Kleinvieh macht auch Mist *prov*.
brodóso, (-a) agg (*liquido*) {MINESTRA} dünn(flüssig).
brogliàccio <-*ci*> m **1** (*scartafaccio*) Schmierkladde f, Diarium n **2** *comm* Kladde f, Journal n.
bròglio <-*gli*> m <di solito al pl> (*falsificazione*) Machenschaft f, Umtrieb m: **~ elettorale**, Wahlmanipulation f.
broker <-> m *ingl econ* (*di assicurazioni*) Broker m, Makler m; (*in Borsa*) Broker m, Börsenmakler m.
brokeràggio <-*gi*> m *econ* (*intermediazione*) Vermittlung f von Börsengeschäften.
bròmo m *chim* Brom n.
bromùro m *chim* Bromid n: **~ d'argento**, Bromsilber n, Silberbromid n.
bronchiàle agg (*dei bronchi*) {ASMA} bronchial, Bronchial-.

chial, Bronchial-.
bronchiòlo m *anat* Bronchiole f.
bronchìte f *med* Bronchitis f *scient*.
bronchìtico, (-a) <-*ci*, -*che*> *med* [A] agg bronchitisch *scient* [B] m (f) Bronchitiskranke mf decl come agg *scient*.
bróncio <-*ci*> m *fam* (*espressione di malumore*) Schnute f *fam*, Schmollmund m, Flunsch m *fam*: **fare il ~**, schmollen, eingeschnappt sein *fam*; **fare il ~ a qu**, mit jdm schmollen.
brónco <-*chi*> m <di solito al pl> *anat* Bronchie f *scient*.
broncodilatatóre *farm* [A] agg bronchienerweiternd, bronchodilatierend [B] m bronchienerweiterndes Medikament, Bronchodilator m *scient*.
broncopatìa f *med* Bronchopathie f.
broncopolmonìte m *med* Lungenentzündung f, Bronchopneumonie f *scient*.
broncoscopìa f *med* Bronchoskopie f *scient*.
broncospàsmo m *med* Bronchospasmus m *scient*.
brontolaménto m (*borbottio*) Murren n, Brummen n.
brontolàre [A] *tr* (*borbottare*) **~ qc** {MINACCE} etw brummen, etw murmeln [B] *itr* **1** (*borbottare*) **~ (per qc) contro qu/qc** {NONNA PER IL BACCANO CONTRO I NIPOTI} (*über etw acc*) murren, (*über jdn/etw*)/(*wegen etw gen*) meckern **2** *fig* (*rumoreggiare*) {TUONO} grollen, rollen; {STOMACO} knurren; {INTESTINO} rumoren, kollern.
brontolìo <-*lii*> m (*brontolare continuo*) Murren n, Brummen n; {+TUONO} Grollen n, Rollen n; {+STOMACO} Knurren n; {+INTESTINO} Rumoren n, Kollern n.
brontolóne, (-a) [A] agg {VECCHIO} brummig *fam*, knurrig, mürrisch [B] m (f) Brummbär m *fam*, Brummbart m *fam*, Meckerer m *fam spreg*.
brontosàuro m *paleont* Brontosaurier m, Brontosaurus m.
brónzeo, (-a) agg **1** (*di bronzo*) {MEDAGLIA, STATUA} bronzen, bronzeartig **2** (*color bronzo*) {BORCHIA} bronzefarben, bronzefarbig, bronzen **3** *fig* (*abbronzato*) {PELLE} gebräunt **4** *fig* (*forte*) {CARATTERE} eisern, ehern; {VOCE} sonor, volltönend.
bronzétto <dim di bronzo> m *arte* (*nella scultura*) Bronze(figur) f.
bronzìsta <-*i* m, -*e* f> mf **1** (*artefice*) Bronzekünstler(in) m(f) **2** (*venditore*) Bronze(kunst)händler(in) m(f).
brónzo [A] m **1** Bronze f; (*oggetto*) Bronzegegenstand m **2** *lett* (*cannone*) Kanone f **3** *sport* (*medaglia*) Bronze(medaille) f [B] <inv> loc agg: **di ~** {MEDAGLIA, STATUA} bronzen, bronzeartig, Bronze- **2** *fig* (*forte*) {SALUTE} eisern, ehern; {VOCE} sonor, volltönend **• incidere qc nel ~**, etw in Bronze eingravieren; *fig lett* (*lasciare una traccia*), eine Spur hinterlassen; **i bronzi di Riace** *arte*, die Bronzestatuen f pl von Riace; **i sacri bronzi** (*campana*), Glocken f pl.
bross. *edit* abbr *di* in brossura: brosch. (abbr *di* broschiert).
brossùra [A] f *edit* Broschüre f [B] <inv> loc agg (abbr bross.): **in ~** {LIBRO} geheftet.
brown sugar <-> loc sost m o f *ingl slang* (*eroina*) Brown Sugar m *slang*.
browser <-> m *ingl inform* Browser m.
brrr *inter* (*di freddo, di paura*) brr.
brucàre <*bruco, bruchi*> *tr* (*mangiare*) **~ qc** {PECORA ERBA} etw ab|weiden, etw ab|fressen; (*uso assol*) {CERVO} äsen.
brucellòsi <-> f *med* Brucellose f *scient*, Bruzellose f *scient*.

bruciacchiàre <*bruciacchio, bruciacchi*> **A** tr (*bruciare in superficie*) ~ qc {DITA, CAPELLI} *etw* versengen; {POLLO} *etw* ab|sengen, *etw* flammen **B** itr pron (*bruciare in superficie*): **bruciacchiarsi** {SPIEDINO} an|brennen **C** rfl indir (*bruciarsi*) **bruciacchiarsi qc** {CIGLIA, MANO} sich (dat) *etw* versengen.

bruciacchiatùra f **1** (*bruciatura*) Brandmal n, Brandstelle f, Versengung f **2** (*il bruciacchiare*) Abbrennen n; {+CAPELLI} Versengen n.

bruciànte agg **1** fig (*che umilia*) {OFFESA, OSSERVAZIONE, SCONFITTA} verletzend, beleidigend **2** fig (*fulmineo*) {SCATTO} blitzschnell *fam enf*, kräftig.

bruciapélo loc avv: **a** ~ **1** (*da vicino*) {SPARARE} aus nächster Nähe **2** fig (*all'improvviso*) {FARE UNA DOMANDA} unvermittelt, plötzlich.

bruciàre <*brucio, bruci*> **A** tr (*avere*) **1** gener ~ **qu/qc** {FUOCO STREGA, INCENSO, LEGNA} jdn/ *etw* verbrennen; {CARBONE} *anche etw* verfeuern, *etw* verheizen; (*col ferro da stiro*) {CAMICIA} *etw* ver-, an|sengen; ~ **qc a qu** {CAFFÈ BOLLENTE LINGUA; SOLE SPALLE} *jdm etw* verbrennen **2** (*distruggere*) ~ **qc** {BOSCO} *etw* nieder|brennen, *etw* ab|brennen; {SICCITÀ CAMPI} *etw* versengen; {GELO GERMOGLI} *etw* erfrieren lassen; {ACIDO MURIATICO TESSUTI} *etw* an|greifen **3** (*utilizzare*) ~ **qc** {ENERGIA} *etw* verbrauchen; {CALORIE} *anche etw* verbrennen **4** (*irritare*) ~ **qc** {CLORO OCCHI} *etw* beizen, *etw* reizen; {PEPERONCINO LINGUA} *auf etw* (dat) brennen **5** fig (*infiammare*) ~ **qu** {AMBIZIONE RICERCATORE, PASSIONE INNAMORATO} *jdn* verzehren **6** fig (*compromettere*) ~ **qu/qc** {INCIDENTE ATLETA} *jdm* schaden, *jdn* kompromittieren; {CARRIERA, POSSIBILITÀ} *etw* verspielen **7** fig (*superare*) ~ **qu/qc** {CONCORRENZA} *jdn/etw* überwinden, *jdn/etw* ab|hängen *fam*; ~ **gli avversari**, die Gegner abhängen *fam* **8** gastr ~ **qc** {CARNE, SALSA} *etw* anbrennen lassen, *etw* verbrennen (lassen) **9** med ~ (**qc**) {VERRUCA} *etw* aus|brennen, *etw* verätzen, *etw* kauterisieren *scient* **B** itr <*essere*> **1** gener ~ (+ *compl di luogo*) {FUOCO, LEGNA NEL CAMINO} (*irgendwo*) (ver)brennen; {CASA} nieder|-, ab|brennen **2** (*scottare*) {SOLE} brennen, glühen, sengen; {TÈ} brennen, heiß sein; ~ **per qc** {FRONTE PER LA FEBBRE} *vor etw* (dat) glühen; {OCCHI PER IL CLORO; GOLA} (*durch etw* acc) brennen **3** fig (*ardere*) ~ **di/da qc** {DI AMORE, DI VERGOGNA} *vor etw* (dat) brennen, *vor etw* (dat) glühen; ~ **dal desiderio di fare qc**, den brennenden Wunsch haben, *etw* zu tun **4** fig (*dispiacere*) ~ (**a qu**) *jdn* wurmen *fam*, *jdn* brennen: **l'umiliazione gli brucia**, die Demütigung wurmt ihn *fam* **C** itr pron **1** (*andare distrutto*): **bruciarsi** {GERMOGLI} erfrieren; {LAMPADA} durch|brennen **2** fig (*sprecarsi*): **bruciarsi** (**qc**) (*in qc*) {RAGAZZO CARRIERA, IN UNA RICERCA INUTILE} *etw* (*durch etw* acc) verspielen **3** fig (*essere finito*): **bruciarsi** (*in qc*) (*in etw* dat) scheitern: **nella politica ormai s'è bruciato**, in der Politik ist er inzwischen gescheitert **4** gastr {ARROSTO} an|brennen **D** rfl (*scottarsi*): **bruciarsi** (**con qc**) sich (*an etw* dat) verbrennen; {CON L'ACQUA DELLA PASTA} sich (*an etw* dat) verbrühen; rfl indir **bruciarsi qc** (**con qc**) {COL CAFFÈ} sich (dat) (*mit etw* dat) verbrennen: **si è bruciato la mano con l'acqua bollente**, er hat sich die Hand mit kochendem Wasser verbrannt.

bruciatìccio, (-a) <-*ci, -ce*> **A** agg (*bruciacchiato*) {FOGLIO} angebrannt **B** m gastr (*cosa bruciata*) Angebrannte n decl come agg.

bruciàto, (-a) **A** agg **1** ~ (*da qc*) {DAL FUOCO} (*von etw* dat) verbrannt **2** (*scottato*) ~ (*da qc*) (*von etw* dat) versengt: **donne/spalle bruciate dal sole**, tiefbraune/sonnenverbrannte Frauen/Schultern **3** ~ *da qc* {FIORI DAL GELO} (*durch etw* acc) erfroren **4** (*bruno*) {MARRONE, ROSSO} dunkel- **5** fig (*finito*) {ATLETA} ruiniert **6** gastr (*arrosto*) angebrannt **B** m gastr Angebrannte n decl come agg: **sa di ~**, das schmeckt/riecht angebrannt.

bruciatóre m tecnol Brenner m: ~ **a olio/gas/nafta**, Öl-/Gas-/Naphthabrenner m.

bruciatùra f **1** (*effetto*) Verbrennung f **2** (*scottatura*) Brandwunde f, Brandmal n **3** (*il bruciare*) {+STERPAGLIA} Brennen n.

bruciòre m **1** med Brennen m: ~ **di stomaco**, Sodbrennen n **2** fig lett (*ardore*) {+PASSIONE} Glut f **3** fig (*umiliazione*) {+SCONFITTA} brennender Schmerz.

brùco <-*chi*> m zoo Raupe f.

brùfolo, brùffolo m (*foruncolo*) Pickel m.

brughièra f Heide(land) n f.

brùgola f tecnol Inbusschlüssel m.

brulicàre <*brulico, brulichi*> itr **1** (*muoversi confusamente*) {INSETTI} wimmeln **2** (*essere pieno*) ~ **di qu/qc** {PIAZZA DI GENTE; STADIO DI SPETTATORI; SOTTOBOSCO DI INSETTI} *vor jdm/etw* wimmeln, voll (*von etw* (dat)/+ gen sein **3** fig (*pullulare*) ~ **di qc** {MENTE DI IDEE} *vor etw* (dat) über|sprudeln; ~ + *compl di luogo* {PROGETTI NELLA MENTE} *jdm irgendwo* herum|gehen *fam, jdm irgendwo* herum|geistern *fam*.

brulichìo <-*chii*> m anche fig (*pullulare*) {+IDEE, PROPOSTE} Übersprudeln n; {+VERMI} Gewimmel n; {+FOLLA} Auflauf m, Gedränge n.

brùllo, (-a) agg (*spoglio*) {ALBERO, CAMPAGNA} kahl, öde, nackt.

brùma f anche fig lett (*nebbia*) {+AUTUNNO, INCERTEZZA} Nebel m.

brumóso, (-a) agg lett (*nebbioso*) {SERA} nebelig, dunstig.

brùna f (*donna*) Braunhaarige f decl come agg, Brünette f.

brunàstro, (-a) agg (*tendente al bruno*) {MACCHIA} bräunlich.

brunch <-, -*es* pl ingl> m ingl (*pasto*) Brunch m.

brunèllo m enol {+MONTALCINO} "toskanischer Rotwein".

brunétta f Brünette f.

brunétto, (-a) m (f) (*chi ha i capelli scuri*) Brünette mf decl come agg.

Brùnico f geog Bruneck n.

Brunìlde f (*nome proprio*) Brunhilde.

brunìre <*brunisco, brunisci*> tr ~ **qc** **1** metall {ARGENTO} *etw* brünieren **2** (*scurire*) {COLORE} *etw* tönen.

brunìto, (-a) agg **1** (*scuro e lucido*) {ARGENTO, LEGNO} brüniert **2** fig (*abbronzato*) {PELLE} gebräunt.

brùno, (-a) **A** agg **1** {OCCHI, PIGMENTO, TERRA} braun; {RAGAZZA} brünett, braunhaarig **2** zoo {RAZZA} braun **B** m **1** (*uomo*) Braunhaarige m decl come agg **2** (*colore*) Braun n **3** (*lutto*) Trauer(kleidung) f.

brùsca <-*sche*> f (*spazzola*) Striegel m, Kardätsche f • **trattare qu di ~ e striglia fig** (*rimproverarlo severamente*), jdm den Kopf waschen *fam*.

bruschétta f gastr "geröstete Weißbrotscheibe mit Öl und Knoblauch u.a.".

brùsco <-*schi, -sche*> agg **1** (*acido*) {FRUTTA, SAPORE, VINO} säuerlich, herb **2** fig (*sgarbato*) {MANIERE} schroff, brüsk, barsch: **rispondere in modo ~**, schroff antworten; {UOMO} *anche* mürrisch **3** fig (*improvviso*) {FRENATA, MOVIMENTO} jäh, ruckartig, heftig, plötzlich **B** <-> m anche fig (*sapore*) {+VINO} Herbheit f, Säure f.

bruscolìno m Stäubchen n.

brùscolo m **1** (*granello*) Körnchen n, Stäubchen n **2** fig (*persona minuta*) Knirps m *fam*, Stöpsel m *fam scherz* • **essere un ~ in un occhio a qu fig** (*dargli fastidi*), jdm ein Dorn im Auge sein.

brusìo <-*sii*> m (*rumore*) {+ALI} Geräusch n; {+FOGLIE, PIOGGIA} anche Rauschen n; {+API} Summen n; {+CLASSE, FOLLA} Stimmengewirr n, Geflüster n, Gemurmel n.

brut <inv> agg franc enol brut, herb.

brùta f → **bruto**.

brutàle agg **1** (*da bruto*) {ATTO, ISTINTO} brutal, roh *spreg*, gewalttätig **2** (*brusco*) {FRANCHEZZA} brutal; {COMPORTAMENTO, REAZIONE} anche grob *spreg*, gemein.

brutalità <-> f **1** (*l'essere brutale*) {+ISTINTO} (*atto*) Brutalität f, Rohheit f *spreg*, Gewalttat f **3** fig (*durezza*) Härte f, Erbarmungslosigkeit f.

brutalizzàre tr **1** (*trattare male*) ~ **qu/qc** {POPOLO, GATTO} *jdn/etw* roh behandeln, *jdn/ etw* misshandeln **2** (*violentare*) ~ **qu** {DONNA} *jdn* vergewaltigen.

brùto, (-a) **A** agg **1** (*FORZA, ISTINTO*) roh, tierisch **2** (*inanimato*) {MATERIA} träge **3** (*grezzo*) {FATTI} nackt; {RESOCONTO} grob, ungeschliffen **4** chim {FORMULA} träge **B** m (f) **1** (*violento*) Tier n, Unmensch m *spreg*, Bestie f *spreg*, Rohling m *spreg*: **vivere come dei bruti**, wie Tiere leben **2** (*maniaco*) Sexualtäter m.

brùtta f Konzept n: **scrivere qc in ~**, etw ins Unreine schreiben.

bruttézza f **1** (*l'essere brutto*) {+UOMO, VITA} Hässlichkeit f **2** <di solito al pl> {ARCHITETTONICHE} Scheußlichkeiten f pl.

brùtto, (-a) **A** agg **1** gener {BOCCA, DONNA, PIEDI} hässlich, unschön; {FILM, ROMANZO, SPETTACOLO} schlecht **2** (*cattivo*) {ABITUDINE, AZIONE, SOGNO} böse, schlimm; {NOTIZIA, ODORE} schlimm, unerfreulich, unangenehm; {VOTO, SCHERZO} *anche* schlecht: ~ **affare!**, böse Sache!; **giungere in un ~ momento**, in einem unpassenden Augenblick kommen, ungelegen kommen **3** (*difficile*) {PROBLEMA} schwer; {GIORNATA} schlecht **4** (*infelice*) {INFANZIA, PERIODO} übel, schlimm, schlimm **5** (*sgradevole*) {MODO DI FARE} widerlich **6** (*grave*) {FERITA} schlimm: **sei in un ~ pasticcio!**, du sitzt ¡ganz schön!/[schlimm] in der Patsche! **7** fam spreg rafforzativo (*a volte non si traduce*) blöd *fam*, dumm: ~ **ignorante!**, blöder *fam* Heini! *fam*; ~ **cretino!**, blödes *fam* Arschloch! **8** meteo {CONDIZIONI METEOROLOGICHE} schlecht, schlimm, hässlich: **ha fatto ~ tutto il mese**, das Wetter war den ganzen Monat schlecht; {MARE} stürmisch **B** m <solo sing> **1** (*bruttezza*) Hässliche n decl come agg, Schlechte n decl come agg **2** (*negativo*) Schlimme n decl come agg: **il ~ è che ...**, das Schlimme (daran) ist, dass ...; **ha di ~ che ...**, {PERSONA} sein/ihr Fehler/Nachteil ist, dass ...; {SITUAZIONE} der Nachteil daran ist, dass ... **3** meteo schlechtes Wetter: **il tempo si mette al ~**, das Wetter wird schlechter/[verschlechtert sich] **C** m (f) (*persona*) hässlicher Mensch **D** loc avv (*malamente*): **di ~** {GUARDARE} böse, feindlich • **alle brutte/alla brutta** (*nell'ipotesi peggiore*), schlimmstenfalls; **con le brutte** (*maniere*), im Bösen, mit Gewalt; **vederne/passarne/sentirne delle brutte** (*delle cose spiacevoli*), Schlimmes sehen/durchmachen/hören.

bruttùra f **1** (*cosa brutta*) Hässlichkeit f, Scheußlichkeit f: **le brutture della vita**, die Scheußlichkeiten des Lebens **2** (*sudiciume*)

Schmutz m, Widerlichkeit f **3** *lett (azione)* Schandtat f, Scheußlichkeit f.
Bruxelles f *geog* Brüssel n.
bruxismo m *med* Zähneknirschen n, Zähnepressen n, Bruxismus m *scient*.
BS *alpin abbr di* per buoni sciatori: für gute Skifahrer.
BT **A** f *elettr abbr di* Bassa Tensione: Ns f, NS f (abbr *di* Niederspannung f) **B** m *banca abbr di* Buono del Tesoro: Schatzbrief m.
btg. *mil abbr di* battaglione: Bat., Btl. (**abbr** *di* Bataillon).
BTO m *banca abbr di* Buono del Tesoro Ordinario: Ordentlicher Vermögensschein.
BTP *abbr di* Buoni del Tesoro Poliennali: "Schatzanweisungen mit mehrjähriger Laufzeit".
bu *inter onomatopeica (di disapprovazione)* buh *fam*.
B.U. *amm abbr di* Bollettino Ufficiale: Amtsbericht.
bùa f *fam (nel linguaggio infantile) (male)* Aua n, Wehweh n: **farsi la bua**, sich (dat) wehtun; **hai la bua al pancino?**, tut (dir) das Bäuchlein weh? *fam*.
bùbbola f **1** *(bugia)* Flause f, Märchen n, Lüge f **2** *(inezia)* Bagatelle f, Kleinigkeit f.
bùbbolo m *(sonaglio)* Schelle f, Glöckchen n.
bubbóne m **1** *med* Schwellung f, Beule f, Bubo m **2** *fig (degenerazione)* Eiterbeule f.
bubbònico, (-a) <-ci, -che> agg {PESTE} Beulen-, Bubonen-.
bubù <-> f *fam (nel linguaggio infantile) (malattia)* Wehweh n.
bùca <buche> f **1** *gener* Loch n, Grube f **2** *(affossamento)* Vertiefung f, Senkung f; *(nella strada)* Schlagloch n; *(delle guance)* (Wangen)grübchen n **3** *(ristorante)* Kellerlokal n **4** *geog* Talsenke f, Talniederung f **5** *(nel biliardo)* Billardloch n **6** *sport (nel golf)* (Ziel)loch n ● **andare** ~ *fig (fallire)*, danebengehen *fam*, fehlschlagen; **andare a** ~ *fig (a buon fine)*, ein Volltreffer sein, mit Erfolg enden; ~ **delle lettere post**, Briefkasten m; ~ **del suggeritore** *teat*, Souffleurkasten m.
bucanéve <-> m *bot* Schneeglöckchen n.
bucanière m *(pirata)* Bukanier m.
bucàre <buco, buchi> **A** tr **1** *(forare)* ~ **qc (con qc)** {TARLO MOBILE} etw (mit etw dat) durchlöchern, *(mit etw dat)* ein Loch in etw (acc) machen; {BIGLIETTO} etw (mit etw dat) lochen; {LAMIERA} *anche fig* (mit etw dat) anbohren, etw (mit etw dat) durch|schlagen; {LOBO DELL'ORECCHIO} etw (mit etw dat) durchstechen; ~ **(una gomma)**, eine Reifenpanne/einen Platten *fam* haben **2** *(ferire)* ~ **qu/qc** {SPINA DITO} jdn/etw zer-, durchstechen; ~ **qc a qu (con qc)** {PANCIA ALL'AVVERSARIO CON UN COLTELLO} jdn (mit etw dat) in etw (acc) stechen, jdn (mit etw dat) (an etw dat) verletzen **3** *fig (mancare)* ~ **qc** {NOTIZIA} etw versäumen, etw übersehen; {PALLA} etw verfehlen **B** itr *pron (forarsi):* **bucarsi:** {PNEUMATICO} ein Loch bekommen, platzen **C** rfl **1** **bucarsi** *(drogarsi)* sich (dat) einen Schuss setzen; **indir bucarsi qc (con qc)** {MANO CON UN CHIODO} sich (mit etw dat) in etw (acc) stechen; {ORECCHIO CON UN AGO} sich (dat) mit etw in (acc) einen Loch acc stechen **2** *(drogarsi)* **bucarsi** {DROGATO} fixen slang, sich (Drogen) schießen slang, sich einen Schuss setzen.
Bùcarest f *geog* Bukarest n.
bucatino m *<di solito al pl> gastr* Bucatini m pl, längliche Hohl-, Röhrchennudeln f pl.
bucàto① m **1** Wäsche f: **fare il** ~, (die Wäsche) waschen; **fresco di** ~, frisch gewaschen **2** *(biancheria)* Wäsche f: **stendere il** ~,

die Wäsche aufhängen.
bucàto②, (-a) agg *(forato)* {PALLA, SUOLA} durchlöchert; {TANICA} leck.
bucatùra f **1** *(segno)* {+AGO} Loch n, (Ein)stich m **2** *(il bucare)* Stechen n **3** *fam (iniezione)* Injektion f, Spritze f **4** *autom* Reifenpanne f, Plattfuß m *fam*.
bùccia <-ce> f **1** {+FRUTTA} Schale f: ~ **di limone**, Zitronenschale f; {+PISELLO} Hülse f; {+SALAME} Haut f, Pelle f *region*, Darm m; {+FORMAGGIO} Rinde f **2** *anche fig (esterno) (pelle)* Fell n **4** *bot* {+LECCIO} Rinde f, Borke f **5** *zoo* {+SERPENTE} Haut f, Fell n ● ~ **d'arancia** *(ruvido)*, {PELLE} Orangen-; {INTONACO}, Rau-; **scivolare su una** ~ **di banana**, auf einer Bananenschale ausrutschen; *anche fig (rovinarsi per una stupidaggine)*, über einen Strohhalm stolpern *fam*; **avere la** ~ **dura** *fig (essere forte, robusto)*, ein dickes Fell haben *fam*.
bùccina f **1** *(conchiglia)* Muschel f **2** *mus stor* Buc(c)ina f.
bùccola f **1** *(orecchino)* Ohrring m **2** *(ricciolo)* (Haar)locke f.
bucèfalo m *scherz (cavallo)* Schindmähre f, Klepper m.
bucherellàre tr *(fare molti piccoli buchi)* ~ **qc (con qc)** {FOGLIO CON UNO SPILLO} etw *(mit etw dat)* durch|-, zerlöchern.
bucintòro m *(barca)* Buzentaur m.
bùco① <buchi> m **1** *gener* Loch n: **ho un** ~ **nel calzino**, ich habe ein Loch in der Socke; ~ **della chiave/serratura**, Schlüsselloch n; {+TANICA} Leck n; *(apertura)* Öffnung f **2** *(tana)* {+RAGNO} Loch n **3** *fam (ferita)* {+PROIETTILE} Wunde f, Einschussstelle f: **mi sono fatto un** ~ **in una gamba**, ich habe mich am Bein verletzt **4** *fam spreg (ambiente angusto)* Loch n *fam spreg*; *(tugurio)* elende Behausung, Loch n *fam spreg*; *(piccolo paese)* Nest n *fam spreg*, Kaff n *fam spreg* **5** *anche fig (vuoto)* {+MEMORIA} Lücke f *anche fig (intervallo)* {+DUE ORE} Loch n, Leerlauf m, Pause f **7** *fig (ammanco)* {+UN MILIARDO} Loch n, Fehlbetrag m **8** *slang (iniezione di eroina)* Schuss m *slang*, Fix m *slang*, Druck m *slang*: **farsi un** ~, sich (dat) einen Schuss setzen *slang* **9** *anat* Loch n: **buchi del naso**, Nasenlöcher n pl; {+CAVALLO} Nüstern f pl **10** *giorn* Versäumnis n **11** *inform* Bug m, Systemfehler m ● **è un** ~ **nell'acqua** *fig (un insuccesso)*, das ist ein Schlag ins Wasser; **fare un** ~ **nell'acqua** *fig (non ottenere risultati)*, einen Reinfall erleben *fam*; **aprire un** ~ **per chiuderne un altro** *fig fam (porre rimedio a un errore con un altro)*, den Teufel mit/durch Beelzebub austreiben; **frugare in ogni** ~ *fig (cercare ovunque)*, überall suchen; ~ **del gatto** *mar*, Soldatengat n; ~ **nero** *astr*, schwarzes Loch; ~ **dell'ozono** *ecol*, Ozonloch n; **passare per il** ~ **della serratura** *fig (superare a stento una prova)*, etw mit Ach und Krach schaffen *fam*; **avere un** ~ **allo stomaco** *fig (avere fame)*, Kohldampf haben *fam*, den Magen in den Kniekehlen hängen haben *fam*; **tappare un** ~ *anche fig*, eine Lücke füllen; *fig (coprire un debito)*, ein Loch stopfen; **vivere nel proprio** ~ *fig (lontano dal mondo)*, zurückgezogen leben.
bùco②, (-a) <buchi, buche> agg **1** *(forato)* durchlöchert, durchstochen **2** *fig (libero)* {GIORNATA, ORA} frei.
bucòlica <-che> f *lett* {+VIRGILIO} Bukolik f, Hirtendichtung f.
bucòlico, (-a) <-ci, -che> agg **1** *lett (pastorale)* {+POESIA} bukolisch, Hirten- **2** *(agreste)* {ATMOSFERA, PAESAGGIO} ländlich.
Bùdapest f *geog* Budapest n.
bùddha, bùdda <-> *o* -i > m **1** *relig* Buddha m **2** *(oggetto)* {+GIADA} Buddha m.

buddhistico, buddistico, (-a) <-ci, -che> agg *relig* buddhistisch.
buddismo, buddhismo m *relig* Buddhismus m.
buddista, buddhista <-i m, -e f> *relig* **A** agg {DOTTRINA, MONACO} buddhistisch **B** mf Buddhist(in) m(f).
budèllo m **1** <pl: -a f> *anat* Darm m: **le budella**, {+POLLO} Gedärm n, Eingeweide n pl **2** <pl: -i m> *(tubo)* Schlauch m **3** <pl: -i m> *(viuzza)* enge Gasse; *(corridoio)* schmaler Gang ● **cavare le budella a qu** *fig (ammazzarlo)*, jdn töten, jdn abmurksen *fam*; **riempirsi le budella** *volg (mangiare molto)*, sich (dat) den Bauch vollschlagen *fam*; **sentirsi torcere le budella** *fig (avere paura)*, spüren, wie sich vor Angst der Magen umdreht.
budget <-> m *ingl* **1** *econ* Budget n, Haushaltsplan m: ~ **comunitario**, EU-Budget n **2** *(somma a disposizione)* Budget n: **per le vacanze disponiamo di un ~ limitato**, für die Ferien verfügen wir über ein begrenztes Budget.
budgetàrio, (-a) <-ri m> agg *econ* budgetär, Budget-, Haushalts-.
budino m *gastr* Pudding m.
bùe <buoi> m **1** *zoo* Ochse m: **buoi da ingrasso**, Mastochsen m pl; **bue muschiato**, Moschusochse m **2** *fam spreg (stupido)* Ochse m, Schafs-, Dummkopf m, Rindvieh n **3** *gastr* {BRASATO} Ochsenfleisch m ● **(un ceffone) da ammazzare un bue** *fig fam (molto forte)*, eine Ohrfeige, die den stärksten Mann umhaut *fam*; **lavorare come un bue** *fig (molto)*, schuften wie ein Pferd/Tier *fam*, ochsen *fam*; **mangiare come un bue** *fig (smodatamente)*, (fr)essen wie ein Scheunendrescher *fam*; **bue marino** *zoo*, Dugong m, Seekuh f.
bùfala f **1** *zoo* Büffelkuh f **2** *fig scherz (errore)* Riesendummheit f; *giorn (Zeitungs)ente* f **3** *fig scherz (prodotto di scarsa qualità)* Schrott m *fam*, Schwachsinn m *fam*, Quark m *fam spreg*, Trash m *slang*.
bùfalo m *zoo* Büffel m ● **mangiare come un** ~ *fig (smodatamente)*, (fr)essen wie ein Scheunendrescher *fam*; **soffiare come un** ~ *fig (affannosamente)*, schwer/[wie eine Lokomotive] schnaufen *fam*.
bufèra f *anche fig* {+NEVE; POLITICA} Sturm m.
buffer <-> m *ingl inform* Puffer m.
buffet <-> m *franc* **1** *(credenza)* Büfett n, Anrichte f **2** *(tavolo)* Schanktisch m **3** *(rinfresco)* Büfett n: ~ **freddo**, kaltes Büfett **4** *(bar)* Restaurant n.
buffétto m *(colpetto sulla guancia)* Klaps m *fam (auf die Wange)*: **dare un ~ a qu**, jdm einen Klaps *fam* auf die Wange geben, jdm die Wange tätscheln.
bùffo, (-a) **A** agg **1** *(divertente)* {MIMICA, RAGAZZO, SPETTACOLO} witzig, drollig, komisch **2** *(strano)* {MODO DI FARE, SENSAZIONE} komisch **3** *teat* {ATTORE, OPERA} Buffo- **B** m **1** *teat* Buffo m **2** <solo sing> *(elemento ridicolo)* Komische n decl come agg, Witzige n decl come agg, Eigenartige n decl come agg, Seltsame n decl come agg; *(comicità)* (unfreiwillige) Komik.
buffóna f → **buffone**.
buffonàta f **1** *(azione da buffone)* Narretei f *forb*, Unsinn m **2** *fig (pagliacciata)* Dummheit f, Blödsinn m *fam*: **questo spettacolo è una vera ~**, diese Vorstellung ist wirklich blödsinnig *fam spreg*.
buffóne, -a m (f) **1** *fam (burlone)* Clown m *spreg*, Hanswurst m, Narr m *forb obs*: **fa sempre il** ~, er spielt immer den Clown *spreg* **2** *fam spreg (persona inaffidabile)* Hanswurst m: **con quel ~ è meglio non fare affari**, mit

dem Hanswurst macht man besser keine Geschäfte **3** *stor* (*giullare di corte*) (Hof)narr *m*.
buffonerìa *f* **1** (*comportamento*) Narretei *f*, Clownerie *f* **2** (*azione*) Hanswursterei *f* **3** (*discorso*) Geschwätz *n fam spreg*.
buffonésco, (-a) <-schi, -sche> *agg* (*ridicolo*) {GESTO} komisch, witzig.
bug <-> *m ingl inform* Bug *m*, Programmierfehler *m*.
buganvìllea *f bot* Bougainvillea *f*.
buggeràre *tr fig region* (*ingannare*) ~ *qu* {AMICA} jdn beschummeln *fam*, jdn rein|legen *fam*, jdn beschwindeln *fam*, jdn an|schmieren *fam*.
bùghi-bùghi <-> *m fam* → **boogie-woogie**.
bugìa① *f* **1** (*menzogna*) Lüge *f*, Unwahrheit *f*: **dire le bugie**, lügen; ~ *pietosa*, Notlüge *f* **2** *fam* (*macchia sulle unghie*) Nagelfleck *m* **3** *region gastr* (*dolce di Carnevale*): **bugie**, Mutzen *pl region* ● **le bugie hanno le gambe corte** *prov*, Lügen haben kurze Beine *prov*.
bugìa② *f* (*candeliere*) Handleuchter *m*.
bugianèn <-> *mf* **1** *scherz* (*piemontese*) "scherzhafte Bezeichnung für Piemontesen" **2** *fig* (*persona tenace e caparbia*) Starrkopf *m fam spreg*, Dickschädel *m fam spreg*, Dickkopf *m fam spreg* **3** *spreg* (*persona indolente*) Transuse *f fam spreg*, Tranfunsel *f fam spreg*.
bugiàrda *f* → **bugiardo**.
bugiardàggine *f* (*l'essere bugiardo*) Verlogenheit *f*, Lügenhaftigkeit *f*.
bugiarderìa *f* **1** (*bugiardaggine*) {+BAMBINO} Verlogenheit *f* **2** (*cumulo di bugie*) lauter Lügen *n pl*, ein Haufen Lügen.
bugiardìno *m fam* Waschzettel *m*.
bugiàrdo, (-a) **A** *agg* **1** (*che dice bugie*) {UOMO} verlogen, lügnerisch **2** (*falso*) {LACRIME, PAROLE} falsch, trügerisch, lügenhaft *spreg*, unwahr **B** *m* (*f*) Lügner(in) *m* (*f*).
bugigàttolo *m* **1** (*locale piccolo*) Loch *n fam spreg*, Verschlag *m* **2** (*ripostiglio*) Rumpelkammer *f*, Abstellraum *m*, Kabuff *m*.
bugliòlo *m* **1** *mar* Pütz *f* **2** (*secchio*) {+CARCERE} Eimer *m*, Kübel *m*.
bùgna *f* **1** *arch* Kragstein *m* **2** *mar* Gat(t) *n*.
bugnàto, (-a) *arch* **A** *agg* mit Kragsteinen versehen, bossiert **B** *m* {RUSTICO} Bosse *f*, Rustika *f*, Bossenwerk *n*.
bùio, (-a) <*bui* m, -e f> **A** *agg* **1** (*oscuro*) {CIELO, NOTTE, STANZA, VIA} dunkel, finster; *fig lett anche* {INTERPRETAZIONE} unklar **2** *fig* (*triste*) finster, traurig: **essere ~ in viso**, ein finsteres Gesicht haben/machen **3** *fig* (*incerto*) {TEMPI} ungewiss, düster, schlecht **B** *m* **1** (*oscurità*) Dunkel *n*, Dunkelheit *f*, Finsternis *f* **2** (*notte*) **buio**: **prima del ~**, vor Einbruch der Dunkelheit; **essere/farsi ~**, dunkel sein/werden **3** *fig* (*mistero*) Dunkel *n*: **caso avvolto nel ~ più assoluto**, in die vollkommene Dunkelheit gehüllter Fall **4** {*nei giochi di carte*} (*nel poker*): **aprire al ~**, "den Einsatz blind verdoppeln" ● **a**/**sul ~**, (*all'imbrunire*), gegen Abend; **al ~**, (*nell'oscurità*), im Dunkeln; *fig* (*a sorpresa*), überraschend; **brancolare**/**brancicare nel ~** (*senza certezze*), im Dunkeln tappen; **essere al ~ di qc** *fig* (*senza certezze*), über etw (acc) im Dunklen/Unklaren sein; **fare qc al ~** *fig* (*senza certezze*), etw tun, ohne Gewissheiten zu haben; **finire al ~** *fig scherz* (*in prigione*), hinter Gittern landen; **pesto**/**fitto**/**[che si affetta col coltello]** *fig* (*assoluto*), stockdunkel, schwarz wie die Nacht; **procedere al ~** *fig* (*senza certezze*), im Dunkeln tappen; **tenere**/**lasciare qu al ~ di qc** (*all'oscuro*), jdn über etw (acc) im ungewissen/dunklen lassen; **al ~ tutti i gatti sono bigi** *prov*, in der Nacht sind alle Katzen grau *prov*.

bùlbo *m* **1** *bot* (Pflanzen)knolle *f*, Zwiebel *f*: ~ **di narciso**, Narzissenknolle *f* **2** (*globo*) {+LAMPADA, TERMOMETRO} (Glas)kolben *m* **3** *anat* Bulbus *m*: ~ **oculare**/**[dell'occhio]**, Augapfel *m*; ~ **pilifero**, Haarwurzel *f* **4** *arch* Zwiebel *f* **5** *mar* {+ZAVORRA} Wulst *m*.
bulbósa <*di solito al pl*> *f bot* Knollen-, Zwiebelpflanze *f*.
Bulgarìa *f geog* Bulgarien *n*.
bùlgaro, (-a) **A** *agg* **1** {CUCINA} bulgarisch **2** *fig spreg* (*ottuso*) stumpfsinnig, beschränkt **B** *m* (*f*) (*abitante*) Bulgare *m*, (Bulgarin) *f* **C** *m* **1** <*solo sing*> (*lingua*) Bulgarisch(e) *n* **2** (*profumo*) Juchten *m* **3** (*cuoio*) Juchten(leder) *n*.
bulimìa *f med* Fresssucht *f*, Bulimie *f*.
bulìmico, (-a) <-ci, -che> *med* **A** *agg* {DONNA} fresssüchtig **B** *m* (*f*) Fresssüchtige *mf decl come agg*, an Bulimie *scient* Leidende *mf decl come agg*.
bulinàre *tr* (*incidere*) ~ *qc* (*con qc*) {METALLO} etw (*mit etw* dat) gravieren, etw (*mit etw* dat) radieren, etw (*mit etw* dat) kupferstechen; {CUOIO} etw (*mit etw* dat) stechen.
bulinatùra *f* (*incisione*) Gravur *f*, (Kupfer)stich *m*.
bulìno *m* **1** (*arnese*) (Gravier)nadel *f*: ~ **per cuoio**, Punze *f*; ~ **per legno**, Konturenstichel *m*; ~ **per metallo**, Grabstichel *m* **2** (*incisione*) Gravierung *f*, Stich *m*.
bull <-> *m ingl banca* **1** (*rialzista*) Haussier *m*, Preistreiber *m spreg* **2** (*tendenza al rialzo in borsa*) Hausse *f*, steigende Tendenz *f*, Bullen-, Optimistenbörse *f*.
bulldog <-> *m ingl zoo* Bulldogge *f*.
bulldòzer <-> *m ingl* (*ruspa*) Bulldozer *m*, Planierraupe *f*.
bullétta *f* (*chiodo corto*) (Reiß)zwecke *f*, Reißnagel *m*: ~ **per tapezzeria**, Polsternagel *m*.
bullìsmo *m slang* (*comportamento violento*) {+COMPAGNI DI SCUOLA} Halbstarkenverhalten *n fam spreg*.
bùllo, (-a) **A** *agg* (*spaccone*) {ARIA} dreist, frech **B** *m* **1** *fam spreg* (*bellimbusto*) Prahlhans *m*: **fare il ~**, sich aufspielen **2** *spreg* (*teppista*) Halbstarke *m decl come agg*, Rabauke *m decl come agg*.
bullonàre *tr* (*unire con bulloni*) ~ *qc* etw verbolzen.
bullonatùra *f* Verbolzung *f*; (*azione*) anche Verbolzen *n*.
bullóne *m tecnol* {+RUOTA} Bolzen *m*, Schraube *f*: ~ **filettato**, Gewindebolzen *m*; ~ **ribadito**, eingenieteter Bolzen.
bum *inter onomatopeica* **1** (*di rumore*) bum(m), rums **2** (*di incredulità*) nein.
bùmerang → **boomerang**.
bungalow <-, -s *pl ingl*> *m ingl* (*casetta*) Bungalow *m*.
bungee jumping <-> *loc sost m ingl sport* Bungee Jumping *n*.
bùnker <-> *m ted anche mil* Bunker *m*.
buòi *pl di* **bue**.
buòn, **buon'** *m* → **buono**②.
buòna *f* → **buono**②.
buonafède, **buòna féde** <-> *f loc sost f* **1** (*ingenuità*) Gutgläubigkeit *f*: **approfittare della ~ di qu**, jds Gutgläubigkeit ausnützen **2** (*lealtà*) guter Glaube: **agire in ~**, in gutem Glauben handeln; **essere in ~**, das beste Gewissen haben.
buonànima **A** <*inv*> *agg* selig: **mia zia ~**, meine Tante selig, meine selige Tante **B** <*buonanime*> *f* Selige *mf decl come agg*: **la ~ del nonno**, der Großvater selig.
buonanòtte, **buòna nòtte** **A** *inter loc inter* (*di commiato*) gute Nacht! **B** <-> *f loc sost f* gute Nacht: **dare**/**augurare la ~ a qu**, jdm gute Nacht sagen/wünschen ● **si sono presi tutta l'eredità e ~!** *fam* (*ed è finita*), sie haben sich die ganze Erbschaft unter der Nagel gerissen und damit ist die Sache beendet/gegessen *fam*; ~ **al secchio** *scherz* ,/[*suonatori*] *scherz*! (*non c'è più niente da fare*), na dann, gute Nacht! *fam*; **sì**, ... ~! *fam iron* (*di incredulità*), ja, das kannst du deiner Großmutter erzählen! *fam*.
buonaséra, **buòna séra** **A** *inter loc inter* (*di saluto*) guten Abend! **B** <-> *f loc sost f* guter Abend.
buòna uscìta → **buonuscita**.
buonavòglia **A** *loc avv* (*volentieri*): **di ~** {STUDIARE} gerne **B** <*buonevoglie*> *f* {+ALLIEVO} guter Wille, Bereitigkeit *f*.
buoncostùme, **buòn costùme** <-> **A** *loc sost m* (*comportamento*) gute Sitte, Sittlichkeit *f* **B** *f*: **la (squadra del) ~**, Sittenpolizei *f*, Sittendezernat *n*, Sitte *f fam*.
buondì, **buòn dì**, **buongiórno**, **buòn giórno** **A** *inter loc inter* (*di saluto*) guten Tag!, guten Morgen!, grüß Gott! *A südt* **B** <-> *m loc sost m* (*saluto*) guter Tag, guter Morgen: **dare**/**augurare il ~ a qu**, jdm guten Tag/Morgen sagen/wünschen ● **il ~ si vede dal mattino** *prov*, was ein Häkchen werden will, krümmt sich beizeiten.
buongovèrno, **buòn govèrno** <-> *m loc sost m* (*modo di governare*) gute/ideale Regierung.
buongràdo, **buòn gràdo** *avv loc avv* (*volentieri*): **di ~** {ACCETTARE} gern(e), mit Freuden, bereitwillig.
buongustàio, (-a) <-*stai* m> *m* (*f*) **1** *gastr* Feinschmecker(in) *m*(*f*), Gourmet *m* **2** *fig* (*intenditore*) Kenner(in) *m*(*f*), Connaisseur *m forb*.
buongùsto, **buòn gùsto** <-> *m loc sost m* **1** (*guter*) Geschmack: **con ~** geschmackvoll **2** (*tatto*) Takt *m*, Feingefühl *n*: **abbi il ~ di tacere!**, sei so freundlich, zu schweigen!
buonìsmo *m anche polit* (*tolleranza*) "tolerantes Verhalten, das erbitterte politische Auseinandersetzungen zu vermeiden sucht".
buonìsta <-*i* m, -*e* f> *anche polit* **A** *agg* (*tollerante*) tolerant **B** *mf* "wer erbitterte politische Auseinandersetzungen zu vermeiden sucht".
buòno① *m* **1** (*documento*) Abschnitt *m*, Schein *m*, Bon *m*: **buoni benzina**, Benzinschein *m*; ~ **di cassa**, Kassenanweisung *f*; (*in negozio*) Kassenzettel *m*, Kassenbon *m*; ~ **di consegna**, Lieferabschnitt *m*; ~ **mensa**, Mensamarke *f*; ~ **sconto**, Rabattmarke *f* **2** *banca* Anweisung *f*, Schein *m*: ~ **del Tesoro**, Schatzschein *m*, Schatzwechsel *m*.
buòno② , (-a) <*più buono o migliore, buonissimo o ottimo, buono davanti a s impura, gn, pn, ps, x, z; si tronca in buon davanti a vocale o consonante seguita da vocale oppure da r o l; buona si elide davanti a vocale in buon'*> **A** *agg* **1** *gener* {AZIONE, GENTE, INTENZIONI} gut: **con noi è ~ come il pane**/**un buon ~**, zu uns ist er herzensengelsgut; **in ~ stato**, in gutem Zustand; {UOMO} gut, anständig; {BAMBINO} brav, artig, lieb, ruhig **2** (*abile*) {MEDICO, SOLDATO} gut, tüchtig, fähig, erfahren; {DECORATORE} anche geschickt: **è un buon cane**, er ist ein braver Hund; **è una buona insegnante**, sie ist eine gute Lehrerin **3** (*di qualità*) {LANA, LAVATRICE} gut; {FORMAGGIO, VINO} anche schmackhaft; {INTERPRETAZIONE} gut **4** (*bello*) {FILM, LIBRO} gut, schön **5** (*indulgente*) ~ (**con qu**) {INSEGNANTE CON GLI ALLIEVI} nachsichtig (*mit jdm*), gütig (*zu jdm*) **6** (*cordiale*) {PAROLA, RAPPORTI} gut, freundlich, gütig, liebenswürdig: **sia così ~ da porgermi il sale**, seien Sie so nett

und reichen Sie mir das Salz **7** (*adatto*) ~ (*per qc*) {CREMA PER IL VISO} gut (*für etw* acc), wirksam (*für etw* acc) **8** (*sano*) {GAMBE, MANI} gesund: ~ **vista**, gute Augen **9** (*vantaggioso*) gut, nützlich, vorteilhaft: **comprare a ~ mercato/prezzo**, billig einkaufen **10** (*opportuno*) {MOMENTO, OCCASIONE} günstig **11** (*giusto*) {CAUSA} gut, gerecht **12** (*abbondante*) gut: **un kilo ~**, ein gutes Kilo; **ti ho aspettato un'ora buona**, ich habe eine volle/geschlagene Stunde auf dich gewartet; **in buona parte**, zum großen Teil **13** (*agiato*) gut, fein, anständig, ehrsam *forb obs*: **essere di buona famiglia**, aus gutem Hause sein **14** (*positivo*) {VOTO} gut; {GIUDIZIO, NOTIZIA} *anche* positiv **15** (*gradevole*) {COMPAGNIA, FRAGRANZA} gut, angenehm: **avere un buon sapore**, gut schmecken **16** (*pura*) {ARIA} gut, gesund **17** (*valido*) {ABBONAMENTO} gültig; *fig* {RAGIONE, SCUSA} gut, triftig, stichhaltig **18** (*efficace*) {CURA, MEDICINA} wirkungsvoll **19** (*tranquillo*) ruhig, still: **se ne stava ~ ~ in un angolo**, er saß ganz brav und still in einer Ecke **20** (*stretto*) gut, eng: **è un buon amico di mia sorella**, er ist ein guter/enger Freund von meiner Schwester **21** (*migliore*) {CAPPOTTO, DIVANO} gut: **il vestito ~**, das gute Kleid **22** (*onorato*) {NOME, REPUTAZIONE} gut **23** (*presto*) früh: **di ~ mattino**, früh ˌam Morgenˌ/[morgens]; **di buon'ora**, zu früher Stunde **24** *fam* pleonastico rafforzativo gut, tüchtig, schön, gehörig: **ho le mie buone ragioni per rifiutare**, ich habe meine guten Gründe, um abzulehnen **25** (*di augurio*) gut, froh, fröhlich; {NOTTE, VIAGGIO} gut: **buona fortuna!**, viel Glück!; **buon divertimento/riposo!**, ˌviel Vergnügenˌ/[angenehme Ruhe]! **26** *comm* gültig, im Kurs: **questa moneta è ancora buona**, diese Münze ist noch im Kurs; {ORO, *ecc.*} echt **27** *gastr* (*commestibile*) {FUNGO} genießbar, essbar; (*fresco*) {PESCE} gut, frisch, unverdorben **28** *meteo* {TEMPO} schön, gut, heiter; {MARE} ruhig, günstig **29** *scuola* gut **B** m (f) (*persona*) Gute mf decl come agg **C** m **1** (*qualità*) Gute n decl come agg **2** (*cosa positiva*) Gute n decl come agg: **ha di ~ che ...**, das Gute an ihm/ihr ist, dass ...; **c'è questo di ~**, das ist das Gute daran **3** *meteo* Gute n decl come agg: **il tempo si mette al ~**, das Wetter ˌwird gutˌ/[wendet sich zum Guten] **4** *scuola* Gut n ● **alla buona** *fam* (*con semplicità*), schlicht, einfach, zwanglos, formlos anspruchslos; o **con le buone o con le cattive** *fig* (*in qualunque modo*), wenn nicht im Guten, dann im Bösen; **fare qc con le buone o con le cattive** *fig*, etw tun, ob man will oder nicht; **con le buone** (*gentilmente*), auf gütlichem Wege, im Guten; **prendere qu con le buone**, jdm gut zureden; **essere ~ a fare qc** (*saper fare qc*), etw tun können; **essere in buona** *fam* (*di buon umore*), gut aufgelegt sein; **buon pro ti faccia** (*ti sia utile*), wohl bekomm's!; **un ~ a nulla** (*incapace*), ein Nichtsnutz; **essere ~ a nulla**, zu nichts nütze/[zu gebrauchen] sein; **buon per me** (*per mia fortuna*), gut für mich, zu meinem Glück; **essere un poco di ~** (*un delinquente*), ein Gauner spreg sein; **prendere per ~** (*considerare vero*), etw für wahr halten; **sapere di ~** (*avere un buon odore/sapore*), gut riechen/schmecken; **tenersi ~ qu** (*accattivarselo*), sich (dat) jdn warmˌhaltenˌ *fam*; **troppo ~!** *anche iron*, das aber nett! *iron*.

buonóra, **buòn'óra A** avv loc avv (*presto*): **di ~** {ALZARSI} früh(zeitig), zeitig, in aller Frühe **B** inter impr loc inter (*finalmente*): **alla ~!** (*endlich [einmal]!*, nun gerade!

buonsènso, **buòn sènso** <-> m loc sost m (*discernimento*) gesunder Menschenverstand: **senza un briciolo di ~**, ohne einen Funken gesunden Menschenverstand.

buontèmpo, **buòn tèmpo** <-> m loc sost m (*spasso*) Vergnügen n, Kurzweil f: **darsi (al) ~**, sich (dat) einen schönen Tag machen.

buontempóne, (-a) *fam* **A** agg (*gioviale*) {AMICO} fröhlich, lustig **B** m (f) Spaßvogel m, lustiger Gesell.

buonumóre, **buòn umóre** <-> m loc sost m (*allegrezza*) gute Laune: **essere di ~**, guter Laune/Dinge sein, ˌbei Launeˌ/[gut aufgelegt] sein.

buonuòmo, **buòn uòmo** <*buonuomini*> m loc sost m **1** *fam* guter Mann: **ehi, ~!**, he, guter Mann! **2** *stor* Ehrenmann.

buonuscita f **1** (*per un appartamento*) (Miet)ablösung f, Ablösesumme f **2** *dir* (*trattamento di fine rapporto*) Abfindung f.

burattinàio, (-a) <-*nai*> m (f) **1** (*chi muove i burattini*) Puppenspieler(in) m(f) **2** (*fabbricante*) Puppenhersteller(in) m(f) **3** (*venditore*) Puppenverkäufer(in) m(f) **4** *fig* (*manovratore*) Drahtzieher(in) m(f).

burattinàta *f fig* (*pagliacciata*) Komödie f, Albernheit f, Clownerei f spreg, Hanswursterei f.

burattìno m **1** *teat* Handpuppe f, Hampelmann m, (Kasperl)puppe f **2** *fig* (*fantoccio*) Marionette f, Kasperlfigur f, Hampelmann m; **essere un ~ nelle mani di qu**, eine Marionette in jds Händen sein.

buràtto m (*setaccio*) Mehlsieb n; *tecnol* Beutelmaschine f.

burbànza f (*boria*) Arroganz f, Hochmut m.

burbanzóso, (-a) agg (*borioso*) {TONO} aufgeblasen, arrogant.

bùrbero, (-a) **A** agg (*brusco*) {ARIA, UOMO} mürrisch, barsch, schnauzig, raubeinig *fam*, griesgrämig **B** m (f) Brummbär m, Griesgram m, Raubauz m *fam*: **un ~ beneficio**, ein Raubein *fam*.

Burberry® <-> m *ingl* (*impermeabile*) Burberry-Regenmantel m.

bureau <-, -x pl *franc*> m *franc* **1** (*ufficio*) Büro n **2** (*ricezione*) {+ALBERGO} Direktion f, Rezeption f **3** (*scrivania*) Schreibtisch m.

burgràvio <-*vi*> m *stor* Burggraf m.

Burgùndia f *geog stor* Burgund n.

burgùndo, (-a) *stor* **A** agg (*POPOLAZIONE*) burgundisch **B** m (f) Burgunder m, (Burgunde f).

buriàna f *region* **1** (*temporale*) Gewitterschauer m **2** *fig fam* (*scompiglio*) Rummel m *fam*, Krawall m *fam*, Lärm m: **aspettiamo che la ~ si plachi**, wir warten darauf, dass sich der Lärm beruhigt.

burìno, (-a) *region* **A** agg (*zotico*) primitiv *spreg*, ungeschlacht *spreg*, grob *spreg*, roh *spreg* **B** m (f) Bauer m *fam spreg*, Grobian m *spreg*, Rohling m *spreg*.

bùrka <-, baràkia pl *arabo*> m *arabo* (*manto*) Burka f.

bùrla A f **1** (*scherzo*) Spaß m, Scherz m, Fopperei f, Ulk m: **fare una ~ a qu**, jdm einen Streich spielen **2** (*bagatella*) Lappalie f **3** *mus* burleskes Tonstück **B** <*inv*> in funzione di agg {LEGGE} lachhaft **C** <*inv*> loc agg (*non serio*): **da ~** {INTERVENTO} lachhaft, {PRINCIPE} Operetten-; {FIGURA} lächerlich, Witz- **D** loc avv (*per scherzo*): **per ~** {FARE QC, DIRE QC} zum Spaß, spaßeshalber, im Scherz ● **mettere/prendere in ~** (*buttare sul ridere*), ˌetw ins Lächerliche ziehenˌ/[etw auf die leichte Schulter nehmen].

burlàre A tr ~ **qu** **1** (*prendere in giro*) {INGENUO, PROSSIMO} jdn/etw verspotten, jdn/etw aufˌziehenˌ, jdn/etw foppen **2** (*ingannare*) {CLIENTE} jdn/etw betrügen **B** itr (*scherzare*) scherzen, spaßen **C** rfl (*farsi beffe*): **burlarsi di qu/qc** {DELLA LEGGE} über jdn/

etw spotten, sich *über jdn/etw* lustig machen.

burlésco, (-a) <-*schi*, -*sche*> **A** agg **1** (*faceto*) {MODI, TONO} scherzhaft, spaßhaft, possenhaft **2** *lett* (*caricaturale*) {POEMA} burlesk, scherzhaft, Scherz- **B** <-> m **1** (*lato divertente*) Spaßige n decl come agg **2** *lett* (*comico*) Burleske n decl come agg **C** f *mus* Burleske f.

burlétta <*dim* di *burla*> f *fam* (*scherzo*) Spaß m, Witz m, Scherz m ● **mettere qc in ~** (*buttare sul ridere*), etw ins Lächerliche ziehen.

burlóne, (-a) *fam* **A** agg (*scherzoso*) {AMICO} spaßig, witzig, Spaß- **B** m (f) (*chi scherza*) Witzbold m *fam*, Spaßvogel m.

buròcrate mf **1** *amm* Bürokrat(in) m(f) **2** *fig spreg* (*persona pedante e formale*) Paragraphenreiter(in) m(f) *spreg*; Kleinigkeitskrämer(in) m(f) *fam*.

burocratése m *amm iron spreg* Juristenjargon m, Sprache f der Bürokratie.

burocràtico, (-a) <-*ci*, -*che*> agg *amm* {APPARATO, LINGUAGGIO} Beamten-; {RIFORMA} Verwaltungs-; *anche spreg* {LENTEZZA} bürokratisch.

burocratìsmo m **1** *amm* Bürokratismus m **2** *fig spreg* (*mentalità burocratica*) Bürokratismus m *spreg*, Amtsschimmel m *scherz* o *spreg*.

burocratizzàre tr *amm spreg* ~ **qc** {ENTE, PROCEDURA} etw bürokratisieren *spreg*.

burocratizzazióne f *amm* (Ver)bürokratisierung f *spreg*; (*azione*) *anche* (Ver)bürokratisieren n *spreg*.

burocrazìa f **1** *amm* Bürokratie f; (*impiegati*) Bürokratentum n **2** *spreg* (*pedanteria*) Amtsschimmel m *scherz*.

bùrqa → **burka**.

burràsca <-*sche*> f **1** Sturm m, Unwetter n: **~ di vento**, Sturm m, heftiger Wind; **il mare è in ~**, die See ist stürmisch/aufgewühlt **2** *fig* (*bufera*) Sturm: **c'è una ~ nell'aria**, es liegt ein Sturm in der Luft ● **~ magnetica** *fis*, magnetischer Sturm.

burrascóso, (-a) agg *anche fig* {CIELO, MARE, TEMPO, VITA} stürmisch.

burràta f *gastr* "fetter Weichkäse".

burrièra f (*contenitore*) Butterdose f.

burrificàre <*burrifico*, *burrifichi*> tr *gastr* ~ **qc** etw zu Butter machen/schlagen, Butter aus (dat) herstellen, etw buttern.

burrificazióne f *gastr* Butterherstellung f, Butterbereitung f.

burrifìcio <-*ci*> m (*fabbrica*) Molkerei f.

bùrro m **1** *gastr* {FRESCO, RANCIDO} Butter f: **spaghetti/uova al ~**, mit Butter zubereitete/angerichtete Spaghetti/Eier; **~ fuso**, zerlaufene/geschmolzene Butter; **fare il ~**, Butter machen/schlagen/herstellen, buttern **2** *chim* Butter f: **~ d'antimonio/arsenico**, Antimon-/Arsenbutter f, Antimonchlorid n / Arsentrichlorid n **3** (*nella cosmesi*) Butter f: **~ di cacao/cocco**, Kakao-/Kokosbutter f ● **essere/sembrare un ~** *fig* (*molto morbido*), {TONNO} butterweich sein; **non sei mica fatto di ~!** *fam* (*rif. a persona delicata*), du bist doch nicht aus Zucker/Watte!; **~ nero** agr (*concime*), Dünger m.

burróne m (*precipizio*) Schlucht f, Abgrund m.

burróso, (-a) agg **1** (*ricco di burro*) {TORTA} butt(e)rig, Butter-, butterhaltig, butterreich **2** *fig* (*simile al burro*) {LEGNO} (butter)weich.

bus① <-> m, *bus*(;*es pl ingl*) m *ingl* (*Auto*)bus m.

bus② <-, -*es pl ingl*> m *ingl inform* Bus m.

buscàre <*busco*, *buschi*> *fam* **A** tr (*prendere*) ~ **qc** {INFLUENZA, MULTA, PREMIO, STRAPAZZATA} etw kriegen *fam*, etw bekommen **B** rfl *indir intens* (*prendersi*): **buscarsi qc** etw kriegen *fam*, sich (dat) *etw* holen, sich (dat) *etw* zu|ziehen: **buscarsi l'influenza**, (die) Grippe kriegen *fam* • **buscarne/buscarle** (*ricevere percosse*), Prügel kriegen *fam*; **la squadra di casa le ha buscate** (*ha perso*), die Heimmannschaft hat verloren.

busìllis <-> *m fam* (*difficoltà*) Schwierigkeit f, Problem n, Hindernis m: **qui sta il ~**, da liegt ˌder Hase im Pfeffer *fam* ˌ/[der Hund begraben *fam*].

business <-> *m ingl* (*affare*) Business n, Geschäft n.

business class <-, -es pl *ingl*> loc sost f *ingl aero* Business-Class f.

businessman <-, -men pl *ingl*> *m ingl* Geschäftsmann m, Businessman m.

businesswoman <-, -men pl *ingl*> f *ingl* Geschäftsfrau f, Businesswoman f.

bùssa f <*di solito al pl*> *fam* (*percosse*) Prügel pl: **prendere le busse**, Prügel kriegen *fam*.

bussàre itr (*picchiare*) ~ (+ *compl di luogo*) (*irgendwohin*) klopfen, (*irgendwohin*) pochen: ~ **alla porta**, an die Tür klopfen.

bussàta f 1 (*colpo*) Schlag m 2 (*il bussare*) (An)klopfen n, Pochen n.

bùssola f 1 *aero mar* {AZIMUTALE, MAGNETICA, TASCABILE} Kompass m 2 (*urna*) Wahlurne f 3 (*portantina chiusa*) Sänfte f, Sessel m 4 *arch* {+HOTEL} Drehtür f; (*per riparare dal freddo*) Windfang m 5 *tecnol* Buchse f, Hülse f: ~ **di centraggio/serraggio**, Zentrier-/Spannbuchse f; ~ **da agrimensore/geologo**, Vermessungs-/Geologenkompass m • **perdere la ~** *fig* (*essere confusi*), aus dem Konzept kommen; (*perdere il controllo*), den Kopf/die Fassung verlieren.

bussolòtto m (*contenitore*) Becher m; (*nei giochi*) Würfelbecher m.

bùsta f 1 (*per lettera*) (Brief)umschlag m, Kuvert n: **spedire qc in ~ aperta/chiusa**, *etw* im offenen/geschlossenen Briefumschlag schicken; **~ a finestra**, Fensterbriefumschlag m 2 (*sacchetto di plastica*) Plastiktüte f 3 (*custodia*) Tasche f; {+ARGENTERIA, DOCUMENTI} Mappe f; {+OCCHIALI, *ecc.*} Etui n; {+POSATE, VIOLINO} *anche* Kasten m; {+OLIVE, PARMIGIANO} Verpackung f; {+DISCO} Hülle f 4 (*borsetta*) Unterarmtasche f • **~ paga** *amm*, Lohntüte f.

bustàia f (*chi confeziona busti*) Korsettmacherin f.

bustarèlla <*dim di busta*> f *fig* (*compenso illecito*) Schmiergeld n *fam spreg*, Bestechungsgeld n: **dare una ~ a qu**, jdm Schmiergeld geben/zahlen *fam spreg*.

bustìna <*dim di busta*> f 1 (*razione*) {+CAMOMILLA, TÈ} Beutel m; {+DOLCIFICANTE, FARMACO} Tütchen n; {+LIEVITO} Päckchen n 2 *mil* (*berretto*) Schiffchen n.

bustìno <*dim di busto*> m (*corsetto*) Mieder n, Korsett n, Leibchen n.

bùsto m 1 (*bustino*) Mieder n, Korsett n, Leibchen n 2 *anat* {ERETTO, CURVO} Oberkörper m, Rumpf m 3 *arte* (*nella scultura*) Büste f; (*nella pittura*) Brustbild n 4 *med*: ~ (**ortopedico**), (Stütz)korsett n • **a mezzo ~** *arte fot*, {FOTO, RITRATTO} Brust-.

bustòmetro m *post* Briefmessgerät n.

butàno m *chim* Butan n.

butìrrico, (-a) <-*ci*, -*che*> agg 1 *chim* Butter- 2 (*derivato dal latte*) Butter-, Milch-.

buttafuòri <-> m 1 *fam* {+DISCOTECA} Rausschmeißer m *fam* 2 *mar* Ausleger m 3 *teat* Inspizient m, Spiel-, Bühnenwart m.

buttàre **A** tr 1 (*gettare*) ~ *qu/qc* + *compl di luogo* {AMICO IN PISCINA, PIATTO IN TERRA, AVANZI NELL'IMMONDIZIA} *jdn/etw irgendwohin* werfen: **ho buttato il portafoglio dalla finestra sul marciapiede**, ich habe die Brieftasche aus dem Fenster auf den Bürgersteig geworfen; **con uno spintone l'ha buttato per terra**, er/sie hat ihn über den Haufen gerannt *fam*; *fam* (*con forza, rabbia*) *jdn/etw irgendwohin* schmeißen: **~ qc a qu** {PALLA ALL'AMICO} *jdm etw* zu|werfen 2 (*disfarsi*) **~ qc etw** weg|-, fort|werfen, *etw* weg|schmeißen *fam*: **le mie scarpe da ginnastica? Le ho appena buttate!**, meine Turnschuhe? Die habe ich eben weggeschmissen! *fam* 3 (*emettere*) **~ qc** {CAMINO FUMO}, {SORGENTE ACQUA}, {VULCANO LAVA} *etw* aus|stoßen, (aus|)spucken, *etw* speien: **la ferita butta pus/sangue**, die Wunde eitert/blutet 4 *fig* (*lanciare*) **~ qc + compl di luogo** {NUOVO PRODOTTO SUL MERCATO NAZIONALE} *etw auf etw* (acc) werfen 5 (*gettare addosso*) **~ qc addosso a qu/qc** {SECCHIATA D'ACQUA} *etw auf jdn/etw* schütten 6 (*mandare via*) **~ qu/qc fuori (di/da qc)** {FIGLIO, GATTO DI CASA, PARLAMENTARE DALL'AULA} *jdn/etw* (*aus etw* dat) (hinaus|)werfen *fam*, *jdn/etw* (*aus etw* dat) (hinaus|)schmeißen *fam* 7 *fig* (*dire chiaramente*) **~ fuori qc** {CRITICA} *etw* aus|spucken *fam* 8 (*gettare verso il basso*) **~ giù qc** *etw* hinunter|werfen, *etw* hinab|werfen *forb*; **~ qu/qc (giù) da/in qc** {UOMO DALLA FINESTRA, IN UN BURRONE} *jdn/etw irgendwohin* (hinunter|)stürzen, *jdn/etw irgendwohin* (hinunter|)werfen, *jdn/etw irgendwohin* (hinunter|)stoßen: **mi ha buttato (giù) il maglione dalla finestra**, er/sie hat ˌmeinenˌ/[mir den] Pulli aus dem Fenster geworfen 9 (*abbattere*) **~ giù qc** {URAGANO ALBERO, EDIFICIO} *etw* ab|-, um|-, nieder|reißen 10 (*rovesciare*) **~ giù qc** {BIDONE DELL'IMMONDIZIA} *etw* um|werfen 11 (*versare nell'acqua*) **~ giù qc** {PASTA, *ecc.*} *etw* ins kochende Wasser (hinein|)tun/hinein|geben 12 (*giocare*) **~ giù qc** {CARTA} *etw* aus|spielen 13 *fig* (*prostrare*) **~ giù qu** {MALATTIA FIGLIO} *jdn* herunter|bringen *fam*, *jdn* schwächen, *jdn* fertig machen *fam* 14 *fig* (*deprimere*) **~ giù qu** {RAGAZZA} *jdn* nieder|schmettern, *jdn* entmutigen, *jdn* um|werfen *fam*: **la notizia l'ha buttato giù** *fam*, die Nachricht hat ihn zutiefst getroffen 15 *fig* (*sparlare*) **~ giù qu** {COLLEGA} über *jdn* lästern *spreg* 16 *fig* (*scrivere in fretta*) **~ giù qc** {APPUNTI, LETTERA, POCHE RIGHE} *etw* nieder|schreiben, *etw* hin|schmieren *fam*, *etw* (kurz) entwerfen; *spreg etw* zusammen|hauen, *etw* zusammen|schreiben 17 *fig* (*sopportare*) **~ giù qc** {OFFESA} *etw* hinunter|schlucken *fam*, *etw* weg|stecken *fam*: **non riesco a buttarla giù**, ich kann das nicht wegstecken *fam* 18 *fam* (*inghiottire in fretta*) **~ giù qc** {BOCCONE, PILLOLA} *etw* hinunter|schlingen, *etw* schlucken, *etw* hinunter|würgen; {BEVANDA} *etw* hinunter|schütten *fam*, *etw* kippen *fam* 19 (*muovere*) **~ indietro qc** {CAPELLI} *etw* zurück|werfen 20 *fig* (*dire con indifferenza*) **~ lì qc** {CRITICA, RICHIESTA} *etw* hinwerfen *fam*; **l'ho buttata lì per scherzo**, ich habe das nur aus Spaß so hingeworfen *fam* 21 (*eliminare*) **~ via qc** {RIFIUTI} *etw* weg|-, fort|werfen, *etw* weg|schmeißen *fam* 22 *fig* (*sprecare*) **~ via qc** {DENARO, ENERGIE, TEMPO} *etw* verschleudern, *etw* vergeuden, *etw* verschwenden 23 *bot* (*generare*) **~ (qc)** {ALBERI FOGLIE NUOVE} *etw* an|setzen, *etw* aus|schlagen, sprießen *spreg*, keimen 24 *metall* **~ qc** *etw* gießen 25 *zoo* **~ qc** {LE CORNA} *etw* bilden **B** itr 1 (*tendere*) **~ a qc** {TEMPO AL BRUTTO; SITUAZIONE ECONOMICA AL MEGLIO} *auf etw* (dat) wenden, (*irgendwie*) werden: **il colore butta al verde**, die Farbe hat einen Grünstich; **~ bene/male** *fam*, gut/schlecht werden, sich zum Guten/Schlechten wenden 2 (*perdere*) {SECCHIO} lecken, undicht sein **C** itr pron 1 (*sfociare*): **buttarsi + compl di luogo** {ADIGE NELL'ADRIATICO} (*irgendwohin*) münden 2 (*volgere*): **buttarsi a qc** {TEMPO AL BELLO; SITUAZIONE POLITICA AL PEGGIO} sich *zu etw* (dat) wenden, (*irgendwie*) werden **D** rfl 1 (*gettarsi*): **buttarsi + compl di luogo** sich (*irgendwohin*) werfen, sich (*irgendwohin*) stürzen: **buttarsi ˌin mareˌ/[dalla finestra]**, sich ˌins Meerˌ/[aus dem Fenster] stürzen; **buttarsi ˌnelle bracciaˌ/[al collo di qu]**, sich ˌin jds Armeˌ/[an jds Hals] werfen; (*lanciarsi*) {DAL TRAMPOLINO} *von etw* (dat) springen 2 (*abbandonarsi*): **buttarsi + compl di luogo** sich *auf etw* (acc) fallen lassen: **buttarsi sul letto**, sich auf das Bett fallen lassen 3 *fig* (*dedicarsi*): **buttarsi in qc** sich *in etw* (acc) stürzen 4 *fig* (*osare*): **buttarsi sich trauen**: **per riuscire bisogna buttarsi**, um Erfolg zu haben, muss man sich trauen 5 (*gettarsi addosso*): **buttarsi addosso a qu** {AL VICINO DI BANCO} sich *auf jdn* stürzen 6 (*indossare*): **buttarsi addosso qc** {COPERTA} sich (dat) *etw* über|werfen 7 (*andare contro*): **buttarsi contro qu** {IL NEMICO} *gegen jdn* an|rennen 8 **buttarsi giù** (+ *compl di luogo*) {DALLA TORRE} sich *von etw* (dat) hinunter|stürzen 9 *fig* (*demoralizzarsi*): **buttarsi giù** den Kopf hängen lassen, den Mut verlieren, verzagen 10 *fig* (*sprecarsi*): **buttarsi via** sich weg|werfen 11 *ornit*: **buttarsi + compl di luogo** {UCCELLO SUL CAMPO} sich (*irgendwo*) nieder|lassen, sich (*irgendwohin*) setzen • **da buttar (via)** *fig* (*di nessun valore*), {DIVANO, DONNA, VESTITO} zum Wegschmeißen.

buttàta f 1 *bot* (*effetto*) {+FOGLIE} Trieb m, Spross m; (*atto*) Sprießen n, Ausschlagen n 2 (*nei giochi di carte*) ausgespielte Karte.

butteràto, (-a) agg (*coperto di cicatrici*) {VISO} pockennarbig, pockig.

bùttero① m (*cicatrice*) Pockennarbe f.

bùttero② m *region* (*guardiano*) berittener Herdenwächter.

buvette <-> f *franc* (*piccolo bar*) Bar f, Ausschank m, Theke f.

buyer <-> *mf ingl comm* Buyer m, Einkäufer m; (*in Borsa*) Einkäufer m.

bùzzo m *fam* (*pancia*) Ranzen m *fam*, dicker Bauch • **lavorare di ~ buono** *fig fam* (*con impegno*), sich dahinter|klemmen *fam*, sich (he)reinhängen *fam*, sich ins Zeug/Geschirr legen *fam*; **mettersi di ~ buono** *fig fam* (*con impegno*), sich auf den Hosenboden setzen *fam*, mit Schwung an *etw* (acc) herangehen.

buzzùrro, (-a) m (f) *fam spreg* (*zotico*) Primitivling m *spreg*, Grobian m *spreg*, Tölpel m *spreg*, Flegel m *spreg*.

BV *relig abbr di* Beata Vergine: Heilige Jungfrau.

BVM *relig abbr di* Beata Vergine Maria: Heilige Jungfrau Maria.

by night <inv> loc agg avv *ingl* (*di notte*) {VIENNA} by night.

by-pass <-, -es pl *ingl*> m *ingl* 1 *idraul* Um-/Nebenleitung f 2 *inform* Bypass m, Überbrückung f 3 *med* Bypass m *scient* 4 *urban* Verbindungs-, Anschlussstraße f.

bypassàre tr ~ *qc* 1 *elettr etw* überbrücken 2 *idraul etw* um|leiten 3 *fig* (*aggirare*) {OSTACOLO} *etw* umgehen.

bypassàto, (-a) agg 1 *med* Bypass- 2 *fig* (*aggirato*) {OSTACOLO} umgangen.

byroniàno, (-a) agg (*di G. Byron*) von Byron.

byte <-> m *ingl inform* Byte n.

C, c

C, c <-> f o rar m (*terza lettera dell'alfabeto italiano*) C, c n ● **c come** *Como* (*nella compitazione delle parole*), C wie Cäsar; → *anche* **A, a**.
c 1 *abbr di* circa: ca. (*abbr di* circa) **2** *abbr di* comune: Kommune f, Gemeinde f, Stadt f.
C 1 *abbr di* centrale: Haupt- **2** *abbr di* codice: Cod. (*abbr di* Codex) **3** *fis abbr di* coulomb: C (*abbr di* Coulomb) **4** *fis abbr di* Celsius: C (*abbr di* Celsius) **5** *mat abbr di* 100 (*numero romano*) f.
C. *geog abbr di* Capo: K. (*abbr di* Kap).
ca 1 *abbr di* circa: ca. (*abbr di* circa) **2** *edil abbr di* cemento armato: SB (*abbr di* Stahlbeton).
ca' <-> f *veneto* (*casa*) Haus n.
c.a. 1 *amm abbr di* corrente anno: d. J. (*abbr di* dieses Jahres) **2** *comm abbr di* (*alla*) cortese attenzione: z. H. (*abbr di* zu Händen) **3** *fis abbr di* corrente alternata: Wechselstrom.
CAB m *banca abbr di* codice di avviamento bancario: BLZ f (*abbr di* Bankleitzahl).
càbala f **1** *fig* (*intrigo*) Betrug m, Intrige f, Kabale f *obs* **2** (*nell'occultismo*) Hellseherei f **3** *relig ebraica* (*dottrina*) Kabbala f, Zahlenmystik f ● **~ del lotto** (*nel lotto*), Lottospielkunst f.
cabalétta f *mus* Cabaletta f.
cabalista <-*i* m, -*e* f> mf **1** (*nell'occultismo*) Hellseher(in) m(f) **2** *relig ebraica* (*studioso*) Kabbalist(in) m(f).
cabalistico, (-a) <-*ci, -che*> *agg* **1** *fig* (*indecifrabile*) {SEGNI} kabbalistisch, unentzifferbar, unverständlich **2** (*nell'occultismo*) {NUMERI} okkult **3** *relig ebraica* {INTERPRETAZIONE} kabbalistisch.
cabaret <-> m *franc* (*locale, spettacolo*) Varietee n, Cabaret n, Kabarett n.
cabarettista <-*i* m, -*e* f> mf (*attore*) Kabarettist(in) m(f).
cabarettistico, (-a) <-*ci, -che*> *agg* (*di cabaret*) {REPERTORIO} kabarettistisch.
cabernet <-> m *franc* **1** (*vitigno*) Cabernet-Rebensorte f **2** *enol* Cabernet m (*Rotweinsorte*).
cabìna f **1** (*vano*) {+ASCENSORE} Kabine f; {+FUNICOLARE} *anche* Gondel f: **~ elettorale**, Wahlkabine f; **~ telefonica**, Telefonzelle f **2** (*al mare*) Bade-, Umkleidekabine f **3** *aero* {+PASSEGGERI} Raum m; **~ di pilotaggio**, Cockpit n, Pilotenkanzel f **4** *autom* {+AUTOCARRO} Führerhaus n, Führerstand m **5** *mar* {+NAVE} Kabine f **6** *radio TV* Abhörkabine f: **~ di regia**, Regieraum m; **~ di registrazione**, Aufnahmestudio n ● **~ elettrica** *elettr*, Transformatorenhäuschen n; **~ di proiezione** *film*, Vorführraum m.
cabinàto, (-a) A *agg* **1** *autom* mit Führerhaus versehen **2** *mar* Kabinen- B m *mar* (*imbarcazione*) Kabinenboot n.
cabinovìa f (*funivia*) Kabinenbahn f.
cablàggio <-*gi*> m *elettr* (*insieme di cavi*) Verkabelung f, Kabelwerk n.
cablàre *tr* ~ *qc* **1** *elettr* (*collegare*) {IMPIANTO} *etw* verkabeln, *etw* verdrahten **2** *tel* (*trasmettere*) {NOTIZIA} *etw* telegrafieren, *etw* kabeln *obs*.
cablàto, (-a) *agg elettr* {CITTÀ} verkabelt.
cablatùra f *elettr* Verkabelung f, Verkabeln n.
càblo <-> m, **cablogràmma** <-*i*> m *tel* Überseetelegramm n, Kabel n *obs*.
cabotàggio <-*gi*> m *mar* (*navigazione costiera*) Küstenschifffahrt f, Kabotage f: **grande/piccolo ~**, große/kleine Kabotage ● **~ aereo** (*trasporto di merci e persone*), Binnenflugverkehr m; **di piccolo ~** *fig* (*di scarsa importanza*), von geringer Bedeutung.
cabràre A *tr* ~ *qc* **1** *aero* {PILOTA AEREO} *etw* hoch|ziehen, *etw* (*dat*) Höhensteuer geben **2** *film* (*filmare dal basso verso l'alto*) *etw* aus der Froschperspektive filmen B *itr aero* (*impennarsi*) {AEREO} in den Steigflug über|gehen.
cabràta f **1** *aero* (*impennata*) Steigflug m **2** *film* (*ripresa dal basso*) Filmen n aus der Froschperspektive.
cabriolet <-> m *franc* **1** *autom* (*auto decappottabile*) Kabrio(lett) n, Cabrio(let) n **2** (*calesse*) Kalesche f.
cacadùbbi <-> mf *fam spreg* (*persona indecisa*) unentschlossener Mensch, Kunktator m *forb*, Cunctator m *forb*, Zaud(e)rer m, Zögerer m.
cacào m <-> **1** *bot* (*pianta*) Kakaobaum m **2** *gastr* Kakao m: **~ in polvere**, Kakaopulver n.
cacàre <*caco, cachi*> A *itr volg* (*defecare*) kacken *volg*, scheißen *volg* B *tr volg fig*: **non ~ qu** (*ignorare*): jdn ignorieren, jdn keines Blickes würdigen, jdn wie Luft behandeln *fam*: **non mi caca proprio!**, er/sie würdigt mich wirklich keines Blickes! ● **cacarsi addosso/sotto** *fig volg* (*avere gran paura*), sich (dat) (vor Angst) in die Hosen machen *fam*; **ma va a ~!** *fig volg* (*al diavolo*), verpiss dich! *volg*.
cacarèlla f *fam* **1** (*diarrea*) Dünnpfiff m *fam*, Dünnschiss m *volg*, Scheißerei f *volg*: **avere la ~**, die Scheißerei haben *volg* **2** *fig volg* (*paura*) Schiss m *fam*: **gli è venuta la ~**, er hat Schiss gekriegt *fam*.
cacasénno <-> mf *fam spreg* (*saputello*) Klugscheißer(in) m(f) *fam spreg*.
cacasótto <-> mf *fam spreg* (*vigliacco*) Schisser m *fam spreg*, Hosenscheißer(in) m(f) *volg*.
cacàta f *volg* **1** (*atto*) Scheißen n *volg* **2** (*escremento*) Haufen m *fam*, Scheiße f *volg* **3** *fig* (*schiocchezza*) *volg spreg*: **sono stufo di sentire cacate**, ich habe es satt, mir Scheiß anzuhören *volg spreg*.
cacatùa <->, **cacatòa** <-> m *ornit* Kakadu m.
càcca <-*che*> f **1** (*escrementi*) Kacke f *volg*, *spec* (*nel linguaggio infantile*) Aa n *fam*: **fare la ~**, kacken *volg*, Aa machen *fam*; {+CANE, GATTO} Dreck m *fam*, Kot m *forb*, Scheiße f *volg* **2** *fig* (*nel linguaggio infantile*) (*sudicume*) baba, bäbä *fam*: **non toccare, è ~!**, nicht anfassen, das ist baba! **3** *fig spreg* (*boria*) Aufgeblasenheit f *fam spreg* **4** *fig* (*persona*) Scheiß-, Drecksskerl m *volg spreg*, Arschloch n *volg spreg*.
càcchio <-*chi*> e *deriv* → **cazzo** e *deriv*.
cacchióne m **1** *zoo* (*uovo di insetto*) Insektenei n; (*larva dell'ape*) Bienenlarve f **2** <*di solito al pl*> *ornit* Federkeim m.
càccia[1] <-*ce*> f **1** *gener* Jagd f: **andare a ~**, auf die Jagd gehen; **~** *al cinghiale/alla lepre*, Wildschwein-/Hasenjagd f; **il gatto va a ~ di topi**, die Katze geht auf Mäusejagd; **~ alla balena**, Walfang m **2** *fig* (*inseguimento*) **~ a qu/qc** {AL LADRO} Jagd f *auf jdn/etw*: **~ all'uomo**, Verfolgung(sjagd) f **3** *fig* (*ricerca*) Suche f: **un giornalista a ~ di notizie**, ein Journalist auf der Jagd nach Nachrichten; **andare a ~ di novità**, auf der Suche nach Neuigkeiten sein; **andare a ~ di nuovi talenti**, auf Talentsuche gehen **4** *gastr* (*cacciagione*) Wild n **5** *mar mil* {+NAVE, AEREO} Verfolgung f ● **la ~ è aperta/chiusa** (*permessa/vietata*), die Jagd ist eröffnet/geschlossen; **dare la ~ a qu** (*inseguirlo*) {POLIZIA A UN LADRO} jdn jagen, jdn verfolgen; *fig* {GIORNALISTI AI POLITICI; FANS A UN CANTANTE} jdn verfolgen; **fare buona ~** (*catturare molta selvaggina*), eine gute Strecke haben; **~ fotografica** *fot*, Motivjagd f; **~ di frodo** (*senza licenza*), Wilderei f; **~ grossa** (*alle bestie feroci*), Großwildjagd f; **~ alle streghe** *fig* (*persecuzione*), Hexenjagd f; **~ al tesoro** (*gioco*), Schatzsuche f, Schnitzeljagd f.
càccia[2] <-> m *aero* Jagdflugzeug n, Jäger m **2** *mar* Zerstörer m.
cacciabombardière m *aero mil* (*aereo*) Jagdbomber m.
cacciagióne f **1** (*selvaggina*) Wild n: **un luogo ricco di ~**, ein wildreicher Ort **2** (*preda*) Jagdbeute f, Strecke f **3** *gastr* Wild(bret) n.
cacciàre <*caccio, cacci*> A *tr* **1** *gener* ~ (*qc*) {CINGHIALE, QUAGLIE} (*etw*) jagen **2** (*mandare via*) ~ **qu/qc** (+ *compl di modo*) jdn/etw (*irgendwie*) hinaus|jagen, jdn/etw (*irgendwie*) hinaus|befördern *fam*: **cacciatelo (via)!**, jagt ihn weg!; **è stato cacciato a calci/pedate**, er ist mit Fußtritten hinausgejagt worden; **~ qu di casa**, jdn aus dem Haus jagen/werfen; **~ qu dal lavoro**, jdn feuern *fam*, jdn hinauswerfen *fam* **3** (*allontanare*) **~ qc** {LA MALINCONIA, LA PAURA} *etw* verjagen, *etw* vertreiben **4** (*sbattere*) **~ qu + compl di luogo** {IN UNA CELLA, IN PRIGIONE, IN UNA STANZA} jdn irgendwohin werfen **5** *fam* (*mettere*) **~ qc + compl di luogo** *etw* irgendwohin tun, *etw* irgendwohin schmeißen *fam*: **dove**

hai cacciato le mie pantofole?, wo hast du nur meine Pantoffeln hingesteckt? **6** *fam* (*ficcare*) ~ **qu in qc** jdn in etw (acc) bringen, jdn in etw (acc) hinein|ziehen: **l'hanno cacciato in ₍un brutto pasticcio₎/₍una situazione difficile₎**, sie haben ihn in ₍eine böse Sache hineingezogen₎/₍eine schwierige Lage gebracht₎ **7** *fam* (*infilare*) ~ **qc + compl di luogo** {MANI IN TASCA} etw in etw (acc) stecken **8** (*emettere*) ~ **qc** {GRIDO, URLO} etw aus|stoßen **9** *fam* (*tirare fuori*) ~ **fuori qc** (*da qc*) {COLTELLO DAL GIUBBOTTO} etw aus etw (dat) ziehen; {LA LINGUA} etw heraus|strecken; **caccia fuori i soldi!**, rück das Geld heraus! *fam* **B** *rfl* **1** (*introdursi*): **cacciarsi + compl di luogo** {TRA LA FOLLA} sich *irgendwohin* drängen, sich *irgendwohin* zwängen **2** *fig fam* (*ficcarsi*): **cacciarsi + compl di luogo** {IN UN GUAIO, IN UNA BRUTTA FACCENDA} sich in etw (acc) bringen, in etw (acc) geraten: **si caccia dappertutto**, er/sie mischt sich überall ein, er/sie steckt seine/ihre Nase in alles *fam* **3** *fig fam* (*nascondersi*): **cacciarsi (+ compl di luogo)** irgendwo stecken *fam*, sich (*irgendwo*) verstecken: **dove si è cacciato?**, wo steckt er? **4** *indir fam* (*mettersi*): **cacciarsi qc in qc** {LE MANI IN TASCA} etw in etw (acc) stecken: **cacciarsi le dita nel naso**, (mit dem Finger) in der Nase bohren, in der Nase popeln *fam*.

cacciasommergìbili <-> m *mar* Unterseebootjäger m.

cacciàta f (*espulsione*) {+MEDICI} Vertreibung f.

cacciatóra **A** f (*giacca*) Jagdrock m **B** <inv> loc agg *gastr*: **alla ~**, {POLLO} nach Jägerart (*mit Knoblauch, Kräutern und Wein*).

cacciatóre, (**-trice**) **A** m (f) (*nella caccia*) Jäger(in) m (f) **B** m *aero mil* (*pilota*) Jagdflieger m • **cacciatori delle Alpi** *mil*, Alpenjäger m pl; ~ **di dote/guadagni/onori** *fig* (*chi cerca avidamente qc*), ₍Mitgiftjäger m *spreg obs*₎/ [Geldraffer m *spreg*]/[ehrsüchtiger Mensch *fam scherz*]; ~ **di frodo** (*senza licenza*), Wilderer m; ~ **subacqueo**, Unterwasserjäger m; **cacciatori di teste** *etnol*, Kopfjäger m pl; *fig industr* (*chi ricerca personale*), Headhunter m pl, Kopfjäger m pl; **l'uomo è ~ fig** (*seduttore*), Männer sind Schürzenjäger *fam spreg*.

cacciatorìno m *gastr* (*piccolo salame*) Landjäger m.

cacciatorpedinière m *mar mil* Torpedobootszerstörer m.

cacciatrìce f → **cacciatore**.

cacciavìte <- o -i> m *mecc* (*arnese*) Schraubenzieher m, Schraubendreher m: ~ **con punta a croce**, Kreuz(schlitz)schraubendreher m.

cacciùcco <-chi> m *tosc gastr* (*zuppa di pesce*) Fischsuppe f.

càccola f **1** *fam* (*muco del naso*) Nasenschleim m, Popel m *fam*, Rotz m *spreg* **2** *fam* (*cispa*) Augenschleim m, Augensekret n **3** <di solito al pl> (*sterco*) {+PECORA} Kot m *forb*, Mist m.

cache ingl *inform* **A** <inv> agg Cache- **B** <-> m (*memoria*) Cache m.

cache-col <-> m *franc* (*fazzoletto da collo*) Seidenschal m, Kragenschoner m.

cachemire <-> m *franc* **1** (*lana*) Kaschmirwolle f **2** (*tessuto*) Kaschmir m.

cache-pot <-> m *franc* (*portavasi*) Übertopf m.

cachessìa f *med* (*deperimento*) allgemeiner Kräfteverfall, Kachexie f *scient*.

cachet <-> m *franc* **1** (*analgesico*) Tablette f: **prendere un ~ per il mal di denti**, eine Tablette gegen Zahnschmerzen nehmen **2** (*colorante per capelli*) Haarfärbemittel n: **farsi un ~ biondo**, (sich dat) die Haare

blond tönen **3** *fig* (*personalità*) persönliche Note, Gepräge n **4** *farm* (*capsula*) Kapsel f **5** *film giorn teat* (*contratto*) Honorarvertrag m: **lavorare/pagare a ~**, auf Honorarbasis arbeiten/zahlen; (*compenso*) Gage f **6** *film teat* (*comparsa*) Statist(in) m (f).

càchi① **A** <inv> agg {TESSUTO} kakifarben, kakifarbig, kakibraun **B** <-> m (*tinta sabbia*) Kaki n.

càchi② <-> m *bot* **1** (*albero*) Kakibaum m **2** (*frutto*) Kakifrucht f, Kakipflaume f.

caciàra f *rom fam* (*baccano*) Lärm m, Krach m *fam*: **fare un po' di ~**, etwas Krach machen *fam*.

caciaróne, (**-a**) m (f) *centr* (*chi fa una chiassosa confusione*) Radau-, Krachmacher(in) m (f) *fam*, Störenfried m *fam*.

cacicavàlli pl di caciocavallo.

càcio <-caci> m *tosc* **1** (*formaggio*) {FRESCO, SECCO} Käse m **2** (*forma di formaggio*) Käselaib m • **essere/arrivare/capitare come il ~ sui maccheroni** *fam* (*arrivare a proposito*), ₍wie gerufen₎/[gerade recht] kommen.

caciocavàllo m (*caciocavallo o cacicavalli*) m (*formaggio*) "birnenförmiger Hartkäse m aus Kuhmilch".

caciòtta f (*formaggio*) "Weichkäse m aus Kuh- oder Schafsmilch".

cacofonìa f *ling mus* (*suono sgradevole*) Missklang m, Kakophonie f.

cacofònico, (**-a**) <-ci, -che> agg (*che ha un suono sgradevole*) {EFFETTO} kakophonisch.

cacóne, (**-a**) m (f) **1** *fig* (*fifone*) Angsthase m *fam*, Hosenscheißer(in) m (f) *volg*, Schisser m *fam volg spreg* **2** *volg* (*chi va spesso di corpo*) Dauer-, Vielscheißer(in) m (f) *volg*, Kloabonnent(in) m (f) *fam scherz*, schlechte(r) Essensverwerter(in) m (f) *eufem scherz*.

Cactàcee f pl *bot* Kaktusgewächse n pl.

càctus <-> m *lat bot* Kaktus m.

cad. abbr *di* cadauno: pro.

Cad, CAD <-> m *inform* abbr *dell'ingl* Computer Aided Design: CAD n.

cadaùno, (**-a**) agg pron indef <solo sing> spec comm (*ciascuno*) das/pro Stück: **libri usati a 2 euro ~**, gebrauchte Bücher zu 2 Euro das Stück.

cadàvere m **1** (*corpo morto*) {+PERSONA} Leiche f, Leichnam m, Kadaver m: **l'uomo fu trovato già ~**, von dem Mann wurde nur noch die Leiche gefunden **2** *fig* (*persona priva di energia*) Leiche f *fam* • **essere/sembrare un ~ ambulante** *fig* (*persona emaciata*), ₍eine lebende/wandelnde Leiche₎/[ein wandelnder Geist] sein/scheinen *fam*; **essere bianco come un ~** *fig* (*essere pallidissimo*), leichenblass sein; **dovrai passare sul mio ~!** *fig* (*non ti permetto di fare qc*), nur über meine Leiche!; **puzzare di ~ fig** (*essere vicini alla morte*), es nicht mehr lange machen *fam*.

cadavèrico, (**-a**) <-ci, -che> agg **1** (*proprio del cadavere*) {RIGIDITÀ} Toten-, Leichen- **2** *fig* {FACCIA, PALLORE} leichenblass, totenbleich.

cadaverìna f *chim* Kadaverin n.

càddi 1ª pers sing del pass rem *di* cadere.

cadènte agg **1** (*fatiscente*) {COSTRUZIONE, EDIFICIO, MURO} baufällig, abbruchreif **2** (*cascante*) {GUANCE} Hänge-; {PELLE} schlaff; {SPALLE} hängend, Hänge- **3** *fig* (*decrepito*) {VECCHIO} gebrechlich, hinfällig **4** *fig* (*che tramonta*) {SOLE} untergehend.

cadènza f **1** (*inflessione della voce*) {MONOTONA} Tonfall m; {LIGURE, MARCHIGIANA} Akzent m **2** (*andamento ritmico*) {+BALLO, MARCIA} Takt m, Rhythmus m **3** *fig* (*frequenza*): a/con ~ **bimestrale/mensile**, zweimonatlich/ monatlich **4** *mus* (*serie di accordi*) {ARMONICA, PERFETTA} Kadenz f; (*passaggio virtuosistico*)

Kadenz f **5** *sport* (*nell'atletica leggera*) (*nella ginnastica*) Rhythmus m; (*nel canottaggio*) Schlagzahl f.

cadenzàre **A** tr ~ **qc 1** (*ritmare*) {IL PASSO} etw gleichmäßig halten **2** (*modulare*) {FRASE, VOCE} etw skandieren **B** itr *mus* kadenzieren.

cadenzàto, (**-a**) agg **1** (*ritmato*) {PASSO} Gleich- **2** (*modulato*) {VERSO} kadenziert, rhythmisch.

cadére① <irr cado, caddi, caduto> itr <essere> **1** (*cascare*) ~ (+ **compl di luogo**) {LIBRO, VASO SUL TAPPETO, PER TERRA} (*irgendwohin*) (herunter|)fallen; {PIATTO DAL TAVOLO} (*irgendwoher*) (herunter|)fallen: **attento che cadi!**, pass auf, du fällst (herunter!); **mi ha spinto e sono caduta in acqua**, er/sie hat mir einen Schubs gegeben und ich bin ins Wasser gefallen; ~ **da qc** {DALL'ALBERO, DALLA BICI, DA CAVALLO, DAL MOTORINO, DAL TETTO} von etw (dat) (herunter|)fallen, von etw (dat) (herunter|)stürzen; {DALLA FINESTRA, DAL LETTO} aus etw (dat) fallen, aus etw (dat) stürzen; {DALLE SCALE} etw hinunter|fallen; **il vassoio le cadde dalle mani**, das Tablett fiel ihr aus der Hand **2** (*precipitare*) ~ (+ **compl di luogo**) {AEREO IN MARE; ALPINISTA IN UN CREPACCIO} (*irgendwohin*) stürzen, ab|stürzen **3** (*staccarsi*) {DENTI} aus|fallen: **mi cadono i capelli**, mir fallen/gehen die Haare aus; {FOGLIE, FRUTTA} fallen, ab|fallen **4** (*venire giù*) {GRANDINE, NEVE, PIOGGIA} fallen; {FULMINE} ein|schlagen **5** (*crollare*) {SOFFITTO, TETTO} ein|stürzen, zusammen|stürzen **6** (*scendere*) ~ + **compl di luogo** {CAPELLI FINO ALLA VITA} (*irgendwohin*, *irgendwohin*) reichen: **i riccioli le cadono sulla fronte**, die Locken fallen ihr auf die Stirn **7** *fig* (*morire*) ~ **in qc** {IN BATTAGLIA, IN GUERRA} in etw (dat) fallen **8** *fig* (*non stare più in piedi*) ~ **da qc** {DALLA STANCHEZZA, DAL SONNO} vor etw (dat) um|fallen **9** *fig* (*andare a finire*) ~ **in qc** {FAMIGLIA IN MISERIA, IN ROVINA; USANZA NEL DIMENTICATOIO, NELL'OBLIO} in etw (acc) geraten; {NEL BANALE, NEL RIDICOLO, NEL VOLGARE} in etw (acc) ab|gleiten; {IN UNA RETE} in etw (acc) gehen, in etw (acc) geraten; {IN UNA TRAPPOLA} in etw (acc) tappen; ~ **in disgrazia**, in Ungnade fallen **10** *fig* (*cedere*) ~ **in qc** {IN TENTAZIONE} etw (dat) erliegen, (*commettere*) ~: **in errore**, einem Irrtum verfallen, sich irren; ~ **in peccato**, sündigen **11** *fig* (*svanire*) {SOSPETTO, SPERANZA} verfliegen, sich in Luft auf|lösen **12** *fig* (*essere rovesciato*) {GOVERNO, REGIME} stürzen **13** *fig* (*capitolare*) {CITTÀ} kapitulieren, {FORTEZZA} fallen **14** *fig* (*trovarsi*) ~ **su qc** {ACCENTO SULLA PENULTIMA SILLABA} auf etw (dat) liegen **15** *fig* (*finire*) ~ **su qu/qc** {DISCORSO SULLA POLITICA} auf jdn/etw kommen; {SGUARDO SULLA BORSETTA} auf etw (acc) fallen **16** *fig* (*ricadere*) ~ **su qu** {SCELTA, SOSPETTI SU DI LUI} auf jdn fallen **17** *fig* (*far fiasco*) ~ **a qc** {CANDIDATO ALL'ESAME} bei etw (dat) durch|fallen **18** *fig* (*ricorrere*) ~ + **compl di tempo** auf etw (acc) fallen, {NELLE VACANZE DI NATALE} in etw (acc) fallen: **il mio compleanno cade di giovedì**, mein Geburtstag fällt auf einen Donnerstag **19** *fig* (*cessare*) {VENTO} sich legen **20** (*urtare*) ~ **addosso a qu/qc** auf jdn/etw (drauf|)fallen; {TRAVE ADDOSSO A UN UOMO} auf jdn/etw nieder|stürzen **21** *econ* (*in Borsa*) {QUOTAZIONI} fallen **22** *tel* (*interrompersi*) unterbrochen werden: **è caduta la linea**, die Verbindung/ das Gespräch ist unterbrochen worden • ~ **ammalato**, krank werden; ~ (**molto**) **in basso** *fig* (*degradarsi*), (sehr) tief sinken/fallen, verkommen, verwahrlosen; ~ **bene** *fig* (*essere tagliato bene*), {CAPPOTTO} gut fallen/ sitzen; (*essere fortunato*) Glück haben; **far ~ qc dall'alto** *fig* (*farlo pesare*), sich zu etw (dat) herablassen; **fa ~ tutto dall'alto**, er/

sie tut immer so gnädig; *lasciar ~ una domanda/frase* fig (*ignorare*), eine Frage/einen Satz fallen lassen; *~ lungo disteso*, der Länge nach hinfallen; *~ morto*, tot umfallen.
cadére② <-> m: *al ~ ⌊del sole⌋/[della giornata]* (*al tramonto*), bei Sonnenuntergang, wenn der Tag zur Neige geht.
cadétto, (-a) A agg 1 (FIGLIO) nachgeboren; {RAMO} Seiten- 2 *sport* (*di serie B*) B-, der 2. Liga: *squadra cadetta*, B-Mannschaft f, Mannschaft f der 2. Liga B m 1 (*figlio non primogenito*) jüngerer Sohn, nachgeborener Sohn 2 *mil* (*allievo*) Kadett m 3 *sport* (*atleta*) Mitglied n einer B-Mannschaft • *i cadetti di Guascogna* stor, die Kadetten der Gascogne.
càdmio <-> m *chim* Kadmium n.
cadrèga f *sett* (*sedia*) Stuhl m.
cadreghìno <*dim di* cadrega> m *fig sett scherz o iron* (*posto di potere*) Thron m: *perdere il ~*, vom Thron stürzen.
caducèo m *mitol* Merkurstab m.
caducità <-> f 1 *fig lett* (*fugacità*) {+VITA} Vergänglichkeit f, Hinfälligkeit f 2 *dir* (*inefficacia*) {+ATTO GIURIDICO} Hinfälligkeit f, Kaduzität f, Verfall m.
cadùco, (-a) <-chi, -che> agg 1 *fig* (*effimero*) {SPERANZE} flüchtig; {BELLEZZA} vergänglich 2 *anat* {DENTI} Milch- 3 *bot* {FOGLIE} abfallend 4 *zoo* {CORNA DEI CERVI} Abwurf-.
cadùta f 1 (*capitombolo*) Sturz m: **fare una brutta ~**, böse hinfallen/stürzen; (*dall'alto*) Absturz m; *~ ⌊dalla bicicletta⌋/[da cavallo]/[da una scala]*, Sturz m ⌊vom Fahrrad⌋/[vom Pferd]/[von einer Leiter] 2 (*il cadere*) {+CAPELLI, DENTI} Ausfall m {+FOGLIE, GRANDINE, NEVE, PIOGGIA} Fallen n 3 (*crollo*) {+MURO, TETTO} Einsturz m 4 *fig* (*resa*) {+CITTÀ ASSEDIATA} Kapitulation f, {+FORTEZZA} Fall m 5 *fig* (*fine*) {+GOVERNO, REGIME POLITICO} Sturz m 6 *fig* (*scadimento*) {+STILE} Abfallen n: **ho notato qualche ~ di tono nel suo discorso**, ich habe in seinen/ihren Worten einen gewissen Niveauverlust bemerkt 7 *econ* (*calo*) {+PREZZI} Sturz m 8 *fis* {+CORPI, GRAVI} Fall m • *~ di un fulmine*, Blitzschlag m; *in ~ libera fig*, {PREZZI, POPOLARITÀ} im freien Fall; *~ massi*, Steinschlag m; *la ~ del muro (di Berlino)* stor, der Mauerfall, der Fall der (Berliner) Mauer; *~ di tensione elettr fis*, Spannungsabfall m; *~ termica*, Temperaturabfall m.
cadùto m (*morto in guerra*) Gefallene(r) m decl come agg: **i caduti in combattimento**, die im Krieg gefallenen Soldaten; **i caduti della seconda guerra mondiale**, die Gefallenen des Zweiten Weltkriegs.
cady <-> m *franc tess* "edle Stoffart aus Wolle oder Seide".
caffè A m 1 *gener* Kaffee m: *~* **in chicchi**, Bohnenkaffee m; *~* **macinato/tostato**, gemahlener/gerösteter Kaffee 2 (*bevanda*) Kaffee m: *~* **amaro**, bitterer Kaffee; *~* **americano**, (dünner) Filterkaffee; *~* **decaffeinato**, koffeinfreier/entkoffeinierter Kaffee; *~* **espresso**, Espresso m; **fare il ~**, Kaffee kochen; *~* **freddo**, kalter Kaffee; *~* **nero**, schwarzer Kaffee; *~* **d'orzo**, Malzkaffee m; **prendere il ~**, Kaffee trinken; *~* **solubile**, löslicher Kaffee 3 (*tazzina di caffè*) Kaffee m: **prende un ~?**, möchten Sie einen Kaffee?; **cameriere, due ~!**, Herr Ober, zwei Kaffee! 4 (*locale*) Café n: **andare al ~**, ins Café gehen B m *inv* Kaffee(pflanze f) m: **una borsetta color ~**, eine kaffeebraune Handtasche C <inv loc agg> (*frivolo, superficiale*) da- (DISCORSI, POLITICA) Stammtisch- • *al ~* (*alla fine del pranzo*), beim Kaffee; *~* **concerto** (*locale*), Tanzcafé n; *~* **corretto** (*con aggiunta di liquore*), Kaffee m mit Schuss; *~* **lungo** (*poco con-**centrato*), dünner Kaffee; *~* **macchiato** (*con aggiunta di latte*), Kaffee m mit etwas Milch; *~* **ristorante**, Café-Restaurant n; *~* **ristretto** (*molto concentrato*), starker Kaffee; *~* **alla turca**, türkischer Kaffee.
caffeàrio, (-a) <-ri m> agg (*del caffè*) {INDUSTRIA} Kaffee-.
caffeìna f *chim* Koffein n: **senza ~**, koffeinfrei.
caffeìsmo m *med* (*intossicazione*) Koffeinvergiftung f.
caffellàtte, **caffèlàtte** A <-> m (*bevanda*) Milchkaffee m B <inv> agg (*colore*) {GIACCA} milchkaffeebraun.
caffeomanzìa f Wahrsagen n aus dem Kaffeesatz.
caffetàno, **caffettàno** m (*abito lungo maschile*) Kaftan m.
caffettería f 1 (*locale*) {+MUSEO, UNIVERSITÀ} Cafeteria f; {+ALBERGO} Frühstücksbar f 2 (*insieme di cibi e bevande*) "Getränke und Esswaren, die man im Café bekommt".
caffettièra f 1 (*macchina*) Espresso-, Kaffeemaschine f, Espresso-, Kaffeekocher m: *~* **napoletana**, neapolitanische Espressomaschine 2 (*bricco per servire il caffè*) Kaffeekanne f 3 *fig scherz* (*macchina sgangherata*) Mühle f *fam*, Kiste f *fam*.
cafòna f → **cafone**.
cafonàggine f (*maleducazione*) Flegel-, Rüpelhaftigkeit f *spreg*: **quell'uomo è di una ~ incredibile**, dieser Mann ist ein unglaublicher Rüpel m *spreg*.
cafonàta f (*villania*) Flegelei f *spreg*, Rüpelei f *spreg*: **questa è veramente una ~!**, das ist wirklich ungehobelt *spreg*.
cafóne, (-a) A agg *spreg* (*villano*) {RAGAZZO} primitiv *spreg*, ungehobelt *spreg*, rüpelhaft *spreg* B m (f) 1 *spreg* (*maleducato*) Primitivling m *spreg*, Rüpel m *spreg*: **comportarsi da ~**, sich wie ein Primitivling/Rüpel benehmen *spreg* 2 *merid* (*contadino*) Bauer m, (Bäuerin f).
cafonería f (*cafonaggine*) Flegel-, Rüpelhaftigkeit f *spreg*.
cafonésco, (-a) <-schi, -sche> agg (*da cafone*) {GESTO} flegelhaft *spreg*, plump *spreg*, ungehobelt *spreg*.
cagàre *e deriv* → **cacare** *e deriv*.
cagionàre *tr lett* (*arrecare*) *~ qc* (*a qu*) {DOLORE, PREOCCUPAZIONI AI GENITORI} *jdm etw* bereiten; *~ danno a qu*, jdm schaden.
cagióne f *lett* (*causa*) Ursache f.
cagionévole agg (*di costituzione debole*) {BAMBINO} kränklich, anfällig, schwach.
cagliàre <*caglio, cagli*> A tr (*avere*) (*far rapprendere*) *~ qc* etw gerinnen lassen: **far ~ il latte**, die Milch gerinnen lassen B itr (*essere*) *itr pron* (*rapprendersi*) **cagliarsi** {LATTE} gerinnen, stocken.
cagliaritàno, (-a) A agg von/aus Cagliari B m (f) (*abitante*) Bewohner(in) m(f) von Cagliari.
cagliàta f (*latte coagulato*) Molke f.
càglio <*cagli*> m 1 (*sostanza acida*) Lab n 2 *bot* (*erba*) Labkraut n 3 *zoo* (*cavità dello stomaco*) Labmagen m.
càgna f 1 *zoo* (*femmina del cane*) Hündin f 2 *fig spreg* (*puttana*) Flittchen n *fam spreg*.
cagnàccio <-ci, pegg di cane> m 1 (*cane ringhioso*) Köter m *spreg* 2 *itt* wilder Hai.
cagnàra f *fam* (*chiasso*) Krach m *fam*, Lärm m, Radau m *fam*: **fare ~**, Radau/Krach schlagen/machen *fam*.
cagnésco, (-a) <-schi, -sche> A agg *fig* (*ostile*) {SGUARDO} feindselig B <inv> loc avv (*con ostilità*): **in ~**, feindselig; **guardare qu in ~**, jdn feindselig ansehen.
cagnétto, (-a), **cagnolìno**, (-a) <*dim di* ca-**ne**> m (f) Hündchen n, junger Hund.
CAI m abbr *di* Club Alpino Italiano: "Italienischer Alpenverein".
Caiènna f *geog* Cayenne n.
Càifa m *bibl* Kaiphas m.
caimàno m *zoo* Kaiman m.
caìno m 1 *bibl*: **Caino**, Kain m 2 *fig* (*traditore*): *~/***Caino**, Kain m, Verräter m.
caipirìnha <-, -s *pl port*> f *port* (*cocktail*) Caipirinha m.
CAI-post, **CAI POST** m *post abbr di* Corriere Postale Accelerato Internazionale: "Schnellpost per Kurier".
Càiro m *geog*: **Il ~**, Kairo n.
cairòta <-i m, -e f> A agg von/aus Kairo B mf (*abitante*) Bewohner(in) m(f) von Kairo.
cal abbr *di* (*piccola*) caloria: cal (abbr *di* Kalorie).
Cal abbr *di* (*grande*) caloria: kcal (abbr *di* Kilokalorie).
CAL m *inform* abbr *dell'ingl* Computer Aided Learning (*apprendimento assistito dal computer*) CAL, computergestütztes Lernen.
càla① f *geog* (*insenatura*) kleine Bucht.
càla② f *mar* (*fondo della stiva*) Kielraum m, Hellegat(t) n.
calabràche <-> mf *fam* (*codardo*) Schlappschwanz m *fam spreg*, Waschlappen m *fam spreg*.
calabrése A agg kalabrisch B mf (*abitante*) Kalabrier(in) m(f), Kalabrese m, Kalabresin f C m <*solo sing*> (*dialetto*) Kalabresisch(e) n.
Calàbria f *geog* Kalabrien n.
càlabro, (-a) agg {APPENNINO} kalabrisch.
calabróne m 1 *zoo* Hornisse f 2 *fig fam* (*corteggiatore insistente*) aufdringlicher Verehrer, Klette f *fam* 3 *fig fam* (*scocciatore*) Nervensäge f *fam enf*, lästiger/aufdringlicher Mensch.
calafatàre tr *mar* (*stoppare e rincatramare*) *~ qc* {TAVOLE DI UN PONTE} etw kalfatern, etw abdichten.
calamàio <-mai> m 1 (*vasetto per inchiostro*) Tintenfass n 2 *tip* (*serbatoio*) Farbkasten m.
calamarétto <*dim di* calamaro> m *gastr* kleiner Tintenfisch, kleiner Calamaro, Calamaretto m.
calamàro m 1 *zoo* Tintenfisch m, Calamaro m 2 *solo pl* (*occhiaie*) Ringe m pl unter den Augen, Augenschatten m pl.
calamìna f *min* Galmei m.
calamìnta f *bot* (*erba*) Bergminze f.
calamìta f *anche fig* (*magnete*) Magnet m: **quella ragazza è una ~ per i giovani del paese**, dieses Mädchen zieht die jungen Männer des Dorfes an wie ein Magnet.
calamità <-> f 1 (*catastrofe*) Unheil n, Katastrophe f, Kalamität f: *~* **naturale**, Naturkatastrophe f 2 *fig scherz* (*persona maldestra*) Katastrophe f *scherz* 3 *fig scherz* (*persona fastidiosa*) Plage-, Quälgeist m *fam*, Nervensäge f *fam*.
calamitàre tr *~ qc* 1 (*magnetizzare*) {ACCIAIO, FERRO} etw magnetisieren 2 *fig* (*attirare*) {L'ATTENZIONE DI QU, GLI SGUARDI} etw auf sich ziehen, etw magnetisch an|ziehen.
calamitàto, (-a) agg {AGO} Magnet-.
càlamo m 1 *lett* (*canna*) Rohr n 2 *fig lett* (*penna d'oca*) Schreibfeder f, Federkiel m 3 *zoo* (Feder)kiel m • **aromatico** *bot*, Kalmus m.
calànca <-che> f *geog* (*piccola insenatura*) kleine Bucht.
calànco <-chi> m *geol* Furche f, Graben m.
calàndra① f 1 *autom* (*mascherina del ra-

calàndra… *diatore*) Kühlergrill m **2** *mar* (*carenatura dei fuoribordo*) Verkleidung f **3** *tecnol* tip Kalander m.

calàndra[2] f **1** *ornit* Kalanderlerche f **2** *zoo* (*del grano*) Kornkäfer m; (*del riso*) Reiskäfer m.

calandràre tr *tecnol* (*spianare con la calandra*) ~ *qc* {CARTA, LAMIERA, TESSUTO} etw kalandern.

calandratùra f *tecnol* Kalandern n, Kalandrieren n.

calànte agg **1** (*sotto peso*) {MONETA} fehlgewichtig **2** *astr* {LUNA} abnehmend.

calàppio <-pi> m **1** (*laccio*) Schlinge f **2** *fig* (*tranello*) Falle f.

calaprànzi <-> m (*calavivande*) Speisenaufzug m.

calàre[1] **A** tr <*avere*> **1** (*mandare giù lentamente*) ~ *qc* (+ *compl di luogo*) {SECCHIO NEL POZZO} etw (*irgendwohin*) herab|-, herunter|lassen; {CESTINO DAL BALCONE} etw (*irgendwoher*) herab|-, herunter|lassen; {SCIALUPPA IN MARE} etw (*irgendwo*) aus|setzen; ~ *qu* (+ *compl di luogo*) {GUIDA ALPINA IN UN CREPACCIO} jdn (*irgendwohin*) ab|seilen **2** (*immergere*) ~ *qc* {LE RETI} etw aus|werfen **3** (*ammainare*) ~ *qc* {LA BANDIERA} etw ein|holen; {LE VELE} etw ein|ziehen **4** (*in geometria*) ~ *qc* {LA PERPENDICOLARE} etw fällen **5** (*nei giochi di carte: buttare giù*) ~ *qc* {ASSO} etw aus|spielen, mit etw (dat) heraus|kommen **6** *lavori femminili* (*diminuire*) ~ *qc* {MAGLIA} etw ab|nehmen **7** *teat* (*abbassare*) ~ *qc* {IL SIPARIO} etw fallen lassen, etw herab|lassen **B** itr <*essere*> **1** (*abbassarsi*) {FEBBRE, LIVELLO DELL'ACQUA, TEMPERATURA} sinken; (*VOCE*) heiser werden **2** (*diminuire*) {TITOLI} fallen: **il prezzo del latte è calato**, der Milchpreis ist gefallen; (*VENDITE*) zurück|gehen **3** (*tramontare*) ~ (+ *compl di luogo*) {SOLE SULL'ORIZZONTE} (*irgendwo*) unter|gehen **4** (*venire giù*) {NEBBIA} fallen **5** (*scendere*) ~ + *compl di luogo* {CINGHIALI, LUPI A VALLE} in etw (acc) (hin)ab|steigen, in etw (acc) hinab|gehen, in etw (acc) hinunter|gehen; {BARBARI IN ITALIA} in etw (acc) ein|fallen, in etw (acc) ein|brechen **6** (*perdere peso*) ~ *di qc* etw ab|nehmen: **sono calata di dieci kili**, ich habe zehn Kilo abgenommen, (an Gewicht) ~ *di peso*, (an Gewicht) abnehmen **7** *fig* (*sopraggiungere*) {NOTTE, SERA} herein|brechen **8** *fig* (*scemare*) {PRESTIGIO, POPOLARITÀ} ab|nehmen, nach|lassen: **le sue forze vanno calando**, seine/ihre Kräfte lassen nach **9** *mus* tiefer werden **10** *teat* {SIPARIO} fallen **C** rfl **1** (*andare giù lentamente*): **calarsi** + *compl di luogo* (*con qc*) {DA UNA FINESTRA} sich (*irgendwoher*) (mit etw dat) herab|-, hinab|-, hinunter|lassen; {IN UN BURRONE CON UNA CORDA} sich (*irgendwohin*) (mit etw dat) herab|-, hinab|-, hinunter|lassen **2** *indir* (*abbassare*): **calarsi** *qc su qc* {CAPPELLO SULLA FRONTE} sich (dat) etw in etw (acc) ziehen; {VISIERA SUGLI OCCHI} sich (dat) etw über etw (acc) ziehen **3** *fig* (*immedesimarsi*): **calarsi** *in qc* {ATTORE NELLA PARTE, NEL PERSONAGGIO} sich in etw (acc) hinein|denken, sich in etw (acc) hinein|fühlen, sich in etw (acc) hinein|versetzen.

calàre[2] <-> m: **al calar del sole** (*tramonto*), bei Sonnenuntergang.

calàta f **1** (*invasione*) {+UNNI} Einfall m **2** (*immersione*) {+RETI} Auswerfen n **3** *alpin* (*discesa*) Abseilen n: ~ **a corda doppia**, Abseilen n.

calatóia f → **calatoio**.

calatóio <-toi> m (*piano ribaltabile*) {+MOBILE} (her)ausklappbarer Teil.

calavèrna f **1** *mar* (*rivestimento*) {+REMO} Belederung f **2** *meteo* (*brina*) Reif m.

càlca <-che> f (*folla*) Gedränge n: **c'era una grande ~ davanti al teatro**, vor dem Theater war ein großes Gedränge; **entrare nella ~**, ᴵins Gedrängeᴶ/[in die Menge] eintauchen, sich unters Volk mischen *fam*; **fare ~**, sich drängen, drängeln *fam*.

calcàgno m **1** <pl: *-gni* m> *anat* (*tallone*) Ferse f; (*osso*) Fersenknochen m, Fersenbein n **2** <pl: *-gni* m> (*parte*) {+CALZA, SCARPA} Ferse f, Hacke f **3** f pl *fig*: **calcagna**, Fersen f • **avere qu alle calcagna** *fig* (*averlo sempre dietro*), jdn auf den Fersen haben; **mettere qu alle calcagna di qu** *fig* (*per sorvegliarlo*), jdn an jds Fersen heften, jdm jdn auf den Hals schicken *fam*; **stare alle calcagna di qu** *fig* (*pedinare*), {POLIZIA DEL LADRO} jdm auf den Fersen sein; (*non lasciare in pace*), jdn in Ruhe lassen; (*pressare*), jdm im Nacken sitzen.

calcàre[1] <*calco, calchi*> tr **1** (*pestare*) ~ *qc* {LA TERRA, L'UVA} etw (mit den Füßen) stampfen **2** (*schiacciare*) ~ *qc in qc* {BIANCHERIA NEL CASSETTO, LA ROBA IN UNA VALIGIA} etw in etw (acc) drücken **3** (*premere*) ~ *qc* {DISEGNO} etw durch|pausen; ~ *qc* + *compl di luogo* {CAPPELLO IN TESTA, GESSO SULLA LAVAGNA} etw auf etw (acc) drücken **4** *fig* (*percorrere*) ~ *qc* {SENTIERO, STRADA, VIA} etw begehen, auf etw (dat) gehen **5** *fig* (*accentuare*) ~ *qc* {AGGETTIVO} etw betonen.

calcàre[2] m *min* (*roccia*) Kalkstein m.

calcàreo, (-a) agg *geol min* (*che contiene calcare*) {ROCCIA, TERRENO} Kalk-; {ACQUA} kalkhaltig, kalkig.

càlce[1] f (*sostanza cementante*) Kalk m: ~ **idraulica**, Wasserkalk m; ~ **sodata**, Soda-, Natronkalk m; ~ **spenta**, Löschkalk m; ~ **viva**, Brannt-, Ätzkalk m.

càlce[2] *solo loc avv amm* (*in fondo*): **in ~**, unten, am unteren Ende eines Schriftstücks; **firmare in ~ alla pagina**, am Ende der Seite unterschreiben.

calcedònio <-ni> m *min* Chalzedon n.

calcemìa f *med* Kalziumspiegel m.

calceolària f *bot* Pantoffelblume f.

calcestrùzzo m *edil* (*materiale*) Beton m: ~ **bitumoso/cementizio**, Asphalt-/Zementbeton m.

calcétto <dim *di calcio*[1]> m **1** (*calcio balilla*) Tischfußball(spiel n) m, Kicker m *fam*: **giocare a ~**, Tischfußball spielen, kickern *fam* **2** *sport* Kleinfeldfußball m, Hallenfußball m.

calciàre <*calcio, calci*> **A** itr **1** (*tirar calci*) {BAMBINO} Fußtritte aus|teilen, treten; {ASINO, CAVALLO} aus|schlagen **2** *sport* (*nel calcio*) schießen, kicken *fam*: ~ **di sinistro**, mit dem linken Fuß schießen; ~ **al volo**, den Ball aus der Luft nehmen **B** tr *sport* (*nel calcio*) ~ *qc* etw schießen, etw treten: ~ **il pallone in porta**, den Ball ins Tor schießen.

calciatóre, (-trice) m (f) (*giocatore*) Fußballspieler(in) m (f).

càlcico, (-a) <-ci, -che> agg **1** *chim* (*che contiene calcio*) {ACQUA, COMPOSTO} kalziumhaltig **2** *med* {TERAPIA} Kalzium-.

calciferòlo m *chim* Calciferol n.

calcificàre <*calcifico, calcifichi*> **A** tr (*incrostare*) ~ *qc* etw verkalken lassen **B** itr *pron bot med* (*essere soggetto a calcificazione*): **calcificarsi** verkalken.

calcificàto, (-a) **A** *part pass di* calcificare **B** agg *med* verkalkt.

calcificazióne f *bot med* (*processo*) Verkalkung f, Kalkablagerung f.

calcìna f *edil* **1** (*malta*) {GRASSA, MAGRA} Mörtel m **2** (*calce viva*) Brannt-, Ätzkalk m.

calcinàccio <-ci> m **1** (*pezzo di calce secca*) Putz-, Mörtelstück n **2** *solo pl fig* (*rovine*) Schutt m **3** *ornit* (*malattia*) "Verkalkung f des Kotes bei Vögeln".

calcinàio <-nai> m **1** (*nella tecnica conciaria*) Äscher m **2** *edil* (*vasca*) Kalkgrube f **3** *edil* (*operaio*) Kalklöscher m.

calcinàre tr ~ *qc* **1** *agr* {TERRENO} etw kalken **2** *chim* etw kalzinieren **3** (*nella tecnica conciaria*) etw äschern.

calcinazióne f *chim* Kalzination f.

càlcio[1] <-ci> m **1** (*pedata*) (Fuß)tritt m: **dare/tirare un ~ a qu/qc**, jdm/etw einen Tritt geben; **si è preso un ~ negli stinchi**, er hat einen Tritt gegen das Schienbein gekriegt *fam* **2** (*CAVALLO, MULO*) Huftritt m, Hufschlag m: **l'asino gli ha tirato un ~**, der Esel hat ihm einen Huftritt gegeben **3** *sport* Fußball m: ~ **femminile**, Damen-, Frauenfußball m; **giocare a(l) ~**, Fußball spielen; (*tiro di palla*) Stoß m; ~ **d'inizio**/[di rinvio], An-/Abstoß m; ~ **d'angolo**, Eckstoß m, Eckball m, Ecke f; ~ **di punizione**, Freistoß m; ~ **di rigore**, Strafstoß m, Elfmeter m; (*nel rugby*) Tritt m; ~ **franco**/**piazzato**, Freistoß m/Platztritt m • ~ **dell'asino** *fig* (*azione meschina*), Eselstritt m *fam*; **dare un ~ a qc** *fig* (*rifiutarla*), etw mit Füßen treten; **dare un ~ alla fortuna** *fig* (*farsi sfuggire un'occasione favorevole*), das Glück mit Füßen treten; **mandar via qu a calci** *fig* (*in malo modo*), jdn mit Fußtritten davonjagen; **prendere qu a calci (nel sedere)**, jdn (in den Hintern) treten *fam*, jdn mit Fußtritten traktieren; *fig* (*trattare malissimo*) anche, jdn schikanieren; **far fare qc a qu a calci nel sedere** *fig fam* (*per forza*), jdn für etw (acc) (in den Hintern) treten *fam*, jdn zu etw (dat) hinprügeln *fam*; **è riuscito a far carriera grazie a un bel ~ nel sedere** *fig fam* (*raccomandazione*), er hat es geschafft, dank Vitamin B *fam scherz* Karriere zu machen.

càlcio[2] <-ci> m (*parte inferiore*) {+PISTOLA} Knauf m; {+FUCILE} (Gewehr)kolben m; {+LANCIA} Schaft m.

càlcio[3] <-> m *chim* Kalzium n.

càlcio-balìlla <-> m (*gioco*) Tischfußball-(spiel n) m, Kicker m *fam*: **giocare a calcio-balilla**, Tischfußball spielen, kickern *fam*.

calciocianammìde f *chim* Kalkstickstoff-(dünger) m.

càlcio-mercàto <-> m *sport* Transfer-, Fußballmarkt m.

calcioscommésse <-> m *sport* "illegale Wetten bei der Fußballmeisterschaft".

calcìstico, (-a) <-ci, -che> agg {DISCUSSIONE, INCONTRO, POLEMICA} Fußball-.

calcìte f *min* Kalzit m, Kalkspat m.

càlco <-chi> m **1** *arte* (*nella scultura*) Abdruck m: ~ **in argilla**, Tonabdruck m; **fare un ~ (di qc)**, einen Abdruck (von etw dat) machen; (*copia ottenuta*) Abguss m **2** (*riproduzione*) {+DISEGNO} Durchpause f **3** *ling* Entlehnung f: ~ **semantico**, Lehnbedeutung f **4** *tip* Abzug m.

calcolàbile agg (*che si può calcolare*) {DISTANZA} berechenbar, kalkulierbar.

calcolàre tr **1** *mat* ~ *qc* {LUNGHEZZA, PERIMETRO, PESO, RADICE QUADRATA} etw berechnen, etw aus|rechnen; (*uso assol*) rechnen **2** *fig* (*valutare*) ~ *qc* {PROBABILITÀ DI RIUSCITA, RISCHI} etw ab|wägen, etw ab|schätzen **3** *fig* (*ponderare*) ~ *qc* {OGNI GESTO, OGNI PAROLA} etw ab|wägen **4** *fig* (*prevedere*) ~ *qc* mit etw (dat) rechnen: **calcolo di finire il lavoro tra un mese**, ich rechne damit, die Arbeit in einem Monat abzuschließen **5** *fig* (*tenere presente*) ~ *qu/qc*, jdn/etw berücksichtigen, jdn/etw mit einberechnen: **hai calcolato le spese di viaggio?**, hast du die Reisekosten mit einberechnet?; **ti abbiamo calcolato tra gli invitati**, wir haben dich zu den Gästen gezählt **6** *fig* (*considerare*) ~ *qu* Notiz *von jdm* nehmen: **è inutile che t'illudi, quella**

calcolatóre, (**-trice**) **A** agg **1** (*che esegue calcoli*) {REGOLO, MACCHINA} Rechen- **2** fig (*freddo*) {MENTE, PERSONA} berechnend *spreg* **B** m (f) *spec fig* (*persona*) Rechner(in) m(f): **un abile/astuto ~**, ein geschickter/kühler Kopf/Rechner **C** m *inform*: **~ elettronico**, Elektronenrechner m, Computer m; **~ personale**, Personal Computer m.

calcolatrìce f (*macchina*) Rechenmaschine f, Rechner m: **~ tascabile**, Taschenrechner m.

càlcolo① m **1** (*conto*) Rechnung f, Berechnung f: **fare un ~ approssimativo delle spese**, eine Überschlagsrechnung machen; **fare un ~ preventivo delle spese**, eine Vorausberechnung/einen Kostenvoranschlag machen; *mat* Rechnung f; **~ algebrico/numerico**, Algebra-/Zahlenrechnung f; **~ differenziale/infinitesimale/vettoriale**, Differential-/Infinitesimal-/Vektorrechnung f; **fare un ~**, etw ausrechnen; **~ delle probabilità**, Wahrscheinlichkeitsrechnung f **2** fig (*congettura*) {ASSURDO} Annahme f ● **agire per ~** (*per interesse*), etw aus Berechnung tun; *far* (*bene/male*) **i propri calcoli** fig (*valutare bene/male*), ⌊richtig kalkulieren/[sich verkalkulieren/verrechnen]; **saper fare di ~** (*saper contare*), rechnen können; **secondo i miei calcoli...** fig (*secondo le mie previsioni...*), nach meinen Berechnungen ...

càlcolo② m <*di solito al pl*> *med* Stein m: **calcoli biliari/renali**, Gallen-/Nierensteine m pl.

calcolòṣi <-> f *med* (*malattia*) {EPATICA} Steinleiden n.

calcopirìte f *min* Kupferkies m.

Calcùtta f *geog* Kalkutta n.

caldàia f *tecnol* {+TERMOSIFONE} (Heiz)kessel m: **~ a vapore**, Dampfkessel m.

caldàio m (*grossa pentola*) Kessel m.

caldaménte *avv* **1** (*vivamente*) wärmstens: **ti consiglio ~ di farlo**, ich empfehle dir wärmstens, das zu tun **2** (*cordialmente*) herzlich.

caldàna f <*di solito al pl*> **1** (*vampata di calore*) Hitzewelle f, Hitzewallung f: **avere le caldane**, Hitzewallungen haben **2** fig (*moto di rabbia*) Wutanfall m.

caldarròsta f (*castagna arrostita*) geröstete Kastanie.

caldarrostàio, (**-a**) <*-tai*> m (f) (*venditore*) Maroniverkäufer(in) m(f), Kastanienröster(in) m(f).

caldeggiàre <*caldeggio, caldeggi*> tr (*appoggiare*) **~ qc** {CANDIDATURA, PROGETTO, PROPOSTA} *etw* befürworten, *etw* unterstützen.

calderóne <*accr di caldaio*> m **1** (*grosso*) Kessel m **2** fig (*mucchio*) Haufen m, Mischmasch m *fam*: **devo restituirti i soldi? – No, per questa volta va tutto nel ~**, muss ich dir das Geld zurückgeben? – Nein, diesmal geht alles in den großen Topf ● **mettere tutto/tutti nello stesso ~** fig (*mettere insieme cose diverse*), alle/alles in einen Topf werfen *fam*.

càldo, (**-a**) **A** agg **1** *gener* {ACQUA, BRODO, CAFFÈ, CLIMA, GIORNATA, PIATTO, SOLE, STAGIONE, TÈ} warm, (*molto caldo*) heiß **2** (*appena sfornato*) {PANE} warm, frisch (gebacken), ofenfrisch **3** (*che ripara dal freddo*) {MAGLIONE} warm: **tenere ~**, warm halten **4** fig (*appassionato*) {DONNA, TEMPERAMENTO, UOMO} heißblütig, leidenschaftlich **5** fig (*vivo*) {AMICIZIA} innig, herzlich **6** fig (*intenso*) {COLORE, VOCE} warm **7** fig (*molto recente*) brandneu *fam*, neueste(r, s) **8** fig (*appena scritto*) {ARTICOLO} frisch aus der Feder **9** fig *polit* (*caratterizzato da tensioni*) {AUTUNNO, PERIODO, ZONA} heiß

B m **1** (*calore*): **stare al ~**, im Warmen bleiben; **oggi fa ~**, heute ist es warm **2** (*grande calura*) Hitze f: **c'è un ~ insopportabile**, es herrscht eine ⌊Affenhitze *fam*/[unerträgliche Hitze] **3** fig (*fervore*) {+DISCUSSIONE} Eifer m ● **lavorare un oggetto a ~** (*col calore*), einen Gegenstand unter Hitzeeinwirkung bearbeiten; **un ~ boia** *fam*/**infernale** *fam* (*terribile*), eine Affenhitze *fam enf*; **chiedere a qu un commento a ~** fig (*istantaneo*), jdn um einen spontanen Kommentar bitten, um eine erste Stellungnahme bitten; **prendere/bere qc di ~** (*bere una bevanda calda*), etwas Warmes trinken; **prendere/mangiare qc di ~** (*mangiare un cibo caldo*), etwas Warmes essen; **non mi fa né ~ né freddo** fig (*mi lascia indifferente*), das lässt mich kalt *fam*; **chi la vuol cotta e chi la vuol fredda** fig (*ognuno ha i suoi gusti*), der eine will's so, der andere so; jedem das Seine; die Geschmäcker sind verschieden *fam scherz*; **ho/sento ~**, mir ist heiß/warm; **mettere/tenere le vivande in ~**, die Speisen/das Essen warm halten; **prendersela/pigliarsela calda per qc** fig (*arrabbiarsi*), sich ⌊ganz schön⌋/[gehörig] über jdn/etw ärgern; **tenere/tenersi in ~ qu/qc** fig (*tenere pronto*), sich (dat) jdn/etw warm halten *fam*.

caldùccio <*-ci*> m (*tepore*) {+COPERTE} mollige/angenehme Wärme f: **vorrei stare ancora un po' al ~**, ich möchte gern noch ein bisschen in meinem schönen warmen Bettchen bleiben.

càle 3ª *pers dell'ind pres di* calere.

Caledònia f *geog* Kaledonien n.

caleidoscòpico, (**-a**) <*-ci, -che*> agg fig (*vario*) {CITTÀ} kaleidoskopisch.

caleidoscòpio <*-pi*> m **1** *ott* (*apparecchio*) Kaleidoskop n **2** fig (*insieme variopinto*) {+IMMAGINI} Kaleidoskop n *forb*, buntes Allerlei.

calendàrio <*-ri*> m **1** (*anno*) {LUNARE, SOLARE} Kalender m; **~ giudiziario/scolastico**, Gerichts-/Schulferienkalender m; **~ civile**, bürgerlicher Kalender; **~ religioso**, Kirchenkalender m; **~ illustrato/[a muro]/[tascabile]/[da tavolo]**, Bild-/Wand-/Taschen-/Tischkalender m **2** (*programma*) Programm m, Plan m: **stabilire un ~ di appuntamenti/incontri**, einen Terminplan festlegen/machen; **~ ⌊di borsa⌋/[sportivo]**, Börsen-/Spielkalender m; **~ di lavoro**, Arbeitsplan m.

calènde f pl *solo nella* loc: **rimandare qc alle ~ greche** *scherz* (*a tempo indeterminato*), etw auf den Sankt-Nimmerleins-Tag verschieben *scherz*.

calendimàggio <-> m *stor* (*festa*) Maifeiertag m, Maifeier f.

calèndola, **calèndula** f *bot* Ringelblume f.

calepìno m (*vocabolario*) großes Wörterbuch **2** *fam* (*taccuino*) Notizbuch n **3** *scherz* (*volumone*) dicker Schinken *fam scherz*, Wälzer m *fam*.

calére <*difet usato solo alla 3ª pers sing*> *itr impers lett* (*interessare*) interessieren: **non me ne cale**, das interessiert mich nicht.

calèsse m Kalesche f.

calétta f (*intaglio*) Nut f, Zapfen m.

calettaménto m *mecc* (*montaggio*) {+ORGANO ROTANTE} Verkeilung f.

calettàre **A** tr *mecc* (*unire*) **~ qc** {PEZZI} *etw* verkeilen, *etw* verzahnen **B** *itr* (*combaciare perfettamente*) zusammen|passen, sich zusammen|fügen.

calettatùra f *mecc* (*unione di due pezzi*) Verkeilung f, Verzahnung f.

calibràre tr **~ qc 1** fig (*misurare*) {RISPOSTA} *etw* ab|wägen **2** *artiglieria* {FUCILE, PROIETTILE} *etw* kalibrieren **3** *industr* (*classificare*) {FRUTTA, VERDURA} *etw* klassifizieren

4 *mecc* (*dare un certo calibro*) {PEZZO} *etw* kalibrieren, *etw* prägen.

calibràto, (**-a**) agg **1** fig (*misurato*) {RISPOSTA} gut überlegt: **parole ben calibrate**, genau/sorgfältig abgewägte/abgewogene Worte **2** (*in sartoria*) {TAGLIA} Sonder-.

calibratùra f **1** fig (*misura*) {+FRASE} Abwägung f **2** *artiglieria* {+PROIETTILE} Kalibrieren n **3** *industr* {+FRUTTA, SEMI} Klassifizieren n **4** *mecc* {+PEZZO} Kalibrieren n, Prägen n.

càlibro m **1** fig (*valore*) Kaliber m *fam*: **due tenniste dello stesso ~**, zwei Tennisspielerinnen des gleichen Kalibers *fam* **2** *artiglieria* (*diametro*) Kaliber n: **un'arma di grosso/medio/piccolo ~**, eine Waffe großen/mittleren/kleinen Kalibers; (*arma*) **una ~ 22**, eine 22-mm-Waffe **3** *mecc* (*strumento di misurazione*) Kaliber n: **~ a corsoio**, Schieblehre f ● **i grossi calibri dell'industria** fig (*le persone che contano*), die großen/dicken Fische der Industrie *fam scherz*, die großen Industriekapitäne *fam*.

calicànto m *bot* Gewürzstrauch m.

càlice① **A** m **1** (*bicchiere*) {+ARGENTO} Kelch m **2** (*contenuto*) Kelch m: **un ~ di champagne**, ein Kelch Champagner **3** *relig* (*Mess*)kelch m **B** <inv> loc agg (*svasato*): **a ~**, {GONNA} kelchförmig ● **bere al ~ dell'amarezza/del piacere/...** fig (*provare amarezza/piacere/...*), den ⌊Kelch der Bitternis⌋/[Freudenbecher] leeren *forb*; **bere al ~ dell'amore** fig (*provare amore*), vom Kelch der Liebe kosten *forb obs*; **bere l'amaro ~** fig (*accettare una situazione negativa*), in den sauren Apfel beißen *fam*; **bere il ~ fino alla feccia** fig (*vivere fino in fondo un'esperienza negativa*), den bittersten Kelch bis ⌊auf den Grund⌋/[zur Neige] leeren *forb*; **levare i calici** fig (*brindare*), die Gläser erheben; **~ renale** *anat*, (Nierenbecken)kelch m.

càlice② m *bot* (Blüten)kelch m, Becher m.

calicò m *tess* Kaliko m.

calidàrio <-*ri*> m *archeol* (*nelle terme*) Kaldarium n.

califfàto m (*governo, territorio*) Kalifat n.

califfo, (**-a**) **A** m **1** (*capo supremo*) Kalif m **2** *scherz* (*dongiovanni*) Don Juan m **B** m (f) fig *spreg* (*persona dispotica*) herrischer/tyrannischer Mensch, Despot m *spreg*.

Califòrnia f *geog* Kalifornien n.

californiàno, (**-a**) **A** agg kalifornisch **B** m (f) (*abitante*) Kalifornier(in) m(f).

califòrnio <-> m *chim* Californium n, Kalifornium n.

calìgine f **1** (*foschia*) Dunstnebel m **2** fig (*offuscamento*) {+MENTE, SPIRITO} Trübung f, Umnachtung f *forb* **3** *region* (*fuliggine*) Ruß m.

caliginóṣo, (**-a**) agg **1** (*offuscato*) {TEMPO} trüb; {CIELO} anche dunstig **2** fig lett (*oscuro*) dunkel.

Calìgola m *stor* Caligula m.

Calipso f *mitol* Kalypso f.

càlla f *bot* Calla f, Kalla f.

call center <- -, - -s pl ingl> loc sost m ingl (*azienda di servizi telefonici*) Callcenter n, Call-Center n, Call Center n.

càlle f (*vicolo di Venezia*) (venezianische) Gasse/Straße.

call-girl <-, - -s pl ingl> f ingl (*ragazza squillo*) Callgirl n.

callifugo, (**-a**) <*-ghi, -ghe*> *farm* **A** agg {CREMA} hornhauterweichend **B** m hornhauterweichendes Mittel.

calligrafìa f **1** (*scrittura*) Handschrift f: **avere una brutta ~**, eine hässliche Handschrift haben **2** (*arte*) Kalligrafie f, Schönschreibkunst f.

calligràfico, (-a) <-ci, -che> agg 1 (di calligrafia) {ESERCIZIO} (Schön)schreib- 2 (relativo alla grafia) {ESAME, PERIZIA} grafologisch 3 fig (formalistico) {PROSATORE} kalligrafisch.

callìgrafo, (-a) m (f) 1 (esperto) Schriftsachverständige mf decl come agg 2 (insegnante) Schönschreiblehrer(in) m(f) 3 fig (artista) Kalligraf(in) m(f), Schreibkünstler(in) m(f).

calligràmma <-i> m lett Figurengedicht n.

Callìope f mitol Kalliope f.

callìsta <-i m, -e f> mf Fußpfleger(in) m(f).

càllo m 1 (della mano) Schwielen f pl, Hornhaut f: **mi è venuto un ~**, ich habe Schwielen bekommen 2 (dei piedi) Hühnerauge n, Hornhaut f 3 bot {+TALEA} Kallus m 4 zoo (protuberanza) {+CAVALLO} Kastanie f: **fare il ~ a qc** fig (abituarsi), sich an etw (acc) gewöhnen, gegen etw (acc) unempfindlich werden; **farci il ~** fig, sich daran gewöhnen; **avere i calli alle mani**, Schwielen an den Händen haben; fig (aver lavorato sodo) anche, hart gearbeitet haben; ~ **osseo** med, Kallus m; **non farsi pestare i calli** fig (non sopportare prepotenze), sich (dat) nicht auf die Füße/die Zehen/den Schlips treten lassen fam; **pestare i calli a qu** (pestargli i piedi) anche fig (infastidirlo o ostacolarlo), jdm auf die Füße/die Zehen/den Schlips treten fam.

callosità <-> f {+PIEDE} Verhornung f, Schwiele f.

callóso, (-a) agg (pieno di calli) {MANO} schwielig, verhornt; {PIEDE} hornig, verhornt.

càlma f 1 (quiete) {+NOTTE} Stille f 2 (autocontrollo) Ruhe f, Selbstbeherrschung f: **mantenere/perdere la ~**, die Ruhe bewahren/verlieren 3 (tranquillità) Ruhe f: **non avere un momento di ~**, keinen Moment Ruhe haben; **ho bisogno di un po' di ~**, ich brauche ein bisschen Ruhe; **parliamone con ~**, reden wir in Ruhe darüber; **prendersela con ~**, etwas in aller Ruhe angehen, sich (dat) Zeit lassen 4 meteo (rif. al mare) Flaute f, Meeresstille f: ~ **piatta**, Flaute f, völlige Meeresstille f; (assenza di vento) Windstille f; **equatoriale/subtropicale**, äquatoriale/subtropische Kalmen f pl ● **e** ₋**sangue freddo**₁/[gesso!] (invito a non perdere l'autocontrollo), (nur) ruhig Blut! fam, immer mit der Ruhe!

calmànte [A] agg (sedativo) {TISANA} beruhigend [B] m farm Beruhigungsmittel n.

calmàre [A] tr 1 (tranquillizzare) ~ **qu** {BAMBINO} jdn beruhigen 2 (placare) ~ **qc** {L'ANSIA, L'IRA} etw besänftigen {FAME, SETE} etw stillen; {DOLORE} etw lindern 3 (rilassare) ~ **qc** {I NERVI} etw beruhigen 4 metall ~ **qc** {ACCIAIO} etw beruhigen [B] itr pron: **calmarsi** 1 (tranquillizzarsi) {RAGAZZO} sich beruhigen: **calmati!**, beruhige dich! 2 (tornare calmo) {VENTO} ab|flauen, sich legen, {MARE} sich beruhigen 3 (placarsi) {DOLORE} nach|lassen.

calmàta f mar (tregua) Ruhepause f ● **darsi una ~** fig fam (calmarsi), sich beruhigen.

calmieràre tr (sottoporre a calmiere) ~ **qc** {PRODOTTO} den Höchstpreis von etw (dat) (amtlich) fest|setzen.

calmière m (prezzo massimo di vendita) (amtlich festgesetzter) Höchstpreis.

càlmo, (-a) agg 1 (fermo) {MARE} ruhig, still 2 (tranquillo) {RAGAZZO, TEMPERAMENTO} ruhig: **restò ~**, er blieb ruhig/gelassen 3 (sereno) {GIORNATA} heiter.

càlo m (diminuzione) ~ (**di qc**) {+PESO, VOLUME; DI DIECI KILI} Abnahme f um etw (acc); {+PRODUZIONE} Rückgang m um etw (acc); {+PREZZO DEI DIECI PER CENTO} anche Fallen n (um etw) (acc); {+UDITO} Verschlechterung f; ~ **della vista**, Verschlechterung f des Sehvermögens; **l'inflazione è in ~**, die Inflation ₋geht zurück₁/[ist rückläufig]; **la sua notorietà ha subito/avuto un ~**, seine/ihre Popularität ist gesunken; ~ **dell'audience**, Rückgang m der Einschaltquote ● ~ **di potenza/corrente** elettr, Spannungsabfall m.

calóre m 1 {+FUOCO, SOLE, STUFA} Wärme f: **resistente al ~**, wärme-, hitzebeständig 2 (calura) {ESTIVO} Hitze f 3 fig (affetto) {+AMICIZIA} Wärme f: ~ **familiare**, Nestwärme f; ~ **umano**, menschliche Wärme 4 fig (fervore) Feuereifer m, Inbrunst f forb: **nel ~ della discussione**, im Eifer des Gefechts; **parla del suo nuovo progetto con molto ~**, er/sie spricht mit Feuereifer von seinem/ihrem neuen Projekt 5 fam (infiammazione cutanea) Ausschlag m 6 fis Wärme f: ~ **atomico/[raggiante]/[di reazione]**, Atom-Strahlungs-/Reaktionswärme f; ~ **latente/specifico**, latente/spezifische Wärme 7 zoo Hitze f, Brunst f, Läufigkeit f: **andare in ~**, läufig werden; **la gatta è in ~**, die Katze ist läufig.

calorìa f 1 fis med (abbr cal) Kalorie f: **un alimento ricco di calorie**, eine kalorienreiche Ernährung; **grande ~**, Kilokalorie f; **piccola ~**, Grammkalorie f 2 agr (fertilità) {+TERRENO} Fruchtbarkeit f.

calòrico, (-a) <-ci, -che> agg 1 fis (di calore) Wärme-, kalorisch 2 med (relativo alle calorie) {APPORTO, FABBISOGNO} Kalorien-: **bevanda a basso contenuto ~**, kalorienarmes Getränk.

calorìfero m 1 (radiatore) Heizkörper m 2 (impianto) Heizung f.

calorìfico, (-a) <-ci, -che> agg (che produce calore) Heiz-, wärmeerzeugend.

calorimetrìa f fis {DIRETTA, INDIRETTA} Kalorimetrie f, Wärmemessung f.

calorìmetro m fis (strumento) Wärmemesser m, Kalorimeter n: ~ **ad acqua**, Mischungskalorimeter n; ~ **elettrico**, elektrischer Wärmemesser.

calorizzazióne f metall (trattamento) Kalorisieren n.

calorosaménte avv 1 (con cordialità) {SALUTARSI} herzlich, warmherzig 2 fig (vivacemente) {APPLAUDIRE} lebhaft.

caloróso, (-a) agg 1 (che non soffre il freddo) {BAMBINO} kälteunempfindlich 2 fig (affettuoso) {ABBRACCIO, SALUTO} herzlich 3 fig (vivace) {APPLAUSO} lebhaft 4 fam (che riscalda) {BEVANDA, CIBO, VESTE} wärmend.

calòscia <-sce> f <di solito al pl> 1 (stivali di gomma) Gummistiefel m 2 (soprascarpa) Überschuh m Galosche f obs.

calòtta f 1 (parte convessa) {+CAPPELLO, PARACADUTE} Kappe f; {+VOLTA} Kalotte f 2 geog Eis-, Polkappe f: ~ **antartica/artica**, antarktische/arktische Eiskappe, südliche/nördliche Polkappe; ~ **polare**, Pol-, Eiskappe f 3 mat (in geometria) Kugelkappe f, Kalotte f: ~ **sferica**, Kugelkappe f 4 sport (nella pallanuoto) (cuffia) Bademütze f 5 ~ **cranica** anat, Schädeldecke f, Schädeldach n, Kalotte f scient; ~ **dello spinterogeno** mecc, Verteilerkappe f.

calpestàre tr ~ **qc** 1 (pestare coi piedi) {AIUOLA, PRATO} etw betreten, auf etw (acc) mit (den) Füßen treten; (con rabbia) etw zertrampeln: **gettò a terra il cappello e lo calpestò**, er/sie warf seinen/ihren Hut auf den Boden und trampelte auf ihm herum 2 fig (oltraggiare) {L'ONORE DI QU} etw mit Füßen treten 3 fig (violare) {I DIRITTI DI QU} etw missachten, etw mit Füßen treten ● (è) **vietato ~ l'erba**, Rasen betreten verboten.

calpestìo <-tii> m (rumore di passi) {+FOLLA} Getrampel n.

calùgine f 1 fig (peluria) {+ADOLESCENTE} Flaum m 2 bot ornit {+FOGLIA, FRUTTO, UCCELLINO} Flaum m.

calumet <-> m franc (pipa sacra) Kalumet n ● **fumare il ~ della pace** anche fig (rappacificarsi con qu), die Friedenspfeife rauchen fam scherz.

calùnnia f 1 (diffamazione) Verleumdung f, Rufmord m 2 scherz (bugia infamante) Verleumdung f, Verunglimpfung f 3 dir (reato di ~) falsche Verdächtigung, Anschuldigung f.

calunniàre tr (screditare) ~ **qu** jdn verleumden: **è stato calunniato dai suoi colleghi**, er wurde von seinen Kollegen verleumdet.

calunniatóre, (-trice) [A] agg {PAROLE} verleumderisch [B] m (f) (diffamatore) Verleumder(in) m(f).

calunnióso, (-a) agg (denigratorio) {AFFERMAZIONE} verleumderisch.

calùra f (caldo afoso) {ESTIVA} Hitze f.

càlva f → calvo.

calvados <-> m franc enol (liquore) Calvados m.

calvàrio <-ri> m 1 fig (grande sofferenza) unsagbares Leid: **la sua vita fu un lungo ~**, sein/ihr Leben war ein ₋langer Leidensweg forb₁/[langes Martyrium forb]; **tutti hanno il loro ~**, jeder hat sein Bündel/Päckchen fam zu tragen 2 relig (scultura) Kreuzigungsgruppe f; (Via Crucis): **Calvario**, Kreuzweg m, Leidensweg m.

calvinìsmo m relig Kalvinismus m.

calvinìsta <-i m, -e f> relig [A] agg {CHIESA} kalvinistisch [B] mf (seguace) Kalvinist(in) m(f).

calvinìstico, (-a) <-ci, -che> agg relig {PRINCIPI} kalvinistisch.

Calvìno m relig stor Calvin m.

calvìzie <-> f (mancanza dei capelli) Kahlköpfigkeit f, Kahlheit f: ~ **precoce**, verfrühte Kahlheit; ~ **senile**, Alterskahlheit f.

càlvo, (-a) [A] agg (pelato) {UOMO} kahl-, glatzköpfig; {TESTA} kahl: **essere completamente ~**, völlig kahl sein [B] m (f) (persona) Kahlkopf m, Glatzkopf m fam.

càlza f (indumento) Strumpf m; (calzino) Socke f, Socken m süddt A CH: **calze autoreggenti**, halterlose Strümpfe m pl; **calze corte**, kurze Strümpfe m pl; Socken f pl; **calze di cotone/lana/nylon/seta**, Baumwoll-/Woll-/Nylon-/Seidenstrümpfe m pl; **calze con la cucitura**, Strümpfe m pl mit Naht; **calze da donna/uomo**, Damen-/Herrenstrümpfe m pl; ~ **elastica**, Gummistrumpf m; **calze a rete**, Netzstrümpfe m pl; **calze setificate/velate**, Seiden-/Feinstrumpfhosen f pl; **il rapinatore aveva una ~ sul volto**, der Räuber trug eine Strumpfmaske ● ~ **della Befana** (usanza tipica dell'Epifania), "Strumpf, in dem die Befana die Geschenke hinterlässt"; **fare la ~ lavori femminili**, stricken.

calzamàglia <calzemaglie, calzamaglie> f 1 (indumento) Strumpfhose f: ~ **di lana**, Wollstrumpfhose f; ~ **per bambini**, Kinderstrumpfhose f 2 stor (calzoni aderenti) Strumpfhosen f pl.

calzànte [A] agg fig (appropriato) {PARAGONE} passend, treffend [B] m (calzascarpe) Schuhanzieher m, Schuhlöffel m.

calzàre[1] [A] tr <avere> 1 (infilare) ~ **qc** {GUANTI, PANTOFOLE, SCARPE} etw an|ziehen 2 (portare ai piedi) ~ **qc** {SANDALI DI VERNICE} etw tragen 3 (avere come numero) ~ **qc** {IL 38, IL 40} etw haben, etw tragen 4 comm (fornire di calzature) ~ **qu** {NEGOZIO CLIENTI DA TUTTO IL MONDO} jdn mit Schuhen versorgen [B] itr 1 <avere> (aderire) ~ (**a qu**) (jdm) passen: **questa giacca ti calza benissimo**, dieses Jackett passt/steht dir sehr gut; **questi mocassini calzano alla perfezione**, diese Mokassins passen wie angegossen *fam* **2** <*essere*> *fig* (*essere appropriato*) passen, passend sein: **il tuo esempio calza in pieno**, dein Beispiel trifft es genau • **calzare e vestire qu** *fam* (*mantenerlo*), jdn aushalten *fam spreg*.

calzàre[2] *m* <*di solito al pl*> *lett* (*calzatura*) Schuh *m*.

calzascàrpe <-> *m* (*arnese*) Schuhanzieher *m*, Schuhlöffel *m*.

calzatóia *f* **1** (*cuneo per veicoli*) Bremsklotz *m*, Bremskeil *m* **2** (*zeppa per mobili*) Keil *m*.

calzatóio <-*toi*> *m* → **calzascarpe**.

calzatùra *f* <*di solito al pl*> Schuhe *m pl*.

calzaturièro, (-a) **A** *agg* {MERCATO, SETTORE} Schuh- **B** *m* (f) (*operaio*) Schuhmacher(in) *m*(f).

calzaturifìcio <-*ci*> *m* (*fabbrica*) Schuhfabrik *f*.

calzeròtto *m* (*calza corta spec di lana*) (Woll)socke *f*.

calzétta <*dim di calza*> *f* (*calzino*) Söckchen *n* • **essere una mezza ~** *fig* (*persona mediocre*), ein (armes) Würstchen sein *fam spreg*.

calzettóne <*accr di calza*> *m* **1** <*di solito al pl*> (*calza spessa*) Kniestrumpf *m*: **calzettoni da montagna/sci**, Berg-/Skistrümpfe *m pl* **2** <*solo pl*> (*stivale di gomma*) {+CACCIATORE, PESCATORE} Gummistiefel *m pl*.

calzifìcio <-*ci*> *m* (*stabilimento*) Strumpffabrik *f*.

calzìno <*dim di calza*> *m* (*da uomo*) Socke *f*, Socken *m südd A CH*; (*da bambino*) Söckchen *n*: **un paio di calzini**, ein Paar Socken/Söckchen *m pl* • **tirare il ~** *fig fam* (*morire*), den Löffel abgeben/ wegschmeißen/ wegwerfen/ [sinken lassen] *fam*.

calzolàio, (-a) <-*lai* *m*> *m* (f) (*ciabattino*) Schuster *m*, Schuhmacher(in) *m*(f).

calzolerìa *f* **1** (*negozio*) Schuhgeschäft *n* **2** (*laboratorio*) Schusterwerkstatt *f*.

calzoncìni *m pl* (*pantaloncini*) Höschen *n*, kurze Hosen *pl*, Shorts *pl*: **~ da bagno**, Badehöschen *n*; **~ da calcio**, Fußballshorts *pl*; **~ da spiaggia**, Strandhöschen *n*; **~ da tennis**, Tennisshorts *pl*.

calzóne *m* **1** <*solo pl*> (*pantaloni*) Hose *f*: **calzoni eleganti/sportivi**, elegante/sportliche Hosen **2** <*solo sing*> (*parte*) {DESTRO, SINISTRO} Hosenbein *n* **3** *gastr* (*pizza piegata in due e farcita*) "gefüllte Teigtasche"; **un ~ al prosciutto e funghi**, eine Schinken-Pilz-Tasche • **farsela nei calzoni** *fig fam* (*avere molta paura*), sich (*dat*) (vor Angst) in die Hosen machen *fam*; **portare i calzoni** *fig fam* (*comandare spec in famiglia*), {MOGLIE} die Hosen anhaben *fam*; **avere appena smesso i calzoni corti** *fig* (*essere ancora immaturo*), noch grün/feucht hinter den Ohren sein *fam*.

CAM *f inform abbr dell'ingl* Computer Aided Manufacturing (*realizzazione assistita dal computer*) CAM, computergestützte Fertigung.

camaldolése *relig* **A** *agg* {REGOLA} Kamaldulenser- **B** *m* (*monaco*) Kamaldulensermönch *m*.

camaleónte *m* **1** *fig spreg* (*opportunista*) Chamäleon *n*, wankelmütiger *forb spreg* Mensch, Opportunist(in) *m*(f) *forb*, Wendehals *m fam spreg* **2** *zoo* Chamäleon *n* • **minerale** *chim*, mineralisches Chamäleon, Kaliummanganat *n*; **~ verde** *zoo*, grünes Manganat.

camaleòntico, (-a) <-*ci*, -*che*> *agg spec fig spreg* (*mutevole*) {ATTEGGIAMENTO} wankelmütig *forb spreg*, opportunistisch *forb*.

camaleontìsmo *m fig spreg* (*opportunismo*) Wankelmut *m forb spreg*, Opportunismus *m forb*.

cambiàbile *agg* (*che si può cambiare*) wechselbar, auswechselbar.

cambiadìschi <-> *m* (*dispositivo*) Plattenwechsler *m*.

cambiàle *f banca comm* Wechsel *m*: **fare una ~**, einen Wechsel ausstellen; **spiccare una ~ su qc**, einen Wechsel auf etw (acc) ziehen; **~ in bianco**, Blankowechsel *m*, Wechselblankett *n*; **~ commerciale**, Handelspapier *n*, Handels-, Warenwechsel *m*; **~ di comodo** *banca*, Gefälligkeitswechsel *m*, Gefälligkeitsakzept *n*, Scheinwechsel *m*; **~ di favore**, Gefälligkeitswechsel *m*, Gefälligkeitsakzept *n*; **~ finanziaria**, Kredit-, Finanzwechsel *m*; **~ all'incasso**, Einzugs-, Inkassowechsel *m*; **~ ipotecaria**, gegenständlicher Wechsel, durch Hypothekenstellung gesicherter Wechsel; **~ di rivalsa**, Rückwechsel *m*, Retourwechsel *m*; **~ tratta**, gezogener Wechsel; **~ a vista**, Sichtwechsel *m* • **firmare una ~ in bianco** *fig* (*fare qc con fiducia assoluta*), blind vertrauen, jdm einen Blankoscheck auf etw (acc) geben.

cambiaménto *m* {+STAGIONE} Wechsel *m*; {+ARIA, TEMPERATURA, TEMPO} *anche* Veränderung *f*; {+INDIRIZZO, PROGRAMMA} Änderung *f*: **~ di casa**, Umzug *m*; *fig* {+ABITUDINI DI VITA, IDEA, OPINIONE} Änderung *f*; {+UMORE} Umschwung *f*; {+ASPETTO, ESPRESSIONE, VOCE; CULTURALE, POLITICO +SOCIETÀ} Veränderung *f* • **fare un grande ~** (*nell'aspetto, nel carattere, nel comportamento*), sich sehr verändern; **~ di rotta** *mar anche fig*, Kursänderung *f*; **salvo cambiamenti**, Änderungen vorbehalten; **~ di scena** *teat anche fig* (*improvviso mutamento di una situazione*), Szenenwechsel *m*.

cambiàre <*cambio, cambi*> **A** *tr* <*avere*> **1** (*sostituire*) **~ qc (a qc)** {PILA ALL'OROLOGIO} *etw* (*von etw dat/+ gen*) aus|wechseln: **~ le federe ai cuscini**, die Kissen frisch beziehen; **ho cambiato le piastrelle del bagno**, ich habe die Fliesen im Bad ausgewechselt, ich habe im Bad neue Fliesen gelegt; {CAMERA D'ARIA, FRENO, SPECCHIETTO RETROVISORE} *etw* aus|wechseln **2** (*indossare un altro*) **~ qc** {ABITO, CRAVATTA, MAGLIETTA} *etw* wechseln **3** (*mettere vestiti puliti*) **~ qu** {MAMMA NEONATO} *jdn* trocken|legen; **~ qc a qu** *jdm etw* an|ziehen: **~ la maglietta al bambino**, dem Kind ein frisches Unterhemd anziehen **4** (*salire su di un altro mezzo di trasporto*) **~ (qc)** {AUTOBUS, TRENO} (*in etw* acc) um|steigen **5** (*averne uno nuovo*) **~ qu** {DENTISTA, FIDANZATA, MACELLAIO, PARRUCCHIERE} *jdn* wechseln; **~ qc** {INDIRIZZO, NUMERO DI TELEFONO, PROGRAMMA} *etw* ändern, {LAVORO, DIREZIONE} *etw* wechseln: **~ casa**, um|ziehen; *fig* {OPINIONE, PARERE, COMPORTAMENTO} *etw* ändern: **ho cambiato idea**, ich habe es mir anders überlegt; **improvvisamente cambiò espressione**, plötzlich änderte sich sein/ihr Gesichtsausdruck **6** **~ qc** (**in qc**) {DOLLARI IN EURO} *etw* (*in etw* acc) wechseln, *etw in etw* acc) tauschen: **mi cambia 100 euro?**, können Sie mir 100 Euro wechseln?; (*uso assol*) wechseln; **non ho il resto, devo ~**, ich kann nicht herausgeben, ich muss wechseln **7** (*barattare*) **~ qc** {CON qc} {UNA COLLANA CON UN OROLOGIO} *etw* (*gegen etw* acc) (um|)tauschen **8** *fig* (*trasformare*) **~ qu/qc** *jdn/etw* (ver)ändern: **quando ero giovane volevo ~ il mondo**, als ich jung war, wollte ich die Welt verändern; **la morte del padre l'ha cambiata**, der Tod ihres Vaters hat sie verändert **9** *autom* **~ marcia**, (in einen anderen Gang) schalten; **~ in salita**, am Berg schalten **B** *itr* <*essere*> **1** (*mutare*) *anche fig* {ABITUDINI, COSTUMI, IDEE} sich (ver)ändern: **invecchiando è molto cambiato**, im Alter hat er sich sehr verändert; **i tempi sono cambiati**, die Zeiten haben sich geändert **2** *fam* **~ di qc** {DI CAMERA, DI POSTO} *etw* wechseln; {DI OPINIONE} *etw* ändern **C** *itr pron* (*trasformarsi*): **cambiarsi** **in qc** {PIOGGIA IN GRANDINE} sich *in etw* (acc) verwandeln **D** *rfl* (*cambiarsi d'abito*): **cambiarsi** sich um|ziehen; (indir) **cambiarsi qc** sich (dat) *etw* an|ziehen: **cambiarsi il maglione**, sich (dat) einen anderen Pullover anziehen • **tanto per ~ abbiamo sbagliato strada!** *fig* (*come al solito*), zur Abwechslung haben wir uns mal verfahren! *iron*.

cambiàrio, (-a) <-*ri m*> *agg banca comm* (*relativo a cambiale*) {OBBLIGAZIONE, VAGLIA} Wechsel-.

cambiatensióne <-> *m elettr* (*dispositivo*) Transformator *m*, Umspanner *m*.

cambiavalùte <-> **A** *mf* (*chi compra e vende monete*) Devisenhändler(in) *m*(f), Geldwechsler *m*(f) **B** *m* (**~ automatico**), Geld-, Sortenwechsler *m*, Geldwechselautomat *m*.

càmbio <-*bi*> **A** *m* **1** (*sostituzione*) {+GOMMA, LAMPADINA} Wechsel *m* **2** (*capi di vestiario*) frische Kleidung; (*di biancheria*) frische Wäsche: **avere/portarsi dietro un ~** (*di abiti*), Kleidung zum Wechseln mithaben/mitnehmen; (*di biancheria*) ⌐Wäsche zum Wechseln⌐/[frische Wäsche] mit|haben/mit|nehmen; (*di lenzuola*) frische Bettwäsche mit|haben/mit|nehmen **3** (*sostituzione del turno di lavoro*) Ablösung *f*: **quando arriva il ~?**, wann kommt die Ablösung?; **dare il ~ a qu** {OPERAIO, IMPIEGATO, VIGILE} jdn ablösen; **darsi il ~**, sich ablösen **4** *econ* (*operazione*) Wechsel *m*, Wechselkurs *m*: **~ favorevole**, günstiger Wechselkurs; **~ fisso/flessibile**, fester/flexibler Wechsel; **guadagnare/perdere nel ~**, durch den Kurs gewinnen/verlieren; **~ euro-dollaro**, Euro-Dollar-Wechselkurs *m*; **~ alla pari**, Parikurs *m*; **~ reale**, realer Kurs, Realwechsel *m*; **~ ufficiale/libero**, amtlicher/freier Wechsel **5** *autom mecc* (*dispositivo*) Getriebe *n*, Schaltung *f*: **~ automatico/sincronizzato**, Automatik-/Synchrongetriebe *n*; **~ ⌐a cloche⌐/[al volante]**, Knüppel-/Lenkradschaltung *f*; **~ idraulico**, Flüssigkeitswandler *m*, Flüssigkeitsgetriebe *n*; **~ a mano**, Handschaltung *f*; **~ di velocità**, Gangschaltung *f*; {+BICICLETTA} Schaltung *f*: **~ a tre velocità**, Dreigangschaltung *f* **6** *anat* (*strato del periostio*) Kambiumschicht *f scient* **7** *bot* (*tessuto*) Kambium *n* **8** *enigmistica* (*gioco*) {+SILLABA, VOCALE} Tausch *m* **B** *loc prep* (*in sostituzione di qc*): **in ~ di qc**, im Tausch gegen etw (acc); **accettare qc in ~ di qc**, etw für etw (acc) in Tausch nehmen • **fare (a) ~** (*fare scambio*), tauschen; **~ della guardia** (*sostituzione delle sentinelle*) *anche fig spec polit* (*avvicendamento in un incarico*), Wachablösung *f*; **che cosa mi dai in ~?**, was gibst du mir dafür?

cambìsta <-*i m*, -*e f*> *mf econ* (*cambiavalute*) Devisenhändler(in) *m*(f), Geldwechsler(in) *m*(f).

Cambògia *f geog* Kambodscha *n*.

càmbrico, (-a) <-*ci*, -*che*> *geol* **A** *agg* {PERIODO} kambrisch **B** *m* Kambrium *n*.

cambùsa *f mar* (*deposito dei viveri*) Kombüse *f*.

cambusière, (-a) *m* (f) *mar* (*addetto alla cambusa*) Schiffskoch *m*, Schiffsköchin *f*.

camcorder <-> *m ingl TV* Camcorder *m*, Kamerarekorder *m*.

camèlia *f bot* Kamelie *f*.

camelìna *f bot* Dotterblume *f*.

camembert <-> *m franc gastr* (*formaggio*) Camembert *m*.

camèo → **cammeo**.

càmera **A** *f* **1** (*stanza*) Zimmer *n*, Raum *m*: **affittare una ~ ammobiliata**, ein möbliertes Zimmer (ver)mieten; **un appartamento di quattro camere**, eine Vierzimmerwohnung; **~ per gli hobby**, Hobbyraum *m*; **~ da letto/degli ospiti/da pranzo/di**

soggiorno, Schlaf-/Gäste-/Ess-/Wohnzimmer n **2** (*d'albergo*) Zimmer n; **~ con bagno**, Zimmer n mit Bad; **prendere una ~ doppia/matrimoniale/singola**, ein Doppel-/Doppelbett-/Einzelzimmer nehmen; **fare le camere**, die Zimmer machen; **~ a un letto/[due letti]**, Einbett-/Zweibettzimmer n **3** (*mobilia*) Zimmereinrichtung f, Möbel n pl: **una ~ in noce**, ein Nussholzzimmer; **una ~ in stile Impero**, ein Zimmer im Empirestil **4** *amm econ*: **~/Camera**, Kammer f; **~ ⌐di commercio⌐/[del lavoro]**, Handels-/Arbeitskammer f **5** *anat* (*cavità*) {ANTERIORE, POSTERIORE +OCCHIO} Höhle f **6** *polit*: **~/Camera**, Haus n; **~ dei deputati**, Abgeordnetenhaus n; **le Camere** (*quella dei deputati e il Senato*) die Kammern B <inv> *loc agg mus*: **da ~**, Kammer- ● **~ d'aria** *edil*, {+MURO} Hohlraum m; *tecnol* {+AUTO, BICICLETTA} Schlauch m; {+PALLONE} Luftkammer f; **~ alta/bassa** *polit* (*quella dei Lords e quella dei Comuni*), Ober-/Unterhaus n; **Camera apostolica** *relig*, Päpstliche Schatzkammer; **~ ardente/mortuaria** (*dove si espone la salma del defunto*), Leichenhalle f; **~ blindata** *banca*, Tresorraum m, Stahlkammer f; **~ a bolle** *fis*, Blasenkammer f; **~ di caricamento artiglieria**, Ladekammer m, Ladekammer f; **~ di combustione/di scoppio** *tecnol*, Verbrennungskammer f; **~ dei Comuni** *dir polit*, Unterhaus n; **~ di consiglio** *dir*, Beratungszimmer n; **pronunciare una sentenza riuniti in ~ di consiglio** *dir*, in nichtöffentlicher Verhandlung ein Urteil aussprechen; **~ di decompressione** *tecnol*, Dekompressionsraum m; **~ a gas**, {+CANILE, LAGER, PENITENZIARIO} Gaskammer f; **~ di lancio** (*nei sommergibili*), Katapultraum m; **~ della morte** (*nelle tonnare*), "von einem Netz abgesicherter Sterberaum beim Thunfischfang"; **~ a nebbia** *fis*, Nebelkammer f; **~ operatoria** *med*, Operationssaal m; **~ oscura** *fot*, Dunkelkammer f; **~ rappresentanti** *polit* (*organo legislativo americano*), Repräsentantenhaus n; **~ di reazione** *chim*, Reaktionsraum m; **~ di sicurezza** (*nei commissariati*), Haftraum m, Haftzelle f; **~ sterile** *med*, steriler Raum.
camerale *agg* **1** *comm econ* {IMPOSTA} fiskalisch, kameral **2** *mus polit*: Kammer-.
càmeraman <-, *cameramen pl ingl*> m *ingl film TV* (*operatore*) Kameramann m, Kamerafrau f.
caméràta① f **1** (*dormitorio*) {+CASERMA, COLLEGIO} Schlafsaal m **2** (*gruppo*) {+COLLEGIALI, SOLDATI} Stubenkameradschaft f, Stube f *fam*.
caméràta② <-*i m, -e* f> mf **1** (*compagno*) Kamerad(in) m(f) **2** *polit stor* (*iscritto al partito fascista*) Mitglied n der faschistischen Partei.
cameratésco, (-a) <-*schi, -sche*> *agg fig* (*amichevole*) {GESTO, SPIRITO, TONO} kameradschaftlich, Kameradschafts-.
cameratismo m (*solidarietà*) Kameradschaft(lichkeit) f.
cameretta <*dim di camera*> f **1** kleines Zimmer, Zimmerchen m **2** (*camera dei bambini*) Kinderzimmer n **3** (*mobili*) Kinderzimmereinrichtung f, Kinderzimmermöbel n pl.
cameriera f **1** (*al caffè, ristorante*) Kellnerin f, Servierein f; (*rivolgendosi a lei*) Fräulein n: **~, ci porti due caffè!**, Fräulein, zwei Kaffee bitte! **2** (*in albergo*) Zimmermädchen n **3** (*in casa privata*) Dienstmädchen n, Hausangestellte f *decl come agg*.
cameriere m **1** (*al caffè, ristorante*) Kellner m, Ober m; (*rivolgendosi a lui*) Herr Ober: **~, mi porti il conto, per favore!**, Herr Ober, ⌐bitte zahlen⌐/[die Rechnung, bitte]! **2** (*in albergo*) Hoteldiener m, Zimmerkellner m **3** (*in casa privata*) Hausdiener m, Hausangestellte m *decl come agg*.

camerino <*dim di camera*> m **1** *film teat TV* (*stanzino per truccarsi e vestirsi*) Garderobe f, Umkleideraum m **2** *mar mil* Kajüte f.
camerlèngo <-*ghi*> m *relig stor* (*cardinale*) Kardinalkämmerer m, Camerlengo m.
Càmerun m *geog* Kamerun n.
camice m **1** {+BIOLOGO, CHIRURGO, INFERMIERE, FARMACISTA} Kittel m **2** *relig* (*veste liturgica*) Messhemd n.
camiceria f **1** (*negozio*) Hemdengeschäft n **2** (*assortimento*) Hemdenauswahl f, Hemdensortiment n: **~ per donna/uomo**, Damen-/Herrenhemdensortiment n **3** *rar* (*fabbrica*) Hemdenfabrik f.
camicétta <*dim di camicia*> f Bluse f.
camicia <-*cie*> f **1** (*indumento*) Hemd n: **~ di cotone**, Baumwollhemd n, baumwollenes Hemd; **~ da donna**, (Hemd)bluse f; **~ elegante/sportiva**, elegantes/sportliches Hemd; **~ a fiori/quadri/righe**, geblümtes/kariertes/gestreiftes Hemd; **~ di lana/seta**, Woll-/Seidenhemd n; **~ con maniche corte/lunghe**, kurz-/langärm(e)liges Hemd; **~ da uomo**, (Herren)hemd n, Oberhemd n **2** *amm* Aktenmappe f, Umschlag m **3** *enol* {+VINO} Farbe f, Färbung f **4** *tecnol* (*involucro*) {ISOLANTE; +ALTOFORNO, CALDAIA} Mantel m: **~ d'acqua/aria**, Wasser-/Luftmantel m; **~ dei cilindri**, Zylindermantel m ● **camicie brune** *polit stor* (*i nazisti*), die Braunhemden; **~ di contenzione/forza** *med* (*per immobilizzare*), Zwangsjacke f; **giocarsi/mangiarsi/rimettersi anche la ~** *fig fam* (*perdere tutto*), sein letztes Hemd verspielen *fam*; **si leverebbe/[darebbe via] anche la ~** *fig* (*rif. a persona molto generosa*), er/sie würde sein letztes Hemd hergeben *fam*; **essere nato con la ~** *fig* (*essere molto fortunato*), ein Glücks-/Sonntagskind sein; **le camicie nere** *polit stor* (*i fascisti*), die Schwarzhemden; **~ da notte** (*per andare a letto*), Nachthemd n; **le camicie rosse** *polit stor* (*i garibaldini*), die Rothemden, die Garibaldianer; **sudare sette camicie** *fig* (*faticare moltissimo*), Herkulesarbeit verrichten, im Schweiße seines Angesichts arbeiten; **vendersi anche la ~** *fig fam* (*aver venduto tutto e essere in rovina*), kein ganzes Hemd mehr am Leib(e) haben *fam*, am Ende sein *fam*.
camiciàio, (-a) <-*ciai* m> m (f) **1** (*chi confeziona camicie da uomo*) Hemdenschneider(in) m(f) **2** (*negoziante*) Hemdenverkäufer(in) m(f).
camicino <*dim di camicia*> m (*indumento per neonati*) Babyhemdchen n.
camiciòla <*dim di camicia*> f **1** (*camicia leggera*) leichtes Hemd, Sommerhemd n **2** *tosc* (*canottiera*) Unterhemd n.
camicióne <*accr di camicia*> m (*casacca*) Hemd n.
camiciòtto <*accr di camicia*> m **1** (*camicia con maniche corte*) kurzärmeliges Hemd **2** (*camice da lavoro*) Arbeitskittel m.
Camilla f (*nome proprio*) Kamilla, Camilla.
Camillo m (*nome proprio*) Kamillo, Camillo.
caminétto <*dim di camino*> m **1** (*piccolo camino*) Kamin m **2** *alpin* (*fenditura stretta*) Kamin m.
caminièra f **1** (*parafuoco metallico*) Ofenschirm m, Vorsetzer m **2** (*mensola*) Kaminaufsatz m.
camìno m **1** (*impianto domestico*) Kamin m: **accendere il ~**, den Kamin anmachen; **sedersi attorno al ~**, sich um den Kamin setzen **2** (*canna fumaria*) Schornstein m: **pulire il ~**, den Schornstein fegen **3** (*comignolo sui tetti*) Kamin m, Schornstein m **4** (*ciminiera*) {+LOCOMOTIVA, NAVE} Schornstein m; {+FABBRICA} anche Schlot m **5** *geol* (*condotto*) Schlot m

6 *alpin* (*fenditura*) {+ROCCIA} Kamin m: **salire per un ~**, durch einen Kamin klettern ● **~ del cassone** *edil*, (Ver)senkkastenrohr m.
càmion <-> m *franc* (*autocarro*) Last(kraft)wagen m, Lastauto n: **~ per traslochi**, Möbelwagen m; **~ ribaltabile**, Kipplader m; **~ con rimorchio/semirimorchio**, Lastwagen m mit Anhänger/Sattelzug m.
camionàbile, **camionàle** A *agg* (*percorribile da camion*) {STRADA} für Lastkraftwagen befahrbar B f für Lastkraftwagen befahrbare Straße.
camioncino <*dim di camion*> m Lieferwagen m.
camionétta f *spec mil* (*piccolo camion*) {+POLIZIA} Mannschaftswagen m.
camionista <-*i m, -e* f> mf (*conducente di camion*) Lastwagenfahrer(in) m(f), LKW-Fahrer(in) m(f).
camita mf *etnol* (*persona*) Hamit(in) m(f), Hamite mf *decl come agg*.
camìtico, (-a) <-*ci, -che*> *etnol* A *agg* {GRUPPO, RAZZA} hamitisch, Hamiten- B m <*solo sing*> (*lingua*) Hamitisch(e) n.
càmma f *mecc* Nocken m.
cammellière m (*conduttore di cammelli*) Kameltreiber m.
cammèllo, (-a) A m (f) *zoo* Kamel m B m *tess* (*stoffa*) Kamelhaar n: **una giacca di ~**, eine Kamelhaarjacke C <inv> *agg* (*colore*) {CAPPOTTO} kamelhaarfarben ● **è più facile che un ~ passi dalla cruna di un ago che un ricco entri in Paradiso** *bibl*, eher geht ein Kamel durchs Nadelöhr denn dass ein Reicher ins Reich Gottes komme.
cammèo m **1** (*pietra, gioiello*) Kamee f **2** (*conchiglia*) Kamee-Muschel f.
camminàre *itr* **1** (*andare a piedi*) **~** (+ *compl di modo*) {A FATICA, PIANO, SPEDITO} (*irgendwie*) gehen, (*irgendwie*) laufen: **cammina più adagio, sono stanca!**, geh langsamer, ich bin müde!; **abbiamo camminato tutto il pomeriggio**, wir sind den ganzen Nachmittag gelaufen; **~ avanti e indietro**, vor und zurück laufen; **a quanti mesi ha cominciato a ~?**, mit wie viel Monaten hat er/sie zu laufen begonnen? **2** (*fare delle camminate*) wandern: **d'estate mi piace ~ in montagna**, im Sommer wandere ich gern in den Bergen **3** *fig* (*funzionare*) {SVEGLIA} gehen, funktionieren: **l'orologio ha smesso di ~**, die Uhr geht nicht mehr **4** *fig* (*muoversi*) {VEICOLO} fahren: **l'auto non cammina più**, das Auto fährt nicht mehr **5** *fig lett* (*spostarsi*) {LUNA} wandern ● **cammina!** (*allunga il passo*), beeil dich!, los!; *fig* (*levati di torno*), hau ab! *fam*; **cammina, cammina…** (*dopo aver camminato a lungo*), nach langem Laufen.
camminàta f **1** (*passeggiata*) Spaziergang m: **fare una bella ~ in campagna**, einen schönen Spaziergang auf dem Land machen **2** (*escursione*) Wanderung f **3** (*modo di camminare*) Gang m, Gangart f: **riconoscere qu dalla ~**, jdn am Gang erkennen.
camminatóre, (-trice) m (f) (*chi cammina molto*) Läufer(in) m(f), Geher(in) m(f): **è un buon ~**, er ist gut zu Fuß.
cammìno m **1** (*viaggio a piedi*) Weg m, Reise f: **essere in ~**, auf dem Weg sein; **intraprendere un lungo ~**, sich auf einen weiten Weg machen; **mettersi in ~**, sich auf den Weg machen; **proseguire/riprendere il ~**, seinen Weg fortsetzen; **ci sono tre ore di ~**, es ist eine Strecke von drei Stunden **2** (*strada*) {ACCIDENTATA, DIFFICILE} Weg m, Wegstrecke f: **essere a metà ~**, auf halbem Wege sein; **invertire il ~**, kehrtmachen **3** *fig* (*moto*) {+LUNA, SOLE} Lauf m **4** *fig* (*corso*) {+TEVERE} Lauf m **5** *fig* (*rotta*) Route f: **la nave**

ha deviato dal suo ~, das Schiff ist von seiner Route abgewichen **6** *fig* (*condotta morale*) {+VIZIO} Pfad m, Weg m: **allontanarsi dal retto** ~, vom rechten Pfad abkommen; **il ~ della gloria**, der Weg zum Ruhm **7** *fig* {INTERIORE, SPIRITUALE} Weg m: **intraprendere un ~ di fede**, den Weg des Glaubens einschlagen **8** *fig* (*il progredire*) {+SCIENZA, UOMO} Fortschritt m **9** *fis* Weg m, Strecke f: **~ ottico**, optischer Weg • **~ molto battuto** (*molto frequentato*), stark begangener Weg; **cammin** *facendo* (*durante il percorso*), unterwegs; **~ di ronda** *mil*, Wehrgang m; **nel mezzo del cammin di nostra vita...** *lett* (*incipit della Divina Commedia*), in der Mitte unserer Lebensbahn ...

càmola f *region* (*tarlo*) Motte f.

camomìlla f **1** (*infuso*) Kamillentee m **2** *bot* (*pianta*) Kamille f.

camòrra f (*associazione malavitosa*) Kamorra f.

camorrìsta <-*i* m, -*e* f> mf (*delinquente*) Mitglied n der Kamorra.

camorrìstico, (-*a*) <-*ci*, -*che*> agg (*proprio della camorra*) {CLAN, STRATEGIA} Kamorra-.

camòscio <-*sci*> m **1** *zoo* Gämse f; (*maschio*) Gämsbock m **2** (*pelle conciata*) Wildleder-, Chamoisleder m: **scarpe di ~**, Wildlederschuhe m pl.

campàgna f **1** {ARIDA, VERDE} Land n: **andare in ~**, aufs Land gehen; **passare le vacanze in ~**, den Urlaub auf dem Land verbringen; **vivere in ~**, auf dem Land leben **2** (*terra coltivata*) Ackerland n: **la ~ promette bene quest'anno**, das Ackerland ist dieses Jahr viel versprechend **3** *fig* (*insieme di iniziative*) Kampagne f: **fare una ~ per/contro qu/qc**, eine Kampagne für/gegen jdn/etw führen; **~ elettorale**, Wahlkampf m; **~ d'informazione**, Aufklärungskampagne f; **~ pubblicitaria**, Werbefeldzug m, Werbekampagne f; **~ referendaria**, Aufklärungskampagne f vor der Volksabstimmung; **~ di stampa**, Pressekampagne f **4** *agr* (*stagione*) {+FIENO, GRANO, OLIVE} (Jahres)zeit f **5** *mil* (*spedizione*) Feldzug m: **le campagne napoleoniche**, die napoleonischen Feldzüge; **la ~ di Russia**, der Russlandfeldzug • **~ acquisti** *sport* (*nel calcio*), Anwerbungskampagne f; **in aperta ~** (*in mezzo alla ~*), auf offenem/freiem Feld.

campagnòla® f *autom* Geländewagen m.

campagnòlo, (-*a*) **A** agg (*di campagna*) {COSTUMI, SAGGEZZA, VITA} ländlich, Land- **B** m (f) (*contadino*) Landbewohner(in) m(f).

campàle agg **1** (*di o da campo*) {ARTIGLIERIA} Feld- **2** (*che avviene in campo aperto*) {BATTAGLIA, SCONTRO} Feld-.

campàna f **1** (*strumento sonoro*) {+CHIESA} Glocke f: **le campane suonano**, die Glocken läuten **2** (*calotta di protezione*) Schutzglocke f: **conservare un pezzo di gorgonzola sotto una ~**, ein Stück Gorgonzola unter einer Käseglocke aufbewahren **3** *arch* (*nel capitello corinzio*) Kelch m **4** *aero* (*acrobazia*) "luftakrobatische Figur" **5** *ecol* (*per la raccolta di rifiuti*) Container m, Behälter m: **~ per la raccolta della carta/del vetro**, Altpapiercontainer m/Altglas-Iglu m **6** (*gioco infantile*: *settimana*) Himmel und Hölle **7** *mus* (*parte terminale*) {+CLARINETTO} Schallbecher m • **a ~** (*a forma svasata*) *anche mat*, {CURVA} glockenförmig, {GONNA} *anche*, Glocken-; **ascoltare/sentire una ~ sola** *fig* (*una sola versione*), nur eine Partei/Meinung/Version hören; **ascoltare/sentire tutte e due le campane** *fig* (*entrambe le opinioni*), beide Meinungen/Parteien/Versionen hören; **suonare le campane a *festa*/martello** (*per_una festa_/_un pericolo_*), die Glocken _zum Fest_/_[Sturm]_ läuten; **suonare le campane a *mor-* *to*** (*per una morte*), die Totenglocken läuten; **~ di gasometro** (*per la raccolta di gas*), Gasglocke f; **legare le campane** *relig* (*non suonarle in segno di lutto*), das Glockenläuten einstellen; **~ _da palombaro_/[_pneumatica_] mar** (*cassone*), Taucherglocke f/Luftkammer f; **sciogliere/slegare le campane** *relig* (*ricominciare a suonarle*), die Glocken erneut läuten; **essere sordo come una ~** (*completamente sordo*), stocktaub sein *fam*; **essere stonato come una ~** (*molto stonato*), völlig falsch singen; **stare in ~** *fig* (*stare all'erta*), auf der Hut sein; **tenere qu/qc sotto una ~ di vetro** (*trattare qu/qc con riguardi eccessivi*), jdn in Watte packen *fam scherz*; **vivere sotto una ~ di vetro** *fig* (*avere una cura estrema della propria salute*), unter einer Glasglocke leben *fam*.

campanàccio <-*ci*> m (*grosso campanello*) Kuhglocke f.

campanàrio, (-*a*) <-*ri* m> agg (*delle campane*) {TORRE} Glocken-.

campanàro, (-*a*) m (f) (*chi suona le campane*) Glöckner m *obs*.

campanatùra f **1** (*forma a campana*) {+FIORE} Glockenform f **2** *autom* (*convergenza*) (Rad)sturz m.

campanèlla f **1** (*campanello*) Klingel f, Glocke f; (*della scuola*) (Schul)klingel f, Schulglocke f *obs* **2** *bot* fam Glockenblume f.

campanèllo m **1** (*strumento*) {+PORTA} Klingel f; (*a messa*) Messschelle f, Altarschelle f; (*in tribunale*) Klingel f: **~ elettrico**, elektrische Klingel; **suonare il ~**, auf die Klingel drücken, klingeln, schellen; **~ della bicicletta**, Fahrradklingel f **2** <*di solito al pl*> *mus* (*strumento*) Glockenspiel n • **~ d'allarme**, Alarmglocke f, Alarmglöckchen n: **essere un ~** *fig* (*segnale di un peggioramento della salute ecc.*), Alarmsignal n; **attaccarsi al ~** (*suonare insistentemente*), sich an die Klingel hängen.

Campània f *geog* Kampanien n.

campanifórme agg *spec bot* (*che ha forma di campana*) {FIORE} glockenförmig.

campanìle m **1** (*costruzione*) {GOTICO} Kirch-, Glockenturm m **2** *fig* (*paese natio*) {+DOLOMITI} Felsnadel f **4** *sport* (*nel calcio*) Kerze f • **essere alto/lungo come un ~** (*molto alto*), eine (richtige) Bohnenstange *fam scherz*/[baumlang] sein; **lotte/questioni/rivalità di ~** *fig* (*di paese*), kleinliche Kämpfe/Fragen/Rivalitäten.

campanilìsmo m *spreg* (*amore esagerato del proprio paese*) Lokalpatriotismus m.

campanilìsta <-*i* m, -*e* f> *spreg* **A** agg {ATTEGGIAMENTO} lokalpatriotisch **B** mf Lokalpatriot(in) m(f).

campanilìstico, (-*a*) <-*ci*, -*che*> agg *spreg* (*proprio dei campanilisti*) {MENTALITÀ} lokalpatriotisch.

campàno, (-*a*) **A** agg aus/von Kampanien **B** m (f) (*abitante*) Einwohner(in) m(f) von Kampanien.

campànula f *bot* Glockenblume f.

campàre① *itr* <*essere*> *fam* **1** (*vivere*) leben **2** (*sostenersi in vita*) ~ **di qc** {DI ELEMOSINA, DEL PROPRIO LAVORO} von etw (dat) leben, sich mit etw (dat) durch|bringen, sich von etw (dat) durch|schlagen *fam* • **~ fino a cent'anni**, hundert Jahre alt werden; **me ne ricorderò finché campo**, ich werde mich _, solange ich lebe,_/[mein Leben lang]/[bis an mein Lebensende] daran erinnern; **~ alla meglio** *fam* (*vivacchiare*), sich durchschlagen *fam*; **tirare a ~** *fig* (*vivere con poco*), sich durchs Leben schlagen, sein Leben fristen.

campàre② *tr arte* (*nella pittura*) (*mettere in rilievo*) **~ qc** {FIGURA} etw hervor|heben.

campàta f *arch edil* {+PONTE} Spannweite f.

campeggiàre <*campeggio, campeggi*> *itr* **1** (*far campeggio*) **~** (+ **compl di luogo**) {ALL'ISOLA D'ELBA, IN PUGLIA} (*irgendwo*) campen, (*irgendwo*) zelten, (*irgendwo*) kampieren **2** *spec arte lett* (*spiccare*) **~ + compl di luogo** {FIGURA NELL'AFFRESCO; PERSONAGGIO NEL RACCONTO} (*irgendwo*) hervor|stechen, sich (*irgendwo*) ab|heben, (*irgendwo*) hervor|treten.

campeggiatóre, (-*trice*) m (f) (*chi pratica il campeggio*) Camper(in) m(f), Zelt(l)er(in) m(f).

campéggio <-*gi*> **A** m **1** (*luogo attrezzato*) Camping-, Zeltplatz m, Zeltlager m: **un ~ sul Gargano**, ein Zeltplatz am Gargano; **stare in ~**, auf dem Zeltplatz sein **2** (*turismo*) Camping n, Zelten n: **andare in ~**, zelten/campen gehen; **fare ~**, campen, zelten; **~ libero**, wild zelten **B** <*inv*> loc agg: **da ~** {ATTREZZATURA} Camping-.

càmper <-> m *ingl* (*autocaravan*) Camper m, Wohnmobil n.

camperìsta <-*i* m, -*e* f> mf (*chi viaggia in camper*) Wohnmobilreisende mf decl come agg.

campesìno, (-*a*) <-*s* m pl *spagn*, -*s* f pl *spagn*> m (f) *spagn* (*contadino*) Campesino, (Campesina) m (f), Feldarbeiter(in) m(f).

campèstre agg **1** (*di campagna*) {FIORI} Feld- **2** (*in campagna*) {FESTA} Land-; *sport* {CORSA} Querfeldein-, Gelände-.

Campidòglio m *geog* (*colle di Roma*) Kapitolinischer Hügel, Kapitol n.

campièllo m *veneto* (*piazzetta*) (*venezianischer*) kleiner Platz.

camping <-> m *ingl* → **campeggio**.

campionaménto m *geol* (*rilevazione*) Stichproben-, Musterentnahme f; *stat* Sample n.

campionàre *tr geol* (*prelevare un campione*) **~ qc** {MINERALI} eine Stichprobe bei etw (dat) machen, Proben von etw (dat) nehmen; *stat* {DATI} etw sampeln.

campionàrio, (-*a*) <-*ri* m> **A** agg (*di campioni*) {FIERA} Muster- **B** m **1** (*raccolta di campioni*) {+STOFFE} Musterbuch n; {+ROSSETTI, SMALTI} (Muster)kollektion f **2** *fig* (*insieme di oggetti*) (Kuriositäten)sammlung f.

campionàto m *anche sport* {+MATEMATICA, SCACCHI, SCI} Meisterschaft f; **~ di atletica/calcio**, Athletik-/Fußballmeisterschaft f; **~ di ciclismo**, Fahrradrennen n; **~ dilettanti/professionisti**, Amateur-/Profimeisterschaft f; **~ femminile/maschile**, Damen-/Herrenmeisterschaft f; **~ juniores**, Juniorenmeisterschaft f; **~ mondiale**, Weltmeisterschaft f; **~ regionale**, Regionalmeisterschaft f; **~ di serie A**, Meisterschaft der 1. Liga.

campionatùra f → **campionamento**.

campioncìno <*dim* di *campione*> m Probe(packung) f: **un ~ di crema antirughe**, eine Antifaltencreme-Probe(packung).

campióne, (-*essa*) **A** <*inv*> agg **1** *sport* {SQUADRA} Sieger- **2** *stat* {ANALISI, INDAGINE} Stichproben- **B** m (f) **1** *sport* (*atleta vincitore*) ~ (**di qc**) {+ATLETICA LEGGERA} Meister(in) m(f) *in etw* (dat), Sieger(in) m(f) *in etw* (dat), Champion m *in etw* (dat): **diventare ~ europeo/[del mondo]/[nazionale]**, Europa-/Welt-/Landesmeister werden; **~ di pallavolo/tennis**, Volleyballmeister m/Tennischampion m; **~ in carica**, amtierender Meister, Titelinhaber m; **~ olimpico**, Olympiasieger m; **~ uscente**, Titelverlierer m **2** *sport* (*atleta eccellente*) Spitzensportler(in) m(f), Champion m; (*nel calcio*) Spitzenfußballer m; (*nel tennis*) Spitzenspieler(in) m(f): **un celebre ~ di scherma**, ein berühmter Fechtmeister m **3** *fig anche iron* (*chi eccelle in un'attività*) **~ (di/in qc)** Muster n *an etw* (dat), (Welt)meister m *in etw* (dat): è un vero ~ in matematica, er ist ein wahrer Meister in Mathematik; un ~ del pallone, ein Weltmeister im Fußball; è un ~ di ipocrisia, er ist ein Muster an Scheinheiligkeit 4 *fig* (*difensore*) {+LIBERTÀ} Verfechter(in) m(f), Verteidiger(in) m(f), Kämpfer(in) m(f), Streiter(in) m(f): farsi ~ del progresso, sich zum Verfechter des Fortschritts machen C m 1 *comm* (*piccola quantità*) {+VINO} Probe f: un ~ di stoffa, ein Stoffmuster; prelevare un ~ di acqua/latte, eine Wasser-/Milchprobe entnehmen; ~ gratuito, Gratisprobe f 2 *med anche min* {+SANGUE, URINA, MINERALE} Probe f 3 *metrol* (*prototipo*) {+METRO, KILOGRAMMO} Normalmaß n 4 *stat* Sample n: controllo a ~, Stichprobe f; ~ rappresentativo, repräsentative Stichprobe, Sample n, adäquate (Stichproben)auswahl; ~ a scelta casuale, zufallsgesteuerte Stichprobenauswahl, Zufallsauswahl f; su un ~ di 1000 intervistati..., von 1000 stichprobenhaft Interviewten... • essere un bel ~ *anche iron* (*persona di scarso valore*), ein sauberes/feines Früchtchen sein *fam spreg*; questo film/spettacolo è un ~ di *incassi*, dieser Film/diese Vorstellung ist ein Kassenschlager/Renner *fam*; ~ senza *valore post* {+MERCE SPEDITA CON TARIFFA SPECIALE}, Warensendung f, Muster n ohne Wert *obs*; vendita su ~ *comm* (*in cui la merce deve essere conforme al* ~), Verkauf auf/nach Muster/Probe; vendita su ~ tipo *comm* (*in cui la merce può variare rispetto al* ~), Verkauf auf/nach Musterstück/Vergleichsmuster.

campioníssimo, (-a) <superl *di campione*> m (f) *sport* (*atleta molto dotato*) Super-, Spitzensportler m.

campisànti pl *di* camposanto.

càmpo A m 1 (*parte di terreno*) {ARATO, DISERBATO, SEMINATO} Feld n, Acker m: ~ di granoturco/patate, Mais-/Kartoffelacker m; lavorare i campi, die Felder bestellen; un ~ coltivato a soia, ein mit Soja bebauter Acker 2 <solo pl> (*campagna*) Land n: la vita dei campi, das Leben auf dem Land, das Landleben 3 (*a Venezia: piazza*) Platz m 4 *fig* (*ambito*) Bereich m, Feld n, Gebiet n: nel ~ dell'astrofisica/della genetica, im Bereich der Astrophysik/der Genetik; ciò non rientra nel ~ delle mie competenze, das gehört nicht in meinen Kompetenzbereich; in ~ giuridico/scientifico, auf juristisch-/wissenschaftlichem Gebiet; nel ~ letterario, im Bereich der Literatur; è il migliore nel suo ~, ⌐auf seinem Gebiet⌐/[in seinem Fach] ist er der Beste; non è il suo ~, das ist nicht sein/ihr Fach 5 (*area di accoglienza*) Lager n: ~ per alluvionati/terremotati, Notunterkunft f für Überschwemmungs-/Erdbebenopfer; ~ nomadi/profughi, Nomaden-/Flüchtlingslager m 6 *aero* Platz m: ~ di atterraggio, Landeplatz m; ~ d'aviazione *rar*, Flugplatz m; ~ scuola, Übungsplatz m 7 (*in araldica*) (*sfondo*) Feld n, Hintergrund m: un drago giallo in ~ blu, ein gelber Drachen auf blauem Feld/Hintergrund 8 *arte* (*nella pittura*) {+QUADRO} Hintergrund m 9 *film TV* Gesichtsfeld n, Bild(feld) n: ⌐essere in⌐/[uscire di] ~, ⌐im Bild sein⌐/[aus dem Bildfeld treten]; ~ d'immagine, Bildfläche f; ~ lungo/medio, Weit-/Halbnaheinstellung f 10 *fis* Feld n: ~ di forze, Kraftfeld n; ~ gravitazionale/magnetico/vettoriale, Gravitations-/Magnet-/Vektorfeld m 11 *geog* (*zona*) Feld n: ~ aurifero/diamantifero/petrolifero, Gold-/Diamanten-/Erdölfeld n 12 *inform* *ling* Feld n: ~ concettuale/lessicale, Begriffs-/Wortfeld n; ~ semantico, semantisches Feld 13 *mat* Körper m: ~ razionale/reale, Körper m der rationalen/reellen Zahlen 14 *med* (*zona circoscritta*) {CHIRURGICO, OPERATORIO} Feld n: ~ di irradiazione, Strahlungsfeld n 15 *mil* Schlachtfeld n: ~ di battaglia, Schlachtfeld n; combattere in ~ aperto, auf offenem Feld kämpfen; morire sul ~, auf dem Feld fallen *forb eufem* 16 *numism* {+MEDAGLIA, MONETA} Feld n 17 *sport* (*impianto*) Platz m: ~ di da basket/calcio/golf/pallavolo/tennis, Basketball-/ Fußball-/ Golf-/ Volleyball-/ Tennisplatz m; ~ da gioco, Spielfeld n; ~ sportivo, Sportplatz m; far uscire dal ~ un giocatore infortunato, einen verletzten Spieler vom Feld gehen lassen; (*nel tennis*) Tennisrasen m, Tennisplatz m; ~ ⌐in erba⌐/[in terra rossa], Rasen-/Aschenplatz m; ~ sintetico, Hartplatz m mit künstlicher Beschichtung; giocare su un ~ veloce, auf einem schnellen Rasen spielen B <inv> *loc agg*: da ~ 1 *fig* (*da campeggio*) {FORNELLO A GAS, LAMPADA} Camping- 2 *mil* (*da accampamento*) {OSPEDALE, TENDA} Feld- • abbandonare/cedere/lasciare il ~ *fig* (*desistere da un'impresa*), das Feld räumen; *mil* (*ritirarsi da una battaglia*), das Schlachtfeld räumen; avere ~ libero *fig* (*potere fare quello che si vuole*), freie Bahn haben; ~ d'azione *fig* (*raggio d'azione*), Aktionsradius m, Wirkungsbereich m; ~ base alpin, Basislager n; essere/sembrare un ~ di battaglia *fig* (*rif. a un ambiente in disordine*), ⌐ein Schlachtfeld sein⌐/[wie ein Schlachtfeld aussehen]; cambiare ~ *sport*, die Seiten wechseln; ~ di concentramento *mil*, Konzentrationslager n, KZ n; campi elisi *mitol*, Elysium n, elysäische/elysische Gefilde; entrare in ~ *sport*, {ATLETA} den Platz betreten, auf das Feld einlaufen; *mil* {TRUPPE} eingreifen; *fig* {AMICO, ASTUZIA} auf den Plan treten; fondo ~ → fondocampo; fuori ~ *film teat*, {RUMORE, VOCE} Off-; ~ giochi (*area urbana per bambini*), Spielplatz m; ~ di lavoro (*per i giovani*), Workcamp n, Ferienlager n; *mil* (*per i lavori forzati*), Arbeitslager n; ~ di manovre *mil*, Truppenübungs-, Manöverplatz m; ~ di marte *mil stor* (*piazza d'armi*), Marsfeld n, Exerzierplatz m; metà ~ *sport*, Spielfeldhälfte f; trovarsi nella metà ~ avversaria, in der gegnerischen Spielfeldhälfte sein; mettere in ~ qc *fig* (*schierare*), {FORZE NUOVE} etw aufstellen; *fig* (*far valere*), {LE PROPRIE RAGIONI} etw geltend machen, etw vor|bringen, etw an|führen; mettere in ~ qu/qc *mil sport*, {SOLDATI, MEZZI} jdn/etw ins Feld führen, jdn/etw in die Schlacht werfen; ~ minato *mil* (*con mine*), Minenfeld n; *fig* (*situazione estremamente delicata*), gefährliches Terrain; ~ neutro *fig*, neutraler Platz; ~ di prigionia *mil*, Gefangenenlager n; essere promosso sul ~ *mil* (*per meriti in battaglia*), auf dem Feld befördert werden; *fig* (*ottenere il riconoscimento per qc*), befördert werden; ~ santo → camposanto; scendere in ~ contro qu *mil* (*essere pronti a combattere*), gegen jdn zu Felde ziehen; *sport*, (*gegen jdn*) auf das Spielfeld ein|laufen; scendere in ~ ⌐a favore di⌐/[contro] qu *fig spec giorn polit* (*schierarsi*), für/gegen jdn Partei ergreifen; ~ di sterminio *mil stor*, Vernichtungslager n; ~ ricerca/indagine svolta sul ~ (*sul luogo*), Feldforschung f; tenere il ~ *fig* (*essere protagonista in una situazione*), sich behaupten; *mil* (*difenderlo*) *anche*, die Stellung halten; ~ di tiro, Schussfeld n; a tutto ~ *fig* (*senza limiti*), {INDAGINE} lückenlos; *film* (*panoramico*), {INQUADRATURA} Panorama-; *sport* (*che si svolge su tutto il* ~), {GIOCO} auf dem ganzen Spielfeld ~ visivo *ott*, Gesichtsfeld n.

camporèlla f *sett* (*campicello*) kleines Feld *forb* • andare in ~ *scherz* (*amoreggiare nei campi*), sich unter freiem Himmel lieben.

camposànto <*campisanti o camposanti*> m (*cimitero*) Friedhof m • andare al ~, auf den Friedhof gehen; *eufem* (*morire*), sterben; mandare qu al ~ *fig* (*causarne la morte*), jdn ⌐unter die Erde bringen *fam*⌐/[ins Jenseits befördern *fam*].

campus <-, -*es pl ingl*> m *ingl* (*spec in USA*) Campus m, Universitätsgelände n: vivere in un ~, auf einem Campus leben.

camuffaménto m 1 (*travestimento*) Vermummung f, Verkleidung f 2 *fig* (*il mascherare*) {+SENTIMENTO} Verschleierung f, Tarnung f.

camuffàre A tr 1 (*travestire*) ~ qu (*da qc*) {DA PIRATA, DA SUORA} jdn (als etw) vermummen, jdn (als etw) verkleiden 2 *fig* (*nascondere*) ~ qc {LA PROPRIA AMBIZIONE, LA PROPRIA AVARIZIA} etw verbergen, etw tarnen, etw verschleiern: riuscì a ~ i suoi intenti, er/sie schaffte es, seine/ihre Absichten zu verschleiern B rfl 1 (*travestirsi*): camuffarsi (*da qc*) {BAMBINO DA PAGLIACCIO} sich (als etw) vermummen, sich (als etw) verkleiden 2 *fig* (*fingersi*): camuffarsi da qu {DA PERSONA PER BENE} jdn spielen.

camùṣo, (-a) *agg* 1 (*schiacciato*) {NASO} Platt-, Stumpf- 2 *fig* (*che ha il naso piatto*) {UOMO} plattnasig, stumpfnasig.

can → khan.

Can. *geog abbr di* Canale: Kan. (*abbr di* Kanal).

Cànada m *geog*: il ~, Kanada n.

Canadair® <-> m *aero* Canadair n, Löschflugzeug n.

canadéṣe A *agg* kanadisch B *mf* (*abitante*) Kanadier(in) m(f) C f (*piccola tenda*) Hauszelt n D m *med* (*bastone metallico*) Metallkrücke f.

canàglia f 1 (*persona malvagia*) Schuft m *spreg*, Schurke m *spreg*, Kanaille f *spreg*, Hund m *spreg*: lasciało perdere, è una ~, beachte ihn nicht, er ist ein Schuft *spreg* 2 *scherz* (*monello*) Schlingel m *scherz*, Racker m *fam*: una simpatica ~, ein sympathischer Racker *fam* 3 <solo sing> *lett* (*marmaglia*) Gesindel n *spreg*, Gelichter n *spreg*, Kanaille f *spreg obs*.

canagliàta f (*azione malvagia*) Schuftigkeit f *spreg*, Schurkerei f *spreg*.

canàle m 1 (*naturale*) Kanal m, Meerenge f: ~ marittimo, Meereskanal m; il ~ d'Otranto, der Otrantokanal 2 (*artificiale*) Kanal m: ~ di bonifica, Hauptabflussgraben m; ~ di drenaggio/di prosciugamento, Entwässerungskanal m, Drän m; ~ di irrigazione, Bewässerungskanal m; ~ navigabile, Schifffahrtskanal m, Fahrrinne f; ~ di Panama, Panamakanal m; ~ di scolo, Abwasser-, Abzugskanal m; ~ di Suez, Sueskanal m 3 (*condutura*) {+ACQUE} Kanal m, Leiter m 4 *fig* (*via*) Kanal m, Weg m: ~ burocratico, bürokratischer Kanal; ~ di distribuzione, Absatzweg m; canali ⌐d'informazione⌐/[di vendita], Informations-/Verkaufskanäle m pl 5 *anat* (*condotto*) {INGUINALE, VERTEBRALE} Gang m, Kanal m, Ductus m *scient* 6 *bot* {AERIFERO, RESINIFERO} Kanal m, Gang m 7 *edil* Kanal m, Rinne f: ~ di gronda, Dachkanal m, Dachrinne f, Traufe f *region* 8 *elettr tel* Leitung f 9 *geol* (*solco erosivo*) Kanal m, Rille f, Furche f 10 *inform* (*organo*) Kanal m: ~ d'entrata/uscita, Eingangs-/Ausgangskanal m 11 *radio TV* Kanal m, Programm n: sul primo/secondo/terzo ~, auf dem ersten/zweiten/dritten Kanal, im ersten/zweiten/dritten Programm; cambiare ~, umschalten; ~ radiofonico, Radioprogramm n; ~ televisivo, Fernsehkanal m • il Canale Grande (*a Venezia*), der Canal Grande.

canalétto <*dim di canale*> m Rinne f, kleiner Kanal m.

canalizzàre *tr* 1 (*ridurre a canale*) ~ qc

{CORSO D'ACQUA} *etw* kanalisieren **2** (*dotare di canali*) ~ *qc* {ZONA PALUDOSA} *etw* kanalisieren **3** (*incanalare*) ~ *qc* {IL TRAFFICO} *etw* kanalisieren, *etw* regeln, *etw* leiten **4** *fig* (*indirizzare*) ~ *qc* + *compl di luogo* {ENERGIE NELLO STUDIO, VERSO LA RICERCA} *etw* (*irgendwohin*) lenken, *etw* auf *etw* (acc) richten **5** *med* (*far defluire*) ~ *qc etw* ab|leiten, *etw* kanalisieren.

canalizzazióne f **1** (*il canalizzare*) {+FIUME} Kanalisation f, Kanalisierung f **2** (*insieme di canali*) {+ZONA} Kanalisation f **3** (*incanalamento*) {+VEICOLI} Kanalisation f, Regelung f, Leitung f **4** *fig* (*rete di distribuzione*) {+ELETTRICITÀ, GAS} Leitungssystem n **5** *fig* (*il rivolgere*) {+ENERGIE, FORZE} Kanalisieren n **6** *med* (*intervento*) Kanalisation f *scient*.

canalóne <accr *di canale*> m *geol* (*profondo solco*) {+MONTAGNA} Couloir m o n, Rinne f: **~ ghiacciato**, Eisrinne f.

cànapa f **1** *bot* Hanf m: **~ indiana**, indischer Hanf **2** (*fibra*) Hanf m, Hanffaser f **3** (*tessuto*) Hanfstoff m.

canapè <-> m **1** (*divanetto*) Kanapee n: **sdraiarsi/stendersi sul ~**, sich auf das Kanapee legen /[dem Kanapee ausstrecken] **2** *gastr* (*tramezzino*) Sandwich n, belegtes Brötchen.

canapícolo, (-a) agg (*della canapa*) {ZONA} Hanf-.

canapicoltùra f (*coltivazione della canapa*) Hanfanbau m.

canapièro, (-a) agg (*di canapa*) {PRODUZIONE} Hanf-.

canapifício <-ci> m (*stabilimento*) Hanfspinnerei f.

canapíno, (-a) agg **1** (*di canapa*) {TELA} Hanf- **2** (*biondo chiaro*) {CAPELLI} hanffarben.

cànapo m (*grossa fune*) Hanfseil n.

canard <-> m *franc giorn* (*notizia falsa*) (Zeitungs)ente f *slang*.

Canàrie f pl *geog*: **le ~**, die Kanarischen Inseln.

canaríno **A** <inv> agg (*colore*) {SCI} kanariengelb **B** m **1** *ornit* Kanarienvogel m **2** *fig* (*persona esile*) Strich m (in der Landschaft) *fam*, Hering m *fam scherz* • **mangiare come un ~** *fig* (*pochissimo*), essen wie ein Spatz *fam*.

canàsta f (*gioco*) Canasta n.

Canc *inform abbr di* cancella: entf. (*abbr di* entfernen).

cancàn <-> m *franc* **1** (*danza*) Cancan m: **ballare il ~**, Cancan tanzen **2** *fig* (*chiasso*) Lärm m, Krach m: **a fine partita hanno fatto un ~ incredibile**, am Ende des Spiels haben sie einen unglaublichen Krach gemacht **3** *fig* (*confusione*) Durcheinander n, Chaos n: **la notizia del suo arresto provocò un ~ indescrivibile**, die Nachricht von seiner/ihrer Verhaftung verursachte ein unbeschreibliches Chaos.

cancellàbile agg (*che si può cancellare*) {INCHIOSTRO, CASSETTA, NASTRO} löschbar.

cancellàre **A** tr **1** (*tirando una riga sopra*) ~ *qu/qc* (*da qc*) {CANDIDATO DA UNA LISTA, DATA, NUMERO} jdn/etw (aus/von etw dat) streichen, *jdn/etw* (*aus etw* dat) aus|tragen, *jdn/ etw* (*in etw* dat) durch|streichen: **la parte che non interessa** *amm*, Nichtzutreffendes bitte streichen; (*con la gomma*) {DISEGNO} *etw* (*aus-, weg-*)radieren, (*con il cancellino/bianchetto*) {ERRORE} *etw* löschen **2** (*pulire*) ~ *qc* {BIDELLA LAVAGNA} *etw* wischen **3** (*togliere*) ~ *qc* {CANZONE DA UNA CASSETTA} *etw* (*von etw* dat) löschen, {SCRITTA DAL MURO} *etw* (*von etw* dat) entfernen: **~ una frase dalla lavagna**, einen Satz an der Tafel wegwischen /[von der Tafel wischen]; {OGNI TRACCIA} *etw* verwischen **4** *fig* (*annullare*) ~ *qc* {APPUNTAMENTO} *etw* ab|sagen; {PRENOTAZIONE, VOLO} *etw* stornieren, *etw* rückgängig machen **5** *fig* (*dimenticare*) ~ *qu/qc* {PERSONA, FATTO, IMPRESSIONE} die Erinnerung an *jdn/ etw* aus|löschen: **~ qu/qc dalla memoria**, jdn/etw aus dem Gedächtnis streichen; **il passato non può essere cancellato**, die Vergangenheit kann nicht ausgelöscht werden **6** *fig* (*far dimenticare*) ~ *qc etw* aus|löschen: **il tempo cancella tutte le ferite**, die Zeit heilt alle Wunden **7** *comm* ~ *qc* {ORDINE} *etw* stornieren, *etw* rückgängig machen **8** *dir* ~ *qc* {DISPOSIZIONE, LEGGE} *etw* auf|heben; {IPOTECA} *etw* löschen: **una società per azioni dal registro delle imprese**, eine (italienische) Aktiengesellschaft im Unternehmensregister/Handelsregister löschen **9** *econ* (*estinguere*) ~ *qc* {DEBITO} *etw* tilgen, *etw* löschen **10** *inform* ~ *qc* {FILE} *etw* löschen **B** itr *pron anche fig*: **cancellarsi** verwehen, verschwinden, verblassen: **il nome sulla sabbia si cancellò in fretta**, der Name im Sand verwehte schnell; **un ricordo che non si cancellerà mai**, eine bleibende Erinnerung.

cancellàta f (*recinto*) {+GIARDINO, PARCO} Gitter n, Gatter n.

cancellatùra f **1** (*il cancellare*) {+FRASE, PAROLA} (Aus)löschen n **2** (*segno*) Streichung f, durchgestrichene Stelle: **una lettera piena di cancellature**, ein Brief voller durchgestrichener Stellen /[Streichungen].

cancellazióne f **1** (*tirando una riga sopra*) Durchstreichen n; (*con la gomma*) Ausradieren n; (*con il cancellino/bianchetto*) Löschen n **2** (*eliminazione*) {+ISCRIZIONE} Streichen n: **~ di un nome dalla liste elettorali**, Streichen n eines Namens von den Wählerlisten **3** {+NASTRO} Löschung f, Löschen n **4** *fig* (*annullamento*) {+VOLO} Löschen n, Annullierung f **5** *comm* {+ORDINE} Stornierung f **6** *dir* {+IPOTECA} Löschen n **7** *econ* {+DEBITO} Tilgung f **8** *inform* {+FILE} Löschen n.

cancelleresco, (-a) <-schi, -sche> agg *anche stor* {SCRITTURA, STILE} Kanzlei-.

cancelleria f **1** (*materiale*) Bürobedarf m, Büromaterial n: **spese di ~**, Büromaterialkosten pl, Kanzleikosten pl **2** *amm* (*insieme di uffici*) {DIPLOMATICA, CONSOLARE} Staatskanzlei f, Sekretariat n **3** *dir* {GIUDIZIARIA} Geschäftsstelle f (des Gerichts) **4** *polit* {+PRIMO MINISTRO} Kanzleramt n **5** *stor* (*ufficio*) Kanzlei(büro n) f.

cancellétto m <dim *di cancello*> **1** kleines Tor, Pforte f **2** (*simbolo*) Rautetaste f • **di partenza** *sport* (*nello sci*), Starttor m.

cancellieràto m *polit* **1** (*carica*) Kanzleramt n **2** (*durata*) Amtszeit f des Kanzlers **3** "System n der Direktwahl des Premierministers".

cancellière, (-a) m (f) **1** *amm* (*segretario*) {+AMBASCIATA, CONSOLATO} Urkundsbeamte m decl come agg, Urkundsbeamtin f **2** *dir* (*collaboratore del giudice*) Urkundsbeamte m decl come agg der Geschäftsstelle **3** *polit* (*in Germania e Austria: primo ministro*) Kanzler m: **il ~ federale**, der Bundeskanzler • **il ~ di ferro** *stor* (O.v. Bismarck), der Eiserne Kanzler; **~ dello Scacchiere** (*in Inghilterra: ministro delle finanze e del tesoro*), Schatzkanzler m.

cancellíno m **1** (*cimosa*) {+LAVAGNA} Schwamm m **2** (*scolorina*) Tintenlöscher m **3** (*bianchetto*) Korrekturflüssigkeit f.

cancèllo m **1** (*chiusura, spec in ferro*) {+GIARDINO, VILLA} (Gitter)tor m, Gittertür f: **~ automatico**, automatisches Tor; **stare a chiacchierare sul ~ di casa**, ein Schwätzchen am Gartentor abhalten **2** (*nell'equitazione*) {ARCUATO} Gatter n • **comprare/vendere a ~ chiuso** *dir*, ein Grundstück mit Zubehör inventarlos kaufen/verkaufen.

cancerizzàrsi itr pron *med* (*trasformarsi in cancro*): {FERITA} sich zu einem Krebs entwickeln, bösartig werden.

cancerizzazióne f *med* (*trasformazione in cancro*) {+TESSUTO} Krebsbildung f.

cancerògeno, (-a) *med* **A** agg (*che provoca il cancro*) {AGENTE} Krebs erregend, karzinogen *scient* **B** m Krebserreger m.

canceròloga f → **cancerologo**.

cancerología f *med* Krebsforschung f.

canceròlogo, (-a) <-gi, -ghe> m (f) *med* Krebsforscher(in) m(f).

canceróso, (-a) *med* **A** agg **1** (*del cancro*) {CELLULA, PROCESSO, TESSUTO} krebsartig, kanzerös *scient* **2** (*che è affetto da cancro*) {PAZIENTE} Krebs- **B** m (f) (*persona*) Krebskranke mf decl come agg.

cancrèna f **1** *med* (*necrosi*) {+TESSUTO} (Wund)brand m, Nekrose f *scient*: **andare in ~**, brandig werden, gangränesizieren *scient*; **~ secca**, trockener Brand, Mumifikation f *scient*; **~ umida**, feuchter Brand, Gangrän n *scient*, Gangräne f *scient* **2** *bot* (*malattia*) Brand m, Gangräne f **3** *fig* (*male insanabile*) Plage f, Übel n: **il malcostume politico è la ~ del paese**, die politische Korruption ist das Übel des Landes.

cancrenóso, (-a) *med* **A** agg (*con cancrena*) {PIAGA, PAZIENTE} brandig, gangränös *scient* **B** m (f) (*persona*) Gangränöse mf decl come agg *scient*.

càncro m **1** (*tumore maligno*) Krebs m: **avere il ~/un ~**, Krebs haben; **avere un ~ all'intestino/alla mammella/ai polmoni/all'utero**, Darm-/Brust-/Lungen-/Gebärmutterkrebs haben **2** *astrol astr*: **Cancro**, Krebs m; **sono del/un Cancro**, ich bin (ein) Krebs **3** *bot* (Pflanzen)krebs m **4** *fig* (*piaga*) {+ISTITUZIONI} Unheil n, Krebsgeschwür n **5** *fig* (*tormento*) {+GELOSIA} Stachel m *forb*, Qual f.

candeggiànte **A** agg (*sbiancante*) {SOLUZIONE} bleichend, Bleich- **B** m (*sostanza*) Bleichmittel n, Weißmacher m, Aufheller m.

candeggiàre <*candeggio, candeggi*> tr *anche tess* (*sbiancare*) ~ *qc* {BIANCHERIA, TESSUTO} *etw* (aus|)bleichen, *etw* bläuen.

candeggína f Bleichmittel n.

candéggio <-gi> m **1** {+BUCATO} Bleichen n, Bläuen n **2** *industr* (*trattamento*) {+CARTA, FILATO, TESSUTO} Bleichen n.

candéla **A** f **1** (*di cera*) Kerze f: **accendere/spegnere una ~**, eine Kerze anzünden/ ausblasen **2** *fis* (*unità di misura*) Candela f, Lichtstärkeneinheit f, Kerze f *obs*: **una lampadina da 60 candele**, eine Glühbirne mit der Stärke von 60 Candela **3** *mecc* (Zünd)kerze f: **~ di accensione /[a incandescenza]**, Zünd-/Glühkerze f; **avere le candele sporche**, verschmutzte Zündkerzen haben **4** *sport* (*nella ginnastica*) Kerze f **B** loc avv (*perpendicolarmente*): **a ~** {SPARARE, TIRARE LA PALLA, TUFFARSI} kerzengerade • **accendere una ~ a qu** (*in segno di ringraziamento, di devozione*), {ALLA MADONNA} jdm eine Kerze stiften/anzünden; **avere la ~ al naso** *fig fam* (*avere il naso che cola*), eine Rotznase/Rotzglocke haben *volg*; **reggere/tenere la ~ a qu** *fig* (*il moccolo*), bei jdm die Anstandsdame *obs*/den Anstandswauwau *fam scherz* spielen; **spegnersi come una ~** *fig* (*morire lentamente*), sein Leben langsam aushauchen *forb*; **struggersi come una ~** *fig* (*dimagrire per malattia*), vom Fleisch(e) fallen *fam*; (*per dolore, passione*), sich verzehren *forb*.

candelàbro m (*sostegno a due o più bracci*) Kandelaber m, Kerzen-, Armleuchter m.

candelétta <dim *di candela*> f *farm* (*preparato*) Zäpfchen n.

candelière m 1 (*sostegno a un braccio*) {+ARGENTO} Kerzenleuchter m, Kerzenständer m 2 *mar* (*asta metallica*) Stütze f.
candelina <*dim di* candela> f (*piccola candela*) kleine Kerze, Kerzchen n, Lichtchen n: **spegnere le candeline sulla torta**, die Kerzen auf dem Kuchen ausblasen.
Candelòra f *relig* (*festa*) Mariä Lichtmess f.
candelòtto <*accr di* candela> m 1 (*contenitore cilindrico*) Kerze f, Patrone f: ~ **di dinamite**, Dynamitpatrone f; ~ **fumogeno/lacrimogeno**, ⌊Nebel-, Rauchgaspatrone⌋/⌊Tränengaspatrone⌋ f 2 (*cero*) {+PROCESSIONE} große Kerze.
càndida f *med* Candida f *scient*.
candidaménte *avv* 1 *fig* (*ingenuamente*) naiverweise, einfältig: **lo disse ~ davanti a tutti**, er/sie sagte es naiverweise vor allen Leuten 2 *fig* (*sinceramente*) treuherzig, treu.
candidàre A *tr* (*presentare come candidato*) ~ **qu** (**a qc**) {PERSONA ALLA PRESIDENZA, ALLA GUIDA DELL'AZIENDA} als Kandidaten (*für etw* acc) aufstellen: **lo hanno candidato a sindaco**, sie haben ihn als Bürgermeisterkandidaten aufgestellt B *rfl* (*proporsi come candidato*): **candidarsi** (**a**/**per qc**) {ALLA DIREZIONE DI UN TEATRO, PER LE ELEZIONI} sich *um etw* (acc) bewerben, *für etw* (acc) kandidieren: **candidarsi nelle liste di un partito**, sich in den Wahllisten einer Partei aufstellen lassen.
candidàto, (-a) A *agg* (*destinato*) ~ **a qc** *zu etw* (dat) bestimmt, *zu etw* (dat) verurteilt: **questo progetto è ~ al fallimento**, dieses Projekt ist zum Scheitern verurteilt B *m* (f) 1 (*aspirante a una carica*) Kandidat(in) m(f): **presentare un ~ alle elezioni amministrative**, einen Kandidaten für die Kommunalwahlen aufstellen; ~ **alla presidenza**, Präsidentschaftskandidat m 2 (*chi partecipa a un esame*) Prüfungskandidat(in) m(f), Prüfling m; (*alla maturità*) Abiturient(in) m(f); (*a un concorso*) Bewerber(in) m(f).
candidatùra f 1 (*presentazione di una persona*) Kandidatur f: **la sua ~ a sindaco fu un successo**, seine/ihre Kandidatur zum Bürgermeister war ein Erfolg; **presentare la propria ~**, kandidieren 2 (*a un concorso*) Bewerbung f.
candid camera <-> *loc sost* f *ingl film TV* (*ripresa*) versteckte Kamera.
càndido, (-a) *agg* 1 (*molto bianco*) schneeweiß, weiß 2 *fig* (*ingenuo*) {UOMO} naiv 3 *fig* (*puro*) {ANIMA, CUORE} unschuldig, rein.
candidòsi <-> f *med* (*infezione*) Candidosis f *scient*, Kandidiasis f *scient*, Kandidamykose f *scient*.
candìre <candisco> *tr gastr* ~ **qc** {FRUTTA} *etw* kandieren.
candìto, (-a) *gastr* A *agg* {FRUTTA} kandiert; {ZUCCHERO} Kandis- B *m* <*di solito al pl*> {+PANETTONE} kandierte Früchte f pl.
candóre m 1 (*bianchezza*) {+NEVE} Weiße f 2 *fig* (*purezza*) {+SENTIMENTO} Reinheit f 3 *fig* (*ingenuità*) Naivität f: **raccontare qc con ~**, etw naiv erzählen.
càne A m 1 {FEROCE, MANSUETO} Hund m: ~ **addestrato**, dressierter Hund; **avere un ~**, einen Hund haben; **il ~ è amico dell'uomo**, der Hund ist der Freund des Menschen; **bassotto**, Dackel m; ~ **bastardo**, Mischlingshund m, Bastard m; ~ **da caccia/compagnia/guardia/pastore/slitta/tartufi**, Jagd-/Schoss-/Wach-/Schäfer-/Schlitten-/Trüffelhund m; ~ **da ferma/punta**, Vorstehhund m; ~ **di razza**, Rassehund m 2 {+FUCILE, PISTOLA} Hahn m 3 *fig* (*persona incapace*) Stümper m *spreg*, Pfuscher m *fam spreg*, Nichtskönner m *spreg*: **quel pianista è un ~!**, dieser Klavierspieler ⌊spielt hundsmiserabel *fam*⌋/⌊spielt hunderbärmlich *fam*⌋/⌊ist ein Stümper *spreg*⌋! 4 *tecnol* (*nottolino*) Klinke f, Sperrzahn m B *loc agg fig* (*brutto*): **da cani** {TEMPO, VITA} Hunde- *fam spreg* C *loc avv fig* (*molto male*): **da cani** {DORMIRE, MANGIARE} hundsmiserabel *fam*/hundserbärmlich *fam*; **lavoro fatto da cani**, hundsmiserabel *fam* gemachte Arbeit • **menare il can per l'aia** *fig* (*tergiversare*), nicht zur Sache kommen, Ausflüchte machen, herumdrucksen *fam*; ~ **antidroga**, Drogenspürhund m; **attenti al ~!** (*avvertimento*), Vorsicht, bissiger Hund!; **andarsene come un ~ bastonato** *fig* (*avvilito*), wie ein ⌊geprügelter Hund⌋/⌊begossener Pudel⌋ abziehen *fam*; **sentirsi come un ~ bastonato**, sich (dat) wie ein geprügelter Hund vorkommen; **cantare come un ~** *fig* (*essere stonato*), hundsmiserabel singen *fam*; **essere fortunato come un ~ in chiesa** *fig iron* (*molto sfortunato*), ein Pechvogel/ein Unglücksrabe sein *fam*; **non c'è un ~** *fig fam* (*nessuno*), es ist kein Schwein/Aas da *volg*; **ho una fame/sete ~** *fam* (*molta fame/sete*), ich habe einen Bärenhunger/Mordsdurst *fam*; **fa un freddo ~ fam** (*molto freddo*), es ist hundekalt *fam*; **essere/[andare d'accordo] come ~ e gatto** *fig* (*litigare sempre*), wie Hund und Katze sein/leben *fam*; ~ **grosso** *fig* (*persona potente*), hohes/großes Tier *fam*; ~ **guida** (*per accompagnare i ciechi*), Blindenhund m; **lavorare come un ~** (*duramente*), wie ein Pferd arbeiten *fam*; ~ **lupo** (*pastore tedesco*), Schäferhund m, Wolfshund m; ~ **maggiore/minore** *astr* (*costellazione*), der Große/Kleine Hund; **mondo ~!** *fig fam*, (so ein) Mist! *fam*; **morire solo come un ~** (*in solitudine*), wie ein Hund verrecken *fam*; ~ **da pagliaio** *spreg* (*di poco valore*), Bastard m, Köter m *spreg*; (*chi minaccia ma è inoffensivo*), Kläffer m *fam spreg*; ~ **poliziotto** (*addestrato per la polizia*), Polizeihund m; **invitare cani e porci** *fig spreg* (*chiunque*), alle Welt einladen *fam*; ~ **della prateria** *zoo* (*roditore*), Präriehund m; ~ **da presa** (*nella caccia*), Hetzhund m; ~ **da riporto** (*da caccia*), Apportierhund m; ~ **da salotto** (*da compagnia*), Schoßhund m; ~ **sciolto** *fig* (*persona che non segue la massa*), Einzelgänger m; **solo come un ~** *fig* (*completamente solo*), mutterseelenallein; **trattare qu come un ~** *fig* (*malissimo*), jdn wie ein Stück Vieh behandeln *fam*; **non trovare un ~** *fig* (*nessuno*), kein Schwein/Aas treffen *fam*; ~ **da valanga**, Lawinenhund m; **fra cani grossi non si mordono** *prov*, eine Krähe hackt der anderen kein Auge aus *prov*; **can che abbaia non morde** *prov*, Hunde, die bellen, beißen nicht *prov*; **non svegliare il can che dorme** *prov*, schlafende Hunde soll man nicht wecken *prov*; **una volta corre il ~ ed una volta la lepre** *prov*, mal hat der eine Pech/Glück, mal der andere; es trifft jeden einmal.
canèa f 1 (*muta di cani*) Meute f 2 (*l'abbaiare insistente*) Gebell n der Meute 3 *fig* (*schiamazzo*) {+TIFOSI} Geschrei n *fam spreg*, Geplärr(e) n *fam spreg* 4 *fig giorn* (*clamore*) {+CRITICI, STAMPA} Verriss m *slang*, Geschrei n *fam spreg*, Geplärr(e) n *fam spreg*.
canèderlo m <*di solito al pl*> *gastr* Knödel m.
canestrèllo <*dim di* canestro> m 1 *gastr* (*piccolo dolce*) "Gebäcksorte" f 2 *mar* (*anello*) Tau-, Seilring m.
canèstro m 1 (*recipiente*) Korb m 2 (*contenuto*) {+ALBICOCCHE} Korb m 3 *sport* (*nella pallacanestro*) Korb m: **andare a**/[**fare un**] **~**, einen Korb schießen/erzielen.
cànfora f *chim* Kampfer m.
canforàto, (-a) *agg* (*che contiene canfora*) {ALCOL, OLIO} Kampfer-.
cànforo m *bot* Kampferbaum m.
cangiànte *agg* (*che cambia colore*) {TESSUTO} schillernd.
cangiàre <*cangio, cangi*> *lett* A *itr* <*essere o avere*> (*mutare*) {+COLORE} schillern, changieren B *tr* <*avere*> (*cambiare*) ~ **qc** *etw* ändern, *etw* wechseln.
canguro m *zoo* Känguru m: ~ **gigante**, Riesenkänguru n; ~ **rosso**, rotes Riesenkänguru n • **saltare come un ~** (*molto*), hüpfen wie ein Frosch.
canìcola f (*caldo torrido*) {ESTIVA} Hundsgehitze f: **i giorni della ~**, die Hundstage m pl.
canicolàre *agg* (*torrido*) {GIORNATA} drückend heiß; {CALDO} Glut-.
canìle m 1 (*luogo per custodia e/o allevamento dei cani*) Hundezwinger m: **portare un cane abbandonato al ~**, einen ausgesetzten Hund zum Hundezwinger bringen; ~ **municipale**, städtisches Tierheim, Tierasyl n für Hunde 2 (*cuccia*) (Hunde)hütte f.
canìno, (-a) A *agg* 1 (*di cane*) {LATRATO} Hunds-; {MOSTRA} Hunde- 2 *fig* (*molto forte*) {RABBIA} tierisch *fam*; {FAME} *anche* Bären- m 3 *anat* {DENTE} Eck- B *m anat* {+UOMO} Eckzahn m; {+ANIMALE CARNIVORO} Haken-, Raffzahn m.
canìzie <-> f 1 (*imbiancamento*) Ergrauen n: ~ **precoce**, verfrühtes Ergrauen 2 (*chioma bianca*) weißes Haar 3 *fig* (*vecchiaia*) (Greisen)alter n.
cànna f 1 {DOMESTICA, MONTANA} Rohr n: ~ **di bambù**/**d'India**, Bambus-/Peddigrohr n; ~ **di palude**, Schilf-, Teichrohr n, Ried n; ~ **da zucchero**, Zuckerrohr n 2 (*bastone*) Stock m, Rute f: ~ **da pesca**, Angelrute f; (*da passeggio*) (Rohr)stock m 3 (*della bicicletta*) (Fahrrad)stange f: **portare qu sulla ~**, jdn auf der Fahrradstange mitnehmen 4 (*del fucile*) Lauf m 5 (*dell'organo*) (Orgel)pfeife f 6 (*di ventilazione*) Lüftungsrohr n 7 (*per soffiare il vetro*) Glasbläserpfeife f, Glasbläser-, Blasrohr n 8 *region anat* (*trachea*) Luftröhre f, Trachea f *scient* 9 *slang* (*sigaretta di erba*) Joint m: **farsi una ~**, sich (dat) einen Joint drehen • **bere a ~** *fam* (*dalla bottiglia*), aus der Flasche trinken; ~ **fumaria**, Rauchabzug m; **essere povero in ~** (*poverissimo*), bettelarm sein, arm wie eine Kirchenmaus sein *fam scherz*; **tremare come una ~** (*per paura o per freddo*), wie Espenlaub zittern *fam*; **essere una ~ al vento** *fig* (*essere facilmente influenzabile*), wie ein Rohr im Wind schwanken *forb*.
cànnabis <-> f *lat bot* Cannabis m.
cannàre A *tr slang spec scuola* 1 (*sbagliare*) ~ **qc** {CALCOLO, ESERCIZIO, RISPOSTA} *etw* verhauen *fam*, *bei etw* (dat) Mist bauen *fam* 2 (*bocciare*) ~ **qu** jdn durchfallen/durchrasseln lassen *fam* B *itr slang* Mist bauen *fam*, daneben|hauen *fam*.
cannàta f *slang* (*errore madornale*) Riesenfehler m, grober/gewaltiger Fehler, dicker Patzer/Schnitzer *fam*.
Cànne f *geog stor* Cannae n.
cannèlla[1] f 1 *bot* (*albero*) Zimtbaum m 2 *gastr* Zimt m, Kaneel m.
cannèlla[2] <*dim di* canna> f 1 (*conduttura*) {+ACQUA} Hahn m 2 (*tubo di legno*) {+BOTTE} Zapfen m.
cannellìno m <*di solito al pl*> *gastr* "kleine, weiße Bohnen".
cannèllo <*dim di* canna> m 1 (*pezzo di canna*) Röhrchen n 2 *fig* (*cilindro*) Rohr n: ~ **della penna**, (Feder)halter m; ~ **della pipa**, Pfeifenrohr n 3 *tecnol* (*dispositivo per saldare*) Brenner m: ~ **ossiacetilenico**, Azetylensauerstoffbrenner m; ~ **ossidrico**, Sauerstoff-, Knallgasgebläse n 4 *zoo* Messer-, Scheidenmuschel f • **ferruminatorio** *chim*,

Lötrohr n.
cannellóne <accr di cannello> m <di solito al pl> gastr Cannelloni pl (große Rohrnudel zum Füllen oder mit Füllung).
cannéto m Röhricht n, Rohr n, Schilf n.
cannìbale mf 1 (antropofago) Kannibale m, Kannibalin f, Menschenfresser(in) m(f) 2 fig (uomo feroce) Kannibale m spreg, Kannibalin f spreg.
cannibalésco, (-a) <-schi, -sche> agg anche fig {RITO} kannibalisch.
cannibalìsmo m anche fig Kannibalismus m.
canníccio <-ci> m 1 (stuoia di canne) Schilfmatte f 2 (graticcio) Rohrgeflecht n.
cannocchiàle m (strumento ottico) Fernrohr n: ~ **astronomico**, astronomisches Fernrohr, Himmelsfernrohr n; ~ **distanziometrico**, Entfernungsmessungsfernrohr n; **cannocchiale panoramico**, Zielfernrohr n; ~ **di puntamento**, Ziel-, Visierfernrohr n; ~ **terrestre**, Erdfernglas n.
cannòlo m gastr (dolce) "süßes gefülltes Teigröhrchen".
cannonàta f 1 (colpo di cannone) Kanonenschuss m, Kanonenschlag m: **tirare una** ~, einen Kanonenschuss abfeuern 2 fig fam (persona o cosa eccezionale) Wucht f fam, Bombensache f fam: **quell'attore è una** ~, der Schauspieler ist eine Wucht fam 3 sport (nel calcio) (forte tiro) Bombe f, Bombenschuss m ● **non lo smuovono neanche le cannonate!** fig (detto di persona che non si sposta volentieri), der lässt sich durch nichts aus der Ruhe bringen, den können auch Kanonenschüsse nicht erschüttern! fam.
cannonàu <-> m enol "Rotweinsorte f aus Sardinien".
cannoncíno <dim di cannone> m 1 (cannone leggero) Feldhaubitze f, kleine Kanone 2 (piccola piega) {+MANICA} Biese f 3 gastr (bignè) "mit Sahne oder Creme gefüllte Teigröhrchen".
cannóne m 1 Kanone f: ~ **anticarro**, Panzerabwehrkanone f; ~ **antiaereo**, Fliegerabwehrkanone f, Flugabwehrkanone f; ~ **atomico**, Atomkanone f, Atomgeschütz n; ~ **navale**, Schiffskanone f, Schiffsgeschütz n 2 (tubo grosso) {+STUFA} Rohr n; {+ACQUAIO} Wasserrohr n 3 (doppia piega) {+GONNA} Quetschfalte f 4 fig fam (persona grassa) Dickwanst m fam spreg ● ~ **ad acqua** (idrante), Wasserwerfer m; ~ **elettronico** elettr, Elektronenkanone f ● **essere un** ~ **in qc** fig (eccellere in qc), {RAGAZZO IN FISICA} in etw (dat) eine Kanone/ein Ass sein fam; ~ **sparaneve**, Schneekanone f.
cannoneggiàre <cannoneggio, cannoneggi> Ⓐ tr (bombardare) ~ **qc** etw bombardieren Ⓑ itr (sparare cannonate) Kanonen ab|feuern.
cannonièra f 1 (apertura in una fortezza) Schießscharte f; (in una nave) Kanonenpforte f 2 mar (nave) Kanonenboot n.
cannonière m 1 fig sport (nel calcio) (bomber) Torjäger m, Bomber m fam, Kanonier m slang 2 mar (marinaio) Schiffskanonier m, Schiffsschütze m 3 mil (artigliere) Kanonier m.
cannúccia <-ce, dim di canna> f 1 (per bibite) Stroh-, Trinkhalm m 2 (cannello della pipa) Pfeifenrohr n; (della penna) Federhalter m 3 bot (canna di palude) Schilfrohr n.
cànnula f med (tubicino) Kanüle f, Röhrchen n.
canòa f 1 anche sport (piccola imbarcazione) Kanu n: ~ **canadese**, Kanadier m; ~ **kayak**, Kajak m o n 2 sport (attività) Kanusport m.
canòcchia f zoo Heuschreckenkrebs m.
canoìsmo m sport Kanusport m.

canoísta <-i m, -e f> mf sport (vogatore) Kanute m, Kanutin f, Kanufahrer(in) m(f).
canoístico, (-a) <-ci, -che> agg {RADUNO} Kanufahrer-.
cànone m 1 (regola) {ARTISTICO, ESTETICO, LETTERARIO, PITTORICO} Kanon m, Norm f, Maßstab m 2 (insieme di principi) {+EDUCAZIONE, RICERCA SCIENTIFICA} Regeln f pl, Maßstäbe m pl, Richtschnur f 3 (quota) {ANNUO, MENSILE} Gebühr f: **pagare il** ~, die Gebühr entrichten; radio TV die Rundfunk- und Fernsehgebühr entrichten 4 mus (composizione contrappuntistica) Kanon m: ~ **a tre voci**, dreistimmiger Kanon 5 relig (insieme di testi sacri) {CRISTIANO, EBRAICO} Kanon m ● ~ **di affitto** dir, Pachtzins m; **equo** ~ dir, gesetzlich geregelter Mietzins; ~ **di locazione** dir, Mietzins m.
canònica <-che> f (abitazione del parroco) Pfarrhaus n.
canònico, (-a) <-ci, -che> Ⓐ agg 1 (conforme a un canone) {PROCEDIMENTO, STILE} kanonisch 2 dir (della Chiesa) {DIRITTO} kanonisch, Kirchen- 3 mat {EQUAZIONE} kanonisch 4 relig {LIBRO, MATRIMONIO} kanonisch Ⓑ m relig (ecclesiastico) Kanoniker m, Kanonikus m.
canonizzàre tr 1 fig (approvare ufficialmente) ~ **qc** {PROCEDIMENTO, USO LINGUISTICO} etw sanktionieren forb, etw institutionalisieren forb 2 dir (nel diritto canonico: recepire) ~ **qc** {NORMA} etw aus einer anderen Rechtsordnung auf|nehmen 3 relig (santificare) ~ **qu** jdn heilig|sprechen, jdn kanonisieren.
canonizzazióne f 1 fig (approvazione ufficiale) {+PROCEDURA} Sanktionierung f forb, Institutionalisierung f forb 2 relig (santificazione) Kanonisation f, Kanonisierung f, Heiligsprechung f.
canòpo m archeol (urna funeraria) Kanope f.
canòro, (-a) agg 1 (che canta bene) {UCCELLO} Sing- 2 (che ha attitudine al canto) {GOLA} gesanglich begabt 3 (musicale) {COMPETIZIONE, FESTIVAL} Schlager- 4 mus (con suono forte e chiaro) {STRUMENTO} wohlklingend.
Canòssa f geog Kanossa f ● **andare a** ~ fig (essere costretti a scuse umilianti), nach Kanossa gehen, einen Kanossagang/[Gang nach Kanossa] antreten forb.
canòtta f (canottiera) ärmelloses Unterhemd.
canottàggio <-gi> m sport Rudersport m: **fare** ~, rudern.
canottièra f (maglietta senza maniche) ärmelloses Unterhemd.
canottière, (-a) m (f) sport (chi pratica il canottaggio) Ruderer(in) m(f).
canòtto m 1 (gonfiabile) Schlauchboot n: ~ **di salvataggio**, Rettungsboot n 2 (piccola barca) kleines Boot.
canovàccio <-ci> m 1 (strofinaccio da cucina) Küchen-/Putztuch n; (per le stoviglie) Geschirr-, Trockentuch n 2 (tessuto per ricami) Stramin m 3 fig lett (trama) {+ROMANZO} Handlung(sablauf m) f 4 fig teat (schema) Canovaccio n, Kanevas m: **improvvisare su un** ~, auf der Grundlage eines Kanevas improvisieren.
cantàbile Ⓐ agg 1 (che può essere cantato) {MOTIVO} singbar, kantabel 2 mus {ADAGIO} cantabile Ⓑ m mus (composizione) Kantabile n.
cantànte mf mus {BUON, CATTIVO, OTTIMO} Sänger(in) m(f): ~ **folk**, Folksänger(in) m(f); ~ **lirico**/**d'opera**, Opernsänger m(f); ~ **di musica leggera**, Schlagersänger(in) m(f); ~ **pop**/**rap**/**rock**, Pop-/Rap-/Rocksänger(in) m(f).
cantàre① Ⓐ itr 1 (modulare la voce) ~ (+ **compl di modo**) {BENE, MALISSIMO} (irgend-

wie) singen: **canta in un coro**, er/sie singt in einem Chor; ~ ⌊**a solo**⌋/[**in coro**], solo/[im Chor] singen; ~ **a orecchio**, nach dem Gehör singen; ~ **da soprano**/**tenore**, Tenor/Sopran singen 2 (emettere un verso) {GALLO} krähen; {GALLINA} gackern; {ALLODOLA, CANARINO, USIGNOLO} zwitschern, singen; {CICALA, GRILLO} zirpen; {RANA} quaken 3 fig (funzionare perfettamente) {MOTORE} wunderbar laufen 4 fig (scorrere) {RUSCELLO} plätschern 5 fig slang (confessare) singen slang, aus|packen fam: **dopo un lungo interrogatorio ha cantato**, nach einem langen Verhör hat er/sie gesungen slang; **lo hanno fatto** ~, sie haben ihn zum Singen slang gebracht Ⓑ tr 1 ~ **qc** {ARIA, CANZONE, MOTIVO} etw singen 2 fig lett (celebrare) ~ **qu**/**qc** {POETA NATURA} jdn/ etw besingen: ~ **le lodi di qu**, ein Loblied auf jdn singen; ~ **le gesta di qu**, jds Heldentaten besingen ● **cantarla chiara a qu** fig (dire chiaramente qc a qu), Klartext mit jdm reden fam, jdm klipp und klar die Meinung sagen fam; **cantarne quattro a qu** fig fam (rimproverarlo), jdm deutlich die Meinung sagen, jdm was erzählen fam; **canta che ti passa** fam scherz (invito a non preoccuparsi), nimm's nicht so schwer, ⌊es wird schon wieder (werden)⌋/[alles wird gut].
cantàre② m lett (poema epico o cavalleresco) {+CID} Cantar m.
cantàride f 1 (droga) Kantharidin n 2 zoo Weichkäfer m, Kantharide m.
càntaro m archeol (vaso) Kantharos m; (vasca) Marmorbecken n, Wanne f.
cantastòrie <-> mf (chi canta e recita nelle piazze) Bänkelsänger(in) m(f).
cantàta f 1 (il cantare) Singen n, Gesang m: **fare una (bella)** ~, ein Lied anstimmen 2 mus (composizione) Kantate f.
cantàto, (-a) agg 1 (accompagnato da canti) {POESIA} mit Gesangsbegleitung: **Messa cantata**, Hochamt n 2 (cantilenato) {DIALETTO, INTONAZIONE} leiernd.
cantautóre, (-trice) m (f) Liedermacher(in) m(f).
cànter <-> m ingl (nell'equitazione) Kanter m.
canteràno m (mobile) Kommode f.
canterellàre Ⓐ tr (canticchiare) ~ **qc** {CANZONE, PEZZO} etw (vor sich hin) trällern, etw vor sich hin singen Ⓑ itr (cantare tra sé) (vor sich hin) trällern, vor sich hin singen.
canterino, (-a) Ⓐ agg 1 (che canta) {CICALA, GRILLO} zirpend; {UCCELLO} Sing- 2 fam scherz (che canta spesso e volentieri) {DONNA} sangesfreudig, sangesfroh Ⓑ m (f) fam scherz (chi canta volentieri) sangesfroher Mensch.
càntica <-che> f 1 lett anche relig (componimento in versi) (Lob)gesang m 2 lett {+DIVINA COMMEDIA} "jeder der drei Hauptteile der Divina Commedia".
canticchiàre <canticchio, canticchi> Ⓐ tr (cantare a bassa voce) ~ **qc** {MOTIVO} etw (vor sich hin) trällern, etw vor sich hin singen Ⓑ itr (vor sich hin) trällern, vor sich hin singen: **gli piace** ~ **mentre lavora**, er trällert/ singt gerne bei der Arbeit vor sich hin.
càntico <-ci> m spec relig (componimento) Lobgesang m, Hymne f ● **il Cantico dei Cantici** relig (libro dell'Antico Testamento), das ⌊Hohe Lied⌋/[Hohelied] (Salomos); **il Cantico delle Creature** lett ⌊/[di frate Sole lett]⌋ (opera di San Francesco), Sonnengesang m.
cantière m 1 edil (area recintata) Baustelle f, Bauplatz m: ~ **di costruzioni**, Baustelle f; ~ **di demolizione**, Abbruchstelle f; **lavorare in un** ~, auf dem Bau arbeiten 2 aero (stabilimento) Werft f; mar Schiffswerft f ● ~ **di abbattimento** min, Abbau m; **avere qc in** ~ fig (attendere alla realizzazione di qc), {IM-

PRESA, OPERA LETTERARIA} etw in Vorbereitung haben, etw vorbereiten, an etw (dat) arbeiten; *essere* in ~ *mar* (*in costruzione*), {NAVE} im/in Bau sein, gerade gebaut werden; *fig* (*in fase di realizzazione*), {FILM} in Vorbereitung sein; ~ *di lavoro/scuola* (*per impiegare i disoccupati*), ABM-Stelle f; *mettere* qc in ~ *fig* (*avviare la realizzazione*), {PROGETTO} etw in Angriff nehmen.

cantieristico, (-a) <-*ci, -che*> agg 1 *edil* (*di cantiere*) Bau- 2 *aero mar* (*relativo ai cantieri*) {INDUSTRIA, PRODUZIONE} Werft-.

cantilèna f 1 (*tono della voce monotono*) Leierton m *fam*: **parla con un po' di** ~, er/sie spricht ₗleicht leiernd *fam*Ↄ/[mit einem leichten Leierton *fam*] 2 (*ninna nanna*) Wiegenlied n 3 (*filastrocca*) Singsang m 4 (*discorso noioso*) Leiern n *fam spreg*, Leier f *fam spreg*: **sempre la stessa** ~, immer ₗdie alte Leier *fam spreg*Ↄ/[das gleiche Gejammer *fam spreg*] 5 *mus* (*melodia*) Kantilene f.

cantilenànte agg (*monotono*) {TONO} Leier- *fam*.

cantìna f 1 (*locale interrato*) {BUIA, FRESCA, UMIDA} Keller m: **prendimi l'olio in** ~!, hol mir das Öl aus dem Keller!; **tenere** qc **in** ~, etw im Keller aufbewahren; (*per il vino*) Weinkeller m 2 (*bottega di vinaio*) Weinschenke f 3 *fig* (*luogo buio e umido*) (Keller)loch n 4 *enol* (*insieme di vini*) {+RISTORANTE} Weinkeller m, Weinauswahl f: **avere un'ottima** ~, eine hervorragende Weinauswahl haben 5 *min* (*fossa*) Grube f ● *andare* in ~, in den Keller gehen; *fig* (*abbassarsi*) {VOCE} absacken; *fig teat slang* (*abbassare la voce*) die Stimme senken; ~ *sociale enol* (*cooperativa per produzione e vendita di vino*), Genossenschaftskellerei f, Winzergenossenschaft f.

cantinière m 1 (*di albergo, di ristorante*) Kellermeister m 2 (*vinaio*) Weinhändler m 3 *enol* (*addetto alla vinificazione*) Weinbereiter m, Weinhersteller m.

cànto① m 1 (*modulazione della voce*) Singen n: ~ **delle sirene**, Sirenengesang m 2 (*componimento per voci*) Gesang m: ~ **ambrosiano/gregoriano**, ambrosianischer/gregorianischer Gesang; ~ **ecclesiastico/liturgico**, kirchlicher/lithurgischer Gesang; ~ **popolare**, Volkslied n 3 (*arte e tecnica del cantare*) Gesang m: **studiare** ~, Gesang studieren 4 (*verso*) {+GALLO} Schrei m, Krähen n; {+UCCELLO} Gesang m; {+USIGNOLO} Schlag m; {+GRILLO, CICALA} Zirpen n 5 (*suono*) {+VIOLINO} Klang m, Spiel n 6 *lett* (*componimento lirico*) {+LEOPARDI} Gedicht n; {+DIVINA COMMEDIA} Gesang m ● *bel* ~ *mus*, Belkanto m; ~ *del cigno fig* (*l'ultima opera di un artista*), Schwanengesang m; ~ *della civetta fig* (*presagio di morte*), Ruf m des Käuzchens; ~ *fratto* (*modulato*), Cantus fractus m, rhythmisch strukturierte Musik; **levarsi al** ~ *del gallo fig* (*alle prime luci dell'alba*), ₗbeim ersten Hahnenschrei ↃJ/[bei Tagesanbruch] aufstehen.

cànto② A m (*angolo*) {+STRADA} Ecke f; {+STANZA} *anche* Winkel m: **mettersi in un** ~, sich in eine Ecke stellen B *loc cong* (*d'altronde*): **d'altro** ~, and(e)rerseits, auf der anderen Seite; **d'altro** ~ **cosa potevo fare?**, and(e)rerseits, was konnte ich tun? ● **da un** ~ ... **dall'altro** (*da una parte ... dall'altra*), einerseits ... and(e)rerseits ...; *dal* ~ **mio/tuo/** ... (*per quel che mi/ti/... riguarda*), was mich/dich/... betrifft; *mettere/lasciare* qc *da* ~ *fig* (*da parte*), {PREOCCUPAZIONI} etw beiseite lassen; *mettere* qc *in un* ~ *fig* (*mettere in disparte*), etw woanders hin schieben, etw in die Ecke stellen.

Cantòn f *geog* Canton n, Kanton n.

cantonàle① agg (*dei cantoni della Svizzera*) {AMMINISTRAZIONE, ELEZIONI} kantonal, Kantonal-, Kantons-.

cantonàle② m 1 (*mobile d'angolo*) Eckschrank m 2 *edil* (*ferro ad angolo*) Winkeleisen n.

cantonàta f 1 (*angolo esterno*) {+EDIFICIO} (Straßen)ecke f 2 *fig* (*grosso abbaglio*) Fehlschlag m, Reinfall m *fam*: **prendere/pigliare una** ~, einen Reinfall erleben *fam*, einen Bock schießen *fam*.

cantóne① m 1 (*angolo*) {+STRADA} Ecke f; {+STANZA} *anche* Winkel m 2 (*striscia colorata*) {+BANDIERA} Farbstreifen m 3 (*tratto di strada o di ferrovia*) Straßenstück n, Bahnstrecke f 4 *anat zoo* (*incisivo*) {+CAVALLO} Eckzahn m 5 *edil* (*pietra angolare*) Eckstein m 6 (*negli scacchi*) Eckfeld n ● *lasciare* qu/qc **in un** ~ *fig* (*trascurare*), jdn/etw vernachlässigen; *mettere* qu **in un** ~ *fig* (*in disparte*), jdn in die Ecke stellen; **i quattro cantoni** ~ (*gioco infantile*), Bäumchen, wechsle dich.

cantóne② m *amm* (*della Svizzera*) Kanton m: **lago dei Quattro Cantoni**, Vierwaldstätter See m; **il Cantone dei Grigioni**, der Kanton Graubünden; **il Cantone Ticino**, der Kanton Tessin, das Tessin.

cantonése A agg (*di Canton*) {CUCINA} des Kantons B mf (*abitante*) Bewohner(in) m(f) des Kantons.

cantonièra f (*mobile angolare*) Eckschrank m.

cantonière, (-a) m (f) (*addetto alla sorveglianza della strada*) Straßenwärter(in) m(f); *ferr* Bahnwärter(in) m(f).

cantóre, (-*tora*) m (f) 1 (*chi canta spec in un coro di chiesa*) Chorsänger(in) m(f) 2 *fig* (*poeta*) Sänger(in) m(f), Dichter(in) m(f).

cantorìa f 1 (*palco in chiesa per i cantori*) Chor m 2 (*complesso dei cantori*) Chor m.

cantùccio <-*ci*> m 1 (*angolo*) {+MOBILE, STANZA} Winkel m, Eckchen m 2 (*pezzo vicino alla crosta*) {+FORMAGGIO, PANE} Kanten m 3 *fig* (*luogo appartato*) Winkel m 4 *tosc gastr* (*biscotto*) "toskanische Kekssorte" ● *stare/ starsene in un* ~ *fig* (*in disparte*), beiseite/ abseits stehen.

canùto, (-a) agg 1 (*bianco*) {BAFFI, BARBA, CAPELLI} weiß 2 (*che ha capelli bianchi*) {VECCHIO} weißhaarig, ergraut 3 *lett* (*coperto di neve*) {MONTE} weiß, schneebedeckt.

canyon <-> m *ingl geog* Canyon m.

canzonàre tr (*prendere in giro*) ~ *qu* (*per/ a causa di*) *qu*/*qc*) {A CAUSA DEL SUO ACCENTO, PER LA NUOVA FIDANZATA} jdn wegen jds/etw verspotten, *jdn wegen jds/etw* hänseln, *jdn wegen jds/etw* foppen *fam*, *jdn wegen jds/ etw* necken, *jdn wegen jds/etw* aufziehen *fam*: **farsi** ~, sich auf jdn/etw einziehen/foppen lassen *fam*.

canzonatóre, (-*trice*) A agg (*beffardo*) {ARIA} neckisch, spöttisch B m (f) (*chi prende in giro*) Spötter(in) m(f), Fopper(in) m(f) *fam*.

canzonatòrio, (-a) <-*ri*> agg (*derisorio*) {GESTO, TONO} spöttisch.

canzonatùra f (*presa in giro*) Spötterei f, Spöttelei f, Fopperei f *fam*.

canzóne f 1 (*composizione*) {MALINCONICA, TRISTE} Lied n: ~ **d'amore**, Liebeslied n; ~ **d'autore**, (Liedermacher)lied n; ~ **popolare**, Volkslied n; ~ **di successo**, Hit m, Schlager m 2 (*genere musicale*) Lieder n pl, Musik f: **mi piace la** ~ **americana**, ich mag amerikanische Lieder 3 *lett* (*componimento*) {+PETRARCA} Kanzone f: ~ **libera/pindarica**, freie/pindarische Kanzone n ● *a ballo lett* (*ballata*), Ballade f; *è sempre la solita* ~ *fig* (*la solita storia*), es ist immer das alte Lied/die alte Leier *fam*; **la** ~ **più gettonata dell'anno** (*più suonata*), der ₗmeistgespielte Schlager ↃJ/ [Hit *fam*] des Jahres; ~ **di gesta** *lett stor* (*poema epico medievale*), Chanson n de Geste, episches Heldenlied.

canzonétta <*dim di* canzone> f 1 (*canzone leggera*) Schlager m 2 *lett* (*componimento*) Kanzonette f, Kanzonetta f.

canzonettìsta <-*i, -e f*> mf (*cantante nei caffè e nei varietà*) Chansonnier m, Chansonnette f.

canzonière m 1 (*raccolta di canzoni*) Lieder-, Schlagersammlung f 2 *lett* (*raccolta di poesie*) {+PETRARCA} Gedichtsammlung f, Liederbuch n.

caolìno m *min* Kaolin(erde f) m.

càos <-> m 1 *fig* (*confusione*) Chaos n, Durcheinander n, Wirrwarr m: **che** ~ **in quella scuola!**, was für ein Durcheinander in dieser Schule!; **la guerra civile ha gettato il paese nel** ~, der Bürgerkrieg hat das Land ins Chaos gestürzt 2 *filos fis* Chaos n.

caòtico, (-a) <-*ci, -che*> agg *spec fig* (*disordinato*) {CITTÀ} chaotisch.

cap <-> m *ingl* (*nell'equitazione*) (*copricapo*) Cap m.

cap. *abbr di* capitolo: Kap. (abbr *di* Kapitel).

CAP <-> m *post abbr di* Codice di Avviamento Postale: PLZ f (abbr *di* Postleitzahl).

capàce agg 1 (*in grado di fare qc*) fähig, imstande: **essere** ~ **di fare qc**, fähig/imstande sein, etw zu tun; etw können; **non è ancora** ~ **di leggere**, er/sie kann noch nicht lesen; **non sarei** ~ **di rimanere così a lungo sott'acqua**, ich wäre nicht imstande, so lange unter Wasser zu bleiben; **sei** ~ **di tuffarti da quel trampolino?**, kannst du von dem Sprungbrett springen? 2 (*disposto a fare qc*) bereit sein, etw zu tun: **è** ~ **di stare sveglia tutta la notte ad aspettarlo**, sie ist bereit, die ganze Nacht wachzubleiben, um auf ihn zu warten; **non lo credo** ~ **di tanto**, ich halte ihn all dessen nicht für fähig; **lo credo** ~ **di farlo**, ich traue ihm zu, dass er es tut 3 (*esperto*) {MECCANICO} fähig, tüchtig, geschickt, befähigt: **un medico poco** ~, ein ₗnicht sehr fähiger ↃJ/[recht unfähiger] Arzt 4 (*capiente*) {VASCA} groß: **un'aula molto** ~, ein geräumiges Klassenzimmer 5 (*che può contenere*) : **una** ~ **di molti spettatori**, ein viele Zuschauer fassender Saal 6 *dir* (*dotato di capacità*) fähig: ~ **di agire**, handlungsfähig; ~ **di contrarre**, fähig, Geschäfte abzuschließen; geschäftsfähig; ~ **d'intendere e di volere**, zurechnungsfähig; ~ **di testare**, testierfähig; ~ **di volere**, willensfähig ● è ~ **che piova region** (*è probabile/possibile che ...*), es kann sein, dass es bald regnet; *essere* ~ **di tutto**, [qualsiasi cosa] (*non avere scrupoli*), zu allem fähig sein.

capacità <-> f 1 (*capienza*) {+RECIPIENTE, SALA, AUDITORIO} Fassungsvermögen n, Kapazität f: **questa botte ha la** ~ **di 30 litri**, dieses Fass hat eine Kapazität von dreißig Litern; **il teatro ha una** ~ **di 2000 persone**, das Theater kann 2000 Personen aufnehmen 2 (*abilità*) Fähigkeit f, Tüchtigkeit f: **un lavoro superiore alle sue** ~, diese Arbeit übersteigt seine Fähigkeiten; **un ragazzo di buone/notevoli/scarse** ~, ein Junge mit vielen/bemerkenswerten/wenigen Fähigkeiten; **rendere qu consapevole delle sue reali** ~, jdm seine Fähigkeiten bewusst machen; **non sfruttare appieno le proprie** ~, è ~ seine Fähigkeiten nicht voll nutzen 3 *biol med* (*volume*) {CRANICA} Größe f, Umfang m 4 *dir* Fähigkeit f: ~ **di agire**, Handlungsfähigkeit f; ~ **giuridica**, Rechtsfähigkeit f; ~ **d'intendere**, Einsichtsfähigkeit f; ~ **d'intendere e di volere**, Zurechnungsfähigkeit f; ~ **processuale**, Prozessfähigkeit f; ~ **di volere**, Willensfähigkeit f 5 *econ* {ORGANIZZATIVA} Fähigkeit f: **~ contributiva**, Steuerkraft f; **~ produttiva**, Leistungs-, Produktionsfähigkeit f **6** *fis inform* {ELETTRICA, TERMICA} Kapazität f= **di un accumulatore**, (Speicher)kapazität f eines Akkumulators; **~ di immagazzinamento/memoria**, Speicherkapazität f **~ di ripresa** (*di recupero*), Erholungsfähigkeit f; **~ di ritenuta** (*di filtro rif. a terreno*), Rückhaltevermögen n.

capacitàrsi *itr pron* (*farsi una ragione*): **~ (di qc)** (*etw*) begreifen, *etw* fassen: **non riesco a capacitarmi che sia successo proprio a me**, ich kann nicht fassen, warum das gerade mir passieren musste.

capànna f **1** (*piccola costruzione*) {+FRASCHE, LEGNO, PASTORI} Hütte f **2** *fig* (*tugurio*) elende Hütte ● *a ~* (*a due spioventi*), {TETTO} Sattel-, Giebel- **la ~ dello zio Tom lett** (*opera di H. E. Beecher Stowe*), Onkel Toms Hütte.

capannèllo m (*crocchio di persone*) kleine Menschenansammlung, (Personen)gruppe f: **c'era un ~ di gente sul luogo dell'incidente**, am Unfallort war eine kleine Menschenansammlung.

capànno m **1** (*riparo per cacciatori*) Jagdhütte f **2** (*pergolato*) {+GIARDINO, TERRAZZA} Pergola f, Laube f **3** (*cabina*) Umkleide-, Badekabine f ● **~ degli attrezzi**, Geräteschuppen m.

capannóne <*accr di* capanno> m **1** (*costruzione*) {+TRATTORE} Schuppen m; {+FIENO} Scheune f: **~ industriale**, (Lager)halle f **2** *aero* (*aviorimessa*) Hangar m.

caparbietà <-> f (*ostinazione*) {+INVESTIGATORE, MADRE, STUDENTE} Hartnäckigkeit f, Eigensinn m, Dickköpfigkeit f *fam*, Starrköpfigkeit f *spreg*.

capàrbio, (-a) <*-bi* m> **A** *agg* (*testardo*) {INDOLE} hartnäckig, eigensinnig, dickköpfig *fam*, störrisch: **è un ragazzo molto ~**, er ist ein sehr dickköpfiger *fam* Junge **B** m (f) Dickkopf m *fam*, Starrkopf m *spreg*, Trotzkopf m.

capàrra f **1** (*anticipo in denaro*) Anzahlung f: **dare una ~ a qu**, jdm eine Anzahlung geben; **Le lascio una ~ di 50 euro**, ich lasse Ihnen eine Anzahlung von 50 Euro da **2** *fig lett* (*garanzia*) Pfand n ● **confirmatoria dir**, (Bestätigungs)anzahlung f; **Draufgabe f; ~ penitenziale dir**, Reugeld n.

capasànta, **càpa sànta** <*capesante*> f *loc sost f veneto zoo* (*mollusco*) Kammmuschel f.

capàta f (*testata*) Stoß m mit dem Kopf: **dare/battere una ~ nel muro**, mit dem Kopf gegen die Wand stoßen.

capatìna <*dim di* capata> f (*rapida visita*) Stippvisite f: **fare una ~ da qu**, (bei) jdm eine Stippvisite machen; **fare una ~ in città**, eine Runde in der Stadt drehen *fam*.

capeggiàre <*capeggio, capeggi*> tr (*guidare*) **~** {INSURREZIONE, FAZIONE} *etw* an|führen: **~ un partito**, eine Partei anführen/leiten.

capeggiatóre, (-trice) m (f) (*capo*) {+MOVIMENTO, RIVOLTA} Anführer(in) m (f).

capellìno m <*di solito al pl*> *gastr* Fadennudeln f pl: **capellini in brodo**, Fadennudelsuppe f.

capèllo m **1** Haar n: **avere i capelli biondi/castani/neri/rossi**, blondes/braunes/schwarzes/rotes Haar/[blonde/braune/schwarze/rote Haare] haben; **avere/portare i capelli corti/lunghi**, kurzes/langes Haar/[kurze/lange Haare] haben; **capelli crespi/folti/lisci/ondulati/ricci**, krauses/dichtes/glattes/welliges/lockiges Haar/[krauses/dichtes/glattes/welliges/lockiges Haare]; **legare i capelli con un elastico**, das Haar/die Haare mit einem Band zusammenbinden; **avere un ~ molto fine/resistente**, sehr feines/kräftiges Haar/[feine/kräftige Haare] haben; **perdere i capelli**, Haare n pl verlieren; **avere pochi capelli in testa**, wenige Haare auf dem Kopf haben; **tirar(si) su i capelli**, sich (dat) die Haare hochstecken **2** *fig* (*poco*) Haar n: **non spostarsi di un ~**, sich keinen Millimeter bewegen; **c'è mancato un ~ che...**, um ein Haar wäre ...; es fehlte ein Haar, dass ...; **scamparla per un ~**, um ein Haar davonkommen; **essere a un ~ da qc**, ganz nahe an etw (dat) dran sein *fam* ● **essere attaccato/sospeso a un ~** *fig* (*in pericolo*), an einem seidenen Faden hängen; **al ~** (*esattamente o di stretta misura*), haargenau; **capelli d'angelo** *gastr*, Fadennudeln pl; **averne fin sopra ai **/[**alla cima dei**] **capelli** *fig* (*essere al limite della sopportazione*), von jdm/etw die Nase gestrichen voll haben *fam*, jdn/etw satthaben *fam*; **i capelli del granoturco**, die Maisfasern; **ficcarsi/mettersi le mani nei **/[**strapparsi i**] **capelli** *fig* (*per disperazione o scoraggiamento*), sich (dat) die Haare raufen; **prendersi per i capelli** *fig* (*avere una lite violenta*), sich (dat) in die Haare geraten *fam*, sich (dat) in den Haaren liegen *fam*; **far rizzare i capelli in testa a qu** (*fare inorridire*), jdm die Haare zu Berge stehen lassen *fam*; **mi si sono rizzati i capelli** *fig*, mir standen die Haare zu Berge *fam*, mir haben sich die Haare gesträubt; **cose da far rizzare i capelli** *fig*, haarsträubende Dinge n pl; **spaccare il ~ in quattro** *fig* (*sottilizzare al massimo*), Haarspalterei betreiben *spreg*; **avere i capelli a spazzola** (*corti*), einen Bürstenschnitt haben; **capello di strega** *zoo*, Haarwurm m; **avere più debiti che capelli in testa** *fig* (*moltissimi*), mehr Schulden haben als Haare auf dem Kopf *fam*; **ha più pensieri che capelli in testa**, die Sorgen wachsen ihm/ihr über den Kopf; **capelli di Teti** *min*, "nadelförmige grüne Hornblendeneinschüsse im Bergkristall"; **tirare qu per i capelli per fargli fare qc** *fig* (*indurlo a fare qc controvoglia*), jdn zwingen, etw zu tun; **tirato per i capelli** *fig* (*forzato*), {RAGIONAMENTO, TEORIA} an den Haaren herbeigezogen *fam*; **non torcere neppure un ~ a qu** *fig* (*non fargli male*), jdm kein Haar krümmen *fam*; **capelli all'Umberto** (*a spazzola*), Bürstenschnitt m; **capelli di Venere** *bot*, Frauen-, Venushaar n, Frauen(haar)farn m; **far venire i capelli bianchi a qu** *fig* (*essere fonte di preoccupazioni*), jdm Sorgen machen; **mi fai venire i capelli bianchi**, deinetwegen bekomme ich noch graue Haare.

capellóne, (-a) **A** *agg* **1** (*che ha capelli lunghi*) langhaarig, langmähnig *anche spreg* **2** (*hippy*) {MODA} Hippie-, Gammel- *fam*, gammelig *fam* **B** m (f) **1** (*chi ha capelli lunghi*) Langhaarige mf *decl come agg* **2** (*hippy*) Hippie m, Gammler(in) m (f) *fam spreg*.

capellùto, (-a) *agg* (*che ha molti capelli*) {UOMO} behaart.

capelvènere m *bot* (*felce*) Frauen-, Venushaar n, Frauen(haar)farn m.

capèstro m **1** (*fune per animali*) Strick m, Strang m: **mettere il ~ a un bue/cavallo**, einem Ochsen/einem Pferd den Strick anlegen **2** (*corda per impiccare*) Strick m **3** *fig* (*forca*) Galgen m: **condannare/mandare qu al ~**, jdn zum Tode durch den Strang verurteilen ● **~ da ~** *fig* (*scellerato*), {AZIONE} Frevel- *forb*; **è un tipo/una persona da ~**, er ist ein Galgenvogel *fam spreg*; **mettere il ~ a qu** *fig* (*sottomettere*), jdn unter das Joch zwingen /[ins Joch spannen].

capetìngio, (-a) <*-gi*, *-ge* o *-gie*> *agg stor franc* {DINASTIA, RAMO} kapetingisch.

capètto, (-a) m (f) Wichtigtuer(in) m(f) *fam spreg*.

capezzàle m **1** (*guanciale*) Nackenrolle f, Keilkissen n **2** *fig* (*letto di un malato*) Krankenbett n: **accorrere al ~ di qu**, zu jds Krankenbett eilen; **stare al ~ di qu**, an jds Krankenbett verweilen *forb*.

capézzolo m *anat* {+DONNA} Brustwarze f; {+GATTA, SCROFA} Zitze f.

capibànda pl *di* capobanda.

capiclàsse pl *di* capoclasse.

capicòrda pl *di* capocorda.

capicronìsti pl *di* capocronista.

capidivisióne pl *di* capodivisione.

capidòglio → **capodoglio**.

capiènte *agg* {RECIPIENTE, BOTTE, TEATRO} groß, geräumig.

capiènza f (*capacità*) {+CINEMA, SERBATOIO, STADIO} Fassungsvermögen n: **la sala ha una ~ di circa 100 persone**, der Saal hat ein Fassungsvermögen von ungefähr 100 Personen.

capifàbbrica pl *di* capofabbrica.

capifamìglia pl *di* capofamiglia.

capìlla pl *di* capofila.

capigliatùra f (*chioma*) {ABBONDANTE, LUNGA} (Kopf)haar n: **una ragazza dalla folta ~**, ein Mädchen mit dichtem Haar(schopf)/[dichter Mähne *fam*].

capigrùppo pl *di* capogruppo.

capilìnea pl *di* capolinea.

capilìsta pl *di* capolista.

capillàre **A** *agg* **1** (*molto sottile*) {STELO} haarfein, sehr dünn **2** *fig* (*minuzioso*) {ANALISI, INDAGINE} minuziös *forb*, peinlich genau **3** *fig* (*diffuso in ogni luogo*) {ORGANIZZAZIONE} engmaschig; {PROPAGANDA} intensiv **4** *anat* {VASO} Kapillar- **B** m **1** *anat* Kapillargefäß n, Kapillare f: **capillari linfatici**, Lymphgefäße n pl **2** *bot* (*canaletto*) Gang m, Röhre f, Rohr n.

capillarità <-> f **1** (*natura capillare*) {+TUBO} Feinheit f **2** *fig* (*minuziosità*) {+ANALISI} Genauigkeit f, Präzision f **3** *fig* (*ramificazione*) {+ORGANIZZAZIONE} Engmaschigkeit f **4** *fis* Kapillarität f.

capillarizzàre tr (*rendere capillare*) **~ qc** {INFORMAZIONE} *etw* überall verbreiten.

capillarménte *avv* **1** (*minutamente*) {ANALIZZARE UN FENOMENO, INDAGARE} minuziös *forb* **2** (*dappertutto*) {DIFFONDERE LA CULTURA} überall.

capimafìa pl *di* capomafia.

capimàstri pl *di* capomastro.

capinéra f *ornit* Mönchsgrasmücke f.

capintèsta <-> mf **1** *scherz o spreg* (*capo*) {+BANDA} Anführer(in) m(f) *spreg*, Rädelsführer(in) m(f); {+IMPRESA, PARTITO} Chef m **2** *sport* (*chi è primo*) {+CLASSIFICA, CORSA} Tabellenführer(in) m(f), Tabellenerste mf *decl come agg*.

capiofficìna pl *di* capoofficina.

capìre <*capisco*> **A** tr <*avere*> **1** (*comprendere*) **~ (qc)** {DISCORSO, POESIA, SITUAZIONE} *etw* verstehen, *etw* kapieren *fam*: **è un bambino che capisce tutto**, das ist ein Kind, das alles versteht; **non ho capito questi calcoli**, ich habe diese (Be)rechnungen nicht verstanden; **non capisce perché ti comporti così**, er/sie begreift nicht, warum du dich so verhältst; **capì immediatamente che si trattava di un equivoco**, er/sie begriff sofort, dass es sich um ein Missverständnis handelte; **io non ci capisco niente/nulla in questa faccenda**, in dieser Angelegenheit blicke ich nicht durch *fam*; **tu capisci bene che ho dovuto farlo**, du verstehst doch, dass ich es tun musste; **così ho capito di non essere adatto per quel lavoro**, so habe ich kapiert *fam*, dass ich für diese Arbeit nicht geeignet bin; **non capisce niente di matematica**, er/sie versteht nichts von Mathematik; **non ho capito una parola di**

quanto ha detto, ich habe kein Wort von dem verstanden, was er/sie gesagt hat; ~ **qu** {MADRE FIGLIO} jdn verstehen, jdn begreifen; **a volte non ti capisco proprio!**, manchmal verstehe ich dich wirklich nicht! **2** (intuire) ~ **qc** etw ahnen, etw vermuten, etw verstehen: **credo di** ~ **il motivo della sua visita**, ich glaube, den Grund seines/ihres Besuches zu verstehen B rfl rec (intendersi): **capirsi** (+ **compl di modo**) sich irgendwie verstehen: **ci capiamo al volo**, wir verstehen uns sofort/[auf Anhieb]; **tanto per capirci...**, damit keine Missverständnisse entstehen...; **dass das klar ist ... fam** ~ **capisco,**/[**ho capito**] (va bene), ich verstehe/ [habe verstanden], in Ordnung; **capisci?** (per richiamare l'attenzione su quanto si sta dicendo), verstehst du?; **allora, ci siamo capiti?** (come minaccia), also, haben wir uns verstanden?; **non rispondere con quel tono, capito?** (come minaccia), antworte nicht in diesem Ton, verstanden?; **ci vediamo puntuali alle cinque, capito?**, wir sehen uns Punkt fünf (Uhr), verstanden?; **non** ~ **un accidente**/[**fico secco**]/[**tubo**] (niente), nur Bahnhof verstehen fam; **chi ti capisce è bravo!** fam, dich soll einer verstehen! fam; ~ **una cosa per un'altra** (fraintendere), etw missverstehen; **far** ~ **qc a qu**, jdm etw zu verstehen geben; **gli ho fatto** ~ **che doveva cambiare atteggiamento con noi**, ich habe ihm zu verstehen gegeben, dass er seine Haltung uns gegenüber ändern sollte; **farsi** ~, sich verständlich machen; **puoi** ~,/[**capirai**]! (di scontento), na toll! fam iron, na bravo! fam iron; **arrivano i primi fondi per i terremotati** — Puoi ~,/[**capirai**], **è passato un anno!**, die ersten Gelder für die Erdbebenopfer kommen — Na toll, ein Jahr ist das jetzt her! fam iron; **si capisce!** (è ovvio), das versteht sich von selbst, das ist selbstverständlich, versteht sich!; **si capisce che ti telefono**, selbstverständlich rufe ich dich an; **non voler(la)** ~ fig (ostinarsi nella propria opinione), nicht verstehen wollen; **non la vuol** ~, er/sie will es einfach nicht kapieren fam/einsehen.

capiredattori pl di caporedattore.
capireparto pl di caporeparto.
capirósso, caporósso ornit m **1** fam (cardellino) Stieglitz m **2** region (fischione) Pfeifente f **3** region (moriglione) Tafelente f.
capisàla pl di caposala.
capisàldi pl di caposaldo.
capiscuòla pl di caposcuola.
capiservizio pl di caposervizio.
capisezióne pl di caposezione.
capisquàdra pl di caposquadra.
capistazióne pl di capostazione.
capitàle① agg **1** (di morte) {CONDANNA, PENA, SENTENZA} Todes- **2** (fondamentale) {ARGOMENTO, QUESTIONE} grundlegend, wesentlich: **una decisione di** ~ **importanza**, eine Entscheidung von grundlegender Bedeutung **3** fig (acerrimo) {ODIO} erbittert; {NEMICO} anche Tod-, Erz- **4** relig (più grave) {PECCATO} Tod-; {VIZIO} Haupt-.
capitàle② f **1** (città principale) Hauptstadt f: **la** ~ **dell'Austria è Vienna**, die Hauptstadt Österreichs ist Wien; **le capitali europee**, die europäischen Hauptstädte **2** fig {+CULTURA, INDUSTRIA, MODA} Hauptstadt f ● **la Capitale** (Roma), Rom m, die Ewige Stadt.
capitàle③ m **1** econ Kapital n, (patrimonio) Vermögen n: **intaccare/investire il proprio** ~, sein Kapital angreifen/anlegen; ~ **azionario**, Aktienkapital n; ~ **circolante**, Umlauf(s)kapital n, Umlauf(s)vermögen n; ~ **di conferimento**, Einlagekapital n; ~ **costante**, gleich bleibendes/konstantes Kapital n; ~ **di esercizio**, Arbeits-, Betriebskapital n; ~ **finanziario**, Finanzkapital n; ~ **fisso**, festes/stehendes Kapital; **capitali fluttuanti**, schwankendes Kapital; ~ **liquido**, flüssiges Kapital n; ~ **netto**, Eigen-, Nettokapital n; ~ **nominale**, Nenn-, Nominalkapital n; ~ **di rischio**, Eigen-, Haft-, Risikokapital n, haftendes Kapital n; ~ **di riserva**, Rücklage f; ~ **sociale**, Gesellschaftskapital m; (della S.p.A.) Grundkapital m; (della S.r.l.) Stammkapital m **2** econ polit (classe padronale) Kapital n: **lotta fra** ~ **e lavoro**, Kampf zwischen Kapital und Arbeit **3** (grossa somma) Vermögen n: **questo quadro vale un** ~, dieses Bild ist ein Vermögen wert; **il viaggio ci è costato un** ~, die Reise hat uns ein Vermögen gekostet; **rimetterci un** ~, ein Vermögen dabei verlieren ● **accumulare un** ~ fig (arricchirsi), sich bereichern; **il Capitale** lett (opera di K. Marx), das Kapital; ~ **umano**, Humankapital n.

capital gain <-> loc sost m ingl banca Kapitalgewinn m.
capitalìsmo m econ polit Kapitalismus m: ~ **di stato**, Staatskapitalismus m.
capitalìsta <-i m, -e f> A agg (capitalistico) {REGIME} kapitalistisch, Kapitalisten- B mf (proprietario di capitali) Kapitalist(in) m(f).
capitalìstico, (-a) <-ci, -che> agg (che si regge sul capitalismo) {SISTEMA} kapitalistisch.
capitalizzàbile agg (che si può capitalizzare) kapitalisierbar.
capitalizzàre tr ~ **qc 1** (sommare a un capitale) {INTERESSI} etw zum Kapital schlagen, etw kapitalisieren **2** (trasformare in capitale) etw kapitalisieren, etw zu Geld machen, etw flüssig machen **3** (determinare un capitale) {REDDITO} etw aus den Zinsen errechnen.
capitalizzazióne f **1** (aggiunta al capitale) {+INTERESSI} Kapitalisierung f, Kapitalisation f **2** (trasformazione) {+RISPARMIO} Kapitalisierung f, Umwandlung f in Kapital **3** (determinazione di un capitale) {+REDDITO} Errechnung f von etw (dat)/+ gen aus den Zinsen ● ~ **d'imposta**, Kapitalisierung f einer Steuer.
capitàna f **1** scherz (dirigente donna) Kommandeuse f scherz **2** scherz (la moglie del capitano) Kapitänsfrau f **3** mar stor (nave) Flaggschiff n.
capitanàre tr ~ **qc 1** fig (essere a capo) {INSURREZIONE, SOMMOSSA} etw an führen **2** mil (guidare) {SPEDIZIONE, TRUPPE} etw als Kapitän (an)führen/leiten **3** sport: ~ **una squadra di calcio**, Kapitän einer Mannschaft sein, Mannschaftskapitän sein.
capitanerìa f amm mar: ~ **di porto**, Hafenamt n, Hafenbehörde f.
capitàno m **1** mar {+NAVE} Kapitän m: ~ **d'armamento**, Verantwortliche m decl come agg für die Bestückung einer Handelsflotte; ~ **della marina mercantile**, Kapitän m der Handelsmarine; ~ **di lungo corso**, Kapitän m auf großer Fahrt **2** mar mil Kapitän m: ~ **di corvetta/fregata**, Korvetten-/Fregattenkapitän m; ~ **di vascello**, Kapitän m zur See **3** mil Hauptmann m **4** aero mil (comandante) {+SQUADRIGLIA} (Flug)kapitän m **5** sport {+SQUADRA} (Mannschafts)kapitän m, Spielführer m; (nel ciclismo) Mannschaftsführer m **6** fig (capo) {+BANDA} Anführer m ● **Capitan Fracassa/Spaventa** (soldato spaccone nella Commedia dell'arte), Hauptmann m Fracasse, Prahlhans m fam (komische Figur des aufschneidenden Soldaten in der Commedia dell'arte); ~ **d'industria** fig (ideatore di un'attività industriale), Industriekapitän m fam, Wirtschaftsführer m; ~ **del popolo** stor (al tempo dei Comuni magistrato), Volkstribun m; ~ **di porto** mar (comandante della capitaneria di porto), Hafenkommandant m; **capitani reggenti** (nella Repubblica di San Marino), Regierungsräte m pl; ~ **di ventura** stor, Kondottiere m.

capitàre A itr <essere> **1** (giungere) ~ + compl di luogo irgendwohin kommen: **se capitate di nuovo a Firenze fatecelo sapere**, wenn ihr nochmal nach Florenz kommt, lasst es uns wissen; (per caso) irgendwohin, zufällig irgendwohin geraten: **siamo capitati nel bel mezzo di una sagra paesana**, wir sind mitten in ein Dorffest geraten **2** (finire) ~ + compl di luogo irgendwohin fallen, irgendwohin geraten: **riordinando il cassetto mi è capitato fra le mani un vecchio diario**, beim Aufräumen der Schublade ist mir ein altes Tagebuch in die Hände gefallen **3** (succedere) ~ **a qu** {DISGRAZIA, GUAIO} jdm zu|stoßen, jdm passieren, jdm widerfahren obs: **gli è capitato un brutto incidente**, er hatte einen schlimmen Unfall; **tutte a lui capitano!**, immer muss ihm alles passieren,/[kriegt er alles ab fam]!; **capita a tutti**, das kann jedem mal passieren; (uso assol) vor|kommen; **sono cose che capitano**, so was kann halt eben passieren, das kann schon mal vorkommen **4** (presentarsi) sich bieten, sich ergeben: **se mi capita l'occasione andrò a visitarlo**, bei Gelegenheit/[wenn sich mir die Gelegenheit bietet,] werde ich ihn besuchen gehen; **mi è capitata una buona offerta di lavoro**, ich habe ein gutes Arbeitsangebot erhalten B impers (accadere) geschehen, vor|kommen: **non prendertela, capita!**, reg dich nicht auf, so was kommt vor!; **mi è capitato di incontrarla in centro**, ich habe sie zufällig in der Stadt getroffen; **capita di sbagliare**, es kann schon mal passieren, dass man sich irrt,/[einen Fehler macht]; **mi capita sovente di avere mal di testa**, es kommt oft vor, dass ich Kopfweh habe; **se ti/vi capita di tornarci...**, solltest du,/[solltet ihr] wieder hinkommen ...; **capita che ci incontriamo sull'autobus**, wir treffen uns manchmal im Bus ● ~ **bene/male** (avere fortuna/sfortuna), Glück/Pech haben; **come capita** (a caso), wie es kommt; **non capita tutti i giorni/momenti...**, das passiert nicht alle Tage/Augenblicke fam ...

capitàvola pl di capotavola.
capitèllo m **1** arch Kapitell n: ~ **bizantino/etrusco/gotico**, byzantinisches/etruskisches/gotisches Kapitell; ~ **composito**, Kompositkapitell n; ~ **corinzio/dorico/ionico**, korinthisches/dorisches/ionisches Kapitell **2** anat {+PERONE} Köpfchen n, Capitulum n scient **3** edit (bordatura) Kapital(band) n.
capitolàre① itr **1** (arrendersi al nemico) {CITTÀ, ESERCITO} sich ergeben, kapitulieren **2** fig (cedere) ~ (**di fronte a qc**) {DI FRONTE ALLE INSISTENZE, ALLE PRESSIONI} vor etw (dat) kapitulieren, etw (dat) weichen: **ha fatto** ~ **il più conteso scapolo della città**, sie hat den begehrtesten Junggesellen der Stadt herumgekriegt fam.
capitolàre② agg **1** relig (di un capitolo di religiosi) kapitular, Kapitel-: **archivio/riunione/sala** ~, Kapitulararchiv n/Kapitularversammlung f/Kapitulsaal m **2** stor (di capitolazione): **regime** ~, "Internationale Abmachung, die Angehörigen europäischer Staaten in orientalischen Staaten Privilegien garantiert".
capitolàre③ m <di solito al pl> stor (ordinanza) Kapitularien pl: **i capitolari franchi**, "Gesetzessammlung f der fränkischen Könige".
capitolàto m amm dir (Vertrags)bedingungen f pl: ~ **d'appalto (di lavori pubblici)**, Verdingungsordnung f.
capitolazióne f **1** anche fig (resa totale) {+CITTÀ, SINGLE, TRUPPE} Kapitulation f; (insie-

me dei patti) Kapitulation(sabkommen n) f: **firmare la ~**, die Kapitulation unterschreiben **2** <*solo pl*> *stor* (*privilegi*) "Internationale Abmachung, die Angehörigen europäischer Staaten in orientalischen Staaten Privilegien garantierte".
capitolino, (**-a**) *agg* **1** (*del Campidoglio*) {COLLE, MONTE, MUSEO} kapitolinisch **2** (*del comune di Roma*) {AMMINISTRAZIONE} kapitolinisch, römisch.
capitolo① m **1** (*parte*, abbr cap.) {+BIOGRAFIA, ROMANZO, SAGGIO} Kapitel n: **riassumere un ~ del manuale di storia**, ein Kapitel des Geschichtsbuchs zusammenfassen; **l'opera è divisa in dieci capitoli**, das Werk ist in zehn Kapitel gegliedert; **nel primo/secondo/terzo ~**, im ersten/zweiten/dritten Kapitel; **leggere i primi capitoli di un trattato**, die ersten Kapitel einer Abhandlung lesen **2** *fig* (*periodo di tempo*) Kapitel n: **uno dei capitoli più bui della storia**, eines der dunkelsten Kapitel der Geschichte; **chiudere un ~ della propria vita**, ein Kapitel seines Lebens abschließen **3** *lett* (*componimento poetico*) burleskes Terzinen-, Scherzgedicht n **4** <*solo pl*> *polit* (*accordi*) Vertragsvereinbarungen f pl.
capitolo② m *relig* **1** (*collegio dei canonici*) Kapitel n **2** (*assemblea*) {+MONACI} Kapitel n **3** (*luogo*) Kapitelsaal m.
capitombolàre *itr* <*essere*> **1** (*ruzzolare*) ~ (+ *compl di luogo*) kopfüber (*irgendwohin*) fallen, (*irgendwohin*) herunter|purzeln: **~ dal motorino**, kopfüber vom Mofa fallen; **è capitombolato giù per le scale**, er ist die Treppe heruntergepurzelt **2** *fig spec iron o scherz* (*cadere*) **~ su qc** {ACCUSATO SULL'ALIBI} über etw (acc) stolpern.
capitómbolo m **1** (*ruzzolone*) Sturz m, Purzelbaum m, Purzeln m: **fare un ~ dalla bicicletta**, vom Fahrrad stürzen **2** *fig spec iron o scherz* (*disastro*) Umsturz m, Zusammenbruch m: **nelle ultime elezioni quel partito ha fatto un ~**, bei den letzten Wahlen erlitt diese Partei eine katastrophale Niederlage **3** *fig* (*crollo finanziario*) wirtschaftlicher Zusammenbruch: **la borsa ha fatto un bel ~**, es hat einen ganz schönen Börsensturz/Börsenkrach gegeben.
capitóne m *itt* (*anguilla femmina*) "fetter weiblicher Aal".
capitrèno pl *di* capotreno.
capitribù pl *di* capotribù.
càpi ufficio, *rar* **capiufficio** pl *di* capoufficio.
capivóga pl *di* capovoga.
càpo Ⓐ m **1** (*testa*) {+BAMBINA, UOMO} Kopf m, Haupt n *forb*; {+CAVALLO, TORO} Kopf m: **cadere a ~ all'ingiù**, mit dem Kopf nach unten fallen; **mal di ~**, Kopfweh n, Kopfschmerzen m pl; **a ~ scoperto**, mit bloßem/entblößtem Haupt *forb*, barhäuptig *forb* **2** (*chioma*) {BIONDO, CALVO, CANUTO} Kopf m **3** *fig* (*persona investita di un incarico*) {+IMPRESA, ISTITUTO, PERSONALE, REPARTO} Chef m, Leiter m; {+POLIZIA} Chef m: **~ del partito**, Parteichef m; **~ del Governo**, Regierungschef m; **~ dello Stato**, Staatschef m; **~ di Stato Maggiore**, Generalstabschef m **4** *fig* (*chi guida*) {+INSORTI, RIVOLTOSI} Führer m; {+TRIBÙ} Häuptling m; {+MAFIA LOCALE} Kopf m: **è il ~ di una banda di criminali**, er ist der Anführer einer Bande von Kriminellen **5** *fig scherz* Chef m: **l'ha detto il ~!**, das hat der Chef gesagt!; **qui il ~ sono io!**, hier bin ich der Chef!; **ehi ~!**, he, Chef! *fam* **6** *fig* (*mente*) Kopf m **7** *fig* <*di solito al pl*> (*di bestiame*) Stück n Vieh: **acquistare 50 capi di bestiame**, 50 Stück Vieh kaufen **8** *fig* (*di vestiario*) (Be)kleidungsstück n, Stück n: **d'abbigliamento estivo/invernale**, Sommer-/Winterkleidungsstück n; **scegliere/**

comprare un ~ di biancheria, ein Wäschestück aussuchen/kaufen; **un ~ in pelle**, ein Lederkleidungsstück **9** *fig* (*capacchio*) {+CHIODO, SPILLO} Kopf m **10** *fig* (*parte iniziale o finale*) {+CORDA} Ende n; {+FIUME, STRADA} *anche* Anfang m: **da un ~ all'altro del letto**, von einem Bettende zum anderen **11** *fig* (*parte superiore*) {+COLONNA, SCALA} oberes Ende, oberer Teil **12** *fig* (*filo*) Faden m: **lana a tre capi**, dreifädige Wolle **13** (*in araldica*) (*terzo superiore*) {+SCUDO} "Balken m im oberen Drittel" **14** *anat* Kopf m: **~ osseo/tendineo**, Knochen-/Sehnenkopf m **15** *dir* (*ripartizione del testo legislativo*) Titel m: **~ terzo, titolo I, ~ II, articolo 718 del codice penale**, drittes Buch, Abschnitt I, Titel II, Artikel 718 des italienischen Strafgesetzbuches **16** *geog* (*promontorio*) Kap n: **Capo di Buona Speranza**, Kap n der Guten Hoffnung; **Capo Rizzuto**, Capo Rizzuto n; **Capo Nord**, Nordkap n **17** *mar* (*responsabile*) Meister m: **~ coffa/stiva**, Mastkorb-/Lademeister m **18** *mar mil* (*sottufficiale*) Unteroffizier m Ⓑ <*inv*> *agg* (*che dirige*) Chef-, Haupt-: **ispettore/redattore/segretario ~**, Hauptinspekteur m/Chefredakteur m/Chefsekretär m Ⓒ <*inv*> *loc agg mil polit*: **in ~**, {COMANDANTE} Ober-, Haupt- Ⓓ <*inv*> *loc avv* **1** (*completamente*): **da ~ a piedi** {ESSERE BAGNATO} von Kopf bis Fuß, von oben bis unten **2** (*succintamente*): **per sommi capi** {NARRARE QC} in groben Zügen, zusammenfassend **~ d'accusa/imputazione** *dir*, Anklagepunkt m, Anklagesatz m; **~ d'aglio** (*bulbo*) Knoblauchzwiebel f, Knoblauchknolle f; **alzare il ~**, den Kopf heben; *fig* (*ribellarsi*), sich auflehnen; **andare a ~** (*scrivere dall'inizio della riga successiva*), eine neue Zeile beginnen; **cospargersi il ~ di cenere** *fig* (*umiliarsi*), sich (dat) Asche aufs Haupt streuen; **chinare/abbassare/piegare il ~**, den Kopf senken; *fig* (*sottomettersi*), sich beugen; **a ~ chino** *anche fig* (*in segno di sottomissione*), mit gebeugtem Kopf; **~ di un circuito elettrico** *elettr* (*terminale*), "Endverschluss m eines Stromkreises"; **non avere né ~ né coda** *fig* (*mancare di logica*), weder Hand noch Fuß haben; **una teoria/un ragionamento senza ~ né coda** (*sconclusionato*), eine Theorie/eine Argumentation ohne Hand und Fuß; **tra ~ e collo** *fig* (*improvvisamente*), Knall auf Fall, unversehens; **comandante in ~** *mil*, Oberbefehlshaber m; **cominciare da ~** (*dall'inizio*), von vorne anfangen; **da ~ → daccapo**; **essere a ~ di qu/qc** *fig* (*guidare*), {+DRAPPELLO DI UOMINI, DITTA} etw anführen, an der Spitze von etw (dat) sein; **far ~ in qc** (*andare a finire*), {STRADA NELLA PIAZZA} (irgendwo) enden; **fare ~ a qu/qc** *fig* (*avere come riferimento*), {A UN'ASSOCIAZIONE} sich auf jdn/etw beziehen; **cosa ti frulla/passa per il ~?** *fig fam* (*cosa pensi?*), was geht/schwirrt dir durch den Kopf?; **grattarsi il ~** *fig* (*mostrare perplessità*), sich (dat) den Kopf kratzen; **in ~ ad un mese/una settimana** (*entro*), nach Ablauf eines Monats/einer Woche; **a ~ del letto** (*dalla parte della testa*), am Kopfende des Bettes; **essere/abitare in ~ al mondo** (*in un posto molto lontano*), am Ende der Welt sein/wohnen; **andare in ~ al mondo**, bis ans Ende der Welt gehen; **(s)battere il ~ contro il muro** *fig* (*tentare un'impresa disperata*), mit dem Kopf durch die Wand wollen *fam*; **nudo da ~ a piedi** (*tutto nudo*), splitternackt; **ricominciare da ~** (*dall'inizio*), von vorne anfangen; **trovarsi a ricominciare da ~** *fig*, sich wieder am Ausgangspunkt befinden, wieder von vorne anfangen; **rompersi il ~** *fig* (*scervellarsi*), sich (dat) den Kopf zerbrechen; **non sapere dove (s)battere il ~** *fig* (*non sapere come risolvere i propri problemi*), weder aus noch ein wissen; **scoprirsi il ~** (*in segno*

di rispetto, di ossequio), den Hut abnehmen, den Kopf entblößen; **scuotere il ~** *fig* (*in segno di disapprovazione*), den/[mit dem] Kopf schütteln; **~ storico** *spec polit* (*fondatore*), {+MOVIMENTO} Gründer m, Vater m; **all'altro ~ del telefono**, am anderen Ende der Leitung; **venire a ~ di qc** *fig* (*risolvere qc*), etw herausbekommen; **non riesco a venire a ~ di questo problema**, ich schaffe es nicht, mit diesem Problem fertig zu werden.
càpo- primo elemento **1** (*dirigente*) -führer(in), -leiter m(f): **capocantiere**, Bauführer(in) m(f), Bauleiter(in) m(f) **2** (*parte iniziale*) Neu-: **capodanno**, Neujahr n **3** (*primo*) Stamm-, Ur-, Alt-: **capostipite**, Stammvater, Stammmutter **4** (*eccellenza*) Meister-: **capolavoro**, Meisterwerk **5** (*preminenza*) Haupt-: **capoluogo**, Hauptstadt.
capobànda <*capibanda* m, - f> mf **1** (*delinquente capo*) Bandenführer(in) m(f) **2** *scherz* (*animatore*) Anführer(in) m(f), treibende Kraft **3** *mus* (*direttore*) Kapellmeister(in) m(f).
capobàrca <*capibarca*> m *mar* (*chi comanda una barca da pesca*) Bootsmann m.
capobrànco <*capibranco* m, - f> mf **1** (*animale che guida il branco*) Leittier n **2** (*negli scout*) Wölflingsführer m, (Wichtelmutter f).
capocamerière, (**-a**) <*capicamerieri*> m (f) (*primo cameriere*) {+ALBERGO, RISTORANTE} Oberkellner(in) m(f).
capocannonière <*capicannonieri*> m **1** *mar mil* (*sottufficiale*) Artillerieunteroffizier m **2** *sport spec* (*nel calcio*) (*chi segna più reti*) Torschützenkönig m.
capocantière <*capicantiere* m, - f> mf *edil* (*chi guida i lavori*) Bauführer(in) m(f), Bauleiter(in) m(f).
capòcchia f **1** (*estremità*) {+FIAMMIFERO, SPILLO} Kopf m: **~ del chiodo**, Nagelkopf m **2** *fam scherz* (*testa*) Kopf m, Schädel m **~ dire/fare qc a ~** *fig fam* (*a vanvera*), drauflosreden *fam*/drauflosmachen *fam*.
capòccia Ⓐ <-> m **1** *fam scherz* (*capo*) {+DITTA, OFFICINA} Boss m *fam*, Chef m; *spreg* {+BANDA DI DELINQUENTI} Boss m *fam spreg*, Anführer m *spreg* **2** (*capo della famiglia colonica*) Familienoberhaupt n **3** (*sorvegliante*) {+LAVORANTI} Aufseher m, Vorarbeiter m Ⓑ <*-ce*> f *rom fam* (*testa*) Kopf m, Rübe f *fam*, Birne f *fam*.
capocciàta f *rom scherz* (*testata*) Stoß m mit dem Kopf: **dare una ~ nel muro**, mit dem Kopf gegen die Wand stoßen.
capoccióne, (**-a**) *rom* Ⓐ m (*testa grossa*) großer Kopf Ⓑ m (f) **1** (*chi ha la testa grossa*) großer/dicker Kopf **2** *scherz* (*persona molto intelligente*) kluger Kopf, Intelligenzbestie f *fam* **3** *scherz* (*zuccone*) Dickkopf m *fam*, Holzkopf m *fam spreg* **4** *scherz* (*personaggio molto potente*) Großkopfete mf decl come agg *fam*, hohes/großes Tier *fam*, Großkopferte mf decl come agg: *so süddt A*.
capoclàn <*capiclan*> m {+MAFIA} Boss m *fam*.
capoclàsse <*capiclasse* m, - f> mf *scuola* Klassensprecher(in) m(f).
capoclassifica *sport* Ⓐ <*inv*> *agg* (*primo in classifica*) {SQUADRA} tabellenführend, erstplatziert Ⓑ <*capiclassifica* m, - f> mf Tabellenführer(in) m(f), Tabellenerste mf decl come agg, Erstplatzierte mf decl come agg, Spitzenreiter m.
capocòllo, **capicòllo** <*capicolli*> m *gastr* (*coppa*) "Schweinsnackenwurst f aus Mittel- und Süditalien".
capocòmico, (**-a**) <*capocomici o capicomici*, *capocomiche*> m (f) *teat stor* (*direttore*) Leiter(in) m(f) einer Schauspieltruppe.
capocomitiva <*capicomitiva* m, - f> mf (*chi guida una comitiva*) Gruppen-, Reiseleiter(in)

m(f).
capocòrda <*capicorda*> m **1** (*anello metallico*) Metallring m **2** elettr (*elemento di raccordo*) (Kabel)schuh m.
capocordàta <*capicordata* m, - f> mf alpin econ Seilschaftsführer(in) m(f).
capocrònaca <-*i*> m giorn (*articolo*) Aufmacher m des Lokalteils.
capocronìsta <*capicronìsti* m, -e f> mf giorn (*redattore*) leitende(r) Nachrichtenredakteur(in) m(f).
capocuòco, (-a) <*capocuochi o capicuochi, -che*> m (f) (*primo cuoco*) Chefkoch m, (Chefköchin f).
capodànno m (*il primo giorno dell'anno*) Neujahr n: **a ~**, (zu) Neujahr; **buon ~!**, schönes neues Jahr!; **trascorrere il ~ con gli amici**, Neujahr mit seinen Freunden verbringen.
capodimónte **A** <inv> agg (*fabbricato a Capodimonte*) {STATUETTA, VASO} von/aus Capodimonte, Capodimonte- **B** <-> m (*manufatto*) Manufaktur f aus Capodimonte.
capodivisióne <*capidivisione* m, - f> mf amm (*funzionario*) {+MINISTERO DELLA SANITÀ} Ressortleiter(in) m(f).
capodòglio <-*gli*> m zoo Pottwal m.
capofàbbrica <*capifabbrica* m, - f> mf (*chi dirige i lavori*) Werkmeister(in) m(f).
capofamìglia <*capifamiglia* m, - f> mf (*capo della famiglia*) Familienoberhaupt n.
capofficìna <*capiofficina* m, - f> mf (*chi coordina il lavoro*) Werkstattleiter(in) m(f).
capofìla <*capifila* m, - f> mf **1** (*il primo di una fila*) Erste mf decl come agg/Spitze f (Leines Zuges/[einer Kolonne]): **seguire il ~**, der Spitze eines Zuges folgen **2** (*testa di una fila*) Spitze f: **mettersi a/in ~**, sich an die Spitze stellen; **stare a/in ~**, an der Spitze sein **3** fig (*esponente principale*) {+CORRENTE LETTERARIA, PARTITO} Hauptvertreter(in) m(f).
capofìtto loc avv: **a ~ 1** (*con la testa all'ingiù*) kopfüber: **gettarsi a ~ nell'acqua**, sich kopfüber ins Wasser stürzen **2** fig (*col massimo impegno*) kopfüber: **buttarsi/gettarsi/lanciarsi a ~ in qc**, {IN UN'IMPRESA, NEL LAVORO} sich kopfüber in etw (acc) stürzen.
capogabinétto <*capigabinetto* m, - f> mf amm polit (*funzionario*) Kabinettchef(in) m(f), Kabinettvorsteher(in) m(f).
capogìro **A** m (*giramento di testa*) Schwindel m: **a guardare dall'alto mi viene il ~**, wenn ich von oben hinunterschaue, wird (es) mir schwind(e)lig; **ho il ~**, mir ist schwind(e)lig; **far venire il ~ a qu**, jdn schwind(e)lig machen **B** <inv> loc agg fig (*esorbitante*): **da ~** {CIFRA OFFERTA, RISCATTO} Schwindel erregend, sehr hohe(r, s).
capogrùppo <*capigruppo* m, - f> **A** mf (*chi guida un gruppo*) Gruppenleiter(in) m(f), Gruppenführer(in) m(f): **~ parlamentare**, Fraktionsvorsitzende mf decl come agg **B** f (*holding*) Holding(gesellschaft) f, Konzernspitze f.
capoinfermièra f Oberschwester f.
capolavóro m **1** (*opera migliore*) {+MUSICISTA, PITTORE, SCRITTORE} Meisterwerk n: **la Nona Sinfonia è ritenuta il ~ di Beethoven**, die Neunte Symphonie wird als Beethovens Meisterwerk angesehen **2** (*opera eccellente*) Meisterwerk n: **quell'affresco è un autentico ~**, dieses Fresko ist ein wahres Meisterwerk **3** {+APPRENDISTA, OPERAIO} Meisterstück n **4** fig Meisterstück n: **un ~ di ingegneria genetica**, ein Meisterstück der Gentechnik **5** iron (*lavoro malfatto*) Meisterstück n iron: **questo articolo è un ~ di stupidità**, dieser Artikel ist ein Meisterstück iron an Dummheit.
capolèttera <*capilettera*> m tip (*lettera più grande*) Initiale f.

capolìnea, -*o capilinea*> m (*stazione terminale*) Endstation f: **il tram fa ~ nella piazza del Duomo**, die Endstation der Straßenbahn ist am Domplatz; **scendere al ~**, an der Endstation aussteigen ● **arrivare/essere/giungere al ~ fig** (*al termine*), {CARRIERA} an der Endstation ankommen/sein/anlangen.
capolìno m bot (*infiorescenza*) (Blüten)köpfchen n, Körbchen n ● **far ~** (*spuntare*), {BAMBINA, LUNA} hervorschauen, hervorgucken fam, hervorlugen fam; **finalmente il sole ha fatto ~**, endlich hat die Sonne hervorgeschaut.
capolìsta <*capilista* m, - f> **A** <inv> agg **1** spec polit {CANDIDATO} Spitzen- {SQUADRA} tabellenführend **B** mf **1** (*il primo di una lista*) Listenführer(in) m(f) **2** fig (*esponente maggiore*) {+NEOREALISMO ITALIANO} Hauptvertreter(in) m(f) **3** polit (*nelle liste elettorali*) Spitzenkandidat(in) m(f) **C** f sport (*squadra*) Tabellenführer(in) m(f) ● **essere a/in ~**, ganz oben auf der Liste stehen, der/die/das Erste auf einer Liste sein.
capoluògo <-*i o capiluoghi*> m (*città principale*) Hauptstadt f; (*di un Land*) (Regional)hauptstadt f: **Bari è il ~ della Puglia**, Bari ist die Hauptstadt von Apulien; **~ di provincia/regione**, Provinz-/Regionalhauptstadt f.
capomacchinìsta <-*i* m, -*e* f> mf **1** ferr Maschinenmeister(in) m(f) **2** mar Obermaschinist(in) m(f).
capomàfia <*capimafia*> m (*boss*) Mafiaboss m.
capomàstro <-*i o capimastri*> m edil **1** (*capocantiere*) Mau(r)erpolier m, Mau(r)ermeister m, Polier m **2** (*piccolo imprenditore*) Bauunternehmer m.
capomoviménto <*capimovimento* m, - f> m ferr (*funzionario*) Fahrdienstleiter(in) m(f).
capoofficìna mf → **capofficìna**.
capopàgina <*capipagina*> m **1** (*frontone*) Vignette f **2** (*inizio di pagina*) Seitenanfang m: **scrivere a ~**, an den Seitenanfang schreiben.
capopàrto <*capiparto*> m med "erste Menstruation nach einer Entbindung".
capopattùglia <*capipattuglia* m, - f> m mil (*comandante*) Streifenführer m, Patrouillenführer m.
caporalàto m merid (*reclutamento di manodopera*) "illegale Beschaffung unterbezahlter Landarbeiter".
caporàle, (-a) **A** m **1** mil {+ALPINI} Gefreite m decl come agg: **~ di giornata**, Aufseher m, Tagesaufsicht f **2** fam (*caposquadra*) Vorarbeiter m **3** merid (*chi assolda braccianti*) "wer illegal unterbezahlte Landarbeiter beschafft" **B** m (f) fig spec scherz (*persona autoritaria*) Feldwebel m fam scherz.
caporalésco, (-a) <-*schi, -sche*> agg fig spreg (*rozzo*) {MANIERE, MODI} schroff, barsch, feldwebelhaft fam scherz.
caporalmaggióre, caporàl maggióre m loc sost m mil Ober-, Hauptgefreite m decl come agg.
caporedattóre, (-trìce) <*capiredattori* m> m (f) giorn (*chi dirige una redazione*) {+GIORNALE} Chefredakteur(in) m(f).
capoparto <*capireparto* m, - f> mf (*responsabile*) {+DITTA, FABBRICA, GRANDE MAGAZZINO} Abteilungsleiter(in) m(f); {+OSPEDALE} Stationsarzt m, Stationsärztin f.
caporétto <-> f fig (*grave sconfitta*) Waterloo n.
caporióne, (-a) m (f) **1** (*capo*) {+BANDA DI TEPPISTI} Rädelsführer(in) m(f) **2** scherz (+COMBRICCOLA) Anführer(in) m(f) spreg, Rädelsführer(in) m(f) spreg.

caposàla <*capisala* m, - f> mf **1** (*in ospedale*) Stationspfleger m, Stationsschwester f **2** (*chi sorveglia*) {+MUSEO, STAZIONE} Saalaufsicht f, Saalaufseher(in) m(f).
caposàldo <*capisaldi*> m **1** fig (*fondamento*) {+RAGIONAMENTO} Kern-, Angelpunkt m, Eckpfeiler m: **i capisaldi di una dottrina economica/politica**, die Eckpfeiler einer ökonomischen/politischen Lehre **2** mil (*struttura fortificata*) Bollwerk m **3** topogr (*punto di riferimento stabile*) Fixpunkt m.
caposcàlo <*capiscalo* m, - f> mf aero Flughafenvorsteher(in) m(f).
caposcuòla <*capiscuola* m, - f> mf arte filos lett scient (*esponente maggiore*) Begründer(in) m (*einer Schule*): **Klimt è il ~ dello Jugendstil**, Klimt ist der Begründer des Jugendstils.
caposervìzio <*capiservizio* m, - f> mf **1** (*funzionario*) {+AZIENDA, IMPRESA} Abteilungsleiter(in) m(f) **2** giorn (*redattore*) {+SPORT} Ressort-, Schriftleiter(in) m(f).
caposettóre **A** <inv> agg econ {AZIENDA} branchenführend **B** <*capisettore* m, - f> mf (*nell'organizzazione aziendale*) Abteilungsleiter m.
caposezióne <*capisezione* m, - f> mf (*funzionario*) {+ENTE, MINISTERO, UFFICIO} Abteilungs-, Ressort-, Referatsleiter(in) m(f).
capospàlla <*capispalla*> m (*nella moda*) "Kleidungsstück, bei dem die Verarbeitung der Schulterpartie besondere Sorgfalt erfordert".
caposquàdra <*capisquadra* m, - f> **A** mf **1** (*chi dirige lavoratori*) Vorarbeiter(in) m(f), Werkmeister(in) m(f); (*scolari*) Aufsicht f **2** sport {+ATLETI} Mannschaftsführer(in) m(f) **B** m mil (*sottufficiale*) Kolonnen-, Gruppen-, Zugführer m.
caposquadrìglia <*capisquadriglia* m, - f> **A** mf (*chi guida*) {+BOY-SCOUT} Sippenführer(in) m(f) **B** m **1** aero mil Luftfahrzeug(s)staffelkommandeur m **2** mar mil Torpedoboot(s)flottenkommandeur m.
capostazióne <*capistazione* m, - f> mf ferr (*dirigente*) Bahnhofsvorsteher(in) m(f).
capostìpite **A** mf **1** (*primo antenato*) Stammvater m, (Stammutter f), Altvater m, (Altmutter f), Urvater m, (Urmutter f): **il ~ degli Asburgo è Werner II**, der Stammvater der Habsburger ist Werner II. **2** fig (*primo esemplare*) Urexemplar n **B** m filol (*archetipo*) Archetypus m.
capostórno m veter (*malattia degli erbivori*) Drehkrankheit f.
capostruttùra <*capistruttura* m, - f> mf (*dirigente*) Ressortleiter(in) m(f).
capotàre e deriv → **cappottare** e deriv.
capotàsto m mus {+VIOLINO, VIOLONCELLO} Sattel m, Kapodaster m.
capotàvola <*capitavola* m, - f> **A** mf (*chi siede a ~*): **essere il ~**, am Kopf der Tafel sitzen **B** loc avv: **a ~** {SEDERE, STARE} am Kopf der Tafel, am oberen Tischende, auf dem Ehrenplatz.
capòte <-> f franc **1** aero (*copertura*) Schutzbezug m **2** autom (*tettuccio apribile*) (Klapp)verdeck n: **tirare giù/su la ~**, das Verdeck auf-/zumachen.
capotrèno <-*i o capitreno*, - f> mf ferr (*capo del personale*) Zugführer(in) m(f).
capotribù <*capitribù* m, - f> mf (*capo di una tribù*) Stammeshäuptling m, Stammesführer(in) m(f).
capotùrno <*capiturno* m, - f> mf (*responsabile*) Schichtmeister(in) m(f).
capoufficio, càpo ufficio <*capi ufficio o rar capiufficio* m, - f> mf (*chi dirige un ufficio*) Büroleiter(in) m(f), Chef(in) m(f).

Càpo Vérde m geog Kap Verde n: **isole di Capo Verde**, Kapverdische Inseln.

capovèrso m **1** (*principio*) {+PERIODO, STROFA} Absatz m, Abschnitt m **2** (*lettera o parola iniziale*) Anfangsbuchstabe m, erstes Wort **3** (*parte di uno scritto*) Absatz m, Teil m; **i primi capoversi del capitolo**, die ersten Absätze des Kapitels **4** dir (*ogni comma successivo al primo*) {+ARTICOLO DI LEGGE} Absatz m.

capovóga <*capivoga*> m sport (*nel canottaggio*) Schlagmann m.

capovòlgere <coniug come volgere> **A** tr ~ qc **1** (*rovesciare*) {BAMBINO SECCHIELLO DI SABBIA} *etw* umkippen, *etw* um|stülpen, *etw* auf den Kopf stellen, *etw* um|drehen **2** fig (*sovvertire*) {RAGIONAMENTO, SISTEMA} *etw* um|kehren, *etw* um|stürzen **3** mar {IMBARCAZIONE} *etw* um|kippen, *etw* zum Kentern bringen **B** itr pron: **capovolgersi 1** (*ribaltarsi*) {PESCHERECCIO} kentern; {AUTOCARRO} sich überschlagen: **la macchina si è capovolta**, das Auto hat sich überschlagen **2** fig (*cambiare radicalmente*) {SITUAZIONE} sich wenden, sich um|kehren **3** fig spec giorn sport {CLASSIFICA} sich um|kehren.

capovolgiménto m **1** (*rovesciamento*) {+BARCA} Umkippen n, Kentern n; {+CAMION, MACCHINA} Sichüberschlagen n **2** fig (*mutamento improvviso*) {+SITUAZIONE} Umwälzung f, Umschwung m; polit {+ALLEANZE} Umsturz m, Umwälzung f.

capovòlta f sport (*nella ginnastica*) Überschlag m: **fare una ~**, einen Überschlag machen; (*nel nuoto*) (*virata*) eine Wende machen.

càppa f **1** (*mantello per signora*) Mantel m, Umhang m, Cape n: **una ~ da sera in velluto**, ein Abendmantel aus Samt **2** {+CAMINO} Rauchfang m; {+FORNELLO} Dunstabzug m, Abzugshaube f **3** fig {+AFA, SMOG} Glocke f: **una ~ di fumo**, eine Rauchglocke **4** mar (*telo*) Segeltuchdecke f **5** relig (*tunica*) {+FRATI} Cappa f; (*lungo mantello*) {+DIGNITARI DELLA CHIESA} Rauchmantel m, Pluviale f **6** stor (*mantello*) {+CAVALIERI} Mantel m • **la ~ del cielo** fig (*la volta celeste*), Himmelsgewölbe n poet, Himmelskuppel f poet; **sentirsi addosso una ~ di piombo** fig (*un senso d'oppressione morale*), das Gefühl einer bleiernen Schwere haben forb; **film/romanzo di ~ e spada** (*di avventure d'armi e di corte*), Mantel- und Degenroman m.

Cappadòcia f geog Kappadozien n.

cappèlla[1] f **1** arch relig Kapelle f: ~ **gentilizia/mortuaria/votiva**, Familien-, Toten-, Votivkapelle f; ~ **Palatina**, palatinische Kapelle; **la Cappella Sistina in Vaticano**, die Sixtinische Kapelle im Vatikan **2** (*tabernacolo*) Tabernakel n o m **3** mus (*gruppo di cantori e musicisti*) (Kirchen)chor m.

cappèlla[2] f **1** (*testa*) {+FUNGO} Hut m; {+CHIODO} Kopf m **2** fig fam (*errore occasionale*) grober Schnitzer fam, dicker Hund fam: **farsi una ~**, einen Bock schießen fam **3** slang mil (*recluta*) Rekrut m **4** volg (*glande*) Eichel f.

cappellàio, (-a) <-lai> m (f) **1** (*fabbricante*) Hutmacher(in) m(f) **2** (*venditore*) Hutverkäufer(in) m(f).

cappellàno m (*sacerdote*) {+COLLEGIO} Kaplan m, Geistliche m decl come agg: ~ **dell'ospedale**, Krankenhausgeistliche m decl come agg.

cappellàta[1] f **1** (*quanto contiene un cappello*) {+CILIEGE, SUSINE} Hutvoll m **2** (*colpo dato col cappello*) Klaps m fam mit dem Hut • **a cappellate** fig (*in grande quantità*), in Hülle und Fülle.

cappellàta[2] f fig fam (*errore*) grober Schnitzer fam, dicker Hund fam: **fare/prendere una ~**, einen Bock schießen fam.

cappellerìa f **1** (*laboratorio*) Hutwerkstatt f **2** (*negozio*) Hutgeschäft n.

cappellétto <dim di cappello> m **1** (*rinforzo della calza*) Strumpfspitze f, (verstärkter) Zehenteil **2** (*cerchietto di tela*) {+OMBRELLO} "gewachstes rundes Stoffteil an der Regenschirmspitze" **3** gastr (*insaccato*) "gefüllte Schweinsfußwurst" **4** <di solito al pl> gastr (*tortellini*) "kleine hutförmige gefüllte Nudeln", Tortellini m pl.

cappellièra f (*scatola*) Hutschachtel f.

cappellifìcio <-ci> m (*fabbrica*) Hutfabrik f.

cappellìno <dim di cappello> m (*da donna*) (Damen)hütchen n.

cappèllo m **1** (*da uomo*) Hut m; (*da donna*) Damenhut m: ~ **a bombetta**, Melone f; ~ **a cilindro**, Kardinalshut m; ~ **a cilindro/tuba**, Zylinder m; ~ **da cowboy**, Cowboyhut m; ~ **di feltro/lana/paglia**, Filz-/Woll-/Strohhut m; **levarsi/togliersi il ~**, den Hut abnehmen; **mettersi il ~**, den Hut aufsetzen; ~ **da prete**, Priesterhut m, Birett n; ~ **a tre punte**, Dreispitz m; ~ **da sole/spiaggia**, Sonnen-/Strandhut m; **avere il ~ in testa**, den Hut auf dem Kopf haben; **mettersi il ~ in testa**, sich (dat) den Hut auf den Kopf setzen; **tenere il ~ in testa**, den Hut aufbehalten **2** (*testa*) {+FUNGO} Hut m **3** (*coperchio*) {+COMIGNOLO} Kappe f **4** (*paralume*) {+LAMPADA} Schirm m **5** fig spec giorn (*introduzione*) {+ARTICOLO, DISCORSO} Vorspann m • **attaccare il ~ al chiodo** fig (*sposare una donna ricca*), sich ins gemachte Nest setzen fam, eine gute Partie machen; **tanto di ~!** (*complimenti*), Hut ab! fam; **cavarsi/far tanto di ~** (*a qu*) fig anche iron (*riconoscerne la superiorità*), den Hut vor jdm ziehen; **tirar fuori qc dal ~** (*da prestigiatore*), *etw* aus dem Hut zaubern; **calcarsi il ~ in testa** (*premere con forza*), sich (dat) den Hut auf den Kopf drücken; **portare il ~ sulle ventitré** (*inclinato su un lato*), den Hut schief tragen.

càpperi inter fam eufem (*di meraviglia, sorpresa o ammirazione*) Donnerwetter! fam: ~, **che bravo quel nuotatore!**, Donnerwetter, ist der Schwimmer gut! fam.

càppero m bot **1** (*pianta*) Kapernstrauch m **2** anche gastr (*boccio*) Kaper f.

càppio <-pi> m **1** (*nodo*) Schlinge f, Schlaufe f: **fare un ~**, eine Schlinge machen **2** (*corda per impiccare*) Strang m, Schlinge f: **mettere il ~ intorno al collo del condannato**, dem Verurteilten die Schlinge um den Hals legen • **avere il ~ al collo** fig (*essere senza via di uscita*), die Schlinge um den Hals haben; **mettere il ~ al collo a qu** fig (*costringerlo*), jdm die Schlinge um den Hals legen.

cappóne m (*galletto castrato*) Kapaun m, Kapphahn m: ~ **ripieno**, gefüllter Kapaun **2** itt Knurrhahn m.

cappottàre itr **1** aero (*capovolgersi*) einen Überschlag machen **2** autom (*ribaltarsi*) sich überschlagen: **la macchina ha cappottato in curva**, das Auto hat sich in der Kurve überschlagen.

cappottàta f **1** aero (*capovolgimento*) Überschlag m **2** autom Sichüberschlagen n.

cappottatùra f aero (*carenatura*) Haube f.

cappòtto[1] m Mantel m: **aiutala a infilare il ~**, hilf ihr in den Mantel; ~ **elegante/sportivo**, eleganter/sportlicher Mantel; **mettere il ~**, den Mantel anziehen; **togliere il ~**, den Mantel ablegen/ausziehen.

cappòtto[2] m **1** (*nei giochi di carte*) Matsch m: **dare/fare ~**, jdn vollständig schlagen, jdn matsch machen fam **2** mar (*fare ~*, {BARCA}) kentern fam.

cappuccétto <dim di cappuccio[1]> m (*copricapo*) Käppchen n • **Cappuccetto rosso** (*titolo e personaggio di una fiaba*), Rotkäppchen n.

cappuccìna f bot **1** (*lattuga*) Kopfsalat m **2** (*pianta rampicante*) Kapuzinerkresse f.

cappuccìno[1] **A** agg {MONASTERO} Kapuziner- **B** m (*frate*) Kapuziner m.

cappuccìno[2] m (*bevanda*) Cappuccino m: ~ **con brioche**, Cappuccino m mit Brioche; **bere/prendere un ~**, einen Cappuccino trinken/nehmen.

cappuccìno[3] m ornit (*colombo*) Sumpf-, Rohrweihe f.

cappùccio[1] <-ci> m **1** (*copricapo*) {+GIACCA A VENTO, MONTGOMERY} Kapuze f **2** (*copertura*) {+BIRO, PENNA} (Verschluss)kappe f: **mettere/togliere il ~ a un pennarello**, die Kappe auf den/von einem Stift tun **3** (*copricapo per cavalli*) Überwurf m, Kopfbedeckung f **4** (*nella caccia*) {+FALCO} Haube f **5** artiglieria (*rivestimento*) {+PROIETTILE} Geschosskappe f.

cappùccio[2] <-ci> m fam (*cappuccino*) Cappuccino m.

càpra[1] f **1** Ziege f: **formaggio/latte di ~**, Ziegenkäse m/Ziegenmilch f **2** (*pelle*) Ziegenleder n • **salvare ~ e cavoli** fam (*risolvere qc senza danni*), zwei gegensätzliche Interessen vereinbaren/[unter einen Hut bringen fam], es sich (dat) mit keinem verderben, es allen (beiden) recht machen; **luoghi/sentieri da capre** (*scoscesi*), steile/abschüssige Orte/Wege.

càpra[2] f **1** aero (*struttura di collegamento*) "Verbindungsglied n zwischen Flugzeugrumpf und Flügeln" **2** edil (*cavalletto*) {+IMBIANCHINO, MURATORE} Bock m, Gestell n **3** mar (*biga*) Hebebock m **4** tecnol (*struttura con carrucola*) Zugwindebock m.

capràio, (-a) <*caprai*> m (f) (*guardiano di capre*) Ziegenhirt(in) m(f).

caprése A agg (*di Capri*) aus/von Capri **B** m (f) (*abitante*) Bewohner(in) m(f) von Capri **C** f gastr (*insalata*) Caprese f (*Salat aus Tomaten, Olivenöl, Mozzarella und Basilikum*).

caprétta <dim di capra[1]> f (*piccola capra*) Zicklein n.

caprétto <dim di capra[1]> m **1** anche gastr Zicklein n **2** (*pelle*) Ziegenleder n: **scarpe di ~**, Ziegenlederschuhe m pl.

capriàta f edil (*struttura portante*) Dachstuhl m, Hängewerk n, Binder m: ~ **palladiana**, Dachstuhl m des Palladio; **soffitto a capriate**, Hängewerkdecke f; ~ **a traliccio**, Fachwerk(dach)binder m.

capriccio <-ci> m **1** (*bizza*) {+BAMBINO} Laune f; {+CASO, NATURA, SORTE} anche Kapriole f; {+DIVA} anche Schrulle f, Kaprice f forb **2** (*infatuazione amorosa*) Liebelei f: **spero che sia solo un ~ e non una cosa seria**, ich hoffe, es ist nur eine Liebelei spreg und nichts Ernstes **3** mus (*componimento*) Capriccio n • **avere più capricci che capelli in testa** fig, launisch/zickig sein bis zum Anschlag slang spreg; **fare i capricci**, (*fare le bizze*) {BAMBINO} bockig sein, launisch spreg sein, seine Launen haben; (*funzionare male*) {OROLOGIO, TELEVISIONE} bocken fam, eine Mucken fam/Launen haben; **togliersi/levarsi un ~** (*soddisfarlo*), seinem Affen Zucker geben fam, einer Laune nachgeben.

capriccióso, (-a) agg **1** (*che fa capricci*) {BAMBINO} bockig, {ATTRICE, CANTANTE, RAGAZZA} launisch spreg, zickig fam spreg, kapriziös forb **2** (*mutevole*) {MODA} wechselhaft; {STAGIONE, TEMPO} anche launenhaft **3** gastr (*con vari ingredienti*) {PIZZA} mit verschiedenem

Belag; {INSALATA} gemischt.
capricòrno m **1** zoo Steinbock m **2** astrol astr: Capricorno, Steinbock m; **sono del/un Capricorno**, ich bin (ein) Steinbock m.
caprifòglio <-gli> m bot Geißblatt n.
caprìno, (-a) Ⓐ agg zoo (di capra) {LANA, LATTE} Ziegen- Ⓑ m **1** (puzzo) Ziegengestank m: **puzzare/sapere di ~**, stinken wie ein Bock **2** (sterco) Ziegenmist m **3** gastr (formaggio) Ziegenkäse m **4** zoo Ziegen f pl: **i Caprini**, Ziegen f pl.
capriòla① f **1** Purzelbaum m; (nella ginnastica) Rolle f: **~ ⌊in avanti⌋/[all'indietro]**, Purzelbaum m vorwärts/rückwärts; **fare una ~ sul tappeto**, einen Purzelbaum auf dem Teppich machen/schlagen **2** fig (salto) (Luft)sprung m: **fare le capriole per la gioia**, Freudensprünge machen **3** (nella danza) Luftsprung m, Kapriole f **4** sport (nell'equitazione) Kapriole f; (nel nuoto sincronizzato) Rolle f ● **per consegnare in tempo il lavoro ho dovuto fare le capriole (fare i salti mortali)**, um die Arbeit rechtzeitig abzugeben, habe ich mich förmlich zerreißen müssen fam.
capriòla② f zoo (femmina) Ricke f, Rehgeiß f.
capriòlo m zoo Reh n.
càpro m (Ziegen)bock m ● **espiatorio** relig ebraica stor anche fig, Sündenbock m fam; **essere il⌊/fare da⌋ ~ espiatorio** fig (chi sconta una colpa che non ha commesso), ⌊der Sündenbock sein fam⌋/[als Sündenbock herhalten/dienen fam].
capróne <accr di capro> m **1** Ziegenbock m **2** fig (persona rozza, grossolana) ungepflegter/schlampiger fam spreg Mensch ● **puzzare come un ~** (molto), stinken wie ein Bock.
caps lock <> loc sost m ingl inform Caps--Lock-Taste f, Umschalt-Feststelltaste f.
càpsula f **1** aero {EIETTABILE} Kapsel f **2** anat (involucro) Kapsel f, Umhüllung f: **~ articolare/sinoviale**, Gelenkkapsel f; **~ surrenale**, Nebennierenkapsel f **3** artiglieria Kapsel f: **~ d'innesco**, Spreng-, Zündkapsel f, Zündhütchen n **4** bot (frutto) Hülse f **5** chim (recipiente) Tiegel m, Schale f **6** enol {+BOTTIGLIA} Kapsel f **7** farm (involucro) Kapsel f; (cachet) Tablette f: **prendere una ~ dopo i pasti**, eine Tablette nach den Mahlzeiten nehmen **8** med (in odontoiatria) {+CERAMICA} Zahnkrone f **9** tel {RICEVENTE} Kapsel f ● **~ orbitale/spaziale** astr, Weltraumkapsel f.
capsulàre agg anat (della capsula) {TESSUTO} Kapsel-.
captàre tr ~ qc **1** (conquistarsi) {LA BENEVOLENZA DI QU, L'AFFETTO DI QU} etw zu erlangen suchen, um etw (acc) buhlen forb spreg **2** (attrarre su di sé) {L'ATTENZIONE DI QU} etw auf sich (acc) ziehen **3** (utilizzare) {ACQUE DI UN FIUME} etw ab|leiten **4** fig (cogliere) {PENSIERO} etw erfassen/verstehen, etw (nach) vollziehen **5** tel radio (ricevere) {ONDE} etw empfangen, etw auf|fangen, etw ab|fangen, (intercettare) {COMUNICAZIONE, MESSAGGIO} etw empfangen.
captàtio benevolèntiae <- -, captationes benevolentiae pl lat> loc sost f lat forb Captatio Benevolentiae f.
captazióne f **1** dir (raggiro) Erbschaftserschleichung f **2** med (ritenzione) {+SOSTANZA} Verhaltung f, Retention f scient **3** tecnol (cattura) {+ACQUE, SORGENTI} Ableitung f **4** tecnol (depurazione) {+GAS, VAPORI} Reinigung f, Klärung f.
capuffìcio → **capoufficio**.
capziosità <> f (cavillosità) {+ARGOMENTO, RAGIONAMENTO} Spitzfindigkeit f spreg; (ingannevolezza) Verfänglichkeit f.

capzióso, (-a) agg (cavilloso) {RAGIONAMENTO, RISPOSTA} spitzfindig spreg; (ingannevole) verfänglich.
CAR <> m mil abbr di Centro Addestramento Reclute: "Ausbildungszentrum für Rekruten".
càra① → **caro**.
càra② f (nel linguaggio infantile) (carezza) ei (ei): **fai una ~ a papà**, mach dem Papa (ein) ei (ei).
carabàttola f **1** (roba di poco valore) Kram m fam, Plunder m fam, Krempel m fam: **prese le sue carabattole e se ne andò**, er/sie packte seinen/ihren Krempel und haute ab fam **2** fig (bazzecola) Kleinigkeit f.
carabìna f (fucile) Karabiner m: **~ ad aria compressa**, Luftgewehr n.
carabinière m **1** mil Karabiniere m **2** mil stor Karabinier m **3** fig (donna inflessibile) Feldwebel m fam spreg.
carachìri m → **harakiri**.
caracollàre itr **1** fam (trotterellare) {BAMBINO} (sich) (herum|)tummeln, (herum|)tollen **2** (nell'equitazione) (volteggiare) {CAVALIERE, CAVALLO} voltigieren, Volten reiten.
caracòllo m sport (nell'equitazione) (movimento) {+CAVALLO} Volte f, Tummeln n.
caràffa f **1** (recipiente) Karaffe f **2** (contenuto) Karaffe f: **una ~ di vino/[succo di frutta]**, eine Karaffe Wein/Fruchtsaft.
caraìbico → **caribico**.
caràmba① <-> m slang (carabiniere) Karabiniere m.
caràmba② inter spagn (di stupore) Caramba!, Donnerwetter! fam.
caràmbola f **1** fig (scontro tra automobili) Zusammenstoß m **2** (nel biliardo) (colpo) Karambolage f: **fare ~**, eine Karambolage ausführen, karambolieren; (gioco) Karambolagebillard n, Karambole f **3** sport (nel calcio) (tiro) abgefälschter Schuss m.
caràmbola② f bot **1** (pianta) Karambole f **2** (frutto) Koromandel-Stachelbeere f.
carambolàre itr anche fig (nel biliardo) (fare carambola) karambolieren.
caramèlla f **1** Bonbon n o m: **~ al caffè/latte**, Kaffee-/Milchbonbon n o m; **~ digestiva/[alle erbe]**, Verdauungs-/Kräuterbonbon n o m; **~ alla liquirizia**, Lakritz(en)bonbon n o m; **~ gommosa**, Gummibonbon n o m; **~ ripiena**, gefülltes Bonbon n o m; **~ al miele/liquore**, Honig-/Likörbonbon n o m; **~ senza zucchero**, Bonbon n o m ohne Zucker **2** fig fam (monocolo) Monokel m.
caramellàio, (-a) <-lai m> m (f) **1** (fabbricante) Bonbonhersteller(in) m (f) **2** (venditore) Bonbonverkäufer(in) m (f).
caramellàre tr ~ qc **1** {NOCI, ZUCCHERO} etw karamellisieren **2** (colorare col caramello) {BEVANDA} etw mit Karamell färben.
caramèllo Ⓐ m **1** (sostanza) Karamell m o n **2** (colore) Karamell m Ⓑ <inv> agg (bruno dorato) {ABITO} karamellfarben, karamell.
caramellóso, (-a) agg spec fig spreg (sdolcinato) {SCRITTRICE} schnulzig spreg; {VERSI} anche süßlich spreg.
caraménte avv **1** (con affetto) herzlich: **vi salutiamo ~**, wir grüßen euch herzlich **2** fig rar (a caro prezzo) {PAGARE QC} teuer.
carapàce m **1** geol (parte superiore) {+FALDA DI RICOPRIMENTO} Oberfläche f, Kruste f, Schicht f **2** zoo (esoscheletro) {+GAMBERO} Schale f; (corazza dorsale) {+TARTARUGA} (Rücken)panzer m, Rückenschild m.
caratàre tr (pesare a carati) ~ qc {MONETA, PERLA} etw nach Karat ab|wägen.
caratèllo m enol (piccola botte) (Holz)fässchen n.
caràto m **1** Karat n: **oro a 18 carati**, achtzehnkarätiges Gold; **una gemma da un ~**,

ein einkarätiger Edelstein **2** dir (quota di partecipazione) Anteil m **3** dir (nel diritto della navigazione: quota di proprietà) Schiffspart f ● **persona di 24/[tutti i] carati** fig (con ottime qualità), hochkarätiger Mensch fam.
caratteràccio <-ci> m pegg (brutto carattere) schlechter/aufbrausender Charakter m: **ha un ~**, er/sie hat einen schlechten/aufbrausenden Charakter.
caràttere① m **1** (indole) Charakter m: **~ affabile/debole/forte/pacifico/scontroso**, liebenswürdiger/schwacher/starker/friedfertiger/mürrischer Charakter; **avere un buon/brutto/pessimo ~**, einen guten/schlechten/furchtbaren Charakter haben; **è di ~ energico**, er/sie ist energisch; **è di ~ riservato**, er/sie ist reserviert/zurückhaltend **2** (caratteristica) {+ARTE BAROCCA, LINGUA, NAZIONE, POSITIVISMO, RAZZA, SIMBOLISMO} Merkmal n, Kennzeichen n, Eigenheit f: **i caratteri della musica dodecafonica**, die Merkmale der Zwölftonmusik **3** (natura) Natur f, Wesen(sart f) n: **a ~ discorsivo**, gemeinverständlich, populärwissenschaftlich; **una neoplasia di ~ benigno**, ein gutartiger Tumor; **un saggio di ~ sociologico**, ein Essay soziologischer Natur; **suggerimenti di ~ generale**, Empfehlungen allgemeiner Natur **4** biol (Erb)faktor m: **caratteri acquisiti/ereditari**, erworbene Eigenschaften f pl/Erbmerkmale n pl; **~ dominante/recessivo**, dominantes/rezessives Merkmal; **i caratteri sessuali primari/secondari**, die primären/sekundären Geschlechtsmerkmale **5** stat {QUALITATIVO, QUANTITATIVO} Charakter m ● ⌊**non avere**⌋/[**essere senza**]/[**essere privo di**] **~** (non avere personalità), charakterlos/willensschwach sein; **una persona di ~** (con una spiccata personalità), ein Mensch mit Charakter, ein willensstarker Mensch; **essere in ~ con qc** (essere intonato), mit etw (dat) im Einklang sein, zu etw (dat) passen; **~ sacramentale** relig, sakramentaler Charakter.
caràttere② m **1** (segno grafico) Schriftzeichen n, Buchstabe m: **caratteri arabi/gotici/greci**, arabische/gotische/griechische Schriftzeichen; **~ maiuscolo/minuscolo**, Groß-/Kleinbuchstabe m; **scrivere qc a caratteri cubitali**, etw mit/in Plakatschrift schreiben; **caratteri a stampatello**, Druckbuchstaben m pl **2** (calligrafia) Schrift f: **una lettera scritta con caratteri chiari/contorti**, ein Brief in klarer/verworrener Schrift **3** inform Zeichen n: **~ alfabetico**, ⌊alphabetisches Zeichen n⌋/[Alphazeichen n]; **~ magnetico**, Magnetzeichen n; **~ di cancellazione**, Ungültigkeitszeichen n; **~ jolly**, Joker m, Platzhalter m, Stellvertreterzeichen n **4** tip Type f, Letter f: **~ corsivo/grassetto/tondo**, Kursiv-/Fettschrift f/Antiqua f ● **~ trasferibile** (mediante pressione di plastica o carta), versetzbare Schriftzeichen.
caratteriàle psic Ⓐ agg **1** (relativo al carattere) {ESAME} Charakter- **2** (con disturbi del comportamento) {RAGAZZO} verhaltensgestört Ⓑ mf (persona) Verhaltensgestörte mf decl come agg.
caratterìno <dim di carattere①> m iron (indole, persona scontrosa) schwieriger Charakter.
caratterìsta <-i m, -e f> mf film teat (attore) Charakterdarsteller(in) m (f).
caratterìstica <-che> f **1** (qualità peculiare) {+CORRENTE FILOSOFICA, PAESAGGIO, SCUOLA DI ARCHITETTURA} Eigenschaft f, Eigenheit f, Eigenart f, Merkmal n, Charakteristikum n forb: **i castelli sono una ~ della Scozia**, ein Merkmal Schottlands sind die Schlösser; **l'orgoglio è la sua principale ~**, der Stolz ist seine/ihre Haupteigenschaft **2** aero {+AEROMOBILE} Merkmal n **3** elettr: **~ òhmica**, elek-

trischer Widerstand, ohmscher Kennwert **4** *mat* (*numero intero*) {+LOGARITMO} Charakteristik f, Kennziffer f **5** *mecc* {MECCANICA} Eigenschaft f **6** *tecnol* (*grandezza fisica*) {+MACCHINA} Charakteristik f, Kennlinie f: **caratteristiche tecniche**, technische Daten.

caratterìstico, (-a) <-*ci, -che*> agg **1** (*peculiare*) {ASPETTO} charakteristisch; {SEGNO} *anche* Kenn-: **essere ~ di qu/qc**, für jdn/etw charakteristisch / kennzeichnend / bezeichnend sein; **stile ~ di una scrittrice**, charakteristischer Stil einer Schriftstellerin **2** (*particolare*) {ACCENTO} eigentümlich, besondere(r, s) **3** (*tipico*) typisch: **la torta Sacher è ~ di Vienna**, die Sachertorte ist typisch für Wien.

caratterizzànte agg {ELEMENTO, MATERIA} kennzeichnend, bezeichnend.

caratterizzàre tr **1** (*contraddistinguere*) **~ qu/qc** jdn/etw kennzeichnen: **la qualità che più lo caratterizza è la generosità**, die Eigenschaft, die ihn am meisten kennzeichnet, ist seine Großzügigkeit; {SINTOMO MALATTIA} **für** jdn/etw kennzeichnend/charakteristisch sein **2** (*descrivere*) **~ qu/qc** {PERSONAGGIO, AMBIENTE, PERIODO STORICO} jdn/etw charakterisieren: **~ il protagonista di un racconto**, den Protagonisten einer Erzählung charakterisieren.

caratterizzazióne f *spec arte lett teat* (*il caratterizzare*) {+EPOCA, PERSONAGGIO, SITUAZIONE} Charakterisierung f, Kennzeichnung f.

caratterologìa f *psic* Charakterologie f.

caratterològico, (-a) <-*ci, -che*> agg *psic* {ESAME} charakterologisch.

caratùra f **1** (*misurazione in carati*) {+DIAMANTE, ORO} Karatmessung f **2** *fig* (*levatura*) Niveau n, Format n: **un regista di ~ internazionale**, ein Regisseur von internationalem Niveau/Format **3** *dir* (*carato*) {+NAVE} (Schiffs)anteil m.

caravaggésco, (-a) <-*schi, -sche*> agg *arte* (*nella pittura*) {QUADRO, SCUOLA, STILE} von Caravaggio.

càravan <-> m *ingl* (*roulotte*) Wohnwagen m, Caravan m.

caravanserràglio m **1** (*in Oriente: recinto per carovane*) Karawanserei f **2** *fig* (*luogo di grande confusione*) Wirrwarr m, wüstes Durcheinander, Tohuwabohu m: **che ~!**, was für ein Durcheinander!

caravèlla f *mar* Karavelle f ● **~ portoghese** *zoo*, portugiesische Galeere, Blasenqualle f, Seeblase f.

carbochìmica f *chim* Kohlechemie f.

carboidràto m Kohle(n)hydrat n.

carbonàia f **1** (*catasta di legna*) (Kohlen)meiler m **2** (*deposito di carbone*) Kohlenkeller m, Kohlenschuppen m **3** *fig* (*luogo buio e sudicio*) Loch n *fam spreg*.

carbonàio, (-a) <-*nai* m> m (f) **1** (*lavoratore*) Köhler(in) m(f) **2** (*venditore*) Kohlenhändler(in) m(f).

carbonàro, (-a) A agg *stor* (*dei carbonari*) {SOCIETÀ} der Karbonari: **i moti carbonari**, die Aufstände m pl/Umtriebe m pl der Karbonari B m *stor* (*affiliato alla carboneria*) Karbonaro m C <inv> loc agg *gastr*: **alla carbonara** {PENNE, SPAGHETTI} "mit Speck, rohen Eiern und Reibkäse".

carbonàta f **1** (*mucchio di carbone*) Kohlenhaufen m **2** *gastr* (*carne di maiale alla brace*) "gegrilltes Schweinefleisch".

carbonàto m *chim* Karbonat n, Carbonat n: **~ di magnesio/potassio/sodio**, Magnesium-/Kalium-/Natriumkarbonat n.

carbónchio <-*chi*> m **1** *agr bot* Getreidebrand m **2** *med veter* Anthrax m, Milzbrand m.

carboncìno <*dim di carbone*> m **1** (*bastoncino*) (Zeichen)kohle f, Kohlestift m **2** (*disegno*) Kohlezeichnung f.

carbóne A m **1** Kohle f: **~ animale/artificiale/attivo/coke**, Tier-/Kunst-/Aktiv-/Kokskohle f; **~ dolce**, Holz-, Pflanzenkohle f; **~ forte**, schwere Holzkohle f; **~ a corta/lunga fiamma**, kurzflammige/langflammige Kohle; **~ da/per fucina**, Schmiedekohle f; **~ fibroso**, Faserkohle f; **carbon fossile**, Steinkohle f; **~ di legna**, Holzkohle f; **~ minerale**, (Mineral)kohle f; **~ di storta**, Retortenkohle f; **~ vegetale**, Pflanzen-, Braunkohle f **2** *elettr* (*elettrodo*) (Lichtbogen)kohle f **3** *bot* (*malattia*) {GRETREIDE} brand m B <-> loc agg: **a ~**, {RISCALDAMENTO, STUFA} Kohlen- ● **~ azzurro** *fig* (*energia del vento*), Windkraft f, Windenergie f; **~ bianco** *fig* (*riserve idriche*), weiße Kohle, Wasserkraft f; **essere/stare/trovarsi sui carboni accesi/ardenti** *fig* (*essere ansioso, impaziente*),. (wie) auf glühenden Kohlen sitzen; **nero come il ~** (*molto nero*), pechschwarz, schwarz wie die Nacht; **~ rosso** *fig* (*energia geotermica*), rote Kohle.

carbonèlla f Grieß-, Perl-, Reisigkohle f.

carbonerìa f *stor* (*società segreta*) "Geheimbund der Karbonari".

carbònico, (-a) <-*ci, -che*> A agg **1** *chim* {ACIDO, ANIDRIDE} Kohlen-; {NEVE} (kohlen)sauer **2** *geol* (*carbonifero*) {EPOCA} Steinkohlen- B m *geol* (*periodo*) Karbon n, Steinkohlenzeit f.

carbonièro, (-a) agg (*del carbon fossile*) {INDUSTRIA} Kohlen-.

carbonìfero, (-a) A agg **1** (*contenente carbone*) {BACINO, CAMPO, TERRENO} Kohle(n)-: **regione carbonifera**, Kohle(n)revier **2** *geol* (*FAUNA*) Steinkohl(e)-, zur Steinkohlenzeit gehörig B m *geol* (*periodo*) Karbon n, Steinkohlenzeit f.

carbonìle **chim** A agg {FERRO, METALLO} Karbonyl- B m Karbonyl n: **combinazione con ~**, Karbonylverbindung f.

carbònio <-> m *chim* Kohlenstoff m, Karbonium n: **~ amorfo/puro**, Amorph-/Reinkohlenstoff m ● **~ 14**, Kohlenstoff m 14.

carbonióso, (-a) agg *chim* (*che contiene carbone*) {RESIDUO} Kohlen-, kohlenstoffhaltig.

carbonizzàre A tr **1** (*bruciare totalmente*) **~ qu/qc** jdn/etw verkohlen: **il corpo del bambino è rimasto carbonizzato nell'incendio**, der Körper des Kindes ist bei dem Brand verkohlt **2** (*trasformare in carbone*) **qc** {SOSTANZA ORGANICA} etw verkohlen; {LEGNO} etw verbrennen B itr pron: **carbonizzarsi** **1** (*bruciarsi*) {CARNE, PESCE} verbrennen: **la macchina si è completamente carbonizzata**, der Wagen ist völlig ausgebrannt **2** (*ridursi in carbone*) (ver)kohlen.

carbonizzazióne f **1** (*trasformazione in carbone*) Verkohlung f: **~ per distillazione**, Zylinderverkohlung f; **~ del legno**, Holzverkohlung f **2** *geol* {+SOSTANZA VEGETALE} Verkohlung f, Karbonisierung f **3** *tess* (*trattamento*) {+TESSUTO} Karbonisierung f.

carbon tax <-, -*es* pl *ingl*> loc sost f *ingl* Kohlesteuer f.

carburànte m *chim* (*combustibile*) Treib-, Kraft-, Brennstoff m: **~ atomico**, Atombrennstoff m; **~ gassoso**, gasförmiger Treibstoff, Treibgas m; **~ liquido**, flüssiger Treibstoff; **~ per motori Diesel**, Dieselkraftstoff m/Gasöl m; **~ per velivoli**, Flugzeugtreibstoff m; **~ ad alto numero di ottano**, Hochoktanbrennstoff m.

carburàre A tr **~ qc 1** *autom* (*provocare la carburazione*) etw vergasen **2** *metall* {LEGA} etw aufkohlen B itr **1** *autom* (*compiere la carburazione*) verbrennen; **il motore non carbura**, der Motor brennt nicht **2** *fig fam* (*essere in forma*) ⌊in Form⌋/[fit *fam*]/[gut drauf *fam*] sein: **oggi proprio non carburo**, heute bin ich nicht fit *fam*/[nicht gut drauf *fam*] ● **~ bene/male**, gut/schlecht drauf sein *fam*; *fig fam* {CALCIATORE, SQUADRA} ⌊in Form⌋/[fit] sein.

carburatóre m *autom* (*apparecchio*) Vergaser m: **~ ad aspirazione/a galleggiante**, Ansaug-/Schwimmervergaser m; **~ a iniettore/iniezione**, Einspritz-/Düsen-, Zerstäubungsvergaser m.

carburatorìsta <-*i* f, -*e* m> mf Facharbeiter(in) m(f) für Vergaser.

carburazióne f **1** *autom* (*miscelazione*) Vergasung f **2** *metall* (*trattamento*) (Auf)kohlung f **3** (*arricchimento di gas combustibili*) Karburieren n.

carbùro m *chim* Karbid n: **~ di calcio/ferro**, Kalzium-/Eisenkarbid n; **~ metallico**, Metallkarbid n.

carcadè <-> m **1** (*bevanda*) Rosellaeibisch--Limonade f **2** *bot* Rosellaeibisch m.

carcàssa f **1** (*scheletro*) {+ANTILOPE} (Tier)gerippe n **2** (*gabbia toracica*) {+BUE, TORO} Brustkorb m **3** (*animale macellato*) Karkasse f **4** (*struttura di nave*) (Schiffs)gerippe n, (Schiffs)gerüst n; (*di aereo*) (Flugzeug)gerippe n, (Flugzeug)gerüst n; {+PNEUMATICO} Karkasse f **5** *spreg* (*auto malandata*) (Klapper)kiste f *fam*, Kasten m *fam spreg*: **va in giro con una vecchia ~**, er/sie fährt mit einer alten Klapperkiste herum *fam*; (*relitto*) Wrack n **6** *fig* (*persona magra*) Rippengestell n *fam*, Gerippe n *fam* **7** *fig* (*persona sfinita*) Wrack n **8** *elettr* Gehäuse n: **~ di dinamo/trasformatore/turbina**, Dynamo-/Transformator-/Turbinengehäuse n **9** *mecc* Gehäuse n, Gerippe n, Gerüst n, Rahmen m; **~ di compressore**, Kompressor-, Verdichtergehäuse n.

carceràre tr (*imprigionare*) **~ qu** jdn inhaftieren.

carceràrio, (-a) <-*ri* m> agg (*del carcere*) {GUARDIA, REGOLAMENTO, SISTEMA} Gefängnis-.

carceràto, (-a) m (f) (*detenuto*) Häftling m.

carcerazióne f **1** (*provvedimento*) Inhaftierung f: **~ preventiva**, Untersuchungshaft f **2** (*periodo*) Haft f: **durante i sei anni di ~...**, während der sechs Jahre Haft ...

càrcere <-*ri* f> m **1** (*luogo*) Gefängnis n: **andare in ~**, ins Gefängnis kommen; **~ giudiziario/mandamentale**, Untersuchungs-/Bezirksgefängnis n; **mettere qu in ~**, jdn ins Gefängnis stecken; **~ militare**, Militärgefängnis n; **~ minorile**, Jugendstrafanstalt f; **~ di massima sicurezza**, Hochsicherheitsgefängnis n **2** (*reclusione*) Gefängnis(strafe f) n, Haft f: **è stato condannato a due anni di ~**, er wurde zu zwei Jahren Gefängnis verurteilt; **fare sei mesi di ~**, sechs Monate ⌊in Haft sein⌋/[absitzen *fam*]; **~ preventivo**, Untersuchungshaft f; **~ a vita**, lebenslängliche Haft f *fig* (*luogo angusto*) Gefängnis n: **questa casa per me è diventata un ~**, dieses Haus ist für mich ein Gefängnis geworden.

carcerière, (-a) m (f) **1** (*guardia*) Gefängniswärter(in) m(f), Gefangenenaufseher(in) m(f) **2** *fig spreg* (*chi sorveglia con molto rigore*) Argus m *spreg*, strenge(r) Aufpasser(in) *spreg*.

carcinòma <-*i*> m *med* (*tumore maligno*) Karzinom n *scient*.

carcinòsi <-> f *med* Karzinose f *scient*.

carciofàia f (*piantagione di carciofi*) Artischockenfeld n.

carciofìno <*dim di carciofo*> m (*cuore di carciofo*) Artischockenherz n: **carciofini sott'olio**, Artischockenherzen n pl in Öl.

carciòfo m **1** *bot anche gastr* Artischocke f: **carciofi fritti/ripieni**, frittierte/gefüllte Ar-

card <-> f ingl **1** (*tessera*) Karte f **2** (*carta di credito*) Kreditkarte f.

Card. *relig abbr di* Cardinale: Kardinal m.

càrda f *tess* (*macchina*) Karde(nmaschine) f, Krempel f, Kratzmaschine f.

cardamòmo m (*frutto*) Kardamom m o n.

cardànico, (-a) <-ci, -che> agg mecc {ALBERO, GIUNTO, SOSPENSIONE} Kardan-.

cardàre tr *tess* (*pulire e pettinare*) ~ qc {CANAPA, LANA} *etw* kämmen, *etw* karden, *etw* krempeln, *etw* kratzen; {LINO} *etw* hecheln.

cardatóre, (-trice) *tess* **A** m (f) (*operaio*) Hechler(in) m(f), Wollkämmer(in) m(f), Krempler(in) m(f) **B** f (*macchina*) Karde f, Krempel f: ~ **per materassi**, Matratzenkarde f.

cardatùra f *tess* (*operazione*) Kämmen n: ~ **a macchina/mano**, Maschinen-/Handkämmen n.

cardellino m *ornit* Stieglitz m.

cardìaco, (-a) <-ci, -che> agg med (*del cuore*) {ARRESTO, INSUFFICIENZA, MASSAGGIO, SCOMPENSO} Herz-.

cardialgìa f med Kardialgie f *scient*.

càrdias <-> m anat Mageneingang m, Magenmund m, Kardia f *scient*.

càrdigan <-> m ingl (*giacca di maglia*) Cardigan m.

cardinàle[1] agg **1** (*fondamentale*) {IDEA, PRINCIPIO} Grund-, Haupt-, hauptsächlich **2** *anat* {VENA} Kardinal- **3** *astrol astr*: **i punti cardinali**, die vier Himmelsrichtungen; **i venti cardinali**, die Winde aus den vier Himmelsrichtungen **4** *gramm* {NUMERO} Kardinal-: **aggettivo numerale ~**, Kardinalzahl f **5** *ling* {VOCALE} Grund- **6** *relig* {VIRTÙ} Kardinal-.

cardinàle[2] m *relig* Kardinal m: ~ **vescovo**, Kardinalbischof m.

cardinàle[3] m *ornit* Kardinalvogel m.

cardinalìzio, (-a) <-zi> m agg *relig* {TITOLO, UFFICIO} Kardinals-.

càrdine m **1** (*perno*) {+FINESTRA, PORTA} Angel f, Haspe f **2** *fig* (*fondamento*) {+SISTEMA FILOSOFICO, TEORIA} Angelpunkt m: **i cardini della dottrina calvinista**, die Angelpunkte der kalvinistischen Doktrin.

cardiochirurgìa f med Herzchirurgie f.

cardiochirùrgico, (-a) <-ci, -che> agg med herzchirurgisch.

cardiochirùrgo <-ghi o rar -gi> m med Herzchirurg m.

cardiocircolatòrio, (-a) <-ri> m agg med {APPARATO} Herz-Kreislauf-.

cardiofrequenzìmetro m med sport Herzfrequenzmesser m.

cardiografìa f med Kardiographie f *scient*.

cardiogràmma <-i> m med Kardiogramm n *scient*.

cardiòloga f → **cardiologo**.

cardiologìa f med Kardiologie f *scient*.

cardiològico, (-a) <-ci, -che> agg med kardiologisch *scient*.

cardiòlogo, (-a) <-gi, -ghe> m (f) med Kardiologe m, (Kardiologin f).

cardiopàlma, cardiopàlmo <-i> m med (*palpitazione*) Herzklopfen n • **far venire il ~ a qu** *fig fam* (*fargli prendere un colpo*), jdn zu Tode erschrecken.

cardiopatìa f med {CONGENITA} Herzkrankheit f, Herzleiden n, Kardiopathie f *scient*.

cardiopàtico, (-a) <-ci, -che> med **A** agg herzkrank **B** m (f) Herzkranke mf decl come agg.

cardiopolmonàre agg *anat* Herzlungen-.

cardiotònico, (-a) <-ci, -che> farm **A** agg {FARMA-

CO} herzstärkend **B** m herzstärkendes Arzneimittel, Herzmittel n *fam*, Kardiakum n *scient*.

cardiovascolàre agg med {MALATTIA} kardiovaskulär *scient*.

càrdo m **1** bot (*pianta*) Karde f, (Karden)distel f; (*cardone*) Kardone f **2** tess (*strumento*) Krempel f, Karde f.

cardóne m bot (*cardo commestibile*) Kardone f.

career woman <-, - women pl ingl> loc sost f ingl (*donna in carriera*) Karrierefrau f.

carèna f **1** mar {+SCAFO} Kiel m, Carina f **2** aero (*superficie esterna*) {+DIRIGIBILE} Rumpf m **3** anat {+NASO} Keilbein n **4** bot {+PAPILIONACEA} Schiffchen n, Kiel m, Carina f **5** itt (*aletta*) {+TONNO} Flosse f **6** ornit (*cresta ossea*) Brustbeinkamm f, Carina f • **abbattere in ~** mar (*piegare su un fianco per eseguire lavori*), kielholen.

carenàggio <-gi> m mar (*operazione*) {+NAVE} Kielholung f.

carenàre tr ~ qc **1** mar {NAVE} *etw* kiel|holen **2** tecnol (*fornire di carenatura*) {AEREO, VEICOLO} *etw* verkleiden.

carenatùra f **1** aero {AERODINAMICA} Verkleidung f **2** tecnol {+AUTO, MOTO} Verkleidung f.

carènte agg anche fig (*mancante*) ~ (*di qu/qc*) an jdm/etw mangelnd, mangelhaft, unzureichend: **una tesi ~ di argomentazioni**, eine These, der es an jeder Beweiskraft mangelt/[jede Beweiskraft abgeht]; **organismo ~ di fosforo**, phosphorarmer Organismus; **un paese ~ di materie prime**, ein rohstoffarmes Land; **la sua preparazione è alquanto ~**, seine/ihre Vorbereitung ist völlig unzureichend.

carènza f **1** anche fig (*mancanza*) ~ (*di qu/qc*) {+LETTORI, IMPEGNO, INFERMIERI, INFORMAZIONI, MOTIVAZIONE} Mangel m (an jdm/etw): **c'è ~ di parcheggi in città**, in der Stadt herrscht Parkplatzmangel; **alunni con ~ di concentrazione**, Schüler mit Konzentrationsschwierigkeiten; **le carenze in questo settore sono molteplici**, die Mängel in diesem Sektor sind vielfältig **2** med {+VITAMINE} Mangel m: ~ **di calcio**, Kalziummangel m • **affettiva/d'affetto** *psic*, Liebesentzug m, Gefühlsarmut f; ~ **legislativa**, Gesetzeslücke f; **per ~ di prove**, mangels Beweisen.

carestìa f **1** (*scarsità di alimenti*) Hungersnot f: **ci fu una grande ~ in tutto il paese**, im ganzen Land gab es eine große Hungersnot **2** *fig lett* (*mancanza*) ~ **di qu/qc** {+POETI, IDEE} Mangel m an jdm/etw.

carézza f **1** Streicheln n, Streichen n, Liebkosung f: **fare una ~ a qu**, jdn streicheln/liebkosen **2** *fig* (*tocco leggero*) {+VENTO} Hauch m • **fare carezze col bastone** *iron* (*bastonare*), jdn seinen Stock spüren lassen.

carezzàre **A** tr **1** (*fare carezze*) ~ qu {BAMBINO} jdn liebkosen, jdn streicheln **2** ~ qc {ANIMALE} *etw* streicheln **3** (*fig*) (*sfiorare*) ~ qu/qc {BREZZA} jdn/etw streicheln **4** *fig* (*vagheggiare*) ~ qc {IDEA, PROPOSITO} mit *etw* (dat) liebäugeln, *etw* hätscheln; {SPERANZA} *etw* hegen **B** rfl indir: **carezzarsi qc** {MENTO} sich (dat) *etw* streichen, sich (dat) über *etw* (acc) streichen.

carezzévole agg **1** (*dolce*) {MANIERE} zärtlich; {VOCE} angenehm, sanft **2** *fig* (*leggero*) {SOFFIO DI VENTO} zart, leicht.

càrgo <- o -ghi, -(e)s pl ingl> m ingl **1** aero Transportflugzeug n **2** mar Frachtschiff n, Frachter m.

cariàre <cario, cari> **A** tr (*provocare la carie*) ~ qc *etw* an|greifen: **la cioccolata caria i denti**, Schokolade greift die Zähne an/[verursacht Zahnkaries] **B** itr pron (*guastar-*

si per carie): **cariarsi** von Karies befallen werden, kariös werden: **gli si è cariato un dente**, einer seiner Zähne ist von Karies befallen (worden).

cariàtide f **1** arch Karyatide f **2** fig (*persona vecchia*) Mumie f *scherz*, Grufti m *scherz*, Scheintote mf decl come agg fam; (*di idee antiquate*) vorgestriger Mensch fam *spreg*, Mensch m mit überlebten/überholten Vorstellungen **3** fig (*mummia*) Ölgötze m fam *spreg*, Säulenheilige mf decl come agg: **su, muoviti, non stare lì come una ~!**, los, setz dich in Bewegung und steh nicht rum wie ein Ölgötze! fam *spreg*.

cariàto, (-a) agg (*intaccato dalla carie*) {MOLARE} kariös, angefault, zerfressen, hohl fam: **avere un dente ~**, einen kariösen Zahn haben.

caribico, (-a) <-ci, -che> agg karibisch.

càrica **A** <-che> f **1** amm (*ufficio*) Amt n: **la ~ di console/presidente**, Konsulen-/Präsidentamt n; **entrare/essere/restare in ~**, ein Amt antreten/[ein Amt innehaben]/[im Amt bleiben]; ~ **onoraria**, Ehrenamt n **2** (*dispositivo*) {+GIOCATTOLO, OROLOGIO} Laufwerk n **3** fig (*energia psicofisica*) Ausstrahlung f: ~ **affettiva/erotica**, herzliche/erotische Ausstrahlung f; **avere una forte ~ di simpatia**, eine sehr sympathische Ausstrahlung haben; (*energia vitale*) Elan m, Schwung m; **dare/trasmettere la ~ a qu**, jdn in Schwung/[auf Trab] bringen fam; **una tazza di caffè mi dà la ~ al mattino**, eine Tasse Kaffee bringt mich morgens in Schwung fam **4** fig (*forza*) {DRAMMATICA DI UN ATTORE} Kraft f, Stärke f **5** anche artiglieria {+FUCILE} Ladung f: ~ **di dinamite/esplosivo**, Dynamit-/Spreng(stoff)ladung f **6** chim industr (*sostanza*) {+CARTA} Füllmaterial n, Füllstoff m; {+TESSUTI} Be-/Erschwerung f **7** elettr Ladung f: **mettere in ~ la batteria del telefonino**, die Batterie des Handys fam aufladen **8** fis Ladung f: ~ **elementare**, Elementarladung f; ~ **elettrica/magnetica**, elektrische/magnetische Ladung; ~ **negativa/positiva**, negative/positive Ladung **9** mil (*assalto*) {+POLIZIA, SOLDATI} Attacke f, Angriff m: ~ **di cavalleria**, Kavallerieangriff m **B** <inv> loc agg: **in ~ 1** amm {MINISTRO, RETTORE} amtierend **2** sport (*come detiene il titolo*): **campione in ~**, Titelträger m • **(alla) ~/~!**, Attacke!; **dare la ~ a una sveglia** (*caricare*), einen Wecker aufziehen; **le alte cariche dello stato** (*le massime autorità*), die Inhaber der höchsten Staatsämter, die höchsten Staatsbeamten; **tornare alla ~** mil (*rilanciarsi all'attacco*), erneut angreifen; fig *scherz* (*insistere di nuovo*), {VECCHIO SPASIMANTE} es noch einmal versuchen.

caricabatterìa <-> m elettr (*alimentatore*) Ladegerät n.

caricaménto m **1** (*il caricare*) {+MERCE} Verladung f, Verfrachten n; (*su nave*) anche Befrachtung f **2** artiglieria {+FUCILE} Laden m **3** inform {+DATI} Laden m.

caricàre <carico, carichi> **A** tr **1** (*mettere*) ~ qu/qc (*su qc*) {TURISTI SULLA NAVE, LEGNA SUL CAMION} jdn/etw (auf etw acc) laden; ~ qc (*in/su qc*) {BAGAGLI IN/SULLA MACCHINA} *etw* in/auf *etw* (acc) laden **2** fam (*far salire*) ~ qu in/su qc {AMICO IN MACCHINA, SULLA MOTO} jdn in/auf *etw* (acc) steigen lassen **3** (*fare il carico*) ~ qc: **il furgone è andato a ~ i tubi**, der Transporter ist die Rohre laden gefahren **4** (*riempire*) ~ qc (*di qc*) {AEREO, VAGONE} *etw* (mit *etw* dat) voll|laden, {STUFA DI CHEROSENE} *etw* (mit *etw* dat) (voll|)füllen; (*di tabacco*) {PIPA} *etw* stopfen, *etw* (mit *etw* dat) füllen **5** (*dare la carica*) ~ qc {OROLOGIO, SVEGLIA} *etw* auf|ziehen **6** (*sovraccaricare*) ~ qc (*di qu/qc*) {AUTOBUS DI PASSEG-

GERI, MENSOLA DI PIATTI} *etw* (mit *jdm/etw*) überfüllen: **prima di fare il bagno non si deve ~ lo stomaco**, vor dem Bad soll man sich (dat) den Magen nicht vollschlagen *fam* **7** *fig* (*dare in abbondanza*) **~ qu di qc** {MAESTRA BAMBINI DI COMPITI, RAGAZZO DI BASTONATE, DI INGIURIE} *jdn* mit *etw* (dat) überhäufen; {GOVERNO CITTADINI DI IMPOSTE} *jdn* mit *etw* (dat) belasten, *jdm etw* auf|bürden, *jdm etw* auf|lasten **8** *fig* (*esagerare*) **~ qu** {PERSONAGGIO} *jdn* übertreiben, *jdn* überzeichnen **9** *fig* (*effettuare una carica*) **~ qu/qc** {POLIZIA DIMOSTRANTI} *jdn/etw* an|greifen, *jdn/etw* attackieren **10** *artiglieria* **~ qc** {CANNONE, FUCILE, PISTOLA} *etw* laden **11** *chim industr* **~ qc** {SETA} *etw* be-, erschweren **12** *elettr* **~ qc** {BATTERIA, DINAMO, PILA} *etw* (auf)laden **13** *film* **~ qc** {CINEPRESA} einen Film in *etw* (acc) ein|legen **14** *fot* **~ qc** {MACCHINA FOTOGRAFICA} *etw* laden, einen Film in *etw* (acc) ein|legen **15** *inform* (*introdurre*) **~ qc** {DATI, FILE, PROGRAMMA} *etw* laden **16** *mar* **~ qc** {VELA} ein|holen, *etw* ein|ziehen, *etw* streichen *obs* **17** *mil* (*assalire*) **~ qu** {NEMICO} an|greifen, *jdn* attackieren **18** *sport spec* (*nel calcio*) (*ostacolare*) **~ qu** {AVVERSARIO} *jdn* rempeln, *jdn* behindern **19** *sport* (*nello sci*) **~ (qc)** {LO SCI} (*etw*) belasten: **~ a monte/valle**, bergauf/bergab belasten **B** *rfl* **1** (*riempirsi*): **caricarsi di qc** {DI BAGAGLI, DI PACCHI} sich mit *etw* (dat) beladen **2** *fig* (*accollarsi*): **caricarsi di qc** {DI IMPEGNI, DI LAVORO} sich (dat) etw auf|laden *fam*, sich (dat) *etw* auf|bürden *forb*, sich (dat) *etw* auf|halsen *fam* **3** *fig* (*concentrarsi*): **caricarsi per qc** {PER UNA GARA, PER UN ESAME} sich zu *etw* (dat) sammeln.

caricàto, (-a) *agg* **1** *fig* (*carico*) beladen: **oggi sono molto ~**, heute bin ich sehr beladen **2** *fig* (*affettato*) {MODI, POSE} affektiert *forb*, gekünstelt *spreg*.

caricatóre, (-trice) **A** *agg* (*che carica*) {PALA} Lade-: **piano/ponte ~**, Laderampe f/Ladebrücke f **B** *m* (f) **1** (*manovale*) Auflader(in) m(f), Verlader(in) m(f) **2** (*operaio*) {+FORNO SIDERURGICO} Ladearbeiter(in) m(f) **3** *mar* (*noleggiatore*) Verschiffer(in) m(f), Spediteur m **C** *m* **1** (*del proiettore*) Magazin n **2** *artiglieria mil* {+PISTOLA} Magazin n, Patronenkammer f: **~ a nastro**, {+MITRAGLIATRICE} Ladestreifen m **3** *film fot* (*custodia*) Filmkassette f, Magazin n **4** *inform* (*loader*) Ladeprogramm n ● **vuotare il ~ addosso a qu** (*sparargli ripetutamente*), das Magazin (auf *jdn* abfeuern)/[leer schießen].

caricatùra *f* **1** (*ritratto satirico*) Karikatur f, Spottbild n: **disegnare la ~ di qu**, *jds* Karikatur zeichnen; **fare la ~ di qu/qc**, von *jdm/etw* eine Karikatur anfertigen **2** *fig* (*persona ridicola*) Schießbudenfigur f *fam* **3** *fig* (*imitazione maldestra*) Nachäffung f, Karikatur f *spreg*, Zerrbild n: **non è un politico ma solo la sua ~**, er ist kein Politiker, sondern nur eine Karikatur *spreg*/ein Zerrbild davon ● **mettere in ~ qu** (*rendere ridicolo*), *jdn* karikieren, *jdn* lächerlich machen.

caricaturàle *agg* {DISEGNO} karikaturistisch; {INTERPRETAZIONE} karikaturartig, karikaturesk *forb*.

caricaturìsta <-i *m*, -e *f*> *mf* (*chi fa caricature*) Karikaturist(in) m(f).

càrico, (-chi, -che) **A** *agg* **1** (*pieno*) **~ di qu/qc** {AUTOBUS DI TURISTI, CAMION DI FRUTTA, CARRO DI FIENO} mit *jdm/etw* beladen: **nave carica di passeggeri**, Schiff voller Passagiere; **un vagone ~ di bestiame**, ein Waggon voller Tiere **2** (*sovraccarico*) **~ di qc** *etw* (dat) bepackt, mit *etw* (dat) beladen: **una massaia carica di borse della spesa**, eine mit Einkaufstaschen beladene Frau; **un tu-**rista **~ di valige**, ein mit Koffern beladener Tourist **3** (*ricco*) **~ di qc** mit *etw* (dat) behangen: **un albero ~ di mele/fichi**, ein Baum voller Äpfel/Feigen **4** (*coperto*) **~ di qc** bedeckt mit *etw* (dat): **donna carica di gioielli**, mit Juwelen behängte Frau **5** (*pronto all'uso*) {BATTERIA, PISTOLA} geladen; {OROLOGIO, SVEGLIA} aufgezogen **6** (*intenso*) {GIALLO, ROSSO, VERDE} kräftig, intensiv, grell **7** (*forte*) {CAFFÈ, TÈ} stark **8** (*concentrato*) fit, in Form: **oggi mi sento molto ~**, heute fühle ich mich (sehr fit)/[in Form] **9** *fig* (*oberato*) **~ di qc** von/mit *etw* (dat) überhäuft, mit *etw* (dat) belastet: **essere ~ di debiti/lavoro**, mit Schulden/Arbeit überhäuft sein; **sono sempre carica di impegni**, ich bin immer mit Verpflichtungen überhäuft **B** *m* **1** (*il caricare*) {+MERCE} Verladung f **2** (*quantità di roba*) {+CEREALI} Ladung f: **un ~ di due tonnellate**, eine Zwei-Tonnen-Ladung **3** *fig* (*peso*) {+LAVORO, PREOCCUPAZIONI} Verantwortung f, Belastung f; {+RESPONSABILITÀ} Last f, Gewicht n **4** *comm* Ladung f, Last f, Belastung f: **libro/registro di ~**, Ladebuch n; **~ e scarico**, Ein- und Ausgang m, Zu- und Abgang m **5** *elettr* (*potenza*) Leistung f, Ladung f: **~ induttivo/ohmico**, induktive/ohmsche Belastung **6** *edil* (*peso*) Gewicht n, Belastung f, Last f **7** *idraul* {+ACQUA} Druck m **8** *mar* {+NAVE} Fracht f **9** *mecc* {+CALDAIA, MOTORE} Leistung f **10** *tecnol* (*forza*) Last f: **~ dinamico/permanente/statico**, dynamische/ruhende/statische Last; **~ di rottura**, Bruchlast f, Bruchbelastung f ● **avere ~ una famiglia/[dei figli]** *a ~* (*provvedere al mantenimento*), (eine Familie)/[Kinder] zu ernähren haben; **persona a ~** (*che si mantiene*), unterhaltsberechtigte Person; **a ~ di qu** (*a spese di*), zu Lasten von *jdm/+gen*; **telefonata a ~ del destinatario**, Anruf zu Lasten des Empfängers; **essere/vivere a ~ di qu** (*gravare economicamente*), auf *jds* Kosten sein/leben; (*contro*), gegen; **prendere dei provvedimenti a ~ di qu**, Vorkehrungen gegen *jdn* treffen; **deporre a ~ di qu**, *jdn* belasten, eine belastende Aussage gegen *jdn* machen; **testimoni a ~**, Belastungszeugen m pl; **a ~ di qc** (*relativo a*), *etw* betreffend; **infezione a ~ delle vie respiratorie**, Infektion der Atemwege; **~ di coscienza** (*rimorso*), Gewissensbiss m; **fare il ~** (*caricare*), verladen, ein|laden; **fare ~ di qc a qu** (*incolpare*), *jdm etw* (gen) beschuldigen; **farsi ~ di qu/qc** (*occuparsene*), sich um *jdn/etw* kümmern; **~ fiscale/tributario** (*insieme delle imposte*), Steuerlast f; **carichi pendenti** *dir*, anhängige Strafverfahren; **a pieno ~** (*al massimo della portata*), vollbelastet, unter Vollast; **viaggiare a pieno ~**, vollbelastet fahren; **~ utile** (*portata di un mezzo di trasporto*), Nutzlast f.

càrie <-> *f* **1** *med* Karies f: **~ dentaria**, Zahnkaries f, Zahnfäule f **2** *bot* (*malattia*) Baumfraß m: **~ del frumento/grano**, Weizen-/Kornfäule f ● **~ bianca** (*difetto del legno*), Holzfäule f.

carillon <-> *m franc* **1** (*scatola armonica*) Spieldose f **2** (*concerto di campane*) Glockenspiel n.

carìno, (-a) *agg* **1** {AMICA, BAMBINA, PROFESSORE, RAGAZZO} hübsch, nett: **è davvero una ragazza carina**, das ist wirklich ein hübsches Mädchen; {FILM, NEGOZIO, RISTORANTE} hübsch, nett; **che ~ quel braccialetto!**, was für ein hübsches Armband!; **carini i tuoi occhiali da sole!**, hübsch, deine Sonnenbrille! **2** *fam anche iron* (*gentile*): **è molto ~ da parte tua!**, das ist (aber) lieb/nett von dir! *anche iron*; **potresti essere più ~ con me!**, du könntest etwas netter zu mir sein!

Carìnzia *f geog* Kärnten n.

carinziàno, (-a) **A** *agg* kärntnerisch **B** *m* (f) (*abitante*) Kärnt(e)ner(in) m(f).

cariòca **A** <inv> *agg* von Rio de Janeiro **B** <-> *mf* **1** (*abitante di Rio de Janeiro*) Einwohner(in) m(f) von Rio de Janeiro **2** (*brasiliano*) Brasilianer(in) m(f) **C** <-> *f* (*danza*) Carioca f.

cariogènesi <-> *f biol* Zellteilung f.

cariògeno, (-a) *agg med* {PROCESSO} kariogen *scient*.

cariòsside *f bot* Karyopse f.

carìsma <-i *m*> *m relig anche fig* Charisma n: **avere (del) ~**, Charisma haben; **essere dotato di ~**, mit Charisma gesegnet sein.

carismàtico, (-a) <-ci, -che> *agg relig anche fig* {CAPO, DONO} charismatisch.

carìssimo, (-a) <superl di caro> *agg* **1** (*nelle lettere*) liebste(r): **~ amico/Francesco**, liebster Freund/Francesco; **carissima Paola**, liebste Paola; **carissimi Maria e Stefano**, liebste Maria und Stefano; (*nel parlato*) mein(e) Liebe(r); **come stai, ~?**, wie geht's dir, mein Lieber? **2** (*che costa moltissimo*) sehr teuer: **un alloggio ~**, eine sehr teure Wohnung.

carità <-> *f* **1** (*compassione*) Erbarmen n, Mitleid n, Mitgefühl n: **essere mosso da ~**, von Mitleid getrieben/bewegt sein **2** (*misericordia*) Barmherzigkeit f *forb*: **avere ~ verso i bisognosi**, den Bedürftigen gegenüber (barmherzig sein)/[Barmherzigkeit walten lassen *forb*] **3** (*elemosina*) Almosen n: **chiedere la ~**, um Almosen bitten; **fare la ~ a qu**, *jdm* ein Almosen geben; **fate la ~ a un povero vecchio!**, gebt einem armen alten Mann ein Almosen!; **ricevere la ~**, ein Almosen bekommen; **vivere di ~**, von Almosen leben **4** *fig fam* (*cortesia*) Gefallen m: **fammi la ~ di spegnere la radio**, tu mir den Gefallen und mach das Radio aus **5** *relig* Liebe f, Nächstenliebe f ● **istituto/ospizio di ~**, Wohltätigkeitsanstalt f, wohltätige Einrichtung; **~ pelosa** *fig* (*interessata*), eigennützige Wohltätigkeit; **per ~!** *fam*, um Himmels willen!, um Gottes willen!; **per ~, non parlarmi del lavoro!**, um Himmels willen, rede mir nicht von der Arbeit!

caritatévole *agg* **1** (*che esercita la carità*) {DONNA} barmherzig *forb* **2** (*ispirato da carità*) {ATTO, GESTO} wohltätig, mildtätig.

Càrla *f* (*nome proprio*) Karla.

carlìnga <-ghe> *f aero* (*fusoliera*) Rumpf m.

carlìno *m zoo* Mops m.

Càrlo *m* (*nome proprio*) Karl ● **~ Magno** *stor*, Karl der Große.

carlóna *f solo nella loc agg avv* **alla ~** *fam* (*in fretta e male*), schlampig *fam spreg*, schlud(e)rig *fam spreg*: **fare le cose alla ~**, schlampen *fam spreg*, schludern *fam spreg*; **un lavoro alla ~**, eine (hingeschluderte Arbeit *fam spreg*)/[Schluderarbeit *fam spreg*].

Carlòtta *f* (*nome proprio*) Charlotte.

càrme *m lett* **1** (*componimento poetico*) Karmen n *forb obs*, Carmen n: **i carmi di Orazio**, die Karmen *forb obs* des Horaz **2** (*di tono solenne*) Gelegenheits-, Festgedicht n, Lied n.

carmelitàno, (-a) *relig* **A** *agg* {SUORA} Karmeliter- **B** *m* (f) Karmeliter(in) m(f): **le carmelitane scalze**, die barfüßigen Karmeliterinnen.

carmìnio **A** <inv> *agg* {LABBRA, TESSUTO} karminrot **B** *m* **1** <-i> (*sostanza*) Karmesin n **2** <-> (*colore*) Karmin(rot) n.

carnagióne *f* Hautfarbe f, Teint m: **essere scuro di ~**, einen dunklen Teint haben; **avere la ~ chiara**, einen hellen Teint haben.

carnàio <-nai> *m* **1** (*ammasso di cadaveri*) Leichenberg m **2** *fig* (*strage*) Massaker n, Gemetzel n *spreg*: **fare un ~**, ein Massaker veranstalten **3** *fig anche spreg* (*moltitudine*) Gedränge n, Getümmel n, Menschenmasse f:

carnàle | **carponi**

che ~ sulla spiaggia!, was für Fleischmassen am Strand! **4** (*locale per carne macellata*) Fleischlager n.
carnàle agg **1** (*fisico*) {AMORE, NATURA} sinnlich, körperlich **2** (*sensuale*) {DESIDERIO, TENTAZIONE} fleischlich forb obs; {PIACERE} anche Fleisches- forb obs **3** (*dello stesso sangue*) {CUGINI, FRATELLI} blutsverwandt, leiblich: **sorelle carnali**, leibliche Schwestern **4** dir: **congiunzione** ~, Koitus m, Beischlaf m; **violenza** ~, Vergewaltigung f, Notzucht f obs.
carnalità <-> f **1** (*fisicità*) Körperlichkeit f **2** (*sensualità*) Sinnlichkeit f, Fleischeslust f forb obs.
Carnaròli A <inv> agg {RISO} Carnaroli- B <-> m Carnaroli-Reis m.
carnascialésco, (-a) <-schi, -sche> agg lett (*del carnevale*) karnevalesk, Karnevals-, Faschings- spec süddt A.
carnàto m tosc (*carnagione*) frische Hautfarbe.
càrne A f **1** Fleisch n: ~ **all'albese**, Carpaccio n; ~ **affumicata**, geräuchertes Fleisch; ~ **bovina/ovina**, Rind-/Schafsfleisch n; ~ ˌdi cavalloˌ/**[equina]**, Pferdefleisch n; ~ **congelata/essicata**, Gefrier-/ Dörrfleisch n; ~ ˌdi maialeˌ/[suina], Schweinefleisch n; **non mangiare** ~, kein Fleisch essen; ~ **di pollo/tacchino/vitello**, Hühner-/Truthahn-/Kalbsfleisch n; ~ **in scatola**, Dosenfleisch n; ~ **tritata/salata**, Hack-/Pökelfleisch n **2** (*polpa*) {+PESCA} Fruchtfleisch n **3** fig (*corpo*) Fleisch n: **le tentazioni della** ~, die Versuchungen des Fleisches **4** <solo pl> (*carnagione*) Haut f: **carni rosee**, rosige Haut B <inv> agg (*rosa pallido*) fleischfarben: **una canottiera tinta** ~, ein fleischfarbenes Unterhemd • **avere molta/poca** ~ **addosso** fig (*essere grasso/magro*), viel/wenig Fett auf den Rippen haben; ~ **bianca** (*di pollo, tacchino ecc.*), weißes/helles Fleisch; ~ **della propria** ~ (*i figli*), sein eigenes Fleisch und Blut forb; è ~ **della mia** ~, er/sie ist mein eigenes Fleisch und Blut forb; **la** ~ **è debole** fig (*è facile cadere in tentazione*), das Fleisch ist schwach; **essere (bene) in** ~ fig fam (*ben nutrito*), gut im Fleisch/Futter stehen fam; **Dio si è fatto** ~ bibl, Gott ist Fleisch geworden; **mettere troppa** ~ **al fuoco** fig (*fare troppe cose contemporaneamente*), zu viel auf einmal unternehmen, auf allen Hochzeiten tanzen fam; ~ **da macello/cannone** fig iron (*soldati mandati a morire*), Kanonenfutter n fam spreg; **mettere su** ~ (*ingrassare*), Fett ansetzen; **in** ~ **e ossa** fig (*di persona*), leibhaftig; **essere (fatto) di** ~ **e d'ossa** fig (*essere soggetto a debolezze*), auch nur ein Mensch sein; **non essere né** ~ **né pesce** fig (*mancare di caratteristiche precise*), weder Fisch noch Fleisch sein; **mortificare la** ~ relig, sich kasteien; ~ **rossa** (*di cavallo, manzo*), rotes/dunkles Fleisch; **trafficante/mercante di** ~ **umana** fig (*di schiavi*), Sklavenhändler m; ~ **viva** (*scoperta a causa di una ferita*), rohes Fleisch.
carnéfice m **1** (*boia*) Scharfrichter m, Henker m **2** fig (*tormentatore*) Menschenschinder m spreg.
carneficìna f **1** (*massacro*) Blutbad n, Gemetzel n spreg, Massaker n: **fare una** ~, ein Blutbad anrichten **2** fig scherz (*ecatombe*) Katastrophe f scherz: **all'esame di matematica c'è stata una** ~, bei der Mathematikprüfung hat es eine Katastrophe gegeben scherz.
càrneo, (-a) agg (*a base di carne*) {REGIME} Fleisch-.
carnesécca <carnesicche> f CH tosc gastr "gesalzenes Schweinefleisch".
carnet <-> m franc (*taccuino*) Notiz-, Taschenbuch n, Heft n • ~ **di assegni banca**, Scheckheft n **2** di **ballo stor**, Tanzkarte f; ~

di *biglietti*, {+AUTOBUS, TRAM} Fahrscheinheft n; ~ **d'ordini** comm, Auftragsbestand m, Bestelleingang m, Ordercarnet m.
carnevalàta f **1** (*divertimento carnevalesco*) Karnevalstreiben n, Karnevalstrubel m, Faschingsvergnügen n **2** fig spreg (*buffonata*) Farce f, Harlekinade f, Hanswurstiade f.
carnevàle m **1** Karneval m, Fastnacht f, Fasching m spec merid A: **per** ~, zur Karnevals-/Faschingszeit; **festeggiare il** ~, Karneval feiern; **il** ~ **di Venezia/Colonia**, der Karneval von Venedig/Köln **2** fig (*baldoria*) Freudenfest n **3** fig spreg (*buffonata*) Farce f, Harlekinade f, Hanswurstiade f, Hanswurstiade f • **bruciare il** ~ fig (*festeggiarne la fine*), das Faschingsende feiern; **a/di ogni scherzo vale** prov, im Karneval ˌherrscht Narrenfreiheitˌ/[ist alles erlaubt].
carnevalésco, (-a) <-schi, -sche> agg **1** (*di carnevale*) {FESTA, SFILATA} Karnevals-, Faschings- spec merid A **2** fig spreg (*poco serio*) {MANIFESTAZIONE} lächerlich, lachhaft.
Càrnia f geog Karn n.
carnìccio <-ci> m (*brandello di carne*) Aas-, Fleischseite f.
càrnico, (-a) <-ci, -che> agg (*della Carnia*) {ALPI} karnisch.
carnière m (*nella caccia*) **1** (*borsa*) Jagdtasche f **2** fig (*prede*) Jagdbeute f: **tornare con un bel** ~, mit einer schönen Jagdbeute zurückkehren.
carnitìna f chim Carnitin n.
carnìvoro, (-a) A agg (*che si nutre di carne*) {ANIMALE, PIANTA} Fleisch fressend B m <pl> Fleischfresser m pl.
carnosità <-> f **1** (*l'essere tumido*) {+LABBRA} Fleischigkeit f **2** fig (*l'essere polposo*) {+FRUTTO} Fleischigkeit f **3** fig arte (*morbidezza*) {+RITRATTO, SCULTURA} Weichheit f, Zartheit f.
carnóso, (-a) agg **1** (*pieno*) {BOCCA, LABBRA} fleischig, voll, üppig **2** fig (*ricco di polpa*) {PESCA} fleischig **3** fig arte (*morbido*) {FIGURA} weich, zart **4** bot {FOGLIE} vollsaftig, fleischig.
càro, (-a) A agg **1** (*in apertura di lettere*) liebe(r), teure(r, s) forb: ~ **Mario**, lieber Mario; **cara Elena**, liebe Elena; **mio** ~ **amico**, mein lieber/teurer forb Freund; **cara signora Bianchi**, liebe Frau Bianchi; **cari Gianni e Marina**, liebe Gianni und Marina; (*in chiusura*) liebe(r); **(tanti) cari saluti**, (viele) liebe Grüße; **un** ~ **saluto**, einen Gruß; (*nel parlato*) Liebe mf decl come agg; ~ **mio, bisogna rimboccarsi le maniche**, mein lieber Mann, man muss (sich) die Ärmel hochkrempeln **2** (*amabile*) liebenswert, lieb: **è un** ~ **bambino**, es ist ein liebes Kind **3** anche iron (*gentile*) nett, lieb: **sono stati molto cari con me**, sie waren sehr nett zu mir; **ma che** ~!, oh, wie lieb/süß!; **quanto sei** ~!, wie lieb du bist! **4** (*amato*) **a qu/qc bei jdm/etw beliebt: un soprano** ~ **al pubblico**, ein beim Publikum beliebter Sopran **5** (*a cui si è affezionati*) lieb, teuer: **gli orecchini sono un** ~ **ricordo di mia nonna**, die Ohrringe sind ein teures Andenken an meine Großmutter; **questo quadro mi è molto** ~, ich hänge sehr an diesem Bild; **è uno dei poeti a me più cari**, er ist einer meiner Lieblingsdichter **6** (*costoso*) teuer: **l'albergo più** ~ **della città**, das teuerste Hotel der Stadt; **un bravo meccanico ma è un po'** ~, er ist ein guter Mechaniker, aber etwas teuer B m <pl> (*familiari*) Lieben pl: **vive lontano dai suoi cari**, er/sie lebt weit weg von seinen/ihren Lieben C avv {PAGARE QC} teuer: **affittare un alloggio in centro costa** ~, eine Wohnung im Zentrum zu mieten, ist teuer.
carógna f **1** (*carcassa di animale*) Aas n

2 fig spreg (*persona perfida*) Aas n fam spreg, Ekel n fam spreg, Luder n fam: **comportarsi da** ~ (**con qu**), sich wie ein Aas (jdm gegenüber) verhalten fam spreg; **fare la** ~ (**con qu**), ekelhaft (zu jdm) sein fam; **sei una lurida** ~!, du bist ein elendes Luder! fam.
carognàta f fam (*azione meschina*) Niederträchtigkeit f, Gemeinheit f: **fare una** ~ **a qu**, jdm eine Gemeinheit antun.
Carolìna f (*nome proprio*) Karoline.
carolìngio, (-a) <-gi m> agg stor {ARTE, RINASCITA} karolingisch.
Carónte m mitol Charon m.
carosèllo m **1** stor (*torneo di cavalieri*) Ritterspiel n, Turnier n **2** fig (*movimento rapido*) {+AUTOMOBILI} Durcheinander n, Gewirr n **3** fig (*turbine*) {+PENSIERI} Karussell n, Wirbel m **4** (*giostra*) Karussell n **5** TV stor (*serie di spot pubblicitari*) "Reihe f von Werbesketschen".
caròta A f **1** bot anche gastr Karotte f, Möhre f, Mohrrübe f, Gelbe Rübe merid A: **comprare un mazzo di carote**, ein Bund Karotten kaufen; **carote bollite/grattugiate**, gekochte/geriebene Karotten **2** fig fam (*bugia*) Schwindel m fam spreg, Flunkerei f fam, Lüge f **3** geol min (*campione di roccia*) Bohrprobe f, Bohrkern m: **prelevare una** ~, eine Bohrprobe aufnehmen B <inv> agg {CAPELLI} karottenfarben • **piantar/vendere carote** fam (*raccontare bugie*), schwindeln fam spreg, flunkern fam, Märchen erzählen, Lügen auftischen.
carotàggio <-gi> m geol min (*prelievo*) Kernbohrung f.
carotène m chim Karotin n.
carotìde f anat Halsschlagader f.
carovàna f **1** (*gruppo*) {+BEDUINI, MERCANTI} Karawane f **2** fig (*fila di veicoli*) {+CIRCO} Autokolonne f **3** fig scherz anche iron (*frotta*) {+FIGLI} Schar f, Haufen m; {+AMICI} Rudel n scherz **4** sport (*nel ciclismo*) Team n.
carovanière m (*chi guida una carovana*) Karawanenführer m.
carovanièro, (-a) A agg (*per carovane*) {STRADA, VIA} Karawanen- B f (*pista*) Karawanenstraße f.
carovìta m <-> (*rialzo dei prezzi*) Teuerung f: **indennità di** ~, Teuerungszulage f, Teuerungszuschlag m.
càrpa f itt Karpfen m.
carpàccio <-ci> m sett gastr (*carne all'albese*) Carpaccio n • ~ **di pesce spada**, Schwertfischcarpaccio n.
càrpe diem <-> loc sost m lat carpe diem forb.
carpenterìa f **1** (*arte*) Zimmermannsarbeit f, Zimmermannshandwerk n: **lavoro di** ~, Zimmer(er)arbeit f **2** (*struttura*): ~ **metallica**, Baueisenwaren f pl **3** (*laboratorio*) (Bau)tischlerei f.
carpentière, (-a) m (f) (*artigiano*) Zimmermann m, Zimmerer(in) m(f).
carpiàto, (-a) agg {TUFFO} Hecht-.
càrpine, **càrpino** m bot Hage-, Hainbuche f.
carpióne A m itt Gardaseeforelle f B <inv> loc agg avv: **in** ~, {PESCE, ZUCCHINE} mariniert.
carpìre <carpisco> tr ~ **qc a qu 1** (*con frode*) {SOLDI} etw von jdm ergaunern **2** (*con violenza*) {BORSETTA} jdm etw entreißen: ~ **qc di mano a qu**, jdm etw aus der Hand reißen **3** fig (*ottenere con astuzia*) {FIRMA, INFORMAZIONI, SEGRETO} jdm etw entlocken.
càrpo m **1** anat Handwurzel f **2** zoo Wurzel f der Vorderpfoten, Carpus m scient.
carpóni avv loc avv (*gattoni*): **a** ~, {ANDARE, AVANZARE} auf allen vieren fam; **camminare (a)** ~, auf allen vieren gehen fam.

carràbile agg (*percorribile da veicoli*) {STRADA} befahrbar.

carràio <*-rai*> m (*chi costruisce carri*) Stell-, Radmacher m, Wagenbauer m.

Carràra f geog Karrara n, Carrara n.

carrarmàto m **1** Panzer m **2** (*suola di gomma*) Profilsohle f.

carràta A f (*carico*) {+PIETRE} Wagenladung f, Fuhre f, Fuder n B loc avv fig (*in grande quantità*): **a carrate**, fuder-, haufenweise.

carré <-> m franc **1** (*sprone*) {+ABITO, CAMICIA} Passe f, Schulterstück n **2** (*lombata*) {+MAIALE} Karree n, Rippenstück n **3** (*taglio di pietra preziosa*) Karree n; (*pietra*) in Karreeform geschliffener Edelstein **4** (*taglio di capelli*) Pagenkopf m, Prinz-Eisenherz-Frisur f **5** (*nella roulette*) "Kombination f von vier Zahlen".

carreggiàbile A agg {STRADA} befahrbar B f Fahrstraße f.

carreggiàta f **1** (*parte di strada*) Fahrbahn f: ~ **a senso unico**, Einbahnstraße f; **l'auto è uscita dalla ~**, das Auto ist von der Fahrbahn abgekommen **2** fig (*retta via*) Bahn f, Gleis n: **mantenersi/stare in ~**, im Gleis bleiben/sein; **rimettere qu in ~**, jdn wieder auf die richtige Bahn lenken; **rimettersi in ~**, wieder in (rechte) Gleis kommen; **uscire di ~**, aus ˌder Bahn₁/[dem Gleis] kommen **3** (*distanza fra le ruote*) {+AUTOMOBILE} Spur(weite) f.

carréggio <-gi> m **1** (*trasporto con carro*) {+MERCI} Wagentransport m **2** (*viavai di veicoli*) Hin- und her-Gefahre m fam spreg **3** mil (*insieme di automezzi*) Fahrzeugreihe f **4** min {+CARBONE} Gruben-, Schachtförderung f.

carrellàre itr film TV (*riprendere*) ~ **su qu/qc** eine Fahraufnahme *von jdm/etw* machen.

carrellàta f **1** film TV (*ripresa*) Fahraufnahme f, Kamerafahrt f, Schwenk m: **fare una ~ su qu/qc**, einen Schwenk auf jdn/etw machen **2** fig (*panoramica*) Überblick m, Übersicht f: **una ~ sulle novità cinematografiche della stagione**, eine Übersicht über die Kinoneuigkeiten der Saison.

carrellìsta <-i m, -e f> mf **1** ferr (*venditore*) Verkäufer(in) m(f) am Bahnhofsrollwagen **2** film TV Schwenker(in) m(f).

carrèllo m **1** gener Wagen m: **metti sul ~ tutto l'occorrente per il barbecue**, tu alles Nötige für das Grillen auf den Wagen **2** (*al supermercato*) Einkaufswagen m **3** (*all'aeroporto, alla stazione, ecc.*) Kofferkuli m, Gepäckkarren m **4** (*per cibi e bevande*) Servier-, Teewagen m **5** (*al ristorante*) Servierwagen m: ~ ˌdegli antipasti₁/[dei formaggi], Vorspeisen-/Käsewagen m **6** (*della macchina da scrivere*) Schlitten m, Wagen m **7** (*vagoncino per trasporto*) Wagen m: ~ **elevatore**, Hebe-, Hubwagen m, (Gabel)stapler m; ~ **trasportatore**, Förderwagen m **8** aero (*per il lancio*) Startwagen m; (*per l'atterraggio*) Lande-, Fahrgestell n: **abbassare/alzare il ~**, das Fahrgestell ausfahren/einziehen **9** edil {+GRU} Fahrgestell n **10** ferr (*telaio*) {+VAGONE} Dreh-, Fahrgestell n **11** film TV (*per riprese*) Kamerawagen m **12** mar Laufkatze f **13** min Förderwagen m, Förder-, Grubenhund m **14** sport (*nel canottaggio*) (*sedile scorrevole*) Bootswagen m **15** tecnol Rollgestell n, Wagen m: ~ **di ˌmacchina utensile₁/[tornio]**, Werkzeugmaschinenrollgestell n/ Drehsupport m ● ~ **da teleferica**, Seilbahnwagen m; ~ **tenda** (*da campeggio*), Camping-Anhänger m.

carrétta <*dim di carro*> f **1** spreg o scherz (*auto malandata*) Kiste f fam, Mühle f fam spreg, Karre f spreg; (*bagnarola*) Eimer m fam spreg **2** (*piccolo carro*) Karre f, Karren m ● **tirare la ~** fig fam (*condurre un'esistenza difficile*), sich abplagen, sich abrackern fam.

carrettàta A f (*contenuto*) {+FIENO} (Wagen)ladung f, Fuhre f B loc avv fig (*in grande quantità*): **a carrettate**, haufenweise.

carrettière m **1** (*chi guida un carro*) Fuhrmann m **2** fig spreg (*persona volgare*) Bierkutscher m fam, Bauer m ● **bestemmiare come un ~**, wie ein Bierkutscher fluchen fam.

carrettìno <*dim di carro*> m (*piccolo carro*) Wägelchen n.

carrétto <*dim di carro*> m **1** (*a trazione animale*) Karre f, Karren m, Wägelchen n **2** (*a mano*) Handwagen m, Handkarren m **3** teat Rollenboden m ● ~ **siciliano**, "zweirädriger dekorierter sizilianischer Karren".

carrier <-> m ingl inform Trägersignal n, Carrier m.

carrièra A f **1** (*professione*) Karriere f, Laufbahn f: **una brillante/lunga ~**, eine glänzende/lange Karriere; **intraprendere la ~ diplomatica/militare**, die Diplomatenlaufbahn/[militärische Laufbahn] einschlagen; **questo lavoro offre molte possibilità di ~**, diese Arbeit bietet viele Aufstiegsmöglichkeiten; **ha rinunciato alla ~ per la famiglia**, er/sie hat für die Familie auf seine/ihre Karriere verzichtet **2** (*nell'equitazione*) (*andatura*) {+CAVALLO} gestreckter Galopp, Karriere f B <inv> loc agg: **in ~** {DONNA} Karriere- ● **andare di/a gran ~** (*corsa*), jagen, sausen, stürmen, rasen; **far ~** (*avanzare nella professione*), Karriere machen.

carrierìsmo m (*smania di far carriera*) Karrierismus m spreg, Karrieremacherei f spreg.

carrierìsta <-i m, -e f> mf (*chi vuol far carriera*) Karrieremacher(in) m(f) spreg, Karrierist(in) m(f) spreg.

carriòla f **1** (*piccolo carretto*) Schubkarren m, Schubkarre f: **ho di letame/pietre**, eine Schubkarre von Mist/Steinen **2** (*nella ginnastica*) Schubkarren m.

carrìsta <-i m, -e f> mil A agg {FANTERIA} Panzer- B m (*soldato*) Panzergrenadier m.

càrro m **1** (*veicolo*) Wagen m: **un ~ trainato da cavalli**, ein von Pferden gezogener Wagen **2** (*agricolo*) Ackerwagen m: ~ **da fieno**, Heuwagen m **3** (*carico*) Fuhre f, Wagenladung f: **un ~ di ghiaia**, eine Fuhre Schotter **4** astr (*costellazione*): **Carro**, Wagen m; **il Gran/Piccolo Carro**, der Große/Kleine Wagen ● ~ **allegorico**, Karnevalswagen m; ~ ˌarmato mil₁/[d'assalto mil], Panzer m; ~ **attrezzi**, Abschleppwagen m; ~ **bestiame**, Viehwagen m; ~ **botte**, Kessel-, Tankwagen m; ~ **ferroviario** ferr, Waggon m; ~ **funebre**, Leichenwagen m; ~ **marsupio** ferr, doppelstöckiger Autotransportwagen; ~ **merci**, Güterwagen m; **mettere il ~ davanti ai buoi** fig (*fare prima ciò che andrebbe fatto dopo*), das Pferd am/beim Schwanz aufzäumen fam, die Ochsen hinter den Pflug spannen fam.

carroattrézzi m <- o carriattrezzi> autom Abschleppwagen m.

carròccio <-ci> m **1** mil stor Fahnenwagen m **2** giorn polit (*Lega Nord*) "journalistische Bezeichnung für die Bewegung der Lega Nord".

carropónte <carriponte> m **1** (*gru*) Laufkran m **2** min (*incastellatura*) Gestell n, Gerüst n.

carròzza f **1** (*veicolo a cavalli*) Kutsche f: **andare/viaggiare in ~**, mit der Kutsche fahren; ~ **chiusa/scoperta**, geschlossene/offene Kutsche; ~ **a due/quattro posti**, zwei-/viersitzige Kutsche **2** ferr (*vettura*) Eisenbahnwagen m: ~ **di prima/seconda classe**, Wagen erster/zweiter Klasse; **carrozze letto**, Liegewagen m pl; ~ **postale**, Postwaggon m; ~ **ristorante/salone/viaggiatori**, Speise-/Salon-/Passagierwagen m ● **signori, in ~!** stor (*avvertimento del conduttore*), meine Damen und Herren, alles einsteigen!

carrozzàbile A agg (*carreggiabile*) {STRADA} befahrbar B f befahrbare Straße.

carrozzàre tr (*fornire di carrozzeria*) ~ **qc** {AUTOMOBILE} etw karossieren.

carrozzàto, (-a) agg {VEICOLO} karossiert ● **una donna/ragazza ben carrozzata** fig fam scherz (*prosperosa*), ˌeine gut gebaute Frau,/[ein gut gebautes Mädchen], eine Frau/ein Mädchen mitˌaufregenden Kurven fam,/[üppigen Formen].

carrozzèlla <*dim di carrozza*> f **1** (*per neonati*) Kinderwagen m **2** (*sedia a rotelle*) Rollstuhl m; (*a motore*) Elektrorollstuhl m **3** (*calesse*) Pferdedroschke f.

carrozzerìa f autom **1** (*rivestimento*) Karosserie f: **dei vandali mi hanno rigato la ~**, Wandalen haben mir die Karosserie zerkratzt; ~ **portante**, selbsttragende Karosserie **2** (*officina per la riparazione*) (Karosserie)werkstatt f; (*per la costruzione*) Karosseriebau m **3** fig fam scherz (*forme femminili prosperose*) Kurven f pl fam, üppige Formen: **hai visto che ~, quella?**, hast du gesehen, was die für Kurven hat? fam.

carrozzière m autom **1** (*progettista*) Karosserieplaner m, Karosserieentwerfer m **2** (*costruttore*) Karosseriebauer m **3** (*riparatore*) Karosseriemechaniker m: **la mia auto è ancora dal ~**, mein Auto ist noch in der Karosseriewerkstatt.

carrozzìna f (*per neonati*) Kinderwagen m.

carrozzìno <*dim di carrozza*> m **1** (*piccola carrozza*) "eleganter zweisitziger Einspänner" **2** (*sidecar*) Beiwagen m **3** (*carrozzina*) Kinderwagen m.

carrozzóne <accr *di carrozza*> m **1** (*mezzo di trasporto*) Wagen m; (*di abitazione*) Wohnwagen m: ~ **del circo**, Zirkuswagen m **2** (*cellulare*) {+POLIZIA} Streifenwagen m **3** (*carro funebre*) Leichenwagen m **4** fig slang spreg (*organismo pubblico inefficiente*) {+SCUOLA} abgewirtschafteter staatlicher Betrieb.

carrùba f (*frutto*) Johannisbrot n.

carrùbo m bot (*albero*) Johannisbrotbaum m.

carrùcola f (*per sollevare*) Flaschen-, Rollenzug m, Zugrolle f.

carrùggio <-gi> m genovese (*vicolo stretto*) Gasse f.

car sharing <-> loc sost m ingl (*autonoleggio*) Car Sharing m.

càrsico, (-a) <-ci, -che> agg anche geol {ALTOPIANO, FENOMENO} Karst-, karstig.

càrta A f **1** Papier n: ~ **da cucina**, Küchenpapier n, Saugtuch n; ~ **da disegno/da lettere**, Zeichen-/Briefpapier n; ~ **da pacchi**, Einwickel-, Packpapier n; **un pezzetto di ~**, ein Stück Papier; ~ **da regalo**, Geschenkpapier n; **una tovaglia/un bicchiere di ~**, eine Papiertischdecke/ein Pappbecher **2** <*di solito al pl*> (*foglio scritto*) Papiere n pl: **un tavolo pieno di carte**, ein Tisch voller Papiere; **riordinare le proprie carte**, seine Papiere in Ordnung bringen **3** <solo pl> anche amm (*documento*) Unterlagen f pl, Papiere n pl: **avere le carte in regola**, gültige Papiere haben; **fare le carte per sposarsi**, die Heiratsunterlagen vorbereiten; **passare le carte al vaglio**, die Unterlagen prüfen **4** dir polit (*statuto*) Charta f, Urkunde f, Konvention f: **la ~ delle Nazioni Unite**, die Charta der Vereinten Nationen **5** gastr (*lista*) Liste f: ~ **delle vivande/dei vini**, Speise-/Weinkarte f **6** geog {+SVIZZERA} Karte f; {+BONN} Stadtplan m: ~ **areonautica**, Flugstrecken-, Fliegerkarte f; **~** *astronomica,* Sternkarte f; **~** *automobilistica/stradale,* Straßenkarte f; **~** *geografica,* (Land)karte f; **~** *fisica/generale/politica,* physikalische/allgemeine/politische (Land)karte f; **carte linguistiche,** Sprachatlas m; **~** *meteorologica/nautica,* Wetter-/Schiffskarte f; **~** *muta,* stumme Karte; **~** *topografica,* topografische Karte **7** (*nei giochi di carte*) (Spiel)karte f: **carte** *francesi/napoletane,* französische/neapolitanische Karten; **giocare a carte,** Kartenspielen; **una ~ di quadri/picche,** eine Karo-/Pikkarte; **alzare/prendere una ~,** eine Karte abheben/nehmen; **dare le carte,** die Karten geben **8** *fam stor* (*banconota da mille lire*) 1000-Lire-Schein m: **l'ho pagato 200 carte,** ich habe 200 000 Lire dafür bezahlt **B** <inv> *loc agg* **1** *fig* (*non solido*): **di ~** {CASA, MURO} unsolide **2** *fig* (*inconsistente*) {INIZIATIVA} unhaltbar, inkonsistent *forb* **3** *fig* (*fragile*) {NERVI} schwach ● **~** *abrasiva,* Glas-, Sandpapier n; **~** *adesiva,* Selbstklebepapier n; *affidare qc alla ~ fig* (*scrivere*), etw dem Papier anvertrauen; *andare* **a carte quarantotto,** *fig* (*andare all'aria*) ins Wasser fallen, platzen *fam,* den Bach runtergehen *fam;* **~** *d'argento fer,* Seniorenpass m; **~** *assegni banca,* Scheckkarte f; **~** *assorbente,* Löschpapier n; **~** *Atlantica stor,* Atlantikcharta f; **~** *avere ~ bianca fig* (*piena libertà di agire*), ˌfreie Handˌ/[Carte blanche *forb*] haben; *avere* **buone carte** *fig* (*buone possibilità di riuscire*), gute Karten haben; **~** *da bollo/bollata amm,* Stempelpapier n; **~** *canta!* (*rif. a fatti incontestabili*), Papier lügt nicht!, das steht schwarz auf weiß! *fam;* **~** *carbone,* Kohlepapier n; **~** *di circolazione autom,* Fahrzeugschein m; **~** *copiativa,* Kopierpapier n; **~** *costituzionale,* Verfassung(surkunde) f; **~** *di credito banca comm,* Kreditkarte f; **~** *crespata,* Krepppapier n; *dare* **~ bianca a qu** *fig* (*piena libertà di agire*), jdm ˌfreie Handˌ/[Carte blanche *forb*] lassen, jdm uneingeschränkte Vollmacht geben; **la ~ dei** *diritti* **dell'***uomo,* die Konvention der Menschenrechte; **~** *ecologica,* Umwelt(schutz)papier n; *fare* **carte false per qu/qc** *fig* (*fare di tutto per ottenere qc*), alles für jdn/etw tun; **fare le carte** (*nei giochi di carte*) (*mescolarle prima della partita*), die Karten mischen; **fare/leggere le carte a qu** *fig fam* (*predirgli il futuro*), jdm aus den Karten lesen, jdm (die) Karten legen; **farsi fare le carte,** sich (dat) die Karten legen lassen; **~** *filigranata,* Wasserzeichenpapier n; *giocare* **una ~** *fig* (*mettere in atto qc*), eine Karte ausspielen; **giocare tutte le carte** *fig* (*tentare tutte le possibilità*), alle Karten ausspielen; **giocare l'ultima ~** *fig* (*tentare l'ultima possibilità*), ˌdie letzte Karteˌ/[den letzten Trumpf] ausspielen; **giocare a carte scoperte** *fig* (*senza finzioni*), mit offenen Karten spielen; **~ da/di** *giornale,* Zeitungspapier n; **~ d'***identità amm dir,* Personalausweis m; **~** *igienica,* Toilettenpapier n; **~ d'***imbarco aero,* Bordkarte f, Ticket n; *imbrogliare* **le carte** *fig* (*creare scompiglio*), heillose Verwirrung anrichten, Chaos stiften *forb;* **~ di** *immatricolazione autom,* Zulassung f; **~** *intestata,* Firmenbogen m, Geschäftspapier n, Briefpapier n mit ˌaufgedruckter Adresseˌ/[Briefkopf]; **~** *libera/semplice amm* (*non bollata*), stempelfreies/ungestempeltes Papier; **un certificato in ~ libera,** eine Bescheinigung auf ungestempeltem Papier; **~** ˌ**da** *lucido*ˌ/[per *lucidi*], Pauspapier n; **~ da** *macero,* Altpapier n, Makulatur f; **Magna Carta alt** *pol polit stor,* **Magna Charta f;** *mandare* **qc a carte quarantotto** *fig* (*mandare all'aria*), etw hinschmeißen *fam,* etw über den Haufen werfen *fam;* **mangiare/pranzare alla ~** (*scegliendo liberamente cibi e bevande*), à la carte essen; *mettere* **sul-**

la ~ qc *fig* (*metterlo per iscritto*), etw zu Papier bringen; **~** *millimetrata,* Millimeterpapier n; **~** *moneta* → **cartamoneta;** **~** *moschicida,* Fliegenpapier n; **~** *musica* → **cartamusica;** **~ da** *musica mus,* Notenpapier n; **~** *oleata,* Butterbrotpapier n; **~** *opaca fot,* mattes Papier; **~ da** *parati,* Tapete f; **~** *patinata,* Kunstdruckpapier n; **prendere ~ e** *penna* (*scrivere*), den Stift zur Hand nehmen; **~** *pergamena,* Pergamentpapier n; **~** *plastificata,* kunststoffbeschichtetes Papier; **~** *protocollo,* Akten-, Kanzleipapier n; **~** *reattiva,* Reagenz-, Indikatorpapier n; **avere le carte in** *regola* (*avere i documenti richiesti*), gültige Papiere haben; *fig* (*avere i requisiti necessari per qc*), alle Voraussetzungen erfüllen, qualifiziert sein; **ha le carte in regola per candidarsi a sindaco,** ˌer erfüllt alle Voraussetzungenˌ/[er hat das Zeug dazu *fam*], als Bürgermeister zu kandidieren; **~** *riciclata,* Umweltschutz-, Recyclingpapier n; *rimanere* **sulla ~** *fig* (*non venire realizzato*), {PROGETTO} nur auf dem Papier existieren; **~ di** *riso/seta,* Reis-, Seidenpapier n; **le Sacre Carte** *relig* (*le sacre scritture*), die Heilige Schrift; **~** *smerigliata/smeriglio,* Schmirgelpapier n; **~** *stagnola,* Stanniolpapier n; **~** *stampata* (*libri e giornali in generale*), Presse f; **~** *straccia* → **cartastraccia;** **sulla ~** *fig* (*in teoria*), auf dem Papier; **sulla ~ l'iniziativa è interessante,** auf dem Papier ist die Initiative interessant; **cambiare le carte in tavola** *fig* (*falsare la realtà dei fatti*), die Situation zu seinen Gunsten verdrehen; **mettere le carte in tavola** *fig* (*dire chiaramente il proprio pensiero*), die Karten (offen) auf den Tisch legen, Farbe bekennen; **~** *telefonica prepagata,* Telefonkarte f; **~** *velina,* Seidenpapier n, Velin n; **~** *verde autom* (*certificato internazionale di assicurazione*), grüne Karte, internationale Versicherungskarte für Kraftverkehr; **~** *ferr* Juniorenpass m; **~** *vergata,* geripptes Papier; **~** *vetrata,* Glas-, Schmirgelpapier n; **la ~** *vincente fig* (*l'elemento risolutivo*), das entscheidende Moment, der ausschlaggebende Umstand; **~ da** *visita* (*biglietto*), Visitenkarte f; **~ da** *zucchero,* "dickes blassblaues Einwickelpapier"; {CAPPOTTO} blassblau.

cartacarbóne <*cartecarbone*> f (*carta copiativa*) Kohlepapier n.

cartàccia <-*ce,* pegg *di* carta> f **1** (*carta da macero*) Altpapier n, Makulatur f: **non essere che ~,** reine Makulatur sein **2** (*fogli da gettar via*) Papierwust m *spreg:* **libera la tua scrivania da queste cartacce!,** räum deinen Schreibtisch von diesem Papierwust frei! *spreg* **3** *fig spreg* (*scritti di poco valore*) Schund m *spreg:* **quella pubblicazione è ~!,** diese Veröffentlichung ist Schund! *spreg* **4** (*nei giochi di carte*) (*carta cattiva*) schlechte Spielkarte f.

cartàceo, (-a) *agg* (*di carta*) {MATERIALE, MONETA, SUPPORTO} Papier-.

Cartàgine f *geog stor* Karthago n.

cartaginése *stor* **A** *agg* karthagisch **B** *mf* (*abitante*) Karthager(in) m(f).

cartàio, (-a) <-*tai* m> (-e) f **1** (*fabbricante di carta*) Papierhersteller(in) m(f); (*di carte da gioco*) Spielkartenhersteller(in) m(f) **2** (*negoziante*) Papierhändler(in) m(f) **3** (*operaio*) "Arbeiter(in) m(f) in einer Papierfabrik" **4** (*nei giochi di carte*) (*chi distribuisce le carte*) Kartengeber(in) m(f), Kartenverteiler(in) m(f).

càrtamo m *bot* Saflor m, Färberdistel f.

cartamodèllo m (*nella moda*) Schnittmuster(bogen) m n.

cartamonéta, càrta monéta <-> f *loc sost* f *banca* Papiergeld m n.

cartamùsica, càrta mùsica <-> f *loc sost* f

gastr "sehr haltbares rundes sardisches Brot".

cartapècora f **1** (*pergamena animale*) Pergament n: **rilegatura in ~,** Pergamenteinband m **2** *fig* (*documento*) Dokument n auf Pergamentpapier ● **faccia/viso di ~** *fig* (*grinzosa*), verrunzeltes Gesicht.

cartapésta <*cartapeste* o *cartepeste*> **A** f (*materiale*) Pappmaschee n: **una maschera di ~,** eine Maske aus Pappmaschee **B** <inv> *loc agg fig* (*fiacco, senza carattere*) **di ~:** **figura/uomo di ~,** Waschlappen m *fam spreg,* Schlappschwanz m *fam spreg;* **eroe di ~,** Papiertiger m, Maulheld m *fam spreg.*

cartàrio, (-a) <-*ri* m> *agg* {INDUSTRIA, SETTORE} Papier-.

cartastràccia, càrta stràccia <*cartestracce*> f *loc sost* f **1** (*carta da macero*) Altpapier n, Makulatur f: **non essere che ~,** reine Makulatur sein **2** (*carta di pessima qualità*) Ausschusspapier n **3** *fig* (*scritto di scarso valore*) Schund m *spreg,* Müll m *fam spreg.*

cartàta f (*cartoccio*) {+CALDARROSTE} Tüte(voll) f: **una ~ di popcorn,** eine Tüte Popcorn.

cartavetràre *tr* (*passare la carta vetrata*) **~ qc** {SUPERFICIE} etw (ab|)schmirgeln.

cartecarbóne pl *di* cartacarbone.

carteggiàre *tr* (*levigare con carta abrasiva*) **~ qc** {SUPERFICIE} etw schleifen, etw (ab|)schmirgeln.

cartéggio <-*gi*> m **1** (*corrispondenza*) Briefwechsel m: **avere un ~ con qu,** mit jdm ˌim Briefwechsel stehenˌ/[einen Briefwechsel führen] **2** (*raccolta di lettere*) Briefsammlung f: **il ~ Heidegger-Jaspers,** der gesammelte Briefwechsel zwischen Heidegger und Jaspers **3** *aero mar* Navigieren n nach Karte.

cartèlla f **1** (*foglio dattiloscritto*) Schreibmaschinenseite f: **una traduzione di dieci cartelle,** eine zehnseitige/[zehn Schreibmaschinenseiten lange] Übersetzung **2** (*custodia*) Mappe f: **in questa ~ tengo i miei disegni,** in dieser Mappe habe ich meine Zeichnungen; **~ per documenti,** Akten-, Dokumentenmappe f **3** (*busta di pelle*) {+AVVOCATO, UOMO D'AFFARI} Aktentasche f, Aktenmappe f **4** *arch arte* (*nella pittura e scultura*) Inschrifttafel f **5** *inform* Ordner m **6** *scuola* Schultasche f, Schulmappe f: **portare la ~ sulle spalle,** die Schultasche auf den Schultern tragen ● *biografica, del casellario giudiziale,* Personalakte f, Personalbogen m; **~** *esattoriale/delle tasse econ,* Steuereinnahmebogen m, Steuerbescheid m; **~** *fondiaria econ,* Hypothekenpfandbrief m; **~** *clinica med,* Krankenblatt n; **~** *della lotteria,* Lotterielos n; **~ di** *rendita econ,* Rentenschein m; **~** *della tombola,* Bingokarte f.

cartellìna <dim *di* cartella> f (*per documenti ecc.*) kleine Mappe f.

cartellìno <dim *di* cartello①> m **1** (*etichetta*) Schild(chen) n, Etikett n: **~ del prezzo,** Preisschild n **2** (*per la collocazione dei libri*) Signaturschild n **3** (*scheda*) Karteikarte f: **~ del casellario giudiziale,** Strafregisterkarteikarte f; **~** *segnaletico,* Fingerabdruckblatt n, Fingerabdruckkarte f, Blatt n aus der Verbrecherkartei **4** *amm* {+DIPENDENTE} Stechkarte f: **timbrare il ~,** die Stechkarte stempeln **5** *sport* (*nel calcio*) Karte f: **~** *giallo/rosso,* gelbe/rote Karte **6** *sport* (*tessera*) {+ATLETA} Ausweis m.

cartellìsta <-*i* m, -*e* f> mf *econ polit* Kartellmitglied n.

cartèllo① m **1** Plakat n, Schild n: **i cartelli dei dimostranti,** die Plakate der Demonstranten; **un ~ di divieto di pesca,** ein Fischen-verboten-Schild; **mettere un ~,** ein Schild anbringen; **il ~ dice che è vietato fu-**

mare, das Schild sagt, dass Rauchen verboten ist; ~ **pubblicitario**, Werbeplakat n; ~ **stradale**, (Straßen)verkehrsschild n **2** (*insegna*) {+NEGOZIO} Schild n ● **attore/scrittore di** ~ *fig* (*di successo*), ein Schauspieler/Schriftsteller von Rang und Namen, ein berühmter Schauspieler/Schriftsteller; ~ **di sfida** *stor* (*biglietto contenente una sfida a duello*), Forderung f zum Duell.

cartèllo② m **1** *econ* Kartell n: ~ **di produzione**, Produktionskartell n **2** *polit* (*coalizione*) {+SINISTRE} Bündnis n ● ~ **bancario** banca, Bankenkartell n; ~ **doganale** dir, Zollkartell n.

cartellóne <accr di cartello①> m **1** (*manifesto pubblicitario*) Werbeplakat n **2** *film mus teat* (*manifesto*) Plakat n **3** *mus teat* (*programma*) Spielplan m: **cosa c'è in ~ al teatro Alfieri?**, was steht im Theater Alfieri auf dem Spielplan?; **l'Otello è ancora in ~**, Othello steht noch auf dem Spielplan; **mettere in ~ qc**, etw auf den Spielplatz setzen; **togliere dal ~ qc**, etw vom Spielplan absetzen **4** (*nella tombola*) (*tabella*) Lottotafel f **5** *sport* (*nel calcio*) (*programma*) Spieltagsprogramm n: **le partite in ~**, die auf dem Programm eines Spieltages stehenden Begegnungen ● **tenere il ~** *fig* (*di spettacolo replicato più volte*), ein Publikumserfolg sein, lange auf dem Spielplan bleiben.

cartellonìsta <-i m, -e f> mf (*disegnatore*) Plakatmaler(in) m(f).

cartellonìstica <-che> f (*arte*) Plakatmalerei f.

càrter <-> m *ingl* **1** (*copricatena*) {+BICICLETTA, MOTOCICLETTA} Kettenschutz(blech n) m **2** *autom tecnol* Motor-, Kurbelgehäuse n; (*coppa dell'olio*) Ölschützer m, Ölwanne f.

cartesiàno, (-a) **A** agg **1** *filos* anche *fig* {FILOSOFIA, MENTALITÀ, PENSIERO, RAGIONAMENTO} kartesisch, kartesianisch **2** *mat* {ASSI} kartesianisch **B** m (f) *filos* (*seguace*) Anhänger(in) m(f) von Descartes.

Cartèsio m *stor* Cartesius m, Descartes m.

cartestràcce pl *di* cartastraccia.

cartevalóri, **càrte-valóri** f pl *econ* Wertpapiere n pl.

cartièra f (*stabilimento*) Papierfabrik f.

cartìglio <-gli> m *arch* (*ornamento*) Schrift-, Buchrolle f.

cartilàgine f *anat* Knorpel m.

cartilagìneo, (-a) agg, **cartilaginóso**, (-a) agg knorp(e)lig.

cartìna <dim *di* carta> f **1** (*per sigarette*) Zigarettenpapier n **2** (*carta geografica*) (*Land*)karte f; {+MILANO, NAPOLI} Stadtplan m: **guardare la ~**, auf den Stadtplan schauen; ~ **muta**, stumme Karte; ~ **pieghevole**, Faltkarte f **3** (*piccola busta*) {+AGHI, SPILLI} Briefchen n; (*medicamento*) (*Apotheker*)tütchen n; (*medicamento*) "Medikament in Apothekertütchen" **5** (*nei giochi di carte*) (*scartina*) Lusche f *fam* ● ~ **al/di tornasole** *chim*, Lackmuspapier n; *fig* (*ciò che evidenzia*), Prüfstein m.

cartìsmo m *polit stor* (*movimento*) Chartismus m.

cartocciàta f (*cartoccio*) {+CALDARROSTE} Tüte(voll) f.

cartòccio <-ci> **A** m **1** (*involucro di carta*) Tüte f **2** (*contenuto*) Tüte(voll) f: **un ~ di nocciòline**, eine Tüte(voll) Haselnüsse **3** *arch* Kartusche f **4** *bot* (*brattee*) {+GRANOTURCO} Lieschen n **5** *sport* (*nella scherma*) "Seitenhieb m mit dem Stoßdegen" **B** <inv> loc agg avv *gastr* (*avvolto in carta di alluminio e cotto in forno*): **al ~**, in Folie; **cucinare qc al ~**, etw in Folie backen; **pesce/pollo al ~**, Fisch/Hähnchen in Folie gebacken.

cartògrafa f → cartografo.

cartografìa f *geog* Kartografie f.

cartogràfico, (-a) <-ci, -che> agg *geog* kartografisch.

cartògrafo, (-a) m (f) *geog* Kartograf(in) m(f).

cartogràmma <-i> m *stat* Kartogramm n.

cartolàio, (-a) <-lai> m (f) (*venditore*) Schreibwaren-, Papierwarenhändler(in) m(f).

cartolerìa f (*negozio*) Schreibwarenhandlung f, Schreibwaren-, Papierwarengeschäft n.

cartolibràio, (-a) <-ai> m (f) Buch- und Schreibwarenhändler(in) m(f).

cartolibrerìa f (*negozio*) Buch- und Schreibwarenhandlung f.

cartolìna f **1** Karte f: ~ **illustrata**, Ansichtskarte f; ~ **postale** (abbr C.P.), Postkarte f; **mandare/scrivere una ~ a qu**, jdm eine Karte schicken/schreiben **2** *fam* (*cartellino*) Stechkarte f: **timbrare la ~**, die Stechkarte stempeln ● ~ **precetto/***fam* **rosa mil**, Einberufungsbefehl m.

cartomànte mf (*indovino*) Kartenleger(in) m(f).

cartomanzìa f (*arte*) Kartenlegen n.

cartonàggio <-gi> m **1** (*tecnica*) Technik f des Kartonierens **2** (*insieme dei prodotti*) Kartonagen f pl.

cartonàre tr *edit* ~ **qc** {LIBRO} etw kartonieren.

cartonàto, (-a) agg *edit* {COPERTINA} Papp-; {LIBRO} kartoniert.

cartonatùra f (*in legatoria*) Kartonierung f.

cartoncìno <dim *di* cartone> m **1** (*cartone leggero*) leichter Karton, Steifpapier n **2** (*biglietto*) Karte f: ~ **d'auguri**, Glückwunschkarte f; ~ **di partecipazione**, Anzeige f; ~ **da visita**, Visitenkarte f **3** *tip* (*errata corrige*) Druckfehlerverzeichnis n.

cartóne m **1** (*carta spessa*) Pappe f, Karton m: ~ **catramato**, Teerpappe f, Bitumenisolierpappe f; ~ **ondulato**, Wellpappe f; ~ **patinato/pressato**, Satin-/Presskarton m; **una scatola di ~**, (Papp)karton m, Pappschachtel f **2** (*scatola*) (Papp)karton m, Pappschachtel f: **mettere i piatti in un ~**, die Teller in einen Karton tun **3** (*quantità di roba*) Karton m: **un ~ di olio d'oliva**, ein Karton Olivenöl **4** *fam* (*pugno*) Faustschlag m: **gli ho dato un ~ sul muso**, ich habe ihm eins auf die Fresse gegeben *volg* **5** *arte* (*disegno*) {+AFFRESCO, ARAZZO} Karton m **6** *tess* (*disegno*) Zeichnung f ● ~ **animato** *film*, (Zeichen)trickfilm m, Cartoon m o n; **guardare i cartoni animati**, sich (dat) (Zeichen)trickfilme ansehen.

cartongèsso m *edil* Gipspappe f.

cartonìsta <-i m, e- f> mf *film* (*disegnatore*) Trickfilmzeichner(in) m(f), Cartoonist(in) m(f).

cartoon <-> m *ingl film* (*cartone animato*) Zeichentrickfilm m, Cartoon m o n.

cartoonist <-> mf *film* (*cartonista*) Trickfilmzeichner(in) m(f), Cartoonist(in) m(f).

cartotècnica <-che> f *industr* **1** (*lavorazione della carta*) Papierverarbeitung f; (*produzione*) Papierherstellung f **2** (*fabbricazione di oggetti*) Herstellung f von Schreibwaren.

cartotècnico, (-a) <-ci, -che> *industr* **A** agg {INDUSTRIA, SETTORE} Papier verarbeitend **B** m (f) (*operaio*) "Arbeiter(in) m(f) in der Papier verarbeitenden Industrie".

cartuccèra → cartucciera.

cartùccia <-ce> f **1** (*munizione*) {+FUCILE} Patrone f, Kartusche f: ~ **da caccia**, Jagdpatrone f; ~ **fumogena/luminosa**, Rauch-/Leuchtpatrone f; ~ **a salve**, Platzpatrone f **2** (*ricambio*) {+PENNA STILOGRAFICA} Patrone f **3** *autom* (*filtro*) {+ARIA, OLIO} Einsatz m ● **non avere più cartucce** *fig* (*aver esaurito tutte le risorse*), (all) sein Pulver verschossen haben *fam*; **essere una mezza ~** *fig* (*persona di piccola statura*), eine halbe Portion sein *fam scherz*; *fig* (*persona di poco valore*), nicht viel taugen; **sparare l'ultima ~** *fig* (*fare un ultimo tentativo*), einen letzten Versuch machen, die letzte Karte ausspielen; **sparare tutte le cartucce** *fig* (*tentare tutte le possibilità*), all sein Pulver verschießen *fam*.

cartuccièra f **1** (*cintura*) Patronengurt m **2** (*tasca*) Patronentasche f.

carùncola f **1** *anat* (*escrescenza*) Fleischwärzchen n, Karunkel f *scient*: ~ **lacrimale**, Tränenwärzchen n **2** *bot* Wucherung f, Auswuchs m, Karunkula f **3** *zoo* Karunkel f, Caruncula f.

càrving <-> m **1** (*tipo di sci*) Carving-Ski m **2** *sport* Carven m, Carving(-Skifahren n).

càsa f **1** (*edificio*) Haus n: ~ **di città/periferia**, Stadt-/Vorstadthaus n; ~ **in costruzione**, Rohbau m; ~ **di legno/mattoni/pietra**, Holz-/Backstein-/Steinhaus n; ~ **a due piani**, zweistöckiges Haus; ~ **prefabbricata**, Fertighaus n; ~ **(a travatura) reticolare**, Fachwerkhaus n **2** (*abitazione propria*) Haus n: **andare a ~**, nach Hause gehen, heimgehen *spec süddt*; **(non) avere una ~ propria**, (k)ein eigenes Zuhause haben; **entrare in ~/uscire di ~**, ins Haus gehen/[aus dem Haus kommen]; **essere/stare in ~**, zuhause A CH/[zu Hause] sein; **è in ~ la signora Bianchi?**, ist Frau Bianchi zu Hause?; **essere fuori (di) ~**, außer Haus sein; **oggi rimango a ~ tutto il giorno**, heute bleibe ich den ganzen Tag zu Hause; **abbiamo i muratori per ~**, wir haben die Maurer ⌊im Haus⌋/[zu Hause]; **devo passare da ~ a prendere la valigia**, ich muss noch nach Hause, um den Koffer zu holen; **tornare a ~**, nach Hause zurückkehren; **vengo ora da ~ di mio fratello**, ich komme gerade von meinem Bruder **3** *fig* (*nucleo familiare*) zuhause, zu Hause: **essere lontano da ~**, weit (weg) von zu Hause sein; **mandare i saluti a ~**, Grüße nach Hause schicken; **pronto, ~ Rossi?**, hallo, ist da (Familie) Rossi? **4** *fig* (*stirpe*) Haus n: **essere di ~ nobile**, aus ad(e)ligem Haus sein; **la ~ degli Hohenzollern**, das Haus der Hohenzollern; ~ **reale**, Königshaus n **5** *fig* (*patria*) Zuhause n, Heimat f: **avere nostalgia di ~**, Heimweh haben **6** *fig* (*negozio specializzato*) Fachgeschäft n: ~ **del caffè/della lana**, Kaffee-/Woll(fach)geschäft n **7** *fig* (*spec nelle fiabe*) (*tana*) {+CONIGLIO, LEPRE} Höhle f, Haus n **8** (*negli scacchi, nella dama*) (*riquadro*) Feld n **9** *astrol astr* Haus n **10** *comm* (*ditta*) Firma f, Haus n: ~ **automobilistica**, Auto(mobil)firma f; ~ **discografica**, Schallplattenfirma f, Plattenlabel n; ~ **di distribuzione**, Filmverleih m; ~ **editrice**, Verlag(shaus n) m; ~ **farmaceutica**, Pharmaunternehmen n; **la merce è già in ~ o bisogna ordinarla?**, ist die Ware schon im Haus oder muss man sie bestellen?; ~ **di moda**, Modehaus n; ~ **di produzione**, Filmgesellschaft f; **è una ~ molto seria**, es ist eine sehr seriöse Firma; ~ **di spedizioni**, Speditionsfirma f; ~ **vinicola**, Weinfirma f ● **a ~ mia**, bei mir zu Hause; *fig* anche *iron* (*secondo la mia opinione*), meiner Meinung nach; ~ **in affitto**, Mietshaus n; (*appartamento*), Mietwohnung f; ~ **albergo** (*residence*), Apartmenthaus n; **aprire/riaprire ~** (*dopo una lunga assenza*), das Haus (wieder) in Schuss bringen *fam*; **la mia ~ è sempre aperta per voi**, mein Haus ist für euch immer offen; ~ **di appuntamenti** *eufem* (*postribolo*), öffentliches Haus *eufem*, Bordell n; ~ **di bambola** anche *fig*, Puppenhaus n; ~ **base** *sport* (*nel baseball*), Schlagmal n; **la Casa** *Bianca* (*residenza del presidente degli USA*), das Weiße Haus; das Weiße Haus; *fig* (*governo americano*), das Weiße Haus; **cambiare ~** (*traslocare*), umziehen; **~ di campagna** (*per la villeggiatura*), Landhaus n; **~ cantoniera** *ferr*, Bahnwärterhäuschen n; **cercare ~** (*per affittare o comprare*), auf Wohnungs-/Haussuche sein; **essere tutto ~ e chiesa** *fig* (*molto osservante*), nur Kinder, Küche, Kirche sein; *iron* (*bigotto*), bigott sein; **chiudersi in ~** *fig* (*isolarsi*), sich zuhause vergraben; **~ chiusa**/[**di tolleranza** *stor*], öffentliches Haus *eufem*/Freudenhaus n; **~ circondariale**, Strafanstalt f; **~ colonica**, Bauernhaus n; **~ di correzione**, Besserungs-, Erziehungsanstalt f; **~ di cura** (*clinica o ospedale privato*), Privatkrankenhaus n, Privatklinik f; **abito/vestito da ~** (*dimesso*), bescheidene/einfache Kleidung; **faccende/lavori di ~**, Hausarbeiten f pl; **~ del** *diavolo* *fig* (*l'inferno*), Hölle f; **abitare/stare a ~ del** *diavolo* *fig* (*fuori mano*), am Ende/Arsch *volg* der Welt wohnen; **andare a ~ del** *diavolo* *fig* (*in un luogo fuori mano*), an das Ende/den Arsch *volg* der Welt gehen; **mandare qu a ~ del** *diavolo* *fig* (*in un luogo fuori mano*), jdn an das Ende/den Arsch *volg* der Welt schicken; **~** ₍**di** *Dio*₎/[**del Signore**] (*la chiesa*), Gotteshaus n; **essere di ~** *fig* (*frequentare con regolarità una famiglia, un luogo*), zur Familie gehören; **essere**/**sentirsi a casa propria** (*a proprio agio*), sich (wie) zuhause fühlen; **essere tutto ~ e famiglia** (*molto dedito alla vita familiare*), sehr häuslich sein; (*rif. a donna*) (*ein Hausmütterchen*₎/[*hausbacken*] sein *spreg*; **fare come a ~ propria** (*comportarsi liberamente*), sich wie zuhause fühlen; **fa come se fossi a casa tua!** (*rif. a un ospite*), fühl dich wie zuhause!; **fatto/fatta in ~** (*alla casalinga, genuino*), {MARMELLATA, PANE} hausgemacht; **giocare in ~** *sport*, zu Hause spielen, ein Heimspiel haben; *fig* (*agire con condizioni favorevoli*), ein Heimspiel haben; **giocare fuori ~** *sport*, auswärts spielen; **~ da** *gioco* (*casinò*), Spielkasino n; **grande come una ~** (*enorme*), riesengroß, riesig, enorm; **~ di** *lavoro* *dir* (*misura di sicurezza prevista per soggetti pericolosi in aggiunta alla pena*), (Unterbringung f in einer) Arbeitsanstalt f (als Maßregel zur Besserung und Sicherung); (*luogo*), Arbeitsanstalt f; **~ madre** (*sede principale di un'agenzia, di un'impresa*), Muttergesellschaft f, Dachunternehmen n; *relig* (*convento*), Mutterhaus n; **mandare/tirare avanti la ~** *fig* (*la famiglia*), den Haushalt führen/schmeißen *fam*; **mandare via di ~ qu**, (*sfrattare*) {INQUILINI}, jdm kündigen; (*cacciare via*) {FIGLIO} jdn aus dem Haus jagen; **~** ₍**al** *mare*₎/[**in montagna**] (*per la villeggiatura*), Haus n ₍am Meer₎/[in den Bergen]; **metter su ~** *fig* (*metter su famiglia*), einen eigenen Hausstand gründen *forb*; **passare di ~ in ~**, {VOCE} von Haus zu Haus gehen; **di** *piacere* *fig eufem*, Freudenhaus n; **~ di** *pena* (*prigione*), Strafanstalt f; **~ del** *popolo* *stor*, Gewerkschaftshaus n; **~ popolare**, Sozialwohnung f; **prendere/trovare ~** (*comprarla o affittarla*), eine Wohnung ₍mieten/kaufen₎/[finden]; **prima ~**, Hauptwohnsitz m; **~ religiosa** (*convento*), Kloster n; **~ di** *ricovero*/*riposo* (*per anziani*), Altenheim n, Altersheim n; **~ di** *ringhiera*, "Wohnhaus, bei dem die Wohnungen über einen gemeinschaftlichen Balkon zugänglich sind"; **case a** *riscatto* *dir*, Mietkaufhaus n, Mietkaufwohnung f; **non** *sapere* **dove qc sta/stia di ~** *fig* (*ignorare*), {EDUCAZIONE} keine blasse Ahnung von etw (dat) haben; **seconda ~** (*di villeggiatura*), Ferienhaus n, Zweit-, Ferienwohnung f; **senza ~**, obdachlos; **star in ~** **~ in un luogo** (*abitarvi*), an einem Ort wohnen; **stare a/in ~ di qu** (*abitare presso qu*), bei jdm wohnen; **~ dello** *studente* (*collegio universitario*), Studentenwohnheim n; **cominciare la ~ dal** *tetto* *fig* (*fare le cose a rovescio*), den Ochsen hinter den Pflug spannen *fam*, das Hinterste zuvorderst kehren *fam*; **~ dolce ~** *prov*, daheim ist daheim; **~ mia, ~ mia, per piccina che tu sia, tu mi sembri una badia** *prov*, eigener Herd ist Goldes wert *prov*; **in ~ sua ciascuno re** *prov*, mein Haus, meine Welt *prov*.

casàcca <-che> f **1** (*giacca da donna*) Kasack m **2** *mil* Uniformjacke f, Soldatenrock m **3** *sport* (*maglia*) {+CALCIATORE, CICLISTA} Hemd n: **~ della tuta da ginnastica**, Trainingsjacke f; (*nell'equitazione*) (*giubba*) {+FANTINO} Weste f ● **voltare/mutare ~** *fig* (*cambiare a un tratto idee, partito*), sein Mäntelchen nach dem Wind hängen.

casàccio <pegg *di* caso> *loc avv* **1** (*senza riflettere*): **a ~**, drauflos; **agire/parlare/rispondere a ~**, drauflosmachen *fam*/drauflosreden *fam*/drauflosantworten *fam* **2** (*senza meta*) ins Blaue *fam*: **girare a ~**, ins Blaue fahren *fam*.

casàle m **1** (*casolare*) Bauernhaus n **2** (*gruppo di case*) {+MONTAGNA} Gehöft n.

casalingo, (-a) <-ghi, -ghe> **A** *agg* **1** (*domestico*) {LAVORO} Haus-; (*VITA*) häuslich **2** (*fatto in casa*) {PANE, TORTA} selbst gebacken, hausgemacht: **cucina ~**, Hausmannskost f; **è un piatto ~**, das ist ein Gericht nach Hausfrauenart **3** *fig* (*dedito alla casa e alla famiglia*) {TIPO} häuslich **4** *sport* {INCONTRO, SCONFITTA, VITTORIA} Heim- **B** f Hausfrau f: **fare la casalinga**, Hausfrau sein **C** m *rar scherz* Hausmann m **D** m pl (*utensili per la casa*) Haushaltswaren f pl: **negozio/reparto di casalinghi**, Haushaltswarengeschäft n/Haushaltswarenabteilung f **E** <inv> *loc agg* (*genuino*): **alla casalinga** {ZUPPA} nach Hausfrauenart.

casamàtta <casematte> f *mar mil* Kasematte f.

casaménto m **1** (*grande casa*) {+PERIFERIA} (Wohn)block m, Wohnhaus n **2** *fig* (*persone*) Hausgemeinschaft f: **svegliare tutto il ~**, das ganze Haus aufwecken.

casanòva <-> m *anche scherz* (*grande seduttore*) Casanova m, Frauenheld m, Verführer m.

casaréccio → **casereccio**.

casàro, (-a) m f (*fabbr(icante*)) m(f).

casàta f (*casato*) Geschlecht n, Haus n.

casàto m **1** (*stirpe*) Familie f, Geschlecht n: **discendere da un nobile ~**, aus vornehmer Familie sein **2** *rar* (*cognome*) Familienname m.

càsba, **càsbah** f *anche fig spreg* (*quartiere*) Kasbah f.

Casc. *geog abbr di* Cascata: Wasserfall m.

cascàme m <*di solito al pl*> **1** *tess* (*residuo*) Abfall m: **cascami di lana**, Wollabfälle m pl **2** *fig* (*derivazioni di scarso valore*) {+CORRENTE LETTERARIA} Machwerk n *spreg* **3** *industr* (*eccedenze*) {+ENERGIA ELETTRICA} Überschüsse m pl.

cascamòrto m *fam* (*innamorato svenevole*) Verehrer m, Schmachtlappen m *fam spreg*: **fare il ~ con qu**, jdm schöne Augen machen *fam*, Süßholz raspeln *fam*.

cascànte *agg* (*floscio*) {GUANCE, SENO} *anche* Hänge-.

cascàre <casco, caschi> *itr* <*essere*> **1** *fam* (*cadere*) **~** (**da qc**) {DAL LETTO} (*aus etw* dat) fallen; {DALLE SCALE} (*von etw* dat) fallen, etw hinunter|fallen, hin|fallen: **sono cascata e mi sono rotta un braccio**, ich bin hingefallen und habe mir einen Arm gebrochen **2** *fig fam* (*non reggersi più*) **~ da qc** {DALLA FAME, DAL SONNO, DALLA STANCHEZZA} vor etw (dat) um|fallen **3** *fig scherz* (*finire in un tranello*): **cascarci**, darauf herein|fallen *fam*: **ci siamo cascati di nuovo!**, wir sind wieder darauf hereingefallen!; **~ in pieno!**, er ist voll darauf hereingefallen! *fam* ● **~ addosso a qu** *fig* (*capitare improvvisamente*), {DISGRAZIA} über jdm hereinbrechen; **~ bene/male** *fig* (*capitare*), an den Richtigen/Falschen geraten.

cascàta f **1** Wasserfall m: **le cascate delle Marmore**, die Wasserfälle von Terni **2** *fig*: **una ~ di capelli biondi**, ein Meer blonder Haare; **una ~ di parole**, ein Wortschwall; **una ~ di perle**, eine lange Perlenkette **3** *elettr fis* Kaskade f **4** *fam* (*ruzzolone*) Sturz m, Fall m ● **a/in ~** *fis* (*in rapida successione*), Kaskaden-, Folge-, Nachlauf-; **in ~** *elettr* (*in serie*), {COLLEGAMENTO} Kaskaden-.

cascatóre m *film* (*controfigura*) Stuntman m.

caschétto m (*acconciatura*) Pagenfrisur f: **avere i capelli a ~**, einen Pagenkopf haben.

cascìna f **1** *sett* (*azienda agricola*) landwirtschaftlicher Betrieb; (*fattoria*) Bauernhof m **2** (*in Emilia*) (*fienile*) Heuschober m; (*luogo dove si conserva il formaggio*) Molkerei f, Käserei f **3** *tosc* (*stalla*) Stall m; (*caseificio*) Molkerei f, Käserei f.

cascinàle m **1** (*gruppo di cascine*) Ansiedlung f, Weiler m **2** (*casolare*) Landhaus n.

càsco[1] <*caschi*> m **1** (*copricapo*) {+MOTOCICLISTA, PARACADUTISTA, PILOTA} (Sturz)helm m, Schutzhelm m: **~ antiurto/pressurizzato**, stoßfester/druckfester Helm; **~ coloniale**, Tropenhelm m; **~ integrale**, Integralhelm m; **mettere/togliere il ~**, den Helm aufsetzen/absetzen; **~ spaziale**, Weltraumhelm m **2** (*asciugacapelli*) (Trocken)haube f: **essere/stare sotto il ~**, unter der Haube sitzen; **mettersi sotto il ~**, unter die Trockenhaube setzen ● **~ di banane** *bot*, Bananenbüschel m; **i caschi blu** (*le truppe dell'ONU*), die Blauhelme m pl; **~ iridato** *sport* (*nel motociclismo*) (*campione del mondo*), Weltmeister m im Motorradrennfahren.

càsco[2] <inv> *agg* {ASSICURAZIONE} Kasko-.

caseàrio, (-a) <-ri> m *agg* {INDUSTRIA} Käse-; {PRODOTTO} Molkerei-.

caseggiàto m **1** (*gruppo di case*) Siedlung f **2** (*edificio*) Wohn-, Mietshaus m **3** (*persone che vi abitano*) Hausbewohner m pl: **non strombazzare, altrimenti sveglierai il ~!**, hup nicht, sonst weckst du das Haus auf!

caseificazióne f **1** (*coagulazione*) Verkäsung f; (*insieme delle operazioni*) Käseherstellung f **2** *med* Verkäsung f *scient*.

caseifìcio <-ci> m (*stabilimento*) Käserei f, Molkerei f.

caseìna f *chim* Kasein n.

casèlla f **1** (*scompartimento*) {+POSTA, SCHEDARIO} Fach n **2** (*spazio delimitato*) {+CRUCIVERBA, FOGLIO, MODULO} Kästchen n: **scrivere nell'apposita ~**, in das vorgesehene Kästchen schreiben **3** (*quadrato*) {+SCACCHIERA} Feld n: **avanzare di una ~**, ein Feld vorrücken ● **~ di** *posta* **elettronica** *inform*, E-Mail-Ordner m; **~ postale** *post* (abbr C.P.), Postfach n; **~** *vocale* *inform tel*, Stimmbox f.

casellànte mf **1** (*nelle autostrade*) Kassierer(in) m(f) an der Autobahnzahlstelle **2** *ferr* Bahn-, Schrankenwärter(in) m(f).

casellàrio <-ri> m **1** (*scaffale*) Aktenschrank m **2** *tip* Setzkasten m ● **~** *giudiziale* *dir* (*ufficio, registro*), Strafregister n; **~ postale** *post*, Postschließfach n.

casèllo m **1** (*nelle autostrade*) Autobahnzahlstelle f, Autobahnzahlhäuschen n, Mautstelle f **2** *ferr* Bahnwärterhaus n.

casemàtte pl *di* casamatta.

caseréccio, (-a) <-ci, -ce> *agg* **1** (*genuino*) {CIBO, CUCINA, FORMAGGIO} hausgemacht, nach

Hausmacherart, nach Hausfrauenart: **pane ~**, Bauernbrot n **2** *fig* (*semplice*) {ALLESTIMENTO TEATRALE, BANCO DI BENEFICENZA, COSTUME DI CARNEVALE} einfach, schlicht.

caṣèrma *f* **1** *spec mil* Kaserne f: **~ ₍della polizia₎**/[dei vigili del fuoco], Polizei-/Feuerwache f; **rientrare in ~**, in die Kaserne zurückkehren; **vivere in ~**, kaserniert sein, in der Kaserne leben **2** *fig* (*ambiente severo*) Kaserne f: **quella scuola è una ~!**, diese Schule ist eine Kaserne! **3** (*in* **da ~** *fig spreg* (*volgare*), {LINGUAGGIO, MANIERE} Kasernenhof-.

caṣermàggio <-gi> *m mil* Kasernenausrüstung f.

caṣermóne <accr *di* caserma> *m* (*edificio popolare*) {+PERIFERIA} (Miets)kaserne f.

caṣétta <dim *di* casa> *f* **1** kleines Haus **2** (*tenda da campeggio*) Bungalowzelt m.

cash <-> *ingl econ* **A** *m* (*denaro liquido*) Cash m, Bargeld m **B** *avv* (*in contanti*) {PAGARE} bar.

cash and carry <-> *loc sost m ingl comm* (*sistema, magazzino*) Cash and Carry n.

cash flow <-> *loc sost m ingl econ* (*autofinanziamento*) Cashflow m.

cashmere <-> *m ingl* → **cachemire**.

caṣinàro, (-a) *m rom* (*casinista*) Chaot(in) m(f).

caṣinìsta <-i *m*, -e *f*> *m* (f) *fam* (*pasticcione*) Chaot(in) m(f), Wirrkopf m *spreg*, Konfusionsrat m *obs scherz*.

caṣìno *m* **1** *fam* (*baccano*) Radau m *fam*, Spektakel m *fam*, Lärm m: **fare/piantare ~**, Lärm/Spektakel *fam* machen **2** *fig fam* (*disordine*) Tohuwabohu, Durcheinander n, Drunter und Drüber n *fam*: **che ~ in questa stanza!**, was für ein Tohuwabohu in diesem Zimmer! **3** *fig fam* (*pasticcio*) Schlamassel m *fam*: **combinare casini**, etwas anstellen *fam*; **è un vero ~!**, das ist ja eine schöne Geschichte/Bescherung! *fam*, da haben wir den Salat! *iron* **4** *fig fam* (*putiferio*) Heidenkrach m *fam*, Mordskrawall m *fam*: **non mi sembra il caso di piantare su un tale ~**, es scheint mir nicht angebracht, dermaßen Krach zu schlagen *fam*; **non puoi fare ~ ogni volta che i figli dei vicini ti svegliano!**, du kannst nicht jedes Mal, wenn die Nachbarskinder dich wecken, einen Mordskrawall machen! *fam* **5** *fig fam* (*grande quantità*) Haufen m *fam*: **c'era un ~ di gente**, es war ein Haufen Leute da *fam* **6** *fam* (*bordello*) Puff m *fam spreg*, Bordell m ● **~ da caccia** (*casa signorile di campagna*), Jagdhütte f, Jagdhaus n; **mi piace un ~ il jazz** *fig fam* (*moltissimo*), ich steh wahnsinnig auf Jazz *fam*.

caṣinò <-> *m franc* (*casa da gioco*) (Spiel)kasino n.

caṣista <-i> *m relig* (*teologo*) Kasuist m.

caṣìstica <-che> *f* **1** (*elencazione di casi specifici*) Statistik f: **fare una ~**, eine Statistik erstellen; **la ~ relativa agli incidenti stradali**, eine Statistik der Verkehrsunfälle **2** *dir med relig* Kasuistik f: **la ~ di questa malattia è assai ampia**, die Kasuistik dieser Krankheit ist sehr weitläufig.

càṣo **A** *m* **1** (*avvenimento fortuito*) Zufall m, Fügung f: **è stato un ~ incontrarci a teatro**, es war (ein) Zufall, dass wir uns im Theater getroffen haben; **non è un ~ che si siano conosciuti**, es ist kein Zufall, dass sie sich kennen gelernt haben **2** (*destino*) Zufall m, Schicksal n: **la colpa è del ~**, der Zufall hat es so gewollt; **non lasciare nulla al ~**, nichts dem Zufall überlassen; **il ~ ha voluto che ci incontrassimo a Berlino**, das Schicksal wollte (es), dass wir uns in Berlin trafen; **volle che ...**, der Zufall wollte (es), dass ... **3** (*vicenda*) Fall m: **la polizia è di fronte a un ~ senza precedenti**, die Polizei steht vor

Dreyfus, die Affäre Dreyfus; **~ giudiziario**, Rechtsfall m: **i casi della vita**, die Vorkommnisse des Lebens; **questi sono i casi della vita**, wie das Leben so spielt **4** (*caso umano*) Fall m: **questo studente è un ~ difficile/disperato/singolare/strano**, dieser Student ist ein schwieriger/aussichtsloser/einzigartiger/seltsamer Fall **5** (*ipotesi*) Fall m, Annahme f: **nel ~ ti telefoni, digli che non ci sono**, falls er anruft, sag ihm, dass ich nicht da bin; **nel peggiore dei casi**, schlimmstenfalls **6** (*eventualità*) Fall m: **in ~ affermativo**, im positiven Fall, bejahendenfalls *forb amm*; **in ~ di incendio infrangere il vetro**, im Brandfall die Glasscheibe einschlagen; **in ~ di malattia/morte/necessità**, im Krankheits-/Todes-/Notfall; **in ~ di neve**, falls es schneit, bei Schnee; **in ~ di mancato recapito restituire al mittente**, falls unzustellbar, Rücksendung an den Absender; **in ~ di reclamo**, im Beschwerdefall; **in tal ~**, in diesem Fall; **nel primo ~ bisognerebbe essere intransigenti, nel secondo invece cedere**, im ersten Fall sollte man unnachgiebig sein, im zweiten hingegen nachgeben; **in un ~ o nell'altro dobbiamo dirglielo**, in jedem Fall müssen wir es ihm sagen **7** (*possibilità*) Möglichkeit f: **i casi sono due: o accetti o rifiuti**, es gibt zwei Möglichkeiten: entweder du nimmst an oder du lehnst ab **8** *gramm* Fall m, Kasus m: **il tedesco ha quattro casi**, das Deutsche hat vier Fälle; **il ~ accusativo/dativo**, der Akkusativ/Dativ; **~ obliquo/retto**, abhängiger/unabhängiger Fall **9** *med* Fall m: **un ~ di aids conclamato**, ein manifester Fall von Aids; **~ clinico**, klinischer Fall **B** *loc cong* (*qualora*) **nel ~ che ... *congv*** für den Fall, dass ... ● **a ~** (*senza scelta consapevole*), auf gut Glück, aufs Geratewohl: **aprire una pagina a ~**, aufs Geratewohl eine Seite aufschlagen; **non a ~** (*di proposito*), nicht von ungefähr, nicht zufällig; **non a ~ ha scelto di andare all'università**, er/sie hat sich nicht zufällig dazu entschieden, auf die Universität zu gehen; **ai casi altrui/propri** (*fatti*), die Angelegenheiten der ander(e)n/die eigenen Angelegenheiten; **ammettere/mettere/porre il ~ che ... *congv*** (*supporre che*), den Fall annehmen, dass ...; **ammettiamo/mettiamo/poniamo il ~ che io cambi lavoro ...**; **in/nel ~ contrario** (*altrimenti*), and(e)renfalls; **~ di coscienza**, Gewissensfrage f; **si dà il ~ che ... *congv*** (*accade che*), es kommt vor, dass ...; (*rif. a cosa sicura*), Tatsache ist, dass ...; **è tal ~**, es ist zufällig der Fall, dass ... *iron*; **si dà il ~ che io abbia più esperienza di te**, zufällig habe ich mehr Erfahrungen als du; **decidere ~ per ~**, von Fall zu Fall entscheiden; **essere il ~** *fam* (*opportuno, necessario*), nötig sein, angebracht sein; **è il ~ che venga subito**, es sollte sofort kommen; **è proprio il ~ di arrabbiarsi così?**, ist es wirklich nötig, sich so aufzuregen?; **ti accompagno? – Grazie, non è il ~**, soll ich dich begleiten? – Danke, das ist nicht nötig; **non sarebbe il ~ di prendersi una vacanza?**, wäre es nicht angebracht, sich Urlaub zu nehmen?; **non è il ~ di dirglielo adesso**, es ist nicht angebracht, es ihm/ihr jetzt zu sagen; **questo non fa al ~ nostro**, das ist nichts für uns, das ist nicht unser Fall *fam*; **questa offerta di lavoro fa proprio al ~ mio!**, dieses Arbeitsangebot ist genau das Richtige für mich!; **si faccia i casi suoi!** (*si occupi dei fatti suoi*), kümmern Sie sich um Ihre eigenen Angelegenheiten!; **fare ~ a qu/qc** (*prestarvi attenzione*), auf jdn/etw achten, jdn/etw beachten; **non fargli ~, ogni tanto fa i capricci**, beachte ihn nicht, manchmal hat er seine Launen; **non fare ~ a quello che dice**, achte nicht auf das, was er/sie sagt; **non fateci ~**,

la casa è in disordine, achtet nicht darauf, wie unordentlich die Wohnung/das Haus aussieht; **non farci ~!**, achte nicht darauf!; **farne un ~ personale** (*prendersela a cuore*), sich (*dat*) etw zu Herzen nehmen, es persönlich nehmen; **di forza maggiore** *dir*, Fall m von höherer Gewalt; **~ fortuito** *dir*, Zufall m; unabwendbares Ereignis; **guarda ~** *spec iron* (*casualmente*), zufällig *iron*, wie es der Zufall so will; **₍in tutti i casi₎**/[in ogni ~] (*comunque*), auf jeden Fall, jedenfalls; **~ limite** *psic*, Grenzfall m; **~ mai** → **casomai**; **~ da manuale** (*da prendersi a esempio*), exemplarischer Fall; **in nessun ~** (*mai*), keinesfalls; **~ patologico** *fig scherz* (*chi è eccessivo*), pathologischer Fall *scherz*; *med psic*, pathologischer Fall, Krankheitsfall; **per ~** (*casualmente*), durch Zufall, zufällig: **l'ho incontrato per ~**, ich habe ihn zufällig getroffen; **hai per ~ 100 euro da prestarmi?**, hast du zufällig 100 Euro, die du mir leihen kannst?; **per puro ~** (*casualmente*), aus purem (o reinem) Zufall, rein zufällig; **in qualunque ~**, in jedem Fall; **nel ~ in questione** (*in unserem*)/[im fraglichen] Fall; **con tutta la delicatezza/riservatezza che il ~ richiede**, mit ₍allem gebotenen Feingefühl₎/[mit gebotenen Verschwiegenheit]; **salvo il ~ che ... *congv*** (*a meno che*), es sei denn, (dass) ... *ind*, außer wenn ... *ind*; **₍la seconda dei casi₎**/[secondo il ~], von Fall zu Fall, je nach Fall; **regolarsi secondo il ~**, sich je nach Fall/[Lage des Falls] richten; **non mi sembra il ~ di telefonargli a quest'ora**, es scheint mir nicht angebracht, ihn um diese Zeit anzurufen; **non mi sembra (che sia) il ~ di prendersela**, ich glaube nicht, dass man sich darüber aufregen sollte; **farne un ~ di Stato** *fig* (*ingigantire qc, prenderla esageratamente sul serio*), eine Staatsaffäre daraus machen *fam*.

caṣolàre *m* (*casa di campagna*) abgelegenes Landhaus.

caṣomài, càṣo mài *cong loc cong* **1** (*nel caso che*) **~ *congv*** für den Fall, dass ... *ind*; falls ... *ind*; im Falle, dass ... *ind*: **venisse, dategli quel pacco**, falls er kommt, gebt ihm das Paket **2** (*eventualmente*) **~ ... *ind*** eventuell ... *ind*, vielleicht ... *ind*: **~ ti accompagniamo noi a casa**, eventuell begleiten wir dich nach Hause; **~ vi do un colpo di telefono stasera**, vielleicht rufe ich euch heute Abend an.

caṣóne <accr *di* casa> *m* (*edificio popolare*) {+PERIFERIA} Wohnblock m.

caṣòtto① *m* **1** (*garitta*) Häuschen n **2** {+GUARDIANO, SENTINELLA} Häuschen n **2** (*cabina balneare*) Strandkabine f **3** (*chiosco*) {+GIORNALAIO} Kiosk m **4** (*capanno*) {+CACCIATORE} Hütte f **5** (*baracca*) {+CANE} Hütte f **6** *mar* {+TIMONE} Haus n.

caṣòtto② *fam sett* → **casino**.

Càspio *m geog*: **(Mar) ~**, Kaspisches Meer, Kaspisee m.

càspita *inter fam* **1** (*di meraviglia*) Donnerwetter! *fam*: **~ come è cresciuto tuo figlio!**, Donnerwetter, dein Sohn ist aber groß geworden! *fam* **2** (*di rabbia o contrarietà*) verflixt (noch mal)! *fam*, zum Donnerwetter! *fam*, zum Teufel! *fam*, verdammt (nochmal)! *fam*: **~ che traffico!**, verdammt, was für ein Verkehr! *fam*; **ma che ~ vuoi!**, zum Donnerwetter, was willst du (denn)? *fam*.

càssa *f* **1** {+MUNIZIONI, VIVERI} Kiste f, Kasten m: **una ~ di bottiglie/lenzuola**, eine Kiste Flaschen/Laken; **~ da imballaggio**, Packkiste f; **~ di legno/metallo**, Holz-/Metallkiste f **2** (*contenuto*) Kiste f: **ho buttato via tre casse di giornali vecchi**, ich habe drei Kisten alte Zeitungen weggeworfen **3** (*bara*) Sarg m: **~ da morto**, Sarg m **4** (*sportello*)

{+BANCA, NEGOZIO, SUPERMERCATO} Kasse f, Kassenschalter m: **andare alla ~**, zur Kasse gehen; **c'è qualcuno alla ~ cinque?**, ist jemand an der Kasse fünf?, ist die Kasse fünf besetzt?; **fare la fila alla ~**, an der Kasse ₍Schlange stehen₎/[anstehen]; **pagare alla ~**, an der Kasse bezahlen; **ritirare lo scontrino alla ~**, den Kassenzettel an der Kasse lösen; **stare alla ~**, an der Kasse sitzen **5** (*registratore di ~*) Kasse f: **prendere dei soldi dalla ~**, Geld aus der Kasse nehmen **6** (*ufficio amministrativo*) {+ASSOCIAZIONE, PARTITO} Kasse f **7** (*somma di denaro*) Kasse f: **avere casse separate**, getrennte Kassen haben; **fare ~ comune**, gemeinsame Kasse machen; **fuggire/scappare con la ~**, mit der Kasse abhauen *fam* **8** *anat* (*cavità*) {+TIMPANO} Höhle f, Kavität f *scient*: **~ toracica**, Brustkasten m, Brustkorb m; **~ di risonanza**, Resonanzkasten m, Resonanzkörper m **9** *artiglieria* {+FUCILE} Schaft m **10** *edil*: **muro a ~ vuota**, Hohlmauer f **11** *elettr* {+ACCUMULATORE} Kasten m; **~ di trasformatore**, Transformatorkasten m; **~ delle valvole**, Sicherungskasten m **12** *ferr* (*struttura*) {+CARROZZA} Kasten m **13** *mar* (*scomparto*) Kammer f, Schleuse f: **~ d'aria**, Luftkammer f, Luftschleuse f **14** *mus* {+CHITARRA, VIOLINO} Resonanzkörper m: **~ armonica**, Resonanzkörper m; **~ del pianoforte**, Resonanzkasten m des Klaviers **15** *mus radio tecnol* {+STEREO} Box f: **~ acustica**, Stereo-, Lautsprecherbox f **16** (*in oreficeria*) {+OROLOGIO} Gehäuse n; (*a muro*) Kasten m **17** *tecnol* (*incavatura*) {+CARRUCOLA} Flasche f **18** *tip* (*TIPOGRAFICA*) Schrift-, Setzkasten m ● **~ delle api** *fam* (*arnia*), Bienenstock m; **batter ~** *fig fam* (*chiedere denaro*), jdn anpumpen *fam*, jdn um Geld anhauen *fam*, Geld schnorren *fam*; **~ cambio/valute/titoli** *banca*, Effektenkasse f; **~ continua** *banca*, Nachttresor m; **~ depositi e prestiti** *banca*, Depositen- und Darlehenskasse f; **Cassa per il Mezzogiorno** *amm stor*, "Investitionshilfe f für Süditalien"; **Cassa di risparmio** (*istituto di credito*), Sparkasse f; **~ integrazione**, Kurzarbeitergeldkasse f, Lohnausgleichskasse f; **essere in ~ integrazione**, auf Kurzarbeitergeldkasse/Lohnausgleichskasse sein; **mettere qu in ~ integrazione**, jdn auf Kurzarbeitergeldkasse/Lohnausgleichskasse setzen; **~ malattia/mutua** *amm*, Krankenkasse f; **~ di previdenza** *amm*, Fürsorge-, Versorgungskasse f; **a pronta ~** (*in contanti*, abbr a. p. c.), gegen Barzahlung; **pagare (a) pronta ~** (abbr a.p.c.), bar zahlen; **~ di risonanza** *mus*, Resonanzkörper m, Resonanzboden m; **far da ~ di risonanza** *fig* (*amplificare*), Resonanz erzeugen; **il bar del paese fa da ~ di risonanza per ogni pettegolezzo**, die Dorfkneipe sorgt für die Verbreitung von jedem Klatsch; **~ rurale** (*istituto di credito*), Raiffeisenbank f, Raiffeisenkasse f *obs*; **casse dello stato**, Staatskasse f: **tenere la ~** (*ricevere ed effettuare i pagamenti*), die Kasse führen.
cassaforma <*casseforme*> f *edil* (*cassa*) (Ver)schalung f.
cassaforte <*casseforti*> f Safe m o n, Geldschrank m: **mettere dei documenti/soldi in ~**, Dokumente/Geld in den Safe legen.
cassaintegrato, (-a) **A** *agg* {OPERAIO} Kurz- **B** m (f) (*lavoratore*) Kurzarbeiter(in) m(f).
cassandra f *mitol*: **Cassandra**, Kassandra f ● **essere una ~**/[**fare la**] **~** (*predire sventure*), unken *fam*, Unglück verheißen.
cassapanca <*-che o cassapanche*> f (*sedile ad uso ripostiglio*) Sitztruhe f, (*panca ad uso ripostiglio*) Truhe(nbank) f.
cassare *tr* **1** (*cancellare*) **~ qc** (*da qc*) {NOME DA UNA LISTA} *etw* (*von etw dat*) streichen, *etw* (*aus etw dat*) aus|streichen **2** *dir* (*annullare*) **~ qc** {SENTENZA IMPUGNATA} *etw* auf|heben.
cassata f *gastr* **1** (*torta di ricotta*): **~ siciliana**, "sizilianischer Ricottakuchen mit Schokolade und kandierten Früchten" **2** (*gelato*) "Eis mit kandierten Früchten".
cassazione① f *dir* **1** (*annullamento*) {+SENTENZA DI SECONDO GRADO} Aufhebung f **2** (*corte di ~*): **~/Cassazione**, (*italienischer*) Kassationshof, (*italienisches*) Kassationsgericht, ≈ Bundesgerichtshof m; **proporre ricorso per ~**, Kassationsbeschwerde einlegen.
cassazione② f *mus stor* Kassation f.
casseforti pl *di* cassaforte.
cassepanche pl *di* cassapanca.
cassero m **1** *edil* (*costruzione*) (Ver)schalung f **2** *mar* (*ponte centrale*) Hauptdeck n.
casseruola f (*tegame fondo*) Kasserolle f.
cassetta <*dim di cassa*> f **1** (*piccola cassa*) Kasten m, Kiste f: **la ~ degli attrezzi**/[**del pronto soccorso**], Werkzeug-/Verbandkasten m; **una ~ di legno**, eine Holzkiste; **una ~ di vino**, eine Kiste Wein; **una ~ di birra**, ein Kasten Bier; **~ di frutta, verdura** Kiste f; **una ~ di arance/peperoni**, eine Kiste Orangen/Paprika **2** (*musicassetta*) (Musik)kassette f: **una ~ di musica classica**, eine Klassikkassette **3** (*videocassetta*) (Video)kassette f: **guardarsi**/**vedersi un film in ~**, sich (*dat*) einen Film auf Kassette anschauen **4** (*sedile anteriore*) {+CARROZZA} (Kutsch)bock m: **sedere a ~**, auf dem Bock sitzen ● **per le api** (*arnia*), Bienenstock m; **~ armonica** *mus* (*carillon*), Spieldose f; **~ di derivazione** *elettr*, Abzweigkasten m; **~ di distribuzione** *tel*, Verteilerkasten m; **~ delle elemosine** (*in chiesa*), Opferstock m; **è stato uno spettacolo**/**un film di ~** *fig spec film teat* (*di successo*), die Vorstellung/der Film war ein Reißer *fam*/ein Kassenschlager *fam*/ein Kassenmagnet *fam* ein Renner *fam*; **far ~** *spec film teat* (*avere successo*), Erfolg haben, ein Reißer/ein Kassenschlager/ein Kassenmagnet/ein Renner sein *fam*; **~ da fiori** (*fioriera*), Blumenkasten m; **~ per le lettere**, Briefkasten m; **guardare nella ~ delle lettere**, in den Briefkasten schauen; **~ di manovra** *ferr*, Schaltkasten m; **~ pirata** (*copiata senza autorizzazione*), Raubkopie f; **~ di resistenza** *elettr*, Widerstandskasten m; **~ scaricatrice** (*per gabinetti*), Spülkasten m; **~ di sicurezza** *banca*, (Bank)safe m.
cassettiera f **1** (*mobile*) Kommode f **2** (*scomparto*) Schubladenschrank m.
cassettista <*-i m, -e f*> m (f) **1** *banca* Bankschließfachmieter(in) m(f) **2** (*in Borsa*) Dauerleger(in) m(f).
cassetto <*dim di cassa*> m {+ARMADIO, FRIGORIFERO, SCRIVANIA} Schublade f: **mettere dei maglioni in un ~**, Pullover in eine Schublade tun; **prendere qc dal/nel ~**, etw aus der Schublade holen; **tenere qc in un ~**, etw in einer Schublade aufbewahren ● **~ di distribuzione** *mecc*, Schieber(kasten) m; **avere un libro/romanzo nel ~** *fig* (*scritto e non pubblicato*), ein Buch/einen Roman in der Schublade haben.
cassettone **A** m **1** (*comò*) Kommode f **2** *arch* (*motivo*) Kassette f **B** *loc agg arch*: **a cassettoni** {SOFFITTO, VOLTA} Kassetten-.
cassia f *bot* (*pianta*) Kassia f, Kassie f.
cassidico, (-a) <*-ci, -che*> *relig ebraica* **A** *agg* {INSEGNAMENTO, LETTERATURA} des Chassidim **B** m (f) (*seguace*) Chassidim pl, Anhänger(in) m(f) des Chassidim.
cassidismo m *relig ebraica* Chassidismus m.
cassière, (-a) f m (f) {+BANCA, NEGOZIO, SUPERMERCATO} Kassierer(in) m(f), Kassenführer(in) m(f), Inkassant(in) m(f) **A**.
cassintegrato → **cassintegrato**.
Cassiopea f *astr mitol* Kassiopeia f.
cassis <~> m *franc* **1** *bot* Cassis m, Schwarze Johannisbeere **2** *enol* Cassis(-Likör) m, Likör m aus Schwarzen Johannisbeeren.
cassola f *gastr* "Eintopf m aus Schweinerippchen, Wurst und Wirsing".
cassone <*accr di cassa*> m **1** (*grande cassa*) große Kiste, Kasten m ● **2** (*mobile*) große Truhe **3** (*per lavori sott'acqua*) Senkkasten m, Caisson m **4** (*parte della carrozzeria*) {+AUTOCARRO} Laderaum m, Pritschenwagen m: **~ ribaltabile**, Kippwagen m; **~ a ribaltamento laterale**, Seitenkippwagen m **5** (*serbatoio di acqua*) {+CONDOMINIO} Wassertank m, Reservoir n **6** (*riparo per fiori e piante*) Glaskasten m **7** *mil* (*vettura portamunizioni*) Munitionswagen m.
cassonetto <*dim di cassone*> m **1** (*contenitore per rifiuti*) Müllcontainer m, Abfalltonne f **2** (*vano*) {+AVVOLGIBILE} Mauerfuge m **3** *edil* (*scavo*) Kiesbettung f, Packlage f.
cast <~> m *ingl film teat TV* (*complesso di attori*) Besetzung f: **scegliere il ~ di un film**, die Besetzung eines Films aussuchen.
Cast. *geog abbr di* Castello: Schloss n.
casta f **1** *relig* Kaste f: **le caste indiane**, die indischen Kasten **2** *fig* {ARISTOCRATICA, CLERICALE, MILITARE, POLITICA} Kaste f, Stand m **3** *zoo* (*gruppo d'individui*) Art f, Klasse f: **la ~ delle api regine/dei fuchi**, die Klasse der Königsbienen/der Drohnen.
castagna f **1** (*frutto*) Kastanie f: **castagne arrostite/lesse/secche**, geröstete/gekochte/getrocknete Kastanien **2** *sport* (*nel pugilato*) (*pugno violento*) gewaltiger Faustschlag; (*nel calcio*) (*tiro potente*) mächtiger Schuss **3** *zoo* (*placca cornea*) {+EQUINI} Kastanie f ● **~ dell'argano** *mecc* (*nottolino d'arresto*), Sperrklinke f; **castrare le castagne** (*inciderle prima di arrostirle*), die Kastanien vor dem Rösten einschneiden; **levare/togliere le castagne dal fuoco per qu** *fig* (*liberarlo da un pericolo a proprio rischio*), (für jdn) die Kastanien aus dem Feuer holen *fam*; **~ d'India** *bot* (*frutto dell'ippocastano*), Rosskastanie f; **prendere qu in ~** *fig* (*coglierlo in fallo*), jdn (auf frischer Tat) ertappen.
castagnaccio <*-ci*> m *gastr* "Kuchen aus Maronenmehl".
castagneto m (*bosco*) Kastanienwald m.
castagnetta <*dim di castagna*> f **1** (*petardo*) Knallkörper m, Knallerbse f **2** <*di solito al pl*> (*schiocco*) Fingerschnalzen m **3** <*solo pl*> *mus* (*nacchere*) Kastagnetten f pl.
castagno m **1** *bot* (*albero*) Kastanie f, Kastanienbaum m **2** (*legno*) Kastanienholz m ● **~ d'India** *bot* (*ippocastano*), Rosskastanie(nbaum m) f.
castagnola <*dim di castagna*> f **1** (*petardo*) Knallkörper m, Knallerbse f **2** *gastr* (*frittella dolce*) "kleiner Krapfen" **3** *itt* Meer-, Seebrasse f **4** <*solo pl*> *mus* (*nacchere*) Kastagnetten f pl.
castaldo m **1** *agr* (*amministratore*) Gutsverwalter m **2** *stor* (*dignitario*) Statthalter m.
castale *agg* (*di casta*) {GERARCHIA} Kasten-.
castano, (-a) **A** *agg* {CAPELLI} kastanienbraun **B** m, (*colore*) Kastanienbraun m.
castellano, (-a) **A** *agg* (*del castello*) {MURA} Burg- **B** m (f) **1** (*feudatario*) Schloss-, Burgherr(in) m(f) **2** (*abitante di un castello*) Kastellan m.
castelletto <*dim di castello*> m **1** (*piccolo castello*) kleine Burg **2** *banca* (*fido*) (Überziehungs)kredit m **3** *edil* (*impalcatura*) Gerüst n **4** *min* (*torre*) {+POZZO} Turm m: **~ di estrazione**, Fördergerüst n, Förderturm m

5 tip (*blocchetto d'arresto*) Winkelstück n.
castèllo m **1** (*dimora*) {MEDIEVALE +FEUDATARIO} Schloss n: **il ~ di Neuschwanstein**, das Schloss von Neuschwanstein; (*fortezza*) Burg f, Festung f; *anche fig* (*palazzo sontuoso*) Schloss n, Palais n: **la loro casa sembra un ~**, ihr Haus ist ein Schloss 2 {*nella toponomastica*} (*borgo*) Kastell n (*ursprünglich befestigte Ortschaft*): **Castel Gandolfo**, Castel n Gandolfo **3** *edil* (*impalcatura*) Gerüst n: ~ **di una gru**, Krangerüst n **4** *mar* (*cassero di prora*) {+NAVE} Deckaufbauten m pl **5** tip (*mobile*) Kastenregal n ● **far castelli in aria** *fig* (*progetti irrealizzabili*), Luftschlösser bauen; ~ **di bugie/falsità/illazioni/menzogne** (*serie concatenata*), Lügengebäude n, Lügenspinst n, Lügengewebe n; ~ **di carte** *anche fig* (*rif. a costruzione fragile*), Kartenhaus n; **il palazzo/progetto è crollato come un ~ di carte**, das Gebäude/das Projekt ist wie ein Kartenhaus in sich zusammengefallen; ~ **di estrazione** *min*, Fördergerüst n, Förderturm m; ~ **motore aero**, Motorbock m; ~ **dell'orologio**, Räderwerk n; ~ **di sabbia**, Sandburg f; **il ~ Sforzesco**, das Castello Sforzesco.
castelmàgno <-> m *gastr* (*formaggio*) "Kuhmilchkäse m aus der Provinz von Cuneo".
castigamàtti <-> m **1** *fig scherz* (*strumento di punizione*) Peitsche f; (*persona che punisce*) Zuchtmeister m, Bestrafer m, Peitschenschwinger m *scherz* **2** *stor* (*bastone*) (Zucht)rute f.
castigàre <*castigo, castighi*> tr **1** (*punire*) ~ **qu/qc (per/[a causa di] qc)** {BAMBINO PER IL SUO RITARDO, CANE} jdn/etw (wegen etw gen) bestrafen **2** *fig* (*censurare*) ~ **qc** {COSTUMI} etw (ver)bessern, etw berichtigen **3** *fig* (*mortificare*) ~ **qc** {LA CARNE} etw kasteien, etw züchtigen *forb*.
castigatézza f **1** (*morigeratezza*) Züchtigkeit f, Sittsamkeit f: ~ **di costumi/vita**, Sittenreinheit f, Sittsamkeit f **2** (*l'essere castigato*) {+STILE} Gepflegtheit f, Reinheit f.
castigàto, (-a) agg **1** (*morigerato*) {COSTUMI, VITA} züchtig, sittsam **2** (*censurato*) {PROSA, STILE} gepflegt, rein; {SCOLLATURA} korrekt, untadelig.
castigatóre A agg (*che castiga*) {ANGELO} züchtend B m (f) *spec fig* (*severo censore*) Sittenrichter(in) m(f): ~ **della civiltà moderna**, Sittenrichter(in) m(f) der modernen Zivilisation.
Castìglia f *geog* Kastilien n.
castigliàno, (-a) A agg kastilisch B m (f) (*abitante*) Bewohner(in) m(f) von Kastilien C m <*solo* sing> (*lingua*) Kastilisch(e) n.
castigo <-*ghi*> m **1** (*punizione*) Strafe f: **dare un ~ a qu**, jdn bestrafen, jdm eine Strafe auferlegen/aufbrummen *fam*; **meritare un ~**, (eine) Strafe verdienen **2** *fig* (*persona noiosa o molesta*) Strafe f, Plage f: **è un vero ~!**, er/sie/das ist eine echte Strafe/Plage! ● **essere in ~** *fam* (*scontare una punizione*), in der Ecke stehen; ~ **di Dio**, Strafe f Gottes; *fig anche scherz* (*calamità pubblica*), die reinste Strafe Gottes; **mettere qu in ~** *fam* (*sottoporre a una punizione*), jdn in die Ecke stellen.
càsting <-> m *ingl* (*assegnazione dei ruoli*) Casting m, Rollenbesetzung f, Rollenverteilung f.
castità <-> f **1** (*astinenza*) Keuschheit f: **osservare la ~**, die Keuschheit einhalten; **vivere in ~**, keusch leben **2** *fig lett* (*purezza*) {+STILE} Reinheit f.
càsto, (-a) agg **1** (*puro*) {RAGAZZA, SPOSA} keusch: **mantenersi casti**, keusch bleiben **2** *fig* (*innocente*) {LINGUAGGIO} unschuldig **3** *fig* (*che non sopportano cose volgari*) {OCCHI, ORECCHIE} schamhaft ● **fare il ~ Giuseppe** /

[**la casta Susanna**] *iron* (*fingersi virtuosi*), den Unschuldsengel spielen *scherz*.
castóne m (*cavità*) {+GIOIELLO} (Ein)fassung f.
Càstore m *mitol* Kastor m.
castorino m **1** *zoo* Nutria f, Biberratte f **2** (*pelliccia*) Nutria(fell n) m.
castòro m **1** *zoo* Biber m **2** (*pelliccia*) Biberpelz m; (*pelle*) Biberleder n.
castrànte agg *fig* (*che blocca*) {ESPERIENZA} kastrierend.
castràre tr **1** (*rendere sterile*) ~ **qu/qc** {VITELLO} jdn/etw kastrieren; {UOMO} *anche* jdn entmannen: **abbiamo fatto ~ il gatto**, wir haben den Kater kastrieren lassen **2** *fig* (*soffocare*) ~ **qu/qc** {ASPIRAZIONE, DESIDERIO DI QU} etw ersticken, etw ab|würgen **3** *fig rar* (*purgare*) ~ **qc** {SCRITTO} etw (scharf) zensieren.
castràto, (-a) A agg {CANE, VITELLO} kastriert B m **1** *zoo* (*agnello*) Hammel m **2** *gastr* (*carne di agnello*) Hammelfleisch n: **una braciola di ~**, ein Hammelfleischkotelett **3** *mus stor* (*cantante evirato*) Kastrat m.
castratóre, (-trice) m (f) **1** (*chi castra*) {+ANIMALI} Kastrierer(in) m(f): **un ~ di maiali**, ein Schweinekastrierer **2** *fig* (*severo censore*) strenger Zensor.
castrazióne f **1** {+ANIMALE} Kastrierung f, Kastration f; {+UOMO} *anche* Entmannung f **2** *psic* Kastration f: **angoscia/complesso di ~**, Kastrationsangst f, Kastrationskomplex m.
castrènse agg *mil* (*del campo militare*) {VITA} Feld-, Lager-.
castrismo m *polit* Fidelismus m, Castrismus m.
castrista <-*i* m, -*e* f> *polit* A agg Fidel Castro- B mf (*sostenitore*) Anhänger(in) m(f) Fidel Castros.
castronàggine f *fam* (*stupidaggine*) Blödsinn m *fam scherz*.
castróne m **1** (*agnello castrato*) Hammel m **2** (*cavallo*) Wallach m **3** *fig fam* (*persona sciocca*) Hammel m *volg*, Schafskopf m *fam*.
castroneria f *fam* Riesendummheit f *fam*: **dire/fare una ~**, eine Riesendummheit *fam* sagen/begehen.
casual *ingl* A <inv> agg {GIACCA, VESTITO} sportlich, salopp, lässig, leger B <-> m (*genere di abbigliamento*) sportliche/saloppe/lässige/legere Kleidung: **è tornato di moda il ~**, saloppe/legere Kleidung ist wieder in Mode C avv (*in modo pratico*) {VESTIRE} sportlich, salopp, lässig, leger.
caṣuàle agg **1** (*che avviene per caso*) {INCONTRO, SCELTA} zufällig: **una conoscenza ~**, eine zufällige Bekanntschaft **2** *dir stat* {CAMPIONE, CONDIZIONE, NUMERO, VARIABILE} Zufalls- ● **non è ~ che...**, es ist kein Zufall, dass ...
caṣualiṣmo m *filos* (*dottrina*) Kasualismus m.
caṣualità <-> f (*fatto casuale*) {+INCONTRO, SCOPERTA} Zufälligkeit f.
caṣualménte avv (*per caso*) zufällig, zufälligerweise: **si sono ritrovati ~ colleghi di lavoro**, sie haben sich zufällig als Arbeitskollegen herausgestellt.
caṣupola f (*tugurio*) Hütte f, Bruchbude f *fam spreg*, Loch n *fam spreg*.
càsus bèlli <-> loc sost m *lat anche scherz* (*motivo di litigio*) kriegsauslösendes Ereignis, Casus Belli m *forb*: **fare di qc un casus belli**, aus etw (dat) eine Tragödie *fam*/einen Casus Belli *forb* machen.
cat. 1 abbr *di* catalogo: Katalog **2** abbr *di* categoria: Kategorie.
catabàtico, (-a) <-*ci*, -*che*> agg *geog* katabatisch.

catabòlico, (-a) <-*ci*, -*che*> agg *biol* katabolisch.
catabolismo m *biol* Katabolismus m.
cataclisma <-*i*> m **1** (*catastrofe*) Naturkatastrophe f **2** *fig* (*sconvolgimento*) {POLITICO, SOCIALE} Umwälzung f, Umbruch m **3** *fig scherz* Naturkatastrophe f *scherz*.
catacómba f **1** (*tomba*) Katakombe f: **le catacombe romane di Domitilla**, die römischen Katakomben von Domitilla **2** *fig* (*luogo buio*) Loch n *fam spreg*, Höhle f *spreg*, Kabuff n *spreg*.
catadiòttro m Rückstrahler m, Katzenauge n.
catafàlco <-*chi*> m **1** (*impalcatura funebre*) Katafalk m **2** *fig scherz* (*struttura ingombrante*) Monstrum n, Ungetüm n, Trumm n *region*.
catafàscio *solo nella loc avv*: **a ~ 1** (*in rovina*) zugrunde, in die Brüche: **andare a ~**, {SCUOLA} vor die Hunde gehen *fam*; {MATRIMONIO} in die Brüche gehen; {DITTA} verfallen; **mandare qc a ~**, etw dem Verfall preisgeben **2** (*in disordine*) {METTERE} durcheinander, drunter und drüber *fam*.
catalàno, (-a) A agg katalanisch B m (f) (*abitante*) Katalane m, (Katalanin f) C m <*solo* sing> (*lingua*) Katalanisch(e) n.
catalèssi <-> f **1** *ling* Katalexe f, Katalexis f **2** → **catalessia**.
catalessia f *med psic* Starrsucht f, Katalepsie f *scient*: **cadere in ~**, in Starre/Katalepsie *scient* verfallen.
catalèttico, (-a) <-*ci*, -*che*> agg *med psic* {STATO} kataleptisch *scient*.
catàlisi <-> f *chim* Katalyse f.
catalitico, (-a) <-*ci*, -*che*> agg **1** *autom mecc* {MARMITTA} Katalysator- **2** *chim* katalytisch.
catalizzàre tr ~ **qc 1** *chim* {REAZIONE} etw katalysieren **2** *fig* (*attirare*) {L'ATTENZIONE DI QU} etw an|ziehen.
catalizzàto, (-a) agg {AUTO} Katalysator-.
catalizzatóre, (-trice) A m **1** *autom mecc* (*marmitta*) Katalysator m **2** *chim* Katalysator m **3** *fig* (*acceleratore*) Katalysator m: **fare da ~**, Katalysator m sein B agg **1** *chim* Katalysator-, katalytisch **2** *fig* (*acceleratore*) {ELEMENTO} Katalysator-.
catalogàre <*catalogo, cataloghi*> tr ~ **qc 1** (*registrare*) {LIBRI, OPERE D'ARTE} etw katalogisieren **2** *fig* (*enumerare*) {VIRTÙ, VIZI} etw auf|zählen.
catalogatóre, (-trice) m (f) (*chi cataloga*) Katalogbearbeiter(in) m(f).
catalogazióne f (*schedatura*) {+QUADRI} Katalogisierung f: ~ **per materia/soggetto**, Katalogisierung f nach Fächern/Themen.
catalógna f *bot region* "Chicorée-Art aus Katalonien".
Catalógna f *geog* Katalonien n.
catàlogo <-*ghi*> m **1** (*elenco, libro*) {+BIBLIOTECA, CASA EDITRICE, MOSTRA} Katalog m, Verzeichnis n: **aggiungere in ~**, etw im Katalog ergänzen; **mettere in ~ qc**, etw in den Katalog aufnehmen; ~ **alfabetico**, alphabetisches Verzeichnis, alphabetischer Katalog; ~ **per autori/soggetti**, Verfasser-/Sachkatalog m; **consultare il ~**, im Katalog nachschlagen; **fare/compilare un ~**, [einen Katalog] (ein Verzeichnis) aufstellen; ~ **generale**, Gesamtkatalog m, Gesamtverzeichnis n **2** *fig* (*enumerazione*) Katalog m, Aufzählung f: **fare il ~ dei propri difetti**, seine (eigenen) Fehler aufzählen ● **questo libro non è più in ~ (è esaurito)**, dieses Buch ist vergriffen; ~ **filatelico** (*pubblicazione periodica*), Briefmarkenkatalog m; ~ **stellare** *astr*, Sternkatalog m.
catamaràno m *mar* (*imbarcazione*) Kata-

maran n: **~ a vela**, Segelkatamaran n.
catapécchia f (casupola misera) Bruchbude f fam spreg: **vivono in una ~**, sie leben in einer Bruchbude fam spreg.
cataplàsma <-i> m 1 med (impiastro) Umschlag m, Wickel m, Packung f, Kataplasma n scient: **farsi un ~**, sich (dat) einen Wickel machen 2 fig scherz (persona noiosa) Langweiler m fam spreg, Quälgeist m fam.
catapúlta f aero mil stor Katapult n o m.
catapultàre [A] tr ~ **qu/qc + compl di luogo** 1 fig (sbalzare) jdn/etw irgendwohin schleudern, jdn/etw irgendwohin katapultieren: **è stata catapultata fuori dalla macchina**, sie wurde aus dem Auto geschleudert 2 fig (far entrare di colpo) {NEL MONDO DELLA TELEVISIONE} jdn/etw irgendwohin katapultieren [B] rfl: **catapultarsi + compl di luogo** 1 (lanciarsi) {DA UN AEREO} sich aus etw (dat) stürzen 2 fig (precipitarsi) {FUORI DALL'UFFICIO} aus etw (dat) stürzen; {IN STRADA} auf etw (acc) stürzen.
cataràtta f 1 → **cateratta** 2 med grauer Star, Katarakt f scient, Cataracta f scient: **~ senile**, Altersstar m; **avere la ~**, grauen Star haben.
catarifrangènte [A] agg {DISPOSITIVO, SEGNALE} rückstrahlend [B] m (catadiottro) {+AUTOVEICOLO, BICICLETTA, MOTORINO} Rückstrahler m, Katzenauge n fam.
catarifrangènza f fis (fenomeno ottico) Rückstrahlung f.
càtaro, (-a) stor [A] agg {ERESIA} katharisch [B] m (f) (seguace) Katharer(in) m(f), Manichäer(in) m(f).
catarràle agg med (di catarro) {TOSSE} katarrhalisch scient.
catàrro m med (secrezione) Schleimhautentzündung f, Katarrh m scient: **~ congiuntivale**, Bindehautentzündung f, Bindehautkatarrh m scient; **~ nasale**, Nasenschleimhautentzündung f, Schnupfen m; ⌊**avere il**⌋ [essere pieno di fam] ~, ⌊Katarrh haben scient⌋/[voller Katarrh sein scient].
catarróso, (-a) agg 1 (con catarro) {VECCHIO} von Katarrh scient geplagt 2 (roco) {VOCE} heiser, rau.
catàrsi <-> f 1 filos lett (purificazione) Katharsis f, Reinigung f, Läuterung f 2 psic (metodo) Katharsis f.
catàrtico, (-a) <-ci, -che> agg 1 filos lett {FUNZIONE, SCOPO} kathartisch, reinigend, läuternd 2 psic {TERAPIA} kathartisch.
catàsta f 1 (cumulo di legna) Holzstoß m, Holzstapel m: **fare una ~**, Holz (auf)stapeln 2 (mucchio) {+LIBRI, RIVISTE} Stapel m, Stoß m: **una ~ di biancheria**, ein Stoß Wäsche **• a cataste** fig (in gran quantità), stoß-, stapelweise.
catastàle agg fisco (del catasto) {IMPOSTA, REGISTRO, UFFICIO} Kataster-.
catàsto m fisco 1 (inventario) Kataster n; Grundbuch n: **~ edilizio**, Liegenschaftskataster m o n; **iscrivere al ~**, katastrieren 2 (ufficio) Katasteramt n: **andare al ~**, zum Katasteramt gehen.
catàstrofe f 1 (sciagura) Katastrophe f, Unglück n: **~ aerea/ferroviaria**, Flugzeug-/Eisenbahnunglück n; **che cosa può aver causato la ~?**, was kann die Katastrophe verursacht haben?; **~ ecologica/naturale**, Umwelt-/Naturkatastrophe f; **è successa una ~**, es ist eine Katastrophe passiert 2 mat (teoria) Katastrophentheorie f 3 teat (nella tragedia classica) Katastrophe f.
catastròfico, (-a) <-ci, -che> agg 1 (disastroso) {ALLUVIONE, EVENTO} katastrophal, verhängnisvoll, entsetzlich; fig {NOTIZIA} Katastrophen- 2 fig (molto pessimista) {PREVISIONE} katastrophal, äußerst pessimistisch: **uo-**

mo **~**, Schwarzseher m fam, Unke f fam, Unheilsprophet m, Pessimist m.
catastrofìsmo m geol (teoria) Katastrophentheorie f.
catastrofìsta <-i m, -e f> [A] mf (pessimista) Schwarzseher(in) m(f), Unke f fam, Unheilsprophet(in) m(f), Pessimist(in) m(f) [B] agg {VISIONE} schwarzseherisch, pessimistisch: **non essere ~!**, sei nicht so ein Schwarzseher!
catastrofìstico, (-a) <-ci, -che> agg (previsione) katastrophal, schwarzseherisch.
catatonìa f med psic Katatonie f scient.
catatònico, (-a) <-ci, -che> med psic [A] agg katatonisch scient [B] m (f) (persona) Katatoniker(in) m(f) scient.
catch <-> m ingl sport (lotta libera) Catch(-as--catch-can) n, Freistilringen n.
catechèsi <-> f relig (insegnamento) Religionsunterricht m, Katechese f.
catechìsmo m 1 relig Katechismus m: **andare a ~**, zum Katechismus(unterricht) gehen, zur Katechese gehen; (libro) Katechismus m 2 fig (principi di un'ideologia) {POLITICO} Grundlagen f pl, Grundprinzipien n pl.
catechìsta <-i m, -e f> mf Katechist(in) m(f), Religionslehrer(in) m(f).
catechizzàre tr ~ **qu** 1 relig (istruire nel catechismo) {BAMBINI} jdn in Religion unterrichten, jdn katechisieren 2 fig spec polit (cercare di persuadere) jdn indoktrinieren spreg.
categorìa f 1 (gruppo) Kategorie f, Gattung f: **far parte di una ~ di persone ormai in estinzione**, zu einer aussterbenden Gattung von Menschen gehören; (professionale) (Berufs)stand m; **la ~ dei commercianti/degli insegnanti**, ⌊der Berufsstand der Kaufleute⌋/[der Lehrerstand]; **~ operaia**, Arbeiterstand m; **~ dei pensionati/salariati**, ⌊Rentner m pl⌋/[Tarif-, Lohngruppe f]; **~ professionale/sindacale**, Berufsgruppe f, Berufsschicht f 2 (classe) Rang m: **un hotel/un ristorante di prima/seconda ~**, ein Hotel/ein Restaurant ersten/zweiten Ranges, ein erstklassiges/erstrangiges Hotel/Restaurant; {+RISO, UOVA} Güte-, Handelsklasse f, Kategorie f 3 (livello) Gehaltsgruppe f: **un impiegato di seconda/terza ~**, ein Angestellter der zweiten/dritten Gehaltsgruppe 4 filos Kategorie f: **le categorie aristoteliche/kantiane**, die aristotelischen/kantianischen Kategorien 5 ling Kategorie f: **le categorie grammaticali**, die grammatischen Kategorien 6 mat (struttura algebrica) Kategorie f 7 sport (nel pugilato) (suddivisione secondo il peso) (Gewichts)klasse f: **~ dei massimi/medi/mosca**, Superschwer-/Mittel-/Fliegengewicht(sklasse) n; (nell'atletica, nel tennis) (secondo l'età) (Spiel)klasse f; **~ juniores**, Juniorenklasse f **• ~ protetta** dir, geschützte Berufsgruppe; **~ a/di rischio**, Gefahrenklasse f.
categoriàle agg 1 (di categoria) {ASSOCIAZIONE, INTERESSI} kategorial 2 filos (relativo alle categorie) {CONCETTO} kategorial.
categoricaménte avv (assolutamente) kategorisch, absolut, strikt: **mi rifiuto ~ di parlargli**, ich weigere mich kategorisch, mit ihm zu sprechen.
categòrico, (-a) <-ci, -che> agg 1 (diviso per categorie) {ELENCO TELEFONICO} Branchen-, nach Branchen geordnet 2 fig (perentorio) {RISPOSTA, TONO} kategorisch, entschieden 3 fig (drastico) kategorisch, drastisch: **è troppo ~ nei suoi giudizi**, er ist zu drastisch in seinen Urteilen 4 fig (assoluto) kategorisch, absolut, entschieden: **lo smentisco nel modo più ~**, ich dementiere das aufs Entschiedenste 5 filos {GIUDIZIO, IMPERATIVO}

kategorisch 6 mat kategorisch.
categorizzàre tr (suddividere in categorie) **~ qc** etw kategorisieren.
categorizzazióne f Kategorisierung f.
caténa f 1 {+OROLOGIO DA TASCA, PORTA, POZZO} Kette f: **~ dell'ancora/della bicicletta**, Anker-/Fahrradkette f; **schiavi in catene**, Sklaven in Ketten; **tenere il cane legato alla ~**, den Hund an der Kette halten 2 (negli impianti sanitari) {+CASSETTA DI SCARICO} Spül-, Zugkette f: **tirare la ~**, die Spül-/Zugkette ziehen 3 (collana) {+ORO} Kette f 4 fig (vincolo) Band n, Kette f: **il nostro amore è una ~ che ci unisce profondamente**, unsere Liebe ist ein Band, das uns zutiefst verbindet 5 fig (sottomissione) Ketten f pl, Fesseln f pl: **liberare un popolo dalle catene**, ein Volk aus den Fesseln befreien; **tenere qu in catene**, jdn in Ketten halten 6 fig (successione) {+SVENTURE} Kette f, Abfolge f, Aufeinanderfolge f: **una ~ di avvenimenti**, eine Kette von Ereignissen 7 <solo pl> autom (da neve) (Schnee)ketten f pl: **catene** ⌊**da neve**⌋/[antineve], (Schnee)ketten f pl; **mettere/togliere le catene**, die (Schnee)ketten aufziehen/abnehmen 8 chim (insieme) {APERTA, CHIUSA +ATOMI} Kette f 9 comm {+GRANDI MAGAZZINI} Kette f: **~ di alberghi/negozi**, Hotel-/Ladenkette f 10 edil (tirante) Anker m, Balken m 11 mat (successione) {+INSIEMI} Kette f 12 mus (elemento di rinforzo) Bassbalken m 13 tess (ordito) Kette f, Zettel m **• a ~** fig (in successione), Ketten-; **impegni a ~**, Verpflichtungen am laufenden Band fam; **~ alimentare** biol. Lebensmittelkette f; **~ di S. Antonio** (anonima, di carattere superstizioso), Kettenbrief m; **avere la ~ al collo** fig (essere privi di libertà), angekettet sein; **~ di conduttori** tecnol, Leitungskette f; **~ di distribuzione** autom mecc (nei motori a scoppio), Kettenantrieb m; comm (sistema), Vertriebsnetz n, Verteilerkette f; **fare/formare una ~** (disporsi in fila tenendosi per mano), eine Kette bilden; **~ del freddo**, Gefrier-, Kühlkette f; **~ di montaggio** tecnol, Fließband n; **~ montuosa** geog, Berg-, Gebirgskette f; **~ parlata** ling, Syntagma n, Chaîne parlée f; **~ radar** tecnol, Radarkette f; ⌊**spezzare le**⌋/[liberarsi dalle] **catene** fig (acquistare la libertà), ⌊die Ketten sprengen⌋/[⌊zerreißen⌋ forb]/[sich aus den Ketten befreien].
catenàccio <-ci> m 1 (spranga) {+FINESTRA, PORTA} Riegel m: **chiudere con il ~**, verriegeln, zuriegeln; **mettere il ~ alla porta**, den Riegel an der Tür vorlegen/vorschieben 2 fig scherz (macchina vecchia) Rostlaube f fam, Kiste f fam 3 fig spreg (vecchio fucile) Knarre f fam, Ballermann m fam 4 slang giorn (sottotitolo) Untertitel m 5 sport (nel calcio) (tattica) Catenaccio m, Konterfußball m: **fare il ~**, den Catenaccio anwenden; **giocare col ~**, betonierten slang, Konterfußball/[mit der Catenaccio-Taktik] spielen **• fare ~** fig spec polit (assumere un comportamento difensivo), mauern.
catenària f fis mat (curva) Ketten-, Seillinie f.
catenélla <dim di catena> f 1 (catenina) {+ORO, OROLOGIO DA TASCA} Kettchen n 2 (cucitura della scarpa) Sohlennaht f 3 (nell'uncinetto) Luftmasche f.
catenìna <dim di catena> f {+ORO} (Hals)kettchen n.
cateràtta f 1 <di solito al pl> (chiusa) {+CANALE} Schleuse f: **aprire le cateratte**, die Schleusen öffnen 2 <di solito al pl> (serie di cascate) {+NILO} Stromschnelle f, Katarakt m 3 med → **cataratta • piove a cateratte** fig (a dirotto), es regnet ⌊wie aus Schleusen⌋/[in Strömen].
Caterìna f (nome proprio) Katharina.

càtering <-> m ingl (servizio di ristorazione) Catering n.

Caterpillar® <-> m ingl (veicolo cingolato) Raupenschlepper m, Caterpillar® m.

catèrva f 1 spec spreg (moltitudine) {+GENTE} Menge f, Haufen m 2 (grande quantità) ~ di qc {+BUGIE, DIFETTI} Haufen m etw (gen) fam; {+ROBA DA LAVARE, PATATE, STOVIGLIE} anche Berg m von etw (dat)/+ gen pl fam: **una ~ di lavoro**, ein Berg von Arbeit fam • **a caterve** (in grande quantità), haufenweise fam.

catetère m med (cannula) Katheter m scient: ~ **uretrale/vescicale**, Harnröhren-/Blasenkatheter m scient.

cateterizzàre tr med ~ **qu** {PAZIENTE} jdn katheterisieren scient, jdn kathetern scient.

catèto m mat (in geometria) Kathete f.

catgut <-> m ingl med (filo per sutura) Catgut n scient.

catilinària f 1 fig (filippica) Kampf-, Streitrede f, Philippika f forb 2 lett (orazione) katilinarische Rede forb: **le catilinarie di Cicerone**, Ciceros Reden gegen Catilina.

catinèlla <dim di catino> f {bacinella} Waschschüssel f • **piove a catinelle** fig (diluvia), es schüttet fam, es gießt in Strömen fam.

catìno m 1 (recipiente) Schüssel f: **riempire un ~ di acqua**, eine Schüssel mit Wasser füllen 2 (quantità) Schüssel(voll) f 3 arch (semicalotta) {ABSIDALE} Halbkuppel f 4 geog (conca) Mulde f.

catióne m fis Kation n.

catòdico, (-a) <-ci, -che> agg fis {RAGGI} Kathoden-, kathodisch: **tubo ~**, Bildröhre f.

càtodo m fis Kathode f.

Catóne m 1 stor Cato m 2 fig spec iron (persona intransigente) Moralapostel m spreg o iron, Sittenprediger m spreg, Sittenwächter m spreg.

catoniàno, (-a) agg 1 (di Catone) {POLITICA} katonisch 2 fig spec iron {AUSTERITÀ} (sitten)streng, unerbittlich.

catòrcio <-ci> m 1 fig fam scherz (veicolo) Karre f fam, (Klapper)kiste f fam, Rostlaube f fam, Schrottkiste f fam: **quella macchina è un vero ~!**, dieses Auto ist eine richtige Klapperkiste! fam 2 fig fam scherz (persona malandata) kränklicher Mensch, welkes Pflänzchen fam.

catòrzo m (tralcio secco) {+VITE} vertrocknete Rebranke f.

catòttrico, (-a) <-ci, -che> agg fis {PERISCOPIO} Spiegel-.

catramàre tr (ricoprire di catrame) ~ **qc** {CORSO, STRADA} etw teeren.

catramatrìce f (macchina) Teermaschine f.

catramatùra f (operazione) Teerung f, Teeren n.

catràme m chim Teer m: ~ **vegetale**, Holz-, Pflanzenteer m • ~ **di ginepro** farm, Wacholderteeröl m.

catramóso, (-a) agg 1 (contenente catrame) teerig, teerhaltig 2 (simile al catrame) teerartig.

càttedra f 1 (tavolo) {+INSEGNANTE} Katheder n o m, Pult n: **andare alla ~**, zum Katheder gehen; **essere seduto alla ~**, am Katheder sitzen 2 relig (seggio) Stuhl m 3 scuola (incarico) Stelle f als Lehrer 4 università Lehrstuhl m: **avere/[essere titolare di]/[occupare] una ~**, einen Lehrstuhl innehaben; ~ **vacante**, vakanter Lehrstuhl 5 università (disciplina) Lehrfach n, Lehrstuhl m: ~ **di zoologia**, Zoologielehrfach n • **montare/salire in ~** fig (avere un tono saputo e sentenzioso), dozieren, ~ **di San Pietro** fig relig (la dignità papale), der Stuhl Petri; ~ **vescovile**

fig relig (la dignità del vescovo), Bischofswürde f.

cattedràle A f (chiesa principale) Kathedrale f, Dom m: ~ **romanica**, romanische Kathedrale f; **la ~ di Notre-Dame**, die Kathedrale von Notre-Dame B agg 1 {VETRO} Kathedral- 2 relig {CANONICO, CAPITOLO} Dom- • **una ~ nel deserto** fig, eine Kathedrale in der Wüste (unverhältnismäßig gigantisches Industrieprojekt, das aufgrund seiner ungünstigen geografischen Lage zum Scheitern verurteilt ist).

cattedràtico, (-a) <-ci, -che> A agg 1 (da cattedra) {INSEGNAMENTO} professoral forb 2 iron spreg (sentenzioso) {TONO} professoral forb spreg, dozierend, lehrerhaft spreg, schulmeisterlich spreg B m (f) (professore universitario) Lehrstuhlinhaber(in) m(f), Professor(in) m (f).

cattìva f → **cattivo**.

cattivàrsi rfl indir (conquistarsi) ~ **qc** {LA BENEVOLENZA, IL FAVORE, LA STIMA DI QU} sich (dat) sichern, etw für sich gewinnen: **ha saputo ~ la simpatia dei compagni**, er/sie hat es verstanden, die (Sympathie der) Kameraden für sich zu gewinnen.

cattivèria f 1 (malvagità) Boshaftigkeit f, Schlechtigkeit f: **una persona piena di ~**, ein boshafter Mensch; **dire qc per ~**, etw aus Boshaftigkeit sagen 2 (azione cattiva) Bosheit f: **fare una ~**, etwas Böses machen 3 (discorso cattivo) Bosheit f: **ho detto una ~**, ich habe eine Bosheit gesagt.

cattività <-> m zoo anche fig lett (prigionia) Gefangenschaft f: **tenere un animale in ~**, ein Tier in Gefangenschaft halten • **la ~ babilonese** stor ebraica (l'esilio degli ebrei), die Babylonische Gefangenschaft.

cattìvo, (-a) A <più cattivo o peggiore, cattivissimo o pessimo> agg 1 (malvagio) {ANIMO, AZIONE, PENSIERO} böse, schlecht; {GENTE, SOGGETTO} übel: **frequentare cattive compagnie**, schlechten Umgang haben; **essere ~ con qu**, böse zu jdm sein; **avere intenzioni cattive**, böse Absichten haben 2 (disubbidiente) {BAMBINO} böse, ungehorsam 3 (non buono) {ABITUDINE, EDUCAZIONE, ESEMPIO} schlecht; {FAMA, UMORE} anche übel: **un arredamento di ~ gusto**, eine geschmacklose Einrichtung; **è stata una cattiva idea**, es war eine schlechte Idee; ~ **rapporto**, schlechtes Verhältnis; **in ~ stato**, in schlechtem Zustand 4 (incapace) {FALEGNAME, MEDICO} unfähig, schlecht: **un ~ idraulico**, ein schlechter Installateur 5 (scorretto) {INTERPRETAZIONE} falsch, schlecht: **parla un ~ tedesco**, er/sie spricht ein schlechtes Deutsch 6 (severo) ~ **(con qu)** {DIRETTORE CON GLI STUDENTI} streng (mit jdm): **un'insegnante cattiva**, eine strenge Lehrerin 7 (immorale) {LETTURA} unmoralisch 8 (offensivo) {PAROLE} beleidigend, böse: **sa dire solo cose cattive**, er/sie kann nur beleidigende Sachen sagen 9 (svantaggioso) {AFFARE} schlecht, nachteilig, unvorteilhaft: **ha fatto un ~ investimento**, er/sie hat eine unvorteilhafte, nachteilige Investition gemacht 10 (poco favorevole) {IMPRESSIONE} schlecht, ungünstig: **è un ~ momento per giocare in borsa**, das ist ein ungünstiger Moment, um an der Börse zu spekulieren 11 (ostile) {VOCE} hart, unfreundlich, garstig; {SGUARDO} feindlich, böse, ablehnend 12 (negativo) {NOTIZIA, VOTO} schlecht; {GIUDIZIO} negativ 13 (sgradevole) {ODORE, SAPORE} übel, schlecht, scheußlich: **questa medicina è proprio cattiva!**, diese Medizin schmeckt wirklich scheußlich! 14 (insufficiente) {MEMORIA} unzureichend; {VISTA} ungenügend 15 (feroce) {CANE} bissig 16 (lento) {DIGESTIONE} schlecht, langsam 17 (persistente) {TOSSE} böse, anhal-

tend 18 (mal funzionante) {AMMINISTRAZIONE, GESTIONE} schlecht, funktionsuntüchtig 19 (infausto): **cattiva sorte**, Unglück n 20 gastr (avariato) {BURRO, LATTE, MERCE} verdorben, schlecht: **questa carne è cattiva**, dieses Fleisch ist schlecht/verdorben 21 meteo {STAGIONE, TEMPO} schlecht; {MARE} stürmisch, wild, rau B m (f) (persona) Böse mf decl come agg, Bösewicht m, böser Mensch, Grobian m spreg: **non fare la cattiva!**, jetzt spiel nicht die Böse!; **lei è troppo permissiva, così devo fare sempre io il ~**, sie ist zu nachgiebig, so muss immer ich den Bösewicht spielen; **nei film fa sempre il ~**, in den Filmen spielt er immer den Bösewicht; **i buoni e i cattivi**, die Guten und die Bösen C m 1 (parte cattiva) Schlechte n decl come agg: **in tutte le cose c'è del buono e del ~**, alles hat seine guten und schlechten Seiten 2 meteo schlechtes Wetter: **mettersi al ~**, schlecht werden • **prendere qu con le cattive** (maniere), jdn grob anfassen spreg.

cattocomunìsmo m polit relig "Ansicht f, nach der die katholischen und kommunistischen Ideale vereint werden können"

cattocomunìsta <-i m, -e f> polit relig A agg "der/die/das die Ansicht vertritt, dass die katholischen und kommunistischen Ideale vereint werden können" B mf "wer der Ansicht vertritt, nach der die katholischen und kommunistischen Ideale vereint werden können".

cattòlica f → **cattolico**.

cattolicésimo, **cattolicìsmo** m relig 1 (dottrina) Katholizismus m 2 (il mondo cattolico) Gemeinschaft f der katholischen Gläubigen.

cattolicità <-> f relig 1 (carattere universale) {+CHIESA ROMANA} Universalität f 2 (conformità ai principi cattolici) {+SCRITTORE} Katholizität f 3 (comunità dei cattolici) Gemeinschaft f der katholischen Gläubigen.

cattolicizzàre tr relig ~ **qu/qc** {PAESE} jdn/etw katholisieren.

cattòlico, (-a) <-ci, -che> relig A agg {CHIESA, DOGMA, FEDE, MORALE} katholisch: **essere ~**, katholisch sein; **un partito/filosofo ~**, eine katholische Partei/ein katholischer Philosoph B m (f) Katholik(in) m(f): **un raduno di cattolici**, eine Katholikenversammlung; **essere un buon ~**, ein guter Katholik sein; **un ~ praticante**, ein praktizierender Katholik.

cattùra f 1 {+CINGHIALE} Fang m; {+SOTTOMARINO NEMICO} Aufbringung f, Kapern n obs; {+SOLDATO} Gefangennahme f; {+MALVIVENTE} Festnahme f, Ergreifung f: **dopo mesi di ricerche si è giunti alla ~ del boss mafioso**, nach monatelangen Ermittlungen konnte man den Mafiaboss festnehmen 2 astr (attrazione gravitazionale) {+COMETA} Gravitationsanziehung f 3 fis nucl ~ **degli elettroni**, Elektroneneinfang m 4 geog {FLUVIALE} Vereinnahmung f, Aufnehmen n • **mandato/ordine di ~**, Haftbefehl m.

catturàre tr 1 (prendere) ~ **qc** {VOLPE} etw fangen; {NAVE NEMICA} etw kapern, etw auf|bringen; ~ **qu** {CRIMINALE} jdn fest|nehmen, jdn fangen, jdn ergreifen, jdn ver|haften; {NEMICO} jdn gefangen nehmen, jdn fest|nehmen 2 fig (attirare) ~ **qc** {L'ATTENZIONE DI QU} etw auf sich ziehen 3 fig (captare) ~ **qc** {IDEA} etw ($_L$im Nu$_J$/[auf Anhieb]) erfassen/verstehen/nach|vollziehen 4 fis ~ **qc** {ELETTRONE} etw ein|fangen 5 geog ~ **qc** {FIUME} etw vereinnahmen, etw auf|nehmen.

Catùllo m stor lett Catull m.

CATV f TV abbr dell'ingl Cable Television (televisione via cavo) KTV (abbr di Kabel-Television), Kabelfernsehen.

caucàsico, (-a) A agg (del Caucaso, della

Caucasia) kaukasisch **B** m (f) (*abitante*) Kaukasier(in) m(f).

cauccíù <-> m Kautschuk m.

caudàle agg **1** *anat* {VERTEBRA} kaudal *scient* **2** *zoo* {PINNA} Schwanz-, kaudal *scient*.

caudàto, (-a) agg **1** *anat* {NUCLEO} geschwänzt, geschweift **2** *astr*: **stella caudata**, Komet m **3** *ling* {SONETTO} geschwänzt (*mit einem oder mehreren angehängten Dreizeilern*) **4** ⟨*solo pl*⟩ *zoo* Schwanzlurche pl, Molche pl.

càule m *bot* Stiel m, Stängel m.

càusa **A** f **1** (*origine*) {+DELITTO, GUERRA, RIVOLUZIONE, SCOPPIO} Ursache f, Grund m: **risalire alle cause**, auf die Ursachen zurückgehen **2** (*motivo*) Grund m: **agire per una giusta ~**, für ͵einen guten Zweck͵/[eine gerechte Sache] kämpfen **3** (*ideale*) Sache f, Ideal n: **abbracciare/sposare una ~**, für eine Sache eintreten; **tradire una ~**, ein Ideal verraten **4** (*insieme di rivendicazioni*) Forderungen f pl, Interessen n pl: **difendere la ~ degli operai**, die Forderungen der Arbeiter verteidigen; **perorare la propria ~**, seine ͵(eigene) Sache͵/[(eigenen) Interessen] vertreten **5** *dir* (*azione legale*) Klage f, Rechtssache f; (*processo*) Prozess m: **~ civile/penale**, Zivilklage f/Strafverfahren n; **discutere una ~**, die Rechtssache erörtern; **essere in ~ con qu**, mit jdm im Rechtsstreit liegen; **fare/ muovere ~ a/contro qu**, gegen jdn prozessieren, gegen jdn einen Prozess anstrengen; ~ **pendente**, (an)hängige/schwebende Klage; **perdere/vincere una ~**, einen Prozess verlieren/gewinnen **6** *filos* Ursache f: **~ ed effetto**, Ursache und Wirkung **B** *loc prep* (*per colpa di*): **a/per ~ di qu/qc**, wegen jdm/etw *fam*, wegen etw (gen), aufgrund etw (gen); **per ~ mia siamo arrivati in ritardo**, meinetwegen haben wir uns verspätet; **per ~ nostra/sua/tua/vostra**, unseretwegen/[seinet-, ihretwegen] /[deinetwegen]/[euretwegen]; **non sono partito a ~ dello sciopero dei treni**, ich bin wegen des Zugstreiks nicht weggefahren; **la strada è interrotta a ~ di una frana**, die Straße ist wegen einer Lawine unterbrochen • **avente/dante ~ dir**, Über-, Rechtsnehmer m/(Rechts)vorgänger m; **chiamare in ~ qu** *fig* (*coinvolgerlo in una responsabilità*), jdn hinzuziehen, jdn auf den Plan rufen; **dare ~ vinta** *fig* (*cedere*), aufgeben; **essere ~ di qc** (*causare*), die Ursache für etw (acc) sein; **essere fuori ~** (*estraneo*), nichts damit zu tun haben; **fare ~ comune con qu** *fig* (*allearsi contro un nemico comune*), mit jdm gemeinsame Sache machen; ~ **di forza maggiore** (*indipendente dalla volontà del soggetto*), höhere Gewalt; **giusta ~ dir**, stichhaltiger Grund; ~ **prima** (*Dio*), Urgrund m, Gott m; **chi è ~ del suo mal, pianga se stesso** *prov*, die Suppe, die man sich eingebrockt hat, soll man auch selbst wieder auslöffeln *prov*.

causàle **A** agg **1** (*di causa*) {NESSO, RAPPORTO} kausal **2** *gramm* {CONGIUNZIONE, PROPOSIZIONE} Kausal- **B** f **1** *amm* {+PAGAMENTO} Verwendungszweck m: **~ di versamento**, Zahlungszweck m **2** *dir* (*movente*) {+DELITTO} (Beweg)grund m, Ursache f **3** *gramm* Kausalsatz m.

causalità <-> f (*rapporto di causa effetto*) Kausalität f, Ursächlichkeit f.

causàre *tr* (*provocare*) ~ **qc** {NEBBIA INCIDENTI STRADALI} *etw* verursachen: **la siccità ha causato gravi danni alle colture**, die Trockenheit hat den Pflanzungen schwere Schäden zugefügt; **da cosa è stato causato l'incendio?**, wie ist der Brand entstanden?, was hat den Brand verursacht/ausgelöst?

causatívo, (-a) agg *ling* {FUNZIONE} kausativ.

càustica <-che> f *fis* (*superficie*) Kaustik f.

causticità <-> f **1** *fig* (*spirito pungente*) {+BATTUTA} Schärfe f, Bissigkeit f **2** *chim* Ätzkraft f.

càustico, (-a) <-ci, -che> agg **1** *fig* (*mordace*) {SCRITTORE, SPIRITO} bissig; {PAROLE} **anche** scharf **2** *chim* (*corrosivo*) {SODA} Ätz-, kaustisch.

cautèla f **1** (*prudenza*) Vorsicht f, Umsicht f: **bisogna agire con la massima ~**, man muss mit größter Vorsicht handeln; **usare ~ nel dir qc**, etw vorsichtig sagen **2** (*precauzione*) Vorkehrungen f pl, Vorsorge f: **è necessario prendere le dovute cautele**, es ist notwendig, die erforderlichen Vorkehrungen zu treffen **3** *dir* Kautel f, Sicherheitsvorkehrung f, Vorsichtsmaßnahme f.

cautelàre① agg **1** (*che mira a proteggere*) {MISURA, PROVVEDIMENTO} Vorsichts- **2** *dir* {PROCEDIMENTO} Sicherstellungs-.

cautelàre② **A** *tr* (*tutelare*) ~ **qu/qc** {DIRITTO, INTERESSI} jdn/etw (ab|)sichern, etw sicher|stellen **B** *rfl* (*premunirsi*): **cautelarsi (da/contro qc)** {CONTRO GLI IMPREVISTI, DAI PERICOLI, DAI RISCHI} sich (gegen etw acc) ab|sichern.

cautelatívo, (-a) agg (*che mira a cautelare*) {MISURA} Vorsichts-.

cautèrio <-ri> m *med* (*strumento chirurgico*) Kauter m *scient*, Kauterium n *scient*.

cauterizzàre *tr med* (*bruciare con cauterio*) ~ **qc** {NEO, TESSUTO} *etw* ätzen, *etw* kauterisieren *scient*.

cauterizzazióne f *med* {+PORRO} Ätzung f, Kauterisation f *scient*.

càuto, (-a) agg (*prudente*) vorsichtig, umsichtig: **bisogna essere cauti in questa situazione**, man muss in dieser Situation vorsichtig sein • **andar ~/cauti** (*agire con circospezione*), vorsichtig sein.

cauzionàle agg *dir* (*che serve da cauzione*) {DEPOSITO} Kautions-.

cauzióne f *dir* (*somma di denaro*) Kaution f: **dare/pagare/versare una ~**, eine Kaution stellen/zahlen/leisten; **perdere/restituire la ~**, die Kaution verlieren/zurückerstatten; **su ~**, gegen (Hinterlegung einer) Kaution; **libertà/rilascio su ~**, Freilassung f gegen Kaution.

Cav. abbr *di* Cavaliere: "Träger eines Verdienstordens".

càva f **1** (*scavo*) Bruch m, Grube f: ~ ͵a cielo aperto͵/[in galleria], Grube f über/unter Tag(e); **estrarre qc da una ~**, etw aus einer Grube gewinnen/abbauen; ~ **di ghiaia/sabbia**, Kies-/Sandgrube f; ~ **di marmo/pietre**, Marmor-/Steinbruch m **2** *elettr* (*intaglio*) Kerbe f, Einschnitt m.

cavachiòdi <-> m (*arnese*) Nageleisen n.

cavadènti <-> mf *scherz o spreg* (*pessimo dentista*) Zahnklempner(in) m(f) *fam scherz o spreg*.

cavalcàre <cavalco, cavalchi> **A** *tr* **1** (*montare*) ~ **qc** {ASINO, CAVALLO} *etw* reiten, *auf etw* (dat) reiten **2** (*passare al di sopra*) ~ **qc** *etw* überspannen: **il ponte cavalca il fiume**, die Brücke überspannt den Fluss **3** *fig* (*stare a cavalcioni*) ~ **qc** {MURETTO, SEDIA} rittlings *auf etw* (dat) sitzen **4** *fig* (*approfittare*) ~ **qc** {OCCASIONE, SITUAZIONE} *etw* nützen **5** *fig* (*accompiarsi*) ~ **qu/qc** jdn/etw besteigen *volg*, jdn reiten *volg*, etw aufreiten **B** *intr* (*andare a cavallo*) reiten: **imparare a ~**, reiten lernen; **sa ~ bene**, er/sie kann gut reiten • **a bardosso/bisdosso/ridosso** (*senza sella*), ohne Sattel reiten.

cavalcàta f (*passeggiata a cavallo*) (Spazier)ritt m, Ausritt m: **fare una lunga ~ ͵nei/[attraverso] i͵ campi**, einen langen Ausritt durch die Felder machen.

cavalcavía <-> m (*ponte stradale*) Straßenüberführung f; (*per pedoni*) anche Straßenübergang m; (*ferroviario*) Eisenbahnüberführung f.

cavalcióni *loc avv* (*a cavallo*): **a ~**, rittlings; **sedersi a ~ di una panca**, sich rittlings auf eine Bank setzen; **stare a ~ di una sedia**, rittlings auf einem Stuhl sitzen.

cavalieràto m (*titolo e dignità*) Ritterwürde f, Ritterschaft f.

cavalière m **1** *anche sport* (*chi va a cavallo*) Reiter m **2** *fig* (*gentiluomo*) Kavalier m: **è un perfetto ~**, er ist ein perfekter Kavalier; **essere ~ con una signora**, ritterlich zu einer Dame sein **3** *fig* (*accompagnatore*) Begleiter m, Kavalier m; (*al ballo*) Tanzpartner m: **fare da ~ a qu**, jds Kavalier sein/spielen **4** *fig* (*onorificenza*, abbr Cav.) Ritter m: ~ **del lavoro**, Ritter m des Ordens der Arbeit (*Art Verdienstkreuz*); ~ **della legione d'onore**, Ritter m der Ehrenlegion; ~ **di Malta**, Malteserritter m **5** *fig lett* (*difensore*) {+GIUSTIZIA} Verteidiger m **6** *mil* (*soldato*) Kavallerist m, Soldat m der Kavallerie **7** *stor* (*membro della cavalleria*) Ritter m: **le imprese dei cavalieri medievali**, die Unternehmungen der mittelalterlichen Ritter; **diventare ~**, Ritter werden; **fare qu ~**, jdn zum Ritter machen/schlagen ~ **dell'aorta** *anat*, die reitende Aorta; **i cavalieri dell'***Apocalisse* *bibl*, die apokalyptischen Reiter; ~ **errante**/[di ventura] *stor*, fahrender Ritter; ~ **errante** *fig* (*persona irrequieta, attratta dall'avventura*), Herumtreiber m *fam spreg*, Stromer m *fam spreg*; **il ~ dalla triste *figura*** (*Don Chisciotte*), der Ritter von der traurigen Gestalt; ~ **d'industria** *iron*, Abenteurer m *spreg*, Glücksritter m *spreg*; ~ **d'Italia** *ornit*, Stelzenläufer m, Strandreiter m; ~ **senza *macchia* e senza *paura*** *fig spec iron* (*persona intrepida e irreprima*), Ritter m ohne Furcht und ohne Tadel; ~ **servente** *stor* (*cicisbeo*), Cicisbeo m *forb eufem*, Hausfreund m *scherz eufem*; **essere ~ servente di qu** *fig* (*essere un corteggiatore assiduo*), jds hartnäckiger Verehrer sein; **i cavalieri della *tavola* rotonda**, König Artus' Tafelrunde f.

cavalierìno m **1** (*forcella*) {+BILANCIA} Reiter m, Laufgewicht n **2** (*targhetta*) {+SCHEDARIO} (Karten)reiter m.

cavàlla f *zoo* Stute f.

cavallàio <-lai> m **1** (*guardiano*) Pferdehirt m **2** (*commerciante*) Pferdehändler m.

cavalleggèro m *mil* (*soldato*) Soldat m der leichten Kavallerie.

cavalleresco, (-a) <-schi, -sche> agg **1** *lett* (*sui cavalieri*) {LETTERATURA, POEMA, ROMANZO} höfisch, Ritter- **2** *fig* (*da perfetto gentiluomo*) {COMPORTAMENTO, MANIERE} vornehm **3** *fig* (*nobile*) {ANIMO} edel **4** *stor* (*della cavalleria*) {CODICE, ORDINE} Ritter-, ritterlich.

cavalleria f **1** *fig* (*cortesia*) Ritterlichkeit f, Höflichkeit f, Anständigkeit f: **trattare con ~ il nemico vinto**, den besiegten Feind ritterlich behandeln **3** *mil* (*arma dell'esercito*) Kavallerie f **4** *mil stor* (*milizia a cavallo*) Kavallerie f: **~ leggera/pesante**, leichte/schwere Kavallerie **5** *stor* (*istituzione medievale*) Rittertum n, Ritterwesen n, Ritterstand m; (*insieme di norme*) Ritterlichkeitsnormen f pl • **passare in ~** *fig fam* (*rif. a cosa prestata e mai restituita*), auf Nimmerwiedersehen verschwinden *fam scherz*; (*rif. a cosa promessa e mai realizzata*), nur leere Versprechungen sein; ~ **rusticana** (*codice d'onore del mondo contadino*), Bauernehre f.

cavallerìzza f (*maneggio*) Reitbahn f, Reitschule f.

cavallerìzzo, (-a) **A** m (f) **1** (*chi cavalca bene*) Reiter(in) m(f) **2** (*acrobata*) Kunstreiter(in) m(f) **3** (*ammaestratore e maestro*

Reitlehrer(in) m(f) ▣ <inv> loc agg: **alla cavallerizza**, {PANTALONI} Reit-.
cavallétta f **1** zoo Heuschrecke f, Grashüpfer m **2** fig (persona avida e vorace) Gierhals m fam spreg • **essere peggio delle cavallette** fig (essere invadente e noioso), eine richtige Klette sein fam; (essere avido e vorace), schlimmer als eine Heuschreckenplage sein.
cavallétto m **1** (sostegno) {+IMBIANCHINO} Bock m, Gestell n: **il tavolo era formato da due cavalletti e da un rudimentale piano**, der Tisch bestand aus zwei Böcken und einer rudimentären Tischplatte; (da pittore) Staffelei f, Malstaffel f; {+BICICLETTA, MOTOCICLETTA} Kippständer m **2** (treppiede) {+TELECAMERA} Stativ n; {+MITRAGLIATRICE} Dreifuß m **3** (pilone) {+FUNIVIA, TELEFERICA} (Stütz)pfeiler m **4** stor Folterbank f.
cavallìna <dim di cavalla> f **1** zoo junge Stute **2** (gioco infantile) Bocksprung m, Bockspringen n: **giocare alla ~**, Bockspringen spielen **3** sport (nella ginnastica) (attrezzo) Bock m • **correre la ~** fig (condurre una vita disordinata), ein Luderleben führen spreg o scherz.
cavallìno① <dim di cavallo> m **1** zoo Pferdchen n, Rösschen n **2** autom (simbolo della Ferrari) Pferdchen n (Symbol der Ferrari) **3** mar (incurvatura dei ponti) Sprung m **4** mecc (pompa) {+CALDAIA} Dampf(speisen)pumpe f.
cavallìno②, (-a) <dim di cavallo> agg anche fig (da cavallo) {DENTATURA, VISO} Pferde-.
cavàllo m **1** Pferd n: **andare a ~**, reiten; **~ argentino/arabo**, Silberfuchs m/Araber m; **~ baio/bianco/sauro**, Brauner m/Schimmel m/Fuchs m; **~ da corsa/sella/tiro**, Renn-/Reit-/Zugpferd n; **fare una passeggiata a ~**, einen Spazier-/Ausritt machen; **montare/salire a ~**, aufs Pferd steigen, sich aufs Pferd schwingen, aufsitzen; **~ morello**, Rappe m; **~ pezzato/roano**, Schecke m/Tiger m; **scendere/smontare da ~**, vom Pferd absteigen/absitzen **2** (inforcatura) {+MUTANDE, PANTALONI} Schritt m **3** (negli scacchi) Pferd n, Springer m **4** (nei giochi di carte) (figura) Kaval m **5** mecc (potenza, abbr HP) Pferdestärke f, PS n: **motore da 20 cavalli**, Motor mit 20 PS; **cavalli fiscali**, Kraftfahrzeugsteuerklasse f; **~ (vapore)**, Pferdestärke f, PS n **6** sport (nella ginnastica) (attrezzo) Pferd n: **con maniglie**, Pferd n mit Griffen; **volteggi al ~** (esercizio e specialità maschile), Überschlag m am Pferd • **(tutti a) ~! anche mil**, (alle) zu Pferde!, aufgesessen!; **a ~ di due secoli /periodi** (tra), zwischen zwei Jahrhunderten/Epochen; **proprietà a ~ tra due comuni** (tra), zwischen zwei Gemeinden liegendes Grundstück; **~ alato** mitol (Pegaso), geflügeltes Pferd, Pegasus m forb; **quando non ci sono i cavalli trottano gli asini** fig (in mancanza di meglio bisogna accontentarsi), in der Not frisst der Teufel Fliegen fam; **~ di battaglia** fig (lato forte), Stärke f; **matematica è il mio ~ di battaglia**, Mathematik ist meine Stärke; (pezzo migliore del proprio repertorio) {+CABARETTISTA, CANTANTE} Glanznummer f, Bravourstück n; {+ATTORE} anche Glanzrolle f; **da ~** fig fam, sehr hoch/stark; **cura/medicina da ~** (fortissima), Rosskur f fam/sehr starke Medizin; **dose da ~** (molto abbondante), sehr starke Dosis; eine Dosis, die einen umhaut fam; **febbre da ~** (molto alta), sehr hohes Fieber; **a dondolo** (giocattolo), Schaukelpferd n; **essere a ~** (essere in groppa), auf dem Pferd sitzen, zu Pferde sein/sitzen; fig (aver superato le maggiori difficoltà), über den Berg sein fam; **essere/stare a ~ di qc** (a cavalcioni), rittlings auf etw (dat) sein/sitzen; **andare/viaggiare col ~ di San Francesco** fig scherz (a piedi), auf Schusters Rappen reiten scherz; **~ di Frisia** mil (reticolato), spanischer Reiter; **mettere una cosa a ~ di un'altra** fig (sovrapporla), zwei Sachen so legen, dass sie sich überlagern; **~ da monta** (stallone), Zucht-/Deckhengst m, Beschäler m; **essere ombroso come un ~** (molto permaloso), mimosenhaft sein; **monta facilmente sul ~ di Orlando** fig (inalberarsi), er/sie ist sehr aufbrausend, ihm/ihr gehen leicht die Pferde durch fam; **partire a ~ e tornare a piedi** fig (partire con baldanza e tornare sconfitti), vom Pferd auf den Esel kommen, mit eingezogenem/hängendem Schwanz zurückkommen fam; **puntare sul ~ perdente** fig (fare una scelta svantaggiosa), auf das falsche Pferd setzen; **~ di razza** (purosangue), reinrassiges Pferd, Vollblut n, Vollblüter m; fig (persona di grande talento), Koryphäe f forb, Kapazität f, Fachgröße f; **un (cavallo) puro sangue** (di razza pura), ein Voll-/Vollblüter; **~ di ritorno** fig (notizia che torna al punto di partenza), "für neu und als sensationell verkauft, eigentlich nur wieder aufgewärmte Nachricht"; **~ di Troia** mitol, Trojanisches Pferd forb; fig (espediente), Danaergeschenk n forb; **campa ~ che l'erba cresce** prov, da kannst du warten bis du schwarz wirst prov; **a caval donato non si guarda in bocca** prov, einem geschenkten Gaul schaut man nicht ins Maul prov.
cavallóna <accr di cavalla> f fig spec scherz (donna sgraziata) Walküre f scherz, Hünenweib n fam.
cavallóne, (-a) <accr di cavallo> ▣ m (f) **1** (grosso cavallo) großes Pferd **2** fig spec scherz (persona sgraziata) Nilpferd n scherz, Trampel m fam spreg, Tollpatsch m ▣ m (maroso) Brecher m, große Welle.
cavallùccio <-ci, dim di cavallo> ▣ m **1** (piccolo cavallo) Pferdchen n **2** spreg (ronzino) Klepper m, Mähre f **3** tosc gastr "Honiggebäck aus Siena mit Nüssen und Früchten" ▣ loc avv fig: **a ~**, auf den Schultern (sitzend); **andare a ~**, auf den Schultern sitzen; **portare un bambino a ~**, ein Kind auf den Schultern tragen • **~ marino** itt (ippocampo), Seepferdchen n.
cavapiètre <-> mf (operaio) Steinbrucharbeiter(in) m(f).
cavàre ▣ tr **1** (estrarre) **~ qc** (da qc) {MARMO, MINERALE} etw (aus etw dat) (heraus|)brechen, etw (aus etw dat) heraus|holen, etw (aus etw dat) heraus|ziehen, etw (aus etw dat) heraus|hauen; {RADICE DAL TERRENO} etw (aus etw dat) heraus|holen, etw (aus etw dat) heraus|ziehen, etw (aus etw dat) heraus|hacken; {ACQUA} etw lassen, etw ab|zapfen; **~ qc a qu** {DENTE} jdm etw ziehen **2** (sfilare) **~ qc** {GIACCA, SCARPE} etw aus|ziehen **3** (togliere) **~ qc** {MACCHIA} etw entfernen; **~ qc (a qu)** {ABITUDINE} jdm etw aus|treiben: **non riesco a cavargli quel vizio**, ich schaffe es nicht, ihm dieses Laster auszutreiben **4** fig (ricavare) **~ qc da qu/qc** etw aus jdm/etw heraus|holen: **non si può ~ nulla di buono da quel ragazzo**, man kann nichts Gutes aus diesem Jungen herausholen; **non so se caveremo un vestito da questa stoffa**, ich weiß nicht, ob wir aus diesem Stoff ein Kleid machen können **5** fig (trarre) **~ qc da qc** {CONCLUSIONI DA UN DISCORSO} etw aus etw (dat) ziehen ▣ rfl **1** indir (togliersi): **cavarsi qc** {CAPPELLO} etw ab|nehmen; {MAGLIA} (sich dat) etw aus|ziehen **2** indir (soddisfare): **cavarsi qc** {LA FAME} etw stillen, {LA SETE} etw löschen, {VOGLIA} etw befriedigen **3** fig (tirarsi fuori): **cavarsi da qc** {DA UN INTRALCIO} sich aus etw (dat) ziehen: **non saper cavarsi d'impaccio**, sich nicht aus der Affäre ziehen können fam **4** fig fam (uscire più o meno bene da una situazione difficile): **cavarsela**, (mit einem blauen Auge) davon|kommen, **se l'è cavata per miracolo**, er/sie ist wie durch ein Wunder davongekommen fam; **per fortuna ce la siamo cavata**, glücklicherweise sind wir mit einem blauen Auge davongekommen fam **5** fig fam (arrangiarsi): **cavarsela**, zurecht|kommen, sich aus|kommen fam; **non sa cavarsela da solo**, er kann nicht allein zurechtkommen; **parli inglese? – Me la cavo**, sprichst du Englisch? – Ich komme zurecht; **come te la cavi con il bowling?**, wie kommst du beim Bowling klar? fam.
cavastivàli <-> m (arnese) Stiefelknecht m.
cavàta f **1** fig (spesa gravosa) Aderlass m, spürbarer Verlust **2** mus (alta Tonqualität f) • **~ di sangue** (salasso), Aderlass m scient.
cavatàppi <-> m (arnese) Korkenzieher m.
cavatèllo m <di solito al pl> gastr (gnocchetto cavo) Cavatello-Nudeln n pl.
cavatìna f mus (breve aria) {+BARBIERE DI SIVIGLIA} Kavatine f.
cavatóre, (-trice) m (f) (operaio) Schürfer(in) m(f), Grubenarbeiter(in) m(f).
cavaturàccioli <-> m (cavatappi) Korkenzieher m.
cavazióne f sport (nella scherma) (mossa) Umgehung f der Parade.
càvea f archeol (gradinata) Zuschauerraum m.
caveau <-, -x pl franc> m franc banca (tesoro) Tresor m, Stahlkammer f.
cavèdio <-di> m **1** arch (atrio) Atrium n **2** edil (cortile) Innenhof m.
cavèrna f **1** Höhle f, Grotte f: **gli uomini primitivi vivevano nelle caverne**, die Urmenschen lebten in Höhlen **2** fig (abitazione squallida) Höhle f, Loch n fam spreg **3** fig spec scherz (grande cavità) Höhle f, Grotte f: **ha una bocca che sembra una ~!**, sein/ihr Mund sieht aus wie eine Höhle! **4** med Kaverne f scient: **~ polmonare**, Lungenkaverne f scient.
cavernìcolo, (-a) ▣ agg (che vive nelle caverne) {UOMO, FAUNA} Höhlen- ▣ m (f) **1** (troglodita) Höhlenbewohner(in) m(f) **2** fig (persona rozza) Eigenbrötler(in) m(f) spreg **3** fig (chi vive in una baracca) Barackler(in) m(f) fam, Häusler(in) m(f) obs.
cavernóso, (-a) agg **1** (pieno di caverne) {LUOGO} höhlenreich **2** (che ha pieno di caverna) {BUCA} höhlenartig **3** fig (roco) {VOCE} rau **4** fig (profondo) {SUONO} tief **5** anat {CORPO} Schwell- scient **6** geol {CALCARE} hohl.
cavétto① m arch (modanatura) Hohlkehle f.
cavétto② <dim di cavo> m **1** autom (cavo d'acciaio) {+FRENO} Stahlkabel n, Stahldrahtseil n **2** elettr tel (conduttore) Litze f, Leitungsdraht m.
cavézza f (fune) {+BUE, PULEDRO} Halfter m o n: **mettere la ~ a un cavallo**, ein Pferd anhalftern • **allentare la ~ a qu** (dargli una certa libertà), jds Leine lockern, jdm die lange Leine lassen fam; **mettere la ~ al collo a qu** fig (toglierergli la libertà), jdn an die Kandare nehmen/bekommen/bringen; **levare/togliere la ~ a qu** fig (concedergli libertà), jdn von der Leine lassen fam, jdn auf eigene Füße stellen; **tenere a ~ qu** (tenerlo a freno), jdn (fest) an der Kandare halten.
càvia ▣ f **1** zoo Meerschweinchen n, Versuchstier n **2** fig Versuchskaninchen n fam spreg: **fare da ~** anche scherz, als Versuchskaninchen herhalten fam spreg; **~ umana**, Versuchsperson f ▣ <inv> agg (da esperimento) {UOMO} Versuchs-.
caviàle m gastr Kaviar m.
cavìcchio <-chi> m **1** (gancio) Haken m **2** (piolo) (Leiter)sprosse f, Pflock m **3** agr (foraterra) Pflanz-, Setzholz n **4** zoo (prominenza) **~ osseo**, Protuberanz f.

caviglia f 1 *anat* (Fuß)knöchel m, Fessel f: **avere le caviglie affusolate/grosse**, schlanke/dicke (Fuß)knöchel haben; **frattura alla ~**, (Fuß)knöchelbruch m; **la gonna mi arriva alla ~**, der Rock reicht mir bis zum Knöchel 2 *mar* (*legnetto conico*) Dorn m; (*per fissaggio dei cavi*) Poller m; (*impugnatura della ruota del timone*) Griff m am Steuerrad 3 *mecc* (*grossa vite di legno*) (Schwellen)schraube f.

caviglièra f (*fascia elastica*) (*in ginnastica*) Fußgelenk-, Fesselbandage f, Knöchelstützverband m.

cavillàre itr 1 (*sottilizzare eccessivamente*) **~ (su qc)** *an etw* (dat) deuteln, Haarspalterei treiben *spreg*: **~ su una parola**, Wortklauberei treiben *spreg* 2 (*screpolarsi*) {MAIOLICA} rissig werden.

cavillatóre, (-trice) A *agg* (*che cavilla*) {UOMO} wort-, haarspalterisch *spreg*, wortklauberisch *spreg* B m (f) (*chi cavilla*) Haarspalter(in) m(f) *spreg*, Wortklauber(in) m(f) *spreg*.

cavìllo m 1 (*argomentazione capziosa*) Haarspalterei f, Spitzfindigkeit f *spreg*: **trovare cavilli**, Vorwände finden; **ricorrere a cavilli legali**, auf Rechtskniffe zurückgreifen 2 (*difetto dello smalto*) {+MAIOLICA} Riss m.

cavillosità <-> f (*sottigliezza eccessiva*) {+PERSONA, RAGIONAMENTO} Spitzfindigkeit f *spreg*, Wortklauberei f *spreg*.

cavillóso, (-a) *agg* 1 (*che ricorre a cavilli*) {AVVOCATO} haarspalterisch *spreg* 2 (*fondato su cavilli*) {ARGOMENTAZIONE} spitzfindig *spreg*.

cavità <-> f 1 (*parte incavata*) {+TERRENO, TRONCO} Höhle f, Höhlung f, Hohlraum m: **nella montagna c'era una ~ naturale**, im Berg war eine natürliche Höhle 2 *anat* Höhle f, Kavität f *scient*: **~ toracica/uterina**, Brust-/Gebärmutterhöhle f 3 *geol* {+ROCCIA} Höhle f.

cavitazióne f *fis tecnol* {+ELICA, TURBINA} Kavitation f.

càvo① m 1 (*grossa corda*) Tau n, Seil n, Trosse f: **~ metallico**, Drahtseil n, Metalldraht m; **~ di traino**, Schleppseil n, Schlepptau n 2 *aero* **~ aereo**, Luftkabel n 3 *autom* {+FRIZIONE} Seil n, Kabel n 4 *elettr* (*conduttore*) Kabel n: **~ di alimentazione**, Speise-, Zuleitungskabel n; **~ d'attacco**, Anschlusskabel n; **~ bipolare/unipolare/multipolare**, Zwei-/Ein-/Mehrleiterkabel n; **~ elettrico**, Stromkabel n; **~ ad alta frequenza**, Hochfrequenzkabel n; **~ scoperto**, nacktes/blankes Kabel; **~ ad alta tensione**, Hochspannungskabel n 5 *mar* Tau n, Seil n: **~ d'ormeggio**, Anker-, Haltetrosse f, Haltetau n; **~ da tonneggio**, Warpleine f 6 *tel* Kabel n: **~ coassiale/di collegamento/telefonico/telegrafico**, Koaxial-/Verbindungs-/Fernsprech-/Telegrafenkabel n; **~ urbano/interurbano**, Orts-/Fernkabel n • **~ sottomarino**, Seekabel n, unterseeisches Kabel; **~ della teleferica**, Schwebebahnseil n.

càvo②, (-a) A *agg* 1 (*incavato*) {TRONCO} hohl 2 *fig* (*infossato*) : **ha gli occhi cavi**, er/sie ist hohläugig, er/sie hat tief liegende/eingesunkene Augen 3 *anat* {VENA} Hohl- B m *anche anat* (*cavità*) Höhle f: **nel ~ della mano**, in der hohlen Hand; **~ orale**, Mundhöhle f; **~ pleurico**, Rippenfell-, Pleurahöhle f *scient* ~ **di fondazione** *edil*, Baugrube f.

cavolàia f 1 (*campo*) Kohlacker m, Kohlfeld n 2 *zoo* (*farfalla*) Kohlweißling m.

cavolàta f 1 *fig fam* (*sciocchezza*) Kohl m *fam spreg*, Unsinn m, Blödsinn m *fam spreg*, Schwachsinn m *fam spreg*: **che ~!**, was für ein Blödsinn! *fam spreg*; **combina/fa solo cavolate!**, er/sie macht nur Blödsinn! *fam spreg*; **non dire cavolate!**, red keinen Unsinn! *fam* 2 *gastr* Kohlgericht n.

cavolétto <dim *di* cavolo> m <*di solito al pl*> Rosenkohl m, Kohlsprosse f A: **cavoletti di Bruxelles**, Rosenkohl m.

cavolfióre m Blumenkohl m.

càvolo A m 1 Kohl m, Kraut n A, Kabis m CH: **~ bianco/rosso/verde**, Weiß-/Rot-/Grünkohl m; **~ nero**, "toskanische Kohlsorte"; **~ broccolo**, Broccoli pl; **~ di Bruxelles**, Rosenkohl m; **~ cappuccio**, Kopfkohl m; **~ rapa**, Kohlrabi m; **~ verza/verzotto**, Wirsing(kohl) m 2 *fig fam eufem* (*in frasi negative: niente*): **non ... un ~**, kein bisschen, keine Spur *fam*, nicht die Bohne *fam*; **non capire un ~ di tedesco**, kein Wort Deutsch verstehen; **non contare un ~ per qu**, jdm scheißegal *fam spreg*/total wurst *fam* sein; **non fare un ~**, keinen Strich tun *fam*; **non me ne importa un ~**, das kümmert mich einen Dreck *volg*, das ist mir wurst *fam*; **non valere un ~**, keinen Heller wert sein *fam* 3 <*solo pl*> *fig fam eufem* (*affari*) Angelegenheiten f pl, Sache f, Kram m *fam*: **sono cavoli tuoi**, das ist dein Bier *fam*; **fatti i cavoli tuoi!**, kümmere dich um deinen Kram! *fam* B <inv> *loc agg fam eufem* (*di nessun valore*): **del ~**, {LIBRO, SPETTACOLO} Scheiß- *fam spreg*, beschissen *fam*: **una rivista del ~**, eine Scheißzeitschrift *fam spreg* C *inter eufem* 1 (*di stupore*) Donnerwetter *fam*, Mensch (Meier)! *fam*, waoh *slang*: **~ che bello!**, waoh, ist das schön! *slang* 2 (*di disappunto*) verdammt *fam spreg*: **~ che traffico!**, verdammt, was für ein Verkehr! *fam spreg* • **andare a ingrassare i cavoli** *fig* (*morire*), ins Gras beißen *fam*; **col ~!** (*assolutamente no*), nie im Leben! *fam*, von wegen! *fam*, erst recht nicht!, den Teufel! *fam*; **col ~ che gli presto la macchina!**, ¡nie im Leben! /von wegen! werde ich ihm das Auto leihen! *fam*; **cosa/che ~ fai/vuoi?** *fam*, was zum Teufel machst/willst du?; **grazie al ~!** *fig fam* (*sottolinea ovvietà*), das wär ja noch schöner! *fam*; **quello che dici c'entra come i cavoli a merenda!** *fig* (*non ha alcuna attinenza*), was du sagst, ¡passt wie die Faust aufs Auge *fam*¡/[ist völlig daneben *fam*]; **un tappeto rosso in sala da pranzo c'entra come i cavoli a merenda!** *fig* (*non si accorda*), ein roter Teppich im Esszimmer passt wie die Faust aufs Auge! *fam*; **andare a piantare cavoli** *fig* (*ritirarsi a vita privata*), (seinen) Kohl (an)bauen, sich zurückziehen; **~ riscaldato** *fig* (*cosa vecchia presentata per nuova*), aufgewärmter Kohl *fam*.

càzza f *metall* (*recipiente*) Tiegel m.

cazzàre tr *mar* (*tendere*) **~ qc** {CAVO, FUNE} *etw* straffen.

cazzàta f *volg* 1 (*sciocchezza*) Scheiß(dreck) m *fam*, Mist m *fam*: **che ~!**, so ein Scheiß/Mist! *fam*; **non sparare/dire cazzate!**, red bloß keinen Scheiß! *fam*; **fare cazzate**, Scheiß/Mist machen/bauen *fam*; **quello spettacolo è una vera ~!**, diese Vorstellung ist ein ⌞solcher Mist⌟/[richtiger Scheiß]! *fam* 2 (*bazzecola*) Scheiß m *fam*, Kleinkram m, Bagatelle f, Lappalie f: **hanno litigato per una ~**, sie haben sich wegen einer Bagatelle/Lappalie gestritten.

cazzeggiàre <cazzeggio, cazzeggi> itr *volg* 1 (*bighellonare*) seine Zeit vergammeln *fam*/vertrödeln *fam spreg*, (he)rum⎪hängen *fam* 2 (*fare o dire sciocchezze*) blödeln, Blödsinn an⎪stellen *fam spreg*.

cazzéggio <-gi> m *volg* Gammeln n *fam*, Rumhängen n *fam*.

cazziàta f *merid volg* (*duro rimprovero*) Standpauke f *fam*, Anschiss m *fam*: **fare una ~ a qu**, jdm den Kopf waschen *fam*, jdn zusammenscheißen *volg*.

cazziatóne <accr *di* cazziata> m *merid volg* (*duro rimprovero*) Standpauke f *fam*, Anschiss m *fam*: **fare un ~ a qu**, jdm den Kopf waschen *fam*, jdn zusammenscheißen *volg*.

càzzo A m 1 *volg* (*pene*) Schwanz m *volg* 2 *fig volg* (*in frasi negative: niente*): **non ... un ~**, kein bisschen, keine Spur *fam*, nicht die Bohne *fam*; **non capisce un ~ di inglese**, er/sie versteht kein Wort Englisch; **non combinare un ~**, überhaupt nichts auf die Reihe kriegen *fam*; **lui per te non conta un ~?**, er ist dir scheißegal? *fam spreg*; **non fare un ~ dal mattino alla sera**, von Morgens bis Abends keinen Strich tun *fam*; **non me ne frega/importa un ~**, das ist mir scheißegal *fam spreg*, das kümmert mich einen Scheißdreck *volg* 3 <*solo pl*> *fig volg* (*affari*) Angelegenheiten f pl, Sache f *fam*: **cazzi miei/suoi/tuoi**, meine/[seine/ihre]/[deine] Sache; **adesso sono tutti cazzi miei!**, das ist jetzt alles mein Bier! *fam*; **fatti i cazzi tuoi!**, kümmere dich um deinen Kram! *fam* B <inv> *loc agg volg* (*di nessun valore*): **del ~**, {FILM} Scheiß- *fam spreg*, beschissen *fam*; **un comicodel ~**, ein Scheißkomiker *fam spreg* C *inter volg* 1 (*di stupore*) Donnerwetter *fam*, Mensch (Meier)! *fam*, waoh *slang*: **~ che velocità!**, waoh, was für eine Geschwindigkeit! *slang* 2 (*di disappunto*) verdammt *fam*, leck mich am Arsch *volg*: **~ che freddo!**, verdammt *fam*, ist das kalt! *volg* • **un lavoro fatto alla ~ (di cane)** *fig fam* (*male*), eine hingepfuschte Arbeit *fam spreg*; **parlare alla ~ (di cane)** *fig fam* (*a vanvera*), drauflosreden *fam*, drauflosquatschen *fam*; **cacare/rompere il ~ (a qu)** *fig volg* (*infastidire*), jdm auf den Senkel/Sack gehen *fam*; **che/cosa ~ fai/vuoi?** *fig volg*, was zum Teufel machst/willst du? *fam*; **che/cosa ~ sta succedendo?** *fig volg*, was zum Teufel ist los? *fam*; **col/[manco per il] ~!** *fig volg* (*assolutamente no*), den Teufel! *fam*, nie im Leben! *fam*, von wegen!; **col ~ che gli ritelefono!**, ⌞den Teufel!⌟/[nie im Leben] werde ich ihn nochmal anrufen! *fam*; **che ~ gliene frega a loro!** *fig volg* (*cosa importa*), was zum Teufel geht die das an! *fig volg*; **grazie al ~!** *fig volg* (*sottolinea ovvietà*), das wär ja noch schöner! *fam*; **non rompermi/cacarmi il ~!**, geh mir nicht auf den Sack/Senkel! *fam*; **sono cazzi (acidi/amari)!** *fig volg* (*guai*), die Kacke ist am Dampfen! *volg*; **star sul ~ a qu** *fig volg* (*essere antipatico*), jdn ankotzen *volg*, jdm zuwider sein; **il nuovo professore mi sta sul ~**, der neue Professor/Lehrer kotzt mich an *volg*.

cazzóne, (-a) <accr *di* cazzo> m (f) *fig volg* (*stupido*) Schwachkopf m *spreg*, Idiot m m(f) *fam spreg*.

cazzottàre *fam* A tr (*prendere a pugni*) **~ qu** jdn boxen, jdn mit Fäusten schlagen/bearbeiten B rfl *rec* (*azzuffarsi*): **cazzottarsi**, sich prügeln, sich keilen *fam*.

cazzottàta, cazzottatùra f *fam* Prügelei f, Keilerei f *fam*: **fare una ~**, sich prügeln, sich keilen *fam*.

cazzòtto m *fam* (*pugno*) Faustschlag m, Boxhieb m: **fare a cazzotti (con qu)**, sich (mit jdm) schlagen/prügeln/keilen *fam*; **prendere qu a cazzotti**, jdn schlagen, jdn prügeln.

cazzuòla f (*attrezzo*) {+MURATORE} (Maurer)kelle f.

cazzùto, (-a) *agg* 1 *volg* (*in gamba*): **è un tipo ~**, der Typ ⌞hat tierisch was drauf *fam*⌟/[ist ein Teufelskerl/Tier *fam*] 2 *volg* (*difficile, noioso*) {LAVORO} hart, schwer.

CB f *radio abbr dell'ingl* Citizen Band (*banda cittadina*) CB(-Funk).

c/c *abbr di* conto corrente: ≈ GK (*abbr di* Girokonto).

cc. *abbr di* centimetro cubo: ccm m (*abbr di* Kubikzentimeter m).

c.c. 1 *fis abbr di* corrente continua: Gleich-

strom 2 → c/c.
CC **A** m pl abbr di Carabinieri: Karabinieri **B** m abbr di Corpo Consolare: Konsularkorps.
C.C. dir **A** m **1** abbr di Codice Civile: ≈ ZGB (abbr di Zivilgesetzbuch) **2** abbr di Codice di Commercio: ≈ HGB n (abbr di Handelsgesetzbuch) **B** f **1** abbr di Corte di Cassazione: ≈ BGH (abbr di Bundesgerichtshof), (italienischer) Kassationshof, (italienisches) Kassationsgericht **2** abbr di Corte dei Conti: ≈ Rechnungshof m **3** abbr di Corte Costituzionale: ≈ Verfassungsgericht n.
CCI f abbr di Camera di Commercio Internazionale: ≈ IHK f (abbr di Internationale Handelskammer).
CCIAA f abbr di Camera di Commercio, Industria, Artigianato e Agricoltura: Kammer für Handel, Industrie, Handwerk und Landwirtschaft.
ccp m post abbr di conto corrente postale: Postgirokonto.
CCT, **cct** m banca abbr di Certificato di Credito del Tesoro: Schatzanweisung f, Schuldverschreibung f.
cd. abbr di cosiddetto: sog.; s.g. (abbr di so genannt).
CD **A** m **1** autom abbr di Corpo Diplomatico: CD (Diplomatisches Korps) **2** mus abbr dell'ingl Compact Disc: CD f, CD-Platte f **B** f abbr di Commissione Disciplinare: Disziplinarausschuss m.
C.d.A. **A** m **1** abbr di Consiglio d'Amministrazione: Verwaltungsrat m **2** mil abbr di Corpo d'Armata: Armeekorps m **B** f dir **1** abbr di Corte d'Appello: ≈ OLG n (abbr di Oberlandesgericht), ≈ Berufungsgericht n **2** abbr di Corte d'Assise: (italienisches) erstinstanzliches Schwurgericht n.
C.d.C. m scuola abbr di Consiglio di Circolo: Schulpflegschaft f (in Kindergärten und Grundschulen).
c.d.d. abbr di come dovevasi dimostrare: q.e.d. (abbr di quod erat demonstrandum).
C.d.F. m abbr di Consiglio di Fabbrica: ≈ BR m (abbr di Betriebsrat).
CDI m inform abbr dell'ingl Compact Disc Interactive (CD interattivo) CD-i (beschreibbare Cd).
C.d.I. m scuola abbr di Consiglio d'Istituto: Schulpflegschaft f.
C.d.L. f abbr di Camera del Lavoro: Arbeiterkammer f.
C.d.M. f amm abbr di Cassa del Mezzogiorno: Kasse für Süditalien.
CDR m polit abbr di Cristiano Democratici per la Repubblica: "Christdemokraten Italiens" pl.
CD-RAM <-> m inform abbr dell'ingl CD-Random Access Memory (compact disk a memoria ad accesso casuale) CD-RAM f.
CD-ROM, **cd-rom** <-> m inform abbr dell'ingl CD-Read Only Memory (compact disk a memoria di sola lettura) CD-ROM f.
C.d.S. m **1** abbr di Consiglio di Sicurezza: Sicherheitsrat m **2** abbr di Consiglio di Stato: ≈ StR m (abbr di Staatsrat) **3** autom abbr di Codice della Strada: ≈ StVO f (abbr di Straßenverkehrsordnung).
CDU f metrol abbr di Classificazione Decimale Universale: ≈ DK f (abbr di Universelle Dezimalklassifikation).
CDV m TV abbr dell'ingl Compact Disc Video: CDV (Video-CD).
ce **A** pron pers 1ª pers pl **1** (compl di termine davanti a lo, la, li, le, ne) uns: **non ce l'ha mostrato**, er/sie hat es uns nicht gezeigt; **ce l'ha comunicato ieri sera**, er/sie hat es uns gestern Abend mitgeteilt; **ce ne ha dati cinque**, er/sie hat uns fünf davon gegeben (anche enclitico); **prestatecelo!**, leiht es uns!; **ditecelo non appena lo saprete**, sagt es uns, sobald ihr Bescheid wisst **2** (seguito da un rfl o da un itr pron) uns: **ce ne interesseremo noi**, wir werden uns darum kümmern **B** pron dimostr: **ce ne sarebbe da raccontare!**, es gäbe manches/einiges zu erzählen! **C** avv: **ce l'ho messo io nel cassetto**, ich hab's in die Schublade getan; **ce l'ho mandato io**, ich habe ihn dahin geschickt; **ce n'è ancora dello zucchero?**, gibt's noch Zucker?; **ce n'è voluto di tempo!**, das hat ja/aber gedauert!; **ce ne corre!**, das ist ein himmelweiter/[ganz schöner] Unterschied!, dahin ist es noch ein weiter Weg!, dazwischen liegen Welten! fam.
CE **A** m abbr di Consiglio d'Europa: ER m (abbr di Europarat) **B** f abbr di Comunità Europea: EG f (abbr di Europäische Gemeinschaft).
CEA m nucl abbr di Commissariato per l'Energia Atomica: Kommissariat für Atomenergie.
cèca f → ceco.
CECA abbr di Comunità Europea del Carbone e dell'Acciaio: ≈ EGKS f (abbr di Europäische Gemeinschaft für Kohle und Stahl).
cecchino m **1** (tiratore scelto) Scharfschütze m **2** fig polit (parlamentare) Nestbeschmutzer m spreg.
céce m **1** bot (pianta) Kichererbse f **2** <di solito al pl> bot anche gastr (seme) Kichererbsen f pl **3** fig (escrescenza carnosa) Warze f.
Cecènia f geog Tschetschenien n.
cecèno, (-a) **A** agg {CULTURA} tschetschenisch **B** m (f) Tschetschene m, (Tschetschenin f) **C** m <sing> Tschetschenisch(e) n.
Cecilia f (nome proprio) Cäcilie.
cecità <-> f **1** med {ACQUISITA, CONGENITA} Blindheit f **2** fig (ignoranza completa) {+UOMINI} Verblendung f, Blindheit f.
cèco, (-a) <-chi, -che> **A** agg tschechisch: **Repubblica ceca**, Tschechische Republik, Tschechien n, Tschechei f anche spreg **B** m (f) (abitante) Tscheche m, (Tschechin f) **C** m <solo sing> (lingua) Tschechische n.
Cecoslovacchia f geog stor Tschechoslowakei f.
cecoslovàcco, (-a) <-chi, -che> stor **A** agg tschechoslowakisch **B** m (f) (abitante) Tschechoslowake m, (Tschechoslowakin f).
ced. abbr di cedola: Coupon m, Zinsschein m.
CED m inform abbr di Centro Elaborazione Dati: DVZ (abbr di Datenverarbeitungszentrale/Datenverarbeitungszentrum) **B** f abbr di Comunità Europea di Difesa: EVG (abbr di europäische Verteidigungsgemeinschaft).
cedènte **A** m (f) comm dir (chi fa una cessione) bisherige(r) Gläubiger(in) m(f), Zedent(in) m(f) **B** m mecc angetriebenes Element **C** agg mecc {ORGANO} angetriebenes.
cèdere **A** itr **1** (abbassarsi) {MURO, PILASTRO, TERRENO} ein|stürzen **2** (rompersi) {ARGINE} brechen **3** (crollare) {SOFFITTO} nach|geben, ein|stürzen **4** (aprirsi) {TESSUTO} auf|platzen **5** (allargarsi) {SCARPA} sich aus|weiten **6** fig (accondiscendere) ~ **a qc** {ALLE LUSINGHE, ALLE PREGHIERE, ALLE RICHIESTE DI QU} etw (dat) nach|geben: **non ~ alle passioni/tentazioni**, gib den Leidenschaften nicht nach|/[erliege den Versuchungen nicht] **7** fig (arrendersi) ~ **di fronte a qu/qc**) sich (jdm/etw) ergeben, sich in etw (acc) ergeben: **ha ceduto di fronte all'evidenza**, er/sie hat sich ₁in die vollendeten Tatsachen ergeben₁/[angesichts der Tatsachen geschlagen gegeben]; **non devi ~**, du darfst nicht aufgeben; ~ **a qc** {AL DESTINO, ALLA SORTE} sich etw (dat) beugen, sich in etw (acc) ergeben; **quando crede di aver ragione, non cede**, wenn er/sie glaubt, recht zu haben, gibt er/sie nicht nach **8** fig (essere sopraffatto) ~ **a qc** {ALLO SCONFORTO, ALLA TRISTEZZA} etw (dat) nach|geben: ~ **al sonno/alla stanchezza**, der Müdigkeit nachgeben **9** fig (venir meno) {CUORE, GAMBE} versagen **10** Borsa {DOLLARO, INDICE MIB, PREZZI} nach|geben **11** mil (soccombere) ~ **a qu/qc** {TRUPPE} vor jdm/etw zurück|weichen: ~ **all'attacco del nemico**, dem Angriff des Feindes nicht standhalten, vor dem angreifenden Feind zurückweichen **B** tr **1** (lasciare) ~ **qc** (**a qu**) {IL POSTO A UN ANZIANO} jdm etw ab|treten **2** (mettere a disposizione) ~ **qc a qu** {AUTO, MOTORINO, BICICLETTA} jdm etw zur Verfügung stellen **3** (vendere) ~ **qc** (**a qu**) {APPARTAMENTO} jdm etw überlassen, jdm etw ab|treten: **gli ho ceduto il garage**, ich habe ihm die Garage überlassen; {TERRENO} anche etw auf|lassen, etw überlassen, etw übereignen; {ATTIVITÀ} etw auf|geben **4** Borsa ~ **qc** (**a qu**) {CAPITALE, VALUTA A UNA SOCIETÀ} etw an jdn veräußern: ~ **un pacchetto azionario**, ein Aktienpaket abgeben **5** dir (trasferire) ~ **qc a qu**) (jdm) etw ab|treten, (etw) übertragen; (alienare) etw veräußern **6** polit ~ **qc a qc** {STATO, TERRITORIO} etw (dat) etw überlassen, etw (dat) etw übertragen.
cedévole agg **1** (che cede con facilità) {RAMO} nachgiebig **2** (molle) {TERRENO} nachgiebig, weich **3** (malleabile) {RAME} weich **4** (che tende ad allargarsi) {STOFFA} nachgiebig **5** fig (arrendevole) {CARATTERE} gefügig, nachgiebig.
cedevolézza f **1** (facilità a cedere) {+RAMO} Nachgiebigkeit f **2** (mollezza) {+TERRENO} Nachgiebigkeit f **3** (malleabilità) {+RAME} Weichheit f **4** (tendenza ad allargarsi) {+STOFFA} Nachgiebigkeit f **5** fig (arrendevolezza) {+MADRE} Gefügigkeit f, Nachgiebigkeit f.
cedìbile agg **1** (che si può cedere) {BIGLIETTO} übertragbar **2** dir abtretbar, übertragbar; veräußerbar.
cedibilità <-> f spec dir Abtretbarkeit f, Übertragbarkeit f; Veräußerbarkeit f.
cediglia f ling (segno) Cedille f.
cedimènto m **1** (avvallamento) {+STRADA, TERRENO} Absinken n, Absacken n **2** (crollo) {+MURO, PONTE, TETTO} Einsturz m; fig Nachlassen n: **avere un ~ di nervi**, einen Nervenzusammenbruch haben **3** fig (minore resistenza) Nachgiebigkeit f: **l'imputato mostra segni di ~**, der Widerstand des Angeklagten bröckelt **4** mil (indietreggiamento) Zurückweichen n.
cèdola f banca econ (tagliando, abbr ced.) Schein m, Coupon m, Talon m: ~ **azionaria**, Aktiencoupon m; ~ **di dividendo/interessi/rendita**, Dividenden-/Zins-/Rentenschein m • ~ **di commissione libraria** edit, Büchercoupon m.
cedolàre banca econ **A** agg (relativo a una cedola) {IMPOSTA} Kupon-, Coupon- **B** f (tassa) Kuponsteuer f.
cedràta f gastr **1** (bevanda) "erfrischendes Getränk aus dem Sirup der Zedratzitrone" **2** (dolce) "sizilianischer Zitronatkuchen".
cedrìna f bot (arbusto) Zitronenkraut n.
cèdro m **1** bot (pianta) Zitronat(zitronen)baum m **2** bot (frutto) Zitronatzitrone f **3** bot (conifera) Zeder f: ~ **del Libano**, Libanonzeder f **4** (legno) Zedernholz n **5** gastr (candito) Zitronat n.
cèduo, (-a) **A** agg (che si taglia periodicamente) {PIANTA} abholzbar **B** m (bosco) Nutzwald m, Forst m.
CEE <-> f abbr di Comunità Economica Europea: ≈ EWG f (abbr di Europäische Wirtschaftsgemeinschaft).
CEEA f abbr di Comunità Europea dell'Energia Atomica: ≈ EURATOM f (abbr di Europäische Atomenergiegemeinschaft).
cefalèa f med (emicrania) (Spannungs)kopf-

cefàlico, (-a) <*ci, -che*> agg *anat* (*che è proprio della testa*) Kopf-.

cèfalo m *itt* Meeräsche f.

cefalòpode m <*di solito al pl*> *zoo* Kopffüßer m, Zephalopode m *scient*.

cefalosporìna f *farm* (*antibiotico*) Zephalosporin n.

cèffo m **1** *fig* (*tipo poco raccomandabile*) Halunke m: **un brutto ~**, ein übler Halunke, eine widerliche/fiese Visage *fam spreg* **2** *fig spreg* (*faccia brutta*) Fratze f *fam spreg*.

ceffóne m (*schiaffo*) Ohrfeige f: **dare/mollare un ~ a qu**, jdn eine Ohrfeige geben/verpassen *fam*; **prendere un ~**, eine Ohrfeige (ab)kriegen; **prendere qu a ceffoni**, jdn ohrfeigen, jdm welche knallen *fam*, jdn fotzen *volg A süddt*; **se non stai bravo ti tiro un ~**, wenn du nicht brav bist, ¡verpass ich dir eine (Ohrfeige) *fam*₁/[schmier/knall ich dir eine *fam*].

CEKA f *polit stor abbr del russo* Crezvyciajnaja Kommissija (*polizia segreta di stato*) "russische geheime Staatspolizei" (*während der Revolutionszeit*).

celàre *forb* **A** *tr* (*nascondere*) **~ qc (a qu)** {LE PROPRIE INTENZIONI} (*jdm*) etw verbergen, (*jdm*) etw verhehlen; {VERITÀ} (*jdm*) etw verheimlichen **B** *rfl* (*nascondersi*): **celarsi dietro qu/qc** sich *hinter jdm/etw* verbergen: **dietro quella maschera si celava un segreto**, hinter dieser Maske verbarg sich ein Geheimnis.

celàta f *mil stor* (*copricapo*) Sturmhaube f.

celàto, (-a) agg *forb* (*nascosto*) {INTENZIONE} verborgen, versteckt: **tenere ~ qc**, etw versteckt halten; **una mal celata rabbia**, eine schlecht verhohlene/verborgene Wut.

celebèrrimo, (-a) <*superl di celebre*> agg (*famosissimo*) hoch-, weltberühmt.

celebrànte m *relig* (*sacerdote*) Zelebrant m.

celebràre *tr* **1** (*festeggiare*) **~ qc** {FESTA, VITTORIA} etw feiern: **~ il primo anniversario di nozze**, den ersten Hochzeitstag feiern **2** *fig lett* (*esaltare*) **~ qu/qc** {EROE, IMPRESA} *jdn/etw* lobpreisen **3** (*svolgere*) **~ qc** {PROCESSO} etw führen: **il processo viene celebrato a Roma**, der Prozess findet in Rom statt **4** *relig* **~ qc** {LA MESSA} etw lesen, etw zelebrieren; {BATTESIMO} etw feiern; *anche amm* {SACERDOTE, SINDACO MATRIMONIO} etw vollziehen.

celebrativo, (-a) agg **1** *anche spreg* (*che tende a esaltare*) {CERIMONIA, DISCORSO} festlich, Fest- **2** (*commemorativo*) {FRANCOBOLLO} Gedächtnis-.

celebràto, (-a) agg *lett anche spreg* (*illustre*) {POETA} berühmt.

celebrazióne f **1** (*festeggiamento*) {+RIUNIFICAZIONE TEDESCA} Feiern m, {+ANNIVERSARIO, ONOMASTICO} Feier f **2** *fig lett* (*esaltazione*) {+GESTA, IMPRESA} Feiern n **3** (*svolgimento*) {+PROCESSO} Führung f **4** *relig* {+MESSA} Zelebrieren n; {+BATTESIMO} Feiern n; *anche amm* {+MATRIMONIO} Vollziehung f.

cèlebre <*più celebre, celeberrimo*> agg **1** (*famoso*) {CHIRURGO, PIANISTA, ROMANZIERE, LOCALITÀ, MUSEO} berühmt, bekannt: **una ~ scultura/sinfonia**, eine berühmte Skulptur/Sinfonie **2** *spreg* (*famigerato*) {PREGIUDICATO} berüchtigt, verrufen.

celebrità <-> f **1** (*fama*) Ruhm m, Berühmtheit f: **acquistare ~ nel campo artistico**, Ruhm auf künstlerischem Gebiet erlangen; **arrivare alla ~**, berühmt werden, Berühmtheit erlangen **2** (*persona celebre*) Berühmtheit f, Größe f: **è una ~ nel mondo della musica classica**, er/sie ist eine Berühmtheit/Größe in der Welt der klassischen Musik.

celenteràto m <*di solito al pl*> *zoo* Zölenterat n, Hohltier n.

cèlere <*celerissimo o lett celerrimo*> **A** agg **1** (*rapido*) {SERVIZIO, SPEDIZIONE, TRENO} Eil-: **inviare un pacco per mezzo di posta ~**, ein Paket per Eilpost schicken; {PASSO, PERSONA, RISPOSTA} schnell **2** (*di breve durata*) {CORSO DI FRANCESE} Schnell- **B** <-> f (*corpo di polizia*) Einsatzkommando n der Polizei.

celerità <-> f **1** (*rapidità*) {+MOVIMENTO} Geschwindigkeit f, Schnelligkeit f: **agire/camminare con ~**, schnell handeln/gehen **2** *med* {+ARTERIA} Dehnbarkeit f, Elastizität f.

celèste A agg **1** (*azzurro*) {CAMICETTA, FIOCCO, OCCHI} himmelblau **2** *fig* (*di Dio*) {DONO, GRAZIA, REGNO} himmlisch **3** *astr* (*del cielo*) {COORDINATE, POLI} Himmels-: **corpi/fenomeni celesti**, Himmelskörper m pl/Himmelserscheinungen f pl **B** m **1** (*colore*) Himmelblau n: **preferire il ~ al blu**, Himmelblau lieber als Blau haben, Himmelblau dem Blau vorziehen **2** <*solo al*> *mitol* (*dei*) Himmlischen pl, Götter m pl.

celestiàle agg **1** *fig* (*divino*) {BELLEZZA, CREATURA, VOCE} himmlisch, paradiesisch **2** *lett rar* (*del cielo*) {SPIRITI} himmlisch, göttlich.

celestìno, (-a) **A** agg hellblau **B** m (*colore*) Hellblau n.

celétto m *teat* (*elemento scenico*) Soffitte f.

cèlia f *tosc o lett* (*scherzo*) Spaß m, Scherz m: **dire/fare qc per ~**, etw aus Spaß sagen/machen • **mettere in ~ qu** *tosc o lett* (*canzonarlo*), sich über jdn lustig machen, jdn veräppeln *fam*, jdn auf den Arm nehmen *fam*; **reggere alla/la ~** *tosc o lett* (*stare allo scherzo*), Spaß verstehen.

celiachìa f *med* Zöliakie f, Sprue f.

celìaco, (-a) <*ci, -che*> **A** agg **1** *anat*: **arteria celiaca**, Zöliaka f *scient* **2** *med*: **morbo ~**, Heubner-Hertersche Krankheit f, Zöliakie f *scient*, Morbus coeliacus m *scient* **B** m(f) *med* Zöliakiekranke mf decl come agg, Zöliakiker(in) m(f).

celibàto m **1** (*lo stato di celibe*) Ledigsein n **2** *relig* {ECCLESIASTICO} Zölibat n *o* m.

cèlibe A agg (*scapolo*) {UOMO} unverheiratet, ledig: **è ancora ~**, er ist noch ledig **B** m Junggeselle m.

celidònia f *bot* Schöll-, Schellkraut n.

celioscopìa f *med* (*esame*) Zölioskopie f *scient*.

cèlla f **1** *anche mil* (*stanzetta*) {+CARCERE} Zelle f: **chiudere qu in ~**, jdn in die Zelle sperren; **~ di isolamento**, Isolierzelle f; **~ di punizione/rigore**, Straf-, Arrestzelle f; **essere messo in ~ di punizione**, in die Arrestzelle kommen; {+CONVENTO} Zelle f, Kammer f, Klause f **2** *archeol* (*parte del tempio*) Cella f **3** *zoo* (*alveolo*) {+API} (Honig)wabe f: **~ della regina**, Königinnenzelle f, Weiselwabe f; **~ calda** *nucl*, Sicherheitsbehälter m; **~ campanaria** *arch*, Glockenstuhl m; **~ elementare** *min*, Elementarzelle f; **~ elettrolitica** *chim*, Elektrolysezelle f; **~ fotovoltaica** *fis*, photovoltaische Zelle f; **~ frigorifera**, Kühlzelle f; **~ di memoria** *inform*, Speicherzelle f; **~ solare** *fis*, Solarzelle f.

cellétta <*dim di cella*> f *zoo* {+APE} Zelle f: **~ di covata**, Brutzelle f; **cellette delle operaie**, Arbeiterinnenzellen f pl.

cèllo m *mus* (*violoncello*) Cello n.

cèllofan m (f) *francan* n, Cellophan n.

cellofanàre *tr* (*avvolgere con cellofan*) **~ qc** {LIBRO, VALIGIA} etw ein|schweißen.

cellofanatrìce f *tecnol* (*macchina*) Cellophan-Einschlagmaschine f, Einschweißmaschine f.

cèllophane® <-> m *franc* → **cellofan**.

cèllula f **1** *biol med* Zelle f: **cellule animali/vegetali**, Tier-/Pflanzenzellen f pl; **~ cancerosa**, Krebszelle f; **cellule epiteliali**, Epithelzellen f pl; **~ figlia/madre**, Tochter-/Mutterzelle f; **cellule germinali/nervose**, Keim-/Nervenzelle f; **cellule sessuali**, Geschlechtszelle f, Gamet m; **~ staminale**, Stammzelle f **2** *aero* (*struttura*) Tragwerk n **3** *fis* Zelle f: **~ fotoconduttrice/fotoelettrica/fotoemissiva**, Fotoleit-/Foto-/Emissionszelle f **4** *meteo* Zelle f: **~ anticiclonica**, Hochdruckzelle f **5** *polit stor* (*gruppo del partito comunista*) Zelle f • **abitativa edil** (*unità*), Wohneinheit f; **~ in sonno** (*terrorista*), Schläfer(in) m(f); **~ uovo** *biol* (*gamete femminile*), Eizelle f.

cellulàre A agg **1** *biol* (*della cellula*) {STRUTTURA, VITA} zellular, zellulär, Zell-, zellig **2** (*diviso in celle*) {CARCERE} Zellen- **3** *tel* {RETE} Mobiltelefon-: **telefono ~**, Mobiltelefon n, Handy n *fam* **B** m **1** (*furgone*) Streifen-, Polizeiwagen m, grüne Minna f *fam* **2** *tel* (*telefono portatile*) Mobiltelefon n, Handy n *fam*.

cellulìte f *med* Orangenhaut f, Zellulitis f *scient*.

cellulìtico, (-a) <*ci, -che*> agg *med* {TESSUTO} Zellulitis- *scient*.

cellulòide f **1** *chim* (*materiale*) Zelluloid n **2** *fig* (*cinema*) Kino n: **divi della ~**, Leinwandhelden m pl; **mondo della ~**, Filmwelt f.

cellulòsa f *chim* (*sostanza*) Zellulose f.

cellulòso, (-a) agg **1** (*formato da cellule*) {TESSUTO} zellig **2** (*spugnoso*) {QUARZO, TUFO} schwammig.

celòma <-> m *anat* (*cavità*) Hohlraum m, Zölom n *scient*.

Cèlotex® <-> m *edil* (*materiale*) "Material n zur akustischen Isolierung".

Cèlsius agg <*inv*> *fis* Celsius: **grado/scala ~**, **termometro ~**, Celsiusgrad m/Celsiusskala f/Celsiusthermometer n.

cèlta <-*i* m, -*e* f> *<di solito al pl>* *stor* (*abitante*) Kelte m, Keltin f: **i celti**, die Kelten.

cèltico, (-a) <*ci, -che*> **A** agg **1** (*dei Celti*) {TRADIZIONE} keltisch **2** (*venereo*) {MALATTIA} Geschlechts- **B** m <*solo sing*> (*lingua*) Keltisch(e) n.

celtìsmo m *ling* Keltismus m.

cembalìsta <-*i* m, -*e* f> mf *mus* **1** (*suonatore*) Cembalist(in) m(f) **2** (*compositore*) Komponist(in) m(f) von Cembalomusik.

cémbalo m *mus* (*clavicembalo*) Cembalo n.

cémbra f *arch* (*modanatura*) Säulenablauf m.

cémbro m *bot* Zirbel(kiefer) f.

cementànte m *edil* (*sostanza*) Bindemittel n.

cementàre A tr **~ qc 1** *fig* (*rinsaldare*) {ALLEANZA, AMICIZIA} etw festigen, etw zementieren *forb* **2** *edil* (*unire col cemento*) {PIETRE} etw zementieren; (*ricoprire*) {PARETE, TERRENO} etw betonieren **3** *metall* (*sottoporre a cementazione*) {ACCIAIO} etw aufkohlen, etw zementieren **B** *itr pron*: **cementarsi 1** *fig* (*fortificarsi*) {UNIONE} sich festigen **2** *edil* (*essere unito col cemento*) fest/hart werden.

cementazióne f **1** *fig* (*rafforzamento*) {+LEGAME} Festigung f, Zementierung f *forb* **2** *edil* (*fissaggio col cemento*) Zementierung f **3** *metall* (*trattamento*) Zementierung f, Zementation f, Aufkohlung f.

cementièro, (-a) **A** agg (*del cemento*) {INDUSTRIA} Zement- **B** m (f) (*operaio*) Zementarbeiter(in) m(f).

cementificàre <*cementifico, cementifichi*> *tr spreg* (*costruire in modo indiscriminato*) **~ qc** {ISOLA} etw zu|betonieren *spreg*, etw verbauen *spreg*.

cementificazióne f *spreg* {+COSTA} Zubetonieren n, Verbauen n.
cementifìcio <-ci> m (*fabbrica*) Zementfabrik f, Zementwerk n.
cementìzio, (-a) <-zi> agg **1** (*del cemento*) {INDUSTRIA} Zement- **2** (*a base di cemento*) {MATERIALE} zementen.
ceménto m **1** *edil* Zement m: **~ alluminoso**, Tonerde(schmelz)zement m; **~ d'altoforno**, Hochofenzement m; **~ amianto**, Asbestzement m; **~ armato**, Stahl-, Eisenbeton m; **~ artificiale/naturale**, künstlicher/natürlicher Zement; **~ bituminoso**, bituminöser Zement; **~ ferrico**, Ferrizement m; **~ idraulico**, Wasserzement m; **~ a presa rapida**, schnell bindender Zement, Schnellbinder m **2** *fig* (*elemento di unione*) Kitt m, Band n **3** *anat* {+DENTE} Zement m **4** *med* (*in odontoiatria*) (*sostanza*) Zement(füllung f) m.
céna f (*pasto serale*) Abendessen n, Abendbrot n: **una ~ abbondante/leggera**, ein üppiges/leichtes Abendessen; **cosa c'è da/per ~?**, was gibt's zum Abendessen?; **dopo/[prima di] ~**, nach/vor dem Abendessen; **è ora di ~**, es ist Zeit zum Abendessen; **fare una ~ a base di pesce**, ein Fisch(abend)essen machen; **preparare la ~**, das Abendessen vorbereiten ● **andare/mettersi a ~** (*sedersi a tavola per cenare*), sich zum Abendessen begeben; **andare fuori a ~** (*cenare al ristorante*), draußen/auswärts zu Abend essen; **~ eucaristica** *relig* (*la comunione*), Abendmahl n; **dare una ~** (*organizzare*), ein Abendessen geben; **essere a ~ da qu** (*cenare da qu*), bei jdm zu Abend essen; **stasera siamo a ~ dai Rossi**, heute Abend sind wir bei Rossis zum Abendessen eingeladen; **far da ~** (*prepararla*), das Abendessen vorbereiten; **~ in piedi** (*ricevimento*), Abendessen n im Stehen; **saltare la ~** (*non cenare*), nicht zu Abend essen, das Abendessen überspringen; **andare a dormire senza ~** (*senza cenare*), ohne Abendessen ins Bett gehen; **l'ultima ~** *arte relig*, das (Letzte) Abendmahl.
cenàcolo m **1** *fig lett* (*gruppo di artisti*) Künstlerkreis m; (*luogo di riunione*) Zirkel m, Künstlertreffpunkt m **2** *arte* (*nella pittura*) *relig* Abendmahl n: **il ~ di Gesù**, Jesus Abendmahl, das Letzte Abendmahl.
cenàre *itr* (*mangiare la cena*) **~** (+ *compl di luogo*) {DA AMICI, A CASA} (*irgendwo*) zu Abend essen: **domani sera ceniamo al ristorante**, morgen Abend essen wir im Restaurant; **~ fuori**, draußen/auswärts zu Abend essen; **~ (con qc)** {CON UN PIATTO DI MINESTRA} (*etw*) zu Abend essen.
cenciàio, (-a) <-ciai m> m (f), **cenciaiòlo**, **(-a)** m (f) *tosc* (*straccivendolo*) Lumpenhändler(in) m (f), Lumpensammler(in) m (f).
céncio <-ci> m **1** (*strofinaccio*) (Putz)lappen m, (Putz)lumpen m: **~ per i pavimenti**, Aufwisch-, Scheuerlappen m; **~ della polvere**, Staubtuch m **2** *fig spreg* (*abito povero*) Fetzen m *fam spreg*, Lumpen m *spreg*: **non posso uscire con questo ~ addosso!**, ich kann nicht mit diesem Fetzen *spreg* am Leib ausgehen! **3** <*solo pl*> (*avanzo di stoffa*) Lumpen m **4** <*solo pl*> *tosc gastr* "frittiertes Karnevalsgebäck" ● **essere bianco/pallido come un ~ fig** (*pallidissimo*), ₍kreide-/totenbleich₎/[leichenblass] sein; **~ necrotico** *med*, Pfropf m; **ridursi a un ~** *fig* (*dimagrire molto*), zum Schatten seiner selbst₎/[Skelett] werden.
cenciόso, (-a) **A** agg **1** (*logoro*) {ABITO} zerlumpt, abgerissen **2** (*vestito di stracci*) {VECCHIO} zerlumpt, lumpig **B** m (*accattone*) Bettler(in) m(f), Penner(in) m(f) *fam spreg*.
cénere **A** f **1** {+CAMINO, SIGARETTA} Asche f: **~ di carbon fossile**, Steinkohlenasche f **2** <*solo pl*> (*spoglie*) Asche f, Staub m, sterbliche Überreste m pl: **le ceneri del Petrarca**, Petrarcas sterbliche Überreste m pl **B** m <*solo sing*> *lett* (*salma*) Leiche f, Gebeine n pl *forb* **C** f <pl> *relig*: **le Ceneri**, Aschermittwoch m **D** <-> m (*colore*) Aschgrau n **E** <inv> agg (*colore*) aschgrau: **capelli biondo ~**, aschblonde Haare ● **andare/ridursi in ~**, (*bruciare*) {CASA} ausbrennen, zu Asche verbrennen; *fig* (*sfumare*) {PROGETTO} sich in Rauch auflösen, in Rauch aufgehen; **covare sotto la ~ fig** (*divampare in segreto*) {ODIO, PASSIONE} unter der Asche schwelen; **~ di pirite** *chim*, Kiesabbrand m, Purpurerz n; **~ radioattiva** *nucl*, radioaktive Asche; **ridurre qc in ~** (*bruciare*) *etw* verbrennen, *etw* in Schutt und Asche legen; *fig* (*distruggere*) {SOGNO} *etw* zerstören, *etw* in Rauch aufgehen lassen; **risorgere dalle ceneri** *fig* (*rifiorire*), {ARTISTA, CORRENTE LETTERARIA, IDEOLOGIA} wie ein Phönix aus der Asche (auf)steigen *forb*; **~ vulcanica** *chim*, Vulkanasche f.
ceneréntola f **1** *fig* (*donna sfruttata*) Aschenbrödel n: **essere la ~ della/di casa**, im Haus das Aschenbrödel sein/abgeben **2** *fig* (*persona o cosa trascurata*) Aschenbrödel n: **la ~ delle nazioni/dei popoli**, das Aschenbrödel der Nationen/Völker ● **Cenerentola** (*titolo di una fiaba e di un'opera musicale*), Aschenbrödel n, Aschenputtel n.
ceneréntolo m *scherz rar fig* (*uomo sfruttato*) Pantoffelheld m *fam spreg*, Ehekrüppel m *fam spreg o scherz*.
cenerìno, (-a) **A** agg (*grigio chiaro*) {STOFFA} aschgrau **B** m (*colore*) {+CIELO} Aschgrau n.
cenétta <*dim di cena*> f kleines/nettes Abendessen: **che ne dici di una bella ~?**, was hältst du von einem schönen kleinen Abendessen?; **~ a lume di candela**, Candle-Light-Dinner n, Abendessen n bei Kerzenschein.
céngia <-ge> f *alpin* (*sporgenza di roccia*) Felsband n.
cennamélla f *mus* Schalmei f.
cénno m **1** (*gesto*) Wink m, Zeichen n: **fare (un) ~ (a qu)** ₍col capo₎/[con gli occhi], ₍mit dem Kopf₎/[mit den Augen] ein Zeichen geben; **fare ~ di sì/di no**, durch ein Zeichen bejahen/verneinen; **mi fece ~ di proseguire**, er/sie gab mir ein Zeichen, fortzufahren; **lo salutò con un ~ della mano**, er/sie winkte ihm zu; **al suo ~ sparò**, auf sein/ihr Zeichen hin schoss er/sie **2** (*accenno*) Andeutung f, Hinweis m: **sull'argomento darò solo qualche ~**, das Thema werde ich nur streifen; **cenni biografici**, biografische Hinweise **3** *fig* (*segno*) Anzeichen n: **dare cenni di nervosismo**, Anzeichen von Ungeduld erkennen lassen **4** *fig* (*sintomo*) Anzeichen n pl, Symptom n: **ai primi cenni di ₍mal di testa₎/[raffreddore]...**, bei den ersten Anzeichen ₍von Kopfweh₎/[einer Erkältung] ... ● **non fare ~ di qc** (*non far parola*), keinen Mucks tun *fam*; **capirsi/comunicare/intendersi a cenni** (*senza parlare*), sich durch Zeichen verständigen; **~ d'intesa**, Zeichen n des Einverständnisses; **è gradito un Vs. ~ di riscontro** *comm* (*una risposta*), bitte schicken Sie uns eine kurze Empfangsbestätigung; **non dare ~ di vita** (*sembrare morto*), kein Lebenszeichen von sich (dat) geben.
cenòbio <-bi> m **1** *biol* Zönobium n **2** *relig* (*monastero*) Zönobium n, Kloster n.
cenobita <-i> m **1** *fig* (*persona austera e appartata*) Sonderling m, Eigenbrötler m *spreg*, Einzelgänger m **2** *relig* (*monaco*) Zönobit m.
cenobìtico, (-a) <-ci, -che> agg **1** *fig* (*austero e solitario*) {VITA} eigenbrötlerisch *spreg*, einzelgängerisch **2** *relig* (*proprio dei cenobiti*) zönobitisch.
cenóne <*accr di cena*> m (*ricca cena*) großes Abendessen: **~ di Capodanno**, großes Silvesteressen; **~ di Natale**, Weihnachtsmahl n, Weihnachtsessen n.
cenotàfio <-fi> m (*tomba vuota*) Kenotaph n, Zenotaph n.
cenozòico, (-a) <-ci, -che> *geol* **A** agg {FLORA} tertiär **B** m (*era*) Tertiär n.
censiménto m *stat* (*rilevazione*) Bestandsaufnahme f: **~ elettorale**, Wahlbefragung f, Sonntagsfrage f *fam*; **fare un ~**, eine Bestandsaufnahme machen; **~ industriale**, Industrie-, Betriebszählung f; **~ della popolazione**, Volkszählung f, Zensus m.
censìre <censisco> tr **~ qc 1** *amm* (*inserire nei registri*) {IMMOBILE} *etw* registrieren **2** *stat* (*sottoporre a censimento*) {AZIENDE, POPOLAZIONE} *etw* zählen.
CENSIS <-> m *abbr di* Centro Studi Investimenti Sociali: "Forschungszentrum n für soziale Investitionen".
censitàrio, (-a) agg *stor* (*fondato sul censo*) {SUFFRAGIO} Zensus-.
cènso m **1** (*patrimonio*) Vermögen n **2** *stor* {ELETTORALE} Zensus m.
censóre m **1** (*chi controlla spettacoli, libri, ecc.*) Zensor m **2** (*revisore*) {+ACCADEMIA} Prüfer m **3** (*sorvegliante*) {+CONVITTO} Aufsichtsführende m decl come agg, Aufsicht f **4** *fig spec o scherz* (*giudice severo*) Sittenrichter m, Zensor m: **ergersi a ~**, sich zum Sittenrichter aufwerfen **5** *stor romana* (*magistrato*) Zensor m.
censuàle agg (*del censo*) {REGISTRO} Vermögens-.
censuàrio, (-a) <-ri m> **A** agg (*relativo al censo*) steuerpflichtig **B** m (f) (*persona*) Steuerpflichtige mf decl come agg.
censùra f **1** (*controllo*) {+CHIESA, STATO} Zensur f: **~ cinematografica**, Filmzensur f; **incorrere nella ~**, von der Zensur überprüft werden; **passare la ~**, durch die Zensur gehen; **pellicola sottoposta a ~**, der Zensur unterworfener Film **2** (*ufficio*) Zensurbehörde f, Zensurstelle f **3** *fig* (*critica*) Rüge f, Verweis m **4** *amm* (*sanzione disciplinare*) Dienst-, Disziplinarstrafe f **5** *psic* (*resistenza inconscia*) Zensur f **6** *stor romana* (*magistratura*) Richteramt n ● **~ ecclesiastica** *relig*, Exkommunizierung f; **~ parlamentare** *polit*, parlamentarische Disziplinarstrafe; **~ teologica** *relig*, kirchliche Zensur.
censuràbile agg (*che può essere censurato*) {AZIONE, PERSONA} zensierbar.
censuràre tr **~ qc 1** (*sottoporre a censura*) {FILM, LIBRO, OPERA} *etw* zensieren **2** *fig* (*criticare*) {CONDOTTA DI QU} *etw* rügen, *etw* beanstanden.
cent. *abbr di* centesimo: c. (Cent).
centàuro m **1** *fig* (*motociclista*) Motorradrennfahrer m **2** *astr mitol* Zentaur m.
centellinàre tr **~ qc 1** (*bere a piccoli sorsi*) {TÈ, VINO} *an etw* (dat) nippen, *etw* schlückchenweise trinken **2** (*dosare*) {ENERGIE, FORZE} *etw* dosieren **3** *fig* (*assaporare a poco a poco*) {LETTURA, PAROLE} *etw* aus|kosten.
centenàrio, (-a) <-ri m> **A** agg **1** (*che ha cent'anni*) {NONNO} hundertjährig **2** (*plurisecolare*) {QUERCIA} viele hundert Jahre alt **3** (*che ricorre ogni cento anni*) {FESTA} Hundertjahr(es)- **B** m (f) (*persona*) Hundertjährige mf decl come agg **4** (*anniversario*) hundertster Jahrestag: **il secondo ~ della Rivoluzione francese**, der zweihundertste Jahrestag der Französischen Revolution **2** (*festa*) Hundertjahrfeier f.
centennàle agg **1** (*che ricorre ogni cento anni*) {FESTA} Hundertjahr- **2** (*secolare*) {FAIDA} hundertjährig **3** *rar* (*che dura cento anni*) {ESPERIENZA} hundertjährig.

centènne A agg 1 (*secolare*) {DISPUTA} jahrhundertealt 2 *rar* (*che dura cento anni*) {ESPERIENZA} hundertjährig B mf Hundertjährige mf decl come agg.

centènnio <-ni> m Zeitraum m von hundert Jahren, hundert Jahre n pl.

centèrbe <-> m *enol* "Kräuterlikör (aus den Abruzzen)".

centèsima f → **centesimo**.

centesimàle agg 1 (*che è la centesima parte*) {GRADO} Hundertstel- 2 (*diviso in cento parti*) {SCALA} Zentesimal- 3 (*su base 100*) {SISTEMA} Hunderter- 4 *mat* {FRAZIONE} Hundertstel-.

centèsimo, (-a) A agg num 1 {CONCORRENTE, POSTO} hundertste(r, s): **arrivare ~ in una maratona**, bei einem Marathonlauf Hundertster werden 2 *fig* (*ennesima*) hundertste(r, s): **è la centesima volta che ti dico di non farlo**, ich sage dir schon zum hundertsten Mal, dass du das nicht tun sollst; **non sfrutti neanche la centesima parte delle tue capacità**, du nutzt nicht einmal ⌊den hundertsten Teil⌋/⌊einen Bruchteil⌋ deiner Fähigkeiten B m (f) Hundertste mfn decl come agg C m 1 (*frazione*) Hundertstel n, hundertster Teil 2 *fig* (*piccolissima parte*) Hundertstel n: **se avessimo un ~ dei suoi soldi!**, wenn wir nur ein Hundertstel seines/ihres Vermögens besitzen würden! 3 *fig fam* (*soldo*) Heller m, Pfennig m: **non avere un ~ in tasca**, keinen Pfennig in der Tasche haben *fam*; **non avere più un ~**, keinen roten Heller mehr haben *fam*; **essere senza un ~**, ohne einen Pfennig sein *fam*; **spendere fino all'ultimo ~**, alles bis zum/[auf den] letzten Pfennig ausgeben *fam* 4 *numism* Centesimo m; (*di dollaro e di euro*) Cent m • **contare/guardare il ~** (*spendere con parsimonia*), jeden Pfennig zählen *fam*; **non valere un ~** (*niente*), keinen roten Heller wert sein *fam*.

centiàra f *agr metrol* Zentiar m o n.

centìgrado, (-a) agg *fis* {SCALA} Celsius-.

centigràmmo m *metrol* Zentigramm n, Hundertstelgramm n.

centilìtro m *metrol* Zentiliter m o n, Hundertstelliter m.

centimetràto, (-a) agg (*suddiviso in centimetri*) {NASTRO, RIGA} Zentimeter-.

centìmetro m 1 (*nastro*) Zentimetermaß n 2 *metrol* (*abbr* cm) Zentimeter m o n.

cèntina f 1 *aero* {+FUSOLIERA} Rippe f 2 *arch* (*struttura di sostegno*) {+ARCO, VOLTA} Lehrbogen m 3 *edil* (*travatura*) {+CAPANNONE, TETTOIA} Rüstbogen m 4 (*in falegnameria*) (*curvatura*) Wölbung f, Krümmung f • **a ~** (*arcuato*), {SCHIENALE} gewölbt.

centinàio <-naia f> m 1 Hundert n: **un ~ (di qu/qc)**, etwa hundert, an die hundert; **un ~ di spettatori**, etwa hundert Zuschauer; **centinaia (di qu/qc)**, Hunderte pl (von jdm/etw); **riceviamo centinaia di telefonate al giorno**, wir bekommen täglich Hunderte von Anrufen; **a centinaia**, zu Hunderten; **centinaia e centinaia**, aberhunderte *forb*, Aberhunderte pl *forb*, viele Hunderte; **quel cantante ha venduto centinaia e centinaia di dischi**, dieser Sänger hat Aberhunderte *forb* von Schallplatten verkauft 2 *mat* Hunderter m: **decine, centinaia**, Zehner, Hunderter.

centinàre tr ~ **qc** 1 *arch edil* (*fornire di centina*) {VOLTA} *etw* mit einem Lehrbogen versehen 2 (*arcuare*) {SBARRA DI FERRO} *etw* wölben, *etw* krümpeln, *etw* krümmen.

centinatùra f *edil* 1 (*armatura*) ~ **di un arco**, Bogenschalung f 2 (*curvatura*) Wölben n, Kümpeln n, Krümmen n 3 (*profilo*) Wölbung f, Krümmung f.

centìsta → **centometrista**.

cènto A agg num 1 {METRI} (ein)hundert: **percorrere ~ kilometri**, hundert Kilometer zurücklegen; **comprare ~ grammi di prosciutto**, hundert Gramm Schinken kaufen; **~ e otto**, hundert(und)acht; **~ e uno**, hundert(und)eins; **siamo in ~**, wir sind (zu) hundert; **ci saranno stati un ~ invitati**, es waren ungefähr hundert Gäste anwesend 2 *fig* (*innumerevoli*) viel: **non fartelo ripetere ~ volte**, lass es dir nicht hundert Mal sagen; **trova sempre ~ scuse per non uscire con noi**, er/sie findet immer hundert Ausreden, um nicht mit uns wegzugehen B <-> m 1 (*numero*) Hundert f 2 <*solo pl*> *sport* (*nell'atletica, nel nuoto*) (*~ metri*) hundert Meter: **correre i ~**, die hundert Meter laufen • **al ~ per ~** (*completamente*), hundertprozentig; **sono sicuro al ~ per ~**, ich bin hundertprozentig sicher; **essere in ~ contro uno** (*moltissimi contro una persona sola*), hundert gegen ein sein; **una ne fa e ~ ne pensa**, er/sie heckt immer wieder was Neues aus *fam*; **andare a(i) ~ all'ora**, hundert (Stundenkilometer) fahren *fam*; **per ~**, Prozent; **sconto del venti per ~**, zwanzig Prozent Rabatt; **un investimento che dà un interesse del quattro per ~**, eine Investition, die vier Prozent Zinsen einträgt; **scommetto ~ contro uno**, ich wette hundert gegen eins; **uno/due/tre/... su ~**, einer/zwei/drei von hundert.

centodòdici, 112 m (*pronto intervento*) die 112, der Notruf: **chiamare il ~**, ⌊die 112⌋/⌊den Notruf⌋ wählen.

centometrìsta <-i m, -e f> mf *sport* (*nell'atletica, nel nuoto*) Hundertmeterläufer(in) m(f).

centomìla A agg num 1 hunderttausend: **costa ~ euro**, das kostet hunderttausend Euro 2 *fig* (*innumerevoli*) hunderttausend: **non fartelo ripetere ~ volte**, lass dir das nicht hunderttausend Mal sagen B <-> m 1 (*numero*) Hunderttausend f 2 *fam stor* (*banconota*) Hunderttausendlireschein m: **questo ~ è tuo**, dieser Hunderttausendlireschein gehört dir.

centomillèsimo, (-a) A agg num hunderttausendste(r, s) B m (*frazione*) Hunderttausendstel n.

centòne[1] m *fam stor* (*biglietto da centomila lire*) Hunderttausendlireschein m, Riese m *fam*.

centòne[2] m 1 *fig spreg* (*scritto privo di originalità*) Flickwerk n *spreg*, Klitterung f *forb spreg* 2 *lett* (*componimento*) Cento m, Flickgedicht n 3 *mus* (*fantasia*) Cento m.

centopièdi <-> m *zoo* Tausendfüßler m.

centotrédici <-> m (*pronto intervento di polizia*) Notruf(nummer f) m: ⌊**chiamare il**⌋/⌊**telefonare al**⌋ **~**, die Notrufnummer wählen.

centrafricàno, (-a) agg {REPUBBLICA} zentralafrikanisch.

centràggio <-gi> m *mecc* {+UTENSILE} Zentrierung f.

centràle A agg 1 (*che sta nel mezzo*) {EDIFICIO} mittlere(r, s) 2 (*che sta nel centro della città*) {NEGOZIO, QUARTIERE} im Zentrum, zentral gelegen 3 (*principale*) {PIAZZA, STAZIONE} Haupt- 4 (*comune*) {ANTENNA, RISCALDAMENTO} Zentral- 5 *fig* (*fondamentale*) {IDEA, PROBLEMA} zentral, Haupt-; {PUNTO} Kern-; **il personaggio ~**, die Hauptperson; **il tema ~ del racconto**, das zentrale Thema der Erzählung 6 *amm* (*direzione, sede, ufficio*) Haupt- 7 *anat* {SISTEMA NERVOSO} Zentral- 8 *geog* {EUROPA, ITALIA} Mittel-; {AFRICA, ALPI} Zentral- 9 *fis* (*campo, forza*) Zentral- 10 *mat* {PROIEZIONE} Zentral- B f 1 (*sede principale*) {+BANCA} Zentrale f: **~ di polizia**, Hauptwache f, Hauptrevier n 2 *elettr nucl* (*impianto*) (Kraft)werk n: **~ elettrica**, Elektrizitäts-, Kraftwerk n; **~ atomica/(elettro)nucleare**, Atom-, Kernkraftwerk n; **idroelettrica**, Wasserkraftwerk n; **~ termica**, Wärmekraftwerk n • **del latte**, Milchzentrale f; **~ operativa (di polizia)**, Einsatzzentrale f; **~ telefonica** *tel*, Telefonzentrale f; **~ telegrafica** *tel*, Fernmeldeamt n.

centralìna f 1 *elettr* {+ANTIFURTO} Steuerung f, Steuergerät n 2 *elettr tel* (*centrale periferica*) Station f • **~ per il rilevamento dell'inquinamento atmosferico**, Messstation f für Luftverschmutzung.

centralinìsta <-i m, -e f> mf *tel* (*operatore*) Telefonist(in) m(f).

centralìno m *tel* (*piccola centrale*) Telefon-, Fernsprechvermittlung f, Hauszentrale f: **chiamare il ~**, die Vermittlung anrufen; **sostituire le ultime tre cifre del numero del ~ con quelle dell'interno**, anstelle der letzten drei Ziffern der Telefonnummer der Hauszentrale die Durchwahlnummer einsetzen.

centralìsmo m *polit* (*sistema*) Zentralismus m.

centralìsta <-i m, -e f> m (f) 1 *elettr* (*operatore*) {+CENTRALE ELETTRICA} Elektrotechniker(in) m(f) in einem Elektrizitätswerk 2 *polit* (*sostenitore*) Zentralist(in) m(f).

centralìstico, (-a) <-ci, -che> agg (*del centralismo*) {SISTEMA} zentralistisch.

centralità <-> f 1 (*posizione centrale*) {+QUARTIERE, ZONA} zentrale Lage 2 *fig* (*importanza fondamentale*) {+QUESTIONE} zentrale Wichtigkeit, Zentralität f 3 *polit* (*tendenza moderata*) politische Mitte.

centralizzàre tr ~ **qc** 1 *amm polit* (*accentrare*) *etw* zentralisieren 2 *edil* (*unificare*) {IMPIANTO DI RISCALDAMENTO} *etw* zentralisieren.

centralizzàto, (-a) agg {CHIUSURA, RISCALDAMENTO} Zentral-.

centralizzazióne f *spec amm* (*accentramento*) Zentralisierung f, Zentralisation f.

centraménto m *aero* {+AEROMOBILE} Zentrierung f.

centramericàno, (-a) agg Zentralamerika-, Mittelamerika-; {STATO} zentralamerikanisch.

centràre tr 1 *spec mil* (*colpire nel centro*) **qu/qc** {NEMICO, BERSAGLIO} jdn/etw treffen: **la palla l'ha centrato in pieno viso**, der Ball hat ihn voll im Gesicht getroffen 2 *fig* (*mettere a fuoco*) **~ qc** {ARGOMENTO, PROBLEMA, TEMA} *etw* erfassen 3 *fig* (*raggiungere*) **~ qc** {OBIETTIVO} *etw* erreichen 4 *film fot* (*inquadrare*) **~ qc** {IMMAGINE} *etw* zentrieren 5 *mecc* **~ qc** {ASSE DI UN'ELICA} *etw* zentrieren; {RUOTA} anche *etw* aus|wuchten 6 *teat* (*interpretare al meglio*) **~ qu/qc** {PERSONAGGIO, RUOLO} jdn/etw gut treffen/spielen 7 *sport* (*nel calcio*) (*crossare*) **~ (qc)** {PALLONE} *etw* ein|werfen, *etw* in die Feldmitte werfen; (*nella pallacanestro*) **~ qc** {CANESTRO} *etw* treffen.

centrasiàtico, (-a) <-ci, -che> agg Zentralasien-.

centràto, (-a) agg 1 (*dato nel punto giusto*) {CALCIO, PUGNO, SCHIAFFO} gezielt 2 *fig* (*azzeccato*) {ANALISI} treffend 3 *ott* {LENTE} zentriert 4 *tip* {PAGINA} zentriert.

centrattàcco <-chi> m → **centravanti**.

centratùra f *fot mecc* {+IMMAGINE, LENTE, PEZZO DA TORNIRE} Zentrierung f.

centravànti <-> mf *sport* (*nel calcio*) Mittelstürmer(in) m (f).

centreuropèo → **centroeuropeo**.

centrìfuga <-ghe> f 1 {+LAVATRICE} (Wäsche)schleuder f: **programma di lavaggio senza ~**, Waschprogramm ohne Schleudergang 2 (*per frutta*) Entsafter m 3 *industr tecnol* (*apparecchio*) Schleuder f, Zentrifuge f.

centrifugàre <centrifugo, centrifughi> tr ~ qc **1** (sottoporre a centrifugazione) {BIANCHERIA, PANNA} etw schleudern **2** chim metall tecnol etw schleudern, etw zentrifugieren.

centrifugazióne f **1** {+BUCATO, PANNA} Schleudern n **2** chim metall tecnol Zentrifugierung f.

centrifugo, (-a) <-ghi, -ghe> agg **1** anche fis {FORZA} Zentrifugal-, zentrifugal **2** fig (via dal centro) {TENDENZA} zentrifugal forb **3** tecnol {POMPA} Zentrifugal-, Schleuder-.

centrino <dim di centro> m lavori femminili Häkel-, Spitzendeckchen n.

centrìpeto, (-a) agg **1** anche fis {ACCELERAZIONE, FORZA} Zentripetal-, zentripetal **2** fig (verso il centro) {TENDENZA} zentripetal forb.

centrìsmo m polit (tendenza) Zentrismus m spreg.

centrista <-i m, -e f> polit **A** agg {PARTITO} zentristisch spreg **B** mf (sostenitore) Zentrist(in) m(f) spreg.

centritàvola pl di centrotavola.

cèntro m **1** {+TERRA} Mittelpunkt m; {+PIAZZA, STANZA} Mitte f, Mittelpunkt m: **andare/essere al ~ di qc**, ⌊zum Mittelpunkt von etw (dat)/+ gen gehen⌋/[im Mittelpunkt von etw (dat)/+ gen sein]; **sedersi nelle file di ~**, sich in die mittleren Reihen setzen; {+BERSAGLIO} Mitte f, Mittelpunkt m, Schwarze n **2** (colpo andato a segno) Treffer m: **con 9 centri si vince una bambolina**, bei 9 Treffern gewinnt man eine kleine Puppe **3** (parte centrale) {+NAPOLI, TRIESTE} (Stadt)zentrum n, Stadtmitte f, Innenstadt f: **andare in ~**, ⌊ins Zentrum⌋/[in die Innenstadt] gehen/fahren; **fare un giro per le vie del ~**, durch das Stadtzentrum/die Innenstadt bummeln; ~ **storico**, Altstadt f, historischer Stadtkern **4** (nucleo urbanistico) {GRANDE, PICCOLO} Ort m, Ortschaft f; ~ **abitato**, (geschlossene) Ortschaft; ~ **balneare**, Badeort m **5** (sede) Zentrum n: ~ **agricolo**, landwirtschaftliches Zentrum n; ~ **culturale**, kulturelles Zentrum, Kulturzentrum n; ~ **direzionale/universitario**, Geschäfts-/Industriale-/Universitätszentrum n **6** (ente di ricerca) (Forschungs)zentrum n, (Forschungs)institut n: ~ **(di) studi su Pavese**, Zentrum n für Pavese-Studien, Pavese-Forschungszentrum n **7** (organismo medico) Zentrum n: ~ **allergologico**, allergologisches Institut; ~ **di medicina sportiva**, sportmedizinisches Zentrum/Institut; ~ **tumori**, Tumorforschungszentrum n **8** (luogo) Lager n, Stelle f: ~ **di accoglienza/raccolta**, Aufnahme-/Sammellager n; ~ **profughi**, Flüchtlingslager n **9** fig (nucleo) {+DISCORSO, QUESTIONE} Kern-, Mittelpunkt m **10** anat Zentrum n: ~ **nervoso/olfattivo/visivo**, Nerven-/Geruchs-/Sehzentrum n **11** mat (in geometria) {+CIRCONFERENZA} Mittelpunkt m **12** polit Mitte f, Zentrum n: **un governo/partito di ~**, eine Regierung/eine Partei der Mitte **13** sport (punto mediano) {+CAMPO} Mitte f: **palla al ~**, Anstoß m; (nella pallacanestro) (pivot) Pivot m, Center(spieler) m ● ~ **addestramento reclute** mil (abbr CAR), Ausbildungszentrum n für Rekruten; ~ **ciclonico** meteo, Tiefdruckzelle f; ~ **commerciale**, Einkaufszentrum n; ~ **elaborazione dati**, Datenverarbeitungszentrum n; **essere al ~ dell'attenzione/interesse** fig, im Mittelpunkt der Aufmerksamkeit/des Interesses stehen; **è al ~ di una burrasca giudiziaria**, er/sie steht im Mittelpunkt eines Justizskandals; **essere/trovarsi nel proprio ~** fig (a proprio agio), in seinem Element sein, sich wohl fühlen; **far ~** (colpire in pieno un bersaglio), ins Schwarze treffen, einen Volltreffer landen; fig (cogliere nel segno), ins Schwarze treffen; ~ **fieristico**, Messezentrum n; ~ ⌊**di gravi-**

tà⌋/[**d'attrazione**] fis, Schwer-/Anziehungspunkt m; ~ **meccanografico**, (elektromechanisches) Rechenzentrum; ~ **ottico** ott, optischer Mittelpunkt; **sei sempre al ~ dei nostri pensieri** (ti pensiamo sempre), wir denken immer ganz fest an dich, unsere Gedanken kreisen immer um dich; ~ **di potere** fig econ polit, Machtzentrum n; ~ **di produzione film TV**, Produktionszentrum n; ~ **di reclutamento**, Anwerbungsstelle f; mil, Musterungsstelle f; ~ **residenziale**, Wohngebiet n; ~ **di rianimazione** med, Intensivstation f; ~ **di ricerca**, Forschungszentrum n; ~ **sismico** geol, Erdbebenzentrum n; ~ **sociale** (per giovani), Jugendzentrum n; (per anziani), Begegnungsstätte f für Senioren; ~ **sportivo**, Sportzentrum n; ~ **turistico**, Fremdenverkehrszentrum n, Ausflugsort m, Reiseziel n; **credersi il ~ dell'universo** fig (essere egocentrico), sich für den Nabel der Welt halten forb.

centroafricàno → **centrafricano**.

centroamericàno → **centramericano**.

centroasiàtico → **centrasiatico**.

centrocampista <-i m, -e f> mf sport (nel calcio) Mittelfeldspieler(in) m(f).

centrocàmpo m sport (nel calcio) **1** (zona centrale) Mittelfeld n: **a ~**, im Mittelfeld **2** (insieme di giocatori) Mittelfeld(spieler m pl) n.

centrodèstra <-> m polit (alleanza) Mitte-rechts-Koalition f.

centroeuropèo, (-a) agg mitteleuropäisch.

centropàgina <-> m giorn **1** (articolo) "Artikel m in der Seitenmitte" **2** (titolo) "Titel m in der Seitenmitte".

centrosinistra <-> m polit (alleanza) Mitte-links-Koalition f.

centrotàvola <centritavola> m {+FIORI} Tafelaufsatz m.

centùmviro m stor Zentumvir m.

centuplicàre <centuplico, centuplichi> tr ~ qc **1** (moltiplicare per cento) {GUADAGNO, PRODUZIONE, VELOCITÀ} etw verhundertfachen; mat {NUMERO} etw mit hundert multiplizieren **2** fig (potenziare) {IMPEGNO, INTERESSE} etw vervielfachen, etw stark vermehren.

cèntuplo, (-a) **A** agg {POTENZA, SOMMA} hundertfach **B** m Hundertfache n decl come agg.

centùria f **1** stor romana (gruppo di cento cittadini maschi) Zenturie f; (cento iugeri di terreno) Zenturie f, Centuria f; mil (unità di cento soldati) Zenturie f **2** mil stor (in epoca fascista) Zenturie f **3** fig (centinaio): ~ **di ballate/versi**, Dichtung von hundert Balladen/Versen.

centurióne m mil **1** stor romana Zenturio m **2** stor (in epoca fascista) Zenturio m.

ceppàia f **1** (base di albero tagliato) (Baum)stumpf m; (parte interrata) Wurzelstock m **2** <di solito al pl> (alberi tagliati) Kahlschlag m.

cèppo m **1** (base di albero tagliato) (Baum)stumpf m; (parte interrata) Wurzelstock m **2** (ciocco) Holzklotz m **3** (appoggio in legno) {+INCUDINE} Block m, Klotz m, Stock m; ~ **(del macellaio/dello spaccalegna)**, Hackblock m/Hackklotz m (des Metzgers/Holzfällers); **il ~ (del patibolo)**, der Richtblock **4** <solo pl> fam (bloccaruote) Park-, Autokralle f: **qui rischi che ti mettano i ceppi**, hier riskierst du, dass man dir die Räder (mit der Parkkralle) blockiert **5** <solo pl> stor (blocchi del prigioniero) Fesseln f pl, Stock m; (catene) Ketten f pl: **mettere qu ai ceppi**, jdn anketten, jdn in den Bock legen **6** fig (stirpe) {NOBILE} Stamm m: **famiglia di antico ~**, Familie mit langem/[weit zurückreichendem]

Stammbaum **7** biol ling (gruppo) {BATTERICO, VIRALE} Stamm m: **lingue dello stesso ~**, Sprachen gleichen Ursprungs **8** tecnol (componente) Stock m, Klotz m: ~ **dell'ancora**, Ankerstock m; ~ **dell'aratro**, Pflugsterz m; ~ **del freno**, Bremsbacke f, Bremsklotz m, Radschuh m ● **ceppi bloccaruote** autom, Park-, Autokralle f; ~ **di Natale**, "großer Holzklotz, der traditionell zu Weihnachten verbrannt wird"; **spezzare i ceppi** fig (liberarsi), die Fesseln sprengen.

céra① f **1** gener {ANIMALE, SINTETICA, VERGINE} Wachs n: ~ **d'api**, Bienenwachs n **2** (prodotto per lucidare) {LIQUIDA, PROFUMATA} Wachs n, Wichse f: **dare/passare la ~** (al pavimento), den Boden wachsen/bohnern; (ai mobili) die Möbel polieren; ~ **da/per pavimenti**, Bohnerwachs n; ~ **per mobili**, Möbelpolitur f; ~ **da scarpe**, Schuhwichse f, Schuhcreme f **3** fig (statua) Wachsfigur f **4** fig (candela) Kerze f ● **essere/parere di ~** fig (molto pallido), wachsbleich sein/aussehen; ~ **di Spagna** (ceralacca), Siegellack m.

céra② f (colorito del viso) Gesichtsfarbe f: **avere una bella/buona ~**, gut aussehen, eine gesunde Gesichtsfarbe haben; **avere una brutta/cattiva ~**, schlecht aussehen, eine ungesunde Gesichtsfarbe haben.

ceralàcca <-che> f Siegellack m.

ceràmica <-che> f **1** (materiale) Keramik f **2** (oggetto) {FAENTINA} Keramik f, Töpferware f **3** (arte) Keramik(kunst) f.

ceràmico, (-a) <-ci, -che> agg {ARTE, PRODOTTO} Keramik-, keramisch.

ceramista <-i m, -e f> mf Keramiker(in) m(f), Töpfer(in) m(f).

ceràsa f merid (ciliegia) Kirsche f.

ceràso m merid (ciliegio) Kirsch(en)baum m.

ceràta f **1** (impermeabile) Regenhaut f, Regenschutz m, Ölzeug m, Friesennerz m fam scherz **2** (tovaglia gommata) Wachstischdecke f.

ceràto, (-a) **A** agg **1** (ricoperto di cera) {TAVOLETTA} gewachst, Wachs- **2** (impermeabilizzata) {CARTA, TELA} Wachs-, Öl- **B** m farm Zerat m.

cèrbero m **1** fig scherz (guardiano severo) Zerberus m scherz; (persona intrattabile) unzugänglicher Mensch **2** mitol: **Cerbero**, Zerberus m, Höllenhund m.

cerbiàtta f **1** zoo Ricke f, weibliches Reh **2** fig (giovane donna) Reh n.

cerbiàtto, (-a) m (f) Hirschkalb n.

cerbottàna f Blasrohr n: **tirare con la ~**, mit dem Blasrohr schießen.

cérca <-che> f **1** Suche f: **andare/essere in ~ di qu/qc**, auf die Suche nach jdm/etw gehen/sein; **andare in ~ di avventure**, auf Abenteuersuche gehen, auf Abenteuer aus sein/ausgehen; **andare in ~ di emozioni**, auf Erlebnissuche gehen, auf Nervenkitzel aus sein fam; **essere in ~ di fortuna**, sein Glück versuchen; **essere in ~ di grane/guai/rogne**, sich (dat) Scherereien einhandeln, es auf Schereien ⌊ankommen lassen⌋/[anlegen]; **mettersi in ~ di qu/qc**, sich auf die Suche nach jdm/etw machen **2** (questua) {+GRANO, OLIO} Sammeln m, Sammlung f **3** (nella caccia) {+CANE} Aufspürung f: **cane da ~**, Spürhund m.

cercafàse <-> m elettr Phasenprüfer m.

cercafùghe <-> m tecnol Lecksucher m.

cercametàlli m (metal detector) Metalldetektor m.

cercamìne <-> m tecnol Minensuchgerät n.

cercapersóne tel **A** <inv> agg Personensuch-: **dispositivo ~**, Personensuchanlage f **B** <-> m Piepser m fam.

cercàre <*cerco, cerchi*> **A** *tr* **1** ~ *qu/qc* (+ *compl di luogo*) {EVASO, INDIRIZZO, OCCHIALI, REGALO, DAPPERTUTTO, IN CASA, SOTTO IL LETTO} ˌjdn/etwˌ/[*nach jdm/etw*] (*irgendwo*) suchen; {FARFALLE, FOSSILI, FUNGHI, AIUTO, ARGOMENTO, ISPIRAZIONE} *etw* (*irgendwo*) suchen: **cerco casa/lavoro**, ich suche eine Wohnung/Arbeit, ich bin auf Wohnungs-/Arbeitssuche; **cercasi commessa/[locale uso magazzino]**, Verkäuferin/Lagerraum gesucht; ~ **marito/moglie**, einen (Ehe)mann/eine (Ehe)frau suchen, auf Freiersfüßen gehen *scherz*; ~ **un ristorante aperto**, ein offenes Restaurant suchen; ~ **una soluzione/spiegazione**, eine Lösung/Erklärung suchen; ~ **un po' di comprensione/pace**, ein bisschen Verständnis/Frieden suchen; ~ **da dormire/mangiare**, sich (*dat*) etwas zum Schlafen/Essen suchen; (*anche desiderare*) *jdn/etw* suchen, *etw* wünschen; **chi/cosa cerca?**, ˌwen suchen Sieˌ/[was wünschen Sie]?; **c'è un tale che ti cerca**, da ist jemand, der dich sucht; **se mi cercassero al telefono, di' che arrivo subito**, wenn man mich am Telefon verlangen sollte, sag, dass ich gleich komme **2** (*fare una ricerca*) ~ (*qc*) *in qc* {PAROLA NEL DIZIONARIO, PASSO NELLA BIBBIA} (*etw*) in etw (*dat*) nach|schlagen **3** (*tentare di scoprire*) ~ *qu/qc* {ASSASSINO, MOVENTE} ˌjdn/etwˌ/[*nach jdm/etw*] suchen **4** (*perseguire*) ~ *qc* {FAMA, SUCCESSO} *auf etw* (*acc*) aus sein *fam*, *nach etw* (*dat*) streben: **fortuna**, sein Glück versuchen; ~ **il proprio utile**, auf den eigenen Vorteil aus sein *fam* **5** (*volere*) ~ *qc* {LITE, RISSA, AVVENTURE} *etw* suchen, *auf etw* (*acc*) aus sein *fam*; {GRANE, GUAI, ROGNE} *etw* provozieren, sich (*dat*) *etw* ein|handeln *fam*, *es auf etw* (*acc*) ankommen lassenˌ/[an|legen]; {MORTE} *etw* überall (verzweifelt/[wie eine Stecknadel *fam*]) suchen; **chi cerca trova** *prov*, wer sucht, der findet *prov*. **B** *itr* ~ **di fare qc 1** (*tentare*) versuchen, *etw zu tun*: ~ **di consolare qu**, versuchen, jdn zu trösten **2** (*sforzarsi*) versuchen, *etw zu tun*; sich bemühen, *etw zu tun*: **cercherò di sbrigarmi**, ich werde versuchen, mich zu beeilen ● *andare a cercarsele fig fam* (*mettersi nei guai*), sich (*dat*) Scherereien/Unannehmlichkeiten einhandeln *fam*, sich in die Nesseln setzen *fam*; ~ (*qu/qc*) *per* ˌ*mari e monti*ˌ/[*mare e per terra*]/[*monti e per valli*] *fig* (*dappertutto affannosamente*), jdn/etw überall (verzweifelt/[wie eine Stecknadel *fam*]) suchen; **chi cerca trova** *prov*, wer sucht, der findet *prov*.

cercatóre, (-trice) A *agg* Such- **B** *m* (*f*) {+ACQUA, ORO, TARTUFI} Sucher(in) m(f) **C** *m* **1** (*frate questuante*) Bettelmönch m **2** *elettr ott tel* {+CANNOCCHIALE, TELESCOPIO} Sucher m.

cérchia *f* **1** (*struttura circolare*) {+COLLINE} Ring m, Kette f: ~ **di mura**, Mauerring m **2** *fig* (*gruppo*) Kreis m, Runde f: **avere una bella ~ di amici**, einen netten Freundeskreis haben; ~ **familiare**, Familienkreis m; **una ristretta ~ di sostenitori**, ein enger Kreis von Anhängern **3** *fig* (*campo*) {+AFFARI} Bereich m: **restringere la propria ~ di interessi**, seinen Interessenbereich einschränken.

cerchiàggio <-gi> *m* **1** (*cerchiatura*) {+BARILE} Bereifung f **2** *med* {+ROTULA, UTERO} Verklammerung f, Cerclage f *scient*.

cerchiàre <*cerchio, cerchi*> *tr* ~ *qc* **1** (*cingere con cerchi*) {BOTTE} *etw* bereifen; {RUOTA} *an che etw* beschlagen **2** *fig* (*circondare*) {MONTI VALLE} *etw* umgeben.

cerchiàto, (-a) *agg* **1** {RUOTA, BOTTE} bereift **2** *fig* (*con occhiaie*) {OCCHI} schwarz umrändert/umschattet *forb*.

cerchiatùra *f* **1** (*il cerchiare*) Bereifung f, Bereifen n **2** (*cerchi della botte*) Reifen m pl, Bereifung f.

cerchiétto <*dim di cerchio*> *m* **1** (*piccolo cerchio*) kleiner Kreis **2** (*per capelli*) {DORATO, +TARTARUGA, VELLUTO} Reifen m, Stirnreif m **3** (*anello*) Ringlein n; (*braccialetto*) Armreif(en) m; (*orecchino*) Ohrring m.

cérchio <*cerchi*> **A** *m* **1** *gener anche mat* (*in geometria*) Kreis m: ~ **massimo/osculatore**, Groß-/Krümmungskreis m **2** (*fascia di metallo*) {+BOTTE} Reifen m **3** *anche sport* (*attrezzo per giocare*) Reifen m **4** (*cerchione*) (Rad)felge f: ~ **in lega**, Leichtmetallfelge f **5** (*anello*) Ring m; (*bracciale*) Armreif(en) m; (*orecchino*) Ohrring m **6** *fig* (*persone o cose disposte in tondo*) {+BAMBINI} Kreis m; {+MONTAGNE} Ring m: **fare ~ attorno a qu**, einen Kreis um jdn bilden, jdn umringen **B** *loc avv* (*a forma di cerchio*): **a ~** {DISPORRE, PIEGARE} ringförmig **C** *loc avv* (*in tondo*): **in ~** {BALLARE, METTERSI, SEDERE} im Kreis ● **avere un ~ alla testa** *fig* (*soffrire di cefalea*), Kopfweh haben; **il ~ si chiude** *fig* (*il quadro è completo*), der Kreis schließt sich ~ **di fuoco**, Feuerkreis m; **il ~ della morte** *fig* (*acrobazia*), Looping m o n; **avere i cerchi sotto gli occhi** (*occhiaie*), Ringe unter den Augen haben; **il ~ si stringe** (*intorno a qu*) *fig* (*concentrarsi su qu*), der Kreis schließt sich (um jdn).

cerchiobottismo *m polit* wankelmütiges Durchlavieren, Konfliktscheu f, es-jedem-recht-machen-Wollen n, nicht-anecken-Wollen n.

cerchióne <*accr di cerchio*> *m tecnol* {CROMATO +BICICLETTA, PNEUMATICO} Felge f.

cércine *m* **1** (*cerchio in tessuto*) Tragpolster n, Tragkissen n **2** *fig* (*acconciatura*) Kopfputz m **3** *bot* (*neoformazione anulare*) Narbenwulst m.

cercopitèco <-*chi* o -*ci*> *m zoo* Meerkatze f.

cereàle A *agg* {PIANTA} Getreide- **B** *m* <*di solito al pl*> Getreide n: **minestra di cereali**, Getreidesuppe f; **yogurt ai cereali**, Getreideyoghurt.

cerealìcolo, (-a) *agg agr* {PRODUZIONE} Getreide-.

cerealicoltùra *f agr* Getreideanbau m.

cerebràle *agg* **1** *anat med* {ARTERIA, EMORRAGIA, SOSTANZA} (Ge)hirn-, zerebral *scient* **2** *fig* (*concettuale*) {ARTISTA, MUSICA} kopflastig, verkopft.

cerebralìsmo *m*, **cerebralità** <-> *f* {+AUTORE, OPERA} Kopflastigkeit f, Verkopftheit f.

cerebrolèso, (-a) *med* **A** *agg* {INDIVIDUO} hirngeschädigt **B** *m* (f) Hirngeschädigte mf *decl come agg*.

cerebropatìa *f med* Gehirnkrankheit f.

cerebrospinàle *agg anat med* {MENINGITE} zerebrospinal *scient*.

cèreo, (-a) *agg* **1** (*di cera*) {SOSTANZA} wächsern, Wachs- **2** (*pallido*) {ASPETTO, VOLTO} wachs-, kreidebleich **3** *fig lett* (*plasmabile*) wachsartig.

cererìa *f* **1** (*fabbrica*) Kerzengießerei f, Wachsziehererei f **2** (*negozio*) Wachshandlung f.

cerétta <*dim di cera*⊕> *f* (*nella cosmesi*) Enthaarungswachs n; ~ (*depilatoria*) Enthaarungswachs n; **farsi la ~**, sich mit Wachs enthaaren; ~ ˌ*a freddo*ˌ/[*al miele*], Kaltwachs n/Honigwachs n (zur Enthaarung).

cerfòglio <-*gli*> *m bot* Kerbel(kraut n) m.

cerìfero, (-a) *agg* (*che produce cera*) wachsbildend, wachserzeugend.

cerimònia *f* **1** (*rito*) {RELIGIOSA, SOLENNE +INIZIAZIONE} Zeremonie f: ~ **funebre/nuziale**, Bestattungs-/Trauungszeremonie f **2** (*festeggiamento*) {INAUGURALE, +GIURAMENTO} Feier f, Feierlichkeit f **3** <*solo al pl*> (*convenevoli*) Förmlichkeiten f pl, Umstände m pl: **lasciare da parte le cerimonie**, alle Förmlichkeiten beiseite lassen; **senza fare cerimonie**, ohne Umstände zu machen; **senza tante cerimonie**, ohne große Umstände.

cerimoniàle A *agg lett* (*da, di cerimonia*) {DISCORSO} zeremoniell *forb* **B** *m* **1** (*rituale*) {MILITARE; +CORTE} Zeremoniell n *forb*: **il ~ esige che...**, das Zeremoniell verlangt, dass ... *forb* **2** (*libro*) Zeremonienbuch n.

cerimonière *m* {ECCLESIASTICO; +CORTE} Zeremonienmeister m: **gran ~**, Großer Zeremonienmeister.

cerimoniosità <-> *f* {ECCESSIVA} Förmlichkeit f, Umständlichkeit f.

cerimonióso, (-a) *agg* (*manierato*) {FARE, PERSONA, STILE} förmlich, zeremoniös *forb*: **non essere così ~!**, sei nicht so zeremoniös! *forb*.

cerìno <*dim di cero*> *m* Wachsstreichholz n.

cèrio <-> *m chim* Zerium n.

CERN *m nucl abbr del franc* Conseil Européenne pour la Recherche Nucléaire (*Consiglio europeo per la ricerca nucleare*) CERN (Europäische Kernforschungszentrum).

cèrnere <*cerno, cernei o cernetti, rar cernito*> *tr lett* (*distinguere*) ~ *qu/qc da qu/qc* {BENE DAL MALE} ˌjdn/etwˌ von jdm/etw unterscheiden.

cèrnia *f itt* Zackenbarsch m.

cernièra *f* **1** (*zip*) {+GONNA} Reißverschluss m: ~ **lampo**, Reißverschluss m; **hai dimenticato la ~ aperta!**, du hast vergessen, deinen Reißverschluss zuzumachen!, dein Stall ist offen! *fam scherz* **2** (*chiusura*) *tecnol* (*cardine*) {CILINDRICA, SFERICA +ARMADIO, FINESTRA} Scharnier n ● **fare da ~** *fig* (*fungere da collegamento*), als Verbindungsglied dienen.

cèrnita *f* (*selezione*) {ACCURATA +FRUTTA, SEMENTI} Auslese f, Auswahl f, Sortierung f: **fare una ~ di qc**, eine Auswahl an/von etw (*dat*) treffen.

cernitóre, (-trice) A *m* (*f*) (*chi esegue la cernita*) Sortierer(in) m(f) **B** *m* (*macchina*) Sortierer m.

céro *m* große Kerze f: ~ **pasquale**, Osterkerze f; ~ **votivo**, Votivkerze f ● **accendere un ~** ˌ**alla Madonna**ˌ/[**a sant'Antonio**]/..., ˌder Madonnaˌ/[dem heiligen Antonius]/... eine Kerze anzünden/stiften; *fig fam* (*ringraziare il cielo per lo scampato pericolo*) *anche* Gott/dem Himmel danken.

cerografìa *f arte* Zerographie f.

ceróne *m film teat TV* Schminke f: **mettersi il ~**, sich schminken.

ceroplàstica <-*che*> *f* (*arte*) Zeroplastik f.

ceróso, (-a) *agg* **1** (*di cera*) Wachs-; (*contenente cera*) {MATERIALE} wachshaltig **2** (*simile alla cera*) {MATERIALE} wachsartig.

cerottino <*dim di cerotto*> *m* Pflästerchen n: ~ **nasale**, Nasenpflaster n.

ceròtto *m* Pflaster n: **metti un ~ sulla ferita**, tu ein Pflaster auf die Wunde; ~ **transdermico**, transdermales Pflaster n.

cèrro *m* **1** *bot* Zerreiche f **2** (*legno*) Zerreichenholz n.

certàme *m* **1** *forb* (*gara letteraria*) literarischer Wettstreit **2** *lett* (*combattimento*) (Wett)kampf m, Gefecht n.

certaménte *avv* (*sicuramente*) gewiss: **arriverà ~ in ritardo**, er/sie wird sicherlich zu spät kommen; (*nelle risposte*) sicher, gewiss; **(sì,) ~!**, (ja,) sicher!; ~ **no!**, sicher nicht!; **ma ~!**, aber sicher/gewiss!

certézza *f* **1** (*sicurezza*) {ASSOLUTA} Gewissheit f, Sicherheit f, Bestimmtheit f: **lo dico con ~**, ich sage das mit Bestimmtheit **2** <*di solito al pl*> (*fatto certo sul quale basare convinzioni ecc.*) Sicherheit f, Gewissheit f: **avere delle certezze**, Sicherheiten haben ● ~ **del diritto dir**, Rechtssicherheit f; **avere una ~ matematica** *fig* (*assoluta*), absolute Gewissheit haben.

certificàre <*certifico, certifichi*> tr *amm* ~ *qc* {LA PROPRIA IDENTITÀ} *etw* bescheinigen, *etw* bestätigen; **si certifica che...**, es wird bescheinigt, dass ...

certificàto m **1** *amm* Bescheinigung f, Schein m, Urkunde f, Zeugnis n: **~ in bollo/[carta libera]**, Bescheinigung f auf Stempelpapier/[ungestempeltem Papier]; **~ elettorale**, Wahlschein m; **~ di garanzia**, Garantieschein m; **~ medico**, ärztliches Attest; **~ di morte/nascita**, Sterbe-/Geburtsurkunde f; **~ di residenza**, Anmeldebestätigung f **2** *econ* (*titolo*) {IMMOBILIARE} Brief m, Papier n: **~ azionario**, {+S.P.A.} Aktienurkunde f, Anteilsschein m; **~ di credito del tesoro** (*abbr* CCT), Schatzanweisung f; **~ di deposito**, Depot-, Depositenschein m; **~ di quota**, {+S.R.L.} Anteilsschein m ● **~ di sana e robusta costituzione** *med*, Gesundheitsattest n; **~ penale** *dir* (*penale*), Strafregisterauszug m, Führungszeugnis n.

certificazióne f *amm* **1** (*il certificare*) {+ATTO, DOCUMENTO} Beurkundung f, Beurkunden n, Beglaubigung f, Beglaubigen n **2** (*documentazione*) Beurkundung f, Beglaubigung f, Bescheinigung f ● **~ di bilancio** *dir* (*giudizio sul bilancio di esercizio*), Jahresabschluss-, Bilanzprüfung f; (*relazione di giudizio*), Prüfungsbericht m; **~ (accreditata) di qualità**, Qualitätsbescheinigung f.

cèrto①, (-a) **A** *agg* **1** (*sicuro*) sicher, gewiss, zweifellos: **andò incontro a morte certa**, er/sie ging in den sicheren Tod/[dem sicheren Tod entgegen]; **si parte domani, ormai è cosa certa**, wir fahren morgen, inzwischen ist es sicher; **io qui non ci torno, questo è ~**, ich komme hier nie wieder her, so viel ist sicher/[zweifellos nie wieder her]; **non c'è niente di ~**, nichts ist sicher **2** (*assodato*) {DATO, FATTO, NOTIZIA} sicher **3** (*convinto*) sicher, überzeugt: **ne sei ~?**, bist du dir sicher?; **sono ~ di averlo già incontrato**, ich bin sicher/überzeugt, ihn schon getroffen zu haben; **stai pur ~ che...**, du kannst sicher sein, dass ... **B** <>m **1** Sichere n *dec* none *loc agg*: **lasciare il ~ per l'incerto**, das Sichere für das Unsichere aufgeben **2** *econ banca* Sicherheit f: **dare/quotare il ~**, den Kurs notieren **C** *avv* **1** (*sicuramente*) sicher(lich), natürlich, sicher gewiss: **ormai sarà ~ arrivato**, jetzt ist er sicher angekommen; **lei, ~, lo nega**, sie bestreitet es natürlich; *non valore frasale*) sicher, natürlich; **~ (che) ne ha scritti di libri!**, natürlich hat er/sie viele Bücher geschrieben!, und ob/er sie Bücher geschrieben hat!; **~, ora tutto è diverso**, natürlich ist jetzt alles anders **2** (*nelle risposte; senza dubbio*) sicher, gewiss: **(sì,) ~!**, (ja,) sicher!; **hai già comprato i biglietti per il viaggio?** – **Ma ~!**, hast du die Fahrkarten schon gekauft? – Ja sicher!; **non vuoi più uscire di sabato sera?** – **Ma che voglio!**, willst du Samstagabend nicht mehr ausgehen? – Aber klar will ich!; **ma ~ che ti telefono!**, aber natürlich rufe ich dich an!; **~ che sì/no!**, natürlich/[natürlich nicht]! **D** *loc avv* (*sicuramente*) **di ~**, sicher, gewiss; **di ~ non sarò io a dirglielo**, sicher werde ich es ihm nicht sagen; **no di ~!**, ganz gewiss nicht! ● **dare qc per ~** (*sicuro*), etw als Tatsache hinstellen; **sapere qc per ~**, etw sicher wissen; **tenere qc per ~**, etw für sicher halten.

cèrto②, (-a) **A** *agg indef* **1** (*qualche*) einige: **dopo un ~ tempo**, nach einiger Zeit **2** (*alcuni*) einige: **devo finire certi lavori**, ich muss einige Arbeiten fertig machen; **con certe colleghe vado molto d'accordo, con altre meno**, mit einigen Kolleginnen verstehe ich mich gut, mit anderen weniger **3** (*determinato*) manche(r, s): **in certi giorni**, an manchen Tagen; **certe scelte si pagano tut-** **ta la vita**, für manche Entscheidungen bezahlt man das ganze Leben **4** (*indefinito*) gewisse(r, s): **avere un ~ languore**, ein gewisses Leeregefühl im Magen/[Hunger] haben; **quel ~ non so che**, das gewisse Etwas **5** (*discreto*) gewisse(r, s), ziemliche(r, s): **ha una certa conoscenza della materia**, er/sie kennt sich in diesem Fach ziemlich gut aus; **gode di una certa fama**, er/sie hat einen gewissen Ruf; **ha un ~ timore**, er/sie hat ziemlich Angst **6** (*con valore accrescitivo*) solche(r, s): **facciamo certi sacrifici per te!**, wir bringen solche Opfer für dich!; **ha certe mani!**, Wahnsinn, hat der/die (Zauber)hände!; **hai certe occhiaie oggi!**, du hast heute vielleicht Ringe unter den Augen! **7** *spreg* gewisse(r, s), bestimmte(r, s): **certa gente va evitata**, gewisse Leute sollte man meiden; **succedono certe cose qui!**, hier geschehen vielleicht Sachen!; **aveva certi occhi che mettevano paura**, er/sie hatte so Furcht einflößende Augen; **certe parole non si dicono!**, gewisse Wörter sagt man nicht!; **certe sciocchezze sono inammissibili**, bestimmte Dummheiten kann man nicht durchgehen lassen **8** (*tale*) gewisse(r, s): **ha telefonato una certa Gianna**, eine gewisse Gianna hat angerufen **B** *pron indef pl* (*alcuni*) einige, mehrere: **certi se ne sono andati**, einige sind weggegangen; **certi sono simpatici, certi/altri no**, einige sind sympathisch, einige/andere nicht.

certòsa f **1** (*monastero*) Kartause f; (*in Italia*) *anche* {+PARMA} Certosa f **2** *fig* ruhiger Ort **3** *gastr* Certosa m (*Weichkäse aus der Lombardei*).

certosìno, (-a) **A** *agg* **1** *relig* {MONACO, REGOLA} Kartäuser- **2** *fig* (*da* ~) {PAZIENZA} Engels- **B** m **1** (*monaco*) Kartäuser m **2** *fig* (*eremita*) Einsiedler m **3** *enol* (*liquore*) Kräuterlikör m, Chartreuse® m **4** *gastr* (*formaggio*) Certosino m (*Weichkäse aus der Lombardei*) **5** *gastr* (*Honigkuchen mit Gewürzen und kandierten Früchten aus Bologna*) **6** *zoo* (*gatto*) Kartäuserkatze f, British Blue f **C** <inv> *loc agg* (*minuzioso*): **da ~**, {LAVORO} Gedulds-, Pussel-.

certùno, (-a) <*di solito al pl*> **A** *agg indef rar* (*certi*) manche, gewisse: **certune specie di piante**, manche Pflanzenarten **B** *pron indef* einige, manche: **certuni non si danno per vinti**, einige geben nicht auf; **certuni sono fortunati, cert'altri no**, einige haben Glück, andere nicht.

cerùleo, (-a) **A** *agg lett* (*azzurro come il cielo*) {OCCHI} himmelblau **B** m *lett* (*colore*) Himmelblau n.

cerùme m (*in fisiologia*) Ohrenschmalz m.

cerùsico <-*ci*> m *spreg* Kurpfuscher m *fam spreg*.

cèrva f *zoo* Hirschkuh f.

cervellétto <*dim di* cervello> m *anat* Kleinhirn n.

cervellìno <*dim di* cervello> m **1** *fig* (*scarsa intelligenza*) Spatzen(ge)hirn n *fam spreg* **2** *fig* (*persona con poco senno*) Heini m *fam*, Hirni m *fam spreg*.

cervèllo m **1** <*pl: -i m o -a f in usi fig*> *anat* {UMANO} Gehirn n **2** <*pl: -i m*> *fig* (*intelligenza*) Verstand m: **avere molto/poco ~**, viel/wenig Verstand haben; **non ha un briciolo di ~**, er/sie hat kein Fünkchen Verstand; **fare le cose col/senza ~**, die Dinge mit/ohne Verstand tun; **sei senza ~**, du spinnst *fam*/[bist nicht bei Verstand *fam*] **3** <*pl: -i m*> *fig* (*luminare*) {+ECONOMIA, FISICA} Koryphäe f *forb*, Kapazität f **4** <*pl: -i m*> *fig* (*testa*) Kopf m: **ragiona col tuo ~**, benutze deinen Kopf/Verstand; **ma cos'hai nel ~?**, was hast du eigentlich/nur im Kopf? **5** <*pl: -i m*> *fig* (*mente direttiva*) {+ORGANIZZAZIONE, PARTITO} Kopf m **6** <*pl: -i m*> *fig* (*uomo pensante*) {MATTO, STRAMBO} Kopf m: **è un ~ fino**, er/sie ist ein kluger Kopf **7** <*pl: -a f*> *gastr* (*di animale macellato*) Hirn n: **cervella di vitello impanate**, paniertes Kalbshirn ● **arrovellarsi/lambiccarsi il ~** *fig* (*rompersi la testa*), sich (dat) den Kopf zerbrechen, sich (dat) den Kopf/das Hirn zermartern; **si è bevuto il ~** (*è diventato matto*), er hat den Verstand verloren!; **bruciarsi/[farsi saltare] le cervella** *fig* (*spararsi in testa*), sich (dat) eine Kugel durch den Kopf jagen; **dare al ~ a qu** (*rendere ebbro*), {VINO} jdm in den Kopf steigen; *fig* (*far impazzire*), {MORTE DEL FIGLIO} jdm um den Verstand bringen; *anche iron* (*SUCCESSO*) jdm zu/[in den *rar*] Kopf steigen; **~ elettronico** *inform*, Elektronenhirn n, (Elektronen)rechner m; **mi fuma/[si fonde] il ~** (*per il troppo studio, lavoro, ecc.*), mir raucht der Kopf *fam*; **avere un ~ di gallina** *fig* (*essere poco intelligente*), ein Spatzen(ge)hirn haben *fam spreg*; **avere il ~ di un grillo** *fig* (*piccino*), Spatzenhirn n *fam spreg*; **non avere il ~ a posto** *fig* (*essere matto*), nicht ganz klar im Kopf sein *fam*; **ti si è rammollito il ~?** *fig* (*sei diventato stupido?*), hast du den Verstand verloren?, bist du verblödet? *fam*, hast du einen Webfehler? *fam*; **essere tocco nel ~** *fig* (*essere matto*), nicht ganz klar im Kopf sein *fam*, nicht alle Tassen im Schrank haben *fam*; **avere la segatura al posto del ~** (*essere stupido*), Stroh im Kopf haben *fam*; **uscire di ~** *fig fam* (*perdere il senno*), den Verstand verlieren, verrückt werden, durchdrehen *fam*.

cervellóne, (-a) <*accr di* cervello> m (f) *fig fam* **1** (*genio*) kluger Kopf, kluges Köpfchen *fam* **2** *iron* (*persona stolta*) Schnellmerker m *fam iron*, begriffsstutziger Mensch *spreg*, Blitzkneißer m *fam spreg scherz* (*elaboratore elettronico*) (Groß)rechner m, (Groß)computer m, Superhirn n *fam*.

cervellòtico, (-a) <-*ci*, -*che*> *agg* (*contorto*) {IDEA, RAGIONAMENTO} wunderlich, (ab)sonderlich, bizarr.

cervicàle A *agg anat* **1** (*della cervice*) {ARTROSI, VERTEBRA} Nacken-, Hals-, *scient* **2** (*uterino*) {CANALE, MUCO} zervikal *scient*, Zervix- *scient* **B** f *fam* (*artrosi*) Halswirbelsyndrom n.

cervice f **1** *lett* (*nuca*) Nacken m **2** *anat* (*collo dell'utero*) Zervix f *scient*.

Cervìno m *geog* Matterhorn n.

cèrvo m Hirsch m ● **~ volante** *zoo*, Hirschkäfer m; (*aquilone*), (Papier)drachen m.

cèsare m *lett* (*imperatore*) Cäsar m.

Cèsare m (*nome proprio*) Cäsar m: **Giulio ~**, *stor*, Julius Cäsar ● **date a ~ quel che è di ~!** *fig* (*riconoscere meriti o compensi*), Ehre, wem Ehre gebührt!; gebt dem Kaiser, was des Kaisers und Gott, was Gottes ist!

cesàreo①**A** *agg* {PARTO, TAGLIO} Kaiser- **B** m (*taglio*) Kaiserschnitt m: **è nato col ~**, er kam mit (einem) Kaiserschnitt auf die Welt.

cesàreo②, (-a) *agg* **1** (*di Giulio Cesare*) {POLITICA} von Cäsar **2** *lett* (*imperiale*) {CORTE} kaiserlich, cäsarisch *forb*.

cesariàno, (-a) **A** *agg* (*di Giulio Cesare*) {SCRITTI} cäsarisch **B** m *stor* (*seguace*) Anhänger m Cäsars.

cesarìsmo m *polit stor* Cäsarismus m.

cesaropapìsmo m *polit stor* Cäsaropapismus m.

cesellàre tr ~ *qc* **1** {ORO} *etw* ziselieren **2** *fig* (*perfezionare*) {RITRATTO, SONETTO} *etw* ausfeilen.

cesellatóre, (-trice) m (f) **1** Ziseleur m, Ziselierer(in) m(f) **2** *fig* (*chi perfeziona*) {+STILE} Feiler(in) m(f).

cesellatùra f 1 (*lavoro*) Ziselierung f 2 (*tecnica*) Ziselierkunst f 3 *fig* (*opera rifinita nei particolari*) ausgefeiltes Werk.

cesèllo m 1 (*utensile*) Grabstichel m; (*a più punte*) Punze f 2 (*arte*) Ziselierkunst f ● **lavorare di ~**, ziselieren; *fig* (*curando i particolari*), die Feinheiten aus|feilen, etw (*dat*) den letzten Schliff geben.

cesenàte A agg von/aus Cesena B mf (*abitante*) Einwohner(in) m(f) von Cesena.

cèsio <-> m *chim* Zäsium n.

cesòia f 1 <*di solito al pl*> (*grosse forbici*) Schere f; **cesoie per cuoio**, Lederschere f; **cesoie da sarto**, Schneiderschere f; **cesoie per potare/siepi**, Rosen-, Heckenschere f 2 *tecnol* (*utensile*) (Blech)schere f; ~ **per billette**, Knüppelschere f; ~ **sagomata**, Winkelschere f.

CESPE m *polit* abbr di Centro Studi di Politica Economica: Forschungszentrum für Wirtschaftspolitik.

cèspite m *econ* (*fonte*) Einnahmequelle f: ~ **di guadagno/reddito**, Verdienst-, Ertragsquelle f.

cèspo m {+ROSE} Büschel n: ~ **d'insalata**, Salatkopf m.

cespùglio <-gli> m 1 {+MORE, ROSE} Busch m, Strauch m: **nascondersi tra i cespugli**, sich im Gebüsch verstecken/verbergen 2 *fig scherz* (*capelli folti e arruffati*) Mähne f *scherz* 3 *giorn polit* Clique f *spreg*, Gruppe f, Klüngel m *spreg*.

cespugliòso, (-a) agg 1 (*pieno di cespugli*) {TERRENO} bebuscht, strauchig 2 (*a cespuglio*) {PIANTA} strauchig, strauchartig 3 *fig* (*arruffato e folto*) {BARBA, SOPRACCIGLIA} buschig.

cessàre A tr <*avere*> ~ *qc* {PAGAMENTI, PRODUZIONE} etw ein|stellen; {COMBATTIMENTO} etw beenden: **cessare il fuoco**, das Feuer ein|stellen; {LAVORO} mit etw (*dat*) auf|hören B itr 1 <*essere*> {DOLORE, PIOGGIA, VENTO} auf|hören 2 <*avere*> (*smettere*) ~ **di fare qc** {DI PARLARE, DI VIVERE} auf|hören, etw zu tun C impers <*essere o avere*> ~ **di fare qc** auf|hören, etw zu tun: **è/ha cessato di piovere da poco**, es hat vor kurzem aufgehört, zu regnen.

cessàte il fuòco <-> loc sost m (*tregua*) Feuereinstellung f, Feuereinstellung f.

cessazióne f 1 (*interruzione*) {+CONTRATTO, OSTILITÀ, SERVIZIO} Aufgabe f, Einstellung f; (*azione*) anche Aufhören n, Beenden n 2 (*chiusura*) {+ATTIVITÀ} Schließen n: ~ **di esercizio**, Geschäftsaufgabe f.

cessionàrio, (-a) <-ri> A agg *dir* {CREDITORE} übernehmend B m (f) *comm dir* (*chi è beneficiario di una cessione*) {+CREDITO} neue(r) Gläubiger(in) m (f), Zessionar(in) m (f).

cessióne f 1 (*il cedere*) {+POSTO} Abtretung f, Übertragung f 2 *dir* (*successione nella posizione giuridica*) {+CREDITO} Abtretung f, Zession f, (Forderungs)übertragung f; {+DIRITTO, KNOW-HOW, MARCHIO} Übertragung f: ~ **di azienda**, Betriebsabtretung f; Betriebsnachfolge f, Betriebsübergang m; ~ **dei beni ai creditori**, Vermögensüberlassung f (zum Zweck der Vermeidung der Zwangsvollstreckung); ~ **del contratto**, Vertragsabtretung f; Vertragsübernahme f; (*alienazione*) Veräußerung f ● ~ **del quinto** (*dello stipendio*) *dir*, "zinsgünstiges Arbeitnehmerdarlehen".

cèsso m *fam* (*gabinetto*) Klo n *fam*, Lokus m *fam*, Scheißhaus n *volg* ● **essere un** ~ *fig* (*luogo lurido*), {CASA, POSTO} versifft *fam spreg/* ein Saustall *volg spreg/*Loch *fam spreg* sein; *fig* (*porcheria*), {DIPINTO, FILM, SPETTACOLO, ROMANZO} beschissen sein *fam*; *fig* (*persona brutta*), {RAGAZZA, UOMO} zum Kotzen *volg/* [scheiße *volg*] aus|sehen; **ridurre qc a un ~**

fig (*lordare*), {CORTILE} etw verdrecken *fam spreg*, etw versiffen *fam spreg*, etw in einen Saustall verwandeln *volg spreg*.

cèsta f 1 (*contenitore*) Korb m: ~ **della biancheria/spesa**, Wäsche-/Einkaufskorb m; ~ **per il pane**, Brotkorb m 2 (*contenuto*) Korb(voll) m: **una ~ di mele**, ein Korb Äpfel 3 *aero* (*navicella di dirigibili*) {+AEROSTATO} Korb m, Gondel f 4 *teat* (*corredo di scena*) Requisitenkorb m ● **a ceste** *fig* (*in gran quantità*), korbweise.

cestàio, (-a) <*cestai*> m (f) 1 (*fabbricante*) Korbmacher(in) m (f), (Korb)flechter(in) m (f) 2 (*venditore*) Korbverkäufer(in) m (f).

cestèllo <*dim di cesto*①> m 1 (*piccolo cesto*) Körbchen n 2 (*contenitore*) {+ACQUA MINERALE} Korb m, Träger m: ~ **portabottiglie**, Flaschenkorb m, Flaschenträger m 3 (*nella lavatrice*) Trommel f (*nella lavastoviglie*) (Geschirr)wagen m 4 (*piattaforma su braccio mobile*) Hebebühne f 5 (*recipiente per sterilizzare*) Sterilisierbüchse f.

cestinàre tr ~ *qc* 1 (*buttare nel cestino*) {FOGLIO, LETTERA} etw in den Papierkorb werfen 2 *fig* (*scartare*) {CANDIDATURA, DOMANDA} etw aus|sortieren, etw in den Papierkorb wandern lassen 3 *edit giorn* (*non pubblicare*) {MANOSCRITTO, NOTIZIA} etw in den Papierkorb befördern, etw nicht veröffentlichen.

cestìno <*dim di cesto*①> m 1 (*contenitore*) {+FRUTTA, PANE} Korb m: ~ **della carta/dei rifiuti**, Papier-/Abfallkorb m; ~ **da lavoro**, Nähkästchen n; ~ **da viaggio**, Lunchpaket n 2 (*piccola cesta per animali*) {+GATTO} Körbchen n 3 *inform* (*icona*) Papierkorb m.

cestìsta <-*i* m, -*e* f> mf (*nella pallacanestro*) Basketballspieler(in) m (f).

cèsto① m 1 (*paniere*) {+VIMINI} Korb m 2 (*contenuto*) {+CILIEGE} Korb m 3 *sport* (*canestro*) Korb m ● ~ **regalo** (*contenente articoli da regalo*), Präsent-, Geschenkkorb m.

cèsto② → *cespo*

cèsto③ m *stor* (*nel pugilato*) Fausthandschuh m.

cesùra f 1 *fig* (*rottura*) Zäsur f *forb*, Einschnitt m: **la prima guerra mondiale è stata una ~ che ha segnato il passaggio tra Ottocento e Novecento**, der Erste Weltkrieg war ein Einschnitt, der den Übergang vom 19. zum 20. Jahrhundert gekennzeichnet hat 2 *ling mus* Zäsur f.

cetàceo m *zoo* Walfisch m.

cetàno m *chim* Cetan n.

cetìle m *chim* Cetyl n.

cetìna f *chim* Walrat m *o* n, Zetin n.

cètnico, (-a) <-*ci*, -*che*> A agg {GUERRIGLIERO} tschetniksch B pl Tschetniks m pl, Cetnici m pl.

cèto m 1 (*classe*) Stand m, Schicht f: ~ **alto/basso/medio**, Ober-/Unter-/Mittelschicht f; ~ **sociale**, soziale Schicht 2 (*categoria*) {ARTIGIANO, IMPIEGATIZIO} (Berufs)stand m.

cétra f 1 *mus* (*anche nell'antica Grecia*) Kithara f, Zither f, Lyra f ● ~ (**da tavolo**) (*nella Germania meridionale*), Zither f 2 *fig lett* dichterische Inspiration.

cetriolìno <*dim di cetriolo*> m Gürkchen n: **cetriolini sottaceto**, Essiggurken n pl.

cetriòlo m 1 *bot anche gastr* Gurke f 2 *fig* (*stupido*) Pflaume f *fam spreg*, Dummkopf m *spreg* ● ~ **di mare**, Seegurke f.

Ceylon f *geog stor* Ceylon n.

cf abbr *del lat* confer (*confronta*) vgl. (*abbr di* vergleiche).

CF m *amm* abbr *di* Codice Fiscale: Steuernummer f.

CFC m pl *chim* abbr *di* Cloro Fluoro Carburi: FCKW (*abbr di* Fluorchlorkohlenwasserstoff).

CFF f pl *ferr* abbr *di* Chemins de Fer Fédéraux Suisses (*Ferrovie federali svizzere*) SBB (*abbr di* Schweizer Bundesbahnen).

cfr. → *cf*.

C.F.S. m abbr *di* Corpo Forestale dello Stato: ≈ Staatliche Forstverwaltung.

cg abbr *di* centigrammo: cg (abbr *di* Zentigramm).

CGIL f abbr *di* Confederazione Generale Italiana del Lavoro: "Allgemeiner italienischer Gewerkschaftsbund".

CH abbr *del lat* Confoederatio Helvetica: CH.

cha cha cha <-> loc sost m *spagn* Cha-Cha-Cha m.

chador <-> m *relig islamica* Tschador m.

chairman <-, *chairmen* pl *ingl*> m *ingl* Chairman m.

chaise longue <- -, -s -s pl *franc*> f *franc* Chaiselongue f o n.

chàkra <-, *chakro* pl *hindi*> m *hindi* Chakra n.

chalet <-> m *franc* Chalet n: **un grazioso ~ di montagna**, ein hübsches Bergchalet.

champagne <-> *franc* A m *enol* Champagner m B <inv> agg {COLOR, TESSUTO} champagner(farben), champagnerfarbig.

champenois agg <inv> *franc enol* {METODO} champenois.

champignon <-> m *franc* Champignon m.

Champions League, **Champions** *fam* <-> f loc sost f *ingl sport* Champions (League) f.

chance <-> f *franc* (*possibilità*) {OTTIMA, ULTIMA} Chance f: **avere ancora una ~**, noch eine Chance haben; **non avere nessuna ~ con qu**, bei jdm überhaupt keine Chance haben *fam*; **dare a qu un'ultima ~**, jdm eine letzte Chance geben.

chanson de geste <- - -, -s - - pl *franc*> loc sost f *franc lett* Chanson de Geste f.

chansonnier <-> m *franc* Chansonnier m.

chanteuse <-> f *franc* Kabarett-, Nachtclubsängerin f.

chantilly <-> *franc* A m (*merletto*) Chantilly-Spitze f B f *gastr* Schlagsahne f; (*crema*) Creme f für Tortenfüllungen.

chapeau inter (*complimenti!*) Hut ab! *fam*, Chapeau!

chapliniàno, (-a) agg (*di Charlie Chaplin*) {ARTE, FILM, PERSONAGGIO} Chaplin-, von Chaplin.

chardonnay <-> m *franc enol* Chardonnay m.

chàrleston <-> m *ingl* (*ballo*) Charleston m.

charlotte <-> f *franc gastr* Charlotte f.

charmant <inv> agg (*affascinante*) charmant, bezaubernd.

charme <-> m *franc* Charme m: **un'attrice ricca di ~**, eine sehr charmante Schauspielerin, eine Schauspielerin mit großem Charme.

chàrter <-> *ingl aero* A agg {AEREO, VOLO} Charter- B m (*aereo*) Charterflugzeug n, Chartermaschine f.

chassìdico e *deriv* → *cassìdico* e *deriv*

châssis <-> m *franc* 1 *autom* (*autotelaio*) Chassis n, Fahrgestell n 2 *elettr fot* Chassis n.

chat <-> f *ingl inform* Chat m.

chat line <- -, - -s pl *ingl*> loc sost f *ingl tel* Chatline f.

chat room <- -, - -s pl *ingl*> loc sost f *inform* {FREQUENTATA} Chat Room m, Chat-Room m.

chattàre itr *inform* chatten.

chauffeur <-> m *franc obs* Chauffeur m.

che① <inv> A agg interr 1 (*quale*) welche(r, s): **a che pagina siamo arrivati?**, bis zu welcher Seite sind wir gekommen?; **con che**

diritto?, mit welchem Recht?; **che ore sono?**, wie spät ist es? **2** (*che tipo di*) was für ein(e), was für welche, welche(r, s): **che uomo sei?**, was bist du für ein Mann?; **che progetti hai per l'avvenire?**, was für Pläne hast du für die Zukunft?; **che libro stai leggendo?**, was für ein Buch liest du gerade? **B** agg escl was für ein(e), wie: **che tipo!**, was für ein Typ!; **che cielo limpido!**, was für ein klarer Himmel!; **che stupido sono stato!**, wie dumm ich doch gewesen bin!; **che splendida giornata!**, was für ein wunderbarer Tag!; **che gente!**, was für komische Leute!; **che bello/strano!**, wie schön/seltsam! **C** pron rel **1** (*in funzione di soggetto*) der m, die f, das n, die pl; welche(r, s) forb, welche pl forb: **il libro che è sul tavolo**, das Buch, das auf dem Tisch liegt; **la gente che passa**, die Leute, die vorbeigehen; **sono cose che capitano**, das kommt in den besten Familien vor!, das kann jedem passieren; **il blu è un colore che mi piace molto**, Blau ist eine Farbe, die mir sehr gefällt; **non sopporto i bambini che strillano**, ich ertrage keine schreienden Kinder; Kinder, die schreien, ertrage ich nicht; **ho visto tua sorella che usciva dal cinema**, ich habe deine Schwester ₁gesehen, als sie aus dem Kino kam₁/ [aus dem Kino kommen sehen] **2** (*in funzione di compl oggetto*) den m, die f, das n, die pl; welche(n, s) forb, welche pl forb: **la casa che vedi laggiù**, das Haus, das du dort unten siehst; **le persone che abbiamo incontrato ieri**, die Leute, die wir gestern getroffen haben; **il rapinatore che la polizia ha arrestato**, der Räuber, den die Polizei festgenommen hat **3** fam (*in cui*) als, an/in dem: **l'anno che si sono conosciuti**, das Jahr, in dem sie sich kennen gelernt haben; **il giorno che mi hai lasciato**, der Tag, an dem du mich verlassen hast **4** (*la qual cosa; con valore neutro, rif. a un'intera proposizione, preceduto da art de o prep*): **è in ritardo, il che non mi stupisce**, er/sie hat sich verspätet, was mich nicht wundert; **tutti volevano andarsene, al che non ho più insistito**, alle wollten weggehen, sodass ich nicht mehr insistiert habe; **mi ha cercato ieri, dal che deduco sia tornato**, er hat gestern versucht, mich zu erreichen, woraus ich schließe, dass er zurückgekommen ist; **ho accettato l'invito, del che ora mi pento**, ich habe die Einladung angenommen, was ich jetzt bereue; **aspetto ancora cinque minuti, dopo di che me ne vado**, ich warte noch fünf Minuten, dann gehe ich **5** (*non si traduce in costruzioni che evidenziano l'avv di tempo*): **è da qui che sono entrati**, sie sind hier hereingekommen; **è solo da ieri che lo so**, ich weiß es erst seit gestern **D** pron interr (*in proposizioni interr dirette e indirette, spesso seguito da cosa*) was: **che (cosa) pensi?**, was denkst du?; **dimmi che (cosa) è successo**, sag mir, was passiert ist; **che (cosa) fare/dire?**, was tun/[soll man da sagen]?; (*con verbi che reggono una prep*) wo-: **a che (cosa) serve mentire?**, wozu lügen?; was bringt es zu lügen?; **di che (cosa) si tratta?**, worum handelt es sich?; **di che (cosa) ti lamenti?**, worüber beklagst du dich?; **in che (cosa) posso esserti utile?**, worin kann ich dir nützlich sein?, was kann ich für dich tun? **E** pron escl (*spesso seguito da cosa*) was: **che (cosa) vedo!**, was sehe ich!; **ma che (cosa) dici!**, aber was sagt er ihr da!; **che, sei già in piedi!**, was, du bist du schon auf(gestanden)? **F** pron indef etwas: **c'è in lui un che di insincero**, er hat etwas Unaufrichtiges; **ha un (certo) non so che di curioso**, er hat was Sonderbares an sich (dat) • **avere di che ...** inf (*avere da*), genug ... haben; **ho di che vivere**, ich habe

genug zum Leben; (*avere motivo*), Grund haben; **non hai di che lamentarti!**, du hast keinen Grund, dich zu beklagen!; **grazie!** – **Non c'è di che!**, vielen Dank! – ₁Nichts zu danken₁/[Keine Ursache!; *ciò/cosa che*, was; **un bell'esempio di altruismo, non c'è che dire!** iron (*non c'è nulla da obiettare*), ein schönes Beispiel für Altruismus, da gibt es nichts (dagegen zu sagen!); **che è, che non è** fam (*tutt'a un tratto*), plötzlich, mit einem Mal/Schlag fam; **esserci di che ...** inf (*esserci da*), Grund bestehen ...; **c'è di che allarmarsi!**, es besteht Grund zur Aufregung!; **non è un gran che** (*non è niente di eccezionale*), {FILM, MARITO, TORTA} der/die/das m/f/n Besonderes!; **non ha fatto poi un gran che** (*niente di eccezionale*), er/sie hat eigentlich nichts Außergewöhnliches/Besonderes gemacht; **ma che!** → **macché**.

che② cong **1** (*dichiarativo*) **che ... congv/ind**, dass ... ind: **so che ti ama**, ich weiß, dass er/sie dich liebt; **spero che ti venga**, ich hoffe, dass du kommst; **è ora che tu scriva**, es ist Zeit, dass du schreibst **2** (*causale*) **che ... congv/ind**, weil ... ind, denn ... ind: **riposati che ne hai bisogno**, ruh dich aus, (denn) du hast es nötig; **sono felice che tu sia qui**, ich bin glücklich, dass du da bist **3** (*consecutivo*) **che ... ind**, so ..., dass ... ind: **era così preoccupato che non è riuscito a dormire**, er war so beunruhigt, dass er nicht schlafen konnte; **la sua proposta è talmente assurda che non merita di essere discussa**, sein/ ihr Vorschlag ist dermaßen absurd, dass er gar nicht diskutiert zu werden braucht **4** (*finale*) **che ... congv**, damit ... ind: **lo dico che si sappia**, ich sage das, damit man Bescheid weiß; **parla a voce alta che tutti possano sentire**, sprich laut, damit dich/es alle hören können **5** (*temporale*) **che ... ind** (*quando*) als ... ind: **rincasò che era notte**, er/sie kam nach Hause, als es Nacht war; (*da quando*) **... ind**: **sono anni che non lo vedo**, es ist Jahre her, dass ich ihn gesehen habe, ich habe ihn seit Jahren nicht gesehen; (*fino a quando*) bis; **aspetto che sia più grande per dirglielo**, ich warte, bis er/sie größer ist, um es ihm/ihr zu sagen; forb (*posposto ad un part pass*) als ... ind, sobald ... ind; **giunto che fu**, sobald er da war **6** (*imperativo od ottativo*) **che ... congv vada!**, er/sie soll (nur) gehen!; **che nessuno osi entrare!**, dass mir keiner hereinkommt!; **che non se ne parli più!**, kein Wort mehr darüber! **7** (*limitativo*) **che ... congv**, soweit ... ind, soviel ... ind: **che io sappia, non è ancora arrivato**, soviel ich weiß, ist er noch nicht angekommen **8** (*compar*) als ... ind, als dass... ind: **è stato più facile che non sperassi**, es war leichter, als ich hoffte; **preferisco leggere che scrivere**, ich lese lieber als dass ich schreibe; (*introduce il secondo termine di paragone nei comparativi di maggioranza e minoranza*) als, wie fam; **ha più caparbietà che intelligenza**, er/sie hat mehr Eigensinn als Vernunft; **è più facile a dirsi che a farsi**, das ist leichter gesagt als getan; **è più gentile che mai**, er/sie ist freundlicher denn je; (*di uguaglianza*) wie; **vale tanto questo metodo che quello**, diese Methode ist genauso so gut wie die andere **9** (*eccettuativo*): **non fa (altro) che brontolare**, er/sie ₁tut nichts als meckern₁/[meckert andauernd] fam spreg; **non pensa che a giocare**, er/sie denkt nur ans Spielen **10** (*interrogativo dubitativo*): **che mi sia sbagliato?**, sollte ich mich getäuscht haben?; **che siano loro?**, sollten sie die sein? **11** (*coordinativo*) **... ind**: **che tu lo voglia o no, è lo stesso**, ob du (es) willst oder nicht, (das) ist gleich; **sia che veniate con noi, sia che restiate a casa...**, ob ihr nun mit uns kommt oder zu Hause

bleibt ... **12** (*rafforzativo*) eben, halt region: **è che abiti troppo lontano**, du wohnst eben/einfach/halt region zu weit weg; **non (è) che sia soddisfatto, ma mi accontento**, nicht, dass ich glücklich wäre, aber ich gebe mich eben zufrieden.

ché cong lett **1** (*causale*) ché ... ind, weil ... ind, da ... ind, denn ... ind: **andiamo a letto ché domani dobbiamo alzarci presto!**, gehen wir ins Bett, denn morgen müssen wir früh aufstehen! **2** (*finale*) ché ... congv, damit ... ind, um ... zu ... inf: **ti darò una chiave ché tu possa entrare quando vuoi**, ich werde dir einen Schlüssel geben, damit du hereinkannst, wann du willst **3** (*interrogativo*) ché ... ind warum ... ind: **padre mio, ché non mi aiuti?**, mein Gott, warum hilfst du mir nicht?

cheap <-> agg ingl (*di scarso valore*) {ARREDAMENTO, GENTE} billig.

chécca <-che> f slang spreg Tunte f slang.

checché pron rel indef lett (*qualunque cosa*) ~ ... congv, was auch immer ... ind: ~ **tu ne dica è un bravo medico**, was auch immer du (gegen ihn) einzuwenden hast, er ist ein guter Arzt.

checchessìa pron indef lett **1** (*qualunque cosa*) was auch immer: **compra ~!**, kaufe, was auch immer du willst! **2** (*in frasi negative: nulla*): **non ... ~**, nichts; **non posso accettare ~**, ich kann nichts annehmen.

check <-> m ingl (*controllo*) {PERIODICO} Check m.

check-in <-> m ingl aero Check-in m, Abfertigung(sschalter m) f: **fare il check-in**, einchecken.

checklist <-> f ingl **1** inform (*nell'organizzazione aziendale*) scient Checklist f **2** aero Checkliste f.

check point <-> loc sost m ingl (*posto di blocco*) Checkpoint m, Grenzkontrollstelle f.

check-up <-> m ingl **1** med Check-up m o n: **fare un check-up**, (sich dat) einen Check-up machen (lassen), sich durchchecken lassen fam **2** tecnol {+IMPIANTO} Generalkontrolle f.

cheeseburger <-> m ingl gastr Cheeseburger m.

chef <-> m franc Chefkoch m.

chèla f zoo {+GRANCHIO} Schere f.

chemin-de-fer <-> m franc (*gioco di carte*) "französisches Kartenglücksspiel".

chèmio <-> f med Chemotherapie f.

chemiorecettóre, (**-trice**) biol **A** agg {ORGANO} chemorezeptorisch **B** m Chemorezeptor m.

chemiosìntesi <-> f chim Chemosynthese f.

chemioterapìa f med Chemotherapie f scient.

chemioteràpico, (**-a**) <-ci, -che> **A** agg farm med {SOSTANZA, TRATTAMENTO} chemotherapeutisch scient **B** m farm Chemotherapeutikum n scient.

chemisier <-> m franc (*nella moda*) Hemdblusenkleid n.

chemorecettóre → **chemiorecettore**.

chènzia f bot Kentia f.

Chèope m stor Cheops m.

chepì, **cheppì** → **képi**.

chèque <-> m franc Scheck m.

cheratìna f biol chim Keratin n.

cheratite f med Keratitis f scient, Hornhautentzündung f.

cheratòma <-i> m med Keratom n scient.

cheratoplàstica <-che> f med Keratoplastik f scient.

cheratòsi f med Keratose f scient.

chèrmişi, **chermisì** → **cremisi**.

cherosène m chim Kerosin n.
cherubino m 1 relig Cherub m 2 (angelo dipinto o scolpito) cherubinische Gestalt, Cherub m 3 fig (bimbo o fanciulla simile a un angelo) zarte Schönheit, Engel m: **sembrare un ~**, wie ein Engel aussehen.
chessò avv fam (per esempio) was weiß ich, zum Beispiel, etwa: **potremmo ~ andare al mare**, wir könnten ⌊, was weiß ich, ⌋[etwa] ans Meer fahren.
chetàre forb **A** tr 1 (calmare) ~ **qu** {BAMBINO} jdn beruhigen; fig ~ **qc** {SETE} etw stillen; {TUMULTO} etw abklingen lassen 2 (pagare) ~ **qu** {CREDITORE} jdn bezahlen **B** itr pron (calmarsi): **chetarsi** {PERSONA} sich beruhigen; fig {VENTO} ab|klingen; {MARE} sich beruhigen.
chetichèlla loc avv: **alla ~**, {ANDARSENE, ENTRARE} heimlich, in aller Stille.
chéto, (-a) agg tosc (quieto) {ARIA, BIMBO} still, ruhig.
chetóne m chim Keton n.
chewing-gum <-> m ingl Kaugummi n o m.
CHF abbr di Franco Svizzero: sfr (abbr di Schweizer Franken).
chi <inv> **A** pron rel (colui che, colei che) wer; derjenige m, diejenige f, dasjenige n forb; welche(r, s) forb: **chi ha finito può andare**, wer fertig ist, kann gehen; **scegli chi vuoi tu**, suche aus, wen du willst; **parlane a chi di dovere**, sprich mit dem/der Zuständigen; **diffido di chi mi ha già mentito una volta**, ich misstraue demjenigen, der mich schon einmal angelogen hat **B** pron rel indef (qualcuno che) jemand, der ...; einer, der ...; eine, die ...: **c'è chi non la pensa come noi**, es gibt Leute, die nicht so denken wie wir; **conosco chi fa al caso tuo**, ich kenne jemanden, der dein Fall ist fam; **è difficile trovare chi sa bene il giapponese**, es ist schwer, jemanden/einen zu finden, der gut Japanisch kann; (in frasi negative) niemand, der ...; keiner, der ...; keine, die ...: **non aiuto chi non stimo**, ich helfe niemandem, von dem ich nichts halte; **non intende rivelare la formula a chi non è della famiglia**, er/sie hat nicht vor, die Formel jemandem, der nicht zur Familie gehört, zu verraten; (chiunque) wer (auch immer); **chi avesse visto qualcosa è pregato di dirlo**, wer (auch immer) etwas gesehen hat, wird gebeten, es zu melden; **vieni con chi vuoi**, komm mit wem (auch immer) du willst **C** pron indef (in correlazione) chi ... chi ..., der eine ..., der andere ...; einige ..., andere ...: **c'è chi piange e c'è chi ride**, einige weinen, andere lachen; **chi la pensa in un modo, chi in un altro**, darüber kann man geteilter Meinung sein, da gehen die Meinungen auseinander; **c'è chi dipinge, chi modella la creta, chi scolpisce**, der eine malt, der andere modelliert, der dritte macht Skulpturen **D** pron interr (in proposizioni interr dirette e indirette) wer: **chi c'è?**, wer ist da?; **chi è quella signora?**, wer ist diese Frau?; **chi siete?**, wer seid ihr?; **chi me lo garantisce?**, wer garantiert mir das?; **chi lo sa?**, wer weiß?; **da chi lo hai saputo?**, von wem weißt du das?; **chi dei due preferisci?**, wen von den beiden magst du lieber?; **di chi è questo giornale?**, wem gehört diese Zeitung?; **di chi è questo film?**, von wem ist dieser Film?; **a chi telefoni?**, wen rufst du an?; **dimmi di chi hai paura!**, sag mir, vor wem du Angst hast!; **voglio sapere con chi stavi parlando!**, ich will wissen, mit wem du gesprochen hast! **E** pron escl wer: **chi l'avrebbe (mai) immaginato!**, wer hätte das (je) gedacht!; **chi si vede!**, wen ⌊sieht man⌋/⌊haben wir⌋ denn da!; **a chi lo dici!**, wem sagst du das! fam • **chi altri**/**altro poteva saperlo (se non tu)?**, wer (außer dir) hätte das sonst wissen können?; **chissà chi è alla porta a quest'ora?**, wer kann um diese Zeit wohl an der Tür sein?; **chi più chi meno** fig (tutti quanti), der eine mehr, der andere weniger.

chiàcchiera f 1 <di solito al pl> (conversazione) Plauderei f, Schwätzchen n: **fare due**/**quattro chiacchiere con qu** fam, mit jdm ein Schwätzchen halten; spreg (parole vane) Geschwätz n fam spreg!; **tutte chiacchiere!**, alles Geschwätz! fam spreg: **perdersi in chiacchiere**, sich verschwätzen fam, sich verplaudern fam; **basta con le**/**poche chiacchiere!**, genug geschwätzt! fam spreg 2 <di solito al pl> (dicerie) Gerede n fam, Klatsch m fam spreg, Geschwätz n fam spreg: **corrono chiacchiere sul tuo conto**, es wird über dich geklatscht fam spreg; **sono solo chiacchiere**, das ist nur Gerede fam/Klatsch fam spreg 3 (loquacità) Geschwätzigkeit f spreg: **ha molta ~**, er/sie ist sehr geschwätzig spreg 4 <di solito al pl> gastr Baiser n; lomb (frappe) "in Öl gebratenes Karnevalsgebäck" • **chiacchiere da caffè** (di donne), Kaffeeklatschgespräche n pl; (di uomini), Biertischgespräche n pl.

chiacchieràre itr 1 ~ (**con qu**) {CON UN'AMICA, CON IL VICINO DI CASA} (mit jdm) plaudern, (mit jdm) quatschen fam spreg, (mit jdm) schwätzen fam spreg, (mit jdm) schwatzen spec süddt: **quanto chiacchiera questo bambino!**, wie viel dieses Kind redet!; (conversare a bassa voce) {CON LA COMPAGNA DI BANCO} (mit jdm) schwatzen/quatschen spreg 2 spreg (sparlare) ~ (**sul conto di qu**) (über jdn) klatschen fam spreg, (über jdn) tratschen fam spreg.

chiacchieràta f 1 (lunga conversazione) Plausch m, Plauderei f: **fare una bella ~ con qu**, einen schönen Plausch mit jdm halten 2 (discorso lungo e noioso) Blabla n fam.

chiacchieràto, (-a) agg (oggetto di pettegolezzi): **donna chiacchierata**, "Frau, über die viel geklatscht wird" fam spreg; **matrimonio ~**, Ehe ⌊im Rampenlicht⌋/⌊in aller Munde⌋.

chiacchierino, (-a) **A** agg (ciarliero) {RAGAZZA} geschwätzig spreg, schwatzhaft spreg, redselig spreg **B** m (f) (bambino o giovane loquace) Plappermaul n fam spreg **C** m lavori femminili (merletto) Frivolität f.

chiacchierio <-rii> m (rumore) {INCESSANTE} Gemurmel n, Geschwätz n fam spreg.

chiacchieróne, (-a) **A** agg 1 (loquace) geschwätzig, redselig **B** (pettegolo) klatsch-, tratschsüchtig fam spreg **B** m (f) 1 (persona loquace) Plaud(e)rer(in) m(f), Schwätzer(in) m(f) spreg 2 spreg (persona che non sa mantenere segreti) Schwätzer(in) m(f) spreg, Klatschmaul n fam spreg, Klatschbase f fam spreg.

chiàma f (appello) {+SCOLARI, SOLDATI} (Namens)aufruf m.

chiamàre A tr 1 gener ~ **qu**/**qc** (+ compl di modo) {PERSONA AMICO AD ALTA VOCE, CAMERIERE CON UN CENNO, CANE CON UN FISCHIO} ⌊jdn/etw⌋/⌊nach jdm/etw⌋ (irgendwie) rufen: **vallo a ~!**, geh ihn rufen!; **pilota chiama torre di controllo**, Pilot ruft Kontrollturm; (telefonare) ~ **qu**/**qc** {IDRAULICO, POLIZIA, TAXI} (jdn/etw) (an)rufen; **chiama(ci) appena arrivi**, ruf (uns) an, sobald du da bist; fig ~ (**qu**) {CAMPANE FEDELI, LAVORO, PATRIA, VOCAZIONE} (jdn) rufen 2 (imporre un nome) ~ **qu**/**qc qc** jdn/etw irgendwie (be)nennen, jdm/etw einen Namen geben: **l'hanno chiamata Maria**, sie haben sie Maria genannt; **come l'hanno chiamato?**, wie haben sie ihn genannt?; (rivolgersi a qu con un appellativo) **gli amici mi chiamano Tony**, meine Freunde nennen mich Tony; **tutti lo chiamano dottore, ma è solo ragioniere**, alle nennen ihn Doktor, aber er ist nur Buchhalter 3 (definire) ~ **qc qc** etw irgendwie nennen, etw irgendwie heißen: **questa la chiamate arte?**, das nennt ihr Kunst?; **questo periodo si può ~ romantico**, diese Epoche kann man romantisch nennen 4 (assegnare una carica) ~ **qu a qc** {ALLA GUIDA DEL PAESE, ALLA SUCCESSIONE, AL TRONO} (jdn zu etw (dat)) ernennen, (jdn zu etw (dat)) berufen; fig (avere la vocazione; di solito al passivo) jdn zu etw (dat)/für etw (acc) berufen: **sentirsi chiamato al sacerdozio**/**teatro**, sich zum Priesteramt/Theater berufen fühlen 5 fig (tirare) ~ **qc** {OFFESA VENDETTA} nach etw (dat) schreien forb: **un'idea chiama l'altra**, eins ergibt das andere, da kommt eins zum anderen **B** itr pron: **chiamarsi** 1 (aver nome) ~ **qc** irgendwie heißen: **ti chiami Carlo?**, heißt du Carlo?; **come si chiama questo paese?**, wie heißt dieses Land/Dorf? 2 enf (essere) genannt werden, sein: **questa si chiama maleducazione**, das nennt man Unerzogenheit; **questo** (**si che**) **si chiama parlar chiaro!**, das ⌊nenne ich (mir)⌋/⌊ist einmal⌋ ein deutliches Wort!, das nennt man Tacheles reden! fam **C** rfl lett (chiarsi): **chiamarsi** + agg {OFFESO, SODDISFATTO} sich für etw (acc) erklären: **chiamarsi vinto**, sich geschlagen geben • ~ **carta** (nei giochi di carte), eine Karte (auf)rufen; **chiamarsi fuori** (nei giochi di carte), (chiudere la partita), aussteigen, das Spiel beenden; fig (recedere da qc), sich aus etw (dat) zurück|ziehen, mit etw (dat) nichts mehr zu tun haben wollen; **Dio lo ha chiamato a sé** fig eufem (rif. a persona che è morta), Gott hat ihn zu sich (dat) berufen.

chiamàta f 1 Ruf m; (telefonica) (Telefon)anruf m, Telefongespräch n: **~ a carico del destinatario**, R-Gespräch n; **c'è una ~ per Lei da Francoforte**, da ist ein Anruf aus Frankfurt für Sie; **~ urbana**/**interurbana**, Stadt-/Ferngespräch n; **~ urgente**, dringendes Gespräch 2 (vocazione) **~ a qc** {+DIO AL SACERDOZIO} Berufung f zu etw (dat) 3 mil {+CLASSE 1978} Einberufung f 4 teat Vorhang m: **hanno avuto 28 chiamate alla ribalta!**, sie haben 28 Vorhänge bekommen! 5 tip Verweis m • **~ alle armi** mil, Einberufung f; **~ in causa**/**giudizio di qu** dir, Streitverkündung f ⌊gegen jdn⌋/⌊gegenüber jdm⌋; **~ di correo** dir, Geständnis des Mittäters; **in garanzia** dir, Streitverkündung f wegen Regressanspruch.

chianino, (-a) agg {RAZZA} Chianina-.

chiànti <-> m enol Chianti m (Rotwein aus der Toskana).

chiantigiàno, (-a) **A** agg {PAESAGGIO} des Chianti; {VINO} Chianti-, aus dem Chianti **B** m (f) (abitante) Bewohner(in) m(f) des Chianti.

chiàppa f <di solito al pl> fam Arsch-, Hinterbacke f fam.

chiàra f fam 1 (albume) Eiweiß n 2 (birra) Helle n decl come agg.

Chiàra f (nome proprio) Klara.

chiaraménte avv 1 (in modo comprensibile) {PRONUNCIARE, SCRIVERE} deutlich 2 (in modo evidente) klar, deutlich: **qui si riconosce ~ il suo stile**, hier erkennt man klar/deutlich seinen/ihren Stil 3 (francamente) offen, klar, deutlich: **gli ho detto ~ ciò che pensavo**, ich habe ihm offen gesagt, was ich dachte 4 (ovviamente) natürlich, selbstverständlich: **la spesa della riparazione non vi verrà addebitata**, selbstverständlich müsst ihr die Kosten für die Reparatur nicht übernehmen.

chiarétto m 1 (vino chiaro) heller Wein

2 enol Chiaretto m (*Roséwein aus verschiedenen norditalienischen Regionen*).

chiarézza f **1** (*limpidezza*) {CRISTALLINA; +ACQUA, CIELO} Klarheit f **2** fig (*comprensibilità*) {+DISCORSO, PROGETTO} Klarheit f, Deutlichkeit f: **spiegare qc con (la massima) ~**, etw (äußerst) klar/deutlich erklären **3** fig (*franchezza*) Offenheit f, Klarheit f, Deutlichkeit f: **dimmelo pure con ~**, sag mir das ruhig offen ● **fare ~ su qc** (*chiarire*), {SULLE CAUSE DELLA GUERRA, SULL'UTILIZZO DEGLI AIUTI INTERNAZIONALI} etw klären, etw klarstellen.

chiarificàre <*chiarifico, chiarifichi*> tr **~ qc 1** (*schiarire*) {LIQUIDO} etw klären, enol {VINO} etw klären **2** fig (*chiarire*) {SITUAZIONE} etw klar|stellen.

chiarificatóre, (*-trice*) **A** agg {DISCORSO, INCONTRO} klärend **B** m tecnol **1** (*apparecchio*) Kläranlage f **2** (*recipiente*) Klärbecken n.

chiarificazióne f **1** anche enol (*il chiarificare*) {+ACQUE DI SCARICO} Klärung f **2** fig (*spiegazione di un equivoco*) Klärung f, Klarstellung f: **sono finalmente giunti a una ~**, sie sind endlich zu einer Klarstellung gelangt.

chiariménto m **1** (*il chiarire*) {+QUESTIONE, RAPPORTO} Klärung f, Klarstellung f: **è fondamentale arrivare a un ~ della situazione**, es ist sehr wichtig, die Situation klarzustellen **2** (*spiegazione*) Erklärung f, Erläuterung f: **per ulteriori chiarimenti rivolgersi a...**, für weitere Erläuterungen wenden Sie sich bitte an ...; **avrei bisogno di alcuni chiarimenti ...**, ich bräuchte einige Erklärungen ...

chiarire <*chiarisco*> **A** tr **1** (*schiarire*) **~ qc** {COLORE, ZUCCHERO} etw auf|hellen; {OLIO} etw klären **2** fig (*spiegare*) **~ qc (a qu)** {TESTO DIFFICILE} (jdm) etw erklären: **potresti chiarirmi il significato di questa parola?**, könntest du mir die Bedeutung dieses Wortes erklären? **3** fig (*mettere in chiaro*) **~ qc** etw klären, etw klar|stellen: **la situazione va chiarita**, die Situation muss geklärt werden; **chiariamo subito che...**, stellen wir sofort klar, dass ...; **ho dovuto ~ la mia posizione**, ich musste meine Position klarstellen **4** fig (*risolvere*) **~ qc** {DUBBIO, ENIGMA, MISTERO, EQUIVOCO} etw klären, etw aus der Welt schaffen **B** itr ess impers **~ pron**: **chiarirsi 1** (*diventare limpido*) {LIQUIDO} sich auf|klären; {CIELO} anche auf|klaren **2** fig (*esplicitarsi*) {PROBLEMA, SITUAZIONE} sich klären **C** rfl rar (*accertarsi*): **chiarirsi di/su qc** {DELLE INTENZIONI ALTRUI} sich (dat) über etw (acc) Klarheit verschaffen.

chiarissimo, (-a) <superl *di chiaro*> agg forb sehr verehrte(r): **~ professor Neri**, sehr verehrter (Herr) Professor Neri.

chiàro, (-a) **A** agg **1** (*luminoso*) {GIORNATA, MATTINO, STANZA, VIA} hell **2** (*limpido*) {ACQUA, CIELO, LIQUIDO} klar **3** (*di tonalità non intensa*) {ABITO, COLORE, MOBILE, OCCHI} hell: **blu/verde ~**, hellblau/hellgrün **4** (*nitido*) {IMMAGINE} klar, {SEGNALE, SUONO} hell, {VOCE} anche klar **5** fig (*netto*) {RIFIUTO} klar, eindeutig: **un ~ no**, ein klares Nein **6** fig (*comprensibile*) {DISCORSO, LINGUAGGIO, PRONUNCIA} klar, deutlich: **è molto ~ quando parla**, er spricht sehr deutlich; **sono stato ~?**, habe ich mich deutlich/unmissverständlich ausgedrückt? **7** fig (*evidente*) {INTENTO, PROVA} offensichtlich, klar: **(è) ~ che...**, es ist klar, dass... **8** fig (*preciso*) {CONCETTO, IDEA} deutlich, genau **9** fig (*franco*) offen, klar, deutlich: **sarò ~ con te**, ich werde offen mit dir sein **B** m **1** (*luce del giorno*) Tageslicht n: **partiremo col/[appena fa] ~**, wir werden ₁bei Tageslicht₁/[sobald es Tag ist] wegfahren ● (*luce*) Licht n, Helligkeit f; **vieni qui al ~ a leggere**,

komm zum Lesen hierher ans Licht **2** (*colore tenue*) Helle n decl come agg: **quest'anno è di moda il ~**, dieses Jahr ist Hell/[helle Kleidung] modern; **vestire di ~**, hell gekleidet sein **3** <di solito al pl> arte (*nella pittura*) fot Licht n, Helle n decl come agg: **i chiari e gli scuri sono ben distribuiti**, ₁Licht und Schatten₁/[Hell und Dunkel] sind richtig verteilt **C** avv **1** (*con chiarezza*) {PRONUNCIARE, SCRIVERE} deutlich **2** (*francamente*) offen: **questo è parlar ~!**, das nenn ich mir ein offenes/deutliches Wort! ● **al ~ di luna**, bei Mondschein; **con questi chiari di luna** fig (*con una situazione economica precaria*), in diesen schlechten Zeiten; **mettere in ~ qc** (*chiarire*), etw klarstellen; **~ come il/[la luce del] sole**, sonnenklar; **~ e tondo** fam, klipp und klar fam, im Klartext; **trasmettere in ~** radio TV, unverschlüsselt senden.

chiaróre m {LUNARE; +LUME, STELLE} Schein m: **~ dell'alba**, Morgengrauen m.

chiaroscùro m **1** arte (*nella pittura*) Clair-obscur n, Helldunkel(malerei f) n **2** anche fig (*contrasto*) {+SERA, TRAMONTO} Kontrast m: **un'esecuzione ricca di chiaroscuri**, eine kontrastreiche Ausführung **3** fig (*alterne vicende*) {+VITA} Wechselfälle m pl.

chiaroveggènte A agg **1** hellseherisch **2** fig (*perspicace*) hellsichtig, scharfblickend, scharfsichtig **B** mf Hellseher|in m(f).

chiaroveggènza f **1** Hellsehen n **2** fig (*perspicacia*) Hellsichtigkeit f, Scharfblick m, Scharfsicht f.

chiàsmo m ling Chiasmus m.

chiassàta f **1** (*schiamazzo*) Lärm m **2** (*scenata*) Theater n fam spreg, Szene f **3** (*lite*) Krach m fam.

chiàsso m **1** (*rumore*) Krach m, Lärm m: **c'era un ~ infernale**, es war ein Höllenlärm fam/Höllenspektakel fam **2** fig (*clamore*) Aufsehen n: **quanto ~ intorno a questa notizia!**, wie viel Aufsehen um diese Nachricht! ● **fare ~**, {BAMBINI} Lärm machen; fig (*suscitare scalpore*) {NOTIZIA} Aufsehen erregen.

chiassóne, (-a) **A** agg {GENTE} laut, lärmend **B** m (f) Schreihals m fam, Plärrer(in) m(f) fam spreg.

chiassosità <-> f **1** (*rumorosità*) {+SCOLARESCA} Lautheit f, Geräuschpegel m **2** (*vistosità*) {+COLORI, STOFFA} Grellheit f.

chiassóso, (-a) agg **1** (*rumoroso*) {CITTÀ, CLASSE, RAGAZZO} laut, lärmend **2** (*vistoso*) {ABITO, COLORE} grell, knallig fam.

chiàstico, (-a) <-ci, -che> agg ling {ORDINE, POSIZIONE} chiastisch.

chiàtta f **1** (*galleggiante a fondo piatto*): **~ (da carico)**, Prahm m, Lastkahn m **2** (*barcone*) Fähre f: **~ a motore**, Motorfähre f.

chiavàrda f mecc Bolzen m.

chiavàre tr volg **~ (qu)** (jdn) ficken volg, (jdn) vögeln volg, (jdn) bumsen fam.

chiavàta f volg Fick m volg, Popp m volg, Bums m fam.

chiàve A f **1** {+AUTOMOBILE, CASA, LUCCHETTO} Schlüssel m: **~ di accensione**, Zündschlüssel m; **chiudere a ~ qc**, etw abschließen; **~ femmina/maschio**, Hohl-/Einsteckschlüssel m **2** fig (*base*) {+RAGIONAMENTO} Schlüssel m: **hai in mano le chiavi del tuo successo**, du hast den Schlüssel zum Erfolg in der Hand **3** fig (*soluzione*) {+ESERCIZIO, PROBLEMA} Schlüssel m, Lösung f: **trovare la ~ di un enigma**, des Rätsels Lösung finden **4** fig (*punto strategico*) Schlüsselposition f: **Gibilterra è la ~ del Mediterraneo**, Gibraltar ist die Schlüsselposition des Mittelmeers **5** mecc (*utensile*) {FISSA, REGISTRABILE} (Schrauben)schlüssel m: **~ inglese**, Engländer m; **~ a stella**, Zwölfkantringschlüssel m **6** mus {+FA, SOL} Schlüssel m: **~ di basso/vio-**

lino, Bass-/Violinschlüssel m **B** <inv> agg fig (*sempre posposto*): (*principale*) {FIGURA, PAROLA, SETTORE} Schlüssel- **C** loc avv (*da un punto di vista*) **in ~ + agg** unter + agg (dat) Gesichtspunkt: **il romanzo va letto in ~ moderna/psicoanalitica**, der Roman muss unter einem modernen/psychoanalytischen Gesichtspunkt gelesen werden ● **~ di accesso** inform, Code m, Kode m; **le chiavi apostoliche/[di S.Pietro]** relig, die Schlüssel Petri; **avere le chiavi di qc** anche fig (*esserne il padrone*), die Schlüssel von etw (dat)/+ gen haben; **chiudere a sette chiavi qc** fig (*custodire gelosamente*), etw wie seinen Augapfel hüten; **le chiavi della città**, die Schlüssel der Stadt; **~ di lettura** fig (*criterio di interpretazione*), Interpretationsschlüssel m; **tenere sotto ~ qu/qc** fig (*ben custodito*), etw unter Verschluss halten; jdn einsperren; **~ universale**, Universalschlüssel m; **uscire di ~** mus (*stonare*), Den Ton nicht halten; fig (*dire cose inopportune*), etwas Unangebrachtes sagen, ins Fettnäpfchen treten; **~ di volta** arch, Schluss-, Scheitelstein m; fig (*perno*), Grundlage f, Basis f.

chiavétta <dim di *chiave*> f **1** (*chiave di accensione*) Zündschlüssel m **2** (*chiave di carica*) {+GIOCATTOLO, OROLOGIO} (Aufzieh)schlüssel m **3** (*rubinetto*) {+ACQUA, GAS} Hahn m.

chiàvica <-che> f **1** (*fogna*) Abzugskanal m **2** idraul Schleuse f.

chiàvi in màno <inv> loc agg avv comm **1** (*di pronto utilizzo*) {ALBERGO, IMMOBILE, IMPIANTO, RISTORANTE} schlüsselfertig, bezugsfertig **2** (*tutto compreso*) {AUTOMOBILE, CONSEGNA, PREZZO} schlüsselfertig.

chiavistèllo m Riegel m: **chiudere col ~**, den Riegel vorschieben.

chiàzza f (*macchia*) {LARGA; +SANGUE, UNTO} Fleck m: **ha il viso coperto di chiazze rosse**, sein/ihr Gesicht ist mit roten Flecken bedeckt; {+COLORE, INCHIOSTRO, VERNICE} Fleck m, Klecks m ● **a chiazze**, fleckig.

chiazzàre A tr **~ qc (di qc)** {TOVAGLIA DI OLIO, DI VINO} etw (mit etw dat) beflecken, etw (mit etw dat) bekleckern fam; {FOGLIO DI INCHIOSTRO} etw (mit etw dat) beklecksen **B** rfl (*sporcarsi*): **chiazzarsi (di qc)** {DI FANGO} sich (mit etw dat) beflecken, sich (mit etw dat) bekleckern fam; {DI INCHIOSTRO} sich (mit etw dat) beklecksen; (indir) **chiazzarsi qc (di qc)** {MANI DI COLLA} sich (dat) etw (mit etw dat) beflecken, sich (dat) etw (mit etw dat) bekleckern fam; {DI COLORE} anche sich (dat) etw (mit etw dat) beklecksen.

chiazzàto, (-a) agg (*maculato*) gefleckt: **cane bianco ~ di nero**, schwarz gefleckter weißer Hund.

chic franc **A** <inv> agg (*sempre posposto*) {DONNA, LOCALE} schick, elegant **B** <-> m Schick m, Eleganz f.

chicane <-> f franc **1** (*cavillo*) Rechtsverdrehung f spreg, Rechtskniff m **2** autom sport Schikane f **3** (*nei giochi di carte*) (*nel bridge*) Chikane f.

chicca <-che> f **1** (*nel linguaggio infantile*) (*bonbon*) Süßigkeit f, Bonbon m o n **2** fig fam (*cosa rara e preziosa*) Schmuckstück n, Juwel n, Leckerbissen m: **questo libro è una vera ~**, dieses Buch ist ₁ein wahres Juwel₁/[eine wahre Köstlichkeit] **3** fig fam (*notizia in anteprima*) exklusive Nachricht, Scoop m slang.

chicchera f **1** (*tazza*) {+PORCELLANA} Tasse f **2** (*contenuto*) Tasse f: **una ~ di caffè**, eine Tasse Kaffee.

chicchessìa <inv> pron indef mf **1** (*chiunque*) non ammir: **è severamente proibito far entrare ~**, es ist streng verboten, wen auch immer eintreten zu lassen **2** (*in frasi negative: nessuno*): **non ... ~**, niemand; **non aprire a ~**, mach niemandem auf.

chicchirichì onomatopeica **A** m **1** {MATTUTINO} Kikeriki n **2** fig (crestina) Häubchen n **B** inter impr kikeriki!

chicco <-chi> m **1** (granello) {+RISO} Korn n: ~ di frumento/d'orzo, Getreide-/Gerstenkorn n; {+CAFFÈ} Bohne f **2** fam (acino) {+UVA} Traube m, Beere f **3** fig (piccola sfera) {+ROSARIO} Perle f: ~ di grandine, Hagelkorn n.

chièdere <irr chiedo, chiesi, chiesto> **A** tr **1** (per sapere) ~ qc (a qu) {INFORMAZIONE, NOME, ORA, PREZZO} (jdn) etw fragen, (jdn) nach etw (dat) fragen: **gli chiedo se viene anche lui**, ich frage ihn, ob er auch kommt; ~ **notizie di qu**, sich nach jdm erkundigen **2** (per avere) ~ qc (a qu) {AUTORIZZAZIONE, PRESTITO, SPIEGAZIONE} (jdn) um etw (acc) bitten, etw (von jdm) erbitten forb: ~ **qu in moglie**, jds Hand anhalten **3** (esigere) ~ qc (a qu) {IMPEGNO} etw (von jdm) verlangen: **(ti) chiedo troppo?**, verlange ich zu viel (von dir)? **4** (richiedere) ~ qc (a qu) etw (von jdm) verlangen: **chiedono una cifra equa**, sie verlangen eine angemessene Summe: **adesso chiederei la vostra attenzione per ...**, jetzt bitte ich um eure Aufmerksamkeit für ... **5** (desiderare) ~ qc (a qu) sich (dat) etw (von jdm) wünschen, etw (von jdm) verlangen: **non (vi) chiedo (altro) che un po' di silenzio**, ich ⌊verlange (von euch) lediglich⌋/[bitte (euch) lediglich um] ein bisschen Ruhe; **non chiedo di meglio**, ich könnte mir nichts Besseres wünschen **6** (uso assol) (elemosinare) betteln **B** itr **1** (informarsi) ~ (a qu) di qu/qc jdn nach jdm/etw fragen, sich bei jdm nach jdm/etw erkundigen: **mi hanno chiesto di te e del tuo lavoro**, sie haben mich nach dir und deiner Arbeit gefragt **2** fam (chiamare) ~ **di qu** jdn verlangen, nach jdm fragen: **chiedono del signor Rossi**, sie fragen nach Herrn Rossi; **chiedono di lui al telefono**, er wird am Telefon verlangt • **chiedete e vi sarà dato** bibl, bittet, so wird euch gegeben.

chièrica <-che> f **1** (tonsura) Tonsur f **2** fig scherz (calvizie incipiente) lichte Stellen scherz, hohe Stirn scherz eufem, Geheimratsecken f pl scherz.

chiericàto m **1** (condizione di chierico) Priesterstand m **2** (clero) Klerus m, Geistlichen pl.

chierichétto, (-a) <dim di chierico> m (f) Messdiener(in) m(f), Ministrant(in) m(f).

chièrico <-ci> m **1** (chi appartiene al clero) {REGOLARE, SECOLARE} Kleriker m, Geistliche m decl come agg **2** (giovane seminarista) Seminarist m **3** (ministrante) Messdiener m, Ministrant m **4** lett (uomo di cultura) Gelehrte m decl come agg.

chièṣa f **1** (edificio) {ADDOBBATA, BAROCCA} Kirche f: ~ **parrocchiale**, Pfarrkirche f **2** (comunità di fedeli) Kirche f: ~ **anglicana/[cattolica romana]/[calvinista]/[copta]**, anglikanische/[römisch-katholische]/[kalvinistische]/[koptische] Kirche f; ~ **evangelica/protestante**, evangelische/protestantische Kirche f; ~ **episcopale**, Episkopalkirche, episkopale Kirche f; ~ **greca/ortodossa/luterana**, griechische/orthodoxe/lutherische Kirche f; ~ **militante/purgante/trionfante**, streitende/läuternde/triumphierende Kirche f; ~ **orientale**, Ostkirche f, orientalische Kirche f **3** (chiesa cattolica romana) **Chiesa**, Kirche f; **la Chiesa non approva l'aborto**, die Kirche billigt die Abtreibung nicht • **andare in** ~, in die Kirche gehen; ~ **cattedrale** arch, Dom m; **essere di** ~ fam (molto devoto), fromm/gläubig sein; ~ **del silenzio** (fedeli privati della libertà di culto), Kirche f im Untergrund; **sposarsi in** ~, sich kirchlich trauen lassen.

chièṣi 1ª pers sing del pass rem di chiedere.

chièṣto part pass di chiedere.

chifel <-> m gastr Hörnchen n, Kipferl n süddt A.

chiffon <-> m franc tess Chiffon m.

chiglia <-glie> f mar Kiel m: ~ **di deriva**, Bleikiel m; ~ **di rollio**, Schlinger-, Kimmkiel m.

chignon <-> m franc (Haar)knoten m.

chihuahua <-, -s pl spagn> m spagn zoo Chihuahua m.

chili <-> m spagn bot gastr Chili m.

chilo① m (abbr di chilogrammo) Kilo n.

chilo② m (in fisiologia) Milchsaft m, Chylus m scient • **fare il** ~ fig fam (fare la pennichella), ein Verdauungsschläfchen halten/machen fam.

chilocaloria → **kilocaloria**.

chilociclo → **kilociclo**.

chilogràmmo → **kilogrammo**.

chilohèrtz → **kilohertz**.

chilometràggio → **kilometraggio**.

chilometràre → **kilometrare**.

chilomètrico, (-a) → **kilometrico**.

chilòmetro → **kilometro**.

chilowatt → **kilowatt**.

chilowattóra → **kilowattora**.

chimèra f **1** fig (utopia) Hirngespinst n spreg, Chimäre f forb, Schimäre f fig spec A: **inseguire una ~**, einem Hirngespinst hinterherjagen spreg **2** biol Chimäre f **3** itt Seekatze f, Spöke f **4** mitol: **Chimera**, Chimäre f.

chimèrico, (-a) <-ci, -che> agg **1** fig (utopico) {DISCORSO, PROGETTO} fantastisch, unwirklich **2** mitol {DIVINITÀ} chimärisch forb, schimärisch forb spec A.

chimica <-che> f {ANALITICA, GENERALE} Chemie f: ~ **organica/inorganica**, organische/anorganische Chemie f.

chimico, (-a) <-ci, -che> **A** agg **1** (della chimica) {ANALISI, INDUSTRIA, REAZIONE} chemisch, Chemie-; {INGEGNERE} Chemo- **2** (ottenuto in laboratorio) {PRODOTTO} künstlich, Kunst-; {ARMA} chemisch **B** m (f) Chemiker(in) m(f).

chimo m (in fisiologia) Speisebrei m, Chymus m scient.

chimòno → **kimono**.

china① f (pendio) {RIPIDA; +MONTAGNA} Abhang m • **essere sulla ~ degli anni** fig (sul declino della vita), im vorgerückten/reiferen Alter sein, auf des Lebens Neige sein forb; **essere/mettersi su una brutta ~** fig (su una cattiva strada), auf ⌊einer schiefen Bahn sein⌋/[eine schiefe Bahn geraten]; **risalire la ~**, den Abhang wieder hochsteigen; fig (riguadagnare la posizione perduta), sich wieder hoch⌊arbeiten.

china② f **1** bot Chinarinde f **2** enol {CALDA} "Magenbitter m aus Chinarinde".

china③ f **1** (inchiostro) (China)tusche f: **disegnare a ~**, tuschen, mit Tusche zeichnen **2** arte giapponese Tuschzeichnung f.

chinàre **A** tr ~ qc **1** (piegare) {SCHIENA, TESTA} etw neigen, etw beugen **2** (abbassare) {OCCHI, SGUARDO} etw senken **B** rfl: **chinarsi (+ compl di luogo)** {A TERRA, IN AVANTI} sich (irgendwohin) bücken; **chinarsi verso qu/qc** {MADRE VERSO IL BAMBINO, VERSO LA CULLA} sich zu jdm/etw (hinunter⌊)beugen.

chinàto, (-a) agg enol {LIQUORE} mit Chinarinde aromatisiert.

chincaglierìa f **1** <di solito al pl> (cianfrusaglie) Trödel m spreg, Kleinkram m fam spreg, Krempel m fam spreg; (ninnoli) Nippes pl **2** (negozio) Trödladen m fam spreg.

chineṣiologìa → **cinesiologia**.

chineṣiterapìa e deriv → **cinesiterapia** e deriv.

chinetòṣi <-> f med Reisekrankheit f, Kinetose f scient.

chinina f chim (alcaloide) Chinin n.

chinino m farm Chinin n.

chino, (-a) agg **1** (piegato) gebeugt, gebückt: **è sempre ~ sui libri**, er hängt immer über den Büchern fam **2** (abbassato) {+ CAPO} gesenkt: **col capo ~**, mit gesenktem Kopf.

chinòtto m **1** bot (pianta) Bitterorange(nbaum m) f, Bittermandarine(nbaum m) f **2** (frutto) Bitterorange f, Bittermandarine f **3** (bevanda) "Limonade f aus Bitterorangen".

chintz <-> m ingl tess Chintz m.

chiòccia <-ce> f anche fig Glucke f, Gluckhenne f • **fare la ~** fig (essere esageratamente protettivi), die Gluckhenne spielen.

chiocciàre <chioccio, chiocci> itr **1** {GALLINA} glucken **2** fig (stare rannicchiato) {PERSONA} kauern.

chiocciàta f **1** (covata) {+PULCINI} Brut f **2** fig {+BAMBINI} Brut f scherz.

chiòccio, (-a) <-ci, -ce> agg (stridulo) {VOCE} rau, heiser, unangenehm.

chiòcciola **A** f **1** inform ("a" commerciale rappresentata dal carattere @) Klammeraffe m, At-(Zeichen) n **2** anat zoo Schnecke f **3** tecnol (madrevite) {Schrauben)mutter f **B** <inv> loc agg (a spirale): **a ~**, {SCALA, SCIVOLO, STRUTTURA} Wendel-.

chioccolàre itr **1** {FRINGUELLO, MERLO} schlagen **2** (imitare il fischio col chioccolo) lockpfeifen **3** fig (gorgogliare) {ACQUA} gluckern, glucksen.

chioccolìo <-lii> m **1** (il chioccolare) {+PETTIROSSO} Schlagen n **2** fig (gorgoglio) {+SORGENTE} Gluckern n, Glucksen n.

chiòccolo m **1** (verso) {+FRINGUELLO, MERLO} Schlag m **2** (fischietto di richiamo) Lockpfeife f **3** fig (gorgoglio) {+FONTANA} Gluckern n, Glucksen n.

chiodàre tr **1** ~ qc rar (inchiodare) {CASSA} etw zu⌊nageln **2** rar (rinforzare con chiodi) {SUOLA DI SCARPA} etw benageln **3** alpin (attrezzare con chiodi) {PARETE} etw mit Haken versehen **4** tecnol (apporre rivetti) {LAMIERA} etw (ver)nieten.

chiodàto, (-a) agg **1** (munito di chiodi) {SCARPE, SCARPONI} Nagel- **2** autom (COPERTONE, PNEUMATICO} Spike(s)-.

chiodatrìce f tecnol Nietmaschine f.

chiodatùra f **1** (l'inchiodare) {+ASSE} Festnageln n; {+SCARPONI} Benageln n, Benagelung f **2** (insieme dei chiodi) {+POLTRONA} Nägel m pl **3** tecnol (giunzione con rivetti) {+PEZZO METALLICO} Nietung f.

chioderìa f **1** (officina) Nagelschmiede f **2** (assortimento di chiodi) Nägel m pl.

chiodìno <dim di chiodo> m bot Hallimasch m.

chiòdo m **1** {FILETTATO} Nagel m: ~ **da falegname**, Tischlernagel m; ~ **fucinato/[da staffa]**, Schmiedenagel m/Flachniet m o n; ~ **da scarpe**, Schuhnagel m; ~ **a testa piatta**, Plattnagel m; ~ **a uncino**, Hakennagel m; anche med {CHIRURGICO} Pin m; (rivetto) Niet m o n; ~ **tubolare**, Hohlniet m o n **2** fig (fitta dolorosa al capo) Stich m, stechender Schmerz: **avere un ~ alla tempia**, einen Stich/[stechenden Schmerz] in der Schläfe haben **3** fig (fissazione) Tick m fam, fixe Idee: **il voro è diventato il suo ~**, die Arbeit ist seiner/ihrer fixen Idee geworden; **non riesce a togliersi quel ~ dalla testa**, er/sie schafft es nicht, sich (dat) diesen Tick fam aus dem Kopf zu schlagen; ~ **fisso**, fixe Idee **4** fig fam (debito) Schulden pl **5** alpin Haken m: ~ **da ghiaccio/roccia**, Eis-/Felshaken m

6 *autom sport* (*punta metallica antiscivolo*) {+PNEUMATICO, SUOLA} Spike m **7** *slang giovanile* (*giubbotto in pelle*) Lederjacke f • **attaccare** qc al ~ *fig* (*abbandonare un'attività sportiva*), {BICICLETTA, GUANTONI, RACCHETTA, SCI, ecc.} etw an den Nagel hängen *fam*; **essere un** ~ *fig* (*molto magro*), spindeldürr sein *fam*; **chiodi di** *garofano bot*, Gewürznelken f pl; **piantare un** ~, einen Nagel einschlagen; *fig* (*fare un debito*), Schulden machen, einen Pump an|legen/auf|nehmen *fam*; ~ **scaccia** ~ *prov.* ein Keil treibt den ander(e)n *prov.*

chiòma f **1** (*capigliatura*) {BIONDA, LUNGA} Haar n; *fam* Mähne f *fam*: **fluenti chiome**, wallendes Haar *forb o scherz*; **folta** ~, dichtes Haar; **con le chiome sparse al vento**, mit den Haaren im Wind **2** *fig* (*fronde*) (Baum)krone f, Wipfel m **3** *fig* (*criniera*) {+CAVALLO} Mähne f **4** *astr* {+COMETA} Koma f.

chiòsa f (*glossa*) Glosse f.

chiosàre tr (*spiegare*) ~ qc {PASSO DIFFICILE} etw glossieren.

chiòsco <-schi> m **1** {+FIORAIO, GIORNALAIO} Kiosk m: ~ **dei gelati**, Eisbude f; (*delle bibite*) (Getränke)kiosk m; (*per la vendita di frutta*) Obststand m **2** (*gazebo*) Pavillon m **3** (*pergolato*) Laube f.

chiòstro m **1** (*cortile porticato*) {+CONVENTO} Kreuzgang m **2** (*convento*) {+FRATI, SUORE} Kloster n **3** *fig* (*clausura*) Kloster(leben) n.

chip <-> m *ingl elettr* Chip m.

chips f pl *ingl gastr* Chips m pl.

chirghìso, (-a) → **kirghiso**.

chirografàrio, (-a) <-ri m> **A** agg **1** (*redatto e firmato di proprio pugno*) {ATTO, TESTAMENTO} verbrieft, eigenhändig verfasst und unterschrieben **2** *dir* (*basato su una scrittura privata*) handschriftlich, chirographisch: **credito/debito** ~, Buchkredit m/Buchschuld f; **creditore** ~, Buchgläubiger m **B** m (f) *dir* (*creditore*) Buchgläubige m f decl come agg.

chiròrafo m **1** (*documento scritto di proprio pugno*) Chirograph n, handschriftliche Urkunde, Handschreiben n **2** *dir* (*scrittura privata*) Chirograph n, Handschrift f.

chiromànte mf (*nell'occultismo*) Handliniendeuter(in) m(f), Chiromant(in) m(f).

chiromanzìa f (*nell'occultismo*) Handlesekunst f, Chiromantie f.

chiropràtica <-che> f *med* Chiropraktik f *scient*.

chiropràtico, (-a) <-ci, -che> m (f) *med* Chiropraktiker(in) m(f).

chiroterapìa f *med* Chirotherapie f *scient*.

chiroteràpico, (-a) <-ci, -che> agg *med* {TRATTAMENTO} chirotherapeutisch *scient*.

chiroterapìsta <-i m, -e f> mf *med* (*chiropratico*) Chirotherapeut(in) m(f), Chiropraktiker(in) m(f).

chirùrga f → **chirurgo**.

chirurgìa f **1** {DENTARIA} Chirurgie f: ~ **estetica**, Schönheitschirurgie f; ~ **del freddo**, Kaltmesserchirurgie f, Kryochirurgie f *scient*; ~ **plastica**, plastische Chirurgie; **d'urgenza**, Unfallchirurgie f **2** (*reparto*) Chirurgie f.

chirùrgico, (-a) <-ci, -che> agg {FERRI, REPARTO, STRUMENTO} chirurgisch; {INTERVENTO} operativ; {SALA} Operations-.

chirùrgo, (-a) <-ghi rar -gi, -ghe> m (f) Chirurg(in) m(f).

chissà avv **1** (*esprime incertezza*) wer weiß: ~ **chi verrà!**, wer weiß, wer kommen wird!; ~ **cosa sta facendo**, wer weiß, was er/sie gerade macht; ~ **come/dove/quando/se...**, wer weiß, wie/wo/wann/ob...; ~ **chi crede di essere!**, für wen hält er/sie sich eigentlich! **2** (*esprime una vaga possibilità*) möglicherweise: ~ **che (non) arrivi puntuale**, möglicherweise kommt er/sie (nicht) pünktlich **3** (*nelle risposte e negli incisi: può darsi*) vielleicht, wer weiß: **verrà anche lui?** – ~!, wird er auch kommen? – Wer weiß!

chitàrra f Gitarre f: ~ **acustica/classica**, akustische/klassische Gitarre; ~ **elettrica**, elektrische Gitarre, Elektrogitarre f, E-Gitarre f; ~ **ritmica**, Rhythmusgitarre f; **suonare la** ~, Gitarre spielen.

chitarrìsta <-i m, -e f> mf Gitarrist(in) m(f).

chitìna f *biol* Chitin m.

chitinóso, (-a) agg *biol* {ORGANO} chitinig.

chitóne m *stor* (*abito*) Chiton m.

chiùdere <*irr* chiudo, chiusi, chiuso> **A** tr **1** (*serrare*) ~ qc {ARMADIO, CASSETTO, FINESTRA, VALIGIA} etw schließen, etw zu|machen *fam*; (*con la chiave*) etw ab|schließen; {CASSAFORTE} etw verschließen; (*anche uso assol*) {PORTA} zu|machen *fam*: **aspetta, non** ~!, warte, mach nicht zu! *fam*; {BOCCA, GIORNALE, OMBRELLO, VENTAGLIO} etw zu|machen *fam*, etw schließen; {BAGAGLIAIO, LIBRO} etw zu|klappen; {PUGNO} etw ballen; {BRACCIA} etw verschränken; {ALI} etw ein|ziehen; (*facendo scorrere*) {TENDE} etw zu|ziehen **2** (*coprire*) ~ qc {PENTOLA CON IL COPERCHIO} etw mit etw (dat) zu|decken, etw mit etw (dat) bedecken **3** (*tappare*) ~ qc (con qc) {BARATTOLO, BOTTIGLIA CON UN TAPPO} etw (mit etw dat) ab|schließen; {BUCO CON IL CEMENTO} etw (mit etw dat) schließen; {FALLA} etw (ab|)dichten **4** (*abbottonare*) ~ qc {COLLETTO, GIACCA} etw zu|knöpfen **5** (*sbarrare*) ~ qc (a qu/qc) {PASSAGGIO, VIA AI PEDONI, AL TRAFFICO} (jdm/etw) etw versperren **6** (*delimitare*) ~ qc con qc {AREA, ZONA CON UNA RECINZIONE} etw (mit etw dat) ab|sperren, etw (mit etw dat) ab|schließen **7** (*interrompere l'erogazione*) ~ qc {ACQUA, GAS} etw ab|drehen; *fam* {LUCE} etw aus|machen **8** (*disattivare*) ~ qc {RUBINETTO} etw zu|drehen; {RADIO, TELEVISIONE} etw ab|stellen, etw aus|machen; {DIGA, CHIUSA} etw schließen **9** (*rinchiudere*) ~ qu/qc + compl di luogo {BAMBINO IN UNA STANZA, ANIMALE IN UNA GABBIA, AUTO IN GARAGE, UOMO IN PRIGIONE} jdn/etw (in etw dat/acc) ein|schließen, jdn/etw (in etw dat/acc) ein|sperren **10** (*schiacciare*) ~ qc in qc {CINTURA NELLA PORTIERA} etw (irgendwo) ein|klemmen **11** *fig* (*concludere*) ~ qc (con qc) {CONFERENZA CON I RINGRAZIAMENTI, LETTERA CON I SALUTI, SPETTACOLO CON UN CORO} etw (mit etw dat) beenden **12** *fig* (*per cessata attività*) ~ qc {AMBULATORIO, MOSTRA, NEGOZIO, RISTORANTE} etw schließen; {FABBRICA} *anche* etw still|legen; {STUDIO} etw beenden **13** *fig* (*impedirne l'attività*) ~ qc {CHIESE, SEDE DI UN PARTITO, BORDELLO} etw schließen **14** *fig* (*mettere termine a*) ~ qc {CAUSA, ISCRIZIONI, CORSO, ANNO SCOLASTICO, SEDUTA, LEGISLATURA, TRATTATIVE} etw ab|schließen, etw beenden: ~ **le scuole**, das Schuljahr abschließen/beenden, die Schule schließen **15** *fig* (*stare al fondo*) ~ qc den Schluss von etw (dat)/+ gen bilden: ~ **il corteo**, den Schluss eines Zuges bilden **16** *banca* ~ qc {CONTO CORRENTE} etw schließen, etw auf|lösen, etw löschen **17** (*nei giochi di carte*) (*uso assol*) ab|legen **18** *inform* ~ qc {FILE} etw schließen **19** *sport* ~ qc {PARTITA} etw beenden **B** itr **1** ~ (+ compl di modo) {FINESTRA, SPORTELLO} BENE, PERFETTAMENTE (*irgendwie*) schließen **2** ~ (+ compl di tempo) {PISCINA, SUPERMERCATO} AD AGOSTO, ALLE 8, IL LUNEDÌ (*irgendwann*) schließen, (*irgendwann*) zu|machen **3** (*troncare*) ~ con qu/qc {CON IL LAVORO, CON LO SCI, CON LA SCUOLA} mit jdm/etw ab|schließen, mit jdm/etw fertig sein *fam*: **con lui ho chiuso definitivamente**, mit ihm habe ich endgültig abgeschlossen/ [bin ich endgültig fertig *fam*] **4** *comm* ab|schließen: ~ **in avanzo/perdita**, mit Gewinn/Verlust abschließen **C** itr pron **1** (*serrarsi*): **chiudersi** schließen: **il portone si chiude da solo**, das Tor schließt von selbst **2** (*rimarginarsi*): **chiudersi** {FERITA} sich schließen, zu|wachsen **3** *fig* (*finire*): **chiudersi con qc** {ANNO, SERATA CON UNA CENA} mit etw (dat) schließen **4** *fig* (*rannuvolarsi*): **chiudersi** {CIELO, ORIZZONTE} sich bewölken, sich zu|ziehen **D** tr **1** indir (*abbottonarsi*): **chiudersi qc** {CAMICIA, GIACCA} (sich dat) etw zu|knöpfen **2** (*avvolgersi*): **chiudersi in qc** {IN UNO SCIALLE} sich in etw (dat) wickeln **3** (*ritirarsi*): **chiudersi in qc** {IN CASA, IN CONVENTO} sich in etw (acc) zurück|ziehen **4** indir (*schiacciare*): **chiudersi qc in qc** {MANO NELLA PORTA} (sich dat) etw in etw (dat) ein|klemmen **5** *fig* (*raccogliersi*): **chiudersi (in qc)** sich (in etw acc) zurück|ziehen: **chiudersi nel dolore/silenzio**, sich in seinen Schmerz verkriechen/[Schweigen hüllen]; **chiudersi in se stesso**, sich in sich selbst zurückziehen • **chiudersi dentro**, sich ein|sperren; **chiudersi fuori**, sich aussperren.

chiudìbile agg {LETTO} Klapp-.

chiudilèttera <-> m Briefaufkleber m.

chiudipòrta <-> m *tecnol* Türschließer m.

chiunque <inv> **A** pron indef (*qualunque persona*) jede(r, s), jedermann: **qui può entrare** ~, hier kann jeder herein; **non raccontarlo a** ~, erzähl es nicht jedermann **B** pron rel indef (*qualunque persona che*) wer auch immer: ~ **sia**, egal wer *fam*, wer auch immer; **può partecipare** ~ **lo voglia**, wer auch immer Lust hat, kann mitmachen.

chiùrlo m **1** *ornit* Brachschnepfe f **2** *fig tosc* (*sempliciotto*) Dummkopf m *spreg*, Simpel m *fam region*, Einfaltspinsel m *fam spreg*.

chiùsa f **1** (*sbarramento*) {+CANALE, FIUME} Schleuse f **2** (*conclusione*) {+DISCORSO, LETTERA} Schluss m **3** (*recinto*) {+AREA, TERRENO} Einfriedung f **4** *geog geol* Talenge f, Klause f.

chiùsi 1ª pers sing del pass rem di chiudere.

chiusìno m {+FOGNA} Gullydeckel m: ~ **a grata**, Gitter(gully)deckel m.

chiùso, (-a) **A** part pass di chiudere **B** agg **1** gener {CANCELLO, LIBRO, SPORTELLO, BOTTIGLIA, SCATOLA} geschlossen, zu; {GAS, RISCALDAMENTO} aus, ab-, ausgedreht, abgestellt; {RUBINETTO} zu, abgedreht **2** (*inaccessibile*) ~ (**a qu**) {FARMACIA, MAGAZZINO, TEATRO, UFFICIO AL PUBBLICO} (*für jdn*) unzugänglich **3** (*inattivo*) {NEGOZIO} zu, geschlossen: ~ **per ferie**, wegen Betriebsferien geschlossen; **lo stabilimento è** ~ **da un anno**, das Werk ist seit einem Jahr geschlossen **4** (*sbarrato*) ~ (**a qu/qc**) {STRADA AI PASSANTI, AGLI AUTOMEZZI} (*für jdn/etw*) gesperrt **5** (*accollato*) {MAGLIA} hochgeschlossen; {SCARPA} geschlossen **6** (*elitario*) {AMBIENTE, SOCIETÀ} geschlossen, elitär **7** *fig* (*introverso*) {CARATTERE, PERSONA} verschlossen **8** *fig* (*conservatore*) {MENTALITÀ} verschlossen, engstirnig **9** *fig* (*concluso*) {AFFARE, ARGOMENTO, CAPITOLO} abgeschlossen **10** *fig* (*costipato*) verstopft, zu: **oggi sono un po'** ~, **respiro a fatica**, heute ist meine Nase ziemlich zu/verstopft, ich kann kaum atmen; **ho sempre il naso** ~ (*nuvoloso*) wolkig, bedeckt, trüb: **tempo/cielo** ~, trübes Wetter/bedeckter Himmel **12** *banca* {CONTO} geschlossen, aufgelöst, gelöscht **13** *elettr ling* {CIRCUITO, VOCALE} geschlossen **C** m **1** *gener* geschlossener Raum: **al** ~, drinnen; **odore/puzza di** ~, stickige/schlechte/verbrauchte Luft **2** (*recinto per bestiame*) Gehege n; (*per ovini*) Pferch m.

chiusùra f **1** (*atto*) Schließung f: **la** ~ **dei cancelli verrà effettuata alle ore 20.00**, die Tore werden um 20 Uhr geschlossen; {ANTI-

CIPATA, TEMPORANEA +BANCA} Schließung f; {DEFINITIVA, FALLIMENTARE +DITTA, FABBRICA} Stilllegung f; {MOMENTANEA +PONTE, STRADA} (Ab)sperrung f; {ANNUALE, MENSILE +CONTI} Abschluss m; **~ di cassa**, Kassenabschluss m; **~ di negozio**, Geschäftsaufgabe f **2** (*conclusione*) {+DIBATTITO, PARTITA, RAPPRESENTAZIONE} Schluss m, Ende n: **in ~**, zum Schluss; {+ATTIVITÀ} Beendigung f, (Ab)schluss m **3** (*serratura*) {+CASSAFORTE, FINESTRA, VALIGIA} Schloss n: **~ a combinazione**, Zahlenschloss m **4** (*sistema per chiudere*) {LATERALE +ABITO, COLLANA, GONNA} Verschluss m: **~ ermetica/stagna**, hermetischer/luftdichter Verschluss; **~ lampo**, Reißverschluss m; **~ di sicurezza**, Sicherheitsverschluss m; **~ a strappo**, Klett(en)verschluss m **5** *banca* {+CONTO} Schließen n, Löschen n, Auflösen n **6** *elettr* {+CIRCUITO} Schließen n **7** *fot* {+DIAFRAMMA} Verschluss m **8** *mecc* (*dispositivo*) {AUTOMATICA} Verschluss m: **~ a scatto**, Schnappverschluss m; **~ centralizzata**, Zentralverriegelung f **9** *polit* Abriegelung f: **~ a sinistra**, Abriegelung f nach links ● **alla ~ della Borsa di Milano la quotazione era ...** *econ*, bei Schließung der Mailänder Börse betrug der Kurs(wert) ...

chi va là A *inter anche mil* wer da? B <-> *loc sost* m *anche fig* Werda(ruf m) n ● **mettere qu sul chi va là** *fig* (*in guardia*), jdn Wache schieben lassen, jdn auf den Posten schicken.

chi vive *loc inter mil* wer da? ● **stare sul chi vive** *fig* (*in guardia*), auf der Hut sein *forb*, auf dem Quivive sein *fam*.

choc *franc* → **shock**.

chow chow <-> m *ingl zoo* Chow-Chow m.

ci <ce> A *pron pers* 1ª *pers* pl (*compl oggetto o di termine*) uns: **non ci ha convinto del tutto**, er/sie hat uns nicht völlig überzeugt; **lasciateci andare!**, lasst uns gehen!; **ci dia un consiglio!**, geben Sie uns einen Rat! B *pron rfl* 1ª *pers* pl **1** (*nei rfl anche indiretti, intens e negli itr pron*) uns: **ci vestiamo sempre di nero**, wir kleiden uns immer in Schwarz; **laviamoci le mani con il sapone**, waschen wir uns die Hände mit Seife; **ci vediamo un bel film?**, schauen wir uns einen schönen Film an?; **alla festa ci siamo annoiati**, auf der Fest haben wir uns gelangweilt **2** (rfl rec) einander, uns: **Paolo ed io ci odiamo**, Paolo und ich↓ wir hassen uns↓; [hassen einander *forb*] C *pron impers* man: **ci si veste in un baleno**, man zieht sich blitzschnell an; **qui ci si diverte**, hier amüsiert man sich D *pron dimostr* **1** (*con valore neutro*) da, das, davon, daran, darauf, damit *ecc.*: **non ci credo**, das glaube ich nicht; **ridiamoci sopra**, lachen wir darüber; **ci puoi contare**, darauf kannst du wetten *fam*, da kannst du Gift darauf nehmen *fam* **2** (*pleonastico, non si traduce*): **con te non ci vengo**, mit dir komme ich nicht (mit); **ce l'hai la macchina?** – Certo che ce l'ho!, hast du das Auto mit? – Natürlich habe ich es mit! E *avv* **1** (*qui*) hier: **ci dorme mio fratello**, hier schläft mein Bruder; (*moto*) (hier)her; **ci veniamo spesso**, wir kommen oft hierher **2** (*lì*) dort: **non ci abita nessuno**, dort wohnt niemand; (*moto*) dorthin; **ci va con la famiglia**, er/sie geht mit seiner/ihrer Familie dorthin **3** (*per questo luogo*) hier vorbei, hier durch: **ci passiamo ogni mattina**, wir kommen hier jeden Morgen vorbei **4** (*pleonastico, non si traduce*): **in questa casa ci abitano quattro famiglie**, in diesem Haus wohnen vier Familien ● **che c'è di male?**, was ist ⌊daran schlimm⌋/[Schlimmes dabei]?; **ci sono anche dei bambini**, es gibt auch Kinder, es sind auch Kinder da.

CI f *amm* abbr di Carta d'Identità: Personalausweis m.

CIA f abbr *dell'ingl* Central Intelligence Agency (*Ufficio centrale d'informazione*) CIA f o m.

C.ia abbr *di* compagnia: Co, Co. (**abbr di** Compagnie, Kompanie).

ciabàtta f **1** (*pantofola*) Pantoffel m, Hausschuh m, Schlappen m *fam*: **stasera non esco, sono già in ciabatte**, heute Abend gehe ich nicht aus, ich bin schon in Hausschuhen **2** (*scarpa malandata*) Latsche f *fam* **3** *region* (*forma di pane*) Ciabatta f (*knusprges, flaches, langes Brot*) **4** *elettr* (*supporto per prese multiple*) Mehrfachstecker m ● **chiudi quella ~** *fig fam* (*taci*), halt den Mund! *fam*; **essere una vecchia ~** *fig spreg* (*cosa logora e di poco valore*) Dreck/[ein alter Krempel] sein *fam spreg*; *fig spreg* (*spec donna decrepita*), eine alte Vettel/Schachtel sein *fam spreg*; **trattare qu come una ~** *fig* (*umiliare*), jdn wie den letzten Dreck behandeln *fam*.

ciabattàre *itr* ~ + *compl di luogo* {PER CASA, SU E GIÙ PER LE SCALE} *irgendwohin* schlurfen, *irgendwohin* latschen *fam*.

ciabattàta f (*colpo di ciabatta*) Schlag m mit dem Pantoffel.

ciabattìno, (-a) m (f) Flickschuster(in) m(f) *obs*.

ciabattóne, (-a) m (f) Schludrian m *fam spreg*, Schlamper(in) m(f) *fam spreg*.

ciàc① <-> A *inter onomatopeica* klatsch, patsch B m (*rumore*) Klatsch m, Patsch m ● **fare ~ ~ nell'acqua**, durchs/im Wasser patschen *fam*.

ciàc② <-> m *film* Klappe f: **il primo ~**, die erste Klappe; **~, si gira!**, Achtung, Aufnahme!

ciàcchete → **ciac**①.

ciaccolàre → **ciacolare**.

ciacolàre *itr sett* (*chiacchierare*) {AMICHE} plaudern, quatschen *fam*, ratschen *spec süddt*.

Ciad m *geog* Tschad m.

ciadiàno, (-a) A *agg* (*del Ciad*) {TERRITORIO} tschadisch B m (f) (*abitante*) Tschader(in) m(f).

ciàf, ciàffete <-> A *inter onomatopeica* **1** (*di uno schiaffo*) patsch **2** (*di qc che cade in acqua*) platsch B m **1** (*rumore di uno schiaffo*) Patsch m **2** (*rumore di qc che cade in acqua*) Platsch m m.

ciàk → **ciac**②.

ciàlda f **1** *gastr* Oblate f, Waffel f **2** *farm* Oblate f.

cialdóne <*accr di* cialda> m *gastr* "mit Sahne gefüllte Waffelrolle".

cialtróna f → **cialtrone**.

cialtronàggine f (*cialtroneria*) Gemeinheit f, Schurkerei f *spreg*.

cialtronàta f **1** (*mascalzonata*) Lumperei f *spreg*, Gemeinheit f, Schurkerei f *spreg* **2** (*lavoro mal fatto*) Pfuscharbeit f *fam spreg*, Schlamperei f *fam spreg*, Hudelei f *fam*.

cialtróne, (-a) m (f) **1** (*mascalzone*) Lump m *spreg*, Kanaille f *spreg*, Schurke m *spreg*, Schuft m *spreg* **2** (*persona pigra e trasandata*) schlampiger Mensch *spreg*, Schlamper m *region* (*spec sett*), Schlampe f *fam spreg*.

cialtronerìa f **1** (*l'essere un mascalzone*) Lumpigkeit f *spreg*, Gemeinheit f **2** (*l'essere una persona inaffidabile*) Schlampigkeit f *spreg* **3** (*mascalzonata*) Lumperei f *spreg*, Schurkerei f *spreg* **4** (*comportamento inaffidabile*) Schlamperei f *fam spreg*, Hudelei f *fam*.

ciambèlla f **1** *gastr* (*dolce*) Kringel m; (*torta*) Kranzkuchen m; (*pane*) Brotkranz m **2** (*salvagente*) Rettungsring m **3** (*per sedersi*) Rundkissen n: **~ per degenti**/[**le piaghe**], Lagerungsring m/Ring m zur Dekubitus-Prophylaxe **4** (*dentarolo*) Elfenbeinring m **5** (*cercine*) Tragpolster n **6** (*nell'equitazione*) Piaffe f ● **non tutte le ciambelle riescono col buco** *prov*, es geht nicht immer alles nach Wunsch/Plan, im Leben geht mancher Schuss daneben *fam*.

ciambellàno m **1** Kammerherr m *stor*, Kämmerer m *stor*: **il gran ~**, oberster Hofkämmerer *stor* **2** *fig* (*uomo servile*) Kriecher m *spreg*, Schmeichler m, Höfling m *spreg*.

cianàto m *chim* Zyanat n.

ciància <-ce> f <*di solito al pl*> **1** (*discorso futile*) Geschwätz n *fam spreg*, Unsinn m: **poche cance**, Geschwätz! *fam spreg* **2** (*pettegolezzo*) {+DONNE, PAESE} Tratsch m *fam spreg*, Klatsch m *fam spreg* (*fandonia*) Lüge f, Märchen n: **son tutte ciance**, das sind alles Märchen/Lügengeschichten.

cianciàre <*ciancio, cianci*> *itr fam* (*chiacchierare*) {COMARE} quatschen *fam*, schwatzen, quasseln *fam*.

ciancicàre <*ciancico, ciancichi*> A *itr fam* **1** (*biascicare*) stammeln, nuscheln **2** (*masticare con fatica*) mühsam kauen **3** *fig* (*eseguire male un lavoro*) schlampen *fam spreg*, schludern *fam spreg* B *tr region* (*spiegazzare*) **~ qc** {FOGLIETTO} *etw* zerknüllen, *etw* zerknittern, *etw* zerknäulen *region*.

cianfrusàglia f <*di solito al pl*> Firlefanz m *fam spreg*, Krimskrams m *fam*, Krempel m *fam spreg*: **la tua stanza è piena di cianfrusaglie**, dein Zimmer ist voller Krempel *fam spreg*.

ciangottàre *itr* **1** (*balbettare*) {BAMBINO} stottern **2** (*cinguettare*) {PAPPAGALLO, RONDINE} zwitschern **3** *fig forb* (*gorgogliare lievemente*) {RUSCELLO} plätschern.

ciàno① m **1** *lett* (*fiordaliso*) Kornblume f, Zyane f *forb* **2** *tecnol* (*colore azzurro-verde*) Grünblau n.

ciàno② m *chim* (*radicale*) Zyan n.

ciàno③ <-> f *tip* (*cianografica*) Zyanotypie, Blaupause f.

cianògeno m *chim* (*gas*) Zyan n.

cianografìa f *tip* Zyanotypie f.

cianogràfica <-che> f *tip* (*bozza*) Zyanotypie f, Blaupause f.

cianogràfico, (-a) <-ci, -che> agg *tip* {CARTA, COPIA} Zyanotypie-: **bozza cianografica**, Zyanotypie f, Blaupause f.

cianòsi f *med* Zyanose f *scient*.

cianòtico, (-a) <-ci, -che> agg *med* {LABBRA, VISO} zyanotisch *scient*.

cianotipìa f *tip* Zyanotypie f.

cianùro m *chim* Zyanid n.

ciào *inter* **1** (*nell'incontrarsi*) hallo *fam*, grüß dich *fam*, servus *spec süddt A* **2** (*nel lasciarsi*) tschüs(s) *fam*, ade *region*, ciao *fam*, tschau *fam*: **ciao, ciao!** *fam*, tschüsschen! *fam*; ciao, ciao! *fam* ● **... e ~** (*indica la fine di qc*), ... und tschüs(s)! *fam*; **fare ~ (con la mano)**, winken.

ciàrda f (*danza*) Csardas m.

ciàrla f **1** <*di solito al pl*> (*chiacchiere inutili*) Geschwätz n *fam spreg*: **quante ciarle!**, wie viel Geschwätz! *fam spreg* **2** <*di solito al pl*> (*pettegolezzi*) Tratsch m *fam spreg*, Klatsch m *fam spreg*: **e tu credi alle ciarle di quella pettegola?**, und du glaubst den Tratsch von der Klatschbase? *fam spreg* **3** (*diceria*) Gerücht n **4** *fam scherz* (*loquacità*) Geschwätzigkeit f *spreg*.

ciarlàre *itr* **1** (*chiacchierare*) quatschen *fam*, schwatzen, quasseln *fam* **2** (*spettegolare*) tratschen *fam spreg*.

ciarlatanàta f (*azione o discorso da ciarlatano*) Scharlatanerie f *spreg*, Scharlatanismus m *spreg*.

ciarlataneria f 1 (*caratteristica*) Scharlatanismus m *spreg* 2 (*ciarlatanata*) Scharlatanerie f *spreg*, Scharlatanismus m *spreg*.

ciarlatàno, (-a) m (f) 1 (*imbonitore*) Marktschreier(in) m(f) *spreg* 2 *fig* (*imbroglione*) Scharlatan m *spreg*.

ciarlièro, (-a) agg (*loquace*) {PERSONA} geschwätzig *spreg*, schwatzhaft *spreg*, redselig *spreg*.

ciarlóne, (-a) **A** agg (*che parla troppo*) schwatzhaft *spreg*, schwätzerisch *spreg* **B** m (f) (*persona che parla troppo*) Schwätzer(in) m(f) *spreg*, Plaudertasche f *scherz spreg*, Quasselstrippe f *fam spreg*.

ciarpàme m (*roba inutile*) Kram m *fam spreg*, Gerümpel n *spreg*, Krempel m *fam spreg*.

ciaschedùno *lett* → **ciascuno**.

ciascùno, (-a) <*solo sing*> **A** agg indef m (*davanti a s impura, gn, pn, ps, x, z, y, j e da semiconsonante i, negli altri casi diventa ciascun*) f (*davanti a consonante e alla semiconsonante i, negli altri casi diventa ciascun'*) (*ogni*) all, jeder(r, s); **ciascun candidato**, jeder Kandidat; **ciascuna donna**, jede Frau; **ciascun progetto verrà valutato**, alle Projekte werden bewertet werden **B** pron indef 1 (*ognuno*) (ein) jeder, (eine) jede, (ein) jedes, jedermann: **~ avrà la sua parte**, jeder kriegt seinen Teil ab; **~ a suo modo**, ein jeder nach seiner ˌ /[auf seine] Fasson; **a ~ il suo**, jedem das Seine; **rimanete al proprio posto**, bleibt alle auf eurem Platz; **~ di qu/qc** {DI NOI, DI VOI, DI LORO, DI QUESTE CASE} jede(r, s) von *jdm/etw* 2 (*con valore distributivo*) je: **le bottiglie costano 2 euro ciascuna**, die Flaschen kosten je 2 Euro; **avrete un foglio (per)** ~, ihr werdet je ein Blatt bekommen.

cibàre **A** tr ~ **qu** {AMMALATO, NEONATO} *jdn* ernähren; ~ **qc** {CUCCIOLO} *etw* füttern **B** rfl: **cibarsi di qc** 1 (*alimentarsi*) {DI CARNE, DI DOLCI} sich *von etw* (dat) ernähren 2 *fig* (*vivere*) {DI ARTE, DI ILLUSIONI, DI MUSICA} sich *etw* (dat) hin|geben.

cibàrie f pl (*viveri*) Lebensmittel n pl.

cibernètica <-*che*> f Kybernetik f.

cibernètico, (-a) <-*ci, -che*> **A** agg {ANALISI, MODELLO} kybernetisch **B** m (f) (*studioso*) Kybernetiker(in) m(f).

ciberspàzio <-*zi*> m → **cyberspazio**.

cìbo m 1 (*alimento*) {ABBONDANTE, LEGGERO, SALUTARE, SANO} Nahrung f, Speise f, Essen n: **cibi conservati**, Konserven f pl 2 (*mangime*) Futter n: **~ per animali**, (Vieh)futter n; **~ in scatola**, Dosenfutter n 3 (*vivanda*) {ELABORATO, RAFFINATO} Gericht n, Kost f, Essen n: **cibi precotti**, vorgekochtes Essen; **~ pronti**, Fertiggericht n 4 *fig* (*nutrimento*) Nahrung f: **il ~ dell'anima**, Seelennahrung f • **eucaristico** *fig relig* (*l'eucaristia*) Eucharistie f; **non toccare ~** *fig* (*digiunare*), kein Essen anrühren.

cibòrio <-*ri*> m 1 *arch* Ziborium n 2 *relig* (*coppa per le ostie*) Ziborium n 3 *relig* (*ostensorio*) Monstranz f.

cic <-> **A** inter onomatopeica klitsch **B** m (*rumore*) Klitsch m • **le scarpe fanno cic ciac**, die Schuhe machen klitsch, klatsch.

cicàla f 1 Zikade f 2 *fig* (*persona chiacchierona*) Schwätzer(in) m(f) *spreg*, Plaudertasche f *scherz spreg*, Quasselstrippe f *fam spreg* 3 *elettr* (*cicalino*) Summer m 4 *mar* Ankerring m • *fare come la* ~ *fig* (*sperperare*), (sorglos/leichtsinnig) in den Tag hinein leben; **la ~ e la *formica*** (*titolo di una favola di La Fontaine*), die Ameise und die Grille; **~ di mare** *zoo*, Heu-, Fangschreckenkrebs m.

cicalàre itr (*chiacchierare*) ~ **(con qu)** {CON LE AMICHE} (*mit jdm*) gackeln *fam*, (*mit jdm*) kakeln *fam*.

cicalèccio <-*ci*> m {+DONNE} Gackelei f *fam*.

cicalìno <*dim di cicala*> m *elettr* Piepser m, Summer m.

cicatrìce f *anche fig* (*segno*) Narbe f: **ha una lunga ~ sulla mano**, er/sie hat eine lange Narbe auf der Hand; **un volto coperto di cicatrici**, ein narbiges/vernarbtes Gesicht.

cicatriziàle agg *med* {TESSUTO} Narben-.

cicatrizzànte *farm* **A** agg {PRODOTTO} Wund-, Narben- **B** m Wund-, Narbencreme f; Wund-, Narbensalbe f.

cicatrizzàre **A** tr ~ **qc** {POMATA LESIONE; TEMPO FERITA} *etw* vernarben lassen **B** itr <*essere o avere*> pron: **cicatrizzarsi** vernarben: **il taglio ha/[(si) è] cicatrizzato bene**, der Schnitt ist gut vernarbt.

cicatrizzazióne f {+FERITA} Vernarbung f, Narbenbildung f.

cicca① <-*che*> f *fam* (*chewing-gum*) Kaugummi m n.

cicca② <-*che*> f 1 (*mozzicone di sigaretta*) Kippe f *fam* 2 (*sigaretta*) Kippe f *fam*, Glimmstängel m *fam*, Lungenbrötchen n *fam scherz* • **non valere una ~** *fig fam* (*valere poco o nulla*), keinen Pfifferling wert sein *fam*.

ciccàre (*cicco, cicchi*) tr *slang sport* (*mancare*) ~ **qc** {GOL, PALLONE} *etw* verfehlen.

cicchétto m 1 (*bicchierino*) Gläschen n: **bere/farsi un ~**, einen kippen *fam* 2 *fig fam* (*ramanzina*) Anpfiff m *fam*, Anschiss m *fam*: **fare un ~ a qu**, jdn anpfeifen *fam*, jdn anscheißen *volg*; **prendere un ~ dal capo**, einen Anpfiff vom Chef bekommen *fam*.

ciccia <-*ce*> *fam* **A** f 1 (*carne*) Fleisch n 2 *scherz* (*grasso*) Speck m *scherz*: **avere troppa ~ addosso**, zu viel Speck auf den Rippen haben *fam*; **metter su ~**, Speck ansetzen *fam* **B** inter impr (*come risposta negativa*): **~!**, (ja) Pustekuchen! *fam*, denkste! *fam*; **ti piacerebbe venire, vero? E invece ~!**, du würdest gerne kommen, nicht wahr? Aber Pustekuchen! *fam*.

ciccìno, (-a) <*dim di ciccio*> m (f) *fam* Schnucki m *fam*, Schnuckelchen n *fam*, Schnuckiputz n *fam*: **sei il mio ~**, du bist mein Schnuckel/Schnuckiputz *fam*.

ciccio, (-a) <-*ci, -ce*> **A** agg *fam* (*rotondetto*) {BIMBO} pummelig *fam*, rundlich, mollig **B** m (f) *fam* Pummelchen m, Dickerchen n *fam*.

cicciobómba <-> mf *scherz* (*persona molto grassa*) Pummel m *fam*, Kugel m, Koloß m.

cicciolo m 1 (*di solito al pl*) *gastr* Griebe f 2 *fam* (*escrescenza*) Wucherung f.

cicciòne, (-a) **A** agg fett *spreg*, dick **B** m (f) *fam* Dicke mf *decl come agg*; *spreg* (*grassone*) Fettkloß m *spreg*.

cicciottèllo, (-a) <*dim di cicciotto*> agg *fam* (*paffutello*) {BIMBA, CUCCIOLO} pumm(e)lig *fam*, rundlich, {DONNA} mollig.

cicciòtto, (-a) **A** agg *fam* (*paffuto*) {BAMBINO, FACCIA} pumm(e)lig *fam*, dicklich, pausbäckig **B** m (f) *fam* (*escrescenza*) Fleischgewächs n.

cicciùto, (-a) **A** agg *fam* (*grasso*) {CANE, SIGNORE} fett *spreg*, dick.

cicerchiàta f *gastr* "frittiertes Honiggebäck".

ciceróne m 1 (*guida turistica*) Fremdenführer m, Cicerone m *scherz*: **fare da ~ a qu**, den Fremdenführer für jdn spielen 2 *fig fam spreg* (*sapientone*) Neunmalkluge m *decl come agg spreg*: **fare il ~**, den Neunmalklugen spielen *spreg*.

Ciceróne m *stor* Cicero.

ciceroniàno, (-a) *lett* **A** agg 1 (*di Cicerone*) {SCRITTO, TEORIA} *von* Cicero 2 (*simile a Cicerone*) {ORATORE, STILE} ciceronianisch, ciceronisch **B** m (f) (*seguace*) Ciceronianer(in) m(f).

cicinìno m *sett* solo nella loc avv: **un ~**, **un cicinin**, ein (winzig)kleines bisschen: **nella vita ci vuole un ~ di fortuna**, man braucht im Leben ein kleines bisschen Glück.

cicisbèo m 1 *stor* (*cavalier servente*) Galan m *forb iron* 2 *fig* (*corteggiatore galante*) Lackaffe m *fam spreg*, Geck m *spreg*, Laffe m *obs spreg*.

ciclàbile agg {CORSIA, PISTA, STRADA} mit dem Fahrrad befahrbar, Fahrrad-.

Cìcladi f pl *geog*: **le ~**, die Zykladen, die Kykladen.

ciclamìno **A** m *bot* Alpenveilchen n, Zyklamen n **B** <inv> agg {CAMICETTA} veilchenblau **C** <-> m (*colore*) Veilchenblau n.

ciclicità <-> f {+STAGIONI} zyklischer Ablauf.

cìclico, (-a) <-*ci, -che*> agg 1 (*periodico*) {ANDAMENTO, DISTURBO, FENOMENO} zyklisch 2 *chim* (*ad anello*) {IDROCARBURO, LEGAME} kreis-, ringförmig, zyklisch 3 *lett* {POEMA, ROMANZO} Zyklus-, Zyklen-.

ciclìsmo m *sport* Radsport m: **~ su pista/strada**, Bahn-/Straßenrennen n.

ciclìsta <-*i* m, -*e* f> **A** agg {CORRIDORE} Rad- **B** mf 1 (*Fahrrad*fahrer(in) m(f); *sport* {DILETTANTE, PROFESSIONISTA} Radrennfahrer(in) m(f), Radsportler(in) m(f) 2 *region* (*chi ripara biciclette*) Fahrradmechaniker(in) m(f).

ciclìstico, (-a) <-*ci, -che*> agg {CORSA, INDUSTRIA} (Fahr)rad-.

ciclo① m 1 *gener* (*periodo*) {LUNARE, SOLARE; +CURE, STAGIONI} Zyklus m: **~ liturgico**, liturgischer Zyklus 2 (*processo*) {INDUSTRIALE; +LAVORAZIONE} Ablauf m, Phase f: **~ produttivo**, Produktionsablauf m; *biol chim fis* {CELLULARE, TERMODINAMICO, VITALE; +AZOTO, IDROGENO, NATURA} Kreislauf m, Zyklus m; *geol* {OROGENETICO, SEDIMENTARIO} Zyklus m 3 (*serie*) {+CONCERTI, INCONTRI, LEZIONI, TRASMISSIONI} Reihe f 4 (*in fisiologia*) {CARDIACO, MESTRUALE} Zyklus m; (*decorso*) {+MALATTIA} Verlauf m 5 *fam* (*mestruazioni*) Zyklus m *scient*, Regel f, Periode f: **avere il ~**, die Regel haben; **avere un ~ abbondante/regolare**, eine starke/normale Regel(blutung) haben 6 *inform* (*tempo richiesto per un'elaborazione*) Takt m 7 *lett* {BRETONE} Zyklus m: **~ carolingio**, karolingischer Sagenkreis 8 *mat* (*curva chiusa*) Zyklus m 9 *scuola* {DIDATTICO} Stufe f: **primo ~**, Sekundarstufe I f, Unter- und Mittelstufe f; **secondo ~**, Sekundarstufe II f, Oberstufe f; **~ di studi**, Studienabschnitt m • **~ storico**, Epoche f.

ciclo② m (*bicicletta*) Rad n.

cicloamatóre, (-trice) m *sport* Amateurradsportler(in) m(f), Fahrradbegeisterte mf *decl come agg*.

ciclocampèstre **A** agg {CORSA, PERCORSO} Querfeldein-, Geländerad-, Crosscountry-Fahrrad- **B** f (*ciclocross*) Querfeldeinrennen n, Geländeradrennen n, Crosscountry-Radrennen n.

ciclocròss <-> m Querfeldeinrennen n, Geländeradrennen n, Crosscountry-Radrennen n.

cicloidàle agg *mat* {MOTO} zykloid, Zykloiden-.

cicloìde f *mat* {ALLUNGATA, ORDINARIA} Zykloide m.

ciclomotóre m *spec amm* Kleinkraftrad n.

ciclóne m 1 *meteo* (*fenomeno atmosferico*) {OCCLUSO} Zyklone f: **~ tropicale**, Zyklon m, Wirbelsturm m 2 *fig* (*persona irruenta*) Wirbelwind m *scherz* 3 *tecnol* (*apparecchio*) Zyklon m.

ciclònico, (-a) <-*ci, -che*> agg *meteo* {PIOGGIA, VENTO} Tiefdruck-.

ciclòpe m *mitol* Kyklop m, Zyklop m.

ciclòpico, (-a) <-*ci, -che*> agg 1 (*di ciclope*)

ciclopista f Radrennbahn f.
ciclopropàno m chim Zyklopropan n.
cicloradùno m Radfahrertreffen n.
ciclosporìna f farm Ciclosporin n.
ciclostilàre tr ~ qc {COMUNICATO, VOLANTINO} etw hektographieren.
ciclostilàto A agg {FOGLIO, OPUSCOLO} hektographiert B m (scritto o immagine) Hektographie f.
ciclostìle m Hektograph m.
ciclotimìa f psic Zyklothymie f.
ciclotìmico, (-a) <-ci, -che> psic A agg {PERSONALITÀ, SOGGETTO} zyklothym B m (f) (chi presenta ciclotimia) zyklothymes Temperament.
ciclotróne m fis Zyklotron n.
cicloturìsmo m Fahrradtourismus m.
cicógna f 1 {BIANCA, NERA} Storch m 2 (bisarca) Autotransporter m 3 aero stor {TEDESCA} Storch m (deutsches Aufklärungsflugzeug im 2. Weltkrieg) ● è arrivata la ~ fig (è nato un bambino), der Klapperstorch ist gekommen fam.
cicòria f 1 Wegwarte f, Zichorie f 2 (surrogato del caffè) Zichorie f.
CICR m abbr di Comitato Internazionale della Croce Rossa: IKRK n (abbr di Internationales Komitee des Roten Kreuzes).
cicùta f 1 bot {ACQUATICA} Schierling m: ~ maggiore/[di Socrate], gefleckter Schierling; ~ aglina/minore, Hundspetersilie f, Gleiße f 2 (veleno) Schierlingsgift n.
cidì → CD.
ciecaménte avv 1 (senza vedere) {AGGIRARSI, CAMMINARE NEL BUIO} blind 2 fig (sconsideratamente) {COLPIRE, FIDARSI, UBBIDIRE} blind, blindlings.
cièco, (-a) <-chi, -che> A agg 1 blind: essere ~ da un occhio, auf einem Auge blind sein; diventare ~, erblinden; ~ dalla nascita, blindgeboren 2 fig (accecato) ~ (da/di qc) {DALLA GELOSIA, DI RABBIA} blind vor etw (dat); rendere ~ qu, jdn blind machen 3 fig (insensibile) ~ davanti a/[di fronte] a qc {DAVANTI ALLA MISERIA, DI FRONTE ALLA SOFFERENZA} blind für etw (acc) 4 fig (incondizionato) {AMORE, FIDUCIA, UBBIDIENZA} blind, bedingungslos 5 fig (travolgente) {IRA, ODIO} blind, ungezügelt 6 fig (senza finestre) {BAGNO, LOCALE, SCALA} fensterlos 7 fig (senza uscita) {CANALE, CORRIDOIO} ohne Ausgang: ˌstrada ciecaˌ/[vicolo ~], Sackgasse f 8 fig (privo di visibilità) {CURVA} unübersichtlich B m (f) Blinde mf decl come agg: ~ di guerra, Kriegsblinde m decl come agg; bastone/cane/istituto per ciechi, Blindenstock m/Blindenhund m/Blindenanstalt f C m anat Blinddarm m D loc avv: alla cieca 1 (senza vedere) {AVANZARE} blind 2 fig (sconsideratamente) {AGIRE, DECIDERE} blind, blindlings ● lo vedrebbe anche un ~ fig (è molto evidente), das sieht doch ein Blinder (mit dem Krückstock)! fam; nel paese/regno dei ciechi (anche) il monocolo/guercio è re prov, ˌim Land derˌ/[unter den] Blinden ist der Einäugige König.
ciellìno, (-a) m (f) polit Mitglied n der katholischen Bewegung Comunione e Liberazione".
cièlo A m 1 gener anche meteo {AZZURRO, NUVOLOSO, TERSO} Himmel m: ~ stellato, Stern(en)himmel m 2 (spazio aereo) Himmel m: il basso ~ di Milano, der tiefhängende Himmel Mailands; aero Luftraum m: attraversare i cieli tedeschi, den deutschen Luftraum durchqueren 3 astr Sphäre f 4 relig (paradiso) Himmel m: essere assunto in ~, in den Himmel fahren; come in ~ così in terra, wie im Himmel so auf Erden; nell'alto dei cieli, im Himmel (dr)oben 5 tecnol (parte alta interna) {+CALDAIA, CARROZZA, FORNO} Dach n; (volta) {+STANZA} Decke f B inter impr (di meraviglia): ~!, (du lieber) Himmel! fam; (oh) ~, mio marito!, (du lieber) Himmel, mein Mann! fam ● a ~ aperto, (allo scoperto) {DORMIRE} unter freiem Himmel; min (in superficie) über Tage; apriti ~!, gerechter/gütiger Himmel!; toccare il ~ con un dito fig (essere molto felici), überglücklich sein, den Himmel offen sehen forb, am Himmel anstoßen, vor Freude an die Decke springen; essere al settimo ~ fig (al colmo della felicità), im siebten Himmel sein fam; grazie al ~!, dem Himmel sei Dank!; cadere/piovere dal ~ fig (giungere opportuno o inaspettato), vom Himmel fallen; portare qu al settimo ~ fig (coprirlo di lodi), jdn in den Himmel heben fam, jdn über den grünen Klee loben fam; non sta né in ~ né in terra fig (è assurdo), das hat weder Hand noch Fuß; muovere ~ e terra per qu/qc fig (darsi molto da fare), Himmel und Erde/Hölle für jdn/etw in Bewegung setzen; lo sa il ~! fig (chi lo sa!), das weiß der Himmel!; salire al ~ fig (morire), in den Himmel kommen; santo ~!, (o, du lieber) Himmel! fam; voglia/volesse il ~ che..., der Himmel möge es geben, dass ...; aiutati che il ciel t'aiuta prov, hilf dir selbst, so hilft dir Gott prov; ~ a pecorelle, acqua a catinelle prov, Schäfchenwolken kündigen Regen an, Schöppkes gewwen Dröppkes region.
cifòsi f med Kyphose f scient.
cìfra f 1 (segno) {ARABA, ROMANA} Ziffer f, Zahl f: in cifre, in Ziffern; a/di dieci/otto/tre cifre, zehn-/acht-/dreistellig 2 (numero) {ASTRONOMICA} Zahl f: fare ~ tonda, ab-, aufrunden; tradurre in cifre qc, etw in Zahlen übersetzen 3 spec comm (somma) {ESAGERATA, RAGIONEVOLE} Summe f: ~ d'affari, Umsatz m 4 (monogramma) {RICAMATA} Monogramm n 5 (scrittura segreta) Chiffre f, Geheimschrift f 6 fam (molto) Unmenge f: di questi libri ne vendiamo una ~, von diesen Büchern verkaufen wir eine Unmenge; guadagna una ~, er/sie verdient eine Unmenge ● ~ di castelletto banca, Höchstgrenze f bei Kreditwährung; ~ elettorale (quoziente), "Stimmenanteil, den ein Kandidat erreicht haben muss, um gewählt zu werden"; ~ di merito/qualità tecnol, Qualitätsfaktor m.
cifràre tr ~ qc 1 (ricamare) {FAZZOLETTO, LENZUOLO} etw mit einem Monogramm versehen, auf etw (acc) ein Monogramm sticken 2 (scrivere in codice) {DISPACCIO, PAROLA} etw chiffrieren, etw kodieren.
cifràrio <-ri> m (chiave di decodificazione) Chiffreschlüssel m, Code m, Kode m.
CIGA f abbr di Compagnia Italiana dei Grandi Alberghi: "italienischer Verband von Hotels erster Klasse".
cigiellìno, (-a) m (f) Mitglied n des CGIL (Allgemeiner italienischer Gewerkschaftsbund).
cigliàto, (-a) agg (fornito di ciglia) {ORGANO, PALPEBRA} Wimper-.
cìglio m 1 <pl: ciglia f; cigli m fam> anat {FOLTE, LUNGHE} Wimper f: abbassare le ciglia, die Lider senken; ciglia finte, künstliche Wimpern; (sopracciglio) (Augen)braue f; aggrottare/inarcare le ciglia, die Augenbrauen zusammenziehen/heben 2 <pl: cigli m> (orlo) {+FOSSO, STRADA} Rand m ● a ~ asciutto/fig (senza piangere), trockenen Auges forb; non batter ~ fig (rimanere impassibili), nicht mit der Wimper zucken; ciglia vibratili biol, Flimmerhaare n pl.
ciglióne <accr di ciglio> m (orlo) {+FOSSATO, PRECIPIZIO} Rand m.
cìgno m {NERO, REALE, SELVATICO} Schwan m ● il ~ di Busseto (Giuseppe Verdi), Giuseppe Verdi.
cigolàre itr {PORTA, RUOTA} quietschen.
cigolìo <-lii> m {FASTIDIOSO; +ARMADIO, PAVIMENTO} Quietschen n.
Cìle m geog Chile m.
cilécca <-che> f tosc (burla) Spaß m, Scherz m, Ulk m ● far ~ fam, {FUCILE} vorbeischießen, danebentreffen; fig (fallire) versagen, etw in den Sand setzen fam.
cilèno, (-a) A agg {TERRITORIO} chilenisch B m (f) (abitante) Chilene m, (Chilenin f).
ciliàre agg anat {ARCO, MUSCOLO} Wimper-, ziliar scient.
ciliàto <di solito al pl> zoo bewimpert.
cilìcio <-ci> m 1 (cintura per penitenti) Bußgürtel m: portare il ~, den Bußgürtel tragen 2 fig (tormento) Qual f.
ciliègia <-ge o -gie> A f (frutto) {DURACINA, SELVATICA} Kirsche f: ciliege sotto spirito, in Alkohol eingelegte Kirschen f pl B <inv> agg {COLOR} Kirschrot-; {ROSSO} Kirsch- C <-> m (colore) Kirschrot n ● una ~ tira l'altra anche fig, eins zieht das andere nach sich, eins ergibt das andere.
ciliegìna <dim di ciliegia> f 1 (ciliegia candita) kandierte Kirsche 2 fig (tocco finale) Tüpfelchen n auf dem i: manca solo la ~, es fehlt nur das Tüpfelchen auf dem i ● è la ~ sulla torta anche iron (ciò che mancava), das setzt [dem Ganzen]/[allem] noch die Krone auf, das hat uns gerade noch gefehlt iron.
ciliegìno <-> m 1 (pianta) Kirschtomatenpflanze f 2 anche gastr Kirschtomate f.
ciliègio <-gi> m 1 bot Kirschbaum m, Kirsche f 2 (legno) Kirschbaum m, Kirschholz n.
cilindràre tr tecnol ~ qc 1 (calandrare) {CARTA, LAMIERA, TESSUTO} etw walzen 2 (comprimere con rulli) {STRADA, TERRENO} etw abwalzen 3 (tornire cilindricamente) {PEZZO} etw langdrehen.
cilindràta f 1 fig fam (autovettura) Wagen m: una piccola/media ~, ein Kleinwagen/Mittelklassewagen; una grossa ~, ein Wagen der gehobenen Klasse 2 mecc {+MOTORE} Hubraum m: avere 1600 cm³ di ~, 1600 cm³ Hubraum haben; vettura di piccola ~, Kleinwagen m; vettura di media/grossa ~, Wagen m der mittleren/gehobenen Klasse.
cilindratùra f tecnol 1 (calandratura) {+CUOIO, GOMMA, STOFFA} Walzen n 2 (costipamento con rulli) {STRADALE} Abwalzen n 3 (tornitura cilindrica) {+BARRA} Längsdrehen n.
cilìndrico, (-a) <-ci, -che> agg {CORPO, FORMA, TUBO} zylindrisch.
cilìndro m 1 (cappello) Zylinder(hut) m 2 mat (in geometria) {OBLIQUO, RETTO} Zylinder m: ~ di rotazione, Drehzylinder m 3 mecc {CONTRAPPOSTO, OPPOSTO} Zylinder m: ~ a V, Zylinder m in V-Form; a due/quattro cilindri, Zweizylinder-/Vierzylinder- 4 tecnol {ALIMENTATORE, LISCIO, RIGATO; +CARDA, LAMINATOIO, MACCHINA DA SCRIVERE, ecc.} Walze f: ~ inchiostratore, Farb-, Duktorwalze f; ~ di pressione, Druckwalze f, Druckzylinder m ● ~ graduato chim, Messzylinder m, Messglas n.
cìma A f 1 (sommità) {+CAMPANILE, TORRE} Spitze f; {+MONTE} anche Gipfel m; {+ALBERO} Wipfel m, Krone f 2 (rilievo montuoso) {+NEVOSA +MONTE BIANCO} Gipfel m: le cime dei Pirenei, die Gipfel der Pyrenäen 3 (estremità) {+ASTA, CORDA} Ende m 4 fig fam (asso) großes Licht fam, Leuchte f fam: in matematica non è una ~, in Mathematik ist er keine Leuchte fam 5 bot {MULTIPARA, UNIPARA} Dolde

f: a ~, doldenartig 6 mar (capo) Seilende n; (gomena) Seil n, Tau n: **mollare la ~**, das Seil loslassen **B** loc avv: **in ~ 1** (in punta) {ARRIVARE, ESSERE} oben, auf dem Gipfel; {SALIRE} hinauf, auf den Gipfel **2** fig (al primo posto) {METTERE} an die ⌊erste Stelle⌋/[Spitze fam] **C** loc prep: **in ~ a qc 1** (alla sommità di) {ALLA COLLINA, ALLA SCALA} (ganz) oben auf etw (dat) **2** fig (al primo posto di) {ALLA CLASSIFICA, ALLA LISTA} (ganz) oben auf etw (dat): **in ~ ai pensieri/desideri di qu**, jds ⌊erster (und letzter) Gedanke⌋/[größter/sehnlichster Wunsch] sein ● **da ~ a fondo**, von Anfang bis Ende, von oben bis unten; fig (interamente) {PULIRE, ROVISTARE} durch und durch; ~ **alla genovese** gastr, "farcierte Kalbsbrust oder farcierter Ochsenbauch"; **cime di rapa** bot, Rübengrün n; **cime tempestose** (romanzo di Emily Brontë), auf Sturmhöhe.

cimàre tr ~ **qc 1** (spuntare) {ALBERO, CESPUGLIO} etw stutzen, etw beschneiden **2** tess (livellare il pelo) {PANNO} etw scheren.

cimàsa f arch Kyma n, Kymation n.

cimatùra f **1** (spuntatura) {+SIEPE} Stutzen n, Beschneiden n; (cima recisa) gestutzte Pflanzen **2** tess (operazione) Scheren n; (scarto) Schurwolle f.

cìmbalo m mus (piatto del gong) Zimbel f, Becken n ● **essere (tutto) in cimbali** fig (essere molto allegro), völlig aufgedreht sein fam, angeheitert/weinselig/in Weinlaune sein scherz.

cìmbro, (-a) stor **A** agg kimbrisch, zimbrisch **B** m (f) (persona) Kimber(in) m(f), Zimber(in) m(f) **C** m <solo sing> (dialetto) Kimbrische n, Zimbrische n.

cimèlio <-li> m **1** (reperto) {NAPOLEONICO, STORICO} Zimelie f forb obs, Zimelium n forb obs **2** fig (ricordo) {FAMILIARE +PASSATO} Andenken n, Erinnerungsstück n **3** fig scherz (anticaglia) Plunder m fam spreg, Reliquie f scherz; (persona anziana) Opa m fam, Oma f fam, Olle mf decl come agg region, Reliquie f fam scherz.

cimentàre A tr forb (mettere alla prova) ~ **qc** {IL PROPRIO CORAGGIO, LA PROPRIA PAZIENZA} etw auf die Probe stellen; (rischiare) {IL PROPRIO ONORE, LA PROPRIA VITA} etw aufs Spiel setzen **B** rfl ~ (impegnarsi): **cimentarsi con/in qc** {CON IL GIARDINAGGIO, CON LA TESI, IN UN'IMPRESA DIFFICILE, NEL SALTO IN LUNGO} sich in etw (dat) versuchen **2** (misurarsi): **cimentarsi con qu** (in qc) {GIOCATORE CON L'AVVERSARIO IN UNA SFIDA} sich mit jdm (in etw dat) messen, es mit jdm (in etw dat) auf|nehmen.

ciménto m forb (prova) {+ARMI} Probe f; (rischio) Wagnis n: **mettere/sottoporre qu/qc a (duro) ~**, jdn/etw auf die/eine harte Probe stellen.

cìmice f **1** zoo Wanze f **2** fig fam (puntina da disegno) Reißzwecke f **3** fig slang giorn (microspia) (Abhör)wanze f slang: **mettere una ~ nell'ufficio di qu**, eine (Abhör)wanze slang in jds Büro installieren.

cimiciàio <-ciai> m **1** (nido di cimici) Wanzennest n **2** fig (casa sudicia) Dreckloch n volg spreg, Schweine-, Saustall m volg spreg.

cimiciòso, (-a) agg (pieno di cimici) {LOCALE, MATERASSO} verwanzt.

cimièro m **1** mil stor (decorazione dell'elmo) Helmschmuck m, Zimier n; (pennacchio) Helmbusch m **2** fig lett (elmo) Helm m.

ciminièra f {+LOCOMOTIVA A VAPORE, NAVE} Schornstein m; {+FABBRICA} anche Schlot m ● **fuma come una ~** fig (moltissimo), er/sie raucht wie ein Schlot fam.

cimiteriàle agg **1** {LAPIDE, SCULTURA} Friedhofs- **2** fig (tetro) {AMBIENTE, ASPETTO} düster, schaurig.

cimitèro m **1** Friedhof m: **~ ebraico**, jüdischer Friedhof; **~ di guerra**, Soldaten-, Gefallenenfriedhof m; **il ~ degli elefanti**, der Elefantenfriedhof m; **~ monumentale**, Prominentenfriedhof m **2** fig (mortorio) ausgestorbener Ort, trauriges Nest fam spreg, totes Pflaster fam: **questo posto è un ~!**, dieser Ort ist⌊ein trauriges Nest fam spreg⌋/[wie ausgestorben]! ● **~ delle automobili**, Autofriedhof m fam; **mandare qu al ~** fig (ucciderlo), jdn unter die Erde bringen fam, jdn ins Jenseits befördern fam.

cimòsa f **1** (bordura) {+STOFFA} Webkante f **2** (cancellino per lavagna) Tafellappen m.

cimùrro m **1** veter Staupe f **2** fig scherz (raffreddore) starker Schnupfen.

Cina f geog China n ● **~ Rossa** polit, Rotchina n.

cinàbro A <inv> agg {COLOR, STOFFA} zinnoberrot; {ROSSO} zinnober- **B** <-> m **1** chim min Zinnober m: **~ di antimonio**, Antimonzinnober m **2** (rosso acceso) Zinnoberrot n.

cìncia <-ce> f ornit (Tannen)meise f.

cinciallégra f ornit Kohlmeise f.

cinciarèlla <dim di cincia> f ornit Blaumeise f.

cincìlla, cincìllà <-> m **1** zoo (roditore) Chinchilla f; (coniglio domestico) Chinchilla m **2** (pelliccia) Chinchilla(pelz m) n.

cincìn, cin cin A loc inter (alla salute) pros(i)t! **B** loc sost m fam (brindisi) Pros(i)t n: **un ~ agli sposi!**, das Brautpaar soll leben!, dem Brautpaar ein Lebehoch! ● **fare (un) ~** fam, sich zuprosten, ein Pros(i)t ausbringen.

cincischiàre <cincischio, cincischi> **A** itr (perdere tempo) herum|trödeln fam: **ora basta ~!**, genug getrödelt jetzt! fam **B** tr ~ **qc 1** (spiegazzare) {TENDA, VESTITO} etw zerknittern, etw zerknautschen **2** (tagliuzzare) {FOGLIO, TESSUTO} an etw (dat) schnipseln fam, etw zerschnippeln fam **3** fig (biascicare) {FRASE, PAROLA} etw stammeln **C** itr pron fam (sgualcirsi): **cincischiàrsi** {ABITO, GIACCA, ecc.} knittern, knautschen fam.

cine <-> m fam (cinema) Kino n ● **fare ~ fig region** (fare scene), Theater machen.

cineamatóre, (-trice) m (f) Amateurfilmer(in) m(f).

cineàsta <-i m, -e f> mf Filmemacher(in) m(f), Cineast(in) m(f), Filmschaffende mf decl come agg.

cinecittà <-> f Filmstadt f, Filmstudios n pl.

cineclùb <-> m Filmclub m, Filmklub m.

cinedilettànte mf Amateurfilmer(in) m(f).

cinefilìa f Kinobegeisterung f.

cinèfilo, (-a) m (f) Film-, Kinoliebhaber(in) m(f), Cineast(in) m(f), Film-, Kinofan m fam.

cinefòrum <-> m Filmclub m, Filmklub m.

cinegiornàle m Wochenschau f.

cìnema <-> m **1** (locale) Kino n: **andare al ~**, ins Kino gehen; **~ all'aperto**, Freilichtkino n; **cosa c'è/danno al ~ oggi?**, was⌊gibt es⌋/[kommt] heute im Kino?; **~ multisala**, Multiplex n; **~ parrocchiale**, "Kino n in der Pfarrgemeinde" **2** (arte) Kino n, Film(kunst f) m: **~ d'animazione**, Animations-, Zeichentrickfilm m; **~ d'autore**, Autorenfilm m; **fare (del) ~**, Filme machen; **~ impegnato**, engagierter Film; **~ muto/sonoro**, Stumm-/Tonfilm m; **~ verità**, Dokumentarfilm m **3** (industria) {ITALIANO} Film(industrie f) m ● **~ d'essai** (produzione), Experimentalkino n; (locale), Programmkino m.

CinemaScòpe® <-> m ingl Cinemascope® n.

cinemàtica <-che> f fis Kinematik f.

cinemàtico, (-a) <-ci, -che> agg fis {ACCOPPIAMENTO} kinematisch.

cinematografàre tr ~ **qc** {INCONTRO, PAESAGGIO} etw filmen.

cinematografìa f **1** (arte) Kinematographie f, Film(kunst f) m: **~ a colori**, Farbfilm m; **~ stereoscopica**, stereoskopischer Film, Stereofilm m **2** (industria) {FRANCESE} Filmindustrie f.

cinematogràfico, (-a) <-ci, -che> agg {ARTE, ATTORE, CRITICO, INDUSTRIA, MOSTRA, RASSEGNA, STUDIO, TECNICA} Film-; {SPETTACOLO, SUCCESSO} Kino-; {STILE} kinematographisch.

cinematògrafo m **1** (sala) Kino n, Lichtspielhaus n **2** (arte) Film(kunst f) m, Kino n **3** fig (seguito di avvenimenti comici e/o confusi) Theater n fam spreg, Zirkus m fam spreg, filmreife Geschichte: **la vita è un ~**, das Leben ist eine Bühne **4** fig anche iron (persona bizarra) filmreifer Typ fam, komischer Kauz, Original m; (cosa bizzarra) filmreife Sache, Geschichte fam **5** stor (proiettore) Kinematograph m.

cineoperatóre, (-trice) m (f) Kameramann m, (Kamerafrau) f.

cineprèsa f Filmkamera f.

cineràma <-> m Cinerama® n.

cineràrio, (-a) <-ri> **A** agg {URNA} Aschen- **B** m **1** (urna) Urne f **2** tecnol {+CALDAIA, STUFA} Asch(en)kasten m.

cinèreo, (-a) agg lett **1** (grigio cenere) {CIELO, CREPUSCOLO} aschgrau **2** fig (pallido) {PALLORE, VOLTO} aschfahl, aschgrau.

cineromànzo m Fotoroman m.

cinescòpio <-pi> m TV Bildröhre f.

cinése A agg {ARTE, CULTURA, POPOLO, RISTORANTE} chinesisch; {QUARTIERE} Chinesen-; {PORCELLANA} China- **B** mf (abitante) Chinese m, Chinesin f **C** m <solo sing> (lingua) Chinesisch(e) n **D** <inv> loc agg avv: **alla ~** {MANGIARE, PADIGLIONE} chinesisch, nach chinesischer Art ● **questo per me è ~** fig (incomprensibile), das ist chinesisch für mich fam; **parlare ~** fig (in modo oscuro), chinesisch reden fam.

cineserìa f <di solito al pl> (ninnolo) Chinoiserie f; spreg (cianfrusaglia) Firlefanz m fam spreg, Krimskrams m fam, Krempel m fam spreg.

cinesìa f med (in fisiologia) Kinesie f scient.

cinesiologìa f med Kinesiologie f scient.

cinesiterapìa f med Bewegungs-, Kinesiotherapie f scient.

cinesiteràpico, (-a) <-ci, -che> agg med {METODO} bewegungs-, kinesiotherapeutisch scient.

cinesiterapìsta <-i m, -e f> mf Bewegungs-, Kinesiotherapeut(in) m(f).

cinetèca <-che> f Kinemathek f, Filmarchiv n.

cinètica <-che> f fis Kinetik f.

cinètico, (-a) <-ci, -che> agg fis {ENERGIA, TEORIA} kinetisch.

cinetoscòpio <-pi> m stor Kinetoskop n.

cinetòsi → chinetosi.

cìngere <irr cingo, cingi, cinsi, cinto> **A** tr **1** (circondare) ~ **qc con/di qc** {PAESE DI MURA, TERRENO CON UN FOSSATO} etw mit etw (dat) umschließen, etw mit etw (dat) umgeben **2** (abbracciare) ~ **qu** jdn umarmen, jdn umfassen: **la cinse forte a sé**, er/sie drückte sie fest an sich, er/sie umarmte sie fest; **le cinse le spalle**, er/sie umfasste ihre Schultern **3** lett (avvolgere) ~ **qc (a qu) con/di qc** {CAPO CON UNA FASCIA, CORPO DI SETA} (jdm) etw mit etw um|hüllen **B** rfl: **cingersi con qc** {COL CORDONE FRANCESCANO} sich (dat) etw um|binden, sich mit etw (dat) um|gürten obs; **cingersi qc con qc** {CAPO CON UNA CORONA D'ALLORO} sich (dat) etw (mit etw

dat) krönen, sich (**dat**) *etw* (*mit etw* **dat**) schmücken; **cingersi qc** (*intorno*) **a qc** sich (**dat**) *etw um etw* (**acc**) legen, sich (**dat**) *um etw* (**acc**) binden; **cingersi una fascia intorno alla vita**, sich (**dat**) eine Schärpe um die Taille legen/binden.

cinghia f 1 (*striscia*) {+FUCILE, VALIGIA} Riemen m, Gurt m 2 (*cintura*) {+PANTALONI} Gürtel m 3 *mecc* Riemen m: ~ **trapezoidale**, Keilriemen m; ~ **di trasmissione**, Treib-/Transmissionsriemen m ● **stringere/tirare la ~** *fig* (*fare economie*), den Gürtel enger schnallen *fam*.

cinghiàle m 1 Wildschwein n 2 (*pelle*) Schweinsleder n 3 *gastr* {ARROSTO} Wildschwein n.

cinghialétto <*dim di* cinghiale> m Frischling m.

cinghiàre <*cinghio, cinghi*> tr ~ **qc** {BASTO, MULO} *etw* fest|binden.

cinghiàta f (*colpo*) Schlag m mit dem Gürtel.

cinghiétto <*dim di* cinghia> m Band n: ~ **dell'orologio**, Uhr(arm)band n.

cingolàto, (-a) A agg {MEZZO, TRATTORE} Raupen-, Ketten- B m (*veicolo*) Raupenfahrzeug n.

cìngolo m 1 {+CARRO ARMATO} Raupenkette f 2 *relig* Zingulum n.

cinguettàre *itr* 1 {PASSERO} tschilpen, zwitschern 2 *fig* (*parlottare*) {BAMBINO} plappern *fam*.

cinguettìo <*-tii*> m 1 Gezwitscher n 2 *fig* (*parlottio*) Geplapper n *fam*.

cìnico, (-a) <*-ci, -che*> A agg 1 {BATTUTA, COMPORTAMENTO, UOMO} zynisch 2 *filos* {IDEALE} kynisch B m (f) 1 Zyniker(in) m(f) 2 *filos* Kyniker(in) m(f).

ciniglia f *tess* Chenille f.

cinismo m 1 Zynismus m 2 *filos* Kynismus m.

cinnamòmo m *bot* Zimtbaum m.

cinocèfalo, (-a) A agg *lett* {IDOLO} hundsköpfig B m *zoo* Hundskopf(affe) m.

cinòdromo m Hunderennbahn f.

cinòfila f → **cinofilo**.

cinofilìa f Hundeliebhaberei f.

cinòfilo, (-a) A agg 1 (*con cani*) {UNITÀ} Hunde- 2 (*amante dei cani*) {GRUPPO} hundefreundlich, Hundefreunde-, Hundeliebhaber- B m (f) Hundefreund(in) m(f), Hundeliebhaber(in) m(f).

cinofobìa f *psic* Hundephobie f.

cinquànta A agg num {POSTI, STUDENTI, TAGLIA} fünfzig: **un uomo di cinquant'anni**, ein fünfzigjähriger Mann; **un'amicizia che dura da cinquant'anni**, eine fünfzigjährige Freundschaft; **mi servono ancora ~ euro**, ich brauche noch fünfzig Euro; **riga/volume ~**, Zeile/Band fünfzig; **siamo più di ~**, wir sind ₌mehr als₎/[über *fam*] fünfzig; **via Roma numero ~**, Via Roma 50 B <> m 1 (*numero*) Fünfzig f: **il ~ è divisibile per due**, fünfzig ist durch zwei teilbar; **abitano al ~**, sie haben die Hausnummer fünfzig; **ho il ~ per cento di possibilità di riuscirci**, ich schaffe es mit einer Wahrscheinlichkeit von fünfzig Prozent; die Wahrscheinlichkeit, dass ich es schaffe, liegt bei fünfzig Prozent 2 (*linea di autobus, tram, ecc.*) Fünfzig f: **ci vediamo alla fermata del ~**, wir treffen uns an der Fünfziger-Haltestelle 3 (*anno 1950*) (das Jahr) 1950: **nel '50 emigrarono in America**, 1950 wanderten sie nach Amerika aus; **essere del '50**, {PERSONA, VINO} Jahrgang 50 sein; {CASA, FILM, LIBRO} von 1950 sein 4 <*solo pl*> (*età*) Fünfzig f: **essere sui ~**, um die Fünfzig sein; **avere passato i ~**, die Fünfzig überschritten haben, über

fünfzig sein 5 (*taglia*) fünfzig: **ha il 50 di pantaloni**, bei Hosen hat er/sie Größe fünfzig.

cinquantamila A agg num {ABITANTI, KILOMETRI, SPETTATORI} fünfzigtausend: **prendeva ~ lire all'ora**, er/sie verlangte fünfzigtausend Lire pro Stunde B <> m 1 (*numero*) Fünfzigtausend f 2 *fam* (*banconota da cinquantamila lire*) Fünfzigtausendlireschein m: **avresti due ~?**, hast du zwei Fünfzigtausendlirescheine?

cinquantenàrio <*-ri*> m 1 (*ricorrenza*) {+FONDAZIONE, NASCITA} fünfzigster Jahrestag: **il ~ della morte di ...**, der fünfzigste Todestag von ...; **il ~ della salita al trono**, der fünfzigste Jahrestag der Thronbesteigung 2 (*cerimonia*) Fünfzigjahrfeier f, fünfzigjähriges Jubiläum.

cinquantennàle A agg 1 (*di cinquant'anni*) {PRODUZIONE ARTISTICA} fünfzigjährig 2 (*che dura cinquant'anni*) {CONTRATTO} fünfzigjährig 3 (*che ricorre ogni cinquant'anni*) {FESTEGGIAMENTO} fünfzigjährlich B m 1 (*ricorrenza*) {+FONDAZIONE, NASCITA} fünfzigster Jahrestag: **nel ~ della morte di ...**, am fünfzigsten Todestag von ... 2 (*cerimonia*) Fünfzigjahrfeier f, fünfzigjähriges Jubiläum.

cinquantènne A agg fünfzigjährig B mf Fünfzigjährige mf decl come agg.

cinquantènnio <*-ni*> m Zeitraum m von fünfzig Jahren, fünfzig Jahre n pl.

cinquantèsimo, (-a) A agg fünfzigste(r, s) B m (f) Fünfzigste mfn decl come agg C m (*frazione*) Fünfzigstel n, fünfzigster Teil; → *anche* **quinto**.

cinquantìna f (*circa cinquanta*): **una ~ (di ...)**, (etwa) fünfzig (...); **essere sulla ~** (*cinquant'anni*), ₌an/um die₎/[etwa]/[ungefähr] fünfzig sein.

cìnque A agg num {LITRI, MESI, SORELLE} fünf: **un bimbo di ~ mesi**, ein fünf Monate altes Kind; **una collaborazione che dura da ~ anni**, eine fünfjährige Mitarbeit; **capitolo/pagina ~**, Kapitel/Seite fünf; **siamo in ~**, wir sind zu fünft; **via Verdi numero ~**, Via Verdi 5 B <> m 1 (*numero*) Fünf f: (il) **~ è un numero primo**, (die) Fünf ist eine Primzahl; **abita al ~**, er/sie hat die Hausnummer fünf; **abbiamo il ~ per cento di provvigione**, wir haben fünf Prozent Provision; **gioco il ~ di cuori**, ich spiele die Herz fünf aus 2 (*linea di autobus, tram, ecc.*) Fünf f: **qui fa capolinea il 5**, hier ist die ₌Endhaltestelle der Fünf₎/[Fünfer-Endhaltestelle *fam*] 3 (*nelle date*) Fünfte m decl come agg: **il ~ di ogni mese**, am Fünften jedes Monats; **oggi è il ~ (agosto)**, heute ist der Fünfte/[(fünfte August)]; **arriverò il ~ (maggio)**, ich komme am Fünften/[(fünften Mai)]; **Roma, (il) ~ dicembre 2000**, Rom, den fünften Dezember 2000 4 (*voto scolastico in Italia*) ≈ mangelhaft, Fünf f, Fünfer m *fam*: **prendere un ~**, eine Fünf/einen Fünfer *fam* bekommen/kriegen *fam* 5 (*anno 1905*) (das Jahr) 1905: **si sono sposati nel ~**, sie haben 1905 geheiratet; **essere del ~**, {PERSONA, VINO} Jahrgang 1905 sein; {CASA, FILM, LIBRO} von 1905 sein C f pl fünf Uhr: **alle ~**, um fünf (Uhr); **sono le ~ (del mattino/pomeriggio)**, es ist fünf Uhr (morgens/nachmittags); **sono le ~ in punto**, es ist genau/Punkt fünf (Uhr); **sono le ~ e mezzo**, es ist halb sechs ● **a ~ a ~ (di ~ in ~** (~ *per volta*), in Fünferreihen, zu (jeweils) fünfen; **di ~ anni**, fünfjährig, eine **bambina di ~ anni**, ein fünfjähriges Mädchen; **di ~ giorni**, fünftägig; **un viaggio di ~ giorni**, eine fünftägige Reise; **in ~** (*persone*), zu fünft; **abitare/essere/uscire in ~**, zu fünft wohnen/sein/ausgehen; **fare un poker in ~**, zu fünft pokern; (*parti*), in fünf Stücke; **dividere una torta in ~**, eine Torte in

fünf Stücke teilen, eine Torte fünfteln; **sono le quattro meno/e ~**, es ist fünf (Minuten) vor/nach vier (Uhr); **per ~** (*persone*), für fünf (Personen); **ordinare un tavolo per ~**, eine Tisch für fünf Personen reservieren; **preparare la tavola per ~**, den Tisch für fünf (Personen) decken.

cinquecentésco, (-a) <*-schi, -sche*> agg (*del Cinquecento*) {ARTE, STILE} des sechzehnten Jahrhunderts.

cinquecentista <*-i m, -e f*> *arte lett* A agg (*del Cinquecento*) {PITTURA, SCULTURA} des sechzehnten Jahrhunderts B mf 1 (*artista*) Künstler(in) m(f) des Cinquecento 2 (*scrittore*) Schriftsteller(in) m(f) des Cinquecento 3 (*studioso*) Gelehrte mf decl come agg des Cinquecento.

cinquecènto A agg num fünfhundert: **dista circa ~ metri**, er/sie/es ist ungefähr fünfhundert Meter weit weg; **hai due (banconote) da ~ (euro)?**, hast du zwei Fünfhunderteuroscheine? B <> m 1 (*numero*) Fünfhundert f 2 *stor*: **il Cinquecento**, das sechzehnte Jahrhundert; (*nell'arte italiana*) das Cinquecento C <> f *autom* Fiat-Cinquecento m; *stor* Fiat-Fünfhunderter m.

cinquemila A agg num fünftausend: **volare a ~ metri di quota**, in fünftausend Meter Höhe fliegen B <> m 1 (*numero*) Fünftausend f 2 *fam stor* (*banconota da ~ lire*) Fünftausendlireschein m: **hai un ~ da darmi?**, hast du einen Fünftausendlireschein für mich? 3 *alpin* Fünftausender m 4 <*solo pl*> *sport* (*distanza*) fünftausend Meter m (*gara*) Fünftausendmeterlauf m.

cinquennàle → **quinquennale**.

cinquènne A agg fünfjährig B mf Fünfjährige mf decl come agg.

cinquènnio → **quinquennio**.

cinquina f 1 (*nella tombola e nel lotto*) Quinterne f *obs*, Gruppe f von fünf richtigen Zahlen: **fare ~**, fünf Richtige haben *fam* 2 *mil* (*paga*) Fünftagesold m; *teat* Fünftagelohn m.

cinsi 1ª pers sing del pass rem di **cingere**.

cinta f 1 (*cerchia*) {FORTIFICATA} Umgrenzung f: **~ di mura**, Mauerring m 2 (*recinto*) Einfriedung f 3 *fam* (*cintura*) {+PANTALONI} Gürtel m ● **~ daziaria** *stor*, Zollgebiet n, Zollgrenze f.

cintàre tr ~ **qc** {TERRENO} *etw* ein|frieden.

cintàto, (-a) A part pass di cintare B agg (*con un recinto*) {GIARDINO} eingefriedet, eingezäunt.

cìnto A part pass di cingere B m *lett* (*cintura*) Gürtel m: **~ verginale**, Keuschheitsgürtel m ● **~ erniario** *med*, Bruchband n; **~ di Venere** *zoo*, Venusgürtel m.

cìntola f 1 (*cintura*) {+CALZONI} Gürtel m 2 *anat* (*vita*) Gürtellinie f, Taille f: **dalla ~ in su**, von der Taille aufwärts; **sopra/sotto la ~**, oberhalb/unterhalb der Gürtellinie.

cintùra f 1 *gener* {COLORATA, INTRECCIATA; +CAPPOTTO, VESTITO} Gürtel m: **~ di/in cuoio/pelle**, Ledergürtel m 2 (*girovita*) Gürtellinie f, Taille f: **è finito a mollo fino alla ~**, er wurde bis zur Gürtellinie nass; **sopra/sotto la ~**, über/unter der/die Gürtellinie 3 (*bordo*) {+GONNA, PANTALONI} Bund m, Saum m 4 *fig* (*hinterland*) {INDUSTRIALE, MILANESE} Gürtel m, Umkreis m: **un paese della ~**, ein Dorf aus der Umgebung, ein umliegendes Dorf 5 *aero autom* (*dispositivo di sicurezza*) {ANTERIORE} Gurt m: **i signori passeggeri sono pregati di allacciare le cinture**, die Passagiere werden gebeten, sich anzuschnallen; **~ di sicurezza**, Sicherheitsgurt m 6 *anat* Gürtel m: **~ pelvica/scapolare**, Becken-/Schultergürtel m 7 *sport* {VERDE, MARRONE; +KIMONO} Gürtel m; (*atleta*): **la ~ nera**, der schwarze Gürtel; è

nera (di karatè), er/sie hat den schwarzen Gürtel (in Karate) ● **~ di castità**, Keuschheitsgürtel m; **~ di salvataggio**, Rettungsring m.

Cinturàto® *autom* **A** *agg* {PNEUMATICO} Gürtel- **B** *m* Gürtelreifen *m*.

cinturino <*dim di* cintura> *m* Band *n*: **~ dell'orologio**, Uhr(arm)band *n*; {+BORSETTA, SCARPA} Riemen *m*.

cinturóne <*accr di* cintura> *m* Koppel *n*.

cinz, cintz → **chintz**.

ciò *pron dimostr* **1** (*questo, codesto, quello*) das, dies; **ciò è impossibile**, das/dies ist unmöglich; **ciò vuol dire che ...**, das heißt, dass ...; **sono stupito di ciò**, das wundert mich; **oltre a ciò**, außerdem, darüber hinaus **2** (*quello*): **ciò che ...**, (das) was ...; **ecco ciò che desidero**, das ist, was ich (mir) wünsche; **ciò che dice è interessante**, was er/sie sagt, ist interessant; **chiedimi ciò che vuoi!**, frag mich, was du willst!; **ciò di cui abbiamo discusso ieri**, (das,) worüber wir gestern diskutiert haben; **dimmi ciò di cui hai bisogno**, sag mir, was du brauchst; **a ciò** (*a tal fine*), zu diesem Zweck, dafür; **a ciò che** → **acciocché**; **ho sbagliato, e con ciò?**, ich habe mich getäuscht, na und?; *e* **con**₁/[detto] **ciò vi saluto**, und damit verabschiede ich mich von euch; **ciò non di meno** → **cionondimeno**; **ciò nonostante** → **ciononodimeno**; **per ciò** → **perciò**; **con tutto ciò** (*tuttavia*), trotz/bei all dem.

CIO *m abbr di* Comitato Internazionale Olimpico: IOK *n* (*abbr di* Internationales Olympisches Komitee).

ciòcca <*-che*> *f* **1** {BIONDA} Strähne *f*: **~ di capelli**, Haarsträhne *f* **2** *tosc* (*ciuffo*) {+BASILICO, CILIEGIE} Büschel *m* ● **a ciocche** *fig* (*in gran numero*), büschelweise.

ciòcco <*-chi*> *m* **1** (*pezzo di legno*) Baumstumpf *m*; (*ceppo da ardere*) (Holz)klotz *m*, Brennklotz *m*, Holzblock *m* **2** *fig* (*tonto*) Holz-, Dummkopf *m* *spreg* ● **dormire come un ~** *fig* (*profondamente*), wie ein Stein/Klotz schlafen *fam*; **restare come un ~** *fig* (*inebetito*), steif wie ein Klotz dastehen *fam*.

cioccolàta A *f* **1** (*cioccolato*) Schokolade *f*: **hai le mani sporche di ~**, deine Hände sind voller Schokolade **2** (*tavoletta di cioccolato*) Schokoladentafel *f*: **chi ha finito la ~?**, wer hat die Schokoladentafel aufgegessen? **3** (*bevanda*) Kakao *m*, Schokolade *f*: **~ calda con panna**, heiße Schokolade mit Sahne **B** <*inv*> *agg* {COLOR, PELLE} schokolade(n)braun, schokolade(n)farbig.

cioccolatàio, (*-a*) <*-tai*> *m* (*f*) **1** (*produttore*) Schokoladenfabrikant(in) *m*(*f*) **2** (*commerciante*) Schokoladenverkäufer(in) *m*(*f*).

cioccolatièra *f* Kakaokanne *f*.

cioccolatière, (*-a*) → **cioccolataio**.

cioccolatíno <*dim di* cioccolato> *m* Praline *f*: **cioccolatini assortiti**, gemischte Pralinen *f pl*; **~ al caffè**, Kaffeepraline *f*; **~ ripieno**, gefüllte Praline ● **~ medicinale** *farm*, Dragee *n* o *f*.

cioccolàto A *m* {BIANCO} Schokolade *f*: **~ amaro/fondente**, Bitterschokolade *f*; **bavarese al ~**, Schokolade-Bavaroise *f*; **frappé al ~**, Schokoladenfrappee *n*; **~ al latte**, Milchschokolade *f*; **~ in polvere**, Pulverschokolade *f* **B** <*inv*> *agg* {CARNAGIONE, COLOR} schokolade(n)braun, schokolade(n)farbig.

Ciociaria *f geog* Ciociaria *f*.

ciociàro, (*-a*) **A** *agg* (*della Ciociaria*) {DIALETTO, STORNELLO} von/der Ciociaria **B** *m* (*f*) (*abitante*) Bewohner(in) *m*(*f*) der Ciociaria.

cioè *cong* **1** (*vale a dire*) das heißt, d.h., nämlich: **arrivo domenica, ~ tra una settimana**, ich komme am Sonntag, d.h. in einer Woche; **ho acquistato tutta l'attrezzatura ~ gli sci, gli scarponi, i doposcì, ecc.**, ich habe die ganze Ausrüstung gekauft, nämlich die Skier, die Skischuhe, das Après-Ski usw.; **è mio nipote, ~ il figlio di mia sorella**, er ist mein Neffe, d.h. der Sohn meiner Schwester; **la retorica, ~ l'arte del parlare**, die Rhetorik, d.h. die Redekunst **2** und der/die/das wäre?: **qui c'è un errore – (E) ~?**, hier ist ein Fehler – Und der wäre? **3** (*o meglio*) genauer, besser gesagt: **ho un'auto nuova, ~ di seconda mano**, ich habe ein neues Auto, besser gesagt aus zweiter Hand **4** (*anzi*) beziehungsweise, bzw., vielmehr: **vengo anch'io, ~ no, preferisco restare**, ich komme auch mit, beziehungsweise, ich bleibe lieber zu Hause.

ciofèca → **ciufeca**.

ciondolànte A *part pres di* ciondolare **B** *agg* **1** (*che penzola*) {GAMBE, TESTA} baumelnd **2** (*malfermo*) {VECCHIO} wack(e)lig, zittrig, wankend.

ciondolàre A *itr* **1** (*penzolare*) **~ da/su qc** {BRACCIO DALLA FINESTRA} aus *etw* (dat) hängen; {BIANCHERIA SUL FILO} auf *etw* (dat) hängen, *an etw* (dat) hin und her baumeln *fam*; {GAMBE} baumeln *fam*: **la testa le ciondolava sul petto**, der Kopf war ihr auf die Brust gesunken **2** (*vacillare*) {UBRIACO} schwanken: **~ dal sonno**, vor Müdigkeit schwanken/Taumeln **3** *fig fam* (*gironzolare*) (he)rum|hängen *fam*, (he)rum|lungern *fam*: **ciondola tutto il giorno per casa/strada**, er/sie hängt/lungert den ganzen Tag zur Hause/[auf der Straße] (he)rum *fam* **B** *tr* (*fare penzolare*) **~ qc** {GAMBE} *etw* baumeln lassen *fam*; {TESTA} *etw* hängen lassen.

ciondolio <*-lii*> *m* Baumeln *n fam*.

ciondolo *m* {+BRACCIALE, COLLANA} Anhänger *m*: **~ portafortuna**, Glücksanhänger *m*.

ciondolone, (*-a*) *m* (*f*) (*sfaccendato*) Faulenzer(in) *m*(*f*) *spreg*, Faulpelz *m spreg*.

ciondolóni *avv* baumelnd *fam*: **con le braccia ~ mi venne incontro**, mit schlenkernden Armen kam er/sie mir entgegen; **stava col muretto con le gambe ~**, er/sie saß mit baumelnden *fam* Beinen auf dem Mäuerchen ● **andare ~** *fig* (*bighellonare*), (herum)bummeln *fam*, sich herumtreiben *fam spreg*.

ciononodiméno, **ciononostànte** *cong* (*tuttavia*) dessen ungeachtet, dennoch, trotzdem: **è colpevole, ~ lo hanno assolto**, er ist schuldig, dennoch haben sie ihn freigesprochen.

ciòspo, (*-a*) *m sett* (*bruttone*) Scheusal *n spreg*, Missgeburt *f*, Monstrum *n*, Ungeheuer *n*.

ciòtola *f* **1** Schale *f*, Schüssel *f*: **~ d'argento/porcellana**, Silber-/Porzellanschale *f*; **~ dell'/per l'insalata**, Salatschüssel *f*; (*per animali*) {VUOTA +GATTO} Napf *m* **2** (*contenuto*) Schale *f*: **una ~ di minestra**, eine Schale Suppe; (*per animali*) {+ACQUA} Napf *m*.

ciotolàta *f* **1** (*contenuto*) Schale *f*: **aggiungere una ~ d'acqua**, eine Schale Wasser hinzufügen; {+CIBO PER ANIMALI} Napf *m* **2** (*colpo di ciotola*) Schlag *m* mit der Schale/dem Napf.

ciottolàta *f* (*sassata*) Schlag *m* mit einem Stein.

ciottolàto → **acciottolato**.

ciòttolo *m* **1** {+SPIAGGIA, TORRENTE} Kiesel(stein) *m*; (*sasso*) Stein *m*: **l'orto è pieno di ciottoli**, der Garten ist voller Kieselsteine **2** *geol* {IMBRICATO, STRIATO} Stein *m*.

ciottolóso, (*-a*) *agg* {SENTIERO} steinig.

cip① <*-*> *m inter onomatopeica* piep: **l'uccellino fa cip cip**, das Vögelchen ₁macht piep piep₁/[piept] **B** <*-*> *m* Piep *m*.

cip② <*-*> *m* (*nei giochi di carte*) (*nel poker*) Chip *m*.

CIP *m abbr di* Comitato Interministeriale dei Prezzi: "Interministerielle Preiskommission".

CIPE *m abbr di* Comitato Interministeriale per la Programmazione Economica: "Interministerielle Kommission für Wirtschaftsplanung".

cipíglio <*-gli*> *m* **1** Stirnrunzeln *n*: **fare (il) ~**, die Stirn runzeln **2** *fig* (*espressione severa*) *anche* finster drein|blicken: **guardare qu con ~**, jdn finster ansehen.

cipólla *f* **1** *bot* (*pianta, bulbo*) {BIANCA, ROSSA} Zwiebel *f*: **~ ramata di Milano**, kupferrote Mailand-Zwiebel; **~ rossa di Tropea**, Rote Tropea-Zwiebel **2** (*bulbo*) {+GIACINTO, TULIPANO} Zwiebel *f* **3** (*oggetto tondeggiante*) {+ANNAFFIATOIO} Brause *f*; {+LUME A PETROLIO} Ballon *m* **4** *fig scherz* (*orologio da tasca*) Zwiebel *f fam scherz*, Taschenuhr *f*.

cipollína <*dim di* cipolla> *f* **1** {SOTT'ACETO} Perl-, Silberzwiebel *f* **2** *bot* (*erba*) Schnittlauch *m*.

cipollíno A *agg* {MARMO} Zwiebel- **B** *m* Cipollin(o) *m*, Zwiebelmarmor *m*.

cippo *m* **1** (*stele*) {COMMEMORATIVO, ONORARIO} Stele *f*: **~ ai caduti**, Gefallenenstele *f*; **~ funerario**, Grabsäule *f*, Grabstein *m* **2** (*segnale di distanza*) Stein *m*: **~ kilometrico**, Kilometerstein *m*; (*di confine*) Grenzstein *m*.

cipressàia *f*, **cipresséto** *m* Zypressenhain *m*.

ciprèsso *m* **1** *bot* Zypresse *f* **2** (*legno*) Zypressenholz *n*.

cípria *f* {COMPATTA, MICRONIZZATA} Puder *m*: **darsi la ~ sul naso**, sich (dat) die Nase pudern.

ciprïòta <*-ti*> *m* **A** *agg* {ARTE, CITTADINO} zypriotisch, zyprisch **B** *m* (*f*) (*abitante*) Zyprer(in) *m*(*f*).

Cipro *f geog* Zypern *n*.

circ. *abbr di* circolare: Rundschreiben *n*.

circa A *avv* (*abbr c.*) **1** (*con indicazione di quantità*) etwa, zirka, ungefähr: **guadagna ~ mille euro al mese**, er/sie verdient zirca tausend Euro im Monat; **ci sono ancora 30 km ~**, es sind noch ungefähr 30 km; **avrà avuto ~ vent'anni**, er/sie wird etwa zwanzig gewesen sein **2** (*con indicazione di tempo*) gegen, um: **erano ~ le dieci**, es war gegen zehn Uhr; **avvenne nel 1910 ~**, es geschah (so) um 1910 (herum) **B** *prep* **~ qc** bezüglich *etw* (gen), in Bezug auf *etw* (acc), über *etw* (acc): **cosa si sa ~ le loro aspettative?**, was weiß man bezüglich ihrer Erwartungen?; **~ quel che mi chiedi ...**, in Bezug auf deine Frage ... **C** *loc prep*: **~ a qc**, über *etw* (acc), was *etw* angeht; **al resto ne parliamo domani**, über den Rest sprechen wir morgen; **~ alla partenza non ha ancora deciso**, was seine/ihre Abfahrt angeht, hat er/sie sich noch nicht entschieden **D** *m econ* (*clausola*) Zirkaauftrag *m*.

circadiàle *agg biol* zirkadian(isch).

circadiàno, (*-a*) *agg biol* zirkadian(isch).

Circàssia *f geog* Tscherkessien *n*.

circàsso, (*-a*) **A** *agg* tscherkessisch **B** *m* (*f*) (*abitante*) Tscherkesse *m*, (Tscherkessin *f*).

Círce *f* **1** *mitol*: **Circe**, Circe *f* **2** *fig* (*seduttrice*) Circe *f*.

circènse A *agg anche stor* {ATTIVITÀ, SPETTACOLO} zirzensisch, Zirkus- **B** *m* <*solo pl*> *stor* zirzensische Spiele *m pl*.

circo <*-chi*> *m* **1** Zirkus *m*: **andare al ~**, in den Zirkus gehen; **~ equestre**, Wanderzirkus *m* **2** *stor* Arena *f*, Zirkus *m* **3** *giorn sport* {+FORMULA 1} Zirkus *m* ● **~ bianco** *giorn sport* (*nello sci*), Skizirkus *m*; **~ glaciale** *geog*, Gletschermühle *f*, Kar *n*; **~ lunare** *astr*, ringförmiges Mondgebirge.

circolànte A agg *anche econ* ~ (+ **compl di luogo**) {AUTOMEZZO, DENARO} (*irgendwo*) umlaufend, (*irgendwo*) zirkulierend, (*irgendwo*) kursierend B m *econ* **1** (*mezzi di pagamento*) Umlauf(s)kapital n **2** (*capitale*) Geldumlauf m.

circolàre[1] *itr* <*essere o avere*> ~ (+ **compl di luogo**) **1** (*transitare*) {VEICOLO IN CITTÀ} (*irgendwo*) fahren: **circola solo nei giorni feriali**, er/sie/es fährt nur an Werktagen **2** (*scorrere*) {ACQUA NELL'IMPIANTO; SANGUE NELLE VENE} (*irgendwo*) zirkulieren, (*irgendwo*) kreisen: **qui non circola aria**, hier zirkuliert keine Luft **3** *anche econ* (*essere in circolazione*) {DROGA A SCUOLA, IN DISCOTECA; DENARO, MONETA NEL PAESE} (*irgendwo*) kursieren, (*irgendwo*) zirkulieren; *fig anche* (*irgendwo*) um|gehen: **in città circolano strane voci su di voi**, in der Stadt gehen seltsame Gerüchte über euch um|[kursieren seltsame Gerüchte über euch]/[wird Seltsames über euch gemunkelt *fam*]; **fate ~ la voce che è stato smarrito un portafoglio**, sagt (es) weiter, dass eine Brieftasche verlorengegangen ist ● ~! (*proseguire!*), weiter|gehen!; (*con autoveicolo*), weiter|fahren!

circolàre[2] A agg **1** *gener* {MOVIMENTO} kreisförmig, Kreis-; {TRACCIATO} Rund-; {SEGA} Kreis- **2** *mat* {SEGMENTO, SETTORE} Kreis- B m **1** *amm* (abbr circ.) Rundschreiben n, Rundbrief m: ~ **interna**, Hausrundschreiben n; ~ **ministeriale**, ministerielles Rundschreiben **2** (*linea di autobus*) Ringbahn f.

circolatòrio, (-a) <-ri *m*> agg *anat med* {APPARATO, DISTURBO} Kreislauf-.

circolazióne f **1** *gener anche fig* {+IDEA, GIORNALE, NOTIZIA} Umlauf m: **essere in ~**, in/ im Umlauf sein; **libera ~ delle merci**, freier Warenumlauf m; **mettere in ~ qc**, {FOTOGRAFIA} etw in Umlauf bringen; **togliere dalla ~ qc**, {FARMACO} etw aus dem Verkehr ziehen **2** (*movimento*) Verkehr m: **carta/libretto di ~**, (Kraft)fahrzeugschein m/(Kraft)fahrzeugbrief m; ~ **stradale**, Straßenverkehr m **3** *anat* {LINFATICA} Zirkulation f, Kreislauf m; {ARTERIOSA, VENOSA} Blutzirkulation f, Blutkreislauf m: **disturbi/problemi di ~**, Kreislaufstörungen f pl; ~ **extracorporea**, extrakorporale Blutzirkulation **4** *econ* {+CAPITALE} Umlauf m: ~ **fiduciaria**, Banknoten-, (Papier)geldumlauf m; ~ **monetaria**, Münz-, (Bar)geldumlauf m **5** *edit* Druckauflage f ● ~ **rotatoria** *autom*, Kreisverkehr m: **sparire dalla ~** *fig fam* (*eclissarsi*), {POLITICO} vom Erdboden verschwinden, wie vom Erdboden verschluckt werden; **togliere dalla ~ qu** *fig* (*eliminare*), jdn um die Ecke bringen *fam*, jdn aus dem Weg räumen *fam*.

circolo m **1** *gener anche mat* (*in geometria*) {MASSIMO, MINORE} Kreis(umfang) m: **formare un ~**/**mettersi in ~**, einen Kreis bilden/schließen **2** (*associazione*) {+COMMERCIANTI, SCACCHI} Klub m, Zirkel m, Verein m: ~ **culturale/sportivo**, Kultur-/Sportverein m; ~ **ufficiali**, Offiziersklub m; (*sede*) (Klub)haus n; **oggi il ~ è chiuso**, heute ist das Klubhaus geschlossen **3** *amm* (*ufficio circoscrizionale*) Kollegium n: ~ **di una corte d'assise**, Richterkollegium n; ~ **didattico**, Lehrerkollegium n **4** *anat* (*circolazione del sangue*) {GRANDE, PICCOLO} (Blut)kreislauf m: **il veleno entra subito in ~**, das Gift geht sofort in den Blutkreislauf **5** *geog* (Breiten)kreis m: ~ **polare artico/antartico**, arktischer/antarktischer Polarkreis; ~ **equatoriale/equinoziale**, Äquator m **6** <*solo pl*> (*cerchia*) {LETTERARI} Zirkel m pl, Kreise m pl: **i circoli ben informati**, die gut informierten Kreise m pl ● ~ **vizioso** *fig* (*situazione irresolubile*), Teufelskreis m, Circulus vitiosus m *forb*.

circoncìdere <*coniug come* decidere> *tr* ~ **qu** jdn beschneiden.

circoncisióne f Beschneidung f, Zirkumzision f *scient*.

circonciso A *part pass di* circoncidere B m Beschnittene m *decl come agg*.

circondàre A *tr* **1** (*delimitare*) ~ **qc** {FOSSATO, SIEPE} GIARDINO} etw umschließen, etw umgeben **2** (*assediare*) ~ **qu/qc** {ESERCITO NEMICO, PAESE; POLIZIA FUGGITIVO, CASA} jdn/etw umzingeln, jdn/etw umstellen **3** (*attorniare*) ~ **qu/qc** {STUDENTI PROFESSORE; SPETTATORI PALCO} jdn/etw umringen **4** *fig* ~ **qu/qc di qc** {BAMBINO, CANE DI AFFETTO, DI CURE} jdn/etw mit etw (dat) umgeben B *rfl*: **circondarsi di qu/qc** {DI AMMIRATORI, DI LUSSO} sich mit jdm/etw umgeben.

circondariàle agg *amm* {DECENTRAMENTO, UFFICIO} Bezirks-, Kreis-.

circondàrio <-ri *m*> **1** (*dintorni*) Umkreis m, Umgebung f: **è un ragazzo del ~**, er ist ein Junge aus der Umgebung **2** *amm* (*suddivisione delle circoscrizioni provinciali*) Bezirk m **3** *dir* (*circoscrizione territoriale del tribunale*) (Landgerichts)bezirk m.

circondùrre <*coniug come* condurre> *tr sport* (*ruotare*) ~ **qc** {BUSTO, CAPO} etw kreisen.

circonduzióne f *sport* (*rotazione*) Kreisen n: ~ **delle braccia**, Armkreisen n; **fare una ~ delle braccia**, die Arme kreisen lassen.

circonferènza f **1** (*linea simile a un cerchio*) {+ALBERO, RUOTA, TERRA} Umfang m; {+TORACE} Weite f: ~ **fianchi/seno/vita**, Hüft-/Busen-/Taillenweite f **2** *mat* (*in geometria*) (Kreis)umfang m: ~ **circoscritta/inscritta**, Um-/Inkreis m.

circonflèsso, (-a) A *part pass di* circonflettere B agg ~ (*ricurvo*) {LINEA} krumm.

circonflèttere <*coniug come* flettere> *tr* ~ **qc** (*piegare ad arco*) {SBARRA} etw krümmen **2** *ling* {VOCALE} etw zirkumflektieren.

circonfóndere <*coniug come* fondere> *tr lett* ~ **qu/qc 1** (*circondare*) {LUCCICHIO, NEBBIA PAESAGGIO} jdn/etw umschließen, jdn/etw umgeben **2** *fig* (*pervadere*) {SERENITÀ VOLTO} jdn/etw überstrahlen, jdn/etw überfluten, jdn/etw erfüllen: **la gloria che lo circonfonde**, der Ruhm, der ihn überstrahlt.

circonfùso *lett* A *part pass di* circonfondere B agg ~ **di qc 1** (*circondato*) {CAPO DI LUCE} von etw (dat) überstrahlt, von etw (dat) überflutet **2** *fig* (*pervaso*) {UOMO DI SPIRITUALITÀ} von etw (dat) erfüllt.

circonlocuzióne f Umschreibung f, Periphrase f.

circonvallazióne f **1** Umgehungsstraße f: **ti conviene fare la ~**, du nimmst besser die Umgehungsstraße **2** *mil stor* (*linea di fortificazione*) Umwallung f, Wall m.

circonvenzióne f (*raggiro*) Täuschung f, Hintergehung f, Überlistung f ● ~ **d'incapace** *dir*, "Ausnutzung f von Minderjährigen und Geistesschwachen durch Übervorteilung".

circonvicino, (-a) agg *lett* (*limitrofo*) {POPOLO} benachbart; {PAESE} *anche* angrenzend, Nachbar-.

circonvoluzióne f *anat* (*piega*) Windung f: ~ **cerebrale/intestinale**, Hirn-, Darmwindung f.

circoscritto, (-a) A *part pass di* circoscrivere B agg **1** (*limitato*) ~ (**a qu/qc**) {FENOMENO A UN GRUPPO, A UNA REGIONE, A UN LUOGO} (*auf jdn/etw*) beschränkt **2** *fig* (*delimitato*) {PROGETTO} begrenzt; {TEMA} eingegrenzt **3** *mat* ~ (**a qc**) {MIT etw umschrieben}: **esagono ~ a una circonferenza**, mit einem Sechseck umschriebener Kreis.

circoscrivere <*coniug come* scrivere> *tr* **1** (*delimitare*) ~ **qc** {INCENDIO} etw ein|dämmen; {PROBLEMA, ZONA} etw ab|grenzen; *fig*

{PROGETTO} etw begrenzen; {IDEA} etw ein|grenzen **2** *mat* ~ **qc a qc** etw mit etw (dat) umschreiben: ~ **un quadrato a una circonferenza**, einen Kreis mit einem Viereck umschreiben.

circoscrivìbile agg eingrenzbar, umschreibbar.

circoscrizionàle agg *amm* {CONSIGLIO, ORGANO} Bezirks-.

circoscrizióne f **1** *amm* Bezirk m: ~ **ecclesiastica/elettorale/giudiziaria**, Kirchen-/Wahl-/Gerichtsbezirk m; (*sede di quartiere*) Bezirksamt n **2** *dir* (~ **giudiziaria**) (*ambito territoriale entro cui opera l'ufficio giudiziario*) (Gerichts)bezirk m.

circospètto, (-a) agg (*cauto*) {INDIVIDUO, MOVIMENTO} vorsichtig, umsichtig: **con fare ~**, vorsichtig, mit Vorsicht.

circospezióne f (*cautela*) Umsicht f, Vorsicht f: **intervenire con ~**, umsichtig/mit Umsicht eingreifen.

circostànte A agg (*vicino*) {LOCALITÀ, PAESAGGIO} umgebend, umliegend; {PERSONE} umstehend B m pl (*presenti intorno*) Umstehenden mf pl *decl come agg*.

circostànza A f **1** <*di solito al pl*> (*situazione*) Umstand m, Gegebenheit f: **date le circostanze**, unter den gegebenen Umständen, so wie die Dinge liegen **2** (*occorrenza*) {INASPETTATA, LIETA, SFAVOREVOLE} Gelegenheit f: **in quella ~**, bei dieser Gelegenheit; **in simili circostanze**, unter solchen Umständen **3** *dir* (~ **del reato**) Umstand m: ~ (**del reato**), (Tat)umstand m; **circostanze aggravanti**, erschwerende Umstände m pl, Strafschärfungsgründe m pl; **circostanze attenuanti**, mildernde Umstände m pl, Strafmilderungsgründe m pl B <*inv*> *loc agg* (*formale*): di ~ {ATTEGGIAMENTO} unverbindlich, formell, steif, zeremoniös *forb*; **parole di ~**, unverbindliche Worte, Smalltalk m *forb*, Blabla n *fam*.

circostanziàle agg **1** {CAMBIAMENTO} situationsbedingt, den Umständen entsprechend, zirkumstanziell *obs* **2** *gramm* {COMPLEMENTO, PROPOSIZIONE} Umstands-.

circostanziàre <*circostanzio, circostanzi*> *tr* (*dettagliare*) ~ **qc** {DELITTO, EVENTO} etw ausführlich beschreiben, etw ausführlich berichten.

circostanziàto, (-a) agg (*dettagliato*) {ACCUSA, RESOCONTO} ausführlich.

circuìre <*circuisco*> *tr* ~ **qu** (**con qc**) {CON FALSE PROMESSE} jdn (mit etw dat) umgarnen, jdn (mit etw dat) ein|wickeln *fam*.

circùito m **1** (*percorso ad anello*) Ring m, Rundstrecke f: ~ **di gara/prova**, Renn-/Probestrecke f; ~ **di Imola**, der Ring von Imola, (*gara*) Rundrennen n **2** (*perimetro*) {+CITTÀ, MURA} Umkreis m, Umfang m **3** *film* {DISTRIBUTIVO, NAZIONALE} Filmvertrieb m **4** *econ* {COMMERCIALE} Kreislauf m: ~ **monetario**, Kapitalkreislauf m **5** *elettr* (*sistema*) {OSCILLANTE, RISONANTE} Kreis m: **chiudere il ~**, den Kreis schließen; ~ **chiuso**, geschlossener Stromkreis; ~ **elettrico**, Stromkreis m; ~ **magnetico**, magnetischer Stromkreis **6** *elettr inform* (*piastra*) Schaltung f, Platine f: ~ **base**, Grundschaltung f; ~ **integrato/stampato**, integrierte/gedruckte Schaltung ● **corto ~** *elettr*, Kurzschluss m; **andare in corto ~**, einen Kurzschluss geben; **mandare qc in corto ~**, etw kurzschließen.

circumlunàre agg *astr* {SPAZIO} zirkumlunar.

circumnavigàre *tr* ~ **qc** (**con qc**) {L'AUSTRALIA CON UNA NAVE DA CROCIERA} etw (mit etw dat) umschiffen; {CON UN DUE ALBERI} etw (mit etw dat) umsegeln.

circumnavigatóre, (-trice) m (f) Um-

segler(in) m(f).
circumnavigazióne f {+ISOLA, TERRA} Umschiffung f; (con barca a vela) Umseg(e)lung f.
circumpolàre agg astr {STELLA} Zirkumpolar-.
circumterrèstre agg astr {ORBITA} zirkumterrestrisch.
ciré <-> m franc tess Wachstuch n.
cirìllico, (-a) <-ci, -che> **A** agg {ALFABETO, SCRITTURA} kyrillisch **B** m kyrillische Schrift, Kyrilliza f: **è scritto in ~**, es ist auf Kyrillisch geschrieben.
CIRM m comm abbr di Centro Internazionale Ricerche di Mercato: Internationales Marktforschungszentrum.
cirrifórme agg **1** bot (a forma di viticcio) {ORGANO} rankenartig **2** meteo (a forma di cirro) {NUBE} Zirrus-.
cirro m **1** bot (viticcio) Ranke f **2** meteo (nube) Federwolke f, Zirrus(wolke) f m **3** zoo (organo tattile) Zirrus m.
cirrocùmulo m meteo Schäfchenwolke f, Zirrokumulus m.
cirròsi <-> f med Zirrhose f scient: **~ epatica**, Leberzirrhose f scient.
cirróso, (-a) agg **1** bot {APPENDICE} rankenartig **2** meteo {CIELO} mit Zirren bedeckt.
cirrostràto m meteo Zirrostratus m.
cirròtico, (-a) <-ci, -che> agg med zirrhotisch scient.
CISAL f abbr di Confederazione Italiana Sindacati Autonomi dei Lavoratori: "Verband der autonomen italienischen Arbeitergewerkschaften".
cisalpìno, (-a) agg (al di qua delle Alpi) {REGIONE} zisalpin(isch), diesseits der Alpen (von Rom aus gesehen).
CISL f abbr di Confederazione Italiana Sindacati Lavoratori: "italienischer Arbeitergewerkschaftsbund".
CISNaL f abbr di Confederazione Italiana Sindacati Nazionali dei Lavoratori: "Verband der nationalen italienischen Arbeitergewerkschaften".
cìspa f Augenschleim m.
cispadàno, (-a) agg (al di qua del Po) {TERRITORIO} diesseits des Po liegend (von Rom aus gesehen).
cispóso, (-a) agg **1** {CIGLIA, OCCHI} Trief- **2** (con occhi cisposi) {VECCHIA} triefäugig fam.
cìsta f archeol {ETRUSCA} Zista f, Ziste f.
ciste → **cisti**.
cistectomìa f med Zystektomie f scient.
cisteì**na** f biol chim Zystein n.
cistercènse relig **A** agg {CONVENTO, MONACO} Zisterzienser-, zisterziensisch **B** m (f) Zisterzienser(in) m(f).
cistèrna A <inv> in funzione di agg {AEREO, CARRO, NAVE} Tank- **B** f **1** (pozzo per acqua piovana) Zisterne f **2** (serbatoio) f {+CARBURANTE} Tank m.
cìsti <-> f med {SALIVARE, SEBACEA} Zyste f scient: **~ ovarica**, Eierstockzyste f scient.
cisticèrco <-chi> m biol Finne f.
cìstico, (-a) <-ci, -che> agg **1** anat {DOTTO} zystisch scient **2** med (di cisti) {LIQUIDO, MALATTIA} zystisch scient.
cistifèllea f anat Gallenblase f.
cistìna f biol chim Zystin n.
cistìte f med Blasenentzündung f, Zystitis f scient.
cistoscopìa f med Blasenspiegelung f, Zystoskopie f scient.
cistoscòpio <-pi> m med Blasenspiegel m, Zystoskop n scient.
cit. abbr di citato: zit. (abbr di zitiert).

CIT f abbr di Compagnia Italiana Turismo: "italienische Reiseverkehrsgesellschaft".
citànte A agg (che cita) {PARTE} vorladend, zitierend **B** mf (chi cita) Vorladende mf decl come agg.
citàre tr **1** (riferire) **~ qu, qc** (da qc) {AUTORE, BRANO DAL FAUST DI GOETHE, TESTO} jdn/etw an|führen **2** (menzionare) **~ qu/qc** {EPISODIO, LUOGO, NOME} jdn/etw erwähnen, jdn/etw an|führen **3** (indicare) **~ qu/qc a qc** {AD ESEMPIO, A MODELLO} jdn/etw als etw an|führen **4** dir (convocare) **~ qu** (**in qc**) {COME qc} {IN TRIBUNALE COME TESTIMONE} jdn (als etw acc) (vor etw acc) laden **5** dir (chiamare in giudizio): **~ qu a comparire davanti/dinanzi a qc**, jdn (vor etw acc) laden.
citarìsta <-i m, -e f> mf lett Zitherspieler(in) m(f).
citazióne f **1** (riferimento) {+FONTE} Zitieren n **2** (passo riportato) Zitat n: **fare una ~**, etwas zitieren; **un romanzo infarcito di citazioni**, ein mit Zitaten gespickter Roman **3** (menzione) Erwähnung f, Nennung f: **una ~ al merito**, eine lobende Erwähnung **4** dir (convocazione) Ladung f; (atto di ~) Klage- und Ladeschrift f: **notificare una ~**, eine Klage- und Ladeschrift zustellen.
citì → **città**.
citofonàre itr **~ (a qu)** (mit jdm) durch die (Haus)sprechanlage sprechen.
citòfono m (Haus)sprechanlage f.
citologìa f biol Zytologie f, Zellforschung f.
citològico, (-a) <-ci, -che> agg biol **1** (relativo alla cellula) zytologisch **2** (relativo a citologia) {ESAME} zytologisch.
citoplàsma m biol Zytoplasma f.
citosìna f chim Zytosin n, Cytosin n.
citostàtico, (-a) <-ci, -che> farm **A** agg {FARMACO} zytostatisch **B** m Zytostatikum n.
citostòma <-i> m zoo Zytostom(a) n.
citràto m chim {TRISODICO} Citrat n, Zitrat n.
cìtrico, (-a) <-ci, -che> agg {ACIDO} Zitronen-; {COMPOSTO, SOLUZIONE} zitronensauer.
citronèlla f bot Zitronellgras n.
citrùlla f → **citrullo**.
citrullàggine f (stupidità) Dämlichkeit f fam spreg, Doofheit f fam spreg.
citrùllo, (-a) **A** agg (tonto) dämlich fam spreg, doof fam spreg **B** m (f) Trottel m fam spreg, Doofmann m, Doofkopp m fam spreg.
città <-> **A** f **1** gener anche dir stor {EUROPEA, PICCOLA, TURISTICA} Stadt f: **abitare in/fuori ~**, in/außerhalb der Stadt wohnen; **~ d'arte**, Kunststadt f; **la ~ di Amburgo**, die Stadt Hamburg; **~ industriale**, Industriestadt f; **~ libera**, freie Reichsstadt; **~ di mare**, Stadt am Meer; **~ con oltre un milione di abitanti**, Millionenstadt f; **~ natale**, Geburtsstadt f; **~ di provincia**, Provinzstadt f; **~ stato**, Stadtstaat m **2** (quartiere) Stadt f, Viertel n: **~ nuova**, Neubaugebiet n; **~ alta/vecchia**, Ober-/Altstadt f; **~ giardino**, Gartenstadt f; **~ satellite**, Satelliten-, Trabantenstadt f; **~ universitaria/[degli studi]**, Universitätsgelände n, Campus m **3** (popolazione) {ALLEGRA, LABORIOSA} Stadt f, Stadtbevölkerung f: **tutta la ~ è in festa**, die ganze Stadt feiert **B** <inv> loc agg: **di ~** {CASA, GENTE, VITA} Stadt- • **Città del Capo** geog, Kapstadt n; **la ~ dei Cesari**/[dei sette colli], Rom n; **~ dormitorio**, Schlafstadt f; **la ~ eterna**, die Ewige Stadt; **~ fantasma/morta**, Geisterstadt f/tote Stadt; **~ proibita**, verbotene Stadt; **~ dei ragazzi** (istituzione assistenziale) Kinderdorf n; **la ~ santa**, die Heilige Stadt; **Città del Vaticano** geog, Vatikanstadt f.
cittadèlla <dim di città> f **1** mil {INESPUGNA-

BILE} Zitadelle f **2** fig (baluardo) {+CATTOLICESIMO, CONSERVATORISMO} Hochburg f.
cittadìna① <dim di città> f {NORDEUROPEA, RICCA, TRANQUILLA} Städtchen n, Kleinstadt f.
cittadìna② f → **cittadino**.
cittadinànza f **1** (popolazione di una città) Stadtbevölkerung f; (di uno stato) Bürgerschaft f, Einwohnerschaft f rar: **la ~ si è presentata alle urne**, die Bürgerschaft ist zu den Urnen gegangen **2** anche dir Staatsangehörigkeit f: **acquistare/avere la ~ tedesca**, die deutsche Staatsangehörigkeit erwerben/besitzen; **doppia ~**, doppelte Staatsangehörigkeit; **~ onoraria**, Ehrenbürgerrechte f pl; **prendere la ~ italiana**, die italienische Staatsangehörigkeit erwerben.
cittadìno, (-a) **A** agg (della città) {AUTORITÀ, LUTTO, PARCO, VITA} städtisch, Stadt- **B** m (f) **1** (abitante di città) {MILANESE, RISPETTABILE} Stadtbewohner(in) m(f), Städter(in) m(f), Bürger(in) m(f): **i cittadini**, die Stadtbevölkerung; **~ onorario**, Ehrenbürger m **2** (chi vive in città) Städter(in) m(f): **i cittadini hanno invaso le località sciistiche**, die Städter haben die Skigebiete überschwemmt **3** (appartenente a uno stato) (Staats)bürger(in) m(f), Staatsangehörige mf decl come agg: **è un ~ italiano**, er ist italienischer Staatsbürger • **libero ~** fig scherz (persona libera), freier (Staats)bürger; **~ del mondo** (cosmopolita), Weltbürger m; **primo ~** (sindaco), Bürgermeister m; **privato ~** (al di fuori della propria professione, carica, ecc.), Bürger m.
cittì mf <-> (commissario tecnico) Fußballnationaltrainer(in) m(f).
city <-, cities pl ingl> f ingl {LONDINESE} City f.
city bike <-> loc sost f ingl (bicicletta da città) Stadtfahrrad n.
city car <-> loc sost f autom Stadtauto n.
ciùca f → **ciuco**.
ciùcca <-che> f region (sbornia) Rausch m, Schwips m fam: **s'è preso una bella ~**, er hat sich (dat) einen ordentlichen Rausch angetrunken, er hat einen Affen (sitzen) fam, er hat zu tief ins Glas geschaut fam scherz, er ist stockbesoffen/sturzbetrunken fam.
ciucciàre <ciuccio, ciucci> fam **A** tr (succhiare) **~ (qc)** {ZUCCHERINO} (etw) lutschen; {MATITA, SENO MATERNO} an etw (dat) lutschen, an etw (dat) saugen; {NEONATO LATTE; ZANZARA SANGUE} etw saugen **B** rfl indir: **ciucciarsi qc** {POLLICE} an etw (dat) lutschen, an etw (dat) saugen, an etw (dat) nuckeln fam.
ciùccio① <-ci> m fam (succhiotto) Schnuller m fam; (tettarella per biberon) Sauger m fam.
ciùccio② <-ci> m merid **1** (asino) Esel m **2** fig spreg Esel m fam, Dummkopf m spreg.
ciucciòtto <dim di ciuccio①> m fam (succhiotto) Schnuller m fam.
ciùcco, (-a) <-chi, -che> region **A** agg (ubriaco) betrunken, besoffen fam, voll fam: **è completamente ~**, er/sie ist total besoffen fam/[sternhagelvoll fam] **B** m (f) Betrunkene mf decl come agg, Besoffene mf decl come agg fam.
ciùco, (-a) <-chi, -che> m (f) **1** (asino) Esel(in) m(f) **2** fig spreg (persona ignorante) Esel m fam, Dummkopf m spreg.
ciuf, ciuffète inter onomatopeica (di locomotiva a vapore) puff, puff: **ciuf ciuf, arriva il treno!**, puff, puff, der Zug kommt!
ciufèca f rom (bevanda alcolica) Fusel m fam spreg (con caffè) Brühe f, Plörre f norddt.
ciùffo m **1** (ciocca) {LUNGO, NERO; +CAPELLI, PELI} Büschel m; {COLORATO; +PIUME} Schopf m, Haube f **2** (cespo) {+PAGLIA, PREZZEMOLO} Büschel n.
ciuffolòtto m ornit Dompfaff m, Gimpel m.

ciùla *fam sett* A <-> *mf* (*ingenuo*) Einfaltspinsel *m fam spreg*, Naivling *m fam* B <inv> *agg* einfältig, naiv: **è grande, grosso e ~**, er ist groß, kräftig und einfältig.

ciulàre *tr* **1** *volg sett* (*avere un rapporto sessuale*) ~ (**qu**) (*jdn*) poppen *fam*, (*jdn*) vögeln *volg* **2** *fam sett* (*rubare*) ~ **qc** (**a qu**) (*jdm*) *etw* klauen *fam*, (*jdm*) *etw* stibitzen *fam* **3** *fam sett* (*imbrogliare*) ~ **qu** *jdn* anschmieren *fam*, *jdn* hereinlegen *fam*, *jdn* bescheißen *volg*, *jdn* übers Ohr hauen *fam*.

ciùrma *f* **1** *mar* (*equipaggio*) {+MERCANTILE, TONNARA} Mannschaft *f*, Besatzung *f* **2** *mar stor* (*rematori*) {+GALERA} Rudermannschaft *f*, Rudersklaven *pl* **3** *fig spreg* (*ciurmaglia*) Pack *n fam spreg*, Gesindel *n spreg* **4** *fig scherz* (*gruppo chiassoso*) {+BAMBINI} Horde *f anche spreg*.

ciurmàglia *f* (*marmaglia*) Pack *n fam spreg*, Gesindel *n spreg*.

civet <-> *m franc gastr* Civet *n*.

civètta A <inv> in funzione di agg (*che fa da esca*) {BANCONOTA} Köder-; {NOTIZIA} Sensations-: **pubblicità con articoli** ~, Lockvogelwerbung *f* B *f* **1** *ornit* Kauz *m* **2** *fig* (*donna vanitosa*) kokette Frau: **fare la** ~ **con qu**, mit jdm kokettieren **3** *giorn* (*locandina*) Schlagzeilen-, Zeitungsseite *f* ● **fare da** ~ *fig* (*da richiamo*), ködern *fam*, Lockvogel *spreg* sein.

civettàre *itr* ~ **con qu** mit jdm kokettieren.

civetterìa *f* **1** (*atteggiamento lezioso*) {+DONNA} Kokketterie *f*, Gefallsucht *f spreg* **2** (*vezzo*) Getue *n fam spreg*.

civettuòlo, (-a) *agg* {BORSETTA, GESTO, RAGAZZA} kokett, gefallsüchtig *spreg*.

civico, (-a) <-*ci, -che*> A *agg* **1** (*municipale*) {BIBLIOTECA, GIUNTA} städtisch, Stadt- **2** (*di cittadino*) {CORTEO, LISTA} Bürger-; {DOVERE} *anche* staatsbürgerlich B *m* (*numero di edificio*) Hausnummer *f*.

civile A *agg* **1** (*del cittadino*) {ISTITUZIONE, LETTERATURA, LIBERTÀ, POESIA} bürgerlich; {CORAGGIO, IMPEGNO} Zivil-; {PROTEZIONE} *anche* Bürger-: **guerra** ~, Bürgerkrieg *m* **2** (*non ecclesiastico, non militare*) {AUTORITÀ, OSPEDALE} zivil; {POPOLAZIONE, SERVIZIO} Zivil-; {non religioso} {FESTA, RITO} staatlich; {MATRIMONIO} standesamtlich **3** (*evoluto*) {MONDO, NAZIONE, POPOLO} zivilisiert **4** (*educato*) {COMPORTAMENTO, PERSONA} anständig, gesittet **5** *amm* (*non rurale*) städtisch: **casa di** ~ **abitazione**, Wohnhaus *n* **6** *arch edil* {ARCHITETTURA, INGEGNERE} Bau- **7** *dir* (*non pubblico*) {DIRITTO} Zivil-, Privat-; (*con eclusione del diritto commerciale*) bürgerlich; {MATERIA} zivilrechtlich, privatrechtlich; (*con eclusione del diritto commerciale*) bürgerlich-rechtlich **8** *dir* (*non penale, ecc.*) {CAUSA} Zivil-, zivilrechtlich; {CODICE, PROCESSO, TRIBUNALE} Zivil-; {CONTROVERSIA} bürgerlich B *m* (*borghese*) Zivilist *m*: **l'accesso alla base militare è vietato ai civili**, der Zutritt zur Militärbasis ist für Zivilisten verboten.

civilista <-*i m, -e f*> *mf dir* Zivilrechtler(in) *m*(*f*).

civilistico, (-a) <-*ci, -che*> *agg dir* {NORMA} zivilrechtlich.

civilizzàre A *tr* (*rendere civile*) ~ **qu/qc** {PAESE, POPOLO, REGIONE} *jdn/etw* zivilisieren B *itr pron* (*diventare civile*): **civilizzarsi** {POPOLO} zivilisiert werden.

civilizzatóre, (-trice) A *agg* {FILOSOFIA} zivilisierend B *m* (*f*) Überbringer(in) *m*(*f*) der Zivilisation, Kulturbringer(in) *m*(*f*): **i grandi civilizzatori del passato**, die großen Kulturbringer der Vergangenheit.

civilizzazióne *f* **1** {+TERRITORIO SOTTOSVILUPPATO} Zivilisierung *f* **2** (*progresso*) Zivilisation *f*: **raggiungere un elevato grado di** ~, einen hohen Zivilisationsgrad erreichen.

civilménte *avv* **1** (*in modo civile*) {AGIRE, COMPORTARSI, PARLARE} anständig, gesittet, höflich **2** *dir* (*secondo il diritto civile*) {RISPONDERE} zivilrechtlich; (*con rito civile*) {SPOSARSI} standesamtlich.

civiltà <-> *f* **1** (*cultura*) {CONTEMPORANEA, LATINA, MEDIOEVALE; +FERRO, PASSATO} Kultur *f* **2** (*progresso*) Zivilisation *f*: **portare la ~ nei paesi arretrati**, in rückständigen Ländern die Zivilisation einführen **3** (*organizzazione sociale*) {INDUSTRIALE, TECNOLOGICA} Gesellschaft *f* : ~ **del benessere**/[**dei consumi**], Wohlstands-/Konsumgesellschaft *f*; ~ **delle macchine**, Autogesellschaft *f* **4** (*cortesia*) Anstand *m*, Gesittung *f*, Höflichkeit *f*: **comportarsi con** ~, sich anständig benehmen; **è una questione di** ~, es/das ist eine Frage des Anstands.

civìsmo *m* (*senso civico*) Gemeinschaftssinn *m*.

cl *metrol abbr di* centilitro: cl (Zentiliter).

CL *abbr di* Comunione e Liberazione: "kirchliche Laienbewegung in Italien".

clàcson <-> *m* Hupe *f*: **attaccarsi al** ~ (*suonare insistentemente*), sich an die Hupe hängen *fam*; **suonare il** ~, hupen.

clacsonàre *itr* ~ **con qu** hupen.

clàmide *f* **1** *stor* Chlamys *f* **2** *lett* (*manto*) {IMPERIALE, REGALE} Mantel *m*.

clamìdia *f biol* (*batterio*) Chlamydiabakterie *f*.

clamóre *m* **1** (*schiamazzo*) {+DIMOSTRANTI, PUBBLICO} Lärm *m* **2** *fig* (*scalpore*) {+EVENTO, NOTIZIA} Aufsehen *n*, Wirbel *m*: **destare/sollevare/suscitare** ~, Aufsehen erregen.

clamoróso, (-a) *agg* **1** (*fragoroso*) {ALTERCO} laut; {APPLAUSO} brausend; {RISATA} schallend **2** *fig* (*che fa scalpore*) {ERRORE} eklatant; {CASO, PROTESTA} Aufsehen erregend; {RISULTATO, SCANDALO, SUCCESSO} *anche* sensationell; {SCONFITTA} vernichtend; {VITTORIA} überwältigend.

clan <-> *m ingl* **1** {SCOZZESE} Clan *m* **2** *fig anche spreg* (*cricca*) {UNIVERSITARIO, +DISCOGRAFICI} Clan *m anche iron*, Klan *m anche iron*: ~ **mafioso**, Mafia-Clan *m anche iron* **3** *etnol* Klan *m* **4** *sport* (*squadra*) {+AZZURRI} Mannschaft *f*.

clandestina *f* → **clandestino**.

clandestinità <-> *f* **1** (*segretezza*) {+RELAZIONE} Verborgenheit *f*, Heimlichkeit *f* **2** (*illegalità*) {+ATTIVITÀ, VENDITA} Illegalität *f*: **vivere in/nella** ~, in der Illegalität leben; *anche polit* Untergrund *m*; **operare in/nella** ~, im Untergrund arbeiten.

clandestino, (-a) A *agg* **1** (*segreto*) {INCONTRO, MATRIMONIO} heimlich **2** (*illegale*) {BISCA, PUBBLICAZIONE} illegal, gesetzwidrig; {LAVORO, VIAGGIATORE} *anche* Schwarz- *fam*; {COMMERCIO} *anche* schwarz *fam*; *anche polit* {ORGANIZZAZIONE} Untergrund- B *m* (*f*) blinde(r) Passagier(in) *m*(*f*): **c'è un ~ a bordo**, es ist ein blinder Passagier an Bord.

clap *inter* (*rumore del battimano*) klatsch.

claque <-> *f franc* Claque *f*.

Clàra *f* (*nome proprio*) Klara, Clara.

clarinettista <-*i m, -e f*> *mf* Klarinettenspieler(in) *m*(*f*), Klarinettist(in) *m*(*f*).

clarinétto *m mus* **1** (*strumento*) Klarinette *f* **2** (*suonatore*) Klarinettenspieler(in) *m*(*f*), Klarinettist(in) *m*(*f*).

clarino *m mus* **1** (*clarinetto*) Klarinette *f* **2** *stor* Clarino *n*, Bach-Trompete *f*.

clarissa *f relig* Klarisse *f*, Klarissin *f*.

Clarissa *f* (*nome proprio*) Klarissa, Clarissa.

Clark® *m* (*scarpa*) Clark-Schuh® *m*.

class action <-, -s *pl ingl*> *loc sost* **f** *ingl* Class Action *f*, Sammelklage *f*.

clàsse A *f* **1** *gener anche polit sociol* (*gruppo di persone*) {SOCIALE; +COMMERCIANTI} Klas-

se *f*: ~ **dirigente**, herrschende Klasse, Führungsschicht *f*; ~ **lavoratrice/operaia**, Arbeiterklasse *f*, arbeitende Klasse; ~ **media**, Mittelstand *m*, Mittelschicht *f*; ~ **medica**, Ärztestand *m*, Ärzteschaft *f*; ~ **politica**, Politiker *pl* **2** *fig* (*stile*) {+CANTANTE} Klasse *f fam*, Stil *m*: **avere** ~, Klasse *fam*/Stil haben **3** *aero amm auton ferr mar* (*categoria*) {AUTOMOBILISTICA, NAUTICA} Klasse *f*: ~ **viaggiare in prima/seconda** ~, erster/zweiter Klasse reisen; ~ **turistica**, Touristenklasse *f*; **di ~** *econ* Klasse *f*; ~ **catastale** *dir*, Katasterklasse *f*; ~ **di reddito** *econ*, Einkommensklasse *f* **4** *bot zoo* {+MONOCOTILEDONI, INSETTI} Klasse *f*: **tipo vertebrati**, ~ **mammiferi, ordine roditori**, Stamm der Wirbeltiere, Klasse der Säugetiere, Ordnung der Nager **5** *ling* {DISTRIBUZIONALE} Klasse *f*: ~ **grammaticale**, Wortarten *f pl*, Wortklassen *f pl* **6** *mat* (*insieme*) Klasse *f*, Menge *f*: ~ **di grandezze**, Größenklasse *f* **7** *mil* (*leva*) Jahrgang *m*: ~ **di leva**, Einberufungsjahrgang *m*; **la ~ del '63**, der 63er Einberufungsjahrgang **8** *scuola* (*allievi*) {+INDISCIPLINATA, MASCHILE; +FRANCESE} (Schul)klasse *f*: ~ **sperimentale**, Pilotklasse *f*; (*corso*) Schuljahr *n*; **che ~ fai quest'anno?**, in welche Klasse gehst du dieses Jahr?; **ho quattro classi, due prime e due seconde**, ich habe vier Klassen, zwei Erste und zwei Zweite; **ripetere la** ~, die Klasse wiederholen; (*aula*) {LUMINOSA} Klassenzimmer *n*; **la ~ in fondo al corridoio**, das Klassenzimmer am Ende des Gangs; **entrare in**/[**uscire dalla**] ~, das Klassenzimmer betreten/verlassen **9** *stor* Klasse *f*: **le classi dell'antica Roma**, die Klassen des alten Roms B <inv> *loc agg*: **di** ~ **1** *gener anche polit sociol* {COSCIENZA, DIFFERENZA} Klassen- **2** *scuola* {COMPAGNO, REGISTRO} Klassen- **3** *fig* (*signorile*) {DONNA, UOMO} mit Stil, Klasse- *fam*: **di alta/gran** ~, ein-/same/große Klasse *f*, von großem Format; (*abile*) {ATLETA, SCRITTORE} von Rang **4** *fig* (*ottimo*) {PRODOTTO, TESSUTO} hervorragend: **di prima** ~, erster Güte, Güteklasse *f* eins ● **fuori** ~ → **fuoriclasse**; ~ **di simmetria** *min*, Kristallsymmetrieklasse *f*.

clàssica <-*che*> *f sport* {+CICLISMO, FONDO} Traditionswettbewerb *m*; (*gara ippica*) traditionelles Pferderennen.

classicheggiànte *agg* (*tendente al classicismo*) {AUTORE, SECOLO} klassizistisch, die Klassiker nachahmend.

classicismo *m arch arte lett* **1** (*qualità*) {+CANOVA, PALLADIO} Klassische *n* decl come agg **2** (*stile*) Klassizismus *m*: **contrasto tra ~ e Romanticismo**, Kontrast zwischen Klassizismus und Romantik.

classicista <-*i m, -e f*> *mf arch arte lett* **1** (*seguace*) Klassiker(in) *m*(*f*), Klassizist(in) *m*(*f*) **2** (*studioso*) Kenner(in) *m*(*f*) der Klassik.

classicistico, (-a) <-*ci, -che*> *agg arch arte lett* {IDEALE, STILE} klassizistisch.

classicità <-> *f arch arte lett* **1** (*periodo classico*) {GRECA, LATINA} Klassik *f* **2** (*impronta classica*) Klassizität *f*, Klassizismus *m*.

clàssico, (-a) <-*ci, -che*> A *agg* **1** (*greco-romano*) {ARTE, AUTORE, MONDO, PERIODO} klassisch **2** (*tradizionale*) {COLORE, LINEA, MODA, TESSUTO} klassisch; {CORSA, GARA} Traditions- **3** (*tipico*) {CASO, RAGAZZO, STILE} klassisch, typisch: **un ~ esempio di ...**, ein klassisches/typisches Beispiel für ... **4** (*intramontabile*) klassisch: **un testo ~ della letteratura tedesca**, ein klassischer Text der deutschen Literatur **5** *mus* {MUSICA} klassisch **6** *scuola* (*umanistico*) {STUDI} altsprachlich, humanistisch B *m* **1** (*modello*) {+CINEMA, POESIA} Klassiker *m* **2** <*solo pl*> Klassiker *m pl*: **i classici italiani del Novecento**, die italienischen Klassiker des 20. Jahrhunderts.

classifica <-che> f **1** gener {AMERICANA, ITALIANA; +VENDITE} Tabelle f: ~ **dei dischi/libri più venduti della settimana**, [Hit-, Top-Ten-]Liste f,/[Bestsellerliste f] der Woche; *anche sport* {GENERALE, PROVVISORIA; +CAMPIONATO DI CALCIO, DISCESISTI} Rangliste f: ~ **a punti**, Punktwertung f; ~ **a squadre**, Mannschaftswertung f; **essere il primo/l'ultimo in** ~, der Tabellenerste/Tabellenletzte sein **2** *amm* (*graduatoria di merito*) {+ABILITATI, IDONEI} Wertung f, Einstufung f.
classificàbile agg {MINERALE, TESTO} klassifizierbar.
classificàre <*classifico, classifichi*> **A** tr **1** (*catalogare*) ~ **qc** (*secondo/[in base a] qc*) {LIBRI SECONDO L'ARGOMENTO, MATERIALE IN BASE ALLA PROVENIENZA, PIANTE} etw (*nach etw* dat) klassifizieren, etw (*nach etw* dat) klassieren, etw (*nach etw* dat) ein|ordnen **2** (*valutare*) ~ **qu/qc** (+ *compl di modo*) {ALLIEVO, COMPITO} jdn/etw (*irgendwie*) bewerten **B** itr *anche sport* (*arrivare*): **classificarsi** (+ *compl di luogo*) {SQUADRA FRA LE PRIME DIECI} sich (*irgendwo*) platzieren: **classificarsi bene/male**, gut/schlecht abschneiden, sich gut/schlecht platzieren; **classificarsi primo/secondo/ultimo**, Erster/Zweiter/Letzter werden, auf den ersten/zweiten/letzten Platz kommen **2** *sport* (*passare il turno*): **classificarsi** (*per qc*) {ATLETA PER LE FINALI} sich *für etw* (acc) qualifizieren.
classificatóre, (**-trice**) **A** *m* (f) (*chi classifica*) Wertungs-, Preisrichter(in) m(f) **B** *m* **1** (*raccoglitore*) (Akten)ordner m; (*cartella*) (Schnell)hefter m **2** (*album*) Album n: ~ **di francobolli**, Briefmarkenalbum n **3** (*schedario*) Büroschrank m, Kartei f **4** *chim* Klassierer m, Sortiermaschine f.
classificatòrio, (**-a**) <-ri m> agg (*di classificazione*) {METODO, REGOLA} Klassifizierungs-, Bewertungs-.
classificazióne f **1** (*catalogazione*) {+ANIMALI, DOCUMENTI} Klassifizierung f, Klassifikation f: ~ **alfabetica/[per autore]**, Klassifizierung f [in alphabetischer Reihenfolge,]/[nach Autoren]; ~ **decimale universale**, Dezimalklassifikation f **2** *scuola* (*valutazione di merito*) {+ALUNNO} Bewertung f; (*voto*) Zensur f, Note f **3** *sport* (*superamento del turno*) {+ATLETA} Qualifizierung f.
classìsmo m *polit sociol* **1** (*teoria*) Klassenkampftheorie f **2** (*interesse di classe*) Klasseninteresse n.
classìsta <-i m, -e f> **A** agg *polit sociol* **1** {CONCEZIONE} Klassen(kampf)- **2** (*dalla parte di una classe*) {POLITICA, STATO} Klassen- **B** mf **1** (*sostenitore*) Vertreter(in) m(f) der Klassenkampftheorie **2** (*difensore degli interessi di classe*) Verteidiger(in) m(f) der Klasseninteressen.
clàstico, (**-a**) <-ci, -che> agg *geol* klastisch.
Clàudia f (*nome proprio*) Claudia, Klaudia.
claudicànte **A** agg *forb* **1** (*zoppicante*) {ANDATURA} hinkend, hump(e)lig: è ~, er liegt hinkt/humpelt **2** *fig* (*PROSA*) holp(e)rig **3** *fig* (*imperfetto*) {CONTRATTO} unvollkommen **B** mf Hinkende mf decl come agg.
claudicàre (*claudico, claudichi*) itr *forb* **1** (*zoppicare*) {PERSONA} hinken **2** *fig* (*RACCONTO*) holpern.
Clàudio m (*nome proprio*) Claudius, Klaudius.
claunésco, (**-a**) <-schi, -sche> agg (*da clown*) {ESPRESSIONE} clownesk, possenhaft, spaßig.
clàusola f **1** (*condizione*) Bedingung f, Klausel f: ~ **con la** ~ **che...**, unter der Bedingung dass... **2** *dir econ* Klausel f: ~ **arbitrale/compromissòria** *dir*, Schieds(gerichts)klausel f, Vereinbarung f der Ausschließlichkeitsbindung, ~ **di esecuzione provvisoria** *dir*, Klausel f über die vorläufige Vollstreckbarkeit; **clausole mercantili internazionali** *dir*, internationale Handelsklauseln f pl; ~ **della nazione più favorita** *dir*, Meistbegünstigungsklausel f; ~ **oro** *econ*, Goldklausel f; ~ **penale** *dir*, Vertragsstrafenklausel f, Vertragsstrafenvereinbarung f; ~ **di reciprocità**, Gegenseitigkeitsklausel f, Reziprozitätsklausel f; ~ **risolutiva espressa** *dir*, Vereinbarung f der Vertragsaufhebung bei Nichterfüllung; **clausole vessatorie** *dir*, "eigens schriftlich zu bestätigende Klauseln f pl" **3** *ling mus* Klausel f.
claustràle agg {QUIETE} klösterlich; {VITA} *anche* Kloster-.
claustrofilìa f *psic* Klaustrophilie f.
claustrofobìa f *psic* Klaustrophobie f, Platzangst f *fam*.
claustrofòbico, (**-a**) <-ci, -che> agg {REAZIONE} klaustrophobisch.
claustròfobo, (**-a**) **A** agg {REAZIONE} klaustrophobisch **B** m (f) Klaustrophobiker(in) m(f).
clausùra **A** f **1** *relig* Klausur f: **entrare in** ~, in Klausur gehen **2** *fig* (*solitudine*) Zurückgezogenheit f, Klausur f, Abgeschiedenheit f: **vivere in** ~, zurückgezogen leben **B** <inv> loc agg *relig*: **di** ~ {SUORA, VOTO} Klausur-.
clàva f (+UOMO PRIMITIVO) Keule f.
clavètta <dim di clava> f *sport* (*nella ginnastica*) **1** (*attrezzo*) Keule f **2** (*solo pl*) (*specialità*) Keulengymnastik f.
clavicembalìsta <-i m, -e f> mf *mus* Cembalist(in) m(f).
clavicembalìstico, (**-a**) <-ci, -che> agg *mus* {SCUOLA} cembalistisch.
clavicémbalo m *mus* (Clavi)cembalo n.
clavìcola f *anat* Schlüsselbein n, Klavikula f *scient*.
clavicolàre agg *anat* {FRATTURA, LUNGHEZZA} Schlüsselbein-, klavikular *scient*.
clavicòrdo m *mus* Clavichord n.
clàxon e deriv → **clacson** e deriv.
clearing <-> m *ingl econ* Clearing n.
cleistogamìa f *bot* Kleistogamie f.
clemènte agg **1** ~ (**verso/con qu**) {GIUDICE} nachsichtig [mit jdm,]/[jdm gegenüber], gnädig [mit jdm,]/[jdm gegenüber], mild [mit jdm,]/[jdm gegenüber] **2** (*mite*) {CLIMA, INVERNO} mild.
Clemènte m (*nome proprio*) Clemens, Klemens.
clementìna f (*frutto*) Klementine f.
clemènza f **1** (+GIUDIZIO, MAGISTRATO) Gnade f, Milde f, Nachsicht f: **appellarsi alla** ~ **della corte**, das Gericht um Gnade bitten/anrufen **2** (*mitezza*) {+STAGIONE, TEMPO} Milde f.
Cleopàtra f *stor* Kleopatra.
cleptòmane *psic* **A** agg kleptomanisch **B** mf Kleptomane m, Kleptomanin f.
cleptomanìa f *psic* Kleptomanie f.
clèrgyman <-> m *ingl* (*abito*) Priesteranzug m.
clericàle **A** agg **1** (*ecclesiastico*) {DOTTRINA, VESTE} klerikal **2** (*favorevole al clericalismo*) {PARTITO} klerikalistisch *spreg* **B** mf Klerikale mf decl come agg.
clericalìsmo m Klerikalismus m.
clericalizzàre tr ~ **qc** etw klerikalisieren.
clericalizzazióne f Klerikalisierung f.
clericàto → **chiericato**.
clèro m {CATTOLICO, ROMANO} Klerus m, Geistlichkeit f: ~ **regolare/secolare**, Ordens-/Weltgeistlichkeit f; **alto/basso** ~, hoher/niederer Klerus m.

clessìdra f (*orologio a sabbia*) Sanduhr f; (*ad acqua*) Wasseruhr f.
clic **A** inter onomatopeica klick **B** <-> m (*rumore*) {+FOTOGRAFO, INTERRUTTORE} Klick n.
cliccàre (*clicco, clicchi*) itr *anche inform* ~ (**su qc**) {SULL'ICONA, SUL PULSANTE} (*auf etw* acc) klicken, etw an|klicken: ~ **sulla cartella e trascinarla nel cestino**, auf den Ordner klicken und ihn auf das Symbol des Papierkorbs bewegen.
cliché <-> m *franc* **1** *fig* (*stereotipo*) {+CAMPIONE, DONGIOVANNI} Klischee n: **l'autore esce dal** ~ **dell'intellettuale tormentato**, der Autor bricht mit dem Klischee des gequälten Intellektuellen **2** *tip* Klischee n.
click → **clic**.
client <-> m *ingl inform* Client m.
cliènte mf **1** {+AZIENDA, NEGOZIO, ESTETISTA, PARRUCCHIERE} Kunde m, Kundin f; {+ALBERGO, BAR} Gast m; {+COMMERCIALISTA, CONSULENTE, NOTAIO} Klient(in) m(f); {+DENTISTA} Patient(in) m(f) **2** *spreg* (*asservito*) {+PARTITO} Anhänger(in) m(f), Mitläufer(in) m(f) **3** *dir* {+AVVOCATO} Mandant(in) m(f) **4** *stor* {+PATRONO} Klient(in) m(f), Schutzbefohlene mf decl come agg ● ~ **abituale/fisso**, {+AZIENDA, NEGOZIO} Stammkunde m, Stammkundin f; {+ALBERGO, BAR} Stammgast m; ~ **di passaggio** {+NEGOZIO, BAR} Laufkunde m, (Laufkundin f); **clienti di passaggio**, Laufkundschaft f; **il** ~ **ha sempre ragione**, der Kunde hat immer Recht, der Kunde ist König.
clientèla f **1** {ESIGENTE, VASTA; +BANCA, SUPERMERCATO} Kundschaft f; {+PENSIONE, RISTORANTE} Gäste m pl: **un'affezionata** ~, die treuen/alten Gäste/Kunden; {+COMMERCIALISTA} Klienten m pl, Klientel f; {+DENTISTA, STUDIO MEDICO} Patienten m pl **2** *spreg* {+POLITICA} Mitläufer m pl *spreg*, Anhängerschaft f **3** *dir* Mandantschaft f **4** *stor* Klienten m pl, Klientel f, Schutzbefohlene mf pl decl come agg ● ~ **di passaggio**, Laufkundschaft f.
clientelàre agg *spreg* {FAVORITISMO} Klientelen- *spreg*; {SISTEMA} Protektions- *spreg*, Klüngelwirtschafts- *spreg*.
clientelìsmo m *spreg*: ~ **elettorale**, Stimmenkauf m *spreg*.
clìma <-i> m **1** *fig* (*atmosfera*) {ECONOMICO, NATALIZIO, TESO; +DOPOGUERRA} Klima n, Atmosphäre f: **vivere in un** ~ **d'incertezza**, in einer unsicheren Atmosphäre leben **2** *meteo* {ARTICO, FREDDO, UMIDO} Klima n: ~ **continentale/marittimo**, Kontinental-/Seeklima n; ~ **temperato/tropicale**, gemäßigtes/tropisches Klima ● **ho bisogno di cambiare** ~ (*regione, paese*), ich brauche eine Luftveränderung.
climatèrico, (**-a**) <-ci, -che> agg *med* {DISTURBO} klimakterisch *scient*.
climatèrio <-ri> m *med*: ~ (**femminile**), Wechseljahre n pl, Klimakterium n *scient*, Menopause f *scient*; ~ **maschile**, Andropause f *scient*.
climàtico, (**-a**) <-ci, -che> agg {SITUAZIONE} klimatisch; {FATTORE} *anche* Klima-.
climatizzàre tr *tecnol* ~ **qc** {AMBIENTE, AUTOVEICOLO} etw klimatisieren.
climatizzàto, (**-a**) agg (*dotato di climatizzazione*) {AUTO, UFFICIO} klimatisiert.
climatizzatóre m *tecnol* Klimaanlage f.
climatizzazióne f *tecnol* Klimatisierung f.
climatologìa f {DINAMICA} Klimatologie f.
clìmax <-> m *biol ling* Klimax f.
clinch <-, -es pl *ingl*> m *ingl sport* (*nel pugilato*) Clinch m.
clìnica <-che> f **1** (*ramo della medicina*) {OCULISTICA, OSTETRICO-GINECOLOGICA, PEDIATRICA} Klinik f: ~ **chirurgica/medica**, chirurgi-

clinico sche/medizinische Klinik **2** (*settore ospedaliero*) {ORTOPEDICA} Klinik f, Abteilung f **3** (*casa di cura privata*) Privatklinik f **4** *fig* (*laboratorio di riparazione*) Klinik f: **~ delle bambole**, Puppenklinik f.

clìnico, (-a) <-ci, -che> **A** *agg* {ANALISI, STUDIO, TERAPIA} klinisch; {CARTELLA, QUADRO} Kranken- **B** *m* (*medico*) Krankenhausarzt m; (*docente*) Kliniker m.

clinker <-> *m ingl edil* **1** (*materiale*) Klinker m **2** (*mattone*) Klinker(stein) m.

clip① <-> *f ingl* **1** (*graffetta*) Klammer f **2** (*asticciola*) {+PENNA} Clip m, Klipp m, Klemme f **3** (*meccanismo a molla*) {+ORECCHINO, SPILLA} Clip m, Klipp m; (*orecchino*) (Ohr)clip m, (Ohr)klipp m, Klips m.

clip② <-> *m ingl mus TV* (*videoclip*) Videoclip m, Musikvideo n.

clip art <- -, - -s *pl ingl>* loc sost *f ingl inform* Clipart f, ClipArt f.

clìsma <-i> *m med* (*clistere*) Einlauf m, Klysma n *scient*, Klistier n *scient*: **~ opaco**, Bariumsulfateinlauf m.

clistère *m* **1** *med* Einlauf m, Klistier n *scient*: **fare un ~ a qu**, jdm einen Einlauf geben/machen, jdn klistieren *scient* **2** (*medicamento*) Einlaufflüssigkeit f **3** (*apparecchio*) Klistierspritze f *scient*.

clìtico, (-a) <-ci, -che> *ling* **A** *agg* en-, proklitisch **B** *m* En-, Proklise f; En-, Proklisis f.

clitòride *f o m anat* Kitzler m, Klitoris f.

clitoridectomìa *f med etnol* Klitorektomie f *scient*, Entfernung f der Klitoris.

clitoridèo, (-a) *agg anat* klitoral.

clìvia *f bot* Clivia f.

CLN *m abbr di* Comitato di Liberazione Nazionale: "Nationales Befreiungskomitee".

cloàca <-che> *f* **1** (*fogna*) Kloake f **2** *fig* (*ambiente corrotto*) Sumpf m **3** *zoo* Kloake f.

clochard <-> *m franc* {+PARIGI} Clochard m.

cloche <-> *f franc* **1** (*cappello da donna*) Glocke f **2** *aero* Steuerknüppel m **3** *autom* Schaltknüppel m.

clock <-> *m ingl inform* Clock m, Takt m.

clonàggio <-gi> *m biol* Klonierung f, Klonen n.

clonàre *tr ~ qc* **1** *biol* (*produrre un clone*) {CELLULA} klonen, *etw* klonieren **2** *fig* (*riprodurre*) {COMPUTER, PROGRAMMA, TELEFONINO} *etw* vervielfachen.

clonazióne *f biol* Klonierung f: **~ genica**, Genklonierung f; **ottenere una cellula per ~**, eine Zelle durch Klonierung gewinnen.

clóne *m* **1** *biol inform* Klon m **2** *fig* (*riproduzione*) {+PRODOTTO} Vervielfältigung f.

clop, clòppete A *inter onomatopeica trap* **B** <-> *m* Trapp n: **il cloppete cloppete degli zoccoli del cavallo**, das Trapp Trapp der Pferdehufe.

cloràcne *f med* Chlorakne f *scient*.

cloràto, (-a) *chim* **A** *agg* {SOLUZIONE} chlorig, gechlort **B** *m* Chlorat n: **~ di potassio**, Kaliumchlorat n.

cloraziόne *f chim* {+ACQUA} Chlorung f.

clorite *f min* Chlorit m.

clorito *m chim* Chlorit n.

clòro *m chim* Chlor n.

clorofilla *f bot* Chlorophyll n.

clorofilliàno, (-a) *agg* {FOTOSINTESI, FUNZIONE} Chlorophyll-.

clorofluorocarbùro *m chim* (*abbr* CFC) Chlorfluorkohlenwasserstoff m.

cloroformio <-*mi*> *m chim* Chloroform n.

cloròsi <-> *f* **1** *med* Bleichsucht f, Chlorose f *scient* **2** *bot* Chlorose f.

cloròso, (-a) *agg chim* chlorig.

cloruràre *tr chim ~ qc* **1** (*trattare con cloro*) {ACQUA, SOSTANZA} *etw* chloren **2** (*introdurre atomi di cloro*) {COMPOSTO ORGANICO, FERRO} *etw* chlorieren, *etw* chloren.

cloruraziόne *f chim* **1** (*clorazione*) Chlorung f **2** (*trasformazione molecolare*) {+METALLO} Chlorierung f.

clorùro *m chim* Chlorid n: **~ di argento**, Silberchlorid n; **~ di calce**, Chlorkalk m; **~ di calcio**, Kalziumchlorid n; **~** ₍**di sodio**₎/[sodico], Natriumchlorid n.

clou *franc* **A** <inv> *agg* (*sempre posposto*) (*principale*): **momento ~**, Clou m *fam*, Höhepunkt m *fam*, Knalleffekt m *fam*, Krönung f; **personaggio ~**, Hauptperson f, Schlüsselfigur f **B** <-> *m* (*culmine*) {+FESTA} Clou m *fam*, Höhepunkt m *fam*, Knalleffekt m *fam*, Krönung f, Sensation f.

clown <-> *m ingl* Clown m: **~ bianco**, weiß geschminkter Clown (*als Gegenfigur zum dummen August*) **fare il ~ anche fig** (*fare lo stupido*), den Clown spielen *spreg*.

clownèsco → **claunesco**.

club <-> *m ingl* **1** (*circolo*) {SPORTIVO; +BRIDGE, TENNIS, VELA} Club m, Klub m **2** (*sede*) Klub(haus) m: **il ~ apre alle 17.00**, der Klub öffnet um 17 Uhr **3** *giorn* (*organismo internazionale*) Club m, Verein m, Gruppe f ● **Club** *Alpino Italiano* (*abbr* CAI), Italienischer Alpenverein; **il ~ dei dieci banca** *econ*, der Zehnerclub, die Zehnergruppe.

clubhouse <-, -s *pl ingl>* *f ingl* {+CIRCOLO DI GOLF} Klubhaus n, Vereinslokal n.

cluster <-> *m ingl* **1** *astr* Sternhaufen m **2** *inform* Gruppe f, Cluster m **3** *stat* Cluster m.

cm *abbr di* centimetro: cm (**abbr** *di* Zentimeter).

c.m. *comm abbr di* corrente mese: d. M. (**abbr** *di* dieses Monats).

C.M. *abbr di* Circolare Ministeriale: ministerieller Runderlass.

CNA *f abbr di* Confederazione Nazionale dell'Artigianato: Italienischer Handwerksverband.

Cnòsso *f geog* Knossos n.

CNR *m abbr di* Consiglio Nazionale delle Ricerche: "staatliche italienische Forschungsgesellschaft".

CNS *m abbr di* Consiglio Nazionale per la Sicurezza della Repubblica: Nationaler Sicherheitsrat.

c/o *abbr dell'ingl* care of (*presso*) c/o, bei, p.A. (*abbr* di per Adresse).

co' *lett* → **coi**.

coabitàre *itr ~* (*con qu*) {PADRE E FIGLIO CON UNO ZIO} (*mit jdm*) zusammen wohnen.

coabitaziόne *f* {+CONIUGI} Zusammenwohnen n.

coacèrvo *m* **1** *lett* (*cumulo*) {+STRANEZZE} (An)häufung f **2** *amm econ* (*accumulo*) Häufung f: **il ~ degli interessi**, die Interessenhäufung, die Anhäufung von Zinsen; **~ dei redditi**, Zusammenveranlagung f der Einkünfte.

coach <-> *m ingl sport* Coach m.

coadiutόre, (-trice) *m* (f) (*assistente*) Gehilfe m, (Gehilfin f) **B** *m relig* Koadjutor m, Vikar m.

coadiuvànte A *agg* {CURA, FARMACO} Hilfs- **B** *mf* (*collaboratore*) Gehilfe m, Gehilfin f **C** *m farm* Hilfsmedikament n: **~ nella cura della tosse**, Hilfsmedikament n bei Behandlung von Husten.

coadiuvàre *tr* (*aiutare*) **~ qu** (*in qc*) {COLLEGA NELLO SVOLGIMENTO DI UN LAVORO} *mit jdm bei/an etw* (*dat*) mit|wirken, *mit jdm/an etw* (*dat*) mit|arbeiten; **~ qc** {CRESCITA DEI CAPELLI, GUARIGIONE} *bei/an etw* (*dat*) mit|wirken.

coagulàbile *agg* gerinnbar, gerinnungsfähig.

coagulabilità <-> *f* {+LATTE, SANGUE} Gerinnbarkeit f, Gerinnungsfähigkeit f.

coagulànte A *agg* {AGENTE} gerinnungsfördernd, Gerinnungs- **B** *m* Gerinnungsmittel n; *med* Koagulans n *scient*.

coagulàre A *tr ~ qc* (*liquido*) *etw* gerinnen lassen, *etw* zur Gerinnung bringen, *etw* koagulieren lassen *scient* **B** *itr* <*essere*> *itr pron*: **coagularsi** {LATTE} gerinnen; {SANGUE} koagulieren *scient*.

coagulaziόne *f* Gerinnen n, Gerinnung f, Koagulation f *scient*: **~ del latte**, Gerinnen in der Milch; **~ del sangue**, Blutgerinnung f.

coàgulo *m* **1** (*grumo di sostanza rappresa*) Koagulat n: **~** (**di sangue**), (Blut)gerinnsel m, Koagulum n *scient* **2** (*caglio*) Lab n.

coaliziόne *f* **1** (*alleanza tra partiti*) {MAGGIORITARIA, POLITICA} Koalition f, Bündnis n: **~ di centro-sinistra**, Mitte-links-Koalition f; **entrare in una ~**, eine Koalition eingehen; **governativa/[di governo]**, Regierungskoalition f; (*tra stati*) {MILITARE} Bündnis n; (*tra persone*) Zusammenschluss m; **una ~ di cittadini contro il degrado ambientale**, ein Zusammenschluss von Bürgern gegen die Umweltschäden **2** *econ* {INTERNAZIONALE; +IMPRESE} Zusammenschluss m.

coalizzàre A *tr ~ qu/qc* {PERSONE, FORZE, NAZIONI} *jdn/etw* miteinander verbinden, *jdn/etw* miteinander vereinen; **~ qu/qc con qu/qc** {GLI ESTREMISTI CON I MODERATI, IL CENTRO CON LA DESTRA} *jdn/etw mit jdm/etw* koali(si)eren lassen **B** *rfl*: **coalizzarsi con qu** (**contro qu/in qc**) {NORD CON IL SUD CONTRO LE COSCHE MAFIOSE, NELLA LOTTA ALLA MAFIA} sich *mit jdm* (*gegen jdn/in etw dat*) verbünden, sich *mit jdm* (*gegen jdn/in etw dat*) zusammen|schließen **C** *rfl rec* **1** (*unirsi*): **coalizzarsi** (**contro qu/in qc**) {POTENZE MILITARI CONTRO IL NEMICO} sich (*gegen jdn/in etw dat*) verbünden: **tutti si coalizzarono contro di lui**, alle verbündeten sich gegen ihn **2** (*formare una coalizione*): **coalizzarsi** {PARTITI DI SINISTRA} koali(si)eren.

coartàre *tr forb ~ qu jdn* zwingen: **~ un teste a deporre il falso**, einen Zeugen zur Falschaussage zwingen.

coartaziόne *f* **1** (*costrizione*) Zwang m, Nötigung f **2** *med*: **~ aortica**, Aortenisthmusstenose f *scient*.

coassiàle *agg elettr tecnol* {AVVOLGIMENTO, CAVO} koaxial, Koaxial-.

coassicuraziόne *f dir* Mitversicherung f.

coattivo, (-a) *agg* **1** (*coercitivo*) {MEZZO} zwingend **2** *dir* (*imposto per legge*) {ACQUEDOTTO, PASSAGGIO} Not-.

coàtto, (-a) **A** *agg* **1** *dir* (*forzato*) {VENDITA} Zwangs-, gezwungen, zwangsmäßig **2** *psic* {AZIONE} Zwangs-: **pensiero ~**, Zwangsvorstellung f **B** *m* (f) **1** *region* (*detenuto*) Häftling m, Strafgefangene mf *decl come agg* **2** *slang giovanile* (*emarginato*) Angehörige mf *decl come agg* einer Randgruppe **3** *stor* (*condannato a domicilio ~*) zu einem Zwangsaufenthalt Verurteilte mf *decl come agg*.

coautόre, (-trice) *m* (f) {+RICERCA, TESTO} Ko-, Mitautor(in) m(f), Mitverfasser(in) m(f).

cobàlto A *m chim* Kobalt n **B** <inv> *agg* {MARE} kobaltblau **C** <-> *m* (*colore*) Kobaltblau n.

cobaltoterapia *f med* Kobalttherapie f *scient*, Kobaltbestrahlung f *scient*.

COBAS <-> **A** *m abbr di* Comitati di Base: "unabhängige Gewerkschaft" **B** *mf giorn* (*lavoratore*) {+FERROVIE, LATTE, SCUOLA} "einer unabhängigen Gewerkschaft anhängende(r) Arbeiter(in)".

cobelligerànte A *agg* {ESERCITO, NAZIONE} mitkriegführend **B** *m* mitkriegführender Staat.

cobelligeranza f Kriegsbeteiligung f: **entrare in ~ con qu contro qu**, sich am Krieg von jdm/+gen gegen jdn beteiligen.

Coblènza f geog Koblenz n.

Cobol, COBOL <-> m inform abbr dell'ingl Common Business Oriented Language (Linguaggio specifico per contabilità ordinaria) COBOL m.

cobòldo m mitol Kobold m.

còbra <-> m Kobra f: **~ egiziano**, ägyptische Kobra, Uräusschlange f; **~ indiano**, Brillenschlange f.

còca① <-che> f bot Koka(strauch m) f.

còca② <-> f fam (cocaina) Koks m: **farsi di ~**, koksen slang; **tirare (di) ~**, Koks ziehen slang.

còca③ <-che> f fam (coca-cola) Coca n o f fam, Cola n o f fam.

Còca-Còla® <-> f Coca-Cola® n o f, Coke® n.

cocaìna f chim (droga) Kokain n: **tirare (di) ~**, Koks ziehen slang.

cocainòmane mf Kokainsüchtige mf decl come agg.

còcca① <-che> f **1** (tacca di freccia) (Pfeil)kerbe f **2** (lembo) {+SCIALLE, TOVAGLIOLO} Zipfel m.

còcca② <-che> f fam (gallina) Henne f, Huhn n.

còcca③ f → **cocco**④.

coccàrda f Kokarde f, Rosette f: **~ tricolore**, Trikolore-Kokarde f.

cocchière m Kutscher m.

còcchio <-chi> m **1** (carrozza) {+DORATO} Kutsche f **2** stor (carro a due ruote) "zweirädriger Wagen".

cocchiùme m enol **1** (foro) Spundloch n **2** (tappo) Spund(zapfen) m.

còccia <-ce> f **1** (calotta) {+SCIABOLA} Glocke f **2** merid (testa) Schädel m.

coccidiòsi f med veter Coccidiose f scient.

coccìge m anat Steißbein n.

coccìgeo, (-a) anat {VERTEBRA} Steißbein-.

coccinèlla f **1** zoo Marienkäfer m, Siebenpunkt m **2** fig (nello scoutismo) Wichtel m.

coccinìglia <-glie> f **1** zoo Cochenillelaus f, Koschenille(schild)laus f **2** (sostanza colorante) Koschenille f.

còccio <-ci> m **1** (terracotta) Steingut n **2** (frammento) {+BOTTIGLIA} Scherbe f **3** (stoviglia) Geschirr n • **essere di ~** fig region fam (testardo), dickköpfig/starrköpfig sein fam; **chi rompe paga e i cocci sono suoi** prov, wer etwas kaputtmacht, der muss dafür zahlen, die Scherben gehören dann ihm.

cocciùta f → **cocciuto**.

cocciutàggine f Dickköpfigkeit f fam.

cocciùto, (-a) Ⓐ agg {DONNA} dickköpfig fam, starrköpfig spreg Ⓑ m (f) Dickkopf m fam, Starrkopf spreg.

còcco① Ⓐ bot <-chi> m **1** (pianta) Kokospalme f **2** (frutto) {GRATTUGGIATO} Kokosnuss f Ⓑ <inv loc agg: **di ~**, {LATTE, OLIO} Kokos-.

còcco② <-chi> m biol Kokkus m, Kokke f.

còcco③ <-chi> m fam (uovo) Ei n.

còcco④, **(-a)** <-chi, -che> m (f) fam scherz (prediletto) {+FAMIGLIA} Liebling m, Schatz m, Augapfel m: **essere il ~ di qu**, jds Liebling sein, **~ di mamma** spreg (ragazzo viziato), Muttersöhnchen n fam spreg; **povero ~! iron**, armes Häschen/Herzchen!

coccodè Ⓐ inter onomatopeica gack, gack: **fare ~**, gackern Ⓑ m {+GALLINA} Gackern n.

coccodrìllo m **1** zoo Kroko(dil) n: **~ del Nilo**, Nilkrokodil n **2** (pelle) Krokodilleder n **3** elettr (morsetto a molla) Federklemme f **4** ferr (carrello stradale) Straßenroller m

5 slang giorn (biografia) "im Voraus/auf Vorrat] verfasster Nachruf".

Coccoìna® <-> f "Art von Papierleim".

còccola① f bot (bacca) {+GINEPRO} Beere f.

còccola② f → **coccolo**.

còccola③ f <di solito al pl> fam Liebkosung f, Schmusen n fam: **fare le coccole a qu**, jdn liebkosen, jdn streicheln, mit jdm schmusen fam; **il cucciolo ha bisogno di coccole**, das Hundebaby braucht seine Streicheleinheiten anche fam scherz.

coccolàre tr fam **~ qu/qc** {BAMBINO, CUCCIOLO} jdn/etw liebkosen, mit jdm/etw schmusen fam: **gli è sempre piaciuto farsi ~**, er hat sich schon immer gern liebkosen lassen; (viziare) jdn (ver)hätscheln spreg.

còccolo, (-a) fam Ⓐ agg (grazioso) süß, goldig, allerliebst: **quant'è ~ questo micio!**, wie süß diese Katze ist! Ⓑ m (f) **1** (coccolone) Schmusekatze f fam **2** (cocco) {+NONNA} Liebling m, Schatz m, Augapfel m: **essere il ~ di qu**, jds Liebling sein.

coccolóne① m tosc fam **1** (colpo apoplettico) Schlaganfall m **2** fig (paura improvvisa) Schlag m: **quando l'ho visto mi è preso un ~**, als ich ihn gesehen habe, war ich wie vom Schlag getroffen/gerührt fam.

coccolóne②, <-a> <acc di coccolo> m (f) fam (chi ama farsi coccolare) Schmusekatze f fam.

coccolóni avv in der Hocke, niedergekauert: **stare ~**, in der Hocke sitzen.

coccolóso, (-a) agg fam (che fa molte coccole) {NONNI} zärtlich, {BAMBINA} anche verschmust fam.

cocènte agg **1** (ardente) {SABBIA, SOLE} glühend heiß **2** fig (forte) {PASSIONE} heftig; {DOLORE} anche brennend, stechend; {SCONFITTA} vernichtend; {DELUSIONE} bitter, schwer, schmerzlich **3** fig (pungente) {+FRASE} verletzend; {OFFESA} anche schmerzend.

còcker <-> m ingl zoo Cockerspaniel m.

còckney <-> m ingl Cockney(-Englisch) n.

cocktail <-> m ingl **1** (bevanda) {GHIACCIATO} Cocktail m: **preparare un ~**, einen Cocktail mixen **2** (ricevimento) Cocktail(party) f) m: **andare a un ~**, auf einen Cocktail gehen **3** (miscela) {ESPLOSIVO} Cocktail m: **~ di farmaci**, Arzneimittelcocktail m anche scherz o spreg **4** fig (miscuglio) {+RAZZE, SUONI} Mischung f **5** gastr Cocktail m: **~ di scampi**, Krabbencocktail m.

cocktail-pàrty <-, -parties pl> ingl m ingl Cocktail(party) f) m.

còclea f **1** anat (Ohr)schnecke f **2** idraul Schnecke f.

cococò Ⓐ <-> o m (contratto) CoCoCo f, fortdauernde koordinierte Zusammenarbeit Ⓑ <-> mf (persona) "wer auf CoCoCo-Basis arbeitet" Ⓒ in funzione di agg {LAVORATORE} CoCoCo-.

cocomeràio, (-a) <-rai m> Ⓐ m (f) (venditore) Wassermelonenverkäufer(in) m(f) Ⓑ m (coltivazione) Wassermelonenpflanzung f.

cocòmero m **1** (pianta, frutto) Wassermelone f **2** region (cetriolo) Gurke f **3** fig region (citrullo) Trottel m fam spreg, Doofmann m fam spreg, Pflaume f fam spreg: **sei proprio un ~!**, du bist wirklich eine Pflaume! fam.

cocorìta f fam (pappagallino) Wellensittich m.

cocótte① <-> f franc (tegame a bordi alti) Schmortopf m.

cocótte② <-> f franc eufem (donna di facili costumi) Kokotte f forb obs, Halbweltdame f spreg.

cocùzza f merid **1** (zucca) Kürbis m **2** fig scherz (testa) Birne f fam, Rübe f fam **3** <solo pl> fig (denaro) Knete f fam, Piepen f pl fam, Kröten f pl fam.

cocùzzolo m **1** (parte alta) {+CAPPELLO} Spitze f **2** (sommità) {+MONTAGNA, TORRE} Gipfel m, Kuppe f.

cod. abbr di codice: Gesetzbuch (abbr GB).

còda Ⓐ f **1** {FOLTA, MOZZA; +CANE, CAVALLO, UCCELLO, VOLPE} Schwanz m: **dimenare la ~**, mit dem Schwanz wedeln **2** (acconciatura) Pferdeschwanz m: **farsi la ~**, sich (dat) einen Pferdeschwanz machen/binden **3** (scia) {+COMETA} Schweif m, Schweif m **4** (strascico) {+ABITO DA SPOSA} Schleppe f **5** (falda) {+FRAC} Rockschoß m **6** fig (parte terminale) {+SCI} Ende m, {+CORTEO, TRENO} anche Schlusslicht n; {+VELIVOLO} Heck m **7** fig (fila) Reihe f, Schlange f: ˌfare laˌ/[stare in] ~, Schlange stehen; **all'ingresso della mostra si è formata una ~ di 1 Kilometro**, am Eingang der Ausstellung hat sich eine Schlange von einem Kilometer gebildet; **mettersi in ~**, sich anstellen; **~ di persone/veicoli**, Menschen-/Fahrzeugschlange f **8** film (spezzone di pellicola) Spur f: **~ sonora**, Soundtrack m, Tonspur f **9** gastr Ochsenschwanz m: **~ in umido/lessa**, geschmorter/gekochter Ochsenschwanz; **~ alla vaccinara**, geschmorter Ochsenschwanz m **10** slang giorn (ultima cartella) {+ARTICOLO} Ende n **11** lett mus Koda f, Coda f Ⓑ <inv> loc agg (ultimo): **di ~**, {VETTURA} letzte(r, s); **gruppo di ~**, Nachzügler m pl Ⓒ loc agg (finale): **in ~ a qc**, {ALLA CLASSIFICA, AL TRENO} am Ende/Schluss etw (gen) • **~ di cavallo** anat (fascio di radici spinali), Cauda equina f scient; bot (equiseto), Schachtelhalm m; fig (acconciatura), Pferdeschwanz m; **andarsene con la ~ fra le gambe** fig (ritirarsi sconfitto), ˌmit eingezogenem Schwanz]/[wie ein begossener Pudel] abziehen fam; **guardare qu/qc con la ~ dell'occhio** fig (di nascosto), jdn/etw aus den Augenwinkeln betrachten; **avere la ~ di paglia** fig (temere che le proprie manchevolezze vengano scoperte), ein schlechtes Gewissen haben, Butter auf dem Kopf haben fam süddt A; **a ~ di rondine**, {GIACCA, INCASTRO} Schwalbenschwanz-; **~ di rospo** zoo, Seeteufel m, Anglerfisch) m; **~ di stampa** inform, Warteschlange f; **nella ~ sta il veleno** prov, das dicke Ende kommt noch/nach.

codàrda f → **codardo**.

codardìa f lett **1** (qualità) Feigheit f, Feigherzigkeit f **2** (azione) Gemeinheit f.

codàrdo, (-a) Ⓐ agg {GESTO, UOMO} feige Ⓑ m (f) Feigling m.

codàta f (colpo di coda) Schlag m mit dem Schwanz.

codàzzo m anche scherz {+AMMIRATORI, FOTOGRAFI} Schwarm m, Gefolgschaft f.

Cod. Civ. dir abbr di Codice Civile: ≈ BGB (abbr di Bürgerliches Gesetzbuch).

Cod. Comm. dir abbr di Codice di Commercio: ≈ HGB n (abbr di Handelsgesetzbuch).

Cod. Dir. Can. dir abbr di Codice di Diritto Canonico: Codex Iuris Canonici.

code <-, -es pl> ingl> m ingl inform Kode m, Code m, Schlüssel m.

codeìna f farm Kodein n, Codein n.

codèsto, (-a) tosc lett Ⓐ agg dim anche amm (questo) {CASA, LIBRO} diese(r, s): **codesta tua proposta**, dieser dein Vorschlag; **~ istituto**, dieses Institut Ⓑ pron dimostr (ciò) das, dies: **codesta è una menzogna!**, das ist eine Lüge!

còdice m **1** (manoscritto) {ACEFALO, CARTACEO, MUTILO} Kodex m **2** fig (legge) Gesetz n: **violare il ~**, das Gesetz verletzen, gegen das Gesetz verstoßen **3** fig (norme) {SPORTIVO} Regeln f pl, Kodex m, (Gesetzes)vorschriften f pl: ~ **cavalleresco**, ritterlicher Ehrenkodex, Regeln f pl des Rittertums; ~ **di comportamento**, Verhaltenskodex m; ~ **deontologico/morale**, Pflicht-/Moralkodex m; ~ **d'onore**, Ehrenkodex m **4** dir (abbr C., cod.) Gesetzbuch n: ~ **civile** (abbr C.C., Cod. Civ.), ≈ Zivilgesetzbuch m; ~ **di commercio** (abbr C.C., Cod. Comm.), ≈ Handelsgesetzbuch n; ~ **della navigazione**, (italienische) Schifffahrts- und Luftverkehrsordnung f; ~ **penale** (abbr C.P., Cod. Pen.), ≈ Strafgesetzbuch n; ~ **di procedura civile** (abbr C.P.C., Cod. Proc. Civ.), ≈ Zivilprozessordnung f; ~ **di procedura penale** (abbr C.P.P., Cod. Proc. Pen.), ≈ Strafprozessordnung f **5** dir stor (raccolta di leggi) Kodex m, Gesetzessammlung f: ~ **napoleonico**, Code Napoléon m **6** inform ling (sistema) {ALFANUMERICO, GRAFICO, LINGUISTICO} Kode m: ~ **a barre/binario**, Strich-/Binärkode m; ~ (sequenza di segni crittografici) Geheimschrift f; **parlare in** ~, verschlüsselt/chiffriert sprechen; (numero) Nummer f, Zahl f; ~ **di accesso**, Kennwort n; ~ **segreto**, Geheimzahl f, Geheimnummer f ● ~ **aureo** stor, Goldkodex m; ~ **di autodisciplina pubblicitaria**, Verhaltenskodex m zur Selbstdisziplin in der Werbung; ~ **di avviamento bancario banca** (abbr CAB) Bankleitzahl f; ~ **di avviamento postale** (abbr C.A.P.), Postleitzahl f; ~ **fiscale** dir, Steuernummer f; ~ **genetico** biol, Erbgut n; ~ **Morse**, Morsezeichen n pl, Morsealphabet n.

codicillo m **1** (aggiunta) Zusatz m **2** dir Testamentsnachtrag m.

codificàbile agg (che può essere codificato) kodifizierbar.

codificàre <codifico, codifichi> tr ~ **qc 1** (redigere un codice) {DIRITTO PENALE} etw kodifizieren **2** (dare valore normativo) {REGOLA, USO} etw rechtlich fest|legen **3** (trascrivere in codice) {MESSAGGIO} etw verschlüsseln, etw chiffrieren; inform {DATI} etw codieren, etw kodieren, etw encodieren, etw enkodieren.

codificatóre, (-trice) **A** m (f) (chi codifica) Abfasser(in) m(f) eines Gesetzbuches **B** m inform (dispositivo) Codierer m, Encoder m.

codificazióne f **1** {GIUSTINIANEA} Kodifikation f; (azione) {+LEGGE} Kodifizierung f **2** (atto) {+COMUNICATO} Verschlüsselung f; anche inform {+INFORMAZIONE} (En)kodierung f, (En)codierung f.

codino① <dim di coda> m (acconciatura) Zopf m, Zöpfchen n: **avere i codini**, Zöpfchen haben.

codino②, (-a) <dim di coda> **A** agg fig (retrogrado) {MENTALITÀ, MINISTRO} zopfig spreg, rückständig **B** m (f) fig (parruccone) Reaktionär(in) m(f) spreg.

codirósso m ornit Rotschwänzchen n.

Cod. Pen. dir abbr di Codice Penale: ≈ StGB (abbr di Strafgesetzbuch).

Cod. Proc. Civ. dir abbr di Codice di Procedura Civile: ≈ ZPO (abbr di Zivilprozessordnung).

Cod. Proc. Pen. dir abbr di Codice di Procedura Penale: ≈ StPO (abbr di Strafprozessordnung).

coeditóre, (-trice) m (f) Mitherausgeber(in) m(f).

coedizióne f Mitherausgabe f: **pubblicare un libro in ~ con qu**, ein Buch mit jdm gemeinsam herausgeben.

coeff. mat abbr di coefficiente: Koeff. (abbr di Koeffizient).

coefficiènte m **1** fis mat {+MONOMIO} Koeffizient m: ~ **di dilatazione**, (Aus)dehnungskoeffizient m; ~ **di espansione**, Expansionszahl f **2** fig Faktor m: ~ **di sviluppo**,

Entwicklungsfaktor m **3** sport (grado) Grad m: ~ **di abilità**, Geschicklichkeitsgrad m; ~ **di difficoltà**, Schwierigkeitsgrad m ● ~ **di natalità** stat, Geburtenrate f; ~ **di ritenuta** fis, Bodenrückhaltekoeffizient m.

coercìbile agg **1** (domabile) {CARATTERE, INDIVIDUO} lenkbar, zähmbar **2** fis {GAS} komprimierbar.

coercitivo, (-a) agg {POTERE, PROVVEDIMENTO} Zwangs-.

coercizióne f Druck m, Zwang m: **subire una ~ morale**, unter moralischem Druck stehen.

coerède mf dir Miterbe m, Miterbin f.

coerènte agg **1** (compatto) {MATERIALE} zusammenhängend, kompakt; min {ROCCIA, SEDIMENTO} kompakt **2** fig (congruente) {COMPORTAMENTO, PERSONA} folgerichtig, konsequent, kohärent forb: **essere coerenti con se stessi**, sich (dat) selbst treu bleiben/sein; **essere ~ alle/[con le] proprie idee**, im Einklang mit seinen (eigenen) Ideen leben/sein **3** fig (logico) {RAGIONAMENTO, TESTO} folgerichtig, schlüssig, kohärent forb **4** fis {RADIAZIONE} kohärent.

coerenteménte avv {AGIRE, DISCUTERE} konsequent, kohärent forb: ~ **a/con quanto stabilito**, ⌊in Übereinstimmung mit⌋/[gemäß] unserer Vereinbarung.

coerènza f (coesione) {+ELEMENTI} Kohärenz f **2** fig (congruenza) {+INDIVIDUO, SCELTA} Konsequenz f **3** fig (logicità) {+DISCORSO} Folgerichtigkeit f, Schlüssigkeit f, Kohärenz f forb: ~ **d'idee**, Widerspruchsfreiheit f von Ideen **4** fis {+LUCE} Kohärenz f.

coesióne f **1** fis {MOLECOLARE} Kohäsion f **2** fig (unità) {+PARTITO, SQUADRA} Kohäsion f forb, Zusammenhalt m **3** fig (organicità) {+COMPONENTI} Folgerichtigkeit f, Schlüssigkeit f, Zusammenhang m.

coesistènte agg nebeneinander bestehend, koexistent forb.

coesistènza f {+OPINIONI} Koexistenz f: ~ **pacifica**, friedliche Koexistenz.

coesìstere <coniug come esistere> itr <essere> ~ (**in qu/qc**) {RICCHEZZA E POVERTÀ NEL MONDO} (in jdm/etw) nebeneinander/gleichzeitig bestehen, (in jdm/etw) koexistieren forb: **in lui coesistono passioni opposte**, zwei entgegengesetzte Leidenschaften beherrschen ihn; zwei Seelen wohnen(, ach,) in seiner Brust lett; ~ **(con qc)** {LA MEDICINA TRADIZIONALE CON FORME ALTERNATIVE DI CURA} (mit etw dat) koexistieren.

coesìvo, (-a) agg (che tiene unito) {ELEMENTO, SOSTANZA} verbindend, kohäsiv forb.

coèso, (-a) agg (compatto) {STRUTTURA} kompakt; {TESTO} anche zusammenhängend.

coetàneo, (-a) **A** agg **1** gleichalt(e)rig **2** (coevo) zeitgenössisch **B** m (f) **1** Gleichalt(e)rige mf decl come agg, Altersgenosse m, (Altersgenossin f): **è un mio ~**, er ist in meinem Alter **2** (contemporaneo) Zeitgenosse m, (Zeitgenossin f).

coèvo, (-a) agg {AUTORI, RESOCONTI STORICI} zeitgenössisch.

cofanétto <dim di cofano> m **1** gener {ELEGANTE; +CIOCCOLATINI} Kästchen n, (scrigno) {DORATO} Schmuckkästchen n **2** edit (custodia) Schuber m, Kassette f.

còfano m **1** (baule) {+BIANCHERIA} Truhe f, Kasten m **2** autom (Motor)haube f, Kofferraum m ● ~ **d'artiglieria** mil stor, Protzkasten m; ~ **mortuario** (bara), Bahre f, Sarg m.

còffa f mar Mastkorb m.

coffee break <-, - -s pl ingl> loc sost m ingl (breve pausa) Kaffeepause f.

cofirmatàrio, (-a) <-ri m> **A** agg {PAESI} mitunterzeichnend **B** m (f) {+TRATTATO} Mitunterzeichner mf decl come agg.

cofondatóre, (-trice) m (f) {+DITTA} Mitbegründer(in) m(f).

cogenerazióne f elettr "gleichzeitige Erzeugung von elektrischer und thermischer Energie".

cogènte agg dir (imperativo) {NORMA} zwingend.

cogestióne f Mitverwaltung f: ~ **aziendale**, betriebliche Mitbestimmung.

cogestire <cogestisco> tr (gestire con altri) ~ **qc** {AZIENDA, PATRIMONIO DI FAMIGLIA} etw gemeinsam leiten; (uso assol) mit|bestimmen.

cogitabóndo, (-a) agg lett (meditabondo) {ARIA, SGUARDO} nachdenklich, grüblerisch, anche scherz tiefsinnig scherz.

còngito <-> m filos Cogito n.

cògli prep con con art gli.

cògliere <irr colgo, cogli, colsi, colto> tr **1** (raccogliere) ~ **qc** {FIORE, FRUTTO} etw pflücken; {BACCHE} anche etw lesen **2** (colpire) ~ **qc** {BERSAGLIO} etw treffen **3** fig (afferrare) ~ **qc** {MOMENTO GIUSTO, OPPORTUNITÀ} etw ergreifen, etw wahr|nehmen; {ESSENZA, SIGNIFICATO DI UN DISCORSO} etw erfassen, etw begreifen **4** fig (sorprendere) ~ **qu** jdn überraschen: **la morte lo colse all'improvviso**, der Tod überraschte ihn ganz plötzlich; **fummo colti dalla tempesta**, wir wurden von Sturm überrascht; ~ **qu in fallo/flagrante**, jdn ⌊auf frischer Tat⌋/[in flagranti] erwischen fam; ~ **qu alla sprovvista**, jdn plötzlich überraschen **5** fig (assalire) ~ **qu** {PAURA, RABBIA, SONNO} jdn überfallen, jdn überkommen.

coglionàta f volg **1** (azione) Blödsinn m fam, Unsinn m fam, (Bock)mist m fam, Scheiß(e f) m fam spreg: **fare delle coglionate**, Scheiße bauen fam spreg **2** (discorso) Blödsinn m fam, Blech m fam, (Bock)mist m fam, Scheiß(e f) m fam spreg: **dire delle coglionate**, Blödsinn/Blech/Bockmist (daher)reden fam.

coglióne, (-a) volg **A** <di solito al pl> m (testicoli) Eier n pl volg **B** m (f) fig (idiota) dumme Sau volg, dummer Sack volg, Arsch m volg: **smettila di fare il ~!**, hör auf mit dem Scheiß! fam spreg ● **avere i**⌊/[**essere uno coi**⌋ **coglioni** fig volg (essere molto in gamba), voll was drauf|haben fam; **averne i coglioni pieni di qu/qc!** fig volg (non poterne più), jdn/etw bis hier stehen haben fam, die Schnauze voll von jdm/etw haben fam; **levarsi/togliersi dai coglioni** fig volg (togliersi di torno), sich verpissen fam, abhauen fam, Leine ziehen fam; **rompere**⌊/[**far girare**⌋ **i coglioni a qu** fig volg (scocciare), jdm auf den Sack volg/Senkel fam/die Eier volg gehen; **stare sui coglioni a qu** fig volg (essere antipatico), jdm auf den Sack gehen volg, jdn ankotzen volg.

coglioneria f volg **1** (stupidità) Blödheit f, Doofheit f fam spreg **2** (azione) (Bock)mist m fam, Scheiß(e f) m fam spreg **3** (discorso) Blech m fam, (Bock)mist m fam, Scheiß(e f) m fam spreg.

cognàc <-> m franc enol Kognak m: **bere un ~**, ⌊einen Glas⌋/[einen] Kognak trinken.

cognacchino <dim di cognac> m fam (bicchierino di cognac) Gläschen n Kognak, kleiner Kognak m: **farsi un ~ al bar**, ein Gläschen Kognak an der Bar kippen fam.

cognàto, (-a) m (f) Schwager m, (Schwägerin f).

cognitivismo m psic Kognitionspsychologie f.

cognitivo, (-a) agg psic {FUNZIONE, SVILUPPO} kognitiv.

cognizióne f **1** (percezione) Wahrnehmung f: **perdere la ~ del tempo**, das Zeitgefühl verlieren; **avere ~ di sé**, Selbstnehmung haben 2 *<di solito al pl>* (*nozione*) {SCIENTIFICHE, UTILI} Kenntnis f: **vaghe cognizioni di informatica**, nebulöse *forb* Informatikkenntnisse 3 (*competenza*) {+CORTE D'ASSISE} Zuständigkeit f, Kompetenz f 4 *lett anche filos* (*conoscenza*) {ANALITICA, PIENA +REALTÀ} Erkenntnis f: **avere/prendere ~ di qc**, von etw (dat) Kenntnis haben/nehmen • **con/senza ~ di causa** *dir anche fig*, kompetent/inkompetent, mit/ohne Sachverstand, sachkundig/sachunkundig; **parlare con ~ di causa** *fig* (*conoscere l'argomento*), wissen, wovon man spricht.

cognóme m Nach-, Familienname m: **Neri di ~, Mario di nome**, Neri mit Familiennamen, Mario mit Vornamen; **~ doppio**, Doppelname m; **come fai di ~?** *fam*, wie heißt du mit Nachnamen?; **~ da nubile/ragazza**, Mädchenname m; **~ da sposata**, Ehename m.

coguàro m *zoo* (*puma*) Kuguar m, Puma m.

cói prep con *con* art i.

coibentàre tr *tecnol* (*isolare*) **~ qc** {FURGONE, TETTO} etw dämmen, etw isolieren.

coibentazióne f *tecnol* (*isolamento*) {+TETTO} Dämmung f, Isolierung f.

coibènte *tecnol* ▲ agg {SOSTANZA} Dämm-, Isolier-, isolierend ▣ m Dämmstoff m, Isoliermaterial n: **~ acustico/termico**, Schall-/Wärmedämmstoff m, Schall-/Wärmeisolierstoff m; **~ elettrico**, elektrischer Isolierstoff.

coibènza f *tecnol* (*proprietà*) {+MATERIALE} Isolierfähigkeit f.

coiffeur <-> m *franc* (*parrucchiere*) Frisör m.

coimputàto, (-a) *dir* ▲ agg {PERSONA} mitangeklagt ▣ m (f) Mitangeklagte mf decl come agg.

coincidènte agg *mat* (*in geometria*) {FIGURE, PUNTI, RISULTATI} deckungsgleich.

coincidènza f 1 (*avvenimento casuale*) Zufall m: **anche tu qui? Che ~!**, du auch hier? Was für ein Zufall!; **una fortunata/strana ~**, ein glücklicher/merkwürdiger Zufall 2 (*concomitanza*) {+EVENTI} Zusammentreffen n, Koinzidenz f *forb* 3 *aero ferr mar* (**~ di orari**) Anschluss m, Verbindung f; (*volo*) Anschlussflug m; (*treno*) Anschlusszug m; (*autobus*) Anschlussbus m: **perdere/prendere la ~ per Milano**, den Anschluss nach Mailand verpassen/nehmen 4 *fig* (*uguaglianza*) {+IDEE, PROGETTI} Übereinstimmung f 5 *mat* (*in geometria*) {+ANGOLI, PIANI} Deckung f.

coincìdere <coniug *come* decidere> itr ~ (**con qc**) 1 (*accadere contemporaneamente*) {TUO ARRIVO CON LA MIA PARTENZA} (*mit etw dat*) zusammen|fallen, (*mit etw dat*) zusammen|treffen 2 *anche fig* (*corrispondere*) {MIA OPINIONE CON LA TUA} (*mit etw dat*) überein|stimmen, etw (dat) entsprechen, sich decken: **le deposizioni dei testimoni coincidono**, die Zeugenaussagen decken sich; **le due date non coincidono**, die beiden Daten stimmen nicht überein 3 *mat* (*in geometria*) {RISULTATI, SUPERFICI} sich (*mit etw dat*) decken.

coinè → **koinè**.

coinquilino, (-a) m (f) Mitbewohner(in) m(f).

cointeressàre tr *comm* **~ qu/qc a/in qc** {PERSONA, DITTA A UN AFFARE, IN UNA SOCIETÀ} jdn an etw (dat) beteiligen, jdn an etw (dat) teilhaben lassen.

cointeressàto, (-a) *comm* ▲ agg {AZIENDA} teilhabend ▣ m (f) Teilhaber(in) m(f).

cointeressènza f *comm* {FINANZIARIA} Teilhaberschaft f, Beteiligung f: **~ dei lavoratori**, Beteiligung f der Arbeiterschaft.

cointestàre <coniug *come* stare> tr (*intestare insieme*) **~ qc** {CONIUGI CONTO CORRENTE} etw auf beide Namen laufen lassen, etw gemeinsam führen, gemeinsam ein|richten.

cointestatàrio, (-a) <-ri m> ▲ agg {CONIUGE} der/die Mitinhaber/Mitinhaberin ist ▣ m (f) {+IMMOBILE} Mitinhaber(in) m(f), Miteigentümer(in) m(f).

coinvolgènte agg (*avvincente*) {LETTURA, SPETTACOLO} fesselnd, mit-, hinreißend.

coinvòlgere <coniug *come* volgere> tr 1 (*trascinare*) **~ qu (in qc)** {IN UNA DISCUSSIONE, IN UNA TRUFFA} jdn (*in etw acc*) hinein|ziehen, jdn (*in etw acc*) verwickeln 2 (*rendere partecipe*) **~ qu (in qc)** {AMICO NELL'ORGANIZZAZIONE DI UNA FESTA} jdn (*in etw acc*) (mit) ein|beziehen 3 (*toccare*) **~ qu** jdn betreffen, jdn in Mitleidenschaft ziehen: **l'inchiesta sui fondi neri ha coinvolto i vertici dell'azienda**, die Untersuchung über die Schwarzgelder hat die Firmenführung in Mitleidenschaft gezogen 4 (*avvincere*) **~ qu** {LIBRO LETTORE} jdn fesseln, jdn mit|reißen, jdn packen *fam*.

coinvolgiménto m 1 (*implicazione*) Verwickeltsein n, Verwick(e)lung f, Beteiligung f: **~ in una causa fallimentare**, Verwick(e)lung f in einen Konkursprozess 2 (*partecipazione*) Beteiligung f, Einbeziehung f: **lo spettacolo prevede il ~ degli spettatori**, die Vorstellung sieht die Beteiligung/Einbeziehung der Zuschauer vor 3 (*partecipazione emotiva*) Anteilnahme f, Betroffenheit f, Ergriffenheit f: **un forte ~ dei presenti alla funzione**, eine starke Anteilnahme der Anwesenden an der Zeremonie.

coinvòlto, (-a) agg 1 (*trascinare*) **~ (in qc)** *in etw* (acc) verwickelt: **le persone coinvolte nel fallimento**, die in den Konkurs verwickelten Leute 2 (*interessato*) **~ (in qc)** *in etw* (acc) verwickelt, (*von etw dat*) betroffen: **rimasero coinvolte nell'incidente tre persone**, drei Menschen wurden in den Unfall verwickelt/[waren vom Unfall betroffen] 3 (*partecipe emotivamente*) betroffen, gepackt *fam*: **non ti ho mai visto così ~** (*in una relazione amorosa*), ich habe dich noch nie erlebt, dass es dich so gepackt hat *fam*/[dir mit einer Beziehung so ernst ist].

coiòte → **coyote**.

Còira f *geog* Chur n.

còito m Koitus m, Beischlaf m: **~ interrotto**, Coitus m interruptus.

còitus interrùptus <-> loc sost = *lat* Coitus Interruptus m.

cóke <-> m *ingl* Koks m: **~ da gas**, Gaskoks m; **~ metallurgico**, Hüttenkoks m; **~ di petrolio**, Petrolkoks m.

cokefazióne → **cokificazione**.

cokerìa f (*impianto*) Kokerei f, Verkokungsanlage f.

cokificazióne f *chim* Verkokung f, Koken n.

col① prep con *con* art il.

col② → **colle**②.

col. abbr *di* colonnello: Oberst.

colà avv *lett* (*là*) 1 (*stato in luogo*) dort 2 (*moto a luogo*) dorthin.

colabròdo <-> m Durchschlag m, Sieb n • **ridurre qu/qc a un ~** *fig scherz* (*crivellare di colpi*), jdn/etw durchsieben *fam*/durchlöchern.

colagògo, (-a) <-ghi, -ghe> *farm* ▲ agg {AZIONE, PREPARATO} gallentreibend ▣ m Cholagogum m.

colangiografìa f *med* Cholangiographie f *scient*.

colapàsta <-> m Nudelsieb n, Seiher m, Durchschlag m.

colàre ▲ tr <*avere*> 1 (*filtrare*) **~ qc (con qc)** {BRODO, OLIO, TÈ CON UNA GARZA} etw (*mit etw dat*) (durch|)seihen 2 (*scolare*) **~ qc** {PASTA} etw ab|gießen, etw ab|schütten, etw ins Sieb schütten 3 (*fondere e versare*) **~ qc (in qc)** {ASFALTO, FERRO, ORO IN UNA FORMA} etw (*in etw acc*) gießen: **~ in uno stampo**, vergießen, in eine Form gießen 4 (*versare a gocce*): **la ferita cola sangue**, aus der Wunde tropft/trieft Blut; **il barile cola olio**, Öl tropft aus dem Fass, das Fass verliert Öl; (*uso assol*) {RECIPIENTE, TUBATURA} undicht sein, rinnen; {RUBINETTO} *anche* tropfen; **hai ti naso che cola**/[ti cola il naso], deine Nase tropft/läuft/[dir läuft die Nase] ▣ itr <*essere*> (*gocciolare*) **~ (da qc) (su qc)** {ACQUA DALLA FESSURA SUL PAVIMENTO; CERA, GELATO SULLA TOVAGLIA} (*aus etw dat*) (*auf etw acc*) tropfen; {SANGUE DALLA FERITA} *anche* (*aus etw dat*) (*auf etw acc*) rinnen; {SUDORE DALLA FRONTE SUL VISO} (*von etw dat*) (*auf etw acc*) tropfen: **il grasso cola via dalle carni cotte alla brace**, beim Grillen brät das Fett aus dem Fleisch aus • **~ a picco/fondo qc** (*far affondare*), {NAVE} etw versenken; **~ a picco/fondo** (*affondare*), {NAVE} untergehen, sinken.

colàta f 1 (*versamento*) Schüttung f 2 *geol* Strom m: **~ di fango**, Schlammstrom m; **~ lavica**, Lavastrom m 3 *metall* {+BRONZO} Guss m • **~ di cemento** (*versamento*), Zementgießen n; (*materiale versato*), Schüttung f Beton.

colàto, (-a) agg (*raffinato*) {METALLO} rein, pur.

colatùra f 1 (*il colare*) {+TÈ} Durchseihen n; {+PASTA} Abgießen n, Abschütten n 2 (*materia*) {+CANDELA} abgetropftes Wachs.

colazióne f 1 (*pasto del mattino*) {ABBONDANTE, NUTRIENTE} Frühstück n: **~ a base di caffè e brioche**, Frühstück n mit Kaffee und Brioche; **~ continentale**, Kontinentalfrühstück n; **fare ~ al bar**, ⌐im Café¬/[in der Bar] frühstücken; (**prima**) **~ in camera**, Frühstück n auf dem Zimmer 2 (*pranzo*) Mittagessen n: **~ di lavoro**, Arbeitsessen n; **~ al sacco**, Lunchpaket n.

colbàcco <-chi> m Kalpak m.

colcòs → **kolchoz**.

colcosiàno, (-a) ▲ agg {PRODUZIONE} Kolchos- ▣ m (f) Kolchosbauer m, (Kolchosbäuerin f).

COLDIRETTI f abbr *di* Confederazione Nazionale Coltivatori Diretti: "Verband (selbständiger) Landwirte".

colecistectomìa f *med* Entfernung f der Gallenblase, Cholezystektomie f *scient*.

colecìsti f *anat* Gallenblase f.

colecistìte f *med* Gallenblasenentzündung f, Cholezystitis f *scient*.

colecistografìa f *med* Cholezystographie f *scient*.

colèdoco <-chi> m *anat* Gallengang m.

colèi pron dimostr: **~ che ...**, die(jenige), die ...; **~ che arriverà per prima riceverà un premio**, die(jenige), die Erste wird, bekommt einen Preis; **aiuterò volentieri ~ che se lo merita**, ich werde gern der(jenigen) helfen, die es verdient; **mi ricorderò sempre di ~ che mi salvò la vita**, ich werde mich immer an die(jenige) erinnern, die mir das Leben rettete.

coleòttero m *zoo* Koleopter(e) n, Käfer m.

colèra <-> m 1 *med* {ASIATICO} Cholera f *scient* 2 *zoo* {+POLLI, SUINI} Cholera f, Pasteurellose f.

colèrico, (-a) <-ci, -che> ▲ agg {EPIDEMIA} Cholera- ▣ m (f) (*affetto da colera*) Cholerakranke mf decl come agg.

colesterina f *chim* Cholesterin n.

colesterolemìa f *med* Cholesterinspiegel m *scient*.

colesteròlo m *chim* Cholesterin n • **avere il ~ alto/basso** *fam* (*tasso di ~ nel sangue*), einen hohen/niedrigen Cholesterinwert ha-

ben; **il ~ buono** *fam*, das gute Cholesterin.
còlf <-> *f abbr di* collaboratrice familiare Haushaltshilfe f.
còlgo 1ª *pers sing del pres di* cogliere.
colibattèrio <-ri> *m biol* Kolibakterie f.
colibrì <-> *m ornit* Kolibri m.
còlica <-che> *f* {BILIARE, RENALE} Kolik f: **avere una ~ intestinale**, eine Darmkolik haben.
colino *m* kleines Sieb: **~ per il tè**, Teesieb n.
colìte *f med* Entzündung f des Dickdarms, Kolitis f *scient*.
colìtico, (-a) <-ci, -che> *med* **A** *agg* kolitisch *scient* **B** *m* (f) Kolitis-Kranke *mf decl come agg scient*.
còlla① *f* **1** {LIQUIDA} Klebstoff m, Leim m, Kleber m *fam*: **~ alla caseina**, Kaseinleim m; **~ forte/cervona/[da falegname]**, Tafel-, Tischlerleim m; **~ a freddo/caldo**, Kalt-/Warmleim m; **~ da tappezziere**, Tapezierleim m **2** *fig* (*massa appiccicosa*) Pampe f, Papp m, Pamps m *region*: **questo riso sembra ~**, dieser Reis klebt/pappt *fam* • **attaccarsi come la ~** *fig* (*non levarsi mai di torno*), {SPASIMANTE} wie eine Klette sein/[an jdm hängen]; **~ di pesce**, Fischleim m; *gastr*, Gelatine f.
còlla② *prep con con* art la①.
collaboràre *itr* **1** (*cooperare*) **~ (con qu)** (**a qc**) {CON UN AMICO ALLA REALIZZAZIONE DI UN PROGETTO} (*mit jdm*) (an etw *dat*) zusammen|arbeiten: **sono ormai molti anni che collaboriamo**, wir arbeiten inzwischen seit vielen Jahren zusammen **2** (*prestare la propria opera*) **~ a qc** {A UN PROGETTO, A UNA RIVISTA} *an etw* (*dat*) mit|arbeiten, *an etw* (*dat*) mit|wirken **3** (*essere di aiuto*) **~ (con qu)** (**a qc**) {CON LA POLIZIA ALLE INDAGINI} (*mit jdm*) (bei etw *dat*) zusammen|arbeiten: **non vuole ~**, er/sie weigert sich, mitzuarbeiten **4** *polit* **~ (con qu)** {CON IL NEMICO} (*mit jdm*) kollaborieren.
collaboratìvo, (-a) *agg* kooperativ *forb*: **si sono subito mostrati molto collaborativi**, sie haben sich sofort als sehr kooperativ erwiesen.
collaboratóre, (-trice) *m* (f) {FIDATO; +CAPO, GIORNALE} Mitarbeiter(in) *mf* (-): **esterno**, freier Mitarbeiter; **è il mio più stretto ~**, er ist mein engster Mitarbeiter • **collaboratrice domestica/familiare**, Haushaltshilfe f; **~ di giustizia** *giorn*, Kollaborateur m der Justiz; **~ scientifico** (*informatore scientifico*), wissenschaftlicher Berater.
collaborazióne f **1** (*prestazione di lavoro*) {FISSA, GIORNALISTICA, OCCASIONALE} Mitarbeit f, Zusammenarbeit f: **~ coordinata e continuativa**, koordinierte und dauerhafte Zusammenarbeit; **con la ~ di qu/qc**, unter Mitarbeit/Mitwirkung von jdm/etw **2** (*cooperazione*) Zusammenarbeit f: **in ~ con qu/qc**, in Zusammenarbeit mit jdm/etw; **questo è stato possibile grazie alla ~ di tutti**, das war möglich dank der Zusammenarbeit aller **3** (*aiuto*) Hilfe f: **ci serve la tua ~**, wir brauchen deine Hilfe.
collaborazionìsmo *m polit* Kollaboration f.
collaborazionìsta <-i *m*, -e f> *mf polit* Kollaborateur(in) m(f).
collage <-> *m franc* **1** *fig* (*insieme*) {+CITAZIONI} Collage f; {+IDEE} Sammelsurium n *spreg* = Mischmasch m *fam spreg* **2** *arte* Collage f.
collàgene → collageno.
collàgeno, (-a) *agg biol chim* **A** *agg* {FIBRA} kollagen **B** *m* Kollagen n.
collàna *f* **1** (Hals)kette f: **~ d'oro**, Goldkette f, goldene Kette f; **~ di perle**, Perlenkette f **2** (*ghirlanda*) {+FIORI} Girlande f **3** *edit* (*serie*) {ECONOMICA, FILOSOFICA, +NARRATIVA, SAGGI} Reihe f: **~ per ragazzi**, Jugendbuchrei-

he f.
collant <-> *m franc* {+PIZZO} Strumpfhose f: **~ contenitivo**, Stützstrumpfhose f; **~ 20 den**, 20 den Feinstrumpfhosen f pl; **~ setificato opaco**, blickdichte Seidenstrumpfhose; **~ velato**, Feinstrumpfhose f.
collànte **A** *agg* {MATERIALE} klebend, Kleb(e)- **B** *m* Klebstoff m.
collàre **A** *agg* **1** (*per animali*) {BORCHIATO; +CUOIO} Halsband n: **~ antipulci**, Flohhalsband n; **mettere il ~ al cane**, dem Hund das Halsband anlegen **2** (*collarino*) {+PERLE} Kette f; {+STOFFA} Band m **3** *fig* (*pelo o piume del collo*) Hals(ring) m, Kragen m: **un gatto nero col ~ bianco**, eine schwarze Katze mit weißem Hals(ring) **4** *mecc* (*manicotto*) Bund(ring) m: **~ di arresto**, Anschlagbund m **5** *med* (*sostegno per il collo*) Halskrause f **6** *relig* (*colletto*) Beffchen n, Kollar n **7** *stor* (*gorgiera*) {+PIZZO} Halskrause f • **gettare il ~ fig** (*spretarsi*), aus der Kutte springen *scherz*.
collarino <*dim di* collare> *m* **1** (*ornamento femminile*) {NERO; +VELLUTO} Band n **2** *arch* Säulenhals m **3** *relig* Beffchen n, Kollar n.
collassàre **A** *tr med* **~ qu** jdn kollabieren lassen *scient* **B** *itr* **1** *astr med* kollabieren *scient*, einen Kollaps erleiden *scient* **2** *fig* (*crollare*) zusammen|brechen: **la borsa sta collassando**, die Börse ist am Zusammenbrechen.
collàsso *m* **1** *fig* (*crollo*) {ECONOMICO, +INDUSTRIA, MERCATO} Zusammenbruch m: **l'esportazione rischia il ~**, der Export riskiert den Zusammenbruch **2** *med* Kollaps m *scient*: **ha avuto un ~**, er/sie hat einen Kollaps bekommen *scient*; **~ cardiovascolare**, Kreislaufkollaps m *scient*; **~ nervoso**, Nervenzusammenbruch m; **far venire un ~ a qu**, bei jdm einen Kollaps *scient* herbeiführen **3** *med* (*svuotamento*) Kollaps m *scient*, Zusammenfallen n: **~ polmonare**, Lungenkollaps m *scient* **4** *edil* Einsturz m, Einstürzen n • **~ gravitazionale/stellare** *astr*, Kollaps m.
collateràle **A** *agg* **1** (*a lato*) {STRADA} Seiten- **2** *fig* (*secondario*) {EFFETTO, MANIFESTAZIONE} Neben- **3** *anat bot* {ARTERIA, FASCIO} kollateral **4** *dir* {LINEA} Seiten-: **parentela (in linea) ~**, Verwandtschaft in der Seitenlinie **B** *mf* (*parente*) Seitenverwandte *mf decl come agg*, Verwandte *mf decl come agg der* Seitenlinie **C** *m banca* (*garanzia di un prestito*) Garantieleistung f.
collaudàre *tr* **~ qc** **1** {AUTOMOBILE, IMPIANTO, STRUTTURA} *etw* prüfen, *etw* testen **2** *fig* (*verificare*) {AMICIZIA, METODO} *etw* prüfen, *etw* auf die Probe stellen.
collaudàto, (-a) *agg* **1** *fig* (*sicuro*) {SISTEMA} sicher **2** *fig* (*solido*) stabil, erprobt, bewährt: **un matrimonio (ben) ~**, eine (sehr) stabile/bewährte Ehe.
collaudatóre, (-trice) **A** *agg* {OPERAIO, PILOTA} Test- **B** *m* (f) {ABILE; +AEREI} Prüfer(in) m(f).
collàudo *m* **1** {PERIODICO, +ASCENSORE, ELETTRODOMESTICO, MATERIALE, PONTE} Kontrolle f, Prüfung f; {+MACCHINA, VEICOLO} *anche* Probelauf m; *amm autom* ≈ TÜV (*staatliche technische Kontrolle*): **quest'auto non ha passato il ~**, dieses Auto ist nicht durch den TÜV gekommen *fam* **2** *fig* (*prova*) (Bewährungs)probe f: **la vita scout è un buon ~ per i ragazzi**, das Pfadfinderleben ist eine gute Bewährungsprobe für die Jugendlichen **3** *dir* (*nel contratto di appalto: risultato della verifica*) Abnahme f.
collazionàre *tr* (*confrontare*) **~ qc** {TESTO} *etw* kollationieren.
collazióne f **1** {+MANOSCRITTO} Kollation f

2 *dir* (*nelle successioni*) Ausgleich m, Ausgleichung f, Kollation f **3** *relig* Kollation f.
còlle① *m* (*rilievo*) {VERDEGGIANTE} Hügel m: **i sette colli di Roma**, die sieben Hügel Roms • **il Colle** *fig* (*colle del Quirinale a Roma*), der Quirinalhügel; **i colli Euganei** *geog*, die Euganesischen Hügel.
còlle② <col> *m geog* (*passo*) Pass m: **Colle di Cadibona**, Cadibona-Pass m; **Col di Tenda**, Tenda-Pass m.
còlle③ *prep con con* art le.
collèga <-ghi *m*, -ghe f> *mf* {+LAVORO, UNIVERSITÀ} Kollege m, Kollegin f: **un ~ medico**, ein Arztkollege.
collegaménto *m* **1** *gener anche mil tel* Verbindung f: **~ aereo tra due continenti**, Flugverbindung f zwischen zwei Kontinenten; **mettersi in ~ con qu**, sich mit jdm in Verbindung setzen, mit jdm Verbindung aufnehmen; **stabilire un ~ telefonico**, eine Telefonverbindung herstellen; *radio TV* Schaltung f; **chiudere/interrompere il ~**, abschalten/[die Schaltung unterbrechen]; **~ in diretta**, Direktverbindung f; **in ~ con Madrid, vi trasmettiamo ...**, wir sind mit Madrid verbunden und senden ...; **~ in eurovisione**, Eurovisionsübertragung f; **~ via satellite**, Satellitenverbindung f **2** *fig* (*nesso*) Verbindung f: **uno stretto ~ tra i fatti**, eine enge Verbindung zwischen den Ereignissen **3** *fig* (*rapporto*) Verbindung f: **i collegamenti tra l'industria e la politica**, die Verbindungen zwischen Industrie und Politik **4** *elettr* Schaltung f: **~ in serie/parallelo**, Serien-/Parallelschaltung f; **~ a terra**, Erdung f, Erdanschluss m **5** *inform* {+RETI, TERMINALI} Verbindung f.
collegàre <*collego, colleghi*> **A** *tr* **1** (*mettere in comunicazione*) **~ qc** (**a qc**) (**con/tramite/[per mezzo di] qc**) {DUE CITTÀ CON UNA FERROVIA, STAZIONE ALL'AEROPORTO CON UNA NAVETTA} *etw* (*durch etw* acc/*mittels etw* gen) (*mit etw* dat) verbinden; **~ qc a/con qc** {CORRIDOIO SALA ALLA/[CON LA] CUCINA} *etw mit etw* (dat) verbinden: **un ponte che colleghi l'isola al continente**, eine Brücke, die Insel mit dem Kontinent verbindet **2** *fig* (*mettere in connessione*) **~ qc** (**a qc**) {IDEE, INDIZI, NOME A UN VOLTO} *etw* (*mit etw* dat) in Verbindung bringen: **collegò i due fatti**, er/sie brachte die beiden Ereignisse miteinander in Verbindung; **le congiunzioni servono per ~ le frasi**, die Konjunktionen dienen zur Verbindung von Sätzen **3** *elettr* **~ qc (a qc)** *tecnol* {CAVO ALLA BATTERIA, DUE TUBI} *etw* (*mit etw* dat) verbinden **B** *itr pron* (*essere in rapporto*) **collegarsi (a qc)** {FATTI} (*mit etw* dat) in Verbindung stehen: **questa frase non si collega alla precedente**, dieser Satz steht mit dem vorigen nicht in Verbindung **C** *rfl* **1** (*fare riferimento*) **collegarsi a qc** sich *auf etw* (acc) beziehen, Bezug nehmen *auf etw* (acc): **collegandomi a quanto esposto dal mio collega ...**, Bezug nehmend auf die Ausführungen meines Kollegen ... **2** *inform*: **collegarsi a qc** {A INTERNET, ALLA RETE} *in etw* (acc) gehen **B** *itr pron radio TV* (*mettersi in comunicazione*): **collegarsi con qu/qc** *zu jdm/irgendwohin* (um|)schalten: **ci colleghiamo con Berlino/[la troupe esterna]**, wir schalten ˏnach Berlinˎ/[zum Außenteam] (um); *tel* {CON LA FAMIGLIA, CON IL CANADA} sich (*mit jdm/etw*) in Verbindung setzen **D** *rfl rec* (*unirsi*): **collegarsi per qc** {ORGANIZZAZIONI, POPOLI PER UN MIGLIORE SFRUTTAMENTO DELLE RISORSE} sich (*für etw* acc) zusammen|schließen, sich (*für etw* acc) zusammen|tun *fam*.
collegàto, (-a) *agg* **1** (*in relazione con*) **~ a qu/qc** *mit jdm/etw* verbunden, *mit jdm/etw* verknüpft: **le persone collegate alla malavita**, die Kontaktpersonen der Unter-

welt; **la microcriminalità collegata al mondo della droga**, die mit der Drogenszene verknüpfte Kleinkriminalität **2** *radio TV* ~ **con qu/qc** *mit jdm/etw* verbunden: **eccoci ora collegati con il teatro dell'opera di Vienna**, wir sind jetzt mit der Wiener Staatsoper verbunden.

college <-> *m ingl* {AMERICANO, INGLESE} College *n*.

collegiàle A *agg* **1** (*collettivo*) {RIUNIONE} kollegial, Kollegial-; {DELIBERAZIONE} *anche* gemeinschaftlich **2** (*da collegio*) {DISCIPLINA} Internats- B *mf* **1** (*allievo*) Internatsschüler(in) *m(f)* **2** *fig* (*giovane ingenuo*) Schuljunge *m*, Schulmädchen *n*.

collegialità <-> *f* {+ORGANO, PROVVEDIMENTO} Kollegialität *f*.

collegialménte *avv* {DECIDERE, INTERVENIRE} kollektiv, gemeinschaftlich.

collegiàta *f relig* **1** (*collegio di chierici*) Stift *n* **2** (*chiesa*) Stifts-, Kollegiatskirche *f*.

collègio <-*gi*> *m* **1** (*istituto*) Internat(sschule *f*) *n*: **entrare in** ~, ins Internat kommen; ~ **femminile**, Mädcheninternat *n*; ~ **militare**, Kadettenanstalt *f* **2** (*pensionato*) Wohnheim *n*: ~ **universitario**, Studentenwohnheim *n* **3** (*ordine professionale*) {+AVVOCATI} Kollegium *n* ● ~ **arbitrale** *dir*, Schiedsgericht *n*; ~ (**dei**) **docenti** *scuola*, Lehrkörper *m*; ~ **elettorale**, Wahlkreis *m*; (*persone*) Wählerschaft *f*; ~ **giudicante/[di giudici]** *dir*, Kollegialgericht *n*, (gerichtlicher) Spruchkörper, Richterkollegium *n*; *Sacro* ~ *relig*, Kardinalskollegium *n*; ~ **sindacale** *dir* (*organo di controllo delle società di capitali*), Revisorenrat *m*, Prüferkollegium *n*; Aufsichtsrat *m*.

còllera *f* **1** Wut *f*, Zorn *m*: **andare/montare in** ~, wütend werden, in Wut/Zorn geraten; **essere in** ~ **con qu**, auf jdn wütend sein **2** *fig* (*furia*) {+MARE IN TEMPESTA} Heftigkeit *f*, Gewalt *f*, Wucht *f*.

collèrico, (-a) <-*ci, -che*> A *agg* {CARATTERE, PERSONA} cholerisch, jähzornig, aufbrausend B *m* (*f*) Choleriker(in) *m(f)*.

collètta *f* **1** (*raccolta di denaro*) (Geld)sammlung *f*: **fare una** ~ **per i terremotati**, Geld für die Erdbebenopfer sammeln **2** *relig* (*preghiera*) Kollekte *f*.

collettiva *f arte* (*mostra*) Kollektivschau *f*.

collettivaménte *avv* {DECIDERE, RICHIEDERE} kollektiv, gemeinschaftlich.

collettivìsmo *m econ polit* Kollektivismus *m*.

collettivìstico, (-a) <-*ci, -che*> *agg econ polit* {TEORIA} kollektivistisch.

collettività <-> *f* Kollektivität *f*, Gemeinschaftlichkeit *f*.

collettivizzàre *tr econ polit* ~ **qc** {INDUSTRIA, TERRA} *etw* kollektivieren.

collettivizzazióne *f econ polit* {+BENE, IMPRESA} Kollektivierung *f*.

collettìvo, (-a) A *agg gener anche econ psic sociol* {BISOGNO} kollektiv; {PROPOSTA} *anche* gemeinschaftlich, {FENOMENO} allgemein, {LAVORO, SPESA} Gemeinschafts-, {CONTRATTO} B *m polit* {AUTONOMO, STUDENTESCO; +FACOLTÀ DI LETTERE} Kollektiv *n*.

collétto *m* **1** {ABBOTTONATO, INAMIDATO, TONDO; +CAMICIA} Kragen *m*: ~ **a punta**, spitzer Kragen; ~ **alla coreana**, schmaler Stehkragen; ~ **alla marinara**, Matrosenkragen *m* **2** *anat* {+DENTI} **3** *bot* Wurzelhals *m* ● **i colletti bianchi** *fig* (*impiegati*), die Angestellten; **i colletti blu** *fig* (*operai*), die Arbeiter.

collettóre, (-trice) A *agg* {BACINO, CANALE} Sammel- B *m* **1** (*chi raccoglie*) {+FIRME} Sammler *m*: ~ **delle imposte**, Steuereinnehmer *m* **2** *elettr fis* Kollektor *m*: ~ **solare**, Son-

nenkollektor *m* **3** *idraul* (*canale di raccolta*) Sammelkanal *m* **4** *geol* (*bacino di raccolta*) Sammelbecken *n* **5** *mecc* (*condotto*) Sammler *m*: ~ **del fango/[di vapore]**, Schlamm-/Dampfsammler *m*.

collezionàre *tr anche fig* ~ **qc** {FIGURINE, MONETE, SCONFITTE, SUCCESSI} *etw* sammeln.

colleziòne *f* **1** (*raccolta*) {PREZIOSA, RICCA; +FARFALLE, MINERALI, QUADRI} Sammlung *f*: **fare** ~ **di qc**, *etw* sammeln **2** (*nella moda*) {PRIMAVERILE} Kollektion *f*: ~ **autunno-inverno**, Herbst-Winter-Kollektion *f* **3** *edit* (*collana*) {+CLASSICI} Reihe *f*.

collezionìsmo *m* Sammeln *n*.

collezionìsta <-*i m, -e f*> *mf* {NOTO; +AUTO D'EPOCA, FRANCOBOLLI} Sammler(in) *m(f)*: ~ **d'arte**, Kunstsammler(in) *m(f)*.

collezionìstico, (-a) <-*ci, -che*> *agg* {MERCATO} Sammler-.

collie <-> *m ingl zoo* Collie *m*.

collier <-> *m franc* {+TOPAZI} Kollier *n*.

collimàre A *tr fis ott* ~ **qc** *etw* mit einem Kollimator fokussieren B *itr anche fig* (*coincidere*) ~ (**con qc**) {BORDI, PROGETTI} übereinstimmen, *mit* (*dat*) entsprechen: **la mia idea collima con la tua**, meine Idee stimmt mit der deinen überein.

collina *f* **1** (*altura*) Hügel *m*, Anhöhe *f*: ~ **morenica**, Moränenhügel *m* **2** (*zona collinare*) Hügelland *n*, hüg(e)lige Gegend, Hügel *m pl*: **abitare in** ~, am Hügel/in den Hügeln wohnen.

collinàre *agg* (*di collina*) {ZONA} Hügel-.

collinóso, (-a) *agg* {REGIONE} hüg(e)lig.

collìrio <-*ri*> *m farm* Augentropfen *m pl*.

collisióne *f* **1** (*scontro*) Zusammenstoß *m*, Kollision *f*: **entrare in** ~ (**con qc**), (*mit etw dat*) zusammenstoßen, (*mit etw dat*) kollidieren; ~ **violenta tra due auto**, heftiger Zusammenstoß zweier Autos **2** *fig* (*contrasto*) {+INTERESSI} Konflikt *m*: **essere in** ~ **con qu/qc**, im Zwist *forb*/Streit mit jdm/etw liegen, mit etw (*dat*) in Konflikt kommen/geraten.

còllo[1] *m* **1** {LUNGO, SLANCIATO; +ANIMALE, PERSONA} Hals *m*: **avere/portare al** ~ **qc**, *etw* um den Hals haben/tragen; **mettersi qc al** ~, sich (*dat*) *etw* um den Hals binden/legen; ~ **taurino**, Stiernacken *m* **2** (*colletto*) {AMPIO; +CAPPOTTO} Kragen *m*: **a** ~ **alto**, Rollkragen-; ~ **di pelliccia**, Pelzkragen *m*; ~ **di ricambio**, Wechselkragen *m* **3** (*parte che si restringe*) {+FIASCO, VASO} Hals *m* **4** *anat* {OSSEO} Hals *m*: ~ **del piede**, Spann *m*, Rist *m*; ~ **dell'utero**, Gebärmutterhals *m* ● **alitare/soffiare sul** ~ **di qu** *fig* (*fargli fretta*), jdn zur Eile antreiben, jdn hetzen, jdm , in Nacken sitzen, [Druck machen]; **allungare il** ~ *fig* (*per vedere qc*), einen langen Hals machen; ~ **di bottiglia**, Flaschenhals *m fig* (*strozzatura*), Engpass *m*, Hindernis *n*; **fino al** ~ *anche fig* (*fino al limite massimo*), {IMMERGERSI, INDEBITARSI} bis zum Hals *fam*; **gettarsi al** ~ **di qu** (*abbracciarlo*), jdm um den Hals fallen; **avere/tenere in** ~ **qu** (*in braccio*), jdn im/auf dem Arm haben/halten; ~ **d'oca** *mecc*, Kurbelwelle *f*; (*di tubi*), Schwanenhals *m*; **prendere qu per il** ~, jdm am Kragen packen; *fig* (*strozzarlo economicamente*), jdm den Hals abschneiden/umdrehen/brechen *fam*; **romperi il** ~ *fig* (*riportare gravi danni fisici*), sich schwer verletzen, schwere Verletzungen davontragen; **saltare al** ~ **di qu** (*per abbracciarlo*), jdm um den Hals fallen; *fig* (*aggredire*), jdm an die Gurgel springen; **tirare il** ~ **a qc**, (*uccidere*) {A UN POLLO} *etw* (*dat*) den Hals umdrehen; *fig* (*stappare*) {A UNA BOTTIGLIA} *etw dat* den Hals brechen; **tirare il** ~ **a qu** *fig* (*strozzarlo economicamente*), jdm den Hals abschneiden/umdrehen/brechen *fam*; **ti tirerei/torcerei il** ~ *fig scherz* (*come minac-

cia*), wenn ich dich erwische *fam*(, bring dich um *scherz*)!

còllo[2] *m comm post* (*pacco*) {INGOMBRANTE, PESANTE} Frachtstück *n*, Kollo *n*: **colli a mano**, Handgepäck *n*; ~ **numerato**, nummeriertes Versandstück/Stückgut.

còllo[3] *prep con con art lo*.

collocaménto *m* **1** (*collocazione in verticale*) Stellen *n*, Stellung *f*; (*in orizzontale*) Legen *n*; (*appeso*) Aufhängen *n* **2** (*posto*) Platz *m*, Standort *m*: **qui l'opera trova il suo giusto** ~, hier wird das Werk seinen richtigen Platz **3** *fam* (*ufficio*) Arbeitsamt *n*: **iscriversi al** ~, sich beim Arbeitsamt eintragen **4** (*impiego*) {BUON} Stellung *f* **5** *comm* (*vendita*) {+MERCE} Verkauf *m*, Absatz *m* **6** *econ* (*investimento*) {+CAPITALE} Anlage *f* ● **in aspettativa**, Wartestellung *f*; ~ **a riposo**, Versetzung *f* in den Ruhestand, Pensionierung *f*.

collocàre <*colloco, collochi*> A *tr* **1** (*mettere verticalmente*) ~ **qc** + *compl di luogo* {LIBRO SULLO SCAFFALE, MOBILE NEL SALOTTO, MONUMENTO IN PIAZZA} *etw irgendwohin* stellen; (*orizzontalmente*) {BIANCHERIA NELL'ARMADIO, COLLANA NELL'ASTUCCIO, PEDINE SULLA SCACCHIERA} *etw irgendwohin* legen; (*appendere*) {QUADRO SOTTO L'APPLIQUE} *etw irgendwohin* hängen **2** *fig* (*dare una collocazione*) ~ **qu/qc** + *compl di luogo* {ALLIEVO TRA I MIGLIORI, OPERA IN UN PERIODO STORICO} *jdn/etw irgendwo* ein|ordnen, *jd/etw unter etw* (*acc*) ein|reihen *fam* **3** *fig* (*sistemare*) ~ **qu** + *compl di luogo* {PARENTE IN BANCA, PRESSO UNA DITTA} *jdn irgendwo* unter|bringen: **collocò i suoi uomini nei punti nevralgici del sistema**, er/sie brachte seine/ihre Männer an den neuralgischen Punkten des Systems unter **4** *fig fam rar* (*accasare*) ~ **qu** {FIGLIA} *jdn* verheiraten, *jdn* unter die Haube bringen *fam scherz* **5** *comm econ* ~ **qc** {PRODOTTO, TITOLO} *etw* ab|setzen, *etw an* den Mann bringen *fam*; {DENARO RISPARMIATO} *etw* an|legen B *rfl*: **collocarsi** + *compl di luogo* **1** (*prendere posto*) {ACCANTO A QU, DI FRONTE AL TAVOLO} sich (*irgendwohin*) stellen **2** *fig* (*trovare lavoro*) {PRESSO UN'AZIENDA} (*irgendwo*) eine Stelle finden **3** *fig* (*occupare una posizione*) {NAZIONE TRA LE POTENZE MONDIALI; PARTITO AL CENTRO} sich (*dat*) (*irgendwo*) eine Position verschaffen.

collocatóre *m ling* Kollokator *m*.

collocazióne *f* **1** (*sistemazione verticale*) {+STATUA, SUPPELLETTILE} Stellung *f*, Aufstellung *f*: ~ **di un mobile in una stanza**, Aufstellung *f* eines Möbels in einem Zimmer; (*orizzontale*) {+TAPPETO} Legen *n*; (*appeso*) {+ARAZZO, DIPINTO} Aufhängen *n* **2** (*il metterre*) Anordnung *f*, Stellung *f*: ~ **di un autore nel suo secolo**, Stellung *f* eines Autors in seinem Jahrhundert **3** (*posto*) Platz *m*, Stellung *f*, Standort *m*: **questa mostra ha qui la sua giusta** ~, diese Ausstellung hat hier ihren richtigen Standort; ~ **del verbo in una frase**, Stellung *f* des Verbs in einem Satz **4** (*in biblioteca*) {+LIBRO, RIVISTA} Standort *m*; (*dicitura*) Signatur *f* **5** *fig* (*posizione*) {POLITICA; +ORGANIZZAZIONE} Einstellung *f* **6** *ling* Kollokation *f*.

colloidàle *agg chim* {STATO} kolloid(al).

collòide *chim* A *agg* {MATERIALE} kolloid(al), Kolloid- B *m* Kolloid *n*.

colloquiàle *agg*: **linguaggio** ~, Umgangssprache *f*; **tono** ~, Plauderton *m*.

colloquiàre <*colloquio, colloqui*> *itr* ~ **con qu** {CON UN COLLEGA} *mit jdm* reden, sich *mit jdm* unterhalten.

collòquio <-*qui*> *m* **1** (*conversazione*) {LUNGO, PRIVATO, SEGRETO} Gespräch *n*, Unterredung *f*: **avere un** ~ **telefonico con qu**, ein Telefongespräch mit jdm führen; **essere a** ~ **con qu**, sich mit jdm unterhalten; **chiedere**

un ~, um eine Unterredung bitten; **~ di lavoro**, Vorstellungsgespräch n **2** (*dialogo*) Dialog m: **avviare un ~ con i partiti dell'opposizione**, einen Dialog mit den Oppositionsparteien einleiten **3** *scuola* (*esame orale*) {+MATURITÀ} mündliche Prüfung **4** *università* (*preesame*) {+ANATOMIA, DIRITTO CIVILE} Kolloquium n.

collosità <-> f Klebrigkeit f.

collóso, (-a) agg **1** (*che contiene colla*) {SOSTANZA} leimig **2** (*attaccaticcio*) {LIQUIDO, PASTA} klebrig, schleimig.

collòttola f Nacken m ● **prendere qc per la ~,** {GATTO} etw am Nacken packen; **prendere qu per la ~,** jdn am/beim Kragen packen; *anche fig* (*prendere qu per il bavero*) jdn auf den Arm nehmen *fam*, sich über jdn lustig machen.

collùdere <*irr* colludo, collusi, colluso> tr *dir* **~ qc** {SOPRUSO} *etw* auf geheime Weise abˌsprechen.

collusióne f *dir* Kollusion f: **~ con la mafia**, Kollusion f mit der Mafia.

collusivo, (-a) agg *dir* {ACCORDO, INTESA} unerlaubt, heimlich.

collùso, (-a) A *part pass di* colludere B agg (*che ha un accordo fraudolento con la malavita*) {FUNZIONARIO PUBBLICO} "der/die ein geheimes Einverständnis mit der organisierten Kriminalität eingegangen ist" C m (f) "wer ein geheimes Einverständnis mit der organisierten Kriminalität eingegangen ist": **i collusi con la camorra**, die Personen, die mit der Kamorra zusammenarbeiten.

collutòrio <-ri> m *farm* (*medizinisches*) Mundwasser, Gurgelmittel n.

colluttazióne f **1** (*scontro fisico*) Handgemenge n, Rauferei f, Schlägerei f: **vi fu una violenta ~,** es gab dort eine wilde Rauferei **2** *fig* (*acceso diverbio*) Wortgefecht n, Wortstreit m.

colluviàle agg *geol:* **terreno ~,** Kolluvialboden m.

còlma f (*livello massimo dell'alta marea*) äußerste Fluthöhe.

colmàre A tr **1** (*fino all'orlo*) **~ qc (di qc)** {BICCHIERE DI VINO} *etw* (*mit etw dat*) füllen **2** (*interrare*) **~ qc** {FOSSATO, PALUDE} *etw* auˌschütten, *etw* zuˌschütten **3** (*riempire*) **~ qc (con qc)** {ASSENZA DI QU, LACUNA} *etw* (*mit etw dat*) füllen **4** *fig* (*ricoprire*) **~ qu di qc** {DI ATTENZIONI, DI DONI, DI RIMPROVERI} jdn mit etw (dat) überschütten, jdn mit etw (dat) überhäufen **5** *fig* (*pervadere*) **~ qu/qc di qc** jdn/etw erfüllen: **le tue parole mi colmano (il cuore) di gioia**, deine Worte erfüllen mich/[mein Herz] mit Freude B itr pron (*riempirsi*) **colmarsi di qc** {OCCHI DI LACRIME} sich *mit etw* (dat) füllen; *fig:* **il suo cuore si colmò di gioia**, er/sie warˌselig vor Freudeˌ/[überglücklich].

colmàta f (*riempimento di un terreno*) Auflandung f, Aufspülung f.

còlmo① m **1** *fig* (*culmine*) {+FELICITÀ, IDIOZIA, RIDICOLO} Gipfel m, Höhepunkt m, Krone f: **questo è il ~ dell'avarizia**, das ist der Gipfel des Geizes; **essere al ~ della disperazione**, ˌäußerst verzweifeltˌ/[niedergeschmettert *fam*]/[am sechsten Tiefpunkt] sein **2** (*sommità*) {+COLLINA} Gipfel m **3** (*piena*) {+FIUME} Hochwasser n **4** *edil* {+TETTO} First m ● **(ma questo) è il ~ (dei colmi)!** *fig fam* (*è veramente troppo*), das ist ja die Höhe! *fam*, das schlägt dem Fass den Boden aus!; *per ~* **di sfortuna/sventura** *fig* (*per eccesso*), zu allem Unglück; **qual è il ~ per un falegname/ ...?** *fig fam* (*nelle barzellette: qual è la cosa più incredibile*), und was ist das Höchste/Geilste/Irreste für einen Schreiner?

còlmo②, (-a) agg **~ (di qc)** **1** (*pieno*)

{BROCCA DI VINO, PIATTO DI PASTA} randvoll (*mit etw dat*); {VALIGIA DI LIBRI} (*mit etw dat*) (voll)gefüllt: **un cucchiaio ~ di farina**, ein gehäufter Esslöffel Mehl **2** *fig* (*traboccante*) {ANIMO DI DOLORE} voll (*von etw dat*), (*von etw dat*) erfüllt.

colofóne m → **colophon**.

colofònia f *chim* Geigenharz n.

colómba f **1** *anche fig* Taube f: **la ~ della pace**, die Friedenstaube **2** <*di solito al pl*> *fig polit* Tauben f pl **3** *gastr* "typischer italienischer Osterkuchen in Form einer Taube".

colombàccio <-ci> m *zoo* Ringeltaube f.

colombàia f **1** (*piccionaia*) Taubenschlag m **2** *fig* (*ultimo piano di edificio*) Mansarde f, Dachwohnung f: **stare in ~,** ˌin der Mansardeˌ/[unterm Dach] wohnen.

colombàrio <-ri> m *archeol edil* Kolumbarium n.

colombèlla <*dim di* colomba> f **1** *fig* (*fanciulla ingenua e candida*) Taube f, Täubchen n, Unschuld f vom Lande **2** *zoo* Täubchen n.

Colómbia f *geog* Kolumbien n.

colombiàno①, (-a) A agg (*della Colombia*) {POPOLAZIONE} kolumbi(ani)sch B m (f) Kolumbi(an)er(in) m(f).

colombiàno②, (-a) agg (*di Cristoforo Colombo*) {CELEBRAZIONI} Kolumbus-.

colombicoltóre, (-trice) m (f) Taubenzüchter(in) m(f).

colombicoltùra f Taubenzucht f.

Colombìna f *teat* (*maschera*) Kolombine f, Kolumbine f.

colómbo m **1** {DOMESTICO, SELVATICO} Taube f; (*maschio*) *anche* Täuberich m: **~ torraiolo**, Felsentaube f; **~ viaggiatore**, Brieftaube f **2** <*solo al pl*> (*innamorati*) Turteltauben f pl *fam scherz* ● **sembrano due colombi** *fig* (*sono innamorati*), sie sind wie zwei Turteltauben! *fam scherz*, das sind die reinsten Turteltauben! *fam scherz;* **tubare come due colombi** *fig* (*flirtare*), wie zwei Tauben turteln *scherz*.

Colómbo m *stor* Kolumbus m.

còlon <-> m **1** *anat* {ASCENDENTE, TRAVERSO} Grimmdarm m, Kolon n *scient:* **avere il ~ irritabile**, einen empfindlichen Kolon *scient* haben **2** *ling stor* Kolon n.

colonàto m *stor* Kolonat m *o* n.

colònia① f **1** *anche fig* (*territorio*) {BRITANNICA, MILITARE, ROMANA} Kolonie f **2** (*gruppo di persone*) (Ausländer)kolonie f: **la ~ italiana/turca a Francoforte**, die italienische/türkische Kolonie in Frankfurt **3** (*istituto e luogo di villeggiatura o di cura*) {ELIOTERAPICA, ESTIVA, MONTANA} Ferienlager n, (Ferien)kolonie f: **andare in ~,** ins Ferienlager fahren **4** (*bambini di una ~*) Ferienkolonie f, Kinder n pl einer Ferienkolonie: **è arrivata la ~,** die Ferienkolonie ist angekommen **5** *biol* {+AIRONI} Kolonie f ● **microbica**, Mikroben-, Bakterienkolonie f ● **~ agricola** *dir* (*misura di sicurezza prevista per soggetti pericolosi in aggiunta alla pena*), (Unterbringung f in einer) landwirtschaftlich ausgerichteten Arbeitsanstalt (als Maßregel der Besserung und Sicherung); (*luogo*), Arbeitsanstalt f; **~ penale**, (Straf)kolonie f.

colònia② f (*acqua di Colonia*) Kölnischwasser n.

colonia③ f *agr stor* (*affitto*) {PARZIARIA} Pacht f: **dare/tenere a ~,** verpachten/pachten.

Colònia f *geog* Köln n.

coloniàle A agg **1** (*di colonia*) {COMMERCIO, DIRITTO, STILE, TERRITORIO, TRUPPA} kolonial, Kolonial- **2** *biol* (*organismo*) Kolonien bildend B <*inv*> agg {BORSA, SCARPE} kakifarben, kakifarbig C <-> m (*colore*) Kaki n D mf (*abitante*) Kolonist(in) m(f), Siedler(in) m(f)

E m pl (*derrate di origine extraeuropea*) Kolonialwaren f pl.

colonialìsmo m Kolonialismus m.

colonialìsta <-i m, -e f> A agg {POLITICA} Kolonial- B mf Kolonialist(in) m(f).

colonialìstico, (-a) <-ci, -che> agg kolonialistisch.

colònico, (-a) <-ci, -che> agg (*del colono*) {PARTE, PATTO} (Land)pächter-; {CASA, FAMIGLIA} Bauern-.

colonizzàre tr **~ qc 1** *anche fig* (*far diventare colonia*) {PAESE} *etw* kolonisieren **2** (*bonificare*) {ZONA PALUDOSA, TERRA INCOLTA} *etw* besiedeln **3** *biol* (*sviluppare colonie*) {TERRENO DI COLTURA} *irgendwo* Kolonien bilden.

colonizzatóre, (-trice) A agg {POPOLO} kolonisatorisch B m (f) {SPAGNOLO} Kolonisator(in) m(f).

colonizzazióne f **1** (*conquista*) {+AMERICA LATINA} Kolonisierung f **2** (*bonifica*) {+DELTA PADANO} Besied(e)lung f.

colónna f **1** *arch edil* {+MARMO, TEMPIO} Säule f: **~ corinzia/dorica/ionica**, korinthische/dorische/ionische Säule; **~ traiana**, Trajanssäule f **2** (*massa fluida in verticale*) Säule f, Wand f: **~ d'acqua/[di fumo]**, Wasser-/Rauchsäule f; **~ di fuoco**, Feuerwand f; **~ di mercurio**, Quecksilbersäule f **3** (*serie di elementi in verticale*) {+DECINE, NUMERI, SIMBOLI, UNITÀ} Reihe f, Kolonne f: **mettere in ~ le cifre**, die Zahlen untereinander schreiben; **la ~ delle centinaia**, die Hunderterreihe; (*combinazione di numeri*) Zahlenkombination f; **la ~ vincente**, die richtige Zahlenkombination **4** *anche mil* (*fila*) {LUNGA, ORDINATA; +AUTO, DIMOSTRANTI, MEZZI CORAZZATI} Kolonne f: **disporsi/mettersi in ~,** sich zu einer Kolonne formieren; **essere in ~,** in Reih und Glied stehen; **formare una ~,** eine Kolonne bilden; **procedere in ~,** (in) Kolonne fahren **5** *fig* (*sostegno principale*) {+AZIENDA} Stütze f: **è la ~ della famiglia**, sie ist die Stütze der Familie **6** *inform tip* {+DIZIONARIO, GIORNALE} Spalte f, Kolumne f **7** *tecnol* (*tubazione*): **~ idraulica**, Wasserkran m; **~ montante**, Steigleitung f, Steigrohr n; (*elemento di impianto a torre*) Säule f, Turm m; **~ di distillazione/frazionamento**, Destilliersäule f/Fraktioniertum m ● **le colonne tip a due/tre colonne tip**, zwei-/dreispaltig; **le colonne d'Ercole** *mitol anche fig* (*limite invalicabile*), die Säulen des Herkules; **~ infame/d'infamia** *stor*, Schandpfahl m; **~ portante di qc** *anche fig* (*il sostegno principale*), {DI UNA COSTRUZIONE} die tragende Säule von etw (dat) sein; **quinta ~** *fig* (*persone che agiscono clandestinamente*), die fünfte Kolonne; **~ sonora** *film* (*parte di pellicola*), Tonspur f; (*musica*), Filmmusik f, Soundtrack m; **~ stratigrafica** *geol*, Stratigraphie-Graphik f; **~ vertebrale** *anat*, Wirbelsäule f, Rückgrat n.

colonnàre agg *anche geol min* (*a forma di colonna*) {BASALTO, STRUTTURA} Säulen-, säulenförmig.

colonnàto *arch edil* A agg {TEMPIO} Säulen- B m Kolonnade f, Säulenreihe f ● **~ basaltico** *geol*, Basaltstele f.

colonnèllo m *mil* (abbr col.) Oberst m.

colonnìna <*dim di* colonna> f **1** Säulchen n, Säule f: **~ antincendio**, Feuermelder m; **~ di soccorso**, Notrufsäule f **2** (*pompa del benzinaio*) Tank-, Zapfsäule f ● **~ di mercurio** *termometro*, Quecksilbersäule f.

colòno, (-a) m (f) **1** (*coltivatore di un fondo*) Pächter(in) m(f) **2** *stor* Kolone m, Pächterin m **3** *lett* (*contadino*) Bauer m, (Bäuerin f) **4** *stor* (*abitante di colonia antica*) Kolonist(in) m(f), Siedler(in) m(f).

colonscopìa e deriv → **coloscopia** e deriv.

còlophon <-> m lat **1** stor Kolophon m **2** tip Impressum n.

coloràr̀nte **A** agg {POLVERE, SOSTANZA} färbend, Färbe-, Farb- **B** m Farbstoff m: ~ **alimentare**, Lebensmittelfarbe f; ~ **artificiale/naturale**, Kunst-/Naturfarbstoff m; **senza coloranti**, ohne Farbstoffe, ungefärbt.

coloràre **A** tr **1** (dare colore) ~ **qc** (di qc) {CAPELLI DI ROSSO, TESSUTO DI BLU} etw (irgendwie) färben; {PARETE DI VERDE} etw (irgendwie) (an|)streichen; ~ **qc** (a/con qc) {DISEGNO CON LE MATITE, TELA A OLIO} etw (mit etw dat) bemalen, etw (mit etw dat) kolorieren **2** fig (infiorare) ~ **qc** (con/di qc) {DISCORSO CON BELLE PAROLE, NARRAZIONE DI BATTUTE, STILE DI SARCASMO} etw (mit etw dat) färben, etw (mit etw dat) aus|schmücken **B** itr pron **1** (prendere colore) ~ sich irgendwie färben: **al tramonto il cielo si colora di rosso**, bei Sonnenuntergang färbt sich der Himmel rot **2** (arrossire) rot werden: **colorarsi in viso per la vergogna**, schamrot (im Gesicht) werden **3** fig (assumere una sfumatura): **colorarsi di qc** {DI RIDICOLO} (in etw (acc)) über|gehen, einen Anstrich/Touch Farb von etw (dat)/+ gen bekommen, den Charakter von etw (dat)/+ gen an|nehmen: **qui la storia si colora di giallo**, hier geht die Geschichte in einen Krimi über.

coloràto, (-a) agg (a colori) {ABITO, FOGLIO, INSEGNA, SCIARPA, TESSUTO} farbig, bunt; {MATITA} anche Bunt-, Farb-.

colorazióne f **1** (il colorare) {+VETRO} Färbung f **2** (colore) {+CIELO} Färbung f: **assumere una ~ rosso vivo**, eine flammende rote Färbung annehmen **3** fig (sfumatura) {DIALETTALE} Färbung f.

colóre **A** m **1** gener anche fis {ACCESO, CHIARO, VIVACE} Farbe f: **i colori dell'arcobaleno**, die Regenbogenfarben; **color carne/senape**, Fleisch-/Senffarbe f; ~ **complementare**, Komplementär-/Ergänzungsfarbe f; **essere di ~ giallo/[verde pisello]**, gelb/erbsengrün sein; ~ **fondamentale**, Primärfarbe f; **dello stesso ~**, gleichfarbig **2** (sostanza colorante) Farbe f: ~ **acrilico/artificiale/naturale**, Acryl-/Kunst-/Naturfarbe f; ~ **a colla**, Leimfarbe f; **dare il ~ a etw** färben; ~ **a olio/tempera**, Öl-/Temperafarbe f **3** (cera) {PALLIDO, ROSEO} Farbe f: **oggi hai proprio un bel ~**, heute hast du ja wirklich eine gesunde Farbe; **cambiare/riprendere ~**, ⌊die Farbe wechseln⌋/[wieder Farbe bekommen]; ~ **olivastro**, Olivfarbe f; ~ **della pelle**, Hautfarbe f **4** fig (tendenza) {+GIUNTA COMUNALE} Couleur f, Gesinnung f: **di che ~ sei?**, welche Gesinnung hast du?; ~ **politico**, politische Gesinnung **5** fig (intensità espressiva) Farbigkeit f, Farbe f, Ausdruckskraft f: **dare ~ a una narrazione**, einer Erzählung Farbe geben, eine Ausdruckskraft gestalten **6** {nei giochi di carte} (seme) Farbe f: **rispondere al ~**, Farbe bedienen/bekennen; {nel poker} Flush m; **fare ~**, einen Flush m/[fünf gleichfarbige Karten] haben **7** <solo pl> fig (bandiera, stemma, ecc.) {+ITALIA} Fahne f, Wappen n, Flagge f: **portare i colori nazionali**, die Landes-/Nationalfarben tragen; sport (società, squadra) {+CUORE} Mannschaft f; **correre/giocare per gli stessi colori**, für die gleiche Mannschaft laufen/spielen; **difendere i colori della propria nazione**, in der Nationalmannschaft spielen **B** loc agg: **a colori**, {FILM, FOTO, TELEVISIONE} Farb- **C** <inv> loc agg (scuro di carnagione): **di ~**, {BIMBO, GENTE} farbig; **donna/uomo di ~**, Farbige mf decl come agg • ~ **cangiante** (che cambia), schillernde Farbe f; **ne capitano di tutti i colori** fig (d'ogni genere), es passieren die tollsten Dinge fam; **combinarne/farne di tutti i colori** fig (compiere azioni poco onorevoli), es bunt treiben fam; **dirne di tutti i colori a qu** fig (sfogarsi verbalmente), jdm die Meinung geigen fam, jdm etw flüstern fam, jdm Bescheid stoßen fam; **diventare/farsi di tutti i colori**, abwechselnd blass und rot werden; ~ **di interferenza** min, Interferenzfarbe f; **ne inventa di tutti i colori** fig (d'ogni genere), die verrücktesten Einfälle haben; ~ **locale** fig (aspetto folcloristico), Lokalkolorit n; **colori di scuderia** (nell'equitazione), (Renn)stallfarben f pl; **senza/[privo di] ~**, (incolore) {LIQUIDO, SOSTANZA} farblos; fig (monotono) {PROSA, VOCE} farblos, langweilig; **vederne di tutti i colori** fig (conoscere gli aspetti della vita), sein blaues Wunder erleben fam.

colorifìcio <-ci> m **1** (negozio) Farb(en)geschäft n **2** (fabbrica) Färberei f.

colorìre <colorisco> **A** tr ~ **qc 1** (dar colore) {DISEGNO} etw bemalen, etw kolorieren **2** fig (ravvivare) {FATTO, RACCONTO} etw aus|schmücken **3** mus {PASSAGGIO} etw mit einer Koloratur versehen **B** itr pron **1** (prendere colore): **colorirsi** {TORTA} Farbe bekommen; **colorirsi di qc** {CIELO DI ROSA} sich irgendwie färben **2** (arrossire): **colorirsi** {GUANCE} rot werden: **subito si colorì in viso**, er/sie wurde sofort rot (im Gesicht).

colorìsmo m arte lett mus {MUSICALE, PITTORICO} Kolorismus m.

colorìsta <-i m, -e f> mf **1** (operaio) Kolorist(in) m(f) **2** arte lett mus Kolorist(in) m(f).

colorìstico, (-a) <-ci, -che> agg arte lett mus {EFFETTO, SENSIBILITÀ} Farb-, koloristisch.

colorìto, (-a) **A** agg **1** (roseo) {GOTE} rosig **2** (abbronzato) {VISO} braun: **essere ~**, braun sein **3** fig (vivace) {CONVERSAZIONE} lebhaft, farbig; {LINGUAGGIO} anche ausdrucksvoll **B** m **1** (carnagione) {SANO} Gesichtsfarbe f, Teint m: **avere un bel ~**, einen schönen Teint haben; (abbronzatura) Bräunung f **2** lett (colore) {+CIELO, GUANCE, PESCA} Farbe f **3** arte (espressivo) {+DIPINTO} Farbgebung f **4** mus Kolorit n, Klangfarbe f.

colóro pron dimostr: ~ **che ...**, die(jenigen), die ...; **a tutti ~ che parteciperanno verrà regalato un libro**, alle Teilnehmer bekommen ein Buch geschenkt; **per tutti ~ che lo desiderano**, für all diejenigen, die es wünschen; **penso spesso a ~ che non ci sono più**, ich denke oft an die(jenigen), die nicht mehr leben.

coloscopìa f med Koloskopie f scient.

coloscòpio <-pi> m med Koloskop n scient.

còlossal <-> m ingl film Kolossalfilm m.

colossàle agg **1** (di colosso) {STATUA} kolossal, riesig **2** fig (enorme) {IMPRESA} enorm, großartig; {EDIFICIO, RICCHEZZA} anche kolossal; {ERRORE, FIASCO, SPROPOSITO} kolossal fam, Riesen- fam.

Colossèo m archeol Kolosseum n.

colòsso m **1** (statua) Koloss m: **il ~ di Rodi**, der Koloss von Rhodos **2** fig (uomo possente) Koloss m fam scherz **3** fig (esponente di spicco) {+CINEMA, MUSICA} Größe f, Riese m: **è un ~ dell'industria dolciaria**, er ist ein Riese der Süßwarenindustrie • ~ **dai piedi di argilla** fig (potenza fittizia), Koloss m auf tönernen Füßen.

colostomìa f med Kolostomie f scient.

colostomizzàto, (-a) med **A** agg Kolostomie- scient **B** m (f) Kolostomiepatient(in) m(f) scient.

colòstro m (in fisiologia) Kolostrum n, Kolostralmilch f.

coloured ingl **A** <inv> agg {DONNA} farbig **B** <-> mf (persona di colore) Farbige mf decl come agg.

còlpa f **1** gener anche psic Schuld f: **avere la ~ di qc**, die Schuld an etw (dat) haben/tragen; **dare la ~ di qc a qu**, jdm die Schuld an etw (dat) geben; **essere/sentirsi in ~**, ⌊schuldig sein⌋/[sich schuldig fühlen]; **non è ~ mia**, das ist nicht meine Schuld, ich kann nichts dafür; **di chi è la ~? – ⌊È ~ mia⌋/[è ~ mia]**, wer ist schuld? – ⌊Ich bin schuld (daran)⌋/[Das ist meine Schuld]; **per ~ qu/qc**, ⌊durch jds Schuld⌋/[wegen etw (gen)]; **per ~ mia**, meinetwegen, durch mein (eigenes) Verschulden; **privo di colpe**, schuldfrei; **senza ~**, schuldlos **2** dir {CIVILE, GRAVE, LIEVE} Verschulden n, Schuld f: ~ **contrattuale**, Vertragswidrigkeit f; (in senso stretto) Fahrlässigkeit f.

colpàccio <-ci, pegg di colpo> m (buon colpo) (Voll)treffer m, Schnäppchen n fam region: **acquistare la casa a quel prezzo è stato un vero ~**, das Haus zu diesem Preis zu kaufen, war ein echtes Schnäppchen fam region; **con questo contratto abbiamo fatto un ~**, mit diesem Vertrag haben wir einen Volltreffer gelandet.

colpévole **A** agg **1** (reo) schuldig: **dichiararsi ~**, sich (als/für) schuldig bekennen; **essere ~ di qc**, an etw (dat) schuld sein; ~ **di furto/omicidio**, des Diebstahls/Totschlags schuldig **2** (di chi è in colpa) {SGUARDO} schuldbewusst **3** (che costituisce colpa) {AZIONE, COMPORTAMENTO} schuldhaft **B** mf {+DELITTO, REATO} Schuldige mf decl come agg, Täter(in) m(f).

colpevolézza f **1** Schuld f, Schuldhaftigkeit f: **dimostrare/provare la ~ dell'imputato**, die Schuld des Angeklagten beweisen **2** dir Verschulden n, Schuld f.

colpevolizzàre **A** tr (ritenere colpevole) ~ **qu** (di/per qc) {MOGLIE DELL'INCIDENTE} jdn (etw gen) beschuldigen, jdm die Schuld (an etw dat) geben **B** rfl (sentirsi colpevole): **colpevolizzarsi** (di/per qc) {PER LA MORTE DEL FIGLIO} sich (an etw dat) schuldig fühlen, sich (dat) die Schuld (für etw acc) geben: **non è giusto che tu ti colpevolizzi così per il fallimento del tuo matrimonio**, es ist nicht richtig, dass du dir für das Scheitern deiner Ehe so sehr die Schuld gibst.

colpevolizzazióne f Beschuldigung f, Anklage f; (azione) anche Beschuldigen n, Anklagen n; (di se stessi) Selbstanklage f, Selbstverdammung f; (azione) anche Selbstanklagen n, Selbstverdammen n.

colpìre <colpisco> **A** tr **1** (assestare un colpo) ~ **qu/qc** (+ compl di luogo) (+ compl di modo) {RAGAZZO ALLA TESTA CON UN BASTONE, PALLONE DI PIEDE} jdn/etw (irgendwohin) (irgendwie) schlagen, jdm/etw etw (irgendwohin) versetzen: ~ **di testa qc**, etw köpfen **2** (centrare) ~ **(qc)** (+ compl di luogo) (+ compl di modo) {BERSAGLIO AL CENTRO, CON PRECISIONE} (etw) (irgendwo) (irgendwie) treffen **3** (ferire) ~ **qu/qc** (+ compl di luogo) {FRECCIA UOMO ALLA MANO; BOMBA SOLDATO IN PIENO VOLTO; PALLOTTOLA SPALLA} jdn/etw (irgendwo) treffen, jdn/etw (irgendwie) verletzen: ~ **qu/qc** ⌊in pieno⌋/[di striscio], jdn/etw ⌊voll treffen⌋/[streifen]; fig: ~ **qu nel proprio punto debole**, jdn an seiner empfindlichen/schwachen Stelle treffen **4** fig (impressionare) ~ **qu/qc** {NOTIZIA L'OPINIONE PUBBLICA} jdn/etw beeindrucken, jdn/etw treffen: **quella scena mi ha molto colpito**, diese Szene hat mich sehr beeindruckt **5** fig (affliggere) ~ **qu/qc** {CARESTIA PAESE; MALATTIA ANZIANI} jdn/etw quälen, jdn/etw plagen **6** fig (punire) ~ **qu/qc** {PROVVEDIMENTO TRAFFICANTI D'ARMI, MAFIA} jdn/etw bestrafen **7** fig (attaccare) ~ **qu/qc** {ARTICOLO INTELLETTUALI, GOVERNO} jdn/etw an|greifen **8** fig (danneggiare) ~ **qu/qc** {CRISI ECONOMICA COMMERCIAN-

TI, GLI INTERESSI DI QU} *jdm/etw* schaden **9** *fig* (*fare colpo*) ~ *qu* jdn beeindrucken, *bei jdm* ein|schlagen: **la sua gentilezza colpisce tutti**, seine/ihre Freundlichkeit beeindruckt alle **B** *itr* zu|schlagen: **il maniaco ha colpito ancora**, der Triebtäter hat wieder zugeschlagen ● ~ **basso sport** (*nel pugilato*), tief schlagen; *fig* (*essere sleale*), unter die Gürtellinie schlagen.

colpite *f med* Scheidenentzündung *f*, Kolpitis *f scient*, Vaginitis *f scient*.

cólpo A *m* **1** *gener* Hieb *m*, Schlag *m*: ~ **di bastone/martello/pugnale**, Stockhieb *m*/Hammerschlag *m*/Dolchstoß *m*; **battere un** ~ **su** *qc*, {SUL TAVOLO} auf etw (acc) schlagen; **dare un** ~ **in testa a qu**, jdn auf den Kopf schlagen; (*urto*) {VIOLENTO} Stoß *m*; **battere un** ~ **con** *qc* **contro** *qu/qc*, {COL GINOCCHIO CONTRO IL MURO} mit etw (dat) an/gegen jdn/etw stoßen **2** (*sparo*) {LONTANO} Schuss *m*: **si sono uditi colpi di arma da fuoco**, man hörte Schüsse; **avere un** ~ **in canna**, einen Schuss im Lauf haben; ~ **di cannone/fucile/pistola**, Kanonen-/Gewehr-/Pistolenschuss *m*; **far partire un** ~, einen Schuss abfeuern; **un** ~ **alla nuca**, ein Genickschuss; **sparare tre colpi in aria**, drei Mal in die Luft schießen **3** (*rumore*) {SECCO} Schlag *m*: **ho sentito un** ~ **nell'altra stanza**, ich habe im anderen Zimmer einen Schlag gehört **4** (*movimento*) Schlag *m*: ~ **di forbici**, Schnitt *m* mit der Schere; ~ **di remo**, Ruderschlag *m*; ~ **di reni**, Nierenstoß *m*; (*del piede*) Tritt *m*; ~ **di acceleratore/freno**, Tritt *m* auf das Gaspedal/die Bremse **5** *fig* (*avvenimento doloroso*) (*Schicksals*)schlag *m*: **è stato un brutto/duro** ~ **per lui**, es war ein schwerer Schlag für ihn; **non si aspettavano un** ~ **simile**, auf einen solchen Schlag waren sie nicht gefasst **6** *fig* (*rapina*) Coup *m*: **fare un** ~ **in banca**, einen Bank-Coup landen; **un** ~ **da un miliardo**, ein Milliarden-Coup **7** *fam med* (*malore improvviso*) Schlag *m fam*, Schlaganfall *m*: ~ **apoplettico**, Schlaganfall *m*, Gehirnschlag *m* **8** *sport* (*nel golf, nel pugilato, nel tennis, nella scherma, ecc.*) Schlag *m*: ~ (*improvvisamente*): **di** ~, plötzlich, mit einem Schlag *fam*; **di** ~ **smise di piovere**, plötzlich hörte es auf zu regnen **C** *loc avv* (*in una volta sola*): **in un** ~, auf einen Schlag *fam*; **ha perso moglie e figli in un** ~, er hat auf einen Schlag Frau und Kinder verloren *fam* ● **ha accusato il** ~ (*soffrire per un'esperienza negativa*), das hat ihn/sie sehr mitgenommen, das hat ihm/ihr sehr zugesetzt; **prendere un** ~ **di aria**, Zugluft abbekommen; ~ **basso sport**, Tiefschlag *m*; *fig* (*azione disonesta e sleale*), Schlag *m* unter die Gürtellinie; **se ci sei, batti un** ~ *anche scherz* (*occultismo*), wenn du hier bist, klopf einmal; ~ **di calore**, Hitzschlag *m*; **dare un** ~ **al cerchio e uno alla botte** *fig* (*barcamenarsi*), sein Fähnchen/seinen Mantel/sein Mäntelchen nach dem Wind hängen/drehen *spreg*; ~ **di coda** *fig* (*mutamento brusco e improvviso*), Hakenschlag *m*; **fare** ~ *fig fam* (*suscitare clamore*), {NOTIZIA} einschlagen; **fare** ~ **su qu** *fig fam* (*suscitare ammirazione*), jdn beeindrucken; **fare il** ~ **grosso** *fig* (*a qu riesce un'impresa difficile*), den großen Coup landen; **senza** ~ **ferire** (*senza spargimento di sangue*), ohne Blutvergießen; ~ **di frusta**, Peitschenhieb *m*; *med*, Schleudertrauma *n*; ~ **di fortuna**, Glücksfall *m*; **prendere un** ~ **di freddo**, sich erkälten; **prendere un** ~ **di freddo allo stomaco**, sich (dat) den Magen erkälten; ~ **di fulmine**, Blitzschlag *m*; *fig*, Liebe *f* auf den ersten Blick; ~ **di giornalistico**, Scoop *m*; ~ **di gong**, Gongschlag *m*; ~ **di grazia**, Gnadenschuss *m*, Gnadenstoß *m* *fig* (*circostanza determinante la fine di qc*), Todesstoß *m*; **è stato un** ~ **da maestro**, es/das war ein Meisterstreich/Meisterstück; ~ **di mano**

mil, Handstreich *m*; *fig* (*azione imprevista e rapida*), Überfall *m*; **dare un** ~ **d'occhio a qc** (*occhiata rapida*), einen (kurzen) Blick auf etw (acc) werfen; **è un bel** ~ **d'occhio** (*veduta*), es ist ein schöner Blickfang; **perdere colpi** *mot*, aussetzen; *fig* (*accusare stanchezza*), {INSEGNANTE} nach|lassen; **gli è preso/venuto un** ~ *fam med anche fig*, ihn hat der Schlag getroffen, er wurde vom Schlag getroffen; **riuscire a fare qc al primo** ~ *fig* (*tentativo*), etw beim ersten Versuch/Anlauf schaffen; **raddoppiare i colpi** *fig* (*rendere più numeroso*), zulegen; ~ **di scena** *fig* (*ribaltamento improvviso di una situazione*), Knalleffekt *m fam*; **andare a** ~ **sicuro**, sichergehen, auf Nummer sicher gehen *fam*; ~ **di sole**, Sonnenstich *m*; **colpi di sole** (*nei capelli*), helle Strähnchen; **ha un** ~ **di sonno**, ihm/ihr fallen plötzlich die Augen zu; **dare un** ~ **di spugna a qc** *fig* (*dimenticare cose spiacevoli*), eine (unangenehme) Sache vergessen, einen Strich unter etw (acc) ziehen, Schwamm drüber ziehen/wischen *fam*; ~ **di stato**, Staatsstreich *m*; ~ **della strega**, Hexenschuss *m*; **rendere/rispondere** ~ **su** ~, es jdm ˌin/mit gleicher Münze heimzahlenˌ/ [Schlag auf Schlag zurück|geben/antworten]; ~ **sul** (*sul momento*), auf der Stelle; ~ **di tacco** *sport*, Hackentrick *m*; **dare un** ~ **di telefono a qu** *fam*, jdn kurz anrufen; **tentare il** ~, es versuchen; ~ **di tosse**, Hustenanfall *m*; ~ **di testa** *sport*, Kopfball *m*; *fig* (*decisione non ponderata*), Kurzschlusshandlung *f*; **dare un** ~ **traverso rar** (*manrovescio*), Ohrfeige *f fam* dem Handrücken; **tutto** ˌ**in un** ~ˌ/[**d'un** ~ (*all'improvviso*), ˌauf einenˌ/[mit einem] Schlag *fam*; **ti venisse un** ~! *fam med anche fig*, der Schlag soll dich treffen! *fam*; ~ **di vento**, Windstoß *m*.

colposcopia *f med* Kolposkopie *f scient*.

colpóso, (-a) *agg dir* (*contro l'intenzione*) {DELITTO, OMICIDIO} fahrlässig.

còlsi 1ª *pers sing del pass rem di* cogliere.

colt, Colt® *m* (*pistola*) Colt *m*, Revolver *m*.

coltèlla *f* {+MACELLAIO} Fleischermesser *n*: ~ **da cucina**, Küchenmesser *n*.

coltellàccio <-ci, *pegg di* coltello> *m* **1** Schlachtermesser *n* **2** *mar* (*vela*) Großbramsegel *n*, Obermarssegel *n*.

coltellàme *m* Messersatz *m*, Messerwaren *f pl*.

coltellàta *f* **1** (*colpo*) Messerstich *m*: ~ **al braccio/ventre**, Messerstich *m* in den Arm/Bauch; **stavano facendo a coltellate**, es waren mitten in einer Messerstecherei **2** *fig* (*dolore morale*) Stich *m*, Schlag *m*, Dolchstoß *m*: **la sua condanna fu per lui una** ~, seine/ihre Verurteilung war für ihn ein Schlag **3** *edil* (*muro*) "Trennwand *f* aus hochkant gesetzten Ziegeln".

coltellerìa *f* **1** (*fabbrica*) Messerfabrik *f* **2** (*negozio*) Messerhandlung *f* **3** (*assortimento*) Messersatz *m*, Messerwaren *f pl*.

coltellièra *f* Messerkasten *m*.

coltellinàio, (-a) <-nai> *m* (*f*) **1** (*fabbricante*) Messerschmied *m* **2** (*venditore*) Messerhändler(in) *m(f)*.

coltèllo *m* **1** {AFFILATO} Messer *n*: ~ **elettrico**, elektrisches Messer; ~ **da frutta**, Obstmesser *n*; ~ **a scatto/serramanico**, Schnapp-/Klappmesser *n*; ~ **da tavola/pane**, Tafel-/Brotmesser *n* **2** *agr* {+ARATRO} Pflugmesser *n*, Sech *n* **3** *mecc* (*utensile*) {+PIALLATRICE} Messer *n* **4** *tecnol* (*fulcro*) {+BILANCIA} Zunge *f*, Züngleich *n* ● **a/di** ~ *edil* (*rif. a disposizione dei mattoni*), hochkant; ~ **anatomico**, Seziermesser *n*; ~ **chirurgico**, Skalpell *n*; **prendere il** ~ **per la lama** *fig* (*danneggiarsi*), sich ins eigene Fleisch schneiden, den Ast absägen, auf dem man sitzt *fam*; **avere il** ~ **dalla parte del manico** *fig* (*essere*

in posizione di vantaggio), das Heft in der Hand haben *forb*; **rigirare il** ~ **nella piaga** *fig* (*insistere su un punto dolente*), Salz auf in die Wunde streuen; **piantare il** ~ **nella schiena a qu**, jdm ein Messer in den Rücken stoßen; *fig* (*tradirlo*), jdn ans Messer liefern *fam*; **che si taglia con il** ~ *fig* (*denso*), {BRODO} dickflüssig; {NEBBIA} dick, (zum Schneiden) dicht, undurchdringlich; **venire al** ~ (*affrontarsi armati di* ~), zum Messer greifen.

coltivàbile *agg* {AREA, TERRENO} landwirtschaftlich nutzbar, urbar: **rendere** ~, urbar machen.

coltivàre *tr* **1** (*lavorare*) ~ *qc* (**a** *qc*) {CAMPO A GRANO, A ORTO, GIARDINO, TERRA} *etw* (*mit etw dat*) bestellen, *etw* (*mit etw dat*) bebauen **2** (*piantare*) ~ *qc* {PATATE, RAPE} *etw* an|bauen **3** (*far crescere artificialmente*) {FIORI, PERLE} *etw* züchten **4** *fig* ~ *qc* {AMICIZIA, SOGNO} *etw* pflegen; {ARTE, SCIENZA, MUSICA} *etw* betreiben, *etw* pflegen; {INGEGNO, SPIRITO} *etw* kultivieren, *etw* bilden **5** *fig* (*nutrire*) ~ *qc* {SENTIMENTO DI VENDETTA, SPERANZA} *etw* hegen **6** *min* ~ *qc* {GIACIMENTO} *etw* ab|bauen.

coltivàto, (-a) A *agg* **1** (*lavorato*) {TERRENO} bestellt, bebaut **2** (*prodotto dall'uomo*) {POMODORI, ZUCCHE} angebaut; {PERLA} Zucht- **B** *m* (*luogo a coltura*) Ackerland *n*.

coltivatóre, (-trice) *m* (*f*) (*agricoltore*) Erzeuger(in) *m(f)*, Produzent(in) *m(f)*: ~ **diretto**, Direkterzeuger *m*.

coltivazióne *f* **1** (*lavorazione*) {+CAMPO} Bebauung *f*, Bestellung *f* **2** (*produzione*) {+CEREALI, TABACCO, VITE} Anbau *m*: ~ **estensiva**, extensiver Anbau; ~ **intensiva**, Intensivanbau *m*; {+FUNGHI, PERLE} Zucht *f*, Züchtung *f* **3** *min* {+IDROCARBURI} Abbau *m*: ~ ˌ**a giorno**ˌ/[**in sotterraneo**], Tage-/Tiefbau *m*.

coltìvo, (-a) A *agg* **1** (*coltivabile*) {ZONA} bestellbar **2** (*coltivato*) {APPEZZAMENTO} bestellt **B** *m* (*terreno coltivato*) Ackerland *n*.

còlto① *part pass di* cogliere.

cólto②, **(-a)** *agg* **1** (*istruito*) {DONNA, PUBBLICO} gebildet: **è una persona molto colta**, er/sie ist hochgebildet **2** (*elevato*) {ELOQUIO, PAROLA} gehoben.

cóltre *f* **1** (*coperta*) (Bett)decke *f* **2** (*drappo della bara*) Leichen-/Bahrtuch *n* **3** *fig* (*manto*) {SPESSA; +NEBBIA, NEVE} Decke *f*: **c'era una fitta** ~ **di nuvole**, es gab eine dichte Wolkendecke.

coltùra *f* **1** (*coltivazione*) {PROMISCUA, SPECIALIZZATA; +OLIVO, TERRENO} Anbau *m*, Kultur *f*: ~ **a filari**, Reihenkultur *f* **2** (*specie coltivata*) {NUOVA; +GRANO} Pflanzung *f*, Kultur *f* **3** *biol* {MICROBICA} Kultur *f*: ~ **batterica**, Bakterienkultur *f*; ~ **in vitro**, Kultur *f* unter Glas **4** *zoo* (*allevamento*) {+API, OSTRICHE} Zucht *f*.

colùi *pron dimostr*: ~ **che** ..., der|jenige, der ...; **desidero ringraziare** ~ **che mi ha aiutato**, ich möchte mich bei dem(jenigen) bedanken, der mir geholfen hat; **ha riconosciuto** ~ **che l'ha investito**, er/sie hat den(jenigen) erkannt, der ihn überfahren hat; **dà retta a** ~ **che ha più esperienza di te!**, hör(e) auf den(jenigen), der mehr Erfahrung hat als du!

còlumnist <-> *mf ingl giorn* Kolumnist(in) *m(f)*.

còlza *f bot* Raps *m*.

com. *abbr di* comunale: städt. (abbr *di* städtisch).

còma <-> *m* Koma *n*: ~ **diabetico**, diabetisches Koma; **entrare in** ~, ins Koma fallen; ~ **irreversibile**, irreversibles Koma; ~ **profondo**, schweres/tiefes Koma; **uscire dal** ~, aus dem Koma erwachen ● **essere in** ~, im Koma liegen; *fig* (*stanchissimo*), todmüde sein.

comandaménto m relig {PRIMO, SECONDO, ecc.} Gebot n: **i dieci comandamenti**, die Zehn Gebote.

comandànte m **1** (capo) Chef m: **fare il ~**, den Chef spielen **2** mil {+CASERMA} Kommandant m, Befehlshaber m: **~ in capo**, Oberbefehlshaber m; **~ in carica**, Dienst habender Kommandant; **vice ~**, Vizekommandant m **3** mar Kapitän m: **~ in seconda**, erster Offizier.

comandàre [A] tr **1** (ordinare) **~ qc a qu** {AL SEGRETARIO} jdm etw befehlen, jdm etw an|ordnen: **non ve l'ho comandato io**, ich habe euch das nicht befohlen; amm jdn versetzen **2** (chiedere) **~ qc a qu** {UN PASTO COMPLETO AL CAMERIERE} bei jdm etw bestellen **3** mil (avere il comando) **~ qu/qc** {REGGIMENTO, NAVE} jdn/etw kommandieren, jdn/etw befehligen, jdn/etw (an)führen **4** tecnol (azionare) **~ qc** {LEVA ARRESTO DEL DISPOSITIVO, PULSANTE LA MESSA IN MOTO} etw bedienen, etw steuern [B] itr kommandieren: **chi comanda qui?**, wer hat hier das Kommando?; **comandi!**, zu Befehl!

comandàto, (-a) agg **1** amm berufen: **professore ~ al ministero**, Professor m im Ministerialdienst **2** mil beordert, abgestellt, abkommandiert: **soldato ~ di giornata**, Dienst habender, abkommandierter Soldat **3** relig {FESTA} geboten.

comàndo [A] m **1** (ordine) {BRUSCO, SECCO} Befehl m: **agire su ~ di qu**, in jds Auftrag handeln; **~ di attenti/riposo**, Habacht-/Ruhestellungsbefehl m; **dare un ~**, einen Befehl geben; **sono ai vostri comandi**, zu Befehl, ich stehe zu Ihren Diensten **2** (guida) {+FORZE ARMATE} Kommando n: **assumere/prendere il ~ di qc**, das Kommando über etw (acc) übernehmen; **essere al ~ di un esercito/un'impresa**, ein Heer befehligen/[ein Unternehmen leiten] **3** amm (provvedimento) Versetzung f **4** inform Befehl m **5** mil (organo) {+CORPO D'ARMATA, REGGIMENTO} Kommandon, Führung f: **~ supremo**, Oberbefehl m, Oberkommando n; {sede} Kommandantur f, Revier m; **il ~ dei carabinieri della zona**, das zuständige Carabinieri-Revier **6** sport (primo dopo) Führung f: **alla classifica**, an erster Stelle, tabellenführend, am ersten Platz **7** tecnol {AUTOMATICO, ELETTRICO, MECCANICO} Schaltung f: **~ a distanza**, Fernbedienung f, Fernsteuerung f; **doppi comandi**, Doppelsteuerung f; **prendere i comandi dell'aereo**, das Kommando über das Flugzeug übernehmen [B] loc avv (su ~ di qu): **a ~** {AGIRE, PARLARE} auf Kommando, auf Befehl.

comàre f **1** (vicina di casa) Gevatterin f obs, Weib n obs **2** spreg (pettegola) {+QUARTIERE} Klatschbase f fam spreg **3** region (madrina) (Tauf)patin f • **le allegre comari di Windsor** lett (opera di W. Shakespeare), die lustigen Weiber von Windsor.

comatóso, (-a) agg **1** med anche fig (di coma) {STATO} komatös **2** med (in coma) {PAZIENTE} im Koma (liegend).

combaciàre <combacio, combaci> itr **~ (con qc)** **1** (aderire) {ANTA DI DESTRA CON L'ANTA DI SINISTRA} zusammen|passen, (zu etw dat) passen: **i due pezzi combaciano perfettamente (tra loro)**, die beiden Stücke passen wunderbar zusammen **2** fig (corrispondere) {IL MIO PUNTO DI VISTA CON IL TUO} überein|stimmen: **le nostre idee politiche non combaciano**, unsere politischen Ansichten stimmen nicht überein.

combattènte [A] agg mil {REPARTO, TRUPPA} kämpfend, Kampf- [B] m/f mil anche fig {VALOROSO} Kämpfer m(f): **ex ~**, ehemaliger Kämpfer, Veteran m [C] m zoo (gallo) {INGLESE, MALESE} Kampfhahn m.

combàttere [A] tr **1** **~ qu/qc** {INVASORE} jdn/etw bekämpfen, gegen jdn/etw kämpfen: **~ una battaglia**, einen Kampf führen **2** fig (avversare) **~ qc** {L'AIDS, INFLAZIONE, INSONNIA, PREGIUDIZIO} etw bekämpfen, gegen etw (acc) kämpfen; {EFFETTO SERRA, INQUINAMENTO} anche gegen etw (acc) vor|gehen, etwas gegen etw (acc) unternehmen **3** sport (disputare) **~ qc** {GARA, PARTITA} etw aus|tragen [B] itr **1** (battersi) **~ (con/contro qu/qc) (per qu/qc)** {CON L'AVVERSARIO, CONTRO IL NEMICO, PER LA PATRIA} (gegen jdn/etw) (um jdn/etw) kämpfen, sich (gegen jdn/etw) wehren; fig {CON L'IGNORANZA, CONTRO LA MISERIA, PER UN IDEALE} (gegen jdn/etw) (für jdn/etw) kämpfen, sich (gegen jdn/etw) (für jdn/etw) einsetzen; {GLI ANTICORPI CONTRO I VIRUS} etw bekämpfen **2** sport (gareggiare) **~ (per qc)** {PER IL TITOLO MONDIALE} (um etw acc) kämpfen [C] rfl rec: **combattersi** {OPPOSTE FAZIONI} sich bekämpfen, miteinander/gegeneinander kämpfen; {ESERCITI} anche gegeneinander Krieg führen.

combattiménto [A] m **1** (ASPRO, DIFENSIVO) Kampf m, Gefecht n: **~ aereo/navale**, Luft-/Seekampf m; **morire in ~**, (im Kampf) fallen; (lotta tra animali) Kampf m **2** sport (nella lotta) Wettkampf m; (nel pugilato) Fight m, Boxkampf m [B] <inv> loc agg: **da ~**, {CANE, GALLO, TORO} Kampf- • **mettere fuori ~ qu** sport anche fig, jdn außer Gefecht setzen.

combattività <-> f {+INDIVIDUO} Kampfgeist m, Kampflust f.

combattìvo, (-a) agg {CARATTERE, PERSONA} kämpferisch, kampflustig.

combattùto, (-a) agg **1** (incerto) unschlüssig: **essere ~ fra opposti pareri**, zwischen gegensätzlichen Meinungen (hin- und her)schwanken; **sono molto ~**, ich bin sehr unschlüssig **2** (travagliato) **~ da qc** {DAL SENSO DI COLPA} von etw (dat) gequält, (von etw dat) geplagt: **essere ~ da un dubbio atroce**, von einem schrecklichen Zweifel gequält werden **3** (difficile) schwer: **una decisione molto combattuta**, eine sehr schwere Entscheidung, eine schwere Geburt fam **4** (accanito) {GARA, PARTITA} hart, verbissen.

combinàbile agg **1** anche fig kombinierbar: **opinioni/tonalità difficilmente combinabili**, schwer miteinander zu vereinbarende Meinungen/[schwer kombinierbare Farbtöne] **2** chim {SOSTANZA} kombinierbar, verbindbar.

combinàre [A] tr **1** (mettere insieme) **~ qc** {COLORI, SUONI} etw kombinieren, etw zusammen|stellen **2** (conciliare) **~ qc** etw vereinen, etw in Einklang bringen, [unter einen Hut fam] bringen: **~ tra loro proposte diverse**, verschiedene Vorschläge unter einen Hut bringen fam; **~ qc con qc** {METODO DISCIPLINA CON IL DIVERTIMENTO} etw mit etw (dat) verbinden; {ORARIO LE ESIGENZE DI LAVORO CON QUELLE DELLA FAMIGLIA} etw mit etw (dat) in Einklang/[unter einen Hut fam] bringen **3** (organizzare) **~ qc (con qu)** {INCONTRO CON IL GIUDICE} etw (mit jdm) arrangieren, etw (mit jdm) in die Wege leiten; {CENA, GITA CON AMICI, RIUNIONE CON I COLLABORATORI} anche etw (mit jdm) organisieren: **abbiamo combinato di andare a sciare con loro**, wir haben ausgemacht, mit ihnen Ski zu fahren; **mi dispiace, ma per Capodanno abbiamo già combinato**, es tut mir leid, aber Silvester haben wir schon was vor/ausgemacht **4** (concludere) **~ qc** {CON QU/QC} {AFFARE CON UNA SOCIETÀ IMPORTANTE} etw (mit jdm/etw) ab|schließen, etw (mit jdm/etw) zustande bringen **5** chim tecnol **~ qc** {ELEMENTI} etw verbinden; {DUE GAS} etw miteinander reagieren lassen; **~ qc con qc** {IL CARBONIO CON L'IDROGENO} etw mit etw (dat) reagieren lassen **6** fam (fare) **~ qc** etw zustande bringen, etw bewerkstelligen: **oggi non ho ancora combinato nulla**, heute habe ich noch nichts zustande gebracht; **non combinerai mai niente di buono**, du wirst nie etwas Vernünftiges zustande bringen; **~ un guaio**, was anstellen/anrichten fam; **ne ha combinata un'altra delle sue**, er/sie hat wieder was angestellt fam [B] itr anche fig (corrispondere) **~ (con qc)** {LA COPIA CON L'ORIGINALE; LA TUA IDEA CON LA MIA} mit etw (dat) überein|stimmen, etw (dat) entsprechen [C] itr pron chim: **combinarsi con qc** {IDROGENO CON L'OSSIGENO} sich mit etw (dat) verbinden [D] rfl fam (conciarsi): **combinarsi** her|richten, sich zurecht|machen: **ma come ti sei combinata oggi?**, wie siehst du denn heute aus? [E] rfl rec **1** chim (reagire): **combinarsi** {IDROGENO E OSSIGENO} sich verbinden, miteinander reagieren **2** (mettersi d'accordo): **combinarsi su qc** {SU UNA STRATEGIA} sich auf/über etw (acc) einigen • **combinarne delle belle** {fare dei guai}, alles Mögliche/[allerhand] anstellen; **combinarne di cotte e di crude** fig (avere una vita movimentata), es bunt treiben fam.

combinàta f sport Kombination f: **~ alpina**, Abfahrtslauf m und Slalom, alpine Kombination obs; **~ nordica**, nordische Kombination.

combinàto, (-a) agg {MATRIMONIO} vermittelt; {PARTITA} abgekartet fam • **essere ben/mal ~** (in una situazione buona/difficile), fein raus sein fam/[schön in der Tinte sitzen fam].

combinatóre, (-trice) [A] m (f) {+AFFARI} Arrangeur(in) m(f) [B] m elettr Schalter m: **~ di marcia**, Kontroller m, Fahr-, Steuerschalter m.

combinatòrio, (-a) <-ri> agg anche ling mat {ANALISI, METODO} kombinatorisch.

combinazióne[1] f **1** (unione) {+COLORI, LETTERE} Kombination f, Zusammenstellung f **2** (sequenza numerica) {+CASSAFORTE, VALIGIA} Kombination f **3** fig (caso fortuito) Zufall m: **guarda che ~!**, ist das ein Zufall!; **per (pura) ~**, (rein) zufällig **4** chim Verbindung f **5** ling mat {LINEARE, SEMPLICE} Kombination f.

combinazióne[2] f **1** (tuta) {SPAZIALE} Kombination f, Overall m: **~ di volo**, Fliegerkombination f **2** (sottoveste) {+NYLON, SETA} (Wäsche)garnitur f.

combìno m fam (accordo) Vereinbarung f, Abmachung f: **fra i due colleghi c'era un ~**, die zwei Kollegen hatten eine Vereinbarung; **fare un ~**, eine Vereinbarung treffen, etwas ausmachen.

combrìccola f anche scherz {+AMICI, LADRI, TRUFFATORI} Clique f, Bande f.

comburènte chim [A] agg {SOSTANZA} Verbrennungs-, verbrennungsfördernd [B] m Verbrennungsmittel n, Sauerstoffträger m.

comburènza f chim Brennförderung f.

combustìbile [A] agg {MATERIA} brennbar, Brenn- [B] m {LIQUIDO, NATURALE} Brennstoff m: **~ nucleare**, Kernbrennstoff m.

combustibilità <-> f {+SOSTANZA} Brennbarkeit f.

combustióne f chim tecnol {+CARBONE} Verbrennung f: **~ esterna/interna**, Außen-/Innenverbrennung f; **motore a ~ interna**, Verbrennungsmotor m; **~ lenta**, Schwelbrand m; **~ nucleare**, Abbrand m.

combùtta f {+IMBROGLIONI} Bande f • **entrare/mettersi in ~ con qu** (associarsi per scopi poco onesti), mit jdm klüngeln fam; **essere in ~ con qu** (essere d'accordo), mit jdm unter einer Decke stecken fam; **fare ~ con qu** (fare comunella), mit jdm gemeinsame Sache machen.

cóme <davanti a e si può elidere in com'> [A] avv

1 (*alla maniera di*) wie: **sei vestita come una straccióna**, du kommst daher wie ein Penner *spreg* **2** (*introduce il secondo termine di paragone*) (so...) wie: **bèllo ~ un dio**, schön wie ein Gott; **Páolo è álto ~ me/te/lei/...**, Paolo ist so groß wie ich/du/sie/... **3** (*in qualità di*) als: **ti párlo ~ amíco**, ich sage dir das als Freund; **riconosciúto ~ miglior attóre dell'ánno**, als bester Schauspieler des Jahres anerkannt **4** (*in proposizioni interr dirette e indirette: in quale modo*) wie: **~ ti chiámi?**, wie heißt du?; **~ stái?**, wie geht's (dir)?; **com'è il pósto?**, wie ist der Ort?; **~ potrò (mai) sdebitarmi?**, wie werde ich mich (jemals) erkenntlich zeigen können?; **mi chiedo ~ lo sía venúto a sapére**, ich frage mich, wie er/sie das erfahren hat **5** (*in proposizioni esclamative: quanto*) wie: **com'è cáro!**, wie lieb er ist!; **gióvane com'è!**, jung wie er/sie ist; **~ ci máncchi!**, du fehlst uns so! **6** (*lo stesso che*): **è ~ ... inf**, es ist, [wie wenn]/[als ob] ... *congv*: **~ parláre al múro**, [du kannst genauso]/[es ist, als würde man] gegen eine Wand reden! **7** (*di quello che*): **di ~**, als; **è méglio di ~ me l'èro immaginato**, er/es ist besser, als ich ihn/es mir vorgestellt hatte **8** (*per esempio*) wie: **mi piáciono i colóri pastèllo ~ il rósa e il celèste**, ich mag Pastellfarben wie Rosa und Hellblau **9** *mat* wie: **x sta a y ~ 5 sta a 15**, x verhält sich zu y wie 5 zu 15 **B** *cong* **1** (*in che modo*) **~ ... condiz/congv/ind**, wie ... *ind*: **ti raccónto ~ l'ho conosciúta**, ich erzähle dir, wie ich sie kennen gelernt habe; **non sappiámo ~ sía arriváto**, wir wissen nicht, wie er angekommen ist; **ci spiegò ~ fáre**, er/sie erklärte uns, was zu tun war **2** (*appena*) **~ ... ind**, als ... *ind*, sobald ... *ind*: **~ vénne l'estáte partímmo per il máre**, sobald der Sommer anfing, fuhren wir ans Meer; **~ arriváveno, veníva dáta loro una sistemazióne**, sobald sie ankamen, bekamen sie eine Unterkunft **3** (*introduce proposizioni comparative*): (**tánto/così**) **~ ..., so ... wie ...**; **quest'ísola non è così selvággia ~ úno si potrèbbe immagináre**, diese Insel ist nicht so wild, wie man denken/meinen könnte **4** (*allo stésso modo che*) **~ (se) ... congv**, als (ob) ... *congv*: **rispéttalo ~ (se) fósse túo pádre**, respektiere ihn, als ob er dein Vater wäre **5** (*il modo in cui*) so wie: **da ~ párla si dirèbbe straniéro**, so wie er spricht, ist er vermutlich Ausländer; **stándo a ~ agísce...**, so wie er sich verhält ..., **agísci (così) ~ ritièni opportúno**, benimm dich so, wie du es für richtig hältst; **mi piáci (così) ~ sèi**, ich mag dich, so wie du bist **6** (*incidentale*) **~ ... ind** wie ... *ind*: **~ védi, i risultáti sóno scársi**, wie du siehst, sind die Ergebnisse mager **C** <-> m Wie n: **il ~ e il quándo/perché**, das Wie und Wann/Warum ● **~ ánche/púre**, sowie; **com'è che ...?** (*per quale ragione*), wie kommt es, dass...?; **~ non détto**, ich nehme alles zurück; **com'è, ~ non è** (*non si sa ~*), unversehens, **(all'improvviso)**, plötzlich, auf einmal, mit einem Schlag *fam*; **ma ~? Non glielo hái ancóra détto?** (*di incredulità*), was/[wie denn]? Du hast es ihm/ihr noch nicht gesagt?; **dévo farglielo pervenire éntro un'óra, ma ~?** (*in che modo*), ich muss es ihm/ihr in einer Stunde zukommen lassen, aber wie?; **~ mái?** (*perché*), wieso?, warum?; **in cèntro ti dánno le múlte ~ niènte fam**, im Zentrum bekommst du die schwuppdiwupp *fam* einen Strafzettel; **~ no!** (*certaménte*), aber sicher!/[klar doch!].

COMECON m *abbr dell'ingl* Council for Mutual Economic Aid (*Consiglio di Mutua Assistenza Economica*) Comecon m o n, COMECON m o n (*Rat für gegenseitige Wirtschaftshilfe*).

comedóne m *med* Mitesser m.

cóme eravámo <-> *loc sost* m (*ricordo nostalgico*) wehmütige Erinnerung, Weisst-du-noch n.

cométa f *astr* Komet m.

comfort <-> m *ingl* Komfort m: **con tútti i ~**, mit allem Komfort/Pipapo *fam*.

còmic <-, -s pl *ingl*> m *ingl* (*fumetto*) Comic(strip) m.

còmica① <-che> f **1** *film* {+CHARLOT} Stummfilmsketsch m **2** *fig* (*farsa*) Farce f.

còmica② f → **comico**.

comicità <-> f {ESILARANTE; +DIALOGO, SCENA} Komik f: **~ della situazióne**, Situationskomik f.

còmico, (-a) <-ci, -che> **A** agg **1** (*spassoso*) {ASPETTO, SCENA} komisch **2** *film lett teat* {ATTORE, FILM, GENERE, STILE} Lustspiel- **B** m (f) **1** *film lett teat* (*autore*) Komödienautor(in) m(f) **2** *film teat anche fig* (*attore*) Komiker(in) m(f): **il ~ della classe**, der Klassenclown m (*comicità*) Komik f, Komische n decl come agg: **c'è del ~ in tútto quésto**, das Ganze [hat auch etwas Komisches]/[entbehrt nicht einer gewissen Komik *forb*]; **métterla súl ~**, etw auf die leichte Schulter nehmen, etw von der komischen Seite sehen.

comígnolo m **1** (*fumaiolo*) Schornstein m **2** *edil* (*sommità del tetto*) (Dach)first m, Firstbalken m.

cominciáre <comíncio, comínci> **A** *tr* <avere> (*iniziare*) ~ (**qc**) {DISCORSO, LAVORO, RICERCA} etw beginnen, mit etw (dat) beginnen, mit etw (dat) an|fangen; {VIAGGIO} etw an|treten: **cominciámo?**, fangen wir an?; **~ col díre ...**, sofort/[zunächst einmal]/[zu Beginn] sagen, dass ..., **tútto sta nel ~**, frisch gewagt ist halb gewonnen *prov*, aller Anfang ist schwer *prov*; **è státo lúi a ~!**, er hat angefangen! **B** *impers* <essere o avere> beginnen, an|fangen: **comíncia a piovere**, es beginnt zu regnen; **comíncia a far fréddo**, es wird allmählich kalt; **es fängt an, kalt zu werden**; **cominciò a diventáre búio**, es fing an, dunkel zu werden **C** *itr* <essere> (*avere inizio*) ~ (+ compl di tempo/luogo) (con/per qc) {SPETTACOLO ALLE 20.00 CON UN MONOLOGO; TESTO A PAGINA 3 CON UNA DESCRIZIONE} (*irgendwann/irgendwo*) (mit etw dat) an|fangen, (*irgendwann/irgendwo*) (mit etw dat) beginnen: **la stráda comíncia qui**, die Straße beginnt hier; **una paròla che comíncia per elle**, ein Wort, das mit L anfängt; **sóno cominciáti i preparativi per i mondiáli di cálcio**, die Vorbereitungen für die Fußballweltmeisterschaft haben begonnen; **il 7 gennáio cominciáno i sáldi**, am 7. Januar fängt der Winterschlussverkauf an; **~ a fáre qc**, beginnen, etw zu tun; anfangen, etw zu tun; **~ a studiáre/viaggiáre**, mit dem Studium anfangen/[anfangen, zu reisen] ● **a ~ da óggi**, von heute an, ab heute; **a ~ da qu/qc**, angefangen mit jdm/etw; **sóno tútti gióvani, a ~ da mio fíglio**, sie sind alle jung, angefangen mit meinem Sohn; **al/sul ~ di qc**, zu/am Anfang von etw (dat)/+ gen; **sul cominciáre dell'invèrno**, bei Wintereinbruch; **cominciámo/[si comíncia] bène! *iron***, das fängt ja gut an! *iron*; **per ~**, zunächst, zuerst.

comíno → **cumino**.

comitále agg (*di conte*) {FEUDO, STEMMA} Grafen-, gräflich.

comitáto m *anche polit stor* {AUTONOMO, DIRETTIVO, PROMOTORE, SPORTIVO; +RICERCA} Komitee n, Ausschuss m: **~ di báse**, Basiskomitee n; **~ centrále**, Zentralkomitee n; **~ consultívo dei consumatóri**, Verbraucherberatungsausschuss m; **~ interministeriále**, interministerieller Ausschuss; **~ di liberazióne nazionále** *stor* (*abbr* CLN), Nationales Befreiungskomitee (*während der Resistenza*); **~ di salúte púbblica**, Wohlfahrtsausschuss m.

comitíva f {+STUDENTI} Gruppe f; {+GITANTI, TURISTI} Reisegruppe f, Reisegesellschaft f: **viaggiáre in ~**, eine Gruppenreise machen.

comiziále① agg *forb* (*di comizio*) {GIORNO, LEGGE} Versammlungs-.

comiziále② agg *med* (*epilettico*) {CRISI} epileptisch.

comiziánte mf **1** (*partecipante*) Kundgebungsteilnehmer(in) m(f) **2** (*oratore*) Redner(in) m(f) auf einer Kundgebung; *spreg* (*propagandista*) Demagoge m *spreg*, Volksverführer(in) m(f) *spreg*, Volksaufhetzer(in) m(f) *spreg*.

comízio <-zi> m **1** (*assemblea*) {AUTORIZZATO} Kundgebung f: **~ elettorále**, Wahlkundgebung f, Wahlversammlung f; **~ in piázza**, öffentliche Kundgebung **2** <solo pl> *stor rom* {CENTURIATI, CURIATI} Komitien pl: **~ tribúto**, Tributversammlung f, Tributkomitien pl.

Comm. abbr *di* Commendatore: Komtur, Kommandeur.

còmma <-commi> m **1** *dir* {PRIMO; +ARTICOLO DI LEGGE} Absatz m **2** *ling mus* Komma n.

commándo <-, -s o pl *ingl*> m *ingl* {MILITARE, TERRORISTICO} Kommando n.

commèdia f **1** {CLASSICA, FRANCESE} Komödie f: **~ in tre átti**, Komödie f in drei Akten; **~ d'intréccio/di caráttere**, Intrigen-/Typenkomödie f; **~ musicále**, Musical n; **~ a soggètto**, Stegreifkomödie f **2** *fig* (*messinscena*) Komödie f, Theater m: **fáre/recitáre la ~**, Komödie spielen; **la tua presúnta malattía è tútta una ~**, deine angebliche Krankheit ist doch nur gespielt/[eine Komödie] ● **~ dell'árte** *lett teat*, Commedia dell'Arte f; **la *Divína* Commèdia (di Dante)** *lett*, die Göttliche Komödie (Dantes).

commediánte mf **1** (*attore di commedia*) Komödiant(in) m(f); *spreg* (*attore di scarso valore*) Schmierenkomödiant(in) m(f) *spreg* **2** *fig* (*persona ipocrita*) Heuchler(in) m(f), Komödiant(in) m(f) *spreg*.

commediògrafo, (-a) m (f) {AFFERMATO} Lustspiel-, Komödienautor(in) m(f).

comme il faut *franc* **A** *loc agg* <-> (*come si deve*) {CAFFÈ, RAGAZZA} comme il faut, eins a. **B** *loc avv* comme il faut, eins a.

commemorábile agg {DATA, EVENTO} denkwürdig.

commemoráre *tr* **1** (*ricordare in forma solenne*) ~ **qu/qc** {I CADUTI, L'ANNIVERSARIO DELLA LIBERAZIONE} jds/etw gedenken *forb* **2** *relig* (*celebrare*) ~ **qc** {LA PASQUA} etw feiern.

commemorativo, (-a) agg {CERIMONIA, FRANCOBOLLO, MEDAGLIA} Gedenk-, Gedächtnis-.

commemorazióne f **1** (*il commemorare*) {+ANNIVERSARIO} Gedenken n **2** (*solennità*) Gedenkfeier f, Gedächtnisfeier f: **~ dei defúnti**, Gedenkfeier f für die Verstorbenen **3** *relig* (*orazione*) **fáre una ~ della Vérgine attravèrso una candéla**, der Jungfrau Maria eine Kerze weihen.

commènda① f **1** (*titolo di commendatore*) Komturwürde f, (*decorazione*) Komturtitel m **2** *relig stor* Kommende f.

commènda② <-> m *sett scherz* (*commendatore*) gnädiger Herr.

commendatóre m (*abbr* Comm.) **1** (*titolo*) Komtur(titel) m **2** *fig* (*persona agiata*) gnädiger Herr.

commensále **A** mf Tischgenosse m, Tischgenossin f **B** m *biol* Kommensale m *scient*.

commensalísmo m *biol* Kommensalismus m.

commensurábile agg *mat* {GRANDEZZA,

VALORE} kommensurabel.
commensurabilità <-> f mat Kommensurabilität f.
commentàre tr 1 (spiegare con commento) ~ qu/qc {BIBBIA, DANTE, PASSO, POESIA, TESTO} jdn/etw kommentieren, jdn/etw interpretieren, jdn/etw erläutern 2 (esprimere giudizi) ~ qc {AVVENIMENTO, NOTIZIA} seine Meinung über etw (acc) äußern, etw beurteilen, Stellung zu etw (dat) nehmen: **il presidente ha commentato favorevolmente l'iniziativa**, der Präsident hat die Initiative begrüßt; **qualcuno potrà** ~ **che l'idea non è nuova**, man könnte anmerken, dass die Idee nicht neu ist ● **è un risultato che si commenta da solo**, das ist ein Ergebnis, das für sich selbst spricht.
commentàrio <-ri> m lett 1 (commento) {+OPERA LETTERARIA} Kommentar m, Interpretation f 2 (memoria storica) {+GIULIO CESARE} Aufzeichnungen f pl, Erinnerungen f pl.
commentatóre, (-trice) m (f) 1 (chiosatore) {DANTESCO; +TESTI ANTICHI} Kommentator(in) m (f), Interpret(in) m (f) 2 giorn radio TV Kommentator(in) m (f).
comménto m 1 (nota illustrativa) {AMPIO, LETTERARIO} Kommentar m, Erläuterung f: ~ **crítico**, kritischer Kommentar 2 (critica) {+DISCORSO, PARTITA DI CALCIO, SPETTACOLO} Besprechung f 3 (giudizio) Kommentar m, Beurteilung f: **suscitare commenti**, Kommentare provozieren; (osservazione) Bemerkung f; **su, ubbidisci senza fare tanti commenti!**, du folgst jetzt gefälligst, ohne einen Senf dazuzugeben! fam 4 dir {+ARTICOLO DI LEGGE} Kommentar m, Erläuterung f ● **un ~ a caldo** (fatto subito dopo un avvenimento), eine erste Bemerkung, ein spontanes Urteil; ~ **musicale** film, (Film)musik f; ~ **parlato** film, gesprochener Kommentar.
commerciàbile agg {ARTICOLO} verkäuflich, marktgängig.
commerciabilità <-> f {+PRODOTTO} Verkäuflichkeit f.
commerciàle agg 1 {ATTIVITÀ, DIRITTO, LETTERA, UFFICIO, VALORE} Handels- 2 fig anche spreg {FILM, LIBRO, PRODOTTO} kommerziell.
commercialista <-i m, -e f> **A** agg: **dottore** ~, ≈ Diplomkaufmann m; **avvocato** ~, Handelsrechtsexperte m, Berater m in Handelsfragen **B** mf 1 (professionista fiscale) Steuerberater(in) m (f): **andare dal** ~, zum Steuerberater gehen 2 (avvocato) Handelsrechtsexperte m, Handelsrechtsexpertin f.
commercializzàre tr ~ qc 1 (mettere in commercio) {MODELLO INNOVATIVO, NUOVO MATERIALE} etw vermarkten, etw vertreiben 2 fig spreg (mercificare) {CULTURA, LAVORO ARTISTICO} etw kommerzialisieren, etw vermarkten.
commercializzazióne f 1 (vendita) {+MERCE} Vertreibung f 2 fig spreg (mercificazione) {+IDEA, OPERA D'ARTE} Kommerzialisierung f, Vermarktung f.
commerciànte mf {+STOFFE, VINI} Händler(in) m (f): ~ **in pellami**, Lederwarenhändler(in) m (f).
commerciàre <commercio, commerci> **A** itr ~ **in qc** {IN ELETTRODOMESTICI, IN TESSUTI} in/mit etw (dat) handeln; ~ **con qu/qc** {CON GLI INDIGENI, CON IL GIAPPONE} mit jdm/etw Handel (be)treiben **B** tr ~ qc {LIQUORI, OLIO} in/mit etw (dat) handeln.
commèrcio <-ci> m {FIORENTE, ILLEGALE, INTERNAZIONALE; +IMPORTAZIONE} Handel m: ~ **di armi**, Waffenhandel m, Handel m mit Waffen; ~ **estero**, Außenhandel m; ~ **al dettaglio/al minuto**, Einzel-, Kleinhandel m; **essere nel** ~, im Handel tätig sein; **essere fuori** ~, nicht mehr im Handel sein; **essere in** ~, im Handel (erhältlich) sein; **entrare in** ~, in

den Handel kommen; **mettere qc in** ~, etw auf den Markt bringen/werfen; ~ **all'ingrosso**, Großhandel m ● ~ **elettronico** inform, E-Commerce m fig spreg (trattare come merce), etw ˪zu Geld machen˩/[verkaufen].
commèssa① f → **commesso**.
commèssa② f (ordinazione) Auftrag m, Bestellung f: ~ **per conto terzi**, eine Auftragsarbeit auf Rechnung Dritter; **produrre su** ~, auf Bestellung produzieren.
commèsso, (-a) **A** part pass di commettere①,② **B** m (f) 1 (addetto alle vendite) {+GRANDE MAGAZZINO, NEGOZIO} Verkäufer(in) m (f): **fare la commessa in un supermercato**, in einem Supermarkt als Verkäuferin arbeiten 2 (impiegato subalterno) Bote m, (Büro)diener m: ~ **di banca**, Bankgehilfe m, Bankkommis m obs; ~ **del senato**, Senatsdiener m ● ~ **viaggiatore**, Handlungsreisende m decl come agg, Handelsvertreter m.
commestìbile **A** agg {FUNGO, PIANTA} essbar, genießbar: **non** ~, ungenießbar **B** m pl (generi alimentari) Lebensmittel n pl, Nahrungsmittel n pl.
commestibilità <-> f {+ALIMENTO} Essbarkeit f.
commèttere① <coniug come mettere> **A** tr 1 (compiere) ~ qc {ADULTERIO, DELITTO, ERRORE, IMPRUDENZA} etw begehen 2 forb (delegare) ~ **qc a qu** {LA RAPPRESENTANZA LEGALE A UN GIURISTA} etw an jdn delegieren, jdm etw übertragen 3 forb (commissionare) ~ **qc (a qu)** {ABITO A UNA SARTA, PARTITA DI MERCE A UN FORNITORE} etw (bei jdm) bestellen, etw (bei jdm) in Auftrag geben **B** rfl forb (affidarsi): **commettersi a qu** sich jdm an˪vertrauen.
commèttere② <coniug come mettere> **A** tr (far combaciare) ~ qc {MATTONI, PIETRE, TESSERE DI UN MOSAICO} etw aneinander|fügen, etw zusammen|fügen **B** itr (combaciare) (sich) zusammen|fügen, (zusammen|)passen: **la porta non commette bene**, die Tür schließt nicht gut.
commettitùra f 1 (il commettere) Zusammenfügen n, Verbinden n 2 (punto di congiungimento) Verbindungsstelle f.
commiàto **A** m 1 (congedo) Abschied m: **dare** ~ **a qu** {di qu, von jdm abschieden; **prendere** ~ **da qu**, von jdm Abschied nehmen, sich von jdm verabschieden 2 (licenza) Urlaub m, Kündigung f: **chiedere** ~ **a qu**, um Urlaub bitten 3 (distacco) {TRISTE} Abschied(sgruß) m 4 lett (parte conclusiva) Geleit n **B** <inv> loc agg: **di** ~ {FORMULA, SALUTO} Abschieds-.
commilitóne m 1 (compagno d'armi) Kamerad m, Waffenbruder m forb 2 fig scherz (compagno d'imprese) Leidensgenosse m anche scherz, Gefährte m decl come agg forb.
comminàre tr dir (determinare) ~ **qc a qu** {PENA} jdm etw auf|erlegen, über jdn etw verhängen.
comminatòrio, (-a) <-ri> m agg dir {INGIUNZIONE} strafandrohend.
comminazióne f dir (determinazione) {+PENA} Auferlegung f, Verhängung f.
comminutìvo, (-a) agg med: **trauma** ~, Erschütterung f, Kommotion f scient.
comminùto, (-a) agg med {FRATTURA DELL'OSSO} Splitter-, komminutiv scient.
comminuzióne f med Splitterbruch m, Komminutivfraktur f scient.
commiseràbile agg (che merita commiserazione) bemitleidenswert, bedauernswert.
commiseràre tr (provare compassione) ~ **qu/qc** {AMICO, MALATO} jdn bedauern 2 (considerare con disprezzo) ~ **qu/qc** {IGNORANTE, INGENUITÀ} jdn/etw verachten, auf jdn/etw herab|sehen.
commiserazióne f Mitleid n, Bemitlei-

dung f.
commiserévole agg lett (commiserabile) bemitleidenswert, bedauernswert.
commissària f → **commissario**.
commissariàle agg (di commissario) {GESTIONE, PROVVEDIMENTO} Kommissariats-, kommissarisch.
commissariaménto m dir {+ENTE PUBBLICO} (Stellen n unter) kommissarische Verwaltung, Einsetzung eines Kommissar.
commissariàre tr ~ qc {ISTITUTO DI CREDITO, MOVIMENTO GIOVANILE DI UN PARTITO} etw unter kommissarische Verwaltung stellen.
commissariàto m 1 Dienststelle f, Revier n, Kommissariat n: ~ **di polizia**, Polizeirevier n, Polizeikommissariat n 2 (organo amministrativo) Kommissariat n: ~ **per le calamità naturali**, Kommissariat n für Naturkatastrophen; **Alto** ~ **dell'ONU**, Hohes Kommissariat der UNO ● ~ **militare**, Militärkommissariat n.
commissàrio, (-a) <-ri> m (f) 1 Kommissar(in) m (f): ~ **di polizia/[pubblica sicurezza]**, Polizeikommissar m 2 (membro di commissione) Mitglied n einer Kommission, Kommissionsmitglied n: ~ **d'esame**, Mitglied einer Prüfungskommission 3 amm {STRAORDINARIO} Kommissar(in) m (f), Beauftragte mf decl come agg: **Alto** ~, Oberkommissar m; ~ **giudiziale**, Sachverwalter m; ~ **del governo**, Regierungskommissar m; ~ **liquidatore**, amtlicher Liquidator, Liquidationskommissar m; ~ **prefettizio**, kommissarischer Präfekt 4 sport {+FUNZIONARIATO m} ● ~ **tecnico** (abbr CT), (Fußball)nationaltrainer m ● ~ **di bordo** mar, Zahlmeister m; ~ **di borsa** banca, Effektenkommissar m; ~ **europeo** polit, EU-Kommissar m.
commissionàre tr ~ qc (a qu/qc) {LAVORO A UNA DITTA, MERCE A UN FORNITORE} etw (bei jdm/etw) bestellen, etw (bei jdm/etw) ordern; {STUDIO STATISTICO A UN ISTITUTO DI RICERCA} etw (bei jdm/etw) in Auftrag geben.
commissionàrio, (-a) <-ri m> **A** agg comm {SOCIETÀ} Kommissions- **B** m (f) comm anche dir (nel contratto di commissione) Kommissionär(in) m (f): ~ **di borsa**, Börsenkommissionär m, Börsenmakler m.
commissióne **A** f 1 (comitato) {CONSULTIVA, INTERNAZIONALE, PERMANENTE} Kommission f, Ausschuss m: ~ **bicamerale**, Zweikammerausschuss m; ~ **edilizia**, Bankkommission f; ~ **esaminatrice/d'esami**, Prüfungskommission f, Prüfungsausschuss m; ~ **d'inchiesta**, Untersuchungsausschuss m; ~ **interna**, Betriebsrat m; ~ **parlamentare**, Parlamentsausschuss m, parlamentarischer Ausschuss; ~ **tributaria**, Steuerausschuss m 2 <di solito al pl> (faccende) Besorgung f: **mandare qu a fare una** ~, jdn (weg)schicken, um eine Besorgung zu machen; **ho da fare delle commissioni in città**, ich habe in der Stadt ˪Besorgungen zu machen˩/[einiges zu erledigen]; (compere) Einkäufe m pl, Kommissionen f pl obs; **uscire per commissioni**, zum Einkaufen gehen 3 (incarico) Auftrag m, Kommission f 4 (ordinativo) Auftrag m, Bestellung f, Order f 5 (compenso) Kommission f, Provision f: **una** ~ **del 20%**, eine Provision von 20%, eine 20%ige Provision; **commissioni bancarie**, Bankkommission f, Bankgebühr f, Bank(en)provision f 6 comm dir Kommission f: ~ **di vendita**, Verkaufskommission f **B** <inv> loc agg (su incarico): **su** ~ {FURTO, OMICIDIO} auf Bestellung; {LAVORO, RITRATTO} Auftrags- **C** loc avv (su incarico): **su** ~ {UCCIDERE, DIPINGERE} im Auftrag.
commistióne f 1 forb {+POPOLI, STILI} Vermischung f, Amalgam m 2 dir Verbindung f, Vermischung f.

commisuràre tr ~ *qc a qc* {PENA AL REATO} *etw nach etw* (dat) bemessen; {SPESA ALL'UTILE} anche *etw an etw* (acc) an|gleichen, *etw etw* (dat) an|gleichen.

committènte **A** agg {DITTA} auftraggebend **B** mf **1** {+LAVORO, OPERA D'ARTE} Auftraggeber(in) m(f) **2** *dir (nel contratto di commissione)* Kommittent m.

committènza f **1** *(insieme dei committenti)* die Gesamtheit der Auftraggeber **2** *rar (ordinazione di un lavoro)* Erteilung eines Auftrages.

commodòro m *mar* Kommodore m.

common rail *ingl autom* **A** <inv> loc agg Common-Rail- **B** <- -, - -s pl *ingl>* loc sost m Common-Rail-Einspritzung f, Speichereinspritzung f.

commòsso, (-a) agg **1** *(preso da commozione)* ~ (,*davanti a*,/[*per*] *qc*) {DAVANTI A UN TRAMONTO, PER LA MORTE DI UN AMICO} *(angesichts etw* gen/*wegen etw* gen/dat *fam) gerührt, (angesichts etw* gen/*wegen etw* gen/dat *fam)* bewegt: **erano molto commossi quando annunciarono il loro fidanzamento**, als sie ihre Verlobung bekannt gaben, waren sie sehr gerührt; {PER LA TRAGEDIA} *(durch etw* acc)/von *etw* (dat) erschüttert, *von etw* (dat) betroffen, *von etw* (dat) ergriffen: **ero ~ per le vittime del disastro ferroviario**, der Gedanke an die Opfer des Zugunglücks ,ging mir sehr nah,/[ging mir zu Herzen]/[erschütterte mich] **2** *(che esprime commozione)* {SGUARDO, VOCE} bewegt, gerührt.

commovènte agg {SCENA, SPETTACOLO} bewegend, ergreifend, rührend: **è stato ~ assistere alla sua nascita**, es war bewegend, bei seiner/ihrer Geburt dabei zu sein.

commozióne f **1** Bewegung f, Ergriffenheit f, Rührung f: **le sue parole destarono la ~ dei presenti**, seine/ihre Worte ,rührten die Anwesenden,/[machten die Anwesenden betroffen *fam*]; **con profonda/viva ~**, mit tiefer/großer Rührung **2** *med* Erschütterung f: **~ cerebrale**, Gehirnerschütterung f.

community <-, -s pl *ingl*> f *ingl* Community f.

commuòvere <*coniug come muovere*> **A** tr ~ **(qu/qc)** {MORTE DI DIANA, TRAGEDIA MONDO} jdn/etw bewegen, jdn/etw ergreifen, jdn/etw rühren, jdn/etw erschüttern, jdn/etw betroffen machen *fam*: **la tua generosità ci ha commosso**, deine Großzügigkeit hat uns gerührt; **sono versi che commuovono**, diese Verse gehen einem zu Herzen, das sind rührende Verse; **non è il tipo da lasciarsi ~**, den Typen ,lässt alles kalt,/[kann nichts erschüttern] **B** rfl: **commuoversi** (,*davanti a*,/[*per*] *qc*) {DAVANTI A UN DIPINTO, PER UNA SCENA D'AMORE} *(angesichts etw* gen/*wegen etw* gen/dat *fam)* gerührt sein: **tutta l'Italia si commuove per le vittime dell'alluvione**, die Opfer der Überschwemmung erschütterten ganz Italien; **mia madre ai matrimoni si commuove sempre**, meine Mutter ist bei Hochzeiten immer (zu Tränen) gerührt.

commutàbile agg **1** *(scambiabile)* {ELEMENTO} austauschbar, vertauschbar **2** *dir* {PENA} umwandelbar **3** *elettr* kommutabel, umschaltbar **4** *ling mat* {FATTORE} kommutabel **5** *tel* umschaltbar.

commutàre tr **1** *(scambiare)* ~ *qc etw* aus|tauschen, *etw* vertauschen **2** *dir* ~ **qc in qc** {PENA DI MORTE IN ERGASTOLO} *etw in etw* (acc) um|wandeln **3** *elettr* ~ *qc* {COLLEGAMENTO} *etw* kommutieren, *etw* um|schalten **4** *ling mat* ~ *qc* {ADDENDI} *etw* kommutieren **5** *tel* ~ *qc* {APPARECCHIO, LINEE} *etw* um|schalten.

commutatività <-> f *mat* Kommutativität f.

commutativo, (-a) agg **1** *dir* {CONTRATTO} Austausch- **2** *mat* {OPERAZIONE, PROPRIETÀ} kommutativ, Kommutativ-.

commutatóre m **1** *elettr (per commutare le correnti)* Umschalter m; *(per cambiare i collegamenti)* Kollektor m, Kommutator m, Stromwender m: ~ **rotante/sequenziale**, Dreh-/Folgeschalter m **2** *tel* (Um)schalter m: ~ **a chiave/leva**, Hebelumschalter m • ~ **elettronico** *tecnol TV*, Schaltröhre f.

commutatrice f *elettr* Umformer m.

commutazióne f **1** *(scambio)* Austausch m, Auswechseln n **2** *dir* Strafumwandlung f: ~ **(della pena)**, Strafumwandlung f; ~ **dell'ergastolo in una reclusione di ventiquattro anni**, Umwandlung f der lebenslänglichen Freiheitsstrafe in eine Freiheitsstrafe von vierundzwanzig Jahren **3** *dir (nelle successioni)* "Abgeltung f des Erbteils des nicht ehelichen Kindes" **4** *elettr* Schaltung f **5** *ling mat* Kommutation f • ~ **telefonica** *tel*, (Telefon)vermittlung f.

comò <-> m Kommode f.

Còmo f *geog* Como n: **lago di ~**, Comer See m.

còmoda f Nachtstuhl m.

comodaménte avv **1** *(in modo comodo)* {SEDERSI} bequem **2** *(agevolmente)* leicht, locker *fam*, problemlos: **partendo adesso arriveresti ~ per le otto**, wenn du jetzt losfährst, kommst du locker *fam*/leicht um acht (Uhr) an.

comodànte mf *dir (nel contratto di comodato)* Verleiher(in) m(f).

comodàre[1] tr *dir rar (concedere in comodato)* ~ *qc* {BENE IMMOBILE, BENE MOBILE} *etw* verleihen, *etw* unentgeltlich zum Gebrauch überlassen.

comodàre[2] itr <*essere*> *fam (garbare)* ~ **a qu** jdm passen *fam*: **fai come ti comoda**, mach's ,so, wie's dir in den Kram passt *fam*,/[ganz nach Lust und Laune]/[wie du Lust hast].

comodatàrio, (-a) <-*ri* m> m (f) *dir (nel contratto di comodato)* Entleiher(in) m(f).

comodàto m *dir (contratto di ~)* Leihe f, Leihvertrag m: **concedere un automobile in ~**, ein Auto ,verleihen,/[unentgeltlich zum Gebrauch überlassen].

comodino m Nachttisch m, Nachtschränkchen n.

comodità <-> f **1** *(l'essere confortevole)* {+DIVANO} Bequemlichkeit f; {+APPARTAMENTO} Gemütlichkeit f **2** *(vantaggiosità)* Vorteil m, Vorteilhaftigkeit f: **la ~ di lavorare in casa**, der Vorteil, zu Hause zu arbeiten **3** *(comfort)* Bequemlichkeit f, Komfort m: **una casa dotata di ogni ~**, ein mit jedem Komfort ausgestattetes Haus, ein Haus mit allem Pipapo *fam*; **le ~ della vita moderna**, die Bequemlichkeiten/Annehmlichkeiten des modernen Lebens.

còmodo[1] **A** m *(comodità)* Bequemlichkeit f, Annehmlichkeit f: **amare i comodi della vita**, die Annehmlichkeiten des Lebens lieben **B** <inv> loc agg: **di ~**, situazione di ~, bequemste Lösung, bequemes Arrangement f; **soluzione di ~**, fauler Kompromiss • **fare i comodi degli altri** (*pensare agli altri*), es immer allen recht machen, den anderen zu sehr entgegenkommen, selbstlos sein; ~ **di cassa banca**, "treuen Kunden gewährter Kurzzeitkredit"; **con (tutto) ~** (*senza fretta*), in (aller) Ruhe, ohne Eile/Hast; *fare/*torna**re ~ a qu** (*andar bene*), jdm gelegen kommen; **ci farebbe proprio ~ dividere le spese!**, das käme uns wirklich sehr gelegen, die Ausgaben zu teilen!; **vi farebbe ~ eh?** (*vi piacerebbe*), das würde euch so passen, hm?; **fare i propri porci comodi** *fam (essere molto egoisti)*, nur an sich/[seine Interessen] denken; nur das tun, worauf man Bock hat *slang*; **fare il proprio ~** (*pensare a sé*), nur das tun, ,wozu man Lust hat,/[was einem gefällt].

còmodo[2], (-a) agg **1** *(confortevole)* {SEDIA, VITA} bequem; {CASA, STANZA} gemütlich **2** *(agevole)* {ORARIO, STRADA, TRENO} bequem, günstig: **mi è più ~ arrivare alle otto**, ,für mich ist es günstiger,/[mir passt es besser], um acht Uhr zu kommen **3** *(ampio)* {SCARPE, VESTITO} weit: **la giacca mi è un po' comoda**, die Jacke ist mir etwas zu weit **4** *(facile)* leicht: **(è molto/troppo) ~ scaricare la colpa sugli altri!**, du machst es dir ,ganz schön,/[zu leicht], wenn du immer anderen die Schuld gibst! **5** *(tranquillo)* träge, tranig *fam spreg*, lahmarschig *volg*: **è gente comoda**, diese Leute ,sind ziemlich träge,/[kriegen ihren Arsch nicht hoch *volg*]; **certo che sei ~ tu!**, du hast echt die Ruhe weg! *fam*, du bist gut! • **essere ~ a fare qc** (*essere disposto*), bereit sein, etw zu tun; **sei ~ oggi a ritirare i pantaloni in tintoria?**, würde es dir etwas ausmachen, heute die Hose in der Reinigung abzuholen?; **quando siete comodi passate a trovarci!** (*quando non vi è di disturbo*), wenn's euch passt, kommt uns doch besuchen!; **mettiti ~!**, mach es dir bequem/gemütlich!; **prendersela comoda** (*non affannarsi*), sich (dat) Zeit lassen, eine ruhige Kugel schieben *fam*, sich (dat) kein Bein ausreißen *fam*; **siete/state comodi?**, sitzt ihr bequem?; **(state) comodi!**, bleibt sitzen!

Comòre f pl *geog* Komoren pl.

compact <-> m *ingl* **1** *inform mus (compact disc)* Compact Disc f, CD(-Platte) f **2** *mus (stereo)* CD-Player m.

còmpact disc <- -, - -s pl *ingl*> m *ingl inform mus (abbr CD)* Compact Disc f, Kompaktschallplatte f.

compaesàno, (-a) m (f) Landsmann m, (Landsmännin f).

compàgine f **1** *(struttura)* {ECONOMICA; +STATO} Gefüge n **2** *(stretti collaboratori)* engste Mitarbeiter: **la ~ di un partito**, die engsten Mitarbeiter einer Partei **3** *sport (squadra)* {MILANISTA, TRICOLORE} Mannschaft f.

compàgna f → **compagno**.

compagnìa f **1** *gener* {PIACEVOLE} Gesellschaft f: **essere in buona ~**, in guter Gesellschaft sein, sich in guter Gesellschaft befinden; **(non) essere di ~**, (un)gesellig sein; **fare/tenere ~ a qu**, jdm Gesellschaft leisten; **farsi (buona) ~**, sich (dat) gegenseitig (gute) Gesellschaft leisten; **in ~ di qu**, in jds Gesellschaft, mit jdm; **in ~ di qc**, mit etw (dat); **tenersi ~**, sich Gesellschaft leisten **2** *(gruppo)* {AFFIATATA; +AMICI} Gesellschaft f, Gruppe f: **frequenta cattive compagnie**, er/sie hat einen schlechten Umgang **3** *aero comm (abbr C.ia)* Gesellschaft f: ~ **aerea**, Fluggesellschaft f; ~ **di assicurazione**, Versicherungsgesellschaft f; ~ **di bandiera**, staatliche Flug-/Schifffahrtsgesellschaft; ~ **di navigazione**, Schifffahrtsgesellschaft f **4** *comm stor*: **Compagnia, Kompanie f**: **Compagnia delle Indie**, Indische Kompanie **5** *mil* Kompanie f: ~ **di sbarco**, Landungstruppe f **6** *relig (congregazione)* Bruderschaft f: ~ **di Gesù**, Gesellschaft f Jesu **7** *teat* {ITINERANTE, STABILE} Ensemble n, Truppe f: ~ **di ballo**, Ballettruppe f; ~ **di prosa**, Theaterensemble n; **una ~ di attori professionisti**, eine professionelle Schauspielertruppe • ~ **bella** *fig fam (eccetera)*, et cetera pp. *fam*; **essere in dolce ~** (*con la persona amata*), in süßer Zweisamkeit sein; ~ **di guitti** *(composta di attori di infimo ordine)*, Schmierentheater n *spreg*, Schmiere f *fam spreg*; ~ **di ventura** *stor*, Söldnertruppe f.

compàgno, (-a) m (f) **1** Kamerad(in) m(f), Gefährte m, (Gefährtin f), Genosse m, (Genossin f), Partner(in) m(f): ~ **d'armi**, Waffengefährte m; ~ **di banco**, Banknachbar m; ~ **di classe**, Klassenkamerad m; ~ **di cella**, Zellengenosse m, Mithäftling m; **compagna di danza**, Mittänzerin f; ~ **di giochi**, Spielgefährte m; ~ **di scuola**, Mitschüler m; ~ **di stanza/sventura**, Zimmer-/Leidensgenosse m; ~ **di viaggio**, Mitreisende m decl come agg, Reisegefährte m **2** (*partner*) Partner(in) m(f), Lebensgefährte m decl come agg, (Lebensgefährtin f): **ti presento la mia compagna**, darf ich dir meine Partnerin vorstellen?; **il cane è un ~ fedele**, der Hund ist ein treuer Gefährte **3** *polit* (*comunista*) Genosse m, (Genossin f) **4** *sport* Spielpartner(in) m(f): ~ **di squadra**, Mitspieler m **5** <*solo pl*> *comm* (*soci*) Teilhaber pl, Partner pl: **ditta Rossi e Compagni**, Firma f Rossi und Teilhaber ● **sono arrivati Francesco e compagni** *spreg* (*e tutta la banda*), Francesco und die ganze Bagage *spreg* sind angekommen.

compagnóne, (-a) <*accr di compagno*> m (f) *fam* Spaßvogel m, Stimmungskanone f *fam scherz*, Partylöwe m *anche iron*.

compàio 1ª pers sing del pres *di* comparire.

companàtico <-ci> m Beilage f zum Brot, Brotbelag m.

comparàbile agg ~ (**a**/**con qu**/**qc**) vergleichbar (*mit jdm/etw*), komparabel (*mit jdm/etw*): **il suo quoziente d'intelligenza non è ~ al/con il tuo**, sein/ihr Intelligenzquotient ist mit deinem nicht vergleichbar/[lässt sich mit deinem nicht vergleichen], man kann seinen/ihren Intelligenzquotienten nicht mit deinem vergleichen.

comparàre tr **1** (*confrontare*) ~ **qu**/**qc** (**a**/**con qu**/**qc**) {ORIGINALE ALLA/CON LA COPIA} *jdn/etw* (*mit jdm/etw*) vergleichen: **ti vorresti ~ a/con lui?**, willst du dich etwa mit ihm vergleichen? **2** (*studiare mettendo a confronto*) ~ **qc** (**a**/**con qc**) {LETTERATURA ITALIANA A/CON QUELLA FRANCESE} *etw* (*mit etw dat*) vergleichen.

comparatìsta <-i m, -e f> mf Komparatist(in) m(f), vergleichende(r) Literatur- und Sprachwissenschaftler(in).

comparativìsmo m *ling* Komparatistik f, vergleichende Literatur- und Sprachwissenschaft f.

comparativìsta → **comparatista**.

comparatìvo, (-a) **A** agg **1** *gener anche ling* {METODO, STUDIO} komparativ, vergleichend **2** *gramm* {GRADO DELL'AGGETTIVO, DELL'AVVERBIO, PROPOSIZIONE} Komparativ-, Steigerungs- **B** m *gramm* Komparativ m: ~ **di maggioranza/minoranza**, Aufwärts-/Abwärtssteigerung f; ~ **di uguaglianza**, Vergleich m zu gleichen Graden, einfache Vergleichsform **C** f *gramm* (*proposizione*) Komparativsatz m.

comparàto, (-a) agg {ANATOMIA, DIRITTO, GRAMMATICA, LETTERATURA} vergleichend.

comparazióne f **1** (*paragone*) Vergleich m: ~ **di due metodi**, Vergleich m zweier Methoden; **mettere a ~ qc**, etw vergleichen **2** *gramm* {+AGGETTIVO, AVVERBIO} Komparation f, Steigerung f.

compàre m **1** *region* (*padrino*) Pate(nonkel) m **2** *region* (*compagno*) {+OSTERIA} Kumpel m *fam*, Spezi m *fam süddt A* **3** (*nelle favole*) Gevatter m: ~ **lupo**, Gevatter m Wolf **4** *spreg* (*complice*) Kumpan m *fam spreg*, Helfershelfer m ● ~ **di matrimonio**/[**d'anello**] (*testimone*), Trauzeuge m.

comparènte mf *dir* (*negli atti notarili*) Erscheinende mf decl come agg.

comparìre <*comparisco o compaio, comparvi o comparii, comparso*> itr <*essere*> **1** (*mostrarsi*) ~ (+ **compl di luogo**) (*irgendwo*) erscheinen, (*irgendwo*) auf|treten: **è da molto che non compare in pubblico**, er/sie ist schon lange nicht mehr öffentlich aufgetreten; ~ (**a qu**) (*jdm*) erscheinen, (*vor jdm*) auf|tauchen: **non comparirmi più davanti!**, komm mir nicht mehr unter die Augen!; **mi sei comparsa in sogno**, du bist mir im Traum erschienen **2** (*spuntare*) ~ (+ **compl di luogo**) {SOLE, STELLA, VASCELLO; ALL'ORIZZONTE, IN CIELO} (*irgendwo*) erscheinen, (*irgendwo*) auf|tauchen: **un sorriso comparve sul suo volto**, ein Lächeln überzog sein/ihr Gesicht; **improvvisamente lo vedemmo ~ innanzi a noi**, plötzlich stand er vor uns/[tauchte er vor uns auf] **3** (*risultare*) ~ (+ **compl di luogo**) (*irgendwo*) auf|treten, (*irgendwo*) in Erscheinung treten, (*irgendwo*) auf|tauchen: **ci aiuterà a patto però di non ~**, er/sie wird uns helfen, aber unter der Voraussetzung, dass er/sie anonym bleibt; **il tuo nome non compare in elenco**, dein Name taucht in der Liste nicht auf **4** (*farsi notare*) sich in Szene setzen, auf|fallen: **una persona che vuol ~**, ein Mensch, der sich in Szene setzen will **5** (*venire pubblicato*) ~ (+ **compl di tempo**) (+ **compl di luogo**) (*irgendwann*) (*irgendwo*) erscheinen: **l'articolo è comparso il mese scorso su una rivista letteraria**, der Artikel ist im letzten Monat in einer literarischen Zeitschrift erschienen; **è comparsa la seconda edizione del dizionario**, die zweite Ausgabe des Wörterbuchs ist erschienen **6** *dir* (*in giudizio*) **citare qu a ~ davanti/dinanzi a qc**, jdn vor etw laden; ~ **in giudizio**, vor Gericht erscheinen; ~ (**in giudizio**) **come testimone**, als Zeuge vor Gericht erscheinen.

comparizióne f (*il comparire*) Erscheinen n: **mancata ~**, Nichterscheinen n ● ~ **in giudizio** *dir*, Erscheinen n vor Gericht.

compàrsa f **1** (*il comparire*) {+LUNA} Erscheinen n, Auftreten n: **alla ~ dei primi sintomi dell'influenza**, sobald die ersten Grippesymptome auftreten; **la ~ dell'uomo sulla Terra**, das Erscheinen des Menschen auf der Erde; *teat* Auftritt m; **ha fatto solo una breve ~** nel primo atto/[in ufficio], er hatte nur einen kurzen Auftritt im ersten Akt/[er/sie ist nur kurz im Büro erschienen] **2** *film teat* Statist(in) m(f), Komparse m, (Komparsin f): **fare ~**, statieren, als Komparse auftreten **3** *dir* (*atto di parte*) Schriftsatz m: ~ **conclusionale**, Antragsschriftsatz m; ~ **di costituzione e risposta**, einlassender Schriftsatz und Klageerwiderung f; ~ **di risposta**, Erwiderungsschrift f, Gegenschrift f ● **fare ~** *fig* (*ben figurare*), eine gute Figur machen/abgeben, sich sehen lassen können; **fare da ~** *fig fam* (*non avere un ruolo attivo*), (nur) Statist sein.

comparsàta f *slang film* (*breve apparizione*) Komparsenrolle f.

compàrso part pass *di* comparire.

compartecipàre itr ~ **a qc** {A UN GUADAGNO, A UN'IMPRESA, A UN RISCHIO} sich (*an etw dat*) beteiligen, (*an etw dat*) teil|haben.

compartecipazióne f Beteiligung f: ~ **ai costi e agli utili**, Beteiligung f an den Kosten und am Gewinn; **in ~**, auf gemeinschaftliche Rechnung ● ~ **agraria** *agr stor*, Teilpacht f; ~ **collettiva** *agr*, "Mitbeteiligung f mehrerer Landarbeiter an einem landwirtschaftlichen Unternehmen".

compartécipe **A** agg ~ **a**/**di**/**in qc** (mit)beteiligt *an etw* (*dat*): **essere ~ a/di un fatto**, an einer Sache (mit)beteiligt sein **B** mf ~ **a**/**di**/**in qc** (Mit)beteiligte mf decl come agg *an etw* (*dat*): ~ **di**/**in un progetto**, (Mit)beteiligte mf decl come agg an einem Projekt.

compartimentàle agg {SEZIONE} Bezirks-.

compartimentazióne f **1** *amm* (*suddivisione in compartimenti*) Abteilung f, Fächerung f **2** *mar* {+NAVE} Abschottung f.

compartiménto m **1** (*scomparto*) Abteilung f; {+SCAFFALE} Fach n **2** *amm* Bezirk m: ~ **ferroviario di Genova**, Bahnbezirk m Genua; ~ **marittimo**, Seeamtsbezirk m; ~ **polizia**, Polizeibezirk m; ~ **venatorio**, Jagdrevier n **3** *ferr* (*scompartimento*) Abteil n: ~ **di prima classe**, Erster-Klasse-Abteil n ● **insegnare a compartimenti stagni** *fig* (*in blocchi separati privi di comunicazione*), unterrichten, ohne einen/den übergreifenden Kontext miteinzubeziehen/[über seinen Tellerrand hinauszusehen *fam*]; **pensare a compartimenti stagni** *fig*, in Schubladen denken; ~ **stagno** *mar*, wasserdichtes Schott.

compàrto m **1** (*scomparto*) Abteilung f; {CENTRALE; +ARCHIVIO, LIBRERIA} Fach n **2** (*ramo*) {AGRICOLO, ASSICURATIVO, METALLURGICO} Branche f ● ~ **edificatorio** *urban* (*unità edificabile*), Bauplatz m, Baugelände n.

compàrvi 1ª pers sing del pass rem *di* comparire.

compassàto, (-a) agg {DISCORSO, MOVIMENTO, PERSONA} beherrscht, besonnen.

compassionàre tr (*commiserare*) ~ **qu** *jdn* bedauern, *jdn* bemitleiden: **tende a farsi ~ dagli altri**, er/sie neigt dazu, sich von den anderen bemitleiden zu lassen.

compassióne f **1** (*pietà*) ~ **di**/**per**/**verso qu**/**qc** {DI UNA BESTIA DA MACELLO, PER UN ORFANO} Mitleid n *mit jdm/etw*, Erbarmen n *mit jdm/etw*: **avere**/**mostrare ~ per l'infelicità altrui**, für anderer Leute Unglück Mitgefühl/Verständnis haben/zeigen; **far ~ a qu**, jdm leidtun, jds Mitleid erregen/erwecken; **muovere a ~ qu**, bei jdm Mitleid erwecken/erregen; **muoversi a ~**, Mitleid bekommen/empfinden **2** *spreg* (*schifo*) Erbarmen n, Graus m *fam*: **canta/suona da far ~** *spreg*, sie singt/spielt zum Erbarmen/[erbärmlich]/grottenschlecht *slang*; **che ~ quel libro!**, dieses Buch ist erbärmlich/[ist unter aller Kritik/Kanone *fam*/Sau *volg*]/[spottet jeder Beschreibung].

compassionévole agg **1** (*miserevole*) {CONDIZIONE, VITA} bedauernswert, Mitleid erregend **2** (*caritatevole*) {ANIMO, GESTO, PERSONA} mitleidig, barmherzig.

compàsso m **1** Zirkel m: ~ **a punta amovibile**, Einsatzzirkel m; ~ **a punte fisse**, Teil-/Spitzzirkel m; ~ **a verga**, Stangenzirkel m **2** *aero mar* (*bussola*) (Bord)kompass m ● **fare un lavoro col ~** *fig* (*in modo estremamente preciso o rigoroso*), eine Arbeit perfekt/genau machen; **parlare col ~**, seine Worte genau abwägen.

compatìbile agg **1** (*conciliabile*) ~ (**con qu**/**qc**) vereinbar (*mit jdm/etw*): **i loro caratteri non sono compatibili**, ihre Charaktere sind unvereinbar; **il tuo lavoro è ~ con altri interessi**, deine Arbeit lässt sich mit anderen Interessen vereinbaren **2** *rar* (*scusabile*) {DIMENTICANZA, ERRORE} entschuldbar, verzeihlich **3** *farm med* ~ (**con qc**) {GRUPPO SANGUIGNO, MEDICINALE} (*mit etw dat*) kompatibel **4** *inform* ~ (**con qc**) {COMPUTER, PROGRAMMA} (*mit etw dat*) kompatibel: **IBM ~**, IBM-kompatibel.

compatibilità <-> f **1** (*conciliabilità*) {+CARICHE, IMPEGNI} Vereinbarkeit f, Verträglichkeit f **2** *rar* (*scusabilità*) {+COMPORTAMENTO, SBAGLIO} Entschuldbarkeit f **3** *farm med* {+GRUPPO SANGUIGNO} Verträglichkeit f, Vereinbarkeit f, Kompatibilität f *scient* **4** *inform* {+PROGRAMMI} Kompatibilität f.

compatibilménte avv ~ **con qc** {CON LE MIE ESIGENZE, CON I TUOI IMPEGNI} soweit es *mit* *etw* (dat) vereinbar ist.

compatiménto m 1 (*compassione*) Mitleid n, Mitgefühl n: **la poverina meritava veramente ~**, die Arme ˌkonnte einem wirklich leidtunˌ/[verdiente wirklich Mitleid] 2 (*sufficienza*) Mitleid n, Süffisanz f *forb spreg*, Überheblichkeit f: **lo ascoltava con un'aria di ~**, er/sie hörte ihm mit süffisanter *forb spreg*/überheblicher Miene zu.

compatire <*compatisco*> tr 1 *anche iron* (*commiserare*) **~ qu** (**per qc**) {AMICO PER LA SUA SFORTUNA} jdn (*wegen etw gen*) bedauern, jdn (*wegen etw gen*) bemitleiden: **ama farsi ~ da tutti**, er/sie liebt es, sich von allen bemitleiden zu lassen; **come ti compatisco!** *anche iron*, du Ärmster! *anche iron*; ach Gott, tust du mir leid! *anche iron* 2 (*scusare*) **~ qc** {DIFETTO, MANCANZA} *etw* verzeihen.

compatriòta <-*i* m, -*e* f> mf Landsmann m, Landsmännin f: **è un mio ~**, er ist ein Landsmann von mir.

compatròno, (-a) m (f) *relig* weitere(r) Patron/Schutzheilige(r).

compàtta f *autom* Kompaktwagen m.

compattaménto m *tecnol* (*costipamento*) {+TERRENO} Verdichtung f, Stampfen n.

compattàre A tr **~ qc** 1 *anche tecnol* {MATERIALE, SUPERFICIE, TERRENO} *etw* verdichten, *etw* stampfen 2 *fig* (*rafforzare*) {ESPERIENZA GRUPPO} *etw* einen, *etw* zusammen|schweißen, *etw* enger zusammen|schließen B itr pron *fig* (*consolidarsi*): **compattarsi** {SQUADRA} zusammengeschweißt werden, sich noch enger zusammen|schließen, noch enger zusammen|rücken, {GRUPPO POLITICO} sich konsolidieren.

compattazióne f 1 {+TERRENO} Verdichtung f, Stampfen n, Befestigung f 2 *tecnol* (*costipamento*) {+TERRENO} Verdichtung f, Stampfen n.

compattézza f 1 {+LEGNO, ROCCIA, TESSUTO} Kompaktheit f, Dichte f 2 *fig* (*unione*) {+CLASSE, SQUADRA} Geschlossenheit f.

compàtto, (-a) A agg 1 (*consistente*) {CIPRIA, MASSA, YOGURT} kompakt, fest 2 (*fitto*) {FOLLA, NEBBIA} dicht 3 (*piccolo*) {COMPUTER, STEREO} kompakt 4 *fig* (*unito*) {GRUPPO} geschlossen: **essere compatti nell'opporsi a qc**, sich geschlossen etw (dat) widersetzen B m 1 (*impianto stereo*) Stereoanlage f, Hi-Fi-Turm m 2 *metall* (*agglomerato*) {SINTERIZZATO} Agglomerat n.

compendiàre <*compendio, compendi*> tr *anche fig* (*riassumere*) **~ qc** {ACCADUTO, STORIA LETTERARIA, TEORIA} *etw* zusammen|fassen: **quell'opera compendia il lavoro di molti anni**, dieses Werk fasst die Arbeit vieler Jahre zusammen.

compèndio <-*di*> m 1 (*sintesi*) {+LETTERATURA, STORIA} Kompendium n *forb*, Abriss m 2 *fig* (*insieme*) Inbegriff m, Ausbund m *anche spreg o iron*: **questa donna è un ~ di virtù**, diese Frau ist ein Ausbund an/von Tugend *anche spreg o iron* ● **in ~** *fig* (*in breve*), zusammengefasst.

compenetràbile agg durchdringbar.

compenetrabilità <-> f {+SOSTANZE} Durchdringbarkeit f.

compenetràre A tr 1 (*penetrare*) **~ qc** {UMIDITÀ INTONACO} *etw* durchdringen 2 *fig* (*pervadere*) **~ qc** (**di qc**) {AMORE ANIMO DI GIOIA} *etw* (*mit etw dat*) erfüllen B itr pron 1 *fig* (*immedesimarsi*): **compenetrarsi in qc** {NEL DOLORE DI QU, IN UNA SITUAZIONE} sich (*in etw acc*) hinein|versetzen, sich (*in etw acc*) ein|fühlen 2 *fig* (*sentire profondamente*): **compenetrarsi di qc** {DI UN INCARICO, DI UNA RESPONSABILITÀ} *von etw* (*dat*) durchgrungen/erfüllt sein C rfl rec: **compenetrarsi** {SOSTANZE} sich (*gegenseitig*) durchdringen.

compenetrazióne f 1 (*penetrazione*) {+SOSTANZE} Durchdringung f 2 *fig* (*immedesimazione*) Einfühlung f.

compensàre A tr 1 (*pareggiare*) **~ qc** (**con qc**) {CALO DI DOMANDA INTERNA CON L'ESPORTAZIONE; GUADAGNO PERDITA, SPESE} *etw* (*durch etw acc/mit etw dat*) aus|gleichen, *etw* (*durch etw acc/mit etw dat*) kompensieren, *etw* (*durch etw acc*) wett|machen: **riesce a ~ la sua mancanza di talento con la volontà**, er/sie schafft es, seinen/ihren Mangel an Talent mit seinem/ihrem Willen auszugleichen 2 (*pagare*) **~ qu** (**di/per qc**) {AMICO DI/PER UN FAVORE RESO CON UN REGALO, OPERAIO PER IL SUO LAVORO} jdn (*für etw acc*) (*mit etw dat*) entlohnen, jdn (*für etw acc*) (*mit etw dat*) bezahlen, jdm *etw* (*mit etw dat*) entgelten *forb*, **~ qc** (**con/in qc**) {LAVORO CON GENEROSITÀ, PRESTAZIONE IN DENARO} *etw* (*mit etw dat*) begleichen, *etw* (*mit etw dat*) bezahlen 3 (*ripagare*) **~ qu di/per qc** {PARTE LESA DELLA/[PER LA] PERDITA SUBITA} jdn (*für etw acc*) entschädigen: **la tua gentilezza mi compensa di tante amarezze**, deine Freundlichkeit entschädigt mich für viel Verdruss; **chi ci compenserà i sacrifici fatti?**, wer wird uns für die von uns gebrachten Opfer entschädigen? 4 *med psic* **~ qc** {INSUFFICIENZA CARDIACA, MANCANZA} *etw* kompensieren 5 *sport* (*uso assol*) kompensieren B rfl rec *anche fig* (*bilanciarsi*): **compensarsi** {PRO E CONTRO} sich aus|gleichen: **marito e moglie spesso si compensano**, Mann und Frau ergänzen sich oft; **lati del carattere che si compensano**, sich ausgleichende Charakterzüge; Charakterzüge, die sich die Waage halten.

compensativo, (-a) agg 1 (*che pareggia*) {RIPOSO} ausgleichend, zum Ausgleich 2 *econ* (*atto a bilanciare*) {VERSAMENTO} ausgleichend 3 *econ* (*atto a remunerare*): **somma compensativa**, Entschädigung f.

compensàto, (-a) A agg (*retribuito*) vergütet, entlohnt, bezahlt: **lavoro ben/mal ~**, gut/schlecht bezahlte Arbeit B m (*legno*) Sperrholz n.

compensatóre, (-trice) A agg 1 ausgleichend, kompensierend 2 *aero elettr radio* {ALETTA, CONDENSATORE, ELEMENTO} Ausgleichs-, Trimm(er)- B m (f) (*chi compensa*) Ausgleicher(in) m(f) C m 1 *aero* Trimmklappe f, Hilfsflügel m 2 *elettr radio* Trimmer(kondensator) m 3 *mecc ott* Kompensator m.

compensatòrio, (-a) <-*ri* m> agg {MECCANISMO} ausgleichend, kompensatorisch.

compensazióne f 1 *gener* (*riequilibrio*) {+ERRORE} Ausgleich m, Ausgleichung f 2 *aero* {DINAMICA; +TIMONE DI DIREZIONE} Ausgleich m, Ausgleichung f 3 *dir* {GIUDIZIALE, LEGALE, VOLONTARIA} Aufrechnung f 4 *econ* Clearing n, Verrechnung f, Kompensation f 5 *fis psic sport* Kompensation f, Kompensierung f ● **~ delle spese** *dir*, Kostenaufhebung f.

compènso m 1 (*retribuzione*) {LAUTO, PATTUITO} Vergütung f, Lohn m: **dietro ~**, gegen Entgelt; **~ in natura**, Vergütung f in Naturalien, Naturalbezüge m pl, Naturaleinkünfte f pl; **~ orario**, Stundenlohn m 2 (*onorario*) Honorar n 3 *anche fig* (*risarcimento*) {+FATICA, PERDITA, SPESA} Entschädigung f: **ricevere un ~ per i danni di guerra**, eine Kriegsschadenabfindung/Kriegsentschädigung bekommen 4 *med* {+DIFETTO VISIVO} Ausgleich m ● **in ~** *fig* (*in cambio*), als/zum Ausgleich, dafür.

cómpera f 1 (*l'acquistare*) (Ein)kauf m: **andare a far compere**, einkaufen gehen; **ha fatto delle compere in centro**, er/sie hat Einkäufe in der Stadt gemacht 2 (*cosa acquistata*) {INUTILE} (Ein)kauf m.

comperàre → **comprare**.

competènte A agg 1 (*esperto*) **~** (**in qc**) {STUDIOSO DI PALEOGRAFIA, TECNICO} kompetent (*auf etw dat*), sachkundig (*in etw dat*) 2 {AUTORITÀ, FORO, ORGANO} zuständig B mf **~** (**di/in qc**) {DI ANTIQUARIATO, IN FISICA} Sachkundige mf decl come agg (*in etw dat*), Sachverständige mf decl come agg (*in etw dat*): **parla di ~ in materia**, er/sie ˌspricht als Sachverständige(r)ˌ/[versteht etwas von der Sache].

competènza f 1 (*perizia*) **~** (**in qc**) {AMPIA, INDISCUSSA IN INFORMATICA} Kompetenz f (*in etw dat*), Sachverstand m (*in etw dat*) 2 (*spettanza*) Kompetenz f, Zuständigkeit f: **ciò non è di sua ~**, das liegt nicht in seiner/ihrer Kompetenz, dafür ist er/sie nicht zuständig 3 *amm* {+MINISTRO} Ressort n 4 *dir* (**~ giudiziaria**) {+CORTE D'APPELLO, GIUDICE DI PACE, TRIBUNALE} (gerichtliche) Zuständigkeit f: **per materia**, Zuständigkeit f nach der Art der Sache; sachliche Zuständigkeit; **~ per territorio**, örtliche Zuständigkeit, Gerichtsstand m; **~ per valore**, Zuständigkeit f nach dem Streitwert; sachliche Zuständigkeit 5 *ling* Kompetenz f: **la ~ linguistica del parlante**, die Sprachkompetenz des Sprechers 6 <*solo pl*> (*onorario*) {+AVVOCATO, MEDICO} Honorar n.

compètere <*competo, competei o competetti, difeti non usato al part pres e tempi composti*> itr 1 (*concorrere*) **~ con qu/qc** (**in qc**) {IN BRAVURA CON UN COLLEGA, IN EFFICIENZA CON UNA DITTA} *mit jdm/etw* konkurrieren, *mit jdm/etw* (*in etw dat*) wetteifern, sich *mit jdm/etw* (*in etw dat*) messen: **con lui non si può ~**, mit ihm kann man ˌnicht konkurrierenˌ/[sich nicht messen] 2 (*spettare*) **~ a qu** *jdm* zuˌstehen: **dagli ciò che gli compete**, gib ihm das, ˌwas ihm zustehtˌ/[worauf er Anspruch hat] 3 (*riguardare*) **~ a qu** *jdn* betreffen, *jdn* anˌgehen: **è una faccenda che non mi compete**, diese Angelegenheit geht mich nichts an 4 *anche dir* (*rientrare nella competenza processuale*) **~ a qu/qc** {CAUSA AL GIUDICE DI PACE, AL TRIBUNALE DI ROMA} in die Zuständigkeit *von jdm/etw* fallen 5 *sport* **~ con qu** (**per qc**) {CON UN AVVERSARIO PER IL TITOLO} *mit jdm* (*um etw acc*) konkurrieren, *mit jdm* (*um etw acc*) wetteifern.

competitività <-> f 1 (*l'essere concorrenziale*) {+PRODOTTO} Konkurrenz-, Wettbewerbsfähigkeit f 2 (*spirito di rivalità*) {+SQUADRA} Konkurrenzdenken n.

competitivo, (-a) agg 1 (*concorrenziale*) {MERCATO, PREZZO} konkurrenz-, wettbewerbsfähig 2 (*fondato sulla rivalità*) {SOCIETÀ, SPORT} Leistungs-: **spirito ~**, Wetteifer m.

competitóre, (-trice) m (f) (*rivale*) Konkurrent(in) m(f).

competizióne f 1 (*concorrenza*) {ECONOMICA} Konkurrenz f, Wettbewerb m, Wettstreit m: **entrare/essere in ~ con qu**, mit jdm in Wettstreit treten/liegen 2 (*gara*) {SPORTIVA} Wettkampf m.

compiacènte agg 1 (*accomodante*) gefällig, entgegenkommend 2 *spreg* (*corruttibile*) {COLLEGA, DONNA, SEGRETARIA} bestechlich.

compiacènza f 1 (*cortesia*) Entgegenkommen n, Gefälligkeit f: **lo ha fatto per** (**pura**) **~**, ich habe es aus (reiner) Gefälligkeit getan; **abbia la ~ di tacere**, tun Sie mir den Gefallen und schweigen Sie 2 (*soddisfazione*) Befriedigung f, Zufriedenheit f: **~ del**/[**per il**] **lavoro svolto**, Zufriedenheit f mit der getanen Arbeit; **~ di sé**, Zufriedenheit f mit sich (dat).

compiacére <*coniug come piacere*> A tr (*soddisfare*) **~ qu/qc** {MADRE, LA PROPRIA VANITÀ} *jdn/etw* befriedigen, *jdn/etw* zufrieden stellen; {I PROPRI DESIDERI} etw erfüllen **B** itr (contentare) ~ **a qu/qc** {A UN AMICO} jdm/etw entgegen|kommen, jdm/etw gefällig sein, jdm/etw einen Gefallen tun: ~ **ai desideri di qu**, jds Wünsche erfüllen **C** itr pron **1** (gioire): compiacersi **di/per qc** {DEL PROPRIO SUCCESSO} sich über etw (acc) freuen, sich in etw (dat) sonnen **2** (complimentarsi): compiacersi (**con qu**) (**di/per qc**) {CON UN COLLEGA PER LA PROMOZIONE} (jdm) (zu etw dat) gratulieren: **mi compiaccio per la figuraccia!** iron, ich gratuliere zu dieser Blamage! iron **3** forb (degnarsi): compiacersi **di fare qc** sich dazu bequemen, etw zu tun forb, sich dazu herab|lassen, etw zu tun iron; geruhen, etw zu tun forb obs o iron: **vogliate compiacervi di intervenire**, würdet ihr euch dazu herablassen teilzunehmen iron.

compiaciménto m **1** (soddisfazione) Befriedigung f, Genugtuung f: **ne parla con ~**, er/sie spricht mit Genugtuung davon **2** (approvazione) Zustimmung f, Anerkennung f: **esprimere il proprio ~ a qu**, jdm seine Anerkennung aussprechen, jdn beglückwünschen.

compiaciùto, (-a) agg (soddisfatto) {SGUARDO} zufrieden, befriedigt: **aveva un'aria compiaciuta**, er/sie sah zufrieden aus.

compiàngere <coniug come piangere> **A** tr **1** (compatire) ~ **qu** (**per qc**) jdn (wegen etw gen) bedauern, jdn (wegen etw gen) bemitleiden: **quel poveretto è da ~**, der Arme ist zu bemitleiden/[kann einem leid tun] **2** (disprezzare) ~ **qu** (**per qc**), ~ **qc** {UOMO PER IL SUO COMPORTAMENTO, DISONESTÀ DI QU} jdn (wegen etw gen/für etw acc)/[etw] verachten: **ti compiango**, du tust mir leid **B** itr pron lett (rammaricarsi): **compiangersi di qc** etw bedauern, wegen etw (gen) betrübt sein: **se ne compianse**, er bedauerte das, er war darüber betrübt **C** rfl (compatirsi): **compiangersi** sich selbst bedauern, sich selbst bemitleiden: **non serve a nulla stare lì a compiangersi**, es hilft nichts, tatenlos sich selbst zu bemitleiden/[in Selbstmitleid zu zerfließen]!

compiànto, (-a) **A** agg (rimpianto) verstorben, betrauert: **il nostro ~ collega**, unser verstorbener Kollege **B** m **1** (cordoglio) {+CITTADINANZA} Trauer f **2** lett (componimento) Klagelied n.

cómpiere <compio, compii o compiei, compiuto> **A** tr **1** (concludere) ~ **qc** {RICERCA, STUDI} etw beenden, etw vollenden **2** (coprire) ~ **qc** (+ compl di tempo) {DISTANZA IN POCO TEMPO, TRAGITTO IN UN'ORA} etw (+ Zeitangabe) zurück|legen **3** (realizzare) ~ **qc** {SACRIFICIO} etw bringen, {DELITTO, MISFATTO} etw begehen: ~ **un'infrazione straordinaria**, etwas Außergewöhnliches vollbringen **4** (assolvere) ~ **qc** {DOVERE} etw erfüllen, etw (dat) nach|kommen **B** itr pron: **compiersi 1** (concludersi) {CICLO DI PRODUZIONE, PROCESSO DI MODERNIZZAZIONE} zum Abschluss kommen, zu Ende gehen **2** (avverarsi) {DESTINO, PREVISIONE} ein|treffen, sich erfüllen ● **~ gli anni**, Geburtstag haben; **ha compiuto dieci anni giovedì**, er/sie ist am Donnerstag zehn Jahre (alt) geworden; **la ragazza ha già compiuto i 18 anni**, das Mädchen hat bereits das achtzehnte Lebensjahr vollendet/[ist schon 18].

compièta f relig Komplet f.

compilàre tr ~ **qc 1** (riempire) {ASSEGNO, DOMANDA, MODULO} etw aus|füllen: **le schede devono essere compilate a macchina**, die Stimmzettel müssen mit Schreibmaschine ausgefüllt werden **2** (redigere) {INVENTARIO} etw auf|stellen, {ELENCO, LISTA} anche etw an|legen, {CODICE DI LEGGI} etw verfassen, {VOCABOLARIO} etw erstellen; {RELAZIONE} etw verfassen **3** inform {SOFTWARE} etw kompilieren.

compilation <-> f ingl mus Sampler m.

compilativo, (-a) agg {TESI DI LAUREA, TESTO, VOLUME} kompilatorisch forb anche spreg, zusammengeschustert fam spreg.

compilatóre, (-trice) **A** m (f) {+DIZIONARIO, RESOCONTO} Verfasser(in) m(f), Kompilator(in) m(f) forb anche spreg **B** m inform Compiler m.

compilatòrio, (-a) <-ri m> agg {OPERA, TESI DI LAUREA} kompilatorisch forb anche spreg, zusammengeschustert fam spreg.

compilazióne f **1** (completamento) {+ASSEGNO, QUESTIONARIO} Ausfüllung f **2** (stesura) {+BILANCIO, ELENCO, GRADUATORIA} Aufstellung f; {+GLOSSARIO, GRAMMATICA, MANUALE} Kompilierung f forb anche spreg, Kompilation f forb anche spreg, Zusammenstellung f, Verfassung f **3** (opera redatta) {+ACCURATA} Kompilation f forb anche spreg.

compiménto m **1** (conclusione) {+IMPRESA} Abschluss m, Vollendung f: **al ~ del decimo anno di età**, bei Vollendung des zehnten Lebensjahres; **portare a ~ qc**, etw zum Abschluss bringen, etw zu Ende führen, etw vollenden **2** (realizzazione) Ausführung f, Verrichtung f **3** (adempimento) Erfüllung f: **nel ~ del proprio dovere**, in Erfüllung seiner Pflicht **4** (l'avverarsi) {+PROFEZIA} Erfüllung f.

compìre <compisco> → **compiere**.

compitàre tr ~ **qc** {PAROLA} etw buchstabieren.

compitazióne f {TELEFONICA} Buchstabieren n, Buchstabierung f: **la ~ delle parole**, die Buchstabierung der Worte.

compitézza f Höflichkeit f, Korrektheit f: **l'estrema ~ dei suoi modi**, seine/ihre ausgesprochen höfliche Art/[extreme Höflichkeit].

cómpito[1] m **1** (mansione) {ARDUO, DIFFICILE} Aufgabe f: **il nostro ~ è finito**, unsere Aufgabe ist beendet; **è ~ tuo**, das ist deine Aufgabe **2** (dovere) Aufgabe f, Pflicht f: **è ~ dello Stato garantire la sicurezza interna**, es ist Aufgabe des Staates, für die innere Sicherheit zu garantieren **3** scuola (esercizio) {SCRITTO} (Haus)aufgabe f: **~ a/per casa**, Hausaufgabe f; **devo fare i compiti (di latino)**, ich muss (die Latein)hausaufgaben machen; **ho ancora i compiti da fare**, ich muss noch Hausaufgaben machen; **i compiti delle vacanze**, die Hausaufgaben für die Ferien; (prova) Arbeit f, Schulaufgabe f; **~ in classe (di italiano)**, (Italienisch-)Klassenarbeit f.

compìto[2], (-a) agg (cortese, educato) {MANIERE, RAGAZZO} korrekt, höflich.

compitaménte avv (esaurientemente) vollständig, völlig: **l'articolo tratta ~ l'argomento**, der Artikel behandelt das Thema auf erschöpfende Weise.

compiutézza f (completezza) {+PENSIERO} Vollkommenheit f, Abgeschlossenheit f.

compiùto, (-a) **A** part pass di compiere **B** agg (concluso) {AZIONE, FATTO} vollendet, abgeschlossen: **quello che ha detto ha un senso ~**, was er/sie sagte, ist durchdacht; **ho trent'anni compiuti**, ich bin schon dreißig.

complanàre **A** agg **1** (parallelo) {PERCORSO, STRADA} Parallel- **2** mat (in geometria) {PUNTO, RETTA} komplanar **B** f (strada) {+TANGENZIALE} Parallelstraße f.

complanarità <-> f mat (in geometria) {+RETTA} Komplanarität f.

compleànno **A** m Geburtstag m: **buon ~!**, alles Gute/[herzlichen Glückwünsche] zum Geburtstag!; **quand'è il suo ~?**, wann hat er/sie Geburtstag?, wann ist sein/ihr Geburtstag? **B** <inv> loc agg: **di ~** {FESTA, REGALO, TORTA} Geburtstags-.

complementàre **A** agg **1** (integrativo) {DISPOSIZIONE} komplementär, ergänzend: **essere ~ a qu/qc**, jdn/etw ergänzen **2** (secondario) {ARGOMENTO, ASPETTO} Neben-, zusätzlich, Zusatz- **3** econ {BENE, REDDITO} zusätzlich **4** mat (in geometria) {ANGOLO, ARCO, NUMERO} komplementär **5** università {CORSO, ESAME} Erweiterungs-, Ergänzungs- **B** m università (esame) Erweiterungs-, Ergänzungsprüfung f **C** f stor fisco (imposta) Ergänzungsabgabe f.

complementarità <-> f **1** (funzione integrativa) Zusatz-, Ergänzungsfunktion f: **la ~ di due testi**, die Ergänzungsfunktion zweier Texte **2** mat (in geometria) {+ANGOLO, INSIEME} Komplementarität f **3** psic Komplementarität f.

compleménto m **1** (completamento) Ergänzung f: **la pratica è il logico ~ della teoria**, die Praxis ist die logische Ergänzung der Theorie; **tavole illustrate a ~ del testo**, Bildtafeln als Ergänzung zum Text **2** gramm Ergänzung f, (Umstands)angabe f, (Umstands)bestimmung f, Adverbial(e) n: **~ di agente/[causa efficiente]**, Agens n o rar m; **~ di causa**, Kausalangabe f; **~ di compagnia**, Angabe f der Person; **~ indiretto/[di termine]**, Dativobjekt n, indirektes Objekt; **~ di fine/scopo**, Zweckbestimmung f, finales Adverbial(e); **~ di luogo**, Lokalangabe f, Ortsbestimmung f; **~ di materia**, Angabe f der Beschaffenheit; **~ di mezzo**, Umstandsergänzung f; **~ di modo (e maniera)**, Modaladverbial(e) n, Angabe f der Art und Weise; **~ oggetto/diretto**, Akkusativobjekt n, direktes Objekt; **~ di qualità**, qualitative Angabe; **~ di quantità**, quantitative Angabe, Mengenangabe f; **~ predicativo del soggetto/[dell'oggetto]**, Gleichsetzungsnominativ m/Gleichsetzungsakkusativ m; **~ di specificazione**, Genitivobjekt n; **~ di tempo**, Zeit-/Temporalbestimmung f **3** mat (in geometria) {ALGEBRICO, ARITMETICO} Komplement n: **~ di un angolo**, Komplementwinkel m **4** mil Reserve f.

complessàre[1] **A** tr psic ~ **qu** {BAMBINO} bei jdm Komplexe hervor|rufen **B** itr pron fam: **complessarsi** sich (dat) Komplexe machen.

complessàre[2] tr chim ~ **qc** aus etw (dat) eine Komplexverbindung her|stellen.

complessàto, (-a) psic **A** agg {PERSONA} komplexbeladen, voller Komplexe **B** m (f) Komplexpaket n fam, Komplexheini m fam.

complessazióne f chim Entstehen n einer Komplexverbindung.

complessióne f forb (corporatura) {DEBOLE, GRACILE, ROBUSTA} Statur f, Körperbau m, Konstitution f.

complessità <-> f **1** (l'essere composito) {+ATTO GIURIDICO, STRUTTURA} Komplexität f, Vielschichtigkeit f **2** (difficoltà) {+PROBLEMA, SITUAZIONE} Kompliziertheit f, Schwierigkeit f.

complessivaménte avv **1** (nell'insieme) insgesamt, im (Großen und) Ganzen: **è andato bene**, insgesamt ist es gut gelaufen **2** (in totale) insgesamt, im Ganzen, summa summarum: **ho speso ~ un milione di euro**, ich habe insgesamt eine Million Euro ausgegeben.

complessivo, (-a) agg **1** (generale) {GIUDIZIO, VISIONE} umfassend, gesamt, Gesamt- **2** (totale) {PREZZO, PUNTEGGIO} Gesamt-.

complèsso[1] **A** m **1** (insieme) Komplex m, Gesamtheit f, Reihe f: **il ~ dei cittadini**, die Gesamtheit der Bürger; **un ~ di circostanze**, eine Reihe von Umständen; **~ di**

idee, Ideenkomplex m; **il ~ delle leggi**, die Gesetzessammlung **2** (*gruppo*) {EDITORIALE, INDUSTRIALE, METALLURGICO} Gruppe f, Konzern m **3** *chim* (*composto*) Komplex(verbindung f) m: **~ vitaminico B**, Vitamin-B-Komplex m **4** *mus* (*gruppo*) {CORALE, STRUMENTALE} Gruppe f, Band f: **~ jazzistico**, Jazzband f; **~ di musica leggera**, Unterhaltungsmusikband f; **~ orchestrale**, Orchester n **5** *psic* Komplex m: **~ di colpa/d'inferiorità**, Schuld-/Minderwertigkeitskomplex m; **~ ⌊Edipo⌋/[edipico]**, Ödipuskomplex m; **~ di Elettra**, Elektrakomplex m; *anche fig* (*fissazione*) Komplex m, fixe Idee; **ha il ~ di essere grassa**, sie hat Komplexe/[die fixe Idee], dick zu sein; **non farti tanti complessi!**, lass dir keine Komplexe einreden/aufschwätzen!; **mi hanno fatto venire il ~ degli occhiali**, sie haben mir einen Brillenkomplex eingeredet **6** *urban* {ARCHITETTONICO, RESIDENZIALE, SPORTIVO, URBANISTICO} Komplex m: **~ balneare**, Badeanlagen f pl **C** *loc avv* **1** (*in generale*): **in/nel ~**, insgesamt, im Großen und Ganzen **2** (*in totale*): **in ~**, alles in allem.

complèsso②, (-a) *agg* **1** (*composito*) {ORGANISMO, REATO, SISTEMA} komplex, vielschichtig **2** (*difficile*) {CARATTERE, CONCETTO, STILE} kompliziert, schwierig **3** *mat* {NUMERO, QUANTITÀ} komplex.

completaménte *avv* völlig, vollkommen, total *fam*: **me ne sono ~ dimenticato**, das habe ich völlig vergessen; **è ~ matto**, er ist total verrückt *fam*.

completaménto m **1** {+BANCA DATI, RACCOLTA} Ergänzung f, Vervollständigung f; {+EDIFICIO, RICERCA} Beendigung f, Fertigstellung f: **a ~ di quanto su esposto ....**, abschließend möchte ich feststellen **2** (*parte integrativa*) Ergänzung f: **l'iconografia è il necessario ~ del volume**, die Ikonografie ist die notwendige Ergänzung des Bandes.

completàre **A** *tr* **~ qc** {ELENCO, SERIE} *etw* ergänzen, *etw* vervollständigen; {LAVORO, MAPPA} *etw* beenden, *etw* fertig stellen **B** *rfl rec*: **completarsi** sich ergänzen, sich vervollständigen: **i loro caratteri si completano**, ihre Charaktere ergänzen sich.

completézza f {+ANALISI, RAGIONAMENTO} Vollständigkeit f.

complèto, (-a) **A** *agg* **1** (*intero*) {ASSORTIMENTO, ELENCO, SERVIZIO} komplett, vollständig; {OPERA DI UN AUTORE, QUADRO DI UNA SITUAZIONE} Gesamt- **2** (*pieno*) {AUTOBUS, VETTURA} vollbesetzt, voll *fam*; {HOTEL} *anche* ausgebucht; {STADIO, TEATRO} ausverkauft **3** (*assoluto*) {BUIO, MISERIA} völlig, absolut; {FIDUCIA} *anche* voll(kommen) **4** (*ben preparato*) {ATTORE, GINNASTA, PIANISTA} vollkommen **B** m **1** (*abito da uomo*) {BLU} Anzug m: **~ da cerimonia**, guter Anzug **2** (*coordinato da donna*) {PRIMAVERILE} Komplet n; (*tailleur*) Kostüm n **3** (*tenuta sportiva*) Anzug m: **~ da sci/tennis**, Skianzug m/Tenniskleidung f **4** (*set*) Satz m, Set n: **~ da bagno/scrittoio**, Bade-/Schreibtischset n **5** (*pienone*) volles Haus *fam*: **la commedia fa il ~ ogni sera**, die Komödie ⌊ist jeden Abend ausverkauft⌋/[hat jeden Abend ein volles Haus *fam*] **6** *sport* (*nell'equitazione*) Vielseitigkeitsprüfung f **C** <*inv*> *loc agg* **1** (*intero*): **si presentò la famiglia al (gran) ~**, die Familie erschien vollzählig **2** (*pieno*): **l'albergo è al ~**, das Hotel ist ausgebucht/voll *fam*.

complicànza f *med* (*complicazione*) {CARDIACA} Komplikation f.

complicàre <*complico, complichi*> **A** *tr* **~ qc** {DISCORSO, SITUAZIONE} *etw* komplizieren, *etw* schwierig(er)/kompliziert(er) machen; {RAPPORTI} *etw* belasten; {PROBLEMA} *etw* verschärfen: **questo complica un po' le cose**, das ⌊kompliziert die Sache ein wenig⌋/[macht die Sache etwas komplizierter] **B** *itr pron*: **complicarsi 1** {FACCENDA, TRAMA} sich komplizieren, komplizierter werden, sich verwickeln: **le cose si complicano**, die Dinge komplizieren sich, es wird kompliziert **2** *med*: **la malattia si è complicata**, es haben sich bei der Krankheit Komplikationen ergeben **C** *rfl indir*: **complicarsi qc** sich (*dat*) *etw* schwer machen: **fossi in te non mi complicherei tanto la vita**, an deiner Stelle würde ich mir das Leben nicht so schwer machen.

complicatézza f {+RAPPORTI, SITUAZIONE} Kompliziertheit f.

complicàto, (-a) *agg* **1** (*complesso*) {CASO, RAGIONAMENTO, RAPPORTO} kompliziert, verwickelt **2** (*difficile*) {PERSONA} kompliziert, schwierig: **ma come sei ~!**, bist du aber kompliziert!

complicazióne f **1** (*difficoltà*) Komplikation f, Schwierigkeit f: **è sorta una ~ burocratica**, es hat sich eine bürokratische Schwierigkeit ergeben; **quante complicazioni!**, oh je, ist das kompliziert! **2** <*di solito al pl*> (*tortuosità*) Probleme m pl, Komplikationen f pl: **una persona semplice, senza (tante) complicazioni**, ein einfacher, (ziemlich) unkomplizierter Mensch; **vuole un rapporto privo di complicazioni**, er/sie will eine problemlose Beziehung **3** *med* (*aggravamento*) {EPATICA} Komplikation f: **salvo complicazioni**, es sei denn, es treten Komplikationen ein; Komplikationen vorbehalten.

còmplice **A** *agg* **1** (*che favorisce*) begünstigend: **le tenebre complici della fuga**, die Dunkelheit, ⌊die die Flucht begünstigt⌋/[als Fluchthelferin] **2** (*ammiccante*) {GESTO, SGUARDO} komplizenhaft, augenzwinkernd **B** *mf* {+FURTO, RAPITORE} Komplize m, Komplizin f, Mittäter(in) m(f): **diventare/essere ~ di qu**, jds Komplize werden/sein; {+BURLA} Beteiligte *mf decl come agg*.

complicità <-> f (*l'essere complice*) Komplizenschaft f, Mittäterschaft f: **~ in un delitto**, Mitschuld f an einer Straftat **2** *fig* (*aiuto*) Hilfe f: **è scappato con la ~ della sorella/notte**, er ist mit Hilfe seiner Schwester/der Nacht entkommen **3** *fig* (*intesa*) Einverständnis n: **fra di loro c'è una certa ~**, zwischen ihnen besteht ein gewisses Einverständnis.

complimentàre **A** *tr* **1** (*elogiare*) **~ qu (per qc)** {AUTORE PER LA SUA OPERA} *jdm* (*zu etw dat*) gratulieren, *jdm* (*zu etw dat*) beglückwünschen **2** *rar* (*ossequiare*) **~ qu** {AUTORITÀ, PRELATO} *jdm* seine Reverenz erweisen *obs* **B** *itr pron* (*congratularsi*): **complimentarsi con qu (per qc)** {CON IL VINCITORE PER IL RISULTATO} *jdm* (*zu etw dat*) gratulieren, *jdn* (*zu etw dat*) beglückwünschen.

compliménto m **1** *anche iron* (*lode*) {SINCERO} Kompliment n: **fare un ~ ad una donna**, einer Frau ein Kompliment machen; **ma che bel ~!** *iron*, vielen Dank für die Blumen! *iron* **2** <*solo pl*> *anche iron* (*congratulazioni*) Gratulationen f pl, Glückwünsche m pl: **ti faccio i complimenti per la laurea!**, ich gratuliere dir zu deinem Studienabschluss!; **complimenti!**, ich gratuliere!; **i miei complimenti per la promozione!**, ich ⌊beglückwünsche Sie⌋/[gratuliere Ihnen] zu Ihrer Beförderung!; **finalmente sei riuscita a offenderla, complimenti!** *iron*, hast du's endlich geschafft, sie zu beleidigen, na bravo! *iron* **3** <*solo pl*> (*convenevoli*) Umstände m pl: **no grazie, senza complimenti**, nein danke, wirklich nicht!; **prego servitevi, non fate complimenti!**, bedient euch bitte ohne große Umstände!; macht keine (großen) Umstände und bedient euch bitte! ● **dire/fare qc per ~** (*per cortesia*), etw aus Höflichkeit sagen/tun; **lo cacciò senza tanti complimenti** (*in modo sbrigativo*), er/sie warf ihn ohne große Umstände hinaus.

complimentóso, (-a) *agg* **1** (*cerimonioso*) {PERSONA} förmlich, steif, zeremoniös *forb* **2** (*detto per complimento*) {FRASE} (aus Schmeichelei) dahingesagt.

complottàre **A** *itr* (*cospirare*) **~ (con qu) contro qu/qc** {CON I MILITARI CONTRO IL PRESIDENTE, CONTRO IL REGIME} (*mit jdm*) gegen *jdn/etw* ein Komplott schmieden, sich (*mit jdm*) gegen *jdn/etw* verschwören **B** *tr scherz* (*tramare*) **~ (qc)** *etw* aushecken *fam spreg*: **ma che state complottando voi due?**, was heckt ihr denn aus? *fam spreg*; **stanno complottando tra loro da due ore**, die beiden stecken seit zwei Stunden zusammen *fam*.

complottistico, (-a) <-*ci, -che*> *agg* (*di complotto*) {ATTEGGIAMENTO} verschwörerisch, komplottartig.

complòtto m *anche scherz* {MILITARE} Komplott n: **ordire un ~ contro qu**, ein Komplott gegen *jdn* anzetteln; **nessuno appoggia la mia decisione: questo è un ~!** *scherz*, niemand unterstützt meine Entscheidung: Das ist ja ⌊das reinste Komplott⌋/[die reinste Verschwörung]! *scherz*

complùvio <-*vi*> m **1** *archeol* Compluvium n **2** *edil* (*Dach*)kehle f.

componèndo m *mat* korrespondierende Addition und Substraktion.

componènte **A** *agg* {ELEMENTO, PARTE} bildend, bildend **B** *mf* (*membro*) {+FAMIGLIA, GIURIA, GRUPPO, ORCHESTRA} Mitglied n: **tutti i componenti della banda sono stati arrestati**, alle Mitglieder der Bande sind verhaftet worden **C** m **1** *anche econ ling* (*costituente*) {FONDAMENTALE; +FRASE} Bestandteil m, Komponente f: **~ ⌊del reddito⌋/[patrimoniale]**, Einkommens-/Vermögensbestandteil m; **~ semantico/sintattico**, semantische/syntaktische Komponente **2** *chim* {GASSOSO, INORGANICO; +ACIDO CLORIDRICO, ACQUA, MISCELA} Komponente f **3** *mat* (*sottoinsieme*) Komponente f: **~ di un vettore**, Komponente f eines Vektors **4** *tecnol* (*pezzo*) {ELETTRONICO; +MOTORE} Bauelement n, (Bestand)teil m: **componenti per auto**, Autoteile m pl **D** f **1** *fis* (*grandezza*) {+FORZA} Komponente f **2** *fig* (*elemento*) {CULTURALE, NEOREALISTA, STORICA; +PENSIERO, PERSONALITÀ, POETICA} Baustein m, Komponente f.

componentistica <-*che*> f *tecnol* Bauteilproduktion f: **~ per auto**, Autobauteilproduktion f.

componibile **A** *agg* {ARMADIO, CUCINA} Anbau-, Einbau- **B** m (*mobile*) Anbaumöbel n.

componiménto m **1** (*opera letteraria*) {LIRICO} Werk n: **~ in versi**, Werk n/Komposition f in Versen; (*musicale*) {SINFONICO} Komposition f: **~ per orchestra**, Orchesterkomposition f **2** (*accomodamento*) {+DISPUTA, VERTENZA} Schlichtung f, Beilegung f **3** *scuola* (*tema*) Aufsatz m: **~ di italiano**, Italienischaufsatz m.

compórre <*coniug come porre*> **A** *tr* **1** (*formare*) **~ qc** {GRUPPO, SQUADRA} *etw* bilden: **l'opera è composta da/di quattro volumi**, das Werk besteht aus vier Bänden; **compongono la giunta comunale sette persone**, sieben Leute bilden den Gemeinderat **2** (*mettere insieme*) **~ qc** {CENTROTAVOLA, MOTORE, PUZZLE} *etw* zusammen|setzen, *etw* zusammen|stellen **3** (*scrivere*): **~ (qc)** {POEMA} (*etw*) schreiben, (*etw*) verfassen; {VERSI} (*etw*) dichten; **~ in prosa/rima**, ⌊Prosa schreiben⌋/[dichten]; {CANZONE, SINFONIA} (*etw*) komponieren; **~ al pianoforte**, am

Klavier komponieren 4 (*sistemare*) ~ *qc* {CAPELLI} sich (*dat*) *etw* richten, sich (*dat*) *etw* zurecht|machen; {CADAVERE} *etw* zurecht|machen: ~ **qu sulla bara**, jdn aufbahren 5 (*atteggiare*): ~ **il viso a tristezza**, ein trauriges Gesicht machen/aufsetzen 6 *dir* (*conciliare*) ~ *qc* {CONTROVERSIA} *etw* bei|legen 7 *tel* ~ *qc* {NUMERO DI TELEFONO} *etw* wählen: ~ **il prefisso**, die Vorwahl wählen 8 *tip* ~ *qc* {PAGINA} *etw* setzen **B** *itr pron* (*essere costituito*): **comporsi *di qu/qc*** {DI TRE PEZZI} *aus jdm/etw* bestehen, sich *aus jdm/etw* zusammen|setzen: **la famiglia si compone di tre persone**, die Familie besteht aus drei Leuten **C** *rfl* (*ricomporsi*): **comporsi** sich zusammen|reißen, sich zusammen|nehmen: **componiamoci!**, jetzt reißen wir uns mal zusammen!

comportamentale *agg psic* {DEVIANZA, TERAPIA} Verhaltens-.

comportamentismo *m psic* Behaviorismus m, Verhaltensforschung f.

comportamentista <-*i m, -e f*> *mf psic* Behaviorist(in) m(f), Verhaltensforscher(in) m(f).

comportamentistico, (-**a**) <-*ci, -che*> *agg psic* {INDAGINE} behavioristisch, verhaltensforschend.

comportamento *m* 1 (*condotta*) {CORRETTO, SCORTESE; +PERSONA} Verhalten n, Benehmen n: **il tuo ~ è inammissibile**, dein Verhalten ist unzumutbar/unmöglich/unannehmbar; ~ **sessuale**, Sexualverhalten n 2 (*reazione*) {ANOMALO; +ANIMALE, GAS, MOTORE, STELLA} Verhalten n.

comportare **A** *tr* ~ *qc* 1 (*implicare*) {PROGETTO RISCHIO, SPESA; STUDIO IMPEGNO} *etw* mit sich (*dat*) bringen, *etw* voraus|setzen, mit *etw* (*dat*) verbunden sein: ~ **una riduzione di pena**, eine Haftminderung zur Folge haben; **ciò comporta che aumenti la disoccupazione**, das führt dazu, dass die Arbeitslosigkeit zunimmt 2 (*ammettere*) *etw* zu|lassen, *etw* erlauben, *etw* dulden: **il contratto non comporta deroghe**, der Vertrag lässt keine Ausnahmen zu 3 *lett* (*sopportare*) {OFFESA} *etw* erdulden, *etw* hin|nehmen **B** *itr pron* 1 (*condursi*) **comportarsi + compl di modo** (*con*/[*nei confronti di*]/[*verso qu*) {RAGAZZO DIGNITOSAMENTE, CON EDUCAZIONE, IN MODO INECCEPIBILE} sich *irgendwie* (*jdm gegenüber*) benehmen, sich *irgendwie* (*jdm gegenüber*) verhalten: **comportatevi bene!**, benehmt euch (anständig)!; **ti sei comportato come uno sciocco**, du hast dich wie ein Dummkopf verhalten; **come ti saresti comportato al mio posto?**, wie hättest du dich an meiner Stelle verhalten?; **si comporta da maleducato**/[**persona adulta**], er benimmt sich ˌdaneben *fam*ˌ/[wie ein Erwachsener]; **se capitasse a me non saprei come comportarmi**, wenn mir das passieren würde, wüsste ich nicht, wie ich mich verhalten sollte 2 (*reagire*) **comportarsi + compl di modo** {ANIMALE ISTINTIVAMENTE} sich *irgendwie* verhalten, *irgendwie* reagieren: **come si comporta questo metallo sotto sforzo?**, wie reagiert dieses Metall unter Belastung?

comporto *m* 1 *amm* (*proroga*) Aufschub m: **un ~ di tre giorni per saldare il debito**, ein Aufschub von drei Tagen, um die Schulden zu begleichen 2 *dir* (*periodo di* ~) "Zeitraum m, in dem trotz Arbeitsunfähigkeit oder Arbeitsverhinderung des Arbeitnehmers Kündigungsschutz und Anspruch auf Lohnfortzahlung besteht" 3 *ferr* (*attesa*) "Wartezeit f eines Anschlusszuges auf einen verspäteten Zug".

composi 1ª *pers del pass rem di* comporre.

composita *f bot* Komposite f: **le composite**, Kompositen f pl, Korbblütler m pl.

compositivo, (-**a**) *agg* 1 (*di composizione*)

{ARTE, TALENTO} Kompositions- 2 (*facente parte*): **elemento ~**, Bestandteil m, Komponente f, Element n.

composito, (-**a**) **A** *agg* 1 (*eterogeneo*) {OPERA, STILE} heterogen *forb*, uneinheitlich; {MATERIALE} Verbund- 2 *arch* {CAPITELLO, ORDINE} Komposit- **B** *m chim* (*materiale*) Verbundwerkstoff m.

compositoio <-*toi*> *m tip* Winkelhaken m.

compositore, (-**trice**) *m* (f) 1 *mus* {ROMANTICO} Komponist(in) m(f) 2 *tip* (*operaio*) Setzer(in) m(f).

compositrice *f tip* (*macchina*) Setzmaschine f.

composizione *f* 1 (*il formare*) {+ÉQUIPE} Bildung f 2 (*il comporre*) {+MOSAICO} Zusammensetzung f, Zusammenstellung f 3 (*insieme di componenti*) {+COMITATO, GOVERNO} Zusammensetzung f: ~ **chimica di un farmaco**, chemische Zusammensetzung einer Arznei 4 (*risultato del comporre*) Komposition f: ~ **floreale**/[**di fiori**], Blumenkomposition f 5 (*accomodamento*) {AMICHEVOLE; +DISPUTA} Beilegung f, Schlichtung f 6 *arte lett mus* (*opera*) {ALLEGORICA, MODERNA, PROSPETTICA} Komposition f: ~ **per pianoforte**, Komposition f für Klavier; ~ **in versi**, Komposition f in Versen 7 *dir* (*conciliazione*) {+CONTROVERSIA} Beilegung f 8 *fis mat* {BINARIA} Komposition f: ~ **di vettori**, Vektorkomposition f, Vektorzusammensetzung f 9 *ling* (*composto*) {NOMINALE, VERBALE} Komposition f, Wortbildung f 10 *mus* (*arte del comporre*) Komposition f: **insegnare ~**, Komposition lehren 11 *tip* (*operazione*) {ELETTRONICA, MECCANICA} Satz m, Setzen n: ~ **a caldo**/**freddo**, Blei-/Fotosatz m; ~ **a macchina**/**mano**, Maschinen-/Handsetzen n; ~ **di caratteri composti** (Schrift)satz m; ~ **in**/[**su**] **colonne**, gespaltener/zweispaltiger Satz 12 *scuola* (*componimento*) Aufsatz m.

compost <-> *m ingl agr* Kompost m.

composta *f* 1 *agr* (*terriccio*) Kompost(erde) m 2 *gastr* (*confettura*) Kompott n: ~ **di albicocche**, Aprikosenkompott n.

compostaggio <-*gi*> *m agr* Kompostierung f.

compostamente *avv* (*con compostezza*) {SEDERSI} anständig.

compostezza *f* 1 {+ABBIGLIAMENTO, GESTO} Anstand m: **star seduto con ~**, anständig dasitzen 2 *fig* (*sobrietà*) {+LUOGO, PENSIERO} Nüchternheit f 3 {+VITA} Bescheidenheit f.

compostiera *f* Kompottschale f.

composto, (-**a**) **A** *agg* 1 *gener anche chim ling* (*formato da più elementi*) {CORPO, MECCANISMO, SOSTANZA, TEMPO} zusammengesetzt; *bot* {FOGLIA} mehrgliedrig; **frutto ~**, Sammelfrucht f; **fiore ~**, Körbchen n; *fis mat* {FORZA, FUNZIONE, NUMERO} zusammengesetzt; ~ **da**/**di qu**/**qc** {GRUPPO DA/DI SEI PERSONE, OPERA DA/DI SEI VOLUMI} *aus jdm/etw* bestehend; **essere ~ da/di qu/qc**, aus jdm/etw bestehen 2 (*ordinato*) {ABITO, CAPELLI} geordnet, (*posizione*) gesittet, anständig: **cerca di star ~!**, benimm dich bitte!; **star composti a tavola**, sich bei Tisch anständig benehmen 3 (*sistemato*) {SALMA} zurechtgemacht **B** *m gener* {RICOSTITUENTE} Zusammensetzung f *chim* {TERNARIO} Verbindung f: ~ **di addizione**/**coordinazione**, Additions-/Komplexverbindung f; ~ **organico**, organische Verbindung 3 *gastr anche fig* Mischung f: **versare il ~ in una terrina**, die Mischung in eine Schüssel schütten 4 *ling* (*parola composta*) Kompositum n, Zusammensetzung f.

compound <*inv*> *agg ingl tecnol* {COMPRESSORE, LOCOMOTIVA, MOTORE} Compound-.

cómpra → compera.

comprabile *agg* 1 (*acquistabile*) {QUADRO}

käuflich 2 *fig spreg* (*corruttibile*) {ARBITRO} käuflich, bestechlich.

compràre **A** *tr* 1 ~ (*qc*) (*da qu*) {CASA, LIBRO, ecc. DA UN AMICO} (*etw*) (*von jdm*) kaufen; {DAL MACELLAIO} *etw* bei *jdm* kaufen; ~ *qc a qu* {VESTITO A UNA BAMBINA} *jdm etw* kaufen: ~ **bene**/**male**, gut/schlecht einkaufen; **qui non compro più**, hier kaufe ich nie wieder; **signora, mi compri qualcosa!**, gnädige Frau, kaufen Sie mir etwas ab! 2 *fig spreg* (*corrompere*) ~ *qu* (*con qc*) {GIUDICE, TESTIMONE CON IL DENARO} *jdn* (*mit etw dat*) kaufen, *jdn* (*mit etw dat*/*durch etw acc*) bestechen 3 *fig spreg* (*ottenere*) ~ *qc* (*di qu*) {SILENZIO, TITOLO NOBILIARE, VOTO} ~ *etw* (*von jdm*) (er)kaufen; {TESTIMONIANZA} *etw* erkaufen 4 *sport* (*ingaggiare*) ~ *qu* {CENTRAVANTI, DIFENSORE} *jdn* kaufen **B** *rfl intens* 1 (*acquistare per sé*): **comprarsi *qc*** {AUTO, VESTITO, ecc.} sich (*dat*) *etw* kaufen 2 *fig spreg* (*rimediare per sé*): **comprarsi *qc*** {LAUREA, TESTIMONIANZA, VITTORIA} sich (*dat*) *etw* (er)kaufen.

compratóre, (-**trice**) *m* (f) {AVVEDUTO} Käufer(in) m(f).

compravéndita *f dir* (*contratto di ~*) Kauf m, Kaufvertrag m: ~ **con patto di riscatto**, Kaufvertrag mit Wiederkaufsvereinbarung/Wiederkaufsvorbehalt; ~ **con riserva di proprietà**, Kauf m unter Eigentumsvorbehalt; ~ **a termine** *econ*, Termingeschäft n, Terminkaufvertrag m.

comprendènte **A** *part pres di* comprendere **B** *agg* (*che include*) einschließlich, einschließend: **un'offerta ~ due omaggi**, ein zwei (Werbe)geschenke einschließendes Angebot.

comprèndere <*coniug come* prendere> **A** *tr* 1 (*contenere*) ~ *qu*/*qc* {LISTA TUTTI I NOMINATIVI; PREZZO IVA} *jdn*/*etw* in *etw* (*acc*) (mit) ein|schließen, *jdn*/*etw* in *etw* (*acc*) (mit) ein|beziehen, *etw* enthalten, *etw* umfassen: ~ **l'arco di tempo tra le due guerre**, die Zeit zwischen den beiden Weltkriegen umfassen; **questa proprietà comprende anche il frutteto laggiù**, ˌdieses Grundstück umfasst auch denˌ/[zu diesem Grundstück gehört auch der] Obstgarten dort unten 2 (*afferrare*) ~ *qc* {DISCORSO, SIGNIFICATO} *etw* begreifen, *etw* verstehen, *etw* erfassen: **non ne comprendo il motivo**, ich verstehe den Grund dafür nicht, ich sehe den Grund dafür nicht ein; **far ~ la necessità di intervenire subito**, die Notwendigkeit eines sofortigen Eingriffs deutlich/verständlich machen; **compresi finalmente qual era il loro problema**, mir wurde endlich klar, was ihr Problem war 3 (*capire*) ~ (*qu*/*qc*) (*jdn*/*etw*) verstehen, Verständnis (*für jdn*/*etw*) haben: **bisogna ~ la sua inesperienza**, man muss seine/ihre Unerfahrenheit verstehen; **come ti comprendo!**, wie gut ich dich verstehe!; **sforzati di ~!**, versuche ˌzu verstehenˌ/[Verständnis zu haben]! **B** *rfl rec* (*intendersi*): **comprendersi** sich verstehen: **si comprendono alla perfezione**, sie verstehen sich wunderbar.

comprendonio <-*ni*> *m fam scherz* (*intelligenza*) Grips m *fam* ● **essere duro**/**tardo di ~** *fig fam* (*essere poco intelligente*), schwer von Begriff/Kapee *fam* sein.

comprensibile *agg* 1 (*chiaro*) {LINGUAGGIO, TESTO} verständlich: ~ **a tutti**, allgemein verständlich 2 (*giustificabile*) {BISOGNO, REAZIONE} begreiflich, verständlich: **il suo disagio è facilmente ~**, sein/ihr Unbehagen ist ˌleicht zu verstehenˌ/[nur begreiflich].

comprensibilità <-> *f* (*chiarezza*) {+DISCORSO, SCRITTURA} Verständlichkeit f.

comprensibilménte *avv* 1 (*in modo chiaro*) {ESPRIMERSI} verständlich 2 (*per motivi giustificati*) begreiflicherweise, verständ-

licherweise: **era ~ emozionato**, er war verständlicherweise aufgeregt.
comprensióne f **1** (*intendimento*) {+CONCETTO, TESTO} Verständnis n, Verstehen n: **di facile ~**, leicht verständlich; **~ orale/scritta**, Hör-/Leseverständnis n **2** (*indulgenza*) {RECIPROCA} Verständnis n: **hai tutta la mia ~**, du hast mein volles Verständnis n, ich habe volles Verständnis für dich.
comprensivaménte avv **1** (*con comprensione*) {ANNUIRE, SORRIDERE} verständnisvoll **2** (*nell'insieme*) insgesamt, im Ganzen, summa summarum, alles zusammen: **costa ~ un milione**, es/das kostet insgesamt eine Million Euro.
comprensivo, (-a) agg **1** (*indulgente*) {PERSONA} verständnisvoll: **essere ~ con/[nei confronti di] qu**, jdm gegenüber verständnisvoll sein; **essere poco ~ con/[nei confronti di] qu**, wenig Verständnis für jdn haben **2** *anche comm* (*che comprende*) **~ di qc** einschließlich *etw* (gen), *etw* inbegriffen, inklusive *etw* (gen): **~ di IVA**, ⌊einschließlich/inklusive Mehrwertsteuer⌋/[Mehrwertsteuer inklusive]; **prezzo ~ di supplemento**, Preis inklusive Zuschlag; **l'ultimo volume è ~ dell'indice analitico**, der letzte Band schließt das Stichwortregister mit ein.
comprensòrio <-ri> m *amm* (*territorio*) {MONTANO; +DOLOMITI} Gebiet n; {INDUSTRIALE} *anche* Bezirk m.
compresènte agg {FATTORE} mitspielend.
compresènza f {+CONIUGI} gleichzeitige Anwesenheit; {+ELEMENTI} gleichzeitiges Vorhandensein.
comprèso, (-a) agg **1** (*incluso*) einschließlich, inbegriffen: **comprese donne e bambini**, Frauen und Kinder inbegriffen; **fino al 3 ottobre ~**, bis einschließlich 3. Oktober; **trasporto ~**, einschließlich Transport, Transport inbegriffen **2** (*racchiuso*) **tra qc** (**e qc**) zwischen *etw* (dat) (*und etw* dat): **la zona compresa tra i due fiumi**, das Gebiet zwischen den beiden Flüssen **3** (*capito*) **~ da qu**) (*von jdm*) verstanden: **non si sente ~ dagli amici**, er/sie fühlt sich von seinen/ihren Freunden nicht verstanden **4** (*preso*) **~ di qc** {INDIVIDUO DELLA PROPRIA MISSIONE} *von etw* (dat) durchdrungen, *von etw* (dat) erfüllt; {UOMO DI PIETÀ, DI STUPORE} *von etw* (dat) ergriffen, *von etw* (dat) überwältigt; **~ in qc** {PERSONA NEL PROPRIO LAVORO} *in etw* (acc) vertieft, *von etw* (dat) erfüllt • **tutto ~ comm** (*tutto incluso*), alles inbegriffen/inklusive/(*nell'insieme*), insgesamt, im Ganzen, summa summarum, alles zusammen; **il viaggio durerà, tutto ~, dieci giorni**, die Reise wird insgesamt zehn Tage dauern.
comprèssa f **1** *anche farm* (*pastiglia*) {SOLUBILE; +ASPIRINA, DETERSIVO} Tablette f: **~ effervescente**, Brausetablette f; **in compresse**, in Tablettenform, als Tabletten **2** (*pezza di garza*) Kompresse f.
comprèssi 1ª *pers sing del pass rem di comprimere*.
compressìbile agg *fis* {GAS} kompressibel, verdichtbar.
compressibilità <-> f *fis* {+CORPO} Kompressibilität f, Verdichtbarkeit f.
compressióne f **1** (*il comprimere*) Zusammendrücken n, Zusammenpressen n **2** *fis inform tecnol* {IDROSTATICA, LINEARE +LIQUIDO, TESTO, VOLUME} Kompression f, Komprimierung f.
comprèsso, (-a) **A** *part pass di comprimere* **B** agg **1** *gener* {MATERIALE} zusammengedrückt, zusammengepresst **2** *fig rar* (*represso*) {IRA, SDEGNO} unterdrückt **3** *fis tecnol* {GAS, MOTORE} komprimiert, verdichtet; {ARIA} Druck-, Press-.

compressóre A agg (*che comprime*) {CILINDRO, MUSCOLO} Druck-, komprimierend **B** m **1** *tecnol* {RADIALE, VOLUMETRICO} Kompressor m, Verdichter m: **~ alternativo/[a stantuffo]**, Kolbenkompressor m; **~ d'aria**, Luftkompressor m, Luftpresser m; **~ stradale**, (Straßen)walze f **2** *mot* (Auf)lader m, Kompressor m.
comprimàrio, (-a) <-ri m> **A** agg {ATLETA} den Wettkampf entscheidend mitbestimmende(r, s); {MEDICO} stellvertretende(r, s); **attore ~**, zweiter Hauptdarsteller **B** m **1** *fig anche teat* tragende (Neben)rolle, zweiter Hauptdarsteller: **svolge un ruolo da ~**, er spielt eine tragende (Neben)rolle **2** *med* stellvertretender Chefarzt **3** *sport* "den Wettkampf entscheidend mitbestimmender Sportler".
comprìmere <*comprimo, compressi, compresso*> tr **1** (*premere*) **~ qc** {MOLLA, RIFIUTI} *etw* zusammen|drücken, *etw* zusammen|pressen; {METASTASI CERVELLO} *auf etw* (acc) drücken; {VENA} *etw* komprimieren: **comprimersi una ferita con un fazzoletto**, ein Taschentuch auf die Wunde pressen **2** *fig* (*contenere*) **~ qc** {SPESA PUBBLICA} *etw* reduzieren, *etw* ein|schränken, *etw* drücken **3** *fig forb* (*reprimere*) **~ qc** {DESIDERIO, PASSIONE} *etw* bezähmen, *etw* unterdrücken **4** *fis tecnol* (**~ qc**) {FLUIDO} *etw* komprimieren, *etw* verdichten: **~ a caldo**, warm komprimieren **5** *inform* **~ qc** {DATI, FILE} *etw* komprimieren, *etw* verkleinern.
comprimìbile agg **1** (*che può essere compresso*) {BOTTIGLIA DI PLASTICA} komprimierbar, zusammendrückbar **2** *fig forb* (*reprimibile*) {IMPETO, PIANTO} unterdrückbar **3** *fis* {GAS, MATERIALE, SOSTANZA} kompressibel, verdichtbar.
comprimibilità <-> f **1** (*il poter essere compresso*) {+MATERIALE} Komprimierbarkeit f, Zusammendrückbarkeit f **2** *fig forb* (*l'essere reprimibile*) {+EMOZIONE} Unterdrückbarkeit f **3** *fis* {+GAS} Kompressibilität f, Verdichtbarkeit f.
compromésso① m **1** *anche spreg* (*accomodamento*) Kompromiss m: **siamo arrivati/giunti a un ~**, wir haben ⌊uns auf einen Kompromiss geeinigt⌋/[einen Kompromiss geschlossen]; **fare un ~ con qu**, einen Kompromiss mit jdm schließen; **non scendo mai a compromessi con nessuno**, ich lasse mich nie mit jdm auf Kompromisse ein **2** *fig anche spreg* (*fusione*) Mitteilding n *fam*: **un ~ tra classico e moderno**, ein Mitteilding zwischen klassisch und modern *fam* **3** *dir* (*contratto preliminare*) Vorvertrag m **4** *dir* (*accordo sul lodo*) Schiedsgerichtsvereinbarung f • **firmare il ~ per l'acquisto della casa**, den Vorvertrag für den Hauskauf unterschreiben; **~ storico** *polit stor*, historischer Kompromiss.
compromésso②, (-a) **A** *part pass di* compromettere **B** agg **1** (*pregiudicato*) {SITUAZIONE} bedenklich, brenzlig *fam*; {SALUTE} gefährdet, geschädigt; {SUCCESSO} fraglich, gefährdet **2** (*screditato*) {UOMO} kompromittiert **3** (*coinvolto*) **~ ⌊con qu⌋/[in qc]** {PERSONA CON I MALAVITOSI} durch den Umgang/Kontakt *mit jdm/etw* kompromittiert; {IN UN AFFARE LOSCO} *in etw* (acc) verwickelt, *in etw* (acc) hineingezogen.
compromettènte agg {AZIONE, POSIZIONE, PROVA, SITUAZIONE} kompromittierend.
comprométtere <*coniug come* mettere> **A** tr **1** (*pregiudicare*) **~ qc** {AFFARE, AVVENIRE, ONORE, RISULTATO} *etw* gefährden, *etw* aufs Spiel setzen **2** (*privare di credito*) **~ qu** {FAMILIARE} *jdn* bloß|stellen, *jdn* kompromittieren; {RAGAZZA} *jds* Ruf ruinieren **3** (*coinvolgere*) **~ qu con qu/in qc** {COL NEMICO} *jdn* durch den

Umgang *mit jdm* kompromittieren/[ins Gerede bringen]; {IN UN FALLIMENTO} *jdn in etw* (acc) verwickeln, *jdn in etw* (acc) hinein|ziehen **4** *dir* (*deferire a un arbitro*) **~ qc mediante qu** {CONTROVERSIA MEDIANTE ARBITRI} *etw durch jdn* bei|legen **B** rfl: **compromettersi 1** (*screditarsi*) sich bloß|stellen, sich kompromittieren: **con quella dichiarazione mi sono compromesso**, mit jener Erklärung habe ich mich bloßgestellt **2** (*lasciarsi coinvolgere*) **~ con qu/in qc** {IN UN'IMPRESA DISONESTA} sich ⌊mit jdm⌋/[auf etw (acc)] ein|lassen: **non comprometterti con loro!**, lass dich nicht mit ihnen ein!
compromissióne f *lett* **1** (*compromesso*) Kompromiss m **2** (*il compromettersi*) Kompromittieren m.
compromissòrio, (-a) <-ri m> agg **1** (*basato su un compromesso*) {SOLUZIONE} Kompromiss- **2** *dir* (*riferito ad un compromesso*) {CLAUSOLA} Schieds(gerichts)-.
comproprietà f {+TERRENO} Miteigentum n: **l'alloggio è in ~**, die Wohnung hat mehrere Eigentümer.
comproprietàrio, (-a) <-ri m> **A** agg (SOCIETÀ) Mitinhaber- **B** m (f) (+IMMOBILE) Miteigentümer(in) m(f), Mitinhaber(in) m(f).
compròva f (*conferma*) Bestätigung f: **a/in ~**, zur Bestätigung.
comprovàbile agg (*dimostrabile*) {TESI} beweisbar, nachweisbar.
comprovàre tr (*confermare*) **~ qc** {DOCUMENTO DIRITTO} *etw* beweisen, *etw* bestätigen, *etw* nach|weisen.
Comptometer® <-> m *ingl* (*tipo di calcolatrice*) Rechenmaschine f.
compulsàre tr **1** (*consultare*) **~ qc** {ENCICLOPEDIA, MANUALE} *in etw* (dat) nach|schlagen, *etw* konsultieren *forb* **2** *rar* (*citare*) **~ qu** *jdn* vor Gericht ziehen.
compulsióne f *psic* (*impulso*) Zwangshandlung f.
compulsìvo, (-a) agg *psic* {ATTO} Zwangs-.
compùnto, (-a) agg (*contrito*) {ESPRESSIONE} reumütig, reuig, zerknirscht: **con fare ~**, mit zerknirschter Miene, reumütig.
compunzióne f **1** (*afflizione*) Reue f, Zerknirschung f **2** *relig* (*contrizione*) Reue f, Bußfertigkeit f.
computàbile agg (*calcolabile*) berechenbar.
computàre A tr **1** (*calcolare*) **~ qc** {ANNI DI CONTRIBUZIONE, SPESA} *etw* aus|rechnen, *etw* berechnen **2** (*ascrivere*) **~ qc a qu** {SPESA DEL RISCALDAMENTO ALL'INQUILINO} *jdm etw* berechnen **B** itr (*far di conto*) rechnen: **saper ~**, rechnen können.
computazionàle agg *inform* {LINGUISTICA} Computer-.
computazióne f *inform* Berechnung f.
computer <-> m *ingl* Computer m, Rechner m: **~ di bordo**, Bordcomputer m; **personal ~**, Personal Computer m; **~ portatile**, Laptop m, Notebook n, Portable m, Schlepptop n *scherz*.
computer animation <-, - -s pl ingl> loc sost f *ingl film* Computeranimation f.
computer art <-, - -s pl ingl> loc sost f *ingl arte* Computerkunst f.
computer crime <-, - -s pl ingl> loc sost m *ingl* Computerkriminalität f.
computeréṣe m (*linguaggio tecnico*) Computersprache f, Computer-Chinesisch n *scherz*.
computer game <-, - -s pl ingl> loc sost m *ingl* (*videogioco*) Computerspiel n.
computer gràphics <-> loc sost f *ingl inform* Computergrafik f.
computerìstico, (-a) <-ci, -che> agg {INDUSTRIA, TECNOLOGIA} Computer-.

computerizzàre tr (informatizzare) ~ **qc** {ARCHIVIO, PRODUZIONE, REPARTO} etw computerisieren.

computerizzàto, (-a) agg inform {GRAFICA, RICERCA, SUONO} Computer-, computerisiert; {LAVORO, SISTEMA} computergesteuert, computergestützt.

computerizzazióne f Computerisierung f; (azione) anche Computerisieren n.

computer music <- -, - -s pl ingl> loc sost f ingl mus Computermusik f.

computìsta <-i m, -e f> mf Buchhalter(in) m(f).

computistería f Buchhaltung f, Buchführung f.

computìstico, (-a) <-ci, -che> agg {CALCOLO} buchhalterisch.

còmputo m (calcolo) {ESATTO; +COSTI, GIORNI} (Be)rechnung f: **fare il ~ delle entrate e delle uscite**, die Einnahmen und Ausgaben berechnen, Buch führen • **~ ecclesiastico**, Berechnung f des kirchlichen Kalenders.

COMSAT f abbr dell'ingl Communication Satellite (comunicazioni via satellite) "Satellitenkommunikation".

comunàle① agg **1** (municipale) {IMPOSTA} kommunal, Kommunal-, Gemeinde-; {SALA, SEGRETARIO} Gemeinde-; {AMMINISTRAZIONE, CONSIGLIO, TEATRO} Stadt- **2** stor (nel medioevo) {LIBERTÀ} der (italienischen) Stadtstaaten: **l'età/il período ~**, die Zeit der (italienischen) Stadtstaaten.

comunàle② agg **1** (pubblico) {SPAZIO, TERRENO} öffentlich, Gemeinde- **2** (ordinario) gewöhnlich, mittelmäßig, gemein obs.

comunànza f **1** (comunione) {+INTENTI, ORIGINE} Gemeinsamkeit f, Gemeinschaft f: **~ dei beni**, Gütergemeinschaft f **2** lett (comunità) {CIVILE, RELIGIOSA} Gemeinschaft f.

comunàrdo, (-a) stor **A** agg die Pariser Kommune betreffend **B** m (f) Kommunarde m, (Kommunardin f).

comùne① **A** agg **1** (di due o più) {AMMINISTRATORE, CASA, INTERESSE, MURO, SCOPO} gemeinsam, gemeinschaftlich, Gemeinschafts-; {BENE, PROPRIETÀ} anche Gemein- **2** (di tutti) Allgemein-: **l'ambiente è un bene ~**, die Umwelt ⌊ist ein Allgemeingut⌋/[gehört allen] **3** (condiviso) **~ a qu/qc** von jdm/etw geteilt, jdm/etw gemeinsam: **un'esperienza ~ a molti popoli**, eine ⌊von vielen Völkern geteilte⌋/[vielen Völkern gemeinsame] Erfahrung; **~ a pochi/tutti**, wenigen/allen gemeinsam **4** (diffuso) {OPINIONE} allgemein (verbreitet); {INTERIEZIONE} gebräuchlich, geläufig **5** (normale) {ATTREZZATURA, PERSONA} gewöhnlich, normal; {PANE, SALE, VINO ecc.} anche üblich; {STATURA} durchschnittlich; {INGEGNO} anche mittelmäßig **B** m **1** <solo sing> (normalità) Übliche m decl come agg, Gewohnte n decl come agg, Gewöhnliche n decl come agg: **uscire dal ~**, sich vom Norm abheben, außergewöhnlich sein, aus der Reihe tanzen fam **2** mil (marinaio) Matrose m **C** f teat (porta) "zentraler Aus- und Eingang auf der Bühne" • **essere fuori dal/del ~** (essere eccezionale), ungewöhnlich/außergewöhnlich sein; **in ~** (insieme) gemeinsam, zusammen; **avere qc in ~ con qu**, (condividere) {GIARDINO} etw mit jdm ⌊zusammen haben⌋/[teilen], fig (avere affinità), mit jdm gemeinsam haben; **non avere niente/nulla in ~ con qu** fig (non avere nessuna affinità), nichts mit jdm gemeinsam haben; **mettere in ~ qc** (accomunare), etw vereinen, etw verbinden.

comùne② m **1** (ente) {ISOLATO, RICCO} Gemeinde f, Kommune f: **i comuni dell'hinterland**, die Gemeinden des Hinterlandes **2** (amministrazione) Stadt(verwaltung) f, Gemeinde(verwaltung) f: **il ~ di Milano**, die Stadt Mailand; **è un impiegato del ~**, er ist ein Angestellter der Stadt/Gemeinde **3** (sede) Gemeinde f, Rathaus n: **il ~ è accanto alla chiesa**, das Rathaus ist neben der Kirche; **vado in ~**, ich gehe ⌊zur⌋/[zum] Gemeinde, ich gehe aufs/zum Rathaus **4** <solo pl> polit (camera del parlamento inglese): **i Comuni**, Unterhaus n **5** stor (nel medioevo) Stadtstaat m • **sposarsi in ~**, sich standesamtlich trauen lassen.

comùne③ f **1** (comunità) Kommune f, Wohngemeinschaft f, WG f: **vive in una ~ di studenti**, er/sie lebt in einer Studenten-WG **2** polit {AGRICOLA; +CINA} Volkskommune f **3** stor Kommune f: **la Comune di Parigi**, die Pariser Kommune.

comunèlla f (chiave) Hauptschlüssel m • **fare ~** fig (complottare), gemeinsame Sache machen, sich verschwören; fig (formare un crocchio), zusammen⌊glucken⌋ fam.

comuneménte avv **1** (dai più) allgemein, allseits: **è ~ risaputo che...**, es ist allgemein bekannt, dass... **2** (in generale) im Allgemeinen, allgemein, generell: **~ parlando**, allgemein gesprochen.

comunicàbile agg **1** (riferibile) {DATO} mitteilbar **2** (trasmissibile) {SENSAZIONE} übertragbar; {INFEZIONE} anche ansteckbar.

comunicabilità <-> f **1** (l'essere riferibile) {+MESSAGGIO} Mitteilbarkeit f **2** (l'essere trasmissibile) {+PENSIERO, VIRUS} Übertragbarkeit f.

comunicàndo, (-a) m (f) relig Kommunikant(in) m(f); (della prima comunione) (Erst)kommunikant(in) m(f).

comunicànte① agg **1** (in comunicazione) miteinander verbunden: **vani comunicanti tra loro**, miteinander verbundene Räume; **~ con qc** mit qc (dat) verbunden, Verbindungs-: **corridoio ~ con il magazzino**, mit dem Lager verbundener Gang, Verbindungsgang zum Lager **2** anat fis **~ (con qc)** {ARTERIE, VASI} (mit etw dat) kommunizierend.

comunicànte② relig **A** mf (comunicando) Kommunikant(in) m(f) **B** m (sacerdote) (die Kommunion spendender) Priester.

comunicàre <comunico, comunichi> **A** tr **1** (riferire) **~ qc (a qu/qc)** {INDIRIZZO A UN AMICO, NOTIZIA ALLA FAMIGLIA} jdm/etw etw mit⌊teilen: **ti comunico che partirò domani**, ich teile dir mit, dass ich morgen (ab)fahre; (pubblicamente) {RADIO NOME DEL VINCITORE} jdm/etw etw bekannt geben; **il sindacato comunica di aver concluso la trattativa**, die Gewerkschaft gibt bekannt, dass die Verhandlungen abgeschlossen sind **2** (trasmettere) **~ qc (a qu)** {CORAGGIO, GIOIA ALLA GENTE} etw auf jdn übertragen, jdn mit etw (dat) an⌊stecken **3** mecc **~ qc (a qc)** {ENERGIA, MOTO AGLI INGRANAGGI} etw auf etw (acc) übertragen **4** relig **~ qu** {SACERDOTE FEDELE} jdm die Kommunion aus⌊teilen/spenden, jdm das Abendmahl erteilen **B** itr **1** (essere collegato) **~ con qc (attraverso/[per mezzo di] qc)** {GROTTA CON LA SUPERFICIE ATTRAVERSO UN CUNICOLO; STOMACO CON L'INTESTINO ATTRAVERSO IL PILORO} mit etw (dat) (durch etw acc) verbunden sein: **questa porta comunica con l'esterno**, diese Tür führt/geht nach außen; **~ (per mezzo di qc)** {STRADE PER MEZZO DI UN PONTE} (durch etw acc) miteinander verbunden sein; **le due stanze comunicano (tra loro)**, die beiden Zimmer sind miteinander verbunden **2** (scambiare messaggi) **~ con qu (+ compl di modo)** {A CENNI, CON LO SGUARDO, IN ITALIANO} (mit etw (irgendwie)) kommunizieren, sich (mit jdm) (irgendwie) verständigen: **~ per lettera/telefono**, per Brief/Telefon kommunizieren **3** fig (inten-dersi) **~ (con qu)** sich (mit jdm) verständigen, sich (mit jdm) verstehen: **non riusciamo più a ~ (tra noi)**, wir verstehen uns nicht mehr; wir schaffen es nicht mehr, uns zu verständigen **C** itr pron **1** (trasmettersi) **comunicarsi a qu/qc (+ compl di modo)** {CALORE ALL'AMBIENTE; ENTUSIASMO AL PUBBLICO; MALATTIA ALL'UOMO PER CONTAGIO DIRETTO} sich (irgendwie) auf jdn/etw übertragen, sich (irgendwie) aus⌊breiten, sich (irgendwie) verbreiten **2** mecc: **comunicarsi a qc (+ compl di modo)** {MOTO ALLA RUOTA PER INERZIA} sich (irgendwie) auf etw (acc) übertragen **3** relig: **comunicarsi** kommunizieren, zur Kommunion gehen, die Kommunion empfangen.

comunicatìva f (comunicatività) Mitteilsamkeit f, Extrovertiertheit f, Kommunikationsfähigkeit f: **avere ~**, mitteilsam/extrovertiert sein; **non ha molta ~**, er/sie ist nicht sehr mitteilsam/kommunikativ.

comunicatività <-> f (attitudine a comunicare) Kommunikationsfähigkeit f.

comunicatìvo, (-a) agg **1** (estroverso) {CARATTERE, PERSONA} mitteilsam, extrovertiert, kommunikativ **2** anche fig (contagioso) {RISATA, SENTIMENTO} ansteckend; {INFEZIONE} anche übertragbar **3** ling psic (relativo alla comunicazione) {CAPACITÀ, METODO, PROCESSO} Kommunikations-, kommunikativ.

comunicàto, (-a) **A** m (STRAORDINARIO) Meldung f, Bericht m, Kommunique n: **~ commerciale**, Werbespot m; **~ di guerra**, Kriegsbericht m; **~ radio**, Radiobericht m; **~ stampa**, Pressemeldung f; **~ ufficiale**, amtliche Mitteilung, Kommunique m **B** m (f) relig "wer der Kommunion empfangen hat".

comunicatóre, (-trice) m (f) giorn polit {GRANDE} Kommunikator(in) m(f).

comunicazióne f **1** anche ling (scambio di messaggi) {ANIMALE, VERBALE} Kommunikation f: **~ non verbale**, nonverbale Kommunikation **2** (il riferire) {+IDEA, RISULTATO} Mitteilung f, Mitteilen n **3** (informazione) {BREVE, ORALE, SCRITTA} Mitteilung f: **il presidente farà una ~ alla stampa**, der Präsident wird eine Pressemitteilung machen **4** (relazione) Referat n: **preparare una ~ per il congresso**, ein Referat für den Kongress vorbereiten **5** (trasmissione) {+CALORE, ENERGIA} Übertragung f; {+PENSIERO, SAPERE} Weitergeben n, Vermittlung f **6** (collegamento) Verbindung f: **comunicazioni ferroviarie/marittime/stradali**, Eisenbahn-/Schiffs-/Straßenverbindungen f pl **7** (conversazione telefonica) {INTERNA, URGENTE} Gespräch n, (Telefon)verbindung f: **la ~ è stata interrotta**, das Gespräch wurde unterbrochen; **~ interurbana**, Ferngespräch n, Fernverbindung f • **~ giudiziaria** dir stor (informazione di garanzia), "Mitteilung f an den Beschuldigten über die von der Staatsanwaltschaft eingeleiteten Ermittlungen", Ermittlungsbescheid m; **essere in ~**, (in contatto) {PERSONE} in Verbindung sein/stehen; (adiacente) {CAMERE}, verbunden sein; **mettere in ~ qu (con qu)** (in contatto), {COMMERCIALISTA CON UN AVVOCATO, RICERCATORI} jdn (mit jdm) in Verbindung setzen; **mettere in ~ qc (con qc)**, {CORRIDOIO STANZE, STUDIO CON LA BIBLIOTECA} etw (mit etw dat) verbinden; **mettersi in ~ con qu** (in contatto), sich mit jdm in Verbindung setzen, mit jdm in Kontakt treten; **~ di servizio** (in supermercati, stazioni, ecc.), dienstliche Durchsage.

comunióne f **1** (comunanza) {+IDEE, INTERESSI, SENTIMENTI} Gemeinsamkeit f, Gemeinschaft f: **li unisce una ~ spirituale**, eine geistige Gemeinschaft verbindet sie **2** dir (contitolarità di diritti) (Rechts)gemeinschaft f; (contitolarità di diritti reali) {FORZOSA, LEGA-

LE, VOLONTARIA +BENI} (Güter)gemeinschaft f **3** *relig* (*eucaristia*) Kommunion f, Abendmahl n: **fa la ~ tutte le domeniche**, er/sie geht jeden Sonntag zur Kommunion; **prima ~**, Erstkommunion f **4** *relig* (*comunità*) {ANGLICANA, LUTERANA} Gemeinschaft f: ~ **dei fedeli**, Gemeinschaft f der Gläubigen; ~ **dei Santi**, Gemeinschaft f der Heiligen.

comunìsmo m *polit* {SOVIETICO} Kommunismus m.

comunìsta <-*i* m, -*e* f> *polit* **A** *agg* {IDEOLOGIA, LEADER} kommunistisch **B** *mf* Kommunist(in) m(f).

comunità <-> f **1** (*gruppo di persone*) {ISRAELITICA, LINGUISTICA, PARROCCHIALE, SCOLASTICA} Gemeinde f, Gemeinschaft f: ~ **locale**, Ortsgruppe f; ~ **scientifica**, wissenschaftliche (Kommunikations)gemeinschaft **2** (*collettività*) Gemeinschaft f **3** (*centro di recupero*) Rehabilitationszentrum n, therapeutisches Zentrum: **andare in ~**, in ein Rehabilitationszentrum gehen; ~ **alloggio**, Wohngemeinschaft f; ~ **terapeutica**, therapeutische Wohngemeinschaft; **vivere in ~**, in einer (therapeutischen) Wohngemeinschaft leben **4** *dir* (*insieme di soggetti uniti da particolari accordi*) (Staaten)gemeinschaft f: **Comunità Economica Europea** (abbr CEE), Europäische Wirtschaftsgemeinschaft; **Comunità Europea** (abbr CE), Europäische Gemeinschaft; **Comunità Europea del Carbone e dell'Acciaio** (abbr CECA), Europäische Gemeinschaft für Kohle und Stahl, Montanunion f; **Comunità Europea dell'Energia Atomica** (abbr CEEA/EURATOM), Europäische Atomgemeinschaft, Euratom f; ~ **internazionale**, Staatenverbindung f; **Comunità di Stati Indipendenti** (abbr CSI), Gemeinschaft Unabhängiger Staaten ● ~ **montana** *dir*, Gebirgsgemeinschaften f pl; ~ **religiosa** *relig*, {+FRATI CAPPUCCINI} Orden m; (*parrocchia*) Pfarrei f, Kirche f, Religionsgemeinschaft f.

comunitàrio, (-a) <-*ri* m> *agg* **1** (*collettivo*) {LAVORO, VITA} gemeinschaftlich, Gemeinschafts- **2** (*europeo*) {DIRITTO, MERCATO, POLITICA} der Europäischen Gemeinschaft.

comùnque **A** *avv* **1** (*in ogni modo*) auf jeden Fall, jedenfalls, auf alle Fälle: **verrò ~**, ich komme auf jeden Fall; **tu, ~, non dirglielo!**, sag du's ihm auf keinen Fall!; **deve ~ passare prima da noi**, er/sie muss sowieso erst bei uns vorbei(kommen) **2** (*conclusivo*) schließlich, letztlich: ~ **eravate avvisati**, ihr wusstet letztlich Bescheid **B** *cong* **1** (*in qualunque modo*) ~ ... *congv*, wie auch immer ... *ind*, egal wie ... *ind*: ~ **la pensiate, noi realizzeremo il nostro progetto**, wie auch immer/[egal wie] ihr darüber denkt, wir werden unser Projekt realisieren; ~ **sia, abbiamo sbagliato**, wie auch immer, wir haben Fehler gemacht **2** (*però*) dennoch, trotzdem, zwar... aber: **il tennis è divertente, ~ preferisco il calcio**, Tennis macht Spaß, trotzdem gefällt mir Fußball besser **3** (*inoltre*) außerdem, überhaupt: **non è una cosa grave e ~ non sono stato io**, das/[die Sache] ist nicht so schlimm und ₗaußerdem war ich's nicht₁/[überhaupt - ich war's nicht].

con <*col, collo, colla, coi, cogli, colle*> **A** *prep* **1** (*compagnia*) **con** *qu/qc* {CON UN AMICO, CON ANDREA, CON UN CANE} mit *jdm/etw*: **vengo con voi**, ich komme mit euch; **con chi esci?**, mit wem gehst du aus?; **gioca a calcio (insieme) col fratello**, er/sie spielt (zusammen) mit seinem/ihrem Bruder Fußball **2** (*presso*) **con** *qu* bei *jdm*, mit *jdm* zusammen: **abita ancora (insieme) con la madre**, er/sie wohnt noch ₗbei seiner/ihrer Mutter₁/[mit seiner/ihrer Mutter zusammen] **3** (*unione*) **con** *qc* mit *etw* (dat): **arrosto con contorno**, Braten mit Beilage; **si può indossare con la cravatta o senza**, das kann man mit oder ohne Krawatte anziehen; **si presenta sempre con un mazzo di fiori**, er/sie erscheint immer mit einem Blumenstrauß; **una tazza con sotto il piattino**, eine Tasse mit Untertasse **4** (*relazione*) **con** *qu* mit *jdm*: **è fidanzato con Maria**, er ist mit Maria verlobt; **discute con tutti**, er/sie diskutiert mit allen; (*verso*) **con** *qu/qc* bei/zu *jdm/etw*: **è cauto con chiunque**, er ist bei jedem vorsichtig; **è buono con il prossimo/gli animali**, er ist gut zu ₗseinem Nächsten₁/[Tieren]; (*contro*) **con** *qu/qc* gegen *jdn/etw*: **combattere con la burocrazia**, gegen die Bürokratie kämpfen; **te la prendi sempre con lui**, du regst dich immer über ihn auf **5** (*mezzo o strumento*) **con** *qc* mit *etw* (dat): **in città si sposta con l'autobus**, in der Stadt ₗnimmt er/sie immer den Bus₁/[fährt er/sie immer mit dem Bus]; **gioca ancora con le bambole**, sie spielt noch mit Puppen; **l'ho visto coi miei occhi**, ich habe ihn/es mit eigenen Augen gesehen; **con il tuo aiuto ci riuscirò**, mit deiner Hilfe werde ich es schaffen; **con la velocità di un fulmine**, blitzschnell **6** (*modo o maniera*) **con** *qc* {CON IMPEGNO, CON UN SORRISO} mit *etw* (dat): **spaghetti con le vongole**, Spaghetti mit Venusmuscheln; (*se seguito da un agg poss*) zu *etw* (dat); **con mio sommo stupore**, zu meinem größten Erstaunen; (*spesso si traduce con un avv*) **con attenzione**, aufmerksam; **con garbo**, freundlich, behutsam **7** (*qualità*) **con** *qc* mit *etw* (dat): **un uomo** ₗ**coi capelli bianchi**₁/[**con la barba**], ein Mann mit ₗweißen Haaren₁/[Bart]; **un cane col pelo nero**, ein schwarzer Hund, ein Hund mit schwarzem Fell; **alloggio con garage e cantina**, Wohnung mit Garage und Keller; **scarpe coi lacci**, Schuhe mit Schnürsenkeln **8** (*limitazione*) **con** *qc* mit *etw* (dat): **come va con lo studio?**, wie ₗläuft das₁/[geht's mit dem Studium?; **non è in regola con i pagamenti**, er/sie ist mit den Zahlungen im Rückstand **9** (*causa*) **con** *qc* bei *etw* (dat): **con questo caldo non si può uscire**, bei dieser Hitze kann man nicht aus dem Haus gehen; **con la fortuna che ha, vincerà di sicuro**, bei seinem/ihrem Glück gewinnt er/sie sicher **10** (*paragone*) **con** *qu/qc* mit *jdm/etw*: **non puoi paragonarti con lui**, du kannst dich nicht mit ihm vergleichen; **confrontare una copia con l'originale**, eine Abschrift dem Original vergleichen **11** (*circostanza*) **con** *qc* mit *etw* (dat), bei *etw* (dat): **viaggiare col buio/maltempo**, bei Dunkelheit/[schlechtem Wetter] reisen; **con la tua venuta...**, mit deiner Ankunft... **12** (*malgrado*) **con** *qc* trotz *etw* (gen o dat fam): **con tutti i suoi difetti, mi piace**, trotz all seiner Fehler gefällt er/sie mir **13** (*con valore di gerundio*) **finirà col cedere**, er/sie wird schließlich nachgeben; **comincia col fargli presente che...**, mach ihm zunächst mal klar, dass ... **B** *loc cong* (*nonostante*) **con tutto che** ... *ind/congv*, obgleich ... *ind*, obwohl ... *ind*: **con tutto che ha la febbre vorrebbe uscire**, obwohl er/sie Fieber hat, möchte er/sie ausgehen ● **col che** ..., womit ..., damit ...; **e con ciò/questo vi saluto**, damit verabschiede ich mich (von euch); **con ciò/questo?**, na/ja und?

conatìvo, (-a) *agg* {FUNZIONE} persuasiv.

conàto m (*sforzo*) {VANO} Ringen n, Bemühen n; **Versuch m**: ~ **di vomito**, Brechreiz m.

cónca <-*che*> f **1** (*recipiente*) irdener Waschtrog, großer Behälter aus Ton, Bütte f *süddt A CH*: ~ **per il bucato**, (Wasch)trog m **2** (*contenuto*) {+ACQUA} (*vasca*) {+VALUTAIO} Wanne f (*anfora*) Amphore f aus Kupfer, Kupferkrug m **5** *anat* Muschel f: ~ **nasale**, Nasenmuschel f; ~ **auricolare**, Ohrmuschel f **6** *geog* (*bacino*) {AMPIA, VERDE} Becken n, Mulde f, Kessel m ● ~ **di navigazione** *mar*, Schleuse(nkammer) f.

concatenaménto m *anche fig* {STRETTO} +FATTI, IDEE} Verkettung f, Verbindung f.

concatenàre **A** *tr anche fig* (*collegare*) ~ *qc* {ELEMENTI, EVENTI} *etw* verketten, *etw* verbinden **B** *rfl rec fig* (*susseguirsi*): **concatenarsi** (*RAGIONAMENTO*) aufeinander folgen.

concatenazióne f *anche fig* (*connessione*) Verkettung f, Verbindung f: ~ **tra causa ed effetto**, Verbindung f zwischen Ursache und Wirkung, Kausalzusammenhang m; **la ~ delle frasi**, die Verbindung der Sätze.

concàusa f (*causa concomitante*) Neben-, Mitursache f.

concavità <-> f **1** (*l'essere concavo*) {+OSSO} Hohlheit f; {+LENTE, SPECCHIO} Konkavität f **2** (*parte concava*) {+ROCCIA} Aushöhlung f.

còncavo, (-a) **A** *agg* **1** {LENTE, SPECCHIO, VETRO} konkav, Konkav- **2** *anat* {ANGOLO, CURVA, LINEA} stumpf **B** m (*interno di concavità*): ~ **della mano**, die hohle Hand.

concèdere <*concedo, concessi o concedei o concedetti, concesso*> **A** *tr* **1** (*accordare*) ~ *qc* (*a qu*) {APPUNTAMENTO, BENEFICIO, PROROGA, SUSSIDIO} (*jdm*) *etw* gewähren, (*jdm*) *etw* zu|gestehen; {BIS} (*jdm*) *etw* geben; {PRESTITO} (*jdm*) *etw* gewähren, (*jdm*) *etw* ein|räumen; {BANCA MUTUO} *jdm etw* bewilligen: ~ **la grazia a un condannato**, einen Verurteilten begnadigen; **mi conceda un po' di tempo**, geben Sie mir ein bisschen Zeit **2** (*rilasciare*) ~ *qc* (*a qu*) {PERMESSO AL RICHIEDENTE} (*jdm*) *etw* erteilen; {INTERVISTA ALLA STAMPA} (*jdm*) *etw* geben **3** (*dare*) ~ *qc* (*a qu*) (*in qc*) {APPARTAMENTO IN AFFITTO, IN USO} *jdm etw* (*zu etw dat*) überlassen **4** (*permettere*) ~ *qc a qu jdm etw* erlauben: **gli hanno concesso di uscire prima**, sie haben ihm erlaubt, vorher hinauszugehen **5** (*ammettere*) ~ *qc etw* zu|geben, *etw* zu|gestehen: **concediamo pure che...**, geben wir ruhig zu, dass ... **6** (*riconoscere*) ~ *qc a qu jdm etw* zu|geben, *jdm etw* zu|gestehen, *jdm in etw* (dat) Recht geben: **lei ha fatto sempre quello che ha potuto, questo glielo concederete ...**, sie hat immer getan, was sie konnte, das ₗwerdet ihr ihr wohl zugestehen₁/[müsst ihr ihr lassen] **B** *rfl* **1** (*darsi*): **concedersi a qu** {DONNA A TUTTI} sich *jdm* hin|geben; *fig* {STAR AI FOTOGRAFI} sich *von jdm* fotografieren lassen **2** (*permettersi*): **concedersi qc** {PIACERE, SVAGO, VACANZA} sich (dat) *etw* gönnen; {SOSTA} *anche* sich (dat) *etw* erlauben: **si è concesso di far slittare la partenza di un giorno**, er hat sich erlaubt, die Abfahrt um einen Tag zu verschieben.

concelebrànte *mf relig* Konzelebrant(in) m(f).

concelebràre *tr relig* ~ *qc* {MESSA} *etw* konzelebrieren.

concelebrazióne f *relig* Konzelebration f.

concentraménto m *anche econ mil* {CAPITALI, FORZE, INTERESSI} Konzentration f: ~ **di artiglieria**, Artilleriekonzentration f.

concentràre **A** *tr* **1** *far convergere*) ~ *qc* (+ *compl di luogo*) {LENTE RAGGI DEL SOLE IN UN PUNTO} *etw* (*irgendwo*) bündeln; *mil* {FUOCO SUL NEMICO} *etw* (*irgendwohin*) konzentrieren; {TRUPPE LUNGO LE MURA} *etw* (*irgendwo*) zusammen|ziehen; *fig* {RICERCA FILOSOFICA INTORNO A TRE SCUOLE DI PENSIERO} *etw* (*auf etw acc*) konzentrieren: **in questo libro è concentrato tutto il sapere dell'epoca**, in diesem Buch ist das ganze Epochenwissen zusammengefasst **2** *fig* (*dirigere*) ~ *qc* (*a/su qc*) {ATTENZIONE SUL PUBBLICO, I PROPRI SFORZI A UN INTENTO} *etw* (*auf etw acc*) konzentrieren, *etw* (*auf etw acc*) richten; {FINANZIAMENTI SU UN PROGETTO} *etw in etw* (acc) stecken **3** *chim* ~ *qc* {SOLUZIONE} *etw* konzentrieren **4** *gastr* ~ *qc* {SUGO} *etw* ein|kochen **B** *itr pron* **1** (*affluire*): **concentrarsi +** ***compl di luogo*** {CORTEO IN PIAZZA} sich *irgendwo* sammeln, *irgendwo* zusammen|laufen **2** (*assommarsi*): **concentrarsi +** ***compl di luogo*** sich *irgendwo* sammeln, sich *auf etw* (acc) konzentrieren: **in questa facoltà si concentra un decimo degli studenti**, auf diese Fakultät konzentriert sich ein Zehntel der Studenten **C** *rfl* (*fissare l'attenzione*): **concentrarsi** (*in/su qc*) {NELLA LETTURA, SU UN PROBLEMA} sich (*auf etw* acc) konzentrieren, sich (*in etw* acc) vertiefen: **oggi non riesco a concentrarmi!**, heute kann ich mich nicht konzentrieren!

concentràto, (-a) **A** *agg* **1** (*assorto*) ~ (*in/su qc*) (*auf etw* acc) konzentriert, (*in etw* acc) vertieft: **essere tutto** ~, völlig vertieft sein **2** *fig* (*intenso*) {IRA, PASSIONE} heftig **3** *chim* {SOLUZIONE} konzentriert **4** *gastr* {SALSA} konzentriert, eingekocht **B** *m* **1** *fig* Häufung f: **è un** ~ **di stupidità**, er/sie ist ein Ausbund an Dummheit *anche spreg o iron*; **questo articolo è un** ~ **di menzogne**, dieser Artikel ist eine einzige Lüge **2** *chim* Konzentrat n **3** *gastr* {DOPPIO} Konzentrat n, Extrakt m: ~ **di pomodoro**, Tomatenmark n.

concentrazióne f **1** (*raggruppamento*) {+MEZZI, PARTITI} Konzentration f, Ansammlung f **2** *fig* (*impegno*) {MENTALE} Konzentration f: **ho bisogno di molta** ~, ich muss mich sehr konzentrieren **3** *chim* {NORMALE, MOLECOLARE; +SOLUZIONE} Konzentrierung f **4** *econ* {ORIZZONTALE, VERTICALE} Konzentration f: ~ **di capitali**, Kapitalkonzentration f **5** *polit* {ORGANISMO UNITARIO} {ANTIFASCISTA} Zusammenschluss m, Einheitsfront f.

concentrazionìsmo m *econ* Unternehmenskonzentration f.

concentricità <-> f *mat* (*in geometria*) Konzentrizität f.

concèntrico, (-a) <-*ci*, -*che*> *agg mat* (*in geometria*) {FIGURE, SFERE} konzentrisch.

concepìbile *agg* {IDEA} vorstellbar, fassbar: **non è** ~ **che ...**, es ist nicht zu fassen, dass ...

concepibilità <-> f {+PENSIERO, PROGETTO} Fassbarkeit f, Vorstellbarkeit f.

concepimènto m **1** {+FIGLIO} Empfängnis f **2** *fig* {+OPERA, PIANO} Entwerfen n.

concepìre <*concepìsco*> *tr* **1** (*generare*) ~ (**qu**) {FIGLIO} (*jdn*) empfangen, (*jdn*) konzipieren *scient* **2** *fig* (*ideare*) ~ *qc* {PROGETTO, STORIA} sich (dat) *etw* aus|denken, *etw* konzipieren, sich (dat) *etw* ersinnen *forb*; {IDEA} *etw* entwickeln: **il testo è concepito in modo che...**, der Text ist so konzipiert, dass ...; **il piano è stato concepito per/[in vista di] uno sviluppo futuro**, der Plan ist im Hinblick auf eine zukünftige Entwicklung hin konzipiert *forb*; **hanno concepito un sistema per garantire una resa ottimale**, sie haben ein System entwickelt, das eine optimale Leistung garantiert **3** *fig* (*capire*) ~ *qc etw* begreifen, *etw* verstehen: **non riesce a** ~ **tanta arroganza**, so viel Arroganz ˌkann erˌ/sie sich nicht vorstellenˌ/[ist ihmˌ/ihr unbegreiflich] **4** *fig* (*immaginare*) ~ *qc* sich (dat) *etw* vor|stellen: **non posso** ~ **che agisca in questo modo**, ich kann mir nicht vorstellen, dass er/sie sich so verhält **5** *fig* (*interpretare*) ~ *qc* (*come qc*) {INSEGNAMENTO COME UNA MISSIONE} *etw* (*als etw* acc) auf|fassen, *etw* (*als etw* acc) sehen: **il modo di** ~ **l'amiciziaˌ/la vita**, die Auffassungˌ/das Verständnis ˌvon Freundschaftˌ/[vom Leben] **6** *fig* (*nutrire*) ~ *qc* (*per qu*) {AFFETTO, ODIO, STIMA} *etw* (*für jdn*) {DESIDERIO} *etw* verspüren; {SOSPETTO} *etw* (*gegen jdn*) hegen.

concepìto, (-a) **A** *agg* **1** (*generato*) ~ (+ ***compl di modo***) {FETO IN PROVETTA} (*irgendwie*) erzeugt **2** *fig* (*ideato*) konzipiert: **un'opera mal concepita**, ein schlecht konzipiertes Werk **B** *m* (f) Erzeugte mf *decl come agg*, Leibesfrucht f.

concerìa f Gerberei f.

concèrnere <*difet non usato al pass rem, part pass e tempi composti*> *tr* (*riguardare*) ~ **quˌ/qc** {DISCUSSIONE BILANCIO} *jdnˌ/etw* an|gehen, *jdnˌ/etw* betreffen: **è un problema che non La concerne**, das Problem betrifft Sie nicht; **per quanto mi concerne ...**, was mich angeht ...; **per quantoˌ/[quel che] concerne il pagamento...**, was die Bezahlung angeht, ...; **il contratto concernente l'acquisto dell'immobile non è valido**, der ˌden Immobilienkauf betreffendeˌ Vertragˌ/[Immobilienkaufvertrag] ist ungültig.

concertànte *agg mus* {DUO, STRUMENTO} konzertant.

concertàre A *tr* **1** (*concordare*) ~ *qc* (*con qu*) {DECISIONE} *etw* in Übereinstimmung *mit jdm* treffen; {PROGETTO, TRUFFA CON UN AMICO} *etw* (*mit jdm*) planen, *etw* (*mit jdm*) aus|hecken *fam* **2** *mus* (*preparare*) ~ *qc* {PRELUDIO, SINFONIA, SPARTITO} *etw* ein|studieren; (*armonizzare*) ~ *qc* (*con qc*) {ARCHI CON FIATI} *etw* (*mit etw* dat) (ein|)stimmen **B** *rfl rec* (*accordarsi*): **concertarsi** (*su qc*) {CAPI DI STATO SUGLI AIUTI AL TERZO MONDO} sich (*über etw* acc) beraten, sich (*über etw* acc) einigen: **i suoi amici si concertarono per aiutarlo**, seineˌ/ihre Freunde sprachen sich ab, um ihm zu helfen.

concertàto, (-a) **A** *agg* **1** (*stabilito*) {LUOGO} verabredet; {AZIONE} konzertiert *forb*; {SOLUZIONE} übereinstimmend **2** *mus* {PEZZO} Konzert- **B** *m mus* Concertato n.

concertatóre, (-*trice*) *mus* **A** *agg* {MAESTRO} Konzert-, Kapell- **B** *m* Kapellmeister m.

concertazióne f **1** (*preparazione*) {+PIANO D'ATTACCO} Planung f **2** *mus* {+OPERA LIRICA} Einstudierung f; (*armonizzazione*) {+STRUMENTI} (Ein)stimmen n **3** *econ polit* Mitbestimmung f.

concertìno <*dim di concerto*> m *mus* **1** (*intrattenimento musicale*) Concertino n **2** (*gruppo di suonatori*) Musikband f **3** (*componimento*) Concertino n, Konzertstück n **4** (*strumenti solisti*) Concertino n.

concertìsta <-*i* m, -*e* f> mf *mus* {NOTO} Solist(in) m(f).

concertìstico, (-a) <-*ci*, -*che*> *agg* {PROGRAMMA, STAGIONE, STILE} Konzert-.

concèrto m **1** (*spettacolo*) {LIRICO, SOLISTICO, ROCK} Konzert n: **domani andiamo al** ~, morgen gehen wir insˌ/zum Konzert; **la filarmonica dàˌ/tiene un** ~, die Philharmonie gibt ein Konzert; **i Rolling Stones in** ~, die Rolling Stones in concert **2** (*composizione*) Konzert n: ~ **grosso**, Concerto grosso n; ~ **in re minore per violino e orchestra**, Konzert n in d-Moll für Geige und Orchester **3** (*orchestra*) Orchester n **4** *fig anche scherz* (*complesso di suoni*) {+GRIDA, RAGLI} Konzert n: ~ **di campane**, Glockenkonzert n; **senti un po' che bel** ~**!** *scherz*, hör mal, was für ein schönes Konzert! *scherz* **5** *fig forb* (*intesa*) Einvernehmen n: **agire di** ~ **con qu**, im Einvernehmen mit jdm handeln.

concèssi 1[a] *pers sing del pass rem di* concedere.

concessionària f *comm* (*ditta*) Vertretung f: **una** ~ **FIAT**, eine FIAT-Vertretung.

concessionàrio, (-a) <-*ri* m> **A** *agg* **1** *comm* (*di vendita esclusiva*): **impresa concessionaria**, Vertragsfirma f, Alleinvertreiber m **2** *dir*: **società concessionaria del servizio taxi**, Gesellschaft f mit einer Konzession für Taxiunternehmen **B** m **1** *comm* (*rivenditore*) {+CASA AUTOMOBILISTICA, MARCA DI ELETTRODOMESTICI} Vertrags-, Einzel-, Direkthändler m **2** *dir* Konzessionsinhaber(in) m(f), Berechtigte mf *decl come agg*, Konzessionär m **3** *dir* (*nella concessione di vendita*) Vertragshändler(in) m(f).

concessióne f **1** (*il concedere*) {+GRAZIA, PROROGA} Gewährung f, Zugeständnis n; {+MUTUO} *anche* Bewilligung f, Einräumung f **2** (*rilascio*) {+PERMESSO} Erteilung f; {+LICENZA} Bewilligung f, Vergabe f **3** (*atto condiscendente*) Konzession f, Zugeständnis n: **fare troppe concessioni a qu**, ˌan jdnˌ/[jdm] zu viele Zugeständnisse machen; **per gentile** ~ **di qu**, dank des freundlichen Zugeständnisses *von jdm*/+ *gen* **4** *dir* {AMMINISTRATIVA} behördliche Erlaubnis/Bewilligung/Genehmigung; {+ESERCIZIO DELL'IMPRESA} Konzession f, Gewerbeerlaubnis f, Gewerbezulassung f; {+DIRITTO} Einräumung f, Gewährung f, Verleihung f: ~ **di beni del demanio**, behördliche Erlaubnis zur Sondernutzung von öffentlichen Sachen, Sondernutzungserlaubnis f; ~ **della cittadinanza** (*naturalizzazione*), Einbürgerung f; ~ **edilizia**, Baugenehmigung f; ~ **governativa**, staatliche Genehmigung ● ~ **di vendita** *dir* (*contratto di* ~), Vertragshändlervertrag m.

concessìva f *ling* **1** (*proposizione*) Konzessivsatz m **2** (*congiunzione*) konzessive Konjunktion.

concessìvo, (-a) *agg* **1** *amm* {DECRETO, PROVVEDIMENTO} Konzessions- **2** *gramm* {CONGIUNZIONE} konzessiv {PROPOSIZIONE} Konzessiv-.

concèsso *part pass di* concedere.

concettìsmo m *lett* Konzeptismus m.

concètto m **1** (*idea*) {ASTRATTO, FONDAMENTALE} Begriff m, Gedanke m: **non ho afferrato il** ~, ich habe den Gedanken nicht begriffen; **un** ~ **rivoluzionario, che ha radicalmente modificato il modo di lavorare**, ein revolutionäres Konzept, das die Arbeitsweise grundlegend verändert hat **2** (*giudizio*) Begriff m, Meinung f, Vorstellung f: **ha un alto** ~ **di sé**, er/sie hat eine hohe Meinung von sich (dat); **farsi/formarsi un** ~ **di qc**, sich (dat) eine Vorstellung von etw (dat) machen; **vi siete fatti un** ~ **sbagliato di lui**, ihr habt euch von ihm ˌeine falsche Vorstellungˌ/[einen falschen Begriff] gemacht **3** (*visione*) Auffassung f, Konzeption f: **ha un** ~ **di amicizia piuttosto singolare**, seine/ihre Auffassung von Freundschaft ist recht eigenartig **4** *filos* {ELEMENTARE, KANTIANO, LOGICO; +GIUSTIZIA, LIBERTÀ} Begriff m: ~ **del bene e del male**, Begriff m des Guten und des Bösen; ~ **puro**, reiner Begriff; ~ **di spazio e tempo**, Begriff m von Raum und Zeit ● **essere in** ~ **di santità** *lig* (*avere fama di santo*), im Rufe der Heiligkeit stehen.

concettosità <-> f **1** (*complessità*) Komplexität f, Vielschichtigkeit f **2** (*ricercatezza*) Gesuchtheit f, Manieriertheit f *forb spreg*, Preziosität f *forb*.

concettóso, (-a) *agg* **1** (*ricco di concetti*) {DISCORSO} geistreich, gedankenreich, dicht **2** (*ricercato*) {STILE} gesucht, manieriert *forb spreg*, preziös *forb*.

concettuàle *agg* {CATEGORIA, ERRORE} begrifflich, Begriffs-; {ARTE} Konzept-.

concettualìsmo m *filos* Konzeptualismus m.

concettualìsta <-*i* m, -*e* f> mf *filos* Konzeptualist(in) m(f).

concettualizzàre *tr* (*ridurre in concetti*) ~ *qc etw* konzeptualisieren.

concezionàle agg konzeptionell.
concezióne f 1 (*concepimento*) {+BAMBINO} Empfängnis f 2 fig (*ideazione*) {+PIANO, POEMA} Entwerfen n, Ausdenken n, Ersinnen n forb 3 fig (*visione*) {MODERNA, STRANA +MATRIMONIO, VITA} Auffassung f, Konzeption f: ~ **del mondo**, Weltbild n, Weltanschauung f • **l'Immacolata Concezione** *relig* (*dogma*), Unbefleckte Empfängnis; (*festa*), Fest n der Unbefleckten Empfängnis.
conchìglia f 1 {BIVALVE, FOSSILE} Muschel f 2 <solo pl> *gastr* "muschelförmige Nudelsorte" 3 *arch* Muschelwerk n 4 *metall* (*stampo*) Gießform f, Kokille f 5 *sport* (*protezione*) Tiefschutz m, Suspensorium n.
conchilìfero, (-a) agg *geol* {CALCARE, ROCCIA} muschelreich.
conchilifórme agg muschelförmig, musch(e)lig.
conchiùdere e deriv → **concludere** e deriv.
cóncia <-ce> f 1 (*lavorazione*) {MINERALE, MISTA; +CUOIO} Gerbung f: ~ **all'allume/[in alluda]**, Alaun-/Weißgerbung f; ~ **in fossa**, Grubengerbung f 2 (*trattamento*) {+TABACCO, VINO} Fermentation f; {+SEMENTI} Beizen n; {+FIBRE TESSILI} anche Gerben n 3 (*conciante*) Gerbmittel n 4 obs (*conceria*) Gerberei f.
conciànte A agg {SOSTANZA} gerbend, Gerb- B m Gerbmittel n.
conciàre <concio, conci> A tr 1 (*lavorare*) ~ **qc** {PELLI} etw gerben 2 (*trattare*) ~ **qc** {OLIVE, TABACCO} etw fermentieren; {SEMI} etw beizen; {PELLE} etw gerben; {CANAPA, LINO} etw rösten 3 fig fam (*ridurre in cattivo stato*) ~ **qu/qc** jdn/etw (übel) zurichten, etw versauen volg: **vi hanno conciato proprio male!**, sie haben euch wirklich übel zugerichtet!; **solo tu riesci a ~ così i libri/la cucina!**, nur du schaffst es, die Bücher/Küche so [zu versauen volg]/[übel zuzurichten]! 4 *tecnol* (*squadrare*) ~ **qc** {GEMMA, MARMO, PIETRA} etw bearbeiten B rfl: **conciarsi + compl di modo 1** (*vestirsi male*) sich geschmacklos anziehen, *irgendwie* daher|kommen fam: **si concia da/[come un] barbone**, er/sie ₍zieht sich an₎/[kommt daher fam] wie ein Penner; **si concia sempre in un modo!**, der/die kommt vielleicht immer daher! fam, der/die zieht sich vielleicht immer an! 2 (*sporcarsi*) sich schmutzig machen: **guarda come ti sei conciato!**, wie siehst du denn aus!
conciàrio, (-a) <-ri m> A agg {INDUSTRIA} Gerb- B m (f) (*tecnico*) Gerber(in) m(f).
conciatóre, (-trice) m (f) Gerber(in) m(f).
conciatùra f 1 {+CUOIO} Gerbung f; (*azione*) anche Gerben n 2 {+TABACCO} Fermentation f.
concierge <-, -s pl franc> mf franc (*portiere*) Concierge mf.
conciliàbile agg ~ (**con qc**) {INTERESSE CON IL LAVORO} (*mit etw dat*) vereinbar: **proposte difficilmente conciliabili fra loro**, schwer vereinbare/[zu vereinbarende] Vorschläge.
conciliabilità <-> f Vereinbarkeit f: ~ **della ragione con l'istinto**, Vereinbarkeit f von Vernunft und Instinkt.
conciliàbolo m {FITTO; +COSPIRATORI, PETTEGOLE} heimliche Zusammenkunft.
conciliànte agg {ATTEGGIAMENTO, PERSONA} versöhnlich, konziliant forb.
conciliàre[1] <concilio, concili> A tr 1 (*armonizzare*) ~ **qc** (**con qc**) {DOVERE CON IL PIACERE} etw (*mit etw dat*) vereinbaren, etw (*mit etw dat*) in Einklang bringen; {OPINIONI} etw ₍in Einklang₎/[unter einen Hut fam] bringen: ~ **lavoro e famiglia**, Arbeit und Familie ₍miteinander₎/[unter einen Hut fam] bringen 2 (*rappacificare*) ~

qu/qc {RIVALI, ANIMI} jdn/etw versöhnen 3 (*favorire*) ~ **qc** (**a qu**) {TELEVISIONE SONNO} etw (*bei jdm*) fördern; {MOTO APPETITO} etw (*bei jdm*) an|regen; ~ **qc a qu** {BENEVOLENZA DI QU, STIMA DI QU} jdm etw ein|tragen 4 dir (*promuovere un accordo*) ~ **qu** {LE PARTI} zwischen jdm vermitteln, eine Einigung zwischen jdm erzielen; (*nel diritto del lavoro*) zwischen jdm schlichten 5 dir (*comporre*) ~ **qc** {CONTROVERSIA} etw bei|legen 6 dir (*pagare*) ~ (**qc**) {CONTRAVVENZIONE, SANZIONE PECUNIARIA} etw (freiwillig) (be)zahlen B itr pron (*armonizzarsi*): **conciliarsi** (**con qc**) {PREPOTENZA CON LA SUPERBIA} (*mit etw dat*) in Einklang stehen, (*mit etw dat*) überein|stimmen: **ciò che dice mal si concilia con ciò che fa**, was er/sie sagt, stimmt mit seinen/ihren Taten wenig überein; **i loro programmi si conciliano perfettamente**, ihre Pläne stimmen vollkommen überein C rfl 1 (*rappacificarsi*): **conciliarsi con qu** {CON L'EX-MOGLIE, CON UN NEMICO} sich (*mit jdm*) versöhnen, sich (*mit jdm*) einigen 2 (*conquistarsi*): **conciliarsi qc** {AFFETTO DI QU, SIMPATIA DI QU} sich (dat) etw erwerben, etw gewinnen D rfl rec (*mettersi d'accordo*): **conciliarsi** sich einigen, sich versöhnen: **finalmente le due parti si sono conciliate** (**fra loro**), endlich haben sich die beiden Streitparteien versöhnt/(untereinander) geeinigt.
conciliàre[2] A agg {DOTTRINA, SESSIONE} Konzil(s)- B m Konzilsvater m.
conciliatìvo, (-a) agg {DISCORSO} versöhnlich, konziliant forb; {AZIONE} Schlichtungs-, schlichtend, versöhnend.
conciliatóre, (-trice) A agg {ARBITRO, INTERVENTO} schlichtend, vermittelnd, versöhnend B m (f) Vermittler(in) m(f), Versöhner(in) m(f) C m dir stor (*giudice* ~) Friedensrichter m.
conciliatòrio, (-a) <-ri m> agg (*conciliativo*) {ATTO, PAROLE} versöhnlich, versöhnend.
conciliazióne f 1 (*accordo*) {+AVVERSARI} Versöhnung f; {+INTERESSI} Vereinbarung f: ~ **tra tesi opposte**, Ausgleich m zwischen entgegengesetzten Positionen 2 dir (*promozione di un accordo*) Vermittlung f, Einigung f; (*nel diritto del lavoro*) Schlichtung f: **tentativo di ~**, Schlichtungsversuch m 3 dir (*composizione*) {+CONTROVERSIA} Beilegung f 4 dir (*pagamento*) {+CONTRAVVENZIONE, SANZIONE PECUNIARIA} (freiwillige) (Be)zahlung f • **la Conciliazione** stor (*Patti Lateranensi*), die Lateranverträge m pl.
concìlio <-li> m 1 relig: ~/**Concilio**, {DIOCESANO, ECUMENICO, PROVINCIALE} Konzil n; **il Concilio** ₍di Nicea₎/[Niceno], das Nizäische Konzil; **il Concilio di Trento**, das Tridentinische/Trienter Konzil; **il Concilio Vaticano II**, das 2. Vatikanische Konzil 2 fig scherz (*adunanza*) Versammlung f: **riunirsi in ~ segreto**, sich geheim versammeln, geheim zusammenkommen.
concimàia f Dunggrube f.
concimàre tr ~ **qc** {CAMPO, ORTO} etw düngen.
concimazióne f {+TERRENO} Düngung f.
concìme m Dünger m, Düngemittel n: ~ **chimico/organico**, chemischer/organisch-biologischer Dünger.
concimièra f (*attrezzo*) Kompostieranlage f.
cóncio[1] <-ci> m arch (*pietra squadrata*) {INCASTRATO} Quader m.
cóncio[2], (-a) <-ci, -ce> agg 1 (*lavorato*) {PELLE} gegerbt 2 (*trattato*) {OLIO} fermentiert 3 fig region (*malridotto*) zugerichtet: **guardate com'è ~!**, seht mal, wie er zugerichtet ist!
concionàre lett rar A tr 1 (*arringare*) ~

qu {FOLLA} eine Ansprache an jdn halten 2 iron (*enfatizzare*): ~ **una declamazione su qc**, mit Pathos über etw (acc) sprechen B itr 1 (*arringare*) eine Ansprache halten 2 iron (*fare sermoni*) predigen fam.
concióne f 1 (*arringa*) Ansprache f 2 iron (*sermone*) Predigt f, Sermon m obs: **tenere una ~ a qu**, jdm eine Predigt halten fam, jdm den Kopf waschen fam.
concisaménte avv {ESPRIMERSI} (kurz und) bündig.
concisióne f Bündigkeit f, Gedrängtheit f, Kürze f: **con ~**, (kurz und) bündig.
concìso, (-a) agg {DISCORSO} kurz, bündig; {STILE} konzis, knapp; {PROSATORE} konzis schreibend, sich kurzfassend.
concistoriàle agg relig konsistorial.
concistòro m 1 relig {PUBBLICO, SEGRETO} Konsistorium n; (*luogo*) Versammlungsort m des Konsistoriums 2 fig iron (*consesso*) Versammlung f.
concitaménto m lett (*agitazione*) Aufregung f, Erregung f.
concitataménte avv {PARLARE} aufgeregt, leidenschaftlich; {MUOVERSI} erregt.
concitàto, (-a) agg (*agitato*) {VOCE} aufgeregt, erregt: **entrò tutto ~**, er kam ganz aufgeregt herein.
concitazióne f (*agitazione*) Aufregung f, Erregung f: **parlare con grande ~**, ₍mit großer Erregung₎/[leidenschaftlich] sprechen.
concittadìno, (-a) m (f) Mitbürger(in) m(f).
conclamàre tr lett (*acclamare*) ~ **qu** jdn proklamieren, jdn aus|rufen.
conclamàto, (-a) agg med (*manifesto*) {AIDS, SINTOMATOLOGIA} manifest.
conclàve m relig Konklave n: **riunirsi in ~**, sich in dem Konklave versammeln.
concludènte agg 1 (*convincente*) {RAGIONAMENTO} schlüssig, überzeugend 2 (*che raggiunge lo scopo*) {ESPERIMENTO} erfolgreich(e, r, s): **mio fratello è una persona ~**, mein Bruder ₍bringt viel zuwege₎/[stellt viel auf die Beine].
conclùdere <concludo, conclusi, concluso> A tr 1 (*finire*) ~ **qc** (**con qc**) {SERVIZIO MILITARE, TIROCINIO CON UN ESAME, VACANZE} etw (*mit etw dat*) beenden; {ARRINGA, DISCORSO CON UNA BATTUTA SCHERZOSA} etw (*mit etw dat*) (ab)schließen; {INCHIESTA CON UN ARRESTO, LAVORO, LETTERA} anche etw (*mit etw dat*) zu Ende führen; {CURATORE LIBRO CON UNA POSTFAZIONE} etw (*mit etw dat*) ab|schließen, etw (*mit etw dat*) beenden; {STUDI} anche etw ab|solvieren: **conclùse (la discussione) dandomi ragione**, er/sie schloss (die Diskussion) damit, dass er/sie mir Recht gab 2 (*portare a termine*) ~ **qc** (**con qu**) {TRATTATO, VERTENZA CON IL SINDACATO} etw (*mit jdm*) (ab)schließen; {PACE, PATTO CON IL NEMICO} etw (*mit jdm*) schließen; {AFFARE CON UN CLIENTE} etw (*mit jdm*) ab|schließen; {ALLEANZA POLITICA} etw (*mit jdm*) ein|gehen 3 (*combinare*) ~ (**qc**) etw zustande bringen, etw erreichen: **non ho concluso nulla**, ich habe nichts zustande gebracht; **studia molto ma non conclude**, er/sie lernt viel, aber er/sie erreicht nichts 4 (*desumere*) ~ **qc** (**da qc**) etw aus etw (dat) schließen: **cosa possiamo ~ da questa affermazione?**, was können wir aus dieser Bemerkung schließen?; ~ **che ...**, schließen, dass...; folgern, dass...; zu dem Schluss kommen, dass...; **da ciò si conclude che ...**, daraus ist zu schließen, dass ...; **concludemmo che...**, wir kamen zu dem Schluss, dass... B itr (*essere convincente*) schlüssig/überzeugend sein: **sono tutti discorsi che non concludono**, diese Reden ₍überzeugen alle nicht₎/[sind alle nicht

schlüssig] **C** itr pron **1** (*giungere alla fine*): **concludersi** (+ **compl di tempo**) {RIUNIONE IERI, *irgendwann* fa) enden, (*irgendwann*) schließen: **l'incontro si è concluso all'insegna dell'ottimismo**, das Treffen endete optimistisch **2** (*finire*): **concludersi** (+ **compl di modo**) {PROCESSO CON L'ASSOLUZIONE; SERATA IN ALLEGRIA} (*irgendwie*) enden, (*irgendwie*) aus|gehen ● ₁per ~₁/ [**concludendo**], **abbiamo perso**, kurz, wir haben verloren, **e per ~...**, und zum Schluss ..., abschließend ...

conclusióne f **1** (*fine*) {INASPETTATA; +FILM, MATRIMONIO} Ende m, (Ab)schluss m; {+PARTITA} Ausgang m: **le trattative si avviano alla ~**, die Verhandlungen ₁nähern sich dem Ende₁/[gehen dem Ende zu] **2** (*deduzione*) Folgerung f, Schluss m: **ne traggo le debite conclusioni**, ich ziehe daraus die nötigen Schlüsse; **è giunto alla ~ che ...**, er ist zu dem Schluss/Ergebnis gekommen, dass ... **3** *filos* {+SILLOGISMO} Konklusion f **4** <*solo pl*> *dir* {+PARTI} Schlussanträge m pl: **accogliere le conclusioni**, den Schlussanträgen stattgeben ● **in ~** (*concludendo*), abschließend, zum Schluss.

conclusívo, (-a) agg **1** {AFFERMAZIONE, SPETTACOLO} abschließend, Schluss- **2** *gramm* {CONGIUNZIONE} konklusiv, abschließend.

conclúso, (-a) agg **A** part pass di concludere **B** agg (*compiuto*) abgeschlossen, fertig: **non c'è nulla di ~**, es steht noch nichts fest, man kann noch nichts Definitives sagen; **possiamo considerare conclusa la faccenda**, wir können die Angelegenheit als abgeschlossen betrachten.

concomitànte agg {CAUSA, SINTOMO} begleitend, Begleit-: **fatto ~**, Beweismittel n; *dir* {CIRCOSTANZE} Begleit-.

concomitànza f {+EVENTI, FATTORI} gemeinsames Vorkommen: **in ~ con le elezioni**, als Begleiterscheinung der Wahlen.

concordàbile agg (*pattuibile*) {IMPORTO} vereinbar, aufeinander abstimmbar.

concordànte agg **1** ~ **con qc** {TESTIMONIANZA CON LA DEPOSIZIONE} (*mit etw dat*) übereinstimmend, *mit etw dat* konkordant *forb* **2** *geol* {STRATIFICAZIONE} konkordant.

concordànza f **1** (*conformità*) {+IDEE} Einklang m, Übereinstimmung f **2** *geol* Konkordanz f **3** *gramm* (+TEMPI) Kongruenz f **4** <*di solito al pl*> *lett* (*repertorio*) {BIBLICHE, DANTESCHE} Konkordanz f.

concordàre **A** tr **1** (*pattuire*) ~ **qc** (**con qu**) {ARGOMENTO CON UN PROFESSORE, DATA CON UN CLIENTE, TREGUA CON UN AVVERSARIO} *etw* (*mit jdm*) vereinbaren, *etw* (*mit jdm*) ab|machen: **concordarono di partire l'indomani**, sie vereinbarten/[machten aus], am nächsten Tag abzufahren; **faremo come concordato**, wir machen alles so wie vereinbart **2** (*mettere d'accordo*) ~ **qc** (**con qc**) {OPINIONI, LA TUA TESTIMONIANZA CON LA MIA} *etw* (*mit etw dat*) in Einklang bringen **3** *gramm* ~ **qc** (**con qc**) {ARTICOLO CON IL NOME} *etw* (*mit etw dat*) in Kongruenz bringen **B** itr **1** (*essere d'accordo*) ~ (**con qu**) (**in/su qc**) (*mit jdm*) (*in etw dat*) einig sein, (*mit etw dat*) überein|stimmen, (*mit etw dat*) kongruieren *forb*: **tutti concordano nel lodarlo**, alle loben ihn übereinstimmend/einstimmig **2** (*corrispondere*) ~ (**con qc**) {VERSIONI} (*mit etw dat*) überein|stimmen: **la tua proposta concorda con la mia**, dein Vorschlag stimmt mit meinem überein **3** *gramm* ~ (**con qc**) {SOGGETTO CON VERBO} (*mit etw dat*) kongruent sein, (*mit etw dat*) überein|stimmen; ~ (**in qc**) {AGGETTIVO E SOSTANTIVO IN GENERE E NUMERO} (*in etw dat*) kongruieren, (*in etw dat*) kongruent sein.

concordatàrio, (-a) <-*ri* m> agg **1** {CREDITORE} Vergleichs- **2** *dir relig* {MATRIMONIO} Konkordats-.

concordàto, (-a) **A** agg **1** (*pattuito*) {CIFRA} vereinbart, abgemacht, festgesetzt **2** *gramm* ~ (**con qc**) {AGGETTIVO CON IL SOSTANTIVO} (*mit etw dat*) kongruiert **B** m **1** (*accordo*) Vereinbarung f, Abmachung f **2** *dir* Vergleich m: ~ **fallimentare** (*forma di chiusura del fallimento*), Zwangsvergleich m; ~ **preventivo** (*mezzo per evitare la procedura fallimentare*), Vergleich m zur Abwendung des Konkurses **3** *dir relig* (*convenzione tra Stati e Santa Sede*) Konkordat n m: **fare un ~**, einen Vergleich schließen; ~ **tributario** *stor*, Steuervereinbarung f, Vergleich m mit der Steuerbehörde (über die Festsetzung der Steuerschuld).

concòrde agg **1** (*concordante*) {GIUDIZI, RISULTATI} übereinstimmend, konkordant *forb* **2** (*unanime*) {PARERE} einvernehmlich, einstimmig: **l'opinione ~ di tutti è che ...**, es herrscht die einstimmige Meinung, dass ... **3** (*d'accordo*) ~ **con qu/qc** *mit jdm/etw* einverstanden, *mit jdm/etw* einig: **siamo concordi con te nell'accettare la proposta**, wir sind mit dir einig, den Vorschlag anzunehmen; **sono ~ con quello che dice**, ich bin einverstanden mit dem, was er/sie sagt **4** (*simultaneo*) {AZIONE, MOVIMENTO} gleichzeitig, simultan.

Concorde <-> m *franc aero* Concorde f.

concòrdia f **1** (*armonia*) {FAMILIARE} Eintracht f: **qui regna la massima ~**, hier herrscht ₁die größte Eintracht₁/[Friede, Freude, Eierkuchen *scherz*] **2** (*conformità*) {+INTENTI} Einvernehmen n.

concorrènte **A** agg **1** (*in gara*) {IMPRESA, SQUADRA} konkurrierend, Konkurrenz- **2** (*concomitante*) {FATTORI} Begleit-; {FORZE} zusammenwirkend **3** *mat* (*in geometria*) (*convergente*) {RETTE} konvergent **B** mf **1** (*in una gara*) Konkurrent(in) m(f) **2** (*in un concorso*) (*Mit*)bewerber(in) m(f), Kandidat(in) m(f) **3** *anche comm econ* (*competitore*) Konkurrent(in) m(f).

concorrènza f **1** (*competizione*) Konkurrenz f; *anche comm econ* Wettbewerb m: **essere in ~ con qu**, mit jdm konkurrieren; **fare ~ a qu**, jdm Konkurrenz machen; **farsi ~**, sich (*dat*) Konkurrenz machen; **libera ~**, freier Wettbewerb; **patto di non ~**, Wettbewerbsabrede f; ~ **sleale**, unlauterer Wettbewerb **2** (*insieme dei concorrenti*) Konkurrenz f: **batteremo la ~**, wir werden die Konkurrenz schlagen; **i nostri prezzi non temono la ~**, unsere Preise brauchen die Konkurrenz nicht zu scheuen **3** *amm* (*raggiungimento*) Erreichen n: **fino alla ~ della somma dovuta**, bis die erforderliche Summe erreicht ist.

concorrenziàle agg *comm econ* **1** (*di concorrenza*) {REGIME} Konkurrenz-, Wettbewerbs- **2** (*competitivo*) {PREZZO} konkurrenzfähig.

concórrere <*coniug come* correre> itr **1** (*contribuire*) ~ **a qc** {ALL'ALLESTIMENTO DI UNA MOSTRA, ALLA GUARIGIONE DI QU} *zu etw* (*dat*) bei|tragen, *an etw* (*dat*) mit|wirken; {A UNA SPESA} sich *an etw* (*dat*) beteiligen: **la neve concorse a bloccare il traffico**, der Schnee trug dazu bei, den Verkehr zu blockieren; ~ **in qc** {IN UN REATO} sich *an etw* (*dat*) beteiligen, Mittäter(in) *in etw* (*dat*) sein, Beihilfe *zu etw* (*dat*) leisten **2** (*competere*) ~ **con qu** **a**/**per qc** {PER IL TITOLO MONDIALE} (*mit jdm*) *um etw* (*acc*) konkurrieren; {A UNA CATTEDRA} sich (*mit etw dat*) *auf etw* (*acc*) bewerben **3** *mat* (*in geometria*) (*convergere*) ~ **con qc** (+ **compl di luogo**) {CURVA CON UNA RETTA IN UN PUNTO} *etw* (*irgendwo*) berühren, *mit etw* (*dat*) (*irgendwo*) konvergieren.

concórso[1] part pass di concorrere.

concórso[2] m **1** (*selezione*) {CINEMATOGRAFICO, LETTERARIO} Wettbewerb m: ~ **di bellezza**, Schönheitswettbewerb m; ~ **a cattedra**, Ausschreibung f eines Lehrstuhls; **fuori ~**, außer Konkurrenz; **è stato indetto un ~ pubblico**, es ist ein öffentlicher Wettbewerb ausgeschrieben worden; ~ **interno**, interner Wettbewerb; ~ **a premi**, Preisausschreiben n; ~ **per titoli ed esami**, "Bewerbungsverfahren n auf der Grundlage von wissenschaftlichen Veröffentlichungen und Prüfungen vor Ort"; **sono in ~ ...**, es kandidieren ... **2** (*partecipazione*) Beitrag m: ~ **a una spesa**, (Un)kostenbeitrag m, (Un)kostenbeteiligung f; *dir* Beihilfe f, Beteiligung f **3** *fig* (*concomitanza*) {+CAUSE, CIRCOSTANZE} Zusammentreffen n **4** *fig* (*affluenza*) {+DIMOSTRANTI, SPETTATORI} Auflauf m, Zusammenströmen n **5** *dir* Zusammentreffen n, Konkurrenz f: ~ **apparente di norme**, Gesetzeseinheit f, Scheinkonkurrenz f, scheinbare Idealkonkurrenz f; ~ **formale/ideale**, Tateinheit f, Idealkonkurrenz f; ~ **materiale/reale**, Tatmehrheit f, Realkonkurrenz f; ~ **di pena**, Zusammentreffen n von Strafen; ~ (**di persone**) **nel reato**, Teilnahme f an einer Straftat; ~ **di reati**, Zusammentreffen n/Konkurrenz f von Straftaten **6** *sport* (*gara*) Wettkampf m: ~ **ippico**, Reitturnier n ● ~ **di colpa del danneggiato** *dir*, Mitverschulden n des Geschädigten; **criteri di scelta in ~ tra loro** *dir* (*nel licenziamento collettivo*), in gleichem Maße zu berücksichtigende Auswahlkriterien.

concorsuàle agg **1** {REGOLAMENTO} Wettbewerbs- **2** *dir* {PROCEDURA} Insolvenz-.

concretaménte avv {AIUTARE QU} konkret, effektiv.

concretàre → **concretizzare**.

concretézza f {SCARSA; +PROPOSTA} Konkretheit f, Gegenständlichkeit f: **dare ~ a un progetto**, ein Projekt konkretisieren.

concretìsmo m *arte* (*nella pittura*) konkrete Kunst.

concretizzàre **A** tr ~ **qc 1** {IDEA, IMMAGINE} *etw* konkretisieren, *etw* verdeutlichen **2** (*realizzare*) {PROGETTO, SOGNO} *etw* realisieren, *etw* verwirklichen **B** itr pron (*realizzarsi*): **concretizzarsi** (*PIANO, SOGNO*) sich verwirklichen, Gestalt an|nehmen.

concretizzazióne f **1** {+IDEA, IMMAGINE} Konkretisierung f, Verdeutlichung f **2** (*realizzazione*) {+PROGETTO, SOGNO} Realisierung f, Verwirklichung f.

concrèto, (-a) **A** agg **1** (*reale*) {ESEMPIO, OGGETTO, SITUAZIONE} konkret **2** (*pratico*) {PERSONA} konkret, praktisch **3** *arte lett mus* {ARTE, POESIA, MUSICA} konkret **B** m Konkrete n *decl come* agg: **fare qualcosa di ~ per qu**, etwas Konkretes für jdn tun; **in ~**, konkret (betrachtet); **venire al ~**, zur Sache kommen.

concrezióne f **1** *geol* Konkretion f **2** *med* Konkrement n *scient*.

concubìna f **1** *spreg* Konkubine f *spreg* **2** *lett* Konkubine f, in wilder Ehe lebende Frau *obs*.

concubinàto m **1** *spreg* wilde Ehe *obs* o *scherz* **2** *dir lett stor* (*convivenza more uxorio*) Konkubinat n *obs*, wilde Ehe *obs*: **vivono in ~**, sie leben in wilder Ehe *obs* o *scherz*.

concubìno m *scherz spreg* in wilder Ehe lebender Mann *obs* ● **sono concubini**, sie leben im Konkubinat *obs*.

concupìre <*concupisco*> tr *lett* (*bramare*) ~ **qu** jdn begehren.

concupiscènte agg {SGUARDO} begierig.

concupiscènza f *lett* Konkupiszenz f, Wollust f *forb*.

concussionàrio, (-a) <-*ri* m> m (f) *dir*

Amtsträger, der sein Amt zur Erpressung missbraucht.

concussióne f dir (reato di ~) Erpressung f unter Missbrauch der Amtsgewalt, erpresserischer Amtsmissbrauch.

concussóre m dir Erpresser m unter Missbrauch der Amtsgewalt.

condànna f 1 {GIUSTA, SEVERA} Verurteilung f, Urteil n: **a tre anni di reclusione,** Verurteilung f zu drei Jahren Haft; **~ all'ergastolo,** Verurteilung f zu lebenslänglicher Haft; **~ per furto,** Verurteilung f wegen Diebstahls; **~ a morte,** Todesurteil n 2 fig (dannazione) Strafe f (Gottes), Plage f: **una figlia/vita del genere è una vera ~,** mit einer solchen Tochter/einem solchen Leben ist man gestraft, es ist ein Kreuz mit so einer Tochter/einem solchen Leben fam, eine solche Tochter/ein solches Leben ist eine Strafe Gottes 3 fig (disapprovazione) {MORALE} Missbilligung f: **si è attirato la ~ di tutti,** er zog sich die Missbilligung aller zu ● **firmare la propria ~** fig (rovinarsi da sé), sein Todesurteil unterschreiben.

condannàbile agg 1 strafbar, strafmündig: **i bambini al di sotto dei 14 anni non sono condannabili,** Kinder unter 14 Jahren sind nicht strafbar/strafmündig 2 fig (riprovevole) {COMPORTAMENTO} tadelnswert, verwerflich forb.

condannàre tr 1 **~ qu/qc (a qc) (per qc)** {CORTE IMPUTATO ALL'ERGASTOLO PER OMICIDIO, DITTA AL PAGAMENTO DEI DANNI} jdn/etw (wegen etw gen) (zu etw dat) verurteilen: **è stato condannato a 20 anni di reclusione per associazione a delinquere,** er wurde wegen Mitgliedschaft in einer kriminellen Vereinigung zu 20 Jahren Haft verurteilt; **~ qu a scontare una pena,** jdn dazu verurteilen, eine Strafe abzubüßen/absitzen fam 2 fig (disapprovare) **~ qc** {OPINIONE PUBBLICA AZIONE, SCRITTO, VIOLENZA} etw missbilligen, etw verdammen, etw verurteilen 3 fig (obbligare) **~ qu a qc** {REGIME TOTALITARIO INTELLETTUALI AL SILENZIO} jdn zu etw (dat) verdammen, jdn zu etw (dat) verurteilen: **~ qu a vivere nella precarietà,** jdn zu einer unsicheren Existenz verdammen; **la mancanza di lavoro condanna i giovani a emigrare,** der Mangel an Arbeitsplätzen verdammt die jungen Leute zum Auswandern 4 fig (dichiarare inguaribile) **~ qu** {REFERTO PAZIENTE} jdn für unheilbar krank erklären.

condannàto, (-a) A agg 1 **~ (a qc) (per qc)** {ALL'ESILIO} (wegen etw gen) (zu etw dat) verurteilt 2 fig (disapprovato) {TESTO} verurteilt, missbilligt 3 fig (obbligato) **~ a qc** {ALLA CLANDESTINITÀ} zu etw (dat) verdammt, zu etw (dat) verurteilt 4 fig (inguaribile) unheilbar krank: **mi avevano già dato per ~,** sie hatten mich schon für unheilbar krank erklärt/abgeschrieben fam B m (f) Verurteilte mf decl come agg: **il ~ a morte,** der zum Tode Verurteilte.

condebitóre, (-trice) dir A agg {SOCIO} Mitschuldner m B m (f) Mitschuldner(in) m(f).

condènsa f tecnol Kondenswasser n: **fare ~,** kondensieren.

condensàbile agg 1 anche fis kondensierbar 2 fig (riassumibile) **~ in qc** {TESTO IN POCHE RIGHE} in etw (dat) zusammenfassbar.

condensabilità <-> f anche fis {+LIQUIDO, VAPORE} Kondensierbarkeit f.

condensaménto m anche fis Kondensation f; (azione) anche Kondensierung f.

condensànte chim tecnol A agg kondensierend B m Kondensator m.

condensàre A tr 1 (concentrare) **~ qc** {LATTE} etw kondensieren, etw verdichten

2 fis (far passare allo stato liquido) **~ qc** {AZOTO} etw kondensieren, etw verflüssigen 3 fig (riassumere) **~ qc in qc** {CONCETTO IN UNA FRASE, DISCORSO IN POCHE PAROLE} etw (in etw dat) zusammen|fassen, etw (in etw dat) resümieren forb B itr pron: **condensarsi** 1 (diventare denso) {SALSA} dick(flüssig) werden 2 fis (subire condensazione) {VAPORE} kondensieren, sich verflüssigen.

condensàto, (-a) A agg 1 (denso) {SUCCO} kondensiert, eingedickt; {LATTE} anche Kondens- 2 fis (passato allo stato liquido) {VAPORE} kondensiert, verflüssigt B m 1 fig scherz (concentrato) {+ERRORI} (An)häufung f: **la sua relazione è un ~ di sciocchezze,** sein/ihr Vortrag ist geballter Blödsinn/[ein einziger Blödsinn]/[ein Ausbund an Blödsinn] fam spreg 2 fig (riassunto) {+TRATTATO} Zusammenfassung f, Konzentrat n, Kurzreferat n 3 chim {+SIGARETTA} Kondensat n, Teer m fam: **~ 3 mg, nicotina 0,3 mg,** Kondensat/Teer 3 mg, Nikotin 0,3 mg 4 fis Kondensat n.

condensatóre m 1 elettr tecnol {FISSO, VARIABILE} Kondensator m: **~ ad aria/[a carta],** Luft-/Papierkondensator m; **~ elettrico,** (elektrischer) Kondensator 2 fis Kondensator m: **~ di vapore,** Dampfkondensator m 3 ott {+LUCE, MICROSCOPIO} Kondensor m: **~ ottico,** Kondensor m.

condensazióne A f 1 fis Kondensation f; (azione) anche Kondensierung f 2 chim {+MOLECOLE} Kondensation f 3 psic Verdichtung f B <inv> loc agg: **di ~,** {PUNTO} Kondensations-; {ACQUA, NUBE, SCIA} Kondens-.

condicio sine qua non <-> loc sost f lat (condizione indispensabile) Conditio sine qua non f, notwendige Bedingung/Voraussetzung: **la laurea è la condicio sine qua non per essere ammessi a questo concorso,** ein Studienabschluss ist für die Zulassung zu diesem Bewerbungsverfahren die Conditio sine qua non/[notwendige Voraussetzung].

còndilo m anat Gelenkkopf m, Kondylus m scient.

condilòide agg anat kondylusförmig scient.

condiloidèo, (-a) agg anat {ARTICOLAZIONE} Gelenkkopf-, Kondylen- scient.

condilòma <-i> m med Feigwarze f, Kondylom n scient.

condiménto m 1 (il condire) {+INSALATA} Anmachen n; (lo speziare) {+PIETANZA} Würzung f 2 (sostanza) {LEGGERO} Dressing n, Soße f; (spezie) Gewürz(mischung f) n: **una cucina senza troppi condimenti,** eine nicht allzu stark gewürzte Küche 3 fig Würze f: **l'ottimismo è il ~ della vita,** der Optimismus ist die Würze des Lebens ● **il miglior ~ è l'appetito** prov, Hunger ist der beste Koch prov.

condire <condisco> tr 1 (aggiungere condimento) **~ qc (con qc)** {SPAGHETTI COL SUGO} etw (mit etw dat) anmachen; {INSALATA CON OLIO E ACETO} etw (mit etw dat) anmachen: **~ il riso col burro,** den Reis abschmälzen; (speziare) {COL PEPE} etw (mit etw dat) würzen, etw (mit etw dat) ab|schmecken 2 fig (farcire) **~ qc con/di qc** {ARTICOLO CON GIOCHI DI PAROLE, DI IRONIA} etw mit etw (dat) bereichern, etw mit etw (dat) würzen; iron {COMPITO DI ERRORI, PREDICA CON INSOLENZE} etw mit etw (dat) spicken fam.

condirettóre, (-trice) m (f) {+AZIENDA, GIORNALE} Ko-, Mitdirektor(in) m(f), Vorstandsmitglied n.

condirezióne f Ko-, Mitdirektion f.

condiscendènte agg 1 (indulgente) {SORRISO} nachsichtig, mild; **~ con/verso qu** {GENITORE CON IL PROPRIO FIGLIO} (jdm gegenüber) entgegenkommend, nachsichtig

(mit jdm) 2 (arrendevole) {CARATTERE} nachgiebig, nachsichtig.

condiscendènza f 1 (indulgenza) **~ (con/verso qu)** {+PERSONA VERSO IL PROSSIMO} Entgegenkommen n (jdm gegenüber), Nachsicht f (mit jdm): **lo guardò con ~,** er/sie sah ihn nachsichtig an 2 (arrendevolezza) Nachgiebigkeit f, Nachsicht f.

condiscéndere <coniug come scendere> itr **~ a qc** 1 (acconsentire) {ALLA SEPARAZIONE} auf etw (acc) ein|gehen, (in etw acc) ein|willigen, etw (dat) entgegen|kommen 2 (cedere) {A UNA RICHIESTA} etw (dat) nach|geben.

condiscépolo, (-a) m (f) Mitschüler(in) m(f).

condivìdere <coniug come dividere> tr 1 (spartire) **~ qc (tra qu)** {EREDITÀ TRA FRATELLI, UTILE TRA SOCI} etw (unter jdm) auf|teilen 2 (avere in comune) **~ qc (con qu)** {STANZA CON UN AMICO, UFFICIO CON UN COLLEGA} etw (mit jdm) teilen 3 fig (essere compartecipe) **~ qc** etw teilen: **condivido la tua gioia/opinione,** ich teile deine Freude/Meinung.

condivisìbile agg fig (accettabile) {IDEA, PROPOSTA} akzeptabel, annehmbar, vertretbar.

condivisióne f 1 (spartizione) {+GUADAGNO, PATRIMONIO} Aufteilung f 2 (uso in comune) {+SPAZIO} Teilen n, Teilung f; {+BENE} Aufteilen n, Aufteilung f 3 inform Gemeinnutzung f 4 fig (l'essere compartecipe) {+SENTIMENTO, TESI} Nachempfinden n.

condizionàle A agg 1 (che esprime una condizione) {CLAUSOLA; +CONTRATTO} bedingende(r, s); (sottoposto a condizione) {LIBERAZIONE, PROMESSA} vorbehaltlich, bedingt, unter Vorbehalt 2 dir bedingt, zur Bewährung 3 filos (ipotetico) {SILLOGISMO} hypothetisch 4 gramm {CONGIUNZIONE, PROPOSIZIONE} Konditional-, konditional B m gramm (modo) Konditional m: **~ passato/presente,** Konditional m II/I C f 1 dir (beneficio della sospensione ~ della pena) Strafaussetzung f zur Bewährung: **tre anni di reclusione con/senza la ~,** drei Jahre Haft mit/ohne Bewährung; **ha beneficiato della ~,** er/sie kam in den Genuss der Bewährung; (beneficio della liberazione ~) Aussetzung f des Strafrestes 2 gramm (proposizione) Konditionalsatz m.

condizionaménto m 1 (influenza) Einfluss m, Beeinflussung f: **~ culturale/esterno,** kultureller/äußerer Einfluss; **subisce i condizionamenti della famiglia,** er/sie unterliegt der Beeinflussung durch seine/ihre Familie; psic Konditionierung f 2 (climatizzazione) {+LOCALE} Klimatisierung f: **~ dell'aria,** Klimatisierung f 3 tecnol (preparazione per la spedizione) {+MERCE} Verpackung f, Verpacken n 4 tecnol (trattamento) {+FRUTTA, GRANO} Behandlung f; tess {+FIBRA TESSILE} Konditionieren n.

condizionàre A tr 1 (influenzare) **~ qu/qc** {CONCORRENZA MERCATO; MALTEMPO GIOCO} jdn/etw beeinflussen, auf jdn/etw (einen) Einfluss aus|üben: **la povertà ha condizionato la sua infanzia,** die Armut hatte Einfluss auf seine/ihre Kindheit; **non farti ~ da tuo padre!,** lass dich von deinem Vater nicht beeinflussen!; psic jdn/etw konditionieren, jdn/etw hemmen 2 (subordinare) **~ qc a qc** {INIZIO DEI LAVORI ALL'ARRIVO DEI FONDI} etw von etw (dat) abhängig machen 3 tecnol (climatizzare) **~ qc** {AMBIENTE} etw klimatisieren: **l'aria,** klimatisieren 4 tecnol (preparare per la spedizione) **~ qc** {MERCE} etw verpacken 5 tecnol (trattare) **~ qc** {FRUTTA, GRANO} etw behandeln; tess {COTONE, LANA, ecc.} etw konditionieren B rfl rec (influenzarsi): **condizionarsi** sich (gegenseitig) beeinflussen: **si sono condizionati l'un l'altro,** sie haben sich (gegenseitig) beeinflusst.

condizionàto, (-a) agg 1 (*dipendente da una condizione*) {ACCORDO, ASSENSO} bedingt 2 (*influenzato*) ~ *da qc* {INDIVIDUO DALL'AMBIENTE, DALL'EDUCAZIONE} von etw (dat) beeinflusst 3 psic {RIFLESSO, RISPOSTA, STIMOLO} konditioniert, bedingt.

condizionatóre, (-trice) tecnol **A** agg {GRUPPO, IMPIANTO} Klima- **B** m (*apparecchio*) Klimaanlage f.

condizionatùra f 1 tecnol (*per la spedizione*) {+MERCE} Verpackung f 2 tecnol (*trattamento*) {+GRANO, VERDURA} Behandlung f; tess Konditionierung f.

condizióne A f 1 (*presupposto*) Bedingung f, Voraussetzung f: **creare le condizioni per gli scambi commerciali**, die Voraussetzungen für den Handelsaustausch schaffen; ~ **essenziale per lo sviluppo**, Grundbedingung f für die Entwicklung; **le condizioni necessarie per un accordo sono venute meno**, die notwendigen Voraussetzungen für ein Abkommen sind nicht mehr gegeben; (*anche requisito*) Erfordernis n; **soddisfare le condizioni richieste per un incarico**, die ⌊erforderlichen Voraussetzungen⌋/[Erfordernisse] für ein Amt erfüllen 2 (*limitazione*) {ACCETTABILE, GRAVOSA} Bedingung f: **a nessuna ~**, unter keiner Bedingung; **accetto, ma a una ~...**, ich nehme an, aber unter einer Bedingung ...; **mettere/porre una ~**/**delle condizioni**, eine Bedingung⌋/[Bedingungen] stellen; **dettare le condizioni della pace/resa**, die Friedens-/Kapitulationsbedingungen diktieren; **ha posto come ~ di essere nominato vicepresidente**, er hat als Bedingung gestellt, zum Vizepräsidenten ernannt zu werden; **senza condizioni**, bedingungslos 3 <*di solito al pl*> (*stato*) Zustand m, Lage f, Verfassung f: **vedessi in che condizioni hanno ridotto l'appartamento!**, du solltest einmal sehen, in welchem Zustand sie die Wohnung hinterlassen haben!; **se Lei fosse nelle mie condizioni...**, wenn Sie an meiner ⌊Lage wären⌋/[Haut stecken würden *fam*] ...; ~ **di incertezza**, unsichere Lage; **quest'auto è in ottime/pessime condizioni**, dieses Auto ist in sehr gutem/schlechtem Zustand; {PROIBITIVO; +STRADA, TERRENO} Verhältnisse n pl; **condizioni atmosferiche/meteorologiche/[del tempo]**, Wetterlage f, meteorologische Verhältnisse n pl; **le condizioni del campo**, Platzverhältnisse n pl; {BUONE, OTTIMALI, PRECARIE; +GIOCATORE, MALATO} Zustand m, Verfassung f, Kondition f; **oggi sono in una ~ fisica perfetta**, heute ⌊bin ich in perfekter körperlicher Verfassung⌋/[ist meine Kondition ausgezeichnet]; **condizioni di salute**, Gesundheitszustand m; {DIFFICILI; +FAMIGLIA} Lage f, Verhältnisse n pl; **condizioni di agiatezza/miseria**, wohlhabende/ärmliche Verhältnisse n pl; ~ **economiche**, wirtschaftliche Lage/Verhältnisse n pl 4 (*posizione sociale*) {ELEVATA, UMILE} Stand m: **di ~ agiata**, wohlhabend 5 <*di solito al pl*> (*situazione*) {IDEALE, POLITICA; +NAZIONE} Lage f, Umstände m pl, Situation f, Bedingungen f pl: **in certe/determinate condizioni**, unter gewissen/bestimmten Umständen; **condizioni di lavoro/vita degli immigrati**, Arbeitsbedingungen f pl/[Lebensbedingungen f pl/Lebensumstände m pl] der Immigranten; ~ **umana**, Situation f/Stellung f des Menschen 6 <*solo pl*> *comm* (*clausola*) {CONTRATTUALI, VANTAGGIOSE} Bedingungen f pl, Konditionen f pl, Modalitäten f pl: **condizioni di acquisto/vendita**, Kauf-/Verkaufsbedingungen f pl; **condizioni di consegna/pagamento**, Liefer-/Zahlungsbedingungen f pl; **subentro all'affitto se mi fate le stesse loro condizioni**, ich übernehme die Miete, wenn ihr mir die gleichen Konditionen einräumt wie ihnen 7 *dir* (*elemento accidentale del negozio giuridico*) Bedingung f: ~ **casuale/mista**, kasuelle/gemischte Bedingung; ~ **potestativa**, Potestativbedingung f; ~ **risolutiva**, auflösende/resolutive Bedingung; ~ **sospensiva**, aufschiebende/suspensive Bedingung; **condizioni generali di contratto** (*clausole contrattuali*), Allgemeine Vertragsbedingungen f pl, Allgemeine Geschäftsbedingungen f pl **B** loc avv (*con riserva*) **sotto ~** {IMPEGNARSI} bedingungsweise, mit Vorbehalt, vorbehaltlich **C** loc cong (*a patto che*) **a ~ di ... inf**, **a ~ che ... congv**, unter der Bedingung, dass ...; **ind**: **farò un'offerta a ~ di rimanere anonimo**, ich werde ein Angebot machen, (aber) unter der Bedingung, dass ich anonym bleibe; **ti presto la macchina a ~ che tu faccia il pieno di benzina**, ich leih dir das Auto unter der Bedingung, dass du voll tankst ● **essere/trovarsi in ~ di fare qc** (*in grado*), sein in der ⌊Lage⌋/[imstande] sein, etw zu tun; **mettere qu in ~ di fare qc** (*in grado*), jdn in die Lage versetzen, etw zu tun; ~ **obiettiva di punibilità** *dir*, objektive Bedingung der Strafbarkeit.

condoglianza f <*di solito al pl*> Beileid n: **fare/porgere le condoglianze a qu**, jdm sein Beileid aussprechen, jdm kondolieren *forb*; **(sentite/sincere) condoglianze!**, (mein) (herzliches) Beileid!

condolérsi <*coniug come* dolere> itr pron *forb* (*partecipare al dolore*) ~ **con qu di/per qc** {CON LA FAMIGLIA PER LA GRAVE PERDITA} mit jdm (*wegen etw gen*) mit⌊fühlen, jdm ⌊sein Beileid⌋/[seine Anteilnahme] für etw (acc) ausdrücken.

còndom <-> m *franc* (*preservativo*) Kondom n o m.

condominiàle agg {ASSEMBLEA, PROPRIETÀ} Haus-.

condomìnio <-ni> m 1 (*edificio*) {LUSSUOSO; +PERIFERIA} Haus n mit Eigentumswohnungen: ~ **di sei piani**, sechsstöckiges Haus mit Eigentumswohnungen 2 (*insieme di condomini*) (Wohnungs)eigentümer m pl: **assemblea/riunione di ~**, (Wohnungs)eigentümerversammlung f 3 *dir* Miteigentum n (am Haus) (*in senso lato*) Sondereigentum n (an Wohn- bzw. Geschäftsräumen) und Miteigentum n (am gesamten Haus) ● **avere qc in ~ con qu**, mit jdm Miteigentümer von etw (dat) sein; ~ **internazionale** *dir polit*, Kondominium n.

condòmino, (-a) m (f) Miteigentümer(in) m(f).

condonàbile agg 1 {PENA} erlässlich 2 *rar* (*perdonabile*) {ERRORE} verzeihlich.

condonàre tr ~ *qc a qu* 1 (*rimettere*) {DEBITO} jdm etw erlassen; **gli hanno condonato due anni**, sie haben ihm zwei Jahre erlassen 2 *fig lett* (*perdonare*) {OFFESA} jdm etw verzeihen.

condòno m *dir* Erlass m: ~ **della pena**, Straferlass m ● ~ **edilizio** *dir* (*speciale procedura di sanatoria degli illeciti edilizi*), Straferlass m für Bausünder; ~ **fiscale** *dir* (*provvedimento legislativo di carattere sanatorio*), Steuererlass m.

còndor <-> m *spagn ornit* Kondor m.

condótta f 1 (*comportamento*) {INECCEPIBILE, MORALE} Betragen n, Verhalten n: ~ **di gara/gioco**, Wettkampf-/Spielverhalten n; ~ **di vita**, Lebensführung f, Lebenswandel m; **rilasciato per buona ~**, wegen guter Führung entlassen; *dir* Verhalten n; *scuola* Betragen n; **avere sette in ~**, ein Gut in Betragen haben 2 *anche mil* (*direzione*) {+AZIONE, IMPRESA} Führung f, Leitung f: ~ **di fuoco**, "Zielrichtung f des Gewehr- oder Artilleriefeuers" 3 *amm* (*incarico di assistenza sanitaria*) {MEDICA, OSTETRICA, VETERINARIA} Amts-, Bezirksarztstelle f: **concorrere a una ~**, sich um eine Amtsarztstelle bewerben; (*zona*) {+CAMPAGNA} Arztbezirk m 4 *tecnol* (*tubazione*) {+ACQUA, PETROLIO} Rohrleitung f: ~ **forzata**/[**in pressione**], Druckleitung f.

condottièro, (-a) **A** m *mil stor* {FAMOSO} Söldnerführer m **B** m (f) *lett anche fig* (*capo*) {+INDUSTRIA, POPOLO} Führer(in) m(f).

condótto, (-a) **A** part pass *di* condurre **B** agg *amm* (*di condotta*) {MEDICO, OSTETRICA, VETERINARIO} Amts-, Bezirks- **C** m 1 *anat* Gang m, Leiter m: ~ **biliare**/**uditivo**, Gallen-/Gehörgang m; ~ **lacrimale**, Tränennasengang m; ~ **spermatico**, Samenleiter m 2 *tecnol* (*conduttura*) {+ARIA, LAVANDINO} Rohr n, Leitung f: ~ **di scarico**, Abflussrohr n, Abflussleitung f.

conducènte A mf (*guidatore*) Fahrer(in) m(f), Chauffeur(in) m(f): ~ **dell'auto**, Autofahrer(in) m(f); ~ **del camion/tram**, Lastwagen-/Straßenbahnfahrer(in) m(f); **senza ~**, führerlos; ~ **del veicolo**, Kraftfahrzeugführer(in) m(f) **B** m *mil* Rittmeister m.

conducibilità <-> f *fis* (*conduttività*) {ACUSTICA, ELETTRICA} Leitfähigkeit f.

condùrre <*conduco, condussi, condotto*> **A** tr 1 (*accompagnare*) ~ *qu/qc* (+ *compl di luogo*) jdn (*irgendwohin*) begleiten, jdn/etw (*irgendwohin*) führen: **fu condotto nell'ufficio del direttore**, er wurde ins Büro des Direktors geführt; {GREGGE AL PASCOLO} etw (*irgendwohin*) treiben, (*in auto*) {BAMBINO ALL'ASILO} jdn (*irgendwohin*) fahren 2 (*guidare*) ~ *qc* (+ *compl di luogo*) {AUTO, MOTO IN GARAGE, NAVE AL MOLO, TRENO IN DEPOSITO} etw (*irgendwohin*) fahren, etw (*irgendwohin*) steuern 3 (*gestire*) ~ *qc* (+ *compl di modo*) {ALBERGO, NEGOZIO CON SUCCESSO} etw (*irgendwie*) betreiben, etw (*irgendwie*) leiten 4 (*trasportare*) ~ *qc* (+ *compl di luogo*) {IMPIANTO ACQUA, GAS IN OGNI CASA} etw (*irgendwohin*) bringen 5 (*dirigere*) ~ *qc* (+ *compl di modo*) {GUERRA} etw (*irgendwie*) führen; {IMPRESA, TRATTATIVA CON MANO FERREA} *anche* etw (*irgendwie*) leiten; {INDAGINE, ISTRUTTORIA, NUOVA POLITICA CON ABILITÀ} etw (*irgendwie*) durch⌊führen 6 *anche fig* (*portare*) ~ *qu a qc*, jdn zu jdm/in etw (acc) bringen, jdn zu jdm/in etw (acc) führen: **ecco la carrozza che ci condurrà a teatro**, hier ist die Kutsche, die uns ins Theater bringen wird; ~ **con sé qu**, jdn mit sich führen; **questo accordo ci condurrà dritti dritti alla firma del contratto**, diese Vereinbarung wird uns schnurstracks zur Vertragsunterzeichnung führen 7 *fig* (*trascorrere*) ~ *qc* {ESISTENZA SERENA, VITA DISPENDIOSA} etw *fig* (*spingere*) ~ *qu*/*qc a qc* {COLLEGA ALL'ESASPERAZIONE, PAESE ALLA ROVINA} jdn/etw in/zu etw (dat) führen, jdn/etw in/zu etw (dat) treiben 9 *fis* ~ *qc* {MATERIALE CALORE, ELETTRICITÀ} etw leiten 10 *mat* (*in geometria*) (*disegnare*) ~ *qc* (+ *compl di luogo*) {PERPENDICOLARE ALLA BASE} etw *auf etw* (acc) {RETTA PER DUE PUNTI} etw (*durch etw* acc) zeichnen 11 *radio TV* (*presentare*) ~ *qc* {DIBATTITO, PROGRAMMA} etw präsentieren, etw moderieren: **conduce in studio un famoso giornalista**, ⌊im Studio moderiert⌋/[Studiomoderator ist] ein berühmter Journalist 12 *sport* (*essere primo*) ~ *qc* {CLASSIFICA} an⌊führen; {GARA} in etw (dat) führen; (*uso assol*) in Führung liegen: **l'Italia conduce sulla Germania per 2 a 0**, Italien führt gegen Deutschland mit 2 zu 0 **B** itr *anche fig* (*portare*) ~ + *compl di luogo* {STRADA, VIALE ALLA STAZIONE, IN CENTRO} *irgendwohin* führen: **dove conduce questo sentiero?**, wohin führt dieser Weg? **C** itr pron (*recarsi*): **condursi** + *compl di luogo* {COMMISSARIO, MEDICO SUL LUOGO DEL DELITTO} sich *irgendwohin* begeben **D** rfl (*agire*): **condursi** + *compl di modo* (*con*/[*nei confronti di*]/[*verso*] *qu*) {PERSONA BENE, EDU-

CATAMENTE, CON PRUDENZA, IN MODO DIGNITOSO} sich (jdm gegenüber) irgendwie benehmen, sich (jdm gegenüber) irgendwie verhalten: **si è condotto da eroe,** er hat sich heldenhaft verhalten.

conduttànza f elettr (grandezza) Leitwert m.

conduttività <-> f 1 fis {MOLECOLARE, TERMICA} Leitfähigkeit f 2 (in fisiologia) {+NERVO} Leitfähigkeit f.

conduttìvo, (-a) agg fis {CORPO} leitfähig.

conduttóre, (-trice) Ⓐ agg 1 anche fig {MANO} führend, Führungs-; {MOTIVO} Leit- 2 elettr fis {ELEMENTO} leitfähig, Leitungs- Ⓑ m (f) 1 (guidatore) Fahrer(in) m(f): ~ **dell'autobus,** Busfahrer m; ~ **del tram,** Straßenbahnfahrer m; ~ **del treno,** Zugführer m 2 (gestore) {+ALBERGO, ESERCIZIO PUBBLICO} Betreiber(in) m(f), Geschäftsleiter(in) m(f), Geschäftsführer(in) m(f) 3 amm {+VEICOLO} Halter(in) m(f) 4 dir (locatario) {+APPARTAMENTO} Mieter(in) m(f); (affittuario) {+FONDO} Pächter(in) m(f) 5 elettr fis {BUON, IONICO, PESSIMO} Leiter m, Leitung f: ~ **di calore,** Wärmeleiter m; **bipolare,** Doppeladerleitung f; ~ **neutro/termico,** Null-/Wärmeleiter m 6 ferr (controllore) {+VAGONI-LETTO} Zugschaffner(in) m(f) 7 radio TV (presentatore) {+SPETTACOLO, TRASMISSIONE} Moderator(in) m (f) 8 sport (corridore automobilista) (Renn)fahrer(in) m(f) 9 tecnol (manutentore) {+IMPIANTO} Wartungsarbeiter(in) m(f).

conduttùra f 1 (complesso di tubi) {VERTICALE; +ACQUA, GAS METANO} Leitungsnetz n 2 elettr (linea) Stromleitung f: ~ **elettrica,** Stromleitung f, elektrische Leitung.

conduzióne f 1 (gestione) {+IMPRESA, NEGOZIO, RISTORANTE} Betreiben n: **a ~ familiare,** familienbetrieben 2 (locazione) Miete f; (affitto) Pacht f: **ha preso in ~ un magazzino/terreno,** er/sie hat ₊ein Lager gemietet₎/[Land gepachtet] 3 fis {ELETTROLITICA, TERMICA} Leitung f, Übertragung f 4 radio TV (presentazione) Moderation f: **gli hanno affidato la ~ del telegiornale,** sie haben ihm die Moderation der Fernsehnachrichten anvertraut 5 tecnol (manutenzione) {+CALDAIA} Wartung f, Überwachung f.

confabulàre itr (parlottare) ~ (**con qu**) {CON LA COMPAGNA DI BANCO} (mit jdm) flüstern, (mit jdm) tuscheln spreg: **stavano in un angolo a ~,** sie standen in einer Ecke und ₊flüsterten (miteinander)₎/[tuschelten] spreg.

confabulazióne f 1 (parlottio) Geflüster n 2 psic Konfabulation f.

confacènte agg (adatto) ~ **a qu/qc** {STUDIO A LUI, ALLE ASPIRAZIONI DI QU} geeignet für jdn/etw, zu jdm/etw passend; {CURA AL PAZIENTE, ALLO STATO DI SALUTE DI QU} für jdn/etw günstig.

Confagricoltùra f abbr di Confederazione Generale dell'Agricoltura Italiana: "Allgemeiner italienischer Landwirtschaftsverband".

Confàpi f abbr di Confederazione Nazionale delle Associazioni della Piccola e Media Industria: "Verband der kleinen und mittleren italienischen Industriebetriebe".

confàrsi <difet usato solo alla 3ª pers sing e pl, rar part pass e tempi composti, coniug come farsi> itr pron (addirsi) ~ **a qu/qc** {AL TONO DELLA DOMANDA} jdm/etw entsprechen, zu jdm/etw passen; {RISPOSTA A UNA PERSONA CIVILE} anche sich für jdn/etw gehören; {ARIA DI MONTAGNA ALL'AMMALATO, AL FISICO} sich für jdn/etw eignen, jdm/etw (gut) bekommen, jdm/etw gut|tun: **questo clima non gli si confà,** dieses Klima bekommt ihm nicht.

Confartigianàto m abbr di Confederazione Generale dell'Artigianato Italiano: "Allgemeiner italienischer Handwerksverband".

Confcommèrcio f abbr di Confederazione Generale del Commercio: "Allgemeiner Verband des italienischen Handels".

Confcooperative f abbr di Confederazione Generale delle Cooperative: Genossenschaftsverband m.

confederàle agg polit {ORGANO} föderativ, föderal; {STATO} anche Bundes-; eidgenössisch CH: **sindacati confederali,** Gewerkschaftsbund m, Gewerkschaftsverband m.

confederàre Ⓐ tr (unire politicamente) ~ **qc** etw zusammen|schließen, etw vereinigen Ⓑ rfl (unirsi): **confederarsi con qu/qc** {CON LA GERMANIA, CON UN SINDACATO} (sich) mit jdm/etw konföderieren, sich mit jdm/etw zusammen|schließen, sich mit jdm/etw vereinigen Ⓒ rfl rec (unirsi): **confederarsi** (sich) konföderieren, sich zusammen|schließen, sich vereinigen: **i due paesi si sono confederati,** die beiden Länder haben sich vereinigt.

confederàta f → **confederato**.

confederatìvo, (-a) agg {VINCOLO} Bundes-, Bündnis-.

confederàto, (-a) Ⓐ agg {NAZIONE, POPOLO} konföderiert, verbündet Ⓑ m (f) Konföderierte mf decl come agg, Verbündete mf decl come agg.

confederazióne f 1 (associazione) {SINDACALE} Bund m, Verband m, Verein m 2 polit Konföderation f, (Staaten)bund m: **Confederazione Elvetica,** Schweizerische Eidgenossenschaft.

Confedilìzia f abbr di Confederazione Italiana della Proprietà Edilizia: "Verband des italienischen Bauwesens".

conferènza f 1 (discorso) Vortrag m: **terrà una ~ in aula magna,** er/sie wird im Auditorium maximum einen Vortrag halten; **vado a una ~ sulla letteratura medievale,** ich gehe in einen Vortrag über mediävale Literatur 2 polit (riunione) {INTERNAZIONALE; +MINISTRI DEGLI ESTERI} Konferenz f, Treffen n: ~ **per la pace,** Friedenskonferenz f; ~ **al vertice,** Gipfeltreffen n, Gipfelkonferenz f 3 inform Konferenz f ● ~ **episcopale italiana,** italienische Bischofskonferenz, Konferenz f der italienischen Bischöfe; **sulla sicurezza e la cooperazione in Europa** polit, Konferenz f für Sicherheit und Zusammenarbeit in Europa; ~ **stampa,** Pressekonferenz f.

conferenzière, (-a) m (f) Sprecher(in) m(f), Redner(in) m(f), Vortragende mf decl come agg.

conferimènto m 1 (assegnazione) {+BORSA DI STUDIO, CATTEDRA, MEDAGLIA} Vergabe f; {+ONORIFICENZA} Verleihung f: ~ **di pieni poteri a qu,** Bevollmächtigung f von jdm, Verleihung f der Vollmacht an jdn 2 <di solito al pl> dir econ (contributo del socio alla società) Einlagen f pl: **effettuare conferimenti,** Einlagen leisten/erbringen; ~ **in denaro,** Geldeinlagen f pl; (se effettuato alla costituzione della società) Bareinlagen f pl; ~ **in natura,** Sacheinlagen f pl.

conferìre <conferisco> Ⓐ tr 1 (assegnare) ~ **qc a qu** {INCARICO} jdm etw übertragen; {PREMIO, RICOMPENSA} jdm etw geben, etw an jdn vergeben; {LAUREA, TITOLO} jdm etw verleihen: **per l'autorità conferitami dalla legge,** kraft meines Amtes, kraft der mir vom Gesetz verliehenen Autorität 2 amm (portare) ~ **qc + compl di luogo** {GRANO AL SILO, OLIO AL CONSORZIO} etw irgendwohin liefern: ~ **qc all'ammasso,** etw abliefern 3 fig (donare) ~ **qc a qu** {DIRETTORE} jdm etw geben, jdm etw verleihen: **il trucco le conferisce un certo fascino,** die Schminke verleiht ihr einen gewissen Reiz 4 dir econ ~ **qc (in qc)** {BENI IN UNA SOCIETÀ} etw in etw (acc) ein|bringen Ⓑ itr 1 (colloquiare) ~ **con qu (su qc)** {CON IL DIRETTORE, CON IL MINISTRO SULLA SITUAZIONE ECONOMICA} mit jdm eine Besprechung (über etw acc) haben 2 (giovare) ~ **a qu/qc** {SPORT ALLA SALUTE} jdm/etw gut|tun, jdm/etw (gut) bekommen: **questo clima le conferisce,** dieses Klima tut/bekommt ihr gut.

confèrma f 1 (convalida) {SCRITTA, VERBALE; +NOMINA} Bestätigung f: **a/in ~ di qc,** zur Bestätigung von etw (dat); **a ~ di quanto precedentemente affermato,** zur Bestätigung des zuvor Gesagten; **ce ne hanno dato ~ solo oggi,** sie haben uns das erst heute bestätigt, wir haben erst heute die Bestätigung dafür erhalten; **la sua ~ a capo dell'azienda,** die Bestätigung in seinem Amt als Firmenleiter, seine Wiederwahl zum Firmenleiter 2 (riprova) {+SOSPETTO, TESI} Bestätigung f, Bestärkung f: **le mie ipotesi trovano ~ nei fatti accaduti,** meine Vermutungen werden durch die Tatsachen bestätigt 3 (dichiarazione scritta) (schriftliche) Bestätigung: **attendiamo la ~ dell'ordine,** wir warten auf die (schriftliche) Auftragsbestätigung.

confermàre Ⓐ tr 1 (rendere certo) ~ **qc (a qu)** {CONTRATTO, IMPEGNO, INVITO, NOMINA, NOTIZIA, VOTO} (jdm) etw bestätigen: **ti confermo che arriverò domani,** ich bestätige dir, dass ich morgen komme; **hanno confermato di aver ricevuto la merce,** sie haben den Erhalt der Ware bestätigt; **sie haben bestätigt, die Ware erhalten zu haben** 2 (ribadire) ~ **qc** nochmals bestätigen: **ha confermato la nostra versione dei fatti,** er/sie hat unsere Version der Ereignisse bestätigt; ~ **la sentenza di primo grado,** das Urteil der ersten Instanz bestätigen 3 (riconfermare) ~ **qu a qc** {DIRETTORE} jdn in seinem Amt als etw (nom) bestätigen, jdn wieder zu etw (dat) wählen: ~ **qu a capo del servizio di sicurezza,** jdn in seinem Amt als Chef des Sicherheitsdienstes bestätigen; **è stato confermato presidente della società,** er wurde ₊in seinem Amt als Präsident der Gesellschaft bestätigt₎/[wieder zum Präsidenten der Gesellschaft gewählt] 4 (dimostrare l'esattezza) ~ **qc (a qu)** {ESPERIMENTO TESI; RISULTATO PRONOSTICO} (jdm) etw bekräftigen 5 (rafforzare) ~ **qc** {PUNTO DI VISTA DI QU, SPERANZA DI QU} (jdm) etw bekräftigen, etw bestätigen 6 rar relig (cresimare) ~ **qu** jdn firmen; (nella chiesa luterana) jdn konfirmieren Ⓑ itr pron 1 (rivelarsi giusto): **confermarsi** sich bestätigen: **i tuoi sospetti si stanno confermando,** deine Verdacht bestätigt/erhärtet sich 2 (affermarsi): **confermarsi qc** sich wieder als etw (nom) erweisen, etw behaupten: **l'atleta si è confermato campione del mondo,** der Wettkämpfer behauptete/verteidigte seinen Weltmeistertitel; **si conferma un ottimo insegnante,** er erweist sich erneut als hervorragender Lehrer Ⓒ rfl (convincersi): **confermarsi in qc** {IN UN'IDEA} sich von etw (dat) überzeugen.

confermazióne f relig Firmung f; (nella chiesa luterana) Konfirmation f.

Confesercènti f abbr di Confederazione degli Esercenti Attività Commerciali e Turistiche: "Verband des italienischen Handels und Tourismus".

confessàbile agg {DESIDERIO, PECCATO} beichtbar, zu beichten(d): **non ~,** nicht beichtbar/[zu beichten(d)].

confessàre Ⓐ tr 1 (ammettere) ~ **qc (a qu)** {COLPA, ERRORE, VERITÀ} (jdm) (etw) gestehen, (etw) zu|geben: **l'imputato ha confessato,** der Angeklagte hat gestanden; **ti confesso che lo invidio,** ich gestehe dir, dass ich ihn beneide; **confesso di aver paura,** ich

confessionàle Ⓐ *agg* **1** (*della confessione*) {SEGRETO} Beicht- **2** (*di fede religiosa*) {LOTTA, STATO} konfessionell, Konfessions- Ⓑ *m* Beichtstuhl *m*.

confessióne *f* **1** *anche dir* (*dichiarazione*) {GIUDIZIALE, +DELITTO} Geständnis *n*: **ha reso piena ~**, er/sie hat ein volles Geständnis abgelegt **2** (*confidenza*) Vertraulichkeit *f*: **mi ha fatto una ~**, er/sie hat mir etwas anvertraut **3** (*culto professato*) {CATTOLICA, EVANGELICA} Konfession *f*; *anche fig* (*ideologia*) {MARXISTA} Konfession *f* *forb*, Ideologie *f* **4** ‹*solo pl*› *lett* (*titolo*): **le Confessioni** (+ SANT'AGOSTINO} Bekenntnisse *n pl* **5** *relig* (*sacramento*) Beichte *f*: **fare la ~**, beichten.

confèsso, (-a) *agg* **1** *dir* {IMPUTATO, PARTE, REO} geständig **2** *relig* bußfertig: **~ e comunicato**, bußfertig und kommuniziert.

confessóre *m relig* Beichtvater *m*.

confetteria *f* **1** (*bottega*) Süßwarenladen *m*, Confiserie *f forb* **2** (*assortimento*) Süßwaren *f pl*.

confettièra *f* (*contenitore*) Bonbonniere *f*.

confètto *m* **1** {BIANCO, COLORATO} Pariser Mandel *f*; (*per le nozze*) Hochzeitsmandel *f* **2** ‹*solo pl*› *lett* (*dolciumi*) Konfekt *n* **3** *farm* (*pastiglia*) Dragée *n*: **in confetti**, in Drageeform **4** *fig fam* (*sasso*) Stein(chen *n*) *m*; (*proiettile*) (Blei)kugel *f*; (*chicco di grandine*) Graupel *m*, Hagelkorn *n*: **piovono confetti!**, es hagelt Steine/Bleikugeln, es hagelt heftig! ● **mangiare i confetti di qu** *fig* (*festeggiare le nozze*), jds Hochzeit feiern; **a quando i confetti?** *fig* (*a quando le nozze?*), wann wird geheiratet?, wann ist Hochzeit?

confettùra *f* {+LAMPONI, PESCHE} Konfitüre *f*.

confezionaménto *m* **1** (*realizzazione*) {+ABITO} Anfertigung *f*; (*in serie*) Konfektionierung *f* **2** (*impacchettamento*) {+DONO} Verpackung *f*; {+PRODOTTO} Abpackung *f*.

confezionàre Ⓐ *tr* **1** (*realizzare*) ~ **qc** {ORDIGNO} *etw* an|fertigen; ~ **un piatto con cura**, ein Gericht sorgfältig vorbereiten; ~ **un vestito su misura**, ein Kleid/einen Anzug maßschneidern; (*in serie*) {CAPI DI ABBIGLIAMENTO} {ABITO} Konfektionen *f*; ~ *etw* konfektionieren **2** (*impacchettare*) ~ **qc** {REGALO} *etw* ein|-, verpacken: ~ **la merce per la spedizione**, die Ware für die Spedition ver-/abpacken; **il pacco è stato accuratamente confezionato**, das Paket wurde sorgfältig gepackt **3** (*mettere in una confezione*) ~ **qc** (*in qc*) {CAFFÈ IN BARATTOLI} *etw in* (*dat acc*) ab|packen Ⓑ *rfl indir* (*prepararsi*): **confezionarsi qc** sich (*dat*) *etw* her|richten, sich (*dat*) *etw* zusammen|stellen, **confezionarsi un kit su misura**, sich (*dat*) eine Ausrüstung nach Maß zusammenstellen.

confezionàto, (-a) Ⓐ *agg* **1** (*prodotto industrialmente*) {ABITO} Konfektions-; (*gelato*) industriell hergestellt, Fertig- **2** (*impacchettato*) eingepackt: **un regalo molto ben ~**, ein sehr gut/schön eingepacktes Geschenk; ~ (*in qc*) {PRODOTTO IN SCATOLE} (*in dat*) abgepackt.

confezionatóre, (-trice) *m* (*f*) **1** (*operaio*) Packer(in) *m*(*f*) **2** (*confezionista*) Konfektionär *m*, (Konfektioneuse *f*).

confezionatrice *f tecnol* Packmaschine *f*.

confezióne *f* **1** (*pacco*) {+CARAMELLE, COMPRESSE} (Ver)packung *f*: ~ **di caffè da 250 g**, 250 g - Kaffeepackung *f*; ~ **di cioccolatini**, Pralinenschachtel *f*; ~ **famiglia/regalo**, Familien-/Geschenkpackung *f* **2** ‹*solo pl*› (*vestiti*) Konfektion *f*: **confezioni per uomo/donna/bambino**, Herren-/Damen-/Kinderkonfektion *f* **3** (*fattura*) {+MAGLIA} Anfertigung *f*.

confezionista ‹*-i m*, *-e f*› *mf* (*di capi di abbigliamento*) Konfektionär *m*, Konfektioneuse *f*.

conficcàre ‹*confìcco, confìcchi*› Ⓐ *tr* ~ **qc in qc** **1** (*piantare*) {CHIODO NELLA PARETE} *etw in etw* (*acc*) (hinein|)schlagen, *etw in etw* (*acc*) (hinein|)treiben; {PALO NELLA TERRA} *etw in etw* (*acc*) (hinein|)rammen; {COLTELLO NELLA SCHIENA DI QU} *jdm etw in etw* (*acc*) stoßen **2** *fig* (*imprimere*) {IDEA NELLA MENTE DI QU} *etw* (*in etw acc*) ein|prägen Ⓑ *itr pron*: **conficcarsi in qc 1** (*piantarsi*) {FRECCIA NEL BERSAGLIO} (*in etw* acc) ein|dringen **2** *fig* (*imprimersi*) {RICORDO NELLA MEMORIA DI QU} sich *jdm* (*in etw* acc) ein|prägen, sich in *etw* (*dat*) fest|setzen Ⓒ *rfl indir*: **conficcarsi qc in qc 1** (*infilarsi*) {SPINA IN UN DITO} sich (*dat*) *etw in etw* (*acc*) ein|reißen, sich (*dat*) *etw in etw* (*acc*) ein|ziehen *region*: **conficcarsi qu in un piede**, sich (*dat*) *etw* ein treten in (*dat*) **2** *fig* (*mettersi*) {IDEA IN TESTA} sich (*dat*) *etw in etw* (*acc*) ein|prägen.

conficcàto, (-a) *agg* **1** (*piantato*) ~ (*in qc*) {SCHEGGIA NELL'OCCHIO} *in etw* (*acc*) eingerissen, *in etw* (*acc*) eingezogen *region*: **gli è rimasta una spina conficcata sotto l'unghia**, er hat sich einen Dorn unter den Fingernagel eingerissen **2** *fig* (*impresso*) ~ **in qc** {VISO NELLA MENTE} *in etw* (*acc*) eingeprägt.

confidàre Ⓐ *tr* ~ **qc a qu 1** (*rivelare*) {SEGRETO A UN'AMICA} *jdm etw* an|vertrauen, *jdm/etw* im Vertrauen mit|teilen: **mi confidò ₍di aver mentito₎/[che aveva mentito]**, er/sie vertraute mir an, dass er/sie gelogen hatte **2** (*affidare*) {TESTAMENTO A UN NOTAIO} *jdm etw* an|vertrauen Ⓑ *itr* (*contare*) ~ (**in qu/qc**) {NEL PROSSIMO, NELLE CAPACITÀ DI QU, NELLA COMPRENSIONE DI QU} *auf jdn/etw* bauen, *auf jdn/etw* vertrauen: **confidavo di vederti**, ich baute darauf, dich zu sehen; **confidiamo che ci rispondiate in tempo utile**, wir vertrauen darauf, dass ihr uns rechtzeitig antwortet Ⓒ *itr pron*: **confidarsi a/con qu** {CON LA MADRE} sich *jdm* an|vertrauen.

confidènte *mf* **1** (*persona amica*) Vertraute *mf decl come agg*, Vertrauensperson *f* **2** (*informatore*) {+POLIZIA} Informant(in) *m*(*f*), Spitzel *m spreg*.

confidènza *f* **1** (*familiarità*) Vertrautheit *f*: **essere in ~ con qu**, mit *jdm* vertraut sein; **dare molta/poca ~ (a qu)** *jdm* sehr/wenig vertrauen, viel/wenig Vertrauen in *jdn* haben; **non prenderti troppa ~!**, nimm dir nicht zu viele Vertraulichkeiten heraus! **2** (*dimestichezza*) Vertrautheit *f*: **avere/prendere ~ con qc**, mit *etw* (*dat*) vertraut sein/werden **3** (*rivelazione*) Vertrauen *n*: **ti voglio fare una ~**, ich will dir etwas anvertrauen; **lasciarsi andare a confidenze**, sich zu Vertraulichkeiten hinreißen lassen **4** *lett* (*fiducia*) Vertrauen *n*: **avere ~ in se stessi**, Selbstvertrauen haben ● **in** (**tutta**) ~ (*detto fra noi*), im Vertrauen; **prendersi delle confidenze con qu** (*esagerare*), sich (*dat*) *jdm* gegenüber Vertraulichkeiten herausnehmen.

confidenziàle *agg* **1** (*segreto*) {LETTERA, NOTIZIA} geheim, vertraulich: **strettamente ~**, streng vertraulich **2** (*amichevole*) {DISCORSO, SALUTO} freundschaftlich; {TONO} vertraulich; {RAPPORTO} vertraut.

confidenzialità *f* **1** (+INFORMAZIONE) Vertraulichkeit *f* **2** (*tono*) Vertraulichkeit *f*.

configgere ‹*irr configgo, configgi, confissi, confitto*› *tr*, *itr pron*, *rfl indir forb* → **conficcare**.

configuràre Ⓐ *tr* **1** (*definire*) ~ **qc** {LIMITE, OBIETTIVO, SCENARIO POLITICO} *etw* bestimmen, *etw* beschreiben, *etw* fest|legen **2** (*rappresentare*) ~ **qc** *etw* sein: **un contratto quale affitto**, einen Vertrag als Pachtvertrag gestalten **3** *inform* ~ **qc** {COMPUTER, SISTEMA} *etw* konfigurieren, *etw* ein|richten Ⓑ *itr pron* **1** (*presentarsi*): **configurarsi** (+ *compl di modo*) {PROBLEMA MOLTO COMPLESSO} sich (*irgendwie*) dar|stellen, sich (*irgendwie*) gestalten: **la questione si configura in questi termini: ...**, die Angelegenheit stellt sich folgendermaßen dar: ... **2** (*delinearsi*): **configurarsi** sich ab|zeichnen: **si va configurando un nuovo profilo di insegnante**, es zeichnet sich ein neues Lehrerprofil ab **3** (*manifestarsi*): **configurarsi** vor|liegen: **la truffa si configura come reato contro il patrimonio**, Betrug ist ₍ein Vermögensdelikt₎/ [eine Straftat gegen Vermögenswerte]; **un caso in cui si configura l'ipotesi di reato**, ein Fall der eine Straftat vermuten lässt.

configurazióne *f* **1** (*forma*) {ASTRATTA} Gestalt *f*; *anche med* {+CRANIO, ORGANO} Konfiguration *f* **2** *astr chim fis ling* {ELETTRONICA, PLANETARIA, SEMANTICA} Konfiguration *f* **3** (*aspetto*) {GIURIDICA; +FATTO} Aspekt *m* **4** *geog* (*conformazione*) {+TERRITORIO, ZONA ALPINA} Beschaffenheit *f* **5** *inform* {ESPANDIBILE, MINIMA, STANDARD} Konfiguration *f*: ~ **di rete**, Netzkonfiguration *f*.

confinànte Ⓐ *agg* (*che confina*) {PROPRIETÀ, STATO} angrenzend, Anrainer- Ⓑ *mf* (*vicino*) Anrainer(in) *m*(*f*), Nachbar(in) *m*(*f*).

confinàre Ⓐ *tr anche fig* (*relegare*) ~ **qu** (+ *compl di luogo*) {SU UN'ISOLA, IN MONTAGNA} *jdn* (*irgendwohin*) verbannen: **il maltempo ci ha confinati in casa**, das schlechte Wetter hat uns ins Haus verbannt; **è stato confinato a smistare la posta**, er ist dazu verbannt/ verdonnert *fam* worden, die Post zu sortieren Ⓑ *itr anche fig* ~ **con qc** {TERRENO CON IL BOSCO} *an etw* (*acc*) grenzen: **l'Italia confina con l'Austria**, Italien grenzt an Österreich; **la timidezza confina con la viltà**, Schüchternheit und Feigheit liegen nah beieinander Ⓒ *rfl* (*ritirarsi*): **confinarsi** (+ *compl di luogo*) {IN CAMPAGNA} sich (*irgendwohin*) zurück|ziehen.

confinàrio, (-a) *agg* (*di confine*) {PALO, POLIZIA, POPOLAZIONE} Grenz-.

confinàto, (-a) Ⓐ *agg* {PERSONA} (an einen Zwangswohnort) verbannt Ⓑ *m* (*f*) {POLITICO} (an einen Zwangswohnort) Verbannte *mf decl come agg*.

Confindùstria *f abbr di* Confederazione Generale dell'Industria Italiana: "Allgemeiner Verband der italienischen Industrieunternehmen".

confìne Ⓐ *m* **1** (*limite*) {NATURALE, POLITICO; +TERRITORIO} (Staats)grenze *f*: **è al ~ con la Svizzera**, es ist/liegt an der Grenze zur Schweiz; ~ **tra Italia e Francia**, Grenze *f* zwischen Italien und Frankreich; ~ **di stato**, Staatsgrenze *f*; *fig* (+CONOSCENZA, SCIENZA) Grenze *f*; ~ **tra lecito e illecito**, Grenze *f* zwischen ₍Erlaubtem und Unerlaubtem₎/[Zulässigem und Unzulässigem] **2** (*segno di delimitazione*) Grenzstein *m* Ⓑ ‹*inv*› *loc agg*: **di ~** {CITTÀ, LINEA} Grenz- ● **ai confini del mondo** *fig* (*punto estremo*), am Ende der Welt; **passare i confini** *fig* (*esagerare*), (es) übertreiben, zu weit gehen, dem Fass den Boden

confino m *polit* Verbannung f (an einen Zwangswohnort), Wohnortbeschränkung f: **mandare qu al ~**, jdn in die Verbannung schicken.

confisca <-sche> f {+REFURTIV} Beschlagnahmung f, Konfiskation f: **~ dei beni**, Vermögensbeschlagnahmung f.

confiscàbile agg {BENE} konfiszierbar.

confiscàre <confisco, confischi> tr (requisire) **~ qc** {BENE, MERCE RUBATA} etw beschlagnahmen, etw konfiszieren.

confìteor <-> m *lat relig* Sündenbekenntnis n, Confiteor n ● **dire/recitare il ~** *fig* (riconoscersi colpevole), sich schuldig bekennen, das Confiteor beten.

confìtto part pass *di* configgere.

conflagrazióne f **1** (lett) (incendio) Aufflammen n **2** *fig* (scoppio) {BELLICA} Ausbruch m.

conflìtto m **1** (scontro) {SANGUINOSO} Konflikt m, Zusammenstoß m; **~ a fuoco**, Schusswechsel m; **~ tra rapitori e polizia**, Zusammenstoß m zwischen Entführern und Polizei **2** (guerra) Krieg m: **secondo ~ mondiale**, Zweiter Weltkrieg **3** *anche fig* (contrasto) {INSANABILE, SINDACALE; +IDEE, SENTIMENTI} Streit m, Zusammenstoß m: **~ di classe**, Klassenkampf m; **è in ~ con il padre/la famiglia**, er/sie hat Streit/Ärger/Probleme mit seinem/ihrem Vater/[seiner/ihrer Familie]; **~ sociale**, sozialer Konflikt **4** *dir* Konflikt m, Kollision f: **~ di competenza** *dir*, Kompetenzkonflikt m; **~ di interessi**, Interessenkonflikt m, Interessenkollision f **5** *psic* Konflikt m: **~ interiore**, innerer/seelischer Konflikt.

conflittuàle agg {SITUAZIONE} Konflikt-; {RAPPORTO} konfliktgeladen.

conflittualità <-> f {FAMILIARE, SINDACALE} Konflikt(situation f) m; {SOCIALE} *anche* Konfliktpotenzial n.

confluènte m (affluente) Nebenfluss m.

confluènza f **1** (unione) {+CORSI D'ACQUA} Zusammenfließen n; {+SENTIERI} Zusammenlaufen n **2** (punto di convergenza) Zusammenfluss m: **alla ~ dell'Inn col Danubio**, am Zusammenfluss des Inns mit der Donau; (*incrocio di strade*) Kreuzung f **3** *fig* (convergenza) {+FORZE} Übereinstimmung f; {+IDEE, VOTI} *anche* Annäherung f, Konvergenz f *forb*.

confluìre <confluisco> *itr* <-essere> **1** (congiungersi) ~ (+ **compl di luogo**) {FIUMI IN PIANURA} (irgendwo) zusammen|fließen; {GHIACCIAI, STRADE} (irgendwo) zusammen|laufen **2** (sboccare) **~ + compl di luogo** {FOLLA, VIA SULLA PIAZZA} irgendwo heraus|kommen; {TORRENTE NEL FIUME, NEL LAGO} irgendwohin münden **3** *fig* (convergere) **~ in qc** {ALA RIFORMISTA NEL PARTITO; DENARO NELLA CASSA} in etw (acc) zusammen|laufen: **nell'opera confluiscono i temi cari all'autore**, in diesem Werk finden die Lieblingsthemen des Autors ihren Niederschlag/[sind die Lieblingsthemen des Autors eingeflossen].

confocàle agg *fis* {CONICHE, SISTEMI OTTICI} konfokal.

confóndere <coniug *come* fondere> A tr **1** (scompigliare) **~ qc** {FOGLI, MAZZI DI CARTE} etw durcheinander|bringen, etw vermengen, etw vermischen **2** (scambiare) **~ qu/qc** {COLORI, DATE} jdn/etw durcheinander|bringen: **la loro somiglianza è tale che li confondo sempre**, sie sind sich so ähnlich, dass ich sie immer verwechsle; **~ qu/qc (con qu/qc)** {NOME CON UN ALTRO} jdn/etw (*mit jdm/etw*) verwechseln: **mi confondono spesso con mia sorella**, sie verwechseln mich oft mit meiner Schwester **3** *fig* (disorientare) **~ qu** jdn verwirren, jdn durcheinander|bringen: **taci che mi confondi!**, sei still, du bringst mich ganz durcheinander! **4** *fig* (imbarazzare) **~ qu** jdn in Verlegenheit bringen, jdm peinlich sein: **la tua generosità ci confonde**, deine Großzügigkeit bringt uns in Verlegenheit **5** *fig* (offuscare) **~ qc** {LUCE VIOLENTA OCCHI} etw trüben, {VISTA} etw beeinträchtigen; {CONTORNI} etw verwischen B *itr pron* **1** (mescolarsi): **confondersi (tra qu/qc)** {TRA LA FOLLA} sich *unter jdn/etw* mischen **2** *anche fig* (sfumare): **confondersi (in qc)** {CONTORNI NELLA NEBBIA; RICORDI NELLA MEMORIA} in etw (dat) verschwimmen, sich in etw (dat) verwischen **3** *fig* (fare confusione): **confondersi** in Verwirrung geraten, durcheinandergeraten, aus der Fassung geraten, sich verhaspeln *fam*: **scusate, mi sono confuso**, entschuldigt, ich hab mich verhaspelt *fam*/[bin durcheinandergeraten].

confondìbile agg (scambiabile) {NOMI, VOLTI} verwechselbar: **la sua voce è facilmente ~ con quella della madre**, ihre Stimme ist leicht mit der ihrer Mutter zu verwechseln; **il suo viso non è ~ con nessuno**, sein Gesicht ist unverwechselbar, er hat ein unverwechselbares Gesicht.

conformàbile agg **1** (adattabile) anpassbar **2** (plasmabile) formbar.

conformàre A tr **1** (adattare) **~ qc a qc** {ABBIGLIAMENTO, COMPORTAMENTO ALLA SITUAZIONE} etw etw (dat) an|passen **2** (plasmare) **~ qc** {ARTISTA SCULTURA; VENTO ROCCIA} qc in etw formen, etw (dat) Form geben B *itr pron* (essere proporzionato): **conformarsi a/con qc** {ARREDAMENTO ALLO SPAZIO} etw (dat) angepasst sein C *rfl* (adattarsi): **conformarsi a qc** {AL REGOLAMENTO, ALLA VOLONTÀ DI QU} sich an etw (acc) an|passen.

conformàto, (-a) agg {CORPO, LINEA} geformt: **ben ~**, wohlgeformt, gut gebaut; **mal ~**, schlecht gebaut.

conformazióne f **1** (struttura) {+ROCCIA} Beschaffenheit f **2** (forma) {ANATOMICA; +BACINO} Form(gebung) f, Gestalt f.

confórme A agg **1** (identico) **~ a qc** {RIPRODUZIONE AL MODELLO, ALLA REALTÀ} (etw dat) entsprechend, (etw dat) getreu, konform mit etw (dat), übereinstimmend mit etw (dat), **~ (a qc)** {COPIA} übereinstimmend mit etw (dat), identisch mit etw (dat) **2** (corrispondente) **~ a qc** {LAVORO ALLA PROPRIA FORMAZIONE, STILE ALL'OCCASIONE} etw (dat) entsprechend, konform mit etw (dat): **essere ~ al contratto/regolamento**, vertrags-/vorschriftsgerecht sein, dem Vertrag/den Vorschriften entsprechen B *loc prep* (in modo corrispondente) **~ a qc** etw (dat) gemäß, etw (dat) entsprechend: **mi comporterò alla legge**, ich werde mich dem Gesetz gemäß verhalten ● **~ alle norme Cee**, den EU-Vorschriften entsprechend.

conformeménte avv **~ a/con qc** {INTERVENIRE ALLE DISPOSIZIONI} etw (dat) entsprechend, etw (dat) gemäß.

conformìsmo m Konformismus m, Angepasstheit f.

conformìsta <-i m, -e f> A agg {MENTALITÀ} konformistisch, angepasst B mf Konformist(in) m(f), angepasster Mensch.

conformìstico, (-a) <-ci, -che> agg {ATTEGGIAMENTO} konformistisch, angepasst.

conformità <-> A f **1** (concordanza) {+IDEE, SENTIMENTI} Übereinstimmung f, Konformität f *forb* **2** *anche amm* (esattezza) {+ATTO} Richtigkeit f, Gemäßheit f, Ordnungsmäßigkeit f B *loc avv*: **in ~** {AGIRE, DECIDERE} übereinstimmend C *loc prep*: **in ~ a qc**, in Übereinstimmung mit etw (dat); **operare in ~ alle/[con le] leggi vigenti**, in Übereinstimmung mit den geltenden Gesetzen handeln.

confòrt → **comfort**.

confortàbile agg **1** (consolabile) zu trösten(d) **2** (dimostrabile) **~ con qc** {TESI CON ESEMPI} mit etw (dat) belegbar **3** *rar* (confortevole) bequem, komfortabel.

confortànte agg {PARERE, PENSIERO} tröstend, tröstlich: **è ~ vedere che...**, es ist tröstlich zu sehen, dass ...

confortàre A tr **1** (consolare) **~ qu (per qc)** {BAMBINO PER LA MORTE DI QU} jdn (*über etw* acc) (hinweg|)trösten; **~ qu (in qc)** {AMICO NELLA PENA} jdn (*in etw* dat) trösten: **la tua presenza mi conforta**, deine Gegenwart tröstet mich/[ist mir ein Trost]; **conforta sapere che...**, es ist tröstlich zu wissen, dass ...; **conforta che se ne possa parlare**, es tut gut, darüber reden zu können **2** (confermare) **~ qc (con/di qc)** {SUPPOSIZIONE, TEORIA CON UN'ARGOMENTAZIONE VALIDA} etw (*mit etw* dat/*durch etw* acc) bekräftigen, etw (*mit etw* dat/*durch etw* acc) stärken **3** (esortare) **~ qu a fare qc** jdn ermutigen, etw zu tun: **le sue parole mi confortano a continuare**, seine/ihre Worte ermutigen mich, weiterzumachen **4** (ristorare) **~ qu/qc** {LETTURA MENTE} jdn/etw erquicken, jdn/etw stärken; {TISANA STOMACO} jdn/etw beruhigen: **il riposo ti conforterà**, die Ruhe wird dir guttun B *rfl* (consolare se stesso): **confortarsi con qc** {CON LA PREGHIERA} sich (*mit etw* dat) Mut machen: **confortarsi al pensiero che/di...**, sich bei dem Gedanken trösten, dass ...; **confortarsi pensando che ...**, sich mit dem Gedanken trösten, dass ... C *rfl rec* (consolarsi): **confortarsi di qc** sich (gegenseitig) *über etw* (acc) (hinweg|)trösten: **si confortarono a vicenda della loro sfortuna**, sie trösteten sich gegenseitig über ihr Unglück (hinweg).

confortévole agg **1** (comodo) {APPARTAMENTO, CASA} gemütlich, komfortabel; {AUTO} bequem, komfortabel **2** (consolante) {PAROLE} tröstend.

confòrto A m **1** (consolazione) Trost m: **dare ~ a qu**, jdm Trost spenden, jdn trösten; **non mi è di ~ sapere che...**, es ist mir kein Trost, zu wissen, dass ...; **trovo ~ nella lettura**, ich finde Trost in der Lektüre **2** (conferma) Bestätigung f: **l'ipotesi ha avuto il ~ di una verifica**, die Vermutung wurde durch eine Überprüfung bestätigt **3** (comfort) {MODERNO} Komfort m B *loc prep spec amm tecnol scient* (a sostegno di): **a ~ di qc**, {DI UNA TESI} zur Unterstützung von etw (dat)/+ gen ● **estremi conforti**/[**conforti religiosi**] *relig*, Sterbesakramente n pl.

confratèllo m Ordensbruder m: **i nostri confratelli**, unsere Ordensbrüder.

confraternità f *relig* Bruderschaft f, Konfraternität f *obs*; (*nel mondo islamico*) Muslim-, Moslembruderschaft f.

confrontàbile agg vergleichbar.

confrontàre A tr **1** (paragonare) **~ qu/qc (con qu/qc)** {VECCHIO INSEGNANTE CON IL NUOVO, COPIA CON L'ORIGINALE, FIRME, PREZZI} jdn/etw (*mit jdm/etw*) vergleichen **2** (discutere) **~ qc (con qu)** {LE PROPRIE TESI} etw (*mit jdm*) diskutieren, etw (*mit jdm*) erörtern **3** *rar* (consultare) **~ qc** {ANNUARIO, ORARIO DEI TRENI} etw nach|schauen, etw konsultieren *forb* B *rfl* **1** (paragonarsi): **confrontarsi con qu** {CON UN COLLEGA} sich *mit jdm* vergleichen **2** (misurarsi): **confrontarsi (con qu/qc)** {CAMPIONE CON LO SFIDANTE} sich *mit jdm/etw* messen, sich *jdm/etw* stellen, *gegen jdn/etw* an|treten: **confrontarsi ogni giorno con i problemi dell'emarginazione**, sich jeden Tag mit den Problemen der Ausgrenzung auseinandersetzen/stellen **3** (discutere): **confrontarsi (con qu/qc) (su qc)** {CLASSE DIRIGENTE CON IL SINDACATO SULLA CAS-

SA INTEGRAZIONE} (*mit jdm/etw*) (*über etw acc*) debattieren, (*mit jdm/etw*) (*über etw acc*) diskutieren **C** rfl rec **1** (*misurarsi*): confrontarsi (+ *compl di luogo*) {SQUADRE IN CAMPO, IN GARA, SUL TERRENO DI GIOCO} sich (*irgendwo*) messen **2** (*discutere*): confrontarsi (*su qc*) {PARTITI SU UN DISEGNO DI LEGGE} (*über etw* acc) debattieren, (*über etw* acc) diskutieren • **confronta** (abbr cf. *o* cfr.) *edit*, vergleiche (abbr cfr. *o* vgl.).

confrónto **A** m **1** (*paragone*) {+FIRME, OGGETTI} Vergleich m, Gegenüberstellung f: **non si può fare un ~ fra loro**, man kann sie nicht vergleichen; **mettere a ~ la teoria con la pratica**, Theorie und Praxis vergleichen/[einander gegenüberstellen] **2** (*discussione*) Debatte f, Diskussion f: **~ acceso tra segretari di partito**, hitzige Debatte zwischen Parteisekretären **3** *dir* (*mezzo di prova*) Gegenüberstellung f **4** *sport* (*gara*) {DIRETTO, INTERNAZIONALE} Wettkampf m **B** loc prep **1** (*nei riguardi di*): **nei confronti di qu/qc**, jdm/etw gegenüber; **nei miei confronti**, mir gegenüber **2** (*rispetto a*): **in ~ a qu/qc**, *rar* a ~ di qu/qc, im Vergleich zu jdm/etw, ˌin ~ aˌ/[a ~ di] ieri/me, im Vergleich zu gestern/mir; **in ~ a lui sono un genio!**, im Vergleich zu ihm bin ich ein Genie! • **all'*americana***, offene Gegenüberstellung f; **non c'è ~!** (*è decisamente superiore*), das ist kein Vergleich!, das kann man nicht vergleichen!; **non c'è ~ tra le due automobili: questa è decisamente migliore**, diese beiden Autos lassen sich nicht vergleichen: das hier ist entschieden besser; **reggere al ~ con qu/qc** (*essere alla pari*), einem Vergleich mit jdm/etw standhalten; *senza ~* (*unico*), beispiellos, unvergleichlich; **in matematica non teme confronti** (*è il/la migliore*), in Mathematik ˌscheut er/sie keinen Vergleichˌ/[kann ihm/ihr keiner das Wasser reichen].

CONFSAL f abbr *di* Confederazione Sindacati Autonomi Lavoratori: Verband autonomer Gewerkschaften.

confucianésimo m *filos relig* Konfuzianismus m.

confuciàno, (-a) *filos relig* **A** agg {TEORIA} konfuzianisch **B** m (f) (*seguace*) Konfuzianer(in) m(f).

Confùcio m *stor* Konfuzius.

confusionàrio, (-a) <-*ri* m-> **A** agg {PERSONA} wirrköpfig *spreg*, chaotisch *fam* **B** m (f) Wirrkopf m *spreg*, Chaot(in) m(f) *fam*.

confusióne f **1** (*disordine*) {+COLORI, VOCI} Durcheinander n, Wirrwarr m: **che ~ qui dentro!**, was für ein Durcheinander hier drinnen!; **ho una gran ~ in testa**, ich bin ganz durcheinander, mir ist ganz wirr im Kopf; ~ **mentale**, geistige Verwirrung, Verwirrtheit f **2** (*chiasso*) {+MERCATO, STAZIONE} Lärm m, Krach m: **non fate ~ nei corridoi!**, macht in den Gängen keinen Krach! **3** (*scambio*) Verwechs(e)lung f: **faccio sempre ~ ˌcon i nomiˌ/[tra le date]**, ich ˌbringe immer die Namen/Daten durcheinanderˌ/[verwechsle immer die Namen/Daten] **4** (*imbarazzo*) Verwirrung f, Verlegenheit f, peinliche Berührtheit **5** *dir* (*modo di estinzione dell'obbligazione*) Konfusion f • **la ~ regna sovrana** (*c'è un disordine assoluto*), es herrscht ein uneingeschränktes Durcheinander.

confusionista <-*i* m, -*e* f> mf Wirrkopf m, Chaot(in) m(f).

confùso, (-a) **A** part pass *di* confondere **B** agg **1** (*disordinato*) wirr, unordentlich: **un ammasso ~ di vestiti**, ein unordentlicher Haufen Kleider **2** (*mischiato*) ~ + *compl di luogo* {TRA LA FOLLA} irgendwohin gemischt: ~ **in mezzo alla gente**, inmitten der Leute, unter der Menschenmenge **3** (*non chiaro*) {FRASE, SPIEGAZIONE} konfus, unklar, verworren; {SITUAZIONE} unübersichtlich, unklar, verworren; {SUONO} undeutlich **4** (*disorientato*) {ARIA, RAGAZZO} konfus, verwirrt, durcheinander.

confutàbile agg {IPOTESI, RAGIONAMENTO} widerlegbar.

confutàre tr (*contraddire*) ~ **qc** {ACCUSA, DOTTRINA, OPINIONE} *etw* widerlegen.

confutatìvo, (-a) agg {ARGOMENTAZIONE} widerlegend, Gegen-.

confutatóre, (-trice) **A** agg widerlegend **B** m (f) Widerleger(in) m(f).

confutazióne f {ESAURIENTE, FIACCA, PERSUASIVA} Widerlegung f.

congedàre **A** tr **1** (*accomiatare*) ~ **qu** {OSPITE} jdn verabschieden: **mi congedò bruscamente**, er/sie verabschiedete sich abrupt von mir **2** *mil* ~ **qu** jdn entlassen, jdm den Abschied erteilen/geben **B** rfl **1** (*accomiatarsi*): congedarsi (*da qu*) {DALLA FAMIGLIA, DAL PADRONE DI CASA} sich (*von jdm*) verabschieden, (*von jdm*) Abschied nehmen **2** *mil*: congedarsi (*da qc*) {DALL'ESERCITO} seinen Abschied (*von etw* dat) nehmen: **si è congedato a giugno**, er hat im Juni seinen Abschied genommen.

congèdo m **1** (*commiato*) Abschied m: **dare ~ a qu**, jdn verabschieden; **prendere ~ da qu**, sich von jdm verabschieden **2** (*permesso*) {ORDINARIO, STRAORDINARIO} Beurlaubung f, Urlaub m: **è in ~ matrimoniale**, er/sie ˌist imˌ/[hat] Heiratsurlaub; ~ **per maternità**, Mutterschaftsurlaub m, Mutterschutz m; **chiedere un ~ di sei mesi per motivi familiari**, aus familiären Gründen um sechs Monate Beurlaubung bitten **3** *lett* (*commiato*) Schlussstrophe f **4** *mil* {INDEFINITO M, Entlassung f: **andare/essere in ~**, entlassen werden/sein, seinen Abschied nehmen/genommen haben; ~ **assoluto**, Abschied m; ~ **illimitato**, unbegrenzter Urlaub; ~ **provvisorio**, (einstweilige) Außerdienststellung, Beurlaubung f; (*documento*) Entlassungspapiere n pl.

congegnàre tr ~ **qc 1** (*costruire*) {IMPIANTO, MOTORE} *etw* konstruieren **2** *fig* (*ideare*) {PIANO INFALLIBILE, TRUFFA} *etw* ausˌdenken, *etw* auˌtüfteln.

congégno m **1** (*meccanismo*) {DELICATO, RUDIMENTALE} Mechanismus m, Werk n, Vorrichtung f: ~ **a orologeria**, Zeitzünder m **2** *fig* {+BUROCRAZIA} Mechanismus m.

congelaménto m **1** (*solidificazione*) {+LIQUIDO} Gefrieren n, Erstarrung f **2** (*surgelamento*) {+ALIMENTO} Einfrieren n **3** *fig* (*bloccco*) {+POSTI DI LAVORO, STIPENDI, TRATTATIVA} Einfrieren n **4** *econ* (*sospensione*) {+CREDITO, FIDO} Einfrieren n **5** *med* {+ESTREMITÀ} Erfrierung f: **morire per ~**, erfrieren.

congelàre **A** tr <*avere*> **1** (*solidificare*) ~ **qc** {FREDDO ACQUA DELLA TUBAZIONE} *etw* zufrieren/gefrieren/vereisen *rar* lassen, *etw* zu Eis werden lassen **2** (*surgelare*) ~ **qc** {CARNE, PIETANZA} *etw* einˌfrieren, *etw* tiefkühlen **3** (*intirizzire*) ~ **qc** {NEVE MANI} *etw* vor Kälte erstarren lassen, *etw* fast abfrieren lassen *fam*: **il vento freddo gli ha congelato il naso**, der kalte Wind hat seine Nase erstarren lassen, durch den kalten Wind war ihm die Nase fast abgefroren *fam*; *med* {DITO} *etw* erfrieren/abfrieren lassen **4** *fig* (*bloccare*) ~ **qc** {RICHIESTA, RIFORMA, SCALA MOBILE} *etw* einˌfrieren, *etw* auf Eis legen, *etw* blockieren **5** *fig* (*raggelare*) ~ **qu/qc** {EMOZIONE CANDIDATO, PUBBLICO} jdn/etw erstarren lassen **6** *econ* (*sospendere*) ~ **qc** {CREDITO, FONDO} *etw* einˌfrieren **B** itr <*essere*> **1** (*solidificare*) {ACQUA} gefrieren **2** (*avere freddo*) {BAMBINO} (er)frieren, verfroren sein: **chiudi la porta: sto congelando!**, mach die Tür zu: ich bin am Erfrieren!; **in questa casa si congela**, in diesem Haus friert man sich einen ab *fam* **C** itr pron **1** (*solidificare*): congelarsi {OLIO DEL MOTORE} gefrieren: **a basse temperature il liquido potrebbe congelarsi**, bei niedriger Temperatur könnte die Flüssigkeit gefrieren **2** (*intirizzire*) {PIEDI} eiskalt werden, zu Eis werden/erstarren: **ci siamo quasi congelati ad aspettarti**, wir sind beim Warten auf dich beinahe erfroren!; *med* erfrieren; (*gli*) **si è congelato il piede sinistro**, ihm ist sein linker Fuß abgefroren/erfroren.

congelàto, (-a) agg **1** (*surgelato*) {PANE, PESCE} tiefgefroren **2** (*intirizzito*) {PIEDI} abgefroren *fam*; *med* {DITO} erfroren **3** *fig* (*bloccato*) {INIZIATIVA} eingefroren, auf Eis gelegt, blockiert **4** *econ* {CAPITALE} eingefroren.

congelatóre, (-trice) **A** agg Gefrier- **B** m (Tief)gefrierschrank n f; (*a pozzo*) Tiefkühltruhe f; (*scomparto del ghiaccio*) Gefrier-, Tiefkühlfach n.

congelazióne f *med* (*congelamento*) {+DITO} Erfrieren n.

congènere agg (*analogo*) {ARGOMENTI, MALATTIE} analog *forb*, vergleichbar, entsprechend; *bot zoo* gleichartig.

congeniàle agg wesensgleich, kongenial *forb*: **questo ruolo gli è ~**, diese Rolle ˌliegt ihmˌ/[ist ihm wie auf den Leib geschrieben].

congenialità <-> f Wesensgleichheit f, Kongenialität f *forb*.

congènito, (-a) agg *anche med* {MALFORMAZIONE} angeboren.

congèrie <-> f lat (*accozzaglia*) {+LIBRI} Haufen m *fam* + nom/+ gen pl, Sammelsurium n *von etw* (dat); *fig* {+ERRORI, NOTIZIE} Ansammlung f *von etw* (dat), Anhäufung f *von etw* (dat).

congestionàre **A** tr ~ **qc 1** *med* {FEGATO} *in etw* (dat) einen Blutandrang bewirken **2** *fig* (*ingorgare*) {TRAFFICO CITTÀ} *etw* verstopfen; {UTENZA CENTRALINO} *etw* blockieren, *etw* überlasten **B** itr pron: congestionarsi **1** *med* {POLMONE} einen Blutandrang haben **2** *fig* (*diventare caotico*) {CIRCOLAZIONE} sich stauen; (*VIA*) verstopft werden.

congestionàto, (-a) agg **1** *med* {ORGANO} blutunterlaufen, hyperämisch *scient*; {VOLTO} hochrot **2** *fig* (*ingorgato*) {LINEA} blockiert, überlastet; {STRADA} *anche* verstopft.

congestióne f **1** *med* (*iperemia*) {CEREBRALE} Blutandrang m, Hyperämie f *scient*, Kongestion f *scient*: **non bere l'acqua gelata: rischi una ~!**, trink das Wasser nicht eiskalt: du riskierst eine Hyperämie! *scient* **2** *fig* (*intasamento*) {+TRAFFICO STRADALE} Stau m, Verstopfung f; {+CIRCOLAZIONE AEREA} Überlastung f; {+LINEA TELEFONICA} Blockierung f.

congestìzio, (-a) <-*zi* m> agg *med* hyperämisch *scient*, kongestiv *scient*.

congettùra f **1** (*supposizioni*) Annahme f, Vermutung f: **si possono fare molte congetture ˌsu di luiˌ/[sul futuro]**, man kann viele Vermutungen über ihn/die Zukunft anstellen; **queste non sono altro che congetture!**, das sind nichts weiter als Vermutungen! **2** *filol* Konjektur f.

congetturàbile agg (*ipotizzabile*) annehmbar, vermutbar.

congetturàle agg **1** (*ipotetico*): **affermazione ~**, Vermutung f, Mutmaßung f **2** *filol* {LEZIONE} konjektural.

congetturàre **A** tr ~ **qc 1** (*ipotizzare*) *etw* vermuten: **non è possibile ~ nulla di sicuro**, es lässt sich nichts mit Sicherheit sagen; **si può ~ che sia fuggito**, er ist zu vermuten, dass er geflohen ist **2** *filol etw* konjizieren **B** itr (*fare congetture*) Vermutungen anˌstellen.

congiùngere <coniug come giungere> **A** tr **1** (collegare) ~ qc (**a**/**con** qc) {CAPITALI CON UNA LINEA AEREA, PUNTI CON UNA LINEA; AUTOSTRADA IL NORD AL SUD; PONTE ISOLA CON LA TERRAFERMA, RIVE OPPOSTE DEL FIUME} etw (mit etw dat) verbinden **2** anche fig (mettere insieme) ~ qc (**con** qc) {SFORZI, TRUPPE CON LE RISERVE} etw (mit etw dat) vereinen **B** itr pron **1** (confluire): **congiùngersi con** qc (+ compl di luogo) {STRADE CON LA TANGENZIALE} (irgendwo) (mit etw dat) zusammen|laufen; {PO CON LA DORA IN PIANURA} (irgendwo) (mit etw dat) zusammen|fließen **2** (copulare): **congiùngersi con** qu {UOMO CON UNA DONNA} sich mit jdm (geschlechtlich) vereinigen forb, mit jdm schlafen eufem **3** (legarsi): **congiùngersi a/con** qu (**in** qc) {IN AMICIZIA} mit jdm (in etw dat) verbunden sein **4** astrol astr (essere in congiunzione): **congiùngersi con** qc in Konjunktion mit etw (dat) stehen **C** rfl rec **1** (confluire): **congiùngersi** (+ compl di luogo) {STRADE IN PIAZZA} (irgendwo) zusammen|laufen; {FIUMI A VALLE} (irgendwo) zusammen|fließen **2** (copulare): **congiùngersi** {ADAMO ED EVA} sich (geschlechtlich) vereinigen forb, sich paaren **3** (legarsi): **congiùngersi** (**in** qc) {IN AMICIZIA} in etw (dat) verbunden sein **4** anche fig (unirsi): **congiùngersi** {I CONCETTI} überein|stimmen; {MANO DESTRA E SINISTRA} sich falten **5** astr (essere in congiunzione): **congiùngersi** {ASTRI} in Konjunktion sein.

congiungiménto m **1** (collegamento) {+ESTREMI, LINEE FERROVIARIE} Verbindung f **2** (punto) {+AUTOSTRADE} Knoten m, Kreuz n, Verbindungspunkt m: **al ~ dei due corsi d'acqua**, am Verbindungspunkt der beiden Wasserläufe **3** astr (congiunzione) {+PIANETI} Konjunktion f **4** lett (amplesso) Koitus m, (geschlechtliche) Vereinigung forb.

congiùnta f → **congiunto**.

congiuntaménte A avv (insieme) {AGIRE} gemeinsam, zusammen **B** loc prep (con): ~ **a/con qu/qc** {A UN GENITORE, CON IL DIPLOMA ORIGINALE} in Verbindung mit jdm/etw, zusammen mit jdm/etw.

congiuntìva f anat Bindehaut f.

congiuntivàle agg anat {MEMBRANA} Bindehaut-.

congiuntivìte f med {ALLERGICA, INFETTIVA} Bindehautentzündung f, Konjunktivitis f scient.

congiuntìvo, (-a) A agg **1** (che congiunge) verbindend, Binde- **2** gramm {LOCUZIONE} konjunktivisch, Konjunktiv- **B** m gramm Konjunktiv m: **al ~**, im Konjunktiv; **~ esortativo**, Kohortativ m.

congiùnto, (-a) part pass di congiungere **A** agg **1** (collegato) {PROBLEMI} zusammenhängend; {PEZZI} anche verbunden **2** anche fig (unito) {ESERCITI, FORZE} vereint **3** amm (comune) {DICHIARAZIONE, SOLUZIONE} gemeinsam **4** banca {CONTO} Gemeinschafts-, Sammel-; {FIRME} Kollektiv-, Gesamt- **5** econ {COSTI, OFFERTA} gemeinsam **C** m (f) Anverwandte mf decl come agg, (Familien)angehörige mf decl come agg.

congiuntùra f **1** (giuntura) {+TRAVI, TUBAZIONI} Verbindungsstelle f; {+OSSA} Gelenk n; (cucitura) {+VESTITO} Naht f **2** fig (circostanza) {DOLOROSA, FAVOREVOLE} Gelegenheit f **3** fig (crisi) Krise f: **il paese attraversa una ~ difficile**, das Land macht gerade eine schwere Krise durch **4** econ Konjunktur f: **alta ~**, Hochkonjunktur f; **bassa ~**, schwache Konjunktur.

congiunturàle agg econ {CRISI, PROVVEDIMENTO} konjunkturell, Konjunktur-.

congiunzionàle agg **1** astr Sternkonjunktion- **2** gramm {LOCUZIONE} konjunktional, Konjunktional-, Binde-.

congiunzióne f **1** (unione) {+PEZZI} Verbindung f **2** (punto) Kreuzung f, Verbindungsstelle f: **alla ~ delle strade**, da, wo die Straßen zusammenlaufen; an der Straßenkreuzung **3** astrol astr {SFAVOREVOLE; +PIANETI} Konjunktion f **4** gramm {COORDINATIVA, TEMPORALE} Konjunktion f **5** lett (amplesso) Vereinigung f ● **~ carnale** dir, Beischlaf m.

congiùra f **1** (accordo segreto) Verschwörung f: **una ~ contro il governo**, eine Verschwörung gegen die Regierung; **~ di Catilina**, Verschwörung f von Catilina **2** fig scherz (complotto) Verschwörung f, Komplott n o m: **ma questa è una ~!**, aber das ist ja die reinste Verschwörung! ● **~ di palazzo** (ordita da persone di corte), Palastrevolution f; **~ del silenzio** (decisione di non parlare), verabredetes Todschweigen.

congiuràre itr anche fig scherz (cospirare) **~ ai danni di**/[**contro**] **qu**/**qc** {ALA SOVVERSIVA AI DANNI DEL PRESIDENTE, CONTRO IL REGIME} sich gegen jdn/etw verschwören: **tutto congiura contro di noi**, alles hat sich gegen uns verschworen.

congiuràto, (-a) m (f) Verschwörer(in) m(f).

conglobaménto m econ (calcolo congiunto) {+CREDITI, INDENNITÀ} Zusammenrechnen n, Häufung f, Pauschalierung f.

conglobàre tr **~ qc** (**in** qc) **1** anche fig (riunire) {APPARTAMENTI} etw an|häufen **2** econ (calcolare insieme) {DEBITI, INDENNITÀ NELLO STIPENDIO} etw zusammen|rechnen.

conglobazióne f → **conglobamento**.

conglomerànte m tecnol (sostanza legante) Bindemittel n.

conglomeràre A tr (agglomerare) **~ qc** (**con**/**in** qc) {BITUME COL PIETRISCO} etw (mit etw dat) an|häufen, etw (mit etw dat) zusammen|ballen; fig {NAZIONI IN UNA SOLA} etw in etw (dat) zusammenfassen, etw zu einem Konglomerat mischen **B** itr pron (formare un conglomerato): **conglomerarsi** {CEMENTO} sich zusammen|ballen.

conglomeràta f econ (kombinat) Kombinat n.

conglomeràto, (-a) A agg **1** edil {MATERIALE} Binde- **2** geol {ROCCIA} Konglomerat- **B** m **1** anche fig (insieme) {+EDIFICI, ELEMENTI, SOCIALE} Konglomerat n forb, Gemisch n **2** econ (società) Kombinat n **3** edil {BITUMINOSO, CEMENTIZIO} Bindemittel n **4** geol {ALLUVIONALE, VULCANICO} Konglomerat n.

conglomerazióne f **1** Anhäufung f, Zusammenballung f; (azione) anche Anhäufen n, Zusammenballen n **2** (ammasso di cose e/o persone) Ansammlung f.

conglutinàre A tr **~ qc 1** (agglutinare) etw agglutinieren, etw binden **2** fig (unire) {ANIMI, POPOLI} etw ver|einen **B** rfl anche fig (fondersi): **conglutinarsi** {MATERIALE} verschmelzen, sich auf|lösen; {POPOLO} zusammen|wachsen **C** rfl rec anche fig (unirsi): **conglutinarsi** {ETNIE} zusammen|wachsen; {MATERIALI} verschmelzen.

Còngo m geog (stato, fiume) Kongo m.

congolése A agg kongolesisch **B** m (f) (abitante) Kongolese m, (Kongolesin f).

congratulàrsi itr pron (complimentarsi) **~ con qu** (**di**/**per qc**), (**con qu**) **di**/**per qc** {PER UNA NASCITA, PER UNA VITTORIA, CON etw dat} beglückwünschen, jdm zu etw (dat) gratulieren: **bel risultato, me ne congratulo** anche iron, tolles Ergebnis, na ich gratuliere anche iron; **ci congratuliamo con Lei per l'ottimo lavoro svolto**, wir ,beglückwünschen Sie₁/[gratulieren Ihnen] zu der hervorragenden Arbeit.

congratulazióne f <di solito al pl> anche iron Glückwunsch m, Gratulation f: **fare le (proprie) congratulazioni a qu per qc**, jdm zu etw (dat) ,seinen Glückwunsch₁/[seine Glückwünsche] aussprechen; **(sincere/[le mie]) congratulazioni!**, (herzlichen) Glückwunsch!, ich gratuliere!; **congratulazioni, ce l'hai fatta a fregarmi!** fam iron, ,meinen Glückwunsch₁/[na, bravo], hast du's geschafft, mich hereinzulegen! fam iron.

congrèga f <-ghe> **1** spreg {+LADRI} Bande f; {+POLITICANTI} Clique f spreg **2** relig (confraternita) Bruderschaft f.

congregàre <congrego, congreghi> **A** tr **~ qu** {PARROCO FEDELI} jdn versammeln **B** itr pron (adunarsi): **congregarsi** (+ compl di luogo) {IRGENDWO} sich (irgendwo) versammeln.

congregatìvo, (-a) agg {MOMENTO} der Versammlung dienend.

congregàto, (-a) A agg (adunato) versammelt **B** m (f) (membro di una congregazione) Kongregations-, Ordensmitglied n.

congregazionalìsmo m relig Kongregationalismus m.

congregazionalìsta <-i m, -e f> relig **A** agg {MOVIMENTO} kongregationalistisch **B** mf (seguace) Kongregationalist(in) m(f).

congregazióne f **1** relig (confraternita) {MARIANA} Bruderschaft f; (associazione di religiosi) {CLERICALE} Kongregation f **2** relig (commissione) {CONCISTORIALE} Kongregation f **3** fig (collettività) {UMANA} Versammlung f.

congressìsta <-i m, -e f> mf Kongressteilnehmer(in) m(f).

congressìstico, (-a) <-ci, -che> agg (dei congressi) {CENTRO} Kongress-, der Kongresse.

congrèsso m **1** (convegno) {+OFTALMOLOGIA; SCIENTIFICO} Kongress m, Tagung f: **andare al ~ nazionale degli insegnanti di tedesco**, zum nationalen Deutschlehrerkongress gehen; **fare una comunicazione al ~ di psichiatria**, bei der Psychiatrietagung ein Referat halten; pol {PROVINCIALE; +PARTITO} Kongress m, Versammlung f **2** polit (riunione) Kongress m: **il ~ di Vienna**, der Wiener Kongress **3** polit (parlamento statunitense): **il Congresso**, der Kongress ● **Congresso Eucaristico** relig, Eucharistischer Kongress.

congressuàle agg {ATTI, SEDE} Kongress-, Tagungs-.

còngrua f relig Kongrua f.

congruaménte avv {RETRIBUIRE QU} angemessen, entsprechend.

congruènte agg **1** (corrispondente) **~ con qc** {CONCLUSIONE CON LA PREMESSA} etw (dat) entsprechend, mit etw (dat) übereinstimmend **2** mat (in geometria) {FIGURE} kongruent, deckungsgleich; {NUMERI} kongruent, übereinstimmend.

congruènza f **1** (corrispondenza) Entsprechung f, Übereinstimmung f **2** (logicità) {+DISCORSO} Schlüssigkeit f, Folgerichtigkeit f, Stringenz f forb **3** mat (in geometria) Kongruenz f.

congruità <-> f (adeguatezza) {+COMPENSO} Angemessenheit f.

còngruo, (-a) agg **1** (adeguato) {ACCONTO, PREZZO} passend, angemessen: **a un'ora congrua**, zu einer angemessenen Zeit **2** mat {NUMERI} kongruent.

conguagliàre <conguaglio, conguagli> tr **~ qc** {STIPENDIO} etw aus|gleichen.

conguàglio <-gli> m **1** (operazione) Ausgleich m: **~ salariale**, Lohnausgleich m **2** (somma) Ausgleichssumme f: **dare il ~ a qu**, jdm seine Ausgleichssumme auszahlen.

CÒNI m abbr di Comitato Olimpico Nazionale Italiano: "Italienisches Olympisches Komitee".

coniàre <conio, coni> tr **~ qc 1** {MEDAGLIA,

MONETA} *etw* prägen **2** *fig* (*creare*) {NEOLOGISMO} *etw* prägen, *etw* kreieren *forb, etw* schöpfen.

coniatóre, (**-trice**) m (f) **1** Präger(in) m(f) **2** *fig* (*chi crea*) {+MODO DI DIRE} Schöpfer(in) m(f).

coniatùra f {+MONETA} Prägung f.

coniazióne f **1** (*coniatura*) Prägung f **2** *fig* (*creazione*) {+NEOLOGISMO} Schöpfung f.

cònica <-che> f *mat* (*in geometria*) Kegelschnitt m.

cònico, (-a) <-ci, -che> agg **1** (*di cono*) {SUPERFICIE} Kegel- **2** (*a forma di cono*) {CAPPELLO, FIGURA} konisch, kegelförmig, keg(e)lig.

conìfera f *bot* Nadelgewächs n, Konifere f.

conìglia f (*femmina del coniglio*) weibliches Kaninchen.

coniglìaia *rar* → **conigliera**.

coniglicoltóre, (**-trice**) m (f) (*cunicoltore*) Kaninchenzüchter(in) m(f).

coniglicoltùra f (*cunicoltura*) Kaninchenzucht f.

conigliéra f Kaninchenstall m.

coniglìesco, (-a) <-schi, -sche> agg **1** (*da coniglio*) Kaninchen- **2** *fig* (*vile*) {COMPORTAMENTO} feig *spreg*, hasenfüßig *fam scherz spreg*, hasenherzig *spreg*.

coniglìetta <*dim di coniglia*> f (*cameriera*) Bunny n (*als Häschen verkleidete Animierdame*); (*di Playboy*) Playboyhäschen n.

conìglio <-gli> m **1** {DOMESTICO, SELVATICO} Kaninchen n **2** (*pelliccia*) Kanin(chenfell) n **3** *gastr* {ARROSTO} Kaninchenfleisch n **4** *fig* (*persona timorosa*) Angsthase m *fam*, Hasenfuß m *fam scherz spreg* • **essere pauroso come un ~** (*molto pauroso*), ein Angsthase sein *fam*.

cònio <*coni*> m **1** (*coniazione*) {+MEDAGLIA} Prägung f **2** (*stampo*) Prägeeisen n **3** (*impronta*) Abdruck m **4** *fig spreg* (*specie*) Art f, Schlag m: **di basso ~**, der untersten Kategorie, von schlechter Qualität; **essere dello stesso ~**, ₍gleichen Schlages₎/[vom gleichen Schlag] sein • **medaglia/moneta ₍di nuovo₎/[nuova di] ~**, Medaille/Münze neuer Prägung, neugeprägte Medaille/Münze; **frase/parola ₍modo di dire₎ ₍di nuovo₎/[nuova di] ~** *fig* (*recente*), Neuschöpfung f, Neuprägung f, ₍neugeprägter Satz₎/[neugeprägtes Wort]/[neugeprägte Redensart].

coniugàbile agg *gramm* {VERBO} konjugierbar.

coniugàle agg {FEDELTA} ehelich; {RAPPORTO, VINCOLO} *anche* Ehe-.

coniugàre <*coniugo, coniughi*> **A** tr **1** *fig* (*unire*) **~ qc (a/con qc)** {LIBERTÀ E GIUSTIZIA, LA PRATICA CON LA TEORIA} *etw mit etw* (*dat*) verbinden, *etw* (*mit etw dat*) vereinen, *etw* (*mit etw dat*) in Einklang bringen: **la proposta coniuga in sé gli interessi di tutti**, der Vorschlag vereint in sich (*dat*) die Interessen aller₎/[bringt die Interessen aller unter einen Hut *fam*] **2** *gramm* **~ qc (a qc)** {VERBO AL PASSATO REMOTO} (*flettere un verbo*) *etw* konjugieren: **il presente di un verbo**, ein Verb im Präsens konjugieren **3** *forb rar* (*unire in matrimonio*) **~ qu** verheiraten, *jdn* trauen **B** itr pron **1** *gramm*: **coniugarsi + compl di modo** {VERBO IN MODO REGOLARE} irgendwie konjugiert werden **2** *fig* (*unirsi*): **coniugarsi (a/con qc)** {QUALITÀ A UN PREZZO VANTAGGIOSO} *zu etw* (*dat*) dazu|kommen **C** rfl rec **1** (*unirsi in matrimonio*): **coniugarsi** heiraten, sich verheiraten, sich trauen lassen **2** *fig* (*unirsi*): **coniugarsi in qc** {BENE E MALE IN UN EQUILIBRIO PERFETTO} sich *in etw* (*dat*) decken.

coniugàto, (-a) **A** agg **1** (*unito in matrimonio*) {UOMO} verheiratet: **una donna coniugata**, eine verheiratete Frau **2** *chim* {LEGAMI} verbunden, konjugiert **3** *fis* {PARTICELLE} konjugiert **4** *mat* {NUMERI} konjugiert, zusammengehörend; (*in geometria*) {ANGOLI} konjugiert **B** m (f) Verheiratete mf decl come agg.

coniugazióne f *gramm* {+VERBO} Konjugation f: **~ attiva**, Aktivkonjugation f; **~ irregolare**, unregelmäßige Konjugation.

còniuge **A** m **1** Ehemann m, Gatte m *forb* **2** <*solo pl*> Eheleute pl, Ehepaar n: **i coniugi Bianchi**, das Ehepaar Bianchi **B** f Ehefrau f, Gattin f *forb*.

connaturàle agg **1** (*congenito*) {VIZIO} wie angeboren, natürlich **2** (*confacente*) **~ a qu** {COMPORTAMENTO ALL'UOMO} *zu jdm* passend.

connaturàre **A** tr *lett* **~ qc in qu** {VIZIO} *jdm etw* in Fleisch und Blut übergehen lassen **B** itr pron (*radicarsi*): **connaturarsi in qu** {ABITUDINE NELL'UOMO} *jdm* in Fleisch und Blut über|gehen.

connaturàto, (-a) agg (*congenito*) **~ (in qu)** {DIFETTO IN NOI} (*in qu*) (*wie*) angeboren, *in jdm* verwurzelt, *jdm* in Fleisch und Blut übergegangen.

connazionàle **A** agg aus dem gleichen Land **B** mf Landsmann m, Landsmännin f.

connessióne f **1** *anche tecnol* (*unione*) {+CONDUTTURE, PARTI} Verbindung f **2** *fig* (*relazione*) Zusammenhang m, Verbindung f: **i due avvenimenti non sono in ~ tra loro**, zwischen den beiden Ereignissen besteht kein Zusammenhang; **stabilire una ~ tra due eventi**, einen Zusammenhang zwischen zwei Ereignissen herstellen **3** *dir* {+AZIONI, CAUSE} Zusammenhang m; (*nel processo civile*) Klagenhäufung f, Klagenverbindung f: **~ oggettiva** (*litisconsorzio*), subjektive Klagenhäufung, Streitgenossenschaft f; **~ soggettiva**, objektive Klagenhäufung, Anspruchshäufung f **4** *elettr* Anschluss m, Schaltung f: **~ a stella/triangolo**, Stern-/Dreieckschaltung f; **~ in parallelo/serie**, Parallel-/Serienanschluss m **5** *inform* **~ a qc** {ALLA RETE} Anschluss m *an etw* (*acc*), Verbindung f *mit etw* (*dat*) **6** *mat* konnexe Relation.

connèsso, (-a) agg **1** *anche tecnol* (*unito*) {ELEMENTI} verbunden **2** *fig* (*in relazione*) **~ (a/con qc)** (*mit etw dat*) verbunden, (*mit etw dat*) zusammenhängend: **fatti connessi tra loro**, ₍miteinander zusammenhängende₎ Tatsachen; **l'inquinamento è strettamente ~ all'attività umana**, der Umweltverschmutzung hängt eng mit dem menschlichen Tun zusammen **3** *dir* {CAUSE} zusammenhängend **4** *elettr* (*collegato*) **~ a qc** {CAVO ALL'IMPIANTO} *an etw* (*acc*) angeschlossen **5** *mat* {INSIEME} konnex.

connèttere <*connetto, connetti, connesso*> **A** tr **1** *anche tecnol* (*unire*) **~ qc (qc)** {ASSI DI UN PAVIMENTO, TUBO A UNO SCARICO} *etw mit etw dat*) verbinden, *etw* (*mit etw dat*) zusammen|fügen; *elettr* {CIRCUITO A UN GENERATORE} *etw* (*an etw acc*) an|schließen **2** *fig* (*mettere in relazione*) **~ qc (a/con qc)** {EVENTO A UN ALTRO} *etw* in Zusammenhang (*mit etw dat*) bringen **3** *fig* (*ragionare*) (*uso assol*) klar denken: **non riesco a ~**, ich bin ganz außer mir, ich kann ₍nicht klar denken₎/[keinen klaren Gedanken mehr fassen] **4** *inform* **~ qc (a/con qc)** (*an etw acc*) anschließen **B** itr pron **1** (*essere in relazione*): **connettersi a/con qc** {CASO AD UNO PRECEDENTE} *mit etw* (*dat*) zusammen|hängen, *mit etw* (*dat*) in Zusammenhang stehen **2** *elettr inform* (*essere in connessione*): **connettersi a/con qc** {COMPUTER CON LA RETE} *an etw* (*acc*) angeschlossen sein, *mit etw* (*dat*) verbunden sein **C** rfl rec (*essere in relazione*): **connettersi** {FATTI} zusammen|hängen, in Zusammenhang stehen.

connettivàle agg *anat* Bindegewebs-.

connettìvo, (-a) **A** agg *anche anat* {TESSUTO} Binde- **1** (*elemento di unione*) Bindeglied n **2** *anat* (*tessuto*) {OSSEO} Bindegewebe n **3** *ling* (*connettore*) Bindewort n **4** *mat* {LOGICO} Bindeglied n.

connettóre m **1** *elettr* Verbinder m **2** *inform* Konnektor m, Verknüpfungselement n **3** *ling* Bindewort n.

connivènte agg {COMPORTAMENTO} konnivent *forb*, stillschweigend duldend: **è stato ~ con lui nella truffa**, bei dem Betrug war er sein Mitwisser **B** mf {+MAFIA} Mitwisser(in) m(f).

connivènza f (*complicità*) {TACITA; +FAMIGLIA} Konnivenz f *forb*, Mitwisserschaft f, Einverständnis n.

connotàre tr *filos ling* **~ qc** *etw* mitbezeichnen.

connotatìvo, (-a) agg **1** *filos* konnotativ **2** *ling* {VALORE +VOCABOLO} konnotativ.

connotàto m <*di solito al pl*> {+VISO} Kennzeichen n, Merkmal n • **cambiare i connotati a qu** *fam scherz* (*picchiare*), jdn windelweich schlagen *fam*, jdm die Fresse polieren *volg*.

connotazióne f **1** (*caratteristica*) Einschlag m: **il romanzo ha una forte ~ rivoluzionaria**, der Roman hat eine starken revolutionären Einschlag **2** *filos ling* Konnotation f.

connùbio <-bi> m **1** *fig* (*fusione*) Verbindung f, Zusammenschluss m: **stretto ~ tra arte e scienza**, enge Verbindung zwischen Kunst und Wissenschaft **2** *fig* (*alleanza*) Bündnis n: **~ tra destra e centro**, Mitte-rechts-Bündnis n **3** *lett* (*matrimonio*) {SOLIDO} Ehe(bund m *forb*) f.

còno m **1** *gener* Kegel m: **a (forma di) ~**, kegelförmig **2** (*cialda per gelato*) {GRANDE} Tüte f, Waffel f; (*gelato*) Waffeleis n: **~ da un euro**, Waffeleis n zu einem Euro; **~ gelato**, Eistüte f **3** *anat* {RETINICO} Zapfen m **4** *bot* (*Samen*)zapfen m; **~ vegetativo**, Vegetationskegel m **5** *mat* (*in geometria*) Konus m, Kegel m: **~ di rotazione**, Rotationskegel m **6** *zoo* Kegelschnecke f; **~ d'ombra** *astr*, Schattenkegel m; **~ di deiezione** *geol*, Ablagerungs-, Schuttkegel m; **~ vulcanico** *geol*, Vulkankegel m.

conóbbi 1ª pers sing del pass rem *di* conoscere.

conòcchia f (*rocca*) (Spinn)rocken m.

conoidàle agg *mat* (*in geometria*) **1** (*di conoide*) {SUPERFICIE} konoidal, Konoid- **2** (*a forma di conoide*) {CORPO} konoidal(förmig).

conòide m **1** *geol* (*cono di deiezione*) Ablagerungs-, Schuttkegel m **2** *mat* (*in geometria*) {OBLIQUO, RETTO} Konoid m **3** *tecnol* (*congegno di ricarica*) Uhrwerk n.

conopèo m *relig* (*drappo*) Konopeum n (*Schleier zur Verhüllung des Tabernakels*).

conoscènte Bekannte mf decl come agg: **è un mio ~**, er ist ein Bekannter von mir.

conoscènza f **1** (*il conoscere qc*) Kenntnis f: **sono a ~ della situazione**, ich bin über die Situation ₍auf dem Laufenden₎/[unterrichtet]; **prendere ~ di qc**, *etw* zur Kenntnis nehmen; **portare qc a ~ di qu**, *jdn von etw* (*dat*) in Kenntnis setzen, *jdn etw* zur Kenntnis bringen; **venire a ~ dei fatti**, die Tatsachen erfahren, Kenntnis von den Tatsachen bekommen/erhalten/erlangen **2** (*competenza*) **~ di/in qc** {OTTIMA, VAGA; +MATEMATICA} Kenntnisse f pl (*in etw dat*), Wissen n (*in etw dat*): **ha ampie conoscenze in campo filologico**, er/sie hat umfangreiche ₍philologische Kenntnisse₎/[Philologiekenntnisse] **3** (*il conoscere qu*) {DECENNALE} Bekanntschaft f: **ho**

fatto ~ con i colleghi, ich habe ₁Bekanntschaft mit meinen Kollegen gemacht₁/[meine Kollegen kennen gelernt]; **mi fece fare la ~ del suo editore**, er/sie machte mich mit seinem/ihrem Verleger bekannt; **lieto di fare la Sua ~**, (sehr) angenehm; ich freue mich, Ihre Bekanntschaft zu machen; **la nostra è stata una ~ occasionale**, wir haben uns zufällig kennen gelernt, unsere Bekanntschaft war ein Zufall, die unsere war eine Zufallsbekanntschaft **4** (*persona che si conosce*) Bekannte mf decl come agg, Bekanntschaft f: **è una nostra vecchia ~**, er/sie ist ein(e) alte(r) Bekannte(r) von uns **5** (*solo pl*) (*agganci*) Beziehungen f pl: **ha molte conoscenze** ₁al ministero₁/[in città], er/sie hat viele Beziehungen ₁im Ministerium₁/[in der Stadt] **6** (*sensi*) Bewusstsein n: **ha** ₁perso (la)₁/[ripreso] **~**, er/sie hat das Bewusstsein verloren/wiedererlangt; **è rimasto privo di ~ per due giorni**, er blieb zwei Tage bewusstlos **7** *filos* (*gnoseologia*) Erkenntnislehre f • **~ biblica**, umfangreiches Wissen; **per ~** (abbr p.c.) *amm*, zur Kenntnisnahme; **è una vecchia ~ della polizia** (*ha già avuto noie con la giustizia*), er ist ein alter Bekannter der Polizei *scherz*.

conóscere <*conosco, conobbi, conosciuto*> A tr **1** (*essere a conoscenza*) **~ qc** {CONTENUTO DI UN DOCUMENTO, REGOLA} *etw* kennen; {RISPOSTA, SIGNIFICATO DI UNA PAROLA, VERITÀ} *anche mi* wissen: **finalmente conosciamo il motivo della sua visita**, endlich kennen wir den Grund seines/ihres Besuchs; **conosco i miei limiti**, ich kenne meine Grenzen **2** (*sapere*) **~ qc** {LINGUA TEDESCA} *etw* beherrschen, *etw* können; {MESTIERE} *etw* beherrschen, *etw* verstehen; (*uso assol*) lernen, wissen: **i bambini sono ansiosi di ~**, Kinder sind lern-/wissbegierig **3** (*avere esperienza*) **~ qc** {AMORE, DOLORE, POVERTÀ, SOLITUDINE} *etw* erfahren, *etw* kennen(lernen): **l'Italia ha conosciuto periodi di grande splendore**, Italien hat sehr glanzvolle Zeiten erlebt/gekannt **4** (*intendersene*) **~ qc** {CAVALLI, COMPUTER, MOTORI} sich *bei/in/mit etw* (dat) aus|kennen, *etw* kennen: **conosce bene Roma**, er/sie kennt ₁Rom gut₁/[sich in Rom gut aus] **5** (*essere al corrente dell'esistenza*) **~ qu/qc** {AUTORE, AVVOCATO, FRATELLO DI QU, OTTIMO RISTORANTE} *jdn/etw* kennen: **lo conosco appena/personalmente**, ich kenne ihn kaum/persönlich; **tutti lo conoscono come/per una brava persona**, alle kennen ihn als einen anständigen Menschen; **far ~ qc a qu**, *jdn mit etw* (dat) bekannt/vertraut machen; **~ qu di nome/vista**, *jdn* vom Namen/Sehen kennen **6** (*fare conoscenza*) **~ qu** *jdn* kennen lernen: **desideravo conoscerla!**, ich hätte sie gerne kennen gelernt!; **felice/piacere di conoscerla!**, (ich bin) sehr erfreut, Sie kennen zu lernen!; **ti faccio ~ mio fratello**, ich mache dich mit meinem Bruder bekannt; **~ una persona a Parigi durante le vacanze**, eine Person während des Urlaubs in Paris kennen lernen; **l'ho conosciuto in treno due mesi fa**, ich habe ihn vor zwei Monaten im Zug kennen gelernt **7** (*riconoscere*) **~ qu/qc** (*a/da qc*) {PITTORE DAL TRATTO, VINO AL PROFUMO} *jdn/etw* (*an etw* dat) erkennen: **nelle difficoltà si conoscono i veri amici**, wahre Freunde erkennt man in der Not **8** (*distinguere*) **~ qc da qc** {BENE DAL MALE} *etw von etw* (dat) unterscheiden B itr **1** (*essere cosciente*) bei Bewusstsein sein: **è in coma e non conosce più**, er/sie liegt im Koma und ist nicht mehr bei Bewusstsein **2** *dir* **~ di qc** {DI UNA CAUSA} *in etw* (dat) die Sachentscheidung treffen C rfl **1** (*avere coscienza di sé*): **conoscersi** sich kennen: **mi conosco (bene), so che mi arrabbierei**, ich kenne mich (gut), ich weiß, dass ich mich ärgern würde **2** *lett* (*riconoscersi*): **conoscersi + compl di modo** {COLPEVOLE, IN TORTO} sich *irgendwie* fühlen D rfl rec: **conoscersi** sich kennen(lernen): **conoscersi dalla prima elementare**, sich seit der ersten Klasse kennen; **ci siamo conosciuti** ₁a Berlino₁/[in discoteca], wir haben uns in Berlin/der Disko kennen gelernt • **come se non ti conoscessi!** (*so bene come sei fatto!*), ich kenne dich doch!, als ob ich dich nicht kennen würde!; **ma chi ti conosce!** (*cosa vuoi da me?*), ₁wer bist₁/[was willst] du überhaupt?; **farsi ~** (*diventare noto*), {ATTORE, REGISTA, SCRITTORE} sich (dat) einen Namen machen, bekannt werden; **non ~ qc** (*non avere*), {INCERTEZZE} *etw* nicht kennen; (*non provare*), {PIETÀ, RIMORSO} *etw* nicht kennen; (*non concedersi*), {RIPOSO, SOSTA, TREGUA} sich (dat) *etw* nicht gönnen; **non ~ altro che qc** (*avere solo*), {LAVORO} nichts anderes als *etw* (acc) kennen; (*provare*), {DELUSIONI} *anche* nichts anderes als *etw* (acc) erlebt haben.

conoscìbile A agg **1** erkennbar **2** *filos* (*intelligibile*) intelligibel B m Erkennbare n decl come agg.

conoscibilità <-> f **1** {+FUTURO} Erkennbarkeit f **2** *filos* {+COSE, ESSERE} Erkennbarkeit f.

conoscitìvo, (-a) agg (*cognitivo*) {ATTO, FACOLTÀ} Erkenntnis-: **attività conoscitiva**, Ermittlungstätigkeit f; **procedimento ~**, Ermittlungsverfahren n.

conoscitóre, (-trice) m (f) {PROFONDO; +PITTURA MODERNA} Kenner(in) m(f): **un grande ~ della psiche umana**, ein großer Kenner der menschlichen Psyche.

conosciùto, (-a) A part pass *di* conoscere B agg **1** (*noto*) **~ (da qu/qc)** {FATTO DA TUTTI} (*jdm/etw*) bekannt: **meglio ~ col nome di ...**, besser bekannt unter dem Namen ... **2** (*famoso*) berühmt: **scienziato ~ in tutta Europa**, in ganz Europa berühmter Wissenschaftler **3** (*risaputo*) (allseits) bekannt: **una persona di conosciuta onestà**, ein für seine Ehrlichkeit bekannter Mensch, ein anerkanntermaßen ehrlicher Mensch.

conquìbus <-> m *lat scherz* (*denaro*) Nervus Rerum m *forb*.

conquìsta f **1** (*sottomissione*) {+CITTÀ, TERRITORIO} Eroberung f **2** (*territorio conquistato*) {IMPERO ROMANO, NAPOLEONE} erobertes Gebiet, Besatzungsgebiet n **3** *fig* (*raggiungimento*) Erreichen n, Eroberung f: **andare alla ~ della luna**, zur Eroberung des Mondes aufbrechen **4** *fig* (*conseguimento*) {+LIBERTÀ, SUCCESSO} Erringung f, Erlangung f: **~ del potere**, Machtergreifung f **5** *fig* (*progresso*) {+BIOLOGIA, RICERCA} Errungenschaft f: **le grandi conquiste dell'umanità**, die großen Errungenschaften der Menschheit **6** *fig* (*successo in amore*) Eroberung f: **quell'uomo miete conquiste**, der Mann macht eine Eroberung nach der anderen, Leichen säumen seinen Weg *fam scherz*; **fare** ₁**una ~**₁/[conquiste], eine Eroberung/(Eroberungen) machen **7** *fig* (*persona conquistata*) Eroberung f: **ti presento la mia nuova/ultima ~**, ich stell dir meine neue/letzte Eroberung vor.

conquistàbile agg *anche fig* {DONNA} zu erobern(d); {ZONA} einnehmbar, besetzbar.

conquistàre A tr **1** (*sottomettere*) **~ qc** {PAESE} *etw* erobern; {FORTEZZA} *anche etw* ein|nehmen **2** *fig* (*raggiungere*) **~ qc** {PRIMO POSTO IN CLASSIFICA, VETTA} *etw* erreichen **3** *fig* (*conseguire*) **~ qc** {INDIPENDENZA, VITTORIA} *etw* erringen, *etw* erlangen; {POTERE} *etw* ergreifen **4** *fig* (*cattivarsi*) **~ qc** {FIDUCIA DI QU} *etw* gewinnen; {PUBBLICO} *anche etw* erobern, *etw* für sich ein|nehmen **5** *fig* (*sedurre*) **~ qu** {DONNA} *jdn* erobern B rfl indir: **conquistarsi qc** {FETTA DI MERCATO, STIMA DI QU} sich (dat) *etw* erwerben.

conquistatóre, (-trice) A agg **1** {ESERCITO} eroberd, Eroberer- **2** *fig* (*seduttore*) {SGUARDO} verführerisch, schmachtend *scherz* B m (f) **1** (*chi sottomette*) Eroberer(in) m(f), Unterwerfer(in) m(f) **2** *fig* (*chi consegue*): **è stato lui il ~ dell'indipendenza**, er war es, der ₁der Unabhängigkeit zum Durchbruch verholfen hat₁/[die Unabhängigkeit durchgesetzt hat] **3** *fig fam* (*seduttore*) Herzensbrecher(in) m(f), Verführer(in) m(f), Schürzenjäger m *fam spreg*.

consacrànte *relig* A agg {VESCOVO} weihend B m (*chi consacra*) Weihbischof m, Weihepriester m.

consacràre A tr **1** (*sacralizzare*) **~ qu/qc** {VESCOVO SACERDOTE, ALTARE, OSTIA} *jdn/etw* konsekrieren, *jdn/etw* weihen **2** (*incoronare*) **~ qu qc** {PAPA CARLO MAGNO IMPERATORE} *jdn zu etw* (dat) salben, *jdn zu etw* weihen **3** *fig* (*riconoscere definitivamente*) **~ qu (come) qc** *jdn* (endgültig) als *etw* (acc) an|erkennen/aus|zeichnen: **la vittoria lo consacra campione**, der Sieg zeichnet ihn endgültig als Champion aus **4** (*dedicare*) **~ qc a qu/qc** {CAPPELLA A UN SANTO} *etw jdm/etw* weihen; {MONUMENTO ALLA MEMORIA DEI CADUTI} *anche etw jdm* widmen; *fig* {LA PROPRIA VITA AI FIGLI, ALLO STUDIO} *etw jdm/etw* widmen **5** *fig* (*convalidare*) **~ qc** {LEGGE DIRITTO} *etw* bestätigen, *etw* legitimieren; {USO PAROLA STRANIERA} *etw* in den allgemeinen Sprachgebrauch übergehen lassen B rfl (*votarsi*): **consacrarsi a qu/qc** {A DIO} sich *jdm/etw* weihen; {ALL'INSEGNAMENTO, ALLA MUSICA} *anche* sich *etw* (dat) widmen.

consacràto, (-a) A part pass *di* consacrare B agg **1** {OSTIA} geweiht, konsekriert **2** *fig* **~ a qc** {AL SUCCESSO} *etw* (dat) geweiht.

consacrazióne f **1** (*sacralizzazione*) {+CHIESA, VESCOVO} Konsekration f, Weihe f **2** (*incoronazione*) {+IMPERATORE, RE} Salbung f, Weihe f **3** *fig* (*riconoscimento definitivo*) {+MITO} endgültige Anerkennung **4** *relig* {+EUCARISTICA} Wandlung f.

consanguìnea f → **consanguineo**.

consanguineità <-> f Blutsverwandtschaft f.

consanguìneo, (-a) A agg **1** blutsverwandt **2** *dir* väterlicherseits: **fratelli consanguinei**, Halbgeschwister pl/Halbbrüder m pl väterlicherseits B m (f) Blutsverwandte mf decl come agg: **~ in linea collaterale**, Blutsverwandte mf decl come agg der Seitenlinie, Seitenverwandte mf decl come agg.

consapévole agg **~ (di qc)** {DECISIONE, INDIVIDUO DEI PROPRI LIMITI} (*etw gen*) bewusst: **sono ~ delle mie responsabilità**, ich bin mir meiner Verantwortung bewusst; **rendere qu ~ di qc**, *jdm etw* bewusst machen.

consapevolézza f {PIENA; +ERRORE} Bewusstsein n: **agire con ~**, bewusst handeln; **ho ~ del pericolo**, ich bin mir der Gefahr bewusst.

consapevolizzàre A tr **~ qu di qc** *jdm etw* bewusst machen B rfl pron: **consapevolizzarsi di qc** sich (dat) *etw* bewusst machen.

cònscio, (-a) <*consci, consce*> A agg **~ (di qc)** {AZIONE, PERSONA DELLA PROPRIA SITUAZIONE} (*etw gen*) bewusst: **sono ~ dei miei doveri**, ich bin mir meiner Pflichten bewusst B m *psic* Bewusste n decl come agg.

consecùtio tèmporum <-> loc sost f *gramm* Consecutio f Temporum, Zeitenfolge f.

consecutìva f **1** (*traduzione*) Konsekutivdolmetschen n **2** *gramm* (*proposizione*) Konsekutivsatz m; (*congiunzione*) konsekutive

Konjunktion.
consecutivaménte avv hintereinander, nacheinander: **lavorare (per)** ⌊**tre giorni**⌋/[**dodici ore**] **~**, ⌊drei Tage⌋/[zwölf Stunden] hintereinander arbeiten.
consecutivo, (-a) agg **1** (*seguente*) **~ (a qc)** {GIORNO ALLA PARTENZA} *etw* (dat) folgend, nach etw (dat) **2** (*continuo*) aufeinander folgend, hintereinander: **(per) cinque ore/volte consecutive**, ⌊fünf Stunden⌋/[fünfmal] hintereinander **3** *mat* (*in geometria*) {ANGOLI, SEGMENTI} konsekutiv, benachbart **4** *gramm* {CONGIUNZIONE, PROPOSIZIONE} Konsekutiv-, konsekutiv.
consecuzióne f (*successione*) {LOGICA +FATTI} Abfolge f.
conségna f **1** (*il consegnare*) {+CHIAVI, MODULO, VALIGIA} Abgabe f, Übergabe f **2** *comm* {+MERCE} (Aus)lieferung f, Zustellung f: **alla ~**, bei Lieferung; **~ a domicilio/termine**, Lieferung f ⌊frei Haus⌋/[auf Zeit]; **mancata/pronta ~**, Nichtlieferung f/[sofortige Lieferung]; **pagabile alla ~**, zahlbar bei Lieferung **3** *mil* (*disposizione*) Dienstvorschrift f: **violare la ~**, die Dienstvorschrift verletzen; (*ordine*) Befehl m; **c'è la ~ di non parlare**, es herrscht Redeverbot **4** *mil* (*punizione*) Ausgangssperre f: **gli hanno dato sei giorni di ~**, sie haben sechs Tage Ausgangssperre über ihn verhängt, er hat sechs Tage Ausgangssperre ● **dare/passare le consegne** *amm* (*istruire il proprio successore*), seinen Nachfolger einarbeiten; **in ~** (*in custodia*), zur Aufbewahrung, in Verwahrung.
consegnàre A tr **1** (*dare*) **~ qc (a qu)** {COMPITO IN CLASSE AL PROFESSORE} (*jdm*) *etw* ab|geben; {DOCUMENTO AL NOTAIO} *anche* (*jdm*) *etw* ab|liefern, (*jdm*) *etw* übergeben, (*jdm*) *etw* aus|händigen; {PAESE AL NEMICO} (*jdm*) *etw* aus|liefern **2** (*affidare*) **~ qu/qc (a qu/qc)** {BAMBINO AI GENITORI, COLPEVOLE ALLA LEGGE, PATRIMONIO A UN AMMINISTRATORE} (*jdm*) *jdn/etw* an|vertrauen, (*jdm/etw*) (*jdm*) übergeben **3** *comm* (*recapitare*) **~ qc (a qu)** {PACCO AL DESTINATARIO} (*jdm*) *etw* (aus|)liefern, (*jdm*) *etw* zu|stellen, (*jdm*) *etw* ab|liefern **4** *mil* **~ qu** Ausgangssperre *über jdn* verhängen, *jdm* Ausgangsverbot erteilen: **lo hanno consegnato in caserma per due giorni**, sie haben zwei Tage Ausgangssperre über ihn verhängt, er hat zwei Tage Ausgangssperre B rfl (*arrendersi*): **consegnarsi (a qu/qc)** {AL NEMICO, ALLA POLIZIA} sich (*jdm*) stellen.
consegnatàrio, (-a) <-ri m> m (f) Empfänger(in) m(f).
consegnàto, (-a) A part pass *di* consegnare B agg *mil* {SOLDATO} "der Ausgangssperre hat" C m *mil* (*militare*) "wer Ausgangssperre hat".
conseguènte A agg **1** (*successivo*) **~ (a qc)** {STANCHEZZA ALLO SFORZO} *a etw* (dat) folgend, *aus etw* (dat) resultierend: **diagnosi e ~ terapia**, Diagnose und daraus folgende/resultierende Therapie **2** (*coerente*) {ATTEGGIAMENTO, RAGIONAMENTO} konsequent, folgerichtig: **sii ~ con te stesso**, sei dir selbst treu B m **1** *filos* (*logische*) (Schluss)folgerung **2** *mat* (*in geometria*) Formvariable f.
conseguenteménte avv (*di conseguenza*) {AGIRE} danach, entsprechend.
conseguènza A f **1** (*effetto*) Konsequenz f, Folge f: **avere come ~ qc**, etw zur Folge haben; **la disoccupazione è una ~ della crisi**, die Arbeitslosigkeit ist eine Folge der Krise **2** <*di solito a pl*> (*ripercussioni*) {+GUERRA, MALATTIA, SCELTA} Folgen f pl, Auswirkungen f pl: **un incidente senza conseguenze per i passeggeri**, ein Unfall ohne Folgen für die Fahrgäste **3** (*deduzione*) {DIRETTA, INEVITABILE, LOGICA} Konsequenz f,

(Schluss)folgerung f: **traetene voi le conseguenze**, schließt (ihr) selbst eure Schlüsse daraus B <*inv*> loc avv: **di ~** {RISPONDERE} entsprechend; {AGIRE} *anche* danach C loc cong (*perciò*): **di/per ~**, daher, folglich; **l'hai trattato male, di ~ non ti aiuta**, du hast ihn schlecht behandelt, folglich hilft er dir nicht D loc prep (*a causa di*): **in ~ di qc**, als Folge von etw (dat), infolge etw (gen); **in ~ di ciò**, infolgedessen ● **tirare le conseguenze** *fig* (*trarle*), die Konsequenzen ziehen; **trarre le conseguenze da qc** *fig* (*ricavarle*), die Konsequenzen aus etw (dat) ziehen.
conseguìbile agg {OBIETTIVO} erlangbar, erreichbar.
conseguiménto m {+DIPLOMA, RISULTATO} Erlangung f, Erreichung f.
conseguìre A tr <*avere*> (*ottenere*) **~ qc** {VITTORIA} *etw* erlangen, *etw* erreichen; {LAUREA} *anche etw* erwerben B itr <*avere*> **~ da qc** {MISERIA DALLA GUERRA} die Folge *von etw* (dat) sein, sich *aus etw* (dat) ergeben; {IL CONSENSO DI TUTTI DAL SILENZIO} *aus etw* (dat) folgen, *aus etw* (dat) hervor|gehen: **ne conseguì una lite**, daraus ergab sich ein Streit; **ne consegue che...**, daraus folgt, dass ...
consènso m **1** (*benestare*) Einverständnis n, Einwilligung f, Zustimmung f: **dare il proprio ~ a qu/qc**, jdm/etw seine Einwilligung/Zustimmung geben; **sposarsi senza il ~ dei genitori**, ohne die Einwilligung seiner Eltern heiraten; **tacito ~**, stillschweigendes Einverständnis; *dir* {+AVENTE DIRITTO} Einwilligung f **2** (*gradimento*) {UNANIME, VASTO; +POPOLAZIONE, PUBBLICO} Zustimmung f, Zuspruch m, Anklang m: **questa riforma incontrerà il ~ popolare**, diese Reform wird ⌊beim Volk⌋/[allgemein] Anklang finden **3** (*intesa*) {GENERALE} Einverständnis n, Konsens m: **su questo film non c'è ~ tra i critici**, die Kritiker sind sich über diesen Film nicht einig **4** *dir* (*accordo circa il contenuto del contratto*) Einigung f: **~ elettorale**, Zustimmung f der Wähler; **~ matrimoniale**, Einwilligung f zur Eheschließung, Eheeinwilligung f.
consensuàle agg *dir* {CONTRATTO} Konsensual-; {SEPARAZIONE} einverständlich.
consensualità <-> f *dir* Einvernehmlichkeit f, Einverständlichkeit f.
consensualménte avv *dir* {SEPARARSI} einvernehmlich.
consentàneo, (-a) agg *forb* (*conforme*) **~ (a qc)** {LEGGE ALLA SITUAZIONE} *etw* dat) entsprechend, *etw* dat) angemessen.
consentìre <*coniug come* sentire> A tr (*permettere*) **~ qc (a qu)** (*jdm*) *etw* erlauben, *etw* zu|lassen: **questo lavoro non consente interruzioni**, diese Arbeit lässt keine Unterbrechung zu; **vorrei fare una precisazione, se me lo consentite**, ich würde gern eine Klarstellung machen, wenn ihr (es mir) erlaubt; **consentitemi di rispondervi**, erlaubt mir, euch zu antworten; **la situazione attuale non ci consente ulteriori spese**, die augenblickliche Lage erlaubt uns keine weiteren Ausgaben B itr **1** (*essere d'accordo*) **~ con** ⌊**qu su qc**⌋/[qc] {CON IL TUO GIUDIZIO} ⌊*jdm in etw* (dat)⌋/[*etw* (dat)] bei|pflichten, ⌊*jdm in etw* (dat)⌋/[*etw* (dat)] zu|stimmen: **consento con voi sulla necessità di intervenire**, ich stimme euch zu, dass es notwendig ist, einzugreifen **2** (*acconsentire*) **~ a qc** {A UNA RICHIESTA} *etw* (dat) zu|stimmen.
consenziènte agg **~ (a qc)** {PADRE AL MATRIMONIO} *etw* (dat) zustimmend.
consequenziàle agg (*conseguente*) {RAGIONAMENTO} folgerichtig, konsequent; **~ a qc** {CONCLUSIONE ALLE PREMESSE} sich *aus etw* (dat) ergebend, *aus etw* (dat) ableitbar.
consequenzialità <-> f {+PENSIERO} Fol-

gerichtigkeit f; {+DECISIONE} *anche* Konsequenz f.
consèrva[1] f **1** (*alimento*) Eingemachte n decl come agg, Konserve f: **conserve alimentari**, Lebensmittelkonserven f pl; **~ di frutta**, eingemachtes Obst **2** (*di pomodoro*): **~ (di pomodoro)**, eingemachte Tomaten, Tomatenkonserve f; **fare la ~**, Tomaten einmachen/einkochen.
consèrva[2] *solo nella loc avv forb*: **di ~ 1** *fig* (*di comune accordo*) {ANDARE, PROCEDERE} im gegenseitigen Einverständnis, einvernehmlich **2** *mar* (*in gruppo*) {NAVIGARE} im Verband.
conservàbile agg konservierbar, haltbar: **alimento ~** ⌊**a lungo**⌋/[in frigorifero], lang/[im Kühlschrank] haltbares Lebensmittel.
conservabilità <-> f {+ALIMENTO} Haltbarkeit f.
conservànte A agg {SOSTANZA} Konservierungs- B m *chim* {ALIMENTARE} Konservierungsmittel n, Konservierungsstoff m: **senza conservanti**, ohne Konservierungsmittel.
conservàre A tr **1** (*far durare*) **~ qc** {CARNE, PANE} *etw* auf|bewahren; {VINO} *etw* lagern: **~ un alimento** ⌊**a una temperatura di 5° C**⌋/[in frigorifero]/[in un luogo asciutto], ein Lebensmittel ⌊bei 5° C⌋/[im Kühlschrank]/[trocken] aufbewahren; **con questa tostatura il caffè conserva tutto il suo aroma**, mit dieser Röstung behält der Kaffee sein ganzes Aroma **2** (*tenere in conserva*) **~ qc** (*sotto qc*) {FRUTTA SOTTO SPIRITO, PESCE SOTTO SALE, VERDURA SOTT'OLIO} *etw* (*in etw* dat) konservieren, *etw* (*in etw* acc) ein|legen, *etw* (*in etw* dat) ein|machen **3** (*custodire*) **~ qc** (+ *compl di luogo*) {AUTOGRAFO, DIARIO, DOCUMENTO, FOTO IN UN CASSETTO, OGGETTO DI VALORE IN CASSAFORTE} *etw* (*irgendwo*) auf|bewahren **4** *anche fig* (*mantenere*) **~ qc** {COGNOME DEL MARITO} *etw* behalten; {POSTO, POTERE} *anche etw* behaupten; {CARICA} *etw* bei|behalten; {IL PROPRIO PUNTO DI VISTA} *anche bei etw* (dat) bleiben, *etw* (dat) treu bleiben **5** (*salvaguardare*) **~ qc** {DIALETTO, PATRIMONIO ARTISTICO} *etw* bewahren; {USO} *an etw* (dat) fest|halten; *fig* (*mantenere intatto*) {INNOCENZA, MEMORIA, ONORE} (*sich* dat) *etw* bewahren: **lo conservo tra i miei ricordi più cari**, ich bewahre das unter meinen liebsten Erinnerungen B itr pron **1** (*durare*) **conservarsi** (+ *compl di tempo*) (+ *compl di luogo*) {BURRO UN MESE IN FRIGORIFERO} sich (+ *compl di tempo*) (*irgendwo*) halten **2** (*mantenersi*): **conservarsi** + *compl di modo* {ABITO, CASA IN BUONO STATO} sich *irgendwie* halten, *irgendwie* erhalten bleiben C rfl *fig* (*rimanere*): **conservarsi** + *compl di modo* {IN PERFETTA FORMA} sich *irgendwie* halten, *irgendwie* bleiben: **conservarsi in buona salute**, bei guter Gesundheit bleiben; **conservarsi onesto/puro**, ehrlich/anständig bleiben, sich (dat) seine Ehrlichkeit/Anständigkeit bewahren.
conservativo, (-a) A agg **1** (*atto a conservare*) {RESTAURO, SOSTANZA, TECNICA} konservierend, Konservierungs- **2** *dir* {SEQUESTRO} Sicherungs- B m *chim* Konservierungsmittel n, Konservierungsstoff m.
conservatóre, (-trice) A agg **1** {LIQUIDO} konservierend, Konservierungs- **2** *polit* {PARTITO, TENDENZA} konservativ B m (f) **1** (*funzionario*) {+MANOSCRITTI, MONUMENTI} Konservator m **2** *polit anche fig* Konservative mf decl come agg.
conservatorìa f *amm* {+REGISTRI IMMOBILIARI} Grundbuchamt n.
conservatòrio <-ri> m (*istituto musicale*) Konservatorium n: **essere al primo anno di ~**, das erste Jahr am Konservatorium sein/machen; **fare il ~**, das Konservatorium be-

suchen.
conservatorismo m *polit* Konservati(vi)smus m.
conservatrice f → **conservatore**.
conservazione f **1** {+FUNGHI, PANE, PEPERONI, PESCHE} Konservierung f, Haltbarmachung f; (*azione*) anche Konservieren n, Haltbarmachen n: **a lunga ~**, {VIVERI} haltbar; {LATTE} anche H-; **~ sott'olio**, Konservieren n in Öl **2** (*mantenimento*) {+CALORE} Beibehalten n **3** (*salvaguardia*) {+MONUMENTO} Erhaltung f: **~ dei beni culturali**, Bewahren n des Kulturguts **4** *biol* Selbsterhaltung f: **~ della specie**, Arterhaltung f **5** *polit anche fig* Konservati(vi)smus m **6** *fis* {+CARICA ELETTRICA, MASSA} Speicherung f.
conservazionismo m *ecol* Konservationismus m.
conserviero, (-a) A *agg* {INDUSTRIA, SETTORE} Konserven- B m (f) **1** (*industriale*) Konservenfabrikant(in) m(f) **2** (*operaio*) Konservenfabrikarbeiter(in) m(f).
conservificio <-ci> m Konservenfabrik f.
consesso m *anche fig* (*adunanza*) {+MAGISTRATI, SENATORI} Versammlung f, Vereinigung f: **il ~ dei popoli**, die Völkervereinigung.
considerabile *agg* **1** (*degno di attenzione*) {PROPOSTA} erwägenswert **2** (*considerevole*) {AUMENTO} beachtlich, beträchtlich.
considerare A *tr* **1** (*valutare*) ~ **qc** {RISCHIO, VANTAGGI E SVANTAGGI} *etw* ab|schätzen, *etw* ab|wägen, {OGNI ASPETTO DEL PROBLEMA} *etw* erwägen **2** (*tenere presente*) ~ **qc** bedenken, *etw* berücksichtigen: **bisogna ~ le esigenze di tutti**, man muss die Bedürfnisse aller berücksichtigen; **considera che...**, bedenke, dass ...; **considerando/considerata la sua età...**, für sein/ihr Alter..., wenn man sein/ihr Alter bedenkt..., zieht man sein/ihr Alter in Betracht ...; **considerando/considerate le difficoltà iniziali...**, wenn man die anfänglichen Schwierigkeiten bedenkt ...; **considerando che sei arrivato tardi...**, wenn man bedenkt, dass du zu spät gekommen bist ... **3** (*reputare*) ~ **qu/qc (come) qc** *jdn/etw* als *etw* (acc) betrachten, *jdn/etw* für *etw* (acc) halten: **mi considera (come) una sorella**, er/sie betrachtet mich als seine/ihre Schwester; **lo considero un mio dovere**, ich halte das für meine Pflicht; **~ qu/qc + agg** {BELLO, FACILE} *jdn/etw* für *etw* (acc) halten **4** (*apprezzare*) **~ qu + compl di modo** *jdn irgendwie* schätzen, *etw von jdm* halten, *jdn irgendwie* achten: **i superiori ti considerano molto/poco**, die Vorgesetzten schätzen dich sehr/[nicht sonderlich], die Vorgesetzten halten viel/wenig von dir; **qui non sono considerato**, hier ˌhält keiner was von mirˌ/[gelte ich nichts]; **tu non mi consideri!**, duˌhast keine hohe Meinung von mirˌ/[nimmst mich nicht für voll *fam*]! **5** (*riflettere*) (*uso assol*) überlegen, nach|denken: **prima considera bene e poi parla**, denk erst gründlich nach und sprich dann **6** (*prevedere*) ~ **qc** *etw* vor|sehen: **la legge non considera questo caso**, das Gesetz sieht diesen Fall nicht vor B *rfl* (*ritenersi*): **considerarsi qc** {RAGAZZO UN GENIO} sich *für etw* (acc) halten, sich *als etw* (acc) betrachten; **considerarsi + agg** {INTELLIGENTE} sich *für etw* (acc) halten: **considerati fortunato!**, du kannst dich glücklich schätzen!
considerato, (-a) A *agg* (*apprezzato*) angesehen, geachtet, geschätzt: **nel suo ambiente è molto/poco ~**, in seiner Umgebung ist er sehr/wenig angesehen B *loc cong* (*poiché*) ~ **che ... ind**, in Anbetracht dessen/[der Tatsache], dass ... *ind*: **~ che stai per finire gli studi ...**, in Anbetracht der Tatsache/des-

sen, dass du dabei bist, dein Studium abzuschließen ... ● **tutto ~**, alles in allem.
considerazione A f **1** (*valutazione*) {+VANTAGGI} Abschätzung f, Abwägung f; {+FATTI} Erwägung f: **dopo attenta ~**, nach aufmerksamer/genauer Überlegung **2** (*riflessione*) ~ (*su qu/qc*) {BREVE, FILOSOFICA SULL'ARGOMENTO} Betrachtung f (*über jdn/etw*), Überlegung f (*zu jdm/etw*): **fare alcune considerazioni**, einige Überlegungen/Betrachtungen anstellen **3** (*rispetto*) Ansehen n, Wertschätzung f: **ci hanno/tengono in grande ~**, wir sind hoch angesehen; **gode di molta ~**, er genießt großes Ansehen **4** (*riguardo*) ~ (*per qu/qc*) Rücksicht f (*auf jdn/etw*), Berücksichtigung f (*von jdm/etw*): **non hai nessuna ~ per me/[il mio lavoro]**, du nimmst überhaupt keine Rücksicht auf mich/[meine Arbeit] **5** (*cautela*) Überlegtheit f, Vorsicht f: **agire senza/[con grande] ~**, ˌunüberlegt/unvorsichtigˌ/[sehr überlegt/sehr vorsichtig] handeln B *loc cong* (*tenendo conto*): **in ~ di qc**, {DEGLI ANNI DI SERVIZIO, DELL'IMPEGNO DI QU} in Anbetracht *etw* (gen), unter Berücksichtigung *etw* (gen); **in ~ dei risultati ottenuti**, in Anbetracht der erreichten Ergebnisse ● **degno di ~** (*di una certa rilevanza*), einer Überlegung wert; **prendere in ~ qu/qc** (*valutare*), {CANDIDATO, PROPOSTA} *etw* berücksichtigen; **tenere in ~ qu/qc** (*tenere conto*), {AVVERSARIO, INVITO} mit *jdm/etw* rechnen, an *jdn/etw* denken; *jdn/etw* im Hinterkopf behalten.
considerevole *agg* (*notevole*) {AIUTO} beträchtlich, {NUMERO DI UTENTI, PERDITA, PROGRESSO} anche beachtlich, erheblich.
considerevolmente *avv* {MIGLIORARE} beträchtlich, erheblich, beachtlich.
consigliabile *agg* ratsam: **è ~ rimanere in casa oggi**, es ist ratsam, heute zu Hause zu bleiben; heute bleibt man besser zu Hause.
consigliare① <*consiglio, consigli*> A *tr* **1** (*suggerire*) ~ **qc (a qu)** {PRUDENZA, VIAGGIO} (*jdm*) *zu etw* (dat) raten: **~ a qu di fare qc**, *jdm* raten, *etw zu tun*; **il medico mi ha consigliato di non fumare**, der Arzt hat mir geraten, nicht zu rauchen; (*con tono minaccioso*) *jdm* raten/[geraten haben wollen], *etw* zu tun; **ti consiglio di andartene!**, ich rate dir zu verschwinden! **2** (*raccomandare*) ~ **qu/qc (a qu)** {DENTISTA, LIBRO, SCUOLA} (*jdm*) *jdn/etw* empfehlen: **vi consiglierei questo avvocato/vino**, ich würde euch diesen Anwalt/Wein empfehlen; **~ qc come qc (a qu)** {FETTA DI TORTA COME DESSERT} *jdm etw* als *etw* (acc) empfehlen **3** (*dare consigli*) **~ qu (+ compl di modo)** (*su qc*) *jdn* (*irgendwie*) (*über etw* acc) beraten: **ti hanno consigliato bene sulla facoltà da scegliere**, sie haben dich bei der Frage der auszuwählenden Fakultät gut beraten; **è stato mal consigliato**, er ist schlecht beraten worden; **non so cosa decidere, consigliami tu!**, ich weiß nicht, wie ich mich entscheiden soll, gib du mir einen Rat!; **farsi ~ da qu**, sich von *jdm* beraten lassen B *rfl* (*esortare*): **~ qu a qc** {GIOVENTÙ AL BENE} *jdn* (dat) an|halten B *itr pron* (*consultarsi*): **consigliarsi con qu (per/su qc)** {CON UN AMICO PER UN ACQUISTO, SU UNA DECISIONE} sich *mit jdm* (*über etw* acc) beraten.
consigliare② → **consiliare**.
consigliere, (-a) m (f) **1** *gener anche fig* {BUON, PESSIMO} Berater(in) m(f), Ratgeber(in) m(f): **l'invidia è (una) cattiva consigliera**, Neid ist ein schlechter Ratgeber **2** *dir* {COMUNALE, PROVINCIALE, REGIONALE} Rat m, (Rätin f), Ratsmitglied n; (**~ di stato**) Mitglied n des Staatsrats; (**~ d'amministrazione**) Verwaltungsratsmitglied n: **~ delegato** (*am-*

ministratore delegato), geschäftsführendes Verwaltungsratsmitglied n.
consiglio <-gli> m **1** (*suggerimento*) {AUTOREVOLE, AVVOCATO, MEDICO} Rat(schlag) m; {DISINTERESSATO, PREZIOSO} anche Empfehlung f: **non accetto consigli da nessuno**, ich nehme von niemandem Ratschläge an; **un ~ da amico**, ein freundschaftlicher Rat; **chiedere un ~ a qu**, *jdn* um Rat fragen; **dare un ~ a qu**, *jdm* einen Rat geben; **dietro/su ~ di qu**, auf *jds* Anraten/Rat hin **2** (*riunione*) Beratung f: **chiamare a ~ qu**, *jdn* zur Beratung rufen; **~ di famiglia**, Familienrat m; **riunirsi in ~**, sich versammeln, zur Beratung zusammentreten **3** (*senno*) Vernunft f: **persona di gran ~**, sehr vernünftiger Mensch **4** *forb* (*riflessione*) Überlegung f: **dopo attento/maturo ~**, nach ˌaufmerksamer/genauerˌ/[reiflicher] Überlegung **5** *amm dir polit*: **~/Consiglio, Consiglio d'Amministrazione** (*organo della società di capitali*), Vorstand m, Verwaltungsrat m; **Consiglio Comunale/Municipale**, Gemeinderat m; **Consiglio d'Europa** (*abbr* CE), Europarat m; **Consiglio Europeo** (*organo della Comunità Europea*), Europäischer Rat; **Consiglio di Fabbrica** (*organo sindacale*), Betriebsrat m; **Consiglio dei Ministri** (*governo*), Ministerrat m; **Consiglio Nazionale dell'Economia e del Lavoro** (*organo collegiale ausiliario agli enti pubblici*) (*abbr* CNEL), Nationaler Rat für Wirtschaft und Arbeit; **Consiglio Nazionale delle Ricerche** (*ente pubblico preposto alla ricerca*) (*abbr* CNR), Nationaler Forschungsrat; **Consiglio Provinciale**, Provinzialrat m; **Consiglio Regionale**, Regionalrat m; **Consiglio di Sicurezza** (*delle Nazioni Unite*) (*abbr* C.d.S.), (UN-)Sicherheitsrat m; **Consiglio di Stato** (*organo con funzioni consultive e giurisdizionali amministrative*) (*abbr* C.d.S.), Staatsrat m; **Consiglio Superiore della Magistratura** (*organo di autogoverno della magistratura*) (*abbr* CSM), Oberster Rat der Richterschaft; **Consiglio Supremo di Difesa**, Oberster Verteidigungsrat m **6** *università scuola* Konferenz f: **~ di classe/istituto**, Klassen-/Institutskonferenz f; **~ di facoltà**, Fakultäts-, Fachbereichskonferenz f ● **con i tuoi consigli ci faccio la birra** *fig fam* (*non so che farmene*), für deine Ratschläge kann ich mir nichts kaufen *fam*; **consigli evangelici** *relig*, Evangelische Räte m pl; **fare/tenere ~ fig** (*consultazione di più persone per discutere questioni importanti*), Rat halten; **Consiglio di Guerra** *mil*, Kriegsrat m; **non intendere consigli** *fig* (*non essere disposto ad ascoltare*), auf keinen Rat hören; **~ d'oro** (*che si rivela prezioso*), wertvoller Rat; **raccogliere il ~** *fig* (*accettarlo*), einen Rat annehmen; **~ Europeo per la ricerca nucleare** *fis nucl polit*, europäisches Kernforschungszentrum; **ridurre qu a miglior ~** (*far cambiare idea*), *jdn* zur Vernunft bringen; **venire a più miti consigli** (*essere più ragionevole*), leisere Töne anschlagen, einlenken.
consiliare *agg* {ASSEMBLEA, DELIBERAZIONE, SALA} Rats-.
consimile *agg lett* (*affine*) ähnlich.
consistente *agg* **1** (*robusto*) {CARTA, STOFFA} fest, widerstandsfähig, strapazierfähig, robust **2** (*denso*) {NEBBIA} dicht; {COLLA} stark, fest, zuverlässig **3** (*compatto*) {LEGNO, TERRENO} fest, konsistent, solide, kompakt **4** (*notevole*) {DANNO} beträchtlich; {IMPORTO, VANTAGGIO} anche beachtlich **5** *fig* (*fondato*) {ARGOMENTO, PROVA, TESTIMONIANZA} fundiert, solide.
consistenza f **1** (*robustezza*) {+TESSUTO} Festigkeit f, Konsistenz f **2** (*densità*) {+CREMA, IMPASTO} Konsistenz f **3** (*compattezza*) {+TERRENO} Festigkeit f, Konsistenz f **4** (*entità*) Bestand m: **~ di cassa**, Bar-, Kassenbestand m; **utili di una certa ~**, beträchtliche

Gewinne; ~ **patrimoniale**, Vermögensbestand m **5** *anche fig* (*fondatezza*) {+PROVA, RAGIONAMENTO} Stichhaltigkeit f: **fantasmi privi di ~**, unbegründete Einbildungen; **progetti privi di ~**, Luftschlösser n pl; **prendere ~**, Form/Gestalt annehmen.

consìstere <*consisto, consistei o consistetti, consistito*> itr <*essere*> **1** (*essere fondato*) **~ in qc** {LAVORO NELLA VENDITA DI LIBRI} *in etw* (*dat*) bestehen, *in etw* (*dat*) liegen: **la differenza consiste nel fatto che...**, der Unterschied liegt darin, dass...; **la difficoltà consiste nel superare l'esame**, die Schwierigkeit liegt darin, die Prüfung zu bestehen **2** (*essere costituito*) **~ di/in qc** {APPARTAMENTO DI/IN TRE CAMERE E CUCINA; OPERA COMPLETA DI DIECI VOLUMI} *aus/in etw* (*dat*) bestehen.

CONSOB f *abbr di* Commissione Nazionale per le Società e la Borsa: "nationale Kontrollkommission für Aktiengesellschaften und die Börse".

consòcia f → **consocio**.

consociàre <*consocio, consoci*> A *tr* **~ qc** (*a qc*) **1** (*unire*) {AZIENDA CHIMICA A UNA FARMACEUTICA, POPOLI} *etw* (*mit etw dat*) zusammen|schließen **2** *agr* {VITE ALL'OLIVO} *etw* (*neben etw dat*)/nebeneinander an|bauen B *rfl rec* (*associarsi*): **consociarsi** {DITTE} sich zusammen|schließen, fusionieren, sich vereinigen.

consociàta f *econ* Beteiligungs-, Tochtergesellschaft f.

consociativìsmo m *polit* "Tendenz f, durch Kompromisse auch die Opposition mitbestimmen zu lassen".

consociatìvo, (-a) *agg polit* {STRATEGIA} Kompromiss-.

consociàto, (-a) A *agg* **1** (*associato*) {DITTA, ENTE} angeschlossen, angegliedert, Tochter- **2** *agr* {COLTURA} Misch- B *m* (*f*) (*consocio*) Teilhaber(in) m(f), Sozius m, Gesellschafter(in) m(f).

consociazióne f **1** (*associazione*) Zusammenschluss m **2** *agr* {PERMANENTE, TEMPORANEA} Mischkultur f.

consocionìsmo → **consociativìsmo**.

consòcio, (-a) <*-ci*> m (f) Teilhaber(in) m(f), Sozius m, Gesellschafter(in) m(f): **~ in affari**, Geschäftspartner m.

consolàbile *agg* {DOLORE} zu lindern(d); {RAGAZZO} tröstbar.

consolànte *agg* {PENSIERO, RISULTATO} tröstlich, tröstend: **è ~ sapere che sono indispensabile!** *iron*, es ist tröstlich, zu wissen, dass ich unentbehrlich bin!; ist ja großartig, dass ohne mich anscheinend gar nichts geht! *fam iron*.

consolàre[1] A *tr* **1** (*confortare*) **~ qu** (*di/per qc*) {AMICO PER LA MORTE DI QU} *jdn* (*wegen etw gen*) trösten: **ci consola il fatto non abbia sofferto**, uns tröstet die Tatsache, dass er/sie nicht gelitten hat **2** *anche iron* (*allietare*) **~** (*qu*) (*di*) *iron*: **questa notizia ci consola**, diese Nachricht tröstet uns; **mi consola il pensiero di aver quasi finito il lavoro**, mich tröstet der Gedanke, die Arbeit fast beendet zu haben; **se vi può ~, parto domani** *iron*, wenn es euch trösten kann, ich fahre morgen weg *iron* **3** *lett* (*lenire*) **~ qc** {AFFANNO} *lett* lindern; {PIANTO DI QU} *etw* stillen B *rfl* **1** *anche iron* (*confortare se stesso*): **consolarsi ~** (*con qu/qc*) **di/per qc** {CON LA PREGHIERA DI UNA PERDITA} sich (*mit jdm/etw*) über etw (*acc*) trösten, (*mit jdm/etw*) über etw (*acc*) hinweg|kommen: **la mia ex-moglie si è consolata in fretta!**, meine Ex-Frau hat sich schnell getröstet! **2** *anche iron* (*rallegrarsi*): **consolarsi** sich trösten, sich bei Laune halten: **consolarsi al pen-**
siero che/di...,/[pensando che...], sich mit dem Gedanken trösten/[bei Laune halten], dass ...; **consolati, non sei l'unico!**, tröste dich, du bist nicht der Einzige!; **mi consolo!**, das tröstet mich! C *rfl rec* (*confortarsi*): **consolarsi di qc** sich (*gegenseitig*) über etw (*acc*) trösten, sich (*gegenseitig*) über etw (*acc*) hinweg|helfen: **si consolarono a vicenda della loro sventura**, sie halfen sich gegenseitig über ihr Unglück hinweg.

consolàre[2] *agg* **1** (*CORPO, VISTO*) konsularisch, Konsular- **2** *stor* {DIGNITÀ} Konsular-; {MONETA} Konsul-; {VIA} nach einem (römischen) Konsul benannt(r, s).

consolàto[1] m **1** (*carica*) (+AUSTRIA) Konsulat n; (*sede*) {TEDESCO} Konsulat n **2** *stor* (*carica*) Konsulat n; (*periodo*) Konsulatszeit f: **durante/sotto il ~ di Cesare**, während Cäsars Konsulatszeit.

consolàto[2], (-a) *agg* {BIMBO} getröstet.

consolatóre, (-trice) A *agg* (*consolatorio*) {PENSIERO} tröstend, tröstlich B *m* (*f*) (*chi consola*) Tröster(in) m(f).

consolatòrio, (-a) <*-ri m*> *agg* {DISCORSO, LETTERA} tröstend, Trost-.

consolazióne f **1** *anche fig* (*sollievo*) Trost m: **un'amara/magra ~**, ein bitterer/[schwacher/magerer] Trost; **bella ~!** *iron*, toller Trost! *iron*; **dare ~ agli afflitti**, den Niedergeschlagenen trösten, den Niedergeschlagenen Trost spenden; **questo mi è di grande ~**, das ist mir ein großer Trost; **il lavoro è la sua unica ~**, die Arbeit ist sein/ihr einziger Trost; **che ~ potersi confidare con qualcuno!**, was für eine Erleichterung, sich jdm anvertrauen zu können! **2** *lett* (*composizione consolatoria*) Consolatio f, Trostgedicht n.

cònsole[1] m **1** Konsul m: **~ generale/onorario**, General-/Ehrenkonsul m; **~ della Repubblica Federale Tedesca**, Konsul m der Bundesrepublik Deutschland **2** *stor* {ROMANO} Konsul m.

console[2] <*-, -s pl franc*> f *franc* **1** (*tavolo*) Konsole f, Ablage f **2** *elettr* (*quadro comandi*) {+APPARECCHIATURA} Schalt-, Steuerpult n; *radio TV* (*banco di regia*) Regiepult n **3** *inform* (*dispositivo periferico*) Konsole f **4** *mus* {+ORGANO} Spieltisch m.

consolidaménto m **1** (*rinforzamento*) {+MURO, TERRENO} (Be)Festigung f, Konsolidierung f **2** *fig* (*rafforzamento*) {+ISTITUZIONE, PROPRIE FINANZE, PROPRIO POTERE} Konsolidierung f, Festigung f; {+PROPRIA CULTURA, RAPPORTO} Vertiefung f **3** *econ* {+DEBITO PUBBLICO} Konsolidierung f.

consolidàre A *tr* **~ qc 1** (*rinforzare*) {ARGINE, EDIFICIO} *etw* befestigen, *etw* verstärken **2** *fig* (*rafforzare*) {PROPRIA FAMA, PATRIMONIO, PROPRIA POSIZIONE, STATO} *etw* festigen, *etw* konsolidieren; {AMICIZIA} *etw* vertiefen: **~ le proprie conoscenze di matematica**, seine Mathematikkenntnisse vertiefen **3** *econ* {PRESTITO} *etw* konsolidieren, *etw* um|wandeln **4** *mil* {POSIZIONE} *etw* verstärken B *itr pron*: **consolidarsi 1** (*diventare solido*) {CEMENTO} ab|binden, fest werden; {TERRENO} sich konsolidieren, sich festigen, fest werden **2** *fig* (*rafforzarsi*) {AUTORITÀ, CAPITALE, SUCCESSO} sich festigen, sich konsolidieren; {LEGAME} sich vertiefen: **si è consolidata l'opinione che ...**, die Meinung hat sich verfestigt, dass ... **3** *dir* (*estinguersi per consolidazione*) {DIRITTO} erlöschen durch Konsolidation.

consolidàto, (-a) A *agg* **1** (*rinforzato*) {TERRENO} konsolidiert, gefestigt, fest **2** *fig* {PREGIUDIZIO, SUCCESSO} gefestigt **3** *econ* {DEBITO, RENDITA} konsolidiert **4** *econ* (*unificato*) {BILANCIO} konsolidiert B *m econ* (*debito ~*) {REDIMIBILE} konsolidierte Schuld.

consolidazióne f **1** *dir* (*causa di estinzio-*
ne dei diritti reali limitati di godimento) Konsolidation f **2** *geol* Konsolidation f, Konsolidierung f **3** *med* {+FERITA} Festigung f; {+FRATTURA} Konsolidierung f.

consólle <*->* f → **console**[2].

consommé <*-, -s pl franc*> m *franc gastr* (+POLLO) Kraftbrühe f, Consommé f o n.

consonànte f *ling* {FRICATIVA, LIQUIDA, PALATALE, VELARE} Konsonant m, Mitlaut m: **consonanti costrittive**, Reibelaute m pl; **~ dolce**, weicher Konsonant; **~ media**, Media f; **la ~ una ~ occlusiva bilabiale sorda**, das P ist ein stimmloser bilabialer Verschlusslaut.

consonàntico, (-a) <*-ci, -che*> *agg ling* {GRUPPO} konsonantisch.

consonantìsmo m *ling* {ITALIANO} Konsonantismus m.

consonànza f **1** *fig* (*accordo*) {+INTENTI, OPINIONI} Übereinstimmung f **2** *ling* (*assonanza*) Assonanz f, Gleichklang m **3** *mus* {PERFETTA} Konsonanz f.

cònsono, (-a) *agg* (*adeguato*) **~ a qc** {ABITO ALLA CERIMONIA, RISULTATO ALLE ASPETTATIVE} *etw* (*dat*) angemessen, *etw* (*dat*) entsprechend.

consorèlla A *agg* **1** *fig* (*affine*) {ASSOCIAZIONE} Schwester- **~ nazione ~**, Bruderland n **2** *econ* (*consociata*) {SOCIETÀ} Schwester- B **1** *econ* (*società*) Schwesterfirma f, Schwestergesellschaft f **2** *relig* (Mit)schwester f.

consòrte mf Gemahl(in) m(f), Gatte f, Gattin f.

consortería f **1** *spreg* (*congrega*) {POLITICA} (Partei)klüngel m, Clique f, Konsorte m **2** *stor* Sippenbündnis n.

consortìle, **consorziàle** *agg* {ATTIVITÀ, FONDO} Konsortial-, Gemeinschafts-.

consorziàre <*consorzio, consorzi*> A *tr* (*unire in consorzio*) **~ qu/qc** (**con qu/qc**) {AGRICOLTORI, PICCOLE IMPRESE} *jdn/etw* (*mit jdm/etw*) zusammen|schließen B *rfl* (*unirsi in consorzio*): **consorziarsi con qu/qc** {DITTA CON ALTRE} sich (*mit jdm/etw*) zusammen|schließen C *rfl rec* (*unirsi in consorzio*): **consorziarsi** {AZIENDE, IMPRENDITORI} sich zusammen|schließen.

consorziàto, (-a) A *agg* (*unito in consorzio*) {COMUNE, DITTA} Konsortial- B *m* (*membro di un consorzio*) Konsortialmitglied n.

consòrzio <*-zi*> m *dir* (*società consortile*) {ANTICONCORRENZIALE, INTERAZIONALE} Unternehmenszusammenschluss m (*mit gemeinsamer Organisation*); (*per scopi specifici*) Interessengemeinschaft f; (*riferito a banche*) Konsortium n ● **~ agrario/agricolo** *comm dir*, landwirtschaftlicher Zweckverband; (*società cooperativa*), landwirtschaftliche Genossenschaft; **il ~ civile/umano** *lett* (*società*), die menschliche (Schicksals)gemeinschaft, die Gesellschaft; **~ tra enti locali**, Zweckverband m; **~ pubblico**, öffentliches Konsortium.

constàre A *itr* <*essere*> (*essere costituito*) **~ di qc** {VOLUME DI QUINDICI CAPITOLI} *aus etw* (*dat*) bestehen B *itr impers* <*essere*> (*essere noto*) **~** (*a qu*) {jdm} bekannt sein: **(non) mi consta che ...** *congv*, es ist mir (nicht) bekannt, dass ... *ind*; **a/per quanto mi consta**, soviel ich weiß.

constatàre *tr* (*verificare*) **~ qc** {DANNO, INADEMPIENZA, VERITÀ} *etw* fest|stellen: **l'ho constatato di persona**, ich habe das persönlich festgestellt; **constatiamo che...**, wir stellen fest, dass ...; **abbiamo constatato di avere un ritardo tecnologico**, wir haben festgestellt, dass wir einen technologischen Rückstand haben.

constatazióne f **1** (*verifica*) {+FATTO} Feststellung f: **~ di legge**, rechtskräftige Feststellung **2** (*osservazione*) Feststellung f, Bemerkung f: **fare una ~**, eine Bemerkung

machen ● **~ amichevole** dir (nelle assicurazioni: tipo di scrittura privata), Unfallbericht m.
consuèto, (-a) **A** agg (solito) {ATTIVITÀ, DISINTERESSE, ORA} gewohnt, üblich **B** m <solo sing> Übliche n decl come agg: **meno/più/prima del ~**, weniger/mehr/früher als gewöhnlich **C** loc avv **1** (di solito): **di ~**, üblicherweise, gewöhnlich **2** (come al solito): **come di ~** {COMPORTARSI} wie üblich.
consuetudinàrio, (-a) <-ri m> **A** agg {LINGUAGGIO, NORMA} Gewohnheits- **B** m (f) Gewohnheitsmensch m.
consuetùdine f **1** (abitudine) (An)gewohnheit f: **ha la ~ di andarsene senza salutare**, er/sie hat die Angewohnheit, gruß los zu verschwinden; **è sua ~ arrivare in anticipo**, er/sie hat die Angewohnheit, zu früh zu kommen; **aspettare è diventata una ~ per me**, das Warten ist mir zur Gewohnheit geworden; **per ~**, aus Gewohnheit **2** (uso) {ANTICA, +LUOGO, INTERPRETATIVA} Brauch m, Sitte f: **secondo la ~**, nach dem Brauch **3** dir (fonte del diritto non scritto) Gewohnheitsrecht n **4** lett (familiarità) Vertrautheit f: **ha molta ~ con i classici**, die Klassiker sind ihm/ihr sehr vertraut.
consulènte mf Berater(in) m(f), Consulter(in) m(f): **~ aziendale**, Unternehmensberater(in) m(f), Consulter(in) m(f); **~ esterno**, externer Berater; **è il mio ~ di fiducia**, er ist mein persönlicher Berater, als Berater ist er mein Vertrauensmann; **~ finanziario**, Finanzberater m; **~ fiscale/legale/matrimoniale**, Steuer-/Rechts-/Eheberater(in) m(f); **~ tecnico**, technischer Berater; **~ tributario**, Steuerberater m.
consulènza f Beratung f: **chiedere la ~ di un esperto**, um den Rat eines Experten bitten, einen Experten um eine Beratung bitten; **~ fiscale**, Steuerberatung f; **~ medica**, ärztliche Beratung.
consùlta f **1** amm (organo consultivo) {REGIONALE, +STATO} beratende Versammlung **2** (Corte Costituzionale): **la Consulta**, das Verfassungsgericht **3** rar (riunione) Beratung f, Besprechung f ● **~ nazionale italiana** dir stor, italienische Nationalversammlung.
consultàbile agg {SCHEDARIO} einsehbar, zugänglich.
consultàre **A** tr **1** (interpellare) **~ qu/qc** (su qc) {CHIROMANTE, COMMERCIALISTA, MEDICO, UFFICIO LEGALE} jdn/etw (bezüglich etw gen) konsultieren, jdn/etw (bezüglich etw gen) zu Rate ziehen: **~ un archeologo sull'autenticità di un reperto**, einen Archäologen bezüglich der Echtheit eines Fundes konsultieren **2** (guardare per informarsi) **~ qc** {AGENDA, ORARIO FERROVIARIO, PAGINE GIALLE, VOCABOLARIO} in etw (dat) nach|schlagen, in etw (dat) nach|schauen; {ATTO, OROSCOPO} etw lesen **3** anche fig (sentire) **~ qu/qc** {ASSEMBLEA, PROPRIA COSCIENZA, POPOLO} jdn/etw befragen **4** inform **~ qc** {BANCA DATI} etw konsultieren **B** itr pron (chiedere consiglio): **consultarsi con qu** (su qc) {CON UN ESPERTO SUL DA FARSI} sich mit jdm (über etw acc) beraten **C** rfl rec: **consultarsi** (su qc) {GIURATI SUL VERDETTO} sich (über etw acc) beraten, mit sich (dat) (über etw acc) zu Rate gehen.
consultazióne f **1** (richiesta di parere) {+SPECIALISTA} Konsultation f, Hinzuziehung f **2** (il guardare per informarsi) {+ENCICLOPEDIA} Konsultation f: **una grammatica di facile ~**, benutzerfreundliche Grammatik; {+DISPLAY, DOCUMENTO} Lesen n **3** inform {+BANCA DATI} Konsultation f **4** med (visita) Untersuchung f **5** <solo pl> polit {+CAPO DELLO STATO} Beratungen f pl zum Zwecke einer Regierungsneubildung ● **~ popolare** polit, Volksbefragung f; **~ referendaria** dir, Volksbefragung f (im Rahmen eines Referendums).

consultìvo, (-a) agg {ORGANO, POTERE} beratend.
consùlto m **1** {MEDICO} Konsilium n, Beratung f: **chiedere un ~ a uno specialista**, einen Spezialisten zu Rate ziehen/[konsultieren]; **chiamare a ~ un luminare della medicina**, eine Größe der Medizin hinzuziehen; **riunirsi a ~**, sich zum Konsilium zusammenfinden **2** (consulenza) Beratung f.
consultóre, (-trice) m (f) **1** rar (consulente) Berater(in) m (f) **2** amm (membro di una consulta) Versammlungsmitglied n.
consultòrio <-ri> m {ANTITUBERCOLARE, PREMATRIMONIALE} Beratungsstelle f: **andare al ~**, zur Beratungsstelle gehen; **~ familiare**, Familienberatung(sstelle) f.
consultrice f → **consultore**.
consumàbile agg **1** {CIBO} verbrauchbar, konsumierbar **2** dir {BENE, COSA} verbrauchbar.
consumàre **A** tr **1** (usare) **~ qc** {ACQUA, BENZINA, CALORIE, ZUCCHERO} etw verbrauchen; {FORZE} anche anche etw verschleißen; (uso assol) {AUTO MOLTO} verbrauchen **2** (logorare) **~ qc** {SCARPE, ecc.} etw ab|nutzen; {CALZONI} anche etw ab|tragen, etw verschleißen; **~ qu/qc** {MALATTIA CORPO, PERSONA} jdn/etw verbrauchen, jdn/etw auf|zehren; {ODIO L'EX-MARITO} an jdm zehren **3** (esaurire) **~ qc** {EREDITÀ} etw verbrauchen, etw auf|brauchen, etw durch|bringen **4** (assumere cibo o bevande) **~** (qc) {PASTO} etw verzehren, etw zu sich (dat) nehmen: **se rimanete, dovete ~**, wenn ihr bleibt, müsst ihr etwas verzehren/konsumieren **5** fig (passare) **~ qc** {TEMPO, VITA} etw verbringen **6** fig (dare compimento) **~ qc** {DELITTO} etw begehen; {MATRIMONIO} etw vollziehen **B** itr pron rfl: **consumarsi 1** (esaurirsi) {CANDELA} herunter|brennen **2** (logorarsi) {CAMICIA} sich ab|nutzen, sich verschleißen **3** fig (struggersi) **~ di qc** {DI AMORE, DI RABBIA} sich vor etw (dat) verzehren ● **da consumarsi preferibilmente entro ...**, mindestens haltbar bis ...; **consumarsi la vista/[gli occhi]** fig (rovinarli), sich (dat) die Augen verderben.
consumàto, (-a) agg **1** (usato) {PROVVISTE} verbraucht **2** (logoro) {CALZE, MAGLIA, ecc.} abgenutzt **3** (esperto) {COMMERCIANTE} erfahren; iron {IMBROGLIONE, TRUFFATORE} abgefeimt, ausgefuchst fam **4** (di vecchia data) {BEVITORE, GIOCATORE} alt **5** fig anche dir (nel diritto canonico) (portato a compimento) {MATRIMONIO} vollzogen.
consumatóre, (-trice) m (f) **1** {MEDIO} Verbraucher(in) m(f) **2** (cliente) {+BAR, RISTORANTE} Kunde m, (Kundin f), Gast m.
consumazióne f **1** (il consumare) {+SCORTE} Verbrauch m **2** (cibo o bevanda) Verzehr m: **~ obbligatoria**, Verzehr obligatorisch **3** dir (compiuta realizzazione) {+REATO} Vollendung f **4** dir (nel diritto canonico) {+MATRIMONIO} Vollzug m ● **fino alla ~ dei secoli** fig (fine del mondo), bis zum Jüngsten Tage, bis die Welt untergeht.
consumer ingl econ **A** <-> m (consumatore) Consumer m, Verbraucher(in) m(f): **~ benefit**, Consumer Benefit m, Verbrauchernutzen m **B** <inv> agg (per il privato) {MERCATO} Consumer-, Verbraucher-.
consumìsmo m {+SOCIETÀ INDUSTRIALIZZATE} Konsumdenken n, Konsumverhalten n.
consumìsta <-i m, -e f> mf (chi vive in modo consumistico) Konsumist(in) m(f) fam spreg, Konsumidiot(in) m(f) fam spreg.
consumìstico, (-a) <-ci, -che> agg (del consumismo) {SOCIETÀ} konsumorientiert, Konsum-.
consùmo **A** m **1** (utilizzo) **~ di qc** {+GAS, LUCE, ecc.} Verbrauch m von/an etw (dat); **~**

di benzina/calorie, Benzin-/Kalorienverbrauch m; **~ di latte/pane/sigarette**, Milch-/Brot-/Zigarettenkonsum m; **fare molto ~ di legna**, viel Holz verbrauchen; **pagare a ~**, nach Verbrauch zahlen **2** autom (quantità di carburante) {+AUTOMOBILE} (Kraftstoff-, Benzin)verbrauch m **3** econ {PRIVATI, PRODUTTIVI, PUBBLICI} Verbrauch m, Konsum m: **~ pro-capite**, Pro-Kopf-Verbrauch m **4** mecc {+MOTORE A COMBUSTIONE} Verbrauch m **5** tecnol (usura) {+UTENSILE} Verschleiß m, Abnutzung f **B** <inv> loc agg (commerciale): **di ~**, {FILM, LIBRO} Trivial-.
consuntivàre tr amm (registrare nel consuntivo) **~ qc** {RISULTATO} etw in die Abschlussbilanz ein|tragen.
consuntìvo, (-a) **A** agg econ {BILANCIO} Schluss- **B** m **1** econ (rendiconto) {+SPESE} Bilanz f **2** fig (valutazione finale) Ab(schluss)rechnung f, Bilanz f: **fare il ~ della propria vita**, (die) Bilanz (seines Lebens) ziehen.
consùnto, (-a) agg **1** (consumato) verbraucht; {INDUMENTO, SCARPE} abgenutzt; {MOQUETTE} abgetreten **2** (stanco) {DONNA} verbraucht; {VOLTO} aus-, abgezehrt, abgemagert.
consunzióne f **1** (logoramento) {+IMPERMEABILE, PANTALONI} Abnutzung f; {+TAPPETO} Abgetretensein n **2** med {+MALATO} Auszehrung f, Konsumtion f scient ● **morire di ~ fam** (tisi), an Auszehrung/Schwindsucht sterben.
consuòcero, (-a) m (f) **1** (padre o madre del genero) Vater m/(Mutter f) des Schwiegersohns: **i tuoi consuoceri**, die Schwiegereltern deiner Tochter **2** (padre o madre della nuora) Vater m/(Mutter f) der Schwiegertochter: **i tuoi consuoceri**, die Schwiegereltern deines Sohns.
consustanziàle agg relig Dreifaltigkeits-, wesensgleich.
consustanzialità <-> f relig Dreifaltigkeit f, Wesensgleichheit f.
cònta f (conteggio) {+PUNTI} (Aus)zählung f ● **fare la ~** (in giochi infantili), abzählen.
contabàlle mf fam (bugiardo) Lügenmaul n spreg, Lügenpeter m fam, Lügner(in) m (f); Märchenonkel m, (Märchentante f) fam scherz.
contàbile **A** agg **1** econ {LIBRO} Geschäfts-, Handels-, Rechnungs-: **errore ~**, Buchungsfehler m; **lettera ~**, Buchungsanzeige f; **documento/pezza ~**, Rechnungs-, Buchungs-, Buchhaltungsbeleg m **2** industr {CONTROLLO, MACCHINA} Buchhaltungs- **B** mf econ Buchhalter(in) m(f), Rechnungsführer(in) m(f) **C** m mar Obermaat m.
contabilità <-> f econ **1** Buchführung f, Buchhaltung f, Rechnungsführung f: **~ amministrativa**, behördliche Buchführung; **~ di cassa**, Kassenbuchführung f; **~ a ricalco**, Durchschreibebuchhaltung f; **tenere la ~**, die Bücher führen **2** (ufficio) Buchhaltung f **3** (documenti) Geschäftsbücher n pl.
contabilizzàre tr (computare) **~ qc** {SPESA} etw (ver)buchen.
contachilòmetri → **contakilometri**.
contadìna f → **contadino**.
contadinèlla <dim di contadina> f (giovane contadina) junge Bäuerin, Bauernmädchen n.
contadinèllo <dim di contadino> m (giovane contadino) junger Bauer, Bauernjunge m.
contadinésco, (-a) <-schi, -sche> agg **1** (campagnolo) {COMPORTAMENTO, VESTITI} bäuerlich, bäuerisch, ländlich; {DANZA} Bauern- **2** spreg (rozzo) {FACEZIE} grob, roh.
contadìno, (-a) **A** agg **1** (rurale) {ORIGINI} bäuerlich, ländlich; {FAMIGLIA} Bauern-

2 *spreg* (*rozzo*) {MODI} grob, roh **B** m (f) **1** Bauer m, (Bäu(e)rin f; Landmann m, (Landfrau f); Landwirt m **2** *spreg* Bauer m *fam spreg*, Grobian m *spreg* ● **~, scarpe grosse e cervello fino** *prov*, der Schein trügt; ungehobelt, aber schlau.

contàdo m *stor* **1** (*campagna*) Umland m **2** (*popolazione*) Bevölkerung f des Umlandes, Landbevölkerung f.

contafìli <-> m Fadenzähler m, Weberglas n.

contafròttole <-> mf *fam* (*bugiardo*) Märchenonkel m, (Märchentante f) *fam scherz*, Lügner(in) m(f).

contagiàre <contagio, contagi> **A** tr **1** *med* **~ qu** (**con/di qc**) {COMPAGNO, CON LA,/[DI] VARICELLA} jdn (*mit etw dat*) an|stecken, jdn (*mit etw dat*) infizieren *scient* **2** *fig* (*influenzare*) **~ (qu)** {NERVOSISMO CLASSE} jdn an|stecken, jdn beeinflussen: **la sua allegria ci ha contagiati**, ihre Fröhlichkeit steckte uns an; **l'ottimismo contagia**, Optimismus ,steckt an,/[ist ansteckend] **3** *fig* (*corrompere*) **~ qu** (**con qc**) {MASSE CON I PROPRI DISCORSI} jdn (*mit etw dat*) an|stecken, jdn (*mit etw dat*) verderben **B** itr pron *med*: **contagiarsi** sich an|stecken, sich infizieren *scient*.

contàgio <-gi> m **1** *med* {DIRETTO, INDIRETTO; +INFLUENZA} Ansteckung f, Infizierung f *scient*; (*malattia*) Epidemie f *scient*, Seuche f **2** *fig* (*corruzione*) {+ADULTI} Verderbnis f.

contagiosità f *med* {+MALATTIA} Übertragbarkeit f, Infektiosität f *scient*.

contagióso, (-a) agg **1** *med* {MALATTIA} ansteckend, übertragbar: **tra una settimana non sarò più ~**, in einer Woche ist bei mir die Ansteckungsgefahr vorbei **2** *fig* (*che si diffonde velocemente*) {ESEMPIO, RISO} ansteckend.

contagìri <-> m *autom mecc* Drehzahlmesser m, Tourenzähler m.

contagócce <-> m (*pompetta*) Pipette f, Tropfenzähler m ● **col** ~ *anche fig scherz* (*in piccole quantità*) häppchenweise, tröpfchenweise *fam*, tropfenweise *fam*.

container <-> m *ingl* (*cassone di metallo*) Container m.

contakilòmetri <-> m Kilometerzähler m.

contaminànte agg (*inquinante*) {SOSTANZA} verunreinigend, verseuchend.

contaminàre **A** tr **1** (*inquinare*) **~ qc** (**con qc**) {ACQUA, ARIA CON SOSTANZE TOSSICHE} etw (*mit etw dat*) verunreinigen, etw (*mit etw dat*) verseuchen, etw (*mit etw dat*) kontaminieren, etw (*mit etw dat*) verschmutzen; (*con radiazioni*) ~ {URANIO REGIONE} etw verstrahlen **2** *fig* (*corrompere*) ~ **qu/qc** (**con qc**) {PESSIMO ESEMPIO FIGLIO, MENTE DI QU CON LA PROMESSA DI FACILI GUADAGNI} jdn/etw (*mit etw dat*) verderben, übel auf jdn/etw (*mit etw dat*) einen schlechten Einfluss *auf jdn* haben; {BUON NOME DI QU, REPUTAZIONE DI QU CON MENZOGNE} etw (*mit etw dat*) beschmutzen, etw (*mit etw dat*) beflecken, etw (*mit etw dat*) besudeln *spec spreg* **3** *lett* (*fare una contaminazione*) ~ **qc** etw kontaminieren **4** *med* ~ **qu/qc** {VIRUS OPERAIO, REGIONE} jdn/etw infizieren *scient* **B** itr pron *med*: **contaminarsi** sich an|stecken, sich infizieren *scient*.

contaminatóre, (-trice) **A** agg **1** (*che contamina*) {PIOGGIA ACIDA} verunreinigend, verseuchend; {RADIAZIONE} kontaminierend **2** *med* {VIRUS} Seuchen-, Infektions- *scient* **B** m (f) (*chi contamina*) Verunreiniger(in) m(f).

contaminazióne f **1** (*inquinamento*) {+ACQUA, ARIA} Verunreinigung f, Verseuchung f, Kontamination f *scient*: ~ **radioattiva**, radioaktive Verseuchung/Kontamination **2** *fig* (*corruzione*) {+GIOVANI} Verderben n,

Verderbtheit f **3** *lett* (*mescolanza di brani diversi*) Verschmelzung f **4** *ling* Kontamination f **5** *med* Seuche f, Infektion f *scient*.

contaminùti <-> m (*timer*) Minuten-, Eieruhr f.

contànte **A** agg (*liquido*) {DENARO} bar, Bar- **B** m <*di solito al pl*> Bargeld n: **non avere contanti dietro**, kein Bargeld dabeihaben; **dietro contanti**, gegen bar; **non in contanti**, bargeldlos; **pagare in contanti**, bar bezahlen.

contapàssi <-> m Schritt-, Wegmesser m.

contàre **A** tr **1** ~ (**qu/qc**) {CASSIERA BIGLIETTI; INSEGNANTE ALUNNI PRESENTI} jdn/etw zählen: **lo studente conta le settimane che mancano all'esame**, der Student zählt die Wochen bis zur Prüfung; **ho sbagliato a ~**, ich habe mich verzählt **2** (*mettere in conto*) ~ **qu/qc** jdn/etw (*mit*)zählen, *mit jdm/etw* rechnen, etw ein|kalkulieren: **non ho contato le spese per il ritorno**, ich habe die Ausgaben für die Rückfahrt nicht einkalkuliert; **non mi avevano contato e così hanno dovuto aggiungere un posto a tavola**, sie hatten nicht mit mir gerechnet und mussten also noch ein Gedeck auflegen **3** (*avere*) ~ **qu/qc** {CITTÀ MOLTI ABITANTI, MOLTE CHIESE} jdn/etw haben, jdn/etw (in sich dat) zählen (*tra qu/qc*) {FAMIGLIA NUMEROSI MEDICI TRA I PROPRI AVI; OPERA D'ARTE DIVERSI ESTIMATORI TRA IL PUBBLICO} jdn/etw (*in/unter jdm/etw*) haben, jdn/etw (*in/unter jdm/etw*) besitzen, jdn/etw zu etw (*dat*) zählen **4** (*considerare*) ~ **qc** etw in Betracht/Erwägung ziehen: **se si contano i sacrifici che ha fatto per l'azienda …**, wenn man die Opfer in Betracht zieht, die er/sie für die Firma gebracht hat …; **senza ~ che…**, ohne zu berücksichtigen, dass…; **senza ~ le domeniche**, die Sonntage ungerechnet/[nicht mitgerechnet] **5** *fam* (*raccontare*) ~ **qc** (**a qu**) {BALLE, STORIE} (*jdm*) etw erzählen **6** *fig* (*lesinare*) ~: **il pane in bocca a qu**, jdm jeden/die Bissen in den Mund zählen *fam*; ~ **i soldi alla moglie**, von seiner Frau über jeden Pfennig Rechenschaft verlangen, seiner Frau jeden Pfennig vorrechnen **7** *sport* (*nel pugilato*) ~ **qu** {PUGILE} jdn aus|zählen **B** itr **1** (*dire i numeri*) zählen, rechnen: ~ **fino a trenta**, bis dreißig zählen **2** (*valere*) zählen, gelten, wert sein, bedeutend sein: ~ **molto/poco**, viel/wenig zählen; **non ~ nulla**, nichts zählen; ~ **più di un altro**, mehr wert sein als ein anderer; (*nei giochi di carte*) *sport* {GOL, PUNTO, RE} zählen **3** (*fare assegnamento*) ~ **su qu/qc** (**per qc**) {SULLA FAMIGLIA PER UN AIUTO} *auf jdn/etw* (*für etw acc*) zählen, sich *auf jdn/etw* (*für etw acc*) verlassen, *auf jdn/etw*,/[*mit jdm/etw*] rechnen: **non ci conto!**, verlassen Sie sich nicht darauf!; **non conto più** ,**su di lei**,/[**sulla riuscita dell'impresa**], ich rechne nicht mehr mit ,ihr,/[dem Erfolg des Unternehmens] **4** (*proporsi*) ~ **di fare qc** {DI FARE UNA LUNGA VACANZA} vor|haben, etw zu tun, damit rechen, etw zu tun **5** (*avere influenza, autorità*) zählen, Gewicht/Einfluss haben: **lì conta il cognome che porti**, dort zählt der Nachname; **fa parte di quelli che contano**, er/sie gehört zu ,den Einflussreichen,/[denen, auf die es ankommt] **C** rfl (*controllare il numero*): **contarsi** sich zählen: **si contarono e scoprirono che erano troppo pochi**, sie zählten einander und entdeckten, dass sie zu wenige waren ● **contala giusta**! (*di là verità*), sag die Wahrheit!, halte mit der Wahrheit nicht hinter dem Berg!; **contarla grossa a qu** (*raccontargli una bugia*), jdm Bären aufbinden *fam*, jdm blauen Dunst vormachen *fam*; **non si contano le astensioni/critiche/inesattezze/…** (*sono numerose*), es gab zahlreiche Stimmenthaltungen/Kritiken/Ungenauigkeiten/…; **questo non conta**

(*non è importante*), das zählt nicht, das hat keinerlei Bedeutung, das ist nicht wichtig; **va' a contarla a qualcun altro** (*non ci credo*), das kannst du deiner Großmutter erzählen *fam*.

contascàtti <-> m *tel* Einheiten-, Gebührenzähler m.

contasecóndi <-> m (*cronometro*) Sekundenzähler m.

contastòrie <-> mf (*bugiardo*) Lügenpeter m *fam*.

contàta f (*veloce conteggio*) Überschlag(srechnung f) m: **dare una ~ a qc**, etw überschlagen, etw schnell (nach)zählen.

contàto, (-a) agg *fig* (*poco*) {DENARO} abgezählt; {PANE, TEMPO} wenig, gezählt: **avere i minuti contati**, (nur) wenig Zeit haben.

contatóre m **1** *anche elettr inform tecnol* (*apparecchio*) Zähler m, Uhr f, Messer m: **leggere il ~ dell'acqua**, die Wasseruhr/den Wasserzähler ablesen; ~ **elettrico**/[**della luce**], Stromzähler m; ~ **del gas**, Gasuhr f, Gaszähler m; ~ **di impulsi**, Impulszähler m **2** *fis nucl* Zähler m: ~ **Geiger**, Geigerzähler m, Zahlrohr n; ~ **di particelle**, Partikelzähler m; ~ **a scintillazione**, Szintillationszähler m, Szintilliermesser m.

contattàbile agg (*raggiungibile*) erreichbar, zu erreichen(d): **un cantante difficilmente/facilmente ~**, ein schwer/leicht erreichbarer Sänger.

contattàre tr (*prendere contatto*) ~ **qu** {DIRETTORE DEL PERSONALE} *mit jdm* in Verbindung setzen, jdn kontaktieren: **l'ho contattato per telefono**, ich habe ihn per Telefon kontaktiert.

contàtto m **1** (*accostamento*) Kontakt m, Berührung f: ~ **diretto**, direkter Kontakt; **essere a ~**, Kontakt haben, sich berühren; **in caso di ~ con gli occhi sciacquare immediatamente**, bei Kontakt mit den Augen sofort abspülen; **mettere/porre a ~**, Kontakt herstellen; ~ **fra due persone**, Kontakt m zwischen zwei Menschen **2** *fig* (*rapporto*) Kontakt m, Verbindung f, Fühlung f: **entrare/mettersi in ~ con qu**, sich *mit jdm* in Verbindung setzen, *mit jdm* Fühlung auf|nehmen; **essere in ~ con qu**, *mit jdm* in Verbindung stehen; **mantenere i contatti con qu**, den Kontakt zu jdm aufrechterhalten; **mettere un amico in ~ con un collega**, einen Freund mit einer Kollegin in Verbindung setzen; **prendere ~ con qu**, mit jdm Kontakt aufnehmen; **essere a ~ col pubblico**, Kontakt zum Publikum haben; **riprendere i contatti con qu**, wieder Verbindung zu jdm aufnehmen; **stare tutto il giorno a ~ con gli emarginati**, den ganzen Tag mit Außenseitern ,Kontakt haben,/[in Berührung sein]; **venire a ~ con qu/qc**, Kontakt mit jdm/etw bekommen, mit jdm/etw in Berührung kommen **3** *fig* (*tramite*) Kontaktperson f, Mittelsmann m: **è stato lui il nostro ~ a Berlino**, er war unsere Kontaktperson in Berlin **4** *fam* (*corto circuito*) Kurzschluss m: **c'è stato un ~**, es gab einen Kurzschluss **5** *autom* Zündung f **6** *elettr* Kontakt m: **aprire/chiudere il ~**, ein-/ausschalten; ~ **difettoso**, Wackelkontakt m **7** *geol* Annäherung f: ~ **anomalo/normale**, anormale/normale Annäherung **8** *mil* Fühlung f, Kontakt m **9** *radio tel* Verbindung f, Kontakt m: ~ **radio**, Funkkontakt m; ~ **di ricezione/trasmissione**, Empfangs-/Sendekontakt m ● **avere molti contatti** *fig* (*conoscenze*), viele Beziehungen haben, Vitamin B haben *fam*.

contattòlogo, (-a) <-gi, -ghe> m (f) *ott* Kontaktlinsenspezialist(in) m(f).

cónte, (-essa) m (f) (*titolo nobiliare, persona*) Graf m, (Gräfin f) ● **il ~ di Montecristo** (*titolo di un romanzo di A. Dumas*), der Graf von Monte Christo.

contèa f 1 (*titolo*) Grafentitel m; (*territorio*) Grafschaft f 2 *amm* (*nei paesi anglosassoni*) {+KENT} Grafschaft f.

conteggiàre <*conteggio, conteggi*> **A** *tr* (*calcolare*) ~ **qc** (**a qu**) {SPESE AL DESTINATARIO} (*jdm*) *etw* ab|-, berechnen, *jdm etw* in Rechnung stellen; {ORE DI STRAORDINARIO} *jdm etw* an|rechnen: **gli extra verranno conteggiati a parte**, die Extraausgaben werden gesondert berechnet (werden); **per la pensione mi hanno conteggiato anche gli anni dell'università**, für die Pension haben sie mir auch die Studienjahre angerechnet **B** *tr* (*contare*) rechnen, zählen.

contéggio <-*gi*> *m* 1 (*conto*) (Ab-, Be)rechnung f: ~ **degli articoli in magazzino**, Lagerinventur f 2 *sport* (*nella lotta*) {*nel pugilato*} Auszählen n • **doppio ~ stat**, Doppelzählung f, Doppelberechnung f; ~ **alla rovescia**, Count-down m o n.

contégno *m* 1 (*compostezza*) Haltung f: **darsi un ~**, Haltung annehmen; **un po' di ~, diamine!**, Mensch, reiß dich ein bisschen zusammen! *fam* 2 (*comportamento*) {ALLEGRO, DISINVOLTO, SERIO} Verhalten n, Benehmen n: **il suo ~ a scuola lascia un po' a desiderare**, sein/ihr Verhalten in der Schule lässt ein wenig zu wünschen übrig.

contegnóso, (-a) *agg* 1 (*dignitoso*) {ATTEGGIAMENTO} zurückhaltend, würdig 2 (*altero*) {DONNA} hochmütig.

contemperàre *tr* 1 (*armonizzare*) ~ **qc** {ESIGENZE DI TUTTI} *etw* in Einklang bringen, *etw* miteinander vereinbaren 2 (*mitigare*) ~ **qc** (**con qc**) {LA DUREZZA DEL CARATTERE CON UN'EDUCAZIONE ADEGUATA} *etw* (*durch etw* acc) aus|gleichen, *etw* (*durch etw* acc) mildern 3 (*adattare*) ~ **qc a qc** {RIMEDIO AI DANNI} *etw* (*dat*) an|gleichen, *etw* (*dat*) an|passen, *etw mit etw* (*dat*) in Einklang bringen.

contemplàre *tr* 1 (*guardare*) ~ **qu/qc** {DONNA, PANORAMA, QUADRO} *jdn/etw* betrachten, *jdn/etw* besehen, *jdn/etw* beschauen *region*; (*con ammirazione*) *jdn/etw* bewundern(d an|sehen) 2 (*meditare*) ~ **qc** {MISTERI DELLA RELIGIONE} *sich in etw* (acc) vertiefen, *sich in etw* (acc) versenken 3 (*prevedere*) ~ **qc** *etw* berücksichtigen, *etw* vor|sehen: **questo caso non è contemplato dalla legge**, dieser Fall ist vom Gesetz nicht vorgesehen.

contemplatìvo, (-a) **A** *agg* 1 (*dedito alla contemplazione*) {ANIMO, CARATTERE} besinnlich, beschaulich; *relig* {VITA} kontemplativ, besinnlich **B** *m* (f) *relig* kontemplativer Mensch.

contemplazióne f 1 (*effetto*) {+CIELO, STELLE} Betrachtung f; (*azione*) *anche* Betrachten n: **stare in ~ di qc**, in Betrachtung *etw* (gen) versunken sein 2 (*vita ascetica*) Beschaulichkeit f, Kontemplation f 3 *relig* {+DIO} Kontemplation f.

contèmpo *m* *solo nelle loc avv* (*contemporaneamente*): **al/nel ~**, gleichzeitig, zugleich: **lavorava e nel ~ studiava**, er/sie arbeitete und studierte gleichzeitig.

contemporànea f → **contemporaneo**.

contemporaneaménte *avv* (*allo stesso tempo*) gleichzeitig, zugleich: **si occupa di due questioni ~**, er/sie kümmert sich gleichzeitig um zwei Angelegenheiten; **è madre e ~ amica**, sie ist Mutter und Freundin zugleich.

contemporaneìsta <-*i, -e*> mf *spec* (*studioso*) *lett* Spezialist(in) m(f) für Gegenwartsliteratur; *stor* Spezialist(in) m(f) für Zeitgeschichte.

contemporaneità <-> f 1 (*sincronia*) {+EVENTI STORICI, MOVIMENTI} Gleichzeitigkeit f 2 (*l'essere di oggi*) Zeitgenössische n decl co-

me agg.

contemporàneo, (-a) **A** *agg* 1 (*simultaneo*) {PARTENZA} gleichzeitig, zeitgleich 2 (*di adesso*) {LETTERATURA, MUSICA} zeitgenössisch 3 (*della stessa epoca*) zeitgenössisch: **un filosofo ~ di Kant**, ein mit Kant zeitgenössischer Philosoph **B** *m* (f) 1 (*chi vive adesso*) Zeitgenosse m, (Zeitgenossin f) 2 (*chi vive nella stessa epoca*) {+KAFKA, PIRANDELLO} Zeitgenosse m, (Zeitgenossin f).

contendènte A *agg* (*avverso*) {PARTE} rivalisierend, streitend **B** mf 1 (*avversario*) Rivale m, (Rivalin f), Gegner(in) m(f) 2 *dir* Gegner(in) m(f), Gegenpartei f, Streitende mf decl come agg.

contèndere <*coniug come* tendere> **A** *tr* (*disputare*) ~ **qc** (**a qu**) {POSTO A UN COLLEGA} *jdm etw* streitig machen, *mit jdm um etw* (acc) rivalisieren, (*jdm*) *etw* ab|streiten **B** *itr* 1 (*competere*) ~ **con qu** (**in/per qc**) {CON UN AVVERSARIO IN VELOCITÀ, PER IL PRIMO POSTO} *mit jdm* (*um etw* acc) streiten, *mit jdm* (*um etw* acc) kämpfen 2 (*disputare*) ~ **per qc** (**con qu**) {PER UNA SCHIOCCHEZZA} (*mit jdm*) *um etw* (acc) streiten 3 *dir* streiten, *etw* streitig machen **C** *rfl rec indir* (*disputarsi*): **contendersi qc** (**con qu**) {AFFETTO DEI GENITORI, CASA, MEDAGLIA D'ORO CON L'AVVERSARIO, VITTORIA} *jdm etw* streitig machen, (*mit jdm*) *um etw* (acc) wetteifern.

contenére <*coniug come* tenere> **A** *tr* 1 *gener* ~ **qc** {RECIPIENTE ACQUA, FARINA} *etw* enthalten; *fig* {SAGGIO TESI INTERESSANTE} *etw* enthalten, *etw* zum Gegenstand haben 2 (*accogliere*) ~ **qu** {TEATRO 1500 SPETTATORI} *jdn* fassen; ~ **qc** {STANZA MOBILI ANTICHI, LIBRERIA} *etw* enthalten, *etw* fassen 3 (*frenare*) ~ **qc** {ARGINE PIENA DEL FIUME} *etw* ein|dämmen; {ESERCITO ATTACCHI DEL NEMICO} *etw* bremsen, *etw* auf|halten; *fig* {DONNA LACRIME, SDEGNO, ecc.} *etw* zurück|halten, *etw* unterdrücken; {COLLERA} *anche etw* beherrschen 4 *fig* (*ridurre*) ~ **qc** {GOVERNO INFLAZIONE, USCITE} *etw* ein|-, beschränken, *etw* drosseln: **cercare di ~ i danni**, versuchen, den Schaden einzuschränken **B** *rfl* (*controllarsi*): **contenersi sich beherrschen**, sich bezähmen: **contenersi a stento**, sich mühsam beherrschen.

contenimènto *m* 1 (*limitazione*) Be-, Einschränkung f, Eindämmung f: ~ **delle spese**, Eindämmung f der Ausgaben, Kostendämpfung f; (*azione*) *anche* Be-, Einschränken n; Eindämmen n 2 *med* {+EPIDEMIA} Eindämmen n.

contenitìvo, (-a) *agg* (*nella moda*) {COLLANT} Stütz-; {GUAINA} *anche* Push-up-.

contenitóre *m* 1 (*recipiente*) {+CERAMICA, VETRO} Behälter m, Gefäß n: ~ **in plastica per liquidi**, Plastikbehälter m für Flüssigkeiten 2 (*container*) {+SABBIA} Container m 3 *fig* Sammelbecken n, Inbegriff m: **il concetto di danza contemporanea è un ~ che raccoglie forme molto diverse tra loro**, in der Bezeichnung "zeitgenössischer Tanz" sind sehr viele unterschiedliche Tanzformen inbegriffen 4 *elettr* Stereo-, Hi-Fi-Turm m: ~ **di transistore**, Transistorgerät n 5 *radio* TV "mehrstündiges Rahmenprogramm".

contentàbile *agg* (*che si accontenta*) zu befriedigen, zufrieden zu stellen(d): **è un bambino facilmente ~**, er ist ein leicht zu befriedigendes Kind.

contentàre A *tr* 1 (*rendere contento*) ~ **qu** (**con qc**) {BAMBINO CON UN GIOCATTOLO} *jdn mit etw* (dat) zufrieden stellen, *jdn mit etw* (dat) befriedigen 2 (*appagare*) ~ **qc** {CAPRICCIO} *etw* befriedigen **B** *itr pron* 1 (*essere contento*): **contentarsi** (*di qc*) sich mit etw (dat) zufrieden|geben, sich mit etw (dat) bescheiden: **si contenta di quello che ha**, er gibt sich

mit dem zufrieden, was er/sie hat 2 (*limitarsi*): **contentarsi sich ein|schränken**: **bisogna sapersi contentare**, man muss sich einzuschränken wissen • **chi si contenta gode** *prov*, froh zu sein bedarf es wenig und wer froh ist, ist ein König.

contentézza f 1 (*gioia*) {+BAMBINO} Freude f 2 (*soddisfazione*) {+PRESIDENTE} Zufriedenheit f.

contentino <*dim di* contento> *m fam* Trostpflaster n *fam*: **dare il/un ~ a qu**, jdm ein Trostpflaster geben *fam*.

contentìvo, (-a) *med* **A** *agg* Stütz-, Kontentiv- *scient* **B** *m* Bruchband n.

contènto, (-a) *agg* 1 (*soddisfatto*) ~ (*di qu/qc*) {DEL NUOVO COLLABORATORE, DELL'ACQUISTO, DEL NUOVO LAVORO, DELLO STIPENDIO} (*mit jdm/etw*) zufrieden sein 2 (*lieto*) ~ (**di qc**) {DELLA BELLA NOTIZIA} über etw (acc) froh 3 (*felice*) ~ (**di qc**) {DELL'ARRIVO DI QU} über etw (acc) glücklich: **non ha l'aria contenta!**, er/sie sieht nicht sehr glücklich aus!

contenutìsmo *m* 1 *arte lett* (*prevalenza del contenuto*) {+OPERA} Inhaltsbezug m 2 *filos* Inhaltsästhetik f.

contenutìstico, (-a) <-*ci, -che*> *agg arte lett* (*del contenuto*) {ASPETTO, CRITICA} inhaltlich.

contenùto, (-a) **A** *agg* 1 (*controllato*) {CARATTERE} zurückhaltend; {GIOIA} verhalten 2 (*misurato*) {PREZZO, SPESA} maßvoll, mäßig; {STILE} knapp **B** *m* 1 (*ciò che sta dentro*) {+BOTTIGLIA, SCATOLA} Inhalt m, Gehalt m 2 (*tasso*) Gehalt m: ~ **calorico/energetico**, Kalorien-/Energiegehalt m; **a basso ~ di colesterolo**, mit niedrigem Cholesteringehalt; **ad alto ~ vitaminico**, mit hohem Vitamingehalt 3 (*argomento*) {+LETTERA, ROMANZO} Inhalt m, Gehalt m, Stoff m, Gegenstand m 4 *ling* Inhalt m, Bedeutung f, Signifikat n 5 *metall min* {+LEGA, MINERALE} Inhalt m 6 *psic* {LATENTE DEL SOGNO, MENTALE} Inhalt m.

contenzióne f *med* {+FRATTURA} Ruhigstellung f, Stützung f.

contenzióso, (-a) **A** *agg dir* streitig, Streit-: **giurisdizione contenziosa**, streitige (Zivil)gerichtsbarkeit f 1 (*controversia*) Kontroverse f: **dirimere un ~**, eine Kontroverse schlichten 2 *dir* (*streitige*) Gerichtsbarkeit f: **amministrativo**, Verwaltungsgerichtsbarkeit f 3 *dir* (*ufficio legale*) Rechtsabteilung f.

conterràneo, (-a) **A** *agg* (*dello stesso paese*) {TRADIZIONE} aus dem gleichen Land/Ort kommend **B** *m* (f) Landsmann m, (Landsmännin f).

contèsa f 1 (*contrasto*) Streit m, Auseinandersetzung f ~ **giudiziaria**, Rechtsstreit m 2 (*gara*) {+ELEGANZA} Wettkampf m.

contèso, (-a) **A** *part pass di* contendere **B** *agg* 1 (*ricercato*) {IMPIEGO} begehrt; {RAGAZZA} *anche* umworben 2 (*combattuto*) {GARA} umkämpft, umstritten.

contéssa f → **conte**.

contessìna <*dim di* contessa> f (*titolo e persona*) Komtes(s)e f *süddt A*.

contestàbile *agg* (*che si può contestare*) {TESI} anfechtbar, bestreitbar.

contestàre A *tr* 1 (*opporsi*) ~ **qc** {TESI} *etw* an|fechten, *etw* bestreiten 2 *fig* (*criticare*) ~ **qu/qc** {FAMIGLIA, RIFORMA UNIVERSITARIA, SISTEMA} gegen *jdn/etw* protestieren, sich gegen *jdn/etw* auf|lehnen; {GOVERNO} *jdn/etw* an|greifen 3 *fig* (*negare*) ~ **qc a qu** {UN DIRITTO} *jdm etw* ab|streiten, *jdm etw* bestreiten, *jdm etw* streitig machen 4 *dir* (*attribuire*) ~ **qc a qu** {REATO} *jdm etw* zur Last legen, *jdm etw* vor|halten **B** *itr* (*protestare*) {OPERAI, STUDENTI} protestieren, sich auf|lehnen.

contestatàrio, (-a) <-ri m> **A** agg (di contestazione) {PRASSI} Protest- **B** m (f) (chi contesta) Protestler(in) m(f) anche spreg.
contestatóre, (-trice) **A** agg (che contesta) {ATTEGGIAMENTO} Protest- **B** m (f) (chi contesta) Anfechter(in) m(f), Protestler(in) m(f) anche spreg.
contestatòrio, (-a) <-ri m> agg (che contesta) {ATTO} Protest-.
contestazióne f **1** (protesta) Protest m: la ~ giovanile/studentesca, der Jugend-/Studentenprotest **2** (opposizione) Streit m, Streitfrage f: **ci fu ~ per il giorno scelto per lo sciopero**, es gab einen Streit wegen des ausgewählten Streiktages **3** dir (attribuzione) {+REATO} Vorhalten n: **~ dell'accusa**, Anklagebescheid m • **~ dello stato di figlio legittimo** dir, Ehelichkeitsanfechtung f.
contèste, **contestimóne** **A** agg Mitzeugen- **B** mf Mitzeuge m, (Mitzeugin f).
contèsto m **1** (insieme) {+DISCORSO, SCRITTO} Zusammenhang m, Kontext m: **il significato di una parola può variare a seconda del ~**, die Bedeutung eines Wortes kann je nach Kontext variieren **2** (circostanze) {CULTURALE, STORICO; +EVENTO} Umfeld m, Hintergrund m: **vista nel suo ~, la reazione è giustificata**, vor ihrem Hintergrund betrachtet, ist die Reaktion gerechtfertigt **3** lett (intreccio) Flechtwerk n.
contestuàle agg **1** anche amm (simultaneo) {AVVENIMENTI} gleichzeitig; (in sequenza) {FIRME} aufeinander folgend **2** lett (riferito al contesto) Kontext- **3** ling {TRATTO} kontextuell, kontextual.
contestualità <-> f amm dir (simultaneità) {+ATTO} Gleichzeitigkeit f; (rapida successione) {+FIRME} Aufeinanderfolge f.
contestualizzàre tr (inserire in un contesto) ~ qc {RACCONTO} etw kontextualisieren.
contestualizzazióne f {+FATTO} Kontextualisierung f.
contiguità <-> f **1** (vicinanza) {+APPARTAMENTI} Angrenzung f, Angrenzen n, Nähe f, Nachbarschaft f **2** amm dir Angrenzung f, Berührung f.
contìguo, (-a) agg (confinante) ~ **a qc** {CAMERA, STANZA AL BAGNO} (an etw acc) angrenzend.
continentàle **A** agg **1** (del continente) {CLIMA, PAESE} kontinental, Kontinental-, Festlands- **2** (europeo) {+PRIMATO} europäisch **3** geol {FORMAZIONE, PIATTAFORMA, SCARPATA} Kontinental- **B** mf **1** (abitante del continente) Festland(s)bewohner(in) m(f) **2** (abitante della penisola italiana) Bewohner(in) m(f) der italienischen Halbinsel.
continènte[1] m **1** geol Kontinent m, Erdteil m: **~ antico/nuovo**, Alte/Neue Welt; **~ nero**, Schwarzer Kontinent **2** (terraferma) Kontinent m, Festland n: **dall'isola si vede il ~**, von der Insel aus sieht man das Festland.
continènte[2] agg **1** (morigerato) **~ in qc** in etw (dat) enthaltsam, in etw (dat) zurückhaltend **2** med {SFINTERE} kontinenzfähig scient.
continènza f **1** (moderazione) Enthaltsamkeit f, Zurückhaltung f, Mäßigkeit f **2** med Kontinenz f scient.
contingentaménto m econ Kontingentierung f, Bezugsbeschränkung f.
contingentàre tr econ ~ **qc** {MERCI} etw kontingentieren.
contingènte **A** agg **1** (casuale) {CAUSA, FATTI} zufällig, nebensächlich, unwesentlich **2** filos zufällig, kontingent **B** m **1** comm econ mil {+MERCI} Kontingent n: **~ di leva**, Aushebungskontingent n; **un primo ~ di truppe è stato inviato nella capitale**, ein erstes Truppenkontingent ist in die Hauptstadt geschickt worden **2** filos Zufällige n decl come agg.
contingènza f **1** (circostanza) {+VITA} Umstand m, Zufälligkeit f **2** econ Orts-, Teuerungszuschlag m **3** filos (casualità) Kontingenz f, Zufälligkeit f.
continuàre **A** tr <avere> (portare avanti) ~ **qc** {OPERA, STUDI, VIAGGIO} etw fort|setzen, etw fort|führen **B** itr **1** <avere> (proseguire) ~ (**in/con qc**) {UOMO D'AFFARI IN UN'IMPRESA; RAGAZZO CON GLI ESERCIZI} in/mit etw (dat) fort|fahren, in/mit etw (dat) weiter|machen: **"e non è tutto!" continuò "..."**, "und das ist (noch) nicht alles!", fuhr er/sie fort, "..."; (spesso si traducente con in composto) weiter-: **continui pure (a parlare)**, sprechen Sie ruhig weiter; **~ a dormire**, weiter|schlafen; **~ a lavorare**, weiter|arbeiten; **~ a vivere**, weiter|leben; **~ (+ compl di luogo)** {SENTIERO LUNGO IL LAGO} (irgendwo) weiter|gehen; (con veicolo) (irgendwo) weiter|fahren; **continuando sulla strada principale troverete un albergo**, wenn ihr auf der Hauptstraße weiterfahrt, werdet ihr ein Hotel finden **2** <essere o avere> (durare) ~ **(+ compl di tempo)** {OSTILITÀ, PIOGGIA} (fort|-, an|)dauern; an|halten, dauern (+ compl di tempo): **lo spettacolo è continuato per un'ora**, die Vorstellung dauerte noch eine Stunde **C** itr impers <essere o avere> fort-, an|dauern; an|halten: **ha/è continuato a piovere tutto il giorno**, es hat den ganzen Tag weitergeregnet, der Regen dauerte den ganzen Tag (an) • **continua** autom, andauernd; giorn, Fortsetzung folgt.
continuativo, (-a) agg (che continua) {COLLABORAZIONE} dauerhaft; {IMPEGNO} anche Dauer-.
continuàto, (-a) agg (senza interruzioni) {ORARIO} durchgehend.
continuatóre, (-trice) m (f) (chi continua) {+PROGETTO} Fortsetzer(in) m(f).
continuazióne **A** f **1** (prosecuzione) {+ATTIVITÀ} Fortsetzung f, Weiterführung f **2** (seguito) {+ROMANZO, STORIA} Fortsetzung f, Folge f **B** loc avv (senza interruzione): **in ~**, {LAVORARE, PARLARE, SBAGLIARE, STUDIARE} dauernd, ununterbrochen, ständig, fortwährend.
continuità <-> f **1** (l'essere continuo) {+AZIONE, MOVIMENTO, TRADIZIONE} Kontinuität f, Fortdauer f, Beständigkeit f: **questo bambino assicurerà la ~ alla famiglia**, dieses Kind wird das Weiterleben der Familie gewährleisten; **garantire una certa ~ alle lezioni**, eine gewisse Kontinuität für den Unterricht gewährleisten **2** dir {GIURIDICA} Fortgeltung f **3** mat {+FUNZIONE} Stetigkeit f, Kontinuität f.
contìnuo, (-a) **A** agg **1** (incessante) {ANDIRIVIENI, CURE, GETTO D'ACQUA, PIOGGIA, PREOCCUPAZIONI, SFORZO} dauernd, ständig, stetig; {RUMORE} anche fortwährend; {SPESE} fest, ständig **2** (ininterrotto) {PIANTO} ununterbrochen, beständig; {FILA} geschlossen; {LINEA} durchgezogen **3** elettr: **corrente continua**, Gleichstrom m **4** ling: **consonante continua**, Reibelaut m **5** mat {CURVA, FRAZIONE, FUNZIONE} stetig, fortlaufend **B** m **1** Kontinuum n **2** fam (serie) (Aufeinander)folge f, Reihe f: **è un ~ di rimproveri**, es ist ein ständiges Tadeln, es hagelt fortwähr Vorwürfe **3** mat {ARITMETICO, GEOMETRICO} Kontinuität f **C** loc avv (continuamente): **di ~**, {ALZARSI, SPOSTARSI} dauernd; {PARLARE, PROTESTARE} anche fortwährend.
continuum <-> m lat (continuo) {SPAZIO-TEMPORALE} Kontinuum n.
contitolàre **A** agg **1** {SOCIO} Mit(inhaber)- **2** relig {CHIESA} zwei Patronen geweiht: **Santo ~**, Mitpatron m **B** mf **1** (+DITTA) Mitinhaber(in) m(f) **2** relig Mitpatron m.
cónto m **1** (calcolo) {+GIORNI} (Be-, Aus)rechnung f: **sbagliare i conti**, sich verrechnen; **il ~ è giusto**, die Rechnung stimmt **2** (lista di ciò che deve essere pagato) {+SARTO} Rechnung f, Rechnungszettel m: **chiedere il ~ al ristorante**, im Restaurant die Rechnung verlangen **3** fig (importanza) Wichtigkeit f: **è una questione di poco ~**, das ist eine unwichtige Frage **4** fig (stima) Ansehen n, Schätzung f, Achtung f: **avere/tenere in buon/gran ~ qu**, eine hohe Meinung von etw/jdm haben, jdn/etw hoch schätzen, große Stücke auf jdn halten fam **5** lett region (racconto) Erzählung f **6** comm econ banca Konto n: **avere il ~ aperto presso un negoziante**, bei einem Kaufmann eine Rechnung zu begleichen|/[offenstehend] haben; **~ coperto/scoperto**, gedecktes/ungedecktes Konto; **~ corrente** (abbr c/c), Girokonto n; **prelevare (soldi) da**|/[versare (soldi) su] **un ~ corrente bancario/postale**, Geld von einem Bank-/Postgirokonto abheben|/[Geld auf ein Bank-/Postgirokonto überweisen]; **~ di ritorno**, Rück-, Rückrechnung f • **questo è un altro ~** (è un'altra faccenda), das ist ein anderes Kapitel; **per un ~ o per l'altro** (in un modo o nell'altro), so oder so; **avere un ~ aperto/[in sospeso] con qu fig** (una questione da risolvere), mit jdm eine Rechnung zu begleichen haben, mit jdm eine offene Rechnung haben; **a (ogni) buon ~** (in ogni caso), jedenfalls, immerhin; **chiedere ~ a qu di qc fig** (spiegazioni), von jdm Rechenschaft über etw (acc) verlangen; **chiudere il ~ con qu fig** (concludere), mit jdm Schluss machen; **fare i conti con la propria coscienza fig** (fare delle considerazioni morali), mit seinem Gewissen ins Reine kommen; **dar ~ a qu di qc fig** (fornire spiegazioni), jdm über etw (acc) Rechenschaft ablegen; **un ~ è ... (un fatto è ...)**, es ist eine Sache ...; **il mio ~ è in rosso banca** (passivo), mein Konto ist überzogen/[in den roten Zahlen]; **~ economico** dir, Gewinn-und-Verlust-Rechnung f; **~ etico banca** (utilizzato per iniziative di solidarietà), Solidaritätskonto n; **far di ~ fam** (fare le operazioni), rechnen; **far ~ di fare qc fig** (riproporsi), planen, etw zu tun; (immaginare), sich vor|stellen, etw zu tun; (supporre), an|nehmen, etw zu tun; **fai ~ che...** fig (immagina che ...), stell dir vor, dass ...; (supponi che ...), geh einmal davon aus, dass...; nimm einmal an, dass ...; **far ~ su qu/qc fig** (contarci), auf jdn/etw bauen; **fare i conti** (calcolare), rechnen; fig (risolvere una questione), ab|rechnen; **adesso (tu e io) facciamo i conti!** fig, jetzt rechnen wir (beide) ab!; **fare i conti con qu fig fam** (ottenere spiegazioni), mit jdm abrechnen, mit jdm ein Hühnchen zu rupfen haben fam; fig (risolvere una questione), eine Angelegenheit klären; **fare i conti con qc fig** (tenerla in considerazione), {CON LA NUOVA LEGGE SULL'IMMIGRAZIONE} etw in Rechnung ziehen/stellen/setzen; **fare bene/male i (propri) conti fig** (fare ipotesi esatte/sbagliate), gut/schlecht (im Voraus) kalkulieren; **fare i propri conti fig** (le proprie considerazioni), seine eigenen Überlegungen anstellen; **fare ~ tondo** (arrotondare una cifra), abrunden, aufrunden; **a conti fatti fig** (in conclusione), alles in allem; **liquidare i conti**, abrechnen; **mettere in ~ qc fig** (considerare possibile), {SCONFITTA} Rechnung tragen; **mettere in ~ qc (a qu)** (calcolare nel conteggio), {SPESE DI TRASFERTA} (jdm) etw in Rechnung stellen; **comm** (segnare sul ~), (jdm) etw anschreiben lassen; **mettersi per ~ proprio** (diventare autonomi), sich selbstständig machen, sich auf eigene Füße stellen; **per ogni buon ~** (per sicurezza), zur Sicherheit; **fare i conti senza l'oste**, die

Rechnung ohne den Wirt machen; **per ~** (abbr **p/c**), für; **per ~ di qu** anche comm (da parte di qu), seitens jds, in jds Auftrag/Namen; **per ~ mio/suo** (per quel che riguarda me/lui), was mich/ihn betrifft; **ciascuno/ognuno per ~ proprio** (ciascuno per sé), jeder auf eigene Rechnung; {FARE LE VACANZE, PAGARE} (jeder) getrennt; {ANDARSENE} jeder seiner Wege; {MANGIARE} (jeder) für sich; **presentare il ~ a qu**, jdm die Rechnung präsentieren/vorlegen, jdm eine Rechnung aufmachen; fig (vendicarsi), sich an jdm rächen; **far quadrare i conti** (far sì che siano giusti), die Rechnung aufgehen lassen; fig (far sì che una certa situazione abbia la sua logica), Klarheit über eine Situation herstellen; **avere un ~ da regolare con qu** fig (avere una situazione in sospeso), mit jdm eine Rechnung zu begleichen haben/[ein Hühnchen zu rupfen haben fam]; **rendere ~ a qu di qc** (presentare una relazione), jdm über etw (acc) berichten; fig (giustificarsi), jdm über etw (acc)/von etw (dat) Rechenschaft ablegen; **non ti devo rendere ~ delle mie azioni**, ich schulde dir keine Rechenschaft über das, was ich tue; **rendersi ~ di qc** fig (capire), sich (dat) etw (gen) bewusst werden, sich über etw (acc) klar werden; **non dover rendere ~ a nessuno** fig (essere indipendente), niemandem Rechenschaft schulden; **riconoscere in ~ banca** (accreditare), einem Konto gutschreiben; **alla rovescia** anche fig, Count-down m o n; **un ~ salato** fig (molto caro), eine gesalzene/gepfefferte Rechnung fam; **saldare/chiudere il ~ (con qu)** (pagargli il dovuto), eine Rechnung (mit jdm) begleichen; fig (regolare le questioni in sospeso), mit jdm eine alte Rechnung begleichen/[Angelegenheit bereinigen]; **fare il ~ della serva** fig (fare un ~ eccessivamente dettagliato), jeden Pfennig in Rechnung stellen fam; (rinfacciare anche le minuzie), jdm jede Kleinigkeit/Lappalie vorwerfen; **starsene per ~ proprio** (da soli), für sich bleiben; **sentirne delle belle sul ~ di qu**, tolle Geschichten über jdn hören; **dire qc sul ~ di qu**, etw über jdn sagen; **fare i conti in tasca a qu** fig (cercare di indovinare quanto guadagna e/o spende), die Nase in jds Geldangelegenheiten stecken fam; **senza tenere ~ che ...** fig (senza valutare che...), ohne zu berücksichtigen, dass ...; **tenere da ~ qc** fig (conservarla con cura), etw in Ehren halten, etw schonen, etw aufbewahren; **tenere ~ di qc/qu** fig (tenerla in considerazione), etw/jdn berücksichtigen/[in Betracht ziehen]; **tenere in molto ~ qu/qc** fig (stimarlo molto), jdn/etw hoch schätzen; **tenuto ~ che ...** (visto che ...), unter Berücksichtigung von ...; **per ~ terzi** (per altri), auf fremde Rechnung, für/auf Rechnung eines Dritten/Dritter; **il ~ torna/[i conti tornano]** (è esatto), die Rechnung geht (glatt) auf/[stimmt]; fig (la situazione è chiara), die Sache ist klar; **tornar ~**, sich lohnen, nützen; **vivere per ~ proprio** (da soli), allein leben.

contòrcere <coniug come torcere> A tr 1 (torcere) ~ **qc** {LAVANDAIA PANNI} etw aus|wringen region, etw aus|winden region B rfl 1 (torcersi): **contorcersi (da/per qc)** sich (vor etw dat) krümmen, sich (vor etw dat) winden: **si contorceva dalle risate/[per il dolore]**, er/sie krümmte sich vor Lachen/Schmerzen 2 (divincolarsi); **contorcersi** sich entwinden.

contorcimènto m (effetto del contorcersi) Windung f; (azione) anche Winden n, Krümmen n.

contornàre A tr 1 (circondare) ~ **qc (di qc)** {DISEGNO DI UN BORDO SCURO; MONTAGNE CITTÀ; SIEPE ORTO} etw mit etw (dat) umranden, etw mit etw (dat) umgeben; {OCCHI DI NERO} etw irgendwie umrändern 2 fig (attorniare) ~ **qu** jdn umgeben, jdn umringen: **è sempre contornato da belle ragazze**, er ist immer von schönen Mädchen umringt B rfl (attorniarsi): **contornarsi di qu** {RAGAZZO DI AMICI} sich mit jdm umgeben.

contornàto, (-a) agg 1 (delimitato) ~ **di qc** {AIUOLA DI PIETRE} von etw (dat) umrandet, von etw (dat) umgeben 2 gastr: **arrosto ~ di patatine**, Braten mit Pommes frites/[Pommes-Beilage] fam 3 tip {CARATTERE} Kontur-.

contórno m 1 (profilo) {+ALBERO, COLLINA, MONUMENTO, VOLTO} Kontur f, Umriss m; {NITIDO; +DISEGNO} Umrandung f, Rand m 2 (bordo) Umrandung f, Einfassung f: **portafotografie con un ~ d'edera**, Fotorahmen mit Efeu-Umrandung 3 gastr Beilage f: **come/di/per ~**, als Beilage; **bistecca con ~**, Beefsteak mit Beilage; **pesce con ~ di verdure**, Fisch mit Gemüsebeilage • **essere una figura/un personaggio di ~** fig (secondario), nur Statist sein; **fare solo da ~** fig (essere secondario), nur eine Nebenrolle spielen, nebensächlich sein; **fare da ~ a qu** (accompagnare), {TRE BALLERINE ALLA CANTANTE} jdn begleiten; **fare da ~ a qc**, {ALCUNE MOSTRE ALLA MANIFESTAZIONE} etw begleiten.

contorsióne f 1 (torsione) {+ACROBATA, GINNASTA} (Ver)drehung f, Verrenkung f 2 fig (tortuosità) {+PERIODO, VERSO} Geschraubtheit f, Gewundenheit f.

contorsionìsmo m 1 (esercizio) Kontorsionskunst f 2 fig (scarsa chiarezza) Gewundenheit f.

contorsionìsta <-i m, -e f> mf (acrobata) {+CIRCO} Schlangenmensch m, Kontorsionist(in) m (f).

contòrto, (-a) A part pass di contorcere B agg 1 (storto) {RAMO} krüpp(e)lig, verkrüppelt 2 fig (complicato) {MENTE, RAGIONAMENTO} verschlungen, gewunden; {STILE} geschraubt fam anche fig.

contrabbandàre tr 1 (introdurre clandestinamente) ~ **qc** {SIGARETTE} etw (herein-|, hinein|)schmuggeln 2 (esportare clandestinamente) ~ **qc** (herausi-, hinaus)schmuggeln 3 fig (spacciare) ~ **qc per qc** {COPIA PER ORIGINALE} etw als etw aus|geben.

contrabbandière, (-a) A agg {NAVE, ORGANIZZAZIONE} Schmuggler- B m (f) Schmuggler(in) m (f).

contrabbàndo A m anche dir (introduzione clandestina) {+ALCOLICI, SIGARETTE} Schmuggel m: **fare del/[esercitare il] ~**, schmuggeln B <inv> loc agg (clandestino): **di ~**, {MERCE} Schmuggel-, geschmuggelt C loc avv anche fig: **di ~**, heimlich; **esportare/importare qc di ~**, etw illegal aus-/einführen.

contrabbassìsta <-i m, -e f> mf mus Kontrabassist(in) m (f).

contrabbàsso m mus Kontrabass m, Bassgeige f.

contraccambiàre <contraccambio, contraccambi> tr 1 (ricambiare) ~ **qc** {AFFETTO, AUGURI, INVITO, VISITA} etw erwidern; ~ **qu (con qc)** {CON UNA SINCERA AMICIZIA} sich bei jdm (mit etw (dat)) revanchieren, sich bei jdm (mit etw (dat)) erkenntlich zeigen; **le voleva molto bene e ne era contraccambiata**, er mochte sie sehr gerne und das beruhte auf Gegenseitigkeit 2 (ricompensare) ~ **qc (con qc)** {GENTILEZZA DI QU CON UN REGALO} sich für etw (acc) (mit etw (dat)) revanchieren, sich für etw (acc) (mit etw (dat)) erkenntlich zeigen.

contraccàmbio <-bi> m 1 (compenso) Belohnung f, Gegendienst m, Entschädigung f 2 (restituzione) Erwiderung f, Vergeltung f • **mi ha prestato l'auto e io, in ~**, gliel'ho lavata, er/sie hat mir sein/ihr Auto geliehen und ich habe es dafür gewaschen; **rendere il ~** (contraccambiare), sich revanchieren, sich erkenntlich zeigen; fig spreg (rendere pariglia), Gleiches mit Gleichem vergelten.

contraccettìvo, (-a) farm A agg (anticoncezionale) {METODO, MEZZO} empfängnisverhütend, Verhütungs- B m Verhütungsmittel n.

contraccezióne f med (Empfängnis-, Schwangerschaft)verhütung f, Kontrazeption f scient.

contraccólpo m 1 (urto) Gegen-, Rückschlag m, Gegenstoß m, Rückprall m 2 fig (ripercussione) Rückwirkung f, Rückschlag m: **la crisi di governo ha avuto come ~ un crollo della borsa**, Folge der Regierungskrise war ein Börsensturz, die Regierungskrise hatte einen Börsensturz zur Folge 3 artiglieria {+ARMA DA FUOCO} Rückstoß m, Kolbenhieb m • **di ~**, prompt.

contraccùsa f Gegenklage f, Gegenbeschuldigung f.

contràda f 1 spec stor (rione) (Stadt)viertel n: **le contrade di Siena**, die Stadtbezirke m pl von Siena 2 region (strada) Straße f, Gasse f 3 lett (regione) Gegend f, Gebiet n.

contraddànza f (ballo) Konter-, Contretanz m.

contraddìre <imperat contraddìci, coniug come dire> A tr 1 (contestare) ~ **qu/qc** jdm/etw widersprechen: **contraddice sempre tutti**, er/sie widerspricht immer allen 2 (essere in contrasto) ~ **qc** etw (dat) widersprechen; **questo contraddice quanto detto prima**, das widerspricht dem L, was vorher gesagt wurde/[vorher Gesagten] B itr (contrastare) ~ **a qc** {ALLE NORME DELLA BUONA EDUCAZIONE} etw (dat) widersprechen, etw (dat) widerstreiten C rfl (smentirsi): **contraddirsi** sich widersprechen: **si contraddice spesso**, er/sie widerspricht sich oft D rfl rec (essere in contrasto): **contraddirsi** {TESTIMONI} sich widersprechen, {AFFERMAZIONI} in Widerspruch stehen.

contraddistìnguere <coniug come distinguere> A tr 1 (distinguere) ~ **qu/qc (con qc)** {LIBRO CON LE PROPRIE INIZIALI} jdn/etw (mit etw dat) unterscheiden, jdn/etw (mit etw dat) kennzeichnen, jdn/etw (mit etw dat) charakterisieren 2 (caratterizzare) ~ **qu/qc** jdn/etw/zeichnen: **è un atteggiamento che l'ha sempre contraddistinto**, das ist eine Haltung, die ihn immer ausgezeichnet hat B itr pron (distinguersi): **contraddistinguersi (per qc)** {DONNA PER RAFFINATEZZA} sich durch (acc) ab|heben, durch (acc) hervor|stechen, sich durch (acc) aus|zeichnen.

contraddittóre, (-trice) m (f) 1 (chi contraddice) Widersprecher(in) m (f), Gegenredner(in) m (f) 2 dir Gegenredner(in) m (f).

contraddittorietà <-> f (l'essere contraddittorio) {+TESI} Widersprüchlichkeit f.

contraddittòrio, (-a) <-ri m> A agg 1 (in contrasto) {ELEMENTI, TESI, TESTIMONIANZE} widersprüchlich, sich widersprechend 2 fig (ambiguo) {CARATTERE, PERSONAGGIO, SENTIMENTO} doppel-, zweideutig 3 dir {PROCEDIMENTO, SENTENZA} streitig, kontradiktorisch 4 filos mat proposizioni kontradiktorisch widersprüchlich B m 1 (discussione) Streitgespräch m, Disput m forb, Disputation f forb: **aprire il ~**, den Disput eröffnen forb 2 dir (procedimento in ~) streitiges/kontradiktorisches Verfahren; (principio del ~) Verhandlungsgrundsatz m • **in ~ nelle parti**, in streitiger/kontradiktorischer Verhandlung.

contraddizióne f 1 anche fig (incoerenza) Widerspruch m, Gegensatz m: **cadere in ~**, sich in Widersprüche verwickeln; **cogliere qu in ~**, jdn bei einem Widerspruch ertappen; **questo è in profonda ~ con quanto detto finora**, das steht in heftigem Widerspruch zu dem bisher Gesagten; **pieno di contraddizioni**, voller Widersprüche **2** *filos* Widerspruch m, Kontradiktion f: **~ in termini**, Widerspruch m in sich.

contraènte *dir* **A** *agg* {PARTE} vertragsabschließend, Vertrags-; (*nelle assicurazioni*): **parti contraenti**, Versicherungsnehmer(in) m(f) **B** *mf* Vertragspartner(in) m(f), Vertragsschließende mf decl come agg, Kontrahent(in) m(f) forb; (*nelle assicurazioni*) Versicherungsnehmer(in) m(f).

contraèreo, (-a) *mil* **A** *agg* {ARTIGLIERIA} Flugabwehr-, Flak- **B** f Flugabwehr-, Flak(artillerie) f.

contraffàre <coniug come fare> tr **1** (*falsificare*) ~ **qc** {CARTA DI CREDITO, FIRMA, FRANCOBOLLO} *etw* fälschen; {MUSICASSETTA} *etw* illegal kopieren **2** (*alterare*) ~ **qc** {VOCE} *etw* verˌentstellen **3** *enol* ~ **qc** {LIQUORE} *etw* panschen **4** *gastr* ~ **qc** {PRODOTTO} *etw* verfälschen.

contraffattóre, (-trice) m (f) (*falsificatore*) Fälscher(in) m(f).

contraffazióne f **1** (*falsificazione*) {+BANCONOTA, MARCHIO COMMERCIALE} Fälschung f; (*azione*) *anche* Fälschen n **2** (*alterazione*) {+VOCE} Verˌ, Entstellung f; (*azione*) *anche* Verˌ, Entstellen n **3** *enol* {+VINO} Panschen n **4** *gastr* {+PRODOTTO ALIMENTARE} Verfälschung f, Verfälschen n.

contrafforte m **1** (*spranga*) {+PORTA} Eisenstange f **2** *arch* {+ARCO, VOLTA} Stütze f, Verstärkung f, Strebepfeiler m **3** *geog* (Gebirgs)ausläufer m, Sporn m.

contraltàre m **1** *arch* Gegenaltar m **2** *fig* (*opposizione*) Gegensatz m ● **fare da ~ a qu/qc** *fig* (*equilibrare*), als Gegensatz/Ausgleich zu jdm/etw dienen.

contraltista <-i m> m mus Altist m.

contràlto *mus* **A** <inv> *agg* {SASSOFONO} Alt- **B** m **1** (*voce*) Alt m, Altstimme f **2** (*cantante*) Alt m, Altistin f.

contrammiràglio <-gli> m mar mil Konteradmiral m.

contrappàsso m (*pena del taglione*) Vergeltung f von Gleichem mit Gleichem, Talion f.

contrappèllo m *anche mil* (*secondo appello*) zweiter Appell: **fare il ~**, den zweiten Appell abhalten.

contrappesàre A tr **1** (*bilanciare*) ~ **qc** (*con qc*) *etw* (*mit etw dat*) (ab|-, aus|)wiegen **2** *fig* (*considerare*) ~ **qc** {IL PRO E IL CONTRO} *etw* ab|wägen **B** *rfl rec* (*pareggiarsi*): **contrappesarsi** sich aus|gleichen, sich auf|heben: **i vantaggi e gli svantaggi si contrappesano**, Vor- und Nachteile gleichen sich aus.

contrappéso m **1** *spec mecc* {+ASCENSORE, FUNIVIA} Gegengewicht n: **~ di biella/[valvola di sicurezza]**, Gegengewicht n zur Pleuelstange/Sicherheitsklappe **2** *fig* (*ciò che bilancia*) Ausgleich m: **fare da ~ a qc**, einen Ausgleich zu etw (dat) bilden, etw ausgleichen, etw ausbalancieren.

contrappórre <coniug come porre> **A** tr **1** (*mettere contro*) ~ **qc** (*a qu/qc*) {OSTACOLO, SBARRAMENTO ALLA FOLLA} (*jdm/etw*) *etw* entgegen|setzen, (*jdm/etw*) *etw* entgegen|stellen **2** *fig* (*opporre*) ~ **qc** (*a qc*) {LA REALTÀ AI SOGNI} (*etw dat*) *etw* gegenüber|-, entgegen| stellen; {OPINIONI} *etw* gegenüber|stellen **B** *rfl* (*opporsi*): **contrapporsi** (*a qu/qc*) {ALLA VOLONTÀ DI QU} sich (*jdm/etw*) widersetzen **C** *rfl rec fig* (*essere in opposizione*): **contrapporsi** (*IDEE, PUNTI DI VISTA*) im Gegensatz zueinander stehen, gegensätzlich sein.

contrapposizióne f **1** *fig* (*opposizione*) {+IDEE} Gegenüberstellung f **2** *filos* Kontraposition f.

contrappósto, (-a) A part pass di contrapporre **B** *agg* **1** (*di fronte*) ~ **a qc** {PORTONE AL MURO} *etw* (*dat*) gegenübergestellt, *etw* (*dat*) entgegengesetzt **2** *fig* (*opposto*) ~ (**a qc**) {ARGOMENTO, OPINIONI, TESI A UN'ALTRA} gegensätzlich, im Gegensatz (*zu etw dat*) stehend.

contrappuntistico, (-a) <-ci, -che> *agg mus* kontrapunktisch.

contrappùnto m *mus* Kontrapunkt m ● **fare il ~ a qu** *fig scherz* (*scimmiottarlo*), jdn nachäffen *spreg*.

contrariaménte *avv* (*al contrario*) ~ **a qc** {ALLE ABITUDINI DI QU, AL PREVISTO} im Gegensatz *zu etw* (*dat*): **~ al solito**, anders als sonst; **~ alla sua volontà**, wider seinen/ihren Willen; **~ al mio consiglio si è sposato**, entgegen meinem Rat hat er geheiratet; **~ a quanto precedentemente annunciato ...**, im Gegensatz zum vorher Angekündigten ...; **~ a quello che si dice**, im Gegensatz zu dem, was man sagt ...

contrariàre <contrario, contrari> tr **1** (*contraddire*) ~ **qu/qc** {INSEGNANTE, INTERPRETAZIONE} *jdm/etw* widersprechen: **oggi è meglio non contrariarlo!**, heute ist es besser, ihm nicht zu widersprechen **2** (*infastidire*) ~ **qu** {COMPORTAMENTO DI QU TUTTI} *jdn* (ver)ärgern, *jdn* verdrießen *forb* **3** (*contrastare*) ~ **qc** {I PROGETTI DI QU} *etw* durchkreuzen, *etw* behindern.

contrarietà <-> f **1** (*difficoltà*) {+SORTE, VITA} Widrigkeit f, Unannehmlichkeit f: **non lasciarsi abbattere dalle ~ della vita**, sich von den Widrigkeiten des Lebens nicht unterkriegen lassen **2** (*opposizione*) Missbilligung f, Einspruch m, Widerwille m: **ha manifestato la sua ~ ai nostri progetti**, er/sie hat seiner/ihrer Missbilligung über unser Vorhaben Ausdruck gegeben.

contràrio, (-a) <-ri m> **A** *agg* **1** (*opposto*) ~ (**a qc**) {MOVIMENTO ALLA MODA, RISULTATO ALLE ASPETTATIVE} *etw* (*dat*) entgegengesetzt: **vento a ~**, Gegenwind m; **in direzione contraria**, in entgegengesetzter Richtung **2** (*contrastante*) {OPINIONE, PARERE} gegenteilig, entgegengesetzt, gegensätzlich: **hanno idee contrarie alle mie**, ihre Ideen sind mit den meinen unvereinbar; **tutto questo è ~ al buon senso**, das alles widerspricht dem gesunden Menschenverstand **3** (*sfavorevole*) ~ **a qc** {ALLE ELEZIONI ANTICIPATE, AL MATRIMONIO} gegen *etw* (*acc*): **è ~ a mandare a scuola il figlio a cinque anni**, er ist dagegen, seinen Sohn mit fünf Jahren in die Schule zu schicken **4** *filos*: **proposizione contraria**, umgekehrter Nachsatz **5** *mat*: **numeri contrari**, Zahlen f pl mit entgegengesetzten Vorzeichen **B** m **1** (*opposto*) Gegenteil n: **fa esattamente il ~ di quello che dice**, er/sie macht genau das Gegenteil von dem, was er/sie sagt; **l'umiltà è il ~ dell'orgoglio**, Bescheidenheit ist das Gegenteil von Stolz **2** *gramm* (*antonimo*) Gegen(satz)wort n, Antonym n **C** *loc avv*: **al ~ 1** (*all'opposto*), {ANDARE, GIRARE} falsch herum, andersherum; **ho fatto proprio al ~**, ich habe genau andersherum gemacht; **e vi siete persi? – No, al ~, siamo arrivati prima!**, und habt ihr euch verirrt? – Nein, ganz im Gegenteil, wir sind früher angekommen! **2** (*alla rovescia*) verkehrt herum: **appendere un quadro al ~**, ein Bild verkehrt herum aufhängen; **mettere una maglione al ~**, einen Pullover verkehrt herum anziehen **3** (*invece*) im Gegenteil, dagegen; **lui ama viaggiare, io, al ~, starei sempre a casa**, er liebt Reisen, ich würde dagegen immer zu Hause bleiben **D** *loc prep* (*contrariamente a*): **al ~ di qu/qc**, in Gegensatz zu *jdm/etw*; **mia madre, al ~ di me, ha i capelli biondi**, meine Mutter ist im Gegensatz zu mir blond; **al ~ delle nostre previsioni ......**, im Gegensatz zu₁/[entgegen] unseren Vorhersagen ... ● **avere qualcosa/niente in ~** (*essere sfavorevole/favorevole*), etwas/nichts dagegen haben; **hai qualcosa/niente in ~ se vado a sciare due giorni?**, hast du etwas/nichts dagegen, wenn ich zwei Tage zum Skifahren gehe?; **non avere niente/nulla in ~** (*essere favorevole*), nichts dagegen haben.

contràrre <coniug come trarre> **A** tr **1** (*restringere*) ~ **qc** {LABBRA, MUSCOLO, SOPRACCIGLIA} *etw* zusammen|ziehen; {PAURA VISO} *etw* verziehen, *etw* verzerren **2** (*prendere*) ~ **qc** {MALATTIA} *etw* bekommen, sich (*dat*) *etw* zu|ziehen; {ABITUDINE, VIZIO} sich (*dat*) *etw* zu|legen, in *etw* (*acc*) verfallen **3** (*fare*) ~ **qc** {CON QU/QC} {DEBITO CON UNA BANCA} *etw* (*bei jdm/etw*) machen; {ALLEANZA, AMICIZIA, PATTO CON UN AMICO} *etw* (*mit jdm/etw*) (ab|)schließen, *etw* (*mit jdm/etw*) treffen: **hanno contratto matrimonio il mese scorso**, sie haben im vergangenen Monat ₁ihre Ehe geschlossen₁/[geheiratet] **4** (*assumere*) ~ **qc** (**con qu**) {OBBLIGO CON LA FAMIGLIA} *etw* (*mit jdm*) übernehmen **5** (*ridurre*) ~ **qc** {USCITE} *etw* verringern; *etw* be-, ein|schränken **B** *pron*: **contrarsi 1** (*restringersi*) {LINEAMENTI, MUSCOLO} sich zusammen|ziehen, sich verziehen; {VOLTO} sich verziehen, sich verzerren; {MATERIALE} sich zusammen|ziehen, schrumpfen **2** *ling* {VOCALI} kontrahiert werden, zusammengezogen werden.

contras *spagn polit* **A** *agg* {GUERRIGLIERI} Contras- **B** *mf* <pl> {+NICARAGUA} Contras pl.

contrassegnàre tr **1** (*indicare*) ~ **qc** (*con qc*) {LIBRO CON UN SEGNO ETW MIT UNA CROCE} kennzeichnen: **ho contrassegnato con un cerchio rosso le mie note**, ich habe meine Anmerkungen mit einem roten Kreis gekennzeichnet **2** *fig* (*caratterizzare*) ~ **qc** {GUERRA PERIODO STORICO} *etw* kennzeichnen: **il nostro secolo è stato contrassegnato dal progresso tecnologico**, unser Jahrhundert ist vom technologischen Fortschritt gekennzeichnet.

contrasségno[1] m **1** (*segno*) (Kenn)zeichen n, Merkmal n: **fare un ~ su un libro**, ein Buch kennzeichnen/[mit einem Zeichen versehen] **2** *fig* (*prova*) {+AFFETTO, AMORE} Zeichen n.

contrasségno[2] *avv comm* {ACQUISTARE, PAGARE} gegen Nachnahme: **spedire qc ~**, etw als/mit/per/unter Nachnahme (ver)schicken.

contrastànte *agg* **1** (*opposto*) {IDEE, PARERE} gegensätzlich, widerstreitend, entgegengesetzt **2** (*che fa contrasto*) {COLORE} Kontrast-.

contrastàre A tr **1** (*ostacolare*) ~ **qc** {AMORE, PROGETTO} *etw* behindern, *etw* (*dat*) entgegen|wirken; {AVANZATA DEL NEMICO} *anche* sich *etw* (*dat*) entgegen|stellen; {PIANI} *etw* durchkreuzen: **iniziative atte a ~ il traffico di stupefacenti**, Initiativen zur Verhinderung des Rauschgifthandels **2** (*avversare*) ~ **qu** *jdm* widersprechen: **non vorrei contrastarti, ma ...**, ich möchte dir nicht widersprechen, aber ... **3** (*negare*) ~ **qc a qu** {DIRITTO} *jdm etw* streitig machen **4** *sport* ~ **qc** {AVANZATA DI UN GIOCATORE} *etw* verhindern **B** itr **1** (*fare contrasto*) ~ (**con qc**) {TENDE CON LA TAPPEZZERIA} (*mit etw dat*) kontrastieren, einen Kontrast (*zu etw dat*) bilden: **due colori si contrastano**, zwei kontrastierende Farben **2** (*essere in contrasto*) ~ **con qc** {RISULTATO CON LE PREVISIONI} *mit etw* (*dat*) in Widerspruch stehen, (*mit etw dat*) nicht überein|stimmen: **questa decisione contrasta con il suo programma politico**, diese

Entscheidung steht mit seinem politischen Programm in Widerspruch **3** (*discutere*) ~ (**con qu**) [COL VENDITORE] (sich) (*mit jdm*) streiten **C** *rfl rec indir* (*contendersi*): **contrastarsi qc** [PREMIO] sich *um etw* (acc) streiten ● ~ *contro* **qc** *mecc* (*poggiare*), gegen etw (acc) stoßen; *venire a* ~ **contro qc** *mecc*, gegen etw (acc) zu stoßen kommen.

contrastàto, (-a) *agg* **1** (*combattuto*) [AMORE, VOCAZIONE] (hart) erkämpft **2** [FINANZIAMENTO, RISULTATO, SUCCESSO] *anche* umstritten **2** *fot* [IMMAGINE] kontrastreich, kontraststark.

contrastìvo, (-a) *agg* *ling* [ANALISI] kontrastiv, Kontrastiv-.

contràsto m **1** (*contrapposizione*) Auseinandersetzung f, Gegensatz m, Kontrast m: **questi due colori formano un bel** ~, diese beiden Farben bilden einen schönen Kontrast; **creare un** ~ **di luci e di ombre**, einen Licht und Schatten-Kontrast schaffen **2** *fig* (*conflitto*) Auseinandersetzung f, Konflikt m: ~ **di interessi**, Interessenkonflikt m; **questo è in** ~ **con le mie idee**, das verträgt sich nicht mit meinen Vorstellungen, das steht im/in Kontrast zu meinen Vorstellungen **3** *fig* (*diverbio*) Streit m, Streitigkeit f, Auseinandersetzung f, Meinungsverschiedenheit f, Konflikt m: **un** ~ **tra soci**, eine Meinungsverschiedenheit zwischen Mitgliedern; **venire a/in** ~ **con qu**, mit jdm in Streit geraten **4** (*impedimento*) Gegensatz m, Kontrast m, Widerstreit m: **l'iniziativa ha incontrato** ~, die Initiative stieß auf Widerstand **5** *lett* {+PASTORI} Zwiegespräch n **6** *fot TV* {+IMMAGINE} (Bild)kontrast m **7** *fam TV* (*comando*) (Bild)kontrast m **8** *sport* (*nel calcio*) Pressschlag m ● **senza** ~ (*certamente*), ohne Zweifel/Frage, zweifellos, fraglos.

contrattàbile *agg* (*che si può contrattare*) {PREZZO} verhandelbar.

contrattaccàre <contrattacco, contrattacchi> tr ~ (**qu/qc**) (**con qc**) **1** *mil sport* {ATTACCO DELL'AVVERSARIO} (*mit etw dat*) einen Gegenangriff (*auf jdn/etw*) starten **2** *fig* (*replicare*) {CON UNA DOMANDA IMBARAZZANTE} (*jdm/etw*) (*mit etw dat*) antworten, (*jdm/etw*) (*mit etw dat*) erwidern, (*jdm/etw*) (*mit etw dat*) entgegnen.

contrattàcco m **1** *fig* (*replica*) {+OPPOSIZIONE} Gegenangriff m, Gegenstoß m **2** *mil* {+NEMICO} Gegenangriff m, Gegenstoß m **3** *sport* Gegenangriff m: **passare al** ~, zum Gegenangriff übergehen.

contrattàre **A** *tr* **1** *comm* ~ (**qc**) {L'ACQUISTO DI UN TERRENO, IL PREZZO DI UN MOBILE} (*über/um etw* (acc)) handeln, (*um etw* (acc)) feilschen: **è un cliente che contratta sempre prima di pagare**, er ist ein Kunde, der immer feilscht, bevor er bezahlt **2** *fig* (*fare oggetto di trattativa*) ~ **qc** {MATRIMONIO} *über*/*um etw* (acc) verhandeln **B** *itr* (*discutere*) ~ **su qc** {SUL PREZZO} *um etw* (acc) handeln, *um etw* (acc) feilschen.

contrattazióne f **1** (*trattativa*) Unter-, Verhandlung f, Geschäft n: ~ **collettiva sul costo del lavoro**, Tarifverhandlung f über Arbeitskosten **2** *Borsa* {DEBOLE, SOSTENUTA} Parkett n, Börsenverkehr m: **contrattazioni alle grida**, Ausruf-, Börsenhandel m.

contrattèmpo m **1** (*contrarietà*) Zwischenfall m, Missgeschick n: **scusa per il ritardo, ma abbiamo avuto un** ~, entschuldige die Verspätung, aber wir hatten einen **2** *mus* Zwischentakt m.

contràttile *agg anat* {FIBRA} zusammenziehbar, kontraktil *scient*.

contrattilità <-> f *anat* {+MUSCOLO} Zusammenziehbarkeit f, Kontraktilität f *scient*.

contrattìsta <-*i m, -e f*> mf (*chi ha un contratto di lavoro a termine*) (Zeit)vertragsange-

stellte mf *decl come agg*.

contràtto① m **1** *dir* Vertrag m: ~ **d'affitto**, Pachtvertrag m; ~ **d'affitto d'azienda**, Betriebspachtvertrag m; ~ **d'agenzia**, Agenturvertrag m, Handelsvertretervertrag m; ~ **aleatorio**, Eventualvertrag m, Risikovertrag m; ~ **annuale/mensile**, Jahres-/Monatsvertrag m; ~ **d'appalto**, Werk(lieferungs)vertrag m; ~ **collettivo**, Tarifvertrag m; ~ **di commissione**, Kommissionsvertrag m, Kommissionsgeschäft n; ~ **commutativo**, Austauschvertrag m; ~ **di comodato**, Leihvertrag m; ~ **di (compra)vendita**, Kaufvertrag m; ~ **di concessione di vendita**, Vertragshändlervertrag m; ~ **consensuale**, Konsensualvertrag m; ~ **definitivo**, endgültiger Vertrag; ~ **di distribuzione**, Vertriebsvertrag m; ~ **di edizione**, Verlagsvertrag m; ~ **di formazione e lavoro**, Lehr-, Ausbildungsvertrag m; ~ **di franchising**, Franchisevertrag m; ~ **di garanzia**, Garantievertrag m, Gewährvertrag m; ~ **di lavoro**, Arbeitsvertrag m; ~ **di locazione**, Mietvertrag m; ~ **misto**, gemischter Vertrag, Mischvertrag m; ~ **di noleggio** (*nel diritto della navigazione*), Chartervertrag m; ~ **d'opera**, Werkvertrag m; **il** ~ **è stato perfezionato**, der Vertrag ist zustande gekommen; ~ **preliminare**, Vorvertrag m; ~ **reale**, Realvertrag m; ~ **di rendita vitalizia**, Leibrentenvertrag m; ~ **di solidarietà**, Solidaritätsvertrag m; ~ **di somministrazione**, Bezugsvertrag m; **stipulare un** ~, einen Vertrag (ab)schließen; ~ **a tempo determinato**, befristeter Arbeitsvertrag; ~ **a favore terzi**, Vertrag zu Gunsten Dritter; ~ **di transazione**, Vergleichsvertrag m **2** (*accordo*) Vereinbarung f, Abmachung f **3** *film* Vertrag m: ~ **di distribuzione/partecipazione/produzione**, Verteilungs-/Beteiligungs-/Produktionsvertrag m **4** (*nei giochi di carte*) (*nel bridge*) Kontrakt m ● **essere sotto** ~, unter Vertrag stehen; *per* ~, laut Vertrag, vertragsgemäß; ~ **a premio** *econ*, Options-, Prämiengeschäft n; ~ **sociale** *filos*, Gesellschaftsvertrag m.

contràtto② , (-a) **A** *part pass di contrarre* **B** *agg* **1** (*irrigidito*) {LINEAMENTI DEL VOLTO} verzogen, verkniffen *spreg* **2** (*in contrazione*) {MUSCOLI ADDOMINALI} kontrahiert.

contrattuàle *agg* **1** (*di contrattazione*) {AUTONOMIA, BASE, CAPACITÀ, FORZA, POTERE} Vertrags- **2** *dir* (*di/da/relativo a un contratto*) {CLAUSOLA, RESPONSABILITÀ} vertraglich, Vertrags-.

contrattùra f *med* Kontraktur f *scient*.

contravveléno m (*antidoto*) Gegengift n, Antidot n *scient*.

contravvenìre <coniug *come venire*> *itr* (*disobbedire*) ~ **a qc** {A UNA LEGGE, A UN ORDINE} *etw* (dat) zuwider|handeln, *etw* übertreten, *gegen etw* (acc) verstoßen.

contravventóre, (-trice) m (f) Gesetzesbrecher(in) m(f), Gesetzesübertreter(in) m(f), Zuwiderhandelnde mf *decl come agg*: ~ **abituale/professionale**, notorischer/professioneller Gesetzesübertreter.

contravvenzióne f **1** (*violazione*) (Gesetzes)übertretung f: **essere in** ~, strafbar sein **2** (*multa*) Strafmandat n, gebührenpflichtige Verwarnung, Geldstrafe f: **fare una** ~ **a qu**, jdn gebührenpflichtig verwarnen; **pagare una** ~ **per sosta vietata**, eine Geldstrafe fürs Parken im Halteverbot zahlen **3** *dir* Vergehen n; Ordnungswidrigkeit f, Übertretung f.

contrazióne f **1** (*irrigidimento*) {+VISO} Zusammenziehung f, Verzerrung f **2** {MUSCOLARE, STATICA, TONICA} Kontraktion f *scient*; *med* (*uterina*) Wehe f, Kontraktion f *scient*: **avere le contrazioni**, die Wehen haben **3** *comm econ* (*diminuzione*) {+DOMANDA} Ver-

ringerung f, Rückgang m **4** *fis* {GRAVITAZIONALE} Kontraktion f **5** *ling* {PROGRESSIVA, REGRESSIVA} Kontraktion f, Zusammenziehung f.

contribuènte mf (*chi paga le tasse*) Steuerzahler(in) m(f).

contribuìre <contribuisco> *itr* **1** (*prender parte*) ~ **a qc** (**con qc**) {ALLA RIUSCITA DI UN'IMPRESA COL PROPRIO LAVORO, ALLE SPESE, AL SUCCESSO DI QU} (*mit etw* dat) bei|tragen, sich (*mit etw* dat) *an etw* (dat) beteiligen, (*mit etw* dat) *an etw* (dat) mit|wirken **2** (*concorrere*) ~ **a qc** *bei etw* (dat) mit|helfen, *zu etw* (dat) bei|tragen: **l'attesa contribuisce ad accrescere l'ansia**, das Warten trägt dazu bei, dass die Angst wächst.

contributìvo, (-a) *agg anche dir* {CAPACITÀ} Beitrags-.

contribùto m **1** *fig* (*apporto*) Beitrag m: **dare un** ~ **a qc**, einen Beitrag zu etw (dat) leisten; **i suoi studi hanno dato un enorme** ~ **alla sconfitta della malattia**, seine/ihre Forschungen haben einen sehr großen Beitrag zum Sieg über die Krankheit geleistet; **un piccolo** ~ **in denaro**, ein kleiner Geldbeitrag **2** *anche dir* Beitrag m, Abgabe f: ~ **assicurativo/previdenziale**, (Sozial)versicherungsbeitrag m; ~ **per la ricerca scientifica**, Forschungsbeitrag m; **contributi sociali**, Sozialabgaben f pl.

contribuzióne f (*contributo*) Beitrag m, Beisteuer f; (*azione*) *anche* Beitragen n.

contristàre *lett* **A** *tr* (*rendere triste*) ~ **qu** jdn betrüben, jdn bekümmern, jdn traurig machen **B** *itr pron* (*diventare triste*): **contristarsi** (**di/per qc**) {PER UNA BRUTTA NOTIZIA} (*wegen etw* gen) betrübt sein, sich *über etw* (acc) betrüben.

contrìto, (-a) *agg* **1** (*pentito*) {ARIA} zerknirscht, reuig *forb*, reumütig *anche scherz* **2** *relig* {FEDELE} reuig *forb*, bußfertig, reumütig, reuevoll *forb*.

contrizióne f **1** (*pentimento*) Zerknirschung f, Reue f **2** *relig* {+PECCATORE} Reue f.

cóntro **A** *prep* **1** (*in opposizione*) ~ **qu/qc**, (*con i pron pers tonici*) ~ **di qu** *gegen jdn/etw*: **accanirsi** ~ **qu**, *über jdn* erbosen; **combattere** ~ **qu**, *gegen jdn* kämpfen; **fare una crociata** ~ **i forestierismi**, eine ₁Kampagne gegen Fremdwörter₁/[Anti-Fremdwörter-Kampagne] führen; **insorgere** ~ **il governo**, sich gegen die Regierung erheben; **la lotta** ~ **la malavita organizzata**, der Kampf gegen das organisierte Verbrechen; ~ **di me/te/lei**, gegen mich/dich/sie; **è una cosa** ~ **natura**, das ist widernatürlich *spreg*; **appellarsi** ~ **una sentenza**, Berufung gegen ein Urteil einlegen; **le votammo** ~, wir stimmten gegen sie **2** (*in senso contrario*) ~ **qc** *gegen etw* (acc), *entgegen etw* (dat): **navigare** ~ **vento**, gegen den Wind segeln **3** (*addosso a*) ~ **qu/qc**, (*con i pron pers tonici*) ~ **di qu** gegen jdn/etw, an jdn/etw, auf jdn/etw, in jdn/etw: **gli aizzò** ~ **il cane**, er/sie hetzte den Hund auf ihn; **lanciare un anatema** ~ **qu**, einen Fluch gegen jdn ausstoßen; **avventarsi** ~ **qu**, sich auf jdn stürzen; **sparare** ~ **di lui/Mario**, auf jdn/Mario schießen **4** (*moto a luogo*) ~ **qu/qc**, (*con i pron pers tonici*) ~ **di qu** gegen jdn/etw, an jdn/etw: **ha battuto la testa** ~ **lo stipite**, er/sie stieß mit dem Kopf an den Pfosten an; **la macchina è andata a schiantarsi** ~ **il muro**, das Auto ist gegen die Mauer gedonnert **5** (*verso*) ~ **qu/qc**, (*con i pron pers tonici*) ~ **di qu** gegen jdn/etw, in Richtung ~ + *sost*, *zu etw* (dat): **puntare l'indice** ~ **qu**, den Zeigefinger auf jdn richten; **marciare** ~ **qu**, gegen jdn zu Felde ziehen; **voltarsi** ~ **il muro**, sich zur Wand drehen **6** ~ **qc** gegen *etw* (acc): **le montagne si sta-**

gliavano ~ il cielo, die Berge zeichneten sich gegen den Himmel ab **7** (*a contatto con:* moto a luogo) ~ **qu/qc,** (*con i pron pers tonici*) ~ **di qu** gegen jdn/etw, an jdn/etw: **appoggiò la chitarra ~ il muro,** er/sie lehnte die Gitarre an die Wand; (*stato*) ~ **qu/qc,** (*con i pron pers tonici*) ~ **di qu** gegen jdn/etw: **erano appoggiati ~ l'ingresso,** sie lehnten am Eingang **8** (*nei confronti di*) ~ **qu/qc,** (*con i pron pers tonici*) ~ **di qu** gegen jdn/etw: **sporgere denuncia ~ ignoti,** Anzeige gen Unbekannt erstatten; **la rabbia ~ il governo,** die Wut gegen die Regierung **9** (*ai danni di*) ~ **qu/qc,** (*con i pron pers tonici*) ~ **di qu** gegen jdn/etw: **ordire un complotto ~ qu,** ein Komplott gegen jdn schmieden; **crimini ~ l'umanità,** Verbrechen gegen die Menschlichkeit **10** (*per la prevenzione di*) ~ **qc** etw (acc): **un vaccino ~ l'epatite,** ein Impfstoff gegen Hepatitis **11** (*per la cura di*) ~ **qc** gegen etw (acc): **un rimedio indicato ~ il raffreddore,** ein Mittel gegen Erkältung: **è una ricetta ~ il cattivo umore,** das ist ein Rezept gegen schlechte Laune **12** (*in contrasto*) ~ **qc** gegen etw (acc), entgegen etw (dat), wider etw (acc): ~ **le consuetudini,** gegen die Gepflogenheiten; **agire ~ i propri principi,** gegen seine Prinzipien handeln; **questo è ~ la legge,** das ist gegen/wider das Gesetz /[gesetzwidrig] **13** (*contrario*) ~ **qc** gegen etw (acc): **essere ~ gli estremismi,** gegen (alle Formen des) Extremismus sein; **sono ~ lo spreco,** ich bin /[sie sind] gegen Verschwendung **14** (*da*) ~ **qu/qc,** (*con i pron pers tonici*) ~ **di qu** gegen jdn/etw, vor jdm/etw: **l'ho messa in guardia ~ gli abusi,** ich habe sie vor Missbrauch gewarnt; **immunizzarsi ~ i dolori della vita,** gegen Schicksalsschläge immun werden, sich gegen (die) Schicksalsschläge abhärten **15** (*in cambio di*) ~ **qc** für etw (acc), gegen etw (acc), statt etw (gen): **mi ha dato un libro ~ il giornale,** er/sie hat mir für die Zeitung ein Buch gegeben; **comm** per etw (acc), gegen etw (acc); **assegno/pagamento/ricevuta,** gegen Scheck/Zahlung/Quittung **B** loc prep (*a contatto con*) ~ **a qc** etw (dat) gegenüber: **la sedia è ~ al muro,** der Stuhl steht gegenüber der Wand **C** avv (*in opposizione*) dagegen: **votare/essere ~,** dagegen stimmen/sein **D** loc avv (*invece*) **per ~,** dagegen, hingegen; **l'altro per ~ rifiuta,** der andere weigert sich hingegen **E** <inv> agg giorn: **politico ~,** Politiker m auf Gegenkurs; **ragazzi ~,** Jugendliche pl auf Antikurs **F** <inv> loc agg: **di ~ 1** (*dirimpetto*) {CASA} gegenüber **2** amm (*in margine*) {ANNOTAZIONE} Rand-, am Rande **G** m Kontra n • **dare ~ a qu,** jdm Kontra geben, sich jdm widersetzen; **dieci ~ uno che ...,** ich wette zehn zu eins, dass ...

cóntro- <contr- davanti a vocale> pref **1** (*opposizione*) Gegen-, Wider-: **controaccusa,** Gegenklage; **controsenso,** Widerspruch, Widersinn **2** (*movimento*) gegen: **contropelo,** gegen den Strich; **controvento,** gegen den Wind **3** (*reazione*) Gegen-: **contrattacco,** Gegenangriff; **controriforma,** Gegenreform **4** (*riscontro*) Gegen-: **controricevuta,** Gegenquittung; **controprova,** Gegenprobe.

controaccùsa → **contraccusa**.

controbàttere <coniug come battere> tr ~ **qc 1** fig (*ribattere*) {ACCUSA, ARGOMENTAZIONE} etw widerlegen, etw zurück|weisen; (*uso assol*) erwidern, entgegnen, antworten **2** mil {NEMICO} etw zurück|schlagen; {ATTACCO} anche etw mit einem Gegenfeuer beantworten.

controbatteria f mil Gegenfeuer n.

controbilanciàre <controbilancio, controbilanci> **A** tr ~ **qc 1** (*mettere in equilibrio*) {CARICO, PESO} etw aus|balancieren **2** fig (*pareggiare*) {PERDITA} etw aus|gleichen, etw auf| wiegen **B** rfl rec: **controbilanciarsi 1** (*bi-

lanciarsi*) {PESI} sich auf|wiegen **2** fig (*pareggiarsi*) {VANTAGGI E SVANTAGGI} sich aus|gleichen, sich auf|heben.

controcàmpo m film Gegenfeldaufnahme f, Gegenbildaufnahme f.

controcànto m mus Gegengesang m.

controchiàve f **1** (*seconda chiave*) zweiter Schlüssel **2** (*chiave falsa*) Nachschlüssel m, Dietrich m.

controcopertìna f edit Buchrückseite f.

controcorrènte, cóntro corrènte **A** <inv> agg loc agg (*anticonformista*) {FILM, TESI} unkonventionell forb, ausgefallen **B** avv loc avv (*in direzione opposta*) {NUOTARE} stromaufwärts, gegen den Strom **C** f geog {+ EQUATORIALE} Gegenstrom m, Gegenströmung f • **andare ~** anche fig (*essere anticonformista*), gegen den Strom schwimmen.

controcrìtica <-che> f {+ OPPOSIZIONE} Gegen-, Antikritik f.

controcultùra f (*cultura alternativa*) {+ SINISTRA STUDENTESCA} Gegenkultur f.

controcùrva f (*curva opposta*) {+ STRADA} Gegenkurve f, Gegenkrümmung f.

controdàdo m mecc Konter-, Gegenmutter f.

controdàta f **1** (*data aggiunta*) Neudatierung f, Gegendatum n **2** (*data di registrazione*) Eingangsdatum n.

controdatàre tr ~ **qc 1** (*aggiungere una data*) {CONTRATTO, LETTERA} etw neu datieren, etw mit einem Gegendatum versehen **2** (*registrare*) etw mit einem Eingangsdatum versehen.

controdenùncia <-ce> f dir Gegenanklage f.

controdichiarazióne f dir Gegenerklärung f.

controdomànda f Gegenfrage f.

controesèmpio <-pi> m (*caso contrario*) Gegenbeispiel n.

controèsodo m (*rientro*) {+ VILLEGGIANTI} Rückfluss m.

controfagòtto m mus Kontrafagott n.

controffensìva f **1** mil {+ ESERCITO} Gegenoffensive f, Gegenangriff m **2** fig (*replica*) Gegenoffensive f, Gegenschlag m, Gegenstoß m **3** sport (*nel calcio*) Gegenoffensive f • **passare alla ~** anche fig, zum Gegenangriff übergehen.

controffensìvo, (-a) agg (*della controffensiva*) Gegen-: **attacco ~,** Gegenangriff m.

controffèrta f comm {+ CLIENTE} Gegenangebot n, Gegenofferte f.

controfigùra f **1** film {+ PROTAGONISTA} Double m **2** fig (*sosia*) Double m, Doppelgänger m • **essere la ~ di qu** fig (*assomigliare a qu senza possederne le capacità*), jds Abklatsch m pl schlechtes Gegenstück sein.

controfilétto m gastr {+ VITELLO} Lendenstück n.

controfìlo m {+ LEGNO} Hirn n.

controfinèstra f edil Innenfenster n.

controfiòcco <-chi> m mar Fock f, Außenklüver m.

controfìrma f dir {+ ATTO} Gegenzeichnung f.

controfirmàre tr dir ~ **qc** {DECRETO LEGGE, DECRETO LEGISLATIVO} etw gegen|zeichnen.

controfòdera f (*nella moda*) {+ CAPPOTTO} Zwischenfutter n.

controfóndo m (*doppio fondo*) {+ BAULE} Doppelboden m.

controinchièsta f giorn Gegenuntersuchung f.

controindicàre (*controindico, controindichi*) tr ~ **qc 1** farm med {MEDICINA} etw als gegenangezeigt erklären **2** (*indicare a margine*)

etw am Rande vermerken.

controindicàto, (-a) agg **1** (*sconsigliato*) ungeeignet: **gioco ~ per i bambini al di sotto dei 36 mesi,** für Kinder unter drei Jahren ungeeignetes Spiel **2** farm med als gegenangezeigt erklärt, kontraindiziert scient: **farmaco ~ per le donne in gravidanza,** für schwangere Frauen kontraindiziertes scient Arzneimittel.

controindicazióne f **1** farm med {+ FARMACO} Gegenanzeige f, Kontraindikation f scient: **questa terapia non ha alcuna ~,** diese Behandlung hat keine Gegenanzeigen **2** (*nota*) {+ PAGINA, TESTO} Randbemerkung f.

controinformazióne f giorn alternative Berichterstattung.

controinterrogatòrio <-ri> m dir {+ DIFESA} Kreuzverhör n.

controllàbile agg {ORARI, SPOSTAMENTI DI QU} kontrollierbar, (über)prüfbar.

controllabilità <-> f {+ NOTIZIA} Kontrollierbarkeit f, Überprüfbarkeit f.

controllàre A tr **1** (*accertare*) ~ **qc** {DATA, ORA} etw kontrollieren, etw (über)prüfen; {DIMENSIONI DI QC} etw nach|messen: **hai già controllato se la luce è spenta?,** hast du schon überprüft, ob das Licht aus ist? **2** (*esaminare*) ~ **qc** {BIGLIETTO, MOTORE, PASSAPORTO} etw kontrollieren; {BAGAGLI} anche etw (über)prüfen; {CONTO} anche etw nach|rechnen; {TESTO} etw durch|sehen, etw kontrollieren **3** (*sorvegliare*) ~ **qu/qc** {DETENUTO, ACCESSO ALLE VIE FLUVIALI, LAVORO DEGLI IMPIEGATI} jdn/etw überwachen, jdn/etw kontrollieren, jdn/etw beaufsichtigen; {ISPETTORE ATTIVITÀ COMMERCIALI} etw beaufsichtigen **4** (*dominare*) ~ **qu/qc** {MERCATO, SETTORE COMMERCIALE, SITUAZIONE} jdn/etw kontrollieren, jdn/etw beherrschen, jdn/etw steuern, jdn/etw unter Kontrolle haben **5** fig (*frenare*) ~ **qc** {EMOZIONE, GESTO, NERVI, VOCE, ecc.} etw beherrschen, etw kontrollieren, etw zurück|halten **6** aero autom mar ~ **qc** {PILOTA AEREO, MEZZO} etw steuern **7** sport (*nel calcio*) ~ **qu/qc** {PALLA} jdn/etw kontrollieren, jdn/etw unter Kontrolle haben; {AVVERSARIO} anche jdn/etw im Griff haben **B** rfl fig (*frenarsi*): **controllarsi** sich beherrschen, sich zurück|halten: **controllarsi nel bere /[nel fumo]/[nelle spese],** sich im Trinken /[im Rauchen]/[bei den Ausgaben] einschränken; **non sapere/[riuscire a] controllarsi,** sich nicht beherrschen können; **cerca di controllarti!,** versuche, dich zu beherrschen! **C** rfl rec (*sorvegliarsi*): **controllarsi** {RIVALI} sich überwachen, sich kontrollieren.

controllàta f **1** Check m, Durchgehen n, rasche Prüfung/Kontrolle: **dare una ~ a qc,** etw checken, etw durchgehen, etw rasch überprüfen **2** econ abhängige/beherrschte Gesellschaft, Tochtergesellschaft f.

controllàto, (-a) agg **1** (*sotto controllo*) {SVILUPPO} unter Kontrolle **2** (*che ha autocontrollo*) selbstbeherrscht: **è un uomo sempre molto ~,** er ist ein immer sehr selbstbeherrschter Mann /[immer ein Mann mit großer Selbstbeherrschung].

contròller <-> ingl **A** m ferr Kontroller m, Steuerschalter m **2** inform Steuerung f, Controller m **2** (*nell'organizzazione aziendale*) Controller m.

contròllo m **1** (*verifica*) {+ VALIDITÀ DI UN DOCUMENTO} Kontrolle f, (Über)prüfung f: **~ dei bagagli/biglietti,** Gepäck-/Fahrtkartenkontrolle f; **~ dei passaporti,** Passkontrolle f, Passabfertigung f; **sottoporre qc a un ~,** etw überprüfen, etw einer Kontrolle unterziehen; {+ NOTA SPESE} Nachrechnung f; {+ LARGHEZZA, LUNGHEZZA} Nachmessung f; {+ TESTO} Durchsicht f; **~ tecnico,** technische Kontrolle **2** (*chi verifica*) Kontrolle f **3** (*luogo*) Kontrolle f, Kontrollraum m **4** (*sorveglianza*) Aufsicht f, Überwachung f, Beaufsichtigung f, Kontrolle f: **i ladri hanno eluso il ~**, die Diebe sind der Aufsicht ausgewichen; **essere sotto stretto ~ medico**, unter strenger ärztlicher Kontrolle stehen **5** (*dominio*) Kontrolle f: **avere/conquistare il ~ di qc**, etw unter Kontrolle haben/[die Kontrolle über etw (acc) erlangen]; **esercita un ~ diretto su tutte le società del gruppo**, er/sie hat eine direkte Kontrolle über sämtliche Unternehmen des Verbandes; **la situazione era sotto ~**, die Situation war unter Kontrolle **6** (*regolamentazione*) Kontrolle f, Regelung f: **~ degli armamenti**, Rüstungskontrolle f; **~ delle nascite**, Geburtenkontrolle f, Geburtenregelung f **7** *fig* (*padronanza*) {+EMOZIONI} Beherrschung f, Kontrolle f **8** *fig* (*autocontrollo*) Selbstbeherrschung f: **perse il ~**, er/sie verlor die Selbstbeherrschung **9** <*solo sing*> *aero autom* {+AUTO} Kontrolle f: **ha perso il ~ del pesante automezzo**, er/sie verlor die Kontrolle über sein/ihr schweres Fahrzeug **10** *fig/m* Kontrolle f **11** *tecnol* (*regolazione*) {+LUMINOSITÀ} Regulierung f; (*dispositivo*) Regler m ● **~ doganale** *dir*, Zollkontrolle f; **~ di legittimità costituzionale** *dir*, der Verfassungsmäßigkeit, Normenkontrolle f; **~ numerico di macchine utensili** *tecnol*, numerische Steuerung von Werkzeugmaschinen; **~ di qualità**, Qualitätskontrolle f; **~ sanitario** *amm*, Gesundheitskontrolle f; **~ del traffico aereo** *aero*, Luftverkehrskontrolle f.

controllóre m **1** (*su mezzi di trasporto pubblico*) Aufsichts-, Kontrollbeamte m decl come agg: **~ ferroviario**, Kontrolleur m, Schaffner m **2** (*chi controlla*) Kontrolleur m **3** *aero* Lotse m: **~ del traffico aereo/[di volo]**, Fluglotse m, Flugleiter m.

controlùce A <-> f *o rar* m *anche film* Gegenlicht n **B** *avv loc avv*: **in ~**, {ESSERE, TROVARSI} im Gegenlicht; {OSSERVARE QC} anche gegen das Licht; **fotografia in ~**, Gegenlichtaufnahme f; **guardare qc (in) ~**, etw im Gegenlicht betrachten.

contromàno *avv* (*in direzione contraria*) {VIAGGIARE} in Gegenrichtung.

contromàrca <-*che*> f (*gettone*) Kontrollmarke f; (*tagliando*) Kontrollschein m.

contromàrcia <-*ce*> f **1** *autom* Rückwärtsgang m **2** *mil* Gegenmarsch m.

contromisùra f (*provvedimento*) Gegenmaßnahme f: **prendere delle contromisure**, Gegenmaßnahmen ergreifen.

contromòssa f (*negli scacchi*) *anche fig* Gegenzug m: **fare una ~**, einen Gegenzug machen.

contropàrte f **1** *dir* (*in un contratto*) Vertragspartner m; (*in giudizio*) Gegenpartei f, gegnerische Partei **2** *mus* {+DUETTO} Gegenstimme f **3** *teat* Gebärdenspiel n, stummes Spiel.

contropartita f **1** *fig* (*contraccambio*) Gegenleistung f: **cosa mi offri come ~?**, was bietest du mir als Gegenleistung? **2** *econ* {+LIBRO, REGISTRO} Gegenposten m.

contropélo A *avv* (*in senso contrario*) gegen den Strich: **spazzolare un cane ~**, einen Hund gegen den Strich bürsten **B** m Richtung f gegen den Strich ● **fare (il pelo ed) il ~ a qu** (*radere*), jdn gegen den Strich rasieren; *fig fam* (*criticare aspramente qu*), jdn zerpflücken, kein gutes Haar an jdm lassen *fam*; **prendere qu di ~** *fig fam* (*irritarlo*) jdm vor den Kopf stoßen *fam*.

contropendènza f Gegenneigung f, Gegenhang m.

controperizia f Gegengutachten n.

contropiède m *sport* (*nel calcio*) Überraschungsangriff m, Gegenangriff m, Gegenzug m ● **prendere qu in ~** *fig* (*di sorpresa*), jdn überrumpeln, jdm mit der Tür ins Haus fallen.

contropòrta f (*seconda porta*) {+ENTRATA} Vor-, Doppeltür f.

contropotére m (*potere alternativo*) Gegenmacht f.

contropressióne f *fis tecnol* Gegendruck m.

controprestazióne f *dir econ* Gegenleistung f: **abbiamo pattuito la ~**, wir haben die Gegenleistung vereinbart.

controproducènte agg (*dannoso*) {AFFERMAZIONE, SCELTA, TESTIMONIANZA} kontraproduktiv, schädlich: **è ~ smettere di colpo un'attività sportiva**, es ist kontraproduktiv, plötzlich mit einer Sportart aufzuhören.

contropropósta f (*proposta contraria*) {+OPPOSIZIONE} Gegenvorschlag m.

contropròva f **1** (*riprova*) Beweis m, Bestätigung f: **sapevamo già che non ci si poteva fidare di lui: questa non è che la ~**, wir wussten bereits, dass man ihm nicht trauen konnte: das ist nur die Bestätigung dafür **2** *chim tecnol* Gegenprobe f **3** *dir* Gegenbeweis m **4** *polit* Gegenwahl f.

controquerèla f *dir* Gegenklage f.

controquerelàre *tr dir* **~ qu** {DATORE DI LAVORO} jdn gegenklagen.

contròrdine m (*ordine che annulla il precedente*) Gegenbefehl m.

controrelatóre, (-**trice**) m (f) *università* {+TESI} Gegenreferent(in) m(f).

controrelazióne f Gegenbericht m.

controricórso m *dir* Erwiderung f der Kassationsbeschwerde.

controrifórma f *relig stor* Gegenreformation f.

controriformista <-*i* m, -*e* f> *relig stor* **A** agg {POLITICA} Gegenreformations- **B** m (f) Anhänger(in) m(f) der Gegenreformation.

controriformistico, (-**a**) <-*ci*, -*che*> agg *relig stor* {POLITICA, POSIZIONE} Gegenreformations-; {ATTEGGIAMENTO} reformfeindlich.

controriva f (*riva opposta*) {+FIUME} Gegenufer n, anderes Ufer.

controrivoluzionàrio, (-**a**) *polit* **A** agg {MOVIMENTO} konter-, gegenrevolutionär **B** m (f) Konter-, Gegenrevolutionär(in) m(f).

controrivoluzióne f *polit* Konter-, Gegenrevolution f.

controscàrpa f *arch mil* Kontereskarpe f, äußere Grabenböschung.

controscèna f *teat* Gebärdenspiel n, stummes Spiel.

controsènso m **1** (*assurdità*) Widersinn m: **ciò che stai facendo è un ~**, was du da machst, ist widersinnig **2** (*incoerenza*) Widerspruch m: **una traduzione piena di controsensi**, eine Übersetzung voller Widersprüche.

controserratùra f (*serratura di sicurezza*) {+PORTONE} zweites Schloss.

controsigillo m (*sigillo di rinforzo*) {+LETTERA} Gegensiegel n.

controsoffittàre *tr edil* **~ qc** {STANZA} eine Zwischendecke *in etw* (acc) einziehen.

controsoffittatùra f *edil* **1** (*operazione*) Einziehen n einer Zwischendecke **2** (*controsoffitti*) {+SALONE} Zwischendecke f.

controsoffitto m *edil* Zwischendecke f.

controsóle *avv* (*verso il sole*) {ESSERE} im Gegenlicht, gegen die Sonne: **scattare una foto ~**, ein Foto gegen die Sonne schießen.

controspinta f *arch* {+ARCO} Gegendruck m.

controspionàggio m Gegenspionage f, Spionageabwehr f: **far parte del ~**, zur Spionageabwehr gehören.

controsterzàre *itr* gegenlenken, gegensteuern.

controsterzàta f Gegenlenkung f, Gegensteuerung f.

controstèrzo m *autom* Gegensteuern n.

controtèmpo m **1** *mus* Gegentakt m **2** *sport* (*nella scherma*) Gegentempo n; (*nel pugilato*) Konterschlag m.

controtendènza f *spec econ polit sociol* {+DOLLARO} Gegentendenz f.

controvalóre m (*valore corrispettivo*) {+FICHE, MONETA} Gegenwert m.

controvènto A *avv* (*in direzione contraria al vento*) {NAVIGARE, PEDALARE} gegen den Wind **B** m *edil* Gegenwind m ● **andare ~**, gegen den Wind fahren/segeln; *fig* (*essere anticonformista*), gegen den Wind segeln, gegen den Strom schwimmen; **pisciare ~** *fig* (*danneggiare se stessi*), sich ins eigene Fleisch schneiden; den Ast absägen, auf dem man sitzt.

controvèrsia f **1** (*contrasto di opinioni*) Kontroverse f, Meinungsverschiedenheit f, Streit m, Streitigkeit f, Differenz f: **comporre/risolvere una ~**, einen Streit beilegen/lösen; **far sorgere una ~**, einen Streit vom Zaun brechen/[anzetteln]/[entfachen] **2** *dir* (*lite*) Streitfall m, Rechtsstreitigkeit f, Rechtsstreit m **3** *dir* (*processo*) (streitiges) Verfahren, Rechtsstreit m, Rechtsstreitigkeit f: **~ civile**, bürgerliche Rechtsstreitigkeit f; **in materia di lavoro**, arbeitsrechtliche Streitigkeit **4** *lett* Debatte f, Streitrede f ● **portare una ~ in tribunale**, mit einem Streit(gegenstand) vor Gericht gehen.

controvèrso, (-**a**) agg (*oggetto di controversia*) {TEORIA, TESI} kontrovers *forb*, strittig, umstritten; {PUNTO} Streit-.

controviàle m *urban* "parallel zur Hauptallee verlaufende Straße für den Abbiegeverkehr".

controvòglia *avv* (*malvolentieri*) {PARTIRE} ungern, widerwillig, widerstrebend.

contumàce *dir* **A** agg nicht erscheinend, abwesend, säumig **B** mf Abwesende mf decl come agg.

contumàcia f **1** *dir* (*nel processo civile: mancata costituzione*) {+ATTORE, CONVENUTO, PARTE} Nichterlassung f, Säumnis f o n; (*nel processo penale: mancata comparizione volontaria*) {+IMPUTATO} Nichterscheinen f, Säumnis f: **condannare qu in ~**, jdn bei Säumnis verurteilen; **dichiarare la ~**, die Säumnis erklären; **il giudizio/processo in ~**, Versäumnisverfahren n; **il giudizio/processo si svolge in ~**, das Verfahren wird trotz Säumnis betrieben **2** *med* Quarantäne f: **mettere qu in ~**, jdn unter Quarantäne stellen.

contumèlia f *lett* (*ingiuria*) Beschimpfung f, Schmähung f.

contundènte agg (*che produce lesioni*) {CORPO, OGGETTO} schlagend, Schlag-.

contùndere <*irr contundo, contusi, contuso*> *tr* (*provocare contusioni*) **~ qc** {BRACCIO} *etw* prellen, *etw* quetschen.

conturbànte agg (*che turba*) {SGUARDO, VOCE} verwirrend, aufregend; {BELLEZZA} *anche* atemberaubend; {NOTIZIA} aufwühlend.

conturbàre A *tr* (*turbare*) **~ qu/qc** {BELLEZZA, SGUARDO ANIMO} *jdn/etw* verwirren, *jdn/etw* aufregen; {LETTURA} *anche jdn/etw* aufwühlen **B** *itr pron*: **conturbarsi** sich auf/regen: **a quella vista si conturbò**, dieser Anblick ging ihm/ihr durch und durch, bei diesem Anblick stockte ihm/ihr der Atem.

contusióne f *med* Prellung f, Quetschung f, Kontusion f *scient*.

contùso, (-a) *med* **A** *part pass di* contundere **B** *agg* {GAMBA} geprellt, gequetscht: **è rimasto ~ ad una gamba**, er hat Prellungen an einem Bein erlitten **C** *m (f)* Patient(in) *m(f)* mit Prellungen.

contuttoché *cong lett* (*benché*) ~ ... *congv*, obwohl... *ind*; obgleich ... *ind*, wenngleich ... *ind*.

contuttociò, con tutto ciò *cong loc cong* (*tuttavia*) dennoch, trotzdem: **~ gli voglio bene lo stesso**, ich mag ihn trotzdem gerne.

conurbazióne *f urban* Ballungsgebiet *n*.

convalescènte **A** *agg* (*che fa convalescenza*) genesend *forb*, rekonvaleszent *scient*: **mia figlia è ancora ~**, meine Tochter ist noch rekonvaleszent *scient* **B** *mf* Rekonvaleszent(in) *m(f) scient*, Genesende *mf decl come agg*.

convalescènza *f* **1** (*stato*) Erholung *f*, (Re)konvaleszenz *f scient*: **essere ancora in ~**, noch im Stadium der Rekonvaleszenz *scient*/Genesung *forb* sein **2** (*periodo*) Rekonvaleszenz *scient*, Genesungszeit *f forb*: **fare la ~ in montagna**, seine Rekonvaleszenz *scient* in den Bergen verbringen **3** *dir* {+ATTO} Konvaleszenz *f*.

convalescenziàrio <-ri> *m med* Genesungsheim *n*, Nachsorgeklinik *f*.

convàlida *f* **1** *amm* (*obliterazione*) {+BIGLIETTO} Entwertung *f*, Abstempeln *n* **2** *fig* (*conferma*) {+DUBBIO} Bestätigung *f* **3** *dir* {+CONTRATTO ANNULLABILE} Bestätigung *f*; {+ARRESTO, FERMO, LICENZA, SFRATTO} (gerichtliche) Bestätigung **4** *inform* Beglaubigung *f* **5** *sport* {+CLASSIFICA} Bestätigung *f*.

convalidàre **A** *tr* **1** *amm* (*obliterare*) **~ qc** {TESSERA} *etw* entwerten, *etw* ab|stempeln: **~ il biglietto prima della partenza**, die Fahrkarte vor der Abfahrt entwerten **2** *fig* (*confermare*) **~ qc (con qc)** {DUBBIO, IPOTESI, SOSPETTO CON DELLE PROVE} *etw* (*mit etw dat*) bestätigen, *etw* (*mit etw dat*) bekräftigen **3** *dir* **~ qc** {ATTO} *etw* (gerichtlich) bestätigen **4** *sport* **~ qc** {PUNTO} *etw* für gültig erklären **B** *itr pron* (*acquistare più forza*): **convalidarsi** {SOSPETTI} sich erhärten, sich bestätigen.

convegnista <-i *m*, -e *f*> *mf* (*chi partecipa a un convegno*) Tagungsteilnehmer(in) *m(f)*.

convégno *m* **1** (*simposio*) {+BIOLOGI, DENTISTI} Tagung *f*, Symposium *n*: **andare/intervenire/partecipare a un ~**, zu einer Tagung fahren/[auf einer Tagung einen Vortrag halten]/[an einer Tagung teilnehmen]; **un ~ sui problemi della traduzione**, ein Symposium über Übersetzungsprobleme; **~ di studi**, wissenschaftliches Symposium **2** (*incontro*) Zusammenkunft *f*, Treffen *n* **3** (*luogo*) Treffpunkt *m*: **quella libreria è un ~ di intellettuali**, diese Buchhandlung ist ein Treffpunkt für Intellektuelle **4** *lett* (*appuntamento*) {SEGRETO} Verabredung *f* • **~ amoroso lett**, Schäferstündchen *n*, Stelldichein *n poet*, Rendezvous *n obs*; **darsi ~** (*darsi appuntamento*), sich verabreden, eine Verabredung treffen.

convenévoli *m pl* (*espressioni di cortesia*) Förmlichkeiten *f pl*, Höflichkeiten *f pl*: **dopo i soliti ~ ...**, nach den üblichen Förmlichkeiten ...; **fare i ~ a/con qu**, jdm Höflichkeiten sagen; **perdersi in ~**, sich in Förmlichkeiten verlieren, unnötige Umstände machen.

conveniènte *agg* **1** (*vantaggioso*) {AFFARE, OFFERTA, PREZZO, PROPOSTA} lohnend, günstig: **fate ciò che è più ~ per voi**, macht das, was für euch am günstigsten ist **2** (*opportuno*) günstig, geeignet, angebracht: **non è ~ aspettare oltre**, es ist nicht angebracht, noch länger zu warten; **questo è il momento più ~ per parlargli**, das ist der geeignetste Moment, um mit ihm zu sprechen **3** (*adeguato*) ~ (**per qu**) {DISCORSO PER UNA RAGAZZA} passend (*für jdn*), angemessen (*für jdn*), schicklich (*für jdn*) *forb*.

convenientemènte *agg* **1** (*in modo opportuno*) {COMPORTARSI, ESPRIMERSI, VESTIRSI} passend, zweckmäßig, angemessen **2** (*adeguatamente*) angemessen: **il capolavoro era ~ sorvegliato**, das Meisterwerk wurde angemessen überwacht.

conveniènza *f* **1** (*vantaggio*) Vorteil *m*: **se ha accettato vuol dire che ha la sua ~**, wenn er/sie angenommen hat, heißt das, dass er/sie seinen/ihren Vorteil daraus ziehen kann **2** (*vantaggiosità*) {+OFFERTA, PROPOSTA} Vorteilhaftigkeit *f*, Günstigkeit *f* **3** (*opportunità sociale*) Anstand *m*, guter Ton: **andrò al loro matrimonio solo per ragioni di ~**, ich werde nur aus Anstandsgründen/[gesellschaftlichen Gründen] zu ihrer Hochzeit gehen **4** <*solo pl*> (*regole*) Form *f*, (Anstands)regeln *f pl*: **rispettare le convenienze** (*sociali*), den Anstand/[die gesellschaftliche Form] wahren.

convenìre <*coniug come* venire> **A** *itr* **1** <*essere*> (*essere vantaggioso*) **~ a qu** {AFFARE AL CLIENTE} sich *für jdn* lohnen, *für jdn* vorteilhaft sein: **ci conviene tentare**, das ist einen Versuch wert, wir sollten es versuchen; **conviene a tutti che la faccenda si risolva bene**, es ist für alle von Vorteil, wenn die Angelegenheit gut ausgeht; **cosa le conviene rispondere?**, was soll sie antworten?; **non Le conviene ripararlo**, es lohnt sich nicht für Sie, das zu reparieren **2** <*avere*> *concordare* ~ (**con qu**) **su qc** {COL SINDACO SULL'OPPORTUNITÀ DI UN PROVVEDIMENTO} sich *mit jdm über etw* (*acc*) einigen, *mit jdm über etw* (*acc*) überein|kommen, *mit jdm* (*in etw dat*) überein|stimmen: **conveniamo con voi di doverci incontrare al più presto**, wir stimmen mit euch überein, dass wir uns so bald wie möglich treffen sollten/müssen; **convenne ro che sarebbe stato meglio astenersi dal voto**, sie kamen überein, dass es besser sei, sich der Stimme zu enthalten; **ne convengo, avete ragione!**, ich stimme überein, ihr habt Recht! **3** <*essere*> (*adattarsi*) **~ a qc** {ATTEGGIAMENTO ALLA SITUAZIONE} *etw* (*dat*) angemessen sein, *zu etw* (*dat*) passen, sich *für etw* (*acc*) gehören, *für etw* (*acc*) schicklich sein, sich *für etw* (*acc*) schicken **4** <*essere*> (*riunirsi*) ~ (+ *compl di luogo*) (*irgendwo*) zusammen|kommen, (*irgendwo*) zusammen|treffen, sich (*irgendwo*) versammeln: **i pellegrini erano convenuti da città diverse**, die Pilger waren von verschiedenen Städten zusammengekommen **B** *impers* <*essere*> **1** (*essere vantaggioso*) günstig sein, sich lohnen, sich empfehlen: **viaggiare in treno è comodo e in più conviene**, mit dem Zug zu fahren, ist bequem und außerdem günstig; **conviene acquistare all'ingrosso**, es lohnt sich, Großeinkäufe zu machen; **non conviene fare le vacanze ad agosto**, es empfiehlt sich nicht, im August Ferien zu machen; **il riscaldamento autonomo conviene**, eine wohnungseigene Heizung ist günstig **2** (*essere opportuno*) besser sein: **conviene che tu ti astenga dall'esprimere un giudizio**, es ist besser, du enthältst dich eines Urteils/[verkneifst dir den *fam* ein Urteil]; **non conviene criticarlo apertamente**, es ist besser, ihn nicht offen zu kritisieren; **es empfiehlt sich nicht, ihn offen zu kritisieren 3** (*essere necessario*) besser/notwendig/nötig sein: **conviene andarsene!**, es ist besser, zu gehen!, wir sollten gehen! **C** *itr pron* (*confarsi*): **convenirsi a qu** sich *für jdn* gehören, sich *für jdn* schicken, *für jdn* ziemen *forb obs*: **queste maniere non si convengono alle persone educate**, diese Manieren gehören sich nicht für wohlerzogene Menschen **D** *tr* <*avere*> **1** (*stabilire*) **~ qc** {DURATA DEI LAVORI, PREZZO} *etw* vereinbaren, *etw* ab|machen **2** *dir* (*nel diritto civile*) (*citare il convenuto*): **convenne in giudizio/[davanti ai giudici] il socio**, er/sie lud seinen/ihren Teilhaber vor Gericht.

convention <-> *m ingl* **1** *econ* {+CONSULENTI FINANZIARI} Versammlung *f*, Konferenz *f*, Tagung *f* **2** *polit* Kongress *m*, Versammlung *f*: **~ di/del partito**, Parteitag *m*, Parteikongress *m*, Parteiversammlung *f*, Convention *f*.

convènto *m* **1** (*comunità*) Konvent *m*, Kloster *n*, Klostergemeinschaft *f*: **entrare in un ~ di clausura**, in ein Klausurkloster gehen **2** (*edificio*) Kloster *n* • **accontentarsi di quello che passa il ~** *fig scherz* (*accontentarsi di quello che c'è*), kleine Brötchen backen *fig scherz*; **mangiare quello che passa il ~** *fig scherz* (*quello che c'è*), essen, was auf den Tisch kommt; **questo è quello che passa il ~** *fig scherz* (*quello che c'è*), was anderes/[mehr] gibt es nicht.

conventuàle **A** *agg* **1** (*del convento*) {FRATE MINORE, VITA} klösterlich, Kloster- **2** *fig* (*austero*) {AMBIENTE} klösterlich, nüchtern **B** *f* (*suora*) Klosterschwester *f*.

convenùto, (-a) **A** *part pass di* convenire **B** *agg* (*stabilito*) {CIFRA, DATA} ausgemacht, vereinbart, verabredet: **come ~**, wie vereinbart; **resta ~ che ci vediamo domani**, es bleibt dabei, dass wir uns morgen sehen **C** *m* (*pattuito*) Übereinkunft *f*, Abmachung *f*, Übereinkommen *n*: **pagò meno del ~**, er/sie zahlte weniger, als abgemacht (war) **D** *m (f)* **1** <*di solito al pl*> (*presenti*) Anwesende *mf pl decl come agg*: **l'oratore ringraziò i convenuti**, der Redner dankte den Anwesenden **2** *dir* Beklagte *m(f) decl come agg*, Antragsgegner(in) *m(f)*.

convenzionàle *agg* **1** (*comune*) {CODICE, LINGUAGGIO} konventionell *forb* **2** (*formale*) {SALUTO} formell, formelhaft, konventionell *forb* **3** (*tradizionale*) {ARMA, METODO} konventionell, herkömmlich: **una pittura non ~**, eine unkonventionelle Malerei **4** *spreg* (*banale*) {DISCORSO} banal *spreg* **5** (*stabilito per accordo*) {INTERESSI} Konventional-, vereinbarungsgemäß.

convenzionalìsmo *m* (*conformismo*) {ACCADEMICI} Konventionalismus *m*, Konformismus *m*.

convenzionalità <-> *f* **1** (*l'essere comune*) {+LINGUAGGIO, SEGNO} Konventionalität *f* **2** (*formalità*) {+SALUTO} Konventionalität *f forb*, Formalität *f* **3** (*l'essere tradizionale*) {+ARMA, METODO} Konventionalität *f*, Herkömmlichkeit *f*, Üblichkeit *f* **4** *spreg* (*banalità*) {+DISCORSO} Banalität *f spreg*.

convenzionàre **A** *tr* (*stabilire*) **~ qc** {IL COSTO DI OGNI SINGOLA PRESTAZIONE} *etw* ab|sprechen, *etw* vereinbaren **B** *rfl* (*fare una convenzione*): **convenzionarsi con qc** {LABORATORIO ANALISI CON LA ASL} *mit etw* (*dat*) überein|kommen, *mit etw* (*dat*) Abmachungen treffen.

convenzionàto, (-a) *agg* **1** (*stabilito*) {PREZZO} abgesprochen, ab-, ausgemacht **2** (*che ha una convenzione*) (**con qc**) {CLINICA CON IL SERVIZIO SANITARIO NAZIONALE, MECCANICO CON L'ACI} (*an etw acc*) vertraglich gebunden: **albergo/ristorante ~**, Vertragshotel *n*/Vertragsgaststätte *f*.

convenzióne *f* **1** (*intesa*) Konvention *f*, Vereinbarung *f*, Übereinkunft *f*: **i sistemi di misurazione si fondano su una ~**, die Maßsysteme gründen auf einer Vereinbarung; **per ~ il semaforo rosso indica l'obbligo di arresto del veicolo**, laut Vereinbarung muss man bei roter Ampel stehen bleiben **2** <*solo pl*> Formeln *f pl*, Konventionen *f pl*, Sitten *f*

convergènte agg pl: **bisogna rispettare le convenzioni (sociali)**, man muss die gesellschaftlichen Konventionen respektieren 3 *amm* (*accordo*) {MUTUALISTICA} Vereinbarung f, Abkommen n, Konvention f 4 *dir* (*accordo tra due o più Stati*) {ECONOMICA} (völkerrechtlicher) Vertrag, Abkommen n, Übereinkommen n, Pakt m, Konvention f: **~ europea per la salvaguardia dei diritti dell'uomo e delle libertà fondamentali**, Europäische Konvention zum Schutz der Menschenrechte und der Grundfreiheiten; **~ tra la Repubblica italiana e la Repubblica federale di Germania per prevenire l'evasione fiscale**, Abkommen zwischen der Italienischen Republik und der Bundesrepublik Deutschland zur Verhinderung der Steuerverkürzung; **~ internazionale**, internationales Abkommen; **~ di Vienna sul diritto dei trattati**, Wiener Übereinkommen über das Recht der völkerrechtlichen Verträge 5 *dir* (*contratto*) (*irgendwo*) Konvention f: **la ~ dell'Aia**, die Haager Konvention; **la ~ di Ginevra**, die Genfer Konvention 7 *polit* (*assemblea*) Konvent m, Versammlung f: **~ democratica/repubblicana**, demokratische/republikanische Versammlung.

convergènte agg 1 (*che si incontrano*) {STRADE} zusammenlaufend 2 *fig* (*CRITICHE, INTERESSI*) konvergierend *forb*, zusammenlaufend, übereinstimmend 3 *fis mat* {LINEE, RAGGI} konvergent 4 *ott* {LENTE} Sammel-.

convergènza f 1 *fig* (+INTERESSI, OPINIONI, SFORZI) Konvergenz f *forb*, Annäherung f, Übereinstimmung f 2 *autom* (Achs)sturz m, (Vor)spur f: **far rifare la ~**, die Spur wieder einstellen lassen 3 *biol fis mat* {+FORME, LINEE} Konvergenz f 4 *meteo* {+CORRENTI D'ARIA} Konvergenz f.

convèrgere <*irr convergo, convergi, conversi, converso*> A *itr* <*essere*> 1 (*incontrarsi*) ~ (+ **compl di luogo**) {STRADE IN UN INCROCIO} (*irgendwo*) zusammen|laufen 2 *fig* {IDEE} das gleiche Ziel an|streben; (*concordare*) überein|stimmen 3 *mat* {RETTE} konvergieren B *tr* <*avere*> *anche fig lett* (*volgere*) ~ **qc (a/su qu/qc)** {SGUARDI SU DI SÉ, SFORZI A UNO SCOPO} *etw* (*auf jdn/etw*) richten.

convèrsa f → **converso**.

conversàre *itr* (*parlare*) ~ **(con qu) (di qc)** {CON GLI AMICI DI POLITICA} *sich mit jdm über etw* (*acc*) unterhalten, *mit jdm über etw* (*acc*) reden, *mit jdm über etw* (*acc*) sprechen.

conversatóre, (-trice) m (f) (*chi conversa*) {ABILE} Gesellschafter(in) m(f), Gesprächspartner(in) m(f).

conversazionàle agg 1 (*della conversazione*) Konversations- 2 *inform* Dialog-.

conversazióne f 1 (*dialogo*) {ANIMATA, FRIVOLA, INTERESSANTE, NOIOSA, PIACEVOLE} Unterhaltung f, Konversation f, Gespräch n, Plauderei f: **fu subito escluso dalla ~**, er wurde sofort aus der Unterhaltung ausgeschlossen; **parteciparono tutti alla ~**, alle nahmen an der Konversation teil 2 (*breve discorso*) Vortrag m: **tenere una ~ sulla grammatica generativa**, einen Vortrag über die generative Grammatik halten 3 *tel* Gespräch n: **~ (telefonica) interurbana/urbana**, Fern-/Stadtgespräch n.

convèrsi 1ª *pers sing del pass rem di convergere, lett di convertire*.

conversióne f 1 *relig* {IMPROVVISA, LENTA, SOFFERTA} Übertritt m; Konfessions-, Glaubenswechsel m, Bekehrung f: **la ~ al buddismo**, der Übertritt zum Buddhismus f (*cambiamento*) {LETTERARIA, POLITICA} Veränderung f: **la ~ di qu all'omeopatia**, die Bekehrung *von jdm*/+ *gen* zur Homöopathie 3 *banca* (Um)tausch m, Konversion f, Konvertierung f: ~ **dei crediti a breve termine**, Umwandlung f von kurzfristigen Krediten; ~ **di dollari in euro**, Umtausch m von Dollar in Euro 4 *chim* (*trasformazione*) Umwandlung f, Umformung f, Konversion f: ~ **dell'acqua in vapore**, Umwandlung f von Wasser in Dampf 5 *dir* (+ATTO AMMINISTRATIVO, NEGOZIO GIURIDICO, TESTAMENTO) Umdeutung f, Konversion f 6 *dir* (*costituzionale*) Umwandlung f: ~ **dei decreti legge (in legge)**, Umwandlung f von Verordnungen mit Gesetzeskraft in Gesetz; **legge di ~**, Umwandlungsgesetz n 7 *elettr tecnol* {+ENERGIA ELETTRICA, FREQUENZA, TENSIONE} Konversion f, Umformung f 8 *filos ling psic* {+CONFLITTO, PROPOSIZIONE} Konversion f 9 *inform* {+CODICE} Konvertierung f, Übertragung f, Übersetzung f: ~ **di un file**, Konvertierung f/Übertragung f/Übersetzung f einer Datei 10 *mar* Kursberechnung f 11 *mat* {+FRAZIONE, NUMERO} Umwandlung f 12 *anche mil* (*movimento*) (Kehrt)wendung f: ~ **a destra/sinistra**, Wendung f nach rechts/links; Rechts-, Linkswendung f; **fare una ~ a U**, (Kehrt)wendung f ● **~ industriale**, Umstellung f der Produktion; **~ di pene pecuniarie (in qc)** *dir*, "Ersetzung von Geldstrafen durch etw (acc) (im Fall von Zahlungsunfähigkeit)"; **~ del pignoramento** *dir*, "Ersetzung f der gepfändeten Sachen durch Geld".

convèrso, (-a) A *part pass di* **convergere**, *lett di* **convertire** B m (f) *relig* Laienbruder m, (Laienschwester f).

convertìbile A agg 1 (*che si può convertire*) {ENERGIA} umwandelbar, Wandel-; umtauschbar, konvertierbar 2 *aero*: **aereo ~**, Convertiplane n 3 *autom* {AUTO} mit aufklappbarem Verdeck 4 *banca* {MONETA, TITOLO} konvertierbar, konvertibel B f *aero* Convertiplane n 2 *autom* Kabrio(lett) n.

convertibilità <-> f 1 (*l'essere convertibile*) {+ENERGIA} Konvertierbarkeit f 2 *banca* {+MONETA, TITOLO} Konvertierbarkeit f, Konvertibilität f.

convertìre <*irr converto, convertii o lett conversi, convertito o lett converso*> A *tr* 1 *relig* ~ **qu (a qc)** {UOMO AL CRISTIANESIMO} *jdn* (*zu etw* dat) bekehren 2 *fig* ~ **qu a qc** {AL COMUNISMO} *jdn zu etw* (dat) bekehren 3 *fig* (*trasformare*) ~ **qc in qc** {DISOCCUPAZIONE IN LAVORO} *etw in etw* (acc) verwandeln 4 *banca* ~ **qc (in qc)** {DOLLARI IN EURO} *etw* (*in etw* acc) konvertieren, *etw* (*in etw* acc) um|tauschen, *etw* (*in etw* acc) wechseln; {TITOLI IN DENARO} *etw* (*in etw* acc) um|setzen 5 *chim* ~ **qc in qc** {ACQUA IN VAPORE} *etw in etw* (acc) um|-, verwandeln 6 *dir* ~ **qc in qc** {DECRETO LEGGE IN LEGGE} *etw in etw* (acc) um|wandeln 7 *dir* ~ **qc in qc** {PENA PECUNIARIA IN LAVORO SOSTITUTIVO} *etw durch etw* (acc) ersetzen 8 *elettr* ~ **qc (in qc)** {CORRENTE ELETTRICA} *etw in etw* (acc) um|wandeln 9 *inform* ~ **qc** {FILE} *etw* übertragen, *etw* konvertieren, *etw* übersetzen 10 *mar* ~ **qc** {ROTTA} *etw* wechseln B *rfl* 1 *relig*: **convertirsi (a qc)** *zu etw* (dat) konvertieren, *sich zu etw* (dat) bekehren 2 *fig*: **convertirsi a qc** {AL SOCIALISMO} *zu etw* (dat) konvertieren, *sich zu etw* (dat) bekehren C *itr pron chim anche fig* (*trasformarsi*): **convertirsi in qc** {AMORE IN ODIO; LIQUIDO IN GAS} *sich in etw* (acc) (ver-, um|)wandeln.

convertìto, (-a) A *part pass di* **convertire** B agg 1 *relig* ~ **(a qc)** {POPOLAZIONE AL CRISTIANESIMO} (*zu etw* dat) bekehrt, (*zu etw* dat) konvertiert 2 *fig* ~ **a qc** {GRUPPO ALLA NUOVA IDEOLOGIA} *zu etw* (dat) konvertiert C m (f) 1 *relig* Bekehrte mf decl come agg, Konvertit m 2 *fig* Bekehrte mf decl come agg.

convertitóre, (-trice) A agg *elettr* {GRUPPO, VALVOLA} Stromrichter- B m (f) (*chi converte*) Bekehrer(in) m(f) C m 1 *chim* Konverter m 2 *elettr tel* Umformer m, Konverter m, Umsetzer m: **~ di fase/frequenza**, Phasen-/Frequenzumformer m; **~ di immagine**, Bildwandler m; **~ rotante**, rotierender Umformer; **~ statico**, Stromrichter m 3 *inform* Konverter m, Wandler m, Umsetzer m: **analogico-numerico**, Analog-digital-Converter m, Analog-digital-Wandler m, ADC m; **~ numerico-analogico**, Digital-analog-Konverter m, D/A-Wandler m, DAC m 4 *metall* Konverter m: **~ idraulico**, Flüssigkeitswandler m; **~ Thomas**, Thomasbirne f, Thomaskonverter m ● **~ di coppia** *mecc*, (Dreh-moment)wandler m.

convessità <-> f 1 (*l'essere convesso*) {+LENTE} Konvexität f 2 (*parte convessa*) {+VASO} Konvexität f, Bauchung f.

convèsso, (-a) agg 1 {LENTE} konvex, Konvex-; {SPECCHIO} *anche* bauchig, gewölbt 2 *mat* {ANGOLO, CURVA, LINEA, POLIGONO} stumpf.

convettìvo, (-a) agg *fis* {CORRENTI, MOTO} Konvektions-.

convettóre m *tecnol* Konvektor m.

convincènte agg (*che convince*) {DATO, DISCORSO, RISPOSTA, TESI} überzeugend; {ARGOMENTO, PROVA} schlagend.

convìncere <*coniug come* vincere> A *tr* 1 (*persuadere*) ~ **qu (di qc)** {DELLA NECESSITÀ DI PARTIRE, DELL'OPPORTUNITÀ DI UNA COLLABORAZIONE} *jdn* (*von etw* dat) überzeugen: **lo convinse che non c'era più niente da fare**, er/sie überzeugte ihn, dass nichts mehr zu machen war; **mi sono lasciato ~**, ich ließ mich überreden 2 (*entusiasmare*) ~ **(qu)** (*jdn*) übergzeugen, (*jdn*) begeistern, (*jdn*) gewinnen: **lo spettacolo non convince**, die Vorstellung überzeugt nicht 3 (*indurre*) ~ **qu** *jdn* verleiten: **i compagni lo convinsero a rubare**, seine Kumpel verleiteten ihn zum Stehlen B *rfl* (*persuadersi*): **convincersi (di qc)** {DELLA SINCERITÀ DI QU} *sich von etw* (dat) überzeugen, *etw* ein|sehen: **si è convinto del contrario**, er hat sich vom Gegenteil überzeugt; **convincersi di avere torto**, einsehen, dass man Unrecht hat; sein Unrecht einsehen.

convincimènto m 1 (*il convincere*) Überzeugung f, Überzeugen n, Zureden n 2 (*convinzione*) {FERMO, PRECISO} Überzeugung f ● **libero ~ del giudice** *dir*, freie richterliche Überzeugung.

convìnsi 1ª *pers sing del pass rem di* convincere.

convìnto, (-a) A *part pass di* convincere B agg 1 (*persuaso*) ~ **(di qc)** (*von etw* dat) überzeugt: **siamo convinti della loro innocenza**, wir sind von ihrer Unschuld überzeugt; **sono fermamente ~ che ...**, ich bin (felsen)fest davon überzeugt, dass ... 2 (*delle proprie idee*) {ANIMALISTA, BUDDISTA, JUVENTINO} (*von etw* dat) überzeugt.

convinzióne f 1 (*certezza*) Überzeugung f: **affermare qc con ~**, etw mit Überzeugung vertreten; **ho la ferma ~ che ...**, ich bin der festen Überzeugung, dass ... 2 <*di solito al pl*> (*opinione*) Meinung f, Ansicht f: **ognuno ha le proprie convinzioni**, jeder hat seine Meinung; **convinzioni morali/politiche/religiose**, moralische/politische/religiöse Ansichten 3 (*il convincere*) Überzeugen n.

convìssi 1ª *pers sing del pass rem di* convivere.

convissùto *part pass di* convivere.

convitàto, (-a) m (f) (*commensale*) Gast m.

convìtto m 1 (*collegio*) Internat n, Pensionat n *obs*, Alumnat n 2 (*insieme dei convittori*) Internat(sschüler m pl) n.

convittóre, (-trice) m (f) (*chi studia in un*

convitto) Internatsschüler(in) m(f), Internatszögling m, Alumne m.

convivènte Ⓐ agg 1 (che convive) {CONIUGE} zusammenlebend 2 (coabitante) zusammenwohnend Ⓑ mf (chi convive) Zusammenlebende mf decl come agg, Hausgenosse m, Hausgenossin f, Haushaltsmitglied n; ~ **a carico**, unterhaltsberechtigtes Haushaltsmitglied 2 (coabitante) Mitbewohner(in) m(f).

convivènza f 1 (il vivere insieme) Zusammenleben n; **si sono sposati dopo dieci anni di ~**, sie haben nach zehn Jahren Zusammenleben geheiratet; dir (obbligo derivante dal matrimonio) eheliche Lebensgemeinschaft; (situazione di fatto) Zusammenleben n in häuslicher Gemeinschaft; ~ **more uxorio**, nichteheliche Lebensgemeinschaft, eheähnliche Gemeinschaft 2 (coabitazione) Zusammenleben n: **la ~ con altri studenti**, das Zusammenleben mit anderen Studenten 3 fig (compresenza) {+ELEMENTI DIVERSI} Koexistenz f, Nebeneinanderbestehen n.

conviviàle agg 1 fig (allegro) {ATMOSFERA} fröhlich, gesellig; {DISCORSO} locker, leicht 2 lett (da banchetto) {CANZONE} Tafel-, Tisch-.

convivialità <-> f Gesselligkeit f (bei Tisch).

convìvio <-vi> m lett (banchetto) Gast-, Festmahl n.

convocàre <convoco, convochi> tr 1 anche sport (invitare) ~ **qu** (a qc), **qu** (per qc) (+ compl di luogo) {CANDIDATO A UN ESAME, STUDENTE IN SEGRETERIA PER UN ACCERTAMENTO} jdn zu etw (dat) (irgendwohin) (zusammen|)rufen 2 amm polit ~ **qc** {ASSEMBLEA} etw ein|berufen.

convocàto, (-a) m (f) (chi è stato chiamato) Einberufene mf decl come agg, Kandidat(in) m(f): **i convocati per il colloquio di lavoro**, die Kandidaten für das Vorstellungsgespräch.

convocazióne f 1 anche sport {+CALCIATORE, STUDENTE} Einberufen n 2 amm polit {+CONSIGLIO DI AMMINISTRAZIONE} Einberufung f; (riunione) {PRIMA, SECONDA} Versammlung f.

convogliàre <convoglio, convogli> tr 1 (dirigere) ~ **qu/qc** (+ compl di luogo) {ACQUA NELLA GRONDAIA} jdn/etw irgendwohin leiten; {RECLUTE VERSO LA CASERMA, TRAFFICO VERSO LA PERIFERIA} jdn/etw irgendwohin führen, jdn/etw irgendwohin lenken, jdn/etw irgendwohin steuern 2 (trasportare) ~ **qc** + compl di luogo {FIUME DETRITI A VALLE} etw irgendwohin mit|führen, etw irgendwohin befördern 3 fig (concentrare) ~ **qc** + compl di luogo {ENERGIE VERSO UN FINE} etw irgendwohin kanalisieren, etw irgendwohin richten.

convòglio <-gli> m 1 (colonna) {+AUTOMOBILI, NAVI} Kolonne f, Konvoi m: ~ **funebre**, Trauerzug m 2 ferr Zug m: ~ **ferroviario**, Eisenbahnzug m.

convòlvolo m bot Winde f.

convulsióne f 1 <di solito al pl> med Krampf(anfall) m, Konvulsion f scient, (Schüttel)krampf m: **avere le convulsioni**, Krämpfe haben; ~ **epilettica**, epileptischer Anfall 2 (scoppio) Krampf m: ~ **di pianto/riso**, Wein-/Lachkrampf m.

convulsìvo, (-a) agg med {CRISI} Krampf-, konvulsiv scient.

convùlso, (-a) Ⓐ agg 1 gener {GESTO, MOVIMENTO} krampfhaft, krampfartig: **pianto** ~, krampfartiges Weinen 2 fig (febbrile) {RITMO DI LAVORO} hektisch, fieberhaft 3 fig (disordinato, spezzato) {DISCORSO, PROSA} wirr, konfus 4 med krampfhaft, Krampf-, zuckend; {TOSSE} Krampf-, Keuch- Ⓑ m fam (agitazione nervosa) Krampf(anfall) m ● ~ **di pianto/riso** (scoppio), Wein-/Lachkrampf m.

cookie <-> m ingl inform Cookie m.

cool <inv> agg ingl 1 (distaccato) {TIPO} cool slang, kühl 2 (alla moda) {ARREDAMENTO, STILISTA} cool slang, trendy slang.

cool jazz <-> loc sost m ingl mus Cool Jazz m.

còop <-> f abbr di cooperativa: Gen. f (abbr di Genossenschaft).

cooperànte Ⓐ part pres di cooperare Ⓑ agg 1 (che coopera) kooperierend 2 (basato sulla cooperazione) Kooperations- Ⓒ mf (rif. a Paesi in via di sviluppo) Facilitator(in) m(f).

cooperàre itr 1 (collaborare) ~ (a/in qc) (con qu) {A UN'IMPRESA, IN UN LAVORO} (an/bei etw dat) (mit jdm) zusammenarbeiten, (bei etw dat) (mit jdm) kooperieren, (mit jdm) (an/bei etw dat) mitwirken 2 (contribuire) ~ **a qc** (con qc) {ALLA BUONA RIUSCITA DI QC} an etw (dat) (mit etw dat) mit|wirken, zu etw (dat) (mit etw dat) bei|tragen.

cooperatìva f anche comm (impresa) Genossenschaft f, Verein m: ~ **di consumo/lavoro/produzione**, Konsum-/Arbeits-/Produktionsgenossenschaft f; ~ **edilizia**, Baugenossenschaft f; ~ **sociale**, Sozialgenossenschaft f.

cooperativìsmo m econ Genossenschaftswesen n.

cooperatìvo, (-a) agg: **società cooperativa**, (Erwerbs)genossenschaft f.

cooperatóre, (-trice) Ⓐ agg (che coopera) mitarbeitend, mitwirkend Ⓑ m (f) 1 (chi coopera) {+IMPRESA} Mitarbeiter(in) m(f) 2 comm Genossenschafter(in) m(f).

cooperazióne f 1 (collaborazione) Mitarbeit f: **risultati ottenuti grazie alla ~ di tutti**, dank der Mitarbeit aller erreichte Ergebnisse 2 econ comm Genossenschaftswesen n ● ~ **colposa** dir, fahrlässiges Zusammenwirken mehrerer.

cooptàre tr (ammettere) ~ **qu** (in qc) {NEL CONSIGLIO DIRETTIVO} jdn (in etw acc) kooptieren forb.

coordinaménto m (organizzazione) {+RICERCHE} Koordination f forb, Koordinierung f forb, Abstimmung f: **manca il ~ degli interventi di restauro**, es fehlt die Koordination forb der Renovierungsarbeiten ● ~ **dei prezzi** econ, Preisabstimmung f.

coordinàre tr ~ **qc** 1 (armonizzare) {I MOVIMENTI DEL CORPO} etw koordinieren forb 2 (organizzare) {VARIE INIZIATIVE CULTURALI} etw koordinieren forb: ~ **gli interventi di soccorso**, die Rettungsdienste koordinieren forb 3 gramm {COMPLEMENTI, FRASI} etw nebenordnen, etw bei|ordnen, etw koordinieren.

coordinàta f 1 <di solito al pl> astr geog mat Koordinate f: **coordinate cartesiane/geografiche**, ₓkartesianische/rechtwinkligeⱼ/[geografische] Koordinaten; ~ **latitudinale**, Breitengrad m 2 gramm nebengeordneter/beigeordneter/koordinierter Satz ● **coordinate bancarie** banca, Bankverbindung f.

coordinàto, (-a) Ⓐ agg 1 (armonizzato) {COPRILETTO, LENZUOLA} koordiniert forb, abgestimmt 2 gramm (proposizione) nebengeordnet, beigeordnet, koordiniert 3 mat {ASSI, PIANI} Koordinaten- Ⓑ m 1 (set) Kombination f, Set n: **coordinati per il bagno**, Bad-Kombination f 2 (completo) Kombination f, Set n: **coordinati per il mare**, Meerkombination f.

coordinatóre, (-trice) Ⓐ agg (che coordina) {INSEGNANTE} koordinierend forb Ⓑ m (f) (chi coordina) {+ESPERIMENTO, INDAGINI} Koordinator(in) m(f) forb.

coordinazióne f 1 (armonizzazione) {+MOVIMENTI} Koordination f forb: **esercizi di ~**, Koordinationsübungen f pl forb 2 (organizzazione) {+INIZIATIVE, RICERCA} Koordination f forb, Abstimmung f: ~ **tra i vari gruppi di studio**, Koordination f forb zwischen den verschiedenen Forschungsgruppen 3 chim Koordination f 4 gramm Nebenordnung f, Beiordnung f, Koordination f.

coòrte f 1 stor rom {AUSILIARE, PRETORIA, URBANA} Kohorte f 2 lett (schiera) Schar f 3 stat Menge f, Haufen m.

Copenàghen f geog Kopenhagen n.

copèrchio <-chi> m {+BARATTOLO, CASSA, PENTOLA, SCATOLA} Deckel m: **a cerniera/vite**, Scharnier-/Schraubdeckel m ● **mettere il ~ sopra a qc** fig (nasconderla), etw verheimlichen, etw verschweigen.

copernicàno, (-a) agg anche astr (di N. Copernico) {SISTEMA} kopernikanisch.

Copèrnico m astr Kopernikus m.

copèrsi 1ª pers sing del pass rem di coprire.

copèrta f 1 (del letto) {+LANA, SETA} Decke f: **essere ancora sotto le coperte**, noch ₓim Bettⱼ/[in den Federn fam] liegen; **ficcarsi fam/mettersi sotto le coperte**, unter die Decke kriechen; ~ **imbottita**, Steppdecke f 2 (fodera) {+ASSE DA STIRO, DIVANO} Decke f, Überzug m, Hülle f: ~ **da tavolo**, Tischdecke f 3 mar (Ober-, Haupt)deck n: **in/sotto ~**, an/unter Deck.

copertìna <dim di coperta> f 1 (fodera) {+QUADERNO} (Schutz)umschlag m; {+33 GIRI} Hülle f; edit Einband m: ~ **plastificata**, Plastikeinband m; ~ **rigida**, Hardcover-Einband m 2 (piccola coperta) {+CULLA} Deckchen n 3 edil Mauerabsatz m, Mauerkappe f 4 gastr {+VITELLO} oberes Schulterstück m.

copèrto① m 1 (posto) Gedeck n: **il ristorante ha 30 coperti**, das Restaurant hat 30 Gedecke 2 (prezzo) Gedeck n: **in Germania non si paga il ~**, in Deutschland zahlt man fürs Gedeck nichts.

copèrto②, (-a) Ⓐ part pass di coprire Ⓑ agg 1 (ricoperto) ~ **di qc** {MURO DI MANIFESTI} mit etw (dat) bedeckt; {TORTA DI ZUCCHERO A VELO} mit etw (dat) bestreut, mit etw (dat) übersät: **campi coperti di neve/brina**, schnee-/taubedeckte Felder; **mobile ~ di polvere**, staubbedeckte/staubige Möbel; **muro ~ di edera**, efeubewachsene Mauer; **relitto ~ di alghe**, algenbewachsenes Wrack; **scrivania coperta di libri**, mit Büchern bedeckter Schreibtisch 2 (celato) bedeckt, verhüllt: **con il volto ~**, mit bedecktem Gesicht; fig {ACCUSA} verborgen, versteckt, verdeckt, verhüllt 3 (riparato) {MERCATO, PALESTRA, PARCHEGGIO, PISCINA} überdacht, bedeckt, überdeckt 4 (chiuso) {PENTOLA} zugedeckt 5 (vestito) ~ (di qc) {BAMBINO DI MAGLIONI} (mit etw dat) be-, verkleidet; angezogen: **essere ben ~**, dick angezogen sein 6 fig (carico) ~ **di qc** voll von etw (dat)/+ gen, voller + sost pl: ~ **di debiti**, voller Schulden; ~ **di gloria**, voll des Ruhmes 7 fig anche mil (protetto) {POSIZIONE} gesichert, geschützt 8 banca econ {ASSEGNO, RISCHIO} gedeckt 9 meteo {TEMPO} bedeckt, trüb; {CIELO} anche bezogen, bewölkt, verhangen Ⓒ loc avv (in luogo riparato): **al ~**, an einem überdachten Ort, unter einem Dach: **mettersi al ~**, sich unterstellen; **stare al ~**, unter einem Dach stehen, sich an einem überdachten Ort befinden Ⓓ loc prep fig (al sicuro): **al ~ da qc** {DA UN'ACCUSA, DA PETTEGOLEZZI} sicher vor etw (dat); **noi siamo al ~ da**

questo rischio, wir sind vor diesem Risiko sicher.
copertóne ‹accr di coperta› m **1** {+AUTOMOBILE} (Reifen)mantel m, Reifen m **2** {telo} {+CAMION} Plane f, Zeltbahn f.
copertúra f **1** (il coprire) {+CORTILE, PISCINA} Be-, Ab-, Überdecken n **2** (ciò che copre) {+LEGNO, PLASTICA} Be-, Ab-, Überdeckung f **3** fig (falsa apparenza) Tarnung f: **il locale serve solo da ~**, das Lokal dient nur zur Tarnung; **la polizia gli ha fornito una ~**, die Polizei hat ihn gedeckt; **il suo lavoro è solo la ~ di un'attività illecita**, seine/ihre Arbeit ist nur die Tarnung einer illegalen Tätigkeit **4** fig (protezione) Schutz m: **abbiamo bisogno di una ~ politica**, wir brauchen politische Rückendeckung **5** comm econ {AUREA, FINANZIARIA} Deckung f: **~ di un assegno**, Deckung f eines Schecks; **~ assicurativa**, Versicherungsschutz m; **~ bancaria**, Bankdeckung f, bankmäßige Absicherung/Deckung; **~ di un rischio**, Risiko(ab)deckung f; **a noi basta la ~ delle spese**, uns genügt es, wenn die Ausgaben gedeckt sind **6** edil {+COPPI, TEGOLE} Abdeckung f: **~ a terrazza**, Terrassenabdeckung f **7** gastr Überzug m **8** mil Be-, Abdeckung f: **~ aerea**, Luftdeckung f; **~ radar**, Radarabdeckung f **9** sport (difesa) Verteidigung f • **~ antibiotica** med, antibiotischer Schutz m; **~ del fabbisogno giornaliero**, Deckung f des Tagesbedarfs; **~ di un mezzo** (nella pubblicità), "Prozentsatz potenzieller Konsumenten, die durch ein Werbemittel erreicht werden können".
còpia① f **1** (trascrizione) {+DOCUMENTO, LETTERA} Kopie f, Abschrift f **2** (esatta riproduzione) Kopie f, Wiedergabe f: **~ anastatica/fotostatica**, ₍anastatische Kopie₎/[Kontofotografie] f; (fatta con carta copiativa) Pause f; fig Kopie f anche spreg, Nachahmung f; **i suoi movimenti sono la ~ dei tuoi**, seine/ihre Bewegungen ₍sind genau wie die deinen₎/[ahmen deine nach] **3** (sosia) Ab-, Ebenbild n, Doppelgänger m: **quel bambino è la ~ di suo padre**, dieses Kind ist ₍das Ebenbild seines Vaters₎/[ganz der Vater fam]/[der ganze Vater fam] **4** arte {+GIOIELLO, QUADRO, SCULTURA} Kopie f, Nachbildung f **5** amm Ausfertigung f: **la richiesta deve essere fatta in duplice ~**, der Antrag muss in zweifacher Ausfertigung gestellt werden **6** dir {LEGALIZZATA; +ATTO NOTARILE} Abschrift f; (atta a sostituire l'originale a tutti gli effetti) {+PROCURA} Ausfertigung f; **~ autenticata**, beglaubigte Abschrift; **~ certificata conforme all'originale**, mit der Urschrift übereinstimmende Abschrift f; **per ~ conforme** (abbr p.c.c.), für die Richtigkeit der Abschrift (abbr f.d.R.d.A.) **7** film Kopie f **8** fot Abzug m, Kopie f **9** inform {+FILE} Kopie f: **~ di back-up/sicurezza**, Sicherungskopie f, Backup n; **~ e incolla**, Kopieren und Einfügen **10** tip {+LIBRO} Exemplar n, Stück n, Abzug m, Abdruck m: **~ omaggio**, Freiexemplar n; **~ a parte**, Abzug m eines Zeitungsartikels; **la tiratura del giornale è di 10 000 copie**, die Zeitung hat eine Auflage von 10 000 Exemplaren • **bella/brutta ~** (versione definitiva/prima stesura), Reinschrift f/Konzept n; **~ pirata** (riprodotta illegalmente), Raubkopie f; **Le invieremo una ~ in visione edit**, wir werden Ihnen ein Ansichtsexemplar schicken.
còpia② f lett (abbondanza) Menge f, Fülle f, Überfluss m: **in gran ~**, in großem Überfluss.
copiàre ‹copio, copi› tr **1** (trascrivere) **~ qc** {LETTERA} etw ab|schreiben, etw kopieren; (a macchina) etw ab|tippen; **~ il tema in bella**, den Aufsatz ins Reine schreiben; **~ con la carta carbone**, pausen **2** (imitare) **~ qu** {AUTORE FAMOSO, PADRE} jdn nach|ahmen, jdn nach|machen fam, jdn kopieren; **~ qc** {CANZONE, COREOGRAFIA, IDEA, LIBRO} etw kopieren

3 arte **~ qc** {GIOIELLO} etw nach|bilden; {QUADRO} etw ab|-, nach|malen; {DISEGNO} etw abzeichnen; **~ dal vero**, naturgetreu nachbilden **4** film inform mus **~ qc** {FILM, DISCHETTO, CD} etw kopieren: **~ un file sul dischetto**, eine Datei auf Diskette kopieren **5** scuola **~ (qc) (da qu)** {DETTATO DAL VICINO DI BANCO} (etw) (von jdm) ab|schreiben, (etw) (von jdm) spicken region, (etw) (von jdm) ab|gucken • **copia inform** (comando), kopieren.
copiatìvo, (-a) agg (per copiare) {CARTA, INCHIOSTRO, MATITA} Kopier-.
copiatóre, (-trice) m (f) **1** (chi copia) {+OPERE D'ARTE} Fälscher(in) m(f) **2** fig (imitatore) Nachahmer(in) m(f).
copiatrìce f (fotocopiatrice) {ELETTROSTATICA} Kopiergerät n, Kopierer m.
copiatùra f **1** (trascrizione) {+CODICE, MANOSCRITTO} Abschreiben n, Kopieren n; (a macchina) Abtippen n **2** spreg (plagio) Plagiat n forb, Nachahmung f.
copìglia f mecc {CONICA} Splint m.
copióne① m teat Regiebuch n; film Drehbuch n **2** **secondo/[come da] ~** fig (in modo scontato), nach Drehbuch, wie abzusehen war.
copióne②, (-a) m (f) fam **1** (imitatore) Nachahmer(in) m(f) **2** scuola Abschreiber(in) m(f).
copiosità ‹-› f lett (abbondanza) Fülle f, Menge f.
copióso, (-a) agg lett (abbondante) {MESSE} zahlreich, reichlich; {PIANTO} übermäßig, ausgiebig.
copìsta ‹-i m, -e f› mf anche arte Kopist(in) m(f).
copisterìa f **1** (per fotocopie) Kopierladen m, Copyshop m **2** (per trascrizione) Kopieranstalt f, Schreibbüro n.
còppa① f **1** (recipiente) {+CRISTALLO} Becher m, Kelch m, Glas n: **~ d'argento**, Silberpokal m; **~ da gelato/spumante**, Eisbecher m/Sektschale f **2** (contenuto) {+VINO} Becher m, Glas n, Kelch m **3** (ciotola) Schale f: **~ della bilancia**, Waagschale f **4** (nella moda) {+REGGISENO} Körbchen n, Cup m, Schale f **5** sport (gara, trofeo) Pokal m: **~ America**, America's Cup m; **~ dei Campioni**, Pokal m der Landesmeister, Champions League f; **~ delle Coppe**, Europapokal m der Pokalsieger; **~ Davis**, Davispokal m; **~ Italia**, Italienischer Fußballpokal; **~ UEFA**, UEFA-Pokal m **6** ‹di solito al pl› (nei giochi di carte) "italienische Spielkartenfarbe" • **accennare coppe e dare bastoni/denari** fig (lasciar intendere una cosa e farne un'altra), jdm ₍blauen Dunst₎/[ein X für ein U] vormachen; **~ dell'olio** autom, Ölwanne f; **~ della ruota** autom, Radkappe f.
còppa② f gastr **1** (taglio di carne) Nackenstück n, (Schweine)kamm m **2** (salume) "aus dem Schweinenacken hergestellte Wurst".
coppétta ‹dim di coppa①› f **1** {+GELATO} Becher m **2** med Schröpfkopf m.
còppia A f **1** (paio) {+ACROBATI, BUOI, CANDELABRI, FRATELLI} Paar n **2** (uomo e donna) (Ehe)paar n: **formano una bella ~**, sie sind ein schönes Paar; **~ di sposi**, (Ehe)paar n, Eheleute pl **3** fis mat {+VETTORI} Paar n: **~ di forze**, Kräftepaar n **4** (nei giochi di carte) zwei: **avere una doppia ~ di denaro**, vier Schellen haben; **una ~ di re**, zwei Könige **5** mus Duo n **6** sport Doppel n: **due/quattro di ~**, Doppelzweier m/Doppelvierer m B loc agg **1 a coppie**, {GARA} Paar-, **2 di ~**, {RAPPORTO} Partner-, Zweier- C loc avv (a due a due): **a coppie**/[**in ~**], {METTERSI} paarweise, in/zu Paaren • **~ cinematica** mecc, Elementarpaar n; **far ~ fissa** fig (essere sempre

insieme), unzertrennlich sein, wie Pech und Schwefel zusammenhalten fam; **~ minima** ling, Minimalpaar n; **~ termoelettrica** elettr, Thermoelement n; **viaggiare sempre in ~**, immer zu zweit reisen; fig (essere inseparabili), unzertrennlich sein, ein Herz und eine Seele sein.
coppière, (-a) m (f) {+DEI} Mundschenk m.
coppiétta ‹dim di coppia› f (coppia di giovani innamorati) Pärchen n.
coppìglia → copìglia.
cóppo m (tegola) Ziegel m.
còppola f (berretto) Mütze f.
còpra f bot Kopra f.
coprènte agg (che copre) {COLORE} deckend, Deck-; (nella cosmesi) {FONDOTINTA} (gut) deckend.
copresidènte, (-essa) m (f) Copräsident(in) m(f).
copresidènza f (ufficio, carica e durata) gemeinsame Präsidentschaft.
copricalorìfero m (copritermosifone) Heizkörperabdeckung f.
copricàpo m (cappello) Kopfbedeckung f.
copricaténa f {+BICICLETTA} Kettenschutz m.
copricérchio ‹-chi› m autom Radkappe f.
copricostùme ‹-› m (nella moda) Strandkleid n.
copridivàno ‹-› m (fodera) Schabracke f, Schönbezug m.
coprifàsce ‹-› m (camiciola) {+NEONATO} (Wickel)jäckchen n.
coprifìlo m edil Abdeckleiste f.
coprifuòco ‹-chi rar› m mil Ausgangssperre f, Ausgehverbot n.
coprìi 1ª pers sing del pass rem di coprire.
coprilètto ‹-› m Tagesdecke f, Bettüberzug m.
coprimateràsso m (fodera) Matratzenüberzug m, Matratzenschoner m.
copripièdi ‹-› m (coperta imbottita) Fußdecke f.
copripiumìno m (fodera) (Feder)bettbezug m.
Copripiumóne® → **copripiumino**.
coprispìna ‹-› m (coperchietto) Steckdosenschutz m.
copriradiatóre ‹-› m (mascherina) Kühlerschutz m.
coprìre ‹coniug come aprire› A tr **1** gener **~ qc (con/di qc)** {SCRIVANIA DI LIBRI, TOMBA ₍CON I₎/[DI] FIORI} etw (mit etw dat) bedecken; {PARETE ₍CON L'₎/[DI] INTONACO, PAVIMENTO ₍CON I₎/[DI] TAPPETI} anche etw mit etw (dat) verkleiden, etw mit etw (dat) überdecken: **la neve copre le piste da sci**, der Schnee bedeckt die Skipisten **2** (tappare), **~ qc (con qc)** etw mit etw (dat) zu|decken: **~ la pentola col coperchio**, einen Deckel auf den Topf tun, den Topf schließen/zudecken **3** (celare), **~ qc (con qc)** {CICATRICE CON UN TATUAGGIO, VOLTO CON UNA MASCHERA, CON IL GIORNALE} etw (mit etw dat) bedecken, etw mit etw (dat) verbergen, etw verstecken, etw (hinter etw dat) verbergen **4** (avvolgere) **~ qu/qc (con qc)** {GOLA CON UNA SCIARPA} jdm/jdn etw (um ein/hüllen; **copri bene il bambino!**, pack das Kind gut ein! fam; **coprigli la testa con un foulard**, wickle ihm den Kopf in ein Foulard **5** fig (proteggere) **~ qu/qc** {COLLEGA, LA RITIRATA DELL'ESERCITO} jdn/jdn decken: **per fortuna mia sorella mi ha coperto, sennò sarebbero stati guai**, glücklicherweise hat mich meine Schwester gedeckt, sonst hätte es Ärger gegeben **6** fig (occultare) **~ qc** {INGIUSTIZIA, MANCHEVOLEZZE DEI FIGLI} etw (ver)decken, etw verbergen **7** fig (occupare) **~ qc** {POSTO} etw be-, ver-

kleiden; {IMPIEGO} anche etw inne|haben, etw versehen **8** fig (essere più forte) ~ qc {RUMORE DEL TRAFFICO MUSICA} etw übertönen **9** fig (percorrere) ~ qc (+ *compl di tempo*) {DISTANZA IN MENO DI UN'ORA} etw (Zeitangabe) zurück|legen **10** fig (colmare) ~ *qu di qc* {BAMBINO DI BACI, POETA DI ONORI} jdn mit etw (dat) überhäufen, jdn mit etw (dat) überschütten: ~ **qu di attenzioni/insulti/regali**, jdn mit Aufmerksamkeiten/ Beschimpfungen/ Geschenken überschütten; {DEBITO, FABBISOGNO, SPESE} etw (ab)decken; {RISCHIO} für etw (acc) auf|kommen; **l'assicurazione copre solo il furto**, die Versicherung kommt nur für Diebstahl auf **11** edil ~ *qc* (*con qc*) etw (mit etw dat) ab|decken: ~ **una casa col tetto**, ein Haus überdachen **12** (negli scacchi) ~ *qc* decken **13** sport mil {TRUPPE CONFINE} etw schützen **14** tel ~ *qc* {ZONA} etw versorgen, etw ab|decken **15** zoo ~ {GIUMENTA} etw decken, etw bespringen B itr pron **1** (riempirsi): **coprirsi** *di qc* {MURO DI CREPE; TRONCO DI EDERA; VISO DI RUGHE} sich *mit etw* (dat) bedecken: **gli alberi si sono coperti di fiori/foglie/muffa/muschio**, die Bäume haben sich mit Blumen/Blättern/ Schimmel/Moos bedeckt; **coprirsi di pustole**, sich mit Pickeln überziehen **2** (rannuvolarsi): **coprirsi** (*di qc*) {CIELO DI NUVOLE} sich (mit etw dat) bedecken C rfl **1** (proteggersi): **coprirsi** (*con qc*) {CON UN MANTELLO} sich (mit etw dat) bedecken, sich (in etw acc) (ein|)hüllen: **coprirsi bene/poco/troppo**, sich warm einpacken *fam* / sich zu leicht anziehen / [sich zu warm einpacken *fam*] (indir) **coprirsi** *qc* (*con qc*) {SPALLE CON UNO SCIALLE} (sich dat) etw (mit etw dat) bedecken; {VISO CON UN BRACCIO} etw (mit etw dat) bedecken **2** fig (procurarsi): **coprirsi** *di qc* {DI GLORIA} sich (mit etw dat) bedecken; {DI DEBITI} sich *mit etw* (dat) beladen, sich *in etw* (acc) stürzen: **coprirsi di ridicolo**, sich lächerlich machen **3** econ: **coprirsi contro/ da qc** {CONTRO/DA UN RISCHIO} sich *gegen etw* (acc) ab|sichern.

copriruòta <-> m autom Rad-, Nebendeckel m.

coprisedìle m autom Sitzbezug m.

copritàvolo <-> m Tischbezug m.

copriteièra <-> m Teemütze f, Teehaube f; Teewärmer m.

copritermosifóne m Heizkörperabdeckung f.

coprivivànde <-> m Speiseglocke f.

coprocessóre m inform Koprozessor m, Koprozessor m.

coprocoltùra f biol koprophage Bakterienkultur.

coprodùrre <coniug **come** condurre> tr film ~ *qc* {DOCUMENTARIO} etw koproduzieren.

coproduttóre, (-trice) m (f) film Koproduzent(in) m(f).

coproduzióne f film Koproduktion f; (azione) anche Koproduzieren n.

coprofilìa f biol Koprophilie f.

coprologìa f med Skatologie f scient.

coprotagonìsta <-i m, -e f> m (f) film zweite(r) Hauptdarsteller(in).

còpto, (-a) anche relig A agg koptisch B m (f) Kopte m, (Koptin f) C m <solo sing> (lingua) Koptisch(e) n.

còpula f **1** gramm Kopula f **2** biol Begattung f, Kopulation f, Paarung f.

copulàre biol lett A tr ~ *qc* etw paaren, etw kuppeln B rfl (accoppiarsi): **copularsi** sich begatten, sich paaren.

copulatìvo, (-a) agg ling {CONGIUNZIONE, VERBO} kopulativ, verbindend.

copulatóre, (-trice) agg biol {APPARATO} Begattungs-, Paarungs-.

copulazióne f lett biol Kopulation f.

copy <-> m ingl **1** (testo pubblicitario) Werbetext m **2** (copywriter) Werbetexter m.

copyright <-> m ingl **1** edit Copyright n, Verlagsrecht n **2** fig (paternità) geistige Vaterschaft, Urheberschaft f: **molti rivendicano il ~ del federalismo**, viele beanspruchen für sich L, der geistige Vater des Föderalismus zu sein J/[die Urheberschaft des Föderalismus].

copywriter <-> mf ingl (nella pubblicità) Werbetexter(in) m(f).

coque <inv> loc agg franc gastr: **alla/[à la]** ~ {UOVO} weich gekocht.

coquette A agg (frivolo) kokett, gefallsüchtig spreg B <-> f (donna civettuola) kokette/gefallsüchtige spreg Frau.

coràggio <-> A m **1** (audacia) {+UOMO} Mut m, Courage f fam, Schneid m fam: **agire/ lottare/parlare con** ~, mutig handeln/ kämpfen/sprechen; **avere il ~ di fare qc**, den Mut/Schneid fam haben, etw zu tun; **dare/fare ~ a qu**, jdm Mut machen; **farsi** ~, sich (dat) Mut machen; **mancare/perdersi di** ~, [keinen Mut haben]/[den Mut verlieren]; **prendere** ~, Mut fassen; **trovai il ~ di dirglielo**, ich fand den Mut, es ihm/ihr zu sagen **2** spreg (sfacciataggine) Unverfrorenheit f, Frechheit f, Dreistigkeit f: **avere un bel** ~, ganz schön dreist sein fam; **hai ancora il ~ di negare!**, du besitzt auch noch die Frechheit, zu leugnen!; **ci vuole un bel ~!**, da gehört ganz schön Mut dazu! fam; **non ne avrà il ~, spero!**, das wird er/sie sich nicht trauen, hoffe ich!; **con che ~ lo guarderò ancora in faccia?**, wie kann ich ihm jemals wieder ins Gesicht sehen? B inter impr (forza) nur Mut!, keine Angst!: ~, **andrà tutto bene!**, keine Angst, es wird alles gut gehen!; ~, **non è detta l'ultima parola!**, nur Mut, es ist noch nicht aller Tage Abend!/[das letzte Wort ist noch nicht gesprochen]! ● **avere il ~ delle proprie azioni** fig (assumersene la responsabilità), zu seinen Handlungen stehen; **il ~ della disperazione** fig (tipico delle situazioni senza via d'uscita), der Mut der Verzweiflung; **avere un ~ da leoni** fig (essere molto coraggioso), Löwenmut haben; **prendere il ~ a due mani** fig (affrontare con decisione), seinen Mut zusammennehmen, das Herz L in die Hand J / [beide Hände] nehmen.

coraggióso, (-a) agg (audace) {AZIONE, IMPRESA} mutig, kühn; {GENTE} anche tapfer.

coràle A agg **1** (unanime) {APPROVAZIONE} einhellig **2** fig lett (collettivo) kollektiv, gemeinschaftlich **3** mus {CANTO, COMPOSIZIONE} Chor- B m relig mus {+BACH} Choral m; (libro) Chorbuch n C f mus Chor m.

coralità <-> f lett (carattere collettivo) {+POEMA EPICO} Chorartigkeit f.

corallìfero, (-a) agg **1** (formato da coralli) {BANCO} Korallen-, korallenreich **2** (che produce coralli) korallentragend.

corallìno, (-a) agg **1** geog {BARRIERA, FORMAZIONE} Korallen- **2** (colore) {LABBRA} korallenrot.

coràllo A <inv> in funzione di agg {ABITO} korallenfarben, korallenrot; {ROSSO} korallen, Korallen- B m **1** zoo Korallentier n; (scheletro) Koralle f: ~ **azzurro/nero/rosso**, blaue/schwarze/rote Koralle **2** fig lett (rosso) Korallenrot n.

Coramina® f farm Coramin® n.

còram pòpulo loc avv lat (pubblicamente) {CONFESSARE} coram publico forb, öffentlich.

corànico, (-a) <-ci, -che> agg relig islamica {PRECETTO} Koran-.

Coràno m relig islamica Koran m.

coratèlla f gastr Innereien pl, Geschlinge n.

coràzza f **1** anche mil (armatura) {+METALLO} Rüstung f, Harnisch m, Panzer m: ~ **di cuoio**, Lederpanzer m, Panzer m aus Leder; (blinda) {+CARRO ARMATO} Panzerung f **2** fig (difesa) Panzer m, Selbstschutz m, Abwehr f: **si nasconde dietro la ~ dell'indifferenza**, er/ sie verbirgt sich hinter einem Panzer aus Gleichgültigkeit **3** sport (nel rugby) Brustschutz m **4** zoo (carapace) {+TARTARUGA} Panzer m.

corazzàre A tr **1** fig (immunizzare) ~ *qu* (*contro qc*) {FIGLIO CONTRO GLI INSUCCESSI} jdn (gegen etw acc) ab|schirmen, jdn (vor etw dat) schützen, jdn (vor etw dat) bewahren, jdn (gegen etw acc) feien forb **2** mil ~ *qc* {NAVE} etw panzern B rfl: **corazzarsi** (*contro qu/qc*) **1** fig (immunizzarsi) {CONTRO LE AVVERSITÀ} sich (gegen etw acc) panzern, sich (gegen jdn/etw) wappnen, sich (gegen jdn/etw) rüsten, sich (gegen jdn/etw) ab|schirmen **2** mil {CONTRO IL NEMICO} sich (gegen jdn/etw) panzern.

corazzàta f mil mar Panzerkreuzer m, Panzerschiff n.

corazzàto, (-a) agg **1** (blindato) {VETRO} Panzer-, Sicherheits- **2** fig (immune) ~ (*contro qc*) (gegen etw acc) gewappnet, (gegen etw acc) gefeit forb: **sono ~ contro il tuo sarcasmo**, ich bin gegen deinen Sarkasmus gefeit forb **3** mil {DIVISIONE, REPARTO} gepanzert, Panzer-.

corazzière m **1** (carabiniere) "Karabiniere m der Ehrengarde des italienischen Staatspräsidenten" **2** fig (persona alta) Hüne m, Riese m **3** mil stor Kürassier m.

còrba f (cesta) {+VIMINI} Korb m.

corbeille <-> f franc **1** (cesto) Blumenkorb m, Blumengesteck n: **una ~ di rose**, ein Rosengesteck **2** Borsa stor Börsenring m.

corbellàre tr fam tosc **1** (canzonare) ~ *qu* (*per qc*) {COMPAGNO DI SCUOLA PER UN DIFETTO DI PRONUNCIA} jdn (wegen etw gen) hänseln, jdn (wegen etw gen) foppen fam, jdn (wegen etw gen) veralbern, jdn (wegen etw gen) verspotten **2** (ingannare) ~ *qu* jdn überlisten, jdn hintergehen.

corbellerìa f fam **1** (azione) Blödsinn m fam, Unsinn m, Unfug m, Torheit f forb, Eselei f fam: **fare corbellerie**, Blödsinn fam an|stellen **2** (discorso) Unsinn m, Blödsinn m fam: **dire corbellerie**, Blödsinn fam reden.

corbèllo m **1** (cesto) Korb m **2** (contenuto) {+PERE} Korb m.

corbèzzoli inter obs Donnerwetter! fam, Donnerschlag! fam.

corbèzzolo m bot Erdbeerbaum m.

corcontènto mf fam (chi è spensierato) Sonnenkind n fam, Sonnenschein m fam.

còrda f **1** gener Seil n, Schnur f, Strang m, Strick m; {+RACCHETTA, VIOLINO} Saite f: ~ **di acciaio**, Stahlseil n; ~ **di canapa/nylon**, Hanf-/Nylon®schnur f **2** (trama) {+TESSUTO} Gewebe n, Faden m **3** aero {+PROFILO ALARE} Sehne f **4** alpin Seil n: ~ **doppia**, doppeltes Seil; ~ **fissa**, Leitseil n **5** anat {+TIMPANO} Band n: **corde vocali**, Stimmbänder m pl **6** arch mat {+ARCO, CERCHIO, CIRCONFERENZA} Sehne f **7** sport (nella ginnastica) Seil n; <di solito al pl> (nel pugilato) {+RING} Seile n pl **8** stor (tortura) Folterstrick m **9** tecnol: ~ **marcalinee**, Schlagschnur f ● **avere molte corde al proprio arco** fig (avere molte risorse), mehrere Eisen im Feuer haben fam; **camminare sulla ~** (fare il funambolo), seiltanzen; **avere la ~ al collo** fig (non essere più libero), den Hals/den Kopf in der Schlinge haben; **mettere la ~ al collo a qu** fig (sottometterlo), jdm die Schlinge um den Hals legen; **dare ~ a qu** fig fam (lasciare libertà a qu), jdn an der langen Leine führen fam, jdm freie Hand lassen; fig fam (dargli retta), auf jdn ein|gehen, jdm zu|hören, jdm sein Ohr leihen; ~ **dorsale** *zoo*, Chorda f; **essere giù di ~ fig fam** (*essere avviliti*), niedergeschlagen/geknickt *fam* /[nicht gut drauf *slang*] sein; **essere con la ~ al collo** *fig* (*essere sottomesso*), den Hals/den Kopf in der Schlinge haben; **mettere/stringere qu alle corde** *sport* (*nel pugilato*), jdn in die Seile drängen; *fig* (*non lasciare via d'uscita*), jdn in die Ecke treiben; **mostrare la ~ anche** *fig*, {TESSUTO, TESI} fadenscheinig sein; ~ **dei muratori** (*filo a piombo*), Senkschnur f, Leitfaden m; **dare ~ all'***orologio* (*caricarlo*), die Uhr aufziehen; **tagliare la ~ fig fam** (*fuggire*), sich abseilen *fam*, sich aus dem Staub machen *fam*, die Flatter machen *fam*; **tenere qu sulla ~ fig fam** (*nell'incertezza*), jdn auf die Folter spannen, jdn zappeln lassen *fam*; **tirar troppo la ~** *fig* (*esagerare con le richieste*), den Bogen überspannen; *fig* (*affaticarsi troppo*), sich überanstrengen, es zum Äußersten treiben; **toccare la ~ giusta** *fig* (*il punto giusto*), den richtigen Ton finden; **toccare una ~ sensibile** *fig* (*un punto delicato*), eine empfindliche Saite/Stelle berühren; **essere teso come le corde di un** *violino fig* (*molto nervoso*), ein Nervenbündel sein *fam*, zum Zerreißen gespannte Nerven haben; **vibrare come una ~ di** *violino fig* (*essere molto sensibile*), ˌzart-, feinbesaitet *anche scherz*ˌ/[mimosenhaft *anche spreg*]/ sein; **la ~ troppo tesa si spezza** *prov*, man soll den Bogen nicht überspannen; **non si parla di ~ in casa dell'impiccato** *prov*, im Hause des Gehenkten spricht man nicht von Strick *prov*.

cordàio, (-a) <-dai> m (f) **1** (*fabbricante*) Seiler(in) m(f) **2** (*venditore*) Seilverkäufer(in) m(f) **3** (*operaio*) Seiler(in) m(f), Seildreher(in) m(f).

cordàme m **1** (*assortimento di corde*) Seilerwaren f pl **2** *mar* Tau-, Seilwerk n.

cordàta f **1** *alpin* Seilschaft f **2** *fig* (*gruppo*) {+AGENTI DI CAMBIO} Gruppe f, Seilschaft f.

cordàto m <*di solito al pl*> *zoo* Chordaten pl.

cordiàle① agg **1** (*gentile*) ~ (**con qu**) {ABITANTI CON I TURISTI} freundlich (*zu jdm*), liebenswürdig (*zu jdm*) **2** (*sincero*) {ACCOGLIENZA, RAPPORTO, STRETTA DI MANO} herzlich, innig, warmherzig: ~ **saluti**, herzliche Grüße **3** (*profondo*) {ANTIPATIA} tief.

cordiàle② m **1** *enol* Stärkung f, Stärkungstrunk m **2** *gastr* (*brodo*) "Fleischbrühe f mit Ei und Zitronensaft".

cordialità <-> f **1** (*gentilezza*) Herzlichkeit f, Freundlichkeit f, Liebenswürdigkeit f, Warmherzigkeit f: **accogliere qu con ~**, jdn herzlich empfangen **2** <*di solito al pl*> (*in formule di cortesia*) herzliche Grüße m pl: **tante ~ alla Sua famiglia**, viele herzliche Grüße an Ihre Familie.

cordialménte avv **1** (*con gentilezza*) {RISPONDERE} herzlich **2** (*molto*) {ODIARE} zutiefst **3** (*nelle formule di cortesia*) herzlich: ~ **Suo**, herzlich(st) Ihr …

cordiglièra f *geog* Kordilleren f pl, Gebirgskette f: **la ~ delle Ande**, die Kordilleren Südamerikas, die Anden.

cordìno <*dim di corda*> m **1** Schnur f **2** *alpin* Reepschnur f.

còrdless *ingl tel* A <*inv*> agg {APPARECCHIO} schnurlos B m ~ schnurloses Telefon.

cordòglio <-*gli*> m **1** (*dolore*) Schmerz m, (tiefe) Trauer m, Kummer m, Gram m *forb*: **tutta la città partecipò al suo ~**, die ganze Stadt teilte ˌseine/ihre Trauerˌ/[seinen/ihren Schmerz] **2** (*condoglianza*) Beileid n: **abbiamo mandato un telegramma di ~**, wir haben ein Beileidstelegramm geschickt.

còrdolo m *edil* **1** (*trave*) {+SOLAIO} Träger m **2** (*bordo di corsia*) {+STRADA} Bord-, Rand-

stein m **3** (*strato di terra*) Dammstufe f.

cordonàta f **1** (*bordo di aiuola*) Beetumrandung f, Beetrand m **2** (*rampa*) Stufenrampe f.

cordonàto, (-a) agg {TAPPEZZERIA, TESSUTO} gerippt, Ripp-.

cordon bleu <- -, -s -s pl *franc*> m *franc gastr* Cordon bleu n.

cordoncìno <*dim di cordone*> m **1** Schnürchen n, Kordel f **2** *lavori femminili*: **punto a ~**, Kordonettstich m.

cordòne <*accr di corda*> m **1** *gener* Schnur f, Kordel f: ~ **del saio**, Gürtelschnur f; ~ **della tenda**, Vorhangschnur f **2** (*catena di persone*) Kordon m, Absperr-, Postenkette f, Sperrgürtel m, Absperrung f: ~ **di polizia**, Polizeiabsperrung f **3** *agr* Schnurbaum m: ~ **orizzontale/verticale**, waagrechter/senkrechter Schnurbaum **4** *anat* Schnur f, Strang m: ~ **spermatico**, Samenstrang m **5** *arch* Gesims n; *edil* {+MARCIAPIEDE} Bordsteinkante f, Rand-, Bordstein m; {+AIUOLA} Abgrenzung f, Umrandung f **6** *elettr* {+LAMPADA} Kabel n **7** *geog* Streifen m, Relief n: ~ **litoraneo**, Küstenstreifen m, Nehrung f; ~ **moren¡co**, Moränenrelief n **8** *mil* Sperrgürtel m, Kordon m **9** *tecnol* {+SALDATURA} Schweißnaht f, Schweißraupe f ● **allentare/sciogliere i cordoni della borsa** *fig* (*spendere*), den Beutel aufmachen; **stringere i cordoni della borsa** *fig* (*risparmiare*), den Beutel fest-, zuhalten; **tenere i cordoni della borsa** *fig* (*controllare le entrate e le uscite*), die Daumen auf die Ausgaben halten *fam*, die Haushaltskasse verwalten; ~ **ombelicale** *anat anche fig*, Nabelschnur f; **tagliare il ~ ombelicale** *anat*, die Nabelschnur durchtrennen/durchschneiden, das Neugeborene abnabeln; *fig* (*diventare autonomo*), sich ab|nabeln; ~ **sanitario** *fig med*, Cordon sanitaire m *forb*.

Còrdova f *geog* Córdoba n.

cordovàno, (-a) A agg {CUOIO} aus Córdoba B m (f) (*abitante*) Einwohner(in) m (f) von Córdoba C m (*cuoio*) Korduan(leder) n.

còre m *rom lett* → **cuore**.

corèa f *med* Veitstanz m, Chorea f *scient*.

Corèa f *geog* Korea n: ~ **del nord/sud**, Nord-/Südkorea n.

coreàno, (-a) A agg {GUERRA} koreanisch B m (f) (*abitante*) Koreaner(in) m (f) C m <*solo sing*> (*lingua*) Koreanisch(e) n.

core business <-> m *ingl econ* Core Business n.

coreògrafa f → **coreografo**.

coreografìa f **1** {+BALANCHINE, BÉJART, PETIPA} Choreografie f **2** *fig* {+ZAMPILLI D'ACQUA} Zusammenspiel n, Choreografie f.

coreogràfico, (-a) <-*ci*, -*che*> agg **1** (*di coreografia*) {PRODUZIONE, TECNICA} Choreografisch **2** *fig* (*spettacolare*) spektakulär, prunkvoll, imposant, grandios.

coreògrafo, (-a) m (f) Choreograf(in) m (f).

corèuta <-*i*> m **1** *lett* (*corista*) Chorsänger m **2** *lett* Choreut m.

corèutica f <-*che*> Tanzkunst f.

corèutico, (-a) <-*ci*, -*che*> agg (*relativo alla danza*) Tanzkunst-.

coriàceo, (-a) agg **1** (*duro*) {FOGLIA} ledern, lederartig; {CARNE} zäh, ledern **2** *fig* (*insensibile*) {ANIMO} hart, unempfindlich; {DONNA} unempfindlich, dickfellig *fam spreg*.

coriàle agg *anat*: **villi coriali**, Chorionzotten f pl.

coriàndolo m **1** <*di solito al pl*> Konfetti n, Koriandoli n A: **gettare/lanciare i coriandoli**, Konfetti werfen **2** *bot* Koriander m, Wanzendill m **3** *gastr* Koriander m.

coribànte m *mitol* Korybant m.

coribàntico, (-a) <-*ci*, -*che*> agg **1** *mitol* {FESTA} Korybanten, korybantisch **2** *lett* (*sfrenato*) {MOVIMENTO} korybantisch, orgiastisch.

coricàre <*corico, corichi*> A tr **1** (*adagiare*) ~ **qu** (+ *compl di luogo*) {FERITO SULLA BARELLA} jdn ˌ(hin|-, niederlegen, jdn irgendwohin betten; ~ **qc** (+ *compl di luogo*) {TRAVE SUL SELCIATO} etw (*irgendwohin*) (hin-, nieder)legen: **le raffiche di vento coricavano il grano**, die Windstöße legten den Weizen um **2** (*mettere a letto*) ~ **qu** {BAMBINO} jdn ins Bett legen, jdn zu Bett bringen **3** *agr* ~ **qc** (*VITE*) etw setzen B itr pron **1** (*mettersi a letto*): **coricarsi** (+ *compl di tempo*) {BAMBINO ALLE NOVE} (*irgendwann*) zu/ins Bett gehen: **è tardi, vai a coricarti!**, es ist spät, geh ˌins/zu Bettˌ/[schlafen]! **2** (*sdraiarsi*): **coricarsi** (+ *compl di luogo*) sich (*irgendwohin*) (hin-, nieder)legen: **mi sono coricata un po' sul divano**, ich habe mich ein bisschen aufs Sofa gelegt **3** *fig lett* (*tramontare*): **coricarsi** (+ *compl di tempo*) (*irgendwann*) unter|gehen: **il sole si corica presto d'inverno**, die Sonne geht im Winter früh unter.

corifèo, (-a) A m *lett teat stor* (*capo del coro*) Koryphäe f B m (f) *fig* (*capo*) {+MOVIMENTO CULTURALE, PARTITO} Führer(in) m (f), Initiator(in) m (f), Gründer(in) m (f).

corìmbo m *bot* Doldentraube f.

Corìnto f *geog* Korinth n.

corìnzio, (-a) <-*zi*> m A agg *anche arch* (*di Corinto*) {CAPITELLO, COLONNA, ORDINE, STILE} korinthisch B m (f) (*abitante*) Korinther(in) m (f) C m *arch* korinthischer Stil.

corìon <-> m *anat biol* Chorion n.

corìsta <-*i* m, -*e* f> *mus* A agg {CEMBALO} chorgeeignet, chortauglich B mf (*chi canta*) Chorsänger-in m (f) (*chi dirige*) Kantor-in m (f) C m (*diapason*) Stimmgabel f.

cormoràno m *ornit* Kormoran m.

còrna → **corno**.

cornàcchia f **1** *ornit* Krähe f **2** *fig spreg* (*pettegolo*) Schwätzer(in) m (f) *spreg*, Klatschbase f *fam spreg*, Klatschtante f *fam spreg* **3** *fig spreg* (*chi porta sfortuna*) Unglücks-, Unheilbringer(in) m (f).

cornamùsa f *mus* Dudelsack m, Dudelsackpfeife f: **suonare la ~**, den Dudelsack pfeifen/spielen.

cornàta f (*colpo di corna*) Hörnerstoß m: **dare una ~ a qu**, jdm einen Stoß mit den Hörnern versetzen.

cornatùra f (*disposizione delle corna*) {+ALCE} Geweih n, Gehörn n.

còrnea f *anat* Hornhaut f.

corneàle agg *anat* {EPITELIO} Hornhaut-.

corneificazióne f *anat* {+CUTE} Verhornung f.

còrneo, (-a) agg *anat* {TESSUTO, STRATO} Horn-, hornig, hörnern: **sostanza cornea**, Keratin n.

còrner <-> m *ingl sport* (*nel calcio*) Eckball m, Eckstoß m ● **salvarsi in ~** (*all'ultimo momento*), im letzten Augenblick retten, gerade noch mit einem blauen Auge davonkommen *fam*.

cornétta f **1** *sett centr tel* (*ricevitore*) Hörer m: **la ~ del telefono è staccata**, der Telefonhörer liegt daneben **2** *mus* (*strumento*) Kornett n; (*suonatore*) Kornettist(in) m (f).

cornettìsta <-*i* m, -*e* f> mf *mus* Kornettist(in) m (f).

cornétto <*dim di corno*> m **1** (*piccolo corno*) Hörnchen n **2** (*amuleto*) hornförmiges Amulett, Amulettchen n **3** <*di solito al pl*> *sett bot* (*fagiolino*) grüne Bohnen f pl

4 bot {+VITE} Schössling m **5** gastr (croissant) Hörnchen n, Croissant n **6** mus (Krumm)horn n **7** tecnol: ~ dell'incudine, Amboss-horn n ● ~ acustico stor (apparecchio acustico), Hörrohr n.

cornflakes, corn-flakes m pl ingl gastr Cornflakes pl.

cornice f **1** (telaio) {DORATA, LACCATA; +QUADRO, SPECCHIO} Rahmen m, Einrahmung f, Einfassung f: **mettere una stampa in ~**, einen Druck einrahmen lassen **2** fig (contorno) Rahmen m, Um-, Einrahmung f: **i monti fanno da ~ al lago**, die Berge umrahmen den See; **i riccioli le facevano da ~ al viso**, die Locken umrahmten ihr Gesicht; **numerose manifestazioni fanno da ~ all'evento**, zahlreiche Veranstaltungen umrahmen das Ereignis **3** fig (atmosfera) Rahmen m, Atmosphäre f: **la premiazione si è svolta in una suggestiva ~**, die Preisübergabe fand in einem stimmungsvollen Rahmen statt **4** fig lett (racconto-contenitore) {+DECAMERONE} Rahmen m, Rahmenerzählung f **5** alpin {+ROCCIA} Gesims n: **~ nevosa**, (Schnee)wechte f **6** arch {+MOBILE, PANNELLO, VETRATA} (Ge)sims n: **~ della finestra/porta**, Fenster-/Türrahmen m **7** elettr {LUMINOSA} Rahmen m, Umfassung f **8** inform Rahmen m **9** tip {+PAGINA} Rahmen m ● **vale più la ~ del quadro** anche fig (gli elementi secondari valgono più di quelli essenziali), die Verpackung ist mehr wert als der Inhalt, die Hülle ist mehr wert als der Kern.

cornicétta f {+ARGENTO} kleiner Rahmen, Rähmchen n.

corniciàio, (-a) <-ciai m> m (f) **1** (fabbricante) Rahmenhersteller(in) m(f) **2** (venditore) Rahmenverkäufer(in) m(f).

corniciòne m edil Kranzgesims n.

cornificàre (cornifico, cornifichi) tr scherz (tradire) ~ **qu** {MARITO} jdm Hörner auf|setzen fam, jdn betrügen.

còrniola① f (frutto) Kornelkirsche f.

corniòla② f min Karneol m.

còrniolo m bot Kornelkirsche f, Dirlitze f.

cornìsta <-i m, -e f> mf mus Hornist(in) m(f), Hornbläser m.

còrno m **1** <pl: -a f> zoo {+MUCCA} Horn n; {+ALCE} Geweih n: **cervo con corna a sei palchi**, Sechsender m; {+LUMACA} Fühler m **2** <solo sing> (materiale) Horn n **3** <pl: -i m> (oggetto) Horn n; (portafortuna) {+CORALLO} Amuletthorn n **4** <pl: -i m> (punta) {+INCUDINE, LUNA} Horn m, Spitze f **5** <pl: -i m> (da scarpe) Schuhlöffel m, Stiefelanzieher m **6** <pl: -a f> fig scherz (bernoccolo) Beule f **7** fig fam (niente): **non ... un ~**, kein bisschen, keine Spur, nicht die Bohne fam; **non capisci un ~!**, du verstehst rein ‚gar nichts‚/[einen Dreck fam/Scheiß volg]!; **non me ne importa un ~!**, es kümmert mich einen ‚Dreck fam/[Scheiß volg]! **8** <pl: -i m> anat {FRONTALE, OCCIPITALE} Horn n, Cornu n scient **9** <pl: -i m> mar Horn n ● **~ da nebbia**, Nebelhorn n **10** <pl: -i m> mus (Hüft)horn n: **~ da caccia/naturale**, Jagd-, Waldhorn n; **~ bassetto/inglese**, Bassett-/Englischhorn n; **suonare il ~**, das Horn blasen ● **abbassare le corna** fig fam (deporre l'orgoglio), klein beigeben, den Schwanz einziehen fam; **~ dell'abbondanza** (cornucopia), Füllhorn n; **Corno d'Africa** geog, das Horn von Afrika; **corni dell'altare** (angoli), Altarseiten f pl; **alzare le corna** fig fam (insuperbirsi), die Nase hoch tragen fam; **avere/portare le corna** fig (essere tradito), gehörnt sein fam scherz; **avere qu/qc sulle corna** fig fam (provare antipatia per qu/qc), jdn/etw bis oben (satt)haben fam; **corni del dilemma** (le due possibili alternative), die Alternativen eines Dilemmas; **dire (peste e) corna di qu** fig (par-

larne male), kein gutes Haar an jdm lassen fam, über jdn herziehen fam; **corni dell'epistola/del vangelo** (la destra e la sinistra del sacerdote), Epistel-/Evangelienseite f; **facciamo le corna!** fig fam (per scaramanzia), klopfen wir dreimal auf Holz!; **fare/mettere le corna a qu** fig fam (tradire la moglie), jdn betrügen; (il marito) anche jdm Hörner auf|setzen fam; **ha più corna di un cesto di lumache** fig fam (aver subito molti tradimenti), er kommt mit seinem Geweih nicht mehr durch die Tür scherz; **rompersi/spezzarsi le corna** fig (essere gravemente sconfitto), sich (dat) den Kopf einrennen, eine Schlappe/Niederlage einstecken/erleiden; **rompere/spezzare le corna a qu** fig fam (picchiare), jdn verprügeln, jdm das Fell/Leder gerben; fig fam (battere moralmente), jdm den Stolz brechen; **un ~!** fig fam (di rifiuto), den Teufel/einen Scheiß (werde ich tun, etc.)! volg.

Cornovàglia f geog Cornwall n.

cornucòpia f (corno) Füllhorn n.

cornùto, (-a) **A** agg **1** zoo {MAMMIFERO} Horn-, hörnertragend, gehörnt **2** fig fam (tradito) {MOGLIE} betrogen; {MARITO} gehörnt fam scherz: **~ e contento**, Hahnrei, aber zufrieden scherz **B** f fig fam (donna tradita) Betrogene f decl come agg **C** m fig fam (uomo tradito) Betrogener m decl come agg, Gehörnte m decl come agg fam scherz, Hahnrei m spreg, Hirsch m spreg **D** inter impr fig volg (insulto) Scheißkerl! m volg, Arschloch! n volg.

còro **A** m **1** (canto) {+ALPINI, STUDENTI} Chor(gesang) m **2** fig (concerto) {+BAMBINI URLANTI, GRILLI, UCCELLI} Chor m, Konzert n **3** fig (insieme) Chor m: **~ di grida/proteste**, Geschrei n fam/Protestchor m **4** arch {+DUOMO} Chor m; (scranni) Chorgestühl n **5** mus {POLIFONICO; +CHIESA, FANCIULLI, VOCI BIANCHE} (Sprech)chor m; **~ a cappella**, A-cappella-Chor m; (composizione) Chor(lied n) m **6** relig Choral m; (ordine) {ANGELICO; +BEATI} Chor m **7** teat {+TRAGEDIA GRECA} Chor m **B** loc avv anche fig (all'unisono): **in ~** {CANTARE, RISPONDERE} im Chor, einstimmig ● **andare/cantare fuori dal ~** fig (essere in disaccordo con la maggioranza), nicht mit den Wölfen heulen fam; **far ~ a qu** fig (appoggiare qu), mit jdm übereinstimmen.

corografìa f geog Chorographie f.

corogràfico, (-a) <-ci, -che> agg geog {DIZIONARIO} chorographisch.

coròlla f bot {+FIORE} Korolla f, Krone f.

corollàrio <-ri> m **1** filos mat Korollar(ium) n **2** (appendice) {+DISCORSO} Zusatz m.

coróna f **1** (ornamento) {+RE, REGINA} Krone f **2** (ghirlanda) {+FIORI, SPIGHE} Kranz m, Girlande f: **~ funebre/mortuaria**, (Grab)kranz m; **~ di spine**, Dornenkrone f **3** (moneta, abbr Kr) Krone f: **~ danese/norvegese/svedese**, dänische/norwegische/schwedische Krone **4** fig (serie) {+AVVERBI} Reihe f **5** fig (cornice) {+MONTAGNE, VETTE} Kranz m, Ring m **6** fig (cerchio) Kreis m, Ring m, Schar f, Gruppe f: **disporsi a ~**, sich im Kreis aufstellen; **fare ~ (intorno) a qu/qc**, jdn/etw umringen **7** fig (potere) Krone f, Herrschaft f; **deporre/perdere la ~**, die Krone niederlegen/verlieren; **prendere la ~**, die Krone aufsetzen; **usurpare la ~**, die Macht an sich reißen **8** fig (monarchia) {OLANDESE} Krone f, Reich n; (monarca) **Corona**, Krone f **9** astr Strahlenkranz m, Hof m, Aureole f: **~ solare**, Korona f, Strahlenkranz m der Sonne **10** autom {+DIFFERENZIALE, INNESTO} Rad n, Kranz m **11** bot (Baum)krone f **12** edil (Be)krönung f, Kranzgesims n: **~ nel sottosuolo/sottotetto**, Bekrönung f im Untergeschoss/Dachboden **13** mat Ring m: **~ circo-

lare**, Kreisring m **14** min First m, Gebirgskamm m: **~ di carotaggio/sonda**, Kernbohrungs-/Sondenfirst m **15** mus Fermate f **16** relig (rosario) Rosenkranz m ● **~ di alloro/lauro** (simbolo di gloria poetica), Lorbeerkranz m; **~ atletica** sport, Siegeskranz m des Athleten; **~ di capelli** relig, Tonsur f, Haarkranz m; **~ di carica** mecc, Spindelkranz m; **~ dentaria/dentale** anat, (Zahn)krone f; **~ dentata** mecc, Zahnkranz m, Kronrad n; **~ ferrea** stor medievale, Eiserne Krone; **~ di fiori d'arancio** (delle spose), Myrtenkranz m; **~ olimpica** sport, olympischer Siegeskranz; **~ di pampini** mitol, Weinblattkrone f; **~ del rosario** relig, Rosenkranz m; **~ dei santi** relig, Heiligenschein m; **~ di Venere** med, Corona f Veneris (papulöses Syphilid auf der Stirn); **~ della vittoria** fig (successo), Siegeskranz m.

coronàle agg **1** anat {OSSO, SUTURA} Kranz-, Kron- **2** astr {GAS} die Korona betreffend.

coronaménto m **1** fig (compimento) {+SOGNI DI QU, VITA DI QU} (krönender) Abschluss, Krönung f, Vollendung f: **è stato il ~ di tanti anni di ricerca**, das war die Krönung so vieler Forschungsjahre **2** arch {+CONTRAFFORTE, EDIFICIO} krönender Abschluss, Bekrönung f, Krone f **3** mar {+NAVE} Heckreling f.

coronàre **A** tr **1** (circondare) **~ qu/qc** {FRAGOLE TORTA; MURA BORGO; SIEPE GIARDINO} jdn/etw {mit etw dat} umgeben, jdn/etw umschließen **2** (premiare) **~ qc** {SUCCESSO ANNI DI FATICA} etw krönen **3** fig (concludere) **~ qc (con qc)** {CARRIERA CON UN CAPOLAVORO} etw (mit etw dat) vollenden, etw (mit etw dat) ab|schließen **4** fig (realizzare) **~ qc** {IL PROPRIO SOGNO} etw verwirklichen **5** raro lett (incoronare) **~ qu/qc (di qc)** jdn/etw (mit etw dat) (be)krönen; {DONNA DI FIORI} jdn/etw (mit etw dat) bekränzen, jdn/etw (mit etw dat) krönen: **~ d'alloro il capo di qu**, jds Haupt mit Lorbeer bekränzen **B** rfl **1** indir (incoronarsi): **coronarsi qc (di qc)** {DI SPIGHE} sich mit etw (dat) schmücken: **coronarsi vincitore**, sich zum Sieger kränzen **2** fig lett (fregiarsi): **coronarsi di qc** {DI GLORIA} sich mit etw (dat) bedecken.

coronària f <di solito al pl> anat Kranzgefäß n.

coronàrico, (-a) <-ci, -che> agg anat med {INSUFFICIENZA} koronar scient; {UNITÀ} kardiologisch scient.

coronàrio, (-a) <-ri m> agg **1** anat {ARTERIA, VASO} koronar scient, Kranz- **2** lett (di corona) den Dichterkranz betreffend.

coronarografìa f med Koronarographie f scient.

coronavirus <-> m biol Coronavirus n.

corpétto m **1** (camiciola) {+NEONATO} Leibchen n **2** (panciotto) {+UOMO} Weste f **3** (corpino) {+DONNA} Mieder n, Oberteil n des Kleides **4** mil "zur Marineuniform gehörendes blaues Wollhemd".

corpino m Mieder n, Oberteil n o m des Kleides.

còrpo **A** m **1** (oggetto) {COLORATO, GRIGIO} Körper m, Stoff m, Masse f: **~ contundente**, Schlagkörper m; fis {ELASTICO, GASSOSO, OPACO, TRASPARENTE} Körper m **2** (fisico) {ASCIUTTO, SLANCIATO} Körper(bau) m: **aver cura del proprio ~**, seinen Körper pflegen, auf Körperpflege achten; **il ~ umano**, der menschliche Körper; (tronco) Rumpf m, Leib m; (pancia) Bauch m **3** (fisicità) Körper m, Leib m: **il ~ e l'anima**, Leib und Seele; **persone colpite nel ~ e nello spirito**, ‚physisch und psychisch‚/[in Leib und Seele] getroffene Leute **4** (salma) {+CADUTI IN GUERRA} Leiche f, Leib m, Leichnam m **5** (carogna)

(Tier)leiche f, Aas n: **lungo la sponda c'erano i corpi di due cani**, am Ufer lagen zwei Hundeleichen **6** (*insieme*) {+PODERI} Gruppe f, Block m **7** *fig* (*consistenza*) Gestalt f: **prende – l'ipotesi che ...**, die Hypothese, dass ..., nimmt Gestalt an; **dar ~ a qc**, {AD UN'IDEA} *etw* (dat) Gestalt/Form geben, *etw* verwirklichen; {AD UNA SPERANZA} *a etw* (dat) berechtigen, Grund zu *etw* (dat) geben **8** *aero mar* {+AEREO, NAVE} Rumpf m **9** *anche amm* (*collegio*) Körper m, Körperschaft f: **~ accademico/consolare/elettorale/insegnante**, Professorenschaft f/Konsularkorps m/Wählerschaft f/Lehrkörper m **10** *anat biol* **~ calloso**, (Gehirn)balken m; **~ cavernoso/luteo/vitreo**, Schwell-/Gelb-/Glaskörper m **11** *artiglieria* {+BOMBA, PROIETTO} Gehäuse n **12** *autom* {+CILINDRI} Block m **13** *edil* {+PALAZZO} Haupt-, Mittelteil m **14** *enol* Körper m: **un vino che ha ~**, ein körperreicher/vollmundiger Wein **15** *ferr* {+ASSE, RUOTA} Körper m **16** *fot* {+MACCHINA FOTOGRAFICA} Gehäuse n **17** *lett* (*corpus*) {+DIRITTO ROMANO, OPERE DI GOETHE} Korpus n, Sammlung f, Sammelwerk n **18** *lett* (*parte sostanziale*) {+ARTICOLO} Hauptteil m, Hauptstück n **19** *mat* {ABELIANO, COMMUTATIVO} Körper m **20** *mil polit* Korps m, Truppe f: **~ degli alpini**, Gebirgsjägertruppe f; **~ d'armata**, Armeekorps n; **~ di guardia**, Wachmannschaft f; **~ scelto**, Elitetruppe f; **~ dei vigili del fuoco**, Feuerwehrkorps m **21** *mus* {+VOCE} Klangkörper m, Korpus n o m; {+VIOLONCELLO} Schallkasten m **22** *tecnol* {CILINDRICO; +CALDAIA, COMPRESSORE, POMPA} Mantel m, Trommel f: **~ riscaldante**, Heizkörper m **23** *tip* (*grandezza del carattere*) Schriftgrad m, Korpus m: **~ 12**, Korpus 12 **B** *loc sost m* **mil sport** (*in diretto contatto fisico*): **~**, Nahkampf m **C** <inv> *loc agg avv* (*a diretto contatto fisico*): (**a**) **~ a ~**, {COMBATTERE} Mann gegen Mann; {LOTTA} Nah- • **a ~ arte** (*nella pittura*), {COLORE} dick aufgetragen, satt, voll; **andare di ~** *fam eufem* (*defecare*), Stuhlgang haben; **essere due corpi e un'anima** *fig* (*un'entità unica*), ein Herz und eine Seele sein; **avere qc in ~** *fig* (*essere tormentato da qc*), *etw* auf dem Herzen/Magen (liegen) haben; **~ di Bacco!** *fam obs*, Donnerwetter! *fam*; **~ di ballo** (*nella danza*), Corps n de Ballet, Ballett n, Ballettgruppe f; **buttarsi a ~ morto + compl di luogo** *fig* (*con tutto il peso*), {GIÙ PER LA DISCESA} sich kopfüber (*irgendwohin*) stürzen; {SUL LETTO} sich mit dem ganzen Gewicht (*irgendwohin*) werfen/fallen lassen; **buttarsi a ~ morto in qc** *fig* (*con molto slancio*), {IN UN'ATTIVITÀ} sich kopfüber in *etw* (acc) stürzen; **corpi celesti** *astr*, Himmelskörper m pl; **~ composto/semplice** *chim*, Verbindung f/{Element n, Grundstoff m}; **il ~ di Cristo** *fig relig*, der Leib Christi, Corpus Christi n; **~ del delitto/reato** *dir*, Corpus Delicti n; **~ estraneo** *med anche fig* (*elemento estraneo*), Fremdkörper m; **~ di fabbrica**, Gebäudeteil m; **far ~ a sé fig** (*essere autonomo*), eigenständig sein; **far ~ con qc** *fig* (*essere un tutt'uno*), {FIENILE CON LA STALLA} mit *etw* (dat) ein Ganzes bilden; **a ~ libero** *sport*, {ESERCIZIO} Frei-; **mettere qc in ~** (*mangiare e bere*), *etw* zu sich (dat) nehmen; **~ mistico di Gesù** *relig*, mystischer Leib Christi; **~ morto** *mar*, Bajonanker m; **~ nero** *fis*, schwarzer/planckscher Strahler, Temperaturstrahler m; **dar ~ alle ombre** *fig* (*dare importanza a ciò che non ne ha*), Gespenster sehen, aus einer Mücke einen Elefanten machen *fam*; **dover passare sul ~ di qu** *fig* (*vincerlo*), über jds Leiche gehen müssen; **~ sazio non crede a digiuno** *prov*, ein voller Bauch glaubt nicht an den Hunger.

corpomòrto m *mar* Bajonanker m.

corporàle① agg (*del corpo*) {BISOGNO, NECESSITÀ} körperlich, leiblich, {PENA} Körper-.

corporàle② m *relig* Korporale n.

corporalità <-> f Körperlichkeit f, Leiblichkeit f.

corporation <-> f *ingl comm* Corporation f (*Kapitalgesellschaft in den USA*).

corporativìsmo m *polit* Korporativismus m; (*sistema*) Korporativsystem n.

corporativìstico, (-a) <-ci, -che> agg *polit* (*di corporatismo*) {ORGANIZZAZIONE, STRUTTURA} korporativ.

corporativizzàre **A** *tr* **~ qc** *etw* in eine Korporation umwandeln **B** *itr pron* **corporativizzarsi** sich in eine Korporation verwandeln.

corporativizzazióne f Korporativisierung f.

corporatìvo, (-a) agg **1** (*di corporazione*) {SPIRITO} körperschaftlich, korporativ **2** *polit* Korporativ-.

corporatùra f (*costituzione*) Körperbau m, Körperbildung f: **essere di ~ robusta**, einen kräftigen Körperbau haben, kräftig/robust sein.

corporazióne f **1** *amm comm* (*associazione*) Körperschaft f, Korporation f; (*categoria professionale*) Zunft f **2** *stor* {+ARTI E MESTIERI} Zunft f, Innung f; {FASCISTA} Korporation f (*zusammengelegter Arbeitgeber- und Arbeitnehmerverband*).

corporeità <-> f (*fisicità*) Körperlichkeit f.

corpòreo, (-a) agg **1** (*del corpo*) körperlich, leiblich, {PESO, TEMPERATURA} Körper- **2** (*materiale*) {SOSTANZA} materiell.

corposità <-> f **1** (*compattezza*) {+IMPASTO} Kompaktheit f, (*densità*) {+PITTURA} Körperbetontheit f; {+COLORI} Sattheit f **3** *enol* {+VINO} Vollmundigkeit f.

corpóso, (-a) agg **1** (*compatto*) {IMPASTO} dicht, kompakt, fest **2** (*denso*) {PITTURA} körperbetont; {COLORI} satt, voll **3** *enol* {VINO} voll(mundig), körperreich.

corpulènto, (-a) agg **1** (*robusto*) {UOMO} korpulent, beleibt, stark **2** *fig* (*rozzo*) {FANTASIA} blühend.

corpulènza f (*robustezza*) Korpulenz f, Beleibtheit f, Körperfülle f.

còrpus <-> m *lat* **1** *lett* (*raccolta*) {+ISCRIZIONI LATINE} Korpus n, Sammlung f **2** *ling* (*campione*) Korpus n.

corpuscolàre agg *fis* {RADIAZIONE, TEORIA} korpuskular, Korpuskular-.

corpùscolo <*dim di corpo*> m **1** Körperchen n **2** *fis* Korpuskel n, Teilchen n: **~ atmosferico**, atmosphärisches Teilchen n **3** *anat biol* {BASALE, RENALE} (Blut)körperchen n: **~ del Malpighi**, Nieren-, Malpighi-Körperchen n.

Còrpus Dòmini <-> *loc sost m relig* Fronleichnam m.

Corradìno m (*nome proprio*) Konradin • **~ di Svevia** *stor*, Konrad von Schwaben.

Corràdo m (*nome proprio*) Konrad m.

corrèa f → **correo**.

corredàre *tr* (*dotare*) **~ qc di qc** {BIBLIOTECA DI LIBRI, LABORATORIO DI STRUMENTI} *etw* mit *etw* (dat) aus|statten, *etw* mit *etw* (dat) versehen; {TESTO DI NOTE} *etw* mit *etw* (dat) versehen.

corredàto, (-a) **A** *part pass* di **corredare** **B** agg (*provvisto*) **~ di qc**: **etw mit etw** (dat) ausgestattet, *mit etw* (dat) versehen: **una domanda per il concorso corredata di curriculum**, eine Bewerbung mit (angehängtem) Lebenslauf.

corredìno <*dim di corredo*> m (*biancheria per neonato*) Säuglings-, Babyausstattung f.

corrèdo m **1** (*dotazione*) {+NEONATO, SPOSA, SUORA} Aussteuer f: **preparare il ~** (*nuziale*), die Aussteuer/Brautausstattung besorgen/zusammenstellen **2** (*attrezzatura*) {+LABORATORIO, UFFICIO} Ausstattung f, Ausrüstung f **3** *fig* (*patrimonio*) **~ di qc** Fundus m *an etw* (dat), Grundstock m *an etw* (dat), Schatz m *an etw* (dat): **ha un ricco ~ di erudizione**, er/sie hat eine solide Bildung,/[einen reichen Bildungsschatz] **4** *fig* (*apparato*) {+CITAZIONI, NOTE} Apparat m, Belegung f: **una grammatica con un ampio ~ di esempi**, eine Grammatik mit einem ausführlichen Beispiel-Apparat • **~ cromosomico** *biol*, Chromosomensatz m; **~ funebre** *antrop*, Leichenausstattung f.

corrèggere {*coniug come* **leggere**} **A** *tr* **1** (*eliminare imperfezioni, errori*) **~ qc** {COMPITO, ERRORE, SCRITTO, TRADUZIONE} *etw* korrigieren, *etw* verbessern, *etw* berichtigen: **~ le bozze di stampa**, (die Fahnen) Korrektur lesen **2** (*modificare*) **~ qc** {IL PROPRIO STILE DI VITA} *etw* ändern; {CORSO DI UN FIUME, DOCUMENTO, LEGGE, PROGETTO DI UNA VILLA, ROTTA} *anche etw* korrigieren **3** (*riprendere*) **~ qu** {ALLIEVO, FIGLIO} *jdn* zurecht|weisen, *jdn* tadeln: **la vuoi smettere di correggermi!**, hörst du endlich auf damit, [mich zurechtzuweisen,/an mir herumzukritisieren *fam*]! **4** (*mitigare*) **~ qc** {GIUDIZIO AVVENTATO} *etw* mildern **5** *gastr* (*aggiungere*) **~ qc** (**con qc**) {LATTE COL COGNAC, VINO CON ACQUA} *etw* (dat) *etw* bei|mischen, *etw* (dat) *etw* bei|geben, *zu etw* (dat) *etw* dazu|geben, **~ il caffè**, "dem Kaffee etwas Likör (o. Ä.) hinzufügen" **6** *med* **~ qc** (**con qc**) {DIFETTO FISICO CON UN INTERVENTO} *etw* (*durch etw* acc) korrigieren, {MIOPIA CON LE LENTI A CONTATTO} *anche etw* mit *etw* (dat) aus|gleichen **B** *itr pron* **1** (*migliorarsi*): **correggersi** sich bessern **2** (*liberarsi*): **correggersi da/di qc** {DI UN VIZIO} sich (dat) *etw* ab|gewöhnen: **correggersi dalla brutta abitudine di mentire**, sich (dat) das Laster des Lügen(s) abgewöhnen **3** (*riprendersi*): **correggersi** sich verbessern, sich korrigieren: **il relatore si è corretto più volte**, der Referent hat sich mehrmals korrigiert.

corrèggia <-ge> f (*cinghia*) Riemen m.

corrèggibile agg (*che si può correggere*) {ERRORE} verbesserlich, verbesserbar.

corregionàle **A** agg (*che è della stessa regione*) heimatlich, aus der gleichen Gegend stammend **B** *mf* (*che è della stessa regione*) Landsmann m, (Landsmännin f).

correlàre *tr* (*collegare*) **~ qc** (**a qc**) *etw zu etw* (dat) in (Wechsel)beziehung stellen, *etw* in eine Korrelation *forb* zu/mit *etw* (dat) bringen: **i due fatti non possono essere correlati**, die beiden Tatsachen können nicht in Beziehung zueinander gestellt werden; **il fenomeno è strettamente correlato alla mancanza di lavoro**, das Phänomen ₍ist eng mit dem Mangel an Arbeitsplätzen verbunden,/[hat viel mit dem Mangel an Arbeitsplätzen zu tun]).

correlatìvo, (-a) agg **1** (*in correlazione*) {ELEMENTI, IDEE} korrelativ *forb*, wechselseitig **2** *gramm* (AGGETTIVO, AVVERBIO) Korrelativ-.

correlazióne f **1** (*relazione reciproca*) Korrelation f *forb*, Wechselbeziehung, Verbindung f: **i due fatti sono in ~**, die beiden Tatsachen ₍korrelieren *forb*,/[bedingen sich gegenseitig]; **mettere in ~ un evento con un altro**, ein Ereignis mit einem anderen in Verbindung bringen; **si pensa ci sia una ~ tra il buco nell'ozono e l'aumento dei tumori della pelle**, man geht davon aus, dass zwischen dem Ozonloch und den zunehmenden Fällen von Hautkrebs eine Verbindung besteht **2** *gramm* Korrelation f: **~ dei tempi**, Zeitenfolge f.

corrènte① agg **1** (*che scorre*) {ACQUA} fließend, laufend, strömend **2** (*in corso*) {ANNO,

MESE} laufend **3** *fig* (*diffuso*) {OPINIONE, PREGIUDIZIO, USO, VOCABOLO} geläufig, landläufig; {GUSTO, MODO DI DIRE, MORALE, PREZZO} üblich, gewöhnlich **4** *fig* (*scorrevole*) {LINGUAGGIO} geläufig, gängig; {STILE} flüssig, fließend: **parlare un tedesco ~**, fließend Deutsch sprechen **5** *fig* (*ordinario*) {MATERIALE} mittelmäßig, gewöhnlich; {MERCE} gangbar, gängig **6** *fig* (*senza intervalli*) {FREGIO} (durch)laufend, durchgehend **7** *econ* {MONETA} im Umlauf (befindlich), gültig, kursierend • **essere al ~ di qc** (*essere informato*), über etw (acc) auf dem Laufenden sein; **mettere/tenere qu al ~ di qc** (*informare*), jdn von etw (dat) in Kenntnis setzen, jdn über etw (acc) auf dem Laufenden halten; **tenersi al ~ di qc** (*tenersi aggiornato*), sich über etw (acc) auf dem Laufenden halten.

corrènte[2] f **1** *gener* {CALDA, FREDDA; +FIUME, ecc.} Strömung f, Strom m: **abbandonarsi alla ~**, sich der Strömung überlassen; **andare con la ~**, mit dem Strom/der Strömung fahren/schwimmen; **qui la ~ è molto forte**, hier ist die Strömung sehr stark; **~ del Golfo**, Golfstrom m; **~ marina**, Meeresströmung f; **navigare contro (la) ~**, stromaufwärts fahren; **i salmoni risalgono la ~**, die Lachse schwimmen stromaufwärts; **~ di superficie/profondità**, Oberflächen-, Tiefenströmung f **2** *fam* (*spiffero*) (Luft)zug m: **chiudi la porta, c'è ~!**, mach die Tür zu, es zieht!; **non stare in mezzo alla ~!**, steh nicht mitten im (Luft)zug! **3** *anche fig* (*flusso*) {+SCAMBI COMMERCIALI, TRAFFICO} Strom m: **~ d'aria**, Luftströmung f, Luftstrom m; **~ migratoria**, Migrationsbewegung f **4** *fig* (*movimento*) {FILOSOFICA} Bewegung f; {LETTERARIA} Strömung f; {POLITICA} *anche* Richtung f: **~ artistica**, Kunstrichtung f; (*gruppo*) {+DESTRA, SINISTRA} Gruppe f, Flügel m **5** *elettr* {BIFASE, DEBOLE, DIRETTA, FORTE, INVERSA, MONOFASE} Strom m; **~ alternata** (abbr c.a.), Wechselstrom m; **~ ad alta/bassa frequenza**, Stark-/Schwachstrom m; **~ anodica/catodica**, Anoden-/Kathodenstrom m; **~ continua** (abbr c.c.), Gleichstrom m; **~ elettrica unidirezionale**, Gleichstrom m; **~ indotta**, Neben-, Induktionsstrom m; **inserire/togliere la ~**, den Strom an-/ausschalten; **~ laminare/turbolenta**, laminare/turbulente Strömung; **manca la ~**, der Strom ist ausgefallen; **è tornata la ~**, es fließt wieder Strom • **~ aerea** *meteo*, Luftstrom m; **andare contro ~**, stromaufwärts fahren; *fig* (*essere anticonformisti*), gegen den Strom schwimmen; **~ ascensionale** *meteo*, Konvektion f; **~ a getto** *meteo*, "Luftströmung f auf der Höhe der Tropopause"; **~ di lava** *geol*, (Lava)strom m; **navigare/risalire la ~** *fig* (*pensare in modo diverso dalla maggioranza*), gegen den Strom schwimmen; **~ orizzontale** *edil*, Streck-, Horizontalgurt m; **~ di pensiero**, geistige Strömung; **~ radente xxx**, "parallel zur Küste und küstennah verlaufende Strömung"; **~ di ritorno/trazione** *ferr*, Rückstrom m/[Fahr-, Bahnstrom] m; **~ di scambio** *econ*, Austauschvolumen n; **seguire la ~**, stromabwärts fahren; *fig* (*essere conformisti*), mit dem Strom schwimmen, mit den Wölfen heulen *fam*; **~ stellare** *astr*, Fixsternbewegung f; **~ tettonica** *geol*, tektogene Prozesse; **~ di torbidità** *geol*, Trübestrom m.

corrènte[3] *an* m **1** *arch* Gurt m **2** *aero* {+FUSOLIERA} Holm m; *mar* {+SCOLO} Weger m, Planke m, Stringer m.

correnteménte *avv* **1** (*speditamente*) {PARLARE} fließend **2** (*comunemente*) {USARE UNA PAROLA} allgemein.

correntìsta <-i *m*, -e *f*> mf *banca* (Giro)kontoinhaber(in) m(f) • **~ postale**, Post(giro)kontoinhaber(in) m(f).

corrèo, (-a) m (f) *dir* Mittäter(in) m(f).

córrere <*irr* corro, corsi, corso> **A** *itr* <*essere* con meta espressa o sottintesa o *avere* quando si intende l'azione in sé> **1** (*spostarsi velocemente a piedi*) {BAMBINO} laufen, rennen: **il cavallo correva al galoppo**, das Pferd galoppierte **2** (*viaggiare a velocità sostenuta*) {AUTISTA, AUTOMOBILE, TRENO} (schnell) fahren, rasen: **~ ai 180 all'ora**, mit 180 Stundenkilometern fahren **3** (*precipitarsi*) ~ (+ *compl di luogo*) (*irgendwohin*) laufen, (*irgendwohin*) eilen, (*irgendwohin*) stürzen: **~ al telefono**, zum Telefon laufen/stürzen; **corsi subito da lei**, ich lief sofort zu ihr; **corri a casa/[chiamare aiuto]!**, lauf [nach Hause]/[und hole Hilfe]!; **corse a chiamare il medico**, er/sie lief, um den Doktor herbeizuholen; **il ragazzo corse con la bici a ritirare i biglietti al botteghino**, der Junge fuhr mit dem Fahrrad schnell zur Kasse, um die Karten zu holen **4** (*andare veloce*) **~ a qc** {MANO ALLA TASCA} (*irgendwohin*) greifen: **i suoi occhi corsero alla finestra**, sein/ihr Blick fiel aufs Fenster **5** (*andare*) **~ a qu/qc** {PENSIERO ALLA MADRE} zu jdm eilen, sofort bei jdm sein: **la sua mente corse a un ricordo**, in ihm/ihr stieg eine Erinnerung auf **6** (*scorrere*) ~ (+ *compl di luogo*) {ACQUA LUNGO IL MURO; SANGUE NELLE VENE} (*irgendwo*) fließen: **il fiume correva nel canyon**, der Fluss floss im Canyon; **il sudore gli correva lungo la schiena**, der Schweiß lief ihm den Rücken hinunter **7** *fig* (*affrettarsi*) sich beeilen: **l'impresa corre per consegnare la casa in tempo**, die Firma beeilt sich, um das Haus rechtzeitig zu liefern; **fare le cose senza ~**, die Dinge ohne Eile tun; **non ~, leggi con calma!**, nicht so schnell, lies langsam!; **oggi ho corso tutto il giorno**, heute habe ich mich den ganzen Tag abgehetzt **8** *fig* (*snodarsi*) ~ (+ *compl di luogo*) {GRONDAIA LUNGO IL TETTO; STRADA LUNGO IL FIUME} (*irgendwo*) ver-, entlang|laufen: **in quel tratto la statale e la ferrovia corrono parallele**, auf dieser Stecke laufen die Bundesstraße und die Bahn parallel **9** *anche fig* (*esserci*) **tra qc** {BREVE DISTANZA TRA DUE NEGOZI} (*irgendwo*) liegen: **tra il divorzio e il secondo matrimonio corsero tre anni**, zwischen der Scheidung und der zweiten Ehe lagen/vergingen drei Jahre; **fra noi due ci corrono dieci mesi**, zwischen uns ist ein Altersunterschied von zehn Monaten, wir sind zehn Monate auseinander *fam* **10** *fig* (*diffondersi*) (+ *compl di luogo*) *etw* durchlaufen, *durch etw (acc)* laufen: **un fremito di paura corse tra la folla**, ein Angstschauer lief durch die Menge **11** *fig* (*circolare*) {VOCE} im Umlauf sein: **corrono strane chiacchiere sul suo conto**, es sind seltsame Gerüchte über ihn im Umlauf, es werden seltsame Dinge über ihn gemunkelt *fam* **12** *fig* (*intercorrere*) **~ tra qu** {PAROLE PESANTI TRA DUE COLLEGHI} zwischen jdm stehen, zwischen jdm liegen **13** *fig* (*spargersi*) {SANGUE} fließen **14** *fig* (*fuggire*) {TEMPO} (schnell) vergehen **15** *fig* (*essere scorrevole*) flüssig sein: **(questa frase) corre male**, (dieser Satz) ist/klingt holprig/[nicht flüssig] **16** *fig* (*concorrere*) **~ per qc** {DITTA PER L'ASSEGNAZIONE DI UN APPALTO} um etw (acc) konkurrieren, sich um etw (acc) bewerben **17** (*precipitarsi dentro*) **~ dentro** herein-, hinein|laufen, herein-|, hinein|stürzen **18** (*inseguire*) **~ dietro a qu** hinter jdm her|laufen, hinter jdm her sein *fam*, jdm hinterher|laufen, jdm hinterher sein *fam*; *fig* **~ dietro a qc** {A UNA PROMOZIONE, A UN SOGNO} etw (dat) hinterher sein *fam*, etw verfolgen, etw (dat) hinterher|jagen **19** *fig* (*corteggiare*) **~ dietro a qu** hinter jdm her sein *fam*: **~ dietro alle donne**, hinter den Frauen her sein *fam* **20** (*precipitarsi fuori*) **~ fuori** heraus-|, hinaus|laufen, heraus-|, hinaus| stürzen **21** (*precipitarsi incontro*): **~ incontro a qu** jdm entgegen|laufen: **gli corse incontro per aiutarlo a portare la valigia**, er/sie lief ihm entgegen, um ihm beim Koffertragen zu helfen **22** (*andare via di corsa*): **~ via** weg|-, fort|laufen: **è corso subito via**, er ist sofort weggelaufen **23** *banca* {MONETA} im/in Umlauf sein, kursieren **24** *comm econ* (*decorrere*) {INTERESSI} laufen: **l'affitto correrà dal prossimo mese**, die Miete ist ab dem nächsten Monat zu bezahlen; **lo stipendio corre tutti i mesi**, das Gehalt kommt monatlich **25** *sport* (*nell'atletica*) {MARATONETA} laufen; (*nell'automobilismo, nel ciclismo, ecc.*) {PILOTA} fahren, an einem Rennen teil|nehmen: **~ in auto/bicicletta/moto**, (Auto-)/(Motorrad-)/(Fahrrad)rennfahrer(in) m(f) sein; **~ per una scuderia**, für einen Rennstall fahren/reiten; *mar* segeln; **~ di bolina**, kreuzen, gegen den Wind ansegeln **B** *tr* <*avere*> **1** *forb* (*viaggiare per*) **~ qc** {PIRATI OCEANO INDIANO} *etw* durchqueren, *etw* durchfahren **2** *fig* (*incorrere in*) **~ qc** {RISCHIO} *etw* ein|gehen; {PERICOLO} *etw* laufen; {AVVENTURA} sich in etw (acc) stürzen **3** *sport* (*coprire*) **~ qc** {DUECENTO METRI PIANI} *etw* laufen: **~ i quattrocento metri in 43 secondi**, die vierhundert Meter in 43 Sekunden laufen; (*partecipare*) {CAMPESTRE, PALIO} an etw (dat) teil|nehmen; **~ una giostra**, turnieren; **~ il Giro d'Italia**, den Giro d'Italia fahren, am Giro d'Italia teilnehmen • **~ avanti e indietro** *fig* (*darsi da fare*), sich in Zeug legen *fam*; **ce ne corre!** *fig* (*c'è una bella differenza*), das ist ein himmelweiter/[ganz schöner] Unterschied!, dahin ist noch ein weiter Weg!; dazwischen liegen Welten! *fam*; **come corri (con l'immaginazione)!**, du hast ja eine blühende Fantasie!; **lasciar ~** *fig* (*sorvolare*), es gut sein lassen, ein Auge zudrücken; **nessuno ci corre dietro!** *fam* (*non c'è fretta*), immer mit der Ruhe!

corresponsàbile **A** *agg* (*responsabile con altri*) **~ di qc** {DI UN FALLIMENTO} für etw (acc) mitverantwortlich **B** *mf* Mitverantwortliche mf *decl come agg*.

corresponsabilità <-> f Mitverantwortung f, Mitverantwortlichkeit f.

corresponsabilizzàre *tr* (*rendere corresponsabile*) **~ qu a qc** {FIGLIO A UN PROGETTO} jdn für etw (acc) mitverantwortlich machen.

corresponsióne f **1** *amm* (*pagamento*) {+AFFITTO} (Aus)zahlung f, Entrichtung f **2** *fig rar* (*contraccambio*) {+AMORE} Erwiderung f.

correttaménte *avv* **1** (*con esattezza*) {PARLARE} korrekt, richtig **2** (*con educazione*) {COMPORTARSI} korrekt, anständig **3** (*con onestà*) ehrlich, aufrichtig **4** *sport* {GIOCARE} korrekt, fair.

correttézza f **1** (*esattezza*) {GRAMMATICALE} Korrektheit f, Richtigkeit f **2** (*educazione*) Korrektheit f, Anstand m, Wohlerzogenheit f: **si è comportato con molta ~**, er hat sich sehr korrekt verhalten **3** (*onestà*) Ehrlichkeit f **4** *sport* {+ATLETA} Fairness f • **~ commerciale** *dir*, lauterer Wettbewerb; **~ costituzionale** *dir*, Verfassungsmäßigkeit f.

correttìvo, (-a) **A** *agg* **1** (*che corregge*) {METODO} verbessernd, ausgleichend **2** *med* {ESERCIZIO} Ausgleichs-; {GINNASTICA} *anche* Kranken- **B** *m* **1** (*ciò che corregge*) Besserungsmittel n, Korrektiv n *forb* **2** *farm* Korrigens n, Geschmacksverbesserer m, Zusatz m **3** <*di solito al pl*> *agr* Verbesserungsmittel n.

corrètto, (-a) **A** *part pass di* correggere **B** *agg* **1** (*esatto*) {ITALIANO, PRONUNCIA} korrekt, einwandfrei, fehlerfrei; {RAGIONAMENTO} richtig: **una procedura tecnicamente corretta**, ein technisch einwandfreies Verfahren **2** (*dopo la correzione*) {TRADUZIONE} verbessert, korrigiert 3 (*irreprensibile*) {COMPORTAMENTO} korrekt, tadellos, ehrlich, anständig: **politicamente ~**, politisch korrekt 4 (*onesto*) {AMICO, MEDIATORE} ehrlich, aufrichtig 5 *gastr* {CAFFÈ} mit Schuss, mit Alkohol 6 *sport* {ATLETA} fair.

correttóre, (**-trice**) **A** m (f) (*chi corregge*) Korrektor(in) m(f) **B** m 1 (*nella cosmesi*) Korrekturstift m 2 (*liquido*) Korrekturflüssigkeit f 3 *tip* (*nastro*) Korrekturband n; (*tasto*) Korrekturtaste f ● **~ di bozze edit**, Korrektor(in) m(f); **~ di formaggi** *gastr*, "wer bei der Käseherstellung die äußeren Unreinheiten beseitigt"; **~ di** *frequenza tel*, Nachstimm-Element n; **~ di** *quota aero*, Höhengashebel m, Höhenvergaserregler m; **~ di** *rotta aero mar*, Flugwegkorrektor m; **~ di** *tono tel*, Tonblende f, Klangblende f, Klangregler m.

correzionàle m (*riformatorio*) Erziehungsheim n/Erziehungsanstalt f (für Minderjährige).

correzióne f 1 (*il correggere*) {+PRONUNCIA} Korrektur f, Verbesserung f; {+COMPITO} *anche* Durchsicht f: **~ di bozze**, Fahnenkorrektur f; **fare la ~ delle bozze**, die Fahnen Korrektur lesen 2 (*segno*) Korrektur f, Korrekturzeichen n: **fare una ~ a matita**, ein Korrekturzeichen mit Bleistift machen; **un compito pieno di correzioni**, eine Aufgabe voller Korrekturen 3 (*miglioramento*) {+COMPORTAMENTO} Verbesserung f, Berichtigung f 4 (*modifica*) {+CORSO DI UN FIUME} Änderung f: **fare una ~ ad una giacca**, eine Änderung an einer Jacke vornehmen; **~ del tiro**, Berichtigung f des Feuers 5 *fam gastr* Hinzufügen n von Alkohol in den Kaffee 6 *med* {+DIFETTO VISIVO} Ausgleich m ● **~ automatica** *inform*, automatische Korrektur; **~ di rotta** *mar anche fig*, (Kurs)korrektur f.

corricórri, **córri córri** <-> m loc sost m (*vai e vieni*) {+INFERMIERI} Gerenne n *fam anche spreg*, Durcheinanderlaufen n; {+AUTO} Gerase n *fam anche spreg*.

corrida f *spagn* (*combattimento*) Stierkampf m.

corridóio <-doi> **A** m 1 Korridor m, (Haus)flur m, Gang m: **l'attaccapanni è in ~**, die Garderobe ist im Flur; *ferr* {+VAGONE} Gang m 2 (*striscia di terra*) Korridor m 3 *mar* (*PRIMO, SECONDO*) Orlogdeck n 4 *sport* (*nel calcio*) freier Raum: **aprirsi/trovare un ~**, ¡sich (dat) einen freien Raum eröffnen¡/[einen freien Raum finden]; (*nel tennis*) Doppelfeld n **B** <inv> loc agg (*ufficioso*): **notizie/voci di ~**, Gerüchte n pl ● **~ aereo** *aero*, Luftkorridor m; **~ polacco** *polit*, Danziger Korridor m; **~ di** *proiezione film*, Projektionsschneise f; **~ di** *rientro astr*, Einflug-, Wiedereintrittskorridor m.

corridóre, (**-trice**) **A** agg (*che corre*) {UCCELLO} Lauf-, Renn- **B** m 1 (*chi corre*) Läufer(in) m(f): **l'emù è un veloce ~**, der Emu ist ein schneller Läufer/Laufvogel 2 *sport* (*nell'atletica*) Läufer(in) m(f); (*nel ciclismo*) (Fahrrad)rennfahrer(in) m(f); *autom* (Auto)rennfahrer(in) m(f).

corrièra f 1 (*autobus*) Überland-, Omni-, Autobus m 2 (*carrozza*) Postkutsche f.

corrière m 1 (*ditta*) {AEREO, MARITTIMO} (Eil)bote m, Kurier m 2 (*spedizioniere*) Frachter m, Frachtführer m 3 (*servizio*) Kurier(post)m: **spedire qc col/per ~**, etw per Kurier(post) schicken 4 (*battello*) Frachter m 5 *amm* (*corrispondenza*) Korrespondenz f 6 *anche mil polit* Kurier m, Bote m: **~ della droga**, Drogenkurier m 7 *stor* (*messo*) Bote m 8 *zoo* Regenpfeifer m: **~ americano**, Keilschwanzregenpfeifer m; **~ asiatico**, kaspischer/asiatischer Regenpfeifer ● **~ diplomatico**, diplomatischer Kurier.

còrrige → **errata corrige**.

corrigèndo, (-a) m (f) Insasse m, (Insassin f)/Zögling m (einer Besserungsanstalt).

corrimàno m (*barra d'appoggio*) {+SCALA} Geländer n, Handlauf m; {+AUTOBUS} Griff(stange f) m.

corrispettivo, (-a) **A** agg (*equivalente*) {COMPENSO, RETRIBUZIONE} entsprechend **B** m 1 (*somma*) Belohnung f, Vergütung f: **~ in denaro**, Vergütung f 2 (*equivalente*) Gegenleistung f.

corrispondènte A agg 1 (*che corrisponde*) **~ (a qc)** {ELEMENTO, PAROLA} etw (dat) entsprechend, etw (dat) angemessen, etw (dat) entsprechend *forb* 2 (*proporzionato*) **~ a qc** {RETRIBUZIONE AL LAVORO SVOLTO} etw (dat) angemessen, etw (dat) gemäß, etw (dat) entsprechend 3 {MEMBRO, SOCIO} korrespondierend **B** mf 1 (*chi è in corrispondenza*) {COMMERCIALE} Briefpartner(in) m(f) 2 *giorn* Korrespondent(in) m(f), Berichterstatter(in) m(f): **~ dall'estero**, Auslandskorrespondent(in) m(f); **~ di guerra**, Kriegsberichterstatter(in) m(f); **ecco il servizio del nostro ~ a New York**, und hier (ist) der Bericht unseres Korrespondenten in New York 3 *comm* {+IMPRESA COMMERCIALE} Geschäftsfreund(in) m(f), Geschäftspartner(in) m(f).

corrispondènza A f 1 (*scambio di lettere*) Korrespondenz f, Briefwechsel m, Schriftverkehr m *amm*: **~ epistolare**, Briefwechsel m; **essere in ~ con qu**, mit jdm korrespondieren, mit jdm in Korrespondenz stehen; **~ dall'estero**, Auslandskorrespondenz f; (*posta*) Post f, Korrespondenz f; **~ in arrivo/partenza**, ankommende/ausgehende Post; **~ commerciale**, Handelskorrespondenz f; **evadere/sbrigare la ~**, die Korrespondenz erledigen; **~ inevasa**, Briefschuld f 2 (*conformità*) **~ (tra qc)** {TRA DUE VERSIONI DI UN FATTO} Übereinstimmung f (zwischen etw dat), Korrespondenz f *obs* (zwischen etw dat); **~ (tra qc)** (e qc) {TRA IDEALE E AZIONE} Entsprechung f (zwischen etw dat und etw dat), Übereinstimmung f (zwischen etw dat und etw dat) 3 (*proporzione*) **~ (tra qc)** {TRA GLI INVESTIMENTI E I RISULTATI} Verhältnis n (zwischen etw dat) 4 (*concordanza*) **~ (con qc)** {+INTENTI, OPINIONI} Entsprechung f zwischen etw (dat), Übereinstimmung f mit/zwischen etw (dat) 5 (*contraccambio*) Gegenseitigkeit f, Erwiderung f: **il suo amore trovò ~**, seine/ihre Liebe wurde erwidert 6 *giorn* (*cronaca*) Korrespondentenbericht m 7 *mat* Abbildung f: **~ biunivoca/univoca**, eineindeutige/eindeutige Abbildung **B** loc prep (*all'altezza*): **in ~ di qc**, {DEL CAVALCAVIA} auf der Höhe von etw (dat), an etw (dat); **la perdita è in ~ della grondaia**, das Leck ist an der Dachrinne **C** <inv> loc agg (*per posta*): **per ~**, [CORSO] Fern-; [VENDITA] Versand-.

corrispóndere <coniug come *rispondere*> **A** tr 1 (*pagare*) **~ qc (a qu)** {ASSEGNO MENSILE, SOMMA ALL'IMPIEGATA} (jdm) etw (aus|)bezahlen, (jdm) etw gewähren, (jdm) etw entrichten 2 (*contraccambiare*) **~ qu/qc** erwidern: **la sua generosità è ben corrisposta**, seine/ihre Großzügigkeit wird angemessen erwidert; **lei lo ama alla follia, ma lui non la corrisponde**, sie liebt ihn abgöttisch, aber er erwidert ihre Gefühle nicht **B** itr 1 (*essere conforme*) **~ a qc** {TRADUZIONE ALL'ORIGINALE} etw (dat) entsprechen, *mit etw* (dat) übereinstimmen, etw (dat) gleichen, *mit etw* (dat) korrespondieren *forb*; {IDENTIKIT AL KILLER} *auf jdn/etw* passen, *auf jdn/etw* zu|treffen 2 (*equivalente*) **~ a qc** {CIFRA AL GUADAGNO NETTO; METRO A CIRCA TRE PIEDI} etw (dat) angemessen sein, etw (dat) entsprechen: "**es regnet in Strömen**" **corrisponde all'italiano "piove a catinelle"**, "es regnet in Strömen" entspricht dem italienischen "piove a catinelle" 3 (*rispondere*) **~ a qc** {ALLE ASPETTATIVE DI QU, AI DESIDERI DI QU, ALLE SPERANZE DI QU} etw (dat) entsprechen, etw (dat) genügen 4 (*comunicare*) **~ con qu** (**in qc**) {CON L'AMICA IN TURCO} *mit jdm* (auf + sost) korrespondieren, sich (dat) *mit jdm* (auf + sost) schreiben 5 (*combinare*) **~ a qc** {BOTTONE A OGNI ASOLA} etw (dat) gegenüber|liegen, *auf etw* (acc) weisen 6 (*affacciarsi*) **~ su qc** {EDIFICIO SUL PARCO} *auf etw* (acc) schauen, etw (dat) gegenüber|liegen 7 (*riflettersi*) **~ su qc** {DOLORE SULLA SCHIENA} *auf etw* (acc) aus|strahlen 8 (*contraccambiare*) **~ a qc con qc** {ALLA GENEROSITÀ DI QU CON L'INGRATITUDINE} etw (mit etw dat) erwidern, *jdm etw mit etw* (dat) danken **C** rfl rec: **corrispondersi** 1 (*essere conformi*) überein|stimmen, korrespondieren *forb*: **nella stele di Rosetta il testo in greco e quello in egiziano si corrispondono perfettamente**, in Rosettas Grabstele stimmen der griechische und der ägyptische Text völlig überein 2 (*essere dirimpetto a*) {EDIFICI, FINESTRE} einander *forb* gegenüberliegen.

corrivo, (-a) agg *forb* 1 (*superficiale*) voreilig, leichtfertig: **essere ~ a biasimare qu**, jdn voreilig tadeln 2 (*troppo tollerante*) **~ (con qu)** {CON I FIGLI} (*jdm gegenüber*) zu nachgiebig, (*jdm gegenüber*) zu entgegenkommend.

corroboràrnte A agg 1 (*che rinvigorisce*) {BEVANDA, ESERCIZIO} stärkend, kräftigend 2 *fig* (*che convalida*) {ESPERIMENTO} bestärkend, bekräftigend **B** m *farm* Tonikum n, Stärkungs-, Kräftigungsmittel n.

corroboràre A tr **~ qc** 1 (*rinvigorire*) {CORPO, MENTE} etw kräftigen, etw stärken 2 *fig* (*convalidare*) {TESI} etw bestärken, etw untermauern, etw bestätigen **B** rfl (*ritemprarsi*): **corroborarsi** {ATLETA} sich stärken, sich erfrischen, sich kräftigen.

corroboràto, (-a) **A** part pass *di* corroborare **B** agg 1 (*rinvigorito*) {FISICO} gekräftigt, gestärkt 2 *fig* (*convalidato*) bestätigt.

corródere <coniug come *rodere*> **A** tr 1 *chim fis* **~ qc** {ACIDO CORNICE} etw (ver)ätzen, etw beizen, etw korrodieren; {RUGGINE FERRO} etw zersetzen, etw zerfressen, etw korrodieren; {ACQUA ROCCIA} etw aus|waschen 2 *med* (*in odontoiatria*) **~ qc** {CARIE DENTI} etw an|greifen 3 *fig* (*tormentare*) **~ qu** {DOLORE, RIMORSO OMICIDA} an jdm nagen, an jdm zehren, jdn zerfressen 4 *fig* (*minare*) **~ qc** {INVIDIA AMICIZIA} an etw (dat) nagen, an etw (dat) zehren **B** itr pron 1 (*consumarsi*): **corrodersi** (+ *compl di causa*) {FERRO, TUFO COL TEMPO} sich (mit etw dat/wegen gen) zersetzen 2 *fig* (*rovinarsi*): **corrodersi** (**di qc**) {DI RABBIA} *von etw* (dat) zerfressen werden.

corrómpere <coniug come *rompere*> **A** tr 1 (*deteriorare*) **~ qc** {CALURA CARNE} etw verderben 2 (*inquinare*) **~ qc** (*con qc*) {ACQUA, ARIA} etw (mit etw dat) verschmutzen, etw (mit etw dat) verunreinigen, etw (mit etw dat) verderben; {TERRA CON PESTICIDI, COL VELENO} etw (mit etw dat) verseuchen, etw (mit etw dat) verpesten 3 *fig* (*comprare*) **~ qu** (*con qc*) {GIUDICE CON DENARO} *jdn/etw* (mit etw dat) korrumpieren, *jdn/etw* (mit etw dat) bestechen 4 *fig* (*rovinare*) **~ qu/qc** {ANIMO, GIOVENTÙ} *jdn/etw* verderben; {RAGAZZA} *jdn* verführen 5 *ling* **~ qc** {LINGUA} etw zersetzen, etw auf|weichen **B** itr pron: **corrompersi** 1 (*putrefarsi*) {CADAVERE} sich zersetzen 2 *fig* (*depravarsi*) {RAGAZZA} verkommen, verdorben werden *forb* 3 *ling* (*degenerare*) {LINGUA} verfallen, entarten, auf|weichen.

corrompìbile agg (*che si può corrompere*)

{FUNZIONARIO} bestechlich, korrumpierbar *forb spreg*.

corrosióne f 1 *anche geol* (*risultato*) {ATMOSFERICA, CHIMICA, ELETTROMAGNETICA} Korrosion f, Zerfressung f; (*azione*) *anche* Zerfressen n 2 *fig* (*risultato*) {+ANIMO} Verdorbenheit f *forb*, Verderbtheit f *forb obs*; (*azione*) Verderben n *forb*, Verkommen n 3 *chim tecnol* {+ACIDO} Ätzung f; (*azione*) *anche* Ätzen n.

corrosività <-> f *chim* {+ACIDO} Ätz-, Korrosions-, Zersetzungskraft f.

corrosivo, (-a) A *agg* 1 (*che corrode*) {AZIONE, FENOMENO} Korrosions-, korrosiv, Zersetzungs-; *chim* (*SOSTANZA*) ätzend, korrosiv, angreifend, fressend 2 *fig* (*caustico*) {CRITICA, IRONIA} scharf, beißend, ätzend, zersetzend, scharf B *m chim* Ätzmittel n.

corrótto, (-a) A *part pass di* corrompere B *agg* 1 (*deteriorato*) verdorben, {*putrido*} verwest, verfault, zersetzt 2 *fig* (*guasto*) {MENTE, UOMO} verkommen, verdorben *forb*, verderbt *forb obs* 3 *fig* (*disonesto*) {ARBITRO, GIUDICE} bestochen, korrupt *spreg* 4 *lett* (*viziato*) {TESTO} verdorben 5 *ling* {LINGUA} entartet C *m* (*f*) lasterhafter/verdorbener *forb* Mensch.

corrucciàre <corruccio, corrucci> A *tr forb* ~ qu 1 (*affliggere*) {NOTIZIA AMICO} jdn traurig stimmen, jdn bedrücken, jdn betrüben 2 (*irritare*) jdn (ver)ärgern, jdn verdrießen *forb*, jdn erzürnen B *itr pron* 1 (*affliggersi*): **corrucciarsi** (*per qc*) {PER LA CATTIVA RIUSCITA DELL'IMPRESA} (*wegen etw gen*) bedrückt/betrübt/niedergeschlagen sein, sich (*dat*) (*wegen etw gen*) die Haare (aus|)raufen *fam* 2 (*irritarsi*): **corrucciarsi** (*per qc*) {PER LA MALEDUCAZIONE DI QU} sich (*wegen etw gen*) ärgern, sich (*wegen etw gen*) erzürnen 3 (*assumere un'espressione triste*): **corrucciarsi** {DONNA, FRONTE} sich verdüstern 4 *fig lett* (*oscurarsi*): **corrucciarsi** {CIELO} sich verdunkeln.

corrucciàto, (-a) *agg* 1 (*afflitto*) {MADRE} traurig, betrübt, niedergeschlagen 2 (*irritato*) {FIDANZATA} verärgert, ärgerlich, erzürnt 3 {VOLTO} verdüstert 4 *lett* (*minaccioso*) {MARE} bedrohlich.

corrùccio <-ci> *m forb* 1 (*irritazione*) Ärger m, Zorn m, Verdruss m 2 (*afflizione*) Niedergeschlagenheit f, Betrübnis f.

corrugaménto *m* 1 (*il corrugare*) {+FRONTE} Runzeln n, Falten n, {+SOPRACCIGLIA} Zusammenziehen n 2 *geol* Faltung f.

corrugàre <corrugo, corrughi> A *tr* (*aggrottare*) ~ qc {FRONTE} etw runzeln, etw falten; {SOPRACCIGLIA} etw zusammen|ziehen B *itr pron*: **corrugarsi** 1 (*aggrottarsi*) {SOPRACCIGLIA} sich zusammen|ziehen, sich runzeln, {FRONTE} *anche* sich falten 2 *lett* (*incresparsi*) {MARE} sich falten.

corrugàto, (-a) *agg* {SOPRACCIGLIA} zusammengezogen, gerunzelt, {FRONTE} *anche* gefaltet.

corrùppi 1ª *pers sing del pass rem di* corrompere.

corruttèla f (*depravazione*) {+COSTUMI} Verkommenheit f, Verderbtheit f *forb obs*.

corruttìbile *agg* 1 (*che si deteriora*) {CIBO} verderblich, verweslich 2 *fig* (*che si può comprare*) {GIUDICE} korrupt *spreg*, bestechlich 3 *lett* (*mortale*) vergänglich, sterblich.

corruttibilità <-> f 1 (*deteriorabilità*) Verderblichkeit f, Verderbbarkeit f 2 *fig* {+POLITICO} Bestechlichkeit f, Korruptheit f *spreg*, Käuflichkeit f.

corruttìvo, (-a) *agg* 1 (*che deteriora*) {AZIONE} bestechend, korrumpierend *forb spreg* 2 *fig* verderbend.

corruttóre, (-trice) A *agg* 1 (*che travia*) {AMBIENTE} verderblich, schädlich, ungesund 2 *fig* {IMPRESARIO} bestechend, korrumpierend *forb spreg* B *m* (f) 1 Verderber(in) m(f) 2 (*chi corrompe con denaro*) Bestecher(in) m(f) 3 (*seduttore*) Verführer(in) m(f): ~ **di minorenne**, Verführer m Minderjähriger.

corruzióne f 1 (*contaminazione*) {+ARIA} Verschmutzung f 2 (*decomposizione*) {+CORPO UMANO} Verwesung f, Verfaulen n 3 *fig* (*degenerazione*) {+CULTURA, SOCIETÀ} Verfallen n, Verkommen n 4 *fig* (*depravazione*) Verderbtheit f *forb obs*, *(morale)*, moralische Verderbtheit *forb obs* 5 *fig* (*seduzione*) Verführung f: ~ **di minorenne**, Verführung f Minderjähriger 6 *dir* (*reato di* ~) Bestechung f, Bestechlichkeit f 7 *ling* Entstellung f.

còrsa① f → **corso**③.

còrsa② A f 1 *gener* Lauf m, Laufen n: **che ~ ho fatto per non perdere il treno!**, was bin ich gerannt, um den Zug nicht zu verpassen!; **fare una ~ di 20 km**, 20 km laufen; **rallentare la ~**, langsamer werden; **tornare indietro di ~**, zurücklaufen 2 *autom* Fahrt f, Tour f: **arrivo con l'ultima ~** *fam*, ich komme mit dem letzten Bus; **~ ascendente di un autobus** (*dal centro alla periferia*), "Busfahrt f vom Zentrum in die Vororte"; **perdere l'ultima ~**, den letzten Bus/Zug verpassen; **il prezzo della ~**, der Preis für eine Fahrt; **quand'è la prossima ~?**, wann fährt der nächste Bus/Zug?; **è proibito scendere dal veicolo in ~**, es ist verboten, während der Fahrt abzuspringen 3 (*salto*) Sprung m: **faccio una ~ dal macellaio e arrivo subito**, ich gehe kurz/[auf einen Sprung *fam*] zum Metzger und bin sofort wieder da 4 *anche polit* (*sforzo per conseguire*) (An)sturm m, Lauf m: **~ agli armamenti**, Wettrüsten n; **~ al potere**, Griff m nach der Macht; **~ al riarmo**, Rüstungswettlauf m 5 *aero* {+ATTERRAGGIO, DECOLLO} Länge f 6 *<di solito al pl>* (*nell'equitazione*) Pferderennen n: **andare alle corse**, zum Pferderennen gehen; **~ al galoppo/trotto**, Galopp-/Trabrennen n 7 *sport* (*nell'atletica*) Lauf m, Rennen n: **~ campestre/ciclistica/podistica/piana**, Geländelauf m/(Fahr)radrennen n/Wettgehen n/Lauf m, Rennen n; **~ a ostacoli**, Hindernis-, Hürdenlauf m; **~ a staffetta**, Staffellauf m; (*con veicolo*: *nell'automobilismo*) Autorennen n; **~ su pista/strada**, Bahn-/Straßenrennen n 8 *tecnol* {+BILANCIERE, STANTUFFO} Hub m, Gang m, Lauf m 9 *tess* {+TRAMA} Fadenlauf m B *<inv> loc agg* (*per correre*): **da ~**, {AUTO, BICICLETTA} Renn- C *loc avv* (*velocemente*): **di ~**, {CENARE, LAVARSI, TORNARE, USCIRE, VESTIRSI} schnell, rasch, eilends, hurtig *obs o region*; **tornare di ~**, (schnell) zurücklaufen • **essere di ~** (*di fretta*), es eilig haben, in Eile sein, auf dem Sprung sein *fam*; **essere in ~ per qc** *fig* (*in lizza*), bei etw (*acc*) im Rennen sein; **~ all'oro** *stor*, Schatzsuche f; **~ nei sacchi** (*in giochi infantili*), Sackhüpfen n; **fare una ~ contro il tempo** *fig*, ein Wettrennen gegen die Zeit machen.

corsàro, (-a) A *agg* (*pirata*) {NAVE} Kaper-, Seeräuber-, seeräuberisch B *m* Korsar m, Freibeuter m, Seeräuber m.

corsettería f 1 (*biancheria*) Miederwaren f pl, Damenunterwäsche f 2 (*negozio*) Miederwaren-, Damenunterwäschegeschäft n 3 (*laboratorio*) Damenunterwäschefabrik f.

corsétto *m* (*bustino da donna*) Korsett n, Mieder n 2 *med* (Stütz)korsett n.

còrsi 1ª *pers sing del pass rem di* correre.

corsìa f 1 (*di strada*) (Fahr)spur f, (Fahr)bahn f: **~ riservata agli autobus**, Busspur f, Fahrspur f für Busse; **~ di marcia/sorpasso/emergenza**, Fahr-/Überhol-/Standspur f; **finire nella ~ opposta**, auf die Gegenfahrbahn geraten; **strada a una/due corsie**, ein-/zweispurige Straße f 2 (*corridoio*) {+CINEMA} (Mittel)gang m 3 (*guida*) Läufer m, schmaler Teppich 4 *med* Krankensaal m 5 *sport* (*nell'atletica*) Bahn f, (*nel nuoto*) (Schwimm)bahn f • **preferenziale**, "für Linienverkehr und Taxis reservierte Fahrspur"; *fig amm polit*, Eilverfahren n.

Córsica f *geog* Korsika n.

corsièro *m lett* (*cavallo da corsa*) (Reit)pferd n, Ross n *forb*.

corsìsta <-i m, -e f> mf *scuola università* Kursteilnehmer(in) m(f).

corsìvo, (-a) A *agg anche tip* (*abbr* c.vo) {CARATTERE, SCRITTURA} kursiv, Kursiv- B *m* 1 *anche tip* Kursive f, Kursivschrift f: **scrivere qc in ~**, etw kursiv/[in Kursivschrift] schreiben 2 *giorn* Kommentar m.

córso① *part pass di* correre.

córso② A *m* 1 (*flusso*) {LENTO, RAPIDO} Lauf m: **~ d'acqua**, Wasserlauf m; **~ medio inferiore/superiore di un fiume**, Mittel-/Unter-/Oberlauf m eines Flusses; **procedere lungo**₁**/[seguire] il ~ di un torrente**, dem Lauf eines Wildbachs folgen; **hanno deviato il ~ della Sprea**, sie haben die Spree umgeleitet 2 (*strada*) Pracht-, Hauptstraße f, Korso m: **~ Garibaldi**, Korso m Garibaldi; (*alberato*) Allee f 3 (*procedere*) (Ver)lauf m, Gang m, Kurs m: **il ~ **₁**dei secoli/[della vita]**, der Lauf der Jahrhunderte/des Lebens; **nel ~ degli anni ha ingrandito l'azienda**, im Lauf der Jahre hat er/sie das Unternehmen vergrößert 4 *fig* (*andamento*) {+EVENTI} (Ab)folge f 5 *rar* (*sfilata*) (Um)zug m, Korso m: **~ mascherato**, Masken(um)zug m 6 *astr* (*moto*) {+PIANETI, SOLE} Lauf m, Bahn f 7 *econ* Umlauf m: **~ forzoso/legale**, Zwangskurs m/gesetzlicher Kurs; **mettere in ~**, etw in Umlauf setzen; **moneta fuori ~**, ungültige/[nicht mehr im Umlauf befindliche] Münze 8 *econ* (*prezzo*) {+CAMBI, TITOLI} Kurs m: **i corsi si rafforzano alla borsa di Francoforte**, an der Frankfurter Börse ₁steigen die Kurse/[ziehen die Kurse an]; **~ secco**, Kurs m ohne Stückzinsenberechnung; **tel quel**, Telquelkurs m 9 *edil* Schicht f, Lage f: **~ continuo/semplice di mattoni**, fortlaufende/einfache Ziegelschicht 10 *mar*: **capitano di lungo ~**, Kapitän m auf großer Fahrt; **navigazione di lungo ~**, große Fahrt 11 *med* {+MALATTIA} Verlauf m, Gang m: **il morbillo ha fatto il suo ~**, die Masern haben ihren Lauf genommen; *<di solito al pl>* (*mestruazioni*) Regel f, Tage m pl *fam eufem* 12 *anche scuola* Kurs(us) m, Lehrgang m: **~ di aggiornamento/perfezionamento**, Fort-, Weiterbildung f; **~ di formazione**, Ausbildung f; **~ avanzato**, Fortgeschrittenenkurs m; **~ per corrispondenza**, Fernkurs m; **~ di inglese/meditazione**, Englisch-/Meditationskurs m; **~ di preparazione al parto**, Geburtsvorbereitungskurs m; **~ di recupero**, Nachhilfeunterricht m; **~ di sopravvivenza**, Überlebenskurs m, Überlebenstraining n; (*periodo*) (Schul)stufe f; **il ~ delle medie superiori è di cinque anni**, die Sekundarstufe II dauert in Italien fünf Jahre 13 *università* Vorlesungsreihe f, Kolleg n: **~ di etologia**, Ethologie-Vorlesungsreihe f; **~ universitario**, Universitätskolleg n; (*anno*) Jahrgang m: **fare/frequentare/seguire il secondo ~ di lettere**, im zweiten Jahr Philologie studieren; (*iscritti*) Jahrgang m; (*testo*) Lehrbuch n, Lehrgang m B *<inv> loc agg*: **in ~**, 1 (*corrente*) {ANNO, MESE} laufend 2 (*in via di realizzazione*) {AFFARE, LAVORO} laufend 3 *econ* {MONETA} gültig, im Umlauf befindlich C *loc prep* (*vicino a*): **in ~ di qc**, kurz vor etw (*dat*) stehend;

lavori in corso di realizzazione, kurz von der Verwirklichung stehende Arbeiten; **in ~ di stampa**, im Druck (befindlich) ● *aver ~*, ablaufen; *dare ~ a qc* (*iniziarla*), {ALLA RIFORMA} etw einleiten, etw in Gang setzen, etw beginnen, etw anfangen; **dare libero ~ a qc** *fig* (*dare sfogo*), {ALL'INIZIATIVA PRIVATA} etw (dat) freien Lauf lassen; **aver fatto il proprio ~** *fig* (*essere superato*), {TEORIA} überholt sein; **andare/essere fuori ~ università**, die Regelstudienzeit überschreiten/[überschritten haben]; **essere al primo anno fuori ~ università**, im ersten Jahr nach Ablauf der Regelstudienzeit eingeschrieben sein; **~ di laurea in psicologia** *università*, Psychologie-Studiengang m; *nel ~* **di qc** (*durante*), {DELLA MALATTIA, DELLA RIUNIONE} während etw (gen); **nuovo ~ di qc** *giorn polit* (*nuovo orientamento*), {DELLA POLITICA ITALIANA} ⌞neuer Kurs⌟/[Neuorientierung] f etw (gen); **~ di una pratica amm** (*iter*), Dienst-/Amtsweg m einer Akte; **i corsi e ricorsi storici** *filos*, der Kreislauf/Kreisprozess der Geschichte; **scegliere un ~ di studi**, einen Studiengang aussuchen; **seguire/fare il proprio ~** *amm*, {DENUNCIA} seinen Lauf nehmen.

còrso[3], (-a) **A** *agg* {MIELE} korsisch **B** m (f) (*abitante*) Korse m, (Korsin f) ● **il Corso** (*Napoleone Bonaparte*), der Korse, Napoleon m.

corsòio <-soi> m *tecnol* {+REGOLO CALCOLATORE} Schieber m, Führungsschlitten m.

còrte f **1** (*reggia*) {+RE SOLE} Hof m: **alla ~ di Elisabetta I**, am Hof Elisabeths I.; (*sovrani*) Hof m; (*cortigiani*) Hof(staat) m, Gefolge n **2** (*ammiratori*) {+POLITICO} Anhänger m pl, Parteigänger m pl *anche spreg*, Fans m pl **3** *anche arch* (*cortile*) {+CASA COLONICA} Hof m: **bassa ~**, Stallhof m; (*piazzetta*) {+VENEZIA} kleiner Platz **4** *dir* Gericht n, Gerichtshof m: **~ d'appello**, ≈ Oberlandesgericht, ≈ Berufungsgericht n; **~ d'assise**, (italienisches) erstinstanzliches Schwurgericht; **~ d'assise d'appello**, (italienisches) zweitinstanzliches Schwurgericht; **Corte di Cassazione** (abbr C.C.), ≈ Bundesgerichtshof m, (italienischer) Kassationshof, (italienisches) Kassationsgericht; **Corte** ⌞**dei Conti**⌟/[**Costituzionale**] (abbr C.C.), ≈ Rechnungshof/≈ Verfassungsgericht, **Corte europea dei diritti dell'uomo**, Europäischer Gerichtshof für Menschenrechte; **Corte Internazionale di Giustizia**, Internationaler Gerichtshof; **Corte permanente d'arbitrato**, Ständiger Schiedsgerichtshof; **~ suprema** (*corte di cassazione*), oberster (italienischer) Kassations)gerichtshof **5** *stor* (*nel medioevo*) Lehensverhältnis n ● **entra la ~**, das Gericht zieht ein; *fare* **la ~ a qu** *fig* (*corteggiare*), jdm den Hof machen; *fig* (*adulare*), jdm hofieren, jdm schmeicheln; **~ marziale/militare**, Kriegs-/Militärgericht n; **~ dei miracoli** *stor*, "Viertel n der Bettler und Diebe in Paris"; *fig* (*gruppo di derelitti*), Außenseiter m pl, Asoziale m pl, Outcasts m pl *forb*; *fig* (*gruppo di seguaci di un potente*), Jünger m pl *forb o scherz*, Hofstaat m *scherz*; **la ~ si ritira per deliberare**, das Gericht zieht sich zur Beratung zurück.

cortéccia f **1** *bot* <-ce> f {+PARTE ESTERNA} {+BETULLA} Rinde f **2** *rar* (*rivestimento duro*) {+PANE} Kruste f, Rinde f; {+FRUTTO} Schale f **3** *fig* (*aspetto esteriore*) Erscheinung f **4** *anat* Rinde f, Kortex m: **~ cerebrale**, Hirnrinde f; **~ surrenale**, Nebennierenrinde f ● *fermarsi alla ~* *fig* (*conoscere superficialmente*), an der Oberfläche (kleben)bleiben; **sotto una ruvida ~ si cela un *cuore* d'oro**, raue Schale, weicher Kern; in einer rauen Schale steckt oft ein weicher Kern.

corteggiaménto m **1** (*il corteggiare*) {INSISTENTE, LUNGO} Hof m, (Um)werben n **2** (*adulazione*) {+POLITICO} Schmeichelei f **3** *zoo* Balz f, Liebesspiel n.

corteggiàre <*corteggio, corteggi*> *tr* **~ qu 1** (*fare la corte*) {DONNA} jdm den Hof machen, jdn umwerben **2** (*adulare*) {GIORNALISTA POLITICO, PRINCIPE} jdn hofieren.

corteggiatóre, (-trice) m (f) **1** (*chi corteggia*) Verehrer(in) m(f) **2** (*adulatore*) Schmeichler(in) m(f).

cortèo m **1** (*gruppo di persone*) (Um)zug m, Geleit n: **~ funebre/nuziale**, Trauer-/Hochzeitszug m; **~ storico**, historischer Umzug; (*in una manifestazione*) (Um)zug m; **~ di scioperanti/studenti**, Umzug m der Streikenden/Studenten **2** (*sfilata*) {+MACCHINE} Kolonne f, Reihe f, Schlange f.

cortése[1] *agg* **1** (*gentile*) {ACCOGLIENZA, PERSONA, RISPOSTA} höflich, freundlich, liebenswürdig **2** (*nelle formule di cortesia*) liebenswürdig, gütig, freundlich: **Vi ringraziamo per la Vostra ~ ospitalità**, wir danken Ihnen/euch für Ihre/eure kostbare Gastfreundschaft; **potrebbe essere così ~ da tenermi la porta aperta?**, wären Sie so freundlich, mir die Tür aufzuhalten? **3** *lett* (*prodigo*) **~ di qc** {DI CONSIGLI} freigebig (*mit etw dat*) **4** *stor* (*POESIA*) höfisch, Hof-.

cortése[2] m *enol* "im Piemont und in der Lombardei angebaute Weißweinrebensorte bzw. der entsprechende Weißwein".

corteseménte *avv* (*per cortesia*) bitte: **potrebbe ~ dirmi l'ora?**, könnten Sie mir bitte die Uhrzeit sagen?; wären Sie so freundlich, mir zu sagen, wie spät es ist?

cortesìa **A** f **1** (*gentilezza*) {+COMMESSA, SEGRETARIA} Höflichkeit f, Freundlichkeit f: **hanno avuto la ~ di ricevermi subito**, sie waren so freundlich, mich gleich zu empfangen **2** (*favore*) Gefallen m: **è stata una vera ~ accompagnarmi al treno!**, es war wirklich sehr nett, mich zum Zug zu begleiten!; **fammi/usami la ~ di uscire!** *iron*, geh bitte hinaus!, ⌞sei so nett⌟/[tu mir den Gefallen *fam*] und verschwinde!; **(ma) mi faccia la ~!** *fam* (*detto da chi perde la pazienza*), jetzt tun Sie mir den Gefallen! *fam* **3** <*di solito al pl*> (*premure*) Aufmerksamkeiten f pl: **la colmava di cortesie**, er/sie überschüttete sie mit Aufmerksamkeiten **4** *stor* Ritterlichkeit f, Höflichkeit f **B** <*inv*> *loc agg autom*: **auto di ~**, Ersatzwagen m; **luce di ~**, Innenbeleuchtung f; **specchietto di ~**, Spiegel m an der Beifahrer-Sonnenblende ● **per ~** (*per favore*), bitte; **venite qui, per ~!**, kommt hierher, bitte!; **per ~, mi ripete il suo indirizzo?**, können Sie mir bitte Ihre Adresse wiederholen?; **per ~ niente lacrime!**, bitte keine Tränen!; **(ma) per ~!** *fam* (*detto da chi perde la pazienza*), bitte!, also ach bitte dich/Sie/euch!, ich weiß doch sehr bitten!; **vincere di ~** (*mostrarsi gentile con chi non lo è*), von entwaffnender Höflichkeit sein; **~ di bocca assai vale e poco costa** *prov*, "mit dem Hute in der Hand kommt man durch das ganze Land", ⌞höflich sein⌟/[ein freundliches Wort] kostet nichts; **domandare è lecito, rispondere è ~** *prov*, fragen kann man immer, aber ob man ⌞damit auch etwas erreicht?⌟/[eine Antwort erhält, ist eine andere Frage]; **salutare è ~, rendere il saluto è obbligo** *prov*, grüßen sollte man, den Gruß erwidern muss man aber.

corticàle **A** *agg anat bot* Rinden-, kortikal *scient* **B** f *anat* Rinde f, Kortex f *scient*.

corticòide m *biol* Kortikoide n *scient*.

corticosteròide *biol* **A** *agg* {ORMONE} Kortikosteroid- *scient* **B** m Kortikosteroid n *scient*.

corticosteróne m *biol* Kortikosteron n *scient*.

corticosurrenàle *agg anat* {GHIANDOLA} Nebennierenrinden-.

corticotropìna f *biol chim* Kortikotropin n *scient*, ACTH n.

cortigianésco, (-a) <-schi, -sche> *agg* **1** (*da cortigiano*) {VITA} höfisch, Hof- **2** *spreg* (*cerimonioso*) {MODI} zeremoniös *forb*, steif.

cortigiàno, (-a) **A** *agg* **1** (*della corte*) {LINGUA} höfisch **2** *spreg* (*adulatorio*) {COMPORTAMENTO} schmeichlerisch **B** m (f) **1** *stor* Höfling m, (Hofdame f) **2** *spreg* (*adulatore*) Hofschranze mf *decl come agg spreg*, Schleimer(in) m(f) *spreg*, Kriecher(in) m(f) *spreg* **C** f (*prostituta*) Kurtisane f.

cortìle m {+FATTORIA, PALAZZO} Hof m: **scendere in ~**, in den Hof (hinunter)gehen.

cortìna f **1** (*tenda*) Vorhang m **2** *fig* (*velatura*) {+NEBBIA} Wand f: **~ di fumo**, Rauchwand f, Rauchschleier m; *fig* Schleier m **3** *arch stor* {+CASTELLO} Kurtine f **4** *mil* Rauchwand f, Rauchschleier m, Rauchschirm m ● **~ di ferro** *fig polit stor*, Eiserner Vorhang.

cortisóne m *farm* Kortison n.

cortisònico, (-a) <-ci, -che> *farm* **A** *agg* {PRODOTTO} Kortison- **B** m Kortisonpräparat n.

cortisonoterapìa f *med* Kortisontherapie f.

còrto, (-a) **A** *agg* **1** *gener* {ABITO, CAPELLI, GAMBE, STRADA} kurz: **i pantaloni ti sono corti**, die Hose ist dir zu kurz **2** (*breve*) {COMMEDIA, DISCORSO} kurz **3** (*vicino*) {TIRO} weit **4** *fig* (*scarso*) **~ di qc** {DI DENARO, D'IDEE} knapp (*mit etw dat*): **aver la memoria corta**, ein schwaches/kurzes Gedächtnis haben *fam*, gedächtnisschwach sein; **~ di mente**, (geistig) beschränkt; **~ di vista**, kurzsichtig **5** *anat* {MUSCOLO} kurz **B** m **1** *fam* (*cortocircuito*) Kurzschluss m, Kurze m *fam*, Schluss *slang* **2** (*cortometraggio*) Kurzfilm m ● **alle corte!** *fam* (*in breve*), (nun aber) zur Sache!; **essere a ~ di argomenti** *fig fam* (*scarseggiare*), wenig Argumente haben; **essere a ~ di soldi** *fig fam*, Knapp bei Kasse sein; **tenere qu a ~ di cibo/soldi** *fig fam* (*lesinare*), jdn (mit Essen/Geld) kurzhalten.

cortocircuitàre *tr anche fig elettr* **~ qc** etw kurz|schließen.

cortocircùito m *elettr* Kurzschluss m: **mandare qc in ~**, etw kurzschließen **~ dare in ~** *elettr*, einen Kurzen *fam*/Kurzschluss haben; *fig* (*perdere il controllo*), eine Kurzschlussreaktion haben.

cortometràggio <-gi> m *film* Kurzfilm m.

corvè <-> f **1** *fig* (*lavoro ingrato*) Fron f, Schinderei f **2** *mil* Spezialeinsatz m: **essere di ~**, zu einem Spezialeinsatz abkommandiert sein **3** *stor* Fron(arbeit) f, Frondienst m.

corvétta f **1** *mar stor* Korvette f **2** *sport* (*nell'ippica*) Kurbette f, Bogensprung m.

corvìno, (-a) *agg* **1** (*nero*) {CAPELLI} rabenpechschwarz **2** (*morello*): **cavallo ~**, Rappe m.

còrvo m **1** *ornit* Rabe m, Krähe f: **nero come un ~**, rabenschwarz **2** *giorn* (*diffamatore*) Verleumder m ● **fare come il ~ col *cacio*** *fig* (*perdere qc per vanità*), wie der Rabe in der Fabel den Käse fallen lassen; sich (dat) aus Eitelkeit etwas durch die Lappen gehen lassen *fam*; **~ del *malaugurio*** *fig spreg* (*iettatore*), Unglücksbringer m, Schwarzseher m, Unke f.

cos *mat abbr di coseno*: cos (Kosinus) f.

còsa **A** f **1** *gener* {INVISIBILE, MATERIALE, SPIRITUALE, VISIBILE} Sache f, Ding n: **le cose terrene**, die irdischen Dinge **2** (*oggetto*) Ding n, Gegenstand m <*di solito al pl*> (*beni*) Sachen f pl, Güter n pl: **disporre di molte cose**, über viele Güter verfügen, viel besitzen **4** (*opera*) Werk n, Sache f: **le cose più inte-**

ressanti della letteratura italiana, die interessantesten Werke der italienischen Literatur; arte Kunstgegenstand m 5 (situazione) Sache f, Lage f: nell'ultimo anno la ~ si è notevolmente complicata, im letzten Jahr hat sich die Lage sehr kompliziert 6 (fatto) Ding n, Ereignis n, Vorfall m, Sache f: da quando sei partita sono successe molte cose, seitdem du weggefahren bist, ist viel passiert; raccontami le cose principali, erzähl mir das Wichtigste; è una ~ nuova, das ist eine Neuigkeit 7 (azione) Sache f, Tat f, etwas: non ha fatto una bella ~, was er/sie gemacht hat, war ⌊ein dicker Hund fam⌋/[gar nicht schön]; sono cose da principianti, das ist (et)was für Anfänger; (con negazione) nichts; non sono cose da uomini, das ist nichts für Männer, Männer verstehen/⌊das nicht⌋/[davon nichts] 8 (lavoro) Ding n, Arbeit f: è meglio fare una ~ per volta, es ist besser, eins nach dem anderen zu machen; cominciare dalle cose più facili, mit den einfachsten Dingen/Arbeiten anfangen 9 (affare) Sache f, Angelegenheit f: non è ~ di mia competenza, das fällt nicht in meine Kompetenz 10 (motivo) Anlass m, Grund m: non agitarti per cose da nulla, reg dich nicht wegen Kleinigkeiten auf; sono cose per cui non si dovrebbe proprio litigare, das ist etwas, worüber man (sich) wirklich nicht streiten sollte 11 (uso) Zweck m, Gebrauch m: quel coltello serve a molte cose, dieses Messer ist zu vielen Dingen gut, das ist ein Allzweckmesser 12 (discorso) Sache f: non dire cose di cui non sei sicuro, sag nichts, worin du dir nicht sicher bist; ho sentito dire molte cose sul suo conto, ich habe viel über ihn/sie gehört; dire una ~ a proposito, ⌊den Nagel auf den Kopf treffen fam⌋/[zur richtigen Zeit das Richtige sagen]; dire una ~ a sproposito, ⌊etwas sagen, was völlig daneben ist⌋/[einen Bock schießen fam] 13 (pensiero) etwas, Gedanke m: tacere una ~, etwas verschweigen 14 (problema) Gegenstand m, Frage f: mi interesso/occupo di cose di filosofia/politica, ich interessiere mich für⌋/[beschäftige mich mit] Philosophie/Politik 15 fam (oggetto o persona di sesso femminile di cui non si dice il nome) Dings(da) m ef fam, Dingsbums m o f o n m: mi dai il numero di telefono di ~, là, come si chiama ..., gibst du mir die Telefonnummer von Dings, wie heißt sie ... fam; sposta quella ~ là!, schieb das Ding da weg! fam 16 ⟨di solito al pl⟩ fam (cibo) Sache f, Ding n, Produkt n: è importante mangiare cose genuine, es ist wichtig, naturreine Produkte/Dinge zu essen; mangerei una ~ leggera, ich würde gern etwas Leichtes essen 17 ⟨solo pl⟩ fam eufem (mestruazioni) fam eufem: ha le sue cose, sie hat ihre Tage fam eufem 18 dir {IMMOBILE, MOBILE} Sache f: ~ composta/semplice, zusammengesetzte/einfache Sache; ~ consumabile/fungibile, verbrauchbare/vertretbare Sache 19 filos Sache f, Ding n: la ~ in sé, die Sache an sich 20 (con agg assume il significato dell'agg che accompagna e di solito non si traduce): è una ~ bella, es/das ist schön/[etwas Schönes]; è ~ certa/sicura, es ist eine ausgemachte Sache, es steht fest; è ~ giusta, es/das ist richtig; ~ difficile, Schwierigkeit f; la miglior/peggior ~, das Beste/[Schlechteste]/Schlimmste; è una ~ semplicissima, das ist kinderleicht; ~ strana, etwas Seltsames; (con agg indef): alcune cose, einiges, etwas; nessuna ~, nichts; ogni ~, alles; qualche ~, etwas; qualunque ~, was auch immer, alles Mögliche; è tutt'altra ~, das ist etwas völlig anderes; (con agg dim) questa ~, das; quella ~, jenes; la stessa ~, dasselbe 21 (in proposizioni interr dirette e indirette e proposizioni

escl): (che) ~?, was?; wie?; a/di che ~?, wozu?; wovon?; (che) ~ diavolo hai fatto?, was zum Teufel hast du getan?; a (che) pensi?, woran denkst du?; ~ vuoi, sono bambini!, was willst du machen, so sind Kinder eben! 22 (seguito da pronome relativo): è una ~ che non dimenticherò mai, das ist etwas, was ich nie vergessen werde; son cose che fanno rabbrividire, da wird's einem ganz anders, da läuft es einem kalt den Rücken herunter; una ~ di cui sento la mancanza è il caffè, etwas, das ich vermisse, ist Kaffee; una ~ che ci sta a cuore è la questione degli esami, was uns am Herzen liegt, ist das Prüfungsproblem B in funzione di pron interr (quanto) wie viel?, was?: ~ vengono quelle pere?, wie viel/was kosten diese Birnen? ● fra le altre cose (tra l'altro), unter anderem; fra una ~ e l'altra ce ne siamo dimenticati, über all dem (Hin und Her) haben wir's vergessen; raccontami come sono andate le cose (~ è successo e come), erzähl mir, ⌊wie die Sache ist⌋/[wie's] gelaufen ist; arrivare/intervenire a cose fatte (a operazione conclusa), daherkommen/eingreifen, wenn ⌊bereits alles getan ist⌋/[es bereits zu spät ist]/[man schon vor vollendeten Tatsachen steht]; avere qualche ~ contro qu (avercela con qu), etwas gegen jdn haben; brutta ~ la solitudine!, einsam zu sein ist schlimm/scheußlich!; buone/tante cose! (di auguris, di saluto), viele Grüße!; capire/dire una ~ per un'altra (equivocare), sich verhören/versprechen, etwas anderes verstehen/sagen; sono cose che capitano (può succedere), so was kann passieren!; le cose si complicano (la situazione diventa più difficile), die Lage spitzt sich zu; cose di nessun conto (senza importanza), unwichtige Dinge; credersi chissà che ~ (essere superbo), sich für Gott weiß wen halten fam; darei non so ~ per sapere se ... (farei qualunque cosa), ich würde ⌊alles in der Welt⌋/[weiß Gott was] drum geben, um zu wissen, ob ...; dimmi (un po') una ~ (di' un po'), sag (mir) einmal; dire le cose a metà (esprimersi in un modo vago), sich vage ausdrücken; dire le cose (così) come stanno (essere sincero), sagen, ⌊wie die Dinge stehen⌋/[was Sache ist fam]; cos'è, ~ non è fam (all'improvviso), plötzlich, mit einem Mal; non è ~ ~ südd (è assurdo), das ist absurd, das gibt's nicht; è poca ~ (poco), das ist ⌊eine Kleinigkeit⌋/[nicht der Rede wert]/[kein Ding fam]; (è di scarsa importanza), das ist unwichtig; esaminare ~ per ~ (minutamente), alles einzeln/genauestens untersuchen; essere al di sopra di ogni ~ (essere superiore), über den Dingen stehen; guardare le cose in faccia fig (affrontare una situazione con realismo), den Tatsachen ins Gesicht sehen; fai una (bella) ~: ... fam (fai così: ...), mach (doch) Folgendes; certe cose non si devono fare, gewisse Dinge ⌊darf man nicht tun⌋/[macht man einfach nicht]; ho sempre troppe cose da fare, ich habe immer zu viel zu tun; fare le cose a metà (male), mittendrin alles stehen und liegen lassen, halbe Sachen machen; fare le cose in grande (stile) (con magnificenza), etwas im großen Stil machen; è ~ fatta (conclusa), das ist erledigt; del genere/simile, so etwas; ~ giudicata dir, Rechtskraft f; (una) gran ~ fam (una ~ fantastica), super fam, toll fam, Spitze fam, geil fam; non è una gran ~ (non è molto importante), das ist nichts besonderes; sono cose ⌊più grandi di noi⌋/[grosse] (molto importanti), diese Dinge ⌊sind für unsereiner zu hoch⌋/[übersteigen unseren Horizont]; la ~ slang (la vulva), das Ding fam; lasciare le cose come stanno (non modificare la situazione), die Dinge auf sich beruhen lassen; alles

so lassen, wie es ist; cose da matti/pazzi (incredibili), unglaublich!; mettere le cose in chiaro (chiarire), die Dinge/etwas klarstellen, klare Verhältnisse schaffen; ho l'armadio pieno di vestiti, ma metto sempre le stesse cose, ich hab den ganzen Kleiderschrank voll, aber ich ziehe immer das Gleiche an; le cose si mettono bene/male (la situazione migliora/peggiora), die Situation ⌊verbessert sich⌋/[spitzt sich zu]; la ~ è morta lì (non ha avuto sviluppi), es ist nichts daraus geworden; sono cose dell'altro mondo (incredibili), das ist unglaublich, ja ist das denn die Möglichkeit?; per nessuna ~ al mondo (mai), um nichts in der Welt; nessuna ~ (niente), nichts; ⌊da cosa nasce ~⌋/[una ~ tira l'altra] (da un fatto possono derivarne altri), eins zieht das andere nach (sich), eins kommt zum anderen; cose da niente/nulla (di poca importanza), Kleinigkeiten f pl, Nichtigkeiten f pl; chiamare le cose col loro nome (parlare senza reticenze), die Dinge beim (richtigen) Namen nennen; Cosa Nostra (la mafia), Cosa Nostra f, Mafia f; sapere ~ bolle in pentola fig (che cosa succede), wissen, ⌊was los ist⌋/[wo der Hase läuft fam]; ogni ~ al suo posto (tutto in ordine), alles in Ordnung, alles an seinem Platz; prendere le cose come vengono (accettarle per quello che sono), die Dinge nehmen, wie sie sind; per prima ~ (prima di tutto), zuerst, als Erstes, vor allem; le proprie cose (effetti personali), seine Habseligkeiten; (beni), seine Güter; guardare le cose in prospettiva (proiettato nel futuro), weit blickend/vorausschauend sein, weiter denken; la ~ pubblica (lo stato), der Staat; le cose sono a questo punto (stanno così), so sieht es aus, so stehen die Dinge; per la qual ~ (perciò), deswegen, aus diesem Grund; è una ~ (tutta) da ridere (non seria), das ist ja zum Lachen; sai una ~, ..., weißt du was? ...; la ~ in sé non desta preoccupazioni, die Sache an sich ist kein Grund zur Sorge; per la ~ in sé, um der Sache willen; sopra ogni (altra) ~ (più di tutto), mehr als alles andere; se le cose stanno così ... (se la situazione è questa), wenn es so ist ..., wenn die Dinge so stehen ...; qualsiasi ~ succeda (in ogni caso), was auch immer geschieht, in jedem Fall; cose trite e ritrite (non nuove), kalter Kaffee fam, aufgewärmter Kohl fam; è tutt'un'altra ~ fam, das ist ganz etwas anderes; il rinfresco sarà una ~ veloce, der Empfang wird nicht lange dauern; fare le cose come vengono fig (senza impegno), die Dinge schleifen lassen fam; cose mai viste (incredibili), Unglaubliches, unglaubliche Dinge; sono cose che succedono ai vivi (di incoraggiamento in situazioni difficili), so was kann schon mal passieren, so was kommt eben vor; ~ fatta capo ha prov, was geschehen ist, ist geschehen; getan ist getan; erledigt ist erledigt; lasciata è persa prov, Versäumtes ist nicht nachzuholen prov, man soll keine Gelegenheit verpassen.

cosàcco, (-a) ‹-chi, -che› **A** agg {STIRPE} Kosaken- **B** m (f) Kosak m.

cosàre tr ‹essere o avere› fam (sostituisce un verbo e lo si traduce con il corrispondente che è stato sostituito): ~ la biancheria (stenderla), die Wäsche aufhängen; ~ un lavoro (finirlo), eine Arbeit fertig machen.

còsca ‹-cosche› f **1** (nucleo di mafiosi) Mafia-Clan m: **le cosche mafiose**, die Mafia-Clans m **2** (banda di malavitosi) Verbrecherkreis m.

còscia ‹-cosce› f **1** anat (Ober)schenkel m **2** arch {+PONTE} Widerlager n **3** gastr {+CONIGLIO, POLLO, TACCHINO} Schlegel m, Schenkel m; {+VITELLO} Keule f: **una fettina di ~ al burro**, ein dünnes Keulenschnitzel in Buttersoße ● **pantaloni stretti/larghi di ~**, enge/weite Hosen; **far** *vedere* **le cosce** (*mostrarle con abiti succinti*), (viel) Bein zeigen.

cosciàle m **1** (*protezione*) {+GIOCATORE DI HOCKEY} Beinharnisch m; {+CACCIATORE} Beinschützer m, Beinpanzer m **2** *med* (*protesi*) Beinprothese f; (*parte del lettino*) Beinstütze f.

cosciènte agg **1** (*conscio*) ~ **di qc** {DEI PROPRI DIRITTI} *etw* (gen) bewusst: **diventare ~ delle proprie responsabilità**, sich (dat) der eigenen Verantwortungen bewusst werden; **siamo coscienti dei nostri limiti**, wir sind uns unserer Grenzen bewusst **2** (*responsabile*) {SCELTA} bewusst **3** *med* bewusst: **il paziente non è ~**, der Patient ist nicht bei Bewusstsein.

cosciènza f **1** *gener* Gewissen n **2** (*consapevolezza*) Bewusstsein n: **~ di classe**, Klassenbewusstsein n; **~ civile**, Bürgersinn m; **avere la ~ dei propri limiti**, sich (dat) seiner Grenzen bewusst sein; **prendere ~ di qc**, sich *etw* (gen) bewusst werden **3** (*impegno, senso del dovere*) Gewissenhaftigkeit f, Pflichtbewusstsein n: **lavorare con ~ professionale**, mit Sachverstand arbeiten **4** (*onestà*) Ehrlichkeit f **5** *med* (*conoscenza*) Bewusstsein n, Sinn m: **perdere ~**, das Bewusstsein verlieren, ohnmächtig werden; **riacquistare/riprendere ~**, das Bewusstsein wiedererlangen **6** *psic* Bewusstsein n: **~ di sé**, Selbstbewusstsein n • **agire con ~** (*con senso di responsabilità*), gewissenhaft handeln; **agire contro/secondo ~** (*contro/secondo i propri principi*), gegen seine Prinzipien/[seinen Prinzipien gemäß] handeln; **avere la ~ pulita/sporca** *fig* (*essere innocente/colpevole*), ein reines/[schlechtes] Gewissen haben; **avere qc sulla ~** *fig* (*aver un rimorso per qc*), etw auf dem Gewissen haben; **avere piena ~ di qc** (*capacità di valutazione*), {DELLE DIFFICOLTÀ, DEI LIMITI} sich (dat) etw (gen) voll bewusst sein; **avere una vaga ~ di qc** (*percepirla vagamente*), eine leise Ahnung von etw (dat) haben; **in (tutta) ~, credo di aver lavorato bene** (*onestamente*), ich denke wirklich, dass ich gut gearbeitet habe; **me lo puoi assicurare in tutta ~?**, Hand aufs Herz, kannst du mir das versichern?; **mettersi la ~ in pace** (*rassegnarsi*), sich abfinden; **pesare sulla ~** *fig* (*costituire motivo di rimorso o colpa*), das Gewissen plagen; **la ~ mi rimorde** *fig* (*ho dei rimorsi*), ich habe Gewissensbisse; **essere senza ~** (*privo di scrupoli*), gewissenlos/skrupellos sein; **avere/sentirsi la ~ tranquilla/[a posto]** *fig* (*essersi comportato bene*), ein ruhiges Gewissen haben.

coscienziosità <-> f (*diligenza*) {+MEDICO} Gewissenhaftigkeit f.

coscienziòso, (-a) agg **1** (*diligente*) {STUDENTE} gewissenhaft **2** (*accurato*) {LAVORO, OPERA} gewissenhaft, sorgfältig, gründlich.

còscio <*cosci*> m *gastr* {+TACCHINO} Keule f, Schenkel m.

cosciòtto <dim *di coscio*> m *gastr* Schlegel m, kleine Keule: **~ di agnello**, Lammkeule f.

coscritto, (-a) **A** m *mil* Rekrut m **B** m (f) (*persona nata nello stesso anno*) Mensch m aus demselben Jahrgang, Altersgenosse m, (Altersgenossin f), Gleichaltrige mf decl come agg; **la cena dei miei coscritti**, das Abendessen mit den Leuten aus meinem Jahrgang.

coscrizione f *mil* (*arruolamento*) Einberufung f; {OBBLIGATORIA} Wehrersatz m.

cosèno m *mat* Kosinus m.

cosentino, (-a) **A** agg {TRADIZIONE} aus/von Cosenza **B** m (f) (*abitante*) Bewohner(in) m(f) von Cosenza.

Cosènza f *geog* Cosenza n.

così **A** avv **1** (*in questo modo*) so, auf diese Weise: **non devi fare ~**, so darfst du das nicht machen; **se ~ si può dire**, wenn man so sagen darf; **è largo ~ e alto ~** (*accompagnato da gesti*), er/es ist so breit und so hoch; **~ pare**, so scheint es; **è sempre ~**, so ist er/es immer; (*con il gerundio*) **~ facendo rovini tutto**, so/[auf diese Weise] machst du alles kaputt *fam*; **~ imprecando scappò via**, derart fluchend, lief er/sie weg **2** (*rafforzativo*) so, ebenso, genauso: **sei molto cambiato e ~ anche/pure tua moglie**, du hast dich sehr verändert und deine Frau genauso; **sì, è ~**, ja, so ist es; **no, non è ~**, nein, so ist es nicht **3** (*tanto*) so, derart: **una donna ~ attiva**, eine so aktive Frau; **non pensavo che fosse ~ tardi**, ich dachte nicht, dass es so spät ist **4** (*di quantità*) so, das: **ti basta ~?**, genügt dir das?, passt es so? *süddt* **5** (*dunque*) also: **~ non le hai ancora parlato**, du hast also noch nicht mit ihr gesprochen **6** (*in correlazione*) **~ ... come/quanto**, genauso ... wie; **ha torto ~ l'uno quanto l'altro**, der eine ist genauso im Unrecht wie der andere; **voglio bene a lui ~ come a te**, ich mag ihn genauso gern wie dich **B** *loc avv* **1 da ~**, als so; **non posso agire diversamente da ~**, ich kann nicht anders (handeln) **2 di ~**, so herum; **voltati da ~**, dreh dich so herum **3 più di ~**, mehr als das; **più di ~ non posso**, weiter kann ich nicht gehen, mehr ist bei mir nicht drin *fam* **4 per ~**, so (herum); **secondo me il cappello ti sta meglio per ~**, ich denke, so (herum) steht dir der Hut besser **C** <*inv*> agg (*simile*) solche(r, s), so ein(e): **non avevo mai visto una baraonda ~**, so ein Tohuwabohu hatte ich noch nie gesehen; **incontrerai altre persone ~**, du wirst noch mehr solche Leute treffen; **mi hanno regalato uno zainetto ~**, sie haben mir einen/[einen solchen] Rucksack geschenkt **D** cong **1** (*introduce una proposizione compar o modale*) **~ ... come ... ind**, so ..., wie: **continuò a lavorare ~ come aveva sempre fatto**, er/sie arbeitete weiter, so wie immer/[er/sie es immer getan hatte]; **non sono ~ felici come vogliono far credere**, sie sind nicht so glücklich, wie sie glauben lassen wollen **2** (*introduce una proposizione consecutiva*) **~ ... che ... ind/congv/condiz**, so ..., dass ...: **era ~ arrabbiato che non riusciva a calmarsi**, er war so wütend, dass er sich nicht beruhigen konnte; **~ ... da ... inf**, so ..., dass ...: **non credo fosse ~ agitato da dimenticare il passaporto**, ich glaube nicht, dass er so aufgeregt war, dass er seinen Pass vergaß **3** (*perciò*) **~ ... ind**, so ..., deshalb ..., daher ...: **ha un po' di tempo libero e ~ mi guarda la bambina**, er/sie hat ein bisschen Zeit und passt deshalb auf meine Tochter auf; **mi sono addormentato ~ non ho potuto telefonarti**, ich bin eingeschlafen, daher habe ich dich nicht angerufen **4** (*in questo modo*) **~ ... ind**, dann ...: **usciamo fuori a cena ~ non dobbiamo cucinare**, gehen wir auswärts zu Abend essen, dann brauchen wir nicht zu kochen **5** (*nonostante*) **~ ... ind**, obwohl ... so ...; so ...: **~ sfortunato com'è, cerca ancora di essere lui d'aiuto agli altri**, obwohl er so ein Pechvogel ist, versucht er noch, anderen zu helfen **6** (*magari*) **~ ... congv**, wenn ..., so ...: **~ Dio volesse!**, wenn Gott will! **7** (*subito*) **come/[appena che]/[dopo che] ... ind**, **~ ... ind** als ..., sobald ..., nachdem ...: **come lo vide, ~ si mise a piangere**, sobald/als er/sie ihn sah, fing er/sie an zu weinen **8** (*rafforzativo*) **poiché/siccome ... ~ ... ind**, weil ...: **poiché la situazione era critica, ~ ho deciso di intervenire**, da die Lage kritisch war, habe ich mich entschlossen, einzugreifen • **sei soddisfatto? – così così** (*non tanto*), bist du zufrieden? – Nicht sehr/besonders; **come sta tua nonna? – così così** (*né bene, né male*), wie geht es deiner Oma? – So lala *fam*/Soso *fam*; **com'era il film? – così così** (*mediocre*), wie war der Film? – Geht so *fam*/[Leidlich *fam*]; **ah, è ~!** (*di stupore*), ach, so ist das!; (*di indignazione*), aha, so ist das also!; **basta ~** (*è sufficiente*), (das ist) genug (so)!; (*di sdegno*), Schluss jetzt!, jetzt reicht's aber!; **~ colà** *fam* (*così cosà*), soso; **e ~ e colà** *fam* (*eccetera*), und so weiter; **~ e ~**/**cosà** *fam scherz* (*in questo modo*), genau so; **~ o cosà** *fam scherz* (*in un modo o nell'altro*), so oder so; **né ~ né cosà** *fam scherz* (*né in un modo né nell'altro*), weder so noch so; **da ~ a ~** (*completamente*), {CAMBIARE} völlig; **per ~ dire**, sozusagen; **e ~?** (*e allora?*), und nun?, was nun?; **è ~ o non è ~?** (*per chiedere una conferma*), stimmt's oder hab ich nicht recht? *fam scherz*; **meglio ~!**, umso besser!; **meglio di ~ (si muore)**, besser geht's nicht; **è proprio ~**, genauso ist es, es ist genauso, es ist wirklich so; **~ sembra (pare)**, es scheint so, es sieht so aus; **~ sia**, so sei es; *relig*, amen; **e ~ via** (*di seguito*) (*eccetera*), und so weiter.

cosicché cong **1** (*affinché*) **~ ... congv**, so dass ..., so ..., damit ...: **tornerò tra un'ora, ~ tu abbia tutto il tempo per prepararti**, ich bin in einer Stunde wieder da, so hast du genug Zeit,/[damit du genug Zeit hast], dich vorzubereiten **2** (*dunque*) also, nun und nun: **~ hanno rinviato il processo?**, sie haben also den Prozess vertagt? **3** (*perciò*) so ..., so dass ..., also, deswegen: **stavo poco bene ~ non ho potuto venire prima**, mir ging's nicht gut, also/deswegen konnte ich nicht vorher kommen.

cosiddètto, (-a) **A** agg *spec spreg* (*detto*) {ALTA SOCIETÀ} so genannt: **le cosiddette persone normali**, die so genannten Normalen/[normalen Leute] **B** m pl *eufem* (*testicoli*) Eier n pl *volg*: **mi ha fatto girare i cosiddetti**, er/sie ist mir auf die Eier/den Sack gegangen *fam volg*.

cosiffàtto, (-a) agg *spec spreg* (*tale*) {UOMO} solcherart, so beschaffen.

cosìna <dim *di cosa*> f **1** kleines Ding, Dingelchen n **2** (*pensierino*) Kleinigkeit f **3** (*personcina*) Ding n.

cosìno <dim *di coso*> m **1** kleines Ding, Dingelchen n **2** (*ragazzo piccolo*) Dreikäsehoch m *fam scherz*.

cosmèsi <-> f *gener* Kosmetik f, Schönheitspflege f.

cosmètica <-che> f Kosmetik f, Schönheitspflege f.

cosmètico, (-a) <-ci, -che> **A** agg {PRODOTTO} kosmetisch, Schönheits- **B** m Kosmetikprodukt n, Kosmetikum n, Schönheitsmittel n.

cosmetologìa f *med* Kosmetologie f.

cosmicità <-> f *anche filos* (*universalità*) Universalität f.

còsmico, (-a) <-ci, -che> agg **1** *astr* {ENERGIA, MATERIA} kosmisch, Welt(raum)- **2** *fig* (*universale*) universal; {DOLORE} Welt-.

còsmo m *anche filos* (*universo*) Kosmos m, Weltall n, Weltraum m.

cosmobiologìa f *biol* Kosmobiologie f.

cosmòdromo m *astr* Kosmodrom m.

cosmogonìa f *astr mitol* Kosmogonie f.

cosmogònico, (-a) <-ci, -che> agg **1** *astr* {TEORIA} kosmogonisch **2** *mitol* {NARRAZIONE} kosmogonisch, Weltentstehungs-.

cosmografìa f *astr* Kosmographie f.

cosmogràfico, (-a) <-ci, -che> agg *astr* {DESCRIZIONE} kosmographisch.

cosmologìa f *astr filos* Kosmologie f.

cosmològico, (-a) <-ci, -che> agg *astr filos* {PROVA, TEORIA} kosmologisch.

cosmonàuta <-*i* m, -*e* f> mf *astr* Kosmonaut(in) m(f), Weltraumfahrer(in) m(f).

cosmonàutica <-*che*> f *astr* Kosmonautik f, Weltraumfahrt f.

cosmonàutico, (-a) <-*ci*, -*che*> agg *astr* kosmonautisch.

cosmonàve f *astr* Raumschiff n.

cosmopolìta <-*i* m, -*e* f> **A** agg (*cittadino del mondo*) Kosmopolit(in) m(f), Weltbürger(in) m(f), Bürger(in) m(f) von Welt **B** agg (*internazionale*) {CITTÀ} kosmopolitisch, Welt-; (*aperto*) offen, mit weitem Horizont.

cosmopolitìsmo m **1** (*dottrina*) Kosmopolitismus m, Weltbürgertum n **2** (*carattere internazionale*) {+METROPOLI} kosmopolitische/internationale Atmosphäre.

cosmotróne m *fis* Kosmotron n.

cóso m *fam* Dingsda n *fam*, Dingsbums n *fam*: **mi passi quel ~?**, gibst du mir das Dingsda rüber? *fam*; **mi ha telefonato ~**, der Dingsda/Dingsbums hat mich angerufen *fam*.

cospàrgere <*coniug come spargere*> **A** tr **1** (*spargere sopra*) **~ qu/qc di qc** {TORTA DI ZUCCHERO} etw mit etw (dat) bestreuen; {BIANCHERIA DI AMIDO} etw mit etw (dat) bespritzen; **il neonato di crema**, den Säugling eincremen **2** (*coprire*) **~ qc di qc** {VIALE DI FOGLIE MORTE} etw mit etw (dat) bedecken **3** (*disseminare*) **~ qc di qc** {COMPITO DI SCARABOCCHI} etw mit etw (dat) übersäen, etw mit etw (dat) spicken *fam* **B** rfl (*spargere su di sé*): **cospargersi di qc** {VISO DI CREMA} sich (dat) etw mit etw (dat) ein|cremen; {CORPO DI BOROTALCO} sich (dat) etw mit etw (dat) (ein|)pudern.

cospètto A m (*presenza*) Gegenwart f, Anwesenheit f: **togliti dal mio ~**, geh mir aus den Augen!, verschwinde! *fam* **B** loc prep: **al/in ~ di qu/qc**, in Gegenwart von jdm/etw + gen, gegenüber jdm/etw; **essere al ~ di Dio**, ₍im Angesicht Gottes₎/[vor Gott] stehen; **al ~ di Dio, sono innocente!**, bei Gott, ich bin unschuldig!

cospicuità <-> f (*consistenza*) {+PATRIMONIO} Ansehnlichkeit f, Beträchtlichkeit f.

cospìcuo, (-a) agg (*consistente*) {PATRIMONIO} ansehnlich, beträchtlich: **ha avuto una cospicua parte dell'eredità**, er/sie hat einen beträchtlichen Erbteil bekommen.

cospiràre itr **1** (*congiurare*) **~ contro qu/qc** {CONTRO IL RE} (gegen jdn) verschwören, (gegen jdn/etw) konspirieren *forb* **2** *fig* (*concorrere*) **~ contro/[a favore di] qu/qc** {A SUO FAVORE, CONTRO LA REALIZZAZIONE DI UN PROGETTO} sich (gegen jdn/etw)/(zugunsten jds/etw) verschwören, sich (gegen jdn/etw)/(zugunsten jds/etw) verbünden, sich (gegen jdn/etw)/(zugunsten jds/etw) zusammenschließen; **tutto sembra ~ contro di me**, alles scheint sich gegen mich verschworen zu haben.

cospirativo, (-a) agg (*di cospirazione*) konspirativ.

cospiratóre, (-trice) m (f) (*chi cospira*) Verschwörer(in) m(f), Verschworene mf decl come agg, Konspirant(in) m(f) *forb rar*.

cospiratòrio, (-a) <-ri> agg (*relativo a una cospirazione*) {PROGRAMMA} verschwörerisch.

cospirazióne f *anche fig* (*congiura*) Verschwörung f, Konspiration f *forb*: **essere coinvolto in una ~ contro lo stato**, in eine Verschwörung gegen den Staat verwickelt sein.

còssi 1ᵃ pers sing del pass rem di cuocere.

Cost. abbr di Costituzione: Verf. (abbr di Verfassung).

còsta A f **1** anche geog {ALTA, BASSA, ROCCIOSA} Küste f, Strand m: **un paesino sulla ~ ligure**, ein Dorf an der ligurischen Küste; **navigare sotto ~**, die/[an] der Küste entlangfahren/entlangsegeln **2** *anat* {FLUTTUANTE} Rippe f **3** *bot* {+FOGLIA} Rippe f; <*di solito al pl*> *fam* (*bietole*) Mangold m **4** *alpin* (Steil-, Ab)hang m, Höhe f: **a mezza ~**, auf halber Höhe **5** (*dorso*) {+COLTELLO, LIBRO, PETTINE} Rücken m **6** *lett* (*fianco*) Seite f **7** *tecnol* {+DENTE} Kopfflanke f **8** *tess* Rippe f **B** loc agg *tess*: **a coste**, {VELLUTO} Kord-, Cord- • **Costa d'Avorio**, Elfenbeinküste f; **Costa Azzurra**, Côte d'Azur f; **Costa Smeralda**, Costa f Smeralda.

costà avv *tosc* (*luogo vicino a chi ascolta*: *stato*) dort; (*moto*) dorthin.

costàle agg *anat* {ARCO, ARTERIA} Rippen-.

costànte A agg **1** (*invariato*) {DESIDERIO} anhaltend, andauernd **2** (*stabile*) {CONDIZIONI METEOROLOGICHE, TEMPO} beständig, anhaltend **3** (*tenace*) **~ in qc** {UOMO NEI SENTIMENTI} beständig in etw (dat), beharrlich in etw (dat), ausdauernd in etw (dat) **4** *mat fis* {FUNZIONE, QUANTITÀ} konstant **B** f **1** (*elemento ricorrente*) {+CARATTERE, MOVIMENTO POLITICO, ROMANZO} Konstante f **2** *aero* Konstante f: **~ di navigazione**, Navigationskonstante f **3** *astr chim* {SOLARE; +CORPO PURO} Konstante f **4** *fis tel* Konstante f: **~ di attenuazione/propagazione**, Dämpfungskonstante f/Übertragungsbelag m **5** *mat* {+INTEGRALE} Konstante f **6** *psic* {PERCETTIVA, PERSONALE} Konstante f.

costanteménte avv (*in continuazione*) {BORBOTTARE} ständig, unaufhörlich, dauernd.

costantiniàno, (-a) agg *stor* (*di Costantino*) {LEGGE} konstantinisch.

Costantìno m (*nome proprio*) Konstantin.

Costantinòpoli f *geog stor* Konstantinopel n.

costànza f **1** (*tenacia*) {+RICERCATORE} Beharrlichkeit f, Ausdauer f, Beständigkeit f: **avere ~ nello studio**, beim Lernen ₍Ausdauer haben₎/[ausdauernd sein] **2** *scient* (*invariabilità*) {+FORZA, GRANDEZZA, LEGGI DELLA NATURA} Stetigkeit f, Konstanz f.

Costànza f **1** (*nome proprio*) Konstanze f **2** *geog* Konstanz n: **lago di ~**, Bodensee m.

costàre A itr <*essere*> **1** (*avere un prezzo*) kosten: **~ caro/poco**, ₍viel kosten, teuer sein₎/[wenig kosten, nicht teuer sein]; **quanto costa?**, wie viel/was kostet das?; **quanto costano al kilo le ciliege?**, was kostet ein Kilo Kirschen?; **il trasporto ci è costato un occhio della testa**, der Transport hat uns ₍ein Heidengeld₎/[eine schöne Stange Geld] gekostet *fam*; **~ appena 100 euro**, knapp 100 Euro kosten **2** (*essere caro*) teuer sein, viel kosten: **la vita oggi costa**, heutzutage ist das Leben teuer **B** tr <*essere*> **1** *fig* (*richiedere*) **~ qc a qu** jdn etw kosten: **lavorare gli costa fatica**, das Arbeiten strengt ihn an; **quel saggio gli è costato molti anni di studio**, das Essay hat ihn viele Jahre Forschungsarbeit gekostet **2** *fig* (*rimetterci*) **~ qc a qu** jdn etw kosten: **quell'imprudenza gli è costata la vita**, dieser Leichtsinn hat ihn das Leben gekostet; **un errore che ti è costato il posto di lavoro**, ein Fehler, der dich den Arbeitsplatz gekostet hat; **non ti costa nulla essere gentile**, freundlich zu sein, kostet dich nichts; du vergibst dir nichts, wenn du freundlich bist **3** *fig* (*rincrescere*) **~ a qu** jdm schwer|fallen: **mi costa parlargliene, ma lo devo fare**, es fällt mir schwer, mit ihm darüber zu sprechen, aber ich muss es tun • **la tua arroganza ti costerà cara** *fig* (*avrà conseguenze spiacevoli*), deine Arroganz wird dir/dich teuer zu stehen kommen; **costi quel che costi**, koste es, was es wolle.

Còsta Rìca f *geog* Costa Rica n, Kostarika n.

costaricàno, (-a) **A** agg {MUSICA} aus Costa Rica **B** m (f) (*abitante*) Costa-Ricaner(in) m(f).

costàta f *gastr* Rumpsteak n: **~ di manzo**, Rumpsteak n; **~ alla fiorentina**, Rumpsteak n Florentiner Art.

costàto m *anat* Brustkorb m, Rippengegend f.

costeggiàre <*costeggio, costeggi*> tr **1** *mar* **~ (qc)** {BARCA SPIAGGIA} ₍an etw (dat)₎/[etw] entlang|fahren; (*a vela*) ₍an etw (dat)₎/[etw] entlang|segeln **2** (*camminare lungo qc*) **~ qc** {GRUPPO CORSO DEL FIUME} ₍an etw (dat)₎/[etw] entlang|laufen, ₍an etw (dat)₎/[etw] entlang|gehen **3** *fig* (*bordare*) **~ qc** {SENTIERO BOSCO} etw säumen, ₍an etw (dat)₎/[etw] entlang|laufen.

costèi <*costoro*> pron dimostr f *lett* diese, die da *fam*: **con ~ c'è solo da arrabbiarsi**, mit der (da) gibt's nur Ärger *fam*.

costellàre tr **1** (*ornare*) **~ qc** {STELLE CIELO} etw übersäen **2** *fig* (*disseminare*) **~ qc di qc**) {COPERTA DI RICAMI; PRIMAVERA I PRATI DI FIORI} etw mit etw (dat) sprenkeln, etw mit etw (dat) übersäen, etw mit etw (dat) bestreuen; {TRADUZIONE DI ERRORI} etw mit etw (dat) spicken *fam*.

costellàto, (-a) agg **~ di qc** {CIELO DI STELLE} mit etw (dat) bedeckt, {COMPITO DI ERRORI} mit etw (dat) gespickt *fam*; {VISO DI LENTIGGINI} mit etw (dat) übersät.

costellazióne f **1** *astrol astr* Konstellation f; (*dello zodiaco*) Sternbild n **2** *fig* (*insieme*) {+SCRITTORI} illustrer Kreis, Gruppe f: **~ di isole**, Inselgruppe f • **essere nato sotto una buona ~** *fig* (*essere fortunato*), unter einem guten Stern geboren sein *forb*.

costernàre tr (*avvilire*) **~ qu** {PAROLE GENITORE} jdn bestürzen, jdn nieder|schlagen.

costernàto, (-a) agg **1** (*avvilito*) bestürzt, fassungslos, niedergeschlagen: **sono ~ per quanto è successo**, ich bin fassungslos über das, was passiert ist **2** (*che mostra avvilimento*) {SGUARDO} bestürzt.

costernazióne f (*avvilimento*) Bestürzung f: **gettare qu nella più profonda ~**, jdn in die tiefste Verzweiflung stürzen, jdn zutiefst bestürzen.

costì avv *region lett* **1** (*stato*) dort: **che fate ~?**, was macht ihr dort? **2** (*moto*) dorthin: **e poi come arrivaste ~?**, und wie seid ihr dann dorthin gekommen?

costièra f **1** (*tratto di costa*) Küste(nregion) f: **la ~ amalfitana**, die Amalfi-Küste **2** (*pendio*) (Ab)hang m.

costièro, (-a) agg (*di costa*) {GUARDIA, NAVE, NAVIGAZIONE, STRADA, TRATTO} Küsten-.

costìna <dim di costa> f *gastr* {+MAIALE} Rippchen n.

còsting <-> m *ingl comm* Kostenberechnung f.

costipaménto m **1** *agr* (*assestamento*): **~ del terreno**, Bodensetzung f **2** *edil* (*compattamento*) {+TERRENO} Verdichtung f, Stampfen n **3** *med rar* Verstopfung f.

costipàre A tr **1** (*comprimere*) **~ qc** {TERRENO} etw verdichten, etw stampfen **2** *med* **~ qc** {INTESTINO, NASO} etw verstopfen **B** itr pron *med*: **costiparsi** (*prendere il raffreddore*) sich erkälten; (*essere stitico*) verstopft sein.

costipàto, (-a) agg (*ammassato*) zusammengedrängt: **eravamo tutti costipati in quella piccola aula**, wir waren alle in diesem kleinen Raum zusammengedrängt • **essere/sentirsi ~** (*avere il raffreddore*), stark erkältet sein, eine verstopfte Nase haben; (*essere stitico*), Verstopfung haben.

costipazióne f **1** *med* (*raffreddore*) starke Erkältung f; (*stitichezza*) Verstopfung f **2** *agr* {+CAMPO} Bodenverdichtung f.

costituènte A agg 1 gener konstituierend 2 amm polit {ASSEMBLEA} konstituierend, verfassunggebend B f amm polit konstituierende/verfassunggebende Versammlung C m 1 amm polit (membro) Mitglied n der verfassunggebenden Versammlung 2 chim {+ACQUA} Bestandteil m 3 ling {IMMEDIATO} Konstituente f.

costituìre <costituisco> A tr 1 (fondare, creare) ~ qc {COMPAGNIA TEATRALE, GOVERNO, SOCIETÀ} etw gründen, etw errichten, etw bilden 2 (formare) ~ qc {CAMERE APPARTAMENTO} etw bilden; {PROVINCE REGIONE} etw bilden, etw formieren, etw konstituieren; {BENI DOTE; OSSIGENO E IDROGENO ACQUA; PROFESSORI COMMISSIONE} etw bilden; {RENDITA} etw konstituieren: **essere costituito da qc**, aus etw (dat) bestehen, aus etw (dat) zusammengesetzt sein 3 (mettere insieme) ~ qc {RACCOLTA DI QUADRI} etw zusammen|stellen, etw auf|bauen; {SOMMA DI DENARO} etw zusammen|bekommen 4 (rappresentare) ~ qc (per qu) {ESEMPIO PER TUTTI, GUIDA PER I PIÙ DEBOLI; LAVORO RAGIONE DI VITA PER LUI} etw (für jdn) dar|stellen, etw (für jdn) sein, etw (für jdn) repräsentieren; {ECCEZIONE, PRECEDENTE} etw bilden; {PROVA} etw dar|stellen 5 (eleggere) ~ **qu a qc** {AVVOCATO A PROPRIO DIFENSORE} jdn zu etw (dat) ernennen, jdn zu etw (dat) erklären, jdn als etw (acc) ein|setzen 6 (nominare) ~ **qu qc** {UN NIPOTE EREDE} jdn als etw (acc)_{J}, jdn zu etw (dat) ein|setzen, jdn zu etw (dat) erklären, jdn zu etw (dat) ernennen: ~ **qu in mora** (dichiarare), jdn in Verzug setzen 7 dir (far nascere) ~ qc {DIRITTO, RAPPORTO GIURIDICO} etw begründen; {IPOTECA, PEGNO, SERVITÙ, USUFRUTTO} etw bestellen: **una società di capitali** dir, eine Kapitalgesellschaft gründen/errichten B tr pron (formarsi): **costituirsi** {NUOVE ABITUDINI} entstehen, sich (heraus|)bilden C rfl 1 (organizzarsi): **costituirsi in qc** {IN UN PARTITO} sich in etw (dat) organisieren; {IN NAZIONE} sich als etw (nom) heraus|bilden 2 (dichiararsi): **costituirsi qc** {DIFENSORE} als etw (nom) auf|treten 3 dir (consegnarsi): **costituirsi (a qu/qc)** {ALLA POLIZIA} sich (jdm/etw) stellen 4 dir (costituirsi in giudizio): **costituirsi** sich ein|lassen: **costituirsi nei modi e termini di legge**, sich in den gesetzlichen Formen und Fristen einlassen; (nel processo penale) **costituirsi parte civile**, sich (der erhobenen öffentlichen Klage) als Nebenkläger anschließen.

costituìto, (-a) agg (istituito per legge) {AUTORITÀ} gesetzlich, gesetzmäßig.

costitutìvo, (-a) agg 1 dir **di qc** 1 anche chim fis (che costituisce) {ELEMENTO} bildend, etw formend: ~ **di carattere**, charakterebestimmend 2 dir: **atto** ~, Gründungsurkunde f, Gesellschaftsvertrag m; **sentenza** ~, Gestaltungsurteil n.

costituzionàle agg 1 dir {CORTE} Verfassungs-; {DIRITTO} Verfassungs-, Staats-: **dichiarare qc non** ~, etw für verfassungswidrig erklären 2 med {CARATTERE, MALATTIA, TARA, TENDENZA} konstitutionell, anlagebedingt 3 polit {GOVERNO, MONARCHIA, ORDINAMENTO} konstitutionell, verfassungsmäßig.

costituzionalìsmo m 1 polit Konstitutionalismus m 2 med Lehre f von der Konstitution, Konstitutionspathologie f.

costituzionalìsta <-i m, -e f> m (f) 1 dir Verfassungsrechtler(in) m(f) 2 med Konstitutionspathologe m, (Konstitutionspathologin f).

costituzionalìstico, (-a) <-ci, -che> agg 1 polit Verfassungs- 2 med {MEDICINA} Konstitutions-.

costituzionalità <-> f dir {+PROVVEDIMENTO} Verfassungsmäßigkeit f: **dichiarare la non ~ di una legge**, ein Gesetz für verfassungswidrig erklären.

costituzióne f 1 (formazione) {+GIURIA, GOVERNO, SOCIETÀ, SODALIZIO} Bildung f, Gründung f, Formierung f 2 (struttura) {+ROCCIA, TERRENO} Struktur f, Formation f; {+CELLULA} anche Gefüge n: ~ **molecolare**, molekulare Struktur f 3 (il costituirsi) {+LATITANTE} Sichstellen n 4 dir (abbr Cost.) {ITALIANA, REPUBBLICANA} Verfassung f, Konstitution f rar 5 dir {+DIRITTO, RAPPORTO GIURIDICO} Begründung f; {+IPOTECA, PEGNO, SERVITÙ, USUFRUTTO} Bestellung f 6 dir {+SOCIETÀ DI CAPITALI} Gründung f, (dopo l'iscrizione nel relativo registro) Errichtung f 7 med Konstitution f, Verfassung f 8 sport {+SQUADRA} Aufstellung f • **in giudizio** dir, {+PARTI} Einlassung f; ~ **in mora** dir (intimazione ad adempiere), Inverzugsetzung f; ~ **di parte civile** dir, Anschluss m als Nebenkläger; **di sana e robusta** ~ amm med, mit gesunder und kräftiger Konstitution.

còsto m 1 (importo) Preis m: **verrà rimborsato il ~ del biglietto**, der Preis der Karte wird (zu)rückerstattet werden 2 <solo pl> (spese) Kosten pl, Unkosten pl: **costi d'esercizio**/**di gestione**, Betriebskosten pl; **costi di produzione**, Produktionskosten pl 3 fig (sacrificio) Preis m, Einsatz m: **in questa guerra il ~ in vite umane è stato altissimo**, dieser Krieg hat sehr viele Menschenleben gekostet 4 fig (contropartita) Preis m: **l'incomprensione degli altri è spesso il ~ della genialità**, die Verständnislosigkeit der anderen ist oft der Preis der Genialität 5 econ (Un)kosten pl, Preis m, Aufwendung f: **costi comparati**, Vergleichskosten pl; ~ **del denaro**, Geldkosten pl; ~ **diretto**/**indiretto**, unmittelbare/mittelbare Kosten; **a ~ di fabbrica**, zum Herstellungspreis; ~ **fisso**/**marginale**/**medio**/**totale**, Fix-/Neben-/Durchschnitts-/Gesamtkosten pl; ~ **del lavoro**, Lohnkosten pl; **costi relativi**, verhältnismäßige Kosten pl; ~ **standard**, Standardkosten pl; ~ **unitario**, Einheitspreis m; ~ **di utilizzo**, Nutzkosten pl; ~ **variabile**, variable Kosten pl • **a ~ di morire**/... fig (anche a rischio di...), um jeden Preis; **a nessun ~** fig (in nessun modo), um keinen Preis; **a ogni**/**qualunque ~**/**tutti i costi** fig (in qualunque modo), um jeden Preis; **a ~ dell'onore** fig (anche a rischio di perderlo), auf Kosten der Ehre; **sotto ~** (a prezzo inferiore), unter Preis; ~ **della vita** (spese necessarie per vivere), Lebenshaltungskosten pl; **a ~ della vita** fig (a rischio), unter Einsatz des Lebens; **a ~ zero** (senza spese), zum Nulltarif.

còstola f 1 anat Rippe f: **si è rotto due costole**, er hat sich zwei Rippen gebrochen 2 (dorso) {+LAMA, LIBRO} Rücken m 3 arch {+VOLTA} Rippe f 4 bot (nervatura) Blattrippe f 5 gastr Rippchen n 6 geog (Gebirgs)ausläufer m 7 mar (Schiffs)rippe f • **discendere dalla ~ di Adamo** fig iron (essere di antica stirpe), von Adam und Eva abstammen anche iron, aus einem alten Geschlecht stammen; **avere qu alle costole** fig (che segue da vicino), jdn auf den Fersen haben; **gli si contano le costole** fig fam (è molto magro), bei ihm kann man die Rippen zählen fam, der hat nichts auf den Rippen fam; **mostrare le costole** fig (essere magri), ein Gerippe sein fam; **rompere le costole a qu** fig fam (picchiare), jdm die Knochen zusammen-/kaputtschlagen fam; **stare**/**mettersi alle costole di qu** fig (seguirlo da vicino), jdm auf den Fersen sein/bleiben, dicht hinter jdm her sein fam.

costolétta <dim di costola> f gastr {+AGNELLO, MAIALE, VITELLO} Kotelett n, Karbonade f region.

costolóne <accr di costola> m 1 arch (Gewölbe)rippe f 2 geog Bergrücken m.

costóne <accr di costa> m (cresta) Gebirgskamm m, Grat m, Rippe f.

costóro pron dimostr mf pl lett (queste persone) diese, die (da) fam: **cosa vogliono ~?**, was wollen die (da)? fam.

costóso, (-a) agg 1 (caro) {ALBERGO, BORSETTA, VIAGGIO} teuer, kostspielig 2 fig (gravoso) {IMPEGNO} schwer.

costrétto, (-a) agg (obbligato) gezwungen: **vedersi ~ a fare qc**, sich gezwungen sehen, etw zu tun.

costrìngere <coniug come stringere> A tr 1 (obbligare) ~ **qu**/**qc (a qc)** {MINISTRO ALLE DIMISSIONI, ESERCITO ALLA RESA} jdn/etw zu etw (dat) zwingen, jdn/etw zu etw (dat) nötigen: **lo costrinsero a parlare**, sie zwangen ihn zu sprechen; **sono stato costretto ad accettare**, ich wurde gezwungen anzunehmen 2 (immobilizzare) ~ **qu + compl di luogo** jdn irgendwohin fesseln; jdn zwingen, irgendwo zu bleiben: **la febbre lo costringe a letto**, das Fieber fesselt ihn ans Bett/zwingt ihn, im Bett zu bleiben; **l'incidente lo ha costretto sulla sedia a rotelle**, der Unfall hat ihn an den Rollstuhl gefesselt 3 fig lett (stringere) ~ **qc in qc** {PIEDE IN UNA SCARPA} etw in etw (acc) (hinein)zwängen 4 fig lett (reprimere) ~ **qc** {IL PIANTO} etw zurück|halten B itr pron (imporsi): **costringersi (a qc)** {AL RIPOSO} sich zu etw (dat) zwingen: **si costrinse a uscire**, er/sie zwang sich (hin)auszugehen.

costrittìvo, (-a) agg 1 (coercitivo) {FORZA, POTERE} zwingend; {MEZZO} anche Zwangs- 2 med {FASCIATURA} Druck-.

costrittóre agg anat {MUSCOLO} Schließ-.

costrizióne f (coercizione) Zwang m, Nötigung f: **per ~**, aus Zwang, aus einem Zwang heraus.

costruìre <irr costruisco, costruisci, costruii, costruito> A tr 1 (erigere) ~ **(qc)** {CASA, MURO, STRADA} etw bauen, etw errichten; {CATTEDRALE} anche etw erbauen: **in città si costruisce poco**, in der Stadt wird wenig gebaut; {CANALE} etw an|legen 2 fig (creare) ~ **qc** {SISTEMA} etw errichten, etw auf|bauen, etw schaffen, etw konstruieren; {TEORIA} etw auf|stellen: ~ **la propria immagine con cura**, das eigene Image sorgfältig aufbauen; ~ **insieme un domani migliore**, zusammen ein besseres Morgen schaffen; ~ **una società a misura d'uomo**, eine Gesellschaft mit menschlichem Antlitz aufbauen; ~ **una storia**, eine Geschichte erfinden 3 gramm mat ~ **qc** {FRASE, PERIODO, POLIGONO} etw auf|bauen, etw konstruieren: ~ **un verbo impersonalmente**, ein Verb unpersönlich konstruieren 4 tecnol ~ **qc** {AUTOMOBILE, MOBILE, MOTORE, NAVE} etw (zusammen)bauen B tr pron 1 (farne per sé): **costruirsi qc** {CASA, TAVOLO} sich (dat) etw bauen 2 fig (crearsi): **costruirsi qc** {UN FUTURO} sich (dat) etw auf|bauen, sich (dat) etw schaffen 3 fig (fondarsi): **costruirsi su qc** {AMICIZIA SULLA FIDUCIA} auf etw (dat) auf|bauen, sich auf etw (dat) gründen.

costruìto, (-a) agg 1 (artificioso) künstlich, gespielt, konstruiert: **in un modo di fare eccessivamente ~**, er/sie hat eine übertrieben künstliche Art; **è un personaggio troppo ~**, diese Figur ist zu sehr/stark konstruiert; **la sua eccessiva sicurezza di sé è costruita**, seine/ihre übertriebene Selbstsicherheit ist gespielt 2 edil verbaut: **è una zona troppo costruita**, das Gebiet ist zu sehr verbaut 3 gramm konstruiert: **verbo ~ impersonalmente**, unpersönlich konstruiertes Verb.

costruttivìsmo m arte filos mat Konstruktivismus m.

costruttìvo, (-a) agg 1 edil {ELEMENTO, PROCESSO, TECNICA} Bau-; {CAMBIAMENTI} baulich 2 fig (proficuo) {CRITICA, DISCORSO, SPIRI-

costrùtto m 1 *fig* (*senso*) Sinn m, Zusammenhang m 2 *gramm* (*costruzione*) Konstruktion f, (Satz)bau m ● **senza ~** *fig* (*inutilmente*), zwecklos, sinnlos.
costruttóre, (-trice) A *agg edil* {SOCIETÀ} Bau- B m (f) 1 (*chi fabbrica*) (Er)bauer(in) m(f); ~ **aeronautico/navale**, Schiffs-/Flugzeugbauer m; ~ **automobilistico**, Autohersteller m 2 *edil:* ~ **(edile)**, Bauunternehmer(in) m(f), Bauherr(in) m(f).
costruzióne f 1 (*edificio*) Bau m, Konstruktion f, Bauwerk n: ~ **in₁cemento armato**₁/[**ferro**], Eisenbeton-/Eisenkonstruktion f 2 (*edificazione*) {+CASA, PONTE, STRADA} Bau m, Konstruktion f, Bauen m: **essere in ~**, im Bau (befindlich) sein 3 (*modo di costruire*) {OTTIMA + PALAZZO} Bauart f, Bauweise f, Bau m 4 *fig* (*creazione*) {+IDENTIKIT} Erstellung f 5 *fig lett* (*struttura*) {+ROMANZO} Aufbau m 6 *gramm* {SINTATTICA} Konstruktion f, (Satz)bau m: **della frase**, Konstruktion f, (Satz)bau m, Wortfolge f, Wortstellung f; ~ **del periodo**, Satzgefüge n; ~ **di un verbo**, Konstruktion f eines Verbs 7 *mat* Konstruktion f 8 *tecnol* (*fabbricazione*) {+AUTOMOBILE, ELETTRODOMESTICO, MOTORINO} Herstellung f; {+NAVE} Bau m.
costùi <*costoro*> *pron dimostr lett* dieser, der (da) *fam:* **ma si può sapere chi è ~?**, kann man mal erfahren, wer der (da) ist? *fam.*
costùme A m 1 (*indumento femminile*): ~ **(da bagno)**, {+LYCRA} Badeanzug m; ~ **intero/olimpionico**, Bade-/Schwimmanzug m; ~ **due pezzi**, Bikini m; (*maschile*) Badehose f 2 (*abbigliamento tradizionale*) Tracht f, Kostüm n, Kleidung f: ~ **regionale**, Regionaltracht f; ~ **sardo**, sardisches Kostüm 3 (*per travestirsi*) {MEDIEVALE, RINASCIMENTALE} Kostüm n: ~ **di carnevale**, Karnevalskostüm n; ~ **da fata/Pierrot**, Feen-/Pierrotkostüm n; ~ **di scena**, (Theater)kostüm n 4 <*di solito al pl*> (*usanza*) {+TRIBÙ} Sitte f, Brauch m: **gli antichi costumi dei maya**, die alten Sitten der Maya 5 (*condotta morale*) Sitte f, Anstand m: **il buon ~**, die guten Sitten f pl; **il mal ~ dilaga ovunque**, Unsitten f pl greifen überall um sich 6 *forb rar* (*abitudine*) Gewohnheit f: **ha il ~ di alzarsi presto**, er/sie hat die Gewohnheit, früh aufzustehen B <*inv*> *loc agg:* **in ~** {BALLO, FESTA, FILM} Kostüm-; {BAMBINI, OSPITI} kostümiert ● **adamitico** *fig* (*nudo*), Adamskostüm n *fam scherz*; **(una donna) di *facili* costumi** *fig* (*facile*), (eine Frau) mit lockerem Lebenswandel.
costumìsta <-*i m, -e f*> *mf film teat* Kostümbildner(in) m(f).
costùra f (*cucitura*) {+PANTALONI} Naht f.
cosy <*inv*> *agg ingl* (*confortevole*) {APPARTAMENTO} gemütlich, cosy.
cotàle *lett* A *agg indef* <*davanti a consonante spesso cotal*> (*siffatto*) {LUOGO, MODO} solch, so(lch) ein, ein(e) derartige(r, s) B *pron indef spec iron spreg* (*persona indeterminata*) einer m, eine f, jemand.
cotangènte f *mat* Kotangens m.
cotànto *lett* A *agg indef anche enf* (*tanto*) {ORRORE} so groß; {NEMICI} so viel B *pron indef iron* (*il poco*) einer m, eine f; jemand C *avv* (*tanto*) so sehr; (*così a lungo*) so lange.
còte f (*pietra*) Wetz-, Schleifstein m.
côté <-> *m franc anche fig* (*aspetto*) Aspekt m, Gesichtspunkt m.
cotechìno m *gastr* "Brühwurst f aus Schweinefleisch".
coténna f *gastr* {+MAIALE} (Speck)schwarte f ● **avere la ~ dura** *fig* (*essere insensibile*), ein dickes Fell haben *fam*; **mettere su ~** *fig* (*ingrassare*), Speck ansetzen *fam*.

còtica <-*che*> f 1 *region* (*cotenna*) (Speck)schwarte f 2 *agr* Grasnarbe f, Rasendecke f.
cotilèdone m *bot* Keimblatt n, Kotyledone f.
cotillon <-> m *franc* 1 <*di solito al pl*> (*regalo*) Kotillongeschenk n 2 (*ballo*) Kotillon m.
cotógna f (*frutto*) Quitte f, Quittenapfel m.
cotognàta f *gastr* Quittengelee m o n, Quittenbrot n; (*marmellata*) Quittenmarmelade f.
cotógno, (-a) A in *funzione di agg* {MELA, MELO} Quitten- B m *bot* Quitte f, Quittenbaum m.
cotolétta f *gastr* {+MAIALE, MANZO, VITELLO} Kotelett n; (*senza osso*) Schnitzel n: ~ **alla milanese**, Wiener Schnitzel.
cotonàre A *tr* ~ **qc** (*a qu*) {CAPELLI} (*jdm*) *etw* toupieren 2 *tess* ~ **qc** {STOFFA} *etw* kotonisieren B *rfl indir:* **cotonarsi qc** {CIOCCA, CODA, FRANGIA} sich (dat) *etw* toupieren: **cotonarsi i capelli**, sich (dat) die Haare toupieren.
cotonàto, (-a) A *agg* {CAPELLI, CIOCCA} toupiert B m Toupet n.
cotonatùra f {+CAPELLI} Toupieren n.
cotóne A m 1 (*ovatta*) Watte f: ~ **(idrofilo)**, (Verband)watte f; ~ **assorbente/emostatico**, saugfähige/blutstillende Watte 2 *bot* {ERBACEO} Baumwolle f 3 *tess* Baumwollstoff m, Baumwolle f: ~ **cardato/mercerizzato/sgranato**, gekämmte/[merzerisierte/veredelte]/[egrenierte] Baumwolle; ~ **grezzo/perlato/pettinato**, Roh-/Perl-/Kammbaumwolle f; **mezzo ~**, Halbleinen n; (*filo*) Baumwollgarn n; **un centrino di ~**, ein Spitzendeckchen aus Baumwollgarn n; ~ **da ricamo**, Stickgarn n B <*inv*> *loc agg tess:* **di ~** {CAMICIA, VESTITO} baumwollen, Baumwoll- ● **avere il ~ nelle orecchie** *fig fam* (*non voler ascoltare*), Watte in den Ohren haben, sich (dat) Watte in die Ohren stopfen; **stare/vivere nel ~** *fig* (*nelle comodità*), in Watte gepackt/gewickelt sein *fam*; **tenere qu nel ~** *fig* (*viziare*), jdn in Watte packen *fam*.
cotonièro, (-a) A *agg tess* {INDUSTRIA, OPERAIO} Baumwoll-.
cotonifìcio <-*ci*> m *tess* Baumwollspinnerei f.
cotonìna f *tess* Kattun m.
cotonóso, (-a) *agg* 1 *tess* {TESSUTO} baumwollen; (*simile al cotone*) baumwollartig 2 (*peloso*) {FOGLIA} flaumig, flaumbedeckt.
còtta① f 1 *fig fam* (*passione*) Vernarrtheit f: **avere una ~ per qu**, in jdn verknallt sein *fam*; **prendersi una ~ per qu**, sich in jdn verknallen *fam*; **è la sua prima ~**, er/sie ist das erste Mal verknallt *fam* 2 *fam rar* (*cottura*) (An)kochen n, (An)braten n: **dare una ~ alla carne**, das Fleisch ankochen/anbraten; (*quantità cotta in una volta*) {+MATTONI} Schub m 3 *fig fam* (*ubriacatura*) Rausch m, Suff m 4 *fig sport* Schlappe f, Zusammenbruch m 5 *tess* "ein Posten gefärbter Textilien" ● **di tre/sei cotte** *gastr* (*raffinato*), {ZUCCHERO} (extra)fein raffiniert, drei/sechs Mal erhitzt; **un furbo/furfante di tre cotte** *fig* (*raffinato*), ein ausgekochter/durchtriebener Schurke *spreg*.
còtta② f 1 (*tunica*) Kutte f 2 *mil stor* Panzer m: ~ **di maglia**, Maschen-, Kettenpanzer m 3 *relig* Chorhemd n.
cottage <-> m *fig ingl arch* Landhaus m.
cottimìsta <-*i m, -e f*> *mf* (*lavoratore a cottimo*) Akkordarbeiter(in) m(f).
còttimo m *dir* (*sistema di retribuzione*) Akkord m: **lavorare a ~**, im Akkord arbeiten; (*parte della retribuzione*) Akkordlohn m.
còtto, (-a) A *part pass di* **cuocere** B *agg* 1 *gastr* (*pronto*) {PASTA} gar, fertig; **gli spinaci non sono ancora cotti**, der Spinat ist noch nicht gar; **poco ~**, halb gar; **a puntino**, gar

gekocht; (*lessato*) {FRUTTA, PESCE, VERDURA} gekocht; ~ **e stracotto**, zerkocht; (*in forno*) {ARROSTO, PANE} gebacken; (*in padella*) {BISTECCA} gebraten; **ben ~**, durch(gebraten); (*in umido*) {CONIGLIO} gedünstet, geschmort 2 *fig fam* (*rovinato*) ~ **da qc** {MANICO DELLA PENTOLA DAL CALORE} *von etw* mitgenommen, angesengt: **viso ~ dal sole**, sonnenverbranntes Gesicht 3 *fig fam* (*innamorato*) ~ **(di qu)**, in jdn verknallt *fam*, in jdn verschossen *fam*, in jdn vernarrt *fam* 4 *fig fam* (*ubriaco*) angetrunken, betrunken, blau *fam* 5 *fig anche sport* (*sfinito*) {ATLETA} geschafft *fam*, ausgepowert *slang* {BAMBINO} fix und fertig *fam*: **adesso sono proprio ~**, vado a dormire, jetzt bin ich fix und fertig *fam*, ich gehe schlafen C m 1 *edil* (*TOSCANO*) Tonfliese f 2 *enol* eingekochter/konzentrierter Most ● **né ~ né crudo** *fig fam* (*poco chiaro*), weder Fisch noch Fleisch; **dirne di cotte e di crude a qu** *fig fam* (*dire apertamente quel che si pensa*), jdm alles Mögliche an den Kopf werfen *fam*, jdm den Kopf waschen *fam*, jdm etwas erzählen *fam*, jdm die Meinung geigen *fam*; **farne di cotte e di crude** *fig* (*avere una vita movimentata*), es schlimm treiben, alles Mögliche anstellen; **chi la *vuole* cotta e chi la vuole cruda** *fig* (*ognuno ha le sue idee*), über Geschmack lässt sich streiten.
cottolèngo <-*ghi*> m *fam scherz* Milieu n von einer gewissen geistigen Schlichtheit *scherz*, geistig nicht allzu reges Milieu *scherz*, "Club m der Zurückgebliebenen": **da ~**, wie im Irrenhaus.
Cotton fioc® m (*bastoncino*) Wattestäbchen n, Q-Tip® n.
cottùra f 1 *gastr* Garen m: **a ~ ultimata aggiungere il prezzemolo**, ganz am Schluss die Petersilie dazugeben; **essere a metà ~**, halb gar sein; **portare a ~**, garen; (*nell'acqua*) Kochen n; (*in padella*) Braten n (*in umido*) Dünsten n, Schmoren n; (*in forno*) Backen n: ~ **nel forno a legna**, Backen n im Holzofen; (*a vapore*) Dampfkochen n; ~ **a bagnomaria**, Kochen n im Wasserbad; ~ **sulla brace**, Grillen n; ~ **a fuoco lento**, Schmoren n; **giusto di ~**, richtig gekocht/gebraten/gebacken 2 (*tempo*) {BREVE, PROLUNGATA} Garzeit f 3 *edil* {+CERAMICA, MATTONI} Brennen n ● **passare di ~** (*cuocere troppo*), verkochen.
coulisse <-> f *franc* 1 (*scanalatura*) Führungsschiene f 2 (*nella moda*) {+PANTALONI} Saum m 3 *Borsa* Kulisse f 4 *mus* Stange f, Zug(vorrichtung f) m 5 *teat* (*quinta*) Kulisse f 6 *tecnol* {+MACCHINA A VAPORE} Auskehlung f.
coulomb <-> m *franc fis* Coulomb n.
count down <-> *loc sost* m *ingl* Count-down m o n: **è iniziato il count down**, der Count-down läuft.
country *ingl* A <*inv*> *agg* 1 *mus* {MUSICA} Country- 2 (*contadino*) {STILE} ländlich B <-> m 1 *mus* Countrymusic f 2 (*stile contadino*) ländlicher Stil.
coup de foudre <- -, -*s* - *pl franc*> *loc sost* m *franc* (*colpo di fulmine*) Liebe f auf den ersten Blick: **il loro è stato il classico coup de foudre**, bei ihnen war's ein klassisches Beispiel für Liebe auf den ersten Blick.
coupé <-> m *franc autom* Coupé n.
couperose <-> f *franc med* Kupferfinne f, Couperose f *scient*.
coupon <-> m *franc* 1 (*tagliando*) Coupon m, Kupon m, Abschnitt m: ~ **per la benzina**, Benzingutschein m 2 *banca* (*cedola*) Zinsschein m.
couture <-> f *franc* (*nella moda*) {ITALIANA} (Haute) Couture f.
couturier <-> m *franc* (*nella moda*) (Haute) Couturier m.

còva f 1 (*azione*) Brut f: **essere in ~**, brüten 2 (*periodo*) Brutzeit f.

covàre A tr 1 *ornit zoo* ~ (**qc**) {GALLINA UOVO} *etw* aus|brüten 2 *fig* (*avere in incubazione*) ~ **qc** {MALATTIA} *etw* aus|brüten *fam* 3 *fig* (*nutrire*) ~ **qc** {ODIO, SOSPETTO, SPERANZA} *etw* hegen, *etw* nähren B *itr fig* (*nascondersi*) ~ (**+ compl di luogo**) {VENDETTA NELL'ANIMO DI QU} (*irgendwo*) verborgen sein, (*irgendwo*) schwelen.

covàta f 1 (*uova*) Brut f, Gelege n; (*pulcini*) Küken n pl 2 *fig scherz* (*figli*) Kinderschar f, Brut f 3 *etnol* Männerkinderbett n 4 *zoo* {+API} Brut f.

coventrizzàre tr *mil* ~ **qc** {REGIONE} *etw* durch einen Luftangriff völlig zerstören.

cover <-> m o f *ingl mus* Cover n.

covered warrant <-, - -s pl *ingl*> loc sost m *ingl econ* Covered Warrant, gedeckter Optionsschein.

còver girl <-, - -s pl *ingl*> loc sost f *ingl* (*nella moda*) Covergirl n, Titelbildmädchen n.

cover story <-, - -s pl *ingl*> loc sost f *ingl giorn* Titelblattgeschichte f, Coverstory f.

covìle m 1 (*tana*) Höhle f, Bau m 2 *fig* (*stanza fatiscente*) Hütte f.

còvo m 1 (*tana*) {+LEONE, LEPRE, TIGRE, VOLPE} Höhle f, Bau m 2 *fig* (*nascondiglio*) {+ANARCHICI, BRIGATISTI, CONTRABBANDIERI, SPIE} Schlupfwinkel m *anche spreg*, Versteck n: ~ **dei ladri**, Diebesnest n; ~ **dei pirati**, Piratenhöhle f, Piratenversteck n 3 *fig* (*ritrovo*) Nest n, Treffpunkt m, Schlupfwinkel m *anche spreg*: **quella società finanziaria è un ~ di truffatori**, dieses Finanzunternehmen ist ein Betrügernest ● **farsi il ~** (*la tana*), sich (dat) ein Nest bauen; (*fig*) (*nascondiglio*), sich (dat) ein Versteck/einen Schlupfwinkel anche spreg zu|legen; ~ **di vipere**, Vipernnest n; *fig* (*ritrovo di gente cattiva*), Schlupfwinkel m *anche spreg*, Schlupfloch n *anche spreg*.

covóne m *agr* {+GRANO} Garbe f.

cowboy <-, -s pl *ingl*> m *ingl* (*mandriano*) Cowboy m.

coxalgìa f *med* Hüftgelenkentzündung f, Koxalgie f *scient*.

coxartròsi f *med* Hüft(gelenk)arthrose f, Koxarthrose f *scient*, Coxarthrose f *scient*.

coxofemoràle agg *anat* {ARTICOLAZIONE} Hüft-.

coyote <-, -es pl *spagn*> m *spagn zoo* Coyote m, Kojote m, Präriewolf m.

Còzie f pl *geog* Kottische Alpen.

còzza f *region* 1 *gastr zoo* (*mitilo*) Miesmuschel f: **cozze alla marinara**, Miesmuscheln f pl nach Matrosenart 2 *fig spreg* (*bruttona*) Schreckschraube f *fam*.

cozzàre A *itr* 1 (*sbattere*) ~ **contro qc** {AUTO CONTRO UN MURO} gegen *etw* (acc) prallen, *an/gegen etw* (acc) (an)stoßen: **la barca andò a ~ contro gli scogli**, das Boot stieß gegen die Felsen 2 *fig* (*scontrarsi*) ~ **contro qu/qc** {CONTRO L'INDIFFERENZA DELLA GENTE} *auf jdn/etw* stoßen 3 *fig* (*contrastare*) ~ **con qc** {AFFERMAZIONE CON L'OPINIONE GENERALE} im Widerspruch *zu etw* (dat) stehen: **sono due stili di vita che cozzano tra loro**, das sind zwei widersprüchliche/unvereinbare Lebensweisen 4 *zoo* {CAPRE} mit den Hörnern stoßen B tr (*sbattere*) ~ **qc contro qc** (*mit dem*) rammen: **la testa contro il muro**, mit dem Kopf durch die Wand wollen; ~ **la macchina contro un albero**, das Auto gegen einen Baum fahren, mit dem Auto einen Baum rammen C *rfl* rec: **cozzarsi** 1 (*urtarsi*) {BAMBINI} zusammen|stoßen 2 *fig* (*litigare*) {CUGINI} aneinander|geraten 3 *zoo* {CAPRE} sich (dat) in die Hörner geraten.

còzzo m 1 (*urto*) Stoß m; An-, Aufprall m,

Kollision f, Zusammenstoß m; (*di corna*) (Hörner)stoß m 2 *fig* (*lite*) Konflikt m, Streit m ● **dar di** ~ (*urtare*), aneinander|stoßen; *fig* (*incontrare*), aufeinander|treffen; *fig* (*venire in contrasto*), aufeinander|prallen, sich/einander *forb* widersprechen.

C.P. m *dir abbr di* Codice Penale: ≈ StGB n (*abbr di* Strafgesetzbuch) B f 1 *abbr di* Cartolina Postale: Postkarte f 2 *abbr di* Casella Postale: Postf. (*abbr di* Postfach) 3 *mar abbr di* Capitaneria di Porto: Hafenamt n.

C.P.C. m *dir abbr di* Codice di Procedura Civile: ≈ ZPO f (*abbr di* Zivilprozessordnung).

C.P.P. m *dir abbr di* Codice di Procedura Penale: ≈ StPO f (*abbr di* Strafprozessordnung).

C.p.r. *abbr di* con preghiera di restituzione: mit der Bitte um Rückerstattung.

CPS m *abbr di* Comitato Parlamentare per la Sicurezza: parlamentarischer Sicherheitsausschuss.

CPU f *inform abbr dell'ingl* Central Processing Unit (*unità centrale di elaborazione*) CPU, zentrale Verarbeitungseinheit.

cpv *abbr di* capoverso: Abs. (*abbr di* Absatz).

cra A *inter onomatopeica* (*verso*) {+CORVO} krächz (krächz); {+RANA} quack (quack) B m {+CORVO} Krächzen m; {+RANA} Quaken m.

crac A *inter onomatopeica* (*di rottura*) krach, knack: **la sedia ha fatto ~ e mi sono ritrovato per terra**, der Stuhl hat geknackt und ich fand mich am Boden wieder B <-> m 1 (*il rumore*) {+RAMO SPEZZATO} Kracken m, Knack(s) m 2 *fig* (*crollo*) Zusammenbruch m, Ruin m: **il ~ del '29**, der Börsenkrach von '29; **il ~ delle borse orientali**, der Börsenkrach im Osten.

cràcchete A *inter onomatopeica* (*di rottura*) krach, knack B <-> m (*il rumore*) {+SEDIA SPEZZATA} Kracken m, Knack m.

crack <-> m *ingl* 1 (*droga*) Crack m 2 *fig* → **crac** 3 (*nell'equitazione*) Crack m 4 (*nei giochi di carte*) unbesiegbarer Spieler, Crack m.

cracker <-> m *ingl* 1 *gastr* Cracker m, Kräcker m 2 *inform* Cracker m.

cràcking <-> m *ingl* 1 *chim* Krackverfahren n 2 *inform* Cracking n.

Cracòvia f *geog* Krakau n.

cra cra → **cra**.

cràfen → **krapfen**.

CRAL m *abbr di* Circolo Ricreativo Assistenziale Lavoratori: "Freizeitverband m für italienische Arbeiter".

crampifórme agg *med* {DOLORE} krampfartig.

cràmpo m *med* Krampf m: **mi è venuto un ~ al piede**, ich habe einen Krampf am Fuß bekommen ● ~ **degli scrivani**, Schreibkrampf m.

craniàle agg *anat med* {DIFFERENZA, INDICE} Schädel-.

craniàta f *fam* (*testata*) Kopfstoß m, Stoß m mit dem Kopf.

crànico, (-a) <-ci, -che> agg *anat med* {BASE, TRAUMA} Schädel-; {SCATOLA} Gehirn-.

crànio <-ni> m 1 *anat* Schädel m, Kranium n *scient* 2 *fig fam* (*mente*) Schädel m, Kopf m: **cerca di ficcartelo bene nel ~!**, sieh mal zu, dass du dir das hinter die Stirn schreibst!; **non gli entra nel ~ che alla sua età bisogna evitare certi sforzi**, es will ihm nicht in den Kopf, dass man in seinem Alter gewisse Anstrengungen vermeiden muss ● *a ~ fig fam* (*per ciascuno*), pro (Kopf und) Nase; **avere il ~ duro** *fig* (*essere un testone*), einen harten Schädel haben; ~ **trofeo** *etnol*, Schrumpfkopf m.

cranioléso, (-a) *med* A agg schädelverletzt B m (f) Schädelverletzte mf *decl come* agg.

craniometrìa f *med* Schädelmessung f, Kraniometrie f *scient*.

crànioresezióne f *med* Schädel-, Krannioresektion f *scient*.

cranioscopìa f *med* Kranioskopie f *scient*.

craniotomìa f *med* Kraniotomie f *scient*.

cràpa f *sett scherz* (*testa*) Schädel m: ~ **pelata**, Glatzkopf m.

cràpula f *lett* (*gozzoviglia*) Schwelgerei f, Prasserei f, Völlerei f *spreg*, Schlemmerei f *spreg*.

crapulóne, (-a) m (f) *rar* (*chi gozzoviglia*) Vielfraß m *fam*, Schwelger(in) m(f), Schlemmer(in) m(f).

crash *ingl* A *inter onomatopeica* (*di rottura*) crash, krach B <-, -es pl *ingl*> m 1 (*rumore*) Crash m, Krachen n 2 (*incidente automobilistico*) Crash m, Unfall m 3 *Borsa* Crash m, Börsensturz m 4 *inform* Crash m, Absturz m.

crash test <-, - -s pl *ingl*> loc sost m *ingl autom* Crashtest m.

cràsi <-> f *ling* Krasis f, Krase f.

crasso, (-a) A agg 1 *anat* {INTESTINO} Dick- 2 *fig* (*grossolano*) {ERRORE, IGNORANZA} grob, krass 3 *lett* (*spesso*) {FUMO} dicht, dicht B m *anat* Dickdarm m.

cratère m 1 (*cavità*) {+BOMBA} Trichter m 2 *archeol* Krater m, Mischkrug m 3 *astr geog geol* Krater m: ~ **avventizio**, Neben-, Adventivkrater m; ~ **centrale/principale**, Hauptkrater m; ~ **lunare**, Mondkrater m; ~ **meteorico**, Meteoritenkrater m, Gries n *region*; ~ **vulcanico**, Vulkankrater m 4 *elettr* Krater m.

craterico, (-a) <-ci, -che> agg *astr geog geol* {PROFONDITÀ} Krater-.

cràuti m pl *gastr* Sauerkraut n.

cravàtta f 1 (*nella moda*) Krawatte f, Schlips m *fam*, Binder m *obs* **allentare/mettere/togliere la** ~, die Krawatte lockern/(um)binden/ablegen; ~ **a farfalla**, Fliege f; ~ **in tinta unita**/**[fantasia]**, einfarbige/gemusterte Krawatte; (*sciarpa*) Krawatte f 2 *med* (Gips)krawatte f 3 *sport* (*nella lotta*) Krawatte f, Würgegriff m: **fare una ~ all'avversario**, den Gegner in den Würgegriff nehmen.

cravattàio, (-a) <-tai m, -taie f> A m (f) 1 (*fabbricante*) Krawattenmacher(in) m(f) 2 (*venditore*) Krawattenverkäufer(in) m(f) B m *fig fam* (*usuraio*) Halsabschneider m *fam spreg*.

cravattino <*dim di* cravatta> m (*nella moda*) Fliege f ● **prendere qu per il ~** (*afferrare in modo violento*), jdn am/beim Schlafittchen packen/fassen *fam*.

crawl <-> m *ingl sport* (*nel nuoto*) Kraul(schwimmen) n, Kraulen n: **nuotare a ~**, kraulen.

crawlìsta <-i m, -e f> mf *sport* (*nel nuoto*) Kraulschwimmer(in) m(f), Krauler(in) m(f).

creànza f 1 (*educazione*) Erziehung f, Anstand m, Benehmen n, Kinderstube f: **buona/mala ~**, gute/schlechte Erziehung/Kinderstube, gutes/schlechtes Benehmen; **mancare di ~**, sich ¡schlecht benehmen¡/[danebenbenehmen]; **senza ~**, ungezogen 2 (*cortesia*) Höflichkeit f: **siamo rimasti con lui solo per ~**, wir blieben nur aus Höflichkeit bei ihm.

creàre A tr 1 (*generare*) ~ **qc** {DIO MONDO} *etw* (er)schaffen; {POSTI DI LAVORO} *etw* schaffen: ~ **un debito**, eine Verpflichtung eingehen, Schulden machen 2 (*realizzare*) {CENTRO SPORTIVO} *etw* verwirklichen, *etw* auf die Beine stellen: ~ **un fondo per la lotta contro i tumori**, einen Fonds zur Tumorbekämpfung ¡ins Leben rufen¡/[gründen] 3 (*fondare*) ~ **qc** {SOCIETÀ} *etw* (be)gründen 4 (*inventare*) ~ **qc** {NUOVA TEORIA} *etw* auf|stellen; {COREOGRAFIA} *etw* entwerfen 5 (*su-

scitare) ~ *qc* {SCANDALO} etw verursachen, etw hervor|rufen, etw erzeugen: ~ **il panico**, Panik erzeugen/machen *fam* **6** (*far sorgere*) ~ *qc* {DIFFICOLTÀ, PROBLEMA} etw machen, etw bereiten **7** (*preparare*) ~ *qc* (*per qc*) {I PRE-SUPPOSTI PER LA RIUSCITA DELLA TRATTATIVA} etw (*für* etw acc) schaffen **8** (*nominare*) ~ **qu qc** {PAPA, RE} jdn zu etw (dat) ernennen, jdn zu etw (dat) wählen, jdn zu etw (dat) erwählen *forb* **9** (*nella moda*) ~ *qc* {LINEA ESTIVA} etw kreieren **10** *tecnol* ~ *qc* etw konstruieren **B** *itr pron fig* (*sorgere*): **crearsi** {EQUIVOCO, PA-NICO} entstehen, {DISTACCO} anche sich bilden: **si è creata una situazione difficile**, es ist eine schwierige Situation entstanden **C** *rfl indir fig* (*farsi*): **crearsi** *qc* {PROBLEMI} sich (dat) etw schaffen, sich (dat) etw machen *fam*.

creatina *f biol* Kreatin n.

creatinuria *f med* Kreatinurie *f scient*.

creativa *f* → **creativo**.

creatività <-> *f* **1** (*estro*) {+ARTISTA, BAMBI-NO} Kreativität f, Schaffenskraft f **2** *ling psic* Kreativität f.

creativo, (-a) **A** *agg* **1** (*della creazione*) {ATTO} Schöpfungs- **2** (*che crea*) {DONNA, DO-TI, GENIO, LAVORO, SPIRITO} kreativ, schöpferisch **B** *m* (f) **1** (*chi ha molta inventiva*) kreativer Mensch **2** (*nella pubblicità*) Werbeschöpfer(in) m(f), Creative Direktor m.

creato, (-a) **A** *agg* **1** (*generato*) {DEBITO} eingegangen **2** *fig* (*suscitato*) {PANICO, SCAN-DALO} ausgelöst, hervorgerufen **3** *fig* (*sorto*) {DIFFICOLTÀ, PROBLEMA} entstanden **4** *fig* (*ideato*) {NUOVA TEORIA} aufgestellt **5** *fig* (*no-minato*) {AMBASCIATORE} ernannt, gewählt, erwählt *forb* **6** *comm* {SOCIETÀ} (be)gründet **7** (*nella moda*) {CAPO DI ABBIGLIAMENTO} kreiert **8** *edil* {ZONA VERDE} geschaffen **9** *teat* {CO-REOGRAFIA} entworfen **10** *tecnol* konstruiert **B** *m* (*cosmo*) Schöpfung f.

creatore, (-trice) **A** *agg* (*che crea*) {GENIO} schöpferisch **B** *m* (f) (*chi crea*) {+CATENA DI MONTAGGIO, GENERE LETTERARIO, MITO} Schöpfer(in) m(f), Erfinder(in) m(f): **~ di moda**, Modeschöpfer m, Modemacher m; **~ di tendenze**, Trendsetter m **C** <-> *m relig* (*Dio*): **il Creatore**, der Schöpfer, der Herr ● **andare al Creatore** *fig eufem* (*morire*), das Zeitliche segnen *obs eufem*; **mandare qu al Creatore** *fig eufem* (*ucciderlo*), jdn ins Jenseits befördern *fam*.

creatura *f* **1** *anche enf* (*essere*) Geschöpf n, Wesen n, Kreatur f *forb*: **povera ~**, **quanto deve soffrire!**, armes Wesen, was muss es leiden! **2** (*bambino*) kleines Wesen, Kind n, Ding n: **una piccola ~ senza più i genitori**, ein kleines Kind, das keine Eltern mehr hat **3** (*opera*) Werk n: **quel calciatore/giornale è una sua ~**, dieser Fußballspieler/diese Zeitung ist sein/ihr Werk **4** *spreg* (*protetto*) {+MINISTRO} Schützling m, Günstling m, Kreatur f **5** *relig* {+DIO} Geschöpf n, Lebewesen n, Kreatur f.

creaturale *agg lett* (*delle creature*) {AMORE} kreatürlich *forb*.

creaturina <dim di creatura> *f* (*bambino*) kleines Wesen, Kind n, Ding n.

creazione *f* **1** *gener* {+MONDO} (Er)schaffung f; {+DEBITO} Eingehen n: **di posti di lavoro**, Schaffen n von Arbeitsplätzen **2** (*realizzazione*) {+CENTRO MULTIMEDIALE, ZONA VER-DE} Verwirklichung f, Aufbauen n **3** (*fondazione*) Gründung f, Bildung f: **~ di una banca/società**, Gründung f einer Bank/Gesellschaft **4** (*l'inventare*) Erfinden n, (Er)schaffen n; {+BALLETTO} Geschöpf n: **opera d'arte**, Schaffen n eines Kunstwerks **5** (*opera*) {ARCHITETTONICA, LETTERARIA, MUSI-CALE, POETICA} Werk n: **~ dell'ingegno**, geistiges Werk n; **è l'ultima ~ dello scultore**, das

ist das letzte Werk des Bildhauers **6** *fis*: **~ di coppie**, Paarbildung f, Paarerzeugung f **7** (*nella moda*) Kreation f, Schöpfung f **8** *relig* (*creato*) Schöpfung f, Kreation f, Welt f **9** *tecnol* Konstruktion f, Schöpfung f, (Er)schaffung f.

creazionismo *m biol filos relig* Kreationismus m.

crebbi 1a pers sing del pass rem di **crescere**.

credente A *agg relig* {POPOLAZIONE} gläubig **B** *mf* **1** *relig* Gläubige mf decl come agg: **i non credenti**, die Ungläubigen **2** (*seguace*) Anhänger(in) m(f).

credenza① *f* (*mobile*) {ANTICA} Anrichte f, Kredenz f.

credenza② *f* **1** (*convincimento*) Glaube m, Meinung f: **è ~ comune che ...**, die Überzeugung/Meinung ist allgemein verbreitet, dass ...; **è una falsa ~**, es/das ist ein Irrglaube ...; **credenze popolari/religiose**, Volks-/(Gottes)glaube m **2** *rar* (*credito*) Glaube m, Vertrauen n: **dar ~ alle parole di qu**, jds Worten Glauben schenken.

credenziale A *agg diplomazia* (*che accredita*) {LETTERA} Beglaubigungs-; *econ* Kredit- **B** *f* **1** <di solito al pl> *diplomazia* Beglaubigungsschreiben n, Akkreditiv n: **presentare le credenziali**, die Beglaubigungsschreiben überreichen **2** *econ* Akkreditiv n ● **avere delle ottime credenziali** *fig* (*referenze*), hervorragende Referenzen haben; **ritirare le credenziali** *diplomazia* (*rompere le relazioni con un paese*), den diplomatischen ∟Vertreter zurückberufen∟/[Beziehungen abbrechen].

credere <irr credo, credei o credetti, creduto> **A** *tr* **1** (*ritenere vero*) ~ *qc* etw glauben: **non ho creduto una sola parola di quello che ha detto**, ich habe nicht ein Wort von dem, was er gesagt hat, geglaubt; **è da non ~!**, das ist unglaublich!; **che cosa te lo fa credere?**, warum glaubst du das?; **far ~ qc a qu**, jdn etw glauben machen **2** (*ritenere*) ~ **qu/qc** *qc* jdn/etw für etw (acc) halten, jdn/etw als etw (acc) betrachten, jdn/etw für etw (acc) an|sehen, jdn/etw als etw (acc) schätzen, jdn/etw als etw (acc) achten: **lo credeva un dipendente fedele**, er/sie hielt ihn für einen treuen Angestellten, **~ qu onesto**, jdn für ehrlich halten, jdn ehrlich schätzen; **lo credemmo un bluff**, wir hielten das für einen Bluff; **crediamo l'offerta generosa**, wir halten das Angebot für großzügig; **lo credo capace di tutto**, ich glaube, er ist zu allem fähig; **fa come credi (giusto)!**, mach so, wie du es für richtig hältst! **3** (*pensare*) ~ (**qc**) etw denken, etw glauben, etw schätzen, etw meinen, etw an|nehmen: **credo che il peggio debba ancora venire**, ich denke, das Schlimmste steht uns noch bevor; **si crede che... ** *congv*, man glaubt, dass .... *ind*; **credo che parta domenica**, ich schätze, dass er Sonntag (ab)fährt; **ho creduto fosse giusto dirtelo**, ich glaubte, es sei richtig, es dir zu sagen; **credo di sì**, ich glaube ja/schon; **credo di non poter uscire**, ich glaube, nicht ausgehen zu können; **è già arrivata la posta? – Non credo**, ist die Post schon gekommen? – Ich glaube nicht **4** (*immaginare*) ~ **qu + compl di luogo** jdn irgendwo glauben: **la credevo all'estero**, ich glaubte sie im Ausland **B** *itr* **1** (*avere fede*) **~ a/in qu/qc** {IN DIO, ALLA RESURREZIONE} an jdn/etw glauben; (*uso assol*) gläubig sein **2** (*essere convinto*) **~ a/in qc** {ALL'INNOCENZA DI QU, NELL'O-NESTÀ DI QU} von etw (dat) überzeugt sein, an etw (acc) glauben **3** (*ritenere vero*) **~ a qu/qc** {AI FANTASMI, AL MALOCCHIO} an jdn/etw glauben: **ci credo e non ci credo**, ich glaub das nicht so recht/richtig **4** (*prestar fede*) **~ a/in qu/qc** jdm/etw glauben: **credimi, non voleva farti arrabbiare**, glaub mir, er/sie

wollte dich nicht ärgern; **non potevo ~ ai miei occhi**, ich glaubte, meinen Augen nicht zu trauen; **~ alle parole di qu**, jds Worten glauben **5** (*avere fiducia*) **~ a/in qu/qc** {AGLI AMICI, IN SUO FRATELLO, NELLA GIUSTIZIA} jdm/etw glauben, jdm/etw (ver)trauen **C** *rfl* (*considerarsi*): **credersi** sich für etw (acc) halten, sich irgendwie fühlen, sich etw (nom) dünken *forb obs*: **si crede superiore agli altri**, er/sie ∟fühlt sich den anderen überlegen∟/[hält sich für was Besseres]; **credersi furbo**, sich für schlau halten; **credersi nel giusto**, sich im Recht fühlen; **si crede un vero genio**, er/sie hält sich für ein (richtiges) Genie **D** <-> *m* (*opinione*) Meinung f, Vorstellung f, Glaube m: **a mio ~**, meiner Meinung nach ● **beato chi ci crede!**, wer's glaubt, wird selig!; **lo credo bene!** *fam*, das glaube ich gern! *fam*; **~ di essere chi sa chi** (*pensare di essere importante*), sich für ∟wer weiß wen∟/[etwas Besseres] halten; **ma chi ti credi di essere?**, für wen hältst du dich eigentlich?; **oltre ogni ~**, über alle Maßen, unglaublich, unvorstellbar.

credibile *agg* (*attendibile*) {NOTIZIA, TESTE} glaubhaft, glaubwürdig.

credibilità <-> *f* (*attendibilità*) {+OFFERTA, TESTIMONE} Glaubhaftigkeit f, Glaubwürdigkeit f: **perdere ~**, an Glaubwürdigkeit verlieren.

credit card <- -s pl *ingl*> loc sost *f ingl banca* Kreditkarte f.

creditizio, (-a) <-zi *m*> *agg econ* {STRETTA} Kredit-.

credito *m* **1** *fig* (*stima*) Ansehen n, Ruf m: **godere di molto ~**, sehr angesehen sein, einen sehr guten Ruf haben; **perdere ~**, an Ansehen verlieren **2** *fig* (*attendibilità*) {+NO-TIZIA} Glaubwürdigkeit f: **avere/trovare ~**, ∟glaubwürdig sein∟/[Beachtung finden] **3** *fig* (*fiducia*) Glauben m, Vertrauen n: **dare ~ a qu/qc**, jdm/etw Glauben schenken; **meritare ~**, vertrauenswürdig sein; **negare ~ a qc**, etw (dat) keinen Glauben schenken **4** *fig* (*fama*) {+MODA ITALIANA} Ruf m **5** *banca* Kredit m, Darlehen n: **~ agrario/edilizio/fondiario/immobiliare**, Agrar-/Bau-/Boden-/Immobilienkredit m; **di corriere**, Postlaufkredit m; **~ a breve/lungo/medio termine**, kurz-/lang-/mittelfristiger Kredit **6** *comm econ* Kredit m, Darlehen n: **annotare qc a ~**, etw als Kredit vermerken; **~ commerciale/solidale**, Handelskredit m/Solidarforderung f; **comprare/vendere a ~**, auf Kredit kaufen/verkaufen; **concedere un ~ a qu**, jdm einen Kredit zugestehen/gewähren; **essere in ~ con qu**, bei jdm Kredit haben; (*somma*) Kredit(summe f) m; **incassare un ~**, einen Kredit einlösen; **un ~ irrecuperabile**, eine uneinbringliche Forderung **7** *dir* Forderung f: **~ chirografario**, nicht bevorrechtigte Forderung; **~ privilegiato**, bevorrechtigte Forderung, Vorrechtsforderung f ● **fare ~ a qu** *econ*, jdm Kredit einräumen; *fig* (*fidarsi*), jdm Vertrauen schenken; **~ d'imposta fisco**, Steuer(erstattungs)anspruch m, Steuergutschrift f; **millantato ~** *dir* (*reato di ~*), "Vortäuschung guter Beziehungen zu einer Amtsperson zum Zweck, sich selbst oder Dritten einen Vorteil zu verschaffen".

creditore, (-trice) **A** *agg banca econ* {SO-CIETÀ} Gläubiger-, kreditgebend: **essere ~ di cinque milioni**, fünf Millionen guthaben **B** *m* (f) **1** *fig* (*chi è in credito*) Gläubiger(in) m(f) **2** *banca comm dir econ* Gläubiger(in) m(f): **~ garantito**, Garantiebegünstigter m, garantierter Gläubiger; **soddisfare i creditori**, seine Gläubiger befriedigen; **vecchio ~**, Altgläubiger m; (*nel fallimento*) **~ chirografario**, nicht bevorrechtigter Gläubiger, Gläubiger m ohne Vorrecht; **~ fallimentare**, Konkursgläubiger m, Insolvenzgläubiger m; ~ **privilegiato**, bevorrechtigter Gläubiger, Vorrechtsgläubiger m.

creditòrio, (-a) <-ri m> agg **1** econ (del credito) Kredit- **2** dir (del creditore) {POSIZIONE} Gläubiger-.

crèdo m **1** relig (dottrina) {CATTOLICO, EVANGELICO, ORTODOSSO} Kredo n, Glaubensbekenntnis n; (preghiera) Kredo n **2** fig (fede) {ESTETICO, POLITICO} Glaubensbekenntnis n, Überzeugung f, Anschauung f ● **in un ~** fig (subito), im Nu fam, sofort.

credulità <-> f (ingenuità) Leichtgläubigkeit f, Vertauensseligkeit f: **con ~**, leichtgläubig, vertrauensselig.

crèdulo, (-a) agg (che crede a tutto) {GENTE} leichtgläubig.

credulóne, (-a) fam **A** agg (ingenuo) einfältig, naiv, leicht-, blindgläubig **B** m (f) Einfaltspinsel m fam spreg, Naivling m fam.

crèma A f **1** gastr Creme f, Krem m o f: **~ (pasticcera)**, (Konditor)creme f; **gelato alla ~**, Vanilleeis n; (panna) Rahm f, Sahne f; (passato) Creme(suppe) f; **~ di pomodoro/piselli**, Tomaten-/Erbsencremesuppe f **2** (nella cosmesi) Creme f, Krem m o f, Salbe f: **~ da barba**, Rasierschaum m; **~ per il contorno occhi**, Augencreme f; **~ depilatoria**, Enthaarungscreme f; **~ da giorno/notte**, Tages-/Nachtcreme f; **~ idratante**, Feuchtigkeitscreme f; **~ per le mani**, Handcreme f; **~ nutriente**, Nährcreme f; **~ per il sole**, Sonnencreme f **3** (prodotto) Creme f, Krem m o f, Wichse f: **~ da scarpe**, Schuhcreme f **4** fig (fiore) Blüte f, Auslese f, Creme f forb: **la ~ della ~**, die Crème de la Crème forb; **la ~ degli editori**, die Creme forb der Verleger; **la ~ della società**, die Creme forb der Gesellschaft **5** enol Creme f, Likör m: **~ cacao**, Kakaocreme f, Kakaolikör m **B** <-> m (colore) Creme n **C** <inv> agg {STOFFA} cremefarben, Creme-.

cremaglièra tecnol **A** f {+ARMADIO, LIBRERIA} Zahnstange f **B** <inv> loc agg: **a ~**, {FERROVIA} Zahn-.

cremàre tr (bruciare) **~ qu/qc** {CADAVERE} jdn/etw einäschern, jdn/etw verbrennen, jdn/etw kremieren: **chiese di essere cremato**, er bat darum, eingeäschert zu werden.

crematòrio, (-a) <-ri m> **A** agg (per cremare) {FORNO} Feuerbestattungs-; {PROCEDIMENTO} Einäscherungs- **B** m (edificio) Krematorium n, Einäscherungshalle f.

cremazióne f {+CADAVERE} Einäscherung f; (azione) anche Einäschern n.

crème <-> f franc spec fig (crema) Crème f forb, Creme f forb: **la ~ de la ~**, die Crème de la Crème forb; **la ~ della società**, die Creme forb der Gesellschaft.

crème caramel <-> loc sost f o m franc gastr Karamelpudding m.

cremeria f region **1** (latteria) Milchwarenladen m **2** (caffè) Eiscafé n.

crèmişi A <inv> agg (rosso vivo) {TAPPETO} karm(es)inrot **B** <-> m (colore) Karm(es)in n.

Cremlino m polit Kreml m.

Cremóna f geog Cremona n.

cremonése A agg (di Cremona) {MOSTARDA} aus Cremona **B** mf (abitante) Einwohner(in) m(f) von Cremona.

cremóre m (estratto) Extrakt m: **~ di tartaro**, Weinstein m.

cremóso, (-a) agg **1** (ricco di panna) {LATTE} sahnig **2** (che sembra crema) {COMPOSTO, FORMAGGIO} cremig.

crèn <-> m bot gastr Meerrettich m, Kren m A.

crèolo, (-a) **A** agg kreolisch **B** m (f) Kreo-

le m, (Kreolin f) **C** m <solo sing> (lingua) Kreolisch(e) n.

Creónte m mitol Kreon m.

crèpa f **1** (fessura) Riss m, Sprung m, Spalt m: **nel muro c'è una grossa ~**, in der Mauer ist ein großer Sprung; **il vaso ha una ~**, die Vase hat einen Sprung **2** fig (incrinatura) Unstimmigkeit f, Misshelligkeit f, Riss m: **il loro rapporto ha già qualche ~**, ihre Beziehung hat schon einige Risse.

crepàccio <-ci> m geol Spalte f: **~ di un ghiacciaio**, Gletscherspalte f; (nella roccia) Felsspalte f.

crepacuòre m (grande dolore) Kummer m, Herzeleid n obs: **morire di ~**, an gebrochenem Herzen sterben; **mi farai morire di ~!**, du wirst mir das Herz brechen!, ich werde deinetwegen noch an gebrochenem Herzen sterben!

crepapèlle loc avv fam (smodatamente): **a ~**, zum Platzen, übermäßig, unmäßig; **bere/mangiare a ~**, unmäßig trinken/essen; **ridere a ~**, sich kaputt-, totlachen fam.

crepàre A itr <essere> itr pron: **creparsi (per qc) 1** (spaccarsi) {MURO, TERRA PER IL TERREMOTO} (wegen etw gen) bersten, (wegen etw gen) brechen, (wegen etw gen) springen, (wegen etw gen) rissig werden, {SPECCHIERA} (wegen etw gen) zerspringen, (wegen etw gen) zerbrechen; {SUPERFICIE GELATA DEL LAGO} (wegen etw gen) rissig werden: **il lavandino (si) è crepato**, das Waschbecken hat einen Sprung **2** (screpolarsi) {LABBRA, MANI PER IL FREDDO} (wegen etw gen) aufspringen, (wegen etw gen) aufplatzen **B** itr <essere> **1** fam (morire) sterben, verrecken volg, krepieren volg: **è stato lì per ~**, er wäre beinahe krepiert volg **2** fig fam (schiattare): **~ da qc** (vor etw dat) ein|gehen fam, (vor etw dat) krepieren volg, (vor etw dat) verrecken volg: **oggi si crepa dal caldo/freddo**, heute geht man ein fast vor Hitze fam/[erfriert man beinahe]; **~ dalla sete/fame** fam, vor Durst/Hunger eingehen **3** fig fam (scoppiare): **~ di qc** {DI SALUTE} (von etw dat) strotzen; spreg **~ da/di qc** {DI RABBIA, DI INVIDIA} vor etw (dat) platzen: **~ di paura**, vor Angst sterben; **~ dalle risa** fam, vor Lachen platzen; **crepo dalla voglia di dirglielo!**, ich platze vor Ungeduld, ihm das zu sagen! ● **crepa!** anche scherz (di malaugurio), verrecke! volg, geh ˌzum Teufel!/[zur Hölle!] fam, hol dich der Teufel! fam.

crepatùra f (fenditura) {+INTONACO} Riss m, Sprung m, Spalt m.

crêpe① <-> f franc gastr Krepp f: **~ al cioccolato**, Schokoladen-Krepp f.

crêpe② <-> m franc tess Krepp m: **~ ˌde Chine**ˌ/[di seta], China-/Seidenkrepp m; **~ georgette**, Seidenkrepp m; **~ satin**, Satinkrepp m.

creperia f (locale) Crêperie f.

crepitàre itr **1** (scoppiettare) {FUOCO} knistern; {FUCILE} knattern **2** (picchiettare) {PIOGGIA} prasseln **3** (frusciare) {FOGLIE} rascheln.

crepitio <-tii> m **1** (rumore) {+FUOCO} Knistern n; {+MITRAGLIATRICE} Knattern n; {+PIOGGIA} Prasseln n; {+FOGLIE} Rascheln n, Geraschel n **2** med {ARTICOLARE, OSSEO} Knacken n.

crepuscolàre A agg **1** (del crepuscolo) {CIELO} dämm(e)rig; {LUCE} anche **2** fig (evanescente) {SENTIMENTI} vage, unbestimmt, undeutlich **3** lett (del Crepuscolarismo) {POETA} des Crepuscolarismo **4** psic {STATO D'ANIMO} Dämmer- **5** zoo {FARFALLE} dämmerungsaktiv **B** mf lett (poeta) Dichter (in) m(f) des Crepuscolarismo.

crepuscolarìsmo m lett (movimento) Crepuscolarismo m (Richtung der italieni-

schen Lyrik zu Beginn des 20. Jh.).

crepùscolo m **1** (dopo il tramonto) Dämmerung f; (luce) anche Dämmerlicht n: **al ~**, in der Dämmerung **2** rar (al mattino) Morgenröte f, Morgendämmerung f **3** fig (declino) Untergang m, Ende n: **~ della civiltà etrusca**, Untergang m der etruskischen Kultur; **~ della vita**, Lebensabend m ● **~ degli dei** fig lett mitol, Götterdämmerung f.

crescèndo m **1** fig (aumento) Anschwellen n, Stärkerwerden n, Anwachsen n, Zunehmen n: **fu un ~ di applausi**, es gab anschwellenden Applaus; **le difficoltà andavano in ~**, die Schwierigkeiten nahmen zu; **era tutto un ~ di speranze**, es ging (ständig) aufwärts, es bestand immer mehr Anlass zur Hoffnung **2** mus Crescendo n.

crescènte agg **1** (che aumenta) {VALORE} steigend; {RUMORE} anwachsend; {ENTUSIASMO, INSODDISFAZIONE, NOIA, ODIO, SFIDUCIA} wachsend **2** astr {LUNA} zunehmend **3** mat {FUNZIONE} steigend.

crescènza f **1** gastr (formaggio) "sahniger Weichkäse aus der Lombardei" **2** region gastr (focaccia) "Art f weiches Fladenbrot" **3** rar (crescita) {+BAMBINO, FIUME} Wachstum n, Wachsen n.

créscere <irr cresco, crebbi, cresciuto> **A** itr <essere> **1** gener **~ + compl di modo** {BAMBINO, PIANTA BENE, RAPIDAMENTE} (irgendwie) wachsen: **come sei cresciuto!**, du bist aber gewachsen!, bist du aber groß geworden!; **~ (+ compl di luogo)** {ALBERI LUNGO IL FIUME, FOGLIE SUI RAMI} (irgendwo) wachsen; (diventare più alto) {RAGAZZO} wachsen, größer werden; {ALBERO} anche höher werden: **il bambino è cresciuto di 20 centimetri**, das Kind ist 20 Zentimeter gewachsen; **la pianta è cresciuta di un metro**, die Pflanze ist einen Meter gewachsen; (più grande) {ALVEARE, TUMORE} größer werden; (più lungo) {CODA} länger werden; **gli è cresciuta la barba**, ihm ist ein Bart gewachsen; **come ti sono cresciuti i capelli!**, Wahnsinn fam, sind deine Haare gewachsen!; **farsi ~ i baffi**, sich (dat) einen Schnurrbart wachsen lassen **2** (essere allevato) **~ + compl di luogo** (irgendwo) auf|wachsen: **è cresciuto ˌnella casa dei nonniˌ/[in città]**, er ist ˌbei den Großelternˌ/[in der Stadt] aufgewachsen; **~ nella miseria**, in armseligen Verhältnissen aufwachsen **3** (diventare adulto) groß/erwachsen werden: **quando sono cresciuto ho capito molte cose**, als ich erwachsen wurde, habe ich vieles verstanden **4** (aumentare) **~ (di/in qc)** {INQUINAMENTO, RUMORE, SICCITÀ DI UN TOT} (um etw acc) (an|)wachsen, (um etw acc) zu|nehmen; **~ in bellezza/fama/intelligenza**, schöner/berühmter/klüger werden; **~ di peso/volume**, an Gewicht/Volumen zunehmen **5** (diventare maggiore) **~ (di qc)** {POPOLAZIONE, PUBBLICO DEL 20%} (um etw acc) wachsen, (um etw acc) zu|nehmen, sich (um etw acc) vermehren; {COSTO DELLA VITA DEL 10%, ESPORTAZIONE DEL 50%, PREZZO DEL 70%} (um etw acc) steigen **6** (intensificarsi) **~ (in/tra qu)** {AMORE, INSOFFERENZA, ODIO, TENSIONE TRA LA GENTE} (unter jdm) wachsen: **in lui cresceva la rabbia**, in ihm ˌwuchs die Wut!ˌ/[stieg Wut hoch!] **7** (salire) {LIVELLO DEL FIUME} steigen; **~ in qc** {NELLA STIMA DI QU} in etw (dat) steigen **8** fam (avanzare) **~ a qu** jdm übrig bleiben: **se mi cresce qualcosa te lo darò**, wenn mir etwas übrig bleibt, werde ich es dir geben **9** fig (migliorare) besser werden, weiter|kommen: **è un'esperienza che mi ha fatto ~**, das ist eine Erfahrung, die mich weitergebracht hat; **~ come coppia**, als Paar dazulernen, in die Partnerrolle hineinwachsen **10** astr {LUNA} zu|nehmen **11** gastr {PASTA} auf|gehen **12** mus {NOTA} zu hoch sein **B** tr <avere>

crescione | **crisi**

1 (*allevare*) ~ **qu** jdn aufziehen, jdn großziehen: **l'ha cresciuto come un figlio**, er/sie hat ihn wie einen Sohn aufgezogen **2** (*aumentare*) ~ **qc** {STIPENDIO, TASSE} *etw* erhöhen **3** *bot* ~ **qc** {FIORE} *etw* ziehen, *etw* züchten **4 lavori femminili** ~ **qc** {MAGLIA, PUNTO} *etw* auf-, zu|nehmen ● **crescete e moltiplicatevi** *bibl*, wachset und vermehret euch.

crescióne *m bot* (Brunnen)kresse f: ~ ⌊**d'acqua**⌋/[**di fontana**], Brunnenkresse f; ~ **inglese**/[**di giardino**]/[**di terra**], Gartenkresse f.

créscita A f **1** (*sviluppo*) {+CITTÀ, FOGLIE} Wachsen n, Wachstum n; {+BAMBINO, CAPELLI} *anche* Wuchs m **2** (*aumento*) {+CAPITALE} Zunahme f; {+PREZZO} Anstieg m, Steigerung f, Erhöhung f **3** *fis* {+CRISTALLO} Wachsen n B <inv> *loc agg* (*che cresce*): **in** ~, {PRODUZIONE} wachsend, steigend ● **per la** ~ (*rif. a vestito, ancora grande*), auf Zuwachs; **confrontarsi è importante per la propria** ~ **personale**, sich mit anderen zu messen, ist für die eigene Entwicklung wichtig; ~ **zero** *econ*, Nullwachstum n.

cresciùto, (-**a**) A *part pass di* crescere B *agg* (*adulto*) groß, erwachsen, alt: **non sei un po' troppo** ~ **per andare ancora in altalena?**, bist du nicht ein bisschen zu alt zum Schaukeln?

crésima f *relig* Firmung f; (*nella chiesa luterana*) Konfirmation f, Einsegnung f: **fare la** ~, gefirmt werden; (*nella chiesa luterana*) konfirmiert/eingesegnet werden.

cresimàndo, (-**a**) *relig* A *agg* {RAGAZZO} zur Firmung bestimmt; (*nella chiesa luterana*) einzusegnend B *m* (f) Firmling m; (*nella chiesa luterana*) Konfirmand(in) m (f).

cresimàre *relig* A *tr* ~ **qu** {SACERDOTE RAGAZZO} jdn firmen; (*nella chiesa luterana*) jdn konfirmieren B *itr pron*: **cresimarsi** {RAGAZZO} gefirmt werden; (*nella chiesa luterana*) konfirmiert werden.

crèso m **1** *mitol*: Creso, Krösus m **2** *fig* (*persona molto ricca*) Krösus m *scherz*.

créspa f (*grinza*) {+PELLE} (Haut)falte f.

crespàto, (-**a**) *agg* {CARTA} Krepp-.

crespèlla f *gastr* {+SPINACI} gefüllter Pfannkuchen.

créspo, (-**a**) A *agg* **1** (*ondulato*) {CAPELLI} kraus **2** *tess* {TESSUTO} gekräuselt, gekreppt, Krepp- B *m tess* Krepp m.

crésta f **1** *zoo* (Hahnen)kamm m; {+TRITONE} Kamm m; {+PIUME} Schopf m, Haube f **2** (*sommità*) {+MURAGLIONE} Krone f; **la ~ dell'onda**, die Wellenhöhe, der (Wellen)kamm **3** (*cuffietta*) {+CAMERIERA} (Servier)häubchen m **4** *anat* {FRONTALE} Kamm m, Leiste f: ~ **iliaca**, Darmbeinkamm m **5** *geog* (Gebirgs)kamm m, Grat m ● **monoclinale**, monokliner (Gebirgs)kamm ● **far abbassare la** ~ **a qu** *fig* (*moderarlo*), jdm eins auf den Deckel geben *fam*, jdn zurechtstutzen *fam*; **abbassare la** ~ *fig* (*essere remissivo*), klein beigeben, den Schwanz/Kopf einziehen; **alzare la** ~ *fig* (*essere superbo*), die Nase hoch tragen *fam*; **guarda come alza la** ~!, sieh mal wie ihm/ihr der Kamm schwillt! *fam*; ~ **di gallo** *bot*, Hahnenkamm m; *per fam*, Feigwarze f, Kondylom n *scient*; **fare la** ~ (**sulla spesa**) *fig fam* (*trattenere il resto*), Geld (von den Einkäufen) für sich abzweigen, beim Abrechnen (des Einkaufsgeldes) schummeln *fam*; **essere sulla** ~ **dell'onda** *fig fam*, auf dem Gipfel des Erfolgs sein.

crestàto, (-**a**) *agg* **1** *zoo* (*dotato di cresta*) {GALLO, TRITONE} mit einem Kamm versehen **2** (*con pennacchio*) {ELMO} mit Helmbusch **3** (*dentellata*) {LINEA} gezackt, gezähnt.

crestìna f {+CAMERIERA} (Servier)häubchen n.

crestomazìa f *lett* (*antologia*) Chrestomathie f.

créta f **1** (*argilla*) Ton m: ~ **per ceramica**, Keramikton m **2** (*oggetto*) {MEDIOEVALE} Tongefäß n, Tongegenstand m; (*statuetta*) Tonfigur f, Terrakotta f **3** *geol* Kreide f.

Crèta f *geog* Kreta n.

cretàceo, (-**a**) *agg* **1** {PIETRA, TERRENO} Kreide- **2** *geol* {FOSSILE} Kreide- B *m geol* (*periodo*) Kreide(zeit) f.

cretése A *agg* (*di Creta*) {CIVILTÀ, ISOLA} von Kreta B *mf* (*persona*) Kret(ens)er(in) m (f).

cretìna f → **cretino**.

cretinàta f *fam* **1** (*stupidaggine*) Scheiß m *fam spreg*, Blödsinn m *fam*: **dire**/**fare delle cretinate**, Blödsinn m *fam*/Scheiß m *fam spreg* reden/machen; **quel film è una** ~, der Film ist ein Scheiß *fam*, das ist ein Scheißfilm *fam spreg* **2** *fig* (*inezia*) Lappalie f, Kleinigkeit f.

cretinerìa f *fam* **1** (*stupidità*) Dummheit f **2** (*azione*) Blödsinn(igkeit f) m *fam* **3** (*discorso*) Blödsinn m *fam*, Scheiß m *fam spreg*.

cretinétti m (*persona sciocca*) Blödian m *fam spreg*, Dummkopf m *fam*.

cretinìsmo *m med* Schwachsinn m, Kretinismus m *scient*.

cretìno, (-**a**) A *agg* **1** *fam spreg* (*stupido*) {BATTUTA, IDEA} blöd(e) *fam*, blödsinnig *fam*, dumm: **ha risposto in modo** ~, er/sie hat blöd *fam* geantwortet **2** *med* schwachsinnig, kretinhaft *scient* B *m* (f) **1** *fam spreg* (*stupido*) Idiot m *fam spreg*, Dummkopf m *spreg*, Trottel m *fam spreg*: **sei un bel** ~!, du bist vielleicht ein Idiot! *fam spreg*; **smettila di fare il** ~, hör auf, den Trottel zu spielen *fam spreg* **2** *med* Schwachsinnige *mf decl come agg*, Kretin m *scient*.

cretonne <-> f *tess* Cretonne m *o* f.

cretóso, (-**a**) *agg* (*ricco di creta*) {TERRENO} tonhaltig.

cri A *inter onomatopeica* zirp zirp: **fare cri**, zirpen B <-> *m* (*verso*) {+GRILLO, TARLO} Zirpen n.

CRI f *abbr di Croce Rossa Italiana*: ≈ DRK n (*abbr di Deutsches Rotes Kreuz*).

crìbbio *inter eufem* (*di meraviglia*) Wahnsinn! *fam*, potz Blitz! *obs*, potztausend! *obs*.

cric[1] <-> m *fam autom* Wagenheber m.

cric[2] <-> A *inter onomatopeica* krach, klirr B m (*scricchiolio*) Krach m, Klirren n: **il ghiaccio ha fatto** ~, das Eis klirrte.

cricca <-che> f (*gruppo*) {+AMICI} Clique f; {+PARENTAME} Sippschaft f *spreg*, Klüngel m *spreg*; {+DELINQUENTI} Bande f, Gesellschaft f.

cricchete → **cric**[2].

cricchiàre <*cricchio, cricchi*> *itr* (*scricchiolare*) {GHIAIA, NEVE} knirschen.

cricchio <-chi> m (*rumore*) {+GHIAIA} Knirschen n.

cricco <-chi> *obs* → **cric**[1].

cricèto *m zoo* Hamster m.

cricket <-> m *ingl sport* Kricket n.

Crimèa f *geog* Krim f.

criminàle A *agg* **1** (*delittuoso*) {ATTIVITÀ, ATTO} kriminell, verbrecherisch **2** (*dei delinquenti*) {ANTROPOLOGIA} Kriminal-; {ASSOCIAZIONE} kriminell **3** (*penale*) {DIRITTO} Straf- **4** *fig* (*colpevole*) {INDAGINE, METODO, PROCEDURA} Kriminal-, Straf-, strafrechtlich B *mf* **1** (*delinquente*) Kriminelle *mf decl come agg*, Verbrecher(in) m (f): ~ **di guerra**, Kriegsverbrecher(in) m (f) **2** *fig* Verbrecher(in) m (f), Kriminelle *mf decl come agg*.

criminalista <-i m, -e f> *mf rar* (*penalista*) Kriminalist(in) m (f), Strafrechtler(in) m (f).

criminalità <-> f **1** (*delinquenza*) Verbrechen n: **la** ~ **organizzata**, die organisierte Kriminalität **2** (*carattere criminale*) {+ATTO} Kriminalität f.

criminalizzàre *tr* (*considerare criminale*) ~ **qu/qc** {ABORTO, DROGATI} jdn/etw kriminalisieren.

criminalizzazióne f {+COMPORTAMENTO, DROGATI} Kriminalisierung f.

Criminalpòl <-> f (*polizia criminale*) Kriminalpolizei f.

crìmine m **1** *anche dir* (*delitto*) Verbrechen n: **crimini di guerra**, Kriegsverbrechen n pl; ~ **internazionale**, internationales Verbrechen; **si è macchiato di un** ~ **efferato**, er hat (*dat*) ein abscheuliches Verbrechen zuschulden kommen lassen; **crimini contro l'umanità**, Verbrechen n gegen die Menschlichkeit **2** (*criminalità*) {+METROPOLI} Verbrechen n: **lotta al** ~, Verbrechensbekämpfung f **3** *fig* Sünde f, Freveltat f, Verbrechen n: **buttare via questo pollo è un** ~!, dieses Huhn wegzuwerfen, ist eine Sünde!

criminòloga f → **criminologo**.

criminologìa f (*disciplina*) Kriminologie f, Kriminalistik f.

criminòlogo, (-**a**) <-gi, -ghe> m (f) (*studioso*) Kriminologe m, (Kriminologin f).

criminosità <-> f (*carattere criminale*) {+AZIONE} krimineller Charakter.

criminóso, (-**a**) *agg* (*delinquenziale*) {AZIONE, INTENZIONE} kriminell, verbrecherisch.

crinàle m *geog* (Gebirgs)kamm m, Grat m.

crìne m **1** *zoo* (Ross)haar n: ~ **animale**, Tierhaar n **2** *bot* Faser f: ~ **vegetale**, Pflanzenfaser f, Seegras n, Pflanzenwolle f **3** *fig poet* (*chioma*) {BIONDO} Haar n.

crinièra f *zoo anche fig scherz* {+CAVALLO, DONNA} Mähne f: ~ **del leone**, Löwenmähne f; **dal casco uscì una** ~ **bionda**, aus dem Helm quoll ein blonde Mähne ● **della cometa** *astr*, Kometenschweif m.

crinolìna f (*sottogonna*) Krinoline f, Reifrock m.

criochirurgìa f *med* Kryochirurgie f *scient*.

criotècnica <-che> f *tecnol* Kryotechnik f *scient*.

crioterapìa f *med* Kältetherapie f, Kryotherapie f *scient*.

crìpta f *arch* {+CATTEDRALE} Krypta f ● **la dei cappuccini** *lett* (*opera di J. Roth*), die Kapuzinergruft.

criptàre *tr* ~ **qc 1** *inform* (*cifrare*) {CONTENUTO DI UN FILE} *etw* verschlüsseln, *etw* sperren, *etw* kodieren **2** *TV* {PROGRAMMA TELEVISIVO} *etw* verschlüsseln.

criptàto, (-**a**) *agg inform TV* {MESSAGGIO, PROGRAMMA TELEVISIVO} verschlüsselt, kodiert.

crìptico, (-**a**) <-ci, -che> *agg lett* (*misterioso*) {LINGUAGGIO, NATURA} geheimnisvoll, kryptisch *forb*.

criptografìa → **crittografia**.

criptorchidìa f *med* Kryptorchismus m *scient*.

criptorchidìsmo m *med* Kryptorchismus m *scient*.

crisàlide f *zoo* Puppe f.

crisantèmo m *bot* Chrysantheme f.

crìsi <-> f **1** (*difficoltà*) {IDEOLOGICA, MORALE, RELIGIOSA, SPIRITUALE} Krise f, Krisis f *obs*: **andare in** ~, in eine Krise geraten, die Krise kriegen *fam*; **avere una** ~ **di coscienza**, ⌊einen Gewissenskonflikt⌋/[eine Gewissenskrise] haben; **la** ~ **dei costumi**, der sittliche Verfall; ~ **energetica**, Energiekrise f; ~ **esistenziale**, Existenzkrise f, existenzielle Krise; **essere in** ~, in eine Krise haben/durchmachen; **avere una** ~ **d'identità**, sich in einer Identitätskrise befinden; ~ **matrimoniale**, Ehekrise f; **questa scelta mi mette in** ~, diese Entscheidung macht mir Probleme/

Schwierigkeiten; **un sistema/mito in ~**, ein System/Mythos in der Krise **2** econ (*depressione*) Krise f: **~ del commercio**, Handelskrise f; **~ economica**, Wirtschaftskrise f; **settore che non conosce ~**, krisenfester Sektor **3** med Anfall m, Krise f, Krisis f: **~ di astinenza**, Entzugserscheinung f; **~ cardiaca**, Herzanfall m; **~ epilettica/isterica**, epileptischer/hysterischer Anfall; **~ di nervi**, Nervenzusammenbruch m; **~ di pianto/riso**, Wein-/Lachkrampf m; **~ di rigetto**, Abstoßungsreaktion f; **~ di stanchezza**, Erschöpfungskrise f **4** nucl {+REATTORE NUCLEARE} kritischer Zustand **5** polit Krise f: **evitare la ~**, die Krise vermeiden; **~ ˌdi governo˺/[governativa]**, Regierungskrise f; **~ ministeriale**, Kabinettskrise f ● **~ degli** *alloggi*, Wohnungsnot f; **al** *buio* polit, "Regierungskrise f ohne die Voraussetzung für eine neue Mehrheit"; **cavalcare la ~** polit (*cercare di trarne vantaggio*), Kapital aus der Krise schlagen/ziehen; **la** (*grande*) **~** econ stor, Weltwirtschaftskrise f; **~** *mediorientale*, Nahostkrise f.

crìsma <-i> m **1** lett relig {SACRO} Chrisma n, Salböl m **2** fig scherz (*approvazione*) Segen m, Zustimmung f ● **con tutti i crismi** fig fam (*in maniera ineccepibile*), ganz ordnungsgemäß.

cristallerìa f **1** (*oggetti*) Kristallware f: **~ da tavola**, Tafelkristall n **2** (*negozio*) Kristallwarengeschäft n **3** (*fabbrica*) Kristallwarenfabrik f.

cristallièra f (*mobile*) (Glas)vitrine f, (Glas)schrank m.

cristallìno, (-a) A agg **1** (*di cristallo*) {VASO} kristallen, Kristall- **2** (*a cristalli*) {MINERALE} kristallin **3** fig (*limpido*) {ACQUA, VOCE} kristallklar; {COSCIENZA} rein B m anat Linse f.

cristallizzàre A tr <*avere*> **1** chim **~ qc** {ZUCCHERO} etw kristallisieren **2** fig (*fissare*) **~ qc** {SITUAZIONE} etw einfrieren, **~ qc in qc** {ARTE IN FORMULE} (*in etw* acc)/(*zu etw* dat) erstarren lassen B itr <*essere*> itr pron **1** chim: **cristallizzarsi** {SALE} sich kristallisieren **2** fig (*fissarsi*): **cristallizzarsi** (**in qc**) {LINGUAGGIO} (*in etw* acc)/(*zu etw* dat) erstarren.

cristallizzazióne f **1** chim {+SALE} Kristallisierung f, Kristallisation f **2** fig (*fissarsi*) {+LINGUA} Erstarren n; {+IDEOLOGIA} Erstarrung f.

cristàllo A m **1** (*vetro*) Kristall(glas) n: **~ di Boemia**, Böhmisches Glas; **~ infrangibile**, Sicherheitsglas n; (*lastra*) {FENSTER}scheibe f; **abbassare i cristalli dell'automobile**, die Fensterscheibe herunterdrehen/herunterlassen; **~ molato**, geschliffenes Kristall **2** <*di solito al* pl> (*oggetti*) {PL} Kristall(gegenstände m pl) n **3** min Kristall m: **~ di rocca**, Bergkristall m B <inv> loc agg: **di ~**, {TAVOLO} Kristall-, kristallen ● **display/monitor a cristalli liquidi** chim, Flüssigkristallanzeige f, LCD f.

cristallografìa f min Kristallographie f.

cristalloterapìa f (*terapia naturale*) Edelsteintherapie f.

cristiàna f → **cristiano**.

Cristiàna f (*nome proprio*) Christiane.

cristianaménte avv **1** (*da cristiano*) {MORIRE, VIVERE} christlich, als guter Christ **2** (*umanamente*) {COMPORTARSI} anständig, menschlich.

cristianésimo m relig Christentum n.

cristiania m sport (*nello sci*) Kristiania (-schwung) m obs.

cristianìstica <-che> f relig Christianistik f.

cristianità <-> f **1** (*qualità*) Christlichkeit f christliche Einstellung: **affermare la propria ~**, seine christliche Einstellung vertreten **2** (*insieme dei cristiani*) Christenheit f: **tutta la ~ si è raccolta in preghiera**, die ganze Christenheit hat sich ins Gebet versenkt.

cristianizzàre tr relig **~ qu/qc** {POPOLAZIONE, REGIONE} jdn/etw zum Christentum bekehren, jdn/etw christianisieren.

cristianizzazióne f relig Christianisierung f.

cristiàno, (-a) A agg **1** relig {CARITÀ, FEDE, LEGGE, PAESE, RELIGIONE} christlich; {COMUNITÀ} Christen-, der Christen; {ERA, ETÀ} des Christentums: **essere ~**, christlich sein **2** *arte lett* (*ispirato al Cristianesimo*) {ARTE, EPICA} des Christentums **3** fig (*decoroso*) {ASPETTO, MODI, VESTITO} anständig, ordentlich **4** fig (*caritatevole*) {AZIONE} karitativ, wohltätig; {PAROLE} gütig: **carità cristiana**, christliche Nächstenliebe B m (f) **1** relig Christ(in) m(f): **essere un buon ~**, ein guter Christ sein **2** <inv> fig fam (*persona*) Mensch m: **non c'era un ~**, es war ˌkein Menschˌ/[keine Menschenseele] da C <inv> loc agg fam (*civile*): **da ~**, {ASPETTO} anständig, menschlich D loc avv fam (*in modo civile*): **da ~**, {COMPORTARSI, MANGIARE} anständig, menschlich.

Cristiàno m (*nome proprio*) Christian.

cristiàno-democràtico, (-a) <-ci, -che> polit stor A agg {RAPPRESENTANTE} christlich-demokratisch, christdemokratisch B m (f) Christdemokrat(in) m(f).

cristiàno-sociàle <*cristiano-sociali*> polit A agg christlich-sozial B mf Christlich-Soziale mf decl come agg.

Cristìna f (*nome proprio*) Christine, Christina.

crìsto A m **1** relig: **Cristo**, Christus m; (*immagine*) Christusbild n; **un Cristo in avorio**, eine Christusfigur/ein Christus aus Elfenbein; **un Cristo del Mantegna**, ein Christusbild des Mantegna **2** fig fam (*poveretto*) Mensch m, Kerl m fam: **un povero ~**, ein armer Teufel B inter impr fam (*di rabbia*) Herrgott(nochmal)! ● **addormentarsi/riposare in Cristo** fig eufem (*morire serenamente*), entschlafen, sterben; **avanti/dopo Cristo** (abbr a.C./d.C.), vor/nach Christus; **parere un Cristo in croce** fig (*essere sofferente*), wie das Leiden Christi aussehen fam; **non ˌc'è ~ che tengaˌ/[ci sono cristi che tengano]** fig fam (*non c'è nulla da fare*), da ist nichts zu machen.

Cristòforo m (*nome proprio*) Christoph ● **~ Colombo** stor, Christoph Columbus.

cristologìa f relig Christologie f.

cristològico, (-a) <-ci, -che> agg relig christologisch.

cristonàre itr sett fam (*imprecare*) fluchen.

critèrio <-ri> m **1** (*norma*) Kriterium n, Maßstab m, Norm f: **~ di massima**, Leitsatz m, Richtlinie f; **seguendo nuovi criteri**, sich an neuen Kriterien orientierend, neue Maßstäbe ansetzend; **stabilire/scegliere un ~**, ein Kriterium festlegen/aussuchen **2** (*senno*) Vernunft f, Verstand m, Einsicht f, gesunder Menschenverstand: **avere il ~ di fare qc**, so klug sein, etw zu tun; **fare qc con ~**, etw mit Verstand anfassen, etw vernünftig anpacken; **mancare di ~**, es an Vernunft/[gesunden Menschenverstand] fehlen lassen, unvernünftig sein; **senza ~**, unvernünftig; **aveva il ~ di non dire niente a sua madre**, er/sie war so klug, seiner/ihrer Mutter nichts (davon) zu sagen **3** mat Regel f: **~ di convergenza/ divergenza/ divisibilità**, Konvergenz-/Divergenz-/Teilbarkeitsregel f **4** stat Kriterium n: **~ di rifiuto**, Ablehnungskriterium f ● **secondo il mio ~** (*parere*), meiner Ansicht nach, meines Erachtens.

critèrium <-> m sport (*nel ciclismo*) (*nell'e-*
quitazione) Kriterium n.

crìtica[1] f → **critico**.

crìtica[2] <-che> f **1** anche lett (*esame*) Kritik f, Urteilsfähigkeit f, Urteilskraft f: **~ costruttiva/distruttiva**, konstruktive/destruktive Kritik; **~ letteraria/storica/testuale**, Literatur-/Geschichts-/Textkritik f **2** fam (*disapprovazione*) Kritik f, Beurteilung f, Tadel m: **esporsi a facili critiche**, sich sehr der Kritik aussetzen; **fare/rivolgere delle critiche a qu**, jdn kritisieren, etwas an jdm auszusetzen haben, an jdm Kritik üben; **tirarsi addosso le critiche**, Kritik auf sich ziehen **3** (*insieme dei critici*) Kritik f, Kritiker m pl: **il romanzo fu stroncato dalla ~**, der Roman wurde von den Kritikern verrissen **4** (*recensione*) {FAVOREVOLE} Rezension f: **~ cinematografica**, Filmkritik f **5** *filos* Kritik f ● **della ragion pura/pratica** *filos* (*opere di I. Kant*), Kritik f der reinen/praktischen Vernunft; **essere una ~ al** *vetriolo* fig (*molto dura*), eine vernichtende Kritik sein.

criticàbile agg (*che si può criticare*) {INTERPRETAZIONE, MODI} tadelnswert.

criticàre <*critico, critichi*> tr **1** (*biasimare*) **~ qu/qc** {AMICO, COMPORTAMENTO} jdn/etw kritisieren, etw (an jdm) bemängeln, jdn/etw tadeln, etwas an jdm/etw auszusetzen haben: **è solo buono a ~**, alles, was er kann, ist kritisieren/meckern fam spreg; **~ è facile**, nörgeln spreg/kritisieren ist leicht; **farsi ~**, auf Kritik stoßen; **provaci tu se ci riesci, anziché ~ tanto**, versuch's du doch, anstatt so viel zu meckern fam spreg **2** (*recensire*) **~ qc** {LIBRO, OPERA} etw besprechen, etw rezensieren.

criticìsmo m *filos* {KANTIANO} Kritizismus m.

criticità <-> f (*difficoltà*) {+SITUAZIONE} kritischer Punkt; chim fis kritischer Punkt.

crìtico, (-a) <-ci, -che> A agg **1** (*di giudizio*) {CAPACITÀ, DOTI} kritisch; {SPIRITO} kritikfähig **2** (*di disapprovazione*) {ATTEGGIAMENTO, COMMENTO} kritisch; spreg anche nörglerisch spreg: **essere molto ~ nei confronti delle novità**, Neuigkeiten sehr kritisch gegenüberstehen **3** (*difficile*) {CIRCOSTANZA, ETÀ, FASE, MOMENTO} kritisch, schwierig **4** (*della critica*) {ANALISI, EDIZIONE, SAGGIO, STUDIO} kritisch **5** *dir*: **prova critica** (*prova indiretta*), indirekter Beweis; Anscheinsbeweis m **6** fis {CONDIZIONI, TEMPERATURA} kritisch B m (f) **1** gener Kritiker(in) m(f): **~ letterario/teatrale/musicale**, Literatur-/Theater-/Musikkritiker m **2** (*chi condanna*) Kritiker(in) m(f): **suo padre è il suo ~ più severo**, sein/ihr Vater ist sein/ihr strengster Kritiker.

criticóne, (-a) <*accr di critico*> m (f) fam (*chi trova sempre da ridire*) Nörgler(in) m(f) spreg, Kritt(e)ler m spreg.

crittàre → **criptare**.

Crittògame f pl bot Kryptogame n pl scient.

crittogàmico, (-a) <-ci, -che> agg bot kryptogamisch scient.

crittografìa f **1** (*scrittura*) Geheimschrift f **2** enigmistica Kryptographie f.

crittogràmma <-i> m **1** (*testo cifrato*) Geheimtext m **2** enigmistica Kryptogramm n.

crivellàre tr (*bucare*) **~ qu/qc (di qc)** {CADAVERE DI COLPI} jdn/etw (mit etw dat) durchsieben fam, jdn/etw (mit etw dat) durchlöchern, jdn/etw (mit etw dat) durchbohren: **~ qu di pallottole**, jdn mit Kugeln durchsieben fam.

croàto, (-a) A agg kroatisch B m (f) (*abitante*) Kroate m, (Kroatin f) C m <*solo sing*> (*lingua*) Kroatisch(e) n.

Croàzia f geog Kroatien n.

croccànte gastr A agg {BISCOTTO, PANE

knusp(e)rig B m (*dolce*) Krokant m.
crocchétta f *gastr* {+CARNE, RISO} Krokette f.
cròcchia f (*acconciatura*) (Haar)knoten m.
crocchiàre <*crocchio, crocchi*> itr **1** (*schricchiolare*) knacken: **far ~ le dita**, die Finger knacken lassen **2** (*chiocciare*) {GALLINA} glucken, gackern.
cròcchio <-*chi*> m (*gruppo*) Grüppchen n: **un ~ di persone**, ein Menschengrüppchen; **fare ~ intorno a qu**, jdn umringen, sich um jdn versammeln, eine Gruppe um jdn bilden.
cróce f **1** *gener* Kreuz n: **~ greca/latina**, griechisches/lateinisches Kreuz; **~ di sant'Andrea**/[decussata], Andreaskreuz n; *relig* Kreuz n, Kruzifix n; **~ pettorale**, Pektorale n; (*segno*) Kreuz(eszeichen) n **2** (*supplizio*) Kreuz n: **condannare qu alla ~**, jdn zum Kreuz verurteilen; **morire in ~**, am Kreuz sterben **3** (*segno grafico*) Kreuz(zeichen) n: **firmare con una ~**, mit einem Kreuz unterschreiben; **segnare con una ~ la risposta esatta**, die richtige Antwort ankreuzen **4** (*oggetto*) Kreuz n: **~ di avorio/legno**, Elfenbein-/Holzkreuz n **5** (*onorificenza*) (Verdienst)kreuz n: **~ di ferro**, Eisenkreuz n; **~ di guerra**, "italienisches Verdienstkreuz für Veteranen des Ersten und Zweiten Weltkriegs"; **~ al merito**, Verdienstkreuz n; **~ al valor militare**, Tapferkeitskreuz n **6** *fig* (*tormento*) Kreuz n, Sorge f: **che ~!**, was für ein Kreuz!; **ciascuno/ognuno ha la sua ~**, jeder hat sein Kreuz/Päckchen *fam* zu tragen; **essere la ~ di qu**, ein Kreuz für jdn sein *fam*; jds Sargnagel sein **7** *arald* Kreuz n: **~ di Malta**, Malteserkreuz n; **~ mauriziana**, Kleeblattkreuz n **8** *med* Kreuz n: **Croce Rossa Internazionale**, Internationales Rotes Kreuz; **Croce Rossa/Verde**, Rotes/Grünes Kreuz • **a ~**, Kreuz-, kreuzförmig; **abbracciare la ~** *fig* (*convertirsi al cristianesimo*), sich zum christlichen Glauben bekehren; **dare/gettare/urlare la ~ addosso a qu** *fig fam* (*dare la colpa a qu*), jdn beschuldigen; **~ e delizia** *fig* (*tormento e piacere*), Freud und Leid; **fare una ~ su qc** *fig fam* (*cancellare qc*), ein Kreuz/[drei Kreuze] hinter etw machen *fam*, etw abhaken; **a ~ greca/latina** *arch*, {NAVATA} in Form eines griechischen/lateinischen Kreuzes; **in ~** (*incrociato*), gekreuzt, {BRACCIA} verschränkt; **c'erano quattro persone in ~** *fig* (*poche persone*), es waren kaum Leute da; **dire quattro parole in ~** *fig* (*poche parole*), ₁kaum etwas₁/[wenig] sagen; **mettere qu in ~** *fig fam* (*tormentarlo*), jdn quälen; **portare la propria ~** *fig fam* (*soffrire*), sein Kreuz tragen; **sparare sulla Croce Rossa** *fig* (*prendersela con chi è indifeso*), auf die Wehrlosen/Kleinen *fam anche scherz* einhacken/einschlagen, über die Wehrlosen/Kleinen *fam anche scherz* herfallen; **~ del Sud** *astr*, das Kreuz des Südens; **~ uncinata**, Hakenkreuz n.
crocefiggere e deriv → **crocifiggere** e deriv.
crocerísta <-*i* m, -*e* f> mf Teilnehmer(in) m(f) einer Kreuzfahrt.
crocerossína f (*infermiera della Croce Rossa*) Rotkreuzschwester f.
crocétta <*dim di croce*> f **1** (*segno grafico*) Kreuzchen n: **segnare con una ~ la risposta esatta**, die richtige Antwort mit einem Kreuzchen versehen! **2** *mar* Saling f.
crocevìa <-> m **1** (*crocicchio*) (Weg)kreuzung f **2** *fig* (*punto di incrocio*) {+RAZZE} Kreuzungspunkt m.
crochet <-> m *franc* **1** *lavori femminili* (*uncinetto*) Häkelnadel f; (*lavoro*) Häkelei f, Häkelarbeit f **2** *sport* (*nel pugilato*) Haken m.
crociàta f **1** *stor* Kreuzzug m, Kreuzfahrt f: **partire per le crociate**, zu den Kreuzzügen aufbrechen; **la ~ contro i Mori**, der Kreuzzug gegen die Mauren **2** *fig* (*campagna*) Kampagne f, Kreuzzug m: **fare una ~ contro la droga**, eine Anti-Drogen-Kampagne machen.
crociàto, (-a) A agg (*a forma di croce*) gekreuzt, Kreuz-, kreuzförmig B m *stor* Kreuzritter m.
crocicchio <-*chi*> m (*incrocio*) (Weg)kreuzung f.
crocièra① f **1** *mar* Kreuzfahrt f: **andare in ~**, eine Kreuzfahrt machen; **una ~ ₁nel Mediterraneo₁/[ai Caraibi]**, eine Kreuzfahrt ₁auf dem Mittelmeer₁/[in der Karibik] **2** *aero* Reiseflug m, Überflug m, Überfliegen n.
crocièra② *arch* A f (Gewölbe)kreuz B <*inv*> *loc agg*: **a ~**, {VOLTA} Kreuz-.
crocìfera f <*di solito al pl*> *bot* Kreuzblütler m, Kruzifere f *scient*.
crocifiggere <*irr crocifiggo, crocifiggi, crocifissi, crocifisso*> A *tr* **~ qu 1** *relig* jdn kreuzigen **2** *fig* (*tormentare*) jdn quälen B rfl *fig* (*tormentarsi*): **crocifiggersi** sich quälen.
crocifissióne f **1** *relig* {+CRISTO} Kreuzigung f **2** *arte* {+TINTORETTO} Kreuzigung f.
crocifísso, (-a) A *part pass* di crocifiggere B *agg relig* {GESÙ, LADRONE} gekreuzigt C m **1** (*giustiziato*) Gekreuzigte m decl come agg **2** (*oggetto*) {+AVORIO} Kruzifix n **3** *arte* {+TINTORETTO} Kruzifix n, Kreuz n.
cròco <-*chi*> m **1** *bot* Krokus m **2** *lett* (*giallo scuro*) Safrangelb n.
crogiolàre A *tr* **~ qc 1** (*cuocere a fuoco lento*) {CONIGLIO} etw köcheln (lassen), etw schmoren (lassen) **2** (*nella lavorazione del vetro*) etw langsam abkühlen lassen B *itr pron* **1** *fig* (*bearsi*): **crogiolarsi** (+ *compl di luogo*) {A LETTO, AL SOLE} sich (*irgendwo*) aalen, sich (*irgendwo*) räkeln **2** *fig* (*abbandonarsi*): **crogiolarsi** (*in qc*) {NELLE ILLUSIONI, IN UNA SPERANZA} sich *in etw* (*dat*) hin|geben; {NEL SUCCESSO} sich *in etw* (*dat*) sonnen; {NEL SENTIMENTO} sich *an etw* (*dat*) weiden: **crogiolarsi nei ricordi**, in Erinnerungen schwelgen.
crogiòlo m **1** (*recipiente*) (Schmelz)tiegel m: **~ di altoforno**, (Hochofen)gestell n **2** *fig* (*miscuglio*) Schmelztiegel m, Sammel-, Auffangbecken n: **~ di razze**, Schmelztiegel m der Rassen.
crogiuòlo *lett* → **crogiolo**.
croissant <-> m *gastr* Hörnchen n, Croissant n.
crollàre A *itr* <*essere*> **1** (*sfasciarsi*) {CASA, UNA FETTA DI MONTAGNA, GALLERIA, PONTEGGIO, SCALA} ein|stürzen, zusammen|brechen **2** (*cadere pesantemente*) ~ + *compl di luogo* {PINO SULL'AUTOMOBILE} irgendwohin fallen; {TORERO A TERRA} *anche* zusammen|brechen **3** (*lasciarsi andare*) ~ + *compl di luogo* {RAGAZZO SUL LETTO, SULLA POLTRONA} (*irgendwo*) zusammen|brechen, (*irgendwo*) zusammen|klappen **4** (*non farcela più*) ~ **da qc** {BAMBINO DAL SONNO, DALLA STANCHEZZA} vor etw (*dat*) um|fallen **5** *fig* (*andare in rovina*) {IMPERO} zusammen|brechen **6** *fig* (*svanire*) {SOGNO, SPERANZA} zerplatzen, in sich (*dat*) zusammen|fallen: **tutte le mie certezze sono crollate**, all meine Gewissheiten sind in sich (*dat*) zusammengefallen **7** *fig* (*avere un crollo psicofisico*) zusammen|brechen: **dopo l'esame il candidato è crollato**, nach der Prüfung brach der Kandidat zusammen; **si erano accorti che lui stava per ~**, sie hatten gemerkt, dass er am Rand eines Zusammenbruchs war **8** *banca econ* {BORSA, PREZZI} fallen, stürzen B *tr* <*avere*> (*scuotere*) ~ **qc** {CAPO} etw schütteln; {SPALLE} *mit etw* (*dat*) zucken; {ORECCHIE} *mit etw* (*dat*) wackeln.
cròllo m **1** (*cedimento*) {+CASA, GALLERIA, IMPALCATURA} Einsturz m, Zusammen-, Einbruch m **2** *fig* (*rovina*) {+IMPERO} Zusammenbruch m, Ende n **3** *fig* (*fine*) {+CERTEZZA, SOGNO, SPERANZA} Ende n **4** *fig* (*tracollo*) {ELETTORALE} Einbruch m: **lo schieramento subì un ~ alle elezioni del 1990**, das Bündnis erlebte bei den Wahlen von 1990 einen Einbruch; (*psichico e/o fisico*) Zusammenbruch m: **quando ha perso la madre ha avuto un ~**, als er/sie seine/ihre Mutter verlor, hatte er/sie einen Zusammenbruch; **è solo un ~ momentaneo, col riposo si riprenderà presto**, es ist nur ein vorübergehender Einbruch, mit ein bisschen Ruhe ist er/sie bald wieder auf den Beinen; **avere un ~ ₁fisico/psichico₁**, einen physischen/psychischen Zusammenbruch haben **5** *banca econ* {+ESPORTAZIONI} Zusammenbruch m; {+PREZZI} Sturz m, Krach m: **~ delle Borse orientali**, Börsensturz m im Osten; **delle quotazioni in Borsa**, Kurseinbruch m/Kurs(preis)sturz m an der Börse; **il ~ del '29**, der Börsenkrach von '29.
cròma f *mus* Achtel(note) f.
cromàre *tr* **~ qc** {FERRO, PARAURTI} etw verchromen.
cromàtico, (-a) <-*ci, -che*> *agg* **1** (*del colore*) {EFFETTO} Farb- **2** *mus* {SCALA} chromatisch; {INTERVALLO} Halbton- **3** *ott* {ABERRAZIONE} chromatisch.
cromatísmo m **1** *arte* (*nella pittura*) *film fot* Farbeffekt m **2** *mus* Chromatik f **3** *ott* Farbabweichung f.
cromàto, (-a) A *agg* {SBARRA} verchromt B m *chim* Chromat m.
cromatografía f *chim* Chromatographie f.
cromatùra f (*il cromare*) {+METALLO} Verchromung f.
cròmo A <-> m *chim* Chrom n B <*inv*> in funzione di agg {GIALLO} Chrom-.
cromosòma <-*i*> m *biol* Chromosom n: **~ sessuale**, Geschlechtschromosom n; **cromosomi omologhi**, homologe Chromosome; **~ X/Y**, X-/Y-Chromosom n.
cromosòmico, (-a) <-*ci, -che*> *agg biol* Chromosomen-.
cromoterapìa f *med* Farblichttherapie f, Chromotherapie f *scient*.
crònaca <-*che*> A f **1** *giorn radio TV* (*servizio*) Reportage f, Bericht m: **alle 21 ci sarà la ~ in diretta della partita**, um 21 Uhr kommt die Direktübertragung des Spiels **2** *giorn* (*insieme di notizie*) Nachrichten f pl, Teil m, Seite f; *radio TV* Nachrichten f pl: **~ locale**, Lokalnachrichten f pl; **~ nera**, Verbrechens- und Unfallmeldungen f pl; **~ piccola**, Veranstaltungskalender m; **~ politica**, politische Meldungen f pl; **~ sportiva**, Sportnachrichten f pl; **~ rosa/mondana**, Klatschspalte f *fam spreg* **3** (*resoconto*) {+SERATA} Bericht(erstattung f) m: **adesso devi farmi la ~ del loro incontro**, jetzt musst du mir von ihrem Treffen berichten **4** *lett anche stor* (*narrazione*) {DOMESTICA, RIMATA} Chronik f B <*inv*> *loc agg*: **di ~**, {NOTIZIA} Lokal-; **fatto di ~**, Tagesereignis n • **per la ~** *fig iron* (*per precisare*), nebenbei gesagt.
cronachísmo m *lett giorn* Chronikstil m.
cronachísta <-*i* m, -*e* f> mf *lett giorn* (*autore*) Berichterstatter(in) m(f), Redakteur(in) m(f).
crònica f → **cronico**.
cronicàrio <-*ri*> m Pflegeheim n, Krankenhaus(abteilung f) n für chronisch Kranke.
cronicità <-> f (*l'essere cronico*) {+MALATTIA, RITARDO} chronischer Charakter m.
cronicizzàrsi *itr pron* (*diventare cronico*)

{MALATTIA} chronisch werden. **crònico**, (-a) <-ci, -che> **A** agg 1 med {BRONCHITE} chronisch 2 fig (abituale) {BUGIARDO, RITARDATARIO} notorisch 3 fig (radicato) {VIZIO} chronisch, eingewurzelt **B** m (f) med chronisch Kranke mf decl come agg.

cronista <-i m, -e f> mf 1 giorn Berichterstatter(in) m(f), Reporter(in) m(f); ~ **letterario/musicale**, Literatur-/Musikreporter(in) m(f); ~ **mondano**, Klatschkolumnist(in) m(f) spreg, Klatschreporter(in) m(f) fam spreg 2 lett stor (autore) {+MEDIO EVO} Chronist(in) m(f).

cronistòria f 1 anche scherz (descrizione minuziosa) Bericht m: **ho dovuto fargli tutta la ~ dell'esame!**, ich musste ihm die Prüfung haarklein erzählen; **fare la ~ di un evento**, ein Ereignis Bericht erstatten 2 lett stor Chronik f.

cronografia f metrol Chronographie f.

cronogràfico, (-a) <-ci, -che> agg metrol chronographisch.

cronògrafo m astr fis tecnol Chronograph m: ~ **da polso**, Puls-Chronograph m.

cronologìa f 1 (successione) Chronologie f, zeitliche Abfolge 2 (disciplina) Chronologie f 3 arte Entstehungszeit f.

cronològico, (-a) <-ci, -che> agg 1 (temporale) {ORDINE} chronologisch, zeitlich geordnet 2 (della cronologia) chronologisch.

cronometràggio <-gi> m metrol 1 industr Zeitmessung f, Zeitnahme f, Chronometrie f: ~ **dei tempi di lavoro**, Kontrolle f der Arbeitszeit 2 sport {ELETTRONICO} Zeitnahme f.

cronometràre tr industr metrol sport ~ **qc** {GARA} etw (ab|)stoppen; {I TEMPI DI LAVORO} etw messen.

cronometrìa f metrol Zeitmessung f.

cronomètrico, (-a) <-ci, -che> agg 1 (della cronometria) {STUDI} chronometrisch 2 (del cronometro) {MISURAZIONE} chronometrisch 3 fig (esatto) {PRECISIONE} äußerst.

cronometrista <-i m, -e f> mf industr metrol sport Zeitnehmer(in) m(f), Stopper m: ~ **analista/industriale**, "Techniker m, der die Dauer von Produktionsprozessen misst".

cronòmetro A m 1 metrol Chronometer m 2 sport Stoppuhr f, Stopper m **B** f sport Zeitfahren n ● **essere preciso come un ~** fig (molto preciso), äußerst/peinlich genau sein.

cross① <-, -es pl ingl> m ingl sport (nel calcio) Flanke(nball m) f: **effettuare un ~**, flanken, den Ball mit einer Flanke spielen; (nel pugilato) Gerade f, Kreuzschlag m; (nel tennis) Cross m.

cross② ingl **A** <-> m 1 (motocross) Motocross n 2 (cross-country) Crosscountry n **B** <inv> loc agg: **da ~**, {BICI, MOTO} Gelände-.

crossàre itr sport (nel calcio) {TERZINO} flanken.

cross-country <-> loc sost m ingl 1 (nell'equitazione) Jagdrennen n 2 sport (nell'atletica, nel ciclismo) Crosscountry n.

crossing over <- -> loc sost m ingl biol Crossing-over n.

crossista <-i m, -e f> mf sport Crossfahrer(in) m(f).

cròsta f 1 (strato indurito) {+PANE} Kruste f; {+FORMAGGIO} Rinde f 2 fig spreg (dipinto) Schinken m fam scherz o spreg: **non è autentico, è una ~**, es ist nicht echt, es ist ein Schinken fam scherz o spreg 3 fig (apparenza) Schein m, Maske f: **la sua disinvoltura è solo una ~**, seine/ihre Unbekümmertheit ist nur Schein/eine Maske 4 geog Kruste f: ~ **di ghiaccio**, Eiskruste f; ~ **terrestre**, Erdkruste f 5 med Schorf m, Kruste f: **dove mi sono tagliato ora ho la ~**, da, wo ich mich geschnitten habe, habe ich jetzt eine Kruste; ~ **lat-**tea, Milchschorf m 6 (cuoio) {SCAMOSCIATA} Leder n 7 zoo {+ARAGOSTA} Panzer m, Schale f ● **arrivare sulle croste a qu** fig (nel momento sbagliato), jdm ungelegen kommen, bei jdm hereinplatzen fam; **in ~** gastr, im Teigmantel.

crostàceo zoo **A** m Krebs-, Krustentier n; Krustazee f: **i crostacei**, Krebs-, Krustentiere n pl **B** agg Krusten-.

crostàta f gastr {+ALBICOCCHE} "(Mürbeteig)kuchen, meist mit Obst oder Marmelade".

crosticìna <dim di crosta> f gastr dünne/kleine Kruste: **passare qc cinque minuti al forno per far fare la ~**, etw fünf Minuten in den Ofen schieben, damit sich eine (dünne/kleine) Kruste bildet.

crostìno <dim di crosta> m gastr 1 (gerostete) Brotschnitte: ~ **di fegato**, (geröstete) Brotschnitte mit Leber; ~ **ai funghi**, (geröstete) Brotschnitte mit Pilzen 2 (dadino) Crôuton m, (geröstete) Brotwürfel m.

crostóne <accr di crosta> m 1 gastr große (geröstete) Brotschnitte 2 geol Kalkablagerung f: ~ **roccioso**, Kalkfels m.

cròtalo m 1 zoo Klapperschlange f 2 mus <di solito al pl> Klapper f.

croupier <-> m franc (nella roulette) Croupier m.

cru <-> m franc enol 1 (vigneto) Cru m, erstes Gewächs n 2 (vino) Cru m.

crùcca f → **crucco**.

crucciàre <cruccio, crucci> **A** tr (tormentare) ~ **qu** {PENSIERO} jdn betrüben forb, jdn grämen forb **B** itr pron (affliggersi): **crucciarsi (per qc)** sich (wegen etw gen) betrüben forb, sich (wegen etw gen) grämen forb: **non bisogna crucciarsi per così poco**, man darf nicht wegen einer solchen Kleinigkeit Trübsal blasen fam.

crucciàto, (-a) agg {VOLTO} betrübt, trübsinnig: **se ne stava in un angolo tutto ~**, er hockte ganz trübsinnig in einer Ecke.

crùccio <-ci> m 1 (tormento) Kummer m, Gram m forb, Betrübnis f forb: **avere molti crucci**, viel Kummer haben 2 (irritazione) Ärger m: **era pieno di ~**, sehr ärgerlich sein.

crùcco, (-a) <-chi, -che> fam spreg **A** agg (tedesco) teutonisch spreg o scherz **B** m (f) Teutone m spreg o scherz, (Teutonin f spreg o scherz).

cruciàle agg 1 (decisivo) {MOMENTO, SCELTA} entscheidend, ausschlaggebend 2 (critico) {PUNTO} kritisch.

crucìfera → **crocifera**.

crucifige <-> m lat 1 (grido) ans Kreuz! 2 fig (condanna) Verurteilung f zum Kreuz ● **gridare il ~** fig (dare addosso a qu), über jdn herfallen, auf jdn losgehen.

crucifórme agg (a croce) {SEGNO} kreuzförmig, Kreuz-, gekreuzt; arch {CHIESA, PIANTA, PILASTRO} kreuzförmig: **volta ~**, Kreuzgewölbe n.

crucivèrba <-> m enigmistica Kreuzworträtsel n.

crudaménte avv {DIRE QC} grob, barsch.

crudèle agg 1 (spietato) {ANIMO} grausam; ~ **(con qu/qc)** {NATURA, PRINCIPE CON I SUDDITI, RAGAZZO CON GLI ANIMALI} grausam (zu jdm/etw); {DESTINO, SORTE} anche hart 2 (atroce) {CASTIGO, MORTE, TORMENTO} grausam, hart, bitter.

crudeltà <-> f 1 (spietatezza) {EFFERATA} +DESTINO, SORTE, TIRANNO, VENDETTA} Grausamkeit f, Härte f: ~ **mentale**, seelische Grausamkeit 2 (atto) Grausamkeit f, Roheit f, Gemeinheit f: **è stata una ~ mandarlo via**, es war grausam/gemein, ihn wegzuschicken.

crudézza f 1 (mancanza di cottura) {+CIBO} Rohheit f, Rohsein n 2 (rigore) {+INVERNO} Rauheit f, Härte f 3 fig lett (durezza) {+LINGUAGGIO} Grausamkeit f, Härte f, {+CUORE, RIMPROVERO} Bitterkeit f 4 fig (violenza) {+SCENA DI UN FILM} Härte f, Krassheit f.

crùdo, (-a) agg 1 (non cotto) {CARNE} roh, ungekocht; {VERDURA} anche Roh-; (non abbastanza cotto) nicht gar/durch, roh: **la bistecca è ancora cruda!**, das Beefsteak ist noch nicht durch/[roh]! 2 (acerbo) {ALBICOCCA} sauer 3 (rigido) {CLIMA, INVERNO} rau, streng, hart 4 (grezzo) {FERRO, SETA} roh, Roh-, unbearbeitet 5 (essicato al sole) {MATTONE} ungebrannt 6 fig (violento) {LUCE} grell; {SUONO} anche schrill 7 fig (brusco) {VERITÀ} nackt; {TONO} schroff, rau, hart; {PAROLE} krass 8 fig (rude) {ESPRESSIONE} krude forb; {MANIERE} anche rüde spreg 9 enol {VINO} nicht abgelagert.

cruènto, (-a) agg 1 (sanguinoso) {BATTAGLIA, OPERAZIONE} blutig 2 fig (violento) {SCONTRO} blutig, heftig.

cruise <-> m ingl mil Cruisemissile n, Marschflugkörper m.

cruiser <-> m ingl mar (Segel-, Motor)jacht f.

crumìra f → **crumiro**.

crumiràggio <-gi> m spreg (comportamento) Streikbruch m.

crumìro, (-a) spreg **A** m (f) Streikbrecher(in) m(f), Arbeitswillige mf decl come agg: **essere un ~/[fare il] ~**, ein Streikbrecher/arbeitswillig sein **B** <inv> loc agg: **da ~** {AZIONE} streikbrüchig.

crùna f 1 (foro): ~ **(dell'ago)**, Nadelöhr n 2 fig (passaggio stretto) Nadelöhr n.

crup <-> m med Krupp m.

cruràle agg med Unterschenkel-, krural scient.

crùsca <-sche> f Kleie f ● **vendere ~ per farina** fig (ingannare), jdm ein X für ein U vormachen.

cruschèllo m Kleie(mehl n) f.

cruscòtto m autom Armaturen-, Instrumentenbrett n.

cruzeiro <-, -s pl port> m port numism stor Cruzeiro m.

c.s. abbr di come sopra: w.o. (abbr di wie oben).

CS A f abbr di Corte Suprema: Oberster Gerichtshof **B** m abbr di Consiglio di Sicurezza: Sicherheitsrat m.

CSCE f abbr di Conferenza per la Sicurezza e la Cooperazione in Europa: KSZE (abbr di Konferenz für Sicherheit und Zusammenarbeit in Europa).

CSI f abbr di Comunità di Stati Indipendenti: GUS f (abbr di Gemeinschaft Unabhängiger Staaten).

CSM m abbr di Consiglio Superiore della Magistratura: "Aufsichtsbehörde f der italienischen Gerichte".

CSN m abbr di Consiglio Sanitario Nazionale: nationaler Gesundheitsrat.

C.so abbr di Corso: (Haupt)straße f, Korso m rar.

CSS m abbr di Consiglio Superiore di Sanità: Oberster Rat für das Gesundheitswesen.

CT <-> m sport abbr di Commissario Tecnico: ≈ Fußballbundestrainer m.

CTE m pl abbr di Certificati del Tesoro in ECU: Schatzbriefe in ECU.

ctg. abbr di categoria: Kategorie f.

C.to banca abbr di conto: Kto., K. (abbr di Konto).

ctrl inform abbr dell'ingl Control (controllo) Kontrolle f.

Cùba f geog Kuba n.

cuba libre <- -> loc sost m spagn enol Cuba Libre m.

cubàno, (-a) A agg kubanisch B m (f) (abitante) Kubaner(in) m(f).

cubatùra f mat metrol 1 (volume) {+STANZA} Kubatur f 2 (misura) {+CATASTA DI LEGNO} Kubik-, Rauminhalt m, Volumen m: **fare la ~ di qc**, das Volumen von etw (dat)/+ gen (aus)messen.

cubétto <dim di cubo> m 1 Würfelchen n, Würflein m 2 (oggetto) Würfel m: **~ di ghiaccio**, Eiswürfel m • **~ di porfido** edil, Porphyrwürfel m.

cubicità <-> f (forma) {+BLOCCO DI PIETRA} Würfelform f.

cùbico, (-a) <-ci, -che> agg 1 (a cubo) {STRUTTURA} kubisch, würfelförmig, würfelig 2 mat {EQUAZIONE} kubisch, Kubik-, zur dritten, hoch drei; (METRO, RADICE) Kubik-.

cubifórme agg {STRUTTURA} kubisch, würfelförmig, würfelig.

cubilòtto m metall Kupolofen m.

cubìsmo m arte Kubismus m.

cubìsta① <-i m, -e f> arte A agg {QUADRO} kubistisch B mf Kubist(in) m(f).

cubìsta② <-i m, -e f> mf (in discoteca) Gogo-Tänzer(in) m(f) Show-Dancer m, Eintänzer(in) m(f).

cubitàle agg 1 tip (molto grande) {CARATTERE, LETTERA} Plakat- 2 anat kubital.

cùbito m 1 anat Ellenbogen m 2 metrol stor Elle f.

cùbo A m 1 (oggetto) {+PLASTICA} Würfel m; (in discoteca) Plattform f für Show-Dancer/Eintänzer 2 mat (in geometria) Kubus m, Würfel m 3 mat (terza potenza) dritte Potenz, Kubus m: **2 al ~ fa 8**, 2 hoch 3 ist/macht fam 8; **elevare al ~**, hoch 3 nehmen B agg {METRO} kubisch, Kubik- • **~ magico** {di Rubik} (giochi), Zauberwürfel m.

cuccàgna f 1 (paese favoloso) Schlaraffenland m 2 fig (pacchia) unbeswertes Leben, Leben n wie ˌdie Made im Speckˌ/[Gott in Frankreich] fam: **che ~!**, ist das ein Leben!; **geht's uns gut!**, das ist ja herrlich!; **è stata una bella ~!**, das war ein Leben wie Gott in Frankreich! fam; **è finita la ~!**, (jetzt ist) Schluss mit dem (lauen) Lenz! fam 3 fig (fortuna) Glück n: **trovare la ~**, sein Glück finden.

cuccàre <cucco, cucchi> A tr 1 fam (prendere) **~ qc** {INFLUENZA} etw erwischen, sich (dat) etw holen fam 2 fig fam (guadagnare) **~ qc** {MANCIA} etw kriegen fam, etw verdienen: **in quel posto cucca il doppio**, mit dieser Stelle kriegt fam/verdient er/sie das Doppelte 3 fig fam (essere condannato a) **~ qc** {TRE MESI DI CARCERE} zu etw (dat) verdonnert werden fam, sich (dat) etw einˌhandeln fam 4 fig fam (cogliere) **~ qu** jdn erwischen fam, jdn ertappen: **l'hanno cuccato sul fatto**, sie haben ihn auf frischer Tat ertappt 5 fig fam (colpire) **~ qu/qc** {AMICO, VETRO} jdn/etw treffen 6 fig fam (beccare) **~ qu** jdn kriegen fam: **non mi cuccano più ad aiutarli**, sie rühre für sie keinen Finger mehr fam; die kriegen mich nicht mehr dazu, ihnen zu helfen fam 7 fam (rubare) **~ qc** klauen fam: **gli hanno cuccato gli occhiali da sole**, sie haben ihm die Sonnenbrille geklaut fam 8 fam (ingannare) **~ qu** jdn übers Ohr hauen fam, jdn an|schmieren fam, jdn betrügen: **si è fatto ~!**, er hat sich übers Ohr hauen lassen fam 9 fam (uso assol) (rimorchiare) jdn ab|schleppen fam, jdn an|machen fam, jdn an|baggern fam: **va in discoteca per ~**, er/sie geht in die Disko, um jemanden abzuschleppen fam B rfl intens 1 fig fam (prendersi): **cuccarsi qc** {COPPA} sich (dat) etw holen fam; **cuccarsi un raffreddore** (dat) sich (dat) ei-

nen Schnupfen holen fam; {EREDITÀ, SCHIAFFO} etw kriegen fam; **lì i camerieri si cuccano un sacco di mance**, da kriegen die Kellner einen Haufen Trinkgeld fam; {DENUNCIA, SEI MESI DI CARCERE} sich (dat) etw ein|handeln fam 2 (sorbirsi): **cuccarsi qu/qc** {ROMANZINA} jdn/etw über sich ergehen lassen; (NIPOTE) jdn/etw am Hals haben fam, jdn/etw ertragen müssen: **ho dovuto cuccarmi la visita dei parenti**, ich musste den Besuch der Verwandten über mich ergehen lassen • **cuccati questa!** fam, da hast/siehst du's! fam.

cuccétta f 1 ferr Liegewagenplatz m, Platz m im Liegewagen: **prendere la ~**, sich (dat) einen Platz im Liegewagen nehmen, Liegewagen fahren fam 2 mar Koje f.

cuccettìsta <-i m, -e f> mf ferr "für die Liegewagen zuständiger Schaffner".

cucchiàia f 1 (grosso cucchiaio) Schöpflöffel m 2 edil Mau(r)erkelle f 3 tecnol Löffel m.

cucchiaiàta f {+MINESTRA} Löffel m: **mangiare qc a cucchiaiate**, etw löffelweise essen.

cucchiaìno <dim di cucchiaio> m 1 kleiner Löffel, Teelöffel m: **~ da caffè/dolci/tè, Mokka-/Dessert-/Teelöffel m 2 (contenuto) Löffelchen n: **quanti cucchiaini (di zucchero) vuoi?**, wie viel Löffelchen (Zucker) willst du?; **un ~ di miele**, ein Löffelchen Honig 3 (nella pesca) Blinker m • **a cucchiaini**, löffelweise; **sono da raccattare/raccogliere col ~** fig fam (sono sfinito), ich gehe auf dem Zahnfleisch fam, ich bin fix und fertig fam.

cucchiàio <-iai> m 1 (posata) (Ess)löffel m: **~ d'argento**/[di legno], Silber-/Holzlöffel m 2 (quantità) Löffel m: **un ~ di farina/olio/zucchero**, ein Löffel Mehl/Öl/Zucker 3 tecnol {+ESCAVATORE} Schaufel f • **a cucchiai**, löffelweise; **sono da raccattare/raccogliere col ~** fig fam (sono sfinito), ich gehe auf dem Zahnfleisch fam, ich bin fix und fertig fam.

cucchiaióne <accr di cucchiaio> m 1 Kelle f, Schöpflöffel m 2 tecnol (Schöpf)kelle f.

cùccia <-ce> f 1 (del cane) Hundehütte f, (Hunde)lager m; (giaciglio) Körbchen n 2 fig fam (letto) Falle f fam, Kiste f fam, Bett n: **andare/mettersi a ~**, in die Falle gehen fam, sich in die Falle hauen fam • **(a) ~!, Platz!**; fig fam, kusch! fam.

cùcciola f → **cucciolo**.

cucciolàta f 1 (insieme) {+GATTI SIAMESI, PASTORI MAREMMANI} Wurf m 2 fig fam (di bambini) Kinderschar f.

cùcciolo, (-a) A in funzione di agg: **leopardo ~**, Leopardenjunge n decl come agg B m (f) 1 (piccolo) (Tier)junge n decl come agg; (di cane) Hundejunge n decl come agg: **la nostra gatta ha avuto quattro cuccioli**, unsere Katze hat vier Junge geworfen 2 (bambino) Kind n 3 fig fam (giovane inesperto) Grünschnabel m spreg.

cùcco① <-chi> m 1 obs (cuculo) Kuckuck m 2 fig (rimbambito) Tölpel m spreg, Trampel m fam spreg: **verknöcherter Alter m spreg**, verknöcherter Alter m • **vecchio come il**ˌ/[più vecchio del] **~** fig fam (molto vecchio), {CONTADINO, RIMEDIO, VALIGIA} uralt, steinalt; **ma dai, quella barzelletta è vecchia come il ~**, ach komm, der Witz hat doch so einen Bart! fam.

cùcco② <-chi> m region (cocco) {+NONNA} Liebling m, Nesthäkchen n fam.

cùccuma f (bricco) {+CAFFÈ, LATTE} Kanne f.

cucìna f 1 (luogo) {+ALBERGO, RISTORANTE} Küche f: **abitabile**, Wohnküche f 2 (arredamento) Küche(nausstattung) f: **~ all'americana**, Einbauküche f; **comprare una ~**

nuova, eine neue Küche kaufen; **~ componibile**, Einbau-, Anbauküche f 3 (elettrodomestico) (Koch)herd m: **~ da campo**, Feldküche f; **~ economica**, (Spar)herd m; **~ elettrica**, Elektroherd m: **~ a quattro fuochi**, Herd m mit vier Feuerstellen; **~ a gas**, Gasherd m 4 gastr (arte, modo) Küche f, Kochkunst f: **alta ~**, Haute Cuisine f, Spitzenküche f; **~ bolognese/toscana/piemontese**, bolognesische/toskanische/piemontesische Küche; **~ casalinga**, gutbürgerliche Küche; **essere appassionato di ~**, leidenschaftlich gerne kochen; **fare la/da ~**, sich kochen; **~ internazionale**, internationale Küche; (piatto) {DIETETICA, LEGGERA, PESANTE} Kost f, Küche f 5 giorn (lavoro) Redaktionsarbeit f; (redazione) Redaktion f • **bassa ~** fig (lavoro umile), Dreck-, Schmutzarbeit f; fig polit (intrighi), krumme Touren f pl fam.

cucinàre tr 1 gastr **~ qc** {CARNE, PRANZO, UOVA} etw kochen, etw (zu)bereiten; **~ qc al forno**, etw backen; **~ qc alla griglia/piastra**, etw grillen/kochen; (uso assol) kochen; **non so ~**, ich kann nicht kochen; **~ bene/male**, gut/schlecht kochen 2 fig fam (conciare) **~ qu** jdn übel zu|richten, sich (dat) jdn vor|knöpfen fam: **quando lo incontro lo cucino per bene**, wenn ich ihn treffe, kann er was erleben ˌ/[knöpf ich ihn mir vor fam] 3 fig fam (rielaborare) **~ qc** {ARTICOLO} etw überarbeiten 4 fig fam (preparare) **~ qc** {SORPRESA} etw vor|bereiten.

cucinière, (-a) m (f) (cuoco) {+CASERMA} Küchenmeister m, Koch m, (Köchin f).

cucinìno, cucinòtto <dim di cucina> m (piccolo vano) Kochnische f.

cucìre <cucio, cuci> A tr 1 lavori femminili **~ qc** {ORLO, STRAPPO, TASCA} etw (an|)nähen: **~ insieme due teli**, zwei Tücher zusammen|nähen; (rammendare) {CALZA} etw flicken, etw zu|nähen; (confezionare) {TOVAGLIA, VESTITO} etw schneidern; (uso assol) (eseguire lavori di cucito) **~ (+ compl di modo)** (irgendwie) nähen; **~ a filo scempio/doppio**, (mit einfachem/doppeltem) Faden nähen; **~ a macchina/mano**, mit der Maschine/Hand nähen; **saper ~**, nähen können 2 fig (mettere insieme) **~ qc** etw zusammen|fügen, etw zusammen|flicken fam anche spreg, etw zusammen|stoppeln fam spreg: **~ citazioni/discorsi**, ˌZitate aneinanderreihenˌ/[Reden zusammenflicken fam anche spreg] 3 edit **~ qc** {SEGNATURE} etw (zusammen|-, ein|)heften, etw broschieren 4 med {LEMBI DI UNA FERITA} etw nähen B rfl indir (confezionare per sé): **cucirsi qc** {ABITO} sich (dat) etw nähen.

cucirìno m Nähgarn n, Nähfaden m.

cucìta f (rapida cucitura) schnelles Nähen: **dare una ~ al bottone**, einen Knopf schnell annähen; **dare una ~ a due teli**, zwei Tücher schnell zusammennähen.

cucìto, (-a) A agg 1 lavori femminili {BOTTONE} genäht: **~ a mano/macchina**, hand-/maschinengenäht 2 fig (attaccato) **~ a qu/qc** jdm/etw verbunden: **stare sempre ~ a qu**, ständig an jdm kleben/hängen B m lavori femminili (lavoro) Näherei f, Näharbeit f; (tecnica) Nähtechnik f, Nähen n: **imparare il ~**, nähen lernen.

cucitrìce A agg tecnol {MACCHINA} Näh- B f 1 lavori femminili Näherin f: **~ di/in bianco**, Weißnäherin f 2 (pinzatrice) Hefter m 3 tecnol Nähmaschine f 4 tip Heftmaschine f.

cucitùra f 1 lavori femminili (insieme di punti) {+VESTITO} Naht f: **~ doppia**, Doppelnaht f; **~ a macchina/mano**, Maschinen-/Handnaht f; (azione) anche Nähen n 2 (pinzatura) {+FOGLI DI CARTA} Heftung f; (azione) anche Heften n 3 edit tip {+SEGNATURE} Bundsteg m.

cucù A <-> m ornit Kuckuck m; (canto) Kuckuck n B inter onomatopeica 1 (*imita il canto del cuculo*) kuckuck 2 (*di richiamo*) kuckuck, hallo 3 *iron* (*di risposta*) denkste! *fam*, sonst noch was! *fam* • fare ~ (*fare capolino*), kuckuck machen *fam*.

cucùlo m *ornit* Kuckuck m.

cucùzza → cocuzza.

cucùzzolo → cocuzzolo.

cùffia f 1 (*copricapo*) {+CAMERIERA, COMMESSA} Haube f, Kappe f, Mütze f: ~ da bagno, Badehaube f, Badekappe f, Bademütze f; ~ da notte, Nachtmütze f 2 *autom* Haube f: ~ del radiatore, Kühlerhaube f 3 *mus radio tel* {STEREOFONICA; +REGISTRATORE} Kopfhörer m: ascoltare una registrazione in ~, eine Aufnahme über Kopfhörer anhören 4 *edil* {+PALO} Schutzkasten m • prendere una ~ per qu *fig fam* (*innamorarsi perdutamente*), sich in jdn verknallen *fam*; ~ protettiva *tecnol*, Schutzkappe f; ~ radicale *bot*, Wurzelhaube f; ~ del suggeritore/palcoscenico *teat*, Souffleurkasten m.

cuffiétta <*dim di* cuffia> f (*copricapo*) {+BIMBO} Häubchen n.

cugìno, (-a) m (f) *gener* Cousin m, (Cousine f), Vetter m, (Base f *obs*): ~ di primo/secondo/terzo grado, Cousin m ersten/zweiten/dritten Grades.

cùi A <inv> pron rel mf 1 (*compl indiretto preceduto da prep: il quale, la quale, i quali, le quali*): l'aereo con cui sono arrivato era in ritardo, das Flugzeug, mit dem ich gekommen bin, hatte Verspätung; le persone con cui ho parlato prima, die Leute, mit denen ich vorher gesprochen habe; il paese da cui viene, das Land, aus dem er/sie kommt; è lei la giornalista da cui ho avuto quella informazione, sie ist die Journalistin, von der ich diese Information bekommen habe; è una scelta di cui ti pentirai, das ist eine Entscheidung, die du bereuen wirst; è un autore di cui ho già sentito parlare, das ist ein Autor, über den ich schon gehört habe; mi hanno rubato alcune cose, fra cui la carta di credito, sie haben mir mehrere Sachen gestohlen, unter anderem die Kreditkarte; una trentina di alunni fra cui alcuni ripetenti, zirka 30 Schüler, darunter einige, die die Klasse wiederholen; questo è il paese in cui ho trascorso l'infanzia, das ist das Land, in dem ich meine Kindheit verbracht habe; l'amico in cui ho riposto la mia fiducia, der Freund, in den ich mein Vertrauen gesetzt habe; questa è la ragione per cui sono venuto, das ist der Grund, weswegen ich gekommen bin; è la donna per cui ha lasciato la moglie, das ist die Frau, ˌwegen derˌ/[derentwegen] er seine Frau verlassen hat; un argomento su cui discutere, ein Diskussionsthema; è una persona su cui si può fare affidamento, das ist ein zuverlässiger Mensch; la direzione verso cui andiamo, die Richtung, in die wir gehen; le persone verso cui abbiamo degli obblighi, die Leute, denen gegenüber wir Verpflichtungen haben 2 (*compl di termine*): (a) cui, dem, der, denen pl, die; l'agenzia (a) cui avete scritto, die Agentur, der ihr geschrieben habt; sono cose (a) cui non siamo abituati, das sind Dinge, (an) die wir nicht gewöhnt sind; le persone (a) cui ne ho parlato, die Leute, mit denen ich darüber gesprochen habe 3 (*compl di specificazione preceduto dall'*art) dessen, deren: è un ragazzo i cui genitori sono divisi, er ist ein Junge, dessen Eltern geschieden sind; una scrittrice il cui nome mi sfugge, eine Schriftstellerin, deren Name mir nicht einfällt B *loc cong fam* (*perciò*): per cui, deshalb, deswegen, weshalb, weswegen; non li conosco per cui preferisco non esprimere giudizi, ich kenne sie nicht, weshalb ich lieber kein Urteil abgebe.

culàta f *fam* Stoß m auf den Hintern: battere una bella ~, voll auf den Hintern fallen *fam*.

culatèllo m *gastr* "emilianische Schinkenart".

culàtta f *artiglieria* Bodenstück n.

culattóne m *region spreg* (*omosessuale*) Hinterlader m *fam scherz*, Arschficker m *volg spreg*.

cul-de-sac <- -, -s - - pl *franc*> m *franc spec fig* (*vicolo cieco*) Sackgasse f.

culétto <*dim di culo*> m *fam* (*sederino*) {+BAMBINO} Po(po) m, kleiner Hintern, kleines Gesäß.

culinària f (*gastronomia*) Kochkunst f, Gastronomie f.

culinàrio, (-a) <-*ri* m> *agg* (*gastronomico*) {SPECIALITÀ, SQUISITEZZA} kulinarisch; {ARTE} Koch-.

cùlla f 1 *gener* {+VIMINI} Wiege f: ~ termica/termostatica, Brutkasten m 2 *fig* (*luogo d'origine*) {+ARTE RINASCIMENTALE, CIVILTÀ ETRUSCA} Wiege f, Heimat f, Geburtsstätte f 3 *mecc* {+MOTORE} Gestell n, Verschlag m, Sattel m • dalla ~ alla bara/tomba *fig* (*per tutta la vita*), von der Wiege bis zur Bahre *spec scherz*; (fin) dalla ~ *fig* (*dalla nascita*), von Geburt/der Wiege an; la ~ della civiltà *fig* (*luogo di origine e di sviluppo*), die Wiege der Kultur; strozzare nella ~ *fig* (*impedire di crescere*), im Keim ersticken.

cullàre A *tr* 1 *anche fig* (*dondolare*) ~ qu/qc {BAMBINO, BARCA} jdn/etw wiegen, jdn/etw schaukeln 2 *fig* (*coltivare*) ~ qc {ILLUSIONE} sich *etw* (dat) hin|geben 3 *fig* (*illudere*) ~ qu in qc jdn (mit *etw* dat) hin|halten, jdn (*mit etw* dat) vertrösten: ~ qu nella speranza di qc, jdn mit der Hoffnung auf *etw* (acc) hinhalten B *rfl* 1 (*dondolarsi*): cullarsi (+ compl di luogo) {NELL'AMACA} (*irgendwo*) schaukeln, sich (*dat*) wiegen 2 *fig* (*illudersi*): cullarsi in qc {NELLA SPERANZA DI QC} sich *in etw* (dat) wiegen 3 *fig* (*abbandonarsi*): cullarsi in qc {IN DOLCI RICORDI} sich *etw* (dat) hin|geben.

culminànte *agg* 1 (*che è al culmine*) Haupt-, Gipfel- 2 *fig* (*determinante*) Höhe-, Gipfel-, Haupt-: punto/scena ~, Höhepunkt m/Gipfelszene f.

culminàre *itr* <*essere*> 1 (*terminare*) ~ in qc {MONTAGNA IN UNA PUNTA DI ROCCIA} *in etw* (dat) enden 2 *fig* (*sfociare*) ~ in qc {MALCONTENTO IN UNA PROTESTA} *in etw* (dat) gipfeln, *in etw* (dat) kulminieren, *in etw* (dat) enden, *in etw* (acc) aus|laufen 3 *astr* kulminieren.

culminazióne f *astr geol* Kulmination f.

cùlmine m 1 (*sommità*) {+MONTE} Gipfel m, Spitze f 2 *fig* (*apice*) {+CARRIERA, SUCCESSO} Gipfel m, Höhepunkt m: essere al ~ della felicità, im siebten Himmel schweben *fam*.

cùlo m 1 *fam* (*sedere*) Arsch m *volg*, Hintern m *fam*, Gesäß n; *volg* (*ano*) Arschloch n *volg* 2 (*fondo*) {+BOTTIGLIA} Boden m; {+MORTADELLA, PAGNOTTA} Ende n, Endstück n 3 *volg* (*omosessuale*) Schwule m *fam*, Schwuchtel f *volg spreg* 4 *fig* (*fortuna*) Schwein n *fam*: avere (del) ~ *fig volg*, Schwein haben *fam*; che ~! *fig volg*, ein Schwein/Sauglück! *fam* • alzare/muovere il ~ *fig volg* (*muoversi, darsi da fare*), den Arsch hochkriegen *volg*; ~ di bicchiere (*fondo*), Boden m, Rest m; *fig iron* (*brillante falso*), falscher Brillant; essere ~ e camicia con qu *fig fam* (*essere molto amico*), wie die Kletten aneinanderhängen, dicke Freunde sein *fam*; di ~ *fig fam* (*all'indietro*), rückwärts; dare (via) anche il ~ *fig fam* (*essere disposto a qualunque cosa*), seine eigene Mutter verkaufen; essere dal/del ~ *fig volg* (*in rovina*), im Arsch sein *volg*; fare il ~ a qu *fig volg* (*rimproverarlo*), jdn zusammenscheißen *volg*; *fig volg* (*farlo lavorare sodo*), jdm den Arsch aufreißen *volg*; farsiˌil ~ˌ/[un ~ come una casa]/[un ~ così/nero] *fig volg* (*faticare molto*), sich (dat) den Arsch aufreißen *volg*; leccare il ~ a qu *fig volg* (*blandirlo*), jdm in den Arsch kriechen *volg*; abitare/essere in ~ ai lupi *fig* (*molto distante*), am Arsch der Welt wohnen *volg*; mandare qu a fare in ~ *fig volg* (*mandarlo al diavolo*), jdn zum Teufel schicken *fam*; metterla nel ~ a qu *fig volg* (*imbrogliarlo*), jdn bescheißen *volg*; essere sporco come il ~ della padella *fig* (*molto sporco*), vor Dreck starren, voller Dreck und Speck sein *fam*; pararsi il ~ *fig volg* (*tutelarsi*), sich (dat) den Rücken freihalten; prendere/pigliare qu per il ~ *fig volg* (*prendere in giro*), jdn verarschen *fam*, jdn aufziehen *fam*, jdn veralbern *fam*; *fig volg* (*fregarlo*), jdn bescheißen *volg*; prendersela nel ~ *fig volg* (*rimanere fregato*), verarscht werden *fam*; ragionare col ~ *fig* (*fare ragionamenti stupidi*), Scheiß daherreden *fam spreg*; rompere/spaccare il ~ a qu *fig volg* (*farlo faticare molto*), jdm den Arsch aufreißen *volg*; ~ rotto *fig spreg* (*omosessuale*), Arschficker m *volg spreg*; cul di sacco → cul-de-sac; stare sul ~ a qu *fig volg* (*essergli antipatico*), jdm auf den Sack gehen *volg*; battere il ~ in terra (*cadere*), auf den Hintern fallen *fam*; *fig volg* (*fallire*), auf die Schnauze fallen *volg*; essere col ~ a terra *fig volg* (*in rovina*), im Arsch sein *volg*; va a fare inˌ/[dar via il] ~! *fig volg* (*va al diavolo!*), leck mich am Arsch *volg*.

culóne, (-a) <*accr di culo*> A m *fam* (*grosso sedere*) Fettarsch m *volg spreg*, Riesenhintern m *fam* B m (f) *fam* (*chi ha un grosso sedere*) Fettarsch m *volg spreg*.

culottes f pl *franc* (*nella moda*) Damenschlüpfer m.

cult *ingl* A <inv> *agg* {LIBRO} Kult- B <-, -s pl *ingl*> m 1 (*cult book*) Kultbuch n 2 (*cult movie*) Kultfilm m 3 (*ciò che è oggetto di culto*) (Kult m)objekt n.

cult book <- -, - -s pl *ingl*> *loc sost* m *ingl* Kultbuch m.

cult movie <- -, - -s pl *ingl*> *loc sost* m *ingl* Kultfilm m.

cùlto A m 1 *relig* (*devozione*) {+GESÙ, MARIA} Verehrung f, Anbetung f; (*rito*) Kult(us) m, Ritus m, Gottesdienst m; (*religione*) Religion f, Glaube m: ~ cattolico/musulmano, katholischer/moslemischer Glaube 2 *fig* (*interesse esagerato*) Kult m: avere il ~ della propria persona, (regelrechten) Kult um die eigene Person treiben, übertriebener Selbstdarstellung frönen 3 *fig* (*amore*) Kult m: ~ della bellezza/famiglia/patria, Schönheits-/Familien-/Heimatkult m B <inv> *loc agg* (*degno*) di ~, {AUTORE, FILM} Kult- • ~ della personalità *polit spreg*, Persönlichkeitskult m, Personenkult m *rar*.

cultóre, (-trice) m (f) (*appassionato*) Liebhaber(in) m(f), Förderer m, (Förderin f): ~ d'arte, Kunstliebhaber m • ~ della materia *università*, Spezialist m, Fachexperte m.

cultuàle *agg antrop archeol relig rar* {ESPRESSIONE} Kult-, kultisch.

cultùra f 1 (*patrimonio di conoscenze*) {CLASSICA} Kultur f, Bildung f: non ha un briciolo di ~, er/sie besitzt keinerlei Bildung; farsi/formarsi una ~ generale, sich bilden, sich (dat) eine Allgemeinbildung verschaffen; uomo di grande/media/modesta ~, ˌsehr gebildeterˌ/[durchschnittlich gebildeter]/[ziemlich ungebildeter] Mensch, ein Mensch mit großer/durchschnittlicher/bescheidener Bildung 2 (*conoscenze specialistiche*) Wissen n, Kultur f, Kultiviertheit f: la sua ~ in campo musicale è molto vasta, sein musikalisches Wissen ist sehr groß 3 *agr rar* Kultur f, Pflanzung f, Anbau m 4 *antrop sociol* (*civiltà*) {EUROPEA, FRANCESE, ORIENTALE} Kultur f: ~ **contadina/matriarcale**, bäuerliche/matriarchalische Kultur; ~ **megalitica**, Megalithkultur f 5 *biol rar* Kultur f 6 *giorn* Bewusstsein n: ~ ˌdell'ambienteˌ/[della pace], Umwelt-/Friedensbewusstsein n • ~ *fisica sport*, Fitnesstraining n; ~ *giovanile*, Jugendkultur f; ~ *di massa*, Massenkultur f; ~ *materiale*, Kulturgegenstände m pl, Kulturgut n; ~ *orale/scritta*, mündliche/schriftliche Kultur.

culturàle agg 1 (*della cultura*) {IDENTITÀ, PREPARAZIONE} kulturell; {LIVELLO, PROVA} anche Bildungs- 2 (*di cultura*) {BENI, PATRIMONIO, SCAMBIO, VIAGGIO} kulturell, Kultur- 3 (*per la diffusione della cultura*) {ADDETTO, ASSOCIAZIONE} kulturell, Kultur-.

culturìsmo m *sport* Bodybuilding n, Körperkultur f.

culturìsta <-i m, -e f> mf *sport* Bodybuilder(in) m(f).

culturìstico, (-a) <-ci, -che> agg 1 (*del culturismo*) Bodybuilding-, Körperkultur- 2 (*dei culturisti*) Bodybuilder-.

cum gràno sàlis loc avv *lat* (*con buon senso*) {PRENDERE QC} cum grano salis, nicht ganz wörtlich.

cumìno m *bot* Kümmel m: ~ ˌdei pratiˌ/[tedesco], Wiesenkümmel m.

cùmolo m → cumulo.

cumulàbile agg (*che si può cumulare*) ~ (**con qc**) {PENSIONE CON LO STIPENDIO, REDDITI} (*mit etw dat*) kumulierbar *forb*.

cumulàre tr *anche fig* (*accumulare*) ~ **qc** {ERRORI, DENARO, INCARICHI, INTERESSI} *etw* (an|)häufen, *etw* kumulieren *forb*: **gli sconti non possono essere cumulati**, Rabatt kann nicht kumuliert werden.

cumulatìvo, (-a) agg 1 (*che cumula*) {DONAZIONE} Sammel- 2 (*collettivo*) {BIGLIETTO} Sammel- 3 (*complessivo*) {PREZZO} Gesamt- 4 *banca* {CONTO} Sammel-.

cumulifórme agg *meteo* {NUBE} Haufen-.

cùmulo m 1 (*mucchio*) ~ **di qc** {+CARBONE, LEGNA, MACERIE, SABBIA, SPAZZATURA} Haufen m *fam* + nom/+ gen pl; {+STOVIGLIE} Berg m *von etw* (*dat*)/+ gen pl/+ nom sing: **un ~ di grandi pietre**, ein Haufen großer Steine *fam* 2 *fig* (*grande quantità*) ~ **di qc** {+BUGIE, SCIOCCHEZZE} Berg m *von etw* (*dat*)/+ gen pl/+ nom sing: **ho un ~ di cose da fare**, ich habe einen Berg von Sachen zu erledigen; **c'è un ~ di gente**, es ist/sind ein Haufen Leute da *fam* 3 *amm* {+CARICHE, FUNZIONI} (An)häufung f 4 *meteo* Kumulus m, Haufenwolke f • ~ **di pene** *dir*, Bildung f einer Gesamtstrafe; ~ **di redditi** *dir*, Zusammenveranlagung f.

cumulonèmbo m *meteo* Kumulonimbus m.

cumulostràto m *meteo* Stratokumulus m.

cuneése A agg {PROVINCIA} von Cuneo B mf (*abitante*) Einwohner(in) m(f) von Cuneo • **cuneesi al rum** *gastr*, "Rumkugeln f pl aus Cuneo".

cuneifórme A agg 1 (*a forma di cuneo*) keilförmig, kuneiform, Keil- 2 *archeol* {CARATTERE, SCRITTURA} Keil- 3 *anat* {OSSO} kuneiform *scient* B m *archeol* Keilschrift f.

cùneo A m 1 *gener* Keil m: **spaccare la legna con un ~**, Holz mit einem Keil spalten 2 *fig* (*ciò che penetra*) Keil m: **l'angoscia è come un ~ nel cuore**, die Angst ist wie ein Pfahl im Fleische 3 *alpin* Klemmkeil m 4 *arch* Gewölbe-, Schlussstein m 5 *mat fis* Keil m 6 *mil* keilförmige Formation/Aufstellung: ~ **di mira**, Geschützkeil m B <INV> loc agg (*cuneiforme*): **a ~**, keilförmig • ~ **sensio-**

metrico *fot*, Sensitometer n.

Cùneo f *geog* Cuneo n.

cunétta f 1 (*avvallamento*) Querrinne f: **la pista da sci è piena di cunette**, die Skipiste ist voller Querrinnen 2 (*scolo*) Straßengraben m, Rinnstein m, Gosse f.

cunìcolo① m (*galleria*) unterirdischer Gang, Stollen(gang) m.

cunìcolo② agg *zoo* {ALLEVAMENTO} Kaninchen-.

cunnilìncto m Cunnilingus m.

cunnilìngio <-gi> m Cunnilingus m.

cuòca f → cuoco.

cuòcere <irr *cuocio, cuoci, cossi, cotto*> A tr <avere> 1 (*portare a cottura*) ~ **qc** {CALCINA, CERAMICA, MATTONI, SMALTO} *etw* brennen 2 *gastr* (*cucinare*) ~ **qc** {CARNE, PASTA, VERDURA} *etw* kochen, *etw* garen; ~ **qc nell'acqua**, *etw* kochen, *etw* sieden; ~ **qc a bagno maria**, *etw* im Wasserbad kochen; ~ **qc sulla brace**, *etw* grillen, *etw* rösten; ~ **qc in forno**, *etw* backen; ~ **qc a fuoco lento**, *etw* ˌauf schwachem Feuerˌ/[bei kleiner Flamme]/ [bei niedriger Temperatur] kochen (lassen), *etw* köcheln (lassen); ~ **qc a fuoco vivo**, *etw* ˌauf starkem Feuerˌ/[auf großer Flamme]/ [bei hoher Hitze] kochen (lassen); ~ **a gas/legna**, mit Gas/Holz kochen; ~ **qc alla griglia**, *etw* grillen; ~ **qc in padella**, *etw* braten; ~ **qc allo spiedo**, *etw* am Spieß braten; ~ **qc in umido**, *etw* dünsten, *etw* schmoren; ~ **qc al vapore**, *etw* dämpfen 3 (*bruciare*) ~ (**qc**) {GELO ERBA} *etw* verbrennen, *etw* aus|trocknen, *etw* versengen: **il sole mi ha cotto la pelle**, die Sonne hat mir die Haut verbrannt 4 (*inaridire*) ~ **qc** {SICCITÀ CAMPO} *etw* aus|-, verdörren 5 *fig* (*fare innamorare*) ~ **qu** *jdm* den Kopf verdrehen: **ti ha cotto a puntino!**, sie hat dir ja völlig den Kopf verdreht! *fam* 6 *fig* (*travagliare*) ~ **qu** {PASSIONE, PENSIERO UOMO} *jdn* bedrücken, *jdn* schmerzen, *jdn* nieder|schlagen, *jdn* quälen B itr <essere> 1 (*arrivare a cottura*) brennen, backen, kochen: **alcuni mattoni cuociono al sole**, einige Ziegel ˌbrennen in der Sonneˌ/[werden in der Sonne gebrannt] 2 (*portare a cottura*) backen: **ogni forno cuoce in modo diverso**, jeder Ofen bäckt anders 3 *gastr* kochen, gar werden: **il riso sta cuocendo**, der Reis kocht 4 (*bruciare*) ~ **per/**ˌ**a causa diˌ (qc)** {VEGETAZIONE PER IL CALDO ECCESSIVO} (*wegen etw gen*) verbrennen 5 (*essere umiliante*) {AFFRONTO, OFFESA, ecc.} weh|tun, brennen, unter die Haut gehen C itr pron 1 *gastr*: **cuocersi** kochen: **il pranzo si sta cuocendo**, das Essen kocht 2 *fig* (*affliggersi*): **cuocersi in/per qc** {PER UN DOLORE} sich (*wegen etw gen*) quälen; (*per una sconfitta*) sich ˌ*wegen etw* (*gen*) die Haare raufenˌ *fam*: **cuocersi nella rabbia**, vor Wut kochen *fam*, sich schwarzˌ ärgern *fam* 3 *fig* (*abbronzarsi*): **cuocersi (a qc)** {AL SOLE} sich in *etw* (*dat*) braten (lassen), sich *in etw* (*dat*) grillen (lassen); (*scottarsi*) sich verbrennen: **ti sei cotta bene in spiaggia!**, du hast dich gut gegrillt am Strand! *scherz* • **in questa stanza si cuoce!** *fig fam* (*fa molto caldo*), in diesem Zimmer ˌkommt man um!ˌ/[geht man ein *fam*] vor Hitze.

cuòco, (-a) <-chi, -che> m (f) (*chi cucina*) Koch m, (Köchin f): **capo ~**, Chefkoch m; **primo ~**, Küchenmeister m • **troppi cuochi guastano la cucina** *prov*, viele Köche verderben den Brei *prov*.

cuoiàme m (*assortimento*) Lederwaren f pl.

cuòio m 1 <*cuoi* m> *zoo* Leder n: ~ **artificiale/bulgaro**, Kunstleder n/Juchten(leder) n; ~ **bollito/conciato/cromato/grasso/lavorato**, lohgares/gegerbtes/chromgares/gefettetes/verarbeitetes Leder; ~ **marocchino**, Maroquin m o n; ~ **naturale**, Fahl-, Na-

turleder n 2 <*cuoia* f> *fig scherz* (*pelle*) Haut f, Fell n *fam* • ~ **capelluto** *anat*, Kopfhaut f; **laˌsciarci/rimetterci/tirare le cuoia** *fig scherz* (*morire*), sterben, abkratzen *slang*, krepieren *volg*.

cuorcontènto → corcontento.

cuòre A m 1 *anat* {MALATO, SANO} Herz n: ~ **artificiale**, künstliches Herz; **mi batte il ~ per l'eccitazione**, ich habe Herzklopfen vor Aufregung 2 (*petto*) Herz n, Brust f: **tenere qu stretto al ~**, jdn eng ans Herz drücken 3 (*oggetto a forma di ~*) Herz n: ~ **diˌ pasta di mandorleˌ/[stoffa]**, Marzipan-/Stoffherz n 4 *fig* (*sede dei sentimenti*) Herz n, Gemüt n, Seele f 5 *fig* (*coraggio*) Mut m, Herz n: **non avere il ~ di fare qc**, nicht den Mut haben, etw zu tun 6 *fig* (*persona*): **è un ~ ˌgeneroso/nobile/teneroˌ**, er/sie hat ein großzügiges/edles/weiches Herz, er/sie ein Mensch mit einem großzügigen/edlen/weichen Herzen 7 *fig* (*mezzo*) Herz n: **nel ~ della città**, im Herzen der Stadt; **nel ~ dell'inverno/estate**, ˌim tiefsten Winterˌ/[im Hochsommer]; **nel ~ della notte**, mitten in der Nacht 8 *fig* (*interno*) Herz n, Mitte f, Innere n: ~ **del carciofo**, Artischockenherz n; ~ **del legno**, Kernholz n 9 *gastr* {+VITELLO} Herz n 10 <*solo pl*> (*nei giochi di carte*) Herz n • **scartare cuori**, Herz ablegen/abwerfen B <INV> loc agg 1 **a ~**, {BISCOTTO} herzförmig 2 *fig* (*sentimentale*): **di ~**, {PROBLEMI} Liebes-; {AFFARI} anche Herzens- • **mi si allarga il ~** *fig* (*provo sollievo*), es wird mir weit ums Herz, mir geht das Herz auf; **andare al ~ di qc** *fig* (*raggiungere l'essenza*), {DEL PROBLEMA} *etw* (*dat*) auf den Grund gehen, zum Kern ˌ*etw* (*gen*)ˌ/[*von etw* (*dat*)] vordringen; **essere due cuori e un'anima** *fig* (*essere molto uniti*), ein Herz und eine Seele sein; **a ~ aperto**, *med* {INTERVENTO, OPERAZIONE} am offenen Herzen; *fig* (*sinceramente*) offenherzig, reinen Herzens; **aprire il proprio ~ a qu** *fig* (*confidarsi*), jdm sein Herz ausschütten/öffnen; **arrivare al ~ di qu** *fig* (*commuoverlo*), jdm zu Herzen gehen; **avere in ~ di fare qc** *fig* (*averne l'intenzione*), vorhaben, etw zu tun; sich (*dat*) in den Kopf setzen, etw zu tun; im Auge haben, etw zu tun; **avere qu nel ~** *fig* (*amarlo*), jdm sein Herz geschenkt haben *poet*; **ha molto a ~ le sue piante**, sein/ihr Herz hängt an seinen/ihren Pflanzen, er/sie hängt sehr an seinen/ihren Pflanzen; **non mi basta/regge il ~** *fig* (*non ne ho il coraggio*), ich habe nicht das Herz, etw zu tun; **far battere (forte) il ~ a qu** *fig* (*emozionare*), jds Herz höher schlagen lassen; (*farlo innamorare*) jdn für sich entflammen, jdm den Kopf verdrehen *fam*, jds Herz heftiger schlagen lassen; **avere buon ~** *fig* (*essere buono*), ein gutes Herz haben; **di buon ~** (*generoso*), gutherzig; **due cuori ed una capanna** *fig* (*rif. ad amore sincero*), Raum ist in der kleinsten Hütte (für ein glücklich liebend Paar); **fare qc col ~** *fig* (*con sentimento*), etw mit ganzem Herzen tun; ~ **di coniglio** *fig* (*rif. a chi è pauroso*), Angsthase m, Hasenfuß m, Hasenherz n *obs*; **cuor contento** *fam* (*chi è spensierato*), Sonnenkind n *fam*; **dare/donare il ~ a qu** *fig* (*dargli il proprio amore*), jdm sein Herz schenken; **di (tutto) ~** *fig* (*con grande partecipazione*), {RINGRAZIARE} von (ganzem) Herzen; **accettare qc di ~** *fig* (*volentieri*), etw von Herzen gern annehmen; **duro di ~** *fig* (*spietato*), hartherzig; **fare ~ a qu** *fig* (*fargli coraggio*), jdn ermutigen, jdm Mut zusprechen; **farsi/pigliare ~** *fig* (*farsi coraggio*), sich (*dat*) ein Herz fassen, Mut fassen; **avere il ~ di ferro/ghiaccio/marmo/pietra** *fig* (*essere spietato*), ein Herz aus Stein haben; **Sacro Cuore di Gesù** *relig*, Heiliges Herz Jesu; **col ~ in gola** *fig* (*con affanno*), außer Atem; (*con angoscia*), in

Todesangst, voller Angst; **le balzò il ~ in gola** *fig* (*ebbe un soprassalto*), das Herz klopfte ihr bis zum Hals; **avere il ~ gonfio** *fig* (*essere angosciato*), etw auf dem Herzen haben; **ha il ~ gonfio di rabbia/tristezza** *fig* (*è pieno*), er/sie kocht vor Wut *fam*/[ihm/ihr ist das Herz schwer]; **avere un ┌~┐ grande┌┐/[gran ~]** *fig* (*essere generoso*), ein großes Herz haben; **~ infranto** *fig* (*che soffre*), gebrochenes Herz; **avere il ~ sulle labbra** *fig* (*essere sincero*), das Herz auf der Zunge haben; **ci ho lasciato il ~** *fig* (*rif. a oggetto molto desiderato*), ich habe mein Herz daran gehängt; **leggere nel ~ a qu** *fig* (*riuscire a prevedere le sue reazioni*), jdn durchschauen, in jds Herzen lesen; **a cuor leggero** *fig* (*senza pensarci troppo*), leichten Herzens; **~ di leone** *fig* (*rif. a chi è coraggioso*), Löwenherz n; **avere il ~ libero** *fig* (*non essere innamorato*), ungebunden sein; **~ di macigno** *fig* (*spietato*), ein Herz aus Stein; **mangiarsi/rodersi il ~** *fig* (*farsi consumare dalla rabbia*), sich schwarzärgern; **parlare col ~ in mano** *fig* (*sinceramente*), offen reden, sich vor jemandem keine Mördergrube machen; **~ di mare** *zoo*, Herzmuschel f; **~ di Maria** *bot*, Tränendes Herz; **Sacro Cuore di Maria** *relig*, heiliges Herz Mariae; **~ mio!** *fig* (*amore mio!*), mein Herz!, mein Liebling!; **avere un ~ d'oro** *fig* (*essere generoso*), das Herz auf dem rechten Fleck haben; **mettersi il ~ in pace** *fig* (*rassegnarsi*), sich zufriedengeben, sich abfinden; **perdersi di ~** *fig* (*smarrirsi*), verzagen, den Mut verlieren, nicht mehr ein noch aus wissen; **mi piange il ~** *fig* (*mi dispiace molto*), mir tut das Herz weh, mir blutet das Herz; **di poco ~** *fig* (*vigliacco*), feig, feigherzig *obs*; **prendere/rubare il ~ a qu** *fig* (*conquistarlo*), jds Herzensdieb sein *fam*; **prendersi a ~ qc** *fig* (*dedicarcisi*), sich (dat) etw zu Herzen nehmen; **ragionare col ~** *fig* (*dare ascolto ai sentimenti*), nach dem Herzen handeln, auf seinen Bauch hören *fam*; **ridere ┌di ~┐/[a ~ aperto]** *fig* (*spontaneamente*), herzlich lachen; **a qu sanguina il ~ di ~** (*dispiace*), jdm blutet das Herz; **schiantare/spezzare/strappare/trafiggere il ~ a qu** *fig* (*farlo soffrire*), jdm das Herz brechen; **a qu scoppia il ~ dall'emozione/dalla gioia** *fig* (*qu è molto emozionato/contento*), jdm ┌schlägt das Herz höher┐/[strömt das Herz über] vor Aufregung/Freude; **qu si sente ridere il ~** *fig* (*essere allegro*), jdm lacht das Herz im Leibe; **senza ~** *fig* (*crudele*), herzlos; **sgorgare/uscire/venire dal ~** *fig* (*essere sincero*), {PAROLE} vom Herzen kommen; **~ solitario** *fig* (*rif. a chi è solo*), einsames Herz; **struggersi il ~** *fig* (*soffrire per amore*), sich in Liebe zu jdm verzehren *forb*; **in ~ suo** (*dentro di sé*), in seinem/ihrem Herzen/Innern; **stare a ~ a qu** *fig* (*importare*), jdm am Herzen liegen; **mi si stringe il ~** *fig* (*soffro*), mir blutet das Herz, mir tut das Herz weh; **avere il ~ in tempesta** *fig* (*essere in agitazione*), Herzklopfen haben, seiner Sinne kaum mehr mächtig sein; **~ di tigre** *fig* (*persona molto crudele*), grausamer/herzloser Mensch; **toccare il ~ di qu** *fig* (*commuoverlo*), jds Herz rühren; **con tutto il ~** (*con grande partecipazione*), {AUGURARE QC} von ganzem Herzen; **è un augurio che viene dal ~** *fig* (*dal profondo*), das ist ein Glückwunsch, der vom Herzen kommt; **al ~ non si comanda** *prov*, wo die Liebe hinfällt ... *prov*; Liebe(n) geht nicht auf Kommando/Knopfdruck; **~ contento il ciel l'aiuta** *prov*, dem Glücklichen schlägt keine Stunde *prov*.

cuorifórme *agg* (*a forma di cuore*) {FOGLIA} herzförmig.

cupé → **coupé**.

cupézza f **1** (*profondità*) {+ACQUE DEL LAGO} Tiefe f **2** (*scurezza*) {+COLORE} Dunkelheit f,

Tiefe f, Sattheit f **3** (*tetraggine*) {+ANTRO, GALLERIA} Dunkelheit f, Düsterkeit f, Finsternis f **4** (*bassezza*) {+SUONO} Dumpfheit f **5** *fig* (*tristezza*) {+SGUARDO} Düsterkeit f.

cupidìgia f **1** (*brama*) **~ (di qc)** {DI ONORI, DI RICCHEZZE} Gier f *nach etw* (dat), Begierde f *nach etw* (dat), Sucht f *nach etw* (dat) **2** (*concupiscenza*) Begierde f, Verlangen n, Begehren n *forb*: **guardare una donna con ~**, eine Frau begierig ansehen.

cùpido① m **1** *mitol*: **Cupido**, Amor m **2** (*raffigurazione*) Amorette f.

cùpido②, (-a) *agg* **1** *lett* (*desideroso*) **~ (di qc)** {DI CONOSCENZA} gierig *nach etw* (dat), süchtig *nach etw* (dat): **~ di denaro**, geldgierig **2** *lett* (*concupiscente*) {OCCHIATA} begehrlich *forb*, begierig.

cùpio dissòlvi <-> *loc sost m lat* **1** (*desiderio di autodistruzione*) Todestrieb m **2** (*aspirazione mistica*) mystische Selbstaufgabe.

cùpo, (-a) *agg* **1** (*profondo*) {ACQUA} tief **2** (*scuro*) {COLORE} dunkel, tief, satt **3** (*tetro*) {FORESTA, GIORNATA, NOTTE} düster, finster **4** (*basso*) {VOCE} tief; {BRONTOLIO} dumpf, dunkel **5** *fig* (*triste*) {SGUARDO, VOLTO} düster, finster, verschlossen **6** *fig* (*intenso*) {SOFFERENZA} tief.

cùpola f **1** *arch* Kuppel f, Wölbung f: **~ a bulbo**, Zwiebelkuppel f {+OSSERVATORIO ASTRONOMICO} Kuppel f, Gewölbe n **2** (*sommità*) {+CAPPELLO} Wölbung f **3** (*copertura*) Überzug m, Überguss m: **~ di panna della torta**, Sahneüberzug m vom Kuchen **4** *bot* Fruchtbecher m, Cupula f *scient* **5** *geol* Kuppe f • **la ~** (*vertice della mafia*), die Kuppel.

cupolóne <*accr di cupola*> m (*grosse*) Kuppel, (*große*) Wölbung • **il Cupolone** *fam* (*S. Pietro a Roma*), die Kuppel vom Petersdom; *fam* (*S. Maria del Fiore a Firenze*), die Kuppel von Santa Maria del Fiore in Florenz.

cùpreo, (-a) *agg lett* **1** (*di rame*) {VASO} kupfern, Kupfer- **2** (*che ha il colore del rame*) kupferfarbig, kupferrot.

cùprico, (-a) *agg* <-ci, -che> *agg scient* **1** (*di rame*) kupfern, Kupfer- **2** (*contenente rame*) {ROCCIA} kupferhaltig.

cùra A f **1** (*il badare*) **~ di qu** {+FIGLI} Sorge f *für jdn*, **~ della casa**, der Haushalt, die Hausarbeit(en) **2** (*accuratezza*) Sorgfalt f: **conservare con ~ qc**, etw sorgfältig aufbewahren; **la ~ del dettaglio**, das Achten aufs Detail; **il ricamo è stato eseguito con (molta) ~**, die Stickerei ist ┌mit (viel) Sorgfalt┐/[(sehr) sorgfältig]/[(sehr) gewissenhaft] ausgeführt worden; **maneggiare qc con (la massima) ~**, etw mit (äußerster) Sorgfalt handhaben **3** (*riguardo*) Aufmerksamkeit f: **avere ~ della propria salute**, auf seine Gesundheit achten **4** (*interesse*) Sorge f, Interesse n: **la tua sola ~ è il guadagno!**, deine einzige Sorge ist, was du verdienst!; dich interessiert nur das (liebe) Geld! **5** (*trattamento*) {RIGENERANTE, TONIFICANTE} Kur f: **~ di bellezza**, Schönheitskur f **6** (*igiene*) {+CORPO, VISO} Pflege f **7** (*amministrazione*) {+BUDGET MENSILE, DITTA} Verwaltung f **8** *lett* (*preoccupazione*) Sorge f **9** *med* Kur f: **~ delle acque**, Trinkkur f (mit Heilwasser); **fare la ~ delle acque**, eine Brunnenkur machen; **~ dimagrante/disintossicante/termale**, Abmagerungs-/Entgiftungs-/Thermalkur f; **fare una ~**, eine Kur machen; **~ ┌del sonno┐/[dell'uva]**, Schlaf-/Traubenkur f; **~ terapia**) Behandlung f; **avere qu in ~**, jdn in Behandlung haben; **cure dentarie**, Zahnbehandlung f; **essere in ~**, bei jdm in Behandlung sein; **cure mediche**, ärztliche Behandlung; **cure ospedaliere**, Pflege f/Behandlung f im Krankenhaus; **prestare le prime cure a un ferito**, einem Verletzten erste Hilfe leisten B *loc prep* **1** *edit*: **a ~ di qu** {+COM-

MENTO, TRADUZIONE} von jdm; (*edito da*) herausgegeben von jdm **2** *arte teat*: **a ~ di qu/qc**, von jdm/etw organisiert, von jdm/etw veranstaltet: **mostra a ~ della regione Lombardia**, von der Lombardei veranstaltete Ausstellung • **abbi ~ di te!** (*cura la salute!*), pass auf dich auf!, mach's gut!; **~ d'anime** *relig*, Seelsorge f; **anziani bisognosi di cure**, pflegebedürftige alte Menschen; **cure colturali** *bot*, Nutzgartenpflege f; **lasciare un bambino alle cure di qu**, ein Kind der Obhut von jdm/+ gen überlassen/anvertrauen; **cure parentali**, elterliche Fürsorge/Zuwendung; **prendersi/avere ~ di qu** (*occuparsi*), sich um jdn kümmern, für jdn sorgen; **prendersi/avere ~ di qc** (*curarsi*), {DEL GIARDINO} sich um etw (acc) kümmern, etw versorgen; {DI UN OGGETTO} auf etw (acc) Acht geben; **è una razza che non richiede particolari cure**, diese Rasse braucht keine besondere Pflege; **sarà nostra ~ sostituire il pezzo difettoso** *form*, wir werden ┌dafür sorgen┐/[uns darum kümmern], dass das fehlerhafte Teil ersetzt wird.

curàbile *agg* (*che si può curare*) {MALATTIA} heilbar.

curabilità <-> f (*l'essere curabile*) {+INFEZIONE} Heilbarkeit f.

curaçao <-> m *franc enol* Curaçao m.

curànte *agg* (*che cura*) {MEDICO} behandelnd.

curapipe <-> m (*strumento*) Pfeifenbesteck n, Pfeifenstopfer m.

curàre A tr **1** (*badare*) **~ qu/qc** {CASA, FIGLIO} sich *um jdn/etw* kümmern, *für jdn/etw* sorgen, *auf jdn/etw* Acht geben, *jdn/etw* hegen; **~ qc** {INTERESSI DI QU} etw wahrnehmen, etw besorgen; {AFFARI} etw verfolgen, etw (dat) nach|gehen; {PIANTE} *auf etw* (acc) aufpassen, etw pflegen **2** (*stare attento a ~ qc*) {ABBIGLIAMENTO, EDUCAZIONE DEL FIGLIO, FORMAZIONE CULTURALE, PARTICOLARE, LA PROPRIA IMMAGINE, QUALITÀ} *auf etw* (acc) achten; {PRONUNCIA, STILE} anche *an etw* (dat) feilen **3** (*fare in modo*) **~ che ...** *congv*, dafür sorgen, dass ... *ind*: **curate che non manchi nulla!**, sorgt dafür, dass nichts fehlt! **4** *arte teat* **~ qc** {MOSTRA, SPETTACOLO} etw veranstalten, der Veranstalter von etw (dat) sein **5** *edit* **~ qc** {EDIZIONE} etw betreuen, etw heraus|geben; {TRADUZIONE} etw betreuen, etw verfolgen **6** *med* (*sottoporre a una cura*) **~ qu/qc** (*con qc*) (+ *compl di modo*) {MEDICO MALATO CON UN FARMACO, BENE UNA MALATTIA} (*mit etw* dat) (*irgendwie*) behandeln, *jdn/etw* (*mit etw* dat) (*irgendwie*) kurieren, *jdn/etw* (*mit etw* dat) (*irgendwie*) pflegen; {FERITA CON LA PENICILLINA} *etw mit etw* (dat) behandeln; {GENGIVA CON UN INTERVENTO, MOLARE} anche etw (mit etw dat) sanieren **7** *relig* **~ qc** für etw (acc) sorgen, etw betreuen: **~ le anime**, Seelsorge betreiben B itr pron (*preoccuparsi*): **curarsi di qc** {DELLE VOCI CHE CIRCOLANO} sich um etw (acc) kümmern, *auf etw* (acc) achten: **curati dei fatti tuoi!**, kümmere dich um deine Angelegenheiten! C rfl **1** (*prendersi cura di sé*): **curarsi** sich pflegen: **curarsi nel vestire**, auf seine Kleidung achten; **se si curasse un po' sarebbe anche carina**, wenn sie ein bisschen gepflegter wäre, wäre sie sogar hübsch **2** *med*: **curarsi** sich behandeln lassen, auf seine Gesundheit achten: **deve curarsi**, er/sie muss sich behandeln lassen; *indir* (*fare delle cure*): **curarsi qc** {IL FEGATO} (*dat*) *etw* behandeln lassen.

curàro m *chim* Kurare n.

curatèla f *dir* (*istituto posto a tutela di chi non ha la piena capacità di agire*) Pflegschaft f: **assumere/esercitare la ~**, die Vormundschaft übernehmen/führen.

curativo, (-a) *agg* (*terapeutico*) {BAGNO,

{PRODOTTO} Arznei-, Pflege-, Heil-, heilkräftig; {SOGGIORNO} Kur-.

curàto m *relig* Pfarrer m, Kurat m, Seelesorger m.

curatóre, (-trice) m (f) **1** *edit* {+ANTOLOGIA, COLLANA, EDIZIONE} Herausgeber(in) m(f) **2** *dir* {+MINORE EMANCIPATO, NASCITURO} Pfleger(in) m(f); {+EREDITÀ GIACENTE} Verwalter(in) m(f) ● ~ **fallimentare** *dir*, Konkursverwalter m, Insolvenzverwalter m.

curculióne m *zoo* Rüsselkäfer m.

cùrcuma f *bot* Gelbwurz f, Kurkuma f.

cùrdo, (-a) A *agg* {POPOLAZIONE, TRADIZIONE} kurdisch B m (f) (*abitante*) Kurde m, (Kurdin f) C m <*solo sing*> (*lingua*) Kurdisch(e) n.

cùria f *relig stor rom* {DIOCESANA, PAPALE, ROMANA, VESCOVILE} Kurie f.

curiàle *agg* **1** *relig* Kurien- **2** *lett* (*aulico*) {STILE} erhaben **3** *anche fig lett* (*nobile*) Hof-, höfisch.

curialésco, (-a) <-schi, -sche> *agg* **1** *relig* Kurien- **2** *spreg* (*pedante*) {DISCORSO} spitzfindig, haarspalterisch.

curie <-> m *fis* (*abbr* Ci) Curie n.

cùrio m *chim* Curium n.

curióne m *stor rom* "geistlicher Vorstand der Kurie".

curióṣa f → **curioso**.

curioṣàggine f *fam* (*curiosità*) Neugier(de) f.

curioṣaménte *avv* **1** (*in modo insolito*) {AGGHINDARSI} seltsam, ungewöhnlich **2** (*stranamente*) seltsamerweise: ~ **si è saputo solo due giorni più tardi**, seltsamerweise hat man erst zwei Tage später davon erfahren.

curioṣàre *itr* (*ficcare il naso*) ~ (+ *compl di luogo*) {TRA LE COSE ALTRUI} (*irgendwo*) (herum|)schnüffeln *fam spreg*, (*irgendwo*) herum|stöbern *fam*: **smettila di** ~ **tra i miei appunti!**, hör auf, in meinen Notizen herumzuschnüffeln! *fam spreg*; ~ **in un negozio di stampe antiche**, in einem Laden mit alten Stichen herumstöbern *fam*; **la gente si affacciò alle finestre a** ~, die Leute blickten neugierig aus den Fenstern.

curioṣità <-> f **1** (*desiderio di sapere*) Neugier(de) f, Wissbegier(de) f, Interesse n: **la** ~ **è madre della scienza**, die Neugierde ist die Mutter der Wissenschaften **2** (*desiderio di conoscere i fatti altrui*) {MALSANA, MORBOSA} Neugier(de) f: **mostrare** ~ **per qc**, neugierig *auf etw* (acc) sein, Neugierde zeigen *für etw* (acc); **per pura** ~, aus reiner Neugierde; **stuzzicare la** ~ **di qu**, jds Neugierde anstacheln; **toglimi una** ~, **chi è quella ragazza?**, ⌊du musst mir unbedingt sagen⌋/[ich brenne darauf zu wissen], wer dieses Mädchen ist; sag mal, wer ist dieses Mädchen eigentlich? **3** (*rarità*) {ANTIQUARIA, LETTERARIA} Kuriosität f, Merkwürdigkeit f.

curióṣo, (-a) A *agg* **1** (*ficcanaso*) neugierig, schaulustig: **è troppo** ~ **per i miei gusti!**, mir ist er zu neugierig! **2** (*bizzarro*) {CAPPELLO, FATTO, ACCESSORIO} kurios, sonderbar, komisch, eigenartig: ~!, (das ist ja) komisch! **3** (*che vuole conoscere*) ~ (*di qc*) {STUDENTE DI LETTERATURA} *auf etw* (acc) neugierig, wissbegierig, *nach etw* (dat) begierig, *auf etw* (acc) gespannt: **sono** ~ **di conoscere il risultato**, ich bin neugierig ⌊auf das Ergebnis⌋/[, das Ergebnis zu erfahren]; **sarei** ~ **di sapere se ce l'ha fatta**, ich würde gern wissen, ob er/sie es geschafft hat B m (f) (*chi è curioso*) Neugierige mf *decl come agg*, Schaulustige mf *decl come agg* C m (*insolito*) Merkwürdige n *decl come agg*, Seltsame n *decl come agg*: **il** ~ **è che, nonostante tutto, non avevo paura**, das Seltsame ist, dass ich trotz allem keine Angst hatte ● ~ **come una bi-**scia/**un gatto** *fig* (*molto curioso*), neugierig wie eine Ziege.

curling <-> m *ingl* (*giochi*) Eisschießen n, Curling n.

curricolàre *agg scuola* (*relativo al curriculum*) Lehrplan-: **programmazione** ~, Lehrplan m, Curriculum n.

currìcolo m **1** → **curriculum** **2** *scuola* Lehrplan m, Curriculum n.

curriculàre → **curricolare**.

currìculum <-, -la pl *lat*> m *lat* (*percorso professionale*, *abbr* CV) {ECCELLENTE} Lebenslauf m: **allegare il proprio** ~, seinen Lebenslauf beilegen.

curriculum vitae → **curriculum**.

curry <-> m *ingl gastr* Curry m o n.

cursóre m **1** *inform* {+COMPUTER} Cursor m, Schreibmarke f **2** *tecnol* {+STRUMENTO DI MISURA} Schieber m, Läufer m **3** *tess* Läufer m, Reiter m.

curtènse *agg stor* {SISTEMA ECONOMICO} Curtis-.

cùrva A f **1** (*tratto di strada*) Kurve f, Biegung f: ~ **a destra/sinistra**, Rechts-/Linkskurve f; **doppia** ~, S-Kurve f, Doppelkurve f; **essere in** ~, in der Kurve sein; ~ **a gomito**, Haarnadelkurve f; ~ **pericolosa**, gefährliche Kurve; **prendere una** ~ **troppo stretta**, eine Kurve zu eng/kurz nehmen; **sorpassare/superare in** ~, in der Kurve überholen; **sbandare in** ~, in der Kurve ins Schleudern geraten; **tagliare una** ~, eine Kurve schneiden; ~ **a U**, U-förmige Kurve **2** (*tratto di fiume*) Biegung f: **poco più giù il fiume fa una** ~, ein wenig weiter unten macht der Fluss eine Biegung **3** (*settore*) {+STADIO} Kurve f: ~ **nord/sud**, Nord-/Südkurve f **4** <*solo pl*> *fig fam* (*rotondità*) {+DONNA} Kurven f pl *fam*, Rundungen f pl: **un vestito aderente accentua le curve**, ein anliegendes Kleid betont die Kurven *fam*; **che curve!**, was für Kurven! *fam*; **essere tutta curve**, aufregende Kurven haben *fam* **5** *fis mat* (*in geometria*) (*linea*) Kurve f: ~ **algebrica/piana**, algebraische/ebene Kurve; ~ **a campana**, Glockenkurve f; ~ **logaritmica**, Logarithmusfunktionskurve f; ~ **settrice**, Kreisbogen m **6** *geog* Linie f: ~ **altimetrica/[di livello]**, Höhenlinie f, Isohypse f, Niveaulinie f; ~ **clinografica**, Isokline f B *loc agg*: **a curve**, {PERCORSO} kurvig, kurvenreich ● ~ **di apprendimento/calibratura/consumo/potenza di un motore** *mecc*, Kalibrier-/Verbrauchs-/Leistungskurve f eines Motors; ~ **caratteristica di annerimento di un'emulsione** *fot*, Schwärzungs-, Dichtekennlinie f einer Emulsion; ~ **cronologica/storica** *stat*, chronologische/historische Kurve; ~ **cumulativa** *stat*, Summenkurve f; ~ **della domanda** *econ*, Nachfrag(e)kurve f; ~ **glicemica** *med*, Blutzuckerkurve f, Glykämiekurve f *scient*; ~ ⌊**d'intonazione**⌋/[**tonale/melodica**] *ling*, Intonationskurve f, Sprachmelodie f; ~ **logistica** *stat*, Pearl-Reed-Kurve f (*beschreibt das Bevölkerungswachstum in Gegenden mit begrenzten Rohstoffen*); ~ **d'oblio** *psic*, Vergessenskurve f; ~ **della pressione** *arch*, Drucklinie f; ~ **dei prezzi** *econ*, Preiskurve f; ~ **di rampa** *arch*, Treppenwindung f; **curve di rotta** *aero*, Flug-, Kurskurve f, Flug-, Kurslinie f; ~ **sinergica** *astr*, synergetische Kurve; ~ **termica** *med*, Temperaturkurve f.

curvàbile *agg* (*pieghevole*) {SBARRA DI METALLO} biegbar, krümmbar.

curvàre A *tr* (*piegare*) ~ *qc* {LAMIERE, TUBI} *etw* biegen; {RAMO, SBARRA} *anche etw* krümmen; {SCHIENA} *etw* beugen, *etw* krümmen B *itr* ~ (+ *compl di luogo*) **1** (*svoltare*) {AUTO A SINISTRA} (*irgendwohin*) (ab-, ein-)biegen **2** (*fare una curva*) {STRADA A DESTRA} (*ir-*gendwohin) ab|biegen C *itr pron* **1** (*diventare curvo*): **curvarsi** {ANZIANO} gebeugt/krumm werden **2** (*piegarsi*) ~ (+ *compl di luogo*) (*per*/[*a causa di*] *qc*) {ASSE NEL CENTRO PER IL PESO DEI PIATTI} sich (*irgendwo*) (*wegen etw* gen) krümmen D *rfl* **1** (*piegarsi*): **curvarsi** (+ *compl di luogo*) {BAMBINO VERSO LA MAMMA, SOTTO IL TAVOLO} sich (*irgendwohin*) beugen **2** *fig* (*sottomettersi*): **curvarsi** (*davanti*) **a** *qc* {+AUTORITÀ} sich *etw* (dat) fügen ● ~ **il capo/la fronte** (*reclinare*), den Kopf/die Stirn beugen; *fig* (*ubbidire*), gehorchen.

curvatùra f **1** (*profilo*) {+ARCO, PISTA, VELODROMO, VOLTA} Rundung f **2** *anche tecnol* (*piegatura*) {+BARRA, LEGNO, TUBO, VETRO} Krümmung f, Krümmen n, Biegung f, Biegen n: ~ **a caldo/freddo**, Warm-/Kaltkrümmung f; ~ **per compressione/imbutitura/laminazione/stiramento**, Kompressions-/Zug-/Walz-/(St)reckkrümmung f **3** *anat* {+ORGANO} Kurvatur f, Krümmung f **4** *anat* {MEDIA, TOTALE +CURVA} Krümmung f ● ~ **della traiettoria verso il basso/l'alto** *aero*, Krümmung f der Flugbahn nach unten/oben; ~ **di una lente** *fis*, Krümmung f einer Linse.

curvilìneo, (-a) A *agg* **1** (*a curva*) {MOTO} krummlinig **2** (*curvo*) {PROFILO} gekrümmt, kurvenförmig **3** *mat* {ASCISSA, ANGOLO} krummlinig B m (*strumento*) Kurvenlineal n.

cùrvo, (-a) *agg* **1** (*arcuato*) ~ (*per*/[*a causa di*]/[*sotto*] *qc*) {ALBERO SOTTO IL PESO DEI FRUTTI, LINEA, TRAIETTORIA} (*wegen etw* gen) gebogen, (*wegen etw* gen) gekrümmt, (*wegen etw* gen) krumm; {LAMIERA} (*wegen etw* gen) verbogen **2** (*ingobbito*) ~ (*per qc*) {SPALLE, UOMO, VECCHIO PER GLI ANNI} (*durch etw* acc) gebeugt **3** (*piegato*) ~ (*per*/[*sotto*] *qc*) {SPALLE} (*unter/von etw* dat) gebeugt, (*vor etw* dat/*wegen etw* gen) krumm; {SCHIENA} (*wegen etw* gen) gebückt: **era** ~ **sui libri da molte ore**, seit vielen Stunden hockte er über den Büchern **4** *mat* {LINEA} krumm.

curvóne m {+TANGENZIALE} Riesenkurve f, weite Kurve.

CUS m *abbr di Centro Universitario Sportivo*: "Sportzentrum n an italienischen Universitäten".

cuscinàta f (*colpo col cuscino*) Schlag m mit einem Kissen: **fare/prendersi a cuscinate**, eine Kissenschlacht machen.

cuscinétto <*dim di cuscino*> A m **1** (*kleines*) Kissen, Kisschen n: ~ **per spilli/timbri**, Stecknadel-/Stempelkissen n **2** *fam* (*strato di adipe*) Fettpölsterchen n **3** *mecc* Lager n: ~ **a boccola/rotolamento**, Achs-/Walzlager n; ~ **a sfere**, Kugellager n B <*inv*> *in funzione di agg fig* (*intermedio*) {STATO, ZONA} Puffer- ● ~ **di capitello** *arch*, Volute f; **fare da** ~ *fig* (*da moderatore*), den Puffer abgeben, der Prellbock sein *fam*; ~ **palmare/plantare** *zoo*, Hand-/Fußballen m; ~ **vibratore** *mecc*, Massagekissen n.

cuscìno m **1** *gener* {+POLTRONA} Kissen n, Polster n A *südt*; {+LETTO} Kopfkissen n: ~ **di crine/lana/lattice/piume**, Rosshaar-/Woll-/Latex-/Federkissen n **2** (*seduta*) {+SEDIA} Kissen n ● ~ **d'aria** *tecnol*, Luftkissen n, Luftpolster n; ~ **di fiori** (*composizione floreale*), Blumengesteck n.

cuscùs <-> m *gastr* Kuskus m, Couscous m.

cùscuta f *bot* Cuscuta f, Seide f, Hexenzwirn m.

cuspidàle *agg* (*a cuspide*) {ELEMENTO} Spitzen-, Giebel-.

cuspidàto, (-a) *agg* **1** (*a cuspide*) {TORRE} spitz, zugespitzt **2** *bot* {FOGLIA} spitzig.

cùspide f **1** (*punta*) {+FRECCIA, LANCIA} Spitze f **2** (*vetta*) {+MONTAGNA} Spitze f **3** *anat* {+CUORE} Segel n; {+MOLARE} Höcker m

4 arch {+FACCIATA} Giebel m **5** astrol Horn n **6** mat Kurvenspitze f.

custòde **A** mf **1** (portinaio) Hausmeister(in) m(f) **2** (sorvegliante) {+SCUOLA} Aufsicht f; {+MUSEO} anche Wärter(in) m(f); {+VILLA} Hausmeister(in) m(f) **3** fig (depositario) {+TRADIZIONE} (Be)wahrer(in) m(f), Hüter(in) m(f) **B** agg lett (che custodisce) {ANGELO} Schutz-.

custòdia f **1** (astuccio) {+VIOLINO} Kasten m; {+OCCHIALI} Etui n, Futteral n; {+DIZIONARIO} Schutzumschlag m, Buchhülle f; {+CINEPRESA} Gehäuse n; {+BORSA} Futter n, Schutzhülle f, Überzug m **2** (il sorvegliare) {+VILLA} (Ob)hut f, Verwahrung f, Aufsicht f **3** anche banca (deposito) Aufbewahrung f, Verwahrung f: **avere/dare qc in ~**, etw in Verwahrung haben/geben; **~ dei bagagli**, Gepäckaufbewahrung f; **dare qc in ~ a qu**, jdm etw zur Aufbewahrung geben; **~ dei titoli**, Wertpapier-, Effektenaufbewahrung f **4** (sorveglianza) Beaufsichtigung, Aufsicht f: **affidare qu alla ~ di qu**, jdn unter jds Aufsicht stellen, jdn jds Beaufsichtigung anvertrauen; **avere in ~ qu**, jdn beaufsichtigen; **essere sotto la ~ di qu**, unter jds Aufsicht stehen; **prendere qu in ~**, jdn in/unter ˌseinen Schutzˌ/[seine Obhut forb] nehmen **5** dir (dovere di controllo) {+COSE} Verwahrung f **6** tecnol Kasten m, Gehäuse n: **~ di cuscinetti a sfere**, Kugellagergehäuse n ● **~ cautelare** dir, Untersuchungshaft f.

custodire <custodisco> **A** tr **1** (proteggere) **~ qc** (+ compl di luogo) {DIAMANTE IN UNA CASSETTA DI SICUREZZA} etw (irgendwo) aufbewahren, etw (irgendwo) verwahren **2** (sorvegliare) **~ qu/qc** {BAMBINO, CASA, MANDRIA} jdn/etw beaufsichtigen, auf jdn/etw auf passen, jdn/etw hüten; {PRIGIONIERO} jdn/etw bewachen **3** (serbare) **~ qc (in qc)** {RICORDO NELLA MEMORIA} etw (in etw dat) (auf)bewahren, etw (in etw dat) verwahren; {SEGRETO NEL PROPRIO CUORE} etw (in etw dat) (be)wahren **4** (assistere) **~ qu** {ANZIANO} jdn pflegen **B** rfl rar (riguardarsi): **custodirsi** sich pflegen, auf seine Gesundheit achten, auf sich aufpassen.

customer care <-> loc sost m ingl (assistenza clienti) Costumer Care m, Kundenbetreuung f.

customizzàre tr (adattare alle esigenze del cliente) **~ qc** etw customisieren, etw kundenfreundlich machen.

cutàneo, (-a) agg med {ARROSSAMENTO, PIEGA} Haut-, kutan scient.

cùte f (pelle) Haut f, Kutis f scient.

cuticola f **1** anat (Ober)häutchen n: **~ delle unghie**, Nagelhaut f **2** bot zoo Kutikula f scient.

cutoff <-, -s pl ingl> m ingl **1** autom Schubabschaltung f **2** TV bewusste/[nicht zufällige] Abschaltung f.

cutréttola f ornit Bach-, Wiesen-, Schafstelze f.

cutter <-> m ingl **1** (taglierino) Cuttermesser n **2** mar Kutter m.

cuvée <-> f franc enol Cuvée f.

CV m **1** abbr di Curriculum Vitae: Lebenslauf **2** abbr di Cavallo Vapore: PS f (abbr di Pferdestärke).

c.v.d. abbr di come volevasi dimostrare: q.e.d. (abbr del lat quod erat demonstrandum, was zu beweisen war).

c.vo abbr di corsivo: kurs. (abbr di kursiv).

cyber- primo elemento ingl inform Cyber-: **cybersex**, Cybersex m.

cybercafé <-> m ingl inform (bar) Cybercafé n.

cybernàuta <-i m, -e f> mf inform Cybernaut(in).

cyberpunk ingl **A** <inv> agg {CORRENTE} Cyberpunk- **B** <-> m (corrente) Cyberpunk-Strömung f **C** <-> mf (seguace) Anhänger(in) m(f) des Cyberpunks.

cybersex <-> m ingl Cybersex m.

cyberspace <-> m ingl inform Cyberspace m.

cyberspàzio m inform (realtà virtuale) Cyberspace m, virtuelle Realität.

cyborg <-> m ingl **1** (protesi) Cyborg-Prothese f (technisches Gerät als Ersatz für Körperorgan) **2** (persona) Cyborg m, kybernetisches Lebewesen.

Cyclette® <-> f franc sport Home-, Heimtrainer m.

czar e deriv → **zar** e deriv.

czàrda → **ciarda**.

czèco → **ceco**.

D, d

D, d ‹› f o rar m (*quarta lettera dell'alfabeto italiano*) D, n d ● **d come Domodossola** (*nella compitazione delle parole*), D wie Dora; → *anche* **A, a**.

d 1 *comm abbr di* (*derrate*) deperibili: verderbliche Ware **2** *fis abbr di* deci-: d (*abbr di* Dezi-) **3** *mat abbr di* diametro: d, D (*abbr di* Durchmesser).

d. *abbr di* destra: r. (*abbr di* rechts).

d' → **di**.

D 1 *abbr del ted* Deutschland (*Germania*): D **2** *abbr di* domenica: So. (*abbr di* Sonntag) **3** *dir abbr di* Decreto: Erlass m **4** *ferr abbr di* Diretto: ≈ E (*abbr di* Eilzug) **5** *fis abbr di* induzione elettrica: elektrische Induktion **6** (*negli scacchi*) *abbr di* Donna: D (*abbr di* Dame).

da ‹dal, dallo, dall', dalla, dai, dagli, dalle› *prep* **1** (*stato in luogo: presso*) da **qu** {DAL LIBRAIO, DAL PARRUCCHIERE} bei *jdm*: **abito da mio zio**, ich wohne bei meinem Onkel; **lavora da un avvocato**, er/sie arbeitet bei einem Anwalt; (*insegne*) **da Gianni**, Da Gianni **2** (*moto da luogo*) **da qc** {DAL TRAM} aus *etw* (dat); {DA UN LATO, DAL MARE, DA SINISTRA, DA SOPRA, DA SOTTO} von *etw* (dat): **sono partito da casa alle tre**, ich bin um drei (Uhr) von zu Hause weggegangen/weggefahren; **vengo da casa**, ich komme von zu Hause/daheim *fam*; **sono appena tornato dalla posta**, ich komme eben von der Post; **dalla strada si sentivano degli schiamazzi**, von der Straße her hörte man Lärm; **da dove arrivi?**, woher kommst du?, von wo kommst du? *fam*; (*con nomi di città, paesi, ecc.*) {DALL'ITALIA, DA ROMA} aus *etw* (dat); **arrivo da Firenze**/{dalla Francia}, ich komme aus Florenz/Frankreich; **da qu** von *jdm*; **arrivo adesso da Luisa** *fam*, ich komme gerade von Luisa *fam*; (*in correlazione*) **da qc a qc** von *etw* (dat) ... nach *etw* (dat), ..., von *etw* (dat) ... bis *etw* (dat) ..., zu *etw* (dat) ...; **saltare da una parte all'altra**, von einer Seite zur anderen springen; **leggere un giornale dall'inizio alla fine**, eine Zeitung ⌊von Anfang bis Ende lesen⌋/[ganz durchlesen]; **trasferirsi da Monaco a Stoccarda**, von München nach Stuttgart ziehen; **da Milano a Torino ci vogliono due ore circa**, von Mailand nach Turin braucht man ungefähr zwei Stunden; **contare da uno a cento**, von eins bis hundert zählen **3** (*moto a luogo*) **da qu** {DAL MACELLAIO, DAL MEDICO, DAL SARTO} zu *jdm*: **andare da un amico**, zu einem Freund gehen; **andare dalla polizia**, zur Polizei gehen; **verrò da te al più presto**, ich komme so bald wie möglich zu dir **4** (*moto attraverso luogo*) **da qc** durch *etw* (acc), über *etw* (acc): **entrare dalla finestra**, durchs Fenster einsteigen; **l'armadio non passa dalla porta**, der Schrank passt nicht durch die Tür; **è meglio che passiamo dal cortile**, wir gehen besser durch den Hof; **il treno non passa da Fran-**

coforte, der Zug fährt nicht über Frankfurt **5** (*tempo*) **da qc** {DA MOLTI ANNI, DA DIVERSI GIORNI} seit *etw* (dat): **da molto/poco**, seit langer/kurzer Zeit, seit langem/kurzem; **aspetto ormai da mesi**, ich warte nun schon seit Monaten; (*a partire da*) {DALL'INFANZIA, DAI TEMPI DELLA SCUOLA} seit *etw* (dat), von *etw* (dat) an; **da allora**, seitdem, seit damals, seither, von dem Zeitpunkt an; **dovette lavorare dall'adolescenza**, er/sie musste von Jugend an arbeiten; (*nel futuro*) {DA DOMANI} von *etw* (dat) an; **ab** *fam*, von *etw* (dat); **dalla prossima settimana**, ab nächster Woche; (*in correlazione*) **da qc a qc** {DA GENNAIO A MARZO, DA NATALE A PASQUA, DALLE OTTO ALLE DIECI} von *etw* (dat) ... bis *etw* (dat) ... **6** (*fine, scopo: si traduce spesso con una parola composta*): **abito da sera**, Abendkleid n; **auto da corsa**, Rennwagen m, Rennauto n; **cane da caccia**, Jagdhund m; **occhiali da sole**, Sonnenbrille f; **macchina da scrivere**, Schreibmaschine f **7** (*stima, prezzo, valore*) **da qc** zu *etw* (dat), im Wert von *etw* (dat): **un affare da 200 000 euro**, ein Geschäft über 200 000 Euro, ein 200 000 Euro-Geschäft; **una banconota da 100 euro**, ein Hunderteuroschein m; **una cosa da poco**, eine Kleinigkeit/Belanglosigkeit/Lappalie f; **ce ne sono di tutti i prezzi, da 10 euro in su**, hiervon gibt es in allen Preisklassen, von 10 Euro aufwärts; **gonne da 20 euro**, Röcke zu 20 Euro; **i manifestanti sono da 1000 a 1100**, die Zahl der Demonstranten liegt zwischen 1000 und 1100, es sind zwischen 1000 und 1100 Demonstranten **8** (*agente, causa efficiente, in proposizioni passive*) **da qu/qc** von *jdm/etw*: **i ladri sono stati visti dai vicini**, die Diebe wurden von den Nachbarn gesehen; **la truffa è stata scoperta dal capufficio**, der Betrug ist vom Abteilungsleiter entdeckt worden; **le case sono state danneggiate dal terremoto**, die Häuser wurden durch das Erdbeben beschädigt; (*anche mezzo*) von *jdm/etw*, durch *jdn/etw*: **l'incidente fu causato da un veicolo che viaggiava sulla corsia opposta**, der Unfall wurde durch ein entgegenkommendes Fahrzeug verursacht, Unfallursache war ein entgegenkommendes Fahrzeug **9** (*modo, maniera*) **da qu/qc** wie *jd/etw*: **comportarsi da amico**, sich ⌊wie ein Freund⌋/[freundschaftlich] verhalten; **è morto da eroe**, den Heldentod sterben (*spesso si traduce con un agg o un avv*) **non è da lui**, das ist nicht seine Art; **fare qc da solo**, etw (ganz) allein machen; **un'azione da imbroglione**, eine betrügerische Tat; **parole da stupido**, dummes Gerede *spreg*/Geschwätz *spreg*; **travestirsi da zingara**, sich als Zigeunerin verkleiden; **vivere da signore**, wie ein (reicher) Herr leben **10** (*predicativo*) **da qu/qc** als *jd/etw*: **fare da madre a qu**, wie eine Mutter ⌊zu jdm sein⌋/[für jdn

sein/sorgen], bei/an jdm Mutterstelle vertreten **11** (*età*) **da qu/qc** als *jd/etw*: (*fin*) **da bambino/piccolo**, (schon) ⌊als Kind⌋/[von klein auf]; **da grande farò il medico**, wenn ich groß sein werde, will ich Arzt werden; **morire da vecchi**, in hohem Alter sterben; (*in correlazione: tra*) **da ... a ...** zwischen *etw* (dat) ... und *etw* (dat) ...; **un uomo dai trenta ai quarant'anni**, ein Mann zwischen dreißig und vierzig Jahren **12** (*origine o provenienza*) **da qc** aus *etw* (dat): **apprendere qc dalla televisione**, etw aus dem Fernsehen erfahren; **discendere da famiglia nobile**, adliger Abstammung sein, aus einer adligen Familie stammen; **tradurre dall'italiano**, aus dem Italienischen übersetzen; **dai ghiacciai possono nascere dei fiumi**, aus Gletschern können Flüsse entstehen, Gletschern können Flüsse entspringen; **da qu** von *jdm*; **ricevere un regalo da un'amica**, von einer Freundin ein Geschenk bekommen; (*nei nomi propri*) Leonardo da Vinci, Leonardo Da Vinci; hl. Franz von Assisi **13** (*separazione o allontanamento*) **da qu** von *etw* (dat), aus *etw* (dat): **togliere un chiodo dal muro**, einen Nagel ⌊aus der Wand ziehen⌋/[von der Wand entfernen]; **guarire qu da una malattia**, jdn von einer Krankheit heilen; **separarsi da qu/qc**, sich von jdm/etw trennen; **rilasciare qu dal carcere**, jdn aus dem Gefängnis entlassen **14** (*distanza*) **da qu/qc** von *jdm/etw*: **essere lontano da qu/qc**, {DAI GENITORI, DA PERSONE CARE, DALLA PATRIA} weit weg von *jdm/etw* sein, fern ⌊von *jdm/etw*⌋/[+ *gen forb*] sein; **essere lontano da casa**, weit weg von zu Hause sein; **essere lontano dalla meta**, weit vom Ziel entfernt sein; **essere a cento metri dal traguardo**, hundert Meter vor dem Ziel sein, noch hundert Meter bis zum Ziel haben *fam*; **siamo lontani dal pensare una cosa del genere**, es liegt uns fern, Derartiges zu denken; solch ein Gedanke liegt uns fern **15** (*causa*) **da qc** vor *etw* (dat): **tremare dalla paura**, vor Angst zittern; **ha pianto dalla gioia**, er/sie hat ⌊vor Freude⌋/[Freudentränen] geweint **16** (*qualità*) **da qc** mit *etw* (dat): **un ragazzo dai capelli neri**, ein Junge mit schwarzen Haaren, ein schwarzhaariger Junge; **una donna dalla volontà di ferro**, eine Frau mit eisernem Willen **17** (*limitazione*) **da qc** auf *etw* (dat): **cieco da un occhio**, auf einem Auge blind; **sordo da un orecchio**, auf einem Ohr taub **18** (*mezzo*) **da qc** an *etw* (dat): **riconoscere qu dal passo**, jdn am Gang erkennen; **giudicare qu dal comportamento/dalle azioni**, jdn nach ⌊seinem Verhalten⌋/[seiner Handlungsweise] beurteilen **19** (*seguita da un inf, introduce proposizioni consecutive e finali*): **sono così stanco da non poter stare in piedi**, ich bin so müde, dass ich mich kaum mehr auf den Beinen halten kann **20** (*con significato passivo*): **è da ammirare**, man kann ihn/sie wirklich nur bewundern, er/sie ist bewundernswert; **un giorno da ricordare**, ein denkwürdiger Tag; **ho un'automobile da vendere**, ich habe ein Auto zu verkaufen.

dà 3ᵃ *pers sing dell'ind pres di dare*①.

D/A *abbr di* documento contro accettazione: Dokument n gegen Akzept.

dabbàsso *avv* **1** (*stato in luogo*) {ESSERE} unten: **ti aspetto ~**, ich warte unten auf dich **2** (*moto a luogo: allontanamento*) {ANDARE} hinunter, nach unten: **scendere ~**, hinuntergehen, nach unten gehen **3** (*moto a luogo: avvicinamento*) {VENIRE} herunter.

dabbenàggine *f* (*ingenuità*) Einfältigkeit f, Naivität f, Leichtgläubigkeit f: **essere di una ~ incredibile**, unglaublich naiv sein.

dabbène <*inv*> *agg* (*onesto*) {PERSONA} rechtschaffen, anständig, redlich *forb*.

daccàpo A *avv* (*dall'inizio*) von vorn, von Anfang an: **dover ricominciare ~**, {IMPRENDITORE} noch einmal von vorn anfangen müssen; **ricominciare ~**, {LAMENTELE, STORIA} (schon) wieder von vorn losgehen *fam*; **siamo di nuovo ~!** (*alle solite*), geht das schon wieder los?!; da haben wir's wieder!; jetzt können wir wieder von vorne anfangen! B *m mus* Dacapo n ● **andare ~** (*iniziare una riga nuova*), einen neuen Absatz anfangen, einen Absatz machen.

dacché *cong* **~ ... ind 1** (*da quando*) seitdem: **~ è tornato ci siamo visti due volte**, seitdem er zurückgekehrt ist, haben wir uns zweimal gesehen **2** *lett* (*poiché*) da: **~ lo vuoi, ci andrò**, da du es willst, werde ich hingehen.

dàcci 2ᵃ *pers sing dell'imperat pres di dare con pron pers ci*.

dàcia <*dacie o dace*> *f* (*villa*) Datscha f, Datsche f.

dacriocisti <-> *m anat* Tränensack m.

Dàcron® <-> *m chim* Dacron®.

dada *arte lett* A <*inv*> *agg* {MOVIMENTO, PITTURA} dadaistisch, Dada-: **arte ~**, dadaistische Kunst B <-> *m* (*dadaismo*) Dadaismus m C <-> *m* (*f*) Dadaist(in) m(f).

dadaìsmo *m arte lett* Dadaismus m.

dadaìsta <-*i m, -e f*> *arte lett* A *agg* dadaistisch B *m* (*f*) Anhänger(in) m(f) des Dadaismus.

dadìno <*dim di dado*> *m* **1** kleiner Würfel **2** *gastr* {+PANE, SPECK, VERDURE} Würfel m: **dadini di prosciutto**, Schinkenwürfel m pl; **tagliare qc a dadini**, etw in kleine Würfel schneiden.

dàdo *m* **1** (*per giocare*) Würfel m: **giocare a(i) dadi**, Würfel spielen, würfeln; **tirare i dadi**, würfeln **2** *fig* (*cubetto*) Würfel m: **a forma di ~**, würfelförmig; **tessuto a dadi** (*a quadretti*), Stoff mit Schachbrettmuster, karierter Stoff; **tagliare qc a dadi**, {CARNE, PANE} etw in Würfel schneiden **3** *arch* würfelförmiger Steinblock **4** *gastr* (*per il brodo*) Brüh-, Suppenwürfel m **5** *mecc* (*Schrauben*)mutter f: **~ del bullone**, Bolzenmutter f ● **gettare il ~** *fig* (*tentare la sorte*), sein Schicksal herausfordern; **giocarsi qc ai dadi** *fig* (*mettere in gioco*), etw aufs Spiel setzen; **il ~ è tratto** *fig* (*la decisione è stata presa*), ⌊der Würfel ist⌋/⌊die Würfel sind⌋ gefallen.

da fàrsi <-> *loc sost m* (*ciò che occorre fare*) "was zu tun ist": **sono incerto sul da farsi**, ich bin unsicher, was zu tun ist.

daffàre <-> *m* (*intensa attività*) Mühe f, Heiden-, Mordsarbeit f *fam*: **avere un gran ~**, viel ⌊zu tun⌋/⌊Arbeit⌋ haben; **tra università e lavoro ha il suo bel ~**, mit der Uni und der Arbeit hat er/sie reichlich/[mehr als genug] zu tun, die Uni und die Arbeit nehmen ihn/sie voll in Anspruch; **con quattro bambini ha il suo bel ~**, mit vier Kindern ist sie voll ausgelastet, ihre vier Kinder nehmen sie voll in Anspruch; **il ~ non gli manca**, an Arbeit fehlt es ihm (absolut) nicht *fam*, er hat genug zu tun; **darsi un gran ~**, sich (dat) große Mühe geben, sich voll einsetzen *fam*, sich reinhängen *fam*.

dàfne *f bot* Daphne.

Dàfne *f* (*nome proprio*) Daphne.

dag *metrol abbr di* decagrammo: dag., Deka A, dkg A (*abbr di* Dekagramm).

dàga <*daghe*> *f* (*spada corta e larga*) "kurzes (breites) Schwert": **~ tedesca**, Sachs m.

dagherrotipìa *f fot* Daguerreotypie f.

dagherròtipo *m fot* Daguerreotyp n.

dàgli① *prep da con art gli*.

dàgli② *inter* **1** (*di incitamento*) gib's ihm! *fam*: **~ al ladro!**, haltet den Dieb! **2** (*di impazienza*): **e ~!**, o nein, nicht schon wieder!; **e ~ con le solite lamentele!**, (nicht) schon wieder ⌊das ewige⌋/[dieses] Gejammer(e)! *fam spreg* ● **~ oggi, ~ domani, alla fine lo convinse a partire con lei** (*continuando a insistere*), er/sie hat ihn so lange bearbeitet *fam*, bis er schließlich (mit ihr) mitgefahren ist; **~ e ridagli** *fam* (*prova e riprova*), nach langem Hin und Her.

dài① *prep da con art i*.

dài② *inter* **1** (*di incoraggiamento*) los! auf!, vorwärts!, komm!: **dai, che ce la fai!**, los/komm, du schaffst das schon! **2** (*di esortazione*): **dai, smettila!**, los, hör auf damit!; he, lass das jetzt (sein)! **3** (*di impazienza*): **e dai!**, auf jetzt!; nun mach schon/endlich!

dàino *m* **1** *zoo* Damhirsch m: **~ femmina**, Damkuh f **2** (*pelle*) Damhirschleder n.

daiquiri <-> *m spagn ingl* (*cocktail*) Daiquiri m.

dal① *prep da con art il*.

dal② *metrol abbr di* decalitro: dal., dkl A (*abbr di* Dekaliter).

dalai-làma <-> *m relig* Dalai-Lama m.

dàlia *f bot* Dahlie f.

dall' *prep da con art l'*.

dàlla *prep da con art la*①.

dàlle *prep da con art le*.

dàllo *prep da con art lo*.

dàlmata <-*i m, -e f*> A *agg* (*della Dalmazia*) dalmatinisch, dalmatisch B *m* (*f*) (*abitante*) Dalmatiner(in) m(f), Dalmatier(in) m(f) C *m* (*cane*) Dalmatiner m.

Dalmàzia *f geog* Dalmatien n.

dàlton <-> *m chim* Dalton n.

daltònico, (-a) <-*ci, -che*> *med* A *agg* farbenblind B *m* (*f*) Farbenblinde mf decl come agg.

daltonìsmo *m med* Farbenblindheit f, Daltonismus m *scient*.

d'altrónde *loc avv* im Übrigen, übrigens: **d'altronde era impossibile prevederlo**, man konnte es im Übrigen unmöglich voraussehen.

dam *metrol abbr di* decametro: dam., dkm A (*abbr di* Dekameter).

dàma① *f* **1** (*donna raffinata*) Dame f: **~ di compagnia**, Gesellschafterin f, Gesellschaftsdame f **2** *stor* (*gentildonna*) Edelfrau f: **~ di corte**, Hofdame f **3** (*nel ballo liscio*) Tanzpartnerin f.

dàma② *f* **1** (*gioco*) Dame f, Damespiel n: **giocare a ~**, Dame spielen **2** (*damiera*) Damebrett n **3** (*pedina doppia*) Dame f: **far ~**, (eine) Dame machen, eine Dame bekommen.

damascàre <*damasco, damaschi*> *tr tess* **~ qc** {PANNO, TESSUTO} etw zu Damast verarbeiten.

damascàto, (-a) *agg tess* aus Damast, damasten *forb*; (*simile al damasco*) damastartig, wie Damast.

damaschinàre *tr* **~ qc** {ARMI, SPADA} etw damaszieren.

damaschinatùra *f* Damaszierung f; (*azione*) anche Damaszieren n.

damaschìno, (-a) *agg* (*di Damasco*) Damaszener m.

damàsco <-*schi*> *m tess* Damast m.

Damàsco *m geog* Damaskus m.

damerìno *m* **1** (*giovane lezioso*) affektierter/gezierter *spreg* junger Mann **2** (*giovane galante*) Galan m *forb* **3** *spreg* (*bellimbusto*) Geck m *spreg*, Stutzer m *obs spreg*, Schnösel m *fam spreg*, Lackaffe m *fam spreg*.

damièra *f* → **damiere**.

damière *m* (*scacchiera*) Damebrett n.

damigèlla *f stor* Edelfräulein n ● **~ (d'onore)** (*della sposa*), Brautjungfer f.

damigiàna *f* **1** (*recipiente*) {+VINO} große Korbflasche, Ballon m **2** (*contenuto*) Korbflasche f.

damméno <*inv*> *agg* **~ (di qu)** weniger wert (als jd): **non essere ~ di qu**, nicht weniger wert sein als jd, jdm in nichts nachstehen.

DAMS *m abbr di* Discipline delle Arti, della Musica, dello Spettacolo: "Hochschule f für darstellende Kunst, Musik und Schauspiel".

dan A <-> *m* (*rumore*) Ding n B *inter* ding.

danàro → **denaro**.

danaróso, (-a) *agg fam* (*ricco*) {PAPÀ, ZIO} vermögend, reich, zahlungskräftig.

dance music <-> *loc sost f ingl* Tanzmusik f, Dancemusic f.

dancing <-> *m ingl* Tanzlokal n, Dancing n.

dandìsmo *m* Dandyismus m *forb*.

dandy <-, *dandies* pl *ingl*> *m ingl* Dandy m.

danése A *agg* dänisch B *mf* (*abitante*) Däne m, Dänin f C *m* <*solo sing*> (*lingua*) Dänisch(e) n.

Danièla *f* (*nome proprio*) Daniela.

Danièle *m* (*nome proprio*) Daniel.

Danimàrca *f geog* Dänemark n.

dannàre A *tr lett anche relig* (*portare alla dannazione*) **~ qu** jdn verdammen; **~ qc** {ANIMA} etw verfluchen B *rfl* **1** *fam* (*affaticarsi*) dannarsi sich ab⌊quälen⌋, sich ab⌊mühen⌋, sich ab⌊plagen⌋: **mi sono dannato per trovargli un lavoro**, ich habe ⌊mir alle erdenkliche Mühe gegeben⌋/[alles Mögliche/Erdenkliche getan], um eine Arbeit für ihn zu finden **2** (*perdere l'anima*): **dannarsi per/[a causa di] qu/qc** {PER I PROPRI PECCATI} wegen jds/etw verdammt werden, wegen jds/etw der Verdammnis anheim⌊fallen⌋ *forb* ● **far ~ qu** *fig fam* (*far disperare*), jdn zur Verzweiflung bringen/treiben.

dannataménte *avv* **1** (*in modo dannato*) verdammt **2** (*esageratamente*) verdammt *fam*: **è ~ caro**, das ist verdammt teuer *fam* **3** (*disgraziatamente*) unglücklicherweise: **poi, ~, è scomparso**, dann ist er unglücklicherweise verschwunden.

dannàto, (-a) A *agg* **1** *relig* verdammt **2** *fam* (*maledetto*) {GIORNO, RITARDO} verdammt *fam spreg*, verflucht *fam spreg*: **nella dannata ipotesi che non si arrivi in tempo ...** (*nella malaugurata ipotesi*), im ungünstigsten Falle, dass wir nicht rechtzeitig ankommen (sollten) ...; angenommen, wir kommen nicht rechtzeitig an ... B *m* (*f*) *relig* Verdammte mf decl come agg ● **lavorare come**

un ~ *fig* (*molto*), wie ein Besessener arbeiten; **soffrire come un** ~ *fig* (*molto*), unendlich leiden, leiden wie ein Tier *fam*, tausend Tode sterben *fam*.

dannazióne Ⓐ f **1** *relig* (*perdizione*) Verdammnis f, Verdammung f: **la ~ etèrna**, die Ewige Verdammnis **2** *fig* (*tormento*) **è la ~ di sua madre**, seine/ihre Mutter hat ihr Kreuz mit ihm/ihr *fam* Ⓑ *inter impr fam* (*di disappunto*) ~!, verflucht/verdammt (noch mal/eins)! *fam*; **~, ho perso l'autobus!**, verflucht noch mal,/ [verdammter Mist], ich habe den Bus verpasst! *fam*.

danneggiaménto m {+OPERA D'ARTE} Beschädigung f.

danneggiàre <*danneggio, danneggi*> Ⓐ tr **1** (*rovinare*) ~ **qc** {LIBRO, MONUMENTO} etw beschädigen; **il terremoto ha danneggiato molti paesi**, das Erdbeben hat in vielen Dörfern große Schäden angerichtet/verursacht; **la gràndine ha pesantemente danneggiato i raccòlti**, der Hagelsturm hat der Ernte große Schäden zugefügt **2** *fig* (*nuocere*) ~ **qu/qc** {ESPERIMENTI NUCLEARI NATURA; FUMO SALUTE; SUPERMERCATI INTERESSI DI QU, PICCOLI COMMERCIANTI} jdm/etw schaden; {CARRIERA} *anche* etw beeinträchtigen; {DIRITTI DI QU} etw verletzen; ~ **la reputazióne/il nóme di qu**, {CONCORRENTE} jds ˌRuf/Renommeeˌ/[Namen] schädigen; {CALUNNIA, EVENTO, SCANDALO} jds ˌRuf/Renommeeˌ/[Namen] schaden Ⓑ *tr pron*: **danneggiàrsi** {AUTOMOBILE, BICICLETTA} beschädigt werden ⦿ rfl (*arrecarsi danno*): **danneggiàrsi** (**con qc**) {CON UNA SCELTA SBAGLIATA} sich (*mit etw dat*) (selbst) schaden.

danneggiàto, (-a) Ⓐ agg {OGGETTO} beschädigt Ⓑ m (f) Geschädigte mf decl come agg.

dànno m **1** *gener* Schaden m: **danni di un'alluvióne**, Überschwemmungsschäden m pl; **(ar)recàre un ~ a qu**, jdm einen Schaden zufügen; **danni causàti dal gèlo/dalla gràndine**, Frost-/Hagelschäden m pl; **fare** ˌ**un ~**ˌ/[**danni**], einen Schaden/Schäden anrichten/verursachen; ~ **grave/incalcolàbile/irreparàbile/rilevànte**, schwerer/unermesslicher/[nicht wiedergutzumachender]/ [beträchtlicher] Schaden; **danni di un incèndio**, Brand-/Feuerschaden m; **lieve ~**, leichter Schaden; **limitàre i danni**, den Schaden begrenzen; **danni** ˌ**causàti dal**ˌ/ [**del**] **maltèmpo**, witterungsbedingte Schäden; **danni materiàli**, Sachschaden m; ~ **moràle**, moralischer Schaden; ~ **parziàle**, Teilschaden m; **recàre ~ all'onóre di qu**, jds Ehre verletzen; **recàre ~ alla reputazióne di qu**, jds Ruf schädigen; **rifàrsi dei danni**, entschädigt werden; **risarcìre i danni a qu**, jdn entschädigen **2** (*risarcimento*) Entschädigung f, Schadensersatz m: **chièdere i danni (a qu/qc)**, Schadensersatz (von jdm/etw) fordern, eine Entschädigung (von jdm/etw) verlangen; **pagàre i danni (a qu)**, (jdm) den Schaden ersetzen, für den Schaden aufkommen **3** (*svantaggio*): ˌ**a ~**ˌ/[**ai danni**] **di qu**, zu jds Schaden/Nachteil, auf jds Kosten; **tutto ciò si volgerà a loro ~**, das wird sich alles zu ihrem Nachteil auswirken **4** (*dolore*) Kummer m, Schlag m *fam* **5** *dir* ~ **patrimoniàle**, Vermögensschaden m; ~ **non patrimoniàle**, Nichtvermögensschaden m ⦿ **avere /e (anche) le beffe, aggiùngere la beffa/le beffe al ~, stàre col ~ e con le beffe, oltre il ~ le beffe**, wer den Schaden hat, braucht für den Spott nicht zu sorgen *prov*.

dannosità <-> f {+INSETTICIDA} Schädlichkeit f.

dannóso, (-a) agg (*nocivo*) {ALCOL, FUMO, STRESS} schädlich: **èssere ~ alla salùte**, der Gesundheit schaden, gesundheitsschädlich sein; ~ (**per qc**) {TEMPERATURE BASSE PER LE PIANTAGIONI} schädlich (*für etw* acc).

dannunziàno, (-a) Ⓐ agg {ARTE, POESIA} D'Annunzios, von D'Annunzio Ⓑ m (f) Anhänger(in) m(f) D'Annunzios.

d'antàn <inv> loc agg *franc* (*di un tempo*) von einst/früher: **la Torino d'antàn**, das Turin von einst/früher; Turin, wie es früher war.

dante càusa <-> loc sost mf *lat dir* Rechtsvorgänger(in) m(f).

dantésco, (-a) <-schi, -sche> agg **1** (*di Dante*) {VITA} dantesk **2** (*simile a Dante*) {VISIONE} dantisch.

dantìsta <-i m, -e f> mf Danteforscher(in) m(f).

dantìstica <-che> f Danteforschung f.

dantologìa f Danteforschung f, Dantologie f.

danubiàno, (-a) agg {PAESAGGIO} Donau-.

Danùbio m *geog* Donau f ⦿ **sul bel ~ blu** (*titolo di un valzer di J. Strauss*), An der schönen blauen Donau.

dànza f **1** *gener* Tanz m: **aprìre le danze**, den Tanz eröffnen; **una ~ del Quattrocènto**, ein Tanz aus dem fünfzehnten Jahrhundert; ~ **della pioggia**, Regentanz m; ~ **guerrièra/macàbra/popolàre**, Kriegs-/Toten-/Volkstanz m; ~ **rituàle/sàcra**, ritueller/kultischer Tanz **2** (*genere*) Tanz m: ~ **clàssica**, klassischer Tanz, Ballett m; ~ **jazz**, Jazztanz m; ~ **modèrna**, Modern Dance m; ~ **del ventre**, Bauchtanz m **3** *fig* (+FIOCCHI DI NEVE) Tanz m **4** *mus* Tanz m: **le danze ungheresi di Brahms**, die Ungarischen Tänze von Brahms ⦿ ~ **delle àpi** *zoo*, Bienensprache f; **menàre la ~** *fig* (*intrigare*), die Fäden spinnen.

danzànte agg {SERATA} Tanz-.

danzàre Ⓐ itr **1** (*muoversi a ritmo di musica*) tanzen **2** *fig* (*agitarsi*) ~ (+ ***compl di luogo***) {OMBRE DELLE FIAMME SULLA PARETE} (*irgendwo*) züngeln, (*irgendwo*) tanzen; ~ **a qu** + ***compl di luogo*** {IDEE IN MENTE} jdm (*irgendwo*) (herumˌ)kreisen, jdm (*irgendwo*) herumˌgehen fam, jdm (*irgendwo*) herumˌ schwirren fam Ⓑ tr ~ **qc** {CHA-CHA-CHA, TANGO, VALZER} etw tanzen.

danzatóre, (-trice) m (f) Tänzer(in) m(f).

Dànzica f *geog* Danzig n.

dappertùtto avv **1** (*stato in luogo*) {ESSERE} überall, allerorts *forb*, allerorten *obs*: **non si può èssere ~** *scherz*, man kann nicht ˌüberall (gleichzeitig) seinˌ/[auf allen Hochzeiten tanzen *fam*] **2** (*moto a luogo*) {ANDARE} überallhin.

dappiù <inv> agg *forb* (*superiore*) mehr wert, besser: **si crede ~**, er/sie ˌhält sich für (et)was Besseresˌ/[kommt sich (*dat*) als (et)was Besseres vor] *fam*; **si crede ~ di qu**, er/sie hält sich für (et)was Besseres als jd *fam*.

dappocàggine f {+IMPIEGATO} Unfähigkeit f.

dappòco <inv> agg **1** (*incapace*) unfähig, untauglich: **è un uòmo ~**, er ist ein Nichtsnutz *obs spreg* **2** (*di poca importanza*) {QUESTIONE} belanglos, unbedeutend.

dapprèsso Ⓐ avv von nahem, aus der Nähe: **seguìre qu ~**, jdm dicht auf den Fersen folgen Ⓑ loc prep *lett*: ~ **a qu/qc**, bei jdm/etw, nah(e) bei jdm/etw, in der Nähe ˌvon jdm/etwˌ/[+gen]; **stàre ~ a qu**, jdm auf den Fersen bleiben.

dapprìma avv im ersten Augenblick/Moment, anfangs.

dapprincìpio avv (*all'inizio*) anfangs, am Anfang.

dardeggiàre <*dardeggio, dardeggi*> Ⓐ tr *forb* **1** (*colpire con frecce*) ~ **qu** {NEMICO} jdn mit Pfeilen beschießen **2** *fig* ~ **qc** (**con qc**) {SOLE PIANURA CON RAGGI INFUOCATI} etw (*mit etw dat*) versengen, etw (*mit etw dat*) verbrennen; ~ **qu** (**con qc**) {CON OCCHI, CON SGUARDI MINACCIOSI} jdn mit etw (*dat*) durchbohren Ⓑ itr *forb* **1** (*colpire*) mit Pfeilen schießen **2** *fig* {OCCHI} blitzen; {SOLE} brennen, stechen.

dàrdo m *forb* **1** (*freccia*) Pfeil m **2** <*di solito al pl*> {+FIAMMA} Spitze f **3** <*di solito al pl*> *fig lett* Pfeil m: **i dardi di Cupido**, Cupidos Pfeile; **i dardi di Giove**, Zeus' Blitze, die Blitze des Zeus; **i dardi del sóle**, die Sonnenstrahlen.

dàre <*irr* do, diedi o detti, dato> Ⓐ tr **1** *gener* ~ **qc a qu** jdm etw geben, jdm etw versetzen: ~ **una mància generósa al camerière**, dem Kellner ein großzügiges Trinkgeld geben; **ti darò il denàro di cui hai bisógno**, ich werde dir das Geld, das du brauchst, schon geben **2** (*allungare*) ~ **qc a qu** {CALCIO, PUGNO, SBERLA} jdm etw geben, jdm etw versetzen: ~ **uno schiaffo a qu**, jdm eine ˌOhrfeige gebenˌ/[knallen] *fam*; **gliele hanno date di sànta ragióne**, sie haben ihn gehörig verprügelt, sie haben ihm eine gehörige Tracht Prügel versetzt *fam* **3** ~ **qc a qu** jdm etw geben: ~ **un pòsto di lavóro a qu**, jdm eine Stelle geben **4** (*offrire*) ~ **qc a qu** jdm etw anˌbieten: **dàmmi una sigarétta, per favóre**, gib mir bitte eine Zigarette **5** (*pòrgere*) ~ **qc a qu** jdm etw, jdm etw hinˌhalten: **gli dièdi il bràccio**, er/sie reichte ihm seinen/ihren Arm; ~ **la mano a qu**, jdm die Hand geben **6** (*assegnare*) ~ **qc a qu/qc** {PREMIO AL MIGLIOR ATTORE, AL MIGLIOR FILM} jdm/etw etw verleihen; ~ **un incàrico a qu**, jdm einen Auftrag erteilen **7** (*infondere*) ~ **qc a qu/qc** {CORAGGIO} jdm/etw etw einˌflößen, jdm/etw etw machen; {SPERANZA} jdm/etw etw machen **8** (*attribuire*) ~ **qc a qc** {TROPPA IMPORTANZA ALLE PAROLE DI QU} etw (*dat*) etw beiˌmessen **9** (*stimare*) ~ **qc a qu** jdn/etw (*irgendwie*) schätzen: **le danno tutti più anni di quelli che ha**, alle schätzen sie älter, als sie (in Wirklichkeit) ist **10** (*dedicare*) ~ **qc a qc** etw für etw (*acc*) geben: **tutto se stésso alla ricérca**, sich ganz der Forschung verschreiben/hingeben **11** (*sacrificare*) ~ **qc a qc** {VITA PER UN IDEALE} etw (*für etw acc*) opfern **12** (*produrre*) ~ **qc** {STRUMENTO SUONO PARTICOLARE} etw erzeugen; {ALBERO MOLTI FRUTTI} etw tragen; {CAMPO CINQUANTA QUINTALI DI GRANO} etw liefern, etw hervorˌbringen; {CAPITALE GUADAGNI, INTERESSI} etw abˌwerfen **13** (*causare*) ~ **qc** {SOSTANZA FEBBRE; VELENO MORTE} etw verursachen; ~ **qc a qu** {DELLE PREOCCUPAZIONI} jdm etw bereiten, jdm etw machen: ~ **un dispiacère a qu**, jdm Kummer machen **14** (*comunicare*) ~ **qc (a qu)** {TELEVISIONE NOTIZIA AI TELESPETTATORI} (jdm) etw mitˌteilen **15** (*infliggere*) ~ **qc a qu** {PENA ALL'IMPUTATO} jdn zu etw (*dat*) verurteilen, jdm etw aufˌerlegen *forb*; {MULTA} jdn mit etw (*dat*) belegen; {PUNIZIONE} etw über jdn verhängen **16** (*fare*) ~ **qc** (ˌ**in onóre di qu**ˌ/[**per qc**]) {FESTA IN ONORE DEL CONSOLE, PER COMPIUTI 50 ANNI} etw (*jdm zu Ehren*/*für jdn/zu etw acc*) veranstalten **17** (*attribuire una qualità negativa a qu*) ~ **qc a qu (di qc** {ACC}) beschuldigen, ˌjdn als etw (*acc*) tituliernˌ/[dello scèmo a qu, jdn als Dummkopf beschimpfen/titulieren, jdn als Dummkopf schimpfen *forb*; **mi ha dato del matto**, er/sie hat gesagt, ich sei verrückt **18** ~ **qc** etw geben: **darèbbe non**

so che cosa per .... *inf*, er/sie würde Gott weiß was dafür geben, ˌum ... *inf*ˌ/[wenn ... *congv*]; darei qualsiasi cosa per ... *inf*, ich gäbe alles in der Welt, ˌum ... *inf*ˌ/[wenn ... *congv*]; in questo lavoro ho dato tutto, bei dieser Arbeit habe ich alles gegeben **19** (*somministrare*) ~ **qc a qu** {ESTREMA UNZIONE A UN MORIBONDO} *jdm etw* geben; {MEDICINA A UN MALATO} *anche* **jdm etw** verabreichen **20** (*prescrivere*) ~ **qc a qu** {MEDICO UN ANTIBIOTICO} *jdm etw* verschreiben **21** (*concedere*) ~ **qc a qu** {UN GIORNO DI PERMESSO ALLA CUOCA} *jdm etw* geben; dammi tempo e troverò una soluzione, lass mir etwas Zeit und ich werde schon eine Lösung finden **22** (*lasciare*) ~ **qc a qu/qc** {LA PRECEDENZA AL TRAM} *jdm/etw etw* lassen **23** (*riconoscere*) ~ **qc a qu/qc** {RAGIONE, TORTO} *jdm/etw etw* geben **24** (*impartire*) ~ **qc** (**a qu/qc**) {ORDINI} (*jdm/etw*) *etw* erteilen: ~ **lezione di tennis**, Tennisunterricht geben **25** (*suggerire*) ~ **qc a qu/qc** {CONSIGLIO} *jdm/etw etw* geben **26** (*mettere*) ~ **qc** (**a qc**) {CERA AI MOBILI} *etw auf etw* (acc) geben, *etw auf etw* (acc) auftragen **27** (*essere in programma*) ~ **qc** (**a qc**) *etw* (in *etw* dat) geben: oggi a teatro danno ..., im Theater ˌkommt heute ...ˌ/[gibt es heute ...ˌ/[wird heute ..., gegeben]; oggi ˌalla TVˌ/[al cinema] danno ..., im Fernsehen/Kino kommt/[gibt es]/[zeigen sie] heute ... **28** *fam* (*pagare*) ~ **qc a qu** *jdm etw* geben: quanto dai all'ora alla baby-sitter?, ˌwas zahlstˌ/[wie viel gibst *fam*] du deiner Babysitterin pro Stunde? **29** *fam* (*regalare*) ~ **qc a qu** *jdm etw* geben: cosa mi dai se non dico nulla alla mamma?, wasˌgibst du mirˌ/[bekomme ich], wenn ich der Mama nichts sage? **30** (*spesso, quando precede un sost, dà origine a una costruzione equivalente al verbo il cui significato è rappresentato dal sost stesso*): ~ ascolto a qu/qc, auf jdn etw hören; ~ fiducia a qu, jdm Vertrauen schenken; ~ un grido, einen Schrei ausstoßen; ~ inizio a qc, mit etw (dat) beginnen; ~ una multa a qu, jdn mit einem Bußgeld/einer Geldstrafe belegen; ~ un nome a qu/qc, jdn/etw benennen, jdm/etw einen Namen geben; ~ una risposta a qu, jdm eine Antwort geben, jdm antworten; ~ sapore a qc, etw (dat) Geschmack verleihen; ~ la vernice a qc, etw streichen, etw lackieren **31** *fig* (*criticare*) ~ addosso/contro a qu jdn kritisieren, über jdn herˌfallen **32** *fam* (*barattare*) ~ dentro qc {MACCHINA VECCHIA, PELLICCIA} *etw* in Zahlung geben **33** *fam* (*far portare con sé*) ~ dietro qc a qu (per qu/qc) {REGALINO ALLA ZIA PER LA NIPOTINA} (*für jdn/etw*) mitˌgeben **34** *fam* (~ a un esterno) ~ fuori qc {DITTA LAVORO} *etw* nach außen vergeben, *etw* rausˌgeben *fam* **35** *fam* (*rendere*) ~ indietro qc (a qu/qc) {ANELLO DI FIDANZAMENTO, DENARO, LIBRO ALL'AMICA} (*jdm/etw*) *etw* zurückˌgeben **36** *fam* (*sbarazzarsi*) ~ via qc {INDUMENTI USATI, VECCHIO COMPUTER} *etw* wegˌgeben *fam*, *etw* herˌgeben *fam* **37** *slang volg* (*avere rapporti sessuali*): darla ˌa quˌ/[via], {DONNA} es mit jdm treiben *fam eufem*, die Beine für jdn breit machen *fam eufem* **38** (*considerare*) ~ qu per disperso, jdn als vermisst melden; ~ qc per scontato, etw als sicher voraussetzen, etw für abgemacht ansehen **39** ~ da fare qc a qu, {INSEGNANTE COMPITI AGLI ALUNNI} *jdm etw* aufgeben; ~ (qc) da mangiare a qu, jdm (etw) zu essen geben; ~ da pensare a qu, {COMPORTAMENTO DI QU} *jdm* zu denken geben B *itr* **1** *fam* (*tendere*) ~ su qc {COLORE SUL ROSSO} in *etw* (acc) gehen, in *etw* (acc) spielen: ~ sul grigio, ins Graue spielen, gräulich sein **2** (*guardare*) ~ su qc {CAMERA, FINESTRA, STANZA SUL CORTILE, SUL MARE; PORTA SUL CORRIDOIO} auf *etw* (acc)

(hinausˌ)gehen **3** (*sboccare*) ~ su qc {VIA SULLA PIAZZA} auf *etw* (dat o acc) münden **4** *fam* (*impegnarsi*) darci dentro/sotto (con qc) {COL LAVORO} sich (in *etw* acc) hineinˌknien/reinˌknien *fam*, sich (hinter *etw* acc) klemmen *fam*, sich an (*etw* acc) (he)ranˌmachen *fam*: dai, dacci dentro che ce la fai!, los, ˌknie dich reinˌ/[mach dich mal ran], du schaffst das schon! *fam* **5** (*prorompere*) ~ in qc {IN ESCANDESCENZE, IN LACRIME} in *etw* (acc) ausˌbrechen **6** (*andare a battere*) ~ con qc in qc {CON LA TESTA NEL MURO} mit *etw* (dat) gegen *etw* (acc) stoßen, mit *etw* (dat) gegen *etw* (acc) knallen *fam* C *rfl* **1** (*dedicarsi*): darsi a qc {ALL'ARTE, ALLA LETTURA, ALLO SPORT, ALLO STUDIO} sich *etw* (dat) widmen, sich *etw* (dat) hinˌgeben, sich *etw* (dat) verschreiben *forb*: darsi ai divertimenti, sich amüsieren, Spaß haben **2** (*abbandonarsi*): darsi a qc {ALL'ALCOL, AL GIOCO} *etw* (dat) verfallen: darsi al bere, trinken *fam*, dem Trunk verfallen **3** (*sottomettersi*): darsi a qu {SOLDATO AL NEMICO} sich *jdm* ergeben **4** (*considerarsi*): darsi per spacciato, sich aufgegeben haben; darsi per vinto, sich geschlagen geben D *rfl* *indir rec*: darsi qc {BACIO} sich (dat) *etw* geben: si sono dati dello scemo, sich sich gegenseitig als Dummköpfe bezeichnet E *itr impers e itr pron* (*avvenire*) si dà il caso che ... *congv*, der Zufall will/wollte es, dass ...; zufällig ist es, dass ... *fam ind*: può darsi che ... *congv*, es mag/kann sein, dass ... *ind* F <-> *m banca* Soll *n*: il ~ e l'avere, das Soll und Haben • darla a bere a qu *fig* (*imbrogliarlo*), jdm einen Bären aufbinden *fam*; ~ a credere/intendere qc a qu (*imbrogliarlo*), jdn *etw* glauben lassen; dagli → dagli²; darsi da fare (per qc) (*impegnarsi*) {PER LA REALIZZAZIONE DI UN PROGETTO} sich (für *etw* acc) einsetzen, sich (in *etw* acc) reinˌhängen *fam*; ~ del Lei/tu a qu, jdn siezen/duzen; darsi del Lei/tu, sich siezen/duzen; darsi malato, sich krankmelden, sich krank stellen; ˌdagli e ridagliˌ/[dai e ridai] *fam* (*prova e riprova*), nach langem Hin und Her; ~ a vedere a qu (*mostrare*), *etw* zeigen; darla vinta a qu, jdm nachgeben.

Dàrio *m* (*nome proprio*) Darius.

dark *ingl* A <inv> *agg* dark B <-> *m* (*f*) Grufti *m slang*.

dark lady <- -, - ladies *pl ingl*> *loc sost* f *ingl* (*donna seducente e senza scrupoli*) Dark Lady *f*, verführerische und skrupellose Frau.

dàrsena *f* Hafenbecken *n*, Schutz-, Winterhafen *m*: ~ naturale, natürlicher Schutzhafen.

darvinìsmo e *deriv* → **darwinismo** e *deriv*.

darwiniàno, (-a) *agg* darwinistisch.

darwinìsmo *m* Darwinismus *m*.

darwinìsta <-*i m*, -*e f*> *mf* Darwinist(in) *m*(*f*).

dàta① *f* **1** (*giorno preciso*) {+ARRIVO} Datum *n*, Zeitpunkt *m*; {+ASSUNZIONE, ESAME, PROCESSO} Termin *m*: non avere alcuna/nessuna ~, {DOCUMENTO, LETTERA} nicht datiert sein, kein Datum aufweisen; il certificato ha/porta/reca *forb* la ~ del 30 maggio 1998, die Bescheinigung ist vom 30. Mai 1998 datiert, das Datum der Bescheinigung ist der 30. Mai 1998 *fam*, die Bescheinigung trägt das Datum des/vom 30. Mai 1998; che ~ era ieri?, welches Datum hatten wir gestern?, was war gestern für ˌein Tagˌ/[einer *fam*]?; ~ di confezionamento, Verpackungsdatum *n*; fissare la ~ di qc (*stabilire*), {DIRETTORE; +APPUNTAMENTO, INCONTRO, RIUNIONE} den Termin/Zeitpunkt für *etw* (acc)/*etw* (gen) festlegen; concordare {LE PARTI} den Termin/Zeitpunkt für *etw* (acc)/*etw* (gen)

vereinbaren; in ~ 3 corrente mese, am Dritten des laufenden Monats; il contratto è stato siglato in ~ 10 luglio 2000, der Vertrag wurde am 10. Juli 2000 unterzeichnet; in ~ di ieri, mit gestrigem Datum; in ~ odierna/[di oggi], unter dem heutigen Datum, mit heutigem Datum; mettere/apporre la ~ a qc, {A UN DOCUMENTO, A UNA LETTERA} *etw* mit dem Datum versehen, *etw* datieren; mettere a una lettera la ~ ˌdi domaniˌ/[del giorno dopo], einen Brief auf morgen/[den folgenden Tag] datieren; ~ di morte, Todestag *m*; ~ di nascita, Geburtsdatum *n*; la ~ delle nozze, der Hochzeitstag; ~ di scadenza, {+PRESENTAZIONE DELLA DOMANDA} Fälligkeitsdatum *n*, Deadline *f*; {+LATTE} Verfallsdatum *n*; ~ del timbro postale, Datum *n* des Poststempels **2** (*momento*) Zeitpunkt *m*: rimandare qc ˌa ~ da destinarsiˌ/[ad altra ~], *etw* auf einen unbestimmten Zeitpunkt verschieben, *etw* auf unbestimmte Zeit vertagen **3** (*tempo*) Datum *n*: di antica/lunga/vecchia ~, älteren Datums; di fresca ~, neueren Datums, neu • ~ di consegna *comm*, Lieferdatum *n*; ~ di emissione banca, {+AZIONI, TITOLI} Ausgabe-/Emissionsdatum *n*; a far ~ da oggi *comm* (*a partire da oggi*), von heute an; a trenta giorni ~ *comm*, innerhalb dreißig Tagen, dreißig Tage nach dato; pagamento a sessanta giorni fine mese ~ fattura, Zahlung am Monatsende innerhalb von sechzig Tagen ab Rechnungsdatum; ~ di pubblicazione *edit*, Erscheinungstermin *m*; ~ storica, Geschichtszahl *f*; *fig scherz*, historisches Datum *scherz*.

dàta② *f* (*nei giochi di carte*) Geben *n*; (*le carte distribuite*) Blatt *n*: aver la ~, geben, das Spiel eröffnen.

dàta③ *m pl ingl inform* Daten *n pl*.

database <-> *m ingl inform* Datenbasis *f*, Datenbank *f*, Database *f*.

datàbile *agg* datierbar: non è ~ con certezza, das ist nicht eindeutig datierbar.

data entry <-> *loc sost m ingl inform* Dateneingabe *f*.

data processing <-> *loc sost m ingl inform* Datenverarbeitung *f*.

datàre A *tr* **1** (*mettere la data*) ~ qc {CERTIFICATO, LETTERA} *etw* datieren, *etw* mit dem Datum versehen **2** (*determinare il periodo*) ~ qc (+ compl di tempo) {FOSSILE, OPERA D'ARTE} *etw* (auf/in *etw* acc) datieren, *etw* zeitlich einˌordnen: ~ un quadro verso la metà del secolo scorso, ein Bild in/auf die Mitte des vorigen Jahrhunderts datieren; ~ una lettera intorno alla fine del 1775, einen Brief um das Ende des Jahres 1775 datieren; è difficile ~ l'inizio/la fine dei combattimenti, es ist schwer, den Beginn/das Ende der Kämpfe zeitlich genau zu bestimmen **3** (*rendere superato*): lo stile aulico data il romanzo, der gehobene Stil macht den Roman zu einem Produkt seiner Zeit; den zeittypischen, gehobenen Stil wirkt der Roman überholt B *itr* **1** (*decorrere*) ~ da qc {DISPOSIZIONE, LEGGE, NORMATIVA} seit *etw* (dat) wirksam/[in Kraft] sein; {AMICIZIA DALL'INFANZIA} seit *etw* (dat) bestehen; un provvedimento che data da due mesi, eine Verordnung, die seit zwei Monaten wirksam/[in Kraft] ist **2** (*risalire*): i reperti datano da molti secoli/anni, die Fundstücke sind jahrhundertealt/[sehr alt] • a ~ da domani/oggi (*a partire*), von morgen/heute an, vom morgigen/heutigen Datum an, ab morgigen/heutigen Datum, ab morgen/heute; la nuova legge verrà introdotta a ~ dal 10 ottobre 1998, das neue Gesetz tritt ab dem 10. Oktober 1998 in Kraft.

datàrio <-*ri*> *m* **1** (*timbro*) Datumsstempel

m **2** {+OROLOGIO} Datumsanzeige f.

datàto, (-a) agg **1** (con data) {LETTERA, MANOSCRITTO} datiert, mit Datum versehen: **non ~**, nicht datiert, undatiert; **un assegno ~ 20 febbraio**, ein auf den 20. Februar datierter Scheck, ein Scheck mit dem Datum vom 20. Februar fam **2** (inattuale) {ARTICOLO DI GIORNALE, EDIZIONE, FILM, ROMANZO} überholt, nicht mehr aktuell.

dataziòne f **1** (il datare) {+OPERA D'ARTE} Datierung f, Altersbestimmung f **2** (data) {CONTESTATA} Datierung f.

dativo m Dativ m, Wemfall m obs: **il sostantivo è al ~**, das Substantiv steht im Dativ.

dàto, (-a) **A** part pass di dare **1** (considerando): **data la situazione**, angesichts/[in Anbetracht] der Lage; **date le circostanze**, unter diesen/[den gegebenen] Umständen; **dati i nostri ottimi rapporti**, ˌim Hinblick auf unsereˌ/[angesichts unserer] hervorragenden Beziehungen **2** mat gegeben: **~ il lato, si calcoli l'area del quadrato**, bei gegebener Seitenlänge ist die Fläche des Quadrats zu berechnen **B** agg **1** (certo) gewiss, bestimmt: **in dati casi**, in bestimmten Fällen; **in un ~ momento**, in/zu einem bestimmten Augenblick; **in date occasioni**, bei/zu bestimmten Gelegenheiten **2** rar (dedito) **~ a qc** etw (dat) ergeben forb: **~ al vizio**, dem Laster ergeben forb, lasterhaft **C** m **1** (elemento di giudizio) Anhaltspunkt m **2** <solo pl> anche inform scient tecnol Daten pl: **dati bibliografici**, bibliografische Angaben f pl; **dati segnaletici**, Personenbeschreibung f; {+LATITANTE} Steckbrief m; **dati statistici**, statistische Daten **D** loc cong **1** (poiché): **~ che … ind, da … ind**; **~ che siete qui, fermatevi a cena!**, wenn ihr schon mal hier seid, bleibt doch zum Abendessen! **2** (ammesso): **~ e non concesso che … congv**, angenommen, dass … ind • **dati anagrafici** m pl/Personenkennzeichen n pl, melderechtliche Daten m pl; **~ di fatto**, Tatsache f, Faktum n forb; **non ci è ~ di sapere come si conclude la vicenda**, es ist uns nicht gegeben zu wissen, wie die Sache ausgegangen ist.

datòre, (-trice) m (f) Geber(in) m (f): **~ di lavoro**, Arbeitgeber m • **~ di un ordine** banca, Aussteller m.

dàttero m bot **1** (frutto) Dattel f **2** (pianta) Dattelpalme f • **~ di mare** zoo, Meerdattel f.

dàttilo m ling Daktylus m.

dattilògrafa f → **dattilografo**.

dattilografàre tr **~ qc** etw Maschine schreiben, etw auf der (Schreib)maschine schreiben, etw tippen fam.

dattilografìa f Maschinenschreiben n.

dattilogràfico, (-a) <-ci, -che> agg (Schreib)maschinen-, Tipp- fam.

dattilògrafo, (-a) m (f) Stenotypist(in) m(f), Tippse f fam spreg.

dattiloscopìa f Daktyloskopie f.

dattiloscritto, (-a) **A** agg {TESTO} maschine(n)geschrieben, getippt fam **B** m maschine(n)geschriebener Text.

dattiloscrìvere <coniug come scrivere> tr (dattilografare) **~ qc** {TESTO} etw tippen, etw Maschine schreiben, etw mit der (Schreib)maschine schreiben.

dattòrno A avv (intorno) umher, herum: **andare/camminare ~**, umher|laufen, herum|laufen, umher|gehen, herum|gehen; (vicino) in der Nähe; **ce l'ho sempre ~**, **er/es ˌist immer in meiner Näheˌ/[liegt mir immer auf der Pelle fam] B** <inv> in funzione di agg umliegend: **nei paesi ~**, in den umliegenden Dörfern/Ländern **C** loc prep **~ a qu/qc 1** (intorno) um jdn herum **2** (vici-

no a) in der Nähe von jdm/etw: **essere/stare ~ a qu**, (dauernd) in jds Nähe sein, jdm auf der Pelle liegen fam • **darsi ~** (darsi da fare), sich bemühen, sich engagieren, sich umtun fam, sich reinhängen fam; **essere ~ a qc**, sich für etw (acc) einsetzen, sich für etw (acc) engagieren, sich an etw (acc) reinhängen fam; **levarsi/togliersi qu ~** (liberarsene), jdn loswerden fam, sich (dat) jdn vom Hals schaffen fam.

datzebào → **dazebao**.

davànti A avv **1** gener vorn, vorne: **una gonna più corta ~**, ein Rock, der vorne kürzer ist; **mettiti lì ~!**, setz/stell dich da vorne hin!; (in macchina, pullman) **salire ~**, vorn(e) einsteigen **2** (di fronte) gegenüber, vor jdm/etw: **avere ~ qu/qc**, jdn/etw vor sich (dat) haben; **l'automobilista si trovò ~ un camion**/[**un gruppo di bambini**], der Autofahrer hatte (plötzlich) einen Lastwagen/[eine Gruppe Kinder] vor sich (dat) haben; **lì c'è la stazione e proprio ~ c'è la fermata del pullman**, dort ist der Bahnhof und direkt davor ist die Bushaltestelle **3** (davanti a sé) vor sich (dat), vor jdm/etw: **hai ancora tutto il mese ~ per pensarci**, du hast noch den ganzen Monat (Zeit) (vor dir), um darüber nachzudenken; **ha ancora tutta la vita ~**, er/sie hat das ganze Leben noch vor sich (dat); **avere molta strada ~**, (noch) einen langen Weg vor sich (dat) haben **B** loc prep **~ a qu/qc 1** (stato in luogo) vor jdm/etw: **mi trovavo ~ alla banca**, ich stand vor der Bank; **avere qu/qc ~ a sé**, jdn/etw vor sich (dat) haben; **fare la fila uno ~ all'altro**, sich in einer Reihe anstellen/aufstellen, Schlange stehen; **l'ha sgridato ~ a tutti**, er/sie hat ihn vor allen anderen ausgeschimpft **2** (moto a luogo) vor jdn/etw: **mi sono seduto ~ allo specchio**, ich habe mich vor den Spiegel gesetzt **C** <inv> agg Vorder-, vordere(r, s): **le file ~**, {+CINEMA, TEATRO} die vorderen Reihen; **la gomma ~**, der Vorderreifen; **le zampe ~**, {+CANE, GATTO} die Vorderpfoten **D** <-> m {+ABITO, AUTOMOBILE, PULLOVER} Vorderteil n; {+CASA} Vorderseite f, Vorderfront f: **le camere sul ~**, die Zimmer nach der Vorderseite; die Zimmer, die nach vorne hinausgehen • **avere ~ qc** (nel proprio futuro), {ANCORA DUE ANNI DI UNIVERSITÀ} etw vor sich (dat) haben; **sedersi/mettersi ~** (al cinema, in macchina, in pullman), sich vorn(e) hinsetzen; (prima di o di fronte a un oggetto), sich davor setzen; **essere seduto ~** (al cinema, in macchina, in pullman), vorn/vorne sitzen; (prima di o di fronte a un oggetto), davor sitzen; **trovarsi ~** (nella parte anteriore), sich vorn(e) befinden; (prima di o di fronte a un oggetto), sich davor befinden.

davantino m Jabot n.

davanzàle m Fensterbank f: **stare al ~**, am Fenster stehen • **avere un bel ~** scherz (un seno prosperoso), viel Holz vor der Hütte haben fam scherz.

davànzo, **d'avànzo** avv loc avv mehr als genug, im Überfluss: **averne ~**, davon ˌmehr als genugˌ/[im Überfluss] haben; **essercene ~**, ˌmehr als genugˌ/[im Überfluss] davon vorhanden/da sein.

da vicino → **vicino**, **davvicino**.

Dàvide m (nome proprio) David.

davvéro A avv **1** wirklich, echt fam; (interrogativo o esclamativo) anche tatsächlich: **mi dispiace ~**, das tut mir wirklich/aufrichtig/echt fam leid; **ma ~?**, tatsächlich?, wirklich?, im Ernst?; **no**, **~**, **non posso!**, nein, ich kann wirklich/echt fam nicht!; nein, ich kann nicht, wirklich/echt fam!; **~**, **non voleva farti arrabbiare**, wirklich, er/sie wollte dich nicht ärgern!; **no ~!**, ganz bestimmt

nicht, sicherlich nicht!; **dici ~?**, meinst du das im Ernst?, ist das dein Ernst?; **ha deciso di mettersi ~ a studiare**, er/sie hat sich entschlossen, ernsthaft/richtig fam zu studieren/lernen; **ha trovato lui la soluzione – Davvero?**, er hat die Lösung gefunden – Im Ernst?, Wirklich?, Echt? fam **2** (molto) wirklich: **la nuova casa è ~ bella!**, das neue Haus ist wirklich schön!; **è ~ fortunato!**, er hat wirklich/ungemeines Glück! **B** loc avv: **per ~**, im Ernst.

davvicino avv lett {GUARDARE} aus der Nähe.

day after <-> loc sost m ingl anche fig Day After m.

day by day ingl **A** <inv> agg {LAVORO} tagtäglich **B** <-> m (nell'organizzazione aziendale) "Gesamtheit f aller täglich anfallenden betrieblichen Tätigkeiten".

day hospital <-, --s pl ingl> loc sost m ingl med Tagesklinik f.

daylight <inv> agg ingl Tageslicht-.

dażebào <-> m cinese Wandzeitung f.

dażiàre <dazio, dazi> tr **~ qc** {MERCE} auf etw (acc) Zoll erheben, etw mit Zoll belegen.

dażiàrio, (-a) <-ri m> agg {UFFICIO} Zoll-.

dażière m Zollbeamte m decl come agg, Zöllner m fam.

dàżio <dazi> m **1** Zoll m: **~ antidumping**, Antidumpingzoll m; **~ doganale**, Grenzzoll m; **~ di esportazione/importazione**, Ausfuhr-/Einfuhrzoll m; **~ fiscale**, Finanzzoll m; **merci esenti da ~**, zollfreie Waren; **~ protettivo**, Schutzzoll m **2** (ufficio) Zollamt n, Zollbehörde f • **fare lo scemo/il tonto per non pagare ~** fig (far finta di non capire), sich dumm stellen, (um keine Schwierigkeiten zu haben) fam.

dB fis abbr di decibel: dB (abbr di Dezibel).

dbl comm abbr dell'ingl double (camera doppia): DZ (abbr di Doppelzimmer).

d.C. abbr di dopo Cristo: n. Chr. (abbr di nach Christus).

DC f polit stor abbr di Democrazia Cristiana: "Christlich-Demokratische Partei (Italiens)".

DDA f amm abbr di Direzione Distrettuale Antimafia: Antimafiabezirksdirektion f.

D-day <-> m ingl **1** stor D-Day m **2** fig Tag X m.

DDK f banca (corona danese): dkr (abbr di dänische Krone).

D.D.L. abbr di Disegno Di Legge: Gesetzentwurf m (der Regierung), Gesetzesvorlage f.

d.d.p. fis abbr di differenza di potenziale: PD (abbr di Potenzialdifferenz).

DDR f polit stor abbr del ted Deutsche Demokratische Republik (Repubblica democratica tedesca): DDR f.

DDT m abbr di Dicloro-Difenil-Tricloroetano: DDT n (abbr di Dichlordiphenyltrichlorethan): **dare il DDT**, DDT spritzen.

de prep (in citazioni di titoli di opere che cominciano con art det: si traduce solitamente con un genitivo): **l'autore de "Gli indifferenti"**, der Autor der "Indifferenti", der Autor des Romans "Gli indifferenti"; **la pubblicazione de "I promessi sposi"**, das Erscheinen der "Promessi sposi", das Erscheinen des Romans "I promessi sposi".

dèa f anche fig Göttin f: **dea dell'amore/della caccia/della pace**, Liebes-/Jagd-/Friedensgöttin f • **la dea bendata** (la fortuna), Fortuna f, Glücksgöttin f.

deadline <-> m ingl (scadenza) Fälligkeitsdatum n, letzter Termin, Deadline f.

dealer <-> mf ingl Borsa Jobber(in) m(f), Dealer(in) m(f).

deambulànte agg gehfähig: **non ~**, (geh)-

behindert; (in pullman, tram): **passeggero non ~**, behinderter Fahrgast.

deambulàre itr lett anche scherz schlendern, lustwandeln forb obs.

deambulatóre m (sostegno per camminare) Gehhilfe f, Gehwagen m, Rollator m.

deambulatòrio, (-a) <-ri m> **A** agg (FUNZIONE) Geh- **B** m arch Umgang m, Rundgang m.

deambulazióne f Gang m, Gehen n.

débâcle <-> m franc (batosta) Debakel n forb, Katastrophe f, Desaster n: **avere una ~**, ein Debakel erleben forb.

debbiàre <debbio, debbi> tr agr ~ **qc** {TERRENO} etw ab|brennen.

dèbbo 1a pers sing del pres di dovere①, ②.

debellàre tr (sconfiggere) ~ **qu/qc** {NEMICO, MORTE} jdn/etw bezwingen, jdn/etw besiegen, jdn/etw überwinden; {MALE, PESTE, VIZIO} anche etw aus|rotten, etw aus der Welt schaffen.

debilitànte agg {EFFETTO} schwächend.

debilitàre **A** tr (indebolire) ~ **qu** {INFLUENZA} jdn schwächen, jdn entkräften **B** itr pron: **debilitarsi** schwach/schwächer werden, eine Schwächung erleiden.

debilitazióne f Entkräftung f, Schwächung f.

debitaménte avv vorschriftsgemäß, ordnungsgemäß: **~ compilato**, vorschriftsgemäß ausgefüllt.

dèbito, (-a) **A** agg 1 (dovuto) {RIGUARDO} notwendig, geboten; {RISPETTO} anche gebührend; {RISERBO} geboten 2 (opportuno) {DISTANZA} angemessen **B** m 1 (somma dovuta) Schuld f; comm Schuld f, Verbindlichkeit f: **avere un ~ di ⌊100 000 euro⌋/⌊100 milioni di euro⌋ con/verso qu**, jdm ⌊2000 Euro⌋/⌊100 Millionen Euro⌋ schulden, ⌊2000 Euro⌋/⌊100 Millionen Euro⌋ schulden bei jdm haben; **estinguere un ~**, eine Schuld tilgen; **fare debiti**, Schulden machen; **~ di gioco**, Spielschuld f; **essere oberato dai debiti**, von seinen Schulden erdrückt werden; **essere pieno di debiti**, einen Haufen Schulden haben fam; **non riuscire a pagare i debiti**, seine Schulden nicht bezahlen können; **segnare un importo a ~**, einen Betrag anschreiben 2 (obbligo morale) Pflicht f, Schuldigkeit f: **~ coniugale**, eheliche Pflichten f pl; **essere in ~ con qu di qc**, jdm etw schuldig sein, in jds Schuld stehen forb; **sentirsi in ~ verso qu**, sich jdm gegenüber verpflichtet fühlen 3 dir (obbligo di eseguire una prestazione di carattere patrimoniale) Schuld f, Verbindlichkeit f 4 <solo pl> relig Schuld f: **rimetti a noi i nostri debiti** obs, und vergib uns unsere Schuld ● ⌊**essere nei debiti fino al collo**⌋/⌊**affogare nei debiti**⌋ fig (essere pieno di debiti), bis zum Hals in Schulden stecken fam; **pagare il proprio ~ (con la società)**, seine Schuld (der Gesellschaft gegenüber) begleichen; **~ pubblico**, Staatsverschuldung f; **avere un ~ di riconoscenza verso qu**, jdm zu Dank verpflichtet sein, jdm gegenüber eine Dankesschuld haben forb.

debitóre, (-trice) **A** agg anche fig ~ (**di qc**) (**a/verso qu**) jdm etw schuldig: **essere ~ di qc a qu**, jdm etw schulden, jdm etw schuldig sein; **ti sono ~ di dieci euro**, ich bin dir zehn Euro schuldig; **mi sei ~ di una risposta**, du bist mir eine Antwort schuldig **B** m (f) 1 anche fig (chi ha un debito) Schuldner(in) m(f); comm anche Debitor m 2 dir Schuldner m; (nel fallimento) ~ **fallimentare**, (Gemein)schuldner m 3 <solo pl> relig Schuldigen m pl: **come noi li rimettiamo ai nostri debitori** obs, wie auch wir vergeben unsern Schuldigern.

debitòrio, (-a) <-ri m> agg 1 (del debito) Schuld(en)- 2 (del debitore) Schuldner-.

debitrice f → **debitore**.

débole **A** agg 1 (debilitato) {FISICO, MALATO} schwach, kraftlos: **avere la vista ~**, schlechte Augen haben, schwachsichtig scient sein; **avere la memoria ~**, ein schwaches Gedächtnis haben, gedächtnisschwach sein; **sentirsi ~**, sich schwach/erschöpft fühlen 2 (tenue) {LEGAME, LUCE, PROTESTA} schwach; {RESISTENZA, SPERANZA} anche gering 3 (fragile) {LATO, UOMO} schwach: **punto ~**, Schwachpunkt m, Schwachstelle f; **~ di carattere**, charakterschwach 4 econ {MERCATO} schwach 5 gramm {CONIUGAZIONE, DECLINAZIONE} schwach 6 med {POLSO} schwach 7 meteo {VENTO} schwach 8 scuola schwach: **essere ~ in una materia scolastica**, in einem Schulfach schwach sein **B** m 1 (debolezza) Schwäche f: **ho il ~ del gioco, il gioco è il mio ~**, ich habe eine Schwäche für das Glücksspiel, das Glücksspiel ist meine Schwäche; **i gialli sono il mio ~**, für Krimis habe ich eine Schwäche; **ho un ~ per Marco**, ich habe eine Schwäche für Marco 2 (lato meno forte) {+ARGOMENTAZIONE, CARATTERE, PERSONA, RAGIONAMENTO} schwacher Punkt, schwache Seite, Schwachpunkt m: **la fisica è il mio ~**, Physik ist mein Schwachpunkt; **conoscere il ~ di qu**, jds schwache Seite kennen; **toccare qu nel suo ~**, jdn an seinem schwachen Punkt treffen **C** mf 1 Schwache mf decl come agg: **i deboli e gli oppressi**, die Schwachen und die Unterdrückten 2 Schwächling m.

debolézza f 1 (spossatezza) körperliche Schwäche, Erschöpfung f: **sentirsi addosso una gran ~**, sich schwach/schlapp fam fühlen 2 (fragilità) {+NATURA UMANA, UOMO, VALUTA} Schwäche f; **~ di carattere**, Charakterschwäche f 3 (punto debole) Schwäche f: **avere molte debolezze**, viele Schwächen haben.

Dèbora f (nome proprio) Debora(h) f.

debordàre itr 1 (traboccare) {FIUME} über|laufen: **l'acqua deborda dal vaso**, die Vase läuft über, das Wasser in der Vase läuft über fam 2 fig (parlare o scrivere più a lungo) {CONDUTTORE TELEVISIVO, INSEGNANTE} überziehen 3 fig (esagerare) {PERSONA} übertreiben.

debosciàto, (-a) **A** agg ausschweifend, zügellos **B** m (f) Wüstling m spreg, zügelloser Mensch.

debraiàta f slang Schalten n mit Zwischengas.

debugging <-> m ingl inform {+PROGRAMMA} Debugging n, Austesten n.

debuttànte **A** agg {ATTORE} debütierend **B** mf Debütant(in) m(f).

debuttàre itr 1 (presentarsi al pubblico) {ARTISTA, ATTORE, BALLERINO, COMPAGNIA TEATRALE} debütieren, erstmals (öffentlich) auftreten: **debuttò a soli 13 anni nel ruolo di Coppelia**, sie hat mit nur 13 Jahren in der Rolle der Coppelia debütiert 2 (essere rappresentato per la prima volta) ~ (+ **compl di luogo**) {L'ENRICO IV, IL WALLENSTEIN A MONACO, A PALERMO} (irgendwo) ⌊zum ersten Mal aufgeführt⌋/⌊uraufgeführt⌋ werden 3 (esordire) beginnen, an|fangen: **~ come qc**, {COME SCRITTORE} als etw beginnen/debütieren; **~ in società**, {RAGAZZA} in die Gesellschaft eingeführt werden.

debùtto m 1 (prima apparizione in pubblico) {ATTORE, BALLERINO, REGISTA} Debüt n, erstes (öffentliches) Auftreten n: **fece il suo ~ nel film "La strada"**, er/sie gab sein/ihr Debüt im Film "La strada" 2 (prima rappresentazione) {+COMMEDIA} Ur-, Erstaufführung f 3 (esordio) Debüt n, Beginn m, Anfang m: **fare il proprio ~ ⌊in società⌋/⌊come medico⌋**, ⌊sein gesellschaftliches Debüt geben⌋/⌊seine Arzttätigkeit beginnen⌋.

dèca <-> m slang stor (biglietto da 10 000 lire) Zehner m fam.

dèca- primo elemento (dieci) deka-, Deka-: **decalitro**, Dekaliter f; **decapode**, Zehnfüßer, Zehnfußkrebs, Dekapode.

dècade f (dieci giorni) Dekade f: **nella seconda ~ di maggio**, in der zweiten Mai-Dekade.

decadènte **A** agg 1 (in declino) {CIVILTÀ, FAMIGLIA, MONARCHIA} im Zerfall begriffen; spreg {ISTITUZIONE} dekadent 2 arte lett {PERIODO, ROMANZO, SCRITTORE} dekadent **B** mf arte lett Anhänger(in) m(f) der Dekadenzkunst/Dekadenzliteratur.

decadentìsmo m arte lett Dekadenzkunst f, Dekadenzliteratur f.

decadentìsta <-i m, -e f> mf arte lett Anhänger(in) m(f) der Dekadenzkunst/Dekadenzliteratur.

decadentìstico, (-a) <-ci, -che> agg arte lett {ARTE, CORRENTE, LETTERATURA} Dekadenz-.

decadènza f 1 (declino) {+IMPERO} Niedergang m, Verfall m, Verfall m Dekadenz f, Verfall m: **una città ormai in ~**, eine nunmehr im Verfall begriffene Stadt; **~ dei costumi**, Sittenverfall m; **~ di una famiglia**, Verfall m/Dekadenz f einer Familie; **~ fisica**, körperlicher Verfall; **~ morale**, moralischer/sittlicher Verfall 2 amm (scadenza) Frist f: **~ dei termini per la consegna di una domanda**, Abgabefrist f einer Bewerbung 3 dir (perdita della possibilità di esercitare un diritto) Verfall m: **~ dal diritto alla garanzia**, Verfall m des Gewährleistungsanspruchs; **termine di ~**, Verfallsfrist f ● **~ da una carica/un ufficio** amm dir, Amtsverlust m; **~ dall'esercizio della podestà dei genitori** dir, Entzug m der elterlichen Sorge.

decadére <coniug come cadere> itr <essere> 1 (degenerare) {CIVILTÀ} zerfallen; {IMPERO} verfallen; {SALUTE} nach|lassen, sich verschlechtern; {TEORIA, VALORI} an Bedeutung verlieren; {USANZA} überholt werden; **~ a qc** {RELIGIONE A SUPERSTIZIONE; RITO A FORMALITÀ} auf etw (acc) sinken 2 amm ab|laufen: **il 6 agosto decadono i termini per la presentazione della domanda**, am 6. August läuft die Abgabefrist für die Bewerbung ab 3 amm dir **~ da qc** {DA UNA CARICA, DA UN UFFICIO} etw verlieren 4 dir **~ da qc** {DA UN DIRITTO} etw durch Verfall verlieren 5 fis zerfallen.

decadiménto m 1 (declino) Verfall m, Dekadenz f: **~ fisico**, körperlicher Verfall; **~ delle lettere**, Niedergang m der Philologie; **~ morale**, moralischer Verfall/Zerfall; **~ dei valori tradizionali**, Zerfall m der traditionellen Werte 2 fis nucl Zerfall m: **~ beta**, Zerfall m der Betateilchen; **~ radioattivo**, radioaktiver Zerfall.

decadùto, (-a) agg {NOBILE} verarmt.

decaèdro m mat (in geometria) Dekaeder n, Zehnflächner m.

decaffeinàre tr ~ **qc** {CAFFÈ, TÈ} etw entkoffeinieren.

decaffeinàto, (-a) **A** agg {CAFFÈ} koffeinfrei **B** m (caffè) koffeinfreier Kaffee.

decaffeinizzàre → **decaffeinare**.

decàgono m mat (in geometria) Dekagon n, Zehneck n.

decagràmmo m metrol (abbr dag) Dekagramm n.

décalage <-> m franc 1 anche fig (sfasatura) Verschiebung f, Abweichung f 2 psic "Abweichung f zwischen geistigem Entwicklungsstand und Alter" **3** *sport* Kurvenvorgabe f.

decalcàre <*decalco, decalchi*> tr ~ **qc** *etw* (ab|-, durch|)pausen.

decalcificàre <*decalcifico, decalcifichi*> *chim med* **A** tr ~ **qc** {ORGANISMO} *etw* (dat) Kalzium entziehen **B** itr pron {ORGANISMO} Kalzium verlieren.

decalcificazióne f **1** *geol* Entkalkung f **2** *med* (*azione*) {+OSSA} Kalkverlust m; (*risultato*) Kalkmangel m.

decalcomanìa f **1** (*procedimento*) (Ab-, Durch|)pausen n **2** (*immagine*) Abziehbild n.

decàlitro m *metrol* (abbr dal) Dekaliter m o n.

decàlogo <*-ghi*> m **1** (*insieme di norme*) {+STUDENTE} Verhaltensregeln f pl, Gebote n pl, Vorschriften f pl **2** *relig* (*le tavole di Mosè*) Dekalog m, die Zehn Gebote n pl.

decàmetro m *metrol* (abbr dam) Dekameter m o n.

decàno m **1** (*più anziano*) {+ASSEMBLEA} Älteste m decl come agg, Doyen m **2** *relig* Dekan m **3** *università* Dekan m.

decantàre[1] tr *lett* ~ **qc** {PREGI, QUALITÀ DI QU} *etw* rühmen, *etw* preisen *forb*, *etw* lobpreisen *poet*; ~ **qu** spreg (*jdm/jdn*) lobhudeln *spreg*.

decantàre[2] **A** tr <*avere*> ~ **qc 1** {LIQUIDO} *etw* dekantieren, *etw* klären **2** *fig* {PASSIONE} *jdn* reinigen, *jdn* läutern *forb* **B** itr <*essere*> **1** {VINO} sich klären; **lasciare ~ qc**, etw absetzen lassen **2** *fig* {SENTIMENTO} sich läutern *forb*, geläutert werden *forb*.

decantazióne f **1** {+VINO} Dekantierung f **2** *fig* Reinigung f, Läuterung f *forb*.

decànter <~> m *enol* Dekanter m.

decapàggio <*-gi*> m *tecnol* Beizen n, Entzundern n, Dekapieren n.

decapàre tr *tecnol* ~ **qc** {METALLO} *etw* (ab|)beizen, *etw* entzundern, *etw* dekapieren.

decapitàre tr **1** (*tagliare il capo*) ~ **qu** *jdn* enthaupten, *jdn* köpfen; ~ **qc** {POLLO} *etw* köpfen; (*dare il taglio di grazia*) *etw* (dat) den Kopf ab|schlagen **2** *fig* (*privare della guida*) ~ **qc** {ORGANIZZAZIONE} das Haupt *etw* (gen) aus|schalten.

decapitazióne f Enthauptung f: **fu condannato alla ~**, er wurde zum Tod(e) durch Enthaupten verurteilt.

decàpode m *zoo* Dekapode m, Zehnfüßer m.

decappottàbile **A** agg {AUTO} mit zurückklappbarem Verdeck **B** f Kabrio(lett) n.

decappottàre tr ~ **qc** das Verdeck *von etw* (dat)/+ gen auf|klappen.

decartellizzazióne f Dekartellisierung f.

decasìllabo *ling* **A** agg {VERSO} zehnsilbig **B** m zehnsilbiger Vers, Zehnsilb(l)er m, Dekasyllabus m.

dècathlon <~> m *sport* Zehnkampf m.

decatizzàre tr ~ **qc** {STOFFA} *etw* dekatieren.

decatlèta <*-i*> m Zehnkämpfer m.

dècatlon → **decathlon**.

decèdere <*irr decedo, decessi o decedetti, deceduto*> itr <*essere*> *forb* versterben, verscheiden *forb*.

decedùto, (-a) *spec amm* **A** agg verstorben, verscheiden **B** m (f) Verstorbene mf decl come agg.

deceleràre **A** tr ~ (**qc**) {VEICOLO} die Geschwindigkeit (*von/bei etw* dat) herab|setzen, das Tempo (*von etw* dat) drosseln **B** itr die Geschwindigkeit herab|setzen, das Tempo drosseln/verlangsamen, mit der Geschwindigkeit herunter|gehen *fam*.

decelerazióne f {+MACCHINA} Verminderung f der Geschwindigkeit, Drosselung f des Tempos.

decemviràto m *stor* Dezemvirat n.

decèmviro m *stor* Dezemvir m.

decennàle **A** agg **1** (*che dura dieci anni*) {CONTRATTO} zehnjährig: **piano ~**, Zehnjahresplan m **2** (*ogni dieci anni*) zehnjährlich: **celebrazione ~**, Zehnjahresfeier f **B** m **1** zehnter Jahrestag: **nel ~ della morte**, an seinem/ihrem zehnten Todestag **2** (*celebrazione*) Zehnjahresfeier f.

decènne agg {BAMBINO} zehnjährig.

decènnio <*-ni*> m Jahrzehnt n, Dezennium n.

decènte agg **1** (*decoroso*) {APPARTAMENTO} annehmbar, anständig, passabel; {VESTITO} schicklich **2** (*adeguato*) {STIPENDIO} anständig, annehmbar.

decentralizzàre → **decentrare**.

decentralizzazióne f → **decentramento**.

decentraménto m {+IMPIANTO, IMPRESA, STABILIMENTO} "Verlegung f (*von etw* dat/+ gen) aus dem Stadtzentrum in die Peripherie"; {+COMPITI} Dezentralisation f, Dezentralisierung f: **~ amministrativo**, Verwaltungsdezentralisation f.

decentràre tr ~ **qc** {IMPIANTO, IMPRESA, STABILIMENTO} *etw* aus dem Stadtzentrum in die Peripherie verlegen; {COMPITI} *etw* dezentralisieren.

decentràto, (-a) **A** part pass *di* decentrare **B** agg {ANAGRAFE} dezentralisiert, aus dem Stadtzentrum in die Peripherie verlegt.

decenviràto e *deriv* → **decemvirato** e *deriv*.

decènza f **1** (*pudore, dignità*) Anstand m, Schicklichkeit f: **parlare con ~**, anständig sprechen; **con ~ parlando**, mit Verlaub gesprochen; **offendere la ~**, das Anstandsgefühl verletzen; **osservare le regole della ~**, die Regeln des Anstands/[guten Tons] beachten **2** (*convenienza*) {+RICHIESTA} Angemessenheit f.

decerebràto, (-a) agg *med* {SOGGETTO} enthirnt.

decespugliatóre m Heckenschneider m.

decèssi 1a pers sing del pass rem *di* decedere.

decèsso m *amm* Todes-, Sterbefall m, Ableben n *forb*: **constatare il ~ di qu**, [jds Tod]/[den Tod von jdm] feststellen.

decibèl <~> m *fis* Dezibel n: **~ acustico**, Dezibel n.

decìdere <*decido, decisi, deciso*> **A** tr **1** (*prendere una decisione*) ~ (**qc**) *etw* entscheiden, *etw* beschließen; {CHIUSURA DELL'AZIENDA} über *etw* (acc) entscheiden, über *etw* (acc) beschließen: **che cosa hai deciso?**, wozu hast du dich entschieden?, was hast du entschieden? *fam*; **non ho ancora deciso**, ich habe mich noch nicht entschieden; **ho deciso così, e basta!**, ich habe das so entschieden und damit Schluss/basta *fam*!; **tocca/spetta/sta *fam* a te ~**, die Entscheidung liegt bei dir, du musst entscheiden; **chi è che decide?**, wer trifft die Entscheidung(en)?; **~ di fare qc**, beschließen, etw zu tun; sich (dazu) entschließen, etw zu tun; **decise di comprarsi una macchina nuova**, er/sie beschloss, sich (dat) ein neues Auto zu kaufen **2** (*risolvere*) ~ **qc** {CONTROVERSIA} *etw* entscheiden; {QUESTIONE} *etw* lösen; {DIT (*con un provvedimento*) {TRIBUNALE} CAUSA, LITE} *etw* entscheiden **3** (*influire in modo determinante*) ~ **qc** {IL DESTINO DI QU, LE SORTI DI UN PAESE} *etw* auf (acc) ein|wirken **4** (*fissare*) ~ **qc** {DATA, ORA} *etw* fest|legen, *etw* bestimmen **B** itr

1 (*influire in modo determinante*) ~ **di qc** {INCONTRO, SCELTA DEL DESTINO DI QU, DELLA VITA DI QU} über *etw* (acc) entscheiden, entscheidend *für etw* (acc) sein **2** *fam* (*optare*) ~ **per qc** sich (*für etw* acc) entscheiden: **per che cosa hai deciso?**, wofür hast du dich entschieden? **C** itr pron (*prendere una decisione*): **decidersi** sich entscheiden, eine Entscheidung treffen, zu einer Entscheidung kommen, sich entschließen: **non sapersi ~**, sich nicht entscheiden können, nicht zu einer Entscheidung kommen; **quello è un tipo che non si decide mai!**, der Typ kann sich nie entscheiden!; **decidersi a fare qc**, sich (dazu) entschließen, etw zu tun; **mi sono deciso a cambiare casa**, ich habe beschlossen umzuziehen.

decìdua f *anat* Siebhaut, f, Decidua f *scient*.

decìduo, (-a) agg {FOGLIE} abfallend; {DENTE} Milch-.

decifràbile agg {CALLIGRAFIA} entzifferbar; {CODICE, MESSAGGIO} entschlüsselbar, dechiffrierbar *forb*.

decifrabilità <~> f {+CALLIGRAFIA} Entzifferbarkeit f; {+CODICE} Entschlüsselung f, Dechiffrierung f *forb*.

deciframénto m → **decifrazione**.

decifràre tr ~ **qc** {MANOSCRITTO, SCRITTURA} *etw* entziffern; {CODICE SEGRETO, MESSAGGIO} *etw* entschlüsseln, *etw* dechiffrieren *forb*; {ENIGMA} *etw* lösen.

decifrazióne f {+MANOSCRITTO, SCRITTURA} Entziffern n; {+CODICE SEGRETO, MESSAGGIO} Entschlüsselung f, Dechiffrierung f *forb*.

decigràmmo m *metrol* Dezigramm n.

decìlitro m *metrol* (abbr dl) Deziliter m o n.

dècima[1] f → **decimo**.

dècima[2] f **1** *mat* zehnte Potenz: **7 alla ~**, sieben hoch zehn **2** *mus* Dezime f **3** *stor* Zehnte m.

decimàle *mat* **A** agg {FRAZIONE, NUMERO, SISTEMA} dezimal, Dezimal-, Zehner-: **logaritmo ~**, dekadischer Logarithmus **B** m Dezimalzahl f.

decimalizzàre tr *mat* ~ **qc** {SISTEMA, UNITÀ DI MISURA} *etw* dezimalisieren, *etw* in das Dezimalsystem übertragen.

decimàre tr ~ **qu/qc** {POPOLAZIONE} *jdn*/*etw* dezimieren.

decimazióne f Dezimierung f.

decìmetro m *metrol* (abbr dm) Dezimeter m o n.

decimillèsimo **A** agg num zehntausendste(r, s) **B** m Zehntausendstel n.

decimillìmetro m *metrol* Dezimillimeter m o n.

dècimo, (-a) **A** agg num zehnte(r, -s) **B** m (f) Zehnte mfn decl come agg **C** m (*frazione*) Zehntel n, zehnter Teil: **~ di secondo**, Zehntelsekunde f; ~ *anche* **quinto**.

decimoprìmo agg num *poet* elfte(r, s): **Papa Pio ~**, Papst Pius der Elfte.

decimosecóndo agg num *poet* zwölfte(r, s): **Luigi ~**, Ludwig der Zwölfte.

decìna f: **una ~ (di ...)**, (etwa) zehn (...); **decine e decine di libri**, Dutzende von Büchern, Dutzende Bücher.

decisaménte avv **1** (*con risolutezza*) entschieden, mit Entschiedenheit, (fest) entschlossen: **negare ~**, entschieden abstreiten **2** (*veramente*) ausgesprochen, wirklich, echt *slang*: **quel vestito ti sta ~ bene**, das Kleid steht dir ausgesprochen gut; **questo colore ti sta ~ meglio**, diese Farbe steht dir zweifellos besser.

decìsi 1a pers sing del pass rem *di* decidere.

decisionàle agg {CENTRO, POTERE} Entscheidungs-.

decisionalità <-> f (*carattere decisionale*) Entschiedenheit f, Entschlossenheit f.

decisióne f 1 (*scelta*) Entscheidung f, Entschluss m: **prendere una ~**, eine Entscheidung treffen, einen Entschluss fassen; **la sua ~ di vendere la casa fu avventata**, sein/ihr Entschluss, das Haus zu verkaufen, war voreilig 2 (*risolutezza*) Entschlossenheit f: **agire con ~**, entschlossen handeln, mit Entschlossenheit vorgehen 3 *amm* (*deliberazione*) ~ (*su qc*) Entscheidung f (*über etw* acc), Beschluss m (*über etw* acc): **prendere una ~ su qc**, über etw (acc) einen Beschluss fassen 4 *dir* (*atto giuridico comunitario*) Entscheidung f 5 *dir* (*pronuncia giudiziale*) (gerichtliche/richterliche) Entscheidung.

decisionismo m *polit* Entscheidungsfreudigkeit f.

decisionista <-i m, -e f> A agg {ATTEGGIAMENTO} entscheidungsfreudig, entschlussfreudig B mf Dezionist(in) m(f).

decision maker <-> mf *ingl econ* Entscheidungsträger(in) m(f).

decisivo, (-a) agg {MOMENTO, PROVA, PUNTO} entscheidend; {ARGOMENTO} *anche* ausschlaggebend; {PARTITA} Entscheidungs-.

deciso, (-a) A part pass *di* decidere B agg (*risoluto*) {CARATTERE} entschieden, energisch; ~ (**a qc**) {RAGAZZO} (*zu etw dat*) entschlossen: **essere ~ a tutto**, zu allem entschlossen sein.

decl. *astr abbr di* declinazione: Dekl. (abbr *di* Deklination).

declamàre A tr ~ (*qc*) {VERSI} *etw* vor|tragen, *etw* deklamieren B itr {ORATORE} deklamieren.

declamatóre, (-trice) m (f) Vortragskünstler(in) m(f).

declamatòrio, (-a) <-ri m> agg deklamatorisch: **con tono ~**, deklamatorisch, emphatisch *forb*.

declamatrice f → declamatore.

declamazióne f {+SONETTO} Vortragen n, Deklamation f.

declaratòria f *dir* (gerichtliche) Erklärung.

declassamento m Deklassierung f, Herabsetzung f.

declassàre tr ~ **qu** jdn deklassieren, jdn zurück|stufen, jdn herab|setzen, jdn niedriger ein|stufen; ~ **qc** {ALBERGO} *etw* zurück|stufen, *etw* niedriger ein|stufen.

declinàbile agg *gramm* {AGGETTIVO, PAROLA, SOSTANTIVO} deklinierbar.

declinàre A tr ~ **qc** 1 (*rifiutare*) {INVITO} *etw* ab|lehnen, *etw* zurück|weisen: **la direzione declina ogni responsabilità**, die Direktion lehnt jegliche Verantwortung ab 2 (*dichiarare*) {GENERALITÀ, NOME} *etw* an|geben 3 *gramm* {AGGETTIVO, PAROLA, SOSTANTIVO} *etw* deklinieren, *etw* beugen B itr 1 (*abbassarsi*) ~ (**+ compl di luogo**) {SOLE ALL'ORIZZONTE} (*irgendwo*) unter|gehen; (*irgendwo*) versinken: **declinare verso il mare**, {PIANURA} zum Meer hin ab|fallen 2 *fig* (*volgere alla fine*) {GIORNO} zu Ende gehen, sich dem Ende zu|neigen, zur Neige gehen *forb*; *fig* {IMPERO} dem Ende zu|gehen, mehr und mehr verfallen 3 *fig* (*diminuire*) {FORTUNA, FORZE, VITALITÀ} nach|lassen, schwinden.

declinatòria f *dir* Einrede f der Unzuständigkeit, Einwand m des Rechtsmangels.

declinazióne f 1 *astr* Deklination f, Abweichung f: ~ **magnetica**, Deklination f, Missweisung f 2 *gramm* {+AGGETTIVO, PAROLA, SOSTANTIVO} Deklination f, Beugung f.

declino A m 1 *fig* (*decadenza*) {+CIVILTÀ} Niedergang m, Untergang m, Verfall m: **il ~ dell'impero romano**, der Untergang des Römischen Reiches 2 *fig* (*lo sfiorire*) {+BELLEZZA} Schwinden n, Verblühen n 3 *poet* (*declivio*) Berglehne f *forb*, Halde f B <inv> loc agg: **in ~**, im Schwinden (begriffen) sein; **essere ormai in ~**, schon im Verfall (begriffen) sein.

declivio <-vi> A m Hang m: ~ **del monte**, Berghang m B <inv> loc agg: **in ~** {TETTO} geneigt, abfallend.

decloràre tr (*ridurre l'eccesso di cloro*) ~ **qc** {ACQUA} *etw* entchloren.

decloratóre m *chim* Entchlorer m, Entchlorgerät n.

declorazióne f *chim* Entchloren n.

déco *arte* A <inv> agg art déco B <-> m Art déco n.

decoder <-> m *ingl inform TV* Decoder m.

decodificàbile agg {MESSAGGIO} dekodierbar, decodierbar, entschlüsselbar.

decodificàre <*decodifico*, *decodifichi*> tr ~ **qc** 1 {MESSAGGIO} *etw* dekodieren, *etw* decodieren, *etw* entschlüsseln 2 *inform etw* dekodieren, *etw* decodieren.

decodificatóre, (-trice) *inform TV* A m Decoder m B m (f) Dekodierer(in) m(f), Decodierer(in) m(f).

decodificazióne f {+MESSAGGIO} Dekodierung f, Decodierung f.

decollàre itr <*essere*> 1 *gener* {AEREO} ab|heben, starten 2 *fig* (*partire*) {PROGETTO} starten, an|laufen, in Gang kommen.

décolleté *franc* A <inv> agg {ABITO} ausgeschnitten, dekolletiert B <-> m 1 (*scollatura*) {+ABITO} Ausschnitt m, Dekolleté n, Dekolletee n 2 (*abito*) dekolletiertes elegantes Kleid 3 (*scarpe*) Pumps m pl.

decòllo m 1 *gener* {+AEREO} Start m, Abheben n 2 *fig* {+ECONOMIA} Aufschwung m; {+PROGETTO} Start m, Anlauf m.

decolonizzàre tr ~ **qc** {PAESE} *etw* dekolonisieren, *etw* entkoloni(ali)sieren.

decolonizzazióne f {+AFRICA} Dekolonisation f, Entkolon(ial)isierung f.

decoloràte A agg {EFFETTO} bleichend, Bleich- B m Bleich-, Entfärbungsmittel n.

decoloràre tr *chim* ~ **qc** {CAPELLI, TESSUTO} *etw* bleichen, *etw* entfärben.

decolorazióne f *chim* Bleichung f, Entfärbung f.

decomponìbile agg {OGGETTO} zerlegbar.

decompórre <*coniug come* porre> A tr ~ **qc** 1 (*putrefare*) {CALURA MATERIA ORGANICA} *etw* zersetzen 2 *fig* (*alterare*) {LINEAMENTI, TRATTI DEL VISO} *etw* entstellen 3 *chim etw* (in seine Einzelteile) zerlegen/auf|lösen: ~ **l'acqua per elettrolisi**, Wasser durch Elektrolyse in seine Elemente zerlegen B rfl: **decomporsi** 1 {FOGLIE} sich zersetzen, verwesen 2 *chim* {COMPOSTO} zerfallen, sich auf|lösen.

decomposizióne f 1 (*putrefazione*) Zersetzung f, Verwesung f: **essere in stato di ~**, verwesen 2 *chim* (*scomposizione*) Zerlegung f, Auflösung f.

decompressióne f 1 *fis tecnol* Dekompression f, Druckentlastung f 2 *fig* (*minore pressione*) Entlastung f, Nachlassen n des Drucks: **ho lavorato troppo, ora ho proprio bisogno di un periodo di ~**, ich habe zu viel gearbeitet, jetzt brauche ich wirklich eine Entlastungszeit / [muss ich wirklich langsamer treten / herunterschalten].

decomprìmere <*coniug come* comprimere> tr ~ **qc** {ARIA} *etw* dekomprimieren, Druck *von etw* (dat)/+ *gen* vermindern.

deconcentràre A tr ~ **qu** jds Konzentration stören, jdn zerstreuen, jdn aus der Konzentration heraus|reißen *fam* B rfl: **deconcentrarsi** sich zerstreuen, unkonzentriert sein.

deconcentràto, (-a) agg {ATLETA} unkonzentriert.

deconcentrazióne f {+STUDENTE} mangelnde Konzentration.

decongelàre tr ~ **qc** 1 {PESCE} *etw* auftauen 2 *econ* {PATRIMONIO} *etw* frei|geben.

decongestionamento m 1 {+TRAFFICO} Entlastung f 2 *med* Auflösung f ˌeiner Blutstauungˌ/[eines Blutandrangs].

decongestionànte A agg {EFFETTO} abschwellend B m Abschwellmittel n.

decongestionàre tr ~ **qc** 1 (*liberare da ingorghi*) {TRAFFICO} *etw* entlasten: ~ **le strade**, die Straßen von Staus frei halten, die Straßen entlasten 2 *med* ˌeine Blutstauungˌ/[einen Blutandrang] auf|lösen.

decongestióne f → decongestionamento.

decontaminàre tr ~ **qc** {REGIONE, TERRITORIO} *etw* dekontaminieren, *etw* entseuchen.

decontaminazióne f {+REGIONE, TERRITORIO} Dekontamination f, Dekontaminierung f, Entseuchung f.

decontestualizzàre tr (*isolare da un contesto*) ~ **qc** {ESPRESSIONE} *etw* de-, entkontextualisieren.

decontràrre <*coniug come* trarre> tr ~ **qc** {MUSCOLO} *etw* entspannen.

decontrazióne f {+MUSCOLO} Entspannung f.

decoràre tr 1 (*ornare*) ~ **qc** (**con qc**) {TORTA CON CONFETTI} *etw* (*mit etw dat*) schmücken, *etw* (*mit etw dat*) verzieren, *etw* (*mit etw dat*) dekorieren 2 (*insignire di una onoreficenza*) ~ **qu** (**di qc**) jdn (*mit etw dat*) aus|zeichnen, jdn (*mit etw dat*) dekorieren *forb*, jdm *etw* verleihen; ~ **qu al merito**/[**valor civile**], jdm mit ˌdem Verdienstordenˌ/[der Rettungsmedaille] auszeichnen.

decorativismo m *arte* Dekorativismus m.

decorativo, (-a) agg {ELEMENTO} schmückend, dekorativ: **arte decorativa**, ornamentale Kunst.

decoràto, (-a) A agg 1 ~ (**con qc**) (*mit etw dat*) verziert; {FINESTRA} *anche* (*mit etw dat*) geschmückt 2 ~ (**di qc**) {UFFICIALE} (*mit etw dat*) ausgezeichnet, (*mit etw dat*) dekoriert B m Ordensträger m.

decoratóre, (-trice) m (f) 1 (*imbianchino*) Anstreicher(in) m(f), Maler(in) m(f), Tüncher(in) m(f) *region* 2 (*chi decora*) Dekorateur(in) m(f) 3 *teat* Bühnenbildner(in) m(f).

decorazióne f 1 (*ornamento*) Dekoration f, Ausschmückung f: ~ **floreale**, Blumenschmuck m; ~ **natalizia**, Weihnachtsdekoration f, Weihnachtsschmuck m 2 (*onoreficenza*) Dekoration f, Ehrenzeichen n: ~ **al valore militare**, Kriegsauszeichnung f.

decòro① m (*dignità*) Anstand m: **essere privo di ~**, {+PERSONA} ˌkeine Würdeˌ/[keinen Anstand] haben; **mantenere un certo ~**, auf eine gewisse Form achten; **vivere con ~**, in anständigen Verhältnissen leben.

decòro② m 1 (*ornamento*) Verzierung f 2 *fig* (*vanto*) {+FAMIGLIA} Stolz m, Zierde f.

decoróso, (-a) agg (*dignitoso*) {ABITO, ATTEGGIAMENTO, CASA, STIPENDIO} {COMPORTAMENTO} *anche* schicklich *forb*: **essere ~**, {BARZELLETTA} anständig/salonfähig sein.

decorrènza f 1 (*inizio*) {+CONTRATTO} Fristbeginn m, Beginn m einer Laufzeit: **con ~ dal 10 maggio**, ab 10. Mai, vom 10. Mai an; **con ~ immediata**, ab sofort, mit sofortiger Wirkung; **per ~ dei termini di legge**, aufgrund der gesetzlich festgelegten Frist

2 (*periodo*) Laufzeit f **3** *dir* Beginn m (der Wirksamkeit): **~ del contratto**, Beginn m/Inkrafttreten n des Vertrags.

decórrere <coniug *come* correre> itr <*essere*> **1** (*passare*) **~ da qc** {UN ANNO DALLA MORTE DI QU} seit etw (dat) vergehen **2** comm econ **~ da qc** {ASSICURAZIONE, RATE} ab etw (dat) laufen *fam*, {INTERESSI, STIPENDIO} ab etw (dat) berechnet werden, ab etw (dat) fällig sein: **a ~ da domani**, ab morgen, von morgen an.

decórso① m **1** (*lo scorrere*) {+TEMPO} Verlauf m, Vergehen n **2** (*evoluzione*) {+MALATTIA} Verlauf m.

decórso②, (-a) agg **1** (*passato*) {PERIODO} vergangen **2** comm econ {RATA} abgelaufen.

decorticàre <decortico, decortichi> tr *industr* **~ qc** {RISO, SEMI DI LINO} etw schälen.

decorticàto, (-a) agg {FARRO} ungeschält.

decostruzionìsmo m *lett* Dekonstruktion f.

decòtto① m Aufguss m: **preparare un ~ di qc**, einen Aufguss aus etw (dat) zubereiten.

decòtto②, (-a) agg **1** *dir* {DEBITORE} zahlungsunfähig, illiquid, insolvent; {DEBITO} nicht eintreibbar, nicht beitreibbar **2** econ {AZIENDA, IMPRESA} abgewirtschaftet.

découpage <-> m *franc film TV* Schnitt m.

decozióne f **1** *dir* {+DEBITORE} Zahlungsunfähigkeit f **2** econ {+AZIENDA, IMPRESA} Abwirtschaften n.

decreménto m {DEMOGRAFICO; +REDDITI} Abnahme f, Verminderung f.

decrepitézza f {+VECCHIO} Gebrechlichkeit f, Hinfälligkeit f, Altersschwäche f.

decrèpito, (-a) agg **1** (*molto vecchio*) {PERSONA} hinfällig, altersschwach, gebrechlich: **vecchio ~**, uralter Mann, Greis m **2** (*inattuale*) überholt, veraltet: **idee decrepite**, völlig veraltete/überholte Vorstellungen.

decrescèndo <-> m *mus* Decrescendo n.

decrescènte agg {ORDINE, QUANTITÀ, VOLUME} abnehmend; {FORZA} nachlassend; {PREZZO} fallend, sinkend: **essere in fase ~**, im Rückgang sein, abnehmen; **in misura ~**, in abnehmendem Maße; **presentare un livello ~**, einen degressiven Verlauf aufweisen.

decréscere <coniug *come* crescere> itr <*essere*> {LIVELLO DELL'ACQUA} zurück|gehen; {QUANTITÀ, VOLUME} ab|nehmen; {FORZA} nach|lassen; {PREZZO} fallen, sinken, zurück|gehen.

decretàre tr **~ qc** etw an|ordnen, etw verordnen, etw verfügen; {EMBARGO} etw verhängen; {STATO D'EMERGENZA} etw aus|rufen.

decréto m *dir* (*provvedimento giurisdizionale*) Beschluss m; Verfügung f, Dekret n: **~ di citazione**, Vorladung f; **~ ingiuntivo**, Mahnbescheid m; Vollstreckungsbescheid m, Vollstreckungsbefehl m; (*atto dell'esecutivo avente valore di legge*) "Rechtsakt m der Regierung mit Gesetzeskraft"; **~ legge** (abbr D. L.) (*provvedimento provvisorio con forza di legge adottato dal Governo in casi straordinari*), Verordnung f mit Gesetzeskraft, Not-, Rechtsverordnung f, Gesetzesdekret n; **~ legislativo** (abbr D. Lgs.) (*atto normativo con forza di legge emanato dal Governo su delega legislativa del Parlamento*), Gesetzesverordnung f; **~ ministeriale** (abbr D M.), Ministerialverordnung f; **~ del Presidente della Repubblica** (abbr D.P.R.), Verordnung f des Präsidenten der Italienischen Republik; **~ penale**, Strafbefehl m; **regio ~** (abbr R.D.), königlicher Erlass, königliches Dekret ● **~ catenaccio** *polit*, Vorlegeverordnung f; **decreti delegati** *dir scuola*, "Gesetzesverordnung, durch die 1974 die Schulgremien eingerichtet wurden".

decretóne m *polit* "äußerst umfangreiches Dekret", Verordnungspaket n.

decriminalizzàre tr **~ qu/qc** jdn/etw entkriminalisieren.

decriminalizzazióne f Dekriminalisierung f.

decrittàre tr *inform* **~ qc** etw entschlüsseln, etw dekryptieren.

decùbito m (*posizione*) Liegen n.

de cùius <-> loc sost mf *lat dir* (*persona della cui eredità si tratta*) Erblasser(in) m(f).

decuplicàre <decuplico, decuplichi> tr **~ qc** {SFORZI} etw verzehnfachen.

dècuplo, (-a) 🅐 agg zehnfach 🅑 m Zehnfache n decl *come* agg.

decurtàre tr **1** (*ridurre*) **~ qc** etw kürzen **2** econ **~ qc** {DEBITO} etw ab|bezahlen; {SPESE} etw senken; {STIPENDIO} etw kürzen; **~ qc** (**da qc**) {PERCENTUALE DALLO STIPENDIO} etw (von etw dat) ab|ziehen.

decurtazióne f **1** (*riduzione*) Kürzung f: **~ dell'orario di lavoro**, Arbeitszeitverkürzung f **2** econ {+DEBITO} Abbezahlung f, Abbezahlen n: **~ delle spese**, Kostensenkung f; **~ dello stipendio**, Lohnkürzung f; (*detrazione*) **~ (da qc)** {+PERCENTUALE DALLO STIPENDIO} Abzug m (von etw dat).

dèdalo m Labyrinth n: **un inestricabile ~ di viuzze**, ein unentwirrbares Labyrinth enger Gassen.

dèdica <-che> f **~ (a qu)** Widmung f (*für jdn*): **con ~ (autografa/manoscritta)**, mit (handschriftlicher) Widmung; **fare una ~ a qu**, jdm etwas widmen; **scrivere una ~ su un libro**, eine Widmung in ein Buch schreiben.

dedicàre <dedico, dedichi> 🅐 tr **1** (*dare il nome*) **~ qc a qu** {SCUOLA, VIA A UN PERSONAGGIO} etw nach jdm benennen; *relig* {CHIESA A SANTA CHIARA} jdm etw weihen **2** (*pensare per qu*) **~ qc a qu** {POESIA A UNA DONNA} jdm etw widmen **3** (*impegnare*) **~ qc a qu** {LA PROPRIA VITA A DIO} jdm etw weihen; **~ qc a qu** {LE PROPRIE ENERGIE ALLA RICERCA} etw etw dat widmen; **tutto se stesso a qu**, ganz für jdn da sein *fam*, sich jdm ganz widmen; **~ tutto se stesso a qc**, sich ganz/[mit Leib und Seele] mit etw (dat) widmen; **~ molto tempo a qu**, jdm viel Zeit widmen, viel Zeit für jdn aufbringen 🅑 rfl **1** (*impegnarsi*) **dedicarsi a qu** {ALLA FAMIGLIA} sich jdm widmen; **dedicarsi a qc** {ALL'INSEGNAMENTO} sich etw (dat) widmen, sich etw (dat) verschreiben **2** (*darsi*) **~ a qc** {ALLA LETTURA} sich etw (dat) hin|geben; {AL GIARDINAGGIO} *anche* sich mit etw (dat) beschäftigen.

dedicàto, (-a) agg **1** (*nominata*) **~ a qu** {CHIESA A SAN FRANCESCO} jdm geweiht **2** (*pensato per qu*) **~ a qu** {LIBRO AI GIOVANI} für jdn (gedacht) **3** (*impegnato*) **~ a qu** {VITA AI POVERI} jdm gewidmet; **~ a qc** {TEMPO AL LAVORO} etw (dat) gewidmet: **spazio ~ alla pubblicità** (*in un libro, una rivista*), Platz für Werbeanzeigen **4** *inform* dedicated, gewidmet.

dedicatòria f Widmung f, Zueignung f.

dedicazióne f **1** (*cerimonia*) {+CHIESA} Weihe f **2** (*dedica*) Widmung f.

dèdito, (-a) agg **~ a qc** {ALLO STUDIO} (dat) verschrieben, etw (dat) zugewandt; {AL VIZIO} etw (dat) ergeben, etw (dat) verfallen.

dedizióne f **~ (a qc)** Hingabe f (*an etw* acc): **fare qc con spirito di ~**, etw mit Hingabe tun.

dedótto part pass *di* dedurre.

deducìbile agg **~ (da qc) 1** (*che si può dedurre*) {CONCLUSIONE DAI FATTI, VERITÀ DA UN ASSIOMA} ableitbar (*aus etw* dat) **2** econ {ONERI DAL REDDITO} absetzbar (*von etw* dat), abzugsfähig (*von etw* dat).

deducibilità <-> f econ {+SPESA} Absetzbarkeit f, Abzugsfähigkeit f.

dedùrre <deduco, dedussi, dedotto> tr **~ qc (da qc) 1** (*far derivare*) {CONCLUSIONE, VERITÀ} etw aus etw (dat) folgern, etw aus etw (dat) schließen **2** econ {SPESE DAGLI INCASSI} etw von etw (dat) ab|setzen, etw von etw (dat) ab|ziehen **3** {FILOS} etw aus etw (dat) ableiten, etw aus etw (dat) deduzieren ● **~ prove** *dir*, Beweis antreten.

deduttìvo, (-a) agg *filos* {METODO} deduktiv.

deduzióne f **1** (*conclusione*) (Schluss)folgerung f, Schluss m **2** *filos* Deduktion f: **giungere alla conoscenza per ~**, mittels Deduktion zur Erkenntnis gelangen **3** econ (*defalco*) **~ (da qc)** {+ONERI, SPESE DAL REDDITO} Abzug m (*von etw* dat): **portare in ~ qc**, etw abziehen ● **~ di prove** *dir*, Beweisantritt m.

deejay <-> mf *ingl* Diskjockey m, DJ m, Deejay m.

de-escalation <-> m *ingl* **1** (*riduzione di un'azione bellica*) "zunehmende Einschränkung eines militärischen Einsatzes" **2** (*attenuazione*) {+FENOMENO POLITICO} Abschwächung f, Rückgang m.

de fàcto loc avv *lat dir* de facto.

défaillance <-> f *franc* **1** plötzlicher Schwächeanfall: **avere una ~**, einen plötzlichen Schwächeanfall bekommen **2** *fig* Ausfall m, Blackout m, Fehlleistung f, Mattscheibe f *fam*.

defalcàre <defalco, defalchi> tr **~ qc** (**da qc**) {COSTI INTERNI DAI PROFITTI, SPESE DALLE ENTRATE, DALL'IMPORTO TOTALE} etw (*von etw* dat) ab|ziehen: (*uso assol*) **~ da un credito**, etw vom Guthaben abziehen; **~ da un debito**, Schulden abtragen.

defàlco <-chi> m (*detrazione*) **~ (da qc)** {+CONTRIBUTI DALLO STIPENDIO; +SPESE DALLE ENTRATE} Abzug m (*von etw* dat): **un ~ del 10% da qc**, ein Abzug von 10 Prozent von etw (dat), ein zehnprozentiger Abzug von etw (dat).

defascistizzàre tr **~ qc** {ISTITUZIONI} etw entfaschi(sti)sieren, etw von faschistischen Elementen befreien.

defascistizzazióne f {+GRUPPO} Entfaschi(sti)sierung f, Befreiung f von faschistischen Elementen.

defaticaménto m *sport* Lockerungsübung f, Dehnungsübung f, Stretching n.

defaticànte agg *sport* {ESERCIZIO} Lockerungs-, Dehnungs-, Stretching-.

defaticàrsi rfl *sport* Lockerungs-/Dehnungs-/Stretchingübungen machen.

defatigatòrio, <-ri> m agg *dir* {TATTICA} Verschleppungs-, Hinhalte-.

default <-> m *ingl inform* Standardwert m, Ausgangsparameter m: **per ~**, standardmäßig; **valore di ~**, Standardwert m, Default-Wert m.

defecàre <defeco, defechi> 🅐 itr *med* den Darm entleeren, Kot aus|scheiden, defäkieren *scient* 🅑 tr *chim* **~ qc** {MOSTO} etw klären.

defecazióne f **1** *med* (*espulsione di feci*) Darmentleerung f, Defäkation f *scient* **2** *chim* {+MOSTO} Klärung f.

defedàto, (-a) agg *med* (*debilitato*) {ORGANISMO} ausgezehrt.

defenestràre tr **1** (*buttare dalla finestra*) **~ qu/qc** jdn/etw aus dem Fenster werfen **2** *fig* (*privare di una carica*) **~ qu** {MINISTRO} jdn ab|setzen, jdn seines Amtes entheben *forb*.

defenestrazióne f **1** (*lancio dalla finestra*) Fenstersturz m **2** (*privazione della carica*) {+MINISTRO, POLITICO} Absetzung f, Enthebung f *forb*, Hinauswurf m *fam* ● **la ~ di Praga** *stor*, der Prager Fenstersturz.

defensionàle agg (*difensivo*) {ATTO} Verteidigungs-.

deferènte A agg 1 (*rispettoso*) ehrerbietig *forb*: **porgere un ~ ossequio**, jdn ehrerbietig grüßen *forb*; **mostrarsi ~ verso qu**, jdm mit Respekt begegnen, jdm seinen Respekt erweisen 2 *anat* {CANALE, DOTTO} Ableitungs-, ableitend, fortführend, deferens *scient* B m *anat* Samenleiter m, Ductus deferens m *scient*.

deferènza f (*rispetto*) Ehrerbietung f, Hochachtung f: **salutare qu con ~**, jdn respektvoll/ehrerbietig *forb* grüßen.

deferiménto m 1 (*presentazione*) ~ (*a qc*) {+DOMANDA, QUESTIONE ALL'AUTORITÀ} Vorlage f (*bei etw dat*), Unterbreitung f (*an etw acc*) 2 (*denuncia*) ~ (*a qc*) {ALL'AUTORITÀ COMPETENTE} Anzeige f (*bei jdm*) 3 (*consegna*) ~ (*a qu*) {+COPIA DI QC} Übermittlung f (*an jdn*).

deferìre <*deferisco*> A tr 1 (*denunciare*) ~ **qc a qu** {FATTO ALL'AUTORITÀ COMPETENTE} *etw bei etw* (*dat*) an|zeigen; ~ **qu a qc** jdn *etw* (*dat*) überantworten, jdn (*bei etw dat*) an|zeigen; ~ **qu all'autorità giudiziaria**, jdn gerichtlich belangen, jdn dem Gericht überantworten, jdn vor Gericht bringen *fam* 2 (*sottoporre*) ~ **qc a qu** {DOMANDA, QUESTIONE ALL'AUTORITÀ} jdm *etw* unterbreiten, jdm *etw* vor|legen 3 (*consegnare*) ~ **qc a qu** {COPIA DI QC} jdm *etw* übermitteln, jdm *etw* überweisen 4 *dir* (*rimettere all'esame, al giudizio, ecc.*) ~ **qu/qc** jdm/*etw etw* (zur Prüfung, Entscheidung, usw.) übertragen: **le parti deferiscono la controversia ad un collegio arbitrale**, die Parteien übertragen die Entscheidung über die Rechtsstreitigkeit einem Schiedsgericht B itr *lett* (*conformarsi*) ~ **a qc** {ALLE RICHIESTE DEL POPOLO} sich *nach etw* (*dat*) richten.

defervescènza f *med* Sinken n des Fiebers, Entfieberung f, Deferveszenz f *scient*.

defezionàre itr (*ritirarsi*) ~ (*da qc*) {DA UN GRUPPO, DA UN'ORGANIZZAZIONE} *von etw* (*dat*) ab|fallen; {DA UN PARTITO} *anche etw* (*dat*) abtrünnig werden; *mil* (*von etw dat*) desertieren.

defezióne f (*il ritirarsi*) ~ (*da qc*) {DA UN GRUPPO, DA UN'ORGANIZZAZIONE} Abfall m (*von etw dat*); {DA UN PARTITO} *anche* Abtrünnigwerden n (*von etw dat*): **c'è stata una ~ in massa**, es kam zu einem Massenausstieg; *mil* Desertion f (*von etw dat*).

defezionìsta <*-i m, -e f*> mf Abtrünnige mf decl come agg.

defibrillatóre m *med* Defibrillator m *scient*.

defibrillazióne f *med* Defibrillation f *scient*.

deficiènte A agg 1 *fam spreg* (*stupido*) schwachsinnig *fam spreg*, blöd(e) *fam*: **essere ~**, {UOMO} (total) schwachsinnig sein *fam spreg* 2 (*carente*) ~ **in qc** {SAGGIO IN ALCUNI PUNTI} *in etw* (*dat*) Mängel aufweisen: **il ragazzo è ~ in alcune materie**, der Junge ist in einigen Fächern schwach 3 *forb* (*scarso*) {SCORTE} unzureichend; ~ **di qc** arm *an etw* (*dat*): **una dieta ~ di proteine**, eine proteinarme Kost B mf 1 *fam spreg* (*stupido*) Vollidiot m(f) *fam spreg*, Schwachkopf m *fam spreg*, Dummkopf m *fam spreg*, Trottel m *fam spreg* 2 *med* Geistesgestörte mf decl come agg, Schwachsinnige mf decl come agg C <inv> loc agg *fam* (*da stupido*): **da ~** {AZIONE, DISCORSO} (total) idiotisch *fam spreg*, schwachsinnig *fam spreg*, blödsinnig *fam spreg*, hirnrissig *fam spreg*; **fare discorsi da ~**, dumm/idiotisch daherreden *fam spreg* D loc avv *fam* (*da stupido*): **da ~** {COMPORTARSI} idiotisch *fam spreg*, dumm, blöd *fam spreg*.

deficiènza f 1 *spreg* Idiotie f *fam spreg*, Blödheit f *fam* 2 (*carenza*) ~ **in qc** {NELL'ORGANIZZAZIONE DEI SOCCORSI} Mängel m *in etw* (*dat*) 3 *forb* (*scarsità*) ~ (**di qc**) {+MUNIZIONI, RIFORNIMENTI, SCORTE} Mangel m (*an etw dat*); {+CALORIE} *anche* Defizit n (*an etw dat*): ~ **vitaminica**, Vitaminmangel m 4 *med* Schwachsinn m, Idiotie f *scient*: ~ **mentale**, Schwachsinn m, Idiotie f *scient*.

déficit <-> m 1 *comm econ* ~ (**di qc**) {+CENTO MILIONI} Defizit n (*von etw dat*), Fehlbestand m (*von etw dat*): ~ **della bilancia commerciale**, Defizit n in der Handelsbilanz, passive Handelsbilanz; ~ **di bilancio**, {+IMPRESA} Bilanzdefizit n; {+STATO} Haushaltsdefizit n; **chiudere il bilancio in ~**, die Bilanz mit einem Fehlbetrag/[Verlust] abschließen; *anche* ~ **pubblico**, öffentliches Defizit; **registrare un ~ di quaranta miliardi**, ein Defizit/einen Fehlbetrag von vierzig Milliarden aufweisen/verzeichnen 2 *comm econ* (*ammanco*) ~ (**di qc**) Fehlbetrag m (*von etw dat/über etw acc*): **andare in ~**, Verluste machen 3 (*scarsità*) {INTELLETTUALE} Mangel m, Defizit n 4 *med* (*carenza*) ~ (**di qc**) {+CALORIE} Mangel m (*an etw dat*), Defizit n (*an etw dat*): ~ **motorio**, Bewegungsmangel m, Mangel m an Bewegung; ~ **proteinico/vitaminico**, Protein-/Vitaminmangel m.

deficitàrio, (-a) <-ri m> agg 1 *comm econ* defizitär: **bilancio ~**, Unterbilanz f 2 *med* {ALIMENTAZIONE} mangelhaft.

defilàre A tr *mil* (*nascondere*) ~ **qu/qc** {ARTIGLIERIA, TRUPPE} jdn/*etw* in Sichtdeckung bringen B rfl *fig* (*svignarsela*): **defilarsi** sich verdrücken *fam*: **quando si tratta di lavorare è sempre il primo a defilarsi!**, wenn es ums Arbeiten geht, ist er immer der Erste, der sich verdrückt! *fam*.

defilàto, (-a) agg (*appartato*) {LUOGO} abgelegen: **mantenersi in una posizione defilata**, sich im Hintergrund halten.

défilé <-> m *franc* Modenschau f.

definìbile agg 1 (*precisabile*) {PAROLA, TERMINE} definierbar, bestimmbar 2 (*risolvibile*) {PROBLEMA, QUESTIONE} lösbar.

definìre <*definisco*> A tr 1 (*dare una definizione*) ~ **qc** {CONCETTO} *etw* definieren, *etw* bestimmen: **è difficile ~ la bellezza**, es ist schwierig, Schönheit zu definieren; **mi definisca il reato di furto**, definieren Sie bitte, was Diebstahl ist 2 (*descrivere*) ~ **qu/qc** jdn/*etw* beschreiben: **non riuscire a ~ qu**, jdn nicht beschreiben können; **non riesco a ~ il sentimento che provo**, ich kann das Gefühl, das ich empfinde, nicht beschreiben 3 (*precisare*) ~ **qc** {RUOLO DI UN NUOVO IMPIEGATO} *etw* fest|legen; {CONFINI DI UNO STATO} *anche etw* ab|stecken; ~ **i termini di un problema**, ein Problem eingrenzen; ~ **la provenienza di un rumore**, feststellen, woher ein Geräusch kommt 4 (*spiegare*) ~ **qc** {SIGNIFICATO DI UNA PAROLA} *etw* erläutern, *etw* erklären 5 (*risolvere*) ~ **qc** {LITE, QUESTIONE} *etw* beenden, *etw* bei|legen 6 ~ **qu/qc** jdn/*etw* bezeichnen, jdn/*etw* zu *etw* (*dat*) erklären: **l'hanno definito il colpo del secolo**, sie haben es als den Coup des Jahrhunderts bezeichnet B rfl (*descriversi*): **definirsi** (+ **compl di modo**) sich (*irgendwie/als etw acc*) bezeichnen: **Lei come si definisce, un attore che canta o un cantante che recita?**, würden Sie sich als einen singenden Schauspieler oder als einen rezitierenden Sänger bezeichnen?

definitézza f {+FORMA} Definiertheit f, Bestimmtheit f.

definitività <-> f (*immutabilità*) {+DECISIONE} Endgültigkeit f.

definitivo, (-a) A agg (*conclusivo*) {DECISIONE, RISOLUZIONE, ROTTURA, SISTEMAZIONE} endgültig, definitiv; *dir* {SENTENZA} Endgültig B loc avv (*in conclusione*): **in definitiva**, schließlich, letzten Endes, letztlich.

definìto, (-a) agg 1 (*determinato*) {CONCETTO} definiert, bestimmt; {TERRITORIO} genau abgrenzt: **assumere una posizione ben definita**, eine klare Position vertreten; **porre dei limiti ben definiti**, genaue/[klar definierte] Grenzen setzen 2 (*risolto*) {QUESTIONE} gelöst 3 (*nitido, chiaro*) scharf, klar: **immagine fotografica poco definita**, unscharfe Fotografie.

definitóre m *relig cattolica* Definitor m.

definizióne A f 1 (*spiegazione*) {CHIARA, INCOMPLETA, PRECISA} Definition f, Bestimmung f: ~ **di un concetto**, Definition f eines Begriffs, Begriffsbestimmung f; **dare una ~ di qc**, eine Definition von *etw* (*dat*) geben, *etw* definieren 2 (*determinazione*) {+CONFINE} Festlegung f, Bestimmung f 3 (*risoluzione*) {+CONTROVERSIA, LITE} Beilegung f, Beendigung f 4 *film fot TV* Auflösung f: **alta ~**, hohe Auflösung B loc avv: **per ~**, definitionsgemäß, per definitionem *forb*.

defiscalizzàre tr ~ **qc** 1 (*detassare*) {MERCE} die Besteuerung *von etw* (*dat*)/+ gen auf|heben, *etw* steuerlich befreien, *etw* entfiskalisieren 2 (*annullare*) {PROVVEDIMENTO} *etw* rückgängig machen 3 (*rendere meno burocratico*) {OPERAZIONE} *etw* entbürokratisieren.

defiscalizzazióne f ~ (**di qc**) {DELLA MERCE} Aufhebung f der Besteuerung (*von etw dat/+ gen*), Entfiskalisierung f (*von etw dat/+ gen*)

defissióne f ~ (**da qc**) {+MANIFESTO DAL MURO} Abnahme f (*von etw dat*).

deflagràre itr 1 *chim* {ESPLOSIVO} explodieren 2 *geol* {ROCCE} zerfallen 3 *fig* (*manifestarsi*) {SENTIMENTO} hervor|brechen, auf|lodern, auf|flammen; {CONFLITTO} aus|brechen.

deflagrazióne f 1 *chim* {+BOMBA} Explosion f, Deflagration f 2 *geol* Zerfall m 3 *fig* (*il manifestarsi*) Hervorbrechen n, Auflodern n, Ausbrechen n; {+CONFLITTO} Ausbruch m: ~ **dei sentimenti**, Gefühlsausbruch m.

deflatìvo, (-a) agg *econ* Deflations-, deflationär: **politica deflativa**, Deflationspolitik f.

deflatóre m *econ* Inflationsbereinigungskoeffizient m.

deflazionàre tr *econ* ~ **qc** *etw* deflationieren.

deflazióne f *econ* Deflation f.

deflazionìstico, (-a) <-ci, -che> agg *econ* deflationistisch, deflationär.

deflessióne f 1 *fis* {+LUCE} Ablenkung f, Deflexion f *obs* 2 *med* Deflexion f *scient*; (*posizione del feto*) Deflexionslage f *scient*.

deflèttere <*coniug come* flettere> itr *anche fig* (*deviare*) ~ **da qc** {DAI PROPRI PRINCIPI} *von etw* (*dat*) ab|weichen.

deflettóre m *tecnol* Deflektor m, Klappe f; *autom* Ausstellfenster n.

defloraménto m → **deflorazione**.

defloràre tr *lett obs* ~ **qu** {RAGAZZA} jdn entjungfern, jdn deflorieren *scient*.

deflorazióne f *lett obs* Entjungferung f, Defloration f *scient*.

defluìre <*defluisco*> itr <*essere*> ~ **da qc** 1 (*scorrere*) {ACQUA, LIQUIDI DALLE CONDUTTURE} *aus etw* (*dat*) ab|fließen, *aus etw* (*dat*) ab|laufen, *aus etw* (*dat*) heraus|fließen; (*verso chi parla*) *anche aus etw* (*dat*) herab|-, herunter|fließen; {GAS} *aus etw* (*dat*) entweichen, *aus etw* (*dat*) aus|strömen 2 (*andare fuori*) {FOLLA DAL TEATRO} *aus etw* (*dat*) (hinaus|)strömen; *econ* {CAPITALE DAL PAESE} *aus etw* (*dat*) ab|fließen, *aus etw* (*dat*) ab|wandern.

deflùsso m **1** (*il defluire*) {+LIQUIDI} Abfluss m, Ablaufen n; {+GAS} Entweichen n, Ausströmen n: **il ~ della marea**, das Fallen der Flut **2** (*volume d'acqua*) {+FIUME, TORRENTE} Abflussmenge f **3** (*uscita*) Abzug m; {+FOLLA} Herausströmen n; *econ*: **~ di capitali all'estero**, Kapitalabwanderung f ins Ausland; *spreg* Kapitalflucht f **4** *mar* Widersee f, zurücklaufende See: **il ~ delle onde**, der Rücklauf der Wellen.
defogliànte m *chim* Entlaubungsmittel n.
defogliazióne f (*caduta delle foglie*) Entlaubung f.
defoliànte *e deriv* → **defogliante** *e deriv*.
deforestàre tr (*disboscare*) **~ qc** {AMAZZONIA} *etw* abholzen, *etw* entwalden.
deforestazióne f (*disboscamento*) Entwaldung f; (*taglio razionale del bosco*) Waldrodung f.
deformàbile agg {MATERIALE, OGGETTO} verformbar.
deformabilità <-> f {+MATERIALE, OGGETTO} Verformbarkeit f.
deformànte agg **1** *gener* {SPECCHIO} Zerr- **2** *med* {ARTRITE} deformierend.
deformàre A tr **~ qc 1** (*far cambiare forma*) {MATERIALE, OGGETTO} *etw* verformen; {LINEAMENTI} *etw* entstellen, *etw* verunstalten, *etw* deformieren **2** *fig* (*alterare*) {FATTI, SENSO, SIGNIFICATO, VERITÀ} *etw* verzerren, *etw* entstellen B tr *med*: **deformarsi (con qc)** {MATERIALE COL CALORE} sich (*bei etw dat*) verformen, sich (*bei etw dat*) verziehen; {ABITO, MAGLIONE, VESTITO CON L'USO; SCARPE CON L'UMIDITÀ} die Form (*bei etw dat*) verlieren.
deformazióne f **1** (*cambiamento*) {+MATERIALE, OGGETTO} Verformung f; {+TRATTI DEL VISO} Entstellung f, Verunstaltung f, Deformation f *forb* **2** *fig* (*alterazione*) {+FATTI, SENSO, SIGNIFICATO, VERITÀ} Verzerrung f, Entstellung f ● **~ professionale**, Berufskrankheit f, Déformation professionelle f *forb*.
defórme agg (*anomalo*) {MANO, NASO, VISO} missgestaltet, unförmig; (*troppo grosso*) übergroß.
deformità <-> f **1** (*anomalia*) Unförmigkeit f **2** *med* Missbildung f.
deframmentazióne f *inform* Defragmentierung f.
defraudàre tr (*derubare*) **~ qu (di qc)** {DEL DENARO} *jdn* (*um etw acc*) betrügen; {DEI DIRITTI} *jdm etw* vor|enthalten.
defraudatóre, (-trice) m (f) Betrüger(in) m(f).
defùnto, (-a) A agg **1** (*morto*) {PARENTE} verstorben, tot *fam* **2** *fig lett* (*che appartiene al passato*) {AMORE} erloschen; {STAGIONE} vergangen B m (f) Verstorbene mf decl come agg, Tote mf decl come agg: **pregare per i defunti**, für die Verstorbenen beten; **commemorare i defunti**, der Verstorbenen/Toten gedenken *forb*.
dégagé <inv> agg *franc* (*disinvolto*) {ATTEGGIAMENTO} zwanglos, ungezwungen, lässig.
degeneràre itr **1** (*cambiare in peggio*) **~ (in qc)** {DISCUSSIONE IN LITE, IN RISSA} in *etw* (acc) aus|arten, *zu etw* (dat) entarten; *med* {MALATTIA IN TUMORE} sich *zu etw* (dat) entwickeln; (*uso assol*) {CELLULE} degenerieren **2** *fig* (*allontanarsi*) **~ da qc** {DALLA BONTÀ, VIRTÙ DEI PADRI} *von etw* (dat) ab|weichen; (*uso assol*) *rif. alla tradizione famigliare*) aus der Art schlagen.
degeneràta f → **degenerato**.
degeneratìvo, (-a) agg *anche med* {FENOMENO, PROCESSO} degenerativ, Degenerations-.
degeneràto, (-a) A agg **1** *fig* (*depravato*)

{UOMO} verkommen *spreg* **2** *fig* (*deteriore*) {LETTERATURA, PRODUZIONE CINEMATOGRAFICA} heruntergekommen *fam*; {ARTE} entartet **3** *med* {TESSUTO} degeneriert B m (f) (*depravato*) verkommener Mensch *spreg*, verkommene Person *spreg*.
degenerazióne f **1** (*decadimento*) {FISICA, PSICHICA} Verfall m: **~ dei costumi**, Sittenverfall m; **~ delle istituzioni**, Verfall m der Institutionen; **~ dei valori**, Zerfall m der Werte **2** *biol med* {+CELLULA, ORGANO, TESSUTO} Degeneration f.
degènere agg **1** (*snaturato*) {FIGLIO, PADRE} missraten, ungeraten: **madre ~**, Rabenmutter f *spreg* **2** (*moralmente corrotto*) {INDIVIDUO} verkommen *spreg* **3** *fis* {SISTEMA, STATO} entartet.
degènte A agg bettlägerig B mf (*ricoverato*) Bettlägerige mf decl come agg, Krankenhauspatient(in) m(f).
degènza f Bettlägerigkeit f: **periodo di ~ ospedaliera/[in ospedale]**, Krankenhausaufenthalt m.
dégli prep di con art gli.
deglutìre <*deglutisco*> tr **~ (qc)** {ACQUA} (*etw*) schlucken.
deglutizióne f Schlucken n.
degnàre A tr (*stimare degno*) **~ qu di qc** {DI UNA RISPOSTA} *jdn etw* (gen) würdigen *forb*, *jdn etw* (gen) für würdig erachten/halten *forb*: **non ~ qu di uno sguardo**, *jdn* keines Blickes würdigen *forb* B itr pron: **degnarsi di fare qc** sich dazu herab|lassen, *etw zu tun*; sich bequemen *forb*, *etw zu tun*: **non si è nemmeno degnato di rispondere**, er hat es nicht einmal für nötig gehalten zu antworten; **non si è mai degnato di venirci a trovare**, er hat sich nie dazu herabgelassen, uns zu besuchen.
degnazióne f *forb rar* (*compiacenza*) Herablassung f: **avere la ~ di fare qc**, „die Güte haben"/[so liebenswürdig sein], *etw zu* tun.
dégno, (-a) agg **1** (*che merita*) **~ di qu/qc** *jds/etw* würdig, *jds/etw* wert: **questo non è ~ di te**, das ist deiner nicht würdig; **egli non è ~ di te**, er ist deiner nicht würdig/wert; **~ di biasimo**, tadelnswert; **essere ~ della fiducia di qu**, vertrauenswürdig sein, *jds* Vertrauen verdienen/rechtfertigen; **~ di fede** {DOCUMENTO, TESTIMONE} glaubwürdig; {RACCONTO} *anche* glaubhaft; **~ di lode**, lobenswert; **~ di nota/rilievo**, beachtenswert; **~ di rispetto**, respektabel **2** (*proporzionato*) angemessen: **una degna ricompensa**, eine angemessene Belohnung.
degradàbile agg *chim* {MATERIALE, SOSTANZA} abbaubar.
degradabilità <-> f *chim* {+MATERIALE, SOSTANZA} Abbaubarkeit f.
degradaménto m **1** (*avvilimento*) Herabwürdigung f **2** *chim* Degradation f.
degradànte agg (*avvilente*) {LAVORO, MESTIERE} entwürdigend, herabwürdigend.
degradàre A tr **1** (*privare del rango*) **~ qu** {UFFICIALE} *jdn* degradieren **2** (*umiliare*) **~ qu** {AZIONI UOMO} *jdn* herab|würdigen, *jdn* erniedrigen; **~ qc** {VITA SOCIETÀ} *etw* beschämen, beschämend *für etw* (acc) sein **3** *chim* **~ qc** *etw* degradieren B rfl (*abbassarsi*): **degradarsi a qc** {A LAVORI UMILI} sich *zu etw* (dat) erniedrigen, sich *zu etw* (dat) her|geben *fam*: **~ a fare qc**, sich herablassen, *etw zu tun*.
degradazióne f **1** *mil* (*pena*) Degradierung f; *relig* Degradation f **2** (*avvilimento morale*) Herabwürdigung f, Erniedrigung f **3** *chim* Abbau m, Zerlegung f; *fis* Degradation f ● **~ meteorica** *geol*, Verwitterung f.

degràdo m (*scadimento*) Verfall m, Zerfall m: **~ ambientale**, Umweltschäden m pl; **~ ecologico**, ökologische Schäden m pl; **~ edilizio**, baulicher Verfall; **~ delle istituzioni**, Zerfall m/Auflösung f der Institutionen; **lo stato di ~ di una città/un quartiere**, der Verfallszustand einer Stadt/eines Stadtteils; **~ dei valori**, Werteverfall m; **avviarsi a un lento ~**, {EDIFICIO, QUARTIERE} langsam verfallen, einem langsamen Verfall entgegengehen.
degressìvo, (-a) agg *econ* {SISTEMA} degressiv.
degustàre tr (*assaggiare*) **~ qc** {CAFFÈ} *etw* probieren, *etw* kosten.
degustatóre, (-trice) m (f) (*assaggiatore*) Verkoster(in) m(f).
degustazióne f **1** (*assaggio*) Probieren n, Kosten n: **~ del vino**, Weinprobe f **2** (*locale*) Probierstube f.
deh inter *poet* oh!, ach!
dehors <-> m *franc* **caffè con ~**, Straßencafé n, Café mit Terrasse/Garten.
dèi[1] pl *di* dio.
dèi[2] prep *di con art* i.
deideologizzàre tr (*disimpegnare*) **~ qc** {TESI} *etw* entideologisieren.
deidrogenàre tr *chim* **~ qc** *etw* (dat) Wasserstoff entziehen, *etw* dehydrieren *scient*.
deidrogenazióne f *chim* Entzug m von Wasserstoff, Dehydration f *scient*.
deiezióne f **1** *geol* (*da cratere vulcanico*) Auswurf m, Ausstoßung f; (*deposito di detriti*) Schutthalde f; <solo pl> (*detriti vulcanici*) Auswurfsmassen m pl **2** *med* {+FECI} Stuhlentleerung f; <solo pl> (*escrementi*) Exkremente n pl *scient*.
deificàre <*deifico, deifichi*> tr **1** (*divinizzare*) **~ qc** *etw* vergotten, *etw* vergöttlichen, *etw* zum Gott machen; *fig* (*idolatrare*) **~ qc** *etw* deifizieren *forb* **2** *fig* (*glorificare*) **~ qu** *jdn* vergöttern, *jdn* verherrlichen.
deificazióne f **1** (*divinizzazione*) Vergottung f, Vergöttlichung f, Deifikation f *forb* **2** *fig* (*adorazione esagerata*) Vergötterung f, Verherrlichung f.
deindustrializzàre tr **~ qc** {PAESE} *etw* entindustrialisieren.
deindustrializzazióne f Entindustrialisierung f: **processo di ~**, Prozess der Entindustrialisierung.
deiscènte agg *bot* {FRUTTO} auf|springende(r, s), Spring-.
deiscènza f **1** *bot* {+FRUTTO} Aufspringen n **2** *med* {+FERITA} Aufplatzen n, Aufgehen n.
deìsmo m *filos* Deismus m.
deìssi <-> f *ling* Deixis f.
deìsta <-i m, -e f> mf *filos* Deist(in) m(f).
deità <-> f *poet* (*natura divina*) Gottheit f.
dèittico, (-a) <-ci, -che> agg *ling* {FUNZIONE, PARTICELLA} deiktisch.
de iùre loc avv *lat dir* de jure.
déjà vu <-> *franc* A loc sost m Déjà-vu-Erlebnis n B <inv> loc agg **1** (*poco originale*) {MESSA IN SCENA, PROVOCAZIONE} unoriginell, schon häufig gesehene(r, s) **2** (*già noto*) {OPPORTUNISMO} wohl bekannt, schon dagewesene(r, s).
del prep *di con art* il.
Del *inform* abbr *dell'ingl* delete (*cancella*) löschen.
delatóre, (-trice) m (f) (*spia*) Denunziant(in) m(f) *spreg*, Spitzel m *spreg*.
delatòrio, (-a) <-ri m> agg {LETTERA} Denunzianten-.
délavé <inv> agg *franc* (*nella moda*) {JEANS, TUTA} vorgewaschen, washed.

delay <-> m ingl mus {+STRUMENTI ELETTRONICI} Nachhall m.

delazióne f 1 (spiata) Denunziation f spreg, denunzierende Anzeige spreg 2 dir (~ dell'eredità) Erbeinsetzung f ● ~ d'armi (porto abusivo), unerlaubter Waffenbesitz.

delèbile agg (cancellabile) {INCHIOSTRO} nicht auslöschbar; fig {RICORDO} unauslöschlich.

dèlega <-ghe> f 1 gener {+CONDOMINIO} Vollmacht f, Ermächtigung f: **dare una ~ a qu**, jdm eine Vollmacht ausstellen/erteilen; **fare qc su ~ di qu**, etw in jds Auftrag machen 2 dir (procura) Vollmacht f; (autorizzazione) Ermächtigung f: **legge (di) ~**, parlamentarisches Ermächtigungsgesetz, (gesetzliche Ermächtigung der Regierung zum Erlass von Gesetzesverordnungen); **~ legislativa**, parlamentarische Ermächtigung, Ermächtigung f durch das Parlament.

delegànte mf (chi rilascia una delega) Vollmachtgeber(in) m(f), Auftraggeber(in) m(f).

delegàre <delego, deleghi> tr **~ qu a qc** {RAPPRESENTARE ALL'ASSEMBLEA DI CONDOMINIO} jdn mit etw (dat) beauftragen, jdn zu etw (dat) delegieren; **~ qc a qu** {COMPITO, FUNZIONE AL COLLABORATORE} etw an jdn delegieren; dir jdn zu etw (dat) bevollmächtigen, jdm zu etw (dat) die Vollmacht erteilen; jdn zu etw (dat) ermächtigen; jdn zu etw an|weisen.

delegàto, (-a) **A** agg 1 (che rappresenta) ~ (a qc) {GIUDICE AL FALLIMENTO} (mit etw dat) beauftragt, (mit etw dat) bevollmächtigt, (zu etw dat) delegiert: **consigliere ~ di una società**, geschäftsführendes/bevollmächtigtes Vorstandsmitglied einer Gesellschaft, vertretungsberechtigter Geschäftsführer einer Gesellschaft 2 (emanato per delega) {FUNZIONE} Ermächtigungs- **B** m (f) {SINDACALE} Vertreter(in) m(f), Delegierte mf **decl come agg**, Beauftragte mf **decl come agg**, Bevollmächtigte mf **decl come agg** ● **~ apostolico** relig, Apostolischer Delegat; **~ di spiaggia** amm mar, Küstenbeauftragte m **decl come agg**.

delegazióne f 1 (rappresentanza) Delegation f, Abordnung f: **capo della ~**, Delegationschef m, Delegationsleiter m; **membro della ~**, Delegationsmitglied n, Delegationsteilnehmer(in) m(f); **inviare una ~ all'estero**, eine Delegation ins Ausland entsenden; **ricevere una ~**, eine Delegation empfangen 2 (il delegare) Delegieren n 3 polit Ermächtigung f, Bevollmächtigung f, Delegation f: **~ legislativa**, Gesetzgebungsbevollmächtigung f 4 (circoscrizione territoriale, sede) Amtsbereich m ● **~ apostolica** relig, Delegatur f.

delegiferàre itr (ridurre l'emanazione di leggi) den Erlass von Gesetzen ein|schränken.

delegittimàre tr (togliere legittimità) **~ qu/qc** {PARLAMENTO} jdn/etw entlegitimieren, jdm/etw die Legitimation entziehen.

delegittimàto, (-a) agg {PARLAMENTO} entlegitimiert, nicht mehr legitimiert.

delegittimazióne f {+PARLAMENTO} Entlegitimierung f.

delete <-> m ingl inform Entf-Taste f, Löschtaste f.

deletèrio, (-a) <-ri m> agg (dannoso) {EFFETTO, INFLUSSO} schädlich: **questo clima è ~ per la salute**, dieses Klima ¦ schadet der Gesundheit ¦/¦ist gesundheitsschädlich¦.

Dèlfi f geog Delphi n.

dèlfico, (-a) <-ci, -che> agg geog anche lett stor {SIBILLA} delphisch.

delfinàrio <-ri> m Delphinarium n.

delfìno① m 1 zoo Delphin m 2 sport (nel nuoto) Delphin(schwimmen) n.

delfìno②, (-a) **A** m stor (in Francia) Dauphin m **B** m (f) fig spec polit (successore) wahrscheinliche(r) Nachfolger(in).

delibàre tr 1 poet (assaggiare) **~ qc** {BEVANDE, CIBI} etw kosten, etw probieren 2 fig lett (gustare) {PACE, SILENZIO DI UN LUOGO} etw aus|kosten, etw genießen.

delibazióne f poet (assaggio) {+BEVANDE, CIBI} Kosten n, Probieren n ● **~ delle sentenze straniere** dir, Verfahren n der Anerkennung ausländischer Urteile.

delibera f 1 (all'asta) Zuschlag m 2 amm dir → **deliberazione**.

deliberànte agg amm dir {ASSEMBLEA} beschlussfassend: **organo ~**, Beschlussorgan n, beschlussfassendes Organ.

deliberàre **A** tr 1 amm dir **~ qc** über etw (acc) Beschluss fassen, (über) etw (acc) beschließen: **i dirigenti hanno deliberato le misure da adottare**, die Leitung hat (über) die zu ergreifenden Maßnahmen beschlossen; **~ di fare qc**, beschließen, etw zu tun; **il consiglio di amministrazione delibera di conferire al Sig. Rossi tutti i poteri necessari**, der Verwaltungsrat beschließt, Herrn Rossi alle erforderlichen Befugnisse zu übertragen; (uso assol) einen Beschluss fassen, eine Entscheidung treffen; **il comitato ormai ha deliberato**, der Ausschuss hat ¦bereits Beschluss gefasst¦/¦[seine Entscheidung bereits getroffen]; **il comitato si è riunito per ~**, der Ausschuss ist zur Beschlussfassung zusammengekommen; **~ definitivamente**, endgültig entscheiden 2 (all'asta) **~ qc a qu/qc** jdm/etw etw zu|schlagen: **la statua è stata deliberata al miglior offerente**/[museo nazionale], die Figur wurde dem Meistbietenden/Nationalmuseum zugeschlagen **B** itr (decidere mettendo ai voti) **~ su qc** {SULL'AMMISSIBILITÀ DEL RICORSO, SUL CASO, SULLA DOMANDA} über etw (acc) beschließen, über etw (acc) ab|stimmen ● **la Corte si ritira per ~**, das Gericht zieht sich zur Beratung zurück.

deliberataménte avv (intenzionalmente) vorsätzlich, absichtlich, mit Absicht, mit Vorbedacht.

deliberativo, (-a) agg {VOTO} beschließend, entscheidend: **carattere ~ di qc**, Beschlusscharakter m von etw (dat)/+ gen.

deliberàto, (-a) **A** agg 1 (risoluto) {AZIONE} vorsätzlich: **agire con ~ proposito**, vorsätzlich handeln, 2 (deciso) entschlossen 3 (intenzionale) {OFFESA} absichtlich **B** m amm {+ASSEMBLEA, COMITATO} Beschluss m, Entscheidung f.

deliberazióne f 1 anche dir (decisione) ~ (su qc) Beschluss m (über etw acc): **~ del governo/parlamento/partito**, Regierungs-/Parlaments-/Parteibeschluss m; **su ~ del Parlamento**, auf Beschluss des Parlaments; **con ~ unanime dell'assemblea**, durch einstimmigen Beschluss der Versammlung; **prendere una ~**, einen Beschluss fassen 2 (azione) Beschlussfassung f: **prendere parte a una ~**, an einer Beschlussfassung teilnehmen 3 (discussione preliminare) ~ (su qc) Beratung f (über etw acc) 4 (aggiudicazione) ~ (a qu/qc) Zuschlag m (für jdn/etw) 5 rar (proposito) ~ (di fare qc) Entschluss m (, etw zu tun).

delicatézza f 1 (finezza) Zartheit f, Feinheit f: **la ~ dei colori di una farfalla**, die zarten Farben eines Schmetterlings; **la ~ del profumo di un fiore**, der zarte Duft einer Blume; **la ~ del suo sapore ha reso questo piatto famoso in tutto il mondo**, sein erlesener Geschmack hat dieses Gericht in der ganzen Welt berühmt gemacht 2 (fragilità) {+CRISTALLO, STATUINA} Zerbrechlichkeit f 3 (tatto) Takt(gefühl n) m: **la ~ del gesto di qu**, jds rücksichtsvolle Geste; **agire con ~**, diskret/taktvoll vorgehen; **trattare qu con ~**, jdn ¦mit Feingefühl¦/¦rücksichtsvoll¦ behandeln, rücksichtsvoll mit jdm sein 4 (gentilezza) Freundlichkeit f, Liebenswürdigkeit f: **abbia la ~ di non riferire quanto Le ho detto**, seien Sie bitte so freundlich und erzählen Sie nicht weiter, was ich Ihnen gesagt habe; **avere delle delicatezze verso qu**, liebenswürdig zu jdm sein; **avere una grande ~ d'animo**, großes Zartgefühl haben, sehr feinfühlig sein; **la ~ dei sentimenti di qu**, jds Feingefühl 5 (riservatezza) {+QUESTIONE} heikler Charakter: **trattare qc con ~**, {FACCENDA} etw mit viel Feingefühl/Fingerspitzengefühl behandeln, viel Fingerspitzengefühl in etw (dat) zeigen 6 (cibo) Delikatesse f, Leckerbissen m 7 (solo pl) rar (mollezze) Annehmlichkeiten f pl, Bequemlichkeiten f pl.

delicàto, (-a) agg 1 (tenue) {COLORE, ODORE, PROFUMO, SUONO, TINTA} zart; {VOCE} anche sanft 2 (fine) {BEVANDA, CIBO, SAPORE} köstlich, erlesen, auserlesen forb: **avere un gusto ~**, einen auserlesenen Geschmack haben 3 (fragile) {APPARECCHIO, MECCANISMO, OCCHI} empfindlich; {COSTITUZIONE} zart, schwach: **avere la pelle delicata**, eine empfindliche/zarte Haut haben; **avere la salute delicata**, eine schwache Gesundheit haben, von zarter Gesundheit sein; **essere ~ (di salute)**, {BAMBINO} schwächlich/empfindlich sein; **essere ~ di stomaco** fam, einen empfindlichen Magen haben fam 4 (facile a guastarsi) {STOFFA, TESSUTO} fein: **indumenti delicati**, Feinwäsche f 5 fig (difficile) {DOMANDA} schwierig, heikel 6 fig (pieno di tatto) {GESTO, PERSONA} feinfühlig, rücksichtsvoll, taktvoll: **avere un pensiero ~ per qu**, jdm eine Aufmerksamkeit erweisen; **una persona poco delicata**, ein nicht besonders einfühlsamer ¦/¦[ziemlich taktloser] Mensch.

delimitàre tr 1 (circoscrivere) **~ qc (con qc)** {TERRENO CON UN RECINTO} etw (mit etw dat) ab|grenzen, etw (durch etw acc) begrenzen 2 fig **~ qc** {ARGOMENTO, QUESTIONE} etw ein|grenzen; {LA SFERA D'AZIONE DI QU/QC} etw ab|stecken; **~ qc a qu** {INTERVENTO ALLO STRETTO NECESSARIO} etw auf etw (acc) begrenzen.

delimitazióne f 1 {+AREA, TERRENO} Abgrenzung f, Begrenzung f, Eingrenzung f 2 fig {+ATTRIBUZIONI, COMPITI} Abgrenzung f, Definition f, Festlegung f.

delineaménto m 1 (nella pittura) Umriss m 2 (descrizione) allgemeine Darstellung: **~ di un programma**, Programmentwurf m; **~ della situazione**, Situationsbeschreibung f.

delineàre **A** tr **~ qc** 1 (abbozzare) {FIGURA, OGGETTO} etw umreißen, etw skizzieren: **~ il profilo di un monumento**, die Umrisse eines Denkmals skizzieren 2 (descrivere per sommi capi) {PROGRAMMA} etw skizzieren, etw umreißen, etw kurz dar|legen/dar|stellen: **il quadro della situazione**, die Situation ¦umreißen¦/¦[kurz darstellen] **B** itr pron 1 **delinearsi** (+ compl di luogo) {MONTAGNE ALL'ORIZZONTE} sich (irgendwo) ab|zeichnen 2 fig: **delinearsi** {DIFFICOLTÀ, PROBLEMI} sich ab|zeichnen.

delineàto, (-a) agg (formato) {PERSONALITÀ} entwickelt; {PROGRAMMA} durchdacht.

delinquènte mf 1 Verbrecher(in) m(f), (Straf)täter(in) m(f): **~ abituale**, Gewohnheitsverbrecher(in) m(f); **diventare un ~**, zum Verbrecher werden; **~ professionale**, Berufsverbrecher(in) m(f); **~ recidivo**, Wiederholungstäter(in) m(f), Rückfalltäter(in) m(f) 2 fig fam (persona disonesta) Betrüger(in) m(f), Schuft m *spreg*, Schurke m *spreg obs*, Schurkin f *spreg obs*: **faccia da ~**, Verbrechervisage f *fam spreg*; **essere un ~ nato**, der geborene Verbrecher sein **3** *fig scherz* (*briccone*) Strolch m *fam scherz*, Stromer m *fam scherz*, Schlingel m *scherz*: **vieni qui piccolo ~!**, komm her, du kleiner Strolch! *fam scherz*.

delinquènza f Kriminalität f, Straffälligkeit f: **~ minorile**, Jugendkriminalität f.

delinquenziàle agg verbrecherisch, kriminell, Verbrecher-, Verbrechens-.

delìnquere itr *dir* (*commettere uno o più reati*) eine Straftat/Straftaten begehen; **istigazione a ~** (*reato*), Anstiftung f zum Verbrechen.

deliquescènza f *chim* {+CLORURO DI SODIO} Löslichkeit f, Auflösbarkeit f.

deliquio <-qui> m *forb* (*svenimento*) Ohnmacht f: ⌊**avere un**⌋/[**cadere in**] ~, ⌊einen Ohnmachtsanfall haben⌋/[in Ohnmacht fallen].

deliràre itr **1** *fig fam spreg* (*dire delle assurdità*) wirres Zeug reden, etwas zusammenfantasieren *fam*, irre daher|reden *spreg*; (*compiere azioni assurde*) die verrücktesten Sachen an|stellen *fam* **2** *fig* (*abbandonarsi all'impeto delle emozioni*) **~ di qc** {DI PASSIONE} *vor etw* (*dat*) ganz/völlig außer sich (*dat*) sein, sich *etw* (*dat*) ganz hin|geben **3** *fig* (*esaltarsi*) **~ per qu** {FAN, RAGAZZE PER LA ROCK STAR} sich total *fam für jdn* begeistern, verrückt *nach jdm* sein *fam*, *jdn* an|himmeln *fam*, *für jdn* schwärmen: **le folle delirano per lui**, die Massen sind verrückt nach ihm *fam*, er ⌊bringt die Massen zum Ausflippen *fam*⌋/[turnt die Massen an *slang*] **4** *med* irrereden, irre sein, delirieren *scient*: **~ per la febbre**, im Fieberwahn sein.

delìrio <-ri> m **1** *fig* (*turbamento*) {+PASSIONE} Rausch m, Taumel m: **~ dei sensi**, Sinnenrausch m *forb* **2** *fig* (*atto assurdo*) Verrücktheit f; (*discorso assurdo*) absurdes Zeug/Gerede *fam* **3** *med psic* Wahn(vorstellung) m, Delirium in *forb*: **~ febbrile**, Fieberwahn m, Fieberfantasie f; **~ di grandezza**, Größenwahn m; **~ di persecuzione**, Verfolgungswahn m ● **andare in ~**, *fig*, {FOLLA, PUBBLICO} ausflippen *fam*, (*vor Begeisterung*) toben, in einen (wahren) (Begeisterungs)taumel geraten; **essere in ~ med**, im Delirium sein; *fig* (*provare un entusiasmo esagerato*), von einem (Begeisterungs)taumel ergriffen/befallen sein, ganz außer sich (*dat*) sein, total/völlig aus dem Häuschen sein *fam*; **mandare in ~ qu/qc fig**, {STAR FOLLA, PUBBLICO} *jdn/etw* anturnen *slang*, *jdn/etw* in einen (wahren) (Begeisterungs)taumel versetzen.

delìrium trèmens <-> loc sost m *lat med* Delirium tremens n *scient*.

delìtto A m **1** *dir* (*reato*) Straftat f, Delikt n; (*categoria di reato*) Verbrechen n: **~ colposo/doloso**, Fahrlässigkeits-/Vorsatzdelikt n; **commettere/perpetrare forb un ~ contro qu**, eine Straftat/ein Verbrechen an jdm begehen/verüben; **~ di (lesa) maestà**, Majestätsbeleidigung f, Majestätsverbrechen n; **~ contro il patrimonio**, Vermögensdelikt n; **~ politico**, politische Straftat; **~ tentato**, Versuch m **2** (*omicidio*) Mord m **3** *fig* (*peccato*) Schande f, Sünde f: **è un ~ dover buttar via quest'arrosto!**, es ist eine wahre Schande, den Braten wegwerfen zu müssen! **4** *fig* (*in-*

sulto) Verbrechen n: **~ contro l'umanità**, Verbrechen n gegen die Menschheit; **~ contro la vita**, Verbrechen n gegen das Leben **5** *fig scherz* (*tragedia*) Verbrechen n *scherz*, Tragödie f *scherz*, Drama n *scherz*: **non preoccuparti, non è poi mica un ~, se sei arrivato in ritardo!**, mach dir keine Sorgen, deine Verspätung ist doch kein Verbrechen/Drama *scherz*! B <inv> loc agg: **del ~**, {ARMA, LUOGO, ORA} Tat-; {GIORNO} Mord- ● **~ capitale**, Kapitalverbrechen n; **macchiarsi di un ~** (*esserne responsabile*), sich eines Verbrechens schuldig machen *forb*; **~ d'onore** *obs*, Ehrendelikt n; **~ d'opinione**, Überzeugungstat f; **il ~ perfetto**, das perfekte Verbrechen; **~ a sfondo sessuale**, Sexualverbrechen n, Sexualstraftat f, Sexualdelikt n, Sittlichkeitsverbrechen n.

delittuóso, (-a) agg {AZIONE} verbrecherisch; {ATTEGGIAMENTO, COMPORTAMENTO} anche kriminell.

delivery order <- -, - -s pl *ingl*> loc sost m *ingl comm* (*ordine di consegna*) Lieferauftrag m, Delivery-Order f, Auslieferungsschein m; *mar* Konnossement n, Frachtbrief m.

delìzia f **1** (*piacere*) Genuss m, Freude f: **le delizie di qc**, {+AMORE} die Wonnen *etw* (*gen*); {+MUSICA} der Genuss *etw* (*gen*); **le delizie** ⌊**della tavola**⌋/[**del palato**], die ⌊Freuden der guten Küche⌋/[Gaumenfreuden] f pl; **essere una vera ~ per gli occhi/le orecchie**, ⌊eine wahre Augenweide/ein wahrer Augenschmaus *scherz*⌋/[ein wahrer Ohrenschmaus *fam*] sein **2** (*squisitezza*) Köstlichkeit f: **questo pesce è una vera ~!**, der Fisch ist ⌊eine wahre Köstlichkeit⌋/[eine wahre Delikatesse]/[einfach köstlich]/[ein wahrer Genuss]! **3** (*felicità*) Freude f: **essere la ~ di qu**, {BAMBINO DELLA MADRE} jds Freude sein **4** *iron* (*cosa sgradevole*) Vergnügen n *iron*, Freude f *iron*: **è una vera ~ uscire con questo tempaccio!**, es ist ein wahres Vergnügen, bei diesem Mistwetter rauszugehen! *fam iron* ● **è una ~ di ragazza** *iron*, sie ist ein reizendes/entzückendes Mädchen *fam*, sie ist ein Prachtmädchen *fam*.

deliziàre <*delizio*, *delizi*> A tr **1** **~ qu** {LIBRO LETTORE} *jdn* erfreuen *forb*, *jdn* beglücken *forb*, *jdn* ergötzen *obs*; **~ qc** {SPIRITO} *etw* erfreuen **2** *iron* (*annoiare*) **~ qu** *jdn* beglücken *iron*, *jdn* langweilen: **adesso ci delizierà con le diapositive del suo viaggio in Africa**, jetzt wird er/sie uns mit den Dias seiner/ihrer Afrikareise beglücken *iron* B rfl: **deliziarsi di qc** {DI UN PAESAGGIO} sich (*an etw dat*) erfreuen, sich (*an etw dat*) ergötzen *obs*.

deliziòso, (-a) agg {BEVANDA, CIBO} köstlich, exquisit *forb*; {OGGETTO, SERATA} reizend; {PERSONA} *anche* entzückend; {CUCCIOLO} *anche* niedlich.

dell', **délla**, **délle**, **déllo** prep di *con* art l', la②, le, lo.

delocalizzàre tr (*trasferire*) **~ qc** {PRODUZIONE} *etw* verlagern.

delocalizzazióne f *econ* {+IMPRESA} Verlegung f.

delottizzàre tr **~ qc** {ENTE} *etw* vom Proporz(denken) befreien *forb spreg*.

delottizzazióne f Befreiung f vom Proporz(denken) *forb spreg*.

dèlta① A <-> m o f *anche mat* Delta n B <inv> agg *fis* Delta-: **raggi ~**, Deltastrahlen m pl.

dèlta② <-> m *geog* {+FIUME} Delta n: **~ del Po**, Podelta n.

deltaplanìsta <-i m, -e f> mf *sport* Drachenflieger(in) m(f).

deltaplàno m *sport* (Flug)drachen m: **andare in ~**, Drachen fliegen.

deltòide A agg {FOGLIA} dreieckig, delta-

förmig, deltoid *obs* B m *anat* Deltamuskel m.

delucidàre tr (*spiegare*) **~ qc** (**a qu**) {PASSO DI UN TESTO} (*jdm*) *etw* erläutern, (*jdm*) *etw* verständlich machen.

delucidazióne f (*spiegazione*) Erläuterung f: **chiedere delucidazioni su qc**, um Aufklärung über *etw* (*acc*) bitten; **fornire delucidazioni su qc**, Erläuterungen zu *etw* (*dat*) geben, *etw* erläutern.

deludènte agg (*che delude*) {FILM, INCONTRO} enttäuschend.

delùdere <*deludo*, *delusi*, *deluso*> tr **~ qu/qc** {ASPETTATIVE DI QU, SPERANZE DI QU} *jdn/etw* enttäuschen: **la realtà di quel paese l'ha assai deluso**, die Wirklichkeit dieses Landes hat ihn sehr enttäuscht; **la tua scelta mi ha profondamente deluso**, deine Entscheidung hat mich zutiefst enttäuscht.

delusióne f {AMARA, GROSSA, TREMENDA} Enttäuschung f: **~ d'amore**, Enttäuschung f in der Liebe, Liebesenttäuschung f; **avere una ~ da qu/qc**, mit jdm/etw eine Enttäuschung erleben, von jdm/etw enttäuscht werden; **dare una ~ a qu** (**con qc**), jdn (mit *etw dat*) enttäuschen; **sei proprio una ~!**, du hast mich wirklich/echt *fam* enttäuscht!

delùso, (-a) A part pass di deludere B agg {SGUARDO} enttäuscht: **restare/rimanere ~ da qu/qc**, von jdm/etw enttäuscht werden; **mi sembri ~!**, ich habe den Eindruck, du bist enttäuscht!, du scheinst mir enttäuscht zu sein!

DEM banca (*marco tedesco*) DM (abbr *di* Deutsche Mark).

demagogìa f Demagogie f: **fare della ~**, Demagogie betreiben.

demagògico, (-a) <-ci, -che> agg {DISCORSO} demagogisch *spreg*, aufwieglend, hetzerisch.

demagògo, (-a) <-ghi, -ghe> A m *stor* Demagoge m B m (f) Demagoge m *spreg*, (Demagogin f *spreg*), Volksverführer(in) m(f), Volksaufwiegler(in) m(f).

demandàre tr *amm* **~ qc a qu/qc** {CONTROVERSIA, DECISIONE, QUESTIONE ALL'AUTORITÀ COMPETENTE} (*jdm/etw*) *etw* übertragen; {COMPITO, INCARICO} *anche* (*jdm/etw*) *etw* an|vertrauen.

demaniàle agg *amm dir* domanial, der öffentlichen Hand, Domänen-: **proprietà ~**, staatliches Eigentum, Domäne f, Domänengut n.

demànio <-ni> m *amm dir* (*beni demaniali*) Staatsbesitz m, Domanialbesitz m, Domänenbesitz m, Domäne f, Domänengut n, öffentliche Sachen, Sachen f pl der öffentlichen Hand: **terreno appartenente al ~**, öffentlicher Grundbesitz.

démaquillage <-> m *franc* (*nella cosmesi*) {+VISO} Abschminken n: **fare il ~**, sich abschminken.

demarcàre <*demarco*, *demarchi*> tr (*segnare*) **~ qc** {CONFINI DI UNA PROPRIETÀ} *etw* ab|stecken; {TERRITORIO} *etw* ab|grenzen.

demarcatìvo, (-a) agg *ling* {FUNZIONE} Abgrenzungs-.

demarcazióne f (*delimitazione*) {+TERRITORIO} Abgrenzung f, Demarkation f *forb*: **~ dei confini**, Abstecken n der Grenzen, Grenzziehung f.

dematerializzàre tr **~ qc 1** *rar* (*smaterializzare*) *etw* entmaterialisieren, *etw* entstofflichen **2** (*eliminare o ridurre l'uso di supporti materiali*) *etw* elektronisieren, *etw* auf elektronische Datenverarbeitung umstellen: **~ i titoli di Stato**, Staatsanleihen auf elektronisches Format umstellen.

dematerializzazióne f (*sostituzione di qc con la sua versione digitale*) {+DOCUMENTO}

d'emblée loc avv franc (di primo acchito) beim ersten Versuch, auf Anhieb fam: **hanno fatto un gol d'emblée**, sie haben auf Anhieb ein Tor geschossen fam; (all'improvviso) sofort, mit einem Schlag(e).

demedicalizzàre tr ~ qc: ~ **il parto**, sich für eine sanfte Geburt entscheiden, so wenig wie möglich in den natürlichen Geburtsverlauf eingreifen.

demènte **A** agg **1** spreg (stupido) blöd(e) fam, schwachsinnig fam spreg, hirnrissig fam spreg: **essere ~**, {PROFESSORE} total schwachsinnig sein fam spreg **2** med {RAGAZZO} geistesgestört, dement scient, schwachsinnig obs **B** mf **1** spreg Schwachsinnige mf decl come agg fam spreg: **gridare come un ~**, wie ein Wahnsinniger brüllen fam **2** med Geistesgestörte mf decl come agg, Schwachsinnige mf decl come agg obs **C** <inv> loc agg (da stupido) <>: **da ~**, {AZIONE, DISCORSO} (total) idiotisch fam spreg, schwachsinnig fam spreg, blödsinnig fam spreg, hirnrissig fam spreg; **fare discorsi da ~**, Blödsinn (daher)reden fam spreg **D** loc avv (da stupido): **da ~**, {AGIRE} völlig kopflos.

demènza f **1** spreg (stoltezza) Blödheit f fam spreg, Schwachsinnigkeit f fam spreg, Hirnrissigkeit f fam spreg **2** med Demenz f, Dementia f scient, Schwachsinn m obs: **~ precoce**, Dementia f praecox scient; **~ senile**, Dementia f senile scient, Altersschwachsinn m fam obs.

demenziàle agg **1** fam {COMPORTAMENTO} blöd(e) fam spreg, schwachsinnig fam spreg, hirnrissig fam spreg: **discorso ~**, idiotisches Gerede/Gefasel fam spreg; **comicità ~**, Albernheit f fam spreg **2** med demential scient.

demenzialità f {+SCELTA} Schwachsinn m fam spreg, Hirnrissigkeit f fam spreg.

demeritàre tr ~ (qc) {RISPETTO DI QU, STIMA DI QU} etw (gen) nicht mehr würdig sein.

demèrito m Vergehen n, Schuld f: **senza ~**, ohne Schuld, schuldlos; **tornare a ~ di qu**, sich zu jds Nachteil auswirken, auf jdn zurückfallen.

demilitarizzàre tr ~ qc {TERRITORIO, ZONA} etw entmilitarisieren, etw demilitarisieren rar.

demilitarizzazióne f {+TERRITORIO, ZONA} Entmilitarisierung f, Demilitarisierung f rar.

demi-monde <-> m franc Halbwelt f.

demineralizzàre tr ~ qc {ACQUA} etw demineralisieren.

demineralizzazióne f **1** chim Demineralisieren n **2** med Demineralisation f.

demi-sec <-, - -s pl franc> agg franc enol {SPUMANTE, VINO} halbtrocken, demi-sec.

demistificànte agg (che demistifica) {AZIONE, EFFETTO} entmystifizierend.

demistificàre <demistifico, demistifichi> tr ~ qu/qc {PERSONAGGIO, POLITICA DI QU} jdn/etw entmystifizieren.

demistificatòrio, (-a) <-ri m> agg (che mira a dissacrare) {CRITICA} entmystifizierend.

demistificazióne f Entmystifizierung f, Entmystifizieren n.

demitizzàre tr ~ qu/qc etw entmythologisieren, jdn/etw entmythisieren.

demitizzazióne f Entmythologisierung f, Entmythisierung f.

demiùrgico, (-a) <-ci, -che> agg {FUNZIONE} demiurgisch.

demiùrgo <-gi o -ghi> m stor filos Demiurg m; (creatore dell'universo) anche Weltenschöpfer m.

demi-vierge <-, - -s pl franc> f franc Demivierge f forb obs.

démmo 1ª pers pl del pass rem di dare.

dèmo <-> m ingl **1** inform (Programma)demo f **2** mus Demoaufnahme f, Demoband n.

democràtica f → **democratico**.

democraticità <-> f demokratischer Charakter.

democràtico, (-a) <-ci, -che> **A** agg **1** polit {LEGGI, REGIME} demokratisch **2** (alla mano) {CAPO, PROFESSORE, SUPERIORE} umgänglich, leutselig, verträglich: **essere più ~ con qu**, {CON I PROPRI COLLABORATORI, DIPENDENTI} freundlicher zu jdm sein **B** m (f) polit Demokrat(in) m(f) • **democratici di sinistra** polit, Linksdemokraten m pl.

democratizzàre tr ~ qc {ISTITUZIONE, SOCIETÀ} etw demokratisieren.

democratizzazióne f Demokratisierung f: **iniziare/promuovere un processo di ~**, einen Demokratisierungsprozess einleiten/fördern.

democrazìa f **1** polit Demokratie f: **~ costituzionale**, konstitutionelle Demokratie; **~ diretta/indiretta**, direkte/indirekte Demokratie; **~ rappresentativa**, repräsentative Demokratie; **~ parlamentare**, parlamentarische Demokratie; **vivere in una ~**, in einer Demokratie leben **2** (atteggiamento) Umgänglichkeit f, Leutseligkeit f: **tratta i dipendenti con ~**, er/sie ist ein leutseliger Vorgesetzter, er/sie behandelt seine/ihre Angestellten nicht von oben herab • **Democrazia Cristiana** (abbr DC) polit stor, "christdemokratische Partei Italiens in der Zeit von 1942 bis 1994"; **~ popolare** polit stor (denominazione dei paesi che costituivano il blocco a regime comunista), Volksdemokratie f; **Democrazia Proletaria** (abbr DP) polit stor, "italienische Linkspartei".

democristiàno, (-a) polit stor **A** agg (relativo alla Democrazia Cristiana) {PROGRAMMA} christdemokratisch **B** m (f) (in Italia) Mitglied n der Democrazia Cristiana, Christdemokrat(in) m(f); (sostenitore) Anhänger(in) m(f) der Democrazia Cristiana.

démodé <inv> agg franc (passato di moda) {COLORE} out fam, aus der Mode (gekommen), nicht mehr modern/aktuell.

demodossologìa f Meinungsforschung f.

demografìa f Demographie f, Bevölkerungswissenschaft f.

demogràfico, (-a) <-ci, -che> agg {INCREMENTO} demographisch, Bevölkerungs-: **eccedenza demografica**, Geburtenüberschuss m.

demolìre <demolisco> tr ~ qc **1** (distruggere) {AUTOMOBILE} etw verschrotten; {EDIFICIO, FABBRICATO, MURO, QUARTIERE} etw ab|reißen, etw nieder|reißen; {PONTE} etw sprengen; {NAVE} etw ab|wracken; {APPARTAMENTO} etw demolieren fam, etw verwüsten **2** fam (rompere) {CHITARRA, MATERASSO} etw kaputt|machen fam **3** (screditare, rovinare) ~ qc {ALIBI, LAVORO DI QU, TEORIA} etw zunichte|machen, etw total auseinander|nehmen fam; {AUTORITÀ DI QU} etw untergraben, etw unterminieren; {CRITICA, GIORNALI FILM, SCRITTO} etw verreißen; {REPUTAZIONE DI QU} etw ruinieren; ~ qu jdn total (he)runtermachen fam, jdn fertig|machen fam, jdn zur Sau machen volg; {COLPI DEL DESTINO, EVENTI} jdn fertig|machen fam: **~ un avversario** sport, einen Gegner vernichtend schlagen/[fertig|machen fam].

demolitóre, (-trice) **A** agg **1** (atto a demolire) {MARTELLO} Abriss- **2** fig {CRITICA} vernichtend; {EFFETTO, FORZA} anche zerstörerisch **B** m (impresa) Abbruchunternehmen n; (per autoveicoli) Autoverschrottung f, Schrotthändler m **C** m (f) (operaio) Abrissarbeiter(in) m(f).

demolizióne f **1** (distruzione) Zerstörung f; {+EDIFICIO, MURO, QUARTIERE} Abriss m, Abbruch m; {+AUTOMOBILE, MACCHINARI} Verschrottung f; {+APPARTAMENTO} Demolierung f fam, Verwüstung f: **palazzo in ~**, Abbruchhaus n **2** (impresa) Abbruchunternehmen n; (per autoveicoli) Autoverschrottung f, Schrotthändler m: **portare la macchina in ~**, das Auto verschrotten lassen **3** fig {+TEORIA, TESI} Auseinandernehmen n, Widerlegung f; {+FILM, ROMANZO} Verriss m.

demologìa f Volkskunde f.

demoltìplica <-che> f mecc Untersetzungsgetriebe n.

demoltiplicàre <demoltiplico, demoltiplichi> tr mecc ~ qc etw untersetzen.

demoltiplicatóre m mecc Untersetzungsgetriebe n, Achterteiler m: **~ di rapporto**, Achterteiler m, Achteruntersetzer m.

dèmone m **1** relig Dämon m **2** fig Dämon m: **il ~ della discordia**, der böse Geist der Zwietracht; **il ~ dell'invidia**, der Dämon des Neides, der krankhafte Neid; **il ~ della gelosia**, der Dämon der Eifersucht, die rasende/krankhafte Eifersucht; **~ del gioco**, Spielteufel m, Spielleidenschaft f.

demonetizzàre tr econ ~ qc {MONETA} etw demonetisieren.

demonetizzazióne f econ {+MONETA} Demonetisierung f.

demonìaco, (-a) <-ci, -che> agg (diabolico) {FORZA} dämonisch, teuflisch.

demònico, (-a) <-ci, -che> agg poet dämonisch, dämonenhaft, übernatürlich.

demònio <-ni> m **1** relig Teufel m: **le arti del ~**, die Verführungen des Teufels; **ascoltare la voce del ~**, auf die Stimme des Teufels hören; **essere posseduto dal ~**, vom Teufel besessen sein **2** fig (persona infame) Teufel m (in Menschengestalt) **3** fig fam (persona di eccezionali qualità) Teufelskerl m fam: **è un ~ che riesce in tutto!**, ˪er kann˩/[ihm gelingt] einfach alles! **4** fig (bambino irrequieto) kleiner Teufel fam, Wildfang m, Satansbraten m fam scherz: **il figlio della mia amica è un vero ~!**, der Sohn meiner Freundin ist ein echter ˪kleiner Teufel fam˩/[Wildfang]/[Satansbraten]! m fam scherz • **essere astuto/furbo come il ~**, gerissen/[schlau wie ein Fuchs] sein fam; **essere brutto come il ~**, hässlich wie die Nacht sein; **avere il ~ ˪in corpo˩/[addosso]**, den Teufel im Leib haben fam; **diventare un ~**, fuchsteufelswild werden fam; **gridare come un ~**, schreien wie am Spieß fam.

demonizzàre tr ~ qu/qc {NEMICO} jdn/etw dämonisieren, jdn/etw verteufeln.

demonizzazióne f {+GENERE MUSICALE} Dämonisierung f.

demonologìa f relig Dämonologie f, Lehre f von den Dämonen.

demoproletàrio, (-a) <-ri m> m (f) stor (in Italia negli anni 70) "Anhänger(in) m(f) der Partei Democrazia Proletaria".

demoralizzànte agg (scoraggiante) {COMPORTAMENTO, EFFETTO} entmutigend, demoralisierend.

demoralizzàre **A** tr (scoraggiare) ~ qu {ALUNNO, COLLABORATORE, STUDENTE} jdn entmutigen, jdn demoralisieren **B** tr pron: **demoralizzarsi ˪per˩/[a causa di] qc** (wegen etw gen/dat jem) den Mut verlieren.

demoralizzàto, (-a) agg (scoraggiato) {ALUNNO, COLLABORATORE, STUDENTE} entmutigt, demoralisiert.

demoralizzatóre, (-trice) agg {COMPORTAMENTO, EFFETTO} entmutigend, demoralisierend.

demoralizzazióne f Entmutigung f, Demoralisierung f.
demòrdere <coniug *come* mordere> itr lockerlassen *fam*, auf|geben: **è uno che non demorde**, er ist einer, der nicht lockerlässt.
demoscopìa f Meinungsforschung f, Demoskopie f.
demoscòpico, (-a) <-ci, -che> agg Meinungsforschungs-, demoskopisch: **inchiesta demoscopica**, Meinungsumfrage f.
demòtico, (-a) <-ci, -che> agg {SCRITTURA} demotisch: **greco** ~, Demotike f.
demotivànte agg {AZIONE, COMPORTAMENTO, CRITICA, EFFETTO} demotivierend.
demotivàre A tr ~ **qu** {ALUNNO, COLLABORATORE, STUDENTE} jdn demotivieren B rfl **demotivarsi** (**per**/[**a causa di**] **qc**) (*wegen etw* gen/dat *fam*) demotiviert sein/werden.
demotivàto, (-a) agg {ALUNNO, COLLABORATORE, STUDENTE} demotiviert, nicht motiviert.
demotivazióne f {+ALUNNO, COLLABORATORE, STUDENTE} Demotivierung f.
den. *tess abbr di* denaro: den (*abbr di* Denier.)
denàro m 1 *gener* Geld n: ~ **contante**/**spicciolo**, Bar-/Kleingeld n; ~ **pubblico**, öffentliche Gelder n pl 2 *banca*: **tasso** ~, Geldzins m 3 *econ*: **prezzo** ~, Geldkurs m 4 *stor* (*moneta romana e medievale*) Denar m 5 <*solo pl*> (*nei giochi di carte*) Schellen f pl: **giocare denari**, Schellen spielen 6 <*solo pl*> *tess* (*unità di peso, abbr den*) Denier n (*abbr den*): **collant 15 denari**, 15 den Feinstrumpfhosen ● **essere attaccato al** ~ *fig* (*essere avaro*), am Geld hängen; **avere il** ~ **contato** *fig* (*averne poco*), knapp bei Kasse sein im; **buttare il** ~ **dalla finestra** *fig* (*sprecarlo*), sein Geld ⌊auf die Straße⌋/[zum Fenster hinaus] werfen *fam*; ~ **fresco** *fig* (*capitale nuovo*), neues Kapital; **gettare** ⌊**i denari**⌋/[**il proprio** ~] *fig* (*sprecarlo*), Geld vergeuden; **far a palate** *fig* (*guadagnare molto*), gut Geld machen *fam*, Geld scheffeln *fam*; ~ **che scotta** *fig* (*pericoloso*), heißes Geld; ~ **sporco** *fig* (*guadagnato illegalmente*), schmutziges Geld.
denatalità <-> f Geburtenrückgang m.
denaturàre tr *chim* ~ **qc** {PROTEINE} *etw* denaturieren; {ALCOL} *etw* vergällen.
denaturazióne f {+ALCOL} Vergällung f.
denazificàre <*denazifico, denazifichi*> tr *stor* (*in Germania, dopo la seconda guerra mondiale*) ~ **qc** {PAESE, SOCIETÀ} *etw* entnazifizieren, *etw* denazifizieren.
denazificazióne f *stor* (*in Germania, dopo la seconda guerra mondiale*) Entnazifizierung f, Denazifizierung f: **processo di** ~, Entnazifizierungsprozess m.
denazionalizzàre tr 1 *econ* ~ **qc** {IMPRESA, INDUSTRIA} *etw* reprivatisieren 2 *polit* {GRUPPO ETNICO, TERRITORIO} *etw* (*dat*) seine/ihre nationale Identität rauben.
denazionalizzazióne f 1 *econ* {+IMPRESA, INDUSTRIA} Reprivatisierung f 2 *polit* {+TERRITORIO} Denationalisierung f, Rauben n der nationalen Identität.
dendrite m *anat* Dendrit m.
dendrocronologìa f Jahresringforschung f, Dendrochronologie f *scient*.
dendrologìa f *bot* Baumkunde f, Baumforschung f, Dendrologie f *scient*.
denegàre <*denego, deneghi*> tr 1 *forb* (*rifiutare*) ~ **qc a qu** {GIUSTIZIA AL POPOLO} jdm *etw* verweigern; {DIRITTO AI CITTADINI} *anche* jdm *etw* nicht zu|gestehen 2 *lett* (*negare*) ~ **qc** *etw* leugnen, *etw* ab|streiten.
dengue <-> f *spagn med* Denguefieber n.
denicotinizzàre tr ~ **qc** {TABACCO} *etw* (*dat*) Nikotin entziehen.
denigràre tr (*diffamare*) ~ **qu** jdn verleumden, jdn an|schwärzen *fam*, jdn schlecht|machen *fam*: ~ **la reputazione di qu**, jdn in einen üblen Ruf bringen, jds Ruf antasten *forb*, jds Ruf (langsam) untergraben.
denigratóre, (-trice) m (f) Verleumder(in) m(f).
denigratòrio, (-a) <-ri m> agg (*diffamatorio*) {ATTO, AZIONE} verleumderisch, verunglimpfend *forb*.
denigratrice f → **denigratore**.
denigrazióne f 1 (*atto*) Verleumdung f, Verunglimpfung f *forb* 2 (*calunnia*) üble Nachrede.
denim <-> m *ingl tess* Denim n o m.
denocciolàre tr ~ **qc** (**con qc**) {PESCHE CON UNA MACCHINETTA} *etw* (*mit etw dat*) entkernen, *etw* (*mit etw dat*) entsteinen.
denocciolatrice f *tecnol* (*macchina*) Entkerner m.
denominàle *ling* A agg {AGGETTIVO} Denominativ-, von einem Nomen abgeleitet B m Denominativ(um) n.
denominàre A tr (*dare un nome*) ~ **qc** {BOTANICO PIANTA} *etw* benennen; ~ **qc da qc** {CITTÀ DAL FIUME} *etw* nach *etw* (*dat*) benennen: **tale fenomeno è denominato "effetto Doppler"**, dieses Phänomen ⌊wird als "Doppler-Effekt" bezeichnet⌋/[wird "Doppler-Effekt" genannt]/[nennt sich "Doppler-Effekt"] B itr pron 1 (*avere il nome*): **denominarsi qc** {FARMACO, PRODOTTO} *etw* heißen 2 *rar* (*prendere il nome*): **denominarsi da qc** sich *aus etw* (*dat*) her|leiten: **la regione si denomina dal fiume che l'attraversa**, der Fluss gibt der Region ihren Namen.
denominativo, (-a) agg 1 bezeichnend, benennend 2 *ling* {VERBO} Denominativ-, von einem Nomen abgeleitet.
denominatóre, (-trice) A m (f) *forb* Namen(s)geber(in) m(f) B m *mat* Nenner m: **minimo comun** ~, kleinster gemeinsamer Nenner ● ~ **comune** *fig* (*tratto comune*), gemeinsamer Nenner.
denominazióne f {+FARMACO, PRODOTTO COMMERCIALE, SPECIE} Benennung f, Bezeichnung f, Name m ● ~ **di origine controllata** (*abbr* DOC), Qualitätswein m aus bestimmten Anbaugebieten; ~ **sociale** *comm dir* (*nome delle società di capitali*), Firma f.
denotàre tr (*rivelare*) ~ **qc** {AFFERMAZIONE AMPIE CONOSCENZE DEL SETTORE; AZIONE, COMPORTAMENTO FORZA D'ANIMO} *auf etw* (*acc*) hin|deuten, *auf etw* (*acc*) schließen lassen, *von etw* (*dat*) zeugen *forb*.
denotativo, (-a) agg *ling* {SIGNIFICATO} denotativ.
denotazióne f *ling* Denotation f.
densimetro m *fis tecnol* Dichtemesser m, Densimeter n: ~ **aerostatico**, Aerometer n.
densità <-> f 1 (*corposità*) {+COLLA, CREMA} Dicke f, Dickflüssigkeit f 2 (*fittezza*) {+FUMO, NEBBIA, VEGETAZIONE} Dichte f 3 *fig* (*ricchezza*) Dichte f: ~ **di concetti**, begriffliche Dichte 4 *elettr fis meteo* Dichte f, Dichtigkeit f: ~ **atmosferica**/[**dell'aria**], Luftdichte f; ~ **assoluta**, spezifisches Gewicht; ~ **di corrente elettrica**, Stromdichte f; ~ **di energia**, Energiedichte f; ~ **di radiazione**, Strahlungsdichte f; ~ **relativa**, relative Dichte 5 *geog* Dichte f: ~ **edilizia**, Bebauungsdichte f; **regione ad alta** ~ **di popolazione**, Region mit hoher Bevölkerungsdichte.
dènso, (-a) agg 1 (*corposo*) {CIOCCOLATA, OLIO} dick(flüssig) 2 (*fitto*) {FUMO, NEBBIA, VEGETAZIONE} dicht 3 *fig* (*ricco*) {PROGRAMMA} reichhaltig; ~ **di qc** voll *von etw* (*dat*)/+ *gen forb*, voller *etw* (*o* gen): **giornate dense di malinconia**, Tage ⌊voller Traurigkeit⌋/[in melancholischer Stimmung]; **una settimana densa di appuntamenti**, ein Woche voller Termine, eine volle Woche *fam*; **una settimana densa di avvenimenti**, eine ereignisreiche Woche.
dentàle A agg 1 *anat* dental, Dental-; {CORONA, IGIENE} Zahn- 2 *ling* dental, Dental-; {SUONO} *anche* Zahn- B f *ling* Zahnlaut m, Dental(laut) m.
dentàrio, (-a) <-ri m> agg {CAPSULA, PROTESI} Zahn-.
dentaruòlo m Beißring m.
dentàta f (*colpo*) Biss m.
dentàto, (-a) agg 1 *mecc tecnol* gezahnt, gezackt *fam*; {RUOTA, SETTORE} Zahn- 2 *anat* (*fornito di denti*) gezähnt, mit Zähnen versehen.
dentatrice f *mecc* Radfräsmaschine f.
dentatùra f 1 *anat* Gebiss n: ~ ⌊**da/di latte**⌋/[**caduca**], Milchzähne m pl, Milchgebiss n; ~ **permanente**, bleibende Zähne, Erwachsenengebiss n; **avere una bella** ~, schöne Zähne haben 2 *mecc* (*insieme dei denti*) {+INGRANAGGIO, RUOTA} Verzahnung f; {+PETTINE} Zinken m pl.
dènte A m 1 *anat* Zahn m: ~ **artificiale**, künstlicher Zahn; ~ **canino**/**incisivo**, Eck-/Schneidezahn m; **devitalizzare un** ~, den Zahnnerv abtöten; ~ **molare**, Backen-, Molarzahn m; ~ **permanente**, bleibender Zahn; ~ **a perno**, Stiftzahn m; **denti superiori**/**inferiori**, obere/untere Zähne, obere/untere Zahnreihe; **denti trituratori**, Mahl-, Backenzähne m pl; **avere un** ~ **cariato**, Karies an einem Zahn haben, ein Loch im Zahn haben *fam*, einen kariösen/kaputten Zahn haben; **essere senza denti**, zahnlos sein; **farsi curare i denti**, sich in zahnärztliche Behandlung begeben *forb*, zum Zahnarzt gehen *fam*; **mettere i denti**, Zähne bekommen *fam*, zahnen; **qu perde i denti, a qu cadono i denti**, jdm fallen die Zähne aus 2 *geog* Spitze f, Zacke f 3 *mecc tecnol* Zacke f, Zahn m; {+PETTINE} Zahn m, Zinken m; {+SEGA} Zahn m, Zacken m *südtt* B <inv> loc agg *avv gastr*: **al** ~, bissfest, al dente, *anche* körnig: **cuocere la pasta al** ~, die Nudeln ⌊al dente⌋/[bissfest] kochen ● **affondare il** ~ **in qc** *fig* (*cercare di ricavare il massimo*), das Äußerste aus/bei *etw* (*dat*) heraus|holen; **essere armato fino ai denti** *fig* (*ben armato*), bis an die Zähne bewaffnet sein; **arrotare i denti** *fig* (*digrignare*), mit den Zähnen knirschen; **avere il** ~ **avvelenato contro qu** *fig* (*essere pieno di rancore*), einen richtigen Pik auf jdn haben *fam*, jdn gefressen haben *fam*; **battere i denti** *fig* (*per il freddo o la paura*), mit den Zähnen klappern; **dire qc tra i denti** *fig* (*mormorare*), *etw* nuscheln *fam*, *etw* in seinen Bart (hinein) brummen; **murmeln** *fam*; **fuori dai denti** *fig* (*francamente*), rundheraus/freiheraus/offen gesagt; ~ **del Gigante** *geog*, Gipfel m des Mont-blanc-Massivs; ~ **del giudizio** *anat*, Weisheitszahn m; **denti** ⌊**da/di latte**⌋/[**caduchi**] (*destinati a cadere*), Milchzähne m pl; **avere ancora i denti da latte** *fig* (*essere molto giovani*), noch grün/[feucht hinter den Ohren] sein *fam*; ~ **di leone** *bot*, Löwenzahn m; (*infiorescenza*) *anche*, Butterblume f *fam*; **mettere qc sotto i denti** *fam* (*mangiare qc*), sich (*dat*) *etw* zwischen die Zähne schieben *fam*; **non aver niente da mettere sotto i denti** *fig* (*essere poveri*), nichts zum Beißen haben *fam*; **mostrare i denti** *fig* (*essere pronti a difendersi*), jdm die Zähne zeigen; **parlare**/[**dire qc**] **fuori dai denti** *fig* (*francamente*), ganz unverblümt sprechen, kein Blatt vor den Mund nehmen; **stringere i denti** *fig* (*resistere*), die Zähne zusammenbeißen; **fare qc a denti stretti** *fig* (*malvolentieri*), *etw* mit

zusammengebissenen Zähnen tun; **tirato coi denti** *fig* (*forzato*), {DISCORSO, ESEMPIO, RAGIONAMENTO} an den Haaren herbeigezogen *fam*; **togliersi un ~** *fig* (*un fastidio*), etwas Unangenehmes hinter sich bringen; **ungere il ~** *fig* (*corrompere*), schmieren *fam*, bestechen; **ungere i denti** *fig* (*procurarsi benefici*), Öl in die Maschine gießen *fam*, Klüngeleien betreiben *spreg*, klüngeln *fam*; **difendersi con i denti e con le unghie** *fig* (*strenuamente*), sich mit Zähnen und Klauen verteidigen *fam*.
dentellàre *tr* ~ **qc** {FRANCOBOLLO, LAMA} *etw* auszacken.
dentellàto, (-a) *agg* **1** {FOGLIA, FRANCOBOLLO} gezähnt, gezackt **2** *arch* {TORRE} mit Zinnen versehen, zinnenbewehrt.
dentellatùra f **1** {+FOGLIA} Zahnung f, Auszackung f; {+FRANCOBOLLO} Zähnung f **2** *arch* Zackenornament n.
dentèllo m **1** {+FRANCOBOLLO} Zahn m, Zähnchen n **2** *arch* Zahnschnitt m.
dèntice m *itt* Zahnbrasse f.
dentièra f **1** (*protesi*) Zahnersatz m *scient*, Gebiss n *fam*: **portare la ~**, ein Gebiss tragen *fam* **2** *ferr* (*cremagliera*) Zahnstange f, Zahnrad n.
dentifrìcio, (-a) <-ci m> **A** *agg* {PASTA} Zahn- **B** m Zahnputzmittel n; (*pasta*) Zahnpasta f, Zahncreme f.
dentìna f *anat* Zahnbein n, Dentin n *scient*.
dentìsta <-i m, -e f> mf Zahnarzt m, (Zahnärztin f): **andare dal ~**, zum Zahnarzt gehen.
dentìstico, (-a) <-ci, -che> *agg* {STUDIO} zahnärztlich, Zahnarzt-.
dentizióne f {+BAMBINO} Zahndurchbruch m, Zahnen n.
déntro **A** *avv* **1** (*stato in luogo*) {ESSERE, STARE} drinnen, drin *fam*: **ho trovato una borsa con ~ duecento euro**, ich habe eine Tasche mit zweihundert Euro (drin) gefunden; **e ~ che cosa c'era? – (Non c'era ~) niente**, und was war drinnen/drin *fam*: **- (Es war) nichts** (drinnen/drin *fam*); **qua/qui ~ fa caldo**, hier drinnen/drin *fam* ist es warm; **là/lì ~ non c'è spazio**, da drinnen/drin *fam* ist kein Platz **2** (*moto a luogo*) {ANDARE} hinein-: **là ~ è meglio non entrare**, es ist besser, nicht dorthinein zu gehen; **vai un po' in ~!**, geh ein Stück weiter rein *fam*; {VENIRE} herein- **3** *eufem* (*in prigione*) {ESSERE} im Gefängnis/Knast *fam*; {ANDARE} ins Gefängnis/in den Knast *fam* **4** *fig* (*nell'intimo*) im Inner(st)en, innerlich: **~ mi sento a pezzi**, innerlich fühle ich mich *fix* und fertig *fam*;/[völlig zerstört *fam*]; **è un impulso che viene da ~**, das ist ein Impuls, der von innen kommt **B** *prep* **1** (*stato in luogo*) **~ qc** in *etw* (dat): **essere ~ casa**, im Haus(e) sein **2** (*moto a luogo*) **~ qc** in *etw* (acc): **andare ~ casa**, ins Haus gehen **C** *loc prep* **1** (*stato in luogo*) **~ a qc** {ALL'ARMADIO} in *etw* (dat) (drin) **2** (*moto a luogo*) **~ a qc** {AL PALAZZO} in *etw* (acc) (hinein) **3** *fam* (*moto da luogo*) **da ~ qc** aus *etw* (dat) (heraus): **prendi il telefonino da ~ la borsa**, nimm das Handy aus der Tasche **4** *fig* (*nell'intimo*) **~ di qu** in jdm: **la forza è ~ di te**, die Kraft liegt in dir; **~ di me l'avevo già pensato**, ich hatte es mir schon gedacht **D** *anche fig* {+OGGETTO, PERSONA} Innere n *decl come agg* **E** <*solo sing*> *loc sost* m *anche fig*: **di ~**, {+OGGETTO} Innere n *decl come agg*; **vedere qc dal di ~**, *etw* von innen her sehen ● **darci ~** *fig fam* (*lavorare sodo*), zupacken, sich reinknien *fam*; **dare ~ a qc** (*urtare*), gegen *etw* (acc) stoßen; **essere ~ a qc** (*conoscere a fondo*), {AL PROBLEMA} *etw* im Grund auf kennen; **o ~ o fuori!** *fig* (*invito a prendere una decisione*), entweder oder!; **in ~** (*verso l'interno*), nach innen; **tenere tutto ~** *fig* (*essere chiuso*), alles für sich behalten.
denuclearizzàre *tr* **~ qc 1** (*togliere armi e/o centrali nucleari*) {ZONA} *etw* von Kern-, Atomwaffen-/[Kern-, Atomkraftwerken] befreien, *etw* denuklearisieren **2** (*rifiutare centrali nucleari*) {COMUNE} den Bau oder die Betriebnahme von Kern-, Atomkraftwerken ablehnen.
denuclearizzàto, (-a) *agg* kern-, atomwaffenfrei, frei von Kern-, Atomkraftwerken.
denuclearizzazióne f **1** {+AREA} Denuklearisierung f, Beseitigung f von Kern-, Atomwaffen-/[Kern-, Atomkraftwerken] **2** (*rifiuto di centrali nucleari*) {+COMUNE} Ablehnung f von Kern-, Atomenergie.
denudaménto m Entblößung f, Entkleidung f.
denudàre **A** *tr* **1** (*spogliare*) **~ qu** {PAZIENTE} jdn entkleiden **2** *fig* (*rendere spoglio*) **~ qc** {AUTUNNO ALBERI} *etw* entblättern, *etw* entlauben **3** *fig* (*vuotare*) **~ qc** {LADRI APPARTAMENTO} *etw* aus|räumen *fam*, *etw* ausplündern; **~ qc** (*di qc*) {CHIESA DEGLI ARREDI} *etw* von *etw* (dat) befreien **4** *fig forb* (*togliere*) **~ qu di qc** {CATASTROFE POPOLAZIONE DI TUTTI GLI AVERI} jdn *etw* (gen) berauben **B** *rfl*: **denudarsi** {UOMO} sich entkleiden, sich entblößen.
denudazióne f **1** (*lo spogliare*) {+AMMALATO} Entkleidung f, Entblößung f **2** *geol* Abtragung f, Denudation f ● **~ degli altari** *relig*, Enthüllung f der Altäre.
denùncia <-ce> f **1** *amm dir* (*dichiarazione*) Erklärung f, Anzeige f: **~ dei redditi**, {+LAVORATORE AUTONOMO} (Einkommens)steuererklärung f; {+LAVORATORE DIPENDENTE} (Lohn)steuererklärung f; **presentare la ~ dei redditi**, die Steuererklärung einreichen **2** *amm* (An)meldung f: **~ di decesso/nascita**, Todes-/Geburtsanzeige f **3** *dir* (*informazione di un fatto costituente reato perseguibile d'ufficio*) **~ (contro qu)** (**di/per qc**) {DI/PER FURTO, DI/PER TRUFFA} (Straf)anzeige f (*gegen* jdn) (wegen *etw* gen): **~ contro ignoti**, Anzeige f gegen unbekannt; **~ di scomparsa/smarrimento**, Vermissten-/Verlustanzeige f; **presentare/sporgere ~**, Strafanzeige erstatten **4** *dir* (*comunicazione*) Anzeige f, Meldung f: **~ di un sinistro** (*nelle assicurazioni*), Schadensanzeige f, Schadensmeldung f; **~ dei vizi della cosa venduta** (*nella compravendita*), Mängelanzeige f, Mängelrüge f **5** *dir* (*causa di estinzione*) {+TRATTATO} Rücktritt m vom (völkerrechtlichen) Vertrag **6** *fig* (*segnalazione*) Anprangerung f: **la ~ di uno scandalo**, die Enthüllung eines Skandals ● **fare ~ contro qu**, jdn anzeigen.
denunciànte mf **1** *amm* Erklärende mf *decl come agg* **2** *dir* Anzeigende mf *decl come agg*, Anzeigeerstatter(in) m (f).
denunciàre <*denuncio, denunci*> *tr* **1** *amm dir* (*dichiarare*) **~ qc** {NASCITA DI UN FIGLIO} *etw* an|zeigen **2** *amm* **~ qc** (*a qu/qc*) {ENTRATE, REDDITI} *etw* (*bei etw* dat) an|geben: **~ qc al fisco**, *etw* bei der Steuerbehörde/Steuer an|geben **3** *dir* (*comunicare*) **~ qc** {INCIDENTE DI AUTOMOBILE} *etw* an|zeigen, *etw* melden **4** *dir* (*informare la competente autorità di un reato*) **~ qc (a qu)** {FRODE, SCIPPO AI CARABINIERI} *etw* (*bei* jdm) an|zeigen, (*bei* jdm) Strafanzeige wegen *etw* (gen) erstatten; **~ qu (per qc)** {VICINI PER SCHIAMAZZI NOTTURNI} jdn (*wegen etw* gen/dat *fam*) an|zeigen, *gegen* jdn (*wegen etw* gen/dat *fam*) Strafanzeige erstatten **5** *fig* (*segnalare*) **~ qc** {CORRUZIONE, LASSISMO DI QU/QC} *etw* (öffentlich) anprangern/verurteilen **6** *fig* (*mostrare*) **~ qc** {SGUARDO SOFFERENZA INTERIORE} *etw* verraten, *auf etw*

(acc) hin|weisen ● **~ la scomparsa di un bambino alla polizia**, bei der Polizei eine Suchanzeige nach einem Kind aufgeben.
denunciatóre, (-trice) m (f) Anzeigenerstatter(in) m(f); *spreg* Denunziant(in) m(f) *spreg*.
denùnzia e *deriv* → **denuncia** e *deriv*.
denutrìto, (-a) *agg* {BAMBINO, POPOLAZIONE} unterernährt.
denutrizióne f {+BAMBINO, POPOLAZIONE} Unterernährung f.
deodorànte **A** *agg* {EFFETTO} deodorierend; {CREMA} *anche* Deodorant-, Deo- **B** m De(s)odorant n, Deo n *fam*: **~ per ambienti**, Duftspender m; **~ spray**, Deospray n.
deodoràre *tr chim* **~ qc** {OLIO} *etw* de(s)odorieren.
Dèo gràtias *loc inter* *lat* **1** (*di sollievo*) Gott sei Dank! **2** *relig* Dank sei Gott dem Herrn! ● **essere al Deo gratias** *fig* (*alla fine*), am Ende angelangt sein.
deonomàstica <-che> f *ling* Deonomastik f.
deontologìa f (*linee di condotta per determinate professioni*) Deontologie f, Berufsethos n *forb*: **~ professionale**, Kodex m der Berufspflichten, Berufsethos n *forb*, Deontologie f.
deontològico, (-a) <-ci, -che> *agg* {CODICE, PRINCIPI} berufsethisch *forb*.
deospedalizzàre *tr* **~ qu** {MALATI DI MENTE} jdn aus dem Krankenhaus entlassen.
deossiribonuclèico <-ci> *agg chim* {ACIDO} Desoxyribonuklein-.
deossiribòsio <-> m *chim* Desoxyribose f.
dep. *polit abbr di* deputato: Abg. (*abbr di* Abgeordnete).
depauperaménto m (*impoverimento*) {+TERRENO} Auslaugung f; {+ORGANISMO} *anche* Erschöpfung f; *fig* {+ERARIO} Verarmung f.
depauperàre *tr* (*impoverire*) **~ qc** {COLTIVAZIONI TERRENO} *etw* aus|laugen; {DIETA ORGANISMO} *anche etw* erschöpfen; *fig* {ERARIO} *etw* verarmen lassen, *etw* erschöpfen *fam*.
depenalizzàre *tr dir* **~ qc** {ABUSO DI HASHISH} *etw* entkriminalisieren.
dépendance <-> f *franc* {+ALBERGO, VILLA} Nebengebäude n, Dependance f.
depennaménto m {+MATRICOLE} Streichen n (*von einer Liste*).
depennàre *tr* **~ qu/qc** (*da qc*) {CANDIDATO, NOME DA UNA LISTA} jdn/*etw* (*von etw* dat) streichen, *etw* (*in etw* dat) aus|-, durch|streichen: **~ qu da un elenco**, jdn von einer Namensliste streichen.
deperìbile *agg* {GENERI ALIMENTARI, MERCI, SOSTANZA} (leicht) verderblich.
deperiménto m **1** *med* Kräfteverfall m, Auszehrung f, Erschöpfung f: **~ organico**, körperlicher Erschöpfungszustand **2** (*deterioramento*) {+ALIMENTI} Verderben n, Schlechtwerden n *fam*.
deperìre <*deperisco*> *itr* <*essere*> **1** (*indebolirsi*) {RAGAZZO} verfallen, dahin|siechen *forb* **2** (*deteriorarsi*) {CIBO, FRUTTA, MERCE} verderben, schlecht werden; {PIANTA} verkümmern.
deperìto, (-a) *agg* {RAGAZZA} erschöpft, gesundheitlich angegriffen, (total) ausgelaugt *fam*; {VISO} eingefallen, ausgezehrt.
depigmentazióne f *biol* Depigmentation f.
depilàre **A** *tr* **~ qc** (*togliere i peli*) {SOPRACCIGLIA} (sich dat) *etw* (aus|)zupfen; {BRACCIA, GAMBE} *etw* enthaaren, *etw* depilieren, *etw* rupfen *fam scherz*; (*con rasoio*) sich (dat) *etw* rasieren **2** (*in conceria*) *etw* ab|haaren **B** *rfl*: **depilarsi** sich enthaaren; (*indir*) **depilarsi qc** {LE SOPRACCIGLIA} sich

(dat) etw (aus|)zupfen: ~ **le gambe**, die Haare an den Beinen entfernen, die Beine depilieren; (con rasoio) sich (dat) etw rasieren.

depilatóre m (per gambe, viso) Enthaarungsgerät n, Epiliergerät n.

depilatòrio, (-a) <-ri m> **A** agg {CREMA} Enthaarungs-; {EFFETTO} enthaarend **B** m Enthaarungsmittel n.

depilazióne f 1 {+SOPRACCIGLIA} Zupfen n; {+GAMBE, VISO} Enthaarung f, Depilation f; (con rasoio) Rasieren n 2 (in conceria) {+CUOIO} Enthaarung f.

dépistage <-> m franc 1 med {+MALATTIA} Nachweis m, Feststellung f 2 sociol {+CRIMINALITÀ} Aufspüren n.

depistàggio <-gi> m (sviamento) {+INQUIRENTI} Irreführung f; {+INDAGINI} Manipulierung f forb.

depistaménto m → depistaggio.

depistàre tr ~ **qu** {POLIZIA} jdn irre|führen, jdn auf die falsche Fährte locken fam; ~ **qc** {INDAGINI} etw (dat) eine falsche Richtung geben, etw manipulieren forb.

de plano loc avv lat dir (extragiudizialmente) außergerichtlich: **risolvere una controversia de plano**, einen Streit außergerichtlich beilegen.

deplezióne f med Depletion f scient.

dépliant <-> m franc {+ALBERGO} Prospekt m, Faltblatt n.

deploràbile agg 1 (deplorevole) {AZIONE, COMPORTAMENTO, CONDOTTA} tadelnswert 2 (miserevole) {CONDIZIONE, STATO} bedauernswert, beklagenswert.

deploràre tr ~ **qc** 1 (biasimare) {AZIONE, COMPORTAMENTO, CONDOTTA DI QU} etw missbilligen, sich über etw (acc) entrüsten 2 (compiangere) {ACCADUTO, AVVENIMENTO, STATO DI COSE} etw beklagen, etw bedauern.

deplorazióne f (il biasimare) ~ (**di qc**) Missbilligung f (über etw acc), Entrüstung f (über etw acc): **suscitare la ~ generale**, allgemeine Entrüstung hervorrufen.

deplorévole agg 1 (da biasimare) {AZIONE, COMPORTAMENTO, CONDOTTA DI QU} tadelnswert 2 (miserevole) {ACCADUTO, AVVENIMENTO, CONDIZIONI, STATO DI COSE} beklagenswert, bedauernswert; {FATTO} bedauerlich.

deponènte m 1 ling Deponens n 2 chim mat tip Index(zahl f) m.

depórre <coniug come porre> **A** tr 1 forb (mettere giù) ~ **qc** (+ **compl di luogo**) {CORONA DI FIORI SULLA TOMBA DI QU} etw (irgendwo) nieder|legen forb; {PACCO, VALIGIA} etw (irgendwo) ab|setzen, etw (irgendwo) ab|stellen; {BIANCHERIA NEL CASSETTO} etw (irgendwohin) legen 2 forb (togliersi) ~ **qc** (+ **compl di luogo**) {CAPPELLO} etw (irgendwo) ab|legen; {CAPPOTTO, VESTITI} anche etw (irgendwo) aus|ziehen fam 3 fig (rimuovere) ~ **qu** (**da qc**) {MINISTRO DALLA CARICA} jdn etw (gen) entheben; ~ **il re**, den König absetzen 4 fig (lasciare) ~ **qc** {CARICA, UFFICIO} etw nieder|legen; ~ **l'abito talare**, das Priestergewand ablegen; ~ **la corona**, die Krone niederlegen 5 fig (dimenticare) ~ **qc** {L'IRA, L'ODIO} etw (dat) ablassen, etw (dat) ab|lassen forb obs: **l'idea di qc**, von einer Vorstellung Abstand nehmen, sich von einer Idee verabschieden; **l'orgoglio**, seinen Stolz ablegen 6 dir ~ **qc** etw aus|sagen; ~ **il falso**, eine falsche Aussage machen, falsch aussagen; ~ **il vero**, die Wahrheit sagen **B** itr dir ~ (+ **compl di luogo**) aus|sagen: **essere chiamato a ~ (come/quale testimone)**, in den Zeugenstand gerufen werden, als Zeuge aufgerufen werden; ~ **contro qu**, gegen jdn aussagen; ~ **in giudizio/tribunale**, vor Gericht aussagen; **rifiutare di ~**, die

Aussage verweigern ● ~ **a favore di qu** dir {für jdn}/{zugunsten jds} aussagen; fig (essere a vantaggio di qu), sich für jdn aus|sprechen.

deportàre tr ~ **qu** (+ **compl di luogo**) {CONDANNATI, PRIGIONIERI NEI CAMPI DI STERMINIO} jdn (irgendwohin) deportieren, jdn (irgendwohin) verschleppen.

deportàto, (-a) m (f) Deportierte mf decl come agg: **i deportati nei lager**, die Lagerinhaftierten m pl decl come agg.

deportazióne f ~ (**in qc**) {+CONDANNATI, PRIGIONIERI NEI CAMPI DI STERMINIO} Deportation f (in etw acc), Verschleppung f (in etw acc).

depòrto m econ Deport m.

depòsi 1a pers sing del pass rem di deporre.

deposìtànte mf 1 banca Deponent(in) m(f) 2 dir (nel contratto di deposito) Hinterleger(in) m(f).

depositàre **A** tr 1 (mettere) ~ **qc** (+ **compl di luogo**) {PACCO, VALIGIA A TERRA} etw (irgendwo) ab|stellen, etw (irgendwo) ab|setzen; {CAPPELLO, GUANTI SULLA MENSOLA} etw (irgendwo) ab|legen; {VALIGIA IN MACCHINA} etw (irgendwo) verstauen 2 (dare in custodia) ~ **qc** + **compl di luogo** {OGGETTO DI VALORE, QUADRO} etw zur Aufbewahrung geben; ~ **le valigie alla stazione**, die Koffer am Bahnhof zur Gepäckaufbewahrung geben; {BAGAGLI DA UN AMICO, IN CASA DI QU} etw {bei jdm}/{irgendwo} ab|stellen, etw {bei jdm}/{irgendwo} deponieren 3 (immagazzinare) ~ **qc** + **compl di luogo** {MERCI IN MAGAZZINO} etw (irgendwo) (ein|)lagern 4 banca (affidare in deposito) ~ **qc** (+ **compl di luogo**) {SOMMA} etw (irgendwo) deponieren, etw (irgendwo) hinterlegen: ~ **qc in banca**, {DOCUMENTI, TITOLI, VALORI} etw bei der Bank deponieren/hinterlegen, etw auf die Bank bringen fam 5 amm ~ **qc** {FIRMA, SENTENZA, TESTAMENTO} etw hinterlegen: ~ **un brevetto**, ein Patent anmelden 6 geol {FIUME DETRITI, FANGO} etw ab|lagern **B** itr (precipitare) {ACETO, MOSTO, VINO} einen Bodensatz bilden: **lasciare ~ qc**, etw absetzen lassen; **deve prima ~**, das muss sich erst setzen **C** itr pron: **depositarsi** + **compl di luogo** {CALCARE NELLA LAVATRICE; ZUCCHERO SUL FONDO DELLA TAZZA; DETRITI SUL FONDO DEL FIUME} sich (irgendwo) ab|lagern.

depositàrio, (-a) <-ri m> m (f) 1 Verwahrer(in) m(f), Aufbewahrer(in) m(f) 2 dir (nel contratto di deposito) Verwahrer(in) m(f) 3 fig {+CULTURA OCCITANA} Bewahrer(in) m(f), Hüter(in) m(f): **sei l'unico ~ dei miei segreti** scherz, du bist der Einzige, dem ich meine Geheimnisse anvertraue 4 econ Depositar m, Depositär m.

depositàto, (-a) agg comm {MARCHIO} eingetragen.

depòsito m 1 (magazzino) Lager n: ~ **di armi/degli attrezzi/di merci**, Waffen-/Werkzeug-/Warenlager n; ~ **bagagli**, Gepäckaufbewahrung f; ~ **di rifiuti**, Müllabladeplatz m 2 (sede per mezzi pubblici, veicoli) Betriebshof m, Depot n 3 (sedimento) {+VINO} (Boden)satz m, Depot n: **fare il ~ fam**, {ACETO} einen Bodensatz bilden, sich absetzen 4 (sede di allevamento di cavalli) Gestüt n, Pferdezuchtanstalt f 5 (nei cimiteri) Leichenhalle f 6 amm dir (il depositare) ~ (+ **compl di luogo**) {+FIRMA, TESTAMENTO DA UN NOTAIO; +COMPARSA, SENTENZA IN CANCELLERIA} Hinterlegen n {bei jdm/etw}, Hinterlegung f {bei jdm}/{etw} 7 banca (azione) {+DOCUMENTI, SOMMA, VALORI} Deponieren n, Hinterlegen n, Hinterlegung f: **il ~ di oggetti di valore in banca**, {das Deponieren}/{das Hinterlegen}/{die Hinterlegung} von Wertgegenständen bei einer Bank 8 banca (i beni deposita-

ti) Einlage f, Depot n, Depositen pl: **avere un ~ in banca**, ein Spargutbaben bei der Bank haben; ~ **bancario**, (Spar)einlage f; ~ **fiduciario**, Bankeinlage f, Kundeneinlage f, Bankdepositen pl; ~ **a risparmio**, Spareinlage f, Spargutbaben n; **ritirare un ~**, ein Spargutbaben abheben; ~ **di titoli**, Wertpapierdepot n 9 comm (l'immagazzinare) {+MERCI} (Ein)lagern n, (Ein)lagerung f 10 dir Verwahrung f; (contratto di ~) Verwahrungsvertrag m; ~ **liberatorio**} Hinterlegung f 11 geol Ablagerung f: ~ **alluvionale**, Anschwemmung f; ~ **calcareo**, Kalkablagerung f; **depositi detritici**, Schuttablagerungen f pl; **depositi eolici**, Flugsand m 12 med Ablagerung f: ~ **di grasso**, Fettablagerung f 13 mil Rekrutendepot n ● ~ **a cassette bancarie**, Schließfächer n pl; ~ **cauzionale**/{di garanzia} dir (nella locazione), Kaution f; **dare**/**lasciare qc in ~**, etw zur Aufbewahrung geben; ~ **doganale** dir, Zollager m; ~ **franco** comm, (Steuer)freilager n; **mettere qc in ~**, {MERCE} etw (ein|)lagern; {BAGAGLIO} etw zur Aufbewahrung geben, etw (bei der Gepäckaufbewahrung) abgeben; **ricevere qc in ~**, etw zur Aufbewahrung erhalten, etw verwahren.

deposizióne f 1 (atto) {+CORONA DI FIORI} Niederlegung f 2 (destituzione) ~ (**da qc**) {+MINISTRO DA UNA CARICA} Entfernung f (aus etw dat); {+RE DAL TRONO} Absetzung f (von etw dat) 3 arte relig Kreuzabnahme f 4 dir (in giudizio, in tribunale) Aussage f: ~ **del testimone**, Zeugenaussage f 5 geol (sedimento) Ablagerung f ● ~ **falsa** (falsa testimonianza), Falschaussage f; ~ **delle uova** ornit, Eiablage f; itt, Laichen n.

depòsto, (-a) agg (destituito) ~ (**da qc**) {RE DAL TRONO} (von etw dat) abgesetzt; {MINISTRO DA UNA CARICA} (aus etw dat) entfernt.

depotenziaménto m (indebolimento) Schwächung f.

depotenziàre tr ~ **qc** etw schwächen.

depravàre tr (guastare) ~ **qc** {COSTUMI, GUSTO} etw verderben.

depravàto, (-a) agg {AMBIENTE, PERSONA} verkommen, verdorben forb.

depravazióne f {+AMBIENTE, PERSONA} Verkommenheit f, Verderbtheit f forb obs.

deprecàbile agg (biasimevole) {AZIONE, COMPORTAMENTO} tadelnswert.

deprecàre <depreco, deprechi> tr 1 (disapprovare) ~ **qc** {COMPORTAMENTO, MODO DI FARE} etw missbilligen; {L'INTOLLERANZA} etw verurteilen 2 lett (scongiurare) ~ **qc** (**da qu**) {MORTE, SVENTURA} etw durch Flehen/Bitten von jdm abzuwenden suchen; flehen, dass jd (von etw dat) verschont wird.

deprecàto, (-a) **A** part pass di deprecare **B** agg 1 (malaugurato) {EVENTUALITÀ} verhängnisvoll, unglückselig 2 (disapprovato) ~ **da qu** {SCELTA DA TUTTI} von jdm missbilligt.

deprecazióne f 1 (riprovazione) {+GESTO} Missbilligung f; {+VIZIO} Verurteilung f 2 obs lett Abbitte f, Deprekation f forb rar, Flehen n/Bitte f um Verschonung.

depredàre tr 1 (saccheggiare) ~ **qc** {INVASORI CITTÀ} etw plündern 2 (derubare) ~ **qu** {LADRI} jdn be-, aus|rauben.

depredatóre, (-trice) m (f) lett Plünderer m, (Plünd(r)erin f).

deprèssa f → depresso.

deprèssi 1a pers sing del pass rem di deprimere.

depressionàrio, (-a) <-ri m> agg meteo {AREA} Tiefdruck-.

depressióne f 1 (abbassamento) {+TERRENO} Vertiefung f, Senke f; {+STRADA} Absenkung f 2 econ (recessione) Depression f, anhaltender Konjunkturrückgang, Talsohle f **3** *geog* (*zona bassa*) Landsenke f **4** *med psic* Depression f: **cadere in ~**, depressiv werden, in eine Depression verfallen; **soffrire di ~**, an/unter Depressionen leiden, depressiv sein **5** *meteo* Tief n ● **la** *Grande* **Depressione** *stor* (*nel 1929*), die große Depression, die Weltwirtschaftskrise; **~ dell'***orizzonte* *astr*, Depression f.

depressìvo, (**-a**) *agg psic* {FASE, STATO} depressiv.

deprèsso, (**-a**) **A** *part pass di* deprimere **B** *agg* **1** *fam* (*avvilito*) {PERSONA} niedergeschlagen, entmutigt, (total) deprimiert *fam*: **sentirsi ~**, sich niedergeschlagen/entmutigt/[(total) deprimiert/fertig fühlen *fam*; **ti vedo piuttosto ~**, du siehst ziemlich deprimiert/fertig aus *fam* **2** (*arretrato*) {ZONA} rückständig: **le aree depresse del paese**, die wirtschaftlich rückständigen Gebiete des Landes **3** *psic* {RAGAZZO} deprimiert **C** *m* (f) *psic* depressive Person, Depressive *mf decl come agg*, Depri *m slang*.

depressóre *anat* **A** *agg* depressorisch *scient*; {NERVO} Depressor- **B** *m* Depressor *m scient*.

depressurizzàre *tr fis* **~ qc** den Luftdruck *in etw* (dat) verringern/herab|setzen.

depressurizzazióne f *fis* Verringerung f/Herabsetzung f des Luftdrucks.

deprezzaménto *m* **1** (*riduzione del valore*) {+IMMOBILE} Wertminderung f; (*del prezzo*) Preisminderung f **2** *fig* {+COLLABORATORE, LAVORO} Herabsetzung f, Wertschmälerung f **3** *econ* {+MONETA, VALUTA} Wertverlust *m*, Kursrückgang *m*.

deprezzàre **A** *tr* **~ qc 1** (*ridurre il valore*) {TERRENO} *etw* ab|werten, den Wert *etw* (gen) (ver)mindern; (*il prezzo*) {CASA, MERCE} den Preis *etw* (gen) mindern **2** *fig* (*sminuire*) {INTERVENTO DI QU} *etw* herab|setzen, *etw* ab|werten **B** *itr pron* (*perdere valore*): **deprezzarsi** {MERCE} im Wert fallen; {CASA, TERRENO} an Wert verlieren.

deprimènte **A** *agg* **1** {CALDO} drückend **2** *fig* {ATMOSFERA, PERSONA, SPETTACOLO} deprimierend **B** *m farm* Sedativum *n scient*.

deprìmere <*irr deprimo, depressi, depresso*> **A** *tr* **1** (*abbassare*) **~ qc** {TERRENO} *etw* nie|der|drücken; **~ qu** {BOCCIATURA, FALLIMENTO, SITUAZIONE} *jdn* deprimieren **3** *fam* (*abbattere*) **~ qu** {CALDO} *jdn* (total) fertig|machen, *jdn* kaputt|machen *fam* **4** *econ* **~ qc** {INFLAZIONE MERCATO, VALUTA} *etw* schwächen; {CRISI PREZZI, SALARI} *etw* (nach unten) drücken **5** *med* **~ qc** {PRODUZIONE DI INSULINA} *etw* senken **B** *itr pron* **1** (*abbassarsi*): **deprimersi** {TERRENO} sich senken **2** (*avvilirsi*): **deprimersi** (**per qc**) {PER UN INSUCCESSO, PER UNA SCONFITTA} (*infolge etw* gen) depressiv werden, (*wegen etw* gen/*dat fam*) in eine Depression verfallen, sich (*von etw* dat) entmutigen/fertig|machen *fam* lassen.

deprivàre *tr* **~ qu di qc** {DEL NECESSARIO} *jdm etw* vor|enthalten.

deprivazióne f **1** (*privazione*) {+DIRITTO ALLO STUDIO} Vorenthaltung f **2** *med psic* Deprivation f.

de profùndis <- -> *loc sost m lat relig* De Profundis *n* ● **dire/cantare/recitare il de profundis de profundis (a qu)** *fig* (*darlo per spacciato*), *jdn* verloren geben, *jdn* aufgeben.

depuràre **A** *tr* **1** *chim* (*privare delle impurità*) **~ qc** (**da qc**) {ACQUA DALLE SOSTANZE INQUINANTI} *etw* (*von etw* dat) reinigen: **~ un metallo dalle scorie**, ein Metall entschlacken; {TISANA ORGANISMO, SANGUE DALLE TOSSINE} *etw* (*von etw* dat) reinigen, *etw* (*von etw*

dat) entschlacken **2** *fig* (*raffinare*) **~ qc** {STILE} *etw* verfeinern **3** *fig* (*liberare*) **~ qc da qc** {LINGUA DALLE FORME DIALETTALI} *etw* *von etw* (dat) befreien **B** *itr pron chim metall*: **depurarsi** {ACQUA} sich reinigen; {ORGANISMO} entschlackt werden.

depuràto, (**-a**) **A** *agg* {EFFETTO} reinigend; {TISANA} Blutreinigungs- **B** *m* Entschlackungsmittel n, Blutreinigungsmittel n.

depuratóre, (**-trice**) **A** *agg tecnol* {FILTRO} Reinigungs- **B** *m* (f) (*operaio*) Klärfacharbeiter(in) m(f) **C** *m tecnol* **1** (*apparecchio*) Aufbereitungs-, Reinigungsgerät n **2** (*impianto*) {+LAGO} Kläranlage f, Klärwerk n: **~ dell'acqua**, Wasseraufbereitungsanlage f; **~ dell'aria**, Luftreinigungsanlage f ● **magnetico per nastri** *inform*, Reinigungsstation f für Magnetbänder.

depurazióne f **1** *chim* Reinigung f, Klärung f: **~ dell'acqua**, Wasseraufbereitung f; **~ dell'aria**, Luftreinigung f; **~ delle acque di rifiuto**, Abwasserreinigung f; **~ del metallo dalle scorie**, Entschlackung f des Metalls **2** *med* {+SANGUE} Reinigung f.

deputàre *tr* (*incaricare*) **~ qu per qc** {PER UNA MISSIONE} *jdn* zu *etw* (dat) ab|ordnen; **~ qu a fare qc**, *jdn* mit *etw* (dat) beauftragen.

deputàto, (*rar* **-a**, *scherz* **-essa**) **A** *agg* **~ a qc** {A UN COMPITO} *zu etw* (dat) abgeordnet **B** *m* (f) **1** (*delegato*) Beauftragte *mf decl come agg* **2** *polit* Abgeordnete *mf decl come agg*: **~ al parlamento**, Parlamentsabgeordnete *mf decl come agg*; **~ (al parlamento) europeo**, Europaabgeordnete *mf decl come agg*; **~ regionale**, Abgeordnete *mf decl come agg im* Regionalparlament.

deputazióne f *anche polit* **1** (*delegazione*) Abordnung f, Deputation f **2** (*incarico*) Entsendung f, Abordnung f.

dequalificàre <*dequalifico, dequalifichi*> *tr* **~ qu** {COLLABORATORE, DIPENDENTE} *jdn* dequalifizieren; **~ qc** {INIZIATIVA IMPRESA} *etw* ab|werten, *etw* ab|qualifizieren.

deragliaménto *m ferr anche fig* {+SOCIETÀ, TRENO} Entgleisung f.

deragliàre <*deraglio, deragli*> *itr* <*essere*> *ferr* {VAGONE} entgleisen: **far ~ qc**, *etw* zum Entgleisen bringen.

deragliatóre *m sport* (*nel ciclismo*) Kettenschaltung f.

dérapage <-> *m franc autom* Schleudern n, Ausbrechen n; *aero* Abrutschen n, Abkippen n ● **fare ~** *sport* (*nello sci*), abschwungen.

derapàre *itr* {AUTOMOBILE} schleudern, aus|brechen; {AEREO} ab|rutschen, ab|kippen; {SCIATORE} abschwungen.

derapàta → *dérapage*.

derattizzazióne f **~ (di qc)** {+EDIFICIO} Rattenbekämpfung f (*in etw* dat).

dèrby <-, *-bies pl ingl*> *m ingl sport* (*nel calcio, nell'equitazione*) Derby n.

deregolamentàre *tr econ* **~ qc** {MERCATO} *etw* deregulieren.

deregolamentazióne f *econ* Deregulierung f, Deregulation f: **processo di ~**, Deregulierungsprozess *m*.

deregulation <-> f *ingl econ* Deregulierung f, Deregulation f.

derelìtto, (**-a**) **A** *agg* (*abbandonato*) {INFANZIA} trostlos, schwer; {PERSONA} verwahrlost, vereinsamt, verlassen; {CAMPI} brachliegend, verwildert {CASA, PAESE} trostlos, gottverlassen **B** *m* (f) vereinsamter/verlassener Mensch.

derequisìre <*derequisisco*> *tr amm* **~ qc** {PROPRIETÀ} *etw* (wieder) frei|geben.

derequisizióne f *amm* {+TERRENO} Freigabe f.

deresponsabilizzàre **A** *tr* **~ qu** *jdn* von der Verantwortung befreien/entbinden **B** *itr pron*: **deresponsabilizzarsi** keine Verantwortung übernehmen, sich seiner Verantwortung entledigen, das Verantwortungsgefühl verlieren; (*rifiutare*) *anche* alle Verantwortung ⌊von sich (dat) weisen⌋/[ab|lehnen].

deresponsabilizzazióne f Entbindung f aus der Verantwortung; *spreg* Verantwortungslosigkeit f.

deretàno *m forb anche scherz* Gesäß n, Hintern *m fam*.

derìdere <*coniug come* ridere> *tr* **~ qu/qc** (*per qc*) *jdn/etw* (*wegen etw* gen/dat *fam*) verspotten, *über jdn/etw* (*wegen etw* gen/dat *fam*) spotten, sich *über jdn/etw* (*wegen etw* gen/dat *fam*) lustig machen; **~ qu** (**per qc**) {PER I DIFETTI} *jdn* (*wegen etw* gen/dat *fam*) aus|-, verlachen.

derisióne f Verspottung f, Spott *m*.

derìso, (**-a**) **A** *part pass di* deridere **B** *agg* verspottet; {PERSONA} *anche* ausgelacht, verlacht, lächerlich gemacht *fam*.

derisòrio, (**-a**) <**-ri** *m*> *agg* **1** (*che deride*) {GESTO, SGUARDO} spöttisch, höhnisch **2** (*di derisione*) {DISCORSO} Spott-.

derìva f **1** *aero mar* (*spostamento*) Trift f, Drift f **2** *aero mar* {+VELIERO} (Kiel)schwert n; {+AEREO} Seitenruder n: **~ laterale**, {+BARCA} Seitenschwert n; {+WINDSURF} Seitenflosse f; **~ a scomparsa**, {+WINDSURF} (einholbares) Hauptschwert **3** *geol* Drift f: **~ dei continenti**, Kontinentaldrift f, Kontinentalverschiebung f **4** *mar* (*imbarcazione*) Segelboot n ● **andare alla ~**, {NAUFRAGO, NAVE} abgetrieben werden; {CONTINENTE} ab|driften; *fig* (*lasciarsi andare*), sich treiben lassen.

derivàbile *agg mat* {FUNZIONE} Ableitungs-.

derivànte *agg* **~ (da qc)** {INTERESSI, SPESE DAL MUTUO} sich (*aus etw* dat) ergebend.

derivàre① **A** *itr* <*essere*> **1** (*avere origine*) **~ da qc** {DIFETTI DALL'EDUCAZIONE RICEVUTA} *von etw* (dat) (her|)kommen, *von etw* (dat) her|rühren, *auf etw* (dat) beruhen; {DUBBI INCONGRUENZE NELLA DEPOSIZIONE DI QU} *in etw* (dat) begründet sein, *von etw* (dat) kommen; {AFFERMAZIONE DA UN'ATTENTA ANALISI DI QC; SCOPERTA DA LUNGHE RICERCHE} *auf etw* (acc) zurück|gehen: **ciò deriva dal fatto che ... ind**, das kommt daher, dass ... ind **2** (*essere prodotto*) **~ da qc** {ENERGIA DAL CARBONE} *aus etw* (dat) gewonnen werden **3** (*discendere*) **~ da qu/qc** {DA UNA FAMIGLIA NOBILE} *von jdm/etw* (ab|)stammen, *aus etw* (dat) stammen **4** *geog ling* **~ da qc** {FIUMI DAI GHIACCIAI} *in etw* (dat) entspringen, den Ursprung *in etw* (dat) haben; {PAROLA DAL GRECO} *aus etw* (dat) stammen, *aus etw* (dat) kommen **B** *tr* <*avere*> **~ qc da qc 1** (*dedurre*) {CONCETTO} *etw aus etw* (dat) ab|leiten; {VERITÀ DAGLI INDIZI} *anche etw aus etw* (dat) her|leiten **2** *fig* (*prendere*) {ACQUA DAL LAGO} *etw von etw* (dat) ab|zweigen; {CANALE} *etw von etw* (dat) ab|leiten **~ ne deriva che ...** (*la conseguenza è che ...*), daraus folgt, dass ...

derivàre② *itr* <*essere*> *aero mar* ab|driften, ab|treiben.

derivàta f *mat* Ableitung f.

derivàto *m* **1** (*prodotto secondario*) Neben-, Abfallprodukt n **2** *chim* Derivat n: **~ del petrolio**, Erdölprodukt n **3** *ling* Ableitung f, Derivat(um) n.

derivazióne f **1** *elettr* Abzweigung f, Abzweig *m*: **in ~**, parallel geschaltet **2** *ling* Ableitung f, Derivation f: **un termine di ~ araba**, ein Wort arabischen Ursprungs **3** *mat* Differenzialrechnung f **4** *tecnol* {+ACQUE} Abzweigung f, Ableitung f: **opera di ~**, Wasserbauprojekt n zur Veränderung des Flusslaufs **5** *tel* Nebenanschluss m; (*da centralino*) Nebenstelle f.

dèrma <-> m *anat* Lederhaut f, Derma n *scient.*

dermatite f *med* Hautentzündung f, Dermatitis f *scient.*

dermatòfita <-i> m *med* Hautpilz m, Dermatophyt m *scient.*

dermatòloga f → **dermatologo**.

dermatologìa f Dermatologie f.

dermatològico, (-a) <-ci, -che> agg {CLINICA} dermatologisch.

dermatòlogo, (-a) <-gi, -ghe> m (f) *med* Hautarzt m, (Hautärztin f), Dermatologe m, (Dermatologin f).

dermoplàstica f *med* Hauttransplantation f, Dermatoplastik f *scient.*

dermatòsi <-> f *med* Hautkrankheit f, Dermatose f *scient.*

dèrmico, (-a) <-ci, -che> agg *anat* dermal *scient.*

dermoabrasióne f *med* Abschleifen n der Haut, Dermabrasion f *scient.*

dermoesfoliazióne f *med* Abschuppung f der Haut.

dermòide m o f **1** (*finto cuoio*) Kunstleder n **2** *med* Dermoid(zyste f) n *scient.*

dermopatìa f *med* Hautkrankheit f, Dermatopathie f *scient.*

dermopàtico, (-a) <-ci, -che> agg *med* {STUDIO} Hautkrankheits-.

dermoprotettivo, (-a) agg *farm* Hautschutz-.

dermosifilopàtico, (-a) <-ci, -che> agg *med* Haut- und Geschlechtskrankheiten betreffend.

dèroga <-ghe> **A** f **1** (*eccezione*) Ausnahme(regelung) f: **non saranno ammesse deroghe**, Ausnahmen ˌwerden nicht zugelassenˌ/[gibt es nicht *fam*] **2** *dir* ~ **a qc** Abweichung f (*von etw dat*): **contratto con patto in** ~ *dir*, "Mietvertrag m, der abweichend von der gesetzlichen Mietpreisbindung geschlossen wird" **3** *dir* (*abrogazione parziale*) ~ (*a qc*) {A UNA LEGGE} Derogation f, (teilweise) Aufhebung/Ersetzung/Außerkraftsetzung (*etw gen*) **B** *loc prep anche dir:* **in** ~ **a qc**, **a** ~ **di qc** {A UNA CIRCOLARE, DI UNA LEGGE, DI UNA NORMA} abweichend von etw (dat), in Abweichung von etw (dat).

derogàbile agg *dir* abdingbar.

derogàre **A** *itr* **1** *dir* ~ **a qc** {A UNA LEGGE} *etw* (teilweise) auf|heben, *etw* (teilweise) außer Kraft setzen; {A UNA NORMA} *von etw* (dat) ab|weichen **2** *fig* (*rinunciare*) ~ **a/da qc** {A UN ACCORDO, ALLA DIGNITÀ PROFESSIONALE, A UN PATTO, DA UN PRINCIPIO, DA UNA REGOLA} *von etw* (dat) ab|weichen: ~ **da un consiglio**, einen Rat nicht befolgen **B** *tr* (*spec al passivo*) ~ **qc** {LEGGE} *etw* (teilweise) auf|heben, *etw* (teilweise) außer Kraft setzen: **la norma è stata derogata**, von der (Rechts)norm/Vorschrift ist abgewichen worden.

derogatòrio, (-a) <-ri m> agg *dir* derogatorisch, derogativ.

derràta f <*di solito al pl*> Ware f: **derrate alimentari**, Lebens-, Nahrungsmittel n pl.

derrick <-> m *ingl min* Bohrturm m.

derubàre *tr* **1** ~ **qu** *jdn* bestehlen, *jdn* beklauen *fam*; ~ **qu di qc** *jdm etw* stehlen, *jdn etw* (gen) berauben *lett obs* **2** *fig scherz* ~ **qu** *jdn* aus|nehmen *fam*, *jdn* schröpfen *fam*: **in quel ristorante ci hanno derubato!**, in diesem Restaurant sind wir richtig ausgenommen worden! *fam*.

derubàto, (-a) **A** agg {CLIENTE} bestohlen, beklaut *fam* **B** m (f) Bestohlene mf *decl come agg.*

derubricàre *tr dir* ~ **qc** {REATO} *etw* herab|stufen.

derubricazióne f *dir* (+REATO) Herabstufung f.

deruralizzazióne f *sociol* Landflucht f *fam*, Entvölkerung f der ländlichen Gebiete.

derviscio <-sci> m *relig islamica* Derwisch m.

desacralizzàre *tr* ~ **qc** *etw* (dat) den sakralen Charakter nehmen, *etw* entweihen.

desalinizzàre *tr* ~ **qc** {ACQUA} *etw* entsalzen.

desalinizzazióne f (+ACQUA MARINA) Entsalzung f.

desaparecido, (-a) <-s m, -s f> m (f) *spagn polit* Desaparecido m, (Desaparecida f).

deschétto m Werkbank f: ~ **del calzolaio**, Arbeitstisch m des Schuhmachers.

désco <-schi> m *lett* Tafel f *orb*, Tisch m: **la famiglia riunita intorno al** ~, die um den Tisch versammelte Familie.

descolarizzazióne f *sociol* Entschulung f.

descrittivìsmo m *arte lett ling* Deskriptivismus m.

descrittìvo, (-a) agg **1** {STILE} beschreibend, deskriptiv **2** *arte lett ling scient* {BOTANICA, GRAMMATICA} deskriptiv.

descrittóre, (-trice) **A** m (f) Beschreiber(in) m(f) **B** m *inform* Deskriptor m.

descrìvere <*coniug come scrivere*> *tr* **1** (*rappresentare*) ~ **qu/qc** (**a qu**) {PERSONA, LUOGO} (*jdm*) *jdn/etw* beschreiben, (*jdm*) *jdn/etw* schildern; {FATTO} *anche* (*jdm*) *jdn/etw* dar|stellen **2** (*lasciare una traccia*) ~ **qc** + *compl di luogo* *etw irgendwo* beschreiben: **l'aereo descrisse un ampio arco nel cielo**, das Flugzeug beschrieb einen großen Bogen am Himmel **3** *fig* (*dipingere*) ~ **qu/qc come qu/qc** {INSEGNANTE COME UN FANATICO, NUOVO APPARTAMENTO COME UN'OASI DI PACE} *jdn/etw* als *jdn/etw* dar|stellen, *jdn/etw* als *jdn/etw* beschreiben.

descrizióne f (*rappresentazione*) (+OGGETTO, PERSONA) Beschreibung f; (+FATTI) *anche* Schilderung f, Darstellung f: **fare/fornire una** ~ **di qu/qc**, (+LADRI) eine Beschreibung von jdm/etw/+ gen geben/liefern; (+AVVENIMENTI) *anche* eine Schilderung/Darstellung von *jdm/etw*/+ gen geben/liefern.

desensibilizzàre *tr* **1** *fot* ~ **qc** *etw* desensibilisieren **2** *med* ~ **qu/qc** {PAZIENTE} *jdn/etw* desensibilisieren *scient.*

desensibilizzazióne f *fot med* Desensibilisation f *scient.*

desèrtico, (-a) <-ci, -che> agg {CLIMA, PAESAGGIO, ZONA} Wüsten-.

desertificazióne f *geog* Desertifikation f.

desèrto, (-a) **A** agg {APPARTAMENTO, CINEMA, FABBRICA, LUOGO, TEATRO, UFFICIO} (*wie*) ausgestorben; {CITTÀ, QUARTIERE, STRADA} *anche* menschenleer; {ZONA} wüst, öde: **l'asta/la riunione è andata deserta**, ˌdie Versteigerung fand keinen Ersteigerˌ/[bei der Versammlung war niemand da] **B** m **1** *geog* Wüste f: **Deserto Occidentale/libico**, Libysche Wüste; **Deserto Orientale/arabico**, Große Arabische Wüste; **Deserto Siriaco**, Syrische Wüste **2** *fig* Wüste f, Einöde f ● **fare il** ~ **intorno a sé** *fig* (*perdere gli amici*), die/alle Brücken hinter sich (dat) ab|brechen, alle (Freunde) vergraulen *fam*, sich abschotten; **parlare/predicare al** ~ *fig* (*parlare a vuoto*), in den Wind reden, tauben Ohren predigen.

déshabillé <-> m *franc obs* (*indumento femminile*) Hauskleid n, Morgenrock m ● **essere in** ~ (*non completamente vestito*), noch nicht

---

derma | designazione 1683

richtig angezogen sein.

desideràbile agg **1** (*auspicabile*) {FUTURO, SOLUZIONE} wünschenswert: **sarebbe** ~ **che ... congv**, es wäre wünschenswert, dass ... *ind/congv* **2** (*appetibile*) {DONNA, UOMO} begehrenswert.

desideràre *tr* **1** (*avere come desiderio*) ~ **qu/qc** sich (dat) *jdn/etw* wünschen: ~ **un figlio**, sich (dat) ein Kind wünschen; ~ **rivedere qu**, den Wunsch haben, jdn wieder zu sehen; jdn wieder sehen mögen; {FAMA, GLORIA, PACE, RICCHEZZA, VICINANZA DI QU} sich *nach etw* (dat) sehnen; ~ **un po' di felicità**, sich nach etwas Glück sehnen; **è da anni che desiderano fare un viaggio**, seit Jahren wollen sie schon eine Reise machen **2** (*volere*) ~ (**qc**) (*etw*) wünschen: **desidererei essere lasciato in pace**, ich möchte in Ruhe gelassen werden; **desideriamo che tu venga**, wir wünschen (uns), dass du kommst; **desidera?** (*nei negozi*), Sie wünschen?; **come desidera!**, wie Sie wollen!; **desidera un caffè?**, möchten Sie einen Kaffee?; ~ **qu** *jdn* wünschen, *jdn* verlangen; **ti desiderano al telefono**, du wirst am Telefon verlangt; (*sessualmente*) {DONNA, UOMO} *jdn* begehren ● **farsi** ~, mit etw (dat) auf sich warten lassen; **farsi** ~, sich rarmachen, sich selten blicken lassen *fam*; **lasciare a** ~ (*essere scadente*), {COMPORTAMENTO DI QU, SERVIZIO} zu wünschen übrig lassen.

desideràta m pl *lat* Wünsche m pl, Anliegen n pl; (*nelle biblioteche*) Anschaffungsvorschläge m pl.

desiderativo, (-a) *ling* **A** agg {CONGIUNTIVO} optativ, des Wunsches **B** m Desiderativum n.

desidèrio <-ri> m **1** ~ (**di qc**) Wunsch m (*nach etw dat*): **avere il** ~ **di fare qc**, den Wunsch haben, etw zu tun; **frenare il** ~ **di qc**, den Wunsch nach etw (dat) zügeln; **soddisfare il** ~ **di qu**, jdm einen Wunsch erfüllen **2** (*brama sensuale*) Begehren n, Begierde f, Verlangen n, Lust f; ~ (**di qu**) Begierde f (*nach jdm*), Verlangen n (*nach jdm*) **3** (*avidità*) ~ (**di qc**) Gier f (*nach etw dat*): ~ **di gloria**, Ruhmsucht f; ~ **di potere**, Machthunger m; ~ **di ricchezza**, Raffgier f; ~ **di vendetta**, Rachsucht f, Rachedurst m **lett 4** (*bisogno*) ~ (**di qc**) (+RIPOSO, TRANQUILLITÀ) Verlangen n (*nach etw dat*), Bedürfnis n (*nach etw dat*) **5** (*rimpianto*) ~ (**di qu**) Sehnsucht f (*nach jdm*) ● **i tuoi desideri sono ordini per me!** *anche iron* (*saranno esauditi*), dein Wunsch ist/sei mir Befehl!; **un pio** ~ *fig* (*una vana speranza*) in, ein frommer Wunsch.

desideróso, (-a) agg: ~ **di gloria**, ruhmsüchtig; ~ **di potere**, machthungrig; ~ **di piaceri**, vergnügungssüchtig; ~ **di ricchezze**, raffgierig; ~ **di vendetta**, rachsüchtig, rachedurstig *forb*; **un popolo** ~ **di libertà**, ein ˌnach Freiheit strebendesˌ/[freiheitsdurstiges] Volk; **essere** ~ **di fare qc**, den Wunsch haben, etw zu tun.

design <-> m *ingl* Design n.

designàre *tr* **1** (*indicare*) ~ **qu** (**come qu**) {GIUDICE, MEMBRO DEL CONSIGLIO COME PRESIDENTE, SUCCESSORE} *jdn* (*als etw acc/zu etw dat*) ernennen **2** (*stabilire*) ~ **qc** {DATA DEL PROCESSO, LUOGO DELL'INCONTRO} *etw* bestimmen, *etw* fest|setzen **3** (*denominare*) ~ **qc** {NOME, NUMERO DI CODICE PRODOTTO} *etw* bezeichnen.

designàto, (-a) agg {PRESIDENTE} designiert, vorgesehen; *stor* {CONSOLE} designiert, designatus.

designazióne f **1** (*conferimento di incarico*) ~ (**a qc**) {A DIRETTORE} Ernennung f (*zu etw dat*) **2** (*indicazione*) (+DATA) Bestimmung f **3** (*denominazione*) (+PRODOTTO) Bezeich-

designer <-> mf ingl (Grafik-)Designer(in) m(f).

desinàre tosc Ⓐ itr forb (pranzare) (zu) Mittag essen; (cenare) (zu) Abend essen: **dopo ~**, nachmittags Ⓑ <-> m (a mezzogiorno) Mittagessen n; (alla sera) Abendessen n.

desinènza f ling Endung f.

desìo <desii> m lett ~ (di qu/qc) Verlangen n (nach jdm/etw).

desistènza f **1** (rinuncia) ~ **da qc** {DA UN'AZIONE} Ablassen n von etw (dat) **2** polit Verzichtsabkommen n, Verzichtsbündnis n ● **~ volontaria** dir (interruzione dell'attività criminosa), Rücktritt m vom unbeendeten Versuch.

desìstere <coniug come esistere> itr **1** (rinunciare) ~ (**da qc**) {DA UN'IMPRESA} von etw (dat) ab|lassen, etw nicht weiter verfolgen; {DA UN'INTENZIONE, DA UN PROPOSITO} etw fallen lassen, von etw (dat) Abstand nehmen forb; (uso assol) damit auf|hören, es aufgeben, es stecken slang: **non ~, tieni duro!**, lass nicht locker!/[nicht lockerlassen], halte durch! fam **2** dir ~ **da qc** von etw (dat) ab|lassen: **~ dalla causa**, auf die Weiterführung des Prozesses verzichten, die Klage zurücknehmen; **~ dalla querela**, den Strafantrag zurücknehmen.

desktop <-> m ingl inform (abbr di desktop publishing) DTP n, Desktoppublishing n.

desktop publishing <-> loc sost m ingl inform (abbr DTP) Desktop-Publishing n.

desolànte agg {ASPETTO, PAESAGGIO} trostlos; {CONDIZIONI, STATO DI QC} desolat.

desolàre tr **1** (addolorare) ~ **qu** {COMPORTAMENTO DI QU} jdn (tief) betrüben, jdn bekümmern **2** lett (devastare) ~ **qc** {VANDALI CITTÀ} etw verwüsten, etw verheeren.

desolàto, (-a) agg **1** (vuoto e squallido) {CITTÀ, LUOGO} gottverlassen, (wie) ausgestorben; {PERIFERIA} öd(e), trostlos **2** (avvilito) {PERSONA} tiefbetrübt, bekümmert: **sono veramente ~ di non poterti aiutare**, es tut mir wirklich sehr leid/[ich bin wirklich untröstlich forb], dass ich dir nicht helfen kann.

desolazióne f **1** (rovina) Verwüstung f, Verheerung f: **la guerra recò ovunque lutto e ~**, der Krieg brachte überall Trauer und Verwüstung **2** (squallore) f {+CASA ABBANDONATA, PAESAGGIO} Öde f, Trostlosigkeit f **3** (profondo dolore) (tiefe) Betrübnis f.

desolforàre tr chim metall ~ **qc** {GHISA, PRODOTTO PETROLIFERO} etw entschwefeln.

desolforazióne f chim metall Entschwefelung f.

desossiribonuclèico → **deossiribonucleico**.

dèspota <-i> mf anche fig Despot(in) m(f).

despòtico e deriv → **dispotico** e deriv.

desquamànte agg {EFFETTO} Abschuppungs-: **potere ~**, abschuppende Wirkung.

desquamàre Ⓐ tr ~ **qc** {DETERSIVO PELLE} etw ab|schuppen Ⓑ itr pron: **desquamarsi** {PELLE} (sich) schuppen, (sich) ab|schuppen fam.

desquamazióne f **1** med {+PELLE} Abschuppung f, Desquamation f scient: ~ **cutanea**, Hautabschuppung f **2** geol Desquamation f.

dessert <-> franc Ⓐ m gastr Nachspeise f, Dessert n, Nachtisch m: **cosa c'è oggi come / di / per ~?**, was gibt es heute als Nachspeise /[zum Nachtisch]? Ⓑ <inv> loc agg: **da ~**, {VINO} Dessert-.

dèssi 1ᵃ e 2ᵃ pers sing del congv imperf di dare.

dessiografìa f Dexiographie f.

dessous m pl franc (nella moda) (biancheria) Dessous n pl.

destabilizzànte agg {ELEMENTO, FATTORE, INIZIATIVA} destabilisierend: **avere un effetto ~**, eine destabilisierende Wirkung haben, sich destabilisierend auswirken.

destabilizzàre tr (rendere instabile) ~ **qc** {SITUAZIONE POLITICA} etw destabilisieren, etw aus dem Gleichgewicht bringen.

destabilizzatóre, (-trice) agg {FORZA} destabilisierend.

destabilizzazióne f {+GOVERNO} Destabilisierung f: **fare opera di ~**, etw destabilisieren.

destagionalizzàre tr econ ~ **qc** {DATI} etw saisonbereinigen.

destagionalizzàto, (-a) agg econ {CALCOLO, DATO, INDICE, TASSO} saisonbereinigt.

destalinizzazióne f stor polit Entstalinisierung f.

destàre Ⓐ tr **1** lett (svegliare) ~ **qu** {RUMORE} jdn (aus dem Schlaf) wecken, jdn auf|wecken **2** fig (suscitare) ~ **qc** {CURIOSITÀ DI QU} etw wecken; {ATTENZIONE, INVIDIA, SOSPETTO DI QU} etw erregen; {PREOCCUPAZIONE} anche etw hervor|rufen; ~ **qc (in qu)** {RICORDI IN LUI} etw (in jdm) wach|rufen; {ENTUSIASMO, GIOIA, PANICO} etw (bei jdm) aus|lösen Ⓑ itr pron lett **1** (svegliarsi): **destarsi** auf|wachen, erwachen forb **2** fig (nascere): **destarsi a qc** {A NUOVA VITA} zu etw (dat) erwachen; **destarsi in qu** {FERMENTI DI RIVOLTA, IDEALI NEL POPOLO} sich in jdm regen.

dèste 2ᵃ pers pl del pass rem e 2ᵃ pers pl del congv imperf di dare.

dèsti 2ᵃ pers sing del pass rem di dare.

destinàre tr **1** (fissare) ~ **qc** {ORA DELL'APPUNTAMENTO} etw fest|legen: **rinviare qc a data da destinarsi**, etw auf einen unbestimmten Zeitpunkt verschieben, etw auf unbestimmte Zeit vertagen **2** (avviare) ~ **qu a qc** {FIGLIO ALLA CARRIERA POLITICA} jdn für etw (acc) bestimmen, jdn für etw (acc) vor|sehen **3** (adibire) ~ **qc a qc** {STANZA A UFFICIO} etw als etw (acc) vor|sehen **4** (riservare) ~ **qc a qc** {ALCUNE ORE ALLA GINNASTICA, RISORSE ALLA REALIZZAZIONE DI UN PROGETTO} etw für etw (acc) vor|sehen **5** <di solito al passivo> (assegnare) ~ **qu a qc** {DIPENDENTE AL REPARTO VENDITE} jdn etw (dat) zu|teilen; ~ **qc a qu** {POSTO D'ONORE AL MINISTRO} jdm etw zu|teilen **6** <di solito al passivo> (devolvere) ~ **qc a qu / qc** {CIFRA, SOMMA ALLA BENEFICENZA, AI TERREMOTATI} etw (für jdn/etw) spenden **7** <di solito al passivo> (spedire) ~ **qc a qc** {LETTERA, PACCO ALL'ESTERO} etw irgendwohin senden, etw irgendwohin schicken fam; ~ **qc a qu** {CARTOLINA} etw an jdn adressieren: **i fiori erano destinati a Maria**, die Blumen waren für Maria bestimmt **8** <di solito al passivo> (dirigere) ~ **qc a qu** {PALLOTTOLA} etw für jdn vor|sehen: **la stoccata era destinata a te**, der Hieb galt dir / [war für dich bestimmt] **9** (dare come destino): ~ **qu a qc** {A MORTE CERTA} jdn zu etw (dat) bestimmen, jdn zu etw (dat) aus|ersehen forb, (uso assol) bestimmen; **gli esseri viventi sono destinati a morire**, Lebewesen sind zum Tod bestimmt /[müssen sterben].

destinatàrio, (-a) <-ri> m (f) **1** {+LETTERA, PACCO} Adressat(in) m(f), Empfänger(in) m(f): ~ **trasferito**, Empfänger verzogen **2** ling Empfänger(in) m(f).

destinàto, (-a) agg **1** (adibito) ~ **a qc** {TERZO PIANO AD USO PRIVATO} für etw (acc) bestimmt **2** (riservato) ~ **a qc** {TEMPO ALLO SVAGO} etw (dat) gewidmet **3** (assegnato) ~ **a qc** {COMMESSA AL REPARTO GASTRONOMIA} etw (dat) zugewiesen; ~ **a qu** {CAMERA AGLI OSPITI} für jdn (bestimmt): **questi posti sono destinati ai candidati**, das sind die Plätze für die Kandidaten **4** (rivolto) ~ **a qu/qc** {CONCORSO AGLI ABBONATI, AI LETTORI} an jdn/etw gerichtet **5** (indirizzato) ~ **a qu/qc** {FIORI} für jdn/etw (bestimmt); {LETTERA} anche an jdn/etw adressiert **6** (diretto) ~ **a qu/qc** {BATTUTA, CRITICA} gegen jdn/etw gerichtet, für jdn/etw bestimmt **7** (devoluto) ~ **a qc** {OFFERTA ALLA CHIESA} jdm/etw zugeführt **8** (predestinato) ~ **a qc** {ALLA SUCCESSIONE} zu etw (dat) bestimmt, zu etw (dat) ausersehen forb; {A GRANDI COSE} etw (dat) geweiht forb; (condannato) zu etw (dat) verurteilt: **un progetto al fallimento**, ein zum Scheitern verurteiltes Projekt; **qu/qc è ~ a fare qc**, jd/etw ist dazu bestimmt, etw zu tun; jd/etw muss etw tun; **ognuno è ~ a morire**, jeder muss (einmal) sterben fam; **i detenuti sono destinati a morire**, die Häftlinge sind dem Tod geweiht forb; **un intervento ~ ad avere successo** (in futuro), ein Erfolg versprechender Eingriff; (adesso) ein erfolgreicher Eingriff.

destinazióne f **1** (meta) {+VIAGGIO} Ziel n: ~ **Praga**, Reiseziel ist Prag; {+LETTERA, PACCO} Bestimmungsort m; **partire per ~ ignota**, mit unbekanntem Ziel abreisen, ins Blaue hinein verreisen fam; **raggiungere la propria ~**, {PASSEGGERO, TURISTA} sein Ziel erreichen; **giungere a ~**, {PASSEGGERO} am Ziel ankommen; {LETTERA, MERCE, PACCO} am Bestimmungsort ein|treffen **2** (il destinare) ~ **a qu/qc** {+CIFRA, SOMMA AGLI ORFANI DI GUERRA, ALLA COSTRUZIONE DI UNA SCUOLA} Verwendung f für jdn/etw **3** (uso) Bestimmung f: **non è stata ancora decisa la ~ dei fondi**, es ist noch nicht beschlossen worden, wozu die Geldmittel verwendet werden sollen **4** (residenza assegnata) {+FUNZIONARIO STATALE, MILITARE} Bestimmungsort m **5** (assegnazione) {+POSTO} Zuteilung f.

destìno m **1** Schicksal n: **abbandonare qu al suo ~**, jdn seinem Schicksal überlassen; **arrendersi al proprio ~**, sein Schicksal annehmen; **credere al ~**, an das Schicksal glauben; **prendersela col ~**, mit seinem Schicksal hadern; **ribellarsi al proprio ~**, sich gegen sein Schicksal auflehnen; **seguire il proprio ~**, seinem Schicksal folgen **2** <solo pl> (sorti) {+PAESE, PATRIA, POPOLO} Geschick n, Schicksal n **3** ● **è ~ che ... congv/ind**, es ist Schicksal, dass ... ind.

destituìre <destituisco> tr (rimuovere) ~ **qu** {MINISTRO} jdn ab|setzen; ~ **qu da qc** {DA UNA CARICA, UN IMPIEGO} jdn etw (gen) entheben, jdn von etw (dat) /+ gen forb entbinden.

destituìto, (-a) agg **1** (privo) ~ **di qc** (gen) enthoben, von etw (dat) /+ gen forb nicht gebunden: ~ **di fondamento**, unbegründet; ~ **di significato**, ohne Bedeutung, bedeutungslos **2** amm (rimosso) ~ **da qc** {MAGISTRATO DA UNA CARICA, UN IMPIEGO} etw (gen) enthoben.

destituzióne f (rimozione) {+MINISTRO} Absetzung f, (Amts)enthebung f; ~ **da qc** {DA UN INCARICO} Entbindung f von etw (dat), {DA UN IMPIEGO} Entfernung f von etw (dat), Entlassung f (von etw dat).

dèsto, (-a) agg obs anche fig (sveglio) wach: **tener ~ l'interesse del pubblico**, die Aufmerksamkeit des Publikums wach halten.

dèstr inter mil rechts!: **attenti a ~!**, Augen rechts!

dèstra Ⓐ f **1** (mano) Rechte f, rechte Hand: **stringere la ~ a qu**, jds rechte Hand drücken **2** (lato) rechte Seite: **alla mia ~**, zu meiner Rechten; **tenere la ~**, {AUTOMOBILE} rechts fahren **3** polit Rechte f: **l'estrema**

die äußerste/extreme/radikale Rechte; **essere di ~**, {GIORNALE, MOVIMENTO, PARTITO, POLITICO} rechts sein **B** <inv> loc agg polit: **di ~**, {GIORNALE, PARTITO} rechte(r, s) **C** loc avv **1 a ~**, {GIRARE} rechts; {ANDARE, GUARDARE} nach rechts; **in alto a ~**, rechts oben, oben rechts; **la prima strada a ~**, die erste Straße rechts **2 da ~**, {VENIRE} von rechts **3 sulla ~**, {ESSERE} auf der rechten Seite, rechts, rechter Hand obs **B** loc prep **1 a ~ di qc**, rechts von etw (dat); **a ~ dell'edificio**, rechts von dem Gebäude **2 sulla ~ di qc**, auf der rechten Seite von etw (dat); **sulla ~ del portico**, auf der rechten Seite des Laubengangs • **a ~ e a manca/sinistra** (dappertutto), überall, rechts und links.

destreggiàrsi <mi destreggio, ti destreggi> itr pron: **~ in/tra qc** {NEL TRAFFICO, TRA LA FOLLA} sich in etw (dat) zurecht|finden, sich durch etw (acc) durch|schlängeln fam; {NELLE DIFFICOLTÀ DELLA VITA} mit etw (dat) zurecht|kommen, sich in etw (dat) durchwurs(ch)teln fam, mit etw (dat) zu Rande kommen fam; **~ con qu** {CON GLI AVVERSARI} (mit jdm) zurecht|kommen • **sapersi destreggiare** (cavarsela), sich durchzuwurs(ch)teln wissen fam.

destrézza **A** f Geschick n, Geschicklichkeit f, Gewandtheit f; **~ di mano**, Fingerfertigkeit f **B** <inv> loc agg: **di ~**, {GIOCO} Geschicklichkeits- **C** loc avv: **con ~**, geschickt; **maneggiare qc con ~**, geschickt mit etw (dat) umgehen.

destrièro m lett (Schlacht)ross n obs.

destrìmano, (-a) **A** agg (che usa di preferenza la mano destra) {SOGGETTO} rechtshändig **B** m (f) Rechtshänder(in) m(f).

destrìsmo m **1** med Rechtshändigkeit f **2** polit Rechtsorientierung f.

dèstro, (-a) **A** agg **1** {GAMBA, LATO, OCCHIO, PIEDE, RIVA} rechte(r, s): **scrivere con la mano destra**, mit der rechten Hand schreiben **2** (abile) tüchtig, geschickt: **~ di mano**, handwerklich geschickt **B** m **1** rar (opportunità) Gelegenheit f, rechter Zeitpunkt: **aspettare il ~**, eine günstige Gelegenheit|/[den richtigen Zeitpunkt] abwarten; **avere/cogliere il ~**, die Gelegenheit haben/nutzen **2** sport (nel pugilato) Rechte f; (nel calcio) rechter Fuß.

destrocardìa f med Dextrokardie f scient.

destrogìro, (-a) agg chim fis {ACIDO} rechtsdrehend.

destròrso, (-a) agg **1** (da sinistra a destra) {MOVIMENTO, VITE} rechtsdrehend; {ELICA} anche rechtsgängig, rechtsläufig **2** (inclinato a destra) {CALLIGRAFIA} rechtsläufig **3** polit scherz nach rechts tendierend, rechtsorientiert.

destròsio <-si> m chim Dextrose f.

destrutturàre **A** tr **~ qc 1** (abolire la struttura) die Struktur von etw (dat)/+ gen auf|lösen **2** (dare un nuovo assetto) {DITTA, IMPRESA} etw um|strukturieren, etw strukturell verändern, irgendwo **B** itr pron: **destrutturarsi 1** {DITTA} umstrukturiert werden **2** {RAPPORTI} neu bestimmt werden.

destrutturàto, (-a) agg **1** (scomposto) {STRUTTURA} zerlegt **2** (incoerente) ungegliedert, unzusammenhängend.

destrutturazióne f **1** (abolizione della struttura) Verlust m/Auflösung f der Struktur **2** (riassetto) {+AZIENDA} Umstrukturierung f, Strukturveränderung f, strukturelle Veränderung.

desuèto, (-a) agg **1** lett {COMPORTAMENTO} ungewohnt **2** ling (disusato) {TERMINE, VOCABOLO} ungebräuchlich, veraltet.

desuetùdine f **1** lett Ungewohntheit f **2** ling (disuso) Ungebräuchlichkeit f.

desùmere <desumo, desunsi, desunto> tr **~ qc da qc 1** (ricavare) {INFORMAZIONE, NOTIZIA DAL GIORNALE} etw (dat) etw entnehmen **2** (dedurre) {PROVA DAGLI INDIZI} etw aus etw (dat) ab|leiten; {MANCANZA DI INTERESSE DAL COMPORTAMENTO DI QU} etw aus etw (dat) folgern, etw aus etw (dat) schließen: **da che cosa desumi che sia stata lei?**, woraus schließt du, dass sie es war?; **ne desumo che ... congv**, daraus schließe/folgere ich, dass ... ind; **da questa dichiarazione si desumono le sue intenzioni**, aus dieser Erklärung lassen sich seine/ihre Absichten erschließen.

desumìbile agg **~** (da qc) {COLPA DAGLI INDIZI} (aus etw dat) ableitbar; {SIGNIFICATO DAL CONTESTO} (aus etw dat) erschließbar: **è ~ che ... congv**, daraus lässt sich schließen|/[kann geschlossen werden], dass ... ind.

desùnsi 1ª pers sing del pass rem di desumere.

desùnto part pass di desumere.

detartràggio <-gi> m → **detartrasi**.

detartràsi <-> f med (in odontoiatria) Entfernung f von Zahnstein.

detassàre tr **~ qc** {RETRIBUZIONI, SIGARETTE} etw von der Steuer befreien, etw nicht besteuern, etw steuerlich begünstigen.

detèctive <-> mf ingl **1** (agente di polizia) Kriminalpolizist(in) m(f) **2** (investigatore privato) Privatdetektiv(in) m(f).

detèctor <-> m ingl tecnol Detektor m.

deteinàto, (-a) agg {TÈ} entkoffeiniert, enttheiniert.

detenére <coniug come tenere> tr **1** (possedere) **~ qc** {CAPITALE DI UN'IMPRESA, TITOLI} etw besitzen; {INCARICO} etw inne|haben: **~ il potere**, {PARTITO} die Macht haben, an der Macht sein; **il nostro paese detiene il primato nel campo della moda**, unser Land ist führend im Bereich der Mode **2** (tenere in prigione) **~ qu** jdn gefangen halten, jdn in Haft (be)halten, jdn inhaftieren **3** dir **~ qc** {BENE} etw besitzen, im Besitz von etw (dat)/+ gen sein **4** dir (abusivamente) **~ qc** {ARMI, DROGA} etw (ohne Erlaubnis) besitzen, (ohne Erlaubnis) im Besitz von etw (dat)/+ gen sein **5** spec sport **~ qc** {TITOLO DI CAMPIONE, RECORD DEI DUEMILA METRI} etw inne|haben; **~ qc di qc** {PRIMATO, RECORD DEI DUEMILA METRI} etw in etw (dat) halten.

detentìvo, (-a) agg dir {PENA} Freiheits-.

detentóre, (-trice) m (f) **1** (titolare) Inhaber(in) m(f): **~ del brevetto**, Patentinhaber m **2** dir {+BENE} Besitzer(in) m(f) **3** sport Inhaber(in) m(f): **~ del record dei cinquemila metri**, Rekordhalter m auf der Fünftausend-Meter-Strecke|/[der Fünftausendmeter fam]; **~ del titolo**, Titelinhaber m; (in un incontro sportivo) Titelverteidiger m • **i detentori di armi sono stati puniti** dir, die Personen, die sich ohne Erlaubnis im Besitz von Waffen befanden, wurden bestraft.

detenùto, (-a) dir **A** agg **~** (+ compl di luogo) (irgendwo) inhaftiert, (irgendwo) in Haft: **attualmente ~ nel carcere di Roma**, zurzeit in der römischen Justizvollzugsanstalt inhaftiert **B** m (f) Gefangene mf decl come agg, Häftling m, Inhaftierte mf decl come agg: **~ politico**, politischer Häftling.

detenzióne f **1** amm {+CARICA} Innehaben n **2** dir {+BENE} Besitz m: **~ qualificata**, unmittelbarer Fremdbesitz; **~ non qualificata**, Besitzdienerschaft **3** anche dir (il detenere abusivamente) {+DROGA} Besitz m: **~ abusiva di armi** (reato di ~), unerlaubter Waffenbesitz **4** dir (reclusione) Freiheitsentzug m, Freiheitsentziehung f • **condannare qu a due anni di ~**, jdn zu zwei Jahren Haft verurteilen; **~ preventiva**, Untersuchungshaft f; **~ a vita**, lebenslängliche Haft.

detergènte **A** agg {EFFETTO} reinigend, Reinigungs-; {LATTE, PRODOTTO} Reinigungs- **B** m Reinigungsmittel n.

detèrgere <coniug come tergere> **A** tr **~ qc** (con qc) {FERITA} etw (mit etw dat) reinigen; {PELLE} etw anche etw (mit etw dat) klären **B** rfl indir forb (togliere): **detergersi qc** {SUDORE} etw entfernen.

deterioràbile agg {CIBO, MERCE} verderblich.

deterioraménto m **1** (danneggiamento) {+OGGETTO} Beschädigung f; {+CIBO} Verderben n **2** (logoramento) {+MACCHINARIO} Abnutzung f, Verschleiß m **3** fig {+TASSO DI CAMBIO, DI INTERESSE} Fallen n **4** fig (peggioramento) {+CONDIZIONI METEOROLOGICHE, RAPPORTO, RELAZIONE INTERPERSONALE, SITUAZIONE POLITICA} Verschlechterung f.

deterioràre **A** tr **~ qc 1** (danneggiare) {TRASPORTO LATTE} etw verderben; {RUGGINE FERRO} etw beschädigen: **il caldo deteriora certi cibi**, bestimmte Nahrungsmittel werden bei Hitze schlecht|/[verderben bei Hitze] **2** (logorare) {MACCHINARIO} etw ab|nutzen, etw verschleißen **3** fig (alterare) {GELOSIA RAPPORTI INTERPERSONALI; INCIDENTE RELAZIONI DIPLOMATICHE} etw (dat) schaden **B** itr pron: **deteriorarsi 1** (danneggiarsi) {CIBO} verderben, schlecht werden; {OGGETTO} beschädigt werden; {EDIFICIO} verfallen **2** (logorarsi) {MACCHINARIO} verschleißen, sich ab|nutzen **3** fig (peggiorare) {POLITICA, RAPPORTO, SITUAZIONE FINANZIARIA} sich verschlechtern.

deterióre agg **1** (scadente) {PRODOTTO, QUALITÀ} minderwertig **2** (peggiore) {SIGNIFICATO} schlimmste(r, s).

determinàbile agg {DISTANZA, SIGNIFICATO} bestimmbar: **il valore del quadro non è ~ in cifre**, der Wert des Bildes ist nicht bezifferbar|/[lässt sich nicht in Ziffern ausdrücken].

determinànte **A** agg {CONTRIBUTO, ELEMENTO, FATTORE, RUOLO} ausschlaggebend, entscheidend; {INFLUSSO} maßgebend, entscheidend **B** m mat Determinante f **C** f (causa) {+AZIONE} Beweggrund m, Motiv n.

determinàre **A** tr **~ qc 1** (stabilire) {CONDIZIONI DI VENDITA} etw fest|legen; {DATA DELLA PARTENZA, PREZZO} anche etw fest|setzen; {CONFINI DEL TERRITORIO, DISTANZA, SIGNIFICATO DI UNA PAROLA, TIPO DI INTERVENTO, VALORE DI UN OGGETTO} etw bestimmen; {CAUSA DI UN DECESSO, DI UN FENOMENO} etw ermitteln, etw fest|stellen **2** (causare) {RECESSIONE DIMINUZIONE DELLE VENDITE} etw verursachen, etw bewirken, etw hervor|rufen, zu etw (dat) führen **3** forb (deliberare) {COMITATO, CONSIGLIO AMMINISTRATIVO LINEA DA SEGUIRE} etw beschließen, etw fest|legen: **~ di iniziare i lavori**, beschließen, mit den Arbeiten zu beginnen **4** (indurre) **~ qu a qc** jdn zu etw (dat) veranlassen: **~ qu a fare qc**, jdn veranlassen, etw zu tun **B** itr pron (decidersi): **determinarsi qc** sich zu etw (dat) entschließen.

determinatézza f **1** (fermezza) Entschlossenheit f, Entschiedenheit f: **agire con ~**, mit Entschlossenheit/Entschiedenheit vorgehen **2** (precisione) {+CALCOLO} Genauigkeit f, Exaktheit f.

determinatìvo, (-a) agg ling {ARTICOLO} bestimmt.

determinàto, (-a) agg **1** (particolare) bestimmt: **in determinati casi**, in bestimmten Fällen; **in determinate circostanze**, unter bestimmten Umständen; **in un ~ momento**, zu einem bestimmten Zeitpunkt; **in determinati momenti**, in bestimmten Augenblicken **2** (risoluto) {AZIONE} entschlossen: **è**

molto ~ nelle sue scelte, bei seinen Entscheidungen weiß er (immer ganz) genau, was er will; essere ~ nell'agire, entschlossen handeln, mit Bestimmtheit/Entschiedenheit vorgehen; essere ~ a fare qc, {A LASCIARE L'INCARICO, A VENDERE LA DITTA} entschlossen sein, etw zu tun 3 (indotto) ~ da qc {COMPORTAMENTO DALL'INVIDIA, DALLA PAURA} von etw (dat) bestimmt, von etw (dat) geleitet: la sua decisione è determinata dal fatto che ... ind, seine Entscheidung ist durch die Tatsache bestimmt, dass ... 4 (stabilito, fissato) {GIORNO, ORA} bestimmt, festgelegt.

determinazióne f 1 (risolutezza) Entschlossenheit f: ha mostrato molta ~ nelle sue scelte, er/sie hat viel Entschlossenheit bei seinen/ihren Entscheidungen gezeigt; agire con ~, entschlossen handeln, mit Entschlossenheit handeln/vorgehen 2 (il determinare) {+CONDIZIONI DI VENDITA} Festlegung f; {+DATA, PREZZO} anche Festsetzung f; {+ALTEZZA, VALORE DI UN QUADRO} Bestimmung f; {+CAUSA DI UN FENOMENO} Ermittlung f, Feststellung f 3 forb (deliberazione) ~ (di qc) {+LINEA DA SEGUIRE} Beschluss m (über etw acc), Festlegung f (etw gen); (decisione personale) ~ (a qc) Entschluss m (zu etw dat) 4 biol zoo Determination f.

determinísmo m filos Determinismus m: ~ economico, wirtschaftlicher Determinismus.

determinísta <-i m, -e f> m (f) filos Determinist(in) m(f).

deterministico, (-a) <-ci, -che> agg filos deterministisch.

deterrènte A agg {EFFETTO} abschreckend; {MEZZO} Abschreckungs-, zur Abschreckung B m 1 fig Abschreckung f; (azione volta a dissuadere) abschreckendes Beispiel: fungere da ~ per qu, {MULTA} auf jdn (eine) abschreckende Wirkung haben; {ARMA, AZIONE POLITICA} anche jdm als/zur Abschreckung dienen; pene più severe potrebbero costituire un ~ contro il traffico di stupefacenti, härtere Strafen könnten ⌊als Abschreckung für den Rauschgifthandel dienen⌋/[ein Abschreckungsmittel gegen den Rauschgifthandel sein]; le sue minacce servirono da ~, seine Drohungen dienten zur Abschreckung; l'alto costo del lavoro rappresenta un ~ per gli investitori stranieri, ausländische Anleger schrecken vor den hohen Lohnkosten zurück 2 mil Abschreckungswaffe f, Abschreckungsmittel n: ~ atomico/nucleare, atomares Abschreckungspotenzial.

detersivo, (-a) A agg reinigend, Reinigungs- B m gener Reinigungsmittel n, Putzmittel n: ~ (per biancheria), Waschmittel n; ~ per il bucato a mano, Handwaschmittel n; ~ ecologico, umweltfreundliches Waschmittel, Öko-Reiniger m; ~ liquido (per il bucato), Flüssigwaschmittel n; (per i piatti) Spülmittel n; ~ per pavimenti, Fußbodenreiniger m; ~ (per i piatti), Spülmittel n 2 (in polvere (per il bucato), Waschpulver n; (per i piatti) Spülmittel n in Pulverform; ~ universale, Vollwaschmittel n, Universalreiniger m.

detestàbile agg 1 (abominevole) {FATTO} abscheulich, verabscheuenswert, verabscheuungswürdig; {INDIVIDUO} anche hassenswert 2 fam (insopportabile) {CARATTERE, IMPICCIONE} unausstehlich, widerlich.

detestàre A tr (odiare) ~ qu/qc {IL MALE} jdn/etw verabscheuen; {LAVORO, TIRANNIDE} jdn/etw hassen; {COLLEGA} anche jdn nicht aus⌊stehen können fam: ~ fare qc, es hassen, etw zu tun B rfl rec (odiarsi): detestarsi sich hassen, sich nicht aus⌊stehen/riechen können fam.

detonànte chim A agg Spreng-, Zünd-; {MISCELA} explosiv: esplosivo ~, Sprengstoff m B m Spreng-, Zündstoff m.

detonàre itr (esplodere) {BOMBA} detonieren, explodieren.

detonatóre m artiglieria mil min Detonator m, Zünder m, Sprengkapsel f: ~ elettrico, Sprengkapsel f mit elektrischer Zündung; ~ a miccia, Zündschnur f.

detonazióne f 1 (scoppio) Knall m, Detonation f 2 autom Klopfen n.

detraìbile agg fisco ~ (da qc) {ONERI, SPESE DALLE IMPOSTE, DAL REDDITO} abzugsfähig (von etw dat), (von etw dat) absetzbar.

detraibilità <-> f fisco ~ (da qc) {+SPESA DALLE ENTRATE} Abzugsfähigkeit f (von etw dat), Absetzbarkeit f (von etw dat).

detràrre <coniug come trarre> tr 1 anche fig (togliere) ~ qc a qu/qc {VALORE A UN'IMPRESA} jdm/etw etw entziehen: non voglio ~ nulla ai tuoi meriti, ich will deine Verdienste nicht schmälern 2 anche mat (sottrarre) ~ qc (da qc) {CINQUE DA UNDICI} etw (von etw dat) ab⌊ziehen; {COSTO, SPESA DAI PROFITTI, DAL REDDITO} anche etw (von etw dat) ab⌊rechnen: detraendo le spese, ⌊unter Abzug⌋/[abzüglich] der Spesen; detratte le spese, nach Abzug der Spesen.

detrattóre, (-trice) m (f) Verleumder(in) m(f), Ehrabschneider(in) m(f).

detrazióne f 1 (sottrazione) Abzug m, Abrechnung f: ~ degli interessi, Abzug m der Zinsen; ~ d'imposta, Steuerabzug m; portare qc in ~, etw in Abzug bringen 2 fisco (somma sottratta) Freibetrag m.

detriménto m (danno) Schaden m: lavora troppo con grande ~ della sua salute, er/sie arbeitet zu viel, was schwer wiegende Folgen für seine/ihre Gesundheit hat; tutto ciò che fai va a tuo ~, alles, was du tust, ⌊ist zu deinem Nachteil⌋/[gereicht dir zum Nachteil forb].

detritico, (-a) <-ci, -che> agg geol {DEPOSITO} Geröll-.

detrito m 1 (frammento) Bruchstück n 2 (rifiuto) Schutt m, Abfall m 3 geol (Gesteins)schutt m, Geröll m.

detronizzàre tr ~ qu 1 polit {MONARCA, RE} jdn entthronen, jdn stürzen 2 fig {CAPO, DIRETTORE} jdn entmachten, jdn ab⌊setzen; {CAMPIONE SPORTIVO} jdn ab⌊lösen.

détta loc prep: a ~ di qu, nach jds Aussage, nach Aussage von jdm; a ~ di tutti, nach der allgemeinen Meinung, der allgemeinen Meinung nach.

dettagliànte mf comm Einzelhändler(in) m(f).

dettagliàre <dettaglio, dettagli> tr ~ qc 1 {RACCONTO} etw in Einzelnen dar⌊legen, etw ausführlich/[im Detail] beschreiben; (uso assol) ins Detail gehen 2 rar comm etw im Einzelhandel verkaufen.

dettagliàto, (-a) agg {ELENCO, LISTA} detailliert; {RACCONTO, SPIEGAZIONE} ausführlich; {RICERCA} eingehend.

dettàglio <-gli> A m Einzelheit f, Detail n: curare i dettagli, auf die Einzelheiten achten; entrare nei dettagli, ins Detail gehen; fin nei minimi dettagli, bis ins kleinste Detail; perdersi nei dettagli, sich in Einzelheiten verlieren; scendere nei dettagli, auf Einzelheiten eingehen; tralasciare/trascurare i dettagli, auf Einzelheiten nicht eingehen, die Einzelheiten ⌊weglassen fam⌋/[vernachlässigen]/[unberücksichtigt lassen] B <inv> loc agg comm: al ~, {VENDITA} Einzel-; {COMMERCIANTE, COMMERCIO} Klein- C loc avv 1 comm: al ~, {VENDERE} im Einzelhandel 2 (in tutti i particolari): in ~, {SPIEGARE} ein-

gehend, ausführlich, en détail forb.

dettàme m <di solito al pl> 1 (principio) Gebot n, Grundsatz m: i dettami della scienza, die wissenschaftlichen Grundsätze; seguire i dettami della coscienza, seinem Gewissen folgen 2 spreg (suggerimento) Diktat n: seguire i dettami della moda, dem Diktat der Mode folgen.

dettàre tr 1 ~ (qc) (a qu) {LETTERA ALLA SEGRETARIA, TESTO AGLI ALUNNI} (jdm) (etw) diktieren 2 (imporre) ~ qc (a qu) {CONDIZIONI, REGOLE} (jdm) etw vor⌊schreiben; (jdm) etw diktieren forb; ~ qc {LINEA DA SEGUIRE, POLITICA} etw bestimmen, in/bei etw (dat) tonangebend sein 3 (suggerire): ha scritto come il cuore gli dettava, beim Schreiben folgte er der Stimme seines Herzens; comportarsi come dettano le circostanze, sich ⌊den Umständen entsprechend⌋/[angemessen] verhalten; l'arroganza è spesso dettata dall'insicurezza, Arroganz kommt oft von Unsicherheit.

dettàto① m 1 (disposto, spec di norme giuridiche) Vorschrift(en) f (pl), Bestimmung(en) f (pl): attuare il ~ della legge, die gesetzlichen Vorschriften/Bestimmungen umsetzen 2 scuola Diktat n: fare un ~, ein Diktat schreiben.

dettàto②, (-a) agg ~ da qc {COMPORTAMENTO DALL'INVIDIA, DALLA PAURA} von etw (dat) bestimmt, von etw (dat) geleitet.

dettatùra f Diktat n, Diktieren n: scrivere sotto ~, nach Diktat schreiben.

détti 1ª pers sing del pass rem di dare.

détto, (-a) A part pass di dire B agg 1 (con soprannome) ~ + compl di modo irgendwie genannt: Iacopo Robusti, ~ il Tintoretto, Iacopo Robusti, genannt Tintoretto 2 (suddetto) oben genannt, oben erwähnt, vorgenannt amm: nel ~ giorno, an besagtem Tag; il ~ individuo, der Besagte decl come agg C m 1 (motto) geflügeltes Wort, (Aus)spruch m; (sentenza) Sinnspruch m, Lebensregel f: ~ popolare, Volksweisheit f 2 (discorso) Worte n pl, Rede f ● ~ questo, ..., das aus folgt, dass...; dies zugestanden.

deturpàre tr forb 1 (sfigurare) ~ qc (a qu) {CICATRICE VISO} (jdm) etw entstellen, (jdm) etw verunstalten 2 (rovinare) ~ qc {CATTIVA RECITAZIONE VERSI} etw verschandeln fam, etw verhunzen fam spreg; {EDILIZIA ABUSIVA INTERE REGIONI} anche etw verunstalten 3 (corrompere) ~ qc {INVIDIA ANIMO} etw verderben forb.

deturpatóre, (-trice) agg (che rovina) {AZIONE, INTERVENTO} entstellend, verunstaltend; (in senso morale) {INFLUSSO} verderblich.

deturpazióne f 1 {+VISO} Entstellung f, Verunstaltung f 2 (rovina) {+VERSI} Verschandelung f fam, Verhunzung f fam spreg; {+PAESAGGIO} anche Verunstaltung f 3 (corruzione) {+ANIMO} Verderben n forb.

deumidificàre <deumidifico, deumidifichi> tr ~ qc {ARIA} etw entfeuchten.

deumidificatóre m Entfeuchter m: ~ dell'aria, Luftentfeuchter m.

deumidificazióne f Entfeuchtung f; (azione) anche Entfeuchten n: ~ dell'aria, Luftentfeuchtung f.

dèus ex màchina <-> loc sost m lat 1 fig (persona che risolve) Deus ex Machina m, unverhoffter Helfer 2 teat Deus ex Machina m.

devalutazióne f econ {+MONETA, VALUTA} Abwertung f.

devastànte agg anche fig {PASSIONE} verheerend.

devastàre tr 1 (distruggere) ~ qc {BOMBARDAMENTI CITTÀ, INTERE REGIONI; INCENDIO FORESTA} etw verheeren, etw vernichten, etw ver-

wüsten, *etw* (völlig) zerstören; {CATASTROFE ECOLOGICA} INTERE ZONE} *anche* etw heim|suchen; {GRANDINE RACCOLTO} *etw* verheeren, *etw* (völlig) zerstören **2** *fig* (*deturpare*) **~ qc** {CICATRICI VISO} *etw* entstellen, *etw* verunstalten **3** *fig* (*sconvolgere*) **~ qu** {LITIGI COPPIA} *jdn* erschüttern; {OMICIDIO L'INTERA FAMIGLIA} *jdn* zerstören.

devastàto, (-a) *agg* **1** (*distrutto*) **~ (da qc)** {RACCOLTO DALLA GRANDINE} (*durch etw* acc) verheert, (*durch etw* acc) vernichtet, (*durch etw* acc) (völlig) zerstört; {CASA DALL'INCENDIO} *anche* (*durch etw* acc) verwüstet **2** *fig* (*deturpato*) **~ (da qc)** {CORPO DALLA MALATTIA, VISO DALL'ETÀ, DALLE RUGHE} (*durch etw* acc) entstellt, (*durch etw* acc) verunstaltet **3** *fig* (*sconvolto*) **~ da qc** {DAL LUTTO} (*von etw* dat) erschüttert.

devastatóre, (-trice) **A** *agg* (*che devasta*) {TEMPESTA} verheerend; {FORZA, POTENZA} *anche* vernichtend **B** m (f) Verwüster(in) m(f), Zerstörer(in) m(f).

devastazióne f **1** (*distruzione*) Vernichtung f, Verwüstung f, (völlige) Zerstörung f; **ovunque era morte e ~,** überall stieß man auf Tod und Verwüstung **2** *fig* (*deturpamento*) {+VISO} Entstellung f.

deverbàle *ling* **A** *agg* {AGGETTIVO} Deverbativ- **B** *itr* Deverbativ(um) n.

deviaménto m {+CORSO D'ACQUA, TRAFFICO} Umleitung f.

deviànte *agg sociol* {COMPORTAMENTO} (von der Norm) abweichend, normabweichend, deviant.

deviànza f *sociol* Abweichung f (von der Norm), normabweichendes Verhalten, Devianz f.

deviàre <devio, devii> **A** *tr* **1** (*far cambiare direzione*) **~ qc** {FIUME, TRAFFICO, TRAM} *etw* um|leiten; {SASSO PALLA} *etw* ab|lenken; {DIFENSORE PALLA} *etw* ab|fälschen; **la rotta aero mar,** vom Kurs abweichen; *fig* {DISCORSO} *etw* (dat) eine andere Richtung geben, *etw* in ⌐eine andere Richtung¬/⌐andere Bahnen¬ lenken **2** *fig* (*allontanare*) **~ qu da qc** {DALLA RETTA VIA} *jdn* von *etw* (dat) ab|bringen; **~ qc** {SOSPETTI DI QU} *etw* von *jdm* (ab)lenken **B** *itr* **1** (*cambiare direzione*) **~ + compl di luogo** {AUTOMOBILISTA A DESTRA} (*irgendwohin*) ab|biegen; {STRADA DALLA VIA PRINCIPALE} (*von etw* dat) ab|zweigen; **deviò verso il paese vicino,** er/sie schlug den Weg zum nächsten Dorf ein **2** *fig* (*allontanarsi*) **~ da qc** {COLLOQUIO DAL TEMA STABILITO; PERSONA DA UN'ABITUDINE, DALLA RETTA VIA} (*von etw* dat) ab|kommen; {PERSONA DAL TEMA STABILITO} *anche* (*von etw* dat) ab|schweifen; {DALLA FEDE} *von etw* (dat) ab|weichen; **~ dal proprio dovere,** seinen Pflichten nicht nachkommen **3** *fig* (*spostarsi*) **~ su qc** {DISCUSSIONE SU ALTRI ARGOMENTI} *zu etw* (dat) über|gehen, sich *auf etw* (acc) verlagern; {PERSONA SU ALTRI ARGOMENTI} sich *auf etw* (acc) zu|wenden.

deviàto, (-a) *agg* {TRAFFICO, TRENO} umgeleitet.

deviatóio <-toi> m *ferr* Weiche f.

deviatóre, (-trice) **A** m *elettr* Verteiler(kasten) m **B** m (f) *ferr* Weichensteller(in) m(f), Weichenwärter(in) m(f).

deviazióne f **1** (*il deviare*) {+TRAFFICO} Umleitung f **2** (*via diversa*) Umleitung f, Umweg m: **al prossimo incrocio c'è una ~,** an der nächsten Kreuzung ist eine Umleitung; **prendere una ~,** eine Umleitung fahren **3** *fig* (*allontanamento*) Abweichung f; **~ morale,** moralische Verirrung f; **~ dalla norma,** Abweichung f von der Norm **4** *fis* {+LUCE} Ablenkung f; {+AGO, PENDOLO} Ausschlag m; {+BUSSOLA} Deviation f **5** *med psic* {+SETTO NASALE} Deviation f *scient* **~ della colonna vertebrale,** Rückgratverkrümmung f; **~ sessuale,** sexuelle Abweichung/Perversion.

deviazionìsmo m *polit* Abweichlertum n, mangelnde Linientreue.

deviazionìsta <-i m, -e f> *polit* **A** *agg* {DEPUTATO} nicht linientreu, abweichlerisch *spreg* **B** *mf* Abweichler(in) m(f) *spreg*.

de visu *loc avv lat* (*personalmente*) {CONSTATARE, VERIFICARE} persönlich, mit eigenen Augen, durch persönlichen Augenschein *forb*.

devitalizzàre *tr med* **~ qc** {DENTE} *etw* ab|töten, *etw* devitalisieren *scient*.

devitalizzazióne f *med* {+DENTE} Abtötung f, Devitalisation f.

Dev.mo *abbr di* Devotissimo: Ergebenster.

dèvo 1ª *pers sing del pres ind di* dovere①,②.

devolution <-> f *ingl* Devolution f, regionale Teilautonomie.

devolùto *part pass di* devolvere.

devoluzióne f *dir* {+SOMMA DI DENARO} Zuweisung f • **~ dell'eredità,** Erbeinsetzung f.

devòlvere <*irr devolvo, devolvei o devolvetti, devoluto*> *tr* **1** (*donare*) **~ qc in favore di qu** {CIFRA, INCASSO IN FAVORE DELLE VITTIME DEL TERREMOTO} *jdm etw* zukommen lassen; **~ una somma in beneficenza,** einen Geldbetrag zu einem wohltätigen Zweck spenden **2** *dir* (*destinare*) **~ qc a qu** {SOMMA DI DENARO ALLA FONDAZIONE} *jdm etw* zu|weisen **3** *dir* (*deferire*) **~ qu/qc** *jdm/etw etw* (zur Prüfung, Entscheidung, usw.) übertragen: **qualsiasi controversia derivante dal presente contratto sarà devoluta ad un collegio arbitrale,** alle sich aus dem vorliegenden Vertrag ergebenden Rechtsstreitigkeiten werden von einem Schiedsgericht endgültig entschieden • **~ l'eredità a qu** *dir*, *jdn* als Erben einsetzen.

devoniàno, (-a) *agg* **A** *geol* {FLORA} devonisch **B** m Devon n.

devòto, (-a) *agg* **1** (*fedele*) **~ (a qu/qc)** {FIGLIO ALLA MADRE} *jdm/etw* zugetan, {SERVITORE AL PADRONE, SOLDATI ALLA PATRIA, SUDDITI AL RE} (*jdm/etw*) treu ergeben: **un animo ~,** eine treue Seele; **~ alla tradizione,** traditionsverbunden **2** *relig* {ATTEGGIAMENTO, LIBRO, UOMO} fromm; {PREGHIERA} andächtig: **essere molto ~ alla Madonna,** die Muttergottes sehr verehren **B** m (f) **1** *fig* Ergebene *mf decl come agg*, Getreue *mf decl come agg* **2** *relig* Fromme *mf decl come agg*, frommer Mensch: **i devoti si inginocchiarono,** die Gläubigen knieten nieder; **i devoti di San Pio,** die Verehrer von Pater Pius • **Suo ~/devotissimo ... obs** (*nelle lettere*), Ihr sehr ergebener ... *obs*, Ihr ergebenster... *obs*.

devozionàle **A** *agg* {IMMAGINE} Andachts- **B** m <*di solito al pl*> *relig* Devotionalien *pl*.

devozióne f **1** (*deferenza*) **~ (a/per/verso qu)** {+SERVITORE AL PADRONE; +SUDDITI AL RE} Ergebenheit f (*jdm gegenüber*) **2** (*attaccamento*) **~ (a/per/verso qu)** {+MARITO ALLA MOGLIE} Liebe f (*zu jdm*) (*jdm gegenüber*); **~ (a qc)** {+SOLDATI ALLA PATRIA} Treue f (⌐*etw dat gegenüber*¬/⌐*zu etw dat*¬); {AL LAVORO} Hingabe f (*an etw* acc): **~ alla tradizione,** Traditionsverbundenheit f **3** *relig* (*culto*) Verehrung f: **la ~ alla Vergine/Madonna,** die Marien-/Muttergottesverehrung; **~ ai santi,** Heiligenverehrung f **4** *relig* (*raccoglimento spirituale*) Andacht f: **pregare con ~,** andächtig beten **5** <*solo pl*> *relig* (*preghiere*) Morgen- und Abendgebet n • **avere una vera e propria ~ per qc** *fig* (*avere un grande interesse*), einen regelrechten Hang zu *etw* (dat) haben.

dg *mat abbr di* decigrammo: dg. (*abbr di* Dezigramm).

DG **A** f *abbr di* Direzione Generale: GD (*abbr di* Generaldirektion) **B** *mf abbr di* Direttore Generale: GD (*abbr di* Generaldirektor).

DGA f *biol chim abbr di* Dose Giornaliera Ammissibile: THD (*abbr di* Tageshöchstdosis).

DGS m *amm abbr di* Dipartimento Governativo per la Sicurezza: Regierungsbehörde f für die Sicherheit.

dharma <-> m *relig* buddista, induista Dharma n o m.

di <d', del, dello, dell', della, dei, degli, delle> *prep* **1** (*compl di specificazione*) **di qu/qc** von *jdm/etw*: **un quadro di Dalì,** ein Gemälde von Dalì; **il re della Svezia,** der König von Schweden; (*si traduce gener col gen o con una parola composta*): **la madre di Alessandro,** Alessandros Mutter; **il bottone della giacca,** der Jackenknopf; **materia di conversazione,** Gesprächsstoff m; **la porta della macchina,** die Autotür; (*specificazione soggettiva*): **l'amore del padre** (*verso il figlio*), die Liebe des Vaters (⌐*zum*¬/⌐*für den*¬ *Sohn*); (*specificazione oggettiva*): **l'amore del padre** (*da parte del figlio*), die Liebe (des Sohnes) zum Vater; **l'amore del prossimo,** die Nächstenliebe **2** (*partitivo*) **di qu/qc** von *jdm/etw*: **alcuni di noi,** einige von uns; **migliaia di uomini,** Tausende (von) Männer(n); (*spesso non si traduce, soprattutto con agg sost*): **c'è qualcosa di vero in quello che dici,** an dem, was du sagst, ist etwas Wahres (dran *fam*); **non c'è niente di nuovo,** es gibt nichts Neues; **vennero degli amici,** es kamen Freunde; **ho mangiato della carne,** ich habe Fleisch gegessen; **vorrei del pane,** ich möchte/⌐hätte gern *fam*¬ Brot **3** (*introduce il secondo termine di paragone nel compar di maggioranza*) **di qu/qc** als *jd/etw*: **Carlo è più grande di Luca,** Carlo ist größer als Luca; (*nel compar di minoranza*) als *jd/etw*, wie *jd/etw*: **è meno intelligente di lei,** er/sie ist weniger intelligent als sie; **sono meno forte di te,** ich bin nicht so stark wie du; (*dopo un superl rel o in espressioni superl*) von *jdm/etw*: **il più bravo di tutti,** er ist der Beste von allen; **il Re dei Re,** der König der Könige **4** (*moto da luogo*) **di qc** von *etw* (dat), aus *etw* (dat): **esco di casa presto,** ich gehe früh aus dem Haus; **di qc in qc** von *etw* (dat) zu *etw* (dat); **andare di casa in casa,** von Haus zu Haus gehen **5** (*moto attraverso luogo*) **di qc** von *etw* (acc): **passa di qui!,** komm hier durch!; (*in frasi ellittiche*): **presto, di qua!,** schnell, hier her/durch! **6** (*origine e provenienza*) **di qc** aus *etw* (dat), von *etw* (dat): **un uomo di origini modeste,** ein Mann aus bescheidenen Verhältnissen; **essere di Milano,** aus Mailand stammen; **Stefano Simonetti di Giuseppe** *amm*, Stefano Simonetti, Sohn von Giuseppe **7** (*denominazione*) **di qc** mit *etw* (dat): **un signore di nome Contini,** ein Herr namens/⌐mit Namen¬ Contini; (*con nomi propri, di città, paesi, ecc. spesso non si traduce*): **il nome di Maria,** der Name Maria; **nel mese di febbraio,** im Februar; **la città di Napoli,** (die Stadt) Neapel; (*con nomi di battaglie*) bei *etw* (dat), von *etw* (dat); **la battaglia di Canne,** die Schlacht bei/von Cannae; (*si traduce spesso con un agg*): **la pace di Aquisgrana,** der Aachener Frieden **8** (*argomento*) **di qu/qc** über *jdn/etw* (acc): **parlava di politica/te,** er/sie sprach über Politik/dich; (*in titoli di opere*) von *etw* (dat); **Della Tirannide,** Von der Tyrannei; (*tra due sost si traduce spesso con una parola composta*): **un libro di chimica,** ein Chemiebuch **9** (*abbondanza*) **di qu/qc** von *etw* (dat): **un teatro pieno di gente,** ein volles Theater/Haus *fam*; **una botte piena di vino,** ein ⌐volles Weinfass¬/⌐Fass voll von Wein¬; **una regione che abbonda di acqua,** eine wasserreiche Gegend **10** (*privazione*) mancanza di idee, Mangel an Ideen; una zona priva di acqua, eine Gebiet ohne Wasser; sente molto la mancanza di sua sorella, er/sie vermisst seine/ihre Schwester sehr 11 (mezzo, strumento) di qc mit etw (dat): ornare qc di fiori, etw mit Blumen (aus)-schmücken; cingere una città di mura, eine Stadt mit einer Mauer umgeben 12 (modo, maniera, spesso si traduce con avv) ridere di gusto, herzhaft lachen; venire di corsa, angerannt kommen 13 (causa) di qc vor etw (dat); gridare di gioia/dolore, vor Freude/Schmerz schreien 14 (fine, scopo) di qc zu etw (dat), für etw (acc): servire d'esempio, als Beispiel dienen; (tra due sost si traduce spesso con una parola composta): ancora di salvataggio, Rettungsanker m 15 (tempo determinato) di qc in etw (dat): d'inverno fa freddo, im Winter ist es kalt; (spesso si traduce con un avv): di giorno/notte, tagsüber/nachts; di domenica, sonntags; (tempo continuato, spesso si traduce con un agg): una guerra di dieci anni, ein zehnjähriger Krieg; di qc in qc von etw (dat) zu etw (dat); di giorno in giorno, von Tag zu Tag 16 (materia) di qc aus etw (dat): statua di marmo, Statue f aus Marmor, Marmorstatue f; (si traduce spesso con una parola composta o con un agg): palla di neve, Schneeball m; un orologio d'oro, eine goldene Uhr 17 (qualità) di qc von etw (dat): merce di ottima qualità, Ware (von) erster Qualität, erstklassige Ware; un uomo di statura alta, ein großer Mann; un attore di talento, ein talentierter Schauspieler 18 (età) di qc von etw (dat): una donna di trent'anni, eine Frau von dreißig Jahren; (spesso si traduce con un agg) eine dreißigjährige Frau 19 (peso e misura) di qc von etw (dat): una trave di sei metri, ein Balken von sechs Meter Länge, ein sechs Meter langer Balken; un pane di un kilo, ein Ein-Kilo-Brot, ein Kilo-Laib Brot; (spesso non si traduce): tre metri di stoffa, drei Meter Stoff; un litro di latte, ein Liter Milch; un kilo di farina, ein Kilo Mehl; un campanile di trenta metri, ein dreißig Meter hoher Kirchturm 20 (stima o prezzo, si traduce con una parola composta o con un agg): un oggetto di valore, ein Wertgegenstand; un pezzo di grande valore, ein sehr wertvolles Stück 21 (colpa) di qc von (gen): accusare qu di furto, jdn des Diebstahls anklagen 22 (pena) di qc von etw (dat): multare qu di 100 euro, jdn mit einem Bußgeld von 100 Euro belegen 23 (limitazione) di qc an etw (dat), von etw (dat): soffre di cuore, er/sie hat ein Herzleiden; non si vive di solo pane, man lebt nicht vom Brot allein 24 (come art indet pl): ha degli occhi bellissimi, er/sie hat wunderschöne Augen 25 (dopo l'apposizione): quel birbante di Carlo, Carlo, der alte Gauner; quel tesoro di ragazza, dieser Schatz von einem Mädchen 26 (in espressioni enf o escl): che splendore di bambino!, was für ein wunderhübsches Kind!; (con valore rafforzativo): ne ha dovuti fare di sacrifici ...!, der/die hat vielleicht ⌊Opfer bringen⌋/[schuften fam] müssen ...! 27 (in numerose loc prep): a causa di/qc, wegen jds/etw; a fianco di, neben; fuori di, außerhalb; in luogo di, anstelle von; per mezzo di, mit; al pari di, (so) wie; prima di, vor; (con i pron pers): contro di me, gegen mich; dopo di te, nach dir; sotto di loro, unter ihnen; (in loc avv): di fronte, gegenüber; di là, dort, da; di gran lunga, weit; di nascosto, heimlich; di nuovo, wieder, erneut; di qua, hier; di quando in quando, ab und zu, hin und wieder, dann und wann, zuweilen; di recente, neulich; di volta in volta, von Mal zu Mal; (in loc avv con valore modale e distributivo): di tre in tre, jeweils drei, in Dreiergruppen; (in loc cong): dopo di che → dopodiché; di modo che → dimodoché 28 (seguita da un inf, introduce proposizioni soggettive, oggettive, finali, causali, consecutive): capita di sbagliare, Fehler kommen schon mal vor; ha tentato di fuggire, er/sie hat versucht zu fliehen; ammetto di essere in ritardo, ich gebe zu, dass ich spät dran bin fam; non merita di essere promosso, er verdient es nicht, versetzt zu werden; ti prego di dirmi la verità, ich bitte dich, mir die Wahrheit zu sagen; mi dispiace di non partecipare all'incontro, es tut mir leid, an dem Treffen nicht teilnehmen zu können; sei degno di essere immortalato!, damit wirst du unsterblich/[in die Ewigkeit eingehen]!, dafür gebührt dir ewiger Ruhm!

di' 2ª pers sing dell'imperat pres di dire.

dì <-> m lett med Tag m: due volte al dì, zweimal täglich/[am Tag] ● il buon dì si vede dal mattino prov, was ein Häkchen werden will, krümmt sich beizeiten prov.

DI m dir abbr di Decreto Interministeriale: interministerieller Erlass.

dia① 1ª, 2ª e 3ª pers sing del congv pres di dare.

dia② f fot abbr di diapositiva: Dia n (abbr di Diapositiv).

DIA abbr di Direzione Investigativa Antimafia: "Ermittlungszentrale f zur Bekämpfung der Mafia".

diabàtico, (-a) <-ci, -che> agg fis diabatisch.

diabète m med Zuckerkrankheit f fam, Diabetes m scient: avere il ~, zuckerkrank sein fam, Diabetes haben scient; ~ insipido, Wasserharnruhr f, Diabetes insipidus m scient; ~ mellito, Zuckerkrankheit f fam, Zuckerharnruhr f, Diabetes m mellitus scient.

diabètico, (-a) <-ci, -che> med A agg {PAZIENTE} zuckerkrank fam, {COMA} diabetisch scient B m (f) Zuckerkranke mf decl come agg, Diabetiker(in) m(f).

diabetologìa f med Diabetologie f.

diabetòlogo, (-a) <-gi, -ghe> m (f) Diabetologe m, (Diabetologin f).

diabolicità <-> f fig ~ (di qu/qc) Teuflische n decl come agg (an jdm/etw).

diabòlico, (-a) <-ci, -che> agg 1 teuflisch, diabolisch: potenza diabolica, diabolische Macht 2 fig (malvagio) {MENTE, PIANO} teuflisch, diabolisch.

diacolor <-> f fot Farbdia n.

diaconàto m relig Diakonat n.

diaconéssa f relig protestante Diakonin f.

diaconìa f relig Diakonie f.

diàcono m relig Diakon m.

diacrìtico, (-a) <-ci, -che> agg ling {SEGNO} diakritisch.

diacronìa f ling Diachronie f.

diacrònico, (-a) <-ci, -che> agg ling {STUDIO} diachron(isch); {LINGUISTICA} diachron.

diade f biol mat Dyade f.

diadèma <-i> m Diadem n.

diàdoco <-chi> m <di solito al pl> stor Diadochen pl.

diàfano, (-a) agg 1 (trasparente) {TESSUTO} durchscheinend, lichtdurchlässig, durchsichtig 2 fig (delicato) {PELLE} durchscheinend, fein, zart.

diàfisi <-> f anat Diaphyse f scient.

diafonìa f 1 elettr tel Störgeräusch n 2 mus Diaphonie f.

diafràmma <-i> m 1 (elemento divisorio) Trenn-, Scheidewand f 2 anat Zwerchfell n, Diaphragma n scient 3 fot Blende f 4 med (anticoncezionale) Diaphragma n: applicare il ~, das Diaphragma einsetzen 5 tel Membran(e) f.

diaframmàre tr ~ qc 1 fot etw mit einer Blende versehen 2 tecnol etw mit einer Membrane versehen.

diaframmàtico, (-a) <-ci, -che> agg anat med {RESPIRAZIONE} Zwerchfell-, Diaphragma- scient.

diàgnosi <-> f 1 med Diagnose f: ~ differenziale, Differenzialdiagnose f; fare la ~, eine Diagnose stellen; ~ prenatale, pränatale Diagnose f; ~ sbagliata, Fehldiagnose f 2 fig (valutazione) Diagnose f, Beurteilung f, Einschätzung f: fare una ~ della situazione politica, eine Diagnose der politischen Situation aufstellen 3 inform {+SISTEMA} Diagnose f.

diagnòsta <-i, -e> mf med Diagnostiker(in) m(f).

diagnòstica <-che> f 1 med Diagnostik f: ~ computerizzata, Computerdiagnostik f 2 inform Diagnostik f.

diagnosticàre <diagnostico, diagnostichi> tr ~ qc 1 med {MALATTIA} etw diagnostizieren 2 fig (rilevare) {MALI DELLA SOCIETÀ} etw feststellen.

diagnòstico, (-a) <-ci, -che> med A agg {ESAME} diagnostisch B m (f) Diagnostiker(in) m(f).

diagonàle A agg anche mat diagonal; {RIGA} diagonal verlaufend: a righe diagonali, diagonal gestreift B f anche mat {+QUADRATO} Diagonale f C m 1 sport (nel calcio) Diagonalpass m; (nel tennis) Cross m 2 tess Diagonal m D loc avv: in ~, schräg, diagonal; camminare in ~, schräg gehen; tagliare la stoffa in ~, den Stoff diagonal zuschneiden.

diagràmma <-i> m Diagramm n: ~ ad albero, Baumdiagramm n; ~ a blocchi, Blockdiagramm n; ~ di flusso, Fluss-, Ablaufdiagramm n; ~ di programmazione inform, Diagramm n einer Programmabfolge.

diagrammàre tr fis mat stat ~ qc {DATI} etw in einem Diagramm dar|stellen.

dialer <-> m ingl inform Dialer m.

dialettàle agg ling {CANZONE} mundartlich; {ESPRESSIONE} anche dialektal; {POESIA} Mundart-: termine ~, dialektaler/mundartlicher Ausdruck, Dialektausdruck m.

dialettalìsmo m ling Dialektausdruck m, Dialektalform f, Dialektismus m.

dialèttica <-che> f 1 (abilità nel discutere) Dialektik f, Logik f: ha una ~ travolgente, seine/ihre Logik ist wirklich bestechend 2 filos Dialektik f.

dialèttico, (-a) <-ci, -che> A agg 1 fam (persuasivo) {CAPACITÀ, FORZA} Überzeugungs- 2 filos dialektisch B m (f) filos Dialektiker(in) m(f).

dialettìsmo → dialettalismo.

dialètto m Dialekt m, Mundart f: parlare in/il ~, (in) Dialekt sprechen.

dialettologìa f ling Dialektologie f, Mundartforschung f.

dialettòlogo, (-a) <-gi, -ghe> m (f) ling Mundartforscher(in) m(f), Dialektologe m (Dialektologin f).

diàlisi <-> f chim med Dialyse f scient: entrare/essere in ~, eine Dialyse beginnen/in Dialyse sein scient; ~ extracorporea/artificiale fam, extrakorporale Dialyse f scient; ~ intracorporea/peritoneale, Peritonealdialyse f scient.

dializzàre tr chim med ~ qu/qc (bei jdm/etw) eine Dialyse durch|führen scient; jdn/etw dialysieren scient.

dializzàto, (-a) med A agg {PAZIENTE} dialysiert scient B m (f) Dialysepatient(in)

m(f).

dializzatóre m med Dialysator m scient, Dialysegerät n scient, Dialyseapparat m scient.

dialogàre <dialogo, dialoghi> **A** itr **1** (parlare) ~ (**con qu**) {FIGLIO CON I GENITORI; INSEGNANTE CON GLI ALUNNI} mit jdm sprechen, mit jdm reden **2** (comunicare) ~ (**con qu/qc**) {STATO CON LO STATO CONFINANTE} mit jdm/etw Gespräche führen: **quei due non riescono a ~**, die beiden ˌschaffen es nicht, normal miteinander zu redenˌ/ˌkönnen nicht miteinander reden (ohne aneinanderzugeraten) **3** inform tecnol (scambiare dati) ~ (**con qc**) {APPARECCHIO CON UN COMPUTER} mit etw (dat) einen Datenaustausch durch|führen; (essere compatibile) {SISTEMI} mit etw (**dat**) kompatibel sein **B** tr film lett teat ~ **qc** {DRAMMA} etw dialogisieren, etw in Dialogform setzen.

dialogàto, (-a) **A** agg {PARTE} in Dialogform gesetzt **B** m (+CINEMA, OPERA TEATRALE) Dialog m; (parte dei dialoghi) Dialogteil m.

dialògico, (-a) <-ci, -che> agg {TESTO} dialogisch, in Dialogform.

dialogo <-ghi> m **1** Gespräch n: **il loro ~ fu bruscamente interrotto**, ihr Gespräch wurde abrupt unterbrochen **2** (comunicazione) Dialog m: **avere un buon ~ con qu**, gut mit jdm reden können, sich gut mit jdm verstehen; **l'Israele e la Palestina sono finalmente riusciti a portare avanti il loro ~**, Israel und Palästina sind in ihren Gesprächen endlich ein Stück weitergekommen; **sarebbe auspicabile un ~ costruttivo tra le singole forze politiche**, wünschenswert wäre ein konstruktiver Dialog zwischen den einzelnen politischen Gruppierungen; **~ tra figli e genitori**, Dialog m zwischen Kindern und Eltern; **tra quei due ormai non c'è più ~**, die beiden haben sich nichts mehr zu sagen; zwischen den beiden herrscht Funkstille **3** film lett teat Dialog m **4** inform tecnol (scambio di dati) ~ (**tra qc**) {TRA DIVERSE APPLICAZIONI, TRA DIVERSI SISTEMI} Datenaustausch m (zwischen etw dat); (compatibilità) ~ (**con qc**) {+APPARECCHIO CON UN ELABORATORE ELETTRONICO} Kompatibilität f (mit etw dat).

dial-up <-> m ingl inform Verbindungsaufbau m.

diamànte m **1** min Diamant m: **di diamanti**, mit Diamanten besetzt, Diamant(en)-; **grezzo/industriale**, Roh-/Industriediamant m; **tagliato**, geschliffener Diamant **2** (attrezzo) Glasschneider m **3** tip Diamant f.

diamantìfero, (-a) agg min {GIACIMENTO} Diamant(en)-.

diamantìno, (-a) agg rar **1** (del diamante) Diamanten- **2** (simile al diamante) diamantenartig.

diametràle agg mat diametral.

diametralménte avv mat diametral ● **qc è ~ opposto a qc** fig (completamente contrario), {LA SUA POSIZIONE A QUELLA DEL FRATELLO} etw ist etw (dat) diametral entgegengesetzt.

diàmetro m mat (+CERCHIO) Durchmesser m: **il ~ del tavolo è di 80 cm**, der Tisch misst 80 cm im Durchmesser, der Durchmesser des Tisches beträgt 80 cm.

diàmine inter fam **1** (di disapprovazione, impazienza) verdammt (noch mal)! fam, (zum) Teufel noch mal! fam: **che ~ state combinando?**, was zum Teufel stellt ihr denn da an? fam; **che ~ vai cercando?**, was suchst du denn, verdammt noch mal? fam **2** (di meraviglia) Donnerwetter! fam, Mensch Meier! fam **3** (in risposte decisamente affermative) und ob!: **~ se lo voglio!**, und ob ich es will!

diàna f mil Wecken n ● **suonare la ~**, zum Wecken blasen; fig (dare il segno della rivolta), das Zeichen zum Aufstand geben.

Diàna f anche mitol (nome proprio) Diana f.

dianoètico, (-a) <-ci, -che> agg filos dianoetisch.

diànzi avv poet vor kurzem.

diàpason <-> m lat **1** mus (strumento) Stimmgabel f **2** mus (registro di strumento musicale) Register n; (registro di voce) anche Stimmumfang m **3** fig (culmine) Höhepunkt m: **arrivare al**ˌ/ˌ**raggiungere il**ˌ ~, den Höhepunkt erreichen ● **dare il ~** fig (dare il tono), den Ton angeben.

diàpo <-> f fam abbr di diapositiva: Dia n.

diapositìva f Dia(positiv) n: **~ a colori**, Farbdia(positiv) n.

diaproiettòre m Diaprojektor m.

diària f econ Tagegeld n, Aufwandsentschädigung f: **~ parlamentare** stor, "Sitzungsgeld n für die Teilnahme an Parlamentssitzungen".

diàrio <-ri> m Tagebuch n, Diarium n obs: **~ intimo**, intimes Tagebuch n; **~ di viaggio**, Reisetagebuch n, Reiseaufzeichnungen f pl; **scrivere qc nel ~**, etw ins Tagebuch schreiben; **tenere un ~**, (ein) Tagebuch führen ● **di bordo** mar, Schiffstagebuch n, Logbuch n; **~ di classe** scuola, Klassenbuch n; **~ di guerra** mil, Kriegstagebuch n; **~ scolastico** scuola, Aufgabenheft n, Schülerkalender m.

diarìsta <-i m, -e f> mf Tagebuchschreiber(in) m(f), Tagebuchverfasser(in) m(f).

diarìstica <-che> f lett Diaristik f (literarische Gattung des Tagebuchschreibens).

diarìstico, (-a) <-ci, -che> agg (di diario) {STILE} Tagebuch-.

diarrèa f med Durchfall m, Diarrhö f scient: **avere la ~**, Durchfall haben.

diarròico, (-a) <-ci, -che> agg med diarrhöisch scient.

diàspora f {EBRAICA} Diaspora f.

diàspro m geol Jaspis m.

diàstilo m arch Diastylon n.

diàstole f **1** med Diastole f scient **2** ling Diastole f.

diastòlico, (-a) <-ci, -che> agg {PRESSIONE} diastolisch scient.

diatermìa f med Diathermie f scient.

diàtesi <-> f med Diathese f scient.

diatomèa f bot Kieselalge f, Diatomee f scient.

diatonìa f mus Diatonik f.

diatònico, (-a) <-ci, -che> agg ling diatonisch.

diatrìba f **1** (disputa) Streitgespräch n, Disput m forb **2** filos Diatribe f forb.

diavolerìa f fam scherz (oggetto strano) Hexenwerk n, Teufelszeug n fam spreg, verteufelte Erfindung f fam: **ma che ~ è questa?**, was ist das denn für ein Teufelszeug? fam spreg.

diavolèssa f **1** (moglie del diavolo) Teufelin f **2** fig (donna perfida e brutta) Hexe f spreg, Schreckschraube f fam spreg **3** fig (donna piena di temperamento) Teufel(sweib n) m fam.

diavolétto, (-a) <dim di diavolo> **A** m (f) scherz (bambino vivace) Wildfang m: **è un ~**, er ist ein ˌrichtiger Wildfangˌ/ˌEngel mit Bˌ **B** m (bigodino) Lockenwickler m.

diavolìo <-lii> m Durcheinander n, Wirrwarr m, Tohuwabohu n.

diàvolo A 1 m relig Teufel m: **credere al ~**, an den Teufel glauben; **essere posseduto dal ~**, vom Teufel besessen sein; **le tentazioni del ~**, die Versuchungen des Teufels **2** fig (bambino, ragazzo vivace) Wildfang m, Satansbraten m fam scherz: **quel ragazzo è un ~ scatenato**, dieser Junge ˌhat den Teufel im Leibˌ/ˌist ein Satansbraten m fam scherzˌ **3** fig fam (persona di eccezionali qualità) Teufel m: **un ~ d'uomo**, ein Teufelskerl **4** (nei tarocchi) Teufel m **B** <inv> loc agg fig (notevole): **del ~**, teuflisch fam, höllisch fam, wahnsinnig fam, unheimlich fam; **fa un freddo del ~**, es ist wahnsinnig kalt fam; **ho un male del ~**, ich habe unheimliche Schmerzen fam **C** inter impr **1** (di meraviglia) Teufel!: **per mille**ˌ/ˌ**tutti i**ˌ **diavoli!**, Teufel nochmal!, Teufel auch! **2** (d'ira) Teufel!: **che ~ vi porti!**, der Teufel soll euch holen! **3** (di disappunto) Teufel!: **~, che confusione!**, ˌTeufel, auchˌ/ˌach du meine Güteˌ, was für ein Durcheinander! fam **4** (in risposte decisamente affermative) und ob!: **~ se glielʼho detto!**, und ob ich es ihm gesagt habe! **5** (pleonastico) zum Teufel fam: **ma che ~ ti prende?**, was zum Teufel ist denn in dich gefahren? fam; **perché ~ dovrei andarci proprio io?**, warum zum Teufel (noch mal) soll gerade ich hingehen? fam; **che ~ vuoi adesso?**, was zum Teufel willst du jetzt (noch)? fam; **come ~ hai fatto?**, wie zum Teufel hast du denn das gemacht? fam; **dove ~ ti eri andato a cacciare?**, wo zum Teufel hast du dich bloß gesteckt? fam ● **essere come il ~ e lʼacquasanta** fig (essere inconciliabili), wie der Teufel und das Weihwasser sein; **andate**ˌ/ˌ**vai al ~!** fig (levatevi**/**levati di torno), ˌschert euchˌ/ˌ[scher dich] zum Teufel! fam; **essere brutto come il ~**, hässlich wie die Nacht sein, potthässlich sein fam; **un buon ~** fig (persona mite), ein guter Kerl, eine gute Haut fam; **fare il ~ nel canneto** fig (fare molto rumore), einen Höllen-/Heidenlärm machen fam; **avere un ~ per capello** fig (essere di malumore), sauer sein fam, schlecht drauf sein fam; **sapere dove il ~ tiene la coda** fig (conoscere ogni malizia), mit allen Wassern gewaschen sein fam; **il ~ ci ha messo la coda**ˌ/ˌ**le corna**ˌ/ˌ**lo zampino!** fig (le cose vanno male), da hat der Teufel die Hand im Spiel!; **si parla del ~ e spuntano le corna** fig (quando appare una persona della quale si sta parlando), wenn man vom Teufel spricht, kommt er gerannt prov; **avere il ~ addosso**ˌ/ˌ**in corpo** fig (essere molto vivace), den Teufel im Leib haben fam; **fare il ~ a quattro** fig (darsi daffare per raggiungere qc), Himmel und Hölle in Bewegung setzen, sich ins Zeug legen fam; fig (infuriarsi), fuchsteufelswild werden, einen Tobsuchtsanfall bekommen; **mandare qu al ~** fig (mandarlo via o interrompere i rapporti con lui), jdn zum Teufel jagen/schicken fam; **mandare tutto al ~** fig (voler smettere con qc), alles zur Hölle wünschen, alles an den Nagel hängen fam; **~ di mare** zoo, Teufelsfisch m; **essere nero come il ~** fig (molto nero), schwarz wie die Nacht sein, rabenschwarz sein; **un povero ~** fig (poveraccio), ein armer Teufel fam; **saperne una più del ~** fig (essere molto astuto), mit allen Wassern gewaschen sein fam; **il ~ non è così ~ come si dipinge** prov, es wird nichts so heiß gegessen, wie es gekocht wird prov; **insegna a fare**ˌ/ˌ**fa**ˌ **le pentole, ma non i coperchi** prov, es ist nichts so fein gesponnen, es kommt doch ans Licht der Sonnen prov.

dibàttere <coniug come battere> **A** tr ~ **qc 1** fig (discutere) {ARGOMENTO, QUESTIONE} etw erörtern, etw/über etw (acc) debattieren **2** rar (battere) {UCCELLO ALI} mit etw (dat) schlagen **B** itr pron **1** (agitarsi): **dibattersi** (**in qc**) {PESCE NEL SECCHIO} sich (in etw dat) winden **2** fig (tormentarsi): **dibattersi in qc** {NEL DUBBIO} mit etw (dat) ringen forb; {NELL'INCERTEZZA} mit etw (dat) kämpfen.

dibattiménto m 1 (*discussione*) ~ (*di qc*) Erörterung f (*etw* gen), Debattieren n (*über etw* acc) 2 *dir* (*udienza dibattimentale*) Hauptverhandlung f.

dibàttito m ~ (*su qc*) 1 (*discussione*) {SULLA NUOVA LETTERATURA TEDESCA, SUL PROBLEMA DELLA DROGA} (lebhafte) Diskussion (*über etw* acc), Debatte f (*über etw* acc): ~ **televisivo**, Fernsehdebatte f 2 *polit* Debatte f (*über etw* acc): ~ **sul bilancio pubblico**, Haushaltsdebatte f; ~ **parlamentare**, Parlamentsdebatte f.

dibattùto, (-a) agg 1 (*discusso*) {ARGOMENTO, PROPOSTA} erörtert, diskutiert 2 (*controverso*) {CASO, TESI, TEORIA} (heiß) umstritten.

diboscaménto e *deriv* → **disboscamento** e *deriv*.

dic. abbr *di* dicembre: Dez. (abbr *di* Dezember).

dìcasi → **dire**.

dicastèro m 1 Ministerium n: ~ **degli Esteri**, Außenministerium n; ~ **della Difesa**, Verteidigungsministerium n 2 *relig cattolica* Kongregation f.

dicèmbre m (abbr dic.) Dezember m; → *anche* **settembre**.

diceria f Gerücht n, Gerede n *fam*, Klatsch m *fam spreg*: **ci sono molte dicerie sul suo conto**, es wird viel über ihn/sie geredet, über ihn/sie hört man so manches.

dìcesi → **dire**.

dichiaránte mf *dir* Erklärende mf decl come agg.

dichiaráre A tr 1 (*esternare*) ~ *qc* (*a qu*) jdm/[jdm gegenüber] etw erklären: ~ **il proprio amore a qu**, jdm seine Liebe erklären; ~ **le proprie intenzioni a qu**, jdm gegenüber seine Absichten äußern 2 (*annunciare*) ~ *qc* (*a qu/qc*) {GUERRA A UNO STATO} (jdm/etw) etw erklären; ~ *qc* {OPERAI, SINDACATI SCIOPERO} etw aus|rufen 3 (*proclamare*) ~ *qu/qc* + *agg/compl di modo* jdn/etw für + agg erklären: ~ **qu colpevole di qc**, jdn etw (gen) für schuldig erklären; ~ **aperta la seduta**, die Sitzung für eröffnet erklären; **La/vi dichiaro in arresto**, hiermit erkläre ich Sie/euch für verhaftet; **venne dichiarato disperso**, er wurde als vermisst gemeldet; ~ *qu/qc qu/qc* jdn/etw zu jdm/etw erklären; {NIPOTE EREDE UNIVERSALE} jdn zu jdm/etw ernennen; ~ **qu disertore**, jdn zum Deserteur erklären; **vi dichiaro marito e moglie**, hiermit erkläre ich euch zu Mann und Frau 4 (*notificare*) ~ *qc* (*a qc*) {REDDITO ALL'UFFICIO DELLE IMPOSTE} etw (bei etw dat) an|geben; *comm* {MERCE} etw (bei etw dat) deklarieren, etw (bei etw dat) an|geben: (**ha**) **qualcosa da ~?** (*alla dogana*), haben Sie etwas zu verzollen? 5 (*manifestare*) ~ *qc* etw kund|tun, etw äußern: **ha sempre dichiarato la sua fede politica**, er/sie hat seine/ihre politische Überzeugung immer kundgetan 6 (*affermare pubblicamente*) ~ *qc* {LA PROPRIA INNOCENZA} etw (öffentlich) äußern: **dichiarò di non aver mai visto l'accusato**, er/sie erklärte, den Angeklagten nie gesehen zu haben; **io sottoscritto dichiaro che ... ind**, hiermit erkläre ich, dass ... 7 (*nel giochi di carte*) ~ *qc* etw an|sagen; (*nel bridge*) etw bieten: ~ **le carte**, Farbe bekennen B rfl 1 (*affermare di essere*): **dichiararsi** + *agg/compl di modo* sich für + agg erklären, sich für jdn/etw aus|sprechen: **dichiararsi a favore di qu**, sich für jdn aussprechen; **dichiararsi favorevole a qu/qc** (*a qc*) aussprechen; **dichiararsi colpevole di qc**, sich etw (gen) für schuldig erklären; **dichiararsi estraneo al fatto**, erklären, mit der Sache nichts zu tun zu haben; **puoi dichiararti fortunato**, du kannst ˌdich glücklich schät-zen₁/[froh sein]; **dichiararsi innocente**, sich für unschuldig erklären 2 (*confessare il proprio amore*): **dichiararsi** jdm seine Liebe gestehen, sich jdm erklären *obs*.

dichiarataménte avv {GAY} erklärtermaßen.

dichiarativo, (-a) agg 1 {NOTA} erklärend, erläuternd 2 *gramm* {PROPOSIZIONE} Aussage-.

dichiaráto, (-a) agg {NEMICO} erklärt.

dichiarazióne f 1 {PROGRAMMATICA, SOLENNE, UFFICIALE} Erklärung f, Deklaration f: ~ **di adesione**, Beitrittserklärung f; ~ **di assenso**, Einverständniserklärung f; ~ **dei diritti dell'uomo**, Erklärung f der Menschenrechte, Menschenrechtserklärung f; ~ **di fallimento** *econ*, Konkurserklärung f; **fare una ~**, eine Erklärung abgeben 2 (*annuncio*) Erklärung f: ~ **di guerra**, Kriegserklärung f; ~ **d'indipendenza**, Unabhängigkeitserklärung f 3 (~ *amorosa*) Liebeserklärung f: ~ **d'amore**, Liebeserklärung f; **fare la ~ a qu**, jdm eine Liebeserklärung machen 4 *dir* Erklärung f: ~ **falsa sull'identità** (*reato di ~*), falsche Namensangabe; ~ **recettizia**, empfangsbedürftige Willenserklärung f; ~ **di scienza**, Wissenserklärung f; ~ (**di volontà**), Willenserklärung f 5 *dir* (*in giudizio, in tribunale*) {TESTIMONIALE} Aussage f 6 (*nei giochi di carte*) Ansage f; (*nel bridge*) Bieten n, Lizitation f, Angebot n • ~ ˌ**sotto giuramento**₁/[giurata], eidesstattliche Erklärung; ~ **di morte presunta** *amm dir*, Todeserklärung f; ~ **di nascita** *amm dir*, Anzeige f der Geburt; ~ **dei redditi** *fisco*, Einkommensteuererklärung f; **fare la ~ dei redditi** *fisco*, die Steuererklärung abgeben, die Steuer machen *fam*.

diciannòve A agg num neunzehn B <-> m 1 (*numero*) Neunzehn f 2 (*nelle date*) Neunzehnte m decl come agg C f pl neunzehn Uhr; → *anche* **cinque**.

diciannovènne A agg neunzehnjährig B mf Neunzehnjährige mf decl come agg.

diciannovèsimo, (-a) A agg num neunzehnte(r, s) B m (f) Neunzehnte mfn decl come agg C m (*frazione*) Neunzehntel n, neunzehnter Teil; → *anche* **quinto**.

diciassètte A agg num siebzehn B <-> m 1 (*numero*) Siebzehn f 2 (*nelle date*) Siebzehnte m decl come agg C f pl siebzehn Uhr; → *anche* **cinque**.

diciassettènne A agg siebzehnjährig B mf Siebzehnjährige mf decl come agg.

diciassettèsimo, (-a) A agg num siebzehnte(r, s) B m (f) Siebzehnte mfn decl come agg C m (*frazione*) Siebzehntel n, siebzehnter Teil; → *anche* **quinto**.

diciottènne A agg achtzehnjährig B mf Achtzehnjährige mf decl come agg.

diciottèsimo, (-a) A agg num achtzehnte(r, s) B m (f) Achtzehnte mfn decl come agg C m (*frazione*) Achtzehntel n, achtzehnter Teil; → *anche* **quinto**.

diciòtto A agg num achtzehn B <-> m 1 (*numero*) Achtzehn f 2 (*nelle date*) Achtzehnte m decl come agg C f pl achtzehn Uhr; → *anche* **cinque**.

dicitóre, (**-trice**) m (f) Vortragskünstler(in) m(f), Diseur m (Diseuse f), Deklamator m: **fine ~ iron**, Phrasendrescher m *spreg*.

dicitùra f (*scritta*) Aufschrift f, Beschriftung f.

dico 1ª pers sing del pres ind *di* **dire**.

dicotilèdone A agg zweikeimblättrig, dikotyl *scient* B m zweikeimblättrige Pflanze, Dikotyl(edon)en f pl *scient*.

dicotomia f *astr bot filos* Dichotomie f.

didascalia f 1 Bildunterschrift f: **illustrazione con ~ esplicativa**, Abbildung mit er- läuterndem Text 2 *film* Untertitel m 3 *teat* Regieanweisung f.

didascàlico, (-a) <-*ci*, -*che*> agg (*atto a insegnare*) {POESIA} Lehr-; {SCRITTO} didaktisch; {MOSTRA} Lehr- und Informations-; *spreg* {TONO} belehrend *spreg*, lehrerhaft *spreg*, schulmeisterlich *spreg*.

didàtta <-*i* m, -*e* f> mf 1 (*insegnante*) Didaktiker(in) m(f) 2 *psic* Lehranalytiker(in) m(f).

didàttica <-*che*> f {+TEDESCO} Didaktik f.

didàttico, (-a) <-*ci*, -*che*> agg 1 (*che concerne l'insegnamento*) {METODO} didaktisch, Lehr-, Unterrichts-: **a scopo ~**, zu Lehr-/Unterrichtszwecken 2 *fig spreg* {TONO} dozierend, lehrerhaft *spreg*, schulmeisterlich *spreg*.

didéntro A avv (dr)innen B <-> m *anche fig* {+AEREO, VASO} Innere n *anche come agg*: **la porta si chiude dal ~**, die Tür geht von innen zu; **un impulso che viene dal ~**, ein von innen kommender Impuls.

didiètro A avv hinten: **un vestito che si abbottona ~**, ein Kleid, das hinten zugeknöpft wird B <inv> agg hintere(r, s), Hinter-: **le ruote ~ dell'automobile**, die Hinterräder des Autos; **le zampe ~**, die Hinterpfoten C <-> 1 (*parte posteriore*) {+CASA} Hinterseite f; {+FOGLIO, FOTOGRAFIA} Rückseite f 2 *fam scherz* (*deretano*) Hinterteil n *fam*, Hintern m *fam*.

dièci A agg num zehn B <-> m 1 (*numero*) Zehn f 2 (*nelle date*) Zehnte m decl come agg 3 (*voto scolastico in Italia*) ≈ sehr gut, Eins f, Einser m *fam* C f pl zehn Uhr; → *anche* **cinque**.

diecimila A agg num zehntausend: **costa ~ euro**, das kostet zehntausend Euro B <-> m (*numero*) Zehntausend f.

diecìna → **decina**.

dièdi 1ª pers sing del pass rem *di* **dare**.

djencèfalo m *anat* Zwischenhirn n.

djèreṣi <-> f *ling* (*nella metrica*) Diärese f, Diäresis f; (*segno diacritico*) Trema n; (*di metafonia*) Umlaut m.

dieṣel *ted autom mot* A <inv> agg {MOTORE} Diesel- B <-> m Diesel m.

djèṣis <-> m *mus* Kreuz n, Erhöhungszeichen n, Diesis f.

djèsse <-> mf *polit* Mitglied n der Linksdemokraten; (*sostenitore*) Anhänger(in) m(f) der Linksdemokraten.

diessino, (-a) *polit* A agg (*dei Democratici di sinistra*) der Linksdemokraten B m (f) Mitglied n der Linksdemokraten; (*sostenitore*) Anhänger(in) m(f) der Linksdemokraten.

dièta① f (*regime alimentare*) Diät f: ~ **per diabetici**, Diät f für Zuckerkranke/Diabetiker, Diabetikerkost f; ~ **dissociata**, Trennkost f; ~ **lattea**, Milchdiät f; ~ **mediterranea**, Mittelmeerdiät f, Mittelmeerkost f; **mettere/tenere qu a ~**, jdn auf Diät setzen/halten; ˌ**mettersi a**₁/[**fare la**] **~**, eine Diät machen; **essere a ~**, Diät essen/halten, auf Diät sein *fam*; **interrompere la ~** (*momentaneamente*), seine/die Diät unterbrechen; (*non continuare*) seine/die Diät ab|brechen; **stare a ~**, auf Diät gesetzt sein, Diät halten.

dièta② f 1 *stor* (*nel Sacro Romano Impero*) Reichstag m 2 *polit* (*nella Repubblica Federale Tedesca*) Landtag m 3 (*adunanza*) Versammlung f • ~ **la ~ di Worms** *stor*, der Wormser Reichstag.

djetètica <-*che*> f *med* Diätetik f.

djetètico, (-a) <-*ci*, -*che*> agg *med* {PRODOTTO} diätetisch, Diät-.

dietista <-*i* m, -*e* f> mf *med* Diätassistent(in)

m(f).
dietologia f *med* Diätetik f.
dietòlogo, (-a) <-gi, -ghe> m (f) *med* Ernährungswissenschaftler(in) m(f), Trophologe m, (Trophologin f).
dietrìsmo m *polit iron* "Tendenz, hinter allem verborgene Beweggründe zu sehen".
diètro **A** *avv* **1** (*stato in luogo*) hinten: **in macchina non mi piace stare seduta ~**, im Auto sitze ich nicht gern hinten; **è qua ~**, er/sie/es ist hier hinten; **nascondìti lì ~!**, versteck dich ˪dort hinten˩/[dahinten]! **2** (*moto a luogo*) {METTERSI A SEDERE} nach hinten: **è andato là ~**, er ist nach hinten gegangen **3** (*appresso*) hinterher: **io mi muovo, e lui ~**, ich geh' los, und er hinterher **4** (*con sé*) dabei: **spero che non piova perché non ho ~ l'ombrello**, ich hoffe es wird nicht regnen, da ich keinen Regenschirm dabeihabe **B** *prep* **1** (*oltre: stato*) ~ *qu/qc* hinter *jdm/etw*: **tenere le mani ~ la schiena**, die Hände hinter dem Rücken (verschränkt/versteckt) halten; **il giardino ~ la casa**, der Garten hinter dem Haus; **era seduto ~ il tavolo**, er saß hinter dem Tisch; **osserva tutto da ~ i vetri**, er/sie beobachtet alles durch die Fensterscheiben; (*moto*) hinter *jdn/etw*; **è scivolato ~ la scrivania**, er/es ist hinter den Schreibtisch gerutscht **2** (*appresso*) ~ *qu/qc*, (*con i pron pers*) ~ *di qu/qc* hinter *jdm/etw*: **marciare uno ~ l'altro**, ˪einer hinter dem anderen marschieren˩/[(im Gänsemarsch) hintereinanderher marschieren]; **era in piedi˩/[camminava] ~ di me**, er/sie stand/ging hinter mir; **venite ~ di me!**, folgt mir! **3** (*dopo*) ~ *qc* nach *etw* (dat): **un guaio ~ l'altro**, ein Unglück nach dem anderen **4** *amm* ~ *qc* auf *etw* (acc): ~ **domanda di qu**, auf jds Anfrage/Wunsch **5** *amm* ~ *qc* gegen *etw* (acc): ~ **pagamento di una cospicua somma**, gegen Zahlung eines hohen Geldbetrages; ~ **versamento di 300 euro**, nach erfolgter Überweisung von 300 Euro **C** <inv> *loc agg*: **di ~**, {PORTA} Hinter- **D** *loc avv*: **di ~**, hinten; **non stare lì di ~**, **vieni avanti!**, bleib doch nicht da hinten stehen, komm ruhig nach vorne! **E** *loc prep* **1** (*oltre: stato*): ~ **a qu/qc**, hinter *jdm/etw*; **ti aspetto al bar ~ alla stazione**, ich warte in der Bar hinter dem Bahnhof auf dich; ~ **alla scrivania c'è una libreria**, hinter dem Schreibtisch steht ein Bücherregal; (*moto*) ~ **a qu/qc**, hinter *jdn/etw*; **è caduto ~ al muretto**, er/es ist über/hinter die Mauer gefallen **2** (*appresso*): ~ **a qu/qc**, hinter *jdm/etw*; **vai sempre ~ a quella macchina, così non sbagli**, ˪fahr immer dem Auto hinterher˩/[bleib immer hinter dem Auto], dann kann nichts schiefgehen *fam* **F** <inv> *agg* hintere(r, s), hinten *fam*: **la parte ~**, der hintere Teil, der Teil hinten *fam* **G** <-> m {+CASA} Hinterseite f; {+FOGLIO, FOTO} Rückseite f.
dietrofrónt, **diètro-frónt** **A** *inter mil sport* (*nella ginnastica*) kehrt! **B** <-> m **1** *mil* Kehrtwendung f **2** *fig* Rückzieher m *fam* ● **fare ~**, eine Kehrtwendung machen, kehrtmachen; *fig* (*cambiare posizione*), einen Rückzieher machen *fam*.
dietrologìa f *giorn spec polit* "Tendenz, hinter allem verborgene Beweggründe zu sehen": **fare della ~**, nach den verborgenen Beweggründen suchen; **niente ~, ti prego!**, keine Verschwörungstheorien, bitte!
difàtti → **infatti**.
difèndere <irr *difendo, difesi, difeso*> **A** *tr* **1** *anche mil* ~ *qu/qc* (*da qu/qc*) {CITTÀ DAI BARBARI, DAGLI ASSALTI NEMICI} *jdn/etw* (*gegen jdn/etw*) verteidigen: **il popolo difese eroicamente la sua libertà**, das Volk verteidigte heldenhaft seine Freiheit **2** (*proteggere*) ~ *qc* {LA NATURA} *etw* schützen; ~ *qu/qc da qc* {CREMA PELLE DAGLI AGENTI ATMOSFERICI} *jdn/etw vor etw* (dat) schützen: ~ **gli occhi dal fumo**, die Augen vor dem Rauch schützen **3** (*prendere le parti*) ~ *qu/qc* (*da qc*) {DEBOLI DAI SOPRUSI} *jdn/etw* (*vor etw* dat) schützen: ~ **il buon nome di qu dalle calunnie**, jds guten Namen gegen Verleumdungen verteidigen; ~ *qu* (*di fronte a qu*) {MADRE FIGLIO} *jdn* (*vor jdm*) in Schutz nehmen **4** (*sostenere*) ~ *qc* {GLI IDEALI DELLA DEMOCRAZIA, LE PROPRIE RAGIONI} *für etw* (acc) eintreten; {INTERESSI DI QU} *etw* wahr˪nehmen: ~ **la causa di qu**, sich für jdn ˪stark machen˩/[einsetzen], jdn verteidigen; ~ *qc* (*contro qu/qc*) {OPINIONE, TEORIA, TESI CONTRO LE OBIEZIONI DI QU} *etw* (*gegen jdn/etw*) verteidigen, *etw* (*gegen jdn/etw*) vertreten **5** *dir* ~ *qu* / ~ *compl di luogo* {AVVOCATO LA PARTE IN TRIBUNALE} {*nel processo penale*} *jdn* (*irgendwo*) verteidigen {*nel processo civile*} *jdn* (*irgendwo*) vertreten; ~ *qc* (+ *compl di luogo*) {DIRITTI DELLA PARTE IN GIUDIZIO} *etw* (*irgendwo*) verteidigen **6** *sport* ~ *qc* {RECORD} *etw* verteidigen: ~ **il titolo di campione del mondo**, den Weltmeistertitel verteidigen **B** *rfl* **1** *anche mil*: **difendersi** (*da qu/qc*) {DAL NEMICO} sich (*gegen jdn/etw*) verteidigen **2** (*proteggersi*): **difendersi da qu/qc** {DAL CALDO, DAL FREDDO, DAI LADRI} sich (*vor jdm/etw*) schützen **3** (*far valere le proprie ragioni*): **difendersi** (*da qc*) {DALL'INVIDIA DI QU} sich (*gegen jdn/etw*) wehren, sich (*gegen jdn/etw*) zur Wehr setzen: **devi imparare a difenderti!**, du musst lernen, dich zu wehren!; **si è difeso dalle accuse con grande coraggio**, er hat sich mutig gegen die Anschuldigungen verteidigt **4** *fam* (*cavarsela*): **difendersi** (+ *compl di modo*) sich *irgendwie* schlagen, sich *irgendwie* halten: **agli esami si è difeso bene**, bei der Prüfung hat er sich gut/wacker *scherz* geschlagen; **come ballerino mi difendo!**, als Tänzer ˪weiß ich mich zu schlagen/halten˩/[bin ich nicht schlecht]! **5** (*resistere*): **difendersi da qc** {DALLE PASSIONI} *etw* (dat) widerstehen **6** *dir*: **difendersi** (+ *compl di luogo*) sich (*irgendwo*) verteidigen: ~ **in giudizio**, sich vor Gericht verteidigen.
difendìbile *agg* **1** *mil* {CITTÀ, FORTEZZA} (gut) zu verteidigen(d) **2** *fig* (*atto a essere sostenuto*) {OPINIONE, PUNTI DI VISTA, RAGIONI, TEORIA, TESI} vertretbar **3** *fig* (*atto a essere salvaguardato*) {INTERESSI} schützenswert, schützenswürdig.
difenditrìce f → **difensore**.
difensìva f *mil* Defensive f, Verteidigung f ● **essere/stare/tenersi sulla ~** *mil*, in der Defensive sein, eine defensive Haltung einnehmen; *sport* aus der Defensive spielen, defensiv spielen; *fig* (*aspettare l'iniziativa dell'altro*), sich abwartend verhalten, eine abwartende Haltung ein˪nehmen, sich zurück˪halten.
difensivìsmo m (*atteggiamento di difesa*) Verteidigungshaltung f, Defensivtaktik f.
difensìvo, (-a) *agg* **1** (*ALLEANZA, GUERRA*) Verteidigungs-; {ARMI} *anche* Defensiv- **2** *fig* (*di difesa*) {ATTEGGIAMENTO} defensiv, abwehrend, Abwehr-.
difensóre, (**difenditrìce**) m (f) **1** *gener* (*protettore*) {+DEBOLI} Verteidiger(in) m(f), Beschützer(in) m(f) **2** *dir* (*nel processo civile*) Prozessvertreter(in) m(f), Prozessbevollmächtigte mf decl come agg; (*nel processo penale*) (Straf)verteidiger(in) m(f); ~ **di fiducia/d'ufficio** *dir*, Wahlverteidiger m/Pflichtverteidiger m **3** *sport* Verteidiger(in) m(f) ● ~ **civico** *amm*, Ombudsmann m.
difésa **A** f **1** *anche mil* (+CITTÀ) Verteidigung f **2** (*riparo*) ~ (*contro qu/qc*) Schutz m (*vor jdm/etw*): **la pelliccia costituisce un'ottima ~ contro il freddo**, der Pelz ist ein hervorragender Schutz gegen Kälte **3** (*il prendere le parti*) {+DEBOLI} Beschützen n, Inschutznahme f **4** (*appoggio*) Inschutznahme f; **accorrere in ~ di qu**, jdm zu Hilfe eilen; **prendere le difese di qu**, {GENITORI +FIGLIO} jdn in Schutz nehmen **5** (*il sostenere*) {+INTERESSI DI QU} Wahrnehmung f; ~ (*di qc*) {+IDEALE, PRINCIPIO} Eintreten n (*für etw* acc) **6** (*il far valere le proprie ragioni*) Wehren n: **essere privo di ogni ~**, {PERSONA} völlig wehrlos sein **7** (*tutela*) Schutz m: **la ~ dell'ambiente**, der Umweltschutz; **provvedimento a ~ dei consumatori**, Verbraucherschutzmaßnahme f **8** *biol med* Abwehrsystem n: ~ **aspecifica**, unspezifisches Abwehrsystem; **difese immunitarie**, Immunabwehr f **9** *dir* (*il difendere*) Verteidigung f **10** *dir* (*difensore*) (Straf)verteidiger(in) m(f), Verteidigung f **11** *dir* (*in discorso*) Verteidigungsrede f, Plädoyer n; (*scritto*) Verteidigungsschrift f **12** *mil* (*mezzi e organi atti a difendere*) Abwehr f: ~ **antiaerea**, Flugabwehr f; <di solito al pl> (*fortificazioni*) Verteidigungsanlage f **13** *psic* Abwehr f **14** *sport* (*nel calcio*) Abwehr f, Verteidigung f **B** <inv> *loc agg spec med psic*: **di ~**, {ATTEGGIAMENTO, MECCANISMO} Abwehr- ● **legittima ~** *dir*, Notwehr f; ~ **personale** (*autodifesa*), Selbstverteidigung f; **a mia ~ posso dire che ...**, zu meiner Verteidigung kann ich sagen/vorbringen, dass ...; **la miglior ~ è l'attacco** *prov*, der Angriff ist die beste Verteidigung *prov*.
difési 1ª pers sing del pass rem *di* difendere.
diféso part pass *di* difendere.
difettàre *itr lett* **1** (*mancare, scarseggiare*): **a qu difetta qc**, **qu difetta di qc**, {SPIRITO DI BUONA VOLONTÀ SCUOLA DI MEZZI ADEGUATI} jdm mangelt/fehlt es an *etw* (dat) **2** (*essere difettoso*) fehlerhaft sein, Mängel haben: **la casa è bella, ma difetta nei particolari**, das Haus ist schön, hat aber Mängel/Fehler im Detail.
difettàto, (-a) **A** *part pass di* difettare **B** *agg fam* (*difettoso*) {MERCE} fehlerhaft, schadhaft.
difettìvo, (-a) *agg* **1** *gramm* {VERBO} defektiv **2** *lett* (*incompleto*) unvollständig, unvollkommen.
difètto **A** m **1** (*imperfezione*) Fehler m; {+APPARECCHIO} Defekt m: ~ **del materiale**, Materialfehler m; ~ **di fabbricazione**, Fabrikationsfehler m **2** (*cattivo vizio*) Fehler m, schlechte Angewohnheit: **guardare soltanto i difetti di qu**, nur auf jds Fehler achten; **ha il ~ di arrivare sempre in ritardo**, er/sie hat die schlechte Angewohnheit, immer zu spät zu kommen; **malgrado tutti i suoi difetti mi piace**, trotz all(er) seiner/ihrer Fehler mag ich ihn/sie; **ognuno ha i propri difetti**, jeder hat seine Fehler/Macken *fam* **3** (*insufficienza*) (*di qc*) {+MEMORIA, MEZZI} Mangel m (*an etw* dat), Fehlen n (*von etw* dat/+ gen): **non gli fa ~ l'ironia**, es fehlt ihm nicht an Ironie, an Ironie mangelt es ihm nicht **4** *anat med* Mangel m, Fehler m; (*in seguito a una malattia*) Schaden m: ~ **fisico**, körperliches Gebrechen; ~ **di parola**, Sprachfehler m; **correggere un ~ di postura**, einen Haltungsfehler korrigieren; **avere un grave ~ d'udito**, einen schweren Hörfehler haben **B** *loc avv* (*in colpa*): **in ~**, {ESSERE} im Unrecht; {SENTIRSI} schuldig **C** *loc prep* (*in mancanza*): **in ~ di qc**, {+PROVE} in Ermangelung von *etw* (dat)/+ gen, mangels *etw* (gen) ● **arrotondare per ~** *mat*, nach unten abrunden; **il ~ sta/è nel manico** *fig* (*la responsabilità è di chi agisce*), der Mensch macht

den Fehler, nicht sein Werkzeug; **chi è in** ~ è **in sospetto** *prov*, wer sich verteidigt, klagt sich an *prov*.

difettosità <~> f {+MATERIALE} Fehlerhaftigkeit f.

difettóso, (-a) *agg* **1** (*imperfetto*) {MATERIALE, MERCE} fehlerhaft, schadhaft **2** (*non funzionante*) {APPARECCHIO, MECCANISMO} defekt **3** (*mancante*) ~ **di qc** arm (*an etw dat*): **alimentazione difettosa di vitamine**, eine vitaminarme Ernährung.

diffamàre *tr* ~ **qu** *jdn* verleumden, *jdn* diffamieren.

diffamatóre, (-trice) *m* (f) Verleumder(in) *m*(f).

diffamatòrio, (-a) <-ri *m*> *agg* {ACCUSA} verleumderisch, diffamatorisch *forb*; {CAMPAGNA} Verleumdungs-, Diffamierungs-.

diffamatrice f → **diffamatore**.

diffamazióne f **1** (*denigrazione*) Verleumdung f, Diffamierung f **2** *dir* (*reato di* ~) üble Nachrede; Verleumdung f.

differènte *agg* {CONCEZIONI, TESSUTI, VISI} unterschiedlich, verschieden: **sono due colori differenti**, das sind zwei unterschiedliche/verschiedene Farben; **i due pacchetti hanno un peso** ~, die zwei Päckchen sind verschieden schwer; **è una cosa** ~, das ist etwas anderes; ~ (**da qu/qc**) anders (*als jd/etw*); **questa persona è** ~ **da tutti**, dieser Mensch ist einzigartig/[ganz anders als alle anderen].

differenteménte *avv* (*altrimenti*) anders: **dobbiamo procedere** ~, wir müssen anders vorgehen; ~ **da quanto afferma** ..., anders als er/sie behauptet ...

differènza **A** f **1** (*diversità*) Unterschied m, Differenz f: **con la** ~ **che** ... *ind*, mit dem Unterschied, dass ...; (**non**) **c'è una grossa** ~ **tra qu/qc e qu/qc**, es besteht (k)ein großer Unterschied zwischen jdm/etw und jdm/etw; ~ **di gusto**, Unterschied m im Geschmack, Geschmacksunterschied m; **notare la** ~, den Unterschied (be)merken; ~ **di livello**, Höhenunterschied m; ~ **di opinioni**, Meinungsverschiedenheit f; ~ **di peso**, Gewichtsunterschied m; ~ **di prezzo**, Preisdifferenz f, Preisunterschied m; ~ **di qualità**, Qualitätsunterschied m; ~ **di temperatura**, Temperaturunterschied m; **non trovarci alcuna** ~, keinen Unterschied feststellen können **2** (*supplemento*) Zuschlag m: **se al ritorno vuol prendere un altro treno, deve pagare la** ~, wenn Sie auf der Rückfahrt einen anderen Zug nehmen wollen, müssen Sie ⌊einen Zuschlag zahlen⌋/[draufzahlen] **3** *mat* Differenz f: **calcolare la** ~, die Differenz berechnen/errechnen **B** *loc prep* (*contrariamente a*): **a** ~ **di qu/qc**, im Unterschied zu jdm/etw; **a** ~ **di voi noi paghiamo le tasse**, im Unterschied zu euch bezahlen wir Steuern ● **certo, c'è una bella** ~!, das ist natürlich schon ein erheblicher Unterschied!; **fare** ~ (*non essere lo stesso*), ⌊nicht das Gleiche⌋/[ein Unterschied] sein; **per me non fa** ~ *fig* (*è lo stesso*), mir ist das gleich, für mich ⌊besteht da kein Unterschied⌋/[ist es dasselbe]; **fare** ~ **tra qu/qc e qu/qc** *fig* (*trattare in modo differente*), jdn/etw unterschiedlich behandeln, zwischen jdm/etw und jdm/etw einen Unterschied machen; **fare la** ~ (*essere determinante*), ausschlaggebend sein; **per questo vestito è la stoffa che fa la** ~, bei diesem Kleid ist der Stoff das Ausschlaggebende/Entscheidende.

differenziàle **A** *agg* **1** (*che stabilisce una differenza*) {DAZIO, DIAGNOSI} Differenzial-; {PSICOLOGIA} differenziell **2** (*nei trasporti*) {TARIFFA} Staffel- **3** *mat* {CALCOLO, EQUAZIONE} Differenzial- **B** m **1** *mat* {+FUNZIONE} Differenzial n **2** *mecc* Differenzial(getriebe) n.

differenziaménto m **1** (*distinzione*) {+COMPITI} Unterscheidung f, Differenzierung f **2** *forb* (*diversificazione*) {+OFFERTA} Differenzierung f; (*risultato*) *anche* Vielfalt f, Reichhaltigkeit f **3** *biol* Differenzierung f: ~ **cellulare**, Zelldifferenzierung f.

differenziàre <*differenzio, differenzi*> **A** *tr* **1** (*distinguere*) ~ **qu/qc** (**da qu/qc**) {ALLIEVO DA UN ALTRO, CIVILTÀ ROMANA DA QUELLA GRECA} jdn/etw (von jdm/etw) unterscheiden, zwischen jdm/etw und jdm/etw differenzieren; (*uso assol*): **penso che a questo punto si debba** ~..., ich glaube, dass man da differenzieren muss ... **2** (*diversificare*) ~ **qc** {INVESTIMENTI} etw diversifizieren **3** *mat* ~ **qc** etw differenzieren **B** *itr pron* **1** (*distinguersi*): **differenziarsi** (**da qu/qc**) (**in/per qc**) sich (von jdm/etw) (durch etw acc/in etw dat) unterscheiden: **i prodotti non si differenziano**⌋/[**un prodotto non si differenzia da un altro**] **soltanto per la qualità, ma anche per il prezzo**, ⌊die Produkte unterscheiden sich⌋/[ein Produkt unterscheidet sich von einem anderen] nicht nur in der Qualität, sondern auch im Preis **2** (*diversificarsi*): **differenziarsi** {BISOGNI, RICHIESTE} differenzierter werden **3** (*essere differente*): **differenziarsi** sich unterscheiden: **le nostre idee si differenziano sempre di più**, unsere Vorstellungen gehen immer mehr auseinander.

differenziàto, (-a) *agg* **1** (*diversificato*) {PROGRAMMA} vielfältig, unterschiedlich; {RACCOLTA} getrennt **2** *biol* {CELLULA, ORGANO} differenziert.

differenziatóre m *elettr* Differenzierregerät n, Differentiator m.

differenziazióne f **1** (*distinzione*) {+RUOLI} Unterscheidung f, Differenzierung f: **la** ~ **tra due concetti**, die Unterscheidung zwischen zwei Begriffen **2** (*diversificazione*) {+OFFERTA, RICHIESTA} Differenzierung f; (*risultato*) *anche* Vielfalt f, Reichhaltigkeit f **3** *biol* {+CELLULE, ORGANI} Differenzierung f **4** *mat* Differenzierung f, Differenzieren n ● ~ **magmatica** *geol*, magmatische Differenziation.

differìbile *agg* {DECISIONE, PAGAMENTO} aufschiebbar; {COLLOQUIO, INCONTRO, PARTENZA} aufschiebbar, verschiebbar.

differiménto m (*rinvio*) {+NOZZE} Verschiebung f; {+DIBATTITO, RIUNIONE} *anche* Vertagung f: ~ **della decisione all'inizio dell'anno**, Aufschiebung f der Entscheidung bis Jahresbeginn; ~ **della partenza di tre mesi**, Verschiebung f der Abfahrt um drei Monate.

differìre <*differisco*> **A** *tr* <*avere*> (*rinviare*) ~ **qc** (**a/di qc**) {DECISIONE, INCONTRO, NOZZE, PARTENZA ALL'INIZIO DEL MESE, AL PROSSIMO ANNO, AL 30 SETTEMBRE, DI UN MESE} *etw* (auf/um *etw* acc) verschieben; {DIBATTITO, RIUNIONE} *anche etw* (auf/um *etw* acc) vertagen **B** *itr* <*essere o avere*> unterschiedlich sein, voneinander ab⌊weichen⌋, sich unterscheiden: **le nostre idee differiscono alquanto**, unsere Vorstellungen ⌊gehen ziemlich (weit) auseinander⌋/[weichen ziemlich voneinander ab], wir haben Recht unterschiedliche Vorstellungen; ~ (**da qu/qc**) (**in/per qc**) {NEL/PER COLORE, NELLA/PER FORMA, NELLA/PER GRANDEZZA} sich (von jdm/etw) (⌊durch etw acc⌋/[in etw dat]/[hinsichtlich etw gen]) unterscheiden, (von jdm/etw) (⌊durch etw acc⌋/[hinsichtlich etw gen]) differieren *forb*.

differìta *TV* **A** f Aufzeichnung f, zeitversetzte (Direkt)übertragung **B** <inv> *loc agg*: **in** ~, {TRASMISSIONE} aufgezeichnet, zeitversetzt **C** *loc avv*: **in** ~, {TRASMETTERE} als Aufzeichnung, zeitversetzt.

differìto, (-a) *agg* **1** {CREDITO} gestundet, verlängert; {PAGAMENTO} aufgeschoben **2** *TV* aufgezeichnet, zeitversetzt.

difficile **A** *agg* **1** (*complicato*) {ARGOMENTO, AUTORE, MATERIA, PASSO} schwierig, diffizil *forb*; {COMPITO, LAVORO} *anche* schwer: **è una questione** ~ **da risolvere**, das ist eine knifflige Angelegenheit *fam*; **questa è una scrittura** ~ **da decifrare**, diese Schrift ist schwer zu entziffern; **non è poi così** ~ **come sembra**, es ist gar nicht so schwierig/schwer *fam*, wie es scheint/aussieht **fam 2** (*pieno di problemi, preoccupazioni, ecc.*) schwierig, schwer *fam*: **attraversare un periodo** ~, eine schwierige/schwere Zeit durchmachen **3** (*improbabile*) unwahrscheinlich, kaum: **è** ~ **che sia in casa**, er/sie wird/dürfte kaum zu Hause sein **4** (*pieno di ostacoli e disagi*) {DISCESA, PERCORSO, PISTA} schwierig, beschwerlich: **una strada** ~ **da percorrere**, eine schwer begehbare/befahrbare Straße **5** (*intrattabile*) {CARATTERE, PERSONA} schwierig: **essere** ~, schwierig sein, ein schwieriger Mensch sein **6** (~ *da accontentare*) {PERSONA, PUBBLICO} schwierig: **essere di gusti difficili**, wählerisch sein **B** *mf* schwieriger Mensch, schwierige Person: **fare il/la** ~, Schwierigkeiten machen, sich anstellen *fam* **C** m <*solo sing*> Schwierigkeit f, Schwierige n *decl come agg*: **è questo il** ~!, gerade ⌊darin liegt⌋/[das ist] die Schwierigkeit/das Problem!; **andare nel** ~, alles verkomplizieren *fam* ● **di** ~ **attuazione/lettura/soluzione**, schwer zu realisieren/lesen/lösen; **ha preso/scelto la via/strada più** ~ *fig*, er/sie hat den schwierigsten Weg gewählt.

difficilménte *avv* **1** (*con scarse probabilità*) kaum, schwerlich: ~ **potrai risolvere la questione da solo**, die Angelegenheit wirst du allein ⌊nur schwerlich⌋/[kaum] lösen können; ~ **riuscirò a essere lì per le otto**, ich werde es kaum schaffen, um acht Uhr da zu sein **2** (*con difficoltà*) schwer: **questo risultato è** ~ **accettabile come definitivo**, es ist schwer, dies als endgültiges Ergebnis zu akzeptieren.

difficoltà <~> **A** f **1** (*complessità*) {+COMPITO, LAVORO, PROBLEMA} Schwierigkeit f; {+ARGOMENTO, AUTORE, MATERIA} Komplexität f **2** (*ciò che è difficile*) Schwierigkeit f: **evitare una** ~, eine Schwierigkeit umgehen/vermeiden **3** (*situazione difficile*) Schwierigkeit f: **essere/trovarsi in** ~, Schwierigkeiten haben, in Schwierigkeiten sein, sich in Schwierigkeiten befinden; (*avere problemi economici*) in finanziellen Schwierigkeiten sein; **mettere qu in** ~, jdn in Schwierigkeiten bringen; **ragazzi in** ~, Jugendliche in Schwierigkeiten **4** (*impedimento*) Schwierigkeit f: **ho una certa** ~ **a muovere il piede destro**, ich kann den rechten Fuß nicht richtig bewegen; ich habe Schwierigkeiten, den rechten Fuß zu bewegen *fam*; **avere una** ~ **di pronuncia**, einen Aussprachefehler haben; **avere delle** ~ **di respirazione**, Atembeschwerden haben; **non ho alcuna** ~ **a essere lì per le tre**, ⌊es ist für mich kein Problem⌋/[von meiner Seite aus besteht überhaupt keine Schwierigkeit], um drei Uhr da zu sein **5** (*ostacolo*) Schwierigkeit f: **andare incontro a delle** ~, Ärger bekommen/kriegen *fam*; **ci saranno delle** ~, es wird Schwierigkeiten geben; **sollevare**/[**mettere avanti** *fam*] **delle** ~, Bedenken vorbringen; **fare delle** ~, Schwierigkeiten machen/bereiten; **incappare in una** ~ **imprevista**, auf eine unvorhergesehene Schwierigkeit stoßen; **incontrare** ~, auf Schwierigkeiten stoßen; **lottare contro le** ~, gegen Schwierigkeiten ankämpfen, mit Schwierigkeiten kämpfen **6** <*di solito al pl*> (*problemi*) {ECONOMICHE, FINANZIARIE} Schwierigkeiten f *pl*, Engpass m: ~ **di pagamento**, Zahlungs-

schwierigkeiten f pl ⬛ loc avv: **con ~**, {FARE QC} unter Schwierigkeiten; {MUOVERSI, PARLARE} mit Mühe.

difficoltóso, (-a) agg (*difficile*) {COMPITO, IMPRESA} schwierig, kompliziert.

diffida f *dir* (nachdrückliche) Aufforderung, Verwarnung f, Mahnung f: **ricevere una ~**, eine Verwarnung/Mahnung bekommen ● **~ ad adempiere** *dir* (*intimazione*), Mahnung f.

diffidàre ⬛ *itr* (*non fidarsi*) **~ di qu/qc** {DI TUTTI, DELLE IMITAZIONI} jdm/etw misstrauen ⬛ *tr* **~ qu** *jdn* (mit Nachdruck) auffordern, *jdn* verwarnen, *jdn* mahnen: **~ qu dal fare qc**, jdn warnen, etw zu tun; **~ qu a fare qc**, jdn auffordern, etw zu tun.

diffidènte agg (*che non si fida*) **~ verso/[nei confronti di] qu/qc**) {COMPORTAMENTO, SGUARDO, UOMO} (*jdm/etw gegenüber*) misstrauisch, misstrauisch (*gegen jdn/etw*).

diffidènza ⬛ f Misstrauen n: **provò un'istintiva ~ nei suoi confronti**, er/sie empfand ein instinktives Misstrauen ihm/ihr gegenüber ⬛ loc avv: **con ~**, {GUARDARE} misstrauisch.

diffóndere <coniug *come* fondere> ⬛ *tr* **~ qc** **1** (*propagare*) {CAMINO ODORE, MACCHINA SUONO} *etw* ausstrahlen; {LAMPADA LUCE, STUFA CALORE} *anche etw* aus|strahlen **2** *fig* (*divulgare*) **~ qc** {IDEA, NOTIZIA, SCRITTO} *etw* verbreiten **3** *radio TV* (*trasmettere*) **~ qc** {COMUNICATO URGENTE} *etw* bekannt machen; {PROGRAMMA} *etw* aus|strahlen: **~ qc per radio/televisione**, etw über den Rundfunk/das Fernsehen bekannt geben, etw im Radio/Fernsehen bringen *fam* ⬛ *itr pron* **1** (*propagarsi*) **diffondersi (+ compl di luogo)** {LUCE, ODORE, SUONO NELL'ARIA} sich (*irgendwo*) verbreiten; {ACQUA} sich (*irgendwo*) ergießen, sich (*irgendwo*) aus|breiten; *fig* {GIOIA TRA GLI ASTANTI} sich (*irgendwo*) breit|machen: **la notizia si diffuse tra gli studenti**, die Nachricht verbreitete sich unter den Studenten/Schülern **2** *fig* (*espandersi*): **diffondersi (+ compl di luogo)** sich (*irgendwo*) aus|dehnen, sich (*irgendwo*) aus|breiten: **una cultura di massa che si diffonde in tutto il mondo**, eine Massenkultur, die sich über die ganze Welt ausbreitet **3** *fig* (*dilungarsi*): **diffondersi su qc** {SU UN ARGOMENTO} sich *über etw* (acc) aus|lassen: **diffondersi troppo su una questione**, sich zu lange bei einer Frage aufhalten/über eine Frage auslassen].

diffonditrice f → **diffusore**①.

diffórme agg **1** (*diverso*) {OGGETTI} verschiedenartig, andersartig; *fig* {IDEE, OPINIONI, VERSIONI DI QC} abweichend, verschieden **2** (*non conforme*) **~ da qc** {COPIA DALL'ORIGINALE} mit etw (dat) nicht übereinstimmend.

difformità f **1** (*diversità*) {+OGGETTI} Verschiedenartigkeit f, Andersartigkeit f; *fig* {+GIUDIZI, PARERI} Abweichung f, Verschiedenheit f **2** (*non conformità*) Nichtübereinstimmung f.

diffrazióne f *fis* Beugung f, Diffraktion f: **~ degli elettroni**, Elektronenbeugung f; **~ della luce**, Lichtbrechung f; **~ delle onde**, Wellenbeugung f, Wellenbrechung f; **~ dei raggi X**, Röntgenbeugung f.

diffusaménte avv {PARLARE DI QC} ausführlich, eingehend.

diffusióne f **1** (*propagazione*) {+ODORE, SUONO} Verbreitung f; {+CALORE, LUCE} anche Ausstrahlung f **2** *fig* (*divulgazione*) {+IDEA, NOTIZIA, SCRITTO} Verbreitung f: **avere scarsa/grande ~**, {GIORNALE, RIVISTA} wenig/weit verbreitet sein, geringe/große Verbreitung finden **3** *fig* (*espansione*) {+STAMPA} Ausdehnung f: **~ capillare della droga in tutti gli ambienti**, intensive Verbreitung der Droge in allen Kreisen **4** *radio TV* (*trasmissione*) {+NOTIZIA} Bekanntgabe f; {+PROGRAMMA} Ausstrahlung f: **telegiornale a ~ regionale**, regionale Fernsehnachrichten **5** *chim* Diffusion f **6** *fis* Diffusion f, Streuung f: **~ acustica**, Schalldiffusion f; **~ termica**, Thermodiffusion f.

diffùso, (-a) ⬛ *part pass di* diffondere ⬛ agg **1** (*comune*) {CREDENZA, IDEA, OPINIONE, USANZA} (weit) verbreitet: **l'ecstasy è purtroppo molto diffusa tra i giovani**, Ecstasy ist unter Jugendlichen leider sehr/weit verbreitet **2** *fig* {GIORNALE, RIVISTA} (weit)verbreitet, bekannt **3** *fig* (*non localizzabile*) {DOLORE} diffus, unbestimmt: **illuminazione diffusa**, indirekte Beleuchtung f **4** *fig* (*prolisso*) {DISCORSO, SCRITTO, STILE} weitschweifig, ausführlich **5** *fis* diffus.

diffusóre①, (**diffonditrice**) m (f) (*propagatore*) {+FEDE} Verbreiter(in) m(f).

diffusóre② ⬛ agg {ELEMENTO} Diffusions-filtro ~, Weichzeichner m ⬛ m (*apparecchio*) **1** *tecnol* Diffusor m: **~ di luce**, Streuscheibe f; **~ sonoro**, Lautsprecher m **2** *autom* {+CARBURATORE} Lufttrichter m, Luftdüse f.

difilàto avv **1** (*direttamente e velocemente*) geradewegs, direkt, schnurstracks *fam*: **è ritornato ~ a casa**, er ist geradewegs/direkt/schnurstracks *fam* nach Hause gegangen **2** (*di seguito*) ununterbrochen: **ha parlato tre ore ~**, er/sie hat drei volle Stunden ununterbrochen geredet.

difrónte ⬛ avv gegenüber: **abita lì ~**, er/sie wohnt dort gegenüber; **me lo sono trovato ~**, er stand plötzlich vor mir ⬛ loc prep: **~ a qu/qc**, jdm/etw gegenüber ⬛ <inv> agg (*sempre posposto*) gegenüberliegend: **abitare nel palazzo ~**, im gegenüberliegenden Haus/[gegenüber] wohnen.

difterite f *med* Diphterie f *scient*.

difuòri → **fuori**.

diga <dighe> f **1** (*per formare un bacino*) Staudamm m, Talsperre f: **~ di ritenuta**, Staudamm m; **~ di sbarramento**, Staumauer f **2** (*argine di protezione*) Damm m, Deich m: **~ fluviale**, Fluss-, Uferdamm m; **~ marittima**, Schutzdamm m, Hafenmole f; **~ dei polder**, Polderdeich m **3** *fig* (*barriera*) Schranke f, Damm m: **alzare una ~ contro la criminalità**, die Kriminalität eindämmen; **opporre una ~ alla corruzione**, der Korruption einen Riegel vorschieben ● **rompere le dighe** *fig* (*scatenarsi*), die Schranken niederreißen.

digerènte agg *anat* {APPARATO, FUNZIONE} Verdauungs-.

digeribile agg {CIBO} verdaulich.

digeribilità <-> f {+PIATTO} Verdaulichkeit f.

digerìre <*digerisco*> *tr* **1 ~ (qc)** {CIPOLLA, LATTE, PASTO ABBONDANTE} (*etw*) verdauen: **l'aglio è difficile da ~**, Knoblauch ist schwer zu verdauen; **~ bene/male**, gut/schlecht verdauen; **bere qc per ~**, etw zur Verdauung trinken **2** *fig* (*vincere*) **~ qc** {RABBIA} *etw* überwinden, *etw* verarbeiten **3** *fig* (*sopportare*) **~ qu/qc** jdn/etw aus|stehen können, jdn/etw ab|können *slang*; {ACCUSA, INGIUSTIZIA, OFFESA} *etw* (hinunter)|schlucken *fam*: **non posso ~ quella donna!**, ich kann die Frau nicht ausstehen/ab *slang*! **4** *fig* (*assimilare*) **~ qc** *in/bei etw* (dat) durch|blicken, *etw* kapieren *fam*, *etw* raffen *fam*, *etw* drauf haben *slang*: **dopo aver studiato una lezione ci vuole un po' di tempo per digerirla**, nachdem man die Lektion gelernt hat, braucht man eine gewisse Zeit, um sie draufzuhaben *slang giovanile* ● **~ anche i chiodi/sassi** *fig* (*molto bene*), einen unverwüstlichen Magen haben.

digestióne f Verdauung f, Digestion f *scient*: **avere una ~ buona/cattiva/lenta**, eine gute/schlechte/schwerfällige Verdauung haben; **l'alcol aiuta/favorisce la ~**, Alkohol fördert/unterstützt die Verdauung.

digestivo, (-a) ⬛ agg {APPARATO} Verdauungs-; {ERBA, POTERE, SOSTANZA} verdauungsfördernd ⬛ m (*bevanda*) Magenbitter m, Digestif m.

digèsto m *dir stor* Digesten pl.

digitàle① agg {ARTERIE, IMPRONTA} Finger-.

digitàle② ⬛ agg **1** (*numerico*) {APPARECCHIO FOTOGRAFICO, OROLOGIO} Digital- **2** *inform* {ELABORATORE ELETTRONICO, RAPPRESENTAZIONE DEI DATI} digital, Digital-; {CALCOLATORE, CASSETTA} Digital- **3** *fig* {CITTÀ, SPETTACOLO} digital **4** *TV* {TELEVISIONE} Digital-, digital ⬛ m *TV*: **~ (terrestre)**, digitale Terrestrik, Digitalfernsehen n.

digitàle③ f *bot* Fingerhut m, Digitalis f *scient*: **~ purpurea**, Roter Fingerhut.

digitalìna f *chim* Digitalis n.

digitalizzàre *tr inform* **~ qc** {DATI} *etw* digitalisieren.

digitalizzàto, (-a) agg *inform* {DATO, FILM} digitalisiert.

digitalizzatóre m *tecnol* Digitizer m, Digitalisierer m.

digitalizzazióne f *inform* Digitalisierung f.

digitàre *tr* **~ qc** {NUMERO} *etw* ein|tippen: **~ il proprio codice segreto**, seine Geheimnummer eingeben; *inform etw* ein|geben; **per parlare con l'operatore digiti 4**, um mit dem Telefonisten zu sprechen, wählen Sie die 4.

digitazióne f *mus* Fingersatz m.

digitopressióne f (*tecnica terapeutica*) Shiatsu m, Fingerdrucktherapie f.

digiunàre *itr* **1** fasten, hungern *fam*: **essere costretto a ~ per motivi di salute**, aus gesundheitlichen Gründen fasten müssen **2** *fig fam* (*non ricevere cibo sufficiente*) (ver)hungern: **in questa pensione ci fanno ~**, in dieser Pension lassen sie uns noch verhungern/[verhungern wir noch] **3** *fig* (*astenersi, privarsi*) (auf etw (acc) verzichten, ohne etw (acc) aus|kommen **4** *relig* fasten: **~ durante la quaresima**, fasten, die Fastenzeit einhalten.

digiunatóre, (**-trice**) m (f) Fastende mf *decl come agg*.

digiùno, (-a) ⬛ agg **1** (*senza cibo*) nüchtern: **bere alcolici a stomaco ~**, auf nüchternen Magen Alkohol trinken; **essere ancora ~**, noch nichts gegessen haben; **è da tre giorni che sono ~**, ich habe seit drei Tagen nichts gegessen; **siamo rimasti digiuni per due giorni**, wir haben zwei Tage gefastet/[nichts gegessen] **2** *fig* (*non avere cognizioni*): **essere ~ di qc**, {DI FISICA} von etw (dat) nichts verstehen, von etw (dat) keine Ahnung haben *fam* **3** *fig* (*essere privo*): **essere ~ di qc**, {DI NOTIZIE} ohne etw (acc) sein; **sono ancora ~ di informazioni**, ich habe immer noch keine Informationen ⬛ m **1** (*astensione da alimenti*) Fasten, Heilfasten n, Hungern n *fam*: **essere indebolito dai lunghi digiuni**, vom langen Fasten ganz geschwächt sein; **~ terapeutico**, therapeutisches Fasten, Heilfasten n **2** *fig* (*privazione*) **~ (di qc)** (*empfindlicher*) Mangel (*an etw* dat), Verzicht m (*auf etw* acc), Entbehrung f **3** *anat* Leerdarm m **4** *relig* Fasten n: **osservare il ~**, fasten, die Fastenzeit einhalten ⬛ <inv> loc agg avv: **a ~**, nüchtern; **essere a ~ dalla mattina**, seit dem frühen Morgen noch nichts gegessen haben; **il prelievo di sangue vien fatto quando il paziente è a ~**, die Blutentnahme erfolgt, wenn der Patient nüchtern ist; **non**

fumo a ~, ich rauche auf nüchternen Magen nicht; **prendere le pastiglie a ~**, die Tabletten nüchtern einnehmen.

diglossìa f *ling* Diglossie f.

dignità <-> f **1** (*decoro*) Würde f, Dignität f *forb*: **morire con ~**, würdevoll sterben; **la ~ di una persona**, die Würde eines Menschen; **uomo privo di ~**, würdeloser Mensch **2** (*alta carica*) Würde f: **~ cardinalizia/papale/senatoriale/vescovile**, Kardinals-/Papst-/Senatoren-/Bischofswürde f **3** (*solo pl*) (*dignitari*) {MILITARI, RELIGIOSE} Würdenträger m pl ● **~ di stampa**, Empfehlung f für Publikation.

dignitàrio, (-a) <-ri> m (f) Würdenträger(in) m(f).

dignitóso, (-a) agg **1** (*pieno di dignità*) {DINIEGO, MORTE} würdevoll, würdig **2** (*soddisfacente*) {APPARTAMENTO} ordentlich; {STIPENDIO} *anche* anständig *fam*.

DIGOS f abbr *di* Divisione Investigazioni Generali e Operazioni Speciali: "Sondereinsatzdezernat n der italienischen Polizei".

digradànte A *part pres di* digradare B agg **~** (**verso qc**) {TERRAZZAMENTI VERSO IL FIUME} (*irgendwohin*) abfallend.

digradàre A *itr* <*essere o avere*> **1** (*abbassarsi gradatamente*) ~ (+ **compl di luogo**) (*irgendwohin*) ab|fallen; **il giardino digrada verso il lago**, der Garten fällt zum See hin ab; **la strada digradava a valle**, die Straße führte hinunter zum Tal **2** *fig lett* (*diminuire d'intensità*) {LUCE} schwächer werden {SUONO} *anche* aus|klingen; {PASSIONE, SENTIMENTO} ab|klingen, ab|flauen, schwächer werden B *tr* ~ **qc** {COLORI, DIMENSIONI DI QC} *etw* ab|stufen.

digradazióne f **1** (*abbassamento*) {+TERRENO} Abfall m **2** *fig lett* (*diminuzione d'intensità*) {+LUCE} Abnahme f; {+SUONO} Ausklingen n; {+PASSIONE, SENTIMENTO} Abklingen n, Abflauen n **3** *fig* (*diminuzione graduale*) {+COLORI, DIMENSIONI DI QC} Abstufung f.

digràmma <-> f *ling* Digramm n, Digraph n.

digressióne f **1** *fig* (*divagazione*) Abschweifung f, Exkurs m *forb*: **fare una ~**, einen Exkurs machen *forb*, abschweifen *fam* **2** *rar* (*deviazione*) Abweichung f.

digressìvo, (-a) agg {ARGOMENTO, DISCORSO} abschweifend.

digrignàre *tr* ~ (**qc**) *etw* blecken, *etw* fletschen: ~ **i denti**, die Zähne fletschen.

digrossàre A *tr* **1** (*sgrossare*) ~ **qc** {PIETRA} *etw* behauen, *etw* (grob) bearbeiten; {DIAMANTE} *etw* schleifen **2** *fig* (*raffinare*) ~ **qu/qc** {BAMBINO, MODI} *jdn/etw* verfeinern, *jdm* einen gewissen Schliff geben **3** *fig* (*introdurre*) ~ **qu in qc** {IN GRAMMATICA} *jdn in etw* (acc) ein|führen, *jdm* die Anfangsgründe *etw* (gen) bei|bringen B *itr pron* (*diventare più raffinato*): **digrossarsi** {AUTORE, RAGAZZA, STILE} sich verfeinern, sich vervollkommnen.

diktat <-, -e pl ted> m ted *anche* fig Diktat n: **subire il ~ di qu**, jds Diktat unterliegen.

dilagànte agg {CRIMINALITÀ} um sich greifend; {ATTEGGIAMENTO, COLERA, CORRUZIONE} *anche* ausufernd.

dilagàre <*dilago, dilaghi*> *itr* <*essere*> **1** *anche* fig (*espandersi*) ~ + **compl di luogo** {FIUME PER LA CAMPAGNA} (*irgendwohin*) *etw* überfluten: **la folla dilagava nella piazza**, die Menge überflutete den Platz **2** *fig* (*diffondersi largamente*) ~ + **compl di luogo** {CORRUZIONE, EPIDEMIA, MODA, VIOLENZA NEL PAESE} *irgendwo* um sich greifen, *irgendwo* grassieren.

dilaniàre <*dilanio, dilani*> A *tr* **1** (*lacerare*) ~ **qu/qc** {LEONE PREDA} *jdn/etw* zerreißen, *jdn/etw* zerfetzen: **una bomba gli dilaniò la mano**, eine Bombe zerriss ihm die Hand **2** *fig* (*tormentare*) ~ **qu** jdn quälen, *jdn* peinigen *forb*: **il rimorso la dilaniava**, das schlechte Gewissen quälte/peinigte *forb* sie; **era dilaniato dalla gelosia**, Eifersucht quälte ihn, er verspürte eine quälende Eifersucht **3** *fig rar* ~ **qu/qc** *jdn/etw* zerfleischen: ~ **con la calunnia il buon nome di qu**, jds Ruf durch verleumderische Anschuldigungen ruinieren/[zugrunde richten] B *rfl rec fig* (*tormentare*): **dilaniarsi** {MARITO E MOGLIE} sich (gegenseitig) zerfleischen, sich gegenseitig fertig|machen *fam*.

dilapidàre *tr* ~ **qc** {PATRIMONIO} *etw* verschwenden, *etw* vergeuden, *etw* durch|bringen *fam*.

dilapidatóre, (-trice) m (f) Verschwender(in) m(f).

dilapidazióne f {+PATRIMONIO} Verschwendung f, Vergeudung f.

dilatàbile agg {MATERIALE} dehnbar; {GAS, METALLO} ausdehnbar.

dilatabilità <-> f {+MATERIALE} Dehnbarkeit f; {+GAS, METALLO} Ausdehnbarkeit f; {+PUPILLA} Erweiterungsfähigkeit f.

dilataménto m *rar* → **dilatazione**.

dilatàre A *tr* **1** (*aumentare il volume*) {GAS} *etw* aus|dehnen; {CUORE, POLMONI} *etw* weiten: **le bevande gassate dilatano lo stomaco**, kohlensäurehaltige Getränke blähen den Magen auf **2** (*aprire*) ~ **qc** {ATROPINA PUPILLE; VAPORE PORI} *etw* weiten; {ORIFIZIO} *etw* dehnen; ~ **qc** (**per qc**) {CAVALLO NARICI PER LO SPAVENTO} *etw* (*vor etw* dat) blähen; {BAMBINA OCCHI PER LO STUPORE} *etw* (*vor etw* dat) auf|reißen **3** *fig* (*ingrandire*) ~ **qc** {COSTI, SPESE} *etw* auf|blähen; {GIRO D'AFFARI} *etw* vergrößern, *etw* steigern, *etw* erweitern B *itr pron* **1** (*allargarsi*): **dilatarsi** (**con qc**) {VENE COL CALORE} sich (*bei etw* dat) dehnen; {VENE COL CALORE} sich (*bei etw* dat/*durch etw* acc) erweitern **2** (*aumentare di volume*): **dilatarsi** (**con qc**) {METALLO} sich (*bei etw* dat/*durch etw* acc) aus|dehnen; {STOMACO} sich (*bei etw* dat) vergrößern/erweitern **3** (*aprirsi*): **dilatarsi** (**con qc**) {PUPILLE CON IL BUIO} sich (*bei etw* dat) weiten, sich (*bei etw* dat) auf|reißen **4** *fig* (*ingrandirsi*): **dilatarsi** {COSTI, SPESE} aufgebläht werden, ins Uferlose gehen *fam*; {GIRO D'AFFARI} sich vergrößern, steigen.

dilatàto, (-a) agg *med* {CUORE, PUPILLA} erweitert, geweitet.

dilatatóre m *med* (*strumento*) Dilatator m *scient*, Dilatationsinstrument n.

dilatatòrio, (-a) <-ri> m agg (*che allarga*) {EFFETTO, FUNZIONE, POTERE} dehnend, Dehnungs-.

dilatazióne f **1** (*aumento di volume*) {+GAS, METALLO, ROTAIE} Ausdehnung f; {+POLMONI} Weiten n, Vergrößerung f **2** (*allargamento*) {+APERTURA, CAVITÀ} Dehnung f; {+PORI, PUPILLE, VENE} Erweiterung f; {+OCCHI} Aufreißen n; {+NARICI} Blähen n **3** *fig* (*ampliamento*) {+COSTI, SPESE} Aufblähung f; {+GIRO D'AFFARI} Vergrößerung f, Steigerung f, Erweiterung f.

dilatòrio, (-a) <-ri> m agg {EFFETTO} auf-, hinausschiebend, verzögernd, dilatorisch *forb*; {MANOVRA, TATTICA} Verzögerungs-, Hinhalte-; {RISPOSTA} hinhaltend.

dilavaménto m *geog* Auswaschung f.

dilazionàbile agg **1** (*prorogabile*) {PAGAMENTO} aufschiebbar; {DATA, DECISIONE} *anche* hinausschiebbar; {SCADENZA} verlängerbar **2** (*scaglionabile*) ~ **in qc** {PAGAMENTO IN DODICI RATE} verteilbar *auf etw* (acc).

dilazionàre *tr* **1** (*rinviare*) ~ **qc** {PAGAMENTO} *etw* aufschieben, *etw* stunden; {DATA, DECISIONE} *etw* aufschieben, *etw* hinaus|schieben, *etw* hinaus|zögern: ~ **una scadenza**, eine Frist aufschieben, eine Fristverlängerung gewähren **2** (*scaglionare*) ~ **qc in qc** *etw* auf (acc) verteilen: ~ **un pagamento in quattro rate mensili**, eine Zahlung auf vier Monatsraten verteilen.

dilazióne f (*rinvio*) Aufschub m, Stundung f; {+DATA, DECISIONE} Aufschub m, Hinausschieben n, Hinauszögerung f: **concedere una ~ a qu**, jdm (einen) Aufschub gewähren; ~ **di una scadenza**, Fristverlängerung f ● ~ **del pagamento** *dir*, Stundung f.

dileggiàre <*dileggio, dileggi*> *tr lett* ~ **qu/qc** (**per qc**) {RAGAZZA PER IL SUO ABITO} *jdn/etw* (*wegen etw* gen) verhöhnen, *jdn/etw* (*wegen etw* gen) verspotten.

dileggiatóre, (-trice) m (f) *lett* Spötter(in) m(f).

diléggio <-gi> m **1** (*derisione*) Verhöhnung f, Verspottung f, Spott m **2** (*atto, parole*) Spott m: **esporsi al ~ di qu**, sich jds Spott aussetzen; **subire il ~ di qu**, jds Spott über sich ergehen lassen.

dileguàre *tr* <*avere*> (*far scomparire*) ~ **qc** {SOLE NEVE} *etw* schmelzen lassen, *etw* zum Schmelzen bringen; {VENTO NUVOLE} *etw* zerstreuen, *etw* vertreiben; *fig* {DUBBI, SOSPETTI DI QU} *etw* zerstreuen B *tr* <*essere*> *itr pron* (*scomparire*): **dileguarsi** {NEBBIA} verschwinden C *itr pron* **1** (*scomparire*): **dileguarsi** (+ **compl di luogo**) (*irgendwo*) verschwinden; **i teppisti si dileguarono tra la folla**, die Rowdys tauchten in der Menge unter **2** *fig*: **dileguarsi** {SPERANZA} verfliegen, schwinden *forb* ● **si è dileguato** *fam* (*non si sa dov'è*), er/es hat sich in Luft aufgelöst *fam*.

dilèmma <-i> m **1** (*alternativa*) Dilemma n: **trovarsi di fronte a un ~**, sich in einem Dilemma befinden, vor einem Dilemma stehen **2** (*problema*) Dilemma n, Problem n: **è un bel ~!**, das ist ein schönes Dilemma!

dilètta f → **diletto**².

dilettànte A agg **1** {FOTOGRAFO} Amateur-; {ATTORE} Laien-; {POETA, SCRITTORE} Hobby-, aus Liebhaberei **2** *spreg* dilettantisch *spreg*; {PITTORE} Sonntags- *spreg* B mf **1** (*non professionista*) Nichtfachmann m, Laie m: **compagnia di dilettanti** *teat*, Laienspielgruppe f **2** *spreg* Dilettant(in) m(f) *spreg*, Stümper(in) m(f) *spreg* **3** *fig* (*principiante*) Anfänger(in) m(f): **in confronto a loro siamo dei dilettanti!**, im Vergleich zu ihnen sind wir Anfänger!

dilettantésco, (-a) <-schi, -sche> agg *spreg* {SPETTACOLO} stümperhaft *spreg*, dilettantisch *spreg*.

dilettantìsmo m **1** {+FOTOGRAFO} Dilettantismus m **2** *spreg* {+POLITICO} Dilettantismus m *spreg*, Stümperhaftigkeit f *spreg* **3** *sport* Amateursport m.

dilettantìstico, (-a) <-ci, -che> agg **1** *sport* amateurhaft, Amateur- **2** *spreg* dilettantisch *spreg*.

dilettàre A *tr lett* (*deliziare*) ~ **qu/qc** (**con qc**) {MUSICA ANIMO} *jdn/etw* (*mit etw* dat) erfreuen, *jdn/etw* (*mit etw* dat) ergötzen *forb* B *itr pron* (*occuparsi*): **dilettarsi di qc** {DI FOTOGRAFIA, DI POESIA} sich aus ₁Spaß an der Freude₁/[Liebhaberei] *mit etw* (dat) beschäftigen **2** *lett* (*divertirsi*): **dilettarsi con qc** sich (*an etw* dat) erfreuen, sich *an etw* (dat) Gefallen finden: **dilettarsi a fare qc**, Gefallen daran finden, *etw* zu tun.

dilettévole A agg *lett* {AMICIZIA} angenehm; {LETTURA, LIBRO, OCCUPAZIONE} *anche* heiter, vergnüglich B m *<solo sing>* {+AMICIZIA} Angenehme n *decl come agg*; {+LETTURA, LIBRO, OCCUPAZIONE} *anche* Heitere n *decl come agg*, Vergnügliche n *decl come agg*.

dilètto① m 1 (*piacere*) {MATERIALE, SPIRITUALE} Genuss m: **procurare ~ all'animo**, der Seele (einen) Genuss verschaffen; **provare ~ nella musica**, die Musik genießen; **trarre ~ dal proprio lavoro**, an seiner Arbeit Gefallen finden 2 (*divertimento*) Vergnügen n, Ergötzen m *forb obs*: **la lettura è il suo unico ~**, Lesen ist sein/ihr einziges Vergnügen; **fare qc per ~**, etw aus/zum Vergnügen tun.

dilètto②, (-a) A *agg lett* {AMICO, FIGLIA} geliebt, herzallerliebste(r, s) *lett*: **mia diletta sposa**, meine geliebte Braut B m (f) *lett* (*persona amata*) (Herzaller)liebste mf *decl come agg lett*: **oh, mio ~!**, oh, mein Liebster!

diligènte *agg* 1 (*zelante*) {ALUNNO, STUDENTE} fleißig 2 (*accurato*) {RICERCA} sorgfältig.

diligènza① A f 1 (*zelo*) {+IMPIEGATO, SCOLARO} Fleiß m 2 (*accuratezza*) {+LAVORO, RICERCA} Sorgfalt f 3 *dir* Sorgfalt f B *loc avv*: **con ~**, {STUDIARE} fleißig; {LAVORARE} sorgfältig.

diligènza② f *stor* (*carrozza*) Diligence f *obs*, (Eil)postkutsche f, Postwagen m.

diliscàre (*dilisco, dilischi*) *tr* ~ **qc** {PESCE} etw entgräten.

dilucidàre e *deriv* → **delucidare** e *deriv*.

diluènte m 1 *chim* Verdünnungsmittel n 2 *farm* Lösungsmittel n.

diluìre (*diluisco*) *tr* 1 (*rendere meno concentrato*) ~ **qc** (**con qc**) {SOLUZIONE, VERNICE} *etw* (*mit etw dat*) verdünnen 2 (*sciogliere*) ~ **qc** (**in qc**) {SALE NELL'ACQUA} *etw* (*in etw dat*) auflösen 3 *fig* ~ **qc** {CONCETTO, PENSIERO} *etw* verwässern.

diluìto, (-a) A *part pass di* diluire B *agg* 1 *fig* (*annacquato*) {CRITICA} verwässert 2 *fig* (*distribuito*) ~ **in qc** {LAVORO NEL TEMPO} *in etw* (*dat*) verteilt.

diluizióne f 1 (*riduzione della concentrazione*) {+SOLUZIONE, VERNICE} Verdünnung f 2 (*scioglimento*) {+COMPRESSA} Auflösung f.

dilungàrsi <*mi dilungo, ti dilunghi*> *itr pron* 1 *fig* (*soffermarsi*): ~ (**in qc**) {IN PARTICOLARI INUTILI} sich *in etw* (*dat*) ergehen; ~ (**su qc**) {SU UN PROBLEMA SECONDARIO} sich *bei etw* (*dat*) aufhalten, sich lange *über etw* (*acc*) aus|lassen *fam*: **non vorrei dilungarmi troppo, ma ...**, ich will mich hier nicht zu lange aufhalten, aber ... 2 *sport* (*nell'equitazione*): ~ (**da qu/qc**) sich (*von jdm/etw*) (um Längen) absetzen, *jdn/etw* (weit) hinter sich (*dat*) lassen.

diluviàle *agg* 1 *fig* {PIOGGIA} sintflutartig; {STAGIONE} Regen- 2 *paleont* {EPOCA, SEDIMENTI} diluvial, eiszeitlich 3 *bibl obs* (*del diluvio universale*) Sintflut-.

diluviàre <*diluvio, diluvi*> *itr* <*essere o avere*> 1 *fam* (*piovere ininterrottamente*) in Strömen regnen, sintfluten *scherz fam*: **diluvia da tre ore**, es gießt/schüttet seit drei Stunden *fam* 2 *fig* ~ (**su qu/qc**) {INSULTI, PROTESTE, RIMPROVERI} *auf jdn/etw* herab|hageln, -geln.

dilùvio <-*vi*> m 1 *fam* (*pioggia ininterrotta*) Wolkenbruch m, sintflutartiger Regen, anhaltender Regenfall: ˪c'è stato˩/**è venuto giù**˩ **un ~**, es hat in Strömen gegossen *fam* 2 *fig* {+IMPROPERI, PAROLE} Flut f, Hagel m: **un ~ di proteste**, ein Proteststurm; **l'attore fu accolto con un ~ di applausi**, der Schauspieler wurde mit donnerndem Applaus empfangen ● **universale** *bibl*, Sintflut f.

dìma f *tecnol* Schablone f.

dimagraménto m *agr* (*depauperamento*) {+TERRENO} Auslaugung f.

dimagrànte *agg* {CURA, DIETA} Schlankheits-, Abmagerungs-.

dimagriménto m 1 (*il diventare magro*) {+PRIGIONIERO} Abmagerung f 2 (*calo di peso*) Gewichtsabnahme f, Gewichtsverlust m: **un ~ di due kili**, eine Gewichtsabnahme von zwei Kilo.

dimagrìre <*dimagrisco*> A *tr* <*avere*> (*far sembrare più snello*) ~ **qu** {ABITO, COLORE, DISEGNO, SPECCHIO} *jdn* schlank machen B *itr* <*essere*> 1 (*diventare magro*) {PRIGIONIERO} ab|magern, mager werden: **è dimagrito per il digiuno**, er ist durch das Fasten abgemagert 2 (*calare di peso*) ~ (+ *compl di luogo*) (*irgendwo*) ab|nehmen: **è dimagrita di cinque kili**, sie hat fünf Kilo abgenommen; **devo fare qualcosa per ~**, ich muss irgendwie abnehmen *fam*; **dovresti ~ un po' sui fianchi**, du solltest etwas an den Hüften abnehmen; **questa dieta fa ~ di tre kili in due settimane**, mit dieser Diät nimmt man in zwei Wochen drei Kilo ab.

dimagrìto, (-a) A *agg* part pass *di* dimagrire B *agg* 1 (*più magro*) {VOLTO} abgemagert; (*smunto*) eingefallen 2 *fig* (*diminuito*) {GRUZZOLETTO} zusammengeschrumpft.

dimenàre A *tr* ~ **qc** {CANE CODA} *mit etw* (dat) wedeln; {CUBISTA BRACCIA, GAMBE} *mit etw* (dat) schlenkern B *rfl* (*agitarsi*): **dimenarsi** (+ *compl di luogo*) {SULLA SEDIA} (*irgendwo*) (herum|)zappeln; {NEL LETTO} sich (*irgendwo*) herum|wälzen; **si dimenava nel tentativo di fuggire alla presa**, er/sie wand sich bei dem Versuch, sich aus dem Griff zu befreien.

dimenìo <-*nii*> m Gezappel n *fam spreg*.

dimensióne A f 1 {+AUTOMOBILE, SOLIDO, SUPERFICIE} Dimension f: **appartamento di medie dimensioni**, mittelgroße Wohnung; **calcolare le dimensioni di qc**, *etw* aus-, ab-, vermessen; **geometria a due dimensioni**, zweidimensionale Geometrie; **dimensioni di una grandezza fisica**, Dimensionen f pl einer physikalischen Größe 2 <*di solito al pl*> (*grandezza*) {+SCAMBI COMMERCIALI} Umfang m, Ausmaß n, Dimension f: **un'azienda di grandi dimensioni**, ein großes Unternehmen; **un progetto di ampie dimensioni**, ein umfangreiches/weit reichendes Projekt 3 *fig* {POLITICA, STORICA, UMANA DI QC} Dimension f: **la preghiera come ~ di vita**, das Gebet als Teil/Grundlage des Lebens; **entrare in una nuova ~**, in eine neue Dimension eintreten B *loc prep*: **a ~ di qu/qc**, jdm/etw angemessen; **una città a ~ d'uomo**, eine menschengerechte Stadt, eine Stadt nach Menschenmaß ● **la quarta ~** (*il tempo*), die vierte Dimension; **trovare la propria ~** *fig* (*l'ambiente congeniale*), seine Bestimmung finden.

dimenticànza f 1 (*distrazione*) Versehen n, Zerstreutheit f: **è stata una piccola ~**, es war nur ein (kleines) Versehen 2 (*omissione*) Unterlassung f, Versäumnis n, Mangel m: **nel testo ci sono alcune dimenticanze**, der Text weist einige Mängel auf 3 (*trascuratezza, errore*) Fehler m, Nachlässigkeit f: **una grave ~**, ein schwerer Fehler 4 (*il dimenticare*) Vergessen n; (*risultato*) Vergessenheit f.

dimenticàre <*dimentico, dimentichi*> A *tr* 1 *gener* ~ **qu/qc** {DATA, NOME} *jdn* vergessen; ~ **di fare qc**, vergessen, etw zu tun; **non dimentichi che il ritrovo è alle otto!**, vergessen Sie nicht, dass das Treffen um acht Uhr stattfindet/ist *fam*! 2 (*trascurare*) ~ **qu/qc** {AMICI, I PROPRI DOVERI, I PROPRI OBBLIGHI} *jdn/etw* vernachlässigen 3 (*cancellare dalla memoria*) ~ **qu** jdn vergessen: **è stato dimenticato da tutti**, alle haben ihn vergessen 4 (*perdonare*) ~ **qc** {ACCUSE, OFFESE} *etw* vergessen, *über etw* (acc) hinweg|sehen: **per questa volta dimenticheremo!**, dieses Mal sehen wir noch einmal darüber hinweg! 5 (*lasciare*) ~ **qu/qc** (+ *compl di luogo*) {BAMBINO, BORSETTA, CHIAVI IN MACCHINA, LIBRI A SCUOLA} *jdn/etw* (*irgendwo*) vergessen, *etw* (*irgendwo*) liegen lassen; {CAPPOTTO AL RISTORANTE} *anche etw* (*irgendwo*) hängen lassen B *itr pron*: **dimenticarsi di qu/qc** {DI UN APPUNTAMENTO, DI UNA RICORRENZA} *jdn/etw* vergessen: **dimenticarsi di fare qc**, vergessen, etw zu tun; **mi sono dimenticata che ieri era il tuo compleanno**, ich habe ganz vergessen, dass du gestern Geburtstag hattest.

dimenticatóio <-*toi*> m *scherz* Vergessenheit f: **andare a finire nel ~**, in Vergessenheit geraten, in der Versenkung verschwinden *fam*, der Vergessenheit anheim fallen *forb*; **il progetto è caduto nel ~**, das Projekt ˪wurde vergessen˩/[geriet in Vergessenheit]; **mettere qc nel ~**, etw in Vergessenheit geraten lassen, etw in der Versenkung verschwinden lassen *fam*.

diméntico, (-a) <-*chi, -che*> *agg* ~ **di qc** 1 (*che non ricorda*) {DELLA PAROLA DATA} *etw* (gen) uneingedenk *forb* 2 (*incurante*) {DEL RISCHIO} *etw* (gen) ungeachtet: **un uomo ~ del suo dovere**, ein pflichtvergessener Mann; ~ **del pericolo**, ungeachtet der Gefahr.

dimésso, (-a) *agg* 1 (*modesto*) {ABBIGLIAMENTO, VESTITO} schlicht, einfach; {ATTEGGIAMENTO, CONTEGNO} bescheiden; {TONO, VOCE} verhalten, leise 2 *spreg* (*trascurato*) {ABITO} nachlässig.

dimestichézza f Vertrautheit f: **avere ~ con qu**, mit jdm vertraut sein, mit jdm (einen) vertrauten Umgang haben/pflegen *forb*; **acquisire ~ con qc**, mit etw (dat) vertraut werden, sich langsam mit etw (dat) vertraut machen; **avere ~ con qc**, mit etw (dat) vertraut sein, sich in etw (dat) auskennen *fam*; **ha poca ~ con il computer**, er/sie kennt sich mit Computern nur wenig aus *fam*.

diméttere <*coniug come* mettere> A *tr* 1 (*far uscire*) ~ **qu** (**da qc**) {DETENUTO DAL CARCERE, PAZIENTE DALL'OSPEDALE} *jdn* (*aus etw dat*) entlassen 2 (*destituire*) ~ **qu** {SINDACO} *jdn* ab|setzen B *rfl* (*ritirarsi*): **dimettersi** {MINISTRO} zurück|treten; **dimettersi da qc** {FUNZIONARIO DA UN INCARICO} *von etw* (dat) zurück|treten, *etw* nieder|legen.

dimezzaménto m {+ENTRATE, USCITE} Halbierung f; {+STRADA} Zweiteilung f.

dimezzàre A *tr* (*ridurre alla metà*) ~ **qc** {PERCORSO} *etw* halbieren; {PREZZO, SPESE} *anche etw* um die Hälfte reduzieren, verringern B *itr pron* (*ridursi a metà*): **dimezzarsi** {SPIAGGIA} um die Hälfte reduziert werden; {STIPENDIO} *anche* um 50 Prozent gekürzt werden.

diminuèndo m 1 *mat* Minuend m 2 *mus* Diminuendo n.

diminuìbile *agg* ~ (**di qc**) {PESO DI ALTRI DIECI KILI, VOLUME} (*um etw* acc) verringerbar; {PREZZO, SPESE} *anche* (*um etw* acc) herab|setzbar.

diminuìre <*diminuisco*> A *tr* <*avere*> 1 ~ **qc** {CALORE, FRUSCIO DI FONDO} *etw* senken; {FASCINO, INFLUENZA, PRESTIGIO DI QU} *etw* schmälern; {ENTUSIASMO} *etw* dämpfen 2 (*rarefare*) ~ **qc** {VISITE} *etw* ein|schränken 3 (*far calare*) ~ **qc** (**di qc**) {PESO DI DIECI KILI} (*um etw* acc) vermindern, sich/*etw* (*um etw* acc) verringern; {PREZZO, SPESA DEI DIECI PER CENTO} *etw* (*um etw* acc) herab|setzen; {STIPENDIO} *anche* (*um etw* acc) kürzen; {PRODUZIONE} *etw* (*um etw* acc) verringern, *etw* (*um etw* acc) herunter|fahren *fam*: ~ **la quantità delle merci importate del 70 per cento**, die Menge importierter Waren um 70 Prozent verringern 4 *lavori femminili* ~ **qc** {UNA MAGLIA} *etw* ab|nehmen B *itr* <*essere*>

re> **1** {CALORE, FREDDO} nach|lassen; {RUMORE} anche ab|nehmen, weniger werden; {PIOGGIA} schwächer werden, nach|lassen; {ENERGIA, ENTUSIASMO, FORZE} nach|lassen, schwinden *forb*; {AUTORITÀ} ab|nehmen, schwinden *forb*; {VISITE} ab|nehmen, seltener werden **2** (*calare*) ~ **di qc**) {NUMERO, PESO DI QC, QUANTITÀ DEL DIECI PER CENTO} (*um etw* acc) ab|nehmen, sich (*um etw* acc) vermindern; {PREZZO, RICCHEZZA DEL PAESE DI UN QUINTO} (*um etw* acc) sinken, (*um etw* acc) fallen, (*um etw* acc) herunter|gehen *fam*; {PRODUZIONE DELLA METÀ} (*um etw* acc) zurück|gehen, sich (*um etw* acc) verringern; {POPOLAZIONE} sich vermindern/verringern; **il prezzo delle uova è diminuito**, der Eierpreis ist gefallen **3** (*perdere*) ~ **di qc** an etw (dat) verlieren; ~ **di intensità/prestigio**, an Intensität/Prestige verlieren; ~ **di peso**, an Gewicht verlieren, abnehmen; ~ **di prezzo**, billiger werden; ~ **di valore**, im Wert sinken; ~ **di volume**, an Umfang verlieren **4** (*calare di peso*) {PERSONA} ab|nehmen; **con la dieta è diminuita di cinque kili**, durch die Diät hat sie fünf Kilo abgenommen.

diminutivo, (-a) **A** agg {SUFFISSO} Verkleinerungs-, diminutiv, Diminutiv- **B** m Verkleinerungsform f, Diminutiv(um) n.

diminuzióne A f **1** {+CALORE, FREDDO} Nachlassen n; {+FRUSCIO DI FONDO} anche Rückgang m; {+ENERGIA, ENTUSIASMO, FORZE} Nachlassen n, Schwinden n *forb*; {+AUTORITÀ} Abnehmen n, Schwinden n *forb* **2** (*rarefazione*) {+VISITE} Einschränken n, Einschränkung f **3** (*riduzione*) ~ (**di qc**) {DI DIECI KILI} Verminderung f (*um etw* acc), Verringerung f (*um etw* acc); (*come fenomeno spontaneo*) Abnahme f (*um etw* acc), Verlust m (*von etw* dat); ~ **di peso**, Gewichtsabnahme f, Gewichtsverlust m; {+SPESA, STIPENDIO DEL DIECI PER CENTO} Senkung f (*um etw* acc), Herabsetzung f (*um etw* acc), Verminderung f (*um etw* acc), Verringerung f (*um etw* acc); (*come fenomeno spontaneo*) Fallen n (*um etw* acc), Sinken n (*um etw* acc); {+PRODUZIONE} Verringerung f (*um etw* acc); (*come fenomeno spontaneo*) Rückgang m (*um etw* acc), Einbuße f (*um etw* acc); ~ **dei costi**, Kostensenkung f; (*spontanea*) Sinken n der Kosten; ~ **delle esportazioni/importazioni**, Export-/Importrückgang m; ~ **dell'offerta**, Angebotsverknappung f; ~ **dei prezzi**, Preissenkung f; (*spontanea*) Sinken n der Preise; **la legge ha portato a una ~ del 90 per cento degli aborti clandestini**, das Gesetz hat zu einem Rückgang illegaler Schwangerschaftsunterbrechungen von 90 Prozent geführt **4** *lavori femminili* {+TRE MAGLIE} Abnahme f **B** <inv> loc agg: **in ~** {COSTI, SPESE} sinkend; {PREZZI, TEMPERATURA} anche fallend; {DOMANDA, FENOMENO, OFFERTA} rückläufig ● ~ **della** *pena* dir, Strafmilderung f; ~ **del** *personale* econ, Personalkürzung f; ~ **della** *temperatura*, Temperaturrückgang m; ~ **del** *valore*, Wertminderung f.

dimìṣi 1ª pers sing del pass rem *di* dimettere.

dimissionàre tr *amm* ~ **qu** {FUNZIONARIO} jdn entlassen, jdm kündigen.

dimissionàrio, (-a) <-ri m> agg {GOVERNO} zurückgetreten.

dimissióne f **1** <di solito al pl> anche dir {+FUNZIONARIO} Rücktritt m; {+POLITICO} geschlossene Demission f; {+OPERAIO} Kündigung f, Entlassung f: ~ **del governo**, Regierungsrücktritt m **2** *amm* (*uscita*) {+DETENUTO, PAZIENTE} Entlassung f ● **accettare/respingere le dimissioni di qu**, {DI UN POLITICO} jds Rücktritt annehmen/ablehnen; {DI UN IMPIEGATO} jds Kündigung an|nehmen/ab|lehnen; **dare/presentare le dimissioni**, {POLITICO} zurücktreten,

sein Amt niederlegen, seine Demission einreichen, demissionieren; {LAVORATORE DIPENDENTE} kündigen.

dimmer <-> m *ingl* Dimmer m.

dimodoché, di mòdo che cong loc cong (*affinché*) ~ **... congv** damit, sodass: **dovrebbe spiegarmelo meglio, ~/[di modo che] io possa capire,** ₁Sie müssten₁/[er/sie müsste] es mir besser erklären, damit ich es verstehen kann.

dimòra f **1** (*abitazione*) {LUSSUOSA, SIGNORILE} Wohnung f, Heim m, Zuhause n **2** *dir* Wohnsitz m, Aufenthalt(sort) m: ₁fissare/ **stabilire la propria ~**₁/[prendere ~], sich (häuslich) niederlassen ● **senza** *fissa* ~, ohne festen Wohnsitz; **mettere a** ~ qc *agr*, {PIANTA} etw ein|pflanzen; **l'***ultima***/estrema ~** *fig* (*la tomba*), die letzte Ruhestätte *forb*.

dimoràre itr **1** (*trattenersi*) ~ + *compl di luogo* irgendwo auf|halten **2** *fig* (*albergare*) ~ + *compl di luogo* irgendwo wohnen: **in lui dimorava l'odio**, in ihm wohnte der Hass, er war hasserfüllt.

dimorfìṣmo m *min* Dimorphie f, *biol* anche Dimorphismus m.

dimostrànte mf Demonstrant(in) m(f).

dimostràre① **A** tr **1** (*mostrare*) ~ **qc** etw erkennen lassen, etw zeigen: **il suo pallore dimostrava la gravità della malattia**, an seiner/ihrer blassen Gesichtsfarbe konnte man erkennen, wie schwer die Krankheit war; **dimostra l'età che ha**, man sieht ihm/ihr sein/ihr Alter an; **ha 80 anni, ma non li dimostra affatto**, er/sie ist 80 (Jahre alt), aber man sieht es ihm/ihr gar nicht an; **dimostra poco più di 30 anni**, er/sie sieht aus wie Anfang 30; **i visitatori hanno dimostrato molto interesse per i quadri di questo pittore**, die Besucher haben für die Bilder dieses Malers viel Interesse gezeigt/bekundet *forb*; **dimostra poco rispetto per/verso gli altri**, gegenüber anderen zeigt er/sie wenig Achtung/Respekt; ~ **qc (a qu)** (*jdm*) *etw* zeigen, (*jdm gegenüber*) *etw* bekunden *forb*; {CORAGGIO} (*jdm*) *etw* beweisen; **non so come dimostrarvi la mia gratitudine**, ich weiß nicht, wie ich ₁euch danken soll₁/[mich erkenntlich zeigen kann]; **nelle trattative ha dimostrato grande abilità**, in den Verhandlungen hat er/sie ein großes Geschick an den Tag gelegt; **il suo comportamento (ti) dimostra che non ha capito nulla**, sein/ihr Verhalten beweist/zeigt (dir), dass er/sie nichts verstanden hat; ~ **di essere qu/qc**, beweisen, jd/etw zu sein; **ha dimostrato di essere un uomo coraggioso**, er hat bewiesen, dass er ein mutiger Mann ist; **in tal modo dimostra di sapersi difendere**, auf diese Weise zeigt er/sie, dass er/sie sich wehren kann; ~ **qc a qc** *etw* (dat) *etw* bezeugen; **il popolo ha dimostrato ubbidienza alla corona**, das Volk hat ₁der Krone gegenüber Gehorsam bezeugt₁/[sich als königstreu erwiesen]; **dimostrò fedeltà all'ideale di pace**, er/sie blieb seinem/ihrem Friedensideal treu **2** (*provare*) ~ **qc (a qu)** {L'INNOCENZA DI QU AI GIURATI} (*jdm*) *etw* nach|weisen: **ciò dimostra che non è colpevole**, das beweist, dass er/sie nicht schuldig ist; **il fatti dimostrano che si era sbagliata**, die Tatsachen belegen/be-

weisen, dass sie sich geirrt hatte **3** (*spiegare*) ~ **qc (a qu)** (*jdm*) *etw* zeigen, (*jdm*) *etw* vor|führen: **ora vi dimostrerò il funzionamento dell'apparecchio**, jetzt zeige ich euch, wie der Apparat funktioniert **4** *mat* ~ **qc** {TEOREMA} *etw* beweisen **B** rfl (*rivelarsi*): **dimostrarsi** (di) *essere als etw* (nom) erweisen: **si è dimostrato un vero imbroglione**, er hat sich als ein echter Betrüger erwiesen; **dimostrarsi + agg** sich (*als*) + agg erweisen, sich + agg zeigen; **in quell'occasione si è dimostrata generosa**, bei dieser Gelegenheit hat sie sich ₁großzügig gezeigt₁/[als großzügig erwiesen]; **dimostrarsi difficile**, sich als schwierig erweisen/herausstellen ● **come volevasi ~** *mat*, was zu beweisen war; *fig* (*come era ovvio*), was ganz offensichtlich war, was auf der Hand lag, quod erat demonstrandum *forb*.

dimostràre② itr (*manifestare pubblicamente*) ~ (₁**a favore di**₁/[**per**]/[**contro**] **qu**/**qc**) {STUDENTI PER LA PACE, CONTRO LA GUERRA} (*für/gegen jdn/etw*) demonstrieren.

dimostrativo, (-a) agg **1** (*che serve a manifestare*) {ATTO, AZIONE, CARATTERE, MANIFESTAZIONE} demonstrativ; {SCOPO} anche Demonstrations- **2** (*che serve a provare*) {METODO} Beweisführungs- **3** *gramm* {PRONOME} hinweisend, demonstrativ, Demonstrativ-.

dimostratóre, (-trice) m (f) {+PRODOTTI PER LA PULIZIA DELLA CASA} Vorführer(in) m(f), Werbeverkäufer(in) m(f).

dimostrazióne① **A** f **1** (*manifestazione*) {+CORAGGIO} Beweis m; {+AFFETTO, INTERESSE} Bekundung f *forb*, Bezeugung f *forb*, Bezeigung f *forb*: ~ **d'amore**, Liebesbeweis m; ~ **di forza**, Demonstration f der Stärke; ~ **di simpatia**, Sympathiebekundung f **2** (*prova*) {+COLPEVOLEZZA, INNOCENZA, SINCERITÀ} Beweis m, Nachweis m **3** (*spiegazione*) {+FUNZIONAMENTO DI QC, PRODOTTO} Vorführung f, Demonstration f **4** *mat* (*argomentazione*) {+TEOREMA} Beweis m, Beweisführung f: ~ **per assurdo**, paradoxe Beweisführung **B** loc prep: **a ~ di qc**, zum/als Beweis etw (gen); **a ~ di ciò ...**, zum Beweis dessen ...

dimostrazióne② f **1** (*manifestazione di protesta*) Demonstration f, (Protest)kundgebung f, Demo f *fam*: **autorizzare una pubblica ~**, eine öffentliche Demonstration genehmigen; **ieri c'è stata una ~** ₁**a favore del**₁/[**per il**] **disarmo**, gestern fand eine Demonstration für die Abrüstung statt; ~ **di massa**, Massendemonstration f, Massenkundgebung f; ~ **studentesca**, Studentendemonstration f, Studentendemo f *fam* **2** *mil* Demonstration f **3** *sport* {+AEROBICA, CULTURISMO} Vorführung f.

DIN f abbr *del ted* Deutsche Industrie-Norm (*norma industriale tedesca*) DIN.

dina f *fis* Dyn n.

dinàmica <-che> f **1** *fis mus* Dynamik f: ~ **dei fluidi**, Hydrodynamik f **2** *fig* (*svolgimento*) ~ {+RACCONTO} Dynamik f; {+EVENTI} Ablauf m, Aufeinanderfolge f; {+INCIDENTE} Hergang m ● ~ **di gruppo** *psic*, Gruppendynamik f.

dinamicità <-> f *spec fig* {+VITA MODERNA} Dynamik f; {+PERSONA} anche Energie f, Elan m, Schwung m.

dinàmico, (-a) <-ci, -che> agg **1** *fig* dynamisch; {PERSONA} anche energiegeladen, voller Energie/Elan *fam*, schwungvoll: **fare una vita dinamica**, ein bewegtes Leben führen **2** *fis ling mus* dynamisch: **le leggi dinamiche**, die Gesetze der Dynamik.

dinamìṣmo m **1** *fig* {+VITA CITTADINA} Dynamik f; {+PERSONA} anche Energie f, Elan m, Schwung m **2** *filos* Dynamismus m.

dinamitàrdo, (-a) **A** agg {ATTENTATO} Sprengstoff-, Bomben- **B** m (f) Sprengstoff-

attentäter(in) m(f).
dinamite f Dynamit n.
dinamizzazióne f med (nell'omeopatia) Dynamisierung f.
dìnamo <-> f elettr {+BICICLETTA} Dynamo m.
dinamoeléttrico, (-a) <-ci, -che> agg elettr {MACCHINA} Dynamo-.
dinànzi A avv 1 (stato in luogo: davanti) vorn(e) 2 (moto a luogo) vorwärts, nach vorn(e): **guardare ~**, nach vorn(e) schauen 3 (di fronte) gegenüber B <inv> in funzione di agg 1 (dalla parte anteriore) {CHIESA} vorn(e) 2 (di fronte) gegenüberliegend 3 rar lett (precedente) {MESE} vorhergehend, vorige(r, s) C loc prep: **~ a qu/qc** 1 (stato in luogo: davanti) {STARE} vor jdm/etw 2 (moto a luogo) {METTERE} vor jdn/etw 3 (di fronte) gegenüber jdm/etw, jdm/etw gegenüber: **abito proprio ~ alla scuola**, ich wohne direkt gegenüber der Schule 4 (alla presenza) vor jdm/etw: **è comparso ~ al giudice**, er ist vor dem Richter erschienen 5 rar (in confronto) im Vergleich zu jdm/etw, verglichen mit jdm/etw: **~ al film che abbiamo visto ieri, questo non vale un granché**, verglichen mit dem Film, den wir gestern gesehen haben, taugt dieser nicht viel.
dìnaro m numism Dinar m.
dinàsta <-i> m (principe) Dynast m.
dinastìa f anche fig Dynastie f, Herrschergeschlecht n: **~ di industriali**, Industriellendynastie f; **la ~ dei Kennedy**, der Kennedy--Clan.
dinàstico, (-a) <-ci, -che> agg {GUERRA, INTERESSI} dynastisch.
dindi m <pl> (nel linguaggio infantile) (denaro) Pinke(pinke) f fam.
dindìn, din din A inter loc inter onomatopeica kling(e)ling! B <-> m loc sost m (suono delle campane) {+CAMPANELLINO} Klingeln n, Bimmeln n fam.
dindirindìna inter (di meraviglia, stupore, ira): **per ~**, Donnerwetter!, Mensch Meier! fam.
dindòn, din don A inter loc inter onomatopeica bim, bam! B m loc sost m (suono delle campane) Glockenläuten n; (nel linguaggio infantile) Bimbam m.
dingo <-o -ghi> m zoo Dingo m.
diniègo <-ghi> m (rifiuto) Ablehnung f, Verweigerung f: **fare un gesto di ~**, eine ablehnende Geste machen, abwinken; **opporre un ~**, sich weigern.
dinnànzi → dinanzi.
dinoccolàto, (-a) agg {RAGAZZO} schlaksig; {PASSO} schlenkernd.
dinosàuro m paleont Dinosaurier m, Dinosaurus m scient.
dintórno A m pl Umgebung f: **i dintorni di Roma**, die Umgebung Roms; **nei dintorni di Bologna**, in der Umgebung von Bologna B avv rings(her)um C loc prep: **~ a qu/qc**, um jdn/etw herum, rings um jdn/etw (herum).
dio <dèi> A m 1 (nelle religioni politeiste) Gott m: **dio delle acque**, Gott m des Wassers; **dio dell'amore**, Liebesgott m; **dio della fertilità**, Priapos m, Priapus m, Fruchtbarkeitsgott m; **dio del fuoco**, Feuergott m; **gli dei greci/romani**, die griechischen/römischen Götter; **dio della guerra**, Kriegsgott m; **dio del mare**, Meeresgott m; **dio dei morti**, Hades m, Gott m der Unterwelt; **dio del tuono**, Gott m des Donners; **dio del sole**, Sonnengott m; **dio dei venti**, Windgott m; **dio del vino**, Weingott m 2 fig (persona molto dotata) (junger) Gott: **ballare/cantare/dipingere come un dio**, tanzen/singen/malen wie ein junger Gott 3 fig (idolo) (Ab)gott m: **fare di qu/qc un dio**, jdn/etw zu seinem Gott machen B <inv> loc agg slang giovanile (molto bene): **fatto da dio**, {DISEGNO, GIACCONE} (oberaffen)geil slang C loc avv slang giovanile (molto bene): **da dio** {GIOCARE, SCRIVERE} echt gut fam, echt spitze fam, echt geil slang.
Dio A m <solo sing> (nelle religioni monoteistiche) Gott m: **credere in Dio**, an Gott glauben; **Dio Padre Onnipotente**, allmächtiger Vater B <inv> loc agg avv: **senza Dio**, {UOMO} gottlos C in funzione di inter (mein) Gott!: **Dio mio, aiutami!**, mein Gott, hilf mir!; **Dio, che confusione!**, mein Gott, ist das ein Durcheinander!; **Dio buono!**, lieber/guter/gütiger Gott!; **per Dio!**, Herrgott noch mal! • **abbandonato/dimenticato da Dio** fig, (solo) {UOMO} gottverlassen, (solitario) {LUOGO} gottverlassen fam; **andarsene con Dio** fig (per i fatti propri), ˻seines Weges˼/[seiner Wege] gehen forb; (che) **Dio m'assista!**, Gott steh' mir bei!; (che) **Dio ti benedica!**, Gott segne dich!; **fatto come Dio comanda** fig (fatto molto bene), nach allen Regeln der Kunst gefertigt; **che Dio mi fulmini se non dico la verità**, ˻der Schlag soll mich treffen˼/[dass ich auf der Stelle umfalle], wenn ich nicht die Wahrheit sage; **grazie a Dio** (per fortuna), Gott sei Dank!; **Dio l'abbia in gloria!**, Gott hab' ihn/sie selig!; (che) **Dio me ne guardi!**, Gott behüte!; **Dio sia lodato/ringraziato**, gelobt sei Gott!; **mandato da Dio** (provvidenziale), von Gott geschickt; **che Dio ce la mandi buona!**, Gott sei uns gnädig!; **a Dio piacendo ...** (di speranza), wenn/so Gott will ...; **Dio ve ne renda merito**, vergelt's (euch) Gott region; **ringrazia Dio che ... ind** (ritieniti fortunato), ˻sei froh!˼/[du kannst froh sein], dass ...; **solo Dio sa come/quando** (chissà come/quando), Gott allein weiß wie/wann; **Dio sa se mi sono impegnato!** (rafforzativo), Gott weiß, wie sehr ich mich angestrengt habe!; **Dio santo!**, großer/allmächtiger Gott!, ˻du lieber˼/[mein] Gott!; **Dio ce ne scampi e liberi!**, Gott bewahre (uns davor)!; **Dio mi è testimone**, Gott ist mein Zeuge!; **ne sei sicuro? – Come/quanto è vero Dio!** (assolutamente), bist du sicher? – So wahr ich hier stehe!; **viene giù che Dio la manda** fig (piove, nevica molto), es gießt aus allen Wolken fam, der Himmel öffnet seine Schleusen forb; **Dio non voglia!**, Gott behüte!; **Dio voglia che ... cong**, wolle Gott, dass ...; **se Dio vuole, sono arrivati!** (infine, finalmente), Gott sei Dank sind sie endlich angekommen!; **se Dio vuole, avremo anche noi una palestra** (di speranza), wenn/so Gott will, werden auch wir eine Sporthalle haben; **come Dio vuole/vorrà** (di rassegnazione), wie es Gott gefällt; **Dio li fa e poi li accoppia** prov, Gleich und Gleich gesellt sich gern prov; **ognuno per sé e Dio per tutti** prov, jeder für sich und Gott für uns alle.
diocesàno, (-a) agg relig diözesan, Diözesan-.
diòcesi <-> f relig Diözese f, Bistum n.
diodo m elettr fis Diode f.
Diògene m stor Diogenes m.
diomedèa f ornit Albatros m.
dionisìaco, (-a) <-ci, -che> agg {CULTO} dionysisch.
Diòniso m mitol Dionysos m.
dioràma <-i> m Diorama n.
Diòscuri m pl mitol Dioskuren pl.
diòssido m chim Dioxid n.
diossìna f chim Dioxin n.
diottrìa f fis ott Dioptrie f.
diòttrica <-che> f fis ott Dioptrik f obs.
diòttrico, (-a) <-ci, -che> agg fis ott dioptrisch.

dipanaménto m 1 (il dipanare) {+MATASSA} Aufwick(e)lung f 2 fig (chiarimento) {+PROBLEMA} Entwirrung f.
dipanàre tr **~ qc** 1 {LANA} etw auf|wickeln 2 fig (chiarire) {FACCENDA, INTRIGO} etw entwirren.
dipartimentàle agg 1 (rif. a circoscrizione territoriale in Francia e Svizzera) Departements-, des Departements 2 università Fachbereichs-.
dipartiménto m 1 (circoscrizione territoriale in Francia e Svizzera) Departement n 2 (negli USA: ministero) Ministerium n, Department n: **~ di giustizia**, Justizministerium n; **~ di Stato**, Außenministerium n 3 università {+LINGUISTICA APPLICATA} Fachbereich m 4 mil "Küstengebiet n in Italien, das dem Kommando der Seestreitkräfte untersteht".
dipartìta f lett 1 (partenza) Fortgang m forb 2 eufem (morte) Hinscheiden n forb eufem, Hingang m forb eufem.
dipendènte A agg 1 **~ da qu** {DALLA MADRE} abhängig (von jdm/etw): **una donna ~ economicamente dal marito**, eine Frau, die finanziell von ihrem Ehemann abhängig ist 2 **~ da qc** {DALL'ALCOL} abhängig von etw (dat): **~ dagli psicofarmaci**, tablettensüchtig 3 (subordinato) {LAVORATORE} angestellt, (abhängig) beschäftigt; {LAVORO} unselbständig 4 gramm (**~ da qc**) {PROPOSIZIONE} abhängig (von etw dat), Neben- 5 mat {VARIABILE} abhängig B mf {+FABBRICA, IMPRESA} Beschäftigte mf decl come agg, Angestellte mf decl come agg: **dipendenti della Fiat**, Beschäftigte m pl decl come agg bei der Fiat, Fiat-Belegschaft f; **dipendenti pubblici**, Angestellte m pl decl come agg des öffentlichen Dienstes; **~ statale**, staatliche Angestellte m decl come agg; **dipendenti di uno stabilimento**, Belegschaft f, Werksangehörige pl decl come agg C gramm (proposizione subordinata) Nebensatz m, abhängiger Satz.
-dipendènte secondo elemento (che dipende) -abhängig, -süchtig: **teledipendente**, fernsehsüchtig; **tossicodipendente**, drogenabhängig.
dipendènza① f 1 **~ (da qu/qc)** {PSICOLOGICA DAI GENITORI} Abhängigkeit f (von jdm/etw): **rapporto di reciproca ~**, Beziehung gegenseitiger Abhängigkeit 2 **~ (da qc)** Abhängigkeit f (von etw dat), Sucht f: **~ ˻dall'alcol˼/[dalla droga]**, Alkohol-/Drogenabhängigkeit f, Alkohol-/Drogensucht f • **avere un'alle proprie dipendenze**, {DATORE DI LAVORO CINQUE IMPIEGATI} jdn beschäftigen; **essere/lavorare alle dipendenze di qu/qc**, {DI UNA DITTA} bei jdm/etw beschäftigt/angestellt sein; **in ~ di ciò** (in conseguenza di ciò), infolgedessen, folglich; **~ sintattica** gramm, syntaktische Abhängigkeit f.
dipendènza② → dépendance.
dipèndere <coniug come appendere> itr <essere> 1 (derivare) **~ da qu/qc** von jdm/etw ab|hängen, von jdm/etw abhängig sein: **la nostra vittoria dipende da molti fattori**, unser Sieg hängt von vielen Faktoren ab; **il prezzo dipende dalla qualità del prodotto**, der Preis hängt von der Qualität des Produkts ab; **l'esito delle trattative non dipende soltanto da me**, der Ausgang der Verhandlungen hängt nicht nur von mir ab; **il suo comportamento dipende dall'educazione che ha ricevuto**, sein/ihr Verhalten hängt mit seiner/ihrer Erziehung zusammen; **ciò dipende dal[e] fatto che ... ind**, das liegt/lag daran, dass... 2 **~ da qu/qc** von jdm/etw ab|hängen, auf jdn/etw an|kommen: **può fare la traduzione? – Non so, dipende dal tempo che avrò a disposi-**

dipingere

zione, können Sie die Übersetzung machen? – Ich weiß nicht, (es) ˌhängt davon abˌ/ [kommt drauf an], wie viel Zeit ich (dafür) habe; (*uso assol*) **vieni anche tu al cinema? Dipende!**, kommst du auch mit ins Kino? (Das) kommt d(a)rauf an! **3** (*essere in potere, facoltà di qu*) ~ **da qu** vom jdm/etw abˌhängen, *an jdm/etw* liegen: **ora tutto dipende da te!**, jetzt hängt alles von dir ab!, jetzt liegt/hängt *fam* alles an/bei dir!; **dipende da voi, se volete andarci o no**, es ˌhängt von euch abˌ/[liegt an euch], ob ihr hingehen wollt oder nicht **4** (*essere dipendente*) ~ **da qu/qc** {FIGLIO DALLA FAMIGLIA, MOGLIE DAL MARITO} *von jdm/etw* abˌhängig sein; {PERSONA DALLA VOLONTÀ ALTRUI} *anche von jdm/etw* abˌ| hängen; {ANZIANO DALL'AIUTO DI QU, DALL'ASSISTENZA} *auf etw* (acc) angewiesen sein **5** (*essere sottoposto*) ~ **da qu/qc** {ASSISTENTE, AIUTO, CAPOSALA DAL PRIMARIO; SUCCURSALE DALLA SEDE CENTRALE} *jdm/etw* unterstellt sein, *jdm/etw* unterstehen **6** *gramm* ~ **da qc** {PROPOSIZIONE RELATIVA DALLA REGGENTE} *von etw* (dat) abhängig sein • **non ~ da nessuno** (*essere indipendente*), von niemandem abhängig sein, unabhängig sein; (*nel lavoro*), selbständig sein.

dipingere <*irr dipingo, dipingi, dipinsi, dipinto*> **A** *tr* **1** (*rappresentare per mezzo della pittura*) ~ (**qu/qc**) {NATURA MORTA, PAESAGGIO, QUADRO, RITRATTO} (*jdn/etw*) malen: ~ **ad acquerello**, Aquarell malen, aquarellieren; ˌad olioˌ/[a tempera], in Öl/Tempera malen, mit Temperafarben malen; ~ **su tela/ porcellana**, auf Leinwand/Porzellan malen; ~ **una scena con toccante realismo**, eine Szene ergreifend realistisch malen; ~ **un soggetto dal vero**, einen Gegenstand nach der Natur malen **2** (*adornare di pitture*) ~ **qc** {CAPPELLA, VOLTA} etw aus|malen; {VASO} etw bemalen **3** (*verniciare*) ~ **qc** {MOBILE, PARETE} etw (an)streichen: ~ **la porta di bianco**, die Tür weiß streichen **4** *fig* (*descrivere*) ~ **qu/ qc** +*compl di modo* {SCRITTORE PROTAGONISTA CON POCHE PAROLE} *jdn* (*irgendwie*) beschreiben, *jdn* (*irgendwie*) schildern; {ATTORE PERSONAGGIO CON POCHI GESTI} *jdn/ etw* (*irgendwie*) dar|stellen; ~ **qu/qc come qu/qc** {IMPIEGATO COME UNA BRAVA PERSONA} *jdn/etw als jdn/etw* beschreiben, *jdn/etw als jdn/etw* dar|stellen; ~ **qc con qc** {SITUAZIONE A TINTE FORTI} *etw in etw* (dat) aus|malen, *etw in etw* (dat) schildern **5** *fig* (*colorare*) ~ **qc** (*di qc*) {AURORA, SOLE CIELO DI ROSA} *etw* färben: **la neve aveva dipinto la valle di bianco**, der Schnee hatte das Tal ganz in Weiß gehüllt **B** *itr pron* (*mostrarsi*): **dipingersi** (+*compl di luogo*) (*irgendwo*) wider|spiegeln: **una gran paura le si dipingeva in volto**, ihr stand die nackte Angst ins Gesicht geschrieben **C** *rfl* (*truccarsi*) **dipingersi qc** {OCCHI, VISO} (sich dat) *etw* schminken; {UNGHIE} (sich dat) *etw* lackieren; *spreg* {OCCHI, UNGHIE, VISO} (sich dat) *etw* anˌmalen *fam spreg*: **si era dipinta le labbra di rosso**, sie hatte (sich dat) die Lippen rot geschminkt/angemalt *fam spreg*.

dipinto, (-a) **A** *part pass di* dipingere **B** *agg* **1** (*quadro*) bemalt; {CAPPELLA, VOLTA} ausgemalt; {VASO} bemalt; **2** (*truccato*) {BOCCA, OCCHI, VISO} geschminkt; {UNGHIE} lackiert; *spreg* angemalt *fam spreg* **C** *m arte* (*nella pittura*) Gemälde *n* • **neanche/nemmeno/neppure ~** *fig* (*per rafforzare un'espressione negativa*), nicht (ein)mal im Traum, um alles in der Welt; **non voler** *vedere qu* **neanche/nemmeno/neppure ~**, jdn nicht einmal in Traum sehen wollen; *sembrare*/**parere ~** *fig* (*essere molto bello*), wie gemalt aussehen.

dipl. *abbr di diploma*: Dipl. (*abbr di* Diplom).

diplòide *agg biol* diploid.

diplòma <-i> *m* (*abbr* dipl.) **1** (*compimento di determinati studi*) Abschluss *m*: **arrivare al ~**, seinen Abschluss machen; (*titolo*) Diplom *n*; **prendere/conseguire il ~ di infermiere**, seinen/den Abschluss als Krankenpfleger machen *fam*/erwerben **2** (*attestato*) Diplom *n*, Abschlusszeugnis *n* • **~ di benemerenza**, Ehrenurkunde *f*; **~ di laurea**, Hochschulabschluss *m*; (*attestato*), Hochschulzeugnis *n*; **~ di licenza media**, Hauptschulabschluss *m*; (*attestato*), Hauptschulabgangszeugnis *n*; **~ di lingua tedesca**, deutsches Sprachdiplom; **~ di maturità**, Hochschulreife *f*, Abitur *n*, Abi *n fam*, Matura *f A CH*; (*attestato*), Zeugnis *n* der Hochschulreife; Reife-, Abiturzeugnis *n*, Abizeugnis *n fam*.

diplomàre *scuola* **A** *tr* ~ **qu** jdn diplomieren *forb*, jdm ein Diplom/Abschlusszeugnis erteilen **B** *itr pron*: **diplomarsi** (**qc**/[**in qc**]) {PERITO MECCANICO, IN RAGIONERIA} einen Abschluss (*als etw acc/in etw* dat) erwerben/machen *fam*.

diplomàta *f* → diplomato.

diplomàtico, (-a) <-ci, -che> **A** *agg* **1** *polit* {CORPO, INCIDENTE, RAPPORTI} diplomatisch; {PASSAPORTO, VALIGIA} Diplomaten- **2** *fig* {DOTI} diplomatisch; {PERSONA, RISPOSTA} *anche* geschickt **B** *m* (*f*) **1** *polit* Diplomat(in) *m*(*f*) **2** *fig* geschickter Mensch **C** *m gastr* (*dolce*) "Gebäck *n* aus Blätterteig mit einer Creme--Likör-Füllung".

diplomàto, (-a) *scuola* **A** *agg* {ESTETISTA, TRADUTTORE} diplomiert, (staatlich) geprüft, Diplom-: **essere ~ in elettrotecnica**, diplomierter Elektrotechniker sein **B** *m* (*f*) Diplominhaber(in) *m*(*f*).

diplomazìa *f* **1** *polit* Diplomatie *f*: **entrare nella ~**, die Diplomatenlaufbahn einschlagen **2** *fig* Diplomatie *f*, diplomatisches Verhalten; *spreg* Lavieren *n*.

diplopìa *f med* Diplopie *f scient*.

dipòi, **di poi** *rar lett* **A** *avv* danach, nachher: **me lo dirai ~**, du wirst es mir nachher sagen **B** <*inv*> *in funzione di agg* (darauf)folgend, nächste(r, s): **il giorno ~**, am (darauf)folgenden/nächsten Tag.

dipòlo *m fis radio TV* Dipol *m*.

dipòrto **A** <*inv*> *loc agg* **da ~**, {IMBARCAZIONE, NAVIGAZIONE} Sport- **B** *loc avv* **per ~**, {FARE QC} zum Vergnügen.

diprèsso *loc avv forb*: **a un ~**, ungefähr, annähernd; **occorreranno a un ~ tre mesi**, das wird ungefähr drei Monate dauern.

dir. *abbr di direttore*: Dir. (*abbr di* Direktor).

diradaménto *m* **1** (*diminuzione*) {+VISITE} Abnahme *f*, Einschränkung *f*, Verringerung *f* **2** *agr* (*il rendere meno fitto*) {+ALBERI} Lichten *n*; {+FORESTA} *anche* Ausholzen *n*; {+BARBABIETOLE, BARBABIETOLE} Verziehen *n*, Vereinzeln *n*.

diradàre **A** *tr* <*avere*> ~ **qc 1** (*rendere più rado*) {VENTO NEBBIA} etw vertreiben; {VISITE} etw ein|schränken, etw verringern **2** *agr* (*rendere meno fitto*) {ALBERI} etw lichten; {BOSCO} *anche* etw ausholzen, etw aus|dünnen; {COLTURA DI BARBABIETOLE, DI PATATE} etw verziehen, etw vereinzeln **B** *itr pron* <*essere*> *itr pron* sich lichten; {CAPELLI} sich lichten; {FOLLA, FUMO, NEBBIA, NUVOLE} sich auf|lösen; {VISITE} seltener werden, ab|nehmen.

diramàre **A** *tr* <*avere*> ~ **1** (*diffondere*) ~ **qc** {TELEVISIONE COMUNICATO, NOTIZIA} *etw* verbreiten, *etw* veröffentlichen; {DIRETTORE INVITO, MINISTERO CIRCOLARE} *etw* verschicken: **la radio ha diramato l'appello ai terroristi**, über den Rundfunk wurde ein Appell an die Terroristen gerichtet **2** *agr* {PIANTE} *etw* ent|ästen, *etw* aus|putzen **B** *itr pron* **1** *anche bot* (*partire da*): **diramarsi da qc** {STRADE SECONDARIE DALLA VIA PRINCIPALE} *von etw* (dat) abˌ| zweigen, *von etw* (dat) abˌ|gehen **2** (*diffondersi*): **diramarsi** + *compl di luogo* sich (*irgendwo*) verästeln: **le vene si diramano per tutto il corpo**, die Venen verzweigen sich im ganzen Körper; {NOTIZIA DAPPERTUTTO} sich (*irgendwo*) verbreiten **3** (*dividersi in due rami*) {TRONCO FERROVIARIO} sich verzweigen.

diramazióne *f* **1** *anche bot* (*ramificazione*) {+TRONCO} Verästelung *f*; (*in due rami*) {+CONDUTTURA, TRONCO FERROVIARIO} Verzweigung *f* **2** *bot* (*punto in cui qc si divide in due*) Astgabel *f*; *fig* {+VIA} Gabelung *f* **3** *fig* (*singola derivazione*) Abzweigung *f*: **~ di un fiume**, Flussarm *m*, Seitenarm *m* (eines Flusses); **~ dal tubo/dalla strada principale**, Leitungsabzweigung *f*/[Abzweigung *f* von der Hauptstraße] **4** *fig* (*diffusione*) {+NOTIZIA} Verbreitung *f* **5** *fig* (*filiale*) Filiale *f*, Zweigstelle *f*: **un corriere con diramazioni in tutto il mondo**, eine Speditionsfirma mit Zweigstellen in der ganzen Welt **6** *fig* (*sottogruppo*) Verzweigung *f*: **una organizzazione terroristica con diramazioni all'estero**, eine Terroristenorganisation mit Verzweigungen im Ausland.

dire <*irr* dico, dissi, detto> **A** *tr* **1** *gener* ~ **qc** (*a qu*) (*jdm*) *etw* sagen, (*zu jdm*) *etw* sagen, {LA PROPRIA OPINIONE} (*jdm*) *etw* sagen, (*jdm gegenüber*) *etw* äußern: **non disse una parola**, er/sie sagte kein Wort; **non (mi) dice la verità**, er/sie sagt (mir) nicht die Wahrheit; **non mi ha detto neanche buongiorno**, er/sie hat mir nicht mal Guten Tag gesagt; **se hai freddo dimmelo/dillo**, wenn dir kalt ist, ˌsag es mirˌ/[sag's ruhig]; **che cosa ti ha detto?**, was hat er/sie (zu) dir gesagt?; **dimmi (che) cosa devo/debbo fare**, sag mir, was ich machen soll; **non lo devi ~ a nessuno**, du darfst es niemandem sagen; **non sapevo proprio cosa ~**, ich wusste wirklich nicht, was ich sagen sollte; **non ho nulla da ~ in proposito**, dazu habe ich nichts zu sagen; **di' un po'**, **chi hai invitato a cena?**, nun sag doch (schon), ˌwen hast du zum Abendessen eingeladenˌ/[wen du zum Abendessen eingeladen hast]; (*uso assol*) **come dicevi?**, was hast du gesagt?, was meintest du?; **così dicendo ci salutò**, mit diesen Worten verabschiedete er/sie sich (von uns) **2** (*rafforzativo*): **ti dico che è stato lui!**, ich sag(e) dir, er war es!; er ist es gewesen, wenn ich's dir doch sagte!; **sono tre ore, dico tre ore, che aspetto!**, ich warte seit sage und schreibe drei Stunden! *fam*; **è gentile ~ - Non direi!**, er/sie ist aber freundlich/nett – Den Eindruck habe ich nicht gerade, Das würde ich nicht gerade sagen, Naja! *iron*, Geht so *iron*! **3** (*affermare*) sagen, behaupten: **dice di essere ammalato**, er sagt/behauptet, ˌdass er krank istˌ/[er sei krank]; **disse che sarebbe arrivato presto**, er sagte, dass er bald kommen würde; **in questo brano Kant dice che …**, in diesem Abschnitt behauptet Kant, dass … **4** (*riportare*): **che cosa dice il giornale/cartello?**, was steht in der Zeitung/[auf dem Schild]?; **sentiamo un po' cosa dicono al telegiornale**, mal sehen, was sie in den Nachrichten sagen; **lo hanno detto alla radio**, das haben sie im Radio gesagt/gemeldet, das kam im Radio; **questo è quanto dice la legge**, so steht es im Gesetz, so sagt das Gesetz **5** (*raccontare*) erzählen, sagen, berichten: **io dico quello che so**, ich sage, was ich weiß; **e non venirmi a ~ che … ind**, und erzähl' mir bloß nicht, dass … ind **6** (*pensare*) ~ **di qu/qc sopra** *von jdm/etw* halten, *etw zu etw* (dat) meinen: **che ne dici del mio abito nuovo?**, was sagst/meinst du zu meinem neuen Kleid?; **che ne diresti di un bel**

gelato?, wie wäre es mit einem Eis?; **che ne dici?**, was hältst du davon?, was meinst du dazu?; **che ne dici di andare via per il week-end?**, was hältst du davon, übers/am Wochenende wegzufahren? **7** {*immaginare*} ~ **qc** *etw* glauben, *etw* denken: **chi l'avrebbe mai detto!**, wer hätte das gedacht/[je geglaubt]! **8** {*recitare*} ~ **qc** {POESIA} *etw* auf|sagen; {PREGHIERA} *etw* sprechen; {ROSARIO} *etw* beten; {MESSA} *etw* lesen **9** {*ripetere*} ~ **qc** (**a qu**) {LEZIONE, TABELLINA DEL NOVE} *etw* (*für jdn*) wiederholen **10** {*far sapere*} ~ **qc a qu** *jdm etw* mit|teilen, *jdm etw* nennen: **il prezzo non me lo ha voluto ~**, den Preis hat er/sie mir nicht nennen/sagen wollen **11** {*scrivere*} ~ **qc** *etw* schreiben, *etw* sagen: **dice qualcosa di nuovo nella sua lettera?**, schreibt er/sie etwas Neues in ihrem Brief? **12** {*avvisare*} ~ **qc a qu** *jdm etw* sagen, *jdn über etw* (*acc*) informieren: **te l'avevo detto!**, ich hatte es dir doch (gleich) gesagt!; **mi aveva detto di stargli alla larga**, er hatte mir gesagt, dass ich ihm nicht zu nahe kommen soll **13** {*chiamare*} ~ **qc qc** *etw etw* nennen: **questo è quello che io dico fortuna!**, das nenne ich Glück! **14** {*definire*} ~ **qu + agg** *jdn als + agg* bezeichnen: **non lo si può certo ~ colto/intelligente!**, gebildet/intelligent ist er wirklich nicht gerade *fam* **15** {*esprimere*} ~ **qc in qc** *etw* auf|in *etw* (*dat*) sagen: **l'ha detto in inglese**, er/sie hat es auf Englisch gesagt; **come si dice "testa" in tedesco?** – **"Testa" in tedesco si dice "Kopf"**, ⌐was heißt⌐/[wie sagt man] "testa" auf Deutsch? – "Testa" heißt auf Deutsch "Kopf" **16** {*suggerire*} ~ **qc a qu** *jdm etw* sagen: **l'esperienza mi dice che stai sbagliando**, die Erfahrung sagt mir, dass du im Begriff bist, einen Fehler zu machen; **qualcosa mi dice che ... ind**, irgendetwas sagt mir, dass ...; ich habe das Gefühl, dass ... **17** {*consigliare*} ~ **a qu di fare qc** *jdm* raten, *etw zu tun*: **le ho detto di andare dal medico**, ich habe ihr ⌐gesagt, dass sie zum Arzt gehen soll⌐/[geraten, zum Arzt zu gehen] **18** {*eccepire*} *etw* ein|wenden: **mi ha pagato il dovuto, niente/nulla da ~, però ...**, er/sie hat den mir zustehenden Betrag bezahlt, da gibt es nichts einzuwenden, aber...; **avere/trovare da ~ su qu/qc**, etwas an *jdm/etw* auszusetzen haben **19** {*ricordare*} ~ **qc a qu** *jdm etw* sagen, *etw* (*dat*) *etw* an|fangen können: **il nome non mi dice niente/nulla**, der Name sagt mir nichts, mit dem Namen kann ich nichts anfangen *fam*; **ti dice qualcosa?**, kannst du damit (et)was anfangen?, sagt dir das etwas? **20** {*ordinare*} ~ **a qu di fare qc** *jdm* sagen, *etw zu tun*: **digli di coprirsi bene prima di uscire**, sag ihm, er soll sich warm anziehen, bevor er ausgeht; **ti ho detto di andartene!**, ich habe dir doch gesagt, dass du gehen sollst! **21** {*testimoniare*} ~ **qc a qu** ein Zeichen *für etw* (*acc*) sein, *jdm etw* bezeugen: **questo ti dice quanto ti amino**, daran kannst du ablesen, wie sehr sie sich lieben **B** *itr pron* {*dichiararsi*}: **dirsi disposto a fare qc**, sich (dazu) bereit erklären, *etw zu tun*; **puoi dirti fortunato te non ti hanno rubato anche la macchina**, du kannst ⌐von Glück sagen⌐/[dich glücklich schätzen]/[froh sein], dass man dir nicht auch das Auto gestohlen hat; **dirsi** *qu/qc* sich *für jdn/etw* aus|geben; **si diceva mio sostenitore**, er behauptete, ein Anhänger von mir zu sein **C** *itr impers* sagen: **si dice che sia molto ricco**, man sagt, ⌐dass er sehr reich ist⌐/[er ist sehr reich]; **si direbbe che tutto sia finito**, man könnte/sollte meinen, dass⌐/[es sieht so aus, als ob] alles zu Ende wäre; **da qui si direbbe che manca poco per arrivare**, es

sieht so aus, als wären wir bald da; **a quanto si dice ...**, nach dem, was man so sagt ... **D** <*solo sing*> m Rede *f*, Worte *n* pl; {*azione*} *anche* Sagen *n*, Reden *n* ● **dica**, (**signora**) (*nei negozi: forma di cortesia*), Sie wünschen(, gnädige Frau)?, was darf es sein?, womit kann ich Ihnen dienen(, meine Dame)?; **è facile/difficile a dirsi**, (**è facile/difficile prevederlo**), ⌐das ist leicht/schwer vorauszusehen⌐/[das ist leicht/schwer zu sagen]!; **è facile a dirsi** (**ma non a farsi**)!, das ist leichter gesagt als getan!; **ehi, dico a te!**, du/he, ich spreche/rede mit dir! *fam*; **avere a che ~ con qu** *fig* (*litigare*), mit jdm aneinander|geraten; **avere un bel ~** (**è facile ~**), gut/leicht reden haben; **hai un bel ~**, du hast gut/leicht reden; **dico bene?** (*richiesta di conferma*), nicht wahr?, stimmt's oder habe ich Recht?; **non c'è che ~** (*di approvazione*), dagegen ⌐ist nichts zu sagen⌐/[lässt sich nichts einwenden]; **che ~?**, was soll man dazu sagen?; **checché se ne dica, è pur sempre un grande attore** (*qualsiasi cosa se ne dica*), man kann sagen, was man will, er ist und bleibt ein großartiger Schauspieler; **a chi lo dici!** (*anch'io*), wem sagst du das!; **vorrei avere più tempo libero – Eh, a chi lo dici!**, ich hätte gern mehr Freizeit – Tja, wem sagst du das!; **come a che ~ ind/congv** (*equivale a*), so als ob ... *congv*; **come non detto!**, vergiss es! *fam*; **come dici?**, wie bitte?, was sagst/meinst du?; **per così ~**, sozusagen; **da non dirsi** (*incredibile*), [ARROGANZA, CONFUSIONE, IGNORANZA, SPORCIZIA] unsagbar, unsäglich; **sono cose da non dirsi, ma ti sembrano cose da dirsi?**, was redest du da?, so was nimmt man gar nicht in den Mund!, so was sollte man nicht einmal (im Spaß) sagen!; ja, schämst du dich denn nicht?; **dici davvero?**, (meinst/sagst du das) im Ernst?; **~ di sì/no**, Ja/Nein sagen; **per arrivare a Milano ci metterai, diciamo, due ore ...** (*all'incirca*), bis nach Mailand brauchst du ungefähr/[, sagen wir mal,] zwei Stunden ...; **e ~ che sono parenti!** (*pensare che ...*), und dabei sind sie sogar miteinander verwandt!; **è più facile ~ che fare**, etwas ist leichter gesagt als getan; **si fa per ~** (*non seriamente*), das ist nicht so wörtlich/ernst zu nehmen, das sagt man eben so; **far ~ qc a qu**, jdm etw in den Mund legen; **altro/una cosa è ~, altro/una cosa è fare**, Reden und Handeln ist zweierlei; Reden ist eine Sache, es tun eine andere; **detto fatto**, gesagt, getan; **dirle grosse** *fam* (*raccontare sciocchezze*), den Mund vollnehmen *fam*; **dirle di grosse** *fam*, Stuss/Unsinn reden *fam*; **cosa intendi ~ con ciò?**, was willst du damit sagen?; **lasciar ~ qu** (*parlare*), jdn reden lassen; **mi lasci ~ che la scuola deve essere riformata**, lassen Sie mich noch sagen, dass die Schule reformiert werden muss; **lasciar ~ qu** (*parlare*), jdn reden lassen; **lasciatevelo ~, siete proprio degli egoisti!**, das müsst ihr euch schon sagen lassen, ihr seid richtige Egoisten!; **lo dicevo io** (**, che que due se la intendevano**)! (*lo sapevo*), ich hab's doch (gleich) gesagt *fam* [, dass die zwei etwas miteinander haben! *fam*]; **questo la dice lunga sulla burocrazia in Italia** (*dice molto*), das ⌐spricht Bände⌐/[sagt (doch) alles] über die italienische Bürokratie *fam*; **ma dico, non puoi passare un po' più in là?** (*di disapprovazione*), also ich muss schon sagen, kannst du nicht ein Stück weiterrutschen? *fam*; **ma non mi ~!** *anche iron*, was du nicht sagst! *anche iron*, ach ja? *anche iron*; **(o) per meglio ~**, (oder) besser gesagt; **in men che non si dica** (*in un attimo*), in null Komma nichts *fam*; **gli ho detto quel che si meritava**, ich habe ihm gesagt, was ihm gebührt; **non (faccio) per ~, ma ...**,

nichts für ungut, aber ...; **ho preso uno spavento che non ti dico!** (*notevole*), ich kann dir gar nicht sagen, wie ich erschrocken bin!; ich bin vielleicht erschrocken, das kann ich dir sagen!; **non mi ~ che vuoi partire già domani!**, sag bloß (nicht), dass du morgen schon abfahren willst!; **non dico di no** (*accetto*), da sage ich nicht nein; (*lo ammetto*), das schon, das gebe ich zu; **è capace, non dico di no, ma ...**, er/sie ist tüchtig, das bestreite ich nicht, aber...; **non è detto che tu sia il migliore**, es ist nicht gesagt, dass du der Beste bist; **un film/libro che non dice nulla** (*insignificante*), ein ⌐nichts sagender/unbedeutender Film⌐/[nichts sagendes/unbedeutendes Buch]; **oltre ogni ~** *fig* (*moltissimo*), {AMARE QU} unsagbar, grenzenlos; **lo ha detto così, tanto per ~**, so hat er/sie es nur so dahingesagt *fam*; **saranno passati a dir poco due anni**, es sind mindestens zwei Jahre vergangen; **si fa presto a ~** (**è facile a dirsi**), das sagt sich so leicht, das ist leicht/schnell gesagt; **è presto detto**, das ist leicht zu ermitteln; das herauszufinden ist nicht schwer; **~ la propria** (**opinione**), seine Meinung sagen; **è troppo suscettibile, non gli si può ~ nulla!** (*obiettare*), er ist zu empfindlich, ⌐man kann ihm⌐/[er lässt sich] nichts sagen; **se così si può ~**, wenn man so sagen kann/darf; **puoi dirlo forte!**, das kannst du laut sagen! *fam*; **quante me ne ha dette!**, was hat er/sie mir nicht alles gesagt/[an den Kopf geworfen]! *fam*; **(stando) a quanto si dice ...**, wie es heißt, wie behauptet wird; **dirne quattro a qu** (*rimproverarlo*), jdm seine Meinung sagen, jdm die Leviten lesen *fam*; **sarebbe a ~?** (*significa?*), das heißt?, was bedeutet das?, ja und? *fam*; **come sarebbe a ~?** (*cosa vuol ~*), was soll das heißen?, wie ist das gemeint?; **abbiamo sentito ~ che ...**, wir haben gehört, dass ...; **dico sul serio** (*seriamente*), (⌐das meine ich⌐/[ich sag das]) im Ernst; **detto tra noi**, unter uns gesagt; **per dirla tutta ~**, kurz und gut; **dimmi tutto!** *fam* (*raccontami quel che è successo*), (jetzt) erzähl mal, was passiert ist!; **il che**/[**con ciò**] **è tutto detto!**, und damit ist/wäre alles gesagt!; **a suo ~** (*secondo lui*), nach dem, was er sagt; ihm zufolge; seiner Meinung nach; **come si suol ~**, wie es heißt, wie man so sagt; **vale a ~** (*equivale a*), will sagen, das heißt; **non mi si venga poi a ~ che ...**, dass mir dann niemand kommt und sagt, dass...; **a ~ il vero**, um die Wahrheit zu sagen; **e via dicendo ~**, (*eccetera*), und so weiter/fort; **voler ~ qc**, etw meinen, etw sagen wollen; **che cosa vuoi ~?**, was meinst du damit?, was willst du damit sagen?; (*significare*), etw bedeuten; **e questo che cosa vuol ~?**, was hat denn das zu bedeuten?; **vorrà ~ che dovrò andarci personalmente**, das heißt wohl, dass ich persönlich hingehen muss; (*dimostrare*), etw besagen; **questo non vuol ~ niente**, das will (noch) gar nichts heißen, das besagt (noch) gar nichts; (*avere importanza*), wichtig sein, etwas zu sagen haben; **che sia costoso o no, non vuol ~, basta che sia grande abbastanza**, ob es teuer ist oder nicht, ⌐ist nicht wichtig⌐/[hat keinerlei Bedeutung]/[hat nichts zu sagen], Hauptsache es ist groß genug; **volevo ben ~!** (*ero certo*), das will ich meinen!; **o che dir se voglia**, (oder) wie man es auch nennen/bezeichnen mag; **vuol ~ che (allora)**, das heißt also, dass...; **non hai tempo per uscire? Vuol ~ che al cinema ci andrò da solo!**, du hast keine Zeit auszugehen? Dann gehe ich eben allein ins Kino!; **tra il ~ e il fare c'è di mezzo il mare** *prov*, [Sagen und Tun]/[Versprechen und Halten] ist zweierlei *prov.*

direct mail <-> loc sost f *ingl* (*nella pubblicità*) Direct Mailing n, Direktwerbung f; (*vendita*) Versandhandel m.

direct marketing <-> loc sost m *ingl* (*nella pubblicità*) Direktverkauf m.

directory <-> f *ingl inform* Verzeichnis n, Directory n.

diréssi 1ª pers sing del pass rem *di* dirigere①,②.

diretta *radio TV* **A** f Direktübertragung f, Livesendung f **B** <inv> loc agg: **in** ~, {TRASMISSIONE} Direkt-, Live- **C** loc avv: **in** ~, {TRASMETTERE} direkt, live.

direttaménte avv **1** (*senza soste*) direkt, gleich, geradewegs: **vado ~ alla stazione**, ich gehe/fahre direkt zum Bahnhof; **dopo il lavoro è tornato ~ a casa**, nach der Arbeit ist er gleich nach Hause gekommen **2** (*senza interposizione*) direkt, unmittelbar: **si è rivolta ~ a me**, sie hat sich direkt an mich gewendet; **questa strada porta ~ allo stadio**, die Straße führt direkt/unmittelbar zum Fußballstadion.

direttissima **A** f **1** (*via più breve*) direkteste/schnellste Verbindung **2** (*in alpinismo*) Direttissima f **B** loc avv *dir* (*con giudizio direttissimo*): **per ~**, {PROCESSARE} im Schnellverfahren, im beschleunigten Verfahren.

direttiva f **1** (*disposizione*) Richtlinie f, Direktive f *forb*; *dir* (*atto giuridico comunitario*) Richtlinie f: **~ CEE/comunitaria**, EG-Richtlinie f **2** <*di solito al pl*> (*linea di condotta*) Verhaltensregel f, Weisung f ● **impartire nuove direttive** (ˌa quˌ/[per qc]), (für jdn/etw) neue ˌRichtlinien erlassenˌ/[Verhaltensregeln aufstellen]; (jdm/für etw *acc*) neue Weisungen erteilen; **seguire le direttive di qu**, jds Richtlinien/Weisungen befolgen.

direttivo, (-a) agg **1** (*di direzione*) {COMITATO, CONSIGLIO} leitend; {FUNZIONE, ORGANO, POSIZIONE} *anche* Leitungs-, Führungs-; {LINEA} Richt- **2** (*del direttore*) **segreteria direttiva**, Chefsekretärin f; **ufficio ~**, Direktion f, Direktionszimmer n **B** m {+ASSOCIAZIONE} Führungsgremium n: **~ del partito** *polit*, Parteileitung f, Parteivorstand m, Parteipräsidium n.

diretto, (-a) **A** part pass *di* dirigere①,② **B** agg **1** (*senza deviazioni*) {VIA} direkt; {VOLO} *anche* Direkt-: **luce diretta**, direktes Licht, direkter Lichteinfall **2** (*senza mediazioni*) {ELEZIONI, MANDATO, VENDITA} Direkt-; {CONTATTO, DOMANDA, ESPERIENZA} direkt; {SUPERIORE} *anche* unmittelbar: **è un discendente ~**, er ist ein direkter Nachfahre/Nachkomme **3** (*finalizzato*) **~ a qc** *auf etw* (*acc*) gerichtet: **novità diretta al miglioramento dei trasporti**, Neuheit, die der Verbesserung des Transportwesens dient **4** (*immediato*) {CONSEGUENZA, RAPPORTO, RELAZIONE} direkt, unmittelbar **5** (*indirizzato*) **~ a quˌ/qc** {LETTERA A UN UFFICIO} (*an jdn/etw*) gerichtet **6** (*in viaggio per*) **~ a qc** {TRENO, VOLO A CATANIA} nach etw (dat): **l'aereoˌ/il treno ~ a Stoccarda era in ritardo**, die Maschine/der Zug nach Stuttgart hatte Verspätung; {PERSONA A CASA} auf dem Weg (*nach/zu etw dat*); **mio zio era ~** ˌa Milano/[alla stazione], mein Onkel war/[befand sich] auf dem Weg ˌnach Mailandˌ/[zum Bahnhof] **7** *fisco* {IMPOSTA} **ting** {COMPLEMENTO, DISCORSO} direkt **C** m **1** *ferr* (*abbr D*) Eilzug m **2** *sport* (*nel pugilato*) Gerade f **D** in funzione di avv (*dritto*) direkt, geradewegs, schnurstracks *fam*: **andarsene ~ al proprio posto**, sich geradewegs auf seinen Platz begeben.

direttóre, (-trice) **A** m (f) {+BANCA, MUSEO, RIVISTA} Direktor(in) m(f), Leiter(in) m(f): **~ artistico di una compagnia di dan**za, künstlerischer Leiter einer Ballettgruppe; **~ d'albergo**, Hoteldirektor m; **~ amministrativo**, {+ENTE PUBBLICO} Verwaltungsdirektor m, Zirkusdirektor m; **~ commerciale di un'azienda**, Vertriebsleiter m eines Betriebs; **~ (didattico)** *scuola*, Rektor m (an Grundschulen); **~ generale**, Generaldirektor m; **~ tecnico**, technischer Direktor/Leiter; **~ delle vendite**, Verkaufsdirektor m, Verkaufsleiter m **B** agg {LINEA, PRINCIPIO} Leit- ● **del coro** *mus*, Chorleiter m; **~ editoriale** *edit*, Verlagsdirektor m; **~ della fotografia** *film*, erster Kameramann; **~ di gara** *sport* (*arbitro*), Schiedsrichter m; **~ dei lavori** *edil*, Bauleiter m; **~ d'orchestra** *mus*, Dirigent m; **~ di produzione film radio TV**, Produktionsleiter m; **~ responsabile** *giorn*, verantwortlicher Chefredakteur m; **~ di rete radio TV**, Programmdirektor m; **~ di sala**, {+CASINÒ} Saalchef m; **~ di scena** *teat*, Bühnenmeister m; **~ spirituale** *relig*, Beichtvater m; **~ sportivo** *sport*, Sportdirektor m.

direttoriàle agg **1** (*del direttore*) {DISPOSIZIONE, POTERI} direktorial, des Direktors: **ufficio ~**, Direktion f, Direktionszimmer n **2** *iron* (*autoritario*) {ATTEGGIAMENTO, TONO} diktatorisch, autoritär.

direttòrio① <-ri> m *inform* Verzeichnis n, Directory n.

direttòrio② m *stor* (*in Francia*) Direktorium n.

direttrice① f → direttore.

direttrice② f **1** *fig* (*impostazione di principio*) {+PARTITO} Leitlinie f, Richtung f **2** *mat* Direktrix f.

direzionàbile agg einstellbar, orientierbar.

direzionàle agg **1** (*di direzione*) {FRECCIA} Richtungs-; {ANTENNA, MICROFONO, RICEVITORE} Richt- **2** (*del direttore*) Direktoren-: (*del dirigere*) {CENTRO} Geschäfts-; {ATTIVITÀ} Direktions-: **ufficio ~**, Direktion f, Direktionszimmer n.

direzióne① f **1** (*senso*) Richtung f: **andiamo nella stessa ~**, wir gehen in dieselbe Richtung; **in ~ sud/nord**, in südlicher/nördlicher Richtung, in Richtung Süden/Norden; **muoversi in ~ di quˌ/qc**, sich in Richtung auf jdn/etw zubewegen; **provenivano da tutte le direzioni**, sie kamen aus allen Richtungen **2** *fig* (*indirizzo*) Richtung f, Kurs m: **imprimere una nuova ~ alle proprie idee**, seinen Ideen eine neue Richtung geben **3** *fis* {+CAMPO, FORZA, VETTORE} Richtung f **4** *geol* {+FRATTURA, SCISTOSITÀ} Richtung f **5** *mat* {ASINTOTICA} Richtung f ● **~ di marcia** *autom*, Fahrtrichtung f.

direzióne② f **1** (*guida*) {ARTISTICA +ORCHESTRA, SCUOLA DI DANZA, SUPERMERCATO} Leitung f: **sotto la ~ di quˌ/qc**, unter (der) Leitung von jdm/etw **2** (*organo dirigente*) Leitung f, Direktion f, Führung f: **~ amministrativa/aziendale**, Geschäfts-/Betriebsleitung f; **~ finanziaria**, Finanzdirektion f **3** (*sede*) Direktion f, Direktorat n: **andare/recarsi in ~**, ˌzur Direktion gehenˌ/[sich zur Direktion begeben] **4** *relig* {SPIRITUALE} Führung f.

dìrham <-> m *arabo* (*moneta*) Dirham m.

dirigènte **A** agg (*che dirige*) {CLASSE} führend, Führungs-, leitend **B** mf {+COMMERCIALE} leitende(r) Angestellte(r) mf, Leiter(in) m(f): **è stato promosso ~**, er ist zum leitenden Angestellten befördert worden; **~ di partito**, Parteiführer(in) m(f); **~ sindacale**, Gewerkschaftsführer(in) m(f).

dirigènza f **1** (*attività*) Führung f, Leitung f **2** (*dirigenti*) {+AZIENDA} Leitung f; {+PARTITO} Führung f.

dirigenziàle agg (*della direzione*) {ASSEMBLEA, LIVELLO} Leitungs-, leitend, Führungs-, führend.

dirigere① <*irr* dirigo, dirigi, diressi, diretto> **A** tr **1** (*volgere*) **~ qc + compl di luogo** {PASSI VERSO CASA, SGUARDO A DESTRA} etw irgendwohin richten, etw irgendwohin lenken; {BARCA A RIVA} etw ˌirgendwohin (dat)ˌ/auf etw (acc) zu steuern, etw irgendwohin lenken **2** *fig* (*rivolgere*) **~ qc aˌ/suˌ/verso qc** {ATTENZIONE SU UN PARTICOLARE, ENERGIE VERSO UN RISULTATO} etw auf etw (acc) lenken **3** *anche lett* (*indirizzare*) **~ quˌ/qc (a quˌ/qc)** {COLLABORATORE ALL'UFFICIO DEL PERSONALE} jdn/etw zu jdm/etw schicken; {LETTERA A UN'AMICA, A UNA DITTA} etw an jdn/etw adressieren **4** *aero autom mar* **~ qc** {TRAFFICO} etw regeln **B** itr pron **1** (*muoversi*): **dirigersi + compl di luogo** {TURISTI AL PIÙ VICINO RISTORANTE} irgendwohin gehen; {VERSO LE MONTAGNE} auf etw (acc) zu steuern, in Richtung etw (nom o gen) gehen; (*con veicolo*) auf etw (acc) zuˌ/fahren, (*con imbarcazione*) {VERSO LA COSTA} auf etw (acc) zu steuern, Richtung etw (nom o gen) steuern **2** *fig* (*rivolgersi*): **dirigersi aˌ/verso qc** {VERSO UN'ATTIVITÀ COMMERCIALE} sich etw (dat) zu wenden.

dirigere② <*irr* dirigo, dirigi, diressi, diretto> tr **1** (*essere a capo*) **~ quˌ/qc** {DIBATTITO, DITTA, GRUPPO, OPERAZIONE, IL PERSONALE} jdn/etw leiten **2** *film mus* **~ (quˌ/qc)** {ATTORE, CANTANTE, ORCHESTRA} etw dirigieren, etw leiten; {FILM} etw drehen **3** *sport* **~ (qc)** {SQUADRA} etw leiten.

dirigìbile m *aero* Luftschiff n.

dirigìsmo m *econ polit* Dirigismus m.

dirìmere <*irr* dirimo, *rar* dirimei o dirimetti> tr *lett* (*mettere fine*) **~ qc** {LITE} etw beiˌ/legen, etw schlichten.

dirimpettàio, (-a) <-tai> m (f) *fam* (*che sta di fronte*) Gegenüber n, Visavis n.

dirimpètto **A** avv gegenüber, vis-a-vis: **l'ho comprato qui ~**, das habe ich hier gegenüber/vis-a-vis gekauft; **me lo trovai ~**, er stand ˌmir gegenüberˌ/[vor mir] **B** loc prep (*di fronte*): **~ a quˌ/qc**, gegenüber jdm/etw, jdm/etw gegenüber jdm/etw; **i due uomini stavano uno ~ all'altro**, die beiden Männer standen sich gegenüber **C** <inv> *in funzione di agg* (*CASA*) gegenüberliegend.

diritto① m *gener* {+CITTADINO} Recht n, (Rechts)anspruch m, Berechtigung f: **avere ~ di (fare) qc**, das Recht auf etw (acc) haben; **non ~ haben, etw zu tun; abbiamo il ~ di chiederci se...**, wir haben das Recht, uns zu fragen, ob ...; **la partecipazione dà ~ a un premio**, durch die Teilnahme hat man Anspruch auf einen Preis; **~ alla pensione**, Rentenanspruch m; **~ di proprietà**, Eigentumsrecht n; **~ di riscatto**, Rückkaufsrecht n; **~ di ritenzione**, (Zu)rückbehaltungsrecht n; **rivendicare un ~**, einen Anspruch geltend machen; **~ di soggiorno**, Aufenthaltsberechtigung f; **diritti ˌdell'uomoˌ/[umani]**, Menschenrechte n pl; **usare un ~**, von einem Recht Gebrauch machen; **~ alla vita**, Recht n auf Leben **2** *dir* Recht n, Anspruch m, Befugnis f: **~ amministrativo/penale/processuale/tributario**, Verwaltungsrecht n/Strafrecht n/Prozessrecht n/Steuerrecht n; **~ civile**, Bürgerliches Recht, Zivilrecht n; **~ commerciale/societario**, Handels-/Gesellschaftsrecht n; **~ comunitario**, (Europäisches) Gemeinschaftsrecht n, Europarecht n; **~ costituzionale**, Verfassungsrecht n, Staatsrecht n; **~ fallimentare**, Konkursrecht n, Insolvenzrecht n; **~ di famiglia**, Privatrecht n, Familienrecht n; **~ delle genti**, Völkerrecht n; **~ internazionale** (*pubblico*), Völkerrecht n (*privato*), Internationales (Pri-

vat)recht; **~ del lavoro**, Arbeitsrecht n; **~ naturale/positivo**, Naturrecht n/[positives Recht]; **~ oggettivo/soggettivo**, objektives/subjektives Recht; **~ privato/pubblico**, Privatrecht n/[öffentliches Recht] **3** *dir* Recht n: **~ acquisito**, wohlerworbenes Recht; **~ di cittadinanza**, Staatsbürgerrecht n; **diritti civili**, Bürgerrechte n pl; **i diritti e i doveri del coniuge**, Rechte und Pflichten des Ehegatten; **~ ₍all'istruzione₎/[al lavoro]**, Recht n auf Bildung/Arbeit; **diritti politici**, politische Rechte n pl; **diritti potestativi/reali**, Gestaltungsrechte n pl/[dingliche Rechte n pl]; **~ di regresso**, Regressanspruch m, Regressrecht n; **~ di sciopero**, Streikrecht n; **diritti di successione**, Nachfolgerechte n pl; **~ di veto**, Vetorecht n; **~ al voto**, Wahlrecht n; **~ di voto**, Stimmrecht n **4** (*scienza*) Rechtswissenschaft f, Rechtswesen n, Rechte n pl *obs*; **università** Jura n, Jus n *A CH o obs*: **~ comparato**, vergleichendes Recht **5** ⟨*solo pl*⟩ (*tassa*) Gebühr f, Gebühren f pl, Abgaben f pl: **diritti di banchina**, Kaigebühren f pl; **diritti di bollo**, Bearbeitungsgebühren f pl; **diritti doganali**, Zollgebühren f pl, Zölle m pl; **diritti d'importazione**, Einfuhrrechte n pl **6** (*compenso*) Gebühr f: **~ d'asta**, Versteigerungsgebühr f; **diritti d'autore**, Urheberrechte n pl; **~ fisso**, feste Gebühr/Abgabe; **diritti di segreteria/cancelleria**, Bearbeitungsgebühr f ● **a ~**, mit Recht; **appartenere di ~ a qu/qc**, jdm/etw von Rechts wegen gehören; **avanzare diritti su qu/qc** (*pretendere*), Rechte auf jdn/etw geltend machen; **avente ~**, Berechtigte mf *decl come agg*: **a buon ~** (*legittimamente*), {PARLARE, PRETENDERE} mit gutem/vollem Recht; **di ~** (*per legge*), von Rechts wegen; **università** (*della facoltà di giurisprudenza*), {PROFESSORE, STUDENTE} Jura-; **~ divino**, {+SOVRANO} göttliches Recht; **il ~ del più forte fig** (*dovuto alla superiorità fisica o economica*), das Recht des Stärkeren; **a maggior ~** (*a maggior ragione*), umso mehr; **~ di opzione** *econ*, Optionsrecht n; **~ di prelazione** *econ*, Vorkaufsrecht n; **~ speciale di prelievo** *econ*, Sonderziehungsrecht n; **~ di primogenitura**, Erstgeburts-/Ältestenrecht n; **~ di raccomandazione post** (*di lettera, pacco*), Einschreib(e)gebühr f; **tutti i diritti riservati**, alle Rechte vorbehalten; **senza ~/diritti**, rechtlos, ohne Rechte.
diritto[2], (-a) **A** agg **1** *gener* {ASTA, FILARE, GAMBE, SENTIERO, SOLCO, STRADA} gerade **2** (*ben posizionato*) {COPRILETTO} ordentlich aufliegend; {QUADRO} gerade hängend **3** (*liscio*) {CAPELLI} glatt **4** (*verticale*) {MURO} senkrecht, hochkant, {POSIZIONE} aufrecht **5** (*ritto*) aufrecht: **stare ~**, gerade/aufrecht stehen/sitzen; **per tenersi ~ si appoggiava al bastone**, um sich aufrecht zu halten, stützte er/sie sich auf den Stock; **alla sua età è ancora ~ come un filare/fuso**, in seinem Alter hält er sich noch kerzengerade **6** *rar fig fam* (*furbo*) {RAGAZZO} schlau, verschlagen *spreg*, listig **7 lavori femminili** {MAGLIA} recht, Rechts- **8** *rar* (*destro*) {BRACCIO, PIEDE} rechte(r, s) **9** *fig obs* (*retto*) {COSCIENZA, INDOLE} geradlinig, {ANIMO} rechtschaffen, redlich **B** *avv* **1** *gener* gerade, geradeaus: **vada sempre ~ per ~**, gehen Sie immer geradeaus **2** *anche fig* (*direttamente*) direkt: **guardare qu ~ negli occhi**, jdm direkt in die Augen sehen; **guardare ~ davanti a sé**, vor sich hin **3 rafforzativo geradewegs**: **stavo andando diritto diritto contro il palo**, ich fuhr gerade/schnurstracks *fam* gegen den Pfahl **C** *loc avv*: **per ~** {SISTEMARE UN MOBILE} gerade **D** m (f) *rar fig fam* (*furbo*) Schlaukopf m *fam*, Schlaumeier m *fam*, Schlawiner m *fam* **E** m **1** (*parte principale*) {+FOGLIO} Vorderseite f, {+MONETA} Avers m, {+STOFFA} rechte Seite **2 lavori femminili** rechte Masche **3** *sport* (*nel tennis*) Vorhand f **F** f *lett* (*mano destra*) rechte Hand ● **filare/rigar ~** *fig* (*comportarsi bene*), spuren *fam*; **ogni ~ ha il suo rovescio** *fig* (*ogni cosa ha un lato positivo e uno negativo*), jede Medaille hat ihre Kehrseite; **guardare per ~ e per rovescio** *fig* (*essere molto pignolo*), kleinlich/pedantisch *spreg* sein; **non avere né ~ né rovescio** *fig* (*essere indecifrabile*), unergründlich sein; **tirar ~** (*proseguire*), weiterfahren, ohne anzuhalten; **tirar ~** (*pensare al proprio scopo*), unbeirrt seinen Weg gehen.

dirittura f **1** (*linea retta*) Gerade f **2** *fig* (*rettitudine*) {MORALE} Geradlinigkeit f, Rechtschaffenheit f, Redlichkeit f ● **essere sulla ~ ₍d'arrivo₎/[finale]** *sport*, auf der Zielgeraden sein; *fig* (*fase conclusiva*), ₍in der Endphase₎/[fast am Ziel] sein, es fast geschafft haben.

diroccato, (-a) agg **1** (*cadente*) {CASA} baufällig **2** (*in abbandono*) {CASTELLO} verfallen.

dirompente agg **1** {BOMBA, ESPLOSIVO} Spreng-, Splitter- **2** *fig* (*esplosivo*) {ENERGIA} explosiv; {NOTIZIA} *anche* brisant; {VITALITÀ} überschäumend.

dirómpere ⟨*coniug come* rompere⟩ *itr* **1** (*prorompere*) **~ + compl di luogo** {ACQUA, FIUME DAGLI ARGINI} über etw (acc) treten **2** *fig* {FURIA DI QU NELLA STANZA} **~ (+ compl di luogo)** (*irrendwo*) ausbrechen.

dirottaménto m **1** (*da parte di un dirottatore*) Entführung f: **~ aereo**, Flugzeugentführung f **2** (*per ragioni tecniche*) Kursänderung f, Kursabweichung f, {+TRAFFICO} Umleitung f.

dirottare A *tr* **1** (*con violenza*) **~ qc** {TERRORISTA AEREO} etw entführen **2** (*far deviare*) **~ qc** (**+ compl di luogo**) {AEREO, NAVE, TRAFFICO VERSO LA PERIFERIA} etw (*irgendwohin*) um|leiten: **a causa del guasto l'aereo fu dirottato verso il primo aeroporto**, wegen des Defekts wurde das Flugzeug auf den nächstliegenden Flughafen umgeleitet **B** *itr* (*cambiare direzione*) {NAVE} vom Kurs ab|weichen, den Kurs ändern.

dirottatóre, (**-trice**) m (f) (*chi dirotta*) Flugzeugführer(in) m(f), Luftpirat(en) m(f).

dirótto, (-a) **A** agg (*irrefrenabile*) {PIANTO, PIOGGIA} heftig, stark **B** ⟨*inv*⟩ *loc agg*: **a ~**, {PIOVERE} in hohem Maß(e); {PIANGERE} *anche*.

dirozzare A *tr* **1** (*sgrossare*) **~ qc** {LEGNO, MARMO} etw roh behauen, etw grob bearbeiten **2** *fig* (*affinare*) **~ qu/qc** {COSTUMI} jdn/etw verfeinern **3** *fig* (*educare*) **~ qu/qc** jdn/etw formen, {POPOLO} jdn/etw zivilisieren **B** *itr pron* (*diventare meno rozzo*): **dirozzarsi (in qc)** {RAGAZZO NEI MODI} sich (*in etw dat*) verfeinern.

DIRSTAT f *amm abbr di* Associazione Nazionale Funzionari Direttivi dell'Amministrazione dello Stato: "Nationale Vereinigung der höheren staatlichen Angestellten".

dirupato, (-a) agg {TERRENO} abschüssig.

dirupo m (*precipizio*) Absturz m.

diruppi 1ª pers sing del pass rem di dirompere.

disàbile A agg (*handicappato*) {RAGAZZO} behindert **B** *mf* Behinderte *mf decl come agg*.

disabilitàre *tr* **1** (*inabilitare*) **~ qu** {IMPIEGATO} jdn qualifizieren, jdn für unfähig erklären; **~ qc** {IMPIANTO} etw außer Betrieb setzen **2** *amm* **~ qu** jdn für unfähig erklären.

disabilitato, (-a) agg (*fuori servizio*) {TELEFONO} außer Dienst, außer Betrieb.

disabitato, (-a) agg (*privo di abitanti*) {CITTÀ} unbewohnt, menschenleer.

disabituare A *tr* (*privare di un'abitudine*) **~ qu/qc (a qc)** {PAZIENTE, FISICO AL FUMO} jdm etw ab|gewöhnen, jdn von etw (dat) entwöhnen **B** *rfl* (*perdere l'abitudine*) **disabituarsi (a qc)** {UOMO AL FUMO} sich (dat) etw ab|gewöhnen, etw auf|geben.

disaccaride m *chim* Disac(c)harid n.

disaccoppiare ⟨*disaccoppio, disaccoppi*⟩ *tr* **1** (*dividere*) **~ qu/qc** {FRATELLI} jdn/etw trennen **2 elettr ~ qc** {CIRCUITI} etw entkoppeln.

disaccordo m **1** *fig* (*discordanza*) Uneinigkeit f, Unstimmigkeit f: **su questo argomento ci troviamo in ~**, bei diesem Thema sind wir (uns) uneinig/[nicht einig] **2** *fig* (*screzio*) Zwist m **3** *elettr tel* (+CIRCUITO, RICEVITORE) Störung f **4** *mus* Missklang m, Dissonanz f.

disacusia f *med* Nachlassen n der Hörfähigkeit.

disadattamento m *anche psic* fehlendes Anpassungsvermögen, Unangepasstheit f.

disadattato, (-a) *psic* **A** agg nicht anpassungsfähig, unangepasst; {RAGAZZO} schwer erziehbar, verhaltensauffällig, verhaltensgestört **B** m (f) ₍nicht anpassungsfähige₎/[unangepasste] Person, Verhaltensgestörte mf decl come agg.

disadatto, (-a) agg (*inadatto*) **~ (a/per qc)** {BARCA AL MARE APERTO} für etw (acc) ungeeignet; {UOMO AGLI AFFARI} anche zu etw (dat) unfähig.

disadorno, (-a) agg **1** (*spoglio*) {CELLA} schmucklos, schlicht **2** *fig* (*semplice*) {STILE} schmucklos, schlicht, einfach.

disaffezionare A *tr lett* (*privare di interesse*) **~ qu/qc (da/a qu/qc)** {MARITO DAI VECCHI AMICI, DA UN IDEALE} jdn/etw jdm/etw entfremden **B** *itr pron* (*smettere di essere affezionato*): **disaffezionarsi (da/a qu/qc)** {AI PROPRI GENITORI, DALLO STUDIO} das Interesse an jdm/etw verlieren, sich (*von*) jdm entfremden **C** *rfl indir*: **disaffezionarsi qc** {LA SIMPATIA GENERALE} etw verlieren, sich (dat) etw verscherzen.

disaffezione f **1** (*mancanza d'affetto*) **~ da qu/qc** Entfremdung f von jdm/etw **2** (*mancanza d'interesse*) **~ (a/per qc)** Interesselosigkeit f etw (dat) gegenüber.

disagévole agg **1** (*scomodo*) {SENTIERO} beschwerlich, mühselig **2** (*difficile*) {SITUAZIONE} schwierig, kompliziert, peinlich.

disàggio ⟨-gi⟩ m **1** *comm* Abgeld n, Abschlag m, Disagio n **2** *Borsa* Disagio n.

disaggregare ⟨*disaggrego, disaggreghi*⟩ **A** *tr* (*separare*) **~ qc** {DATI} etw trennen **B** *rfl*: **disaggregarsi (da qu/qc)** {AMICI DAL RESTO DELLA COMPAGNIA} sich (*von jdm/etw*) trennen.

disagiato, (-a) agg **1** (*povero*) {CONDIZIONI} ärmlich, armselig, dürftig **2** (*scomodo*) {APPARTAMENTO} unbequem, unbehaglich.

disàgio ⟨-gi⟩ m **1** (*imbarazzo*) Verlegenheit f, Missbehagen n, Unbehagen n: **con la sua richiesta mi ha messo a ~**, er/sie hat mich durch seine/ihre Bitte in Verlegenheit gebracht; **sentirsi a ~**, sich unbehaglich fühlen **2** (*malessere*) Unbehagen n: **il ~ giovanile**, das Unbehagen der Jugend **3** (*mancanza di comodità*) {+VIAGGIO} Unbequemlichkeit f **4** (*privazione*) Beschwerlichkeit f, Mühseligkeit f, Entbehrung f.

disambientato, (-a) agg (*estraneo*) {NUOVO IMPIEGATO} fremd, unvertraut.

disambiguare *tr* **~ qc** {CONCETTO, FRASE} etw monosemieren.

disambiguazione f *ling* Monosemierung f; (*azione*) anche Monosemieren n.

disamina f (*esame*) (gründliche) Prüfung,

Untersuchung f: **a una ~ del caso ...**, bei einer gründlichen Prüfung des Falles.

disamoraménto m (*smorzamento dell'interesse*) {PROGRESSIVO} Entlieben n.

disamoràre A tr (*smorzare l'interesse*) **~ qu da qc** {RAGAZZO DALLO STUDIO} jdm etw verleiden, jdm an etw (dat) die Freude verderben B itr pron: **disamorarsi da/di qc** {DAL/DEL LAVORO} die Lust/Freude an etw (dat) verlieren.

disamoràto, (-a) agg (*privo di interesse*) **~ (da/di qc)** {UOMO DAL/DEL SUO LAVORO} etw (dat) gegenüber gleichgültig.

disamóre m 1 (*indifferenza*) Gleichgültigkeit f, Teilnahmslosigkeit f: **~ per i parenti**, Gleichgültigkeit f den Verwandten gegenüber 2 (*avversione*) Abneigung f: **~ per lo studio**, Abneigung f gegen das Lernen.

disancoràre A tr mar: **~ la barca**, den Anker des Bootes lichten B itr pron 1 mar: **disancorarsi** sich vom Anker lösen 2 fig (*rendersi autonomi*): **disancorarsi da qc** {DALLA FAMIGLIA, DAI LUOGHI COMUNI} sich von etw (dat) los|lösen, sich von etw (dat) befreien, sich von etw (dat) frei machen.

disappannàre tr: **per ~ il parabrezza bisogna accendere l'impianto di ventilazione**, um die beschlagene Windschutzscheibe freizubekommen, muss man die Lüftung einschalten; **~ i vetri**, die beschlagenen Fenster wischen.

disappetènza f (*mancanza di appetito*) Appetitlosigkeit f.

disapprovàre tr (*biasimare*) **~ qu/qc (per/[a causa di] qc)** {COMPORTAMENTO, SCELTA} jdn/etw (wegen etw gen/dat fam) missbilligen, jdn/etw (wegen etw gen/dat fam) tadeln; (*uso assol*) seine Missbilligung zum Ausdruck bringen.

disapprovazióne f (*biasimo*) {+INSEGNANTE} Missbilligung f, Tadel m.

disappùnto m (*delusione*) Enttäuschung f, Missmut m, Unmut m: **con suo grande ~ scoprì che ...**, zu seiner/ihrer großen Enttäuschung entdeckte er/sie, dass ...

disarcionàre tr (*nell'equitazione*) **~ qu** {CAVALLO FANTINO} jdn aus dem Sattel werfen.

disarmànte agg fig (*che lascia senza parole*) {CANDORE} entwaffnend.

disarmàre A tr 1 (*privare delle armi*) **~ qu** {NEMICO} jdn entwaffnen; **~ qc** {FORTEZZA} etw wehrlos machen; 2 (*mettere al sicura*) **~ qc** {FUCILE} etw sichern 3 fig (*rabbonire*) **~ (qu)** {SORRISO} (jdn) entwaffnen 4 edil **~ qc** {ARCO, EDIFICIO, SOLAIO, VOLTA} etw ab|rüsten 5 mar **~ qc** {NAVE} etw ab|takeln: **i remi**, die Ruder einziehen B itr 1 fig (*desistere*) nach|geben, weichen, die Waffen strecken forb 2 polit {POTENZE} ab|rüsten.

disarmàto, (-a) agg 1 (*senza armi*) unbewaffnet, waffenlos 2 fig (*indifeso*) **~ (contro/[di fronte a] qu/qc)** {CONTRO LA DROGA} wehrlos (gegen jdn/etw); {DI FRONTE AL CANDORE DI QU} anche entwaffnet (durch jdn/etw).

disàrmo m 1 Entwaffnung f 2 edil {+ARCO, VOLTA} Abrüstung f 3 mar {+NAVE} Abtakelung f 4 polit Abrüstung f: **~ nucleare**, atomare Abrüstung ● **in ~** mar, abgetakelt; fig (*abbandonato*), {LOCALE} verlassen, verwahrlost; fig (*alla fine*), {VECCHIO} am Ende.

disarmonìa f 1 fig (*discordanza*) Uneinigkeit f, Unstimmigkeit f, Missklang m, Disharmonie f; {+IDEE} Nichtübereinstimmung f, Auseinandergehen n 2 mus Disharmonie f, Missklang m, Dissonanz f.

disarmònico, (-a) <-ci, -che> agg 1 (*stonato*) {TONO} disharmonisch, unharmonisch; {VOCE} anche misstönend, unangenehm 2 (*disorganico*) {LAVORO} zusammenhang(s)los, unzusammenhängend 3 (*sproporzionato*) {COSTRUZIONE} unausgeglichen, unproportioniert 4 (*privo di senso musicale*) unmusikalisch.

disarticolàto, (-a) agg 1 fig (*indistinto*) {SUONO} undeutlich, unartikuliert, inartikuliert 2 med {GAMBA} abgetrennt.

disassimilazióne f biol Dissimilation f.

disassortìto, (-a) agg (*senza assortimento*) {PIATTI} verschieden, nicht zusammengehörend.

disassuefàre <coniug come fare> A tr (*disabituare*) **~ qu (da qc)** {TOSSICODIPENDENTE DALLA DROGA} jdm etw ab|gewöhnen B itr pron (*disabituarsi*): **disassuefarsi (da qc)** {UOMO DAL BERE} sich (dat) etw ab|gewöhnen.

disastràre tr rar (*danneggiare*) **~ qc** {TEMPESTA COLTIVAZIONI} etw zerstören, etw verwüsten, etw vernichten.

disastràto, (-a) A agg (*molto danneggiato*) {CITTÀ, QUARTIERE} zerstört, verwüstet, vernichtet; {RAGAZZO} geschädigt, heimgesucht forb B m (f) (*sinistrato*) Geschädigte mf decl come agg, Heimgesuchte mf decl come agg forb.

disàstro m 1 (*calamità*) Unglück n: **~ aereo/ferroviario**, Flugzeug-/Eisenbahnunglück n; **~ ecologico/naturale**, Umwelt-/Naturkatastrophe f 2 fig (*danno*) Unglück n, Unheil n, Schaden m; {ECONOMICO} Zusammenbruch m 3 fig (*guaio*) Katastrophe f 4 fig (*disordine*) Chaos n: **bambini, che ~ avete combinato!**, Kinder, was habt ihr denn da angestellt fam/angerichtet! 5 fig fam (*fallimento*) Fiasko n: **il loro matrimonio è stato un ~**, ihre Ehe war ein Fiasko 6 fig (*persona incapace*) Katastrophe f 7 mil Niederlage f.

disastróso, (-a) agg 1 (*che causa disastri*) {INCENDIO, SITUAZIONE} katastrophal, fürchterlich, verheerend 2 fig (*pessimo*) {SALUTE} katastrophal; {VIAGGIO} anche furchtbar 3 fig (*fallimentare*) {ESAME} katastrophal.

disattèndere <coniug come tendere> tr **~ qc** 1 (*non seguire*) {NORMA} etw missachten, etw nicht beachten; {CONSIGLIO} anche etw (dat) nicht folgen 2 (*deludere*) {SPERANZE DI QU} etw nicht erfüllen, etw enttäuschen.

disattènto, (-a) agg (*distratto*) {OCCHIATA, SCOLARA} unaufmerksam, zerstreut; {ESAME} oberflächlich.

disattenzióne f 1 (*distrazione*) Unachtsamkeit f, Unaufmerksamkeit f, Zerstreutheit f 2 (*svista*) Unachtsamkeit f, Versehen n; (*errore*) Versehen n, Irrtum m.

disattéso, (-a) agg 1 (*non applicato*) {LEGGE} nicht angewandt 2 (*deluso*) {ASPETTATIVE} enttäuscht, unerfüllt.

disattivàre tr **~ qc** 1 (*interrompere*) {L'AVVISO DI CHIAMATA} etw ein|stellen 2 (*disinnescare*) {BOMBA, MINA} etw entschärfen 3 tecnol {IMPIANTO} etw aus|-, ab|schalten.

disattivazióne f 1 (*interruzione*) {+SERVIZIO TELEFONICO} Einstellung f 2 tecnol Ab-, Ausschalten n.

disavànzo m econ Defizit n: **~ del bilancio**, Bilanzdefizit n, Bilanzfehlbetrag m; **~ pubblico**, Haushaltsdefizit n.

disavvedùto, (-a) agg (*incauto*) {ATTO} unvorsichtig, unbedacht, unüberlegt, leichtsinnig.

disavventùra f 1 (*contrarietà*) Unannehmlichkeit f 2 (*disgrazia*) Unglück n, Missgeschick n: **per ~**, unglücklicherweise.

disavvezzàre A tr (*disabituare*) **~ qu a/da qc** {FIGLIO DAL SUCCHIOTTO} jdn (von etw dat) entwöhnen, jdm etw ab|gewöhnen B rfl: **disavvezzarsi a/da qc** {DAL BERE} sich (dat) etw ab|gewöhnen.

disavvézzo, (-a) agg (*disabituato*) **~ a/da qc** {ALLA GENTILEZZA} etw nicht (mehr) gewöhnt.

disboscaménto m (*taglio degli alberi*) Abholzung f, Entwaldung f.

disboscàre <disbosco, disboschi> tr (*tagliare gli alberi*) **~ (qc)** {REGIONE} etw ab|holzen, etw entwalden.

disbrigàre <disbrigo, disbrighi> tr (*sbrigare*) **~ qc** {AFFARE, CORRISPONDENZA} etw erledigen.

disbrigo <-ghi> m {+PRATICHE} Erledigung f, Abwicklung f.

discàle agg med Bandscheiben-, Zwischenwirbelscheiben-, Diskus-.

discànto m mus Diskant m, Diskantstimme f.

discàpito m (*svantaggio*) Nachteil m, Schaden m: **andare a ~ di qu**, zu jds Nachteil sein.

discàrica <-che> f 1 (*per rifiuti*) Schuttabladeplatz m, Mülldeponie f, (Müll)kippe f fam: **~ pubblica**, öffentliche Mülldeponie 2 mar Ausladung f, Löschung f, Löschen n.

discàrico A <-chi> m (*discolpa*) Entlastung f: **a mio/tuo/suo ~**, zu meiner/deiner/[seiner/ihrer] Entlastung B <inv> loc agg dir: **a ~** {TESTIMONE} Entlastungs-; {PROVA} entlastend.

discendènte A agg 1 (*che discende*) {MOVIMENTO} absteigend, fallend, Abwärts-; {MAREA} fallend 2 astrol: **casa/pianeta ~**, Deszendent m 3 dir {LINEA} absteigend 4 mus {SCALA} absteigend B mf 1 <di solito al pl> Nachkomme m, Abkömmling m, Nachfahr(e) m forb, Nachfahrin f forb 2 dir Abkömmling m C m 1 astrol Deszendent m 2 edil Ablaufrohr n.

discendènza f 1 (*rapporto*) {DIRETTA} Abstammung f, Herkunft f 2 (*discendenti*) {NUMEROSA} Nachkommenschaft f; (*stirpe*) {ANTICA, ILLUSTRE} Geschlecht n.

discéndere <coniug come scendere> A itr <essere> 1 (*scendere*) **~ (+ compl di luogo)** {IN UN POZZO} in etw (acc) hinunter|-, hinab|steigen; {DAL MONTE} von etw (dat) herunter|-, herab|steigen; (*da un veicolo*) aus etw (dat) aus|steigen; (*da una bicicletta, da cavallo*) von etw (dat) ab|steigen: **~ da una nave**, von Bord gehen 2 (*degradare*) **~ + compl di luogo** zu etw (dat) ab|fallen: **le colline discendono verso il piano**, die Hügel fallen zur Ebene hin ab 3 (*scorrere*) **~ + compl di luogo** {FIUME VERSO IL MARE} irgendwohin fließen 4 (*tramontare*) {SOLE} unter|gehen 5 fig (*provenire*) **~ da qu** {DA UNA FAMIGLIA DI MERCANTI} von jdm ab|stammen, aus jdm stammen, jdm entstammen; dir von jdm ab|stammen, **i figli discendono in linea retta dai genitori**, die Kinder sind mit den Eltern in gerader absteigender Linie verwandt 6 fig (*derivare*) **~ da qc** {DA UNA PREMESSA} von etw (dat) her|kommen, von etw (dat) her|rühren B tr (*avere*) **~ qc** 1 (*scendere*) {SCALA} etw hinab|steigen, etw hinunter|gehen 2 (*seguire*) {TORRENTE} etw hinunter|fahren.

discensionàle agg fis {SPINTA} absteigend.

discènte mf rar Lerner(in) m(f), Lernende mf decl come agg.

discépolo, (-a) m (f) 1 lett (*alunno*) Schüler(in) m(f); arte {+PERUGINO} Schüler(in) m(f) 2 (*seguace*) {+FREUD} Anhänger(in) m(f), Jünger(in rar) m(f) forb 3 relig {+GESÙ} Jünger m.

discèrnere <irr discerno, discernei, manca il part pass> tr 1 (*scorgere*) **~ qu/qc** {FIGURA} jdn/etw (klar) erkennen, jdn/etw deutlich sehen 2 (*distinguere*) **~ qc (da qc)** {IL BENE

DAL MALE} *etw* (*von etw* dat) unterscheiden.

discerniménto m (*capacità di giudizio*) Unterscheidungsvermögen n, Urteilsvermögen n, Vernunft f.

discésa f 1 (*pendio*) Gefälle n, Abhang m: **andare in ~**, bergab gehen/fahren; **strada in ~**, Straße mit Gefälle 2 (*il venire giù*) ~ (**da qc**) {DALLA TORRE} Abstieg m (*von etw* dat); (*da cavallo*) Absitzen n (*von etw* dat); (*da un veicolo*) Aussteigen n (*aus etw* dat); (*da una barca*) Verlassen n (*etw* gen); (*in ascensore*) Abwärtsfahrt f 3 (*invasione*) {+BARBARI} Einfall m 4 (*calo*) {+INTERESSE, PREZZI} Sinken n, Fallen n; {+RITMO} Nachlassen n 5 *alpin* Abstieg m: ~ **a corda doppia**, Abseilen m 6 *elettr* {+PARAFULMINE} Ableitung f 7 *mecc* {+STANTUFFO} Heruntergehen n 8 *min* Einfahrt f 9 *sport* (*nello sci*) Abfahrt f: ~ **libera**, Abfahrtslauf m ● ~ **agli inferi**, Höllenfahrt f.

discesísta <-*i* m, -*e* f> mf *sport* (*nel ciclismo, nello sci*) Abfahrtsläufer(in) m(f).

discéso, (-a) *part pass di* discendere.

dischétto <dim *di* disco①> m 1 kleine Scheibe 2 *inform* Diskette f 3 *sport* (*nel calcio*) Elfmeterpunkt m.

dischiùdere <coniug *come* chiudere> *lett* A tr 1 (*aprire*) ~ **qc** {PORTA} *etw* aufmachen, *etw* öffnen; {LABBRA} *etw* öffnen; {OCCHI} anche *etw* aufschlagen 2 *fig* ~ **qc a qu** {ANIMO A UN AMICO} *jdm etw* erschließen, *jdm etw* enthüllen, *jdm etw* offenbaren, sich *jdm* öffnen *forb* B *itr pron* (*schiudersi*): **dischiudersi** {UOVO} sich öffnen; {FIORE} sich erschließen, aufgehen.

discínto, (-a) *agg lett* 1 (*vestito in modo scomposto*) {DONNA} im Negligé, ₍spärlich₎/[mit dem Nötigsten] bekleidet 2 (*aperto*) {VESTAGLIA} offen, nicht zugeknöpft.

disciògliere <coniug *come* sciogliere> A tr 1 (*sciogliere*) ~ **qc** {ASSOCIAZIONE, PARTITO} *etw* auflösen 2 (*liquefare, stemperare*) ~ **qc** (**in qc**) {MEDICINA NELL'ACQUA} *etw in etw* (dat) (auf)lösen; {NEVE} *etw* schmelzen B *itr pron* (*sciogliersi*): **disciogliersi** (+ **compl di luogo**) sich (*irgendwo*) auflösen; **il sale si scioglie nell'acqua**, Salz löst sich in Wasser auf; {GHIACCIO} schmelzen.

disciòlto *part pass di* disciogliere.

disciplìna f 1 (*rigore*) {MILITARE} Disziplin f, Zucht f 2 <*di solito al pl*> (*materia di studio*) {LETTERARIE, SCIENTIFICHE} Disziplin f, (Unterrichts)fach n 3 *dir* {CIVILISTICA; +LAVORO} Recht f {CONTRATTUALE; +ORARIO DI LAVORO} Regelung f 4 *relig* Regelung f 5 *sport* Disziplin f ● ~ **di ferro** *fig* (*molto rigida*), eiserne Disziplin.

disciplinàre① A *agg* (*di disciplina*) {COMMISSIONE, NORMA, SANZIONE} disziplinarisch, Disziplinar- B m *dir* {+VENDITA} Bestimmungen f pl.

disciplinàre② A tr 1 (*regolare*) ~ **qc** {PREZZI, TRAFFICO} *etw* regeln, *etw* ordnen 2 *fig* (*frenare*) ~ **qc** {ISTINTI} *etw* beherrschen, *etw* zügeln, *etw* bezwingen, *etw* disziplinieren *forb* 3 ~ **qc a qc** *etw* regeln: **la vendita è disciplinata dagli articoli 1470 ss. codice civile**, der Verkauf ist in den Artikeln 1470 ff italienisches Zivilgesetzbuch geregelt B rfl (*imporsi una disciplina*): **disciplinarsi** {RAGAZZO} sich an Disziplin/Zucht gewöhnen, sich disziplinieren *forb*.

disciplinàto, (-a) *agg* 1 (*che rispetta la disciplina*) {SCOLARO, SOLDATO} diszipliniert 2 (*ordinato*) {TRAFFICO} geregelt, geordnet.

disc-jockey <-, - -s pl *ingl*> mf *ingl mus* Diskjockey m.

disclaimer <-> m *ingl inform* Disclaimer m, Haftungsausschluss m.

disco① <*dischi*> m 1 *gener* {+LEGNO} Scheibe f 2 *anat* Band-, Zwischenwirbelscheibe f 3 *astr* Scheibe f: ~ **lunare/solare**, Mond-/Sonnenscheibe f 4 *autom* Scheibe f: ~ ₍del freno₎/[della frizione], Brems-/Kupplungsscheibe f 5 *ferr* Signalscheibe f, Lichtsignal n 6 *inform* Platte f: ~ **a doppia faccia**, doppelseitige Diskette f; ~ **rigido/fisso**, Festplatte f, Harddisk f; ~ **magnetico**, Magnetplatte f; ~ **ottico**, optische Platte; ~ **di sistema**, Systemdiskette f 7 *mus* {+JAZZ} (Schall)platte f: ~ **a 33/45 giri**, ₍Langspielplatte f, LP f fam₎/[Single f]; ~ **microsolco**, Langspielplatte f; **un ~ di musica leggera**, eine Platte mit Unterhaltungsmusik 8 *sport* (*nell'atletica*) Diskus m; (*nel calcio*) Elfmeterpunkt m; (*nell'hockey su ghiaccio*) Puck m, Eishockeyscheibe f ● **cambiare ~** *fig* (*cambiare tema*), eine neue/andere Platte auflegen *fam*; ~ **combinatore** *tel*, Wählscheibe f; ~ **divisore** *tecnol*, Teilscheibe f; **mettere il ~ orario**, die Parkscheibe einstellen; ~ **rosso/verde**, rotes/grünes Licht (signal); *fig* (*impedimento/via libera*), rotes/grünes Licht; **parere/sembrare un ~ rotto** *fig* (*parlare sempre dello stesso argomento*), ständig dieselbe/die gleiche/die alte Platte laufen lassen *fam*; ~ **volante**, fliegende Untertasse.

disco② <-> f *fam* 1 *abbr di* discoteca: Disko f *fam* 2 *abbr di* disco-music: Diskomusik f 3 *abbr di* disco-dance: Discodance m.

discobàr <-> m "Lokal n mit Discomusik".

discòbolo m *sport* (*nell'atletica*) Diskuswerfer(in) m(f).

disco-dance <-> f *ingl mus* Discodance m.

discòfilo, (-a) m (f) (*appassionato*) Schallplattensammler(in) m(f), Plattenfreak m *fam*.

discografìa f *mus* 1 (*tecnica*) Schallplattenproduktion f 2 (*elenco*) Diskografie f, Schallplattenverzeichnis n.

discogràfico, (-a) <-*ci, -che*> *mus* A *agg* {CASA, INDUSTRIA} Schallplatten- B m (f) 1 (*produttore*) Schallplattenproduzent(in) m(f) 2 (*tecnico*) Beschäftigte mf *decl come agg* in der Schallplattenindustrie.

discòide A *agg* (*a forma di disco*) {OGGETTO} scheibenförmig B m *farm* Dragee n.

dìscolo, (-a) A *agg* (*vivace*) {RAGAZZO} ungezogen, frech B m (f) {BENGEL} m *fam*, Lausejunge m *fam*, Frechdachs m *fam scherz*.

discólpa f (*giustificazione*) Rechtfertigung f, Entlastung f: **a mia ~**, zu meiner Rechtfertigung.

discolpàre A tr ~ **qu/qc** 1 (*giustificare*) {FIGLIO, PARTITO} *jdn/etw* entschuldigen 2 (*scagionare*) {TESTIMONE ACCUSATO} *jdn/etw* entlasten, *jdn/etw* exkulpieren; (*dall'accusa*) *jdn/etw* befreien B rfl: **discolparsi 1** (*giustificarsi*) sich rechtfertigen, sich entschuldigen 2 (*scagionarsi*) sich exkulpieren.

disco mix <-, - -es pl *ingl*> loc sost m *ingl mus* Disco Mix m.

disco-music <-> f *ingl mus* Diskomusik f.

disconnèttere <coniug *come* annettere> A tr 1 *lett* (*separare*) ~ **qu/qc** *jdn/etw* auseinander|nehmen, *jdn/etw* zerlegen 2 *tel* ~ **qc** {COLLEGAMENTO} *etw* unterbrechen B *itr pron*: **disconnettersi da qc** {DA INTERNET} sich aus *etw* (dat) aus|loggen.

disconóscere <coniug *come* conoscere> tr 1 (*non riconoscere*) ~ **qc** {ERRORE} *etw* nicht an|erkennen 2 *fig* (*non apprezzare*) ~ **qc** {MERITO, OPERA LETTERARIA} *etw* nicht verkennen ● ~ ₍un figlio₎/[la paternità di un figlio] *dir*, die Ehelichkeit eines Kindes anfechten.

disconosciménto m {PUBBLICO; +DOTTRINA POLITICA} Nichtanerkennung f; (*azione*) an-che Nichtanerkennen m ● **azione di ~ della paternità** *dir*, Ehelichkeitsanfechtungsklage f.

discontinuità <-> f 1 (*mancanza di continuità*) {+FENOMENO} Diskontinuität f, Zusammenhang(s)losigkeit f; {+SENTIMENTO} Unbeständigkeit f, Unstetigkeit f, Sprunghaftigkeit f 2 (*interruzione*) Unterbrechung f 3 *mat* {+FUNZIONE} Unstetigkeit f.

discontìnuo, (-a) *agg* 1 (*non costante*) {LAVORO} mit Unterbrechungen, diskontinuierlich *forb*, mehrfach unterbrochen; {RENDIMENTO} unbeständig, sprunghaft; {ATLETA, SCRITTORE, STUDENTE} *anche* unstet 2 (*interrotto*) {LINEA} unterbrochen 3 *mat* {FUNZIONE} unstetig.

discopub <-> m "Pub m o n mit Discomusik".

discordànte *agg* 1 (*opposto*) {OPINIONE} gegensätzlich 2 (*contraddittorio*) widersprüchlich, nicht übereinstimmend, disharmonisch; {SENSAZIONE} zwiespältig, widerstreitend 3 (*che stona*) {COLORE} dis-, unharmonisch; {VOCE} disharmonisch, misstönend 4 *geol* diskordant.

discordànza f 1 (*contrasto*) Uneinigkeit f, Diskordanz f, Missklang m; {+IDEE} Nichtübereinstimmung f, Auseinandergehen n 2 (*stonatura*) {+COLORI} Disharmonie f, Unstimmigkeit f; {+SUONI} Disharmonie f, Missklang m, Diskordanz f 3 *geol* {+STRATIFICAZIONE} Diskordanz f.

discordàre *itr* 1 (*dissentire*) ~ (**da qu/qc**) {DALLE OPINIONI DI QU} *mit jdm/etw* nicht überein|stimmen 2 (*stonare*) {COLORI} nicht zusammen|passen; {SUONI} *anche* misstönend sein.

discòrde *agg* (*contrastante*) {INTERESSI, PARERI} gegensätzlich, widersprüchlich, widersprechend.

discòrdia f 1 (*contrasto*) {+COMPAGNI DI CLASSE} Uneinigkeit f, Zwietracht f *forb*: **seminare la ~**, Zwietracht stiften/säen 2 (*divergenza*) {+IDEE} Gegensätzlichkeit f, Verschiedenheit f.

discórrere <coniug *come* correre> *itr* (*conversare*) ~ (**di qc**) (**con qu**) {DI POLITICA CON UN AMICO} sich *mit jdm* (*über etw* acc) unterhalten, *mit jdm* (*über etw* acc) reden, *mit jdm* (*über etw* acc) plaudern ● **e via discorrendo... (e così via)**, und so weiter...

discorsìvo, (-a) *agg* 1 (*del discorso*) Rede-, Gesprächs- 2 (*scorrevole*) {TONO} Plauder- 3 (*loquace*) {RAGAZZO} gesprächig 4 *filos* diskursiv.

discórso m 1 (*conversazione*) {AMBIGUO, FRIVOLO, SERIO} Gespräch n, Unterhaltung f 2 (*esposizione orale*) {ELETTORALE, POLITICO} Rede f, Ansprache f: ~ **di apertura**, Eröffnungsrede f; ~ **inaugurale**, Eröffnungsansprache f; **fare/pronunciare un ~**, eine Rede halten; ~ **di replica**, Gegenrede f 3 (*conferenza*) Diskussion f 4 <*di solito al pl*> *spreg* (*chiacchiere*) Gerede n *fam*, Geschwätz n *fam spreg*: **senza tanti discorsi**, ohne langes Drumherum(reden) *fam*, klipp und klar *fam*, unverblümt; **che discorsi!**, was für ein Blödsinn!/[dummes Gerede]! *fam spreg* 5 (*ragionamento*) Erörterung f, Darlegung f: **fare un ~ a qu**, jdm etwas darlegen; **fare discorsi a vanvera**, drauflosreden *fam* 6 (*tema*) {DELICATO, INTERESSANTE} Thema n: **entrare in ~**, das Thema ansprechen 7 *fig* (*iniziativa*) Vorschlag m, Initiative f: **lasciar cadere/morire il ~**, den Vorschlag fallen lassen; **lasciare il ~ a metà**, das Gespräch abbrechen; **portare avanti il ~**, die Sache vorwärtsbringen 8 *ling* Rede f: ~ **diretto/indiretto**, direkte/indirekte Rede ● **fare un ~ campato in aria** *fig* (*privo di fondamento*), ins Blaue hinein reden *fam*; **attaccar** ~ **con qu** *fig* (*mettersi a parlare con qu*), mit jdm ins Gespräch kommen, mit jdm eine Unterhaltung anfangen; **fare un** ~ **a braccio** *fig* (*improvvisarlo*), eine Rede frei halten; **il** ~ **cadde su di te** *fig* (*si parlò di te*), dann war die Rede von dir, dann kam die Rede auf dich; **far cadere il** ~ **su qc** *fig* (*portarlo su qc*), die Rede/das Gespräch auf etw (**acc**) bringen; **cambiare** ~ *fig* (*cambiare argomento*), das Thema wechseln; **fare discorsi senza capo né coda** *fig* (*senza senso*), zusammenhang(s)los daherreden *spreg*; **questo è un altro** ~ *fig* (*è tutt'altra cosa*), das ist etwas (ganz) anderes; ~ **già fatto** (*tema già affrontato*), bereits behandeltes Thema, das hatten wir schon, das haben wir schon abgehakt; ~ *fiume fig* (*molto prolisso*), Rede-, Wortschwall m *spreg*; **il** ~ **della montagna** *relig*, die Bergpredigt; **fare un** ~ **a quattr'occhi con qu** *fig* (*a tu per tu*), mit jdm unter vier Augen reden, ein Vieraugengespräch mit jdm haben *fam*; **discorsi da salotto** *fig* (*superficiali*), Salongeplauder n, Salongeschwätz n *spreg*; ~ **sibillino** (*poco chiaro*), geheimnisvolle/sibyllinische *forb*/kryptische *forb* Rede; **sviare il** ~ *fig* (*portarlo su un altro argomento*), das Gespräch/die Rede auf ein anderes Thema bringen, von etwas anderem reden, (das) Thema wechseln.

discostàre **A** *tr lett anche fig* ~ **qu**/**qc** (**da qu**/**qc**) {DAL FUOCO, DALLA TRADIZIONE} jdn/etw von jdm/etw entfernen **B** *itr pron fig* (*allontanarsi*): **discostarsi** (**da qc**) {DALLA MORALE CORRENTE} sich *von etw* (**dat**) entfernen, *von etw* (**dat**) ab|weichen **C** *rfl* (*scostarsi*): **discostarsi** (**da qu**/**qc**) *von jdm*/*etw* ab| weichen, sich *von jdm*/*etw* entfernen.

discòsto, (-a) **A** *agg lett* (*distante*) ~ (**da qc**) {LAGO DAL SENTIERO} (*von etw dat*) abgelegen, (*von etw dat*) entfernt liegend **B** *avv* (*lontano*) weit, abseits **C** *loc prep* (*lontano da*): ~ **da qc** {DAL MURO} weit von etw (**dat**), abseits von etw (**dat**).

discotèca <-che> f **1** (*locale*) Diskothek f, Disko f *fam*, Disco f *fam*; **sabato andiamo in** ~, Samstag gehen wir in die Diskothek **2** (*collezione*) (Schall)plattensammlung f.

discotecàro, (-a) m (f) (*frequentatore delle discoteche*) Diskofreak m, Discofreak m, Diskofan m, Discofan m.

discount <-> m *ingl comm* Discountladen m, Discountgeschäft n, Discounter m.

discrasìa f *med* Dyskrasie f *scient*.

discreditàre **A** *tr* ~ **qu**/**qc** **1** (*screditare*) jdn/etw in Misskredit/Verruf bringen, jdn/etw diskreditieren **2** *comm* jdm/etw den Kredit/die Kreditwürdigkeit entziehen **B** *rfl* (*screditarsi*): **discreditarsi** in Verruf kommen/geraten, sich diskreditieren.

discrédito m **1** (*disistima*) Misskredit m: **gettare il** ~ **su qu**/**qc**, jdn/etw in Verruf/Misskredit bringen **2** (*svantaggio*) Nachteil m: **tornare a**/**in** ~ **di qu**, jdm gegenüber wieder im Nachteil sein **3** *comm* Verlust m der Kreditwürdigkeit f.

discrepànte <-> *agg* ~ (*contrastante*) {OPINIONE} widersprüchlich, diskrepant *forb*.

discrepànza f **1** (*differenza*) Widersprüchlichkeit f, Diskrepanz f *forb* **2** (*disaccordo*) {+IDEE, SENTIMENTI} Verschiedenheit f.

discretaménte *avv* **1** (*abbastanza*) ziemlich: **se l'è cavata** ~ **bene**, er/sie ist ziemlich gut zurechtgekommen; **è** ~ **ricco**, er ist ziemlich reich **2** (*abbastanza bene*) ziemlich gut: **parlare** ~ **l'italiano**, ziemlich gut Italienisch sprechen **3** (*con discrezione*) taktvoll, rücksichtsvoll, diskret: **alludere** ~ **a qc**, taktvoll auf etw (**acc**) anspielen.

discréto, (-a) *agg* **1** (*sufficiente*) {NUMERO DI INVITATI} ausreichend, genügend **2** (*considerevole*) {SOMMA DI DENARO} stattlich, hübsch *fam* **3** (*abbastanza buono*) {FILM, RISULTATO, VINO} ziemlich gut, ganz gut *fam*; {PRANZO} anche leidlich *fam* **4** (*moderato*) {PRETESA} bescheiden, mäßig **5** (*non eccessivo*) {BELLEZZA} durchschnittlich **6** (*riservato*) {AMICO, PRESENZA} taktvoll, rücksichtsvoll, diskret **7** *fis mat* {INSIEME, SPETTRO} diskret **8** *med* {VAIOLO} leicht **9** *scuola* {VOTO} befriedigend.

discrezionàle *agg* **1** (*affidato alla discrezione*) Ermessens- **2** *dir*: **potere** ~, Ermessensspielraum m.

discrezionalità <-> f **1** Machtvollkommenheit f **2** *dir* Ermessen n.

discrezióne **A** f **1** (*riservatezza*) {+AMICO} Diskretion f, Takt m, Rücksicht f; (*il mantenere un segreto*) *anche* Verschwiegenheit f **2** (*misura*) Maß m, Mäßigung f **3** *lett* (*discernimento*) Urteilsfähigkeit f **B** *loc prep* (*secondo il giudizio*): **a** ~ **di qu**/**qc**, {DEI PARTECIPANTI} nach jds Gutdünken • **con** ~, taktvoll, diskret; *senza* ~, taktlos, indiskret.

discriminànte **A** *agg* **1** (*che discrimina*) ~ (**nei confronti di qu**) (*jdm gegenüber*) diskriminierend **2** (*che distingue*) diskriminierend, Unterscheidungs- **3** {PROVVEDIMENTO} strafmildernd, Strafmilderungs- **B** m *mat* {+EQUAZIONE, POLINOMIO} Diskriminante f **C** f **1** (*spartiacque*) Wasserscheide f **2** *dir* Strafmilderungsgrund m, mildernder Umstand.

discriminàre *tr* **1** (*distinguere*) ~ **qu**/**qc da qu**/**qc** {BUONA DALLA CATTIVA FEDE, BUONI DAI CATTIVI} jdn/etw von jdm/etw unterscheiden **2** (*emarginare*) ~ (**qu**) {DONNA, MINORANZE ETNICHE} jdn diskriminieren **3** *dir* ~ **qu** {IMPUTATO} jdn entlasten; ~ **qc** {ATTO} etw entkriminalisieren.

discriminativo, (-a) *agg* (*di distinzione*) {CARATTERE, CRITERIO} Unterscheidungs-.

discriminatóre m *elettr* Diskriminator(-Schaltkreis) m.

discriminatòrio, (-a) <-ri m> *agg* (*che discrimina*) {ATTO} diskriminierend, Diskriminierungs-.

discriminazióne f **1** (*differenziazione ingiusta*) Diskriminierung f, Diskrimination f: **non bisogna fare discriminazioni**, man soll nicht/niemand(en) diskriminieren; ~ **razziale**, Rassendiskriminierung f **2** (*distinzione*) Unterscheidung f **3** *elettr fis inform tel* Diskriminierung f.

discrimine f *lett* (*distinzione*) klare Trennung/Unterscheidung f.

discùssi 1a pers sing del pass rem di discutere.

discussióne f *gener* {CALMA, SERENA, TEMPESTOSA} Diskussion f, Aussprache f: **fare una** ~ **con qu su**/[**intorno a**] **qc**, mit jdm über etw (**acc**) diskutieren; {+BILANCIO PREVENTIVO} Erörterung f **2** (*dibattito*) Debatte f, Diskussion f **3** (*litigio*) Auseinandersetzung f, Streit m, Streiterei f: **abbiamo avuto una** ~ **coi parenti**, wir hatten Streit mit Verwandten **4** *dir* (*esposizioni nell'ambito dell'udienza di* ~) {+CAUSA} abschließende Erörterung (der Sache) **5** *dir* (*esposizioni alla fine del dibattimento*) abschließende Erörterung in der Hauptverhandlung **6** *mat* {+EQUAZIONE, PROBLEMA} Diskussion f **7** *polit* Debatte f • **è fuori** ~!, (*essere scontato*), das steht außer Frage!, das kommt nicht in Frage!; **non c'è** ~ (**su qc**) (*non c'è dubbio*), das ist/steht außer Frage; **essere in** ~ (*esserne oggetto*), zur Diskussion/Debatte stehen; (*essere in dubbio*), ungewiss sein; **mettere in** ~ **qc**, etw zur Diskussion/Debatte stellen; (*dubitare*), etw in Frage stellen; ~ **della tesi di laurea** *università*, Diskussion f/Verteidigung f der Magisterarbeit.

discùsso, (-a) *agg* (*che provoca polemiche*) {POLITICO} umstritten; {TESI} *anche* strittig.

discùtere <*irr discuto, discussi, discusso*> **A** *tr* **1** (*confrontarsi su*) ~ **qc** {PROBLEMA TECNICO, PROPOSTA DI LEGGE, TESTO LETTERARIO} *etw* diskutieren, *etw* besprechen, *etw* erörtern **2** (*mettere in dubbio*) ~ **qc** {SERIETÀ DI QU} in Frage stellen ~ (*contestare*) ~ (**qc**) {SCELTA DI QU} *etw* bestreiten, *etw* bezweifeln: **pagare**/**ubbidire senza** ~, bezahlen/gehorchen ohne Widerrede **4** *università* ~ **qc** {TESI DI LAUREA} *etw* diskutieren, *etw* verteidigen **B** *itr* **1** (*conversare*) ~ (**di**/[**intorno a**]/[**su**] **qc**) (**con qu**) (*mit jdm*) (*über etw* **acc**) diskutieren, (*mit jdm*) (*über etw* **acc**) debattieren, *etw* (*mit jdm*) besprechen: **non intendo** ~ **con voi dei miei sentimenti**, ich habe nicht die Absicht, mit euch über meine Gefühle zu diskutieren **2** (*litigare*) ~ (**di**/**su**/**per qc**) (**con qu**) (*mit jdm*) (*über etw* **acc**) streiten, (*mit jdm*) (*über etw* **acc**) heftig diskutieren • **qc fa** ~ (*è discutibile*), etw ist strittig.

discutìbile *agg* **1** (*da discutere*) {INTERPRETAZIONE, PROVA} strittig, diskutabel *forb* **2** (*criticabile*) {GUSTI} zweifelhaft, fragwürdig; {MORALITÀ} *anche* umstritten.

disdegnàre *tr lett* (*disprezzare*) ~ **qu**/**qc** jdn/etw verachten, jdn/etw verschmähen *forb*.

disdégno m *lett* (*disprezzo*) Verachtung f, Verschmähung f *forb*.

disdétta f **1** (*sfortuna*) Pech n, Missgeschick n: **che** ~!, was für ein Pech! **2** *dir* (*atto unilaterale che impedisce il rinnovo di un contratto di durata*) {+CONTRATTO DI LOCAZIONE} Kündigung f • **dare la** ~ **a qu**, jdm kündigen.

disdettàre *tr dir* ~ **qc** {APPARTAMENTO, CONTRATTO} *etw* kündigen.

disdétto part pass di disdire①.

disdicévole *agg forb* (*sconveniente*) {COMPORTAMENTO} ungehörig, unziemlich *forb*, unschicklich *forb*.

disdìre① <*coniug come dire*> **A** *tr* ~ **qc** **1** (*annullare*) {APPUNTAMENTO, PRENOTAZIONE} *etw* ab|sagen; {ABBONAMENTO A UN QUOTIDIANO} *etw* ab|bestellen **2** (*ritrattare*) {ACCUSA} *etw* zurück|nehmen, *etw* widerrufen **3** *comm* {ORDINE} *etw* ab|bestellen, *etw* rückgängig machen, *etw* stornieren **4** *dir* {CONTRATTO} *etw* kündigen **B** *rfl rar* (*contraddirsi*): **disdirsi** sich (**dat**) widersprechen.

disdìre② <*difet dei tempi composti*, *usato alla 3a pers sing e pl*> *itr itr pron lett* (*essere sconveniente*) ~/**disdirsi a qu**/**qc** {ABBIGLIAMENTO A UNA RAGAZZINA, ALLA SITUAZIONE} sich *für* jdn/etw nicht schicken/ziemen *forb obs*.

diseconomìa f **1** (*squilibrio*) Ungleichgewicht n **2** *econ* wirtschaftliches Ungleichgewicht: **diseconomie di scala**, "Erhöhung f der Produktionskosten durch Erweiterung der Produktionsanlagen".

diseconòmico, (-a) <-ci, -che> *agg* (*non conveniente*) {ALLEANZA} unwirtschaftlich, unökonomisch.

diseducàre <*diseduco, diseduchi*> *tr* ~ (**qu**/**qc**) {MODELLO SBAGLIATO} jdn/etw verziehen, jdn/etw verwöhnen, jdn/etw verbilden: **i film troppo violenti diseducano i ragazzi**, Filme mit zu viel Gewalt haben einen ˻schlechten erzieherischen˼/[negativen] Einfluss auf die Jugendlichen, Filme mit zu viel Gewalt beeinflussen Jugendliche negativ.

diseducativo, (-a) *agg* (*che diseduca*) {ESEMPIO} schlecht; {COMPORTAMENTO} unpädagogisch.

diseducazióne f {+RAGAZZO} Verwöhnung f, Verbildung f; (*azione*) *anche* Verwöhnen n,

Verbilden n.
disegnàre Ⓐ tr **1** gener ~ (*qu/qc*) {DONNA, CANE, CONFINE, RETTANGOLO} (*jdn/etw*) zeichnen; {PIANTA DI UN EDIFICIO, SCENOGRAFIA} *etw* entwerfen; ~ **a matita/carboncino/pastello**, mit Bleistift/Kohle/Pastellstiften zeichnen; ~ ˻**in scala**˼/[**a grandezza naturale**], maßstab(s)getreu/[in Lebensgröße] zeichnen **2** (*tracciare*) ~ **qc** (+ *compl di luogo*) {OMBRE STRANE FIGURE SUL PAVIMENTO} *etw* (*irgendwohin*) werfen; {FALCO CERCHIO NEL CIELO} *etw* (*irgendwo*) ziehen **3** fig (*ideare*) ~ **qc** {LA COLLEZIONE AUTUNNO-INVERNO} (*etw*) entwerfen; {TRAMA DI UN ROMANZO} anche *etw* konzipieren, *etw* ersinnen forb **4** fig (*delineare*) ~ **qc** {LINEE FONDAMENTALI DI UN'OPERA} *etw* umreißen, *etw* beschreiben, *etw* skizzieren, *etw* schildern, *etw* dar|stellen **5** rar fig (*avere in animo*) ~ **qc** *etw* planen, *etw* vor|haben, sich (dat) *etw* vor|nehmen: **disegnò di partire al più presto**, er/sie hatte vor, so schnell wie möglich abzufahren Ⓑ itr pron (*tracciarsi*): **disegnarsi** sich ab|zeichnen: **un sorriso divertito si disegnò sulle sue labbra**, ein amüsiertes Lächeln legte sich auf seine/ihre Lippen.
disegnatóre, (-trice) m (f) (*chi disegna*) {TECNICO} Zeichner(in) m(f).
disegno m **1** (*rappresentazione grafica*) Zeichnung f, Bild n: ~ **a carboncino/inchiostro/matita**, Kohle-/Tusche-/Bleistiftzeichnung f; ~ **a tratto**, Strichzeichnung f; **fare un** ~, eine Zeichnung anfertigen; ~ **geometrico**, geometrische Zeichnung; ~ **industriale**, Industriedesign n; ~ **tecnico**, technische Zeichnung; ~ **a mano libera**, Freihandzeichnen n **2** (*motivo ornamentale*) {GEOMETRICO} Muster n **3** fig (*piano*) {+DIO} Plan m, Absicht f, Vorhaben n **4** arte (*tecnica*) Zeichnen n, Zeichenkunst f ● ~ **animato film**, Zeichentrickfilm m; ~ **di legge** (abbr D.D.L.) dir, Gesetzesvorlage f, Gesetzentwurf m (der Regierung).
diseguàle e deriv → **disuguale** e deriv.
disequazióne f mat Ungleichung f.
disequilíbrio ‹-bri› m (*scompenso*) Gleichgewichtsstörung f.
diserbànte agr chim Ⓐ agg {SOSTANZA} Unkraut vertilgend, Unkrautvertilgungs- Ⓑ m {SELETTIVO} Unkrautvertilgungs-, Unkrautbekämpfungsmittel n.
diserbàre tr agr chim ~ **qc** {CAMPO} *etw* von Unkraut befreien.
diseredàre tr dir (*privare dell'eredità*) ~ **qu** {NIPOTE} jdn enterben.
diseredàto, (-a) Ⓐ agg **1** dir {FAMIGLIA} enterbt **2** (*povero*) {CLASSE} entrechtet Ⓑ m (f) **1** Enterbte mf decl come agg **2** (*povero*) Entrechtete mf decl come agg.
diseredazióne f dir Enterbung f.
disertàre Ⓐ tr **1** (*abbandonare*) ~ **qu/qc** {CAMPAGNA} jdn/etw verlassen **2** (*non frequentare*) ~ **qu/qc** {INVITATO ASSEMBLEA CONDOMINIALE, CHIESA, FESTA} jdn/etw nicht besuchen, jdn/etw fern|bleiben; {SCUOLA} *etw* schwänzen fam Ⓑ itr **1** mil {SOLDATO} desertieren, Fahnenflucht begehen, fahnenflüchtig werden **2** fig (*defezionare*) ~ (**da qc**) {POLITICO DA UN PARTITO} von *etw* (dat) ab|fallen, *etw* (dat) abtrünnig/untreu werden.
disertóre, (rar -trice) m (f) **1** mil Deserteur m, Fahnenflüchtige mf decl come agg **2** fig Abtrünnige mf decl come agg.
diserzióne f **1** mil Desertion f, Fahnenflucht f **2** fig (*abbandono*) Abfall m.
disfacimènto m **1** (*decomposizione*) Auflösung f, Zersetzung f, Zerfall m; {+CADAVERE} Verwesung f **2** (*rovina*) {+MONUMENTO} Verwitterung f **3** fig (*sfacelo*) {+FAMIGLIA} Nie-

dergang m, Untergang m, Zerfall m; {+IMPERO, SODALIZIO} Auflösung f.
disfàre ‹irr, coniug **come fare**› Ⓐ tr **1** (*scomporre*) ~ **qc** {VESTITO} *etw* auf|trennen, *etw* auf|lösen; {LETTO} *etw* auf-, ab|decken, *etw* ab|ziehen; {VALIGIE} *etw* aus|packen **2** (*distruggere*) ~ **qc** {EDIFICIO, MURA} *etw* zerstören, *etw* nieder|reißen; {MACCHINA} *etw* auseinander|nehmen, *etw* zerlegen **3** (*slegare*) ~ **qc** {NODO} *etw* lösen, *etw* auf|knüpfen; {TRECCIA} *etw* lösen, *etw* auf|flechten **4** (*liquefare*) ~ **qc** {CALORE BURRO} *etw* zergehen lassen, *etw* schmelzen **5** *lavori femminili* {PUNTO} *etw* auf|ribbeln Ⓑ itr pron **1** (*andare in pezzi*): **disfarsi** auseinander|fallen, entzwei|gehen, kaputt|gehen fam **2** (*slegarsi*): **disfarsi** {CODA} sich auf|lösen **3** (*sciogliersi*): **disfarsi** {NEVE} schmelzen; fig {GUPPO DI MUSICISTI} sich auf|lösen **4** (*putrefarsi*): **disfarsi** {CADAVERE} verwesen, zerfallen **5** fig (*liberarsi*): **disfarsi da/in qc** {DAL DOLORE} *etw* los|werden fam: **disfarsi dalle risa**, Tränen lachen, sich krumm- und schieflachen fam; **disfarsi in pianto**, in Tränen zerfließen, sich in Tränen auflösen Ⓒ rfl (*liberarsi*): **disfarsi di qu** {DI UN SECCATORE} jdn los|werden fam; **disfarsi di qc** {DI UN OGGETTO INGOMBRANTE} *etw* los|werden fam, *etw* beiseite|schaffen, sich *etw* (gen) entäußern forb.
disfasìa f med Dysphasie f scient.
disfàtta f (*sconfitta*) {+ESERCITO} Niederlage f; fig {+PARTITO} Debakel m.
disfattìsmo m polit anche fig Defätismus m forb spreg.
disfattìsta ‹-i m, -e f› Ⓐ agg polit anche fig {PROPAGANDA} defätistisch forb spreg Ⓑ mf polit anche fig Defätist(in) m(f) forb spreg.
disfàtto, (-a) Ⓐ part pass di **disfare** Ⓑ agg **1** (*scomposto*) {MAZZO DI FIORI} aufgelöst, auseinandergenommen, zerlegt; {PACCO} aufgemacht; {LETTO} abgezogen, aufgedeckt **2** (*slegato*) {FIOCCO, TRECCIA} aufgelöst; {NODO} gelöst **3** (*putrefatto*) {CADAVERE} verwest **4** fig (*rovinato*) ~ (**da qc**) {FISICO DALL'ALCOL} (*von etw* dat) zerstört **5** fig (*sfinito*) ~ (**da qc**) {UOMO DAL DOLORE} (*von etw* dat) erschöpft, (*von etw* dat) gebrochen; ~ **dalla stanchezza**, todmüde, total fam erschöpft, fix und fertig fam.
disfavóre Ⓐ m lett **1** (*danno*) Nachteil m, Schaden m **2** (*avversione*) {+PUBBLICO} Missgunst f, Ungunst f forb Ⓑ ‹inv› loc agg (*contrario*): **a** ~, {ARGOMENTO} Gegen Ⓒ loc prep (*svantaggio*): **a/in** ~ **di qu/qc**, {ARTICOLO DI UN PARTITO, DI UN POLITICO} ˻zu Ungunsten˼/[zum Nachteil] von jdm/etw.
disfèci 1ª pers sing del pass rem di **disfare**.
disfìda f lett (*sfida*) Herausforderung f.
disfò, disfo 1ª pers sing dell'ind pres di **disfare**.
disfunzióne f **1** gener anche tecnol Störung f, schlechtes Funktionieren **2** med {+METABOLISMO} Funktionsstörung f, Dysfunktion f scient.
disgelàre Ⓐ tr ‹avere› ~ **qc 1** (*sciogliere il ghiaccio*) {SOLE CAMPI} *etw* erwärmen; {TUBAZIONE} *etw* auf|tauen, *etw* enteisen **2** (*scongelare*) {CIBO} *etw* auf|tauen **3** fig (*rendere meno teso*) {ATMOSFERA, RAPPORTO} *etw* auf|tauen Ⓑ itr ‹essere o avere› itr pron: **disgelarsi 1** (*sciogliersi*) {LAGO} auf|tauen **2** fig (*essere meno tesi*) {RAPPORTI TRA EX CONIUGI} sich entspannen Ⓒ impers ‹essere o avere›: tauen: **non disgela ancora**, es taut noch nicht (auf).
disgèlo m **1** (*Auf*)tauen n, Eis-, Schneeschmelze f **2** fig Tauwetter n.
disgiùngere ‹coniug **come giungere**› lett Ⓐ tr **1** (*separare*) ~ **qu/qc** (**da qu/qc**) {DUE

ASSI, ELEMENTI DI UN MOBILE, FRATELLO DALLA SORELLA} jdn/etw (*von jdm/etw*) trennen **2** fig (*distinguere*) ~ **qc** (**da qc**) {IDEA DALLA SUA REALIZZAZIONE} *etw* (*von etw* dat) unterscheiden Ⓑ rfl (*separarsi*): **disgiungersi** (**da qu/qc**) {DAI GENITORI} sich (*von jdm/etw*) trennen, sich (*von jdm/etw*) lösen, (*von jdm/etw*) *etw* scheiden lett.
disgiuntìvo, (-a) agg **1** (*che disgiunge*) trennend, Trenn-, Trennungs- **2** gramm filos {ACCENTO, PARTICELLA, PROPOSIZIONE} disjunktiv.
disgiùnto, (-a) agg **1** (*separato*) ~ (**da qu/qc**) (*von jdm/etw*) getrennt **2** mat {INSIEME} disjunkt.
disgiunzióne f anche biol {+CARATTERI} Trennung f **2** filos {ESCLUSIVA} Disjunktion f.
disgràzia Ⓐ f **1** (*sventura*) Unglück n, Pech n: **non è una ~ nascere poveri!**, es ist kein Unglück, arm geboren zu sein!; **per mia/tua/... ~**, zu meinem/deinem/... Unglück; **raccontare le proprie disgrazie**, sein Leid klagen **2** (*incidente*) Unglück n: **è successa una ~**, es ist ein Unglück passiert/geschehen; **le è accaduta una ~**, ihr ist ein Unglück widerfahren forb **3** (*scalogna*) unglücklicher Zufall: ~ **volle che...**, das Unglück wollte es, dass... **4** lett (*sfavore*) Ungnade f: **cadere/essere in** ~ (**presso/di qu**), (bei jdm) in Ungnade fallen/sein Ⓑ loc avv (*disgraziatamente*): **per** ~, unglücklicherweise ● **le disgrazie non vengono mai sole** prov, ein Unglück kommt selten allein prov.
disgraziàta f → **disgraziato**.
disgraziataménte avv (*purtroppo*) unglücklicherweise, unglückseligerweise: ~ **per noi**, zu unserem Unglück.
disgraziàto, (-a) Ⓐ agg **1** (*sventurato*) {FAMIGLIA} unglücklich, unglückselig; {GIORNATA} verhängnisvoll **2** (*sfortunato*) {NUMERO} Unglücks-, Unglück bringend **3** fam (*minorato*) {RAGAZZO} behindert; (*deforme*) missgestaltet, verkrüppelt Ⓑ m (f) **1** (*persona sfortunata*) Unglücksmensch m fam, Pechvogel m fam, Unglücksrabe m fam, Unglückskind n obs: **quel povero ~ non sa ancora che la moglie è morta**, ˻dieser arme Mann˼/[der Ärmste] weiß noch nicht, dass seine Frau tot ist **2** (*persona deplorevole*) Mistkerl m volg, Gauner(in) m(f) spreg, Lump m spreg, Schurke m spreg: **quel ~ di tuo figlio ...**, dieser Schurke von deinem Sohn ... spreg **3** fam (*persona minorata*) Behinderte mf decl come agg; (*deforme*) Krüppel m.
disgregaménto m (*disgregazione*) {+FAMIGLIA} Zerfall m, Auflösung f.
disgregàre ‹disgrego, disgreghi› Ⓐ tr ~ **qc 1** (*frantumare*) *etw* auseinander|brechen (lassen), *etw* zersplittern; {PIOGGIA ROCCIA} *etw* zerbröckeln **2** fig (*sciogliere*) {RIVALITÀ INTERNE PARTITO} *etw* zersplittern, *etw* zerfallen lassen, *etw* zur Auflösung bringen Ⓑ rfl: **disgregarsi 1** (*andare in pezzi*) zerfallen, zersplittern, sich auf|lösen, auseinander|gehen; {ROCCIA} verwittern **2** fig (*sciogliersi*) {FAMIGLIA} sich auf|lösen, auseinander|fallen.
disgregatóre, (-trice) Ⓐ agg anche fig (*che disgrega*) {INTERVENTO} auflösend, zersetzend, spalterisch Ⓑ m (f) zersetzendes/auflösendes Element.
disgregazióne f **1** {+MATERIALE} Zersetzung f, Zerbröckelung f; (*azione*) anche Zersetzen n, Zerbröckeln n; {METEORICA, +ROCCE} Verwitterung f; (*azione*) anche Verwittern n **2** fig {+SOCIETÀ} Auflösung f, Verfall m, Zerfall m; (*azione*) anche Auflösen n, Verfallen n, Zerfallen n **3** chim metall Zersetzung f, Auflösung f **4** elettr {+ELETTRODI} Schmelzen n.
disguìdo m **1** (*malinteso*) Missverständnis n: **c'è stato un** ~, es gab ein Missverständnis

2 (*errore di spedizione*) {POSTALE} Fehlleitung f, Fehlzustellung f.

disgustàre **A** tr ~ **qu** **1** (*dare disgusto*) {CIBO} jdn an|ekeln, jdn an|widern *spreg*, jdm zuwider sein **2** *fig* (*ripugnare*) {INGIUSTIZIA, LAVORO, VISTA DI QC} jdn ab|stoßen, jdn an|ekeln **B** *itr pron* (*nausearsi*): **disgustarsi di qc** {DELLE LUMACHE, DEI RAGNI} sich *vor etw* (dat) grausen, sich *vor etw* (dat) ekeln, *von etw* (dat) angeekelt/angewidert *spreg* sein **C** *rfl* (*non essere più amici*): **disgustarsi con qu** sich *mit jdm* überwerfen.

disgustàto, (-a) *agg* **1** *fig* (*di disgusto*) {ARIA} angewidert *spreg* **2** *fig* (*nauseato*) angeekelt, angewidert *spreg*: **sono ~ dal loro comportamento**, ich bin von ihrem Verhalten angeekelt, ihr Verhalten widert mich an *spreg*.

disgùsto m *anche fig* (*ripugnanza*) ~ (**per qu/qc**) {PER LE SIGARETTE} Widerwille m *gegen jdn/etw*, Abscheu m *vor/gegenüber jdm/etw*, Ekel m *vor/gegenüber jdm/etw*.

disgustóso, (-a) *agg* **1** (*nauseante*) {ODORE, SAPORE} Ekel erregend, ek(e)lig, ekelhaft, widerlich *spreg*; {CIBO} *anche* unappetitlich; {CAFFÈ} widerwärtig, widerlich **2** *fig* (*ripugnante*) {CONTEGNO, INDIVIDUO, SPETTACOLO} abstoßend, ekelhaft, widerlich, widerwärtig, grauslich *fam süddt*.

disidratànte **A** *agg* {SOSTANZA} dehydratisierend, entwässernd **B** m Entwässerungs-, Trockenmittel n.

disidratàre **A** tr ~ **qc** {PELLE} *etw* aus|trocknen; {CIBO} *etw* trocknen, *etw* dörren, *etw* dehydratisieren *scient*; {CALCE} *etw* (dat) Wasser entziehen, *etw* aus|trocknen, *etw* dehydratisieren *scient* **B** *itr pron*: **disidratarsi (per/[a causa di] qc)** {PER UNA MALATTIA, PER LA SICCITÀ} (*wegen etw* gen) aus|trocknen, (*wegen etw* gen) trocken werden.

disidratàto, (-a) *agg* **1** *gener* getrocknet, ausgetrocknet, Trocken-, entwässert; {ALIMENTO} dehydratisiert **2** *med* {ORGANISMO} dehydratisiert; {PELLE} *anche* ausgetrocknet.

disidratazióne f **1** {+ARIA} Wasserentzug m, Dehydratation f *scient*; {+ALIMENTO} Trocknen n, Dörren n, Dehydratation f *scient* **2** *med* {+PAZIENTE, PELLE} Wasserentzug m, Dehydratation f *scient*.

disidròsi <-> f *med* Dyshidrose f *scient*, Störung f der Schweißabsonderung.

disillùdere <*coniug come alludere*> **A** tr **1** (*disingannare*) ~ **qu** jdn desillusionieren, jdn ernüchtern, jdn enttäuschen **2** (*deludere*) ~ **qu** {SPERANZE DI QU} *etw* enttäuschen **B** *itr pron* (*disincantarsi*): **disillùdersi** ernüchtert/enttäuscht werden.

disillusióne f (*disinganno*) {+VITA} Ernüchterung f, Enttäuschung f.

disillùso, (-a) **A** *agg* (*disingannato*) ~ (**da qc**) {RAGAZZO DALLA POLITICA} (*von etw* dat) ernüchtert, (*von etw* dat) enttäuscht **B** m (f) Enttäuschte mf *decl come agg*.

disimballàre tr (*togliere dall'imballaggio*) ~ **qc** {TELEVISORE} *etw* aus|packen.

disimparàre tr (*dimenticare*) ~ (**qc**) {TEDESCO} *etw* verlernen, *etw* vergessen: **ho disimparato a giocare a tennis**, ich habe verlernt, Tennis zu spielen.

disimpegnàre **A** tr **1** (*liberare*) ~ **qc da qc**) {MACCHINA DAL FANGO} *etw* (*aus etw* dat) befreien, *etw* (*aus etw* dat) holen **2** (*rendere indipendente*) ~ **qc** {CAMERA DAL LETTO} *etw* zugänglich machen, ~ **qc** *etw* mit einem eigenen Zugang versehen: ~ **le stanze con un corridoio**, die Zimmer über einen Flur zugänglich machen **3** (*rendere disponibile*) ~ **qc** {CASA} *etw* räumen, *etw* frei machen **4** (*adempiere*) ~ **qc** *etw* erledigen; *etw* erfüllen; {UFFICIO} *etw* aus|üben **5** (*riscattare*) ~ **qc** (**da qc**) {GIOIELLO DAL MONTE DI PIETÀ} *etw* (*in/bei etw* dat) ein|lösen, *etw* (*in/bei etw* dat) aus|lösen *obs* **6** *fig* (*sciogliere*) ~ **qu** (**da qc**) {COLLEGA DA UN IMPEGNO, DA UNA PROMESSA} jdn *von etw* (dat)/+*gen forb* entbinden, jdn *von etw* (dat) befreien **7** *mar* ~ **qc** {CAVO, SCOTTA DELLA RANDA} *etw* frei machen, *etw* los|machen **8** *mil* ~ **qc** {BATTAGLIONE} *etw* entsetzen, *etw* befreien **9** *sport* ~ **qu** jdn frei|spielen **B** *rfl* **1** (*liberarsi*): **disimpegnarsi** (**da un obbligo**) sich (*von etw* dat) befreien, sich (*von etw* dat) los|machen *fam* **2** (*cavarsela*): **disimpegnarsi** *mit etw* (dat) fertig werden, *mit etw* (dat) klar|kommen *fam*, *mit etw* (dat) zurecht|kommen *fam*: **si è disimpegnato bene**, ist gut damit ⌊fertig geworden⌋/[zurechtgekommen] **3** *mil*: **disimpegnarsi** sich zurück|ziehen **4** *polit*: **disimpegnarsi** sich nicht mehr engagieren **5** *sport*: **disimpegnarsi** (**da qu**) sich (*von jdm*) befreien.

disimpegnàto, (-a) *agg* **1** (*indipendente*) {LOCALE} frei zugänglich **2** *fig* *anche polit* (*non impegnato*) nicht engagiert.

disimpégno m **1** (*passaggio*) Vorraum m **2** (*riscatto*) {+PEGNO} Einlösung f, Auslösung f *obs* **3** (*libertà*) Entbindung f, Befreiung f **4** *fig* (*adempimento*) {+MANSIONE} Erledigung f, Erfüllung f **5** *mil* Entsetzung f, Befreiung f **6** *polit* fehlendes Engagement **7** *sport* (*nel calcio*) Sichfreispielen n.

disimpiègo <-ghi> m **1** (*disoccupazione*) Arbeitslosigkeit f **2** (*sottoccupazione*) Unterbeschäftigung f.

disincagliàre <*disincaglio, disincagli*> **A** tr ~ **qc** **1** *mar* {CHIGLIA, NAVE INSABBIATA} *etw* flott|machen, *etw* flott|bekommen *fam* **2** *fig* (*liberare da un ostacolo*) {PROPOSTA DI LEGGE} *etw* wieder auf|nehmen; {TRATTATIVE} *etw* wieder in Gang bringen **B** *rfl* **1** *mar*: **disincagliarsi** flott kommen **2** *fig* (*superare un ostacolo*): **disincagliarsi** {DIALOGO} wieder in Gang kommen; **disincagliarsi da qc** {DA UN MOMENTO DI DIFFICOLTÀ} *aus etw* (dat) heraus|kommen, sich *aus etw* (dat) befreien.

disincàglio <-gli> m *mar* Flottmachen n, Flottbekommen n *fam*.

disincantàto, (-a) *agg* **1** *fig* (*smaliziato*) {VISIONE DELLA VITA} ernüchtert **2** (*disilluso*) {DONNA} desillusioniert, ernüchtert, enttäuscht.

disincànto m **1** *fig* (*scetticismo*) Ernüchterung f, Enttäuschung f, Desillusionierung f **2** *rar* (*liberazione da influsso magico*) Entzauberung f.

disincentivàre tr (*scoraggiare*) ~ **qc** {SPESE VOLUTTUARIE} *etw* ein|-, beschränken; {IMPORTAZIONI} *etw* behindern.

disincentìvo m <*di solito al pl*> **1** *econ* {+GOVERNO} Beschränkung f, Einschränkung f **2** (*ostacolo*) Behinderung f.

disincrostàre tr ~ **qc** (**con qc**) {LAVANDINO CON UN PRODOTTO APPOSITO} den Kessel-/Wasserstein von etw (dat) entfernen/beseitigen.

disindustrializzazióne f (*il disindustrializzare*) Desindustrialisierung f.

disinfestànte **A** *agg* Desinfektions- **B** m Desinfektionsmittel n.

disinfestàre tr **1** *gener* ~ **qu/qc** (**da qc**) {CAMPO DALLA GRAMIGNA, REGIONE DALLE ZANZARE} jdn *von etw* (dat) befreien, *etw von etw* (dat) entwesen: **un bambino dai pidocchi**, ein Kind entlausen **2** (*liberare*) ~ **qc** (**da qc**) {CENTRO STORICO DAGLI SPACCIATORI} *etw von etw* (dat) befreien.

disinfestazióne f (*risultato*) Befreiung f, Entwesung f; (*azione*) *anche* Befreien n, Entwesen f.

disinfettànte **A** *agg* (*che disinfetta*) {DETERSIVO} desinfizierend **B** m (*sostanza*) Desinfektionsmittel n.

disinfettàre tr *gener* ~ **qc** (**con qc**) {ABRASIONE CON LA TINTURA DI IODIO} *etw mit etw* (dat) desinfizieren.

disinfezióne f *gener* {+AMBIENTE, FERITA} Desinfektion f.

disinflazionàre tr *econ* ~ **qc** *etw* ein|dämmen.

disinflazióne f *econ* Rückgang m der Inflation.

disinformàre tr ~ (**qu**) {GENTE} jdn (mit Absicht) falsch informieren, jdn (bewusst/absichtlich) mit Fehlinformationen füttern.

disinformàto, (-a) *agg* (*poco informato*) ~ (**su qu/qc**) {SULL'AMBIENTE} (*über jdn/etw*) schlecht informiert, (*über etw* acc) uninformiert.

disinformazióne f (*mancanza di informazione*) Informationsmangel m, falsche Information, Mangel m an Information.

disingannàre **A** tr ~ **qu** **1** (*disilludere*) jdm die Augen öffnen: **non ho avuto il coraggio di disingannarlo dicendogli la verità**, ich habe nicht den Mut gehabt, ihm die Augen zu öffnen und ihm die Wahrheit zu sagen **2** (*deludere*) jdn enttäuschen, jdn ernüchtern **B** *itr pron*: **disingannarsi (di/su qc**) seine Illusionen (*über etw* acc) auf|geben, (*über etw* acc) ernüchtert sein.

disingànno m **1** (*disillusione*) {+VITA} Ernüchterung f **2** (*delusione*) Enttäuschung f.

disingranàre tr ~ **qc** **1** *autom* {MARCIA} *etw* aus|kuppeln, *etw* aus|rücken **2** *mecc* {RUOTE DENTATE DI UNA TRASMISSIONE} *etw* entkoppeln.

disinibìre <*disinibisco, disinibisci*> *anche psic* **A** tr (*liberare dalle inibizioni*) ~ **qu** {ESPERIENZE RAGAZZA} jdn enthemmen, jdn von Hemmungen befreien **B** *itr pron*: **disinibirsi** Hemmungen verlieren/ab|bauen.

disinibìto, (-a) *anche psic* **A** *agg* **1** (*privo di inibizioni*) {MODI, RAGAZZO} unbefangen, hemmungslos, ungehemmt **2** (*spregiudicato*) {LINGUAGGIO} unbefangen **B** m (f) unbefangener Mensch.

disinibizióne f *anche psic* (*mancanza di inibizioni*) {+RAGAZZO} Unbefangenheit f, Hemmungslosigkeit f, Enthemmtheit f.

disinnamoràre **A** tr (*rendere disinnamorato*) ~ **qu** (**di qu**) {DI UN UOMO} jdn von seiner Liebe *zu jdm* ab|bringen; ~ **qu** (**di qc**) jdn von seiner Leidenschaft *zu etw* (dat)/Begeisterung *für etw* (acc) ab|bringen **B** *itr pron* (*non essere più innamorato*): **disinnamorarsi** (**di qu**) {DELLA MOGLIE} jdn nicht mehr lieben, *in jdn* nicht mehr verliebt sein; **disinnamorarsi (di qc**) {DELLA POLITICA} sich (*von etw* dat) ab|wenden.

disinnescàre <*disinnesco, disinneschi*> tr (*disattivare*) ~ **qc** {MINA} *etw* entschärfen.

disinnésco <-schi> m **1** (*il disinnescare*) {+BOMBA} Entschärfung f **2** *elettr* Thyratron n.

disinnestàre **A** tr **1** *autom* {FRIZIONE} *etw* aus|kuppeln; {MARCIA} *etw* heraus|nehmen **2** *elettr* {SPINA} *etw* heraus|ziehen; {CONTATTO} *etw* ab|-, aus|schalten **3** *mecc* *etw* aus|rücken, *etw* ausrasten lassen, *etw* entkuppeln **B** *itr pron*: **disinnestarsi** **1** *autom* {MARCIA} ausgekoppelt/herausgenommen werden **2** *mecc* aus|rasten **3** *elettr* sich aus|schalten.

disinnèsto m **1** *autom* {AUTOMATICO, ELETTRICO; +MARCIA} Herausnehmen n; {+FRIZIONE} Auskupplung f **2** *elettr* {+PRESA DI CORRENTE} Ab-, Ausschaltung f **3** *mecc* {+DUE PEZZI} Ausrücken n.

disinquinaménto m (*purificazione*) {+CORSO D'ACQUA} Entseuchung f.

disinquinàre tr (*purificare*) ~ qc {AMBIENTE, CANALE} *etw* entseuchen.

disinserire <*disinserisco, disinserisci*> tr ~ qc **1** (*togliere*) {ELEMENTO} *etw* heraus|ziehen **2** *autom* {FRIZIONE} *etw* aus|kuppeln; {MARCIA} *etw* heraus|nehmen **3** *elettr* {SPINA} *etw* heraus|ziehen; {APPARECCHIO} *etw* ab|-, aus|schalten.

disinserìto, (-a) agg (*non integrato*) {RAGAZZO} nicht eingegliedert, nicht integriert.

disinstallàre tr ~ qc **1** (*rimuovere*) {ANTIFURTO} *etw* entfernen **2** *inform* {PROGRAMMA} *etw* deinstallieren.

disinstallazióne f **1** (*rimozione*) {+ANTIFURTO} Entfernung f **2** *inform* {+PROGRAMMA} Deinstallieren n, Deinstallierung f.

disintasàre tr (*sturare*) ~ qc {TUBO} *etw* frei machen, *etw* von einer Verstopfung befreien.

disintegràre A tr ~ qc **1** (*ridurre in frammenti*) {SCOPPIO EDIFICIO} *etw* zerstören, *etw* zertrümmern **2** *fig* (*disgregare*) {DISCORDIA FAMIGLIA} *etw* zersetzen, *etw* zersplittern **3** *fis nucl etw* spalten B *itr pron*: **disintegrarsi 1** (*ridursi in frammenti*) {MURO} zertrümmert/zerkleinert werden, zerfallen; {AEREO} zerschellen **2** *fig* (*disgregarsi*) zerfallen, sich auf|lösen **3** *fis nucl* sich spalten, zerfallen.

disintegratóre m (*macchina*) Desintegrator m.

disintegrazióne f **1** (*frantumazione*) {+CASA} Zertrümmerung f, Zerkleinerung f, Zerbröckelung f **2** *fig* (*disgregazione*) {POLITICA} Auflösung f, Zersetzung f **3** *fis nucl* {ATOMICA, RADIOATTIVA} Spaltung f, Zerfall m **4** *psic* {+PERSONALITÀ} Zerfall m, Auflösung f.

disinteressaménto m (*mancanza di interesse*) Interesselosigkeit f, Desinteresse n.

disinteressàre A tr (*privare dell'interesse*) ~ qu (a qc) {GIOVANI ALLA POLITICA} *jdn* das Interesse *an etw* (dat) nehmen B *itr pron*: **disinteressarsi (di qu/qc) 1** (*non interessarsi*) {DELLA PROPRIA FAMIGLIA} sich um *jdn/etw* nicht kümmern, sich *für jdn/etw* nicht interessieren, *an jdm/etw* kein Interesse haben **2** (*smettere di interessarsi*) {DELLE CONSEGUENZE} *an jdm/etw* das Interesse verlieren, sich *für jdn/etw* nicht mehr interessieren.

disinteressàto, (-a) agg **1** (*senza interesse*) {RAGAZZO} uninteressiert, desinteressiert, nicht interessiert **2** (*imparziale*) {GIUDIZIO} unparteiisch **3** (*altruista*) {AMICO, AIUTO, COMPORTAMENTO} uneigennützig, selbstlos.

disinterèsse m **1** (*indifferenza*) Desinteresse n, Gleichgültigkeit f, Interesselosigkeit f: **mostra ~ per lo studio**, er/sie zeigt kein Interesse am Studium **2** (*imparzialità*) Unvoreingenommenheit f, Unparteiischkeit f **3** (*altruismo*) Uneigennützigkeit f, Selbstlosigkeit f.

disintossicànte agg (*che disintossica*) {BEVANDA, FARMACO} entgiftend, Entgiftungs-; (*dalla droga*) {CURA} Entziehungs-, Entwöhnungs-, Entschlackungs-.

disintossicàre <*disintossico, disintossichi*> A tr (*liberare dalle sostanze tossiche*) ~ qu/qc (da qc) {IL FEGATO DALLE TOSSINE} *jdn/etw* (*von etw* dat) entgiften, *jdn/etw* (*von etw* dat) entschlacken; {RAGAZZO DALL'ALCOL, DALLA DROGA} *jdn* (*von etw* dat) entwöhnen B *rfl*: **disintossicarsi (da qc)** sich (*von etw* dat) entgiften, sich (*von etw* dat) entschlacken; {DALLA DROGA, DAL FUMO} sich (*von etw* dat) entwöhnen, eine Entziehungskur machen; *fig* {DA UNA DELUSIONE} sich (*von etw* dat) befreien.

disintossicazióne f (*liberazione da sostanze tossiche*) Entgiftung f; (*dall'alcol, dalla droga*) Entziehung f.

disinvestiménto m *econ* Desinvestition f, Anlageabgang m.

disinvestìre <*disinvesto*> m *econ* ~ qc {CAPITALE} *etw* flüssig|machen, *etw* frei|setzen.

disinvòlto, (-a) agg **1** (*spigliato*) unbefangen, ungezwungen, ungeniert **2** (*sciolto*) {ANDATURA} locker, lässig **3** (*disinibito*) {RAGAZZA} ohne Hemmungen, unbefangen **4** *spreg* (*sfacciato*) frech, unverschämt, dreist, unverfroren, ungeniert: **è un ragazzo ~ nel mentire**, der Junge lügt ganz ungeniert/unverfroren.

disinvoltùra f **1** (*spigliatezza*) Unbefangenheit f, Ungezwungenheit f, Ungeniertheit f **2** (*scioltezza*) {+MOVIMENTO} Gewandtheit f **3** (*disinibizione*) {+UOMO} Unbefangenheit f **4** (*leggerezza*) Leichtfertigkeit f, Leichtsinnigkeit f: **simili argomenti non si possono trattare con tanta ~**, derartige Themen dürfen nicht so leichtfertig behandelt werden **5** *spreg* (*sfacciataggine*) {+STUDENTE} Frechheit f, Unverfrorenheit f, Dreistigkeit f.

disistìma f (*discredito*) Geringschätzung f, Missachtung f, Verachtung f: **è caduto in ~ presso i colleghi**, er wird (jetzt) von seinen Kollegen missachtet; **si è guadagnato la ~ di tutti**, er hat sich die Geringschätzung aller zugezogen; er hat es geschafft, bei allen unten durch zu sein *fam*.

disk <-> m *ingl inform* Disk f, Platte f.

dislalìa f *med* Sprachstörung f, Dyslalie f *scient*.

dislessìa f *med* Lesestörung f, Dyslexie f *scient*.

dislèssico, (-a) agg <-ci, -che> *med* A agg dyslektisch *scient* B m (f) Dyslektiker(in) m(f) *scient*.

dislivèllo m **1** (*differenza di livello*) {+TERRENO} Höhen-, Niveauunterschied m **2** *fig* (*diversità*) {+ETÀ} Unterschied m, Gefälle n: **~ tra classi sociali**, Klassenunterschied m.

dislocaménto m **1** *mar* (Wasser)verdrängung f **2** *mil* {+ESERCITO} Dislokation f, Dislozierung f, Verteilung f (*azione*) *anche* Verteilen n, Dislozieren n.

dislocàre <*disloco, dislochi*> tr **1** (*distribuire*) ~ qu/qc (+ *compl di luogo*) {CARABINIERI, RAPPRESENTANTI, UFFICI} *jdn/etw* (*irgendwohin*) versetzen, *jdn/etw* (*irgendwohin*) verlegen **2** *mar* ~ qc {NAVE ACQUA} *etw* verdrängen **3** *mil* ~ qu/qc {FORZE ARMATE} *jdn/etw* verteilen, *jdn/etw* dislozieren.

dislocazióne f **1** (*collocazione*) {+IMPIEGATI} Versetzung f; {+SEDI} Verlegung f **2** (*posizione*) (Auf)stellung f, Lage f **3** *geol med min* Dislokation f **4** *ling* Verschiebung f **5** *mil* {+TRUPPE} Dislokation f, Dislozierung f • ~ **affettiva** *psic*, (Gefühls)übertragung f.

dismenorrèa f *med* schmerzhafte Regelblutung, Dysmenorrhö f *scient*.

dismésso, (-a) A *part pass di* dismettere B agg **1** *amm* {STRADA} ohne Instandhaltungsinstanz; {UFFICIO} aufgelöst **2** *lett* (*smesso di usare*) {ABITO} abgelegt; {TERMINE} veraltet, nicht mehr verwendet.

dismèttere <*coniug come* mettere> tr ~ qc **1** *amm* {INCARICO} *etw* auf|geben **2** *lett* (*smettere di usare*) {ABITO} *etw* ab|legen; {IMPIANTO} *etw* zerlegen, *etw* ab|wickeln.

dismissióne f **1** *amm* (*il dismettere*) {+BENI} Abtretung f **2** <*di solito al pl*> *econ industr* {+CAPITALE} Abtretung f, Veräußerung f **3** *mar* {+BANDIERA} Übergabe f.

dismisùra *solo nella loc avv* (*eccessivamente*): **a ~**, {CRESCERE} maßlos, übermäßig.

disneyàno, (-a) agg *arte film* {FANTASIA} Disney-.

disobbediènte e *deriv* → **disubbidiente** e *deriv*.

disobbligàre <*disobbligo, disobblighi*> A tr (*disimpegnare*) ~ qu da qc {AMICO DA UNA PROMESSA} *jdn* von *etw* (dat) entbinden B *rfl* (*sdebitarsi*): **disobbligarsi (con qu per qc)** sich *bei jdm für* (acc) revanchieren, sich *bei jdm für* (acc) erkenntlich zeigen: **desideriamo disobbligarci con voi per l'aiuto ricevuto**, wir möchten uns (bei euch) für euren Hilfe erkenntlich zeigen.

disoccupàto, (-a) A agg **1** (*senza lavoro*) {OPERAIO} arbeitslos, stellungslos, beschäftigungslos **2** *lett* (*ozioso*) unbeschäftigt, müßig *forb* B m (f) Arbeitslose mf decl come agg.

disoccupazióne f *gener* {STAGIONALE, TECNOLOGICA} Arbeitslosigkeit f: ⌐**cronica**⌐/[di fondo], Langzeitarbeitslosigkeit f.

disomogeneità <-> f (*mancanza di omogeneità*) Inhomogenität f.

disomogèneo, (-a) agg (*non omogeneo*) {LAVORO} inhomogen.

disonestà <-> f **1** (*mancanza di onestà*) {+UOMO D'AFFARI} Unehrlichkeit f, Unredlichkeit f; (*atto*) unehrliche Tat **2** *rar* (*mancanza di pudore*) {+RAGAZZA} Unanständigkeit f; (*atto*) unanständige Tat.

disonèsto, (-a) A agg **1** (*privo di onestà*) {AFFARISTA} unehrlich, unredlich **2** *rar* (*immorale*) {DONNA, LUOGO, PENSIERO} unanständig B m (f) Unehrliche mf decl come agg.

disonoràre A tr **1** (*infamare*) ~ qu/qc {FAMIGLIA, NOME} *jdn/etw* entehren, *jdn/etw* schänden *forb* **2** *rar eufem* (*deflorare*) ~ qu {RAGAZZA} *jdn* entehren *obs*, *jdn* verführen, *jdn* entjungfern B *rfl* (*perdere l'onore*): **disonorarsi** seine Ehre verlieren.

disonóre m **1** (*perdita dell'onore*) Verlust m der Ehre, Unehre f **2** (*vergogna*) Schande f **3** (*persona che disonora*) {+FAMIGLIA} Schandfleck m **4** (*fatto*) Schandtat f.

disonorévole agg (*che fa disonore*) {RITIRATA} unehrenhaft, entehrend, schmachvoll *forb*.

disópra, di sópra A avv loc avv **1** (*sopra*) {ESSERE, POGGIARE} oben, darauf, obendrauf, obenauf *region*; (*senza contatto*) darüber **2** (*al piano superiore*: stato) {DORMIRE} oben, darauf; (*moto*) {ANDARE, SALIRE} nach oben **3** (*precedentemente*) vorher, zuvor, oben: **come ho già detto ~**, wie ich schon zuvor/oben gesagt habe B loc avv (*dall'alto*): **dal ~**, {OSSERVARE IL PAESAGGIO} von oben C <inv> in funzione di agg (*superiore*) {PIANO} obere(r, s), darüberliegend; {VICINO} oben wohnend D <-> m (*parte superiore*) {+CASA, MOBILE} oberer Teil, Oberseite f E loc prep **1** (*sopra*): **al ~ di qc**, {DEL TAVOLO} auf *etw* (dat); (*senza contatto*) über *etw* (acc *o* dat) **2** (*più di*): **al ~ di qu/qc**, mehr als jd/etw, höher als jd/etw; **lo stimo al ~ di tutti**, ich schätze ihn mehr als alle anderen **3** *fig* (*superiore a*): **al ~ di qu/qc**, über jdm/etw.

disordinàre tr ~ qc **1** (*mettere in disordine*) {CASSETTO} *etw* in Unordnung bringen; {CHIOMA} *anche etw* zerzausen **2** *fig* (*confondere*) {PROGETTI DI QU} *etw* durcheinander| bringen **3** *mil etw* stören, *etw* verwirren.

disordinàto, (-a) agg **1** (*in disordine*) {CASA} ungeordnet, unordentlich **2** (*che non sa mantenere l'ordine*) {RAGAZZO} unordentlich **3** (*scompigliato*) {CAPELLI} verwirrt, zerzaust **4** (*incoerente*) {LAVORO} ungenau, unordentlich, nachlässig, liederlich *fam*; {DISCORSO} wirr, verworren **5** (*sregolato*) {VITA} ungeregelt, unordentlich, liederlich *spreg* **6** (*sfrenato*) {BEVITORE} unmäßig B m (f) Chaot(in) m(f), unordentlicher Mensch.

disórdine A m **1** (*mancanza di ordine*) Unordnung f, Durcheinander n, Wirrwarr m

2 (*confusione*) {+IDEE} Durcheinander n **3** (*sregolatezza*) Unregelmäßigkeit f **4** (*cattivo funzionamento*) {+PUBBLICA AMMINISTRAZIONE} Desorganisation f **5** «*di solito al pl*» (*tumulti*) {POLITICI} Unruhen f pl, Wirrnisse f pl *forb* **B** <inv> loc agg: **in ~ 1** (*disordinato*) {LIBRI} ungeordnet, in Unordnung **2** (*disturbato*) {FEGATO, STOMACO} durcheinander, in Unordnung, gestört **C** loc avv (*disordinatamente*): **in ~,** {PROCEDERE} unsystematisch.

disorgànico, (*-a*) <*-ci, -che*> agg (*asistematico*) {RICERCA} unsystematisch, unzusammenhängend.

disorganizzàre **A** tr (*privare dell'organizzazione*) ~ **qc** {SEDE DI UN PARTITO} etw desorganisieren, etw auflösen, etw zerrütten **B** itr pron (*essere in confusione*): **disorganizzarsi** {DIFESA} sich auflösen.

disorganizzàto, (*-a*) agg **1** (*non organizzato*) {OSPEDALE} desorganisiert, aufgelöst, zerrüttet **2** (*che procede in modo confuso*) {SEGRETARIA} desorganisiert, chaotisch.

disorganizzazióne f **1** (*mancanza di organizzazione*) {+PUBBLICA AMMINISTRAZIONE} Desorganisation f, Organisationsmangel m **2** *med* Zerrüttung f.

disorientaménto m **1** (*smarrimento*) Desorientierung f, Orientierungslosigkeit f, Richtungslosigkeit f **2** *fig* (*confusione*) Verwirrung f **3** *med* Desorientierung f.

disorientàre **A** tr **~ qu 1** (*far perdere l'orientamento*) jdn desorientieren, jdn in die Irre führen **2** *fig* (*sconcertare*) {REAZIONE PUBBLICO} jdn verwirren, jdn verunsichern **B** itr pron: **disorientarsi 1** (*perdere l'orientamento*) sich verirren, die Orientierung verlieren **2** *fig* (*rimanere sconcertato*) die Orientierung verlieren, in Verwirrung geraten.

disorientàto, (*-a*) agg (*confuso*) **~ (da qc)** {RAGAZZO DALLA SEPARAZIONE DEI GENITORI} (*durch etw* acc) verwirrt, (*durch etw* acc) verunsichert.

disormeggiàre <*disormeggio, disormeggi*> mar **A** tr <*avere*> (*levare l'ormeggio*) ~ **qc** {NAVE} etw los|machen **B** itr <*essere*> (*perdere l'ormeggio*) sich los|machen.

disossàre tr ~ **qc 1** (*privare delle ossa*) {POLLO, PROSCIUTTO} etw ent-, aus|beinen **2** (*del nocciolo*) {OLIVA} etw entkernen.

disossidànte *chim* **A** agg {SOSTANZA} desoxidierend, desoxydierend **B** m Desoxidations-, Desoxydations-, Reduktionsmittel n.

disossidàre tr *chim* ~ **qc** etw desoxidieren, etw desoxydieren.

disossidazióne f *chim* Desoxidation f, Desoxydation f.

disostruìre <*disostruisco*> tr (*liberare*) ~ **qc** {TUBO} etw frei machen, etw von einer Verstopfung befreien.

disótto, di sótto **A** avv loc avv **1** (*sotto*) {ESSERE, POGGIARE} unten; (*nella parte inferiore*) darunter, drunter *fam*, drunten *region* **2** (*al piano inferiore: stato*) {ABITARE} unten, im unteren Stockwerk; (*moto*) {SCENDERE} nach unten, hinunter, herunter **B** loc avv (*dal basso*): **dal di ~,** {OSSERVARE IL CIELO} von unten **C** <inv> in funzione di agg (*inferiore*) {SPAZIO DELLA PAGINA} untere(r, s); {RIGA} darunter; {PIANO} untere(r, s), darunter liegend; {VICINO} unten wohnend **D** <-> m (*parte inferiore*) {+LETTO, VASO} unterer Teil, Unterseite f **E** loc prep **1** *anche fig* (*sotto: stato*): **al ~ di qc,** {DELL'ANNO D'ETÀ, DEL LIVELLO DEL MARE, DEL MANTO NEVOSO} unter etw (dat); (*moto*) unter etw (acc) **2** *fig* (*inferiore a*): **al ~ di qu/qc,** {DEI COMPAGNI DI SCUOLA, DELLA MEDIA STAGIONALE} unter jdm/etw • **essere/rimanere al ~** *fig* (*in condizione di inferiorità*), unterlegen sein/bleiben; *fig* (*in perdita*) {OPERAZIONE ECONOMICA} mit Verlust.

dispàccio <*-ci*> m *anche amm* (*comunicazione*) {DIPLOMATICO} Botschaft f, Meldung f: **~ di agenzia,** *giorn* Pressemeldung f; **~ telegrafico,** Telegramm m.

disparàto, (*-a*) agg (*diverso*) {TIPI} verschieden, unterschiedlich, ungleichartig, disparat *forb*: **c'erano le persone più disparate,** es waren die unterschiedlichsten Leute da.

dispari **A** <inv> agg **1** *anche mat* {BINARIO, FUNZIONE, NUMERO} ungerade **2** *lett* (*impari*) {FORZE} ungleich **3** *anat* {ORGANI} einfach, unpaarig **B** <-> m *anche mat* (*numero ~*) ungerade Zahl: **puntare tutto sul ~,** alles auf impair/ungerade setzen.

disparità <-> f (*differenza*) {+IDEE} Verschiedenheit f, Unterschiedlichkeit f: **~ d'età,** Altersunterschied m.

dispàrte *solo* nella loc avv (*da parte*): **in ~,** beiseite, abseits; **l'ho preso in ~,** ich habe ihn beiseite genommen • *mettere* qu **in ~** *fig*, jdn nicht berücksichtigen; **venne messo completamente in ~ a causa del suo comportamento aggressivo,** er wurde wegen seines aggressiven Verhaltens völlig links liegen gelassen *fam*; **mettersi in ~,** sich absondern; **un progetto messo/tenuto in ~** *fig* (*accantonato*), ein zurückgestelltes Projekt; **starsene/stare/tenersi in ~** (*defilato*), beiseite stehen; *fig*, sich beiseite/abseits halten.

dispèndio <*-di*> m **1** (*spesa*) großer Aufwand, Ausgabe f: **ci fu un enorme ~ di denaro,** es wurde sehr viel Geld ausgegeben, es war ein großer finanzieller Aufwand **2** *anche fig spreg* (*spreco*) {+CONCENTRAZIONE} großer Aufwand, Verschwendung f: **~ di energie,** Energieverschwendung f.

dispendióso, (*-a*) agg (*costoso*) {TENORE DI VITA} aufwändig, kostspielig.

dispènsa f **1** (*stanzino*) Vorrats-, Speisekammer f; *aero mar* Pantry f, Vorratsraum m: **~ di bordo,** Pantry f, Anrichte f, Bordküche f **2** (*mobile*) Anrichte f, Speiseschrank m **3** (*fascicolo*) (Einzel)ausgabe f, Lieferung f, Heft n, Faszikel n *forb*: **l'enciclopedia esce a dispense,** die Enzyklopädie erscheint in einzelnen Heften **4** *amm dir* (*autorizzazione*) Dispens m, Befreiung f, Ausnahmebewilligung f **5** *dir* (*~ da impedimenti del matrimonio*) Dispens m, Befreiung f von Eheverboten **6** *dir* (*nel diritto canonico*) Dispens f **7** *università* {+BIOLOGIA, MECCANICA} (Vorlesungs)skript n.

dispensàre **A** tr **1** (*distribuire*) ~ **qc** {FAVORI, SORRISI} etw aus|-, verteilen **2** (*esonerare*) ~ **qu da qc** {AMICO DAL RISPONDERE} jdn von etw (dat) befreien, jdm etw erlassen; *amm* {DAL SERVIZIO MILITARE} jdn von etw (dat) befreien, jdn von etw (dat) suspendieren **B** rfl (*esimersi*): **dispensarsi dal fare qc** {DAL COMMENTARE} es unterlassen, etw zu tun.

dispensàrio <*-ri*> m *amm med* {PSICHIATRICO} medizinische Fürsorgestelle.

dispensatóre, (*-trice*) **A** agg (*che distribuisce*): **angelo ~ di pace,** Friedensengel m; **la guerra è dispensatrice di lutti,** der Krieg sät Trauer **B** m (f) Spender(in) m(f).

dispènser <-> m *ingl* (*dispositivo*) Spender m.

dispensière, (*-a*) m (f) **1** (*chi sorveglia la dispensa*) Verwalter(in) m(f) des Lebensmittelvorrats **2** *anche fig lett* (*chi dispensa*) Spender(in) m(f) **3** *mar* Proviantmeister m, Bottelier m.

dispepsìa f *med* Verdauungsstörung f, Dyspepsie f *scient*.

dispèptico, (*-a*) <*-ci, -che*> *med* **A** agg **1** (*della dispepsia*) {DISTURBI} dyspeptisch *scient* **2** (*che è affetto da dispepsia*) {SOGGETTO} an Dyspepsie leidend *scient* **B** m (f) Dyspepsiekranke mf decl come agg *scient*.

disperànte agg (*molto grave*) {SITUAZIONE} dramatisch.

disperàre **A** tr *lett* (*non sperare in*) **~ qc** {VITTORIA} keine Hoffnung auf etw (acc) haben **B** itr (*perdere la speranza*) **~ di qc** {DELLA RIUSCITA DI UN AFFARE, DELLA SALVEZZA} an etw (dat) verzweifeln, die Hoffnung auf etw (acc) verlieren/aufgeben **C** itr pron (*sconfortarsi*): **disperarsi** (*per qu/qc*) {PER IL FALLIMENTO DELL'IMPRESA} an etw (dat) verzweifeln, über etw (acc) in Verzweiflung geraten • **far ~ qu** *fig* (*tormentarlo*), jdn zur Verzweiflung bringen.

disperataménte avv **1** (*con disperazione*) {SINGHIOZZARE} verzweifelt **2** (*al massimo grado*) {AMARE QU} verzweifelt, wahnsinnig *fam*, rasend *fam*: **essere ~ solo,** mutterseelenallein sein.

disperàto, (*-a*) **A** agg **1** (*in preda alla disperazione*) {MOGLIE} verzweifelt **2** (*senza speranza*) {MALATO} hoffnungslos; {CASO} *anche* aussichtslos **3** (*che difficilmente può riuscire*) {IMPRESA} aussichtslos, {TENTATIVO} verzweifelt **4** (*di disperazione*) {GRIDA} Verzweiflungs-; {GESTO} verzweifelt, Verzweiflungs- **B** m (f) **1** (*chi non ha speranza*) Verzweifelte mf decl come agg, Hoffnungslose mf decl come agg **2** *fam* (*chi non ha mezzi*) armer Schlucker *fam*, (arme Schluckerin *fam*), Hungerleider(in) m(f) *fam*: **è un povero ~,** er ist ein armer Schlucker *fam* **C** loc avv: **alla disperata 1** (*in fretta*) {SCAPPARE} eiligst, schnellstens **2** (*con slancio*) {LAVORARE} mit Elan **3** (*nel caso peggiore*) im schlimmsten Fall • **lavorare come un ~** *fam* (*molto*), wie ein Wilder/Verrückter arbeiten *fam*.

disperazióne f **1** (*mancanza di speranza*) Verzweiflung f, Hoffnungslosigkeit f: **abbandonarsi/darsi alla ~,** sich der Verzweiflung hingeben; **per ~,** aus Verzweiflung; **essere in preda alla ~,** von Verzweiflung gepackt sein; **essere ridotto alla ~,** völlig verzweifelt sein, nicht mehr ein noch aus wissen *fam* **2** (*motivo che fa disperare*) {+FAMIGLIA} Elend n, Unglück n.

dispèrdere <*coniug come* perdere> **A** tr <*avere*> **1** (*spargliare*) **~ qu/qc** {FOLLA} jdn/etw zerstreuen, jdn/etw auseinander|treiben; {VENTO NUBI, POLVERE} etw auseinander|treiben, etw auflösen **2** *anche fig* (*sprecare*) **~ qc** {IL PROPRIO TALENTO} etw verschwenden, etw vergeuden, {TESORO} etw durch|bringen, etw verschwenden **3** *chim fis* **~ qc** (*in qc*) {UNA SOSTANZA IN UN'ALTRA} etw in etw (dat) auflösen **4** *mil* **~ qu/qc** {NEMICO} jdn/etw versprengen **5** *polit* **~ qc** {VOTI} etw zersplittern **B** itr <*essere*> itr pron **1** (*spargliarsi*): **dispersi** (+ *compl di luogo*) {FOLLA PER LE STRADE} sich (*irgendwo*) zerstreuen, sich (*irgendwo*) verlaufen **2** (*dileguarsi*): **disperdersi** sich verflüchtigen, sich auflösen: **la nebbia si disperse al primo raggio di sole,** der Nebel verflüchtigte sich beim ersten Sonnenstrahl **3** *anche fig* (*sprecarsi*): **disperdersi in qc** {RAGAZZO IN STUDI DISORDINATI; RELATORE IN DIGRESSIONI INUTILI} sich in etw (dat) verlieren.

dispèrsa f → **disperso**.

dispersióne f **1** (*spargliamento*) {+CARTE, POPOLAZIONE} Zerstreuung f, Versprengung f; (*azione*) *anche* Zerstreuen n, Versprengen n **2** *fig* (*spreco*) {+ENERGIE, TALENTO} Vergeudung f, Verschwendung f; (*azione*) *anche* Vergeuden n, Verschwenden n **3** *chim fis* {ELETTRICA, MACROMOLECOLARE; +LUCE, ONDE SONORE, PARTICELLE} Dispersion f, Zerstreu-

ung f: ~ **di calore**, Wärmeverlust m; ~ **del suono**, Schalldispersion f **4** *mil* {+ESERCITO} Versprengung f **5** *polit* {+VOTI} Zersplitterung f **6** *stat* {+VALORI} Streuung f.

dispersività <-> f **1** (*l'essere dispersivo*) Zerstreutheit f, Zerstreuung f **2** *fis* Dispersität f.

dispersivo, (-a) **A** agg **1** (*asistematico*) {RAGAZZO} zerstreut, zerfahren; {METODO} unsystematisch, unstrukturiert **2** (*di dispersione*) {POTERE} zerstreuend **3** *fis* {EFFETTO DEL PRISMA} Dispersions-, streuend **B** m (f) zerstreute Person.

dispèrso, (-a) **A** part pass di disperdere **B** agg **1** (*sparpagliato*) {POPOLAZIONE} zerstreut, versprengt **2** (*perso*) {DOCUMENTO, FOGLIO} verloren(gegangen) **3** *anche amm* (*irreperibile*) {MILITARE} vermisst: **dare qu/qc per ~**, jdn/etw als vermisst melden **4** *fig* (*sprecato*) {TALENTO} vergeudet, verschenkt **5** *chim* dispers **6** *fis* {RAGGIO} dispers **7** *polit* {VOTI} zersplittert **C** m (f) Vermisste mf decl come agg.

dispètto **A** m **1** (*atto spiacevole*) (böser) Streich, Bosheit f, Schabernack m: **fare ‚un ~‚/[dei dispetti] a qu**, jdm einen Streich spielen, mit jdm seinen Schabernack/ Scherz treiben **2** (*ripicca*): **fare qc per ~ a qu**, etw jdm zum Trotz tun **3** (*irritazione*) Ärger m, Missvergnügen n **B** loc prep (*malgrado*): **a ~ di qu/qc**, {DEI GENITORI, DELLA PIOGGIA} jdm/etw zum Trotz.

dispettóso, (-a) agg **1** (*che fa dispetti*) {RAGAZZO} boshaft, frech **2** (*fatto per dispetto*) {COMPORTAMENTO} boshaft, trotzig **3** (*fastidioso*) {VENTO} lästig, unangenehm, ärgerlich **4** *lett* (*sprezzante*) {PAROLE} abfällig, geringschätzig.

dispiacére① m **1** (*rammarico*) Bedauern n: **con immenso ~ Le comunichiamo che …**, mit unendlichem Bedauern teilen wir Ihnen mit, dass … **2** <*di solito al pl*> (*afflizione*) Kummer m, Gram m *forb*: **dare dei dispiaceri a qu**, jdm Kummer bereiten; **fare ~ a qu**, jdm Kummer machen; **i dispiaceri della vita**, die Leiden des Lebens ● **affogare in nell'***alcol***/nel vino/nei divertimenti** *fig* (*bere/divertirsi per dimenticare*), seinen Kummer ‚im Alkohol/Wein‚/[in Vergnügungen] ertränken; **morire dal ~** *fig* (*soffrire molto*), vor Kummer (beinahe) sterben, tausend Tode sterben *fam*.

dispiacére② <*coniug come* piacere> **A** itr <*essere*> **1** (*essere sgradito*) ~ **a qu/qc** {COMPORTAMENTO DI QU AL PUBBLICO} jdm/etw missfallen *forb*, jdm/etw nicht gefallen; {LAVORO AL TECNICO} jdm/etw nicht zulsagen **2** (*in frasi negative: piacere*): **non mi dispiace**, es gefällt mir ‚(ganz) gut‚/[ziemlich]; **non mi dispiacerebbe fare qc**, ich hätte nicht übel *fam* Lust, etw zu tun; (*rif. a cibi*): **non gli dispiacciono le albicocche**, er mag Aprikosen ganz gern; **il pranzo non mi è dispiaciuto**, das Essen hat mir ganz gut geschmeckt **B** impers <*essere*> ~ **a qu 1** (*spiacere*) jdm leid|tun: **mi dispiace (che …)**, ₍es tut mir leid₎/[ich bedauere](, dass ..); **ci dispiace, ma sabato abbiamo già un impegno**, es tut uns leid, aber am Samstag haben wir schon was vor **2** (*nelle formule di cortesia*): **ti dispiace prestarmi il libro?**, macht es dir etwas aus, mir das Buch zu leihen?; **se non ti dispiace …**, wenn du nichts dagegen hast …, wenn es dir recht ist **C** itr pron (*addolorarsi*): **dispiacersi di/per qc** {PER L'INSUCCESSO DI QC} etw bedauern.

dispiaciùto, (-a) **A** part pass di dispiacere② **B** agg (*spiacente*) ~ (**di/per qc**) {DELLA SCORTESIA DI QU, PER L'ASSENZA DI QU} über etw (acc) bekümmert, über etw (acc) traurig.

dispiegaménto m (*grande spiegamento*) {+FORZE, TRUPPE} Aufgebot n.

dispiegàre <dispiego, dispieghi> *lett* **A** tr **1** (*distendere*) ~ **qc** (**a qc**) {VELE AL VENTO} etw in etw (dat) entfalten; {UCCELLO ALI} etw aus|breiten; {TOVAGLIA} anche etw auseinander|falten **2** (*schierare*) ~ **qc** {FORZE} etw auf|bieten **3** *fig* (*rendere chiaro*) ~ **qc** {+PROGETTO} etw erläutern, etw dar|legen **B** itr pron **1** (*distendersi*): **dispiegarsi (a qc)** {BANDIERA AL VENTO} sich in etw (dat) entfalten, sich (in etw dat) aus|breiten **2** *fig* (*diffondersi*): **dispiegarsi (+ compl di luogo)** etw durchziehen, etw erfüllen: **la musica si dispiegò nella sala**, die Musik erfüllte den ganzen Saal.

displaṡìa f *med* Dysplasie f *scient*.

display <-> m *ingl inform* Display n: **~ a cristalli liquidi**, Flüssigkristallanzeige f, LCD f.

displùvio <-vi> m **1** *arch* Dachgrat m **2** *geog* (*spartiacque*) Wasserscheide f.

dispnèa f *med* Atemnot f, Kurzatmigkeit f, Dyspnoe f *scient*.

dispóngo 1ª pers sing dell'ind pres *di* disporre.

disponìbile agg **1** (*di cui si può disporre*) {DENARO} verfügbar, vorhanden; {LIBRO, MERCE} vorrätig, lieferbar **2** (*libero*) disponibel *forb*, frei, zur Verfügung stehend: **questo pomeriggio sono ~**, heute Nachmittag ₍stehe ich zur Verfügung‚/[habe ich frei] **3** (*vuoto*) frei, leer: **l'appartamento sarà ~ solo a partire da settembre**, die Wohnung wird erst ab September frei sein; **non c'è più un posto ~**, es ist kein Platz mehr frei **4** (*reperibile*) ~ (**+ compl di luogo**) {PROGRAMMA DEI CORSI IN SEGRETERIA} (irgendwo) erhältlich: **libro ~ in tedesco**, auf Deutsch erhältliches Buch; **film ~ in cassetta**, auf Video(kassette) erhältlicher Film **5** *fig* (*aperto*) ~ (**a qc**) {INSEGNANTE A CAMBIAMENTI} offen für etw (acc)/gegenüber etw (dat); **un partito ~ al dialogo**, eine gesprächsbereite Partei **6** *fig* (*pronto ad aiutare*) hilfsbereit: **mio fratello è una persona molto ~**, mein Bruder ist ein sehr hilfsbereiter Mensch **7** *fig* (*incline*) ~ (**a qc**) {GENERAZIONE A SPOSARSI TARDI} zu etw (dat) neigend: **ragazzo ~ alle avventure**, abenteuerlustiger Junge **8** *dir* {PATRIMONIO} Aktiv-.

disponibilità <-> f **1** *gener* {+DENARO} Verfügbarkeit f, Disponibilität f; {+LIBRO, MERCE} Vorrätigkeit f **2** (*l'essere vuoto*) {+LOCALE} Leerstehen n **3** *fig* (*apertura mentale*) {+COLLABORATORE} Bereitwilligkeit f, Bereitschaft f **4** *fig* (*buona disposizione*) {+FUNZIONARIO} Hilfsbereitschaft f **5** *amm* (*sospensione da pubblico servizio*) Suspendierung f, Suspension f **6** <*solo al pl*> *econ* (*elementi patrimoniali*) Barbestand m, flüssiges Kapital, verfügbare Mittel **7** *mar* Außerdienststellung f.

dispórre <*coniug come* porre> **A** tr **1** (*collocare*) ~ **qu/qc** (**+ compl di luogo**) {POSTI DI BLOCCO, TRUPPE SUL CAMPO} jdn/etw (irgendwo) auf|stellen: **~ gli ospiti a tavola**, den Gästen ihren Tischplatz zuweisen, die Tischordnung festlegen; ~ **qc** (**+ compl di luogo**) {FIORI IN UN VASO} etw (irgendwo) (an|)ordnen, etw (irgendwo) verteilen; {STATUE IN GIARDINO} etw irgendwohin stellen; {LIBRI SULLA SCRIVANIA} etw irgendwohin legen; ~ **nel cassetto le schede in ordine alfabetico**, die Karteikarten im Karteikasten alphabetisch ordnen **2** (*preparare*) ~ **qu/qc per qc** {OGNI COSA PER LA PARTENZA} etw für etw (acc) vor|bereiten, etw für etw (acc) her|richten **3** (*indurre*) ~ **qu/qc a qc** {ALLA RIFLESSIONE} jdn/ etw zu etw (dat) bringen **4** (*stabilire*) ~ **qc** {ARRESTO} etw veranlassen, etw an|ordnen, etw verfügen: **la legge dispone di perseguire gli evasori fiscali**, das Gesetz schreibt vor, Steuerhinterzieher strafrechtlich zu ver-

folgen **B** itr **1** (*decidere*) ~ (**di qc**) {DEI PROPRI BENI} über etw (acc) bestimmen, über etw (acc) verfügen: **in modo che possa ~ come vuole**, so, dass er/sie nach Belieben darüber verfügen kann; ~ **per qc** sich für etw (acc) entscheiden, sich für etw (acc) entschließen **2** (*avere a disposizione*) ~ **di qu/qc** {DI UNA PERSONA DI FIDUCIA, DI UN'AUTO} über jdn/ etw verfügen, jdn/etw zu seiner Verfügung haben, über etw (acc) disponieren *forb* **3** (*essere dotato*) ~ **di qc** {ALBERGO DI DUECENTO POSTI LETTO} über etw (acc) verfügen, etw haben **C** itr pron (*collocarsi*): **disporsi + compl di luogo** {FOGLIE VERSO LA LUCE} sich irgendwohin auf|stellen/aus|richten **D** rfl (*sistemarsi*): **disporsi + compl di luogo** {ATLETI SULLA LINEA DI PARTENZA} sich irgendwo auf|stellen; **disporsi + compl di modo** {SU DUE FILE} sich irgendwie verteilen.

disposal <-> m *ingl* (*oggetto monouso*) Disposable n, Einwegartikel m.

dispósi 1ª pers sing del pass rem di disporre.

dispositivo, (-a) **A** agg *amm dir* dispositiv, anordnend **B** m **1** (*congegno*) Vorrichtung f: **~ di accensione/allarme**, Zündvorrichtung f/Alarmanlage f; **~ di ritardo**, Verzögerungsvorrichtung f **2** *dir* (*contenuto*) {+SENTENZA} (Urteils)tenor m, Urteilsformel f **3** *inform* Gerät n, Einheit f: **~ di lettura**, Leser m, Lesegerät n, Leseeinrichtung f **4** *mil* Aufstellung f ● **~ antislittante** *ferr*, Blockiervorrichtung f; **~ di sicurezza**, {+ASCENSORE} Sicherheitsvorrichtung f, Sicherung f; *fig* (*piano*) Sicherheitsvorkehrung f, Sicherheitsmaßnahme f.

disposiziòne f **1** (*collocazione*) {+CAMERE DI UN APPARTAMENTO} Anordnung f; {+BAMBINI, FORZE NEMICHE} anche Aufstellung f: **la ~ degli invitati a tavola**, die Tischordnung für die Gäste; **ling** Stellung f; **la ~ dei complementi nella frase**, die Satzstellung der Objekte **2** (*condizione di spirito*) Verfassung f, Stimmung f: **avere una ~ favorevole verso qu**, jdm gegenüber günstig gestimmt sein; **avere una ~ sfavorevole verso qu**, jdm gegenüber ‚ungünstig gestimmt‚/[abgeneigt] sein **3** (*inclinazione*) (**~ per qc**) Veranlagung f zu etw (dat), Begabung f für etw (acc)/zu etw (dat): **non avere ~ per l'arte**, keine ‚Ader für Kunst‚/[künstlerische Ader] haben; **~ per la poesia**, dichterische Veranlagung, poetische Ader; **~ per lo scrivere**, Begabung f zum Schreiben, Schreibtalent n **4** (*ordine*) Vorschrift f: **attenersi alle disposizioni venute dall'alto**, sich an die Vorschriften von oben halten; **dare disposizioni per qc**, Anweisungen für etw (acc) erteilen; {+MEDICO} Verfügung f, Anordnung f **5** (*volontà*) {+TESTAMENTARIA} Wille m, Verfügung f: **le ultime disposizioni**, der letzte Wille **6** *dir* {+LEGGE} Bestimmung f: **~ di attuazione e transitoria**, Ausführungs- und Übergangsbestimmung f (eines Gesetzes) **7** *dir* Verfügung f: **disposizioni testamentarie**, letztwillige Verfügungen f pl **8** *mat* {SEMPLICE} Komplexion f **9** *med* {+MALATTIA} Anfälligkeit f, Disposition f, Empfänglichkeit f **10** *psic* {MOTIVAZIONALE} Disposition f ● **avere ~ qc** (*avere disponibile*), {MOLTO DENARO, DEI LOCALI, ALCUNE ORE} etw zur Verfügung haben; **essere a ~ di qu**, (*essere disponibile*) {CASA, TELEFONO} jdm zur Verfügung stehen; **mettere qc a ~ di qu**, (*rendere disponibile*) {APPARTAMENTO, AUTO} jdm etw zur Verfügung stellen; **tenersi a ~ di qu**, (*rendersi disponibile*) jdm zur Verfügung stehen, sich zu jds Verfügung halten.

dispósto, (-a) **A** part pass di disporre **B** agg **1** (*collocato*) ~ (**+ compl di luogo**) {LIBRO NELLO SCAFFALE} (irgendwo) aufgestellt; {LOCALE IN UNO STABILE} (irgendwo) eingerichtet;

{SCHEDA NEL CASSETTO} (*irgendwo*) (an)geordnet **2** (*pronto*) ~ **a qc** zu etw (dat) bereit: **ero ~ a tutto pur di riuscirci**, ich war zu allem bereit, um es zu schaffen; • **a fare qc**, bereit sein, etw zu tun **3** (*portato*) ~ **a qc** {ALL'ODIO} zu etw (dat) geneigt **4** (*ordinato*) ~ **da qu/qc** {DAL GIUDICE, DALL'AUTORITÀ} *von jdm/etw* angeordnet; (*stabilito*) {DAL DE CUIUS} *von jdm* verfügt; {DAL LEGISLATORE} *von jdm* festgesetzt, *von jdm* bestimmt; {DALLA LEGGE} *in etw* (dat) festgelegt, *in etw* (dat) verankert **C** *m dir* {+LEGGE} Bestimmung f; {+AUTORITÀ} Anordnung f • **essere ben/mal ~ verso/[nei confronti] di qu/qc**, jdm/etw gegenüber wohlgesonnen/übel gesinnt sein, gut/schlecht auf jdn/etw zu sprechen sein.

dispòtico, (-a) <-ci, -che> agg **1** *fig* (*tirannico*) {CARATTERE, MARITO} despotisch *spreg*, herrschsüchtig, herrisch **2** *polit* {REGIME} despotisch.

dispotismo *m* **1** *fig* (*l'essere tirannico*) Tyrannei f *forb*, Herrschsucht f **2** *polit* Despotismus m, Despotie f, Gewaltherrschaft f.

dispregiativo, (-a) agg (*spregiativo*) {TONO} verächtlich, abschätzig, despektierlich *forb*; {TERMINE} abwertend.

dispregio <-gi> *m* **1** (*disprezzo*) Verachtung f: **avere/tenere in ~ qu/qc**, jdn/etw verachten, jdm/etw Verachtung entgegenbringen, jdn/etw gering schätzen **2** *lett* (*disistima*) Missachtung f, Geringschätzung f.

disprezzàbile agg **1** (*degno di disprezzo*) {COMPORTAMENTO} verachtenswert, zu verachten(d) **2** (*di scarsa importanza*) unbedeutend, geringfügig: **ho avuto un aumento di stipendio non ~**, ich habe eine beachtliche/[nicht zu verachtende] Gehaltserhöhung bekommen.

disprezzàre **A** tr **1** (*ritenere indegno*) ~ **qu/qc** (**per qc**) jdn/etw (wegen etw gen/dat *fam*) verachten, jdn/etw (wegen etw gen/dat *fam*) missachten, jdn/etw (wegen etw gen/dat *fam*) gering schätzen: **tutti lo disprezzano per la sua doppiezza**, alle verachten ihn wegen seiner Falschheit; **il suo lavoro non è da ~**, seine/ihre Arbeit ist nicht zu verachten **2** (*disdegnare*) ~ **qc** {OFFERTA DI AIUTO} *etw* verschmähen *forb*; {ONORI, RICCHEZZE} *anche etw* verachten, *etw* gering schätzen **3** (*non considerare*) ~ **qc** {PERICOLO} *etw* gering achten, *etw* gering schätzen **4** (*non osservare*) ~ **qc** {IMPOSIZIONI, LEGGI} *etw* missachten, *etw* nicht beachten **B** *rfl* (*considerarsi indegno*): **disprezzarsi (per qc)** sich (wegen etw gen/dat *fam*) verachten, sich (wegen etw gen/dat *fam*) schämen: **mi disprezzo per ciò che ho fatto**, ich schäme mich dessen, was ich getan habe • **chi disprezza compra/[vuol comprare]** *prov*, wer die Ware schilt, will sie kaufen.

disprèzzo *m* **1** (*disistima*) Verachtung f, Missachtung f, Geringschätzung f: **con quel rifiuto ha voluto mostrarci tutto il suo ~**, mit dieser Weigerung hat er/sie uns alle seine/ihre Verachtung zeigen wollen **2** (*disdegno*) {+RICCHEZZA} Verschmähung f *forb*: **il suo ~ per le comodità della vita moderna**, seine/ihre Verachtung der Annehmlichkeiten des modernen Lebens **3** (*noncuranza*) {+LEGGE} Missachtung f, Nichtbeachtung f; {+PERICOLO} *anche* Unterschätzung f.

disputa f **1** (*discussione*) {FILOSOFICA} Disput m, Streitgespräch n **2** (*alterco*) Auseinandersetzung f: **una ~ fra fratelli a causa di un'eredità**, ein Erbstreit unter Brüdern/Geschwistern **3** *sport* {+CAMPIONATI MONDIALI DI CALCIO} Austragung f.

disputàre **A** itr **1** (*discutere*) ~ **di qc** (**con qu**) {DI FILOSOFIA, DI POLITICA CON UN COLLEGA} (mit jdm) über etw (acc) diskutieren, (mit jdm) etw besprechen, (mit jdm) über etw (acc) disputieren *forb* **2** (*litigare*) ~ **per qc** (**con qu**) (mit jdm) über etw (acc) heftig diskutieren, (sich mit jdm) über etw (acc) streiten **3** *sport* ~ **per qc** (**con qu**) {SQUADRE PER LA VITTORIA} (mit jdm) um etw (acc) streiten **B** tr (*discutere*) ~ **qc** {UN PROBLEMA IMPORTANTE} *etw* besprechen **2** (*contendere*) ~ **qc a qu** {DIRITTO A UN IMMIGRATO} *jdm etw* streitig machen **3** *sport* ~ **qc** {PARTITA} *etw* aus|tragen **C** *rfl* indir (*contendersi*): **disputarsi (qu)** {SQUADRE ATLETA} sich um jdn reißen; **disputarsi (qc)** {PREMIO} um etw (acc) kämpfen, um etw (acc) wetteifern.

disquisìre <*disquisisco*> itr (*discutere*) ~ (**su qc**) (scharfsinnig) über etw (acc) diskutieren/debattieren/disputieren *forb*: **hanno disquisito per ore sull'argomento**, sie haben über das Thema stundenlang debattiert.

disquisizióne f (*dissertazione*) eingehende Darlegung, detaillierte Abhandlung.

dissacrànte agg *fig* (*che dissacra*) {LINGUAGGIO} ketzerisch.

dissacràre tr *fig* (*demistificare*) ~ **qc** *etw* entmystifizieren, *etw* entmythisieren.

dissacratóre, (-trice) **A** agg (*che dissacra*) {PERSONAGGIO} ketzerisch **B** *m* (f) Ketzer(in) m (f).

dissacratòrio, (-a) <-ri> *m* agg *fig* (*che rinnega*) {ATTEGGIAMENTO} ketzerisch.

dissacrazióne f *fig* (*demistificazione*) {+VALORI} Entmystifizierung f, Entmythisierung f.

dissalàre tr ~ **qc 1** (*togliere il sale*) {ACQUA} *etw* entsalzen **2** *gastr* {BACCALÀ} *etw* wässern.

dissalatóre *m tecnol* Entsalzungsanlage f.

dissaldàre **A** tr ~ **qc 1** *tecnol* {PEZZI} *etw* los|löten, *etw* auf|schweißen, *etw* trennen **2** *fig* (*spezzare*) {AMICIZIA} *etw* zerbrechen, *etw* kaputt|machen *fam* **B** itr pron (*staccarsi*): **dissaldarsi** {ELEMENTI} sich los|löten, sich trennen.

dissanguaménto *m* **1** *med* Verbluten n **2** *fig* (*esaurimento delle risorse*) {ECONOMICO; +FINANZE DELLO STATO} Ausbluten n, Aderlass m *forb*.

dissanguàre **A** tr **1** *med* ~ **qu** *jdn* verbluten lassen; ~ **qc** {ANIMALE} *etw* ausbluten lassen **2** *fig* (*lasciare senza denaro*) ~ **qu** {ACQUISTO DELLA CASA} *jdn* zur Ader lassen **3** *fig* (*attingere abbondantemente*) ~ **qc** {RISERVE ECONOMICHE} *etw* schröpfen *fam*, *etw* aus|nehmen, *med* (*bis aufs Blut*) aussaugen **B** itr pron **1** *med*: **dissanguarsi (per qc)** (an etw dat) verbluten **2** *fig* (*rovinarsi*): **dissanguarsi (per qu)** {PER LA FAMIGLIA} sich (für jdn) auf|opfern.

dissapóre *m* (*screzio*) Unstimmigkeit f, Zwist m, Misshelligkeit f: **dissapori fra coniugi**, Ehezwist m.

dissecàre <*disseco*, *dissechi*> tr *med* ~ **qc** {CADAVERE} *etw* sezieren, *etw* zergliedern.

disseccàre <*dissecco*, *dissecchi*> **A** tr ~ **qc 1** (*asciugare*) {PELLE} *etw* (aus|)trocknen, *etw* aus|dörren **2** *fig* (*inaridire*) {ISPIRAZIONE} *etw* versiegen *forb* lassen **B** itr pron: **disseccarsi 1** (*asciugarsi*) (aus|)trocknen, {CAMPO} trocken werden **2** *fig* (*inaridirsi*) {VENA POETICA} versiegen *forb*.

disselciàre <*disselcio*, *disselci*> tr (*togliere il selciato*) ~ **qc** {STRADA} *etw* auf|reißen, das Pflaster *von etw* (dat) auf|reißen.

disseminàre tr **1** (*spargere*) ~ **qc** (+ **compl di luogo**) {VENTO SEMI SUI CAMPI} *etw* (*irgendwo*) ver-, aus|streuen; ~ **qu** (+ **compl di luogo**) {PROFUGHI NELLE CAMPAGNE} *jdn* (*irgendwo*) verteilen **2** *fig* (*diffondere*) ~ **qc** (+ **compl di luogo**) {PANICO NELLA COMUNITÀ} *etw* (*irgendwo*) verbreiten.

disseminazióne f **1** *fig rar* (*divulgazione*) Verbreitung f; (*azione*) *anche* Verbreiten n **2** *bot* (Aus)saat f.

dissennatézza f (*stoltezza*) {+RAGAZZO} Unverstand m, Unvernunft f.

dissennàto, (-a) **A** agg (*stolto*) {UOMO} unvernünftig, töricht *spreg* **B** *m* (f) unvernünftiger Mensch.

dissènso **A** *m* **1** (*disapprovazione*) Missbilligung f, Ablehnung f: **manifestare apertamente il proprio ~**, offen seine Missbilligung zeigen **2** (*contrasto*) {+OPINIONI} Verschiedenheit f, Unterschiedlichkeit f **3** *polit relig* {POLITICO} Dissens m **B** <inv> loc agg (*dissidenti*): **del ~** {CATTOLICI} dissidierend.

dissenteria f *med* Durchfall m, Ruhr f, Dysenterie f *scient*.

dissentèrico, (-a) <-ci, -che> *med* **A** agg ruhrartig, dysenterisch *scient* **B** *m* (f) an Durchfall Leidende mf decl come agg, Ruhr--Kranke mf decl come agg.

dissentìre <*dissento*> itr (*discordare*) ~ (**da qu/qc**) (**su qc**) (mit jdm/etw) (in etw dat) nicht überein|stimmen, (über etw acc) anderer Meinung (als jd/etw) sein, (mit jdm/etw) (in etw dat) nicht einverstanden sein: **su questo argomento le nostre opinioni dissentono dalle vostre**, bei diesem Thema sind wir anderer Meinung als ihr.

dissenziènte **A** agg (*che dissente*) {MOVIMENTO} anders denkend **B** *mf* Andersdenkende mf decl come agg.

disseppellìre <*disseppellisco*> tr ~ **qc 1** (*esumare*) {SALMA} *etw* aus|graben **2** (*riportare alla luce*) {ANFORA} *etw* aus|graben, *etw* frei|legen **3** *fig* (*riesumare*) {VECCHIA TESI} *etw* aus|graben, *etw* wieder hervor|holen.

dissequestràre tr (*togliere il sequestro*) ~ **qc** {FILM, LIBRO, MERCE} *etw* frei|geben.

dissequèstro *m* {+BENE, MERCE} Freigabe f.

dissertàre itr (*discutere*) ~ **su qc** {SU PROBLEMI FILOSOFICI} *etw* (gründlich) abhandeln, *etw* erörtern.

dissertazióne f (*esposizione*) wissenschaftliche Abhandlung: ~ **di laurea**, Dissertation f.

disservìzio <-zi> *m* **1** (*cattivo funzionamento*) schlechtes Funktionieren, schlechte Dienstleistung: ~ **ferroviario**, schlechtes Funktionieren der Bahn **2** *amm* Misswirtschaft f.

dissestàre **A** tr ~ **qc 1** (*sconquassare*) {VENTO TEGOLE} *etw* durcheinander|bringen **2** *fig* (*sbalestrare*) {AZIENDA, FINANZE DI UNO STATO} *etw* zerrütten **B** itr pron: **dissestarsi 1** (*sconquassarsi*) {TETTO} durcheinander|geraten **2** *fig* (*sbalestrarsi*) {BILANCIO FAMILIARE} zerrüttet sein, abgewirtschaftet haben.

dissestàto, (-a) agg **1** (*in cattive condizioni*) {SELCIATO} zerrüttet, beschädigt **2** *fig* (*in crisi*) {AZIENDA} zerrüttet, abgewirtschaftet.

dissèsto *m* **1** (*cattive condizioni*) {ECOLOGICO} (starke) Störung: ~ **idrogeologico**, hydrogeologische Störung **2** *fig* (*crisi*) {SOCIALE; +IMPRESA} Zerrüttung f: **ditta in ~**, vom Konkurs bedrohte Firma; ~ **economico**, katastrophale Wirtschaftslage; ~ **delle finanze dello stato**, Zerrüttung f der Staatsfinanzen.

dissetànte **A** agg (*che disseta*) {BIBITA} durstlöschend, durststillend **B** *m* Durstlöscher m.

dissetàre **A** tr **1** (*togliere la sete*) ~ **qu** {AMMALATO} *jds* Durst löschen/stillen **2** *fig lett* (*appagare*) ~ **qc** {DESIDERIO DI CONOSCENZA} *etw* befriedigen, *etw* stillen **B** *rfl* **1** (*togliersi la sete*): **dissetarsi** (**con qc**) (+ **compl di luogo**) {CON L'ACQUA FRESCA, ALLA FONTANA} seinen Durst (*irgendwo*) (*mit etw* dat) löschen/stillen **2** *fig lett* (*appagarsi*): **dissetarsi** (+ ***compl di luogo***) {ALLA FONTE DEL SAPERE} (*irgendwo*) seinen Durst/Hunger *nach etw* (dat) stillen.

dissezionàre tr ~ ***qc*** **1** *med* {CADAVERE} *etw* sezieren, *etw* zergliedern **2** *fig* (*analizzare*) {DICHIARAZIONE} *etw* analysieren, *etw* zergliedern.

dissezióne f **1** *med* {+CADAVERE} Sezierung f **2** *fig* Zergliederung f.

dissi 1ª pers sing del pass rem *di* dire.

dissidènte A agg **1** (*discorde*) abgefallen, anders denkend, anders gesinnt, abtrünnig, dissident **2** *polit* {GRUPPO POLITICO} abweichend, abtrünnig, dissident **3** *relig* {CHIESA} andersgläubig, abtrünnig, dissident B mf **1** *anche polit* Dissident(in) m(f), Andersdenkende mf decl come agg Abtrünnige mf decl come agg **2** *relig* Dissident(in) m(f), Andersgläubige mf decl come agg, Abtrünnige mf decl come agg.

dissidènza f **1** (*l'essere dissidente*) Dissidententum n **2** (*i dissidenti*) Dissidenten pl.

dissìdio <-*di*> m **1** (*contrasto*) Zwist m *forb*, Meinungsverschiedenheit f, Uneinigkeit f: **essere in profondo ~ con qc**, mit jdm völlig uneinig sein **2** (*litigio*) Zwist m *forb*, Streit m: **comporre un ~**, einen Streit schlichten.

dissigillàre tr (*aprire*) ~ ***qc*** *etw* entsiegeln, das Siegel *von etw* (dat)/+ *gen* auf|brechen/öffnen.

dissimilazióne f *ling* Dissimilation f.

dissìmile agg (*diverso*) ~ (**da *qu/qc***) *jdm/etw* nicht ähnlich, *von jdm/etw* unähnlich, *jdm/etw* unähnlich: **i due fratelli sono molto dissimili fra di loro**, die beiden Geschwister/Brüder sind sehr unterschiedlich.

dissimmetrìa f (*asimmetria*) {+IMMAGINE} Asymmetrie f.

dissimmètrico, (-a) <-*ci, che*> agg (*asimmetrico*) {DISEGNO} asymmetrisch.

dissimulàre tr (*nascondere*) ~ ***qc*** {DIFFICOLTÀ DI UN'IMPRESA, VERITÀ} *etw* verheimlichen, *etw* verbergen; {SENTIMENTO} *etw* verhehlen; (*uso assol*) heucheln: **ha imparato a ~**, er/sie hat gelernt, sich zu verstellen; **saper ~**, zu heucheln wissen.

dissimulàto, (-a) agg (*nascosto*) {SENTIMENTO} verhohlen, verhehlt: **parlava con mal dissimulata irritazione**, er/sie sprach mit kaum verhohlener Erregung.

dissimulatóre, (-trice) A agg (*che dissimula*) {APPARENZE, FORME} heuchlerisch B m (f) Heuchler(in) m(f).

dissimulazióne f (*effetto*) Verstellung f, Vortäuschung f, Heuchelei f; (*azione*) *anche* Verhehlen n, Verbergen n.

dissipàre A tr ~ ***qc*** **1** (*dissolvere*) {NEBBIA} *etw* auf|lösen, *etw* vertreiben **2** (*sperperare*) {PATRIMONIO} *etw* vergeuden, *etw* verschwenden, *etw* verprassen, *etw* verplempern *fam*, *etw* verschleudern *spreg* **3** (*sciupare*) {TEMPO} *etw* verplempern *fam* **4** *fig* (*allontanare*) {DUBBIO, SOSPETTO, ecc.} *etw* zerstreuen **5** *fis* {CALORE, ENERGIA} *etw* vergeuden, *etw* dissipieren *obs* B itr pron (*dissolversi*): **dissiparsi** {NEBBIA} sich auf|lösen, sich zerteilen; *fig* {DUBBI} verfliegen, weichen; {RICCHEZZE} schwinden.

dissipàta f → dissipato.

dissipatézza f **1** (*lo sperperare*) {+GIOVANE} Verschwendungssucht f **2** (*dissolutezza*) {+COSTUMI} Zügellosigkeit f.

dissipàto, (-a) A agg **1** (*scialacquatore*) {RAGAZZO} verschwenderisch **2** (*dissoluto*) {VITA} ausschweifend, zügellos B m (f) Verschwender(in) m(f); (Bruder) Liederjan m *fam*.

dissipatóre, (-trice) A agg (*che sperpera*) verschwenderisch B m (f) (*chi sperpera*) Verschwender(in) m(f), Vergeuder(in) m(f) C m (f) (*apparecchio*) "Haushaltsgerät, das Küchenreste zerkleinert und sie in die Kanalisation leitet" **2** *alpin* Steigklemme f **3** *elettr* Senke f, Ableitkörper m ~ **per** **tubi elettronici**1/[semiconduttori], Ableitkörper m für Elektronenröhren/Halbleiter **4** *idraul* Tosbecken n, Beruhigungsbecken n.

dissipazióne f **1** (*sperpero*) {+PATRIMONIO} Verschwendung f, Vergeudung f **2** (*dissolutezza*) Zügellosigkeit f, Ausschweifung f, Maßlosigkeit f **3** *fis tecnol* {+CALORE, ENERGIA} Dissipation f.

dissociàbile agg (*che si può dissociare*) {ELEMENTO} trennbar.

dissociàre <*dissocio, dissoci*> A tr **1** *spec fig* (*separare*) ~ ***qc da qc*** {PENSIERO DALL'AZIONE} *etw von etw* (dat) trennen, *etw von etw* (dat) scheiden, *etw von etw* (dat) sondern, *etw von etw* (dat) dissoziieren *forb* **2** *chim* ~ ***qc*** {ATOMI, MOLECOLE DI UN CORPO} *etw* dissoziieren, *etw* auf|spalten B itr pron **1** (*non aderire*): **dissociarsi** (**da *qu/qc***) {DA UN GRUPPO POLITICO, DA UN'INIZIATIVA} sich *von jdm/etw* distanzieren, *von jdm/etw* Abstand nehmen **2** *chim*: **dissociarsi** {ATOMI, MOLECOLE} sich dissoziieren, zerfallen.

dissociàto, (-a) A agg **1** (*separato*) {ELEMENTO} getrennt, gesondert **2** *chim* dissoziiert, zerfallen **3** *psic* {SOGGETTO} dissoziiert, gespalten B m (f) **1** *polit* "wer die Unrechtmäßigkeit seiner Straftaten einsieht, ohne aber mit der Justiz zu kollaborieren" (*z. B. in Terroristenprozessen*) **2** *psic* an Dissoziation Leidende mf decl come agg.

dissociazióne f **1** (*disgiunzione*) Dissoziation f, Trennung f **2** *chim* {ELETTROLITICA; +COMPOSTO} Dissoziation f **3** *psic* {MENTALE; +PERSONALITÀ} Dissoziation f, Spaltung f.

dissodaménto m *agr* {+TERRENO} Urbarmachung f.

dissodàre tr *agr* ~ ***qc*** {CAMPO} *etw* urbar machen.

dissòlsi 1ª pers sing del pass rem *di* dissolvere.

dissòlto part pass *di* dissolvere.

dissolùbile agg (*che si può sciogliere*) {LEGAME} (auf)lösbar.

dissolùta f → dissoluto.

dissolutézza f **1** (*corruzione*) Ausschweifung f, Zügellosigkeit f, Liederlichkeit f *spreg* **2** (*azione*) Zügellosigkeit f, Ausschweifung f.

dissolùto, (-a) A agg **1** (*corrotto*) {COSTUMI, VITA} ausschweifend, zügellos, liederlich *spreg* **2** *lett* (*osceno*) {SCRITTI} anstößig, obszön *forb* B m (f) Wüstling m *spreg*, Lüstling m *obs spreg*.

dissoluzióne f **1** (*disfacimento*) {+MATERIA} Auflösung f, Zersetzung f; (*azione*) *anche* Auflösen n, Zersetzen n, Zerfallen n **2** *fig* (*decadenza*) {+FAMIGLIA, IMPERO} Auflösung f, Verfall m, Zerfall m; (*azione*) *anche* Auflösen n, Verfallen n, Zerfallen n **3** *chim fis* {+ZUCCHERO} Auflösung f; (*azione*) *anche* Auflösen n.

dissolvènza f *film TV* (*~ in apertura*) Einblendung f; (*~ in chiusura*) Ausblendung f: **~ incrociata**, Überblendung f.

dissòlvere <*coniug come* assolvere> A tr **1** (*disperdere*) ~ ***qc*** {FUMO, NEBBIA} *etw* vertreiben **2** (*sciogliere*) ~ ***qc*** (**in *qc***) {POLVERE NELL'ACQUA} *etw* (*in etw* dat) (auf|)lösen; *fig* ~ ***qu/qc*** {FAMIGLIA, GRUPPO} *jdm/etw* auf|lösen **3** *fig* (*dissipare*) ~ ***qc*** {PAURE} *etw* zerstreuen, *etw* vertreiben, *etw* verscheuchen **4** *fig* (*consumare*) ~ ***qc*** {PATRIMONIO} *etw* auf|brauchen B itr *film TV* über|blenden; ~ **in aper-tura/chiusura**, auf-/ab|blenden C itr pron **1** (*disperdersi*): **dissolversi** {NEBBIA} sich auf|lösen, sich verflüchtigen **2** (*sciogliersi*): **dissolversi** (*in etw* dat) {ASPIRINA® NELL'ACQUA} (in *etw* dat) auf|lösen; *fig*: **dissolversi** {GRUPPO} sich zerstreuen, sich auf|lösen, auseinander|fallen **3** *fig* (*dissiparsi*): **dissolversi** {TIMORI} sich auf|lösen, sich zerstreuen, weichen, entschwinden.

dissomigliàre <*dissomiglio, dissomigli*> itr <*essere*> *lett* (*essere diverso*) ~ (**a *qu/qc***) {ALLA SORELLA} *mit jdm/etw* keine Ähnlichkeit haben, *jdm/etw* unähnlich sein.

dissonànte agg **1** *fig* (*discordante*) {POSIZIONE} unstimmig, nicht stimmig **2** *mus* {SUONO} dissonant, misstönend.

dissonànza f **1** *fig* (*discordanza*) {+COLORI} Unstimmigkeit f, Disharmonie f, Diskordanz f; {+OPINIONI} Verschiedenheit f, Unterschiedlichkeit f **2** *mus* Dissonanz f, Missklang m.

dissotterràre tr ~ ***qc*** **1** (*esumare*) {CADAVERE} *etw* aus|graben, *etw* exhumieren **2** (*riportare alla luce*) {TEMPIO} *etw* aus|graben, *etw* frei|legen **3** *fig* (*riesumare*) {RIVALITÀ} *etw* wieder aus|graben, *etw* wieder zum Leben erwecken.

dissuadère <*coniug come* persuadere> tr (*distogliere*) ~ ***qu*** (**da *qc***) *jdn von etw* (dat) ab|bringen, *jdm etw* aus|reden; ~ **qu dal fare qc**, jdn davon abbringen, etw zu tun; jdm ausreden, etw zu tun; ~ **qu dal fare da solo una lunga escursione in montagna**, jdm ausreden, eine lange Bergtour allein zu machen; ~ **il figlio dall'abbandonare gli studi**, den Sohn davon abbringen, das Studium abzubrechen.

dissuasióne f (*risultato*) Abschreckung f; (*azione*) *anche* Abraten n, Abbringen n.

dissuasìvo, (-a) agg (*che dissuade*) {TONO} abratend.

dissuàso part pass *di* dissuadere.

dissuasóre, (*rar* **dissuaditrice**) A agg (*che dissuade*) defätistisch *forb spreg*, pessimistisch B m (f) Defätist(in) m(f) *forb spreg*, Pessimist(in) m(f), Miesmacher(in) m(f) *fam spreg* ● ~ **di velocità** *tecnol*, Bodenwelle f.

dissuggellàre tr ~ ***qc*** **1** *rar* (*dissigillare*) {LETTERA} *etw* entsiegeln **2** *fig lett* (*rivelare*) {SEGRETO} *etw* enthüllen, *etw* offenbaren, *etw* lüften **3** *fig lett* (*aprire*) {LABBRA, OCCHI} *etw* öffnen.

Dist. abbr *di* Distinto: sehr geehrter.

distaccaménto m *mil* Detachement n *obs*, abkommandierte Truppe.

distaccàre <*distacco, distacchi*> A tr **1** (*rimuovere*) ~ ***qc*** (**da *qc***) *etw von etw* (dat) ab|nehmen, *etw von etw* (dat) ab|lösen, *etw von etw* (dat) (ab|)trennen, *etw von etw* (dat) los|lösen; {FRANCOBOLLO DA UNA BUSTA} *etw von etw* (dat) ab|lösen; {FRUTTO DALL'ALBERO} *etw von etw* (dat) (ab|)pflücken; {CEROTTO DALLA FERITA} *etw von etw* (dat) ab|reißen **2** *fig* (*allontanare*) ~ ***qu/qc da qc*** *jdn/etw von etw* (dat) entfernen, *etw von etw* (dat) weg|bringen; ~ ***qu/qc da qu/qc*** {BAMBINO DALLA MADRE, DALLA FAMIGLIA, ecc.} *jdn/etw von jdm/etw* (dat) los|lösen **3** *fig* (*distogliere*) ~ ***qu da qc*** {UOMO DAL VIZIO} *jdn von etw* (dat) ab|bringen **4** *amm* ~ ***qu/qc*** (+ ***compl di luogo***) {IMPIEGATO AD ALTRO UFFICIO} *jdn/etw* (*irgendwohin*) versetzen **5** *mil* ~ ***qu/qc da qc*** *etw von etw* (dat) ab|kommandieren **6** *ferr* ~ ***qc da qc*** *etw von etw* (dat) ab|koppeln, *etw von etw* (dat) ab|hängen **7** *sport* ~ ***qu/qc*** *jdn/etw* hinter sich (dat) lassen, *jdn/etw* ab|schütteln *fam*, *jdn/etw* ab|hängen *fam*: **ha distaccato il gruppo in salita**, er/sie hat die Gruppe bei der Steigung abgeschüttelt/abgehängt *fam* B itr pron **1** (*staccarsi*): **distaccarsi (*da qc*) sich (*von etw dat*) (los|)lösen, (*von etw dat*) los|kommen; {PIUMA DAL CAPPELLO} sich (*von etw dat*) (los|)lösen, (*von etw dat*) ab|gehen; {FIGURINE DALL'ALBUM} anche sich (*von etw dat*) ab|lösen 2 fig (*distinguersi*): **distaccarsi** (**da qu/qc**) {DAGLI ALTRI} sich (*von jdm/etw*) ab|heben 3 fig (*allontanarsi*): **distaccarsi** (**da qu/qc**) {DALLA PROPRIA FAMIGLIA} sich *von jdm/etw* ab|kehren, sich *von jdm/etw* ab|wenden 4 *sport*: **distaccarsi da qc** {CORRIDORE DAL GRUPPO} sich (*aus/von etw dat*) lösen.

distaccàto, (-a) *agg* 1 (*staccato*) {SEZIONE} Außen- 2 *fig* (*indifferente*) {ESPRESSIONE} distanziert, gleichgültig, unbeteiligt.

distàcco <-*chi*> *m* 1 (*separazione*) {+REGIONE} Trennung f; {+FRUTTO} Abpflücken n; *fig* Trennung f, Abschied m, Loslösung f: ~ **dalla famiglia**, Trennung f von der Familie; **il momento del ~ è sempre difficile**, der Abschied fällt/ist immer schwer; es fällt immer schwer, sich loszureißen 2 *fig* (*distanza*) Abstand m, Distanz f, Unbeteiligtheit f: **considerare qc con ~**, etw ₎aus der Distanz₎/[distanziert] betrachten; **parlare con un certo ~**, in einem recht distanzierten Ton sprechen 3 *fig* (*allontanamento*) Abkehr f, Abwendung f: ~ **dai pregiudizi**, Loslösung f von den Vorurteilen 4 *aero* (*decollo*) Abheben n 5 *ferr* {+PANTOGRAFO, VAGONE FERROVIARIO} Abkuppeln n 6 *med* {EPIFISARIO} Ablösung f: ~ **della placenta**, Plazentalösung f; ~ **della retina**, Netzhautablösung f 7 *sport* Abstand m: **vincere con ~**, mit Abstand gewinnen.

distànte **A** *agg* 1 (*nello spazio*) ~ (**da qu/qc**) {STAZIONE DA LORO, CASA DALLA STRADA PROVINCIALE} fern (*von jdm/etw*), (*von jdm/etw*) entfernt, weit (*von jdm/etw*) (weg)/(entfernt) *fam*: **l'aeroporto è ~ 15 kilometri**, der Flughafen ist 15 Kilometer entfernt; **quanto è ancora ~ la prossima fermata?**, wie weit ist es noch bis zur nächsten Haltestelle?; {RUMORE, SUONO, VOCE} entfernt 2 (*nel tempo*) {EVENTO} fern; ~ (**da qu**) {EPOCA DA NOI} (*für jdn*) fern/[weit weg *fam*] 3 *fig* (*lontano*) ~ (**da qc**) weit (*von etw dat*) entfernt: **il risultato è molto ~ dalla perfezione**, das Ergebnis ist alles andere als ideal; **sono ~ dal crederci**, ich glaube das noch lange nicht; ich bin weit davon entfernt, es zu glauben; **siamo distanti dal sospettare che lui menta**, es liegt uns fern, anzunehmen, dass er lügt 4 *fig* (*diverso*) {IDEE, GUSTI} verschieden 5 *fig* (*distaccato*) {TONO} distanziert, unnahbar **B** in funzione *di avv* 1 (*stato*) {ABITARE, STARE, VIVERE} weitab, weit entfernt, weit weg 2 (*moto*) {FUGGIRE} weit weg ● **da ~**, aus der Ferne, von weitem, von fern; **venire da ~**, von weit her kommen.

distànza **A** *f* 1 (*spazio*) Abstand m, Entfernung f, Distanz f: **a poca ~ da qui c'è un tabaccaio**, ₎hier in der Nähe₎/[unweit von hier] ist ein Tabakladen; **calciò il pallone a una ~ di 100 metri**, er/sie schoss den Ball 100 Meter weit; **due case alla ~ di 20 m una dall'altra**, zwei Häuser, die 20 m voneinander entfernt sind; zwei Häuser in einem Abstand von 20 m; **la ~ fra Milano e Bologna**, die Entfernung Mailand-Bologna; **da una ~ di parecchi metri**, aus (ziemlich) vielen Metern Abstand; **da questa ~ non si legge il numero**, aus dieser Entfernung kann man die Zahl nicht lesen; **il primo ospedale è a 20 kilometri di ~**, das nächste Krankenhaus ist 20 Kilometer von hier entfernt; **i fuochi d'artificio si vedevano a ~ di molti kilometri**, auf eine Entfernung von vielen Kilometern konnte man das Feuerwerk sehen; **colpire da ~ ravvicinata**, aus nächster Nähe schießen; **coprire una certa ~ in due ore**, in zwei Stunden eine gewisse Entfernung zurücklegen 2 (*tempo*) Zeitabstand m, Zeitraum m, Zeit f: **non vi è molta ~ fra le due festività**, zwischen den beiden Feiertagen liegt nicht viel Zeit; **a ~ di tre mesi**, nach drei Monaten 3 (*intervallo di spazio, tempo*) Abstand m: **ci seguiva a pochi passi di ~**, er/sie folgte uns ₎auf den Fuß₎/[dicht auf den Fersen]; **fare le applicazioni a 24 ore di ~ una dall'altra**, die Anwendungen ₎alle 24 Stunden₎/[im 24-Stunden-Abstand] wiederholen 4 *fig* (*differenza*) Unterschied m: **la ~ tra le due scuole di pensiero è evidente**, der Unterschied zwischen den beiden Denkrichtungen liegt auf der Hand 5 *mat* {+DUE PUNTI, DUE PIANI PARALLELI} Abstand m, Distanz f 6 *sport* (*percorso*) Distanz f, Strecke f **B** <*inv*> *loc agg*: **a ~**, {COMANDO} Fern- **C** *loc avv*: **a ~**, {DIRIGERE} fern- **D** *loc prep* (*dopo*): **a ~ di qc**, nach etw (dat); **a ~ di qualche giorno**₎/[dodici ore], nach ₎einigen Tagen₎/[12 Stunden]; (*ogni*) alle ● **abolire le distanze** *fig* (*trattare con familiarità*) locker miteinander umgehen, jdn von Gleich zu Gleich behandeln; **accorciare le distanze** anche *fig sport* (*ridurre il distacco*), den Abstand verkleinern; ~ **di arresto** *autom* Bremsweg m; ~ **focale** *fis*, Brennweite f, Fokaldistanz f; ~ **in linea d'aria**, Luftlinie f; **mantenere/tenere le distanze** *fig* (*non dare confidenza*), Distanz wahren, Abstand halten; **prendere le distanze da qu/qc** *fig* (*dissociarsi*), von jdm/etw Abstand nehmen, sich von jdm/etw distanzieren; ~ **di sicurezza** *autom mil*, Sicherheitsabstand m; **tenere a ~ qu** *fig* (*non dare confidenza*), jdn auf Abstand halten, jdn nicht zu nahe kommen lassen; **tenere le distanze da qu** *fig* (*tenersi lontano*), Abstand von jdm halten, sich von jdm fernhalten; **tenersi/mantenersi a (debita/rispettosa) ~** (*tenersi lontano*), gebührenden Abstand (ein)halten; *fig* (*rimanere distaccato*), distanziert bleiben; **venir fuori alla ~** anche *fig sport* (*vincere nell'ultima fase*), auf den letzten Metern gewinnen, gegen Ende der Distanz gewinnen.

distanziaménto *m* (*separazione*) Distanzierung f, Entfernung f; (*azione*) anche Distanzieren n, Entfernen n.

distanziàre <*distanzio, distanzi*> *tr* 1 (*porre a distanza*) ~ **qu/qc** (**da qu/qc**) {BICCHIERI DALLA BOTTIGLIA, POLTRONA DAL DIVANO} jdn/etw in einem bestimmten Abstand *von jdm/etw* auf|stellen; {QUADRO DAL CALENDARIO} jdn/etw in einem bestimmten Abstand *von jdm/etw* auf|hängen; {TAPPETI DAL GRADINO} jdn/etw in einem bestimmten Abstand *von jdm/etw* hin|legen 2 *fig* (*superare*) ~ **qu/qc** {IL RESTO DELLA CLASSE} jdn/etw übertreffen, jdn/etw hinter sich (dat) lassen 3 anche *sport* ~ **qu/qc (di qc)** {AVVERSARIO DI DIECI SECONDI} jdn/etw (*um etw acc*) distanzieren, jdn/etw (*um etw acc*) hinter sich (dat) lassen, jdn/etw ab|hängen *fam*, jdn/etw ab|schütteln *fam* 4 (*nella caccia*) ~ **qc** {CERVO MUTA} etw ab|hängen *fam*.

distanziàto, (-a) *agg* 1 (*separato*) {BAMBINI} getrennt, auseinanderliegend 2 *sport* {CORRIDORE} zurückgeblieben, zurückgelegend.

distanziatóre, (-*trice*) **A** *agg fot tecnol* {ANELLO, BLOCCO, ORGANO} Distanz-, Abstand-; {ELEMENTO} anche Zwischen- **B** *m* (*apparecchio*) {TUBOLARE} Distanzstück n.

distàre <*irr difet dei tempi composti*> *itr* 1 (*essere distante*) ~ (**da qc**) *von etw* (dat) entfernt sein/liegen, weit (weg) *von etw* (dat) sein: **il teatro dista molto/poco da qui**, das Theater ist weit/[nicht weit] von hier (entfernt); **quanto dista Firenze da qui?**, wie weit ist es von hier bis nach Florenz? 2 *fig* (*discordare*) {TESI} auseinander|gehen, voneinander ab|weichen.

distèndere <*coniug come* tendere> **A** *tr* 1 (*allungare*) ~ **qc** {BRACCIA, GAMBE} etw aus|strecken; {ALI} etw aus|breiten 2 (*far stendere*) ~ **qu** (+ *compl di luogo*) {BAMBINO SUL DIVANO} jdn (*irgendwohin*) legen 3 (*stendere*) ~ **qc** {BIANCHERIA} etw auf|hängen 4 (*allargare*) ~ **qc** {LENZUOLO} etw aus|breiten 5 (*spalmare*) ~ **qc** (+ *compl di luogo*) {CREMA SOLARE SULLA SCHIENA} etw (*irgendwohin*) auf|tragen 6 (*tendere*) ~ **qc** {MOLLA} etw (aus|)dehnen, etw strecken; ~ **qc** (+ *compl di luogo*) {CANOVACCIO SUL TELAIO} etw (*irgendwohin*) (ein|)spannen 7 *fig* (*rilassare*) ~ **qu/qc** {DONNA STRESSATA, ANIMO, MUSCOLI, NERVI} jdn/etw entspannen: **lo yoga mi distende**, bei Yoga entspanne ich mich, Yoga entspannt mich 8 *mar* ~ **qc** {ANCORA} etw hoch|ziehen; {CAVO} etw ab|wickeln; {VELE} etw setzen 9 *mus* ~ **qc** {VOCE} etw ertönen/erschallen lassen **B** *itr pron* (*estendersi*): **distendersi** (+ *compl di luogo*) {DESERTO PER TUTTA LA REGIONE} sich (*über etw acc*) erstrecken, sich (*über etw acc*) aus|dehnen **C** *rfl* 1 (*sdraiarsi*): **distendersi** (+ *compl di luogo*) {SUL LETTO} sich *auf etw* (acc) (hin|)legen, sich *auf etw* (dat/acc) hin|strecken 2 *fig* (*rilassarsi*): **distendersi** sich *etw* entspannen: **distendersi dopo un lavoro faticoso**, sich nach einer anstrengenden Arbeit entspannen.

distensióne *f* 1 (*allungamento*) {+MUSCOLI} Streckung f, Stretching m, Dehnung f; (*azione*) anche Strecken n, Stretchen n, Dehnen n 2 (*estensione*) {+CORDA} Dehnung f, Streckung f; (*azione*) anche Dehnen n, Strecken n 3 *fig* (*rilassamento*) Ent-, Ausspannung f, Erholung f 4 *fig polit* Entspannung f, Détente f 5 *sport* (*nel sollevamento pesi*) Drücken n.

distensìvo, (-a) *agg* 1 anche *polit* (*che distende*) {GINNASTICA} Entspannungs- 2 *fig* (*rilassante*) {ATTIVITÀ} entspannend.

distésa **A** *f* 1 (*estensione*) {+MONTI E FORESTE} Ausdehnung f, Weite f; {+NARCISI} (große) Fläche, Feld n: **una ~ di cemento**, eine Betonwüste; **la ~ della banchisa polare**, die Ausdehnung der polaren Packeises; **l'immensa ~ del mare**, die unendliche Weite des Meeres; **una ~ di sabbia**, eine große Sandfläche 2 (*quantità*) {+RIFIUTI} (ganze) Reihe, Menge f, Haufen m, Meer n **B** *loc avv*: **a ~** 1 (*con pienezza*) {CANTARE} aus vollem Hals(e); {SUONARE} anhaltend 2 (*senza intervalli*) {ESTENDERSI} ohne Unterbrechung.

distesaménte *avv* (*nei particolari*) {RACCONTARE QC} eingehend, ausführlich, in allen Einzelheiten.

distéso, (-a) **A** *part pass di* distendere **B** *agg* 1 (*allungato*) {BRACCIA, GAMBE} ausgestreckt; {ALI} ausgebreitet 2 (*sdraiato*) ~ (+ *compl di luogo*) (*irgendwo*) aus-, hingestreckt: **se ne stava lungo ~ sul letto**, er lag ausgestreckt auf dem Bett; **stare ~ per terra**, auf dem Boden liegen 3 (*steso*) {BIANCHERIA} aufgehängt 4 (*allargato*) {TOVAGLIA} ausgebreitet 5 *fig* (*rilassato*) {ESPRESSIONE DEL VOLTO} entspannt 6 *fig* (*pacato*) {TONO} ruhig, sanft 7 *mar* {VELA} gesetzt, gestrafft 8 *mus* {CANZONE} längere(r, s): **a voce distesa**, mit erhobener/lauter Stimme, aus voller Kehle.

dìstico <-*ci*> *m ling* Distichon n, Zweizeiler m: ~ **elegiaco**, elegisches Distichon.

distillàre **A** *tr* <*avere*> ~ **qc** 1 *chim* {ACQUA} etw destillieren; {ACQUAVITE} etw brennen 2 (*mandar fuori*) {PINO RESINA} etw (tropfenweise) ab|sondern/aus|scheiden **B** *itr* <*essere*> (*trasudare*): **l'umidità distilla dai**

muri, die Wände ⌊sondern/geben Feuchtigkeit ab⌋/[sind feucht].
distillàto, (-a) **A** agg chim {ACQUA} destilliert; enol {ALCOL} gebrannt **B** m **1** chim {+PETROLIO} Destillat n **2** enol: **~ di vino**, Weingeist m, Branntwein m **3** fig (concentrato) Konzentrat n.
distillatóre, (-trice) **A** agg (che distilla) Destillier- **B** m (f) **1** chim Destillateur m **2** enol {+LIQUORI} Branntweinbrenner(in) m(f) **C** m tecnol {+ACQUA DI MARE; MOLECOLARE} Destillator m, Destillierapparat m.
distillazióne f **1** chim {+BENZOLO GREZZO} Destillation f **2** enol {+LIQUORI} Brennen n.
distilleria f enol (Branntwein)brennerei f.
distinguere <irr distinguo, distinsi, distinto> **A** tr (discernere) **~ qc da qc** {IL BENE DAL MALE, IL VERDE DAL ROSSO} etw von etw (dat) unterscheiden, etw auseinander|halten **2** (riconoscere) **~ qu/qc** jdn/etw erkennen; **~ qc** {COLORI, FORME, SUONI} etw unterscheiden: **con questa nebbia si distinguono a malapena le case**, bei diesem Nebel lassen sich die Häuser nur mit Mühe erkennen **3** (contrassegnare) **~ qc (da qc) (con qc)** {FAZZOLETTO CON UNA CIFRA} etw (durch etw acc) (von etw dat) unterscheiden, etw (mit etw dat/durch etw acc) kennzeichnen **4** (differenziare) **~ qu/qc (da qu/qc)** jdn/etw (von jdm/etw) unterscheiden: **è la ragione che distingue l'uomo dagli animali**, es ist die Vernunft, die den Menschen von den Tieren unterscheidet; **~ qu/qc** jdn/etw hervor|heben, jdn/etw aus|zeichnen; **la cortesia lo distingue**, ihn zeichnet seine Höflichkeit aus **5** (caratterizzare) **~ qc** {CAPITELLI VARI PERIODI ARCHITETTONICI} etw kennzeichnen **6** (dividere) **~ qc in qc** {PAESE IN REGIONI} etw in etw (acc) ein|teilen; {RICERCA IN CAPITOLI} etw in etw (acc) gliedern **7** (uso assol) (precisare) unterscheiden, einen Unterschied machen **B** itr pron: **distinguersi per qc 1** (essere riconoscibile) {PAROLE PER L'ACCENTO} sich durch etw (acc) unterscheiden **2** (emergere) {PER LA BUONA VOLONTÀ} sich durch etw (acc) aus|zeichnen, sich durch etw (acc) hervor|heben, sich durch etw (acc) hervor|tun.
distinguo m **1** (distinzione) Unterschied m: **è necessario fare un ~**, man muss ⌊einen Unterschied machen⌋/[da unterscheiden] **2** filos Unterscheidung f, Distinktion f forb.
distinsi 1ª pers sing del pass rem di distinguere.
distinta f anche comm (nota) {+LIBRI DA PAGARE} Aufstellung f, Liste f, Verzeichnis n, Beleg m, Schein m: **~ di conto/pagamento/versamento**, Rechnungs-/Zahlungs-/Einzahlungsbeleg m.
distintivo, (-a) **A** agg **1** (che distingue) {SEGNO} Unterscheidungs-, unterscheidend **2** (tipico) {CARATTERE} typisch, kennzeichnend **3** ling {FUNZIONE} Unterscheidungs-, distinktiv scient **B** m (contrassegno) Erkennungsmarke f, Abzeichen n.
distinto, (-a) **A** part pass di distinguere **B** agg **1** (differente) {OGGETTI} verschieden(artig), different forb **2** (chiaro) {PRONUNCIA} deutlich, genau **3** (fine) {PERSONA, PORTAMENTO} vornehm, kultiviert, distinguiert forb **4** (speciale) {CATEGORIA} Sonder- **5** (in formule di cortesia) geehrt, verehrt: **~ signore**, sehr geehrter Herr; **distinti saluti**, mit freundlichen Grüßen, hochachtungsvoll **6** filos {IDEA} distinkt **7** scuola "zwischen gut und sehr gut" **C** m **1** <solo pl> sport (nel calcio) Tribüne f **2** scuola eins bis zwei (Note zwischen gut und sehr gut).
distinzióne f **1** gener {SOTTILE} Unterschied m, Unterscheidung f: **qui è necessario fare una ~**, man muss da unterscheiden **2** (differenza, discriminazione) {+CETO} Benachteiligung f, Diskriminierung f: **senza ~ di età/sesso**, unabhängig vom Alter/Geschlecht, ohne jemanden wegen seines Alters/Geschlechts zu diskriminieren, ohne Unterschied des Alters/Geschlechts **3** (signorilità) {+DONNA} Vornehmheit f, Feinheit f, Kultiviertheit f, Distinguiertheit f forb **4** (riguardo) Hochachtung f, Respekt m **5** (segnalazione) Auszeichnung f ● **senza ~** (indistintamente), ohne Unterschied, unterschiedslos; **senza ~ di grado**, ohne Rangunterschied.
distocia f med schwierige Geburt, Dystokie f scient.
distògliere <coniug come togliere> tr **1** (spostare) **~ qc da qc** {SGUARDO DA UN'IMMAGINE} etw von etw (dat) ab|wenden **2** (allontanare) **~ qu da qc** {DA UN'IDEA, DA UN PROPOSITO} jdn von etw (dat) ab|lenken **3** (distrarre) **~ qu/qc (da qc)** {ATTENZIONE DAL PROGETTO} jdn/etw von etw (dat) (ab|)lenken; {AMICO DAL LAVORO} anche jdn von etw (dat) ab|halten.
distonia f med {MUSCOLARE} Dystonie f scient.
distòrcere <coniug come torcere> **A** tr **~ qc 1** (torcere, contorcere) {BOCCA} etw verziehen, etw verzerren **2** fig (falsare) {SIGNIFICATO DI UNA PAROLA, VERITÀ, ecc.} etw entstellen, etw verzerren, etw verdrehen **3** elettr fis etw verzerren **B** rfl indir: **distorcersi qc** {POLSO} sich (dat) etw verstauchen.
distorsióne f **1** fig (falsificazione) {+INFORMAZIONE} Entstellung f, Verdrehung f, Verzerrung f **2** med Verstauchung f, Distorsion f scient **3** elettr fis {+CAMPO ELETTRICO, CAMPO MAGNETICO} Verzerrung f **4** fis {+SUONO} Verzerrung f **5** stat {+DATI} Verzerrung f **6** tel TV {+AMPIEZZA, FREQUENZA, IMMAGINE} Verzerrung f.
distorsivo, (-a) agg med {TRAUMA} Verstauchungs-, Distorsions- scient.
distorsóre m mus Verzerrer m.
distòrto, (-a) **A** part pass di distorcere **B** agg **1** anche med (storto) {PIEDE} verstaucht **2** fig (falsato) {RESOCONTO} verdreht, verzerrt **3** fig (perverso) {PIACERE} pervers **4** elettr fis verzerrt.
distràrre <coniug come trarre> **A** tr **1** (distogliere) **~ qu/qc (da qc)** {RUMORE, TELEFONATA RAGAZZO DALLO STUDIO} jdn/etw von etw (dat) ab|lenken, jdn/etw von etw (dat) ab|halten; **~ qu (con qc)** {BIMBO CON UN MAZZO DI CHIAVI} jdn (mit etw dat) zerstreuen, jdn (mit etw dat) unterhalten: **le sue chiacchiere mi hanno distratto e ho dimenticato di telefonarti**, sein/ihr Gerede hat mich abgelenkt und ich habe vergessen, dich anzurufen **2** (svagare) **~ qu** jdn ab|lenken, jdn auf andere Gedanken bringen: **una passeggiata può servire a distrarti**, ein Spaziergang kann dich auf andere Gedanken bringen **3** (togliere) **~ qc (da qc)** {SGUARDO DALLA TELEVISIONE} etw (von etw dat) ab|wenden **4** anche amm (dislocare) **~ qc** {SOMMA} etw ab|zweigen, etw unterschlagen, etw veruntreuen, etw entwenden **5** mil **~ qu/qc (da qc)** {TRUPPE DAL FRONTE} jdn/etw (von etw dat) ab|ziehen **B** rfl **1** (volgere la mente altrove): **distrarsi** sich ablenken (lassen), unaufmerksam werden: **non distrarti mentre guidi la macchina!**, ⌊lass dich nicht ablenken⌋/[konzentriere dich], wenn du Auto fährst! **2** (svagarsi): **distrarsi (con qc)** sich (mit etw dat) unterhalten, sich (mit etw dat) zerstreuen: **vado al mare per distrarmi un po'**, ich fahre ans Meer, um ⌊mich etwas zu zerstreuen⌋/[etwas auf andere Gedanken zu kommen].
distràtto, (-a) **A** agg **1** fig (disattento) {SORRISO} zerstreut; {RAGAZZO} unaufmerksam **2** med {LEGAMENTO} gezerrt **3** amm {SOMMA} unterschlagen, veruntreut, entwendet **B** m (f) zerstreute Person, Schussel mf fam spreg: **ecco, sei il solito ~!**, zerstreut wie eh und je fam region!, wo hast du jetzt schon wieder deine Gedanken!, jetzt hast du schon wieder nicht aufgepasst!
distrazióne f **1** (disattenzione) Unaufmerksamkeit f, Zerstreutheit f **2** (diversivo) Zerstreuung f, Ablenkung f: **i giovani hanno troppe distrazioni**, die jungen Leute haben zu viele Ablenkungen; **prendersi qualche ~**, sich (dat) eine Abwechslung/einen Zeitvertreib gönnen **3** amm {+DENARO, SPESE PROCESSUALI} Unterschlagung f, Veruntreuung f, Entwendung f **4** med Zerrung f, Distraktion f scient.
distrétto m **1** (circoscrizione) Bezirk m, Kreis m, Distrikt m: **~ postale**, Post-, Zustellbezirk m **2** (zona) Revier n, Gebiet n: **~ carbonifero**, Kohlenrevier n **3** anat Gegend f: **~ superiore/inferiore del bacino**, oberer/unterer Beckenbereich **4** dir (Oberlandesgerichts)bezirk m **5** mil Wehrbezirk m: **presentarsi al ~ (militare)**, sich in seinem Wehrbezirk melden ● **~ di polizia**, Polizeirevier n.
distrettuàle agg **1** (del distretto) {UFFICIO} Bezirks-, Kreis- **2** mil Wehrbezirks-, Wehrbereichs-.
distribuìre <distribuisco> **A** tr **1** gener anche fig **~ qc (a qu)** {GENERI ALIMENTARI AI POVERI} etw (an jdn) aus|teilen, etw (an jdn) verteilen; {RANCIO AI SOLDATI} jdm etw zu|teilen; {CARTE AI GIOCATORI} jdm etw aus|teilen, jdm etw geben; {SALUTI AGLI AMICI, SBERLE AI FIGLI} {ONOREFICENZE} jdm etw aus|teilen, jdm etw geben; {PARTI AGLI ATTORI} etw an jdn/unter jdm verteilen **2** (disporre) **~ qu/qc (+ compl di luogo)** {GLI OSPITI, I FIORI ATTORNO AGLI SPOSI, POSTI A TAVOLA} jdn/etw (irgendwo) (an|)ordnen **3** (consegnare) **~ qc (a qu)** {GIORNALI AGLI ABBONATI} etw (an jdn) aus|liefern; {POSTA} etw (an jdn) aus|tragen, (jdm) etw zu|stellen **4** (erogare) **~ qc (a qu/qc)** {ACQUA, GAS AGLI UTENTI} jdn/etw mit etw (dat) versorgen **5** (spargere) **~ qc (+ compl di luogo)** {CREMA SOLARE SULLE SPALLE, ZUCCHERO A VELO SULLA TORTA} etw (irgendwo) verteilen **6** (dividere) **~ qc** {PESO} etw verteilen; {SFORZO, SPESE} etw (auf|)teilen **7** (organizzare) **~ qc** {TEMPO} (sich dat) etw ein|teilen **8** comm **~ qc (a qu/qc)** {PRODOTTO AI NEGOZI} etw an jdn/etw verteilen, etw vertreiben **9** econ **~ qc (a qu)** {DIVIDENDI, UTILI AGLI AZIONISTI} (jdm) etw aus|schütten **10** film **~ qc** etw vertreiben, etw verleihen: **il film verrà distribuito a partire da ottobre**, der Film kommt ab Oktober in die Kinos, der Film wird ab Oktober vertrieben **B** itr pron (disporsi): **distribuirsi (+ compl di modo)** {SU TRE FILE} sich (irgendwie) verteilen.
distribuìto, (-a) **A** part pass di distribuire **B** agg **1** anche fig **~ (a qu)** {AIUTI AI POVERI} (an jdn) ausgeteilt, (an jdn) verteilt; {RANCIO AI SOLDATI} jdm zugeteilt; {CARTE AI GIOCATORI} jdm ausgeteilt, jdm gegeben **2** (consegnato) **~ (a qu)** {GIORNALI AGLI ABBONATI} (an jdn) ausgeliefert **3** (diviso) {PESO} verteilt **4** comm **~ (a qu/qc)** {PRODOTTO AI NEGOZI} jdn/etw verteilt, vertrieben **5** econ **~ (a qu)** {DIVIDENDI, UTILI AGLI AZIONISTI} (jdm) ausgeschüttet **6** film {FILM} vertriebelen, verliehen **7** (disposto) **~ (+ compl di modo)** {SU TRE FILE} (irgendwie) verteilt: **ha un po' di ciccia, ma è ben ~!**, er/sie hat ein bisschen Speck auf den Rippen, aber er ist gut verteilt! scherz.
distributìvo, (-a) agg **1** (di distribuzione)

{CRITERIO} Verteilungs- **2** *comm econ* {RETE} Verteiler- **3** *filos* {GIUSTIZIA} ausgleichend **4** *ling* {AGGETTIVO, FORMA} Einteilungs-, distributiv **5** *mat* {PROPRIETÀ} distributiv, Distributiv-.

distributóre, (-trice) **A** *agg* {APPARATO, MACCHINETTA} Ausgabe- **B** *m* (f) **1** Verteiler(in) m(f); {+GIORNALI, POSTA} Austräger(in) m(f) **2** *comm* Großhändler(in) m(f), Verteiler(in) m(f), Vertreiber(in) m(f) **C** *m* **1** (*apparecchio*) (Verkaufs)automat m: ~ **automatico**, Automat m; ~ **di sigarette**, Zigarettenautomat m **2** *autom* Tank-, Zapfstelle f, Zapfsäule f: ~ **di benzina**, Tankstelle f **3** *edil* Verteiler m: ~ **di calcestruzzo**, Betonverteilerkübel m **4** *elettr* Verteiler m **5** *tel* {+TRAFFICO} Verteiler m ● **cinematografico** *film*, Filmverleiher m.

distribuzióne f **1** *gener* {+VOLANTINI} Verteilung f; {+DENARO, PANE, RANCIO, VESTITI} *anche* Zuteilung f: **la ~ delle carte**, die Verteilung der Karten; **la ~ di ruoli agli attori**, die Verteilung der Rollen an die Schauspieler **2** (*consegna*) {+GIORNALE, POSTA, RIVISTA} Zustellung f, Austeilung f, Lieferung f **3** (*erogazione*) Versorgung f: ~ **di acqua/energia elettrica/gas**, Wasser-/Elektrizitäts-/Gasversorgung f, Versorgung f mit Wasser/Elektrizität/Gas; ~ **a alta tensione**, Versorgung f mit Hochspannung **4** (*spargimento*) {+ZUCCHERO A VELO} Verteilung f, Verteilen n **5** (*divisione*) {+CARICO} Verteilung f; {+SFORZO, SPESE} (Auf)teilung f **6** *comm* Vertrieb m, Distribution f, Auslieferung f, Verteilung f **7** *econ* {+DIVIDENDI} Ausschüttung f: ~ **degli utili agli azionisti**, Gewinnausschüttung f **8** *film* Filmvertrieb m, Filmverleih m **9** *ling* {+SUONO} Verteilung f, Distribution f **10** *mecc* Steuerung f **11** *anche stat* {+FREQUENZA, POPOLAZIONE} Verteilung f ● **la grande ~**, *comm*, der Großhandel.

districàre <*districo, districhi*> **A** *tr* ~ *qc* **1** (*sbrogliare*) {CAPELLI, MATASSA} etw entwirren **2** *fig* (*chiarire*) {QUESTIONE COMPLICATA} etw klären, etw lösen, etw entwirren **B** *rfl*: **districarsi** (*da qc*) **1** (*liberarsi*) {DAI ROVI} sich (*aus etw dat*) befreien **2** *fig* (*trarsi d'impaccio*) sich (*von etw dat*) befreien, sich (*aus etw dat*) herauswinden: **cercare di districarsi da una situazione difficile**, versuchen, sich aus einer schwierigen Situation herauszuwinden ● **sapersi ~** *fig* (*sapersela cavare*), sich zu helfen wissen.

distrofìa f *med* Dystrophie f *scient*: ~ **muscolare**, Muskeldystrophie f *scient*.

distròfico, (-a) <*-ci, -che*> *med* **A** *agg* dystroph *scient*, dystrophisch *scient* **B** *m* (f) Dystrophiker(in) m(f) *scient*.

distrùggere <*irr, coniug come* struggere> **A** *tr* **1** (*demolire*) ~ *qc* {FUOCO CITTÀ, EDIFICIO} etw zerstören; {BAMBINO BICICLETTA, GIOCATTOLI} etw kaputt|machen *fam*; {GIOVANE MACCHINA} etw kaputt|fahren *fam*, etw zu Schrott fahren *fam* **2** (*annientare*) ~ *qu/qc* {ESERCITO, GRUPPO ETNICO} *jdn/etw* vernichten; ~ *qc* {RACCOLTO} etw vernichten, etw zerstören; {SPECIE} etw aus|rotten; {PARASSITI} etw vertilgen, etw vernichten **3** *fig* (*vanificare*) ~ *qc* etw zunichte|machen, etw vereiteln: **spesso l'esperienza distrugge le illusioni**, die Erfahrung zerstört häufig die Illusionen **4** *fam* (*sfinire*) ~ *qu* {LAVORO IMPIEGATO} *jdn* fertig|machen *fam* **5** *fam* (*vincere*) ~ *qu/qc* {CONCORRENZA} *jdn/etw* aus|schalten, *jdn/etw* tot|machen *fam*; *sport* {AVVERSARIO} *jdn/etw* auseinander|nehmen *fam* **B** *itr pron*: **distruggersi 1** (*andare perso*) verloren gehen: **niente si distrugge**, nichts geht verloren **2** *rar* (*andare in rovina*) {REPUBBLICA} zugrunde gehen; {CIVILTÀ, CULTURA} unter|gehen **C** *rfl* (*ri-*

dursi male): **distruggersi** (+ **con qc**) {RAGAZZO CON LA DROGA} sich (*mit etw dat*) zugrunde richten, sich (*mit etw dat*) kaputt|machen *fam*.

distruggidocuménti <-> m Aktenwolf m.

distrùssi 1ª pers sing del pass rem di distruggere.

distruttività <-> f *anche psic* (*l'essere distruttivo*) Destruktivität f *forb*.

distruttìvo, (-a) *agg* **1** (*che distrugge*) {ESPLOSIONE} zerstörend, zerstörerisch **2** *fig* destruktiv *forb*, zersetzend; {CRITICA} destruktiv *forb*, vernichtend; {MANIA} Zerstörungs-.

distrùtto A *part pass di* distruggere **B** *agg* ~ (*da qc*) **1** (*annientato*) {CITTÀ DAL BOMBARDAMENTO, DALLA GUERRA, EDIFICIO} (*von etw dat*) zerstört **2** *fig* (*sfinito*) {DONNA DAL PARTO} (*von etw dat*) erschöpft, (*von etw dat*) erledigt *fam*, (*von etw dat*) kaputt *fam*, (*von etw dat*) fertig *fam*; {PERSONA DA UNA DISGRAZIA} (*durch etw acc*) gebrochen: **stasera sono proprio ~**, heute Abend bin ich wirklich fix und fertig *fam*.

distruttóre, (-trice) **A** *agg* (*che distrugge*) {BOMBA} Zerstörungs-, Vernichtungs- **B** *m* (f) Zerstörer(in) m(f), Vernichter(in) m(f) ● ~ **di documenti** (*apparecchio*), Aktenwolf m.

distruzióne f **1** (*annientamento*) {+IMPERO} Zerstörung f, Vernichtung f; {+SPECIE} Ausrottung f; {+PARASSITI} Vertilgung f, Vernichtung f **2** *fig* (*rovina*) {+SPERANZA} Zerstörung f, Vernichtung f.

disturbàre A *tr* **1** (*turbare*) ~ *qc* {RIPOSO, SONNO, SPETTACOLO} etw stören: **lo sciopero dei docenti ha disturbato il regolare svolgimento delle lezioni**, der Streik der Dozenten hat den regulären Unterrichtsablauf gestört **2** (*infastidire*) ~ (*qu*) (*jdn*) stören, *jdn* belästigen: **si prega di non ~!**, bitte nicht stören!; **non credo sia il caso di disturbarlo ora**, ich glaube nicht, dass man ihn jetzt belästigen sollte; **è meglio non disturbarla quando studia**, es ist besser, sie nicht zu stören, wenn sie lernt; **la sua presenza mi disturba enormemente**, seine/ihre Gegenwart stört mich sehr **3** (*far male*) ~ *qu/qc jdm/etw* weh|tun; {UDITO, VISTA} schlecht *für etw* sein: **una pietanza che disturba lo stomaco**, ein unverträgliches/[schwer verdauliches]/[nicht gerade magenfreundliches] Gericht **4** (*in formule di cortesia*) ~ *qu jdn* stören: **mi scusi se La disturbo**, entschuldigen Sie, wenn ich Sie störe; **non vorrei ~**, ich möchte nicht stören; **ti disturba se apro la finestra?**, stört es dich, wenn ich das Fenster aufmache? **5** *radio tel* ~ *qc* {TRASMISSIONE} etw stören **B** *rfl* **1** (*prendersi la noia*): **disturbarsi a fare qc** sich (*dat*) die Mühe machen, etw zu tun: **non disturbarti a telefonargli, lo faccio io**, mach dir nicht die Mühe, ihn anzurufen, ich mache das schon **2** (*in formule di cortesia*): **disturbarsi** sich stören lassen, sich bemühen, sich (*dat*) Umstände machen: **non si disturbi!**, lassen Sie sich nicht stören!, machen Sie sich keine Umstände!; **grazie, ma non doveva disturbarsi!**, vielen Dank, das war doch nicht nötig!

disturbàto, (-a) *agg* **1** (*che ha un malessere*) unwohl, unpässlich *forb*; {INTESTINO, STOMACO} verstimmt **2** *psic* {SOGGETTO} geistig gestört **3** *tel* {RICEZIONE} gestört.

disturbatóre, (-trice) **A** *agg* (*che disturba*) Störungs-, Stör- **B** *m* (f) Störer(in) m(f), Störenfried m *fam*.

distùrbo m **1** (*intralcio*) Störung f: **essere di ~ alla circolazione**, den Verkehr aufhalten **2** (*incomodo*) Bemühung f, Mühe f: **re-**

care ~ **a qu**, *jdn* stören; **prendersi il ~ di fare qc**, sich (*dat*) die Mühe machen, etw zu tun **3** (*in formule di cortesia*) Umstand m, Störung f: **se non ti è di troppo ~**, wenn es dir nicht zu viele Umstände macht; **scusate il ~**, entschuldigen Sie die Störung **4** *autom elettr meteo radio tecnol tel* {ATMOSFERICO, ELETTRONICO} Störung f **5** *med* {PASSEGGERO} Störung f, Verstimmung f, Beschwerden f pl: **disturbi di stomaco**, Magenverstimmung f, Magenbeschwerden f pl ● **della quiete pubblica** *dir* (*reato di ~*), Belästigung f der Öffentlichkeit durch unzulässigen Lärm; **togliere il ~** (*andarsene*), nicht länger stören wollen, sich empfehlen *forb*.

disubbidiènte A *agg* (*che disubbidisce*) {BAMBINO} ungehorsam, nicht gehorsam, unfolgsam **B** *mf polit* Protestler(in) m(f).

disubbidiènza f (*mancata ubbidienza*) Ungehorsam m, Unfolgsamkeit f: ~ **alla legge**, Gesetzesmissachtung f; ~ **alla madre**, Ungehorsam m der Mutter gegenüber ● ~ **civile** *polit*, ziviler Ungehorsam; ~ *fiscale*, Steuerboykott m.

disubbidìre <*disubbidisco*> **A** *agg* (*non ubbidire*) ~ (**a qu**) {SCOLARO ALL'INSEGNANTE} *jdm* nicht gehorchen, *jdm* nicht folgen, *jdm* keinen Gehorsam leisten: **hai disubbidito quindi stasera niente tivù**, du hast nicht gefolgt, also gibt's heute Abend kein Fernsehen; ~ **a qc** {A UN ORDINE} etw nicht befolgen, etw nicht beachten **B** *tr fam* ~ **qu/qc** {GENITORI} *jdm* nicht gehorchen, *jdm* nicht folgen; {LEGGE} etw befolgen, etw nicht beachten.

disuguaglianza f **1** (*diversità*) Ungleichheit f, Unterschied m: **le disuguaglianze sociali**, die sozialen Unterschiede **2** (*disparità*) Unterschied m: ~ **di altezza**, Größen-/Höhenunterschied m; ~ **d'età**, Altersunterschied m; ~ **di grado/stile**, Grad-/Stilunterschied m **3** (*irregolarità*) {+TERRENO} Unebenheit f **4** *mat* Ungleichung f.

disuguàle *agg* **1** (*diverso*) {COLORI, TENDE} unterschiedlich, ungleich **2** (*irregolare*) {TERRENO} uneben; *fig* {RENDIMENTO, STILE} ungleichmäßig, unregelmäßig, wechselnd, unterschiedlich **3** *mat* ungleich, nicht gleich.

disumanità <-> f (*inumanità*) Unmenschlichkeit f.

disumanizzàre A *tr* (*rendere inumano*) ~ (**qu/qc**) {GENTE, RICERCA} *jdn/etw* entmenschen, *jdn/etw* entmenschlichen, *jdn/etw* enthumanisieren **B** *itr pron* (*diventare inumano*): **disumanizzarsi** {SOCIETÀ} unmenschlich werden.

disumàno, (-a) *agg* **1** (*inumano*) {CRUDELTÀ} unmenschlich, bestialisch, {LAVORO, VITA} menschenunwürdig **2** *fig fam* (*bestiale*) {DOLORE} unmenschlich.

disunióne f **1** (*separazione*) {+DUE ELEMENTI} Trennung f, Scheidung f **2** (*mancanza di coesione*) fehlender/[Mangel an] Zusammenhalt **3** *fig* (*discordia*) {+FAMIGLIA} Zwietracht f, Uneinigkeit f, Zwist m *forb*.

disunìre <*disunisco*> **A** *tr* **1** (*separare*) ~ *qc* {DUE FOGLI} etw trennen; *fig* {DUE MONDI} etw (voneinander) scheiden **2** *fig* (*dividere*) ~ *qu/qc* {COPPIA DI SPOSI, FAMIGLIA} *jdn/etw* entzweien **B** *itr pron sport* (*nell'equitazione*): **disunirsi** aus dem Tritt kommen **C** *rfl rec*: **disunirsi 1** (*separarsi*) {PARTI DELLA SEDIA} entzwei|gehen, auseinander|gehen, aus dem Leim gehen *fam* **2** *fig* {COPPIA} sich trennen, sich entzweien.

disunìto, (-a) *agg* **1** (*separato*) {ELEMENTI} getrennt, geschieden **2** *fig* (*discorde*) {FAMIGLIA} uneinig, entzweit **3** *fig* (*non omogeneo*) {DISCORSO, STILE} ungleichmäßig, uneinheitlich **4** *sport* (*nell'equitazione*) unkoordiniert.

disusàto, (-a) *agg* **1** (*caduto in disuso*)

{TERMINE} ungebräuchlich, außer Gebrauch gekommen; (antiquato) veraltet **2** *lett* (*insolito*) ungewöhnlich.

disùso **A** <inv> *loc agg*: **in ~**, {TERMINE} ungebräuchlich, außer Gebrauch gekommen; (antiquato) veraltet **B** *loc avv*: **in ~**, außer Gebrauch; **cadere in ~**, außer Gebrauch kommen, veralten.

disùtile **A** *agg* **1** (*che non è utile*) {INTERVENTO, OGGETTO} unnütz, nutzlos **2** *lett spreg* (*inetto*) {UOMO} nichtsnutzig *obs spreg* **B** *m* (*danno*) Verlust *m* **C** *mf* (*inetto*) Nichtsnutz *m obs spreg*.

disvalóre *m* **1** *econ* {+AZIONI} Wertverlust *m* **2** *filos* Unwert *m*.

disvelàre *lett* **A** *tr anche fig* (*svelare*) **~ qc** *etw* enthüllen, *etw* entschleiern, *etw* aufdecken **B** *rfl* (*svelarsi*): **disvelarsi** {VERITÀ} ⌊ans Licht⌋/[an den Tag] kommen.

disviàre *lett* **A** *tr anche fig* (*allontanare*) **~ qu/qc** {DAL CAMMINO} *jdn/etw* (*von etw dat*) ab|bringen: **~ qu dal bene**, *jdn auf Abwege bringen*, *jdn vom richtigen Weg abbringen* **B** *tr itr pron anche fig* (*deviare*): **disviarsi** (*da qc*) (*von etw dat*) ab|weichen; {DALLA RETTA VIA} (*von etw dat*) ab|kommen.

disvolére <*coniug come* volere> **A** *tr lett* (*non volere più*) **~ qc** *etw* nicht mehr wollen **B** *m* **1** (*cambiamento di volontà*) Sinneswandel *m* **2** (*volontà contraria*) entgegengesetzter Wille.

dita *pl di* dito.

ditàle *m* **1** *lavori femminili* Fingerhut *m* **2** (*cappuccio protettivo*) Fingerling *m* **3** <*di solito al pl*> *gastr* "Röhrennudeln in Zylinderform".

ditalìno <*dim di* ditale> *m* **1** Fingerling *m* **2** *volg* (*masturbazione femminile*): **farsi un ~**, an sich (*dat*) rumfummeln *fam*, es sich (*dat*) selber machen *fam*, fingern, handorgeln **3** <*di solito al pl*> *gastr* "kleine Röhrennudeln in Zylinderform als Suppeneinlage".

ditàta *f* **1** (*colpo*) Stoß *m* mit dem Finger **2** (*impronta*) {+INCHIOSTRO} Fingerabdruck *m*.

diteggiatùra *f mus* Fingersatz *m*.

ditiràmbo *m lett* Dithyrambe *f*, Loblied *n*.

dìto <*gener*: *-a f*, *se seguito da denominazione specifica*: *-i m*> **1** *anat* {+MANO} Finger *m*: **~ anulare**, Ringfinger *m*; **~ indice**, Zeigefinger *m*; **~ medio**, Mittelfinger *m*; **~ mignolo**, kleiner Finger; **~ pollice**, Daumen *m*; **mettersi le dita nel naso**, (mit dem Finger) in der Nase bohren; {+PIEDE} Zeh *m*, Zehe *f*; **~ grosso**, große Zehe, großer Zeh; **~ piccolo**, kleine Zehe, kleiner Zeh; **primo/secondo/terzo/quarto/quinto ~**, erste/zweite/dritte/vierte/kleine Zehe **2** {+GUANTO} Fingerling *m*, Finger *m* **3** (*oggetto o parte a forma di ~*) Zipfel *m*: **~ il ~ della Corsica**, Zipfel *m* Korsikas **4** (*misura*) Fingerbreit *m*: **sui libri ci sono due dita di polvere**, auf den Büchern liegt der Staub fingerdick *fam iron*; **la fettuccia è alta due dita**, die Scheibe ist zwei Finger dick; (*rif. a liquidi*) Schluck *m*, Schuss *m*, Finger *m*; **bere un ~ di vino**, ein Schlückchen Wein trinken; **nella bacinella c'erano cinque dita d'acqua**, in der Wanne stand das Wasser eine Handbreit hoch ● **non alzare un ~** *fig* (*non fare nulla*), keinen Finger rühren/[krumm machen] *fam*; (*non aiutare*) **e farsi prendere il braccio** *fig* (*farsi sfruttare*), ⌊gibt man dem Teufel den kleinen Finger⌋/[wenn man ihm den kleinen Finger reicht], so nimmt er gleich die ganze Hand; **avere tre dita di cerone** (*avere un trucco pesante*), fingerdick Schminke aufgetragen haben; **si contano sulle dita** *fig* (*sono pochi*), man kann sie an den Fingern abzählen *fam*; **essere a un ~ da qc** *fig* (*esserci molto vicino*), ganz nahe an etw (*dat*) dran sein; **lasciare le cinque dita in faccia a qu** *fig* (*dare una sberla*), jdm eine Ohrfeige geben, jdm eine knallen *fam*, jdm eine Maulschelle/Backpfeife verpassen *fam*; **avere dita di fata/d'oro** *fig* (*saper fare qc molto bene*), ein Händchen für etw (*acc*) haben *fam*, unglaublich fingerfertig/geschickt sein; **incrociare le dita** (*per scaramanzia*), die Daumen drücken *fam*; **leccarsi le dita** *fig* (*rif. a cibo*, *situazione vantaggiosa*), sich (*dat*) alle zehn Finger (danach) lecken *fam*; **un gelato/sugo/... da leccarsi le dita** *fig* (*squisito*), ein Eis/eine Soße, bei dem/der einem das Wasser im Munde zusammenläuft *fam*; **legarsela al ~** *fig* (*ricordarsi di una esperienza negativa*), es sich (*dat*) hinter die Ohren schreiben *fam*, etw übel nehmen, etw nicht vergessen; **essere come le dita di una mano**, zusammenhalten wie Pech und Schwefel *fam*; **mordersi le dita** *fig* (*provare rabbia*), vor Wut mit den Zähnen knirschen, sich in den Hintern beißen *fam*; **mostrare a ~ qu** *fig* (*additare*), mit Fingern/dem Finger auf jdn zeigen; **non muovere un ~** *fig fam* (*non aiutare qu*), keinen Finger rühren *fam*; **nascondersi dietro a un ~** *fig* (*negare l'evidenza*), sich hinter Ausflüchten verschanzen; **darsi il ~ nell'occhio** *fig* (*danneggiarsi*), den Ast absägen, auf dem man sitzt; sich selbst schaden; **mettere il ~ sulla/nella piaga** *fig* (*trovare il punto debole*), den wunden Punkt treffen, den Finger auf die Wunde/den wunden Punkt legen; **avere qc sulla punta delle dita** *fig* (*conoscerla a fondo*), etw in- und auswendig kennen, etw aus dem Effeff können/beherrschen *fam*; **puntare il ~ contro qu/qc** *fig* (*accusarlo*), mit dem Finger auf jdn/etw zeigen/weisen; **segnare a ~ qu** *fig* (*additarlo*), mit Fingern/dem Finger auf jdn/etw zeigen.

ditóne <*accr di* dito> *m* **1** dicker/großer Finger **2** *fam* (*alluce*) großer Zeh, große Zehe.

dìtta *f* **1** {+TRASPORTI} Firma *f*, Betrieb *m*: **~ costruttrice**, Baufirma *f*; **premiata ~**, preisgekrönte Firma; *dir* (*nome commerciale delle imprese individuali*) Firma *f* **2** *teat* Ensemble *n* ● **offre/paga la ~!** (*è tutto pagato*), geht (alles) auf meine Rechnung!

dittàfono® *m stor* (*apparecchio per la dettatura*) Diktiergerät *n*, Diktaphon *n*.

dittatóre (*-trice*) *m* (*f*) *anche fig polit* Diktator(in) *m* (*f*) *spreg*.

dittatoriàle *agg anche fig* (*da dittatore*) {CARATTERE} diktatorisch *spreg*, autoritär.

dittatrìce *f* → **dittatore**.

dittatùra *f anche fig polit* {FASCISTA} Diktatur *f spreg*: **ha imposto la sua ~ nel campo della moda**, er/sie hat im Bereich der Mode seinen/ihren Stil durchgesetzt.

dìttero *m zoo* Zweiflügler *m* pl, Dipteren pl *scient*.

dìttico <*-ci*> *m arte* Diptychon *n*.

dittongàre <*dittongo, dittonghi*> *itr* (*diventare dittongo*) **~ (in qc)** {LA "O" IN "UO"} zu etw (*dat*) diphthongieren.

dittòngo <*-ghi*> *m ling* Diphthong *m*, Zwielaut *m*, Doppellaut *m*, Doppelvokal *m*.

diurèsi <> *f med* Harnausscheidung *f*, Harnabsonderung *f*, Diurese *f scient*.

diurètico, (*-a*) <*-ci*, *-che*> *farm* **A** *agg* {FARMACO} harntreibend, diuretisch *scient* **B** *m* Diuretikum *n scient*.

diurnista <*-i m*, *-e f*> *mf industr* (*con compenso giornaliero*) Tagelöhner(in) *m* (*f*).

diùrno, (*-a*) **A** *agg* **1** (*del giorno*) {ORE} des Tages, mit Tageslicht **2** (*di un giorno*) {MOTO DI UN ASTRO} Tages- **3** (*di giorno*) {ALBERGO, SERVIZIO} Stunden- **4** *teat* {RAPPRESENTAZIONE} Nachmittags- **5** *zoo* {FARFALLA, RAPACE} tagaktiv **B** *m* **1** (*albergo*) Stundenhotel *n* **2** *relig* Tagesgebet *n*.

diutùrno, (*-a*) *agg lett* (*che dura a lungo*) {SOFFERENZA} fortdauernd, fortwährend, anhaltend, unausgesetzt.

div *fis mat abbr di* divergenza: Div. (*abbr di* Divergenz.)

div. *abbr di* diverso: div. (*abbr di* Divers.), versch. (*abbr di* verschieden.)

dìva *f* **1** (*stella*) {+CINEMA MUTO} Diva *f*, Star *m* **2** *lett* (*dea*) Göttin *f*, Göttliche *f*.

divagàre <*divago, divaghi*> **A** *itr fig* (*allontanarsi*) **~ (da qc)** {DALL'ARGOMENTO} von etw (*dat*) ab|schweifen, *von etw* (*dat*) ab|kommen **B** *rfl rar* (*distrarsi*): **divagarsi** sich zerstreuen, sich ab|lenken.

divagazióne *f* (*digressione*) {+ORATORE} Abschweifung *f*, Exkurs *m*; (*azione*) *anche* Abschweifen *n*, Ablenken *n*.

divampàre *itr* (*essere*) **1** (*accendersi*) **~ (+ compl di luogo)** {INCENDIO NELLA STANZA} (*irgendwo*) auf|lodern, (*irgendwo*) lohen *forb* **2** *fig* (*scatenarsi*) **~ (+ compl di luogo)** {GUERRA NEL MONDO; IRA, ODIO SUL VISO DI QU} (*irgendwo*) auf|flammen, (*irgendwo*) auf|lodern **3** *fig* (*ardere*) **~ di qc** {RAGAZZO DI PASSIONE} *vor etw* (*dat*) glühen.

divàno *m* Sofa *n*, Couch *f*, Diwan *m obs*: **~ letto**, Bettcouch *f*; **~ alla turca/sultana/ottomana**, *f*, türkischer Diwan.

divaricàre <*divarico, divarichi*> **A** *tr* **~ qc** **1** (*allargare*) {GAMBE} *etw* öffnen; *sport etw* (*auseinander*|)spreizen **2** *med* {LEMBI DI UNA FERITA} *etw* öffnen **B** *itr pron* (*divergere*): **divaricarsi** {SENTIERI} sich trennen, auseinander|gehen.

divaricàta *f sport* Spreize *f*, Grätsche *f*.

divaricàto, (*-a*) *agg* **1** (*allargato*) {GAMBE} gespreizt **2** *bot* abgegabelt.

divaricatóre *m med* Wundhaken *m*; (*in ginecologia*) Dilatator *m scient*.

divàrio <*-ri*> *m* (*differenza*) {+OPINIONI} (Riesen)unterschied *m*, Verschiedenheit *f*: **tra i due ricercatori esiste un profondo ~**, zwischen den beiden Forschern ⌊besteht ein großer Unterschied⌋/[liegen Welten] ● **~ nord-sud** *polit*, Nord-Süd-Gefälle *n*; **~ tecnologico**, technologisches Gefälle.

divèllere <*coniug come* svellere> *lett* **A** *tr anche fig* (*estirpare*) **~ qc** {ALBERO} *etw* ausreißen, *etw* entwurzeln; {VIZI} *etw* (an der Wurzel) ausrotten **B** *rfl anche fig* (*staccarsi*): **divellersi (da qu/qc)** {RAMO} sich (*von etw/ dat*) lösen {FIGLIO DAI GENITORI POSSESSIVI, DA CASA} sich (*von jdm/etw*) los|reißen, sich (*von jdm/etw*) lösen.

divèlsi 1ª pers sing del pass rem di **divellere**.

divenìre <*coniug come* venire> **A** *itr* <*essere*> (*diventare*) **~ qu/qc** zu jdm/etw werden: **divenuto più saggio**, er ist vernünftiger geworden **B** *m filos* Werden *n*.

diventàre *itr* <*essere*> **1** ~ + *agg agg* + werden: **~ bianco/rosso**, weiß/rot werden; **~ grande/piccolo**, groß/klein werden; **un rosa che diventa rosso**, ein ins Rot tendierendes/gehendes/spielendes Rosa, ein Rosa mit Rotstich **2** **~ qc** {DEPUTATO, SINDACO} *etw* werden, *zu etw* (*dat*) werden; {MADRE} *etw* werden: **è diventato un uomo**, er ist ein Mann geworden **3** **~ qc** *etw* werden, *zu etw* (*dat*) werden: **diventa un'abitudine**, das wird zur Gewohnheit; **il progetto è diventato realtà**, der Plan ist Wirklichkeit geworden **4** (*cambiare*) sich (ver)ändern: **hai visto com'è diventato?**, hast du gesehen, wie er sich verändert hat?

divèrbio <*-bi*> *m* (*discussione*) Wortgefecht

n, Wortwechsel m, Streit m: **ha avuto un ~ con la collega**, er/sie hatte eine Auseinandersetzung mit seiner/ihrer Kollegin.

divergènte agg **1** (*che diverge*) {STRADE} auseinanderlaufend, auseinandergehend **2** *fig* (*discordante*) {OPINIONI} abweichend, divergierend *forb* **3** *fis* {LENTE, REAZIONE} Zerstreuungs- **4** *mat* {SERIE, SUCCESSIONE} divergent.

divergènza f **1** (*il divergere*) Auseinanderlaufen n, Auseinanderstreben n, Auseinandergehen n **2** (*punto in cui divergono*) {+TORRENTI} Auseinanderlaufen n, Auseinandergehen n **3** *fig* (*discordanza*) {+IDEE} Verschiedenheit f, Divergenz f *forb*: **abbiamo delle divergenze (di opinioni)**, wir haben Meinungsverschiedenheiten **4** *fis* {+REAZIONE} Zerstreuung f, Divergenz f **5** *mat* {+SERIE, VETTORE} Divergenz f **6** *meteo* {+ISOBARE, LINEE DI FLUSSO} Divergenz f.

divèrgere <*irr divergo, divergi,* difet *del part pass e dei tempi composti*> *itr* **1** (*tendere verso due direzioni diverse*) {STRADE} auseinander|laufen, auseinander|gehen **2** *fig* (*discordare*) {INTENZIONI, PROGETTI} nicht überein|stimmen, auseinander|gehen, divergieren *forb*, sich unterscheiden **3** *mat* divergieren.

diversàbile *eufem* A agg behindert B mf (*chi è diversamente abile*) Behinderte mf decl come agg.

diversaménte *avv* **1** (*in maniera diversa*) anders, auf andere Weise: **ti sei comportato ben ~ da come avevi detto**, du hast dich ganz anders verhalten, als du gesagt hattest **2** (*altrimenti*) sonst, andernfalls, ansonsten *fam*: **obbedisci, ~ guai a te!**, tu, was man dir sagt, sonst bekommst du Ärger! **3** (*contrariamente*) anders: **~ da quanto pensavo...**, anders als ich dachte ...

diversificàre <*diversifico, diversifichi*> A *tr* **1** (*differenziare*) ~ **qu**/**qc** {RUOLI} *jdn*/*etw* unterscheiden **2** *econ* (*rendere vario*) ~ **qc** {INVESTIMENTI} *etw* diversifizieren B *itr* <*essere*> *itr pron* (*essere diverso*): **diversificarsi** (**da qu/qc**) (**per qc**) {INTERPRETAZIONE DA QUELLA DI UN COLLEGA PER ALCUNI PARTICOLARI} sich (*von jdm*/*etw*) (*in etw dat*) unterscheiden.

diversificazióne f **1** (*effetto*) {+LAVORI} Verschiedenheit f, Unterschiedlichkeit f **2** (*atto*) Unterscheidung f **3** *econ* {+INVESTIMENTI} Diversifizierung f, Diversifikation f.

diversióne f **1** (*deviazione*) {+ACQUE} Umleitung f **2** *mil* Ablenkungsmanöver n.

diversità <-> f **1** (*differenza*) Unterschied m, Verschiedenheit f, Unterschiedlichkeit f, Ungleichheit f, {+PREZZO} Unterschied m, Differenz f: **~ di gusto**, Geschmacksunterschied m, Unterschied m im Geschmack; **~ di opinioni**, Meinungsverschiedenheit f, Unterschied m in den Meinungen; **~ di temperatura**, Temperaturunterschied m **2** (*divario*) {+STILE} Unterschied m **3** (*varietà*) {+COLORI, FORME} Vielfalt f, Mannigfaltigkeit f **4** *fig* (*l'essere diverso*) {+HANDICAPPATO, OMOSESSUALE} Anderssein n, Andersartigkeit f: **vuole vivere serenamente la sua ~**, er/sie will sein Anderssein unbeschwert leben.

diversivo, (-a) A agg (*che distrae*) {MANOVRA} Ablenkungs-, ablenkend B m (*distrazione*) {+GRANDE CITTÀ} Abwechslung f, Ablenkung f: **passeggiare col cane è un ottimo ~**, mit dem Hund spazieren zu gehen, ist eine wunderbare Ablenkung.

divèrso, (-a) A agg **1** *anche fig* (*differente*) {ASPIRAZIONI, FIGLI, STRADE} verschieden, unterschiedlich {ABITO, CARATTERE} anders, anders(er, s); **~ (da qu/qc)** anders (*als jd*/*etw*), verschieden *von jdm*/*etw*: **la sua spontaneità lo rendeva ~ da tutti gli altri**, seine Spontaneität unterschied ihn von allen anderen **2** *eufem* (*che esula dalla normalità*) {RAGAZZO} andersartig, anders geartet B agg indef <*solo pl*> (*vari*) mehrere, diverse: **diversi mesi fa**, vor mehreren/einigen Monaten; **diverse studentesse hanno passato l'esame**, diverse Studentinnen haben die Prüfung bestanden C *pron indef* <*solo pl*> (*molti*) etliche, mehrere, verschiedene: **diversi di noi non erano d'accordo**, etliche von uns waren nicht einverstanden D m (f) **1** (*chi esula dalla normalità*) Andersartige mf decl come agg, Außenseiter(in) m(f): **si occupa dei problemi dei diversi**, er/sie beschäftigt sich mit den Problemen von Außenseitern **2** *eufem* (*handicappato*) Behinderte mf decl come agg **3** *eufem* (*emarginato*) Außenseiter(in) m(f) **4** *eufem* Homosexuelle m decl come agg, Schwule m *fam* decl come agg F *eufem* Homosexuelle f decl come agg, Lesbe f *fam*, Lesbierin f.

divertènte agg (*che diverte*) {FILM, SPETTACOLO} unterhaltsam, amüsant, vergnüglich, belustigend, witzig: **non sei affatto ~**, du bist überhaupt nicht witzig.

diverticolite f *med* Divertikulitis f *scient*.

diverticolo m **1** *lett* (*viottolo*) Seitenweg m **2** *med* Divertikel n *scient*.

divertiménto m **1** (*il divertirsi*) Vergnügen n, Vergnügung f, Spaß m: **ti auguro buon ~!**, ich wünsche dir viel Vergnügen/Spaß!; **fare qc per puro ~**, etw aus reinem Vergnügen/[Spaß an der Freude] tun; **non lavora per ~**, er/sie arbeitet nicht zu seinem/ihrem Vergnügen **2** (*cosa che diverte*) Vergnügen n, Unterhaltung f: **questo è il mio ~ preferito**, das macht mir am meisten Spaß, das ist mein größtes Vergnügen **3** (*chi diverte*) Unterhalter(in) m(f), Freude f **4** *mus* {+MOZART} Divertimento n, Divertissement n *rar* ● **bel ~!** *anche iron*, unglaublich/wahnsinnig lustig! *anche iron*; **buon ~!** *anche iron*, (na dann,) viel Vergnügen/Spaß!; **non è un ~!**, das ist kein Vergnügen/Spaß!, schön ist was anderes! *iron*; **sai che ~ ...** *iron*, na, das gibt einen Spaß! *iron*, das sind ja reizende/prächtige Aussichten! *iron*.

divertire <*diverto*> A *tr* **1** (*svagare*) ~ **(qu)** (**con qc**) {ANIMATORE BAMBINI CON GIOCHI DI PRESTIGIO; SPETTACOLO GENTE} *jdn* (*mit etw dat*) unterhalten, *jdn* (*mit etw dat*) amüsieren, *jdn* (*mit etw dat*) vergnügen, *jdm* Spaß machen **2** *anche lett* (*allontanare*) ~ **qu**/**qc** (**da qc**) {ANIMO DAI TRISTI PENSIERI} *jdn*/*etw* von *etw* (*dat*) ab|lenken, *jdn*/*etw* von *etw* (*dat*) ab|bringen B *rfl* **1** (*svagarsi*): **divertirsi** (**con qu/qc**) {CON GLI AMICI, CON GLI SCACCHI} sich *mit jdm*/*etw* vergnügen, sich *mit jdm*/*etw* amüsieren, *an*/*mit jdm*/*etw* seinen Spaß haben: **non pensa ad altro che a divertirsi**, er/sie will nichts als Spaß/[hat nichts anderes im Kopf *fam*, als sich zu amüsieren]; **ognuno si diverte come può**, jeder unterhält sich, wie er kann; **divertirsi con poco**, mit wenig zufrieden sein, leicht zufrieden zu stellen sein, genügsam sein **2** (*godere*): **divertirsi a fare qc** {A STUZZICARE QU} seinen Spaß dabei haben, etw *zum* Spaß tun **3** (*spassarsela*): **divertirsi** (**con qu**) {CON LE DONNE} sich (*mit jdm*) amüsieren, (*mit jdm*) ein Liebesabenteuer/einen Flirt haben: **con lei vuole solo divertirsi**, mit ihr will er sich bloß amüsieren/[nur seinen Spaß]; **in gioventù si è divertito molto**, in seiner/ihrer Jugend(zeit) hat er/sie viele Flirts gehabt ● **divertiti!** *anche iron*, viel Spaß!

divertissement <-> m *franc* **1** *mus* Divertimento n, Divertissement n *rar* **2** *lett* literarische Spielerei.

divertito, (-a) agg (*di chi si diverte*) {ARIA, ESPRESSIONE, OCCHIATA} vergnügt, belustigt, amüsiert: **se ne stava lì ~ a guardare lo spettacolo**, vergnügt stand er da und sah sich die Szene an.

divezzàre *tr* **1** *lett* (*disabituare*) ~ **qu** (**da qc**) {FIGLIO DALL'ALCOL} *jdn* (*von etw dat*) entwöhnen, *jdm etw* ab|gewöhnen **2** *med veter* ~ **qu** {BAMBINO} *jdn* ab|stillen, *jdn* entwöhnen; ~ **qc** {GATTO} *etw* entwöhnen, *etw* ab|setzen.

dividèndo m **1** *econ* Dividende f: **riscuotere un ~**, Dividenden erheben **2** *mat* Dividend m.

dividere <*irr divido, divisi, diviso*> A *tr* **1** (*suddividere*) ~ **qu**/**qc** (**in**/**a qc**) {POPOLO IN OPPOSTE FAZIONI, TORTA IN SEI PORZIONI/A METÀ} *jdn*/*etw* in *etw* (*acc*) teilen: **in quattro, viertel, in vier** (Stücke/Teile/...) teilen; {OPERAI IN SQUADRE} *jdn*/*etw* in *etw* (*acc*) auf|teilen, *jdn*/*etw* in *etw* (*acc*) ein|teilen; {LIBRO IN CAPITOLI E PARAGRAFI, TEMPO IN MINUTI E SECONDI} *etw* in *etw* (*acc*) unterteilen; ~ **qc** {COSTI, SPESE} *etw* verteilen, *etw* um|legen **2** (*classificare*) ~ **qu**/**qc** (**in**/**a qc**) {PIANTE IN FAMIGLIE E SPECIE} *jdn*/*etw* (*in etw acc*) klassifizieren **3** (*separare*) ~ **qu** {DUE LITIGANTI} *jdn* trennen; ~ **qc** {CATENA MONTUOSA PAESE} *etw* spalten; {RADICE E DESINENZA DI UNA PAROLA} *etw* trennen; ~ **qu**/**qc da qu**/**qc** {FIGLIO DALLA MADRE, EST DALL'OVEST} *jdn*/*etw* von *jdm*/*etw* trennen: **mi dividono dal Messico solo poche ore di aereo**, von Mexiko trennen mich nur wenige Flugstunden, ich bin nur wenige Flugstunden von Mexiko entfernt; **ci dividono dalla fine della scuola ancora tre settimane**, bis Schuljahresende sind es noch drei Wochen **4** (*distribuire*) ~ **(qc)** (**con**/**tra qu**) {BOTTINO, LAVORO, PREDA, SOSTANZE TRA GLI EREDI, UTILE; CON/TRA I SOCI} *etw* (*unter jdm*) verteilen, *etw* (*unter jdm*) auf|teilen **5** *fig* (*distinguere*) ~ **qu**/**qc da qu**/**qc** {IL BENE DAL MALE} *jdn*/*etw von jdm*/*etw* unterscheiden **6** *fig* (*condividere*) ~ **qc** (**con qu**) {GIOIE E DOLORI CON UN AMICO} *etw mit jdm* teilen, *an etw* (*dat*) Anteil nehmen **7** *fig* (*disunire*) ~ **qu**/**qc** {POLEMICA GIORNALISTI} *jdn*/*etw* entzweien, *jdn*/*etw* auseinander|bringen; {ANIMI, FAMIGLIA} *anche jdn*/*etw* spalten **8** *mat* ~ **qc** (**per qc**) *etw* durch *etw* (*acc*) teilen, *etw* durch *etw* (*acc*) dividieren: **~ 9 per 3**, 9 durch 3 teilen B *itr pron* **1** (*essere distinto*): **dividersi in qc** {PREISTORIA IN VARIE EPOCHE} sich in *etw* (*acc*) ein|teilen, *aus etw* (*dat*) bestehen **2** *mat*: **dividersi** (**in qc**) {NUMERO IN NUMERI PRIMI} (*in etw acc*) teilbar sein, sich (*in etw acc*) teilen lassen C *rfl* **1** (*distribuirsi*): **dividersi in qc** {PAESE IN FAZIONI, IN SETTE} sich *in etw* (*acc*) teilen **2** (*separarsi*): **dividersi** (**da qu/qc**) {MOGLIE DAL MARITO, DALLA FAMIGLIA, DAL PROPRIO PAESE D'ORIGINE} sich (*von jdm*/*etw*) trennen **3** (*occuparsi di più cose*): **dividersi tra qc** sich *etw* (*dat*) (*gleichzeitig*) widmen: **dividersi tra casa e ufficio**, die Doppelbelastung von Haushalt und Büro haben, Haushalt und Büro schmeißen *fam* **4** *indir* (*spartirsi*): **dividersi qc** {COSTI, MELE} sich (*dat*) *etw* teilen D *rfl rec* (*separarsi*): **dividersi** {CONIUGI} sich trennen ● **non avere nulla da ~ con qu** *fig* (*essergli estraneo*), mit *jdm* nichts zu tun haben; **non posso dividermi!** (*posso fare solo una cosa alla volta*), ich kann mich nicht zweiteilen/zerreißen *fam scherz*!

divièto m (*proibizione*) Verbot n: **~ di accesso**, Zu-/Eintritt verboten; (*agli autoveicoli*) Einfahrt verboten; **~ di affissione**, Plakatankleben verboten; **~ di caccia**, Jagdverbot n; **~ di sorpasso**, Überholverbot n; **~ di sosta**, Halteverbot n; **l'auto è in ~ di sosta**, der Wagen steht im Halteverbot; **~ di svolta a sinistra**, Linksabbiegerverbot n; **~ di transito**, Durchfahrt(s)verbot n ● **far ~ a qu di fare qc**

amm dir (*proibire*), {DI PARLARE AL CONDUCENTE DELL'AUTOBUS} jdm verbieten, etw zu tun; jdm untersagen, etw zu tun.

divinaménte avv (*molto bene*) {CANTARE, RECITARE} göttlich, himmlisch *fam*, herrlich, vortrefflich; {FUNZIONARE} bestens, wunderbar.

divináre tr ~ *qc* **1** (*predire*) {SORTE} etw weissagen, *etw* wahr|sagen, *etw* prophezeien **2** *lett* (*presagire*) etw vorher|sagen, *etw* voraus|sagen.

divinatóre, (-trice) A agg (*che predice*) {MENTE} hellseherisch, weissagend, wahrsagend, prophetisch B m (f) Hellseher(in) m(f), Wahrsager(in) m(f), Prophet(in) m(f).

divinatòrio, (-a) <-*ri m*> agg **1** (*della divinazione*) {ARTE} Wahrsage-, hellseherisch, des Hellsehens, des Wahrsagens **2** (*profetico*) {ISTINTO} seherisch.

divinatrice f → **divinatore**.

divinazióne f (*intuizione profetica*) Wahrsagung f, Wahrsagerei f, Hellsehen n.

divincolàrsi rfl **1** (*dimenarsi*) sich krümmen, sich (durch|)winden: **si divincolava come un ossesso per sciogliere i legami**, er wand sich wie ein Besessener, um sich von den Fesseln zu befreien **2** (*liberarsi*) sich befreien: **cercò di ~**, er/sie versuchte sich zu befreien.

diving <-> m ingl (*immersione subacquea*) Tauchen n, Diving n.

divinis <inv> solo nella loc agg avv lat *relig*: **a ~** {SOSPENSIONE} von der Weihe (zum Priester); **sospendere qu a ~**, jdm die Ausübung des geistlichen Amtes untersagen, jdm die Weihe zum Priester entziehen.

divinità <-> f **1** (*dio*) {PAGANA} Gott m, Gottheit f **2** (*natura divina*) Göttlichkeit f **3** *fig* (*l'essere divino*) {+POESIA DANTESCA} Vollkommenheit f.

divinizzàre tr ~ *qu/qc* **1** (*considerare divino*) {FORZE DELLA NATURA} jdn/etw vergöttlichen **2** *fig* (*celebrare*) {ARTE, POETA} jdn/etw vergöttern, jdn/etw verehren.

divinizzazióne f **1** (*deificazione*) {+SOLE} Vergöttlichung f, Vergottung f **2** *fig* (*celebrazione*) {+ATTORE} Vergötterung f.

divìno, (-a) A agg **1** (*della divinità*) {GRAZIA, MISERICORDIA} göttlich: **parola/volontà divina**, Gottes Wort/Wille **2** (*celeste*) {FANCIULLO} himmlisch *fam* **3** *fig* (*bellissimo*) {ABITO} himmlisch *fam*, herrlich, wunderschön; {MUSICA} anche göttlich, wunderbar **4** *fig* (*squisito*) {PIATTO} göttlich, ausgezeichnet, köstlich B m Göttliche n decl come agg.

divìsa① f **1** *spec mil* (*uniforme*) {+ALPINI, BOY-SCOUT} Uniform f: **essere in ~ da lavoro**, in der Arbeits-/Dienstkleidung sein; **sconto per militari in ~**, Rabatt für Soldaten in Uniform; **~ sportiva**, Sportdress m **2** (*in araldica*) Wahlspruch m, Devise f, Losung f.

divìsa② f *econ* Devisen pl, Fremdwährung f: **~ estera**, Devisen pl, Fremdwährung f.

divìsi 1ª pers sing del pass rem *di* dividere.

divisìbile agg **1** (*frazionabile*) {PROPRIETÀ} aufteilbar **2** *gramm* {VERBO} trennbar **3** *mat* teilbar: **i numeri primi sono divisibili solo per 1 o per se stessi**, Primzahlen sind nur durch eins oder durch sich selbst teilbar.

divisibilità <-> f **1** (*frazionabilità*) {+EREDITÀ} Aufteilbarkeit f **2** *mat* {+NUMERO} Teilbarkeit f.

divisionàle agg *mil* Divisions-.

divisióne f **1** (*suddivisione*) Aufteilung f, Einteilung f, Unterteilung f: **dei bambini in due gruppi**, Einteilung f der Kinder in zwei Gruppen; **la ~ dell'anno in 12 mesi**, die Unterteilung des Jahres in 12 Monate; **~ di una provincia in comuni**, Aufteilung f einer Provinz in Gemeinden **2** (*classificazione*) Einteilung f, Klassifizierung f, Klassifikation f: **~ degli animali in classi**, Einteilung f der Tiere in Klassen **3** (*separazione*) {+DUE ELEMENTI} Trennung f, Teilung f: **~ di una parola in fin di riga**, Worttrennung f am Zeilenende; (*scomposizione*) Trennung f, **~ in sillabe**, Silbentrennung f **4** (*distribuzione*) {+LAVORO} Aufteilung f; {+EREDITÀ} Teilung f; {+BOTTINO} *anche* Verteilung f **5** (*reparto*) Abteilung f, Ressort n, Dezernat n: **~ ospedaliera**, Krankenhausabteilung f, Krankenstation f **6** *fig* (*distinzione*) Unterscheidung f: **la ~ tra il bene e il male**, die Unterscheidung von Gut und Böse; **~ dei poteri**, Gewaltenteilung f **7** *fig* (*disunione*) {+FORZE DI MAGGIORANZA} Kluft f, Gegensatz m **8** *amm* (*AMMINISTRATIVA*) Abteilung f **9** *biol bot* Teilung f, Spaltung f: **~ cellulare**, Zellteilung f; **~ diretta**, direkte Zellkernteilung, Amitose f *scient*; **~ riduzionale**, Reduktionsteilung f, Meiose f *scient* **10** *dir* Teilung f: **~ amichevole/contrattuale**, einverständliche Teilung; **~ giudiziale/[fatta dal testatore]**, Teilung f im streitigen Gerichtsverfahren/[Voraufteilung f durch den Testator] **11** *elettr* Teilung f **12** *lett* (*nella retorica*) {+DISCORSO} Unterteilung f **13** *mat* Teilung f, Division f: **fare le divisioni**, eine Division/Teilung vornehmen, teilen **14** *mil* {+FANTERIA} Division f: **~ corazzata**, Panzerdivision f **15** *sport* (*nel calcio*) Liga f, Spielklasse f, Division f: **massima ~**, höchste Spielklasse, erste Division, **~** Bundesliga f.

divisionìsmo m *arte* (*nella pittura*) Pointillismus m.

divisionìsta <-*i m*, -*e f*> *arte* (*nella pittura*) A agg {OPERA} pointillistisch B mf Pointillist(in) m(f).

divìsmo m **1** (*comportamento*) {+ATTORE} Starallüren pl *spreg* **2** (*ammirazione*) Starkult m.

divìso, (-a) A part pass *di* dividere B agg **1** (*separato*) {CONIUGI} getrennt **2** *fig* (*discorde*) {OPINIONI} auseinander|gehend, unstimmig C *in funzione di prep pass m* dividiert, geteilt: **4 ~ (per) 2**, 4 geteilt durch 2.

divisóre m **1** *mat* Divisor m, Teiler m: **massimo comune ~** (abbr MCD), größter gemeinsamer Teiler **2** *elettr tecnol* Teiler m, Teilgerät n.

divisòrio, (-a) <-*ri m*> A agg {SIEPE} Trenn- B m (*tramezzo*) Trennwand f: **~ di vetro**, Trennscheibe f.

divìstico, (-a) <-*ci, -che*> agg (*di divismo*) {FENOMENO} Star-.

divo①, (-a) m (f) Star m, Stern m, Größe f: **una diva del cinema muto**, eine Stummfilmgröße.

divo②, (-a) *lett* A agg (*divino*) göttlich B m (f) (*dio*) Gott m, (Göttin f).

divoràre tr **1** (*mangiare avidamente*) ~ *qc* {BELVA PREDA} etw verschlingen, *etw* gierig fressen; {RAGAZZO PRANZO} *etw* verschlingen, *etw* vertilgen *fam* **2** *fig* (*leggere*) ~ *qc* {LIBRO} *etw* verschlingen **3** *fig* (*distruggere*) ~ *qc* {INCENDIO QUARTIERE} *etw* vernichten, *etw* zerstören **4** *fig* (*percorrere*) ~ *qc* {AEREO SPAZIO} *etw* befliegen; {AUTO KILOMETRI} ~ zurück|legen, *etw* fressen *fam* **5** *fig* (*consumare*) ~ *qc* {PATRIMONIO} *etw* durch|bringen: **la malattia gli ha divorato il fegato**, die Krankheit hat seine Leber zerstört/verbraucht **6** *fig* (*tormentare*) ~ *qu* {ANSIA, RIMORSO} jdn zerfressen, *jdn* verzehren; {FEBBRE} an jdm zehren **7** *fig* (*fissare*) ~ *qu/qc con qc* jdn/etw mit etw (dat) verschlingen: **la divorava con lo sguardo**, er/sie verschlang sie mit seinem/ihrem Blick B *itr pron fig* (*tormentarsi*): **divorarsi da qc** {DALLA RABBIA} *vor etw* (dat) platzen, *vor etw* (dat) brennen; {DAL DESIDERIO, DALLA GELOSIA} anche sich *vor etw* (dat) verzehren.

divoratóre, (-trice) A agg *anche fig* {CURIOSITÀ, FUOCO} verzehrend B m (f) *anche fig* (*chi divora*) {+CARNE} Verzehrer(in) mf, Esser(in) m(f), Fresser(in) m(f) *spreg*: **~ di dolciumi**, Schlecker-, Naschmaul n *fam*, Naschkatze f *fam*; **~ di fumetti**, unersättlicher Comichefleser; **~ di libri**, Leseratte f *fam*, Bücherwurm m *fam*.

divorziàre <*divorzio, divorzi*> itr **1** *dir* ~ (**da qu**) {DALLA MOGLIE, DAL MARITO} sich (*von jdm*) scheiden lassen, (*von jdm*) geschieden werden: **hanno appena divorziato**, sie haben sich gerade scheiden lassen **2** *fig anche scherz* (*separarsi*) ~ (**da qu/qc**) {DA UN AMICO, DAL PARTITO} sich *von jdm/etw* trennen.

divorziàto, (-a) *dir* A agg {GENITORI} geschieden B m (f) Geschiedene mf decl come agg.

divorzìle agg (*di divorzio*) {ITER} Scheidungs-, {ASSEGNO} Unterhalts-.

divòrzio <-*zi*> m **1** *dir* (Ehe)scheidung f: **chiedere/ottenere il ~**, die Scheidung ein|reichen/erwirken **2** *fig* (*separazione*) {+DUE PARTITI} Trennung f.

divorzìsmo m *dir* "Befürwortung f der (Ehe)scheidung".

divorzìsta <-*i, -e*> <-*i m*, -*e f*> mf **1** (*avvocato*) Scheidungsanwalt m, (Scheidungsanwältin f) **2** (*chi è favorevole al divorzio*) Befürworter(in) m(f) der (Ehe)scheidung.

divulgàre <*divulgo, divulghi*> A tr ~ *qc* **1** (*diffondere*) {SEGRETO} etw bekannt geben/machen, *etw* weiter|sagen, *etw* verbreiten **2** (*rendere comprensibile*) {PRINCIPI DELLA FISICA MODERNA} *etw* (allgemein)verständlich dar|stellen B itr pron **1** (*diffondersi*): **divulgarsi (+ compl di luogo)** {NOTIZIA NEL PAESE} sich (*irgendwo*) verbreiten, (*irgendwo*) bekannt werden **2** (*entrare nell'uso comune*): **divulgarsi** {FRANCESISMO} in den allgemeinen Sprachgebrauch Eingang finden, gebräuchlich werden.

divulgatìvo, (-a) agg **1** (*di divulgazione*) {TESTO} allgemein verständlich, populär(wissenschaftlich) **2** (*facile*) leicht verständlich.

divulgatóre, (-trice) A agg **1** (*che divulga*) popularisierend, Popularisierungs- **2** (*che fa opera di propaganda*) bekannt gebend, verkündend B m (f) **1** (*diffusore*) {+NOTIZIA} Verbreiter(in) m(f) **2** (*chi divulga*): **~ scientifico**, Populärwissenschaftler m **3** (*propagandista*) {+TEORIA POLITICA} Propagandist(in) m(f), Verkünder(in) m(f).

divulgazióne f **1** (*diffusione*) {+NOTIZIE} Verbreitung f, Bekanntmachung f **2** (*il divulgare*) Popularisierung f, allgemein verständliche Darstellung; **~ culturale**, kulturelle Popularisierung; **fare opera di ~ scientifica**, popularisierend wirken.

dixieland <-> m ingl mus (*nel jazz*) Dixielandjazz m, Dixieland-Jazz m.

dizigòte *biol* A m dizygoter/zweieiiger Zwilling B agg dizygot, zweieiig.

dizionàrio <-*ri*> m **1** (*vocabolario*) Wörterbuch m: **consultare il ~**, im Wörterbuch nachschlagen; **~ etimologico**, etymologisches Wörterbuch; **~ illustrato/[per immagini]/[visuale]**, Bildwörterbuch n; **~ inverso**, rückläufiges Wörterbuch; **~ monolingue/bilingue**, einsprachiges/zweisprachiges Wörterbuch n; **~ dei sinonimi**, Synonym(en)wörterbuch n; **~ tascabile**, Taschenwörterbuch n; **~ tedesco-italiano**, deutsch--italienisches Wörterbuch; **~ tecnico**, Fachwörterbuch n **2** {+CHIMICA, INFORMATICA, PSICOLOGIA} Lexikon n: **~ enciclopedico**, Lexikon n, enzyklopädisches Wörterbuch.

dizionarista <-*i* m, -*e* f> mf (*lessicografo*) Lexikograf(in) m(f).
dizionaristica <-*che*> f (*lessicografia*) Lexikographie f, Wörterbuchkunde f.
dizionaristico, (-**a**) <-*ci*, -*che*> agg (*lessicografico*) {PANORAMA} lexikographisch.
dizióne f 1 (*pronuncia*) Aussprache f, Ausdrucksweise f, Diktion f *forb*: **prendere lezioni di ~**, Sprechunterricht nehmen 2 *lett* (*locuzione*) {MERIDIONALE} Redensart f, (Rede)wendung f 3 *lett* (*declamazione*) {+POESIA} Vortrag m, Deklamation f.
DJ m *abbr dell'ingl* Disc Jockey: Discjockey m, Diskjockey m, DJ m, Deejay m.
DJIA m *banca abbr dell'ingl* Down-Jones Industrial Average: Dow-Jones-Index m.
DK *abbr di* Danimarca: DK (*abbr di* Dänemark).
dl *metrol abbr di* decilitro: dl (*abbr di* Deziliter).
D.L. 1 *dir abbr di* Decreto legge: Verordnung f mit Gesetzeskraft 2 *arch abbr di* Direttore dei Lavori: Leiter m der Forschungsarbeiten.
DLF m *abbr di* Dopolavoro Ferroviario: Freizeitzentrum n für Eisenbahnangestellte.
D. Lgs. *dir abbr di* Decreto legislativo: Gesetzesverordnung f.
dm *metrol abbr di* decimetro: dm (*abbr di* Dezimeter); **dm²**, dm² (*abbr di* Quadratdezimeter); **dm³**, dm³ (*abbr di* Kubikdezimeter).
D.M. m 1 *dir abbr di* Decreto Ministeriale: Ministerialerlass m 2 *banca abbr di* Deutsche Mark: DM (*abbr di* Deutsche Mark).
DNA <-> m 1 *biol chim abbr di* acido deossiribonucleico: DNS f (*abbr di* Desoxyribonukleinsäure) 2 *fig* (*matrice*) {+IMPRESA} Grundstruktur f, Grundschema n.
do① <-> m *mus* c, C n: **do diesis/bemolle**, cis n/ces n; **do di petto**, hohes C.
do② 1ª pers sing dell'ind pres *di* dare.
dobbiàmo 1ª pers pl dell'ind pres *di* dovere①,②.
dòbermann <-> m *ted zoo* Dobermann m.
doblóne m *numism* Dublone f.
doc. *abbr di* documento: Dok. (*abbr di* Dokument).
DOC, doc <inv> agg 1 *enol gastr abbr di* Denominazione di Origine Controllata {VINO} DOC (*Qualitätswein aus bestimmten Anbaugebieten*); {FORMAGGIO, OLIO} DOC (*Qualitätsbezeichnung für Produkte aus bestimmten Anbaugebieten*) 2 *fig scherz* (*autentico*) {PIEMONTESE} typisch, (wasch)echt, hundertprozentig *fam*.
dóccia <-*ce*> f 1 *gener* Dusche f, Brause f: **fare la ~**, (sich) (ab)duschen; **vado a fare la ~**, ich gehe ⌊unter die Dusche,⌋[duschen] 2 <*di solito al pl*> (*locale*) {+PALESTRA} Duschraum m 3 (*grondaia*) Dachrinne f, Dachkandel m *region* 4 (*canale*) {+MULINO} Gerinne n 5 *med* Geradehalter m, Bein-, Armschiene f • **una ~ fredda** *fig* (*notizia inaspettata*), eine kalte Dusche; **aver bisogno di una ~ fredda** *fig* (*per calmarsi*), eine kalte Dusche brauchen; **una ~ scozzese** (*che alterna acqua calda e fredda*), Wechselduschen f.
Docciaschiùma® <- *o* docceschiume> f (*nella cosmesi*) Duschbad n.
doccióne m *arch* (*Regen*)abflussrohr n; *stor* {+COSTRUZIONI ANTICHE} Wasserspeier m.
docènte A agg 1 *scuola* {PERSONALE} Lehr(er)- 2 *università* Professoren-, Dozenten- B mf 1 *scuola* Lehrer(in) m(f): **~ di matematica**, Mathematiklehrer(in) m(f), Mathelehrer(in) m(f) *fam*; **i docenti**, die Lehrkräfte, die Lehrerschaft, der Lehrkörper 2 *università* Dozent(in) m(f), Hochschullehrer(in) m(f): **libero ~**, Privatdozent m.
docènza f 1 *scuola* Lehrberuf m 2 *università* Dozentur f, Professur f: **libera ~**, Privat-dozentur f.

dòcet *loc verbale lat* (*insegna*): **Dante ~**, Dante lehrt.
DOCG <inv> agg *enol gastr abbr di* Denominazione di Origine Controllata e Garantita: DOCG (*Qualitätsbezeichnung mit Garantiezeichen für Produkte aus bestimmten Anbaugebieten*).
dòcile agg 1 (*arrendevole*) {BAMBINO, CARATTERE} gefügig, fügsam, folgsam 2 (*mansueto*) {ANIMALE} zahm, zutraulich: **cavallo ~ al morso**, zahmes/zutrauliches Pferd 3 *fig* (*che si usa con facilità*) {MACCHINA, STRUMENTO} handlich, leicht handhabbar; {MATERIALE, METALLO} geschmeidig, weich 4 *fig* (*pettinabili*): **capelli docili al pettine**, leicht kämmbare Haare.
docilità <-> f 1 (*arrendevolezza*) {+FIGLIO} Gefügigkeit f, Fügsamkeit f 2 (*mansuetudine*) {+CANE} Zahmheit f 3 (*facilità d'uso*) {+STRUMENTO} Handlichkeit f, Handhabbarkeit f; {+MATERIALE} Weichheit f, Geschmeidigkeit f.
dock <-> m *ingl* (*zona del porto*) Hafenbecken n, Dock n.
docking <-> m *ingl astr* Docking n, Ankoppeln n, Ankoppelung f.
docufiction <-> f *o* m *film TV* Docufiction f, Dokufiktion f.
documentàbile agg (*che si può documentare*) belegbar, dokumentierbar.
documentàle agg (*dei documenti*) urkundlich, dokumentarisch; {PROVA} Urkunden-.
documentàre A tr 1 (*provare*) **~ qc** {VERITÀ DI UN FATTO} *etw* beweisen, *etw* belegen; (*con documenti*) *etw* belegen, *etw* nach|weisen, *etw* dokumentieren; *amm dir* {ACCUSA} *etw* belegen, *etw* urkundlich belegen, *etw* dokumentieren 2 (*corredare*) **~ qc** (**con qc**) {VIAGGIATORE RACCONTO CON FOTOGRAFIE} *etw* (*mit etw dat*) belegen, *etw* (*mit etw dat*) unterlegen 3 *amm comm dir* (*provare con documenti*) **~ qc** {ACQUISTO, SPESA} *etw* belegen, *etw* dokumentieren 4 *rar* (*informare*) **~ qu acc**) informieren B rfl (*procurarsi informazioni*): **documentarsi** (**su qu/qc**) {SULLA SITUAZIONE POLITICA DI UN PAESE} sich über *jdn/etw* informieren.
documentàrio, (-**a**) <-*ri* m> A agg 1 (*dei documenti*) {SCRITTURA} dokumentarisch, Dokumentar- 2 *anche film TV* (*informativo*) {SERVIZIO} Dokumentar-; {MATERIALE} Dokumentations- B m *film TV* Dokumentarfilm m.
documentarista <-*i* m, -*e* f> mf *film TV* Dokumentarfilmer(in) m(f).
documentàto, (-**a**) agg 1 (*corredato di documenti*) {OPERA} dokumentarisch belegt, beurkundet, (*RICERCA*) dokumentiert 2 (*informato*) {RICERCATORE} informiert 3 (*attestato*) ~ (+ *compl di luogo*) {PAROLA NELLA BIBBIA} (*irgendwo*) belegt 4 *amm comm dir* (*provato da documenti*) {ACQUISTO, SPESA} belegt, dokumentiert; {ACCUSA} bewiesen.
documentatóre, (-**trice**) m (f) (*chi documenta*) Dokumentator(in) m(f), Dokumentarist(in) m(f).
documentazióne f 1 (*raccolta di materiale*) Dokumentation f 2 (*insieme di documenti*) Dokumentation f, Unterlagen f pl, Akte f; (*appendice di documenti*) Dokumentations-, Belegmaterial n 3 (*dimostrazione*) {+SPESE DI TRASFERTA} Beleg m pl 4 *amm comm dir* Belege m pl, Unterlagen f pl, Dokumentation f 5 *comm* {+PRODOTTO} Prospektion f, Prospekte m pl 6 *dir* Dokumentation f 7 *inform* {AUTOMATICA} Dokumentation f.
documénto m 1 *amm* {AUTENTICO} Doku-

ment n, Beleg m; <*solo pl*> *anche* Papiere n pl, Unterlagen f pl 2 *dir* Schriftstück n, Akte f; (*rappresentativo di fatti giuridicamente rilevanti*) Urkunde f; (*per l'identificazione personale*) Ausweispapier n; (*carta d'identità*) Personalausweis m; (*passaporto*) (Reise)pass m: **documenti prego!**, Ausweise bitte!; **avere i documenti in regola**, seine Papiere in Ordnung haben; **il mio ~ è scaduto**, mein Ausweis ist abgelaufen 3 *fig* (*testimonianza*) {FOTOGRAFICO, STORICO; +CIVILTÀ MEDIEVALE} Dokument n, Zeugnis n; *giorn* Dokumentarbericht m 4 *comm* Papiere n pl, Dokumente n pl: **~ di bordo/imbarco/spedizione**, Bord-/Verschiffungs-/Versanddokumente n pl 5 *inform* Dokument n, Dokumentdatei f: **~ sorgente**, Quelldokument n.
dodecaèdro m *mat* Zwölfflächner m, Zwölfflach m, Dodekaeder m.
dodecafonia f *mus* Zwölftonmusik f, Dodekaphonie f, Dodekafonie f.
dodecafònico, (-**a**) <-*ci*, -*che*> agg *mus* {COMPOSIZIONE} Zwölfton-, dodekaphonisch.
dodecàgono m *mat* Zwölfeck n.
Dodecanèso m *geog* Dodekanes m.
dodecasìllabo, (-**a**) *ling* A agg {VERSO} zwölfsilbig B m Zwölfsilb(l)er m.
dodecennàle A agg 1 (*di dodici anni*) {PRESTITO} Zwölfjahres- 2 *rar* (*che dura da dodici anni*) {CAUSA} zwölfjährig 3 (*che ricorre ogni dodici anni*) {ANNIVERSARIO} zwölfjährlich B m Zwölfjahrestag m 2 (*cerimonia*) Zwölfjahresfeier f.
dodicènne A agg (*che ha dodici anni*) {RAGAZZO} zwölfjährig B mf Zwölfjährige mf decl come agg.
dodicènnio <-*ni*> m Zeitraum m von zwölf Jahren, zwölf Jahre n pl.
dodicèsimo, (-**a**) A agg num zwölfte(r, s) B <inv> loc agg edit: **in ~**, {EDIZIONE, STAMPA} Duodez- C m (f) Zwölfte mfn decl come agg D (*frazione*) Zwölftel n, zwölfter Teil; → *anche* **quinto**.
dódici A agg num zwölf B m 1 (*numero*) Zwölf f 2 (*nelle date*) Zwölfte m decl come agg C f pl zwölf Uhr; → *anche* **cinque**.
dóga <*doghe*> f (*striscia di legno*) Daube f.
dogàna f 1 (*imposta*) Zoll m: **essere soggetto a ~**, zollpflichtig sein; **pagare la ~**, Zoll bezahlen 2 (*ufficio*) Zoll m, Zollbehörde f, Zollamt n 3 (*luogo*) Zoll m: **passare la ~**, den Zoll passieren 4 (*impiegati*) Zollbeamten m pl.
doganàle agg 1 (*della dogana*) {TASSA} Zoll-; {UFFICIO} *anche* zollamtlich 2 *dir* {DEPOSITO, UNIONE} Zoll-.
doganière m (*agente*) Zollfahnder m, Zollbeamte m.
dogaréssa f *stor* (*moglie del doge*) Frau f eines Dogen.
dòge m *stor* {+VENEZIA} Doge m.
doggy-bag <-> m *ingl* (*sacchetto*) Doggie-bag n (für Reste im Restaurant).
dòglia f 1 <*solo pl*> (*Geburts*)wehen f pl: **avere le doglie**, Wehen haben, in den Wehen liegen 2 *lett* (*dolore*) Schmerz m, Weh n *forb*.
dogliànza f (*lamentela*) Beschwerde f, Klage f.
dòglio <*dogli*> m (*vaso*) (Ton)krug m.
dògma <-*i*> m 1 (*assioma*) {FILOSOFICO, POLITICO} Dogma n, Lehrsatz m 2 *relig* {CRISTIANO} Dogma n.
dogmàtica <-*che*> f *relig* Dogmatik f.
dogmàtico, (-**a**) <-*ci*, -*che*> A agg 1 (*assoluto*) {ASSUNTO, STUDIO} oberst(r, s); {VERITÀ} absolut 2 (*intransigente*) {POSIZIONE, SPIRITO, TONO} dogmatisch, unnachgiebig 3 *relig* (*dei dogmi*) dogmatisch B m (f) 1 (*persona in-*

transigente) unnachgiebiger Mensch **2** *relig* (*studioso*) Dogmatiker(in) m(f).

dogmatismo m Dogmatismus m.

dogmatizzare itr (*parlare in modo dogmatico*) dogmatische Ansichten vor|tragen/vertreten, dogmatisch reden.

dog sitter <- -, - -s pl *ingl* loc sost m f *ingl* Hunde-, Dogsitter(in) m(f).

do-it-yourself *ingl* **A** <inv> agg {TAVOLO} selbstgefertigt **B** <-> m (*bricolage*) Do-it--yourself n, Heimwerken n.

Dolby® <-> m *ingl mus* Dolby-System® n.

dolce A agg **1** *gener anche gastr* (ARANCIA, CAFFÈ, LIQUORE, MANDORLA, PROFUMO, SALSA, SAPORE, VINO} süß: **~ come il miele/la melassa**, honig-/zuckersüß; {PATATA} Süß-; *anche chim* (*non salato*) {ACQUA} Süß-; *gastr* (*poco salato*) {FORMAGGIO} mild **2** (*malleabile*) {ACCIAIO, FERRO, LEGNO, RAME} weich, Weich- **3** *fig* (*mite*) {CLIMA, PRIMAVERA, RAGGIO DI SOLE} mild; {VISO} sanft, süß; {CARATTERE, ESPRESSIONE, MODI} freundlich, liebenswürdig, sanft, sanftmütig **4** *fig* (*melodioso*) {CANTO, SUONO, VOCE} süß, melodiös **5** *fig* (*piacevole*) {SPERANZA} süß; {RICORDO} *anche* angenehm, schön {COMPAGNIA} angenehm; {PANORAMA} schön **6** *fig* (*amato*) {CASA} geliebt; {AMICO, MARITO} *anche* lieb **7** *fig* (*lieve*) {COLORE} sanft {PENDIO, VENTO} *anche* leicht **8** *fig* (*non violento*) {GINNASTICA, PARTO} sanft **9** *ecol* sanft **10** *ling* {CONSONANTE} weich, stimmhaft **B** m **1** (*sapore*) {+MIELE} Süße n, süßer Geschmack **2** *gastr* Süßspeise f: **comprare molti dolci**, viele Süßwaren kaufen; **eliminare i dolci dalla dieta**, Süßes aus seinen Kost verbannen, nichts Süßes mehr essen; (*dessert*) Dessert n, Nachtisch m, Süßspeise f: **al cucchiaio**, cremiger Nachtisch, Dessert n, beim Dessert sein; (*torta*) Kuchen m, Torte f; (*caramella*) Süßigkeit f.

dolceamaro, (-a) agg *anche fig* {RICORDO, SAPORE} bittersüß.

dolcetto <dim *di dolce*> m **1** (*piccolo dolce*) Gebäck n **2** *enol* Dolcetto m (*Rotweinsorte aus dem Piemont*).

dolcevita, **dolce vita A** <inv> agg loc agg (*nella moda*) {MAGLIONE} Rollkragen- **B** m f (*nella moda*) Rollkragenpullover m, Rolli m *fam* **C** f *film lett* Dolce Vita n o f.

dolcezza f **1** (*sapore dolce*) {+MELASSA} Süße f, Süßigkeit f **2** *fig* (*piacevolezza*) {+SENSAZIONE, SENTIMENTO} Süße f; {+SUONO} *anche* Weichheit f; {+SGUARDO, SORRISO} Sanftheit f **3** *fig* <di solito al pl> (*piaceri*) {+VITA} Freuden f pl **4** *fig* (*mitezza*) {+CLIMA} Milde f **5** *fig* (*bontà*) {+MADRE} Sanftheit f, Güte f **6** *fig scherz* (*rif. a ragazza, donna*) Süße f *fam*.

dolciario, (-a) <-*ri* m> agg (*di dolci*) {INDUSTRIA, SETTORE} Süßwaren-.

dolciastro, (-a) agg **1** (*stucchevole*) {BEVANDA, SAPORE} widerlich süß, süßlich **2** *fig spreg* (*mellifluo*) {MANIERA, PERSONA, TONO} widerlich *spreg*, honig-, zuckersüß.

dolcificante A agg (*che dolcifica*) Süß- **B** m (*prodotto*) Süßstoff m.

dolcificare <dolcifico, dolcifichi> tr – *qc* (*con qc*) **1** (*rendere dolce*) {CAFFÈ COL MIELE} *etw* (*mit etw dat*) (ver)süßen, *etw* (*mit etw dat*) süß machen **2** (*addolcire*) {ACQUA CON UN FILTRO} *etw* (*mit etw dat*) enthärten.

dolciume m <di *solito al pl*> (*prodotti*) Süßwaren f pl, Süßigkeiten f pl **2** *rar* (*sapore troppo dolce*) widerliche Süße, widerlich süßlicher Geschmack.

dolente agg **1** (*che duole*) {PUNTO} schmerzend, schmerzhaft **2** *fig* (*di dolore*) {SGUARDO, TONO, VOCE} schmerzvoll **3** *fig forb* (*dispiaciuto*) betrübt, traurig: **sono ~ per quanto è successo**, was

geschehen ist, schmerzt mich *forb*/[tut mir sehr leid].

dolere <*irr* dolgo, dolsi, doluto> **A** itr (*essere o rar avere*) – **a qu 1** (*provare dolore*) *jdn/jdm* schmerzen, *jdm* weh|tun: **mi dolgono i denti**, die Zähne tun mir weh, ich habe Zahnweh **2** *fig* (*rincrescere*) *jdn/jdm* schmerzen, *jdm* leid|tun: **mi duole di non potervi aiutare**, es tut mir leid/[schmerzt mich *forb*], euch nicht helfen zu können **B** rfl – (*rammaricarsi*): **dolersi** (*di qc*) {DI UNA CATTIVA AZIONE} *etw* bedauern, (*über etw acc*) betrübt sein **2** (*lamentarsi*): **dolersi** (*con qu*) (*di qc*) sich (*bei jdm*) (*über etw acc*) beklagen/beschweren.

dolicocefalia f *med* Langköpfigkeit f, Dolichozephalie f *scient*.

dolicocefalo, (-a) *med* **A** agg langschäd(e)lig, langköpfig, dolichozephal *scient* **B** m (f) Langschäd(e)lige mf decl come agg.

dolina f *geog* Doline f.

dollaro m Dollar m: **~ australiano/canadese/USA**, australischer/kanadischer/US--Dollar; **100 dollari**, 100 Dollar.

dolly <-> m *ingl film* Dolly m, Kamerawagen m.

dolmen <-> m *archeol* Dolmen m.

dolo m **1** *dir* (*volontà colpevole*) Vorsatz m, Dolus m: **~ eventuale**, bedingter Vorsatz; **~ intenzionale**, Absicht f **2** *dir* (*volontà di arrecare danni*) Vorsatz m; (*volontà di ingannare*) arglistige Täuschung, Dolus m **3** *fig* (*inganno*) Betrug m, Täuschung f.

dolomite f *min* Dolomit m ● **le Dolomiti** *geog*, die Dolomiten.

dolomitico, (-a) <-*ci*, -*che*> agg **1** (*delle Dolomiti*) {LAGO, PAESAGGIO} dolomitisch, Dolomiten- **2** *min* {ROCCIA, SABBIA} dolomitisch, Dolomit-.

dolorante agg **1** (*che fa male*) {BRACCIO} schmerzend **2** (*che sente male*) schmerzend, schmerzhaft: **oggi mi sono alzato tutto ~**, als ich heute aufstand, tat mir alles weh.

dolore m *anche med* **1** (*sofferenza*) {ARTICOLARE, REUMATICO} Schmerz m: **~ di denti/stomaco/testa**, Zahn-/Magen-/Kopfschmerzen m pl; **avere un ~ alla schiena**, Rückenschmerzen haben; **i dolori del parto**, die Geburtsschmerzen m pl **2** *fig* (*afflizione*) Kummer m, Leid n, Schmerz m, Weh n *rar*, Gram m *lett obs*: **condividere il** ~/[prendere parte al] **~ di qu** *form*, jds Kummer/Leid teilen, mit jdm mitleiden; **chiudersi nel proprio ~** *fig*, sich in seinem Schmerz einmauern/vergraben **3** *fig* (*dispiacere*) Schmerz m: **con mio grande ~**, zu meinem großen Leidwesen; **dare un grande ~ a qu**, jdm ein großes Leid zufügen, jdm sehr wehtun ● **impazzire**/**morire dal ~** *fig* (*avere molto dolore*), vor Schmerzen verrückt werden *fam*; **sono dolori!** *fig* (*guai*), das gibt Ärger!; **essere tutto un ~** *fig* (*avere male dappertutto*), überall Schmerzen haben, völlig zerschlagen sein.

doloroso, (-a) agg **1** *anche med* (*che procura dolore*) {INTERVENTO} schmerzhaft, schmerzlich; {FERITA} *anche* schmerzend **2** *fig* (*penoso*) {SITUAZIONE} misslich, peinlich **3** *fig* (*pieno di dolore*) {LAMENTO, SGUARDO} schmerzvoll, traurig {VITA} *anche* schmerzlich.

dolosità <-> f *dir* {+INCENDIO} Vorsätzlichkeit f, Mutwilligkeit f.

doloso, (-a) agg **1** *dir* {INCENDIO, OMICIDIO} vorsätzlich, dolos **2** *rar lett* (*fraudolento*) böswillig, betrügerisch.

dolsi 1ª pers sing del pass rem *di* dolere.

doluto part pass *di* dolere.

dom. abbr *di* domenica: So. (abbr *di* Sonntag).

domabile agg (*che si può domare*) {CAVALLO}

zähmbar; *fig* {RIVOLTA} beherrschbar.

domanda f **1** (*quesito*) {+AMICO, INSEGNANTE} Frage f: **fare una ~ a qu**, jdm eine Frage stellen; **rispondere a una ~**, auf eine Frage antworten, eine Frage beantworten **2** (*richiesta*) Antrag m: **~ di matrimonio**, Heiratsantrag m; (*preghiera*) Bitte f; (*richiesta scritta*) Anfrage f, Antrag m; **presentare/respingere una ~ di trasferimento**, einen Antrag auf Versetzung stellen/ablehnen; (*di lavoro*) Bewerbung f; **ho fatto ~ in tutte le aziende del settore**, ich habe mich bei allen Firmen der Branche beworben; **~ di assunzione**, Stellengesuch n, Bewerbung f, Bewerbungsschreiben n; *anche* Antrag m, Gesuch n; **~ di pensione**, Antrag m auf Pension; **presentare una ~ in carta da bollo**, ein Gesuch auf Stempelpapier einreichen **3** *banca econ* Nachfrage f **4** *dir* Antrag m; Begehren n; Gesuch n; Ersuchen n: **il Comune di Bologna ha accolto la ~**, die Stadt Bologna hat dem Antrag stattgegeben; **~ di estradizione**, Auslieferungsantrag m, Auslieferungsersuchen n; **~ giudiziale** (*atto con cui ha inizio il processo*), Klage f; Klageantrag m; **~ di grazia**, Gnadengesuch n; **~ di pronuncia pregiudiziale della Corte di Giustizia della Comunità Europea**, Vorabentscheidungsersuchen n des Europäischen Gerichtshofs ● ˻**che domande!**˼/[sono domande da farsi?] (*è ovvio*), da fragst du noch?, das dürfte doch wohl klar sein?; **~ retorica** (*apparente*), rhetorische Frage; **~ trabocchetto**, Fangfrage f.

domandare A tr **1** (*chiedere per sapere*) – (*qc*) (*a qu*) {INDIRIZZO, ORA ALL'INSERVIENTE} jdn *etw*/nach *etw* (dat) fragen, *etw* (*bei jdm*) erfragen: **il prezzo**, nach dem Preis fragen; **non si domanda nemmeno!**, das ist doch ˻keine Frage˼/[kein Thema *slang*]/[selbstverständlich]!; **ignoro come si sono svolti i fatti e quindi mi domando ...**, ich weiß nicht, was passiert ist und frage mich also ...; **domandale cosa fa questo fine settimana!**, frag sie doch, was sie dieses Wochenende macht! **2** (*per ottenere*) **~ qc** (**a qu**) jdn um *etw* (acc) bitten: **~ scusa/perdono a qu**, jdn um Entschuldigung/Verzeihung bitten **3** (*richiedere*) **~ qc** (**a qu**) {MODIFICA DEL CONTRATTO DI LAVORO} (*von jdm*) *etw* verlangen; **~ qc** (*per qc*) (*a qu*) {UN MILIARDO PER UN APPARTAMENTO} (*von jdm*) *etw* für *etw* (acc) verlangen, (*von jdm*) *etw* für *etw* (acc) fordern **B** itr **1** (*chiedere notizie*) – **a qu di qu**/**qc** jdn nach jdm/*etw* fragen, sich *bei jdm nach jdm/etw* erkundigen **2** (*cercare*) – **di qu** jdn verlangen, jdn suchen: **al telefono domandano di Lei**, Sie werden am Telefon verlangt! **C** rfl indir (*chiedersi*): **domandarsi qc** sich *etw* fragen: **mi domando che cosa avrei dovuto fare**, ich frage mich, was ich hätte tun sollen ● **io mi domando e dico ...** (*di meraviglia*), da fragt man sich schon ..., ich frage mich nun wirklich...

domani A avv **1** morgen: **a ~!**, bis morgen!; **~ mattina/pomeriggio/sera**, morgen früh/Nachmittag/Abend; **alle dieci siamo impegnati**, morgen um zehn haben wir ˻was vor˼/[zu tun] *fam*; ˻**dopo ~**˼/[~ l'altro], übermorgen; **~ a otto/quindici**, morgen in einer Woche/[vierzehn Tagen] **2** (*in futuro*) in Zukunft, morgen: **continua a rimandare il lavoro a ~**, er/sie schiebt die Arbeit weiterhin vor sich (dat) her **3** *iron* (*mai*) (sicher) morgen *iron*; niemals: **credi che mi restituirà i soldi che gli ho prestato? – Sì, ~!**, glaubst du, dass er mir das Geld, das ich ihm geliehen habe, zurückgeben wird? – Ja, gleich morgen! *iron* **B** m <solo sing> **1** (*il giorno dopo*) Morgen n, darauf folgender Tag, nächster Tag **2** (*futuro*) Morgen m, Zukunft f: **un ~ potrebbe servirti**, er/sie/es könnte dir in der Zukunft von Nutzen sein; **la soluzione si prospetta in un ~ molto lontano**, die Lösung zeichnet sich erst in weiter Ferne ab ◨C ‹inv› loc agg *(futuro)*: **di ~**, {MODA, SITUAZIONE} morgig, von morgen; **l'Italia di ~**, das Italien ˌvon morgenˌ/[der Zunkunft] • **avere il ~ assicurato** *fig (avere una sicurezza per il futuro)*, eine gesicherte Zukunft haben; ~ **è un altro** *giorno fig*, morgen ist ein neuer Tag; **non rimandare a ~ quello che puoi fare oggi** *prov*, was du heute kannst besorgen, das verschiebe nicht auf morgen *prov*.

domàre *tr* **1** *(ammaestrare)* ~ **qc** {LEONE} *etw* zähmen, *etw* bändigen; {CAVALLO} *etw* zuˌreiten **2** *(soffocare)* ~ **qc** {FIAMME} *etw* ersticken; {INCENDIO} *anche etw* löschen; {FORZE DELLA NATURA} *etw* bändigen; {IRA, PASSIONI} *etw* beherrschen, *etw* zügeln, *etw* kontrollieren; {RIVOLTA} *etw* niederˌwerfen, *etw* unterdrücken **3** *fig (rendere ubbidiente)* ~ **qu** {CLASSE} *jdn* bändigen; {POPOLO} *jdn* unterwerfen, *jdn* unterjochen.

domatóre, (-trice) *m (f)* Tierbändiger(in) *m(f)*, {+TIGRE} Dompteur *m*, (Dompteuse *f*); {+CAVALLO} Zureiter(in) *m(f)*.

domattìna *avv (domani mattina)* morgen früh, morgen Vormittag: **arrivederci a ~**, bis morgen früh!.

domènica ‹-che› ◨A *f (abbr dom.)* Sonntag *m*: **essere battezzato di ~**, am Sonntag getauft werden; **la seconda ~ dell'avvento**, der zweite Advent(ssonntag); ~ **di Pasqua**, Ostersonntag *m*; ~ **di Pentecoste**, Pfingstsonntag *m* ◨B ‹inv› loc agg: **della ~ 1** *(bello)* {VESTITO} Sonntags- **2** *(occasionale)* {SCRITTORE} Gelegenheits- **3** *(inesperto)* {AUTOMOBILISTA} Sonntags- • ~ **in albis** *(la prima dopo Pasqua)*, Weißer Sonntag, Quasimodogeniti; → *anche* **lunedì**.

domenicàle *agg (della domenica)* {FUNZIONE, GITA, VISITA} Sonntags-, sonntäglich.

domenicàno, (-a) *relig* ◨A *agg* {ORDINE, REGOLA} dominikanisch, Dominikaner- ◨B *m (f)* Dominikaner(in) *m(f)*.

Doménico *m (nome proprio)* Dominik.

domése ◨A *agg (di Domodossola)* von/aus Domodossola ◨B *mf (abitante)* Einwohner(in) *m(f)* Domodossolas.

domèstica ‹-che› *f (donna di servizio)* Hausangestellte *f*, Dienstmädchen *n obs*, Bedienstete *f*: ~ **fissa**, feste Hausangestellte; **a ore**, Haushaltshilfe *f*.

domesticità ‹-› *f bot zoo* {+ANIMALE, PIANTA} Domestiziertheit *f*, Zahmheit *f*.

domèstico, (-a) ‹-ci, -che› ◨A *agg* **1** *(di casa)* {MURA, USO} Haus-, häuslich; {LAVORO} Heim-; {ANGOLO} heimelig **2** *(familiare)* {CONSUETUDINI} familiär; {VITA} Familien- **3** *(addomesticato)* {ANIMALE} Haus-, zahm, gezähmt **4** *(coltivato)* {PIANTA} Kultur- ◨B *m (collaboratore)* Hausangestellte *m decl come agg*, Bedienstete *m decl come agg*, Diener *m*.

domiciliàre① *agg (nel/del domicilio)* {ARRESTO, PERQUISIZIONE} Haus-.

domiciliàre② ‹*domicilio, domicili*› ◨A *tr comm* ~ **qc** {CAMBIALE} *etw* domizilieren ◨B *rfl amm (prendere domicilio)*: **domiciliarsi** + **compl di luogo**) seinen Wohnsitz *(irgendwo)* nehmen, sich *(irgendwo)* niederˌlassen.

domiciliatàrio, (-a) ‹-ri *m*, -rie *f*› *dir* Zustellungsbevollmächtigte *mf decl come agg*.

domiciliàto, (-a) *agg* **1** *amm (+ compl di luogo)* {IN GERMANIA, A MILANO} *(irgendwo)* wohnhaft, *(irgendwo)* ansässig **2** *comm* {CAMBIALE} Domizil-.

domiciliazióne *f amm comm* {+CAMBIALE} Domizilierung *f*.

domicìlio ‹-li› ◨A *m* **1** *(casa)* Wohnung *f*, Haus *n* **2** *dir* Wohnsitz *m*: **elesse Salisburgo a suo ~**, er/sie (er)wählte Salzburg als seinen/ihren Wohnsitz; **eleggere ~ presso lo studio legale Rossi**, als Zustellungsanschrift die Kanzlei Rossi bestimmen/wählen ◨B ‹inv› loc agg: **a ~**, {LAVORO} Heim-; {CONSEGNA} ins Haus ◨C loc avv: **a ~**, {CONSEGNARE} ins Haus; **pagabile a ~**, zahlbar am Wohnsitz • ~ **coatto**, Zwangswohnsitz *m*; ~ **fiscale** *dir fisco*, (steuerlich relevanter) Wohnsitz.

dominànte ◨A *agg* **1** *(che predomina)* {CLASSE, POSIZIONE} dominierend, (be)herrschend, vorherrschend **2** *fig (principale)* {CARATTERISTICA, MOTIVO} dominierend, Haupt-; {TENDENZA} führend; {IDEA, RELIGIONE} vorherrschend; {FIGURA} Haupt- **3** *biol anche (in etologia)* {CARATTERE, MASCHIO} dominant **4** *meteo* {VENTO} herrschend **5** *mus* {NOTA} Haupt- ◨B *f* **1** *fig (caratteristica principale)* vorherrschendes Merkmal **2** *fot* vorherrschender Farbton **3** *mus* Dominante *f*.

dominàre ◨A *tr* **1** *(soggiogare)* ~ **qu/qc** {POPOLO, PAESE} *jdn/etw* beherrschen, *jdn/etw* unterwerfen; *fig* {FIGLIO, PUBBLICO} *jdn/etw* beherrschen; {FANTASIE MENTE} *jdn/etw* beherrschen: **quel ragazzo è completamente dominato dal padre**, dieser Junge ˌwird vollständig vom Vater beherrschtˌ/[steht völlig unter der Fuchtel seines Vaters *fam*] **2** *(sovrastare)* ~ **qc** {TORRE CITTÀ} *etw* überragen **3** *(tenere sotto controllo)* ~ **qc** {MERCATO, SITUAZIONE} *etw* beherrschen, *etw* unter Kontrolle haben; {ISTINTI, PASSIONE, SENTIMENTI} *etw* beherrschen, *etw* im|Zaum halten, *etw* unterwerfen **4** *fig (conoscere bene)* ~ **qc** {LINGUA, MATERIA, STILE} *etw* beherrschen, sich *in etw (dat)* gut ausˌkennen **5** *sport* ~ **qu/qc** {AVVERSARIO} *jdn/etw* beherrschen; ~ **la classifica**, Tabellenerster sein ◨B *itr* **1** *(regnare)* ~ (**in qc**) *(su qu/qc)* {SULLA NAZIONE} *(in etw dat)* über *jdn/etw* herrschen, *jdn/etw* beherrschen: **l'Inghilterra dominò a lungo in India**, England beherrschte Indien lange Zeit; *fig* {CAOS} (vor|)herrschen, dominieren **2** *(ergersi)* ~ (+ **compl di luogo**) sich *(irgendwo)* erheben **3** *fig (primeggiare)* ~ **(su qu/qc)** {SUGLI ALTRI} *jdn/etw* überlegen sein, *jdn/etw* übertreffen **4** *sport* führen, dominieren ◨C *rfl (controllarsi)*: **dominarsi** {INSEGNANTE} sich beherrschen, sich kontrollieren, sich zusammen|reißen *fam*: **è uno che sa dominarsi**, er weiß sich zu beherrschen.

dominatóre, (-trice) ◨A *agg (che domina)* (be)herrschend ◨B *m (f)* (Be)herrscher(in) *m(f)*.

dominazióne *f* **1** *(dominio)* {ROMANA, SPAGNOLA} Herrschaft *f* **2** ‹*di solito al pl*› *relig* Vorherrschaft *f*.

domìnio ‹-ni› *m* **1** *(potere)* {+SPAGNOLI} Herrschaft *f*, Macht *f*: **cadere in ~ di qu**, in jds Hände fallen, jdm in die Hände fallen **2** *anche fig (controllo)* {+ARGOMENTO, ARIA, MARE} Beherrschung *f*: **avere il ~ di qc**, etw beherrschen; ~ **di sé**, Selbstbeherrschung *f* **3** *(territorio)* {COLONIALI INGLESI} (Herrschafts-, Kolonial)gebiet *n* **4** *fig (campo)* {+SCIENZA} (Spezial)gebiet n, Domäne f, Zweig *m*, Fach *n* **5** *dir (proprietà)* Eigentum *n*, Besitz *m*: **patto di riservato ~**, Eigentumsvorbehalt *m* **6** *fis* "Bereich *m* eines Festkörpers, in dem die magnetischen und elektrischen Kräfte gleichmäßig ausgerichtet sind" **7** *inform (in internet)* Domäne *f*, Domain *f* • **essere di ~ pubblico** *fig fam (noto a tutti)*, allgemein bekannt sein; ~ **di una funzione mat**, Funktions(werte)bereich *m*.

dòmino ‹-› *m* **1** *(costume)* Domino *m*, Dominokostüm *n*, Maskenkostüm *n* **2** *(persona mascherata)* Domino *m* **3** *(gioco)* Domino (spiel) *n*: **giocare a ~**, Domino spielen **4** *inform* Domäne *f*.

dòmma *e deriv* → **dogma** *e deriv*.

don① ‹-› *m anche relig (titolo)* Don *m*: **don Rodrigo**, Don Rodrigo.

don② ◨A ‹-› *m (rumore)* {+CAMPANA} Dong *n* ◨B inter dong!.

donànte *mf dir* Schenker(in) *m(f)*.

donàre ◨A *tr* **1** *(regalare)* ~ **qc (a qu)** {LIBRO A UN AMICO} *jdm etw* schenken, *etw a jdn* verschenken, *jdn mit etw (dat)* beschenken **2** *(conferire)* ~ **qc (a qu/qc)** {CAPPELLO ASPETTO ROMANTICO ALLA RAGAZZA; CERA LUCENTEZZA AL PAVIMENTO} *jdm/etw* verleihen **3** *(dare)* ~ **qc (a qu)** {ORGANI, SANGUE A UN MALATO} *jdm etw* spenden **4** *fig (sacrificare)* ~ **qc per qu/qc** {VITA PER UN AMICO} *etw für jdn/etw* opfern ◨B *itr* **1** *fig (stare bene)* ~ **a qu** {CAPPELLO ALLA RAGAZZA} *jdm* stehen **2** *dir (effettuare una donazione)* eine Schenkung machen ◨C *itr pron (dedicarsi)*: **donarsi a qu/qc** {A UNA CAUSA} sich *jdm/etw* widmen, sich *jdm/etw* hin|geben.

donatàrio, (-a) ‹-ri *m*› *m (f) dir* Beschenkte *mf decl come agg*, Schenkungsempfänger(in) *m(f)*.

donatìvo *m lett (dono)* Gabe *f*, Geschenk *n*.

donatóre, (-trice) *m (f)* **1** *(chi dona)* Spender(in) *m (f)* **2** *med* Spender(in) *m(f)*: ~ **di sangue**, Blutspender *m*; ~ **universale**, Universalspender *m*.

donazióne *f* **1** *(risultato)* Spende *f*, Geschenk *n* **2** *(il donare)* Schenkung *f* **3** *dir* Schenkung *f*, Donation *f*: ~ **di beni futuri**, Schenkung *f* zukünftiger Vermögenswerte; ~ **a favore di qu**, Schenkung *f* zu jds Gunsten; ~ **mortis causa**, Schenkung *f* von Todes wegen; ~ **rimuneratoria**, remuneratorische Schenkung *A obs*, belohnende Schenkung *A*; ~ **tra vivi**, Schenkung *f* unter Lebenden **4** *med* Spende *f*.

donchisciòtte ‹-› *m* **1** *lett*: **Donchisciotte**, Don Quichotte/Quijote *m* **2** *fig* Don Quichotte/Quijote *m*: **essere un ~**, ein (richtiger) Don Quichotte sein; **fare il ~**, den Don Quichotte spielen, sich *(dat)* eine (wahre) Donquichotterie leisten.

donchisciottésco, (-a) ‹-schi, -sche› *agg* **1** *lett* {LOTTA} Don Quichottes, gegen Windmühlen **2** *fig* donquichotteske(r, s), gegen Windmühlen, eines Don Quichotte würdig.

dónde ◨A *avv* **1** *lett (da dove)* woher, wo *fam*: ~ **arriva questa cartolina?**, woher/[von wo] kommt diese Ansichtskarte? **2** *(per quale motivo)* warum, weshalb, aus welchem Grund(e): **tante lamentele?**, weshalb so viele Klagen? ◨B in funzione di *pron rel* **1** *(dal quale)* woher; *(attraverso cui)* wodurch; *(per dove)* wohin **2** *(da cui)* woher, von dem, von denen: **gli antenati ~ discende**, die Vorfahren, von denen er/sie abstammt **3** *(di che)* wovon: **non avere ~ vivere**, nichts zum Leben haben ◨C in funzione di *cong (quindi)* daher, woraus: **erano nemici mortali, ~ il delitto**, sie waren Todfeinde, daher das Verbrechen • **averne ben ~** *fig (averne motivo)*, gute Gründe haben.

dondolaménto *m* {+ALTALENA} Schaukelbewegung *f*; *(azione) anche* Schaukeln *n*.

dondolàre ◨A *tr* **1** *(muovere oscillando)* ~ **qc** {CORDA} *etw* (hin- und her)baumeln lassen; {SEDIA} *mit etw (dat)* schaukeln; {TESTA} *mit etw (dat)* wackeln; {GAMBE} *mit etw (dat)* schlenkern **2** *(cullare)* ~ **qu/qc** {BAMBINO} *jdn/etw* schaukeln ◨B *itr (oscillare)* {PONTE} schwingen ◨C *rfl*: **dondolarsi 1** *(muoversi oscillando)* (sich) schaukeln, schwingen: **si dondola sull'altalena**, er/sie schaukelt er/sie schwingt auf der Schaukel hin und her

2 *fig* (*oziare*) herum|trödeln *fam*, nichts tun: **passa il tempo a dondolarsi**, er/sie verbringt seine/ihre Zeit mit Nichtstun, er/sie vertrödelt seine/ihre Zeit *fam spreg*, er/sie hängt die ganze Zeit (he)rum *fam*.

dondolìo <-*lii*> *m* (*il dondolare continuo*) Geschaukel *n*, Schaukelei *f*.

dóndolo **A** *m* (*altalena*) Hollywoodschaukel *f* **B** <inv> loc agg: **a** ~, {CAVALLO, SEDIA} Schaukel-.

dondolóni *avv* (*penzoloni*) schaukelnd ● **andare/camminare** ~ *fig* (*bighellonare*), herumbummeln *fam*, sich herumtreiben *fam spreg*.

dongiovànni <-> *m* (*donnaiolo*) Don Juan *m*, Frauenheld *m*.

dònna **A** *f* **1** {BIONDA, BRUNA, ROBUSTA, SOTTILE} Frau *f*: ~ **di classe**, Frau *f* von Format; ~ **di colore**, Farbige *f* decl come agg; **farsi/diventare** ~, (zur) Frau werden, zur Frau heranwachsen; ~ **fatale**, Femme fatale *f*; **è una** ~ **di poche parole**, sie ist eine Frau von wenigen Worten/[wortkarge Frau]; ~ **poliziotto**, Polizistin *f*, Politesse *f*; ~ **soldato**, Soldatin *f*; ~ **di spirito**, Frau *f* mit Witz/Humor/Geist, witzige/humorvolle/geistreiche Frau; ~ **di successo**, erfolgreiche Frau; **le donne del vicinato**, die Nachbarinnen **2** (*signora*) Frau *f*, Dame *f* **3** (*moglie, fidanzata*) Frau *f*: **è la mia** ~, sie ist meine Frau; **ha avuto molte donne**, er hat viele Frauen gehabt **4** (*domestica*) Hausangestellte *f* decl come agg, Putzfrau *f*: ~ **fissa**, feste Hausangestellte; ~ **a ore**, Haushaltshilfe *f* **5** (*titolo*) Donna *f*: ~ **Vittoria Colonna**, Donna Vittoria Colonna **6** (*nei giochi di carte*) Dame *f*: ~ **di cuori/fiori/quadri/picche**, Herz-/Kreuz-/Karo-/Pikdame *f* **7** (*negli scacchi*) Königin *f* **B** <inv> loc agg (*femminile*) **1 da** ~, {LAVORO} Frauen-; {ABITO, SCARPE} Damen- **2 di** ~, {VOCE} Frauen-, weiblich **C** loc avv: **da** ~, {VESTIRSI} als Frau ● ~ **allegra/facile** *eufem* (*che si concede facilmente*), leichtes Mädchen *eufem*; **andare a donne** (*cercare avventure amorose*), hinter den Frauen her sein *fam*; **atteggiarsi a** / [**darsi arie da**] ~ (*rif. a ragazza, imitare i modi di una donna matura*), sich als erfahrene Frau geben, auf erfahrene Frau machen *fam*; **beato fra le donne** (*rif. a uomo in compagnia di alcune donne*), der Hahn im Korb *fam*; **buona** ~ (*brava*), brave/einfache Frau; *eufem* (*prostituta*), Dirne *f*; ~ **cannone** *fig* (*molto grassa*), Riesenweib *n fam*, Maschine *f fam*; ~ **in carriera**, Karrierefrau *f anche spreg*; ~ **di casa** (*casalinga*), Hausfrau *f*; **correre dietro alle donne** *fig* (*cercare avventure amorose*), den Frauen nachlaufen, hinter jedem Rock her sein/herlaufen *fam*; ~ **di facili costumi** / [**da poco**] (*che si concede facilmente*), leichtes Mädchen *eufem*; ~ **di malaffare/piacere/strada/vita** *eufem* (*prostituta*), Strichmädchen *n fam*, Dirne *f*; ~ **da marciapiede** *eufem* (*prostituta*), Strichmädchen *n fam*, Dirne *f*; **le mie donne fam** (*le donne di famiglia*), meine Frauen *fam*; **la** ~ **è mobile** *lett mus*, oh wie so trügerisch sind Weiberherzen, Frauen sind unbeständig; ~ **oggetto** *fig* (*considerata come oggetto*), die Frau als Objekt; **prima** – *teat*, Primadonna *f*; **fare la prima** – *fig* (*cercare di primeggiare*), die Primadonna sein/[erste Geige spielen] wollen *spreg*, sich produzieren *fam*; ~ **delle pulizie** (*domestica*), Putzfrau *f*; ~ **di servizio** (*domestica*), Dienstmädchen *n*; ~ **a mezzo servizio** (*domestica part-time*), halbtags beschäftigtes Dienstmädchen; ~ **baffuta sempre piaciuta** *prov*, kleine Schönheitsfehler erhöhen die Attraktivität; **donne e buoi dei paesi tuoi** *prov*, bleibe im Lande und nähre dich redlich *prov*; **chi dice** ~ **dice danno** *prov*, keine Frau, kein Weh/Schmerz; **né** ~ **né tela a lume di candela** *prov*, bei Nacht sind alle Katzen grau *prov*; ~ **al volante pericolo costante** *prov*, Frau am Steuer, das wird teuer.

donnàccia <-*ce*, *pegg di donna*> *f spreg* (*prostituta*) Nutte *f spreg*, Schlampe *f fam spreg*, (liederliches) Weibsstück *spreg*.

donnaiòlo *m* (*chi corteggia le donne*) Frauenheld *m*, Schürzenjäger *m fam*.

donnésco, (-*a*) <-*schi*, -*sche*> *agg* (*da donna*) {FURBIZIA, MOINE} Frauen-.

donnétta <*dim di donna*> *f spreg* **1** (*donna di umili condizioni*) einfache Frau, Weiblein *n* **2** (*donna pettegola*) Klatsch-, Tratschtante *f fam spreg*, Quatschliese *f fam spreg*, Schnattergans *f fam spreg*, Waschweib *n fam spreg*.

donnicciòla <*dim di donna*> *f spreg* **1** (*donna pettegola*) Klatsch-, Tratschtante *f fam spreg*, Quatschliese *f fam spreg*, Schnattergans *f fam spreg*, Waschweib *n fam spreg* **2** (*uomo pauroso*) Weichling *m spreg*, Waschlappen *m fam spreg*, Schlappschwanz *m fam spreg*, Weichei *n slang*.

donnìna <*dim di donna*> *f* **1** kleine Frau, (zierliches) Persönchen **2** (*bambina giudiziosa*) kleines Fräulein, kleine Dame **3** *eufem* (*prostituta*) leichtes Mädchen *eufem*: ~ **allegra**, Freudenmädchen *n forb eufem*.

dònnola *f zoo* Wiesel *n*.

donnóne <*accr di donna*> *m scherz* (*donna di grossa corporatura*) Riesenweib *n fam*, Walküre *f scherz*.

dóno **A** <inv> in funzione di agg {PACCO} Geschenk- **B** *m* **1** (*regalo*) Geschenk *n*, Gabe *f lett* **2** *fig* (*dote*) Gabe *f*, Begabung *f*, Talent *n*: **avere il** ~ **di dipingere**, die Gabe des Zeichnens/[zeichnerisches Talent] haben; **non hai certamente il** ~ **dell'opportunità!**, du hast ein Gespür/Talent für den falschen Augenblick!, du hast nicht gerade ein Gespür für den passenden Augenblick!; ~ **di natura**, Naturbegabung *f* ● **essere un** ~ **del cielo/di Dio** (*essere provvidenziale*), eine Himmelsgabe/[ein Geschenk Gottes] sein; **non ho il** ~ **dell'ubiquità/onnipresenza!** *fig scherz* (*non poter essere ovunque*), ich kann ja nicht überall (gleichzeitig) sein!, ich kann nicht auf allen Hochzeiten gleichzeitig tanzen! *fam*.

dont <-> *m franc* (*in Borsa*) Dontvertrag *m*, Dontgeschäft *n*: ~ **del compratore**, Vorprämie *f*; ~ **del venditore**, Rückprämie *f*.

donzèlla *f* **1** *poet* (*giovinetta*) Maid *f lett*, Jungfrau *f obs* **2** *zoo* Meerjunker *m*.

dopàggio <-*gi*> *m* (*effetto*) Doping *n*.

dopamìna *f chim* Dopamin *n*.

dopàre **A** *tr* (*somministrare stupefacenti*) ~ **qu/qc** {CAVALLO} jdn/etw dopen **B** *rfl*: **doparsi** {ATLETA} Doping nehmen.

dopàto, (-*a*) **A** *agg* (*che fa uso di droga*) {ATLETA} gedopt **B** *m* (*f*) Gedopte *mf* decl come agg.

dóping <-> *m ingl* (*uso di droghe*) Doping *n*.

dópo **A** *avv* **1** (*tempo: poi*) nachher, danach, später, dann: **chi c'è** ~?, wer kommt dann?, wer ist dann an der Reihe?; **per** ~, für nachher, für später; **poco** ~, kurz danach; **prima o** ~, früher oder später; **subito** ~, sofort/direkt danach; **due anni** ~, zwei Jahre danach/später, nach zwei Jahren; **uscirono** ~ (*luogo: oltre*) danach; **voltate subito** ~ **a destra**, biegt gleich danach rechts ab **B** prep **1** (*tempo*) ~ **qc** nach etw (dat): **poco** ~ **il tramonto**, kurz nach Sonnenuntergang; ~ **un mese/anno**, nach einem Monat/Jahr **2** (*luogo: oltre*) ~ **qu/qc** nach jdm/etw, hinter jdm/etw: **prendete la strada a destra** ~ **la chiesa**, biegen Sie nach der Kirche rechts ab **3** (*dietro*) ~ **qu/qc** hinter jdm/etw: **entravano uno** ~ **l'altro**, sie traten einer nach dem anderen ein; **siediti** ~ **la compagna!**, setz dich hinter deine Kameradin! **C** loc prep (*con i pron pers*) ~ **di qu 1** (*tempo*) nach jdm: ~ **di lui non ci fu più nessuno con la sua classe**, nach ihm gab es keinen mehr, der seine Klasse besaß **2** (*dietro*) hinter jdm, nach jdm: **prego**, ~ **di Lei!**, bitte nach Ihnen!; **entrò** ~ **di me**, er/sie trat nach mir in **D** cong: ~ ... **inf** nachdem... *ind*: ~ **mangiato vado sempre a riposare**, nachdem ich gegessen habe/[nach dem Essen], ruhe ich mich immer aus **E** loc cong *rar* ~ **di** ... **inf** nachdem: ~ **di aver parlato per due ore riuscì a convincere tutti i presenti**, nachdem er/sie zwei Stunden gesprochen hatte, konnte er/sie alle Anwesenden überzeugen **F** <inv> agg (*seguente*) (darauf)folgend, nächste(r, s): **il giorno** ~, am darauf folgenden Tag, am Tag darauf; **la fermata** ~, die nächste Haltestelle **G** <-> *m* (*futuro*) Zukunft *f* **H** <-> loc sost *m giorn*: **il** ~ **qc**, die Zeit (unmittelbar) nach etw (dat); **il** ~ **elezioni**, die Zeit (unmittelbar) nach den Wahlen ● **a** ~ (*in formule di saluto: a più tardi*), bis später, bis dann *fam*; ~ **che** → **dopoché**; ~ **di che** → **dopodiché**; ~ **tutto** → **dopotutto**.

dopobàrba (*nella cosmesi*) **A** <inv> agg {LOZIONE} Aftershave- **B** <-> *m* Rasierwasser *n*, Aftershavelotion *f*.

dopobórsa <-> *m banca* Nachbörse *f*.

dopocéna <-> *m* **1** (*momento*) Zeit *f* nach dem Abendessen **2** (*trattenimento*) Empfang *m* nach dem Abendessen.

dopoché *cong* ~ ... *ind* nachdem: **l'ho saputo** ~ **era partito**, ich habe es (erst) erfahren, nachdem er abgefahren war.

dopodiché *avv* (*infine*) darauf, schließlich, danach: **è andato via**, ~ **non l'ho più visto**, er ist weggegangen, danach habe ich ihn nicht mehr gesehen.

dopodomàni *avv* (*domani l'altro*) übermorgen.

dopoelezióni <-> *m* (*periodo successivo alle lezioni*) die Zeit (unmittelbar) nach den Wahlen.

dopoguèrra <-> *m* (*periodo successivo alla guerra*) Nachkriegszeit *f*, Nachkriegsjahre *m pl*: **il primo/secondo** ~, die Zeit nach dem Ersten/Zweiten Weltkrieg.

dopolavóro <-> *m* (*ente*) {FERROVIARIO} Freizeitorganisation *f*.

dopolistìno <-> *m* (*in Borsa*) Nachbörse *f*.

dopopartita <-> *m* (*periodo successivo a una partita*) Phase *f* unmittelbar nach dem Spiel.

dopopàsto *m* Zeit *f* nach dem Essen: **nel** ~ **vengono offerte delle tisane digestive**, nach dem Essen werden Verdauungstees gereicht; **meglio prendere la medicina nel** ~, die Medizin besser (in der Zeit) nach dem Essen einnehmen.

dopopràzo **A** *avv* (*nel pomeriggio*) am (frühen) Nachmittag, nachmittags **B** <-> *m* (*primo pomeriggio*) (früher) Nachmittag.

doposbòrnia *m* Zeit *f* nach dem Rausch.

doposcì <-> *m* <*di solito al pl*> *sport* **1** (*calzature*) Après-Ski-Schuhe *m pl* **2** (*abbigliamento*) Après-Ski-Kleidung *f*, Après-Ski *n*.

doposcuòla <-> *m amm scuola* Kinderhort *m*, Tagesheimschule *f*.

doposóle (*nella cosmesi*) **A** <inv> agg {LOZIONE} Après-Sun- **B** <-> *m* Après(-Sun)- Lotion *f*.

dopoteàtro <-> *m* Theaterlokal *n*.

dopotùtto *avv* (*tutto sommato*) schließlich, letzten Endes, alles in allem, letztendlich: ~ **non ci vedo una gran differenza**, alles in allem sehe ich da keinen großen Unterschied;

faccia come vuole, ~ i soldi sono suoi, machen Sie, was Sie wollen, schließlich ist es Ihr Geld; non è un'impresa impossibile, ~, letzten Endes ist das kein Ding der Unmöglichkeit.

doppiàggio <-gi> m 1 (*film TV*) Synchronisation f, Synchronisierung f 2 *sport* Überrundung f.

doppiàre <doppio, doppi> tr 1 *film TV* ~ qu/qc {ATTRICE, FILM} jdn/etw synchronisieren 2 *mar* ~ qc {PENISOLA} etw umschiffen 3 *sport* ~ qu {AVVERSARIO} jdn überrunden.

doppiatóre, (-trice) m (f) *film TV* {+FILM} Synchronsprecher(in) m(f).

doppiétta f 1 *artigliera* (*fucile*) Doppelflinte f, Doppelbüchse f; (*doppio colpo*) Dublette f 2 *sport* (*nel pugilato*) Dublette f; (*nel calcio*) Doppelpack n *fam* (*zwei Tore desselben Spielers in einem Spiel*); (*due vittorie*) Doppelerfolg m ● **fare la ~** *autom*, mit Zwischengas schalten.

doppiézza f *fig* (*ambiguità*) {+DISCORSO} Falschheit f; {+PERSONA} *anche* Doppelzüngigkeit f.

doppifóndi pl *di* doppiofondo.

dóppio, (-a) <-pi m> A agg 1 (*due volte più grande*) {FATICA, PAGA, RAZIONE} doppelt: ~ **whisky**, doppelter Whisky 2 (*costituito da due elementi uguali*) {CARTA, PORTA, TESSUTO, VETRO} Doppel- 2 (*due*) {COPIA, INFRAZIONE} zweifach, doppelt; {SERVIZI} zwei: **avere francobolli doppi**, Briefmarken doppelt haben 4 (*per due*) {CAMERA} Doppel- 5 (*duplice*) {SCONFITTA} doppelt 6 *fig* (*ambiguo*) {PAROLA, SENSO} zweideutig 7 *fig* (*ipocrita*) {RAGAZZA} doppelzüngig, falsch 8 *bot* {CALICE, FIORE} gefüllt 9 *chim* {LEGAME, SALE} Doppel- 10 *ferr* {BINARIO, TRAZIONE} Doppel- 11 *ling* {ARTICOLAZIONE, CONSONANTE} Doppel- 12 *mat* {INTEGRALE, PUNTO} Doppel- B avv (*due volte*) doppelt, zweifach: **vederci ~**, doppelt sehen C m 1 (*quantità doppia*) Doppelte n decl come agg, Zweifache n decl come agg: **ha speso il ~ di me**, er/sie hat doppelt so viel ausgegeben wie ich 2 *fig* (*opposto*) Widersacher m, Gegenspieler m: **l'eroe e il suo ~**, der Held und sein Widersacher 3 *comm*: **commissione doppia**, Auftrag m in zweifacher Ausfertigung 4 *sport* (*nel tennis*) Doppel n: ~ **giallo**, ausgelostes Doppel; ~ **femminile/maschile**, Damen-/Herrendoppel n; ~ **misto**, gemischtes Doppel; (*nel canottaggio*) Doppel n 5 *teat* Ersatzschauspieler(in) m(f) D f 1 (*camera*) Doppelzimmer n 2 <*di solito al pl*> *ling* (*consonante*) Doppelkonsonant m ● **in ~** *amm*, in doppelter Ausfertigung.

dóppio click <-> m *inform* Doppelklick m.

doppiofóndo, **dóppio fóndo** <doppifondi> m *loc sost* m 1 {+VALIGIA} doppelter Boden 2 *mar* Doppel-, Blindboden m.

doppiogiochìsta <-i m, -e f> mf (*chi fa il doppio gioco*) Heuchler(in) m(f), falscher Hund *spreg*, falsche Schlange *spreg*, hinterfotziger Typ *süddt volg*.

doppiolavorìsta <-i m, -e f> mf (*chi esercita un secondo lavoro*) Person f mit Doppelbeschäftigung.

doppióne m 1 (*altro esemplare*) {+LIBRO} Doppel(exemplar) n, zweites Exemplar; {+CERTIFICATO} *anche* Duplikat n; {+FOTO} Abzug m; {+FRANCOBOLLO} Doublette f: **fatti fare un ~ della chiave**, lass dir einen Zweitschlüssel (nach)machen 2 *ling* {SINTATTICO} Doppelform f 3 *teat* Doppelrolle f 4 *tip* Hochzeit f.

doppiopètto <-, doppiopetti> (*nella moda*) A in funzione di agg {GIACCA} zweireihig B m Zweireiher m, Doppelreiher m ● **in ~** *fig iron*

(*apparentemente rispettabile*), {IMBROGLIONE} im Frack.

doppiotétto m *edil* Doppeldach n.

doppiovétro <doppivetri> m 1 *fam* (*vetrocamera*) Isolierglas n 2 (*doppia finestra*) Doppelfenster n.

doppìsta <-i m, -e f> mf *sport* (*nel tennis*) (Tennis)doppelspieler(in) m(f).

Doppler <inv> in funzione di agg *ted fis med* {EFFETTO, NAVIGAZIONE} Doppler-.

doràre tr ~ qc 1 (*applicare uno strato d'oro*) etw vergolden, etw mit einer Goldschicht überziehen: ~ **a foglia una statua**, eine Statue mit Blattgold vergolden; ~ **a bagno galvanico le posate**, das Geschirr galvanisch vergolden 2 (*verniciare*) {NOCI} etw golden an|malen 3 *fig lett* (*dare un riflesso dorato*) {SOLE CAPELLI} etw golden färben, etw vergolden 4 *gastr* (*arrostire*) {CIPOLLA, POLLO} etw an|schwitzen, etw an|bräunen.

doràto, (-a) agg 1 (*rivestito d'oro*) {CIOTOLA} vergoldet, Gold- 2 (*simile all'oro*) gold-, golden: **bruno ~**, goldbraun 3 *fig lett* (*con riflessi d'oro*) {STRADA} golden 4 *gastr* (*arrosto*) {ARROSTO, CIPOLLA} goldbraun gebacken.

doratóre, (-trice) m (f) (*artigiano*) Vergolder(in) m(f).

doratùra f 1 (*operazione*) {+VASO} Vergolden n, Vergoldung f; (*superficie*) *anche* Goldüberzug m, Goldschicht f 2 (*verniciatura*, *superficie*) Goldlackierung f 3 (*ornamento*) {+SERVIZIO DI PIATTI} Goldverzierung f, Goldleiste f.

dòrico, (-a) <-ci, -che> A agg {STILE} dorisch B m <*solo sing*> (*dialetto*) Dorisch(e) n.

dorìfora f *zoo* Kartoffelkäfer m.

dormeuse <-> f *franc* (*poltrona*) Dormeuse f, Schlaflehnstuhl m.

dormicchiàre <*dormicchio, dormicchi*> itr *anche fig* (*sonnecchiare*) schlummern, dösen *fam*, dämmern, nicken *fam*: **una sottile speranza dormicchiava nel suo cuore**, eine schwache Hoffnung schlummerte in seinem/ihrem Herzen.

dormiènte A agg *anche bot* {GEMMA} schlafend B m *mar* {+CAVO, PARANCO} Balkweger m C m (f) 1 (*chi dorme*) Schlafende mf decl come agg, Schläfer(in) m(f) 2 (*terrorista*) Schläfer m.

dormiglióne, (-a) m (f) (*chi dorme molto*) Lang-, Siebenschläfer(in) m(f) *fam*, Schlafmütze f *fam*.

dormìre <*dormo*> A itr 1 {BAMBINO, CANE} schlafen: ~ **bene/male**, gut/schlecht schlafen; ~ **su un fianco**, auf der Seite schlafen; ~ **prono**, auf dem Bauch/{*bäuchlings*} schlafen; ~ **supino**, auf dem Rücken schlafen; **aver bisogno di ~**, Schlaf benötigen; ~ (+ *compl di luogo*) {NEL PROPRIO LETTO, PER TERRA} (*irgendwo*) schlafen; {IN PENSIONE} in etw (*dat*) schlafen; {SOTTO UN PONTE} unter etw (*dat*) schlafen; ~ **da qu** {DA PARENTI} bei jdm schlafen, bei jdm übernachten; (~ *insieme*) ~ **con qu/qc** {CON LA SORELLA, CON L'ORSACCHIOTTO} mit jdm/etw schlafen 2 *fig eufem* (*avere rapporti sessuali*) ~ **con qu** mit jdm schlafen *eufem* 3 *fig* (*essere silenzioso*) {CITTÀ} schlafen, ruhen, still liegen: **i campi dormono sotto la neve**, die Felder ruhen unter der Schneedecke 4 *fig* (*essere fermo*) ~ (+ *compl di luogo*) {DOMANDA, PRATICA IN UN CASSETTO} (*irgendwo*) ruhen, (*irgendwo*) liegen|(bleiben); {TRATTATIVA} zum Stillstand gekommen sein 5 *fig eufem* (*giacere*) ruhen: **qui dorme in pace ~** (*sulle tombe*), hier ruht (in Frieden) ... 6 *fig* (*essere passivo*) {ALLIEVO} schlafen: **su, non ~!**, auf, nicht schlafen!; los, aufwachen! B tr ~ **qc** etw schlafen: ~ **otto ore di fila**, acht Stunden hintereinander

schlafen; ~ **tutto un sonno**, durchschlafen ● **andare a ~** (*a letto*), schlafen gehen, zu Bett gehen; **cercare/dare/trovare da ~** (*una camera, un letto*), einen Schlafplatz suchen/anbieten/finden; **non c'ero, e se c'ero dormivo**, ... *scherz*, mein Name ist Hase(, ich weiß von nichts) *fam scherz*; **far ~ qu** *fig* (*annoiarlo*), jdn langweilen, jdn einschläfern; **questo racconto/film fa ~** *fig* (*annoia*), diese Erzählung/dieser Film ist zum Einschlafen *fam*; ~ **della grossa** *fig* (*dormire profondamente*), tief schlafen; ~ **insieme** *eufem* (*avere rapporti sessuali*), zusammen schlafen *eufem*; **mettere qu a ~** (*metterlo a letto*), {BAMBINO} jdn ins Bett bringen; **mettersi a ~** (*addormentarsi*), ein|schlafen; **dormirci sopra/su** *fig* (*rimandare una decisione*), etwas überschlafen; ~ **tranquillo** *fig* (*stare tranquillo*), ruhig schlafen; (**ma**) **va' a ~!** *smettila*, scher dich zum Kuckuck! *fam*.

dormìta f 1 (*lungo sonno*) langer, tiefer Schlaf: **fare una ~ di otto ore**, acht Stunden lang tief schlafen; **fare una bella ~**, richtig ausschlafen 2 *zoo* {+BACHI DA SETA} Puppenruhe f.

dormitìna <*dim di dormita*> f (*sonnellino*) Schläfchen n, Nickerchen n *fam*.

dormitòrio <-ri> A in funzione di agg {CITTÀ} Schlaf- B m 1 (*stanzone*) {+COLLEGIO} Schlafsaal m; {+CONVENTO} Dormitorium n 2 *fig* (*luogo di scarso interesse*) Einöde f, verschlafenes Kaff *fam spreg*: **questo locale è un ~!**, dieses Lokal ist zum Einschlafen/[stinklangweilig]! *fam* ● ~ **pubblico**, Nachtasyl n.

dormivéglia <-> m (*stato tra sonno e veglia*) Dämmerzustand m, Halb-, Dämmerschlaf m: **essere nel ~**, im Halbschlaf sein.

dorsàle A agg 1 *anat* {PINNA} Rücken-; {NERVO} *anche* dorsal 2 *ling* Dorsal-, dorsal 3 *sport* (*nell'atletica*) {SALTO} Hoch- B m 1 (*testata*) {+LETTO} Kopfende n 2 (*schienale*) {+POLTRONA} Lehne f, Rück(en)lehne f 3 *anat* Rückgrat n C f *geol* (*catena*) {APPENNINICA} Bergkette f; (*diramazione*) (Berg)rücken m.

dorsìsta <-i m, -e f> mf *sport* (*nel nuoto*) Rückenschwimmer(in) m(f).

dòrso m 1 (*schiena*) Rücken m 2 (*groppa*) Kruppe f, Rücken m: **a ~ di cammello/mulo**, auf dem Rücken eines Kamels/Maultiers 3 (*lato esterno*) ~ **della mano**, Handrücken m 4 *bot* {+FOGLIA} Unter-, Rückenseite f 5 *aero* Oberseite f (der Tragfläche) 6 *sport* (*nel nuoto*) Rücken m, Rückenschwimmen n: **nuotare a ~**, rückenschwimmen ● ~ **di un libro** (*costola*), (Buch)rücken m; ~ **di una montagna** (*crinale*), (Berg)rücken m; **a ~ nudo** (*a busto nudo*), mit nacktem Oberkörper.

DOS m *inform abbr dell'ingl* Disk Operating System (*sistema operativo su disco*) DOS (Platten-Betriebssystem).

dosàggio <-gi> m 1 {+MEDICINA} Dosierung f 2 *biol chim med* {+GLICEMIA} Dosierung f: ~ **ormonale**, Hormondosierung f 3 *mar* {SOMMERGIBILE} Ballastwasserregelung f, Regelung f der Tauch- und Ballastzellen durch Fluten bzw. Leerpumpen 4 *tecnol* {AUTOMATICO} Dosierung f.

dosàre tr ~ qc 1 (*misurare*) {MEDICINA, ZUCCHERO} etw dosieren 2 *fig* {PAROLE} etw ab|wägen; {IRONIA} etw sparsam ein|setzen; {SFORZI} etw ein|teilen.

dosatóre A agg {TAPPO} Dosier- B m 1 (*dispositivo*) {+BOTTIGLIA} Dosierer m 2 (*apparecchio*) Dosieranlage f, Dosiervorrichtung f C m (f) (*chi dosa*) Dosierer(in) m(f).

dòse f 1 *gener* Menge f, Ration f, Quantum

n: **dosi per sei persone**, Mengen f pl für sechs Personen **2** fig (quantità) Portion f fam, Menge f: **una buona ~ di fortuna**, eine gute Portion Glück; **una buona ~ di legnate**, eine gehörige Tracht Prügel fam **3** fig fam (grossa quantità) Haufen m fam: **ho una ~ di influenza**, ich habe eine starke Grippe; **ne ho una ~**, ich habe einen Haufen davon **4** slang (razione di droga) Dosis f: **farsi una ~**, sich (dat) eine Dosis spritzen/fixen slang **5** biol fis Dosis f: **~ di esposizione/radiazione**, Strahlungsdosis f **6** farm med {ABITUALE, LETALE} Dosis f, Dose f rar • **in buona ~ fig** (in buona parte) zu einem guten Teil; ⌐**da cavallo**⌐/[**massiccia**] fig scherz (grande), starke Dosis; eine Dosis, die einen umhaut fam; **a forti dosi** anche fig (a dosi elevate), in starken Dosen; **a piccole dosi** anche fig (un po' per volta), in kleinen Dosen; **rincarare/caricare la ~** fig (aggravare un rimprovero), noch einen draufsetzen fam, das Maß vollmachen fam.

dossier <-> m franc Dossier n, Akte f, Aktenheft n: **pubblicare un ~ su qu**, ein Dossier über jdn veröffentlichen; **i servizi segreti hanno su di lui un ampio ~**, die Geheimdienste haben eine umfangreiche Akte über ihn.

dòsso m **1** (gobba) Höcker m, Straßenerhebung f: **non si può superare in prossimità di un ~**, in der Nähe einer Straßenerhebung darf nicht überholt werden **2** (sommità) {+MONTE} Kuppe f • **levarsi di ~ qc** (togliersi), {IMPERMEABILE} sich (dat) etw ausziehen, etw ablegen; fig (PESO) sich von etw (dat) befreien, sich (dat) etw vom Halse schaffen fam; **mettersi in ~ qc** (indossare), sich (dat) etw anziehen; **scuotersi qc di ~** (togliersi scuotendo), {FARINA, INSETTO} (sich dat) etw abschütteln; **strapparsi qc di ~** (togliersi strappando), {CAMICIA} sich (dat) etw vom Leib reißen.

dotàle agg (che riguarda la dote) {BENI, REGIME} Mitgift-, Ausstattungs-, Aussteuer-.

dotàre tr **1** (corredare) **~ qu/qc di qc** {SCUOLA DI UN NUOVO LABORATORIO} jdn/etw mit etw (dat) aus⌐|statten, jdn/etw mit etw (dat) aus⌐|rüsten, jdn/etw mit etw (dat) versehen: **la natura lo ha dotato di un grande talento**, die Natur hat ihm ein großes Talent verliehen **2** rar (dare la dote) **~ qu di qc** {FIGLIA DI UN PATRIMONIO} jdm etw als Mitgift geben.

dotàto, (-a) agg **1** (fornito) **~ di qc** {CAMERA DI BAGNO} mit etw (dat) ausgestattet: **ragazza dotata di buon senso**, vernünftiges Mädchen **2** (che ha talento) **~ per qc**; {BAMBINA PER LA DANZA} für etw (acc) begabt, für etw (acc) talentiert; **è un ragazzo piuttosto ~**, er ist ein ziemlich begabter Junge.

dotazióne f **1** anche mar mil (equipaggiamento) Ausstattung f, Ausrüstung f: **avere qc in ~**, mit etw (dat) ausgestattet sein; **~ di bordo/sicurezza**, Bord-/Sicherheitsausstattung f; **dare qc in ~ a qu**, jdn mit etw (dat) ausrüsten; (mezzi e materiali) {+BIBLIOTECA} Ausstattung f **2** (rendita) Ausstattung f, Zuwendung f, Dotation f.

dòte f **1** (patrimonio) {+NOVIZIA, SPOSA} Mitgift f, Aussteuer f: **farsi la ~**, seine Aussteuer zusammenstellen; **portare in ~ qc**, etw als Aussteuer mitbringen **2** fig (pregio) Gabe f: **ha doti fuori dal comune**, er/sie besitzt außergewöhnliche Gaben **3** banca Stiftung f, Dotation f: **sposare la ~ fig** (sposarsi per denaro), des Geldes wegen heiraten.

dott. abbr di dottore: Dr. (abbr di Doktor).

dott.h.c. abbr di dottore honoris causa: Dr.h.c. (abbr di Doktor honoris causa).

dótto① m anat {BILIARE} Gang m, Kanal m.

dòtto②, (-a) A agg (colto) {LATINISTA} gebildet, gelehrt: **è molto ~ in materia**, er ist ein Fachmann auf diesem Gebiet; {CITAZIONE, LIBRO} gelehrt; {LINGUA} klassisch; {PAROLA} gewählt; {STILE} gehoben B m (f) Gelehrte mf decl come agg, Wissenschaftler(in) m(f).

dottoràle agg **1** (da dottore) {TOGA} Doktor- **2** iron spreg {ARIA} lehrerhaft spreg, schulmeisterlich spreg, besserwisserisch spreg, neunmalklug spreg; {TONO} anche Katheder- spreg.

dottorando, (-a) m (f) università Doktorant(in) m(f).

dottoràto m università (titolo di dottore) Doktortitel m, Doktorwürde f, Doktorat m: **conseguire il ~ in medicina**, in Medizin promovieren, seinen Doktor in Medizin ablegen/machen fam • **~ (di ricerca)**, Promotion f.

dottóre m (abbr Dr., dott.) **1** (laureato in Italia) Doktor m: **~ in legge/lettere**, Doktor m der Rechte/Philologie; **il dottor Gaidano è arrivato**, Doktor Gaidano ist (an)gekommen; (con diploma) Diplominhaber m **2** fam (medico) Arzt m, Doktor m fam **3** teat (nella commedia dell'arte) Dottore m (komische Figur des geschwätzigen, pedantischen Gelehrten) • **~ honoris causa**, Ehrendoktor m; **i dottori della Chiesa** relig, die Kirchenlehrer m pl; **fare il ~** fig (sputare sentenze), gelehrt/neunmalklug daherreden spreg.

dottoréssa f (abbr dott.ssa) **1** (laureata in Italia) Doktor m, Doktorin f: **~ in biologia**, Doktor m/Doktorin f der Biologie; **la ~ Humpl**, Frau Doktor Humpl, Frau Doktorin rar Humpl; **la signora Mittermaier, ~ in filosofia**, Frau Mittermaier, Doktorin der Philosophie; **~!**, Frau Doktor!, (con diploma) Diplominhaberin f **2** fam (medico) Ärztin f, Frau Doktor f fam; **adesso viene la ~ (Barbagli) e vedrai che ti sentirai subito meglio**, jetzt kommt die Frau Doktor (Barbagli) und du wirst sehen, gleich fühlst du dich besser fam.

dottorino <dim di dottore> m fam scherz (giovane dottore) junger/frischgebackener fam scherz Doktor m.

dottrina f **1** (principi teorici) Lehre f, Doktrin f, Theorie f: **diffondere una ~**, eine Lehre verbreiten; **~ della relatività**, Relativitätstheorie f; **~ di Monroe**, Monroe-Doktrin f **2** (il sapere) Wissen n, Bildung f **3** relig (principi di fede cristiana) Glaubenslehre f **4** dir Rechtslehre f.

dottrinàle agg **1** (proprio di una dottrina) {DISPUTA} theoretisch; {METODO} belehrend **2** (cattedratico) {TONO} lehrerhaft spreg, schulmeisterlich spreg, besserwisserisch spreg, neunmalklug spreg, Katheder-.

dottrinàrio, (-a) <-ri m> A agg (acritico) {AFFERMAZIONE} doktrinär B m (f) anche polit Doktrinär m forb.

dott.ssa abbr di dottoressa: Dr. (abbr di Doktor).

doublé agg franc (foderato) {GIACCONE} gefüttert.

double-face <inv> agg franc tess {IMPERMEABILE} doppelseitig tragbar.

do ut des <-> loc sost m lat fam (favore) Gefallen m; dir do ut des.

dóve A avv **1** (stato in luogo) wo: **~ sei?**, wo bist du?; **~ sono capitata!**, wo bin ich denn hingeraten/gelandet fam!; **non so ~ trovarlo**, ich weiß nicht, wo ich ihn/es finden kann **2** (moto a luogo) wohin: **~ vai?**, wohin gehst du?; **non vedo ~ vuole arrivare**, ich verstehe nicht, worauf er/sie hinaus will **3** (in correlazione) hier..., dort...: **~ più**, **~ meno**, hier mehr, dort weniger B cong in funzione di pron rel **1** (stato) wo: **stai fermo ~ sei!**, bleib, wo du bist!; (moto a luogo) wohin; **questa volta andiamo ~ ci pare e piace**, diesmal gehen wir dorthin, wo es uns gefällt **2** (in cui: stato) in dem, in der, wo: **il paese ~ sono nato è molto piccolo**, das Dorf/Land, ⌐in dem⌐/[wo] ich geboren bin, ist sehr klein; (moto) in den, in die, in das, in die; **quella è la casa ~ siamo diretti**, dies ist das Haus, ⌐in das wir gehen⌐/[wo wir hinwollen] fam **3** lett (qualora) ~ ... congv; falls ... ind, wenn ... ind **4** lett (mentre) ~ ... ind, während ... ind, anstatt ... ind C loc cong **1** (moto da luogo) **da/di ~**, woher; **da/di ~ vieni?**, woher kommst du?; **da ~ abito vedo il mare**, von meiner Wohnung /meinem Haus sehe ich das Meer **2** (moto a luogo) **per ~**, wohin; **per ~ partite?**, wohin fahrt ihr? **3** (moto attraverso luogo) **per ~**, worüber; **per ~ transiti?**, worüber fährst du? **4** (dovunque) **~ che ... congv**, überall D <-> m (luogo) Wo n: **decidere il ~ e il quando**, über das Wo und das Wann entscheiden • **chissà ~ (stato)**, {ESSERE} wer weiß wo (moto), {ANDARE} wer weiß wohin; **fin ~**, bis wohin; **in/per ogni ~** (dappertutto: stato), überall; (moto), überallhin; **ma ~?** (come risposta negativa), aber wo?

dovére① <devo o debbo, dovei o dovetti, dovuto> A modale <essere o avere, spesso prende l'ausiliare del verbo che segue> **1** (avere l'obbligo): **fare qc** etw tun müssen: **sono dovuto andare**, ich musste gehen; (avere bisogno) etw tun müssen: **ho dovuto mangiare**, ich habe essen müssen; (essere necessario) müssen: **il vino bianco deve essere bevuto fresco**, Weißwein muss/sollte kühl getrunken werden; (volere) etw tun wollen: **dovevo parlargli, ma poi mi è mancato il coraggio**, ich wollte mit ihm sprechen, aber dann hat mir der Mut gefehlt **2** (di comando, raccomandazione, richiesta): **fare qc** etw tun sollen, etw tun müssen; **gli dissero che doveva andarsene**, sie sagten ihm, er solle (weg)gehen; **devi rispettare gli orari dei pasti**, du musst die Essenszeiten einhalten; **devo chiudere la porta?**, soll ich die Tür zumachen?; (essere opportuno) etw tun sollen; **dovresti riposarti**, du solltest dich ausruhen; (essere tenuto) etw tun sollen; **devi comportarti bene**, du sollst dich anständig benehmen **3** (essere probabile): **essere/fare qc** etw sein/tun müssen: **deve essere mezzogiorno**, es muss Mittag sein; **deve essere successo qualcosa**, es muss etwas passiert sein; **doveva capitare prima o dopo**, das musste ja irgendwann passieren; **il film dovrebbe cominciare adesso**, der Film müsste jetzt beginnen **4** (al condizionale passato o all'imperfetto rif. a qualcosa che non è avvenuto) **~ fare qc** etw tun müssen, etw tun sollen: ⌐**avremmo dovuto**⌐/[**dovevamo**] **vederci a Parigi**, wir hätten uns (eigentlich) in Paris treffen sollen **5** (rafforzativo) **~ fare qc** etw tun müssen: **dovessi campare cent'anni!**, und wenn ich hundert Jahre leben müsste! **6** (di preghiera) **~ fare qc** etw tun sollen: **dovete pazientare**/[**avere pazienza**], ihr müsst ⌐euch gedulden⌐/[Geduld haben] **7** (in frasi ipotetiche) **~ fare qc** etw tun sollen: **se dovessi rientrare prima, telefonami!**, ⌐solltest du früher zurückkommen⌐/[falls du früher zurückkommen solltest], ruf mich an! **8** (per sentito dire) **~ essere qc** etw sein müssen: **il loro deve essere stato un grande amore**, sie müssen sich sehr geliebt haben, ihre Liebe muss sehr groß gewesen sein; **deve essere difficile laurearsi col massimo dei voti**, es muss schwierig sein, sein Studium mit der Höchstnote abzuschließen **9** (non essere necessario): **non ~ fare qc** etw nicht zu tun brauchen, etw nicht tun müssen: **non devi**

ricopiare il tema, du brauchst den Aufsatz nicht noch einmal abzuschreiben; (*di divieto*) *etw nicht tun* dürfen; **qui non si deve fumare**, man darf hier nicht rauchen, hier ist Rauchen verboten **10** *pleonastico* ~ **fare qc etw tun** müssen: **perché devi sempre fare a modo tuo?**, warum musst du immer alles auf deine Art machen?; **strano, il treno dovrebbe già essere qui da un pezzo!**, seltsam, der Zug müsste (eigentlich) schon längst hier sein! **11** <*avere*> ~ **essere + agg + agg** *sein* müssen; **ho dovuto essere scortese**, ich musste unfreundlich sein ▣ *rfl*: **doversi fare qc** ▸ <*essere*> sich (dat) *etw tun* müssen; **si è dovuta comprare una macchina nuova**, sie hat sich (dat) ein neues Auto kaufen müssen **2** <*avere*> sich (dat) *etw tun* müssen; **ha dovuto pettinarsi da sola i capelli**, sie hat sich (dat) allein die Haare kämmen müssen ● **come si deve** (*bene*), wie es sich gehört *fam*; **come dovevasi dimostrare** (**come era da dimostrare**), was zu beweisen war, quod erat demonstrandum; **dovete sapere che...**, ⌊ihr müsst⌋/[Sie müssen] nämlich wissen, dass ...

dovére② <*devo o debbo, dovei o dovetti, dovuto*> ▣ *tr* **1** (*essere debitore*) ~ **qc a qu** {UNA CERTA SOMMA} *jdm etw* schulden, *jdm etw* schuldig sein: **quanto ti devo ancora?**, wie viel bin ich dir noch schuldig?; *fig anche jdm etw* verdanken; **ti devo la vita**, ich verdanke dir mein Leben; **deve il suo successo alla sua autodisciplina**, er/sie hat seinen/ihren Erfolg seiner/ihrer Selbstdisziplin zu verdanken; **non gli devo nessuna spiegazione**, ich bin ihm keinerlei Erklärung schuldig; **Augsburg deve il suo nome all'imperatore Augusto**, Augsburg verdankt seinen Namen dem Kaiser Augustus **2** (*in frasi passive: essere merito di qu/qc*) ~ **a qu/qc** *jdm/etw* zu verdanken sein, *jds/etw* Verdienst sein: **ad Alessandro Volta** ⌊**si deve**⌋/[**è dovuta**] **l'invenzione della pila**, die Erfindung der Batterie ist Alessandro Volta zu verdanken **3** (*in frasi passive: essere causato da qu/qc*) ~ **a qu/qc** *durch jdn/etw* verursacht sein, *auf etw* (acc) zurückzuführen sein: **l'incidente** ⌊**si deve**⌋/[**è dovuto**] **all'alta velocità**, der Unfall ist auf die hohe Geschwindigkeit zurückzuführen, Unfallursache war die hohe Geschwindigkeit ▣ *m* **1** (*ciò che si deve fare*) {+CITTADINO} Pflicht f: **fare il proprio** ~, seine Pflicht tun, seiner Pflicht nachkommen; **uomo ligio al** ~, pflichtbewusster/pflichttreuer Mann; **è nostro preciso** ~ **informarLa che ...** *form*, es ist unsere Pflicht, Sie darüber zu informieren, dass ... **2** *dir* Pflicht f: **doveri d'ufficio**, Amtspflichten f pl ◂ *di solito al pl* ▸ *rar obs* (*saluti*) Empfehlungen f pl ● **Vi ringrazio di avermi avvertito!** ~ ~! (*formula di cortesia*), ich danke Ihnen, dass Sie mich informiert haben! – Das war nur meine/unsere Pflicht!; *a* ~ (**come si deve**), {FARE QC} wie es sich gehört; **fatto a** ~ *fig* (**come si deve**), getan, wie es sich gehört; **chi di** ~ anche (*responsabile*), Zuständige mf decl come agg, Verantwortliche mf decl come agg; **il** ~ **mi chiama!**, die Pflicht ruft!; **doveri coniugali** *dir*, eheliche Pflichten; **farsi un** ~ **di qc** (*sentirsi obbligato*), sich (dat) etw zur Pflicht machen; **non** ~ **niente a nessuno**, niemandem gegenüber Verpflichtungen haben *fig*, niemandem etwas schulden; **sentirsi in** ~ **di fare qc ...** (*sentire l'obbligo morale di*), es als seine Pflicht empfinden, etw zu tun; sich verpflichtet fühlen, etw zu tun; *sentirsi* **in** ~ *verso* **qu** (*avere un debito morale*), sich jdm gegenüber verpflichtet fühlen; **prima il** ~, **poi il piacere** *prov*, zuerst die Arbeit, dann das Vergnügen *prov*.

doveróso, (-a) *agg* **1** (*necessario*) {ATTO} geboten, gebührend, angebracht: **m'è parso** ~ **avvisarli**, es schien mir geboten, sie zu benachrichtigen **2** (*giusto*) {SCUSE} angebracht.

dovizia *f lett* **1** (*abbondanza*) {+INFORMAZIONI} Fülle f: **con** ~ **di particolari**, mit einer Fülle an Einzelheiten **2** (*ricchezza*) unermesslicher Reichtum.

dovizióso, (-a) *agg lett* (*ricco*) {RESOCONTO} reichlich, reichhaltig.

dovúnque ▣ *avv* (*dappertutto: stato*) überall: **è un medicinale che si trova** ~ **dappertutto**, das ist ein Arzneimittel, das es überall gibt; (*moto*) überallhin; **potrebbe essere andato** ~, er könnte überallhin gegangen sein ▣ *cong* (*in qualunque luogo: stato*) ~ **... congv.** wo (auch) immer: ~ **tu sia**, wo (auch) immer du bist/[sein magst]; (*moto*) wohin (auch) immer; ~ **tu fugga, ti seguirò**, wohin (auch) immer (du fliehst), ich werde dir folgen.

dovúto, (-a) ▣ *part pass di* **dovere**①,② ▣ *agg* **1** (*spettante*) {COMPENSO, DENARO} zustehend, zukommend **2** (*doveroso*) {+RISPETTO} gebührend, geboten, schuldig **3** (*opportuno*) {CAUTELA} gebührend, angemessen **4** (*causato da*) ~ **a qc** {STANCHEZZA ALL'ETÀ} durch etw (acc) bedingt, durch etw (acc) verursacht: **dimagrimento** ~ **allo stress**, stressbedingter Gewichtsverlust ▣ *m spec sing* (*necessario*) Schuld f, Verpflichtungen f pl: **fare più del** ~, mehr als das Notwendige tun, mehr tun als nötig; **ho pagato oltre il** ~, ich habe über Gebühr *forb* bezahlt.

down ▣ <*inv*> *agg* **1** *med* **am Downsyndrom/Down-Syndrom erkrankt**, mongoloid **2** *inform* down ▣ <-> *m (f) med* **Downsyndrom/Down-Syndrom-Kranke** mf decl come agg, Mongoloide mf decl come agg.

downgrade, downgrading <-> *m ingl econ* Downgrade m.

download <-> *m ingl inform* Herunterladen m, Download m.

dozzína *f* (*dodici*) Dutzend n: **una** ~ **(di ...)**, {DI FAZZOLETTI, DI UOVA} ein Dutzend (...); **una** ~ **di volte**, dutzendfach, ein Dutzend Mal; **una mezza** ~, ein halbes Dutzend; **dozzine e dozzine di uova**, Dutzende von Eiern, Dutzende Eier ● **a dozzine** (*a gruppi di dodici*), in Zwölfergruppen; *fig* (*in grande quantità*), in/zu Dutzenden, dutzendweise; **di/da** ~ *fig spreg* (*di qualità scadente*), Dutzend- *spreg*.

dozzinále *agg* (*mediocre*) {CRAVATTA, VINO} gewöhnlich, Dutzend- *spreg*, Allerwelts- *fam spreg*; {PITTORE, VERSI} mittelmäßig; {ROMANZO} *anche* Schund- *spreg*.

DP 1 *abbr di* Decreto Presidenziale: Präsidialerlass m **2** *abbr di* Decreto Penale: Strafverfügung f **3** *polit stor abbr di* Democrazia Proletaria: "italienische linksradikale Partei".

D/P *abbr di* documenti contro pagamento: Dokumente gegen Zahlung, Kasse gegen Zahlung.

D.P.C. *abbr di* Decreto del Presidente del Consiglio: "Verordnung f des Ministerpräsidenten".

D.P.R. *abbr di* Decreto del Presidente della Repubblica: "Verordnung f des Präsidenten der Italienischen Republik".

Dr. *abbr di* dottore, dottoressa: Dr. (*abbr di* Doktor).

dracèna *f bot* Drachenbaum m, Drachenlilie f.

dràcma *f numism* Drachme f.

draconiàno, (-a) *agg* (*severo*) {GIUDIZIO} drakonisch, streng.

dràga <-*ghe*> *f* **1** (*macchina*) (Schwimm-, Nass)bagger m: ~ **aspirante**, Saugbagger m **2** *mar* (*ancora*) Treibanker m.

dragàggio <-*gi*> *m* Ausbaggerung f.

dragamìne <-> *m mar* Minensuch-, (Minen)räumboot n.

dragàre <*drago, draghi*> *tr* ~ **qc 1** (*scavare sott'acqua*) {FONDO DEL FIUME} *etw* ausbaggern **2** *mar* {MINE} *etw* räumen.

drago <-*ghi*> *m* **1** (*animale favoloso*) Drache m **2** *fig fam* (*persona in gamba*) starker Typ *fam*, Mordskerl m *fam* **3** *zoo* Flugdrache m.

dragoncèllo *m bot* Estragon m.

dragóne① *m mil* Dragoner m.

dragóne② <*accr di* drago> *m* (*mostro*) (großer) Drache.

dragóne③ *m mar* Drachen m.

drag queen <- -, -s pl ingl> loc sost f ingl (*in spettacoli di varietà*) Dragqueen f.

Dràlon® <-> *m chim tess* Dralon n.

dràmma① <-*i*> *m* **1** *teat* Drama n, Schauspiel n, (Theater)stück n: ~ **musicale**, Musikdrama n; ~ **pastorale**, Schäferspiel n; ~ **liturgico/romantico/storico**, geistliches/romantisches/historisches Drama; ~ **satiresco**, Satyrspiel n **2** *fig* (*grosso problema*) {FAMILIARE} Drama n: **è un** ~ **non riuscire a trovare lavoro**, es ist ein (echtes) Drama, wenn man keine Arbeit findet **3** *fig fam* (*esagerazione*) Drama n: **fare drammi**, Theater machen *fam*; **fare un** ~ **di qc**, aus etw (dat) ein Drama machen *fam*; **non facciamone un** ~ **per favore!**, machen wir daraus bitte kein Drama! *fam*.

dràmma② *f* → **dracma**

drammàtica <-*che*> *f* (*l'arte del teatro in prosa*) Dramatik f, dramatische Kunst.

drammaticità <-> *f* **1** *fig* (*criticità*) {+MOMENTO, SITUAZIONE} Dramatik f **2** *fig* (*espressività drammatica*) {+QUADRO} dramatische Ausdruckskraft.

drammàtico, (-a) <-*ci, -che*> *agg* **1** *teat* (*di prosa*) {GENERE} dramatisch, Dramen-, Schauspiel-; {ATTORE, COMPAGNIA} Theater-; (*del dramma*) {COSTRUZIONE} Bühnen-; (*di interpretazione*) {ABILITÀ +ATTRICE} schauspielerisch **2** *fig* (*critico*) {MOMENTO} dramatisch: **la situazione si fa drammatica**, die Situation ⌊wird dramatisch⌋/[spitzt sich dramatisch zu] **3** *fig* (*eccessivo*) {GESTI} theatralisch.

drammatizzàre *tr* **1** *fig* (*esagerare*) ~ (**qc**) {SITUAZIONE} *etw* dramatisieren: **cerca di non ~!**, versuch einmal, nicht zu übertreiben! **2** *teat* (*ridurre in forma di dramma*) ~ **qc** {ROMANZO} *etw* für die Bühne bearbeiten, *etw* in Dramenform bringen, *etw* dramatisieren.

drammatizzazióne *f* **1** *fig* (*esagerazione*) Übertreibung f **2** *teat* {+ROMANZO} Dramatisierung f.

drammatùrga *f* → **drammaturgo**

drammaturgìa *f teat* Dramaturgie f.

drammatùrgico, (-a) <-*ci, -che*> *agg teat* {SCRITTO} dramaturgisch.

drammatùrgo, (-a) <-*ghi, -ghe*> *m* (*f*) *teat* (*autore*) Dramatiker(in) m(f), Stückeschreiber(in) m(f), Bühnendichter(in) m(f) *obs*.

drammóne <*accr di* dramma> *m film teat* tragischer/dramatischer Schinken *fam scherz*.

drappeggiàre <*drappeggio, drappeggi*> ▣ *tr* ~ **qc** {TELO} *etw* drapieren ▣ *rfl* (*avvolgersi*): **drappeggiarsi (in qc)** {NEL MANTELLO} sich *in etw* (acc) (ein)hüllen, sich (dat) *etw* um|werfen.

drappéggio <-*gi*> *m* {+TENDA, VESTITO} Faltenwurf m, Drapierung f, Draperie f *obs*.

drappèllo *m* (*gruppo*) {+SOLDATI, TURISTI} Schar f, Trupp m.

drapperìa *f* **1** (*assortimento*) Stoffsortiment n, Textilwaren f pl **2** (*magazzino*) Stofflager n **3** (*fabbrica*) Textilfabrik f.

dràppo m (*tessuto*) {+LANA} Tuch n: ~ **funebre**, Leichentuch n.

drasticità <-> f (*radicalità*) {+PROVVEDIMENTO} Drastik f.

dràstico, (-a) <-ci, -che> agg (*radicale*) {SOLUZIONE} drastisch {PROVVEDIMENTO} anche energisch.

drawback <-> m *ingl econ* Drawback n, Rückzoll m, Zollrückvergütung f.

drenàggio <-gi> m **1** *idraul* (*sistema per lo scolo delle acque*) Bewässerungsanlage f, Drainage f; (*bonifica*) Dränung f, Dränierung f **2** *econ* Verlegung f: ~ **fiscale**, Fiscal Drag m **3** *med* Drainage f.

drenàre tr ~ *qc* **1** (*prosciugare mediante drenaggio*) {TERRENO} etw dränieren, etw drainieren **2** *med* {FERITA} etw drainieren, etw dränieren.

Drèsda f *geog* Dresden n.

dressage <-> m **1** (*addestramento di cavalli*) Dressur f; (*di cani*) Abrichtung f **2** (*nell'equitazione: gara*) Dressur f, Dressurreiten n.

dressàre tr (*addestrare*) ~ *qc* {CANE} etw abrichten; {CAVALLO} etw dressieren.

driade f *mitol* Dryade f, Baumnymphe f, Waldnymphe f.

dribblàre A tr **1** *sport* (*nel calcio*) ~ *qu* jdn umdribbeln **2** *fig* (*eludere*) ~ *qc* {DOMANDA} etw (dat) aus|weichen B itr *sport* (*nel calcio*) dribbeln.

dribbling <-> m *ingl sport* (*nel calcio*) Dribbling n, Dribbeln n.

drin A inter onomatopeica kling B <-> m (+CAMPANELLO} Klingeln n, Kling(e)ling n.

drindrìn, drin drin A <-> m loc sost m (*suono*) {+CAMPANELLO} Klingeln n B inter loc inter onomatopeica kling(e)ling, kling.

drink <-> m *ingl* **1** (*bevanda*) Drink m **2** (*festa*) Drink m: **invitare qu per un ~**, jdn ˌaufˌ einenˌ/[zu einem] Drink einladen.

dritta f **1** *fam* (*informazione*) Tipp m: **dare la/una ~ a qu**, jdm einen Tipp geben **2** *mar* Steuerbord n: **accostare/venire a ~**, steuerbord anlegen **3** *lett* (*parte destra*) Rechte f • **a ~ e a manca** (*dappertutto*), überall.

dritto, (-a) A agg **1** → **diritto**② **2** *fam* (*furbo*) {RAGAZZA} klug, schlau B m (f) *fam* (*furbo*) Schlauberger m *fam scherz*, Schlaukopf m *fam* C m **1** → **diritto**① **2** *mar*: ~ **di poppa/prora** *mar*, Achter-/Vorsteven m D avv → **diritto**② • **andare ~ filato a casa**, direkt/schnurstracks *fam* nach Hause gehen.

drittofilo <-> m (*nella moda*) Fadenlauf m.

drittóne, (-a) <accr *di* dritto> m (f) *fam* (*furbacchione*) Schlauberger m *fam scherz*, Schlaumeier m *fam*.

drive① <-> m *ingl inform* Laufwerk n, Drive m: ~ **dei dischetti**, Diskettenlaufwerk n.

drive② <-> m *ingl sport* (*nel tennis*) Drive m; (*nel golf*) anche Treibschlag m.

drive-in *ingl* A <inv> agg {CINEMA} Drive--in-, Auto- B <-> m Autokino n.

driver <-> m *ingl inform* Treiber m, Driver m.

drizza f *mar* {+FIOCCO, RANDA} Fall n.

drizzàre A tr **1** (*raddrizzare*) ~ *qc* {CHIODO} etw geradeǀ-, zurecht|biegen, etw gerade machen; {PALO} etw gerade richten **2** (*tirare su*) ~ *qc* (+ *compl di luogo*) {TENDA} etw (*irgendwo*) auf|stellen; {BANDIERA} etw (*irgendwo*) hissen; {SCALA CONTRO UN MURO} etw (*irgendwohin*) stellen; {OCCHI, SGUARDO VERSO LA LUNA} etw (*irgendwohin*) auf|stellen **3** *fig* (*correggere*) ~ *qu* {RAGAZZO} jdn zurecht|rücken B rfl (*mettersi in posizione eretta*): **drizzarsi** sich auf|richten; **drizzarsi a qu/qc** {PELO AL CANE} sich (dat) jdm/etw auf|stellen.

dròga <-ghe> f **1** (*stupefacente*) Rauschgift n, Droge f: **fare uso di ~**, Drogen nehmen; **~ leggera/pesante**, weiche/harte Droge; **~ party**, Drogenparty f **2** *fig* (*attrazione*) Droge f: **la musica è la sua ~**, Musik ist seine/ihre Droge **3** *farm* Arzneimittel n, Droge f *obs* **4** *gastr* (*sostanza aromatica*) Gewürz n, Droge f • **uscire dalla ~** (*smettere di drogarsi*), sich von der Drogenabhängigkeit befreien, clean werden *slang*.

drogàggio <-gi> m **1** *chim fis* {+SEMICONDUTTORE} Dotierung f; (*azione*) anche Dotieren n **2** *sport* {+ATLETA} Doping n.

drogàre <drogo, droghi> A tr **1** ~ *qu* {PRIGIONIERO} jdn unter Drogen setzen, jdm Rauschgift verabreichen; *sport* {ATLETA} jdn dopen **2** *fig econ* ~ *qc* {STATISTICA} etw frisieren *fam*, etw türken *fam* **3** *gastr* ~ *qc* {INTINGOLO} etw würzen **4** *chim fis* ~ *qc* {CONDUTTORE} etw dotieren B rfl: **drogarsi 1** Drogen/Rauschgift nehmen **2** *sport* sich dopen.

drogàto, (-a) A agg **1** (*sotto l'effetto di droghe*) {RAGAZZO} drogensüchtig, drogenabhängig; *sport* {CAVALLO, PUGILE} gedopt **2** *fig* (*eccitato*) {SGUARDO} erregt **3** *fig* (*alterato*) {CLASSIFICA} frisiert *fam*, getürkt *fam* **4** *chim fis* {CONDUTTORE} dotiert **5** *gastr* (*speziato*) {ARROSTO, VINO} gewürzt B m (f) Drogenabhängige mf decl come agg, Rauschgiftsüchtige mf decl come agg, Junkie m *slang*.

drogheria f (*negozio*) “Geschäft n, in dem Haushalts(-), Kosmetikartikel, Gewürze und einige Lebensmittel verkauft werden”.

droghière, (-a) m (f) (*negoziante*) “Besitzer(in) m(f) eines kleinen Geschäfts, in dem Haushalts(-), Kosmetikartikel, Gewürze und einige Lebensmittel verkauft werden”.

dromedàrio <-ri> m *zoo* Dromedar n.

dropout <-> m *ingl fig* (*escluso*) ~ Drop-out m, Ausgestoßene mf decl come agg.

drosòfila f *zoo* Essig-, Taufliege f.

dr.ssa *abbr di* dottoressa: Dr. (*abbr di* Frau Doktor).

drugstore <-> m *ingl comm* Drugstore m.

drùida <-i> m *stor* (*sacerdote*) Druide m: **i druidi**, die Druiden.

druìdico, (-a) <-ci, -che> agg (*dei druidi*) {RITO} druidisch, Druiden-.

drùido → **druida**

drùpa f *bot* Steinfrucht f.

dry <inv> agg *ingl enol* (*secco*) {GIN} dry, trocken.

DS *polit abbr di* Democratici di sinistra: DS (italienische Linksdemokraten m pl).

DSE m *abbr di* Dipartimento Scienza ed Educazione: Abteilung für Wissenschaft und Erziehungswesen.

DT m **1** *abbr di* Direttore Tecnico: TD (*abbr di* Technischer Direktor) **2** *farm abbr di* vaccino combinato antidifterico e antitetanico: Diphterie- und Tetanusschutzimpfung.

DTP m *edit inform abbr dell'ingl* Desktop Publishing: DTP (*abbr di* Desktop Publishing).

DU m *università abbr di* Diploma Universitario: Universitätsdiplom n.

dual band <inv> loc agg *ingl tel* Dualband-.

duàle A agg *ling mat* dual B m *ling* Dual(is) m, Zweizahl f.

dualismo m anche *fis filos* {FILOSOFICO, RELIGIOSO} Dualismus m.

dualità <-> f *filos mat* Dualität f, Zweiheit f.

duathlon <-> m *sport* Duathlon m.

dùbbio, (-a) <-bi m> A agg **1** (*incerto*) {ETÀ, IDENTITÀ, PROMOZIONE} zweifelhaft, fragwürdig, fraglich; {ORIGINE} ungewiss **2** (*discutibile*) {GUSTO} zweifelhaft, fragwürdig **3** (*controverso*) {QUESTIONE} strittig, umstritten, kontrovers **4** (*inattendibile*) {GIUSTIFICAZIONE} unglaubwürdig **5** (*insicuro*) {AVVENIRE} unsicher, ungewiss **6** (*variabile*) {TEMPO} unbeständig, unsicher **7** (*indefinibile*) {COLORE} unbestimmbar, undefinierbar **8** (*ambiguo*) {INTENZIONE, PROPOSTA} zweideutig, zweifelhaft; {UOMO} anche fragwürdig, dubios B m **1** (*punto oscuro*) Zweifel m: **chiarire un ~**, einen Zweifel klären; **essere tormentato da un ~**, von einem Zweifel gequält werden; (*perplessità*) anche Bedenken n; **pensi che vincerà? – Ma, ho i miei dubbi!**, glaubst du, dass er/sie gewinnen wird? – Na, da habe ich meine Zweifel!; **esprimere/manifestare un ~**, einen Zweifel äußern **2** (*incertezza*) Zweifel m, Ungewissheit f: **nel ~ astieniti!**, enthalte dich, falls du Zweifel hast!; **lasciare nel ~ qu**, jdn im Zweifel lassen; **vivere nel ~**, in der Ungewissheit leben **3** (*sospetto*) Zweifel m, Verdacht m: **in qu si insinua il ~ che ...**, in jdm keimt der Verdacht auf, dass ...; **a qu sorgono dei dubbi su qc**, jdm kommen Zweifel an etw (dat); **ho il ~ che ci nasconda la verità**, ich habe den Verdacht, dass er/sie uns die Wahrheit verheimlicht; **i primi dubbi cominciarono dopo le elezioni**, die ersten Zweifel kamen nach den Wahlen auf **4** *filos* {METODICO, SCETTICO} Zweifel m • **~ amletico** *fig iron* (*senza soluzione*), hamletischer Zweifel; **avere dei dubbi su qu** (*dubitare di qu*), an jdm zweifeln; **è ~ se ...** (*non si sa se ...*), es ist zweifelhaft, ob ...; **non esserci** (*alcun/*[*ombra di*]) **~ che ...** (*essere sicuro*), keinerlei Zweifel darüber bestehen, dass ...; **essere in ~** (*essere incerto*), {VITTORIA DI QU} ungewiss sein; **essere in ~ fra qu/qc** (*non sapersi decidere*), im Zweifel zwischen jdm/etw (pl) sein, zwischen jdm/etw schwanken; **fuori** (**d'ogni**) **~** (*sicuramente*), außer Zweifel, zweifellos; **mettere in ~ qc** (*dubitarne*), {LA LEALTÀ DI QU} etw in Zweifel stellen/ziehen, etw in Frage stellen; **non lo metto in ~** (*non ne dubito*), das bezweifle ich nicht; **nutrire dei seri dubbi su qu/qc** (*dubitare fortemente*), an jdm/etw ernsthafte Zweifel haben/hegen; **senza** (**alcun/**[**ombra di**]) **~** (*certamente*), zweifellos, ohne Zweifel.

dubitàbile agg (*che si può mettere in dubbio*) bezweifelbar, unsicher.

dubitàre itr **1** (*avere dubbi*) ~ (**di qu/qc**) {DI UN AMICO, DELL'ESISTENZA DI DIO} (*of*) bezweifeln, an jdm/etw zweifeln; {DELL'ONESTÀ DI QU} anche über etw (acc) im Zweifel sein; {DELLA BUONAFEDE DI QU} an etw (dat) Zweifel hegen: **dubito di finire in tempo**, ich bezweifle, rechtzeitig fertig zu werden; **dubito assai che tu venga**, ich bezweifle sehr, dass du kommst; **non dubitava di aver ragione**, er/sie ˌzweifelte nicht daranˌ/[hatte keinerlei Zweifel], dass er/sie Recht hatte **2** (*sospettare*) ~ (**di qu/qc**) jdm/etw verdächtigen; **chi può/potrebbe ~ di lui/ciò**, wer kann/könnte ˌan ihm/daran zweifelnˌ/[ihn/das verdächtigen]?; ~ **che ...**, den Verdacht haben, dass ... **3** (*temere*) *lett congv*, (be)fürchten, dass...: **dubito che la malattia sia ben più grave**, ich befürchte, dass die Krankheit wesentlich schlimmer ist.

dubitatìvo, (-a) agg **1** (*di dubbio*) {FORMULA, SGUARDO, TONO} zweifelnd, unbestimmt

2 ling {AVVERBIO, PARTICELLA} dubitativ.
dublinése **A** agg {CULTURA} Dubliner **B** mf (*abitante*) Dubliner(in) m(f).
Dublino f geog Dublin n.
dùca <*duchi*> m (*titolo*) Herzog m.
ducàle agg (*del duca*) {CORTE} herzoglich, Herzogs-; (*del doge*) {PALAZZO} Dogen-.
ducàto① m polit **1** (*titolo*) Herzogswürde f, Herzogstitel m **2** (*territorio*) Herzogtum n.
ducàto② m numism Dukaten m.
dùce <-*ci*> m lett (*capo*) (Heer)führer m ● **il Duce** stor (*Benito Mussolini*), der Duce.
ducésco, (-a) <-*schi*, -*sche*> agg **1** (*da duce*) {DISCORSO} despotisch, diktatorisch, autoritär **2** stor (*di Mussolini*) des Duce, Mussolinis.
duchéssa f (*titolo*) Herzogin f.
duchessina <dim *di* duchessa> f (*figlia di un duca*) Herzogstochter f.
duchino <dim *di* duca> m (*figlio di un duca*) Herzogssohn m.
dùe **A** agg num **1** (*numero*) {BRACCIA, GAMBE, OCCHI} zwei, (*al telefono*) {NUMERO} anche zwo *fam* **2** (*entrambi*) {RAGAZZI} zwei, beide **3** fig fam (*pochi*) {PASSI, RIGHE} ein paar, einige **B** <-> m **1** (*numero*) Zwei f **2** (*rif. a persone*) zwei, beide: **i due arrivarono a piedi dalla stazione**, die zwei kamen zu Fuß vom Bahnhof **3** (*nelle date*) Zweite m decl come agg **4** (*voto scolastico*) ≈, ungenügend Sechs f, Sechser m fam **5** sport (*nel canottaggio*) Zweier m: **due di coppia**, Doppelzweier m; **due con/senza**, Zweier m mit/ohne (Steuermann) **C** f pl zwei Uhr, zwei: **ha telefonato alle due di notte**, er/sie hat um zwei Uhr in der Nacht angerufen ● *a due a due* (*due per volta*), zu zweien (nebeneinander), zu zweit, paarweise; **contare quanto il due di briscola/coppe/picche** fig (*non contare nulla*), weniger als nichts zählen, überhaupt keine Rolle spielen; **essere un due di coppe** fig (*non valere molto*), eine Niete/Lusche sein fam; **non potersi dividere in due** fig (*non poter fare di più*), sich nicht zweiteilen/zerreißen fam scherz können; **essere in due**, zu zweit sein; **fare due più due** fig (*collegare due fatti*), zwei und zwei zusammenzählen; **farsi in due** fig (*darsi molto da fare*), sich in Stücke reißen fam; **lavorare/mangiare per due** fig (*molto*), für zwei arbeiten/essen; **marciare per due** (*affiancati*), in Zweierreihen (nebeneinander) marschieren; **essere sicuri di qc come due e due fanno quattro** (*esserne assolutamente certi*), sich (dat) etw (dat) absolut sicher sein; **tutt'e due**, beide; **delle due l'una** fig (*s'impone una scelta*), eins von beiden; **non c'è il due senza il tre** prov, aller guten Dinge sind drei prov; → anche **cinque**.

duecentésco, (-a) <-*schi*, -*sche*> agg (*del Duecento*) {POEMA} des dreizehnten Jahrhunderts, aus dem dreizehnten Jahrhundert; (*nell'arte italiana*) des Duecento.
duecentista <-*i* m, -*e* f> **A** arte lett agg (*del Duecento*) {PITTURA, POETA} des dreizehnten Jahrhunderts, aus dem dreizehnten Jahrhundert; (*nell'arte italiana*) des Duecento **B** mf **1** arte lett (*nell'arte italiana*) (*pittore*) Künstler(in) m(f) des Duecento; (*scrittore*) Dichter(in) m(f) des Duecento; (*studioso*) Gelehrte mf decl come agg des Duecento **2** sport (*nell'atletica*) Zweihundertmeterläufer(in) m(f).
duecènto **A** agg num zweihundert: **salto di ~ metri**, Sprung m von zweihundert Metern **B** <-> m **1** (*numero*) Zweihundert f **2** <solo pl> sport (*gara di corsa*) Zweihundertmeterlauf m; (*di nuoto*) Zweihundertmeterstrecke f **3** stor: **il Duecento**, das dreizehn-

te Jahrhundert; (*nell'arte italiana*) das Duecento.
duecentometrista <-*i* m, -*e* f> mf sport (*nell'atletica*) Zweihundertmeterläufer(in) m(f); (*nel nuoto*) Zweihundertmeterschwimmer(in) m(f).
duellànte mf anche fig (+POLITICA) Duellant(in) m(f).
duellàre itr anche fig (*battersi in duello*) (**con qu**) sich (*mit jdm*) duellieren.
duèllo m **1** (*combattimento*) Duell n, Zweikampf m: **battersi a ~ con qu**, ein Duell mit jdm austragen; **~ alla pistola/spada**, Pistolen-/Degenduell n; **sfidare qu a ~**, jdn zum Duell (heraus)fordern **2** fig {LETTERARIO} Streit m, Duell n forb: **~ oratorio**, Wortstreit m, Wortgefecht n; **~ agli scacchi**, Schachduell n **3** sport Zweikampf m, Duell n ● **~ aereo**, Luftkampf m (zwischen zwei Flugzeugen), Luftduell n; **~ rusticano** (*con il coltello come arma, senza testimoni*), Bauernduell n; **~ all'ultimo sangue** (*fino alla morte*), Duell n auf Leben und Tod; fig (*fino alla sconfitta definitiva*), Kampf m auf Leben und Tod.
duemila **A** agg num {METRI, OSPITI} zweitausend: **~ e trenta**, zweitausend(und)dreißig; **~ e uno**, zweitausend(und)eins **B** <-> m **1** (*numero*) Zweitausend f **2** (*anno*) das Jahr 2000 **3** (*il ventunesimo secolo*): **il Duemila**, das einundzwanzigste Jahrhundert.
duepèzzi, dùe pèzzi <-> m loc sost m (*nella moda*) **1** (*bikini*) Bikini m **2** (*giacca e gonna*) Kostüm m.
duettàre itr **1** mus im Duett singen **2** fig (*agire in coppia*) {I DUE PILOTI DELLA FERRARI} ein ˌperfektes/[gut abgestimmtes] Duo bilden.
duètto <dim *di* duo> m **1** mus Duett n **2** fam scherz (*coppia*) Duo n.
dulcamàra <-> m bot Bittersüß n.
dùlcis in fùndo loc avv lat anche iron (*come degna fine*) als würdiger Abschluss, das Beste zum Schluss.
dulìa f relig Heiligenverehrung f.
dùma f russo **1** (*ramo del Parlamento*) (Staats)duma f **2** stor (Reichs)duma f.
dumping <-> m ingl econ Dumping n.
dùna f geog Düne f.
dunóso, (-a) agg geog {REGIONE} Dünen-.
dùnque cong **1** (*quindi*) folglich, also, demnach, demzufolge: **ho sbagliato ~ è giusto che paghi**, ich habe einen Fehler gemacht, also/demzufolge muss ich dafür bezahlen, das ist nur gerecht; **penso ~ sono**, ich denke, also bin ich **2** (*allora*) also: **~, siamo tutti d'accordo**, also sind also alle einverstanden; **~, come dicevamo prima ...**, also, wie wir schon vorher sagten ... **3** (*esortativo*) nun, also, na, los: **~, sì o no?**, also, ja oder nein?; **sbrigati ~!**, los, beeil dich! **B** m (*momento decisivo*) entscheidender Moment/Punkt: **arrivare al ~**, zum entscheidenden Punkt kommen; **essere al ~**, beim entscheidenden Punkt angelangt sein; **veniamo al ~**, kommen wir zum entscheidenden Punkt.
dùo <-> m **1** scherz (*coppia*) Paar n, Duo n **2** mus teat Duo n.
duodecimàle agg mat {MISURA} duodezimal.
duodècimo, (-a) agg num obs (*dodicesimo*) zwölfte(r, s): **papa Pio ~**, Papst Pius der Zwölfte.
duodenàle agg med {ULCERA} Zwölffingerdarm-, duodenal scient.
duodenite f med Duodenitis f scient.
duodèno m anat Zwölffingerdarm m.
duòli 2ª pers sing dell'ind pres *di* dolere.
duòlo m lett (*dolore*) Weh n, Leid n, Pein f

forb.
duòmo m **1** (*chiesa*) Dom m, Münster n: **il ~ di Milano**, der Mailänder Dom **2** tecnol Dom m.
dùplex <-> m franc tecnol tel Duplex m.
duplicàre <*duplico, duplichi*> tr ~ **qc 1** (*riprodurre*) {DOCUMENTO} eine Zweitschrift/Kopie *von etw* (dat) anˌfertigen; {CHIAVE} etw nachˌmachen, ein Duplikat *von etw* (dat) anˌfertigen; {VIDEOCASSETTA} etw überspielen **2** (*raddoppiare*) {PROFITTO} etw verdoppeln.
duplicàto, (-a) **A** agg (*doppio*) {INCASSO} verdoppelt **B** m (*della* ~ *amm* (*copia*) {+DOCUMENTO, LETTERA} Duplikat m, Zweit-, Abschrift f; {+GIOIELLO} Kopie f: **~ di una chiave**, Zweitschlüssel m; **richiedere/rilasciare un ~**, ein Duplikat anfordern/ausstellen **2** tip Hochzeit f.
duplicatóre m **1** Vervielfältigungsapparat m, Vervielfältiger m, Kopiergerät n, Kopierer m fam **2** elettr tel Verdoppler m: **~ di frequenza/tensione**, Frequenzverdoppler m/Doppelelektrophor m.
duplicazióne f **1** {+LETTERA} Kopie f, Abschrift f; (*azione*) anche Kopieren n; {+DOCUMENTO} Duplikation f; (*azione*) anche Duplizieren n; {+CHIAVE} Nachmachen n; {+VIDEOCASSETTA} Überspielung f; (*azione*) anche Überspielen n **2** biol {+CROMOSOMA} Verdopplung f, Duplikation f scient **3** elettr {+FREQUENZA} Verdoppelung f.
dùplice agg **1** (*doppio*) {COPIA} zweifach, doppelt **2** (*che ha due aspetti diversi*) {FUNZIONE} zweifach; {QUESTIONE} mit zwei Seiten/Aspekten **3** (*che avviene fra due parti*) {ACCORDO} zweiseitig, bilateral.
duplicità <-> f (*doppiezza*) Doppelheit f, Duplizität f, Zweifachheit f.
dùra f → **duro**.
duramàdre f anat Dura (Mater) f.
duràme m bot Kern(holz n) m.
duránte prep (*nel corso di*) ~ **qc** während *etw* (gen): **~ la gara**, während des Wettkampfs; **~ i mesi invernali**, während der Wintermonate, in den Wintermonaten; **~ il giorno**, tagsüber, während des Tages, den Tag über.
duràre **A** itr (*essere o rar avere*) **1** gener ~ (+ **compl di tempo**) {VISITA AL MUSEO UN'ORA} (*Zeitangabe*) dauern: **l'esame di storia è durato 50 minuti**, die Geschichtsprüfung hat 50 Minuten gedauert **2** (*mantenersi*) ~ (+ **compl di tempo**) {FAMA IN ETERNO; FRUTTA SECCA MOLTO} sich (+ *Zeitangabe*) halten **3** (*protrarsi*) ~ (+ **compl di tempo**) {BUONA STAGIONE POCO; QUESTIONE DA MOLTI ANNI} (+ *Zeitangabe*) (an|)dauern, (+ *Zeitangabe*) an|halten **4** (*bastare*) ~ (+ **compl di tempo**) {SCORTA DI VIVERI, SOLDI FINO AL MESE PROSSIMO} (+ *Zeitangabe*) vor|halten **5** (*resistere*) ~ (+ **compl di tempo**) (+ *Zeitangabe*) aus|halten: **anche la seconda moglie ha durato poco**, auch seine zweite Frau hat es nur kurz bei ihm ausgehalten **6** lett (*continuare*) ~ **a fare qc** {A LAMENTARSI, A PIANGERE, A STUDIARE} damit fort|fahren, etw zu tun; weiterhin etw tun **B** impers (*andare avanti*) weiter|gehen: **finché dura ...**, solange es geht; **dici che dura?**, meinst du, dass es von Dauer ist?; **così non può ~**, so kann das nicht weitergehen **C** tr *avere* ~ *lett* (*sopportare*) ~ **qc** *etw* aushalten/ertragen: **non la durerò a lungo**, das werde ich nicht lange ertragen ● **chi la dura la vince** prov, Beharrlichkeit führt zum Ziel prov.
duràta f **1** (*periodo*) {+CONTRATTO, ECLISSE, GUERRA, MATRIMONIO, VOLO} Dauer f; {+TRASMISSIONE RADIOFONICA} anche Zeit f: **la ~ media della vita umana**, die durchschnittliche Lebensdauer; **per tutta la ~ dell'esperimento**,

solange das Experiment dauert; **una visita specialistica della ~ di un'ora**, eine einstündige fachärztliche Untersuchung **2** (*vita*) {+AUTOMOBILE} Lebensdauer f; {+LAVATRICE} *anche* Haltbarkeit f: **essere di lunga/breve ~**, von kurzer/langer (Lebens)dauer sein **3** *ling* {+FONEMA, VOCALE} Dehnstufe f • **di ~** (*che dura*), {CIBI} haltbar.

duratùro, (-a) *agg* (*che dura*) {AFFETTO, FAMA, RICORDO} bleibend, dauerhaft, nachhaltig.

durévole *agg* (*duraturo*) {PACE} dauerhaft; {STOFFA} haltbar; *econ* {BENE} dauerhaft, langlebig.

durézza f **1** (*l'essere duro*) {+DIAMANTE, LETTO} Härte f **2** *fig* {+LINEAMENTI} Härte f **3** *fig* (*rigore*) {+CLIMA} Rauheit f, Strenge f **4** *fig* (*difficoltà*) {+STUDI DI MEDICINA} Schwierigkeit f **5** *fig* (*severità*) {+INSEGNANTE} Strenge f, Härte f **6** *fig* (*scarsa sensibilità*): **~ di cuore**, Hartherzigkeit f **7** *fig* (*crudeltà*) {+RAPITORI} Grausamkeit f **8** *fig* (*ostinazione*) {+STUDENTE} Hartnäckigkeit f **9** *arte* {+TRATTO} Härte f **10** *chim* Härte f: **~ dell'acqua**, Wasserhärte f.

dùro, (-a) A *agg* **1** *gener* {LEGNO, TERRENO} hart; {CARNE} zäh **2** (*acerbo*) {PERA} unreif **3** (*ruvido*) {BARBA, TESSUTO} rau **4** *fig* {PROFILO} hart **5** *fig* (*rigido*) {INVERNO} hart, streng; {DONNA} *anche* steif **6** *fig* (*difficile*) {VITA} hart, schwer, schwierig: **un testo ~ da capire**, ein schwer verständlicher Text **7** *fig* (*faticoso*) {LAVORO, SALITA} anstrengend, mühevoll **8** *fig* (*severo*) {PAROLE} hart, streng; {DISCORSO} scharf: **sei troppo ~ con te stesso**, du bist zu streng gegen dich **9** *fig* (*scortese*) {MODI} schroff, barsch **10** *fig* (*terribile*) {COLPO} schwer; {SCONTRO} entsetzlich **11** *fig* (*ostinato*) {RAGAZZO} hartnäckig, starrköpfig **12** *arte* {DISEGNO} steif **13** *volg* (*eretto*) steif *fam*: **mi è venuto ~**, ich habe einen Steifen bekommen *fam*; **ce l'ho ~**, ich habe einen Steifen *fam* **14** *chim* {ACQUA} hart **15** *ling* {CONSONANTE} hart B m **1** (*superficie rigida*) Harte n **2** *fig* (*difficoltà*) Schwierigkeit f, Schwierige n **decl come agg** C (f) **1** *fam* (*persona forte*) starker Kerl, harter Bursche: **essere un ~**, harter Bursche sein; **fare il ~**, den harten Burschen spielen **2** (*persona spietata*) knallharter Bursche *fam* D *avv* **1** (*molto*) {LAVORARE} schwer **2** (*severamente*) {PARLARE} entschieden, mit Entschiedenheit/Bestimmtheit **3** (*profondamente*) {DORMIRE} tief • **è dura!** *fig* (*è difficile*), das ist schwer/hart!; **~ come il diamante/ferro/granito/marmo** (*molto duro*), hart wie ein Diamant/[Stahl]/[Granit]/[Marmor]; **~ come un mulo/muro** *fig* (*testardo*), störrisch wie ein (Maul)esel *fam*, stur wie ein Bock/Panzer *fam*; **~ come un sasso** *anche fig* (*molto duro*), steinhart; **tener ~** (*resistere*), durchhalten.

duróne① m *med* Hornhaut f.

duróne② m (*frutto*) Herzkirsche f.

dùttile *agg* **1** (*flessibile*) {METALLO} dehnbar, geschmeidig, ziehbar, duktil **2** *fig* (*malleabile*) {CARATTERE} anpassungsfähig, flexibel, geschmeidig, nachgiebig **3** *fig* (*versatile*) {MENTE} flexibel, wendig.

duttilità <~> f **1** (*flessibilità*) {+METALLO} Dehnbarkeit f, Geschmeidigkeit f, Duktilität f **2** *fig* (*malleabilità*) {+CARATTERE} Anpassungsfähigkeit f, Flexibilität f, Geschmeidigkeit f **3** *fig* (*versatilità*) {+INGEGNO} Flexibilität f.

duty <~> m *ingl dir* Zoll m.

duty free *ingl comm* A *ingl* zollfrei, Dutyfree- B <~> *loc sost* m *abbr di* duty free shop: Dutyfreeshop m.

duty free shop <~, - - -s pl *ingl*> *loc sost ingl comm* Dutyfreeshop m.

duvet <~> m *franc* (*nella moda: piumino*) Daunenjacke f.

dvd, DVD <~> m *inform abbr dell'ingl* Digital Video Disc **1** (*disco*) DVD f **2** (*lettore*) DVD-Player m.

Dx *abbr di* destra: r., re. (*abbr di* rechts).

E, e

E, e <-> f o rar m (*quinta lettera dell'alfabeto italiano*) E, e n ● **e come Empoli** (*nella compitazione delle parole*), E wie Emil; → *anche* **A, a**.

e① *<ed>* cong **1** (*copulativa*) und *(anche in elenchi)* sowie: **la luna e il sole**, der Mond und die Sonne; **Maurizio ed Elena vogliono uscire**, Maurizio und Elena wollen ausgehen; **ho comprato una gonna e una camicetta e (anche) una cintura**, ich habe einen Rock und eine Bluse sowie einen Gürtel gekauft; **adesso, domani e sempre**, jetzt, morgen und in alle Ewigkeit; **tra sé e sé**, zu sich (dat) (selbst) **2** (*ma, invece*) aber, nur, hingegen: **lo credevo sincero e non lo è**, ich habe ihn für aufrichtig gehalten, aber er ist es nicht; **tutti lavorano e tu te ne stai a guardare**, alle arbeiten, nur du stehst herum und siehst zu **3** (*eppure*) und doch: **sapeva di sbagliare e l'ha fatto ugualmente**, er/sie wusste, dass er/sie einen Fehler machte, und dennoch tat er/sie es **4** (*quindi*) deshalb: **ho viaggiato molto e sono stanco**, ich war viel unterwegs, deshalb bin ich müde **5** (*mentre*) und: **io partivo e tu arrivavi**, ich fuhr ab und du kamst an **6** (*ebbene*) gut, nun, so, dann, eben, halt **A CH süddt**: **vuoi proprio comprarlo? E compralo!**, willst du ihn/es kaufen? Dann kauf ihn/es doch/halt **A CH süddt**; **e deciditi dunque!**, dann entscheide dich eben!; **e vattene!**, dann mach, dass du wegkommst! *fam*, dann hau ab! *fam* **7** *enf* (*a inizio frase in frasi esclamative*) (dann) … **e vai!**, (dann) geh doch!; (*in frasi interrogative*) denn; **e tu non ti senti colpevole?**, fühlst du dich denn nicht schuldig? **8** (*correlativa*) sowohl … als auch …: **vuole e questo e quello**, er/sie will sowohl dies als auch das; **e uno piange e l'altro strilla**, der eine weint und der andere schreit **9** *mat* und, plus: **tre e due, cinque**, drei und zwei macht/gleich fünf; (*nei numeri e nelle indicazioni di misura non si traduce*) **mille e duecento**, (ein)tausendzweihundert; **un metro e ottanta**, ein Meter achtzig; **quattro kili e seicento**, vier Kilo und sechshundert Gramm.

e② **1** *fis abbr di* elettrone: e (*abbr di* Elektron) **2** (*marchio della CEE*) "Markenzeichen der EWG".

è 3ª pers sing del pres di essere①,②.

E 1 *abbr di* Est: O (*abbr di* Ost) **2** *abbr dello spagn* España (*Spagna*) E (*Spanien*) **3** *abbr di* Itinerario Europeo: E (*abbr di* Europastraße) **4** *chim* (*additivo alimentare*) E (*abbr di* Zusatzstoff) **5** *ferr abbr di* treno espresso: E (*abbr di* Eilzug, E-Zug) **6** *fis abbr di* campo elettrico: elektrisches Feld **7** *fis abbr di* energia: E (*abbr di* Energie).

EA m *abbr di* Ente Autonomo: "autonome Körperschaft, autonome Einrichtung".

easy <inv> *agg ingl* (*informale*) {PERSONA} locker, relaxed, easy *fam*.

ebanista <-i m, -e f> mf (*artigiano*) Kunsttischler(in) m(f).

ebanisteria f **1** (*arte*) Kunsttischlerei f **2** (*bottega*) Kunsttischlerei f, Kunsttischlerwerkstatt f.

ebanite f *chim* Ebonit n, Hartgummi m o n.

èbano A m **1** *bot* Ebenholzbaum m **2** (*legno*) Ebenholz n B <inv> agg loc agg: **d'~**, {CAPELLI, PELLE} schwarz wie Ebenholz.

èbbe 3ª pers sing del pass rem di avere①,②.

ebbène cong **1** (*conclusiva*) ~ … *congv*; also … *ind*, nun … *ind*: **ha sbagliato, ~ paghi**, er/sie hat einen Fehler gemacht, dann soll er/sie auch (dafür) bezahlen **2** *enf* (*concessivo*) ~ … *ind*; (nun) gut … *ind*: **~, decidi come credi!**, (nun) gut, entscheide so, wie du es für richtig hältst! **3** (*in proposizioni interr*) also … *ind*; nun … *ind*, also … *ind*, na … *ind fam*: **~, che te ne pare?**, nun, was meinst du dazu?; **~, cosa intendi fare?**, also, was hast du vor?; **ebbene?**, was nun?, na *fam*?, ja und (nun)?

èbbi 1ª pers sing del pass rem di avere①,②.

ebbrézza f **1** (*ubriachezza*) Rausch m, (Be)Trunkenheit f **2** *fig* (*esaltazione*) {+SENSI, SUCCESSO, VITTORIA} Rausch m, Taumel m: **provare l'~ della velocità**, den Geschwindigkeitsrausch erleben **3** *med* Trunkenheit f.

èbbro, (-a) agg forb **1** (*ubriaco*) ~ (*di qc*) {DI LIQUORE, DI VINO} (*von etw dat*) berauscht, (*von etw dat*) betrunken **2** *fig* **~ di qc** {DI DESIDERIO, DI PAROLE} (*von etw dat*) berauscht, (*von etw dat*) betrunken: **~ di gioia**, freudetrunken; {D'AMORE} *in etw* (dat) entbrannt *forb*: **~ di collera**,/[**d'ira**], zorn-, wutentbrannt *forb*; **~ di felicità**, glückselig.

ebetàggine f (*ottusità*) Stumpf-, Schwachsinn m *fam spreg*.

èbete A agg (*ottuso*) stumpf-, schwachsinnig *fam spreg*; {SGUARDO, VISO} blöd(e) B mf **1** (*deficiente*) Stumpf-, Schwachsinnige mf decl come agg **2** *fig spreg* Schwachkopf m *spreg*, Dummkopf m *spreg*, Blödian m *spreg*: **comportamento da ~**, schwachsinniges Verhalten.

ebetìsmo m *med* {CONGENITO} Stumpf-, Schwachsinn m.

Èbola m *med* Ebola-Virus m, Ebola <ohne art>.

ebollizióne f **1** *fis* Sieden n, Kochen n: **portare a ~**, zum Kochen bringen **2** *fig* (*fermento*) Aufruhr m: **tutta la città era in ~**, die ganze Stadt war in Aufruhr ● **avere la mente/il cervello in ~** *fig* (*grossa attività*), völlig durcheinander sein *fam*.

e-book <-> m *ingl inform* E-Book n.

ebràico, (-a) <-ci, -che> A agg (*degli ebrei*) {POPOLO, RELIGIONE, STATO} jüdisch; {ALFABETO, LINGUA, SCRITTURA} hebräisch B m (*lingua*) Hebräisch(e) n.

ebraìsmo m **1** (*tradizione*) Judentum n, Judaismus m **2** *ling* Hebraismus m **3** *relig* jüdische Religion.

ebraìsta <-i m, -e f> mf (*studioso*) Hebraist(in) m(f).

ebrèo, (-a) A agg (*di stirpe ebraica*) {POPOLO, RAGAZZA, STIRPE} jüdisch B m (f) **1** Jude m, (Jüdin f), Israelit(in) m(f) **2** *fig spreg* (*avaro*) Geizhals m *spreg*, Geizkragen m *fam spreg* ● **l'~ errante**, der Ewige Jude.

ebrézza → **ebbrezza**.

ebullioscòpio <-pi> m **1** (*apparecchio*) Siede-, Hypsothermometer n **2** *enol* Alkoholometer m.

ebùrneo, (-a) agg *lett* **1** (*d'avorio*) {CORNO} Elfenbein- **2** *fig* (*candido*) {BRACCIA, COLLO} Alabaster-.

e-business <-> m *ingl econ* E-Business n.

EC *ferr abbr di* Eurocity: EC m (*abbr di* Eurocity).

E/C *banca abbr di* Estratto Conto: Kontoauszug m.

ECA m *amm abbr di* Ente Comunale di Assistenza: "Stelle f der Gemeindeassistenz".

ecatòmbe f **1** *fig* (*strage*) {+GUERRIERI, NEMICI} Blutbad n, Gemetzel n, Hekatombe f *forb* **2** *fig scherz* (*catastrofe*) Katastrophe f *scherz*: **l'ultimo esame è stato un'~**, die letzte Prüfung war eine Katastrophe *scherz* **3** *stor* (*sacrificio*) Hekatombe f, Tierbrandopfer n.

ecc. abbr di eccetera: etc. (abbr di et cetera), usw. (abbr di und so weiter).

Ecc. f abbr di Eccellenza: Exz. (abbr di Exzellenz).

eccedentàrio, (-a) <-ri m> agg *econ* {MANODOPERA} überzählig, überschüssig.

eccedènte A agg (*in più*) {QUANTITÀ, SOMMA} überschüssig; {MANODOPERA} *anche* überzählig: **peso ~**, Übergewicht n; **esemplari eccedenti**, überzählige Exemplare B m (*ciò che è in più*) {+SOMMA} Überschuss m: **l'~ della produzione**, der Produktionsüberschuss.

eccedènza f **1** (*ciò che eccede*) {+PESO, PREZZO} Überschuss m; (*nel numero*) Überzahl f **2** *amm comm* Überschuss m: **~ di cassa**, Kassenüberschuss m; **~ di bilancio**, Haushaltsüberschuss m **3** *econ* (*surplus*) Mehrwert m ● **c'è qc in ~**, etw ist ⌐im Überschuss⌐/[überzählig] vorhanden.

eccèdere (*coniug come cedere*) A tr (*andare oltre*) ~ qc {SPESA POSSIBILITÀ DI QU, PREVISIONE DI QU} *etw* übersteigen, *etw* übertreffen; ~ (qc) {LIMITE} *etw* überschreiten B itr (*esagerare*) ~ **in qc** {NELLE PUNIZIONI, NELLO SCHERZO} (*mit etw dat*) übertreiben: **nel mangiare/bere**, sich im/beim Essen/Trinken übernehmen, übermäßig viel essen/trinken; (*uso assol*) übertreiben; **ha bevuto troppo e questa volta ha veramente ecce-**

ecce homo | **eccitazione** 1729

duto, er/sie hat zu viel getrunken und (es) diesmal wirklich übertrieben.
ecce hòmo <-> loc sost m *lat arte* Ecce-Homo n.
eccellènte agg **1** (*ottimo*) {ARTISTA, SCRITTORE} hervorragend, vortrefflich, vorzüglich, exzellent; {PRODOTTO, SQUADRA, VINO} anche Spitzen-; {SALUTE, UMORE, VISTA} ausgezeichnet, vortrefflich, vorzüglich, exzellent: **mi sembra un'idea ~**, das scheint mir eine vorzügliche Idee **2** *giorn* (*importante*) {PERSONAGGIO} Spitzen-: **arresto ~**, Verhaftung einer Spitzenpersönlichkeit.
eccellentìssimo agg (*titolo onorifico*) ehrenwürdig.
eccellènza f **1** (*somma qualità*) Unübertrefflichkeit f, Vorzüglichkeit f, Vollkommenheit f: **Dante ha raggiunto l'~ nella poesia**, Dante hat die Vollkommenheit in der Dichtung erreicht **2** (*titolo*, *abbr* Ecc.): **Eccellenza**, Exzellenz f; **desidero ringraziare Vostra Eccellenza**, ich möchte Seiner Exzellenz danken; **Sua Eccellenza il ministro** *obs* • **per ~**, schlechthin, par excellence *forb*; **Fellini è il regista per ~**, Fellini ist der Regisseur par excellence *forb*.
eccèllere <*irr* eccello, eccelsi, eccelso> itr <*essere o avere*> **1** (*brillare*) **~ in qc** {PITTORE, STUDENTE; IN MATEMATICA, NELLE NATURE MORTE} sich *durch etw* (*acc*) aus|zeichnen **2** (*emergere*) **~ su/tra qu/qc** (**in qc**) {ATLETA, STUDENTE, STUDIOSO; SUI/TRA I COLLEGHI NELLA RICERCA, SUI/TRA I COMPAGNI} (*jdm/etw*) *in etw* (*dat*) überlegen sein, (*unter jdm*)/[*in etw dat*]) (*in etw*) (*dat*) hervor|ragen **3** *iron* (*distinguersi*) **~ in/per qc** {PER/IN ASINERIA, PER LA/NELLA MALEDUCAZIONE} (*durch etw acc/wegen etw gen*) auf|fallen.
eccèlso, (-a) **A** *part pass di* eccellere **B** agg **1** *lett* (*altissimo*) {CIME, MONTI, VETTE} höchste(r, s) **2** *fig* (*superiore*) {VIRTÙ} glänzend, vortrefflich, außerordentlich; {GRADO} erhaben: **è un uomo di ingegno ~**, er ist ein genialer Mann / [Mann von herausragendem Intellekt] **C** m (*Dio*): **l'Eccelso**, Höchste m *decl come agg*.
eccèntrica f ~ **eccentrico**.
eccentricità <-> f **1** *fig* (*essere stravagante*) {+AMBIENTE, PERSONA} Exzentrizität f *forb*, Überspanntheit f, Verschrobenheit f *spreg*: **detesto la sua ~**, ich hasse seine/ihre Exzentrizität *forb* / [sein/ihr exzentrisches Verhalten *forb*] **2** <*di solito al pl*> *fig* (*stravaganza*) Extravaganz f: **cerca di farsi notare con le sue ~**, er/sie versucht, durch seine/ihre Extravaganzen aufzufallen **3** (*perifericità*) {+QUARTIERE} (Stadt)rand-, Peripherielage f **4** *mat* {+ELLISSE} Exzentrizität f.
eccèntrico, (-a) **A** <-*ci*, -*che*> agg **1** (*periferico*) {QUARTIERE} entlegen, abgelegen, weit vom Zentrum gelegen **2** *fig* (*stravagante*) {PERSONA} exzentrisch *forb*, bizarr, überspannt, eigenwillig, extravagant *forb*; {ABITO} extravagant *forb*, ausgefallen **3** *mat* {CERCHI} exzentrisch **B** m (f) **1** (*persona stravagante*) Exzentriker(in) m(f) *forb*, überspannte Person **2** *teat* (*fantasista*) {+VARIETÀ} Exzentriker(in) m(f) **C** m *mecc* Exzenter m.
eccepìbile agg *forb* **1** (*discutibile*) {ARGOMENTO} nicht schlüssig, strittig, fraglich **2** (*criticabile*) {CONTEGNO} tadelnswert, nicht einwandfrei.
eccepìre <*eccepisco*> tr ~ **qc 1** (*obiettare*) *etw* ein|wenden: **trova sempre qc da ~**, er/sie findet stets etw einzuwenden; **non c'è nulla da ~**, dagegen ist nichts einzuwenden; **hai qualcosa da ~?**, hast du etwas (dagegen) einzuwenden? **2** *dir* {CONVENUTO DECADENZA, NOVAZIONE, PAGAMENTO} *etw* ein|wen-

den.
eccessività <-> f {+COMMOZIONE, MISURE CAUTELATIVE} Übertriebenheit f.
eccessìvo, (-a) agg **1** (*esagerato*) {PRETESE, PREZZO} übertrieben, überzogen; {TEMPERATURA, VELOCITÀ} zu hoch; {DOSE, FATICA} übermäßig: **fa un caldo ~**, es herrscht eine Wahnsinns-/Affenhitze *fam*; {PERSONA} unbeherrscht, zügellos; **essere ~** nell'odio / [**nelle passioni**], extrem in seinem Hass / [seinen Leidenschaften] sein **2** (*smodato*) {BERE, FUMO} unmäßig, maßlos: **uso ~ di qc**, maßloser Gebrauch von etw (*dat*) **3** (*estremo*) {IDEE, OPINIONI} extrem.
eccèsso A m **1** Übermaß n, Überschuss m: **~ nel bere**, alkoholischer Exzess, Sauferei f *fam*; **~ di cibo/bevande**, übertriebenes / übermäßiges Essen/Trinken; **~ di vino**, übertriebener/übermäßiger Weingenuss; **~ d'ira**, maßloser Zorn; **~ di lavoro/fatica**, Arbeit bis zum Exzess / [übermäßige Anstrengung]; **~ di peso**, Übergewicht n; **~ di umidità**, übermäßige Feuchtigkeit; **~ di velocità**, Geschwindigkeitsüberschreitung f; **~ di zelo**, Eifer m **2** (*estremo*) Extrem n, Exzess m, Äußerste n *decl come agg*: **andare/passare da un ~ all'altro**, von einem Extrem ins andere fallen; **andare agli eccessi**, übertreiben, bis zum Exzess gehen; **fino all'~**, bis zum Exzess; **spingere qc all'~**, etw bis zum Äußersten treiben **3** *econ*: **~ di domanda**, übergroße Nachfrage; **~ d'offerta**, Überangebot n **4** *mat* Aufrundung f: **~ per approssimazione per ~**, aufgerundeter Näherungswert **5** *tecnol* {+ARIA} Überschuss m **B** *loc avv*: **all'~**, exzessiv, völlig übertrieben, übermäßig, unmäßig • **dare in eccessi**, Wutanfälle bekommen, sich vergessen; **~ di legittima difesa** *dir*, Überschreitung f der Grenzen der Notwehr, Notwehrexzess m; *in ~*, zu viel.
eccètera A avv (*abbr* ecc., etc.) et cetera, und so weiter, und so fort: **carta, matita, gomma, ~**, Papier, Bleistift, Radiergummi usw.; **eccetera, eccetera ...**, und so weiter und so weiter, und so weiter und so fort, et cetera p.p. **B** m <-> Etcetera n: **con tutti questi ~ non si capisce molto**, bei all diesen Etceteras versteht man nicht viel.
eccètto A prep (*tranne*) **~ qu/qc** außer *jdm/etw*, bis auf *jdn/etw*, mit Ausnahme *von jdm/etw*/+ *gen*, abgesehen *von jdm/etw*: **qualunque giorno ~ domani**, irgendein Tag außer morgen; **ci siamo tutti ~ Marco**, wir sind alle da bis auf Marco **B** *loc cong* (*salvo che*) **~ che** außer: **farei un viaggio con chiunque, ~ che con lui**, ich würde mit jedem verreisen, außer/[nur nicht] mit ihm **C** *loc cong* (*a meno che*) **~ che/(se ~ar) ...** *congv*; es sei denn, ... *ind*, außer (wenn) ... *ind*: **verrò ~ che piova**, ich werde kommen, außer wenn es regnet; **~ che per fare qc**, außer [es sei denn], um etw zu tun; **non usciva mai, ~ che per fare la spesa**, er/sie ging nie aus dem Haus, es sei denn, um einzukaufen.
eccettuàre tr (*escludere*) **~ qu/qc** {COLLEGA, CASO} *von jdm/etw* ab|sehen, *jdn/etw* aus|nehmen, *jdn/etw* aus|schließen: **se si eccettuano due pareri contrari, sono tutti favorevoli alla tua nomina**, von zwei Gegenstimmen abgesehen, sind alle für deine Ernennung.
eccettuàto, (-a) agg (*escluso*) **~ qu/qc** *jd/etw* ausgenommen, abgesehen *von jdm/etw*, außer *jdm/etw*, bis auf *jdn/etw*: **eccettuati i regali**, bis auf die Geschenke; **erano tutti presenti, nessuno ~**, alle waren ohne Ausnahme / [ausnahmslos] da.
eccezionàle agg **1** (*straordinario*) {CAPACI-

TÀ, FORZA, INTELLIGENZA, PERSONA} außergewöhnlich; {BELLEZZA} anche ausnehmend **2** (*raro*) {MISURA} ungewöhnlich; {CASO} anche einmalig **3** (*speciale*) {CARICO, OFFERTA, PREZZO, TRASPORTO} Sonder-; {LEGGI} Ausnahme-; {TRIBUNALI} Ausnahme-, Sonder- **4** (*molto bello*) {CONCERTO, LIBRO, SPETTACOLO} einzigartig, hervorragend, wunderschön.
eccezionalità <-> f (*carattere straordinario*) {+TALENTO DI QU} Außergewöhnlichkeit f: **vista l'~ della situazione, decisi di intervenire**, wegen der außergewöhnlichen Situation entschloss ich mich einzugreifen.
eccezióne A f **1** (*ciò che si allontana dalla norma*) Ausnahme f: **~ ad ~ di** /[**eccezion fatta per**] **qu/qc**, mit Ausnahme von jdm/etw / + *gen*, bis auf jdn/etw; **rappresentare/costituire un'~**, eine Ausnahme darstellen/sein; **fare ~**, eine Ausnahme darstellen; **fare un'~**, eine Ausnahme machen; **senza ~**, ausnahmslos, ohne Ausnahme **2** *dir* Einwendung f, Einrede f: **le eccezioni sollevate dal convenuto**, die vom Beklagten erhobenen Einwendungen/Einreden **B** <inv> *loc agg* (*straordinario*): **d'~**, {ATTORE, CANTANTE, NUMERO} Ausnahme-, außergewöhnlich • **questa è l'~ che conferma la regola**, das ist die Ausnahme, die die Regel bestätigt; **fare un'~ alla regola** *fig* (*concedersi una libertà*), eine Ausnahme (von der Regel) machen.
ecchimòsi <-> f *med* Bluterguss m, Ekchymose f *scient*.
eccì A *onomatopeico* inter hatschi!, hatzi! **B** <-> m (*starnuto*) {FRAGOROSO} Niesen n.
eccìdio <-*di*> m (*massacro*) Massaker n, Gemetzel n *spreg*, Massenmord m.
eccipiènte *farm* **A** agg {SOSTANZA} Träger- **B** m Trägerstoff m, Arzneimittelträger m.
eccitàbile agg {CARATTERE, FANTASIA, PERSONA, TEMPERAMENTO} erregbar, reizbar.
eccitabilità <-> f **1** (*facilità a eccitarsi*) {MORBOSA, NERVOSA; +FANTASIA, MENTE} Erregbarkeit f, Reizbarkeit f: **persona di grande ~**, äußerst reizbarer Mensch **2** *biol fis med* {ELETTRICA, MUSCOLARE} Erregbarkeit f.
eccitaménto m **1** (*eccitazione*) {SESSUALE} Erregung f **2** (*l'eccitare*) **~ a qc** {ALL'ODIO, ALLA VIOLENZA, AL VIZIO} Anreiz m *zu etw* (*dat*) **3** *biol psic* {MANIACALE} Erregung f.
eccitànte A agg (*che eccita*) {CAFFÈ, CIBO, TÈ} anregend *spreg*; {DROGA} erregend; {SOSTANZA} anche Reiz-; {DONNA} aufregend; {ATMOSFERA, LETTURA, SPETTACOLO} anche erregend **B** m (*stimolante*) Reiz-, Aufputschmittel n *spreg*: **fare abuso di eccitanti**, Missbrauch mit Aufputschmitteln *spreg* treiben.
eccitàre A tr **1** *gener* (*stimolare*) **~ (qc)** {APPETITO, SENSI} *etw* an|regen, *etw* an|reizen; {COLLERA, CURIOSITÀ, RISO} *etw* erregen; {FANTASIA} *etw* an|regen; (*uso asaol*) an|regen: **il caffè eccita**, Kaffee regt an / [putscht auf *spreg*] **2** (*istigare*) **~ qu a qc** {FOLLA, POPOLO ALLA RIVOLTA, ALLO SCIOPERO} jdn zu etw (*dat*) auf|hetzen **3** (*incitare*) **~ qu a qc** {GIOVANE ALLO STUDIO} jdn zu etw (*dat*) an|treiben **4** *fig* (*scaldare*) **~ qc** {ANIMO, CUORE} *etw* erhitzen **5** *anat* {MUSCOLO, NERVO} *etw* erregen **B** itr pron: **eccitarsi 1** (*agitarsi*) sich auf|regen, sich erregen: **non è il caso di eccitarsi tanto**, es ist wirklich nicht nötig, sich so aufzuregen **2** (*sessualmente*) erregt werden.
eccitàto, (-a) agg **1** (*stimolato*) {FANTASIA} rege, lebhaft **2** (*agitato*) {BAMBINO} unruhig, zappelig *fam* **3** (*sessualmente*) {RAGAZZO} erregt **4** *fis* {ATOMO} angeregt.
eccitazióne f **1** (*condizione*) {SESSUALE +SENSI} Erregung f; {+FANTASIA} Anregung f; (*atto*) Erregung f; (*effetto*) Erregtheit f: **la**

notìzia della vittoria provocò grande ~, die ₍Nachricht über den Sieg₎/[Siegesnachricht] verursachte große Aufregung **2** *elettr* {+DI-NAMO, ELETTROMAGNETE} Erregung f **3** *fis* {+DIAPASON, OSCILLATORE} Schwingung f **4** *fis* {+ATOMO, MOLECOLA} Aufladung f.

ecciù → **ecci**.

ecclesiàle agg {COMUNITÀ} kirchlich.

ecclesiàstico, (-a) <-*ci*, -*che*> **A** agg **1** (*di chiesa*) {GERARCHIA} kirchlich; {ASSE, BENI, DI-RITTO, STORIA, TRADIZIONE, TRIBUNALE} Kirchen- **2** (*del clero*) geistlich; {VITA} klerikal; {ABITO} Priester- **B** m (*sacerdote*) Geistliche m decl come agg, Priester m.

ecclesiologìa <-> f *relig* Kirchenlehre f, Ekklesiologie f *scient*.

ècco A avv **1** (*il verbo, che spesso in ital è sottinteso, deve essere tradotto*) da, hier: ~ (**arriva**) **l'autobus**, da kommt der Bus; ~ (**tieni**) **il tuo libro**, da/hier ist/(hast du) dein Buch; ~ **laggiù (c'è) il paese**, da drüben liegt das Dorf; ~ **sorgere il sole**, da geht (gerade) die Sonne auf; (*i pron pers diventano enclitici*) **eccomi, (arrivo)**!, da bin ich, (ich komme)!; **eccoli (sono) là/lì!**, dort/da sind sie!; **eccoci, siamo) pronti!**, da sind wir, wir sind fertig!; **eccoti la matita!**, da hast du den Bleistift!; (*con ne*) **eccone quattro!**, da/hier sind vier davon! **2** (*con valore dimostrativo*) das: ~ **il problema**, das ist das Problem; ~ **il punto**, das ist der Punkt; ~ **tutto**, das ist alles **3** (*azione compiuta*) ~ + **part pass** da... nun... + *part pass*: ~ **arrivato il giorno tanto atteso**, endlich ist/war der heiß/sehnlichst erwartete Tag gekommen **B** inter *impr* **1** (*di esitazione*) tja *fam*, hm: **che te ne pare?** – ~, **non saprei!**, was meinst du dazu? – Tja *fam*, ich weiß nicht! **2** (*di rimprovero*) herrje *fam*!, o nein!: ~, **se tu facessi un po' più di attenzione!**, herrje *fam*, wenn du nur ein bisschen besser aufpassen würdest! **3** (*di contrarietà*) ach!: ~, **questa non ci voleva proprio!**, ach, das hat gerade noch gefehlt! • ~ **che arriva il treno**, da kommt (gerade) der Zug; ~ **cosa succede ai bambini cattivi**, da sieht man, was bösen Kindern passiert; ~ **come sono andate le cose**, so hat es sich abgespielt, so war es; ~ **perché** ..., deswegen...; das ist der Grund, warum ....; ~ **a che punto siamo ridotti**, da sieht man, wie weit wir heruntergekommen sind; so weit sind wir heruntergekommen *fam*.

eccóme avv (*certo*) und wie, und ob, natürlich: **se ha ubbidito?** – ~!, ob er/sie gehorcht hat? – Und wie!; **lo so** ~!, und ob ich das weiß!

ECG <-> m *med abbr di* elettrocardiogramma: EKG n (*abbr di* Elektrokardiogramm).

echeggiàre <*echeggio, echeggi*> **A** tr <*avere*> (*evocare*) ~ **qc** {BRANO, POESIA STILE} etw nach|ahmen, *etw* herauf|beschwören **B** *itr* <*avere o essere*> (*risuonare*) ~ **di qc** {CAVERNA, SALA DI GRIDA, DI VOCI} *von etw* (dat) wider|hallen; {TEATRO DI APPLAUSI} *von etw* (dat) dröhnen.

èchi *pl di* eco①.

echìdna f *zoo* Schnabeligel m, Echidna f *scient*.

echinocòcco <-*chi*> m *zoo* Blasenwurm m, Echinokokkus m *scient*.

Echinodèrmi m *pl zoo* Stachelhäuter m *pl*, Echinodermen m *pl scient*.

eclampsìa <-> f *med* Eklampsie f *scient*.

eclatànte agg **1** (*evidente*) {VERITÀ} offensichtlich, eklatant **2** (*clamoroso*) {CASO} Aufsehen erregend, sensationell.

ecletticità <-> f **1** {+ARTISTA} Vielseitigkeit f **2** *anche filos* {+SISTEMA, TEORIA} Eklektizismus m.

eclèttico, (-a) <-*ci*, -*che*> **A** agg **1** (*versatile*) {MENTE, PERSONA, PREPARAZIONE, STUDIOSO} vielseitig **2** *arte filos* {ARTE, PITTORE, STILE, FILOSOFO, METODO, SCUOLA} eklektisch **B** m (f) **1** (*persona impegnata in cose diverse*) ₍vielseitig interessierter₎/[vielseitig beschäftigter]/[aufgeschlossener] Mensch, Hansdampf m (in allen Gassen) *fam* **2** *arte filos* Eklektiker(in) m(f).

eclettìsmo m **1** (*poliedricità*) {+MENTE, PREPARAZIONE, STUDIOSO, UOMO} Vielseitigkeit f **2** *arte filos* Eklektizismus m.

eclissàre A tr **1** astr ~ **qc** {LUNA, SOLE} Sole, LUNA, PIANETI} *etw* verdunkeln, *etw* verfinstern **2** *fig* (*sovrastare*) ~ **qu/qc** {BELLEZZA DI QU, FAMA DI QU} *jdn/etw* verdunkeln, *jdn/etw* überschatten **B** *itr pron* **1** *astr*: eclissarsi (₍dietro a₎/[dietro] *qc*) {SOLE} *hinter etw* (dat) verschwinden **2** *fig* (*svanire*): eclissarsi verschwinden, sich auf|lösen, verfliegen: **le sue ricchezze si sono eclissate in un momento**, sein/ihr Reichtum hat sich im Nu *fam* in Nichts aufgelöst **3** *fig* (*andarsene furtivamente*): eclissarsi sich davon|machen *fam*, sich aus dem Staub machen *fam*: **il ladro si è eclissato tra la folla**, der Dieb ist in der Menschenmenge verschwunden **4** *fig scherz* (*sparire dalla circolazione*) unter|tauchen *fam*: **da quando ha conosciuto Luisa, Marco si è eclissato!**, seit Marco Luisa kennen gelernt hat, ₍hört man nichts mehr von ihm₎/[ist er (von der Bildfläche) verschwunden *fam*].

eclìsse f → **eclissi**.

eclìssi <-> f **1** *astr* {+LUNA} Finsternis f, Eklipse f: ~ **parziale**, Teileklipse f; ~ **solare**, Sonnenfinsternis f; ~ **totale**, totale Eklipse **2** *fig* {+ATTRICE, CALCIATORE} Niedergang m; {+FAMA} Verfall m.

eclìttica <-*che*> f *astr* Sonnenbahn f, Ekliptik f.

eclìttico, (-a) <-*ci*, -*che*> agg *astr* **1** (*dell'eclissi*) Finsternis-, Eklipse- **2** (*dell'eclittica*) ekliptisch, Ekliptikal-.

ècloga → **egloga**.

èco① <*echi* m> m o f **1** *fis* Echo n, Widerhall m **2** *fig* (*risonanza*) Echo n, Resonanz f: **la mia domanda non ha trovato nessuna eco**, meine Frage hat keinerlei Resonanz gefunden; **avere larga/vasta eco**, ein großes Echo finden • **echi di cronaca giorn**, Presseecho n; **farsi eco di qc** *fig* (*portavoce*), sich zum Sprachrohr von etw (dat) machen.

èco② <-> f *med* (*ecografia*) Echographie f *scient*.

ecoattivìsta <-*i* m, -*e* f> mf *ecol* Ökoaktivist(in) m(f), aktive(r) Öko *fam*.

ecobàlla f (*balla di rifiuti*) Abfall-, Müllballen m.

ecocardiografìa f *med* Echo-, Ultraschallkardiographie f *scient*.

ecocardiogràmma <-> m *med* Echokardiogramm n.

ecocompatìbile agg (*compatibile con l'ambiente*) {STRUTTURA ABITATIVA} umweltfreundlich.

ecocompatibilità <-> f Umweltverträglichkeit f, Ökokompatibilität f.

ecodiesel *autom* **A** <-*inv*> agg Bio-/Ökodiesel- **B** <-> m (*veicolo*) Bio-/Ökodieselfahrzeug n.

ecodòppler m o f *med* (Echo)dopplersonographie f.

ecoetichétta f (*marchio di garanzia*) Ökoetikette f, Umweltschutzetikette f, Ökolabel n, Umweltschutzlabel n.

ecografìa f *med* Ultraschall m, Echographie f *scient*.

ecogràfico, (-a) <-*ci*, -*che*> agg *med* {ESAME} Ultraschall-, echographisch *scient*.

ecografìsta <-*i* m, -*e* f> mf (*tecnico*) Ultraschalltechniker(in) m(f), Techniker(in) m(f) der Echographie.

ecògrafo m *med* (*apparecchio*) Echograph m *scient*.

ecogràmma <-*i*> m *med* Ultraschallbild n, Echogramm n *scient*.

ecoincentìvo m (*incentivo economico*) ökologischer Anreiz.

ecolàbel <-> f (*ecoetichetta*) Ökoetikette f, Umweltschutzetikette f, Ökolabel n, Umweltschutzlabel n.

ecòloga f → **ecologo**.

ecologìa f **1** *biol* {MARINA, TERRESTRE} Ökologie f **2** (*protezione dell'ambiente*) Umweltschutz m.

ecològico, (-a) <-*ci*, -*che*> agg **1** *biol* {SISTEMA, VARIETÀ} ökologisch **2** (*che protegge la natura*) {PROVVEDIMENTI} umweltfreundlich, umweltschonend; {COSCIENZA, PROBLEMI} Umwelt-; {PELLICCIA} ökologisch.

ecologìsmo m Umweltschutzbewegung f, Ökobewegung f.

ecologìsta <-*i* m, -*e* f> **A** agg (*che difende la natura*) Umwelt(schutz)-, Öko-: **movimento** ~, Umweltschutzbewegung f; **partito** ~, Ökologische Partei **B** mf **1** (*sostenitore*) Umweltschützer(in) m(f), Grüne mf *fam*, Ökofreak m *fam* **2** (*studioso*) Ökologe m, (Ökologin f), Umweltforscher(in) m(f).

ecologìstico, (-a) <-*ci*, -*che*> agg {INIZIATIVA} Umwelt(schutz)-, Öko-.

ecòlogo, (-a) <-*gi*, -*ghe*> m (f) (*studioso*) Ökologe m, (Ökologin f), Umweltforscher(in) m(f).

ecomàfia f *ecol* Öko-, Umweltmafia f.

ecòmetro m *mar* (*ecoscandaglio*) Echolot n, Behmlot n.

e-còmmerce m *ingl econ inform* E-Commerce m.

ecomusèo m (*museo*) Ökomuseum n.

ecònoma f → **economo**.

economàto m **1** (*ufficio*) {+OSPEDALE} Verwaltung(sstelle) f; {+UNIVERSITÀ} Quästur f: **inoltrare una richiesta all'~ dell'istituto**, einen Antrag an die Verwaltung(sstelle) des Instituts weiterleiten **2** *rar* (*carica*) Verwaltung f.

economìa f **1** (*gestione*) {GENERALE} Wirtschaft f, Verwaltung f, Bewirtschaftung f **2** (*scienza*) Wirtschaftswissenschaft f, Wirtschaftslehre f **3** (*sistema*) {AGRARIA, ATTIVA, MISTA, PASSIVA} Wirtschaft f, Wirtschaftssystem n, Ökonomie f: ~ **aziendale**, Betriebswirtschaft f; ~ **in espansione**, expandierende Wirtschaft; ~ **di mercato**, Marktwirtschaft f; ~ **nazionale**, Volkswirtschaft f; **pianificata**, Planwirtschaft f; ~ **sommersa**, Schattenwirtschaft f **4** (*situazione economica*) {DEPRESSA} Wirtschaftslage f **5** (*parsimonia*) Sparsamkeit f, Wirtschaftlichkeit f, Einsparung f, Ersparnis f, Sparen n: **per** ~, aus Sparsamkeitsgründen, um zu sparen; **tuo figlio non ha proprio il senso dell'~**, dein Sohn hat wirklich keinen Sinn für Sparsamkeit; **fare** ~, sparen, sparsam umgehen, haushalten; **con** ~, sparsam; **in** ~, selbst/[in eigener Regie] ausgeführt; ~ **di forze/spazio/tempo**, Kraft-/Raum-/Zeitersparnis f; **vivere senza economie**, verschwenderisch leben **6** <*di solito al pl*> (*risparmi*) Ersparnisse f pl **7** *fig* (*struttura equilibrata*) {GENERALE; +DISCORSO, PENSIERO} harmonische Struktur, harmonischer Aufbau: **l'~ generale di un'opera letteraria**, die Gesamtstruktur eines literarischen Werkes; {+POEMA, *ecc*.} Ökonomie f • (*facoltà di*) ~ **università**, wirtschaftswissenschaftliche Fakultät; ~ **dome-**

stica, Hauswirtschaft f, Haushaltsführung f; **~ liberale** econ, freie Wirtschaft; **~ linguistica**, Sprachökonomie f; **nuova ~**, econ inform New Economy f; **~ di scala** econ, "Produktionskosteneinsparung f bei Massenherstellung".

economicità <-> f **1** (convenienza economica) {+SOLUZIONE} Wirtschaftlichkeit f, Kostengünstigkeit f, Preiswertsein n **2** econ {+POLITICA} Wirtschaftlichkeit f, Effizienz f.

econòmico, (-a) <-ci, -che> agg **1** (relativo all'economia) {CRISI, DOTTRINA, GUERRA, POLITICA, SISTEMA} Wirtschafts-; {CRITERIO} wirtschaftlich, ökonomisch **2** (poco costoso) {RISTORANTE, VITTO} preiswert, billig **3** econ (finanziario) {CONDIZIONI} finanziell; {DIFFICOLTÀ} anche Geld-.

economista <-i m, -e f> mf **1** (studioso) Wirtschaftswissenschaftler(in) m(f), Ökonom(in) m(f) forb spec DDR **2** (esperto) {+ENTE PUBBLICO, SOCIETÀ} Wirtschaftssachverständige mf decl come agg.

economizzàre A tr **~ qc** {ENERGIE, LUCE, TEMPO} (etw) sparen, etw ein|sparen B itr **~ (su qc)** {SULL'ACQUA, SUL TEMPO} mit etw (dat) haus|halten, mit etw (dat) sparen.

economizzatóre m tecnol (dispositivo) Ekonomiser m, Economiser m, Vorwärmer m; {+LAVATRICI, ecc.} Spartaste m, Sparvorrichtung f.

ecònomo, (-a) A agg (che risparmia) {DONNA, MOGLIE, RAGAZZO} sparsam, haushälterisch, wirtschaftlich B m (f) (amministratore) {+ISTITUTO, SCUOLA} Verwalter(in) m(f); {+UNIVERSITÀ} Quästor(in) m(f).

economy <-> f ingl (economy class) Economy (Class) f.

economy class <- -, - es pl ingl> loc sost f ingl aero mar Economyklasse f, Economyclass f.

ecopacifismo m polit Ökopazifismus m.

ecopacifista <-i m, -e f> polit A agg {MOVIMENTO} ökopazifistisch B mf Ökopazifist(in) m(f).

ecopèlle f tess Ökoleder n: **una borsa in ~**, eine Ökoledertasche.

ecopelliccia <-ce> f tess Ökopelz m.

ecoscandàglio <-gli> m mar Echolot m, Behmlot m.

ecosfèra f (biosfera) Öko-, Biosphäre f.

ecosistèma <-i> m biol Ökosystem n.

ecosostenibile agg (ecocompatibile) umweltfreundlich.

ecosostenibilità <-> f Umweltfreundlichkeit f.

ecotàssa f (imposizione fiscale) Ökosteuer f.

ecoterrorismo m (attività terroristica) Ökoterrorismus m.

ecoterrorista <-i m, -e f> mf Ökoterrorist(in) m(f).

ecotipo m bot zoo **1** (aspetto) Ökotypus m **2** (insieme di individui) Ökotypus m.

ecotomografia f med Echotomographie f scient.

ecotomogràfico, (-a) <-ci, -che> agg med {ESAME} echotomographisch scient.

ecoturismo m Ökotourismus m.

écru franc A <inv> agg **1** (colore) {GIACCA} ekrü, naturfarben **2** (greggio) {SETA, TESSUTO} roh, ungebleicht B <-> m (colore) Ekrü n.

ecstasy <-> f ingl Ecstasy n o f.

ectoplasma <-i> m biol Ektoplasma n.

ecu, ECU m econ abbr dell'ingl European Currency Unit (unità monetaria europea) ECU m, Ecu m.

Ecuadòr m geog Ecuador n.

ecuadoriàno, (-a) A agg {POPOLAZIONE} ecuadorianisch B m (f) (abitante) Ecuadorianer(in) m(f).

ecumènico, (-a) <-ci, -che> agg **1** relig {CONCILIO} ökumenisch **2** (universale) {CARATTERE DI UNA IDEOLOGIA, DI UNA PROTESTA, DI UNA RELIGIONE} allgemein, universal forb, universell.

ecumenismo m relig Ökumenismus m.

eczèma <-i> m med Juckflechte f, Ekzem n scient.

ed cong e davanti a vocale, soprattutto davanti a i.

ed. abbr di edizione: Ausg. f (abbr di Ausgabe), Aufl. f (abbr di Auflage), Ed. f (abbr di Edition).

Ed. abbr di editore: Hg., Hrg., Hrsg. m; (abbr di Herausgeber).

Edàm <-> m gastr Edamer m, Edamer Käse.

Èdda f lett Edda f.

eddài → **dai**②.

Edelweiss <-, Edelweisse pl ted> m ted bot Edelweiß n.

edèma <-i> m med Gewebewassersucht f, Ödem n scient: **~ polmonare**, Lungenödem n scient.

edematico, (-a) <-ci, -che> agg med ödematisch scient, ödematös scient.

edematóso, (-a) agg med {GENGIVA} ödematös scient.

Eden <-> m **1** bibl (paradiso): **Eden**, Eden n **2** fig (luogo felice) Paradies n, Eden n forb **3** fig (stato di felicità) Glückseligkeit f: **vivere nel proprio ~**, in Glückseligkeit schwelgen.

èdera f bot Efeu m • **essere come l'~ che dove si attacca muore** fig (fedeli in amore), treu bis in den Tod sein.

edibile agg (commestibile) {BACCA, PARTE DI UN FRUTTO} essbar, genießbar.

edìcola f **1** (chiosco) {+GIORNALAIO} Zeitungsstand m, (Zeitungs)kiosk m: **la rivista sarà in ~ il 26 di ogni mese**, die Zeitschrift ist am 26. jeden Monats am Kiosk erhältlich **2** arch Ädikula f **3** arch (piccola cappella) kleine Kapelle.

edicolànte mf (giornalaio) Zeitungsverkäufer(in) m(f).

edificàbile agg **1** arch edil (costruibile) {EDIFICIO, PALAZZO} konstruierbar **2** amm (fabbricabile) Bau-: **terreno/zona/area ~**, Bauplatz m/Baugelände n/Baugrund m.

edificabilità <-> f amm {+TERRENO} Bebaubarkeit f.

edificànte agg {ATTIVITÀ, LETTURA} erbaulich obs o fam; {MOMENTO} erhebend, erhaben; {LETTERATURA} Erbauungs-: **uno spettacolo poco ~**, ein wenig erhebendes Schauspiel.

edificàre <edifico, edifichi> tr **1** arch edil (costruire) **~ qc** {CASA, PALAZZO, PONTE} etw (er)bauen, etw errichten; amm {LOTTO, TERRENO} etw bebauen **2** fig (fondare) **~ qc** {STATO} etw gründen, etw auf|bauen; {DOTTRINA} etw begründen; {TEORIA} etw auf|stellen **3** fig (educare) **~ (qu/qc con qc)** {FEDELI CON LA PREDICA, ANIMO CON LA MEDITAZIONE} jdn/etw (mit etw dat) erbauen forb • **~ sulla sabbia/roccia** fig (basare qc su fondamenta fragili/solide), auf Sand/Fels bauen.

edificatóre, (-trice) A agg **1** (che costruisce) Bau- **2** (che fonda) {PRINCIPIO} Bau- B m (f) **1** (costruttore) Erbauer(in) m(f), Errichter(in) m(f) **2** (fondatore) Gründer(in) m(f).

edificazióne f **1** arch (costruzione) {+MURA, PALAZZO} Bau m, Errichtung f; {+CITTÀ} anche Aufbau m **2** fig (creazione) {+MONDO MIGLIORE, STATO} Errichtung f, (Be)gründung f **3** fig (incitamento) **~ (a qc)** {MORALE AL BENE} Erhebung f (zu etw dat) forb, Erbauung f (zu etw dat).

edifìcio <-ci> m **1** arch (costruzione) {SCOLASTICO; +PIETRA} Gebäude n, Bau m; {ARCHITETTONICO} Bauwerk n: **in questa città ci sono molti edifici nuovi**, in dieser Stadt gibt es viele neue Gebäude; **~ di mattoni**, Ziegelbau m; **~ ospedaliero**, Krankenhausgebäude n; **~ di trenta piani**, Hochhaus n mit dreißig Stockwerken, dreißigstöckiges Hochhaus; **~ privato/pubblico**, privates/öffentliches Gebäude; **~ sacro**, Gotteshaus n **2** fig (struttura) {SOCIALE} Struktur f, Gefüge n, Aufbau m; {FILOSOFICO} Gebäude n **3** fig lett (complesso) {+ARGOMENTAZIONI, SPERANZE} Gebäude n: **~ di menzogne**, Lügengewebe n, Lügengespinst n **4** dir {+ACCUSA, DIFESA} Gebäude n • **~ cartapesta** fig (cosa priva di solidità), Kartenhaus n; **~ molecolare** fis, Molekularstruktur f, Molekularaufbau m.

edile A agg {IMPRESA, PERITO} Bau- B mf (operaio) Bauarbeiter(in) m(f).

edilizia f **1** (settore) Bauwesen n, Baugewerbe n: **cerca lavoro nell'~**, er/sie sucht Arbeit im Bauwesen/auf dem Bau fam]; **l'~ si è molto sviluppata**, das Baugewerbe hat sich stark entwickelt **2** (attività) Bauwesen n: **~ residenziale/industriale/scolastica**, Wohn-/Industrie-/Schulbauwesen n; **~ popolare**, sozialer Wohnungsbau **3** (urbanistica) Städteplanung f.

edilizio, (-a) <-zi> agg {IMPRESA, LAVORO, PIANO, SPECULAZIONE} Bau-.

edìpico, (-a) <-ci, -che> agg psic ödipal, Ödipus-.

edipo <-> m psic Ödipuskomplex m.

edit <-> m ingl inform {+TESTO} Edit n, Ganzheitseditor m.

editàre tr **~ qc 1** inform {DATI} etw editieren **2** edit etw heraus|geben.

editing <-> m edit Textarbeitung f.

èdito, (-a) agg (pubblicato) **~ (+ compl di luogo)** (irgendwo) veröffentlicht, (irgendwo) herausgegeben, (irgendwo) verlegt: **saggio/spartito ~ a Milano**, in Mailand ⌊veröffentlichtes Essay⌋/[veröffentlichte Partitur]; **~ da qu/qc** {DA UNA CASA EDITRICE, DAL MINISTERO} von jdm/etw herausgegeben; **gli scritti editi e inediti di un autore**, die veröffentlichten und unveröffentlichten Schriften eines Autors.

editor <-> mf ingl **1** edit (curatore) {+RACCOLTA} Herausgeber(in) m(f); (responsabile) {+SETTORE DELLA NARRATIVA} Lektor(in) m(f) **2** giorn (direttore) {+RIVISTA} Herausgeber(in) m(f) **3** inform Editor m.

editóre①, (-trice) A agg (che pubblica) Verlags- B m (f) (abbr Ed.) Verleger(in) m(f).

editóre②, (-trice) m (f) **1** (curatore) {+OPERA, RACCOLTA} Herausgeber(in) m(f) **2** rar giorn (direttore) {+GIORNALE, RIVISTA} Herausgeber(in) m(f).

editorìa f **1** (attività) Verlagswesen n: **~ elettronica**, Elektronikverlagswesen n **2** (complesso di editori) Verleger m pl.

editoriàle① agg **1** {CONTRATTO, CRISI, INDUSTRIA, PUBBLICITÀ} Verlags- **2** (dell'editore) {INIZIATIVA} Verleger-.

editoriàle② giorn A agg (di fondo) {ARTICOLO} Verlags- B m (articolo) Leitartikel m: **un ~ firmato dal caporedattore**, ein vom Chefredakteur gezeichneter Leitartikel.

editorialista <-i m, -e f> mf giorn Leitartikler(in) m(f), Leitartikelschreiber(in) m(f) slang.

editrice f → **editore**①, **editore**②.

editto m **1** stor (ordinanza) {+CONSOLE, COSTANTINO, PRETORE} Edikt m: **editti di pacificazione**, Friedensedikte m pl **2** (ordine) Erlass m, Verordnung f: **emanare/revocare**

edizióne f **1** *tip* (*pubblicazione*) (abbr ed.) {DEFINITIVA, ORIGINALE, POLIGLOTTA} Ausgabe f, Edition f; (*a cura di*) Herausgabe f: **curare l'~ di un libro**, die Herausgabe eines Buches besorgen/betreuen **2** (*esemplare*) {ANTICA} Ausgabe f, Exemplar n; (*tutte le copie stampate in una sola volta*) {A TIRATURA LIMITATA} Auflage f: **quel libro è già alla quinta ~**, dieses Buch hat schon die fünfte Auflage erreicht; **si tratta di un'~ di poche copie**, es handelt sich um eine Auflage von wenigen Exemplaren **3** (*stampa*) {ACCURATA} Ausgabe f **4** {+SALONE DEL LIBRO, PREMIO LETTERARIO} Veranstaltung f: **l'ultima ~ del Salone dell'Automobile**, der letzte Autosalon, die letzte Autoausstellung **5** *amm* {+CERTIFICATO, DOCUMENTO} Vorlegen n, Vorzeigen n **6** *film* (*versione*) Fassung f: **~ italiana/tedesca**, italienische/deutsche Fassung **7** *giorn radio TV* {NAZIONALE, REGIONALE} Ausgabe f: **~ del mattino/della sera/della notte**, Morgen-/ Abend-/Nachtausgabe f; **~ straordinaria**, Sonderausgabe f **8** *giorn* (*tiratura*) Auflage(nhöhe) f ● **~ aggiornata**, aktualisierte Fassung; **~ clandestina**, illegaler Druck ~ **critica di un testo**, kritische Ausgabe eines Textes; **~ diplomatica filol**, unveränderte Ausgabe; **~ a dispense**, Ausgabe f in Einzelheften; **~ economica/tascabile**, Billig-/Taschenbuchausgabe f; **~ in _Lfolio/4°/8°/16° tip**, in _LFolio/2°/[4°]/[8°]/[16°] (Format); **~ integrale**, Gesamtausgabe f, vollständige Ausgabe f; **~ di lusso**, Pracht-, Luxusausgabe f; **~ originale**, Originalfassung f, Originalausgabe f; **~ prima/seconda ~**, Erst-/Zweitdruck m, Erst-/Zweitausgabe f, erste/zweite Auflage f; **~ principe** (*editio princeps*), Editio princeps f; **~ rara/fuori commercio**, _Lseltene./[nicht im Handel befindliche] Ausgabe; **~ ridotta**, gekürzte Ausgabe; **~ riveduta e corretta**, durchgesehene und verbesserte Ausgabe; **guarda Paolo in ~ riveduta e corretta!** *fig*, sieh mal, Paolo in seiner neuen Aufmachung!; **~ scolastica**, Schulausgabe f; **~ con testo a fronte**, zweisprachige Ausgabe.

edochiàno, (-a) **A** *agg* (*di Tokio*) aus Tokio **B** *m* (f) (*abitante*) Tokioer(in) m(f), Tokioter(in) m(f).

edonìsmo *m* **1** *filos* Hedonismus m **2** (*modo di vivere*) Genusssucht f, Hedonismus m *forb*.

edonìsta *ci m*, *-e f* mf **1** *filos* Hedonist(in) m(f), Hedoniker(in) m(f) **2** (*chi pensa solo al piacere*) Genusssüchtige mf decl come agg, Genussmensch m, Hedonist(in) m(f) *forb*.

edonìstico, (-a) <*-ci, -che*> *agg* **1** *filos* {IPOTESI, TEORIE} hedonistisch **2** (*mirato al piacere*) {FINE} hedonistisch *forb*, genießerisch **3** (*dell'edonista*) {ATTEGGIAMENTO} hedonistisch *forb*.

edòtto, (-a) *agg* (*informato*) informiert, unterrichtet: **rendere ~ qu su qc**, jdn über etw (acc) informieren, jdn von etw (dat) unterrichten; **mi ha reso ~ sulle sue intenzioni**, er/sie hat mich über seine Absichten informiert.

EDP f abbr *dell'ingl* Electronic Data Processing (*elaborazione elettronica dei dati*) EDV f; (*abbr di* Elektronische Datenverarbeitung).

educàbile *agg* erziehbar.

educànda f (*ragazza*) Internats-, Klosterpensionsschülerin f: **timida come un'~**, schamhaft, schüchtern wie eine Klosterschülerin; **sembrava proprio un'~ con quell'abito**, mit diesem Kleid sah sie aus wie eine Klosterschülerin.

educandàto *m* (*istituto*) {RELIGIOSO} Mädchenpensionat n, Mädcheninternat n, Klosterschule f.

educàre <*educo, educhi*> *tr* **1** (*formare*) **~ (qu)** (**con qc**) {FIGLI, GIOVENTÙ CON L'ESEMPIO} jdn (*durch etw* acc) erziehen; {CON RIGORE} jdn (*mit etw* dat) erziehen **2** (*abituare*) **~ qu/qc a qc** {MUSCOLI ALLO SFORZO, ORECCHIO ALLA MUSICA, VOCE AL CANTO} jdn/etw an etw (acc) gewöhnen; {GIOVANE ALLO STUDIO} anche jdn zu etw (dat) erziehen; {CAVALLO AL MORSO} jdm/etw etw beibringen **3** (*affinare*) **~ (a qc)** {GUSTO, SENSI ALL'ARTE} etw (*für etw* acc) entwickeln, etw (*für etw* acc) aus|bilden, etw (*für etw* acc) schärfen, etw (*für etw* acc) schulen **4** (*esercitare*) **~ qc** {OCCHIO, ORECCHIO} etw schulen.

educational <-> *m ingl spec inform* (*strumento didattico*) Lehr-, Unterrichtsmaterial n.

educatìvo, (-a) *agg* **1** (*che riguarda l'educazione*) {CONCEZIONE, METODO, TECNICA} Erziehungs- **2** (*formativo*) erzieherisch, bildend; {ROMANZO, SPETTACOLO} Bildungs-; *film* Lehr-.

educàto, (-a) *agg* **1** (*ben educato*) {BAMBINO, GIOVANE} wohlerzogen, artig, gesittet **2** (*cortese*) {MODI} höflich: **non mi è sembrato molto ~ da parte sua**, das erschien mir nicht besonders höflich von ihm/ihr ● **male ~**, unerzogen, unartig, ungezogen.

educatóre, (-trice) **A** *agg* (*che educa*) {FUNZIONE, RUOLO} erzieherisch **B** *m* (f) **1** (*chi educa*) {+ALLIEVO, FIGLIO} Erzieher(in) m(f) **2** (*insegnante*) Lehrer(in) m(f) **3** (*studioso*) Lehrmeister(in) m(f).

educazióne f **1** (*l'educare*) {+FIGLI, GIOVANI} Erziehung f: **dare/ricevere un'~ buona/rigida/sbagliata**, gut/streng/falsch erziehen/(erzogen werden) **2** (*buone maniere*) (*gutes*) Benehmen, gute Erziehung/Kinderstube: **gente senza ~**, Leute ohne Benehmen/Kinderstube; **ha dato prova di grande ~**, er/sie hat beste Erziehung bewiesen; **bella ~!** *iron*, eine schöne Erziehung ist das! *iron* **3** (*affinamento*) {+GUSTO, SENSI, SPIRITO} (Aus)bildung f, Erziehung f **4** *amm* (*disciplina*) Disziplin f, Erziehung f: **~ artistica**, Kunsterziehung f; **~ fisica**, Turnen n, Leibeserziehung f *obs*; **~ sessuale**, Sexualerziehung f, Sexualaufklärung f; **~ scuola** Sexualkunde f; **~ civica**, Gemeinschafts-, Sozialkunde f ● **chi ti ha insegnato l'~?** *iron*, wer hat dir denn (die) Manieren beigebracht? *iron*.

edulcorànte **A** *agg* {SOSTANZA} süßend **B** *m* Süßstoff m.

edulcoràre *tr* **~ qc 1** *forb* {CAFFÈ} etw süßen **2** *fig* (*addolcire*) {NOTIZIA} etw herunter| spielen, etw verharmlosen, etw schönen.

edutainment <-> *m ingl* (*l'istruire divertendosi*) Edutainment n.

EED f abbr *di* Elaborazione Elettronica dei Dati: EDV f (abbr *di* Elektronische Datenverarbeitung).

EEG *m med* abbr *di* elettroencefalogramma: EEG n (abbr *di* Elektroenzephalogramm).

efèbico, (-a) <*-ci, -che*> *agg* {FORME, PALLORE} jüngling(s)haft.

efèlide f *med* Sommersprosse f, Ephelide f *scient*.

efesìno, (-a) **A** *agg* ephesisch **B** *m* (f) Epheser(in) m(f).

effemèride f **1** (*periodico*) Fachzeitschrift f **2** *astrol astr mar* Ephemeride f.

effeminàre, **effemminàre** *tr* **~ qu/qc 1** {VOLTO} jdn/etw verweiblichen, jdn/etw effeminieren **2** *spreg* jdn/etw verweichlichen.

effeminàta, **effemminàta** f → **effeminato**.

effeminatézza, **effemminatézza** f **1** {+COSTUMI, MODI} Verweiblichung f, Effeminiertheit f **2** *spreg* (*mollezza*) Verweichlichung f.

effeminàto, **effemminàto**, (-a) **A** *agg* **1** (*di modi femminili*) {GIOVANE, VOCE} effeminiert, verweiblicht, weibisch *spreg* **2** *spreg* (*molle*) verweichlicht, weibisch *spreg* **B** *m spreg* Weichling m *spreg*, Weichei n *fam spreg*.

effèndi *m turco* Efendi m.

efferatézza f **1** (*atrocità*) {+DELITTO, GUERRA} Grausamkeit f, Abscheulichkeit f, Rohheit f: **agire con ~**, auf grausame Art vorgehen **2** <*di solito al pl*> (*azione*) Grueltat f, Grausamkeit f, Rohheit f.

efferàto, (-a) *agg* (*feroce*) {ATTO, DELITTO, STRAGE} grausam, roh.

efferènte *agg* **1** (*che porta fuori*) {TUBO} herausführend **2** *med* {CONDOTTO} Ableitungs-, ableitend, efferent *scient*.

effervescènte *agg* **1** (*in effervescenza*) sprudelnd: **bibita ~**, Brause(getränk n) f **2** (*che produce effervescenza*) {PASTICCA, POLVERE} Brause- **3** *fig* (*vivace*) {DISCUSSIONE, FANTASIA, STILE} lebhaft; {TEMPERAMENTO, UMORE} sprudelnd: **avere un ingegno ~**, Esprit haben *forb*, geistreich sein **4** *fig* (*in fermento*) {PUBBLICO} erregt.

effervescènza f **1** {+ACQUA, PASTICCA} Sprudeln n; {+VINO} Gärung f **2** (*vivacità*) {+CARATTERE} Lebhaftigkeit f **3** *fig* (*fermento*) Erregung f, Aufregung f.

effettivaménte *avv* (*in realtà*) tatsächlich, wirklich, eigentlich: **~ dovrebbe essere già arrivato**, eigentlich müsste er schon da sein.

effettìvo, (-a) **A** *agg* **1** (*reale*) {MIGLIORAMENTO} wirklich, tatsächlich; {VANTAGGIO} greifbar; {VALORE} anche effektiv, real; {DANNO} tatsächlich **2** (*stabile*) {MEMBRO, PROFESSORE, SOCIO} ordentlich; {OPERAIO} fest angestellt **3** *comm* {CAPITALE, ENTRATE, PAGAMENTO, SPESA} effektiv; {DENARO} Bar- **4** *mil* aktiv, Berufs- **B** *m* **1** *amm comm* (*ammontare*) {+PATRIMONIO} (Effektiv)bestand m **2** *mil* (*forza di una unità*) (Effektiv)stärke f, Effektivbestand m.

effètto **A** *m* **1** (*conseguenza*) Wirkung f, Folge f: **~ dell'alcol**, Wirkung f des Alkohols; **avere ~**, wirken, wirksam sein; **avere per ~ qc**, etw zur Folge haben; **avere un buon/cattivo ~ su qu**, einen guten/schlechten Einfluss auf jdn ausüben; **l'~ del caldo e della fatica**, die Folge der Hitze und der Anstrengung; **rapporto causa ~**, Verhältnis von Ursache und Wirkung; **l'~ contrario**, die entgegengesetzte Wirkung; **essere ~ di qc**, die Folge von etw (dat) sein; **ottenere l'~ desiderato**, die gewünschte Wirkung erzielen; **senza ~**, wirkungslos, ohne Wirkung, erfolglos; **per ~ di qc**, infolge etw (gen), aufgrund etw (gen); **risentire degli effetti di qc**, die Wirkung von etw (dat) spüren **2** (*impressione*) Eindruck m: **fare ~**, Eindruck machen; **mi ha fatto un certo ~ vederlo così invecchiato**, es hat mich ziemlich beeindruckt, zu sehen, wie alt er geworden ist; **fare l'~ di qc**, aussehen wie etw (nom), den Eindruck von etw (dat) machen **3** (*azione*) {+MEDICINA} Wirkung f **4** *banca comm* (*cambiale*) Wechsel m: **~ cambiario**, Wechsel m **5** *banca comm* (*titoli di credito*) {PRIVATO, PUBBLICO} Effekten pl, Wertpapiere pl **6** *dir* (*~ giuridico*) (Rechts)wirkung f: **con ~ dal 1° gennaio 2000**, mit (Rechts)wirkung ab dem 1.1.2000, **con ~ ex nunc**, von jetzt ab, mit Wirkung ex nunc, mit sofortiger Wirkung; **una legge che ha ~ retroattivo**, ein Gesetz, das rückwirkend in Kraft tritt **7** <*di solito al pl*> anche *film fot teat TV* (*illusione*) Effekt m: **cercare l'~**, den Effekt suchen; **effetti di lu-**

ce, Beleuchtungs-, Lichteffekte m pl; **effetti cinematografici/fotografici**, Kino-/Fotoeffekte m pl; **~ flou/stroboscopico**, Weichzeichner-/Stroboskopeffekt m; **~ di rallentamento**, Zeitlupe f; **effetti sonori**, akustische Effekte; **effetti speciali**, Spezialeffekte m pl **8** *fis* Effekt m: **~ Doppler**, Dopplereffekt m; **~ ottico/acustico**, optischer/akustischer Effekt **9** *sport* (An)schneiden n; (*nel biliardo*) Effet m: **dare l'~ alla palla**, den Ball/die Kugel anschneiden; /[dem Ball/der Kugel einen Effet geben] **B** <inv> *loc agg*: **di ~** {FILM, SCENA} effektvoll, plakativ; **di un certo ~**, recht wirkungsvoll; **di grande/sicuro ~**, sehr effektvoll **C** *loc avv* **1** (*veramente*): **in effetti**, in der Tat, tatsächlich, wirklich, eigentlich **2** (*a tal scopo*): **a quest'/tal ~**, zu diesem Zweck(e), dafür, dazu • **effetti collaterali**, Nebenwirkungen f pl; **effetti personali**, persönliche Habe; **~ placebo** *med* Placeboeffekt m *scient*; **~ ritardo** *farm*, Depotwirkung f; **~ serra** *ecol*, Treibhauseffekt m; **~ valanga elettr**, Lawineneffekt m; **valido a tutti gli effetti**, in jeder Hinsicht gültig, vollgültig.

effettuabilità <-> f (*fattibilità*) {+RICERCA, VERIFICA} Durchführbarkeit f.

effettuàre **A** tr **~ qc 1** (*fare*) {CONTROLLO, SOPRALLUOGO, VERIFICA} *etw* aus-, durch|führen, *etw* vor|nehmen: **l'autobus effettua una fermata a richiesta** *amm*, der Bus hält bei Bedarf; *econ* {PAGAMENTO} *etw* leisten; {VENDITA, VERSAMENTO} *etw* tätigen; *sport* {CROSS} *etw* betreiben **2** (*realizzare*) {IMPRESA, PROPOSITO} *etw* verwirklichen **B** *itr pron* (*svolgersi*): **effettuarsi** {VIAGGIO} statt|finden: **la gita non si è effettuata per mancanza di adesioni**, der Ausflug hat wegen fehlender Zustimmung nicht stattgefunden.

effettuazióne f (*attuazione*) {+CONTROLLO, SOPRALLUOGO, VERIFICA} Aus-, Durchführung f; {+VENDITA} Tätigung f: **~ di fermata a richiesta**, hält bei Bedarf; *econ* {+PAGAMENTO} Leistung f; *sport* {+CROSS} Betreiben n.

efficàce *agg* (*valido*) **1 ~ contro qc** {+AIUTO, MEDICINA, RIMEDIO CONTRO L'INFLUENZA, CONTRO IL RAFFREDDORE} (*gegen etw* acc) wirksam **2** (*che*) (*convincente*) {ARGOMENTO, PAROLE} überzeugend, wirkungsvoll; {DISCORSO, ORATORE, SCRITTORE, STILE} *anche* eindrucksvoll, eindringlich, effizient.

efficàcia f **1** (*validità*) **~ contro qc** {+AIUTO, MEDICINA, RIMEDIO CONTRO L'INFLUENZA, CONTRO IL RAFFREDDORE} Wirksamkeit f (*gegen etw* acc), Wirkung f (*gegen etw* acc) **2** *fig* (*l'essere convincente*) {+ARGOMENTO DI QU, PAROLE DI QU} Überzeugungs-, Durchschlagskraft f; {+SCRITTORE} Wirkungskraft f; {+DISCORSO, ORATORE, STILE} *anche* Eindringlichkeit f: **esprimersi con rara ~**, sich mit seltener Eindringlichkeit äußern; **dipinto di rara ~**, Gemälde von außergewöhnlicher Ausdruckskraft; **avere ~**, einsetzen, wirken, Wirkung haben; **avere molta/poca ~**, eine starke/geringe Wirkung haben; **essere di grande/scarsa ~**, von großer/geringer Wirkung sein **3** *dir* (*idoneità a produrre effetti giuridici*) {+ATTO AMMINISTRATIVO, LEGGE, NEGOZIO GIURIDICO, SENTENZA, TRATTATO} Wirksamkeit f **4** *sport* (*nel pugilato*) Schlagwirkung f.

efficènte *e deriv* → **efficiente** *e deriv*.

efficiènte *agg* **1** (*molto attivo*) {VECCHIETTO} (leistungs)fähig; {IMPIEGATO, MAESTRO} tüchtig **2** (*che funziona*) {ARMA, MOTORE, ORGANISMO} leistungsfähig, funktionstüchtig: **questa macchina è ancora ~** (*in buone condizioni*), dieses Auto ist noch in gutem Zustand/[gut in/im Schuss *fam*] {METODO, ORGANIZZAZIONE} effizient; {LEGISLAZIONE} leis-

tungsfähig **3** *filos* {CAUSA} wirkend, Wirkungs-.

efficientìsmo m Leistungsstreben n.

efficiènza f **1** (*l'essere efficiente*) {+PERSONA ANZIANA} Leistungsfähigkeit f; {+DIRETTORE, IMPIEGATO} Tüchtigkeit f: **essere in piena ~**, voll leistungsfähig sein **2** (*rendimento*) {+MOTORE, ORGANISMO} Leistungsfähigkeit f; {+ARMA} *anche* Wirksamkeit f: **essere in ~**, in Betrieb sein; **(ri)mettere in ~ qc**, etw (wieder) betriebsfähig machen, etw (wieder) instand setzen; {+METODO, ORGANIZZAZIONE} Effizienz f **3** *econ* {+ATTIVITÀ} Effizienz f: **~ produttiva**, Produktionsleistung f **4** *fis* {+AERODINAMICA} Gleitzahl f; {LUMINOSA; +LAMPADA} Wirkungskraft f **5** *nucl* {+CONTATORE} Ausbeute f.

effige → **effigie**.

effigiàre <*effigio, effigi*> *tr forb* **1** (*ritrarre*) **~ qu/qc** {PITTORE, SCULTORE PERSONAGGIO, TESTA DELL'IMPERATORE} *jdn/etw* dar|stellen, *jdn/etw* ab|bilden **2** *rar* (*modellare*) **~ qc** {SCULTORE CERA, CRETA} *etw* gestalten, *etw* formen; (*scolpire*) {MARMO} *etw* hauen, *etw* meißeln; (*fondere*) {BRONZO} *etw* gießen.

effìgie <- *o* -gi> f **1** (*ritratto*) {+IMPERATORE, PERSONAGGIO} Bild n, Bildnis n: **dipingere l'~ di qu**, jdn porträtieren; (*scultura*) Plastik f, Skulptur f; **~ di/in marmo**, Marmorstatue f; **~ di/in bronzo**, Bronzeplastik f **2** (*aspetto*) {UMANA} Abbild n, Aussehen n **3** *scherz* (*fotografia*) Fotografie f, Bild n **4** *relig* (*icona*) (Ab)bild n, Bildnis n • **bruciare/impiccare qu in ~** *fig* (*simbolicamente*), jdn in effigie/symbolisch verbrennen/hängen.

effìmero, (-a) **A** *agg* **1** *fig* (*fugace*) {FAMA, GLORIA, ILLUSIONE, SPERANZA} flüchtig, vergänglich, ephemer *forb*; (*di breve durata*) kurzlebig **2** *bot zoo* (*che dura un giorno*) {FIORE, INSETTO} Eintags-, ephemer *forb*, kurzlebig **B** m (*transitorio*) Vergängliche n *decl come agg*.

effluènte **A** *agg* {GAS} ausströmend **B** m (*acque nere*) Abwasser n.

efflùsso m **1** (*fuoriuscita*) **~ da qc** {+GAS, LIQUIDO DALL'APERTURA, DAL SIFONE, DAL SERBATOIO} Ausströmen n *aus etw* (dat), Austreten n *aus etw* (dat), Abfluss m *aus etw* (dat), Ausfluss m *aus etw* (dat); *med* {+SANGUE} Fluss m **2** *econ* Abwanderung f: **~ di capitale**, Kapitalabwanderung f, Kapitalflucht f **3** *fis tecnol* Ab-, Ausfluss m: **velocità/coefficiente di ~**, Ausflussgeschwindigkeit f/Ausflusskoeffizient m.

efflùvio <-*vi*> m **1** (*diffondersi di profumo*) {INTENSO, SOAVE; +CEDRO, ROSA} Duft m, Geruch m **2** *rar* (*esalazione*) {PESTIFERO, SGRADEVOLE; +FRITTO, PALUDE} Ausdünstung f **3** *scherz eufem* (*puzzo*) übler Geruch, Gestank m *spreg*: **senti che ~!**, was für ein Duft! *scherz* **4** *fis* (*emanazione*) {+LUCE} Ausströmung f • **~ elettrico** *fis*, Sprühentladung f.

effóndere <*coniug come* fondere> **A** *tr lett* **1** (*spargere*) **~ qc** (**su qc**) {ACQUA SUI PRATI} *etw auf etw* (acc)/*über etw* (acc) gießen **2** *fig* (*aprire*) **~ qc a qu** {ANIMO, CUORE A UN AMICO} *jdm etw* aus|schütten **B** *itr geol rar* (*versarsi*) **~ da qc** {LAVA DAL CRATERE} *aus etw* (dat) strömen, *aus etw* (dat) fließen **C** *itr pron lett* **1** (*spandersi*): **effondersi** (**in/per qc**) {LAMPO, SUONO NEL CIELO, PER LA VALLE} sich *in etw* (dat) verbreiten **2** (*profondersi*): **effondersi in qc** {IN RINGRAZIAMENTI} sich *in etw* (dat) ergehen.

effrazióne f **1** *amm* (*scasso*) {+SERRATURA} Aufbrechen n **2** *fig* (*violazione*) {+NORMA} Verletzung f.

effusióne f **1** (*spargimento*) {+LIQUIDO} Ausgießen n, Vergießen n; {+GAS} Ausströmen n; {+SUONO, VOCE} Erklingen n **2** <*di solito al pl*> *fig* (*dimostrazione d'affetto*) Herz-

lichkeit f, Wärme f: **cosa sono tutte queste effusioni?**, was hat denn diese Liebenswürdigkeit zu bedeuten?; **abbracciò il figlio con ~**, er/sie umarmte seinen/ihren Sohn herzlich/überschwänglich **3** *geol* {+LAVA} Erguss m, Effusion f.

effusìvo, (-a) *agg geol* {ROCCE} effusiv.

effùso, (-a) **A** *part pass di* effondere **B** *agg lett* **~ in qc** {IN PIANTO} *in etw* (dat) aufgelöst.

EFI m *econ abbr di* Ente Finanziamenti Industriali: Industriefinanzierungsgesellschaft f.

EFTA m *econ abbr dell'ingl* European Free Trade Association (*associazione europea di libero scambio*) EFTA f, EFA f; (*abbr di* Europäische Freihandelsassoziation).

egalitàrio → **egualitario**.

egalitarìsmo → **egualitarismo**.

egèmone **A** *agg* (*che domina*) {CLASSE, POTENZA, STATO} hegemonial, hegemonisch, vorherrschend; {CULTURA, POLITICA} (vor)herrschend **B** m *lett stor* (*chi ha funzione di guida*) Herrscher(in) m(f), Führer(in) m(f).

egemonìa f (*supremazia*) {COMMERCIALE, CULTURALE; +BORGHESIA, POTENZA} Hegemonie f, (Vor)herrschaft f, Vormacht(stellung) f.

egemònico, (-a) <-*ci, -che*> *agg* (*dominatore*) {POTENZA, STATO} Hegemonial-, hegemonial; {CULTURA, POLITICA} (vor)herrschend, hegemonisch: **guerra egemonica**, Hegemonialkrieg m.

egemonìsmo m (*tendenza all'egemonia*) Hegemoniestreben n, Hegemonieanspruch m, hegemonialer Anspruch.

egemonìstico, (-a) <-*ci, -che*> *agg* {POLITICA} (vor)herrschend, hegemonisch.

egemonizzàre *tr* (*ridurre in proprio potere*) **~ qu/qc** {CULTURA, ECONOMIA, OPINIONE PUBBLICA, STAMPA} *jdn/etw* einer Hegemonie unter|ordnen/unterstellen, *jdn/etw* seiner Hegemonie unterwerfen.

egèo, (-a) *geog* **A** *agg* {ISOLA} ägäisch **B** m: Egeo, Ägäis f, Ägäisches Meer.

eggià *fam* → **eh già**.

ègida f **1** *fig* (*protezione*) Schutz m, Obhut f, Ägide f *forb*: **essere sotto l'~ della legge**, den Schutz des Gesetzes genießen; **porsi/mettersi sotto l'~ della legge**, sich unter den Schutz des Gesetzes stellen **2** *mitol* {+ATENA} Ägide f.

ègira <-> f *relig* Hedschra f.

Egìtto m *geog* Ägypten n.

egittòloga f → **egittologo**.

egittologìa f (*disciplina*) Ägyptologie f.

egittòlogo, (-a) <-*gi, -ghe*> m (f) (*studioso*) Ägyptologe m, (Ägyptologin f).

egìzia f → **egizio**.

egiziàno, (-a) **A** *agg* (*dell'Egitto*) {GOVERNO} ägyptisch **B** m (f) (*abitante*) Ägypter(in) m(f) **C** m <*solo sing*> (*lingua*) Ägyptisch(e) n.

egìzio, (-a) <-*zi m*> **A** *agg* (*dell'antico Egitto*) {CIVILTÀ, GEROGLIFICO, PIRAMIDE} altägyptisch; {MUSEO} ägyptisch **B** m (f) **~ di solito al pl**> (*persona*) (Alt)ägypter(in) m(f) **C** m <*solo sing*> *stor* (*lingua*) Ägyptisch(e) n.

ègli *pron pers m sing rar forb lett* (*in funzione di soggetto, spesso sottinteso: lui*) er: **~ stesso**, er selbst; **(~) partirà domani**, er fährt morgen ab; **(~) crede che sia vero**, er glaubt, dass es wahr sei/[es wahr sei]; → **anche lui**.

ègloga <-*ghe*> f **1** *lett* Ekloge f *lett* **2** *mus* Hirtenlied n, bukolische Tondichtung f.

Ego <-> m *filos psic lat* (*io*) Ego n, Ich n.

egocèntrica f → **egocentrico**.

egocentricità <-> f {+PERSONA} Egozentrik f *forb*, Ichsucht f.

egocèntrico, (-a) <-*ci, -che*> **A** *agg* {ATTEG-

GIAMENTO, CARATTERE, PERSONA} egozentrisch *forb*, ichbezogen **B** m (f) (*persona*) Egozentriker(in) m(f) *forb*.

egocentrismo m **1** Egozentrik f *forb*, Ichbezogenheit f **2** *psic* {INFANTILE} Egozentrismus m.

egoismo m Egoismus m, Selbstsucht f, Eigennutz m.

egoista <-*i* m, -*e* f> **A** agg {ATTEGGIAMENTO} egoistisch, selbstsüchtig, eigennützig **B** mf Egoist(in) m(f): **Luca è un insopportabile ~**, Luca ist ein unerträglicher Egoist.

egoistico, (-a) <-*ci, -che*> agg {AFFETTO, DESIDERIO, SENTIMENTO} egoistisch, selbstsüchtig.

egoriferito, (-a) agg *psic* {RAGIONAMENTI} ichbezogen.

egotismo m *psic* (*eccessiva stima di se stesso*) Egotismus m *forb*.

Egr. abbr *di* egregio: sehr geehrte(r); (*nell'indirizzo non si traduce*): **Egr. prof. Ugo Rossi**, Herrn Prof. Ugo Rossi.

egregio, (-a) <-*gi* m> agg **1** (*eccellente*) {SCRITTORE, TRADUZIONE} ausgezeichnet, vortrefflich **2** (*considerevole*) {SOMMA} beträchtlich **3** (*nelle lettere, abbr* Egr.) sehr geehrte(r), (hoch)verehrte(r): **~ ˌsignor Rossiˌ/ˌprofessoreˌ**, sehr geehrter ˌHerr Rossiˌ/[Herr Professor/Lehrer]; **egregia signora**, verehrte Frau; **egregi signore e signori**, sehr geehrte Damen und Herren; (*nel parlato*) **~ professor Rossi**, verehrter Professor Rossi.

Egr. Sig. abbr *di* Egregio Signore: Sehr geehrter Herr.

eguaglianza f *e deriv* → **uguaglianza** *e deriv*.

eguagliare *e deriv* → **uguagliare** *e deriv*.

egualitario, (-a) <-*ri* m> *polit* **A** agg {IDEOLOGIA, POLITICA, SOCIETÀ, TEORIA} egalitär *forb* **B** m (f) Anhänger(in) m(f)/Vertreter(in) m(f) des Egalitarismus.

egualitarismo m *polit* {SALARIALE} Egalitarismus m.

eh **A** inter *fam* **1** (*di rimprovero*) he! *fam*: **eh! Queste cose non si fanno!**, he! *fam* Das macht man nicht! **2** (*di meraviglia*) (ach) was!?: *fam*: **eh!? E tu non hai reagito?**, was!? *fam* Und du hast nicht darauf reagiert? **3** (*nelle domande retoriche*) oder?, nicht wahr?, was? *fam*: **niente male, eh?**, nicht übel, was? *fam*; **la festa è riuscita bene, eh?**, das war ein gelungenes Fest, nicht wahr? **4** (*di rassegnazione*) tja *fam*: **eh, ormai non c'è più niente da fare**, tja *fam*, da kann man jetzt nichts mehr machen **5** (*di speranza*) na! *fam*: **eh! Speriamo che vada tutto bene!**, na! *fam* Hoffen wir, dass alles gut geht! **6** (*di dubbio*) hm!: **eh! Forse arriverà domani**, hm! Vielleicht kommt er ja morgen **7** (*nelle risposte*) was? *fam*: **Silvia! – Eh?**, Silvia! – Was? *fam* **B** loc inter (*suvvia*): **eh via!**, komm (doch)!; ach, komm!

eh già loc inter **1** (*di contrarietà*) na klar: **eh già, sono mica nato ieri!**, na klar, ich bin doch nicht von gestern! *fam*; **eh già, non tocca mica a me fare questo lavoro!**, sonst noch was, das ist doch nicht mein Job! *fam* **2** (*di conferma*) so ist es, so sieht es aus: **allora, la situazione è proprio senza speranza? – eh già!**, dann ist die Lage wirklich hoffnungslos? So ist es!/So sieht es aus! **3** (*di riconoscimento*) genau, stimmt: **eh già, questa è la strada che dobbiamo prendere**, genau/stimmt, das ist der richtige Weg!

ehi inter *fam* **1** (*di richiamo*) he(da)! *fam*, hallo!: **ehi, tu! Questa è proprietà privata e non si può entrare!**, he du *fam*! Das ist ein Privatgrundstück, hier darf man nicht rein!; **ehi, Cristina! Come va?**, hallo Cristina! Wie geht's? *fam* **2** (*per richiamare l'attenzione*) Mensch! *fam*, he! *fam*: **ehi! Hai visto che schianto di donna?**, Mensch! Hast du die scharfe Braut gesehen? *fam*.

ehilà inter **1** (*di richiamo*) he(da)! *fam*, hallo!: **~! Voi laggiù!**, he! *fam* Ihr da drüben! **2** (*di sorpresa*) oh!, hei!: **~ che vestito!**, oh/hei was für ein Kleid!

ehm inter *fam* (*di esitazione, imbarazzo*) hm.

ei *poet* → **egli**.

E.I. m abbr *di* Esercito Italiano: "italienisches Heer".

eia inter (*di esultanza*) hurra!

eiaculare itr (UOMO) ejakulieren, Samen ergießen.

eiaculazione f Ejakulation f, Samenerguss m: **~ precoce**, vorzeitiger Samenerguss.

eiettabile agg *aero* {SEDILE} Schleuder-.

eiettare tr *rar* (*espellere*) **~ qc** {SEDILE} etw heraus|schleudern; {VULCANO MATERIA} anche etw aus|stoßen, etw ejizieren.

eiettore m *tecnol* {+ARIA} Strahlpumpe f, Ejektor m.

eiezione f **1** (*espulsione*) {+LIQUIDO} Auswurf m **2** *aero* {+PILOTA} Herausschleudern n.

einsteiniano, (-a) agg {TEORIA DELLA RELATIVITÀ} von Einstein, einsteinsche(r, s), Einstein'sche(r, s).

elaborare tr **~ qc 1** (*produrre*) {IDEA, PROGETTO, TESI} etw aus|arbeiten; {DISEGNO DI LEGGE} anche etw verfassen **2** (*lavorare su*) {DATI DI UN SONDAGGIO} etw aus|arbeiten, {TESTO} etw bearbeiten **3** *biol* (*trasformare*) {STOMACO CIBO} etw verdauen **4** *biol* (*secernere*) {PANCREAS SUCCO PANCREATICO} etw ab|sondern, etw produzieren **5** *inform* {DATI NUMERICI} etw verarbeiten: **~ qc su calcolatore**, etw mit dem Computer/Rechner bearbeiten.

elaboratezza f (*ricercatezza*) {+FORMA, STILE} Ausgefeiltheit f, Ausgesuchtheit f.

elaborato, (-a) **A** agg **1** {ARTICOLO, COMPONIMENTO, PROGETTO} ausgefeilt; {DISCORSO, STILE} geschliffen; {PIATTO} erlesen; {PETTINATURA} raffiniert **2** *autom mecc* (*modificato*) {MOTORE} frisiert *fam* **B** m **1** (*testo*) Arbeit f, Aufgabe f **2** *biol* (*secrezione*) {+FEGATO, PANCREAS} Absonderung f, Produktion f **3** *inform* Ausdruck m.

elaboratore, (-trice) **A** agg {APPARECCHIO} Bearbeitungs-, Verarbeitungs-; {ORGANO} verarbeitend **B** m *inform* (*calcolatore*) Computer m, Rechner m, Datenverarbeitungsanlage f, Datenverarbeitungssystem n: **~ (elettronico)**, EDV-Anlage f, elektronische Datenverarbeitungsanlage.

elaborazione f **1** (*produzione*) Erstellung f; (*rielaborazione*) Bearbeitung f; {+DOTTRINA, PIANO, PROGETTO, TEORIA, TESI} Erstellung f, Ausarbeitung f **2** *biol* {+CIBO} Verdauung f **3** *inform* Verarbeitung f: **~ (elettronica) dei dati** (abbr E.E.D.), (elektronische) Datenverarbeitung ● **~ del lutto** *psic*, Trauerarbeit f.

EL AL *aero* abbr *dell'ingl* Israel Airlines Ltd (*linee aeree israeliane*) EL AL f (*israelische Fluggesellschaft*).

elargire <*elargisco*> tr (*distribuire*) **~ qc (a qu/qc)** {AIUTI, SOVVENZIONI} etw (für jdn/etw) spenden, etw (für jdn) stiften; {FAVORI} jdm etw erweisen.

elargitore, (-trice) m (f) {+DONI} Spender(in) m(f).

elargizione f **1** (*distribuzione*) {+SUSSIDIO} Spenden n **2** (*offerta*) Spende f, Zuwendung f, Gabe f: **fare elargizioni**, spenden, Spenden verteilen.

elastan <-> m *tess* Elasthan n, Spandex n.

elasticità <-> f **1** (*flessibilità*) {+GOMMA, MOLLE} Elastizität f, Dehnbarkeit f; *fig* {+CONCETTO} Flexibilität f, Beweglichkeit f: **~ mentale**, geistige Beweglichkeit/Flexibilität; **~ morale**, moralische Flexibilität; **l'~ di una legge**, die Interpretierbarkeit eines Gesetzes; *econ* {+SISTEMA ECONOMICO} Anpassungsfähigkeit f **2** {+CORPO} Elastizität f (*agilità*) Geschmeidigkeit f, Beweglichkeit f, Gelenkigkeit f: **malgrado gli anni ha conservato una incredibile ~**, trotz des fortgeschrittenen Alters ist er/sie noch unglaublich gelenkig **3** *autom* {+MOTORE} Elastizität f **4** *econ* (*variabilità*) {+DOMANDA, OFFERTA} Veränderlichkeit f ● **~ di cassa** *banca*, Dispositionskredit m, Kontokorrentkredit m, Überziehungskredit m.

elasticizzare tr **~ qc** {TESSUTO} etw elastisch/dehnbar machen.

elasticizzato, (-a) agg *tess* {FILO, TESSUTO} Stretch-.

elastico, (-a) <-*ci, -che*> **A** agg **1** (*flessibile*) {FILO, MATERIALE, MOLLA, TESSUTO} elastisch, dehnbar; *fig* {ATTEGGIAMENTO, CARATTERE, NORMA} flexibel; {MENTE} anche beweglich; {CONCETTO} dehnbar: **orario ~**, gleitende Arbeitszeit, Gleitzeit f *fam* **2** (*agile*) {PERSONA} gelenkig, beweglich, gewandt; {PASSO} geschmeidig **3** *autom* {MOTORE} elastisch **4** *biol* {FIBRA, TESSUTO} elastisch **5** *fis* {DEFORMAZIONE} elastisch **6** *mil* {DIFESA, FRONTE} beweglich **B** m **1** (*anello di gomma*) Gummi(ring) m: **~ per i capelli**, Haargummi m **2** (*nastro*) {+CALZE, REGGISENO} Gummiband m **3** (*tessuto*) elastischer Stoff **4** {+LETTO} Sprungrahmen m.

elastina f *biol* Elastin n.

elastomero m *chim* Elaste pl.

Elba[1] f *geog* (*isola*) Elba n: **l'isola d'~**, die Insel Elba.

Elba[2] m *geog* (*fiume*) Elbe f.

elbano, (-a) **A** agg {ESILIO DI NAPOLEONE} auf Elba **B** mf (*abitante*) Elbaner(in) m(f), Einwohner(in) m(f) von Elba.

elce m *o* f *bot* Steineiche f.

eldorado m (El)dorado n.

e-learning <-> m *ingl* E-Learning n.

election day <-, -*s* pl *ingl*> loc sost m *ingl* giorn Election Day m, Wahltag m.

electron m *metall* Elektron n.

elefante m Elefant m: **~ africano/indiano**, afrikanischer/indischer Elefant; **~ marino**, See-Elefant m ● **avere la grazia/delicatezza di un ~**, die Grazie/das Feingefühl eines Elefanten besitzen *scherz*; **grosso come un ~**, riesig wie ein Elefant; **sembrare un ~ in un negozio di porcellane** *fig* (*essere maldestro*), sich wie ein Elefant im Porzellanladen benehmen *fam*.

elefantesco, (-a) <-*schi, -sche*> agg **1** (*dell'elefante*) {BARRITO} Elefanten- **2** *fig* (*molto grosso*) {MOLE} Elefanten-, riesig **3** *fig scherz* {GRAZIA, SENSIBILITÀ} eines Elefanten *scherz*.

elefantessa f Elefantenkuh f.

elefantiaco, (-a) <-*ci, -che*> agg **1** *fig* (*enorme*) riesig, elefantös *scherz* **2** *med* von der Elefantenkrankheit befallen.

elefantiasi <-> f **1** *fig* (*aumento esagerato*) Aufgeblähtheit f: **l'~ delle strutture burocratiche**, der aufgeblähte bürokratische Apparat **2** *med* Elefantenkrankheit f, Elefantiasis f *scient*.

elefantino, (-a) m (f) Elefantenjunge n.

elegante agg **1** {PORTAMENTO, RAGAZZO, SIGNORA} elegant, schick; {AMBIENTE, RISTORANTE, VESTITO} anche geschmackvoll **2** (*raffinato*) {DISCORSO} elegant; {STILE} anche gewählt; {PROSA} erlesen **3** (*sottile*) {DISQUISIZIONE} subtil *forb*, scharfsinnig.

elegantone, (-a) **A** agg modisch, mode-

eleganza | elettrodotto

bewusst, modeabhängig *spreg* **B** m (f) Schickimicki m *fam spreg*, Modefreak m *fam*.

eleganza f **1** (*l'essere elegante*) {+ABITO, AMBIENTE, DONNA, RISTORANTE, UOMO} Eleganz f, Schick m: **la sua ~ è proverbiale**, seine/ihre Eleganz ist sprichwörtlich **2** (*grazia*) {+MODI, PORTAMENTO} Eleganz f, Anmut f **3** (*raffinatezza*) {+IMMAGINE, PROSA} Eleganz f, Erlesenheit f; {+STILE} *anche* Gewähltheit f **4** (*sottigliezza*) {+DISQUISIZIONE} Scharfsinnigkeit f, Feinheit f, Subtilität f *forb* **5** <*di solito al pl*> (*ricercatezza*) {STILISTICHE; +SCRITTORE} Feinheiten f pl.

eleggere <coniug *come leggere*> tr **1** (*scegliere con voto*) ~ **qu** (**a qc**) {CANDIDATO FAVORITO AL SENATO} jdn (*in etw* acc) wählen; (*nominare*) ~ **qu qc** {PAPA, PRESIDENTE, SINDACO} jdn (*zu etw* dat) wählen **2** **amm** (*scegliere*) ~ **qc + compl di luogo** {SEDE IN VIA ROMA 6} *etw* (*irgendwo*) bestimmen: ~ **il proprio domicilio a Parigi**, seinen Wohnsitz in Paris nehmen, Paris zu seinem Wohnort bestimmen.

eleggibile *agg* wählbar.

eleggibilità <-> f Wählbarkeit f.

elegia f *lett* Klagelied n, Elegie f.

elegìaco, (-a) <-ci, -che> **A** *agg* **1** *lett* {DISTICO, VERSO} elegisch; {POETA} *anche* Elegien- **2** *fig* (*mesto*) {SENTIMENTO} schwermütig, wehmütig; {TONO} *anche* Klage- **B** m *lett* **1** (*verso*) Elegeion n *lett* **2** <*di solito al pl*> (*poeta*) Elegiker m *forb*.

elementare **A** *agg* **1** (*semplice*) {CONCETTO, PROBLEMA, SOSTANZA} elementar, einfach: **è una dimostrazione ~**, das ist ein einfacher Beweis **2** (*di base*) {NOZIONE, REGOLA} elementar, grundlegend, Grund-: **tuo figlio ignora le più elementari norme igieniche**, dein Sohn kennt die ₁grundlegendsten hygienischen Regeln₁/[das ABC der Hygiene] nicht **3** *scuola* {SCUOLA} Grund-, Elementar- *obs*, Volks- *obs*: **licenza ~**, Abgangszeugnis n der Grundschule; **maestro ~**, Grundschullehrer m **B** f <*solo pl*> *scuola* Grundschule f.

elementarità <-> f (*semplicità*) {+SPIEGAZIONE} Einfachheit f, Simplizität f *forb*.

elementarizzare tr (*semplificare*) ~ **qc** {PROBLEMA} *etw* vereinfachen, *etw* simplifizieren *forb*, *etw* versimpeln *spreg*.

elemento m **1** *gener* Element n, Grund-, Urstoff m: **i quattro elementi**, die vier Elemente; **la furia degli elementi**, das Wüten der Elemente; (*ambiente*) (Lebens)element n; **trovarsi/essere nel proprio ~** *fig*, in seinem Element sein **2** *fig* (*parte*) {+EDIFICIO, MECCANISMO} (Bestand)teil m, Glied n; {+TERMOSIFONE} Rippe f; *elettr* {+PILA} Element n **3** *fig* <*di solito al pl*> (*dato*) {NEGATIVO, POSITIVO; +CERTEZZA, GIUDIZIO} Grundlage f, Basis f: **non ho elementi per poter giudicare**, ich weiß zu wenig darüber, um mir ein Urteil bilden zu können; **ich habe keine Urteilsbasis; ~ di prova**, Beweismittel n **4** *fig* (*individuo*) {ASOCIALE, CRIMINALE, DUBBIO, SOVVERSIVO} Element n *spreg*, Individuum n *spreg*; (*pacifico*) Mensch m, Person m; (*scolaro*) Schüler(in) m(f): **suo figlio è l' ~ peggiore della classe**, sein/ihr Sohn ist der Schlechteste der Klasse; (*lavoratore*) (Arbeits)kraft f; **è il miglior ~ della ditta**, er/sie ist die beste/wertvollste Arbeitskraft im Betrieb; *spreg* Individuum n *spreg*; **che ~!**, das ist vielleicht ein Typ! *fam* **5** <*solo pl*> *fig* (*rudimenti*) {+ALGEBRA, CALCOLO, ECONOMIA} Grundlagen f pl, Grundzüge m pl, Elemente n pl: **imparare/insegnare i primi elementi di matematica**, die Grundlagen der Mathematik lernen/unterrichten **6** *chim* {GASSOSO, LIQUIDO} Element n, Grundstoff m **7** *econ* {PATRIMONIALE} Bestandteil m: **~ di costo/ricavo**, Kosten-/Gewinnbestandteil m **8** *ling* {+DISCORSO} Teil m **9** *mat* {+IN-SIEME} Element n **10** *mecc* Bestandteil m, Element n **11** *mil* {CORAZZATI, MOTORIZZATI} Truppenteile m pl, Verbände m pl ● **il liquido ~** *fig poet* (*mare*), das nasse Element *forb*, das Meer; **il quinto ~** *fig* (~ *indispensabile*), der wichtigste Bestandteil; **~ di ritegno**, Halter m, Halterung f.

elemòsina f **1** *anche fig spreg* (*carità*) Almosen n *anche spreg*: **fare l'~**, ein Almosen geben; **chiedere l'~**, betteln, um Almosen bitten; **chiedo ciò che mi spetta di diritto, non l'~!** *fig spreg*, ich verlange nur mein Recht, kein Almosen! *spreg* **2** *relig* (*offerta*) Spende f, Opfergabe f, Opfergeld n.

elemosinàre **A** tr ~ **qc** **1** (*chiedere l'elemosina*) {MENDICANTE DENARO, PEZZO, TOZZO DI PANE} *etw* erbetteln, um *etw* (acc) betteln **2** *fig* (*chiedere con insistenza*) {UN PO' D'AFFETTO, COMPLIMENTI, FAVORI} um *etw* (acc) betteln **B** *itr* (*mendicare*) ~ (+ **compl di luogo**) {SUI GRADINI DELLA CHIESA} (*irgendwo*) betteln.

Èlena f (*nome proprio*) Helena, Helene.

elencàre <*elenco, elenchi*> tr **1** (*registrare*) ~ **qu/qc** {ALUNNI DI UNA CLASSE, VOLUMI DI UNA BIBLIOTECA} jdn/*etw* auflisten, jdn/*etw* verzeichnen **2** (*enumerare*) ~ **qc** (**a qu**) {AVVENTURE, MERITI DI QU} (*jdm*) *etw* aufzählen: **gli ha elencato tutti i suoi difetti**, er/sie hat ihm all seine Fehler aufgezählt.

elencazióne f **1** {+ALLIEVI} Auflisten n, Verzeichnen n **2** (*enumerazione*) {NOIOSA; +DATE, REGOLE} Aufzählen n, Aufzählung f.

elènco <-*chi*> m **1** (*lista*) {+NOMI} Verzeichnis n, Liste f: **fare l'~ di qc**, eine Liste von *etw* (dat) machen; **~ dei libri da leggere**, Leseliste f; **registrare qc in un ~**, *etw* in eine Liste/ein Verzeichnis eintragen **2** (*enumerazione*) {+VIRTÙ DI QU} Aufzählung f ● **~ telefonico**, Telefonbuch n.

Eleonòra f (*nome proprio*) Eleonore.

elètta f → **eletto**.

elettivo, (-a) *agg* **1** (*nominato per elezione*) {CARICA, MONARCHIA} Wahl-; {ASSEMBLEA} gewählt **2** (*di libera scelta*) {ATTO, DOMICILIO} freiwillig gewählt **3** *farm* {IMPIEGO; +ANTIBIOTICO} (s)elektiv.

elètto, (-a) **A** *part pass di* eleggere **B** *agg* **1** (*col voto*) gewählt **2** (*selezionato*) {CLASSE, GRUPPO} ausgewählt **3** *fig* (*distinto*) {ANIMA, CREATURA, INGEGNO, PAROLE, PUBBLICO} erlesen, vornehm **4** *agr* {PIANTA} hochgezüchtet **5** *relig* {POPOLO} auserwählt **C** m (f) **1** (*prescelto*) (**a qc**) {AL PARLAMENTO} Gewählte mf *decl come agg* (*in etw* acc) **2** <*di solito al pl*> *relig* (*chi è chiamato da Dio*) Auserwählte mf *decl come agg*: **molti sono i chiamati, pochi gli eletti**, viele sind berufen, aber wenige sind auserwählt.

elettoràle *agg* {CAMPAGNA, COLLEGIO, COMIZIO, LEGGE, LISTA, RIFORMA} Wahl-.

elettoralìsmo m *polit* Stimmenfang m.

elettoràto m **1** (*insieme di elettori*) {+CITTÀ, NAZIONE} Wähler(schaft) f m pl **2** *dir* (*capacità di eleggere*) aktives Wahlrecht; (*di essere eletto*) passives Wahlrecht.

elettóre, (-*trice*) m (f) **1** (*chi vota*) Wähler(in) m(f) **2** (*chi ha diritto di voto*) Wahlberechtigte mf *decl come agg* **3** *stor* Kurfürst m.

elettràuto <-> m **1** (*officina*) (Auto-)/Kraftfahrzeug)elektrodienst m, Kfz-Elektrodienst m **2** (*operaio*) Auto-/Kraftfahrzeugelektriker(in) m(f), Kfz-Elektriker(in) m(f).

elèttrica f → **elettrico**.

elettrice f → **elettore**.

elettricista <-*i* m, -*e* f> mf (*tecnico*) Elektriker(in) m(f), Elektroinstallateur m.

elettricità <-> f **1** *fis* {INDOTTA, LATENTE, STATICA} Elektrizität f **2** *fam* (*corrente elettrica*) Strom m: **siamo rimasti senza ~ per due ore**, wir waren zwei Stunden lang ohne Strom, den Strom war für zwei Stunden ausgefallen **3** *fig fam* (*tensione*) Spannung f: **c'è ~ nell'aria**, es liegt Spannung in der Luft ● **~ vetrosa** *elettr*, Reibungselektrizität f.

elèttrico, (-a) <-*ci, -che*> **A** *agg* **1** *fis* {CAMPO, ENERGIA} elektrisch; {CENTRALE} Elektrizitäts- **2** {BOLLITORE, CHITARRA, SCALDABAGNO, TRENO} elektrisch, Elektro- **3** *fig* (*teso*) {ATMOSFERA, CLIMA} gereizt, gespannt **4** *fig* (*nervoso*) {RAGAZZA, TEMPERAMENTO} nervös, unruhig **B** m (f) (*persona*) Elektriker(in) m(f).

elettrificàre <*elettrifico, elettrifichi*> tr ~ **qc** {LINEA FERROVIARIA} *etw* elektrifizieren, *etw* auf Elektrobetrieb um|stellen.

elettrificazióne f {+FERROVIA} Elektrifizierung f, Umstellung f auf Elektrobetrieb.

elettrizzànte *agg fig* (*eccitante*) {SCOPERTA} elektrisierend, aufregend, begeisternd.

elettrizzàre **A** tr **1** *fig* (*eccitare*) ~ **qu** {PRESENZA DI QU, REGALO BAMBINO, FOLLA, PUBBLICO} jdn elektrisieren, jdn reizen, jdn begeistern **2** *fis* (*infondere elettricità*) ~ **qc** (**per qc**) {CORPO PER INDUZIONE, PER STROFINIO} *etw* (*durch etw* acc) elektrisieren **B** *itr pron*: **elettrizzarsi** (**per qc**) **1** *fig* (*eccitarsi*) {FOLLA, PUBBLICO PER LA PRESENZA DELLA STAR} (*durch etw* acc) in Aufregung/Begeisterung geraten, (*durch etw* acc) angeturnt werden *slang*, (*durch etw* acc) unter Strom stehen *fam* **2** *fis* (*caricarsi di elettricità*) {CORPO} sich elektrisieren.

elettrizzàto, (-a) *agg* **1** *fig* {RAGAZZO} elektrisiert, aufgeregt, begeistert, unter Strom stehend *fam* **2** *fis* {CORPO} elektrisiert.

elettrizzazióne f *fis* ~ (**per qc**) {PER CONTATTO, PER INDUZIONE, PER STROFINIO} Elektrisierung f (*durch etw* acc), Elektrisieren n (*durch etw* acc).

elèttro m **1** (*lega*) Gold- und Silberlegierung f **2** *lett* (*ambra*) (gelber) Bernstein.

elèttro- *primo elemento* Elektro-, elektrisch: **elettrofisica**, Elektrophysik; **elettrodomestico**, Elektrogerät, elektrisches Haushaltsgerät.

elettrobisturi m *med* Elektrokauter m *scient*.

elettrocalamìta f (*elettromagnete*) Elektromagnet m.

elettrocardiografìa f *med* Elektrokardiographie f *scient*.

elettrocardiogràfico, (-a) <-*ci, -che*> *agg* (*dell'elettrocardiografia*) {REGISTRAZIONE} elektrokardiographisch.

elettrocardiogràmma <-*i*> m *med* (*abbr* ECG) Elektrokardiogramm n *scient*, EKG n *scient*.

elettrochìmica <-*che*> f *chim fis* Elektrochemie f.

elettrochìmico, (-a) <-*ci, -che*> **A** *agg chim fis* {INDUSTRIA} elektrochemisch **B** m (f) (*tecnico*) Elektrochemiker(in) m(f).

elettrochòc → **elettroshock**.

elettrocoagulazióne f **1** (*nella cosmesi*) Elektrodepilation f *scient* **2** *med* Elektrokoagulation f *scient*.

elettrocomandàto, (-a) *agg* elektrisch gesteuert.

elettrodinàmica <-*che*> f *fis* Elektrodynamik f.

elettrodinàmico, (-a) <-*ci, -che*> *agg fis* {FENOMENO} elektrodynamisch.

elèttrodo m *chim elettr med tecnol* Elektrode f.

elettrodomèstico <-*ci*> m Elektrogerät n: **piccoli elettrodomestici**, Haushaltsgeräte n pl.

elettrodótto m Überlandleitung f.

elettroencefalografia f med Elektronenzephalographie f scient.
elettroencefalogràfico, (-a) <-ci, -che> agg med elektronenzephalographisch scient.
elettroencefalògrafo m med Elektronenzephalograph m scient.
elettroencefalogràmma <-i> m med (abbr EEG) Elektronenzephalogramm n scient, EEG n scient: **un ~ piatto**, ein plattes EEG scient.
elettroerosióne f elettr metall {+SBARRA DI FERRO} Funken-, Elektroerosion f; (azione) anche Erodieren n.
elettrofìsica <-che> f fis Elektrophysik f.
elettroforèsi <-> f fis Elektrophorese f.
elettrògeno, (-a) agg {GRUPPO} Generator-.
elettròlisi <-> f chim Elektrolyse f.
elettròlita, **elettròlito** <-i> m chim Elektrolyt m.
elettrolìtico, (-a) <-ci, -che> agg chim {CROMATURA} elektrolytisch; {BAGNO, PROCESSO} anche Elektrolyse-.
elettròlito m chim Elektrolyt m.
elettrologìa f fis Elektrizitätslehre f.
elettroluminescènza f fis Elektrolumineszenz f.
elettromagnète m elettr Elektromagnet m.
elettromagnètico, (-a) <-ci, -che> agg fis {CAMPO, INDUZIONE, ONDA} elektromagnetisch.
elettromagnetismo m fis Elektromagnetismus m.
elettromeccànica <-che> f Elektromechanik f.
elettromeccànico, (-a) <-ci, -che> Ⓐ agg {INDUSTRIA} elektromechanisch Ⓑ m (f) (tecnico) Elektromechaniker(in) m(f).
elettromedicàle agg med elektromedizinisch scient.
elettrometallurgìa f Elektrometallurgie f.
elettrometrìa f fis elektrometrische Maßanalyse, Potentiometrie f, Voltametrie f.
elettromotrìce f ferr Elektrotriebwagen m, E-Lok f obs.
elettróne m chim fis nucl (particella) Elektron n: **~ positivo**, positives Elektron, Positron n; **~ negativo**, negatives Elektron.
elettronegatività <-> f chim fis Elektronegativität f.
elettronegativo, (-a) agg **1** chim (elektro)negativ **2** fis {IONE} negativ.
elettrònica <-che> f elettr {APPLICATA, INDUSTRIALE} Elektronik f.
elettrònico, (-a) <-ci, -che> agg {ANALISI, DISPOSITIVO, ELABORAZIONE, SINTETIZZATORE} elektronisch; {CALCOLATORE, ELABORATORE, TECNICA} anche Elektronen-; {CARICA, FISICO, INGEGNERE, PERITO} Elektronik-.
elettronucleàre Ⓐ agg Kernkraft-, Atomkraft- Ⓑ m Kern-, Atomenergie f.
elettropositività <-> f chim fis Elektropositivität f.
elettropositivo, (-a) agg **1** chim (elektro)positiv **2** fis {IONE} positiv.
elettroscòpio <-pi> m fis Elektroskop n.
elettroshòck <-> m med Elektroschock m scient.
elettrosmòg <-> m (inquinamento elettromagnetico) Elektrosmog m.
elettrostàtica <-che> f fis Elektrostatik f.
elettrostàtico, (-a) <-ci, -che> agg fis {ENERGIA} elektrostatisch.
elettrotècnica <-che> f Elektrotechnik f.
elettrotècnico, (-a) <-ci, -che> Ⓐ agg {INGEGNERE} elektrotechnisch Ⓑ m (f) (tecnico) Elektrotechniker(in) m(f).
elettroterapìa f med Elektrotherapie f scient.
elettrotrazióne f Elektroantrieb m.
elettrotrèno m ferr elektrischer Zug.
elevaménto m Erhebung f; (azione) anche Erheben n.
elevàre Ⓐ tr **1** (alzare) ~ qc di qc {CASA DI UN PIANO} etw um etw (acc) aufstocken; {GRADINO DI QUALCHE CENTIMETRO} etw um etw (acc) erhöhen **2** (aumentare) ~ qc {TONO DELLA VOCE} etw erheben; {PREZZO} etw erhöhen **3** (costruire) ~ qc {MURO} etw errichten; {MONUMENTO} jdm etw errichten **4** (volgere verso l'alto) ~ qc (a/verso qu/qc) {CALICE, MANI, SGUARDO AL CIELO} etw zu etw (dat) erheben; {MENTE, PENSIERO A DIO, AL SUBLIME} etw zu jdm/etw erheben **5** fig (migliorare) ~ qc {TENORE DI VITA} etw (an|)heben, etw verbessern **6** fig (promuovere) ~ qu a qc {A UNA CARICA SUPERIORE} jdn zu etw (dat) erheben; {AL TRONO} jdn auf etw (acc) erheben; {A DIRETTORE, A GENERALE} jdn zu etw (dat) erheben, jdn zu etw (dat) befördern **7** fig (innalzare) ~ (qu) (jdn) erheben: **una lettura che eleva**, eine erhebende Lektüre **8** amm ~ qc a qu {CONTRAVVENZIONE} jdm etw auferlegen, jdm etw aufbrummen fam; {PROTESTO} etw gegen jdn erheben, etw gegen jdn ein|legen **9** mat {NUMERO AL QUADRATO, ALLA SECONDA} etw zu etw (dat) erheben Ⓑ itr pron **1** (aumentare): **elevarsi** {TEMPERATURA} steigen **2** (ergersi): **elevarsi** (+ compl di luogo) {CAMPANILE, MONTAGNE} sich (irgendwo) erheben **3** (migliorare): **elevarsi** {TENORE DI VITA} steigen Ⓒ rfl: **elevarsi** (a qc) {A UNA BUONA POSIZIONE} zu etw (dat) auf|steigen; {ALLE COSE SPIRITUALI} sich etw (dat) zu|wenden.
elevatézza f **1** {+MONTE} Höhe f **2** fig {+STILE} Erhabenheit f; {+ANIMO, PENSIERO, RAGIONAMENTO} anche Adel m.
elevàto, (-a) agg **1** (alto) {CIMA, PERCENTUALE, PRESSIONE, PREZZO, STIPENDIO, TENORE DI VITA, VELOCITÀ} hoch pred, hohe(r, s): **il punto più ~ della strada**, der höchste Punkt der Straße **2** fig (importante) {CONDIZIONE SOCIALE} hohe(r, s); {CARICA} anche wichtig **3** fig (solenne) {STILE, TONO} gehoben, feierlich **4** fig (nobile) {PENSIERO, SENTIMENTO} erhaben, edel.
elevatóre, (-trice) Ⓐ agg anat {MUSCOLO} Hebe-; tecnol {BRACCIO} Hub- Ⓑ m **1** tecnol (apparecchio) Hebewerk n, Elevator m: **~ a forca**, Gabelstapler m **2** (nelle armi) Zubringer m.
elevazióne f **1** gener (l'elevare) {+PIANO STRADALE} Erhöhung f; (innalzamento) {+TERRENO} (Er)hebung f **2** fig (miglioramento) {+CONDIZIONI DI VITA} Verbesserung f: **~ del tenore di vita**, die Hebung des Lebensstandards **3** ~ **a qc** {A UNA CARICA, A UN GRADO} Ernennung f zu etw (dat) **4** fig (innalzamento) {+MENTE, PENSIERO} Erhebung f **5** mat ~ **a qc** Erhebung f zu etw (dat): **~ a potenza/al quadrato di un numero**, Erhebung f einer Zahl ₁in die Potenz₁/[zum/ins Quadrat] **6** med {+TEMPERATURA} Anstieg m **7** mil astr Elevation f **8** relig (anche assol) {+CALICE, OSTIA} Erhebung f **9** sport Absprung m: **un'~ di 50 cm**, eine Absprunghöhe von 50 cm.
elezióne f **1** (l'eleggere) {+PAPA, PRESIDENTE} Wahl f **2** <di solito al pl> dir polit (votazione) {LIBERA} Wahl f: **elezioni politiche/amministrative**, Parlaments-/Kommunalwahlen f pl; **elezioni a suffragio universale**, allgemeine Wahlen; ₁prender parte₁/[presentarsi] alle elezioni, bei den Wahlen kandidieren **3** lett (scelta) Wahl f • **~ di domicilio** dir, Bestimmung f/Wahl f der Zustellungsan-

schrift.
èlfo m mitol Elf(e) m(f).
Elìa m (nome proprio) Elias.
eliambulànza f aero Rettungshubschrauber m.
elianto m bot Sonnenblume f, Helianthus m scient.
eliappròdo m aero Notlande-, Notanlegeplatz m für Hubschrauber.
èlibus <-> m aero Großraumhubschrauber m, Großraumhelikopter m.
èlica <-che> f **1** mar Schiffsschraube f **2** aero {+ELICOTTERO} Propeller m, Luftschraube f **3** biol {+DNA, RNA} Helix f: **doppia ~**, Doppelhelix f **4** mat Spirale f, Schraubenlinie f **5** tecnol {+TRAPANO, VITE} Propeller m, Schraube f.
èlice f **1** anat Helix f, äußerer Ohrmuschelrand **2** arch Eckvolute f **3** lett (chiocciola) Schnecke f.
elicicoltóre, (-trice) m (f) Schneckenzüchter(in) m(f).
elicicoltùra f (allevamento di chiocciole) Schneckenzucht f.
elicoidàle agg **1** {MOTO, SCALA} schraubenförmig, spiralförmig, spiralig **2** mat {CURVA} Schrauben-, Spiral-.
elicòide agg bot mat (a elica) spiralförmig, schneckenförmig.
elicotterista <-i m, -e f> Ⓐ agg Hubschrauber-, Helikopter- Ⓑ m (f) **1** (pilota) Hubschrauberpilot(in) m(f) **2** (fabbricante) Hubschrauberhersteller(in) m(f), Hubschrauberfabrikant(in) m(f).
elicòttero m aero Hubschrauber m, Helikopter m.
elicrìso m bot Stroh-, Trockenblume f, Immortelle f.
elidere <irr elido, elisi o elidetti, eliso> Ⓐ tr **1** ling ~ qc {VOCALE} etw elidieren forb **2** (annullare) ~ qc {EFFETTO} etw auf|heben Ⓑ itr pron (subire elisione): **elidersi** {ARTICOLO, VOCALE} elidiert werden Ⓒ rfl rec (annullarsi): **elidersi** {EFFETTI, FORZE} sich auf|heben.
eliminàbile agg (OSTACOLO) beseitigbar, entfernbar: **questa difficoltà è facilmente ~**, diese Schwierigkeit ist leicht zu beseitigen; {TOSSINE} ausscheidbar, absonderbar; {RIVALE} beseitigbar, eliminierbar; mat {INCOGNITA} eliminierbar; sport {AVVERSARIO} eliminierbar.
eliminacóde <-> m (dispositivo) Wartemarkenautomat m, Wartemarkenspender m, (Warteschlangen)nummernautomat m.
eliminàre tr **1** (togliere) ~ qc {DIFETTO, ERRORE, FUMI, IMPERFEZIONE, OSTACOLO, SCORIE, SOSPETTO} etw beseitigen **2** (espellere) ~ qc {CORPO ESTRANEO, TOSSINE} etw aus|scheiden, etw ab|sondern **3** fam (far fuori) ~ qu/qc {RIVALE, CONCORRENZA} jdn/etw aus|schalten, jdn/etw beseitigen, jdn/etw aus dem Weg räumen fam, jdn/etw eliminieren forb **4** eufem (uccidere) {NEMICO} jdn eliminieren forb, jdn beseitigen, jdn um|legen fam, jdn aus dem Weg räumen fam **5** fig (escludere) ~ qc {IPOTESI, PROPOSTA, ecc.} etw aus|schließen **6** mat ~ qc {INCOGNITA} etw eliminieren **7** sport ~ qu/qc {AVVERSARIO, SQUADRA} jdn aus|schalten, jdn eliminieren forb.
eliminatòria f sport (selezione) Ausscheidungskampf m, Vorrunde f: **le eliminatorie**, die Ausscheidungskämpfe m pl.
eliminatòrio, (-a) <-ri m> agg {PROVE} Ausscheidungs-.
eliminazióne f **1** {+OSTACOLO} Beseitigen n, Entfernen n, Beseitigung f, Entfernung f; {+ERRORE, IPOTESI, SOSPETTO} Ausschluss m, Ausschließen n, Ausschaltung f; {+CENERI, FU-

èlio <*eli*> m chim Helium n.
Èlio m (*nome proprio*) Elias.
eliocèntrico, (-a) <*-ci*, *-che*> agg astr {MOTO, SISTEMA} heliozentrisch.
eliocentrìsmo m astr heliozentrisches Weltsystem.
elioelèttrico, (-a) <*-ci*, *-che*> agg {CENTRALE} Sonnenkraft-, Solar-.
eliografìa f fot tip Heliographie f, Lichtdruckverfahren n.
eliogràfico, (-a) <*-ci*, *-che*> agg **1** astr heliographisch, die Sonnenbeschreibung betreffend **2** fot heliographisch **3** tip heliographisch, Lichtdruck-.
eliògrafo m **1** astr Heliograph m **2** tel Blinkgerät n, Heliograph m.
eliosfèra f astr Sonnensphäre f, Heliosphäre f.
elioteìsmo m relig Sonnenkult m.
elioterapìa f med Heliotherapie f scient.
elioteràpico, (-a) <*-ci*, *-che*> agg med heliotherapeutisch scient.
elipàrco <*-chi*> m (*luogo, insieme di elicotteri*) Hubschrauber-, Helikopterpark m.
elipòrto m aero Hubschrauberlandeplatz m.
Elìsa f (*nome proprio*) Elisa, El(i)se.
ELISA med abbr *dell'ingl* Enzyme Linked ImmunoSorbent Assay (*prova di immunoassorbimento legata all'enzima*) ELISA m (*Enzymimmunassay scient*).
Elisabètta f (*nome proprio*) Elisabeth.
elisabettiàno, (-a) agg stor {TEATRO} elisabethanisch.
eliscàlo m aero Heliport m, Hubschrauberlandeplatz m.
elìsi 1ª pers sing del pass rem *di* elidere.
elìsio, (-a) <*-si* m> **A** agg lett (*dell'Elisio*) elysisch **B** m mitol: l'Elisio, Elysium n.
elisióne f **1** ling {+VOCALE} Elision f **2** {+EFFETTO, FORZA} Aufhebung f; (*azione*) anche Aufheben n.
elisìr <-> m anche farm Elixier n • **di lunga vita**, Lebenselixier n.
elìso part pass *di* elidere.
elisoccórso m aero Hubschrauberrettungsdienst m.
elitàrio, (-a) <*-ri* m> agg {CULTURA, GRUPPO, SPETTACOLO} elitär.
elitarìsmo m Elitebewusstsein n, Elitedenken n.
élite <-> f franc Elite f, Besten pl.
elitraspòrto tr ~ **qu/qc** {TRUPPE, MEZZI} jdn/etw per Hubschrauber befördern.
Elivie f aero abbr di Società Italiana Esercizio Elicotteri: "italienischer Hubschrauberverband".
élla pron pers **1** f sing rar forb lett (*in funzione di soggetto, spesso sottinteso: lei*) sie: (~) **rideva**, sie lachte **2** m o f rar forb (*formula di cortesia*) Sie: ~ **mi conosce**, Sie kennen mich; → *anche* lei.
ellèboro m bot Nieswurz f, Helleborus m scient.
ellènico, (-a) <*-ci*, *-che*> agg **1** stor (*dell'Ellade*) {ARTE, CIVILTÀ} hellenisch, altgriechisch **2** geog (*greco*) {GOVERNO, PENISOLA} grie-

chisch.
ellenìsmo m **1** stor Hellenismus m **2** ling Gräzismus m.
ellenìsta <*-i* m, *-e* f> mf (*grecista*) Hellenist(in) m(f), Gräzist(in) m(f).
ellenìstico, (-a) <*-ci*, *-che*> agg stor {CIVILTÀ, PERIODO} hellenistisch, altgriechisch.
ellenizzazióne f {+CULTURA} Hellenisierung f.
ellèno, (-a) stor **A** agg hellenisch, altgriechisch **B** m (f) Hellene m, (Hellenin f).
ellepì <-> m (*disco*) LP f, Langspielplatte f.
ellìsse f **1** mat Ellipse f **2** astr (*orbita*) {+PIANETA, SATELLITE} elliptische Umlaufbahn.
ellìssi <-> f ling Ellipse f.
ellissoidàle agg mat ellipsoid, ellipsenförmig.
ellissòide m mat Ellipsoid n.
ellìttico①, (-a) <*-ci*, *-che*> agg **1** (*a forma di ellisse*) ellipsenförmig; {FOGLIA} oval **2** mat elliptisch.
ellìttico②, (-a) <*-ci*, *-che*> agg ling {FRASE} elliptisch, unvollständig.
elmétto <*dim di* elmo> m **1** (*copricapo*) (Schutz)helm m: ~ **da minatore/muratore**, Bergmanns-/Bauarbeiterhelm m **2** mil (Stahl-, Soldaten)helm m.
élmo m **1** anche mil (*copricapo*) {+CORAZZIERI, VIGILE DEL FUOCO} Helm m **2** chim {+ALAMBICCO} Dom m • ~ **dello scafandro** mar, Taucherhelm m.
el Niño <-> m spagn (*corrente calda del Pacifico*) El Niño m.
elocuzióne f Ausdrucksweise f, Redeweise f.
elogiàre <*elogio, elogi*> tr (*lodare*) ~ **qu/qc** (**per qc**) jdn/etw (*für etw* acc) loben: **il professore ha elogiato** ₍**la determinazione dei suoi allievi**₎/[**i suoi allievi per la loro determinazione**], der Lehrer hat ₍die Entschlossenheit seiner Schüler₎/[seine Schüler für ihre Entschlossenheit] gelobt.
elogiatìvo, (-a) agg {PAROLE} lobend, Lobes-; {DISCORSO} Lob-.
elogiatóre, (-trice) m (f) Lobredner(in) m(f), Schmeichler(in) m(f).
elògio <*-gi*> m **1** (*discorso*) Lobrede f: ~ **funebre**, Trauerrede f **2** (*lode*) Lob n, Lobrede f: **la sua bontà è degna d'~**, seine/ihre Gutherzigkeit ist lobenswert; **fare i propri elogi a qu**, jdm gratulieren, jdm sein Lob aussprechen; **tessere l'~ di qu/qc**, jds/etw Lob singen.
eloquènte agg **1** (*che sa parlare*) {ORATORE} redegewandt, wortgewandt, eloquent forb **2** (*che parla da sé*) {SGUARDO, SILENZIO} beredt, vielsagend: **quest'invito è ~**, diese Einladung spricht für sich (selbst).
eloquènza f **1** (*arte oratoria*) {GRECA} Redekunst f **2** (*capacità oratoria*) {+AVVOCATO, POLITICO} Rede-, Wortgewandtheit f, Eloquenz f forb, Redekunst f **3** fig {+GESTO, SGUARDO} Beredtheit f: **l'~ dei fatti era tale da vincere ogni obiezione**, die Tatsachen sprachen so für sich, dass alle Einwände aus dem Weg geräumt wurden **4** fig scherz {+BASTONE, DENARO} Überzeugungskraft f.
elòquio m Redeweise f, Ausdrucksweise f.
élsa f {+SPADA} Degengriff m; (*solo la coccia*) Degenglocke f; (*solo il gaviglione*) Parierstange f.
elucubràre tr **1** rar (*ponderare*) ~ **qc** {OPERA} etw ausklügeln, etw austüfteln **2** scherz (*macchinare*) ~ (**qc**) {PROGETTO} etw austüfteln fam: **non lo vedo da giorni, starà elucubrando qualcosa**, seit Tagen sehe ich ihn nicht, er wird wohl gerade etwas austüfteln fam.

elucubrazióne f **1** (*speculazione*) {+FILOSOFO} Betrachtung f **2** iron Tüftelei f fam, Austüftelung f fam.
elùdere <*eludo, elusi o eludei, eluso*> tr (*evitare*) ~ **qc** {LEGGE} etw umgehen; {CONTROLLI, DOMANDA, IMPEGNO, SORVEGLIANZA} anche etw (dat) aus|weichen; {DIFFICOLTÀ} etw (dat) aus dem Wege gehen, etw umgehen; {PROMESSA} sich vor etw (dat) drücken.
elusìvo, (-a) agg {ATTEGGIAMENTO, RISPOSTA} ausweichend.
elùso part pass *di* eludere.
elvètico, (-a) <*-ci*, *-che*> **A** agg **1** geog helvetisch, schweizerisch, eidgenössisch **2** stor {CIVILTÀ} helvetisch **B** m (f) **1** (*abitante*) Schweizer(in) m(f) **2** stor Helvetier(in) m(f).
elvetìsmo m ling Helvetismus m.
elvèzio, (-a) **A** agg helvetisch **B** m (f) stor Helvetier(in) m(f).
elzevirìsta <*-i* m, *-e* f> mf giorn Feuilletonist(in) m(f), Feuilletonschreiber(in) m(f).
elzevìro m **1** (*articolo letterario*) Feuilletonartikel m **2** edit (*edizione*) Elzevirausgabe f, Elzevirdruck m **3** tip (*carattere*) Elzevir f.
Em. abbr *di* eminenza: Em., E., Emn. (abbr *di* Eminenz).
emaciaménto m lett (*dimagrimento*) {+MALATO} Abmagerung f, Abzehrung f.
emaciàre <*emacio, emaci*> **A** tr (*rendere magro*) ~ **qu** {FAME, MALATTIA, PRIVAZIONI} jdn aus|zehren, jdn aus|mergeln **B** itr pron (*smagrirsi*): **emaciarsi** {MALATO} stark ab|magern.
emaciàto, (-a) agg (*smunto*) {MALATO, VISO} abgemagert, ausgemergelt, abgezehrt, mager, hager.
e-mail <-> inform abbr *dell'ingl* electronic mail **A** f (*posta elettronica*) E-Mail f, elektronische Post **B** m o f (*messaggio*) (E-)Mail f: **mandare una e-mail a qu**, jdm eine (E-)Mail schicken n; **controllare le proprie e-mail**, seine (E-)Mails checken.
emanàre A tr <*avere*> ~ **qc 1** (*diffondere*) {CALORE, LUCE} etw aus|strahlen, etw aus|strömen **2** (*esalare*) {ODORE, PROFUMO} etw aus|strömen **3** fig (*trasmettere*) {FASCINO, SIMPATIA} etw aus|strahlen **4** amm (*emettere*) {CIRCOLARE} etw bekannt machen; dir {DECRETO, LEGGE, ORDINANZA, SENTENZA} etw erlassen **B** itr <*essere*> (*provenire*) ~ **da qu/qc** {LUCE DAL SOLE} von etw (dat) kommen; {CALORE DAL CORPO} von etw (dat) aus|gehen; {ODORE, PROFUMO DA UNA DONNA, DA UN TRONCO} von jdm/ etw (her|)kommen, von jdm/etw aus| gehen.
emanazióne f **1** (*diffusione*) {+CALORE, LUCE} Ausstrahlung f, Ausströmen n, Ausströmung f; (*esalazione*) {+GAS, LIQUIDI} Ausdünstung f, Ausströmen n **2** amm {+CIRCOLARE} Bekanntmachung f **3** chim geol {+RADIO} Emanation f **4** dir {+DECRETO, LEGGE, ORDINANZA, SENTENZA} Erlass m.
emancipàre A tr ~ **qu** (**da qu/qc**) **1** (*rendere libero*) {LAVORO DONNA DALLA DIPENDENZA ECONOMICA} jdn (*von jdm/etw*) befreien **2** stor (*liberare*) {FIGLIO DALLA PATRIA POTESTÀ} jdn aus etw (dat) entlassen; {CONTADINO DALLA DIPENDENZA} jdn von jdm/etw befreien; {SCHIAVO} jdn frei|lassen **B** rfl: **emanciparsi** (**da qu/qc**) {DONNA DALLA DIPENDENZA ECONOMICA} sich von jdm/etw emanzipieren, sich von jdm/etw selbständig machen, sich von jdm/etw frei machen; {DAI PREGIUDIZI} sich von etw (dat) befreien.
emancipàto, (-a) agg **1** (*evoluto*) {COSTUMI, DONNA, POPOLO} emanzipiert **2** stor {FIGLIO} aus der väterlichen Gewalt entlassen; {CONTADINO} aus der Abhängigkeit befreit; {SCHIAVO} frei(gelassen).

emancipatóre, (-trice) **A** agg {IDEE} emanzipierend, emanzipatorisch forb **B** m (f) "wer/was emanzipiert".

emancipazióne f **1** {+DONNA} Emanzipation f, Gleichstellung f **2** {+COLONIA} Befreiung f **3** dir (status raggiunto dal minore col matrimonio) Begründung f einer partiellen Geschäftsfähigkeit durch Eheschließung} **4** stor (liberazione) {+FIGLIO} Entlassung f aus der väterlichen Gewalt; {+CONTADINO} Befreiung f aus der Abhängigkeit; {+SCHIAVO} Freilassung f.

emarginàre tr **1** fig (escludere) ~ *qu/qc* {ANZIANI, DIVERSI, DROGATI, FAZIONE, MINORANZE} jdn/etw ins Abseits stellen/drängen, jdn/etw aus|grenzen; ~ *qu/qc da qc* {DAL PARTITO} jdn/etw aus etw (dat) aus|stoßen, jdn/etw aus etw (dat) aus|schließen **2** amm (mettere ai margini) ~ *qc* {NOTA} etw an|merken, etw am Rande vermerken.

emarginàto, (-a) **A** agg **1** amm {DOCUMENTI} mit Randbemerkungen versehen **2** sociol (escluso) {CATEGORIA, MINORANZA, RAGAZZO} abseitsstehend, ausgestoßen, ins Abseits gedrängt, marginalisiert forb **B** mf sociol (escluso) Ausgestoßene mf decl come agg: **gli emarginati**, Randgruppen f pl, Minderheiten f pl **C** m amm Randbemerkung f.

emarginazióne f **1** fig {SOCIALE} Ausgrenzung f **2** amm: ~ **di una nota**, Versehen n mit einer Randbemerkung.

emàtico, (-a) <-ci, -che> agg med {CELLULE, PERDITA} Blut-, hämato- scient, Hämato- scient.

ematìte f min Blutstein m, Hämatit m scient.

ematòcrito m med Hämatokritwert m scient.

ematologìa f med Hämatologie f scient.

ematològico, (-a) <-ci, -che> agg med hämatologisch scient.

ematòlogo, (-a) <-gi, -ghe> m (f) med Hämatologe m, (Hämatologin f).

ematòma <-i> m med Bluterguss m, Blutbeule f, Hämatom n scient.

ematurìa f med Blutharnen n, Hämaturie f scient.

embàrgo <-ghi> m **1** econ polit Embargo n, Beschlagnahme f: **mettere l'~ su alcune merci**, ein Embargo über einige Güter verhängen **2** polit (fermo di navi) Embargo n.

embè → **ebbene**.

emblèma <-i> m **1** (simbolo) Emblem n, Sinnbild n, Symbol n: **la bilancia è l'~ della giustizia**, die Waage ist das Symbol der Gerechtigkeit **2** (modello) Muster n: **quell'uomo è l'~ dell'onestà**, dieser Mann ist ein Muster an Ehrlichkeit.

emblemàtico, (-a) <-ci, -che> agg **1** (simbolico) {PERSONAGGIO, SCRITTORE} emblematisch, sinnbildlich **2** (rappresentativo) {FATTO} vielsagend.

embolìa f med Embolie f scient: ~ **cerebrale/polmonare**, Hirn-/Lungenembolie f scient.

èmbolo m **1** med Blutgerinnsel n, Gefäßpfropf m, Embolus m scient **2** tecnol mot Luftblase f.

èmbrice m arch Dach-, Flach-, Plattziegel m.

embriogènesi <-> f biol Keimesentwicklung f, Embryogenese f scient.

embriologìa f biol Embryologie f.

embrionàle agg **1** biol (dell'embrione) {METABOLISMO, SVILUPPO, VITA} embryonal, Embryo-, embryonisch **2** fig (abbozzato) {+PROGETTO}: **il nostro progetto è ancora allo stato ~**, unser Projekt ₁ist noch im Anfangsstadium₁/[steckt noch in den Kinderschuhen].

embrióne m **1** biol {+PESCE} Embryo m o n; bot {+SEME} Keimling m, Embryo m o n **2** fig (abbozzo) {+LAVORO, TEORIA} Keim m, Ansatz m: **essere in ~**, ₁im Keim/Ansatz₁/[ansatzweise] (vorhanden) sein.

emendàbile agg **1** (correggibile) {DIFETTO} verbesserbar **2** (modificabile) {LEGGE, PROVVEDIMENTO} (ab)änderbar.

emendaménto m **1** (correzione) {+DIFETTO, STILE, VIZIO} Verbesserung f **2** dir (iniziativa legislativa incidentale) {+PROGETTO DI LEGGE} Änderungsantrag m: **proporre un ~**, einen Änderungsantrag unterbreiten; **votare un ~**, über einen Änderungsantrag abstimmen **3** filol {+CODICE, TESTO} Emendation f, Berichtigung f.

emendàre **A** tr **1** (correggere) ~ *qc* {STILE} etw verbessern; fig ~ *qu/qc* {RAGAZZO, DIFETTO, VIZIO} jdn/etw berichtigen **2** (modificare) ~ *qc* {LEGGE, PROVVEDIMENTO} etw (ab)ändern **3** filol ~ *qc* {TESTO} etw emendieren **B** rfl (correggersi): **emendarsi (da qc)** {PERSONA DA UN DIFETTO} etw ab|legen.

emendazióne f filol {+CODICE} Emendation f, Berichtigung f.

emergènte **A** agg **1** (che si afferma) {CETO, CLASSE} aufsteigend, emporkommend: **un cantante ~**, ein Sänger auf dem Weg nach oben, ein aufstrebender/[viel versprechender] Sänger **2** econ (in espansione) {PAESE, SETTORE} Schwellen- **B** mf (chi si afferma) Aufsteiger(in) m(f), Newcomer(in) m(f).

emergènza **A** f **1** (imprevisto) (unvorhergesehener) Zwischenfall **2** (situazione critica) Notfall m, Notstand m: ~ **casa/acqua**, Wohnungs-/Wassernot f; ~ **rifiuti**, Abfallnotstand m **B** <inv> loc agg (d'eccezione): **di ~**, {PROVVEDIMENTO, SOLUZIONE, STATO} Not-.

emergenziàle agg rar (imposto dall'emergenza) {OPERAZIONE, PROVVEDIMENTO, SOCCORSO} Not-.

emèrgere <irr emergo, emersi, emerso> itr <essere> **1** (venire a galla) {CADAVERE, RELITTO} an die Oberfläche kommen **2** anche mar mil (affiorare) ~ **(da qc)** {CASA, SOMMERGIBILE, SCOGLIO DALL'ACQUA, DALLA NEBBIA} (aus etw dat) auf|tauchen **3** fig (sovrastare) ~ (+ *compl di luogo*) (irgendwo) empor-, hervor|ragen: **le cime degli alberi emergevano tra le case**, die Baumwipfel ragten zwischen den Häusern empor **4** fig (venir fuori) {VERITÀ} heraus|kommen, ans Licht kommen: **dalle indagini sono emersi fatti nuovi**, die Ermittlungen haben neue Tatsachen ergeben **5** fig (distinguersi) ~ **(su/da qu) (per qc)** {BELLEZZA, VOCE SUI CONTEMPORANEI} sich (unter jdm) (durch etw acc) aus|zeichnen {PERSONA SUI COLLEGHI} sich (unter jdm) (durch etw acc) hervor|tun: **emerge su tutti per la sua preparazione**, durch seine/ihre Vorkenntnisse überragt er/sie alle; **vuole ~ a tutti i costi**, er/sie will um jeden Preis hoch|kommen/[groß heraus|kommen fam] **6** fig (affiorarsi) {CLASSI, FORZE} auf|steigen, sich behaupten, sich durch|setzen, auf|kommen.

emèrito, (-a) agg **1** amm {CONSIGLIERE} im Ruhestand, außer Dienst; {PROFESSORE UNIVERSITARIO} anche emeritiert **2** (insigne) {RICERCATORE, STUDIOSO} hervorragend, bedeutend; {COLLEGA} verehrt **3** scherz {IMBROGLIONE, TRUFFATORE} notorisch foh spreg, allseits bekannt, abgefeimt: **sei un ~ stupido**, du bist ein ausgesprochener/ausgemachter Dummkopf.

emerotèca <-che> f Zeitschriftensammlung f.

emèrsi 1ª pers sing del pass rem di emergere.

emersióne f mar {+SOMMERGIBILE} Auftauchen n; anche geol astr {+ATOLLO, LUNA} Emersion f.

emèrso part pass di emergere.

emèsso part pass di emettere.

emètico, (-a) <-ci, -che> farm **A** agg {SOSTANZA} Brechreiz erregend, emetisch scient **B** m Brechmittel n, Emetikum n scient.

emèttere <irr emetto, emisi, emesso> tr **1** (mandar fuori) ~ *qc* etw hervor|-, heraus|bringen; {CALORE, LUCE} etw aus|strömen, etw aus|strahlen; {VAPORE} etw ab|geben; {GAS DI SCARICO} etw emittieren; {SIBILO} etw von sich (dat) geben; {GRIDO} anche etw aus|stoßen **2** (mettere in circolazione) {BANCA CENTRALE BIGLIETTI DI BANCA; SOCIETÀ, STATO TITOLO DI CREDITO} etw aus|geben; {ASSEGNO, CAMBIALE} etw aus|stellen **3** fig (esprimere) {GIUDIZIO, OPINIONE, PARERE} etw aus|sprechen, etw zum Ausdruck bringen **4** fig (pronunciare) {SENTENZA} etw verkünden **5** anche amm (emanare) {DECRETO, LEGGE} etw erlassen; {ORDINANZA} etw veröffentlichen, etw erlassen; {MANDATO DI CATTURA} etw aus|stellen **6** comm {FATTURA} etw aus|stellen **7** fis (irradiare) {ELETTRONI, ONDE, RAGGI} etw emittieren; {IRRADIAZIONE NOCIVA} etw ab|geben.

emettitóre m **1** elettr {+TRANSISTOR} Emitter m **2** radio TV (trasmettitore) Sender m.

emettitrìce f {+BIGLIETTI} Ausgabeautomat m.

emicìclo m {+CAMERA, TEATRO} Halbkreis m.

emicrània f med Migräne f, Kopfschmerz m.

emigrànte **A** agg (per lavoro) auswandernd; (per motivi politici o religiosi) emigrierend **B** mf (per lavoro) Auswanderer m, (Auswand(r)erin f); (per motivi politici o religiosi) Emigrant(in) m(f).

emigràre itr **1** <avere> (andarsene) (uso assol) {PERSONA} emigrieren; rar zoo {RONDINE} wandern, ziehen **2** <essere> (andare) ~ + *compl di luogo* {PERSONA IN AMERICA, IN GERMANIA} (irgendwohin) aus|wandern; rar {RONDINE VERSO NORD} (irgendwohin) ziehen.

emigràto, (-a) **A** agg (per lavoro) ausgewandert; (per motivi politici o religiosi) emigriert **B** m (f) (per lavoro) Auswanderer m, (Auswand(r)erin f); (per motivi politici o religiosi) Emigrant(in) m (f).

emigratòrio, (-a) <-ri> m agg (dell'emigrazione) (per lavoro) {FLUSSO, MOVIMENTO} Auswanderungs-; (per motivi politici o religiosi) Emigrations-.

emigrazióne f **1** (spostamento) {ESTERNA, INTERNA} Auswanderung f; (per motivi politici o religiosi) Emigration f **2** econ {+CAPITALI} Abwanderung f, Flucht f **3** (migrazione) {PERIODICA, STAGIONALE; +UCCELLI} Wanderung f, Zug m, Migration f.

emiliàno, (-a) **A** agg emilianisch **B** m (f) (abitante) Emilianer(in) m(f) **C** m <solo sing> (dialetto) emilianischer Dialekt.

Emìlia-Romàgna f geog Emilia-Romagna f.

Emìlio m (nome proprio) Emil.

eminènte agg **1** fig (eccellente) {ORATORE, PERSONALITÀ, SCRITTORE} hervor-, herausragend, vortrefflich, eminent **2** fig (grande) {GRADO, MERITO} hohe(r, s) **3** (elevato) {POSIZIONE} erhöht; {CIMA, TORRE} hervorragend, überragend; {CASTELLO} hochgelegen.

eminenteménte avv (soprattutto) überwiegend, besonders.

eminentìssimo, (-a) <superl di eminente> agg relig (titolo onorifico, abbr Em.m o Em.o) hochwürdigste(r, s) obs.

eminènza f **1** relig (titolo) Eminenz f, Hoheit f: **Sua Eminenza** (abbr S.E., S. Em.), Eure Hoheit **2** fig (*eccellenza*) {+INGEGNO, SCRITTORE} Vorzüglichkeit f, Vortrefflichkeit f **3** (*luogo*) Erhebung f, (An)höhe f **4** *anat* {OSSEA} Höcker m ● **~ grigia** fig (*consigliere*), Graue Eminenz.

emiparèsi <-> f *med* halbseitige Lähmung, Hemiparese f

emiràto m (*carica, territorio*) Emirat n ● **gli Emirati Arabi Uniti**, die Vereinigten Arabischen Emiraten.

emìro m Emir m.

emisfèrico, (-a) <-ci, -che> agg {CALOTTA, CUPOLA} hemisphärisch.

emisfèro m **1** (*mezza sfera*) Halbkugel f, Hemisphäre f forb **2** *astr geog* {OCCIDENTALE, ORIENTALE} Hemisphäre f forb, Erdhalbkugel f: **~ boreale/australe**, südliche/nördliche Hemisphäre f forb; **~ celeste**, Himmelshalbkugel f, Himmelskuppel f *poet*, Himmelsgewölbe n *poet*, Hemisphäre f forb ● **~ cerebrale** *anat*, Gehirnhemisphäre f, Gehirnhälfte f.

emissàrio① <-ri> m **1** *geog* {+LAGO} Abfluss m **2** *tecnol* (*fognatura*) Abwasserkanal m.

emissàrio② <-ri> m **1** (*inviato*) {+GOVERNO} Emissär m, Abgesandte m decl come agg **2** (*agente segreto*) (Geheim)agent m.

emissióne f **1** gener {+VERSO} Ausstoßen n; {+URINA} Ausscheiden n, Ausscheidung f **2** (*messa in circolazione*) {+BIGLIETTI DI BANCA, FRANCOBOLLI} Ausgabe f; {+TITOLI DI CREDITO} Emission f, Ausgabe f; {+ASSEGNO, CAMBIALE} Ausstellung f: **~ a tranche**, Teil-, Trancheausgabe f **3** *fis* {+ELETTRONI} Emission f; {+CALORE, LUCE, RADIAZIONI} Aussendung f, Aussenden n; *anche radio TV* Ausstrahlung f **4** *inform* (*radiazione*) {+SCHERMO} Emission f: **a bassa ~**, emissionsarm.

emissìvo, (-a) agg *fis* {POTERE} Emissions-.

emittènte **A** agg **1** *radio TV* {STAZIONE} Sende- **2** *banca* {ISTITUTO} Emissions- **B** f *radio TV* {RADIOFONICA, STRANIERA, TELEVISIVA; +STATO} Sender m, Sendeanstalt f, Sendestation f: **~ clandestina**, Schwarz-, Piratensender m *fam*; **~ privata**, Privatsender m **C** mf **1** *banca* {+CAMBIALE} Emittent(in) m(f), Aussteller(in) m(f) **2** *ling* {+MESSAGGIO} Übermittler(in) m(f).

emittènza f *radio TV* **1** (*trasmissione*) Sendung f: **~ radiofonica/televisiva**, Rundfunk-/Fernsehsendung f **2** (*insieme di emittenti*) {PRIVATA, PUBBLICA} Sender m pl, Sendeanstalten f pl.

Èmma f (*nome proprio*) Emma.

Emmental <-> m *gastr* Emmentaler (Käse) m.

Em.mo, E.mo abbr *di* Eminentissimo: Hochwürdigst.

emocoltùra f *med* Blutkultur f.

emocròmo m *med* Blutbildbestimmung f.

emocromocitomètrico, (-a) <-ci, -che> agg *med* {ESAME} Blutbild-.

emoderivàto, (-a) m *med* Blutbestandteil m, Blutderivat m.

emodjàlisi <-> f *med* Blutwäsche f *fam*, Hämodialyse f *scient*.

emodjalizzàto, (-a) *med* **A** agg Blutwäsche-, Hämodialyse- *scient*; {SOGGETTO} einer Hämodialyse *scient* unterzogen **B** m (f) Hämodialysepatient(in) m(f).

emodinàmica f *med* Hämodynamik f *scient*.

emofilìa f *med* Bluterkrankheit f, Hämophilie f *scient*.

emofilìaco, (-a) <-ci, -che> *med* **A** agg {SINDROME} Bluter-, Hämophilie- *scient* **B** m (f) Bluter(in) m(f).

emoglobìna f *biol* Blutfarbstoff m, Hämoglobin n *scient*.

emolliènte **A** agg **1** *anche farm* (*per protezione*) {SOSTANZA} entzündungshemmend; (*per cura*) {MIELE} schleimlösend **2** (*nella cosmesi*) {CREMA} weich und geschmeidig machend **3** *tess* weich machend **B** m **1** *anche farm* (*per protezione*) entzündungshemmendes Mittel; (*per cura*) schleimlösendes Mittel **2** *tess* Weichmacher m.

emoluménto m <*di solito al pl*> forb (*retribuzione*) Bezüge m pl, Gehalt n, Entgelt n.

e-money <-> m *inform* abbr *dell'ingl* electronic money (*moneta elettronica*) E-Cash n, digitales/virtuelles (Bar)geld.

emorragìa f *med* {ESTERNA, INTERNA, INTESTINALE, NASALE} Blutung f, Hämorrhagie f *scient* **2** fig (*deflusso*) {+CAPITALI, MANODOPERA QUALIFICATA} Ausbluten n, Ausblutung f.

emorràgico, (-a) <-ci, -che> agg Blutungs-, hämorrhagisch *scient*.

emorroidàle agg *med* hämorrhoidal *scient*, Hämorrhoidal- *scient*.

emorroidàrio, (-a) <-ri m> agg *med* hämorrhoidal *scient*, Hämorrhoidal- *scient*.

emorroidectomìa f *med* Hämorrhoidektomie f *scient*.

emorròidi f pl *med* Hämorrhoiden f pl *scient*.

emòstasi <-> f *med* Blutstillung f, Hämostase f *scient*.

emostàtico, (-a) <-ci, -che> **A** agg *anche farm* {COTONE, LACCIO} blutstillend, hämostatisch *scient* **B** m *farm* blutstillendes Mittel, Hämostatikum n *scient*.

emotèca <-che> f (*banca del sangue*) Blutbank f.

emóticon <-> m *ingl inform* Emoticon n.

emotìva f → **emotivo**.

emotività <-> f **1** (*sensibilità*) Emotionalität f *forb*, Empfindlichkeit f, Gefühlsbetontheit f **2** *psic* Emotivität f.

emotìvo, (-a) **A** agg **1** (*dovuto all'emozione*) {REAZIONE} emotional forb, gefühlsmäßig, Gefühls-, emotiv **2** {PERSONA} gefühlsbetont, emotional forb **B** m (f) Gefühlsmensch m.

emotrasfusióne f *med* Bluttransfusion f.

emozionàbile agg erregbar, reizbar.

emozionabilità <-> f {+SPOSO} Erregbarkeit f, Reizbarkeit f.

emozionàle agg *psic* {COMPORTAMENTO, SPINTA} emotional, emotionell, gefühlsmäßig.

emozionànte agg **1** {ESPERIENZA, FILM} aufregend, mitreißend, spannend **2** (*commovente*) {INCONTRO} bewegend.

emozionàre **A** tr (*suscitare emozione*) ~ (*qu*) {SPETTACOLO PRESENTI} jdn bewegen, jdn auf|regen, jdn erregen **B** itr pron: **emozionarsi 1** (*agitarsi*) {ALLIEVO, ATTORE} sich auf|regen, sich erregen, in Aufregung geraten: **sul più bello mi sono emozionato**, im entscheidenden Augenblick geriet ich in Aufregung/Panik(stimmung) **2** (*commuoversi*) ergriffen sein, gerührt sein: **mia sorella si emoziona spesso**, meine Schwester ist oft gerührt.

emozionàto, (-a) agg ~ (*per qc*) **1** (*agitato*) (*wegen etw gen*) aufgeregt **2** (*commosso*) (*wegen etw gen*) gerührt, (*wegen etw gen*) bewegt.

emozióne f (*agitazione*) Aufregung f, Erregung f: **essere in cerca di nuove emozioni**, auf der Suche nach neuen Abenteuern sein; **provare una forte ~**, eine starke Erregung empfinden/verspüren; **farsi prendere dall'~**, in Aufregung geraten, nervös werden, in Panik(stimmung) geraten fam.

empatìa f *psic* Empathie f, Einfühlsbereitschaft f.

empàtico, (-a) <-ci, -che> **A** agg {REAZIONE} empathisch, einfühlsam **B** mf empathischer/einfühlsamer Mensch.

empietà <-> f **1** *relig* Gottlosigkeit f **2** (*malvagità*) Schändlichkeit f, Frevelhaftigkeit f forb **2** (*atto*) Freveltat f forb: **commettere ogni sorta d'~**, alle möglichen Grausamkeiten begehen.

empii 1ª pers sing del pass rem di empire.

émpio, (-a) <*empi* m> agg **1** *relig* {BESTEMMIA, GENTE} gottlos **2** (*irriverente*) {PAROLE} schändlich; {ATTO} *anche* ruchlos forb **3** (*malvagio*) {UOMO, VENDETTA} grausam.

empire <*irr* empio, empii, empito> **A** tr forb **1** (*riempire*) ~ qc {MAGAZZINO DI MERCI} etw (*mit etw dat*) (auf|)füllen; {ARIA DI SUONI, ecc.} etw (*mit etw dat*) erfüllen; fig {TESTA DI PREGIUDIZI} etw (*mit etw dat*) (an|)füllen; **~ qc (di qu)** {LOCALE, STAZIONE DI GENTE} etw (*mit jdm*) füllen **2** (*compilare*) **~ qc** {FOGLIO, QUESTIONARIO} etw aus|füllen **3** fig (*colmare*) **~ qc** {LACUNA} etw aus|füllen; {SPETTATORE DI PREGIUDIZI} **~ qc** {POLLO, TACCHINO} etw füllen **B** itr pron lett (*riempirsi*): **empirsi di qu/qc** {ARIA DI SUONI, SECCHIO, TEATRO, TESTA; D'ACQUA, DI SPETTATORI, DI PREGIUDIZI} sich *mit jdm/etw* füllen **C** rfl (*saziarsi*): **empirsi di qc** {DI CIBO, DI DOLCI} sich (*mit etw dat*) voll|stopfen fam, sich (*an etw dat*) satt essen, sich (*mit etw dat*) voll|fressen fam; spreg {DI VINO} sich (*mit etw dat*) voll|laufen lassen fam.

empìreo m **1** filos Empyreum n **2** lett (*paradiso*) Paradies n.

empìrico, (-a) <-ci, -che> **A** agg **1** *anche filos* {DATO, METODO, RIMEDI, SCIENZA, SPIEGAZIONI} empirisch **2** spreg {MEDICO} unwissenschaftlich **B** m (f) spreg (*medico*) Heilpraktiker(in) m(f).

empirìsmo m **1** (*caratteristica*) {+METODO, SISTEMA} empirischer Charakter **2** filos Empirismus m **3** med Naturheilverfahren n.

empirìsta <-i m, -e f> mf **1** Empiriker(in) m(f) **2** filos Empirist(in) m(f).

empirìstico, (-a) <-ci, -che> agg filos {TEORIA} empiristisch.

empito part pass di empire.

empòrio <-ri> m **1** comm Kauf-, Warenhaus n; (*centro di scambi*) Handelszentrum n **2** fig (*accozzaglia*) Sammelsurium n spreg, Mischmasch m fam spreg.

emù <-> m ornit Emu m.

EMU f econ abbr *dell'ingl* Economic and Monetary Union (*unione economica e monetaria*) Wirtschafts- und Währungsunion f.

èmula f → **emulo**.

emulàre tr **1** (*cercare di eguagliare*) **~ qu/qc** {ARTISTA, MAESTRO, COMPORTAMENTO DI QU} jdm/etw nach|eifern, *mit jdm/etw* wetteifern **2** inform **~ qc** etw emulieren.

emulatìvo, (-a) agg nacheifernd, wetteifernd.

emulatóre, (-trice) **A** agg inform {PROGRAMMA} Emulations- **B** m (f) **1** Nacheiferer m, (Nacheiferin f), Wetteiferer m, (Wetteiferin f) **2** inform Emulator m.

emulazióne f **1** (*imitazione*) {+COMPORTAMENTO, MAESTRO DI QU} Nacheiferung f, Nacheifern n **2** (*competitività*) Wetteifer m **3** inform Emulation f.

èmulo, (-a) m (f) **1** (*imitatore*) Nacheiferer m, Nacheif(r)erin f, Schüler(in) m(f) **2** (*pari*) Gleichgestellte mf decl come agg.

emulsionàbile agg emulsionsfähig, emulgierbar.

emulsionànte **A** agg emulgierend, Emulsions- **B** m Emulgator m.

emulsionàre tr **~ qc** {CERA, LATTE} etw emulgieren.

emulsionatóre, (-trice) **A** agg Emulgier- **B** m Emulgierapparat m.
emulsióne f chim fis {+OLIO} Emulsion f.
EN 1 abbr dell'ingl European Norm (norma europea) EN (abbr di Euronorm, Europa-Norm, Europäische Norm) **2** ferr abbr dell'ingl Euro Night (treno rapido notturno in servizio internazionale) EN m (abbr di EN-Zug, Euronight-Zug m).
ENAL m abbr di Ente Nazionale Assistenza Lavoratori: "nationales Arbeiterhilfswerk".
ENALOTTO <-> m Enalotto n (Glücksspiel, bei dem verschiedene Zahlenkombinationen geraten werden).
ENASARCO m abbr di Ente Nazionale di Assistenza per gli Agenti e i Rappresentanti di Commercio: "nationale Versicherungsanstalt für Kaufleute und Handelsvertreter".
encàusto m (nella pittura) Wachsmalerei f, Enkaustik f.
encefàlico, (-a) <-ci, -che> agg anat {MASSA} (Ge)hirn-, Enzephalo- scient.
encefalite f med Gehirnentzündung f, Enzephalitis f scient.
encèfalo m anat Großhirn n, Enzephalon n scient.
encefalogràmma <-i> m med Enzephalogramm n scient.
encefalopatìa f med Enzephalopathie f scient.
encìclica <-che> f relig (lettera) {+PAPA} Enzyklika f.
enciclopedìa f (compendio) {GENERALE} Enzyklopädie f, Lexikon n: ~ **medica/giurìdica**, medizinische/juristische Enzyklopädie • **l'Enciclopedìa** stor lett, die Französische Enzyklopädie; **è un'~ ambulante/vivente** fig scherz (erudito), er/sie ist ein wandelndes Lexikon fam scherz.
enciclopèdico, (-a) <-ci, -che> agg **1** {CARATTERE, OPERA} enzyklopädisch **2** fig (vasto) {CULTURA, MENTE, SAPERE} umfassend.
enciclopedìsmo m Enzyklopädismus m.
enciclopedìsta <-i m, -e f> m (f) Enzyklopädist(in) m(f).
enclave <-> f franc polit Enklave f.
enclìtico, (-a) <-ci, -che> agg ling {PARTICELLA, PRONOME} enklitisch.
encomiàbile agg forb (lodevole) {ABNEGAZIONE, COMPORTAMENTO, CONDOTTA} lobens-, rühmenswert.
encomiàre <encomio, encomi> tr forb (lodare) ~ **qu/qc (per qc)** {QU PER IL SUO CORAGGIO, DETERMINAZIONE DI QU} jdn/etw (wegen etw gen) rühmen, jdn/etw (wegen etw gen) (lob)preisen forb: **fu encomiato per la sua abnegazione**, er/sie wurde für seine Selbstaufopferung gepriesen forb.
encomiàstico, (-a) <-ci, -che> agg lett {DISCORSO, VERSI} (lob)preisend forb, Lob(es)-.
encòmio <-mi> m **1** (lode) Lob n, Lobrede f, Belobigung f: **degno di ~**, lobens-, rühmenswert **2** mil Erwähnung f.
endecasìllabo, (-a) **A** agg ling {VERSO} elfsilbig, elffüßig **B** m (verso) Elfsilb(l)er m, Hendekasyllabus m, Endecasillabo m.
endemicità <-> f biol med endemischer scient Charakter.
endèmico, (-a) <-ci, -che> agg **1** med {CARATTERE, MORBO, NATURA} endemisch scient **2** fig (ricorrente) {PROBLEMA} (weit) verbreitet **3** biol {ANIMALI, PIANTE +TERRITORIO} endemisch.
endìadi <-> f ling Hendiadyoin n, Hendiadys n rar.
endocàrdio <-di> m anat Herzinnenhaut f, Endokard(ium) n scient.

endocàrpo m bot Endokarp n.
endòcrino, (-a) agg anat {SISTEMA} endokrin scient.
endocrinologìa f med Endokrinologie f scient.
endocrinòlogo, (-a) <-gi, -ghe> m (f) Endokrinologe m, Endokrinologin f.
endogamìa f etnol Endogamie f.
endògeno, (-a) agg gener (che ha origine all'interno) endogen.
endomètrio <-tri> m anat Gebärmutterschleimhaut f, Endometrium n scient.
endorfìna f (in fisiologia) Endorphin n.
endorsement <-> m ingl **1** aero Endorsement n, Umschreibung f **2** comm Indossament n, Giro n.
endoscopìa f med Endoskopie f scient.
endoscòpico, (-a) <-ci, -che> agg med endoskopisch scient, Endoskopie- scient.
endoscòpio <-pi> m med Endoskop n scient.
endotèlio <-li> m anat Endothel n.
endovéna med **A** f (iniezione) intravenöse Injektion scient **B** agg intravenös scient.
endovenóso, (-a) med **A** agg {INIEZIONE} intravenös scient **B** f (iniezione) intravenöse Injektion scient/Einspritzung/Spritze fam.
endùro <-> m ingl **1** (moto) Enduro f **2** sport Enduro n.
ENEA A m abbr di Ente per le Nuove tecnologie, l'Energia e l'Ambiente: "Behörde f für neue Technologien, Energie und Umwelt" **B** f nucl abbr dell'ingl European Nuclear Energy Agency (agenzia europea per l'energia nucleare) ENEA f, NEA f (Europäische Kernenergie-Agentur).
ENEL m elettr abbr di Ente Nazionale per l'Energia Elettrica: "Italienische Elektrizitätsgesellschaft".
energètico, (-a) <-ci, -che> agg **1** (che dà energia) {ALIMENTO, BEVANDA} kräftigend, stärkend **2** (dell'energia) {CRISI, FABBISOGNO, FONTI, RISORSE} Energie-.
energìa f **1** <di solito al pl> (forza) Energie f, Kraft f: **con ~**, energisch, kraftvoll; **è un uomo pieno di ~**, der Mann ist ein Energiebündel fam; fig anche Willens-, Tatkraft f; **se vuoi riuscire devi impegnare tutte le tue energie**, wenn du Erfolg haben willst, (dann) musst du deine ganze Energie aufbieten **2** fis Energie f: **~ elettrica/cinetica**, elektrische/kinetische Energie; **~ atomica/nucleare/solare**, Atom-/Kern-/Sonnenenergie f; **~ termica**, Wärme(energie) f.
enèrgico, (-a) <-ci, -che> agg **1** {CARATTERE, GENITORE, INSEGNANTE} energisch, tatkräftig; {COLPO} kraftvoll; {TONO} energisch, nachdrücklich **2** fig (radicale) {PROVVEDIMENTI} energisch, drastisch, durchgreifend; (deciso) {PRESA DI POSIZIONE, PROTESTA, RIVOLTA} entschieden; {OPPOSIZIONE} anche scharf; (molto efficace) {CURA, TERAPIA} wirksam, durchschlagend.
energizzànte A agg {COMPOSTO} energiespendend **B** m Kräftigungsmittel n.
energizzàre tr **1** (rinvigorire) ~ **qu** jdn stärken, jdn kräftigen **2** tecnol ~ **qc** {APPARECCHIO} etw speisen.
energùmeno, (-a) m (f) fig Besessene mf decl come agg, Rasende mf decl come agg.
enfant gâté <-, -s -s pl franc> loc sost m franc Hätschel-, Schoßkind n spreg.
enfant prodige <-, -s -s pl franc> loc sost m franc Wunderkind n.
enfant terrible <-, -s -s pl franc> loc sost m franc Enfant terrible n forb.
ènfasi <-> f **1** (eccessivo calore) Nachdruck m, Emphase f forb, Eindringlichkeit f: **la difesa respingeva con ~ ogni accusa**, die Verteidigung wies alle Anklagen mit Nachdruck zurück; **l'attore recitava con ~ la sua parte**, der Schauspieler spielte seine Rolle mit Pathos spreg **2** (accento) Betonung f, Akzent m: **porre l'~ sul significato di qc**, die Bedeutung von etw (dat) betonen/hervorheben **3** (importanza) Gewicht n: **dare particolare ~ a qc**, etw (dat) ein besonderes Gewicht verleihen/beimessen/geben.
enfàtico, (-a) <-ci, -che> agg (con enfasi) {ORATORE, PROSA, SCRITTORE, STILE} eindringlich; {TONO, DISCORSO} anche nachdrücklich, emphatisch forb.
enfatizzàre tr ~ **qc 1** (pronunciare con enfasi) {PAROLA} etw betonen, etw hervor|heben **2** fig (esagerare) {L'IMPORTANZA DI UN EVENTO} etw aus|schmücken.
enfatizzazióne f **1** Betonung f, Hervorhebung f **2** fig (esagerazione) Ausschmückung f, Ausschmücken n.
enfisèma <-i> m med Aufblähung f, Emphysem n scient: **~ polmonare**, Lungenemphysem n scient.
enfitèusi <-> f dir (diritto reale di godimento su cosa altrui) Erbpacht f.
Engadìna f geog Engadin n.
engagé <inv> agg franc arte polit (impegnato) {ARTISTA, SCRITTORE} engagiert.
engagement <-> m franc rar arte polit (impegno) {CULTURALE, POLITICO, SOCIALE; +GIOVANI, INTELLETTUALI} Engagement n forb.
engineering <-> m ingl Engineering n.
ENI m abbr di Ente Nazionale Idrocarburi: "staatlicher italienischer Energiekonzern".
enigma <-i> m anche fig Rätsel n: **risolvere/sciogliere un ~**, ein Rätsel lösen; **parlare per enigmi**, in Rätseln sprechen; **rimane un ~ come il ladro sia entrato nell'appartamento**, es bleibt ein Rätsel, wie der Dieb in die Wohnung gelangt ist; **tu per me rimani un ~**, du bleibst mir ein Rätsel.
enigmaticità <-> f {+UOMO, VISO} Rätselhaftigkeit f, Geheimnisvolle n.
enigmàtico, (-a) <-ci, -che> agg {DISCORSO, PAROLE, PERSONA, SGUARDO, VISO} rätselhaft, geheimnisvoll, änigmatisch rar.
enigmìsta <-i m, -e f> mf Rätselfreund(in) m(f).
enigmìstica <-che> f Rätselkunst f.
enigmìstico, (-a) <-ci, -che> agg {GIORNALE} Rätsel-; {GIOCO} Rate-.
enigmologìa f (disciplina) Rätselkunde f.
ENIMONT m abbr di Ente Nazionale Idrocarburi Montedison: "nationale Montedison-Gesellschaft für mineralische Brennstoffe".
ENIT m abbr di Ente Nazionale Italiano per il Turismo: "italienisches Fremdenverkehrsamt".
enjambement <-> m franc ling Zeilensprung m, Enjambement n.
enneasìllabo m ling neunsilbig.
ennèse, (-a) **A** agg (di Enna) (von Enna) **B** mf (abitante) Einwohner(in) m(f) von Enna.
ennèsimo, (-a) agg num indef **1** fam (ultimo di una serie) x-te(r, s) fam, hundertste(r, s): **te lo ripeto per l'ennesima volta**, ich sage es dir jetzt zum hundertsten Mal/[x-ten] Mal fam **2** mat n-te(r, s), x-te(r, s).
Eno m geog Inn m.
enogastronomìa f enol gastr Enogastronomie f.
enogastronòmico, (-a) <-ci, -che> agg önogastronomisch.
enogastrònomo, (-a) m (f) enol gastr Eno-, Weingastronom(in) m(f).
enòloga f → **enologo**.

enologia f (*disciplina*) Weinbaukunde f, Önologie f.

enològico, (-a) <-*ci, -che*> agg {INDUSTRIA, RICERCA} Weinbau-.

enòlogo, (-a) <-*gi, -ghe*> m (f) (*esperto di vini*) Weinbaukundler(in) m(f), Önologe m, (Önologin f).

enórme agg (*molto grande*) {FORZA} enorm; {PALAZZO} gewaltig; {CASA, PROBLEMA, TESTA} riesig; *fig* {AMBIZIONE, INGIUSTIZIA, SUCCESSO} außerordentlich, beispiellos, ungemein.

enormità <-> f 1 (*grandezza*) {+CORPO} Riesengröße f fam, Riesenhaftigkeit f fam, ungeheures Ausmaß; *fig* Ungeheuerlichkeit f: **l'~ della sua ricchezza**, sein/ihr enormer/unerhörter/ungeheurer/wahnsinniger *fam* Reichtum 2 (*sciocchezza*) Unsinn m, Blöd-, Schwachsinn m *spreg*, dummes Zeug *fam spreg* <*di solito al pl*> *spreg* (*scelleratezza*) Abscheulichkeit f • **costa un'~!** *fam* (*cifra esagerata*), das kostet ein Schweinegeld! *fam*, das kostet (ja) ein Vermögen!

enotèca <-*che*> f 1 (*raccolta*) Sammlung f edler Weine, Vinothek f 2 (*locale*) Weinlokal n, Weinhandlung f, Vinothek f.

enotècnica <-*che*> f Weinproduktionstechnik f.

ENPA m abbr di Ente Nazionale Protezione Animali: "nationaler Tierschutzbund".

ENPAS m abbr di Ente Nazionale Previdenza Assistenza lavoratori Statali: "italienisches Sozialamt für Staatsangestellte".

en passant *loc avv franc* (*di sfuggita*) beiläufig, en passant, nebenbei: **parlare en passant di qc**, nebenbei von etw (dat)/über etw (acc) sprechen.

ENPI m abbr di Ente Nazionale Protezione Infortuni: "nationales Institut für Unfallverhütung".

en plein <-> *loc sost m franc* (*alla roulette*) voller Gewinn; *fig* (*il massimo*) Volltreffer m: **fare l'en plein**, einen Volltreffer erzielen.

en plein air *loc avv franc* (*all'aria aperta*) Open-Air-, Freilicht-, im Freien, unter freiem Himmel.

Enrico m (*nome proprio*) Heinrich.

ENS m abbr di Ente Nazionale Sordomuti: "nationaler Taubstummenverband".

ensemble <-> m *mus* Ensemble n.

èntasi <-> f *arch* Entasis f.

ènte m 1 *amm* Körperschaft f, Stelle f; *dir anche* Anstalt f, Einrichtung f: ~ **assistenziale**, Sozialamt n; ~ **autonomo**, autonome Körperschaft; ~ **locale**, Lokalverwaltung f; ~ **morale**, gemeinnütziger Verein; ~ **territoriale**, Gebietskörperschaft f; ~ **statale**, staatliche Körperschaft/Stelle 2 *econ* Unternehmen n, Betrieb m 3 *filos* {FINITO, REALE} Wesen n 4 *fis mat* {FISICO, GEOMETRICO, MATEMATICO} Begriff m • **enti pubblici** *dir* (*autonomi, istituzionali, locali, nazionali, strumentali*), Körperschaften f pl des öffentlichen Rechts; Anstalten f pl des öffentlichen Rechts; (*mittelbare*) öffentliche Verwaltung; öffentliche Unternehmen n pl; öffentliche Einrichtungen f pl, öffentliche Stellen f pl; ~ **supremo** (*Dio*), höchstes Wesen.

ènter <-> m *ingl inform* (*tasto*) Enter-, Eingabetaste f; (*funzione*) Eingabe f.

enterite f *med* Darmentzündung f, Darmkatarrh m, Enteritis f *scient*.

enterocèle m *med* Darmbruch, Enterozele f *scient*.

enteroclìsi <-> f *med* 1 (*clistere*) Einlauf m, Darmspülung f, Klistier n *scient* 2 (*apparecchio*) Klistierspritze f, Irrigator m *scient*.

enterocolite f *med* Enterokolitis f *scient*.

enterologia f *med* Enterologie f *scient*.

enteròlogo, (-a) <-*gi, -ghe*> m (f) *med* Enterologe m, (Enterologin f).

enteroscopìa f *med* Enteroskopie f *scient*.

enterovirus <-> m *biol* Enterovirus m.

entertainer <-> m (f) *ingl* Entertainer(in) m(f).

entertainment <-> m *ingl* Entertainment n.

entità <-> f 1 (*valore*) {+PATRIMONIO} Wert m: **accertare l'~ dei danni**, die Höhe der Schäden feststellen, die Schaden(s)feststellung machen; (*importanza*) Bedeutung f, Wichtigkeit f 2 *filos* {ASTRATTA, REALE} Entität f, Wesen n.

entomòloga f → **entomologo**.

entomologìa f *biol* (*disciplina*) Insektenkunde f, Entomologie f *scient*.

entomològico, (-a) <-*ci, -che*> agg {STUDI} entomologisch.

entomòlogo, (-a) <-*gi, -ghe*> m (f) (*studioso*) Insektenforscher(in) m(f), Entomologe m, (Entomologin f).

entourage <-, -*ges pl franc*> m *franc* (*cerchia*) {+AMICI, CONOSCENTI} Kreis m; {+POLITICO} Gefolge n, Gefolgschaft f, Umkreis m, Entourage f *rar*.

entraîneuse <-, -*ses pl franc*> f *franc* Animierdame f.

entràmbi, (-e) A agg num (*alle*) beide: ~ **gli amici**, beide Freunde, alle beiden Freunde; **con ~ le mani**, mit beiden Händen B pron (*alle*) beide: **si alzarono ~/entrambe**, sie erhoben sich beide.

entrànte agg 1 (*prossimo*) {MESE, SETTIMANA} kommend, nächster(r, s) 2 (*che sta per entrare in carica*) {MINISTRO} designiert; {DIRETTORE} neu 3 (*invadente*) {PERSONA} aufdringlich.

entràre itr <*essere*> 1 ~ (+ *compl di luogo*) {IN CASA, IN CLASSE} in etw (acc) ein|treten: ~ **a fare qc**, eintreten/hineingehen, um etw zu tun; ~ **a prendere la borsetta**, hineingehen, um die Handtasche zu holen; {IN MACCHINA} in etw (acc) (ein|)steigen; {IN ACQUA} in etw (acc) gehen; {CON VEICOLO} {IN CITTÀ, IN STAZIONE} in etw (acc) ein|fahren; (*a cavallo*) in etw (acc) ein|reiten; *mar* {IN PORTO} in etw (acc) ein|laufen; *sport* {IN CAMPO} in etw (acc) ein|laufen, *etw* betreten; {IN AREA DI RIGORE} in etw (acc) ein|dringen 2 (*andare dentro*) ~ (+ *compl di luogo*) {IN CASA, IN CLASSE} (*irgendwohin*) hinein|gehen: **la chiave non entra nella toppa**, der Schlüssel passt nicht ins Schlüsselloch; **mi è entrata la polvere in un occhio**, mir ist Staub in ein Auge geraten/gekommen; {ATTRAVERSO UN ABBAINO, PER LA PORTA} *etw* durch etw (acc) betreten, *durch* etw (acc) (in etw acc) ein|treten; (*con veicolo*) {IN GARAGE} in etw (acc) hinein|fahren; {DAL PORTONE} durch etw (acc) hinein|fahren; *mar* {IN PORTO} in etw (acc) ein|laufen 3 (*venire dentro*) ~ (+ *compl di luogo*) {SOLE IN CASA} in etw (acc) herein|kommen; {DALLA FINESTRA} durch etw (acc) herein|kommen; {ATTRAVERSO L'ABBAINO, PER LA PORTA} zu etw (dat)/durch etw (acc) herein|kommen; (*con veicolo*) {IN GARAGE} in etw (acc) herein|fahren; {DAL PORTONE} durch etw (acc) herein|fahren; *mar* {IN PORTO} in etw (acc) herein|laufen 4 {GAS} (her)ein|strömen: **bisogna far ~ un po' d'aria**, wir müssen ein wenig lüften; {ACQUA} (her)ein|fließen, (her)ein|strömen 5 (*iniziare a far parte*) ~ **in qc** {IN ACCADEMIA, IN BANCA, NELL'ESERCITO, IN UN GRUPPO, IN UN PARTITO} in etw (acc) ein|treten, in etw (dat) bei|treten; {IN UNA LISTA} auf etw (dat) erscheinen: **è entrato nella magistratura**, er ist in den Richterstand eingetreten 6 (*stare*) ~ **in qc** {NEI PANTALONI, NELLE SCARPE} in etw (acc) hinein|passen: **non entro più nella gonna**, ich passe nicht mehr in den Rock; **in valigia non entra più neanche uno spillo**, der Koffer ist knallvoll *fam*/proppenvoll *fam*; ~ **a qu** {GIACCA, VESTITO} jdm passen; **ti entrano ancora gli stivali**, die Stiefel passen dir noch 7 (*iniziare*) ~ **in/a qc** {IN GUERRA} in etw (acc) ein|treten; {IN AGONIA} in etw (acc) verfallen; {NEL TERZO MESE} in etw (acc) kommen: ~ **in argomento**, zur Sache kommen; **e come siete entrati nel discorso?**, und wie seid ihr auf dieses Thema gekommen?; **stiamo entrando in/nella primavera**, der Frühling beginnt; ~ **in/a qc** + *compl di tempo* {A SCUOLA, IN UFFICIO} (*irgendwann*) in etw (acc) kommen 8 (*ficcare il naso*) sich ein|mischen: **non voglio che lei entri nelle mie cose**, ich will/möchte nicht, dass sie ihre Nase in meine Angelegenheiten steckt *fam* 9 (*insinuarsi*): ~ **nel cuore/nell'animo di qu**, jdm ans Herz wachsen 10 (*starci*): **entrarci** (**in qc**) (in etw acc) (hinein|)gehen *fam*, (in etw acc) (hinein|)passen: **c'entriamo tutti in ascensore?**, passen wir alle in den Aufzug? 11 (*avere a che fare*) **entrarci**: **mit etw (dat) zu tun haben**; **mi vuoi spiegare che cosa c'entri tu?**, kannst du mir erklären, was du damit zu tun hast?; **e che c'entra?** *fam*, und was hat das damit zu tun?; **questo non c'entra** *fam*, das hat damit nichts zu tun, das gehört nicht hierher 12 *astrol* ~ **in qc** {SOLE IN CAPRICORNO} in etw (acc) ein|treten 13 *mat* ~ **in qc** in etw (acc) gehen, in etw (acc) passen; **il due entra quattro volte nell'otto**, die Zwei geht vier Mal in die Acht 14 *teat* (*uso assol*) {OTELLO} auf|treten • **entra/entrate** (**pure**)!, (komm) (nur) herein!/[kommen Sie (nur) herein!], **lasciare** ~ **qu**, jdn herein|lassen; ~ **in mente/testa a qu** (*essere capito*), jdm in den Kopf gehen/wollen; ~ **in scena**, auftreten; **le truppe entrarono a Roma**, die Truppen marschierten in Rom ein; **vietato** ~, Eintritt/Betreten verboten.

entràta f 1 (*apertura*) {SEGRETA; +CASA, TEATRO, ecc.} Eingang m; (*per veicoli*) {+AUTOSTRADA} Auffahrt f; {+PARCHEGGIO} Einfahrt f: **incontrarsi all'~**, sich am Eingang treffen; ~ **principale/secondaria/laterale**, Haupt-/Neben-/Seiteneingang m; ~ **di servizio**, Dienstboten-/Lieferanteneingang m 2 (*l'andar dentro*) ~ (*in/a qc*) {+OPERAI, SCOLARI; IN FABBRICA, A SCUOLA} Eintreten n (in etw acc); Eintritt m (in etw acc); {+VEICOLO NELLA STAZIONE} Einfahrt f in etw (acc); {NEL GARAGE} *anche* Hineinfahren n in etw (acc); {+PERSONA IN UN VEICOLO} Einsteigen n in etw (acc); {+CAVALLO NEL RECINTO} Betreten n etw (gen) 3 (*l'entrare*) {+GAS} Einströmen n; {+LIQUIDO} *anche* Einfließen n, Eindringen n 4 *fig* (*adesione*) ~ **in qc** {IN UN PARTITO} Eintritt m in etw (acc) 5 <*di solito al pl*> *econ* Einnahmen f pl: **le entrate e le uscite**, Einnahmen f pl und Ausgaben 6 *elettr* {+AMPLIFICATORE} Eingang m 7 *inform* Eingabe f: ~ **dei dati**, Dateneingabe f 8 *mus* {+VIOLINI} Einsatz m 9 *sport* (*nel calcio*) Einsteigen n 10 *teat* {+ATTORE, PRIMADONNA} Auftritt m: ~ **in scena**, Auftritt m • ~ **in guerra/carica**, Kriegs-/Amtseintritt m; ~ **libera**, freier Eintritt; **l'~ delle truppe a Mosca**, der Einmarsch der Truppen in Moskau; **vietata l'~**, Eintritt verboten; ~ **in vigore di qc**, Inkrafttreten n etw (gen).

entratùra f 1 *rar* (*ingresso*) Eingang m, Flur m, Diele f 2 <*di solito al pl*> *fig* Zugang m, Zutritt m: **avere ~/entrature con qu**, enge Beziehungen zu jdm haben, mit jdm vertraut sein.

entrechat <-> m *franc* (*nella danza*) Entrechat m.

entrecôte <-, -*s pl franc*> f *gastr* Entrecote n,

(Zwischen)rippenstück n.
entrée <-> f franc **1** {+PRANZO} Entree n forb, Vorspeise f **2** scherz Auftritt m.
èntro prep ~ **qc 1** (tempo) innerhalb etw (gen), binnen etw (dat o gen forb rar); ~ **e non oltre il 30 ottobre** amm, bis spätestens (zum) 30. Oktober; **si espugna ~ l'anno**, er/sie heiratet ⌊noch in diesem Jahr⌋/[binnen Jahresfrist]; **arriverà ~ le sei**, er/sie wird vor sechs Uhr eintreffen; ~ **poco tempo**, innerhalb kurzer Zeit **2** (spazio) innerhalb etw (gen): ~ **certi limiti**, innerhalb gewisser Grenzen; **bisogna fermarsi ~ la linea d'arresto**, man muss vor der Haltelinie stehen bleiben.
entrobórdo mar **A** agg <inv> **1** (motore) eingebaut, Einbau- **2** (motoscafo) Einbau- **B** m <-> **1** (motore) Einbaumotor m **2** (motoscafo) Boot n mit Einbaumotor.
entropìa f anche fig fis Entropie f.
entròpico, (-a) <-ci, -che> agg fis entropisch, Entropie-, die Entropie betreffend.
entrotèrra <-> m (LIGURE, TOSCANO) Hinterland n.
entusiasmànte agg {ESPERIENZA} begeisternd, enthusiasmierend forb.
entusiasmàre **A** tr ~ **qu** jdn begeistern, jdn mit|reißen **B** rfl: **entusiasmarsi (per/a qc)** {PER LA PARTITA, ALL'ARRIVO DELLA DIVA} sich für etw (acc) begeistern, bei etw (dat) in Begeisterung forb geraten.
entusiàsmo m (esaltazione) {+FOLLA} Begeisterung f, Enthusiasmus m forb: **essere facile all'~**, leicht zu begeistern sein, sich leicht mitreißen lassen; **lavorare con ~**, mit Begeisterung arbeiten; **essere pieno di ~ per qc**, von etw (dat) hell(auf) begeistert sein, voller Begeisterung für etw (acc) sein; **abbracciare con ~ una causa**, sich einer Sache leidenschaftlich hingeben/widmen; **suscitare/spegnere l'~ di qu**, jds Begeisterung hervorrufen/dämpfen.
entusiàsta <-i m, -e f> **A** agg **1** ~ **per/di qc** {PER IL VIAGGIO, DEL LIBRO} begeistert von etw (dat), enthusiastisch forb über etw (acc) **2** (molto soddisfatto) ~ **di qc** {DEL LAVORO} begeistert von etw (dat), mit etw (dat) sehr zufrieden **B** mf Enthusiast(in) m(f) forb, Begeisterte mf decl come agg.
entusiàstico, (-a) <-ci, -che> agg {ELOGIO} begeistert; {APPLAUSO} anche stürmisch; {SOSTENITORE} begeistert, entzückt, schwärmerisch.
enucleàre tr ~ **qc 1** (spiegare) {QUESTIONE} etw heraus|arbeiten, etw heraus|schälen; {CONCETTO, PROBLEMA} etw klären **2** med etw ausschälen, etw enukleieren scient.
enucleazióne f **1** (spiegazione) Klärung f; {+QUESTIONE} Herausarbeitung f, Herausarbeiten n **2** med (ablazione) {+OCCHIO, TUMORE} Ausschälung f, Enukleation f scient.
enumeràre tr (elencare) ~ **qc** {DIFFICOLTÀ, RAGIONI, VANTAGGI} etw auf|zählen.
enumerazióne f **1** {+DIFETTI, DIFFICOLTÀ, PREGI} Aufzählung f; (azione) anche Aufzählen n **2** ling Enumeration f, Aufzählung f.
enunciàre <enuncio, enunci> tr ~ **qc 1** (esporre) {IL PROPRIO PENSIERO, PROBLEMA, QUESTIONE} etw dar|legen, etw erläutern **2** (formulare) {TEOREMA} etw formulieren, etw auf|stellen.
enunciatìvo, (-a) agg **1** {TERMINE} darlegend **2** ling proposizione Aussage-.
enunciàto, (-a) **A** m **1** (formulazione) {+TEOREMA} Formulierung f, Wortlaut m **2** ling Aussage f **B** agg {PROPOSTA} dargelegt; {TEOREMA} formuliert.
enunciatóre, (-trice) m (f) ling {+MESSAGGIO} Mitteiler(in) m(f).
enunciazióne f **1** (l'esporre) {+QUESTIONE} Darlegung f, Erläuterung f **2** (formulazione) {+TEOREMA} Formulierung f, Aufstellung f **3** ling Aussageformulierung f.
enurèsi <-> f med Harninkontinenz f scient: ~ **notturna**, Bettnässen n.
enzima <-i> m chim Enzym n.
enzimàtico, (-a) <-ci, -che> agg biol chim enzymatisch.
Ènzo m (nome proprio) Heinz.
e/o loc cong und/oder: **parenti e/o amici**, Verwandte und/oder Freunde.
EO abbr di Estremo Oriente: Ferner Osten.
eòlico①, (-a) <-ci, -che> agg (del vento) {AZIONE, ENERGIA, MOTORE} Wind-.
eòlico②, (-a) agg arte lett stor (degli Eoli) {CIVILTÀ, DIALETTO, POESIA, CAPITELLO} äolisch.
Eòlie f pl geog Liparische/Äolische Inseln f pl.
eparina f farm Heparin n.
epàtico, (-a) <-ci, -che> agg med **A** agg {CIRROSI, DOTTO} Leber-, hepatisch scient **B** m (f) (malato) Leberkranke mf decl come agg, Leberleidende mf decl come agg.
epatite f med Leberentzündung f, Hepatitis f scient: ~ **A/B**, Hepatitis A/B f scient; ~ **virale**, Virus-Hepatitis f scient.
epatobiliàre agg anat hepatobiliär scient.
epatologìa f med Hepatologie f scient.
epatòlogo, (-a) <-gi, -ghe> m (f) med Hepatologe m scient, (Hepatologin f scient).
epatoprotettìvo, (-a) agg med farm {TRATTAMENTO} Leberschutz-, hepatoprotektiv scient.
epatoprotettóre, (-trice) farm **A** agg Leberschutz-, hepatoprotektiv scient **B** m Leberschutzsubstanz f, Hepatoprotektivum n scient.
epeṣegèṣi <-> f ling Epexegese f.
epeṣegètico, (-a) <-ci, -che> agg ling epexegetisch.
èpica <-che> f lett (poesia) {CAVALLERESCA, GRECA} Epik f.
epicàrdio <-di> m anat Epikard n scient.
epicàrpo m bot Epikarp n.
epicèntro m **1** geol {+TERREMOTO} Epizentrum n **2** fig (centro) {+IDEOLOGIA, INSURREZIONE} Herd m: ~ **di un'epidemia**, Seuchenherd m.
epicità <-> f **1** lett {+POESIA} Eposhaftigkeit f **2** (eroismo) {+LOTTA} Heldenhaftigkeit f.
èpico, (-a) <-ci, -che> agg **1** lett {CICLO, POESIA, STILE, TONO} episch **2** (eroico) {GESTA, IMPRESA, LOTTA} Helden-, heldenhaft.
epicondilìte f med Tennisellenbogen m, Epikondylitis f scient, Epicondylitis m scient.
epicurèa f → **epicureo**.
epicureìṣmo m filos anche fig Epikureismus m.
epicurèo, (-a) **A** agg **1** filos {MORALE} epikureisch **2** fig {FINE, IDEALE, VITA} genussreich, epikureisch forb **B** m (f) **1** filos (seguace) Epikureer(in) m(f) **2** fig (gaudente) Genussmensch m.
epidemìa f **1** med {+COLERA, MALARIA, VAIOLO} Epidemie f, Seuche f **2** fig fam anche scherz {+MATRIMONI, SUICIDI} Epidemie f: ~ **di insetti**, Insektenplage f.
epidèmico, (-a) <-ci, -che> agg **1** med {DIFFUSIONE} epidemisch, seuchenartig; {FEBBRE} Seuchen- **2** fig fam {CARATTERE} epidemisch, seuchenartig.
epidemiologìa f med Epidemiologie f scient.
epidemiològico, (-a) <-ci, -che> agg med {STUDI} epidemiologisch scient.
epidemiòlogo, (-a) <-gi, -ghe> m (f) med Epidemiologe m, (Epidemiologin f).
epidèrmico, (-a) <-ci, -che> agg **1** anat {TESSUTO} Oberhaut-, epidermal scient **2** fig {SENSAZIONE, SIMPATIA} oberflächlich.
epidèrmide f **1** anat Oberhaut f, Epidermis f scient **2** bot Epidermis f.
epidìttico, (-a) <-ci, -che> agg ling (in retorica) {DISCORSO} epideiktisch.
epiduràle agg med {ANESTESIA} epidural scient.
Epifanìa relig f **1** Erscheinung f; (manifestazione) Epiphanie f **2** (festa): **Epifania**, Dreikönigsfest n, Epiphanienfest n, Epiphanias n ● **l'Epifania tutte le feste porta via** prov, mit dem Dreikönigsfest sind alle Feste vorüber.
epifenòmeno m filos med Begleiterscheinung f, Epiphänomen n scient.
epìfiṣi <-> f anat **1** (ghiandola) Zirbeldrüse f, Epiphyse f scient **2** (estremità dell'osso) Epiphyse f scient.
epigèneṣi <-> f biol Epigenese f.
epiglòttide f anat Kehl(kopf)deckel m, Epiglottis f scient.
epigono m lett Epigone m forb, Nachahmer(in) m(f).
epìgrafe f **1** anche archeol (iscrizione) Inschrift f, Aufschrift f, Epigraph m **2** lett (citazione) Motto n.
epigrafìa f **1** archeol (disciplina) Epigraphik f, Inschriftenkunde f **2** (raccolta di epigrafi) Epigraphensammlung f.
epigràfico, (-a) <-ci, -che> agg **1** (di epigrafe) {RACCOLTA} epigraphisch, Epigraphen- **2** fig lett (breve) {STILE} knapp, konzis; {CONCETTO} bündig formuliert.
epigrafista <-i m, -e f> mf **1** (studioso) Epigraphiker(in) m(f), Inschriftenforscher(in) m(f) **2** (scrittore) Inschriftenverfasser(in) m(f).
epigràmma <-i> m lett Epigramm n.
epigrammàtico, (-a) <-ci, -che> agg **1** lett {COMPONIMENTO, STILE} epigrammatisch forb, geistreich, pointiert; {POETA} Epigramm- **2** fig (arguto) {DETTO, DEFINIZIONE} treffend, geistreich.
epilatóre m (rasoio elettrico per depilarsi) Epilierer m, Epiliergerät n, Epilady f.
epilatòrio, (-a) <-ri m> agg Enthaarungs-, Epilations-.
epilazióne f Enthaarung f, Epilation f.
epilessìa f med Fallsucht f, Epilepsie f scient.
epilèttico, (-a) <-ci, -che> agg med **A** agg {ATTACCO} epileptisch scient **B** m (f) (malato) Epileptiker(in) m(f) scient.
epìlogo <-ghi> m **1** lett (conclusione) {+FILM, TRAGEDIA} Epilog m; {+LIBRO} Nachwort n **2** fig (+RIVOLTA, STORIA) Abschluss m, Ende n.
episcopàle agg relig (vescovile) {SEDE} bischöflich, Bischofs-, episkopal.
episcopalìṣmo m relig (conciliarismo) Episkopalismus m, Konziliarismus m.
episcopàto relig m **1** (carica) Episkopat n, Bischofswürde f, Bischofsamt n **2** (insieme dei vescovi) {FRANCESE, ITALIANO} Episkopat n, Bischöfe pl.
episiotomìa f med (Scheiden)dammschnitt m scient.
episodicità <-> f (sporadicità) {+FENOMENO} sporadisches Auftreten.
episòdico, (-a) <-ci, -che> agg **1** lett film TV {FILM, ROMANZO} Episoden- **2** fig (occasionale) {FATTO, REAZIONE} episodisch, vereinzelt.
episòdio <-di> m **1** fig (avvenimento) {+CRONACA, INFANZIA DI QU} Ereignis n, Vorfall m **2** fig (parentesi) Episode f, (nebensächli-

ches) Erlebnis: **la sua relazione con quella donna fu solo un ~**, sein/ihr Verhältnis mit dieser Frau war nur eine Episode **3** *lett* Episode f, Zwischen-, Nebenhandlung f; {+ODISSEA, TRAGEDIA} Episode f **4** *med* {INFLUENZALE} vorübergehende Erscheinung.

epistàssi <-> f *med* Nasenbluten n, Epistaxis f *scient*.

epistemologìa f *filos* Wissenschafts-, Erkenntnislehre f, Epistemologie f.

epistemològico, (-a) <-*ci, -che*> agg *filos* erkenntnistheoretisch, epistemologisch.

epìstola f **1** *forb lett relig* (*lettera*) {+APOSTOLI} Epistel f, Brief m **2** *scherz fam* Epistel f *obs scherz o spreg*, langer Brief **3** *relig* (*nella messa*) Lesung f.

epistolàre agg **1** {RELAZIONE, SCAMBIO} Brief-; {CONTATTO} *anche* brieflich **2** *lett* {ROMANZO, STILE} Brief-.

epistolàrio <-*ri*> m **1** *lett* {+KAFKA, MUSIL} Briefsammlung f, Epistolar n **2** *relig* Epistolarium n.

epitàffio <-*fi*> m (*iscrizione*) Grabinschrift f, Epitaph(ium) n *forb*.

epiteliàle agg *anat* {CELLULA} epithelialr *scient*, Epithel- *scient*.

epitèlio <-*li*> m *anat* Epithel(ium) n *scient*.

epìteto m **1** *gramm* (*ESORNATIVO*) Epitheton n, Beiname m **2** (*titolo*) Schimpfname m.

època <-*che*> A f **1** {+NASCITA DI QU} Zeit f; *anche stor* {+TRASFORMAZIONE} Zeit f, Epoche f; **l' ~ che stiamo vivendo**, die Zeit, in der wir leben; **unsere Epoche 2** *astr geol* Zeit f: **~ glaciale**, Eiszeit f **3** *banca* Frist f B *loc agg* (*antico*): **d'~**, {MOBILE} antik C <inv> *loc agg* (*di allora*): **dell'~**, {COSTUME, USANZE} damalig • **fare ~**, Epoche machen; **a quell'~**, zu jener Zeit, damals.

epocàle agg **1** (*di una determinata epoca*) {ASPETTO} epochal **2** (*fondamentale*) {CAMBIAMENTO, SVOLTA} epochal, Epoche machend.

epònimo, (-a) A agg namengebend B m Namengeber m.

epopèa f **1** *lett* (*poema epico*) {+OMERO} (Helden)epos n; (*genere letterario*) {ORIENTALE} Epik f, Epos n; (*produzione epica*) Epik f **2** *stor* (*imprese*) {+INDIANI D'AMERICA} Heldentaten f pl.

eporediése A agg (*di Ivrea*) {CARNEVALE} von Ivrea B mf (*abitante*) Einwohner(in) m(f) Ivreas.

èpos <-> m **1** *lett* (*poema epico*) {+OMERO} Epos n, episches Gedicht **2** (*produzione epica*) {ORIENTALE} Epos n, Epik f.

eppòi → **poi**.

eppùre cong **1** (*avversativa*) dennoch, trotzdem, jedoch, obwohl: **non volete darmi retta, ~ sapete che ho ragione**, ihr wollt nicht auf mich hören, obwohl ihr wisst, dass ich Recht habe **2** (*nelle escl: dissenso*) und doch, aber doch: **~ è così!**, und doch ist es so! **3** (*nelle escl: rimprovero*) trotzdem, doch: **~ sai che c'è molto da fare!**, du weißt doch, dass es viel zu tun gibt!

eptàno m *chim* Heptan n.

èptathlon <-> m Siebenkampf m.

èptatlon → **eptathlon**.

epulóne m *lett* (*mangione*) Schlemmer m, Prasser m • **il ricco ~** *bibl*, der reiche Prasser.

epuràre tr *fig* **1** *polit* (*sottoporre a epurazione*) ~ *qu* {PARTITO, PUBBLICA AMMINISTRAZIONE} *etw* säubern **2** (*allontanare*) ~ **qu** (**da qc**) {DA UNA CARICA} *jdn* (*aus etw dat*) verdrängen.

epuràto, (-a) *polit* A agg gesäubert B m (f) "wer einer Säuberungsaktion unterzogen wurde".

epurazióne f **1** (*depurazione*) {+ALIMENTI, MINERALI} Reinigung f **2** *polit* {+PARTITO, SOCIETÀ} Säuberung f.

equadorégno, (-a) A agg {ARTIGIANATO} ecuadorianisch B m (f) Ecuadorianer(in) m(f).

equalizzàre tr ~ **qc** *elettr fis econ etw* aus|gleichen, *etw* stabilisieren.

equalizzatóre m *mus tecnol* Equalizer m.

equalizzazióne f **1** *econ* {+FENOMENO} Stabilisierung f; {+TASSAZIONE} Ausgleich m **2** *elettr* {+SEGNALE} Entzerrung f.

equànime agg (*imparziale*) {GIUDICE, GIUDIZIO} sachlich, gerecht, unparteiisch, unvoreingenommen.

equanimità <-> f (*imparzialità*) {+GIUDICE, GIUDIZIO} Sachlichkeit f, Gerechtigkeit f, Unparteilichkeit f, Unvoreingenommenheit f.

equatóre m *astr geog* {CELESTE, MAGNETICO, TERRESTRE} Äquator m.

equatoriàle A agg *astr geog* {CLIMA, COORDINATE, CORRENTE} äquatorial, Äquator- B m *tecnol* (*telescopio*) Äquatoreal n, Äquatorial n.

equazióne f *astr chim fis mat* {ALGEBRICA; +CURVA, LUCE, SUPERFICIE, TEMPO} Gleichung f.

equèstre agg **1** {CIRCO, SPORT} Reit- **2** *stor* {BATTAGLIA, ORDINE} Ritter- **3** *arte* {MONUMENTO} Reiter-.

equiàngolo, (-a) agg *mat* {TRIANGOLO} gleichwink(e)lig.

equidistànte agg *mat anche fig* ~ (**da qc**) {PUNTI DAL CENTRO} gleich weit entfernt (*von etw dat*), äquidistant (*von etw dat*).

equidistànza f *mat anche fig* gleicher Abstand, Äquidistanz f.

equilàtero, (-a) agg *mat* {TRIANGOLO} gleichseitig.

equilibraménto m *mecc* {+ORGANO ROTANTE} Auswuchtung f; (*azione*) *anche* Auswuchten n.

equilibràre A tr **1** (*mettere in equilibrio*) **qc** (**con qc**) {FORZE, UN PESO CON UN ALTRO} *etw* (*durch etw* acc) aus|gleichen, *etw* (*durch etw* acc) ins Gleichgewicht bringen; {GOVERNO BILANCIO, POTERI POLITICI, SPESE} *etw* (*durch etw* acc) ins Gleichgewicht bringen **2** *mecc* ~ **qc** {CARENA, SCAFO} *etw* aus|wuchten B itr pron (*diventare equilibrato*): **equilibrarsi** (**con qc**) {PERSONA} (*durch etw* acc) ausgeglichen sein: **con la nascita del figlio si è equilibrato**, durch die Geburt seines Sohnes ist er ausgeglichener geworden C rfl *rec* (*tenersi in equilibrio*): **equilibrarsi** {PIATTI DELLA BILANCIA} sich aus|gleichen; *fig* {ENTRATE, SPESE} sich aus|gleichen, sich (gegenseitig) auf|wiegen; {VANTAGGI E SVANTAGGI} sich (dat) (gegenseitig) die Waage halten, sich (dat) das Gleichgewicht halten.

equilibràto, (-a) agg **1** (*in equilibrio*) {FORZE, PESI} ausgeglichen **2** *fig* (*bilanciato*) {DIETA, PROGRAMMA} ausgewogen; {DISCORSO, GIUDIZIO} *anche* maßvoll **3** *aero mar* {CARENA, SCAFO} getrimmt **4** *arch* {COSTRUZIONE} gleichmäßig **5** *lett* {PERIODO, STILE} ausgeglichen **6** *mecc* {RUOTE} ausgewuchtet.

equilibratóre, (-trice) A agg {ORGANO} ausgleichend B **1** *aero* Höhenruder n **2** *mecc* Auswuchtmaschine f.

equilibratùra f *autom mecc* {+RUOTE} Auswuchten n.

equilìbrio <-*bri*> m **1** (*bilanciamento*) {+FORZE, PESI} Gleichgewicht n: **stare/essere in ~**, im Gleichgewicht sein **2** *fig* {+BILANCIO, SPESE} Gleichgewicht n, Ausgleich m; {+PERSONA} Ausgeglichenheit f; {+DISCORSO, GIUDIZIO} Ausgewogenheit f **3** *aero mar* {+SCAFO} Trimm m, Trimmlage f **4** *arch* {+COSTRUZIONE} Gleichmäßigkeit f **5** *lett* {+PERIODO, STILE} Gleichmäßigkeit f • **~ ecologico**, ökologisches Gleichgewicht; **mantenere/perdere/ristabilire/rompere l'~**, das Gleichgewicht halten/ verlieren/ wiederherstellen/ zerstören; **~ stabile/instabile**, stabiles/instabiles Gleichgewicht; **~ statico/dinamico** *fis*, statisches/dynamisches Gleichgewicht.

equilibrìsmo m (*arte*) Gleichgewichtskunst f, Äquilibristik f *forb* • **~ politico** *fig*, Schaukelpolitik f *spreg*.

equilibrìsta <-*i* m, -*e* f> mf **1** (*artista*) {+CIRCO} Gleichgewichtskünstler(in) m(f), Äquilibrist(in) m(f) *forb* **2** *fig anche polit* Schaukler(in) m(f) *rar spreg*.

equìno, (-a) A agg {CARNE, MACELLERIA} Pferde- B m *zoo* Pferd n.

equinòzio <-*zi*> m *astr* {+AUTUNNO, PRIMAVERA} Tagundnachtgleiche f, Äquinoktium n *scient*.

equipaggiaménto m **1** (*attrezzatura*) Ausrüstung f: **~ ₁da sci₁/[per la caccia]**, Ski-/Jagdausrüstung f **2** (*azione*) {+ESERCITO, NAVE} Ausrüsten n, Ausrüstung f.

equipaggiàre <*equipaggio, equipaggi*> A tr **1** (*fornire di mezzi*) ~ **qu/qc** (**di qc**) {ESERCITO DI MEZZI, DI MUNIZIONI, NAVE DI VIVERI} *jdn/etw* (*mit etw* dat) aus|rüsten **2** (*di persone*) ~ **qu/qc de du qc** {ESERCITO, NAVE DI SOLDATI, MARINAI} *etw* mit *jdm* bemannen B rfl (*rifornirsi*): **equipaggiarsi** (**per qc**) {PER UN'ESCURSIONE, PER IL MARE, PER LA MONTAGNA} sich *für etw* (acc) aus|rüsten.

equipaggiàto, (-a) agg (*fornito*) ~ (**di qc**) {MACCHINA DI TUTTO} (*mit etw* dat) ausgerüstet: **come sei ben ~!**, du bist ja hervorragend ausgerüstet!

equipàggio <-*gi*> m **1** *aero mar* {+NAVE} Besatzung f; {+AEREO} *anche* Crew f **2** *sport* {+AUTO DA CORSA, BARCA} Mannschaft f.

equiparàbile agg **1** (*uguagliabile*) ~ **a qu** {LETTORE A UN DOCENTE} *jdm* gleichstellbar; ~ **a qc** (*etw* dat/*an etw* acc) angleichbar **2** (*comparabile*) ~ **a qu/qc** (*mit jdm/etw*) vergleichbar.

equiparàre A tr **1** (*uguagliare*) ~ **qu** (**a qu**) {UN TECNICO A UN INGEGNERE} *jdn* (*jdm*) gleich|stellen; ~ **qc** (**a qc**) {STIPENDI} *etw* (*etw* dat/*an etw* acc) an|gleichen **2** (*comparare*) ~ **qu/qc** (**a qu/qc**) *jdn/etw* (*mit jdm/etw*) vergleichen B rfl: **equipararsi a qu** sich auf die gleiche Stufe *mit jdm* stellen.

equiparazióne f {+GRADO, LIVELLO} Gleichstellung f, Angleichung f: **ottenere l'~ dei diritti**, gleiche Rechte zugestanden bekommen, Gleichberechtigung f erlangen.

équipe <-, -*es* pl *franc*> f *franc* **1** (*gruppo*) {+CHIRURGHI, RICERCATORI} (Arbeits)team n, Equipe f **2** *sport* {ITALIANA} Mannschaft f; (*nell'ippica*) Equipe f.

equipollènte agg (*equivalente*) {DOCUMENTI} gleichwertig; {TERMINI} gleichbedeutend: **la "maturità" italiana e l'"Abitur" tedesco sono due diplomi equipollenti**, die italienische "maturità" und das deutsche "Abitur" sind gleichwertige Schulabschlüsse.

equipollènza f (*equivalenza*) {+DOCUMENTI} Gleichwertigkeit f.

equità <-> f **1** (*imparzialità*) {+SCELTA} Unparteilichkeit f, Unvoreingenommenheit f **2** *dir* Billigkeit f.

equitazióne f **1** (*l'andare a cavallo*) Reiten n **2** (*arte*) Reitkunst f **3** *sport* Reitsport m: **fare dell'~**, reiten.

equivalènte A agg ~ (**a qc**) **1** (*dello stesso valore*) {DOCUMENTI, TITOLI} (*etw* dat) gleichwertig **2** *fig* (*dello stesso significato*) {PAROLE} gleichbedeutend (*mit etw* dat) **3** *fis mat* {EQUAZIONI, SISTEMI} äquivalent; (*in geometria*) {FIGURE PIANE, SOLIDI} deckungsgleich B m **1** (*somma di denaro*) Gegenwert m: **quant'è**

equivalenza | ergere

l'~ in euro?, wie viel ist das in Euro? **2** *ling* {ESPRESSIONE IDIOMATICA, PAROLA} Äquivalent m.

equivalènza f **1** *fis mat* Äquivalenz f; (*in geometria*) {+SUPERFICI, VOLUMI} Deckungsgleichheit f, Kongruenz f **2** (*stesso valore*) {+GRANDEZZE, TITOLI} Gleichwertigkeit f **3** *fig* (*stesso significato*) {+PAROLE, LOCUZIONI} Äquivalenz f, gleiche Bedeutung.

equivalére <coniug *come* valere> **A** itr <*essere o avere*> **~ a qc 1** (*avere lo stesso valore*) {DUE METÀ A UN INTERO} *etw* (dat) entsprechen, *etw* (dat) gleich|kommen **2** (*avere lo stesso significato*) {TRADUCENTE ALLA PAROLA TEDESCA} *mit etw* (dat) gleichbedeutend sein, *etw* (dat) entsprechen; *fig* {RISPOSTA, PRESENZA DI QU A UN RIFIUTO, A UNA SFIDA} *etw* (dat) gleich|kommen **3** *econ* {ENTRATE ALLE USCITE} sich aus|gleichen, *etw* auf|wiegen, *etw* (dat) das Gleichgewicht halten: **a quanti euro equivale il dollaro?**, wie viele Euro entsprechen einem Dollar?, wie viel Euro entspricht ein Dollar? **B** rfl: **equivalersi 1** (*avere lo stesso valore*) gleichwertig sein, den gleichen Wert haben: **sono due gioielli che si equivalgono**, die beiden Schmuckstücke ⌊sind gleich viel wert⌋/[haben den gleichen Wert] **2** *fig* (*avere lo stesso significato*) {INTERPRETAZIONI, PAROLE} dieselbe Bedeutung haben, gleichbedeutend sein **3** *econ* {ENTRATE E USCITE} sich decken, sich (gegenseitig) aufwiegen **4** *fis mat* {EQUAZIONI, SISTEMI} überein|stimmen; (*in geometria*) {SUPERFICI} deckungsgleich/kongruent sein; (*in volume*) {SOLIDI} ⌊das gleiche Volumen⌋/[den gleichen Umfang] haben **5** *sport* {SQUADRE} gleich stark sein.

equivocàre <*equivoco, equivochi*> **A** itr **~** (**su qc**) {SULLE INTENZIONI DI QU} sich angesichts/hinsichtlich *etw* (gen) irren **B** tr *fam* **~** (**qc**) {SIGNIFICATO DI QC, SITUAZIONE} *etw* missverstehen.

equivocità <-> f *rar* (*ambiguità*) {+INTENZIONI DI QU} Zweideutigkeit f.

equìvoco, (-a) <-ci, -che> **A** agg **1** (*ambiguo*) {RISPOSTA} zweideutig, doppelsinnig, ambig(ue) *forb*; *fig* {COMPORTAMENTO, INTENZIONE} undurchsichtig; {PERSONA} *anche* zwielichtig **2** *fig* (*losco*) {ALBERGO, DONNA, UOMO} anrüchig; {COMMERCIO} *anche* zweifelhaft, {FACCIA, TIPO} undurchsichtig, verdächtig, suspekt **B** m (*malinteso*) Missverständnis n: **a scanso di equivoci**, um Missverständnisse zu vermeiden; **cadere in un ~**, einem Missverständnis zum Opfer fallen; **mi scusi, ci deve essere un ~**, entschuldigen Sie, hier muss ein Missverständnis vorliegen; **giocare sull'~**, ein Missverständnis ausnützen.

èquo, (-a) agg **1** (*giusto*) {DECISIONE, DIVISIONE, GIUDICE, PERSONA, SENTENZA} gerecht, unvoreingenommen **2** (*adeguato*) {COMPENSO, CONDIZIONE, PREZZO} angemessen.

èquo cànone loc sost m *dir* gesetzlich geregelter Mietpreis.

èra① f **1** (*periodo*) {+TRASFORMAZIONE} Zeitalter n, Epoche f, Ära f: **è iniziata una nuova era**, ein neues Zeitalter ⌊hat begonnen⌋/[ist angebrochen]; **l'era atomica**, das Atomzeitalter **2** *geol* Zeitalter n, Ära f: **era geologica**, Erdzeitalter n **3** *econ* Zeitrechnung f: **l'era cristiana/maomettana**, die christliche/mohammedanische Zeitrechnung.

èra② 3ª pers sing dell'imperf di essere①,②.

Eràclito m (*nome proprio*) *stor* Heraklit.

eradicazióne f (*estirpazione*) {+MALATTIA} Beseitigung f, Ausrottung f.

erariàle agg {UFFICIO} Staatsfinanz-, Staatskassen-; {IMPOSTA} Staats-, staatlich, ärarisch.

eràrio <-ri> m Staatskasse f, Staatsfinanzen

f pl.

Eràsmo m (*nome proprio*) Erasmus.

eràsmus, ERASMUS <-> m *università* abbr dell'ingl European (Community) Action Scheme for the Mobility of University Student (*progetto di un impegno comunitario a favore della mobilità degli studenti universitari*) Erasmus(programm) n.

èrba f **1** *bot* Gras n: **fare l'~**, Gras mähen; **~ infestante**, Unkraut n; **erbe medicinali**, Heilpflanzen f pl, Heilkräuter n pl; **~ medica**, Luzerne f; **sedersi/sdraiarsi nell'~**, sich ins Gras setzen/legen **2** *gastr* Gewürz(kraut) n: **erbe aromatiche**, Gewürzkräuter n pl; **~ cipollina**, Schnittlauch m **3** *slang* (*marijuana*) Gras n *slang* • **fare d'ogni ~ un fascio**, alles in einen Topf werfen *fam*, alles über einen Kamm scheren; **in ~** *fig*, unerfahren; **non essere ~ del proprio orto** *fig* (*non essere opera dell'autore*), nicht auf dem eigenen Mist gewachsen sein *fam*; **non farsi crescere l'~ sotto i piedi** *fig* (*essere attivo*), keine Wurzeln schlagen; **la mala ~ non muore mai** *prov*, Unkraut vergeht nicht *prov*; **l'~ voglio non cresce nemmeno nel giardino del re**, man darf nicht (immer) nur wollen, auch Prinzessinnen kriegen nicht alle Wünsche erfüllt.

erbàccia <-ce, pegg di erba> f Unkraut n.

erbàceo, (-a) agg {COLTIVAZIONE} Gras-: **pianta erbacea**, Gras m.

erbàggio <-gi> m <*di solito al pl*> Gemüse n.

erbàrio <-ri> m **1** (*libro*) Kräuterbuch n **2** (*collezione*) Herbarium n, Kräutersammlung f.

erbazzóne m *gastr* Erbazzone m, Mangold-, Spinatkuchen m.

erbicìda <-i m, -e f> **A** agg {POTERE} unkrautvertilgend: **sostanza ~**, Unkrautvertilgungsmittel n **B** m Unkrautvertilgungsmittel n, Herbizid n.

erbivéndolo, (-a) m (f) Gemüsehändler(in) m(f).

erbìvoro, (-a) **A** agg {ANIMALE} pflanzenfressend **B** mf **1** Pflanzenfresser(in) m(f) **2** *scherz* Körnerfresser(in) m(f) *fam scherz o spreg*.

erborìsta <-i m, -e f> mf (*esperto*) Herbalist m; (*chi raccoglie*) Kräutersammler(in) m(f); *comm* Heilpflanzenverkäufer(in) m(f).

erboristerìa f **1** (*disciplina*) Heilpflanzenkunde f **2** (*negozio*) Heilpflanzenhandlung f.

erborìstica <-che> f Heilkräuterkunde f, Heilkräuterlehre f.

erbóso, (-a) agg {TAPPETO} Gras-; {SPIAZZO} grasbewachsen.

ercolanénse, ercolanése **A** agg (*di Ercolano*) von Herkulaneum **B** mf (*abitante*) Einwohner(in) m(f) von Herkulaneum.

Ercolàno m *geog stor* Herculan(e)um n.

èrcole m **1** *mitol* Ercole, Herkules m **2** *fig scherz*: ~/Ercole, Herkules m *scherz*, Muskelprotz m *fam*.

ercolino m (*bambino*) besonders stämmiges Kind, Wonneproppen m *fam scherz*.

ercùleo, (-a) agg baumstark; {FATICA} Herkules-: **ha una forza erculea**, er/sie ist baumstark, er/sie hat Riesenkraft *fam*.

erède mf **1** *dir* Erbe m, Erbin f: **~ legittimo/testamentario**, gesetzlicher/[testamentarisch eingesetzter] Erbe; **~ universale, ~ universalerbe m, Allein-, Universalerbin f 2** *fig* {+TRADIZIONE} Nachfolger(in) m(f): **essere l'~ spirituale di qu**, jds geistiger Nachfolger sein **3** *fig scherz* Stammhalter m *scherz* • **lasciare qu ~ di una fortuna**, jdm ein Vermögen hinterlassen.

eredità <-> f **1** *dir* Erbschaft f: **~ giacente**,

vorläufiger Erbschaftserwerb **2** *biol* Vererbung f **3** *fig* {CULTURALE, SPIRITUALE} Erbe n, Hinterlassenschaft f: **lasciare un'~ di libertà politica**, die politische Freiheit als Erbe hinterlassen • **lasciare/ricevere in ~ qc**, etw vererben/erben; **raccogliere l'~ di qu** *fig*, jds Erbe annehmen, an jds statt erben.

ereditabilità <-> f *biol* Erbbarkeit f.

ereditàndo, (-a) m (f) *dir* (*de cuius*) Erblasser(in) m(f).

ereditàre tr **~ (qc) (da qu) 1** {BENI, DENARO, GIOIELLI DAI GENITORI} (*etw*) (von jdm) erben **2** *biol anche fig* {L'INTELLIGENZA DELLA MADRE, OCCHI DEL NONNO} *etw* von jdm erben, *etw von jdm* haben *fam*; {MALATTIA} *etw* ererbt haben.

ereditarietà <-> f **1** {+TITOLO} Erblichkeit f **2** *biol* {+EMOFILIA} Vererbung f.

ereditàrio, (-a) <-ri m, -a> agg **1** *gener* {MONARCHIA, PRINCIPE} Erb-; {ASSE, DISPOSIZIONE} *anche* Erbschafts-, Nachlass- **2** *biol* {MALATTIA, PATRIMONIO} (ver)erblich, Erb-.

ereditièra f (*ricca*) Erbin f.

eremìta <-i> m Eremit m, Einsiedler m: ⌊fare una vita da⌋/[vivere come un] ~ *fig* (*vivere semplicemente e in solitudine*), wie ein Einsiedler leben.

eremitàggio <-gi> m Einsiedelei f.

eremìtico, (-a) <-ci, -che> agg {VITA} Einsiedler-, einsiedlerisch.

èremo m Einsiedelei f; *fig* Abgeschiedenheit f: **si ritirò nel suo ~ per scrivere il romanzo**, er/sie zog sich in seine/ihre Abgeschiedenheit zurück, um den Roman zu schreiben.

eresìa f **1** *relig* Ketzerei f, Häresie f *forb* **2** {SCIENTIFICA} Irrlehre f **3** (*sciocchezza*) Unsinn m, Blöd-, Schwachsinn m *fam spreg*, dummes Zeug *fam*; *spreg*: **non vorrei dire un'~, ma...**, ich möchte nichts Dummes sagen, aber ...; **ma non dica eresie!**, aber reden Sie doch nicht ⌊solchen Unsinn⌋/[so dummes Zeug *fam*]!

eresiàrca <-chi> m *relig* Häresiarch m.

erèssi 1ª pers sing del pass rem di erigere.

erètica f → eretico.

ereticàle agg {DOTTRINA} ketzerisch, Ketzer-, häretisch *forb*.

erètico, (-a) <-ci, -che> **A** agg *relig* {AFFERMAZIONE} ketzerisch, Ketzer-, häretisch *forb* **B** m (f) **1** *polit relig* Ketzer(in) m(f) **2** *fam* Gottlose mf decl come agg.

eretino, (-a) **A** agg aus Monterotondo **B** m (f) (*abitante*) Einwohner(in) m(f) Monterotondos.

erèttile agg *biol* {ORGANO} schwellfähig, erektil *scient*.

erètto, (-a) **A** part pass di erigere **B** agg (*dritto*) gerade, aufrecht: **in posizione eretta**, in aufrechter Haltung/Stellung; **stare ~**, gerade stehen, aufrecht stehen.

erezióne f **1** (*fondazione*) {+OPERA PIA} Gründung f **2** *arch* {+CASA} Errichtung f, Bau m **3** *biol* Erektion f.

erg <-> m *fis* Erg n.

ergastolàno, (-a) m (f) lebenslänglicher Zuchthäusler m, zu lebenslänglicher Haft Verurteilte mf decl come agg, Lebenslängliche mf decl come agg *fam*.

ergàstolo m **1** *anche dir* (*pena*) lebenslängliche Freiheitsstrafe **2** (*luogo*) Gefängnis n.

èrgere <*irr* ergo, ersi, erto> **A** tr *lett* **~ qc 1** (*alzare*) {CAPO} *etw* erheben; {SCETTRO} *etw* empor|heben **2** (*costruire*) {MONUMENTO, PALAZZO} *etw* errichten **B** itr *per* (*eccellere*): **ergersi + compl di luogo** {MONTE VERSO IL CIELO} sich (*irgendwo*) erheben, (*irgendwohin*) (empor|)ragen **C** rfl **1** (*drizzarsi*): **ergersi** {ANIMALE, PERSONA} sich erheben, sich auf|richten **2** (*schierarsi*): **ergersi a qc** Partei für etw (acc) ergreifen: **ergersi a giudice/difesa di qu/qc**, sich zum Richter/Verteidiger von jdm/etw erheben.

èrgo *cong lat scherz* (*dunque*) ergo *lett*, also.

ergonomìa f Ergonomie f, Ergonomik f.

ergonòmico, (-a) <-ci, -che> agg ergonomisch.

èri 2ª pers sing dell'imperf di essere①,②.

èrica <-che> f bot Erika f, Heidekraut m.

erigèndo, (-a) agg (*che sta per essere eretto*) {OSPEDALE} zu errichtend, zu bauend.

erìgere <coniug come dirigere> **A** tr **1** arch ~ qc {MONUMENTO} etw errichten; {CATTEDRALE} anche etw erbauen **2** fig (*fondare*) ~ qc {ORDINE, RICOVERO, SCUOLA} etw gründen, etw stiften **3** fig (*elevare*) ~ qc a qc etw zu etw (dat) erheben: ~ **il proprio criterio di giudizio a norma generale**, den eigenen Maßstab zur allgemeinen Norm erheben **B** itr pron anat (*drizzarsi*): **erigersi** sich auf|richten **C** rfl: **erigersi a qc 1** (*costituirsi*) {A STATO AUTONOMO} sich als etw (nom) konstituieren **2** fig {A CENSORE, A GIUDICE} sich zu etw (dat) auf|werfen, sich als etw (nom o acc obs) auf|spielen fam spreg.

erinni f pl mitol Erinnyen f pl, Rachegöttinnen f pl.

erìstica <-che> f Eristik f forb.

eritèma <-i> m med Hautrötung f, Erythem(a) n scient: ~ **solare**, Sonnenbrand m, Lichtdermatose f scient.

eritematóso, (-a) agg med gerötet, erythemisch scient, Erythem- scient.

Eritrèa f geog Eritrea n.

eritrèo, (-a) **A** agg eritreisch **B** m (f) (*abitante*) Eritreer(in) m(f).

eritròcita <-i> m anat rotes Blutkörperchen, Erythrozyt m scient.

eritromicìna f farm Erythromycin n scient.

eritrosedimentazióne f med Erythrozytsenkung f scient.

èrma f Büste f, Herme f stor.

ermafroditìsmo m biol Zweigeschlechtigkeit f, Hermaphrodismus m scient.

ermafrodìto, (-a) **A** agg biol {PIANTA} Zwitter-, hermaphroditisch **B** m Zwitter m, Hermaphrodit m.

ermellìno m **1** zoo Hermelin n **2** (*pelliccia*) Hermelin m.

ermenèutica <-che> f filos Hermeneutik f.

ermeticità <-> f **1** Dichte f **2** fig Dunkle n decl come agg, Undurchdringlichkeit f.

ermètico, (-a) <-ci, -che> **A** agg **1** {CHIUSURA} hermetisch, dicht **2** fig {FRASE} dunkel **3** fig lett {POETA} hermetisch **B** m (poeta) Hermetiker m.

ermetismo m **1** lett filos Hermetismus m **2** fig (*impenetrabilità*) {+DISCORSO, FRASE, TESTO} Dunkle n decl come agg, Undurchdringlichkeit f.

érmo, (-a) agg poet (*solitario*) {COLLE} verlassen, einsam.

èrnia f med (*Eingeweide*)bruch m, Hernie f scient: ~ **del disco**, Bandscheibenvorfall m; ~ **inguinale**, Leistenbruch m.

erniàrio, (-a) <-ri m> agg {CINTO} Bruch-.

erniazióne f med Bruchbildung f, Herniation f scient.

èro① 1ª pers sing dell'imperf di essere①,②.

èro② <-> f slang (*eroina*) H n slang.

eròdere <coniug come rodere> **A** tr (*corrodere*) ~ qc {FIUME, GOCCIA, MARE ROCCIA} etw erodieren, etw aus|waschen **B** itr pron: **erodersi 1** (*consumarsi*) {ROCCE, SCOGLI, VALLE} sich

dieren **2** fig {MARGINE, VANTAGGIO} kleiner werden, ab|nehmen.

eròe m **1** Held m: **morire da ~**, den Heldentod sterben **2** lett teat (*protagonista*) {+ROMANZO, TRAGEDIA} Held m: **l'~ negativo**, der Antiheld **3** mitol Heros m ● **~ di cartapesta** fig (*falso eroe*), Papiertiger m, Maulheld m fam spreg: **fare l'~**, den Helden spielen; **l'~ del giorno**, der Held des Tages.

erogàbile agg {ENERGIA} lieferbar.

erogabilità <-> f Lieferbarkeit f.

erogàre <erogo, eroghi> tr **1** (*fornire*) ~ **qc a qu/qc** {ACQUA POTABILE, GAS, LUCE ALLA POPOLAZIONE, ALLA CITTÀ} jdm/etw etw liefern, jdn/etw mit etw (dat) versorgen **2** (*distribuire*) ~ **qc** (*per/[a favore di] qu/qc*) {FONDI, SOMMA [PER I]/[A FAVORE DEI] POVERI} etw (für jdn/etw) spenden, etw (an jdn/etw) verteilen **3** elettr mecc tecnol {ALTERNATORE, OLEODOTTO CORRENTE, LITRI DI QC} etw ab|geben, etw liefern.

erogatóre, (-trice) **A** agg {SOCIETÀ} Versorgungs- **B** m Verteiler m.

erogazióne f **1** (*fornitura*) {+ACQUA, GAS, LUCE} Lieferung f, Versorgung f **2** (*distribuzione*, *denaro*, ecc.) Spende f **3** elettr mecc tecnol {+CORRENTE, LITRI DI QC} Abgabe f.

erògeno, (-a) agg {ZONA} erogen.

eroicità <-> f {+GESTO, SCELTA} Heldenhaftigkeit f.

eroicizzàre tr rar (*esaltare*) ~ **qu** {UOMO DI STATO} jdn zum Helden erheben, jdn heroisieren forb; ~ **qc** {ARGOMENTO, GESTA DI QU} etw verherrlichen.

eròico, (-a) <-ci, -che> agg **1** {GESTO, SCELTA} heroisch forb; {MORTE} anche Helden-; {DONNA} heldenhaft **2** lett {POESIA, VERSO} Helden- **3** mitol Heroen-.

eroicòmico, (-a) <-ci, -che> agg heroisch-komisch.

eroìna① f {+GUERRA} Heldin f, Heroin f forb; lett teat anche Heroine f.

eroìna② f chim (*droga*) Heroin n.

eroinòmane **A** agg heroinsüchtig **B** m (f) Heroinsüchtige mf decl come agg, Heroinabhängige mf decl come agg.

eroìsmo m **1** {+GESTO, MADRE} Heldenhaftigkeit f, Heldentum n, Heroismus m forb **2** (*atto*) Heldentat f.

erómpere <coniug come rompere> itr <avere> lett **1** anche fig ~ **da qc** {ACQUA DALL'ARGINE, FOLLA DALLE TRANSENNE} etw durchbrechen **2** fig ~ **in qc** {IN UN GRIDO} in etw (acc) aus|brechen, etw aus|stoßen: ~ **in imprecazioni**, Flüche ausstoßen.

èros <-> m anche psic Eros m.

eros center <-> loc sost m ingl (*locale*) Eroscenter m.

erosióne f **1** geol {EOLICA, FLUVIALE, MARINA} Erosion f **2** fig {FISCALE} Nachlass m.

erosìvo, (-a) agg {FENOMENO} Erosions-.

eroticità <-> f {+DONNA, SGUARDO} Erotik f, Sinnlichkeit f.

eròtico, (-a) <-ci, -che> agg **1** {FILM, GIOCHI, LIBRO} erotisch: **scrittore/regista ~**, [Autor erotischer Bücher]/[Regisseur erotischer Filme] **2** (*afrodisiaco*) {BEVANDA, CIBO} erotisierend, aphrodisisch forb.

erotìsmo m Erotik f; (*in un'opera d'arte*) Eroti(zi)smus m.

erotizzàre tr psic ~ **qc** {ATMOSFERA, LETTURA, RAPPRESENTAZIONE} etw erotisieren.

erotòmane **A** agg erotomanisch **B** mf Erotomane m, Erotomanin f.

ERP m polit abbr dell'ingl European Recovery Programm (*piano di ricostruzione europea, piano Marshall*) Marshall-Plan m.

èrpete m med Herpes m scient.

erpetologìa f zoo Herpetologie f scient.

èrpice m agr Egge f.

errabóndo, (-a) agg poet umherirrend, ziellos.

erràne agg fig {SGUARDO} umherirrend, unruhig.

erràre itr **1** (*vagare senza meta*) ~ (+compl di luogo) {PER MARI E MONTI, NELLA FORESTA} (*irgendwo*) umher|irren; fig ~ **con qc** {CON GLI OCCHI} mit etw (dat) umherschweifen; {CON IL PENSIERO} etw schweifen lassen forb **2** fig lett ~ **da qc** von etw (dat) ab|kommen **3** (*sbagliare*) sich irren: **se non erro, oggi è il tuo compleanno**, wenn ich (mich) nicht irre/täusche, ⌊ist heute dein Geburtstag⌋/[hast du heute Geburtstag]; ~ **in qc** {IN MATERIA DI FEDE} in etw (dat) irren ● **errando s'impara** prov, durch Fehler wird man klug prov, aus Fehlern lernt man; **è umano, perseverare nell'errore è diabolico** prov, Irren ist menschlich(, auf Fehlern beharren teuflisch).

erràta còrrige <-> loc sost m o rar f lat edit Korrigenda pl.

erràtico, (-a) <-ci, -che> agg **1** (*che si sposta*) {FAUNA} streifend **2** geol {MASSO} erratisch **3** med {DOLORE} unregelmäßig auftretend, wandernd.

erràto, (-a) agg (*sbagliato*) {CONCETTO, DATI, PRONUNCIA, RISPOSTA} falsch: **se non vado ~**, wenn ich (mich) nicht irre.

èrre <-> f o m (*lettera*) R n: **arrotare l'~**, das R rollen; **avere l'~ moscia**, das R "vornehm" (nicht gerollt) aussprechen.

erroneità <-> f {+AFFERMAZIONE} Abwegigkeit f.

erròneo, (-a) agg {INTERPRETAZIONE} irrig, falsch, abwegig.

erróre m Irrtum m, Fehler m: **cadere in ~**, einem Irrtum verfallen; **correggere i propri errori**, die eigenen Fehler korrigieren; **~ di distrazione**, Diktatfehler m; **~ di distrazione**, Flüchtigkeits-, Leichtsinnsfehler m; **essere in ~**, im Irrtum sein; **fare/commettere un ~**, einen Fehler machen; **un ~ di gioventù**, eine Jugendsünde; **~ d'ortografia/di battitura/di calcolo/di stampa**, Rechtschreib-/Tipp-/Rechen-/Druckfehler m; **per ~**, irrtümlich, versehentlich, aus Versehen; **~ di procedura**, Verfahrensfehler m; **salvo errori (ed omissioni)**, Irrtum vorbehalten; **trarre in ~ qu**, jdn irreführen; **~ di valutazione**, Bewertungsfehler m **2** dir (*vizio della volontà*) Irrtum m; (*falsa rappresentazione della realtà*) Irrtum m: **~ sul divieto/precetto**, Verbotsirrtum m; **~ sul fatto**, Tatbestandsirrtum m ● **~ giudiziario**, Justizirrtum m; **~ di prospettiva** fig, falsche Einschätzung/Beurteilung.

èrsi 1ª pers sing del pass rem di ergere.

èrta f Steigung f ● **all'~!**, aufgepasst!; **stare all'~**, auf der Hut sein.

érto part pass di ergere.

erudìre <erudisco> **A** tr rar **1** (*istruire*) ~ **qu** {I GIOVANI} jdn belehren, jdn unterweisen forb, jdn bilden **2** scherz (*informare*) ~ **qu su qc** {SULLE NOVITÀ} jdn über etw (acc) auf|klären **3** (*ammaestrare*) ~ **qu** jdn ab|richten **B** itr pron forb: **erudirsi in qc** {NELLE LETTERE, NELLE SCIENZE} sich in etw (dat) bilden.

erudìto, (-a) **A** agg {DISCORSO} gelehrt; {UOMO} anche belesen, gebildet **B** m (f) **1** Gelehrte mf decl come agg **2** spreg Alleswisser(in) m(f) spreg.

erudizióne f **1** Gelehrtheit f, Wissen n, Bildung f **2** spreg Alleswisserei f spreg: **~ libresca**, Bücherweisheit f, Buchwissen n.

erùppi 1ª pers sing del pass rem di erompere.

eruttaménto m **1** {+VULCANO} Eruption f

2 (*rutto*) Aufstoßen n, Rülpser m *fam*.

eruttàre Ⓐ tr ~ **qc 1** *geol* {VULCANO CENERE, LAPILLI, LAVA} *etw* aus|stoßen, *etw* speien **2** *fig* {IMPROPERI, INSULTI} *etw* aus|stoßen Ⓑ itr *rar* (*ruttare*) auf|stoßen, rülpsen *fam*.

eruttazióne f (*rutto*) Aufstoßen n, Rülpser m *fam*.

eruttìvo, (-a) agg **1** *geol* {FASE} eruptiv, Eruptions- **2** *med* Ausschlags-.

eruzióne f **1** *geol* Ausbruch m, Eruption f: ~ **vulcanica**, Vulkanausbruch m **2** *med* Ausschlag m: ~ **cutanea**, Hautausschlag m, Eruption f *scient*.

es. abbr *di* esempio: Bsp. (abbr *di* Beispiel).

ES m *med* abbr *di* Elettroschock: ES m (abbr *di* Elektroschock, elektrische Stimulation).

ESA m *astr* abbr *di* European Space Agency (*ente spaziale europeo*) ESA f (*Europäische Raumfahrtagentur*).

eṣacerbàre Ⓐ tr *forb* **1** (*aggravare*) ~ **qc** {MALATTIA} *etw* verschlimmern; {FATTO, PAROLE DOLORE, SITUAZIONE} *anche etw* verschärfen **2** (*esasperare*) ~ **qu**/**qc**/**qd** {ODIO DI QU} *jdn*/*etw* reizen Ⓑ itr pron (*esasperarsi*): **esacerbarsi** {ANIMI} in Zorn geraten, wütend werden.

eṣacerbàto, (-a) agg (*esasperato*) verbittert, gereizt: **essere ~ dall'altrui indifferenza**, aufgrund der Gleichgültigkeit anderer verbittert sein.

eṣacerbazióne f **1** {+SITUAZIONE} Verschärfung f, Verschlimmerung f **2** {+ANIMI} Erbitterung f.

eṣaèdro m *mat* Hexaeder n, Sechsflächner m.

eṣageràre Ⓐ tr (*ingrandire*) ~ (**qc**) {IMPORTANZA DI QU, MERITI DI QU} (*etw*) übertreiben, (*etw*) dick auf|tragen *fam*; *spreg* (*rendere eccessivo*) ~ **qc** {ACCENTO DIALETTALE} *etw* übertreiben; {TINTA} *etw* stark auf|tragen Ⓑ itr (*eccedere*) ~ (**in qc**) {NELLE CRITICHE, IN SEVERITÀ} es *mit etw* (dat) übertreiben: ~ **nel fare qc**, es mit etw (dat) übertreiben; **non esageriamo!**, wir wollen mal nicht übertreiben!; **senza ~**, ohne Übertreibung; **non esagerare!**, übertreib(e) doch nicht!

eṣageràto, (-a) Ⓐ agg **1** (*sproporzionato*) {PREZZO} übertrieben; {PRETESE} *anche* überzogen; {DOSE, FATICA} übermäßig; {USO} unmäßig **2** (*che esagera*) {PERSONA} überspannt: **essere ~ nel fare qc**, in etw (dat) übertrieben sein, es mit etw (dat) übertreiben Ⓑ m (f) Übertreiber(in) m(f), Hochstapler(in) m(f): **sei sempre il solito ~!**, du übertreibst ˌmal wiederˌ/[wie üblich]!

eṣagerazióne f Übertreibung f: **costa un'~**, das kostet ˌwahnsinnig vielˌ/[viel zu viel]; **senza ~ possiamo affermare che ...**, ohne zu übertreiben, können wir behaupten, dass...; **un ricevimento di nozze con 500 invitati, che ~!**, ein Hochzeitsempfang mit 500 (geladenen) Gästen! Man kann's auch übertreiben! *fam*.

eṣageróne, (-a) m (f) *fam* Übertreiber(in) m(f), Hochstapler(in) m(f).

eṣagitàre tr *lett* ~ **qc** {ANIMO} *etw* auf|wühlen, *etw* erschüttern.

eṣagitàto, (-a) Ⓐ agg {RAGAZZO} aufgewühlt, erschüttert Ⓑ m (f) Nervenbündel n *fam*.

eṣagonàle agg {FORMA} sechseckig, hexagonal.

eṣàgono m *mat* Sechseck n, Hexagon n.

eṣalàre Ⓐ tr <*avere*> ~ **qc 1** (*espandere*) {FUMO, ODORE, PROFUMO, VAPORE} *etw* aus|strömen **2** (*morire*) {FIATO, ULTIMO RESPIRO} *etw* aus|hauchen; {ANIMA, SPIRITO} *etw* aus|hauchen *forb* eufem Ⓑ itr <*essere*> (*spandersi nell'aria*) ~ **da qc** {PROFUMO DAI FIORI; PUZZA DAL LETAME} von/aus etw (dat) aus|strömen, von/aus etw (dat) auf|steigen.

eṣalazióne f {+GAS} Ausströmen n, Ausbreitung f; {+MARE} Ausdünstung f: **esalazioni vulcaniche** *geol*, vulkanische Exhalationen *scient*.

eṣaltànte agg {ESPERIENZA} begeisternd.

eṣaltàre Ⓐ tr <*avere*> **1** (*magnificare*) ~ **qc** {FIGURA DI QU, PREGI DI QU/QC} *etw* (lob)preisen *forb*, *etw* rühmen; ~ **qu** {PERSONAGGIO} *jdn* verherrlichen, *jdn* (lob)preisen *forb* **2** (*entusiasmare*) ~ **qu** {DISCORSO, SPETTACOLO FOLLA} *jdn* begeistern **3** (*valorizzare*) ~ **qc** {ABITO BELLEZZA DI UNA RAGAZZA; LUCE COLORI; VINO SAPORI} *etw* hervor|heben **4** *anat biol chim fis tecnol* (*aumentare*) ~ **qc** {PROPRIETÀ DI UNA SOSTANZA, VIRULENZA DI UN GERME} *etw* erhöhen, *etw* verstärken Ⓑ itr pron (*esaltarsi*) **esaltarsi** (**per qc**) {PER UN'IDEA, PER UN PARTITO} sich (*für etw* acc) begeistern: **si esaltava raccontando le sue avventure**, beim Erzählen seiner/ihrer Abenteuer geriet er/sie ins Schwärmen.

eṣaltàto, (-a) Ⓐ agg (*infervorato*) {MENTE, RAGAZZO} überschwänglich, exaltiert *forb*, überspannt *spreg* Ⓑ m (f) exaltierte Person *forb*, Schwärmer(in) m(f).

eṣaltatóre, (-trice) Ⓐ agg lobrednerisch Ⓑ m (f) Lobredner(in) m(f).

eṣaltazióne f **1** (*lode*) {+NOVITÀ} Verherrlichung f, Lobpreisung f **2** (*valorizzazione*) {+BELLEZZA, COLORE} Hervorhebung f **3** *fig* Enthusiasmus m, Überschwang m, Begeisterung f, Exaltiertheit f *forb*: **essere in preda all'~ religiosa**, von religiöser Exaltiertheit *forb* gepackt werden **4** *anat biol chim fis tecnol* (*aumento*) {+PROPRIETÀ DI UNA SOSTANZA} Verstärkung f.

eṣàme m **1** *scuola università* Prüfung f, Examen n: ~ **di abilitazione**, Eignungsprüfung f; ~ **di abilitazione all'insegnamento**, zweites Staatsexamen; **esami di idoneità**, Eignungsprüfungen f pl; ~ **scritto**/**orale**, mündliche/schriftliche Prüfung; ~ **di maturità**, Abitur n, Reifeprüfung f, Matura f A, Maturität f CH; ~ **di stato**, Staatsexamen n, Staatsprüfung f; ~ **di storia**, Geschichtsprüfung f; ~ **di guida**, Fahrprüfung f; ~ **di ammissione a qc**, Aufnahmeprüfung f für etw (acc); **dare/passare un ~**, eine Prüfung ablegen/bestehen; **essere bocciato all'~**, ˌdurchs Examenˌ/[durch die Prüfung] fallen; **presentarsi all'~ con un'adeguata preparazione**, gut vorbereitet zu einer Prüfung erscheinen; **esami di riparazione** *stor*, Nachprüfungen f pl **2** (*analisi*) {+TESTO} (Über)prüfung f, Untersuchung f: **prendere in ~ qc**, etw überprüfen, etw genau prüfen/untersuchen; **sottoporre a ~ qc**, etw einer Prüfung unterziehen **3** *med* (*visita*) {+TIROIDE} Untersuchung f: ~ **della vista**, Sehtest m • **esami attitudinali**, Neigungstests m pl; **fare l'~ di coscienza**, sein Gewissen prüfen; ~ **di laboratorio**, Labortest m; **fare gli esami del sangue**, ein Blutbild machen lassen.

eṣàmetro m *ling* Hexameter m.

eṣamificio <-ci> m *spreg* (*fabbrica di esami*) Examensfabrik f.

eṣaminàbile agg {OFFERTA} prüfbar; {QUESTIONE} untersuchbar.

eṣaminàndo, (-a) m (f) *scuola università* Prüfling m, Examenskandidat(in) m(f).

eṣaminàre tr **1** (*analizzare*) ~ **qc** {MERCE, OFFERTA, TESSUTO} *etw* (über)prüfen; {PASSAPORTO} *etw* kontrollieren; {CAUSA, QUESTIONE} *etw* untersuchen; {PROPOSTA} *etw* erwägen: **bisogna ~ attentamente le cose**, die Dinge müssen sorgfältig geprüft werden; ~ **qu** {INDAGATO} *jdn* prüfen **2** (*sottoporre a un esame*) ~ **qu** {TESTIMONI} *jdn* vernehmen; {INDAGATO} *jdn* verhören **3** *med* ~ **qu**/**qc** {MEDICO MALATO, FERITA} *jdn*/*etw* untersuchen **4** *scuola* ~ **qu** (**in qc**) {PROFESSORE STUDENTE IN MATEMATICA} *jdn* (*in etw* dat) ab|fragen; **università** *jdn* (*in etw* dat) prüfen.

eṣaminatóre, (-trice) Ⓐ agg {COMMISSIONE} Prüfungs- Ⓑ m (f) Prüfer(in) m(f).

eṣàngue agg **1** (*pallido*) {VOLTO} bleich, blass **2** *fig* (*debole*) {STILE} blutleer, kraftlos **3** *med* (*dissanguato*) (fast) ausgeblutet.

eṣànime agg leblos.

eṣantèma <-i> m *med* Hautausschlag m, Exanthem n *scient*.

eṣarchìa f *polit* Sechsmännerherrschaft f, Sechsparteienregierung f.

eṣasperànte agg {SITUAZIONE} (nerven)aufreibend; {BAMBINO} nervtötend.

eṣasperàre Ⓐ tr **1** (*irritare*) ~ **qu** (**con qc**) {POPOLO CON LE TASSE} *jdn* (*durch etw* acc) auf|bringen, *bei jdm* (*durch etw* acc) Empörung hervor|rufen: **la sua maleducazione mi esaspera**, seine/ihre Ungezogenheit bringt mich (noch) ˌzur Verzweiflungˌ/[auf die Palme *fam*] **2** (*inasprire*) ~ **qc** {FREDDO, INDIGENZA MALATTIA, SOFFERENZA} *etw* verschärfen, *etw* verschlimmern; {STATO DI INCERTEZZA} *etw* verstärken Ⓑ itr pron (*irritarsi*): **esasperarsi** in Zorn geraten, wütend werden.

eṣasperàto, (-a) agg **1** (*irritato*) ~ (**per qc**) {PER LA LENTEZZA DELLA BUROCRAZIA} wegen *etw* (gen) aufgebracht/empört sein **2** (*spinto all'estremo*) {STORIA DEL FILM} verschärft; {ODIO} extrem.

eṣasperazióne f **1** (*inasprimento*) {+MALE, SOFFERENZA} Verschlimmerung f, Verschärfung f **2** (*irritazione*) {+PERSONA} Gereiztheit f, Verbitterung f, Zorn m: **portare qu all'~**, jdn zur Weißglut bringen *fam*; **al colmo**/**massimo dell'~**, am Höhepunkt der Gereiztheit.

eṣattézza f **1** (*precisione*) {+ORA} Genauigkeit f, Exaktheit f: **con ~**, genau, exakt **2** (*correttezza*) {+AFFERMAZIONE, CONTO} Richtigkeit f, Korrektheit f.

eṣàtto① part pass *di* esigere.

eṣàtto②, (-a) Ⓐ agg **1** (*preciso*) genau, exakt: **sono le 7 esatte**, es ist genau 7 Uhr, es ist Punkt 7 *fam* **2** (*corretto*) {CONTO, NOTIZIA, RISPOSTA} richtig, korrekt Ⓑ in funzione di avv *fam* (*sì*): ~!, richtig!, stimmt!, genau!; **cercavi me? – ~!**, hast du mich gesucht? – Genau/Stimmt!

eṣattóre, (-trice) m (f) Geldeinnehmer(in) m(f): ~ **del gas**, Gasmann m *fam*; ~ **delle imposte**, Steuereinzieher m.

eṣattorìa f Zahlstelle f: ~ **comunale**, städtisches Finanzamt.

eṣattoriàle Ⓐ agg Geldeinnahme-; {CARTELLA} Steuer- Ⓑ m Geldeinnehmer(in) m(f).

eṣattrice f → esattore.

eṣaudìbile agg {DESIDERIO} erfüllbar, zu erfüllen(d): **la tua richiesta è facilmente ~**, dein Wunsch ist leicht zu erfüllen.

eṣaudìre <*irr esaudisco, esaudii, esaudito*> tr (*soddisfare*) ~ **qu** {DIO DEVOTO} *jdn* erhören; ~ **qc** {DESIDERIO DI QU} *etw* erfüllen; {RICHIESTA DI QU} (*etw* dat) nach|kommen, *etw* (dat) entsprechen; {DIO PREGHIERA} *etw* erhören.

eṣauribile agg {PROVVISTE} erschöpfbar; {POZZO} ausschöpfbar, versiegbar.

eṣauriènte agg {RISPOSTA} erschöpfend, befriedigend; {PROVA} ausreichend.

eṣauriménto m **1** Erschöpfung f; {+FONDI, MINIERA, RISORSE, SCORTE} Versiegen n: **fino ad ~ della merce**, solange der Vorrat reicht **2** *med* {FISICO} Erschöpfung f, Exhaustion f *scient*: ~ **nervoso**, Nervenzusammen-

esaurire *<esaurisco>* **A** *tr* **1** *(finire, consumare)* ~ *qc* {PROVVISTE, RISERVE D'ACQUA} *etw* auf|-, verbrauchen, *etw* erschöpfen; {POZZO} *etw* aus|schöpfen, *etw* zum Versiegen bringen; {MERCE} *etw* aus|verkaufen, {MUNIZIONI} *etw* verschießen, {MINIERA} {BEUTEN} *etw* aus|beuten, *fig* {PAZIENZA} *etw* erschöpfen: **abbiamo esaurito tutte le nostre forze**, wir sind mit unseren Kräften am Ende **2** *fig (trattare esaurientemente)* ~ *qc* {ARGOMENTO, TEMA} *etw* erschöpfend behandeln **3** *fig (logorare)* ~ *qu* {LAVORO, STUDIO} *jdn* erschöpfen, *jdn* ermatten **B** *itr pron*: **esaurirsi 1** *(finire, consumarsi)* {FONDI, SCORTE} sich erschöpfen, sich verbrauchen, aufgebraucht werden; {MINIERA, POZZO, SORGENTE} versiegen; {BIGLIETTI, MERCE} ausverkauft werden, aus|gehen; {LIBRI} vergriffen sein; *fig* {ENERGIA, FORZA} zu Ende gehen; {PAZIENZA} am Ende sein; {VENA POETICA} versiegen *forb* **2** *fig (logorarsi)* {PERSONE} sich schwächen, sich erschöpfen, sich verbrauchen, geschwächt werden.

esaurito, (-a) A *agg* **1** {MINIERA} ausgebeutet; {SORGENTE} versiegt; {PILA} leer; *fig* {ISPIRAZIONE, VENA POETICA} versiegt *forb* **2** {POSTI} ausverkauft, {EDIZIONE} vergriffen **3** *med* (vollkommen) erschöpft: **è esaurita**, sie ist einem Nervenzusammenbruch nahe **B** *loc sost m*: **tutto** ~, alles ausverkauft; **hanno fatto il tutto ~ per un mese**, einen Monat lang ⌊hatten sie ein volles Haus⌋/⌊war alles ausverkauft⌋.

esaustività <-> *f* {+TRATTAZIONE} Ausgiebigkeit *f*.

esaustivo, (-a) *agg forb* {TRATTAZIONE} ausgiebig, {RISPOSTA} *anche* erschöpfend, exhaustiv *forb*.

esàusto, (-a) *agg* **1** *(spossato)* {PERSONA} erschöpft; {FORZE} verbraucht **2** *(vuoto)* {CASSE} leer.

esautoràre *tr* **1** ~ *qu/qc* {UFFICIALE} *jdn/etw* ab|setzen, {GOVERNO} *jdn/etw* entmachten **2** *(screditare)* ~ *qu/qc* {DOTTRINA} *jdn/etw* diskreditieren *forb*.

esautorazióne *f* **1** {+GOVERNO} Entmachtung *f*, Absetzung *f* **2** {+DOTTRINA} Diskreditierung *f forb*.

esazióne *f amm* **1** *(riscossione)* {+IMPOSTE} Eintreibung *f*, Einziehung *f*, Einnahme *f* **2** *(somma)* eingetriebene Summe.

esborsàre *tr amm (pagare)* ~ *qc* {DUEMILA EURO} *etw* aus|geben.

esbórso *m amm* {+DENARO} Ausgabe *f*, Auslage *f*.

Esc <-> *m inform abbr dell'ingl* Escape *(uscita) (tasto)* Escape-, Abbruch-Taste *f*.

èsca *<esche> f* **1** *anche fig* Köder *m*: **gettare l'**~, den Köder auslegen; **usare qu come** ~, *jdn* als Köder benutzen **2** *fig (sostanza infiammabile)* Zünder *m*.

escalation <-> *f ingl* {+CRIMINALITÀ ORGANIZZATA} Eskalation *f forb*.

escamotage <-> *m franc* Trick *m*, Verschleierungstaktik *f*.

escandescènza *f <di solito al pl>* Jähzorn *m*, Wutausbruch *m*: **dare in escandescenze**, Tobsuchtsanfälle bekommen.

escape <-> *m ingl inform* Escape *n*, Escapetaste *f*.

escatologìa *f* Eschatologie *f*.

escatològico, (-a) *<-ci, -che> agg* eschatologisch.

escatologìsmo *m relig* Eschatologie *f*.

escavatóre, (-trice) *tecnol* **A** *agg* Bagger- **B** *m o f* Bagger *m*.

escavatorìsta <-i *m*, -e *f*> *mf* Baggerführer(in) *m(f)*, Baggerer *m*, Baggerin *f*.

escavatrice *f* → **escavatore**.

escavazióne *f* Ausgrabung *f*; *min* Abbau *m*: ~ **a giorno/in sotterraneo**, Tag(e)-/Untertagebau *m*.

ésce 3ª *pers sing del pres ind di* **uscire**.

ésche *pl di* **esca**.

eschimése A *agg* Eskimo- **B** *mf* Eskimo *m*, Eskimofrau *f* **C** *m <solo sing> (lingua)* Eskimoisch(e) *n*.

èschimo → **eskimo**.

ésci 2ª *pers sing del pres di* **uscire**.

esclamàre *tr* ~ *qc etw* aus|rufen: **"accidenti!" esclamò "sono in ritardo!"**, "oh!" rief er/sie aus, "ich bin zu spät dran!".

esclamativo, (-a) *agg* **1** *gramm* {FRASE} Ausrufe- **2** {TONO} ausrufend.

esclamazióne *f* **1** {+GIOIA} Ausruf *m* **2** *gramm* Interjektion *f*, Ausrufewort *n*.

esclùdere *<coniug come* **accludere**> **A** *tr* **1** *(lasciare fuori)* ~ *qu/qc (da qc)* {CANDIDATO DALL'ESAME, COMPAGNO DA UNA RIUNIONE, CONDOMINO DALL'ASSEMBLEA, IMPIANTO DALLA RETE, MINORANZA DALLA SOCIETÀ, NOME DA UN ELENCO} *jdn/etw (von etw dat)* aus|schließen: **una soluzione esclude l'altra**, eine Lösung schließt die andere aus **2** *fig (ritenere impossibile)* ~ *qc* {ESISTENZA DI QC} *etw* aus|schließen: ~ **di fare qc**, es ausschließen, etw zu tun; ~ **che** ... *congv*, (es) für ausgeschlossen halten, dass... *ind*; **non escludo che sia proprio come dici tu**, ich schließe nicht aus, dass es genau so ist, wie du sagst; **non è da** ~ **che** ... *congv*, es ist nicht auszuschließen, dass... *ind*, es kann nicht ausgeschlossen werden, dass... *ind*; **questa ipotesi non è da** ~, diese Hypothese ⌊ist nicht auszuschließen⌋/⌊lässt sich nicht ausschließen⌋ **B** *rfl rec*: **escludersi** {IPOTESI, POSSIBILITÀ} sich gegenseitig aus|schließen.

escludibile *agg* {IPOTESI} ausschließbar.

esclùsa *f* → **escluso**.

esclùsi 1ª *pers sing del pass rem di* **escludere**.

esclusióne *f* ~ *(da qc)* Ausschluss *m (von etw dat)*: **a ~ di qu/qc**, mit Ausnahme von *jdm/etw*; **senza ~**, mit allen Mitteln; **senza ⌊alcuna⌋ ~**/**[esclusioni]**, ohne jede Ausnahme, ausnahmslos; **andare per ~**, ausschlussweise vorgehen.

esclusìva *f* **1** *comm* Alleinverkaufs-, Exklusivrecht *n*; *(rappresentanza)* Alleinvertretung *f*: **avere qc in ~**, das Alleinverkaufsrecht von *etw dat* haben **2** *dir (patto di ~)* Ausschließlichkeitsvereinbarung *f*, Vereinbarung *f* der Ausschließlichkeitsbindung: ~ **di vendita**, Alleinvertriebsvereinbarung *f* **•** **foto/servizio in** ~, Exklusivfoto *n*/Exklusivbericht *m*.

esclusivaménte *avv* ausschließlich, allein.

esclusivìsmo *m* **1** *(intransigenza)* Exklusivität *f forb* **2** *polit* Monopolpolitik *f*.

esclusivìsta <-i *m*, -e *f*> **A** *agg polit* intolerant, rechthaberisch **B** *mf* **1** *gener* Rechthaber(in) *m(f)* **2** *comm* Alleinverkäufer(in) *m(f)*; *(rappresentante)* Alleinvertreter(in) *m(f)*.

esclusività <-> *f* {+MODELLO, RISTORANTE} Exklusivität *f forb*.

esclusìvo, (-a) *agg* **1** *gener* {ABITO, ALBERGO} exklusiv *forb*, Exklusiv- *forb* **2** {DIRITTO} ausschließlich, Allein-.

esclùso, (-a) **A** *part pass di* **escludere** **B** *agg* **1** ~ *(da qc)* {DAL CIRCOLO} *von etw (dat)* ausgeschlossen **2** *(eccettuato)* außer: **bevande escluse**, Getränke ausgenommen; **non è ~ che** ... *congv*, es ist nicht ausgeschlossen, dass... *ind*; **fino al 3 novembre ~**, bis einschließlich 2. November; **tutti, nessuno ~!**,

alle, keiner ausgenommen! **C** *m (f)* Ausgeschlossene *mf decl come agg*.

esclusòrio, (-a) <-ri *m*> *agg amm* {CLAUSOLA} Ausschluss-.

èsco 1ª *pers sing dell'ind pres di* **uscire**.

escogitàre *tr (inventare)* ~ *qc* {STRATAGEMMA, TRUCCO} sich *(dat) etw* aus|denken, *etw* aus|tüfteln *fam*; *scherz etw* aus|klügeln, *etw* aus|hecken *fam*: **che cosa stai escogitando?**, was heckst du da aus? *fam*.

escoriàre *<escòrio, escòri>* **A** *tr* ~ *(qc) (a qu)* {GINOCCHIO, PELLE ALLA BAMBINA} *jdm etw* auf|schürfen **B** *rfl indir (spellarsi)*: **escoriarsi (qc)** {PERSONA PELLE} sich *(dat) (etw)* ab|schürfen, sich *(dat) (etw)* auf|reißen; {GINOCCHIO} sich *(dat) (etw)* auf|schürfen.

escoriàto, (-a) *agg* {CAVIGLIA, GAMBA} abgeschürft, aufgeschürft.

escoriazióne *f* {+GINOCCHIO} Abschürfung *f*: ~ **della pelle**, Hautabschürfung *f*.

éscort <-> *mf anche fig eufem (accompagnatore)* Escort(-Begleiter) *m*, Escort(-Begleiterin) *f*.

escreàto *m med* Exkret(um) *n scient*.

escreménto *m <di solito al pl>* {+PERSONA} Exkrement *n forb*, Ausscheidung *f*; {+ANIMALE} Mist *m*.

escrescènza *f* **1** *med* Auswuchs *m*, Wucherung *f* **2** *(sporgenza)* Auswuchs *m*.

escrèto, (-a) *agg* **A** *agg* ausgeschieden, abgesondert **B** *m* Ausscheidung *f*, Exkret *n scient*.

escrezióne *f med* {+SOSTANZA} Ausscheidung *f*, Absonderung *f*.

escudo <-, -s *pl port spagn*> *m port spagn* Escudo *m*.

escursióne *f* **1** *(gita)* Ausflug *m*, Wanderung *f*: **fare un'**~, einen Ausflug machen; **andare in ~ a ...**, einen Ausflug nach/in ... machen; *(per studi)* Exkursion *f*; *mil* Übungsmarsch *m* **2** *med meteo* Schwankung *f*: ~ **termica**, Temperaturschwankung *f* **3** *tecnol* {+PENDOLO} Ausschlag *m*.

escursionìsmo *m* Wandern *n*.

escursionìsta <-i *m*, -e *f*> *mf* Ausflügler(in) *m(f)*, Wanderer *m*, (Wanderin *f*).

escùssi 1ª *pers sing del pass rem di* **escutere**.

escussióne *f dir* {+TESTIMONE} Vernehmung *f*, Befragung *f*.

escùtere *<coniug come* **discutere**> *tr* **1** ~ *qu/qc* {DEBITORE, DITTA} *jdn/etw* auf Zahlung verklagen **2** *dir* ~ *qu* {TESTIMONE} *jdn* vernehmen, *jdn* befragen.

ESDAC *m astr abbr dell'ingl* European Space Data Centre *(centro europeo per il trattamento dei dati spaziali)* europäisches Raumfahrt-Daten-Zentrum.

ESE *abbr di* Est Sud Est: OSO; *(abbr di* Ostsüdost).

esecràbile *agg* {UOMO} verdammenswert, verabscheuungswürdig; {AZIONE} *anche* verwerflich *forb*.

esecrabilità <-> *f* {+DELITTO} Verwerflichkeit *f forb*, Abscheulichkeit *f*.

esecràre *tr (detestare)* ~ *qu/qc* {TRADITORE, DELITTO} *jdn/etw* verabscheuen, *jdn/etw* verdammen.

esecrazióne *f (profondo disprezzo)* Verabscheuung *f forb*.

esecutività <-> *f dir (efficacia esecutiva)* {+SENTENZA} Vollstreckbarkeit *f*.

esecutìvo, (-a) **A** *agg* **1** *dir* {POTERE} vollziehend; {SENTENZA} vollstreckbar; {FORMULA, TITOLO} Vollstreckungs- **2** {FASE, PROGETTO} Ausführungs- **B** *m dir (potere ~)* Exekutive *f*, vollziehende Gewalt.

esecutóre, (-trice) *m (f)* **1** {+LAVORO}

Ausführende mf decl come agg **2** mus {+BRANO} Vortragende mf decl come agg ● **l'~ materiale di un** *delitto*, der unmittelbare Täter; **~** *testamentario dir*, Testamentsvollstrecker m.

esecutorietà f *dir* (*esecutività*) {+SENTENZA} Vollstreckbarkeit f.

esecuzióne f **1** mus {+BRANO} Vortrag m **2** *dir* {+CONTRATTO} Ausführung f, Durchführung f, Abwicklung f, Vollzug m; {+SENTENZA} Vollstreckung f: **~ penale**, Strafvollstreckung f; **~ provvisoria**, vorläufige Vollstreckbarkeit **3** (*uccisione*) Hinrichtung f, Exekution f: **~ capitale**, Hinrichtung f, Exekution f **4** (*attuazione*) Aus-, Durchführung f: [**dare ~** qu]/[**porre in ~**] qc, etw zur Ausführung bringen, etw ausführen ● **~ sommaria**, Lynchjustiz f.

esèdra f *arch* Exedra f.

esegèsi <-> f (*studio*) {BIBLICA, DANTESCA} wissenschaftliche Auslegung, Exegese f.

eseguìbile agg ausführbar, durchführbar.

eseguìre <*eseguisco* o *eseguo, eseguisci* o *esegui*> tr **~** qc **1** (*fare*) {ARCHITETTO, ARTISTA, PITTORE LAVORO, QUADRO, RITRATTO} etw ausführen; {IDRAULICO RIPARAZIONE} anche etw durchführen **2** (*mettere in atto*) {POLIZIA ORDINE} etw ausführen **3** *comm* {DITTA PAGAMENTO} etw leisten **4** *dir* {UFFICIALE GIUDIZIARIO SENTENZA} etw vollstrecken; {PARTI CONTRATTO} etw ausführen/durchführen/abwickeln/vollziehen **5** mus teat {ATTORE MONOLOGO} etw vor|tragen; {VIOLINISTA BRANO} anche etw spielen.

esèmpio <-pi> m **1** (abbr es.) Beispiel n: **ad/per ~** (abbr p. es.), zum Beispiel, beispielweise, z.B.; **fare un ~**, ein Beispiel anführen **2** (*modello*) (Muster)beispiel n: **essere un ~ di bontà**, ein Musterbeispiel an Güte sein; **citare/portare ad ~** qu/qc, jdn/etw als Beispiel anführen; **dare il buon/cattivo ~**, mit gutem/schlechtem Beispiel vorangehen; **seguire l'~ di** qu, jds Beispiel folgen; **prendere ~ da** qu, sich (dat) an jdm ein Beispiel nehmen; **il Colosseo è un bell'~ di arte romana**, das Kolosseum ist ein Musterbeispiel römischer Kunst **3** (*insegnamento*) Lehre: **che ti serva d'~!**, das soll dir eine Lehre sein!

esemplàre **A** agg {CONDOTTA, MARITO} beispielhaft, mustergültig; {CONDANNA} exemplarisch **B** m **1** {+FRANCOBOLLO, LIBRO, MONETA} Exemplar n, Stück n: **~ unico**, Unikat n **2** *fig* (*modello*) {+BONTÀ} Musterbeispiel n **3** *biol* {+FIORE ESOTICO, TIGRE} Exemplar n.

esemplarità <-> f {+VITA DI QU} Beispielhaftigkeit f, Vorbildlichkeit f; {+CONDANNA} Exempelhaftigkeit f.

esemplificàre <*esemplifico, esemplifichi*> tr **~** (qc) {INSEGNANTE CONCETTO, TEORIA} etw durch Beispiele erläutern, etw an Beispielen erklären, etw exemplifizieren forb.

esemplificativo, (-a) agg exemplifikatorisch forb: **dimostrazione a carattere ~**, Darstellung mit exemplifikatorischem forb Charakter.

esemplificazióne f **1** (*spiegazione con esempi*) {UTILE} Exemplifikation f forb **2** (*citazione di esempi*) {AMPIA} Exemplifizierung f forb.

esentàre **A** tr (*dispensare*) **~** qu da qc {STUDENTE DALLA FREQUENZA ALLE LEZIONI} jdn von etw (dat) befreien; {DAL PAGAMENTO DELLE TASSE} jdm etw erlassen **B** rfl (*liberarsi*) **esentarsi da** qc {DA UN IMPEGNO, DA UN OBBLIGO} sich etw (dat) entziehen; {DA UNA LEZIONE} etw (dat) fern|bleiben, etw) schwänzen fam.

esentàsse <-inv> agg amm steuerfrei.

esènte agg **~ da** qc {DAL SERVIZIO MILITARE} von etw (dat) befreit; {DAL CONTAGIO} (gegen etw acc) immun; {DA OGNI PREGIUDIZIO} frei von etw (dat): **~ da tasse/difetti**, steuer-/fehlerfrei.

esenzióne f Befreiung f, Erlass m: **~ dalle imposte**, Steuererlass m; **~ dal servizio militare**, Befreiung f/Freistellung f vom Wehrdienst.

esèquie f pl Begräbnisfeier f, Exequien pl.

esercènte mf Gewerbetreibende mf decl come agg.

esercìre tr **~** qc **1** (*gestire*) {NEGOZIO} etw betreiben, etw führen **2** (*esercitare*) {PROFESSIONE MEDICA} etw aus|üben.

esercitàbile agg **~** (su qu/qc) {INFLUENZA SUI DEBOLI} (auf jdn/etw) ausübbar.

esercitàre **A** tr **1** (*tenere in esercizio*) **~** qu/qc {SOLDATI} jdn schulen, jdn drillen; {OCCHIO, ORECCHIO} etw schulen; {MEMORIA} anche etw üben **2** *fig* (*svolgere*) **~** qc {AVVOCATURA, INSEGNAMENTO} etw ausüben **3** *fig* (*usare*) **~** qc (su qu/qc) {DIRITTO} etw (jdm/etw gegenüber) wahr|nehmen; {POTERE} anche etw (auf jdn/etw) aus|üben **4** (*avere*) **~** qc (su qu/qc) {INFLUENZA SULLE DECISIONI} etw (auf jdn/etw) aus|üben, etw (auf jdn/etw) haben; (*fare*) **~** qc (su qu) {PRESSIONI} etw (auf jdn) aus|üben **B** rfl: **esercitarsi** üben, trainieren; **esercitarsi in** qc sich in etw (dat) üben, etw trainieren.

esercitazióne f **1** (*allenamento*) Übung f, Training n: **esercitazioni militari**, Wehrübung f, Manöver n pl, militärische Übung **2** *scuola* Übungskurs m; *università* Übung f.

esèrcito <-ri> m **1** *mil* Armee n, Militär n; (*forze terrestri*) Heer n: **~ di occupazione**, Besatzungstruppen f pl; **entrare nell'~**, zum Militär gehen **2** *fig* {+CREDITORI} Heer n.

eserciziàrio <-ri> m Übungsbuch n.

esercìzio <-zi> m **1** anche sport Übung f: **tenere in ~ la mente**, geistig beweglich bleiben; **fare/tenersi in ~**, [in Übung/Form bleiben]/[sich in Form halten]; **essere fuori ~**, aus der Übung sein; **non essere in ~**, nicht in Übung sein **2** (*pratica*) {+PROFESSIONE} Ausübung f: **nell'~ delle proprie funzioni**, bei der Ausübung seines Amtes **3** (*albergo, negozio, ristorante, ecc.*) Betrieb m, Geschäft n: **aprire un ~**, einen Betrieb eröffnen/gründen; **~ pubblico**, öffentliches Lokal **4** *comm* (*gestione*) Betrieb m **5** *comm* (*anno*) Geschäfts-, Rechnungsjahr n **6** *dir* {+DIRITTO} Ausübung f ● **~ dell'***azione* civile dir, Klageerhebung f; **~ dell'***azione* penale dir, Anklageerhebung f; **~ abusivo di una** *professione dir*, unbefugte Berufsausübung; **~** *sociale dir*, Geschäftsjahr n; **esercizi** *spirituali relig*, Exerzitien pl.

esfoliànte **A** agg {GEL} aufbrechend **B** m Aufbrecher m.

esfoliàrsi itr pron *med* {PELLE} auf|platzen, auf|reißen.

esfoliativo, (-a) agg **1** {CREMA} Peeling-, Rubbel- **2** *med* schälend.

esibìre <*esibisco*> **A** tr **1** *amm* (*presentare*) **~** qc (a qu) {BIGLIETTO AL CONTROLLORE, DOCUMENTI ALLA POLIZIA} (jdm)* etw vor|zeigen, (jdm) etw vor|legen **2** (*mostrare, ostentare*) **~** qc {AUTO NUOVA, LA PROPRIA RICCHEZZA} etw zur Schau stellen, etw zeigen **3** *dir* {+PROVE, TESTIMONI} jdn/etw vor|weisen **B** rfl: **esibirsi 1** (*COMPAGNIA TEATRALE*) auf|treten: **esibirsi come ballerina**, als Tänzerin auftreten **2** *fig spreg* (*mettersi in mostra*) sich zur Schau stellen, sich produzieren fam.

esibizióne f **1** *teat* {+ATTRICE} Auftritt m; (*spettacolo*) Vorführung f; anche *sport* (*gara*) Darbietung f **2** {+DOCUMENTO DI RICONOSCIMENTO} Vorzeigen n, Vorlegen n **3** (*mostra*) {+RICCHEZZA} Zurschaustellung f: **fare ~ di** qc, etw zur Schau stellen ● **~ di documenti** *dir* (*mezzo probatorio*), Urkundenvorlage f, Urkundenvorlegung f.

esibizionismo m **1** (*ostentazione*) Prahlerei f *spreg*, Protzerei f *spreg*, Angeberei f *fam*, Großtuerei f *spreg* **2** *psic* Exhibitionismus m.

esibizionìsta <-i m, -e f> mf **1** Angeber(in) m(f) *fam*, Prahler(in) m(f) **2** *psic* Exhibitionist(in) m(f).

esibizionìstico, (-a) <-ci, -che> agg exhibitionistisch.

esigéi 1ª pers sing del pass rem di esigere.

esigènte agg {GENITORE, INSEGNANTE} anspruchsvoll.

esigènza f **1** (*bisogno*) {+SOCIETÀ, VITA} Bedarf m, Bedürfnis n; {+LAVORO, SCUOLA} Anforderung f: **a volte sento l'~ di starmene da solo**, manchmal verspüre ich das Bedürfnis, allein zu sein; **secondo le esigenze del caso**, je nach Bedarf **2** <di solito al pl> (*pretese*) {+FIGLI} Anspruch m; {+PROFESSORE} Anforderung f: **avere molte esigenze**, viele Ansprüche stellen.

esìgere <irr *esigo, esigi, esigei* o *esigetti, esatto*> tr **1** (*volere*) **~** qc (da qu) {RISPETTO, RISPOSTA, SPIEGAZIONE DAL FIGLIO} etw (von jdm) verlangen, etw (von jdm) fordern: **esigiamo che ci restituiate i soldi**, wir verlangen [von euch die Rückgabe des Geldes]/[, dass ihr uns das Geld zurückgebt] **2** *fig* (*richiedere*) **~** qc {LAVORO, SITUAZIONE CORAGGIO, PRONTEZZA} etw erfordern, etw verlangen **3** *amm comm* (*riscuotere*) **~** qc {IMPOSTE} etw ein|treiben; {IMPOSTE} anche etw ein|ziehen.

esigìbile agg *amm comm* {CREDITO} fällig, eintreibbar; {IMPOSTE} einziehbar.

esiguità <-> f {+GUADAGNO} Geringfügigkeit f.

esìguo, (-a) agg **1** (*piccolo*) {GUADAGNO} gering, spärlich; {PARTE} unbedeutend; {SPESA} geringfügig; {LUNGHEZZA} minimal **2** *rar* (*esile*) {GAMBE} dünn; {CORPORATURA} anche schmächtig.

esilarànte agg **1** (*divertente*) {FATTO, LETTURA, RACCONTO} erheiternd, belustigend **2** *scherz* (*ridicolo*) {PERSONA, SITUAZIONE} lächerlich.

èsile agg **1** (*sottile*) {STELO DI UN FIORE} dünn; (*snello*) {CORPO DI UN BAMBINO} schlank; (*gracile*) {BAMBINO} zart, schmächtig, grazil forb **2** *fig* (*debole*) {SUONO} schwach; {VOCE} anche dünn **3** *fig* (*misero*) {INGEGNO} armselig, kümmerlich, jämmerlich; {STILE} ungelenk, unbeholfen.

esiliàre <*esilio, esili*> **A** tr **1** *polit* **~** qu aus|weisen, jdn verbannen, jdn des Landes verweisen **2** *fig* (*allontanare*) **~** qu (da qc) {DALLA PROPRIA CASA} jdn etw (gen) verweisen, jdn (aus etw dat) aus|stoßen; **~** qu in qc {IN UN UFFICIO MINORE} jdn in etw (acc) verweisen **B** rfl **1** *polit*: **esiliarsi** [in die Verbannung]/[ins Exil] gehen **2** *fig* (*appartarsi*): **esiliarsi da** qc {DAL MONDO} sich von etw (dat) zurück|ziehen, sich von etw (dat) ab| kehren; **esiliarsi in** qc {NELLA PACE DEI MONTI} sich in etw (acc) zurück|ziehen.

esiliàto, (-a) **A** agg **1** *polit* verbannt, ausgewiesen, exiliert forb **2** *fig* (*allontanato*) ausgeschlossen, ausgestoßen **B** m (f) **1** *polit* Verbannte mf decl come agg **2** *fig* Ausgewiesene mf decl come agg.

esìlio <-li> m **1** *dir* (*tipo di pena*) Verbannung f **2** *polit* (*durata*) {BREVE, A VITA} Exil n, Verbannung f; (*luogo*) Exil n, Verbannungsort m **3** (*fuga volontaria*) Emigration f, freigewähltes Exil **4** *fig* (*lontananza*) **~ da** qu/qc {DALLA FAMIGLIA, DA CASA} Entfernung f von *jdm/etw*; {DAGLI UOMINI, DAL MONDO} Abkehr f (*von jdm/etw*) **5** *relig* irdisches Leben.

esilità <-> f {+FORME} Zartheit f, Schmächtigkeit f.

esìmere <*irr difet mancano part pass e tempi composti, esimo, esimèi o esimetti*> **A** *tr* (*dispensare*) ~ **qu da qc** {DA UNA RESPONSABILITÀ} jdn von etw (dat) befreien, jdn von etw (dat) entbinden **B** *rfl* (*liberarsi*): **esimersi da qc** {DA UN IMPEGNO} sich etw (dat) entziehen: **non potersi ~ dal fare qc**, nicht umhin können, etw zu tun.

esìmio, (-a) <-*mi m*> agg **1** (*straordinario*) {LAVORO, MAGISTRATO, MEDICO, RICERCATORE, SCRITTORE} hervorragend, ausgezeichnet **2** (*titolo di cortesia*) (hoch)verehrt; (*nelle lettere, ecc.*) sehr geehrt **3** *scherz* {FURFANTE, MASCALZONE} durchtrieben *spreg*, abgefeimt.

esistéi 1ª *pers sing del pass rem di* esistere.

esistènte *agg* {LIBRI} vorhanden, {POPOLAZIONE} bestehend, existent.

esistènza f **1** (*l'esistere*) {+DIO, PERSONA} Existenz f; {+OGGETTO} Vorhandensein n **2** (*vita*) {FELICE, TERRENA} Leben n, Existenz f, Dasein n: **rovinare l'~ a qu**, jds Existenz ruinieren; **amareggiare l'~ a qu**, jdm das Leben ⌞sauer machen *fam*⌟/[vergällen].

esistenziàle *agg* **1** (*dell'esistenza*) {ANGOSCIA, PROBLEMI} existentiell, Existenz- **2** *filos* Existenzial-, Existenz-, existential.

esistenzialismo m *filos* Existentialismus m, Existenz-/Existentialphilosophie f.

esistenzialista <*-i m, -e f*> *filos* **A** *agg* existentialistisch, Existential- **B** m (f) Existentialist(in) m(f).

esistenzialìstico, (-a) <*-ci, -che*> *agg filos* Existential-, Existenz-, existential.

esìstere <*irr esisto, esistéi o esistetti, esistito*> *itr* <*essere*> **1** (*esserci*) {DIO, PERSONAGGIO} existieren {DUBBI} bestehen: **non esistono le fate**, es gibt keine Feen **2** (*vivere*) leben, existieren: **~ solo per lui**, nur für ihn leben; **ha da poco cessato di ~**, er/sie ist vor kurzem gestorben, er/sie hat vor kurzem sein/ihr Leben ausgehaucht *forb* • **non esiste!** *fam* (*è assurdo*), das/[so etwas] gibt es ja gar nicht!

esitabóndo, (-a) *agg* (*incerto*) unsicher, zweifelhaft.

esitànte *agg* **1** (*tentennante*) zögernd **2** (*indeciso*) **~ tra qu/qc e qu/qc** unentschlossen zwischen jdm/etw und jdm/etw.

esitàre *itr* **1** (*indugiare*) zögern: **non ~ a fare qc**, nicht zögern, etw zu tun **2** (*essere indeciso*) **~ tra qu/qc e qu/qc** sich zwischen jdm/etw und jdm/etw nicht entscheiden können, zwischen jdm/etw und jdm/etw hin und her gerissen sein/werden: **~ tra due soluzioni/persone**, zwischen zwei Lösungen/Menschen hin und her gerissen sein.

esitazióne f (*indugio*) Zögern n, Zaudern n: **rispondeva senza alcuna ~ alle sue domande**, ohne zu zögern antwortete er/sie auf seine/ihre Fragen.

èsito m **1** (*risultato*) {NEGATIVO, POSITIVO; +ANALISI, ESAMI} Ergebnis n, Resultat n **2** (*conclusione*) {FELICE, LETALE; +AVVENTURA, MALATTIA} Ausgang m **3** *amm* {+LETTERA} Antwort f; {+RICHIESTA} Erledigung f, Bearbeitung f: **la nostra lettera è rimasta senza ~**, unser Brief ist unbeantwortet geblieben; **in ~ alla vs. richiesta**, in Beantwortung Ihrer Anfrage.

esiziàle *agg* **1** (*dannoso*) {POLITICA} verhängnisvoll **2** (*mortale*) {MALATTIA} tödlich.

èskimo m (*giaccone*) Parka m *o* f.

ESLAB m *astr abbr dell'ingl* European Space Research Laboratory (*laboratorio europeo di ricer-*

che spaziali) Europäisches Weltraumlaboratorium.

ESO m *astr abbr dell'ingl* European Southern Observatory (*osservatorio dell'Europa meridionale*) ESO n; (*Europäische Südsternwarte, Observatorium* n *Südeuropa*).

esocàrpo m *bot* Exokarp n.

esòcrino, (-a) *agg biol* exokrin.

èsodo m **1** {+PROFUGHI} Abwanderung f **2** (*emigrazione*) Auswanderung f **3** *fig* {+CAPITALI} Abwanderung f, Flucht f **4** *bibl* {+POPOLO EBRAICO} Exodus m *forb*, Auszug m **5** *lett* {+TRAGEDIA} Exodos m • **il grande ~ di ferragosto**, die große Stadtflucht Mitte August.

esofagìte f *med* Speiseröhrenentzündung f, Ösophagitis f *scient*.

esòfago <*-gi*> m *anat* Speiseröhre f.

esòftalmo m *med* Glotzauge n, Exophthalmus m *scient*.

esogamìa f *etnol* Exogamie f.

esogàmico, (-a) <*-ci, -che*> *agg biol etnol* {MATRIMONIO, RIPRODUZIONE} exogam.

esogèneṣi <-> f *econ geol med* Exogenese f *scient*.

esògeno, (-a) *agg econ geol med* {PROCESSO, ROCCE} exogen *scient*.

esoneràre **A** *tr* **~ qu** (**da qc**) **1** (*dispensare*) {STUDENTE DALLA LEZIONE DI RELIGIONE} jdn (*von etw* dat) frei|stellen, jdn von etw (dat) befreien; {DA UN INCARICO} jdn (*von etw* dat/+gen *forb*) entbinden; {CONTRIBUENTE DALLE TASSE} jdm etw erlassen; *dir* {DEBITORE DALL'OBBLIGO DI PAGAMENTO} jdn von etw (dat) befreien **2** *amm* (*destituire*) {UFFICIALE DAL SERVIZIO} jdn etw (gen) entheben *forb* **B** *rfl* (*dispensarsi*): **esonerarsi da qc** {DALL'OBBLIGO DI PRESENZA} sich *von etw* (dat) befreien.

esoneràto, (-a) **A** *agg* **~ (da qc)** {DALLE TASSE} (*von etw* dat) befreit; {DA UN INCARICO} *von etw* (dat) entbunden **B** m (f) Freigestellte mf *decl come agg*.

esònero m (*esenzione*) {FISCALE} Freistellung f, Befreiung f: **~ dall'ora di religione**, Befreiung f vom Religionsunterricht.

Esòpo m (*nome proprio*) *lett* Äsop.

esorbitànte *agg* (*eccessivo*) {PRETESA} übertrieben, enorm, exorbitant *forb*; {PREZZO} *anche* happig *fam*.

esorbitànza f {+PREZZO} Übertriebenheit f; {+PRETESA} *anche* Maßlosigkeit f.

esorbitàre *itr* (*essere al di fuori*) **~ da qc** {DISCORSO DAL TEMA PROPOSTO, PROBLEMA DALLA PROPRIA COMPETENZA} *etw* überschreiten, *über etw* (acc) hinaus|gehen.

esorcìṣmo m *relig* Exorzismus m, Teufelaustreibung f.

esorcìsta <*-i m, -e f*> mf Exorzist(in) m(f), Teufelaustreiber(in) m(f).

esorcìstico, (-a) <*-ci, -che*> *agg* {PRATICA} beschwörend, Beschwörungs-.

esorciẓẓàre *tr* **1** **~ qu/qc** {INDEMONIATO} jdm den Teufel aus|treiben; {CASA} den Teufel *aus etw* (dat) aus|treiben; {DEMONIO} *jdn/etw* exorzi(si)eren **2** *fig* (*scongiurare*) **~ qc** {PAURA} *etw* ab|wehren; {PERICOLO} *etw* ab|wenden.

esorciẓẓazióne f {+DONNA} Dämonenaustreibung f **2** *fig* {+PAURA} Abwehr f.

esordiènte **A** *agg* {ATLETA, ATTORE} debütierend **B** mf *anche sport* Debütant(in) m(f), Anfänger(in) m(f).

esòrdio <-*di*> m **1** (*inizio*) {+ATTIVITÀ, CARRIERA} Beginn m, Anfang m; *teat* Debüt n **2** *lett* (*preambolo*) {+DISCORSO} Einleitung f, Vorrede f.

esordìre <*esordisco*> *itr* **1** (*incominciare*) **~ (con qc)** {INTERVISTATORE CON UNA DOMANDA}

(*mit etw* dat) an|fangen, (*mit etw* dat) beginnen, (*mit etw* dat) an|heben *forb* **2** *film sport teat* (*debuttare*) **~ (in qc)** {NEL CINEMA, IN SERIE A} (*in etw* dat) debütieren, (*in etw* dat) an|fangen; *lett* **~ (con qc)** {SCRITTRICE CON UN LIBRO DI RACCONTI} (*mit etw* dat) debütieren.

esornatìvo, (-a) *agg* {EPITETO} schmückend.

esortàre *tr* (*incitare*) **~ qu a qc** {ALLO STUDIO} jdn zu etw (dat) ermuntern, jdn zu etw (dat) auf|fordern, jdn zu etw (dat) ermahnen; **~ qu a fare qc** jdn dazu auf|fordern, etw zu tun.

esortatìvo, (-a) *agg* {DISCORSO} auffordernd, ermahnend.

esortatóre, (-trice) **A** *agg* ermahnend, Aufforderungs- **B** m (f) Aufforderer m, (Aufforderin f).

esortazióne f Ermahnung f, Aufforderung f, Zureden n: **fare/rivolgere un'~ a qu**, jdn ermahnen, jdn auffordern; **l'~ alla comprensione reciproca**, die Aufforderung zum gegenseitigen Verständnis.

esosfèra f Exosphäre f.

esoṣità <-> f **1** {+PREZZO} Unverschämtheit f **2** (*avidità*) {+COMMERCIANTE} Habgier f *spreg*, Geiz m.

esóṣo, (-a) *agg* {PERSONA} habgierig *spreg*, geizig; {RICHIESTA} übertrieben, unverschämt, überzogen; {PREZZO} *anche* Wucher- *spreg*, happig *fam*; {ATTEGGIAMENTO} gehässig *spreg*.

esotèrico, (-a) <-*ci, -che*> *agg* **1** *filos relig* {DOTTRINA; LIBRI, RITO} esoterisch **2** *fig* (*oscuro*) {LINGUAGGIO} dunkel, rätselhaft.

esoterìṣmo m *fig* {+LINGUAGGIO} Esoterik f **2** *filos relig* Esoterik f.

esotèrmico, (-a) <-*ci, -che*> *agg fiṣ* exotherm.

esoticità <-> f **1** {+COSTUMI} Fremdartigkeit f **2** *fig* (*stranezza*) {+RICHIESTA} Eigenartigkeit f, Außergewöhnlichkeit f.

esòtico, (-a) <-*ci, -che*> **A** *agg* **1** {CIBO, COSTUMI} exotisch, fremdartig **2** *bot zoo* {ANIMALE, PIANTA} exotisch **3** *fig* (*strano*) eigenartig, außergewöhnlich, extravagant, überspannt, verrückt *fam* **B** m Exotische n *decl come agg*.

esotìṣmo m **1** (*gusto per le cose esotiche*) Vorliebe f für das Exotische **2** (*esoticità*) {+CUCINA} Fremdartigkeit f **3** *ling* (*barbarismo*) Exotismus m.

esotiẓẓànte **A** *agg* {GUSTO} exotisch inspiriert **B** mf Liebhaber(in) m(f) der Exotik.

ESP **1** *banca abbr di* peseta spagnola: Pta. (*abbr di* Peseta, Pesete) **2** *abbr dell'ingl* Extra Sensory Perception (*percezione extra sensoriale*) ASW f (*abbr di* außersinnliche Wahrnehmung).

espadrilles f pl *franc* Espadrille f pl.

espàndere <*coniug come* spandere> **A** *tr* **~ qc 1** (*estendere*) {CONFINI DELLA CITTÀ} *etw* aus|dehnen, *etw* erweitern; {SFERA D'AZIONE} *anche etw* vergrößern **2** (*emanare*) {FIORE PROFUMO} *etw* verbreiten, *etw* aus|breiten, *etw* aus|strömen **B** *itr pron*: **espandersi 1** *fiṣ* {GAS} sich aus|dehnen **2** (*allargarsi*) {MACCHIA} sich verbreiten, größer werden **3** (*diffondersi*) *etw* sich aus|dehnen, sich aus|breiten: **per la casa si espandeva un piacevole profumo di caffè**, im Haus verbreitete sich ein angenehmer Kaffeeduft; *fig* {NOTIZIA} sich verbreiten, {VIOLENZA} um sich greifen, sich aus|breiten **4** *comm* (*ampliarsi*) {GIRO D'AFFARI, IMPRESA} expandieren **5** *polit* {DOMINIO DI QU, NAZIONE} sich aus|dehnen.

espansìbile *agg gener fiṣ* ausdehnbar.

espansibilità <-> f *gener fiṣ* Ausdehnbarkeit f.

espansióne f 1 gener anche astr fis {+CITTÀ, SFERA D'AZIONE, UNIVERSO} Ausdehnung f, Erweiterung f; comm polit {COMMERCIALE, ECONOMICA; +MERCATO DI QC} Expansion f; {+PARTITO, RELIGIONE} Verbreitung f 2 inform {+COMPUTER} Expansion f, Erweiterung f 3 fig (effusione) Herzlichkeit f, Überschwänglichkeit f.

espansionismo m comm polit {COLONIALE} Expansionspolitik f, Expansionstendenz f.

espansionistico, (-a) <-ci, -che> agg comm polit {MIRE} expansiv.

espansività <-> f 1 fig (affettuosità) {+FIGLIO} Offenherzigkeit f, Mitteilsamkeit f 2 fis Ausdehnbarkeit f.

espansivo, (-a) agg 1 fig (affettuoso) {BAMBINO, CARATTERE, TEMPERAMENTO} überschwänglich, offenherzig 2 fis {FORZA} expansiv, Expansions-.

espànso, (-a) A part pass di espandere B agg 1 (dilatato) {GAS} ausgedehnt 2 chim {POLISTIROLO, POLIURETANO} Schaum-, verschäumt.

espatriàre <espatrio, espatri> itr <essere> 1 (emigrare) aus|wandern, emigrieren 2 amm aus|reisen, außer Landes gehen.

espàtrio <-ri> m 1 Auswanderung f 2 amm {ABUSIVO} Ausreise f: ottenere/negare l'~, ˻die Ausreiseerlaubnis bekommen˼/[die Ausreise verweigern].

espediènte m 1 (stratagemma) Notbehelf m, Mittel, non sapeva più a quali espedienti ricorrere, er/sie wusste nicht mehr, zu welchen Mitteln er/sie greifen sollte 2 (via d'uscita) Ausweg m: cercare/trovare un ~, einen Ausweg suchen/finden ● vivere di espedienti, sich ˻gerade so˼/[mehr schlecht als recht] durchschlagen.

espèllere <irr espello, espulsi, espulso> tr 1 (allontanare) ~ qu (da qc) {SOCIO DA UN CIRCOLO, DA UN PARTITO} jdn aus etw (dat) aus|stoßen, jdn aus etw (dat) aus|schließen; {ALLIEVO DALLA SCUOLA} jdn von etw (dat) verweisen; {DALL'UFFICIO} jdn aus etw (dat) weisen 2 med (emettere) ~ qc {ESCREMENTI, TOSSINE} etw aus|scheiden; {CATARRO} etw aus|werfen; {FETO} (etw) aus|stoßen 3 sport ~qu (da qc) jdn von etw (dat) verweisen, jdn aus etw (dat) schicken: ~ un giocatore dal campo, einen Spieler ˻des Feldes˼/[vom Feld] verweisen, einen Spieler ˻vom Platz stellen˼/verweisen˼/[vom Spielfeld schicken].

esperànto m (lingua) Esperanto n.

esperiènza f 1 (conoscenza) {+BAMBINI, MONDO, UOMINI} Erfahrung f: per ~, aus Erfahrung; possedere/avere ~ della vita, Lebenserfahrung haben; fare ~, Erfahrungen machen; {+CONTABILITÀ} Praxis f, Übung f; è un giovane privo di ~, er ist ein ˻junger Mann ohne Erfahrung˼/[unerfahrener junger Mann] 2 fig (amorosa, artistica) {+GUERRA, GIOVENTÙ} Erfahrung f, Erlebnis n 3 filos {ESTERNA, INTERNA} Erfahrung f 4 scient (esperimento) {+LABORATORIO} Experiment n, Versuch m, Probe f.

esperimentàre e deriv → sperimentare e deriv.

esperiménto m (prova) Versuch m, Probe f; scient {+CHIMICA, FISICA, LABORATORIO} anche Experiment n, Versuch m: fare qc per/[in via di] ~, etw ausprobieren.

esperìre <esperisco> tr dir (adire) ~ qc {LE VIE LEGALI} etw beschreiten.

espèrto, (-a) A agg 1 (abile) {MANO, PILOTA} geschickt: ~ nel fare qc, in etw (dat) geschickt 2 (che ha esperienza) erfahren: ~ di mondo/vita/uomini, welt-/lebens-/menschenerfahren; ~ in qc {IN FISICA} (sach)kundig in etw (dat), in etw (dat) B m (f) Fachmann m, (Fachfrau f), Experte m, (Expertin f).

espettorànte farm A agg schleimlösend B m schleimlösendes Mittel, Hustenmittel n, Expektorans n scient.

espettoràto, (-a) med A agg ausgehustet, ausgeworfen, expektoriert scient B m Auswurf m.

espettorazióne f med 1 (azione) Auswerfen n, Aushusten n 2 (espettorato) Auswurf m, Ausgehustete n decl come agg.

espiàbile agg 1 {COLPA} sühnbar 2 dir {PENA} verbüßbar.

espiantàre tr biol med ~ qc {CUORE, FEGATO} etw explantieren scient.

espiantazióne f biol Explantation f.

espiànto m m 1 biol Zellentnahme f, Explantation f scient 2 med (prelievo) {+CUORE} Organentnahme f, Explantation f scient: fare un ~, eine Organentnahme durchführen; (parte espiantata) Explantat n.

espiàre <espio, espii> tr 1 ~ qc {COLPA} etw (ab)büßen 2 dir {PENA} etw verbüßen 3 relig {I PROPRI PECCATI} etw sühnen.

espiatòrio, (-a) <-ri> m agg {PREGHIERA, RITO} Sühne-.

espiazióne f 1 {+COLPA} Buße f 2 dir {+PENA} Verbüßen n 3 relig {+PECCATI} Sühne f.

espiràre tr itr ~ (qc) (etw) aus|atmen, (etw) aus|hauchen.

espirazióne f Ausatmen n.

espletaménto m amm Erledigung f, Durchführung f: l'~ delle formalità di rito, die Erledigung der Formalitäten des Verfahrens; morire nell'~ del proprio dovere, bei der Erfüllung seiner/ihrer Pflicht sterben.

espletàre m amm ~ qc {PRATICA} etw bearbeiten, etw erledigen; {COMPITO} etw durch|führen: ~ regolarmente le operazioni di carico e scarico, das Auf- und Abladen ordnungsgemäß durchführen.

esplicàre <esplico, esplichi> tr (svolgere) ~ qc {FUNZIONE} etw aus|üben; {ATTIVITÀ} anche etw entfalten.

esplicativo, (-a) agg {NOTA} erläuternd, erklärend.

esplicazióne f 1 (svolgimento) {+FUNZIONE} Ausübung f; {+ATTIVITÀ} Entfaltung f; {+DOVERE} Erfüllung f 2 rar (spiegazione) {+BRANO, CONCETTO} Erklärung f.

esplicitàre tr ~ qc 1 (rendere chiaro) {RICHIESTA} etw klar aus|drücken, etw explizit machen 2 ling {PROPOSIZIONE} etw in eine finite Verbform bringen.

esplicitazióne f {+DESIDERIO} klares Ausdrücken/Formulieren, klarer Ausdruck, klare Formulierung.

esplìcito, (-a) agg 1 (chiaro) explizit; {ORDINE} ausdrücklich; {DISCORSO, PAROLE, RISPOSTA} deutlich, klar 2 ling {FORMA, PROPOSIZIONE} finit.

esplodènte A agg explosiv, Spreng-, Explosiv- B m <di solito al pl> Spreng-, Explosivstoff m.

esplòdere <coniug come rodere> A tr <avere> (sparare) ~ qc {CACCIATORE, POLIZIOTTO COLPO DI RIVOLTELLA, FUCILATA} etw (ab)|feuern, etw ab|geben B itr <essere> 1 (scoppiare) {BOMBA, DINAMITE, MINA} explodieren, in die Luft gehen fam; {PALLONCINO} platzen 2 <essere> fig (manifestare violentemente) ~ (in qc) {IN URLA DI GIOIA} in etw (acc) aus|brechen, in etw (acc) heraus|platzen fam, los|platzen fam, explodieren: si trattenne dal ribattere, ma alla fine esplose, er/sie hielt sich mit einer Antwort zurück, aber schließlich explodierte er/sie; {CALDO, CRISI, ESTATE, MALCONTENTO} aus|brechen 3 <avere> {ARMA} los|gehen.

esploràbile agg {ZONA} erforschbar.

esploràre tr 1 (perlustrare) ~ qc {COSTA, FORESTA, TERRITORIO} etw durchforschen, etw erkunden; {MINIERA} etw erforschen 2 fig (sondare) ~ qc {ANIMO DI QU, INTENZIONI DI QU} etw ergründen; {POSSIBILITÀ DI UN ACCORDO} etw ermitteln, etw ausfindig machen 3 med {FERITA, STOMACO} etw untersuchen.

esplorativo, (-a) agg 1 {SPEDIZIONE} Forschungs-; {MANDATO} Durchsuchungs- 2 med Untersuchungs-.

esploratóre, (-trice) A agg 1 (che esplora) {CAPACITÀ} Forscher- 2 tecnol {SONDA} Tast- B m (f) 1 gener Forscher(in) m(f), Entdecker(in) m(f) 2 mil Aufklärer m, Späher(in) m(f) 3 {scout} (giovani) esploratori, Pfadfinder m pl C m mar mil Aufklärungsschiff n.

esplorazióne f 1 (perlustrazione) {+COSTA, FORESTA, TERRITORIO} (Er)forschung f, Durchforschung f, Absuchen n; {+MINIERA} Schürfen n: le grandi esplorazioni geografiche, die großen geographischen Forschungsreisen 2 med {+FERITA, STOMACO} Untersuchung f 3 mil {STRATEGICA, TATTICA} Erkundung f 4 TV {+IMMAGINE} Abtastung f, Bildzerlegung f.

esplòsi 1a pers sing del pass rem di esplodere.

esplosióne f 1 {+BOMBA, MINA} Explosion f; {+PALLONCINO} Zerplatzen n: ~ nucleare, Kernexplosion f 2 (rumore) {+TUONO} Knall m 3 fig {+FELICITÀ, IRA} Ausbruch m: ~ di rabbia, Wutausbruch m 4 fig (incremento) {DEMOGRAFICA; +PREZZI} Explosion f.

esplosività <-> f 1 {+SOSTANZA} Explosivität f 2 fig {+COMICITÀ} Explosivität f 3 fig (pericolosità) {+MANOSCRITTO, SITUAZIONE} Brisanz f forb.

esplosivo, (-a) A agg 1 {MISCELA, REAZIONE, SOSTANZA} Spreng-, explosiv, Explosiv- 2 fig {TEMPERAMENTO} explosiv, heftig 3 fig (critico) {SITUAZIONE} kritisch, (spannungs)-geladen, brisant forb; (pericoloso) {DISCORSO, IDEA} brisant forb 4 econ {SVILUPPO} explosionsartig 5 ling {CONSONANTI} Verschluss-, Okklusiv-, Explosiv- B m (sostanza) {ATOMICO} Sprengstoff m.

esplòso, (-a) A part pass di esplodere B agg 1 {MINA} explodiert 2 tecnol {SEZIONE} in zerlegter Anordnung dargestellt.

esponènte A mf 1 (rappresentante) {+GOVERNO, MOVIMENTO LETTERARIO, PARTITO} Vertreter(in) m(f), Exponent(in) m(f), Wortführer(in) m(f) 2 (chi espone) Darlegende mf decl come agg, Berichtende mf decl come agg B m 1 mat {NUMERICO} Exponent m, Hochzahl f 2 ling (lemma) {+DIZIONARIO, ENCICLOPEDIA} Stichwort n, Lemma n C loc avv tip: a ~, hochgestellt.

esponenziàle A agg 1 mat {CURVA} Exponential- 2 fig (rapido e cospicuo) {CRESCITA} exponentiell B f mat Exponentialgleichung f.

espórre <coniug come porre> A tr 1 (mettere fuori) ~ qc a qc {PELLE AL SOLE} etw etw (dat) aus|setzen 2 (mettere in mostra) ~ qc (+ compl di luogo) {QUADRO AL MUSEO} etw (irgendwo) aus|stellen; {AVVISO IN BACHECA} etw (irgendwo) aus|hängen; {MERCE IN VETRINA} etw (irgendwo) aus|legen; {uso assol} {ARTISTA IN UNA GALLERIA; DITTA ALLA FIERA DI FRANCOFORTE} (irgendwo) aus|stellen 3 fig (far correre un rischio) ~ qu/qc (a qc) {BENI DI QU, VITA DI QU, A UN PERICOLO, A UN RISCHIO} jdn/etw etw (dat) aus|setzen 4 fig (parlare di qc) ~ qc (a qu) {CASO, VICENDA AL DIRETTORE} (jdm) etw dar|legen, (jdm) etw berichten; {PROBLEMA, LE RAGIONI DI QU AD UN AMICO} (jdm) etw erläutern 5 ~ qc {ARGOMENTO} etw vor|bringen 6 dir (abbandonare) ~ qu {MINORE,

NEONATO} jdn aus|setzen **7** relig ~ **qc** {RELIQUIA} etw aus|stellen **8** tecnol ~ **qu/qc a qc** {ALLE RADIAZIONI} jdn/etw etw (dat) aus|setzen **B** rfl **1** **esporsi a qc** {AL SOLE} sich etw (dat) exponieren, sich etw (dat) aus|setzen, fig {ALLE CRITICHE, ALL'IRA DI QU, AL PERICOLO} sich ~ etw (dat) aus|setzen; (uso assol) sich exponieren: **ha paura di esporsi troppo**, er/sie hat Angst, sich zu [sehr zu exponieren,/ [weit hinauszulehnen fam] **2** comm (indebitarsi): **esporsi** sich verschulden, Schulden machen: **siamo esposti per oltre due milioni**, wir haben über zwei Millionen Schulden ● ~ **la pellicola alla luce** fot, den Film belichten.

esportàbile agg {MERCE} exportierbar, ausführbar.

esportàre tr ~ **qc** {CAPITALE, MERCE} etw exportieren, etw aus|führen **2** fig (diffondere) {NUOVA CONCEZIONE} etw heraus|bringen, etw exportieren.

esportatóre, (-trice) **A** agg {COMPAGNIA, DITTA} Export-, Ausfuhr- **B** m (f) {+ACCIAIO, GRANO, VINI} Exporteur(in) m(f).

esportazióne f **1** {+CAPITALI, MERCI} Export m, Ausfuhr f **2** {di solito al pl} comm (merci esportate) Export m, Ausfuhr f.

esposìmetro m fot Belichtungsmesser m.

espositìvo, (-a) agg {di esposizione} {ORDINE} Messe-, Ausstellungs-.

espositóre, (-trice) **A** agg {DITTA} Aussteller- **B** m (f) Aussteller(in) m(f) **C** m (mobile) Ausstellungsständer m.

esposizióne f **1** ~ (+ **compl di luogo**) {+QUADRO AL MUSEO} Ausstellen n (irgendwo); {+AVVISO IN BACHECA} Aushang m (irgendwo); {+MERCE IN VETRINA, IN UNA FIERA} Ausstellen n (irgendwo), Zurschaustellen n (irgendwo): **la prolungata ~ della pelle al sole può essere pericolosa**, die Haut längere Zeit der Sonne auszusetzen, kann gefährlich sein **2** (mostra) {BIENNALE, UNIVERSALE; +ARTE, ARTIGIANATO, PRODOTTI TIPICI} Ausstellung f, Schau f **3** (posizione) {+TERRENO} Lage f: ~ **a mezzogiorno**, Südlage f **4** fig (resoconto) {+FATTO} Bericht m, Darstellung f; (spiegazione) {+TEORIA} Erklärung f; (interpretazione) Deutung f, Auslegung f **5** econ {+IMPRESA} Schulden pl: ~ **bancaria/debitoria**, Verschuldung f **6** mus Exposition f **7** (in pubblicità) Werbeträgerkontakt m **8** relig {+RELIQUIA} Ausstellung f.

espósto, (-a) **A** part pass di esporre **B** agg **1** ~ **a qc** {ALLA PIOGGIA, AL RISCHIO, AL SOLE} etw (dat) ausgesetzt; ~ (+ **compl di luogo**) {MERCE, QUADRO} (irgendwo) ausgestellt; {AVVISO} (irgendwo) angeschlagen, geog {EDIFICIO, TERRENO A NORD, A SUD} liegend, gelegen **2** {FATTO, MOTIVO, RAGIONE} dargelegt, vorgetragen **3** comm {IMPRESA} verschuldet **4** alpin {PASSAGGIO, VIA} frei, offen **5** tecnol {CORPO ALLE RADIAZIONI} ausgesetzt **C** m amm Bericht m, Denkschrift f: **presentare un ~ a qu**, jdm einen Bericht vorlegen; (petizione) Petition f, Bittschrift f **D** m (f) (trovatello) Findelkind n.

espressaménte avv **1** (esplicitamente) ausdrücklich: **qui è ~ vietato fumare**, es ist ausdrücklich verboten, hier zu rauchen **2** (appositamente) eigens, speziell: **fare qc ~ per qu**, etw eigens für jdn machen.

esprèssi 1ª pers sing del pass rem di esprimere.

espressióne f **1** (esternazione) {+DESIDERIO, GIUDIZIO, INTENZIONE, SPERANZA, VOLONTÀ} Ausdruck m **2** (aspetto) {INTENSA; +OCCHI} Ausdruck m; {ADDOLORATA} (Gesichts)ausdruck m, Miene f **3** (intonazione) {+VOCE} Ausdruck(skraft f) m: **recitare/leggere qc con/senza ~**, etw mit/ohne Ausdruck vortragen/vorlesen **4** (manifestazione) {+AFFETTO, DOLORE, FELICITÀ} Äußerung f, Ausdruck m: ~ **culturale**, kulturelle Äußerung **5** ling {ARCAICA, DIALETTALE, DIFFUSA, ERRATA} Ausdruck m; (parola) Wort n: ~ **gergale**, Slangwort n; ~ **idiomatica**, idiomatischer Ausdruck, Redewendung f, Redensart f **6** mat {IRRAZIONALE, RAZIONALE} Ausdrucksform f.

espressionìsmo m arte lett Expressionismus m.

espressionìsta <-i m, -e f> arte lett **A** agg {PITTORE, QUADRO} expressionistisch **B** mf Expressionist(in) m(f).

espressionìstico, (-a) <-ci, -che> agg arte lett expressionistisch.

espressivìsmo m lett Expressionismus m.

espressività <-> f {+BALLERINA, GESTO, VOLTO} Ausdrucksstärke f, Expressivität f forb.

espressìvo, (-a) agg **1** {LINGUAGGIO, PAROLA, SILENZIO} ausdrucksvoll; {SGUARDO} anche expressiv forb **2** mus ausdrucksbetont, expressiv.

esprèsso, (-a) **A** part pass di esprimere **B** agg **1** (esternato) {PAROLE} ausgedrückt; {PENSIERI} zum Ausdruck gebracht **2** (esplicito) {CONSENSO, DIVIETO} ausdrücklich: **per ordine ~ del giudice**, auf ausdrücklichen Befehl des Richters **3** (rappresentato) ~ **in qc** {DOLORE, GIOIA} (durch etw acc) ausgedrückt, (durch etw acc) dargestellt **4** {+inv} {LETTERA, PACCO} Eil-, Express- **C** m **1** (caffè ~) Espresso m **2** ferr Schnellzug m, Express(zug) m obs **3** post (lettera) Eil-, Expressbrief m; (sulla busta) Eilsendung f **D** loc avv: **per ~**, durch Eilboten.

esprimere <coniug come comprimere> **A** tr ~ **qc** **1** (esternare) {VISO GIOIA} etw aus|drücken, etw zum Ausdruck bringen; (a parole) {DESIDERIO, GIUDIZIO, SPERANZA} etw äußern, etw aus|sprechen: **ha espresso l'intenzione di andarsene**, er/sie hat die Absicht geäußert, wegzugehen **2** (rappresentare) {POESIA, STATUA DOLORE DI UNA MADRE} etw aus|drücken, etw dar|stellen: ~ **la velocità in metri al secondo**, die Geschwindigkeit in Metern pro Sekunde ausdrücken **B** itr pron: **esprimersi** (in qc) {IN DIALETTO} sich (in etw dat) aus|drücken, sich (in etw dat) äußern: **esprimiti più chiaramente!**, drück dich deutlicher/klarer aus!

esprimìbile agg ausdrückbar.

esprit <-> m franc Esprit m forb.

espropriàre <espropri, espropria> tr dir ~ **qu/qc** {PROPRIETARI TERRIERI, CASA} jdn/etw enteignen: **hanno espropriato il latifondo**, sie haben den Großgrundbesitz enteignet.

espropriazióne f amm dir Enteignung f, Expropriation f: ~ **per pubblica utilità**, Enteignung f aus öffentlichen Interessen.

espròprio <-pri> m amm dir (espropriazione) Enteignung f, Expropriation f.

espugnàbile agg {CASTELLO} erstürmbar, einnehmbar.

espugnàre tr **1** (impadronirsi) ~ **qc** {CITTÀ, FORTE} etw erstürmen, etw ein|nehmen, etw erobern **2** fig scherz (vincere) ~ **qc** (**con qc**) {ONESTÀ COL DENARO} etw (durch etw acc) erzwingen.

espugnazióne f {+CITTÀ, FORTE} Erstürmung f, Einnahme f, Eroberung f.

espùlsi 1ª pers sing del pass rem di espellere.

espulsióne f **1** ~ (da qc) {+MEMBRO, SOCIO; DA UN PARTITO} Ausschluss m aus etw (dat), Entfernen n von etw (dat); {+ALLIEVO DALLA SCUOLA} anche Verweisung f von etw (dat); {DALL'UNIVERSITÀ} anche Relegation f forb von etw (dat); {DA UNA COMUNITÀ} Ausstoßung f aus etw (dat); {+CITTADINO DAL PAESE} Ausweisung f aus etw (dat) **2** med {+CALCOLI} Absonderung f; {+FETO} Ausstoßung f; {+FECI} Ausscheidung f **3** {+BOSSOLO} Auswurf m **4** sport {+GIOCATORE} Platzverweis m.

espulsìvo, (-a) agg ausstoßend.

espùlso, (-a) **A** part pass di espellere **B** m (f) Ausgestoßene mf decl come agg, Vertriebene mf decl come agg.

espùngere <coniug come pungere> tr (eliminare) ~ **qc** {BRANO} etw streichen.

esquimése → **eschimese**.

èssa pron pers f sing rar forb lett sie; (riferito a animali, cose) es.

essai <-> m franc **1** (saggio) Essay m o n **2** sport (nel rugby) Mal n.

èsse pron pers f pl rar forb lett sie.

essènza f filos Wesen n, Essenz f **2** {+DISCORSO, PROBLEMA} Wesen n, Wesentliche n decl come agg, Essenz f forb: **bisogna badare di più all'~ delle cose**, man muss mehr auf das Wesentliche der Dinge achten **3** chim {+VIOLETTA} Essenz f, Geist m, Öl n: ~ **di rose**, Rosenöl n; ~ **di trementina** (acquaragia), Terpentin n.

essenziàle **A** agg **1** (sostanziale) wesentlich, grundlegend, essentiell forb: **l'impegno di tutti è ~ per la buona riuscita del progetto**, für das Gelingen des Projekts ist der Einsatz aller von grundlegender Bedeutung **2** (principale) Haupt- **3** fig (lineare) {+ARREDAMENTO, PROSA, STILE} nüchtern, essentiell forb **4** chim ätherisch **B** m (cosa principale) Wesentliche n decl come agg, Hauptsache f.

essenzialìsmo m filos Existenzialismus m, Existenz-, Existenzialphilosophie f.

essenzialità <-> f **1** {+PRESENZA DI QU} Wesentlichkeit f **2** fig (linearità) {+ARREDAMENTO} Nüchternheit f.

èssere① <sono, fui, stato> ausiliare **1** sein, haben: **l'esame è durato più del previsto**, die Prüfung hat länger als vorgesehen gedauert; **sono partito un'ora fa**, ich bin vor einer Stunde abgefahren; **è nevicato**, es hat geschneit; **è accaduto veramente**, es ist wirklich geschehen; **mi sono pentito di aver venduto la mia casa**, ich habe es bereut, mein Haus verkauft zu haben; **si è pagato poco**, ich habe wenig bezahlt, er war billig **2** (con i rfl e i verbi servili) haben: **mi sono pettinato**, ich habe mich gekämmt; **sono dovuto uscire prima della fine del film**, ich habe vor dem Ende des Films hinausgehen müssen **3** (al passivo: stato) sein: **la lettera è scritta a mano**, der Brief ist per Hand geschrieben; (al passivo: azione) werden; **a che ora è stata aperta la porta?**, um wie viel Uhr ist die Tür geöffnet worden?

èssere② <sono, fui, stato> **A** itr <essere> **1** gener sein: ~ **bello**, schön sein; ~ **studente**, Student sein; ~ **uno stupido**, ein Dummkopf sein; **è facile a dirsi**, das ist leicht gesagt; **è difficile crederlo**, das ist kaum zu glauben; **sarebbe bene ringraziarlo**, es wäre angebracht, sich bei ihm zu bedanken; **è meglio che io vada**, es ist besser, wenn ich gehe; **questo non è viaggiare!**, das ist doch kein Reisen!; **sono loro**, sie sind es; **è lei che deve decidere**, sie muss entscheiden; **è per questo che sei arrabbiato?**, bist du deshalb so böse?; **è stato lui a volerlo**, er hat es so gewollt; **sono anni che non si parlano**, seit Jahren reden sie nicht mehr miteinander; **non è che non voglia, non può**, nicht, dass er nicht will, er/sie kann einfach nicht; **è che mi diverto**, es macht mir eben Spaß; **se non fosse stato per sua madre, avrebbe cambiato città**, wenn seine/ihre Mutter nicht gewesen wäre, wäre er/sie in eine andere Stadt gezogen **2** (esistere) (da) sein, existieren, geben: **non può esserci nessun altro meglio di lui**, es kann keinen Besseren als ihn geben **3** (*trovarsi*) ~ + **compl di luogo** {A SCUOLA, DAVANTI ALLO SPECCHIO, DIETRO ALLA SEDIA, SUL TAVOLO, VICINO AL CINEMA} *irgendwo* sein; {ALL'ESTERO, SULLA VIA DEL RITORNO} *anche sich* befinden: **chissà dove sarà a quest'ora!**, wer weiß, wo er jetzt ist?; wo wird er jetzt sein?; (~ *verticale*) {ALBERO, BICCHIERE, MONUMENTO, PERSONA} *irgendwo* stehen; (~ *orizzontale*) {LIBRO, OCCHIALI SUL TAVOLO} *irgendwo* liegen; (~ *seduto*) {PERSONA SULLA SEDIA} *irgendwo* sitzen; (~ *appeso*) {QUADRO AL MURO} *irgendwo* hängen; (~ *nascosto*) {GIORNALE DIETRO AL DIVANO} *irgendwo* stecken; **c'è la mamma?**, ist die Mutti/Mama *fam* da?; **qui non può esserci nessun altro**, hier kann ¡niemand anders¡/[kein anderer] sein; **c'è ..., ci sono ...** es gibt ..., es ist/sind ... da; **c'era ..., c'erano ...** es gab ..., es war/waren ... da; **c'erano molti poliziotti**, es waren viele Polizisten da, es gab viele Polizisten **4** (*diventare*) werden: **quando fu maggiorenne se ne andò da casa**, als er/sie volljährig wurde, zog er/sie von zu Hause aus **5** (*succedere*) geschehen, los sein: **che sarà di noi?**, was wird aus uns (noch werden)?; **sarà quel che sarà**, egal was geschieht; **quel che è stato è stato**, vorbei ist vorbei; was vorbei ist, ist vorbei **6** (*arrivare*) ~ + **compl di luogo** *irgendwo* sein, *irgendwo* an¡kommen: **saremo lì tra poco**, wir werden bald da sein, wir sind bald da; **sono subito da Lei!**, ich bin sofort bei Ihnen!; ~ + **agg** {PRIMO, SECONDO} **agg** + sein **7** (*andare*) ~ + **compl di luogo** *irgendwo* sein: **sono stati a teatro**, sie waren im Theater **8** (*venire*) ~ + **compl di luogo** *irgendwo* sein: **presto sarà qui**, er/sie wird bald hier sein **9** (*appartenere*) ~ **di qu/qc** *jdm/etw* gehören: **è di mio padre**, das gehört/[ist von] meinem Vater; **questa cintura è dei pantaloni neri**, dieser Gürtel gehört zur schwarzen Hose; **allora, sei dei nostri stasera?**, also, bist du heute Abend mit von der Partie? *fam*; **l'auto rossa è di mia sorella**, der rote Wagen gehört meiner Schwester **10** (*autore*) ~ **di qu** von *jdm* sein, von *jdm* stammen: **questa lettera è di mio fratello**, dieser Brief ist von meinem Bruder; **questo testo è di Kafka**, dieser Text stammt von Kafka; **è un quadro di Picasso**, das ist ein Bild von Picasso **11** (*provenire*) ~ **di qc** {DELLA CITTÀ} *aus/von etw* (dat) sein, *aus etw* (dat) kommen **12** (~ **costituito**) ~ **di qc** {DI COTONE, D'ORO} *aus etw* (dat) sein **13** (*consistere*) ~ **in qc** {COMMEDIA IN TRE ATTI} *aus etw* (dat) bestehen: **è un'opera in cinque atti**, das ist eine Oper in fünf Akten **14** (*indossare*) ~ **in qc** {IN COSTUME DA BAGNO, IN PANTOFOLE} *etw* an¡haben, *in etw* (dat) sein **15** (~ **ridotto**) ~ **a qc** {ALLA DISPERAZIONE, ALLA MISERIA} *in etw* (acc) geraten sein **16** (~ *tipico*) ~ **da qu/qc** {DA LUI} typisch *für jdn/etw* sein, *jdm/etw* ähnlichsehen: **non è da lui partire senza salutare**, das ist nicht seine Art, abzufahren, ohne sich zu verabschieden; **è da stupido agire così**, es ist dumm, ¡so zu handeln¡/[sich so zu verhalten] **17** (~ *adatto*) ~ **da qc** {FARINA DA TORTE} *für etw* (acc) geeignet sein **18** (*avere gusto*) ~ + **agg** {BEVANDE, CIBO CATTIVO, GUSTOSO, OTTIMO} schmecken: **la torta è buona**, der Kuchen schmeckt gut **19** (*avere aspetto*) ~ + **agg** {CASA, RAGAZZO GENTILE, GRANDE} *irgendwie* aus¡sehen **20** (*avversare*) ~ **contro/(contrario a) qu/qc** {¡CONTRO LA¡/[CONTRARIO ALLA] CACCIA} *gegen jdn/etw* sein, *gegen jdn/etw* Partei ergreifen **21** (*parteggiare*) ~ **per/[a favore di] qu/qc** {¡PER LA¡/[A FAVORE DELLA] CACCIA} *für jdn/etw* sein, *für jdn* Partei ergreifen **22** (*essere uscito*) ~ **fuori**, ausgegangen sein **23** (*essere partito*) ~ **fuori**, weggefahren/abgereist sein **24** *fam* (*essere uscito di prigione*) ~ **fuori**, entlassen, (he)raus sein **25** *fig* (*essere escluso*) ~ **fuori**, ausgeschlossen, [nicht dabei] sein **26** *fig fam* (*sragionare*) ~ **fuori**, neben sich (dat) stehen sein, neben der Kappe sein *slang* **27** *fam* (~ *depresso*) ~ **giù**, niedergeschlagen/deprimiert/down sein **28** *fam* (~ *sollevato*) ~ **su**, gut gelaunt sein, guter Laune sein, gute Laune haben; **quando l'ho visto era piuttosto su**, als ich ihn gesehen habe, war er recht guter Laune **29** *fam* (~ *alzato*) ~ **su**, auf sein Laune haben; **siete ancora su a quest'ora?**, seid ihr um diese Uhrzeit noch auf? **30** (*bisogna*) ~ **da fare qc**, *etw* zu tun sein: **è da cucire**, das muss genäht werden, das ist zu nähen; **questo spettacolo è assolutamente da vedere**, diese Vorstellung ¡sollte man sich unbedingt ansehen¡/[ist ein Muss]; **c'è da piangere**, es ist zum Weinen **31** (~ *possibile*) **esserci da fare qc** *etw tun* können: **con un'eredità così c'è da vivere di rendita**, mit/bei einer solchen Erbschaft kann man von den Zinsen leben ▶ *impers* sein: **è presto/Natale/ora**, es ist früh/Weihnachten/Zeit; **come diceva lui**, obs sei, wie er sagte; **è vero/giusto/bello che ...** *congv*, es ist wahr/richtig/schön, dass... *ind*; **è necessario che tutti partecipino**, es müssen unbedingt alle teilnehmen; **è così!**, so ist es! ● **che sia giorno o che sia notte**, sei es Tag oder sei es Nacht, ob es nun Tag oder Nacht ist, ob Tag oder Nacht; **chi è?**, wer ist das?; (*alla porta*), wer ist da?; **chi è stato?**, wer war es?, wer war's?, wer war das? *fam*; **purtroppo non c'è più** *eufm* (*è morto*), er/sie ist leider nicht mehr *eufm*; obs, **ci sei?** (*sei pronto*), bist du fertig?; (*hai capito*), verstanden?, kapiert? *fam*; **ci siamo!** (*luogo*), da wären wir!, da sind wir!; *fig*, das hätten wir!; (*momento*), jetzt ist es so weit!; **com'è che non ti saluta?** *enf*, warum grüßt er/sie dich nicht?; wie kommt's, dass er/sie dich nicht grüßt?; **cos'è che ha detto?** *enf*, was hat er gesagt?; **cosa/che c'è?** (*cosa succede?*), was gibt's?, was ist los?; (*cosa vuoi?*), was möchtest du?; **così sia**, so sei es; ~ **di aiuto/consolazione a qu**, jdm Hilfe/ein Trost sein; **come sarebbe a dire?**, was soll das heißen?, wie soll ich das verstehen?; **anche se** *fosse*, **la cosa non mi riguarda**, auch wenn es so wäre, geht mich die Sache nichts an; **Silvia Rossi del** *fu* **Giovanni**, Silvia Rossi, Tochter des verstorbenen Giovanni; **se fossi in te mi arrabbierei**, an deiner Stelle würde ich mich ärgern; ~ **in sé**, bei Verstand sein *fam*; **come va? – Non c'è** *male*, **grazie**, wie geht's? *fam* – Nicht schlecht, danke; **sei mesi** *or* **sono**, es ist jetzt sechs Monate her, vor sechs Monaten; (*con l'ora*) **che ora è?**, **che ore sono?**, wie spät ist es?; **¡è mezzogiorno¡/[sono le nove]**, es ist Mittag/[neun Uhr]; **sono ore che t'aspetto**, ich warte (schon) seit Stunden auf dich; **saranno le sette**, es wird sieben sein; *per* ~ **giovane lo è**, jung ist er/sie schon; **quand'è che mi lasci in pace?** *enf*, wann wirst du mich endlich in Ruhe lassen?; **quant'è?** *fam* (*quanto costa*), was macht *fam*/kostet das?; **quanto è quel pollo?** (*quanto pesa*), wie viel wiegt das Huhn?; *sarà*, **ma non ci credo**, das mag sein, aber ich glaube es nicht; **sia come sia**, **dobbiamo parlarne**, wie dem auch sei, wir müssen darüber sprechen; **è** *tutto* **suo padre!** (*identico*), er ist ganz der Vater!; **c'era una** *volta* ..., es war einmal ...

èssere③ m **1** (*entità esistente*) (Lebe)wesen n: **l'Essere supremo**, das höchste Wesen, Gott m; **gli esseri viventi**, die Lebewesen n pl **2** *fam* (*persona*) Mensch m: **è un ~ immondo**, er ist ein unanständiger Mensch **3** ‹› (*l'esistere*) Sein n, Dasein n **4** ‹› *anche filos* (*essenza*) Wesen n.

esserino m (*creaturina*) kleines Geschöpf, Würmchen n *fam*.

éssi pron pers m pl *lett forb rar* (*spesso sottinteso in funzione di soggetto*) sie.

essiccaménto m → **essiccazione**.

essiccànte A agg {OLIO} austrocknend B m **1** *med* Exsikkans n *scient* **2** *chim* exsikkatives/austrocknendes Mittel.

essiccàre ‹essicco, essicchi› A tr ‹avere› **1** (*asciugare*) ~ **qc** {VERNICE} *etw* trocknen **2** (*prosciugare*) ~ **qc** {LAGO} *etw* trocken¡legen, *etw* aus¡trocknen **3** (*disidratare*) ~ **qc** (*a/in qc*) {FRUTTA, FUNGHI IN FORNO, AL SOLE} *etw* (*in etw* dat) trocknen, *etw* (*in etw* dat) dörren, *etw* (*in etw* dat) darren; *etw* (*in etw* dat) rösten, *etw* (*in etw* dat) trocknen B itr ‹essere› itr pron **1** (*asciugarsi*): **essiccarsi** {SMALTO} trocknen, trocken werden **2** (*prosciugarsi*) {LAGO} aus¡trocknen **3** (*disidratarsi*) ~ (*a/in qc*), **essiccarsi** (*a/in qc*) {IN FORNO, AL SOLE} (*in etw* dat) aus¡trocknen, (*in etw* dat) trocknen.

essiccatóio ‹-toi› m **1** (*impianto*) Exsikkator m: **per il grano**, Trockenanlage f **2** (*luogo*) Trockenraum m.

essiccatóre m (*impianto*) Exsikkator m.

essiccazióne f **1** (*disidratazione*) {+FIENO, FRUTTA, PELLI} Trocknung f, Dehydratation f *scient* **2** (*prosciugamento*) {+PALUDE} Trockenlegung f.

ésso pron pers m sing *rar forb lett* er; (*riferito a cose, animali*) es; *fam* (*riferito a persone*) er: **è necessaria la giustificazione del padre o chi per** ~ *amm*, es wird die Entschuldigung des Vaters oder seines Stellvertreters benötigt.

essotèrico, (-a) ‹-ci, -che› agg *filos* {DOTTRINA} exoterisch.

essoterìsmo m *filos* Exoterik f.

essudàto, (-a) *med* A agg ausgeschwitzt, abgesondert B m Exsudat n *scient*.

est A ‹inv› agg Ost-: **il lato est del castello**, der Ostflügel des Schlosses B ‹› m **1** (*abbr* E.) Ost(en) m; **a est di qc** östlich von *etw* (dat): **stanza esposta a est**, nach Osten gehendes/liegendes Zimmer; **verso est**, ostwärts, nach Osten, gen Osten obs **2** (*paesi dell'est*): **Est**, Osten m; **le relazioni tra Est e Ovest**, die Ost-West-Beziehungen, (*dell'Europa*) *anche* Osteuropa n **3** (*nel bridge*) Osten m.

establishment ‹› m *ingl* Establishment n *spreg*, Etablissement n *spreg*.

èstasi ‹› f **1** *fig* (*rapimento*) Verzückung f, Ekstase f, Begeisterung f: **essere/andare in** ~, ¡verzückt sein¡/[in Verzückung geraten]; **il bambino era in ~ davanti ai giocattoli**, das Kind geriet bei den Spielzeugen in helle Begeisterung **2** *relig* {MISTICA, +SANTO} Ekstase f.

estasiàre ‹estasio, estasi› A tr ~ **qu** (**con qc**) {CON IL PROPRIO COMPORTAMENTO} *jdn* (*durch etw* acc) hin¡reißen, *jdn* (*durch etw* acc) in Ekstase bringen, *jdn* (*durch etw* acc) begeistern B itr pron: **estasiarsi** in Ekstase geraten, sich begeistern.

estasiàto, (-a) agg hingerissen, begeistert: **avere un'aria estasiata**, begeistert aussehen.

estàte A f {PIOVOSA, TORRIDA} Sommer m: **in/d'~**, im Sommer; **l'~ scorsa**, vorigen/letzten Sommer B loc agg **d'~**, sommerlich, Sommer-; **le giornate d'~**, die Sommertage ● ~ **di San Martino**, Spät-, Altweibersommer m.

estàtico, (-a) <-ci, -che> agg 1 (*rapito*) {SGUARDO} ekstatisch, verzückt; (*di persona*) verzückt, entzückt; **lo guardava** ~, er sah ihn verzückt an 2 *fig forb* (*immobile*) {CALMA} vollkommen; {MARE} glatt 3 *relig* {VISIONE} ekstatisch.

estemporaneità <-> f {+DISCORSO} Improvisation f.

estemporàneo, (-a) agg (*improvvisato*) {CENA, OPERAZIONE} improvisiert; {DISCORSO, VERSI} *anche* aus dem Stegreif; {ORATORE, POETA} Stegreif-.

estèndere <coniug *come* tendere> A tr 1 (*ampliare*) ~ qc {CONFINI} etw erweitern, etw aus|dehnen; {PROPRIETÀ} etw vergrößern 2 (*tendere*) ~ qc {ARTO} etw strecken; {MOLLA} etw spannen 3 *fig* (*allargare*) ~ qc {COMMERCIO, CONOSCENZE DI QU, RELAZIONI DI QU} etw erweitern, etw aus|dehnen; {DIRITTO DI VOTO ALLE DONNE, DOMINIO AI TERRITORI LIMITROFI} etw auf jdn/etw aus|dehnen B itr pron 1 (*avere una certa superficie*) estendersi (+ **compl di luogo**) {PROPRIETÀ DI QU FINO AL MARE} (bis zu etw dat) reichen, sich (bis zu etw dat) erstrecken; {TERRITORI OCCUPATI PER MOLTI KILOMETRI} sich (über etw acc) erstrecken 2 (*propagarsi*) estendersi {MACCHIA DI PETROLIO} sich aus|dehnen; {FUOCO} um sich greifen; *fig* {FAMA DI QU} sich verbreiten; {CORRUZIONE} *anche* um sich greifen; *med* **estendersi** sich verbreiten; **estendersi** (**a qu**) {CONTAGIO ALLA POPOLAZIONE DELLA CITTÀ} sich (auf jdn) aus|dehnen.

estènse A agg {CORTE} der Este B m (f) <*di solito al pl*> Este mf.

estensìbile agg 1 {METALLO} dehnbar 2 (*allargabile*) ~ **a qu/qc** {NORMA A TUTTA LA POPOLAZIONE} auf jdn/etw ausdehnbar.

estensióne f 1 (*l'ampliare*) {+CONFINI} Ausdehnung f; {+PROPRIETÀ} Vergrößerung f 2 (*grandezza*) {+MACCHIA, SUPERFICIE, TERRITORIO, ecc.} Ausdehnung f, Größe f; {+TRIANGOLO} Ausdehnung f 3 (*allungamento*) {+DITA} Strecken n; {+MOLLA} Dehnung f 4 *fig* (*allargamento*) {+COMMERCIO, DIRITTO DI VOTO, DOMINIO} Erweiterung f; {+CONTAGIO} Verbreitung f 5 *inform* (Namens-, Datei)erweiterung f, Extension f; (*codice supplementare*) Erweiterung f 6 *ling* {+VOCABOLO} erweiterte Bedeutung; **per** ~, im übertragenen Sinn 7 *mus* Umfang m.

estensìvo, (-a) agg 1 (*che estende*) {FORZA} erweiternd 2 *fig* (*USO DI UN VOCABOLO*) erweitert, extensiv 3 *dir* {INTERPRETAZIONE DELLA LEGGE} ausdehnend, extensiv 4 *urban* {AREA, ZONA} extensiv bebaut.

estensóre A agg {MUSCOLO} Streck- B m 1 {+ARTICOLO} Verfasser m 2 *anat* {+AVAMBRACCIO} Streckmuskel m, Strecker m 3 *sport* (*attrezzo*) Expander m.

estenuànte agg 1 (*sfibrante*) {CALDO, LAVORO} aufreibend, ermüdend, anstrengend; {FATICA} zermürbend 2 (*snervante*) {ATTESA, SEDUTA} entnervend, (nerven)aufreibend.

estenuàre A tr (*indebolire*) ~ **qu** {FATICA} jdn ermatten, jdn erschöpfen; {MALATTIA} an jdm zehren B rfl (*indebolirsi*) estenuarsi müde werden, matt werden; **estenuarsi nel tentativo di fare qc**, müde werden bei dem Versuch, etw zu tun.

estenuàto, (-a) agg (*sfinito*) erschöpft, am Ende *fam*.

estenuazióne f (*prostrazione*) Kräfteverlust m, Ermattung f.

èstere m *chim* Ester m.

esterióre <compar *di* esterno> A agg 1 *rar* (*esterno*) {LATO} äußere(r, s), äußerlich, Außen- 2 *fig* (*apparente*) {DIFETTO, DOTE, QUALITÀ} äußerlich 3 *fig* (*superficiale*) {GIUDIZIO, IMPRESSIONE} oberflächlich B m (*apparenze*) Äußere n decl come agg, Äußerliche n decl come agg.

esteriorità <-> f 1 (*parte esterna*) Äußere n: **farsi ingannare dall'**~ **delle cose**, sich vom Schein der Dinge trügen lassen 2 (*forma*) Äußerlichkeit f, Äußerliche pl; **curare troppo l'**~, zu sehr die Äußerlichkeiten pflegen.

esteriorizzàre A tr ~ qc {PROPRIO RISENTIMENTO} etw äußern B itr pron: **esteriorizzarsi** sich äußern.

esteriorizzazióne f Äußerung f.

estèrna f → esterno.

esternalizzàre *econ* A tr ~ **qc** {MERCATO} etw den Dienstleistungsbereich gegenüber öffnen 2 {SERVIZIO} etw externalisieren, etw nach außen verlagern B itr pron: **esternalizzarsi** 1 auf den Dienstleistungsbereich umgestellt werden 2 {SERVIZIO} sich externalisieren, sich nach außen verlagern.

esternàre A tr (*manifestare*) ~ **qc** {PENSIERI, RICONOSCENZA DI QU, SOSPETTO} etw äußern, etw zum Ausdruck bringen B itr pron (*manifestarsi*): **esternarsi** {SENTIMENTO} sich äußern C rfl (*confidarsi*): **esternarsi con qu** sich jdm an|vertrauen.

esternàto m *scuola* Externat n.

esternazióne f 1 {+SENTIMENTO} Äußerung f 2 *polit* Meinungsäußerung f: **potere di ~ del Presidente della Repubblica**, Meinungsäußerungsrecht n des italienischen Staatspräsidenten.

estèrno, (-a) A agg 1 (*che è fuori*) {PARTE, SCALA} äußere(r, s), Außen-, extern; *astr* {ANGOLO} außerhalb gelegen; {PIANETA} "außerhalb der Erdumlaufbahn gelegen" 2 (*che proviene da fuori*) {NEMICO, PERICOLO} von außen kommend; *scuola* {CANDIDATO} extern: **alunni esterni**, Externe pl decl come agg, externe Schüler pl B m (f) (*alunno*) {+COLLEGIO} Externe mf decl come agg C m 1 *gener* (*parte esterna*) {+MOBILE, SCATOLA} Äußere n decl come agg {+EDIFICIO} Außenseite f: **visto dall'**~, von außen betrachtet 2 *sport* (*giocatore*) {DESTRO, SINISTRO} Außen(spieler) m 3 <solo pl> *film* Außenaufnahmen f pl D loc prep: **all'**~ **di qc** außerhalb etw (gen).

èstero, (-a) A agg 1 (*straniero*) {STATO} ausländisch; {TERRITORIO} anche Auslands- 2 *comm polit* (*COMMERCIO, POLITICA*) Außen-; {SIGARETTE, VALUTA, VINO} ausländisch B m (*paesi stranieri*) Ausland n: **lavorare all'**~, im Ausland arbeiten; **andare all'**~ (*per turismo*), ins Ausland fahren; (*per lavoro*) ins Ausland gehen; **scambi con l'**~, Auslandsbeziehungen f pl, Auslandskontakte m pl.

esterofilìa f Fremdtümelei f *spreg*.

esteròfilo, (-a) A agg {GRUPPO} betont alles Fremde nachahmend; {POLITICA} betont auslandorientiert B m (f) Nachahmer(in) m(f) alles Fremden.

esterofobìa f Ausländer-, Fremdenfeindlichkeit f, Ausländer-, Fremdenhass m.

esteromanìa f Besessenheit f für alles Fremde.

esterrefàtto, (-a) agg (*sbalordito*) bestürzt, entsetzt, sprachlos: **alle sue parole rimase** ~, er war von seinen/ihren Worten bestürzt.

estesiologìa f *med* Lehre f von den Sinnesorganen.

estéso, (-a) A agg 1 (*vasto*) {REGIONE, TERRITORIO} ausgedehnt 2 *fig* (*traslato*) {SIGNIFICATO} erweitert B loc avv: **per** ~, vollständig, ungekürzt; **scrivere per** ~ **qc**, etw ausschreiben; **firmare per** ~, mit vollem Namen unterschreiben.

estèta <-i m, -e f> mf Ästhet(in) m(f).

estètica <-che> f 1 (*bellezza*) {+AUTO, PALAZZO} Schönheit f 2 (*cura*) Pflege f 3 *filos* {+ROMANTICISMO} Ästhetik f • ~ **facciale**, Gesichtspflege f.

esteticità <-> f (*carattere estetico*) Ästethik f.

estètico, (-a) <-ci, -che> agg 1 (*bello*) schön: **è utile, ma poco** ~, es ist nützlich, aber nicht sehr schön 2 *anche filos* {DOTTRINA, GIUDIZIO, GUSTO, SENSO} ästhetisch 3 *anche med* (*di bellezza*) {CHIRURGIA, TRATTAMENTO} Schönheits-.

estetìsmo m Ästhetizismus m.

estetìsta <-i m, -e f> mf Kosmetiker(in) m(f).

estimàle agg Schätz-.

estimatóre, (-trice) m (f) (*chi o che apprezza*) {+RODIN} Bewunderer m, (Bewunderin f), Verehrer(in) m(f).

èstimo m *amm econ* Schätzung f: ~ **catastale**, *fisco*, Grundbuch-, Katastereinschätzung f.

estinguere <coniug *come* distinguere> A tr 1 *anche fig* (*spegnere*) {INCENDIO, SETE} etw löschen 2 *econ fig* (*annullare*) ~ **qc** {DEBITO, MUTUO} etw tilgen, etw löschen; *banca* (*chiudere*) {CONTO} etw löschen B itr pron: **estinguersi** 1 *anche fig* (*spegnersi*) {INCENDIO} erlöschen; {SETE} gelöscht werden 2 *anche fig lett* (*cessare d'esistere*) {FAMIGLIA} aus|sterben; {FAMA} vergehen, erlöschen forb 3 *biol* {ANIMALE, SPECIE} aus|sterben.

estinguìbile agg {INCENDIO} löschbar; {DEBITO} tilgbar; {CONTO} auflösbar.

estìnsi 1ª pers sing del pass rem *di* estinguere.

estìnto, (-a) A agg 1 *biol* {ANIMALE, SPECIE} ausgestorben; {FAMIGLIA, STIRPE} anche erloschen; {FAMA} vergangen, erloschen forb 2 *banca econ* {CONTO} gelöscht; {MUTUO} getilgt; {DEBITO} anche gelöscht 3 *geol* {VULCANO} erloschen B m (f) (*defunto*) Verstorbene mf decl come agg, Tote mf decl come agg: **il caro** ~, der Dahingeschiedene forb; *eufem*.

estintóre m (*apparecchio*) (Feuer)löscher m, Feuerlöschgerät n.

estinzióne f 1 *biol* (*scomparsa*) {+ANIMALE, SPECIE} Aussterben n; {+FAMIGLIA, STIRPE} anche Erlöschen n forb 2 (*spegnimento*) {+INCENDIO} Löschen n, Löschung f 3 *banca econ* {+CONTO} Löschung f, Tilgung f 4 *dir* (*cessazione*) {+RAPPORTO DI LAVORO} Beendigung f 5 *dir* (*venir meno di una posizione giuridica*) {+DIRITTO, OBBLIGAZIONI} Erlöschen n; {+DEBITO} Tilgung f 6 *dir* (*chiusura anomala*) {+PROCESSO} nichtstreitige Erledigung f 7 *fis* (*fine*) {+MOTO, SUONO} Aufhören n 8 *geol* {+VULCANO} Erlöschen n.

estirpàbile agg 1 *agr* (*sradicabile*) {ERBA, RADICE} entwurzelbar, ausreißbar 2 *fig* (*eliminabile*) {CORRUZIONE, MALE} beseitigbar, eliminierbar 3 *med* {DENTE} ziehbar; {TUMORE} entfernbar, operabel *scient*.

estirpàre tr 1 *agr* (*sradicare*) {PIANTE, RADICI} etw (her)ausreißen; {ERBACCE} etw jäten 2 *fig* (*eliminare*) {ANALFABETISMO, CORRUZIONE, VIZIO} etw beseitigen; {ERRORE} etw aus|merzen: ~ **un male**, ein Übel ausrotten 3 *med* {DENTE} etw ziehen; {TUMORE} etw entfernen, etw herausoperieren, etw heraus|schneiden.

estirpazióne f 1 *agr* {+RADICE} Ausreißen n, Entwurzelung f; {+ERBA} anche Jäten n 2 *fig* {+VIOLENZA} Beseitigung f, Eliminierung f 3 *med* {+DENTE} Ziehen n; {+TUMORE} Entfernen n, Exstirpation f *scient*.

estìvo, (-a) agg {MESE} Sommer-; {ABITO, SOLE, STAGIONE} anche sommerlich.

èstone A agg estländisch, estisch B mf (*abitante*) Este m, Estin f C m <solo sing> (lin-

Estònia f geog Estland n.
estòrcere <coniug come torcere> tr ~ **qc a qu 1** {DENARO} etw von jdm erpressen **2** fig {SEGRETO} jdm etw ab|nötigen; {PROMESSA} anche jdm etw ab|pressen; {CONFESSIONE} etw von jdm erpressen.
estorcitrìce f → **estorsore**.
estorsióne f **1** dir {+DENARO} Erpressung f **2** fig {+SEGRETO} Abnötigung f; {+PROMESSA} anche Abpressung f; {+CONFESSIONE} Erpressung f.
estorsìvo, (-a) agg (di, per estorsione) {ATTO, RAPIMENTO} erpresserisch.
estorsóre, (**estorcitrìce**) m (f) Erpresser(in) m(f).
estòrto, (-a) agg **1** {SOMMA} erpresst **2** fig {PERMESSO} abgenötigt, abgepresst.
èstra- → **extra-**.
estradàre tr ~ **qu** jdn aus|liefern.
estradizióne f dir Auslieferung f.
estragiudiziàle agg dir (estraprocessuale) außergerichtlich.
estragóne m bot Estragon m.
estraìbile agg {AUTORADIO} herausziehbar.
estraneazióne → **estraniazione**.
estraneità <-> f Nichtbeteiligung f, Nichtzugehörigkeit f: **ribadisce la propria ~ ai fatti**, er/sie betont, ⌊nichts mit den Ereignissen zu tun zu haben⌉/[an den Ereignissen nicht beteiligt zu sein].
estràneo, (-a) Ⓐ agg **1** (non familiare) ~ (**a qu/per qc**) {LUOGO A NOI, AMBIENTE PER IL CANE, PERSONA} (jdm/etw) fremd **2** (esterno) ~ **a qc** {A UN GRUPPO, A UN PARTITO} nicht zu etw (dat) gehörend **3** (indifferente) ~ **a qc** {AL PROBLEMA, A TUTTO} etw (dat) gegenüber unbeteiligt **4** (che non ha a che fare) **essere/rimanere ~ a qc** {ALL'ACCADUTO, A UN'INIZIATIVA} nichts mit etw (dat) zu tun haben: **la polizia ha arrestato un giovane che è ~ al furto**, die Polizei hat einen jungen Mann festgenommen, der mit dem Diebstahl nichts zu tun hat; {AFFERMAZIONE ALL'ARGOMENTO} anche nicht (zu etw (dat) gehörend **5** amm (non autorizzato) unbefugt Ⓑ m (f) **1** (sconosciuto) Fremde mf decl come agg, Außenstehende mf decl come agg: **meglio non parlarne in presenza di estranei**, es ist besser, in Anwesenheit von Außenstehenden nicht darüber zu sprechen **2** amm (non autorizzato) Unbefugte mf decl come agg.
estraniaménto m (isolamento) Absonderung f, Isolation f **2** (straniamento) Entfremdung f.
estraniàrsi <mi estranio, ti estrani> rfl (allontanarsi): ~ (**da qc**) {DALLA REALTÀ} sich (etw dat) entfremden.
estraniazióne f Entfremdung f.
estrapolàre tr ~ **qc** anche mat {CONCETTO} etw extrapolieren forb.
estrapolazióne f **1** mat Extrapolation f **2** lett Herauslösen n, Herausnahme f **3** fig {+CONCETTO} Ableitung f.
estraprocessuàle agg dir außergerichtlich.
estràrre <coniug come trarre> tr **1** (tirare fuori) ~ **qc** (**da qc**) {DENARO DALLA TASCA} etw (aus etw dat) (heraus|)ziehen; {BIGLIETTI, NUMERI DALL'URNA} etw (aus etw dat) aus|losen, etw (aus etw dat) ziehen **2** (ricavare) ~ **qc** (**da qc**) {ZUCCHERO DALLA BARBABIETOLA} etw (aus etw dat) gewinnen; {LATTE DALLE MANDORLE} (etw dat) etw entziehen **3** fig (estrapolare) ~ **qc da qc** {BRANO DA UN LIBRO} etw (dat) etw entnehmen **4** chim ~ **qc** {GAS} etw gewinnen **5** mat ~ **qc** {RADICE QUADRATA DI UN NUMERO} etw ziehen **6** med (togliere) ~ **qc** {DENTE} etw (heraus|)ziehen, etw extrahieren scient **7** min ~ **qc** (**da qc**) {FERRO DALLE MINIERE} etw fördern, etw gewinnen, etw ab|bauen.
estrasoggettìvo, (-a) agg themafremd, nicht zum Thema gehörig.
estrattìvo, (-a) agg {PROCEDIMENTO, TECNICA} Förder-.
estràtto, (-a) Ⓐ agg **1** (sorteggiato) {NOME} ausgelost; {BIGLIETTO, NUMERI} gezogen; {PREMIO} verlost **2** (ricavato) {SUCCO} gewonnen **3** med (tolto) {DENTE} (heraus|)gezogen, extrahiert scient; {PUGNALE, SCHEGGIA} herausgezogen; {PROIETTILE} herausoperiert **4** min {CARBONE} abgebaut, gefördert Ⓑ m **1** gastr (concentrato) {+CARNE, POMODORI, ecc.} Extrakt m **2** (essenza) {+CAMOMILLA, ROSA} Essenz f **3** (fascicolo) {+LIBRO, RIVISTA} Auszug m **4** amm banca Auszug m: **~ di nascita**, Geburtsurkunde f; **~ conto**, Kontoauszug m.
estrattóre, (**-trìce**) Ⓐ m (f) (operaio) Bergarbeiter(in) m(f) Ⓑ m **1** {+PISTOLA} Ladevorrichtung f **2** tecnol Auszieher m, Ausziehvorrichtung f.
estrazióne f **1** gener (l'estrarre) {+CHIODO, SPINA} Herausziehen n **2** {+BIGLIETTO, NUMERO} Ziehung f: **~ a sorte**, Auslosung f **3** fig (ceto) Abstammung f, Herkunft f: **essere di alta/bassa ~**, hoher/niederer/niedriger Abstammung sein; **~ sociale**, soziale Herkunft **4** chim {+GAS} Extraktion f, Extrahieren n **5** mat {+RADICE} Ziehen n **6** med {+DENTE} Ziehen n, Extraktion f scient **7** min {+CARBONE} Förderung f, Abbau m.
estremìsmo m Extremismus m.
estremìsta <-i m, -e f> Ⓐ agg {MOVIMENTO, POLITICA} extremistisch Ⓑ mf Extremist(in) m(f).
estremìstico, (-a) <-ci, -che> agg {POSIZIONE} extremistisch.
estremità <-> f **1** (parte finale) {+CORDA, SEGMENTO, TAVOLO} Ende n; {+PALO} anche Spitze f **2** fig (estremo) Extrem n **3** anat <solo pl> (mani e piedi) Extremitäten f pl ● **passare da un'~ all'altra**, von einem Extrem ins andere fallen.
estremizzàre tr (spingere all'estremo) ~ **qc** {CONTROVERSIA} etw ins Extreme treiben; {POSIZIONE DI UNA COALIZIONE POLITICA} etw verschärfen.
estremizzazióne f {+PENSIERO} Radikalisierung f; {+TENSIONE} Verschärfung f.
estrèmo, (-a) Ⓐ agg **1** gener (ultimo) {LIMITE, SUD} äußerste(r, s); {GRADO} höchste(r, s); {TERMINE} letzte(r, s); {ORA, SALUTO} letzte(r, s) **2** polit {DESTRA, SINISTRA} extrem **3** fig (molto grande) {BISOGNO, FELICITÀ, PERICOLO} äußerste(r, s), höchste(r, s); {DOLORE, MISERIA} schlimmste(r, s) **4** fig (limite) {IDEE, POSIZIONE} extrem; {CASO} anche Grenz-, Extrem- **5** sport {ARRAMPICATA, SCI} Extrem- Ⓑ m **1** (punto, limite) {+TAVOLO} Ende n; {+PALO} anche Spitze f **2** fig {+FORZE, RESISTENZA} Extrem n **3** <solo pl> amm {+DOCUMENTO, LETTERA, LIBRO} Hauptdaten n pl **4** <solo pl> mat {+PROPORZIONE} äußere Glieder n; pl {+FUNZIONE} Extremum n ● **passare da un ~ all'altro**, von einem Extrem ins andere fallen; **gli estremi del reato**, Tatbestandsmerkmale n pl; **essere ridotto agli estremi** fig (in fin di vita), im Sterben liegen, in den letzten Zügen liegen fam; **gli estremi si toccano** prov, die Extreme berühren sich prov.
estrinsecàre <estrìnseco, estrìnsechi> Ⓐ tr ~ **qc** {UN PENSIERO, UNA TENDENZA} etw äußern Ⓑ itr pron: **estrinsecarsi** sich äußern.
estrinsecazióne f (manifestazione) {+GIUDIZIO} Äußerung f, Kundgebung f.
estrìnseco, (-a) <-ci, -che> agg (esterno) {CAUSA, FATTORE, RAGIONE} äußere(r, s).
èstro m **1** fig (ispirazione) {POETICO; +ARTISTA} Eingebung f, Inspiration f **2** fig (capriccio) Laune f, launiger Einfall, Anwandlung f, Grille f obs: **a qu viene l'~ di fare qc**, jdn packt die Anwandlung, etw zu tun **3** biol {SESSUALE} Brunst f **4** zoo Stechfliege f.
estroflessióne f med Biegung f nach außen.
estroflèsso, (-a) agg med nach außen gebogen.
estrògeno biol Ⓐ agg Östrogen- Ⓑ m Östrogen n scient.
estromèttere <coniug come mettere> tr (escludere) ~ **qu** (**da qc**) {DA UN CLUB} jdn (von etw dat) aus|schließen.
estromissióne f {+SOCIO} Ausschluss m.
estrosità <-> f **1** (fantasia) {+ARTISTA} Phantasie f **2** (stravaganza) {+CARATTERE} Extravaganz f **3** (bizzarria) {+ABITO} Bizarrerie f, Absonderlich f.
estróso, (-a) agg **1** (fantasioso) {RACCONTO, SCRITTORE} phantasievoll, originell **2** (capriccioso) {BAMBINO} launisch; {CARATTERE} anche extravagant **3** (bizzarro) {ABBIGLIAMENTO} bizarr, absonderlich.
estroversióne f psic Extravertiertheit f, Extrovertiertheit f.
estrovèrso, (-a) psic Ⓐ agg {CARATTERE, PERSONA} extravertiert, extrovertiert Ⓑ m (f) (persona) Extravertierte mf decl come agg, Extrovertierte mf decl come agg scient.
estrovertìto, (-a) m (f) psic Extravertierte mf decl come agg Extrovertierte mf decl come agg.
estrusióne f **1** geol Auswerfen n, Auswurf m **2** med {+DENTE} Ziehen n, Extrahieren n scient **3** tecnol (rif. a metalli) Fließpressen n; (rif. a materie plastiche) Extrudieren n, Extrusion f.
estuàrio <-ri> m geog {+FIUME} Trichtermündung f, Mündungstrichter m, Ästuar n.
esuberànte agg **1** (sovrabbondante) {PRODUZIONE} überschüssig: **manodopera ~**, Überschuss an Arbeitskräften **2** (brioso) {PERSONA} temperamentvoll; {TEMPERAMENTO} überschäumend; fig {PROSA, STILE} überschwänglich **3** (rigogliosa) {VEGETAZIONE} üppig **4** (formoso) {BELLEZZA, CORPO, DONNA} üppig.
esuberànza f **1** (sovrabbondanza) **~ di qc** {+MANODOPERA} Überschuss m an etw (dat): **~ di produzione**, Produktionsüberschuss m **2** (brio) {+PERSONA} Temperament n; {+TEMPERAMENTO} Überschäumen n; fig {+PROSA, STILE} Überschwänglichkeit f **3** (rigoglio) {+VEGETAZIONE} Üppigkeit f.
esùbero m amm {+IMPIEGATI} Überschuss m: **in ~**, im Überfluss; **~ di personale**, Personalüberschuss m.
esulàre itr fig (essere al di fuori) **~ da qc** {DALL'ARGOMENTO} über etw (acc) hinaus|gehen; {DALLA COMPETENZA DI QU} anche etw überschreiten.
èsule Ⓐ agg (per condanna) verbannt; (volontario) im Exil (lebend) Ⓑ mf (per condanna) Verbannte mf decl come agg; (volontario) im Exil Lebende mf decl come agg, Flüchtling m decl come agg.
esultànte agg {FOLLA} jubelnd.
esultàre itr (gioire) ~ (**di/per qc**) {DI/[PER LA] GIOIA} (vor etw dat) jubeln, (vor etw dat) frohlocken, (vor etw dat) überglücklich sein; ~ (**a qc**) {A QUELLA NOTIZIA} über etw (acc) hocherfreut sein.
esumàre tr ~ **qc 1** {SALMA} etw exhumieren **2** fig {ANTICA USANZA} etw wieder hervor|holen, etw aus|graben.

esumazióne f **1** Exhumation f **2** fig Ausgraben n.

ET abbr di Extra Terrestre: außerirdisch.

età <-> f **1** gener {+CAVALLO, DONNA, OPERA D'ARTE} Alter n: **all'età di dodici anni**, im Alter von zwölf Jahren; **arrivare alla veneranda età di 90 anni**, das ehrwürdige Alter von 90 Jahren erreichen; **avere la stessa età**, gleichaltrig sein, das gleiche Alter haben; **a tarda età**, in hohem Alter **2** (periodo) Altersstufe f: **le quattro età dell'uomo**, die vier Lebensalter **3** geol {+ROCCE} Zeitalter n, Zeit f **4** stor Ära f, Zeitalter n; (nella preistoria) {+BRONZO, PIETRA} Zeit f: **l'età del ferro**, die Eisenzeit ● **essere avanti con l'età** eufem (essere anziano), im vorgerückten Alter sein forb; **avere una bella età** eufem (essere anziano), ⌜viele Jahre auf dem Buckel fam⌝ [ein beachtliches Alter erreicht] haben; **età canonica/sinodale** anche scherz, kanonisches Alter; **a una certa età**, in einem bestimmten Alter; **con l'età è diventato pigro** (invecchiando), mit den Jahren ist er faul geworden; **età critica** fig (climaterio), kritisches Alter; (pubertà) anche, schwieriges Alter; **che vuoi farci, è** l'età, was willst du da machen, das ist eben das Alter; **ormai ho la mia età**, inzwischen habe ich auch ein gewisses Alter; **l'età dell'innocenza**, das Alter der Unschuld, die Kindheit; **maggiore/minore età**, Voll-/Minderjährigkeit f; **raggiungere la maggiore età**, volljährig werden; **essere in età da marito**, (als Frau) im heiratsfähigen Alter sein; **di mezza età**, mittleren Alters; **età dell'oro** mitol anche fig, das Goldene Zeitalter; **finalmente mio figlio ha raggiunto l'età della ragione/discrezione**, endlich hat mein Sohn eine gewisse Reife erlangt, endlich ist mein Sohn vernünftig geworden; **in tenera età** fig (nell'infanzia), im zarten Alter forb; **terza età** fig (vecchiaia), Seniorenalter n; **la verde età** fig (adolescenza), Jugend f, Jugendalter n.

étagère <-> f franc (cantoniera) Bücherbrett n, Eckschrank m.

etc. abbr del lat et cetera (eccetera) etc. (und so weiter, und so fort).

etcì → **eccì**.

etciù → **eccì**.

ètere m **1** anche giorn (spazio) Äther m **2** poet Äther m forb; (aria) Luft f; (cielo) Himmel m.

etèreo①, (-a) agg lett {BELLEZZA} himmlisch.

etèreo②, (-a) agg chim {SOSTANZA} ätherisch.

eternàre **A** tr ~ qu/qc {BELLEZZA DI QU} jdn/etw verewigen **B** rfl: **eternarsi** sich verewigen.

Eternit® <-> m edil Eternit® n o m.

eternità <-> f **1** (durata infinita) {+ANIMA, DIO} Ewigkeit f, ewige Leben **2** (periodo) Ewigkeit f: **per l'~**, ewig, auf ewig **3** fig fam scherz Ewigkeit f: **sono qui da un'~**, ich bin seit einer Ewigkeit hier scherz.

etèrno, (-a) **A** agg **1** (senza fine) {AMORE, FAMA} ewig, unsterblich **2** (dell'aldilà) {LUCE, PADRE, RIPOSO, VITA} ewig {GIUSTIZIA} göttlich **3** (continuo) {PRIMAVERA} beständig, andauernd: **è un ~ ricominciare**, es ist ein ewiger Neuanfang; **è un ~ infelice**, der ist zum Unglück geboren **4** (duraturo) sehr haltbar: **questa borsa è eterna**, diese Handtasche hält ewig **5** fig (lungo) {ATTESA, DISCORSO} ewig, endlos, sehr/unendlich lang **B** m **1** (eternità) Ewigkeit f **2** (Dio): **l'Eterno**, der Ewige m decl come agg, Gott m **C** loc avv: **in ~**, in Ewigkeit, ewig.

ètero **A** <inv> agg (eterosessuale) hetero- xuell **B** <-> mf Heterosexuelle mf decl come agg.

ètero- primo elemento (diverso) hetero-, Hetero-: **eterosessuale**, heterosexuell; **eteronimia**, Heteronymie.

eterodossìa f relig Irrlehre f, Heterodoxie f.

eterodòsso, (-a) agg relig andersgläubig, heterodox.

eterogeneità <-> f **1** (diversità) {+FORME} Verschiedenartigkeit f, Heterogenität f forb **2** {+STILE} Uneinheitlichkeit f, Verschiedenartigkeit f, Heterogenität f forb.

eterogèneo, (-a) agg **1** (diverso) {MATERIALE} verschiedenartig; {OGGETTI} anche verschieden, ungleich, heterogen forb **2** (composito) {STILE} uneinheitlich, verschiedenartig, heterogen forb **3** chim ling heterogen.

eteromorfismo m bot Heteromorphie f.

eteromòrfo, (-a) agg bot verschiedengestaltig, heteromorph forb.

eteronimìa f ling Heteronymie f.

eterònimo, (-a) ling **A** agg {PAROLA} heteronym **B** m Heteronym n.

eterosessuàle **A** <inv> agg {INTERESSE, PERSONA} heterosexuell **B** <-> mf Heterosexuelle mf decl come agg.

eterosessualità <-> f Heterosexualität f.

eterosfèra f Heterosphäre f.

eterotrapiànto m med Heterotransplantat n scient.

eterotrofìa f biol Heterotrophie f.

eteròtrofo, (-a) agg biol heterotroph.

eterozigòte biol **A** agg mischerbig, heterozygot scient **B** m mischerbiges Lebewesen, Heterozygot m scient.

ETI m abbr di Ente Teatrale Italiano: "italienischer Theaterverband".

ètica <-che> f **1** filos Ethik f **2** (morale) Moral f, Ethos n: **~ professionale**, Berufsethos n forb.

etichétta① f **1** comm {+VINO} Etikett n: **~ (auto)adesiva**, Selbstklebeetikett n; **~ del prezzo**, (Preis)etikett n, Preisschild n **2** fig (definizione) Begriff m, Etikett n spreg: **autore che rifiuta ogni ~**, der Autor, der jede Art von Etikettierung ablehnt; **pittori riuniti sotto l'~ dell'impressionismo**, unter dem Begriff des Impressionismus zusammengefasste Maler **3** inform Etikett n.

etichétta② f (cerimoniale) Etikette f: **non badare troppo all'~!**, achte nicht so sehr auf die Etikette/Form!

etichettaménto m **1** Etikettieren n **2** fig (catalogazione) {+FENOMENO} Etikettierung f, Klassifizierung f.

etichettàre tr **1** comm ~ qc {OLIO} etw etikettieren, etw mit einem Etikett versehen **2** fig (definire) ~ qu/qc come qc {L'INIZIATIVA COME PROTESTA STUDENTESCA} jdn/etw als etw (acc) klassifizieren, jdn/etw als etw (acc) ab|stempeln: **ormai sono uno stato etichettato come bugiardo e anche se dico la verità nessuno mi crede**, jetzt bin ich als Lügner abgestempelt und auch wenn ich die Wahrheit sage, glaubt mir niemand.

etichettatrìce f Etikettiermaschine f.

eticità <-> f **1** filos Sittlichkeit f **2** (moralità) Moralität f, Ethik f.

ètico, (-a) <-ci, -che> agg **1** filos ethisch **2** (morale) moralisch, ethisch.

etile m chim Äthyl n, Ethyl n.

etilène m chim Äthylen n, Ethen n.

etìlico, (-a) <-ci, -che> agg chim {ALCOL, ETERE} Äthyl-.

etilismo m med (alcolismo) Alkoholismus m; (intossicazione) Alkoholvergiftung f.

etilista <-i m, -e f> mf Alkoholiker(in) m(f).

etilòmetro m Tüte f slang, Röhrchen n slang, Promillemesser m.

etilotèst <-> m (test del tasso alcolico) Alkoholtest m.

ètimo m ling Stammwort n, Etymon n.

etimologìa f **1** ling (disciplina) Etymologie f, Wortgeschichte f **2** (etimo) {+PAROLA} Etymologie f: **~ popolare**, Volksetymologie f.

etimològico, (-a) <-ci, -che> agg {DIZIONARIO, RICERCA, SENSO} etymologisch.

etiologìa e deriv → **eziologìa** e deriv.

etìope **A** agg äthiopisch **B** mf Äthiopier(in) m(f).

Etiòpia f geog Äthiopien n.

etiòpico, (-a) <-ci, -che> **A** agg äthiopisch **B** m (f) Äthiopier(in) m(f) **C** m <solo sing> Äthiopisch(e) n.

Ètna m geog Ätna m.

etnìa f etnol Kulturgemeinschaft f, Ethnie f.

etnicizzazióne f {+CONFLITTO, MERCATO DEL LAVORO} Ethnisierung f.

ètnico, (-a) <-ci, -che> agg **1** {AFFINITÀ, CARATTERE} ethnisch, Volks- **2** ling {NOME} Völker-, Stammes-: **aggettivo ~**, von einem Volk/Volksstamm abgeleitetes Adjektiv.

etnocèntrico, (-a) <-ci, -che> agg psic ethnozentrisch.

etnocentrismo m psic Ethnozentrismus m.

etnografìa f Ethnographie f.

etnogràfico, (-a) <-ci, -che> agg {MUSEO} ethnographisch.

etnògrafo, (-a) m (f) Ethnograph(in) m(f).

etnolinguìstica <-che> f Ethnolinguistik f.

etnolinguìstico, (-a) <-ci, -che> agg (dell'etnolinguistica) ethnolinguistisch.

etnologìa f Völker-, Volkskunde f, Ethnologie f.

etnològico, (-a) <-ci, -che> agg {RICERCA} völker-, volkskundlich, ethnologisch.

etnòlogo, (-a) <-gi, -ghe> m (f) Völker-, Volkskundler(in) m(f), Ethnologe m, (Ethnologin f).

étoile <-> f franc (nella danza: primo ballerino) Danseur Etoile m, (prima ballerina) Danseuse Etoile f.

etologìa f biol Ethologie f, Verhaltensforschung f.

etològico, (-a) <-ci, -che> agg biol ethologisch.

etòlogo, (-a) <-gi, -ghe> m (f) Ethologe m, (Ethologin f).

etrùsco, (-a) <-schi, -sche> **A** agg {CIVILTÀ} etruskisch **B** m (f) (persona) Etrusker(in) m(f) **C** m <solo sing> (lingua) Etruskisch(e) n.

ettaèdro m mat Siebenflächner m, Heptaeder m.

ettagonàle agg mat {BASE, FORMA} siebeneckig.

ettàgono m mat Siebeneck n.

èttaro m (abbr ha) {+TERRENO} Hektar m o n, Hektare f CH.

ètto m (abbr h) fam hundert Gramm.

ettogràmmo m (abbr hg) hundert Gramm, Hektogramm n.

ettòlitro m (abbr hl) {+VINO} Hektoliter m o n.

Èttore m (nome proprio) Hektor.

EU abbr di Europa: Europa n.

eubiòtica <-che> f Eubiotik f.

eucalìpto m bot Eukalyptus m.

eucaliptòlo m Eukalyptol n.

eucarestìa, **eucaristìa** f relig (comunione) Eucharistie f.

eucarìstico, (-a) <-ci, -che> agg {SACRAMENTO} eucharistisch.
Euclide m stor Euklid m.
euclidèo, (-a) agg {GEOMETRIA} euklidisch.
eufemìsmo m ling Euphemismus m forb, Hüllwort n.
eufemìstico, (-a) <-ci, -che> agg ling euphemistisch forb, beschönigend, umschreibend.
eufòrbia f bot Wolfsmilch f, Euphorbia f scient, Euphorbie f scient.
euforbiàcea f bot <di solito al pl> Wolfsmilchgewächse f pl, Euphorbien f pl scient.
eufòria f **1** (contentezza) Euphorie f forb, Hochgefühl n **2** psic Euphorie f.
eufòrico, (-a) <-ci, -che> agg {STATO} euphorisch forb: **sentirsi ~**, euphorisch forb gestimmt sein, in euphorischer forb Stimmung sein.
euforizzànte med A agg euphorisierend scient B m euphorisierendes Mittel scient.
euforizzàre tr (rendere euforico) **~ qu** {PUBBLICO} jdn euphorisieren, jdn an|turnen slang.
eugenètica <-che> f med Rassenhygiene f, Eugen(et)ik f scient.
eugenètico, (-a) <-ci, -che> agg med eugen(et)isch scient.
eugènica e deriv → **eugenetica** e deriv.
Eugènio m (nome proprio) Eugen.
eugubìno, (-a) A agg (di Gubbio) aus Gubbio stammend B m (f) Einwohner(in) m(f) Gubbios.
eumicète m bot <di solito al pl> Pilz m.
eunùco <-chi> m **1** (evirato) Eunuch m **2** fig (inetto) Nichtsnutz m obs spreg, Waschlappen m fam spreg.
eunucòide med A agg {VOCE} eunuchoid scient B m (f) Mensch m mit eunuchoider scient Stimme.
eupèptico, (-a) <-ci, -che> farm A agg verdauungserleichternd B m verdauungserleichterndes Mittel.
EUR abbr di Esposizione Universale di Roma: Weltausstellung f in Rom.
eurasiàtico, (-a) <-ci, -che> A agg **1** {CONTINENTE} eurasisch **2** (di un genitore europeo e l'altro asiatico) eurasisch B m (f) Eurasier(in) m(f).
EURATOM f nucl abbr di Comunità Europea dell'Energia Atomica: EURATOM f, EAG f; (abbr di Europäische Atomgemeinschaft).
eùreka inter greco (di felicità) heureka! forb: **~, ho trovato!**, heureka, ich habe (es) gefunden! forb.
EURIBOR m banca abbr dell'ingl Euro Interbank Offered Rate (tasso d'interesse interbancario in offerta per l'Euro) "Interbankenzinssatz m für den Euro".
Euridìce f mitol Eurydike f.
Eurìpide m stor Euripides m.
EURISPES m econ polit sociol abbr di Istituto Europeo di Studi Politici, Economici e Sociali: "europäisches Institut für politische, wirtschaftliche und soziale Studien".
eurìstica <-che> f Heuristik f.
eurìstico, (-a) <-ci, -che> agg **1** (che riguarda la ricerca) heuristisch **2** (che favorisce la scoperta di risultati nuovi) heuristisch.
euritmìa f **1** (armonia) {+SCULTURA} Harmonie f, Eurhythmie f **2** med {+POLSO} Gleichmäßigkeit f, Eurhythmie f scient.
èuro <-> m Euro m: **costa solo due ~**, das kostet nur zwei Euro; **paga in ~ o in dollari?**, bezahlen Sie in Euro oder in Dollar?; **vende il libro a/per 10 ~**, er/sie verkauft das Buch für 10 Euro.

èuro- primo elemento (europeo) euro-, Euro-: **eurovisione**, Eurovision; **eurocomunista**, eurokommunistisch.
euroamericàno, (-a) agg europäisch-amerikanisch, euro-amerikanisch.
euroasiàtico → **eurasiatico**.
eurobànca <-che> f banca Eurobank f.
euroobbligazióne f banca econ Eurobond m, Euroanleihe f.
eurobond <-> m ingl banca econ Eurobond m, Euroanleihe f.
euroccidentàle agg (dell'Europa occidentale) {PAESE} westeuropäisch.
eurocènt <-> m (moneta) Eurocent m.
eurocèntrico, (-a) <-ci, -che> agg eurozentrisch.
eurocentrìsmo m Eurozentrismus m.
eurochèque <-> m banca Euroscheck m.
eurocity <-> m ferr Eurocity m.
eurocommissàrio, (-a) <-ri m> m (f) (membro della Commissione Europea) Eurokommissar(in) m(f).
eurocomunìsmo m polit stor Eurokommunismus m.
eurocomunìsta <-i m, -e f> polit stor A agg {POLITICA} eurokommunistisch B m (f) Eurokommunist(in) m (f).
eurocomunitàrio, (-a) <-ri> agg {VERTICE} EG-.
EUROCONTROL f aero abbr del franc Organisation européenne pour la sécurité du trafic aérien (organizzazione europea per la sicurezza del traffico aereo) EUROCONTROL f (Organisation für die Sicherheit im Luftverkehr)/[zur Sicherheit der Luftfracht].
eurodepòsito m banca Euroeinlage f, Eurodepot n.
eurodeputàto, (rar -a) m (f) polit EU-Abgeordnete mf decl come agg, Europaabgeordnete mf decl come agg.
eurodèstra f polit Rechtsparteien f pl Europas, Fraktion der vereinigten europäischen Rechten.
eurodivìsa f econ Eurodevise f.
eurodòllaro m banca Eurodollar m.
Eurolàndia f giorn iron Euroland n.
eurolìra f econ Eurolira f.
euromàrco m econ Euro-DM f.
euromercàto m econ Euromarkt m.
euromìssile m mil (in Europa stationierte) Mittelstreckenrakete f.
Euròpa f geog Europa n.
europànto m (lingua artificiale) Europanto n.
europarlamentàre polit A agg europaparlamentarisch, das Europaparlament betreffend B m (f) Europaparlamentarier(in) m(f), Europaabgeordnete mf decl come agg.
europarlaménto m polit Europaparlament n.
europèa f → **europeo**.
europeìsmo m polit Europagedanke m.
europeìsta <-i m, -e f> A agg Europa- B m (f) Europaanhänger(in) m(f).
europeìstico, (-a) <-ci, -che> agg europäisch, europaorientiert.
europeizzàre A tr **~ qu/qc** {CITTADINI, COSTUMI, LEGGI} jdn/etw europäisieren B itr pron rfl: **europeizzarsi** {CITTADINI, COSTUMI, PAESE} sich europäisieren.
europeizzazióne f {+CULTURA} Europäisierung f.
europèo, (-a) A agg {MERCATO, POPOLAZIONE, UNITÀ} europäisch B m (f) (abitante) Europäer(in) m(f).
euròpio <-> m chim Europium n.

europòide m (f) Europide mf decl come agg.
euroscetticìsmo m polit Euroskepsis f.
euroscèttico, (-a) <-ci, -che> polit A agg {PROPAGANDA} euroskeptisch B m (f) Euroskeptiker(in) m(f).
euroscùdo m econ Ecu m, ECU m.
eurosinìstra f polit Linksparteien f pl Europas, Fraktion der vereinigten europäischen Linken.
eurosocialìsmo m polit Eurosozialismus m.
eurosocialìsta <-i m, -e f> polit A agg eurosozialistisch B mf Eurosozialist(in) m(f).
Eurostàr <-> m ferr Eurostar m.
eurotàssa f fisco Eurosteuer f.
eurotax <-> → **eurotassa**.
euroterrorìsmo m (terrorismo europeo) Euroterrorismus m.
euroterrorìsta <-i m, -e f> A agg (dell'euroterrorismo) euroterroristisch B mf (terrorista europeo) Euroterrorist(in) m(f).
eurotùnnel <-> m (galleria sotto la Manica) Eurotunnel m.
eurovalùta f econ Eurowährung f.
eurovisióne f TV Eurovision f: **trasmettere un programma in ~**, ein Programm in Eurovision senden/ausstrahlen.
eurozòna f (insieme dei paesi aventi come moneta l'euro) Eurozone f, Euroraum m, Eurogebiet n.
èuscaro, (-a) A agg (basco) baskisch B m Baskisch(e) n.
eutanasìa f med Sterbehilfe f, Euthanasie f scient.
EUTELSAT f tel abbr dell'ingl European Telecommunications Satellite Organization (Organizzazione Europea di Telecomunicazioni per mezzo di Satelliti) EUTELSAT f (europäische Fernmeldesatelliten-Organisation).
eutocìa f med Eutokie f scient.
eutonìa f Eutonie f.
eutrofizzazióne f **1** biol (arricchimento) {+AMBIENTE} Eutrophierung f **2** ecol (inquinamento) {+ACQUE} Eutrophierung f.
eV fis abbr di elettronvolt: eV (abbr di Elektro(nen)volt).
E.V. f abbr di Vostra Eccellenza: E. Exz. (abbr di Eure Exzellenz).
Èva f (nome proprio) Eva.
evacuaménto m {+ZONE LIMITROFE} Evakuieren n.
evacuàre tr **1** (sgomberare) **~ qc** {CITTADINI, CITTÀ, ZONA} etw räumen; {SOLDATI} anche etw evakuieren **2** (liberare) **~ qc** {INTESTINO} etw entleeren **3** (defecare) (uso assol) Stuhlgang haben, den Darm entleeren.
evacuàto, (-a) A agg {EDIFICIO} geräumt B m (f) Evakuierte mf decl come agg.
evacuatóre, (-trice) farm A agg abführend, Abführ- B m Abführmittel n.
evacuazióne f **1** {+TERRITORIO} Evakuierung f; {+PIAZZA} Räumung f **2** med {+FECI} Ausscheidung f, Entleerung f.
evàdere <coniug (come) invadere> A tr <avere> **1** (sottrarsi) **~ qc** {LE TASSE} etw hinterziehen: **il fisco**, Steuern hinterziehen, Steuerhinterziehung begehen **2** amm (sbrigare) **~ qc** {PRATICA, RICHIESTA} etw bearbeiten, etw erledigen; {CORRISPONDENZA} etw beantworten, etw erledigen **3** comm (eseguire) {ORDINE} etw aus|führen; (dar corso) {DOMANDA} etw (dat) nach|kommen, etw (dat) statt|geben forb B itr <essere> **1** (scappare) **~ (da qc)** {DETENUTO DAL MANICOMIO, DALLA PRIGIONE} (aus etw dat) aus|brechen, (etw dat) entfliehen, (aus etw dat) entweichen: **fare ~ qu**, jdm zur

Flucht verhelfen **2** (*sottrarsi*): ~ **al fisco**, steuerflüchtig sein **3** *fig* (*sfuggire*) ~ (**da qc**) {DAL GRIGIORE QUOTIDIANO} *etw* (*dat*) entfliehen, *etw* (*dat*) entrinnen *forb*.

evanescènte *agg* **1** (*sfumato*) {IMMAGINE, RICORDO} verschwommen **2** *lett* (*che si dilegua*) {LUCE, PROFUMO} gedämpft, diffus; {SUONO} verklingend, abklingend **3** *fig* (*esile*) {FANCIULLA} schmächtig.

evanescènza *f* **1** *anche lett* {+IMMAGINE, RICORDO} Verschwommenheit *f*; {+LUCE, PROFUMO} Gedämpftheit *f*; {+SUONO} Verklingen *n*, Abklingen *n* **2** *radio TV* Schwund(effekt) *m*, Fading(effekt) *m*.

evangèlico, (**-a**) <*-ci, -che*> **A** *agg* {CHIESA, DOTTRINA} evangelisch; {RACCONTO} Evangelien-: **gli insegnamenti evangelici**, die Lehren des Evangeliums **B** *m* (*f*) (*persona*) Evangelische *mf decl come agg*.

evangelismo *m* Streben *n* nach einer evangelischen Lebensweise.

evangelista <*-i*> *m anche bibl* Evangelist *m*.

evangelizzàre *tr* ~ **qu 1** (*convertire*) {POPOLI} *jdn* evangelisieren, *jdn* zum Evangelium bekehren **2** *fig* (*convincere*) *jdn* überreden, *jdn* politisch bekehren.

evangelizzatóre, (**-trice**) *m* (*f*) Prediger(in) *m*(*f*) des Evangeliums.

evangelizzazióne *f* **1** (*azione*) Evangelisation *f* **2** (*risultato*) {+POPOLO} Bekehrung *f*.

Evangèlo → **Vangelo**.

evaporàbile *agg* verdunstend, verdampfbar.

evaporàre *itr* **1** <*essere*> {ALCOL} verdunsten; {ACQUA} *anche* verdampfen **2** <*avere*> {LAGO, SERBATOIO} ausdunsten.

evaporàto, (**-a**) *agg* {ALCOL} verdunstet; {ACQUA} *anche* verdampft; {PROFUMO} verflogen.

evaporatóre *m* **1** Evaporator *m* **2** (*per termosifoni*) Wasserverdunster *m*.

evaporazióne *f* **1** (*fenomeno*) Verdunstung *f*, Verdunsten *n*, Evaporation *f* **2** (*vapore*) Dunst *m*, Ausdünstung *f*.

evàsa *f* → **evaso**.

evàsi 1ª *pers sing del pass rem di* evadere.

evasióne *f* **1** ~ (**da qc**) {+DETENUTO DAL CARCERE} Flucht *f* (*aus etw dat*); *anche dir* Ausbruch *m* (*aus etw dat*): **procurata** ~, Gefangenenbefreiung *f* **2** *fig* (*fuga*) {DALLA REALTÀ} Flucht *f* (*aus etw dat*) **3** *fig* (*svago*) Ablenkung *f*, Zerstreuung *f*: **avere bisogno di un po' d'**~, etwas Abwechslung brauchen **4** *amm* Erledigung *f*, Bearbeitung *f*: **dare** ~ **ad una pratica**, einen Vorgang bearbeiten/erledigen; **dare** ~ **ad un ordine**, einen Auftrag ausführen/erledigen; {+LETTERA} Beantwortung *f* ● ~ **fiscale** *dir* (*sottrazione all'obbligo tributario*), Steuerkürzung *f*, Steuerhinterziehung *f*; **romanzo d'**~, Unterhaltungs-, Trivialroman *m*.

evasività *f* {+RISPOSTA} ausweichender Charakter.

evasivo, (**-a**) *agg* {RISPOSTA} ausweichend.

evàso, (**-a**) **A** *part pass di* evadere **B** *agg* **1** {DETENUTO} entflohen, ausgebrochen **2** *amm* {PRATICA} erledigt; {ORDINE} *anche* ausgeführt; {LETTERA} beantwortet **C** *m* (*f*) Flüchtling *m*, Ausbrecher(in) *m*(*f*) *fam*.

evasóre, (**evaditrice** *rar*) *m* (*f*) Steuerhinterzieher(in) *m*(*f*): ~ **fiscale**, Steuerhinterzieher *m*.

evenièzna *f* (*caso*) Fall *m*, Gelegenheit *f*, Eventualität *f*: **all'**~, wenn nötig; **per ogni** ~, für alle Fälle; **nell'**~ **che ... congv**, für den Fall, dass ... *ind*; **falls ...**: **bisogna essere preparati a tutte le evenienze**, wir müssen auf alle Eventualitäten vorbereitet sein.

evènto *m* **1** (*fatto*) Ereignis *n*, Vorfall *m*, Geschehnis *n forb*: ~ **culturale**, kulturelles Ereignis; **grandi eventi**, wichtige Ereignisse; **memorabile/lieto** ~, denkwürdiges/freudiges Ereignis **2** *dir* Erfolg *m*.

eventuàle *agg* (*possibile*) {INCONTRO, PRESENZA, VINCITA} eventuell, möglich, etwaig.

eventualità <-> *f* {+INCONTRO, PRESENZA, VINCITA} Möglichkeit *f*, Eventualität *f*: **nell'**~ **che ... congv**, für den Fall, dass ... *ind*; **falls ...**: **per ogni** ~, für alle Fälle.

eventualménte *avv* (*se mai*) möglicherweise, eventuell, unter Umständen: **se** ~ **il pacco arrivasse prima, avvisami**, benachrichtige mich, falls das Paket (unter Umständen)/[eventuell] früher ankommt.

evergreen <-> *ingl* **A** *agg* Evergreen- **B** *m* (*f*) Evergreen *m o n*.

eversióne *f* **1** (*sconvolgimento*) {+STATO, STRUTTURA} Subversion *f forb* **2** (*forze eversive*) subversive Kräfte *forb*.

eversivo, (**-a**) *agg* (*sovversivo*) {AZIONE, FORZE, GRUPPO} umstürzlerisch, subversiv *forb*.

eversóre, (**-a**) *m* (*f*) (*sovversivo*) Umstürzler(in) *m*(*f*), Subversive *mf decl come agg*.

evidènte *agg* evident *forb*; (*visibile*) {ERRORE} augenfällig; (*manifesto*) {PAURA, SORPRESA} offensichtlich, offenkundig, sichtlich; (*chiaro*) {CONCLUSIONE, PROVA, VERITÀ} klar, deutlich: **è quanto mai** ~ **che...**, es ist absolut klar, dass...

evidènza *f* **1** {+FATTI} Offensichtlichkeit *f*, Evidenz *f forb*; {+CONCLUSIONE} Deutlichkeit *f*, Klarheit *f* **2** *amm* (*prova*) Nachweis *m* ● **arrendersi all'**~ *fig* (*constatare la verità di qc*), sich den Tatsachen beugen, sich mit den Tatsachen abfinden, vor den Tatsachen kapitulieren; **mettere in** ~ **qc**, etw gut sichtbar herausstellen, etw hervorheben, *fig* (*sottolineare*), etw hervorheben, etw in den Vordergrund rücken, etw heraus|streichen; **mettersi in** ~ (*farsi notare*), sich hervortun, sich in den Vordergrund rücken/spielen/drängen; **negare l'**~ (*dei fatti*), die offensichtlichen Tatsachen abstreiten.

evidenziàbile *agg* hervorhebbar.

evidenziàre *tr* ~ **qc 1** (*mettere in evidenza*) {CRISI} *etw* hervor|heben, *etw* betonen; (*con l'evidenziatore*) {NOME} *etw* hervor|heben **2** *comm* {SPESA} *etw* heraus|stellen.

evidenziatóre *m* Leuchtstift *m*, Marker *m*.

evidenziazióne *f* (*messa in evidenza*) {+ERRORE, PROBLEMA} Betonen *n*, Unterstreichen *n*; (*con evidenziatore*) {+NOME} Unterstreichen *n*, Markieren *n*, Hervorheben *n*.

evincere <*coniug come* vincere> *tr amm* (*dedurre*) ~ **qc da qc** *etw* von *etw* (*dat*) ab|leiten, *etw von etw* (*dat*) entnehmen: **come si può** ~ **dall'allegato documento**, wie man dem beiliegenden Dokument entnehmen kann.

eviràre *tr* **1** *med* ~ **qu/qc** {UOMO, ANIMALE} *jdn*/*etw* entmannen, *jdn*/*etw* kastrieren **2** *fig* (*indebolire*) ~ **qc** {IDEE, STILE} *etw* schwächen.

eviràto **A** *agg* entmannt, kastriert **B** *m* Entmannte *m decl come agg*, Kastrat *m*.

evirazióne *f* {+ANIMALE, UOMO} Entmannung *f*, Kastration *f*.

evisceràre *tr* (*sventrare*) ~ **qc** {PESCE} *etw* aus|nehmen, *etw* weiden.

evitàbile *agg* {UMILIAZIONE} vermeidbar.

evitàre **A** *tr* **1** (*schivare*) ~ **qu** {CATTIVE COMPAGNIE, SECCATORE} *jdn* meiden, *jdm* aus dem Weg gehen; ~ **qc** {OPERAZIONE AL BRACCIO} *etw* vermeiden; {SGUARDO} *anche etw* meiden; {PERICOLO, OSTACOLO} *etw* umgehen, *etw* (*dat*) aus|weichen **2** (*astenersi*) ~ **qc** {ALCOLICI, FUMO, LATTICINI} *etw* meiden: ~ **di fare qc**, es vermeiden, etw zu tun **3** (*impedire*) ~ **qc** {DISASTRO, DISGRAZIA, GUAIO} *etw* verhindern; {SCANDALO} *anche etw* vermeiden **4** (*risparmiare*) ~ **qc a qu** {DELUSIONE, SPESA, VIAGGIO} *jdm etw* ersparen **B** *rfl rec*: **evitarsi** {CONIUGI SEPARATI} sich meiden, sich (*dat*) aus dem Weg gehen.

evitico, (**-a**) <*-ci, -che*> *agg* Eva-.

evizióne *f dir* Entwehrung *f*, Eviktion *f*.

èvo *m* Zeit(alter *n*) *f*: **evo antico**, Altertum *n*, Antike *f*; **medio evo**, Mittelalter *n*; **evo moderno**, Neuzeit *f*.

evocàre <*evoco, evochi*> *tr* **1** (*chiamare*) ~ **qu/qc** {SPIRITO} *jdn*/*etw* beschwören **2** *fig* (*rievocare*) ~ **qu/qc** {PASSATO} *jdn*/*etw* her|auf|beschwören.

evocativo, (**-a**) *agg* {FORZA} beschwörend, evokativ *forb*, Beschwörungs-.

evocatóre, (**-trice**) *m* (*f*) Beschwörer(in) *m*(*f*).

evocatòrio, (**-a**) <*-ri*> *agg* {POTERE} beschwörend, Beschwörungs-.

evocazióne *f* Beschwörung *f*.

evolutivo, (**-a**) *agg* **1** {FASE, PROCESSO} Evolutions- **2** *psic* {ETÀ} Entwicklungs-.

evolùto, (**-a**) **A** *part pass di* evolvere **B** *agg* **1** *scient* (*maturo*) {ORGANISMO} reif; {SPECIE} entwickelt **2** (*avanzato*) {GRUPPO, SOCIETÀ} fortgeschritten, entwickelt **3** *fig* (*emancipato*) {COMPORTAMENTO, PERSONA} emanzipiert.

evoluzióne *f* **1** (*sviluppo*) {+LINGUAGGIO, MERCATO} Entwicklung *f*; *biol filos sociol* {+PENSIERO, SOCIETÀ} Evolution *f*: **l'**~ **della specie**, die Evolution der Arten **2** <*di solito al pl*> *mar mil* {+BATTAGLIONE} Manöver *n*, Formierung *f* **3** <*di solito al pl*> *aero* Kunststück *n* **4** <*di solito al pl*> *sport* {+GINNASTICA, TUFFATORE} Übung *f*, Bewegung *f*, Kunststück *n*.

evoluzionismo *m* Evolutionismus *m*; (*teoria*) Evolutionstheorie *f*.

evoluzionista <*-i m, -e f*> *m* (*f*) Evolutionist(in) *m*(*f*).

evoluzionistico, (**-a**) <*-ci, -che*> *agg* evolutionistisch.

evòlvere <*coniug come* devolvere> *tr itr pron*: **evolversi 1** (*progredire*) {GRUPPO, SPECIE, UMANITÀ} sich (fort-, weiter)entwickeln **2** (*svilupparsi*) {FATTI} sich entwickeln: **aspettiamo di vedere come evolve la situazione**, warten wir ab, wie sich die Situation entwickelt ● **l'evolversi di una vicenda**, die Entwicklung einer Angelegenheit.

evvài, **e vai** *inter loc inter fam* (*di incoraggiamento o compiacimento*) ja super/spitze!: **hanno accettato tutte le nostre condizioni** ~!, sie haben alle unsere Bedingungen akzeptiert, ja super!

evvìa, **e via** *inter loc inter* **1** (*di incoraggiamento*) ach komm!: ~, **quest'esame non sarà poi così difficile**!, ach komm, so schwer wird die Prüfung schon nicht sein! **2** (*di impazienza*) nun mach endlich/schon! *fam*, jetzt komm endlich/schon!: ~, **ma quanto ti ci vuole?**, jetzt komm endlich, wie lange brauchst du denn noch?

evviva A *inter* **1** es lebe ...!, hoch lebe ...!: ~ **gli sposi!**, hoch lebe das Brautpaar!; das Brautpaar, es lebe hoch!; ~ **il re!**, hoch lebe der König!; (*uso assol*) Hurra!; **hai vinto il concorso?** ~!, hattest du Erfolg mit deiner Bewerbung? Hurra! **2** *iron* es lebe ... iron; ~ **l'onestà!**, es lebe die Ehrlichkeit! *iron* **B** <-> *m* (*grido*) Hochruf *m*, Hurra *n*, Hoch *n*.

ex A *pref* Ex-, ehemalig, Alt- *CH*: **ex(-)marito**, Exmann *m*, ehemaliger/früherer/verflossener *fam* Mann *m*; **ex(-)presidente**, Ex-, Altpräsident *m* **B** *m* (*f*) *fam* Verflossene *mf decl* come agg *fam*: **il tuo ex**, dein ehemaliger/verflossener *fam* Mann/Freund, dein Verflossener *fam*; **la tua ex**, deine ehemalige/verflossene *fam* Frau/Freundin, deine Verflossene *fam*.

ex abrupto loc avv *lat* unversehens, ex abrupto *forb*.

ex aequo loc avv *lat* gleichermaßen, ebenso, ex aequo *forb*: **primo/secondo ex aequo**, Erster/Zweiter mit der gleichen Leistung; **due concorrenti ex aequo**, zwei ebenbürtige Konkurrenten.

ex cathedra loc avv *lat* von maßgebender Seite, ex cathedra *forb*.

excursus <-> m *lat* Abschweifung f, Exkurs m *forb*: **fare un breve ~**, einen kleinen Exkurs machen.

executive *ingl* A <inv> agg (*adatto a un manager*) {VALIGETTA} Akten-; (*privato*) {AEREO, ELICOTTERO} Privat- B <-> mf (*dirigente*) Manager(in) m(f).

executive agreement <-> loc sost m *ingl polit* {+PRESIDENTE DEGLI USA} Regierungsabkommen n.

exequatur <-> m *lat dir* Exequatur n.

exit poll <-> loc sost m *ingl* Wahlumfrage f am Ausgang eines Wahllokals.

ex lege loc avv *lat* laut Gesetz.

ex libris loc sost m *lat* Exlibris n.

ex novo loc avv *lat* von neuem: **questo lavoro va rifatto ex novo**, diese Arbeit muss ₍von neuem₎/[neu] gemacht werden.

expertise <-> f *franc* Gutachten n eines Sachverständigen, Expertise f.

exploit <-> m *franc* Höchstleistung f: **ha fatto un ~**, er/sie hat eine Höchstleistung vollbracht.

expo <-> m *franc* Ausstellung f.

export <-> m *ingl econ comm* Ausfuhr f, Export m.

extra A <inv> agg **1** *gener* (*di qualità superiore*) besondere(r, s); *comm* {OLIO} Spitzen- *enf*: **~ vergine**, nativ extra **2** (*straordinario*) {SPESE} Sonder- B <-> m **1** (*spesa in più*) Extra n, Sonderausgabe f **2** (*guadagno in più*) Neben- **3** (*lavoro in più*) Zusatz- C prep (*fuori*) **~ qc** {FAMIGLIA, LAVORO} außerhalb *etw* (gen).

extra- pref **1** (*fuori*) außer-, Außer-: **extraconiugale**, außerehelich; **extraterritoriali-**tà, exterritorial **2** (*eccezionalmente*) Sonder-, Extra-: **burro extrafino**, extrafeine Butter; **carta extraforte**, extrastarkes Papier.

extracee *amm* A <inv> agg (*extracomunitario*) {PASSEGGERO} aus einem nicht EU-Land B <-> mf Bürger(in) m(f) eines nicht EU-Landes.

extracellulare agg *biol* extrazellulär.

extracomunitario, (-a) <-ri m> *amm* A <inv> agg nicht zur EU gehörig, aus einem nicht EU-Land B <-> mf Bürger(in) m(f) eines nicht EU-Landes.

extraconiugale agg {RELAZIONE} außerehelich.

extracontabile agg (*nell'organizzazione aziendale*) außerhalb der Buchführung.

extracontrattuale agg außervertraglich.

extracorporeo, (-a) agg *med* {CIRCOLAZIONE} extrakorporal.

extracurricolare, **extracurriculare** agg extracurricular, außerhalb des Lehrplans.

extradomestico, (-a) <-ci, -che> agg (*fuori casa*) {LAVORO} Außen-, außer Haus.

extraeuropeo, (-a) agg außereuropäisch.

extragalattico, (-a) <-ci, -che> agg *astr* extragalaktisch.

extragiudiziale → **estragiudiziale**.

extra-large <-> agg {MAGLIONE} XL, extra-large.

extralinguistico, (-a) <-ci, -che> agg {FENOMENO} außersprachlich, extralingual.

extramoenia <inv> agg *lat med* freiberuflich.

extranazionale agg ausländisch.

Extranet <-> f *ingl inform* Extranet n.

extraorario <inv> agg (*al di fuori dell'orario*) {PRESTAZIONE LAVORATIVA} außerhalb der regulären Arbeitszeit.

extraospedaliero, (-a) agg außerhalb des Krankenhauses.

extraparlamentare *polit* A agg {MOVIMENTO} außerparlamentarisch B mf (*persona*) {+DESTRA, SINISTRA} Mitglied n einer außerparlamentarischen Organisation/Gruppe, Außerparlamentarier(in) m(f).

extraprocessuale → **estraprocessuale**.

extrarapido, (-a) agg (*rapidissimo*) {PROCEDURA} schnellste(r,s), Schnellst-.

extrascolastico, (-a) <-ci, -che> agg {ATTIVITÀ} außerschulisch.

extrasensibile agg übersinnlich.

extrasensoriale agg *psic* {PERCEZIONE} übersinnlich.

extrasistole f *med* Extrasystole f *scient*.

extra-small A <inv> agg (*nella moda*) {CAPO} extra small B <-> mf extra smalles Kleidungsstück.

extrasottile agg extradünn.

extrastrong A <inv> agg {CARTA} extrastark, extradick B <-> f (*carta*) extrastarkes Papier.

extratemporale agg zeitlos.

extraterrestre A agg (*CIVILTÀ, SPAZIO*) außerirdisch, extraterrestrisch B mf (*essere*) Außerirdische mf decl come agg, außerirdisches Wesen.

extraterritoriale agg {ACQUE} exterritorial.

extraterritorialità <-> f {+AMBASCIATA} Exterritorialität f.

extratmosferico, **extraatmosferico**, (-a) <-ci, -che> agg *astr* {SATELLITE} außeratmosphärisch.

extraurbano, (-a) agg {TRASPORTI} außerhalb der Stadt, außerstädtisch.

extrauterino, (-a) agg *med* {GRAVIDANZA} Bauchhöhlen-, extrauterin *scient*.

extravergine agg *comm* {OLIO} aus erster Pressung, kalt gepresst, extravergine, extrarein, nativ extra.

extrema ratio <-, *extremae rationes* pl *lat*> loc sost f *lat* (*rimedio estremo*) Ultima ratio f, Ultima Ratio f, allerletztes/äußerstes Mittel, allerletzte/äußerste Maßnahme.

ex voto <-> loc sost m *lat relig* Exvoto n.

eye-liner <-> m *ingl* (*cosmetico*) Eyeliner m.

Ezio m (*nome proprio*) Äzius *obs*.

eziologia f **1** (*ricerca*) Ätiologie f *forb* **2** *med* (*studio*) Ätiologie f *scient* **3** *med* (*insieme di cause*) Ätiologie f *scient*.

eziologico, (-a) <-ci, -che> agg ätiologisch *forb*; o *scient*.

F, f

F[1], f <-> f o rar m (*sesta lettera dell'alfabeto italiano*) F, f n ● **f come Firenze** (*nella compitazione delle parole*), F wie Friedrich; → *anche* **A, a**.

F[2] **1** *abbr di* Francia: F (*abbr di* Frankreich) **2** *abbr di* femmina: Fr. (*abbr di* Frau) **3** *abbr di* infiammabile: entzündlich, entflammbar **4** *alpin abbr di* facile: leicht **5** *fis abbr di* Fahrenheit: F (*abbr di* Fahrenheit) **6** *fis abbr di* farad, faraday, frequenza: F (*abbr di* Farad, Faraday, Frequenz) **7** *sport* (*nell'automobilismo*) *abbr di* formula: Formel f.

F. *geog abbr di* fiume: Fluss m.

fa[1] <-> m *mus* f, F n.

fa[2] *avv* (*addietro*) vor: **tre anni fa**, vor drei Jahren; **poco (tempo) fa**, vor kurzem; **tanto tempo fa**, vor langer Zeit.

fa[3] 3ª pers sing dell'ind pres *di* fare①.

fabbisógno m (*domanda*) ~ **di qc** Bedarf m (*an etw dat*): ~ **energetico/finanziario**, Energie-/Kapitalbedarf m; **il ~ di petrolio è in continuo aumento**, der Bedarf an Erdöl steigt unablässig; **coprire il ~ alimentare**, den Bedarf an Lebensmitteln decken; **provvedere al ~ della famiglia**, für den Bedarf der Familie sorgen.

fàbbrica <-che> f **1** (*stabilimento*) Fabrik f, Werk n: **andare in ~** *fam*, in die Fabrik gehen *fam*; ~ **di armi**, Waffenschmiede f; ~ **di automobili/mobili/piastrelle**, Automobil-/Möbel-/Fliesenfabrik f; **ha sempre lavorato in ~**, er/sie hat immer im Werk gearbeitet; ~ **di mattoni**, Ziegelbrennerei f, Ziegelei f; ~ **di delinquenti**, Verbrecherfabrik f *fig*; ~ **di disoccupati**, Arbeitslosenfabrik f; **quest'università è una ~ di cervelli**, diese Universität ist eine echte Denkfabrik **3** *forb* (*edificazione*) {+CHIESA, PONTE, PALAZZO} Bau m ● **franco ~** *comm*, frei Werk; **lungo come la ~** ₍di San Pietro₎/₍del Duomo₎ *fig* (*molto lungo*), langwierig wie der Bau ₍der Peterskirche₎/₍des Kölner Doms₎.

fabbricàbile agg **1** (*edificabile*) {AREA, TERRENO, ZONA} Bau-, bebaubar **2** (*producibile*) {ARTICOLO, PRODOTTO} herstellbar **3** (*costruibile*) {EDIFICIO} (er)baubar.

fabbricànte m (f) Fabrikant(in) m(f), Hersteller(in) m(f).

fabbricàre <fabbrico, fabbrichi> **A** tr **1** (*produrre*) ~ **qc** etw her|stellen, etw produzieren, etw (an|)fertigen: **questa ditta fabbrica giocattoli**, diese Firma stellt Spielzeuge her **2** *fig* (*architettare*) ~ **qc** {PROCESSO} etw ein|zetteln *spreg*, {FALSE ACCUSE} sich (dat) *etw* aus|denken, *etw* erfinden, *etw* ersinnen *forb* **3** *edil* (*edificare*) ~ **qc**) {CHIESA, EDIFICIO} *etw* (er)bauen, *etw* errichten **B** rfl *indir*: **fabbricarsi qc 1** (*costruirsi*) sich (dat) *etw* bauen: **si è fabbricato il letto da solo**, er hat sich (dat) das Bett allein gebaut **2** *fig* (*inventarsi*) {ALIBI} *etw* aus|denken, sich (dat) *etw* zurecht|

fabbricàto m *edil* (*edificio*) {CIVILE, RURALE} Bau m, Gebäude n: ~ **industriale**, Industriebau m.

fabbricatóre, (-trice) m (f) **1** *spec fig* (*inventore*) {+ACCUSE, NOTIZIE FALSE} Erfinder(in) m(f) **2** (*produttore*) Fabrikant(in) m(f), Hersteller(in) m(f), Produzent(in) m(f) **3** (*costruttore*) Erbauer(in) m(f).

fabbricazióne f Herstellung f, Fabrikation f: ~ ₍**della carta**₎/₍**dei giocattoli**₎, Papier-/Spielzeugherstellung f; ~ **su vasta scala**, Herstellung f in großem Umfang/Maßstab; ~ **in serie**, Serienproduktion f, Serienfabrikation f, Serienanfertigung f; **di ~ tedesca/italiana**, in Deutschland/Italien hergestellt.

fabbricerìa f *relig* Kirchenfabrik f, Kirchenstiftung f.

fàbbro m **1** (*artigiano*) Schlosser m: **ho perso le chiavi di casa: dovrò chiamare il ~ per far aprire la porta**, ich habe die Hausschlüssel verloren; ich werde den Hausschlüsseldienst anrufen müssen, um die Tür aufmachen zu lassen **2** (*fucinatore*) Schmied m: ~ **ferraio**, Eisenschmied m **3** *fig lett* (*artefice*) {+INGANNI, TRADIMENTI} Urheber m, Anstifter m ● ~ **dell'Universo** (*Dio*), Gott m, Schöpfer m des Himmels und der Erde.

Fàbio m (*nome proprio*) Fabian, Fabius *obs*.

fabliau <-, -x *pl franc*> m *franc lett* Fabliau n.

Fabrìzio m (*nome proprio*) Fabricius.

fàbula f *lat lett* Fabel f.

fabulazióne f *psic* Fabulieren n.

faccènda f **1** (*questione*) {DELICATA, PRIVATA, SERIA} Angelegenheit f, Sache f: **la ~ è chiusa!**, die Angelegenheit ist abgeschlossen! **2** (*cosa da fare*) Erledigung f: **sbrigo questa ~ e vi raggiungo**, ich erledige das und komme euch nach **3** <*solo pl*> (*lavori domestici*) Hausarbeit f: **è lui che fa le faccende!**, er ist es, der die Hausarbeit macht! ● **essere in tutt'altre faccende affaccendato** *scherz* (*avere altro per la testa*), völlig andere Dinge im Kopf haben; **essere in faccende** (*occupato*), beschäftigt sein.

faccendière, (-a) m (f) *spreg* Geschäftemacher(in) m(f) *spreg*.

faccendóne, (-a) m (f) *scherz* Hansdampf m in allen Gassen *scherz*, Betriebsnudel f *fam*.

faccétta <*dim di* faccia> f **1** (*visino*) Gesichtchen n **2** (*sfaccettatura*) {+BRILLANTE, DIAMANTE} Facette f.

facchinàggio <-gi> m **1** (*lavoro*) Trägerarbeit f **2** (*paga*) Trägerlohn m.

facchìno m **1** (*portabagagli*) {+ALBERGO, STAZIONE} (Gepäck)träger m **2** *fig spreg* Rüpel m *spreg*, Grobian m *spreg* ● **fare il ~**, als Träger arbeiten; *fig* (*sgobbare*), malochen *fam*, schuften *fam*, rackern *fam*.

fàccia① <-ce> **A** f **1** (*volto*) {EMACIATA, PALLIDA, RUBICONDA, SMUNTA, TONDA} Gesicht n **2** (*espressione*) {ALLEGRA, SCURA, SERIA} Gesicht n, Miene f: **perché (fai) quella ~?**, warum machst du so ein Gesicht? **3** (*aspetto*) {LOSCA, ONESTA} Aussehen n: **ha una ~ pulita**, er/sie sieht anständig aus; **oggi hai proprio una bella/brutta ~**, heute siehst du wirklich gut/schlecht aus **4** *anche fig* (*lato*) {+FOGLIO, LUNA, MEDAGLIA, MONETA} Seite f: **le mille facce di una questione**, die tausend Seiten einer Sache; **l'altra ~ di qc**, die andere Seite von etw (dat) **5** *fig* (*persona*) {CONOSCIUTA, NOTA, NUOVA} Gesicht n: **qui si vedono sempre le solite facce!**, hier sieht man immer dieselben Gesichter! **6** *edil* (*facciata*) {CASA, CHIESA} Fassade f **7** *mat* (*in geometria*) Fläche f, Seite f: **il cubo ha sei facce uguali**, der Würfel besteht aus sechs gleich großen Seiten/Flächen **B** *loc avv* **1** (*di fronte*): (a) ~ **a ~**, Auge in Auge, von Angesicht zu Angesicht; **si trovarono (a) ~ a ~ col nemico**, sie befanden sich von Angesicht zu Angesicht mit dem Feind, sie standen dem Feind von Angesicht zu Angesicht gegenüber **2** (*stato*): **in ~**, im Gesicht; **ho il sole in ~**, ich habe die Sonne im Gesicht **3** (*moto*) **in ~ (a qu)**, {SPUTARE} (jdm) ins Gesicht **C** *loc prep* (*dirimpetto*): **di/in ~ a qu/qc**, jdm/etw gegenüber, gegenüber jdm/etw; **abita di/in ~ a loro**, er/sie wohnt ihnen gegenüber ● **alla ~!** *fam merid*, (zum) Donnerwetter! *fam*; **alla ~ tua!** *fam merid*, du kannst mich mal! *fam eufem*; ~ **d'angelo** *iron*, Engelsgesicht n *anche iron*; **avere la ~ (tosta) di dire/fare qc** *fig* (*averne la sfrontatezza*), die Stirn haben, etw zu sagen/tun; **essere/avere una (bella) ~ di bronzo** *fig*, ganz schön unverschämt sein; **cambiare ~ fig (impallidire), blass werden; **dire qc in ~ a qu** *fig* (*direttamente*), jdm etw ins Gesicht sagen; **una ~ da funerale** *fam*, ein Gesicht wie vierzehn Tage Regenwetter *fam*, eine Leichenbittermiene *fam iron*; **giocarsi la ~** *fig* (*la reputazione*), seinen Ruf aufs Spiel setzen; **non guardare in ~ (a) nessuno** *fig* (*non avere riguardi per nessuno*), auf niemand(en) Rücksicht nehmen; ~ **da/di luna (piena)** *fig fam* (*rotonda e paffuta*), (Voll)mondgesicht n *fam scherz*; ~ **di merda** *volg*, Arschgesicht n *volg spreg*; **perdere/salvare la ~** *fig*, sein Gesicht verlieren/wahren; **guardare in ~ la realtà** *fig* (*essere realisti*), den Tatsachen ins Gesicht sehen; **ridere in ~ a qu** *fig* (*per scherno*), jdm ins Gesicht lachen; **non riuscire a guardare in ~ qu** *fig* (*per la vergogna*), jdm nicht ins Gesicht schauen können; **sbattere/gettare qc in ~ a qu** *fig* (*direttamente*), jdm etw unter die Nase reiben *fam*, jdm etw vor dem Latz knallen *fam*; ~ **da schiaffi** *spreg*, Ohrfeigengesicht n *fam spreg*, Gesicht n zum Reinschlagen *fam*; **ce l'hai scritto in ~** *fig* (è evidente), das steht dir ins Gesicht geschrieben; **spaccare la ~ a qu**, jdm eins vor die Fresse geben *volg*; **scomparire dalla ~ della terra** *fig*, vom Erdboden verschwinden; ~ **di tolla** *fig* (*persona sfrontata*), unverschämter Mensch; ~ **tosta** *fig* (*sfrontatezza*), Unverschämtheit f, Unverfrorenheit f, Frechheit f; **hai una bella ~ tosta!**, du bist ganz schön unverschämt, du hast vielleicht Nerven! *fam*

fàccia② 1ª, 2ª e 3ª pers sing del congv pres e 3ª pers sing dell'imperat pres *di fare*①.

fàccia a fàccia **A** <-> loc sost m (Tv-/Radio-)Duell n **B** <inv> loc agg: **dibattito faccia a faccia**, (TV-/Radio-)Duell n.

facciàle *agg* **1** *anat* (*della faccia*) {CHIRURGIA, MUSCOLO, NERVO, PARALISI} Gesichts- **2** *econ numism* (*nominale*) Nominal-, Nenn-.

facciàta **A** f **1** {+CASA, CHIESA, PALAZZO} Fassade f **2** (*pagina di un foglio*) Seite f: **un articolo di tre facciate**, ein Artikel von drei Seiten, ein dreiseitiger Artikel **3** *fig* (*apparenza*) Fassade f, Anschein m **B** <inv> loc agg (*esteriore*): **di ~**, {AMICIZIA, CORTESIA, GENTILEZZA} Schein-.

faccina <dim *di* faccia> f *inform* Emoticon n, Smiley n.

fàccio 1ª pers sing dell'ind pres *di fare*①.

fàce f *lett* **1** (*fiaccola*) Fackel f **2** *fig* (*luce*) Licht n.

facènte *amm* **A** *agg*: ~ **le veci (di qu)**, (jdn) vertretend; ~ **riferimento (a qc)**, mit/unter Bezug auf etw (acc) **B** *mf*: ~ **parte di qc**, zu etw (dat) Gehörige mf decl come agg, Angehörige mf decl come agg von etw (dat)/+ gen; ~ **funzione**, Stellvertreter(in) m (f).

facèssi 1ª e 2ª pers sing del congv imperf *di fare*①.

facèsti 2ª pers sing del pass rem *di fare*①.

facèto, (-a) *agg* (*scherzoso*) {DISCORSO, PERSONA, STILE} lustig, witzig, launig.

facèzia f (*detto arguto*) {DI CATTIVO GUSTO, PUNGENTE} Witz m, Schwank m, Schnurre f *obs*.

fachìro, (rar -a) m (f) Fakir m.

fàcies <-> f *lat med scient* {CULTURALE, FLUVIALE, MARINA, TETANICA} Fazies f *scient*, Facies f *scient*.

fàcile *agg* **1** (*semplice*) {COMPITO, LAVORO, TEMA} einfach, leicht: **un indovinello facile facile**, ein babyleichtes *fam* Rätsel n; **è un calcolo (relativamente) ~ da eseguire**, das ist eine (relativ) einfach durchzuführende Rechnung; (**è**) **~ a dirsi!**, das sagt sich so leicht!, das ist leicht gesagt!; **è ~ criticare!**, kritisieren ist einfach!; **da qui è ~ arrivare alla stazione**, von hier aus kann man den Bahnhof leicht erreichen **2** (*agevole*) {DISCESA, PERCORSO, PISTA} leicht, mühelos **3** (*ottenibile senza fatica*) mühelos, leicht: **un lavoro che permette facili guadagni**, eine Arbeit, mit der man mühelos Geld verdienen kann **4** (*comprensibile*) {LINGUAGGIO, STILE, TESTO} leicht(verständlich) **5** (*altamente probabile*) leicht (möglich): **è ~ che il treno sia in ritardo** *fam*, es ist leicht möglich, dass der Zug Verspätung hat; **con questo ghiaccio è ~ scivolare**, bei diesem Glatteis kann man leicht ausrutschen; **niente di più ~**, nichts leichter als das **6** (*propenso*) ~ **a qc** {ALLA COLLERA, ALLE LACRIME} zu etw (dat) neigend: **è sempre stato un ragazzo ~ al bere**, er war schon immer ein Typ, der zum Trinken neigt **7** (*affabile*) {CARATTERE} umgänglich **8** (*poco serio*) {DONNA} leichtlebig, leichtfertig *obs*; {RAGAZZA} *anche* leicht **9** (*pronto*) {RISPOSTA} schlagfertig: **avere la parola/[il riso] ~**, redegewandt sein/[ständig kichern]; **un tipo dalla battuta ~**, ein schlagfertiger Typ; **avere la pistola/[il grilletto] ~**, eine lo-

cker sitzende Pistole haben/[den Finger stets am Abzug haben] ~ **di ~ lettura/comprensione/soluzione**, leicht lesbar/verständlich/lösbar; **ha preso/scelto la via/strada più ~ fig**, er/sie hat den einfachsten Weg genommen/gewählt.

facilità <-> f **1** (*semplicità*) {+PROBLEMA} Leichtigkeit f, Einfachheit f **2** (*agevolezza*) {+PERCORSO} Leichtigkeit f, Mühelosigkeit f **3** (*comprensibilità*) {+DISCORSO, OPERA LETTERARIA} Verständlichkeit f **4** (*disinvoltura*) Ungezwungenheit f, Leichtigkeit f: **impara con (estrema) ~**, er/sie lernt (sehr leicht)/ [spielend]; **i bambini hanno ~ a imparare le lingue**, Kinder lernen mühelos/leicht Fremdsprachen; **la ~ di parola/penna è la chiave del suo successo**, seine/ihre Wortgewandtheit/Schreibbegabung ist der Schlüssel seines/ihres Erfolges **5** (*inclinazione*) Neigung f: **ha ~ ad arrabbiarsi**, er/sie ärgert sich leicht; ~ **a stancarsi**, Neigung f zur Müdigkeit ● ~ **di costumi**, Leichtfertigkeit f.

facilitàre **A** tr (*agevolare*) ~ **qc (a qu)** {DIGESTIONE, TRANSITO} (jdm) etw erleichtern; {PAGAMENTO} entgegen|kommen: **la conoscenza del latino gli facilita la comprensione del testo**, seine Lateinkenntnisse erleichtern ihm das Verstehen des Textes **B** rfl indir (*semplificarsi*): **facilitarsi qc** {COMPITO, VITA} sich (dat) etw leichter machen.

facilitàto, (-a) **A** *agg* **1** (*agevolato*) ~ **in qc** in etw (dat) begünstigt, in etw (dat) gefördert: **essere ~ nello studio**, beim Lernen gefördert sein **2** (*semplificato*) {METODO, PAROLE CROCIATE} vereinfacht **B** m (f) *banca*: **~ di qu** Kunde m (Kundin f), dem/der Kreditfazilität gewährt wird".

facilitazióne f (*agevolazione*) {+COMPITO} Erleichterung f: **banca comm** Erleichterung f, Vergünstigung f: ~ **di pagamento**, Zahlungserleichterung f; ~ **di credito**, Kreditvergünstigung f, Kreditfazilität f.

facility <-> f *ingl* (*spazio attrezzato*) Facility f.

facilménte *avv* **1** (*con facilità*) leicht: **è una questione che si risolve ~**, das Problem ist leicht zu lösen/[lässt sich ohne weiteres lösen] **2** (*presumibilmente*) wahrscheinlich: ~ **parteciperà anche lui**, wahrscheinlich wird er auch mitmachen *fam* **3** (*prontamente*) leicht, schnell: **si offende ~**, er/sie ist leicht beleidigt/[schnappt leicht ein *fam spreg*].

facilóne, (-a) m (f) (*superficiale*) leichtsinniger Mensch, Leichtfuß m *fam scherz*.

faciloneria f (*superficialità*) Leichtfertigkeit f.

facinoróso, (-a) **A** *agg* (*turbolento*) {POPOLO, UOMO} gewalttätig **B** m (f) Gewalttäter(in) m (f).

facocèro m *zoo* Warzenschwein n.

facoltà <-> f **1** (*capacità*) {CREATIVA, CRITICA} Fähigkeit f: ~ **intellettuale/[di giudizio]**, Denk-/Urteilsvermögen n *forb* **2** (*potere*) {ASSOLUTA, INCONDIZIONATA, LIMITATA} Befugnis f, Macht f: **questo non rientra nelle [esulata dalle] mie ~**, das liegt nicht in meiner Macht; **gli hanno conferito la ~ di decidere**, man hat ihm die Entscheidungsbefugnis übertragen **3** (*proprietà*) Eigenschaft f: **il rame ha la ~ di condurre l'elettricità**, Kupfer hat die Eigenschaft, Elektrizität zu leiten **4** <solo pl> (*ricchezze*) Vermögen n **5** *dir* Möglichkeit f, Befugnis f, Berechtigung f, Recht n **6** *università* {+FILOSOFIA, GIURISPRUDENZA, MEDICINA} Fakultät f: ~ **d'ingegneria**, ingenieurwissenschaftliche Fakultät; **insegna alla ~ di economia**, er/sie lehrt an der wirtschaftswissenschaftlichen Fakultät; (*sede*) Fakultät f

● ~ **; domani vado in ~**, morgen gehe ich in die Fakultät; (*insieme di persone*) Fakultät f ● ~ **di intendere e di volere**, Zurechnungsfähigkeit f.

facoltatìvo, (-a) *agg* (*opzionale*) {ESERCIZIO, MATERIA, PROVA} wahlfrei, fakultativ *forb*: {FERMATA} Bedarfs-; {DISPOSIZIONE} Kann-; {PRESTAZIONE} freiwillig.

facoltóso, (-a) *agg* (*abbiente*) {FAMIGLIA, UOMO} vermögend, finanzstark, potent *forb*.

façon <-> m *franc* (*nella moda*) Fasson f, Façon f.

facóndia f *forb* **1** (*eloquenza*) Rede-, Wortgewandtheit f **2** *spreg* (*verbosità*) {+PREDICATORE} Wortreichtum m, Weitschweifigkeit f, Langatmigkeit f.

facóndo, (-a) *agg* *forb* **1** (*eloquente*) {AVVOCATO} rede-, wortgewandt **2** *spreg* (*verboso*) {PARLATORE} wortreich, weitschweifig, langatmig.

facsìmile <-> m **1** (*riproduzione*) {+DOCUMENTO, MANOSCRITTO} Faksimile n **2** *fig* (*copia*) {+OGGETTO, PERSONA} Abbild n, Kopie f: **questo divano è un ~ del mio**, dieses Sofa ist eine Kopie von meinem.

fàctoring <-> m *ingl econ* Factoring n.

factótum <-> mf Faktotum n.

fading <-> m *ingl elettr tecnol* Fading n.

faentìno, (-a) **A** *agg* aus/von Faenza **B** m (f) (*abitante*) Einwohner(in) m (f) von Faenza **C** f (*ceramica*) Fayence f.

faènza f (*ceramica*) Fayence f.

Faènza f *geog* Faenza n.

faesìte f (*legno sintetico*) Kunstholz n aus Belluno.

faggéta f, **faggéto** m Buchenwald m.

fàggio <-i> m **1** *bot* Buche f: ~ **purpureo**, Rotbuche f **2** (*legno*) Buche f, Buchenholz n: **mobile di/in ~**, Buchenholzmöbel n.

fagiàno m *ornit* Fasan m: ~ **argentato/dorato**, Silber-/Goldfasan m; ~ **(comune)**, Fasan m; ~ **di monte**, Birkhahn m; (*femmina*) Birkhuhn m.

fagiolàta f *gastr* Bohnensuppe f.

fagiolìno <dim *di* fagiolo> m *bot* **1** (*pianta*) Brechbohne f, grüne Bohne **2** <di solito al pl> *anche gastr* (*baccello*) grüne Bohnen f pl.

fagiòlo m *bot* **1** (*pianta*) Bohne f **2** <di solito al pl> *anche gastr* (*seme*) {FRESCHI, LESSI, SECCHI} Bohnen f pl: **fagioli borlotti**, "rote, ovale, mittelgroße Bohnen"; **fagioli cannellini**, "kleine, weiße Bohnen" ● **capita a ~ fig fam** (*arriva al momento giusto*), {+PROPOSTA} das kommt wie gerufen; **va a ~ a qu** *fig fam* (*va a genio*), {NUOVO VICINO} er/sie/es liegt jdm, er/sie/es ist jdm sympathisch.

fàglia① f *geol* {CHIUSA, DIAGONALE, ORIZZONTALE} Verwerfung f.

fàglia② f *tess* Faille f.

fagocìta <-i> m = **fagocito**.

fagocitàre tr **1** *biol* ~ **qc** etw phagozytieren **2** *fig* (*inglobare*) ~ **qu/qc** {CITTÀ POPOLAZIONE, TERRITORIO} sich (dat) jdn/etw ein|verleiben; {MULTINAZIONALI PICCOLE IMPRESE} etw schlucken.

fagocitazióne f *fig* (*inglobazione*) {+TERRITORIO} Annexion f, Besitznahme f, Einverleibung f; {+PICCOLE IMPRESE} Schlucken n *fam*, Übernahme f.

fagocìto m *biol* Fresszelle f, Phagozyt m *scient*.

fagottìno <dim *di* fagotto> m *gastr* gefüllte Teigtasche.

fagòtto① m **1** (*involto*) {+BIANCHERIA, STRACCI} Bündel n **2** *fig* (*persona goffa*) Tölpel m *spreg*, Tollpatsch m ● **far ~** *fig fam* (*andarsene*), sein Bündel packen/schnüren, auf und davongehen.

fagotto② m mus **1** (*strumento*) Fagott n **2** (*suonatore*) Fagott n, Fagottist(in) m(f).
Fahrenheit <inv> agg ted fis (abbr F) {GRADO, SCALA} Fahrenheit-.
fai 2ª pers sing dell'ind pres di fare.
FAI A m **1** abbr di Fondo Aiuti Italiani: Italienischer Hilfsfonds **2** abbr di Fondo Ambiente Italiano: "Italienischer Umweltfonds" B f **1** <solo pl> ferr abbr di Ferrovie Alta Italia: "Oberitalienische Eisenbahn" **2** polit abbr di Federazione Anarchica Italiana: "Italienischer Anarchistenbund" **3** sport abbr di Federazione Atletica Italiana: "Italienischer Athletenverband".
faida f **1** Fehde f **2** stor (*vendetta*) Blutrache f.
fai da te <-> loc sost m Do-it-yourself n.
faina f **1** zoo Steinmarder m **2** (*pelliccia*) Steinmarderpelz m.
fair play <-> loc sost m ingl Fairplay n, Fairness f.
falàfel <-, *falfala* sing arabo> m arabo gastr Falafel f, Felafel f.
falange① f anat Glied n.
falange② f **1** fig forb (*moltitudine*) {+STUDIOSI, CREDITORI} Phalanx f forb, Menge f **2** mil stor (*schieramento*) Phalanx f **3** polit stor {ARMATA, FRANCHISTA} Falange f.
falangétta <dim di falange> f anat letztes Fingerglied.
falangina <dim di falange> f anat zweites Fingerglied.
falangista <-i m, -e f> polit stor A agg {MOVIMENTO} der Falange B mf Falangist(in) m(f).
falcàta f **1** spec sport (*passo*) {+ATLETA, PODISTA} Schritt m: **procedeva a grandi falcate tra la folla**, er/sie ging mit großen Schritten durch die Menge **2** sport (*nell'equitazione*) {+CAVALLO} Sprung m.
falcàto agg **1** (*falciforme*) {LUNA} sichelförmig, {SPADA} anche Sichel- **2** (*munito di falce*) {CARRO} Sichel-.
falce f **1** (*attrezzo a manico corto*) Sichel f; (*a manico lungo*) Sense f **2** (*spicchio*) Sichel f: ~ **di luna**, Mondsichel f **3** anat {+CERVELLO, PERITONEO} Sichel f ● ~ **e martello** polit, Hammer und Sichel; **la ~ della morte** fig, die Sense des Todes.
falcétto <dim di falce> m agr Hippe f, Gartenmesser m.
falciàre <*falcio, falci*> tr **1** (*tagliare*) ~ (qc) {ERBA, GRANO} (*etw*) mähen **2** fig (*stroncare*) ~ qu {EPIDEMIA VITE UMANE, VITTIME} jdn dahinraffen forb eufem **3** fig (*uccidere con tiro falciante*) ~ qu {FOLLA, NEMICO} jdn niedermähen, jdn niedermachen fam: **raffiche di mitra falciarono i prigionieri in fuga**, Maschinengewehrsalven mähten die fliehenden Gefangenen nieder **4** slang (*nel calcio*) ~ qu jdm ein Bein stellen: **l'attaccante ha falciato l'avversario in area**, der Stürmer hat dem Gegner im Strafraum ein Bein gestellt.
falciàta f **1** (*falciatura*) Mähen n: **il prato ha bisogno di una ~**, die Wiese muss gemäht werden **2** (*colpo di falce corta*) Sichelhieb m; (*di falce lunga*) Sensenhieb m.
falciatrice f agr Mähmaschine f.
falcidia f **1** (*decimazione*) Dezimierung f forb, Gemetzel n spreg: **la guerra ha causato una ~ di vite umane**, der Krieg hat ⌞entsetzlich viele Menschenleben gekostet⌟/⌞die Bevölkerung dezimiert forb⌟; anche fig {+CANDIDATI, CONCORRENTI, ESAMINANDI} Fertigmachen n fam **2** fig (*riduzione*) Kürzung f, Verminderung f: **la crisi operò una vera ~ sul suo patrimonio**, die Krise hat sein/ihr Vermögen zusammenschmelzen lassen.

falcidiàre <*falcidio, falcidi*> tr **1** (*decimare*) ~ qu {BATTAGLIA, CARESTIA ESERCITO, NEMICO, POPOLAZIONE} jdn dezimieren forb, jdn niedermetzeln **2** fig (*ridurre*) ~ qc {CAPITALE} etw verringern; {STIPENDIO} etw kürzen.
falciforme agg sichelförmig.
falco <-*chi*> m **1** ornit Falke m: ~ **pellegrino**, Wanderfalke m **2** <*di solito al pl*> fig polit Falken m pl: **falchi e colombe**, Falken und Tauben **3** fig (*persona astuta*) (schlauer) Fuchs fam.
falcóne m **1** ornit (*falco da caccia*) Falke m **2** stor (*cannone*) Falkonett n, Falkone f **3** (*palo per carrucola*) Derrickkran m.
falconerìa f Falknerei f.
falconière m Falkner m, Falkenier m.
falda f **1** (*strato*) {+COTONE, GHIACCIO, PASTA SFOGLIA} Schicht f **2** (*fiocco*) Flocke f: **nevica a larghe falde**, es schneit in dichten Flocken **3** (*lembo*) {+FRAC, MARSINA} Schoß m **4** (*tesa*) {+CAPPELLO} Krempe f: **copricapo a larga ~**, breitkrempige Kopfbedeckung **5** (*pendice*) Hang m: **un paese alle falde del Monte Rosa**, ein Dorf am Hang des Monte Rosa **6** edil (*superficie del tetto*) Walm m **7** geol (*struttura rocciosa*) {TETTONICA} (Erd)schicht f, Lagerung f: ~ **acquifera**, wasserführende Schicht; ~ **artesiana**, artesische Schicht; ~ **freatica**, Grundwasser n.
faldina <dim di falda> f: ~ **di cotone**, Watte-, Kosmetikpad m.
faldóne <acc di falda> m amm (*raccoglitore*) Sammel-, Aktenmappe f.
falegnàme m Tischler m spec norddt A, Schreiner m region.
falegnamerìa f (*arte*) Tischlerei f spec norddt A, Schreinerei f region **2** (*laboratorio*) Tischlerei f spec norddt A, Tischlerwerkstatt f spec norddt A.
falèna f **1** zoo Nachtfalter m **2** eufem (*prostituta*) Prostituierte f, Strichbiene f fam.
falèsia f geog Kliff n, Klippe f.
falla f **1** (*fenditura*) {+CARENA, SCAFO} Leck n; {+SERBATOIO} Loch n, Riss m **2** (*difetto di fabbricazione*) {+CERAMICA, TESSUTO} Fabrikationsfehler m **3** fig (*perdita*) Verlust m: **deve tamponare/tappare tutte le falle del suo patrimonio**, er/sie muss all seine/ihre Vermögensverluste stopfen **4** fig (*lacuna*) {+RAGIONAMENTO, TEORIA, TESTO} Lücke f **5** mil (*breccia*) Lücke f: **aprimmo una ~ nelle linee nemiche**, wir öffneten eine Lücke in den feindlichen Linien.
fallàccio <-*ci*, pegg di fallo①> m slang sport (*nel calcio*) schlimmes Foul.
fallàce agg (*ingannevole*) {ARGOMENTAZIONE} irreführend; {IMMAGINE, INDIZIO, PROMESSA} anche trügerisch.
fallàcia f (*falsità*) {+GIUDIZIO, PROVA, SPERANZA} Falschheit f.
fallàto agg (*difettoso*) {CRISTALLO, TESSUTO} fehlerhaft.
fallìbile agg forb {UOMO} fehlbar.
fallibilità <-> f forb {UMANA} Fehlbarkeit f.
fàllico, (-*a*) <-*ci*, -*che*> agg **1** {CULTO, SIMBOLOGIA} phallisch, Phallus- **2** psic {FASE} phallisch.
fallimentàre agg **1** dir {CREDITORE, CURATORE, DEBITORE, PROCEDURA} Konkurs-, Insolvenz- **2** fig (*negativo*) {RAPPORTO, RISULTATO, SITUAZIONE} katastrophal **3** comm {PREZZO} Ausverkaufs-, Räumungs-.
fallimènto m **1** dir (*stato di insolvenza*) {+IMPRENDITORE, SOCIETÀ} Konkurs m; (*procedura fallimentare*) Konkurs-, Insolvenzverfahren n: **dichiarazione di ~**, Eröffnung f des Konkurs-/Insolvenzverfahrens, Konkurseröffnung f **2** fig (*insuccesso*) {+CONTRAT-

TAZIONE, PROGETTO, RELAZIONE} Scheitern n: **la festa è stata un ~**, das Fest war ein Reinfall fam; **il nostro matrimonio è un vero ~**, unsere Ehe ist eine wahre Katastrophe ● **dichiarare ~** dir, Konkurs anmelden; fig (*dichiararsi sconfitto*), sich für besiegt erklären; **quest'anno molte imprese ⌞hanno fatto⌟/⌞sono andate in⌟ ~**, dieses Jahr ⌞haben viele Unternehmen Konkurs gemacht⌟/⌞sind viele Unternehmen in Konkurs gegangen⌟.
fallìre <*fallisco*> A itr **1** <*essere*> (*andare in fallimento*) {DITTA, IMPRENDITORE, SOCIETÀ} Konkurs machen, in Konkurs gehen: **far ~ qu**, den Konkurs von jdm/+ gen herbeiführen **2** <*avere*> fig (*non riuscire*) ~ (**in qc**) {IN UN'IMPRESA, IN UNO SCOPO} mit etw (dat) scheitern **3** <*essere*> fig (*andare a monte*) {ESPERIMENTO, TENTATIVO} misslingen, scheitern, fehlschlagen: **il colpo in banca è fallito miseramente**, der Bankcoup ist kläglich gescheitert; **i negoziati sono destinati a ~**, die Verhandlungen sind zum Scheitern verurteilt B tr <*avere*> anche fig (*mancare*) ~ qc {OBIETTIVO, PALLA, PORTA} etw verfehlen; {INTERVENTO} etw verpassen: ~ **il colpo**, daneben⌜schießen, nicht treffen⌟; (*uso assol*) vorbei⌜schießen, fehl⌜schießen forb; **fallisce a ogni tiro**, er/sie schießt jedes Mal vorbei.
fallìto, (-*a*) A agg **1** (*andato in fallimento*) {DITTA, IMPRENDITORE, SOCIETÀ} in Konkurs gegangen **2** fig (*non riuscito*) {SCRITTORE, UOMO} gescheitert; {MATRIMONIO} anche fehlgeschlagen; {LAVORO} anche misslungen; {ATTIVITÀ} fehlgeschlagen, misslungen B m (f) **1** dir (*debitore fallimentare*) (Gemein)schuldner(in) m(f) **2** fig (*incapace*) Gescheiterte mf decl come agg: **si considera un ~**, er/sie hält sich für gescheitert.
fàllo① m **1** sport (*nel calcio, nella pallavolo, ecc.*) **1** (*INTENZIONALE, INVOLONTARIO*) {NEL TENNIS, NELLA PALLACANESTRO} Fehler m: **l'attaccante ha commesso (un) ~ sul/⌜ai danni del⌟ portiere**, der Stürmer hat den Torwart gefoult; ~ **doppio**, Doppelfehler m; ~ **laterale**, Seitenaus n; ~ **di mano**, Handspiel n, Hand f fam; ~ **di piede**, Fußfehler m **2** (*difetto*) {+PORCELLANA, STOFFA, VETRO} Fehler m, Mangel m **3** forb (*errore morale*) {IMPERDONABILE, INSIGNIFICANTE} Fehler m, Irrtum m ● **cadere in ~**, sich irren, fehlgehen; **cogliere/prendere qu in ~**, jdn auf frischer Tat ertappen, jdn erwischen fam; **essere in ~**, Schuld haben; **fare ~** (*nel calcio, nella pallavolo, ecc.*), foulen; (*nel tennis, nella pallacanestro*), einen Fehler machen; fig (*venir meno*), schwinden, versagen; **senza ~** (*senza dubbio*), ohne Zweifel, gewiss, unfehlbar.
fàllo② m anat forb Phallus m.
fallocèntrico, (-*a*) <-*ci*, -*che*> agg (*che privilegia l'uomo*) {SOCIETÀ} phalluszentriert, phallusorientiert.
fallòcrate mf Phallokrat(in) m(f).
fallocràtico, (-*a*) <-*ci*, -*che*> agg scherz {ATTEGGIAMENTI, SOCIETÀ} phallokratisch spreg.
fallocrazìa f scherz Phallokratie f spreg.
fallosità <-> f sport {+GIOCATORE, SQUADRA} harte/raue Gangart.
fallóso, (-*a*) agg sport {ATTACCANTE} foul spielend, foulend; {GIOCO} Foul-: **intervento ~ da parte del difensore**, Foulspiel des Verteidigers.
fall out <-> loc sost m ingl **1** (*ricaduta radioattiva*) radioaktiver Niederschlag, Fall-out m **2** fig (*ripercussione*) Folge f, Auswirkung f: **il fall out tecnologico della ricerca spaziale**, die technologischen Folgen der Raumforschung **3** econ {+OCCUPAZIONE} Fall-out m.
falò <-> m Lagerfeuer n; (*in segno di festa*) Freudenfeuer n ● **fare (un) ~ di qc** (*bruciare*), {+DI LIBRI} etw verbrennen; fig (*accanto-*

nare) mit etw (dat) aufräumen.

falpalà <-> f (*balza*) {+SOTTANA, TENDA} Falbel f.

falsàre tr ~ **qc 1** (*alterare*) {FATTI, REALTÀ} *etw* entstellen, *etw* verfälschen, *etw* verdrehen *fam spreg*: **i dati statistici sono stati falsati**, die statistischen Daten sind verfälscht worden **2** (*deformare*) {LUCE COLORE; REGISTRATORE VOCE; SPECCHIO IMMAGINE} *etw* verfälschen **3** *rar* (*falsifificare*) {ATTO, MONETA} *etw* fälschen.

falsarìga <-ghe> f **1** (*foglio*) Linienblatt n **2** *fig* (*esempio*) Beispiel n, Vorbild n: **agire sulla ~ di qu/qc**, nach dem Vorbild von jdm/etw handeln, nach jds/etw Vorbild handeln; **ha seguito la ~ ₍del fratello₎/₍dello schema di lavoro₎**, er/sie ist dem Beispiel ₍seines/ihres Bruders₎/₍des Arbeitsschemas₎ gefolgt.

falsàrio, (-a) <-ri m> m (f) (*contraffattore*) {NOTO +DOCUMENTI, GIOIELLI, QUADRI} Fälscher(in) m(f): **~ di banconote**, Geldfälscher(in) m(f); **~ di monete**, Falschmünzer(in) m(f), Münzfälscher(in) m(f).

falsétto m Falsett n: **cantare in ~**, falsettieren, im Falsett singen.

falsificàbile agg {CERTIFICATO, OPERA D'ARTE, RISULTATO} fälschbar: **la tua firma è facilmente/difficilmente ~**, deine Unterschrift ist leicht/schwer zu fälschen.

falsificabilità <-> f {+BILANCIO, DATA, MARCHIO} Fälschbarkeit f.

falsificàre <*falsifico, falsifichi*> tr ~ **qc 1** (*contraffare*) {BANCONOTA, FIRMA, FRANCOBOLLO, PASSAPORTO} *etw* (ver)fälschen **2** (*alterare*) {NOTIZIA, RACCONTO} *etw* entstellen, *etw* verfälschen, *etw* verdrehen *fam spreg*.

falsificàto, (-a) **A** *part pass di* falsificare **B** agg (*contraffatto*) {BANCONOTA, FIRMA, FRANCOBOLLO, PASSAPORTO} gefälscht.

falsificatóre, (-trice) m (f) (*contraffattore*) Verfälscher(in) m(f), Fälscher(in) m(f): **~ di banconote**, Geldfälscher(in) m(f); **~ di monete**, Falschmünzer(in) m(f), Münzfälscher(in) m(f).

falsificazióne f **1** {+CONTRATTO, FRANCOBOLLO} (Ver)fälschung f, (*azione*) *anche* (Ver)fälschen n: **~ di banconote**, Geldfälschung f, Geldfälscherei f; **~ di monete**, Münzfälscherei f, Falschmünzerei f **2** (*alterazione*) {+REALTÀ} Verfälschung f **3** *dir* (*reato*) (Urkunden)fälschung f, Verfälschung f.

falsificazionìsmo m *filos* {+K.R. POPPER} Falsifikationsprinzip n.

falsità <-> f **1** (*giudizio, prova*) Falschheit f; {+TESTIMONIANZA} *anche* Unwahrheit f: **è stata dimostrata la ~ delle accuse**, die Falschheit der Anklage ist bewiesen worden **2** (*ipocrisia*) Falschheit f *spreg*, Unaufrichtigkeit f, Scheinheiligkeit f *fam spreg*: **finalmente hai rivelato la tua ~**, endlich hast du deine Falschheit *spreg* enthüllt **3** (*menzogna*) Unwahrheit f, Lüge f: **non dire ~!**, lüg nicht! **4** *dir* (*reato*) Urkundenfälschung f; Falschurkundung f: **~ ideologica** (*falso ideologico*), (mittelbare) Falschbeurkundung, intellektuelle Urkundenfälschung; **~ materiale** (*falso materiale*), Urkundenfälschung f.

fàlso, (-a) **A** agg **1** (*non veritiero*) {APPARENZA, PROMESSA, SUPPOSIZIONE} falsch; {NOTIZIA} *anche* unwahr: **è stato accusato di falsa testimonianza**, er wurde wegen falscher Zeugenaussage angeklagt **2** (*contraffatto*) {ASSEGNO, CHIAVE, TESTAMENTO} falsch, gefälscht: **il ricercato viaggiava sotto ~ nome**, der Gesuchte reiste unter falschem Namen **3** (*erroneo*) {IDEA, SOSPETTO} falsch, irrtümlich; {ANNUNCIO} *anche* Falsch-: **c'è stata una falsa partenza**, es gab eine irrtümliche Abfahrt f,

la polizia è su una falsa strada/traccia, die Polizei ist auf ₍einer falschen Spur₎/[dem Holzweg] **4** (*simulato*) {LACRIME, MODESTIA, PIANTO, VIRTÙ} falsch *spreg*, geheuchelt **5** (*finto*) {ORO} falsch; {SCOPO} *anche* Schein-: **~ frutto**, Scheinfrucht f; **false coste**, falsche Rippen; **ti crei continuamente dei falsi problemi**, du schaffst dir ständig Scheinprobleme **6** (*posticcio*) {CAPELLI} künstlich; {DENTI} *anche* falsch **7** *spreg* (*ipocrita*) {CREDENTE, PERSONA} falsch *spreg*, unaufrichtig, scheinheilig *fam spreg*: **è ~ come Giuda**, er ist falsch *spreg* wie Judas **8** *gramm* {ACCRESCITIVO, DIMINUTIVO} falsch **B** m **1** Falsche n *decl come agg*: **dire il ~**, falsch aussagen, nicht die Wahrheit sagen **2** (*oggetto falsificato*) Fälschung f: **gli hanno venduto un ~ di Monet**, sie haben ihm einen gefälschten Monet verkauft **3** *dir* (*reato di ~*) falsche Angabe; Falschaussage f; Falschbeurkundung f: **~ ideologico** (*falsità ideologica*), (mittelbare) Falschbeurkundung, intellektuelle Urkundenfälschung f; **~ materiale** (*falsità materiale*), Urkundenfälschung f; **~ in atto pubblico**, Urkundenfälschung f, Falschbeurkundung f; **rispondere di ~ in bilancio**, sich wegen Bilanzfälschung verantworten müssen; **giurare il ~**, falsch schwören, *anche dir*, einen Meineid leisten.

falsopiàno <*falsipiani*> m falsche Ebene.

fàma f **1** (*reputazione*) {CATTIVA, BUONA, PESSIMA; +LOCALE, PERSONA, SCUOLA} Ruf m: **di chiara/dubbia ~**, von großem/zweifelhaftem Ruf; **ha ~ di galantuomo**, er steht im Ruf, ein Gentleman zu sein; **hanno ~ di essere generosi**, sie stehen im Ruf, großzügig zu sein; sie gelten als großzügig; **la vostra famiglia gode di ottima ~**, eure Familie genießt einen sehr guten Ruf; **tradire la propria ~**, seinen Ruf missbrauchen **2** (*notorietà*) {EUROPEA, MERITATA, MONDIALE} Ruhm m, Ansehen n: **i registi francesi godono di ~ internazionale**, die französischen Regisseure genießen internationales Ansehen; **è uno studioso di (gran) ~**, er ist ein (sehr) berühmter Gelehrter **3** *lett* (*notizia*) Ruf m, Gerücht n, Kunde f *forb dos*: **corre ~ che ...**, es geht das Gerücht, dass ... • **conoscere qc di ~**, jdn vom Hörensagen kennen; **fare qc per la ~**, *scherz*, etw nur um der lieben Ehre willen tun *scherz*.

fàme f **1** {ATROCE, INSAZIABILE, SMISURATA} Hunger m: **ha sempre (una gran) ~**, er/sie hat immer (großen) Hunger; **mi è venuta una ~!** *fam*, ich habe plötzlich einen Riesenhunger! *fam*; **questa bella torta fa venir ~**, bei dieser schönen Torte kriegt man Hunger **2** *fig* (*bramosia*) **~ di qc** {+GIUSTIZIA} Sucht f *nach etw* (dat); {+DENARO, ONORI} *anche* Gier f *nach etw* (dat): **~ di sapere**, Wissensdurst m • **avere una ~ birbona** *fam scherz*, einen Bärenhunger haben *fam*; **brutto come la ~** *fam*, hässlich wie die Sünde *enf*; **paga/salario/stipendio da ~** (*misero*), Hungerlohn m *spreg*; **fare la ~**, hungern; *fig* (*vivere in miseria*), *im* Elend leben; **lungo come la ~** (*molto lungo*), {DISCORSO, TESTO} ellenlang *fam*, nicht enden wollend; {RAGAZZO} lang wie eine Bohnenstange *fam scherz*; **~ da lupi/leoni** *fig* (*grande fame*), Wolfs-/Bärenhunger m *fam*; **morire di ~** ₍an/vor Hunger₎/[Hungers] *forb* sterben; *fig fam* (*essere affamato*) vor Hunger sterben/umkommen *fam*; *fig* (*essere in miseria*), ein Hungerdasein/Hungerleben führen; **prendere un paese per ~**, ein Land aushungern; **ridurre qu alla ~** (*ridurre in carestia*), jdn zum Hungern verurteilen; *fig* (*miseria*), jdn ins Elend stürzen; **non ci vedo più dalla ~** *fig* (*ho molta fame*), ich habe einen ₍schrecklichen Hunger₎/[Mordshunger] *fam*; **la ~ ₍è (una) cattiva consigliera₎/[dà cattivi consigli]** *prov*, Hunger ist ein schlechter Ratgeber *prov*.

famèlico, (-a) <-ci, -che> agg **1** (*affamato*) {CANE, LUPO} hungrig **2** *fig* (*bramoso*) {SGUARDO} gierig.

famigeràto, (-a) agg **1** (*tristemente noto*) {DELINQUENTE} berüchtigt **2** *iron* {AUTOSTRADA DELLA MORTE, LEGGE DEL 1980, LOCALE} (berühmt-)berüchtigt *anche iron*.

famìglia A f **1** {BENESTANTE, FELICE, LEGITTIMA, NUMEROSA} Familie f: **~ estesa/allargata**, Großfamilie f; **~ nucleare**, Kernfamilie f; **mi sono (ri)fatto una ~**, ich habe eine (neue) Familie gegründet; **una ~ di tre persone**, eine dreiköpfige Familie; **ho/tengo ~** – *süddt*, ich habe Familie; **passare una serata in ~**, einen Abend mit der Familie verbringen **2** (*insieme di generazioni*) {NOBILE, ARISTOCRATICA} Familie f, Haus n, Geschlecht n: **appartiene a un'antica ~**, er/sie kommt aus einem alten Geschlecht; **essere di buona ~**, aus gutem Hause sein; **la ~ reale**, das Königshaus/[königliche Haus]; **la ~ dei Savoia**, die Familie der Savoyen **3** *fig* (*gruppo*) {LINGUISTICA +IDROCARBURI} Familie f, Gruppe f: **una ~ di parole**, eine Wortfamilie **4** *bot zoo* {+BOVIDI, GRAMINACEE} Familie f **B** <inv> *loc agg*: **di ~**, {CONSIGLIO, DIRITTO, RIUNIONE, TOMBA} Familien-; {MEDICO} Haus- • **essere di ~** (*essere un abituale frequentatore di una famiglia*), zur Familie gehören; (*essere caratteristico di una famiglia*) (*ABITUDINE*) typisch für die Familie sein; (*appartenente alla famiglia*) {GIOIELLO} zur Familie gehören; **confezione/formato/pacco ~**, Familienpackung f/Familienformat n/Familienpaket n; **~ di fatto** (*convivenza more uxorio*), nicht eheliche Lebensgemeinschaft, eheähnliche Gemeinschaft; **capita/succede anche nelle migliori famiglie** (*può succedere*), das kommt (auch) in den besten Familien vor; **Sacra Famiglia** *relig*, die Heilige Familie; **con tutta la sacra ~** *fig fam* (*con la famiglia al completo*), mit Kind und Kegel *fam*; **~ umana** (*umanità*), Menschengeschlecht n.

famigliàre *e deriv* → **familiare** *e deriv*.

famìglio <-gli> m *lett* (*servitore*) Diener m • **~ del Comune** (*messo*), Amtsdiener m.

famigliòla <*dim di* famiglia> f kleine Familie • **~ buona/cattiva** *bot*, Hallimasch m/Schwefelkopf m.

familiàre A agg **1** (*di famiglia*) {RIUNIONE} Familien-; {PATRIMONIO, PIANIFICAZIONE, PROBLEMA, VINCOLO} *anche* familiär **2** (*noto*) {LUOGO, NOME, VOCE, VOLTO} vertraut, geläufig: **questa lingua (non) mi è ~**, diese Sprache ist mir (nicht) vertraut **3** *fig* (*informale*) {ATMOSFERA, TRATTAMENTO} familiär, freundschaftlich, vertraulich **4** *ling* (*colloquiale*) {ESPRESSIONE, VOCABOLO} umgangssprachlich, familiär **B** mf (*membro della famiglia*) (Familien)angehörige mf *decl come agg* **C** *autom* (*station wagon*) Kombiwagen m, Kombi m *fam*.

familiarità <-> f **1** (*confidenza*) Vertraulichkeit f: **i dipendenti sono trattati con ~**, die Angestellten werden vertraulich behandelt **2** (*dimestichezza*) Vertrautheit f: **(non) ho molta ~ con questo autore**, dieser Autor ist mir (nicht) sehr vertraut; **devi ancora acquisire ~ con l'uso del computer**, du musst mit dem Computer erst noch vertraut werden.

familiarizzàre A *itr* (*prendere confidenza*) **~ (con qu)** {CON L'UOMO; PERSONA CON GLI ALTRI} *mit jdm* vertraut werden **B** *itr pron* (*impratichirsi*): **familiarizzarsi con qc** {CON IL LATINO, CON LE LEGGI FISICHE, CON I NUOVI MACCHINARI} *sich mit etw* (dat) vertraut machen.

familìsmo m *sociol* Familismus m.

famóso, (-a) agg **1** (*celebre*) {DIPINTO, LOCALE, MELODIA, PERSONAGGIO} berühmt: **Roma è famosa in tutto il mondo per le sue piazze**, Rom ist für seine Plätze weltberühmt **2** (*noto agli interlocutori*) berühmt: **come è finita quella famosa partita?**, wie ist jenes berühmte Spiel ausgegangen? **3** (*famigerato*) {FURFANTE, OMICIDA} (berühmt-)berüchtigt **4** *iron* berühmt: **questa sarebbe la famosa insegnante di latino?** *iron*, und das ist also die berühmte Lateinlehrerin? *iron.*

fan <-> *mf ingl* {+CANTANTE} Fan m.

fanàle *m* **1** (*nei veicoli*) {+POSIZIONE DESTRO} Scheinwerfer m, Licht n; {+BICICLETTA} Licht n, Lampe f: **~ anteriore/posteriore**, Vorder-/Rücklicht n **2** (*nelle carrozze*) Laterne f ● **~ di fonda** *mar*, Ankerlicht n; **fanali di via aero** *mar*, Positionslichter n pl.

fanaleria f {+AEROPLANO, AUTOMOBILE} Lichter n pl, Beleuchtung f.

fanalino <*dim di fanale*> m kleine Lampe, Leuchte f ● **~ di coda** *autom*, Rücklicht n, Schlusslicht n; *fig*, Schlusslicht n.

fanàtico, (-a) <*-ci, -che*> **A** agg **1** {CATTOLICO, SEPARATISTA} fanatisch **2** (*appassionato*) **~ (di qu/qc), ~ (per qc)** total begeistert/besessen *von jdm/etw/dem*: **sono ~ di/[per la] musica rock**, ich schwärme für Rockmusik, ich bin Rockfan, ich steh total auf Rockmusik *slang* **B** *m* (f) **1** {POLITICO, RELIGIOSO, SPORTIVO} Fanatiker(in) *m* (f) **2** (*amante*) **~ di qu/qc** {+ARTE, BALLO} Schwärmer(in) *m* (f) *für jdn/etw*: **~ di musica**, Musikbesessene m *decl come agg.*

fanatismo *m* **1** (*faziosità*) {RELIGIOSO} Fanatismus *m* **2** (*ammirazione*) fanatische Bewunderung/Begeisterung: **durante il concerto ci furono scene di ~**, während des Konzerts gab es Szenen fanatischer Begeisterung.

fancazzista <-*i m*> **A** *mf volg* (*fannullone*) fauler Sack *volg spreg* **B** *agg* {RAGAZZO} stinkfaul *fam spreg.*

fanciùlla **A** f {GRAZIOSA, TIMIDA} (junges) Mädchen: **una ~ in fiore**, ein blühendes junges Mädchen **B** *agg fig forb* (*recente*) {NAZIONE, SCIENZA} jung.

fanciullésco, (-a) <*-schi, -sche*> agg **1** (*infantile*) {ASPETTO} kindlich; {ETÀ} *anche* Kindes- **2** *fig spreg* (*immaturo*) {COMPORTAMENTO} kindisch *anche fig.*

fanciullézza f **1** (*infanzia*) Kindheit f, Kindesalter n **2** *fig lett* (*albori*) {+ARTE, POESIA} Frühzeit f, Morgenrot n *poet.*

fanciùllo **A** m Knabe m, Kind m **B** agg *lett* (*fanciullesco*) {SGUARDO, VOLTO} kindlich.

fan club <-> loc sost *m ingl* {+GRUPPO ROCK, SQUADRA DI CALCIO} Fanklub m, Fan club m.

fancùlo *volg* **A** *inter* leck mich am Arsch! *volg* **B** <-> *m* Götzzitat n.

fandàngo <*-ghi*> *m spagn* (*danza*) Fandango m.

fandònia f (*frottola*) Lüge f, Märchen n: **smettila di raccontare/dire fandonie!**, hör auf, Märchen zu erzählen!; **sono tutte fandonie!**, das sind alles Lügen!

fané <*inv*> agg *franc* {ABITO} verblichen, verschossen.

fanfalùca <*-che*> f *fig* **1** (*frottola*) Lüge f, Märchen n **2** (*capriccio*) Laune f, Schrulle f.

fanfàra f **1** (*banda*) {+BERSAGLIERI} Blechmusik-, Militärkapelle f **2** (*musica*) Fanfare f.

fanfaróna f → **fanfarone.**

fanfaronàta f Prahlerei f *spreg*, Angeberei f *fam*, Hochstapelei f.

fanfaróne, (-a) *m* (f) *spreg* Prahler(in) *m* (f) *spreg*, Prahlhans *m fam*, Angeber(in) *m* (f) *fam*, Hochstapler(in) *m* (f).

fangatùra f *med* (*bagno*) Schlamm-, Fangobad n; (*impacco*) Schlamm-, Fangopackung f.

fanghìglia f Matsch m, Schlamm(schicht f) m.

fàngo <-*ghi*> *m* **1** (*limo*) Schlamm m: **hai le scarpe sporche di ~**, du hast schlammige Schuhe **2** *geol* {ABISSALE, ARGILLOSO, SILICEO} Schlick m **3** <*solo pl*> *med* (*termali*) Fango m; (*cura*) Fango-, Schlamm-, Moorbad n: **per i reumatismi si consigliano i fanghi**, bei Rheumatismus empfiehlt man Fangobäder; (*stabilimento termale*) Moor-, Fangobad n ● **finire nel ~**, im Schlamm landen; *fig* (*mettersi in situazioni immorali*), in der Gosse landen/enden *spreg*; **gettare ~ su/[addosso a] qu/qc**, Schlamm auf jdn/etw werfen; *fig* (*screditare*), jdn mit Dreck/Schmutz bewerfen, jdn durch die Gosse ziehen/schleifen *spreg*; **togliere qu dal ~**, jdn aus dem Schlamm ziehen; *fig* (*redimere*), jdn erlösen, jdn befreien; *fig* (*togliere dalla miseria*), jdn aus der Gosse ziehen/auflesen; **trascinare qu/qc nel ~**, jdn/etw in den Schlamm ziehen; *fig* (*coinvolgere in una vita immorale*), jdn/etw durch/in den Dreck/Schmutz ziehen *spreg*; **vivere/sguazzare nel ~**, im Schlamm leben/plantschen; *fig* (*vivere nell'abiezione*), in der Gosse liegen *spreg*/[sich in der Gosse wälzen *forb*].

fangosità <-> f {+TERRENO} Schlammigkeit f.

fangóso, (-a) agg {ACQUA, SENTIERO, STIVALI} schlammig.

fangoterapia f *med* Fangotherapie f.

fànno 3ª pers pl dell'ind pres *di* fare⓪.

fannullóne, (-a) *m* (f) Nichtstuer(in) *m* (f) *spreg*, Faulenzer(in) *m* (f) *spreg*, Faulpelz *m fam spreg*, Taugenichts *m obs spreg.*

fannulloneria f (*atteggiamento*) Faulenzen n, Faulenzerei f.

fanóne *m zoo* {+BALENA} Barte f.

fantacrònaca f (*cronaca fantasiosa*) Fantasienachrichten f pl, Fantasiemeldung f, Fantasiebericht m.

fantafilm <-> *m film* Fantasyfilm m.

fantapolitica <*-che*> f **1** *film lett* Politthriller m **2** *fig* (*politica inverosimile*) politische Fantasterei f.

fantapolìtico, (-a) <*-ci, -che*> agg *film lett* {FILM, PERSONAGGIO, RACCONTO} Politthriller-.

fantaromànzo m *lett* Science-Fiction-Roman m.

fantascientìfico, (-a) <*-ci, -che*> agg **1** *film lett* {EROE, LETTERATURA, TRAMA} Science-Fiction- **2** *fig* (*incredibile*) {INVENZIONE, PROGRAMMA, TEORIA} unglaublich.

fantasciènza f *film lett* Science-Fiction f.

fantasìa **A** f **1** (*immaginazione*) {MORBOSA, POVERA, RICCA} Fantasie f, Vorstellungsvermögen n **2** (*fantasticheria*) Fantasie f, Fantasiebild n, Fantasiegebilde n, Fantasievorstellung f: **è pura ~!**, das ist reine Fantasie!; **si perde in fantasie**, er/sie verliert sich in Fantasievorstellungen **3** (*capriccio*) Laune f: **non dar peso alle sue fantasie!**, nimm seine/ihre Launen nicht so ernst! **4** (*disegno*) {A FIORI, A MOTIVI GEOMETRICI, A COLORI PASTELLO} Muster n: **stoffa in varie fantasie**, verschieden gemusterter Stoff **5** *mus* Fantasie f, Phantasie f **B** <*inv*> agg {ABITO, CARTA, RIVESTIMENTO, TESSUTO} gemustert ● **lavorare di ~** *fig*, fantasieren.

fantasiosità <-> f {+GIOCO, NARRAZIONE} Fantasiereichtum m; {+BAMBINO, MUSICISTA} *anche* Fantasiebegabung f.

fantasióso, (-a) agg **1** (*estroso*) {INTERPRETAZIONE, STILE} fantasievoll, fantasiereich;

{PERSONA} *anche* fantasiebegabt **2** (*irreale*) {IPOTESI} unwirklich, fantastisch *forb.*

fantasìsta <-*i m, -e* f> mf **1** Kabarettkünstler(in) *m* (f) **2** *sport* (*calciatore*) Ballkünstler(in) *m* (f).

fantàsma <-*i*> **A** *m* **1** (*spettro*) Gespenst n, Geist m **2** *fig* (*ombra*) {+FAME, GUERRA} Gespenst n: **è diventato il ~ di se stesso** *fig*, er ist nur noch der Schatten seiner selbst **3** *fig* (*illusione*) {+POTENZA, RICCHEZZA} Gespenst n *forb*, Illusion f, Traum m **4** <*di solito al pl*> *fig anche psic* (*immagine irreale*) {+MENTE MALATA} Trugbild n, Sinnestäuschung f, Phantasma n **5** <*di solito al pl*> *fig* (*ricordo*) Gespenster n pl, Schatten m pl: **i fantasmi del passato**, die Gespenster/Schatten der Vergangenheit **B** <*inv*> agg **1** (*abbandonato*) {CITTÀ, NAVE, VILLAGGIO} Geister- **2** (*latente*) {GOVERNO} Schein- ● **il ~ dell'opera** *film lett teat*, das Phantom der Oper.

fantasmagorìa f (*rapida successione*) {+COLORI, LUCI, SUONI} Phantasmagorie f *forb.*

fantasmagòrico, (-a) <*-ci, -che*> agg {SPETTACOLO} phantasmagorisch *forb.*

fantasmàtico, (-a) <*-ci, -che*> agg **1** (*irreale*) fantastisch *forb*: **sostiene di possedere fantasmatiche ricchezze**, er/sie behauptet, fantastische *forb* Reichtümer zu besitzen **2** (*misterioso*) {LADRO, SPIA} geheimnisvoll.

fantasticàre <*fantastico, fantastichi*> **A** tr ~ **qc** *von etw* (dat) fantasieren, *von etw* (dat) träumen: **cosa state fantasticando?**, was fantasiert ihr da? **B** itr ~ (**di/su qc**) {DI ENORMI RICCHEZZE, SUL PROPRIO FUTURO} (*von etw* dat) träumen, (*von etw* dat) fantasieren.

fantastichería f Fantasterei f *spreg*, Träumerei f: **le tue sono solo fantasticherie!**, das sind doch nur Fantastereien *spreg* von dir!

fantàstico, (-a) <*-ci, -che*> **A** agg **1** (*di fantasia*) {CREAZIONE, LUOGO, PERSONAGGIO} fantastisch **2** (*eccezionale*) {DONNA, PRANZO, VIAGGIO, VILLA} fantastisch *fam*, großartig, toll *fam*, super *fam*: **indossava un ~ abito da sposa**, sie trug ein fantastisches *fam* Brautkleid; **è un'idea fantastica!**, das ist eine tolle *fam* Idee **B** *inter impr anche iron*: ~!, toll! *fam*; **abbiamo vinto!** ~!, wir haben gewonnen! Toll! *fam.*

fantastiliàrdo *m scherz* **1** (*numero altissimo*) Myriaden f pl **2** (*grande somma di denaro*) zig Millionen pl *fam.*

fantastilióne *m scherz* (*fantastiliardo*) Myriaden f pl, Abermillionen f pl.

fàntasy <-> *ingl* **A** f *film lett* (*genere*) Fantasy f **B** *m* (*film*) Fantasyfilm m o *rar* f **C** <*inv*> agg {FILM} Fantasy-.

fànte *m* **1** *mil* Infanterist m, Fußsoldat m **2** (*nei giochi di carte*) Bube m; (*nelle carte tedesche*) Unter m ● **~ di picche**, Pikbube m; *fig* (*uomo ridicolo e inetto*), Witzfigur f *fam spreg*: **scherza coi fanti e lascia stare i santi** *prov*, über ernste Dinge macht man keine Witze.

fanteria f *mil* Infanterie f.

fantésca <-*sche*> f *lett* Magd f.

fantino, (-a) *m* (f) Jockey m, Jockei m.

fantòccio **A** <-*ci*> *m* **1** (*pupazzo*) Puppe f **2** *fig* (*succube*) Marionette f, Hampelmann *m fam spreg*: **nelle sue mani non è che un (povero) ~**, er ist nur in ihren/ihren Händen Hampelmann **B** <*inv*> in funzione di agg {PRESIDENTE} Hampelmann- *fam spreg*; {GOVERNO} Marionetten-, Schein-.

fantomàtico, (-a) <*-ci, -che*> agg **1** (*inafferrabile*) {BANDA DI LADRI, NEMICO} unfassbar, unauffindbar **2** (*inesistente*) imaginär, fantastisch: **dove sarebbe questa fantomatica nave?**, wo soll dieses fantastische Schiff sein?; **parla spesso di fantomatiche ric**

Fantòzzi <-> mf **1** (*modesto impiegato*) kleiner Buchhalter **2** (*persona maldestra*) Simpel m *fam*, Tölpel m *fam*, Gimpel m *fam*; (*perdente*) sprichwörtlicher "kleiner Mann", ewiger Verlierer.

fantozziàno, (-a) agg *slang spreg* {ASPETTO, PERSONAGGIO, SITUAZIONE} "grotesk wie Fantozzi" (*tragikomische Figur in italienischen Filmen*).

FAO f abbr *dell'ingl* Food and Agriculture Organization (*Organizzazione per l'alimentazione e l'agricoltura*): FAO f (*Ernährungs- und Landwirtschaftsorganisation*).

FAQ <pl> inform abbr *dell'ingl* frequently asked questions: FAQ pl.

far → **fàre**① e **fàre**②.

farabùtto, (-a) m (f) Schurke m *spreg*, (Schurkin f *spreg*).

fàrad, faraday <-> m *ingl fis* (abbr F) Farad n.

faraglióne m Klippe f.

faraóna f *ornit* Perlhuhn n.

faraóne m **1** *stor* Pharao m **2** (*gioco d'azzardo*) Phar(a)o n.

faraònico, (-a) <-ci, -che> agg **1** {TOMBA} pharaonisch **2** (*sfarzoso*) {RICEVIMENTO, VILLA} prachtvoll, prunkvoll.

fàrcia f *gastr* Füllung f, Füllsel n, Farce f.

farcire <farcisco> tr **1** *gastr* ~ qc (con/di qc) {OLIVE COL PEPERONE, POLLO DI VERDURA} *etw* (*mit etw* dat) farcieren, *etw* (*mit etw* dat) füllen **2** *rar fig* (*costellare*) ~ qc con/di qc {DISCORSO DI CITAZIONI, TRADUZIONE DI ERRORI} *etw mit etw* (dat) spicken *fam*.

farcitùra f *gastr* **1** (*azione*) Farcieren n **2** (*ripieno*) Füllung f, Füllsel n, Farce f.

fard <-> m *franc* Rouge n.

fardèllo m **1** (*involto*) {+INDUMENTI} Bündel n **2** *fig* (*carico*) Bürde f, Last f: **ognuno ha da portare il proprio ~**, jeder hat sein Bündel zu tragen.

fàre① <faccio, feci, fatto> A tr **1** gener ~ qc *etw* tun, *etw* machen: **e adesso, cosa facciamo?**, und was machen wir jetzt?; **non so che ~**, ich weiß nicht, was (ich) tun (soll); **cosa/che fai oggi?**, was machst du heute?; **sbrigati, fai qualcosa!**, beeil dich, mach was!; **fatelo adesso!**, macht es jetzt!; **che ~?**, was tun?; **~ qc per qu/qc** *etw für jdn/etw* tun, *etw für jdn/etw* machen; **lo fa per te/[(i) soldi]**, er/sie macht es ⌊für dich⌋/[wegen des Geldes/des Geldes wegen]; **fa molto per il suo fisico**, er/sie trainiert viel; **il governo dovrebbe ~ di più per la scuola**, der Staat müsste mehr für die Schule tun **2** (*l'azione è specificata dal compl oggetto*) ~ qc {SOGNO} *etw* haben; {GESTO, MOVIMENTO, SCOPERTA, TRASLOCO} *etw* machen; {ERRORE, SCHIOCCHEZZA, STUPIDAGGINE} anche *etw* begehen: **sta facendo progressi in latino**, er/sie ist dabei, Fortschritte in Latein zu machen; **~ un urlo**, einen Schrei ausstoßen; **~ qc a qu** {ACCENNO, COMPLIMENTO, CONFESSIONE, PROMESSA} *jdm etw* machen; {FAVORE} *jdm etw* tun; {PIACERE} *jdm etw* machen; {SCHERZO} *jdm etw* machen; **non avere paura, il cane non ti fa niente!**, du brauchst keine Angst zu haben, der Hund tut dir nichts! **3** (*dare*) ~ qc a qu *jdm etw* machen: ~ **coraggio a qu**, *jdm* Mut machen; ~ **una multa a qu**, *jdm* ein Bußgeld auferlegen; ~ **un regalo a qu**, *jdm* ⌊ein Geschenk machen⌋/[etwas schenken] **4** (*svolgere*) ~ **qc** {ESERCIZIO} *etw* machen; {LAVORO} anche *etw* tun: **faccio il mio dovere**, ich tue meine Pflicht **5** (*creare*) ~ qc *etw* erschaffen, *etw* machen: **Dio fece l'uomo a propria immagine e somiglianza**, Gott schuf den Menschen nach seinem Ebenbild **6** (*generare*) ~ **qu** *jdn* auf die/zur Welt bringen, *jdn* gebären: **il prossimo anno vorrei ~ un figlio**, nächstes Jahr hätte ich gern ein Kind *fam*; (*concepire*) *jdn* empfangen *forb*; ~ **qc** {GATTA PICCOLO} *etw* werfen **7** (*emettere*) ~ **qc** *etw* tragen, *etw* hervor|bringen: **quest'albero non fa frutti**, dieser Baum ⌊trägt nicht/keine Früchte⌋/[bringt keine Früchte hervor] **8** (*dare origine*) ~ **qc** {LEGNA BAGNATA FUMO} *etw* entwickeln **9** (*produrre*) ~ **qc** *etw* machen, *etw* her|stellen: **la sua ditta fa giocattoli**/[**cuscinetti a sfera**], seine/ihre Firma stellt Spielzeug/Kugellager her; (*confezionare*) {ABITO, MAGLIA} anche *etw* an|fertigen **10** (*costruire*) ~ **qc** {ARMADIO, CASETTA, STRADA} *etw* machen, *etw* bauen **11** (*preparare*) ~ **qc (a qu)** {COLAZIONE, MERENDA} *etw* machen, (*jdm*) *etw* zu|bereiten: ~ **il letto**, das Bett machen; **non gli fa mai da mangiare**, er/sie macht ihm nie etwas zu essen/[kocht ihm nie etwas]; (*cuocere*) {CAFFÈ, PASTA, ZUPPA} anche *etw* kochen **12** (*mangiare*) ~ **qc** {COLAZIONE, MERENDA} *etw* essen, *etw* ein|nehmen *forb* **13** *fam* (*studiare*) ~ **qc** *etw* machen *fam*, *etw* lernen: **oggi pomeriggio faccio latino**, heute Nachmittag mache *fam*/lerne ich Latein **14** *fam* (*frequentare*) ~ **qc** *etw* besuchen, *in etw* (acc) gehen: **fa la prima elementare**, er/sie geht in die erste Klasse; **università** {LINGUE, MEDICINA} *etw* studieren, *etw* machen *fam*; **fa giurisprudenza a Milano**, er/sie studiert Jura in Mailand **15** (*praticare*) ~ **qc** {ATLETICA} *etw* betreiben: ~ **danza/nuoto**, tanzen/schwimmen; {TENNIS} *etw* spielen **16** (*eleggere*) ~ **qu qc** {IMPERATORE, PAPA, SINDACO} *jdn zu etw* (dat) wählen; (*nominare*) anche {CAVALIERE, CONTE, GENERALE} *jdn zu etw* (dat) ernennen **17** (*lavorare in qualità di*) ~ **qc** {IL DENTISTA, IL FALEGNAME, IL MECCANICO} *etw* sein: **fa il maestro in una scuola elementare**, er ist Lehrer in einer Grundschule; **cosa vuoi ~ da grande?**, was willst du machen, wenn du groß bist?; **was willst du einmal werden? 18** (*recitare*) ~ **qu/qc** *jdn/etw* spielen: **chi fa ⌊la parte⌋/[il ruolo] di Faust?**, wer spielt ⌊die Rolle des Faust⌋/[den Faust?] **19** (*avere un comportamento da*) ~ **qc** {LO GNORRI, L'OFFESO, IL SIMPATICO} *etw* spielen: **non ~** ⌊**la sciocca**⌋/[**il furbo**], spiel nicht ⌊die Dumme *fam*⌋/[den Oberschlauen *fam*] **20** (*provocare*) ~ **qc (a qu)** {IMPRESSIONE} *etw* (*auf jdn*) machen; {PAURA} *jdm etw* machen: ~ **schifo a qu**, *jdn* anekeln, *jdn* anwidern *spreg*; {SCANDALO} *etw* erregen **21** (*credere*) ~ **qu + compl di modo** *jdn für etw* (acc) halten: **lo facevo più**/**meno gentile**, ich hielt ihn für freundlicher/[nicht so freundlich] **22** (*rendere*) ~ **qu + compl di modo** *jdn irgendwie* machen: ~ **felice qu**, *jdn* glücklich machen **23** *fam* (*trasmettere*) ~ **qc** *etw* bringen: **cosa fanno stasera in TV?**, was bringen sie heute Abend im Fernsehen?; (*dare al cinema, a teatro*) ~ **qc** *etw* bringen; **al teatro comunale non fanno lo spettacolo pomeridiano**, im Stadttheater ist/[gibt es] keine Nachmittagsvorstellung **24** (*~ arrivare*): **abbiamo fatto le cinque del mattino**, wir sind bis fünf Uhr morgens aufgeblieben **25** (*avere*) haben: **Tokyo fa più di undici milioni di abitanti**, Tokio hat mehr als elf Millionen Einwohner **26** (*costare*) ~ **qc**: **quanto fa in tutto? – Fa/Fanno 50 euro**, was macht *fam* das zusammen? – Das macht *fam* 50 Euro **27** (*percorrere*) ~ **qc** {SALITA, SENTIERO, TRATTO DI STRADA} *etw* machen: **ho fatto tutta la strada** ⌊**a piedi**⌋/[**di corsa**], ich habe den ganzen Weg zu Fuß gemacht⌋/[bin den ganzen Weg gelaufen]; (*con un veicolo*) anche *etw* fahren; **abbiamo già fatto 200 km**, wir sind schon 200 km gefahren; **quanto fa tua moto con un litro?**, wie viel Kilometer fährt dein Motorrad mit einem Liter? **28** (*raggiungere*) ~ **qc** *etw* erreichen, *etw* schaffen: **questa moto fa i 220 km all'ora**, dieses Motorrad schafft 220 ⌊km/h⌋/[Stundenkilometer] **29** (*compiere*) ~ **qc** *etw* feiern: **il 27 aprile fanno 40 anni di matrimonio**, am 27. April feiern sie ihren 40. Hochzeitstag **30** (*raccogliere*) ~ **qc** {LEGNA} *etw* sammeln **31** (*lasciare*) ~ **fare qc a qu** {CAPIRE, SAPERE, VEDERE} *jdn etw* tun lassen: **fammi pensare un momento**, lass mich einen Moment nachdenken **32** (*indurre a*) ~ **fare qc a qu** *jdn/etw zu etw* (dat) bringen: **fallo tacere!**, bring ihn zum Schweigen!; **cosa vorresti farmi credere?**, was möchtest du mich glauben lassen? **33** ~ **fare qc a/da qu** *jdn etw tun* lassen: **faccio riparare il televisore al tecnico**, den Fernseher lasse ich vom Techniker reparieren; **mi sono fatto tagliare i capelli a spazzola da mia madre**, ich habe mir von meiner Mutter einen Bürstenschnitt schneiden lassen **34** (*impacchettare*) ~ **su qc** {LA PROPRIA ROBA} *etw* ein|packen **35** **mat** ~ **qc** *etw* sein, *etw* machen *fam*: **due per due fa quattro**, zwei mal zwei ist/macht *fam* vier B itr **1** (*agire*) handeln, machen, tun: **fai (un po') come** ⌊**ti pare**⌋/[**credi!**], tu, was du für richtig hältst!; (*concedere libertà d'azione*): **posso? – Fa' pure!**, kann ich? – Bitte (mach nur)!; **mi permette? – Faccia, faccia!**, erlauben Sie? – Bitte, bitte! **2** (*lavorare*) tun: **qui c'è sempre da ~**, hier gibt es immer was zu tun **3** (*decidere*) machen, entscheiden: **fa' tu che sai!**, entscheide du, du kennst dich aus! **4** (*essere adatto*) ~ **per qu** *für jdn* geeignet/gut sein: **questo lavoro non fa per me**, diese Arbeit ist nichts für mich **5** (*attecchire*) ~ (**+ compl di luogo**) {ABETE SULLE MONTAGNE} (*irgendwo*) Wurzeln schlagen **6** (*fungere*) ~ **da qc a qu** *wie* (nom) *für jdn* sein: **questa maglia è così grande che ti fa da vestito**, dieser Pulli ist so groß, dass er bei dir wie ein Kleid wirkt; (*fare le veci*) anche ~ **da qu a qu** *jdm jdn* ersetzen; **mi ha fatto da padre**, er hat mir den Vater ersetzt; **gli fa da infermiera**, sie ist wie eine Krankenschwester für ihn **7** (*dire*) *etw* machen *fam*, *etw* sagen, *etw* rufen: **"ci vediamo!" – fece lui andandosene**, "wir sehen uns!" – machte *fam*/rief er im Gehen **8** (*essere trascorso*): **fa giusto un mese che gli ho scritto**, es ist genau einen Monat her, dass ich ihm geschrieben habe; **domani fanno cinque anni che ci conosciamo**, morgen sind es fünf Jahre, die wir uns kennen **9** (*riuscire*) ~ **a fare qc** es fertig bringen, *etw zu tun*: **come hai fatto a ottenere il permesso?**, wie hast du es fertiggebracht, die Erlaubnis zu bekommen? **10** (*essere sul punto di*) ~ **per fare qc** *etw* gerade *tun* wollen: **fece per andarsene, quando ...**, er/sie wollte gerade gehen, als ... C impers **1** (*essere*) sein: **fa bello/caldo/freddo**, es ist schön/warm/kalt **2** (*diventare*) **farsi** werden: **si fa notte/giorno/buio**, es wird Nacht/Tag/dunkel; **si è fatto tardi**, es ist spät geworden D tr pron (*diventare*) **farsi + compl di modo** {DIFFERENZA SOTTILE} *irgendwie* werden E rfl **1** (*diventare*): **farsi** ⌊**+ compl di modo**⌋/[**qc**] {CARINO, PRETE, SUORA} *irgendwie* (nom) werden **2** (*crearsi*): **farsi qc** {CLIENTELA, MERCATO, NOME} sich (dat) *etw* machen **3** (*darsi*): **farsi qc** {CORAGGIO} sich (dat), sich (dat) *etw* machen: **oggi mi sono fatta un regalo**, heute habe ich mir ein Geschenk gemacht **4** *fam* (*costruirsi*): **farsi qc** {CASA, ORTO} sich (dat) *etw* bauen **5** *fam region* (*comprarsi*): **farsi qc** sich (dat) *etw* kaufen: **ti sei fatto il motorino nuovo?**, hast du dir ein neues Mofa gekauft? **6** *fam* (*avere rapporti sessuali*): **farsi qu** jdn flach|legen, es jdm besorgen/machen **fam: (non) te lo faresti quello lì?**, würdest du es dem da (nicht) besorgen wollen *fam*? **7** *slang* (*drogarsi*) fixen *fam* **8 farsi fare qc** {VEDERE} sich (dat) *etw* tun lassen: **farsi pregare**, sich bitten lassen; **me ne faccio ~ una copia**, ich lasse mir eine Kopie davon machen; **è una che si fa notare**, sie ˌfällt aufˌ/[macht sich bemerkbar]; **farsi odiare/[voler bene] da qu**, sich bei jdm verhasst/beliebt machen; **farsi visitare da qu**, sich von jdm untersuchen lassen ● **non ~ altro che...**, nichts (anderes) tun als...; **farsi avanti**, vortreten; *fig* (*mettersi in vista*), sich zur Schau stellen, sich hervorˌtun; **avere da ~**, beschäftigt sein; **avere da ~ qc**, etw tun müssen; **farla bell'e meglio** *fig* (*in modo approssimativo*), mehr schlecht als recht gemacht; **farla bella** *fig* (*combinarne una grossa*), etwas Schönes anstellen; **farsi bello per qu/qc**, sich für jdn/etw schön machen; **farsi bello di qc** *fig* (*vantarsi*), mit etw (dat) prahlen, sich mit etw (dat) brüsten *spreg*; **~ bene**, wohltun, guttun; **~ bene a qc**, {AL FEGATO, ALLO SPIRITO} etw (dat) gut tun, gut für etw (acc) sein; **~ bene a ~ qc**, gut daran tun, etw zu tun; **per farla breve/corta ...**, um es kurz zu machen ...; **ma chi te lo fa ~?**, für wen machst du das bloß?; **che ci volete fare?**, was wollt ihr machen?; **come faccio a saperlo?**, wie soll ich das wissen?; **studia, come ho sempre fatto io!**, lerne, wie ich's immer gemacht habe!; **~ e disfare** *fig* (*spadroneggiare*), schalten und walten; **(non) farcela (più)** *fig* (*riuscire*), es (nicht mehr) schaffen; *fig* (*sopportare*), es (nicht mehr) aushalten; **ce la fai a uscire con la macchina?**, schaffst du es, mit dem Auto herauszufahren?; **farla (in barba) a qu** (*ingannarlo*), jdn hereinlegen, jdn übers Ohr hauen; **farla** *fam eufem* (*orinare*), klein machen *fam eufem*; (*defecare*), groß machen *fam eufem*; **farsela addosso/sotto (dalla paura)** *fam anche fig* (*provare una grande paura*), (vor Angst) in die Hosen machen *fam*; **farsela con qu** *fam* (*flirtare*), mit jdm flirten; **~ fesso qu** (*imbrogliarlo*), jdn für dumm verkaufen *fam*; **farla *finita* (*smetterla*), aufhören; *eufem* (*uccidersi*), seinem Leben ein Ende machen/bereiten *forb*; **farla finita con qu/qc**, mit jdm/etw Schluss machen; **farla franca** (*scamparla*), (ungestraft) davonkommen; **~ fuori qu** *anche fig* (*eliminarlo*), {CONCORRENTE, MARITO} jdn aus dem Weg räumen *fam*, jdn um die Ecke bringen *fam*; **~ fuori qc** (*finire*), {TORTA} etw ver-, wegputzen *fam*; {SOLDI} etw auf den Putz hauen *fam*; (*vendere*) {VECCHIO ARMADIO} etw ab|stoßen; (*distruggere*) {AUTOMOBILE} etw zu Schrott fahren; **farla grossa** (*combinare un guaio*), etwas anstellen; **farla indietro**, zurücktreten; **farsi largo** *anche fig* (*farsi spazio*), sich (dat) einen Weg bahnen; **lascia ~ a me**, lass mich (das) mal machen; **farla lunga**, es in die Länge ziehen; **~ male a qu** (*dolere*), {DITO} jdm weh|tun; (*amareggiare*) {ACCUSA} *anche* jdn verletzen; **~ male a qc**, {ALLA SALUTE} schlecht für etw (acc) sein; **~ male a ~ qc**, schlecht daran tun, etw zu tun; **~ a meno di qu/qc**, ohne jdn/etw auskommen; **(non) fa niente/nulla!**, das macht nichts!; **non c'è niente da ~!**, da kann man nichts machen!, da ist nichts zu machen!; **non c'è più niente da ~ (per lui)**, da ist nichts mehr zu machen (für ihn); **non avere niente di meglio da ~ che ...**, nichts Besseres zu tun haben als ...; **non posso farci nulla**, da kann ich nichts machen; **~ presto/[in fretta]**, sich beeilen; **farsi in quattro** *fig* (*impegnarsi molto*), sich zerreißen, sich vierteilen; **farsi da sé/solo**, sich aus eigener Kraft hocharbeiten; **~ secco qu** *fig* (*ucciderlo*), jdn kaltmachen *fam*; **~ sì/[in modo] che ...** (*adoperarsi*), es so einrichten, dass ...; **farsi sotto** *fig* (*avvicinarsi per attaccare*), sich heranschleichen, sich heranmachen; **eh allora, fatti sotto, se ne hai il coraggio!**, dann komm doch her, wenn du dich traust! *fam*; *fig* (*prendere l'iniziativa*), etw unternehmen, sich ins Zeug legen *fam*, etw in die Hand nehmen; **se ti piace tanto quella ragazza, fatti sotto!**, wenn dir das Mädchen so gut gefällt, dann ˌunternimm wasˌ/[lass dir was einfallen]!; **(per lui) fa lo *stesso***, es ist (ihm) egal; **~ *tardi* (*arrivare tardi*), spät kommen; (*in ritardo*), zu spät kommen; **~ di tutto per...**, alles tun, um...; **che volete farci?**, was wollt ihr machen?; **~ e disfare è tutto un lavorare** *prov*, Aufbauen und Zerstören kostet beides Mühe; **chi fa da sé fa per tre** *prov*, selbst ist der Mann/die Frau; **chi la fa l'aspetti** *prov*, wie du mir, so ich dir *prov*; **chi non fa non falla** *prov*, wer schläft, sündigt nicht *prov*.

fàre[2] <-> m **1** (*attività*) Tun n, Machen n **2** (*comportamento*) {AMBIGUO} Benehmen n, Tun n, Handlungsweise f: **mi affascina quel suo ~ garbato**, sein/ihr höfliches Benehmen fasziniert mich ● **al/sul far/~ˌdel giornoˌ/[della sera]**, bei Tagesanbruch/Dämmerung; **ha un *bel* ~ a pregarlo, ma è tutto inutile**, er/sie kann ihn noch so viel bitten, es nützt doch nichts; **il dolce ~ niente**, das süße Nichtstun.

farètra f (Pfeil)köcher m.

farétto <dim *di* faro> m Spotlight n, Spot m, (Effekt)scheinwerfer m.

farfàlla f **1** {CREPUSCOLARE, DIURNA, NOTTURNA} Schmetterling m Falter m **2** (*cravatta*) Fliege f, Querschleife f **3** *fig* (*persona incostante in amore*) Flatterfeist m, Luftikus m *fam spreg*, Windhund m *fam spreg* **4** {*scherz* (*cambiale*) Wechsel m **5** <di solito al pl> *gastr* "schmetterlingsförmige Nudelsorte" **6** *sport* (*nel nuoto*) Schmetterling(sstil) m, Butterfly (stil) m: **è primatista europeo nei/dei 100 (m) (a) ~**, er ist europäischer Meister im 100 Meter Butterfly **7** *tecnol* (*valvola*) {+ACCELERATORE, ARIA} Drossel f, Klappe f.

farfallìno, (-a) <dim *di* farfalla> A m (f) *fig* (*persona superficiale*) Flatterfeist m B m (*cravatta*) Fliege f, Querschleife f.

farfallóne, (-a) <accr *di* farfalla> A m (f) *fig* (*persona volubile in amore*) Luftikus m *fam spreg*, flatterhafte Frau *spreg* B m *fig* (*sproposito*) Fehler m, Schnitzer m *fam*.

farfugliàre <*farfuglio, farfugli*> tr (*biascicare*) ~ (**qc**) {BIMBO, VECCHIO PAROLE INCOMPRENSIBILI} (*etw*) murmeln, (*etw*) nuscheln *fam*: **cosa stai farfugliando?**, was murmelst du da?

farìna f {BIANCA, INTEGRALE} Mehl n: **~ di frumento/avena/castagne/patate**, Weizen-/Hafer-/Kastanien-/Kartoffelmehl n; **~ gialla, Maismehl n; ~ lattea**, Milchbrei(pulver n) m; **~ tipo 0/00**, Mehltype f 0/00 ● **~ *fossile***, Kieselgur f; **~ d'*ossa***, Knochenmehl n; **non è ~ da fior *ostie* fig *scherz* (*persona che ha dei difetti*), er/sie ist kein(e) Heilige(r); **non è ~ del suo *sacco* *fig* (*è copiato*), das ist nicht auf seinem/ihrem Mist gewachsen *fam*; **la farina del diavolo se ne va in crusca** *prov*, unrecht Gut gedeiht nicht gut *prov*.

farinàceo, (-a) A agg {SOSTANZA} mehlig, mehlartig B <*solo pl*> m (Stärke)mehlprodukte m pl.

farinàta f *gastr* **1** Mehlsuppe f **2** "dünner, mit Olivenöl gebackener Fladen aus Kichererbsenmehl".

faringàle A agg **1** *ling* {CONSONANTE, SUONO} pharyngal, Rachen- **2** *rar anat* Rachen- B f *ling* Pharyngal m.

farìnge f *anat* Rachen m, Pharynx m *scient*.

faringectomìa f *med* Pharyngektomie f *scient*.

faringèo, (-a) agg *anat* {AFFEZIONE, ARTERIA, PLESSO} Rachen-.

faringìte f *med* Rachenentzündung f, Pharyngitis f *scient*.

farinóso, (-a) agg **1** (*infarinato*) {MANI, PANE} mehlig **2** (*asciutto*) {MELA, PATATA} mehlig **3** *fig* (*simile a farina*) {POLVERE} mehlartig, mehlig; {NEVE} Pulver-.

farisàico, (-a) <-ci, -che> agg **1** (*di fariseo*) {DOTTRINA} pharisäisch *forb* **2** *fig* (*ipocrita*) {INVIDIA, ZELO} pharisäisch *forb*, pharisäerhaft.

farisèo, (-a) m (f) *relig stor anche fig* Pharisäer(in) m(f) *forb*.

farmacèutica <-che> f Pharmazeutik f, Pharmazie f.

farmacèutico, (-a) <-ci, -che> agg {CHIMICA, INDUSTRIA, INFORMATORE, LABORATORIO, PRODOTTO} pharmazeutisch, Pharma-.

farmacìa f **1** (*negozio*) {NOTTURNA} Apotheke f: **~ di turno**, Dienst habende/dienstbereite Apotheke; **questo prodotto si vende/trova solo in ~**, dieses Produkt ist apothekenpflichtig **2** (*scienza*) Pharmazie f, Arznei(mittel)kunde f **3** *università* Pharmazie f.

farmacìsta <-*i* m, -*e* f> mf Apotheker(in) m(f).

fàrmaco <-ci> m {ANALGESICO, EFFICACE, OMEOPATICO} Arznei f, Heilmittel n, Pharmakon n *forb*: **~ da banco**, rezeptfreie Arznei.

farmacodipendènte A agg {SOGGETTO} medikamentensüchtig B mf Medikamentensüchtige mf decl come agg.

farmacodipendènza f Arzneimittelabhängigkeit f.

farmacologìa f Pharmakologie f, Arzneimittellehre f.

farmacològico, (-a) <-ci, -che> agg {TERAPIA} pharmakologisch.

farmacòlogo, (-a) <-gi, -ghe> m (f) Pharmakologe m, (Pharmakologin f).

farmacopèa f (*catalogo*) Pharmakopöe f, (amtliches) Arzneibuch n.

farmacoresistènza f *med* Pharmakoresistenz f.

farmacosorveglianza f *farm* Pharmakontrolle f *scient*.

farmacoterapìa f *farm* Pharmakotherapie f.

farmacovigilanza f (*controllo sui farmaci*) Pharmakontrolle f *scient*.

farneticànte A *part pres di* farneticare B agg **1** (*che vaneggia*) faselnd, wirr **2** *fig* (*delirante*) unzusammenhängend, wirr: **discorso ~**, Gefasel n.

farneticàre <*farnetico, farnetichi*> itr **1** (*delirare*) fantasieren: **la febbre la fa ~**, das Fieber lässt sie fantasieren **2** *fig* (*dire assurdità*) faseln *fam spreg*, wirr reden.

fàro m **1** (*torre*) Leuchtturm m **2** <di solito al pl> (*proiettore*) {ANTINEBBIA, FENDINEBBIA; +STADIO} Scheinwerfer m: **fari abbaglianti/anabbaglianti**, Fern-/Abblendlichter n pl; **viaggiare a fari spenti**, ohne Licht fahren; **fari di atterraggio**, Landescheinwerfer m pl **3** *aero mar* Leuchtfeuer n: **~ a luce fissa/intermittente**, (Dauer)leuchtfeuer n/Blinkfeuer n; **~ galleggiante**, Leuchtboje f **4** *fig lett* (*guida*) {+CIVILTÀ, CULTURA} Leuchtfeuer n.

farràgine f *anche fig* (*guazzabuglio*) {+CITAZIONI, LIBRI, OPINIONI} Durcheinander n, Mischmasch m *fam spreg*.

farraginosità <-> f (*confusione*) {+DISCORSO} Verworrenheit f, Unübersichtlichkeit f.

farraginóso, (-a) agg (*disorganico*) {ERUDIZIONE} ungeordnet; {ELENCO} anche verworren, unübersichtlich.

fàrro m bot **1** (*spelta*) Dinkel m **2** (*~ medio*) Zweikorn n, Emmer m.

fàrsa f **1** teat Farce f, Posse f **2** fig anche spreg (*buffonata*) Farce f: **questa ~ deve finire!**, diese Farce muss ein Ende haben!

farsésco, (-a) <-schi, -sche> agg **1** (*di farsa*) {GENERE, STILE} possenhaft, schwankhaft **2** fig (*ridicolo*) {DIBATTITO, EPISODIO} grotesk, lächerlich.

farsétto m **1** stor (*corpetto*) Wams n: **~ imbottito**, ausgestopftes Wams **2** (*gilet*) Weste f.

Far West <-> loc sost ingl **1** Wildwest m, der Wilde Westen: **il film è ambientato nel Far West**, der Film spielt im Wilden Westen **2** fig (*territorio pericoloso*) der Wilde Westen.

fasc. abbr *di fascicolo*: Faszikel.

fascétta <dim *di fascia*> f **1** (*striscia di carta*) {+MAZZETTA DI BANCONOTE, RIVISTE DA SPEDIRE} Streif-, Kreuzband n: **~ editoriale**, Bauchbinde f; {+SIGARI} Bauchbinde f fam **2** (*busto femminile*) Korsett n, Mieder n, Schnürleibchen n **3** (*anello*) {+FUCILE} Unterring m **4** mecc Schelle f: **~ stringitubo**, Rohrklemme f **5** mil {+GRADI} Bändchen n, kleines Band.

fascettatrìce f (*macchina*) Sortiermaschine f.

fàscia <fasce> A f **1** (*striscia*) {TERGISUDORE; +SETA} Band n; {+BOTTE} Binde f: **il capitano della squadra porta la ~ al braccio**, der Mannschaftskapitän trägt eine Armbinde; **~ metallica**, Binde f, Metallband n; **il sindaco indossava la ~ tricolore**, der Bürgermeister trug die Schärpe mit den Farben der Trikolore **2** (*benda*) Binde f **3** (*striscia di carta*) Streif-, Kreuzband n: **spedire riviste/stampe sotto ~**, Zeitschriften/Drucksachen unter Streifband verschicken **4** (*zona*) {COSTIERA, EQUATORIALE, SMILITARIZZATA} Strich m, Streifen m, Gürtel m **5** (*solo pl*) obs (*per neonati*) Windel f **6** fig (*categoria*) {CONTRIBUTIVA, SINDACALE} Schicht f, Gruppe f, Klasse f: **~ d'età**/**d'utenza**, Alters-/Benutzergruppe f **7** sport (*nel calcio*) {LATERALE} Flanke f: **giocare sulla ~ sinistra**, über die linke Flanke spielen B <inv> loc agg: **a ~** {ANELLO, BRACCIALE} flach, ebenmäßig ● **~ d'ascolto** (**radio-televisivo**) TV, Zielgruppe f; **~ elastica** med, elastische Binde; (*ventriera*) Leib-, Bauchbinde f; **mecc** (*anello metallico*) Kolbenring m; **essere (ancora) in fasce**, {BAMBINO} (noch) in den Windeln liegen; fig (*in fase iniziale*) {PROGETTO} (noch) in den Kinderschuhen stecken; **~ muscolare** anat, Muskelbinde f; **~ dell'ozono** astr, Ozonschicht f, Ozonosphäre f; **~ oraria**, Zeitspanne f, Zeitabschnitt m; **~ di reddito** fisco, Einkommensklasse f.

fasciàme m mar Schiffsbeplankung f, (Schiffs)bekleidung f: **~ esterno/interno**, Außenhaut f/Wegerung f.

fasciànte f (*aderente*) {GONNA, PANTALONI} (eng) anliegend.

fasciàre <fascio, fasci> A tr **1** (*bendare*) **~ qu**/**qc (a qu)** {FERITA} jdn/[(jdm) etw] verbinden; {BRACCIO} anche jdn/[(jdm) etw] umwickeln: **il medico gli fasciò il polso**, der Arzt verband ihm das Handgelenk **2** (*avvolgere in fasce*) **~ qu** {NEONATO} jdn wickeln **3** fig (*aderire a*) (qc) (a qu) {ABITO CORPO, FIANCHI} (jdm) an etw (dat) (eng) anliegen **4** fig lett (*circondare*) **~ qc** {LE COLLINE LA CITTÀ} etw umschließen **5** mar (*rivestire di fasciame*) **~ qc** {SCAFO} etw beplanken, etw bekleiden B rfl **1** (*avvolgersi*): **fasciarsi in qc** {IN LUNGHI ABITI ATTILLATI} sich (dat) *in etw* (acc) wickeln **2** indir (*bendarsi*): **fasciarsi qc** {CAVIGLIA, GINOCCHIO} sich (dat) *etw* verbinden.

fasciatóio <-toi> m Wickelkommode f.

fasciatùra f {CONTENITIVA, INCROCIATA} Verband m: **fare una ~ a qu**, jdm einen Verband machen.

fascicolàre tr **~ qc** {FOGLI, PRATICHE} *etw* zusammen|heften.

fascicolatóre m (*dispositivo*) Sortierer m, Sortiervorrichtung f.

fascicolatrìce f (*macchina*) Heft-, Bündelmaschine f.

fascicolatùra f (*atto, effetto*) Zusammenheften n, Bündeln n, Sortieren n.

fascìcolo m (abbr **fasc.**) **1** (*dispensa*) {+DIZIONARIO ENCICLOPEDICO SETTIMANALE} Heft n, Lieferung f, Faszikel m forb: **pubblicare qc a**/**in fascicoli**, etw in einzelnen Heften veröffentlichen; **si tratta di un'opera a**/**in fascicoli**, es handelt sich um ein Werk in einzelnen Heften/[ein Fortsetzungswerk]/[eine Loseblattausgabe] **2** (*opuscolo*): **~ illustrato allegato al giornale**, Bildbeilage f einer Zeitung **3** anche amm (*dossier*) {+PRATICA} Aktenbündel m, Faszikel m forb **4** anat (*fascio di fibre*) {MUSCOLARE, NERVOSO} Faszikel m.

fascìna f {+LEGNA} Bündel n.

fàscino m **1** (*attrattiva*) {FEMMINILE, LATINO, IRRESISTIBILE; +SGUARDO} Charme m, Zauber m, Reiz m: **è un uomo pieno di ~**, er ist ein Mann voller Charme; **tutti subiscono il suo ~**, alle erliegen seinem/ihrem Charme **2** (*allettamento*) {+AVVENTURA} Reiz m, Faszination f forb: **il ~ del proibito**, der Reiz des Verbotenen **3** lett (*malia*) {MALEFICA} Zauberei f.

fascinóso, (-a) agg {ATTORE, DONNA} charmant, reizvoll, bezaubernd, faszinierend.

fàscio <fasci> m **1** gener {+CAVI, LETTERE, RAMI} Bündel n; {+ERBA} Büschel n: **raccogliere qc in un ~**, etw zu einem Bündel zusammenschnüren; (*mazzo*) anche {+FIORI} Strauß m **2** anat bot (*fibrovascolare*) Bündel n, Strang m: **~ di nervi**/**muscoli**, Nerven-/Muskelbündel n **3** fis (*raggio*) {CATODICO, MOLECOLARE; +ELETTRONI} Strahl m, Bündel n: **un ~ di luce**,/[**luminoso**], Lichtbündel n **4** mat (*in geometria*) {+PIANI, RETTE} Bündel n **5** polit stor (*associazione*) {OPERAIO, SICILIANO} Verband m, Bund m: **fasci di combattimento**, Kampfbünde m pl **6** fam stor (*partito fascista*) faschistische Partei **7** fam (*fascista*) Faschist m: **quello è un ~**, der ist ein Faschist ● **~ littorio**, Liktoren-, Rutenbündel n, Fasces pl; **essere un ~ di nervi** fig (*essere molto nervoso*), ein Nervenbündel sein fam.

fascìsmo m polit stor anche fig {SPAGNOLO} Faschismus m.

fascìsta <-i m, -e f> polit stor anche fig A agg {DITTATURA, PERIODO} faschistisch B mf Faschist(in) m(f).

fascistizzàre tr polit stor anche fig **~ qu**/**qc** {GIORNALE, PAESE, POPOLAZIONE} jdn/etw faschisieren.

fascistizzazióne f polit stor anche fig Faschisierung f; (*azione*) anche Faschisieren n.

fascistòide agg (*affine al fascismo*) faschistoid.

fàse f **1** gener {CRITICA, DELICATA, OPERATIVA; +CRISI, INDAGINE, GUERRA, PROCESSO} Phase f: **~ conclusiva**, End-/Schlussphase f; **~ decisiva**, entscheidende Phase; **~ intermedia**/**transitoria**, Zwischen-/Übergangsphase f; **~ sperimentale**, Versuchsstadium n; **~ della vita**, Lebensabschnitt m (*stadio*) {+LAVORAZIONE, SVILUPPO} anche Stadium n, Stufe f; **la ~ iniziale di un tumore**, das Anfangsstadium eines Tumors **2** astr fis chim {LIQUIDA, SOLIDA} Phase f: **le quattro fasi lunari**/[**della luna**], die vier Mondphasen **3** dir (*Verfahrens)abschnitt m: **~ istruttoria** (*nel processo civile*), "(Verfahrens)abschnitt m der (Verhandlung und) Beweiserhebung" **4** psic Phase f: **~ anale**/**fallica**/**orale**, anale/phallische/orale Phase **5** mot {+COMPRESSIONE, ESPANSIONE} Takt m: **motore a tre fasi**, Dreitaktmotor m ● **essere in ~ calante** (*fig*), auf dem absteigenden Ast sein fam; **essere fuori ~**, {MOTORE} außer Phase sein; fig (*non essere in forma*), nicht in Form sein; **~ REM**, REM-Phase f.

fashion <-> f ingl Fashion f.

fastèllo m {+PAGLIA, STERPI} Bündel n, Bund m.

fast food <-> loc sost m ingl **1** (*locale*) Fastfood-Lokal n, Fastfood-Restaurant n **2** (*pasto*) Fastfood n.

fàsti m pl **1** stor Fasti pl **2** fig (*azioni memorabili*) Helden-, Ruhmestaten f pl; (*pagine gloriose*) {+NAZIONE} anche Ruhmesblätter n pl.

fastìdio <-di> m **1** (*disturbo*) Belästigung f, Störung f: **il rumore mi dà ~**, der Lärm stört mich; **ha sempre un ~ allo stomaco**/[**alla testa**], er/sie hat immer leichtes Magengrimmen/Kopfweh; **dare ~ a qu**, jdn belästigen, jdn stören; **Le dà ~ il fumo?**, stört Sie der Rauch? **2** (*noia*) Überdruss m, Verdruss m: **che ~ ripetere sempre le stesse cose!**, wie lästig, immer das Gleiche zu wiederholen! **3** (*disgusto*) Ekel m **4** <di solito al pl> (*preoccupazione*) {+VECCHIAIA} Unannehmlichkeit f: **questo lavoro gli dà non pochi fastidi**, diese Arbeit macht ihm nicht wenige Unannehmlichkeiten; **ho dei fastidi con la polizia**/**giustizia**, ich habe Unannehmlichkeiten mit der Polizei/Justiz.

fastidióso, (-a) agg **1** (*molesto*) {LUCE, MOSCA} lästig, störend: **una fastidiosa allergia alla polvere**, eine lästige Stauballergie **2** (*spiacevole*) {LAVORO, QUESTIONE, SITUAZIONE} unangenehm.

fàsto m {+CORTE, PALAZZO IMPERIALE} Prunk m, Pracht f.

fastosaménte avv {VIVERE} prunkvoll, prachtvoll.

fastosità <-> f **1** (*l'essere fastoso*) {+EDIFICIO, RICEVIMENTO} Prächtigkeit f **2** (*fasto*) Prunk m, Pracht f.

fastóso, (-a) agg {CASTELLO, MATRIMONIO, STILE DI VITA} prunkvoll, prächtig, prachtvoll.

Fastpay® <-> m ingl (*sistema di pagamento*) Fast-pay n (*automatisches, bargeldloses Abbuchen der Autobahngebühren*).

fasùllo, (-a) agg **1** (*falso*) {BIGLIETTO, CERTIFICATO, FIRMA, MONETA} falsch **2** fig (*incapace*) {AVVOCATO, SCIENZIATO} unfähig, schlecht.

fàta f **1** {BUONA, TURCHINA} Fee f **2** fig (*donna bella e caritatevole*) {+POVERI} gute Fee ● **~ morgana** (*miraggio*), Fata Morgana f.

fatàle agg **1** (*letale*) {CONSEGUENZA} verhängnisvoll, fatal forb: **quell'errore gli è stato ~**, dieser Fehler wurde ihm zum Verhängnis **2** (*fatidico*) {GIORNO, INCONTRO} schicksalsschwer, schicksalsträchtig **3** (*ineluttabile*) schicksalhaft, unvermeidlich: **era ~ (che succedesse)!**, es war unvermeidlich/: **Schicksal** fam(*, dass dies geschah*); **das musste einfach geschehen!** **4** (*irresistibile*) {OCCHI, SGUARDO} unwiderstehlich: **donna ~**, Femme fatale f.

fatalìsmo m Fatalismus m forb, Schicksalsglaube f.

fatalìsta <-i m, -e f> A agg fatalistisch forb, schicksalsgläubig: **in certi casi sono ~**, in bestimmten Fällen bin ich fatalistisch forb B mf Fatalist(in) m(f) forb.

fatalìstico, (-a) <-ci, -che> agg {CONCEZIONE}

fatalistisch *forb*, schicksalsgläubig.
fatalità <-> *f* **1** (*destino*) {+INCONTRO} Schicksalhaftigkeit *f*, Fatalität *f*, Verhängnis *n*: **la ~ ha voluto che l'impresa fallisse**, das Verhängnis wollte es, dass das Unternehmen scheiterte **2** (*disgrazia*) Unglück *n*: **è stata una (tragica) ~**, es war ein (tragisches) Unglück; **per ~**, zu allem Unglück.
fatalménte *avv* **1** (*inevitabilmente*) unvermeidlich: **questa gestione ci porterà ~ alla rovina**, diese Bewirtschaftung wird uns unvermeidlich ruinieren **2** (*sfortunatamente*) fatalerweise.
fatalóne, (-a) *m* (*f*) *iron scherz* Verführer(in) *m(f)*, Herzensbrecher(in) *m(f)*, Vamp *m*.
fatàto, (-a) *agg* **1** (*magico*) {BACCHETTA, REGNO} Zauber-, verzaubert **2** *fig* {MANI, TOCCO} Zauber-.
fàte 2ª pers pl dell'ind pres di *fare*①.
fatìca <-che> Ⓐ *f* **1** anche *fig* (*sforzo*) {ARDUA, INGRATA, IMMANE} Mühe *f*: **mi costa ~ riconoscerlo, ma hai ragione**, es fällt mir schwer, das anzuerkennen, aber du hast Recht; **costare molta fatica a qu**, jdn viel Mühe kosten; **fa ~ a crederci**, er/sie hat Mühe, es zu glauben; **risparmiati la ~ di venire**, spar dir die Mühe zu kommen; **che ~!**, ist das anstrengend!; **tanta ~ per niente!**, so viel Mühe für nichts (und wieder nichts)!; **è (tutta) ~ sprecata/inutile**, das ist (alles) vergebliche Liebesmüh(e); **senza ~**, ohne Mühe, mühelos **2** (*lavoro faticoso*) {DURA} Mühe *f*, Arbeit *f*, Strapaze *f*; (*opera*) anche Werk *n*: **la sua ultima ~ è stata un successo**, sein/ihr letztes Werk war ein Erfolg **3** (*stanchezza*) Müdigkeit *f*: **la ~ comincia a farsi sentire**, die Müdigkeit kommt langsam durch/[wird langsam spürbar] **4** *mecc* Ermüdung *f* Ⓑ <inv> loc agg: **da ~**, {ABITO, ANIMALE} Arbeits- Ⓒ loc avv (*con difficoltà*): **a ~**, {MUOVERSI, RESPIRARE} mühsam, mit (Mühe und) Not ● **fatiche da bufalo**, Schwerstarbeit *f*; **durare ~** *fig* (*affaticarsi*), Mühe haben, **le fatiche di Ercole** *mitol*, die Arbeiten/Kämpfe des Herkules; *fig* (*imprese ardue*), die Herkulesarbeiten.
faticàccia <-ce, *pegg di* fatica> *f* (*grossa fatica*) Strapaze *f*, schwere Anstrengung.
faticàre <*fatico, fatichi*> *itr* **1** (*lavorare duramente*) hart arbeiten, sich ab|mühen: **fatico tutto il giorno nei campi**, sie arbeiten den ganzen Tag hart auf dem Feld; **(per fare qc**) sich an|strengen (, *um etw zu tun*), sich ab|mühen (, *um etw zu tun*): **ho faticato per laurearmi**, ich habe mich angestrengt, um meinen Studienabschluss zu machen **2** (*stentare*) (**a fare qc**) Mühe haben, *etw zu tun*: **fatichiamo ad arrivare a fine mese**, wir haben Mühe, bis zum Monatsende zu kommen; **fatica a parlare**, er/sie hat Mühe, zu sprechen.
faticàta *f* (*sfacchinata*) Strapaze *f*, Plackerei *f* *fam*, Schufterei *f* *fam spreg*, Schinderei *f* *spreg*.
faticosaménte *avv* **1** (*con sforzo*) {TRASPORTARE UN PESO} mühsam **2** (*a stento*) {DIGERIRE} mit Mühe: **il lavoro procede ~**, die Arbeit geht mit Mühe voran.
faticóso, (-a) *agg* **1** (*MESTIERE, SETTIMANA*) anstrengend; {SALITA} anche mühsam **2** (*difficoltoso*) {RESPIRO} schwer; {STILE} umständlich, holprig.
fatìdico, (-a) <-ci, -che> *agg* **1** (*fatale*) {DATA, MOMENTO} schicksalsschwer, schicksalsträchtig **2** (*profetico*) {SEGNO} prophetisch.
fatiscènte *agg* **1** (*cadente*) {CASA, OSPEDALE} baufällig, verfallen **2** *fig* (*in disfacimento*) {SISTEMA POLITICO} zerfallend.
fatiscènza *f* (+ALLOGGIO, EDIFICIO) Baufälligkeit *f*.
fàto *m* **1** (*destino*) Verhängnis *n*, Schicksal *n*, Fatum *n* *forb*: **il ~ ha voluto così**, das Schicksal hat es so gewollt **2** *lett stor* Fatum *n* *forb*.
fatt. *abbr di* fattura: Rechnung *f*, Faktur *f* *obs*.
fattàccio <-ci, *pegg di* fatto> *m* schlimmer Vorfall, üble Geschichte: **il ~ è avvenuto qui**, die üble Geschichte ist hier passiert.
fatterèllo <*dim di* fatto> *m* **1** (*evento insignificante*) unbedeutender Vorfall **2** (*aneddoto*) Anekdote *f*, Schnurre *f* *obs*.
fattézze *f pl* (*lineamenti*) {DELICATE, FINI} (Gesichts)züge *m pl*: **ha delle/[è di] ~ grossolane**, er/sie hat grobe Gesichtszüge.
fattìbile Ⓐ *agg* (*attuabile*) {ESPERIMENTO, LAVORO} machbar: **la cosa è ~**, das kann man schon machen Ⓑ *m* Machbare *n*, Mögliche *n*: **fare (tutto) il ~ per riuscire**, (all) sein Möglichstes tun, um es zu schaffen.
fattibilità <-> *f* (+PROGETTO DI RICERCA) Machbarkeit *f*.
fattispècie <-> *f* *dir* Tatbestand *m*, Sachverhalt *m*; (*nel diritto penale*) Tatbestand *m*: **elemento della ~**, Tatbestandsmerkmal *n* ● **nella ~** anche *dir* (*in questo caso*), im vorliegenden Fall, in diesem Fall.
fattìvo, (-a) *agg* **1** (*operativo*) {PERSONA} tatkräftig, aktiv **2** (*produttivo*) {INTERESSAMENTO DELLE AUTORITÀ} wirksam, wirkungsvoll.
fàtto① Ⓐ *m* **1** {CERTO, INCONTROVERTIBILE} Tat *f*, Tatsache *f*, Fakt(um) *n*: **veniamo/atteniamoci ai fatti**, kommen wir zu den/[halten wir uns an die] Tatsachen; **i fatti parlano chiaro**, die Tatsachen sprechen für sich; **lo ha messo di fronte al ~ compiuto**, er/sie hat ihn vor vollendete Tatsachen gestellt; **mi ha colto sul ~**, er/sie hat mich auf frischer Tat ertappt **2** (*azione*) Tat *f*: **ci vogliono fatti e non parole!**, hier ist Handeln angesagt *fam*, nicht Reden! **3** (*avvenimento*) {INCRESCIOSO, STORICO} Ereignis *n*, Tatsache *f*, Vorfall *m*: **~ di cronaca**, Tagesereignis *n*; **come si sono svolti i fatti?**, wie ist tatsächlich passiert? **4** (*fenomeno*) {IRRIPETIBILE, STRANO} Tatsache *f*, Sache *f*: **ho assistito a un ~ (del tutto) eccezionale**, ich habe eine (ganz und gar) außergewöhnliche (Tat)sache miterlebt **5** (*storia*) Handlung *f*, Geschichte *f*: **il ~ si svolge nel dopoguerra**, die Geschichte spielt in der Nachkriegszeit **6** (*affare*) {PERSONALE} Angelegenheit *f*, Sache *f*: **(non) sono fatti nostri**, das ist (nicht) unsere Sache/Angelegenheit; **badate ai**/**[fatevi i fatti]**/**[impicciatevi dei fam] fatti vostri!**, kümmert euch um euren eigenen Kram *fam*!; **non impicciarti dei fatti altrui!**, misch dich nicht in anderer Leute Angelegenheiten!; **se n'è andato**/**[è partito] per i fatti suoi**, er ist seiner Wege gegangen; **raccontare a tutti i fatti propri**, allen von seinen Angelegenheiten erzählen; **non per sapere/farmi i fatti tuoi, ma ...**, ich will mich (ja) nicht in deine Angelegenheiten einmischen, aber ... **7** (*con valore pleonastico; in ted spesso non è tradotto*) Tatsache *f*: **il ~ è**/**[sta di ~]**/**[~ si è] che ...**, Tatsache ist, dass ...; **sarà anche vero, ~ sta che non ci credo**, es mag ja stimmen, aber Tatsache ist (nun einmal), dass ich es nicht glaube; **rimane/resta il ~ che ...**, bleibt die Tatsache, dass ...; **dipende dal ~ che ...**, das hängt von der Tatsache ab, dass ...; **per il ~ che ...**, auf Grund der Tatsache, dass ...; **è un ~ che manchino i finanziamenti**, es ist eine Tatsache, dass die Geldmittel fehlen; (*circostanza*) Tatsache *f*, Umstand *m*: **il ~ che non telefonino ci preoccupa**, die Tatsache, dass sie nicht anrufen, macht uns Sorgen; **lamentiamo il ~ di non essere**/**[che non siamo] stati avvisati**, wir bedauern den Umstand, dass man uns nicht Bescheid gegeben hat **8** *dir* (*evento produttivo di effetti giuridici*) rechtserhebliche Tatsache; rechtlich relevanter Sachverhalt; (*fatto giuridico volontario*) Rechtshandlung *f*: **~ illecito**, unerlaubte Handlung; (*questione concreta che dà luogo alla controversia*) Tatsache *f*; **~ notorio**, offenkundige Tatsache; allgemeinkundige Tatsache; gerichtskundige Tatsache; (*che integra l'imputazione*) Tat *f* Ⓑ <inv> loc agg (*reale*): **di ~**, tatsächlich, de facto *dir*; **famiglia di ~**, eheähnliche Gemeinschaft; **situazione di ~**, konkrete/tatsächliche/wirkliche Situation Ⓒ loc prep: **in ~ di qc** (*esperto di*): **è un esperto in ~ di computer**, er ist Experte in Bezug auf Computer; **in ~ di imbrogli non lo batte nessuno**, was Betrügereien betrifft, ist er unschlagbar ● **~ d'armi**/**[di sangue]**, Waffen-/Bluttat *f*; **è stato assolto per non aver commesso il ~**, er ist freigesprochen worden, weil er die Tat nicht begangen hat; **di ~** (*in realtà*), eigentlich, in Wirklichkeit; **di ~ sei tu che te ne vai**, eigentlich bist du es, der/die geht; **dire a qu il ~ suo** *fig* (*ciò che si merita*), jdm (gehörig) die Meinung sagen/geigen *fam*, jdm Bescheid sagen *fam*/stoßen *fam*; **i fatti del giorno**, die Tagesereignisse *n pl*; **passare/venire (dalle parole) ai fatti**, (von Worten) zu Taten übergehen; *fig* (*fare a botte*), (von Schimpfworten) zu Tätlichkeiten/Handgreiflichkeiten übergehen; **il ~ non costituisce reato**, die Tat ist nicht strafbar; **sa il**/**[è sicuro del] ~ suo**, er macht seine Sache gut, er versteht seine Sache/sein Handwerk, er ist sich seiner sicher.
fàtto②, **(-a)** Ⓐ *part pass di* fare① Ⓑ *agg* **1** (*realizzato*) gemacht, getan, erledigt: **finisco di stirare così è un lavoro (bell'e) ~**, ich bügle fertig, dann ist diese Arbeit erledigt; **un disegno ben/mal ~**, eine gute/schlechte Zeichnung; **è presto/subito ~**, das ist bald/gleich gemacht; **un abito ~ per l'occasione**, ein für die Gelegenheit gemachtes Kleid **2** (*pronto*) fertig: **trova sempre la cena (bell'e) fatta**, er/sie findet immer das fertige Abendessen vor; **il lavoro è bell'e fatto**, die Arbeit ist fix und fertig *fam*; {CAPPOTTO, GIACCA} fertig, von der Stange **3** (*maturo*) {BIADA, FRUTTO} reif; anche *fig* (*adulto*) {DONNA, UOMO} reif **4** (*conformato fisicamente*) gebaut: **ha un corpo ben ~**, sie/er ist gut gebaut **5** (*adatto*) **~ per qu/qc** für jdn/etw geschaffen, für jdn/etw geeignet: **(non) sono ~ per lo studio**/**[per te]**, ich bin (nicht) fürs Studium/[für dich] geschaffen; **siamo fatti l'uno per l'altra**, wir sind füreinander geschaffen **6** *slang* (*drogato*) high *slang eufem*, breit *slang*, high *slang eufem*: **è sempre ~**, er ist immer breit *slang* **7** *fam* (*fuso*) (fix und fertig) *fam*: **stasera sono proprio ~!**, heute Abend bin ich wirklich (fix und) fertig *fam*! ● **~ a calice/esse**, Kelch-/s-förmig; **~ a quadri**, {COPERTA} kariert; **ben ~!**, gut gemacht!; **ciò/quel che è ~ è ~**, was getan ist, ist getan; **è ~ così**, er/es ist nun einmal so; **~ di plastica/marmo/ferro**, aus Kunststoff/Marmor/Eisen; **è fatta!**, (es ist) geschafft!; **ecco ~!**, fertig!; **giorno ~**/**[notte fatta]**, hell(licht)er Tag/[tiefe Nacht].
fattóra *f* *fam* → fattore②.
fattóre① *m* **1** *gener* anche *biol* (*elemento*) {ECONOMICO} Faktor *m*: **~ ambientale/climatico/ereditario**, Umwelt-/Klima-/Erbfaktor *m*; **~ Rh**, Rhesusfaktor *m*; **~ di rischio**, Risikofaktor *m*; **~ sorpresa/tempo**, Überraschungseffekt *m*/Zeitfaktor *m* **2** *mat tecnol* (*coefficiente*) {ALGEBRICO, NUMERICO; +ACCOP-

PIAMENTO, CARICO, POTENZA} Faktor m, Koeffizient m: **scomporre un numero in fattori primi**, eine Zahl in ihre Primfaktoren zerlegen • **~ campo** *sport*, Platzvorteil m.

fattóre②, (**-essa**, *fam* **-a**) *m* (f) Gutsverwalter(in) m(f).

fattóre③, (**-trice**) *m* (f) *lett* (*creatore*) {+CIVILTÀ} Schöpfer(in) m(f) • **il sommo/l'alto Fattore** (*Dio*), der Schöpfer.

fattoria f **1** (*azienda agricola*) {MODELLO} (Land)gut n, Landwirtschaft f **2** (*edificio*) Gutshof m.

fattorino, (**-a**) *m* (f) **1** (*commesso*) {+ALBERGO, BORSA} Bote m, (Botin f), Laufbursche m *obs spreg*, (Laufmädchen m *obs spreg*): **le mando subito un ~**, ich schicke ihr gleich einen Boten; **non sono il tuo ~!** *spreg*, ich bin nicht dein Laufbursche! *obs spreg*; **~ del telegrafo**/[telegrafico], Telegrammbote m **2** (*bigliettaio*) {+AUTOBUS, TRAM} Schaffner(in) m(f).

fattrice f *zoo* weibliches Zuchttier.

fattucchière, (**-a**) *m* (f) Zauberer m, (Zauberin f).

fattura f **1** (*lavorazione*) Anfertigung f, Herstellung f; (*risultato*) {RAFFINATA; +GIACCA} Fasson f, Machart f, Ausführung f: **una lampada di ricercata ~**, eine Lampe von ausgesuchter Machart **2** (*confezione*): **la sola ~ (dell'abito) costa 100 euro**, die Anfertigung (des Kleides) kostet allein schon 100 Euro **3** *fam* (*maleficio*) Zauberei f, Hexerei f: **mi hanno fatto una/la ~**, sie haben mich verhext **4** *comm* (*abbr* fatt.) {DEFINITIVA; +ACQUISTO, CONSEGNA, DEPOSITO, VENDITA} Rechnung f, Faktur f: **pagare/saldare una ~ di 300 euro**, eine Rechnung von 300 Euro bezahlen/begleichen; **come da** ~/[secondo] ~, laut Rechnung f, **invieremo**/[farà seguito] **regolare ~**, Rechnung wird ordnungsgemäß geschickt/folgen; **richiedere**/**esigere la ~ all'atto del pagamento**, bei Auszahlung die Rechnung verlangen.

fatturare tr **1** *comm* **~ qc** (**a qu**) {ESPORTAZIONI, PRODOTTO, VENDITE} (*jdm*) etw fakturieren, (*jdm*) etw berechnen: **questo articolo va fatturato?**, muss dieser Artikel fakturiert werden? **2** *comm* **~ qc** etw umsetzen: **quanto fattura la vostra ditta all'anno?**, wie viel setzt eure Firma im Jahr um? **3** *rar* (*adulterare*) **~ qc** {VINO} etw panschen.

fatturato *m comm* {ANNUO, LORDO} Umsatz m: **la ditta ha un ~ di dieci milioni**, die Firma macht zehn Millionen Umsatz.

fatturazióne f *comm* Fakturierung f, Ausstellung f der Rechnung.

fatturista <-*i m*, -*e* f> *mf* Fakturist(in) m(f).

fàtuo, (**-a**) *agg* {AMORE, PAROLE, UOMO} oberflächlich, leer.

fatwa <-> f *arabo relig* Fatwa f, islamisches Rechtsgutachten.

fàuci <*solo pl*> f **1** {+LEONE} Rachen m, Schlund m **2** *fig lett* {+CAVERNA, INFERNO} Eingang m **3** *fig* (*grinfie*) Fänge m pl, Hände f pl: **cadere/finire nelle ~ di un usuraio**, einem Wucherer in die Hände fallen/[Fänge geraten].

fault <-> f *ingl sport* Foul n.

fàuna f **1** *zoo* Tierwelt f, Fauna f: **~ alpina/equatoriale/marina**, Alpen-/Äquatorial-/Meeresfauna f **2** *fig scherz* (*persone*) {LOCALE, SCOLASTICA} Fauna f *scherz*, Zoo m *scherz*.

faunésco, (**-a**) <-*schi*, -*sche*> *agg* {ORECCHIE, SGUARDO, VISO} Fauns-, faunisch *forb*.

faunìstico, (**-a**) <-*ci*, -*che*> *agg* {PATRIMONIO, RISERVA} Tier-, faunistisch.

fàuno *m mitol* Faun m; *anche fig* Faun m *forb*.

faustiàno, (**-a**) *agg* {FIGURA, SPIRITO} faustisch *forb*.

fàusto, (**-a**) *agg* **1** *forb* (*lieto*) {ANNUNCIO, CIRCOSTANZA, GIORNO} freudig, erfreulich: **~ evento**, freudiges Ereignis **2** *lett* (*propizio*) {DESTINO} günstig, {DIVINITÀ} geneigt, wohlgesinnt.

Fàusto *m* (*nome proprio*) Faust.

fautóre, (**-trice**) *m* (f) {ACCESO; +LIBERTÀ, PACE, RIVOLUZIONE} Förderer m, (Förderin f), Befürworter(in) m(f).

fauvismo *m arte* Fauvismus m.

fàva f **1** *bot* Feld-, Sau-, Puffbohne f **2** *fig volg* (*glande*) Eichel f; (*membro virile*) Pimmel m *fam*, Schwanz m *fam volg*.

favela <-, -*s pl port*> f *port* Favela f.

favèlla f *lett* Sprache f • **hai perso la ~?** *fig* (*perché non parli?*), hat es dir die Sprache verschlagen?

favilla f **1** *anche fig* (*scintilla*) Funke(n) m: **dal falò si alzavano faville**, vom Feuer stoben Funken; **i tuoi occhi mandano faville**, deine Augen sprühen Funken **2** *fig* (*causa*) {+AMORE, DISCORDIA, ODIO} Anlass m, Anstoß m • **far faville** *fig fam* (*riscuotere successo*), glänzen, Erfolg haben, groß rauskommen *fam*.

favismo *m med* Bohnenkrankheit f, Favismus m *scient*.

fàvo *m* **1** {+ARNIA} (Bienen)wabe f **2** *med* Favus m *scient*.

fàvola A f **1** (*apologo*) {+ESOPO, FEDRO, LA FONTAINE} Fabel f: **la ~ della volpe e l'uva**, die Fabel vom Fuchs und den Weintrauben **2** (*fiaba*) {+ANDERSEN} Märchen n: **la ~ di Cappuccetto Rosso**, das Märchen vom Rotkäppchen **3** *fig* (*fandonia*) Märchen n: **sono tutte favole!**, das sind doch lauter *fam* Märchen!; **gli hanno raccontato una ~**, sie haben ihm ein Märchen aufgetischt *fam* **4** *fig fam* (*cosa, persona favolosa*) fabelhafte/märchenhafte Sache: **quella casa/ragazza è una ~!**, dieses Haus/Mädchen ist fabelhaft! B <*inv*> *loc agg* **da ~**, {ABITO, TRAMONTO, VIAGGIO} fabelhaft, traumhaft • **~ pastorale** *lett*, Schäferdichtung f, Pastorale f; **essere/diventare la ~ della città/quartiere** *fig* (*essere sulla bocca di tutti*), Stadtgespräch/[Gesprächsthema des Viertels] sein/werden.

favoleggiàre *itr* (*fantasticare*) **~ di qu/qc** von jdm/etw fabeln.

favolìstica <-*che*> f **1** (*patrimonio favolistico*) MEDIEVALE, NORDICA} Märchenschatz m **2** (*studio*) Märchenforschung f.

favolìstico, (**-a**) <-*ci*, -*che*> *agg* {GENERE} Märchen-.

favolóso, (**-a**) *agg* **1** (*di favola*) {LIBRO} Fabel-; (*creatura, narrazione, storia*) erfunden, ersonnen; (*leggendario*) *anche* {PERSONAGGIO} märchenhaft; {DIVINITÀ, REGNO} *anche* Märchen- **2** *fam* (*straordinario*) {IDEA, LIBRO, PERSONA, SPETTACOLO, VIAGGIO} fabelhaft, sagenhaft: **sei favolosa!**, du bist fabelhaft! **3** (*spropositato*) {CIFRA, GUADAGNO, RICCHEZZA} großartig, außerordentlich.

favònio <-*ni*> *m lett* Zephir m.

favóre A *m* **1** (*consenso*) {POPOLARE} Gunst f, Wohlwollen n: **lo spettacolo ha incontrato il ~ del pubblico**, die Vorstellung ist auf das Wohlwollen des Publikums gestoßen **2** (*cortesia*) Gefallen m, Gefälligkeit f: **mi faresti un ~?**, würdest du mir einen Gefallen tun?; **vi ricambio/restituisco il ~**, ich erwidere euch den Gefallen; **usami il ~ di prestarmi il libro!**, tu mir den Gefallen und leih mir das Buch!; **fammi il ~ di tacere!** *fam iron*, tu mir den Gefallen und sei ruhig!; (**ma**) **mi faccia il ~!** *fam* (*detto da chi perde la pazienza*), jetzt tun Sie mir den Gefallen! **3** <*solo pl*> *scherz obs* (*grazie*) Reize m pl: **concedere i propri favori a un uomo**, sich einem Mann hingeben *eufem* B <*inv*> *loc agg*: **di ~** {PREZZO, TRATTAMENTO} Vorzugs-; {BIGLIETTO} Frei-; {ENTRATA} frei; *anche* {CAMBIALE, FIRMA} Gefälligkeits- C *loc* (*formula di cortesia*) **per ~**, bitte; **venite**, (**ve lo chiedo**) **per ~!**, kommt, bitte!; **per ~, mi ripete il suo nome?**, können Sie mir bitte Ihren Namen wiederholen?; **per ~ niente lacrime!**, bitte keine Tränen!; (**ma**) **per ~!** *fam* (*detto da chi perde la pazienza*), bitte! D *loc prep* **1** (*a vantaggio*) **a/in ~ di qu/qc** {DISCORSO, TESTIMONIANZA, VOTO} zugunsten jds/etw, jdm/etw zugunsten, zu jds/etw Gunsten: **stanziare un fondo a/in ~** {+degli alluvionati}/[dell'iniziativa], Geldmittel zu Gunsten der Überschwemmungsopfer/Initiative bereitstellen; **ha parlato in tuo ~**, er/sie hat zu deinen Gunsten ausgesagt; **il tempo/ritardo gioca a tuo ~**, die Zeit/Verspätung begünstigt dich **2** (*per*) **a ~** (**di qu/qc**) zugunsten/[Zu Gunsten] von jdm/etw: **essere/votare a ~ (di un candidato/una proposta)**, für einen Kandidaten/Vorschlag sein/stimmen; **testimoni a ~ (dell'imputato)**, Zeugen zugunsten des Angeklagten **3 col ~ di qu/qc** im/[unter dem] Schutz(e) von jdm/etw: **col ~ {dell'oscurità}/[degli dei]**, im Schutz(e) der Dunkelheit/[unter dem Schutz der Götter].

favoreggiaménto *m dir* (*tipo di reato*) Begünstigung f: **~ personale**, Strafvereitelung f; **~ della prostituzione**, Förderung f der Prostitution; **~ reale**, (sachliche) Begünstigung.

favoreggiàre <*favoreggio, favoreggi*> *tr* **~ qu/qc** {CANDIDATO, OMICIDA, COMPLOTTO, CORRUZIONE} jdn/etw begünstigen.

favoreggiatóre, (**-trice**) *m* (f) Begünstiger(in) m(f).

favorévole *agg* **1** (*vantaggioso*) {CIRCOSTANZA, MOMENTO, OCCASIONE, TEMPO, VENTO} günstig: **i prezzi**/[**le condizioni di vendita**] **sono (davvero) favorevoli**, die Preise/die Verkaufsbedingungen sind (wirklich) günstig **2** (*benevolo*) {ATTEGGIAMENTO} wohlwollend, wohlmeinend **3** (*positivo*) {CRITICA, GIUDIZIO, RISPOSTA, RISULTATO} positiv **4** (*a favore*) **~ (a qu/qc)** günstig für jdn/etw; {VOTO} Ja-: **in questo periodo gli astri gli sono favorevoli**, zurzeit stehen die Sterne günstig für ihn; **sei ~ o contrario al divorzio?** – **Sono ~**, bist du pro oder contra/[für oder gegen] Scheidung? – Ich bin dafür.

favorire <*favorisco*> A *tr* **1** (*avvantaggiare*) **~ qu/qc** {CONCORRENTE} jdn/etw begünstigen, jdn/etw bevorteilen: **l'arbitro ha favorito la squadra avversaria**, der Schiedsrichter hat die gegnerische Mannschaft begünstigt **2** (*agevolare*) **~ qc** {COMMERCIO, INCLINAZIONE NATURALE DI QU, PARTENZA, PROGETTO, SVILUPPO} etw fördern, etw unterstützen, etw wecken: **una tisana calda favorisce la digestione**, ein warmer Kräutertee fördert die Verdauung **3** *anche amm* (*dare; spesso non si traduce*) **~ qc** (**a qu**) {CONTO} jdm etw geben: (**mi**) **favorisca il biglietto!**, (geben Sie mir) Ihre Fahrkarte, bitte! B *itr* **1** (*accomodarsi; in forme di cortesia*) **~ + compl di luogo** sich irgendwohin begeben, irgendwo Platz nehmen: **favorisca alla cassa**, begeben Sie sich bitte zur Kasse; **favoriscano in salotto**, nehmen Sie bitte im Wohnzimmer Platz **2** (*gradire*) (an)nehmen: **vuoi/vuole ~?**, darf ich dir/Ihnen was davon anbieten?, möchtest du/[möchten Sie]?

favorita f → **favorito**.

favoritismo *m* Begünstigung f, Schiebung f *fam*: **qui non si fanno favoritismi**, hier gibt es keine Begünstigungen.

favorito, (**-a**) A *agg* **1** (*prediletto*) {ALLIEVO, SCRITTORE} Lieblings-, bevorzugt **2** (*pro-*

babile vincitore) {CAVALLO, PUGILE, SQUADRA} favorisiert B m (f) **1** (*beniamino*) Favorit(in) m(f), Liebling m: **eccolo, è lui il suo ~**, da ist er ja, er ist sein/ihr Liebling **2** (*in gare, elezioni*) Favorit(in) m(f): **il (grande) ~ è stato sconfitto**, der (große) Favorit ist besiegt worden; **partire ~**, als Favorit starten C f (*amante*) {+IMPERATORE, RE} Favoritin f; {+SULTANO} Lieblingsfrau f D <*solo pl*> m (*fedine*) Backenbart m, Favoris pl, Koteletten pl.

fax <-> m **1** (*apparecchio*) Fax(gerät) n, Telefax n: **vi manderò l'offerta via fax**, ich schicke euch das Angebot per Fax **2** (*messaggio*) Fax n: **mandare/ricevere un fax**, ein Fax schicken/erhalten.

faxàre tr ~ *qc* (*a qu*) {ARTICOLO, LETTERA} (*jdm*) *etw* faxen.

fazenda <-, -s pl *port*> f *port* Fazenda f.

fazióne f **1** {+GUELFI} Faktion f *obs*: **il partito è diviso in due fazioni**, die Partei ist in zwei Faktionen *obs* gespalten **2** *anche sport* (*gruppo*) Gruppe f.

faziosità <-> f {+DISCORSO} Parteilichkeit f.

fazióso, (-a) A agg (*di parte*) {ARBITRO, GIUDIZIO} parteilich, (*DISCORSO*) aufwieglerisch, aufrührerisch, faktiös *obs* B m (f) Aufwiegler(in) m(f), Aufrührer(in) m(f): **un gruppo di faziosi guidava la sommossa**, eine Gruppe von Aufwieglern führte den Aufstand.

fazzolétto m **1** (*da naso*) {+CARTA, COTONE} Taschentuch n: **agitava il ~ per salutarci**, er/sie winkte (zum Gruß) mit dem Taschentuch **2** (*foulard*) {+SETA} Tuch n: **annodarsi il ~ sotto il mento**, das Tuch unter dem Kinn zusammenknoten **3** (*da taschino*) Kavalierstuch n • **grande come/quanto un ~** (*piccolo*), groß wie ein Handtuch; **un ~ di terra** *fig* (*piccolo appezzamento*), ein Fleckchen Erde.

FBI f *abbr dell'ingl* Federal Bureau of Investigation (*Ufficio federale investigativo*) FBI m o n (*Bundesfahndungsamt*).

FC *abbr di* fuoricorso: "amtliche Bezeichnung eines Studenten, der die Regelstudienzeit überschritten hat".

FCI f *sport abbr di* Federazione Ciclistica Italiana: "Italienischer Radfahrerverband".

feb., febb. *abbr di* febbraio: Feb(r). (*abbr di* Februar).

febbràio <-brai> m (*abbr* feb., febb.) Februar m; → *anche* **settembre**.

fèbbre f **1** Fieber n: **avere la ~ alta**, hohes Fieber haben; **sono a letto con ~la ~ a quaranta~/[quaranta di ~]**, ich liege mit vierzig (Grad) Fieber im Bett; **~ gialla/malarica/maltese**, Gelb-/Sumpf-/Maltafieber n; **~ da fieno**, Heuschnupfen m, Heufieber n; **~ reumatica**, rheumatisches Fieber **2** *fam* (*herpes sul labbro*) Herpes m, Fieberbläschen n **3** *fig* (*passione*) Fieber n, Leidenschaft f: **lo ha colto la ~ del sapere**, ihn hat der Wissensdurst erfasst; **~ dell'oro**, Goldfieber n • **hai una ~ da cavallo** *fam* (*altissima*), du hast extrem hohes Fieber.

febbriciàttola f <*dim di* febbre> (*febbre leggera*) Temperatur f, leichtes Fieber.

febbricitànte agg {+FRONTE, OCCHI} fiebrig; {+RAGAZZO} *anche* fiebernd: **il malato è ~**, der Kranke fiebert/[hat Fieber].

febbrìfugo, (-a) <-ghi, -ghe> *farm* A agg fiebersenkend B m Fiebermittel n.

febbrìle agg **1** *med* {ACCESSO, STATO} fiebrig, Fieber- **2** *fig* {+FRENETICO} {AGITAZIONE, ATTESA, LAVORO} fieberhaft.

febbróne <*accr di* febbre> m *fam* (sehr) hohes Fieber.

fecàle agg *med* {MATERIA} fäkal, Fäkal-.

fèccia <-ce> f **1** *fig spreg* (*gentaglia*) {+QUARTIERE, SOCIETÀ} Abschaum m *spreg* **2** *enol* (*deposito*) {+FILTRAZIONE, SVINATURA} (Boden)satz m.

fèci① <*solo pl*> f (*in fisiologia*) Fäkalien pl, Stuhl m *scient*.

fèci② **1a** *pers sing del pass rem di* fare①.

fècola f {+CASTAGNE} Stärkemehl n: **~ (di patate)**, Kartoffelmehl n.

FECOM m *comm abbr di* Fondo Europeo di Cooperazione Monetaria: EFWZ m (abbr di Europäischer Fonds für Währungspolitische Zusammenarbeit).

fecondàbile agg *biol* befruchtbar.

fecondabilità <-> f *biol* Befruchtbarkeit f.

fecondàre tr **1** *biol* ~ **qu/qc** {DONNA, FIORE} *jdn/etw* befruchten **2** *fig* (*rendere fertile*) ~ **qc** {ACQUA, SOLE TERRA} *etw* fruchtbar machen, *etw* befruchten.

fecondatóre, (-trice) A agg *biol* {+ACQUA} befruchtend; {SPIRITO} *anche* fruchtbar B m (f) *anche fig* {+IDEE} Befruchter(in) m(f) • **~ laico** *tecnol*, "Berufsbezeichnung für jemanden, der künstliche Befruchtung von Rindern und Schweinen durchführt".

fecondazióne f *biol* {NATURALE} Befruchtung f: **~ artificiale**, künstliche Befruchtung; **~ incrociata** *bot*, Fremdbestäubung f; **~ in vitro**, In-vitro-Fertilisation f.

fecondità <-> f *biol anche fig* (*fertilità*) {+ANIMALE, TERRENO, SCRITTORE} Fruchtbarkeit f.

fecóndo, (-a) agg **1** *anche fig* (*fertile*) {ARGOMENTO, IDEA, GIORNO, PERIODO, SPOSA, TERRA} fruchtbar **2** (*prolifico*) {MATRIMONIO, NOZZE} kinderreich.

fedaìn <-> m *arabo* Fedajin m.

fedayìn, fedayìn → **fedain**.

féde f **1** (*credenza*) Glaube(n) m: **ho ~ in Dio**, ich glaube an Gott; **degno di ~**, glaubwürdig; **~, speranza e carità**, Glaube, Hoffnung und Liebe; (*fiducia*) Vertrauen n, Glaube(n) m; **non prestare ~ a ciò che dice**, schenk dem, was er/sie sagt, keinen Glauben; **abbiate ~!**, habt Vertrauen!; **avere una ~ incrollabile nella scienza**, ein unerschütterliches Vertrauen in die Wissenschaft haben **2** (*ideale*) {COMUNISTA} Glaube(n) m, Ideal n **3** (*religione*) {CRISTIANA, EBRAICA} Glaube(n) m, Religion f **4** (*fedeltà*) {CONIUGALE} Treue f: **tiene sempre ~ alla parola data/[agli impegni]**, er/sie hält immer sein/ihr Versprechen/[seine/ihre Verpflichtungen ein] **5** (*anello*) Trau-, Ehering m: **~ nuziale**, Trau-, Ehering m **6** *amm* (*attestato*) {+BATTESIMO, STATO CIVILE} Schein m, Bescheinigung f: **~ di credito/deposito**, Schuld-/Lagerschein m • **in buona ~**, in gutem Glauben; **approfittare della buona ~ di qu**, jds Gutgläubigkeit ausnutzen; **far ~** (*valere*), {LA DATA DEL TIMBRO POSTALE} gelten, gültig sein; **in ~** *amm*, für die Richtigkeit, urkundlich dessen, zum Zeugnis dessen; **in ~ mia...**, (auf) mein Wort ...; **in mala/cattiva ~**, in böser Absicht; **uomo/donna di poca ~!** *fig scherz* (*scettico*), (du) Ungläubiger/Ungläubige! *scherz*.

fedéle A agg **1** (*devoto*) {ALLEATO, CANE, COMPAGNO, SPOSA} treu: **gli fu ~ tutta la vita**, er/sie war ihm das ganze Leben lang treu; **sei rimasto ~ alla tradizioni**, du bist den Traditionen treu geblieben **2** (*esatto*) {IMITAZIONE, RITRATTO, VERSIONE} genau, getreu(lich): **una ~ ricostruzione dei fatti**, eine genaue Rekonstruktion der Tatsachen; **~ all'originale/[alla realtà]**, original-/wirklichkeitsgetreu; **un traduttore/cronista ~**, ein zuverlässiger/treuer Übersetzer/Chronist; **una riproduzione ~ (del suono)** *tecnol*, eine lautgetreue Wiedergabe B mf **3** (*credente*) Gläubige mf *decl come agg* **2** (*seguace*) {+MONARCHIA, RE} Anhänger(in) m(f), Getreue mf *decl come agg*.

fedelìssimo, (-a) <*superl di* fedele> m (f) (*collaboratore fidato*) {+RE} enge(r) Vertraute(r).

fedelménte avv **1** (*con devozione*) treu, getreu: **lo serve ~ da molti anni**, er/sie dient ihm treu seit vielen Jahren **2** (*con esattezza*) genau: **tradurre ~ un testo**, einen Text wortgetreu/genau übersetzen.

fedeltà <-> A f **1** (*devozione*) Treue f: **mi hai giurato eterna ~**, du hast mir ewige Treue geschworen; **~ verso la patria/[gli amici]**, Treue ˌseinem Vaterland/[seinen Freunden] gegenüber **2** (*esattezza*) {STORICA; +COPIA, RAPPRESENTAZIONE} Zuverlässigkeit f, Treue f **3** *tecnol* {+RADIORICEVITORE, TELEVISORE} Wiedergabetreue f, Wiedergabegenauigkeit f: **alta ~**, High Fidelity f B <inv> agg: **ad alta ~** {AMPLIFICATORE, IMPIANTO} Hi-Fi-.

Feder. *abbr di* Federazione: Vb(d). (*abbr di* Verband).

fèdera f {+COTONE, LINO} (Kopf)kissenbezug m.

federàle A agg **1** *polit* {PARLAMENTO, STATO} föderativ, föderal, Bundes- **2** (*di un'associazione*) {REGOLAMENTO} Verbands-, Vereins- B m *polit stor* "Sekretär m einer faschistischen Föderation".

federalìsmo m *polit* {EUROPEO} Föderalismus m: **~ fiscale**, Steuerföderalismus m.

federalìsta <-i m, -e f> *polit* A agg {CONCEZIONE, SISTEMA} föderalistisch B mf Föderalist(in) m(f).

federalìstico, (-a) <-ci, -che> agg {PROGETTO, TENDENZA} föderalistisch.

federatìvo, (-a) agg **1** (*federale*) {PATTO} föderativ **2** (*federalista*) {MOVIMENTO} föderalistisch.

federàto, (-a) agg {CITTÀ, STATO} föderiert, verbündet, Bundes-.

federazióne f **1** *polit* (*stato federale*) Föderation f, Bund m **2** (*associazione, abbr* Feder.) {NAZIONALE, POLITICA, PROVINCIALE, SINDACALE, SPORTIVA} Föderation f, Verband m, Verein m **3** (*sede*) Verbandssitz m, Verbands-, Vereinshaus n.

FEDERCALCIO f *sport* (*nel calcio*) *abbr di* Federazione Gioco Calcio: "Italienischer Fußballverband", ≈ DFB m (abbr di Deutscher Fußball-Bund).

Federica f (*nome proprio*) Friederike.

federiciàno, (-a) agg {POLITICA, STUDI} friderizianisch.

Federico m (*nome proprio*) Friedrich.

FEDERMECCANICA f *abbr di* Federazione Sindacale dell'Industria Metalmeccanica Italiana: "Italienischer Gewerkschaftsbund der Metall verarbeitenden Industrie", ≈ IG Metall f (abbr di Industriegewerkschaft Metall).

fedìfrago, (-a) <-ghi, -ghe> agg **1** *scherz* (*infedele*) treulose(r, s) *scherz* **2** *lett* (*traditore*) wortbrüchig.

fedìna① f *amm* Strafregisterauszug m: **avere la ~ (penale) sporca/pulita**, vorbestraft/[nicht vorbestraft] sein, keine/eine saubere Weste haben *fam*.

fedìna② f <*di solito al pl*> (*favoriti*) Backenbart m, Favoris pl, Koteletten pl.

Fèdra f (*nome proprio*) Phädra.

Fèdro m (*nome proprio*) Phädrus.

feedback <-> m *ingl inform ling anche fig* {NEGATIVO} Feedback n, Rückkopp(e)lung f.

feeling <-> m *ingl* Feeling n: **tra voi c'è (un certo) ~**, zwischen euch gibt es ein (gewisses) Feeling.

fegatèllo <*dim di* fegato> m *gastr* "gebackene Schweinsleberscheibe".

fegatino <*dim di* fegato> m <*di solito al pl*>

fégato m 1 *anat* Leber f: **soffre/[è malato] di ~**, er ist leberkrank 2 *gastr* {ARROSTO; +MAIALE, VITELLO} Leber f, **d'oca**, Gänseleber f 3 *fig* (*coraggio*) Mut m, Mumm m *fam*, Schneid m *fam*: **un uomo che ha/[manca di] ~**, ein Mann, der Mut/Schneid *fam* hat,/[dem es an Mut/Schneid *fam* fehlt]; **certo che ci vuole un bel ~!**, das muss man sich erst mal trauen!; **avere il ~ di fare qc**, den Mumm *fam* haben, etw zu tun • **si mangia/rode il ~** *fig*, er/sie ärgert sich krank, es wurmt ihn/sie *fam*; **~ di zolfo** *chim*, Schwefelleber f.

felàfel → falafel.

félce f *bot* Farn m: **~ femmina/maschio**, Frauen-/Wurmfarn m.

feldmaresciàllo m *mil stor* Feldmarschall m.

feldspàto m *min* Feldspat m.

felìce agg 1 (*contento*) **~ (per/di qc)** {COPPIA, FAMIGLIA, PERSONA DEL/PER IL RITORNO DI QU} glücklich (*über etw acc*), glückselig (*über etw acc*); **~ (per qu)** glücklich (*für jdn*): **lo hai fatto ~**, du hast ihn glücklich gemacht 2 (*favorevole*) {ESITO, GIORNO, INCONTRO, INFANZIA, VITA} glücklich 3 (*azzeccato*) {BATTUTA, PARAGONE} treffend, passend; {IDEA, SCELTA} glücklich 4 (*bello*) {POSIZIONE DI UNA CASA} günstig, schön 5 (*in formule di augurio*) froh, glücklich, gut: **~ notte!**, gute Nacht!; **~ anno nuovo!**, glückliches/frohes neues Jahr! • **(sono) ~ di conoscerLa** (*formula di cortesia*), ↓(ich) freue mich↓/[es freut mich], Sie kennen zu lernen.

Felìce m (*nome proprio*) Felix.

felicità <-> f (*gioia*) {IRREFRENABILE; +UOMO} Glück n, Glückseligkeit f: **questo bimbo ha fatto la mia ~**, dieses Kind hat mich glücklich gemacht; **che ~ vederti!**, welch Glück, dich zu sehen!; **la ~ eterna**, die ewige Glückseligkeit • **irradiare ~ da tutti i pori** *fig*, Glückseligkeit ausstrahlen.

felicitàrsi rfl 1 (*congratularsi*) **~ con qu (per qc)**, (**con qu) per qc** {PER UNA PROMOZIONE, PER UN SUCCESSO} jdn (*zu etw dat*) beglückwünschen 2 (*gioire*) **~ di/per qc** {DI/PER UN RISULTATO, DELLA/[PER LA] RIUSCITA DI QC} sich *über etw acc* freuen.

felicitazióne f <di solito al pl> Glückwunsch m: **(vivissime/[le mie]) felicitazioni!**, (herzlichen) Glückwunsch!

felìno, (-a) A agg 1 {MOSTRA} Katzen-; {RAZZA} *anche* katzenartig 2 (*da gatto*) {AGILITÀ, ASTUZIA, BALZO, SGUARDO} katzenartig, katzenhaft *fig anche* katzengleich B m Katze f.

fellàtio <-> f *lat* Fellatio f.

felliniàno, (-a) agg 1 (*di F. Fellini*) {FILM, OPERA, PERSONAGGIO} von Fellini 2 *fig* (*grottesco*) {ATMOSFERA, FIGURA} grotesk (wie bei Fellini).

fellóne, (-a) m (f) 1 *lett* (*traditore*) Treulose mf *decl come agg*, Verräter(in) m(f) 2 *scherz* (*briccone*) Schelm m, Schalk m *obs*.

fellonìa f *stor* Felonie f *forb*.

félpa f 1 (*tessuto*) Plüsch f 2 (*indumento*) Sweatshirt m.

felpàre tr (*imbottire di felpa*) **~ qc** *etw* mit Fleece füttern.

felpàto, (-a) agg 1 (*di felpa*) {LENZUOLO, PIGIAMA} plüschen, plüschig 2 *fig* (*attutito*) {ATMOSFERA} gedämpft: **arrivò con passi felpati**, er/sie kam auf leisen Sohlen.

feltrìno <*dim di feltro*> m {+SEDIA} Filzdämpfer m.

féltro m 1 (*tessuto*) Filz m 2 (*cappello*) Filzhut m 3 *tecnol* {ESSICCATORE, UMIDO} Filztuch n: **i feltri della lucidatrice**, die Filztücher der Poliermaschine.

felùca <-che> f 1 (*cappello*) Zweispitz m 2 *mar stor* Feluke f.

fem, FEM f *fis abbr di* Forza Elettromotrice: EMK f (*abbr di* elektromotorische Kraft).

femme fatale <-, -s -s *pl franc*> loc sost f *franc* (*donna di fascino irresistibile*) Femme fatale f, Vamp m.

fémmina A f 1 *zoo* {+CERVO, LUPO} Weibchen n 2 (*di essere umano*) Mädchen n: **ho due figli, un maschio e una ~**, ich habe zwei Kinder, einen Jungen und ein Mädchen 3 (*donna*) *anche spreg* Weib n *spreg*; Weibsperson f *fam obs*, Weibsbild n *fam spreg* 4 *mecc* Mutter f: **giunzione a maschio e ~**, Nut- und Federverbindung f B agg 1 (*femminile*) weiblich: **quella ragazza è molto ~**, das Mädchen da ist sehr weiblich 2 *biol* weiblich; {FELCE} Frauen-: **due topi ~**, zwei Mäuseweibchen 3 *mecc* {FILETTATURA, VITE} Mutter- C <inv> loc agg: **da ~**, {GIOCO, LAVORO, VESTITO} Mädchen-, Frauen- • **mala ~** *merid spreg* (*prostituta*), Nutte f *spreg*, Flittchen n *spreg*, Schnepfe f *spreg*.

femminèllo, **femminièllo** m *merid* (*travestito*) Schwuchtel f *fam spreg*, Tucke f *fam spreg*, Tunte f *fam spreg*.

femminéo, (-a) agg *lett* 1 (*da donna*) {DOLCEZZA, VESTE} weiblich, feminin 2 (*effeminato*) {GESTO} weibisch *spreg*, feminin *spreg*.

femminìle A agg 1 *gener* {CORPO, TRATTI} weiblich; (*rif. a donne*) {ABBIGLIAMENTO, SQUADRA, TORNEO} Damen-, Frauen-; (*rif. a ragazze*) {COLLEGIO, SEZIONE} Mädchen- 2 *biol* gramm {CELLULA, SESSO} weiblich; {SOSTANTIVO} *anche* feminin B m 1 *gramm* (*genere*) Femininum n 2 *sport* (*gara*) {+NUOTO, TENNIS} Damenwettbewerb m C <inv> loc agg: **al ~** {ARTE, CINEMA} Frauen-.

femminilità <-> f (*l'essere femminile*) Weiblichkeit f, Fraulichkeit f.

femminilizzàre A tr 1 (*in fisiologia*) **~ qu** jdn verweiblichen 2 *fig* (*far diventare più femminile*) **~ qu/qc** {TENNISTA, LA POLITICA} jdn/etw weiblicher machen B *itr pron*: **femminilizzarsi** (*diventare femminile*) weibliche Züge annehmen, weiblich werden, (*diventare più femminile*) weiblich(er) werden.

femminilizzazióne f *biol* Verweiblichung f, Feminismus m.

femminìno, (-a) A agg *lett* {ASTUZIA, GRAZIA} weiblich, fraulich, feminin B m Weibliche n *decl come agg*: **l'eterno ~**, das Ewigweibliche.

femminìsmo m Feminismus m, Frauenbewegung f.

femminìsta <-*i m, -e f*> A agg {LETTERATURA} feministisch {MOVIMENTO} *anche* Frauen- B mf Feminist(in) m(f).

femminùccia <-ce, *dim di femmina*> f 1 (*bambina*) Mädchen n 2 *fig spreg* (*codardo*) Waschlappen m *fam*, Memme f *obs spreg*.

femoràle agg *anat* {ARTERIA, OSSO} Oberschenkel-.

fèmore m *anat* Oberschenkel m.

féndere (*irr fendo, fendei o fendetti, fenduto o obs fesso*) A tr 1 (*tagliare*) **~ qc (con qc)** {TENDA CON UNA LAMA} *etw (mit etw dat)* spalten 2 *fig* (*attraversare*) **~ qc** {NEBBIA} *etw* durchqueren, {FLUTTI, ONDE} *etw* durchpflügen; {CALCA, FOLLA} sich (dat) *durch etw acc* einen Weg bahnen: **~ l'aria**, die Luft durchschneiden *forb* B *itr pron*: **fendersi** {LEGNO, ROCCIA} sich spalten; {VETRO} zerspringen, bersten *forb*.

fendinébbia A <inv> agg {FANALE, LUCE} gegen den Nebel, Nebel- B <-> m (*faro*) Nebelscheinwerfer m.

fenditùra f 1 (*atto*) {+SUOLO, TRAVE} Spaltung f 2 (*fessura*) {LUNGA} Spalt(e f) m, Riss m: **~ nel ghiaccio**, Eisspalte f.

feng shui <-> loc sost m *cinese* (*disciplina, tecnica*) Feng Shui n.

fenìce f *mitol* Phönix m • **essere (come) l'araba ~** (*molto raro*), selten sein wie ein weißer Rabe.

fenìcio, (-a) <-*ci m*> *stor* A agg {ALFABETO, POPOLO, RELIGIONE} phönizisch B m (f) (*persona*) Phönizier(in) m(f) C m <*solo sing*> (*lingua*) Phönizisch(e) n.

fenicòttero m *zoo* Flamingo m.

fenilchetonùria, **fenilchetonuria** f *med* Phenylketonurie f *scient*.

fenìle m *chim* Phenyl n.

fenòlo m *chim* Phenol m.

fenologìa f *biol ecol* Phänologie f.

fenològico, (-a) <-*ci, -che*> agg *biol ecol* {STUDIO} phänologisch.

fenomenàle agg 1 *fig* (*straordinario*) {INTELLIGENZA, MEMORIA, VOCE} phänomenal, außergewöhnlich, unglaublich 2 *filos* (*fenomenico*) phänomenal.

fenomènico <-*ci, -che*> agg *filos* {CONOSCENZA, REALTÀ} phänomenal.

fenòmeno m 1 *scient* (*evento*) {ACUSTICO, ATMOSFERICO, NATURALE, OTTICO} Phänomen n 2 (*serie di avvenimenti*) {SOCIALE, STORICO} Phänomen n: **il ~ dell'immigrazione extracomunitaria**, das Phänomen der Einwanderung aus Nicht-EG-Staaten 3 *fig fam* (*persona o cosa strana*) Phänomen n: **in latino è un (vero) ~**, in Latein ist er ein (echtes) Phänomen 4 *fig fam* (*persona o cosa singolare*) Phänomen n *forb*: **sei proprio un ~!**, du bist wirklich ein Phänomen/einmalig! 5 *filos* Phänomen(on) n • **~ da baraccone** (*creatura mostruosa*), Abnormität f, Schaustellerattraktion f.

fenomenologìa f *filos* Phänomenologie f.

fenotìpo m *biol* Phänotyp(us) m.

feràle agg *lett* 1 (*funesto*) {PRESAGIO} todbringend 2 (*luttuoso*) {ANNUNCIO, NOTIZIA} traurig, Trauer-.

Ferdinàndo m (*nome proprio*) Ferdinand.

fèretro m *forb* (*bara*) Bahre f; (*con drappo funebre*) Sarg m mit Bahrtuch.

fèria f *relig* (*giorno feriale*) {SECONDA, TERZA, ecc.} Feria f.

feriàle agg 1 (*non festivo*) {MESSA, ORARIO} Werktags-, Wochentags- 2 (*lavorativo*) {GIORNO} Wochen-, Werk- 3 (*di ferie*) {PERIODO} Ferien-, Urlaubs-.

fèrie f pl 1 (*congedo*) {ANNUALI; +IMPIEGATO} Urlaub m: **prendere le ~ a giugno**, im Juni Urlaub nehmen; **un giorno/mese di ~**, ein Tag/Monat Urlaub; {+PARLAMENTO} Ferien pl 2 (*vacanza*) Ferien pl, Urlaub m: **essere/andare in ~**, in Ferien sein/gehen, ↓Urlaub haben↓/[in Urlaub fahren]; **~ natalizie/pasquali/estive**, Weihnachts-/Oster-/Sommerferien pl; **fare le ~** ↓al mare↓/[in montagna], den Urlaub/die Ferien ↓am Meer↓/[in den Bergen] verbringen; **le ~ sono finite**, ↓die Ferien sind↓/[der Urlaub ist] zu Ende.

feriménto m {+INSEGUITORE} Verletzung f, Verwundung f.

ferìno, (-a) agg 1 (*di fiera*) {ORME, VERSO} Raubtier- 2 *fig* (*crudele*) {ISTINTO} grausam, bestialisch *spreg*.

ferìre <*ferisco*> A tr 1 **~ qu (+ compl di luogo) (con qc)** {SOTTO LA SPALLA CON UNA COLTELLATA, ALLA TESTA CON UNA FUCILATA} jdn (*irgendwo*) (*mit etw dat/durch etw acc*) verletzen, jdn (*irgendwo*) (*mit etw dat/durch etw acc*) verwunden: **lo hanno ferito alle gambe**, sie haben ihn an den Beinen verletzt

2 *fig* (*offendere*) **~ qu/qc** (*in qc*) (*con qc*) {AMICO NELL'ORGOLLIO, CON AZIONI, CON PAROLE} *jdn* (*in etw dat*) (*mit etw dat/durch etw acc*) verletzen **3** *fig* (*causare fastidio*) **~** {SUONO ACUTO ORECCHIO} *etw* verletzen; {LUCE INTENSA OCCHI} *etw* blenden **B** *itr pron rfl* (*prodursi una ferita*): **ferirsi** (*con qc*) (**+ compl di luogo**) {AL PIEDE} sich (*mit etw dat/durch etw acc*) (*an etw dat*) verletzen; {SOPRA AL GINOCCHIO} sich (*mit etw dat/durch etw acc*) (*irgendwo*) verletzen **C** *rfl indir* **ferirsi qc** (*con qc*) {DITO, MANO CON DELLE FORBICI} sich (*dat*) *etw* (*mit etw dat/durch etw acc*) verletzen **D** *rfl rec*: **ferirsi** (*con qc*) (*in qc*) {IN DUELLO} sich (*bei etw dat*) (*mit etw dat/durch etw acc*) verletzen.

ferita *f anche fig* (*lesione*) {MORTALE, PROFONDA, SUPERFICIALE} Verletzung f, Wunde f: **ha riportato ferite guaribili in pochi giorni**, er/sie hat Wunden davongetragen, die in wenigen Tagen heilbar sind; **ha una ~ alla gamba**, er/sie hat eine Beinverletzung/[Verletzung am Bein]; **~ di arma da fuoco**, Schussverletzung f, Schusswunde f; **~ da punta/taglio**, Stichverletzung f/Schnittwunde f ● **leccarsi le ferite** *fig* (*consolarsi*), seine Wunden lecken; **riaprire una** (*vecchia*) **~** *fig*, eine (alte) Wunde wieder aufreißen.

ferito, (-a) **A** *agg* **1** (*ANIMALE, BRACCIO, PERSONA*) verletzt, verwundet **2** *fig* (*offeso*) {ORGOGLIO} verletzt; **un uomo ~ nell'onore**, ein in seiner Ehre verletzter Mann **B** m (f) Verletzte mf decl come agg, Verwundete mf decl come agg; **~ grave**, Schwerverletzte mf decl come agg.

feritóia *f* **1** (*fessura per la luce*) Schlitz m; (*per gettoni o monete*) Münzschlitz m **2** *arch mil* Schießscharte f.

feritóre, (-trice) **A** *agg* verletzend, verwundend **B** m (f) Verletzende mf decl come agg, Verwundende mf decl come agg, Täter(in) m(f).

férma *f* **1** *mil* Militärzeit f, (Wehr)dienstzeit f: **~ di leva**, gesetzliche Wehrpflicht; **~ speciale**, freiwilliger Wehrdienst **2** (*nella caccia*) Vorstehen n.

fermacalzóni <-> m (*molletta*) Fahrradklammer f.

fermacampióne, **fermacampióni** <-> m Musterklammer f.

fermacapélli <-> m Haarspange f.

fermacàrro m *ferr* Prellbock m.

fermacàrte <-> m Briefbeschwerer m.

fermacravàtta, **fermacravàtte** <-> m Krawattenhalter m.

fermaménte *avv fig* (*con convinzione*) {CREDERE, RIFIUTARE} fest.

fermapòrta, **fermapòrte** <-> m (*blocco per porta*) Türstopper m, Türblocker m, (Tür)feststeller m.

fermàre A *tr* **1** (*arrestare il movimento*) **~ qc** {GUIDATORE AUTO, TRENO} *etw* an|halten, *etw* stoppen; {IMPIANTO, MOTORE} *etw* ab|stellen **2** (*far arrestare*) **~ qc** {AUTOSTOPPISTA AUTO} *etw* an|halten **3** (*interrompere*) **~ qc** {GIOCO, LAVORO} *etw* unterbrechen **4** (*bloccare*) **~ qc** {CIRCOLAZIONE DEL SANGUE, PRODUZIONE, SVILUPPO, TEMPO, TRAFFICO} *etw* stoppen, *etw* zum Stillstand bringen; {EMORRAGIA, SANGUE} *anche etw* stillen **5** (*trattenere*) **~ qu** (**+ compl di luogo**) {FUGGITIVO ALLA FRONTIERA, PASSANTE PER STRADA} *jdn* (*irgendwo*) auf|halten; **~ qu** (*per qc*) {POLIZIA INDIVIDUO SOSPETTO, PREGIUDICATO} *jdn* (*wegen etw gen*) fest-nehmen: **è stato fermato per sospetto di rapina**, er ist wegen Verdacht auf Raub festgenommen worden **6** (*fissare*) **~ qc** {FINESTRA, PERSIANA} *etw* befestigen; (*con chiodi*) *etw* an|nageln, (*con viti*) *etw* an|schrauben; {BOTTONE, FILO, PUNTO} *etw* an|nähen, *etw* vernähen; {COLORE} *etw* fixieren; *fig* **~ qc su qc** {IDEA, PENSIERO, PROGETTO SULLA CARTA} *etw auf etw* (*dat*) fest|halten; **~ qc in qc** {DATA, RICORDO NELLA MEMORIA, NELLA MENTE} sich (*dat*) *etw* in *etw* (*dat*) ein|prägen; **~ qc su qu/qc** {ATTENZIONE, SGUARDO} *etw auf jdn/etw* heften **7** *fam* (*riservare*) **~ qc** (**+ compl di luogo**) {STANZA IN ALBERGO} *etw* (*irgendwo*) reservieren **8** *sport* (*interrompere l'azione*) **~ qu** {AVVERSARIO} *jdn* stoppen **B** *itr* **~ + compl di luogo** {AUTOBUS A RIMINI} (*irgendwo*) (an|)halten: **il treno ferma in tutte le stazioni**, der Zug hält an jedem Bahnhof **C** *itr pron* **1** (*arrestarsi*): **fermarsi** (**+ compl di luogo**) {PERSONA, VEICOLO} (*irgendwo*) (an|)halten, (*irgendwo*) stehen bleiben: **fermati** (*davanti*) **all'edicola!**, halt vor dem Kiosk an!, bleib vor dem Kiosk stehen!; **ci siamo fermati in tempo**, wir sind rechtzeitig stehen geblieben **2** (*interrompersi*): **fermarsi** an|halten, eine Pause machen: **lavora tutto il giorno senza fermarsi mai**, er/sie arbeitet den ganzen Tag ohne Unterbrechung **3** (*smettere di funzionare*): **fermarsi** {MECCANISMO, OROLOGIO} stehen bleiben; {CUORE} *anche* stocken **4** (*trattenersi*): **fermarsi** (**+ compl di luogo**) sich (*irgendwo*) auf|halten, (*irgendwo*) bleiben: **quanto ti fermi a Milano/[in ufficio]?**, wie lange bleibst du in Mailand/[im Büro]?; **fermati qui a pranzo!**, bleib doch zum Mittagessen hier! ● **chi si ferma è perduto** *prov*, wer aufgibt, ist verloren.

fermàta *f* **1** (*arresto*) {BRUSCA, IMPROVVISA} Halt m, Anhalten n **2** (*sosta*) {BREVE, LUNGA} Halt m, Aufenthalt m; {+AUTOBUS, TRAM; INTERMEDIA, OBBLIGATORIA} Haltestelle f: **~ facoltativa/[a richiesta]**, Bedarfshaltestelle f **3** (*luogo*) {+AUTOBUS, TRAM} Haltestelle f; {+METROPOLITANA} Station f **4** *mus* Fermate f.

fermàto, (-a) **A** *agg* (*messo in stato di fermo*) **~** (*da qu*) {DIMOSTRANTI DALLE FORZE DELL'ORDINE} (*von jdm*) festgenommen **B** m (f) (*chi è in stato di fermo*) Festgenommene mf decl come agg.

fermentàre *itr* **1 ~** (**+ compl di luogo**) {MOSTO, UVA NEL TINO} (*irgendwo*) gären **2** *fig* **~ + compl di luogo** {RIVOLTA NEL PAESE} *irgendwo* gären.

fermentazióne *f* (Ver)gärung f, Fermentation f: **~ acetica**, Essiggärung f.

ferménto A m **1** (*enzima*) Ferment n: **fermenti lattici** (*vivi*), (lebende) Milchsäurebakterien **2** (*lievito*) Hefe f **3** *fig* (*agitazione*) Gärung f *forb*, Unruhe f: **la città è in ~**, in der Stadt gärt es **4** *fig* (*avvisaglie*) {+RIVOLTA} Vorboten m pl, Anzeichen n pl **B** <inv> *loc agg anche fig*: **in ~**, {MENTE, STUDENTI} unruhig.

fermézza *f* (*stabilità*) {+BRACCIO, MANO} Festigkeit f **2** *fig* (*tenacia*) {+CONVINZIONE, PROPOSITI} Festigkeit f, Bestimmtheit f; {+CARATTERE} *anche* Standhaftigkeit f; {+VOLONTÀ} Stärke f: **~ con ~**, standhaft, fest.

férmo, (-a) **A** *agg* **1** (*immobile*) unbeweglich, regungslos, still: **è lì ~ da due ore** (*in piedi*), seit zwei Stunden steht er dort (still); (*seduto*) seit zwei Stunden sitzt er dort (still); (*sdraiato*) seit zwei Stunden liegt er dort (still); **stai ~!**, halt still!; **stare ~ con le mani/i piedi**, die Hände/die Füße ruhig halten; **tienila ferma!**, halt sie fest! **2** (*fisso*) {SGUARDO} starr **3** (*stagnante*) {ARIA} still, unbewegt; {ACQUA} *anche* stehend **4** (*di veicoli*) **~** (**+ compl di luogo**) {AUTO AL SEMAFORO, TRAM AL CAPOLINEA, TRENO IN STAZIONE} (*irgendwo*) stehend **5** (*non in funzione*) {IMPIANTO, MACCHINARIO} stillstehend; {OROLOGIO} stehen geblieben **6** (*non tremante*) {MANO, VOCE} fest **7** (*statico*) {AFFARI, MERCATO} stillliegend, stockend; {SITUAZIONE} unverändert **8** *fig* (*tenace*) {ASSERTORE, OPPOSITORE} entschlossen, entschieden: **è ~ nel suo rifiuto**, er weigert sich beharrlich **9** *fig* (*saldo*) {INTENZIONE, PRINCIPIO} fest; {ANIMO, CARATTERE} *anche* bestimmt: **è nostro ~ proposito risolvere la situazione**, es ist unser fester Vorsatz, die Situation zu klären **10** *amm* (*bloccato*) blockiert: **la pratica è ferma da mesi**, das Verfahren ist seit Monaten blockiert **B** m **1** (*dispositivo di blocco*) {+CANCELLO, PORTA} Haltevorrichtung f **2** *dir* (*privazione temporanea di libertà in caso di pericolo di fuga*) vorläufige Festnahme f **3** *banca* (*blocco*) Sperre f: **mettere il ~ su un conto corrente**, ein Girokonto sperren **C** *inter impr*: **~** (**là**)**!**, halt!, stehen bleiben!; **fermi tutti!**, keine Bewegung! ● **da ~** *sport*, aus dem Stand; **~ immagine**, Standbild n; **resta ~ quanto stabilito**, es bleibt bei dem, was vereinbart wurde; **~ restando che...**, davon ausgehend, dass ...

fermopòsta A *avv* (*SCRIVERE*) postlagernd **B** <inv> *agg* (*INVIO, LETTERA*) postlagernd **C** <-> m **1** (*ufficio*) Schalter m für postlagernde Sendungen **2** (*servizio*) Dienststelle f für postlagernde Sendungen.

Fernàndo m (*nome proprio*) Ferdinand.

Fernèt® m Fernet®(-Branca) m (*Magenbitterlikör*).

feróce *agg* **1** (*crudele*) {ASSASSINO, BATTAGLIA, VENDETTA} grausam; {ANIMALE, BESTIA} wild **2** *fig* (*pungente*) {CRITICA, OCCHIATA, PAROLE} scharf **3** *fig* (*molto intenso*) {DESIDERIO, DOLORE, FAME, SETE} furchtbar, schrecklich.

feròcia *f* **1** (*crudeltà*) {+NEMICO, TIRANNO} Grausamkeit f; {+LEONE, TIGRE} Wildheit f **2** (*atto crudele*) Grausamkeit f **3** *fig* {+CRITICA} Schärfe f.

Feròdo® m *tecnol* Bremsbelag m.

feromóne, **ferormóne** m *biol* Pheromon n.

Ferr. abbr di ferrovia: Eisenbahn.

ferràglia f Schrott m, Alteisen n.

ferragósto m **1** (*festa dell'Assunta*) Mariä Himmelfahrt, 15. August **2** (*periodo*) Mitte f August: **a ~**, Mitte August.

ferràme m Eisenwaren f pl.

ferraménta <-> f **1** (*negozio*) Eisenwarengeschäft n, Eisenwarenhandlung f **2** <solo pl> (*assortimento di oggetti in ferro*) Eisenwaren f pl.

ferraménto m (*oggetto in ferro*) Eisengegenstand m.

Ferràra f *geog* Ferrara n.

ferràre *tr* **~ qc** {BOTTE, CAVALLO, PORTA} *etw* beschlagen.

ferrarése A *agg* aus/von Ferrara **B** *mf* (*abitante*) Einwohner(in) m(f) von Ferrara.

ferrarista <-i m, -e f> *mf* **1** (*possessore di una Ferrari*) Besitzer(in) m(f) eines Ferrari **2** *sport* (*pilota*) Fahrer(in) m(f) eines Ferrari; (*sostenitore*) Fan m des Ferrari-Rennstalls.

ferràto, (-a) *agg* **1** (*munito di ferramenti*) {BASTONE, MULO} beschlagen; {SCARPE} Nagel- **2** *fig* (*competente*): **~ in qc** {IN LETTERATURA, NELLE SCIENZE} in *etw* (*dat*) beschlagen *fam*: **essere ~ in botanica**, sich in Botanik auskennen, in Botanik beschlagen sein *fam*.

ferratúra *f* **1** (*il ferrare*) {+CAVALLO} Beschlagen n **2** (*insieme di ferramenti*) {+FINESTRA, MOBILE} Eisenteile m pl, Eisenbeschläge m pl.

ferravècchio → **ferrovecchio**.

fèrreo, (-a) agg anche fig (di ferro) {CORONA, DISCIPLINA, MEMORIA, SALUTE} eisern.

ferrétto <dim di ferro> m **1** (filo di ferro) {+REGGISENO} Bügel m; {+TESA DEL CAPPELLO} Eisendraht m **2** (ferro da calza) Stricknadel f.

fèrrico, (-a) <-ci, -che> agg chim Eisen-.

ferrièra f Eisenhütte f, Eisenwerk n.

ferrífero, (-a) agg min {TERRENO} eisenhaltig, Eisen-.

ferrigno agg **1** (simile al ferro) eisenartig; (nel colore) eisenfarbig **2** (ferrifero) {MINERALE} eisenhaltig.

ferrísta <-i m, -e f> mf med Instrumenteur m, Instrumentierschwester f.

fèrro A m 1 <-> anche chim (metallo) Eisen n: ~ battuto/dolce, Schmiede-/Weicheisen n; di ~ battuto, geschmiedet; la sideremia è la quantità di ~ presente nel sangue, die Sider(in)ämie ist die im Blut vorhandene Eisenmenge **2** (oggetto in metallo) Eisen n, Metallgegenstand m: è stato colpito con un ~, er wurde mit einem Metallgegenstand geschlagen; ~ angolare/[a elle], Winkeleisen n **3** (da stiro) (Bügel)eisen n: ~ a vapore, Dampfbügeleisen n **4** <di solito al pl> (Strick)nadel f: ~ (da calza) circolare, Rundstricknadel f; lavorare ai ferri, stricken **5** <solo pl> (attrezzi di lavoro) (Hand)werkzeug n **6** <solo pl> (strumenti chirurgici) Besteck n, Messer n fam: essere/morire sotto i ferri, unter dem Messer fam liegen/sterben **7** (arricciacapelli) Brennschere f **8** lett (arma da taglio) Eisen n **9** <solo pl> lett (catene) Eisen n **B** <inv> loc agg **1** di/in ~, {CANCELLO, PROFILATI, SBARRA} eisern, aus Eisen- **2** fig (ferreo): di ~, {MAGISTRATO, STOMACO, VOLONTÀ} eisern {UOMO} aus Schrot und Korn **C** loc agg avv gastr: ai ferri, {BISTECCA, PESCE} vom Rost/Grill, Grill-, gegrillt; fare qc ai ferri, etw grillen • battere il ~ finché è caldo fig (sfruttare il momento propizio), das Eisen schmieden, solange es heiß ist; ~ di cavallo, Hufeisen n; a ~ di cavallo, hufeisenförmig; essere ai ferri corti con qu fig (in aperto contrasto), zu jdm ein gespanntes Verhältnis haben; mettere a ~ e fuoco qc fig (distruggere), {CITTÀ} etw mit Feuer und Schwert verheeren/verwüsten; i ferri del mestiere, Berufswerkzeug n, Handwerkszeug n; fig, Handwerkszeug n; toccare ~ fig, auf Holz klopfen.

ferrocemènto m edil Eisenzement m.

ferromagnetísmo m fis Ferromagnetismus m.

ferromodellísmo m Modelleisenbahnbau m.

ferroprívo, (-a) agg med (con carenza di ferro) {+ANEMIA} Eisenmangel-.

ferróso, (-a) agg gener chim {MATERIALE} eisenhaltig.

ferrotranviàrio, (-a) <-ri m> agg {SERVIZIO} Eisen- und Straßenbahn-.

ferrotranvière m <di solito al pl> Eisen- und Straßenbahner m pl.

FERROTRANVIERI <solo pl> m abbr di Federazione Nazionale Lavoratori Autoferrotranvieri e Internavigatori: "Italienischer Gewerkschaftsbund der Angestellten des öffentlichen Verkehrs und der Binnenschifffahrt", ≈ ÖTV f (abbr di Gewerkschaft Öffentliche Dienste, Transport und Verkehr).

ferrovècchio <ferrivecchi m> m **1** (rigattiere) Schrotthändler m **2** (rottame di ferro) Schrott m • essere un ~ fig (cosa sgangherata, persona malandata), zum alten Eisen gehören fam.

ferrovía f **1** (linea ferroviaria) {MONOTAIA, SOTTERRANEA} Eisenbahn f: ~ a cremagliera/[scartamento ridotto], Zahnrad-/Schmalspurbahn f (servizio di trasporto, abbr Ferr.) (Eisen)bahn f: spedire qc per ~, etw per/[mit der] Bahn schicken; Ferrovie dello Stato (abbr FS), "Italienische Staatsbahn" **3** (stazione) Bahnhof m.

ferroviàrio, (-a) <-ri m> agg {POLIZIA} (Eisen)bahn-; {ORARIO, RETE} anche Zug-.

ferrovière, (-a) m (f) Eisenbahner(in) m(f).

ferruginóso, (-a) agg {ACQUA} eisenhaltig.

ferry-boat <-, -s pl ingl> m ingl Fähre f.

fèrtile agg **1** anche fig (produttivo) {FANTASIA, ZONA} fruchtbar **2** biol (fecondo) {GIORNI} fruchtbar; {DONNA} anche gebärfähig.

fertilità <-> f anche fig (fecondità) {+TERRA, INGEGNO} Fruchtbarkeit f; biol {+DONNA} anche Gebärfähigkeit f.

fertilizzànte A agg {PRODOTTO} düngend, Dünge- **B** m {CHIMICO, NATURALE} Dünger m.

fertilizzàre tr ~ qc (con qc) {CAMPO, TERRENO} etw (mit etw dat) düngen.

fèrula f med (tutore) Schiene f.

fervènte agg **1** fig (acceso) {AMMIRATORE, SOCIALISTA} eifrig, glühend; {CATTOLICO, RIVALE, NEMICO} anche Erz- **2** fig (fervido) {AMORE, ODIO, PASSIONE} glühend, leidenschaftlich; {PREGHIERA} inbrünstig forb **3** lett (cocente) {RAGGI DEL SOLE} glühend.

fèrvere <difet non usato al part pass e tempi composti, fervo, fervei o fervetti> itr lett **1** (ardere) {SOLE} glühen **2** (ribollire) ~ (+ compl di luogo) {ACQUA SUL FUOCO} (irgendwo) kochen **3** fig (essere in pieno svolgimento) {FESTA, PREPARATIVI} voll im Gang sein, mit Volldampf voran|gehen fam.

fèrvido, (-a) agg **1** fig (appassionato) {SENTIMENTO} glühend, leidenschaftlich; {PREGHIERA, SUPPLICA} inbrünstig forb **2** fig (acceso) {AMMIRATORE} glühend **3** fig (caloroso) herzlich: i più fervidi auguri di buone feste, mit den herzlichsten Wünschen für die Feiertage **4** fig (vivace) {IMMAGINAZIONE} blühend; {MENTE} lebhaft **5** fig (intenso) {ATTIVITÀ} eifrig **6** lett {SOLE} glühend.

fervóre m **1** (ardore) {RELIGIOSO} Leidenschaft f, Inbrunst f forb: prega con ~, er/sie betet inbrünstig forb **2** (zelo) (Feuer)eifer m: studia con ~, er/sie lernt eifrig **3** fig (culmine) Höhepunkt m: nel ~ della mischia, in der Hitze des Gefechts **4** lett (calore) {+ESTATE} Hitze f.

fervorino m anche scherz (sermone) Moralpredigt f spreg anche scherz.

fervoróso, (-a) agg (pieno di fervore) {ABBRACCIO, INVOCAZIONE} leidenschaftlich, inbrünstig forb.

FES abbr di Fondo Europeo di Sviluppo: EEF (abbr di Europäischer Entwicklungsfonds).

fésa f sett (taglio di carne) {+TACCHINO} Nuss f.

fessería f fam **1** (sciocchezza) Dummheit f, Blödsinn m fam spreg: non dire/fare fesserie, red/mach keine Dummheiten/keinen Blödsinn fam spreg **2** (cosa da nulla) Kleinigkeit f: non prendertela per questa ~!, ärgere dich nicht über diese Kleinigkeit!

fésso[1], (-a) fam spreg **A** agg (stupido) bescheuert slang, beknackt slang: quanto sei ~!, bist du bescheuert slang!; fare ~ qu, jdn bescheißen volg, jdn für dumm verkaufen **B** m (f) Dummkopf m spreg.

fèsso[2], (-a) **A** part pass di fendere **B** agg **1** (crepato) {BROCCA, SCODELLA} gesprungen, rissig **2** (sordo) {RUMORE, SUONO} dumpf **3** (stridulo) {VOCE} schrill.

fessùra f **1** (fenditura) {+MOBILE, MURO, TERRENO} Ritz m, Spalt(e) f m; (per schede magnetiche) Schlitz m; (per gettoni o monete) anche Münzschlitz m **2** (spiraglio) Ritze f **3** anat eufem (vagina) Schlitz m volg • palpebrale, Lidspalte f.

fessuràrsi itr pron (incrinarsi) {LEGNO, ROCCIA} Risse bekommen.

fèsta A f **1** (ricorrenza) {CIVILE, COMMEMORATIVA} Feiertag m: ~ del lavoro, Tag m der Arbeit; ~ nazionale, Nationalfeiertag m; ~ del papà/[della mamma], Vater-/Muttertag m; anche relig {SOLENNE; +NATALE, OGNISSANTI, PASQUA} Fest n; ~ fissa/mobile, unbeweglicher/beweglicher Feiertag; ~ di precetto, gebotener Feiertag **2** <solo pl> (periodo festivo) Feiertage m pl: buone feste!, schöne Feiertage!; siamo sotto le feste (di Natale), es ist kurz vor Weihnachten **3** fam (compleanno) Geburtstag m; (onomastico) Namenstag m: ieri è stata la sua ~, gestern war sein/ihr Namenstag **4** (festeggiamento) {+COMPLEANNO, LAUREA} Feier f, Fest n, Party f: dà una ~ per pochi intimi, er/sie veranstaltet eine Feier im engsten Kreis; ~ in maschera, Maskenfest n; ~ privata, Privatparty f; (manifestazione organizzata) anche {DANZANTE} Veranstaltung f; ~ del paese, Dorffest n; ~ in piazza, Straßenfest n; ~ popolare, Volksfest n **5** fig (gioia) Fest(tag m) n, Freude f: la sua nascita è stata una ~ per tutti, seine/ihre Geburt war eine Freude für alle **B** loc avv: a ~, {ORNATO, PARATO, SUONARE, VESTITO} festlich • celebrare le feste relig (astenersi dal lavoro e andare alla messa), die Festtage feiern; conciare qu per le feste fig (picchiarlo), jdn grün und gelb schlagen fam; essere in ~, in Feststimmung sein, am Feiern sein; fare ~ (festeggiare), feiern, Party machen fam; (astenersi dal lavoro), sich (dat) frei nehmen, Feierabend machen; fare ~/le feste a qu (accogliere cordialmente), jdn herzlich begrüßen/empfangen; fare le feste a qu, {CANE A PADRONI} jdn freudig/schwanzwedelnd begrüßen; fare la ~ a qu fig (ucciderlo), jdn den Prozess machen, jdn töten; (violentare), {A UNA DONNA} jdn vergewaltigen; è finita la ~!, das Fest ist zu Ende!; fig, Schluss mit lustig! fam; guastare/rovinare la ~ a qu, jdm das Fest verderben; fig (rovinare un'occasione propizia), jdm die Suppe versalzen fam; passata la ~ gabbato lo santo prov, man soll die Feiertage feiern, wie sie fallen.

festaiòlo, (-a) **A** agg {ATMOSFERA, GRUPPO} festlich **B** m (f) Festleiter(in) m(f), Festorganisator(in) m(f).

festànte agg **1** (in festa) {CITTÀ, GENTE} feiernd **2** (di gioia) {GRIDA} freudig, fröhlich.

festeggiaménto m <di solito al pl> {SOLENNE +RICORRENZA} Feierlichkeit f: si fecero grandi festeggiamenti in suo onore, ihm/ihr zu Ehren gab es große Feierlichkeiten.

festeggiàre (festeggio, festeggi) tr ~ (qu/qc) {AMICO, ANNIVERSARIO, VITTORIA} (jdn/etw) feiern: hai superato l'esame? Bene, allora si festeggia!, hast du die Prüfung bestanden? Gut, dann wird gefeiert!

festeggiàto, (-a) **A** agg gefeiert **B** m (f) Gefeierte mf decl come agg.

festíno <dim di festa> m **1** (ricevimento) Fest n, Party f **2** (party trasgressivo) Budenzauber m fam.

fèstival <-> m ingl **1** (rassegna artistica) {INTENAZIONALE, MUSICALE} Festival n, Festspiele n pl: ~ di Cannes, Festival n von Cannes; ~ della canzone, Schlagerfestival n; ~ del cinema, Filmfestspiele n pl; ~ di Salisburgo, Salzburger Festspiele n pl; ~ (del cinema) di Berlino/Venezia, ⌊Berlinale f, Berliner Festspiele⌋/[Festival n von Venedig] **2** (festa popolare all'aperto) Volksfest n **3** fig (trionfo) {+COLORI, ELEGANZA, CATTIVO GUSTO} Feuerwerk n.

festività <-> f (*festa solenne*) {+CORPUS DOMINI, SANTO PATRONO} Feiertag m, Fest n: ~ **soppressa**, aufgehobener Feiertag.
festivo, (-a) agg 1 (*di giorni non lavorativi*) {LAVORO, ORARIO, RIPOSO, TURNO} Sonn- und Feiertags- 2 (*della festa*) {ABITO, BANCHETTO} feierlich, Fest-, festlich.
festone m 1 (*addobbo*) Girlande f 2 arch Feston m 3 *lavori femminili* (*smerlo*) Festonstich m) n.
festosità <-> f Festlichkeit f.
festoso, (-a) agg (*cane, voci*) freudig; {ACCOGLIENZA} anche festlich.
festuca <-che> f 1 lett (*pagliuzza*) (Stroh)halm m 2 bot Schwingel m.
feta <-, *fetes* fg greco> f greco gastr Feta m, weißer Schafskäse.
fetale agg med {SOFFERENZA} fetal scient, fötal scient.
fetecchia f 1 merid (*flatulenza*) Blähschub f, Flatulenz f 2 fig (*persona sgradevole*) Widerling m fam spreg, Ekel(paket) n 3 fig (*bazzecola*) Darmwind m, Furz m volg: **per ogni ~ mi telefona**, wegen jedem Furz ruft er mich an! fam.
fetente A agg 1 (*fetido*) stinkig fam spreg 2 fig fam (*spregevole*) stinkig fam spreg, widerwärtig B m/f fam Aas n fam spreg.
feticcio <-ci> m anche fig Fetisch m.
feticismo m psic relig anche fig Fetischismus m.
feticista <-i m, -e f> psic relig anche fig A agg fetischistisch B m/f Fetischist(in) m (f).
fetido, (-a) agg 1 (*maleodorante*) {ACQUA} stinkend spreg 2 fig (*abietto*) niederträchtig, verworfen.
feto m med Fetus m scient, Fötus m scient.
fetore m Gestank m spreg.
fetta A f 1 (*porzione*) {+ARROSTO, LIMONE, SALAME} Scheibe f; {+PANETTONE, TORTA} Stück n; fig (+GUADAGNO, MERCATO) Teil m; {+CIELO, TERRA} Streifen m; {+LUNA} Sichel f 2 <*di solito al pl>* fig fam (*piedi grandi*) Quadratlatschen pl fam scherz, Quanten pl fam B loc agg: **a fette** (*PROSCIUTTO*) in Scheiben; {PANE} anche Scheiben-, Schnitt- C loc avv: **a fette** {TAGLIARE} in Scheiben ● ~ **biscottata**, Zwieback m; **fare a fette qu** fig (*ammazzarlo*), jdn in Stücke reißen.
fettina <dim di fetta> f gastr {+MANZO, VITELLO} Schnitzel n: ~ **al burro**, Butterschnitzel n.
fettuccia <-ce> f lavori femminili Eggenband n.
fettuccina <dim di fettuccia> f <di solito al pl> gastr Bandnudeln f pl.
feudale agg 1 stor {SISTEMA, SOCIETÀ} Feudal-, feudal, feudalistisch 2 fig (*antiquato*) {MENTALITÀ} antiquiert.
feudalesimo m stor Feudalismus m, Feudalwesen n.
feudatario, (-a) <-ri> m (f) 1 stor Feudal-, Lehnsherr m 2 fig (*latifondista*) Großgrundbesitzer m.
feudo m 1 stor (*territorio*) Lehn(s)gut n; (*concessione*) {ECCLESIASTICO, SECOLARE} Lehen n 2 fig (*proprietà terriera*) Großgrundbesitz m 3 fig (*dominio*) {ELETTORALE, POLITICO} Domäne f.
feuilleton <-> m franc 1 (*romanzo d'appendice*) Fortsetzungs-, Feuilletonroman m 2 fig spreg (*scritto scadente*) billiger Roman 3 fig spreg (*soap opera*) Seifenoper f slang.
fez <-> m Fes m, Fez m.
ff 1 abbr di *facente funzione*: i.V. (abbr di in Vertretung) 2 abbr di *fogli*: S. (abbr di Seiten).
FF radio abbr dell'ingl Fast Forward (*avanti veloce*) Schnellvorlauf m.

FF.AA. f pl abbr di Forze Armate: "italienische Streitkräfte".
FFSS f pl stor abbr di Ferrovie dello Stato: "italienische Staatsbahn", ≈ DB f (abbr di Deutsche Bundesbahn).
fg fis abbr di frigoria: fr, fg (abbr di Frigorie) obs.
FGCI f polit stor abbr di Federazione Giovanile Comunista Italiana: "Verband der italienischen Jungkommunisten".
FI polit abbr di Forza Italia: "Forza Italia" f (*italienische rechtsliberale Partei*).
fiaba f Märchen n: **le fiabe dei fratelli Grimm**, die Märchen der Brüder Grimm.
fiabesco, (-a) <-schi, -sche> agg 1 (*da fiaba*) {ATMOSFERA, FIGURA} märchenhaft, Märchen- 2 fig (*straordinario*) {PALAZZO, SPETTACOLO} märchenhaft.
fiacca <-che> f 1 (*stanchezza*) Müdigkeit f, Mattigkeit f: **oggi ho una ~ che non sto in piedi**, ich bin heute so matt, dass ich mich kaum auf den Beinen halten kann 2 (*svogliatezza*) Trägheit f ● **battere la ~** fam, trödeln fam spreg, eine ruhige Kugel schieben fam.
fiaccare <*fiacco*, *fiacchi*> A tr 1 (*spossare*) ~ **qu/qc** {FEBBRE, MALATTIA; FORZE, SPIRITO} jdn/etw schwächen; (*RESISTENZA DEL NEMICO*) anche etw dämpfen 2 (*spezzare*) ~ **qc** {RAMO} etw zerbrechen B rfl indir (*rompersi*): **fiaccarsi qc** {BRACCIO, GAMBA} sich (dat) etw brechen.
fiacchezza f 1 (*spossatezza*) {FISICA, MORALE} Flauheit f, Mattigkeit f 2 fig (*debolezza*) {ESPRESSIVA, STILISTICA} Schwäche f.
fiacco, (-a) <-chi, -che> agg 1 (*affaticato*) {GAMBE, VOCE} müde, matt: **mi sento ~**, ich fühle mich matt/flau 2 (*debole*) {GOVERNO, PERSONA} schwach 3 fig (*piatto*) {ATMOSFERA, DISCORSO, FESTA} flau, matt; econ {BORSA} flau.
fiaccola f anche fig {+DISCORDIA, LIBERTÀ} Fackel f: ~ **olimpica**, olympische Fackel ● **mettere la ~ sotto il moggio** fig bibl (*nascondere una verità*), sein Licht unter den Scheffel stellen.
fiaccolata f Fackelzug m: **fare una ~ con gli sci**, einen Fackelzug auf Skiern machen.
fiala f Ampulle f, Phiole f.
fialetta <dim di fiala> f kleine Ampulle.
fiamma A f 1 (*lingua di fuoco*) {+CANDELA, FORNELLO A GAS} Flamme f: **cucinare a ~ bassa/alta**, auf kleiner/großer Flamme kochen 2 (*solo pl*) (*fuoco*) Flammen f pl: **la casa era avvolta dalle fiamme**, das Haus war von Flammen umzingelt; **andare/essere in fiamme**, in Flammen aufgehen/stehen; **dare alle fiamme qc** etw in Flammen setzen 3 fig (*passione ardente*) {+AMORE, FEDE} Feuer n, Flamme f 4 fig scherz (*persona amata*) Flamme f **fam iron**: **hai visto la sua ultima ~?**, hast du seine/ihre letzte Flamme gesehen? fam iron; **è una mia vecchia ~**, er/sie ist eine alte Flamme von mir fam iron 5 <*solo pl*> mil (*mostrine*) (Kragen)spiegel m pl 6 mar (*banderuola*) Wimpel m B <inv> agg {ROSSO} feuer-: **un tessuto (color) ~**, ein feuerroter Stoff C <inv> loc agg avv 1 gastr: **alla ~**, {CRÊPE} flambiert 2 fig (*di colore rosso acceso*): **di ~**, {CIELO, TRAMONTO} feuerrot; **i loro sguardi si incrociarono e lei diventò di ~**, ihre Blicke kreuzten sich und sie wurde feuerrot D loc agg fig (*di colore rosso acceso*): **in fiamme** {GOTE, VISO} feuerrot ● **la Fiamma** stor, "die Partei der Italienischen Sozialbewegung"; **fare qc alla ~** gastr, etw flambieren; **fiamme gialle** mil (*guardia di finanza*), "(italienische) Zoll- und Finanzwacht"; ~ **ossidrica** tecnol, Schneidbrenner m; ~ **tricolore** polit stor (*emblema*), "Symbol der ehemaligen MSI"; **fiamme verdi** mil (*corpo degli alpini*), "Truppen der Alpenjäger"; **avere/**[**sentirsi salire**] **le fiamme al viso** fig, ⌊feuerrot sein⌋/[erröten].
fiammante agg (*acceso*) {COLORE} flammend: **smalto rosso ~**, knallroter Nagellack.
fiammata f 1 (*vampata*) Stichflamme f 2 fig (*fuoco di paglia*) Strohfeuer m.
fiammeggiare <*fiammeggio*, *fiammeggi*> A itr 1 (*ardere*) ~ (+ **compl di luogo**) {FUOCO, INCENDIO IN LONTANANZA} (*irgendwo*) glühen, (*irgendwo*) lodern 2 fig (*rosseggiare*) ~ (+ **compl di luogo**) {CIELO, ORIZZONTE A OCCIDENTE} (*irgendwo*) rot leuchten 3 fig (*scintillare*) ~ (+ **qc**) {OCCHI D'IRA} (*vor etw dat*) funkeln B tr ~ **qc** {POLLO} etw flambieren.
fiammifero m Streichholz n: **fiammiferi** ⌊**di cera**⌋/[**da cucina**]/[**svedesi**], Wachs-/(Küchen-)/Sicherheitsstreichhölzer n pl ● **accendersi come un ~** fig (*arrabbiarsi facilmente*), leicht reizbar sein.
fiammingo① <-*ghi*> m zoo (*fenicottero*) Flamingo m.
fiammingo②, (-a) <-*ghi*, -*ghe*> A agg anche arte {CITTÀ, PAESAGGIO, PITTURA} flämisch B m (f) 1 (*abitante*) Flame m, (Flamin f, Flämin f) 2 arte (*pittore*) Maler(in) m(f) der flämischen Schule C m <*solo sing*> (*lingua*) Flämisch(e) n.
fiancata f 1 (*parte laterale*) {+AUTOVEICOLO, EDIFICIO, MOBILE, NAVE} Seitenteil n, Seitenwand f 2 (*urto*) Seitenstoß m.
fiancheggiare <*fiancheggio*, *fiancheggi*> tr 1 (*costeggiare*) ~ **qc** {ALBERI STRADA} etw säumen forb; {STRADA FIUME} an etw (dat) entlanglaufen 2 (*stare di fianco*) ~ **qu** jdn flankieren, jdn begleiten: **il magistrato è sempre fiancheggiato dalle guardie del corpo**, der Richter wird von seiner Leibwache begleitet 3 fig (*sostenere*) ~ **qu** {AMICO, CANDIDATO} jdn unterstützen, jdm zur Seite stehen; ~ **qc** {EVERSIONE ARMATA, PARTITO} etw unterstützen 4 mil (*coprire*) ~ **qu/qc** jdn/etw flankieren.
fiancheggiatore, (-*trice*) A agg 1 mil flankierend 2 fig unterstützend B m (f) 1 mil "wer/was flankiert" 2 fig (*simpatizzante*) {+GRUPPO POLITICO} Sympathisant(in) m(f), Anhänger(in) m(f); {+RIVOLTA} Unterstützer(in) m(f).
fianco <-*chi*> A m 1 <*di solito al pl*> anat {+DONNA} Hüfte f: **è larga/stretta di fianchi**, sie hat breite/schmale Hüften; **coricarsi su un ~**, sich auf die Seite legen; {+CAVALLO, PECORA, TORO} Flanke f, Weiche f 2 (*lato*) {+COSTRUZIONE} Seite f; {+COLLINA, MONTE} Abhang m; mil {+SCHIERAMENTO} Flanke f B <inv> loc agg (*accanto*): **a/di ~**, nebenan; **abito nella casa a/di ~**, ich wohne nebenan C loc avv 1 (*accanto*): **a/di ~**, daneben; **mettiti qui a/di ~**, stell dich hier daneben 2 (*lateralmente*): **di ~**, {AVVICINARSI, COLPIRE} seitlich, von der Seite 3 fig (*insieme*): ~ **a ~**, {LAVORARE, VIVERE} Seite an Seite D loc prep ⌊**al ~ di**⌋/[**di ~ a**] qu/qc (*stato in luogo*) {ESSERE} neben jdm/etw; (*moto a luogo*) {ARRIVARE} neben jdn/etw ● **offrire/prestare il ~ alle critiche** fig (*esporsi alle critiche*), sich der Kritik aussetzen; ~ **destr/sinistr!** mil, rechtsum/linksum kehrt!; **essere/stare a(l) ~ di qu** anche fig (*sostenerlo*), jdm zur Seite stehen; **lavorare ai fianchi qu**, sport {AVVERSARIO} jdn wiederholt an der Hüfte treffen; fig (*logorarlo*) jdn aufreiben, jdn zermürben.
fiandra f tess flämisches Leinen.
Fiandra f lett, **Fiandre** f pl geog Flandern n.
fiaschetta <dim di fiasca> f (*piccola borraccia*) Feld-, Wanderflasche f.
fiaschetteria f Weinhandlung f.

fiàsco <-schi> m **1** (*recipiente*) Korb-, Strohflasche f, (strohumflochtene) Flasche **2** (*contenuto*) Flasche f **3** *fig* (*insuccesso*) {CLAMOROSO, COLOSSALE} Fiasko n, Reinfall m *fam*: **fare ~**, Schiffbruch erleiden, ein Fiasko erleben; (*a un esame*) durchfallen.

FIAT f *abbr di* Fabbrica Italiana Automobili Torino: FIAT f.

fiatàre itr **1** (*espirare*) atmen **2** *fig* (*dir parola*) den Mund auf|machen, sprechen, auf|mucken *fam*: **non ~!**, halt den Mund!, muck nicht auf! *fam*; **se ne andarono senza ~**, sie gingen (weg), ohne ein Wort zu sagen.

fiàto A m **1** (*aria espirata*) Hauch m: **appannare lo specchio con il ~**, den Spiegel behauchen **2** (*alito*) Atem m **3** (*respiro*) Atem(zug) m: **avere il ~ grosso/corto**, ₍außer Atem₎/[kurzatmig] sein; **mi manca il ~**, mir geht der Atem aus **4** *fig* (*soffio*) {+ARIA, VENTO} Hauch m **5** ₍*solo pl*₎ *mus* (*strumenti*) Blasinstrumente n pl **6** *sport* (*resistenza*) Ausdauer f: **deve farsi il ~ per la gara**, er/sie muss für die Wettkampf seine/ihre Ausdauer trainieren B loc avv (*senza interruzioni*): **(tutto)** ₍d'un₎/[in un] **~**, {PARLARE} in einem Zug(e) ● **avere il ~ di qu sul collo**, jds Atem im Nacken spüren; *fig* (*essere pressato*), jdn im Nacken haben; **finché avrò ~ in corpo/gola**, bis mir der Atem ausgeht; *fig* (*finché vivo*), bis zum letzten Atemzug; **levare/togliere il ~ (a qu)** *fig* (*stupire*), {BELLEZZA} jdm den Atem verschlagen; *fig*, (*infastidire*) jdn nerven *fam*; **mozzare il ~ (a qu)**, {DOLORE ACUTO} jdm den Atem rauben; *fig* (*stupire*), {PANORAMA} jdm den Atem verschlagen; **riprendere**/[tirare il] **~**, Atem/Luft holen/schöpfen; *fig* (*avere un po' di tregua*), auf|atmen; **risparmia il ~!**, spar dir deine Worte!; **essere/rimanere senza ~**, außer Atem sein/bleiben; *fig* (*allibire*), sprachlos sein; **stava/era col ~ sospeso** *fig* (*aspettava con ansia*), ihm/ihr stockte der Atem; **tenere/lasciare qu col ~ sospeso** *fig* (*far stare in ansia*), jdn in Atem halten; **sprecare il ~** *fig* (*parlare inutilmente*), in den Wind reden; **tracannare d'un ~ qc** (*d'un colpo*), etw zischen; **dar ~ alle trombe**, in die Trompeten stoßen; *fig* (*divulgare una notizia*), etw aus|posaunen *fam*.

fiatóne <*accr di* fiato> m (*affanno*) Atemnot f, Keuchen n: **avere il ~**, keuchen, außer Atem sein.

FIBA f *sport abbr dell'ingl* Federation International Basketball Association (*federazione internazionale di basket*) "Internationaler Basketballverband".

fìbbia f {+CINTURA, STIVALE} Schnalle f.

fìbra f **1** *anat bot* {MUSCOLARE, NERVOSA, VEGETALE} Faser f, Fiber f: **fibre (alimentari)**, Ballaststoffe m pl **2** *tecnol* (*materiale filiforme*) {ARTIFICIALE, NATURALE, SINTETICA, TESSILE} Faser f: **~ di carbonio/vetro**, Kohlenstoff-/Glasfaser f; **~ ottica**, Glasfaser f **3** (*cartone*) Vulkanfiber f **4** *fig* (*costituzione fisica*) Konstitution f, Kondition f: **donna di ~ forte**, Frau mit guter Kondition.

fibrìlla f *anat* Fibrille f.

fibrillazióne f **1** *med*: **~ cardiaca/ventricolare**, Herz-/Kammerflimmern n **2** *fig* (*stato di agitazione*) Aufruhr m: **i partiti politici sono in ~ per le prossime elezioni**, die politischen Parteien sind wegen der nächsten Wahlen in Aufruhr.

fibrìna f (*in fisiologia*) Fibrin n.

fibrocemènto m Asbestzement m.

fibrocìta, **fibrocìto** <-> m *biol* Fibrozyt m.

fibròma <-i> m *med* Fibrom n *scient*.

fibromatòsi <-> f *med* Fibromatose f.

fibròsi f *med* Fibrose f *scient*.

fibróso, (-**a**) agg **1** {CARNE, MATERIALE} faserig, Faser- **2** *med* {ORGANO, TESSUTO} fibrös *scient*.

fibulàre agg *anat* {OSSO} fibular, Fibularis-.

FIC f *sport abbr di* Federazione Italiana Canottaggio: "Italienischer Ruderverband".

fìca <-che> f **1** *volg* (*vulva*) Fotze f *volg*, Feige f *volg* **2** *fig volg* (*donna attraente*) geile/tolle Frau *fam*, Klassefrau f *fam*; (*ragazza*) Wuchtbrumme f *fam*, Mieze f *fam*, (geile) Puppe f *fam*.

ficàta → **figata**.

ficcanasàre itr (*intromettersi*) **~ (in qc)** seine Nase in etw (acc) stecken: **~ nelle faccende altrui**, seine Nase in ₍fremde₎/[anderer Leute] Angelegenheiten stecken.

ficcanàso <-i o - m, - f> mf *fam* Topfgucker m *scherz*.

ficcàre <ficco, ficchi> A tr **1** (*conficcare*) ~ **qc + compl di luogo** {CHIODO NELLA PARETE} etw irgendwohin schlagen: **gli ha ficcato un dito in un occhio**, er/sie hat ihm einen Finger ins Auge gestochen; {PALO ALL'INCROCIO DELLE DUE STRADE} etw irgendwohin rammen **2** *fam* (*mettere*) **~ qu/qc + compl di luogo** {LADRO IN PRIGIONE, LIBRI NELLA BORSA} jdn/etw irgendwohin stecken: **dove ho ficcato le chiavi?**, wo habe ich die Schlüssel hingesteckt? **3** *fig* (*coinvolgere*) **~ qu in qc** {IN UN GUAIO, IN UN BEL PASTICCIO} jdn in etw (acc) (hinein|)bringen B itr pron *fam* **1** (*andare a finire*): **ficcarsi + compl di luogo** irgendwo stecken: **la pratica si è ficcata in fondo allo schedario**, die Akte steckt unten im Karteikasten; **dimmi dove ti eri ficcato**, sag mir, wo du gesteckt hast *fam* **2** (*infilarsi*): **ficcarsi in/sotto qc** {NEL LETTO, SOTTO LE COPERTE} in/unter etw (acc) kriechen, in/unter etw (acc) schlüpfen **3** *fig* (*cacciarsi*): **ficcarsi in qc** {IN UN BELL'IMBROGLIO, IN UN MARE DI GUAI} sich in etw (acc) bringen C rfl indir *fam* (*mettere*): **ficcarsi qc in qc** {CAPPELLO IN TESTA} etw auf etw (acc) setzen; {MANI IN TASCA} etw in etw (acc) stecken: **ficcarsi le dita nel naso**, sich (dat) die Finger in die Nase stecken.

fiche <-, -s pl franc> f *franc* Fiche f, Spielmarke f.

fichétto, (-**a**) <*dim di* fico> m (f) *slang giovanile* (*giovane vanesio*) Schönling m *spreg*, eingebildeter Schnösel *fam spreg*, Schickimicki m *fam spreg*.

fichidìndia pl → **ficodindia**.

fichtiàno, (-**a**) agg *filos* (*di* Fichte) {CONCEZIONE} von Fichte.

-fìcio secondo elemento (*luogo di fabbricazione o di lavorazione*) -fabrik f: **maglificio**, Strickwarenfabrik f, Wirkerei f; **mobilificio**, Möbelfabrik f; **oleificio**, Ölfabrik f.

fìco[1] <fichi> m *bot* **1** (*pianta*) Feige(nbaum m) f **2** (*frutto*) {FRESCO, SETTEMBRINO} Feige f ● **~ d'India** → **ficodindia**; **~ secco** → **ficosecco**.

fìco[2], (-**a**) <fichi, fiche> *slang giovanile* A agg (*molto bello*) {RAGAZZO} geil *fam*, cool *slang* B m (f) geiler *fam*/cooler *slang* Typ, geile *fam*/coole *slang* Frau ● **che ~!** *anche iron* geil! *fam*, cool *slang*.

ficodìndia <fichidindia> m *bot* **1** (*pianta*) Feigenkaktus m **2** (*frutto*) Kaktusfeige f.

ficosécco <fichisecchi> m **1** (*frutto essiccato*) getrocknete Feige **2** *fig fam* (*in frasi negative: niente*): **non ... un ~**, kein bisschen, keine Spur, nicht die Bohne *fam*: **non capire un ~ di francese**, kein Wort Französisch verstehen; **non capirci un ~**, nur Bahnhof verstehen; **non valere un ~**, keinen Pfifferling/Heller/[Schuss Pulver] wert sein *fam*; **non me n'importa un ~**, das ist mir wurscht *fam*/schnuppe *fam*.

fiction <-> f *ingl film lett TV* Fiction f.

ficus <-> m *lat bot* Gummibaum m.

FIDAL f *sport abbr di* Federazione Italiana Di Atletica Leggera: "Italienischer Leichtathletikverband", ≈ DLV m (*abbr di* Deutscher Leichtathletik-Verband).

fidanzaménto m {LUNGO, UFFICIALE} Verlobung f.

fidanzàre A tr **~ qu** (**con/a qu**) {FIGLIA CON/A UN UOMO D'AFFARI} jdn (*mit jdm*) verloben B itr pron: **fidanzarsi** (**con qu**) sich (*mit jdm*) verloben C rfl rec: **fidanzarsi** sich verloben.

fidanzatìno, (-**a**) <*dim di* fidanzato> m (f) (*giovane innamorato*) Verehrer(in) m(f), Anbeter(in) m(f).

fidanzàto, (-**a**) A agg **~ (con qu)** (*mit jdm*) verlobt B m (f) **1** (*promesso sposo*) Verlobte mf decl come agg, Bräutigam m, (Braut f) **2** *fam* (*partner*) Freund(in) m(f).

fidàre A itr (*confidare*) **~ in qu/qc** {IN DIO, NELL'ONESTÀ ALTRUI} auf jdn/etw vertrauen B itr pron **~ (di qu/qc)** *fam* (*avere fiducia*): **fidarsi di qu/qc** (ver)trauen, sich *auf jdn/etw* verlassen: **fidati di me!**, verlass dich auf mich! **2** *fam* (*osare*): **fidarsi a/di fare qc** sich trauen, *etw zu tun*: **non si fidano più a uscire da soli**, sie trauen sich nicht mehr, allein auszugehen; **ti fidi a guidare nella nebbia?**, traust du dich, im Nebel zu fahren? ● **fidarsi è bene, non fidarsi è meglio** *prov*, Vertrauen ist gut, Kontrolle ist besser *prov*.

fidàto, (-**a**) agg {PERSONA} zuverlässig.

fideìsmo m *filos relig* Fideismus m.

fideìstico, (-**a**) <-ci, -che> agg *filos relig* fideistisch.

fideiussióne f *dir* (*garanzia personale*) Bürgschaft f.

fideiussóre m *dir* (*chi presta una fideiussione*) Bürge m.

fidèlity card <-, - -s pl ingl> loc sost f *ingl comm* Kunden-, Treuekarte f, Fidelity Card f.

fidelizzàre tr *econ* **~ qu/qc** {AZIENDA, CLIENTE} jdn/etw (durch eine entsprechende Marketingpolitik) an sich binden.

Fìdia m *stor* Phidias m.

fìdo[1] m *banca* Kredit m: **~ bancario**, Bankkredit m.

fìdo[2], (-**a**) *lett* A agg {COMPAGNO} treu B m (*persona fidata*) Getreue m decl come agg.

fidùcia A f **1** *gener* **~ (in qu/qc)** {ASSOLUTA, CIECA, ILLIMITATA, PIENA, NEL PROSSIMO, NELL'AVVENIRE} Vertrauen n (₍zu jdm₎/[in jdn/etw]): **è una persona che ispira ~**, er/sie ist ein Vertrauen erweckender Mensch; **avere ~ in qu/qc**, jdm/etw vertrauen; **~ in se stessi**, Selbstvertrauen n **2** *dir polit* Vertrauen n: **il governo chiede la ~ al Parlamento**, die Regierung stellt dem Parlament die Vertrauensfrage B <inv> loc agg: **di ~ 1** (*delicato*) {INCARICO} Vertrauens- **2** (*affidabile*) {UOMO} Vertrauens- **3** (*abituale*) {MECCANICO, PARRUCCHIERE} Stamm-.

fiduciànte mf *dir* Treugeber(in) m(f).

fiduciàrio, (-**a**) <-ri m> A agg **1** (*di fiducia*) {RAPPORTO} Vertrauens- **2** *dir econ* {NEGOZIO, SOCIETÀ} Treuhand-, treuhänderisch B m (f) *dir econ* Treuhänder(in) m(f), Treunehmer(in) m(f).

fiducióso, (-**a**) agg **~ (in qc)** {NEL SUCCESSO} vertrauend (*auf etw* acc), vertrauensvoll: **se fossi in te non ne sarei così ~**, an deiner Stelle wäre ich nicht so vertrauensvoll.

FIEG f *giorn abbr di* Federazione Italiana Editori Giornali: "Italienischer Verband der Zeitungsverleger".

fiéle m **1** (*bile*) Galle f: **amaro come il ~**,

galle(n)bitter 2 *fig* (*astio*) Bitterkeit f, Groll m *forb*.

fienagióne f Heuernte f.

fienile m Heuschober m.

fièno m Heu n: **fare il ~**, Heu machen.

fièra① f **1** (*mercato*) Jahrmarkt m: **~ del bestiame**, (Vieh)markt m **2** *comm* (*esposizione*) {INTERNAZIONALE; +ARREDAMENTO, LIBRO} Messe f, Ausstellung f: **la ~ campionaria di Milano**, die Mailänder Mustermesse **3** *fig* (*grande confusione*) Chaos n, Tohuwabohu n ● **~ di beneficenza**, Wohltätigkeitsbasar m.

fièra② f *lett* **1** (*belva*) Bestie f, Raubtier n **2** *fig* (*persona crudele e selvaggia*) Bestie f *spreg*.

fierézza f {+ANIMO, CARATTERE, UOMO} Stolz m.

fieristico, (-a) <-ci, -che> *agg* {QUARTIERE, ZONA} Messe-.

fièro, (-a) *agg* **1** (*orgoglioso*) **~ di qu/qc** {DELLA PROPRIA FAMIGLIA, DEL PROPRIO LAVORO} stolz (*auf jdn/etw*): **ne vado ~**, ich bin stolz darauf **2** (*pieno di fierezza*) {POPOLO, PORTAMENTO, RISPOSTA, SGUARDO, VOLTO} stolz **3** (*intrepido*) {COMBATTENTE} mutig, unerschrocken, furchtlos **4** (*spietato*) {NEMICO, TIRANNO} grausam **5** (*acceso*) {LOTTA} heftig.

fièvole *agg* {LUCE, VOCE} schwach.

fifa f *fam scherz* Bammel m *fam*, Schiss m *fam*: **avevo una ~ blu/nera**, ich hatte eine Heidenangst *fam*/[tierisch Schiss *fam*].

FIFA f *abbr del franc* Fédération Internationale Football Association (*federazione italiana del calcio*) FIFA f, Fifa f (*abbr di* Internationaler Fußballverband).

fifóne, (-a) *fam scherz* Ⓐ *agg* angstschlotternd, ängstlich Ⓑ m (f) Angsthase m *fam*, Hasenfuß m *fam scherz spreg*.

fifty-fifty <-> *avv ingl* fifty-fifty *fam*, halbe-halbe *fam*.

fig. *abbr di* figura: Abb. (*abbr di* Abbildung).

FIG f *sport abbr del franc* Fédération Internationale de Gymnastique (*federazione internazionale di ginnastica*) ITB m (*abbr di* Internationaler Turnerbund).

figa <*fighe*> → **fica**.

figaro m *scherz* (*barbiere*) Figaro m.

figàta f *slang giovanile anche iron* (*cosa eccezionale*) geile Sache *fam*: **che ~!**, ist ja geil! *fam*.

FIGC f *sport abbr di* Federazione Italiana Gioco Calcio: "Italienischer Fußballverband", ≈ DFB m (*abbr di* Deutscher Fußball-Bund).

fighétto → **fichetto**.

figlia f **1** (*prole di sesso femminile*) {MAGGIORE, SECONDOGENITA} Tochter f: **~ unica**, Einzelkind n **2** (*ragazza*) Mädchen n **3** (*povera ~ (mia)!*, (mein) armes Mädchen! **4** (*frutto*) Kind n, Frucht f, Tochter f: **la maleducazione è ~ dell'ignoranza**, es gibt keine harmonischere Ehe als die zwischen schlechter Erziehung und Ignoranz **4** *fig* (*tagliando*) Abschnitt m ● **figlie di Eva** *fig* (*donne*), Töchter Evas; **figlie di Maria** *relig* (*associazione*), Marienschwestern f pl.

figliàre, <-*figlio*, *figli*> *tr* (*qc*) {SCROFA DIECI MAIALINI} (*etw*) werfen; {CAVALLA} fohlen: **la mucca ha figliato (un vitello)**, die Kuh hat gekalbt.

figliàstro, (-a) m (f) Stiefsohn m, (Stieftochter f).

figliàta f {+GATTINI} Wurf m.

figliazióne → **filiazione**.

fìglio <-*figli*> m (*di solito al pl*) (*prole*) {ADOTTIVO} Kind(er) n (pl): **aspetta un ~ da lui**, sie erwartet ein Kind von ihm; **~ illegittimo/ naturale**, uneheliches Kind; **i nostri figli**, unsere Kinder; **senza figli**, kinderlos; (*discendenti*) Nachkomme(n) m (pl), Nachkommenschaft f **2** (*~ maschio*) {MINORE, PRIMOGENITO, SECONDO} Sohn m: **ho un ~ e una figlia**, ich habe einen Sohn und eine Tochter; **~ unico**, Einzelkind n **3** (*ragazzo*) Junge m **4** *fig lett* (*cittadino*) {+ITALIA} Sohn m, Bürger m **5** *fig* (*frutto*) Kind n, Frucht f: **il successo è ~ anche della fortuna**, Erfolg ist auch Glückssache **6** *relig* (*Cristo*): **il Figlio**, der Sohn Gottes; **il Figlio di Dio/dell'uomo**, der Gottes-/Menschensohn, der Sohn Gottes ● **figli di Adamo** *fig* (*umanità*), Menschenkinder n pl; **essere ~ d'arte** *fig* (*di un artista*), Künstlerblut haben; **~ di famiglia** (*minorenne*), Minderjährige m decl come agg; (*maggiorenne che vive con i genitori*), "bei seinen Eltern lebender volljähriger Sohn"; **fare un ~** (*concepirlo*), ein Kind empfangen *forb*; (*averlo*), ein Kind gebären/[zur Welt bringen]; **~ dei fiori** *fig* (*hippy*), Blumenkind n, Hippie m; **figli di Israele** *fig* (*ebrei*), Kinder n pl Israels; **~ di latte**, Ziehkind n (einer Amme); **figli di primo letto** *fig* (*del primo matrimonio*), Kinder n pl aus erster Ehe; **~ di mamma** *fam* (*giovane viziato*), Muttersöhnchen n *fam spreg*; **~ di nessuno** *fig* (*trovatello*), Findelkind n; **~ di papà** *fam spreg* (*di famiglia ricca*), Familiensöhnchen n *spreg*; **~ di ricchi eletuekind n fam, verwöhnter Sohn aus reicher Eltern; **sei proprio ~ di tuo padre!** (*gli assomigli molto*), du bist wirklich ein Kind deines Vaters!; **~ del popolo** *fig* (*persona di umili origini*), Mann m aus dem Volk; **~ di puttana/mignotta/[buona donna]/[un cane]** *fig volg* (*farabutto*), Huren-, Hundesohn m *spreg*; **~ in provetta**, Retortenbaby n; **essere ~ della serva** *fig scherz* (*persona poco importante*), nichts zu melden haben *fam*; **~ del proprio tempo** (*rif. a persona o cosa che incarna un'epoca*), Kind n seiner Zeit.

figliòccio, (-a) <-*ci*, -*ce*> m (f) Patenkind n.

figliolànza f Nachwuchs m, Kinder n pl.

figliuòla, **figliòla** f *fam* **1** (*ragazza*) {BELLA, BRAVA} Mädchen n **2** *region* (*figlia*) Tochter f.

figliuòlo, **figliolo** m **1** <*di solito al pl*> *region* (*prole*) Nachwuchs m, Nachkommenschaft f **2** *region* (*figlio maschio*) Sohn m **3** (*ragazzo*) {BEL, CARO} Junge m ● **il figliol prodigo** *bibl anche fig scherz*, der verlorene Sohn.

figo, (-a) <*fighi*> *region* → **fico**②.

figùra f **1** (*forma*) {QUADRATA, STRANA} Form f, Gestalt f **2** (*corporatura*) {ELEGANTE, SLANCIATA} Figur f **3** (*illustrazione*) *fig* Abbildung f, Bild n: **~ a colori/[in bianco e nero]**, Farb-/Schwarzweißbild n **4** *fig* (*persona*) {BELLA, ENIGMATICA, SIMPATICA} Mensch m, Gestalt f **5** *fig* (*personaggio*) {DI SECONDO PIANO; +FILM, ROMANZO, VICENDA} Person f, Figur f, Gestalt f **6** *fig* (*ruolo*) {MATERNA; +EDUCATORE, PADRE} Rolle f, Figur f: **stanno nascendo nuove figure professionali**, es entstehen gerade neue Berufsbilder **7** *arte* (*ritratto di persona*) {AL NATURALE, IN LEGNO} Porträt n, Bildnis n: **ritratto a ~ intera**, Ganzkörperporträt n **8** (*nel ballo*) (Tanz)figur f **9** (*mus*) Figur f: **~ retorica**, rhetorische Figur f **10** (*nei giochi di carte*) Bild n, Figur f **11** *mat* (*in geometria*) {SIMMETRICA} Figur f: **~ piana/solida**, ebene Figur/fester Körper **12** (*negli scacchi*) (Schach)figur f **13** *sport* (*esercizio*) {LIBERA, OBBLIGATORIA} Übung f ● **fare (una) bella/brutta ~** *anche iron*, eine gute/schlechte Figur machen/abgeben, viel/wenig hermachen, einen guten/ schlechten Eindruck machen; **che (brutta) ~!** *iron*, so eine Blamage!; **fare una ~ da cioccolataio** *fig* (*fare una brutta figura*), eine schlechte Figur machen/abgeben, einen schlechten Eindruck machen; **fare la del/[una ~ da] cretino/signore** (*comportarsi da...*), wie ein Blödmann dastehen *fam spreg*/[sich wie ein Gentleman verhalten]; **fare ~** (*comparire bene*), gut aussehen, etwas hermachen; **fare (ancora) la propria ~**, noch eine gute Figur machen/abgeben, noch etwas hermachen.

figuràccia <-*ce*, *pegg di* figura> f Blamage f: **fare una ~ (con qu)**, sich (vor jdm) bis auf die Knochen blamieren; **far fare una ~ a qu**, jdn bis auf die Knochen blamieren, jdn auflaufen lassen *fam*.

figurànte *mf anche fig* (*comparsa*) Figurant(in) m (f).

figuràre Ⓐ *tr* **1** (*ritrarre*) **~ qu/qc (in qc)** {ANGELO, DEMONIO, IN UN AFFRESCO, NEL LEGNO} jdn/etw (in etw dat) dar/stellen **2** (*simboleggiare*) **~ qc** {LEONE FORZA} etw symbolisieren, etw versinnbildlichen **3** *lett* (*plasmare*) **~ qc** {BRONZO, MARMO} etw bearbeiten Ⓑ *tr* **1** (*apparire*) **~ (come qu/qc) + compl di luogo** {FIGLIO COME UNICO EREDE NEL TESTAMENTO} (*als jd/etw*) (*irgendwo*) erscheinen, (*als irgendwo*) (*irgendwo*) figurieren *forb*; {NOMINATIVO IN UNA LISTA} (*als jd/etw*) (*irgendwo*) verzeichnet sein **2** (*far figura*) **~ + compl di luogo** (*irgendwo*) im Vordergrund stehen, (*irgendwo*) hervor/treten: **consigli per ben ~ in società**, Ratschläge, um in der Gesellschaft eine gute Figur zu machen Ⓒ *rfl indir intens* (*immaginarsi*): **figurarsi qu/qc (+ compl di modo)** sich (dat) jdn/etw (*irgendwie*) vor/stellen; **me lo figuravo più giovane**, ich habe ihn mir jünger vorgestellt; **figurati che se n'è ricordato!**, unglaublich/[stell dir mal vor], er hat sich daran erinnert!; **figuriamoci se vuole partecipare!**, das glaubst du doch selber nicht, dass er/sie mitmachen will! ● **La/ ti ringrazio! – ~ (figurati)!** (*prego*), ich danke Ihnen/dir! – Aber ich bitte Sie/dich!; **La/ti disturbo? – Ma no, si figuri/[figurati]/[figuriamoci]!** (*tutt'altro*), störe ich Sie/dich? – Aber ganz im Gegenteil!; **posso entrare? – Si figuri/[figurati]/[figuriamoci]!** (*certamente*), kann ich hereinkommen? – Selbstverständlich!; **pare che sia laureato, si figuri/[figurati]/[figuriamoci] (un po')!** (*di stupore o dubbio*), er scheint einen Studienabschluss zu haben, kaum zu glauben!

figurativìsmo m *arte* Gegenständlichkeit f.

figurativo, (-a) *agg* **1** (*iconico*) {SCRITTURA} Bilder- **2** *arte* {ARTE} bildend; {PITTURA} gegenständlich, figurativ.

figuràto, (-a) *agg* **1** (*metaforico*) {STILE} bildlich; {LINGUAGGIO} *anche* Bilder-; {ESPRESSIONE, SIGNIFICATO} übertragen, figurativ *forb* **2** (*illustrato*) {LIBRO} bebildert **3** (*con figure*) {BALLO} Figuren-; {MUSICA} Figural-.

figurina <*dim di* figura> f **1** (*immagine su cartoncino*) {AUTOADESIVA; +CALCIATORI} Bildchen n **2** (*statuina*) Figurine f.

figurinista <-*i* m, -*e* f> *mf* (*stilista*) Modezeichner(in) m (f); *teat* Figurinenzeichner(in) m (f).

figurino <*dim di* figura> m **1** (*disegno*) Modeskizze f, Modezeichnung f **2** (*rivista*) Modezeitschrift f **3** *fig* (*persona che veste con ricercatezza*) Modegeck m *spreg*, Modepuppe f *fam spreg*, Modepüppchen n *fam spreg*.

figùro m (*ceffo*) {LOSCO, STRANO} (verdächtiges) Individuum n.

figuróna <*accr di* figura> f *fig* (*bellissima figura*) großartige Figur: **fare una ~**, eine großartige Figur machen/abgeben, viel hermachen.

figuróne m *fam* → **figurona**.

fiiiuuu *inter* **1** (*di ribrezzo*) buuh **2** (*di sollievo*) uff, puh.

fila① Ⓐ f **1** gener {STORTA, TERZA, ULTIMA; +ALBERI, CASE} Reihe f: **il primo della ~**, der Erste in der Reihe; **una ~ continua di sedie**, eine lückenlose Stuhlreihe; **in ~ per due**, in Zweierreihen **2** (coda) {INTERMINABILE, LUNGA; +MACCHINE, GENTE} Schlange f: **fare la ~**, Schlange stehen **3** fig (sfilza) {+DISAVVENTURE, MALANNI} Reihe f, Serie f, Folge f **4** <solo pl> anche mil fig (schiera) {+ESERCITO, ORGANIZZAZIONE, PARTITO} Reihen f pl: **andare a ingrossare le file dei criminali**, das Heer der Kriminellen vergrößern Ⓑ <inv> loc agg (non solista): **di ~** {BALLERINA} Gruppen-; {VIOLINO} Orchester- Ⓒ loc avv (ininterrottamente): **di ~**, hintereinander, ununterbrochen; ˌ**due giorni**ˌ/ˌ**sei ore**ˌ **di ~**, ˌzwei Tageˌ/ˌsechs Stundenˌ hintereinander • **per ~ destr'**/**sinistr' mil**, rechtsum/linksum; **lasciare l'automobile in doppia ~**, das Auto in zweiter Reihe parken; **mettersi in ~**, sich in Reih und Glied aufstellen; (in coda), sich in die Schlange einˌreihen; **in ~ indiana**, im Gänsemarsch; **essere in prima ~**, in der ersten Reihe sitzen; fig (esposto al pericolo), der Gefahr unmittelbar ausgesetzt sein; **serrare le fila** (stringere) zusammenrücken; fig (unirsi di più) anche zusammenstehen, zusammenhalten.

fila② f pl di filo.

filacciòso, (-a) agg {CARNE} faserig.

filaménto m **1** anat {NERVOSO} Faser f **2** bot Staubfaden m, Filament n scient **3** tecnol {+LAMPADA ELETTRICA} Glühfaden m; {+PLATINO} Faden m.

filamentóso, (-a) agg (a filamenti) {TERMINAZIONE} fädig; {CORTECCIA} faserig.

Filànca® <-che> f Helanca® n.

filànda f Spinnerei f; (setificio) Seidenspinnerei f.

filànte agg (che forma fili) {SOSTANZA} fädig; gastr {FORMAGGIO, PASTA} fadenziehend.

filàntropa f → filantropo.

filantropìa f Menschenliebe f, Philanthropie f forb.

filantròpico, (-a) <-ci, -che> agg philanthropisch forb.

filantropìsmo m **1** anche spreg (filantropia) {MERO, STERILE} Menschenliebe f, Philanthropie f forb **2** pedag Philanthropi(ni)smus m.

filàntropo, (-a) m (f) Menschenfreund(in) m(f), Philanthrop(in) m(f) forb.

filàre① m (fila di piante) {+ROSE, VITI} Reihe f.

filàre② Ⓐ tr <avere> **1** (trasformare in filo) ~ **(qc)** (+ **compl di modo**) {COTONE, LANA, LANO} (etw) (irgendwie) (ver)spinnen **2** tecnol (ridurre in fili) ~ **qc** {ARGENTO, ORO, VETRO} etw spinnen, etw ziehen **3** mar ~ **qc** {CAVO, GOMENA} etw (ab|)fieren **4** mus ~ **qc** {SUONO} etw (aus|)halten Ⓑ itr **1** <avere> (fare la tela) {BACO, RAGNO} spinnen **2** <avere> gastr (fare fili) {FORMAGGIO} Fäden ziehen **3** <avere> fig (colare) ~ (**da qc**) {LIQUIDO DA UN RECIPIENTE} (aus etw dat) tropfen **4** <avere> fig (bruciare male) {CANDELA, LUME} rauchen **5** <avere> fig (svolgersi con logicità) {DISCORSO, RAGIONAMENTO} schlüssig sein **6** <avere> fig scherz (amoreggiare) ~ (**con qu**) etw mit jdm haben fam, (mit jdm) flirten; **filano (insieme) da anni**, seit Jahren haben sie etwas miteinander fam **7** <essere> fig fam (muoversi velocemente) {VEICOLO} brausen, rasen **8** <essere> fig fam (andarsene) verschwinden fam: **fila (via)!**, verschwinde! fam, zieh Leine! fam, hau ab! fam Ⓒ rfl intens region (considerare): **filarsi qu** jdn schätzen, etw von jdm halten: **quello non se lo fila nessuno**, von dem hält niemand was • **far ~ qu** fig (far rigare diritto)

jdn spuren lassen fam; **filarsela** fig fam (svignarsela), sich verdrücken fam, sich aus dem Staub machen fam; ~ **liscio (come l'olio)** fig (non incontrare ostacoli) ~, (wie am Schnürchen) klappen fam.

filària f zoo Fadenwurm m, Filaria f scient.

filarìno m fam scherz **1** (giovane corteggiatore) junger Verehrer **2** (flirt tra ragazzi) Techtelmechtel m.

filariòsi f med veter Filariose f scient.

filarmònica <-che> f **1** (associazione musicale) Philharmonie f; (orchestra) Philharmonie(orchester) n f **2** (sede) Philharmonie f.

filarmònico, (-a) <-ci, -che> Ⓐ agg {ORCHESTRA} philharmonisch Ⓑ m (f) (cultore della musica) Musikliebhaber(in) m(f) Ⓒ m <solo pl> (orchestra) Philharmoniker m pl: **i filarmonici di Berlino**, die Berliner Philharmoniker.

filastròcca <-che> f **1** (per bambini) Kinderreim m **2** fig (tiritera) Litanei f.

filatelìa f Philatelie f, Briefmarkenkunde f.

filatèlico, (-a) <-ci, -che> Ⓐ agg {MERCATO, RIVISTA} philatelistisch, Briefmarken- Ⓑ m (f) Philatelist(in) m(f), Briefmarkensammler(in) m(f).

filatelìsta <-i m, -e f> mf Philatelist(in) m(f), Briefmarkensammler(in) m(f).

filàto, (-a) Ⓐ agg **1** (in filo) {COTONE, SETA} gesponnen **2** fig (ininterrotto) ununterbrochen: **camminammo tre ore filate**, wir gingen/wanderten drei Stunden ununterbrochen Ⓑ m (filo) {MISTO, SEMPLICE} Garn n: ~ **ritorto**, Zwirn m.

filatóio <-toi> m tess (macchina) Spinner m, Spinnmaschine f.

filatóre, (-trice) Ⓐ agg {MACCHINA} Spinn- Ⓑ m (f) Spinner(in) m(f).

filatrice f (filatoio) Spinnmaschine f.

filattèrio <-ri> m relig Tefillin pl.

filatùra f **1** (lavorazione) {CARDATA, MECCANICA; +FIBRE TESSILI} Spinnen n **2** (opificio) Spinnerei f.

fildifèrro <- o fili di ferro> m Eisendraht m.

file <-> m ingl inform Datei f, File n.

file batch <-> loc sost m ingl inform Stapeldatei f.

file indice <-> loc sost m inform Indexdatei f, Indexfile n.

file manager <-> loc sost m ingl inform Datei-, Filemanager m.

file server <-> loc sost m ingl inform Datei-, Fileserver m.

file sharing <-> loc sost m ingl inform File Sharing n, Dateitausch m.

file system <-> loc sost m ingl inform Dateisystem m.

filet <-> m franc lavori femminili Filet(arbeit f) n.

filettàre tr **1** (bordare) ~ **qc** (**di qc**) {CAPPELLO DI BIANCO} etw (irgendwie) ein|säumen **2** mecc (impanare) ~ **qc** {PERNO} ein Gewinde in etw (acc) schneiden.

filettàto, (-a) agg mecc {VITE} Gewinde-.

filettatrice f mecc Gewindeschneidemaschine f, Gewindeschneider m.

filettatùra f **1** (ornamento filiforme) {+LIBRO} Besatz m, Bänder m pl: ~ **in oro**, goldener Besatz **2** mecc (il filettare) {+FORO} Gewindeschneiden n; (filetto) {DESTRORSA, ESTERNA} Gewinde n.

filétto① m gastr {+POLLO, SOGLIOLA, VITELLO} Filet n.

filétto② m **1** (bordino) {+GIACCA} Band n, Schnur f, Vorstoß m; {+CORNICE, LIBRO} Leiste f **2** (gallone) Tresse f, Litze f **3** anat (frenulo) Bändchen m **4** mecc (di +VITE) Gewinde m.

filétto③ m (gioco) Mühle(spiel n) f.

filiàle① agg (di figlio) {AMORE} kindlich, Kindes- forb.

filiàle② f (succursale) {+BANCA} Filiale f, Zweigstelle f.

filiazióne f **1** fig (derivazione) {+PAROLA} Ableitung f, Herkunft f **2** dir {LEGITTIMA, NATURALE} Abstammung f **3** comm Tochtergesellschaft f.

filibustière m **1** (corsaro) Filibuster m, Filibust(i)er m **2** fig (mascalzone) Freibeuter m obs.

filièra f **1** mecc (per trafilare) (Draht)zieheisen n; (per filettare) Gewindeschneideeisen n **2** tess Spinndüse f **3** zoo Spinnorgan n **4** econ {+AUTO} Produktionskette f.

filifórme agg {TENTACOLI} fadenförmig; {MODELLA} strichförmig.

filigràna f **1** (su carta) {+BANCONOTA, FRANCOBOLLO} Wasserzeichen n **2** (in oreficeria) Filigran n.

filigranàto, (-a) agg (con filigrana) {CARTA} Filigran-.

filìno <dim di filo> m fam **1** (piccola quantità) {+OLIO} Tropfen m **2** fig {+SARCASMO} Spur f, Prise f.

filìppica <-che> f Philippika f forb, Strafrede f: **fare una ~ a qu**, jdm eine Strafrede halten, jdn abkanzeln fam.

Filippìne f pl geog Philippinen f pl.

filippìno, (-a) Ⓐ agg {COSTUME} philippinisch Ⓑ m (f) (abitante) Philippiner(in) m(f).

Filippo m (nome proprio) Philip(p).

filistèo, (-a) Ⓐ agg **1** stor Philister- **2** fig (gretto) spießbürgerlich spreg, philiströs forb spreg Ⓑ m (f) **1** stor Philister(in) m(f) **2** fig (conformista) Spießbürger(in) m(f) spreg, Philister(in) m(f) forb spreg.

fillòssera f zoo Reblaus f, Phylloxera f scient.

film <-> m ingl **1** (produzione cinematografica) {COMICO, IMPEGNATO, IN COSTUME} Film m: ~ **d'amore**, Liebesfilm m; ~ **d'avventure**, Abenteuerfilm m; ~ **d'animazione**, Zeichentrickfilm m; ~ **d'azione**, Actionfilm m; ~ **di cassetta**, Reißer m fam spreg; ~ **giallo/poliziesco**, Kriminalfilm m, Krimi m fam; ~ **muto**, Stummfilm m; ~ **dell'orrore**, Horrorfilm m; ~ **porno(grafico)**, Sex-/Pornofilm m fam; ~ **western**, Western m **2** fot (pellicola) {A COLORI, IN BIANCO E NERO, IN SUPER 8} Film m **3** (patina) {PROTETTIVO} Film m.

filmàre tr (riprendere) ~ **qu/qc** {GIOCATORE, AVVENIMENTO, SCENA} jdn/etw auf|nehmen; jdn/etw filmen.

filmàto m Filmbericht m, Filmreportage f.

fìlmico, (-a) <-ci, -che> agg filmisch.

filmìna f Diafilm(streifen) m.

filmìno <dim di film> m {+NOZZE} Amateurfilm m, Filmchen n, kurzer Film.

film-maker <-, -s pl ingl> mf ingl Filmemacher(in) m(f).

film noir <-, -s pl franc> loc sost m franc Film noir m.

filmografìa f Filmographie f.

filmologìa f Filmkunde f, Filmwissenschaften pl f.

filo m **1** <pl: -i m> gener {BIANCO, COLORATO, INGARBUGLIATO, LUNGO} Faden m; {CUCIRINO, RITORTO; +COTONE, NAILON} Garn n: ~ **da/per imbastire**, Heftgarn n; ~ **chirurgico**/[**per suture**], Katgut n scient; ~ **interdentale**, Zahnseide f; ~ **da ricamo**, Stickgarn n **2** <pl: -i m> (cosa filiforme) {+ERBA, PAGLIA} Halm m **3** <pl: -i m> (filamento) {+FAGIOLINI} Faden m **4** <pl: -i m> (filza) {+CORALLI, PERLE} Schnur f **5** <pl: -i m> (trafilato filiforme) {+ACCIAIO, RA-

ME} Draht m; ~ **spinato**, Stacheldraht m **6** <*solo sing*> (*corda dell'equilibrista*) Seil n **7** <pl: *-i* m> (*corda per il bucato*) Leine f **8** <pl: *-i* m> (*cavo elettrico*) {+LAMPADARIO, TELEVISIONE} Kabel n, Schnur f *fam*: **i fili dall'alta tensione**, die Hochspannungskabel; **se non paghi la bolletta ti tagliano i fili** (ˌdel telefonoˌ/ˌdella luceˌ), wenn du die Rechnung nicht bezahlst, ˌstellen sie dir das Telefon/den Strom abˌ/[sperren Sie dir das Telefon/den Strom] **9** <pl: *-i* m> (*rivolo*) {+SANGUE} Faden m **10** <pl: *-i* m> (*affilatura*) {+COLTELLO, FORBICI, PUGNALE} Schneide f: **senza ~**, stumpf **11** <pl: *-i* m> (*spigolo*) {+MURO, TAVOLO} Kante f **12** <*solo sing*> *fig* (*andamento*) {LOGICO; +RACCONTO} Faden m: **perdere il ~ del discorso**, den Faden bei einer Rede verlieren **13** <pl: ● f *fig* (*organizzazione*): **scoprire le fila di un complotto**, die Drahtzieher eines Komplotts entdecken; **intrecciare le fila di una congiura**, eine Verschwörung anzetteln; **chi tira le fila dell'organizzazione?**, wer ist der Drahtzieher der Organisation? **14** *fig* (*briciolo*) Funke m, Spur f: **un ~ d'aria**, ein Lüftchen; **un ~ di speranza/vento**, ein Hoffnungsschimmer/Windhauch; **non c'è un ~ d'acqua/d'ombra**, es gibt ˌkeinen Tropfen Wasserˌ/[nicht die Spur eines Schattens]; **questa carne non ha un ~ di grasso**, dieses Fleisch hat kein bisschen Fett; **parlare con un ~ di voce**, kaum hörbar hauchen **15** <*solo sing*> *tess* gekämmte Baumwolle: **calze di ~**, Strümpfe aus gekämmter Baumwolle; **~ doppio**, Zwirn m; **~ di Scozia**, supergekämmtes Baumwollgarn ● **~ di Arianna** *anche fig* (*stratagemma*), Ariadnefaden m; **essere appeso/attaccato/legato a un ~** *fig* (*trovarsi in condizioni precarie*), {LA VITA DI QU} an einem (dünnen/seidenen) Faden hängen; **~ conduttore** *fig*, roter Faden; **dar del ~ da torcere a qu** *fig* (*ostacolare*), eine harte Nuss für jdn sein *fam*, jdm zu schaffen machen; **~ diretto tel** *anche fig* (*legame di collaborazione*), direkter Draht; **essere legato a doppio ~ a qu** *fig* (*essere vincolato*), jdm doppelt verbunden sein; **fare il ~ a qu** (*corteggiare*), jdm den Hof machen; **fare le fila** *gastr*, {FORMAGGIO} Fäden ziehen; **fil(o) di ferro → fildiferro**; **~ di lana**ˌ/[del traguardo], Zielband n; **perdere il ~** (*non essere più affilato*), {COLTELLO} stumpf werden, abstumpfen; *fig* (*confondersi*), {PERSONA} den Faden verlieren; **~ a piombo**, Lot n, Senkblei n; **essere/camminare sul ~ del rasoio** *fig* (*essere esposto a un rischio*), auf des Messers Schneide stehen; **~ rosso** *anche fig*, roter Faden; **~ della schiena** (*spina dorsale*), Wirbelsäule f; **per ~ e per segno** (*nei dettagli*), {RACCONTARE QC} haarklein; **tirare le fila di qc**, *fig* (*concludere*), etw abschließen, etw zu Ende bringen.

filo- primo elemento (*simpatizzante*) -freundlich, pro-; -freund: **filoarabo**, proarabisch; Araberfreund(in); **filocomunista**, kommunistenfreundlich; Kommunistenfreund(in).

filoamericàno, (-a) *polit* **A** *agg* amerikafreundlich **B** m (f) Amerikafreund(in) m(f).

filoàrabo, (-a) *polit* **A** *agg* proarabisch **B** m (f) Araberfreund(in) m(f).

filoatlàntico, (-a) <*-ci, -che*> *agg* (*a favore del Patto Atlantico*) proatlantisch.

filobus <-> m Oberleitungsomnibus m, Obus m.

filoccidentàle *polit* **A** *agg* prowestlich **B** mf "wer prowestlich ist".

filocomunìsta <-*i* m, -*e* f> *polit* **A** *agg* kommunistenfreundlich **B** mf Kommunistenfreund(in) m(f).

filodèndro m *bot* Philodendron m o n.

filodiffusióne f *radio* Drahtfunk m.

filodrammàtica <-*che*> f *teat* Laien(schauspieler)gruppe f.

filodrammàtico, (-a) <-*ci, -che*> **A** *agg* Laienspiel(er)- **B** m (f) Laien(schau)spieler(in) m(f).

filofascìsta <-*i* m, -*e* f> *polit* **A** *agg* profaschistisch **B** mf Sympathisant(in) m(f) des Faschismus, Faschistenfreund(in) m(f).

filogènesi f *biol* Stammesgeschichte f, Phylogenese f, Phylogenie f.

filoisraeliàno, (-a) *agg* (*a favore di Israele*) proisraelisch, israelfreundlich.

filòloga f → **filologo**.

filologìa f {GERMANICA} Philologie f.

filològico, (-a) <-*ci, -che*> *agg* philologisch.

filòlogo, (-a) <-*gi, -ghe*> m (f) Philologe m, (Philologin f).

Filomèna f (*nome proprio*) Philomena.

filonazìsta <-*i* m, -*e* f> *polit* **A** *agg* nazifreundlich **B** mf Nazifreund(in) m(f).

filoncìno <*dim* di **filone**> m (*forma di pane*) Stangenbrötchen n.

filóne[1] <*accr* di **filo**> m **1** (*forma di pane*) Stangenbrot n **2** *fig* (*corrente*) {ARTISTICO, LETTERARIO} Bewegung f, Strömung f **3** *geol* (*vena*) {AURIFERO, CARBONIFERO} Ader f.

filóne[2], (-a) m (f) *sett* (*furbacchione*) Schlaumeier m *fam*, Schlaukopf m *fam*, Schlauberger m *fam scherz*.

filorientàle *polit* **A** *agg* proorientalisch, orientfreundlich **B** mf Orientfreund(in) m(f).

filóso, (-a) *agg* (*di fili*) {MASSA} faserig.

filòsofa f → **filosofo**.

filosofàre *itr* **~ su qu/qc 1** (*speculare*) {SULLA LIBERTÀ, SULLA NATURA UMANA} (*über jdn/etw*) philosophieren **2** *iron spreg* (*über jdn/etw*) philosophieren.

filosofeggiàre <*filosofeggio, filosofeggi*> *itr spreg* **1** (*filosofare*) **~ (su qc)** {SU TUTTO} (*über etw* acc) philosophieren **2** (*atteggiarsi a filosofo*) den Philosophen spielen, einen auf Philosoph machen *fam*.

filosofìa f **1** (*dottrina*) {MORALE; +PLATONE} Philosophie f **2** *fig* (*concezione fondamentale*) {+AZIENDA, PARTITO} Philosophie f: **ha fatto dell'altruismo la sua ~ di vita**, er/sie hat den Altruismus zu seiner/ihrer Lebensphilosophie gemacht **3** *università* Philosophie f ● **è stato licenziato, ma l'ha presa con ~** (*serenità*), er ist entlassen worden, aber er trägt es mit Fassung.

filosòfico, (-a) <-*ci, -che*> *agg* **1** philosophisch **2** *scherz* (*distratto o originale*) {COMPORTAMENTO, STILE} Philosophen-.

filòsofo, (-a) m (f) **1** (*speculatore*) Philosoph(in) m (f) **2** *fig* (*saggio*) seelenruhiger/gelassener Mensch: **cerca di essere ~ e non prendertela**, versuche, gelassen zu sein und dich nicht aufzuregen.

filosoviètico, (-a) <-*ci, -che*> *polit* **A** *agg* prosowjetisch **B** m (f) Sowjetfreund(in) m(f).

filòssera → **fillossera**.

filovìa f Oberleitungsomnibuslinie f, Obuslinie f.

filtràbile *agg* **1** (*che si può filtrare*) {LIQUIDO} filtrierbar **2** *biol* {VIRUS} filtrierbar.

filtràggio <*-gi*> m Filterung f, Filtrierung f.

filtràre A tr <*avere*> **1 ~ qc** (**con qc**) {ARIA, OLIO, TÈ CON UN COLINO} etw (*durch etw* acc) filtern; *etw* (*durch etw* acc) filtrieren **2** *fig* (*selezionare*) {INFORMAZIONI, TELEFONATE} etw (heraus|)filtern **3** *fig* (*rielaborare*) {AVVENIMENTO} etw geistig verarbeiten **B** itr <*essere*> **1** (*penetrare*) **~ attraverso/da qc** {ACQUA ATTRAVERSO LA FESSURA, DALLE PERSIANE} durch etw acc (durch|)sickern; {LUCE ATTRAVERSO LE SBARRE, DALLE IMPOSTE} durch etw (acc) (durch|)dringen, durch etw (acc) (durch|)scheinen **2** *fig* (*trapelare*) {NOTIZIA} durch|sickern.

filtràto, (-a) **A** *agg* {ACQUA} filtriert **B** m (*sostanza filtrata*) Filtrat n.

filtrazióne f **1** {+ACQUA, ARIA} Filtration f, Filtrierung f **2** *fig* {+NOTIZIA} Durchsickern n.

filtro[1] m **1** *gener anche autom elettr* {+CARTA, CISTERNA} Filter m o n: **~ dell'aria/olio**, Luft-/Ölfilter m; **~ per il caffè**, Kaffeefilter m **2** (*nelle sigarette*) Filter m: **senza ~**, filterlos, ohne Filter **3** *fig* (*vaglio*) {+MEMORIA, RAGIONE} Sieb n: **la segretaria fa da ~**, die Sekretärin siebt aus **4** *fot* (*per obiettivo*) {COMPENSATORE, CORRETTORE, GIALLO, ULTRAVIOLETTO} Filter m o n, Maske f ● **~ sistema** *inform*, Filterprogramm n, Filterfunktion f.

filtro[2] m (*pozione magica*) Zaubertrank m: **~ d'amore**, Liebestrank m.

filugèllo m *zoo* Seidenraupe f.

filza f **1** (*fila*) {+PERLE} Schnur f; {+SALAMINI} Kette f, Strang m **2** (*fascicolo*) (Akten)bündel n **3** (*tipo di cucitura*) Heftnaht f, Reihnaht f **4** *fig* (*sequela*) {+CITAZIONI, ESEMPI} Reihe f.

fimòsi <-> f *med* Vorhautverengung f, Phimose f *scient*.

fin → fine[1], **fino**[1].

finacché *intens lett* → **finché**.

finàle A *agg* **1** (*conclusivo*) {SERATA} letzte(r, s); {SILLABA, STADIO} *anche* End-; {SCENA} Schluss-: **esame ~**, Abschlussprüfung f, Abschlussexamen n **2** (*definitivo*) {DECISIONE} endgültig **3** *gramm* (*che indica il fine*) {CONGIUNZIONE, PROPOSIZIONE} final, Final- **B** m **1** (*conclusione*) {DELUDENTE, SCONTATO; +FILM, RACCONTO} Schluss m, Ende n: **~ a sorpresa**, überraschendes Ende **2** *mus teat* Finale n: **il gran ~**, das große Finale **3** *sport* (*fase conclusiva*) {+CORSA, GARA, PARTITA} Ende n, Endspurt m **C** f **1** *gramm* (*proposizione ~*) Finalsatz m **2** *ling* (*ultima parte*) {+PAROLA, SILLABA} Auslaut m **3** *sport* (*competizione conclusiva*) {+ATLETICA, CALCIO, TENNIS} Finale n, Endspiel n; (*nel pugilato, ecc.*) Endkampf m: **~ di Coppa**, Pokalendspiel n; **entrare in ~**, ins Finale kommen, das Finale erreichen.

finalìsmo m *filos* Finalismus m.

finalìssima f *sport* Endausscheidung f.

finalìsta <-*i* m, -*e* f> **A** *agg* {ATLETA, SQUADRA} zum Endspiel zugelassen **B** mf Endspielteilnehmer(in) m(f), Finalist(in) m(f).

finalìstico, (-a) <-*ci, -che*> *agg filos* finalistisch, teleologisch.

finalità <-> f **1** (*scopo*) {POLITICA} Zweck m **2** *filos* Finalität f.

finalizzàre tr **~ qc a qc** {RACCOLTA DI FONDI A INTERVENTI UMANITARI} etw auf etw (acc) aus|richten.

finalizzàto, (-a) *agg* {PROGETTO, RICERCA} zielgerichtet; **~ a qc** {INIZIATIVA ALL'INCREMENTO DELLE VENDITE} auf etw (acc) ausgerichtet.

finalizzazióne <-> f (*il finalizzare*) {+PROGETTO} Ausrichtung f.

finalménte A avv **1** (*in funzione di inter*) endlich!, schließlich!: **~ siete arrivati!**, endlich seid ihr angekommen!; **oh, ~!**, na, endlich! **B** avv (*in ultimo*) schließlich: **dopo aver salutato tutti si ricordò ~ di me**, nachdem er/sie alle begrüßt hatte, erinnerte er/sie sich schließlich an mich.

finànche avv *lett* (*perfino*) sogar.

finànza f **1** *gener* {LOCALE, PUBBLICA, STATALE} Finanz(wesen n) f, Geldwesen n **2** (*attività finanziaria*) Bankwelt f, Finanz f **3** (*operatori finanziari*) Finanz f, Finanzleute pl: **l'alta ~**, die Hochfinanz **4** <*solo sing*> *fam* (*guardia di finanza*) (*italienische*) Zoll- und

Finanzwacht 5 <solo pl> (mezzi di enti pubblici) {DISSESTATE} Finanzen f pl, Geldmittel pl 6 <solo pl> fam (disponibilità private) {ESIGUE, MAGRE} Finanzen f pl: **le mie finanze non mi consentono di partire**, meine Finanzen erlauben es mir nicht, wegzufahren.

finanziaménto m 1 (azione) Finanzierung f: **~ illecito ai partiti**, illegale Parteienfinanzierung 2 (somma) {CONGRUO, INSUFFICIENTE} Finanzmittel n pl.

finanziàre <finanzio, finanzi> tr **~ qc** {CAMPAGNA ELETTORALE, INIZIATIVA} etw finanzieren; anche scherz **~ qu** jdn finanzieren.

finanziària f 1 (società) Finanzgesellschaft f 2 (legge) Finanz-, Haushaltsgesetz n.

finanziàrio, (-a) <-ri> agg 1 (relativo alla finanza) {LEGGE, POLITICA, SISTEMA} Finanz-, Haushalts-; {MERCATO, SITUAZIONE} Finanz-, finanziell 2 (di finanziamento) {CONSULENTE, SOCIETÀ} Finanz-.

finanziatóre, (-trice) A agg {BANCA} Finanzierungs-, Kredit- B m (f) Finanzier m, Geldgeber(in) m(f).

finanzièra f 1 (redingote) Gehrock m 2 gastr "Gericht n aus Trüffeln, Pilzen, Hühnereingeweiden und Marsala".

finanzière m 1 (chi si occupa di finanze) Finanzfachmann m 2 (membro della guardia di finanza) Steuerfahnder(in) m(f).

finca <-che> f amm (Tabellen)spalte f.

finché cong 1 (per tutto il tempo che) solange: **rimani ~ vuoi**, bleib solange du willst 2 (in frasi negative: fino al momento in cui) (solange) bis: **non esci ~ non te lo dico io**, du gehst hier nicht weg, bis ich es dir sage.

fin de siècle <inv> loc agg franc {MODA, STILE} Fin-de-Siècle-.

fin d'óra loc avv (già ora) ab sofort, von jetzt an: **dovete cominciare fin d'ora**, ihr müsst ˌab sofortˌ/[von jetzt an] damit anfangen; **ti autorizzo fin d'ora a firmare per me**, ich gebe dir ab sofort die Vollmacht, für mich zu unterschreiben.

fin dóve, **fino a dóve**, rar lett **findóve** avv loc avv (fino a che punto) wie/so weit, bis wohin: **fin dove arriva lo sguardo**, so weit das Auge reicht; **mi chiedevo fin dove sarebbe arrivata la tua sfacciataggine!**, ich fragte mich, wie weit deine Unverschämtheit noch gehen würde!; **mi chiedo fin dove mi portano i mezzi pubblici**, ich frage mich, bis wohin ich mit öffentlichen Verkehrsmitteln komme.

fine① agg 1 (sottile) {CAPELLI, FOGLIO, TESSUTO} fein, dünn 2 (a grana minuta) {CIPRIA, POLVERE, SABBIA} fein 3 (puro) {ARIA} rein 4 fig (sopraffino) {INGEGNO, SENSIBILITÀ, VISTA, UDITO} scharf, fein: **un ~ intenditore**, ein hervorragender Kenner 5 fig (raffinato) {ABITO, GIOIELLO, PASTICCERIA, TRATTI, VISO} fein; {LAVORAZIONE} anche Fein- 6 fig (signorile) {PERSONA} fein, elegant, vornehm.

fine② A f 1 (conclusione) {+FILM, IMPRESA, LEZIONE, SETTIMANA} Ende n, Schluss m: **non avere ~**, kein Ende haben; **alla ~**, schließlich, endlich; **fino alla ~**, bis zum Schluss; **portare alla ~ un lavoro**, eine Arbeit zu Ende bringen/führen; **mettere/porre ~ a qc**, mit etw (dat) Schluss machen; **alla ~ di**, am Ende/Schluss etw (gen) 2 (morte) {DIGNITOSA, IMPROVVISA, TERRIBILE} Ende n, Tod m: **essere alla ~**, im Sterben liegen 3 (rovina) Ruin m: **quell'affare fu la sua ~**, dieses Geschäft war sein/ihr Ende B m 1 (scopo) {LECITO, ONESTO, PRINCIPALE, +ASSOCIAZIONE, INDAGINE, PROVVEDIMENTO} Ziel n, Zweck m: **a fini di lucro**, zu Erwerbszwecken; **associazione senza fini di lucro**, uneigennütziger Verein; **a tal ~**, zu diesem Zweck 2 (esito) Ende n, Ausgang m, Abschluss m: **portare a buon ~ un contratto**, einen Vertrag zu einem glücklichen Abschluss bringen; **a lieto ~**, mit gutem Ausgang C loc cong: **al ~ di ... inf**; um ... zu inf: **al ~ di guadagnare qc**, um etw zu verdienen ● **alla fin ~**, letzten Endes, alles in allem, im Endeffekt; **fare qc a fin di bene** (per il bene di qu), etw in guter/bester Absicht tun, etw gut meinen; (a scopo caritativo) etw zu einem guten Zweck tun; **in fin dei conti**, letzten Endes, letztendlich; **fare la (stessa) ~ di qu** fig (fare come qu), wie jd enden; **fare una bella/brutta ~** fig (morire bene/male), einen schönen/schlimmen Tod haben; fig (finire bene/male), {UOMO, OROLOGIO} ein glückliches/böses Ende haben; **che ~ ha fatto qu/qc?** fig (dove è finito?), {TUA SORELLA, LA SUA AUTOMOBILE} wo ist jd/etw hingekommen?; **alla ~ della fiera** fig (infine), letzten Endes, alles in allem, im Endeffekt; **il lieto ~** film lett teat anche fig, das Happy End; **a ~ mese** (abbr a.f.m.) comm, am/zum Monatsende; **la ~ del mondo**, der Weltuntergang; **non è la ~ del mondo, se ... fig** (non è una tragedia), davon geht die Welt nicht unter, wenn ...; **essere la ~ del mondo fig** (essere fantastico), {FILM, RAGAZZA} umwerfend, super sein fam; **por ~ ˌai propri giorniˌ/[alla propria esistenza/vita]** eufem (suicidarsi), seinem Leben ein Ende setzen, sich (dat) das Leben nehmen; **buona e miglior principio!**, glückliches neues Jahr!; **salvo buon ~** comm, unter üblichem Vorbehalt; **essere ~ a se stesso**, Selbstzweck sein; **avere un secondo ~**, einen Hintergedanken haben; **senza ~**, endlos, ohne Ende; **fare la ~ del topo** fig (morire intrappolati), wie eine Maus in der Falle enden; **il ~ ultimo** (scopo principale), der Hauptzweck; fig (Dio), Gott m; **essere in fin di vita** (in punto di morte), im Sterben liegen; **il ~ giustifica i mezzi** prov, der Zweck heiligt die Mittel prov.

finecórsa <-> m tecnol Endanschlag m.

fine settimàna <-> loc sost m o f Wochenende n.

finèstra f 1 gener {CHIUSA, PANORAMICA, SPALANCATA} Fenster n: **~ ˌalla franceseˌ/[all'inglese]**, Fenster n mit Drehflügel nach innen/außen; **~ a ghigliottina**, vertikales Schiebefenster; **~ scorrevole**, horizontales Schiebefenster; **~ con doppi vetri**, Doppel(glas)fenster n 2 inform Fenster n: **~ attiva**, aktiviertes Fenster n: **~ di dialogo**, Dialogfenster n, Dialogbox f, Dialogfeld f 3 post (nelle buste) Fenster n ● **buttare qc dalla ~** anche fig (sprecare qc), etw aus dem Fenster werfen; **stare alla ~**, am Fenster stehen; fig (stare a guardare), tatenlos zuˌsehen.

finestratùra f arch autom Verglasung f.

finestrìno <dim di finestra> m 1 (vetro scorrevole) {+AUTO, TRENO} Fenster n: **è vietato sporgersi dai finestrini**, nicht hinauslehnen 2 fig scherz (buco lasciato da un dente) Zahnlücke f.

finézza f 1 (sottigliezza) {+TULLE} Feinheit f 2 fig (acutezza) {+GIUDIZIO, UDITO} Schärfe f 3 fig (raffinatezza) {+DIPINTO, INTAGLIO, PIATTO} Feinheit f; {+VESTITO} Eleganz f, Vornehmheit f 4 fig (signorilità) {+PERSONA} Feinheit f, Eleganz f, Vornehmheit f 5 <di solito al pl> (sfumatura) {+ARTE, LINGUA, MESTIERE} Feinheit f, Finesse f.

fìnferlo m bot sett Pfifferling m, Eierschwamm m.

fìngere <irr fingo, finsi, finto> A tr (simulare) **~ qc** {GIOIA, INDIFFERENZA, UNA MALATTIA} etw vor|täuschen: **~ di fare qc**, so tun, als ob man etw täte; **finge di lavorare**, er/sie tut so, als ob er/sie arbeiten würde; **~ di non sentire**, sich taub stellen; so tun, als ob man nichts hörte; **~ di essere un altro**, sich für jemand anderen ausgeben; so tun, als ob man ein anderer sei B itr **~** sich verstellen, **~ (con qu)** jdm Theater/(et)was vor|spielen/vor|machen fam: **sembra felice, ma finge**, er/sie scheint glücklich, aber er/sie ˌverstellt sich ˌ/[tut nur so]; **non sa ~**, er/sie kann sich nicht verstellen C rfl (farsi credere): **fingersi + agg (con qu)** {ALLEGRO, MALATO, TRISTE} sich (bei jdm) + agg stellen: **si finge pazzo**, er stellt sich wahnsinnig.

finiménto m <solo pl> (bardatura) Geschirr n 2 (rifinitura) {+OPERA, LAVORO} Feinbearbeitung f 3 (ornamento) Verzierung f.

finimóndo m fig fam Heidenlärm m fam, Mordskrach m fam: **successe il ~**, der Teufel war los fam; **qui scoppia un ~**, hier ist gleich der Teufel los fam.

finìre① <finisco> A tr <avere> 1 (terminare) **~ qc** {TIROCINIO, VACANZE} etw beenden; {DIBATTITO, DISCORSO} etw ab|schließen, {INCHIESTA, LAVORO, LETTERA} anche etw zu Ende führen, etw fertig machen; {STUDI} anche etw absolvieren: **ho finito**, ich bin fertig; **~ di fare qc**, aufhören, (etw zu tun); **~ di leggere/mangiare/parlare**, auslesen/fertig essen/ausreden; **quando finirete di litigare?**, wann werdet ihr aufhören zu streiten? 2 (esaurire) **~ qc** {PANE, SOLDI} etw auf|brauchen 3 (uccidere) **~ qu/qc (con qc)** {UOMO, ANIMALE CON UN COLPO DI PISTOLA} jdn/etw (mit etw dat) erledigen, jdn/etw (mit etw dat) kalt|machen fam 4 (rifinire) **~ qc (con qc)** {MOBILE CON FREGI} etw (mit etw dat) fein bearbeiten 5 fam (smettere): **finirla (con qc)** {CON I PETTEGOLEZZI, CON GLI SCHERZI} (mit etw dat) auf|hören: **quando inizia a ridere non la finisce più**, wenn er/sie erst einmal zu lachen anfängt, hört er/sie nicht mehr auf; **è ora di finirla!**, es ist Zeit, damit aufzuhören!; **finiscila (di disturbare/lamentarti)!**, hör auf (zu stören/jammern)! B itr <essere> 1 (terminare) **~** + **compl di modo** {BASTONE A PUNTA, CON UN UNCINO} irgendwie aus|laufen 2 (avere sbocco) **~** + **compl di luogo** {STRADA QUI, TRA I CAMPI} (irgendwo) enden, (irgendwo) zu Ende sein; {FIUME NEL MARE} (irgendwohin) münden 3 (esaurirsi) {ACQUA, BURRO} aufgebraucht werden, aus|gehen, alle werden fam; {SCORTE} anche zur Neige gehen 4 (giungere alla fine) **~ (+ compl di tempo)** {FESTA, LEZIONE TARDI, ALLE 20.00; ESTATE A SETTEMBRE; AMORE, GIORNO} (irgendwann) enden, (irgendwann) zu Ende gehen 5 (concludersi) **~ (+ compl di modo)** {FILM TRAGICAMENTE; SERATA IN ALLEGRIA} (irgendwie) enden 6 (ridursi) **~ + compl di modo** {MALATO, IN MISERIA, PAZZO} (irgendwie) enden 7 (cacciarsi) **~ (+ compl di luogo)** {PERSONA NEI GUAI} (irgendwohin) geraten; {UOMO IN GALERA, IN UN POSTO SPERDUTO; OGGETTO IN UN ANGOLO, SOTTO IL LETTO} anche (irgendwo) landen, (irgendwohin) kommen: **dove finiremo continuando così?**, wo werden wir enden, wenn wir so weitermachen? 8 (decidersi) **~ per/col fare qc** schließlich etw tun; beschließen, etw zu tun: **hanno finito col lasciarsi**, sie haben sich schließlich getrennt; **finirà per partire**, er/sie wird schließlich abfahren 9 ling **~ + compl di modo** {PAROLA IN CONSONANTE, CON UNA VOCALE} ˌauf etw (dat)ˌ/[mit etw (dat)] enden D impers 1 (cessare) auf|hören: **quando finirà di nevicare?**, wann wird es aufhören zu schneien? 2 (succedere) **finì per piovere**, schließlich regnete es; **~ che ...**, so weit kommen, dass ...; **finirà che non ci vedremo più**, es wird so weit kommen, dass wir uns nicht mehr sehen D <inv> loc agg 1 **a non ~**, {LACRIME, RISATE} ohne Ende

2 che non finisce più, {DISCUSSIONE} endlos ● **~ i propri** *giorni fig* (*morire*), sein Leben aushauchen *forb*/vollenden *forb eufem*; **non si finisce mai di** *imparare*, man lernt nie aus; **~** *male* (*avere un finale tragico o triste*), {FILM} schlimm enden; *fig,* {MATRIMONIO, UOMO} in böses Ende nehmen; **e** *per* **~** ..., zum Schluss ...; (**la cosa**) **non finisce qui!**, das ist noch lange nicht abgetan!, die Sache ist noch lange nicht zu Ende!; **ha finito di** *soffrire eufem*, (*è morto*), {PAESE} *anche* angrenzend.

finire ② <-> *m* (*fine*) {+ADOLESCENZA, GIORNO, PRIMAVERA} Ende *n*: **sul**/**al ~ della notte**, gegen Ende der Nacht.

finissàggio <-gi> *m mecc* {+PEZZO MECCANICO} Finish *n*, Feinbehandlung *f*; *tess* Ausrüstung *f*, Fertigbehandlung *f*.

finitimo, (-a) *agg rar* (*confinante*) {POPOLO} benachbart; {PAESE} *anche* angrenzend.

finito, (-a) A *agg* 1 (*compiuto*) {LAVORO} beendet, abgeschlossen, fertig gemacht 2 (*pronto*) {PEZZO, PRODOTTO} fertig, Fertig- 3 *fig* (*rovinato*) {ATTORE, GIOCATORE} gescheitert, erledigt *fam*; {UOMO} *anche* gebrochen: **sono ~!**, es ist aus mit mir! 4 *fig obs* (*provetto*) {ARTIGIANO, OPERAIO} ausgelernt, fertig 5 *gramm* {MODO} finit 6 *mat* {INSIEME, NUMERO} endlich B *m filos* <solo sing> Endliche *n decl come agg* ● **è finita** (*non c'è più niente da fare*), es ist (alles) aus; (*è passato tutto*), es ist vorbei; **tra noi è tutto ~**, zwischen uns ist alles aus.

finitùra *f* 1 (*rifinitura*) {+ABITO, EDIFICIO} Feinbearbeitung *f* 2 (*di solito al pl*) (*ornamenti*) {+CAMICIA, MOBILE} Verzierung *f*.

finlandése A *agg* (*COSTUMI, LINGUA, POPOLO*) finnisch B *mf* (*abitante*) Finne *m*, (Finnin *f*) C *m* <solo sing> (*lingua*) Finnisch(e) *n*.

Finlàndia *f geog* Finnland *n*.

finlandizzazióne *f polit* Finnlandisierung *f*.

finnico, (-a) <-ci, -che> A *agg* (*dei Finni*) {LETTERATURA, POPOLAZIONE} finnisch B *m* (*f*) (*persona*) Finne *m*, (Finnin *f*).

fino ① <fin> A *prep* **~ +** *avv* {ADESSO, DOVE, LAGGIÙ, LÌ, QUANDO} bis **+** *avv*: **fin qui tutto bene**, so gut ist es geganzen **~ adesso/ora** (*bis*)/[bis jetzt[, ich begleite dich ₁(bis) herunter₁/[bis nach unten] B *loc prep* 1 (*moto a luogo*) **~ a qc** {ALL'ASIA, A PAGINA 20, ALL'UFFICIO} bis auf (dat), bis nach *etw* (dat), bis *zu etw* (dat): **~ a casa**, bis nach Hause; **~ a Torino**, bis (nach) Turin 2 (*tempo*) **~ a qc** {A GIUGNO} bis *etw* (dat); {AL MATTINO, ALLA MORTE, AL 2000} bis *zu etw* (dat): **~ a domani/ieri**, bis morgen/gestern; **~ al 6 agosto**, bis zum 6. August; **~ a un mese fa**, bis vor einem Monat; **~ dopo il compleanno**, bis nach dem Geburtstag; **~ a quando**, bis wann 3 (*al punto di*): **lavorare ~ ad ammalarsi**, arbeiten, bis man krank wird; **sich krank arbeiten**; **mangiare ~ a scoppiare**, essen, bis man platzt 4 (*per indicare il limite massimo*): **~ + agg num**, bis **+** *agg num*: **può costare ~ a 100 euro**, es darf/kann bis 100 Euro kosten; **perdere fino a dieci kili**, bis zu zehn Kilo verlieren 5 (*moto da luogo*) **~ da qc** {DA ISOLE SPERDUTE, DAL LONTANO ORIENTE} aus *etw* (dat), von *etw* (dat): **le tue urla si sentono ~ dalla strada**, deine Schreie hört man schon von der Straße 6 (*tempo*) **~ da qc** {DALL'ALBA, DALLA NASCITA, DAL 1963} (schon) *seit etw* (dat), von *etw* (dat) an: **fin da bambino**, von Kindheit an; **fin da oggi/allora**, von heute an/ seit damals; **fin dalle elementari**, seit der Grundschule 7 (*moto a luogo*) **~ in qc** {IN CANADA} *bis nach etw* (dat); {IN SOLAIO, IN VETTA} bis *auf etw* (acc): **~ in cima alla scala**, bis oben auf die Treppe; **~ in fondo alla strada**, bis zum Ende der Straße 8 (*moto a luogo*)

fin oltre qc {OLTRE LE COLLINE} bis hinter *etw* (acc) 9 (*moto a luogo*) **fin sopra qc** {SOPRA L'ARMADIO} bis auf *etw* (acc) 10 (*moto a luogo*) **fin sotto qc** {SOTTO CASA, SOTTO IL MENTO} bis unter *etw* (acc) 11 (*moto a luogo*) **fin su qc** {SUL TETTO, SULL'USCIO} bis auf *etw* (acc), bis zu *etw* (dat) C *avv* (*perfino*) sogar, selbst: **~ i figli lo hanno abbandonato**, sogar die Kinder haben ihn verlassen; **sei stato fin troppo gentile**, du warst sogar viel zu freundlich ● (**a**) **che** → **finché**; **~** (**ad**) *ora* → **finora**.

fino ②, (-a) A *agg* 1 (*sottile*) {MAGLIETTA} dünn, fein 2 (*a grana minuta*) {SALE} fein 3 (*purissimo*) {ARGENTO, ORO} rein 4 *fig* (*sopraffino*) {CERVELLO, ORECCHIO, PALATO} scharf, fein B *m* {+MONETA} Feingehalt *m*, Feingewicht *n* ● **lavorare a ~ region** (*con precisione*), Feinarbeit machen; **fare ~ fam** (*essere elegante*), elegant sein.

finòcchio ① <-chi> *m bot* Fenchel *m*.

finòcchio ② <-chi> *m fig fam spreg* (*maschio omosessuale*) Schwule *m* anche come agg *fam*.

finóra *avv* bis jetzt: **non ha telefonato nessuno**, bis jetzt hat niemand angerufen; **i progressi compiuti ~ sono scarsi**, die bis jetzt gemachten Fortschritte sind mager.

finsi 1ª pers sing del pass rem di fingere.

finta *f* 1 (*simulazione*) Verstellung *f*, Mache *f*: **è solo/tutta una ~**, das ist alles nur Verstellung/Mache *fam spreg*; **fare qc per ~**, es nur aus Mache tun *fam spreg* 2 *sport* (*mossa simulata*) Finte *f*: **fare una ~**, eine Finte anwenden ● **facciamo ~ che sia così**, tun wir so, als wäre es so; **fare ~**, sich verstellen, so tun als ob; **fare ~ di fare qc**, so tun, als ob man *etw* täte; **fare ~ di niente**, so tun, als ob nichts wäre.

fintantoché *enf intens* → **finché**.

finto, (-a) A *part pass di* fingere B *agg* 1 (*falso*) {SCOPO, ORO} falsch 2 (*artificiale*) {BARBA, DENTE} künstlich; {FIORE} *anche* Kunst-, Plastik-: **~** *legno*, künstliches Holz; **finta pelle**, Kunstleder *n* 3 (*simulato*) {INTERESSAMENTO, MALATTIA, VENDITA} vorgetäuscht, {ATTACCO} *anche* Schein-.

finzióne *f* 1 (*falsità*) Vortäuschung *f*, Verstellung *f*: **basta con le finzioni!**, Schluss mit den Verstellungen! 2 (*invenzione*) {LETTERARIA, SCENICA} Fiktion *f*.

fio *m fig* (*pena*) Buße *f*, Sühne *f*: **pagare il fio della propria colpa**, für seine Schuld büßen.

fioccàre <*fiocco, fiocchi*> A *itr* <essere> 1 (*cadere a fiocchi*) {NEVE} in Flocken fallen 2 *fig* (*susseguirsi*) : **fioccavano le multe/proteste**, es hagelte Strafzettel/Proteste; **alla fine dell'aria cantata dal soprano fioccarono gli applausi**, nach der Arie des Soprans brach ein Beifallsturm los B *itr* <essere> impers (*nevicare*) schneien.

fiòcco ① <-chi> A *m* 1 (*nastro annodato*) {+PACCHETTO, SCARPA} Schleife *f* 2 (*bioccolo*) {+COTONE, LANA} Flocke *f*, Büschel *n*: **di neve**, Schneeflocke *f*; {+NYLON, POLIESTERE} (Chemie)faser *f* 3 <solo pl> (*scaglie*) {+AVENA, MAIS, RISO} Flocken *f pl* 4 *loc agg fig* (*eccellente*): **coi fiocchi**, {AFFARE, CENA, CUOCO} ausgezeichnet, hervorragend ● **~ azzurro/rosa in casa Guidi**, hellblaue/rosa Schleife im Hause Guidi (*zeigt die Geburt eines Jungen bzw. eines Mädchens an*).

fiòcco ② <-chi> *m mar* Klüver *m*: **~ pallone**, Spinnaker *m*.

fiòcina *f* (*nella pesca*) Harpune *f*.

fiocinàre *tr* **~ qc** {PESCATORE BALENA, TONNO} *etw* harpunieren.

fiocinatóre, (-trice) *m* (*f*) (*nella pesca*) Harpunier(er)(in) *m* (*f*).

fiocinière *m* → **fiocinatore**.

fiòco, (-a) <-chi, -che> *agg* {LUCE} schwach; {VOCE} matt.

FIOM *f abbr di* Federazione Impiegati Operai Metallurgici: "Verband der Arbeiter und Angestellten im Hüttenwesen".

fiónda *f* (Stein)schleuder *f*.

fiondàre A *tr* (*scagliare*) **~ qc + compl di luogo** {PALLONE IN RETE} *etw irgendwohin* schießen, *etw irgendwohin* schleudern B *rfl fam* 1 (*precipitarsi*): **fiondarsi + compl di luogo** {ALLA FERMATA, DALLA POLIZIA, IN UFFICIO} *irgendwohin* stürzen: **mi sono fiondato in casa**, ich bin ins Haus gestürzt 2 *fig* (*buttarsi a capofitto*): **fiondarsi** *in qc* {NEL LAVORO, NELLO STUDIO} sich *in etw* (acc) stürzen.

fiondàta *f* 1 (*tiro*) Schleudern *n* eines Steins 2 *fig* (*stoccata*) Kritik *f*, Seitenhieb *m enf*: **una ~ micidiale contro il governo**, eine vernichtende Kritik an der Regierung 3 *sport* (*nel calcio*) harter Flachschuss, Bombe *f fam*, Bombenschuss *m fam*.

fioràio, (-a) <-rai *m* ~> *m* (*f*) (*fiorista*) Blumenbinder(in) *m* (*f*), Florist(in) *m* (*f*), (*con banchetto*) Blumenmann *m*, Blumenfrau *f*.

fioràmi A <solo pl> *m* (*motivo a fiori*) Blumenmuster *n* B <inv> *loc agg*: **a ~** {STOFFA, TAPPEZZERIA} geblümt, mit Blumen gemustert.

fioràto, (-a) *agg* (*a fiori*) {CARTA, TOVAGLIA} geblümt, mit Blumen gemustert.

fiordalìso *m* 1 *bot* Kornblume *f* 2 (*in araldica*) (französische) Lilie.

fiordilàtte <-> *m*, **fiór di làtte** *loc sost m gastr* 1 Mozzarella *m* (*Frischkäse aus Kuhmilch*) 2 (*gelato alla panna*) Sahneeis *n*.

fiòrdo *m* (*abbr Fj.*) {NORVEGESE} Fjord *m*.

fióre A *m* 1 *gener* {APPASSITO, FINTO, PROFUMATO; +CAMPO, CARTA, SERRA} Blume *f*: **fiori recisi**, Schnittblumen *f pl*; {+PESCO, ZUCCA} Blüte *f*; **~ di loto**, Lotosblüte *f* 2 (*muffa sospesa*) {+MARMELLATA} Schimmel *m* 3 *fig* (*parte migliore*) Auslese *f*, Elite *f*: **nel ~ degli anni**, in der Blüte seiner/ihrer Jahre; **fior di farina**, Auszugsmehl *n*; **il (fior) ~ della società**, die Crème de la Crème *forb iron* 4 *enol* (*fioretta*) Kahm(haut *f*) *m* 5 <solo pl> (*nei giochi di carte*) Treff *n*, Kreuz *n*; (*nelle carte tedesche*) Eichel *f* B *loc agg* 1 **a fiori**, {GONNA, TESSUTO} geblümt, mit Blumen gemustert 2 <inv> **a ~** {CILIEGIO} blühend; *fig* {FANCIULLA} blühend, in voller Blüte C *loc prep fig* (*sulla superficie di*): **a fior di qc**, an der Oberfläche von *etw* (dat)/+ gen; **a fior d'acqua**, an der Wasseroberfläche; **a fior di labbra**, leise, tonlos ● **fiori d'arancio** *anche fig* (*simbolo delle nozze*), Orangenblüten *f pl*; **fiori di Bach**, Bachblütentherapie *f*; **un fior di...** *fig* (*un perfetto*), {+GALANTUOMO} ein Bild von *etw* (dat) ...; {+MASCALZONE} ein Erz-; **essere un ~** *fig* (*essere bello*), blühend/[wie das blühende Leben] aussehen; **fior di latte** → **fiordilatte**; **essere il ~ all'occhiello di qu/qc** *fig* (*il vanto*), jds/*etw* Aushängeschild sein; **fior di quattrini** *fig* (*gran quantità*), eine Menge/ Stange Geld, ein Haufen Geld *fam*; **~ di zolfo®** *chim*, Schwefelblume *f*, Schwefelblüte *f*.

fiorellino *m* Blümchen *n*: **stoffa a fiorellini**, Blümchenstoff *m*.

fioènte *agg* (*prospero*) {ATTIVITÀ, CITTÀ, COMMERCIO} florierend, blühend.

fiorentìna *f* 1 *gastr* Florentiner Rumpsteak *n* 2 *chim* Florentiner Flasche *f*.

fiorentìno, (-a) A *agg* {COLLI, PARLATA} florentinisch B <inv> *loc agg gastr*: **alla fiorentina** {BISTECCA} Florentiner C *mf* (*abitante*) Florentiner(in) *m* (*f*) D *m* <solo sing> (*dialetto*) Florentinisch(e) *n*.

fiorètta *f enol* (*malattia*) Kahm(haut *f*) *m*.

fiorétto[1] <dim di fiore> m **1** (piccolo sacrificio) kleines Opfer **2** <solo pl> lett (florilegio) Florileg(ium) n; **i Fioretti di San Francesco**, die Florilegien obs des heiligen Franz(iskus) (von Assisi) **3** <di solito al pl> forb (eleganze) {RETORICO, STILISTICO} Floskel f, Redeblume f **4** tess (parte scelta) Florettseide f.
fiorétto[2] m sport **1** (arma) Florett n **2** (disciplina) Florett(fechten) n.
fiorièra f Blumenkasten m.
fiorìle m stor Floreal m.
fiorìno m numism Gulden m, Florin m: **~ ungherese**, Forint m.
fiorire[1] <fiorisco> A itr <essere> **1** (sbocciare) {GIARDINO, PESCO} (auf)blühen: **le rose fioriscono a maggio**, die Rosen blühen im Mai **2** (coprirsi di muffa, macchie) {MARMELLATA} schimmeln; {CARTA, MURO, RAME} anche fleckig werden; {VINO} kahmen **3** fig (prosperare) {CULTURA, INDUSTRIA} blühen, florieren; {AMORE, SPERANZA} keimen B tr <avere> **1** (addobbare) ~ **qc** {BALCONE, CHIESA} etw mit Blumen (aus)schmücken **2** fig (ornare) ~ **qc (con/di qc)** {DISCORSO CON CITAZIONI} etw (mit etw dat) verzieren, etw (mit etw dat) (aus)schmücken.
fiorire[2] <-> m fig (rigoglio) Aufblühen n, Wuchern n: **è tutto un ~ di iniziative a favore delle vittime dell'inondazione**, es sind zahllose Initiativen zu Gunsten der Flutopfer aus dem Boden geschossen.
fiorìsta <-i m, -e f> mf **1** (fioraio) Blumenbinder(in) m(f), Florist(in) m(f) **2** (floricoltore) Blumenzüchter(in) m(f).
fiorìto, (-a) agg **1** (pieno di fiori) {PIANTA, RAMO} Blüten-; {PRATO} blumenbedeckt; {ALTARE, TOMBA} blumengeschmückt **2** (cosparso di muffa, macchie) {CUOIO, INTONACO} schimm(e)lig, fleckig; {VINO} kahmig **3** fig (elegante) {CONVERSAZIONE, SCRITTURA, STILE} blumig.
fiorìtura f **1** (sboccio) {RICCA, RIGOGLIOSA, SCARSA} Blüte f **2** (periodo) Blüte(zeit) f **3** (macchia di muffa, umidità) Schimmel(fleck) m **4** fig (sviluppo) {+ARTE, CIVILTÀ} Hochblüte f, Höhepunkt m **5** enol Kahm(haut f) m.
fiòtto A m {+SANGUE} Strom m B loc avv (copiosamente): **a fiotti** {SCORRERE} in Strömen.
FIP f sport abbr di Federazione Italiana Pallacanestro: "Italienischer Basketballverband"; ≈ DBB m (abbr di Deutscher Basketball-Bund).
FIPAV f sport abbr di Federazione Italiana Pallavolo: Italienischer Volleyballverband.
FIPE f comm abbr di Federazione Italiana Pubblici Esercizi: "Italienischer Verband öffentlicher Lokale".
FIPP f giorn abbr del franc Fédération Internationale de la Presse Périodique (federazione internazionale della stampa periodica) "Internationaler Verband periodischer Druckschriften".
FIRE m autom abbr dell'ingl Fully Integrated Robotized Engine (motore robotizzato totalmente integrato) "vollständig integrierte robotisierte Maschine".
Firènze f geog Florenz n.
firewall m ingl inform Firewall f o m.
FireWire® ingl inform A <inv> agg Fire Wire n ® B <-> m Fire Wire n ®.
firma f **1** (nome e cognome) {AUTENTICATA, FALSA, ILLEGGIBILE; +AUTORE, PITTORE} Unterschrift f, Signatur f forb **2** (atto) {+DOCUMENTO, TRATTATO} Unterzeichnung f **3** fig (persona rinomata) {GRANDE; +MODA} Name m **4** banca comm (autorizzazione a firmare) Zeichnungsberechtigung f: **avere la ~ sul conto di qu**, zeichnungsberechtigt für jds Konto sein ● **~ in bianco**, Blankounterschrift f; **farci la ~** fig fam (accettare ben volentieri), etw unterschreiben; **raccogliere firme**, Unterschriften sammeln; **segue la ~** giorn, Name der Redaktion bekannt.
firmaménto m **1** (volta celeste) Firmament n **2** fig (olimpo) {CINEMATOGRAFICO} Welt f.
firmàre A tr **1** (apporre la firma) ~ **(qc)** {DICHIARAZIONE, DOCUMENTO, LETTERA} (etw) unterschreiben, (etw) unterzeichnen: **firmi qui!**, unterschreiben Sie hier!; {ARMISTIZIO, DECRETO} (etw) signieren forb **2** arte comm ~ **qc** {OPERA D'ARTE, PROFUMO} etw signieren B rfl: **firmarsi + compl di modo** (mit etw dat) unterschreiben, (mit etw dat) unterzeichnen: **si firma ,A.P.,/[con le iniziali]**, er/sie unterschreibt mit A.P./den Initialen.
firmatàrio, (-a) <-ri m> A agg {MINISTRO} unterzeichnend B m (f) Unterzeichner(in) m(f), Unterzeichnete mf decl come agg, Signatar m form obs; polit {+ACCORDO, TRATTATO} Signatarstaat m.
firmàto, (-a) agg **1** (sottoscritto) {CONTRATTO, LETTERA} unterzeichnet, unterschrieben ~: **il direttore** amm (abbr F.to), gezeichnet: der Direktor **2** (con il nome dell'autore) {QUADRO} signiert **3** comm (di marca) {ABITO, BORSA} Marken-.
firmware <-> m ingl inform Firmware f.
first lady <-, -, ladies pl ingl> f ingl anche fig First Lady f.
first minute ingl A <inv> loc agg {PACCHETTO} First-Minute- B <-> loc sost m: **partire con un first minute**, first minute fliegen/fahren.
FIS f **1** abbr di Federazione Italiana della Scuola: "Italienischer Schulverband" **2** sport abbr di Federazione Italiana Scherma: "Italienischer Fechtverband" **3** sport abbr del franc Fédération International de Ski (federazione internazionale di sci) "Internationaler Skiverband".
FISAFS f abbr di Federazione Italiana Sindacati Autonomi Ferrovie dello Stato: "Autonomer Gewerkschaftsbund für die Angestellten der italienischen Staatsbahn".
fisarmònica A <-che> f Akkordeon n, Ziehharmonika f B <inv> loc agg: **a ~** {PORTAFOGLIO} Falt-; {PANTALONE} Ziehharmonika-.
fisarmonicìsta <-i m, -e f> mf Akkordeonspieler(in) m(f).
fiscal drag <-, - - s pl ingl> loc sost m ingl fisco Fiscal Drag f, fiskalpolitische Bremse.
fiscàle agg **1** (tributario) {AGGRAVIO, EVASIONE, REATO, SISTEMA} fiskalisch, steuerlich, Steuer- **2** (di controllo) {VISITA} Amts-; {MEDICO} anche Vertrauens- **3** fig (rigoroso) {METODO, PERSONA} rigoros, streng, hart.
fiscalìsta <-i m, -e f> mf Steuerberater(in) m(f).
fiscalità <-> f **1** (sistema fiscale) Steuersystem n **2** fig (rigore) Schikane f, Schinderei f spreg.
fiscalizzàre tr ~ **qc** {ONERE SOCIALE} etw fiskalisieren, etw verstaatlichen.
fiscalizzazióne f Fiskalisierung f, Verstaatlichung f.
fischiàre <fischio, fischi> A itr **1** (emettere un fischio) {MARMOTTA, MERLO, TRENO} pfeifen: **quando parla fischia fra i denti**, wenn er/sie spricht, pfeift er/sie durch die Zähne; ~ **(a qu/qc)** **(con qc)** {RAGAZZO A UN PASSANTE, A UN CANE, CON DUE DITA, CON IL FISCHIETTO} (mit etw dat) (nach jdm)/(jdm/qc) pfeifen: **quando il vigile fischia, bisogna fermarsi**, wenn der Schutzmann fam pfeift, muss man stehen bleiben **2** (sibilare) {VENTO} pfeifen; {PROIETTILE} anche zischen B tr **1** (zufolare) ~ **qc** {ARIA, MOTIVO} etw pfeifen **2** (disapprovare) ~ **qu/qc** {SPETTATORI ORATORE, SOPRANO,** SPETTACOLO} jdn/etw aus|pfeifen **3** sport ~ **qc** {ARBITRO FUORIGIOCO, PUNIZIONE} etw pfeifen: ~ **l'inizio/la fine della partita**, das Spiel anpfeifen/abpfeifen.
fischiettàre A itr {PERSONA} pfeifen B tr ~ **qc** {PERSONA MOTIVETTO} etw pfeifen.
fischiettìo <-tii> m Pfeiferei f spreg, Gepfeife n fam spreg.
fischiétto <dim di fischio> m **1** (strumento) {+ARBITRO, CAPOSTAZIONE} (Triller)pfeife f: **~ di richiamo**, Lockpfeife f **2** fig slang sport (arbitro) Pfeifenmann m slang **3** <di solito al pl> gastr "eine Art Suppennudeln".
fischio <fischi> m **1** (suono) {PROLUNGATO +AMMIRAZIONE, RICHIAMO} Pfiff m, Pfeifton m: **fare un ~**, pfeifen **2** (sibilo) {+VENTO} Pfeifen n; {+PALLOTTOLA, PENTOLA A PRESSIONE} anche Zischen n **3** <solo pl> (protesta) {+PUBBLICO} Pfiffe m pl **4** (fischietto) Pfeife f ● **fammi un ~!** fig fam (avvisami), gib mir Bescheid!; **prendere fischi per fiaschi** fig (prendere una cosa per un'altra), falsch verstehen; **d'inizio sport**, Anpfiff m; **~ finale** sport, Ab-/Schlusspfiff m.
fisco <fischi> m **1** (erario) Fiskus m, Staatskasse f: **frodare il ~**, Steuern hinterziehen **2** (ufficio fiscale) Steuerbehörde f.
fisiàtra <-i m, -e f> mf med Physiater(in) m(f) scient.
fisiatrìa f med Physiatrik f scient, Physiatrie f scient, physikalische Therapie scient.
fisica <-che> f {ATOMICA, QUANTISTICA, SPERIMENTALE} Physik f: **nucleare**, Kernphysik f.
fisicaménte avv **1** (corporalmente) körperlich, physisch: **piacere a qu ~**, jdm körperlich/[vom Aussehen her] gefallen; ~ **sano/presente**, körperlich gesund/anwesend **2** (secondo la fisica) physikalisch: **fenomeno ~ inspiegabile**, physikalisch unerklärliches Phänomen.
fisicità <-> f {+FENOMENO} Körperlichkeit f.
fisico, (-a) <-ci, -che> A agg **1** (corporeo) {DIFETTO, DOLORE, SFORZO} physisch, körperlich **2** fis {FENOMENO, LEGGE, PRINCIPIO} physikalisch **3** geog {CARTA, GEOGRAFIA} physisch B m (corporatura) {PERFETTO, ROBUSTO, SANO} Körper(bau) m, Physis f: **avere un bel ~**, gut gebaut sein C m (f) (studioso) Physiker(in) m(f).
fisima f Laune f, fixe Idee: **è pieno di fisime**, er ist voller Launen.
fisiocrazìa f stor econ Physiokratismus m.
fisiognòmica, **fisiognomìa**, **fisiognomonìa** f Physiognomik f.
fisiologìa f Physiologie f.
fisiològico, (-a) <-ci, -che> agg **1** physiologisch **2** fig (normale) {FATTO} natürlich, normal.
fisiòlogo, (-a) <-gi, -ghe> m (f) Physiologe m, (Physiologin f).
fisionomìa f anche fig {BELLA, NOTA, REGOLARE; +CITTÀ, PAESAGGIO, VISO} Physiognomie f forb, Erscheinungsbild n.
fisionòmico, (-a) <-ci, -che> agg {CARATTERE} physiognomisch forb.
fisionomìsta <-i m, -e f> mf Physiognom(iker) m, (Physiognomikerin f): **mio padre è molto ~**, mein Vater hat ein ausgezeichnetes Personengedächtnis.
fisioterapìa f med Physiotherapie f; (ginnastica) Krankengymnastik f.
fisioterapìsta <-i m, -e f> mf med Physiotherapeut(in) m(f).
fissa f fam (fissazione) Fimmel m fam, Macke f fam, Tick m fam, Marotte f: **ha la ~ dei viaggi**, er/sie hat den Reisefimmel fam.
fissàggio <-gi> m **1** anche mecc (il fissare) {+ASSE} Befestigung f **2** chim (procedimento)

Fixierung f; *fot anche* Fixage f.
fissamaiùscole <-> m (*nella tastiera*) Feststelltaste f.
fissàre **A** tr **1** (*attaccare*) ~ **qc** (**a qc**) (**con qc**) {CARTELLO AL MURO, LAMPADA AL SOFFITTO} *etw* (*an etw dat*) (*mit etw dat*) befestigen, *etw* (*an etw dat*) (*mit etw dat*) fest|machen: ~ **qc con chiodi**, etw mit Nägeln befestigen, etw festnageln; ~ **qc con viti**, etw mit Schrauben befestigen, etw festschrauben **2** (*rendere stabile*) ~ **qc** {PORTA} *etw* fest ein| spannen, *etw* fest|machen **3** (*stabilire*) ~ **qc** {APPUNTAMENTO, DATA DEL PROCESSO, LUOGO, ORA, PROGRAMMA} *etw* bestimmen, *etw* fest| setzen, *etw* fest|legen: ~ **il proprio domicilio a Roma**, Rom zum Wohnort bestimmen, seinen Wohnsitz in Rom festlegen; {ONORARIO, PREZZO} *etw* vereinbaren; (*unilateralmente*) *etw* (*einseitig*) fest|legen; {REGOLA} *etw* auf| stellen **4** *fig* (*soffermare*) ~ **qc su qu/qc** {ATTENZIONE, PENSIERO} *etw* auf jdn/etw richten; {SGUARDO} *anche etw auf jdn/etw* heften **5** *fig* (*guardare*) ~ **qu/qc** {AMICO, PUNTO} *auf jdn/etw* starren, *jdn/etw* fixieren, *jdn/etw* an|starren: ~ **il cielo/vuoto**, in den Himmel,|/[ins Leere] starren **6** *fig* (*prenotare*) ~ **qc** {CAMERA, POSTO} *etw* reservieren, *etw* buchen **7** *chim fot* ~ **qc** {OSSIGENO} *etw* fixieren **B** itr pron **1** (*stabilirsi in un luogo*): **fissarsi + compl di luogo** {IN CAMPAGNA} sich *irgendwo* nieder|lassen **2** (*tenere lo sguardo fisso*): **fissarsi su qu/qc** *auf jdn/etw* starren, *jdn/etw* an|starren **3** *fig* (*incaponirsi*): **fissarsi** (**in/su qc**) {IN UN'IDEA, IN UN PROGETTO} sich (*auf etw acc*) versteifen, sich (*in etw acc*) verrennen, sich (*dat*) *etw* in den Kopf setzen: **si è fissato di essere grasso**, er hat sich (*dat*) in den Kopf gesetzt, dick zu sein.
fissàta f → **fissato**.
fissatìvo, (-a) *chim fot* **A** agg Fixier- **B** m (*sostanza*) Fixiermittel n, Fixativ n.
fissàto, (-a) **A** agg **1** (*stabilito*) {CLAUSOLA, DATA, META} bestimmt, festgesetzt, festgelegt; {COMPENSO} vereinbart **2** *fig* (*ossessionato*) *in etw* (*acc*) verrannt, (*von etw dat*) besessen **B** m (f) Besessene mf decl come agg: **è una fissata per la discoteca**, sie ist diskobesessen fam.
fissatóre m **1** (*nella cosmesi*) Festiger m **2** *fot* Fixiermittel n.
fissazióne f **1** (*determinazione*) {+PERCENTUALE} Festsetzung f, Festlegung f **2** *fig fam* (*ossessione*) fixe Idee; *psic* Zwangsvorstellung f.
fissile agg **1** *geol* {ROCCIA} spaltbar **2** *nucl* {NUCLEO} spaltbar, fissil.
fissióne f *fis nucl* (*Kern*)spaltung f, Fission f: ~ **nucleare**, (Atom)kernspaltung f.
fissità <-> f **1** (*immobilità*) {+SGUARDO} Starre f, Starrheit f, Leblosigkeit f **2** (*immutabilità*) {+IDEA} Unbeweglichkeit f, Unveränderlichkeit f.
fìsso, (-a) **A** agg **1** (*fissato stabilmente*) {RIPIANO, STRUTTURA} befestigt, fest(sitzend) **2** (*immobile*) {LUCE, STELLA} Fix- **3** (*stabile*) {DOMICILIO, IMPIEGO, ORARIO, RAGAZZO} fest: **è ~ a Milano dall'anno scorso**, seit letztem Jahr ist er fest in Mailand; {PREZZO, REDDITO, TASSO} fest, fix; {CLIENTE} Stamm- **4** (*invariabile*) {REGOLA, SCHEMA} fest, starr: **a un'ora fissa**, zu einer festen Zeit; **in giorni fissi**, an bestimmten Tagen **5** *fig* (*fermo*) {SGUARDO} fest, starr: **teneva gli occhi fissi allo schermo**, er/sie hielt die Augen fest/starr auf den Bildschirm gerichtet **6** *fig* (*ossessivo*) {IDEA, PENSIERO} fix **B** avv (*dritto*) gerade, starr: **guarda ~ davanti a te**, schau gerade vor dich hin; **mi guardava ~ negli occhi**, er/sie sah mir gerade/starr in die Augen **C** m (*compenso*) festes Gehalt, Fixum n: ~ **mensile più le provvigioni**, festes Monatsgehalt plus Provision f.
fistola f **1** *med* Fistel f *scient* **2** *mus* Panflöte f.
FIT f *sport abbr di* Federazione Italiana Tennis: "Italienischer Tennisverband", ≈ DTB m (*abbr di* Deutscher Tennis-Bund).
fitness <-> f ingl **1** (*benessere*) Fitness f **2** *biol* (*valore adattativo*) Adaptionswert m, Tauglichkeit f.
fitochìmica f Phytochemie f.
fitocosmèsi f Phytokosmetik f.
fitòfago, (-a) <-gi, -ghe> agg zoo phytophag, pflanzenfressend.
fitofàrmaco <-ci> m agr Pflanzenschutzmittel n.
fitogènico, (-a) <-ci, -che>, **fitògeno**, (-a) agg *bot* phytogen.
fitologìa f *bot* Phytologie f, Pflanzenkunde f.
fitopatìa f *bot* Phytopathie f.
fitopatologìa f *bot* Phytopathologie f, Pflanzenpathologie f.
fitopatòlogo, (-a) <-gi, -ghe> m (f) Phyto-/Pflanzenpathologe m, (Phyto-/Pflanzen)pathologin f.
fitoplàncton <-> m *biol* Phytoplankton n.
fitormóne m *bot* Wuchsstoff m, Phytohormon n.
fitoterapìa f **1** *agr* Schädlingsbekämpfung f **2** *med* Phytotherapie f *scient*, Pflanzenheilkunde f.
fìtta f (*dolore acuto*) ~ (**a qc**) {AL FIANCO, ALLA SCHIENA} Stechen n (*in etw dat*), Stich m (*in etw dat*) ● **avere una ~ al cuore** *fig* (*angoscia improvvisa*), einen Stich in der Herzgegend verspüren.
fittàvolo, (-a) m (f) (Land)pächter(in) m(f).
fittézza f {+FORESTA} Dichte f.
fìttile agg {VASO} tönern, Ton-.
fittìzio, (-a) <-zi m> agg **1** (*falso*) {LUOGO, NOME} fiktiv; {LETTERA} gefälscht; {CONTRATTO} *anche* Schein- **2** (*apparente*) {AMORE, MAGGIORANZA} Schein-.
fìtto[1] m **1** (*locazione*) {+IMMOBILE} Miete f; {+TERRENO} Pacht f **2** *dir* (*canone di affitto*) Pachtzins m.
fìtto[2], (-a) **A** agg **1** (*folto*) {BOSCO, PELO} dicht **2** (*compatto*) {RETE} engmaschig; {PETTINE} engzinkig: **una scrittura fitta fitta**, eine sehr enge Handschrift **3** (*pieno*) ~ **di qc** (*gen pl*), voll *von etw* (*dat*)/+ *gen*: **un tema ~ di errori**, ein Aufsatz voller Fehler **4** *anche fig* (*impenetrabile*) {NEBBIA, TENEBRE} dick; {BUIO, MISTERO} tief **5** (*intenso*) {NEVICATA, PIOGGIA} dicht; *fig* {ANDIRIVIENI DI GENTE, LAMPEGGIARE DI LUCI} rege(r, s), lebhaft; {PROGRAMMA DI INCONTRI, SERIE DI VISITE} dicht **B** avv *anche iterato* **1** (*copiosamente*) {NEVICARE} stark, in dichten Flocken **2** (*ininterrottamente*) ununterbrochen: **parlavano fitto fitto tra di loro**, sie sprachen ununterbrochen miteinander **3** (*stretto*) {SCRIVERE} eng **C** m **1** (*parte più folta*) {+FORESTA} Dickicht m **2** *fig* (*cuore*) {+INVERNO} Tiefe f.
fittóne m *bot* Pfahlwurzel f.
fiumàna f **1** (*corrente*) Flut f **2** *fig* (*massa*) ~ **di qc** {+GENTE, VEICOLI} Strom m *von etw* (*dat*)/+ *gen*, Menge f *von etw* (*dat*)/+ *gen*.
fiùme A m **1** (*corso d'acqua*, *abbr* F.) Fluss m: ~ **in piena**, Fluss m mit Hochwasser; (~ *grande*) Strom m **2** *fig* (*grande quantità*) ~ **di qc** {+ACQUA, SANGUE} Strom m *von etw* (*dat*)/+ *gen*; {+GENTE, LACRIME} *anche* Flut f *von etw* (*dat*)/+ *gen*: **un ~ di lettere/lamentele**, eine Flut von Briefen/Beschwerden; ~ **di parole**, Wortschwall m **B** <inv> agg (*interminabile*) {DISCORSO, SEDUTA} endlos, überlang: **romanzo** ~, dicker Roman, Wälzer m, Schinken m **C** *loc avv fig* (*in grande quantità*): **a fiumi**, {ARRIVARE, SCORRERE} in Strömen ● **il Fiume Azzurro/Giallo** *geog*, der Blaue Nil/[Gelbe Fluss]; **versare fiumi d'inchiostro su qu/qc** *fig* (*scrivere molto*), über jdn/etw viel Tinte verspritzen/verschwenden.
fiutàre tr **1** (*annusare*) ~ **qu/qc** {CANE PADRONE, PREDA} jdn/etw beschnuppern; (*uso assol*) schnuppern **2** (*aspirare col naso*) ~ **qc** {COCAINA, TABACCO} etw schnupfen **3** *fig* (*presagire*) ~ **qc** {INGANNO, OCCASIONE, SCIAGURA} *etw* wittern.
fiùto m **1** (*odorato*) {FINISSIMO; +ANIMALE} Witterung f **2** *fig* (*intuizione*) Spürsinn m, Riecher m *fam*: **ha un ottimo ~ per gli affari** *fam*, er/sie hat einen sehr guten Riecher für Geschäfte ● **riconoscere al ~ qu/qc** *fig* (*riconoscere istintivamente*), jdn/etw auf Anhieb erkennen.
FIV f *sport abbr di* Federazione Italiana Vela: "Italienischer Segelverband".
fix <-> m *ingl slang* Fix m *slang*, Druck m *slang*, Schuss m *slang*.
fìxing <-> m *ingl econ* Fixing n, offizieller Kurs.
Fj. *geog abbr di* Fiordo: Fjord m.
flabèllo m Wedel m.
flàccido, (-a) agg {MUSCOLI} schlaff, schlapp; {SENO} schlaff, (sch)wabbelig *fam*.
flacóne m {+PROFUMO, SCIROPPO} Flakon o m, Fläschchen n.
flagellànte m *relig stor* Flagellant m.
flagellàre A tr **1** (*fustigare*) ~ **qu** {SCHIAVO} *jdn* geißeln; *fig* ~ **qc** {TEMPESTA, VENTO ALBERI} *etw* peitschen **2** *fig* (*condannare*) ~ **qc** {MENZOGNA, VIZIO} *etw* verurteilen, *etw* geißeln **B** rfl: **flagellarsi 1** (*fustigarsi*) sich geißeln **2** *fig lett* (*tormentarsi*) sich quälen.
flagellazióne f {+CRISTO} Geißelung f, Geißeln n.
flagèllo m **1** (*sferza*) Geißel f **2** (*flagellazione*) Geißelung f **3** *fig* (*calamità*) {+CARESTIA, GRANDINE} Geißel f: **il ~ della guerra**, die Geißel des Krieges **4** *fig fam* (*mucchio*): ~ **di qc** {+DEBITI, DISGRAZIE} Haufen m *fam* + *nom/gen pl* **5** *biol* Flagelle f, Flagellum n ● ~ **di Dio**, Geißel f Gottes.
flagrànte agg **1** *gener* augenscheinlich, offenkundig, flagrant **2** *fig* (*palese*) {CONTRADDIZIONE} flagrant, offensichtlich, offenkundig ● **cogliere qu in ~**, jdn auf frischer Tat /[in flagranti *forb*] ertappen.
flagrànza f *dir* (*stato di ~*) Betroffensein n/ Verfolgtsein n auf frischer Tat: **cogliere qu in stato di ~ (di reato)**, jdn auf frischer Tat betreffen.
flambé <inv> agg *franc gastr* {GELATO, OMELETTE} flambiert.
flaménco <-chi> m *spagn* (*nella danza*) *mus* Flamenco m.
flan <-> m *franc gastr* {+CARCIOFI} Auflauf m.
flanèlla *tess* **A** f Flanell m **B** <inv> *loc agg*: **di ~**, {CAMICIA, VESTITO} Flanell-, flanellen.
flâneur <-> m *franc* (*perditempo*) Flaneur m, Bummler m, Müßiggänger m.
flàngia f *mecc* Flansch m.
flash <-, -es pl *ingl*> *ingl* **A** m **1** *fot* (*lampo*) Blitz(licht n) m; (*dispositivo*) Blitzgerät n **2** *giorn* (*notizia*) Kurznachricht f: ~ **d'agenzia**, Agenturmeldung f **B** agg *giorn* (*breve*) {NOTIZIA, TELEGIORNALE} Kurz-.
flashback <-> m *ingl film* (*salto indietro*) Rückblende f, Flash m; *fig lett* Rückblick m, Flashback n, plötzliche Erinnerung.
flat *inv agg ingl* (*a costo fisso*) {TARIFFA} Flat-.
flàto m *med* Blähung f, Flatus m *scient*.

flatting <-> m *ingl* Lasurlack m.
flatulènza f *med* Blähsucht f, Flatulenz f *scient*.
flautàto, (-a) agg 1 *mus* {NOTA, SUONO} Flöten- 2 *fig* (*melodiosa*): **parlare con voce flautata**, flöten.
flautìsta <-i m, -e f> mf *mus* Flötist(in) m(f), Flötenspieler(in) m(f).
flàuto m *mus* 1 (*strumento*) Flöte f: ~ **dolce/traverso**, Block-/Querflöte f; ~ **di Pan**, Panflöte f 2 *fig* (*suonatore*) Flötist(in) m(f), Flötenspieler(in) m(f) • **il ~ magico** (*titolo di un'opera di W.A. Mozart*), die Zauberflöte.
flavonòide m *chim* Flavonid n.
FLD m *polit abbr di* Federalista Liberal Democratico (gruppo): "Liberaldemokratische föderalistische Gruppierung/Fraktion".
flèbile agg (*fioco*) {SUONO, SUSSURRO} leise, schwach; {LAMENTO, VOCE} weinerlich.
flebìte f *med* Venenentzündung f, Phlebitis f *scient*.
flèbo <-> f *fam* (*fleboclisi*) Tropf m: **fare una ~ a qu**, jdn an den Tropf hängen.
flebòclisi <-> f *med* intravenöse Infusion *scient*.
flebogràmma <-> m *med* Phlebogramm n.
flebologìa f *med* Phlebologie f *scient*.
flebotomìa f *med* Aderlass m.
flegrèo, (-a) agg *geog* {ISOLE} phlegräisch.
flèmma f 1 (*imperturbabilità*) {INGLESE} Phlegma n 2 (*lentezza*) Trägheit f, Schwerfälligkeit f 3 *med stor* Phlegma n.
flemmaticità <-> f {+IMPIEGATO} Phlegma n, Schwerfälligkeit f.
flemmàtico, (-a) <-ci, -che> agg 1 (*imperturbabile*) {TEMPERAMENTO, TIPO} phlegmatisch, träge, schwerfällig 2 *med stor* phlegmatisch.
flessìbile A agg 1 (*elastico*) {CORPO, MATERIALE, RAMO} biegsam, flexibel 2 *fig* (*modificabile*) {ORARIO, POLITICA} flexibel 3 *fig* (*duttile*) {INDOLE, PERSONA} nachgiebig; {INGEGNO} wendig, anpassungsfähig B m *tecnol* Schlauch m.
flessibilità <-> f 1 (*elasticità*) {+ARTO, FILO, METALLO} Biegsamkeit f, Flexibilität f 2 *fig* (*modificabilità*) {+REGOLAMENTO, LINGUA, VOCE} Flexibilität f 3 *fig* (*duttilità*) {+CARATTERE} Nachgiebigkeit f, Anpassungsfähigkeit f.
flessionàle agg *gramm* {ELEMENTO, FORMA} Flexions-, Beuge-.
flessióne f 1 (*il flettere*) Krümmen n, Biegen n; (*il flettersi*) Beugung f, Beugen n 2 (*curvatura*) {+ARCO} Krümmung f, Biegung f 3 *sport* (*piegamento*) Beuge f: ~ **in avanti**, Beuge f nach vorne; ~ ₁**del busto**₁/[**sulle ginocchia**, Rumpf-/Kniebeuge f; **fare le flessioni** (*sulle braccia*), Liegestütze machen, pumpen *fam* 4 *econ* (*calo*) {+DOMANDA, PREZZI} Rückgang m 5 *gramm* Flexion f, Beugung f: ~ **nominale/verbale**, Deklination f/Konjugation f.
flessìvo, (-a) agg *gramm* {LINGUA} beugbar, flexivisch.
flèsso *part pass di* flettere.
flessóre *anat* A agg {MUSCOLO} Beuge- B m Beugemuskel m.
flessuosità <-> f (*sinuosità*) {+MOVIMENTO} Geschmeidigkeit f, {+CORPO, LINEA, SERPENTE} anche Gelenkigkeit f, Biegsamkeit f.
flessuóso, (-a) agg (*sinuoso*) {CORPO} geschmeidig, biegsam, gelenkig, {CORSO DEL FIUME} gewunden.
flèttere <*fletto, flettei, flesso*> A tr 1 (*incurvare*) ~ **qc** (*con qc*) {RAMO CON LE MANI} etw (*mit etw dat*) biegen, (*mit etw dat*) krümmen 2 (*piegare*) ~ **qc** (+ **compl di luogo**) {ARTO, BUSTO IN AVANTI} etw (*irgendwohin*)

beugen 3 *gramm* ~ **qc** {AGGETTIVO, VERBO} etw beugen, etw flektieren B rfl (*piegarsi*): **flettersi** sich biegen, sich beugen: **flettersi sulle ginocchia**, in die Knie gehen C itr pron: **flettersi** 1 (*incurvarsi*) {FUSTO, TRAVE} sich biegen, sich krümmen 2 *gramm* {SOSTANTIVO} sich beugen.
flip <-> m *ingl tel* {+CELLULARE} Flip m.
flippàto, (-a) agg *slang giovanile* (*fuori*) {TIPO} ausgeflippt *fam*, flippig *fam*.
flìpper <-> m *ingl* Flipper m: **giocare a ~**, flippern.
flirt <-> m *ingl* Flirt m: **avere un ~ con qu**, mit jdm einen Flirt haben, mit jdm flirten.
flirtàre itr *anche fig* ~ **con qu/qc** {CON LA MORTE} *mit jdm/etw* flirten.
Flit® m (*insetticida*) Insektizid n, Insektenspray m o n.
F.lli *comm abbr di* fratelli: Gebr. (*abbr di* Gebrüder).
FLM f *abbr di* Federazione Lavoratori Metalmeccanici: "Verband der Arbeitnehmer in der Metall verarbeitenden Industrie".
flòater <-> m *ingl econ* Floater m, kurzfristiges Anleihen mit variabler Verzinsung.
flogìstico, (-a) <-ci, -che> agg *med* phlogistisch *scient*.
flogòsi f *med* Entzündung f, Phlogose f *scient*.
flop <-> m *ingl* (*fiasco*) Flop m.
flòppy disk <-, -, -s pl *ingl*> m *ingl inform* Diskette f.
flòra f 1 (*mondo vegetale*) {ALPINA, MEDITERRANEA} Pflanzenwelt f, Flora f 2 (*batteri*): ~ **batterica/intestinale**, Bakterien-/Darmflora f.
Flòra f (*nome proprio*) Flora.
floreàle A agg {MOTIVO, OMAGGIO} Blumen- B m *stor* Floreal m.
Floriàna f (*nome proprio*) Floriane.
Floriàno m (*nome proprio*) Florian.
floricoltóre e *deriv* → **floricultore** e *deriv*.
floricultóre, (-trice) m (f) *agr* Blumenzüchter(in) m(f).
floricultùra f *agr* Blumenzucht f.
floridézza f 1 (*rigogliosità*) {+CORPO} Üppigkeit f 2 (*prosperità*) {+COMMERCIO, INDUSTRIA; ECONOMICA} Blühen n, Blüte f.
flòrido, (-a) agg 1 (*sano*) {ASPETTO, COLORITO} blühend 2 (*prospero*) {ATTIVITÀ, PRODUZIONE} florierend.
florilègio <-gi> m *lett* Blütenlese f, Anthologie f, Florileg(ium) n *obs*.
florìstico, (-a) <-ci, -che> agg (*della flora*) {DEPAUPERAMENTO} der Flora/Pflanzenwelt.
floriterapìa f (*trattamento*) Blütentherapie f.
florovivaìsta <-i m, -e f> mf (*coltivatore*) Blumengärtner(in) m(f).
florovivaìstica <-che> mf (*coltivazione*) Blumengärtnerei f.
flòscio, (-a) <-sci, -sce> agg 1 (*non rigido*) {TESSUTO} weich 2 (*flaccido*) {CORPO, MUSCOLO} schlaff, schlapp 3 *fig* (*debole*) {CARATTERE, EDUCAZIONE} weichlich.
flòtta f {AEREA, MERCANTILE, NAVALE} Flotte f.
flottàre A itr (*galleggiare*) {NATANTE} schwimmen B tr ~ **qc** 1 (*lasciare galleggiare*) {LEGNAME} etw flößen, etw triften 2 *chim min* etw flotieren.
flottazióne f (*galleggiamento*) Flößen n, Triften n 2 *chim min* Flotation f.
flottìglia f *mar mil* Flottille f.
flou <inv> agg *franc fot* {EFFETTO} unscharf, verschwommen, (*weich*) fließend.
flow chart <-, -s m pl> loc sost m *ingl inform* Flussdiagramm n, Flowchart m.

fluènte agg 1 (*che fluisce*) {ACQUE} fließend 2 *fig* (*ondeggiante*) {BARBA, CAPELLI} wallend; {VESTE} fließend 3 *fig* (*scorrevole*) {ELOQUIO} fließend, flüssig.
fluff <-> m *ingl* {ASSORBENTE, MORBIDO} Fluff m.
fluidificànte m *farm* verflüssigendes (Arznei)mittel.
fluidificàre A tr *anche farm* ~ **qc** {CATARRO, SANGUE, SOSTANZA} etw verflüssigen B itr itr pron flüssig werden: **questa vernice (si) fluidifica subito**, dieser Lack wird leicht flüssig.
fluidità <-> f 1 *fis anche fig* {+OLIO, SANGUE, STILE} Flüssigkeit f 2 *fig* (*mutevolezza*) {+RAPPORTO} Wechselhaftigkeit f.
flùido, (-a) A agg 1 *fis anche fig* {COMPOSTO, SCRITTURA} flüssig: **allo stato ~**, im flüssigen Zustand 2 *fig* (*mutevole*) {SITUAZIONE} wandelbar, unbeständig B m 1 *fis* Flüssigkeit f 2 *fig* (*energia*) Fluidum n: ~ **magnetico**, magnetisches Fluidum.
fluidodinàmica <-che> f Hydro-, Strömungsdynamik f, Strömungslehre f, Fluid(o)dynamik f.
fluidostàtica f <-che> Hydro-, Fluidstatik f.
fluìre① <*fluisco*> itr <*essere*> 1 (*scorrere*) ~ + **compl di luogo** {GAS DALLA BOMBOLA} (*irgenwoher*) strömen; {ACQUA DAL RUBINETTO} anche (*irgenwoher*) fließen; {SANGUE NELLE VENE} (*irgenwohin*) strömen, (*irgenwohin*) fließen 2 *fig* {SGORGARE} {PAROLE} fließen 3 *fig* (*passare*) {TEMPO} verfließen, vergehen.
fluìre② <-> m *lett anche fig* {+FIUME, STORIA} Fließen n; {+TEMPO} Verfließen n, Vergehen n.
fluitazióne f Flößen n, Flößerei f.
fluoràto m *chim* Fluorad® n.
fluorescènte agg *fis* {COLORE, SOSTANZA} fluoreszierend; *elettr tecnol* {LAMPADA, TUBO} Leuchtstoff-.
fluorescènza f *fis* Fluoreszenz f.
fluorìdrico, (-a) <-ci, -che> agg *chim* {ACIDO} Fluorwasserstoff-.
fluorìte f *min* Flussspat m, Fluorit n.
fluòro m *chim* Fluor n.
fluorùro m *chim* Fluorid n.
flùsso m 1 (*scorrimento*) {+ARIA} Strom m, Strömung f; {+ACQUA} anche Fluss m: **il ~ delle acque nelle condutture**, der Wasserlauf in den Leitungen; {+GAS} Strömen n 2 *fig anche econ* (*movimento incessante*) {+CAPITALE, GENTE, MERCE, TRAFFICO} Fluss m, Strom m: ~ **di cassa**, Kassenzufluss m, Cashflow m 3 *fig* (*fluire*) {+STAGIONI, TEMPO} Lauf m, Gang m 4 *fis* {LUMINOSO, MAGNETICO} Fluss m 5 *inform* (*sequenza*) {+DATI, INFORMAZIONI} Fluss m 6 *mar* (*alta marea*) Flut f 7 *med* {SANGUIGNO} Strom m; (*efflusso*): ~ **di sangue**, Blutung f; ~ **mestruale**, Monatsblutung f; ~ **puerperale**, Wochenfluss m • **riflusso** *mar*, Ebbe und Flut f; *fig* (*alternarsi*), Auf und Ab n.
flûte <-> f *franc* (*bicchiere*) (Sekt)flöte f.
flùtto m *lett* (*onda*) Woge f *forb*: **scomparve tra i flutti**, er/sie verschwand in den Fluten.
fluttuànte agg 1 *fig* (*ondeggiante*) {GRANO} wogend; {CAPELLI} wallend *forb* 2 *fig anche econ* (*oscillante*) {QUOTAZIONE, TASSO DI SOCCUPAZIONE} fluktuierend, schwankend; {DEBITO} flottierend 3 *med* {COSTOLA} fluktuierend *scient*.
fluttuàre itr 1 (*essere mosso dai flutti*) ~ + **compl di luogo** {IMBARCAZIONE SULL'ACQUA} (*irgendwo*) schwanken, (*irgendwo*) schaukeln 2 *fig* (*ondeggiare*) ~ (**a qc**) {CANNE AL VENTO} (*in etw dat*) wogen *forb* 3 *fig* (*tentennare*) ~ (**tra qc**) {TRA DUE POSSIBILI SOLUZIONI} (*zwischen etw dat*) schwanken 4 *fig anche*

econ (*oscillare*) {MONETA, PREZZO, VOLUME D'AFFARI} fluktuieren, schwanken.

fluttuazióne f **1** *spec fig* (*il fluttuare*) Gewoge n **2** (*fluizione*) Flößen n, Flößerei f **3** *econ* (*oscillazione*) Schwankung f: ~ **dei cambi**, Kursschwankung f **4** *fis mat* (*deviazione da un valore medio*) Schwankung f, Abweichung f **5** *med* Fluktuation f; (*flutter*) Vorhofflattern n.

fluviàle *agg* {ACQUE, FAUNA, NAVIGAZIONE} Fluss-, fluvial.

fly and drive <-> *loc sost m ingl aero* Fly and drive n, Flug m und Mietwagen.

flying dutchman <-> *loc sost m ingl mar* Flying Dutchman m.

f.m. *comm abbr* di fine mese: ult. (*abbr di* ultimo, am Ende des Monats).

FM *radio abbr dell'ingl* Frequency Modulation (*modulazione di frequenza*) FM (*abbr di* Frequenzmodulation).

FMI m *econ abbr di* Fondo Monetario Internazionale: IWF m (*abbr di* Internationaler Währungsfonds).

FMM f *fis abbr di* Forza Magneto Motrice: MMK f (*abbr di* magnetomotorische Kraft).

FMPA f *abbr di* Federazione Mondiale per la Protezione degli Animali: WTB m (*abbr di* Weltierschutzbund).

Fn *inform abbr dell'ingl* Function (*funzione*) Funktion f.

FN m *polit abbr del franc* Front National (*fronte nazionale*) "Front National" f.

FNA f *abbr di* Federazione Nazionale Assicuratori: "Italienischer Versicherungsverband".

FNM f *pl ferr abbr di* Ferrovie Nord Milano: "Eisenbahn(gesellschaft) f Mailand Nord".

FNSA f *giorn abbr di* Federazione Nazionale Stampa Associata: "Italienischer Presseverband".

FNSI f *giorn abbr di* Federazione Nazionale Stampa Italiana: "Italienischer Presseverband".

fo *rar* 1ª pers sing del pass rem *di fare*①.

fobìa f **1** *fig* (*avversione*) Abneigung f: **ha una vera ~ per il tennis**, er/sie hat eine richtige Abneigung gegen Tennis **2** *psic* Phobie f, (krankhafte) Angst.

fòbico, (-a) <-*ci, -che*> *psic* A *agg* **1** {MANIFESTAZIONE} phobisch **2** (*affetto da fobia*) {SOGGETTO} phobisch B m (f) Phobiker(in) m(f) decl come agg.

fòca <*foche*> f **1** Seehund m: ~ **monaca**, Mönchsrobbe f **2** *fig scherz* (*persona goffa*) Walross n *fam*, Seehund m *scherz*.

focàccia <-*ce*> f *gastr* Fladen m.

focàle A *agg* **1** *fis* Brenn-, Fokal-, fokal: **distanza ~**, Brennweite f, Fokaldistanz f **2** *mat* {ASSE} Brennpunkt- **3** *med* {INFEZIONE} Fokal-, fokal B f *fis* (*distanza*) Brennweite f, Fokaldistanz f.

focalizzàre tr ~ **qc 1** *fig* {SITUAZIONE} etw scharf umreißen **2** *fot* (*mettere a fuoco*) {IMMAGINE} etw scharf ein|stellen.

focalizzazióne f **1** *fig* {+PROBLEMA} Umreißen n **2** *fot* (*messa a fuoco*) Scharfeinstellung f.

focàto, (-a) *agg* (*a macchie fulve*) {CAVALLO, PELO} rötlich gefleckt.

fóce f (Fluss)mündung f: **alla ~ del Danubio**, an der Donaumündung; **~ a delta/estuario**, Delta-/Trichtermündung f.

fochista → **fuochista**.

focolàio <-*lai*> m **1** *fig* (*origine*) {+EPIDEMIA, PROTESTA} Herd m **2** *med* Herd m, Fokus m *scient*: **~ di infezione**, Infektionsherd m.

focolàre m **1** (*camino*) Feuerstelle f **2** *geol* {SISMICO, VULCANICO} Herd m **3** *tecnol* {+CAL-

DAIA} Feuerung f, Herd m ● **il ~ (domestico)** (*casa*), der häusliche Herd.

focomelìa f *med* Phokomelie f *scient*.

focomèlico, (-a) <-*ci, -che*> *med* A *agg* phokomelisch *scient* B m (f) Phokomelie-Kranke mf *decl come agg scient*.

focometrìa f *fis* Brennweitenmessung f.

focosità f (*ardore*) {+CORREGGIATORE} Feurigkeit f, Heißblütigkeit f, Glut f *forb*.

focóso, (-a) *agg* {CARATTERE, CAVALLO} feurig; {SPASIMANTE} *anche* heißblütig.

fócus m *lat med* Fokus m *scient*.

focus group <- -, - -s *pl ingl*> *loc sost m ingl* (*gruppo di persone*) Focus Group f, Fokusgruppe f.

fòdera f **1** (*rivestimento esterno*) {+DIVANO, MATERASSO} Hülle f, Bezug m; {+QUADERNO} Schutzhülle f, Einband m **2** (*tessuto interno*) {+ABITO, BORSA} Futter n.

foderàre tr **1** (*ricoprire*) ~ **qc (con/di/in qc)** {POLTRONA IN TELA} *etw (mit etw dat)* beziehen; {CASSETTO DI CARTA ADESIVA} *etw (mit etw dat)* aus|schlagen; {LIBRO CON CARTA COLORATA} *etw (in etw acc)* ein|binden **2** (*inserire una fodera*) ~ **qc (con/di/in qc)** {CAPPELLO DI PELLICCIA, GIACCA IN SETA} *etw (mit etw dat)* füttern **3** *gastr* (*rivestire*) ~ **qc (con/di qc)** {TEGLIA DI PASTA FROLLA} *etw (mit etw dat) aus|legen*.

fòdero m Scheide f.

fóga <*foghe*> f {+PASSIONE} Eifer m, Hitze f, Ungestüm n *forb*: **nella ~ del discorso**, in der Hitze des Gefechts *scherz*, im Eifer des Gesprächs; **lottare con ~**, ⌊voller Eifer⌋/[ungestüm *forb*] kämpfen.

fòggia <-*ge*> f *forb* **1** (*forma*) {ANTIQUATA, RICERCATA} Form f; {+ABITO} Schnitt m **2** (*moda*) {FRANCESE} Tracht f, Mode f.

foggiàno, (-a) A *agg* aus Foggia B m (f) (*abitante*) Bewohner(in) m(f) von Foggia.

foggiàre <*foggio, foggi*> tr *forb* **1** (*modellare*) ~ **qc** {UTENSILE} *etw* formen **2** *fig* (*plasmare*) ~ **qc su/secondo qc** {CARATTERE, STILE SU/SECONDO UN MODELLO} *etw nach etw dat* formen, *etw nach etw (dat)* bilden.

fòglia <*foglie*> f **1** {LANCEOLATA, SECCA; +CARCIOFO} Blatt n: ~ **di fico**, Feigenblatt n; ~ **di insalata/tabacco**, Salat-/Tabakblatt n; **a/per ~**, blattweise **2** (*lamina sottile*) Blatt n, Folie f: ~ **d'oro**, Goldblättchen n; **argento in ~**, Blattsilber n; **dorare a ~**, mit Blattgold vergolden **3** *mecc* {+BALESTRA DELL'AUTO} Blatt n ● ~ **d'acanto** *arch*, Akanthus(blatt n) m; **mangiare la ~** *fig* (*intuire le reali intenzioni*), den Wink verstehen; **non si muove una ~** *fig* (*non c'è aria*), es regt sich kein Lüftchen; **tremare come una ~** *fig* (*molto*), wie Espenlaub zittern *fam*; **essere come una ~ al vento** (*essere mutevole*), wie ein Blatt im Winde sein; **non si muove ~ che Dio non voglia** *prov*, nichts geschieht ohne den Willen Gottes.

fogliàme m **1** Laub(werk) n **2** *arte* (*motivo ornamentale*) {+CAPITELLO} Laubwerk n.

fogliétto <*dim di* foglio> m **1** (*biglietto*) {+ISTRUZIONI, NOTES} Zettel m **2** *anat* (*membrana*) {PERITONEALE, PLEURICO} Fell m.

fòglio <*fogli*> m **1** (*pezzo di carta*) {BIANCO, SCRITTO; +CARTA DA LETTERA, QUADERNO} Bogen m, Blatt n: ~ **in bianco**, weißes unbeschriebenes Blatt; ~ **da disegno**, Zeichenpapier n; ~ **protocollo**, Kanzleipapier n; ~ **a quadretti**, kariertes Blatt; (*modulo*) {COMPILATO} Formular m; ~ **di iscrizione**, Anmeldeformular n **2** (*giornale*) {PERIODICO, SCANDALISTICO} Blatt n **3** (*lastra sottile*) {+COMPENSATO} Platte f; (*lamina*) {+ALLUMINIO, STAGNOLA} Folie f **4** {+BANCONOTA} Schein m: **un ~ da 10 euro**, ein Zehneuroschein m **5** *amm* (*documento*) {UFFICIALE} Schein m; ~ **di ricovero**, Aufnahmeschein m; ~ **di via obbligatorio**, Ausweisungsbescheid m ● ~ **elettronico** *inform*, Tabellenkalkulationsprogramm n; ~ **illustrativo** *farm*, Beipackzettel m, Packungsbeilage f; ~ **di rispetto** *tip*, Respektblatt n; ~ **rosa** *autom*, provisorische Fahrerlaubnis; **un ~ volante** (*sciolto*), ein loses Blatt.

fógna f **1** (*canale*) Abwasserkanal m **2** *fig spreg* (*ambiente sordido*) Sumpf m **3** *fig scherz* (*persona ingorda*) Fresssack m *fam spreg* **4** *fig spreg* (*essere spregevole*) Widerling m *spreg*, Ekel n *fam spreg*.

fognàrio, (-a) <-*ri* m> *agg* {RETE} Abwasser-, Kanalisations-.

fognatùra f **1** Kanalisation f, Entwässerung f **2** *agr* (*drenaggio*) Dränung f, Dränierung f, Dränage f *CH*, Drainage f *CH*.

föhn <-> m *ted* **1** (*vento*) Föhn(wind) m **2** (*fon*) Föhn m.

fòia <*foie*> f **1** *fig* (*smania*) Begierde f **2** *zoo* (*calore*) Brunst f.

fòiba f *geog* Doline f, Karsthöhle f ● **le foibe** *stor*, "Höhlenmassengräber n pl aus der Zeit während und nach dem jugoslawischen Partisanenkrieg".

foie gras <-> *loc sost m franc gastr* Stopfleber f.

fòla f **1** *lett* (*favola*) Märchen n **2** *fig* (*frottola*) Lüge f, Märchen n.

fòlaga <-*ghe*> f *ornit* Blässhuhn n.

folàta f Windstoß m, Bö f: ~ **di vento/pioggia**, Windstoß m/Regenbö f.

folàto m *chim* Folsäuresalz n.

folclóre m **1** (*disciplina*) Folklore f, Volkskunde f **2** (*tradizione*) {SARDO} Folklore f **3** *fig* (*aspetto pittoresco*) {+FESTA, SITUAZIONE} folkloristischer Charakter.

folcloristico, (-a) <-*ci, -che*> *agg* **1** (*del folclore*) {STUDIO} folkloristisch, volkskundlich **2** (*tradizionale*) {DANZA, FESTA, GRUPPO} folkloristisch, Volks- **3** *fig* (*singolare*) {PERSONAGGIO} einzigartig.

fólder <-> m *ingl* **1** *comm* Broschüre f **2** *inform* Ordner m.

folgorànte *agg* **1** (*vivido*) {LUCE} blendend **2** *fig* (*fulminante*) {SGUARDO} (durch)bohrend; {BELLEZZA} strahlend, blendend **3** *fig* (*splendido*) {CARRIERA, IDEA} glänzend, brillant.

folgoràre A tr **1** (*fulminare*) ~ **qu/qc** {SCARICA ELETTRICA OPERAIO} *jdn/etw* mit einem elektrischen Schlag treffen {FULMINE PESCATORE} *jdn/etw* treffen, **è stato folgorato ed è sopravvissuto per miracolo**, er wurde ⌊vom Blitz⌋/[von einem elektronischen Schlag] getroffen und hat das wie durch ein Wunder überlebt **2** *fig* (*pietrificare*) ~ **qu (con qc)** *jdn (mit etw dat)* an|blitzen: **mi folgorò con un'occhiata**, er/sie warf mir einen vernichtenden Blick zu **3** *lett* (*colpire col fulmine*) ~ **qu** (GIOVE UOMO) *jdn* mit dem Blitz treffen B *itr* (*lampeggiare*) ~ + *compl di luogo* {LAMPO IN CIELO} blitzen.

folgoràto, (-a) *agg* **1** (*fulminato*) getroffen **2** *fig* (*molto colpito*) betroffen, getroffen: **rimanere ~ da qu/qc**, von jdm/etw wie vom Blitz getroffen sein.

folgorazióne f **1** *fig* (*illuminazione*) Geistesblitz m *fam* **2** *med* (*lesione da fulmine*) Blitzschlag m; (*da corrente elettrica*) Stromschlag m, elektrischer Schlag.

fólgore f (*saetta*) Blitz(strahl) m.

foliazióne f *edit* **1** (*impaginazione*) Seitengestaltung f **2** (*numero di pagine*) Gesamtanzahl f der Seiten.

folignàte A *agg* von/aus Foligno B mf (*abitante*) Einwohner(in) m(f) von Foligno.

folk *ingl mus* **A** *<inv>* *agg* {CANZONE} Folk- **B** *<->* *m* Folk *m*.

folklóre *e deriv* → **folclore** *e deriv*.

folk music *<->* *loc sost f ingl mus* Folkmusik *f*.

fólla *f* **1** (*massa di gente*) {FESTANTE} Menge *f*; {+CURIOSI, BAMBINI, SPETTATORI} *anche* Haufen *m*, Schar *f* **2** *fig* (*ridda*) {+PENSIERI, SENTIMENTI} Unmenge *f*.

follàre *tr tess* ~ **qc** {LANA} *etw* walken.

follatùra *f tess* Walken *n*.

fólle A *agg* **1** (*squilibrato*) {PERSONA} irr(sinnig), *fam*, wahnsinnig *fam*; {GESTO, PROGETTO} sinnlos, unsinnig **2** (*esagerato*) {AMORE, PAURA, VELOCITÀ} unsinnig, wahnsinnig *fam*, irr(sinnig) *fam*; {SPESA} sinnlos, unsinnig **3** *mecc* {INGRANAGGIO, RUOTA} Los- **B** *mf* (*pazzo*) Irr-, Wahnsinnige *mf decl come agg fam*; *anche fig* Spinner *m fam spreg* ● **essere ~ di qu** *fig* (*molto innamorato*), verrückt nach jdm sein *fam*; **mettere in ~** *autom*, in den Leerlauf schalten.

folleggiàre *<folleggio, folleggi> itr fig scherz* es toll treiben *fam*.

folleménte *avv* (*pazzamente*) {DESIDERARE QC} wahnsinnig *fam*.

follétto *m* **1** (*nelle fiabe*) Kobold *m* **2** *fig* (*ragazzo vivace*) Wildfang *m*.

follìa A *f* **1** (*alienazione*) {COLLETTIVA} Wahnsinn *m fam*, Torheit *f forb*: **~ omicida**, Blutrausch *m* **2** (*atto sconsiderato*) Unvernunft *f*, Wahnsinn *m fam*: **fare una ~**, etwas Verrücktes machen *fam*; **fare follie**, es toll treiben *fam* **B** *loc avv* (*perdutamente*): **alla ~**, {AMARE QU} wahnsinnig *fam* ● **fare follie per qu/qc** *fig* (*fare di tutto*), die verrücktesten Dinge für jdn/etw tun *fam*.

follicolàre *agg anat* follikulär *scient*, follikulär *scient*.

follìcolo *m* **1** *anat* {OVARICO} Follikel *m scient*: **~ pilifero**, Haarbalg *m* **2** *bot* Fruchthülse *f*, Samenkapsel *f*.

follow-up *<->* *m ingl med* Nachuntersuchung *f*.

fólto, (-a) A *agg* **1** (*fitto*) {BARBA, ERBA, FORESTA, NEBBIA} dicht **2** *fig* (*numeroso*) {GRUPPO} groß **B** *m* (*parte più fitta*) {+BOSCO} Dickicht *n* ● **gettarsi nel ~ della mischia** *fig* (*nel mezzo*), sich ins Getümmel/Gewühl stürzen.

fomentàre *tr* ~ **qc 1** (*istigare*) {ODIO, PASSIONE} *etw* schüren **2** (*spingere a*) {RIVOLTA} *etw* an|stiften, *zu* (*dat*) hetzen.

fomentatóre, (-trice) *m* (*f*) (*chi fomenta*) {+DISCORDIA, DISORDINI} Hetzer(in) *m* (*f*).

fon *<->* *m* (*asciugacapelli*) Föhn *m*.

fonàre *tr fam* (*asciugare col fon*) ~ **qc** {CAPELLI} *etw* föhnen.

fonatòrio, (-a) *<-ri>* *m agg* {ORGANO} Stimm-; {APPARATO} Sprech-.

fonazióne *f* Phonation *f*, Stimmbildung *f*.

foncé *<inv>* *agg franc* (*scuro*) {COLORE} dunkel, foncé.

fónda *f mar* Ankerplatz *m*: **essere alla ~**, vor Anker liegen.

fóndaco *<-chi>* *m stor* (*magazzino e alloggio*) Warenlager *n*.

fondàle *m* **1** (*fondo*) {MARINO} Wassertiefe *f*: ~ **alto/basso**, Untiefe *f*/Flach *n* **2** *teat* (Bühnen)hintergrund *m*.

fondamentàle A *agg* **1** (*basilare*) {COMPONENTE, CONCETTO, DIRITTO, NOZIONE, PRINCIPIO, REGOLA} fundamental, Grund-; {DIFFERENZA, IMPORTANZA, QUESTIONE} *anche* Haupt-, wesentlich; *università*: **esame ~**, Prüfung in einem Pflichtfach **2** *mus* {ACCORDO, NOTA} Grund- **B** *mus* Grundton *m* **C** *mf* <*di solito al pl*> (*tecnica di base*) {+TENNIS} Grundlage *f*, Grundfertigkeit *f*.

fondamentalìsmo *m polit relig* {ISLAMICO} Fundamentalismus *m*.

fondamentalìsta *<-i* *m, -e* *f>* **A** *agg* **1** *polit relig* fundamentalistisch **2** *università*: **essere ~ di russo**, Russisch im Hauptfach studieren **B** *mf* **1** *polit relig* Fundamentalist(in) *m* (*f*) **2** *università*: **un ~ di tedesco**, ein Deutschstudent im Hauptfach.

fondamentalìstico, (-a) *<-ci, -che>* *agg* (*del fondamentalismo o dei fondamentalisti*) fundamentalistisch.

fondaménto *m* **1** <*di solito al pl: -a f*> *edil* Fundament *n*: **gettare le fondamenta di una casa**, das Fundament eines Hauses legen **2** <*di solito al pl: -a f*> *fig* Grundfesten *pl*, Basis *f*, Grundlagen *f pl*: **scuotere il vecchio sistema dalle fondamenta**, an den Grundfesten des alten Systems rütteln **3** <*pl: -i m*> *fig* (*caposaldo*) {+RELIGIONE, STORIA, TEORIA} Fundament *n*, Grundlage *f* ● **fare ~ su/in qu/qc** *fig* (*contare*), auf jdn/etw bauen; **essere privo di.../[senza] ~**, jeder Grundlage entbehren; **notizie senza ~**, Berichte, die jeder Grundlage entbehren.

fondant *<->* *m franc gastr* (*fondente*) Fondant *m o n*.

fondènte A *part pres di* **fondare B** *agg* (*fondamentale*) {IDEA} Grund-, grundlegend, fundamental, {MOMENTO} auslösend, bestimmend.

fondàre A *tr* **1** (*gettare le fondamenta*) ~ **qc** {COSTRUZIONE} das Fundament *für etw* (*acc*) legen; ~ (**qc**) **su qc** {SULLA PIETRA} (*etw*) *auf etw* (*acc*) bauen **2** (*creare*) ~ {CITTÀ, FAMIGLIA, SOCIETÀ} *etw* gründen; {SCUOLA DI PENSIERO} *etw* etablieren; {TEORIA} *etw* auf|stellen **3** *fig* (*basare*) ~ **qc su qc** {DIFESA SU PROVE, LA PROPRIA VITA SUL LAVORO} *etw auf etw* (*acc*) gründen **B** *rfl fig* (*basarsi*): **fondarsi su qc** {DIFESA SU INDIZI, TEORIA SU PRINCIPI} sich *auf etw* (*acc*) gründen, sich *auf etw* (*dat*) stützen, *auf etw* (*dat*) fußen **C** *itr pron* (*contare*): **fondarsi su qc** {SULLA PAROLA DI QU} *auf etw* (*acc*) bauen, sich *auf etw* (*acc*) verlassen.

fondatézza *f* {+ACCUSA, IPOTESI} Stichhaltigkeit *f*.

fondàto, (-a) *agg* (*giustificato*) {SOSPETTO} begründet.

fondatóre, (-trice) A *agg* {GRUPPO, SOCIO} Gründungs- **B** *m* (*f*) {+AZIENDA, CITTÀ, IMPERO} (Be)gründer(in) *m* (*f*); {+ORDINE RELIGIOSO} Stifter(in) *m* (*f*).

fondazióne *f* **1** (*creazione*) {+CITTÀ, DITTA, PARTITO} Gründung *f* **2** *dir* (*tipo di persona giuridica*) {PRIVATA, PUBBLICA} Stiftung *f* **3** <*solo pl*> *edil* Grundbau *m*.

fondèllo *m* (*fondo*) {+PANTALONI} Boden *m*; {+PROIETTILE} Unterseite *f* ● **prendere qu per i fondelli** *fig* (*prendere in giro*), sich über jdn lustig machen.

fondènte A *agg* {FORMAGGIO, GHIACCIO} Schmelz-, schmelzend **B** *m* **1** *gastr* Fondant *m o n* **2** *metall* Schmelz-, Flussmittel *n*.

fóndere *<irr fondo, fusi, fuso>* **A** *tr* **1** (*sciogliere*) ~ **qc** {CIOCCOLATO, NEVE, ORO} *etw* schmelzen; *metall* ~ **qc con qc** {ORO CON ARGENTO} *etw mit etw* (*dat*) verschmelzen; ~ **qc in qc** {METALLI IN LEGA} *etw in etw* (*dat*) verschmelzen **2** (*colare in uno stampo*) ~ **qc** {CAMPANA, STATUA} *etw* gießen **3** *fig* (*unificare*) ~ **qc** {CON/IN QC} {STILI, VERDE CON BLU, SUONI IN UNA MELODIA} *etw* (*mit/zu etw* (*dat*)) vereinigen, *etw* (*zu etw* (*dat*)) vereinigen: **vogliono ~ le due società**, sie möchten die zwei Gesellschaften fusionieren/vereinigen **4** *fam autom* (*grippare*) ~ (**qc**) {BRONZINE} (*etw*) fressen; ~ **il motore**, einen Kolbenfresser haben *slang*/[den Motor festfressen lassen] **B** *itr* <*essere*> ~ (**a/con qc**) *itr pron* (*unirsi*): **fondersi (con in/qc)** {SACRO CON IL PROFANO; COLORI IN UN TUTT'UNO} (*mit/zu etw* (*dat*)) verschmelzen, sich (*mit/zu etw* (*dat*)) vereinigen **D** *rfl rec fig* (*unirsi*): **fondersi** {DITTE} (miteinander) verschmelzen, fusionieren.

fonderìa *f* {+ACCIAIO} Gießerei *f*.

fondiàrio, (-a) *<-ri>* *m agg* {CREDITO, RIFORMA, TASSA} Boden-; {PATRIMONIO} *anche* Grund-.

fondina① *f* (*custodia per armi*) Halfter *f o n*, Pistolentasche *f*.

fondina② *f sett* (*piatto fondo*) tiefer Teller.

fondìsta *<-i* *m, -e* *f>* *mf* **1** *banca* Investmentfondszeichner *m* **2** *giorn* (*editorialista*) Leitartikler(in) *m* (*f*) **3** *sport* (*nell'atletica*) Langstreckenläufer(in) *m* (*f*); (*nel nuoto*) Langstreckenschwimmer(in) *m* (*f*); (*nello sci*) Langläufer(in) *m* (*f*).

fondivàlle *pl di* **fondovalle**.

fóndo① **A** *m* **1** *gener* {+CASSETTO, RECIPIENTE, TEGAME, VALIGIA} Boden *m*: **doppio ~**, doppelter Boden *m*; **~ dei pantaloni**, Hosenboden *m*; {+VALLE} Sohle *f*; {PIETROSO; +LAGO, MARE, POZZO} Grund *m* **2** (*manto della strada*) {SCONNESSO} Straßendecke *f*, Straßenbelag *m*: ~ **stradale scivoloso**, rutschiger Straßenbelag, Straßenglätte *f* **3** (*sfondo*) Hintergrund *m*: **su ~ nero**, auf schwarzem Hintergrund **4** (*avanzo*) {+DETERSIVO, LIQUORE} Rest *m*: **ha lasciato solo il ~** (*della bottiglia*), er/sie hat nur einen Rest (in der Flasche) übrig gelassen **5** (*deposito*) {+ACETO, VINO} (Boden)satz *m*: ~ **di caffè**, Kaffeesatz *m* **6** (*fine*) {+GRADUATORIA} Ende *n*: **a ~ pagina**, am Ende der Seite **7** *anche fig* (*profondità*) {+ANIMO, CAVERNA} Innerste *n decl come agg* **8** *fig* (*barlume*) {+VERITÀ} Funken *m*; {+SPERANZA} *anche* Schimmer *m* **9** *giorn* (*editoriale*) Leitartikel *m* **10** *sport* (*nell'atletica*) Langstreckenlauf *m*; (*nel nuoto*) Langstreckenschwimmen *n*; (*nello sci*) Langlauf *m*: **fare ~**, Langlauf betreiben **B** *<inv>* *loc agg* **1** (*di sottofondo*): ~ {FRUSCIO, RUMORI} Hintergrund- **2** *fig* (*fondamentale*): **di ~** {PROBLEMA, TEMA} grundlegend **3** (*ultimo*) **in ~**, {BANCO, FILA} ganz hinten **C** *loc avv*: **in ~** (**in ~**) **1** (*nello spazio*) {LAGGIÙ, METTERSI} hinten **2** *fig* (*tutto sommato*) im Grunde (genommen) **D** *loc prep*: **in ~ a qc 1** (*nella parte inferiore*) {AL BARATTOLO, ALLA BORSA} unten in *etw* (*dat*) **2** (*nella parte posteriore*) {ALL'ARMADIO, ALLA STANZA} hinten in *etw* (*dat*) **3** (*alla fine*) {ALLA CODA, AL QUADERNO, AL TUNNEL} am Ende *etw* (*gen*) **4** (*nella parte più profonda*) {ALLA GROTTA, ALL'OCEANO} tief in *etw* (*dat*) **5** *fig* (*nella parte più intima*) {AL CUORE} im Grunde/Innersten *etw* (*gen*) ● **a ~** *fig* (*approfonditamente*), {CONOSCERE QU} gründlich; **andare a ~**, {NAVE} untergehen; *fig* (*fallire*), {IMPRESA} fehl|schlagen; **andare a ~ di qc** *fig* (*approfondire*), {DI UN PROBLEMA} *etw* (*dat*) auf den Grund gehen; **raschiare il ~ del barile** *fig* (*utilizzare le ultime risorse*), das Letzte herausholen, die letzten Ressourcen ausschöpfen; ~ **di bicchiere/bottiglia** *fig* (*falsa pietra preziosa*), falscher Edelstein; **fondi di bottega/magazzino** *comm* (*merce invenduta*), Restbestände *m pl*/Ladenhüter *m pl*, Ramsch *m*; ~ **campo** → **fondocampo**; **dar ~ mar** (*gettare l'ancora*), Anker werfen; **dar ~ a qc** *fig* (*esaurirla*), {ALLE ULTIME RISORSE} *etw* erschöpfen; **dar ~ alle riserve**, die Vorräte aufbrauchen; **c'è un ~ di ironia nelle sue parole** (*un po'*), in seinen/ihren Worten liegt ein [ironischer Unterton]/[Hauch von Ironie]; **fino in ~**, bis zum Ende; **~ schiena** → **fondoschiena**; **~ tinta** → **fondotinta**; **toccare il ~**, den Grund finden/berühren; *mar* (*incagliarsi*), auf Grund laufen/stoßen; *fig* (*raggiungere il punto più negativo*), die Talsohle erreichen; *fig* (*esaurire il denaro*), (völlig) abgebrannt sein *fam*.

fóndo② *m* **1** (*terreno*) {CHIUSO} Grund(stück n) m; {RUSTICO, URBANO} (Land)gut n **2** (*capitale*) {PATRIMONIALE} Kapital n, Geldbestand m) n: **~ di cassa**, Kassenbestand m; **~ d'esercizio**, Betriebskapital n **3** <*solo pl*> (*denaro*) Geldmittel n pl, Gelder n pl: **si raccolgono fondi per i profughi**, es werden Gelder für die Flüchtlinge gesammelt **4** *contabilità* (*voce di bilancio*) {AMMORTAMENTI, SALARI} Fonds m: **fondi segreti**, Geheimfonds m pl **5** *banca econ* (*organismo finanziario*) Fonds m: **~ comune d'investimento**, Investitionsfonds m; **fondi offshore**, Offshoremittel n pl • **Fondo Monetario Internazionale** *econ* (*abbr* FMI), Internationaler Währungsfonds; **fondi neri** *econ* (*non dichiarati*), Schwarzgelder n pl; **a ~ perduto**, nicht rückzahlbar, ohne Aussicht auf Gegenleistung.

fóndo③, (-a) <*pi*> agg **1** (*profondo*) {FOSSA, PIATTO, VALLE, VASCA} tief **2** (*inoltrato*) {NOTTE} tief.

fondocàmpo <-> *m sport* (*nel calcio*) Toraus n.

fondoschièna <-> *m fam scherz* (*sedere*) Hintern m *fam*, verlängerter Rücken *scherz eufem*.

fondotìnta <-> *m* (*nella cosmesi*) Make-up n.

fondovàlle <*fondivalle*> *m* Talboden m, Talsohle f: **a ~**, (unten) im Tal.

fondùta f *gastr* "für das Piemont typisches Fondue mit Fontinakäse".

fonèma <-i> *m ling* Phonem n.

fonemàtico, (-a) <-ci, -che> agg *ling* {TRASCRIZIONE} phonem(at)isch.

fonèmica <-che> f *ling* Phonemik f.

fonèmico, (-a) <-ci, -che> agg *ling* phonemisch.

fonendoscòpio <-*pi*> *m med* Phonendoskop n *scient*.

fonètica <-*che*> f *ling* Phonetik f.

fonètico, (-a) <-ci, -che> agg *ling* {SCRITTURA, TRASCRIZIONE} phonetisch, Laut-.

fònico, (-a) <-ci, -che> A agg **1** (*relativo alla voce*) Laut-, phonisch **2** *elettr* (*acustico*) {SEGNALE} akustisch B m (f) (*tecnico del suono*) Tonmeister(in) m (f).

fonoassorbènte agg *tecnol* {MATERIALE} schalldämmend, lärmschluckend.

fonogràfico, (-a) <-ci, -che> agg {APPARECCHIO} fonografisch.

fonògrafo *m* **1** (*giradischi*) Plattenspieler m **2** *obs* (*registratore e riproduttore del suono*) Phonograph m *obs*.

fonogràmma <-> *m tel* (*messaggio scritto*) Phonogramm n.

fonoisolànte agg (*che isola fonicamente*) schalldämpfend, schallisolierend.

fonologìa f *ling* Phonologie f.

fonològico, (-a) <-ci, -che> agg *ling* phonologisch.

fonometrìa f *fis ling* Phonometrie f.

fonòmetro *m fis* Phonometer n.

fonoriproduttóre *m* Tonwiedergaberät n.

fonoriproduzióne f Tonwiedergabe f.

fonosimbolìsmo *m ling* Lautsymbolik f.

fonosintàssi <-> f *ling* Phonosyntax f.

fonosintàttico, (-a) <-ci, -che> agg *ling* phonosyntaktisch.

---

fònt <-> *m ingl inform* Schrift(art) f, Font m.

fontàna f **1** {LUMINOSA} Brunnen(anlage) f m: **~ a getto**, Springbrunnen m, Fontäne f *obs* **2** (*nei fuochi d'artificio*) Kaskade f • **~ ardente** *geol*, Erdgasquelle f; **fare una ~ con la farina** *gastr*, eine Mulde ins Mehl drücken.

fontanèlla <*dim di* fontana> f **1** (*colonnina d'acqua potabile*) Brunnen m **2** *anat* Fontanelle f.

fontanière, (-a) *m* (f) (*addetto alle fontane*) Brunnenmeister(in) m (f).

fontanìle *m* **1** (*presa d'acqua*) Steigbrunnen m **2** (*abbeveratoio*) Tränke f **3** *geol* (*risorgiva*) Schicht-, Karstquelle f.

fónte A f **1** (*sorgente*) {CRISTALLINA, TERMALE} Quelle f; *tosc* (*fontana*) Brunnen m **2** *fig* (*origine*) {ENERGETICA, +CALORE, GUADAGNO, GUAI} Quelle f: **andare/risalire alla ~ di qc**, zum Ausgangspunkt von etw (dat)/+ gen zurückkehren; **trattenere una percentuale alla ~**, einen Anteil an der Quelle zurückhalten **3** *fig* (*informatore*) {AUTOREVOLE} Quelle f: **l'ho saputo da fonti ufficiali**, ich habe es aus offizieller Quelle (erfahren) **4** <*solo pl*> *fig* (*documentazione*) Quellen f pl: **fonti scritte**, schriftliche Quellen B loc sost m relig: **~ battesimale**/[*sacro*], Taufbecken n • **~ di reddito** *econ*, Einkommensquelle f; **abbeverarsi alle fonti del sapere** *fig* (*placare la propria sete di conoscenza*), seinen Wissensdurst/Wissensdrang stillen *forb*.

fontìna f *gastr* (*formaggio*) "Käse m aus Kuhmilch aus dem Aostatal".

football <-> *m ingl sport* (*calcio*) Fußball m • **~ americano**, Football m.

footing <-> *m ingl sport* Dauerlauf m: **fare ~**, einen Dauerlauf machen.

foracchiàre <*foracchio, foracchi*> tr (*bucherellare*) **~ qc** etw durchlöchern.

foraggèro, (-a) agg {PIANTA, PRODUZIONE} Futter-.

foraggiaménto *m* **1** {+CAVALLO} Fütterung f **2** *fig scherz o spreg* Fütterung f *scherz*.

foraggiàre <*foraggio, foraggi*> tr **1** (*fornire di foraggio*) **~ qc** {BESTIAME} etw füttern **2** *fig scherz o spreg* (*fornire di denaro*) **~ qu**/**qc** {INDUSTRIALE, INIZIATIVA} jdn/etw finanzieren; {PADRE, FIGLIO} *anche* jdn/etw ernähren.

foraggièro, (-a) → **foraggero**.

foràggio <-*gi*> *m* (*Vieh*)futter n.

foràre A tr (*fare un foro*) **~ qc** (*con qc*) {LAMIERA, MURO CON UN TRAPANO} etw (*mit etw dat*) durchlöchern, etw (*mit etw dat*) durch|bohren; {BIGLIETTO} etw (*mit etw dat*) lochen: **farsi ~ i lobi delle orecchie**, sich (dat) die Ohrläppchen (durch)stechen lassen **2** (*avere una gomma a terra*) **~ qc** {RUOTA DELLA BICI} sich (dat) ein Loch in etw (acc) fahren; {GOMMA} etw an|stechen; (*uso assol*) eine Reifenpanne/einen Platten *fam* haben B itr pron (*bucarsi*): **forarsi** {MAGLIA, TELO} ein Loch bekommen; {PNEUMATICO} *anche* platzen.

foratèrra <-> *m agr* (*utensile*) Pflanzholz n.

foràto, (-a) A agg **1** (*con fori*) {PANNELLO} Loch-; *edil* {MATTONE, TAVELLA} Loch-, Hohl- **2** (*a terra*) {GOMMA} geplatzt B *m edil* (*mattone*) Loch-, Hohlziegel m.

foratùra f **1** (*il bucare*) {+LASTRA, ROCCIA} Durchbohren n, Durchbohrung f; {+TESSERA} Lochen n, Lochung f **2** (*l'essere a terra*) Reifenpanne f: **la ~ della gomma**, die Reifenpanne.

fòrbice A f **1** <*di solito al pl*> (*strumento da taglio*) {CHELE} **un paio di ~**, eine Schere; **~ da parrucchiere/sarto**, Haar-/Schneiderschere f; **~ per potare**, Gartenschere f **2** <*solo pl*> *fam* (*chele*) Scheren f pl **3** *fig* (*divario*) Schere f: **~ dei prezzi**, Preisschere f **4** *sport* (*nell'atletica*) Schere f B <*inv*> loc agg: **a ~**

---

1 *econ* {ANDAMENTO} scherenartig **2** *sport* {INTERVENTO, SALTO} Scheren- • **le forbici della censura** *fig* (*interventi della censura*), die Schere/Eingriffe der Zensur; **lavorare di forbici** *fig* (*eliminare le parti in più*), einen Text kürzen, Streichungen vornehmen; (*censurare*), zensieren.

forbiciàta f Scherenschnitt m; (*azione*) anche Schneiden n mit der Schere.

forbicìna <*dim di* forbice> f **1** <*di solito al pl*> Schere f: **~ per unghie**, Nagelschere f **2** *zoo* Ohrenkriecher m, Ohrwurm m.

forbitézza f **1** *fig* (*ricercatezza*) {+ELOQUIO, LINGUA} Geschliffenheit f **2** *rar* (*lucentezza*) {+CRISTALLO} Sauberkeit f, Reinheit f.

forbìto, (-a) agg *fig* (*ricercato*) {TERMINE} gewählt, gehoben; {STILE} *anche* geschliffen: **essere ~ nello scrivere**, geschliffen schreiben.

fórca <-*che*> f **1** (*attrezzo*) {ARNESE} Gabel f **2** (*patibolo*) Galgen m: **condannare qu alla ~**, jdn zum (Tode am) Galgen verurteilen **3** (*valico montano*) enger Bergpass m • **(va') alla/sulla ~!** *fam*, (geh) zum Teufel! *fam*; **forche caudine** *stor*, kaudinisches Joch *forb*; **passare sotto le forche caudine** *fig* (*umiliarsi*), Spießruten laufen; **fare la ~ a qu** *fig* (*danneggiare qu*), jdn hinters Licht führen.

forcàta f **1** (*colpo*) Schlag m mit der Gabel **2** (*quantità*) {+PAGLIA} Gabelvoll f.

forcèlla f **1** (*supporto*) {+CARRUCOLA, TELEFONO} Gabel f, gabelförmige Stütze f; *tecnol* {TELESCOPICA, +BICICLETTA, MOTO} (Rad)gabel f **2** (*biforcazione*) Astgabel f **3** (*forcina per capelli*) Haarnadel f **4** (*stretto varco alpino*) Scharte f.

forchétta f **1** (*posata*) {+ARGENTO} Gabel f: **~ da dessert**, Dessertgabel f **2** (*negli scacchi*) Gabel f • **una buona ~** *fig* (*un buon mangiatore*), ein guter Esser.

forchettàta f **1** (*colpo*) Schlag m mit der Gabel **2** (*quantità*) {+VERDURA} Gabelvoll f.

forchettóne <*accr di* forchetta> *m* Vorlegegabel f.

forcìna f Haarnadel f.

fòrcing <-> *m ingl sport* (*attacco insistente*) Forcing n, Tordrang m.

fòrcipe *m med* (*Geburts*)zange f.

forconàta f **1** (*colpo*) Schlag m mit der Gabel **2** (*quantità*) {+ERBA, LETAME} Gabelvoll f.

forcóne <*accr di* forca> *m* (*attrezzo*) Gabel f.

forellìno <*dim di* foro①> *m* Löchelchen n, Löchlein n.

forènse agg {ATTIVITÀ, ELOQUENZA} Gerichts-, gerichtlich: **a fini forensi**, für forensische Zwecke.

forèsta f **1** {EQUATORIALE} Wald m: **~ vergine**, Urwald m **2** *fig* (*fitta quantità*) Wald m: **una ~ di antenne/capelli**, ₁ein Wald von Antennen *fam*/ein Antennenwald *fam*₁/[ein Wald von Haaren] • **la Foresta Nera** *geog*, der Schwarzwald.

forestàle A agg {AMMINISTRAZIONE} Forst-; {PATRIMONIO} Wald- B f *fam* (*corpo forestale dello stato*): **la Forestale**, staatliche Forstverwaltung.

foresterìa f Gästehaus n: **affittasi monolocali uso ~**, Fremdenzimmer zu vermieten.

forestierìsmo *m ling* Fremdwort n.

forestièro, (-a) A agg {GENTE, USANZA} fremd; {LINGUA} *anche* Fremd- B *m* (f) Fremde mf *decl come agg*, Ausländer(in) m (f).

forfait① <-> *franc* A *m* Pauschalbetrag m, Pauschale f: **fare un ~**, eine Pauschale vereinbaren B <*inv*> loc agg: **a ~**, pauschal, Pauschal-; **compenso a ~**, Pauschallohn m; **lavoro a ~**, Akkordarbeit f C loc avv: **a ~**, {LAVORARE, PAGARE} pauschal.

forfait② <-> *m franc sport* (*ritiro*) Aufgabe f,

Rücktritt m: **vincere per ~ dell'avversario**, durch den Rücktritt des Gegners gewinnen • **dare/dichiarare** ~ *anche fig sport* (*arrendersi*), aufgeben/[seinen Rücktritt erklären].

forfè, forfeit → **forfait**®.

forfetizzazióne f (*conteggio forfetario*) Pauschalrechnung f, Pauschalkalkulation f.

forfettàrio, forfetàrio, **(-a)** <-*ri* m> agg {PREZZO} Pauschal-: **detrazione fiscale forfettaria**, Pauschalabschreibung f.

fórfora f (Haarschuppen f pl.

forforóso, **(-a)** agg schuppig.

fòrgia <-*ge*> f (*fucina*) Schmiede f.

forgiàre <*forgio, forgi*> tr ~ **qc 1** (*fucinare*) {FERRO} *etw* schmieden **2** *fig* (*plasmare*) {PERSONALITÀ DI QU} *etw* formen, *etw* bilden.

forgiatóre, **(-trice)** A m (f) **1** (*fabbro*) Schmied(in) m(f) **2** *fig* (*formatore*) {+CARATTERE} Schmied(in) m(f) B f *tecnol* (*macchina*) Schmiedemaschine f.

forgiatùra f (*il forgiare*) Schmieden n.

foriéro, **(-a)** <-*ri* m> agg *lett* (*annunciatore*) ~ **di qc** {MESSAGGERO DI DISGRAZIE} *etw* verkünden; {NUBI DI PIOGGIA} *etw* ankündigen.

forlivése A agg aus/von Forlì B m (f) (*abitante*) Bewohner(in) m(f) von Forlì.

fórma f **1** *gener* (*aspetto*) {+BOCCA, OGGETTO; CILINDRICA, SFERICA} Form f: **dare ~ a qc**, *etw* (*dat*) Form geben; **dare a qc la ~ di qc**, *etw* in/aus *etw* (*dat*) formen **2** (*stampo o attrezzo per modellare*) Form f; {+CAMPANA} Gieß-, Gussform f; ~ **da/per formaggio**, Käseform f; ~ **per calzature**, Leisten m; ~ **per dolci/cappelli**, ⌐Kuchen-, Plätzchenform⌐ [Hutform] f; **mettere in ~ un paio di scarpe**, ein Paar Schuhe (mit einem Schuhspanner) in Form halten; ~ **del sarto**, Schneiderpuppe f **3** (*pezzo intero*) {+FORMAGGIO, PANE} Laib m **4** <*solo pl*> (*corpo*) {DELICATE, MUSCOLOSE, TOZZE; +ATLETA} Gestalt f; (*rotondità*) Formen f pl: **un abito che evidenzia le forme**, ein formbetonendes Kleid **5** (*tipo*) {ASSICURATIVA; +ARTE, INVESTIMENTO} Form f; *med* {BENIGNA, GRAVE, LIEVE} Form f; ~ **influenzale/virale**, grippöse/viröse Form; *polit* {PARLAMENTARE; +GOVERNO} Form f **6** (*stile*) {CHIARA, CONCISA, POETICA; +DISCORSO, SCRITTO} Form f **7** (*modo*) {OPPORTUNA, PRIVATA, SOLENNE} Form f: **nella ~ prescritta**, in vorgeschriebener Form **8** (*etichetta*) {+FORMA, Etikette f: **badare alla ~**, auf die Form achten; **rispettare/salvare la ~/le forme**, die Form wahren **9** *fig filos gramm* {ATTIVA, SINGOLARE, TRANSITIVA} Form f **10** <*solo sing*> *anche sport* (*condizioni psicofisiche*) {OTTIMA, PIENA} Form f: **essere in ~ (smagliante)**, (glänzend) in Form sein; **essere fuori/[in] ~ [giù di] ~**, nicht/schlecht in Form sein • *a* ~ **di ...**, ...-förmig; *in/sotto* ~ **di qc**, in Form von *etw* (*dat*)/+ *gen*; **prendere** ~, sich formen; *fig* (*concretarsi*), {PROGETTO} feste Gestalt/Form(en) annehmen; ~ **di vita biol**, Lebensform f.

formaggèlla <*dim di formaggio*> f *region gastr* Formaggella-Käse m (*runder Weichkäse*).

formaggèra → **formaggiera**.

formaggiàio, **(-a)** <-*giai* m> m (f) **1** (*produttore*) Käser(in) m(f) **2** (*commerciante*) Käsehändler(in) m(f).

formaggièra f Käsedose f.

formaggìno <*dim di formaggio*> m Käseecke f.

formàggio <-*gi*> m {DOLCE, FRESCO, MAGRO, PICCANTE} Käse m: ~ **grattugiato**, geriebener Käse; ~ **da grattugiare/spalmare**, Reib-/Streichkäse m.

formaldèide f *chim* Formaldehyd m o n.

formàle agg **1** (*attinente alla forma*) {ASPETTO} formal; {ERRORE, PROBLEMA} anche Form- **2** (*ufficiale*) {COLLOQUIO, DICHIARAZIONE, IMPEGNO} formell **3** (*osservante la forma*) {COMPORTAMENTO, PERSONA, SALUTO} förmlich, formal **4** *dir* (*per cui è richiesta una forma specifica*) {NEGOZIO GIURIDICO} formbedürftig; (*che risponde a norme prescritte*) {LEGGE} formell.

formalìna f *chim* Formalin n.

formalìsmo m **1** (*formalità esagerata*) Formalismus m, Steifheit f **2** *filos ling* {KANTIANO, RUSSO} Formalismus m.

formalìsta <-*i* m, -*e* f> mf **1** (*persona molto formale*) Formalist(in) m(f) **2** *filos ling* (*fautore*) Formalist(in) m(f).

formalità <-> f **1** <*di solito al pl*> (*procedura*) {BUROCRATICHE} Formalien f pl, Formalitäten f pl: **le ~ di rito**, die rituellen/zeremoniellen Formalitäten; **è una semplice ~**, das ist reine Formsache; **per (pura) ~**, der Form halber **2** <*solo pl*> (*cerimonie*) Formalitäten f pl: **senza tante ~**, ohne große Formalitäten.

formalizzàre A tr *dir* (*stipulare nella forma richiesta*) ~ **qc** {+CONTRATTO} *etw* (entsprechend den Formvorschriften) abschließen B itr pron **1** (*essere cerimoniosi*): **formalizzarsi** förmlich sein, sich (*dat*) Umstände machen: **con noi non dovete formalizzarvi**, mit uns braucht ihr euch keine Umstände zu machen **2** (*risentirsi*): **formalizzarsi per qc** {PER UN LEGGERO RITARDO} an *etw* (*dat*) Anstoß nehmen.

fòrma mèntis <-> loc sost f *lat* Denkweise f, Geistesart f.

formàre A tr **1** (*assumere forma di qc*) ~ **qc** {OGGETTI BARRIERA; AUTO CODA} *etw* formieren; {PERSONE TRIANGOLO} sich *zu etw* (*dat*) formieren **2** (*costituire*) ~ **qc** {BENI PATRIMONIO; MINISTRI GOVERNO; PROPOSIZIONI PERIODO, ecc.} *etw* bilden: **formano il corpo di ballo 20 ballerini**, die Ballettruppe setzt sich aus 20 Tänzern zusammen; **essere formato da qu/qc**, aus *jdm/etw* bestehen **3** (*fondare*) ~ **qc** (*con qu*) {FAMIGLIA} *etw* (*mit jdm*) gründen **4** (*mettere insieme*) ~ **qc** (*con qu*) {CLASSE, SQUADRA CON GLI ELEMENTI MIGLIORI} *etw* (*mit jdm*) aufstellen **5** (*modellare*) ~ **qc** (*con/in qc*) {MASCHERA CON LA CARTAPESTA} *etw* (*aus/mit etw dat*) formen **6** *fig* (*forgiare*) ~ **qc** {CARATTERE} *etw* bilden, *etw* formen; ~ **qu/qc** (*a qc*) {GIOVANI, ANIMI ALLA TOLLERANZA} *jdn/etw* (*zu etw dat*) erziehen **7** *fig* (*istruire*) ~ **qu** {ACCADEMIA ATTORI; UNIVERSITÀ DOCENTI, MEDICI, ecc.} *jdn* ausbilden, *jdn* heranbilden **8** *tel* (*comporre*) ~ **qc** {NUMERO} *etw* wählen B itr pron **1** (*prodursi*): **formarsi** (+ *compl di luogo*) {CROSTA SUL GINOCCHIO; MUFFA SUL MURO; NUVOLE NEL CIELO ecc.} sich (*irgendwo*) bilden **2** (*prendere forma*): **formarsi** (+ *compl di luogo*) {FILA DI PERSONE PER STRADA} sich (*irgendwo*) bilden **3** (*costituirsi*): **formarsi** {FAMIGLIA} sich bilden **4** *fig* (*istruirsi*): **formarsi** (+ *compl di luogo*) {ALL'UNIVERSITÀ DI GENOVA} sich (*irgendwo*) weiter|bilden.

formàt <-> m *ingl* **1** *inform* Format n **2** *TV* "Grundidee f für ein Fernsehprogramm".

formatìvo, **(-a)** agg *fig* (*educativo*) {ESPERIENZA} charakterbildend; {CORSO} Fortbildungs-.

formàto① A agg (*costituito*) ~ **da qu/qc** {FAMIGLIA DA CINQUE PERSONE} aus *jdm/etw* bestehend B m (*grandezza*) {MEDIO, STANDARD; +FOGLIO, GIORNALE} Format n, Größe f: ~ A4, DIN-A4-Größe f, Format n DIN A4; ~ 13×18, Format n 13×18; **il ~ famiglia è più conveniente**, die Familienpackung ist günstiger; **fuori ~**, nicht der Norm entsprechend; ~ **tascabile**, Taschenbuchausgabe f; (*fotografia*) ~ **tessera**, Passbild n; (*pellicola*) ~ **ridotto/[16 mm]**, Schmalfilm m/[16-mm-Film m].

formàto② m *inform* Format n.

formatóre, **(-trice)** m (f) **1** (*esperto in formazione*) {PROFESSIONALE} Fort-, Ausbilder(in) m(f) **2** *tecnol* Former(in) m(f).

formattàre tr *inform* ~ **qc** {DISCHETTO} *etw* formatieren.

formattazióne f *inform* Formatierung f; (*azione*) *anche* Formatieren n.

formazióne A f **1** (*processo di creazione*) {GRADUALE, LENTA; +FARFALLA, GHIACCIAIO, TERRA} Entstehung f, Bildung f; (*sviluppo*) {+CELLULA, ORGANO} Entwicklung f **2** (*costituzione*) {RECENTE +NUCLEO FAMILIARE, PARTITO, SOCIETÀ} Bildung f, Gründung f **3** *fig* (*maturazione*) {CULTURALE, SPIRITUALE +INDIVIDUO, INTELLETTO} Bildung f; (*istruzione*) {PROFESSIONALE, UNIVERSITARIA} Ausbildung f **4** *anat biol geol* {TUMORALE, VEGETALE, VULCANICA} Formation f **5** *gramm ling* (*costruzione*) {+FEMMINILE, PASSIVO} Bildung f: ~ **delle parole**, Wortbildung f **6** *mil* (*disposizione*) {SERRATA +ESERCITO} Formation f; *anche sport* (*nei giochi a squadre*) Aufstellung f: ~ **di gioco**, Spielaufstellung f **7** *mil mus* (*gruppo*) {NEMICA, ROCK} Formation f; *anche sport* (*squadra*) {VINCENTE} Mannschaft f B <-*inv*> loc agg: **in ~**, {+PERSONALITÀ, PROGETTO} noch unausgereift • ~ (**professionale**) **permanente** *scuola*, kontinuierliche Berufsausbildung f.

formèlla <*dim di forma*> f **1** (*piastrella*) Fliese f **2** (*di combustibile*) Brikett n **3** *arch* {+PORTALE} Tafel f; {+SOFFITTO} Kassette f.

FORMEZ m *econ abbr* di Centro di Formazione e Studi del Mezzogiorno: "Ausbildungs- und Studienzentrum n Süditaliens".

formìca <-*che*> f *zoo* {ALATA} Ameise f: ~ **nera/rossa**, schwarze/rote Ameise; ~ **operaia**, Arbeiterameise f, Arbeiterin f • **fare (come) la ~** *fig* (*risparmiare*), sparen.

Fòrmica® <-> f *chim tecnol* Laminat n.

formicàio <-*cai*> m **1** *zoo* Ameisenhaufen m **2** *fig* (*folla in movimento*) Gewimmel n, Gewühl n.

formichière m *zoo* Ameisenbär m.

fòrmico, **(-a)** <-*ci*, -*che*> agg *chim* {ACIDO, ALDEIDE} Ameisen-.

formicolàre itr **1** <*avere*> (*brulicare*) ~ **di qc** *von etw* (*dat*) wimmeln: **il prato formicolava di gente/cavallette**, die Wiese wimmelte von Leuten/Heuschrecken **2** <*essere*> (*essere intorpidito*) ~ (**a qu**) {GAMBA} (*jdm*) kribbeln: **mi formicola il braccio**, mir kribbelt der Arm.

formicolìo <-*lii*> m **1** (*intorpidimento*) Kribbeln n, Ameisenlaufen n: **ho un ~ al braccio**, ich spüre ein Kribbeln im Arm **2** (*brulichio*) {INCESSANTE; +INSETTI} Gewimmel n; {+PERSONE} *anche* Auflauf m, Gedränge n.

formidàbile agg **1** (*eccezionale*) {APPETITO, INTUITO, UOMO} außergewöhnlich, hervorragend **2** *lett* (*spaventoso*) {TEMPESTA} furchtbar, schrecklich.

formìna <*dim di forma*> f Sandförmchen n.

formosità <-> f **1** (*prosperità*) {+CORPO, SENO} Üppigkeit f **2** <*solo pl*> (*rotondità*) {+DONNA} Formen f pl.

formóso, **(-a)** agg **1** (*ben fatto e muscoloso*) {BRACCIA, GAMBE} wohlgeformt **2** (*prosperoso*) {RAGAZZA} üppig.

fòrmula f **1** (*frase*) {INTRODUTTIVA, RETORICA; +COMMIATO, GIURAMENTO} Formel f: ~ **augurale/[di cortesia]**, Glückwunsch-/Höflichkeitsformel f; ~ **magica**, Zauberformel f, Zauberspruch m **2** (*composizione*) {+MEDICINALE, SAPONE} Rezeptur f **3** *fig* (*ricetta*) {INNOVATIVA, VINCENTE; +GOVERNO, FELICITÀ} Rezept n **4** *autom sport* (*categoria*, abbr F)

(Renn)formel f: **una vettura di ~ 1**, ein Formel-1-Wagen **5** *chim mat* {CHIMICA, RISOLUTIVA} Formel f: **~ bruta**, Summenformel f ● **~ esecutiva** *dir*, Vollstreckungsklausel f; **assolvere qu con ~ piena/dubitativa** *dir stor*, jdn wegen ˌerwiesener Unschuldˌ/[Mangels an Beweisen] freisprechen; **ridurre a ~ qc** {SCHEMATIZZARE}, etw schematisieren *spreg*, etw stark vereinfachen.

formulàre *tr* **1** (*esporre secondo una modalità*) **~ qc** {RECLAMO, RICHIESTA} etw formulieren **2** (*esprimere*) **~ qc** {DESIDERIO, IPOTESI, SALUTO} etw formulieren, etw ausǀdrücken; **~ qc (a qu)** {AUGURI} jdm etw ausǀsprechen.

formulàrio <-ri> m **1** (*modulo*) Formular n, Vordruck m **2** (*raccolta di formule*) {CHIMICO, FARMACEUTICO} Formularsammlung f.

formulazióne f **1** (*il formulare*) {+DOMANDA, IPOTESI} Formulierung f **2** (*testo*) {DEFINITIVA; +DISCORSO, SENTENZA} Wortlaut m **3** (*espressione*) {+AUGURIO, GIUDIZIO} Formulierung f.

fornàce f **1** (*forno*) Brennofen m **2** (*stabilimento*) Ziegelei f **3** *fig fam* (*luogo caldo*) Backofen m *fam*.

fornàio, (-a) <-nai m> m (f) (*panettiere*) Bäcker(in) m (f).

fornellétto <dim di fornello> m Kocher m.

fornèllo <dim di forno> m **1** (*apparecchio domestico*) (kleiner) Herd, Kocher m: **~ elettrico/[a gas]**, kleiner Elektroherd/Gaskocher m **2** (*camera di combustione*) {+CALDAIA} Feuerung f: **~ della pipa**, Pfeifenkopf m **3** *min* (*pozzo*) {+ACCESSO, VENTILAZIONE} Blindschacht m ● **stare ai fornelli** (*cucinare*), am Herd stehen.

fornicàre <fòrnico, fòrnichi> *itr obs* Unzucht treiben *obs*.

fornìre <fornisco> **A** *tr* **1** (*procurare*) **~ qc (a qu/qc)** {LIBRI A UNA BIBLIOTECA, NOTIZIE A UN GIORNALE} (jdm/etw) etw liefern; {ARMI AI RIBELLI} anche (jdm) etw besorgen **2** (*rifornire*) **~ qu/qc di qc** {VIAGGIATORE DEL NECESSARIO, CITTÀ DI ACQUA, NEGOZIO DI MERCE} jdn/etw mit etw (dat) versorgen, jdn/etw mit etw (dat) ausǀstatten, jdn/etw mit etw (dat) beliefern **3** (*arredare*) **~ qc di qc** {SALOTTO DI MOBILI} etw mit etw (dat) ausǀstatten, etw mit etw (dat) einǀrichten **4** (*presentare*) **~ qc (a qu)** {DIMOSTRAZIONE, PROVA AL MAGISTRATO} (jdm) etw erǀbringen; {ALIBI} jdm etw liefern **B** *rfl* **1** (*rifornirsi*): **fornirsi di qc** (+ *compl di luogo*) {D'ACQUA ALLA SORGENTE} sich (*irgendwo*) mit etw (dat) versorgen, sich (*irgendwo*) mit etw (dat) versehen **2** (*acquistare*): **fornirsi +** *compl di luogo* {DA UNA DITTA, AL SUPERMERCATO} *irgendwo* einǀkaufen.

fornìto, (-a) *agg anche fig* (*provvisto*) **~ (di qc)** {NEGOZIO DI TUTTO, PERSONA DI CORAGGIO} (*mit etw* (dat)) ausgestattet: **dispensa ben fornita**, gut ausgestattete Speisekammer.

fornitóre, (-trice) **A** *agg* {DITTA, PAESE} Liefer- **B** m (f) Lieferant(in) m (f).

fornitùra f **1** (*rifornimento*) {URGENTE +ARMI, CARTA, LEGNA} (Be)lieferung f **2** <di solito al pl> (*merce fornita*) {BELLICHE} Lieferungen f pl: **forniture per ufficio**, Bürobedarf m.

fórno A m **1** (*per uso domestico*) {ELETTRICO, A LEGNA} (Back)ofen m: **cuocere qc al ~**, etw backen; **~ a gas**, Gasofen m; **~ a microonde**, Mikrowellenherd m, Mikrowelle f *fam* **2** (*per uso industriale*) {FUSORIO, A INDUZIONE} Schmelzofen m: **~ a riscaldo/riverbero**, Wärm-/Flammofen m **3** (*panetteria*) {LABORATORIO DEL PANETTIERE} Backstube f **4** *fig fam* (*luogo molto caldo*) Backofen m *fam* **5** *fig scherz* (*bocca*) Maul n *volg spreg* **B** <inv loc agg gastr*: **al ~**, {MELE, PATATE, PESCE} Brat-; {PASTA} überbacken ● **alto ~** → **altoforno**.

crematorio, Feuerbestattungsofen m.

fóro[1] m *gener anche tecnol* (*buco*) Loch n; {+TANICA} *anche* Leck n: **~ di entrata/uscita del proiettile**, Ein-/Ausschuss(loch n) m.

fóro[2] m **1** *dir* (*autorità giudiziaria competente per il territorio*) (örtlich zuständiges) Gericht: **avvocato del Foro di Roma**, im Landgerichtsbezirk Rom zugelassener (Rechts)anwalt; **Foro competente**, Gerichtsstand m; **qualsiasi controversia sarà di esclusiva competenza del Foro di Roma**, für alle Streitigkeiten ist der ausschließliche Gerichtsstand Rom **2** *stor* {BOARIO, ROMANO} Forum n.

forsànche, **fors'ànche**, **fórse ànche** *avv loc avv* (*perfino*) vielleicht sogar.

fórse A *avv* **1** (*probabilmente*) vielleicht: **~ non vengo**, vielleicht komme ich nicht; **è ~ il più noto artista contemporaneo**, er ist vielleicht der bekannteste zeitgenössische Künstler; **~ (che) sì, ~ (che) no**, vielleicht ja, vielleicht nein; **forse forse**, wahrscheinlich **2** (*rif. a numeri: circa*) vielleicht, ungefähr: **saranno ~ le sei**, es wird ungefähr sechs (Uhr) sein; **avrà ~ tre anni**, er/sie wird vielleicht drei (Jahre alt) sein **3** (*nelle interr: per caso*) zufällig, vielleicht: **hai ~ visto le mie chiavi?**, hast du zufällig meine Schlüssel gesehen?; (*nelle interr retoriche con valore enf*) vielleicht; **ti ho ~ interpellato?**, habe ich dich vielleicht gerufen?; **non è ~ vero?**, stimmt es vielleicht nicht? **B** <-> m (*dubbio*) Zweifel m: **lascia perdere i ~!**, lass die Zweifel fallen!; **essere in ~**, im Zweifel sein; **lasciare in ~**, offenǀlassen; **mettere in ~**, in Frage stellen ● **senza ~** (*sicuramente*), ohne Vielleicht, zweifellos, zweifelsohne.

forsennàto, (-a) **A** *agg* wahnsinnig *fam*, irr(sinnig) *fam* **B** m (f) Wahnsinnige mf decl come agg *fam*, Irre mf decl come agg: **correre/urlare come un ~**, wie ein Wahnsinniger laufen/schreien *fam*.

forsìzia, **forsythia** f *bot* Forsythie f.

fòrte[1] **A** *agg* **1** (*robusto*) {CAVALLO, DENTI, FIBRA, MANI, UOMO} stark, kräftig, (*grosso*) dick, groß: **è ~ di seno/fianchi**, sie hat ˌeinen vollen/üppigen Busenˌ/[eine breite Hüfte] **2** (*intenso*) {LUCE} stark; {ODORE, SAPORE} *anche* intensiv; {MUSICA, RUMORE, VOCE} laut; {ABBRACCIO} fest **3** (*piccante*) {CIBO, SPEZIA} scharf; (*molto alcolico*) {LIQUORE, VINO} stark **4** (*resistente*) {MATERIALE, TESSUTO} widerstandsfähig; (*tenace*) {COLLA} haltbar **5** (*acuto*) {DOLORE, FEBBRE, MAL DI TESTA} stark **6** (*abile*) {ATLETA, SQUADRA} gut, stark: **essere ~ ˌa scacchiˌ/[in greco]/[nel salto]**, gut ˌin Schachˌ/[in Griechisch]/[im Springen] sein **7** (*eccezionale*) stark, hervorragend: **un ~ camminatore/fumatore/mangiatore**, ein starker Wanderer/Raucher/Esser **8** (*fermo*) {CARATTERE, VOLONTÀ} fest **9** (*saldo*) {PERSONA} unerschütterlich **10** (*potente*) {GOVERNO, NAZIONE, PARTITO} stark, mächtig: **ho bisogno di lenti più forti**, ich brauche stärkere (Brillen)gläser **11** (*notevole*) {CALO, CAMBIAMENTO, GUADAGNO, SPESA} groß, hoch; {ACCENTO VENEZIANO, ANTIPATIA, INTERESSE, SENSO DEL DOVERE, SOMIGLIANZA} stark **12** (*violento*) {SCHIAFFO, SPINTA} kräftig; {ACQUAZZONE, SCOPPIO, VENTO, PASSIONE} *anche fig* stark, heftig **13** (*duro*) {ESPRESSIONE, IMMAGINE} hart: **con lui usa sempre parole forti**, mit ihm gebraucht er/sie immer harte Worte **14** *econ* {MONETA} hart **15** *gramm* (*irregolare*) {DECLINAZIONE, VERBO} stark **16** *ling* (*tonico*) {SILLABA, VOCALE} betont **17** *slang giovanile* stark *slang*, toll *fam*: **sei ~!**, du bist (ja echt) Spitze! *slang*: **che ~!**, toll!, spitze! *fam* **B** *avv* **1** (*con forza*) {PICCHIARE} fest: **reggersi ~**, sich gut festhalten, *anche fig* reggiti ~ **che adesso ti**

racconto una storia incredibile...!, jetzt halt dich gut fest, denn ich hab dir eine irre Geschichte zu erzählen! **2** (*copiosamente*) {NEVICARE, PIOVERE} stark, heftig **3** (*a voce alta*) {DISCUTERE, PARLARE, RIDERE} laut **4** (*velocemente*) schnell: **non andare così ~!**, geh/fahr nicht so schnell! **5** (*molto*) {BERE, MANGIARE} gut, tüchtig; {GIOCARE, PUNTARE} hoch **6** *fam* (*posposto ad agg: assai*) so, sau- *fam*: **sei stupido ~**, du bist saudumm *fam* **C** m (f) **1** (*persona*) Starke mf decl come agg **2** (*potente*) Mächtige mf decl come agg **D** m <solo sing> **1** (*specialità*) Stärke f: **storia non è il suo ~**, Geschichte ist nicht seine/ihre Stärke **2** (*sapore acido*) {+SOSTANZA FERMENTATA} starker/saurer Geschmack ● **~ e chiaro**, laut und deutlich; **farsi ~ di qc** *fig* (*valersi*), sich auf etw (acc) stützen.

fòrte[2] m (*fortezza*, *abbr* F.te) Fort n.

forteménte *avv* **1** (*con forza*) {STRINGERE} fest **2** (*assai*) {DUBITARE} stark; {TEMERE, VOLERE} sehr: **è ~ preoccupato**, er ist sehr besorgt/[in Sorge].

fortézza f **1** (*fermezza*) {+ANIMO} Stärke f, Festigkeit f: **dimostrare ~ nelle avversità**, im Unglück Stärke zeigen; *relig* (*virtù*) Tapferkeit f **2** *mil* (*fortificazione*) Festung f.

fortificàre <fortifico, fortifichi> **A** *tr* **1** (*rendere forte*) **~ qu/qc (con qc)** {CORPO CON L'ESERCIZIO} jdn/etw (*durch etw* acc) kräftigen, jdn/etw (*durch etw* acc) stärken; *fig* {SPIRITO CON LA RINUNCIA} *anche* jdn/etw (*durch etw* acc) festigen **2** *mil* **~ qc** (*località*) etw befestigen **B** *itr pron rfl* (*diventare forte*): **fortificarsi (con qc)** {FISICO} (*durch etw* acc) kräftiger werden; *fig* {FEDE} (*durch etw* acc) erstarken.

fortificazióne f *mil* **1** (*azione*) {+CITTÀ} Befestigung f **2** (*complesso di opere*) {MEDIEVALE, PERMANENTE} Befestigung(sbau m) f **3** (*fortezza*) Festigung(sbau m) f: **fortificazioni campali**, Schanzwerk n.

fortilìzio <-zi> m *mil* kleine Festung, Fort n.

fortìno <dim di forte[2]> m *mil* kleines Fort.

fortìssimo <superl di forte[1]> m *mus* Fortissimo n.

FORTRAN m *inform abbr dell'ingl* Formula Translation (*linguaggio per la traduzione di formule*) FORTRAN n.

fortùito, (-a) *agg* {COINCIDENZA, INCONTRO} zufällig.

fortùna A f **1** (*destino*) Schicksal n, Glück n: **la ~ non gli arride**, das Schicksal meint es nicht gut mit ihm, das Glück ist ihm nicht hold *forb*; **nei sorteggi va a ~**, bei Verlosungen entscheidet das Glück **2** (*buona sorte*) {INASPETTATA, SFACCIATA} Glück n: **avere ~ in qc**, bei etw (dat) Glück haben; **la tua è solo ~**, du hast nur Glück; **portar ~ a qu**, jdm Glück bringen **3** (*patrimonio*) Vermögen n: **ho speso una ~**, ich habe ein Vermögen ausgegeben **4** (*successo*) {+CORRENTE ARTISTICA} Erfolg m, Anklang m: **la ~ del poeta iniziò nell'Ottocento**, der Erfolg des Dichters begann im 19. Jahrhundert **B** *loc avv* (*improvvisato*): **di ~**, {ATTERRAGGIO} Not-; {MEZZI, RIPARO} *anche* Behelfs-, provisorisch ● **con alterne fortune**, mit wechselhaftem Glück; **andare a cercar ~ in America** (*miglioramento economico*), sein Glück in Amerika suchen; **essere baciato dalla ~** *fig* (*nascere o diventare fortunato*), ein Glückskind/Glückspilz *fam* sein; **buona ~!**, viel Glück!; **~ che...** *fam* (*meno male*), ein Glück, dass ...; **~ volle che ...**, das Glück wollte es, dass ...; **~ vuol che ...!**, was für ein Glück!; **prendere la ~ per i capelli** *fig* (*afferrare al volo un'occasione propizia*), die Gelegenheit beim Schopf(e) fassen/ergreifen/packen; **essere la ~ di qu** (*essere una salvezza per qu*), jds Glück/Rettung sein; **fare ~**

(*arricchirsi*), {NONNO} sein Glück machen; *per ~*, zum Glück; **essere sbalestrato dalla ~ fig**, vom Schicksal verfolgt sein; **avere tutte le fortune** (*essere molto fortunato*), nur Glück haben, das Glück auf seiner Seite haben; **la ~ aiuta gli audaci** *prov*, wer wagt, gewinnt *prov*; **la ~ è cieca** *prov*, das Glück ist unberechenbar.

fortunàle *m meteo* starker Sturm.

fortunataménte *avv* (*per fortuna*) zum Glück: **hai sentito il terremoto? – No, ~ non c'ero**, hast du das Erdbeben gespürt? – Nein, ⌊zum Glück⌋/[Gott sei Dank] war ich nicht da.

fortunàto, (-a) *agg* **1** (*favorito dalla sorte*) {UOMO} glücklich: **essere ~**, Glück haben; **fortunata lei!**, die Glückliche!, sie hat es gut!; **se te la cavi puoi dirti ~**, wenn du das schaffst, kannst du von Glück reden **2** (*riuscito*) {IMPRESA, SPEDIZIONE} gelungen **3** (*propizio*) {GIORNO, PERIODO} Glücks- ● *~/fortunatissimo* (*di conoscerla!*) *obs* (*in formule di cortesia*), sehr erfreut(, Sie kennen zu lernen)!

fortunèllo, (-a) *m* (*f*) *fam scherz* (*persona molto fortunata*) Glückskind n, Glückspilz m *fam*.

fortunóso, (-a) *agg* **1** (*burrascoso*) {TEMPO, VIAGGIO, VITA} bewegt, wechselvoll **2** (*fortuito*) {AZIONE} zufällig.

fòrum <-> *m lat* **1** {ELETTORALE} Forum n **2** *inform* Forum n.

forùncolo *m* Furunkel m o n.

foruncolóso, (-a) *agg* {RAGAZZINO} furunkulös.

forviàre *e deriv* → **fuorviare** *e deriv*.

forward <-> *m ingl econ* Terminpapier n.

fòrza A *f* **1** {+BRACCIA} Kraft f, Stärke f: **~ fisica**, körperliche Kraft, Körperkraft f; **sei una ~ della natura!**, du bist ⌊eine richtige Naturgewalt *anche iron*⌋/[ein Urvie(c)h! *fam scherz*]! **2** <*di solito al pl*> (*vigore*) Kräfte f pl: **essere in forze**, bei Kräften sein; **le forze lo hanno abbandonato**, seine Kräfte haben nachgelassen **3** (*impeto*) {+TEMPESTA, VENTO} Stärke f, Wucht f, Gewalt f **4** (*violenza*) Gewalt f: **con la ~**, mit Gewalt **5** <*solo pl*> (*mezzi*) Kräfte f pl, Mittel n pl: **farsi strada con le proprie forze**, sich (dat) als eigener Kraft einen Weg bahnen **6** *fig* (*potere*) {+IMMAGINAZIONE, TRADIZIONI} Macht f: **la ~ dell'abitudine**, die Macht der Gewohnheit; **~ di persuasione**, Überzeugungskraft f; **la ~ del pensiero**, die Macht des Gedankens **7** *fig* (*potenza*) {ECONOMICA} Macht f; {+SGUARDO} Kraft f; {+SENTIMENTO} Heftigkeit f **8** *fis* {ANTAGONISTA, MAGNETICA} Kraft f: **~ centrifuga/centripeta**, Zentrifugal-/Zentripetalkraft f; **~ elettrica**, elektrische Kraft; **~ di gravità**, Schwerkraft f; **~ d'urto**, Stoßkraft f, Aufprallkraft f **9** *mar* (See)stärke f: **il mare è ~ 7**, das Meer hat Seestärke 7 **10** <*solo pl*> *mil* (*contingenti*) {AEREE} Kräfte f pl: **forze armate**, Streitkräfte f pl; **forze dell'ordine**, Polizeiaufgebot n, Polizei **11** <*solo pl*> *polit* (*gruppo*) {PROGRESSISTE, SOCIALI; +CENTRO-SINISTRA, OPPOSIZIONE} Kräfte f pl: **le forze della reazione**, die reaktionären Kräfte f pl B *inter impr* (*di incitamento*): **~!**, vorwärts!, los!, Tempo! *fam*; **~, sbrigatevi!**, los, euch beeilt!; **~ Juve!**, vorwärts, Juve! C *loc* a (*viva*) **~**, mit (aller) Gewalt; **far salire qu a ~ in macchina**, jdn mit Gewalt ins Auto bugsieren *fam* D *loc prep* **1** a **~ di prediche/sacrifici/…**, durch ständige Moralpredigten/ Opfer **… 2** *dir* (*in virtù di*): **in ~ di qc** {DI UN DECRETO, DI UN TITOLO} kraft etw (gen) E *loc cong*: **a ~ di aspettare/pazientare/…**, ⌊vom vielen⌋/[nach langem] Warten/Dulden/… ● **~ d'animo**, Seelenstärke f; **bella ~!** (*rif. ad*

azione che non è costata fatica), (das ist kein) Kunststück!; **~ bruta**, rohe Gewalt; **~ e coraggio!**, nur Mut!; **con tutte le forze**, mit aller Kraft; **per ~ di cose** (*per necessità*), notgedrungen, aus zwingenden Gründen; **essere in ~ a/presso qc** (*in organico*), etw (dat) zugeteilt sein; **fare ~ contro/su qc**, {CONTRO IL TAVOLO} auf etw (acc) einen Druck ausüben; **farsi ~** *fig* (*farsi coraggio*), sich (dat) Mut machen; **~ gladiatoria**, Bärenkräfte f pl; **Forza Italia** *polit*, "italienische rechtsliberale Partei"; **~ lavoro** *econ*, Arbeitskraft f; **~ di legge** *dir* (*valore di legge*), Gesetzeskraft f; **~ maggiore** *dir* (*causa esterna*), höhere Gewalt; **per ~** (*controvoglia*), notgedrungen; (*naturalmente*), natürlich; **~ pubblica**, Staatsgewalt f; **~ traente** (*che trae*), Zugkraft f; *fig* (*che trascina*), treibende Kraft; **la ~ traente di un partito**, die treibende Kraft einer Partei; **a tutta ~!** *mar* (*al massimo*), volle Kraft!; **~ di volontà**, Willenskraft f; **contro la ~ la ragion non vale** *prov*, wo Gewalt herrscht, schweigen die Rechte *prov*.

forzàre A *tr* **1** (*scassinare*) **~ qc** (*con qc*) {LUCCHETTO, USCIO CON IL PIEDE DI PORCO} etw (*mit etw dat*) auf⌊brechen **2** (*premere con forza*) **~ qc** (*in qc*) {PEZZO NELL'INCASTRO} etw mit Gewalt *in etw* (acc) drücken **3** (*sottoporre a sforzo*) **~ qc** {VOCE} etw über⌊beanspruchen, etw strapazieren {MOTORE} *anche etw* schinden *fam* **4** (*accelerare*) **~ qc** {PASSO, RITMO} etw beschleunigen; *anche fig* {SVILUPPO} etw forcieren **5** (*costringere*) **~ qu/qc (a qc)** {AL MATRIMONIO} jdn/etw (*zu etw dat*) zwingen: **~ un bambino/gattino a mangiare**, ein Kind/Kätzchen zum Essen zwingen **6** *fig anche mil sport* (*sfondare*) **~ qc** {POSTO DI BLOCCO} etw durchbrechen B *itr* (*fare attrito*) {CASSETTO, PORTA} klemmen.

forzataménte *avv* **1** (*controvoglia*) {RIDERE} mühsam, gezwungen **2** (*per necessità*) {RINUNCIARE} notgedrungen.

forzàto, (-a) A *agg* **1** (*obbligatorio*) {ASSENZA, PARTENZA} notgedrungen; {LAVORI} Zwangs- **2** (*innaturale*) {ALLEGRIA, SALUTO} gezwungen, bemüht, krampfig **3** *fig* (*arbitrario*) {INTERPRETAZIONE} verdrehend, entstellend, verzerrend **4** *tecnol* (*a pressione*) {CONDOTTA} Druck- B *m* (f) (*galeotto*) Zuchthäusler(in) m(f), Zwangsarbeiter(in) m(f).

forzatùra *f* **1** (*scasso*) {+CASSAFORTE} Aufbrechen n **2** (*il forzare*) {+VOCE} Beanspruchung f **3** *fig* (*interpretazione arbitraria*) Verdrehung f, Entstellung f, Verzerrung f.

forzière *m* Geldschrank m.

forzìsta <-*i m*, -*e f*> *mf polit* (*sostenitore*) "Anhänger(in) m(f) von Forza Italia".

forzóso, (-a) *agg econ* {CAMBIO, PRESTITO} Zwangs-.

forzùto, (-a) *agg fam* {UOMO} bärenstark *fam*.

fosbury <-> *m ingl sport* (*nell'atletica*) Fosburyflop m.

fòschia *f meteo* Dunst m.

fósco, (-a) <-*foschi, fosche*> *agg* **1** (*scuro*) {COLORE, NOTTE} dunkel **2** (*velato*) {CIELO, LUCE} dunstig **3** *fig* (*cupo*) {PENSIERO, SGUARDO} finster, düster **4** *fig* (*incerto*) {AVVENIRE} unsicher, dunkel.

foscoliàno, (-a) *lett* A *agg* (*di U. Foscolo*) {INTERPRETAZIONE, ROMANZO} von Foscolo B *m* (f) (*seguace*) Anhänger(in) m(f) Foscolos.

fosfatàşi *f biol chim* Phosphatase f.

fosfàtico, (-a) <-*ci, -che*> *agg chim* (*di fosfato*) {CONCIME} phosphathaltig.

fosfàto *m chim* Phosphat n.

fosforescènte *agg* **1** {SOSTANZA} phosphoreszierend **2** *fig* (*luminoso al buio*) {OCCHI DEL GATTO} leuchtend.

fosforescènza *f* Phosphoreszenz f.

fosfòrico, (-a) <-*ci, -che*> *agg chim* {ANIDRIDE} Phosphor-.

fòsforo① *m* **1** *chim* Phosphor m **2** *fig fam* (*intelligenza*) Grips m *fam*: **avere ~ nel cervello**, Grips *fam* haben.

fosfòro② *m elettr fis* Phosphor m.

fosforóso, (-a) *agg chim* {ANIDRIDE} phosphorig.

fòssa *f* **1** (*fosso*) {+SCOLO} Graben m **2** *anche tecnol* (*buca*) {+LAVAGGIO, RIPARAZIONE} Grube f, Loch n: **~ biologica/settica**, ⌊biologische Kläranlage⌋/[Faulgrube] f; **~ dell'orchestra**, Orchestergraben m **3** (*tomba*) Grab n: **~ comune**, Massengrab n **4** *anat* (*cavità*) {CRANICA, NASALE} Höhle f **5** *geog geol* {TETTONICA} Graben m: **~ oceanica**, Tiefseegraben m ● **essere nella ~ dei leoni/serpenti** *fig* (*dover affrontare molti avversari*), in der ⌊Höhle des Löwen⌋/[Schlangengrube] sein; **scavarsi la ~** ⌊da solo⌋/[con le proprie mani] *fig* (*rovinarsi*), sich (dat) selbst sein Grab schaufeln/graben.

fossàto *m* **1** (*canale di scolo*) (Wasser)graben m **2** (*scavo perimetrale*) {+CASTELLO} (Verteidigungs)graben m, Ringgraben m.

fósse① 3ª pers sing del congv imperf di essere①,②.

fósse② *cong* (*sia*): **fosse …, fosse …, sei es…, sei es…**; **ob …, ob …**: **~ la gelosia, ~ l'invidia, fatto sta che la umiliò davanti a tutti**, ob/[sei es] aus Eifersucht, ob/[sei es] aus Neid, Tatsache ist, dass er/sie sie vor allen gedemütigt hat.

fossétta <*dim di fossa*> f {+GUANCE, MENTO} Grübchen n.

fóssi 1ª pers sing del congv imperf di essere①,②.

fòssile A *agg* **1** (*di epoca remota*) {IMPRONTA, PIANTA} versteinert, fossil **2** *fig scherz* (*antiquato*) {TEORIA} vorsintflutlich *scherz* B *m* **1** {+QUATERNARIO} Fossil n: **~ guida**, Leitfossil n **2** *fig scherz* (*persona o istituzione antiquata*) Fossil n ● **~ linguistico** *ling*, Sprachfossil n.

fossilizzàre A *tr* **~ qc* **1** (*ridurre a fossile*) etw versteinern **2** *fig* (*mantenere immutato*): **ha fossilizzato le proprie idee**, er/sie ist in seinen/ihren Ansichten völlig versteinert, er/sie hat völlig eingefahrene Ansichten B *itr pron* **1** (*diventare fossile*): **fossilizzarsi** {VEGETALE} versteinern, fossilisieren **2** *fig* (*sclerotizzarsi*): **fossilizzarsi (in qc)** {NELLE PROPRIE CONVINZIONI} *in etw* (dat) erstarren, *in etw* (dat) verknöchern, ein⌊rosten *fam*.

fossilizzazióne *f* **1** Versteinerung f, Fossilisation f **2** *fig* (*mancata evoluzione*) Erstarrung f, Verknöcherung f, Einrostung f *fam*.

fòsso *m* **1** (*canale*) (Wasser)graben m: **~ di irrigazione**, Bewässerungsgraben m; **~ di scolo**, Abflussrinne f **2** (*fossato*) {+CASTELLO} (Verteidigungs)graben m, Ringgraben m: **~ di una fortezza**, Festungsgraben m ● **saltare il ~**, über den Graben springen; *fig* (*prendere una decisione importante*), den Sprung wagen.

fòste, fósti 2ª pers sing e pl del pass rem di essere①,②.

fòto <-> *f fam* (*fotografia*) Foto n, Bild n, Aufnahme f: **mi fai una ~?**, machst du ein Foto von mir?; **~ di gruppo**, Gruppenbild n.

fòto- primo elemento **1** (*luce*) Foto-, Photo-, Licht-: **fotocellula**, Fotozelle, Photozelle **2** (*fotografia*) Foto-: **fotipia**, Lichtdruck **2** (*fotografia*) Foto-: **fotoamatore**, Fotoamateur; **fotografo**, Fotograf.

fotoamatóre, (-trice) *m* (*f*) Fotoamateur(in) m(f).

fotocàmera *f* Kamera f, Fotoapparat m: **~ digitale**, Digitalkamera f.

fotocèllula f *elettr* Fotozelle f, Photozelle f.
fotoceràmica <-che> f (*tecnica, riproduzione*) Fotokeramik f.
fotocólor <-> m Farbaufnahme f.
fotocompórre <*coniug come* porre> tr *edit elettr* ~ **qc** {TESTO} etw im Fotosatz her|stellen.
fotocompositóre, (-trice) *tip* **A** m (f) Fotosetzer(in) m(f), Photosetzer(in) m(f) **B** f (*macchina*) Fotosetzmaschine f, Photosetzmaschine f.
fotocomposizióne f *tip* Fotosatz m, Photosatz m, Lichtsatz m.
fotocópia f {+DOCUMENTO} Fotokopie: **fare una ~ di qc**, eine Fotokopie von etw (dat)/+gen machen, etw fotokopieren.
fotocopiàre <*fotocopio, fotocopi*> tr ~ **qc** {ARTICOLO} etw fotokopieren.
fotocopiatrìce f Fotokopierer m, Fotokopiergerät n.
fotocopiatùra f {+LIBRO} Fotokopieren n.
fotocromàtico, (-a) <-ci, -che> agg *ott* {LENTI} fototrop, phototrop, photochrom.
fotocromìa f *fis* Fotochromie f.
fotocrònaca <-che> f Bildbericht m.
fotocronìsta <-i m, -e f> mf Fotoreporter(in) m(f).
fotodermatìte f *med* Foto-, Photodermatitis f.
fotodermatòsi f *med* Fotodermatose f *scient*.
fotoelèttrico, (-a) <-ci, -che> **A** agg *elettr fis* {CELLULA} Foto- **B** f *elettr* (*faro*) {+ESERCITO, POMPIERI} Scheinwerfer m.
fotoelettróne m *fis* Fotoelektron n.
fotofinish <-> m *sport* Fotofinish n.
fotofobìa f *med* Fotophobie f *scient*.
fotogenicità <-> f Fotogenität f, Photogenität f.
fotogènico, (-a) <-ci, -che> agg {PERSONA, VISO} fotogen, photogen.
fotogiornalìsmo m Foto-, Bildjournalismus m.
fotògrafa f → **fotografo**.
fotografàre tr **1** *fot* ~ **qu/qc** jdn/etw fotografieren, jdn/etw auf|nehmen **2** *fig* (*descrivere fedelmente*) ~ **qc** {SITUAZIONE} etw genau beschreiben/wieder|geben.
fotografìa f **1** (*tecnica*) Fotografie f **2** (*immagine*) {AEREA, MOSSA, SUBACQUEA} Fotografie f, Foto n, Aufnahme f, Bild n: **a colori**, Farbfoto n, Farbbild n; **in bianco e nero**, Schwarzweißfoto n, Schwarzweißaufnahme f; ~ (**formato**) **tessera**, Passbild n; ~ **istantanea**, Momentaufnahme f, Schnappschuss m *fam* **3** *fig* (*descrizione fedele*) {+NAZIONE} genaue Beschreibung **4** *fig* (*riproduzione fedele*) genaue Wiedergabe: **sei la ~ di tuo padre**, du bist deinem Vater wie aus dem Gesicht geschnitten.
fotogràfico, (-a) <-ci, -che> agg **1** *fot* {APPARECCHIO, PELLICOLA, STUDIO} Foto-; {MOSTRA} *anche* fotografisch **2** *fig* (*fedele al modello*) {DESCRIZIONE} wirklichkeitsgetreu, genau.
fotògrafo, (-a) m (f) Fotograf(in) m(f), Photograph(in) m(f).
fotogràmma <-i> m **1** *fot film* Einzelbild n **2** *tecnol scient* Fotogramm m.
fotoincisióne f *tip* **1** (*procedimento*) Fototiefdruckverfahren n, Fotogravüre f, Heliogravüre f **2** (*immagine*) Fotogravüre f, Heliogravüre f.
fotokit <-> m *fot* fotografisches Phantombild.
fotolaboratòrio <-ri> m *fot* Fotolabor n.
fotòlisi f *chim* Fotolyse f, Photolyse f.
fotolìto f *tip* Fotolithograf f.

fotolitografìa f *tip* Fotolithografie f.
fotomeccànico, (-a) <-ci, -che> agg *tip* fotomechanisch.
fotometrìa f *fis* Fotometrie f, Lichtmessung f.
fotomodèllo, (-a) m (f) Fotomodell n.
fotomontàggio <-gi> m *fot* Fotomontage f.
fotóne m *fis* Foton n.
fotorecettóre, (-trice) *biol* **A** agg {ORGANO} fotorezeptorisch **B** m Fotorezeptor m, Lichtrezeptor m.
fotoreportàge <-> m *giorn* Bildbericht m, Fotoreportage f.
fotorepórter <-> mf Fotoreporter(in) m(f).
fotoriproduzióne f (*processo fotografico, copia*) Fotoreproduktion f.
fotoritócco <-chi> m Retuschierung f.
fotoromànzo m Bildroman m, Fotostory f.
fotosegnalazióne f *amm* erkennungsdienstliche/elektronische Erfassung.
fotosensìbile agg **1** *chim* {CARTA} lichtempfindlich **2** *biol* {PIANTA} phototropisch.
fotosensibilità <-> f **1** *chim* Lichtempfindlichkeit f **2** *biol* Fototropismus m.
fotoserigrafìa f *tip* Filmdruck m.
fotoservìzio <-zi> m *giorn* Bildbericht m, Bildreportage f.
fotosfèra f *astr* Fotosphäre f.
fotosìntesi <-> f *bot chim* {CLOROFILLIANA} Fotosynthese f.
fototèca <-che> f Fothek f.
fototerapìa f *med* Fototherapie f *scient*.
fotottèssera <-> f Passbild m.
fototipìa f *tip* Lichtdruck m.
fototìpo m *biol* Fototyp m: ~ **zero**, Fototyp m 0/null; ~ **sei**, Fototyp 6/sechs.
fóttere **A** tr *volg* **1** (*scopare*) ~ **(qu)** (*jdn*) ficken *volg*, (*jdn*) bumsen *volg*, (*jdn*) vögeln *volg* **2** *fig* (*imbrogliare*) ~ **qu** jdn leimen *slang*, jdn lieken *slang* **3** *fig* (*rubare*) ~ **qc a qu** {MACCHINA} jdm etw stehlen, jdm etw klauen *fam* **B** itr pron *volg* (*fregarsene*): **fottersene (di qu/qc)** (*auf etw/jdn*) scheißen *volg*: **me ne fotto!**, ich scheiß drauf! *volg*, **va a farti ~!** *volg*, leck mich am Arsch! *volg*; **fottiti!** *volg*, fick dich ins Knie! *volg*.
fottìo <-tii> m *fam* (*mucchio*) ~ **di qc** {+GENTE, SOLDI} Haufen m + nom/+ gen pl.
fottùto, (-a) agg *volg* **1** pred (*rovinato*) ruiniert, geliefert *fam*, im Arsch *volg*, abgefuckt *volg slang* **2** (*maledetto*) {GIORNO, SCUOLA} verdammt *fam spreg* **3** (*esagerato*) {FREDDO, PAURA} beschissen *volg*, Scheiß- *volg*.
foulard <-> m *franc* **1** (*per il capo*) Kopftuch n; (*per il collo*) Halstuch n **2** (*tessuto*) Foulard m.
fox terrier <-, -s pl *ingl*> m *ingl zoo* Foxterrier m.
fox-trot <-> m *ingl* Foxtrott m.
foyer <-> m *franc* {+TEATRO} Foyer n.
FP *post abbr di* Fermo Posta: postlagernd.
FPS m *autom abbr dell'ingl* Fire Prevention System (*sistema di prevenzione del fuoco*) Brandverhütungssystem n.
fr. **1** *abbr di* franco: fr. (*abbr di* frei) **2** *abbr di* francese: französisch.
fra① prep → **tra**.
fra②, **fra'** m (*frate*) Bruder m: **fra Martino**, Bruder Martin.
frac <-> m *franc* Frack m.
fracassàre **A** tr (*spaccare*) ~ **qc** (**con qc**) {MACCHINA, VETRINA CON UN SASSO} etw (*mit*

etw dat) zerbrechen, etw (mit etw dat) zerschlagen, etw (mit etw dat) zertrümmern; ~ **qc (a qu) (con qc)** {TESTA CON UNA SPRANGA} (*jdm*) etw (*mit etw* dat) zertrümmern **B** rfl indir: **fracassarsi qc** {PIEDE} sich (dat) etw brechen **C** itr pron: **fracassarsi** (+ **compl di luogo**) {MOTO CONTRO UN ALBERO; NAVE SULLE ROCCE} (*an etw* dat) zerschellen.
fracàsso m **1** (*rumore forte*) {+LAMIERE} Krach m, Getöse n; {+VETRI} Geklirr n, Klirren n **2** (*chiasso*) Krach m, Lärm m: **questa moto fa un gran ~**, dieses Mofa macht einen Heidenlärm *fam* • **far ~**, Lärm machen; *fig*, Staub auf|wirbeln, Furore machen.
fracassóne, (-a) m (f) *fam* (*persona rumorosa*) Polterer m *fam*, (Polterin f *fam*).
fràcco <-> m *sett* (*mucchio*) ~ **di qc** {+BOTTE} Haufen m + nom/+ gen pl; {+BAMBINI} Masse f *fam* + nom/+ gen pl: **mi sono fatto un ~ di risate**, ich habe ₍mir die Hucke voll gelacht₎/ ₍mich kaputtgelacht₎ *fam*.
fràcido, (-a) <-ci, -ce> *lett fam* → **fradicio**.
fràdicio, (-a) <-ci, -ce> **A** agg **1** (*inzuppato d'acqua*) {SCARPE} durchnässt, patsch-, klatschnass *fam* **2** (*molto sudato*) schweißgebadet **3** (*completamente*) völlig, total *fam*: **bagnato ~**, patsch-, klatschnass *fam*; **ubriaco ~**, stockbetrunken *fam* **4** (*marcio*) {FRUTTA, UOVO} verdorben, faul; {LEGNO} morsch **5** *fig* (*corrotto*) {SOCIETÀ} verdorben **B** m **1** (*parte marcia*) faule/verdorbene Stelle **2** *fig* (*corruzione*) Verderbtheit f, Verdorbenheit f.
fradiciùme m **1** (*putridume*) faules Zeug, Moder m **2** *fig* (*corruzione*) Verderbtheit f, Korruptheit f.
fràgile agg **1** (*facile a rompersi*) {VASO, VETRO} zerbrechlich; {CAPELLI} spröde **2** *fig* (*debole*) {SPERANZA} schwach; {CORPO, SALUTE} *anche* zart; {PSICHE} labil • **~!** (*sui pacchi*), (Vorsicht,) zerbrechlich!
fragilità <-> f **1** (*facilità a rompersi*) {+VETRO} Zerbrechlichkeit f; {+UNGHIE, PELLE} Sprödheit f **2** *fig* (*debolezza*) {+TEORIA} Schwäche f; {+RAGAZZA, NERVI} *anche* Zartheit f, Schwachheit f, Labilität f.
fràgola **A** f (*frutto*) Erdbeere f **B** <inv> agg {COLOR} erdbeer-, frais(e)-; {TESSUTO} erdbeer- frais(e)farben **C** <-> m (*colore*) Erdbeerrot n, Frais(e) n.
fragóre m (*rumore*) {+ONDE} Getöse n; {+APPLAUSO} Brausen n, Rauschen n; {+TUONO} Grollen n; {+MOTORE} Dröhnen n.
fragoróso, (-a) agg {CASCATA, URTO} tosend, dröhnend; {APPLAUSO} brausend, rauschend; {RISATA} schallend.
fragrànte agg (*profumato*) {PANE} duftend, wohlriechend.
fragrànza f (*profumo*) {+TORTA} Duft m, Wohlgeruch m; (*nella cosmesi*) {MORBIDA} Duftnote f.
fraintèndere <*coniug come* tendere> tr ~ **qu/qc** {AVVERTIMENTO, ORDINE} jdn/etw missverstehen, jdn/etw falsch verstehen: **spero non abbia frainteso**, ich hoffe, er/sie hat da nichts falsch verstanden; **ti prego di non fraintendermi**, bitte versteh mich recht.
fraintendiménto m (*malinteso*) Missverständnis n: **tra i due c'è stato un ~**, zwischen den beiden gab es ein Missverständnis.
framboise <-> f *franc enol* Himbeerlikör m.
frame m *ingl* **1** *film* (*fotogramma*) Fotogramm n, Einzelbild n **2** *inform* Frame m, Rahmen m.
frammentàre **A** tr (*ridurre in frammenti*) ~ **qc (con qc)** {ROCCIA CON UN MARTELLO} etw (*mit etw* dat) klein hauen, etw (*mit etw* dat) zersplittern **B** itr pron: **frammentarsi 1** (*ri-*

dursi in frammenti) {LEGNO} aufl-, zersplittern **2** biol (riprodursi) fragmentieren.

frammentarietà <-> f fig (inorganicità) {+DISCORSO} Bruchstückhaftigkeit f.

frammentàrio, (-a) <-ri m> agg **1** (ROCCIA) fragmentarisch **2** fig (inorganico) {TESTO} bruchstückhaft.

frammentàto, (-a) A part pass di frammentare B agg fig (spezzettato) {RACCONTO} abgerissen, diskontinuierlich.

frammentazióne f **1** (il frammentare) Kleinhauen n, Zersplittern n; (il frammentarsi) Auf-, Zersplitterung f **2** fig (suddivisione) {+LAVORO, PAGAMENTO, TERRENO} Aufteilung f **3** biol Fragmentation f **4** inform Fragmentierung f.

framménto m **1** (pezzo rotto) {ARCHEOLOGICO +BASSORILIEVO, STATUA} Bruchstück n, Fragment n; {+VASO} Scherbe f; {+OSSO, ROCCIA} Splitter m **2** (brandello) {+PELLE, TESSUTO} Fetzen m **3** fig lett (opera incompleta) Fragment n; (passo di un testo) Auszug m.

framméttere <coniug come mettere> A tr ~ **qc** (tra qc) {SPAZIO TRA DUE PARAGRAFI} etw dazwischen|setzen, etw zwischen etw (acc) setzen; (SPESSORE TRA IL MOBILE IL PAVIMENTO) etw dazwischen|schieben, etw zwischen etw (acc) schieben; (verticalmente) etw dazwischen|stellen, etw zwischen etw (acc) stellen; (orizzontalmente) etw dazwischen|legen, etw zwischen etw (acc) legen B itr pron **1** (porsi in mezzo): **frammettersi tra qu/qc** {MARE TRA DUE SPONDE; OSTACOLO TRA NOI} sich zwischen jdn/etw schieben **2** fig (intromettersi): **frammettersi in qc** {NELLE FACCENDE ALTRUI} sich in etw (acc) ein|mischen, sich in etw (acc) ein|mengen; **frammettersi tra qu** {TRA DUE CONTENDENTI} sich zwischen jdn stellen.

frammezzàre tr ~ qc con qc {BRANO MUSICALE CON PEZZI RECITATI} etw mit etw (dat) ab|wechseln; ~ **il discorso con battute di spirito**, die Rede mit geistreichen Bemerkungen spicken fam.

framméżżo A avv (in mezzo) {METTERSI, PORSI} dazwischen B loc prep (in mezzo a): ~ **a qu/qc** **1** (tra due: stato) {A VOI DUE, ALLA LINEA DI PARTENZA E DI ARRIVO} zwischen jdm/etw; (moto) zwischen jdn/etw **2** (tra molti: stato) {AGLI ALTRI BAMBINI, AI LIBRI} unter jdm/etw; (moto) unter jdn/etw.

frammischiàre <frammischio, frammischi> A tr ~ qc/qu (a/con qc) {ACQUA AL/COL VINO, DUE COLORI, PROSA E POESIA} etw (mit etw dat) (ver)mischen B rfl: **frammischiarsi (a/con qc)** {PROFUMO D'ERBA ALL'ODORE DELLA PIOGGIA; SAPORI} sich (mit etw dat) vermischen.

frammisto, (-a) agg gemischt: **neve frammista a fango**, mit Schlamm vermischter Schnee.

fràna f **1** (smottamento) Erdrutsch m **2** (materiale franato) Steinlawine f **3** fig fam scherz (disastro) Katastrophe f fam, Flasche f fam, Pflaume f fam spreg: **come meccanico sono una** ~, als Mechaniker bin ich eine Katastrophe/Flasche fam **4** fig (insuccesso) {ECONOMICA, ELETTORALE} Misserfolg m, Erdrutsch m.

franàre itr <essere> **1** {TERRENO} ab|rutschen; {MURO, PILA DI LIBRI} zusammen|stürzen **2** fig (venire meno) {IDEALI, SPERANZE} zusammen|brechen, scheitern.

Frànca f (nome proprio) Franka.

francaménte avv **1** (con franchezza) {PARLARE, RISPONDERE} ehrlich, offen (heraus) **2** (veramente) wirklich, echt fam: ~, **non saprei che dire**, ich wüsste wirklich nicht, was ich sagen soll.

Francésca f (nome proprio) Franziska.

francescàno, (-a) A agg **1** relig {REGOLA, UMILTÀ} franziskanisch, Franziskaner- **2** fig (umile) {VITA} mönchisch B m relig Franziskaner m.

Francésco m (nome proprio) Franz, Franziskus ● **san ~ d'Assisi** (patrono d'Italia), heiliger Franz von Assisi.

francése A agg {CUCINA, LETTERATURA, MODA} französisch B mf (abitante) Franzose m, (Französin f) C m <solo sing> (lingua) Französisch(e) n: **il ~ è una bella lingua**, Französisch/das Französische ist eine schöne Sprache; **come si dice in ~?**, wie heißt das auf Französisch?; **parla ~?**, sprechen Sie Französisch?; **sapere il ~**, Französisch können D <inv> loc agg: **alla ~**, {SCARPE} französisch, auf französische Art E loc avv: **alla ~** (VESTIRE) französisch, auf französische Art.

francesìsmo m ling Gallizismus m.

francesìsta <-i m, -e f> mf Romanist(in) m(f) mit Schwerpunkt Französisch.

francesìstica <-che> f lett ling Franzistik f, Gallo-, Frankoromanistik f.

francesiżżàre tr (rendere francese) ~ **qc** {CULTURA, NOME, REGIONE} etw franzö(si)sieren B itr pron: **francesizzarsi** {GENERAZIONE, PRONUNCIA} sich franzö(si)sieren.

francesiżżazióne f Französieren n, Französierung f.

franchézza f **1** (schiettezza) Aufrichtigkeit f, Freimut m: **d'animo**, Offenherzigkeit f; **in tutta ~**, in aller Offenheit; **rispondere con ~**, freimütig antworten **2** (disinvoltura) {+LINGUAGGIO} Unbefangenheit f, Ungezwungenheit f; spreg (sfacciataggine) Unverfrorenheit f.

franchìgia <-gie o rar -ge> A f **1** Gebührenfreiheit f, Gebührenerlass m: ~ **doganale/fiscale/postale**, Zoll-/Steuer-/Portofreiheit f; **in ~ doganale/postale**, zoll-/portofrei **2** dir (nelle assicurazioni) Selbstbeteiligung f, Selbstbehalt m, Franchise f **3** mar (libera uscita) Landgang m B <inv> loc agg: **in ~**, {INVIO, MERCE} (gebühren)frei; {SCATTI} anche Frei- C loc avv: **in ~**, {SPEDIRE} portofrei.

franchisee mf ingl comm dir Franchisenehmer(in) m(f).

franchising <-> m ingl comm dir Franchising n, Franchisevertrag m.

franchìsmo m polit stor Franco-Regime n.

franchisor mf ingl comm dir Franchisegeber(in) m(f).

franchìsta <-i m, -e f> polit stor A agg {DITTATURA} Franco- B mf Anhänger(in) m(f) Francos.

Francia f geog (abbr F) Frankreich n.

francìgeno, (-a) agg: **Via francigena**, Francigena(-Straße) f, Francigena-Pilgerweg m.

frànco①, (-a) <-chi, -che> stor A agg {DOMINAZIONE, TRIBÙ} fränkisch B m (f) (persona) Franke m, (Fränkin f).

frànco②, (-a) <-chi, -che> agg **1** (schietto) {DISCORSO, RISPOSTA} offen, aufrichtig: **essere ~ con qu**, offen mit jdm sein **2** (spigliato) {MANIERE} unbefangen **3** comm (esente da imposte, spese, ecc.) {DEPOSITO} Frei-, frei: **merce franca di dogana**, zollfreie Ware; ~ **confine**, franko/frei Grenze; ~ **domicilio/magazzino**, frei Haus/Lager; ~ **fabbrica**, ab Fabrik ● **farla franca** fig (riuscire in un'azione illecita), ungeschoren/[mit heiler Haut] davonkommen.

frànco③ <-chi> m: ~ **belga/francese**, belgischer/französischer Franc; ~ **svizzero**, Schweizer Franken.

Frànco m (nome proprio) Frank.

francobóllo A m {CELEBRATIVO, COMMEMORATIVO} Briefmarke f: ~ **per cartolina/lettera**, Briefmarke f für Postkarten/(Standard)-briefe B <inv> agg (posposto al sost, di dimensioni ridotte) {LIBRO} winzig, klitzeklein fam.

francofilìa f Frankophilie f forb.

francòfilo, (-a) A agg {POLITICA} frankreichfreundlich, frankophil forb B m (f) Frankophile mf decl come agg forb.

francofobìa f Frankophobie f forb.

francòfobo, (-a) A agg frankophob forb B m (f) Frankophobe mf decl come agg forb.

francòfono A agg frankophon forb B m (f) Frankophone mf decl come agg forb.

Francofòrte f geog Frankfurt n: ~ ˌsul Menoˌ/ˌsull'Oderˌ, Frankfurt ˌam Mainˌ/[an der Oder].

fràncone stor A agg fränkisch B mf (persona) Franke m, Fränkin f C <-> m (lingua) Fränkisch(e) n.

Francònia f geog stor Franken n.

frànco-provenzàle ling A <sing> m Frankoprovenzalische n B agg (DIALETTO) frankoprovenzalisch.

frangènte m **1** (onda) Sturzwelle f, Brecher m **2** (punto in cui s'infrange l'onda) Klippe f, Riff n **3** fig (momento) {BRUTTO, TRISTE} Umstand m, Lage f: **in quel ~**, in dieser Lage; **in simili frangenti**, unter ähnlichen Umständen.

fràngere <irr frango, frangi, fransi, franto> A tr ~ **qc 1** (frantumare) {TERRA, ZOLLE} etw brechen; {OLIVE} etw (aus)|pressen **2** fig lett (spezzare) {RESISTENZA} etw brechen B itr pron: **frangersi contro/su qc** {ONDA CONTRO GLI SCOGLI, SULLA BATTIGIA} sich gegen/an etw (acc) brechen.

frangétta <dim di frangia> f Pony(fransen f pl) m.

fràngia <-ge> A f **1** (frangiatura) {+GONNA, SCIARPA, TENDA} Franse f B (frangetta) {CORTA, FOLTA, LUNGA} Pony(fransen f pl) m **3** fig (fronzolo) {+DISCORSO, SCRITTO} Schnörkel m, Ausschmückung f **4** fig polit (gruppo marginale) {DISSIDENTE, ESTREMISTA, +ORGANIZZAZIONE POLITICA, PARTITO} Flügel m **5** anat {OVARICA, SINOVIALE} Franse f, Fimbria f scient **6** rar geog (fascia costiera) {CORALLINA, SABBIOSA +SCOGLI} Küstenstreifen m, Küstensaum m B loc agg: **a frange** {GIACCA, TAPPETO} fransig ● ~ **di diffrazione**, Beugungsfranse f.

frangìbile agg {VETRO} zerbrechlich.

frangifiàmma <-> m (reticella) Flammenverteiler m.

frangiflùtti A <inv> agg (posposto al sost) {BARRIERA} wellenbrechend B <-> m Wellenbrecher m.

frangilùce <-> m (riparo) Lichtschutz m.

frangisóle <-> m Sonnenschutz m, Markise f.

frangitùra f {+OLIVE} (Aus)pressen n.

frangivalànghe A <inv> agg (posposto al sost) {RETE} Lawinenschutz- B <-> m Lawinenschutz m.

frangivènto A <inv> agg (posposto al sost) {STRUTTURA} Windschutz- B <-> m Windschutz m.

frangiżòlle agr A <inv> agg (posposto al sost) {ERPICE, RULLO} Schollenbrecher- B <-> m Schollenbrecher m.

franóso agg {TERRENO, VERSANTE} leicht abrutschend/abstürzend.

frànsi 1ª pers sing del pass rem di frangere.

frànto part pass di frangere.

frantóio <-toi> m **1** (per olive) Ölmühle f; (per minerali) Steinmühle f **2** (oleificio) Ölfabrik f.

frantumàre A tr ~ qc (con qc) **1** (mandare in frantumi) {VASO, VETRO COL PALLONE} *etw* (*mit etw* dat) zerbrechen **2** (*frammentare*) {GHIAIA, PIETRA CON UN MARTELLO} *etw* (*mit etw* dat) klein hauen, *etw* (*mit etw* dat) zertrümmern; {CIBO CON I DENTI} *etw* (*mit etw* dat) zerkleinern **3** *fig* (*distruggere*) {SCONFITTA SOGNO, SPERANZA CON UNA DICHIARAZIONE} *etw* (*mit etw* dat) zerstören **B** *itr pron* (*andare in frantumi*): **frantumarsi** {PIATTO} zerbrechen; {BOTTIGLIA, SPECCHIO} *anche* zersplittern, zerspringen.

frantumazióne f {+MINERALE} Zertrümmerung f, Zerkleinerung f.

frantùme **A** m <*di solito al pl*> (Bruch)stücke n pl, Trümmer m o n pl: **andare in frantumi**, in die Brüche gehen, zu Bruch gehen; **mandare/ridurre in frantumi** qc, etw in Trümmer schlagen **B** *loc agg fig* (*in rovina*): **in frantumi**, {ECONOMIA, SOCIETÀ} in Trümmern.

fràppa f <*di solito al pl*> *gastr* "in Öl gebackenes Karnevalsgebäck aus Mittelitalien".

frappè <-> m Milchmixgetränk n: ~ ₗ**al cioccolato**ⱼ/[**alla menta**], Milchmixgetränk n mit Schokoladen-/Pfefferminzgeschmack.

frappóngo 1ª pers sing dell'ind pres *di* frapporre.

frappórre <*coniug come* porre> **A** tr **1** (*porre in mezzo*) ~ qc (*tra qc*) {ELEMENTO DI COLLEGAMENTO, STRUTTURA DIVISORIA} *etw* dazwischen|setzen, *etw* zwischen *etw* (acc) setzen; {SPESSORE TRA IL MOBILE IL PAVIMENTO} *etw* dazwischen|schieben, *etw* zwischen *etw* (acc) schieben; (*verticalmente*) *etw* dazwischen| stellen, *etw* zwischen *etw* (acc) stellen; (*orizzontalmente*) *etw* dazwischen|legen, *etw* zwischen *etw* (acc) legen **2** *fig* (*interporre*) ~ qc {DIFFICOLTÀ, OSTACOLI} *etw* in den Weg legen: **meglio non ~ indugi**, es ist besser, nicht zu zögern **B** *itr pron* **1** (*porsi in mezzo*): **frapporsi tra qu/qc** {CATENA MONTUOSA TRA LA PIANURA E IL MARE; INVIDIA TRA I DUE FRATELLI} sich zwischen jdn/*etw* schieben **2** *fig* (*intromettersi*): **frapporsi in qc** {IN UNA LITE} sich in *etw* (acc) ein|mischen, sich *in etw* (acc) ein| mengen; **frapporsi tra qu** {TRA DUE LITIGANTI} sich zwischen jdn stellen.

frasàle *agg ling* {AVVERBIO} Satz-.

frasàrio <-ri> m **1** (*gergo individuale*) {COLORITO, VOLGARE} Redeweise f, Ausdrucksweise f; (*settoriale*) {BUROCRATICO, POLITICO; +AVVOCATI, BORSA} *anche* Sondersprache f **2** (*raccolta di frasi*) {DANTESCO, LEOPARDIANO} Zitatensammlung f.

fràsca <-sche> f **1** (*fronda*) Laubzweig m **2** (*simbolo di osteria*) Schild n, Laubgebinde n **3** *fig* (*donna capricciosa*) kapriziöse/launische Frau **4** <*solo pl*> *fig* (*capricci*) Flausen f pl *fam*.

frascàti <-> m *enol* Frascati m (*Weißwein aus dem Latium*).

fràse f **1** (*espressione*) {AZZECCATA, GENTILE, SCORTESE} Ausdruck m: **le solite frasi di circostanza**, die üblichen Höflichkeitsfloskeln; **~ fatta**, Floskel f, Gemeinplatz m; **~ trita e ritrita**, eine abgedroschene Floskel **2** *ling* {BREVE, COMPIUTA, ENUNCIATIVA} Satz m **3** *mus* Phrase f.

fraseggiàre① <*fraseggio, fraseggi*> *itr* **1** (*periodare*) Sätze bilden **2** *mus* phrasieren.

fraseggiàre② m → **fraseggio**.

fraséggio <-gi> m **1** (*composizione di frasi*) {+LINGUAGGIO GIURIDICO} Satzbildung f **2** *mus* Phrasierung f.

fraseologìa f {ITALIANA, MILITARE} Phraseologie f.

fraseològico, (-a) <-ci, -che> agg {ESPRESSIONE} phraseologisch; {DIZIONARIO} Phraseologie-.

fràssino m **1** *bot* Esche f **2** (*legno*) Eschenholz n.

frastagliàre <*frastaglio, frastagli*> **A** tr ~ qc {ABITO, FOGLIO} *etw* (aus|)zacken, *etw* zackig (aus|)schneiden **B** *itr pron*: **frastagliarsi** {COSTA} zerklüftet sein.

frastagliàto, (-a) agg **1** (*ornato di frastagli*) {MERLETTO, TENDONE} zackenförmig **2** (*dal profilo non lineare*) {BORDO, FOGLIA} (aus)gezackt; {COSTA, ROCCIA} zerklüftet.

frastagliatùra f {+ABITO} Auszackung f; {+FOGLIA} Auszackung f; {+CATENA MONTUOSA, ZONA COSTIERA} Zerklüftung f.

fràstico, (-a) <-ci, -che> agg *ling* {STRUTTURA} Satz-.

frastornànte agg (*che stordisce*) {CHIASSO, MUSICA} betäubend.

frastornàre tr ~ qu **1** (*stordire*) {BACCANO, TRAFFICO GENTE} jdn betäuben **2** (*confondere*) jdn verwirren.

frastornàto, (-a) agg **1** (*stordito*) betäubt, benommen **2** (*confuso*) verwirrt, wirr: **dopo tutte quelle chiacchiere ero ~**, nach dem ganzen Geschwätz war ich wirr im Kopf.

frastuòno m {+AUTOMOBILI, VOCI} Getöse n, Lärm m.

fràte m (Ordens)bruder m, Mönch m: **farsi ~**, Mönch werden, ins Kloster gehen; **~ Indovino**, Bruder m Indovino; **frati minori**, Minderbrüder m pl.

fratellànza f **1** (*legame fraterno*) Brüderlichkeit f, Brüderschaft f **2** *fig* (*comunanza*) {+POPOLI} Brüderschaft f; {+IDEALI} Gemeinsamkeit f.

fratellàstro m Stiefbruder m.

fratèllo **A** *agg* (*posposto al sost*) {PAESE, PARTITO} Bruder- **B** m **1** (*parente*) {ADOTTIVO} Bruder m: **~ gemello**, Zwillingsbruder m; **~ maggiore/minore**, größer/kleiner Bruder; **ho due fratelli maschi**, ich habe zwei Brüder **2** <*solo pl*> (*fratelli e sorelle*) Geschwister pl: **siamo tre fratelli, un maschio e due femmine**, wir sind drei Geschwister, ein Bruder und zwei Schwestern; **sono ~ e sorella**, sie sind Geschwister; **sembrate fratelli**, ihr seht wie Geschwister aus **3** *fig* (*compagno*) Bruder m, Genosse m: **~ d'armi**, Waffenbruder m; **~ nel dolore**, Leidensgefährte m **4** *fig* (*connazionale*) Landsmann m: **i nostri fratelli emigrati oltreoceano**, unsere nach Übersee ausgewanderten Landsleute **5** <*solo pl*> *comm* (*abbr* F.lli) Gebrüder pl **6** *relig* (*cristiano*) Bruder m: **preghiamo fratelli...**, Brüder, lasst uns beten ...; (*membro di una confraternita*) Bruder m, (*frate*) (Ordens)bruder m: **fratel Leone**, Bruder Leone • **~ germano** (*degli stessi genitori*), leiblicher Bruder; **il Grande ~** *fig* (*potere occulto*), der große Bruder; **Fratelli d'Italia, l'Italia s'è desta** (*primo verso dell'inno nazionale italiano*), Brüder Italiens, Italien ist erwacht; **~ di latte** *fig* (*che ha avuto la stessa balia*), Milchbruder m; **~ di sangue** *fig* (*dello stesso padre, ma di madri diverse*), Halbbruder m (*von Seiten des Vaters*).

fraternità <-> f → **fratellanza**.

fraternizzàre *itr* ~ (**con qu**) **1** (*stringere amicizia*) {BAMBINI CON TUTTI} sich (*mit jdm*) verbrüdern **2** (*solidarizzare*) {MILITARI CON I CIVILI} (*mit jdm*) fraternisieren *forb*.

fratèrno, (-a) agg **1** (*di, da fratello*) {AFFETTO, AMORE} brüderlich, Bruder-, Geschwister- **2** *fig* (*affettuoso*) {AMICIZIA, BACIO, LEGAME} brüderlich.

fratésco, (-a) <-schi, -sche> agg (*di, da frate*) {SAIO} mönchisch, Mönchs-; *fig spreg* mönchisch: **astuzia fratesca**, mönchische Schlauheit/Verschlagenheit.

fratìna f (*tavolo rettangolare*) "langer, schmaler Tisch wie in Refektorien".

fratricìda <-i m, -e f> **A** agg {*rif. a fratricidio*} {ARMA} Bruder- **2** *fig* (*civile*) {GUERRA, LOTTA} Bruder- **B** *mf* (*chi uccide il fratello*) Brudermörder(in) m(f); (*la sorella*) Schwestermörder(in) m(f).

fratricìdio <-di> m (*uccisione del fratello*) Brudermord m; (*della sorella*) Schwestermord m.

fràtta f **1** (*macchia sterposa*) Unterholz n, Dickicht n **2** *region* (*cespuglio*) Gebüsch n, Gesträuch n, Gestrüpp n.

frattàglie <*solo pl*> f {+POLLO} Innereien pl.

frattàli <*solo pl*> m *mat* Fraktale n.

frattànto **A** *avv* (*nel frattempo*) inzwischen, unterdessen, währenddessen: **e ~ tutto va in rovina**, und währenddessen verfällt alles **B** *loc cong* (*mentre*) **~ che ... ind**, während ... **ind**, **~ ind**: **~ che esci imbucami questa lettera**, wenn du weggehst, wirf mir diesen Brief ein.

frattèmpo *loc avv* **1 nel ~**, inzwischen, unterdessen, währenddessen; **fai con calma, io nel ~ mi bevo un caffè**, lass dir Zeit, ich trinke inzwischen einen Kaffee **2 in quel/questo ~**, in der Zwischenzeit.

fràtto, (-a) agg *mat* **1** (*diviso*) geteilt: **sei due**, sechs geteilt durch zwei **2** (*frazionario*) {EQUAZIONE, NUMERO} Bruch-.

frattùra f **1** *fig* (*rottura*) {INSANABILE} Bruch m: **~ tra passato e presente**, Bruch m zwischen Vergangenheit und Gegenwart **2** *geol* (*faglia*) Verwerfung f **3** *med* {+BRACCIO} (Knochen)bruch m, Fraktur f *scient*: **~ esposta**, offener Bruch; **~ del femore**, Oberschenkelbruch m.

fratturàre **A** tr ~ qc a qu {COSTOLA ALL'AVVERSARIO} jdm *etw* brechen **B** *itr pron*: **fratturarsi** {OSSO, SETTO NASALE} brechen **C** *rfl indir*: **fratturarsi** qc {GAMBA, TIBIA} sich (dat) *etw* brechen.

fraudolènto, (-a) agg {AZIONE, BANCAROTTA, INDIVIDUO} betrügerisch.

fraudolènza f Betrug m.

Fräulein <-> f *ted* (*governante, istitutrice*) deutsches Fräulein.

frazionàbile agg {PROPRIETÀ, TERRENO} (auf)teilbar.

frazionaménto m **1** (*ripartizione*) {+EREDITÀ, IMMOBILE, SPESA} (Auf)teilung f **2** *chim* (*scissione*) Fraktionierung f, Fraktionieren n.

frazionàre **A** tr **1** ~ qc (tra qu) {LAVORO TRA PIÙ OPERAI, GUADAGNO TRA I SOCI} *etw* (*unter jdm*) (auf|)teilen; **~ qc (in qc)** {PERCORSO IN TAPPE, TERRENO IN LOTTI} *etw* (*in etw* acc) (auf|)teilen **2** *chim* ~ qc {SOSTANZA} *etw* fraktionieren **B** *itr pron* (*dividersi*): **frazionarsi (in qc)** {PARTITO, TERRITORIO IN DUE PARTI} sich (*in etw* acc) auf|teilen.

frazionàrio, (-a) <-ri> m agg *mat* {NUMERO} Bruch-, Teil-.

frazionàto, (-a) agg **1** (*diviso*) {PAGAMENTO, PATRIMONIO, PERCORSO} geteilt, Teil- **2** *chim* {SOLUZIONE} fraktioniert.

frazióne f **1** (*porzione*) {+CORTILE} (Bruch)teil m: **~ di secondo**, Sekundenbruchteil m, Bruchteil m einer Sekunde **2** *fig polit* {ala} {ESTREMISTA; +ORGANIZZAZIONE, PARTITO, SINDACATO} Fraktion f **3** *amm* (*borgata*) {DISABITATA, PICCOLA; +MONTAGNA} Ortsteil m **4** *chim* {VOLATILE} Fraktion f **5** *mat* {DECIMALE, IMPROPRIA, PROPRIA} Bruch m **6** *sport* (*di staffetta*) (*nel ciclismo*) Teilstrecke f.

frazionìsta <-i m, -e f> mf **1** *polit* (*scissionista*) Verfechter(in) m(f) einer (Ab)spaltungstendenz, Spalter(in) m(f) **2** *sport* (*atleta*) Teilstreckenläufer(in) m(f).

Fr.b. banca abbr di Franco Belga: bfr (abbr di Belgischer Franc).
freak <-> mf ingl Freak m.
freàtico, (-a) <-ci, -che> agg geol {LIVELLO} Grundwasser-.
freccétta <dim di freccia> f 1 (segno grafico) Pfeil m 2 (gioco) Darts n, Dartspiel n: **fare una partita a freccette**, eine Partie Darts spielen.
fréccia <-ce> f 1 (dardo) {AVVELENATA, INDIANA} Pfeil m: **veloce come una ~**, pfeilschnell 2 (elemento appuntito) {+OROLOGIO} Zeiger m; {+BUSSOLA} Nadel f 3 (segno) {INDICATRICE} Pfeil m: **~ direzionale**, Richtungspfeil m; **se segui le frecce non ti perdi**, wenn du den Pfeilen folgst, verirrst du dich nicht 4 autom (dispositivo luminoso) {+VEICOLO} Blinker m: **metti/togli la ~!**, schalt(e) den Blinker an/aus!; {+SEMAFORO} Pfeil m ● **avere molte frecce al proprio arco** fig (molte risorse), viel Pulver zu verschießen haben fam; **le Frecce Tricolori** aero mil (pattuglia acrobatica), "Luftakrobatenstaffel f der italienischen Luftwaffe".
frecciàta f 1 (colpo di freccia) Pfeilschuss m 2 fig (allusione maligna) Nadelstich m, Spitze f, Stichelei f fam spreg: **tirare una ~ a qu**, giftige/vergiftete Pfeile gegen jdn ab-/verschießen forb.
frecciatìna <dim di frecciata> f fig (motto pungente) Nadelstich m, Spitze f, Stichelei f fam spreg.
freddaménte avv fig 1 (con distacco) {RISPONDERE, SALUTARE} kühl 2 (a sangue freddo) {UCCIDERE} kaltblütig spreg.
freddàre A tr 1 (raffreddare) ~ qc {ACQUA} etw abkühlen lassen: **far ~ la cena**, das Abendessen kalt werden lassen 2 (+uccidere) ~ qu jdn kalt|machen fam 3 fig (smorzare) ~ qc {ENTUSIASMO} etw dämpfen B itr pron: **freddarsi** 1 (diventare freddo) {MINESTRA, TÈ} (sich) abkühlen, kalt werden 2 fig (affievolirsi) {FERVORE, SENTIMENTO} (sich) abkühlen.
freddézza f 1 (l'essere freddo) {+GHIACCIO, MARMO} Kälte f 2 fig (indifferenza) Gleichgültigkeit f: **mi hanno accolto con ~**, sie haben mich gleichgültig empfangen 3 fig (sangue freddo) Kaltblütigkeit f: **affrontare un toro con molta ~**, einem Stier mit großer Kaltblütigkeit entgegentreten.
fréddo, (-a) A agg 1 (ARIA, BEVANDA, CLIMA, NASO, PIETANZA, STANZA) kalt: **fa ~**, es ist kalt; **ho/sento ~**, mir ist (es) kalt, ich friere; **prendere ~**, sich erkälten; gastr {BUFFET, CENA} kalt; {TÈ} Eis- 2 {LUCE, TINTA, TONALITÀ} kalt 3 fig (distaccato) {ACCOGLIENZA, PERSONA, SGUARDO, TEMPERAMENTO} kalt, kühl: **mostrarsi ~ con qu**, jdm die kalte Schulter zeigen 4 fig (impersonale) {PROSA, STILE} kalt, kühl, unpersönlich B m {INTENSO, PUNGENTE} Kälte f: **con i primi freddi**, beim ersten Kälteeinbruch C <inv> loc agg: **a ~** {COLLA, PREPARAZIONE} Kalt-, kalt D loc avv 1 **a ~**, {LAVORARE} kalt 2 fig (lucidamente) 1 **a ~**, {COLPIRE, DECIDERE} nüchtern, (eis)kalt 3 **al ~**, {DORMIRE, STARE} in der Kälte ● **fa un ~ birbone** fam scherz, es ist lausig kalt fam; **fa un ~ cane** fig fam (molto freddo), es ist ⌐eine Hundekälte⌐/[saukalt] fam; **fa un ~ polare** fig (molto freddo), es ist eiskalt; **far venir ~** fig (sconcertare), erschau(d)ern lassen.
freddolóso, (-a) m (f) {PERSONA} kälteempfindlich.
freddùra f (battuta spiritosa) Kalauer m.
free climber <-> loc sost mf ingl alpin Free-climber m.
free climbing <-> loc sost m ingl alpin Free-climbing n.

free jazz <-> loc sost m ingl mus Free Jazz m.
free-lance <-> ingl A agg {FOTOGRAFO, GIORNALISTA, TRADUTTORE} Freelance-, frei B mf (libero professionista) Freelance m, Freelance m, Freiberufler(in) m(f).
free press <-> loc sost f ingl giorn Free Press f, Gratiszeitungen f pl.
free rider <-, - -s pl ingl> loc sost mf ingl econ Free-Rider m, Trittbrettfahrer(in) m(f).
free shop <-, - -s pl ingl> loc sost m ingl (duty free) Duty-free-Shop m.
freeware <-> m ingl inform Freeware f.
freezer <-> m ingl (congelatore) Kühlbox f.
fregàre <frègo, frèghi> A tr 1 (strofinare) ~ (qc) (con qc) {PAVIMENTO, SUPERFICIE CON UNO SPAZZOLONE} (mit etw dat) scheuern; {MUSCOLO CON UNA POMATA, PELLE CON DEL SAPONE} (etw) (mit etw dat) ein|reiben 2 (sfregare facendo attrito) ~ qc (+ compl di luogo) {CARROZZERIA, FIAMMIFERO, GOMITO CONTRO UN MURO} etw (irgendwo) reiben 3 fig fam (imbrogliare) ~ qu {CLIENTE, FISCO} jdn an|schmieren fam, jdn herein|legen fam, jdn bescheißen volg: **non farti ~!**, lass dich nicht anschmieren fam! 4 fig fam (rubare) ~ qc (a qu) {AUTO, OROLOGIO} (jdm) etw ab|stauben fam, (jdm) etw klauen fam B itr pron fam (infischiarsi): **fregarsene (di qu/qc)** {DELLA GENTE, DEL LAVORO} auf jdn/etw pfeifen fam, auf jdn/etw scheißen volg: **fregatene!**, pfeif fam/scheiß volg drauf!; **e chi se ne frega?**, das interessiert doch keine Sau! volg; **me ne frego altamente!**, das ist mir scheißegal fam volg! C rfl indir (grattarsi): **fregarsi qc** {OCCHI, NASO, SCHIENA} sich (dat) etw reiben ● **fregarsi da solo** fig fam (arrecare danno a se stessi), sich (dat) selbst etwas einbrocken fam; den Ast absägen, auf dem man sitzt.
fregàta[1] f 1 (strofinata) Scheuern n: **dare una ~ a qc**, etw scheuern 2 fig fam (fregatura) Schwindel m fam spreg: **ti sei preso una bella ~**, du hast dich ganz schön übers Ohr hauen lassen fam.
fregàta[2] f mar Fregatte f.
fregatùra f fam Beschiss m volg, Schwindel m fam spreg: **dare una ~ a qu**, jdn übers Ohr hauen fam⌐/[bescheißen volg]; **prendere una (solenne) ~**, (gründlich) hereingelegt werden fam.
fregiàre <frègio, frègi> A tr 1 (ornare di fregi) ~ qc {CORNICIONE, SOFFITTO} etw mit einem Fries/Friesen versehen 2 fig (adornare) ~ qc (con/di qc) {BANDIERA CON MEDAGLIE, PETTO DI DECORAZIONI} etw (mit etw dat) verzieren B rfl (vantarsi): **fregiarsi di qc** {DI UN RICONOSCIMENTO, DI UN TITOLO} sich etw (gen) rühmen.
frégio <-gi> m 1 (ornamento) {+MOBILE} Verzierung f 2 arch {+TEMPIO} Fries m.
fregnàccia <-ce> f rom volg (sciocchezza) Blödsinn m fam spreg, dummes Zeug fam, Schnickschnack m fam spreg.
fregnóne, (-a) m (f) rom volg (stupido) Schwach-, Dummkopf m spreg.
frégo <-ghi> m (segno) Strich m, Zeichen n: **fare un ~ sul muro**, eine Wand bekritzeln; **tirare un ~ su una frase**, einen Satz durchstreichen.
frégola f 1 (foia) Brunst f 2 fig (smania) Sucht f, Fimmel m fam, Marotte f fam: **oggi hai la ~ di uscire!**, heute hast du den Fimmel/die Marotte, auszugehen! fam.
frégoli mf (opportunista) {+POLITICA} Chamäleon n, Zelig m.
frèisa f enol Freisa f (Rotwein aus dem Piemont).
frèmere <fremo, fremei o fremetti, fremuto> itr 1 ~ (di/per qc) {DONNA DI COLLERA, DI DESIDERIO, PER L'IMPAZIENZA} (vor etw dat) zittern,

(vor etw dat) beben; {DI ORRORE} (vor etw dat) schaudern, (vor etw dat) erschaudern forb 2 lett (rumoreggiare) {MARE, PIANTA} rauschen.
frèmito m 1 (sussulto) {+IRA, PIACERE} Zittern n, Beben n: **~ di paura**, Angstschauder m 2 lett (rumore) {+BOSCO, ONDE} Rauschen n 3 med (vibrazione interna) {CARDIACO, TATTILE, VOCALE} Fremitus m scient.
frenànte agg {AZIONE, CONGEGNO, ORGANO} Brems-.
frenàre A tr 1 (azionare i freni) ~ (qc) {VEICOLO} (etw) (ab)|bremsen: **frena!**, bremse! 2 (tirare le redini) {CAVALLO} (etw) zügeln 2 fig (rallentare) ~ qc {INFLAZIONE, SVILUPPO} etw bremsen 3 fig (dominare) ~ qc {CURIOSITÀ, EMOZIONE, ISTINTO} etw beherrschen, etw zügeln; {LACRIME} etw zurück|halten; {RISA} anche etw verbeißen, sich (dat) etw verkneifen fam B itr ~ (+ compl di luogo) (+ compl di modo) {AUTO, BICICLETTA, MOTO BENE, MALE IN CURVA} (irgendwo) (irgendwie) bremsen C rfl fig (dominarsi): **frenarsi** sich beherrschen, sich zügeln: **cerca di frenarti quando parli con lui!**, versuche, dich zu beherrschen, wenn du mit ihm sprichst!; **se comincia a ridere non riesce più a frenarsi**, wenn er/sie zu lachen anfängt, kann er/sie sich nicht mehr beherrschen.
frenastenìa f med Schwachsinn m, Phrenesie f obs scient.
frenastènico, (-a) <-ci, -che> med A agg schwachsinnig, phrenetisch scient B m (f) Schwachsinnige mf decl come agg.
frenàta f 1 (rallentamento) {BRUSCA, IMPROVVISA; +VEICOLO} (Ab)bremsung f, (Ab)bremsen n: **fare una ~**, bremsen 2 fig (battuta d'arresto) {INATTESA +ESPORTAZIONI, SVILUPPO ECONOMICO} Bremsung f, Bremsen n.
frenatóre, (-trice) m ferr sport Bremser(in) m(f).
frenatùra f {AUTOMATICA, ELETTRICA} Bremsung f, Bremsen n.
frenesìa f 1 (pazzia) Tobsucht f, Raserei f, Wahnsinn m 2 fig (smania) {+SOLDI, SUCCESSO} Sucht f: **~ del gioco**, Spielleidenschaft f.
frenètico, (-a) <-ci, -che> agg 1 fig (convulso) {ATTIVITÀ, VITA} hektisch 2 fig (incontenibile) {APPLAUSO} frenetisch forb, stürmisch 3 rar (esagitato) {PAZZO} tobsüchtig, rasend; {URLA} wahnsinnig.
frènico, (-a) <-ci, -che> agg anat Zwerchfell-.
fréno m 1 (dispositivo) {ANTERIORE, IDRAULICO, MECCANICO, +MACCHINA, VEICOLO} Bremse f: **~ a disco/pedale/tamburo**, Scheiben-/Fuß-/Trommelbremse f; **~ d'emergenza**, Notbremse f; **togliere il ~ a mano**, die Handbremse lösen 2 (morso) {+CAVALLO} Gebiss n 3 fig (vincolo) {MORALE, +COSCIENZA, LEGGE} Zügel m ● **inibitore** psic, Hemmung f; **mettere/porre un ~ a qc** fig (moderare), etw (dat) ⌐Einhalt gebieten⌐/[einen Riegel vorschieben]; **~ motore** autom, Motor-, Getriebebremse f; **mordere il ~** fig (essere insofferenti), die Zähne zusammenbeißen fam; **tenere a ~ qc/qu** fig (frenare), jdn/etw im Zaum halten forb, etw zügeln; **senza ~**, zügellos.
frenocòmio <-mi> m Irrenhaus n.
frenologìa f med Phrenologie f scient.
frenològico, (-a) <-ci, -che> agg phrenologisch, die Phrenologie betreffend.
frènulo m anat {LINGUALE, PREPUZIALE} Bändchen n, Frenulum n scient.
Fréon® m chim Freon® n.
frequentàre A tr 1 (vedere assiduamente) ~ qu {AMICO, FAMIGLIA, POLITICO} mit jdm verkehren, mit jdm Umgang haben: **~ cattive compagnie**, schlechten Umgang haben

2 (*recarsi abitualmente*) ~ **qc** {CHIESA} regelmäßig/gewöhnlich in etw (acc) gehen; {CIRCOLO, DISCOTECA, ZONA, ecc.} anche in etw (dat) verkehren, etw frequentieren **forb 3** (*seguire*) ~ **qc** {CORSO, SCUOLA, UNIVERSITÀ} etw besuchen **4** *fig* (*studiare assiduamente*) ~ **qu/qc** {AUTORE, TESTO} jdn/etw gründlich lesen **B** *rfl rec*: **frequentarsi** miteinander verkehren, Umgang/Kontakt miteinander haben: **ci frequentiamo da dieci anni**, wir haben seit zehn Jahren Kontakt (miteinander).
frequentàto, (**-a**) *agg* **1** frequentiert, besucht: **un locale ben/mal ~**, ein gut angesehenes/[übel beleumundetes] Lokal; **molto/poco ~**, {viel/gut/}{wenig/schlecht} besucht **2** (*affollato*) {LOCALE, LOCALITÀ} gut besucht; {STRADA} belebt.
frequentatóre, (**-trice**) *m* (*f*) {+BAR, RISTORANTE} Gast *m*: ~ **abituale (di un locale)**, Stammgast *m*; {ASSIDUO; +MOSTRE D'ARTE} Besucher(in) *m*(*f*).
frequentazióne *f* **1** (*il frequentare*) {+AMBIENTE, LUOGO, PROSTITUTA} Besuchen *n*, Frequentation *f forb*, Frequentieren *n forb* **2** (*studio assiduo*) {+BIBBIA, CONTEMPORANEI} gründliches Lesen.
frequènte A *agg* {CASO, VISITE} häufig **B** *loc avv*: **di ~**, {AMMALARSI, LITIGARE} oft, häufig.
frequènza A *f* **1** (*ripetitività*) {+EVENTO, FENOMENO} Häufung *f*, Häufigkeit *f* **2** (*affluenza*) {ELEVATA, SCARSA +TURISTI} Frequenz *f*, Menge *f*, Zahl *f* **3** *fis* Frequenz *f*: **alta/bassa/media ~**, Hoch-/Nieder-/Mittelfrequenz *f* **4** *med* {CARDIACA} Frequenz *f scient*: **~ del polso**, Pulsfrequenz *f scient* **5** *scuola università* Besuch *m*: **~ obbligatoria**, Pflichtbesuch *m* **6** *stat* {ASSOLUTA, CUMULATA, RELATIVA} Frequenz *f*, Häufigkeit *f* **B** *loc avv*: **con ~**, {ACCADERE} oft, häufig.
frésa *f tecnol* Fräse *f*, Fräser *m*.
fresàre *tr tecnol* ~ **qc** {PEZZO} etw fräsen.
fresatóre, (**-trice**) *m* (*f*) *tecnol* Fräser(in) *m*(*f*).
fresatrice *f tecnol* (*macchina*) Fräsmaschine *f*, Fräse *f*.
fresatùra *f tecnol* Fräsen *n*.
frescàccia <*-ce*> *f rom volg* (*sciocchezza*) Unsinn *m*, dummes Zeug *fam*.
freschézza *f anche fig* {+ALIMENTO, ARIA, STILE, VISO} Frische *f*.
freschìsta <*-i m, -e f*> *mf arte* Freskenmaler(in) *m*(*f*).
frésco, (**-a**) <*-schi, -sche*> **A** *agg* **1** (*moderatamente freddo*) {FRONTE, MANO, LUOGO} kühl; {ARIA, BIBITA, STAGIONE, VENTO} (relativ) kühl: **è/fa ~**, es ist kühl **2** (*preparato o colto da poco*) {FRUTTA, PANE, ecc.} frisch; {LATTE, PESCE} anche Frisch- **3** (*recente*) {NEVE} Neu-; *fig* {NOTIZIA, RICORDO} frisch **4** *fig* (*florido*) {CORPO, PELLE} blühend: **essere ~ come una rosa**, taufrisch sein **5** *fig* (*riposato*) {ATLETA, CAVALLO, TRUPPA} frisch, ausgeruht **6** *fig* (*giovane*) {RISATA, STILE, VOCE} frisch, jung **B** *m* **1** (*temperatura fresca*) Frische *f*, Kühle *f*: **godersi il ~ della sera**, die Frische des Abends/[Abendkühle] genießen **2** *tess* Fresko *m* **C** *loc agg fig*: **~ di qc**, {DI AGENZIA, DI LAUREA} frisch aus etw (dat) kommen: **una rivista fresca di stampa**, eine frisch aus dem Druck kommende Zeitschrift; **un dottore ~ di studi**, ein frischgebackener Doktor; **essere ~ di studi**, sein Studium gerade abgeschlossen haben **D** *loc avv* f (*nelle ore più fresche*): **col ~**, {PARTIRE} in den kühlen Stunden **2** (*da poco tempo*): **di ~**, {DIPINTO, DIPLOMATO, RASATO} frisch- • **mettere/tenere al/in ~ qc** (*conservare in luogo* ~), etw kühl stellen/aufbewahren; **mettere/tenere al ~ qu** *fig*

(*in prigione*), jdn einlochen *fam*/[hinter schwedischen Gardinen halten *fam scherz*]; **stare ~** *fig fam* (*andare incontro a dei guai*), aufgeschmissen/geliefert *fam* sein; **stare al ~**, an der frischen/kühlen Luft sein; *fig fam* (*in prigione*), hinter Gittern *fam*/[im Kittchen *fam*]/[hinter schwedischen Gardinen *fam scherz*] sitzen; **stai ~!** *fig fam iron* (*scordatelo*), da kannst du lange warten! *fam*, vergiss es! *fam*.
frescolàna, **frésco di làna** <*-*> *m loc sost m tess* Fresko(gewebe *n*) *m*, Fresco(gewebe *n*) *m*, Tropical-Gewebe *n*.
frescóne, (**-a**) *m* (*f*) *rom eufem* (*fregnone*) Schwach-, Dummkopf *m spreg*.
frescùra *f* (*aria fresca*) {+BOSCO, SERA} Kühle *f*, Frische *f*, frische/kühle Luft.
frèsia *f bot* Freesie *f*.
frétta A *f* Eile *f*: **andare/essere di ~**, in Eile sein; **abbiamo ~ di concludere**, wir wollen die Sache schnell abschließen; **far ~ a qu**, jdn zur Eile antreiben; **non c'è ~!**, das hat keine Eile!; **nella ~ di uscire ho dimenticato la borsetta**, in der Eile habe ich beim Weggehen meine (Hand)tasche vergessen **B** *loc avv* **1** (*velocemente*) **in ~**, {CAMMINARE, LAVORARE, LEGGERE, ecc.} eilig, in Eile; **fare in ~**, sich beeilen **2** (*con precipitazione*) **in ~ e furia**, {MANGIARE, PARTIRE, SCAPPARE, ecc.} in allergrößter Eile, mit wilder Hast **3** (*con calma*) **senza ~**, {AGIRE, DECIDERE, ecc.} ohne Eile, in Ruhe.
frettolóso, (**-a**) *agg* **1** (*rapido*) {PARTENZA, PASSO, SALUTO} eilig, hastig **2** (*sommario*) {GIUDIZIO, LAVORO, LETTURA} voreilig.
freudiàno, (**-a**) *psic* **A** *agg* (*di S. Freud*) {INTERPRETAZIONE, TEORIA} freudianisch **B** *m* (*f*) (*seguace*) Freudianer(in) *m*(*f*).
FRF, Fr.f. *banca abbr di* Franco Francese: F, FF (*abbr di* Französischer Franc).
friàbile *agg* **1** (*che si sfalda*) {TERRENO} locker, bröck(e)lig; {ROCCIA} brüchig; {NEVE} körnig **2** (*che si sbriciola*) {PANE, TORTA} mürbe.
Fribùrgo *f geog* (*in Germania, in Svizzera*) Freiburg *n*.
fricassèa *f gastr* {+POLLO} Frikassee *n*: **cucinare qc in ~**, etw frikassieren
fricatìva *f ling* Reibelaut *m*, Frikativ *m*.
fricatìvo, (**-a**) *agg ling* {CONSONANTE} frikativ.
fricchettóne, (**-a**) *m* (*f*) *fam spreg scherz* (*freak*) Freak *m*, Müsli *m slang*.
friendly <*inv*> *agg ingl* (*facile da usare*) benutzerfreundlich.
frìggere <*coniug come* affliggere> **A** *tr* ~ **qc** {CIPOLLA} etw backen, etw braten; (*con molto olio*) {PATATE, PESCE} etw frittieren **B** *itr* **1** (*sfrigolare*) {OLIO} brutzeln; {METALLO ROVENTE} zischen **2** *fig* (*fremere*) (*di qc*) {D'IMPAZIENZA, DI RABBIA} (*vor etw* dat) kochen *fam* • **andare a farsi ~** *fig fam* (*andare in malora*), zum Teufel gehen *fam*, sich zum Teufel scheren *fam*.
friggitorìa *f* Bratstube *f*.
friggitrice *f* Fritteuse *f*.
friggitùra *f* {+PESCE} Frittieren *n*.
Frìgia *f geog stor* Phrygien *n*.
frigidità <*-*> *f med* Frigidität *f scient*.
frìgido, (**-a**) *agg med* {DONNA} frigid(e) *scient*.
frìgio, (**-a**) <*-gi m*> *stor* **A** *agg* {DIVINITÀ, TERRITORIO} phrygisch **B** *m* (*f*) (*abitante*) Phrygier(in) *m*(*f*).
frignàre *itr fam* {BAMBINO} wimmern, quengeln *fam*.
frignóne, (**-a**) *m* (*f*) *fam* Quengler(in) *m*(*f*).

frigo <*-*> *m fam* (*frigorifero*) Kühlschrank *m*.
frigobàr <*-*> *m* Minibar *f*.
frigocongelatóre *m* (*apparecchio*) Kühl-Gefrierkombination *f*.
frigorìfero, (**-a**) **A** *agg* {CARRO, CELLA, IMPIANTO} Kühl- **B** *m* Kühlschrank *m*: **metti subito il latte nel ~**, stell sofort die Milch in den Kühlschrank!
fringe benefit <*-, --s pl ingl*> *loc sost m ingl econ* zusätzliche Leistungen.
fringuèllo *m ornit* Buchfink *m* • **cantare come un ~** *fig* (*molto bene*), wie eine Nachtigall singen.
frinìre <*frinisco*> *itr* {CICALA} zirpen.
Frisbee® <*-*> *m ingl* Frisbee® *n*.
frisé <*-*> *agg* {CAPELLI} kraus.
friṣèlla *f gastr* apulisches Trockenbrot (*welches, in Wasser eingeweicht und mit Olivenöl, Salz und Pfeffer abgeschmeckt, Grundlage verschiedener Rezepte ist*).
Frìsia *f geog* Friesland *n*.
friṣóna *f zoo* (*vacca*) friesische Kuh.
friṣóne, (**-a**) **A** *agg* {ARCIPELAGO, RAZZA} friesisch **B** *m* (*f*) (*abitante*) Friese *m*, (Friesin *f*), Friesländer(in) *m*(*f*) **C** *m* **1** <*solo sing*> (*lingua*) Friesisch(e) *n* **2** *zoo* (*cavallo*) friesisches Pferd.
frissi 1a *pers sing del pass rem di* friggere.
frittàta *f gastr* {VERDE} Eierkuchen *m*, Omelett *n*, Omelette *f*: **~ di/con asparagi**, Spargelomelett *n* • **fare una ~**, ein Omelett zubereiten; *fig fam scherz* (*rompere delle uova*), Eier zerschlagen; *fig fam* (*combinare un guaio*), Mist bauen/machen *fam*; **rivoltare la ~**, das Omelett wenden; *fig fam* (*rigirare il discorso*), etwas/die Tatsachen zu seinen Gunsten verdrehen *fam*.
frittèlla *f* **1** *gastr* {DOLCE; +MELE, RISO} Krapfen *m*, Puffer *m* **2** *fig* (*macchia d'unto*) Fettfleck *m*.
fritto, (**-a**) **A** *part pass di* friggere **B** *agg* {POLLO, ZUCCHINE} Brat-, gebraten, Back-, gebacken; (*con molto olio*) {CALAMARI} frittiert **C** *m* **1** (*cibo fritto*) Gebratene *n decl come agg*, Gebackene *n decl come agg*: **~ misto**, “gemischtes Ausgebackenes, meist Fisch, aber auch Gemüse oder Fleisch” **2** (*odore*) Fettgeruch *m*: **il mio maglione sa di ~**, mein Pullover riecht nach Fett **D** *loc agg fig* (*risaputo*): **~ e rifritto** {DISCORSO, NOTIZIA, TEMA} abgedroschen *fam*, zum tausendsten Mal aufgewärmt *fam* • **essere (bell'e) ~** *fig fam* (*spacciato*), geliefert sein in Teufels Küche sein *fam*.
frittùra *f* **1** (*il friggere*) Braten *n*, Backen *n*; (*con molto olio*) Frittieren *n* **2** (*cibo fritto*) {+PESCE} (Aus)gebackene *n decl come agg*, Frittüre *f* **3** (*misto di pesce da friggere*) Fischfrittüre *f*.
friulàno, (**-a**) **A** *agg* {COSTUMI, POPOLAZIONE, TERRITORIO} friaulisch **B** *m* (*f*) (*abitante*) Friauler(in) *m*(*f*) **C** *m* <*solo sing*> (*dialetto*) Friaulisch(e) *n*.
Friùli *m geog* Friaul *n*.
Friùli-Venèzia-Giùlia *m geog* Friaul-Julisch Venetien *n*.
frivolézza *f* **1** (*qualità*) {+DISCORSO, PERSONA} Frivolität *f*, Leichtfertigkeit *f*, Oberflächlichkeit *f* **2** (*cosa frivola*) Kleinigkeit *f*: **non perderti in frivolezze**, verlier dich nicht in Kleinigkeiten.
frìvolo, (**-a**) *agg* {ARGOMENTO} oberflächlich; {RAGAZZA} anche frivol, leichtfertig *obs*.
frizionàre *tr* ~ **qc** (**con qc**) {CUOIO CAPELLUTO CON UNA LOZIONE, PARTE DOLENTE CON UN UNGUENTO} etw (*mit etw* dat) ein|reiben.
frizióne *f* **1** (*massaggio*) Einreibung *f*, Friktion *f scient*: **fare una ~ a qc con l'alcol**

canforato, etw mit Kampferspiritus einreiben **2** (*liquido*) Öl n, Wasser n: ~ **per capelli**, Haarwasser n **3** (*attrito*) Reibung f: ~ **tra due corpi**, Reibung f zwischen zwei Körpern; *fig* Reiberei f; ~ **tra due schieramenti politici**, Reiberei f zwischen zwei politischen Lagern **4** *autom* (*pedale*) Kupplung (spedal n) f; (*dispositivo*) {AUTOMATICA, IDRAULICA} Kupplung f.

frizzante A *agg* **1** (*spumeggiante*) {BIBITA, VINO} prickelnd, schäumend, spritzig **2** (*pungente*) {VENTO} schneidend **3** *fig* (*mordace*) {BATTUTA, PAROLA} beißend **4** *fig* (*vivace*) {ATMOSFERA, INGEGNO, SCRITTORE} spritzig, peppig *fam* B m (+GAZZOSA, SPUMANTE) Prickeln n, Schäumen n.

frizzantino, (-a) A *agg* (*leggermente frizzante*) {ARIA} prickelnd; {VINO} *anche* schäumend B m **1** (*caratteristica*) Prickelnde n, Schäumende n **2** (*vino*) Schaumwein m.

frizzàre *itr* **1** (*spumeggiare*) {ACQUA, VINO} prickeln, schäumen **2** (*pizzicare*) {ARIA DI MONTAGNA} schneiden; ~ **su qc**) {ACQUA OSSIGENATA SULLA FERITA} (*auf etw dat*) brennen.

frizzo m (*battuta pungente*) bissige Bemerkung: **frizzi, lazzi e motteggi**, Possenreiberei f *obs* und Spöttelei f.

Fr.l. *banca abbr di* Franco Lussemburghese: lfr (abbr di Luxemburger Franc).

fròcio <-ci> m *rom spreg* warmer Bruder *fam spreg*, Schwuchtel f *fam spreg*.

frodàre *tr* **1** (*truffare*) ~ **qu/qc** {ACQUIRENTE, AZIENDA} jdn/etw betrügen, jdn/etw hintergehen **2** (*sottrarre con frode*) ~ **qc** (*di qc*) {LO STATO DI UNA COSPICUA SOMMA} etw (um etw acc) betrügen; ~ **qc a qc** {UNA SOMMA DI DENARO AL FISCO} etw (dat) etw hinterziehen: ~ **il fisco**, Steuern hinterziehen.

frodatóre, (-trice) m (f) Betrüger(in) m(f).

fròde f (*truffa*) Betrug m: ~ **alimentare**, Lebensmittelfälschung f; ~ **in commercio**, Handelsbetrug m; **perpetrare una ~ ai danni di qu**, jdn betrügen, einen Betrug an jdm begehen; *dir* (*reato di* ~) Betrug m; Täuschung f; Irreführung f; ~ **fiscale**, Steuerhinterziehung f.

fròdo A m Schmuggel m B <inv> *loc agg di* ~ **1** (*di contrabbando*), {MERCE} Schmuggel- **2** (*senza permesso*): **cacciatore/pesca di** ~, Wilderer m/Fischwilderei f; **caccia di** ~, Wilderei f, Wilddieberei f • **cacciare di** ~, wildern.

fròia <-gie o -ge> f Nüster f.

frollàre A *tr* <avere> ~ **qc** {CACCIAGIONE} etw abhängen lassen, etw mürbe werden lassen B *itr* <essere> ab|hängen, mürbe werden: **la carne di selvaggina deve ~ prima di essere cucinata**, Wild muss abhängen, bevor es gekocht wird C *itr pron*: **frollarsi** {CARNE} ab|hängen, mürbe werden.

frollatùra f **1** (*operazione*) Abhängen(lassen) n **2** (*durata*) Abhängezeit f.

frollìno m *gastr* (*biscotto*) Plätzchen n aus Mürbeteig.

fròllo, (-a) *agg* **1** (*frollato*) {CARNE} abgehangen **2** *gastr* {PASTA} Mürbe-.

frónda① f **1** (*frasca*) (+ALLORO) (Laub-)zweig m **2** <solo pl> (*fogliame*) (+SALICE) Laubwerk n **3** <solo pl> *fig* (*orpelli letterari*) {+DISCORSO} Schnörkel m pl, Verzierungen f pl.

frónda② A f *polit stor anche fig* {SINDACALE} Fronde f: **fare la ~, frondieren** B <inv> *loc agg fig* (*di rivolta*): **di** ~ {ARIA, VENTO} Aufruhr- • **la Fronda stor**, die Fronde.

frondìsta <-i m, -e f> mf *polit anche fig* {PARLAMENTARE} Frondeur(in) m(f).

frondóso, (-a) *agg* **1** {PIANTA, RAMO} (dicht)belaubt **2** *fig* (*pomposo*) {STILE} verschnörkelt.

front *inter mil sport*: **fronte sinistr, ~!**, Augen links!

frontàle① *agg* **1** (*di fronte*) {ATTACCO, RITRATTO, SCONTRO} frontal, Frontal-: **lezione ~**, Frontalunterricht m **2** *anat* (*della fronte*) {MUSCOLO, NERVO} Stirn-.

frontàle② m **1** *fam* (*scontro tra veicoli*) Frontalzusammenstoß m: **fare un ~**, einen Frontalzusammenstoß haben **2** (*facciata*) (+DUOMO, PALAZZO) Stirnseite f **3** (*parte della briglia*) Stirnriemen m.

frontalière, (-a) m (f) Grenzgänger(in) m(f).

frontalièro, (-a) *agg* {LAVORATORE, POPOLAZIONE} Grenz-.

frontalìno <*dim di* frontale②> m *edil* Stufenhöhe f • **estraibile (dell'autoradio)**, Frontpaneel n, "abnehmbarer Teil des Autoradios".

frontalità <-> f *arte* Frontalität f.

frónte A f **1** (*parte del viso*) {AMPIA, BASSA, CORRUGATA} Stirn f **2** *fig* (*espressione del volto*) {APERTA, SERENA, TURBATA} Gesicht n: **hai mentito, te lo si legge in ~**, du hast gelogen, das steht dir ins Gesicht geschrieben **3** (*parte anteriore*) (+COSTRUZIONE) Vorderseite f B m **1** (*linea di combattimento*) {OCCIDENTALE} Front f: **andare al ~**, an die Front gehen; **~ interno**, Heimatfront f **2** *fig* (*coalizione*) {DEMOCRATICO, RIVOLUZIONARIO, +OPPOSIZIONE} Front f: **capovolgimento di ~**, Frontwechsel m; **~ popolare**, Volksfront f **3** *meteo* {FREDDO, OCCLUSO, +ARIA CALDA} Front f C m o f *geog* {GHIACCIAIO} Vorderseite f D <loc avv> **1** (*a lato*): **a ~**, nebenstehend, parallel; **testo originale con traduzione a ~**, Originaltext m mit nebenstehender Übersetzung **2** (*a confronto*): **a ~**, gegenüber; **mettere a ~ due avversari**, zwei Gegner konfrontieren/gegenüberstellen **3** (*faccia a faccia*): **a ~**, von Angesicht zu Angesicht E <inv> *loc agg avv* (*dirimpetto*): **di ~**, gegenüber; **la porta di ~**, die Tür gegenüber; **l'auto è parcheggiata qui di ~**, das Auto ist gegenüber geparkt F <loc prep> **1** (*davanti a*): **di ~ a qu/qc**, jdm/etw gegenüber, gegenüber jdm/etw, vor jdm/etw; **la fermata è di ~ alla scuola**, die Bushaltestelle ist gegenüber der Schule; **è seduto di ~ a te**, er sitzt dir gegenüber; **scappare di ~ al nemico**, vor dem Feind weglaufen **2** *fig* (*in considerazione di*): **di ~ a questa difficile decisione**, angesichts etw (gen); **di ~ a questa difficile decisione**, angesichts dieser schwierigen Entscheidung **3** *fig* (*rispetto a*): **a ~ di qc**, in Bezug auf etw (acc), in Anbetracht etw (gen); **il risultato è modesto a ~ delle aspettative**, das Ergebnis ist in Anbetracht der Erwartungen bescheiden **4** *fig* (*riguardo a*): **sul ~ di qc**, {DELLE INDAGINI, DELLA RICERCA} was etwas angeht, mit Bezug auf etw (acc) • **a ~ alta** (*con fierezza*), erhobenen Hauptes, mit erhobenem Haupt; **a ~ bassa** *fig* (*con vergogna*), gesenkten Hauptes, mit gesenktem Haupt; **~ (a) destr/sinistr!** *mil sport*, Augen rechts/links!; **combattere su due fronti** *anche fig* (*affrontare due nemici contemporaneamente*), an zwei Fronten kämpfen; **far ~ comune** *fig* (*unirsi in una lotta comune*), eine gemeinsame Front bilden; **far ~ a qu/qc** *fig* (*affrontare coraggiosamente*), jdm/etw die Stirn bieten, Front gegen jdn/etw machen; **far ~ a una difficoltà** *fig* (*affrontarla*), eine Schwierigkeit angehen/anpacken; **far ~ a un impegno** *fig* (*assolverlo*), einer Verpflichtung nachkommen; **far ~ a una spesa** *fig* (*sostenerla*), für eine Ausgabe aufkommen; **il Fronte della gioventù** *polit stor*, "politischer Verband der italienischen Jungfaschisten".

fronteggiàre <fronteggio, fronteggi> A *tr* **1** (*contrastare*) ~ **qu/qc** {NEMICO, ATTACCO} jdm/etw widersetzen **2** *fig* (*affrontare*) ~ **qu/qc** {AVVERSARIO} jdm/etw entgegen|treten; {DIFFICOLTÀ, DISCUSSIONE} etw an|gehen, etw an|packen **3** (*stare di fronte*) ~ **qc** {EDIFICIO PIAZZA} etw (dat) gegenüber|liegen B *rfl rec*: **fronteggiarsi** sich begegnen: **i due eserciti si fronteggiano nello scontro decisivo**, die beiden Heere begegnen sich in der Entscheidungsschlacht.

frontespìzio <-zi> m *tip* Frontispiz n.

frontièra A f (*confine*) {ITALIANA} (Staats-)grenze f, {DI SAPERE, SCIENZA} Grenze f B <inv> *loc agg*: **di** ~, {CITTÀ, POLIZIA} Grenz- • **Nuova ~** *fig polit stor*, New Frontier f.

frontìsmo m *polit* Tendenz f zur Frontbildung.

frontìsta <-i m, -e f> A *agg* {POLITICO} zu einer (bestimmten) politischen Front gehörend B *mf* **1** *dir* (*proprietario*) Anlieger(in) m(f) **2** *polit* Angehörige mf decl come agg einer politischen Front.

frontóne m **1** *arch* {CURVO, SPEZZATO} Fronton m, (Front)giebel m **2** *edit* (*testata*) Kopf m.

frónzolo m <di solito al pl> **1** (*ornamento lezioso*) Flitter m *spreg*, Tand m *obs* **2** *fig* (*dettaglio inutile*) Schnörkel m, Umschweif m: **uno stile ricco di fronzoli**, ein schnörkelreicher Stil; **dimmi la verità, senza tanti fronzoli**, sag mir ohne Umschweife die Wahrheit.

fronzùto, (-a) *agg* {ALBERO} dicht belaubt.

Frosinóne f *geog* Frosinone n.

fròtta A f {+CAVALLI} Gruppe f, Haufen m; {+RAGAZZI, SOLDATI} *anche* Schar f B <loc avv> (*in gran numero*): **a frotte**, {ARRIVARE, SCAPPARE} in Scharen, scharenweise.

frottage <-> m *franc arte* Frottage f.

fròttola f *fam* (*fandonia*) Lüge f, Märchen n: **frottole!**, papperlapapp!; **non raccontarmi frottole!**, erzähl mir keine Märchen!

Fr.s. *banca abbr di* Franco Svizzero: sFr, sfr, Fr. (abbr di Schweizer Franc).

fru fru <inv> *loc agg* (*frivolo*) {ABITO, RAGAZZA} frivol.

frugàle *agg* (*sobrio*) {UOMO} genügsam, anspruchslos; {PASTO, VITA} frugal.

frugalità <-> f (*sobrietà*) {+PERSONA} Genügsamkeit f, Anspruchslosigkeit f; {+CENA} Frugalität f.

frugàre A *itr* (*rovistare*) ~ (+ **compl di luogo**) {DAPPERTUTTO, IN UN CASSETTO, TRA I RIFIUTI} (*irgendwo*) (herum|)kramen, (*irgendwo*) (herum|)stöbern, (*irgendwo*) (herum|)wühlen B *tr* (*perquisire*) ~ **qc** {STANZA, VALIGIA} jdn/etw durchsuchen C *rfl*: **frugarsi** + **compl di luogo** (*irgendwo*) kramen, (*irgendwo*) stöbern, (*irgendwo*) wühlen: **continua a frugarsi nelle tasche, ma non trova una lira**, er/sie kramt ständig in seinen/ihren Taschen, aber er/sie findet keinen Pfennig.

frugolàre *itr* ~ (+ **compl di luogo**) **1** (*rovistare*) {*irgendwo*} (herum|)kramen, (*irgendwo*) (herum|)stöbern, (*irgendwo*) (herum|)wühlen **2** (*grufolare*) {MAIALE NEL FANGO} (*irgendwo*) wühlen.

frugolétto, (-a) <*dim di* frugolo> m (f) (*bimbo vivace*) {BEL} Wildfang m, Springinsfeld m *scherz*.

frùgolo, (-a) → **frugoletto**.

fruìbile *agg* (*godibile*) {BENE} verwendbar, benutzbar.

fruibilità <-> f (*godibilità*) (+DIRITTO) Verwendbarkeit f, Anwendbarkeit f.

fruìre <fruisco> *itr* ~ **di qc** {DI UNA MERCE, DI

UNO STRUMENTO DI LAVORO} *etw* verwenden, *etw* benutzen; {DI UN SERVIZIO} *von etw* (dat) nutznießen *forb*; {DI UN PRIVILEGIO, DI UNA RENDITA} *etw* genießen.

fruitóre, (-trice) m (f) {+IMPIANTO SPORTIVO} Benutzer(in) m (f); {+CONCESSIONE} Nutznießer(in) m (f): **i fruitori del patrimonio artistico italiano**, die Nutznießer der italienischen Kunstschätze.

fruizióne f {+ARCHIVIO, PRODOTTO} Nutzung f; {+BENEFICIO, OPERA D'ARTE} Nutznießung f.

frulláre A tr ~ **qc** (**con qc**) {UOVA CON IL FRULLINO} *etw* (*mit etw dat*) quirlen; {FRAGOLE CON IL FRULLATORE} *etw* (*mit etw dat*) mixen **B** itr **1** (*sbattere le ali*) {COLOMBA, GABBIANO, ecc.} durch die Luft schwirren **2** (*girare su se stessi*) {ARCOLAIO, TROTTOLA} sich um die eigene Achse drehen **3** *fig* (*agitarsi nella mente*) ~ **a qu** (**in/per qc**) {IDEA, PENSIERO NELLA/ [PER LA] TESTA} *jdm durch etw* (acc) schwirren: **cosa ti frulla in mente?**, was schwirrt dir durch den Kopf?

frulláto A agg (*con il frullino*) {UOVA} gequirlt; (*con il frullatore*) {FRUTTA} gemixt, Mixt **B** m (Milch)mixgetränk n: ~ **alla/di banana**, Bananen(milch)mixgetränk n.

frullatóre m Mixer m.

frullíno m Quirl m: ~ **elettrico**, Mixer m.

frullío <-*lii*> m {+UCCELLI} Schwirren n.

frùllo m {+ALI} Schlagen n.

fruménto m Weizen m, Korn n.

frusciàre <*fruscio, frusci*> itr {FRONDE} rascheln, rauschen; {STOFFA} *anche* knistern.

fruscío <*fruscii*> m **1** {+FOGLIE} Rascheln n, Rauschen n; {+SETA} *anche* Knistern n **2** *radio TV* (*disturbo*) Rauschen n.

frusinàte A agg aus/von Frosinone **B** m (f) Bewohner(in) m (f) von Frosinone.

frùsta f **1** (*sferza*) Peitsche f **2** (*attrezzo da cucina*) Schneebesen m • **adoperare la ~** *fig* (*imporre una disciplina ferrea*), mit eiserner Rute regieren.

frustàre tr **1** (*sferzare*) ~ **qu/qc** {PRIGIONIERO, ANIMALE} *jdn/etw* (aus)peitschen **2** *fig* (*criticare aspramente*) ~ **qu/qc** {CORRUZIONE} *jdn/etw* geißeln **3** *fig fam* (*logorare*) ~ **qc** {GIACCA} *etw* ab|nutzen, *etw* ab|wetzen.

frustàta f **1** (*colpo di frusta*) Peitschenhieb m **2** *fig* (*carica*) {+ENERGIA} Schub m **3** *fig* (*critica pungente*) Geißelung f.

frustíno <*dim di frusta*> m Reitpeitsche f.

frústo, (-a) agg **1** (*liso*) {GREMBIULE, VESTITO} abgenutzt, abgewetzt **2** *fig* (*privo di originalità*) {ARGOMENTO, RISPOSTA} abgenutzt, abgedroschen *fam*, abgegriffen, abgelutscht *fam*.

frustrànte agg {LAVORO, TENTATIVO} frustrierend.

frustràre tr **1** (*vanificare*) ~ **qc** {PROGETTO} *etw* vereiteln; {SPERANZA} *etw* enttäuschen, *etw* zunichte machen **2** *anche psic* (*avvilire*) ~ **qu** *jdn* frustrieren.

frustràto, (-a) A agg **1** (*reso vano*) {TENTATIVO} fehlgeschlagen; {ASPETTATIVA} enttäuscht **2** *anche psic* (*avvilito*) {DONNA, RAGAZZO} frustriert **B** m (f) *anche psic* Frustrierte mf decl come agg.

frustrazióne f **1** (*vanificazione*) {+SFORZO} Vereit(e)lung f; (*mancata soddisfazione*) {+BISOGNO, DESIDERIO} Enttäuschung f **2** (*esperienza frustrante*) Frustrationserlebnis n, Frustrationserfahrung f *anche fam*; *psic* Frustration f, Frustrierung f.

frútice m *bot* Strauch m.

frútta A <-> f {ACERBA} Obst n: ~ **candita**, kandierte Früchte f pl; ~ **cotta**, Kompott n; ~ **fresca**, frisches Obst; ~ **sciroppata**, Obst n in Sirup; ~ **secca**, Dörrobst n; ~ **di stagione**,

Obst n der Saison/Jahreszeit **B** <inv> loc agg: **alla/di ~**, {GELATO} Frucht-; {DOLCE, SCIROPPO} Obst- • **arrivare alla ~** *fig* (*in ritardo*), zu spät kommen, erst gegen Ende eintreffen/kommen; *fig* (*esaurire le risorse*), nicht mehr können *fam*; **essere alla ~**, beim Dessert sein; *fig* (*alla conclusione di qc*), am Ende von *etw* (dat)/+ gen sein; *fig* (*avere esaurito le risorse*), am Ende sein *fam*.

fruttàre A tr **1** (*produrre*) ~ **qc** {TERRENO GRANO} (*etw*) tragen **2** *fig* (*procurare*) ~ **qc a qu** *jdm etw* ein|tragen: **la sua lealtà le fruttò la stima di tutti**, ihre Loyalität trug ihr die Achtung von allen ein **3** *econ* (*rendere*) ~ (**qc**) {ATTIVITÀ, INVESTIMENTO MILIONI} (*etw*) ein|tragen, (*etw*) ein|bringen; (*produrre interessi*) sich verzinsen, Zinsen bringen: **il capitale frutta il/[un interesse del] dieci per cento annuo**, das Kapital verzinst sich mit/ [bringt] zehn Prozent Zinsen jährlich **B** itr (*fruttificare*) {MELO} Früchte bringen, Früchte tragen.

fruttariàno, (-a) A m (f) (*chi mangia solo frutta*) reine(r) Obstesser(in) m (f) **B** agg (*di frutta*) {DIETA} (rein(e,r,s)) Obst-.

fruttàto, (-a) agg *enol* {SAPORE, VINO} fruchtig.

fruttéto m Obstgarten m.

frutticolo, (-a) agg Obst-.

frutticoltóre, (-trice) m (f) Obstzüchter(in) m (f).

frutticoltùra f Obst(an)bau m.

fruttièra f Obstschale f.

fruttífero, (-a) agg **1** (*che dà frutti*) {ALBERO} Obst-; frucht-, obsttragend **2** *econ* (*redditizio*) {SPECULAZIONE} einträglich; (*che produce interessi*) {CAPITALE, CONTO, DEPOSITO} zinsbringend, zinstragend.

fruttificàre <*fruttifico, fruttifichi*> itr (*produrre frutti*) ~ + **compl di tempo** {PIANTA IN AUTUNNO} (*irgendwann*) Früchte tragen, (*irgendwann*) fruktifizieren.

fruttificazióne f Fruktifikation f, Fruktifizierung f.

fruttíno <*dim di frutto*> m (*caramella*) Fruchtbonbon n; (*gelatina*) Fruchtgelee n o m.

fruttivéndolo, (-a) m (f) Obsthändler(in) m (f).

frútto m **1** *gener anche bot* {CARNOSO, ESOTICO, ESTIVO, MATURO} Frucht f: **frutti di bosco**, Waldbeeren f pl; ~ **composto**, Sammelfrucht f; ~ **deiscente/indeiscente**, Spring-/Schließfrucht f; ~ **della passione**, Passionsfrucht f **2** *fig* (*prodotto*) {+CACCIA, LAVORO} Frucht f: **questa storia è ~ della sua fantasia**, diese Geschichte ist Frucht seiner/ihrer Fantasie; (*della terra*) (Feld)frucht f; **frutti della campagna**, landwirtschaftliche Produkte n pl; **il raccolto non ha dato i frutti sperati**, die Ernte hat nicht die erhofften Früchte getragen **3** *fig* (*risultato*) {+EDUCAZIONE, ESPERIENZA, RICERCA} Frucht f, Ergebnis n: **senza ~**, fruchtlos; **ricavare il ~ delle proprie fatiche**, die Früchte seiner Mühen/ Anstrengungen ernten; **ho lavorato per anni e adesso raccolgo i frutti**, ich habe jahrelang gearbeitet und ernte jetzt die Früchte **4** *econ* (*profitto*) {+OPERAZIONE COMMERCIALE} Ertrag m, Gewinn m; (*interesse*) {+DEPOSITO BANCARIO} Zins m • ~ **acerbo**, unreifes Obst; *fig* (*adolescente*), junges Gemüse *fam scherz*, grüner Junge *spreg*; *fig* (*esperienza prematura*), verfrühte Erfahrung f; ~ **dell'amore** *fig anche eufem* (*figlio anche illegittimo*), Frucht f der Liebe; **cogliere il ~ quando è maturo** *fig* (*die Früchte ernten, wenn sie reif sind*); *fig* (*agire al momento opportuno*), im richtigen Augenblick handeln; **frutti di mare**,

Meeresfrüchte f pl; **mettere a ~ qc**, (*investire*) Gewinn bringend investieren, *etw* investieren; *fig* (*impiegare proficuamente*) {INSEGNAMENTI} *etw* nutzbringend an|wenden; ~ **proibito** *bibl anche fig* (*cosa o piacere proibito*), verbotene Frucht; **il ~ del seno/ventre tuo** *rel relig* (*figlio*), die Frucht deines Leibes.

fruttóso <-*si*> m *chim* Fruchtzucker m, Fructose f, Fruktose f.

fruttuóso, (-a) agg **1** (*fertile*) {TERRENO, ZONA} fruchtbar, ertragreich **2** *fig* (*proficuo*) {INCONTRO, STUDIO} fruchtbar, fruchtbringend; {GIORNATA, INDAGINE} *anche* ertragreich **3** *econ* (*redditizio*) {AFFARE, LAVORO} einträglich.

FS f pl abbr di Ferrovie dello Stato: ≈ DB f (abbr di Deutsche Bundesbahn).

FSE m abbr di Fondo Sociale Europeo: ESF m (abbr di Europäischer Sozialfonds).

FSH m *biol* abbr *dell'ingl* Follicle Stimulation Ormon (*ormone follicolostimolante*) FSH n (abbr di follikelstimulierendes Hormon).

FSM f abbr di Federazione Sindacale Mondiale: Weltgewerkschaftsbund m.

f.t. abbr di fuori testo: außerhalb des Textes.

F.te *geog* abbr di Forte: Festung f.

f.to abbr di firmato: gez. (abbr di gezeichnet).

FTP m *inform* abbr *dell'ingl* File Transfer Protocol (*protocollo per il trasferimento di file in Internet*) FTP n (abbr di Filetransportprotokoll).

fu A 3^a pers sing del pass rem di essere①,② **B** <inv> agg *amm* (*defunto*) verstorben, selig *forb*: **il fu Cesare Balletto**, der selige Cesare Balletto; **Bianchi Mario (del) fu Giuseppe**, Mario Bianchi, Sohn des verstorbenen Giuseppe.

FU abbr di Farmacopea Ufficiale: Offizielles Arzneibuch.

fucilàre tr ~ **qu** {PRIGIONIERO} *jdn* erschießen.

fucilàta f Gewehrschuss m.

fucilazióne f {+OSTAGGIO} Erschießung f.

fucíle m {AUTOMATICO, CARICO} Gewehr n: ~ **ad aria compressa**, Luftgewehr n; ~ **ad avancarica**, Vorderlader m; ~ **da caccia**, Jagdgewehr n; ~ **a canne mozze**, Gewehr n mit abgesägtem Lauf; ~ **mitragliatore**, (leichtes) Maschinengewehr n; ~ **a pompa**, "Repetiergewehr n, das manuell bedient wird"; ~ **a ripetizione**, Repetiergewehr n; ~ **subacqueo**, Harpune f.

fucilière m Schütze m, Füsilier m *CH*.

fucína f **1** (*fornello*) Schmiedefeuer m; (*forno*) Schmiedeofen m **2** (*locale*) Schmiede f **3** *fig* (*miniera*) {+IDEE} Quelle f; {+INGEGNI, POETI} Fundgrube f **4** *fig* (*luogo di complotto*) {+COSPIRAZIONI, INGANNI, MENZOGNE} Brutstätte f *spreg*.

fucinàre tr ~ **qc** {METALLO} *etw* schmieden.

fúco <*fuchi*> m *zoo* Drohne f.

fúcsia A <inv> agg {MAGLIA} fuchsinrot **B** <-> m (*colore*) Fuchsinrot n **C** f *bot* Fuchsie f.

fùga <*fughe*> f **1** (*atto*) ~ (**da qu/qc**) {GENERALE, PRECIPITOSA, DAL NEMICO} Flucht f (*vor jdm/etw*); {DALLA PRIGIONE} Flucht f (*aus etw* dat): **darsi alla ~**, die Flucht ergreifen; **mettere in ~ qu**, *jdn* in die Flucht schlagen **2** (*fuoriuscita*) {+ACQUA, GAS} Ausströmen n, Entweichen n: ~ **radioattiva**, radioaktiver Austritt; *fig* {+INFORMAZIONI, NOTIZIE} Durchsickern n **3** *fig* (*allontanamento*) (*da qu/qc*) {DA SE STESSI, DAL MONDO} Flucht f (*vor jdm/ etw, aus etw* dat); (*anche emigrazione*) ~ (**da qc**) (*+compl di luogo*) {DALLA CITTÀ VERSO LA CAMPAGNA, ALL'ESTERO} Abwanderung f (*aus etw* dat) (*irgendwohin*): ~ **di capitali all'e-**

stero, Kapitalflucht f ins Ausland; ~ **di cervelli**, Braindrain m, Abwanderung f der Intelligenz **4** arch {+ARCHI, COLONNE} Flucht f **5** mus Fuge f **6** sport Ausreißen n.

fugàce agg (di breve durata) {BELLEZZA, MOMENTO, SPERANZA} vergänglich, flüchtig.

fugacità <-> f {+VITA} Vergänglichkeit f, Flüchtigkeit f.

fugàre <fugo, fughi> tr (dissipare) ~ qc {DUBBIO, TIMORE} etw verjagen, etw zerstreuen: **fugò ogni sospetto**, er/sie zerstreute jeden Verdacht.

fuggévole agg (rapido) {ISTANTE, SGUARDO} flüchtig.

fuggevolézza f (rapidità) {+INCONTRO} Flüchtigkeit f; {+TEMPO} Vergänglichkeit f.

fuggiàsco, (-a) <-schi, -sche> [A] agg {ANIMALE, POPOLO} flüchtend, flüchtig [B] m (f) Flüchtige mf decl come agg; (profugo) Flüchtling m.

fuggifùggi <-> m (wilde) Flucht: **ci fu un ~ generale dei dimostranti**, die Demonstranten zerstoben in alle Richtungen forb.

fuggìre <fuggo, fuggi> [A] itr <essere> **1** (scappare) ~ (da qu/qc) {DAL MARITO, DAL PERICOLO} (vor jdm/etw) (ent)fliehen, (vor jdm/etw) flüchten; {DA SCUOLA} (vor jdm/etw) (ent)fliehen, (aus etw dat) flüchten: **~ da/di casa**, von [zu Hause]/[zuhause CH, A] weg|rennen/weglaufen fam; **~** (+ **compl di luogo**) {AL MARE, OLTREOCEANO, SUL TETTO} (irgendwohin) (ent)fliehen, (irgendwohin) flüchten **2** fig (scorrere rapidamente) {ANNI, TEMPO} entfliehen, verfliegen **3** fig fam (andarsene) sich auf|machen, sich auf die Socken machen fam: **si è fatto tardi, noi fuggiamo**, es ist spät geworden, wir machen uns auf (die Socken fam) **4** (allontanarsi): ~ **via**, fortlaufen; fig (scorrere veloce) {TEMPO} verfliegen, vorbei|rasen **5** sport (andare in fuga) aus|reißen [B] tr <avere> **1** (sfuggire) ~ **qu** {AMICO, TUTTI} jdn meiden, vor jdm forb **2** (sottrarsi) ~ **qc** {CONFUSIONE, MORTE, RESPONSABILITÀ} etw fliehen, etw (dat) entfliehen.

fuggitìvo, (-a) [A] agg {NAVE, SOLDATO} flüchtend [B] m (f) **1** (fuggiasco) Flüchtige mf decl come agg; (profugo) Flüchtling m **2** sport (corridore in fuga) Ausreißer m (in m) (f).

fughìno <dim di fuga> m slang (il marinare la scuola): **fare ~**, schwänzen fam.

fùi 1ª pers sing del pass rem di essere①,②.

fuitìna f merid (breve fuga) "[Flucht f eines jungen Paares]/[Brautführung f], um die Heiratserlaubnis der Verwandten zu erzwingen".

fùlcro m **1** fig (perno) {+DISCUSSIONE, QUESTIONE} Angelpunkt m **2** fis mecc Drehpunkt m.

fulgènte agg lett (risplendente) {ASTRO, OCCHI} glänzend, leuchtend.

fùlgido, (-a) agg forb **1** (splendente) {GEMMA, LUCE} glänzend, leuchtend **2** fig (brillante) {INGEGNO} brillant: **un ~ esempio di lealtà**, ein leuchtendes Beispiel an Loyalität.

fulgóre m anche fig {+ASTRO} Glanz m: **è nel ~ degli anni**, er/sie steht in der Blüte der Jahre.

fulìggine f **1** Ruß m **2** agr Brand m.

fuligginóso, (-a) agg rußig.

full <-> m ingl (nel poker) Fullhouse n.

full contact <-> loc sost m ingl sport Full-contact-Karate m.

full immersion <-, -s pl ingl> loc sost f ingl Totalimmersion f, Fullimmersion f: **fare una full immersion nell'inglese**, eine Totalimmersion ins Englische machen, voll ins Englische eintauchen; **fare una full immersion**

nel lavoro, sich voll in die Arbeit vergraben.

full optional <-> loc agg ingl (completo di tutti gli accessori) {AUTO} full optional.

full text <inv> loc agg ingl inform {RICERCA} Volltext-.

full-time ingl [A] <inv> loc agg: **full time**, {OCCUPAZIONE, SEGRETARIA} Fulltime-, Ganztags- [B] loc avv: (a) **full time**, {LAVORARE} ganztags [C] <-> loc sost m (impiego a tempo pieno) Fulltimejob m, Ganztagsarbeit f.

fulmicotóne <-> m chim Schießbaumwolle f [B] <inv> loc agg fig (impetuoso): **al ~** {AZIONE, TIRO} heftig.

fulminànte [A] agg **1** fig (paralizzante) {OCCHIATA} (durch)bohrend, vernichtend **2** med {LEUCEMIA} tödlich **3** tecnol {POLVERE, PROIETTILE} Spreng-, Schieß-, Zünd- [B] m region (fiammifero) Streichholz m.

fulminàre [A] tr <avere> **1** (folgorare) ~ **qu/qc** {SAETTA PASTORE, PIANTA} jdn/etw treffen, {ELETTRICISTA, IMPIANTO DI ILLUMINAZIONE} jdn/etw mit einen elektrischen Schlag treffen, {LAMPADINA} etw durchbrennen lassen **2** fig (uccidere) ~ **qu** {COLPO DI PISTOLA} jdn nieder|schießen; {ATTACCO DI CUORE} jdn dahin|-, hinweg|raffen forb eufem, jdn aus heiterem Himmel treffen fam **3** fig (paralizzare) ~ **qu** jdn durchbohren: **lo fulminai con lo sguardo**, ich durchbohrte ihn mit meinem Blick [B] tr impers <essere o avere> blitzen: **improvvisamente fulminò**, plötzlich blitzte es [C] itr pron <essere> fam: **fulminarsi** {LAMPADINA} durch|brennen.

fulminàto, (-a) agg {LAMPADINA} durchgebrannt: **rimanere ~** (da un fulmine), vom Blitz getroffen werden, (dalla corrente elettrica) einen elektrischen Schlag bekommen.

fulminazióne f med (folgorazione) Blitzschlag m; (da corrente elettrica) Stromschlag m, elektrischer Schlag.

fùlmine m Blitz m: **un ~ a ciel sereno** fig (fatto imprevisto e spiacevole), ein Blitz aus heiterem Himmel; **essere un ~** fig (molto veloce), blitzschnell sein; **fulmini e saette!** inter (di stupore o rabbia), Donnerwetter! fam, potz Blitz! obs; **con la rapidità di un ~** (molto velocemente), in Windeseile, (schnell) wie der Blitz; **scappare come un ~** (a gran velocità), [wie der Blitz]/[blitzschnell] weglaufen.

fulmìneo, (-a) agg (repentino) {AZIONE, MORTE, SUCCESSO} blitzschnell, schlagartig.

fùlvo, (-a) agg {CRINIERA, PELO} rotblond.

fumaiòlo m {+CASA, FABBRICA, NAVE} Schornstein m.

fumànte agg (che manda fumo) {CENERE} rauchend; (vapore) {BRODO, TE} dampfend.

fumàre [A] tr (qc) {PIPA, SIGARETTA, TABACCO} (etw) rauchen; {DROGA, ERBA} anche (etw) kiffen slang: **quando hai smesso di ~?**, wann hast du das Rauchen aufgegeben? [B] itr **1** (mandare fumo) {COMIGNOLO} rauchen, qualmen; (vapore) {MINESTRA} dampfen ● **ho il cervello/la testa che mi fuma** fig (per il troppo studio, lavoro, ecc.), mir raucht das Hirn/der Schädel fam.

fumaròla f geol Fumarole f.

fumàta f **1** (colonna di fumo) {+CIMINIERA, VULCANO} Rauchsäule f **2** (segnale di fumo) Rauchzeichen n {BIANCA, NERA} **3** (atto del fumare) Rauchen n: **farsi una ~**, eine rauchen.

fumatóre, (-trice) m (f) Raucher(in) m(f): **un accanito ~**, ein Kettenraucher; **area (per) (non) fumatori**, (Nicht)raucherzone f.

fumé <inv> agg franc **1** (grigio fumo) {CALZE, TESSUTO} rauchfarben **2** (brunito) {LENTI, VETRO} Rauch-.

fumerìa f {+HASCISCI} Höhle f: **~ d'oppio**, Opiumhöhle f.

fumettìsta <-i m, -e f> mf Comiczeichner(in) m(f).

fumettìstica <-che> f (genere letterario) Comic m.

fumettìstico, (-a) <-ci, -che> agg **1** (PRODUZIONE) Comic- **2** spreg (da feuilleton) {PERSONAGGIO, VICENDA} platt spreg, billig spreg.

fumétto① [A] m **1** (nuvoletta) Sprechblase f **2** (di solito al pl) (racconto) Comics m pl **3** (giornalino) Comic(strip) m, Comic-Heft n **4** (fumettistica) {+AUTORE; EROTICO} Comic m [B] <inv> loc agg: **a fumetti**, {EDIZIONE, STORIA} Comic-.

fumétto② m gastr konzentrierte Fischbrühe.

fumettóne <accr di fumetto> m spreg (feuilleton) Schnulze f fam spreg, Schund m spreg.

fumigazióne f **1** agr Ausräucherung f **2** med (suffumigio) Inhalation f **3** tecnol (affumicamento) {+FORMAGGIO, SALUME, ecc.} Räucherung f.

fumìsta <-i m, -e f> mf Ofensetzer(in) m(f).

fùmmo 1ª pers pl del pass rem di essere①,②.

fùmo [A] m **1** gener {ACRE, DENSO, NERO; +CAMINO, CANDELA, INCENDIO} Rauch m, Qualm m: **fare ~**, rauchen, qualmen **2** (vapore) {+ACQUITRINO, PENTOLA} Dampf m **3** <solo sing> (azione) Rauchen n: **il ~ nuoce gravemente alla salute**, Rauchen gefährdet die Gesundheit; **il ~ passivo**, das passive Rauchen; (effetto) (Tabak)rauch m; **ti da fastidio il ~?**, stört dich der Rauch? **4** <solo sing> slang giovanile (droga da fumare) Kif m slang: **vuoi del ~?**, möchtest du was zu kiffen? slang **5** <solo pl> fig (stato di annebbiamento) Benebelung f: **i fumi dell'alcol**, die Wirkung des Alkohols, der Alkoholrausch, **i fumi dell'ira erano passati**, der Zorn war verraucht [B] <inv> loc agg: **di ~**, {ANELLO, RIVELATORE, SEGNALE} Rauch- ● **andare in ~** fig (fallire), {PROGETTO} in Rauch aufgehen, sich in Rauch auflösen; **molto ~ e poco/niente arrosto** fig (molta apparenza e poca sostanza), mehr Schein als Sein; viel Stroh, wenig Korn; **~ di Londra**, {VESTITO} rauchfarben, rauchgrau; **mandare in ~ qc** fig (far fallire), {PIANO DI QU} etw platzen lassen fam; **gettare ~ negli occhi** fig (ingannare), jdm Sand in die Augen streuen; **vedere qu come il ~ negli occhi** fig (detestare), jdn nicht riechen können fam; **vendere ~** fig (millantare), ein Schaumschläger sein; fig (vendere cose di poco valore), Schaum schlagen spreg, jdm blauen Dunst vor|machen fam.

fumògeno, (-a) [A] agg **1** (che fa fumo) {CANDELOTTO, SOSTANZA} Rauch-, raucherzeugend **2** (di fumo) {CORTINA, SEGNALAZIONE} Rauch- [B] m **1** (sostanza) künstlicher Nebel **2** (candelotto) Nebelkerze f.

fumoir <-> m franc Rauchersalon m, Raucherzimmer n.

fumóso, (-a) agg **1** (pieno di fumo) {STANZA} verraucht, rauchig **2** (che fa fumo) {CAMINO} rauchend **3** fig (oscuro) {STILE} nebelhaft, dunkel, nebulös; (vago) {IDEA, PROGETTO} vage.

funambolésco, (-a) <-schi, -sche> agg **1** {ESERCIZIO} Drahtseil- **2** fig (spregiudicato) {IMPRESA, POLITICA} opportunistisch forb, Wendehals- spreg.

funambolìsmo m **1** (arte) Seiltanzkunst f **2** (virtuosismo) {+PIANISTA} Drahtseilakt m **3** fig anche polit Balanceakt m.

funàmbolo, (-a) m (f) **1** (artista) {+CIRCO} Seiltänzer(in) m(f) **2** fig anche polit Drahtseilkünstler(in) m(f).

fùne f **1** (corda) {ROBUSTA; +ACCIAIO, CANAPA} Seil n: **~ portante/traente**, Trag-/Zugseil n

2 *mar* (*cima*) Leine f, Tau n **3** *sport* (*nella ginnastica*) (Kletter)tau n.

fùnebre *agg* **1** {VEGLIA} Toten-; {CARRO} Leichen-; {CORTEO} *anche* Trauer- **2** *fig* (*tetro*) {ARIA, TONO} düster.

funeràle *m* **1** (*sepoltura*) Beerdigung f: **andare a un ~**, zu einer Beerdigung gehen **2** <solo pl> (*funzione solenne*) {+RE, STATO} Begräbnis n.

funeràrio, (-a) <-ri *m*> *agg* {DECORAZIONE, URNA} Grab-.

funèreo, (-a) → **funebre**.

funestàre *tr* (*di solito al passivo*) **~ qc** {GUERRA PAESE} *etw* heim|suchen, *etw* überschatten: **la gara è stata funestata da un grave incidente**, der Wettkampf wurde von einem schlimmen Unfall überschattet.

funèsto, (-a) *agg* **1** (*luttuoso*) {ANNUNCIO, EVENTO} traurig, Trauer- **2** (*infausto*) {LUOGO, PERIODO} unselig, unheilvoll, verhängnisvoll.

fungàia f (*terreno*) Pilzplatz m, Pilzbeet n.

fùngere <coniug *come* giungere> *itr* **~ da qc 1** (*servire*) {TAVOLO DA SCRIVANIA} *als etw* (nom) fungieren, *als etw* (nom) dienen **2** (*fare le veci*) {DA PORTAVOCE, DA SINDACO} *als etw* (nom) fungieren, *als etw* (nom) amtieren *amm*; (*svolgere un ruolo*) {DA PADRINO} *etw* (nom) sein.

funghétto <dim *di* fungo> *gastr* **A** *m* <di solito al pl> {SOTT'OLIO} kleine Pilze **B** <inv> loc agg: **al ~** {VERDURE} "klein geschnitten und mit Öl, Knoblauch und Petersilie gekocht".

funghicoltóre, (-trice) *m* (f) Pilzzüchter(in) m(f).

funghicoltùra f Pilzzucht f, Pilzzüchtung f.

fungìbile *agg* *dir* {BENE, COSA} vertretbar.

fungicìda <-i *m*, -e f> *chim* **A** *agg* {PRODOTTO} fungizid, pilztötend **B** *m* Fungizid n.

fungifórme *agg* *scient* pilzförmig.

fùngo <-ghi> *m* **1** {FRESCO, MANGERECCIO} Pilz m: **andare a/per funghi**, Pilze suchen/sammeln gehen; **~ edule/velenoso**, Speise-/Giftpilz m **2** *fam* (*micosi*) (Haut)pilz m; **~ atòmico** (*nube*), Atompilz m; **crescere come (i) funghi** *fig* (*proliferare rapidamente*), wie Pilze aus dem Boden schießen.

funicèlla <dim *di* fune> f Schnur f, kleine Leine.

funicolàre f (Stand)seilbahn f: **~ aerea**, Schwebebahn f.

funìcolo *m* *anat* {OMBELICALE, SPERMATICO} Strang m.

funivìa f (Draht)seilbahn f, Seilschwebebahn f: **andare in ~**, mit der Seilbahn fahren.

funky *ingl* *anche* *mus* **A** <inv> *agg* {MUSICA, STILE} Funk-, funky **B** <-> *m* Funk m.

fùnsi 1ª pers sing del pass rem *di* fungere.

fùnto part pass *di* fungere.

funzionàle *agg* **1** (*inerente alla funzione svolta*) {ASPETTO, PROBLEMA} funktional, funktionell **2** (*che assolve una funzione*) {CRITERIO, VALORE} zweckbestimmt, funktionell **3** (*comodo, pratico*) {ARREDAMENTO, BORSA} zweckmäßig, funktionell **4** *ling* {GRAMMATICA} funktional **5** *mat* {ANALISI, EQUAZIONE} Funktions- **6** *med* {DISTURBO} funktionell *scient*, Funktions- *scient*.

funzionalìsmo *m* *arch* *psic* Funktionalismus m.

funzionalìsta <-i *m*, -e f> *mf* *arch* *psic* Funktionalist m.

funzionalìstico, (-a) <-ci, -che> *agg* *arch* *psic* {TEORIA} funktionalistisch.

funzionalità <-> f (*praticità*) {+CASA, STRUMENTO} Zweckmäßigkeit f **2** *med* {EPATICA} Funktionsfähigkeit f *scient*.

funzionalizzàre *tr* (*rendere più funzionale*) **~ qc** *etw* funktionalisieren.

funzionaménto *m* **1** (*modo*) {PERFETTO} Arbeitsweise f, Funktionieren n **2** (*l'essere in funzione*) Funktionieren n, Gang m; {+DISPOSITIVO, MACCHINA} *anche* Lauf m.

funzionànte *agg* **1** (*efficiente*) funktionsfähig, funktionstüchtig: **l'impianto è perfettamente ~**, die Anlage ist voll funktionsfähig **2** (*in funzione*) in Funktion, in Betrieb: **è già ~ il nuovo servizio telefonico?**, ist der neue Telefonservice schon in Betrieb?

funzionàre *itr* **1** (*essere efficiente*) {APPARECCHIO, MECCANISMO} funktionieren, gehen **2** (*essere in funzione*) {CUORE} funktionieren, arbeiten; {MACCHINA, MOTORE, OROLOGIO} *anche* laufen, gehen: **far ~ qc**, etw in Betrieb setzen **3** (*alimentarsi*) **~ a qc** mit etw (dat) funktionieren: **questo motore funziona a benzina**, dieser Motor funktioniert mit Benzin; **l'orologio funziona a pile**, die Uhr funktioniert mit Batterie **4** (*essere efficace*) {CURA, METODO} funktionieren; *anche* *fam* (*andare bene*) klappen *fam*: **tutto ha funzionato a meraviglia**, alles hat wunderbar geklappt *fam* **5** (*fungere*) **~ da qc** {DA PRESIDE, DA SEGRETARIO} *als etw* (nom) fungieren, *als etw* (nom) amtieren *amm*.

funzionàrio, (-a) <-ri *m*> *m* (f) **1** (*chi ha compiti di rappresentanza in un ente pubblico o privato*) Amtsperson f, Funktionär(in) m(f): **~ di banca**, höherer Bankangestellter **2** (*impiegato della pubblica amministrazione*) Beamte m decl come agg, Beamtin f: **alto ~**, Beamte m decl come agg des höheren Dienstes; **~ di polizia**, Polizeibeamte m decl come agg; **pubblico ~**, Beamte m decl come agg **3** (*incaricato di un'organizzazione*) {SINDACALE, SPORTIVO} Funktionär(in) m(f), Beauftragte mf decl come agg: **~ di partito**, Parteifunktionär m.

funzióne A f **1** *gener* *anche* *biol* {DECORATIVA, DIGESTIVA, VITALE; +CERVELLO, OGGETTO, STRUMENTO} Funktion f: **~ clorofilliana**, Chlorophyllfunktion f **2** (*compito*) {DIRETTIVA; +CONSULENZA, CONTROLLO} Funktion f, Tätigkeit f, Aufgabe f; {+PRESIDENTE} Amt n, Funktion f: **fare le funzioni di sindaco**, als Bürgermeister amtieren/fungieren **3** (*ruolo*) {CULTURALE; +FAMIGLIA} Funktion f, Aufgabe f, Rolle f: **avere una ~ educativa**, eine erzieherische ↓Aufgabe haben/[Rolle spielen] **4** *dir*: **~ amministrativa**, Verwaltung f; **~ giurisdizionale**, Rechtsprechung f; **~ legislativa**, Gesetzgebung f **5** *inform* Funktion f **6** *ling* {FATICA} Funktion f: **aggettivo con ~ di avverbio**, Adjektiv mit adverbialer Funktion **7** *mat* {ALGEBRICA} Funktion f **8** *relig* (*cerimonia*) {DOMENICALE} Messe f: **~ funebre**, Totenmesse f; **~ religiosa**, Gottesdienst m **B** loc prep **1** (*in relazione a*): **in ~ di qc**, abhängig von etw (dat); **i prezzi sono in ~ del costo del lavoro**, die Preise hängen von den Lohnkosten ab **2** (*per*): **in ~ di qu/qc**, für jdn/etw; **vive in ~ dei figli**, er/sie lebt für seine/ihre Kinder **3** (*come*): **in ~ di qc**, als etw (nom); **assunto in ~ di direttore commerciale**, als Vertriebsleiter angestellt **C** **entrare/essere in ~**, in Betrieb/Funktion gehen/sein; **il facente ~ da qu** *amm* (*sostituto temporaneo*), der Stellvertreter von jdm/+ gen; **mettere in ~ qc**, etw in Betrieb setzen.

fuochìsta <-i *m*, -e f> *m* (f) **1** Heizer(in) m(f) **2** *fam* *merid* (*artificiere*) Pyrotechniker(in) m(f), Feuerwerker m(f).

fuòco <fuochi> **A** *m* **1** *gener* {SCOPPIETTANTE; +LEGNA} Feuer n: **sedersi intorno al ~**, sich um das Feuer setzen; (*incendio*) Feuer n, Brand m; **il ~ ha distrutto il bosco**, das Feuer/der Brand hat den Wald zerstört; **andare a ~**, in Flammen aufgehen; **dar ~ a qc**, etw in Brand setzen/stecken, etw anzünden **2** (*fornello*) (Herd)platte f, Feuer n: **ho il latte sul ~**, ich habe die Milch auf der Herdplatte stehen; **mettere la carne sul ~**, das Fleisch aufs Feuer setzen **3** (*fiamma*) Flamme f: **cuocere a ~ lento/vivo**, auf kleiner/großer Flamme kochen **4** <solo pl> (*spettacolo pirotecnico*) Feuerwerk n: **stasera ci sono i fuochi (artificiali/d'artificio)**, heute Abend ist das Feuerwerk; (*materiale pirotecnico*) Feuerwerkskörper m pl; **fuochi del Bengala**, bengalisches Feuer n **5** *fig* (*ardore*) {+GIOVENTÙ, PASSIONE} Feuer n **6** *fis* *fot* {FISSO} Brennpunkt m, Fokus m **7** *mil* Feuer n: **aprire/cessare il ~**, das Feuer eröffnen/einstellen; **essere sotto il ~ nemico**, unter Beschuss des Feindes stehen; **~ di fila**, Lauffeuer n **B** inter impr **~!** **1** *mil* (gebt) Feuer! **2** (*in giochi infantili*) Feuer n **C** <inv> loc agg **1** (*con il fuoco*) **a ~** {SALDATURA} Feuer- **2** {+OCCHI, PAROLE, SGUARDO} feurig **D** loc avv (*con il fuoco*): **a ~** {DORARE, LAVORARE} mit Feuer • **al ~!**, Feuer!, es brennt!; **~ amico**, Friendly Fire n; **bollare a ~ qu** *anche* *fig* (*infamare*), jdn brandmarken; **buttarsi/gettarsi nel ~ per qu** *fig* (*fare qualsiasi cosa per qu*), für jdn durchs Feuer gehen; **sotto la cenere c'è il ~** (*rif. a situazione pronta ad esplodere*), Glimmen n/Schwelen n von Feuer unter der Asche, Feuer unter der Asche; **cucinare qu a ~ lento** *fig* (*far soffrire a lungo*), jdn schmoren lassen *fam*, jdn auf die Folter spannen; **dar ~ alla miccia/alle polveri** *fig* (*innescare un processo*), die Lunte an das Pulverfass legen, den Funken ins Pulverfass werfen; **diventare/farsi di ~** *fig* (*arrossire*), feuerrot werden; **il ~ eterno** *fig* (*inferno*), die ewige Flamme; **fare ~**, Feuer machen; *fig*, feuern, Feuer geben; **~ fatuo**, *anche* *fig*, Irrblick m; **fare ~ e fiamme** *fig* (*fare di tutto per ottenere qualcosa*), Himmel und Hölle in Bewegung setzen; **essere sotto un ~ incrociato** *anche* *fig* (*essere presi di mira*), im Kreuzfeuer stehen; **mettere a ~ qc** *fot*, etw scharf stellen; *fig* (*definire con esattezza*), {PROBLEMA} etw von allen Seiten beleuchten; **~ di paglia** *anche* *fig* (*breve passione*), Strohfeuer n; **prendere/pigliar ~** *anche* *fig* (*infiammarsi*), Feuer fangen; **~ sacro** *fig* (*ispirazione*), {+ARTE} heiliges Feuer; **~ di Sant'Antonio** *fam* (*herpes zoster*), Gürtelrose f; **fuochi di Sant'Elmo** *meteo*, Elmsfeuer n, Sankt-Elms-Feuer n; **scherzare col ~** *fig* (*con il pericolo*), mit dem Feuer spielen; **schizzare ~** *fig*, Feuer speien; **sentirsi il ~ addosso/[nelle vene]** *fig* (*essere eccitato*), feurig/erregt sein; **soffiare sul ~**, in die Glut blasen; *fig* (*fomentare discordie*), das Feuer schüren, Öl ins Feuer gießen; **trovarsi tra due fuochi** *fig* (*fra due avversari o tra due pericoli*), zwischen zwei Feuer geraten.

fuorché A *prep* (*tranne*) **~ qu/qc** außer jdm/etw, bis auf jdn/etw, mit Ausnahme von jdm/etw (+ gen), abgesehen von jdm/etw: **sono venuti tutti ~ Luca**, bis auf Luca sind alle gekommen; **ci siamo sempre ~ la domenica**, wir sind außer sonntags immer da; **partirei con chiunque, ~ con te**, ich würde mit jedem außer mit dir wegfahren **B** cong (*tranne che*): **~ ... inf/congv**, außer ... inf, außer dass ... ind; **è di tutto ~ lavorare**, er/sie tut alles außer arbeiten; **ci si aspettava di tutto da lui, ~ si licenziasse**, man hätte sich von ihm alles erwartet, außer dass er kündigt.

fuòri A *avv* **1** (*stato in luogo*) {ESSERE, STARE} draußen: **fa freddo (lì) ~?**, ist es (da) draußen kalt?; **se cerchi la bicicletta è ~ in cortile**, wenn du das Fahrrad suchst, es steht draußen im Hof; **vi aspettiamo (qua/qui) ~**, wir warten (hier) draußen auf euch;

(all'aperto) im Freien; **d'estate si può mangiare ~**, im Sommer kann man im Freien essen **2** (moto a luogo) {ANDARE} hinaus, nach draußen: **vai ~ a giocare!**, geh zum Spielen hinaus!; **siamo subito scappati ~!**, wir sind gleich nach draußen geflüchtet!; {VENIRE} heraus; **vieni ~ in giardino?**, kommst du in den Garten (he)raus? **3** fam (fuori di casa) außer Haus: **siamo ~ tutto il giorno**, wir sind den ganzen Tag außer Haus; **andare a cena ~**, zum Abendessen ausgehen **4** (nei dintorni) außerhalb von etw (dat)/+ gen: **abita - Torino**, er/sie wohnt außerhalb von Turin **5** (all'estero) im Ausland: **passano la maggior parte dell'anno ~**, sie verbringen den größten Teil des Jahres im Ausland **6** (esternamente) außen: **questa borsa ~ è in pelle e dentro è in stoffa**, diese Tasche ist außen aus Leder und innen aus Stoff **7** fig (all'apparenza) nach außen hin: **~ sembra felice, ma in realtà soffre molto**, nach außen hin scheint er/sie glücklich zu sein, aber in Wirklichkeit leidet er/sie sehr **B** loc agg (estraneo) da/di ~, fremd; **gente di ~**, fremde Leute **C** loc avv **1** (dall'esterno) da/di ~, von draußen; **il rumore viene da/di ~**, das Geräusch kommt von draußen **2** (all'esterno): **di ~**, außen; **di ~ la casa è in mattoni a vista**, außen ist das Haus aus unverputzten Backsteinen; **ho pulito l'auto di dentro e di ~**, ich habe das Auto innen und außen geputzt; **ha sempre la camicia di ~**, er/sie trägt das Hemd immer außen **3** in **~** (verso l'esterno), nach außen, hinaus; **una trave che sporge in ~**, ein nach außen stehender Balken; **sporgersi in ~**, sich hinauslehnen; (sporgente) {DENTI, OCCHI} (her)vorstehend **D** prep loc prep: **~ da/di qc 1** (stato in luogo) außerhalb von etw (dat)/+ gen, vor etw (dat): **è appeso ~ dalla/della porta**, es hängt vor der Tür **2** (moto a luogo) {ANDARE} aus etw (dat) ... (hinaus): **recarsi ~ sede**, sich außer Haus begeben; **gettare qc ~ dalla finestra**, etw aus dem Fenster werfen; {VENIRE} aus etw (dat) ... (heraus/hinaus): **venite ~ da/di lì!**, kommt da (he)raus! **3** (rif. a tempo) außerhalb etw (gen), über etw (acc) ... hinaus/hinweg: **~ orario**, außerhalb der (festgesetzten) Zeit; **~ pasto/[dai pasti]**, außerhalb der Essenszeiten; **ormai siamo ~ dall'inverno**, inzwischen sind wir über den Winter hinweg **4** fig (oltre) {DAGLI SCHEMI, DAL DEL TEMPO} außerhalb (dat): **essere ~ concorso/pericolo/uso**, außer Konkurrenz/Gefahr/Gebrauch sein; **(di) dubbio**, außer Zweifel **E** loc prep (tranne): **al di ~ di qu/qc**, außer jdm/etw, bis auf jdn/etw, mit Ausnahme von jdm/etw/(+ gen), abgesehen von jdm/etw **F** m anche fig {+OGGETTO, PERSONA} Außenseite f **G** <-> loc sost m anche fig (l'esterno): **di ~**, {+SCATOLA} Außenseite f; **visto dal di ~ l'edificio sembra in buono stato**, von außen scheint das Gebäude in gutem Zustand zu sein **H** inter impr **1** (via): **~!**, hinaus!, raus! fam; **~ (di qui)!**, raus (hier)! fam **2** (invito a uscire sul palco): **fuori! fuori!**, "Ausruf der Zuschauer, mit dem sie die Schauspieler um noch weitere Vorhänge slang bitten" **3** (invito a consegnare qc): **~ qc!**, her mit etw (dat)!; **~ i soldi/le prove!**, ₁Geld her!₁/[her mit den Beweisen!] • **~** piazza banca, {ASSEGNO} Fern-, Distanzscheck m; **essere ~ di sé** fig (essere furibondo), außer sich (dat) sein; **ma sei ~?** fig (ma sei matto?), ja ₁bist du de plem-plem₁/[hast du sie nicht mehr alle]? fam.

FUORI m abbr di Fronte Unitario Omosessuale Rivoluzionario Italiano: "Italienische Homosexuellenbewegung".

fuoribórdo mar **A** <inv> agg {MOTORE} Außenbord- **B** <-> m **1** (motore) Außenbord-motor m, Außenborder m fam **2** (imbarcazione) Außenborder m fam **C** avv {GETTARE QC} außenbords.

fuoribùsta A <inv> agg {SOMMA} Extra- **B** <-> m Extravergütung f.

fuoricàmpo A <inv> agg **1** film teat TV {SUONO, VOCE} Off- **2** sport {PALLA, TIRO} Aus- **B** <-> m **1** film teat TV Off n **2** sport (tiro) Aus n.

fuoriclàsse A <inv> agg {ATLETA, CAVALLO} erstklassig **B** <-> mf {+CICLISMO} Spitzensportler(in) m(f), Sonderklasse f fam.

fuòri combattiménto A loc avv anche fig knock-out, k.o.: **mettere qu ~ fuori combattimento** anche fig, jdn k.o. schlagen, jdn außer Gefecht setzen; **essere fuori combattimento** anche fig, k.o. sein **B** <-> loc sost m (nel pugilato) {TECNICO} Knock-out m.

fuoricórso A <inv> agg **1** università {STUDENTE} "der die Regelstudienzeit überschritten hat": **essere al terzo (anno) ~**, im dritten Jahr nach Ablauf der Regelstudienzeit eingeschrieben sein **2** anche numism {FRANCOBOLLO, MONETA} außer Kurs **B** <-> mf università (abbr FC) "Student(in), der (die) die Regelstudienzeit überschritten hat".

fuorigiòco sport **A** avv loc avv: **in ~**, im Abseits, im Aus; **essere (in) ~**, im Abseits stehen **B** <-> m Abseits n, Aus n.

fuorilégge A <inv> agg {DISPOSITIVO} illegal **B** <-> mf Gesetzlose mf decl come agg.

fuorimàno A <inv> agg {POSTO} abgelegen, entlegen **B** avv abgelegen, abseits: **quel locale è situato ~**, das Lokal liegt abseits.

fuorimòda, fuòri mòda <inv> agg loc agg (superato) {ATTEGGIAMENTO, GIACCA} altmodisch, unmodern, gestrig.

fuoripàsto, fuòri pàsto A avv loc avv außerhalb der Mahlzeiten **B** <-> m loc sost m (spuntino) Imbiss m, Snack m, Zwischenmahlzeit f.

fuoripìsta sport (nello sci) **A** avv {SCIARE} Tiefschnee- **B** <-> m Tiefschneefahren n.

fuoripòrta, fuòri pòrta <inv> agg loc agg {TRATTORIA} außerhalb der Stadt, am Stadtrand, vor dem Stadttor.

fuoriprogràmma A <inv> agg {SPETTACOLO, VIAGGIO} außerplanmäßig **B** <-> m **1** außerplanmäßiges Programm, im Programm nicht vorgesehene Nummer **2** fig (imprevisto) Unvorhergesehene n decl come agg **C** avv außer Programm: **e ora, ~, l'orchestra eseguirà un brano di...**, und jetzt wird das Orchester außer Programm ein Stück von ... spielen.

fuorisède A <inv> agg **1** (non presente in sede) außer Haus: **in questo momento il direttore è ~**, in diesem Moment ist der Direktor außer Haus **2** amm università (di fuori) {DOCENTE, STUDENTE} auswärtig **B** <-> mf amm università Auswärtige mf decl come agg.

fuoriserìe A <inv> agg Sonder-, Spezial- **B** <-> f (auto) Sonderausführung f, Sondermodell n.

fuoristràda autom **A** <inv> agg {VEICOLO} Gelände- **B** <-> m **1** (auto) Geländewagen m; (moto) Geländemotorrad m **2** sport Auto-, Motocross n: **fare del ~**, Auto-, Motocross fahren.

fuoriuscìre, fuoruscire <coniug come uscire> itr <essere> **~** (da qc) {ACQUA, GAS DALLA CONDUTTURA} aus etw (dat) fließen, etw (dat) entweichen, aus etw (dat) strömen; etw {PUS DALLA FERITA} aus etw (dat) tropfen, etw (dat) entweichen, aus etw (dat) aus|treten; {OSSO DALLA SEDE} aus etw (dat) heraus|treten, aus etw (dat) heraus|stehen.

fuoriuscìta, fuoruscita f **1** (il fuoriuscire) {+BENZINA, LINFA} Ausströmen n, Entweichen n; med {+SANGUE} (Aus)strömen n; {+CLAVICOLA} Heraustreten n, Herausstehen n **2** fig polit (allontanamento) **~ da qc** {DAL COLONIALISMO, DAL NUCLEARE} Ausstieg m aus etw (dat); {DAL PARTITO} Austritt m aus etw (dat).

fuoriuscìto, fuoruscìto, (-a) m (f) Emigrant(in) m(f).

fuorviàre <fuorvio, fuorvii> tr **1** (mettere fuori strada) **~ qu/qc** {FALSA TRACCIA INVESTIGATORE, INDAGINE} jdn/etw irre|führen, jdn/etw re|leiten **2** fig (traviare) **~ qu** jdn irre|leiten, jdn auf Abwege führen: **non farti ~ da cattive compagnie**, lass dich nicht von schlechter Gesellschaft auf Abwege führen.

fùrba f → **furbo**.

furbacchióne, (-a) <acc di furbo> m (f) Schlaumeier m fam, Schlauberger m fam.

furbàstro, (-a) <pegg di furbo> **A** agg schlitzohrig **B** m (f) Schlitzohr n fam.

furberìa → **furbizia**.

furbésco, (-a) <-schi, -sche> agg (di, da furbo) {SORRISO, TIRO} schlau, listig.

furbétto, (-a) <dim di furbo> **A** agg (astuto) {MOSSA} schlau, pfiffig, gewitzt **B** m (f) spec iron o spreg Schlaumeier(in) m(f) fam.

furbizìa f **1** (l'essere furbo) List(igkeit) f, Schläue f, Schlauheit f **2** (azione astuta) List f.

fùrbo, (-a) A agg {BAMBINO, IDEA, SGUARDO} schlau, listig **B** m (f) Schlaukopf m fam, Schlaumeier m fam — **matricolato/[di tre cotte]**, ₁ein Neunmalkluger scherz₁/[ein ausgekochter Gauner spreg]; **non fare il ~ con me!**, versuch nicht, mich hereinzulegen! fam; **farsi ~**, sich nicht mehr verarschen volg lassen; **fatti ~, è anche colpa tua se gli altri approfittano sempre di te!**, lass dich nicht verarschen volg, es ist auch deine Schuld, wenn die anderen dich immer ausnutzen.

furènte agg **~ (con/contro qu/qc)** (per qc) wütend (auf jdn/über etw acc) (wegen etw gen): **siamo furenti con l'assicurazione per il mancato pagamento**, wir sind wütend auf die Versicherung wegen der unterlassenen Zahlung.

furétto m zoo Frettchen n • **essere un ~** fig (astuto), ein schlauer Fuchs sein fam.

furfànte mf **1** (mascalzone) Gauner m spreg **2** fig (birbone) Schurke m spreg, Schuft m spreg, Bösewicht m obs.

furfanterìa f **1** (atteggiamento) Gaunerhaftigkeit f spreg, Schuftigkeit f spreg **2** (azione) Gaunerei f spreg.

furfantésco, (-a) <-schi, -sche> agg (di, da furfante) {AZIONE, VITA} gaunerhaft spreg.

furgonàto, (-a) A agg {AUTOMEZZO} Transport- **B** m (autofurgone) Lieferwagen m.

furgoncìno <dim di furgone> m **1** (auto furgonata) Kleintransporter m **2** (motocarro) dreirädriger Kastenwagen, Dreirad n.

furgóne m Lieferwagen m: **~ cellulare**, Streifen-, Polizeiwagen m; **~ frigorifero/postale**, Kühl-/Postwagen m; **~ per traslochi**, Möbelwagen m.

furgonìsta <-i m, -e f> mf Lieferwagenfahrer(in) m(f).

fùria A f **1** (accesso d'ira) Wut f, Raserei f: **~ vandalica**, blinde Zerstörungswut **2** fig (impeto) {+DISPERAZIONE, GUERRA, PASSIONE, VENTO} Heftigkeit f, Gewalt f, Wucht f **3** fig fam (fretta) (große) Eile: **avere ~ (di fare qc)**, es (mit etw dat) eilig haben; **nella ~ di uscire non ha chiuso la porta**, in der Eile hat er/sie beim Hinausgehen die Tür nicht zugemacht **4** <di solito al pl> mitol (erinni) Furien f pl: **quando si arrabbia diventa/sembra una ~**, wenn er/sie wütend wird, wird er/sie zur Furie spreg **B** loc prep (a for-

za di): **a ~ di lezioni/ritardi/**..., durch viele Unterrichtsstunden/Verspätungen/ ...; **a ~ di domande**, durch hartnäckiges Fragen **C** *loc cong* (*a forza di*): **a ~ di aspettare/pazientare/**..., vom vielen Warten/Dulden/..., nach langem Warten/Dulden/...; **a ~ di fumare**, durch das viele Rauchen ● **andare su tutte le furie**, einen heiligen Zorn bekommen, auf die Palme gehen *fam*; **mandare qu su tutte le furie**, jdn in Wut/[auf die Palme *fam*] bringen.

furibóndo, (**-a**) *agg* **1** (*furente*) **~ (con/ contro qu/qc) (per qc)** {PUBBLICO PER IL RITARDO} wütend (*auf jdn/über etw acc*) (*wegen etw gen*) **2** (*impetuoso*) {LOTTA} wild, heftig.

furière *m mil* Kompaniefeldwebel *m*.

furióso, (**-a**) **A** *agg* **1** (*infuriato*) **~ (con/ contro qu/qc) (per qc)** wütend (*auf jdn/ über etw acc*) (*wegen etw gen*): **è ~ con me per la mia disattenzione**, er ist wütend auf mich wegen meiner Unaufmerksamkeit; {CAVALLO, TORO} rasend **2** (*pieno d'ira*) {GESTO, SGUARDO} wütend, zornig **3** (*violento*) {BATTAGLIA, PASSIONE, TEMPESTA} heftig **B** *m* (*f*) (*alienato*) Rasende *mf decl come agg*.

fùrono 3ª *pers pl del pass rem di* essere①,②.

furóre *m* **1** (*furia*) {CIECO, OMICIDA; +FOLLA} Wut *f*, Raserei *f* **2** *fig* (*impetuosità*) {+ACQUE, MARE} Wüten *n*; {GIOVANILE} Heftigkeit *f* ● **far ~** *fig* (*riscuotere ampi consensi*), Furore machen; **a ~ di popolo** *fig* (*all'unanimità*), auf einstimmigen Wunsch (des Volkes).

furoreggiàre <*furoreggio, furoreggi*> *itr* (*far furore*) {ARTISTA, DISCO, MODA} Furore machen.

furtività <-> *f* {+GESTO} Heimlichkeit, Verstohlenheit *f*.

furtìvo, (**-a**) *agg* **1** {INCONTRO, SORRISO} verstohlen, heimlich: **si avvicinò a passi furtivi**, er/sie näherte sich auf leisen Sohlen **2** (*rubato*) {MERCE} gestohlen.

fùrto *m* **1** *anche dir* {AGGRAVATO; +AUTO, PORTAFOGLIO} Diebstahl *m*: **~ con effrazione/ scasso**, Einbruch(s)diebstahl *m* **2** *fig* (*plagio*) {LETTERARIO, MUSICALE} Plagiat *n* ; *forb*, geistiger Diebstahl ● **è un ~!** *fig fam* (*rif. a prezzi alti*), das kostet ja ein Vermögen!, das ist (ja) Diebstahl! *fam*.

fùsa *f pl* {+GATTO} Schnurren *n*: **fare le ~**, schnurren.

fuscèllo *m* **1** (*ramoscello*) (dürrer) Zweig **2** (*pagliuzza*) (Stroh)halm *m* ● **essere/sembrare un ~** *fig* (*esile*), spindeldürr sein; **fare d'un ~ una trave** *fig* (*drammatizzare*), aus einer Mücke einen Elefanten machen *fam*.

fusciàcca <-*che*> *f* Schärpe *f*.

fuseaux *m pl franc* Leggin(g)s *pl*.

fùsi 1ª *pers sing del pass rem di* fondere.

fusìbile **A** *agg* {METALLO} schmelzbar, Schmelz- **B** *m elettr* Schmelzsicherung *f*.

fusìllo *m* <*di solito al pl*> *gastr* "spiralförmige Nudelsorte".

fusióne **A** *f* **1** (*liquefazione*) {+CERA, METALLO} Schmelzen *n* **2** (*colata*) {+CAMPANA, STATUA} Gießen *n* **3** (*miscelamento*) {+COLORI} Mischung *f*; {+SUONI} Einklang *m* **4** *fig* (*armonia*) {+ANIMI, IDEE} Übereinstimmung *f*: **~ tra popoli**, Völkerverständigung *f* **5** *dir* (*~ di società*) Verschmelzung *f*, Fusion *f* **6** *fis* Fusion *f*, Verschmelzung *f*: **~ fredda**, kalte Kernfusion; **~ nucleare**, Kernfusion *f* **7** *ling* {+DUE VOCALI} Verschmelzung *f* **8** *polit* {+PARTITI, STATI} Zusammenschluss *m*: **la ~ tra il centro e la sinistra**, der Zusammenschluss der Mitte und der Linken **B** <*inv*> *loc agg*: **di ~**, {PUNTO, TEMPERATURA} Schmelz-.

fùso① **A** *m* **1** *tess* Spindel *f* **2** *autom* {+RUOTA} Achszapfen *m* **3** *mar* {+ANCORA} Schaft *m* **B** <*inv*> *loc agg* (*fusiforme*): **a ~**, spindelförmig ● **essere diritto come un ~** *fig* (*con schiena dritta*), kerzengerade sein; **andarsene diritto come un ~** *fig* (*senza deviare*), geradewegs/schnurstracks *fam* gehen; **~ orario** *geog*, Zeitzone *f*; **~ sferico** *mat* (*in geometria*), Kugelsegment *n*.

fùso② , (**-a**) **A** *part pass di* fondere **B** *agg* **1** (*liquefatto*) {BURRO, CIOCCOLATO} geschmolzen, Schmelz-; {ORO} Guss- **2** *fig fam* (*spossato*) fertig *fam*: **stasera sono proprio ~**, heute Abend bin ich völlig/[fix und] fertig *fam* **3** *fig slang giovanile* (*fatto*) high *slang eufem*, breit *slang*: **è sempre ~**, er ist immer breit *slang*.

fusò *m* → fuseaux.

fusolièra *f aero* Rumpf *m*.

fustàgno *m* Baumwollflanell *m*, Barchent *m*.

fustèlla *f* **1** (*talloncino*) Preisabschnitt *m* **2** *tecnol* (*utensile*) Stanze *f*.

fustellàre *tr tecnol* **~ qc** {CARTA, PELLE, LAMIERA} *etw* stanzen.

fustellatrìce *f tecnol* Stanze *f*, Stanzmaschine *f*.

fustigàre <*fustigo, fustighi*> *tr* **1** (*flagellare*) **~ qu** {PRIGIONIERO} *jdn* (aus|)peitschen, *jdn* geißeln **2** *fig* (*condannare severamente*) **~ qu/qc** {MALCOSTUME} *jdn/etw* geißeln.

fustigazióne *f* **1** (*flagellazione*) Auspeitschung *f*, Geißelung *f* **2** *fig* (*aspra condanna*) {+VIZIO} Geißelung *f*.

fustìno <*dim di* fusto> *m* kleiner Behälter: **~ di detersivo da 5 kg**, 5-kg-Waschpulvertonne *f*.

fùsto *m* **1** (*recipiente*) {+BENZINA, OLIO} Fass *n* **2** (*tronco*) Stamm *m*: **alberi d'alto ~**, hochstämmige Bäume; (*stelo*) {+FOGLIA} Stängel *m* **3** (*parte allungata di qc*) {+CANDELIERE, COLONNA, FUCILE, REMO} Schaft *m*: **~ di cannone**, Lafette *f* einer Kanone **4** (*struttura di sostegno*) {+DIVANO, POLTRONA} Gestell *n* **5** (*busto*) Rumpf *m* **6** *fig fam* (*giovane aitante*) Prachtkerl *m fam*: **che ~, tuo fratello!**, was für ein Prachtkerl *fam*, dein Bruder!

fùtile *agg* {ARGOMENTO, MOTIVO} unbedeutend, nichtig.

futilità <-> *f* **1** (*irrilevanza*) {+DISCUSSIONE} Belanglosigkeit *f* **2** (*cosa irrilevante*) Nichtigkeit *f*, Kleinigkeit *f*: **non perderti in ~**, verlier dich nicht in Kleinigkeiten.

futòn <-> *m giapponese* Futon *m*.

future <-> *m ingl Borsa* Terminkontrakt *f*.

futurìbile **A** *agg* (*realizzabile nel futuro*) {IDEA} hypothetisch **B** *m* Zukunftsforschung *f*: **studi nel campo del ~**, Studien auf dem Gebiet der Zukunftsforschung.

futurìsmo *m lett arte* Futurismus *m*.

futurìsta <-*i m*, -*e f*> *lett arte* **A** *agg* {OPERA, PITTORE} futuristisch **B** *mf* Futurist(in) *m*(*f*).

futurìstico <-*ci, -che*> *agg* **1** (*avveniristico*) {PROGETTO} Zukunfts- **2** *rar* (*del futurismo*) futuristisch.

futùro, (**-a**) **A** *agg* **1** {ANNI, AVVENIMENTO, GENERAZIONI} (zu)künftig **2** (*prossimo a diventare*) **~ qc** {DIRETTORE, SPOSA} zukünftige(r, s): **il ~ padre**, der zukünftige Vater **3** *gramm* {TEMPO} futurisch **B** *m* **1** (*avvenire*) {ROSEO; +FIGLI, UOMO} Zukunft *f*: **guardare/pensare al ~**, in die Zukunft schauen/[an die Zukunft denken]; **hai un ~ assicurato**, du hast eine sichere Zukunft **2** *gramm* Futur *n*: **~ anteriore**, Vorzukunft *f*, zweites Futur; **~ semplice**, erstes Futur **C** <*inv*> *loc agg* **1** **del ~**, {DONNA, LAVORO, MACCHINA} der Zukunft **2 senza ~**, {ATTIVITÀ, PAESE, POPOLO} ohne Zukunft **D** *loc avv*: **per il ~**, **in ~**, für die Zukunft, in Zukunft, zukünftig.

futurologìa *f* Futurologie *f*, Zukunftsforschung *f*.

futuròlogo, (**-a**) <-*gi*> *m* (*f*) Futurologe *m* (Futurologin *f*), Zukunftsforscher(in) *m*(*f*).

fuzzy logic <-> *loc sost f ingl inform* Fuzzylogik *f*.

G, g

G, g <-> f o rar m (*settima lettera dell'alfabeto italiano*) G, g n • **g come Genova** (*nella compitazione delle parole*), G wie Gustav; → **anche A, a**.

g 1 abbr *di* grammo: g (abbr *di* Gramm) **2** abbr *di* giorno: T., Tg. (abbr *di* Tag) **3** *fis* (*accelerazione di gravità*): g (*Fallbeschleunigung*).

G 1 abbr *di* giga: G **2** *fis* abbr *di* gauss: G, Gs (abbr *di* Gauß).

G. *geog* abbr *di* Golfo: G.

G8 m *pol* (G8-Gipfel) m.

gabardina <-> f → **gabardine**.

gabardine <-> franc **A** f *tess* Gabardine m o f **B** m o f (*impermeabile*) Gabardinemantel m.

gabbàna f (*impermeabile*) Überrock m, Mantel m • **voltar ~ fig** (*cambiare opinione secondo la convenienza*), den Mantel/das Mäntelchen nach dem Wind(e) hängen *spreg*.

gabbàre **A** tr (*imbrogliare*) ~ **qu** jdn betrügen, jdn hintergehen, jdn prellen *fam*: **sono stato gabbato!**, ich bin betrogen worden!, man hat mich betrogen! **B** itr pron (*burlarsi*) **gabbarsi di qu/qc** {DEL FRATELLO, DELLA TIMIDEZZA DI QU} sich *über jdn/etw* lustig machen, jdn zum Besten halten, jdn hoch|nehmen *fam*, jdn foppen *fam*.

gàbbia f **1** {+LEONI, SCIMMIE} Käfig m: **- degli uccelli**, Vogelkäfig m, Vogelbauer n o m *obs* **2** (*contenitore*) Korb m; (*per trasporto*) Lattenkiste f **3** *fig fam* (*prigione*) Käfig m, Gefängnis n, Knast m *fam*, Kittchen n *fam*, Loch n *fam*; **chiudere/mettere qu in ~**, jdn einlochen *fam*, jdn ins Loch stecken *fam* **4** *fig fam* (*luogo angusto*) Loch n *fam*: **questa città per me è una ~ dorata**, in dieser Stadt komme ich mir wie im Gefängnis vor **5** *edil* (*struttura*) {METALLICA} Armierung f: **~ della scala**, Treppenhaus n **6** *edil* (*vano*) {+ASCENSORE, MONTACARICHI} Schacht m **7** *edit* Layout-Rahmen m **8** *elettr* {+ROTORE} Käfig m: **~ di Faraday**, Faradaykäfig m, Faradayscher Käfig **9** *giorn* {+IMPUTATI} Käfig m **10** *mar* Mars m • **essere in una ~ dorata** *fig* (*in una situazione privilegiata che limita però la libertà personale*), in einem goldenen Käfig sitzen; **~ di matti** *fig fam* (*luogo dove regna la confusione*), Irren-/Narrenhaus n *fam*; **~ salariale** *econ*, "unterschiedliche Tarifklassen, die nach bestimmten sozioökonomischen Kriterien festgelegt werden"; **sentirsi in ~** *fig* (*soffrire di mancanza di libertà*), sich wie in einem Käfig fühlen, sich eingesperrt vorkommen; → **toracica** *anat*, Brustkorb m.

gabbiàno m *ornit* Möwe f.

gabbière m *mar* Mastwächter m.

gabbiétta <*dim di* gabbia> f {+CANARINO} kleiner Käfig m • **~ dello spumante** *enol*, Sektkorkenverschluss m.

gabbióne <*accr di* gabbia> m *mil* Schanzkorb m.

gabbiòtto <*dim di* gabbia> m (*guardiola*) Portiersloge f.

gabèlla f *stor* (*tributo, spec dazio*) {GENERALE, GROSSA, MINUTA} Abgabe f; Steuer f; Zoll m.

gabellàre tr **1** (*considerare vero*) **~ qc** {FANDONIA} *etw* glauben **2** (*spacciare*) **~ qu/qc per qc** {AMICA PER STRANIERA} jdn/*etw* für/als *etw* (acc) aus|geben **3** *stor* (*sottoporre a gabella*) **~ qc** *etw* mit einer Abgabe belegen, *etw* besteuern, *auf etw* (acc) Zoll erheben.

gabellière m *stor* Zöllner m.

gabinétto m **1** (*toilette*) {PUBBLICO} Toilette f: **andare al ~**, auf die Toilette|/[aufs Klo *fam*] gehen, austreten gehen/müssen *eufem*; **~ di decenza**, Bedürfnisanstalt f **2** (*apparecchio sanitario*) Klosett(becken) n, Klo n *fam*; **~ alla turca**, Stehklosett n, Stehklo n *fam* **3** (*studiolo*) Arbeitszimmer n **4** (*collezione*) {+FARFALLE, STAMPE} Kabinett n **5** *polit* (*ufficio*) {+MINISTRO} Büro n; (*governo*) Kabinett n: **formare un nuovo ~**, ein neues Kabinett bilden **6** *scient scuola* Saal m, Raum m: **~ di fisica/chimica**, Physik-/Chemiesaal m • **~ fotografico** *fot*, Fotoatelier n; **~ di lettura**, Lesesaal m; **~ medico/dentistico** *med* (*studio*), Arzt-/Zahnarztpraxis f.

gàbola f *sett scherz* (*piccolo imbroglio*) Trick m: **per ottenere il permesso di costruzione ho dovuto fare delle gabole**, ich musste ein bisschen tricksen *fam*/[paar Tricks anwenden], um die Baugenehmigung zu erhalten.

Gabòn m *geog* Gabun m.

Gabrièle m (*nome proprio*) Gabriel.

Gabrièlla f (*nome proprio*) Gabriele, Gabriela.

gaddiàno, (-a) agg (*di C. E. Gadda*) {STILE} Gadda-.

gàdget <-> m *ingl* Gadget n.

gadgettìstica <-che> f (*oggettistica*) Gadgets m pl.

gaèlico, (-a) <-ci, -che> **A** agg {CANTO} gälisch **B** m <*solo sing*> (*lingua*) Gälisch(e) n.

gaffe <-> f *franc* (*topica*) Fauxpas m, Schnitzer m: **fare una ~ con qu**, bei jdm ins Fettnäpfchen treten *fam scherz*.

gag <-> f *ingl* (*trovata comica*) Gag m.

gagà <-> m *franc spreg* (*bellimbusto*) Geck m *spreg*, Lackaffe m *fam spreg*.

gaggìa f *bot* **1** (*acacia*) Akazie f, Kamel-, Hackendorn m **2** (*robinia*) Falsche Akazie, Robinie f.

gagliardétto m **1** *mar* Stander m **2** *polit* Standarte f **3** *sport* Fähnchen n, Wimpel m.

gagliardìa f (*forza*) {+MARE} Stärke f; *fig* {+ANIMO} Kühnheit f, Mut m, Tapferkeit f **2** *fig* (*vivacità*) {+BRANO MUSICALE, INGEGNO, STILE} Lebendigkeit f **3** *lett* (*prodezza*) Heldentat f.

gagliàrdo, (-a) agg **1** (*forte*) {GIOVANE, PIANTA} kräftig; {VENTO} *anche* stark; {VECCHIO} rüstig **2** (*valoroso*) {AZIONE} mutig, kühn; {GUERRIERO} *anche* tapfer **3** *fig* (*vivace*) {INTELLIGENZA} wach, lebhaft **4** *enol* {VINO} stark, feurig.

gagliòffa f → **gagliòffo**.

gaglioffàggine f (*cialtroneria*) Nichtsnutzigkeit f *spreg*.

gagliòffo, (-a) **A** agg (*cialtrone*) nichtsnutzig *spreg* **B** m (f) Nichtsnutz m *spreg*, Taugenichts m *spreg*.

gaièzza f (*gioia*) Fröhlichkeit f, Heiterkeit f, Ausgelassenheit f, Frohmut m *forb*.

gàio, (-a) <*-gai* m> agg **1** (*gioioso*) {BRIGATA, DONNA} fröhlich, heiter, frohmütig *forb*; {TEMPERAMENTO} *anche* ausgelassen **2** (*chiaro*) {COLORE} munter, lebhaft.

gàla[1] **A** f (*lusso*) Pracht f, Prunk m **B** <inv> loc agg (*di lusso*): **di ~** {CERIMONIA, PRANZO, SPETTACOLO} Gala-, Fest- • **mettersi in gran ~** (*vestirsi elegantemente*), sich in Gala/Schale werfen *fam scherz*.

gàla[2] f (*fiocco*) {+VELLUTO} Rüsche f.

gàla[3] m *mar* Gala f: **piccolo/gran ~**, einfache/große Flaggengala; **~ di bandiere**, Flaggengala f.

gàla[4], **galà** m **1** (*festa*) Empfang m, Fest n: **gran ~ di carnevale**, Karnevalsfest n **2** (*spettacolo*) (Gala)vorstellung f.

galànte A agg **1** (*gentile*) {GIOVANE, MANIERE} höflich, galant *forb obs*: **essere ~ con qu**, zu jdm galant *forb obs* sein **2** (*amoroso*) {AVVENTURA, BIGLIETTO, INCONTRO} amourös, Liebes-, galant *forb obs* **B** m Kavalier m, Galan m *obs*; **fare il ~ con qu**, sich jdm gegenüber schöntuerisch *fam* verhalten, den Kavalier spielen.

galanterìa f **1** (*gentilezza di modi*) Ritterlichkeit f, Galanterie f *forb obs* **2** (*atto*) ritterliche Tat/Handlungsweise f **3** (*frase*) galantes *forb obs* Kompliment.

galantìna f *gastr* {+POLLO} Galantine f.

galantuòmo <*galantuomini*> m (*uomo dabbene*) Ehrenmann m, Gentleman m.

galàssia f **1** *astr* {DOPPIA, GIGANTE, MULTIPLA, NANA} Galaxie f: (*Via Lattea*) Galaxis f, Milchstraße f **2** *fig* (*insieme*) {+NOMI FAMOSI} Welt f.

gàlata <*-i*> **A** agg Galater- **B** mf Galater(in) m(f).

galatèo m **1** (*norme di buona educazione*) Anstandsregeln pl, gute Umgangsformen pl, gutes Benehmen n: **seguire il ~**, sich an die Anstandsregeln halten **2** (*libro*) Knigge m, Anstandsbuch n.

galattagògo, (-a) <*-ghi, -ghe*> *farm* **A** agg milchtreibend **B** m milchtreibendes Mittel.

galàttico, (-a) <*-ci, -che*> agg **1** *astr* {COORDINATE, POLI, ROTAZIONE} galaktisch; (*della Via Lattea*) Milchstraßen- **2** *fig* (*eccezionale*) {CASA, SPETTACOLO} Super- *fam*, Mega- *fam*.

galattorrèa f *med* Milchfluss m, Galaktorrhö(e) f *scient*.

galattòsio <-> m *chim* Galaktose f.

galèa f *mar stor* Galeere f.

galènico, (-a) <-*ci, -che*> *farm* **A** agg {ARTE, PREPARATO} galenisch **B** m (*farmaco*) Galenikum n.

galeóne m *mar stor* Galeone f, Galione f.

galeòtto① m **1** (*carcerato*) Häftling m, Sträfling m, Zuchthäusler m *spreg obs* **2** *fig scherz* (*furfante*) Halunke m *scherz*, Gauner m **3** *mar stor* Galeerensträfling m, Galeerensklave m.

galeòtto②, (-a) agg *lett* kupplerisch.

galèra f **1** (*prigione*) Gefängnis n, Knast f *fam*, Zuchthaus n *fam*; **finirai in ~!**, du wirst noch einmal im Gefängnis/Knast *fam* landen!; **le patrie galere** *anche scherz*, die heimischen Gefängnisse *scherz* **2** *fig* Gefängnis n; **questa casa è diventata una ~ per lei**, ‹diese Wohnung›/[dieses Haus] ist für sie zu einem Gefängnis/Käfig geworden **3** (*spazzolone*) Bohner m **4** *mar stor* Galeere f.

galèstro m *enol* Galestro m (*toskanischer Weißwein mit niedrigem Alkoholgehalt*).

Galilèa f *geog* Galiläa n.

galileiàno, (-a) **A** agg (*di G. Galilei*) {TEORIA} galileisch, von Galilei **B** m (f) (*seguace*) Anhänger(in) m(f) der Theorien Galileis.

galilèo, (-a) **A** agg (*della Galilea*) galiläisch **B** m (f) (*abitante*) Galiläer(in) m(f) • **il Galileo** *relig* (*Gesù Cristo*), der Galiläer.

galiziàno, (-a) **A** agg galicisch **B** m (f) Galicier(in) m(f).

gàlla f **1** (*vescica, bolla*) Blase f **2** *bot* Galle f, Wucherung f, Gall-/Sodomsapfel m • **a ~** (*sul pelo dell'acqua*) an/auf der Oberfläche; **(man)tenersi/(re)stare a ~** *anche fig* (*cavarsela*), sich über Wasser halten; **pesare quanto una ~** *fig* (*essere molto leggero*), federleicht sein; **tornare a galla**, wieder auftauchen; *fig* (*emergere*), {UNA VECCHIA STORIA} wieder ‹nach oben›/[ans Licht]/[an die Oberfläche]/[an den Tag] kommen; **venire a ~**, an die Oberfläche kommen, auftauchen; *fig* (*manifestarsi*), {VERITÀ} an den Tag kommen.

gallàre **A** tr (*fecondare*) **~ qc** {GALLO UOVO} etw befruchten **B** itr (*rimanere fecondato*) {UOVO} befruchtet werden.

galleggiabilità <-> f *fis* Schwimmfähigkeit f; *mar* Tragvermögen n.

galleggiaménto m {+SUGHERO} Schwimmen n.

galleggiànte **A** agg (*che galleggia*) {BOA, CORPO} schwimmend, Schwimm-; {ANCORA, GHIACCIO, TRONCO} Treib- **B** m **1** *mar* (*boa*) Boje f; (*barcone*) Floß n, Wasserfahrzeug n **2** *aero* {+IDROVOLANTE} Schwimmer m **3** (*nella pesca*) {+CANNA DA PESCA} Floß n, Schwimmer m **4** *tecnol* {+BOLLA, VASCHETTA} Schwimmer m.

galleggiàre <*galleggio, galleggi*> itr (*stare in superficie*) **~ (+ compl di luogo)** {OLIO, SUGHERO SULL'ACQUA} (*auf etw dat*) schwimmen, (*auf etw dat*) treiben; {AEROSTATO NELL'ARIA} (*irgendwo*) schweben.

galleria f **1** (*traforo*) {FERROVIARIA, STRADALE; +MONTE BIANCO} Tunnel m **2** (*passaggio pedonale*) Passage f **3** {+TALPA} Gang m **4** *fig* (*rassegna*) {+PERSONAGGI} Galerie f **5** *autom* Kanal m: **~ del vento**, Windkanal m **6** *arch* {+CHIESA ROMANICA, PALAZZO} Galerie f **7** *arte* {+PALAZZO PITTI} (Gemälde)galerie f: **~ d'arte**, (Kunst)galerie f; (*per esposizione e vendita*) Galerie f **8** *film teat* Rang m, Galerie f *obs* **9** *mil min* Stollen m: **~ di carreggio**, Förderschacht m; **~ di ventilazione**, Lüftungsstollen m, Lüftungsschacht m.

galleristà <-*i* m, -*e* f> *arte* Galerist(in) m(f).

Gàlles m *geog* Wales n.

gallése **A** agg walisisch **B** mf (*abitante*) Waliser(in) m(f) **C** m <*solo sing*> (*lingua*) Walisisch(e) n.

gallétta f *gastr* (Schiffs)zwieback m, Dauergebäck n.

gallétto <*dim di gallo*> m **1** (*giovane gallo*) junger Hahn, Hähnchen n, Hinkel n **2** *fig fam* (*giovane baldanzoso*) Gockel(hahn) m *fam scherz*, Hallodri m A *region fam* **3** *bot* Pfifferling m, Eierschwamm m *region* **4** *mecc* Flügelmutter f • **fare il ~** *fig* (*essere baldanzoso con le donne*), sich wie ein Gockel benehmen *fam*; *fig* (*con le donne*), Frauenheld m, Schürzenjäger m *fam spreg*; **~ segnavento**, Wetterhahn m.

Gàllia f *geog stor* Gallien n.

gallicismo m *ling* Gallizismus m.

gàllico, (-a) <-*ci, -che*> *stor* **A** agg (*dei Galli*) {CIVILTÀ} gallisch **B** m <*solo sing*> (*lingua*) Gallisch(e) n.

gallina f Henne f, Huhn n: **~ da carne**, Huhn n; **~ ovaiola**, Legehenne f • **~ faraona/prataiola** *ornit*, Perlhuhn n/Trappe f; **ma va, fai ridere le galline!** *fig* (*sei ridicolo*), da lachen ja die Hühner! *fam*; **credevi che (io) fossi una ~ da spennare?** *fig* (*rif. a persona troppo disponibile*), ach du dachtest wohl, mich kannst du tüchtig rupfen *fam*/ausnehmen *fam spreg*?; **spennare la ~ senza farla piangere** *fig* (*imbrogliare qu senza che se ne accorga*), jdn hereinlegen *fam*, jdn übers Ohr hauen *fam*; **la ~ dalle uova d'oro** *fig* (*una fonte sicura di guadagno*), der Goldesel; das Huhn, das goldene Eier legt; **la prima ~ che canta è quella che ha fatto l'uovo** *prov* (*chi cerca affannosamente di scusarsi è colpevole*), wer am lautesten schreit, verrät sich; **vecchia ~ fig** (*donna anziana e petulante*), alte Hexe *spreg*/Schachtel *spreg*, alter Besen *spreg*; **chi di ~ nasce convien che razzoli** *prov*, der Apfel fällt nicht weit vom Stamm *prov*; **~ vecchia fa buon brodo** *prov* (*rif. a persona vecchia, ma ancora utile*), noch nicht zum alten Eisen gehören/zählen; *volg* (*rif. a donna matura, ma ancora attraente*), Frauen sind wie Wein: je älter, desto besser *prov*.

gallinàccio <-*ci*> m *bot* Pfifferling m, Eierschwamm m *region*.

Gallinàcei <*solo pl*> m *ornit* Hühnervögel m pl.

gallinèlla <*dim di gallina*> f **1** *bot* Vogelmiere f, Hühnerdarm m **2** *itt* Knurrhahn m • **~ d'acqua** *ornit*, Wasserhuhn n.

gàllio <-> m *chim* Gallium n.

gallismo m *iron* Sexprotzerei f *fam*, Gockelgehabe m *iron*, Potenzgegockel n *slang spreg*.

gàllo① **A** <*inv*> agg *sport* {PESO} Bantam- **B** m **1** Hahn m: **~ da combattimento**, Kampfhahn m **2** *fig* Gockel m *fam* • **~ cedrone** *ornit*, Auerhahn m; **fare il ~** *fig* (*insuperbirsi*), übermütig werden; **fa il ~**, ihm schwillt der Kamm an *fam*; *fig* (*essere galante con le donne*), er spielt den Kavalier, er führt sich wie ein Galan auf *iron*; **essere il ~ ‹del pollaio›/[della Checca]** *fig* (*essere il favorito delle donne*), (der) Hahn im Korb sein; **vispo come un ~** *fig* (*intraprendente, spec con le donne*), unternehmungslustig sein; den Frauen nachlaufen, hinter jeder Schürze herlaufen *fam*; **troppi galli a cantare non fa mai giorno** *prov*, viele Köche verderben den Brei *prov*.

gàllo②, (-a) *stor* **A** agg {CIVILTÀ} gallisch **B** m (*persona*) Gallier m.

gallofilia f (*francofilia*) Frankophilie f, Gallophilie f *rar*.

gallòfilo, (-a) **A** agg (*francofilo*) frankophil, gallophil *rar* **B** m (f) Frankophile mf

decl come agg, Gallophile mf decl come agg *rar*.

gallofobìa f (*francofobia*) Frankophobie f, Gallophobie f *rar*.

gallòfobo, (-a) **A** agg (*francofobo*) frankophob, gallophob *rar* **B** m (f) Frankophobe mf decl come agg, Gallophobe mf decl come agg *rar*.

gallonàre tr (*ornare con galloni*) **~ qc** etw mit Tressen versehen, etw verbrämen, etw vertressen.

gallóne① m **1** (*ornamento*) {+SETA} Galon m, Galone f, Tresse f, Borte f, Besatz m **2** *mil* {+CAPORALE, TENENTE} Tresse f, Litze f, Winkel m • **bagnare i galloni** *fig* (*festeggiare una promozione*), eine Beförderung feiern; **guadagnarsi i galloni** *fig* (*una promozione*), sich (*dat*) die Sporen verdienen; **togliere i galloni a qu** *fig* (*degradare*), jdn degradieren.

gallóne② m *metrol* Gallone f.

galloromànzo, (-a) *ling* **A** agg {DIALETTO} galloromanisch **B** <-> m Galloromanisch(e) n.

gallurése **A** agg der Gallura, von/aus (der) Gallura **B** mf (*abitante*) Bewohner(in) m(f) der Gallura.

galoche <-> f <*di solito al pl*> *franc* (*stivale*) Galosche f *obs*.

galoppànte agg (*con rapida evoluzione*) {INFEZIONE, INFLAZIONE} galoppierend.

galoppàre itr **1** (*andare al galoppo*) {CAVALLO} galoppieren **2** *fig* (*correre*) **~ con qc** {CON LA FANTASIA} etw (*dat*) freien Lauf lassen, etw (*dat*) die Zügel schießen lassen **3** *fig* (*affannarsi di qua e di là*) (sich) (ab|)hetzen, hasten, hin|- und her|rennen: **oggi ho galoppato tutto il giorno**, heute habe ich mich den ganzen Tag abgehetzt.

galoppàta f **1** (*tratto al galoppo*) Galopp(ritt) m **2** *fig* (*corsa affannosa*) Hetzerei f, Rennerei f: **per andarli a salutare al treno ho dovuto fare una ~**, um mich am Zug von ihnen zu verabschieden, musste ich rennen **3** *spec sport* (*corsa veloce*) schnelles Rennen: **il corridore giunse al traguardo dopo una lunga ~**, der Läufer erreichte nach einem schnellen Rennen das Ziel.

galoppatóio <-*toi*> m (*pista*) Reit-, Rennbahn f.

galoppino, (-a) **A** m (f) (*chi corre per gli altri*) Laufbursche m: **fare il ~ di qu**, jds Laufbursche sein, den Pudel spielen für jdn; **è il suo ~**, er/sie ist sein/ihr Laufbursche **B** m **1** (*nell'equitazione*) "Pferd, das im Trabertraining als Pacemaker eingesetzt wird" **2** *mecc* Leitrolle f • **~ elettorale** *polit*, Wahlhelfer m.

galòppo m (*nell'equitazione*) Galopp m: **andare/correre a ~**, galoppieren, im Galopp laufen • **al ~** *anche fig* (*di corsa*), im Galopp.

galòscia <-*sce*> f → **galoche**.

galvànico, (-a) <-*ci, -che*> agg *elettr* {BAGNO} galvanisch.

galvanismo m *elettr* Galvanismus m.

galvanizzàre tr **1** *fig* (*elettrizzare*) **~ qu** {PAROLE DI QU RAGAZZO} jdn auf|rütteln, jdn elektrisieren, jdn entflammen **2** *elettr* **~ qc** {FIL DI FERRO} etw galvanisieren **3** *med* **~ qc** {MUSCOLO} etw elektrisieren, etw galvanisieren.

galvanizzazióne f **1** *fig* Aufrütt(e)lung f **2** *elettr* Galvanisierung f: **~ elettrolitica**, elektrolytische Galvanisierung, elektrolytisches Galvanisieren **3** *med* {+MUSCOLO} Galvanisation f *scient*.

galvanòmetro m *elettr fis* Galvanometer n: ‹ad ago›/[a bobina mobile], Nadel-/Drehspulgalvanometer m.

galvanoplàstica <-*che*> f *tecnol* Galvanoplastik f.

galvanoplàstico, (-a) <-ci, -che> agg tecnol galvanoplastisch.
galvanotipìa f tip Galvano-, Elektrotypie f.
gàmba f **1** anat {DRITTE, STORTE} Bein n: **allungare/accavallare le gambe**, die Beine ausstrecken/ übereinander|schlagen|; {+CERVO} Lauf m **2** (dei pantaloni) (Hosen)bein n; {+TAVOLO, ecc.} Bein n, Fuß m **3** aero {+CARRELLO} Strebe f **4** mus {+NOTA} Hals m, Stiel m **5** anche tip {+LETTERA} (Grund)strich m ● **gambe!** fig (andiamo via!), schnell weg (von) hier!, nehmen wir die Beine ⌊unter die Arme fam⌋/[unter den Arm fam]/[in die Hand fam]; **andavo dove le gambe mi portavano** fig (senza una meta), ich ging ziellos umher; **aprire le gambe**, fig volg (offrirsi per un rapporto sessuale), die Beine breit machen volg; **cadere a gambe ⌊all'aria⌋/[levate]** (cadere), aufs Kreuz fallen fam; **~ artificiale** med (protesi), Beinprothese f; **avere (ancora) le gambe buone** (in grado di camminare bene), (noch) gut zu Fuß sein; **essere di ~ buona/lesta** fig (essere un buon camminatore), gut zu Fuß sein; **camminare con le proprie gambe**, allein gehen; fig (riuscire a cavarsela), auf eigenen Beinen stehen; **raddrizzare le gambe ai cani** fig scherz (fare una cosa inutile), einen Pudding an die Wand nageln fam, einen Mohren weiß waschen wollen rar; **voler raddrizzare le gambe ai cani** fig (tentare l'impossibile), das Unmögliche wollen, einen Mohren weiß waschen wollen rar; **correre a gambe levate** fig (in gran fretta), die Beine ⌊in die Hand fam⌋/[unter die Arme fam]/[unter den Arm fam] nehmen; **darsela a gambe** fig (fuggire velocemente), sich eilig davonmachen fam, sich aus dem Staub machen fam; **entrare a ~ tesa** sport (nel calcio), mit gestrecktem Bein hineingehen; **essere in ~** fig anche sport (in forma), fit sein, (gut) in Form sein; (in salute) anche, gesund sein; fig (capace), auf Draht sein fam; **è l'avvocato più in ~ che io conosca**, das ist der fähigste Anwalt, den ich kenne; **gambe da fantino** fig (storte), krumme Beine, O-Beine fam; **farsi le gambe** fig (allenare le gambe), Beintraining machen; **fuggire a gambe levate** fig (in gran fretta), Hals über Kopf davonlaufen fam; **avere le gambe che fanno giacomo giacomo** fig (avere paura), vor Angst mit den Knien schlottern; **in ~!** (come augurio), mach's gut!; **a mezza ~** (al polpaccio), an der Wade; **molleggiarsi sulle gambe**, in den Knien federn; **non avere le gambe** fam (camminare), sich (dat) die Füße/Beine vertreten fam; **perdere le gambe** (non avere più l'uso degli arti inferiori), nicht mehr gehen können; **prendere qc sotto ~** fig (con eccessiva leggerezza), etw auf die leichte Schulter nehmen fam; **a quattro gambe** (carponi), {CAMMINARE} auf allen vieren; **raccomandarsi alle proprie gambe** fig (fuggire), davonlaufen; **sentirsi le gambe tronche**, weiche Knie bekommen; **non reggersi (più) sulle gambe** (per debolezza, stanchezza, alcol, ecc), sich nicht mehr auf den Beinen halten können; **mettere le gambe in spalla** fig (fuggire), die Beine ⌊in die Hand fam⌋/[unter die Arme fam] nehmen, abhauen fam, sich davonmachen fam; **gambe in spalla!** fig (fuggiamo!), lass uns abhauen! fam; los, nichts wie weg! fam; **stare a gambe larghe**, breitbeinig dastehen; **stare sulle proprie gambe** (essere autosufficiente spec finanziariamente), auf eigenen Füßen stehen können; **tagliare le gambe (a qu)** fig, {VINO} jdm den Boden unter den Füßen wegziehen; **tagliare le gambe a qu** fig (ostacolare), jdm Knüppel zwischen die Beine werfen fam, jdm Steine in den Weg legen; **mettere le gambe sotto la tavola** (per mangiare), sich an den Tisch setzen; **a qu tremano le gambe** anche fig (per la paura), jd zittert vor Angst, jdm schlottern vor Angst die Knie; **gambe a x** (storte), X-Beine.
gambàle m **1** {+STIVALE} Schaft m; {+ARMATURA} Beinschiene f **2** <di solito al pl> (stivale) {+CUOIO} Stiefel m **3** (protesi) Unterschenkelprothese f **4** (forma di legno) Spanner m.
gambalèsta <-> m o f scherz (chi è veloce) Schnellfüßige mf decl come agg.
gambalétto <dim di gambale> m **1** (calzino) Kniestrumpf m **2** (protezione della caviglia) Knöchelschutz m; {+SCARPONE} Stiefel m ● **~** (di gesso) med, Unterschenkelgips m.
gamberétto <dim di gambero> m **1** gastr S(c)hrimp m **2** zoo Garnele f.
gàmbero m zoo Krebs m: **~ di fiume**, Flusskrebs m; **~ (di mare)**, Krebs m ● **fare come i gamberi** fig (regredire), Rückschritte machen, den Krebsgang gehen; **(diventare) rosso come un ~**, ⌊rot wie ein Krebs⌋/[krebsrot] (werden).
gamberóne <accr di gambero> m zoo großer Krebs.
gambétto m **1** anche fig (sgambetto) Beinstellen n **2** (negli scacchi) Gambit n.
gambièra f anche sport (protezione) Beinschiene f; (per il cavallo) Beinpanzer m.
gambizzàre tr giorn fam (ferire alle gambe): **~ qu** {TERRORISTA MAGISTRATO} jdm in die Beine schießen.
gàmbo m **1** {+FIORE, FRUTTO} Stiel m, Stängel m: **togliere i gambi ai funghi**, die Pilze entstielen, den Pilzen die Stiele abschneiden **2** fig {+CALICE} Stiel m; {+LUCCHETTO} Schaft m: **~ dell'amo**, Hackenschenkel m.
game <-> m ingl sport (nel tennis) Spiel n.
gamèlla f **1** mil Ess-, Blechnapf m **2** mar Back f.
gamète m biol Geschlechtszelle f, Gamet m scient: **~ maschile/femminile**, männliche/weibliche Geschlechtszelle.
gametogènesi <-> f biol Gametogenese f scient.
gamìa f biol geschlechtliche Fortpflanzung.
gàmico, (-a) <-ci, -che> agg biol geschlechtlich, Geschlechts-.
gàmma① A <-> m o f (lettera greca) Gamma n B <inv> agg **1** fis {PUNTO, RAGGI} Gamma- **2** mat {FUNZIONE} Gamma-.
gàmma② f **1** (insieme di sfumature) Skala f: **la ~ del rosso**, die Skala der Rottöne **2** (serie) {+PRODOTTI} Auswahl f, Palette f: **qui troverete una vasta ~ di computer**, hier finden Sie eine ⌊große Auswahl an⌋/[breite Palette von] Computern; {+INTERPRETAZIONI DI UN TESTO} Reihe f, Palette f; **~ di sentimenti**, Gefühlsskala f **3** mus Tonleiter f, Tonumfang m **4** radio {+FREQUENZE} Bereich m, Band m: **~ (di lunghezza) d'onda**, Wellenlängenbereich m **5** tecnol {+VELOCITÀ} Bereich m.
gammaglobulìna f biol Gammaglobulin n.
ganàscia <-sce> f **1** anat Kinnlade f, Kinnbacke f **2** mecc {+PINZA} (Klemm)backe f **3** zoo Ganasche f ● **le ganasce dei freni** autom, die Bremsbacken f pl; **lavorare di ganasce** fam (mangiare), reinhauen fam; **mangiare a due/quattro ganasce** fig fam (con avidità), etw verschlingen, kräftig reinhauen fam, essen/fressen volg wie ein Scheunendrescher fam.
ganascìno <dim di ganascia> m Bäckchen n ● **pigliare/prendere qu per il ~** (stringere la guancia fra l'indice e il medio), jdn in die Backe kneifen.
gàncio <-ci> A m **1** gener anche tecnol {+VESTITO} Haken m: **appendere qc a un ~**, etw an den Haken hängen; **~ del macellaio**, Metzger-, Fleischerhaken m; **~ di sospensione**, Traghaken m; **~ di traino**, Anhängerkupplung f; **~ di trazione**, Zughaken m **2** mar (gaffa) Boots-, Landungshaken m: **~ a mulinello**, Wirbelhaken m, Haken m mit Drehgelenk **3** sport (nel pugilato) {DESTRO, SINISTRO} Haken m **4** tel Telefongabel f B <inv> loc agg: **a ~** Haken-, hakenförmig.
Gand f geog Gent n.
gang <-> f ingl **1** (gruppo di malviventi) Gang f, Bande f **2** scherz (combriccola) {+AMICI} Clique f.
gànga① f → **gang**.
gànga② f min Ganggestein n.
gànghero m **1** (cardine) {+FINESTRA, PORTA, ecc.} Angel f, Haspe f **2** (gancio) {+VESTITO} Haken m, Häkchen n, Öse f ● **andare/uscire fuori dai gangheri** fig (arrabbiarsi), aus der Haut fahren fam, in Rage kommen fam; **essere fuori dai gangheri** fig (essere arrabbiato), außer sich (dat) sein (vor Wut/Zorn), auf der Palme sein fam, auf (hundert)achtzig sein fam; **far uscire qu fuori dai gangheri** fig (far arrabbiare), jdn ⌊auf die Palme⌋/[in Rage] bringen fam, jdn auf (hundert)achtzig⌋/[(bis) zur Weißglut] bringen fam.
gànglio <-gli> m **1** anat Ganglion n: **~ linfatico/nervoso**, Lymph-/Nervenknoten m **2** med Überbein n, Ganglion n scient **3** fig (centro) {+TRAFFICO INTERNAZIONALE} Knotenpunkt m; {+ECONOMIA} Lebensnerv m.
gangrèna e deriv → **cancrena** e deriv.
gàngster <-> m ingl (bandito) Gangster m fam, Verbrecher m, Bandit m, Ganove m fam.
ganimède m **1** mitol: **Ganimede**, Ganymed m **2** (bellimbusto) Schönling m spreg.
gànzo, (-a) A agg fam **1** (molto bello) {SPETTACOLO} toll fam, fantastisch **2** (in gamba) {TIPO} clever, pfiffig B m (f) **1** spreg (amante) Liebhaber(in) m(f), Geliebte mf decl come agg **2** fam (furbo) cleverer Bursche, Pfiffikus m fam, Schlaukopf m fam, Schlaumeier m fam.
gap <-> m ingl **1** (divario) {GENERAZIONALE} Kluft f; {TECNOLOGICO} anche Gap m: **gap culturale**, Kulturgap m **2** inform Blocklücke f, Zwischenraum m.
GAP m stor polit **1** abbr di Gruppo di Azione Patriottica: Patriotische Aktionsgruppe **2** abbr di Gruppo di Azione Partigiana: Partisanenaktionsgruppe.
gàra f **1** (competizione) Wettbewerb m, Wettstreit m; anche sport Wettkampf m: **~ automobilistica**, Autorennen n; **~ a coppie**, Paarlauf m; **fare una ~**, einen Wettkampf veranstalten/austragen; **~ d'immersione**, Tauchwettbewerb m; **~ di nuoto**, Wettschwimmen n, Schwimmwettkampf m; **~ con partenza lanciata**, Wettlauf m mit fliegendem Start; **~ di regolarità** autom, Zuverlässigkeitsfahrt f; **~ di sci**, Skirennen n; **~ di vela** mar, Segelregatta f **2** fig (lotta concorrenziale) Konkurrenzkampf m **3** (concorso) Wettbewerb m: **~ d'appalto**, Ausschreibungswettbewerb m **4** fig {+SOLIDARIETÀ} Wettstreit m, Wetteifern m ● **essere fuori ~** sport, ausgeschieden sein, aus dem Rennen sein; fig (essere escluso), außer Konkurrenz⌋/[aus dem Rennen] sein; **fare ~ con qu per fare qc** fig (competere), mit jdm/etw wetteifern, etw zu tun; **rientrare in ~**, wieder im Rennen sein; fig, wieder mit von der Partie sein.
garage <-, -es pl franc> m franc autom **1** (box) Garage f: **mettere l'auto in ~**, das Auto in die Garage stellen/fahren **2** (autorimessa) Auto(reparatur)werkstatt f, Kfz-Werkstatt f, Garage f rar.

garagista <-i m, -e f> mf **1** (*operaio*) Kfz-Mechaniker(in) m(f) **2** (*proprietario*) Besitzer(in) m(f) einer Autowerkstatt.

gàramond <-> m *franc tip* Garamond f.

garànte Ⓐ agg (*che garantisce*) garantierend, bürgend: **rendersi/farsi ~ di qc per qu/qc**, {DEI DIRITTI DEL CITTADINO} jdm/etw etw garantieren; {DI UN PRESTITO PER UN AMICO, PER UNA DITTA} für jdn/etw bürgen Ⓑ m *dir* (*autorità ~*) Aufsichtsbehörde f: **~ per la radiodiffusione e l'editoria**, "Aufsichtsorgan n für Presse und Fernsehen" Ⓒ mf *dir* (*parte contrattuale nel contratto di garanzia*) Garant m.

garantire <*garantisco*> Ⓐ tr **1** (*dare per sicuro*) ~ **qc** (**a qu**) {RISULTATO A UN PAZIENTE} für etw (acc) garantieren, (jdm) etw garantieren, (jdm) etw gewährleisten, (jdm) etw verbürgen: **chi mi può ~ che questa notizia sia vera?**, wer kann mir garantieren, dass diese Nachricht wahr ist?; **questa procedura garantisce l'assoluto anonimato**, dieses Verfahren garantiert absolute Anonymität; **Le garantisco che se ne pentirà!**, ich garantiere Ihnen, dass Sie es noch bereuen werden! **2** (*proteggere*) ~ **qu** (**da qc**) {CONTRATTO INQUILINO CONTRO DA UNA TRUFFA} jdn (*vor etw* dat) schützen: **questo non La garantisce però dalle critiche!**, das schützt Sie jedoch nicht vor Kritiken! **3** com ~ **qc** {ASPIRAPOLVERE} *auf etw* (acc) Garantie leisten/geben: **un materasso per vent'anni**, auf eine Matratze zwanzig Jahre Garantie geben **4** *dir* (*assicurare*) ~ **qc** (**con/mediante qc**) {CREDITO CON/MEDIANTE UN'IPOTECA} etw durch etw (acc) sichern; {ADEMPIMENTO DI UN'OBBLIGAZIONE} etw gewährleisten: **il buon funzionamento della cosa venduta**, die Gebrauchsfähigkeit der verkauften Sache gewährleisten; **per i vizi della cosa venduta**, die Fehlerfreiheit der verkauften Sache gewährleisten Ⓑ itr pron (*cautelarsi*): **garantirsi** (**contro qu/qc**) {INQUILINO CONTRO GLI INCENDI} sich (*gegen etw* acc) sichern.

garantismo m *polit* "Gewährleistung f/ Verteidigung f rechtsstaatlicher Prinzipien".

garantista <-i m, -e f> mf *polit* "wer sich für die Gewährleistung/Verteidigung rechtsstaatlicher Prinzipien einsetzt".

garantito, (-a) Ⓐ agg **1** garantiert: **l'automobile è garantita per un anno**, das Auto hat ein Jahr Garantie; **impermeabile, garantiert wasserfest 2** (*sicuro*) {FALLIMENTO} sicher; *fam* garantiert *fam*, bestimmt: **sarà bocciato, ~ !**, er/sie wird garantiert *fam* durchfallen! **3** (*tutelato*) {LAVORATORE} abgesichert; {POSTO DI LAVORO} sicher Ⓑ m (f) *dir* (*parte contrattuale nel contratto di garanzia*) Begünstigte mf decl come agg.

garanzìa f **1** (*certezza*) Garantie f: **la sua collaborazione ci darà la ~ del successo**, seine/ihre Mitarbeit garantiert uns einen Erfolg₁/[ist eine Erfolgsgarantie] **2** (*assicurazione*) Garantie f, Zusicherung f, Gewähr(leistung) f, Sicherheit f; **dare/offrire delle garanzie a qu**, jdm Sicherheiten bieten/gewähren, jdm Garantien geben; **dare/offrire ~ di serietà a qu/qc**, Seriosität zusichern/gewährleisten; **volere delle garanzie**, Garantien verlangen **3** com Garantie f: **avere una ~ di due anni**, zwei Jahre Garantie haben; **essere ancora in ~**, noch Garantie haben **4** *dir* Garantie f, Gewährleistung f: **~ di buon funzionamento della cosa venduta**, Gewährleistung f für die Gebrauchsfähigkeit der verkauften Sache; **~ per i vizi della cosa venduta**, Gewährleistung f für Fehler der verkauften Sache, Mängelhaftung f; **~ personale/reale**, Personal-/ Sachsicherheit f; **prestare una ~**, eine Sicherheit leisten.

garbàre itr <*essere*> *fam* (*piacere*) ~ **a qu** jdm gefallen, jdm passen *fam*, jdm behagen, jdm zu|sagen: **questo scherzo non mi garba affatto!**, dieser Scherz gefällt mir überhaupt nicht!, das finde ich überhaupt nicht lustig!

garbatézza f *forb* (*gentilezza*) {+SIGNORA} Liebenswürdigkeit f, Höflichkeit f, Freundlichkeit f.

garbàto, (-a) agg **1** (*gentile*) {RISPOSTA} liebenswürdig, höflich, freundlich; {RAGAZZA, MODO DI FARE} anche angenehm **2** (*gradevole*) {DESCRIZIONE, RACCONTO} angenehm.

gàrbo m **1** (*buone maniere*) {+RAGAZZO} Anstand m, Höflichkeit f, Schliff m: **glielo ha fatto capire con ~**, er/sie hat es ihm höflich zu verstehen gegeben; **chiedere qc con ~**, höflich nach etw (dat) fragen (*grazia*) Anmut f: **muoversi con ~**, sich mit Anmut bewegen **3** (*forma*) {+MOBILE, VASO} schöne Form; {+VESTITO} Schick m, guter Schnitt: **dai un po' di ~ a questa giacca!**, gib der Jacke einen (etwas) eleganteren Schnitt! **4** *mar* Mall m ● **con bel ~** (*gentilmente*), höflich, behutsam; **con ~** (*garbatamente*), freundlich, nett, höflich; **senza ~** (*sgarbatamente*), plump, ungehobelt.

garbùglio <*-gli*> m **1** *anche fig* (*intreccio*) {+CORDE, NASTRI} Gewirr n; {+SENSAZIONI} Verwirrung f **2** *fig* (*confusione*) Durcheinander n, Wirrwarr m, Unordnung f.

garçonnière <-> f *franc* (*appartamento per incontri amorosi*) "kleine Wohnung für Liebesabenteuer".

Gàrda m *geog* Garda n: **lago di ~**, Gardasee m.

Gardéna f: **Val ~**, Grödnertal n, Gröden n.

gardenése Ⓐ agg des Grödner Tals, von/ aus Grödental, Grödentaler Ⓑ mf (*abitante*) Bewohner(in) m(f) des Grödner Tals/Grödentals.

gardènia f *bot* Gardenie f.

garden-party <-, *garden-parties* pl *ingl*> m *ingl* (*festa*) Gartenfest n.

gardesàno, (-a) agg (*del lago di Garda*) Gardasee-.

gareggiàre <*gareggio, gareggi*> itr **1** (*fare a gara*) ~ (**in qc**) (**con qu**) {IN ASTUZIA, IN GENEROSITÀ, IN ELEGANZA CON UN'AMICA} *mit jdm* (*in etw* dat) wetteifern **2** *sport* {ATLETA, CAMPIONE} kämpfen, an|treten.

garfagnìno, (-a) Ⓐ agg der Garfagnana, von/aus Garfagnana Ⓑ m (f) (*abitante*) Bewohner(in) m(f) der Garfagnana.

garganèlla *solo nella* loc verbale: **bere a ~**, "aus der Flasche trinken, ohne sie am Mund anzusetzen"; *fig* (*molto*) saufen *fam spreg*, kräftig schlucken *fam*, sich voll|laufen lassen *fam*.

gargànico, (-a) <-*ci, -che*> agg {PENISOLA} Gargano-, des Gargano.

gargarìsmo m **1** (*azione*) Gurgeln n: **fare i gargarismi**, gurgeln **2** (*liquido*) Gurgelmittel m, Gurgelwasser n.

gargarizzàre itr (*fare i gargarismi*) gurgeln.

gargarozzo m *fam* (*gola*) Gurgel f, Kehle f: **prendere per il ~ qu**, jdn an der Gurgel packen, jdm an die Gurgel springen ● **bagnare il ~** *fig* (*bere*), sich die Gurgel/Kehle schmieren *fam*/ölen *fam*/anfeuchten *fam*; **rimanere sul ~ a qu** *fig* (*non andare giù*), {BATTUTA, SCHERZO} jdm im/auf dem Magen liegen (bleiben) *fam*.

garibaldìno, (-a) Ⓐ agg **1** (*di Garibaldi*) {IMPRESA} Garibaldis **2** (*ispirato a Garibaldi*) {ASSOCIAZIONE} Garibaldi- **3** *fig* (*impetuoso*) {SPIRITO} kühn, wagemutig Ⓑ m (f) Garibaldiner(in) m(f) ● **alla garibaldina** *fig* (*con audacia*), draufgängerisch, wagemutig, tollkühn.

garìtta f **1** *ferr* Schilderhaus n **2** *mil* Wachhäuschen n.

garòfano m *bot* Nelke f ● **~ di mare** *zoo* Seenelke f.

garrése m *veter* Widerrist m.

garrétto m **1** *zoo* {+CAVALLO} Sprunggelenk n, Hachse/Haxe *region* f **2** *fam* (*parte posteriore della caviglia*) Ferse f, Hacke *region* f.

garrìre <*garrisco*> itr **1** (*emettere un fischio*) {RONDINE} kreischen **2** *fig lett* (*sventolare*) ~ (**a qc**) {BANDIERA, VELA AL VENTO} (*in etw* dat) flattern **3** *fig rar* (*gridare con voce stridula*) {RAGAZZA} kreischen, keifen *spreg*, zetern *spreg*.

garrito m **1** (*verso*) {+RONDINE} Kreischen n **2** *fig rar* {+PERPETUA} Gezeter n *spreg*, Kreischen n, Gekreisch(e) n.

garròtta f (*strumento per esecuzione capitale*) Gar(r)otte f: **condannare a ~**, jdn zum Tod(e) durch die Gar(r)otte verurteilen.

gàrrulo, (-a) agg **1** (*che garrisce*) {UCCELLO} kreischend **2** *fig* (*festoso*) {BAMBINO} laut **3** *fig lett* (*loquace*) {RAGAZZO} geschwätzig *spreg*, schwatzhaft *spreg* **4** *lett rar* (*che sventola*) {BANDIERA} flatternd.

gàrza f **1** *med* {STERILIZZATA} Gaze f, Verbandmull m: **~ idrofila**, hydrophiler Mull **2** *tecnol* Gaze f: **~ metallica**, Metallgaze f **3** *tess* Gaze f.

garzàre tr *tess* ~ **qc** {TESSUTO} etw (auf)-rauen.

garzàto, (-a) Ⓐ agg {TESSUTO} aufgeraut Ⓑ m aufgerauter Stoff.

garzatrìce f *tess* (*macchina*) Raumaschine f, Rauer m.

garzatùra f *tess* (Auf)rauen n.

garzóne, (-a) m (f) (*lavorante*) {+FORNAIO, MACELLAIO, PASTICCERE} (Lauf)bursche m, Laufmädchen n, (Dienst)magd f, Gehilfe m, Gehilfin f; {+FATTORIA} Knecht m *obs*, (Magd f), Gehilfe m, (Gehilfin f).

gas <-> Ⓐ m **1** *gener anche astr chim fis* Gas n: **gas asfissiante/esilarante/illuminante/ lacrimogeno/nervino/nobile**, Gift-/Lach-/ Leucht-/Tränen-/Nerven-/Edelgas n; **gas in bombola**, Flaschengas n; **gas butano**, Butangas n; **gas di città**, (Stadt-, Leucht)gas n; **gas inerte/povero**, reaktionsträges Gas; **gas metano**, Methangas n; **gas delle miniere/paludi**, Gruben-/Sumpfgas m; **gas di petrolio liquefatto** (abbr GPL), Petroleumgas n, **gas propano liquido** (abbr GPL), Propan(gas) n; **gas raro**, Edelgas n **2** *fam* (*fornello*) Gasherd m, Gas n *fam*: **accendere il gas**, das Gas anzünden/anmachen *fam*; **alzare/abbassare il gas**, das Gas höher/niedriger stellen; **mettere qc sul gas**, etw aufs Gas stellen *fam*; **spegnere il gas**, das Gas abstellen *fam*/abdrehen *fam*/ausmachen *fam* Ⓑ <inv> loc agg (*che brucia gas*): **a gas** {CUCINA, LAMPADA} Gas- ● **dare gas** (*accelerare*), Gas n geben; **gas intestinale** *med*, Darmgas n; **gas di scarico** *autom*, Abgas n; **togliere gas** (*decelerare*), Gas n wegnehmen/drosseln, vom Gas gehen; **andare/arrivare a tutto gas** *fig fam* (*molto veloce*), mit Vollgas *fam*/Volldampf *fam* fahren/ankommen, volle Pulle fahren *fam*/ankommen *fam*; **ha salito te scale a tutto gas**, er/sie ist die Treppe im Sturmschritt hochgerannt/hochgepest *fam*; **lavorare a tutto gas** *fig fam* (*con molto impegno*), mit Volldampf arbeiten *fam*, volle Pulle arbeiten *fam*.

gasàre Ⓐ tr **1** *chim* ~ **qc** {ACQUA MINERALE} etw mit Kohlensäure versetzen **2** (*sterminare con gas tossici*) ~ **qu/qc** {DEPORTATI, CANI} jdn/etw vergasen **3** *fig fam* (*eccitare*) ~ **qu** jdn auf|drehen *fam* Ⓑ rfl (*montarsi la testa*): **gasarsi** sich auf|blasen *fam spreg*: **cerca di non gasarti**: **non è detto che lei accetti il**

gasato, (-a) **A** agg **1** (con anidride carbonica) {ACQUA, BIBITA} mit Kohlensäure(zusatz), kohlensäurehaltig **2** (eliminato con gas tossici) {DEPORTATO} vergast **3** fig fam (eccitato) {RAGAZZO} aufgedreht fam **4** fig spreg (che si è montato la testa) {CANTANTE} eingebildet spreg, aufgeblasen fam spreg **B** m (f) fig fam (esaltato) Schwärmer(in) m (f), überspannter Mensch.

gasdotto m (conduttura) Gas(fern)leitung f.

gasista <-i m, -e f> mf **1** (installatore) Gasinstallateur(in) m(f) **2** (operaio) Gasarbeiter(in) m(f).

gasogeno m chim Gasgenerator m.

gasolina f chim Gasolin n.

gasolio <-li> m chim (per riscaldamento) Heizöl n; (per mezzi di trasporto) Dieselkraftstoff m, Dieselöl n.

gasometria → **gassometria**.

gasometro m Gasbehälter m, Gasometer m obs.

gasp inter (di sorpresa o paura) keuch.

gassa f mar Öse f, Auge n, Stich m: ~ d'amante, Pfahlstich m.

gassare tr **1** chim ~ qc {ACQUA MINERALE} etw mit Kohlensäure versetzen **2** (sterminare con gas tossici) ~ qu/qc {DEPORTATI, CANI} jdn/etw vergasen.

gassato, (-a) agg **1** (con anidride carbonica) {ACQUA, BIBITA} mit Kohlensäure(zusatz), kohlensäurehaltig **2** (eliminato con gas tossici) {DEPORTATO} vergast.

gassificare <gassifico, gassifichi> tr tecnol ~ qc etw in Gasform verwandeln.

gassificatore m (impianto) Biogasanlage f.

gassificazione f tecnol Gasifizierung f; (azione) anche Gasifizieren n.

gassista → **gasista**.

gassometria f Gasometrie f.

gassometro → **gasometro**.

gassosa f (bibita) Sprudel m, Limonade f.

gassoso, (-a) agg **1** (aeriforme) {OSSIGENO} gasförmig **2** (di gas) {ESALAZIONE} Gas- **3** (che contiene gas) {MISCELA} gashaltig.

gasteropode m <di solito al pl> zoo Schnecken f pl, Gastropoden m pl scient.

gastrico, (-a) <-ci, -che> agg med {ACIDITÀ, LAVANDA, SUCCO} Magen-, gastrisch scient.

gastrite f med Magenschleimhautentzündung f, Gastritis f scient.

gastroduodenale agg med {INFIAMMAZIONE} gastroduodenal scient.

gastroduodenite f med Gastroduodenitis f scient.

gastroenterico, (-a) <-ci, -che> agg med Magen-Darm-.

gastroenterite f med Magen-Darm-Entzündung f, Magen-Darm-Katarr m, Gastroenteritis f scient.

gastroenterologia f med Gastroenterologie f scient.

gastroenterologo, (-a) <-gi, -ghe> m (f) med Gastroenterologe m scient, (Gastroenterologin f scient.

gastroepatico, (-a) <-ci, -che> agg med {DISTURBO} Magen-Leber-.

gastroepatite f med Magen-Leber-Hepatitis f scient.

gastrointestinale agg med {INFIAMMAZIONE} Magen-Darm-, gastrointestinal scient.

gastrologia f med Gastrologie f scient.

gastronoma f → **gastronomo**.

gastronomia f **1** (arte culinaria) Gastronomie f, Kochkunst f **2** (negozio) Feinkost-, Delikatessengeschäft n.

gastronomico, (-a) <-ci, -che> agg (di gastronomia) {SPECIALITÀ, TRATTATO} gastronomisch.

gastronomo, (-a) m (f) **1** (esperto) Gastronom(in) m(f), Kochkünstler(in) m(f) **2** (buongustaio) Feinschmecker(in) m(f), Gourmet m.

gastropatia f med Magenleiden n, Magenkrankheit f, Gastropathie f scient.

gastroprotezione f med Magenschutz m, Magen(schleimhaut)schutz m.

gastroscopia f med Magenspiegelung f, Gastroskopie f scient.

gastroscopio <-pi> m med Gastroskop n scient.

gâteau <-, -x pl franc> m franc (dolce) Kuchen m.

gateway <-> m ingl inform Gateway m, Netzübergang m.

GATT m comm abbr dell'ingl General Agreement on Tariffs and Trade (accordo generale su tariffe e commercio): GATT n (Allgemeine Zoll- und Handelsabkommen).

gatta f (femmina del gatto) Katze f ● **avere una (bella) ~ da pelare** fig (una faccenda noiosa), sich (dat) ein schönes Problem [was Schönes] aufgehalst haben fam; fig (difficile), eine harte Nuss zu knacken haben fam; **~ ci cova!** fig (c'è un inganno sotto), da ist was faul! fam; **~ morta** → **gattamorta**; **comprare la ~ nel sacco** fig (alla cieca), die Katze im Sack kaufen fam; **la ~ frettolosa fece i gattini ciechi** prov, gut' Ding will Weile haben prov; **tanto va la ~ al lardo che ci lascia lo zampino** prov, der Krug geht so lange zum Brunnen, bis er bricht prov.

gattabuia f fam scherz (galera) Knast m fam, Kittchen n fam: **andare in ~**, in den Knast kommen fam; **finire in ~**, im Knast landen fam; **mettere in ~ qu**, jdn in den Knast stecken fam.

gattamorta <gattemorte o gatte morte> f fig (chi nasconde la sua vera natura) Leisetreter m spreg, Duckmäuser m spreg: **fare la ~**, leisetreten spreg, scheinheilig tun.

gattaro, (-a) m (f) scherz Katzenfreund(in) m(f), Katzenliebhaber(in) m(f), Katzenfrau f, Katzenmutter f.

gattesco, (-a) <-schi, -sche> agg **1** (di, da gatto) {BALZO, OCCHI} katzenhaft, Katzen- **2** fig (sornione) {SGUARDO} katzenhaft, Katzen-.

gattile m (per allevare) Katzenzucht f, (per custodire) Katzenheim n (per breve tempo) Katzenpension f.

gattimammoni pl di **gattomammone**.

gattina <dim di gatta> f **1** Kätzchen n **2** fig (donna che fa le moine) Schmeichelkatze f fam: **fare la ~**, eine Schmeichelkatze fam sein.

gattinara <-> m enol Gattinara m; (trockener Rotwein aus dem Piemont).

gatto m **1** {EUROPEO, RANDAGIO} gener Katze f; (maschio) Kater m: **~ d'angora**, Angorakatze f; **~ domestico/persiano/siamese/soriano**, Haus-/Perser-/Siam-/Tigerkatze f **2** mil stor "Mauerbrecher/Widder mit Schutzdach" **3** mar "Mastkorb einer Galeere" ● **agile come un ~** (molto agile), flink wie ein Wiesel; **~ a nove code** (frusta), neunschwänzige Katze; **è stato il ~, non io!** (per discolparsi di qc), das hat die Katze gefressen! fam; **furbo come un ~** (molto furbo), schlau wie ein Fuchs fam; **insegnare ai gatti ad arrampicarsi** fig (pretendere di insegnare qc a chi ne sa molto di più), der Katze das Mäusejagen beibringen wollen; **lavarsi come i gatti** fig (male e velocemente), Katzenwäsche machen fam, sich flüchtig waschen; **avere il ~ nella madia** fig (essere povero), arm wie eine Kirchenmaus sein fam scherz; **~ mammone** → **gattomammone**: **ti è morto il ~?** fig fam (domanda rivolta a chi sembra troppo triste), du siehst ja wie sieben Tage Regenwetter aus! fam; **~ delle nevi** autom, Schneekatze f, Schneeraupe f; **c'erano quattro gatti** fig (poche persone), es war kaum jemand/ [waren nur wenige Leute] da; **~ selvaggio** polit, wilder Streik; **~ selvatico** zoo, Wildkatze f; **~ delle selve** zoo (gattopardo africano), Serval m; **il ~ con gli stivali** (titolo e personaggio di una fiaba di C. Perrault), der Gestiefelte Kater; **giocare come il ~ col topo** fig (divertirsi a stuzzicare qu), Katz und Maus (mit jdm) spielen; **essere il ~ e la volpe** fig (spalleggiarsi), sich gegenseitig helfen/[unter die Arme greifen]; fig (essere inseparabili), unzertrennlich sein; **al buio tutti i gatti sono neri/bigi** prov, bei Nacht sind alle Katzen grau prov; **quando il ~ non c'è i topi ballano** prov, wenn die Katze aus dem Haus ist, tanzen die Mäuse (auf dem Tisch) prov.

gattò <-> m merid gastr "süditalienisches Backofengericht aus Kartoffeln, Fleisch, Eiern und Käse".

gattomammone <gattimammoni> m **1** fig (mostro delle fiabe) schwarzer Mann, Buhmann m **2** lett (specie di scimmia non ben definita) (Meer)katze m.

gattonare itr **1** (camminare carponi) {BAMBINO} krabbeln **2** (nella caccia) sich anpirschen, sich an|schleichen **3** zoo {LEONESSA} sich an|schleichen.

gattoni[1] avv (a quattro zampe) {ANDARE, CAMMINARE} auf allen vieren, ● **gatton ~** fig (quatto, quatto), auf leisen Sohlen.

gattoni[2] m pl fam (parotite) Mumps m, Ziegenpeter m fam.

gattopardo m zoo: **~ africano**, Serval m; **~ americano**, Ozelot m.

gattuccio[1] <-ci> m itt Katzenhai m.

gattuccio[2] <-ci> m tecnol Stich-, Lochsäge f.

gauchisme <-> m franc polit "Bewegung der extraparlamentarischen Linken".

gauchismo m → **gauchisme**.

gauchista <-i m, -e f> mf → **gauchiste**.

gauchiste <-> franc polit **A** agg {ORGANIZZAZIONE} der extraparlamentarischen Linken **B** mf Anhänger(in) m(f) der extraparlamentarischen Linken.

gaucho <-, -s pl spagn> m spagn (mandriano) Gaucho m.

gaudente A agg (che gode) {GIOVENTÙ} genießerisch **B** mf (chi ama vivere bene) Genießer(in) m(f), Genussmensch m.

gaudio <-di> m (gioia) {+GIUSTI} Freude f, Wonne f: **con mio grosso/sommo ~**, zu meiner großen Freude.

gaudioso, (-a) agg **1** lett (gioioso) {CANTICO} freudig, fröhlich **2** relig {MISTERO} freudig.

gaufré <inv> agg franc (goffrato) {TENDA} gaufriert, Gaufré-.

gaullismo m polit Gaullismus m.

gaullista <-i m, -e f> polit **A** agg gaullistisch **B** mf Gaullist(in) m(f).

gauss <-> m ted fis Gauß n.

gaussiano, (-a) agg mat: **curva ~**, gaußsche Kurve.

gavetta f (recipiente) Blechnapf m, Kochgeschirr n ● **fare (la) ~** fig (percorrere tutti i gradi di una carriera partendo dal più umile), sich von ganz unten heraufarbeiten; **venire dalla ~** mil, von der Pike auf dienen fam; **la**

(*raggiungere faticosamente il successo*), (von) ganz unten angefangen haben, sich von unten emporgearbeitet haben: **gavettóne** <*accr di* gavetta> m **1** (*marmitta*) Auspuff m **2** (*palloncino o sim. riempito d'acqua*) Wasserbombe f *fam*: **tirare un ~ a qu**, jdn mit einer Wasserbombe *fam* bewerfen; **tirarsi gavettoni**, sich gegenseitig mit Wasserbomben *fam* bewerfen.
gaviàle m *zoo* Gavial m.
gavìna f *ornit* Sturmmöwe f.
gavitèllo m *mar* Boje f.
gavóne m *mar* {+PRUA} Piek f.
gavòtta f (*danza*) Gavotte f.
gay <-> *ingl* A *agg* **1** (*omosessuale*) {AMICO, FIGLIO, MOVIMENTO} schwul *fam*, homosexuell, **gay** *slang attr* **2** (*per omosessuali*) {DISCOTECA} Schwulen- *fam* B m Schwule m *fam*, Homosexuelle m *decl come agg*, Gay m *slang* C f Lesbe f *fam*, Lesbierin f.
Gàza n *geog* Gaza n.
gazèbo <-o -i, -s pl *ingl*> m *ingl* (*chiosco da giardino*) (Garten)pavillon m, Laube f.
gazometria → **gassometria**.
gàzza f *ornit* Elster f ● **la ~ ladra** *mus* (*titolo di un'opera di G. Rossini*), die diebische Elster.
gazzàrra f *fam* (*confusione*) Lärm m, Spektakel m, Zirkus m *fam*, Klamauk m *fam*: ~ **elettorale**, Wahlrummel m *fam*; **fare ~**, Lärm/Rabatz *fam*/Randale *fam* machen, grölen *fam*.
gazzèlla f **1** *zoo* Gazelle f **2** *fig slang* (*auto veloce dei carabinieri*) "Einsatzwagen der Karabinieri" ● **agile come una ~**, flink wie eine Gazelle/ein Wiesel.
gazzètta f (*giornale*) Zeitung f, Gazette f *obs spreg*: ~ **medica/letteraria**, medizinische/literarische Zeitschrift ● **essere una ~ ambulante**/[**la ~ del quartiere/rione**] *fig obs* (*essere informato di tutti i pettegolezzi*), eine gut informierte Klatschtante *fam* /[ein gut informiertes Klatschmaul *fam*/Waschweib *fam spreg*] sein; **la Gazzetta Ufficiale** (*abbr* G.U., Gazz. Uff.) *amm*, Gesetz-, Amtsblatt n, Bundesanzeiger m, Bundesgesetzblatt n D.
gazzettìno <*dim di* gazzetta> m **1** (*piccolo giornale*) (kleine) Zeitung f **2** (*rubrica*) {COMMERCIALE, REGIONALE, ROSA, TEATRALE} Spalte f, Rubrik f **3** (*notiziario*) {RADIOFONICO} Nachrichten f pl **4** *fig* (*persona informata di tutti i pettegolezzi*) Klatschtante f *fam*, Waschweib n *fam*, Klatschmaul m *fam* ● **essere un ~ ambulante**/[**il ~ del quartiere/rione**] *fig* (*essere informato di tutti i pettegolezzi*), eine gut informierte Klatschtante *fam*/[ein gut informiertes Klatschmaul *fam*/Waschweib *fam spreg*] sein.
gazzettìstico, (-a) <-ci, -che> *agg spreg* (*poco serio*) {CRITICA} Käseblatt- *fam spreg*.
gazzòsa → **gassosa**.
Gazz. Uff. *abbr di* Gazzetta Ufficiale: Gesetz-, Amtsblatt n, Bundesanzeiger m, Bundesgesetzblatt n D.
GB 1 *abbr dell'ingl* Great Britain (*Regno Unito di Gran Bretagna e Irlanda del Nord*): GB **2** *inform abbr di* Gigabyte: GB (*abbr di* Gigabyte).
GB£ *banca abbr di* Lira Sterlina del Regno Unito: £, £stg. (*abbr di* Pfund Sterling).
GC 1 *amm abbr di* Genio Civile: staatliche Bauaufsichtsbehörde, ziviler Hilfsdienst **2** *relig abbr di* Gesù Cristo: J.Ch. (*abbr di* Jesus Christus).
G.d.F. *abbr di* Guardia di Finanza: (italienische) Zoll- und Finanzwacht.
gèco <*gechi*> m *zoo* Gecko m.

geènna f *greco lat relig* Gehenna f.
GEIE m *econ abbr di* Groupement Européen d'Intérête Economique (*Gruppo europeo d'interesse economico*): "europäischer Wirtschaftsinteressenverband".
Geiger *ted fis* A <inv> *agg* {CONTATORE} Geiger- B <-> m Geigerzähler m.
gèisha f *giapponese* **1** (*donna giapponese*) Geisha f **2** *fig* (*donna leggera*) leichtes Mädchen.
gel <-> m *chim* (*nella cosmesi*) *farm* Gel n: **gel per capelli**, Haargel n; **gel di silice**, Kieselgel n.
gelàre A *tr* <*avere*> **1** (*ghiacciare*) ~ **qc** {FREDDO FIUME} *etw* zufrieren/gefrieren/vereisen *rar* lassen; {CAMPI, GERANI} *etw* erfrieren (lassen) **2** (*raffreddare*) ~ **qc** {NEVE PIEDI} *etw* vor Kälte erstarren lassen: **il vento mi ha gelato le mani**, der Wind hat meine Hände vor Kälte erstarren lassen **3** *fig* (*raggelare*) ~ **qu/qc** {NOTIZIA SPETTATORI} jdn/*etw* erstarren lassen; ~ **qu/qc con qc** {FIGLIO CON UNO SGUARDO} jdn/*etw* mit *etw* (dat) erstarren lassen/[zur Erstarrung bringen] B *itr* <*essere*> **1** (*ghiacciare*) {ACQUA} gefrieren; {STAGNO} zufrieren; {PATATE, RACCOLTO} erfrieren **2** (*avere freddo*) {BAMBINO} (er)frieren, verfroren sein C *itr pron* **1** (*ghiacciarsi*): **gelarsi** {CANALE} zu|frieren; {TERRA} gefrieren; {TUBAZIONE} ein|frieren; {FRUTTA} erfrieren **2** (*diventare molto freddo*): **gelarsi** {MANI} eiskalt werden, zu Eis werden: **mi si è gelato il naso**, ich habe eine eiskalte Nase bekommen **3** *fig*: **gelarsi** erstarren: **mi si gelò il sangue nelle vene quando lo vidi**, bei seinem/ihrem Anblick erstarrte/gefror mir das Blut in den Adern D *impers* <*essere o avere*> *meteo* frieren: **qui gela tutto l'inverno**, hier friert es den ganzen Winter über.
gelàta f (*calo della temperatura*) {INVERNALE} Frost(einbruch) m.
gelatàio, (-a) <-tai m> m (f) **1** (*produttore*) Eishersteller(in) m(f) **2** (*venditore*) Eisverkäufer(in) m(f), Eismann m *fam*.
gelaterìa f (*negozio*) Eiscafé n, Eissalon m, Eisdiele f.
gelatièra f (*macchina*) Eismaschine f.
gelatièro, (-a) *agg* (*del gelato*) {PRODUZIONE} Eis-.
gelatìna f **1** *gastr* (*salata*) Aspik m o n, Sülze f, Gallert n: **pollo in ~**, Huhn in Aspik; (*dolce*) Gelee n o m, Gallert n, Gallerte f; ~ **di mele/ribes**, Apfel-/Johannisbeergelee n o m **2** *gastr* (*caramella*) Fruchtgeleebonbon m **3** *chim fot* {PROTEICA, SENSIBILE} Gelatine f: ~ **esplosiva**, Plastiksprengstoff m *mil* Agar-Agar m o n **5** *teat* farbiger Lichtfilter ● ~ **reale** (*pappa reale*), Gelée royale n.
gelatinizzànte A *agg* (*che trasforma in gelatina*) {PRODOTTO} Gelatinier- B m Gelatiniermittel n.
gelatinóso, (-a) *agg* **1** *anche med* (*che sembra gelatina*) {CAPSULA, SOSTANZA} gallertartig, gelatinös **2** *fig* (*flaccido*) {GAMBE} schlaff.
gelàto, (-a) A *agg* **1** (*ghiacciato*) {ACQUA} gefroren; {STRADA} vereist, gefroren; {CAMPO, RACCOLTO} erfroren **2** (*molto freddo*) {BIBITA, DOCCIA, FACCIA} eiskalt; {CAFFÈ, MINESTRA} kalt B m *gastr* (*Speise*)eis n: ~ **artigianale/confezionato**, Eis n aus eigener Herstellung/[industriell hergestelltes Eis]; ~ **di/alla crema/fragola**, Vanille-/Erdbeereis n; ~ **al cioccolato/limone**, Schokolade(n)-/Zitroneneis n; ~ **misto**, gemischtes Eis; ~ **da passeggio**, Eis [am Stiel]/[in der Tüte].
gèlido, (-a) *agg* **1** (*molto freddo*) {ACQUA, NASO, PIETRA, STANZA} eisig, eiskalt **2** *fig* (*glaciale*) {ATMOSFERA, RAPPORTI, ecc.} kühl; {ACCOGLIENZA} *anche* frostig, eisig; {UOMO} eiskalt.
gelificànte *chim* A *agg* {PRODOTTO} gelie-

rend, Gelier- B m (*sostanza*) Geliermittel n.
gelificàre <*gelifico, gelifichi*> *chim* A *tr* ~ **qc** *etw* gelatinieren B *itr itr pron*: **gelificarsi**.
gelificazióne f Gelatinierung f; (*azione*) *anche* Gelieren n.
gèlo m **1** *meteo* Frost m, eisige Kälte: **ai primi geli**, bei den ersten Frösten/Frosteinbrüchen; **ondata di ~**, Frostwelle f **2** (*ghiaccio*) Eis n: **la campagna era ricoperta di ~**, das Land war mit Eis bedeckt/überzogen **3** *fig* (*freddo*) {+MORTE} Kälte f, Frost m: **sentì il ~ penetrargli nelle ossa**, er/sie spürte, wie die Kälte in seine/ihre Knochen eindrang/kroch **4** *fig* (*imbarazzo, ostilità*) Kälte f: **la sua comparsa provocò un ~ tra i presenti**, sein/ihr Erscheinen verursachte bei den Anwesenden ein eisiges/peinliches Schweigen,/[ließ die Anwesenden zu Eis erstarren] **5** *fig lett* (*inverno*) Winter m: **quando giungerà il ~**, wenn der Winter kommt ● **essere di ~** *fig* (*essere insensibile*), kalt/gefühllos sein; **farsi/mostrarsi di ~** *fig* (*essere scortese*), sich unhöflich benehmen.
gelóne m *med* Frostbeule f: **mi è venuto un ~ al piede**, ich habe eine Frostbeule am Fuß bekommen.
gelosìa[1] f **1** (*stato d'animo*) {+AMANTE, MARITO} Eifersucht f: **essere roso/tormentato dalla ~**, von der Eifersucht zerfressen werden; **soffrire di ~**, unter Eifersucht leiden **2** (*invidia*) {+MESTIERE} Neid m, Eifersüchtelei f: **suscitare ~**, Neid erregen/(er)wecken **3** (*cura attenta*) (peinliche) Sorgfalt; **custodire qc con ~**, *etw* sorgsam/eifersüchtig hüten.
gelosìa[2] f (*persiana*) {+FINESTRA} Jalousie f.
gelóso, (-a) *agg* **1** (*che prova gelosia*) ~ (**di qu**) {MOGLIE DI TUTTE} eifersüchtig (auf jdn) **2** (*pieno di gelosia*) {COMPORTAMENTO, SGUARDO} eifersüchtig, neidisch **3** (*invidioso*) ~ **di qu/qc**) {DEL SUCCESSO DI QU} neidisch (auf jdn/*etw*), eifersüchtig (auf jdn/*etw*): **è terribilmente gelosa della carriera che ha fatto l'amica**, sie ist schrecklich *fam* neidisch auf die Karriere ihrer Freundin **4** (*attaccato*) ~ **di qc**) {NONNA DELLE SUE RICETTE} bedacht (*auf etw* acc): **è ~ delle proprie cose**, er wacht eifersüchtig über seine Sachen, er hütet seine Sachen eifersüchtig.
gelséto m (*piantagione*) Maulbeerhain m.
gelsicoltùra f (*coltivazione*) Maulbeerzucht f.
gèlso m *bot* Maulbeerbaum m.
gelsomìno m *bot* Jasmin m.
gemèlla f → **gemello**.
gemellàggio <-gi> m (*legame*) {+SOCIETÀ} Partnerschaft f, Jumelage f: ~ **di due città**, Partnerschaft f zweier Städte.
gemellàre[1] *agg med* {PARTO} Zwillings-.
gemellàre[2] *tr* (*unire in gemellaggio*) ~ **qc** {ROMA E PARIGI} *etw* durch eine Städtepartnerschaft verbinden.
gemellarità <-> f *biol* Zwillingsbildung f.
gemellàto, (-a) *agg* (*unito in gemellaggio*) {COMUNI} durch eine Städtepartnerschaft verbunden: **Milano è gemellata con Francoforte**, Mailand und Frankfurt sind Partnerstädte.
gemèllo, (-a) A *agg* **1** (*nato dallo stesso parto*) {FRATELLO, SORELLA} Zwillings- **2** (*doppio*) {CORSI} Parallel-; {LETTI} Doppel-; {NAVI} Schwester-; {TORRI} Zwillings-, zusammengehörig, zusammengehörend **3** *fig* (*simile*) {IDEE, INIZIATIVE} ähnlich, verwandt **4** *anat* {MUSCOLI} Zwillingswaden- B m (f) *biol* Zwilling m: **hanno avuto tre/quattro/cinque/sei/... gemelli**, sie haben Drillinge/Vierlin-

ge/Fünflinge/Sechslinge/... bekommen; **ho due gemelle** (*figlie*), ich habe Zwillingstöchter; (*sorelle*) ich habe zwei Zwillingsschwestern; **gemelli dizigotici/biovulari/bicoriali**, zweieiige Zwillinge; **gemelli monocoriali/monozigotici/uniovulari**, eineiige Zwillinge; **gemelli trigemini**, Drillinge m pl <*solo pl*> **1** (*bottoni*) Manschettenknöpfe m pl: **con questa camicia devo per forza mettere i gemelli**, bei diesem Hemd muss ich Manschettenknöpfe anstecken, dieses Hemd kannst du nur mit Manschettenknöpfen tragen **2** *rar* (*golfini*) Twinset n **3** *astrol astr*: Gemelli, Zwillinge m pl; **sono (dei) Gemelli**, ich bin (ein) Zwilling • **somigliarsi come gemelli** (*molto*), sich einander *forb* sehr/ [wie ein Ei dem andern] gleichen.

gèmere <*irr gemei o gemetti, gemuto*> **A** itr **1** <*avere*> (*piangere*) ~ (**di/per qc**) {MALATO DI DOLORE} vor etw (dat) stöhnen, vor etw (dat) ächzen, vor etw (dat) wimmern **2** <*avere*> *fig lett* (*soffrire*) ~ **sotto qu/qc**) {POPOLO SOTTO L'OPPRESSORE} (unter jdm/etw) leiden **3** <*avere*> *fig* (*scricchiolare*) ~ (**sotto qu/qc**) {PALCO SOTTO IL PESO DEGLI ATTORI} (unter jdm/etw) knarren, (unter jdm/etw) ächzen, (unter jdm/etw) knirschen **4** <*avere*> *fig* (*cigolare*) {PORTA} quietschen **5** <*avere*> *fig* (*rumoreggiare*) {TEMPORALE} toben; {VENTO} heulen, {MARE} tosen **6** <*avere*> *fig* (*gridare*) {TORTORA} gurren **7** <*essere o avere*> *fig* (*gocciolare*) {BOTTE} undicht sein **8** <*essere o avere*> *fig* (*filtrare*) (*da qc*) {LUCE DA UNO SPIRAGLIO} (durch etw acc) hindurch|scheinen **B** tr <*avere*> *fig* (*stillare*): **la ferita geme sangue**, aus der Wunde tropft/sickert Blut.

geminàto, (-a) agg **1** arch {COLONNA} Doppel- **2** bot {ORGANO} paarig **3** ling {CONSONANTE} Doppel-, (ver)doppelt **4** min {CRISTALLO} Zwillings-.

geminazióne f **1** min Zwillings-, Doppelbildung f **2** ling Konsonantenverdoppelung f, Gemination f.

gèmito m anche fig (*lamento*) {+FERITO} Stöhnen n, Ächzen n, Wimmern n: **i gemiti provenivano dallo sgabuzzino**, das Stöhnen kam aus dem Abstellraum; {+VENTO} Heulen n, Toben n, Ächzen n.

gèmma f **1** (*pietra preziosa*) {+CORONA} Edelstein m **2** fig (*perla*) {+COLLEZIONE D'ARTE, FIRMAMENTO LETTERARIO, LETTERATURA} Perle f fam scherz; Juwel n: **quella donna è una vera ~**, diese Frau ist eine echte Perle fam scherz **3** biol Knospe f **4** bot {+VITE} Knospe f, Auge n: ~ **apicale/ascellare**, Apikal-/Achselknospe f; **mettere le gemme**, knospen • **la ~ dell'Adriatico** fig (*Venezia*), die Perle der Adria; ~ **del firmamento** fig (*stella*), Stern m.

gemmàrio, (-a) <-*ri*> m agg (*delle gemme*) {ARTE} Edelstein-.

gemmazióne f **1** biol bot Knospung f, Austrieb m **2** fig (*creazione di una succursale*) {+AZIENDA} Zweigstelleneinrichtung f; (*succursale*) Zweigstelle f.

gemmologìa f min Gemmologie f, Edelsteinkunde f.

gemmològico, (-a) <-*ci, -che*> agg {ANALISI} gemmologisch, edelsteinkundlich.

gemùto part pass di gemere.

Gen. abbr di Generale: Gen. (abbr di General).

gendàrme m **1** mil Gendarm m **2** fig (*donna burbera*) Feldwebel m fam spreg, Dragoner m fam spreg • **essere un ~ fig** (*rif. a persona severa*), ein richtiger Feldwebel sein fam spreg; **fare il ~ fig** (*essere autoritario*), autoritär sein.

gendarmerìa f mil **1** (*corpo*) Gendarmerie f A CH **2** (*caserma*) Gendarmeriekaserne f A CH.

gène m biol Gen n, Erbträger m: ~ **difettoso**, defektes Gen.

genealogìa f **1** (*studio*) Genealogie f, Familienkunde f, Familien-, Ahnenforschung f **2** (*discendenza*) {+FAMIGLIA} Genealogie f, Ahnen-, Geschlechterreihe f; {+PUROSANGUE} Stammbaum m.

genealògico, (-a) <-*ci, -che*> agg (*della genealogia*) {RICERCA} genealogisch; {ALBERO} Stamm-.

genealogìsta <-*i m, -e f*> mf (*studioso*) Genealoge m, Genealogin f, Stammbaumforscher(in) m(f).

genepì <-> m **1** bot "Artemisia-Art f, die im Alpenraum wächst", **2** enol Genepi n (aus einer Artemisia-Art gewonnener milder Kräuterlikör).

generàle① **A** agg **1** (*valido per tutti*) {CARATTERISTICA, NORMA, PRINCIPIO, TEORIA} allgemein, generell **2** (*di tutto*) {INDICE, TAVOLA} General-; {RIPASSO} allgemein, global **3** (*a cui partecipano tutti*) {ASSEMBLEA, ELEZIONE, RIUNIONE, SCIOPERO} General- **4** (*di tutti*) {ABITUDINE, CONSENSO, DELUSIONE, ENTUSIASMO, MALCONTENTO, OPINIONE, SODDISFAZIONE} allgemein; {INTERESSE} anche Allgemein-; {PROTESTA, RICHIESTA} allgemein, vielfach **5** (*per tutti*) {AMNISTIA} General- **6** (*complessivo*) {EFFETTO} Gesamt-, umfassend; **farsi un'idea ~ di qc**, sich (dat) eine Gesamtvorstellung von etw (dat) machen **7** (*diffuso*) {BENESSERE, MALESSERE} allgemein, generell **8** (*generico*) {DISCORSO, OSSERVAZIONE} allgemein, global **9** amm industr {AFFARI} allgemein; {COMANDO, DIRETTORE, DIREZIONE, SEGRETARIO} General-; {ISPETTORE} Ober- **10** mil {QUARTIERE} Haupt-: **ufficiali generali**, Generäle m pl **11** relig {CAPITOLO, MINISTRO, SUPERIORE} General- **12** teat {PROVA} General- **B** loc avv: **in ~ 1** (*in modo generico*) {PARLARE} im Allgemeinen **2** (*di solito*) gewöhnlich, normalerweise, in der Regel üblicherweise im Allgemeinen: **in ~ passiamo il Natale in famiglia**, gewöhnlich verbringen wir Weihnachten im Kreis der Familie **C** m (*aspetto* ~) Allgemeine n decl come agg: **passare dal ~ al particolare**, vom Allgemeinen zum Besonderen übergehen • **mantenersi/restare/stare/tenersi sulle generali** fig (*affrontare un argomento in modo generico*), im Allgemeinen bleiben, sich im Allgemeinen bewegen.

generàle② m **1** mil General m: ~ **di corpo d'armata/brigata/divisione**, Generalleutnant m/Brigadegeneral m/Divisionskommandeur m (*grado*) Generalsrang m **2** relig {+GESUITI} (Ordens)general m, Generalobere m.

generalésco, (-a) <-*schi, -sche*> agg fig spreg (*autoritario*) {TONO} Feldwebel- spreg, befehlerisch.

generaléssa f **1** scherz (*moglie di un generale*) Frau General, Generalin f obs **2** fig spreg (*donna molto autoritaria*) Feldwebel m fam spreg **3** relig {+CONVENTO} Ordensvorsteherin f.

generalìssimo <*superl di generale*> m mil stor Generalissimus m.

generalità <-> f **1** (*l'essere generale*) {+PRINCIPIO} Allgemeinheit f, Allgemeingültigkeit f **2** (*discorso, concetto generico*) Allgemeinheit f, (All)gemeinplatz m spreg **3** (*maggioranza*) Mehrheit f, Mehrzahl f: **nella ~ dei casi**, in den meisten Fällen **4** <*solo pl*> amm (*dati anagrafici*) Personalien pl, Angaben f pl zur Person: **declinare le proprie ~**, seine Personalien angeben.

generalìzio, (-a) <-*zi*> m agg **1** mil des Generals **2** relig {CASA} des (Ordens)generals.

generalizzàre A tr **1** (*passare dal particolare al generale*) ~ (**qc**) {UN SINGOLO RISULTATO} (etw) verallgemeinern, (etw) generalisieren forb: **non è giusto ~**, es ist nicht richtig zu verallgemeinern **2** (*diffondere*) {USANZA} etw verbreiten **B** itr pron (*diventare comune*): **generalizzarsi** {DISINTERESSE PER GLI ALTRI} zu einem allgemeinen Phänomen werden; {TUTELA DELL'AMBIENTE} zu einem Allgemeingut werden.

generalizzàto, (-a) agg (*diffuso*) {MALCONTENTO} verbreitet.

generalizzazióne f **1** (*il generalizzare*) Verallgemeinerung f, Verallgemeinern n, Generalisierung f forb: **tutte le generalizzazioni sono rischiose**, alle Verallgemeinerungen sind riskant **2** (*diffusione*) {+ABITUDINE} Verbreitung f.

general manager <-, - -s pl ingl> loc sost mf ingl econ Generaldirektor(in) m(f).

generalménte avv **1** (*in generale*) im Allgemeinen, allgemein, generell: ~ **parlando**, allgemein gesprochen **2** (*di solito*) gewöhnlich, normalerweise, in der Regel üblicherweise, im Allgemeinen: ~ **vado a scuola a piedi**, gewöhnlich gehe ich zu Fuß zur Schule; ~ **non sono d'accordo con lui**, normalerweise bin ich nicht mit ihm einverstanden **3** (*dai più*) im allgemein, allseits: **questo fatto è ~ riconosciuto**, diese Tatsache ist allgemein anerkannt.

generàre A tr **1** (*far nascere*) ~ **qu** {DONNA FIGLIO} jdn zeugen; ~ **qc** {PIANTA FRUTTO} etw hervor|bringen **2** (*produrre*) ~ **qc** {CALORE, ENERGIA} etw erzeugen, etw entwickeln **3** fig (*dare i natali*) ~ **qu** {CITTÀ UOMINI ILLUSTRI} jdn hervor|bringen **4** fig (*creare*) ~ **qc** {ODIO VIOLENZA; POLITICA ECONOMICA INFLAZIONE} etw verursachen, etw erzeugen, etw bewirken; {DUBBIO, SOSPETTO} etw erregen {CONFUSIONE} etw stiften **5** mat (*in geometria*) ~ **qc** {RETTA CONO} etw bilden **B** itr pron forb (*prodursi*): **generarsi** (**da qc**) {MUFFA DALL'UMIDITÀ} sich (aufgrund/wegen etw gen) bilden, (aufgrund/wegen etw gen) entstehen.

generativìsmo m ling "Theorie der generativen Grammatik".

generativìsta <-*i m, -e f*> ling **A** agg "die generative Grammatik betreffend" **B** mf Generativist(in) m(f), Vertreter(in) m(f) der generativen Grammatik.

generatìvo, (-a) agg **1** (*che genera*) {FORZA, POTENZA} (er)zeugend, (Er)zeugungs-, generierend forb, generativ **2** biol ling {GRAMMATICA} generativ.

generatóre, (-*trice*) **A** agg **1** (*che genera*) {MENTE, ORGANO} erzeugend; {FUNZIONE} Erzeugungs- **2** mat (*in geometria*) {LINEA} rotationsflächenerzeugend **B** m (*chi genera*) {+UNIVERSO} Erschaffer(in) m(f) **C** m fis tecnol Generator m, Erzeuger m: ~ **di alta tensione/tensione costante**, Hochspannungs-/Gleichspannungsgenerator m; ~ **di aria calda/vapore**, Warmluft-/Dampferzeuger m; ~ **a cascata**, Kaskadengenerator m; ~ **di corrente**, Stromgenerator m, Stromerzeuger m; ~ **elettrico/idraulico**, Elektro-/Wasserkraftgenerator m; ~ **di neutroni/particelle**, Neutronen-/Partikelerzeuger m • ~ **di rumore** elettr, Rauschgenerator m.

generatrìce f **1** mat (*in geometria*) {+CONO} Erzeugende f **2** mat (*frazione*): **frazione ~**, unechter Bruch **3** elettr Lademaschine f.

generazionàle agg (*tipico di una o più generazione*) {CONFLITTO, SALTO} Generations-; {PATTO} Generationen-.

generazióne f **1** (*insieme di individui*) {FUTURA, NUOVA, PRESENTE} Generation f: **le donne della nostra ~**, die Frauen userer Generation; (*discendenza*) Geschlecht n, Stamm m, Haus n **2** (*periodo di tempo*) Generation f: **in poche generazioni la statura media si è alzata molto, im Laufe weniger Generationen ist die durchschnittliche Körpergröße sehr gestiegen 3 (*produzione*) {+CALORE, ELETTRICITÀ, ENERGIA} Erzeugung f 4 *anche biol* (*procreazione*) {+FIGLIO} Zeugung f: **~ spontanea**, Urzeugung f, Abiogenese f, Abiogenesis f 5 *mat* (*in geometria*) {+SOLIDO} Bildung f ● **un'auto di** *nuova* **~** *fig* (*all'avanguardia*), ein Auto der letzten Generation; **la** *prima*/*seconda*/... **~ di immigrati** *fig* (*i figli/nipoti*/...), die erste/zweite/... Generation von Immigranten; **un microprocessore di** *prima*/*seconda*/*terza*/... **~** *tecnol* (*al primo/secondo/terzo*/... *stadio di evoluzione*), ein Mikroprozessor der ersten/zweiten/dritten/... Generation; *tramandare qc di* **~ in ~** (*di padre in figlio*), etw von Generation zu Generation überliefern/weitergeben; **le tre generazioni** (*padre e/o madre, figlio e/o figlia, nipote e/o nipoti*), die drei Generationen; **fino alla settima ~** *fig* (*fino ai discendenti più remoti*), bis zur siebten Generation; **un elettrodomestico di** *vecchia* **~** *fig* (*superato*), ein überholtes Haushaltsgerät.

gènere Ⓐ m **1** (*tipo*) Art (und Weise) f, Weise f; {+PRODOTTO} Art f, Sorte f: **che ~ di musica è?**, was für ₁Art von Musik₁/[eine Musik *fam*] ist das?; **studenti di ogni ~**, Studenten jeder Art; **hanno bisogno di ogni ~ di aiuti**, sie brauchen jede Art von Hilfe; **non aveva sospetti di nessun ~**, er/sie hatte keinerlei Verdacht; **è unico nel suo ~**, er ist einzigartig in seiner Art; **di tutti i generi**, aller Art; **cose di tutt'altro ~**, Dinge ganz anderer Art; **questo ~ di vita non fa per me**, diese Lebensweise ist nichts für mich *fam* **2** (*insieme di persone*) Geschlecht n, Rasse f: **il ~ umano**, das Menschengeschlecht **3** (*insieme di cose*) {+MOBILI, PIANTE} Art f **4** *anche lett mus* Gattung f, Genre n: **~ epico/drammatico**, Epos n/Drama n; **~ fantasy**, Fantasy f **5** *bot zoo* Gattung f, Genus m **6** <*solo pl*> *comm* Mittel n pl, Güter n pl, Waren f pl, Artikel m pl: **generi alimentari**, Lebensmittel n pl; **generi di consumo**, Konsumgüter n pl; **generi di importazione**, Importgüter n pl; **generi di prima necessità**, Bedarfsartikel m pl, Bedarfsgüter n pl; (*in casi di emergenza*) die dringendsten Bedarfsgüter; **generi di lusso**, Luxusgüter n pl **7** *filos* Gattungsbegriff m **8** *gramm* Genus n, Geschlecht n: **~ femminile/maschile/neutro/promiscuo**, weibliches/männliches/neutrales/beidgeschlechtiges Genus **9** *mus* Musikgattung f, Genre n: **~ cromatico/diatonico**, chromatische/diatonische Musik; **~ lirico**, Opernmusik f Ⓑ <*inv*> *loc agg* **1** (*simile*) *del* ~ {PAROLE, REAZIONE} derartig, ähnlich: **non si dicono cose del ~**, man sagt ₁so was₁/[solche Sachen] nicht *fam*; **ti ricordi il suo nome? - Era Mario o qualcosa del ~**, erinnerst du dich an seinen Namen? - Er hieß Mario oder so ähnlich **2** *arte* (*nella pittura*) *lett*: **di ~** {QUADRO, SCENA} Genre- Ⓒ *loc avv* (*generalmente*); **in ~**, gewöhnlich normalerweise, in der Regel üblicherweise, im Allgemeinen; **in ~ facciamo così**, gewöhnlich machen wir das so ● **non è il mio ~** (*non fa per me*), das ist ₁nichts für mich₁/[nicht mein Geschmack/Ding *slang*].

genèrica f → **generico**.
genericità <-> f **1** (*mancanza di specificità*) {+TERMINE} Unbestimmtheit f **2** (*vaghezza*) {+RICHIESTA} Allgemeinheit f, Unbestimmtheit f, Vagheit f.
genèrico, (-a) <-ci, -che> Ⓐ *agg* **1** (*non specifico*) {CARATTERE} allgemein; {TERMINE} unbestimmt **2** (*vago*) {ACCUSA, DISCORSO, GIUDIZIO, RISPOSTA} allgemein, unbestimmt, vage, oberflächlich **3** (*generale*) {NOZIONE, SIGNIFICATO DI UNA PAROLA} allgemein **4** (*non specia-*

lizzato) {MEDICO} Allgemein-, praktisch; {OPERAIO} nicht-spezialisiert: **attore ~**, Kleindarsteller m, Statist m Ⓑ m (*vago*) Allgemeine n *decl come agg*, Unbestimmte n *decl come agg*: **cadere/**[**restare/tenersi**] **nel ~**, ₁in Allgemeinheiten verfallen₁/[im Allgemeinen bleiben] Ⓒ m (f) *film teat* Kleindarsteller(in) m(f), Statist(in) m(f).

gènero m (*marito della figlia*) Schwiegersohn m.
generósa f → **generoso**.
generosità <-> f **1** (*magnanimità*) {+DONO} Großzügigkeit f, Reichlichkeit f; {+BENEFATTORE} Freizügigkeit f, Freigebigkeit f, Großmütigkeit f; {+OFFERTE} Reichlichkeit f *fig* {+CAMPO} Fruchtbarkeit f; {+VINO} Intensität f **2** (*altruismo*) {+ATTO, OFFERTA} Großmut f, Großzügigkeit f; {+AMICO} Selbstlosigkeit f **3** (*abbondanza*) {+MANCIA, PORZIONE} Reichlichkeit f **4** (*ampiezza*) {+FIANCHI, SENO} Üppigkeit f; {+SCOLLO} Tiefe f **5** *sport* {+ATLETA} totaler *fam*/voller *fam* Einsatz.
generóso, (-a) Ⓐ *agg* **1** (*magnanimo*) **~** (*con qu*) {ANIMO, CARATTERE} großzügig (*gegen jdn/jdm gegenüber*), großherzig (*gegen jdn/jdm gegenüber*), großmütig (*gegen jdn/jdm gegenüber*): **con me è stato molto ~**, ₁gegen mich₁/[mir gegenüber] war er sehr großzügig; *fig* {TERRENO} fruchtbar, ergiebig; {VINO} edel **2** (*altruista*) {GESTO, OFFERTA} großzügig; {UOMO} *anche* edel, selbstlos, freigebig **3** (*abbondante*) {MANCIA, PORZIONE} großzügig, reichlich **4** (*ampio*) {FIANCHI, SENO} üppig; {SCOLLO} tief **5** *sport* {ATLETA} mit totalem *fam*/vollem *fam* Einsatz Ⓑ m (f) (*chi è magnanimo*) großmütiger Mensch.
gènesi <-> Ⓐ f **1** (*origine*) {+MONDO, UOMO} Entstehung f, Ursprung m **2** (*formazione*) {+OPERA D'ARTE, TEORIA SCIENTIFICA} Entstehung f, Genese f *forb* Ⓑ f *o m bibl*: **Genesi**, Genesis f, Schöpfungsgeschichte f.
genètica <-*che*> f **1** *biol* Genetik f, Vererbungslehre f **2** *psic* Genetik f: **~ del comportamento**, Verhaltensgenetik f.
genètico, (-a) <-*ci, -che*> *agg* **1** *biol* {CODICE, INGEGNERIA, MUTAZIONE, PATRIMONIO} genetisch, Gen-, Erb-; {MALATTIA} Erb- **2** *psic* genetisch **3** (*dell'origine*) Ursprungs-, Entstehungs-.
genetista <-*i m, -e f*> *mf biol med* Genetiker(in) m(f).
genetliaco <-*ci*> m *lett* (*anniversario*) Geburtstag m: **nel ~ di qu/qc** an jds Geburtstag, am Geburtstag von jdm/etw.
gengìva f *anat* Zahnfleisch n.
gengivàle *agg* (*della gengiva*) {INFIAMMAZIONE} Zahnfleisch-.
gengivite f *med* Zahnfleischentzündung f, Gingivitis f *scient*.
genìa f **1** *spreg* (*insieme*) {+FARABUTTI, POLITICANTI} Bande f *spreg*, Gesindel n *spreg*, Brut f *fam spreg* **2** *lett obs* (*stirpe*) Geschlecht n.
geniàccio <-*ci*, pegg *di* genio➀> m (*chi è geniale, ma indisciplinato*) Kreativling m *fam*.
genialàta f *fam scherz* (*trovata geniale*) Geniestreich m, Geistesblitz m.
geniàle *agg* **1** (*di genio*) {ARTISTA, OPERA, SCRITTORE} genial **2** (*brillante*) {TROVATA} genial, brillant.
genialità <-> f **1** {+SCRITTORE} Genialität f, Brillanz f **2** (*brillantezza*) {+IDEA, TROVATA} Genialität f, Brillanz f.
genialòide *mf* (*chi è geniale e stravagante*) Halbgenie n, genialischer Typ.
gènico, (-a) <-*ci, -che*> *agg biol* {FREQUENZA} Gen-.
genicolàto, (-a) *agg* **1** *anat* {CORPO} knieförmig, abgebogen **2** *bot* {FUSTO} abgebogen, knotig **3** *zoo* {ANTENNA} Knie-.
genière m *mil* Pionier m.

geniétto <*dim di* genio➀> m **1** *fam anche scherz* (*ragazzo promettente*) kleines Genie scherz **2** *arte* (*amorino*) Putte f, Putto m.
gènio➀ <*geni*> Ⓐ m **1** (*capacità eccezionale*) {+DANTE, VIRGILIO} Genie n, Genius m *forb*, Schöpfergeist m **2** (*chi è capace*) {+FINANZA, LOGICA} Genie n: **in matematica è un vero ~**, er/sie ist ein echtes ₁Mathematikgenie₁/[Genie in Mathematik] **3** (*talento*) **~ di/per qc**) {PRATICO, SPECULATIVO, PER GLI AFFARI} Begabung f *für etw* (acc), Talent n *für etw* (acc)/*zu etw* (dat): **ha il ~ della musica**, er/sie ₁besitzt eine musikalische Begabung₁/[hat musikalisches Talent] **4** (*gusto*) Geschmack m: **lavoro/uomo di nostro ~**, Arbeit/Mensch nach unserem Geschmack; **mi va a ~**, das sagt mir zu, das liegt mir **5** (*entità astratta*) {+BENE, DISCORDIA, GUERRA, MALE, MUSICA, POESIA} Geist m **6** (*folletto*) {+BOSCHI, CASA} Geist m **7** *rar* (*peculiarità*) {+LINGUA} Geist m Ⓑ *mitol* {+ROMA} Genius m, Schutzgeist m Ⓒ <*inv*> *loc agg* (*geniale*) {DONNA, UOMO} erfinderisch, schöpferisch ● **essere il ~ buono/cattivo di qu** *fig* (*consigliarlo bene/male*), jdm gut/schlecht raten; **avere/essere un colpo/lampo di ~ *fig* (*idea geniale*), einen Gedanken-/Geistesblitz haben, ein Gedanken-/Geistesblitz sein; **~ epidemico** *med*, Genius epidemicus m; **non essere un ~** *iron*, nicht gerade eine Leuchte sein *fam iron*; **~ incompreso** *iron* (*chi presume di possedere molte qualità*), verkanntes Genie; **~ della lampada** (*personaggio fantastico*), Flaschengeist m; **~ tutelare** *fig* (*chi aiuta qu*), Schutzgeist m; **non volerci ~ per fare qc** *fig iron* (*essere facile*), ₁keine Hexerei₁/[ein Kinderspiel] sein.
gènio➁ <*geni*> m *amm mil*: **~** (**militare**), Pionierkorps n, Pioniertruppe f, Genietruppe f *CH*; **~ aeronautico**, technische Luftwaffentruppen f pl; **~ civile**, Bauaufsichtsbehörde f, Bauamt n; **~ ferrovieri**, Eisenbahntruppen f pl; **~ navale**, technische Marinetruppen.
genitàle Ⓐ *agg* **1** *anat* {APPARATO} genital, Genital-, Geschlechts- **2** *psic* {FASE} genital Ⓑ m pl *anat* Genitalien n pl *scient*, Geschlechtsorgane n pl.
genitìvo *gramm* Ⓐ *agg* {CASO} genitivisch, Genitiv- Ⓑ m {ASSOLUTO, POSSESSIVO} Genitiv m, Wesfall m: **la seconda parola è al ~**, das zweite Wort steht im Genitiv; **~ sassone**, Genitivus possessivus m.
genitóre m Elternteil m: **firma del ~ o di chi ne fa le veci**, verlangt wird die Unterschrift eines Elternteils oder eines Stellvertreters; (*padre*) Vater m; (*madre*) Mutter f; **i tuoi genitori**, deine Eltern.
genitoriàle *agg* (*dei genitori*) {POTESTÀ, RESPONSABILITÀ} elterlich; {FIGURA} Eltern-.
genitorialità <-> f Elternschaft f, Elternsein n.
genitourinàrio, (-a) <-*ri m*> *agg anat* {APPARATO} urogenital, Urogenital-.
genitrìce Ⓐ *agg* {DEA} Geburts-; {TERRA} Mutter- Ⓑ f *spec scherz* (*madre*) Gebärerin f *scherz*, Schöpferin f.
gènius lòci <*-, -i - pl lat*> *loc sost m lat* (*nume tutelare*) Genius Loci m.
genn. *abbr di* gennaio: Jan. (*abbr di* Januar).
gennàio <-*nai*> m (*abbr* genn.) Januar m; → *anche* **settembre**.
genocìda <-*i m, -e f*> Ⓐ *mf* (*persona*) Verantwortliche mf *decl come agg* eines Genozids Ⓑ *agg* {STATO, VIOLENZA} Genozid, genozidär.
genocìdio <-*di*> m (*sterminio*) **~ di qu** {+EBREI} Genozid m *o n an jdm*, Völkermord m *an jdm*.
genòma <-*i*> m *biol* {+INDIVIDUO} Genom n.
genòmica <-*che*> f *biol* Genomik f.

genotipo m biol Genotyp m.
Gènova f geog Genua n.
genovése A agg {CARRUGGI, PORTO} genuesisch, Genueser B mf Genuese m, Genuesin f C m <solo sing> (dialetto) Genuesisch(e) n.
Gent. abbr di Gentile (nella corrispondenza epistolare): sehr geehrte(r), verehrte(r).
gentàglia f spreg (marmaglia) Pack n fam spreg, Gesindel n spreg, Pöbel m spreg.
gènte f 1 <solo sing> (persone) {ALLEGRA, DISONESTA, FAMOSA, GENUINA, ONESTA, SINCERA} Leute pl, Menschen m pl: **la ~ bene**, die vornehme Welt, die gute Gesellschaft; **per bene**, anständige Leute; **è brava/buona ~**, das sind gute/anständige Leute; **~ comune**, einfache Leute; **trovarsi fra ~ che si conosce**, sich unter Menschen befinden, die sich kennen; **c'è troppa/poca ~**, es sind zu viele/wenige Leute da; **il ristorante era pieno di ~**, das Restaurant war voller Menschen 2 <solo sing> (mondo) Welt f, Menschen m pl: **vive lontano dalla ~**, er/sie lebt isoliert von der Welt 3 (popolo) {ETRUSCA, GERMANICA} Volk n 4 <di solito al pl> (umanità) {FUTURE} Menschheit f 5 <di solito al pl> relig Heiden pl 6 stor rom (CORNELIA, GIULIA} Geschlecht n, Sippe f; (famiglia) Familie f: **nascere da ~ povera**, aus einer armen Familie stammen ● **~ d'armi** (soldati), Kriegsvolk n; **aspettiamo ~** (ospiti), wir erwarten Gäste; **~ di campagna**, Landvolk n, Landleute pl; **~ di casa** (famiiari), Verwandte mf decl come agg pl; **c'è ~** (è arrivato qu), es sind Leute/[list jdn] da/(an)gekommen; **abbiamo ~ a cena** fam (abbiamo invitato qu), wir haben/[es kommen] Gäste/Leute zum Abendessen; **di chiesa** (clero e fedeli), Frommen mf pl decl come agg, Gläubigen mf pl decl come agg; **~ di città**, Stadtmenschen m pl, Städter m pl; **la ~ dice ...** (si dice...), die Leute sagen ..., man sagt ...; es heißt ...; **~ di fiducia** (di cui ci si può fidare), Vertrauenspersonen f pl; **~ di lettere** (letterati), Literaten m pl; **la ~ mormora ...** (si diffondono dei pettegolezzi), die Leute munkeln; **di malaffare** (malfattori), Leute pl von üblem Ruf; **~ di mare** (marinai), Seeleute pl; **~ del posto** (indigeni), Einheimische mf pl decl come agg; **~ di tavolino** (studiosi), Gelehrte mf pl decl come agg; **~ di teatro** (attori, ecc.), Theaterleute pl; **~ di toga** (giuristi), Juristen m pl; **la ~ del vicinato** (i vicini di casa), die Nachbarn m pl, die Nachbarsleute pl.
gentildònna f 1 (nobile) Edelfrau f, Adlige f 2 (signora) vornehme Dame.
gentile① agg 1 (cortese): **~ con qu** {NEGOZIANTE CON TUTTI} freundlich ⌊zu jdm⌋/[jdm gegenüber], höflich ⌊zu jdm⌋/[jdm gegenüber], nett zu jdm, liebenswürdig zu jdm: **~** (nei confronti di qu) {ACCOGLIENZA, GESTO, MANIERE, PAROLA, PENSIERO, RISPOSTA} freundlich (⌊zu jdm⌋/[jdm gegenüber]), höflich (⌊zu jdm⌋/[jdm gegenüber]); **grazie, molto ~!** anche iron, danke, sehr freundlich/nett!; **sii ~, prendimi il giornale!**, sei so nett und bring mir die Zeitung!; **è veramente ~ da parte tua!** anche iron, das ist wirklich nett von dir! anche iron 2 (gradevole) {FIGURA, LINEAMENTI} hübsch, zart 3 (nobile) {ANIMO, SENTIMENTO} edel, hochherzig 4 (nelle lettere, abbr Gent.) sehr geehrte(r), verehrte(r): **~ signor Rossi/[professore]**, sehr geehrter ⌊Herr Rossi⌋/[Herr Professor/Lehrer]; **signora (Rossi)**, sehr geehrte Frau Rossi, verehrte Frau Rossi; **gentili signore e signori**, sehr geehrte Damen und Herren; (nell'indirizzo non si traduce, abbr Gent.) **Gent. prof. Ugo Rossi**, Herrn Prof. Ugo Rossi.
gentile② mf 1 relig Ungläubige mf decl come agg, Heide m, Heidin f, Nichtchrist(in) m(f) 2 relig ebraica Nichtjude m, Nichtjü-

din f.
gentilézza f 1 (cortesia) {+AMICO} Freundlichkeit f, Höflichkeit f, Liebenswürdigkeit f: **è di una ~ rara/squisita**, er/sie ist von ausgesuchter Höflichkeit; **~ di modi**, freundliche Art 2 (piacere) Gefallen m, Gefälligkeit f, Freundlichkeit f, Entgegenkommen n: **fammi la ~ di ...** anche iron, sei so nett und ..., tu mir den Gefallen und ..; **per ~ bitte**; wären Sie bitte so freundlich; seien Sie bitte so nett ● **~ di aspetto/sentimenti**, ⌊nettes Äußeres⌋/[edle Gesinnung].
gentilissimo, (-a) <superl di gentile①> agg post (abbr Gent.mo, Gent.ma) sehr geehrte(r), hochverehrte(r): **~ signor Rossi/[professore]**, sehr geehrter ⌊Herr Rossi⌋/[Herr Professor/Lehrer]; **gentilissima signora (Rossi)**, verehrte Frau Rossi; **gentilissimi signore e signori**, sehr geehrte Damen und Herren; (nell'indirizzo non si traduce, abbr Gent.mo, Gent.ma) **Gent.mo prof. Ugo Rossi**, Herrn Prof. Ugo Rossi.
gentilizio, (-a) <-zi m> agg lett 1 (di un casato) {MOTTO, STEMMA} Adels-, Familien- 2 (di famiglia) {CAPPELLA} Familien-.
gentiluòmo <-gentiluomini m> 1 (signore) Gentleman m, Kavalier m, Gentilhomme m rar: **comportarsi da ~**, sich wie ein Gentleman benehmen; **essere un vero ~**, ein echter Gentleman sein 2 (nobile) {+CORTE} Adlige m decl come agg, Edelmann m.
gentleman <-, gentlemen pl ingl> m ingl 1 (signore) Gentleman m, Kavalier m, Gentilhomme m 2 (signore inglese) Gentleman m 3 sport Amateur m.
gentlemen's agreement <- -, - -s pl ingl> loc sost m ingl (accordo informale) Gentleman's/Gentlemen's Agreement n.
Gent.ma post abbr di Gentilissima: sehr geehrte, verehrte, hochverehrte.
Gent.mo post abbr di Gentilissimo: sehr geehrter, verehrter, hochverehrter.
genuflessióne f Kniefall m, Kniebeugung f; (azione) anche Niederknien n; **fare una ~**, einen Kniefall machen, niederknien.
genuflèsso, (-a) part pass di genuflettersi.
genuflèttersi <coniug come flettersi> itr pron: **~** (davanti a qu/qc) 1 (inginocchiarsi) {DEVOTO DAVANTI ALL'IMMAGINE DEL SANTO} (vor jdm/etw) nieder⌊knien, (vor jdm/etw) auf die Knie fallen 2 fig (umiliarsi) {DAVANTI AI POTENTI} (vor jdm/etw) einen Kniefall machen/tun.
genuinità <-> f 1 (l'essere genuino) {+CARNE, PIATTO, PRODOTTO} Echtheit f, Unverfälschtheit f; {+VINO} Reinheit f, Unverfälschtheit f 2 (autenticità) {+CERTIFICATO, TESTIMONIANZA} Echtheit f 3 fig (schiettezza) {+GESTO, SENTIMENTO} Echtheit f, Aufrichtigkeit f.
genuino, (-a) agg 1 (naturale) {DOLCE, PRODOTTO} echt, natürlich, unverfälscht; {VINO} naturrein 2 (autentico) {TESTIMONIANZA} echt, authentisch 3 fig (schietto) {RAGAZZO, RISO} echt, spontan, aufrichtig, natürlich.
genziàna f bot (pianta) Enzian m 2 (radice) Enzianwurzel f.
genzianèlla f bot Bitterwurz(el) f.
gèo- primo elemento (terra) geo-, Geo-: **geocentrismo**, Geozentrik; **geodetico**, geodätisch; **geografia**, Geographie.
geocèntrico, (-a) <-ci, -che> agg astr {LATITUDINE, LONGITUDINE, MOTO, SISTEMA} geozentrisch.
geocentrismo m astr Geozentrik f.
geochimica f chim Geochemie f.
geòde m 1 min Geode f 2 med Hohlraum m.
geodesìa f geog {ASTRONOMICA, DINAMICA, TEORETICA} Geodäsie f, Erdvermessung f.

geodèta <-i m, -e f> mf geog Geodät m, Erdmesser m.
geodètico, (-a) <-ci, -che> agg 1 aero {STRUTTURA} geodätisch 2 geog {LINEA} Erdvermessungs-, geodätisch.
geodinàmica f geol Geodynamik f.
geodinàmico, (-a) <-ci, -che> agg geol geodynamisch.
geofisica f Geophysik f.
geofisico, (-a) <-ci, -che> A agg geophysisch B m (f) Geophysiker(in) m(f).
geògrafa f → **geografo**.
geografìa f 1 (scienza) Geographie f: **~ astronomica**, Astrogeographie f; **~ economica**, Wirtschaftsgeographie f; **~ fisica**, physische/physikalische Geographie f, Physiogeographie f; **~ linguistica**, Sprachgeographie f; **~ politica**, politische Geographie 2 fig (configurazione) Geographie f, geographische Formation f: **la ~ della valle del Reno**, die Geographie des Rheintals 3 fig (quadro) Bild n: **disegnare la ~ di un gruppo di adolescenti**, eine Gruppe von Jugendlichen beschreiben 4 (scuola) Erdkunde f.
geogràfico, (-a) <-ci, -che> agg (della geografia) {CARTA, SCOPERTA, STUDI} geographisch; {ATLANTE} anche Erdkunde-.
geògrafo, (-a) m (f) (studioso) Geograph(in) m(f).
geòide f geog Geoid n.
geolinguistica <-che> f Sprach-, Wortgeographie f.
geòloga f → **geologo**.
geologìa f (scienza) {APPLICATA, DINAMICA, STRUTTURALE} Geologie f, Erdgeschichte f.
geològico, (-a) <-ci, -che> agg (della geologia) {CARTA, STUDI} geologisch; {ERA} Erd-.
geòlogo, (-a) <-gi, -ghe> m (f) (studioso) Geologe m, (Geologin f).
Geom. abbr di Geometra: Vermessungstechniker(in) m(f).
geomagnètico, (-a) <-ci, -che> agg geomagnetisch.
geomagnetismo m fis Geo-, Erdmagnetismus m.
geomanzìa f (nell'occultismo) Geomantie f.
geòmetra <-i m, -e f> mf spec edil (abbr Geom.) Geometer m, Vermessungstechniker(in) m(f).
geometrìa f 1 mat {EUCLIDEA, PIANA, PROIETTIVA} Geometrie f 2 fig (struttura razionale) {+QUADRO} Geometrie f, geometrische Struktur.
geometricità <-> f 1 (l'essere geometrico) geometrischer Charakter 2 fig (schematismo) {+RAGIONAMENTO} Schematismus m.
geomètrico, (-a) <-ci, -che> agg 1 mat {DISEGNO, FIGURA, STRUTTURA} geometrisch 2 fig (ineccepibile) {PRECISIONE} mathematisch.
geomorfologìa f geog Geomorphologie f.
geomorfològico, (-a) <-ci, -che> agg geog {STUDI} geomorphologisch.
geopolitica f Geopolitik f.
geopolitico, (-a) <-ci, -che> agg geopolitisch.
Geòrgia f geog 1 (nel Caucaso) Georgien n 2 (negli USA) Georgia n.
georgiàno, (-a) A agg (della Georgia, nel Caucaso) georgisch; (negli USA) georgianisch B m (f) (abitante della Georgia, nel Caucaso) Georgier(in) m(f); (negli USA) Georgianer(in) m(f) C m <solo sing> (lingua della Georgia, nel Caucaso) Georgisch(e) n.
geòrgico, (-a) <-ci, -che> agg lett (agreste) {POEMA} ländlich, Ackerbau-.
geosfèra f geog Geosphäre f.
geostàtica <-che> f fis Geostatik f.

geostazionàrio, (-a) <-ri m> agg astr {SATELLITE} geostationär.
geotècnica <-che> f tecnol Geotechnik f.
geotermia f fis geol Geothermik f.
geotèrmico, (-a) <-ci, -che> agg elettr geol {CENTRALE} geothermisch.
geotettònica <-che> f geol Geotektonik f.
geotettònico, (-a) <-ci, -che> agg geol geotektonisch.
geotròpico, (-a) <-ci, -che> agg biol geotrop.
geotropìsmo m biol Geotropismus m.
Gèova m bibl Jehova m.
gerànio <-ni> m bot Geranie f.
geràrca <-chi> m **1** fig spreg (despota) Despot m **2** polit stor {FASCISTA} hoher Parteifunktionär, Parteileiter m, Parteigröße f fam **3** relig {+CHIESA} geistlicher Würdenträger, geistliches Oberhaupt.
gerarchìa f **1** (rapporto di subordinazione) {MILITARE} Hierarchie f, Rangordnung f, Rangfolge f: ~ **tra gli impiegati**, Hierarchie f unter (den) Angestellten **2** (insieme di persone) Würdenträger m pl **3** fig (scala) Skala f: ~ **di valori**, Werteskala f ● **le gerarchie celesti/[degli angeli]** relig, die himmlischen Heerscharen.
geràrchico, (-a) <-ci, -che> agg **1** (della gerarchia) {GRADO, SCALA} hierarchisch; {ORDINAMENTO} Rang- **2** fig (di una scala di valori) {PRINCIPIO} Wert-.
gerarchizzàre tr (mettere in ordine gerarchico) ~ **qu/qc** {GRUPPO} jdn/etw hierarchisieren forb, jdn/etw hierarchisch ordnen/gliedern.
gerarchizzazióne f Hierarchisierung f; (azione) anche Hierarchisieren n.
Geràrdo m (nome proprio) Gerhard.
gerbèra f bot Gerbera f.
gerbìllo m zoo Rennmaus f.
Geremìa m (nome proprio) Jeremias.
geremiàde f spreg (piagnisteo) ewiges Gejammer, Jeremiade f forb obs.
gerènte mf (gestore) Führer(in) m(f), Leiter(in) m(f): ~ **di un negozio**, (Geschäfts)führer(in) m(f), (Geschäfts)leiter(in) m(f).
gerènza f (gestione) {+AZIENDA} Führung f, Leitung f.
gergàle agg (del gergo) {ESPRESSIONE} Jargon-, Slang-.
gèrgo <-ghi> m ling **1** (linguaggio criptico) Jargon m, Slang m: ~ **della malavita**/[**furbesco**], Gaunersprache f, Rotwelsch m **2** (linguaggio di una categoria) Jargon m, Sprache f: ~ **giornalistico/studentesco**, Journalisten-/Studentenjargon m; ~ **medico/militare**, Mediziner-/Militärsprache f; **parlare in** ~, Jargon/Slang reden.
geriàtra <-i m, -e f> mf med Geriater(in) m(f).
geriatrìa f med Altersheilkunde f, Geriatrie f scient.
geriàtrico, (-a) <-ci, -che> agg med {VISITA} geriatrisch scient.
gèrla f (cesta) (Rücken)tragkorb m, Kiepe f region **2** (quantità) Hucke f region, Kiepe f region.
germàna f → **germano**② e **germano**③.
germanésimo m (elemento germanico) Deutschtum n.
Germània f geog Deutschland n: **andare in** ~, nach Deutschland fahren; **la** ~ **è un paese molto bello**, Deutschland ist ein sehr schönes Land; **un viaggio nella** ~ **di oggi**, eine Reise in das heutige Deutschland; ~ **orientale** polit stor, Ostdeutschland n; **la Repubblica Federale di** ~, die Bundesrepublik Deutschland; **la** ~ **riunificata**, das wiederverein(ig)-

te Deutschland; **vivere in** ~, in Deutschland leben.
germànico, (-a) <-ci, -che> agg **1** (tedesco) {CULTURA} deutsch **2** ling stor {DIRITTO, FILOLOGIA, LEGGENDE, LINGUE, TRIBÙ, USI} germanisch.
germànio <-> m chim Germanium n.
germanìsmo m **1** (abitudine) Deutschtum n **2** ling Germanismus m.
germanìsta <-i m, -e f> mf Germanist(in) m(f).
germanìstica <-che> f Germanistik f.
germanizzàre A tr (rendere germanico) ~ **qu/qc** {ABITUDINI DI UN POPOLO} jdn/etw ein|deutschen, jdn/etw germanisieren B itr itr pron: **germanizzarsi** deutsche Sitten an|nehmen.
germanizzazióne f (+COSTUMI) Eindeutschung f, Germanisierung f; (azione) anche Eindeutschen n, Germanisieren n.
germàno① m ornit Wildente f: ~ **reale**, Stockente f.
germàno②, (-a) agg lett **1** (tedesco) deutsch **2** ling stor germanisch.
germàno③, (-a) agg lett A agg {FRATELLO} leiblich, vollbürtig obs B m (f) (nato dagli stessi genitori) leiblicher Bruder, (leibliche Schwester.
germanofilìa f (simpatia per i tedeschi) Deutschfreundlichkeit f, Germanophilie f.
germanòfilo, (-a) A agg (che ha simpatia per i tedeschi) deutschfreundlich B m (f) Deutschfreundliche mf decl come agg.
germanofobìa f (avversione per i tedeschi) Deutschfeindlichkeit f, Germanophobie f.
germanòfobo, (-a) A agg (che prova avversione contro i tedeschi) deutschfeindlich, germanophob B m (f) Deutschfeindliche mf decl come agg.
germanòfono, (-a) A agg (che parla tedesco) {PAESE} deutschsprachig B m (f) Deutschsprachige mf decl come agg.
gèrme m **1** Keim m, Erreger m: **germi patogeni**, Krankheitserreger m pl **2** fig (origine) {+CIVILTÀ, ODIO} Keim m, Ursprung m **3** biol Keim m, Keimling m **4** bot forb (germoglio) {+PIANTA} Keimling m, Sämling m ● **in** ~ fig (agli inizi), {INIZIATIVA, PROGETTO} im Anfangsstadium, im Keim.
germicìda <-i m, -e f> A agg (che elimina i germi) {SOSTANZA} keimtötend, bakterizid B m keimtötendes Mittel, Bakterizid n.
germinàle agg biol {FASE} germinal, keimend, Samen-; {CELLULA} Keim-.
germinàre itr <essere o avere> **1** (germogliare) {SEME} keimen **2** fig (trarre origine) {SCONTENTO} entstehen, seinen Ursprung haben.
germinatìvo, (-a) agg biol bot {VESCICOLA} Keim-, Keimungs-.
germinatóio <-toi> m agr Keimkasten m.
germinazióne f bot {+SEME} Keimung f; (azione) anche Keimen m.
germogliàre <germoglio, germogli> itr <essere o avere> **1** bot ~ **con qc** {FIORE, FOGLIA, GEMMA, GRANO CON L'UMIDITÀ} (sprießen, (bei etw dat) treiben, {ALBERO} (bei etw dat) sprossen forb **2** fig (crescere) ~ **in qu** {IDEA, ecc.} in jdm keimen.
germòglio <-gli> m **1** bot **1** {+ALBERO} Spross m; {+GRANO} Trieb m: **germogli di soia**, Sojasprossen m pl **2** fig lett (origine) {+VIZIO} Keim m.
gerocòmio → **gerontocomio**.
geroglìfico, (-a) <-ci, -che> A agg ling {SEGNO} hieroglyphisch, Hieroglyphen- B m **1** ling Hieroglyphe f **2** fig (ghirigoro) Gekritzel n spreg, Geschmier(e) n spreg **3** <di solito al pl> fig (scrittura incomprensibile) Hierogly-

phen f pl fam, Krähenfüße m pl fam, Krakelschrift f fam spreg.
gerontocòmio <-mi> m (ricovero per anziani) Altenheim n, Altersheim n.
gerontòloga f → **gerontologo**.
gerontologìa f med Alternsforschung f, Gerontologie f scient.
gerontològico, (-a) <-ci, -che> agg med gerontologisch scient.
gerontòlogo, (-a) <-gi, -ghe> m (f) med Alternsforscher(in) m(f), Gerontologe m, (Gerontologin f (med.
gerosolimitàno, (-a) A agg **1** (di Gerusalemme) aus Jerusalem **2** (dei cavalieri di Malta) Johanniter-, Malteser- B m (f) **1** (abitante) Jerusalemer(in) m(f) **2** relig Johanniter m, Malteser m.
gerùndio <-di> m gramm Gerundium n.
gerundìvo, (-a) gramm A agg {COSTRUTTO} gerundiv, Gerundiv- B m Gerundiv(um) n.
Gerusalèmme f geog Jerusalem n.
GESCAL f abbr di Gestione Case Lavoratori: Verwaltung f von Arbeiterwohnungen.
gessàre tr ~ **qc 1** (mettere il gesso) {BENDE, CARTA} etw ein|)gipsen **2** agr {PRATO} etw kalken, etw mit Kalkdünger an|reichern **3** enol {MOSTO} etw gipsen, etw mit Gips versetzen.
gessàto, (-a) A agg **1** (impregnato di gesso) {BENDA} Gips- **2** (nella moda) {TESSUTO, VESTITO} Nadelstreifen-, mit Nadelstreifen B m (nella moda) Nadelstreifenanzug m.
gessatùra f **1** agr {+TERRENO} Kalken n, Anreicherung f mit Kalkdünger **2** enol {+MOSTO} Gipsen n.
gessétto <dim di gesso> m {COLORATO} Kreide f; (per sarti) Schneiderkreide f.
gèsso A m **1** (per scrivere sulla lavagna) Kreide f; (per sarti) Schneiderkreide f **2** anche min Gips m; (polvere) Gipsstaub m **3** med Gips(verband) m: **togliere il** ~, den Gips abnehmen; **avere il** ~ **a una gamba**, ein Gipsbein haben fam **4** arte (nella scultura) Gips m, Gipsfigur f; (per sculture), Modell-/Formgips m B <inv> loc agg: **di/in** ~ {APPLIQUE, RIPRODUZIONE} aus Gips, Gips-, gipsern.
gessóso, (-a) agg **1** (di gesso) gipsig, Gips- **2** (ricco di gesso) {TERRENO} gipshaltig **3** (simile al gesso) {CONSISTENZA} gipsartig.
gèsta f pl lett (imprese) Heldentaten f pl, denkwürdige Unternehmen: **le** ~ **di Napoleone**, Napoleons Feldzüge; iron Heldenstücke n pl scherz, Abenteuer n pl, Streiche m pl, Erlebnisse n pl.
gestàccio <-ci> m unanständige/anstößige Geste; (col medico) Stinkefinger m slang: **fare un** ~ **a qu**, jdm gegenüber eine unanständige/anstößige Geste machen; (col medico) jdm den Stinkefinger zeigen m slang.
Gestalt <-> f ted psic Gestalt f.
gestànte f med Schwangere f decl come agg, werdende Mutter.
Gestàpo <-> f ted Gestapo f.
gestazióne f **1** med Schwangerschaft f **2** veter Tragzeit f **3** fig (preparazione) {+ROMANZO} Bearbeitung f, Vorbereitung f: **essere in** ~, in Bearbeitung/Vorbereitung sein.
gestìbile agg (che si può gestire) {SITUAZIONE} kontrollierbar.
gesticolàre itr (fare gesti) gestikulieren, mit den Händen fuchteln fam: **parlando gesticola**, beim Reden gestikuliert er/sie.
gestionàle agg industr {CONTROLLO} (Geschäfts)führungs-, (Geschäfts)leitungs-, Geschäfts-.
gestióne f **1** (controllo) {+PROBLEMA, SITUAZIONE} Kontrolle f: ~ **della crisi**, Krisenmana-

gestire | **gheriglio**

gestire gement n 2 (*amministrazione*) {+FONDI NERI} Verwaltung f; *fig* Umgang m: **~ del personale**, Personalplanung f; **la ~ delle risorse umane**, der Umgang mit den menschlichen Ressourcen 3 *comm* Leitung f, Führung f, Management m: **avere un negozio in ~**, ein Geschäft leiten; **dare in ~ un albergo**, ein Hotel verpachten/[in Pacht geben]; **nuova ~ anche** (*periodo*), neue Geschäftsleitung/Geschäftsführung 4 *industr* Führung f, Leitung f, Management m: **~ aziendale**, Betriebsleitung f, Betriebsführung f; **cattiva ~** (*anche periodo*), Missmanagement m • **~ di affari**, Geschäftsführung f ohne Auftrag; **~ database** *inform*, Datenbasisverwaltung f; **~ fallimentare** *dir*, Konkursverwaltung f; **~ di rete** *inform*, Netzmanagement n.

gestire[1] <*gestisco*> **A** *tr* **~ qc** 1 (*controllare*) {CRISI, PROBLEMA, SITUAZIONE} *etw* unter Kontrolle haben, *etw* kontrollieren 2 (*amministrare*) {PATRIMONIO} *etw* verwalten; *fig* {LE PROPRIE ENERGIE} *etw* ein|teilen; {RISORSE UMANE} *mit etw* (*dat*) um|gehen, *etw* verwalten 3 *amm* {IL DENARO PUBBLICO} *etw* verwalten 4 *comm industr* {BAR} *etw* leiten, *etw* führen, *etw* ab|wickeln: **~ un'azienda/un albergo/un negozio**, einen Betrieb/ein Hotel/ein Geschäft leiten **B** *rfl* **~ si** (*amministrarsi*): **gestirsi sich organisieren**: **sul lavoro è importante imparare a gestirsi**, bei der Arbeit muss man unbedingt lernen, sich (**dat**) die Zeit einzuteilen 2 (*organizzarsi*): **gestirsi qc** {STUDIO} *etw* organisieren.

gestire[2] <*gestisco*> *itr* (*gesticolare*) {INSEGNANTE} gestikulieren.

gesto m 1 (*mossa*) {+DOLORE, RABBIA} Geste f, Gebärde f: **esprimersi a gesti**, sich mit Gesten ausdrücken/[verständlich machen] 2 (*cenno*) {+APPROVAZIONE, CONSENSO} Zeichen n, Wink m, Bewegung f; **indicare qu con un ~ della mano**, mit der Hand auf jdn zeigen 3 (*posa*) Pose f: **~ teatrale**, theatralische Pose 4 *fig* (*azione*) {+CALCOLATO, DISINTERESSATO} Tat f, Handlung f, Geste f: **ha fatto un bel ~**, das war eine nette Geste von ihm/ihr; **quello fu un nobile ~**, dies war eine edle Tat • **fare il ~ di uscire** *fig* (*fare come per*), Anstalten zum Aufbruch machen; *fig* (*fare finta*) **fare il ~ di pagare**, so tun, als ob man bezahlen wollte; **non fare un ~** *fig* (*non muoversi*), keine Bewegung machen; *fig* (*non fare nulla per aiutare qu*), keinen Finger rühren *fam*.

gestore, (**-trice**) m (f) *comm* {+ALBERGO, BAR, DISCOTECA, RISTORANTE, TEATRO} Geschäftsführer(in) m(f), (Geschäfts)leiter(in) m(f), Betreiber(in) m(f).

gestosi <-> f *med* Gestose f *scient*.

gestrice f → **gestore**.

gestuale *agg* 1 (*fatto di gesti*) {LINGUAGGIO} Gesten-, Gebärden- 2 *arte* {PITTURA} Gebärden-, gestisch.

gestualità <-> f 1 (*mimica*) {+ATTORE} Gestik f, Gebärde f 2 (*carattere gestuale*) {+LINGUAGGIO} gestischer Charakter.

Gesù A m 1 *relig* Jesus m: **~ Bambino**, Jesuskind n, Christkind n; **~ Cristo**, Jesus Christus; **~ di Nazareth**, Jesus m von Nazareth 2 *arte* (*immagine*) {DIPINTO, SCOLPITO} Jesus m **B** *inter impr* 1 (*di sorpresa*) Gott!: **~ come ti trovo cambiata!**, Gott, du hast dich aber verändert! 2 (*di spavento*) (großer/guter/mein) Gott!: **~ che incidente!**, Gott, was für ein Unfall! • **andare da ~** *fig eufem* (*morire*), in den Himmel kommen; **essere tutto ~ e Maria** *fig* (*essere bigotto*), bigott sein, frömmeln *spreg*.

gesuita <-i> **A** *agg relig* {ORDINE} jesuitisch, Jesuiten- **B** m 1 *relig* Jesuit m 2 *fig spreg* (*ipocrita*) Jesuit m *spreg*, Heuchler m *spreg*.

gesuitico, (**-a**) <-ci, -che> *agg* 1 *relig* {COMPAGNIA} jesuitisch, Jesuiten- 2 *fig spreg* {MODI} jesuitisch *spreg*, heuchlerisch.

gesuitismo m 1 *relig* Jesuitentum n 2 *fig spreg* {+ARGOMENTAZIONE} Jesuitenhafte n *spreg*.

Gesummaria, **Gesummio** *inter fam enf* (*di meraviglia*) Jesses Maria!

Getsèmani m *bibl geog* Gethsemane m.

gettacarte <-> m Papierkorb m.

gettare A *tr* 1 *gener* **~ qu/qc** (**+compl di luogo**) {SASSI CONTRO IL MURO, VOLANTINI DALL'ALTO} jdn/*etw irgendwohin* werfen: **~ l'avversario a terra**, den Gegner zu Boden werfen; **~ dal terzo piano le chiavi in strada**, die Schlüssel vom dritten Stock auf die Straße werfen; **getta la pistola!**, wirf die Pistole weg!; *fam* (*con forza, rabbia*) jdn/*etw irgendwohin* werfen, *etw irgendwohin* schmeißen *fam*; *fig* {SGUARDO DISTRATTO SUL TAVOLO} *etw irgendwohin* werfen; **~ qc a qu** {MAGLIONE ALL'AMICO} jdm *etw* zu|werfen 2 (*emettere*) **~ qc** {VULCANO LAVA} *etw* spucken, *etw* speien: **la fontana getta acqua**, aus dem Brunnen fließt/strömt Wasser; **la ferita getta pus/sangue**, die Wunde eitert/blutet; (*uso assol*) {FONTANA, RUBINETTO} fließen, laufen 3 *anche fig* (*proiettare*) **~ qc** {LUCE, OMBRA} *etw* werfen 4 *fig* (*dare*) **~ qc** {GRIDO} *etw* aus|stoßen 5 *fig* (*porre*) **~ qc** {BASI, FONDAMENTA DI UNA TEORIA} *etw* legen 6 *fig* (*precipitare*) **~ qu in qc** {DISGRAZIA AMICO NELLA DISPERAZIONE} jdn in *etw* (*acc*) bringen, jdn in *etw* (*acc*)/zu *etw* (*dat*) treiben 7 *fig* (*rendere*) **~ qc (a qu)** {IMPOSTE MILIARDI ALLO STATO} (*jdm etw*) ein|bringen, *etw* ab|werfen 8 (*buttare addosso*) **~ qc addosso a qu/qc** {ACQUA, SECCHIO D'ACQUA} *etw auf jdn/etw* schütten, jdn/*etw* mit *etw* (*dat*) übergießen; {COPERTA AL FERITO} jdn/*etw* mit *etw* über|werfen; {ONTA, VERGOGNA} jdn mit *etw* erfüllen 9 (*scaraventare fuori*) **~ qu/qc fuori (da qc)** {OSTAGGIO, BOTTINO DALL'AUTO IN CORSA} *etw*/jdn (*aus etw dat*) (hinaus)|werfen, jdn/*etw* (*aus etw dat*) (hinaus)|schmeißen *fam* 10 (*buttare verso il basso*) **~ (giù) qc** {MAGLIONE} jdm hinunter|werfen, *etw* hinab|werfen *forb*; **~ qu/qc (giù) da/in qc** {UOMO DALLA FINESTRA, IN UN BURRONE} jdn/*etw irgendwoher/irgendwohin* (hinunter|)stürzen, jdn/*etw irgendwoher/irgendwohin* (hinunter|)werfen, jdn/*etw irgendwoher/irgendwohin* (hinunter|)stoßen: **gettami (giù) le chiavi per favore**, wirf mir bitte die Schlüssel herunter! 11 (*abbattere*) **~ giù qc** {TERREMOTO EDIFICIO} *etw* um|reißen, *etw* zum Ein-/Zusammenstürzen bringen; {RUSPA MURO} *etw* nieder-, *etw* ein|reißen; {ALBERO} *etw* schlagen, *etw* fällen 12 *fig* (*scrivere in fretta*) **~ giù qc** {APPUNTI, LETTERA, POCHE RIGHE} *etw* eilig/rasch nieder|-, hin|schreiben; *spreg etw* zusammen|hauen *spreg*, *etw* zusammen|schreiben *spreg* 13 (*muovere*) **~ indietro qc** {CAPELLI} *etw* zurück|werfen 14 *fig* (*fare con scarsa cura*) **~ lì qc** {LAVORO} *etw* hin|schludern *fam*, *etw* hin|hauen *fam*; {TEMA} *anche etw* hin|schmieren *fam*, *etw* hin|schludern *fam* 15 (*eliminare*) **~ (via) qc** {RIFIUTI} *etw* weg|-, fort|werfen, *etw* weg|schmeißen *fam* 16 *fig* (*sprecare*) **~ via qc** {ENERGIE, TEMPO} *etw* verschwenden, *etw* vergeuden; {DENARO} *anche etw* verschleudern *fam*, *etw* verprassen *fam* 17 *bot* (*generare*) **~ qc** {ALBERO FOGLIE NUOVE} *etw* an|setzen, *etw* sprießen lassen; {RADICI} *etw* schlagen; (*uso assol*) {ALBERO} aus|schlagen; {SEME} (*aus*)|keimen, treiben 18 *edil* **~ qc** {FONDAMENTA} *etw* legen; {PONTE} *etw* schlagen 19 *mar* **~ qc** {ANCORA, RETI, SCANDAGLIO, SOLOMETRO} *etw* aus|werfen 20 *metall* **~ qc** (**in qc**) {CAMPANA IN BRONZO} *etw* (*aus etw dat*) gießen **B** *itr pron* (*finire*): **gettarsi +** **compl di luogo** {FIUME IN MARE} (*irgendwohin*) (ein|)münden **C** *rfl* 1 *gener*: **gettarsi (+ compl di luogo)** {DALLA FINESTRA} sich (*aus etw dat*) werfen, sich (*aus etw dat*) stürzen; {DAL TRAMPOLINO} von *etw* (*dat*) springen: **gettarsi a terra**/[in ginocchio], sich auf den Boden/[auf die Knie] werfen; **gettarsi ai piedi di qu**, jdm zu Füßen fallen, sich jdm vor die Füße werfen; **gettarsi in mare**/[dalla finestra], sich ins Meer/[aus dem Fenster] stürzen; **gettarsi nelle braccia**/[al collo] di qu, sich in jds Arme/[an jds Hals] werfen; **gettarsi dall'aereo col paracadute**, mit einem Fallschirm aus dem Flugzeug springen 2 (*abbandonarsi*): **gettarsi + compl di luogo** {SUL DIVANO, SUL LETTO} sich *auf etw* (*acc*) fallen lassen, sich *auf etw* (*acc*) werfen *fam* 3 (*buttarsi*): **gettarsi addosso a qu** {ALLA COMPAGNA DI BANCO} sich *auf jdn* stürzen 4 *fig* (*indossare*): **gettarsi addosso qc** {ACCAPPATOIO} sich (*dat*) *etw* über|werfen 5 (*andare contro*): **gettarsi contro qu** {IL NEMICO} gegen jdn an|rennen 6 **gettarsi giù** (**+ compl di luogo**) {DALLA FINESTRA} sich *aus etw* (*dat*) stürzen 7 *fig* (*sprecarsi*): **gettarsi via** sich weg|werfen *spreg* • **da gettar (via)** *fig* (*di nessun valore*), {DIVANO, VESTITO} zum Wegwerfen/Wegschmeißen *fam*; **non sono mica da gettar via!**, ich bin doch nicht der letzte Dreck! *fam spreg*.

gettata f 1 (*diga*) Damm m 2 *edil* {+CALCESTRUZZO} Schüttung f: **la spiaggia è deturpata da una ~ di cemento**, der Strand ist durch Zementierung verunstaltet; (*azione*) *anche* Schütten m 3 *metall* {+BRONZO} Guss m; (*azione*) *anche* Gießen n.

gettito m *econ* {+LOTTERIE NAZIONALI} Ertrag m, Abwurf m.

getto A m 1 (*fuoriuscita*) {+ACQUA, VAPORE} Strahl m 2 (*lancio*) {+GIAVELLOTTO} Wurf m; (*azione*) *anche* Werfen n 3 *bot* {+MELO, PERO} Spross m, Trieb m 4 *edil* {+CALCESTRUZZO} Schüttung f; (*azione*) *anche* Schütten n 5 *metall* {+ACCIAIO, GHISA} Guss m; (*azione*) *anche* Gießen n **B** *loc avv* 1 *fig* (*senza interruzione*): **a ~ continuo**, {FARE FIGLI, PUBBLICARE LIBRI} ununterbrochen, am laufenden Band *fam*; {PARLARE} wie ein Wasserfall 2 *fig* (*d'impulso*) **di ~** {FARE QC, SCRIVERE} flüssig, zügig • **a ~** *aero*, Düsen-; **a d'inchiostro** *inform*, {STAMPANTE} Tintenstrahl-.

gettonare *tr fam* (*far suonare*) **~ qc** {DISCO} *etw* spielen lassen, *etw* an der Musikbox aus|wählen.

gettonato, (**-a**) *agg fam* 1 (*molto ascoltato*) viel gespielt, viel gehört: **la canzone più gettonata dell'anno**, der Hit/[das meistgespielte/beliebteste Lied] des Jahres 2 (*molto richiesto*) {ATTORE} viel gefragt.

gettone m 1 *gener* {+MACCHINA DEL CAFFÈ} (Einwurf)münze f, (Einwurf)marke f: **~ del telefono/telefonico**, Telefonmünze f 2 (*nei giochi*) Spielmarke f, Jeton m • **~ di presenza**, Sitzungs-, Anwesenheits-, Präsenzgeld m.

gettoniera f 1 (*contenitore*) Münzbüchse f, Münzkassette f 2 (*fessura*) Einwurfschlitz m für Münzen.

geyser <-> m *geol* Geysir m, Geiser m.

gg. *abbr di* giorni: T., Tg. (*abbr di* Tage).

gg.ff. *abbr di* Guardia Forestale: Forstverwaltung f.

Ghana m *geog* Ghana n.

ghanese A *agg* von/aus Ghana, Ghaneser **B** m (f) (*abitante*) Einwohner(in) m(f) von Ghana, Ghanese m, (Ghanesin f).

ghenga <-ghe> f *scherz* (*combriccola*) {+RAGAZZINI} Clique f, Bande f *scherz*.

ghepardo m *zoo* Gepard m.

gheppio <-pi> m *ornit* Turmfalke m.

gheriglio <-gli> m (Nuss)kern m.

ghermìre <*ghermisco*> tr **1** fig (*strappare*) ~ **qu a qu** jdn jdm entreißen, jdn jdm fort|nehmen: **la morte lo ghermì ai suoi cari**, der Tod entriss ihn seinen Lieben **2** zoo ~ **qc** {AQUILA PREDA} etw (mit den Krallen) greifen, packen.

gheróne m **1** (*nella moda*) {+CAMICIA} Zwickel m **2** mar {+VELA} Gehre f.

ghétta f **1** <*di solito al pl*> (*gambaletto*) {+COCCHIERE, SCIATORE} Gamasche f **2** <*solo pl*> (*pantaloncini*) {+NEONATO} Strampelhose f.

ghettizzàre tr ~ **qu 1** (*chiudere in un ghetto*) {MINORANZA ETNICA} jdn in ein G(h)etto drängen, jdn g(h)ettoisieren forb **2** fig (*emarginare*) {OMOSESSUALI} jdn g(h)ettoisieren forb, jdn aus|grenzen, jdn isolieren.

ghettizzazióne f (*emarginazione*) {+DROGATI, MALATI DI AIDS} G(h)ettoisierung f forb.

ghètto m **1** stor ~ **ebraico** G(h)etto n, Judenviertel n, Judenstadt f **2** (*quartiere sordido*) {NEGRO} G(h)etto n, Elendsviertel n **3** fig (*isolamento*) G(h)etto n: **vivere in un** ~, isoliert leben.

ghiacciàia f **1** (*luogo dove si conserva il ghiaccio*) Eiskeller m **2** (*mobile*) Eisschrank m **3** fig (*luogo freddo*) Eiskeller m.

ghiacciàio <-ciai> m geol {+ALPI} Gletscher m.

ghiacciàre <*ghiaccio, ghiacci*> A tr <*avere*> **1** (*gelare*) ~ **qc** {FREDDO TUBAZIONE} etw ein|frieren lassen; {ACQUA DEL POZZO} etw gefrieren/[zu Eis werden] lassen **2** fig (*raffreddare*) ~ **qc** {NEVE PIEDI} etw vor Kälte erstarren lassen: **il vento mi ha ghiacciato le orecchie**, der Wind hat meine Ohren vor Kälte erstarren lassen **3** fig (*raggelare*) ~ **qu/qc** {APPARIZIONE PUBBLICO} jdn/etw erstarren lassen B itr <*essere*> fig: **ghiacciarsi** (*diventare ghiaccio*) {BOTTIGLIA D'ACQUA, D'OLIO} gefrieren, frieren; {TORRENTE} zu|frieren **2** (*coprirsi di ghiaccio*) {FIUME} zu|frieren, vereisen rar **3** fig (*diventare molto freddo*) eiskalt werden, zu Eis werden: **mi si sono ghiacciate le mani**, meine Hände sind eiskalt geworden, ich habe eiskalte Hände bekommen fam C itr pron fig: **ghiacciarsi** erstarren: **mi si ghiaccia il sangue nelle vene**, mir erstarrt das Blut in den Adern D impers <*essere o avere*> meteo frieren: **stanotte ha/è ghiacciato**, heute Nacht hat es gefroren.

ghiacciàta f gastr Eisgetränk n.

ghiacciàto, (-a) agg **1** (*diventato ghiaccio*) {ACQUA, NEVE} gefroren **2** (*ricoperto di ghiaccio*) {PISTA DA SCI} vereist; {STRADA, TERRENO} anche gefroren; {FIUME} zugefroren, vereist rar **3** (*gelido*) {ARIA, VENTO} eiskalt, eisig; {VODKA} eisgekühlt; {PIEDI, MANI, FACCIA} eiskalt, gefroren.

ghiàccio[1] <-ci> A m Eis n: ~ **artificiale**, Kunsteis n; **pattinare su** ~, Eis laufen; **whisky con** ~, Whisky mit Eis B <inv> agg {TINTA} eisgrau: **impermeabile color** ~, eisgrauer Regenmantel C <inv> loc agg: **di** ~ **1** fig (*molto freddo*) {MANI, PIEDI} eiskalt **2** fig (*raggelante*) {OCCHI, SGUARDO} eisig, eisigkalt **3** fig (*insensibile*) {CUORE} eiskalt; {DONNA} aus Eis • **diventare/restare/rimanere di** ~ fig (*raggelare*), erstarren, wie erstarrt sein; **essere di** ~ fig (*insensibile*), aus Eis sein; (*comportarsi con freddezza*) eiskalt sein; **ghiacci eterni** geol, ewiges Eis; **rompere il** ~ anche fig (*superare un momento di imbarazzo*), das Eis brechen; ~ **secco** chim, Trockeneis n.

ghiàccio[2], (-a) agg <-ci, -ce> agg (*freddo*) {SUDORE, VISO} eisig, eiskalt.

ghiacciòlo m **1** (*pezzo di ghiaccio*) (Eis)zapfen m: **ci sono i ghiaccioli alla finestra**, es hängen Eiszapfen am Fenster **2** gastr Wassereis n: ~ **alla menta**, Wassereis m mit Pfefferminzgeschmack **3** (*in oreficeria*) {+DIAMANTE} Einschluss m.

ghiàia f {+FIUME, VIALE} Kies m.

ghiaióne m (*deposito*) {+CANALONE} Geröll-, Berghalde f.

ghiaióso, (-a) agg (*ricco di ghiaia*) {ZONA} Kies-, kiesig.

ghiànda f **1** bot {+QUERCIA} Eichel f **2** (*oggetto simile a una* ~) Eichel f.

ghiandàia f ornit (Eichel)häher m.

ghiàndola f anat Drüse f: **avere le ghiandole ingrossate**, geschwollene Drüsen haben; ~ **endocrina/esocrina**, endokrine/exokrine Drüse; ~ **lacrimale/mammaria/pineale**, Tränen-/Brust-/Zirbeldrüse f; ~ **pituitaria** (*ipofisi*), Hirnanhangsdrüse f, Hypophyse f scient; ~ **salivare/sebacea/sudoripara/surrenale**, Speichel-/Talg-/Schweiß-/Nebennierendrüse f.

ghiandolàre agg anat {SISTEMA} Drüsen-, glandulär scient; {TESSUTO} glandulös scient.

ghibellìno, (-a) stor A agg **1** (*in Germania*) g(h)ibellinisch **2** (*anticlericale*) {SCRITTORE} antiklerikal, kirchenfeindlich B m (f) **1** (*in Germania*) G(h)ibelline mf decl come agg **2** (*anticlericale*) Antiklerikale mf decl come agg, Kirchenfeind(in) m(f) • **il ghibellin fuggiasco** (*Dante Alighieri*), Dante Alighieri.

ghìbli <-> m (*vento*) Ghibli m.

ghièra f **1** (*anello*) Ring m; {+BASTONE, OMBRELLO} Zwinge f: ~ **fissaggio canna**, Rohrhaltemutter f; {+SPADA} Klingenhalterung f **2** arch Bogenrücken m **3** mecc {FILETTATA; +MOZZO DI UNA RUOTA} Nutmutter f.

ghigliottìna A f (*per esecuzioni capitali*) Guillotine f, Fallbeil n: **fu condannato alla** ~, er wurde zum Tod durch die Guillotine verurteilt B <inv> loc agg: **a** ~ {BATTENTE} Schiebe-.

ghigliottinàre tr (*giustiziare*) ~ **qu** {RIVOLUZIONARIO} jdn auf der Guillotine hin|richten, jdn guillotinieren.

ghìgna f fam (*faccia*) Fratze f fam.

ghignàre itr (*ridere*) höhnisch lachen, grinsen.

ghignàta f (*risata*) Hohngelächter n, Grinsen n: **farsi una** ~, höhnisch lachen.

ghìgno m (*riso*) {DIABOLICO} Grinsen n, Hohnlächeln n.

ghinèa f numism Guinee f, Guinea f.

ghìngheri fam scherz A <inv> loc agg (*elegante*): **in** ~, {SIGNORA} herausgeputzt, aufgetakelt fam spreg; {UOMO} geschniegelt fam scherz B <inv> loc avv (*elegantemente*): **in** ~ herausgeputzt, aufgetakelt fam spreg: **essere/mettersi (tutto) in** ~, (heraus)putzt sein/[sich in Schale werfen/schmeißen fam].

ghiótto, (-a) m (f) **1** (*goloso*) ~ **(di qc)** {BAMBINO} naschhaft, gierig (*nach etw dat*): **è** ~ **di dolci**, er/sie liebt Süßigkeiten, er/sie nascht gern **2** (*buono*) {BOCCONE, CIBO} schmackhaft, lecker fam **3** fig (*avido*) ~ **di qc** {DI NOVITÀ} gierig (*auf etw acc*), versessen (*auf etw acc*): ~ **di denaro**, geldgierig; ~ **di vendetta**, rachsüchtig **4** fig (*stuzzicante*) {CASO, LIBRO} interessant, spannend.

ghiottóne, (-a) m (f) **1** (*goloso*) Schlemmer m, Lecker-, Naschmaul n fam, Nascher m fam, Naschkatze f fam: **è un gran** ~ **di dolci**, er ist ganz versessen auf Süßigkeiten **2** zoo Vielfraß m.

ghiottonerìa f **1** (*golosità*) Naschhaftigkeit f, Gier f **2** fig (*rarità*) Rarität f **3** gastr Leckerbissen m.

ghiòzzo m itt Grundel f, Gründel f, Gründling m.

ghirba f (*contenitore per acqua*) Wassersack m.

ghiribìzzo m fam (*capriccio*) Schnapsidee f fam: **a qu salta/viene il** ~ **di fare qc**, jd kommt auf/[jdm kommt die Schnapsidee fam, etw zu tun; **gli è saltato il** ~ **di dipingere**, er kam auf die Schnapsidee fam zu malen.

ghirigòro m (*scarabocchio*) Schnörkel m: **fare ghirigori sulla tovaglia**, Schnörkel auf die Tischdecke zeichnen.

ghirlànda f **1** (*corona*) {+FIORI, FOGLIE} Kranz m **2** fig lett (*corona*) {+AMICI, VILLETTE} Kreis m: **fare** ~ **intorno a qu/qc**, einen Kreis um jdn/etw bilden **3** arch Feston m.

ghìro m zoo (Sieben)schläfer m • **dormire come un** ~ (*profondamente e a lungo*), wie ein Murmeltier schlafen.

ghirónda f mus Dreh-, Radleier f.

ghìsa f metall Gusseisen n: ~ **bianca**, Weißeisen n, Weißguss m; ~ **grigia**, Grauguss m; **di** ~ {TERMOSIFONE} gusseisern.

ghost-writer <-, -, -s pl ingl> loc sost m ingl lett Ghostwriter m.

GHz fis abbr di Gigahertz: GHz (abbr di Gigahertz).

GI m itr abbr di Giudice Istruttore: Untersuchungsrichter m.

già A avv **1** (*prima d'ora, d'allora*) schon, bereits: **è già tutto stabilito**, es ist bereits alles festgelegt; **il già citato autore**, der bereits zitierte Autor; **era certo di averla già vista da qualche parte**, er war (sich) sicher, sie schon irgendwo gesehen zu haben; **l'ho già sentito dire**, das habe ich bereits/schon gehört **2** (*da prima*) schon, bereits: **il tuo amico è già qui che ti aspetta**, dein Freund ist bereits hier und wartet auf dich **3** (*prima del previsto*) schon, bereits: **sono già pronto**, bin schon fertig; **se ne sono già andati**, sie sind bereits gegangen; **siete già di ritorno?**, seid ihr schon zurück?; **già qui! Hai fatto prestissimo!**, bist du schon hier! Dann hast du dich ja sehr beeilt!; **è già nonna**, sie ist bereits Oma **4** (*più tardi del previsto*) bereits: **è già mezzogiorno**, es ist bereits Mittag **5** (*ormai*) schon, nun(mehr): **peccato che sia già finito!**, schade, dass es schon zu Ende ist!; **è già quasi un'ora che sono qui**, ich bin/[ich warte] jetzt schon eine Stunde hier **6** (*sin d'ora*) (jetzt) schon: **già me lo sento che capiterà qualcosa**, ich fühle jetzt schon, dass etwas passieren wird **7** (*sin da quel momento*) schon, bereits: **potevo già immaginare la fine**, ich konnte mir das Ende schon vorstellen; **già da bambino voleva diventare fantino**, schon als Kind wollte er Jockey werden **8** anche iron (*di assenso*) gewiss, schon, ja genau, ja sicher, allerdings, freilich spec südd: **già già**, ja sicher/freilich spec südd; **allora sei d'accordo? – già!**, bist du also einverstanden? – Gewiss!; **già, è proprio come dici tu**, ja genau, es ist genau, wie du sagst; **l'hai saputo? – già!**, hast du das schon erfahren/gehört? – Allerdings! **9** (*certo*) ja, eben, sicher: **già, dovevo aspettarmelo!**, sicher, das hätte ich mir denken können!; **già, avresti dovuto capirlo da molto tempo!**, ja, das hättest du seit langem schon verstehen/kapieren fam müssen! **10** (*rafforzativo, talvolta non si traduce*) etwa, bereits: **le voglio bene non già come a un'amica, ma come a una sorella**, ich habe sie gern, nicht etwa wie eine Freundin, sondern wie eine Schwester; **già (solo) il suo modo di presentarsi non mi piace**, bereits die Art, wie er/sie auftritt, gefällt mir nicht; **già (solo) l'odore mi fa venire la nausea**, bereits/[allein schon] bei dem Geruch wird mir schlecht **11** intens **già + part pass**, schon + part pass, bereits + part pass: **già detto/fatto/finito**, schon gesagt/getan/beendet; **quando arriverai troverai tutto**

già preparato, wenn du ankommst, wird alles schon fertig sein **12** *amm* (*ex*) ehemalig, Ex-, ehemals, früher, einst: **via Roma, già via Toledo**, Via Roma, ehemals Via Toledo; **il ministro degli Esteri, già ministro delle Finanze**, der Außenminister und ehemalige Finanzminister **B** *loc avv*: **di già** jetzt schon; **eccolo che arriva di già**, und da kommt er/sie/es schon **C** *loc cong* (*poiché*) **già che ...** *ind*, da ...(schon) *ind*, weil ...(schon) *ind*, wenn ... (schon) *ind*: **già che esci, compreresti il giornale?**, da du schon hinausgehst, könntest du die Zeitung kaufen? ● **ah già(, me ne ero scordato)!**, ach ja(, ich hatte ich ganz vergessen)!; **ah già(, hai ragione)!**, ja, ja(, da hast du recht)!; **eh già, sono mica scemo!** (*di contrarietà*), ich bin doch nicht blöd! *fam*; **è già qualcosa!**, das ist ja schon was!

Giacàrta *f geog* Djakarta n, Jakarta n.
giàcca <-che> *f* {+PIGIAMA, TAILLEUR} Jacke f: ~ **da donna**, Kostümjacke f; (*da uomo*) Jacke f, Jackett n, Sakko m *o* n; ~ **da camera/casa**, Hausjacke f; ~ **a un/doppio petto**, Ein-/Zweireiher m ● **erano tutti in ~ e cravatta**, alle trugen Jacke und Krawatte; **giacche nere** *sport* (*nel calcio*) (*arbitri*), Schiedsrichter m pl; ~ **a vento**, Windjacke f, Anorak m.
giacché *cong* (*poiché*) ~ **... ind** da ...(schon) *ind*, weil ... (schon) *ind*, wenn ... (schon) *ind*: ~ **lo sai, perché me lo chiedi?**, wenn du es schon weißt, warum fragst du mich dann/noch?
giacchétta <dim *di* giacca> *f* Jäckchen n, Jacke f ● **giacchette nere** *sport* (*nel calcio*) (*arbitri*), Schiedsrichter m pl.
giacchétto <dim *di* giacca> *m* Jackett n.
giacchìno <dim *di* giacca> *m* {+PERLE, SETA} Jäckchen n.
giàccio 1ª pers sing dell'ind pres *di* giacere.
giaccóne <accr *di* giacca> *m* {+MONTONE} (Winter)jacke f.
giacènte *agg* **1** (*che giace*) {PRATICA} unerledigt; {PACCO, POSTA} lagernd; {MERCE} anche unverkauft; {DENARO} brachliegend **2** *anche mat* (*in geometria*) (*collocato*) ~ (+ **compl di luogo**) {TRONCO IN MEZZO ALLA STRADA} (*irgendwo*) liegend.
giacènza *econ* **A** *f* **1** (*condizione*) Lagerung f: **la merce è in ~ alla dogana**, die Ware lagert beim Zollamt **2** <*di solito al pl*> {+MERCE} Lagerbestand m, Lager n: ~ **di cassa**, Kassen-, Barbestand m; **giacenze di magazzino**, Lagerbestand m; **giacenze di denaro**, Geldbestand m **3** (*periodo*) Lager-, Liegezeit f **B** <inv> *loc agg*: **in ~ 1** (*giacente*) {LIBRI} lagernd; {CAPITALE} brachliegend **2** (*non venduto*) {MERCE} unverkauft, lagernd.
giacére <coniug come piacere> *itr* <essere> **1** (*essere disteso*) ~ (+ **compl di luogo**) {GESÙ IN UNA MANGIATOIA} (*irgendwo*) liegen: ~ **esanime/inerte sul pavimento**, leblos auf dem Boden liegen; ~ **supino/bocconi/sul fianco**, auf dem Rücken/dem Bauch/der Seite liegen **2** *fig eufem* (*essere sepolto*) ~ (+ **compl di luogo**) (*irgendwo*) ruhen: **qui giace ...** (*sulle tombe*), hier ruht (in Frieden) ... **3** *fig* (*rimanere*) ~ (+ **agg** (+ **compl di luogo**) (*irgendwo*)) + **agg** ruhen, (+ **compl di luogo**) (*irgendwo*) + **agg** liegen: **la pratica giace inevasa sulla scrivania**, die Akte liegt unerledigt auf dem Schreibtisch; **il capitale giace inutilizzato da mesi**, das Kapital liegt seit Monaten brach; **la merce giace abbandonata in magazzino**, die Ware liegt ¦verlassen im Lager¦/[im Lager und keiner kümmert sich darum] **4** *fig* (*trovarsi*) ~ **in qc** {DONNA IN UNO STATO DI DISPERAZIONE, NELL'OZIO} sich *in etw* (dat) befinden, *in etw* (dat) sein **5** *lett* (*essere situato*) ~ (+ **compl di luogo**) {PAESE IN RIVA AL MARE} (*irgendwo*) liegen, (*irgendwo*) gelegen sein **6** *mat* (*in geometria*) ~ + **compl di luogo** {RETTA SUL PIANO} (*irgendwo*) liegen.

giacìglio <-gli> *m* (*misero letto*) armselige Schlafgelegenheit, armselige Liege-, Lagerstatt.
giacimento *m* *min* {CONTINUO, FILONIANO, ORIZZONTALE, INTERROTTO} Vorkommen n, Lager n, Lagerstätte f: ~ **di carbone/gas/petrolio**, Kohle-, Gas-, Erdölvorkommen n.
giacìnto *m* **1** *bot* Hyazinthe f **2** *min* Hyazinth m.
Giacìnto *m* (*nome proprio*) Hyazinth.
giacitùra *f* **1** (*posizione*) {SCOMODA; +AMMALATO} Lage f, Stellung f **2** *mat min* (*in geometria*) {+PIANO, STRATO} Lage f.
giaciùto *part pass di* giacere.
Giacòbbe *m* (*nome proprio*) Jakob.
giacobinìsmo *m* **1** *stor* Jakobinertum n **2** *fig polit* Radikalismus m.
giacobìno, (-a) **A** *agg* **1** *stor* jakobinisch, Jakobiner- **2** *fig polit* radikal **B** *m* **1** *stor* Jakobiner(in) m(f) **2** *fig polit* Radikale mf decl come agg.
giacobita <-i> *mf* **1** *relig* Jakobit(in) m(f) **2** *stor* Jakobit(in) m(f).
giàcomo *loc verbale fam scherz* (*venir meno*) **far giacomo giacomo** (**per qc**) {GINOCCHIA PER LA PAURA} (*vor etw* dat) schlottern: **avevo le gambe che facevano giacomo giacomo per lo spavento**, vor Schreck schlotterten mir die Knie.
Giàcomo *m* (*nome proprio*) Jakob.
giàcqui 1ª pers sing del pass rem *di* giacere.
giaculatòria *f* **1** *relig* Stoßgebet n **2** *scherz* (*tiritera*) Leier f, Litanei f **3** *fig fam* (*discorso enfatico*) pathetische Rede f **4** *fig* (*bestemmia*) Verwünschung f.
giàda A <inv> *agg* {VERDE} jade- **B** *f* (*pietra*) Jade m *o* f.
giaggiòlo *m* *bot* Schwertlilie f, Iris f.
giaguàro *m* *zoo* Jaguar m.
giallàstro, (-a) *agg* **1** (*giallo sporco*) {TESSUTO} gelblich, schmutzig gelb **2** (*per malattia ecc.*) {VISO} gelblich.
giallìccio, (-a) <-ci, -ce> *agg* (*che tende al giallo*) {PAGINA} gelblich.
giallìno, (-a) <-dim *di* giallo> **A** *agg* {TUTA} hell-, zartgelb **B** *m* (*colore*) Hellgelb n.
giallìsta <-i m, -e f> *mf lett* (*chi scrive gialli*) Kriminalschriftsteller(in) m(f), Krimiautor(in) m(f) *fam*.
giallìstica <-che> *f lett* (*genere*) Gattung f/Genre n der Kriminalromane.
giàllo, (-a) **A** *agg* **1** {FIORE, FRUTTO, MATITA, STOFFA} gelb: ~ **chiaro/scuro**, hell-/dunkelgelb; ~ **canarino**, kanariengelb; ~ **cromo**, chromgelb; ~ **dorato/oro**, goldgelb; ~ **limone**, zitronengelb; ~ **ocra**, ockergelb; ~ **paglierino**, Strohgelb m; ~ **zafferano**, safrangelb **2** (*dell'Est Asiatico*) {PERICOLO, RAZZA} gelb **3** *film lett teat TV* {FILM, RACCONTO} Kriminal-, Krimi- *fam* **B** *m* **1** *anche chim* (*colore*) Gelb n: ~ **chiaro/scuro**, Hell-/Dunkelgelb n; ~ **canarino**, Kanariengelb n; ~ **cromo**, Chromgelb n; ~ **dorato/oro**, Goldgelb n; ~ **limone**, Zitronengelb n; ~ **ocra**, Ockergelb n; ~ **paglierino**, Strohgelb n; ~ **zafferano**, Safrangelb n **2** (*rif. al semaforo*) Gelb(licht) n: **è ~, fermati!**, es ist gelb, ¦halt an¦/[bleib stehen]!; **passare col ~**, bei Gelb über die Ampel fahren **3** *lett* Kriminalroman m, Krimi m *fam*; **film** Kriminalfilm m, Krimi m *fam* **C** *m* (*f*) (*rif. al colore della pelle*) Gelbe mf decl come agg ● **diventare ~ dalla bile/rabbia**, gelb/rot vor Wut werden; **diventare ~ di paura**, ¦vor Angst weiß werden¦/[vor Angst erbleichen forb]; **colorarsi/tingersi di ~ fig** (*diventare misterioso*) {VICENDA} sich gelb an-

malen; **essere ~ come un limone**, gelb wie eine Zitrone sein, zitronengelb sein; *fig* (*avere un aspetto malato*), eine gelbliche Hautfarbe haben, gelbsüchtig aus¦sehen¦; ~ **dell'uovo**, Eigelb n.
gialloblù *sport* (*nel calcio*) **A** <inv> *agg* (*del Verona*) {GIOCATORE, SOSTENITORE} gelbblau, "des FC Verona" **B** <-> *m* (*giocatore*) Gelbblaue m decl come agg, "Spieler m des FC Verona" **C** <-> *mf* (*tifoso*) Anhänger(in) m(f)/Fan m *fam* ¦der Gelbblauen¦/["des FC Verona"].
giallógnolo, (-a) *agg* (*giallo smorto*) {COLORITO} blassgelb, gelblich.
giallorósa <inv> *agg film lett* {FILM, ROMANZO} Love-and-Crime-.
giallorósso *sport* (*nel calcio*) **A** <inv> *agg* (*della Roma o del Catanzaro*) {GIOCATORE, SOSTENITORE} gelbrot, "des FC Roma/Catanzaro" **B** <-> *m* (*giocatore*) Gelbrote m decl come agg, "Spieler m des FC Roma/Catanzaro" **C** <-> *mf* (*tifoso*) Anhänger(in) m(f)/Fan m *fam* ¦der Gelbroten¦/["des FC Roma/Catanzaro"].
Giamàica *f geog* Jamaika n.
giamaicàno, (-a) **A** *agg* {MUSICA} jamaikanisch **B** *mf* (*abitante*) Jamaikaner(in) m(f).
giàmbico, (-a) <-ci, -che> *agg* **1** *ling* {VERSO} jambisch, Jamben- **2** *fig* (*canzonatorio*) {POEMA} satirisch.
giàmbo *m ling* Jambus m, Jambe f.
giamburràsca <-> *m* (*discolo*) Schelm m.
giammài *avv forb intens* (*mai*) nie, niemals: ~ **mi lascerò convincere**, niemals werde ich mich davon überzeugen lassen.
gianchétto → **bianchetto**.
giandùia <-> *m* **1** *teat piem* (*maschera piemontese*) Gianduia m **2** *gastr* N(o)ugat m *o* n.
gianduiòtto *m gastr* Nusspraline f (*Spezialität aus Turin*).
Giànna *f* (*nome proprio*) Hanna(h).
Giànni *m* (*nome proprio*) Hans.
giannìzzero *m* **1** *fig spreg* (*sostenitore*) {+POLITICO} Jünger m *forb*, Gefolgsmann m **2** *mil stor* Janitschar m.
giàno *m mitol*: **Giano**, Janus; **Giano bifronte**, Januskopf m ● **bifronte** *fig* (*persona falsa*), januskōpfiger Mensch.
giansenìsmo *m filos relig* Jansenismus m.
giansenìsta <-i m, -e f> *filos relig* **A** *agg* jansenistisch, Jansenisten- **B** *mf* Jansenist(in) m(f).
giansenìstico, (-a) <-ci, -che> *agg filos relig* jansenistisch.
giapp. *abbr di* giapponese: jap. (*abbr di* japanisch).
Giappóne *m geog* Japan n.
giapponése A *agg* (*abbr giapp.*) {TEATRO} japanisch **B** *mf* (*abitante*) Japaner(in) m(f) **C** *m* <solo sing> (*lingua*) Japanisch(e) n.
giapponeserìa *f* <di solito al pl> *spreg* (*ninnolo*) Krimskrams m *fam* japanischer Herkunft.
giàra *f* (*recipiente*) Amphore f, Kanne f, Krug m.
giardinàggio <-gi> *m* **1** (*coltivazione del giardino*) Gartenbau m, Gärtnerei f, Gartenarbeit f: **darsi al ~**, Gartenbau treiben, sich mit Gartenbau beschäftigen **2** (*arte*) Gartenkunst f.
Giardinétta® *f autom* Kombiwagen m, Kombi m *fam*.
giardinétto <dim *di* giardino> *m* **1** Gärtchen n **2** <di solito al pl> (*giardini pubblici*) Park m, Park-, Gartenanlagen f pl **3** *econ* breitgestreute Kapitalanlage: ~ **azionario**, "Verteilung f des Aktienbesitzes auf ver-

schiedene Kapitalgesellschaften" **4** *gastr* (*misto di salumi*) Wurstplatte f; (*di frutta*) gemischte Obstplatte; (*di gelato*) gemischtes Speiseeis **5** *mar* Windviering f.

giardinièra f **1** (*donna che coltiva un giardino*) Gärtnerin f **2** (*mobile*) Blumenständer m, Jardiniere f **3** *obs* (*moglie del giardiniere*) Gärtnersfrau f **4** *autom rar* Kombiwagen m, Kombi m *fam* **5** *gastr* (*verdure miste*) Mischgemüse n, Gemüsegarnierung f; (*sottaceti*) Mixpickles pl.

giardinière, (-a) m (f) (*chi coltiva i giardini*) Gärtner(in) m(f): **fa il ~**, er ist Gärtner.

giardino m **1** *gener* {CLASSICO} (Blumen-, Zier)garten m: **~ botanico**, botanischer Garten; **~ alla francese**, französischer Garten; **~ all'inglese/italiana**, englischer/italienischer Ziergarten; **~ pensile**, hängender Garten; **~ pubblico**, öffentlicher Park; **i giardini dal Valentino**, der Valentino-Park **2** *fig* (*zona con molto verde*) Garten m ● **il ~ ‚delle delizie‚/[dell'Eden]** *relig* (*il paradiso*), der Garten Eden; **~ d'infanzia** *obs*, Kindergarten m; **~ zoologico**, Zoo m, zoologischer Garten.

giarrettièra f **1** (*da donna*) Strumpfband n; (*di reggicalze*) Strumpfhalter m **2** (*da uomo*) Sockenhalter m.

Giasóne m *mitol* Jason.

Giàva f *geog* Java n.

giavanése A *agg* {ARTE} javanisch B *mf* (*abitante*) Javanese m f decl come agg, Javaner(in) m(f) C m *<solo sing>* (*lingua*) Javanisch(e) n.

giavellottista <-*i m, -e f*> *mf sport* (*nell'atletica*) Speerwerfer(in) m(f).

giavellòtto m **1** *mil* Wurfspieß m, Lanze f **2** *sport* (*nell'atletica*) (*attrezzo*) Speer m.

gibbo m *anat* Höcker m, Buckel m.

gibbóne m *zoo* Gibbon m, Lar m.

gibbosità <-> f **1** (*l'essere gobboso*) {+VECCHIO} Buck(e)ligkeit f **2** (*gobba*) Höcker m, Buckel m **3** *fig* (*l'essere pieno di rialzi*) {+TERRENO} Buck(e)ligkeit f **4** *fig* (*rialzo*) Unebenheit f, Höcker m, Buckel m.

gibbóso, (-a) *agg* **1** (*gobbo*) {NASO} buck(e)lig **2** *fig* (*con rialzi*) {TERRENO} uneben, höckerig, bucklig.

gibbùto *lett obs* → **gibboso**.

gibèrna f *artiglieria* Patronentasche f.

gibigiàna, **gibigiànna** f *sett* (*riflesso*) Lichtschimmer m.

Gibiltèrra f *geog* Gibraltar n.

Gibùti m *geog* Dschibuti n.

gìga① <-*ghe*> f *anche mus* (*danza*) Gigue f.

gìga② → **gigabyte**.

gigabyte <-> m *ingl inform* Gigabyte n, GByte n.

gigànte A *agg* (*enorme*) {TORRE, PESCA} riesenhaft, riesig: **donna ~**, Riesin f, Hünen-, Riesenweib n *scherz*, Walküre f *scherz*; *comm* {CONFEZIONE} Familien- B m **1** (*persona imponente*) Riese m, Hüne m **2** *fig* (*colosso*) {+INDUSTRIA FARMACEUTICA} Gigant m, Riese m {+LETTERATURA ITALIANA} Größe f, Titan m *forb*: **uno scontro tra giganti**, ein Kampf zwischen Giganten **3** *mitol* Gigant m ● **quest'azienda è un ~ dai piedi d'argilla** *fig* (*non ha solide basi*), dieses Unternehmen ist ein Koloss, der auf tönernen Füßen steht.

giganteggiàre <*giganteggio, giganteggi*> *itr* **1** (*innalzarsi*) **~ (su/tra qc)** {ALBERO, EDIFICIO, ecc.} etw überragen, (riesenhaft) (*unter etw dat*) hervor|-, heraus|ragen **2** *fig* (*emergere*) **~ (tra qu)** {SCRITTORE TRA I CONTEMPORANEI} jdn überragen, (*unter/aus jdm*) hervor|ragen.

gigantésco, (-a) <-*schi, -sche*> *agg* **1** (*enorme*) {DIMENSIONI, SASSO} riesenhaft, riesig,

Riesen- *fam* **2** *fig* (*spropositato*) {AMBIZIONE} riesig, Riesen- *fam*, ungeheuer.

gigantéssa f *scherz spreg* Riesin f, Hünen-, Riesenweib n *scherz*, Walküre f *scherz*.

gigantìsmo m **1** *med* Gigantismus m, Riesenwuchs m **2** *bot* Riesenwuchs m **3** *fig* (*sviluppo esagerato*) {+CITTÀ} übertriebenes Wachstum, Gigantismus m *forb* **4** *fig* (*tendenza a compiere imprese grandiose*) {+NAPOLEONE} Gigantismus m *forb*, Gigantomanie f *forb*.

gigantografìa f *fot* Gigantographie f.

gigióne, (-a) A *agg* {INSEGNANTE} wichtig|-, großtuerisch *spreg*, aufschneiderisch *spreg* B m (f) (*chi cerca di essere al centro dell'attenzione*) Wichtig|-, Großtuer(in) m (f) *spreg*, Aufschneider(in) m (f) *spreg*; *teat* Schmierenkomödiant(in) m (f) *spreg*.

gigioneggiàre <*gigioneggio, gigioneggi*> *itr* (*fare il gigione*) {STUDENTE} wichtig tun, groß|tun *spreg*, auf|schneiden *spreg*.

gigliàcee f *pl bot* Liliengewächse n *pl*.

gigliàceo, (-a) *agg* (*di giglio*) {CANDORE} lilienartig, lilienhaft, Lilien-.

gigliàto, (-a) A *agg* **1** (*ornato di gigli*) Lilien- **2** (*con bracci a giglio*) {CROCE} Lilien- **3** (*in araldica*) {STEMMA} Lilien- **4** *sport* (*nel calcio*) (*della Fiorentina*) {GIOCATORE} "des FC Florenz" B m **1** *numism* Florin m **2** *sport* (*nel calcio*) (*giocatore della Fiorentina*) "Fußballspieler m des FC Florenz".

gìglio <-*gli*> m **1** *bot* Lilie f **2** (*emblema della purezza*) Lilie f: **la sua anima è un ~**, seine/ihre Seele ist weiß wie eine Lilie; (*rif. a persona*) reiner Mensch **3** (*in araldica*) Lilie f ● **bianco come un ~** *fig* (*bianchissimo, rif. al colore della pelle*), lilienweiß, weiß wie Lilien.

GIGO *inform abbr dell'ingl* Garbage In Garbage Out (*immissione dati errata*) GIGO; Mist hinein, Mist hinaus.

gigolo <-, -s *pl franc*> m *franc* Gigolo m.

gihad <-> m o f *arabo* **1** (*guerra santa*) {ISLAMICA} Dschihad m **2** (*gruppi di integralisti*) "Gruppen islamischer Integralisten".

gilda f *stor* (*associazione*) Gilde f, Zunft f, Innung f.

gilè <-> → **gilet**.

gilerìno {*dim di gilet*} m Weste f.

gilet <-> m *franc* (*nella moda*) Weste f.

Gillette® *comm* A *agg* <*inv*> in funzione di agg {RASOIO} Nass- B <-> m (*rasoio*) Nassrasierer m C <-> f (*lametta*) Rasierklinge f.

gimcàna, **gimkàna** → **gincana**.

Gimnospèrme f *pl bot* Gymnospermen f *pl*, Nacktsamer m *pl*.

gin <-> m *enol* Gin m.

gincàna f **1** (*percorso tortuoso*) verschlungene Strecke: **fare la ~ nel traffico**, sich (*dat*) mühsam einen Weg durch den Verkehr bahnen **2** *sport* (*gara*) Gymkhana n.

ginecèo m **1** *arch* Gynäkeion n, Gynäzeum n **2** *scherz* (*luogo di riunione di donne*) Damenklub m, Frauenkreis m **3** *bot* Gynäzeum n.

ginecòloga f → **ginecologo**.

ginecologìa f *med* Frauenheilkunde f, Gynäkologie f *scient*.

ginecològico, (-a) <-*ci, -che*> *agg med* {CLINICA} Frauen-; {ESAME, REPARTO, STUDI, VISITA} *anche* gynäkologisch *scient*; **malattìa ginecologica**, Unterleibskrankheit f.

ginecòlogo, (-a) <-*gi, -ghe*> m (f) *med* Frauenarzt m, (Frauenärztin f), Gynäkologe m, (Gynäkologin f).

ginepràio <-*prai*> m **1** *bot* mit Wacholder bewachsenes Gelände **2** *fig* (*pasticcio*) Wespennest n: **cacciarsi/entrare in un (bel) ~**, in ein Wespennest stechen/greifen *fam*, sich

(*dat*) eine schöne Suppe einbrocken *fam*, in eine Patsche geraten *fam*; **essere un ~** (*rif. a situazione*), eine verzwickte Situation sein *fam*; {TESTO} verzwickt sein *fam*.

ginépro m *bot* Wacholder m.

ginèstra f *bot* Ginster m.

Ginévra f *geog* Genf n: **lago di ~**, Genfer See.

ginevrìno, (-a) A *agg* Genfer, genferisch B m (f) (*abitante*) Genfer(in) m(f).

gin fizz <-> m *ingl enol* Ginfizz m.

gìnger <-> m *ingl* (*bevanda*) Gingerale n.

gingillàrsi *itr pron* **1** (*trastullarsi*) (*herum*)trödeln *fam*: **smettila di gingillarti e aiutami!**, hör auf herumzutrödeln *fam* und hilf mir (endlich)! **2** (*giocherellare*): **~ con qc** {BAMBINO CON UN GIOCO} *mit/an etw* (*dat*) herum|spielen, sich *mit etw* (*dat*) unterhalten, sich (*dat*) *mit etw* (*dat*) die Zeit vertreiben.

gingìllo m **1** (*ninnolo*) Krimskrams m *fam*, Nippes pl, Nippsachen f pl **2** (*ciondolo*) Anhänger m, Anhängsel n **3** *fig* (*occupazione vana*) Tändelei f, (Herum)spielerei f: **perdersi in gingilli**, sich in Spielereien verlieren.

ginkgo <-> m *bot* Ginkgo(baum) m.

ginnasiàle *scuola stor* A *agg* {BIENNIO} gymnasial; {STUDENTE} Gymnasial- B *mf* Gymnasiast(in) m(f), Gymnasialschüler(in) m(f).

ginnàsio <-*si*> m *scuola stor* Gymnasium n.

ginnàsta <-*i m, -e f*> *mf sport* Turner(in) m(f).

ginnàstica <-*che*> f **1** *sport* Gymnastik f, Turnen n: **~ aerobica**, Aerobic n; **~ artìstica**, Kunstturnen m; **~ da camera**, Heimgymnastik f; **~ correttiva/medica**, Krankengymnastik f; **~ dolce**, sanfte Gymnastik: **fare ~**, Gymnastik treiben, turnen; **~ pre-parto**, Schwangerschaftsgymnastik f; **~ ritmica**, rhythmische Gymnastik; *scuola* Sport m **2** *fig* (*esercizio*) Übung f: **~ mentale**, Denkübung f, Gedächtnistraining n.

gìnnico, (-a) <-*ci, -che*> *agg sport* {ATTREZZO, CENTRO, ESERCIZIO, SAGGIO} gymnastisch, Gymnastik-, turnerisch, Turn-.

Gino m (*nome proprio*) Luis, Lutz.

ginocchiàta f (*colpo*) Stoß m mit dem Knie: **dare una ~ contro il tavolo**, mit dem Knie gegen den Tisch stoßen; **ho preso una ~**, ich habe mir das Knie angestoßen/angehauen *fam*.

ginocchièra f **1** (*fascia elastica*) elastische Kniebinde/Kniebandage; (*imbottita*) Knieschützer m, Knieschoner m **2** (*rinforzo*) {+PANTALONI} Knieverstärkung f.

ginòcchio <-*chi m o -chia f*> m **1** *anat* Knie n: **arrivare (fino) al ~**, bis zum/ans Knie gehen/reichen; **arrivare sopra al ~**, bis über die Knie gehen/reichen; **lungo fino al ~**, knielang; **sedersi/stare sulle ginocchia di qu**, sich auf jds Schoß setzen/auf jds Schoß sitzen; **stare in ~ 2** (*parte dei pantaloni*) {RAMMENDATO} Knie n **3** *mar* Riemenhals m **4** *mecc* Knie n, Gelenk n; **a ~** Knie-, krumm ● **domandare qc a qu in ~** *anche fig* (*scongiurare*), jdn auf Knien um etw (acc) bitten; **gettarsi alle ginocchia di qu** *anche fig* (*scongiurarlo*), sich vor jdm auf die Knie werfen, vor jdm auf die Knie fallen; **gettarsi in ~ anche fig** (*inginocchiarsi per scongiurare*), sich auf die Knie werfen; **~ della lavandaia** *med*, Waschfrauenknie n; **mettere in ~ qu/qc** *fig* (*stroncarlo*), jdn/etw auf die Knie zwingen *forb*; *econ sport*, {CRISI DI LIQUIDITÀ AZIENDA} etw in die Knie zwingen *forb*; **mettersi in ~** (*inginocchiarsi*), auf/in die Knie sinken, niederknien; *fig* (*prostrarsi*), sich auf die Knie werfen, sich zu Boden werfen; *piegare il* ~ (*fare il gesto di inginocchiarsi*), einen Knicks machen; *fig* (*umiliarsi*), sich erniedrigen, sich demütigen; *relig*, eine Kniebeuge machen, das Knie beugen; **piegare le ginocchia** *fig* (*umiliarsi*), sich erniedrigen, sich demütigen; **pregare qu in** ~ *fig* (*scongiurarlo*), jdn inständig um etw (acc) bitten, jdn beschwören; *sentirsi piegare le ginocchia anche fig* (*sentirsi mancare*), sich nicht auf den Beinen halten können; ~ *valgo/varo med*, X-/O-Bein n.

ginocchióni *avv* (*in ginocchio*) {LAVARE IL PAVIMENTO} auf den Knien: **mettersi** ~, sich hinknien, niederknien; **starsene** ~, knien.

ginsèng m *bot* Ginseng m.

gin tònic <-> *loc sost m ingl enol* Gin Tonic m.

Gioacchìno m (*nome proprio*) Joachim.

Giòbbe m *bibl* Hiob.

giocàre <*gioco, giochi*> **A** *itr* **1** *gener* ~ (**a qc**) (**con qu**) (+ **compl di luogo**) (*mit jdm*) (*etw*) (*irgendwo*) spielen: ~ **con le bambole**₁/[**con i soldatini**], mit Puppen/Soldaten spielen; ~ **agli indiani**, Indianer spielen; ~ **a palla/bocce/carte/scacchi**, Ball/Boccia/Karten/Schach spielen; ~ **a rimpiattino**/[**mosca cieca**], Versteck(en)/Blindekuh spielen; **vieni a** ~ **da me oggi pomeriggio?**, kommst du heute Nachmittag zum Spielen zu mir?; **vuoi ~?**, hast du Lust mitzuspielen?, spielst du mit? **2** (*giocherellare*) ~ **con qc** {CON LE FRANGE DELLA TENDA} mit etw (dat) (herum|)spielen **3** (~ *denaro*) ~ (**a qc**) (+ **compl di luogo**) (*irgendwo*) (*um etw* acc) spielen, (*irgendwo*) (*auf etw* acc) setzen: ~ **d'azzardo**, Hasard spielen, um Geld spielen; ~ **al casinò**, im Spielkasino spielen; **smetti di** ~ **ai cavalli o ti rovinerai!**, hör auf, auf Pferde zu setzen, oder du wirst dich noch ruinieren!; ~ **al lotto**, im Lotto spielen; ~ **forte**, hoch/[mit hohem Einsatz] spielen, hohe Summen setzen; **è uno che gioca**, er ist ein Spieler **4** *fig* (*utilizzare qc*) ~ **di qc** mit etw (dat) vor|gehen: ~ **d'astuzia**, ₁mit List₁/[listig] vorgehen; ~ **d'audacia**, mutig vorgehen **5** *fig* (*divertirsi*) sich unterhalten, sich amüsieren: **non facevo sul serio, volevo solo** ~, das meinte ich nicht ernst gemeint, ich wollte Späße machen **6** *fig* (*trattare come poco importante*) ~ **con qu/qc** {CON I SENTIMENTI DI QU} mit *jdm/etw* spielen: **non** ~ **con me!**, spiel nicht mit mir! **7** *fig* (*contare*) mit|spielen, eine Rolle spielen: **in tali circostanze gioca la fortuna**, in solchen Fällen spielt das Glück mit **8** *fig* (*sfruttare*) ~ **su qc** {SUL DOPPIO SENSO, SULLA TIMIDEZZA DI QU} etw aus|nutzen: **gioca sul fatto che eravate compagni di scuola**, er/sie nutzt die Tatsache aus, dass ihr Schulkameraden wart **9** *fig spreg* (*fare con poca serietà*) spielen, mimen *spreg*: **tu giochi anziché lavorare!**, du spielst anstatt zu arbeiten!; **gioca a fare il politico**, er/sie mimt den Politiker **10** *fig* (*rischiare*) ~ **con qc** {CON IL PROPRIO FUTURO} etw aufs Spiel setzen: ~ **con la propria vita/salute**, ₁sein Leben₁/[seine Gesundheit] aufs Spiel setzen **11** *fig* ~ **con qu/qc** (+ **compl di luogo**), (**con qu/qc**) + **compl di luogo** {LUCE COI COLORI, IL SOLE; OMBRE SUL MURO; SOLE SULL'ACQUA; VENTO CON I CAPELLI, TRA LE NUVOLE} (*irgendwo*) *mit jdm/etw* spielen **12** *econ* ~ **in qc** {IN BORSA} *an etw* (dat) spekulieren, *an etw* (dat) spielen **13** (*nei giochi di carte*) (*essere il turno*) am Spiel sein, dran sein *fam*; ~ (**a qc**) {A BRIDGE} *etw* spielen **14** *sport* (*praticare*) ~ (**a qc**) *etw* spielen: ~ **a pallavolo**₁/[**al pallone**], Volleyball/Fußball spielen; (*avere un ruolo*) ~ **come/in qc** (als) ~ (nom) spielen, in der Rolle *etw* (gen) spielen; ~ **come ala sinistra**, (als) Linksaußen spie-

len; ~ **in nazionale**, in der Nationalmannschaft spielen; (*fare un incontro*) ~ (**contro qu**) (+ **compl di luogo**) {A ROMA CONTRO LA NAZIONALE CANTANTI} (*irgendwo*) (*gegen jdn*) spielen; ~ **in/fuori casa**, ₁zu Hause₁/[auswärts] spielen **15** *tecnol rar* {INGRANAGGIO} Spiel haben **B** *tr* **1** (*fare*) ~ **qc** {PARTITA} *etw* spielen **2** (~ *denaro*) ~ **qc** (**a qc**) {UNA FORTE SOMMA AI CAVALLI} *etw auf etw* (acc) setzen **3** (*scommettere*): **giocarci qc** {BOTTIGLIA, CENA} *etw* (ein|)setzen, *um etw* (acc) spielen: **ci gioco lo stipendio**, ich wette mein Gehalt darum **4** *fig* (*truffare*) ~ **qu** *jdn* betrügen, *jdn* täuschen: **ti hanno giocato!**, sie/die *fam* haben dich betrogen! **5** (*nei giochi di carte*) ~ (**qc**) {UNA BUONA CARTA} *etw* (aus|)spielen **6** (*negli scacchi*) ~ **qc** {PEDINA} *etw* ziehen **7** *sport* (*disputare*) ~ **qc** (+ **compl di luogo**) {SQUADRA PARTITA DI CAMPIONATO} *etw* (*irgendwo*) spielen **8** (*nella tombola e nel lotto*) ~ (**qc**) {IL 20 ALLA ROULETTE, IL 13 SULLA RUOTA DI NAPOLI} *etw* (*auf etw* acc) setzen **C** *rfl indir*: **giocarsi qc 1** (*rischiare*) {CARRIERA, REPUTAZIONE} *etw* aufs Spiel setzen, *etw* riskieren **2** (*perdere in scommesse*) {PATRIMONIO} *etw* verspielen, *etw* (beim Spiel/Wetten) verlieren **3** *fig* (*perdere*) {IMPIEGATO POSTO; FIGLIO EREDITÀ} *etw* verlieren; ~ **fare qc giocando** *fig* (*facilmente*), etw mit ₁dem kleinen Finger₁/[der linken Hand] machen; ~ **a favore/sfavore di qu/qc** *fig* (*aiutare/ostacolare*), ₁jdm/etw zu Hilfe kommen₁/[jdn/etw behindern]; ~ **sporco** *fig* (*scorrettamente*), unfair spielen; ~**/giocarsi il** ***tutto per tutto*** *fig* (*rischiare tutto*), alles aufs Spiel setzen.

giocàta f **1** (*partita*) Spiel n, Partie f: **fare una** ~ **a carte**, eine Partie/Runde Karten spielen **2** (*mossa*) Zug m **3** (*puntata*) Einsatz m: **non si accettano giocate sopra ai 100 euro**, es werden keine Einsätze über 100 Euro angenommen **4** (*nella tombola e nel lotto*) Tipp m.

giocatóre, (**-trice**) m (f) **1** *anche sport* (*chi gioca*) Spieler(in) m(f): ~ **di biliardo**, Billardspieler(in) m(f); ~ **di calcio**, Fußballspieler(in) m(f) **2** *spreg* (*chi gioca scommettendo denaro*) Spieler(in) m(f): **è un accanito** ~, er ist ein leidenschaftlicher Spieler **3** *fig* (*affarista*) {ABILE, ASTUTO} Geschäftemacher(in) m(f) *spreg*.

giocattolàio, (**-a**) m (f) **1** (*fabbricante*) Spielzeughersteller(in) m(f) **2** (*venditore*) Spielzeugverkäufer(in) m(f).

giocàttolo m **1** *gener* Spielzeug n, Spielsachen pl; <*di solito al pl*> *comm* Spielwaren pl **2** *fig* (*burattino*) Spielball m: **non è altro che un** ~ **nelle loro mani**, er/sie ist nichts weiter als ein Spielball in ihren Händen.

giocherellàre *itr* **1** (*trastullarsi*) ~ **con qc** {CON I BOTTONI DELLA GIACCA, CON LA MATITA} *an/mit etw* (dat) (herum|)spielen: **leggeva giocherellando con la biro**, er/sie las und spielte dabei mit dem Kuli **2** (*giocare di tanto in tanto*) ~ **a qc** {A CARTE} *etw* gelegentlich/[ab und zu] spielen.

giocherellóne, (**-a**) **A** *agg* (*che ama giocare*) {BAMBINO, CANE} verspielt **B** m (f) (*chi ama giocare*) Spielernatur f.

giochétto <*dim di gioco*> m **1** Spielchen n **2** *fig* (*bagattella*) Spielerei f, Kinderspiel n, leichtes Spiel, Fingerübung f: **questo per noi è un** ~!, das ist für uns keine Spielerei/Fingerübung! **3** *fig* (*brutto scherzo*) übler/böser Streich: **mi hai fatto un** ~ **poco simpatico!**, du hast mir einen üblen/bösen Streich gespielt!

giòco <*-chi*> m **1** *gener anche fig* {EDUCATIVO, PERICOLOSO} Spiel n: ~ **d'azzardo**, Glücksspiel n; ~ **per bambini**, Kinderspiel n; ~ **elettronico**, elektronisches Spiel; **facciamo un**

~?, machen wir ein Spiel?, spielen wir?; ~ **del lotto/degli scacchi**, Lotto-/Schachspiel n; ~ **di movimento**, Bewegungsspiel n; ~ **dell'oca**, "ein Würfelspiel"; ~ **della pulce**, Flohhüpfen n, Flohspiel n; ~ **di simulazione/ruolo**, Rollenspiel n; ~ **di società**, Gesellschaftsspiel n; ~ **da tavolo**, Brettspiel n **2** (*giocattolo*) Spielzeug n **3** (*occorrente per un* ~ *di società*) Spiel n **4** (*turno*) Reihe f: **il** ~ **tocca a me**, ich bin dran/[an der Reihe] **5** (*passione per il* ~) Spielleidenschaft f: **mi ha rovinato la vita**, die Spielleidenschaft hat mein Leben ruiniert **6** (*insieme*) {+BANDIERE, MATITE DA DISEGNO} Satz m **7** (*scherzo*) Scherz m, Spaß m: **l'ha fatto per** ~, das hat er/sie nur ₁aus/zum Spaß₁/[zum Scherz] gemacht **8** (*puntata*) Einsatz m: **fate il vostro** ~!, (*alla roulette*), faites vos jeux! **9** (*effetto*) Spiel n: **giochi** ₁**d'acqua**₁/[**di luce**], Wasser-/Lichtspiele n pl **10** *lett* (*intrigo*) {+COMMEDIA} Verwicklung f, Intrige f **11** (*nei giochi di carte*) (*Karten*)spiel n: ~ **del bridge/poker**, Bridge n/Poker n; **essere fortunato/sfortunato al** ~, Glück/[kein Glück] im Spiel haben; **perdere/vincere al** ~, das Spiel verlieren/gewinnen; (*insieme di carte*) {OTTIMO} Blatt n **12** *sport* Spiel n: **i giochi della gioventù**, die Jugendspiele; **i giochi olimpici**, die Olympischen Spiele; (*modo di giocare*) Spiel n; ~ **di copertura**, Deckungsspiel n; ~ **di testa**, durchdachtes Spiel; (*partita*) Spiel n; **interrompere il** ~, Partie f unterbrechen **13** *tecnol* {LATERALE +INGRANAGGIO, VITE} Spiel n, Toleranz f, Spielraum m: **lo sterzo ha** ~, die Lenkung hat Spiel • ~ **d'assieme**, {+GRUPPO, SQUADRA} Zusammenspiel n; **avere** ₁**buon** ~₁/[~ **facile**] *fig* (*avere buone possibilità*), gute Karten haben *fam*, leichtes Spiel haben *fam*; ~ **di borsa**, Spiel n an der Börse, Börsenspekulation f; **fare il** ~ **dei bussolotti** *fig* (*confondere le cose*), Verwirrung schaffen; **cambiar** ~ *fig* (*cambiare tattica*), die Taktik ändern; **capire il** ~ **di qu** *fig* (*il suo scopo*), jds Absicht durchschauen/erkennen; **fare il** ~ **delle tre carte** *fig* (*confondere le cose*), Verwirrung schaffen; **conoscere il** ~ *fig* (*essere esperto*), das Spiel kennen; wissen, wo es langgeht *fam*; **entrare in** ~ *fig* (*intervenire*), {ESPERIENZA} ins Spiel kommen; *anche* {FAMIGLIA} ein|greifen; ~ **erotico**, erotisches Spiel, Liebesspiel n; **essere in** ~ (*costituire il premio*), {VIAGGIO ALLE MALDIVE} auf dem Spiel stehen; *fig* (*essere a rischio*), {REPUTAZIONE DI QU, VITA DI QU} auf dem Spiel stehen; **essere fuori** ~ *fig* (*tagliato fuori*), {AZIENDA, CONCORRENTE} nicht mehr im Rennen liegen *fam*; *far* ~ *fig* (*risultare comodo*), gelegen kommen, passen, bequem sein; **fare il** ~ **di qu** *fig* (*aiutarlo*), jdm in die Hände spielen; **fare il doppio** ~ *fig* (*essere ipocrita*), ein falsches/doppeltes Spiel treiben; **i giochi sono fatti** *fig* (*rif. a situazione immutabile*), die Würfel sind gefallen; ~ **della fortuna**, die Launen f pl des Schicksals; **giochi senza frontiere**, Spiele ohne Grenzen; **fuori** ~ → **fuorigioco**; **a che** ~ **giochiamo?** *fig* (*quali sono le vostre intenzioni?*), was wird hier (eigentlich) gespielt?, was ist hier (eigentlich) los?; **giochi di guerra**, Kriegsspiele n pl; **il** ~ **al massacro** *fig polit* (*distruzione*), destruktives Verhalten, Torpedieren n *spreg*; **mettere fuori** ~ **qu** *fig* (*fiaccare*), jdn außer Gefecht setzen; **mettere in** ~ **qc** *fig* (*rischiare*), etw aufs Spiel setzen; **mettersi in** ~ *fig* (*rischiare*), riskieren; ~ **di parole**, Wortspiel n; **il** ~ **delle parti**, das Spiel der Interessen; ~ **pericoloso** *fig* (*nel calcio*), gefährliches Spiel; *fig* (*faccenda rischiosa*), riskante Angelegenheit/Sache; ~ **pesante** *fig* (*comportamento scorretto*), unkorrektes Verhalten, unfaires Spiel; **giochi di potere**,

Machtspiele n pl; *prenderci* – **di qu** *fig* (*burlarlo*), sein Spiel mit jdm treiben, sich über jdn lustig machen; *prestarsi* **al** – **di qu** *fig* (*assecondare*) {+INGEGNERIA} Juwel n, Meisterwerk n: **il tuo antifurto è un vero** –!, deine Alarmanlage ist ein echtes Meisterwerk! ● – **di prestigio** (*illusionismo*), Zaubertrick m, Zauberei f; *fig* (*stratagemma*), ausgetüftelter *fam* Plan; – **da ragazzi** *fig* (*cosa molto facile*), Kinderspiel n, leichtes Spiel; **reggere il** – **di qu** *fig* (*assecondare le intenzioni*), jds Absichten unterstützen; *scoprire* **il** – **di qu** *fig* (*smascherarlo*), jds Spiel aufdecken; **fare un** – **sporco** *fig* (*disonesto*), ein falsches/betrügerisches Spiel treiben; – **di squadra**, Mannschaftsspiel n; *fig* (*lavoro di gruppo*), Teamarbeit f; *stare* **al** – *fig* (*accettare le regole*), mitspielen; **sfortunato al** –, **fortunato in amore** *prov*, Pech im Spiel, Glück in der Liebe *prov*; **il** – **non vale la candela** *prov*, das ist den Aufwand/die Mühe nicht wert; **un bel** – **dura poco** *prov*, alles Schöne hat einmal ein Ende.

giocofòrza <-> *solo nella loc verbale forb* (*essere necessario*) **essere** – **fare qc**, nötig/unvermeidlich sein, etw zu tun; **è** – **andarci**, da muss man hingehen.

giocolière, (-a) m (f) **1** Jongleur(in) m (f) **2** *fig* (*persona molto abile*) Zauberkünstler(in) m (f) **3** *sport* (*nel calcio*) {+PALLONE} Ballkünstler(in) m (f).

Giocónda f *arte* (*nella pittura*) **La** –, die Mona Lisa.

giocondità <-> f **1** (*allegria*) Heiterkeit f, Fröhlichkeit f **2** (*diletto*) {+VITA CAMPESTRE} Vergnügen n.

giocóndo, (-a) agg **1** (*allegro*) {ANIMO} heiter **2** (*lieto*) {NOTIZIA} erheiternd, vergnüglich, ergötzlich *forb* ● **non ho mica scritto** – **in fronte!** *fig* (*non sono scemo!*), ich bin ja nicht blöd! *fam*, seh ich denn aus wie der letzte Idiot! *fam*.

giocóso, (-a) agg **1** (*scherzoso*) {CARATTERE} heiter, vergnügt, fröhlich **2** (*divertente*) {ATTEGGIAMENTO} scherzhaft **3** *lett* {POESIA} Schwank-.

giocotèca <-che> f (*area giochi per bambini*) Spielothek f.

giogàia f *geog* Gebirgskette f.

giógo <-ghi> m **1** (*attrezzo*) Joch n, Geschirr n: **attaccare i buoi al** –, die Ochsen ins Joch einspannen **2** (*di bilancia*) Waagebalken m **3** *fig* (*oppressione*) {STRANIERO; +TIRANNIA} Joch n, Knute f *fam*: **liberarsi dal** – **della schiavitù** *fig*, sich vom Joch der Sklaverei befreien **4** *geog* Joch n, Bergrücken m **5** *stor* **romana** (*forca*) Kaudinisches Joch.

giòia① f **1** (*emozione*) Freude f, Lust f: **esultare dalla** –, vor Freude jauchzen; **essere pazzo di** –, verrückt sein vor Freude **2** (*soddisfazione*) {+FAMIGLIA} Freude f, Wonne f: **le gioie e dolori della vita**, Freuden und Leiden des Lebens; (**quel figlio**) **è tutta la sua** –, (dieses Kind) ist seine/ihre ganze Freude ● **che** –! anche *iron* (*che bellezza*), ist das aber schön!; *darsi* **alla pazza** –, sich vergnügen stürzen; **nella** – **e nel dolore** *bibl*, in Freud und Leid; **le gioie del focolare** *fig* (*della famiglia*), das familiäre Glück; **non stare in sé dalla** – *fig* (*essere molto felice*), außer sich (dat) vor Freude sein; – **di vivere**, Lebensfreude f.

giòia② f **1** (*gioiello*) Juwel n, Schmuck m **2** (*pietra preziosa*) Edelstein m **3** *vezz* Schatz m *fam*: **sei la** – **della mamma!**, du bist Mamas Schatz *fam*/Liebling!

gioielleria f **1** (*negozio*) Juweliergeschäft n **2** (*arte*) Goldschmiedekunst f.

gioiellière, (-a) m (f) **1** (*artigiano*) Juwelier(in) m (f) **2** (*venditore*) Schmuckwarenhändler(in) m (f).

gioièllo m **1** {FALSO, VERO; +ARGENTO, ORO} Juwel n, Schmuck m **2** *fig* (*persona lodevole*) Juwel n, Perle f: **hai una figlia che è un** –!, deine Tochter ist ein richtiges Juwel! **3** *fig* (*capolavoro*) Juwel n, Meisterwerk n: **il tuo antifurto è un vero** –!, deine Alarmanlage ist ein echtes Meisterwerk! ● – **di famiglia**, Familienschmuckstück n; – (**bene particolarmente pregiato**), wertvolles Familienschmuckstück.

gioióso, (-a) agg **1** (*pieno di gioia*) {ACCOGLIENZA, VISO} freudig, fröhlich **2** (*che dà gioia*) {EVENTO} freudig.

gioire <*gioisco*> itr (*essere lieto*) – **per qc** {PER UNA NOTIZIA, PER LA SCONFITTA DELL'AVVERSARIO} sich über (acc) freuen; – **di qc** {DI UN EVENTO} sich über (acc) freuen, über *etw* (acc) hocherfreut sein.

giolittiàno, (-a) agg Giolittis, von Giolitti **B** m (f) (*sostenitore*) Anhänger(in) m (f) Giolittis/[von Giolitti], Giolittianer(in) m (f).

Giòna m *bibl* Jonas.

Giònata m *bibl* Jonathan.

Giordània f *geog* Jordanien n.

Giordàno m *geog* Jordan m.

giorgiàno → **georgiano**.

Giòrgio m (*nome proprio*) Georg.

giornalàccio <-ci, *pegg di giornale*> m Käseblatt n *fam spreg*.

giornalàio, (-*a*) <-*lai*> m (f) (*venditore*) Zeitungsverkäufer(in) m (f), Zeitungshändler(in) m (f): **vado dal** –, ich gehe zum Zeitungsstand, ich gehe eine Zeitung kaufen.

giornàle m **1** *gener* (*Tages*)*zeitung* f; (*rivista*) Zeitschrift f: **è nel** – **del mattino**, das steht in der Morgenzeitung; **abbonarsi a un** – **di moda**, eine Modezeitschrift/ein Modejournal abonnieren; – **di diritto**, rechtswissenschaftliche Zeitschrift f; – **illustrato**, Illustrierte f; – **letterario**, Literaturzeitschrift f; **l'ho letto sul** –, ich habe es in der Zeitung gelesen; **mettere un annuncio sul** –, eine Anzeige/Annonce in die Zeitung setzen, ein Inserat aufgeben; – **murale**, Wandzeitung f; **scrivere in/per un** – **umoristico**, für ein Witzblatt schreiben; **vado a prendere il** –, ich hole eine Zeitung, ich gehe die Zeitung holen **2** (*azienda*) Zeitung f, Zeitungsverlag m **3** (*registro*) Journal n, Buch n: – **di classe**, Klassenbuch n **4** (*diario*) Tagebuch n: – **di bordo/navigazione**, Logbuch n; **tenere un** – **di viaggio**, ein Reisetagebuch schreiben **5** *film radio TV* Nachrichten f pl: **l'hanno detto al** – **delle 17.30**, sie haben es in den Nachrichten um 17.30 Uhr gebracht; – (**radio**) (abbr GR), (Rundfunk)nachrichten f pl ● **finire sul** – (*diventare di dominio pubblico*), {NOTIZIA} publik werden; (*salire alla ribalta delle cronache*), {FACCENDIERE} ins Rampenlicht (der Öffentlichkeit) treten; – **di strada** (*dei senzatetto*), Homeless-Zeitung f.

giornalése m *iron spreg* Zeitungs-/Journalistenjargon m.

giornalétto <*dim di giornale*> m *fam* (*fumetto*) Comic-Heft n, Heftchen n.

giornalièro, (-a) **A** agg **1** (*quotidiano*) {CONSEGNA, RITMO, VOLO} (all)täglich **2** (*di un giorno*) {BIGLIETTO, PAGA} Tages(-) **3** *rar* (*variabile*) {UMORE} wechselnd, schwankend **B** m (f) (*lavoratore per una giornata*) Tagelöhner(in) m (f) **C** m *ferr sport* Tageskarte f.

giornalìno m *fam* **1** (*giornaletto*) Comic-Heft n **2** *scuola* Schülerzeitung f.

giornalìsmo m **1** (*attività*) Journalismus m, Zeitungs-, Pressewesen n **2** (*professione*) Journalismus m **3** (*stampa*) {INTERNAZIONALE} Presse f.

giornalìsta <-*i* m, -*e* f> mf Journalist(in) m (f): – **professionista/pubblicista**, festangestellte(r)/freiberufliche(r) Journalist(in).

giornalìstico, (-a) <-*ci*, -*che*> agg **1** (*del giornalismo*) {MONDO} journalistisch, Zeitungs-, Journalisten- **2** (*da giornale*) {STILE} journalistisch, Zeitungs-.

giornalménte avv (*quotidianamente*) {PAGARE} täglich, jeden Tag.

giornàta **A** f **1** *gener* {AFOSA, FESTIVA, FREDDA, UMIDA} Tag m: **le giornate si allungano**, die Tage werden länger; – **lavorativa**, Arbeitstag m **2** (*giorno di distanza*) Tagesreise f, Tagesweg m: **trovarsi a una** – **da Roma**, sich eine Tagesreise von Rom entfernt befinden **3** (*giorno di celebrazione*) {+25 APRILE} (Ehren)tag m *forb*, Fest n: – **antifumo**, Tag m gegen das Rauchen; – **commemorativa**, Gedenktag m; – **delle missioni**, Missionstag m **4** (*paga*) Tagelohn m, Tagesverdienst m **5** *agr metrol stor* Tagewerk n (*altes piemontesisches Feldmaß, circa 3.810 m² beträgt*) **6** *sport* Spieltag m, Runde f: **prima** – **di campionato**, erster Spieltag der Meisterschaft **B** <*inv*> loc agg: **di** – **1** (*fresco*) {UOVO} (lege)frisch **2** *mil* {CAPORALE, UFFICIALE} Dienst habend/tuend **C** loc avv: **a** – {ASSUMERE} tag(e)weise; {LAVORARE} im Tagelohn, als Tagelöhner ● **andare a giornate** *fig* (*essere incostante*), {PERSONA} launenhaft sein; {VENDITE} variieren; **avere una brutta** – (*molto impegnativa*), einen schlimmen/anstrengenden Tag haben; **giornate calde** *fig* (*nelle quali la lotta è più accesa*), heiße Tage; – **campale** *mil anche fig*, Großkampftag m; **campare/vivere alla** – *fig* (*non preoccuparsi di quel che accadrà*), in den Tag hinein leben, von der Hand in den Mund leben; **non è** (**la**) – (**giusta**) *fig* (*non è il momento opportuno*), das ist nicht der richtige/geeignete Moment; **essere in** – *fig* (*di buon umore*), gute Laune haben, guter Laune sein; **guadagnarsi la** – *fig* (*guadagnarsi di che vivere*), sich (dat) seinen Lebensunterhalt redlich verdienen; *iron* (*avere un danno*), sich (dat) einen Schaden zugefügt haben; **in/nella** – (**oggi**), im Lauf(e) des (heutigen) Tages, heute; **a mezza** – (*part-time*), halbtags; **le cinque giornate di Milano** *stor*, die fünf Tage (des Aufstands) von Mailand; – **nera/no/storta** *fig* (*negativa*), schwarzer Tag, Unglückstag m; Tag, an dem alles schiefgeht *fam*; – **di riposo**, Ruhetag m; – **tipo**, typischer/gewöhnlicher Tagesablauf; – **di studi qc** *università*, Studientag zu etw (dat).

giornatàccia f **1** (*giornata di maltempo*): **che** – **oggi!**, was für ein Sauwetter heute! *fam* **2** (*giornata negativa*) Horrortag m *fam*.

giórno A m **1** *gener* {+ESAME, NOZZE, PARTENZA} Tag m: – **d'astinenza**, Abstinenztag m; **che** – (**del mese**) **è oggi?**, den Wievielten haben wir heute?; **che** – (**della settimana**) **è oggi?**, was für ein Tag ist heute?; – **di consegna**, Liefertag m; **di** – **tags(über)**, den Tag über, bei Tag, am Tage; **il** – **dopo**, ⌈am Tag⌉ [tags] darauf, am folgenden Tag; **durante il** –, während des Tages, tags(über), unter Tags; **cinque giorni fa**, vor fünf Tagen; **fra nove giorni**, in neun Tagen; – **feriale/festivo/lavorativo**, Werk-/Feier-/Arbeitstag m; **verranno giorni migliori**, es kommen auch wieder bessere Tage/Zeiten; **ogni tre giorni**, alle drei Tage; – **di pagamento/scadenza**, Zahl-/Fälligkeitstag m **2** *anche relig* (*ricorrenza*) (Jahres)tag m: – **dell'espiazione** *relig ebraica*, Jom Kippur m, Tag m der Versöhnung; – **della mamma/del papà**, Mutter-/Vatertag m; – **dei morti**, Allerseelen n, Allerseelentag m; – **dei santi**, Allerheiligen n; **il** – **di S. Valentino**, der Valentinstag **B** <*inv*> loc agg: **del** – **1** (*di oggi*) {FATTI, PIATTO} Tages- **2** (*del momento*) {FILM} gegenwärtig erfolgreich; {DONNA, UOMO} anche des Tages **C** <*inv*> loc agg avv: **a** – **1** (*forte*) {ILLUMI-

NAZIONE} taghell 2 arch archeol {SCAVO} Tage-: scala a ~, Freitreppe f 3 (nei lavori femminili) {ORLO, PUNTO, RICAMO} Ajour-, à jour, durchbrochen 4 min {ESCAVAZIONE} über Tag, Tage- 5 (in oreficeria) {MONTATURA} Ajour- ● a giorni (fra pochi giorni), {ARRIVARE} bald, in wenigen Tagen; al/il ~ (quotidianamente), {COSTARE UN MILIONE} am/pro Tag, täglich; a giorni alterni (uno sì, uno no), jeden zweiten Tag; l'altro ~ (recentemente), neulich, kürzlich, dieser Tage; da un ~ all'altro fig (all'improvviso), von einem Tag auf den anderen, von heute auf morgen; un ~ o l'altro, irgendwann, eines Tages, über kurz oder lang fam; andare a giorni fig (essere discontinuo), {PERSONA} launenhaft sein; {FEBBRE} schwanken; un bel ~ te lo dirò fam, eines schönen Tages werde ich es dir sagen; buon ~ ●, buondì; giorni di calendario industr, Kalendertage m pl; cento di questi giorni! fig (augurio), ⌊ich wünsche⌋/[Wir wünschen] dir/Ihnen noch viele solche Tage!; i Cento giorni di Napoleone stor, die Hundert Tage Napoleons; contare i giorni fig (aspettare con impazienza), die Tage zählen; avere i giorni contati fig (essere vicini alla fine), gezählte Tage haben; da quel ~ (da allora), von diesem/jenem Tag an; dare gli otto giorni fig (licenziare), (mit acht Tagen Frist) kündigen; di ~ in ~ (~ dopo ~), von Tag zu Tag, Tag für Tag; il ~ dopo (l'indomani), ⌊am Tag⌋/[tags] darauf, am folgenden Tag; ~ dopo ~ (giornalmente), Tag für Tag; tagaus, tagein; durare un ~ fig (essere molto breve), einen Tag lang dauern; il ~ estremo fig eufem (quello della morte), der Todestag; fa ~, es wird Tag, es tagt forb; fare ~ fig (stare svegli tutta la notte sino al ~), die ganze Nacht über wach/auf sein, die Nacht durchmachen fam; a ~ fatto, am helllichten Tag; finire i propri giorni eufem (morire), seine Tage beschließen forb; il ~ del Giudizio relig, der Jüngste Tag; pare il ~ del Giudizio fig (rif. a condizioni meteorologiche particolarmente brutte), ein Wetter, als wäre der Tag des Jüngsten Gerichts angebrochen!; (rif. a situazione di grande confusione), der Jüngste Tag scheint angebrochen; rimandare/rinviare al ~ del Giudizio/[poi e all'anno del mai] fig (a una data lontanissima), auf den Nimmerleinstag verschieben fam; è arrivato il gran ~ fig (il momento tanto atteso), der große Tag ist gekommen; ~ di grazia comm (dilazione), Gnadenfrist m; ieri è stato il mio ~ di grazia fig (felice), gestern hatte ich meinen großen Tag; ~ di libertà, freier Tag; il ~ più lungo della vita di qu fig (denso di avvenimenti gravi), der längste Tag ⌊in jds Leben⌋/[im Leben von jdm]; i giorni della merla fig (29, 30 e 31 gennaio), die letzten drei Januartage; nero/no fig (sfortunato), schwarzer Tag, Unglückstag m; ai nostri giorni (oggi), heutzutage; ~ e notte fig (continuamente), Tag und Nacht, ununterbrochen; ci ⌊corre quanto fra il ~ e la⌋/[passa quanto dal ~ alla] notte fig (rif. a due cose molto diverse), es ist ein Unterschied wie Tag und Nacht; oggi ~ (oggi), heutzutage; al ~ d'oggi (oggi), heutzutage, heutigentags obs; ⌊ogni ~⌋/[tutti i giorni] (sempre), jeden Tag, alle Tage, tagtäglich; d'ogni ~, täglich; otto giorni a oggi amm (tra una settimana), in acht Tagen, in einer Woche; ~ per ~ (giornalmente), Tag für Tag; tagaus, tagein; per giorni e giorni (per molti giorni), tagelang; in pieno ~ (nelle ore di maggiore luce), am helllichten Tag; il ~ prima, am Tag vorher, tags zuvor; qualche ~ (un giorno o l'altro), früher oder später; qualche ~ verrò a trovarti, irgendwann komme ich dich besuchen; uno di questi giorni (prima o poi), in diesen/[den nächsten] Tagen, demnächst; tutto il santo ~ fam (per tutto il ~), den lieben langen Tag

fam; un ~ sì, un ~ no, jeden zweiten Tag; ~ siderale/solare astr, Stern-/Sonnentag m; di tutti i giorni (solito), alltäglich, Alltags-; un ~, eines Tages, einmal; ~ utile amm, Termin m; ~ di valuta banca, Valutatag m; ~ di vigilia, Fastentag m (vor einem Fest); vivere ~ per ~ fig (non preoccuparsi del futuro), in den Tag hinein leben; il ~ X fig (il momento destinato), der Tag X; non tutti i giorni è domenica prov, alle Tage ist kein Sonntag; meglio un ~ da leoni che cento da pecora prov, besser einen Tag als Held gelebt als hundert Jahre als Feigling; Roma non fu fatta in un ~ prov, Rom ist nicht an/in einem Tag erbaut worden prov.

giòstra f 1 gener Karussell n: andare alle giostre, einen Vergnügungspark besuchen, auf die Kirmes/den Jahrmarkt/den Rummelplatz fam gehen; qual è la ~ che ti piace di più?, welches Karussell gefällt dir am besten? 2 fig (rapida successione) {+EVENTI} rasche Aufeinanderfolge 3 stor (torneo) {+CAVALIERI} Tjost f, Turnier n, Lanzenrennen n.

giostràio, (-a) m (f) Karussellbesitzer(in) m(f), Karussellbetreiber(in) m(f).

giostràre A itr ~ tra qc itr pron fig (destreggiarsi): giostrarsi tra qc {TRA LE DIFFICOLTÀ, TRA LE POLEMICHE} sich durch etw (acc) durch|winden, sich durch etw (acc) durch|lavieren B tr fig (sfruttare) ~ qc {OPPORTUNITÀ DIVERSE} etw aus|nutzen C itr (partecipare a una giostra) {CAVALIERE} turnieren.

Giosuè m (nome proprio) Josua.

giottésco, (-a) <-schi, -sche> agg (nella pittura) A agg (di Giotto) {ARTE} von Giotto, Giottos B m Schüler m von Giotto.

giov. abbr di giovedì: Do (abbr di Donnerstag).

giovaménto m (vantaggio) Nutzen m, Vorteil m ● essere di ~ a qu (aiutarlo), jdm von Nutzen sein; sentire/trarre ~ da qc (miglioramento), aus etw (dat) Nutzen ziehen.

gióvane A agg 1 gener {MEDICO, SPOSO, UOMO} jung; {ANIMALE} anche Jung-: è più ~ di te di due anni, er/sie ist zwei Jahre jünger als du; non è più tanto ~, er/sie ist nicht mehr ganz jung; il più ~ dei tre, der jüngste von den dreien; è ~ d'età, er/sie ist (altersmäßig) jung 2 (appena nato) {AZIENDA, STATO, ULIVO, VIGNA} jung, neugeboren 3 fig (giovanile) {ASPETTO, CUORE} jugendlich 4 fig (inesperto) unerfahren, grün fam: è ~ del mestiere, er/sie ist neu in dem Beruf 5 comm {MODA} Jugend- 6 enol gastr {FORMAGGIO} frisch, Frisch-; {VINO} jung B m 1 gener Jugendliche m decl come agg, junger Mann, Junge m fam: Bruegel il ~, Bruegel der Jüngere; <di solito al pl> junge Leute; largo ai giovani!, Bahn/Weg frei für die Jugend! 2 (allievo) {+LICEO} Schüler m 3 (aiutante) {+MEDICINA AL PAZIENTE} Gehilfe m, Lehrling m, Bursche m: ~ di bottega, Ladengehilfe m; ~ di studio (legale), (Anwalts)bürogehilfe m C f 1 gener Jugendliche f decl come agg, junge Frau, Mädchen n: le giovani, die jungen Frauen 2 (allieva) {+LICEO} Schülerin f 3 (aiutante) Gehilfin f: ~ di uno studio medico, Arzthelferin f, Sprechstundenhilfe m D avv {VESTIRE} jugendlich ● da ~ (in gioventù), in der Jugend(zeit), als Jugendliche(r).

giovanétto, (-a) f → **giovinetto**.

giovaníle agg 1 (dei giovani) {ARDORE} jugendlich 2 (come i giovani) {ASPETTO, SPIRITO, UOMO} jugendlich 3 (della gioventù) {ERRORE, ESPERIENZA, RICORDO} Jugend-; {RACCONTO} aus der Jugendzeit 4 (che ringiovanisce) {TAGLIO DI CAPELLI} jugendlich.

giovanilìsmo m 1 spreg (comportamento di chi vuole sembrare giovane) Streben n nach Jugendlichkeit 2 spreg (tendenza a far prevalere i gusti dei giovani) "Tendenz, den Geschmack und die Bedürfnisse der Jugendlichen überwiegen zu lassen", Kult m der Jugendlichkeit.

giovanilìsta <-i m, -e f> A mf ewiger Jüngling, ewiges Mädchen B agg (giovanilistico) {ATTEGGIAMENTO} jugendbewegt iron, (gezwungen) jugendlich, juvenil forb, auf jung machende(r,s).

giovanilìstico, (-a) <-ci, -che> agg spreg (che vuole sembrare giovane) jugendbewegt iron, gezwungen jugendlich, juvenil forb, auf jung machende(r, s).

Giovànna f (nome proprio) Johanna ● ~ d'Arco stor, Jeanne d'Arc.

Giovànni m (nome proprio) Johannes ● San ~ Battista relig, Johannes der Täufer; San ~ Evangelista relig, der Evangelist Johannes; ~ Paolo II, Johannes Paul II.

Giovannino m (nome proprio) Hans.

giovanòtto m 1 (uomo giovane) junger Mann, Bursche m 2 fam (scapolo) Junggeselle m.

giovàre A itr <essere o avere> 1 (essere utile) ~ a qu/qc {ALLA FAMIGLIA} jdm/etw nützen, jdm/etw nützlich/[von Nutzen] sein 2 (fare bene) ~ a qu {CLIMA AL BAMBINO} jdm gut|tun, jdm helfen B rfl (servirsi): giovarsi di qu/qc {DELL'AIUTO DI QU, DELL'ESPERIENZA DI QU} jdn/etw in Anspruch nehmen, sich (dat) etw zu Nutze machen C impers (essere vantaggioso) nutzen: non giova fare qc, es nutzt/bringt fam nichts, etw zu tun.

Giòve m astrol astr mitol: Giove, Jupiter m; Giove tonante, Donnergott m, Donnerer m ● per ~! fam eufem (di stupore), Donnerwetter! fam, Donnerkeil! fam, Donnerlittchen! fam region.

giovedì <-> m (abbr giov.) Donnerstag m: non avere tutti i ~ (a posto) fig fam (essere un po' matti), nicht alle Tassen im Schrank haben fam, nicht ganz/recht bei Trost/Verstand sein fam; ~ grasso (ultimo ~ di Carnevale), Fastnachts-, Faschingsdonnerstag m, (Alt)weiberfas(t)nacht f region; ~ santo relig, Gründonnerstag m; → anche lunedì.

giovènca <-che> f (vacca giovane) Kalb n, junge Kuh.

gioventù <-> A f 1 (giovinezza) Jugend f, Jugendzeit f: in der Jugend 2 (giovani) {CATTOLICA} Jugend f B <inv> loc agg: di ~ {AMORE, ERRORE, PECCATO} Jugend- ● ~ bruciata (rif. a chi si è sprecato), Halbstarke mf decl come agg; ~ dorata (di buona famiglia), Jugendliche pl aus begüterter Familie, Jeunesse dorée f forb obs.

giovévole agg (che reca giovamento) ~ a qu/qc {MARE ALLA SALUTE} jdm/etw dienlich, jdm/etw förderlich forb, nützlich für etw (acc); {MEDICINA AL PAZIENTE} heilsam für jdn.

gioviàle agg (gaio, espansivo) {CARATTERE, TEMPERAMENTO} heiter; {PERSONA} anche liebenswürdig, fröhlich, leutselig, jovial.

giovialità <-> f (gaiezza, espansività) {+RAGAZZO} Heiterkeit f, Frohsinn m, Jovialität f.

giovialóne, (-a) <accr di gioviale> m (f) fam (buontempone) heiterer/jovialer Mensch.

giovinàstro, (-a) m (f) (scapestrato) Flegel m spreg, Lümmel m spreg.

giovincèllo, (-a) <dim di giovane> m (f) Junge m decl come agg, (junges Mädchen); Jugendliche mf decl come agg.

giovinétto, (-a) <dim di giovane> lett A agg 1 (giovane) {AMICO} jung, jugendlich 2 fig (appena sorto) {ANNO, ETÀ} (gerade) begonnen B m (f) (ragazzo) Junge m decl come agg, (junges Mädchen); Jugendliche mf decl come agg.

giovinézza f 1 anche fig (prima età) {+UO-

...mo) Jugend(zeit) f, Jugendalter n **2** (*l'essere giovane*) {+NAZIONE, PIANTA, VINO} Jugend f **3** *fig* (*freschezza*) {+SPIRITO} Jugendlichkeit f, Frische f ● **l'eterna ~**, die ewige Jugend; **vivere una seconda ~** *fig scherz* (*rifiorire*), eine zweite Jugend *iron*₁/[einen zweiten Frühling] erleben.

gip, GIP <-> mf *dir abbr di* Giudice per le Indagini Preliminari: Ermittlungsrichter(in) m(f).

gippóne <-> m *autom* "großer Jeep".

gipsotèca <-che> f *arte* (*nella scultura*) **1** (*raccolta*) Gipsfigurensammlung f **2** (*luogo*) Gipsfigurenkabinett n.

giràbile agg *banca* {ASSEGNO, CAMBIALE} indossabel, übertragbar.

giradìschi <-> m (*apparecchio*) Plattenspieler m.

giradìto m *med fam* Nagelbettentzündung f, Fingerumlauf m, Fingerwurm m.

giràffa f **1** *zoo* Giraffe f **2** *film radio TV* Galgen m *slang* **3** *fig* (*persona alta e magra*) Bohnenstange f *fam*.

giraménto m *rar* (*giro*) Drehung f, Wendung f ● **avere un ~ di coglioni/palle** *fig volg* (*essere irritato*), die Schnauze voll haben *fam*; **questo lavoro è un ~ di scatole** *fig fam eufem* (*noia*), diese Arbeit geht mir auf ₁den Keks *fam*₁/[die Eier *volg*]; **~ di testa** (*capogiro*), Schwindel(anfall) m, Drehwurm m *fam*.

giramóndo <-> mf **1** (*vagabondo*) Weltenbummler(in) m(f) *fam*, Globetrotter(in) m(f) **2** *scherz* (*grande viaggiatore*) Weltreisende mf *decl come agg.*

giràndola f **1** (*fuoco d'artificio*) Feuerrad n **2** (*giocattolo*) Windrädchen n, Papierwindmühle f **3** (*banderuola*) Wetterfahne f **4** (*giochi d'acqua*) Wasserspiel n **5** *fig* (*persona volubile*) Flattergeist m **6** *fig* (*susseguirsi*) {+AVVENIMENTI, DATI, NOTIZIE} Schwindel erregende Folge, Sichüberstürzen n; {+SENTIMENTI} Wirbel m.

girandolàre *itr* (*bighellonare*) (herum|-)bummeln *fam*, (umher|)schlendern, sich herum|treiben.

girandolóne, (-a) m (f) *fam* (*bighellone*) Bummler(in) m(f) *fam*, Herumtreiber(in) m(f) *fam*.

giránte A mf *banca dir* Girant(in) m(f), Indossant(in) m(f) B f *tecnol* Laufrad n.

giràre A *tr* <*avere*> **1** (*far ruotare*) ~ **qc** (+ *compl di luogo*) {CHIAVE NELLA TOPPA, MANIGLIA DI UNA PORTA} *etw* (*irgendwo*) (herum|)-drehen; {MANOVELLA} *etw* (*irgendwo*) drehen; {ARROSTO} *etw* um|drehen, *etw* wenden **2** (*mescolare*) ~ **qc** {SALSA} *etw* (um|)rühren; {VERNICE} *anche etw* mischen **3** (*voltare*) ~ **qc** {PAGINA} *etw* um|blättern, *etw* um|schlagen, *etw* (um|)wenden; {TESTA} *etw* um|drehen; ~ **qc** + *compl di luogo* {OCCHI VERSO IL MARE} *etw irgendwohin* wenden, *etw irgendwohin* drehen **4** (*svoltare*) ~ **qc** {ANGOLO} *an etw* (dat) ab|biegen **5** (*percorrere a piedi*) ~ **qc** {PALAZZO} *in etw* (dat) umher|gehen, *in etw* (dat) herum|gehen *fam*; {CENTRO} *durch etw* (acc) gehen, *durch etw* (acc) spazieren, *in etw* (dat) umher|gehen, *in etw* (dat) herum|laufen *fam*; {con *veicolo*} {REGIONE} *durch etw* (acc) fahren *in etw* (dat) umher|fahren, *in etw* (dat) herum|fahren *fam*; {con *barca a motore*} {ISOLA} *etw* umschiffen, *um etw* (acc) herum|fahren; (*a vela*) *etw* umsegeln: **~ il mondo**, in der Welt herumkommen, in der Weltgeschichte herumlaufen *fam* **6** (*passare da uno all'altro*) ~ **qc** ab|laufen, *etw* ab|-klappern *fam*: **ho girato tutti gli uffici per ottenere una risposta**, ich bin alle Ämter abgelaufen, um eine Antwort zu erhalten; **alcune discoteche**, einige Diskotheken ab|-klappern *fam* **7** (*evitare*) ~ **qc** {OSTACOLO} *etw* umgehen, *etw* umfahren; *fig anche etw* vermeiden **8** (*passare intorno*) ~ **qc** {BALCONE ATTICO} *etw* umlaufen **9** *fig* (*passare*) ~ **qc a qu** {DOMANDA AL COLLEGA} *etw an jdn* weiter|leiten, *etw an jdn* weiter|geben **10** *fig* (*presentare diversamente*) ~ **qc** {FRASE, PERIODO} *etw* um|stellen; {PROBLEMA, QUESTIONE} *etw* anders stellen: **girala come ti pare, il risultato non cambia**, du kannst es drehen und wenden, wie du willst, das Ergebnis ₁ändert sich nicht₁/[bleibt (sich) gleich] **11** *fig* (*trasformare*) ~ **qc a qc** {SITUAZIONE A PROPRIO FAVORE, A PROPRIO VANTAGGIO} *etw zu etw* (dat) wenden **12** *banca dir* ~ **qc** {ASSEGNO, CAMBIALE} *etw* indossieren, *etw* girieren, *etw* (durch Indossament) übertragen **13** *film* ~ **qc** (+ *compl di luogo*) {ESTERNI DI UN FILM, SCENA NEL DESERTO} *etw* (*irgendwo*) drehen: **si gira!**, Klappe! **14** (*nei giochi di carte*) ~ **qc** {CARTA} *etw* um|drehen **15** *sport* (*nel calcio*) ~ **qc** (+ *compl di luogo*) {PALLONE IN PORTA} *etw irgendwohin* lenken B *itr* <*essere o avere*> **1** *gener* ~ (+ *compl di luogo*) {TERRA ATTORNO AL SOLE} sich (*um etw* acc) drehen; {ELICOTTERO, FALCO NEL CIELO} (*irgendwo*) kreisen; (*intorno al proprio asse*) {GIOSTRA, TROTTOLA} sich drehen: **mi gira la testa**, mir ist schwindlig **2** (*camminare*) ~ (+ *compl di luogo*) *in etw* (dat) herum|laufen *fam*, *in etw* (dat) umher|gehen, *in etw* (dat) herum|gehen *fam*: **~ per il parco/l'università**, ₁im Park spazieren gehen₁/[in der Universität herumgehen *fam*]; (con *autoveicolo*) {IN CENTRO} *irgendwo* umher|fahren, *irgendwo* herum|fahren, *irgendwo* spazieren fahren; (con *barca*) {NEL MEDITERRANEO} *irgendwo* umher|fahren, *irgendwo* herum|fahren *fam*; (*a vela*) *irgendwo* umher|segeln **3** (*passare da un posto all'altro*) ~ + *compl di luogo* *etw* ab|laufen, *etw* ab|klappern *fam*: **~ per negozi di abiti da sposa**, Geschäfte für Hochzeitskleider ablaufen/durchstöbern; **~ per locali notturni**, ein Nachtlokal nach dem anderen besuchen, Nachtlokale abklappern *fam* **4** (*andare in giro*) ~ (+ *compl di luogo*) (*irgendwo*) unterwegs sein: **giriamo otto mesi l'anno**, acht Monate im Jahr sind wir unterwegs **5** (*correre intorno*) ~ + *compl di luogo* {BALAUSTRA ATTORNO ALLA SALA; STRADA ATTORNO AL LAGO} *um etw* (acc) herum|gehen, *um etw* (acc) herum|laufen **6** (*svoltare*) ~ (+ *compl di luogo*) {A DESTRA} (*irgendwohin*) (ab|)biegen **7** (*volgersi*) ~ (+ *compl di luogo*) {PISTA VERSO NORD} (*irgendwohin*) ab|biegen **8** (*mutare direzione*) {VENTO} drehen, um|springen **9** *fig* (*diffondersi*) (*tra qu/qc*) {DICERIE, MALATTIA, NOTIZIE TRA LA GENTE} (*bei jdm in etw* dat) um|gehen, (*bei jdm/in etw* dat) im Umlauf sein: **in paese gira (la) voce che ...**, im Dorf ₁ist das Gerücht im Umlauf₁/[geht das Gerücht um]/[heißt es], dass ... **10** *fig* (*turbinare*) ~ **a qu per qc** {PENSIERI PER LA TESTA} *jdm durch etw* (acc) gehen: **mi girano per la testa un sacco di idee** *fam*, mir schwirren eine Menge Ideen ₁durch den Kopf₁/[im Kopf herum] *fam*; **cosa ti gira per la testa?**, was geht dir durch den Kopf?, was beschäftigt dich? **11** *fig fam* (*andare bene*) {LAVORO} laufen, gut gehen: **gli affari girano bene**, die Geschäfte gehen gut **12** *econ* {DENARO} zirkulieren, in Umlauf sein/kommen **13** *mecc inform* {MACCHINA} laufen **14** *med* ~ (+ *compl di luogo*) {SANGUE NELLE ARTERIE E NELLE VENE} (*durch etw* acc) fließen, (*durch etw* acc) strömen C *rfl* (*volgersi*): **girarsi** (+ *compl di luogo*) {VERSO L'ORIZZONTE} sich *irgendwohin* wenden, sich *irgendwohin* drehen, sich (*nach etw* dat) um|drehen, sich (*nach etw* dat) zu|wenden: **mi sono girato un attimo ed è sparito**, ich habe mich nur einen Augenblick umgedreht und schon war er verschwunden; {SU DI UN FIANCO} sich *auf etw* (acc) legen ● **gira gira sono riuscito a trovarlo** *fig* (*a furia di girare*), nach langem Hin- und Herfahren habe ich ihn/es schließlich gefunden; **~ attorno/intorno a qc** *fig* (*non andare al punto*), um *etw* (acc) herumreden *fam*; **~ attorno/intorno a qu** *fig* (*essere tra i piedi*), *jdm* im Weg sein; **cosa ti gira?** *fig* (*cosa ti salta in mente?*), was fällt dir ein?; ₁**dipende da**₁/[**secondo**] **come mi gira la testa** (*a seconda del mio umore*), (das) kommt drauf an, wie ₁es mir gerade passt *fam*₁/[ich lustig bin *slang*]; **fa come gli gira la testa** (*come vuole*), er/sie macht, was er/sie will; **far ~ qc** *econ* (*investire*), {DENARO} *etw* investieren; **~ alla larga da qu/qc** *fig* (*stare lontano*), einen Bogen um *jdn/etw* machen, sich von *jdm/etw* fern|-halten, Abstand von *jdm/etw* nehmen; **mi girano (le scatole)** *fig eufem fam* (*sono irritato*), ich habe die Nase/Schnauze voll *fam*; **qui non ci si gira** *fig* (*non c'è abbastanza spazio*), hier kann man sich kaum umdrehen; **gira e rigira, siamo sempre al punto di prima** *fig fam* (*per quanto si faccia e si dica*), man kann es drehen und wenden, wie man will, man gelangt immer wieder zum gleichen Punkt; **girarsi e rigirarsi (nel letto)** *fig* (*non riuscire a dormire*), sich im Bett herumwälzen.

giraròsto m (Braten)spieß m.

girasóle m *bot* Sonnenblume f.

giràta f **1** (*giro*) {+CHIAVE} Drehung f; (*azione*) *anche* (Um)drehung f **2** *rar* (*passeggiata*) Runde f, Spaziergang m, Bummel m **3** *fig fam* (*sgridata*) Rüffel m *fam*, Anschnauzer m *fam*, Zurechtweisung f; **fare una ~ a qu**, *jdm* einen Rüffel erteilen *fam*, *jdn* anschnauzen *fam* **4** *banca dir* {+ASSEGNO, CAMBIALE} Indossament n, Giro n: **~ in bianco**, Blanko-, Kurzindossament n, Blankogiro n; **~ in garanzia/pegno**, Pfandindossament n; **~ ₁in pieno₁/[piena]**, Vollindossament n; **~ per procura**, Vollmacht-, Prokuraindossament n **5** (*nei giochi di carte*) Geben n **● di testa** *sport* (*nel calcio*), Kopfstoß m, Kopfball m.

giratàrio, (-a) <-ri> m (f) *banca dir* Indossat(ar) m, Girat(ar) m.

giràto, (-a) agg **1** (*rivolto*) ~ + *compl di luogo* {VERSO LA FINESTRA} *etw* (dat) zugewandt **2** *banca dir* {ASSEGNO, CAMBIALE} indossiert, giriert.

giratùbi <-> m *tecnol* Rohrzange f.

giravòlta f **1** (*piroetta*) {+GINNASTA} Pirouette f, Drehung f; (*capriola*) Purzelbaum m: **fare la ~** (*piroetta*), eine Pirouette ausführen, eine Drehung machen; (*capriola*) einen Purzelbaum schlagen **2** (*tortuosità*) {+STRADA} Kurve f, Windung f, Kehre f **3** *fig* (*mutamento d'opinione*) Meinungsänderung f, Gesinnungswandel m, Gesinnungswechsel m.

girèlla A f **1** (*carrucola*) Rolle f **2** (*giocattolo*) Kreisel m B <-> m *fig* (*banderuola*) Wetterfahne f.

girellàre *itr* (*gironzolare*) ~ (+ *compl di luogo*) {RAGAZZO PER IL CENTRO} (*irgendwo*) umher|schlendern, (*irgendwo*) bummeln *fam*.

girèllo m **1** (*disco*) (kleine) Scheibe **2** (*per bambini*) Laufstuhl m, Gehfrei m, Laufernhilfe f **3** *gastr* {+VITELLO} Hinterhachse f.

girellóne, (-a) m (f) *fam* (*girandolone*) Bummler(in) m(f) *fam*, Herumtreiber(in) m(f) *fam*.

girétto <*dim di* giro> m *fam* (*passeggiatina*) kleiner Spaziergang, Runde f *fam*: **andiamo a fare un ~ in centro?**, machen wir ₁eine Runde₁/[einen kleinen Spaziergang] im Zentrum?

girévole agg (*che può girare*) {SEDIA} drehbar, Dreh-.

girigògolo m 1 (*scrittura*) Schnörkel m 2 (*parole*) Kauderwelsch n.

giri/min abbr di giri al minuto: U/min. (abbr di Umdrehungen pro Minute).

girino① m zoo (Kaul)quappe f.

girino② m sport (*nel ciclismo*) "Radrennfahrer beim Giro d'Italia".

giri/sec abbr di giri al secondo: U/sec. (abbr di Umdrehungen pro Sekunde).

girl <-> f ingl teat (Tanz)girl n.

girlfriend <-, -s> f ingl Girlfriend n, Freundin f.

giro A m 1 (*rotazione*) (Um)drehung f, Drehen n: **dare un ~ di chiave**, den Schlüssel einmal umdrehen 2 (*piroetta*) Pirouette f: **è riuscita a fare cinque giri!**, ihr ist es gelungen, fünf Pirouetten auszuführen!; **sie hat fatto cinque Pirouetten geschafft! fam** 3 (*visita*) {+POSTINO, PRIMARIO} Runde f: **fare un ~ d'ispezione**, einen Inspektionsgang machen 4 (*passeggiata*) Spaziergang m, Runde f fam: **facciamo un ~ nel parco?**, machen wir einen Spaziergang im/[durch den] Park?; **fare un ~ in paese**, eine Runde durchs Dorf machen fam; (*in luoghi chiusi*) Rundgang m; **fare un ~ nel duomo**, einen Rundgang durch den Dom machen 5 (*corsa*) Runde f fam, Rennen n: **fare un ~ in macchina/moto/aereo**, eine Runde mit dem Auto/Motorrad/Flugzeug drehen fam; **posso fare ancora un ~ sul tuo motorino?**, darf/kann ich noch eine Runde auf deinem Mofa drehen? fam; **fare un ~ sulle montagne russe**, eine Fahrt mit der Achterbahn machen 6 (*viaggio*) Fahrt f, Reise f: **abbiamo in programma un ~ nella Foresta Nera**, wir haben eine Reise in den Schwarzwald vor; wir haben vor, eine Schwarzwaldfahrt zu machen; **~ turistico**, Rundfahrt f, Rundreise f, Tour f 7 (*deviazione*) Umweg m: **per arrivare ci è toccato fare un ~ piuttosto lungo**, um ans Ziel anzukommen, mussten wir einen ziemlich langen Umweg machen 8 (*perimetro*) Umfang m; {+MURA} Ring m: **il suo ~ vita è di 70 cm**, seine/ihre Taillenweite beträgt 70 cm 9 (*circolazione*) {+SOLDI} Umlauf m: **quello strano ~ di cambiali insospettì gli inquirenti**, diese sonderbare Zirkulation von Wechseln erregte bei den Ermittlungsbeamten Verdacht 10 (*ambiente*) {+DROGA, MALAVITA, MODA, PROSTITUZIONE} Szene f, Ring m: **essere nel/[fuori dal] ~**, dazugehören/[nicht dazugehören], ein/kein Insider sein; **finire in un brutto ~**, in schlechte Gesellschaft geraten; **uscire dal ~**, (aus der Szene) aussteigen B m 11 (*cerchia*) {+AMICI} Kreis m, Runde f 12 (*serie*) **fare un ~ di telefonate**, eine Reihe von Telefonaten machen, einige Telefongespräche führen 13 agr Folge f: **~ delle colture**, Fruchtfolge f 14 astr (*attorno al proprio asse*) {+TERRA} Umdrehung f; (*attorno al Sole*) Umlauf m, Umkreisung f 15 autom Umdrehung f, Drehzahl f, Tour f: **giri al minuto** (abbr giri/min), Umdrehungen f pl pro Minute; **giri al secondo** (abbr giri/sec), Umdrehungen f pl pro Sekunde 16 (*nei giochi di carte*) Runde f 17 (*nei lavori femminili*) {DRITTO, ROVESCIO} Reihe f 18 sport (*gara*) Rundstreckenrennen n; (*lunghezza del circuito*) Runde f: **ha un ~ di vantaggio**, er/sie hat eine Runde Vorsprung 19 tecnol Rotation f 20 tip: **~ di bozze**, Fahne f, Korrekturabzug m B loc prep (*in*): **nel ~ di qc** {TRE MESI} im Laufe etw (gen); **nel ~ di un anno/mese**, im Laufe eines Jahres/Monats ● **d'affari** comm, Umsatz m; **andare nei giri** mecc, {MOTORE} laufen; (*eccedere*), übertreiben; fig (*mancare di lucidità mentale*), durch|drehen fam, aus|rasten fam; **andare in ~** (*gironzolare*), umherlaufen, umherbummeln; **~ di boa** mar, Wende f an der Boje; fig (*svolta*), Wendepunkt m; **fare il ~ delle sette chiese** fig (*perdere tempo*), von ₍Hinz zu Kunz₎/[Pontius zu Pilatus] laufen fam; **fare il ~ della città** (*girarla tutta*), eine Stadtrundfahrt machen; **essere in ~ per lavoro/affari** (*essere fuori casa/sede*), beruflich/geschäftlich unterwegs sein; **essere giù di giri** mecc, {MOTORE} untertourig laufen; fig fam (*demoralizzato*), entmutigt/demoralisiert sein; **essere su di giri** mecc, {MOTORE} mit hoher Drehzahl laufen; fig fam (*essere eccitato*), auf hundertachtzig sein fam; **il ~ di Francia** sport (*nel ciclismo*), die Tour de France; **guardarsi in ~** fig (*per cercare una buona occasione*), sich umsehen/umschauen; **in ~** (*nei dintorni*), ringsumher, ringsherum; **il Giro** (d'*Italia*) sport (*nel ciclismo*), der Giro (d'Italia); **lasciare in ~ qc** (*dimenticarlo da qualche parte*), etw irgendwo vergessen/lassen; **~** (*manica*) (*nella moda*), Arm-, Ärmelausschnitt m, Armloch m; **dare il primo ~ di manovella** fig, mit den Dreharbeiten beginnen; **mettere in ~ qc** (*diffondere*), {DICERIA} etw in Umlauf bringen; **fare il ~ del mondo** (*viaggiare*), {CANTANTE} eine Welttournee machen; (*essere di pubblico dominio*), {NOTIZIA} um die Welt gehen; **il ~ del mondo in 80 giorni** (*titolo di un romanzo di J. Verne*), in achtzig Tagen um die Welt; **~ della morte**, Looping m; **fare il ~ dell'oca** fig (*percorso contorto*), mit der Kirche ums Dorf fahren; **ho dovuto fare il ~ dell'oca**, ich musste einen großen Umweg machen; **offrire un ~** (*da bere*), eine Runde ausgeben; **~ d'onore** sport, Ehrenrunde f; **~ d'orizzonte** topogr, Um-, Rundschau f, Überblick m; fig (*panoramica*) anche, Übersicht f; **~ di parole** (*perifrasi*), Umschreibung f, Periphrase f; **a stretto ~ di posta** amm comm (*immediatamente*), postwendend; **prendere in ~ qu** fig (*burlarlo*), jdn auf den Arm nehmen; **~ di prova**, Probefahrt f; sport, Probelauf m; **45/33 giri mus**, Single(platte) f/[Langspielplatte f, LP f]; **~ tondo → girotondo**; **~ di valzer** (*di danza*), Walzerrunde f; fig (*breve avventura sentimentale*), kurzes Liebesabenteuer; **~ di vite** fig (*Schraubendrehung*) f; **dare un ~ di vite** fig (*limitare*), die Schraube fester anziehen; **essere un ~ vizioso** (*percorso contorto*), eine verschlungene (Weg)strecke sein; fig (*discorso inconcludente*), zusammenhangsloses Gerede fam, Gefasel n fam spreg, Gelaber(e) n fam spreg; **dare un ~ di volta a qc** fig (*cambiare in modo radicale*), etw radikal ändern; **~ a vuoto** (*infruttuoso*), erfolg-/ergebnislose Runde.

girocòllo A <inv> loc agg: **a ~** {MAGLIONE} mit rundem Ausschnitt B <-> m 1 (*scollatura*) Rundausschnitt m 2 (*maglione*) Pullover m mit rundem Ausschnitt 3 (*collana*) Halskette f.

girocónto m banca Girokonto n.

Giròlamo m (*nome proprio*) Hieronymus.

giromagnètico, (-a) <-ci, -che> agg fis gyromagnetisch.

giromànica <-> m (*nella moda*) Arm-, Ärmelausschnitt m, Armloch n.

Giрónda f stor Gironde f.

girondìno m stor Girondist m.

giróne m 1 lett (*cerchio*) Kreis m: **i gironi dell'inferno di Dante**, die Höllenkreise Dantes 2 sport Runde f: **~ d'andata/[di ritorno]**, Hin-/Rückrunde f.

gironzolàre itr fam 1 (*girovagare*) **~ (in/per qc)** {NEI/[PER I] BOSCHI} durch etw (acc) streifen, (in etw dat) herum|laufen fam, (in etw dat) umher|streifen, (in etw dat) umher|schweifen, (in etw dat) umher|ziehen; {NEL/[PER IL] CENTRO STORICO} durch etw (acc) schlendern, (in etw dat) herum|bummeln fam, durch etw (acc) bummeln fam 2 (*stare intorno a*) **~ intorno a qu/qc** {INTORNO A UN NEGOZIO} um jdn herum|gehen, um jdn/etw herum|schleichen fam spreg, um jdn/etw herum|schwänzeln fam spreg: **smettila di gironzolarmi intorno!**, hör auf (damit), um mich herumzuschwänzeln fam spreg!

giroscòpico, (-a) <-ci, -che> agg aero fis Kreisel-, gyroskopisch.

giroscòpio <-pi> m aero fis Gyroskop n.

Girotondi m pl polit "Ringelreihen-Bewegung f" (*popolare gewaltlose Basisbewegung, deren charakteristische Aktionsform das symbolische Umzingeln von Regierungsgebäuden ist*).

girotondìno, (-a) polit A agg {MOVIMENTO} Ringelreihen- B m (f) Teilnehmer(in) m(f) an einer Ringelreihen-Aktion.

girotóndo m (*gioco*) Ringelreihen m: **fare il ~**, Ringelreihen spielen.

giròtta f (*segnavento*) Windfahne f.

giròvaga f → girovago.

girovagàre <girovago, girovaghi> itr (*andare vagando*) **~ (in/per qc)** {NEI/[PER I] BOSCHI} durch etw (acc) streifen, (in etw dat) herum|ziehen fam, (in etw dat) umher|streifen, (in etw dat) umher|schweifen, (in etw dat) umher|ziehen; {NELLA/[PER LA] CITTÀ} durch etw (acc) schlendern, (in etw dat) herum|bummeln fam, durch etw (acc) bummeln fam.

giròvago, (-a) <-ghi, -ghe> A agg {GENTE} umherziehend, herumziehend fam; teat {ATTORE, ecc.} Wander-; {SUONATORE} Straßen- B m (f) Umherziehende mf decl come agg; Landstreicher(in) m(f); teat (*attore*) Wanderschauspieler(in) m(f).

girovita <-> f (*circonferenza*) {+ABITO, RAGAZZA} Taillenumfang m.

gita f (*escursione*) Ausflug m, Fahrt f, Tour f: **andare in ~ ad Assisi**, einen Ausflug nach Assisi machen; **~ in auto/barca/bici**, Auto-/Boots-/Radfahrt f; **fare una ~ al mare/[ai monti]**, einen Ausflug ₍ans Meer₎/[in die Berge] machen; **sul fiume/lago**, Fluss-/Seefahrt f; **~ scolastica**, Schulausflug m, Klassenfahrt f; **~ turistica**, Besichtigungsfahrt f.

gitàno, (-a) A agg (*zingaro*) {DANZA} Zigeuner- B m (f) Zigeuner(in) m(f).

gitànte mf (*chi partecipa a una gita*) Ausflügler(in) m(f).

gittàta f (*portata*) {+PROIETTILE} Reichweite f: **a breve/intermedia/lunga ~**, mit geringer/mittlerer/großer Reichweite ● **discorso/progetto a lunga ~** fig (*a lunga distanza*), in die Zukunft ₍weisende Rede₎/[weisendes Projekt], weit blickende Rede/weit blickendes Projekt.

giu. abbr di giugno: Jun. (abbr di Juni).

giù A avv 1 (*in basso: stato*) unten: **ti aspetto giù**, ich warte unten auf dich; **la cantina si trova due piani più giù**, der Keller liegt zwei Stockwerke tiefer; **l'auto è giù in garage**, das Auto ist/steht unten in der Garage 2 (*in basso: moto*) tiefer, niedriger, (weiter) nach unten: **spostiamo lo specchio più giù**, hängen wir den Spiegel tiefer/niedriger; (*avvicinamento*) herunter, herab, runter fam; **vieni giù!**, komm herunter!; (*allontanamento*) hinunter, hinab, runter fam; **vado giù**, ich gehe hinunter 3 pleonastico: **è sceso adesso giù in giardino**, er ist gerade in den Garten hinuntergegangen; **è caduto giù dalla scala**, er ist von der Leiter gefallen 4 fam (*a Sud: stato*) unten fam, im Süden; (*moto*) nach unten, im Süden: **devo andare giù a Roma per lavoro**, ich muss wegen der Arbeit nach Rom runterfahren fam 5 rafforzativo: **e giù imprecazioni!**, es hagelte nur so Flüche! 6 (*moto*): **giù giù her-/hinunter bis**

(zum): **si calava giù giù lungo la roccia**, er/sie ließ sich am Felsen hinab; **scese giù giù fino al fiume**, er/sie ging bis zum Fluss hinunter; (*tempo*) **bis** (hin) **zu**; **giù giù fino ai nostri tempi**, bis (hin) zur Gegenwart **7** *fig* (*abbattuto*) unten *fam*, down *fam*, niedergeschlagen, deprimiert; **l'ho trovato piuttosto giù**, ich habe ihn recht niedergeschlagen erlebt **B** *loc avv* **1** (*dal basso*): **da/di giù** von unten; **l'ho sentito fin da giù**, ich habe ihn von unten gehört; **il rumore viene di giù**, der Lärm kommt von unten; **da/di giù in su**, von unten nach oben **2** (*sotto*): **da qc in giù** unterhalb etw (gen), unter etw (dat); **è paralizzato dalla vita in giù**, er ist unterhalb der Hüfte gelähmt **3** (*verso Sud*): **da qc in giù** unterhalb von etw (dat), südlich von etw (dat); **dalla Baviera in giù**, unterhalb/südlich von Bayern **4** *fig* (*al di sotto di un certo numero*): **da qc in giù** unter etw (acc); **dai quarant'anni in giù**, unter vierzig Jahre **5** (*pressapoco*): **o giù di lì**, etwa, ungefähr; **saranno stati 20 o giù di lì**, es werden ungefähr 20 gewesen sein; (*da quelle parti*) (dort) aus der Gegend/Ecke her; **viene da Napoli o giù di lì**, er/sie kommt aus Neapel oder dort herum; (*temporale*) so gegen, so herum; **saranno state le otto o giù di lì**, es wird so gegen acht gewesen sein **6** (*in basso: stato*): **in giù** nach unten; **camminare a testa in giù**, auf den Händen gehen; (*moto*) tiefer, niedriger, (weiter) nach unten, (weiter) runter *fam*; **spostare in giù l'applique**, den Wandleuchter niedriger hängen; (*avvicinamento*) {GUARDARE} herunter, abwärts, nach unten, runter *fam*; (*allontanamento*) {GUARDARE} hinunter, abwärts, nach unten, runter *fam* **C** <inv> *loc agg fam* (*del Sud*): **di giù** {ABITUDINI, GENTE, USANZE} aus dem Süden **D** *loc prep*: **giù per qc 1** (*stato in luogo*): **porta i capelli giù per le spalle**, die Haare schulterlang/[bis zu den Schultern] tragen **2** (*moto a luogo*) etw (dat) hinunter: **l'acqua le scendeva giù per la schiena**, das Wasser rann ihr den Rücken hinunter; (*avvicinamento*) herunter, herab; **se ne veniva giù per il sentiero**, er/sie kam den Weg herunter; (*allontanamento*) hinunter, hinab **E** *inter impr* (*imperativo*) herunter!, runter! *fam*, weg!: **giù dal davanzale!**, runter von der Fensterbank! *fam*; **giù le mani!**, Hände weg! • **abita più in giù** (*più in là rif. a via, corso, ecc.*), er/sie wohnt weiter unten.

giùbba f (*casacca*) Jacke f; *mil* Rock m • **rivoltare la ~** *fig* (*cambiare facilmente opinione, partito*), den Mantel/das Mäntelchen nach dem Wind hängen *spreg*; **~ rivoltata** *fig* (*persona che cambia sempre opinione politica*), Wendehals m *spreg*; **~ rossa** (*in Canada*), Rotrock m; **farsi tirare (per) la ~** *fig* (*farsi inseguire dai creditori*), Gläubiger am Hals haben.

giubbétto <*dim di* giubba> *m* **1** leichte Jacke **2** *sport* (*nella scherma*) {ELETTRICO} Fechtjacke f.

giubbino <*dim di* giubba> *m* kleine Jacke.

giubbóne <*accr di* giubba> *m* weite Jacke (*per motociclista*) Motorradjacke f.

giubbòtto <*dim di* giubba> *m* (*giacca corta*) {+JEANS} Sportjacke f, sportliche Jacke • **~ antiproiettile/corazzato**, schuss-, kugelsichere Weste; **~ salvagente/[di salvataggio]** *mar*, Schwimm-, Rettungsweste f.

giubilànte *agg lett* (*esultante*) ~ {FOLLA PER LA VITTORIA} jubelnd (*über etw* acc), jauchzend (*über etw* acc).

giubilàre① **A** *itr lett* (*esultare*) ~ (*di qc*) {PER LA GIOIA PER LA BELLA NOTIZIA} *(vor etw dat)* (*über etw dat*) jubeln, (*vor etw dat*) (*über etw dat*) jauchzen, (*vor etw dat*) (*über etw dat*) frohlocken *forb*, (*vor etw dat*) (*über etw dat*) jubilieren *forb* **B** *tr* **~ qu 1** *anche scherz* (*mettere a riposo*) jdn in den Ruhestand versetzen, jdn pensionieren **2** (*esonerare*) jdn seines Amtes entheben.

giubilàre② *agg* (*del giubileo*) {RICORRENZA} Jubiläums-.

giubilàto, (-a) *agg* **1** (*collocato a riposo*) {IMPIEGATO} pensioniert, im Ruhestand befindliche(r,s) **2** *anche scherz o iron* zwangspensioniert, in den Ruhestand geschickte(r,s).

giubilèo *m* **1** (*cinquantenario*): **il ~ del matrimonio**, die goldene Hochzeit; (*festa*) Fünfzigjahrfeier f **2** *relig cattolica* Jubeljahr n, Jubiläum n **3** *relig ebraica* Jubel-, Jobel-, Halljahr n.

giùbilo *m lett* (*gaudio*) Jubel m, Jauchzen n, Frohlocken n *forb*.

giùda <-> *m* **1** *fig spreg* (*traditore*) Verräter m **2** *bibl*: **Giuda**, Judas, m • **essere falso come Giuda** (*uomo*), ein Judas sein, ein falscher Fuffziger sein *fam*, (*donna*), falsch wie eine Schlange sein.

giudàico, (-a) <-ci, -che> *agg relig* {FEDE, LEGGE} jüdisch, Juden-.

giudaìsmo *m relig* Judaismus m.

Giudèa f *geog* Judäa n.

giudèo, (-a) **A** *agg* **1** (*della Giudea*) von/aus Judäa **2** (*ebreo*) jüdisch **B** *m* (f) **1** (*abitante*) Einwohner(in) m (f) von Judäa **2** (*ebreo*) Jude m, (Jüdin f) **3** *spreg* (*usuraio*) Wucherer m *spreg*, (Wucherin f *spreg*).

giudeocristiàno, (-a) **A** *agg* judenchristlich, Judäo-Christentum- **B** *m* (f) Judenchrist(in) m (f), Judäo-Christ(in) m (f).

giudicàbile A *agg* {CONTROVERSIA} entscheidungsreif; {REO} verurteilbar, aburteilbar **B** *mf* Angeklagte mf decl come agg.

giudicànte *agg* (*che giudica*) {COLLEGIO} Richter-, Spruch-, entscheidend, richterlich.

giudicàre <*giudico, giudichi*> **A** *tr* **1** (*valutare*) **~** (**qu/qc**) (**con/da qc**) {CAPACITÀ DI UN TECNICO DALLA RESA, LAVORO DI UNO STUDENTE CON OBIETTIVITÀ} (*jdn/etw*) (*nach etw dat/mit etw dat*) beurteilen, (*jdn/etw*) (*nach etw dat/mit etw dat*) bewerten; **sei troppo giovane per ~**, du bist zu jung, um das zu beurteilen; **giudica tu**, urteile selbst; **come giudichi il film?**, was hältst du von dem Film?, wie ist dein Urteil über den Film? **2** (*reputare*) **~** (**qu/qc**) **qc** (*jdn/etw*) für etw (acc) halten; **~ un impiegato idoneo al lavoro**, einen Angestellten für arbeitstauglich halten; **giudicò opportuno tacere**, er/sie hielt es für gut/angemessen zu schweigen **3** *dir* **~ qc** {CAUSA, LITE} etw entscheiden; **~ qu** *jdn* verurteilen, *jdn* ab|urteilen; **~ qu/qc qc** {COLPEVOLE L'IMPUTATO, INSUFFICIENTI GLI INDIZI} *jdn*/etw für etw (acc) befinden: **fu giudicato colpevole di omicidio**, er wurde des Mordes für schuldig befunden **B** *itr* **1** (*esprimere un giudizio*) **~ di qc** {DELL'OPERATO DI QU} *über* etw urteilen, *über etw* (acc) urteilen, *über etw* (acc) ein Urteil fällen **2** (*criticare*) kritisieren: **a volte è facile ~!**, manchmal ist es leicht, ₁zu urteilen,/[ein Urteil abzugeben]! • **a ~ dal tema, la conferenza deve essere interessante**, vom Thema her muss der Vortrag interessant sein; **a ~ da come si è comportato ...**, nach dem zu urteilen, wie er sich verhalten hat...; nach seinem Verhalten zu urteilen ...; **non giudicate e non sarete giudicati** *bibl*, richtet nicht, auf dass ihr nicht gerichtet werdet; **non sta a noi ~**, ein Urteil steht uns nicht zu, es ist nicht unsere Aufgabe zu urteilen.

giudicàto *m dir* (*cosa giudicata*) Rechtskraft f: **passaggio in ~**, Eintritt m der Rechtskraft; **la sentenza è passata in ~**, das Urteil ₁hat Rechtskraft erlangt,/[ist rechtskräftig geworden].

giudicatóre, (-trice) **A** *agg* {COMMISSIONE} (be)urteilend, Urteils- **B** *m* (f) Beurteiler(in) m (f).

giùdice A *mf* **1** (*chi giudica*) {+QUESTIONE} Beurteiler(in) m (f), Richter(in) m (f) **2** *dir* (*pubblico ufficiale*) {AMMINISTRATIVO, CIVILE, PENALE} Richter(in) m (f): **~ estensore**, Urteilsverfasser(in) m (f); **~ a latere**, beisitzender Richter; **~ onorario**, ehrenamtliche(r) Richter(in) m (f); **~ di pace**, Friedensrichter(in) m (f); **~ relatore**, Berichterstatter(in) m (f); **~ togato**, Berufsrichter(in) m (f); **~ unico**, Einzelrichter(in) m (f); *dir* **~ istruttore** (abbr GI), "die Beweisaufnahme durchführende(r) Richter(in)", Beweiserhebungsrichter(in) m (f); *dir* **~ per le indagini preliminari** (abbr gip, GIP), Ermittlungsrichter(in) m (f); **~ popolare**, Schöffe m, (Schöffin f) **3** *sport* Schiedsrichter(in) m (f): **~ d'arrivo**, Zielrichter(in) m (f); **~ di gara**, Kampfrichter(in) m (f); **~ di linea** (*nella pallavolo*) (*nel tennis*) Linienrichter(in) m (f); **~ di tribunale**) Gericht n: **comparire davanti al ~**, vor Gericht erscheinen **2** (*organo*): **~ collegiale**, Kollegialgericht n; **~ di primo/secondo grado**, Richter m erster/zweiter Instanz m • **~ di campo** *mil*, "Kampfrichter m bei Manövern"; **~ conciliatore** *stor* (*nel processo civile: giudice di pace*), Friedensrichter(in) m (f); **ergersi a ~ di qu/qc** *fig* (*giudicare*), sich zum Richter über jdn/etw aufwerfen/machen; **essere buon/cattivo ~** (*giudicare bene/male*), gut/schlecht urteilen; **essere ~ e parte** *fig* (*non poter giudicare perché coinvolto*), Richter in eigener Sache sein; **il ~ supremo** *fig* (*Dio*), der höchste Richter.

giudiziàle *agg dir* {DICHIARAZIONE} gerichtlich, richterlich; {SPESE} Prozess-; Verfahrens-.

giudiziàrio, (-a) <-ri> *agg dir* {AUTORITÀ, ERRORE} Justiz-; {POTERE} richterlich, rechtsprechend; {ORDINAMENTO, UFFICIALE} Gerichts-; {PROVVEDIMENTO} gerichtlich, richterlich; {AMMINISTRATORE} gerichtlich bestellt.

giudìzio <-zi> **A** *m* **1** (*opinione*) Urteil n, Beurteilung f; {+GENTE} Ansicht f, Meinung f, Urteil n: **a ~ degli esperti il nostro progetto è il migliore**, nach Ansicht der Fachleute ist unser Projekt das beste; **esprimere un ~**, ein Urteil abgeben; **farsi un ~ su qu/qc**, sich (dat) über jdn/etw ein Urteil bilden; **a mio/tuo/suo ~**, meiner/deiner/seiner/ihrer Meinung/Ansicht nach **2** (*buon senso*) Verstand m, Vernunft f, gesunder Menschenverstand: **(non) avere ~**, (keinen) Verstand haben; **mettere ~**, Vernunft annehmen; **senza ~**, ohne Verstand; **ci vuol ~!**, hier ist gesunder Menschenverstand gefragt! **3** (*decisione*) {+COMMISSIONE} Entscheidung f, Beschluss m, Urteil n; **rimettersi al ~ di qu**, sich jds Urteil beugen **4** (*facoltà*) Urteilsvermögen n **5** *dir* (*sentenza*) Urteil n: **~ di assoluzione/condanna**, Freispruch m/Verurteilung f **6** *dir* (*processo*) {CIVILE} Prozess m, Verfahren n; {PENALE} Prozess m, (Haupt)verfahren m • **~ di delibazione**, Anerkennungsverfahren n (eines ausländischen Urteils); **~ di primo grado**, erstinstanzliches Verfahren; **~ di secondo grado**, zweitinstanzliches Verfahren, Berufungsverfahren n; *dir* **~ abbreviato/direttissimo/immediato**, abgekürztes/ beschleunigtes/ unmittelbares Verfahren; **rinviare qu a ~**, gegen jdn das Hauptverfahren eröffnen **7** *dir* (*tribunale*) Gericht n; **chiamare/citare qu in ~**, jdn vor Gericht laden; **comparire in ~**, vor Gericht erscheinen; **rappresentare qu in ~**, jdn vor Gericht vertreten **8** *filos* Urteil n **9** *relig* Gericht n: **il ~ universale/finale**, das Jüngste/Letzte Gericht **10** *scuola* Beurteilung f **B** <inv> *loc agg* (*giudizioso*) **di ~** {RAGAZZO} vernünftig, einsichtig • **chi ha più ~ l'adoperi** (*il più intelligente ceda*), der Klügere gibt nach *prov*; **~ sul bilancio (di esercizio)** *dir*, Jahresabschlussprüfung f, Bilanzprüfung f; **avere il ~** ⌊**nei calcagni**⌋/[**sotto i gomiti**]/ [**sotto la suola delle scarpe**] *fig* (*non averne*), kein Fünkchen Verstand haben; **~ di Dio** *stor*, Gottesurteil n; **~ di Salomone** (*imparziale*), salomonisches Urteil; **trascinare qu in ~ per qc**, jdn wegen etw (gen) vor Gericht bringen; **trinciare giudizi** *fig* (*giudicare con troppa facilità e boria*), voreilig urteilen.

giudizióso, (-a) *agg* (*assennato*) {BAMBINO} vernünftig, einsichtig.

giùggiola f 1 (*frutto*) Brustbeere f 2 *fig fam* (*bagatella*) Lappalie f, Bagatelle f.

giùgno m (*abbr* giu.) Juni m; → *anche* **settembre**.

giugulàre *agg anat* {VENA} Hals-, jugular *scient*.

giugulazióne f (*tipo di macellazione*) Schächten n.

Giùlia f (*nome proprio*) Julia, Julie.

Giuliàna f (*nome proprio*) Juliana, Juliane.

giuliàno①, (-a) A *agg* {PAESAGGIO} julisch B m (f) (*abitante*) Julier(in) m(f).

giuliàno②, (-a) *agg stor rom* {CALENDARIO} julianisch.

Giuliàno m (*nome proprio*) Julian.

Giuliétta f (*nome proprio*) Julchen • **~ e Romeo** (*titolo e personaggi di una tragedia di W. Shakespeare*), Romeo und Julia.

Giùlio m (*nome proprio*) Julius • **~ Cesare** *stor*, Julius Cäsar.

giulìvo, (-a) *agg* (*lieto*) fröhlich, heiter, vergnügt, fidel *fam*: **era tutto ~**, er war kreuzfidel *fam*.

giullàre m 1 (*menestrello*) {+CORTE} Spielmann m 2 *fig spreg* (*buffone*) Hanswurst m *scherz*, Possenreißer m *obs*.

giullarésco, (-a) <-schi, -sche> *agg* 1 (*da giullare*) Spielmanns- 2 *fig spreg* Hanswurst- *scherz*.

giuménta f (*cavalla*) (Reit)stute f, Reitpferd n.

giùnco <-*chi*> m 1 *bot* Binse f 2 (*materiale*) Binsen f pl • **flessibile come un ~** *fig* (*molto elastico*), biegsam wie eine Gerte/Tanne.

giùngere <*irr* giungo, giungi, giunsi, giunto> A *itr* <*essere*> 1 (*arrivare*) ~ + **compl di luogo**⌋ {ALPINISTI SULLA CIMA, ALLA META} (*irgendwo*) (an|)kommen, (*irgendwo*) ein|treffen; {NAVE IN PORTO} (*irgendwo*) ein|laufen: **mi è giunta una lettera**, ein Brief ist für mich angekommen, ich habe einen Brief bekommen/erhalten; *fig* **~ a qc** {POLITICO AL POTERE} **an etw** (acc) gelangen; {ALLA LAUREA, ALLA PENSIONE} etw erreichen; {A UNA CONCLUSIONE, A UNO SCONTRO} zu etw (dat) kommen, zu etw (dat) gelangen; **giunse l'inverno**, der Winter brach ein 2 (*raggiungere*) ~ **+ compl di luogo** {LA PROPRIETÀ DI QU FINO AL MARE} sich bis zu etw (dat) erstrecken, bis zu etw (dat) reichen 3 *fig* (*spingersi*) ~ **a qc** zu etw (dat) kommen: **è giunto a dire che ...**, er ist so weit gegangen zu sagen, dass ...; **non è ancora giunto a quel punto, ma ...**, bis zu diesem Punkt ist er noch nicht gekommen, aber ... B *tr* <*avere*> *lett* (*unire*) **~ qc** {CORDE} etw vereinigen, etw verbinden, etw zusammen|fügen; **~ le mani in preghiera**, die Hände zum Gebet falten • **questa mi giunge nuova** *fig* (*questa è una novità per me*), das ist mir neu.

giùngla f 1 *bot* {TROPICALE} Dschungel m, Urwald m 2 *fig* (*luogo insidioso*) Dschungel m, Dickicht n • **d'asfalto** *fig* (*metropoli*), Asphaltdschungel m, Dickicht n der Großstadt *lett*; **~ retributiva** *econ* (*sperequazione*), ungleiche Lohnverteilung.

giunóne f 1 *fig* (*donna alta e formosa*) junonische Gestalt *forb* 2 *mitol*: **Giunone**, Juno f.

giunònico, (-a) <-*ci, -che*> *agg* 1 (*formoso*) {BELLEZZA, CORPO} üppig, junonisch 2 *mitol* (*di Giunone*) der Juno.

giùnsi 1ª *pers sing del pass rem di* giungere.

giùnta① A f 1 (*giunzione*) Ansatz m, Einsatz m: **mettere una ~ al vestito**, einen Einsatz in das Kleid nähen; (*punto di unione*) Naht f 2 (*aggiunta*) {+FARINA} Zugabe f, Beigabe f 3 *fig* Zusatz m: **ho fatto una ~ al commento**, ich habe dem Kommentar einen Zusatz angefügt B *loc avv* (*oltre a ciò*): **per ~**, außerdem, überdies, obendrein, noch dazu; **è tardi per uscire e per ~ piove**, es ist (schon) spät, um auszugehen und außerdem regnet es.

giùnta② f *dir* Ausschuss m: **~ comunale**, Gemeindevorstand m; **~ provinciale**, Provinzialausschuss m; **~ regionale**, Regionalausschuss m.

giuntàre *tr* **~ qc** (**con qc**) 1 (*fare una giunta*) {ASSE DI LEGNO CON UN ALTRO} etw (*mit etw dat*) verbinden; {TUBI} etw (miteinander) verbinden; **tecnol** etw laschen 2 (*cucire insieme*) {FODERA CON UN'ALTRA} etw (*mit etw dat*) zusammen|nähen; {TESSUTI} etw zusammen|nähen 3 (*incollare*) {FOGLIO DI CARTA CON UN ALTRO} etw (*mit etw dat*) zusammen|kleben; {PEZZI DI CARTONE} etw zusammen|kleben.

giuntatùra f (*attaccatura*) {+TUBI} Verbindung f; *tecnol* Laschung f.

giùnto A *part pass di* giungere B m 1 *autom* Kupplung f: **~ cardanico**, Kardan-, Kreuzgelenk n, Gelenkkupplung f 2 *edil* {+CONTRAZIONE, DILATAZIONE} Fuge f 3 *elettr* Verbindung f: **~ a torsione**, Würgerverbindung f 4 *ferr* {ISOLATO, OBLIQUO, SALDATO} Stoß m, Fuge f, Naht f 5 *geol* "Trennungsoberfläche zweier Gesteinsschichten".

giuntùra f 1 (*congiunzione*) {+PEZZI} Verbindung f 2 (*punto*) Fuge f, Stoß m; (*cucitura, saldatura*) Naht f 3 *anat* {+DITA} Gelenk n, Junktur f *scient*: **ho tutte le giunture che scricchiolano**, ⌊**alle meine**⌋/[meine ganzen] Gelenke knacken.

giunzióne f 1 (*congiunzione*) Verbindung f 2 (*punto*) Fuge f, Stoß m; (*cucitura, saldatura*) Naht f: **~ a bicchiere**, Muffenverbindung f 3 *elettr* Verbindung f, Anschluss m.

giuòco e *deriv* → **gioco** e *deriv*.

Giùra m *geog* Jura m.

giuraménto m 1 Schwur m, Eid m; (*azione*) {+MINISTRI} Vereidigung f: **fare ~**, schwören; **mi devi fare un ~**, du musst mir das schwören 2 *dir* Eid m: **essere sotto ~**, unter Eid stehen; **falso ~**, Meineid m; **prestar ~**, einen Eid leisten • **~ di Ippocrate** *med*, hippokratischer Eid; **~ della Pallacorda** *stor*, Ballhausschwur m.

giuràre A *tr* 1 (*promettere*) ~ (**qc**) (**a qu**) (⌊**davanti a qu**⌋/[**su qu/qc**]) {AMORE A UNA DONNA DAVANTI A TUTTI, SUL PROPRIO ONORE, SUL SEPOLCRO DI QU, SULLA BIBBIA, SUI PROPRI FIGLI} (jdm) (etw) (vor jdm/auf etw acc) schwören; {FEDELTÀ ALLO STATO, VENDETTA AL NEMICO} (jdm/etw) (jdm) schwören: **giuro di dire la verità**, ich schwöre, die Wahrheit zu sagen; **ti giuro su ciò che ho di più caro che non lo sapevo**, ich schwöre bei allem, was mir lieb ist, ⌊**nichts davon gewusst zu haben**⌋/[dass ich nichts davon gewusst habe]; **~ il falso**, einen Meineid leisten 2 (*garantire*) **~ qc** etw schwören, etw versichern, etw beteuern: **giuro che le cose sono andate così**, ich schwöre, dass alles so abgelaufen ist; **non potrei giurarci**, ich könnte das nicht beschwören B *rfl indir rec*: **giurarsi qc** {ETERNO AMORE} sich/einander *forb* etw schwören • **giurarla a qu** *fam* (*volergli recare danno*), schwören, es jdm heimzahlen *fam*, Schaden zuzufügen; **ci giurerei** *fam* (*ci scommetterei*), ich könnte darauf schwören/wetten; **~ e spergiurare** (*garantire esagerando*), Stein und Bein schwören *fam*.

giuràssico, (-a) <-*ci, -che*> *geol* A *agg* jurassisch, Jura- B m Jura m.

giuràto, (-a) A *agg* 1 (*con giuramento*) {CONFESSIONE} beeidigt, geschworen 2 *fig* (*irriducibile*) {NEMICO} geschworen, erklärt 3 *dir* {INTERPRETE, TRADUTTORE} vereidigt B m (f) 1 (*membro di una giuria*) Jurymitglied n, Juror(in) m(f) 2 *dir* (*nei paesi anglosassoni*) Geschworene mf *decl come agg*.

giureconsùlto m (*giurista*) Rechtsgelehrte m *decl come agg*.

giurì <-> *loc sost* m: **gran ~** (*per la pubblicità*), "oberstes Kontrollorgan der Werbebranche, das für die Einhaltung der bestehenden Vorschriften zuständig ist"; **~ d'onore**, Ehrengericht m.

giurìa f 1 (*commissione*) Jury f: **far parte di una ~**, Mitglied einer Jury sein; (*in una gara*) Kampf-, Schiedsgericht n; (*in un concorso*) Preisgericht n 2 *dir* (*nei paesi anglosassoni*) Schwurgericht n, Geschworenengericht n, Jury f.

giuridicità <-> f (*carattere giuridico*) {+PROVVEDIMENTO} Rechtlichkeit f, Rechtsgültigkeit f.

giurìdico, (-a) <-*ci, -che*> *agg dir* {BENE, NEGOZIO, NORMA, ORDINAMENTO} Rechts-; {EFFETTO, SITUAZIONE} juristisch; {FORMAZIONE, PERSONA} juristisch.

giurisdizionàle *agg dir* {PROVVEDIMENTO} gerichtlich, richterlich.

giurisdizióne f 1 (*competenza*) Zuständigkeit f, Gewalt f: **ciò è al di fuori della mia ~**, das liegt außerhalb meiner Zuständigkeit 2 *dir* (*funzione giurisdizionale*) {AMMINISTRATIVA, CIVILE, COSTITUZIONALE, PENALE} Gerichtsbarkeit f; Rechtsprechung f; Jurisdiktion f.

giurisprudènza f 1 (*diritto*) Rechtswissenschaft f, Jurisprudenz f, Jura n: **studiare ~**, Jura studieren 2 *dir* (*complesso delle pronunce*) {+CORTE DI CASSAZIONE} Rechtsprechung f: **~ costante**, ständige Rechtsprechung; **raccolta di ~**, Entscheidungssammlung f; (*insieme degli organi*) {ITALIANA, TEDESCA} Justiz f 3 *università* (*facoltà*) Jurisprudenz f.

giurisprudenziàle *agg dir* {DECISIONE} gerichtlich, richterlich.

giurìsta <-*i m, -e f*> mf (*esperto*) Jurist(in) m(f), Rechtsgelehrte mf *decl come agg*.

Giusèppe m (*nome proprio*) Josef, Joseph • **fare il casto Giuseppe** *fig* (*fingersi virtuoso*), sich tugendhaft geben.

Giuseppìna f (*nome proprio*) Josefine, Josephine.

giùsta① *prep amm* (*secondo*) **~ qc** {GLI ACCORDI STABILITI, IL DECRETO} gemäß etw (dat), nach etw (dat), etw (dat) zufolge.

giùsta② f → **giusto**.

giustacuòre m (*corpetto*) Herrenüberrock m.

giustaménte *avv* 1 (*esattamente*) {INTERPRETARE} richtig 2 (*a ragione*) {LAMENTARSI} mit Recht: **come ~ hai fatto notare ...**, wie du richtigerweise angemerkt hast ... 3 (*equamente*) {DISTRIBUIRE} gerecht.

giustappórre <*coniug come* porre> *tr anche fig* (*mettere vicino*) **~ qc** {COLORI} etw nebeneinander|stellen; {CONCETTI} *anche* etw nebeneinander|setzen.

giustapposizióne f 1 *anche fig* {+COLORI,

CONCETTI} Nebeneinanderstellung f, Nebeneinandersetzung f; (azione) anche Nebeneinanderstellen n, Nebeneinandersetzen n 2 ling Zusammenrückung f, Juxtaposition f.

giustappùnto avv anche iron (per l'appunto) genau, gerade: **mi stavo chiedendo ~ cosa ne pensavi**, gerade habe ich mich gefragt, was du dazu meinst.

giustézza f 1 (esattezza) {+PESO, TIRO} Genauigkeit f, Präzision f 2 (correttezza) {+TRADUCENTE} Richtigkeit f 3 tip Spalten-, Zeilenbreite f.

giustificàbile agg (che si può giustificare) {ASSENZA, COMPORTAMENTO, REAZIONE} entschuldbar, rechtfertigbar; {SPESA} belegbar.

giustificàre <giustifico, giustifichi> A tr 1 (scusare) ~ **qu/qc** {ALUNNO, DIPENDENTE, ERRORE} jdn entschuldigen, jdn/etw rechtfertigen: **trova sempre il modo di ~ il figlio**, er/sie findet immer wieder einen Weg, seinen/ihren Sohn zu rechtfertigen 2 (motivare) ~ **qc** {CONDOTTA DI QU, SCELTA, TESI} etw rechtfertigen, etw begründen; {ASSENZA DI QU} etw entschuldigen, {OPERATO DI QU} etw begründen; {SPESA} etw belegen: ~ **un'improvvisa ricchezza**, einen plötzlichen Reichtum rechtfertigen 3 (legittimare) ~ **qc** etw rechtfertigen: **un avvenimento così eccezionale giustifica il provvedimento**, ein dermaßen außerordentliches Ereignis rechtfertigt die Maßnahme 4 relig (redimere) ~ **qu** {PECCATORE} jdn erlösen 5 tip ~ **qc** {LINEA} etw justieren B rfl (scusarsi): **giustificarsi (per qc)** sich (für etw acc) entschuldigen, etw rechtfertigen: **non importa che ti giustifichi per il ritardo**, du musst dich nicht für die Verspätung entschuldigen.

giustificativo, (-a) A agg anche amm (che giustifica) {PEZZA} belegend, Beleg- B m amm Beleg(stück n) m.

giustificàto, (-a) agg inform {TESTO} ausgerichtet.

giustificatòrio, (-a) <-ri m> agg (di giustificazione) {PAROLE} Rechtfertigungs-.

giustificazióne f 1 gener Rechtfertigung f, Entschuldigung f; (azione) anche Rechtfertigen n: **il suo rifiuto è privo di ~**, seine/ihre Ablehnung ist nicht begründet; **trova sempre mille giustificazioni**, er/sie findet immer tausend Ausreden 2 (motivazione) {+SPESA} Beleg m 3 relig Rechtfertigung f 4 scuola {+GENITORI} Entschuldigung f 5 tip Justierung f, Justage f.

Giustiniàno m stor Justinian, Justinianus.

giustìzia f 1 (equità) {+DECISIONE} Gerechtigkeit f, Recht n; **con ~** gerecht: **per ~ dovresti regalarne uno anche a me**, der Gerechtigkeit halber müsstest du mir auch einen/eins schenken 2 (atto) Gerechtigkeit f: **chiedere ~**, Gerechtigkeit fordern; **fare ~**, Gerechtigkeit walten lassen; **~ è fatta**, die Gerechtigkeit hat ihren Lauf genommen; **ha ottenuto ~**, er/sie hat Gerechtigkeit erfahren, ihm/ihr ist Gerechtigkeit zuteilgeworden 3 dir (funzione giurisdizionale) {AMMINISTRATIVA, CIVILE, PENALE} Gerichtsbarkeit f: **amministrare la ~**, Recht sprechen; **la ~ segue il suo corso**, die Gerechtigkeit nimmt ihren Lauf; (autorità giudiziaria) Justiz(behörde) f, Gericht n: **assicurare/consegnare qu alla ~**, jdn der Justiz ausliefern, jdn vor Gericht bringen; **ricorrere alla ~**, sich an ein Gericht wenden, vor Gericht gehen 4 relig Gerechtigkeit f: **~ divina**, göttliche Gerechtigkeit ● **~ distributiva** sociol, ausgleichende Gerechtigkeit; **{fare ~ da sé}**,[farsi ~ (da sé)] (dicursi), Selbstjustiz üben, sich (dat) selbst zu seinem Recht verhelfen; **rendere ~ a qu/qc** (farne riconoscere il valore), jdm/etw Gerechtigkeit widerfahren lassen, jdm/etw Ge-

rechtigkeit zuteil|werden lassen; **secondo ~**, rechtmäßig; **~ sociale** sociol, soziale Gerechtigkeit; **~ sommaria** (senza regolare processo) anche fig scherz, kurzer Prozess scherz.

giustizialìsmo m polit Justizialismus m.

giustiziàre <giustizio, giustizi> tr (eseguire una condanna a morte) **~ qu** {COLPEVOLE} jdn hin|richten, jdn exekutieren.

giustiziàto, (-a) m (f) (chi ha subito una condanna a morte) Hingerichtete mf decl come agg.

giustizière m 1 (boia) Scharfrichter m, Henker m 2 (chi vuole farsi giustizia da solo) Rächer m.

giùsto, (-a) A agg 1 (equo) {ESAMINATORE, GIUDICE, UOMO, SALARIO, TRIBUNALE} gerecht; {PREZZO} angemessen 2 (conforme alla giustizia) {CONDANNA, PENA, SENTENZA} gerecht, gerechtfertigt 3 (corretto) richtig: **non ritengo ~ tacere**, ich halte es nicht für|/|finde es nicht| richtig zu schweigen 4 (esatto) {BILANCIA} genau; {DATA, INDIRIZZO, NUMERO DI TELEFONO, ORA, SOMMA} anche richtig; {CONTEGGIO, RISPOSTA} anche exakt 5 (motivato) {CRITICA, SOSPETTO} motiviert, berechtigt, begründet; {CAUSA} gerecht 6 (meritato) {PUNIZIONE} verdient 7 (legittimo) {ASPIRAZIONE, PRETESA} berechtigt, legitim; {DESIDERIO} billig obs 8 (azzeccato) {OSSERVAZIONE} richtig, genau; {PAROLA} passend, richtig 9 (adeguato) {PREMIO, RICOMPENSA, STILE, TATTICA} angemessen; {UMORE} passend {LUOGO, MOMENTO} anche richtig; {STATURA} normal: **sento che è la cosa giusta per me**, ich spüre, dass es das Richtige für mich ist; **è la persona giusta per quel lavoro**, das ist der/die Richtige für diese Arbeit 10 (che va bene) **~ (di qc)** {DI COTTURA} genau, gerade, richtig: **la salsa è giusta di sale**, die Soße ist gerade/genau richtig gesalzen; **la manica è giusta di lunghezza**, der Ärmel hat genau die richtige Länge; **i pantaloni mi sono giusti**, die Hosen passen mir wie angegossen fam; **questa gonna è ~**, dieser Rock passt haargenau fam 11 slang giovanile (eccezionale) (oberaffen)geil slang, grell slang: **è un cantante troppo ~**, das ist ein echt geiler slang Sänger! B m 1 (ciò che è dovuto) Rechte n decl come agg, Richtige n decl come agg: **chiedere/esigere il ~**, seinen Teil verlangen; **dare a ciascuno il ~**, jedem das |geben, was ihm zusteht,/[Seine geben 2 (ciò che è bene) Gute n, Rechte n: **so di essere nel ~**, ich weiß, dass ich |Recht habe,/|im Recht bin] C m (f) Gerechte mf decl come agg D avv 1 (esattamente) {VEDERE} genau; {PENSARE} anche richtig 2 (proprio) gerade, eben, genau: **stavo ~ per telefonarti**, ich war gerade dabei, dich anzurufen; **con te volevo parlare**, wollte gerade mit dir sprechen 3 (appena) gerade (noch): **ho fatto ~ in tempo**, ich bin gerade noch rechtzeitig gekommen; **è arrivato ~ in tempo**, er ist gerade zur rechten Zeit gekommen; **saranno le otto**, es wird gerade acht sein 4 (soltanto) nur: **andiamo via ~ per riposarci un po'**, wir gehen nur ein wenig ausruhen E inter (in risposta) richtig!, stimmt!, genau!: **siete prima passati per Milano e poi avete proseguito per Monaco?** ~ **!**, seid ihr zuerst nach Mailand und dann weiter nach München gefahren? – Stimmt!/Richtig! ● **ciò/quel che è ~ è ~**, was recht ist, muss Recht bleiben; **contentarsi del ~ (e dell'onesto)** fig (non approfittare), sich mit dem abfinden, was einem zusteht; **non essere tutto ~** fig (non essere a posto), {UOMO} nicht ganz richtig |im Kopf sein,|/[ticken] fam; **paga il ~ per il peccatore** prov, der Gerechte muss viel leiden prov; **è più che ~!**, das ist mehr als gerecht!

glàbro, (-a) agg 1 (senza peli) {VISO} (glatt)

rasiert, bartlos; {FOGLIA} unbehaart 2 (liscio) glatt.

glacé <inv, -s pl franc> agg franc 1 gastr {MARRON} glaciert, kandiert 2 (lucido) {CAPRETTO} Glacé-.

glaciàle agg 1 (di ghiaccio) {CLIMA} eiskalt, Eis- 2 (molto freddo) {VENTO} eisig, eiskalt 3 fig (insensibile) {RAGAZZA} kalt 4 fig (ostile) {SILENZIO} eisig; {ATMOSFERA} anche frostig, kühl 5 geol {ERA} glazial, Glazial-, Eis-.

glacialità <-> f 1 (l'essere glaciale) {+CLIMA} eisige Kälte 2 fig (insensibilità) {+DONNA} Kälte f 3 fig (ostilità) {+SGUARDO} Kälte f.

glaciazióne f geol 1 (fenomeno) Vereisung f 2 (periodo) Glazial-, Eiszeit f, Glazial n.

glaciòlogo (-a) <-gi m> (f) (studioso) Glaziologe m, (Glaziologin f).

gladiatóre m stor rom Gladiator m.

gladiatòrio, (-a) <-ri m> agg 1 (da gladiatore) {POSA} Gladiatoren- 2 fig (fiero) {ATTEGGIAMENTO} kriegerisch, kampflustig.

glàdio <-di m> m (spada) (altrömisches) Kurzschwert.

gladìolo m bot Gladiole f, Siegwurz f.

glamour <-> m ingl (fascino) {+DONNA} Glamour m o n.

glànde m anat Eichel f.

glàndola, **glàndula** e deriv → **ghiandola** e deriv.

Glaróna geog A m (cantone) Glarus n B f (città) Glarus n.

glàsnost <-> f russo polit Glasnost f.

glàssa f gastr Glasur f, (Zucker)guss m: **~ della torta**, Tortenguss m.

glassàre tr gastr ~ **qc** 1 {PASTICCINO, TORTA} etw glasieren, etw glacieren 2 (ricoprire di salsa gelatinosa) {ARROSTO} etw glasieren, etw glacieren.

glassàto, (-a) agg {ARROSTO, TORTA} glasiert, glaciert.

glàuco, (-a) <-chi, -che> agg lett {MARE, OCCHI} blaugrün, meergrün, bläulich grün.

glaucòma <-i> m med grüner Star, Glaukom n scient.

glèba f lett (Erd)scholle f.

gli A art det m pl (si usa davanti a vocale, s impura, gn, pn, ps, x, z; può essere apostrofato davanti alle parole che cominciano con i vocalica) 1 die: **gli/gl'individui**, die Individuen; **gli gnomi/psicologi/uomini**, die Zwerge/Psychologen/Menschen 2 (quando è seguito da cognomi o da titoli): **gli Spagnolo**, (die) Familie Spagnolo, die Spagnolos (di non viene tradotto con i numeri): **tra gli 11 e i 15 mesi/anni**, zwischen elf und fünfzehn Monate(n)/Jahre(n); **tra gli 80 e i 90 bambini**, zwischen 80 und 90 Kindern; (con le parti del corpo) **ha gli alluci valghi**, er/sie hat nach innen gedrehte große Zehen; (se preceduto da tutti) **tutti gli uomini sono mortali**, alle Menschen sind sterblich; (può non essere tradotto quando indica il generico, una specie, una categoria, ecc.) **gli zii sono tutti affettuosi**, die Onkel und Tanten sind liebevoll; **gli elefanti africani hanno le orecchie grandi**, die afrikanischen Elefanten haben große Ohren 4 (quelli) die, jene 5 (questi) die, diese: **sentiteli, gli sfacciati!**, hört euch diese unverschämten Kerle an! 6 (temporale: nei, durante gli): **gli anni seguenti non l'ho più incontrato**, in den (darauf)folgenden Jahren habe ich ihn nicht mehr getroffen 7 (se indica idea di possesso si può anche tradurre col pron poss corrispondente): **mettiti gli stivali!**, zieh dir deine Stiefel an!; **gli zii vivono con lei**, ihr Onkel und ihre Tante leben mit ihr B pron pers 3ª pers m sing (compl di termine) ihm: **che cosa gli hai regalato per il suo**

onomastico?, was hast du ihm zu seinem Namenstag geschenkt?; **rispondigli subito!**, gib ihm sofort eine Antwort!; **digli di ritelefonarmi!**, sag ihm, er soll mich wieder anrufen!; **il tuo motorino è molto sporco, devi proprio dargli una lavata**, dein Mofa ist sehr schmutzig, du musst es wirklich einmal waschen; (*se il verbo ted regge l'acc*) ihn; **non gli hai ancora telefonato?**, hast du ihn noch nicht angerufen?; **gli chiese scusa**, er/sie bat ihn um Entschuldigung **C** pron pers 3ª pers f sing *fam* (*compl di termine*) ihr; **gli dirò di venire quando la vedo**, wenn ich sie sehe, werde ich ihr sagen, dass sie kommen soll; (*se il verbo ted regge l'acc*) sie; **chiedigli quanti anni ha**, frag(e) sie, wie alt sie ist **D** pron pers 3ª pers mf pl *fam* (*compl di termine*) ihnen; **gli dirò che restino pure a casa**, ich werde ihnen sagen, dass sie zu Hause bleiben sollen; (*se il verbo ted regge l'acc*) sie; **chiedigli cosa vogliono**, frag(e) sie, was sie wollen.

glicemìa f *med* Blutzucker m, Glykämie f *scient*.

glicèmico, (-a) <-ci, -che> agg *med* Blutzucker-.

glicèrico, (-a) <-ci, -che> m *chim* Glyzerin-.

glicèride m *chim* Glyzerid n.

glicerìna f *chim* Glyzerin n, Glycerin n: **crema alla ~**, Glyzerincreme f.

glicerolo m *chim* Glyzerin n, Glycerin n.

glìcide e deriv → **glucide** e deriv.

glicìdico → **glucidico**.

glìcine m *bot* Glyzin(i)e f.

glicògeno m *chim* Leberstärke f, Glykogen n.

glicogenòsi f *med* Glykogenose f *scient*, Glykogenspeicherkrankheit f *scient*.

glìcol, **glìcole** m *chim* Glykol n.

glicosùria f *med* Glykosurie f *scient*.

gliéla forma pron *anche* enclitica pron gli con pron la①; **vuole giocare un po' con la palla: dagliela!**, er/sie möchte ein wenig (mit dem Ball) spielen, gib ihn ihm/ihr!

gliéle forma pron *anche* enclitica pron gli con pron le; **hai promesse!**, du hast sie ihm/ihr/ihnen versprochen!

gliéli forma pron *anche* enclitica pron gli con pron li①: **~ manderò appena possibile**, ich schicke sie ihm/ihr/ihnen sobald wie möglich.

gliélo forma pron *anche* enclitica pron gli con pron lo: **gliel'ho promesso!**, ich habe es ihm/ihr/ihnen versprochen!

gliéne forma pron *anche* enclitica pron gli con pron ne: **~ parlerò**, ich werde mit ihm/ihr/ihnen darüber sprechen.

glifo m *mecc* Kulisse f.

glissàre <*glisso, glissi*> itr (*sorvolare*) **~ (su qc)** {SULL'ARGOMENTO} (*über etw acc*) hinweg|gehen: **se ti chiede dove sono cerca di ~**, wenn er/sie dich fragt, wo ich bin/[sie sind], gehe einfach ⌊über die Frage hinweg⌋/[nicht auf die Frage ein].

glìttica <-che> f (*arte*) Glyptik f, Steinschneidekunst f.

glittotèca <-che> f (*collezione*) Glyptothek f.

globàle agg **1** (*complessivo*) {ASPETTO, GIUDIZIO, VISIONE} Gesamt-; {COSTO, IMPOSTA, SPESA} *anche* gesamt, Global- **2** (*mondiale*) {MERCATO} Welt-, weltumspannend; {PANORAMA, VILLAGGIO} global **3** *pedag* {METODO} Ganzheits-.

globalìsmo m *pedag* Ganzheitsmethode f.

globalità <-> f (*totalità*) Gesamtheit f: **il progetto nella sua ~ è buono, ma ...**, das Projekt ist in seiner Gesamtheit gut, aber ...

globalizzàre tr **~ qc** *etw* globalisieren.

globalizzàto, (-a) agg globalisiert.

globalizzazióne f Globalisierung f.

globalménte avv insgesamt, global.

globe-trotter <-, -, -s *pl ingl*> mf *ingl* (*viaggiatore*) Globetrotter(in) m(f).

globish <-> m *ingl* ling Globish n.

glòbo m **1** (*sfera*) Kugel f **2** (*mondo*) Erde f, Erdkugel f, Welt f: **un minerale presente in tutto il ~**, ein ⌊auf der ganzen⌋/[in aller] Welt vorkommendes Mineral **3** (*mappamondo*) Globus m **4** *astr* Kugel f, Globus m: **~ celeste**, Himmelsglobus m; **~ terrestre**, Erdball m, Erdkugel f **5** *elettr* {OPALINO} (Lampen)glocke f **6** *lett* (*ammasso*) {+FIAMME} Meer n ● **~ oculare** *anat*, Augapfel m.

globulàre agg **1** (*a forma di globo*) {OGGETTO} kugelförmig, kugelig, rund **2** *astr* {AMMASSO} kugelförmig, rund **3** *med* {VALORE} Blutkörperchen-.

globulìna f *biol* Globulin n.

glòbulo m **1** (*piccola sfera*) Kügelchen n **2** *biol* Blutkörperchen n: **globuli bianchi/rossi**, weiße/rote Blutkörperchen.

glocal <*inv*> agg *ingl* (*del glocalismo*) {CONVEGNO} Glokalismus-.

glocalìsmo m *polit* Glokalismus m.

glomèrulo m *anat* Glomerulum n, Glomerulus m.

glòria① f **1** (*fama*) {ETERNA, MONDANA, VERA} Ruhm m, Ehre f: **coprirsi di ~**, sich mit Ruhm bedecken **2** (*successo*) Erfolg m **3** (*personaggio famoso*) Berühmtheit f **4** (*vanto*) {+FAMIGLIA} Stolz m, Ruhm m, Glanz m **5** *relig* Herrlichkeit f, Seligkeit f **6** *tess* Gloriaseide f ● **~ a Dio nell'alto dei cieli** *relig*, Ehre sei Gott in der Höhe; **finire in ~** *fig* (*bene*), gut ausgehen; **lavorare per la ~** *scherz* (*gratis*), ⌊um (einen) Gotteslohn⌋/[umsonst] arbeiten; **vecchia ~** *fig* (*persona un tempo famosa*), ehemalige/einstige Berühmtheit.

glòria② <-> m *relig mus* Gloria n.

gloriàrsi <*glorio, glori*> itr pron (*vantarsi*): **~ di qc** {DELLA PROPRIA ABILITÀ, DEL PROPRIO SUCCESSO} sich *etw* (gen) rühmen, mit *etw* (dat) prahlen, sich (*mit etw* dat) brüsten.

glorificàre <*glorifico, glorifichi*> **A** tr (*celebrare*) **~ qu/qc** {DIO, IMPRESA EROICA} jdn/*etw* preisen, jdn/*etw* rühmen, jdn/*etw* ehren; {EROE, MARTIRE} jdn ehren, jdn verherrlichen **B** itr pron (*vantarsi*) **glorificarsi** (**di qc**) {DEI PROPRI RISULTATI} sich *etw* (gen) rühmen, mit *etw* (dat) prahlen, sich (*mit etw* dat) brüsten *spreg*.

glorificazióne f (*celebrazione*) {+DIO} Verherrlichung f, Glorifikation f, Glorifizierung f; {+EROE, MARTIRE, POETA} Verehrung f, (Lob)preisung f.

glorióso, (-a) agg **1** (*ricco di gloria*) {ANNO, ANTENATO, IMPRESA, NOME} glorreich, ruhmreich, glorios; {GIORNO, AZIONE} *anche* Ruhmes- **2** (*fiero*) triumphierend; **andare/essere ~ di qc**, sehr stolz auf etw (acc) sein **3** *relig* {ANIMA} selig; {MISTERO} verklärt.

glòssa f **1** (*nota*) Glosse f, Anmerkung f: **~ a margine**, Randbemerkung f, Randglosse f **2** (*in lessicografia*) Erläuterung f.

glossàre tr (*fornire di glosse*) **~ qc** {LA BIBBIA} *etw* glossieren, *etw* mit Randglossen versehen.

glossàrio <-ri> m **1** *ling* {TECNICO} Glossar n **2** *inform* Makro m.

glossatóre m *stor* (*autore di glosse*) Glossator m.

glossèma f *ling* Glossem n.

glòttide f *anat* Stimmritze f, Glottis f *scient*.

glottodidàttica <-che> f *ling* Sprachlehrforschung f, Sprachdidaktik f.

glottòloga f → **glottologo**.

glottologìa f *ling* {INDOEUROPEA} Sprachwissenschaft f, Sprachforschung f.

glottològico, (-a) <-ci, -che> agg *ling* {ANALISI} sprachwissenschaftlich.

glottòlogo, (-a) <-gi, -ghe> m (f) *ling* Sprachwissenschaftler(in) m(f), Sprachforscher(in) m(f).

glucide m *chim* Glykosid n.

glucìdico, (-a) <-ci, -che> agg *chim* Glykosid-, glykosidisch.

glucòsio <-si> m Glykose f, Glucose f, Traubenzucker m.

glu glu A inter onomatopeica gluck gluck: **faceva glu glu bevendo**, beim Trinken machte er/sie gluck gluck **B** <-> m **1** (*rumore*) {+SCARICO DEL LAVANDINO} Gluckern n, Glucksen n **2** (*verso*) {+TACCHINO} Kollern n.

glutammàto m *chim* Glutamat n: **~ di sodio**, Natriumglutamat n.

glutàmmico, (-a) <-ci, -che> agg *chim* {ACIDO} Glutamin-.

glutèo, (-a) *anat* **A** agg Gesäß- **B** m Gesäßbacke f, Gesäßmuskel m.

glùtine m *chim* Glutin n.

GM abbr di Genio Militare: Pioniertruppe f.

GMT m abbr dell'*ingl* Greenwich Mean Time (*tempo medio di Greenwich*): MGZ (*abbr di* mittlere Greenwichzeit), MZG (*abbr di* mittlere Zeit von Greenwich), MEZ (*abbr di* Mitteleuropäische Zeit).

gnam inter onomatopeica njam.

gnào, **gnàu** inter onomatopeica miau.

gnaulàre itr **1** (*miagolare*) {GATTO} miauen **2** *fam spreg* (*lamentarsi*) jammern, wimmern, winseln *spreg*.

gnèiss <-> m *franc geol* Gneis m.

gnòcca <-che> f **1** *volg* (*vulva*) Muschi *fam* **2** *fig fam* (*ragazza appariscente*) scharfe f heiße Braut *slang*, strammer/scharfer Feger *slang*.

gnòcco <-chi> m **1** <*di solito al pl*> *gastr* Klößchen n: **gnocchi di patate**, Kartoffelklößchen n pl; **gnocchi alla romana**, Römische Gnocchi (gratinierte Grießklößchen) **2** *fam* (*grumo*) Klumpen m **3** *fam* (*protuberanza*) Beule f *fam* **4** *fig fam spreg* (*stupido*) Tölpel m *spreg*, Einfaltspinsel m *fam spreg*.

gnòmico, (-a) <-ci, -che> agg (*morale*) {POESIA, TONO} gnomisch, sentenziös.

gnòmo m *mitol* Gnom m, Zwerg m, Kobold m ● **gli gnomi di Zurigo** *banca econ giorn*, die Schweizer Bankiers.

gnòrri m *solo nella loc verbale fam* (*fingere di ignorare*): **fare lo ~**, sich dumm stellen *fam*, den Ahnungslosen spielen *fam*; **non fare lo ~!**, stell(e) dich nicht so dumm *fam*!, spiel(e) nicht den Ahnungslosen! *fam*.

gnoseologìa f *filos* Erkenntnislehre f, Gnoseologie f.

gnoseològico, (-a) <-ci, -che> agg *filos* {PROBLEMA} erkenntnistheoretisch, gnoseologisch.

gnòsi <-> f *filos relig* Gnosis f, Gnostik f *obs*.

gnòstica f → **gnostico**.

gnosticìsmo m *filos* Gnostizismus m.

gnòstico, (-a) <-ci, -che> *filos* **A** agg gnostisch **B** m (f) Gnostiker(in) m(f).

gnu <-> m *zoo* Gnu n.

gnùcco, (-a) agg *sett* (*ottuso*) beschränkt, stumpfsinnig, dumpfbackig *fam*.

goal *ingl* → **gol**.

gòbba f **1** *fam med* Buckel m: **avere la ~**, einen Buckel haben **2** (*prominenza*) {+STRADA, TERRENO} Buckel m, Hügel m, Höcker m; {+NASO} Höcker m; {+VESTITO} Wulst m **3** (*della luna*) (Mond)wölbung f **4** *zoo* {+DROMEDARIO} Höcker m ● **spianare la ~ a qu** *fig* (*picchiarlo*), jdm die Hucke vollhauen *fam*; **~ a po-**

nente luna crescente, ~ a levante luna calante prov, z wie zunehmender Mond, a wie abnehmender Mond.

gòbbo① m film TV Neger m slang.

gòbbo②, (-a) **A** agg **1** (con la gobba) {UOMO} buck(e)lig **2** (curvo) krumm, gebückt, gekrümmt; **andare/stare ~**, krumm gehen/sitzen; **non camminare ~!**, geh nicht so krumm!; {NASO} höckerig **B** m (gobba) Buckel m **C** m (f) (persona) Bucklige mf decl come agg • **avere qu/qc sul ~** fig (averlo a carico, non riuscire a liberarsene), jdn/etw nicht loswerden/abschütteln fam können.

gobelin <-> m franc tess Gobelin m, Wandteppich m.

goccétto <dim di goccio> m fam Schlückchen n fam: **vuoi berti un ~?**, möchtest du ein Schlückchen (trinken)? fam.

góccia <-ce> **A** f **1** {+CERA, SANGUE, SUDORE, VINO} Tropfen m: **sento qualche ~** (di pioggia), ich spüre ein paar (Regen)tropfen **2** (ornamento) {+COLLANA, LAMPADARIO} Tropfen m **3** fig (piccola quantità) Tropfen m, Schuss m, Schluck m: **nel caffè vorrei una ~ di latte**, ich hätte möchte gern einen Tropfen Milch in den Kaffee **4** arch Tropfenplatte f **5** farm Tropfen m: **20 gocce al dì**, 20 Tropfen am/pro Tag; (medicina) Tropfen m: **gocce per gli occhi/le orecchie**, Augen-/Ohrentropfen m pl **B** <inv loc agg: a ~ {LAMPADARIO, ORECCHINO, PERLA} tropfenförmig • ₍a gocce₎/[a ~ a ~] fig (a poco a poco), tröpfchenweise, tropfenweise, nach und nach; **fare due gocce d'acqua** fig (orinare), Wasser lassen, pinkeln fam; [sich (dat) das Wasser abschlagen fam obs; **essere/somigliarsi come due gocce d'acqua** fig (essere molto simili), sich (dat)/einander forb ₍wie ein Ei dem anderen₎/[aufs Haar] gleichen; **una ~ dopo l'altra** fig (lentamente), tröpfchenweise, langsam; **essere una ~ nel mare** fig (rif. a elemento non sufficiente), ein Tropfen auf den heißen Stein sein fam; **avere ancora la ~ al naso** fig fam (essere giovani e inesperti), noch grün hinter den Ohren sein fam; **non avere più una ~ di sangue nelle vene** fig (essere molto spaventato), vor Schreck erstarrt sein; **fino all'ultima ~** fig (fino alla fine), bis zum Letzten/[letzten Blutstropfen]; **la ~ che fa traboccare il vaso** fig (causa ultima), der Tropfen, der das Fass zum Überlaufen bringt; **a ~ a ~ si/[l'acqua] scava la pietra** prov, steter Tropfen höhlt den Stein prov.

góccio <-ci> m fam (piccola quantità) {+VINO} Tropfen m, Schluck m: **beviamoci un ~ di caffè!**, trinken wir einen Schluck Kaffee!; **vuoi un ~ di whisky?**, möchtest du einen Schluck Whisky?

gocciolaménto m (gocciolio) {+RUBINETTO, TUBO} Tropfen m, Tröpfeln m.

gocciolàre A tr <avere> (stillare) ~ **qc** etw tropfen, etw tröpfeln: **la ferita gocciolava sangue**, aus der Wunde tropfte Blut **B** itr **1** <avere> (perdere gocce) {RUBINETTO} tropfen: **mi gocciola il naso**, mir tropft die Nase; **l'atleta gocciolava di sudore**, dem Athleten rann/lief der Schweiß (herunter) **2** <essere> (uscire a gocce) (da qc) {ACQUA DAL RUBINETTO} (aus etw dat) tropfenweise kommen.

gocciolatóio <-toi> m arch Dachtraufe f.

gocciolìo <-lìi> m Tropfen n, Tröpfeln n.

gócciolo m fam (goccio) {+GRAPPA} Tropfen m, Tröpfchen n: **non ce n'è più neanche un ~**, es ist kein Tropfen mehr davon da.

godére {+irr godo, godei, godetti, goduto> **A** itr **1** (provare gioia) ~ **di/per qc** {DELLA NOTIZIA} sich über etw (acc) freuen: ~ **del male altrui**, Schadenfreude empfinden; **godeva nel vederlo così felice**, er/sie freute sich, ihn so glücklich zu sehen **2** (divertirsi) ~ **a fare qc** {A FARE DOMANDE IMBARAZZANTI} Vergnügen an etw (dat) finden **3** (beneficiare) ~ **di qc** {CITTÀ DI UN MAGNIFICO PANORAMA} etw haben, etw besitzen, über etw (acc) verfügen; {IMPUTATO DEI DIRITTI CIVILI} etw genießen; {CONTRIBUENTE DI UNO SCONTO} anche etw bekommen, etw erhalten; ~ **della compagnia di qu**, sich jds Gesellschaft erfreuen, jds Gesellschaft genießen; ~ **della fiducia di qu**, jds Vertrauen genießen; ~ **dell'immunità parlamentare**, parlamentarische Immunität genießen; ~ **di buona salute**, sich guter Gesundheit erfreuen **4** (far vita di piaceri) das Leben genießen, sich vergnügen: **non pensa che a ~**, er/sie denkt nur daran, sich zu vergnügen **5** fam (avere un orgasmo) kommen fam, Lust empfinden **B** tr **1** (gustare) ~ **qc** {BENE, FRUTTI DEL PROPRIO LAVORO, RIPOSO} etw genießen, sich an etw (dat)/etw (gen) forb erfreuen, etw aus/kosten **2** (avere) ~ **qc** {BELLA VISTA} etw haben, etw besitzen, {POCO CREDITO} etw haben: ~ **ottima salute**, sich bester Gesundheit erfreuen, bei bester Gesundheit sein **C** rfl indir intens: **godersi qu/qc** {FIGLIO, VACANZE, VIAGGIO, VITA} jdn/etw genießen: **me la godo al sole**, ich genieße ₍die Sonne₎/[es, in der Sonne zu liegen]; iron sich amüsieren iron; **l'ha voluta e adesso che se la goda**, er/sie hat es so gewollt und das hat er/sie jetzt davon, er/sie hat sich (dat) die Suppe allein eingebrockt, jetzt soll er/sie sie auslöffeln fam • **godersela** (spassarsela), es sich (dat) gut gehen lassen, sich amüsieren.

goderéccio, (-a) <-ci, -ce> agg fam **1** (dedito ai piaceri) {GENTE} lebenslustig, genusssüchtig **2** (che dà piacere) {VITA} genussreich.

godet <-> m franc (nella moda) Godet n, Glockenfalte f.

godìbile agg **1** (che si può godere) {SPETTACOLO} vergnüglich, unterhaltsam; {TORTA} genießbar **2** (usufruibile) {PATRIMONIO} nutzbar.

godibilità f {+BENE} Nutzbarkeit f.

godiménto m **1** (piacere) {INTELLETTUALE, +SPIRITO} Genuss m, Vergnügen n, Freude f, Lustgefühl n **2** (ciò che procura piacere) Genuss m, Vergnügen n: **è un vero ~ tuffarsi in mare**, es ist ein wahrer Genuss, sich in die Wellen zu stürzen **3** (vantaggio) Nutzen m **4** dir {+BENE, COSA} Nutzung f: **diritto di ~**, Nutzungsrecht n • **trarre ~ da qc** (vantaggio), aus etw (dat) Nutzen ziehen; (gioia), an etw (dat) Freude haben.

gòdo 1ª pers sing dell'ind pres di godere.

godrò 1ª pers sing del fut di godere.

godróne m mecc Rändel n.

godùria f anche iron (godimento) Genuss m, Vergnügen n.

goduriósо, (-a) agg fam scherz **1** (che ama i piaceri) {UOMO} genießerisch, sinnen-, genußfreudig **2** (piacevole) {ASPETTO} sinnlich.

godùto part pass di godere.

goethiàno, (-a) agg lett {CAPOLAVORO} Goethes, von Goethe, {DRAMMA} anche goethisch, goethesch, Goethe'sch; {EPOCA} Goethe-.

goffàggine f (mancanza di disinvoltura) {+ATTORE, GESTO} Plumpheit f, Ungewandtheit f, Unbeholfenheit f.

gòffo, (-a) agg **1** (impacciato) {RAGAZZO} unbeholfen, tollpatschig, plump: **un uomo ~**, unbeholfener Mensch, Tollpatsch m; {ANDATURA, MANIERE} plump; {MOVIMENTO} anche ungeschickt; **un ~ complimento**, ein unbeholfenes Kompliment **2** (inelegante) {PETTINATURA} schlecht sitzend; {VESTITO} unförmig, plump.

goffràre tr ~ **qc 1** tecnol etw gaufrieren, etw prägen **2** tess {STOFFA} etw gaufrieren.

goffràto m tess Gaufré n.

goffratùra f tecnol tess **1** (azione) Prägen n **2** (motivo) Gaufrieren n.

Gofrédo m (nome proprio) Gottfried.

gógna f **1** (collare di ferro) Halseisen n **2** (berlina) Pranger m • **mettere qu alla ~** fig (esporlo alla pubblica derisione), jdn an den Pranger stellen, jdn zum Gespött machen.

gogo <-> solo nella loc avv franc (a volontà) a ~ {BERE, MANGIARE} nach Belieben; {VINO} anche in Hülle und Fülle, à gogo.

goi <-> mf ebraico Goi m.

go-kàrt <-, -s pl ingl> m ingl autom Gokart m.

gol <-> m sport (nel calcio) Tor n, Treffer m: **gol della bandiera**, Ehrentor n, Ehrentreffer m; **fare/segnare un gol**, ein Tor schießen.

góla A f **1** anat Kehle f, Rachen m, Gurgel f: **ho la ~ infiammata**, ich habe einen entzündeten Hals; **raschiarsi la ~**, sich räuspern; (collo) Hals m; **copriti la ~ con la sciarpa!**, wickel dir einen Schal um den Hals! **2** (stretta apertura) {+POZZO} Loch n, Schlund m • **~ del camino**, Rauchkanal m, Abzug m **3** (scarico) {+LAVANDINO} Abfluss m **4** fig (golosità) Gefräßigkeit f, Esslust f: **mangiare per ~**, aus reiner (Ess)lust essen; relig Völlerei f, Naschsucht f **5** arch Karnies n, Hohlkehle f **6** fis {+ONDA} Tal n **7** geog {+BURRONE} Schlucht f, Klamm f **8** mar (fra due creste d'onda successive) Wellental n **9** mil Bresche f, Spalt m **10** tecnol {+PULEGGIA, SERRATURA, UGELLO} Rille f, Nut(e) f **B** <inv> loc agg: a ~ **1** arch {MODANATURA} rinnenförmig **2** elettr tel: **isolatore a ~**, Isolierrolle f **3** ferr: **rotaia a ~**, Rillen-, Straßenbahnschiene f • **avere la ~ asciutta/secca** fig (avere sete), eine trockene Kehle haben; **bagnarsi la ~** fig (bere), sich (dat) die Kehle/Gurgel anfeuchten/schmieren fam (trinken) fam; **cantare a ~ spiegata**/[squarciagola] fig (molto forte), ₍mit schallender Stimme₎/[aus voller Kehle] singen; **essere pieno fino alla ~ ~ (completamente sazio)**, bis ₍oben hin₎/[zum Anschlag] voll sein fam; fig, es bis oben hin satt haben fam, die Schnauze voll haben fam; **essere/restare a ~ asciutta** fig (senza mangiare o bere), nichts zu essen/trinken bekommen; fig (non avere qc che si desidera), leer ausgehen fam; **far ~ a qu** (rendere goloso), jdm das Wasser im Mund zusammenlaufen lassen fam; fig (suscitare desiderio), jdn reizen, verlockend für jdn sein, jdn anmachen slang; **fino alla ~**, {ARRIVARE} bis zum Hals(e); ~ **di lupo** anat, Wolfsrachen m; **mentire per la ~** fig scherz (sfacciatamente), das Blaue vom Himmel herunterlügen fam; **ricacciare in ~ a qu un'offesa** anche fig (vendicarsi), jdm über den Mund/[in die Parade] fahren fam; **parlare di/in ~** fig (con voce bassa), gurgelnd sprechen; **a piena ~** fig (con tutto il fiato), {CANTARE, GRIDARE, URLARE} aus voller Kehle, aus vollem Hals(e); **prendere la ~** fig (essere molto forte), {ODORE} sehr stark, sehr intensiv; **prendere qu per la ~ ~ (per il collo)**, jdn an der Gurgel packen, fig (imporre condizioni da strozzino), jdm das Messer an die Kehle setzen; fig (attirare con piatti prelibati), jdn durch seine Kochkünste erobern; ~ **profonda** fig giorn (informatore), Informant m; **ricacciare il pianto/le lacrime in ~** fig (soffocare), die Weinen/die Tränen unterdrücken; **rimanere in ~ a qu**, {SPINA DI PESCE} jdm im Hals stecken bleiben; **l'offesa gli rimase in gola a lungo** fig (non gli andare giù facilmente), er konnte die Beleidigung lange nicht schlucken; **tagliare la ~ a qu**, jdm die Kehle/Gurgel durchschneiden; fig, jdm die Gurgel zuschnüren/zudrücken fam; **ne ammazza più la ~ che la spada** prov, mehr noch als des Krieges Lanze führt Völlerei zum Todestanze prov.

golden boy <-, -, -s> loc sost m ingl (giovane ricco e/o di successo) Golden Boy m.

golden delicious ingl bot Ⓐ <inv> loc agg {MELA} Golden-Delicious- Ⓑ <-> loc sost f Golden Delicious m.

golden retriever <-, -, -s> m ingl zoo Golden Retriever m.

golden share <-, -, -s pl ingl> loc sost f ingl econ Schlüsselbeteiligung f.

goldoniàno, (-a) agg lett (di C. Goldoni) {COMMEDIA} von Goldoni.

goleàda <-e, -s pl spagn> f spagn sport Goleada f, Torflut f.

goleadór <-, -es pl spagn> m spagn sport (nel calcio) Torjäger m.

gòlem <-> m ebraico (automa) Golem m.

golétta f mar Schoner m.

golf① <-> m ingl sport Golf(spiel) n: **giocare a ~**, Golf spielen.

golf② <-> m ingl (maglia) (kragenlose) Strickjacke f, Pullover m.

golfìno m (maglia) (kragenlose) Strickjacke, Pullover m.

golfìsta <-i m, -e f> mf sport Golfspieler(in) m(f).

golfìstico, (-a) <-ci, -che> agg sport Golf-.

gólfo m geog Golf m, Bucht f: **il ~ di Genova/Napoli**, der Golf von Genua/Neapel • **mistico** mus, Orchestergraben m.

Gòlgota m geog Golgot(h)a.

Golìa m (nome proprio) Goliath.

goliàrda f → **goliardo**.

goliardàta f **1** (azione di goliardi) (derber/übermütiger) Studentenstreich/Studentenscherz m **2** fig (scherzo) Schabernack m, Spaß m, Scherz m, Ulk m.

goliardìa f **1** (spirito universitario) studentischer Geist m **2** (insieme dei goliardi) Studentenschaft f, Gemeinschaft f der Goliarden.

goliàrdico, (-a) <-ci, -che> agg **1** (dei goliardi) {CANTO, RITO} Goliarden-, studentisch, Studenten- **2** fig (burlone): **scherzo ~**, derber Spaß.

goliàrdo, (-a) m (f) (appartenente alla goliardia) Goliard(e) m.

golòsa f → **goloso**.

golosità <-> f **1** (ghiottoneria) Esslust f; {+DOLCI} Naschhaftigkeit f: **mangia per ~**, er/sie isst aus reiner Lust **2** (leccornia) Leckerbissen m, Schleckerei f **3** fig (desiderio) Gier f, Begierde f, Verlangen n.

golóso, (-a) Ⓐ agg **1** (ghiotto) naschhaft, naschsüchtig; ~ **di qc** {DI CIOCCOLATA} auf etw (acc) versessen **2** (buono) {CIBO} lecker, schmackhaft **3** fig (avido) ~ **di qc** {DI ONORI} (be)gierig auf etw (acc); **essere ~ di qc**, begierig/versessen/scharf sein fam auf etw (acc) **4** fig (voglioso) {SGUARDO} gierig, lüstern Ⓑ m (f) (chi è ghiotto) Schlemmer(in) m(f), Leckermaul n fam.

gólpe <-, -s pl spagn> m spagn polit Putsch m, Staatsstreich m.

golpìsmo m polit Putschismus m.

golpìsta <-i m, -e f> polit Ⓐ agg {GOVERNO} Putschisten- Ⓑ mf Putschist(in) m(f).

gomàsio <-> m gastr Gomasio <ohne art>, Sesamsalz n.

gòmena f mar Tau n, Trosse f: ~ **d'ormeggio**,/**di rimorchio**, Halte-/Schlepptau n.

gomitàta f **1** (colpo di gomito) Stoß f; Schlag m mit den Ellenbogen, Rempler m fam **2** (al gomito) Stoß m an den Ellenbogen • **farsi largo/strada a gomitate** (farsi la fatica), seine Ell(en)bogen gebrauchen; (cercare di ottenere qc a tutti i costi), seine Ell(en)bogen gebrauchen, rücksichtslos ˌauf ein Ziel zuˌsteuern/[ein Ziel verfolgen].

gómito m **1** anat Ell(en)bogen m; (articolazione) Ell(en)bogengelenk n **2** (parte) {+CAPPOTTO, GIACCA} Ell(en)bogen m **3** (curva) Knick m; {+FIUME} Knie n **4** tecnol (angolo) {+TUBO} Knie n • **a ~**, gekröpft, Knie-; ~ **a fig** (a stretto contatto), {LAVORARE} dicht/eng nebeneinander; **alzare il ~** fig (bere troppo), zu tief ins Glas schauen fam/gucken fam, seine Ell(en)bogen gebrauchen; **fare un ~** (piegarsi), {FIUME, STRADA} abˌknicken, einen Knick machen; **farsi avanti coi/a forza di gomiti** (a gomitate), seine Ell(en)bogen gebrauchen; fig (cercare di ottenere qc a tutti i costi), seine Ell(en)bogen gebrauchen, rücksichtslos ˌauf ein Ziel zuˌsteuern/[ein Ziel verfolgen]; **lavorare di gomiti** fig, sich (dat) mit den Ellenbogen einen Weg bahnen; **mangiarsi i gomiti** fig (pentirsi di qc), sich (dat) in den Hintern beißen fam, etw bereuen; ~ **di mare** fig (braccio di mare), Meerenge f; ~ **del tennista** med, Tennisell(en)bogen m, Epikondylitis f scient.

gomìtolo m Knäuel m o n: **fare/disfare un ~**, ein Knäuel zusammenrollen/entwirren; **un ~ di spago**, ein Bindfadenknäuel.

gómma f **1** gener Gummi m o n: ~ **naturale/sintetica**, Kautschuk m/Kunstkautschuk m **2** (per cancellare) (Radier)gummi m: ~ **da inchiostro**, Tintengummi m; ~ **per macchina da scrivere**, Schreibmaschinengummi m; ~ **da matita**, Radiergummi m, Radierer m fam; ~ **pane**, Knetgummi m **3** fam autom (Auto)reifen m: **cambiare una ~** fam, einen Reifen wechseln; **forare una ~**, einen Plattfuß/Platten fahren fam; ~ **rigenerata**, Regeneratgummi m; **avere una ~ a terra**, eine Reifenpanne/einen Plattfuß fam/einen Platten haben; ~ **vulcanizzata**, vulkanisierter Gummi **4** med Gumma n scient: ~ **luetica**, syphilitisches/luetisches Gumma scient • ~ **americana**/[da masticare], Kaugummi m o n, Chewing-Gum m; ~ **arabica**, Gummiarabikum n; **essere di ~**, {GUANTO, PALLA, STIVALI} aus Gummi sein; fig (essere molto snodato), {BAMBINO} sehr gelenkig sein.

gommàge <-> m franc (peeling) Peeling n, Gommage f.

gommalàcca, gómma làcca f loc sost f (resina) Gummilack m, Schellack m.

gommapiùma f comm Schaumgummi m.

gommàre tr ~ **qc 1** (spalmare di colla) {CARTA, FRANCOBOLLI} etw gummieren **2** (impermeabilizzare) {TESSUTO} etw gummieren **3** (munire di gomme) {AUTO} etw bereifen.

gommàto, (-a) agg **1** (spalmato di colla) {BUSTA, CARTA, FRANCOBOLLI} gummiert **2** (impermeabilizzato) {TESSUTO} gummiert **3** {AUTO} bereift.

gommìfero, (-a) agg (della gomma) {PIANTA} gummihaltig, Gummi-.

gommifìcio <-ci> m (stabilimento) Gummifabrik f.

gommìna f <dim di gomma> kleiner Radiergummi.

Gommìna® f (per capelli) (Haar)gel n.

gommìno m (chiusura di gomma) Gummidichtung f, Gummistöpsel m.

gommìsta <-i m, -e f> mf **1** (venditore) Reifenhändler(in) m(f) **2** (riparatore) Reifenreparateur(in) m(f) Ⓑ m (officina) Reifendienst m.

gommóne m fam mar Schlauchboot n.

gommosità <-> f **1** (l'essere simile alla gomma) {+MATERIALE} Gummiartigkeit f **2** (contenuto di gomma) {+MISCELA} Gummigehalt m.

gommóso, (-a) agg **1** (simile alla gomma) {SOSTANZA} Gummi-, gummiartig **2** (con gomma) {MISCELA} gummihaltig.

Gomòrra f stor geog Gomorr(h)a.

gònade f anat Keimdrüse f, Gonade f scient.

gonadotropìna f med Gonadotropin n scient.

góndola f aero mar Gondel f.

gondolière m (rematore) Gondoliere m.

gonfalóne m (vessillo) {+BOLOGNA, VENEZIA} Banner n, Fahne f, Panier n obs • **portare il ~** fig (dirigere un'impresa), ein Unternehmen leiten; **tenere il ~** fig (primeggiare), der/die Erste sein.

gonfalonière m (chi porta il gonfalone) Bannerträger m.

gonfiàbile agg (che si può gonfiare) {PALLONE, PUPAZZO} aufblasbar; {CUSCINO, MATERASSINO} Luft-.

gonfiàggio <-gi> m **1** {+PALLONE} Aufpumpen n **2** fig (aumento) {+PREZZI} Aufblähen n.

gonfiàre <gonfio, gonfi> Ⓐ tr <avere> **1** (riempire d'aria) ~ **qc** {PALLONCINO} etw aufblasen; ~ **qc** (con qc) {GOMMA DELLA BICI, MATERASSINO, PALLONE CON UN COMPRESSORE} etw (mit etw dat) aufˌpumpen; ~ **qc** {GUANCE, STOMACO} etw (auf)blähen; {TENDA, VELE, ecc.} anche etw aufˌbauschen **2** (dilatare) ~ **qc** {UMIDITÀ LEGNO} etw ausˌdehnen, etw aufquellen lassen **3** fig (maggiorare) ~ **qc** {PREZZI, SPESE} etw aufˌblähen **4** fig (enfatizzare) ~ **qc** {PROPRI MERITI, NOTIZIA, ecc.} etw aufbauschen **5** fig (aumentare l'importanza) ~ **qu** {CAMPIONE} jdn übertrieben loben, jdn über den grünen Klee loben fam **6** fig (malmenare) ~ **qu** jdn schlagen, jdn verprügeln, jdm die Hucke vollˌhauen fam: **l'ubriaco gonfia sua moglie di sberle**, der Säufer ohrfeigt seine Frau, bis sie blau ist anche ~ **qc a qu** {LA FACCIA AL FIGLIO} jdm etw grün und blau schlagen fam Ⓑ itr <essere> itr pron (diventare gonfio): **gonfiarsi** {LEGNO} (auf)quellen; {FIUME, MARE} anˌschwellen; {PASTA DELLA PIZZA} aufˌgehen: **col caldo mi si gonfiano le mani**, bei Hitze schwellen meine Hände an Ⓒ itr pron fig (inorgoglire): **gonfiarsi** (per/[a causa di] qc) {PER IL SUCCESSO OTTENUTO} sich (wegen etw gen) aufˌblasen fam spreg, sich (wegen etw gen) aufˌplustern: **si gonfia quando gli fanno i complimenti**, wenn man ihm Komplimente macht, schwillt ihm die Brust; Komplimente steigen ihm zu Kopf.

gonfiàto, (-a) agg **1** fig (maggiorato) {PREZZO} aufgebläht **2** fig (enfatizzato) {AVVENIMENTO} aufgeblasen fam spreg.

gonfiatùra f **1** (il gonfiare): **la ~ dei palloncini era il mio compito**, die Luftballons aufzublasen, war meine Aufgabe; das Aufblasen der Luftballons war meine Aufgabe; (con una pompa) {+GOMMONE} Aufpumpen n **2** fig (montatura) Aufbauschen n, Übertreibung f: **è stata solo una ~ dei giornali**, es war nur eine Übertreibung der Presse **3** fig (adulazione) Schmeichelei f.

gonfiézza f **1** (l'essere gonfio) {+PALPEBRE, TORRENTE} Angeschwollensein n; {+MANO} Schwellung f; {+PASTA DELLA PIZZA} Aufgegangensein n **2** fig (ampollosità) {+STILE, TESTO} Schwülstigkeit f spreg, Geschwollenheit f spreg.

gónfio, (-a) <-fi m> Ⓐ agg **1** (pieno d'aria) {PALLONE} prall **2** (ingrossato) {FIUME, TORRENTE} angeschwollen **3** anche fig (pieno) ~ (**di qc**) {OCCHI DI LACRIME, DI SONNO} von etw (dat) verquollen, von etw (dat) verschwollen; {PAROLE DI RABBIA} voll von etw (dat), voll etw (gen) forb **4** fig (tronfio) {DIRETTORE} aufgeblasen fam spreg, eingebildet spreg **5** fig (ampolloso) {STILE} schwülstig spreg, geschwollen spreg **6** med {PIEDE} (an)geschwollen; **7** (nella moda) {GONNA} bauschig Ⓑ m med fam (rigonfiamento) Beule f fam.

gonfióre m **1** (rigonfiamento) (An)schwellung f: **ho un ~ al polso**, ich habe eine Schwellung am Handgelenk **2** (*gonfiezza*) Schwellung f: **soffrire di ~ ai piedi**, an geschwollenen Füßen leiden.

gong <-> m *mus* Gong m.

gongolànte *agg* (*contento*) {BAMBINO} jauchzend *forb*, fröhlich: **era tutto ~ per la notizia**, bei der Nachricht jauchzte er vor Freude.

gongolàre *itr* (*essere contento*) **~ di qc** {DI GIOIA} *vor etw* (dat) jauchzen *forb, vor etw* (dat) frohlocken *forb obs*.

goniometrìa f *mat* Goniometrie f, Winkelmessung f.

goniòmetro m *mat* Goniometer n, Winkelmesser m; **~ ottico a riflessione**, optischer Reflexionsgoniometer.

gónna f **1** (*indumento*) (Damen)rock m: **~ a campana/palloncino**, Glocken-/Bauschrock m; **~ pantalone**, Hosenrock m; **~ a pieghe/portafoglio**, Falten-/Wickelrock m; **~ a teli/tubo**, Streifen-/Röhrenrock m; **~ svasata**, ausgestellter Rock **2** ⟨*di solito al pl*⟩ *autom* {+VEICOLO} Wasserspritzschutz m, Fahrzeugschürze f.

gonnèlla <dim di gonna> f **1** Rock m, Röckchen m **2** *fig* (*donna*) Frau f, Schürze f *fam*: **correre dietro alle gonnelle fam** (*essere un donnaiolo*), ein Schürzenjäger sein *fam*; **è un vero generale in ~ fig** (*al femminile*), sie ist ein richtiger Feldwebel; **stare attaccato alla ~ della mamma fig fam** (*dipendere molto da lei*), an Mutters Rockzipfel hängen *fam*.

gonnellìno <dim di gonna> m (*gonna corta*) Röckchen n.

gonocìto m *biol* Gonozyte f.

gonocòcco <-chi> m *med* Gonokokkus m *scient*.

gonorrèa f *med* Tripper m, Gonorrhö(e) f *scient*.

gonorròico, (-a) <-ci, -che> *med* A *agg* gonorrhoisch *scient* B m (f) "Person, die den Tripper hat".

gónzo, (-a) *fam spreg* A *agg* (*credulone*) einfältig, dumm, dämlich *fam*, dusslig *fam* B m (f) Dumm-/Schwachkopf m *fam spreg*, Einfaltspinsel m *spreg*, Dussel m *fam*, Dämel m *region*, Dämlack m *region*.

good-bye *ingl* A *inter* good-bye B <-> m (*arrivederci*) Goodbye n, Lebewohl n, Aufwiedersehen n.

gòra f **1** (*fossato spec di mulini*) Mühlbach m, Mühlgraben m **2** (*alone*) Kranz m, Rand m **3** *anche lett* (*stagno*) Sumpfwasser n.

Gòre-Tex® <-> m *comm tess* Goretex® n.

gorgheggiàre <*gorgheggio, gorgheggi*> A *itr* **1** *mus* {SOPRANO} trillern **2** *zoo* trillern, singen; {USIGNOLO} schlagen B *tr forb* (*cantare*) **~ qc** {MELODIA} *etw* trällern.

gorghéggio <-ggi> m **1** *mus* {+CANTANTE} Triller m **2** *zoo* Getriller n, Trillern n; {+USIGNOLO} Schlagen n.

gorgièra f *stor* (*collo*) {+ABITO FEMMINILE} Halsband n; {+ARMATURA} Halsberge f; *sport* (*nella scherma*) Halsschutz m.

górgo <-ghi> m **1** (*vortice*) {+ACQUA, FIUME} Strudel m **2** *fig* (*abisso*) {+VIZIO} Wirbel m, Strudel m.

gorgogliàre <*gorgoglio, gorgogli*> *itr* **1** (*rumoreggiare*) {FONTANA, LIQUIDO} blubbern, gurgeln, gluckern; {INTESTINO, STOMACO} rumoren, kollern **2** (*fremere*) **~ da qc** {DALLA RABBIA} beben *vor etw* (dat) **3** *chim* **~ in qc** {GAS IN UN LIQUIDO} *in etw* (dat) brodeln, *in etw* (dat) blubbern.

gorgóglio① <-gli> m (*rumore*) {+LIQUIDO} Blubbern n, Gurgeln n; {+INTESTINO} Kollern n, Rumoren n.

gorgoglìo② <-glii> m (*gorgogliare continuare to*) {+RUSCELLO} fortwährendes Gurgeln; {+PENTOLA IN EBOLLIZIONE} Brodeln n, Gebrodel n; {+INTESTINO} Gekoller n.

gorgóne f *mitol* Gorgone f, Gorgo f **2** *fig lett* (*donna brutta*) Scheusal n.

gorgonzòla m *gastr* Gorgonzola m; (*scharfer Blauschimmelkäse aus der Lombardei*).

gorilla <-> m **1** *zoo* Gorilla m **2** *fig* (*guardia del corpo*) {+CANTANTE} Gorilla m *fam*, Leibwächter m **3** *fig* (*uomo rozzo*) Gorilla m *fam*.

gorillésco, (-a) <-schi, -sche> *agg* **1** (*di, da gorilla*) Gorilla-, gorillamäßig, gorillahaft **2** *fig spreg* (*grossolano*) {MODI, LINEAMENTI} Gorilla-, gorillamäßig, gorillahaft.

Gorìzia f *geog* Görz n.

goriziàno, (-a) A *agg* von/aus Görz B m (f) (*abitante*) Goriziainer(in) m(f), Einwohner(in) m(f) von Görz.

gospel <-> m *ingl mus* Gospel n o m.

gossip <-, -s pl *ingl*> m *ingl* (*pettegolezzo*) Gossip m, Klatsch m.

gòta f *lett* (*guancia*) {+BIMBO} Backe f, Wange f.

Gotha <-> m *ted* **1** (*almanacco*) Gotha m **2** *fig* (*élite*) {+DANZA, INDUSTRIALI, SCI} Elite f, Spitze f.

gòtico, (-a) <-ci, -che> A *agg* **1** *arte lett* {ARTE, CATTEDRALE, SCRITTURA, STILE} gotisch: **arco ~**, Spitzbogen m **2** *stor* {LINGUA} gotisch, Goten- B m **1** *stor* (*lingua*) Gotisch(e) n **2** (*scrittura*) Gotisch f, Fraktur-, Bruchschrift f **3** *fig* (*lingua incomprensibile*) Chinesisch n **4** *arte lett*: **~ fiammeggiante/fiorito**, Flamboyantstil m; **~ internazionale**, internationale Gotik **5** *tip* Gotisch(e) n.

gòto, (-a) m (f) *stor* (*persona*) Gote m, (Gotin f).

gótta f *med* Gicht f, Zipperlein n *fam*.

Gottàrdo m (*nome proprio*) Gotthard • **San Gottardo** *geog*, Sankt Gotthard.

Gottìnga f *geog* Göttingen n.

gottóso, (-a) *med* A *agg* **1** (*di gotta*) {ATTACCO} Gicht- **2** (*affetto da gotta*) {PAZIENTE} gichtkrank, gichtig, gichtisch B m (f) Gichtkranke mf *decl come agg*.

gouda m *olandese gastr* Gouda(käse) m.

gourmand <-, -s pl *franc*> mf (*buongustaio*) Gourmand m, Gourmande f B <inv> *agg* **1** (*dei buongustai*) Gourmand- **2** (*della buona cucina*) {+MENU} Gourmand-.

gourmandise <-, -s pl *franc*> f *franc* (*ghiottoneria*) Delikatesse f, Leckerbissen m.

gourmet <-> m *franc* (*buongustaio*) Gourmet m, Feinschmecker m.

governàbile *agg* **1** (*che si può governare*) {VEICOLO} lenkbar, steuerbar **2** *polit* {NAZIONE} regierbar.

governabilità <-> f **1** (*manovrabilità*) {+VEICOLO} Lenkbarkeit f, Steuerbarkeit f **2** *polit* {+POPOLO} Regierbarkeit f.

governànte A mf *polit* Regierende mf *decl come agg* B f **1** (*istitutrice*) Erzieherin f, Gouvernante f *obs* **2** (*collaboratrice domestica*) Haushälterin f, Hausdame f.

governàre A *tr* **1** (*amministrare*) **~ (qc)** (+ **compl di modo**) {PRIMO MINISTRO PAESE, STATO BENE} *etw* (irgendwie) regieren; {COMUNE, REGIONE MALE} *etw* (irgendwie) verwalten; {LEGGE STATO} *etw* beherrschen **2** (*dirigere*) **~ qc** (+ **compl di modo**) {AZIENDA CON AVVEDUTEZZA} *etw* (irgendwie) leiten **3** (*occuparsi di*) **~ qu/qc** {BAMBINO, FAMIGLIA} sich *um jdn/etw* kümmern, *jdn/etw* betreuen; {CASA} *anche etw* besorgen; {BESTIE} *etw* versorgen, *etw* hüten **4** *anche fig lett* (*guidare*) **~ qc** {AUTOMOBILE} *etw* beherrschen; {PROVVIDENZA AZIONI DEGLI UOMINI} *etw* leiten; {SITUAZIONE} *etw* meistern **5** *aero mar* **~ qc** *etw* steuern, *etw* lenken **6** *enol* **~ qc** {VINO} *etw* nachgären lassen B *itr mar* (*mantenere la rotta*): **governarsi** {BARCA} den Kurs beibehalten C *rfl* (*comportarsi*): **governarsi** sich verhalten, sich benehmen, sich beherrschen: **davanti a lui non sapevo più come governarmi**, vor ihm wusste ich nicht mehr, wie ich mich verhalten sollte.

governatìvo, (-a) *agg* **1** (*del governo*) {DECRETO} Regierungs- **2** (*che sostiene il governo*) {STAMPA} regierungsfreundlich **3** *obs* (*dello stato*) {ISTITUTO} staatlich, Staats-.

governatoràto m *amm* **1** (*ufficio e carica*) Gouverneursamt n, Statthalterschaft f **2** (*territorio*) Gouvernement n, Statthalterei f.

governatóre, (-trice) m (f) **1** *amm* {CIVILE, MILITARE} Gouverneur(in) m(f) **2** *banca* {FINANZIARIO} Präsident(in) m(f).

governatoriàle *agg* **1** (*del governatore*) {COMPITO} Gouverneurs-, Gouvernements-, gouvernemental CH o *obs* **2** (*del governatorato*) {SEDE} Gouverneurs-.

governatrice f → **governatore**.

govèrno m **1** *polit* (*il governare*) Regierung f: **buon/mal ~**, gute/schlechte Regierung **2** *polit*: **~/Governo**, {CONSERVATORE, DEBOLE, FORTE, OLIGARCHICO} Regierung f; **andare al ~**, an die Regierung kommen; **~ bipartito**, Zweiparteienregierung f; **~ di centro**, Mitteregierung f, Regierung f der Mitte; **~ di coalizione**, Koalitionsregierung f; **~ federale**, Bundesregierung f; **formare/sciogliere il ~**, die Regierung bilden/auflösen; **~ monocolore**, Einparteienregierung f; **~ parlamentare**, Parlamentarismus m; **~ di sinistra**, Linksregierung f; **~ tecnico**, aus Fachleuten bestehende Regierung (*meistens von kurzfristiger Dauer*) **3** *polit* (*periodo*) Regierungszeit f, Legislaturperiode f **4** (*direzione*) {+AZIENDA} Direktion f, Leitung f **5** (*cura*): **~ delle bestie**, Versorgung f der (Haus)tiere; **~ della casa**, Haushaltsführung f; **~ della famiglia**, Besorgung f der Familienangelegenheiten **6** *enol* {+VINO} Nachgärung f **7** *mar*: **assumere il ~ della barca**, das (Schiffs)ruder übernehmen **8** *inform* Regelung f, Steuerung f • **~ fantoccio** *polit* (*privo di potere effettivo*), Marionettenregierung f; **~ fantasma** *polit*, Scheinregierung f; **~ ombra** *polit*, Schattenkabinett n; **~ ponte/[di transizione]** *polit*, Übergangsregierung f; **piove, ~ ladro!**, wer ist an allem schuld? Natürlich die Regierung! *iron*.

gozzaniàno, (-a) *agg lett* (*di G. Gozzano*) {TEMA} von Gozzano.

gózzo① m **1** *fam* (*med*) Kropf m: **~ endemico**, Kropf m **2** *fig fam* (*stomaco*) Bauch m *fam*, Magen m • **avere qc sul ~ fig fam** (*non riuscire a mandare giù qc*), etw noch im/[auf dem] Magen liegen haben; **(re)stare sul ~ a qu** *fig fam* (*non riuscire ad andare giù*), jdm (schwer/[wie Blei]) im/[auf dem] Magen liegen; **riempirsi il ~ fig** (*mangiare avidamente*), sich (dat) den Bauch voll|schlagen *fam*, sich voll|stopfen *fam*.

gózzo② m *mar* Kahn m.

gozzovìglia f (*baldoria*) Schlemmerei f, Prasserei f, Völlerei f *spreg*.

gozzovigliàre <*gozzoviglio, gozzovigli*> *itr* (*fare baldoria*) {AMICI} schlemmen, prassen.

gozzùto, (-a) *agg anche ornit* {UCCELLO, UOMO} kropfig.

GP 1 *amm* *abbr di* Giunta Provinciale: Provinzialausschuss m **2** *sport* *abbr di* Gran Premio: GP (of Großer Preis).

GPL 1 *abbr di* Gas Propano Liquido: Propan(gas) n **2** *abbr di* Gas di Petrolio Liquefatto: Flüssiggas n.

GPM m *banca abbr di* Gestione Patrimoni Mobiliare: Vermögensverwaltung f.

gps <-> m abbr dell'ingl Global Positioning System: GPS(-System) n.

gr metrol **1** abbr di grado centesimale: gon **2** abbr di grano: Korn n.

GR m giorn abbr di Giornale Radio: Hörfunknachrichten f pl: **il GR 1**, die Hörfunknachrichten im ersten Programm.

GRA m abbr di Grande Raccordo Anulare: große Umgehungsstraße (von Rom).

graal <-> m mitol Gral m: **il sacro ~**, der Heilige Gral.

gracchiàre <gracchio, gracchi> itr **1** (fare un rumore roco) {RADIO, TELEVISORE} krächzen, quäken spreg **2** fig (brontolare) brummen **3** ornit zoo {CORVO} krächzen; {RANA} quaken; {CICALA} zirpen.

gràcchio <-chi> m **1** ornit zoo {+CORVO} Krächzen n; {+RANA} Quaken n; {+CICALA} Zirpen n **2** ornit Alpendohle f.

gracidàre itr **1** zoo {RANA} quaken **2** fig (parlare in modo fastidioso) {VECCHIA} quaken fam spreg, quäken spreg.

gracidìo <-dii> m (il gracidare) {+RANA} Quaken n, Gequake n.

gràcile agg **1** (fragile) {ASPETTO} zart; {FIGURA, RAGAZZO} anche grazil; {SALUTE} schwach, zart **2** (esile) {BRACCIO} zartglied(e)rig, dünn, mager; {RAMO} zerbrechlich **3** fig (inconsistente) {TRAMA DI UN ROMANZO} schwach, dünn, dürftig.

gracilìno, (-a) <dim di gracile> agg (mingherlino) {RAGAZZA} schmächtig, schwächlich.

gracilità <-> f **1** (fragilità) {+ASPETTO} Zartheit f; {+FIGURA, BAMBINA} anche Grazilität f **2** (esilità) {+GAMBE} Dünnheit f, Schlankheit f; {+FIORE} Zerbrechlichkeit f **3** fig (inconsistenza) {+TESTO} Schwäche f.

gradàsso m spreg (spaccone) Angeber m fam spreg, Aufschneider m fam spreg, Prahler m fam, Prahlhans m fam: **fare il ~**, angeben fam spreg, aufschneiden fam spreg, prahlen fam.

gradataménte avv (per gradi) {ABITUARSI A QC, AVVICINARSI, PROGREDIRE, SCOMPARIRE} allmählich, nach und nach, langsam.

gradazióne f **1** (passaggio graduale) {CRESCENTE, DECRESCENTE +MISURA} Gradation f; {+DIFFICOLTÀ} Abstufung f: **mettere delle scatole in ~ dalla più grande alla più piccola**, Schachteln ihrer Größe nach ordnen **2** (sfumatura) Abstufung f, Nuance f, Gradation f; {+LUCI, SUONI} Abstufung f, Gradation f: **~ di colore**, Farbabstufung f, Farbnuance f; **le stoffe sono messe in ~**, die Stoffe sind farblich geordnet **3** enol {+LIQUORE} Alkoholgehalt m: **~ alcolica**, Alkoholgehalt m; **vino dalla/di ~ bassa/alta/media**, Wein mit niedrigem/hohem/mittlerem Alkoholgehalt **4** fot {+EMULSIONE} Gradation f **5** geol Gradierung f **6** ling Wechsel m: **~ vocalica**, Vokalwechsel m, Apophonie f **7** ott {+LENTE} Stärke f ● **di una sinfonia mus**, in Form einer Steigerung aufgebaute Sinfonie.

gradévole agg (piacevole) {COMPAGNIA, EFFETTO, RISULTATO, SOGGIORNO} angenehm: **la superficie è ~ al tatto**, die Oberfläche fühlt sich angenehm an; **questa musica è ~ all'orecchio**, diese Musik schmeichelt sich ins Ohr.

gradevolézza f (piacevolezza) {+AMBIENTE} Gemütlichkeit f, Angenehme n decl come agg.

gradiènte m fis mat meteo {+FUNZIONE, POTENZIALE, PRESSIONE} Gradient m: **~ barometrico/barico**, Luftdruckgradient m; **~ termico**, Temperaturgradient m.

gradiménto m **1** (il gradire) Wohlgefallen n **2** (approvazione) {+GENTE} Zustimmung f: **questa rivista ha incontrato il ~ del pubblico**, diese Zeitschrift hat die Zustimmung des Publikums gefunden **3** (accettazione) {+PROPOSTA} Billigung f, Genehmigung f, Annahme f; {+DIPLOMATICO} Agrément n ● **questo è di mio/tuo/... ~ (mi/ti/... piace)**, das gefällt mir/dir/..., das sagt mir/dir/... zu, das behagt mir/dir ...; **trovare qc di proprio ~ (di proprio gusto)**, an etw (dat) (Wohl)gefallen finden.

gradinàta f **1** (scalinata) {+CHIESA} Treppe f **2** (tribuna) {+STADIO} Tribüne f; {+TEATRO} Sitzreihe f, Rang m.

gradìno A m **1** (scalino) {+AUTOBUS, MARCIAPIEDE, SCALINATA} Stufe f: **salire un ~**, eine Stufe ˌnach oben steigenˌ/[hinaufsteigen]; **scendere un ~**, eine Stufe ˌnach unten steigenˌ/[hinuntersteigen]; **fare due gradini alla volta**, zwei Stufen auf einmal nehmen **2** (basamento) {+STATUA} Sockel m **3** fig (grado) Stufe f: **essere al primo ~ della carriera**, die erste/unterste Stufe der Laufbahn erreicht haben; **salire/scendere di un ~ nella gerarchia**, eine (Rang)stufe ˌhöher steigenˌ/[absinken]; **toccare l'ultimo ~ dell'abiezione**, den moralischen Tiefstand erreichen, (sehr) tief sinken **4** agr Terrasse f **5** alpin Stufe f **6** geog Stufe f **7** mar {+CHIGLIA} Stufe f B loc agg: **a gradini**, {STRADINA} gestuft, stufig; {COLTIVAZIONE} anche, Stufen-, stufenförmig, terrassenartig ● **attenzione al ~!**, Achtung/Vorsicht Stufe!; **salire/scendere i gradini della scala sociale** fig (migliorare/peggiorare la propria posizione sociale), die soziale Stufenleiter hinauf-/hinabsteigen.

gradìre <gradisco> tr **1** (apprezzare) **~ qc** {DOLCE, DONO, INVITO A PRANZO, PROPOSTA} etw gern ˌnehmenˌ/nehmen, etw (gern) anˌnehmen; {VISITA} sich über etw (acc) freuen, etw genießen, etw gern sehen: **la tua presenza qui non è gradita**, deine Anwesenheit ist hier nicht erwünscht, du bist hier unerwünscht **2** (di solito al condiz) (desiderare) **~ qc** etw wünschen, etw mögen: **gradirei sapere chi vi ha autorizzati a parlare**, ich möchte gern wissen, wer euch das Wort erteilt hat **3** (nelle formule di cortesia) **~ qc** etw (gern) mögen, etw wünschen: **gradisci un caffè?**, möchtest du (gern) einen Kaffee?; **gradirei un po' di vino**, ich möchte gern ˌein bisschenˌ/[einen Schluck] Wein; **ne gradisce una fetta?**, möchten Sie eine Scheibe davon?; **voglia ~ i più sentiti auguri**, mit den besten Wünschen ● **tanto per ~**, um nicht unhöflich zu sein.

gradìto, (-a) agg (apprezzato) **~ (a qu)** {NOTIZIA, PROPOSTA, REGALO, SORPRESA} (jdm) angenehm, (jdm) willkommen; {OSPITE} (jdm) lieb, (bei jdm) gern gesehen, (bei jdm) willkommen; {COMPAGNIA} angenehm; {MUSICA} anche schmeichelnd; **fare cosa gradita**, etwas Erwünschtes tun; **non ~**, unerwünscht, nicht erwünscht; **poco ~**, wenig erwünscht; **questa è un'iniziativa a me gradita**, diese Initiative ˌgefällt mirˌ/[ist mir angenehm] ● **tornare ~ a qu** (fare piacere a qu), jdm gefallen, jdm Freude machen.

gràdo① A m **1** (stadio) {+EVOLUZIONE} Grad m, Schritt m, Stufe f, Stadium n: **andare/procedere per gradi**, schritt-/stufenweise vorgehen **2** (livello) Grad m, Maß n, Stufe f: **un alto ~ di benessere**, ein hoher Lebensstandard, ein beachtliches Maß an Wohlstand; **essere al più alto ~ della carriera**, auf der höchsten Stufe der beruflichen Laufbahn stehen; **ci sono diversi gradi di conoscenza delle lingue**, es gibt verschiedene Stufen der Sprachbeherrschung; **~ di istruzione/maturità**, Bildungs-/Reifegrad m; **come si è arrivati a un simile/tale ~ di intolleranza?**, wie ist es nur zu einer solchen Intoleranz gekommen?; **essere promosso di ~**, befördert worden sein; **salire di ~**, befördert werden, aufsteigen, aufrücken; **ad altissimo ~ di specializzazione**, hoch spezialisiert **3** (rif. alla parentela) (Verwandtschafts)grad m: **cugini di primo/secondo ~**, Cousins ersten/zweiten Grades; **~ di parentela**, Verwandtschaftsgrad m **4** alpin (Schwierigkeits)grad m: **~ di difficoltà**, Schwierigkeitsgrad m; **una scalata di sesto ~**, ein Aufstieg sechsten Grades **5** chim ott {+DISSOLUZIONE, LENTE} Grad m **6** dir {+GIUDIZIO} Instanz f: **primo/secondo/terzo ~**, erste/zweite/dritte Instanz **7** enol Prozent n: **~ alcolico**, Alkoholgehalt m; **un vino di 13 gradi**, ein Wein mit 13 Prozent Alkohol, ein 13%iger Wein **8** fis mat med meteo scuola {PRIMO, SECONDO, +IONIZZAZIONE, POLARIZZAZIONE, MONOMIO, LESIONE, UMIDITÀ} Grad m: **un angolo di 45 gradi**, ein Winkel von 45 Grad; **~ di durezza dell'acqua**, Härtegrad m des Wassers; **una inclinazione di 20 gradi**, eine Neigung von 20 Prozent, eine 20%ige Neigung; **scuola di primo/secondo ~**, Grundschule f/höhere Schule; **piegare qc a 90 gradi**, etw um 90 Grad biegen; **ustioni di terzo ~**, Verbrennungen f pl dritten Grades; **~ di vaporizzazione**, Verdampfungsgrad m **9** geog Grad m: **~ di latitudine/longitudine**, Breiten-/Längengrad m **10** gramm Stufe f, Grad m: **~ dell'aggettivo**, Steigerungsstufe f; **~ comparativo/superlativo**, Komparativ m/Superlativ m; **~ positivo**, Positiv m; **proposizione secondaria di terzo ~**, Nebensatz m 3. Grades **11** metrol Grad m: **~ Celsius/centigrado**, Grad m Celsius; **~ Fahrenheit/Kelvin/Réaumur**, Grad m Fahrenheit/Kelvin/Reaumur; **ha la febbre a 39 gradi**, er/sie hat 39 Grad Fieber; **la temperatura è di 7 gradi sopra/sotto lo 0**, die Temperatur beträgt 7 Grad über/unter null; **35 gradi all'ombra**, 35 Grad im Schatten; **sesto ~ della scala Mercalli/Richter**, Stärke f sechs auf der Mercalli-/Richter-Skala **12** mil Rang m, Grad m: **avanzare di ~**, befördert werden, aufsteigen, aufrücken; **~ di capitano**, Hauptmanns-/Kapitänsgrad m; **destituire/rimuovere qu dal ~**, jdn ˌvom Rang absetzenˌ/[degradieren]; (persona) militärische Führungskraft; **gli alti gradi dell'esercito**, die militärische Führung des Heeres; <di solito al pl> (mostrine) Rangabzeichen n pl; **scucire i gradi dalla giacca**, die Rangabzeichen von der Jacke abtrennen **13** mus {+SCALA} (Ton)stufe f B loc agg (di ~ completo): **a 360 gradi**, {INDAGINE} umfassend, in alle Richtungen gehend C loc avv **1** (un po' per volta) **a ~ a ~** {ABITUARSI} allmählich, nach und nach, Schritt für Schritt, langsam **2** (moltissimo): **~ al massimo ~**ˌ/[in sommo ~] {STIMARE QU} im höchsten Grade/Maße ● **essere in ~ di fare qc** fig (poterla o saperla fare), ˌin der Lageˌ/[imstande] sein, etw zu tun; **non è più in ~ di fare qc** fig (non ci riesce più), er/sie ist nicht mehr dazu ˌin der Lageˌ/[imstande]/[fähig], etw zu tun; **etw zu tun; er ist nicht mehr**, etw zu tun fam; **fare il terzo ~ a qu** fig (sottoporre ad un interrogatorio), jdn ins Kreuzverhör nehmen, jdn einem Kreuzverhör unterziehen.

gràdo② solo nella loc avv (volentieri): **di buon ~** {ACCETTARE} gern(e).

gradóne m **1** (terrazzo) Stufe f, Terrasse f **2** (scalino) {+ANFITEATRO} Tribünenstufe f.

graduàbile agg (che può essere graduato) {ASTA} abstufbar.

graduàle A agg (che si fa per gradi) {CRESCITA DI INTERESSE, DIFFICOLTÀ, ESERCIZI} schritt-, stufenweise, graduell B m relig Graduale n.

gradualìsmo m spec polit Politik f der kleinen Schritte.

gradualità <-> f (*l'essere graduale*) {+METODO} Abstufung f, Staffelung f: **la ~ dell'introduzione dell'euro**, die schrittweise Einführung des Euro, **fare le cose con ~**, die Dinge Schritt für Schritt machen, schrittweise vorgehen.

gradualménte avv (*per gradi*) {AVVICINARSI, MIGLIORARE} schritt-, stufenweise.

graduàre tr ~ qc **1** (*dividere in gradi*) {ASTA, CONTENITORE} etw graduieren, etw gradieren, etw in Grade ein|teilen **2** fig (*ordinare per gradi*) {DIFFICOLTÀ, ecc.} etw ab|stufen, etw staffeln.

graduàto, (-a) **A** agg **1** (*diviso in gradi*) {BICCHIERE, TERMOMETRO} Mess-, in Grade eingeteilt, graduiert; {SCALA} Mess- **2** fig (*ordinato per gradi*) {ESERCIZI} abgestuft, gestaffelt **B** m mil Unterführer m.

graduatòria f amm **1** (*ordine di successione*) Rangfolge f, Rangordnung f: **essere il primo/secondo in ~**, Erster/Zweiter sein, der Erste/Zweite der Rangfolge sein **2** (*elenco*) {+CANDIDATI} Rangliste f: **entrare/piazzarsi in ~**, in die Rangliste gelangen.

graduazióne f **1** (*divisione in gradi*) {+CILINDRO, STRUMENTO DI MISURA, TERMOMETRO} Maß-, Gradeinteilung f, Graduierung f **2** (*ordinamento per gradi*) {+MATERIALE DIDATTICO} graduelle Einordnung, Graduierung f.

grafèma <-i> m ling Graphem n.

gràffa **A** agg {PARENTESI} geschweift **B** f **1** (*lamina metallica*) Schelle f, Krampe f **2** (*parentesi*) geschweifte Klammer **3** edil Krampe f **4** tip Akkolade f, geschweifte Klammer.

graffàre tr (*unire*) ~ qc {PEZZI DI CARTONE} etw verklammern.

graffatrìce f (*cucitrice*) Hefter m.

graffétta <dim di graffa> f **1** (*punto*) {+CUCITRICE} Klammer f **2** (*per cavi*) Kabelschelle f **3** med Klemme f, Wundklammer f.

graffiànte agg **1** (*che graffia*) {RAMO} stach(e)lig **2** fig (*incisivo*) {OSSERVAZIONE} bissig, beißend, schneidend.

graffiàre <*graffio, graffi*> **A** tr **1** (*ferire*) ~ (qu/qc) (*con qc*) {GATTO BAMBINO CON LE UNGHIE} jdn/etw (mit etw dat) (zer)kratzen: **la scimmia ha graffiato il braccio alla padrona**, der Affe hat seiner Besitzerin den Arm zerkratzt **2** (*rigare*) ~ qc (*con qc*) {AUTO NUOVA, MURO CON UN COLTELLO} etw (mit etw dat) verkratzen, etw (mit etw dat) verschrammen **3** fig (*offendere*) ~ qu/qc (*con qc*) {AMICO CON UNA BATTUTA, ORGOGLIO DI QU} (mit etw dat) (gegen jdn/etw) sticheln spreg, jdn/etw (mit etw dat) beleidigen **4** fig fam (*rubare*) ~ qc {SOMMA} etw klauen fam, etw stibitzen fam scherz, sich (dat) etw unter den Nagel reißen fam **B** itr pron (*rigarsi*): **graffiarsi** {DISCO} Kratzer bekommen **C** rfl (*ferirsi*): **graffiarsi** sich wund kratzen; **graffiarsi qc** {MANO} sich (dat) etw auf|kratzen **D** rfl rec (*farsi dei graffi a vicenda*): **graffiarsi** {GATTI} sich (gegenseitig) kratzen.

graffiàta f **1** (*il graffiare*) Kratzen n: **dare una ~ a qu** sich (dat) kratzen, jdm einen Kratzer/ eine Kratzwunde zufügen **2** (*graffio*) Kratzer m, Schramme f.

graffiatùra f (*graffio*) {+MANO} Kratzwunde f; {+AUTO} Kratzer m, Kratzspur f, Schramme f.

graffiétto <dim di graffio> m **1** kleiner Kratzer: **farsi un ~**, sich (dat) einen kleinen Kratzer zufügen **2** (*arnese*) {+FALEGNAME} Parallelreißer m.

gràffio <-fi> m **1** (*piccola lacerazione*) Kratzwunde f, Kratzer m: **fare un ~ a qu**, jdm einen Kratzer/eine Kratzwunde zufügen **2** (*scalfittura*) Kratzer m, Schramme f: **le lenti di questi occhiali sono piene di graffi!**, die Gläser dieser Brille sind voller Kratzer/[ganz verkratzt]!; **fare un ~ a qc**, etw schrammen, etw verkratzen • **non farsi un ~** fig (*uscire incolume da un incidente*), ohne einen Kratzer davonkommen fam.

graffitìsmo m arte (*nella pittura*) Graffitimalerei f.

graffitìsta <-i m, -e f> mf arte (*nella pittura*) Graffitimaler(in) m(f).

graffìto, (-a) **A** agg (*inciso*) {DECORAZIONE} (ein)geritzt, (ein)gekratzt, (S)graffito-; {VASO} mit (S)graffiti versehen **B** m **1** arte (*nella pittura*) {METROPOLITANI, PREISTORICI} Graffito m o n, Sgraffito n **2** <di solito al pl> fig fam (*rievocazione*) {+ANNI SESSANTA} Spuren f pl.

grafìa f **1** (*modo di scrivere le parole*) {CORRETTA, ERRATA} Graphie f, Schreibweise f, Schreibung f **2** (*scrittura*) {ILLEGGIBILE} Schrift f.

gràfica <-che> f **1** arte Grafik f **2** tip grafisches Bild • ~ **vettoriale** inform, Vektorgrafik f.

graficaménte avv **1** (*con un disegno*) {RAPPRESENTARE QC} grafisch **2** (*rispetto alla grafia*) grafisch.

gràfico, (-a) <-ci, -che> **A** agg **1** (*che si esprime con un disegno*) {SEGNO} grafisch; {RAPPRESENTAZIONE} anche bildlich, zeichnerisch **2** (*della grafia*) {ACCENTO} grafisch; {REGOLA, VARIANTE} Schreib- **3** arte {OPERA} grafisch **4** mat grafisch **5** tip (*di stampa*) {PROVA} Satz-: **arti grafiche**, Grafik f **B** m **1** (*rappresentazione*) {+STATISTICA} Grafik f, grafische Darstellung: ~ **a torta**, Kreisdiagramm n **2** mat {+FUNZIONE} Grafik f **C** m (f) **1** edit (*tecnico*) {IMPAGINATORE} Grafiker(in) m(f), Graphiker(in) m(f): ~ **pubblicitario**, Werbegrafiker(in) m(f), Werbegraphiker(in) m(f) **2** <di solito al pl> industr Grafiker(in) m(f), Graphiker(in) m(f), Drucker(in) m(f).

grafìte f chim min Grafit m.

grafòloga f → **grafologo**.

grafologìa f (*studio della grafia*) Grafologie f.

grafològico, (-a) <-ci, -che> agg (*della grafologia*) {ANALISI, PERIZIA} grafologisch.

grafòlogo, (-a) <-gi, -ghe> m (f) (*studioso*) Grafologe m, (Grafologin f).

grafòmane mf **1** anche scherz (*chi scrive molto*) Schreibfanatiker(in) m(f), Vielschreiber(in) m(f) spreg **2** psic Schreibsüchtige mf decl come agg.

grafomanìa f **1** anche scherz (*mania di scrivere*) Schreibsucht f **2** psic Grafomanie f, Schreibwut f, Schreibsucht f.

gragnòla f **1** fig (*serie*) {+COLPI, SASSI} Hagel m; {+DOMANDE, PROTESTE} Flut f **2** meteo Graupel f.

gramàglie loc agg avv anche fig lett (*in lutto*): **in ~** in Trauer(kleidung).

gramìgna f **1** bot Quecke f, Queckengras n **2** fig Unkraut n **3** gastr "Nudelsorte f, die als Suppeneinlage verwendet wird" • **attaccarsi come la ~** fig (*essere fastidioso*), sich wie eine Klette anhängen fam; **crescere/essere/moltiplicarsi come la ~** fig (*proliferare*), {USURAI} wie Unkraut wuchern, sich wie Unkraut vermehren.

Gramìnacee <solo pl> f bot Gräser n pl, Gramineen pl.

gramìnaceo, (-a) agg bot {PIANTA} grasartig, Gras-.

grammaèstro → **gran maestro**.

grammàtica <-che> f (*disciplina*) Grammatik f, Sprachlehre f: ~ **descrittiva/sincronica**, deskriptive/synchrone Grammatik; ~ **generativo-trasformazionale**, generative Transformationsgrammatik; ~ **normativa**, normative Grammatik; ~ **storica/diacronica**, historische/diachrone Grammatik **2** (*insieme di regole*) Grammatik f: **un corso di ~ tedesca**, ein Kurs über die deutsche Grammatik **3** (*conoscenza delle regole*) Grammatik f: **fa ancora errori di ~**, er/sie macht noch Grammatikfehler **4** (*libro*) Grammatik f: **una ~ italiana**, eine italienische Grammatik **5** fig (*nozioni fondamentali*) {+MUSICA, SCIENZA} Grundregeln f.

grammaticàle agg (*della grammatica*) {REGOLA, TEORIA} Grammatik-, {STRUTTURA} grammatikalisch; {ANALISI} grammatisch.

grammàtico, (-a) <-ci, -che> m (f) **1** (*studioso*) Grammatiker(in) m (f) **2** spreg (*letterato pedante*) Wortklauber(in) m(f) spreg.

grammatùra f {+STOFFA} Gramm n (pro m²): **la ~ della normale carta per giornali è di grammi 60**, normales Zeitungspapier wiegt 60 Gramm (pro m²).

grammelot <-> m teat Grammelot n.

gràmmo m **1** (*abbr* g) Gramm n: **150 grammi di zucchero**, 150 Gramm Zucker; **il prezzo dell'oro al ~**, der Preis eines Gramms Gold **2** fig (*minimo*) Funke m, Fünkchen n, Körnchen n: **non c'è un ~ di sincerità nelle sue parole**, in seinen/ihren Worten steckt kein Körnchen/Fünkchen Aufrichtigkeit.

gràmmo-àtomo, **grammoatomo** <grammi-atomo; grammoatomi> m chim fis Grammatom n, Atomgramm n.

grammo-equivalènte, **grammoequivalènte** <grammi-equivalente; grammoequivalenti> m chim Grammäquivalent n.

grammofònico, (-a) <-ci, -che> agg (*relativo al grammofono*) {DISCO} Grammophon-.

grammòfono m (*apparecchio*) Grammophon n.

gràmmo-ióne, **grammoióne** <grammi-ione; grammoioni> m chim fis Grammion n.

gràmmo-màssa <grammi-massa> m fis (Masse)gramm n.

gràmmo-molècola, **grammomolècola** <grammi-molecola; grammomolecole> f chim Grammmolekül n, Grammmol n.

gràm-negatìvo, (-a) agg biol {BATTERIO} gramnegativ, gramfrei.

gràmo, (-a) agg **1** (*misero*) {VITA} armselig, elend, trostlos, freudlos **2** (*duro*) {TEMPI} hart **3** (*scarso*) {RACCOLTO} mager, dürftig.

gràmola f **1** (*per la pasta*) Knetmaschine f **2** tess Flachsbreche f.

gràm-positìvo, (-a) agg biol {BATTERIO} grampositiv, gramfest.

gramsciàno, (-a) agg (*di A. Gramsci*) {PENSIERO} von Gramsci.

gran → **grande**.

gràna① f **1** (*granello*) {+RISO} Korn n **2** anche fot min (*struttura*) Korn n, Körnung f: **carta vetrata a ~ fine/grossa**, fein-/grobkörniges Glas-/Schleifpapier **3** fig fam (*seccatura*) Problem n, Ärger m, Scherereien f fam, Stunk m fam spreg, Unannehmlichkeit f: **avere un sacco di grane**, eine Menge Ärger/ Schereren fam haben; **avere delle grane sul lavoro**, Probleme bei der Arbeit haben; **far scoppiare una ~**, einen Skandal vom Zaun brechen; **fare delle grane a qu**, jdm Probleme bereiten; **piantare una ~**, Ärger/ Stunk fam spreg machen; **non voglio altre grane!**, ich will keine weiteren Scherereien fam haben! **4** fig fam (*guaio*) Schwierigkeiten f pl; **andare nelle grane per qu/qc**, wegen jdn/etw in Schwierigkeiten geraten; **in passato ha avuto delle grane con la giustizia**, in der Vergangenheit hat er/sie Probleme/Ärger mit der Justiz gehabt; **cerchi gra-**

ne?, suchst du Ärger/Streit?; **è finito nelle grane**, er ist in ˌSchwierigkeitenˌ/[Teufels Küche *fam*] geraten; **siamo nelle grane!**, wir stecken/sitzen im Dreck! *fam*, wir sitzen in der Tinte! *fam*.

gràna② f *fam* (*denaro*) Piepen pl *fam*, Moneten f pl *fam*, Kohle f *fam*, Mäuse f pl *fam*, Möpse m pl *fam*, Kies m *fam*, Moos n *fam*, Zaster m *fam*, Knete f *slang*: **fare un sacco di ~**, einen Haufen Kohle machen *fam*; **fuori la ~!**, her mit der Kohle /den Moneten *fam*/dem Zaster *fam*!; **è un tipo pieno di ~**, der Typ ˌhat eine Stange Geld *fam*ˌ/[ist stinkreich *fam*]; **mi serve un po' di ~**, ich brauch ein paar Mäuse *fam* ● **scucire la ~** *fig* (*dare i soldi*), Geld lockermachen *fam*/ausspucken *fam*/rausrücken *fam*, blechen *fam*.

gràna③ <-> m *gastr* "ein dem Parmesan ähnlicher Hartkäse".

gràna④ f (*rosso carminio*) Karminrot n.

granàglie f pl (*semi di cereali*) Getreide n.

granàio <-nai> m **1** *agr* (+FATTORIA) Getreide-, Kornspeicher m **2** *fig* (*regione*) (+EUROPA) Kornkammer f.

granàrio, (-a) <-ri> m agg (*del grano*) (COMMERCIO) Getreide-, Korn-.

granàta① f *region* (*scopa*) (Stroh-, Reisig)besen m.

granàta② f *mil* Granate f.

granàta③ **A** <inv> agg **1** (CAMICIA) granatfarben; (COLOR) Granat- **2** *sport* (*nel calcio*) (*del Torino*) (CALCIATORE, TIFOSO) "des FC Turin" **B** f **1** *bot* Granatapfel m **2** *min* Granat m **C** <-> m *sport* (*nel calcio*) (*giocatore*) "Fußballspieler m des FC Turin" **D** mf *sport* (*nel calcio*) (*tifoso*) "Anhänger(in) m(f)/Fan m *fam* des FC Turin".

granatière m **1** *mil* Grenadier m **2** *fig* (*uomo robusto*) Riese m *fam*, Koloss m *fam*, Brocken m *fam*.

granatìna f *gastr* **1** (*granita*) Granita f, Gramolata f (*Sorbet aus feingemahlenem Eis u. Fruchtsäften oder Kaffee*) **2** (*sciroppo*) Grenadine f.

granàto, (-a) **A** agg **1** (*a grani*) Korn-, Körner- **2** (*a granelli rossi*) granat-; (MELA) Granat- **3** (*rosso scuro*) (VINO) granatrot, granatfarben **B** m **1** *bot* Granatapfelbaum m **2** *min* Granat m.

Gran Bretàgna f *geog* Großbritannien n.

grancàssa f *mus* große Trommel ● **battere la ~** *fig* (*fare propaganda per qu*), die (Werbe-/Reklame)trommel rühren *fam*.

grancèvola f *zoo* Meer-, Seespinne f.

granché **A** pron indef: **non … ~**, nichts Besonderes; **il suo libro non è un ~**, sein/ihr Buch ist nichts Besonderes **B** avv (*molto*): **non … ~**, nicht besonders, nicht so viel; **il viaggio non gli è piaciuto ~**, die Reise hat ihm nicht besonders gefallen; **non vedo ~**, ich sehe nicht ˌ(so) vielˌ/[besonders gut].

grànchio <-chi> m **1** *zoo* Krabbe f, Taschenkrebs m **2** (*morsa*) Bankeisen n, (+MARTELLO) Nagelheber m ● **avere un ~** *fig fam* (*un crampo*), einen Krampf haben; **avere il ~ alla borsa** *fig* (*essere avaro*), die Hand auf den Beutel/die Tasche halten *fam*; **cavare il ~ dalla buca** *fig* (*far uscire qu allo scoperto*), den Hund hinter dem Ofen hervorlocken *fam*; **prendere un ~** *fig* (*fare un errore*), einen Bock schießen *fam*.

grand' → **grande**.

grandangolàre *fot* **A** agg (OBIETTIVO) weitwinklig, Weitwinkel- **B** m Weitwinkelobjektiv n.

grandàngolo m *fot* Weitwinkelobjektiv n.

grànde <*più grande o maggiore, grandissimo o massimo o sommo; si può troncare in gran davanti a consonante e al pl; davanti a s impura, gn, pn, ps, x, z di norma non c'è troncamento, anche se è frequente la forma tronca; si può elidere in grand' davanti a vocale, anche se è più frequente la forma non elisa*> **A** agg **1** *gener* (LETTO, OCCHI, PACCO, PALAZZO, TAGLIA) groß; (FORMATO, ORDINAZIONE) Groß-: **la Sardegna è più ~ della Corsica**, Sardinien ist größer als Korsika; **quanto è ~ il terrazzo?**, wie groß ist die Terrasse?; (*largo*) (APERTURA, BOCCA) groß, breit; (*lungo*) (PERIODO DI TEMPO) lang, ausgedehnt; **qual è il fiume più ~ della Cina?**, wie heißt der längste Fluss Chinas?; (*alto*) (ALBERO, TORRE) groß, hohe(r, s), hoch pred; (RAGAZZO) groß, lang *fam*; (*profondo*) (SECCHIO) tief; (*esteso*) (SALA) groß, geräumig; (PRATERIA) weit, groß; (CITTÀ) groß, Groß- **2** (*rif. a rumore*) (BOTTO, ESPLOSIONE) laut, heftig, groß **3** (*robusto*) groß, kräftig, stark, dick: **è un uomo ~ e grosso**, er ist ein großer, kräftiger Mann **4** (*adulto*) groß, erwachsen: **quando sarò ~ farò il veterinario**, wenn ich groß/erwachsen bin, werde ich Tierarzt; **abbiamo due figli grandi**, wir haben zwei große/erwachsene Kinder **5** (*considerevole*) (AFFLUENZA DI GENTE) groß, beachtlich, beachtenswert, riesig *fam*, Riesen- *fam*; (GIRO D'AFFARI) groß, umfangreich; (GUADAGNO) beachtlich, ansehnlich, hohe(r, s), hoch pred; (RICCHEZZE) beträchtlich, bedeutend **6** (*numeroso*) (GREGGE, GRUPPO, ORCHESTRA) groß **7** (*forte*) stark, heftig, **c'era una ~ agitazione**, es herrschte eine helle Aufregung; (IMPRESSIONE) groß, tief; **un ~ dolore**, ein starker/heftiger Schmerz; **mi fa una gran pena**, er/sie tut mir sehr leid; **ho un gran raffreddore**, ich habe ˌeinen starken Schnupfenˌ/[eine starke Erkältung], ich bin stark erkältet/verschnupft; **con mio ~ stupore**, zu meinem großen Erstaunen **8** (*profondo*) (RASSEGNAZIONE, SOLITUDINE) tief, völlig, vollkommen **9** (*grosso*) (ERRORE) groß **10** (*importante*) (OCCASIONE) groß; (SUCCESSO) groß, bedeutend; (BANCA, CONGRESSO, GIORNO, IMPRESA, INDUSTRIA) bedeutend, wichtig **11** <*anteposto*> (*straordinario*) (EVENTO) außergewöhnlich, groß(artig): **un ~ paese**, ein großartiges Land; **è stato un grand'uomo**, er war ein großer Mann **12** (*notevole*) (INTERESSE) groß, stark; (BONTÀ, CORAGGIO, DIFFERENZA) bemerkenswert, beachtlich; (INTELLIGENZA) scharf, groß: **mi sei stato di ~ aiuto**, du warst mir von großer Hilfe **13** <*anteposto*> (*molto*) (SONNO) groß, viel: **avere una gran fame**, großen Hunger haben, Kohldampf haben *fam*; **ti voglio un gran bene**, ich habe dich sehr/irre *fam* wahnsinnig *fam* lieb; **ci vogliono (dei) gran quattrini** *fam*, dazu braucht man ˌeinen Haufen Geldˌ/[das große Geld] *fam*; **fa un gran freddo/caldo**, es ist sehr/irre *fam*/wahnsinnig *fam* kalt/heiß; **ha un gran bisogno di riposarsi**, er/sie hat es dringend nötig, sich auszuruhen; er/sie braucht unbedingt Ruhe **14** (*vasto*) (POSSIBILITÀ DI SCELTA) groß, reich **15** (*difficile*) (PROVA) schwierig, schwer **16** (*serio*) (OSTACOLO) groß, schwierig **17** (*che eccelle sugli altri*) (ARTISTA, GIURISTA, MUSICOLOGO, SCIENZIATO) groß, bedeutend, berühmt: **il ~ Galileo**, der große Galileo **18** (*potente*) (BANCHIERE, IMPERATORE) mächtig, einflussreich **19** (*solenne*) (FESTA) groß(artig), prächtig; (MESSA) feierlich **20** (*generoso*) (CUORE) groß(mütig) **21** (*nobile*) (SENTIMENTI) edel, edle(r, s) **22** (*grave*): **grandi ustionati**, Patienten mit schweren Verbrennungen; **~ invalido**, Schwerbehinderte m decl come agg **23** (*eccellente*) (FILM) hervorˌragenˌ/[ruf]end, vorzüglich, vortrefflich, exzellent **24** (*grandioso*) groß(artig): **c'è qualcosa di ~ in lui**, er besitzt etwas Großartiges **25** (*con nomi di personalità e titoli*) groß, Groß-, erste(r, s): **gran'ammiraglio**, Groß-

admiral m; **gran ciambellano/cancelliere**, ˌerster Kämmererˌ/[Großkanzler] m; **Federico il Grande**, Friedrich der Große **26** <*posposto*> (*più ~*) groß: **prendi il libro ~**, nimm das große Buch da; **mio fratello ~**, mein großer Bruder **27** in funzione di superl (*a volte si traduce con un agg composto*) sehr: **una gran bella donna**, eine bildschöne Frau; **un gran bravo ragazzo**, ein wirklich anständiger Junge **28** <*di norma con troncamento*> rafforzativo (*bel*) groß, stark, sehr, tüchtig, Erz-: **un gran bevitore/fumatore/mangiatore**, ein starker Trinker/Raucher/Esser; **un gran bugiardo**, ein großer Lügner; **un ~ imbroglione**, ein raffinierter/ausgekochter Betrüger; **un gran lavoratore**, ein Arbeitstier n *fam*; **un ~ sognatore**, ein richtiger Träumer/Schwärmer **29** *tip* (LETTERA) Groß-, groß **B** mf **1** (*adulto*) Große mf decl come agg, Erwachsene mf decl come agg: **che cosa farai da ~?**, was wirst du einmal werden, wenn du groß bist?; **per grandi e piccini**, für Groß und Klein **2** <*di solito al pl*> (*chi eccelle*) (+FINANZA, LETTERATURA, PITTURA, SCULTURA) Große mf decl come agg; (*potente*) (+STORIA) Mächtige mf decl come agg: **i grandi della terra**, die Mächtigen der Erde **3** *stor* (+SPAGNA) Grande m **C** loc avv **1** (*di dimensioni superiori al normale*): **in ~** (RIPRODURRE) überlebensgroß **2** *fig* (*in modo fastoso*): **alla ~** (FARE LE COSE) groß, in großem Stil *fam*: **vivere alla ~**, auf großem Fuß(e) leben *fam* **3** *fig* (*senza porsi limiti angusti*); **in ~** (FARE LE COSE, PENSARE) in großem Stil *fam* ● **gran che** → **granché**; **fare il ~** *fig* (*atteggiarsi a persona potente*), den großen Herren/Macker fam spielen; **farsi di qc** *fig* (*vantarsi*), sich etw (gen) rühmen, mit etw (dat) angeben *fam spreg*; **come ti sei fatto ~!** (*come sei cresciuto*), bist du aber groß geworden!; **i tre/quattro/sette grandi** *polit*, die drei/vier/sieben Großen; **rendere ~ qu** (*far diventare famoso*), jdn berühmt machen, jdn zu einem Star machen; **vincere alla ~** (*inequivocabilmente e senza sforzo*), im großen Stil gewinnen *fam*.

grandeggiàre <*grandeggio, grandeggi*> itr *lett* **1** (*torreggiare*) **~ + compl di luogo** (COSTRUZIONE IN MEZZO ALLA PIAZZA) über etw (acc) hinausˌragenˌ, sich über etw (acc) erheben **2** *fig* (*eccellere*) **~ su qu** (ATLETA, POLITICO SUGLI AVVERSARI) unter jdm hervorˌ-, herausˌragen **3** *fig* (*darsi arie*) sich groß|tun *spreg*, an|geben *fam spreg*.

grandeur <-> f *franc* **1** *anche iron* (*grandiosità*) (+FRANCIA) Grandeur f **2** (*mania di grandezza*) (+INDUSTRIALE) Größenwahn m.

grandèzza f **1** (*dimensioni*) Größe f, (Aus)maß n: **di tutte le grandezze**, in allen Größen; (*larghezza*) (+BOCCA) Breite f, Größe f; (*altezza*) (+CAMPANILE) Höhe f; (*profondità*) (+SECCHIO) Tiefe f; (*estensione*) (+PIAZZA) Größe f, Weite f, Ausdehnung f; (*statura*) Größe f; **un uomo di media ~**, ein Mann mittlerer Größe, ein mittelgroßer Mann **2** (*vastità*) (+PARCO DI DIVERTIMENTI, PISCINA, STADIO OLIMPICO) Größe f **3** (*forza*) (+FEDE, PENTIMENTO) Kraft f **4** (*importanza*) (+EVENTO, IMPRESA) Größe f, Wichtigkeit f, Bedeutsamkeit f **5** (*straordinarietà*) (+ATTORE, REGISTA, SANTO, SCRITTORE) Größe f, Außergewöhnlichkeit f **6** (*potenza*) (+ROMA) Macht f **7** (*fasto*) (+REGGIA DI CASERTA) Größe f, Macht f, Pracht f **8** (*generosità*) (+CUORE) Großmut m **9** (*nobiltà*) (+SENTIMENTI) Edelmut m **10** *fis inform mat* (ALTERNATA, DERIVATA, SCALARE, VARIABILE, VETTORIALE) Größe f ● **aspirare alla ~**, nach Macht und Größe streben; **~ d'animo** (*magnanimità*), Edelmut m; **a/in ~ naturale** (*nelle dimensioni reali*), (MODELLO) in Originalgröße; (*rif. a persona*), in Lebensgröße; **di prima ~** *fig* (*molto famoso*), ersten Ranges; *astr*

{STELLA} erster Größe. **grandguignolésco** → **granghignolesco**.

grandicèllo, (-a) agg fam (piuttosto grande) {BAMBINO} ziemlich groß.

grandinàre A impers <essere o avere> meteo hageln: **è/ha grandinato per un'ora**, es hat eine Stunde lang gehagelt B itr <essere> fig (cadere come grandine) → (+ **compl di luogo**) {PROIETTILI SULLA CITTÀ} (auf etw acc) hageln, (auf etw acc) nieder|prasseln, (auf etw acc) herab|fallen: **grandinano bombe**, es hagelt Bomben; {INSULTI IN CASA} (irgendwo) hageln, (irgendwo) nieder|prasseln.

grandinàta f 1 meteo Hagel(schlag) m, Hagelschauer m, Hagelfall m: **ci fu una violenta ~**, es gab einen großen Hagelschlag, es hagelte stark 2 fig (scarica) {+PUGNI} Hagel m; {+INSULTI} anche Flut f, Schwall m.

gràndine f 1 meteo Hagel m 2 fig (scarica) {+LEGNATE, PROIETTILI, PUGNI} Hagel m: **~ di confetti/riso**, Konfetti-/Reisregen m.

grandinìo <-nii> m (il grandinare insistente) Hagelschlag m.

grandiosità <-> f 1 (maestosità) {+COLONNATO} Mächtigkeit f 2 (straordinarietà) {+IMPRESA, PREPARATIVI, PROGETTO, SPETTACOLO} Großartigkeit f, Außergewöhnlichkeit f, Grandiosität f 3 (ostentazione) {+INDUSTRIALE} Prahlerei f spreg, Großtuerei f spreg, Wichtigtuerei f spreg.

grandióso, (-a) agg 1 (maestoso) {PARATA} großartig, grandios, überwältigend, prächtig; {MONUMENTO} imposant, großartig, mächtig 2 (straordinario) {PROGETTO, SPETTACOLO} großartig, außergewöhnlich; {IMPRESA} enorm, imposant {PREPARATIVI} gewaltig, enorm: **chi ha avuto la grandiosa idea di invitarli?** anche iron, wer hat denn die grandiose Idee gehabt, sie einzuladen? iron 3 (che ostenta superiorità) {UOMO} prahlerisch spreg, großtuerisch spreg, wichtigtuerisch spreg.

grandìssimo superl di grande.

grand jury <-> loc sost m franc dir "Geschworenengericht" n.

grand prix <- -, -s- pl franc> m franc sport (nell'automobilismo) (nell'ippica) Großer Preis m, Grand Prix m.

grandùca, (-duchéssa) m (f) (titolo) Großherzog(in) m (f).

granducàle agg {PALAZZO, TITOLO} großherzoglich.

granducàto m 1 (titolo) Großherzogswürde f 2 (territorio) {+TOSCANA} Großherzogtum n.

grandufficiàle, **grand'ufficiàle** m loc sost m (titolo) Großoffizier m.

granèlla f 1 (chicchi) {+RISO} Körner n pl 2 gastr {+CIOCCOLATO, MANDORLE, ZUCCHERO} Stückchen n.

granèllo m 1 (chicco) {+GRANO} Korn n 2 (granulo) {+POLVERE, SABBIA, SALE, ecc.} Korn n, Körnchen n: **~ di pepe**, Pfefferkorn n 3 (seme) {+PERA, ecc.} Kern m 4 fig (briciolo) {+PAZIENZA} Gran m, Fünkchen n, Körnchen n; {+SALE} Funke m.

granghignolésco, (-a) agg <-schi, -sche> agg (raccapricciante) {FILM} Schauder erregend: **racconto ~**, Schauergeschichte f.

gràngia <-ge> f (edificio rurale) {ALPINA} Geräte-/Heuschuppen m.

granìcolo, (-a) agg (della coltivazione del grano) {COLTURA} Getreide-, Korn-.

granicoltùra f (coltivazione) Getreidebau m.

graniglia f edil Kies m ● **~ di acciaio** metall, Stahlsand m.

granìta f gastr Granita f, Gramolata f (Sorbet aus feingemahlenem Eis u. Fruchtsäften oder Kaffee).

granìtico, (-a) agg <-ci, -che> agg 1 min {ROCCIA} granitisch, Granit-, granit(en) forb 2 fig (saldo) {FEDE, VOLONTÀ} unerschütterlich, unumstößlich, (felsen)fest, graniten forb.

granìto A m min Granit m B <inv> loc agg fig (molto saldo): **di ~** {FEDE, VOLONTÀ} Granit-, graniten forb, (felsen)fest; {UOMO} unerschütterlich ● **duro come il ~** fig (molto duro), hart wie Granit.

granìvoro, (-a) agg ornit Körner fressend.

gran maèstro <gran maestri> loc sost m 1 (capo) {+MASSONERIA} Großmeister m 2 stor Hofmeister m.

gràno m 1 bot (pianta, frutto) Weizen m, Korn m: **~ duro/tenero**, Hart-/Weichweizen m; **macinare il ~**, das Korn mahlen; **mietere il ~**, das Korn (ab)mähen; **~ saraceno**, Buchweizen m; **~ turco** <solo pl> (cereali) Korn n, Getreide n 3 (chicco) {+INCENSO, PEPE} Korn n 4 (perla) {+COLLANA, ROSARIO} Perle f 5 fig (briciolo) {+BUON SENSO, FURBIZIA} Fünkchen n, Gran n, Korn n, Funke m 6 fig fam (soldi) Piepen pl fam, Moneten f pl fam, Kohle f fam, Mäuse f pl fam, Möpse m pl fam, Kies m fam, Moos n fam, Zaster m fam, Knete m slang: **dove hai messo i grani?**, wohin hast du die Piepen fam/Moneten fam getan? 7 metrol Gran n ● **dividere il ~ dal loglio/[dalla zizzania]** fig bibl (separare il buono dal cattivo), die Spreu vom Weizen trennen; **non hai un ~ di sale in zucca!** fam (sei privo di buon senso), du hast kein Fünkchen gesunden Menschenverstand!

granóso, (-a) agg fig fam scherz (ricco) {FAMIGLIA, FIDANZATO, PRETENDENTE} reich.

granotùrco → **granturco**.

gran prèmio <gran premi> loc sost m sport (nell'automobilismo) Großer Preis, Grand Prix m.

gransèola → **grancevola**.

grant <-> m ingl econ Bewilligung f, Erteilung f, Gewährung f.

grantùrco <-chi> m bot 1 (pianta) Mais m, Welschkorn n 2 (frutto) Maiskörner n pl.

granturìsmo autom A <inv> agg {AUTOMOBILE} Gran-Tourisme- B <-> f Gran-Tourisme-Wagen m.

granulàre① agg (a granelli) körnig, gekörnt, Korn-; min {STRUTTURA} granulär, granulös.

granulàre② A tr (ridurre in granelli) **~ qc etw** granulieren, etw körnen B itr <essere> itr pron med (iniziare a cicatrizzarsi) {CICATRICE} granulieren.

granulàto, (-a) agg (in grani) körnig, gekörnt, granulös B m farm Granulat n.

granulazióne f anche med {+GHIAIA} Granulation f ● **solare** astr, Granulation f.

grànulo m 1 (granello) Granulum n 2 farm Arzneikügelchen n, Granulum n scient ● **in granuli**, granuliert.

granulòma <-i> m med Geschwulst f, Granulom n scient.

granulosità <-> f anche fot Körnigkeit f.

granulóso, (-a) agg (a granuli) {ASPETTO, CARTA, CUOIO, PELLE} gekörnt, körnig, granulös.

graphic design <-> loc sost m ingl edit Grafikdesign n.

gràppa① f enol Grappa m (italienischer Tresterbranntwein).

gràppa② f edil Bauklammer f.

grappétta <dim di grappa①> f 1 (graffetta) Heftklammer f 2 alpin Steigeisen n 3 med Wundklammer f, Agraffe f.

grappìno <dim di grappa①> m fam (bicchierino di grappa) Gläschen n Grappa: **bersi un ~**, ein Gläschen Grappa trinken.

gràppolo A m 1 bot Traube f: **un ~ di datteri**/[**d'uva**], eine Dattel-/Weintraube 2 fig (gruppo): **un ~ umano**, eine Menschentraube; **un ~ d'api**, eine Bienentraube B <inv> loc agg: **a ~** {INFIORESCENZA} traubenförmig.

gràspo m region (raspo) Traubenkamm m.

grassàggio <-gi> m mecc {+CATENA} Schmierung f; (azione) anche (Ein-, Ab)schmieren n.

grassaménte avv 1 (nell'abbondanza) {VIVERE} im Überfluss, reichlich 2 (sguaiatamente) {RIDERE} schallend, grölend.

grassatóre, (-trìce) m (f) Straßenräuber(in) m (f), Wegelagerer(in) m (f) spreg.

grassèllo① m gastr {+SALAME} Fett-, Speckstückchen n.

grassèllo② m edil Löschkalk m.

grassétto tip A agg {CARATTERE} halbfett B m halbfette Schrift: **scrivere in ~**, halbfett schreiben.

grassézza f 1 {+ANIMALE} Fettheit f, Dick-/Fettsein n; {+UOMO} anche Fettleibigkeit f: **la ~ gli impedisce i movimenti**, seine Fettleibigkeit behindert ihn in seinen Bewegungen 2 (contenuto di grasso) {+CIBO, OLIO} Fettgehalt m, Fettigkeit f 3 agr {+TERRENO} Fruchtbarkeit f, Fettheit f 4 lett (opulenza) Üppigkeit f: **vivere nella ~**, üppig/verschwenderisch/[im Überfluss] leben.

gràsso, (-a) A agg 1 {DONNA} dick(leibig), fettleibig forb, fett spreg; {GAMBE} dick; {BUE, POLLO} fett 2 (untuoso) {CAPELLI} fettig; {PELLE} anche fett 3 fig (ricco) {INDUSTRIALE, PROVINCIA} reich 4 fig (abbondante) {+PROFITTO} reichlich, einträglich, dick fam 5 fig (redditizio) {ANNATA} reich, einträglich 6 fig (vantaggioso) {OFFERTA, PROMESSA} vorteilhaft, nützlich 7 fig (volgare) {BATTUTA} schmierig spreg, schlüpfrig spreg 8 fig (smodato) {RISATA} schallend, grölend, maßlos 9 (dell'ultima settimana di carnevale) {MARTEDÌ, GIOVEDÌ} Fastnachts-, Faschings- A südt 10 agr (fertile) {TERRENO} fett, fruchtbar 11 bot {PIANTA} Fett- 12 chim {ACIDO} Fett- 13 edil {CALCESTRUZZO} fett; {CALCE} anche Fett- 14 enol {VINO} schwer 15 gastr {BRODO, CARNE, FORMAGGIO} fett; {CUCINA} fetthaltig; {CIBO} anche fettig B m 1 anche chim Fett n; gastr {+MAIALE, OCA} Fett n, Schmalz n: **~ animale**, tierisches Fett; **grassi (non) idrogenati**, (nicht) hydrierte/gehärtete Fette; **biscotto/cucina senza grassi**, fettfreie/fettarme Kekse/Küche; **~ vegetale**, Pflanzenfett n 2 (parte grassa) {+PROSCIUTTO} Fett n 3 (tessuto adiposo) Fett(gewebe) n 4 mecc Fett n: **per lubrificare**, Schmierfett n C m (f) (obeso) Dicke mf decl come agg, Fettleibige mf decl come agg forb ● **come un frate/maiale** fig fam (molto ~), fett wie ein Schwein spreg; **parlar ~** fig fam (sboccatamente), schlüpfrige Reden führen spreg; **cercare di perdere un po' di ~** fig (cercare di dimagrire), ein wenig abzuspecken fam versuchen; **sarà grassa se non ci rimettiamo** fig (sarà una fortuna), wir können von Schwein reden, wenn wir dabei nicht draufzahlen fam.

grassòccio, (-a) <-ci, -ce, accr di grasso> agg {DITA} dicklich, Wurst- fam; {BIMBA} anche füllig, rundlich fam.

grassóne, (-a) m (f) (ciccione) Dickwanst m fam spreg, Fettwanst m fam spreg, Dicksack m spreg.

grassottèllo, (-a) <dim di grasso> agg {DITA} dicklich; {BIMBA} pummelig fam.

grassùme m 1 spreg (adipe) Fett n 2 gastr {+BRODO} Fett n.

gràta f Gitter n: **mettere le grate alle finestre**, die Fenster mit Gittern versehen, Gitter an die Fenster anbringen.

gratèlla f (griglia per cucinare) Grill m, (Brat)rost m.

graticcio <-ci> m 1 (grata) {+CANNE, SALICI, VIMINI} Gitter n 2 (stuoia) Darre f, Hürde f.

graticola f 1 (griglia) Grill m, (Brat)rost m 2 (grata) Gitter n: ~ **del confessionale**, Beichtgitter n 3 (strumento di tortura) Rost m.

graticolàto, (-a) **A** agg 1 (chiuso con grata) {CONDOTTO DELL'ARIA CONDIZIONATA} vergittert 2 (fatto a grata) {COPERCHIO} gitterartig, gitterförmig **B** m 1 (grata) Gitter n 2 (struttura) {+ROSAIO} Spalier n.

gratìfica <-che-> f Sonderzulage f, Sonderzuwendung f, Gratifikation f: **dare una ~ a qu**, jdm eine Sonderzulage geben; **~ natalizia**, Weihnachtsgeld n, Weihnachtsgratifikation f; dir Gratifikation n.

gratificànte agg (che soddisfa) {ATTIVITÀ, LAVORO} befriedigend.

gratificàre <gratifico, gratifichi> tr **~ qu** 1 (soddisfare) {LAVORO IMPIEGATO} jdn befriedigen 2 (AZIENDA OPERAIO) jdm eine Sonderzulage gewähren.

gratificàto, (-a) agg **~ da qc** {PERSONA DAL PROPRIO LAVORO} befriedigt von etw (dat), zufrieden mit etw (dat): **sentirsi ~ da qc**, {DALLA RICONOSCENZA DI QU} sich durch etw (acc) befriedigt sehen.

gratificazióne f 1 (soddisfazione) Befriedigung f, Genugtuung f: **cercare ~ nel proprio lavoro**, in seiner Arbeit Befriedigung suchen 2 rar (gratifica) Sonderzulage f, Sonderzuwendung f, Gratifikation f.

gratin franc gastr **A** <-> m {+PATATE} Gratin n **B** <inv> loc agg: **al ~** {CAVOLFIORE, MACCHERONI, POMODORI} gratiniert, überbacken.

gratinàre tr gastr **~ qc** {PASTA} etw gratinieren, etw überbacken.

gratinàto, (-a) agg gastr {FINOCCHIO, PASTA} gratiniert, überbacken.

gràtis lat **A** agg (gratuito) {BIGLIETTO} gratis, umsonst, kostenlos, Gratis-: **l'entrata alla mostra è ~**, der Eintritt in die Ausstellung ist frei/gratis/kostenlos **B** avv (gratuitamente) {DARE, FARE, LAVORARE, RICEVERE} gratis, kostenlos, umsonst ● **~ et amore Dei** scherz, umsonst, unentgeltlich.

gratitùdine f (riconoscenza) Dankbarkeit f, Dank m, Erkenntlichkeit f; **con ~** mit Dankbarkeit; **ti devo tutta la mia ~**, ich bin dir meinen ganzen Dank schuldig; **provare ~ nei confronti di qu**, jdm gegenüber Dankbarkeit empfinden.

gràto, (-a) agg 1 (riconoscente) **~ a qu (per qc), (a qu) per qc** {AMICO PER L'AIUTO, PER LA PRESENZA DI QU} jdm (für etw) dankbar: **te ne sarò eternamente ~**, ich werde dir dafür ⌊auf ewig,⌋/⌊für immer und ewig⌋ dankbar sein; **vi saremo grati se accetterete il nostro invito** form, wir wären Ihnen sehr verbunden forb obs₁/⌊würden uns sehr freuen⌋, wenn Sie unsere Einladung annehmen würden; **Le sarei ~ se smettesse di interrompermi in continuazione!**, ich wäre Ihnen dankbar, wenn Sie mich nicht dauernd unterbrechen würden; **2** (gradito) {DONO} willkommen, {MEMORIA} lieb **3** (gradevole) {ODORE, SAPORE} angenehm.

grattacàpo m fam (fastidio) Scherereien f, Unannehmlichkeit f, Sorge f: ⌊**avere molti**⌋/⌊**essere pieno di**⌋ **grattacapi**, viele Scherereien fam/Sorgen haben; **questo negozio non mi ha dato altro che grattacapi**, dieses Geschäft hat mir nur ⌊Kopfschmerzen bereitet,⌋/⌊Schereien fam eingebracht⌋.

grattacièlo m Wolkenkratzer m.

gràtta e vinci <-> loc sost m (lotteria istantanea) Lotterie-Rubbelspiel n, Rubbellos n.

grattàre **A** tr 1 (sfregare) **~ qc (a qu/qc)** {PANCIA AL GATTO} (jdm/etw) kratzen: **mi gratti la schiena per favore?**, kratzt du mir bitte den Rücken?; **~ il cane dietro le orecchie**, den Hund hinter den Ohren kraulen; **il mio cane gratta sempre la porta quando vuole uscire**, mein Hund kratzt immer an der Tür, wenn er hinaus will 2 (grattugiare) **~ qc (con qc)** {GRANA, PANE CON IL GRATTUGIAFORMAGGIO} etw (mit etw dat) reiben, etw (mit etw dat) schaben 3 (raschiare) **~ qc (con qc)** {INTONACO DI UN MURO CON UN RASCHIETTO} etw (mit etw dat) (weg|)kratzen, etw (mit etw dat) (weg|)schleifen; {PORTA CON LA CARTA VETRATA} etw (mit etw dat) ab|schleifen 4 (togliere) **~ qc** {SCRITTA} etw aus|-, weg|radieren 5 fig fam (rubare) **~ qc (a qu)** {DENARO, PORTAFOGLIO} (jdm) etw klauen fam, (jdm) etw mausen fam scherz: **mi hanno grattato lo stereo!**, man hat mir meine Stereoanlage geklaut! 6 scherz (suonare male) **~ qc** {CHITARRA, VIOLINO} auf etw (dat) kratzen **B** itr 1 (stridere) {GESSO} kratzen 2 fam autom {MARCIA} krachen **C** rfl 1 (sfregarsi): **grattarsi** sich kratzen: **gli orsi amano grattarsi contro gli alberi**, die Bären lieben es, sich an Bäumen zu kratzen; indir **grattarsi qc** {BRACCIO} sich an etw (dat) kratzen, sich an etw (dat) kratzen 2 fig (oziare) faulenzen, auf der faulen Haut liegen fam, herum|lungern fam, herum|hängen fam: **sta tutto il giorno a grattarsi**, er/sie liegt den ganzen Tag auf der faulen Haut fam.

grattàta f 1 (il grattarsi) Kratzen n: **darsi una bella ~ al gomito**, sich kräftig am Ellenbogen kratzen 2 (il grattare) Kratzen n: **dare una ~ al cane**, den Hund kratzen 3 (grattugiata) {+FORMAGGIO} Reiben n 4 (raschiata) Abschaben n: **dare una ~ al pavimento**, den Fußboden abschaben 5 fam autom Krachen n.

grattàto, (-a) agg (grattuggiato) {FORMAGGIO, MELA} gerieben: **pan ~**, Paniermehl n.

grattùgia f Reibe f, Raspel f.

grattugiaformàggio <-> m Käsereibe f.

grattugiàre <grattugio, grattugi> tr (sminuzzare con la grattugia) **~ qc (con qc)** {GRANA, PANE SECCO CON IL GRATTUGIAFORMAGGIO, NOCE MOSCATA, SCORZA DI LIMONE CON LA GRATTUGIA PICCOLA} etw (mit etw dat) reiben; {MELA} etw (mit etw dat) raspeln.

grattugiàto, (-a) **A** agg {FORMAGGIO, MELA} geriebene(r,s) **B** m (formaggio) geriebener Käse.

gratuità <-> f 1 (+INGRESSO, SPETTACOLO) Unentgeltlichkeit f 2 fig (infondatezza) {+AFFERMAZIONE, CRITICA, INTERVENTO} Grundlosigkeit f, Unhaltbarkeit f.

gratuitaménte avv 1 (senza costi) {PARTECIPARE} kostenlos, unentgeltlich, umsonst 2 fig (senza fondamento) {CRITICARE} grundlos, ohne Grund.

gratùito, (-a) agg 1 (gratis) {ASSISTENZA SANITARIA, SERVIZI PUBBLICI} kostenlos, unentgeltlich, gratis, umsonst; {POSTEGGIO, INGRESSO} anche frei; {COPIA} Frei-: **campione ~, vietata la vendita**, Freiexemplar, Verkauf verboten 2 fig (infondato) {COMMENTO, CRITICA, OSSERVAZIONE} grundlos, unhaltbar.

gravàme m 1 spec fig (peso) {+ANNI} Last f 2 econ Belastung f: **~ fiscale**, Steuerlast f 3 dir Rechtsmittel n.

gravàre **A** tr 1 anche fig dir (caricare) **~ qu/qc di qc** {ASINO DI UN PESO, IMPIEGATO DI LAVORO, DI RESPONSABILITÀ, IMMOBILE DI UN'IPOTECA} jdn/etw mit etw (dat) belasten, jdm/etw etw mit etw (dat) beladen; {CONTRIBUENTI DI TASSE} jdm/etw etw auf|bürden 2 (appesantire) **~ qc (con qc)** {STOMACO CON TROPPI CIBI} etw (mit etw dat) belasten **B** itr 1 anche fig (poggiare) **~ su qu/qc** {PESO SU QUATTRO PILASTRI} auf etw (dat) lasten, auf etw (dat) auf|liegen: **il peso della famiglia grava sulle sue spalle**, die Sorge für die Familie lastet schwer auf seinen/ihren Schultern 2 fig (pesare) **~ su qu/qc** {COLPA, INDIZIO, IPOTECA SULLA CASA} auf jdm/etw lasten **C** rfl (sottoporsi a un peso): **gravarsi di qc** {DI UNA RESPONSABILITÀ, DELLE SPESE PER LA RISTRUTTURAZIONE DI UNA CASA} etw auf sich laden/nehmen.

gravàto, (-a) agg 1 spec fig (schiacciato) **~ di qc** {DI RESPONSABILITÀ} mit etw (dat) belastet, mit etw (dat) beladen 2 **~ da qc** {PACCO DA SOPRATTASSA} mit etw (dat) belegt 3 dir **~ da qc** {IMMOBILE DA UN'IPOTECA} mit etw (dat) belastet.

gràve **A** agg 1 (pesante) {CARICO, FARDELLO} schwer, voll; {INDIZI, SOSPETTO} schwerwiegend 2 (grande) {DANNO, LUTTO, PERICOLO, PREOCCUPAZIONE, RIMPIANTO} groß; {COLPA, ERRORE, PECCATO, PERDITA} anche schwer 3 (preoccupante) beunruhigend: **questo è l'aspetto più ~ della faccenda**, das ist der beunruhigendste Aspekt der Angelegenheit 4 (brutto) {CONDIZIONI} schlecht, ernst; {FERITA} schwer; {INFEZIONE, MALATTIA} anche ernst 5 (in brutte condizioni) {FERITO} Schwer- 6 (serio) {ACCUSA} schwerwiegend; {CASO, INCIDENTE, SITUAZIONE} ernst; {RAGIONE} ernst zu nehmend 7 (difficile) {MOMENTO} schwierig: **il momento è ~**, das ist ein schwieriger Moment 8 (lento) {PASSO} schwer(fällig) 9 (sostenuto) {ESPRESSIONE DEL VISO, TONO} ernst, würdevoll, feierlich 10 fis {CORPO} schwer 11 mus grave, getragen, schwer; {NOTA} tief, dunkel **B** m 1 <solo sing> (cosa ~) Schlimme n decl come agg: **il ~ è che nessuno vuole aiutarlo**, das Schlimme ist, dass ihm niemand helfen will 2 fis Körper m.

graveménte avv (molto) {DANNEGGIATO, MALATO} schwer.

gravidànza f 1 med Schwangerschaft f, Gravidität f scient: **essere al secondo mese di ~**, im zweiten Monat schwanger sein; **~ extrauterina**, Bauchhöhlenschwangerschaft f, Extrauteringravidität f scient; **~ gemellare**, Zwillingsschwangerschaft f; **~ a rischio**, Risikoschwangerschaft f 2 zoo Tragezeit f ● **~ isterica/immaginaria**, Scheinschwangerschaft f.

gravìdico, (-a) <-ci, -che> agg (della gravidanza) {DISTURBO, STATO} Schwangerschafts-.

gràvido, (-a) **A** agg 1 (incinta) {DONNA} schwanger: **essere gravida di tre mesi**, im dritten Monat schwanger sein; zoo {MUCCA} trächtig 2 fig lett (pieno): **decisione gravida di conseguenze**, folgenschwere Entscheidung; **momento ~ di significato**, bedeutungsvoller Augenblick; **silenzio ~ di tensione**, spannungsreiche/spannungsgeladene Stille.

gravimetrìa f chim fis Gravimetrie f.

gravìna f geol Kluft f.

gravità <-> f 1 (grandezza) Ausmaß n: **non si capì subito la ~ del pericolo**, man verstand nicht sofort, wie groß die Gefahr war; {+COLPA, DANNO, ERRORE, PECCATO, ecc.} Schwere f; {+LUTTO, PERDITA} Härte f 2 (l'essere grave) {+ACCUSA, INDIZI, SOSPETTO} Schwere f; {+CASO, FERITA, INCIDENTE, SITUAZIONE} anche Ernst m; {+MALATTIA} Ernsthaftigkeit f 3 (difficoltà) {+COMPITO, DECISIONE} Schwierigkeit f, Bedeutsamkeit f; {+MOMENTO} Ernst m 4 (austerità) {+VISO} Strenge f, Ernst m 5 fis Schwer-, Anziehungskraft f 6 mus {+SUONO} Gravität f.

gravitàre itr <essere o avere> **1** fig (orbitare) ~ **attorno/intorno a qu/qc** {GIOVANI ATTORNO AL CENTRO SOCIALE} um jdn/etw herum| schwirren fam, von jdm/etw angezogen werden **2** astr ~ **attorno/intorno a qc** {PIANETA ATTORNO AL SOLE} um etw (acc) kreisen, um etw (acc) gravitieren **3** edil ~ **su qc** {PESO DEL PORTICO SULLE COLONNE} auf etw (dat) lasten, sich auf etw (acc) stützen.

gravitazionàle agg fis {ACCELERAZIONE} Gravitations-.

gravitazióne f fis Gravitation f, Anziehungskraft f.

gravosità <-> f (pesantezza) {+INCARICO} Last f, Schwere f, Bürde f forb.

gravóso, (-a) agg (pesante) {COMPITO} schwer, beschwerlich, drückend.

gràzia A f **1** (armonia, delicatezza) {+MOVIMENTI, STATUA, VISO} Anmut f, Liebreiz m forb, Grazie f lett: **sonetto privo di ~**, Sonett ohne Anmut **2** (garbo) Anmut f: **potresti spingere il carrello con un po' più di ~?**, könntest du den Einkaufswagen ein wenig vorsichtiger schieben?; **muoversi con ~**, sich anmutig bewegen **3** <di solito al pl> (bellezza) Anmut f, Reize m pl, Liebreiz m: **le grazie muliebri**, die weiblichen Reize **4** (concessione) Gnade f, Gunst f: **concedere/implorare una ~**, Gnade gewähren/[um Gnade flehen]; **impetrare la ~**, um Gnade bitten **5** <di solito al pl> (favori) Gunst f, Gefallen m, Gefälligkeit f **6** (titolo) Gnaden m: **Vostra Grazia**, Euer Gnaden **7** dir Begnadigung f: **domandare la ~ a qu**, an jdn ein Gnadengesuch richten; **ottenere la ~**, begnadigt werden **8** relig (aiuto) Gnade f: **la ~ illuminante**, die Gnade der Erleuchtung; (dono) Gnade f, Geschenk n: **Dio gli ha fatto la ~ di guarirlo**, Gott hat ihm eine Gnade erwiesen und ihn geheilt **9** tip {+CARATTERE} Serife f, Haarstrich m B loc prep (per merito di qu/qc) **in ~ di qu/qc** {DELLA SUA FAMA} dank jds/etw, durch jdn/etw • **alla ~!** fam, meine Güte! fam; **con buona ~ di qu** anche iron (col suo permesso), mit jds Erlaubnis anche iron; **concedere la ~ a qu** dir, jdm begnadigen; relig, jdm (die) Gnade erweisen; **concedere le proprie grazie a qu** iron eufem (avere rapporti sessuali con qu), sich jdm hingeben eufem; **di ~ forb** (per piacere), bitte, gefälligst fam; **~ di Dio fam** (cibo), Gottesgabe f, Gabe f des Himmels; (patrimonio), Hab und Gut n; **essere/morire in ~ di Dio** relig, in Gottes Gnaden ˌsein/stehenˌ/[sterben], ˌim Besitz der Gnade Gottes seinˌ/[als Christ sterben]; **andare/essere fuori dalla ~ di Dio** (essere molto arrabbiato), außer sich (dat) sein; **per ~ di Dio, lunedì è festa!** fam (per fortuna), ˌGott sei Dankˌ/[zum Glück] ist Montag Feiertag! fam; **godere delle grazie di una donna** iron eufem (avere rapporti sessuali con lei), von den Reizen einer Frau gekostet haben eufem; **avere la ~ di un elefante**, ein richtiges Trampeltier sein fam spreg; **con ~ elefantesca** scherz (in modo sgraziato), mit der Grazie eines Nilpferds scherz; **entrare/essere nelle grazie di qu** fig (godere la stima), ˌjds Gunst erlangenˌ/[in jds Gunst stehen]; **fare la ~ a qu** (fare una concessione), jdm eine Gunst erweisen/gewähren; iron (fare il piacere), jdm etw tun; **far ~ a qu di qc** (evitargli qc), jdm etw ersparen; **godere le grazie di qu** fig (approfittare dei suoi favori), jds Wohlwollen genießen; **con mala ~** (in malo modo), unwirsch, ruppig spreg; **mostrare le proprie grazie** anche spreg (il proprio corpo), seinen Körper zur Schau stellen; **troppa ~ (Sant'Antonio)!** fam (rif. a cosa troppo abbondante), das ist zu viel des Guten!; **per ~ ricevuta** relig (formula che accompagna gli ex-voto), für erwiesene Gnade; (per gratitudine), aus Dankbarkeit; **le tre**

Grazie mitol anche iron, die drei Grazien anche iron.

graziaddio inter: **~ stiamo tutti bene!**, Gott sei Dank geht es uns allen gut! fam.

graziàre <grazio, grazi> tr **1** anche scherz (risparmiare) ~ **qu** jdn verschonen: **il rapinatore li graziò**, der Räuber verschonte sie; **stasera non tocca a me lavare i piatti: sono stato graziato**, heute Abend muss ich nicht spülen, man hat mich damit verschont **2** dir ~ **qu** (per qc) {DETENUTO PER BUONA CONDOTTA} jdn (wegen gen) begnadigen **3** relig ~ **qu** jdm die Gnade erweisen.

graziàto, (-a) dir relig A agg begnadigt B m (f) Begnadigte mf decl come agg.

gràzie A inter **1** (di ringraziamento) danke: **~ di cuore!**, herzlichen Dank!; **~ infinite!**, tausend Dank!; **~ mille!, mille ~!**, vielen Dank!, tausend Dank!; vielen, vielen Dank!; **~ per l'ospitalità!**, danke für die Gastfreundschaft!; **sì/no, ~**, ja/nein, danke; **tante/molte ~!**, vielen/besten Dank!, danke schön!; **~ di tutto**, danke für alles **2** scherz (certo), (tante), kein Wunder! fam, Kunststück! iron; **parla molto bene il tedesco** **~ (tante), ha vissuto in Germania cinque anni!**, er/sie spricht sehr gut Deutsch **~** Kein Wunder, er/sie hat fünf Jahre in Deutschland gelebt! B loc prep anche iron (per merito di): **~ a qu/qc** {ALL'APPOGGIO DI QU, A SUO FRATELLO} dank + gen/+ dat sing, durch etw (acc): **~ a chi?**, wem ist das zu verdanken?; **~ al cielo**ˌ/[a Dio]!, ˌdem Himmelˌ/[Gott] sei Dank! C <-> m (ringraziamento) Dank m: **un ~ di tutto cuore!**, ein ganz herzliches Dankeschön! • **dir ~ a qu** (ringraziare), jdm danken, sich bei jdm bedanken; **rendere grazie a Dio**, Gott Dank sagen/huldigen forb.

graziosità <-> f Liebreiz m, Anmut f.

graziòso, (-a) agg **1** (che ha grazia) {SORRISO, VISO} lieblich, anmutig; {RAGAZZA} anche graziös; (piacevole) anche reizend, angenehm, nett **2** (fatto con grazia) {ADDOBBO} lieblich, zierlich **3** (gentile) {ACCOGLIENZA, RISPOSTA} liebenswürdig, freundlich **4** mus {ANDANTE} graziós, anmutig, mit Grazie.

grèca① <-che> f (motivo ornamentale) {+TESSUTO} Mäander m, Mäanderband n.

grèca② f → **greco**.

grecàle meteo A agg {VENTO} nordöstlich, Nordost- B m Nordostwind m.

Grècia f geog Griechenland n • **la Magna ~**, stor, Großgriechenland n, Magna Graecia f.

grecìsmo m ling Gräzismus m.

grecìsta <-i m, -e f> mf (studioso) Gräzist(in) m(f).

grecità <-> f **1** (cultura greca) Griechentum n, Gräzität f **2** ling Gräzität f.

grecizzàre A tr ~ **qc** **1** (ridurre in forma greca) {NOME} etw gräzisieren **2** (assimilare alla cultura greca) {PAESE} etw gräzisieren, etw hellenisieren B itr (imitare i greci) gräzisieren.

grèco, (-a) <-ci, -che> A agg **1** (classico) {NASO, PROFILO} griechisch, klassisch **2** geog griechisch **3** ling stor (alt)griechisch B m (f) (abitante) Grieche m, (Griechin f) C **1** <solo sing> (lingua) Griechisch(e) n: **parlare ~ antico/moderno**, Alt-/Neugriechisch sprechen **2** meteo Nordostwind m • **alla greca** (secondo l'uso greco), griechisch; **parlare in ~** fig (in modo incomprensibile), chinesisch sprechen.

grèco- primo elemento griechisch-: **greco-ortodosso**, griechisch-orthodox; **greco-romano**, griechisch-römisch.

grecòfono, (-a) ling A agg {ABITANTE} griechischsprachig B m (f) Griechischsprachige mf decl come agg.

grèco-ortodòsso, (-a) relig A agg {CHIESA, RITO} griechisch-orthodox B m (f) Angehörige mf decl come agg der griechisch-orthodoxen Kirche.

grèco-romàno, (-a) agg {LOTTA} griechisch-römisch.

green <-> m ingl sport (nel golf) Green n.

gregàrio, (-a) <-ri m> A agg **1** (privo di iniziativa) {INDOLE, MENTALITÀ} Herden- spreg **2** zoo {ANIMALE} Herden- B m (f) **1** (membro) {+ORGANIZZAZIONE, SOCIETÀ} Mitglied n **2** spreg (persona poco importante) Mitläufer(in) m(f) spreg C m mil (soldato semplice) einfacher/gemeiner fam Soldat **2** sport (nel ciclismo) (portaacqua) Wasserträger m fam.

gregarìsmo m **1** (tendenza ad accettare un ruolo passivo) Mitläufertum n spreg, Herdentrieb m spreg **2** zoo {+STORMO} Herdentrieb m.

grégge <pl: -i f> m **1** {+CAPRE} Herde f: **un ~ di pecore**, eine Schafsherde **2** fig spreg (massa) Herde f spreg, Masse f, Haufen m **3** relig {+FEDELI} Herde f forb, Gemeinde f: **il ~ del parroco/vescovo**, die Schäflein n pl des Pfarrers/Bischofs • **seguire il ~** fig (adeguarsi), mit der Herde folgen, mit der Herde laufen; **uscire dal ~** fig (distinguersi), aus der Herde ausbrechen.

gréggio, (-a) <-gi, -ge> A agg **1** (grezzo) {ORO, PETROLIO} Roh-; {DIAMANTE, SETA, ZUCCHERO} anche roh; {TELA} unbearbeitet **2** fig (rozzo) {MENTALITÀ} ungehobelt, ungeschliffen, grob spreg B m **1** (petrolio) Rohöl n, Erdöl n **2** metall tecnol Rohling m, Rohteil n: **~ di fucinatura**, Schmiederohling m.

gregoriàno, (-a) agg anche mus relig {CALENDARIO, CANTO} gregorianisch.

Gregòrio m (nome proprio) Gregor.

gre gre inter onomatopeica (gracidio) quak quak.

grembiàle, grembiùle m **1** gener {+CALZOLAIO, CUOCO} Schürze f: **~ di cotone/cuoio/gomma**, Baumwoll-/Leder-/Gummischürze f; **(con la pettorina)** Latzschürze f; **~ da cucina**, (Küchen)schürze f; **mettersi il ~**, sich (dat) die Schürze umbinden/anziehen **2** (camice) {+COMMESSA, PANETTIERE, SALUMIERE} Kittel m **3** scuola "als Schuluniform dienende Kittelschürze".

grèmbo m forb **1** Schoß m forb: **il bimbo dorme**ˌ/[si siede] **in ~ alla madre**, das Kind schläft/sitzt im Schoß forb der Mutter **2** (ventre) Schoß m forb, Mutterleib m: **avere/portare in ~ il figlio di qu**, ein Kind von jdm im Mutterleib tragen; **~ materno**, Mutterleib m **3** fig {+FAMIGLIA, TERRA} Schoß m forb **4** fig (ansa) {+FIUME} Bett n.

gremìre <gremisco> A tr (affollare) **~ qc** {GIOVANI PIAZZA} etw füllen, etw bevölkern; **qc di qc** {ESTATE CITTÀ DI TURISTI} etw mit etw (dat) füllen; {BOZZE DI CORREZIONI} etw mit etw (dat) (an)füllen B rfl (essere affollato): **gremirsi di qu/qc** {AULA DI STUDENTI; AIA DI GALLINE} sich mit jdm/etw bevölkern, sich mit jdm/etw füllen.

gremìto, (-a) agg **~ di qc** {DI GENTE} mit jdm bevölkert, voll von etw (dat)/+ gen forb, voller etw (nom o gen): **il dettato è ~ di errori**, das Diktat ist mit Fehlern gespickt fam.

gréppia f (mangiatoia) Futtertrog m, (Futter)krippe f • **mangiare alla ~ della RAI** fig (guadagnare con poco sforzo), an der Futterkrippe RAI sitzen fam.

gres <-> m (ceramica) Steingut n.

grèto m (parte emersa del letto) {+TORRENTE} Kiesbank f, Kiesbett n.

grettézza f **1** (limitatezza) Kleinlichkeit f, Engstirnigkeit f spreg, Engherzigkeit f: **la ~ di**

quell'uomo è senza rimedio, gegen die Kleinlichkeit dieses Mannes ist kein Kraut gewachsen *fam*, die Kleinlichkeit dieses Mannes ist hoffnungslos **2** (*avarizia*) Knauserigkeit f *fam spreg*.

grétto, (-a) **A** *agg* **1** (*limitato*) {GENTE, MENTALITÀ} kleinkariert *fam spreg*, beschränkt *fam spreg*, kleinlich *spreg*, engstirnig *spreg*, engherzig: **è una critica gretta e superficiale**, das ist eine kleinkarierte *fam spreg* und oberflächliche Kritik **2** (*avaro*) geizig, knauserig *fam spreg*, knickerig *fam spreg* **B** m (f) **1** (*persona limitata*) kleinlicher/engstirniger *spreg* Mensch **2** (*persona avara*) Knicker m *fam*, Knauser m *fam spreg*.

grève *agg* **1** (*pesante*) schwer, schwül: **l'aria era ~ come il piombo**, die Luft war schwer wie Blei **2** *fig* (*doloroso*) {ESPERIENZA} schmerzlich, quälend **3** *fig* (*volgare*) {BATTUTA} grob, ordinär.

grézzo A *agg* **1** {DIAMANTE, LANA, SETA} roh, Roh-; {TELA} unbearbeitet **2** *fig* (*rozzo*) {INDIVIDUO, MENTALITÀ, PERSONA} ungehobelt *spreg*, grob *spreg*, ungeschliffen *spreg* **B** *m min* (*pietra*) unbearbeiteter Edelstein.

grida① → **grido**.

grida② f *stor* (*editto*) Erlass m, Bekanntmachung f, Verordnung f.

gridàre A *itr* **1** (*urlare*) ~ **(per/di qc)** {|PER LO|/|DI| SPAVENTO} (*vor etw dat*) schreien **2** (*per chiamare*) rufen **3** (*parlare molto forte*) schreien, brüllen: **non c'è bisogno di ~ cosí!**, da braucht man nicht so zu schreien!; **non gridarmi nelle orecchie!**, schrei mir nicht so ins Ohr! **4** (*sbraitare*) ~ **contro qu** jdn an|schreien, jdn an|brüllen; ~ **contro qu/qc** {CONTRO IL DESTINO} jdn/etw verfluchen **5** (*emettere grida*) {CANE} jaulen; {LUPO} heulen **B** *tr* **1** (*dire a voce alta*) ~ **qc** {FRASE} *etw* laut aus|rufen/sagen, *etw* schreien; {ABBASSO, EVVIVA} *etw* rufen: ~ **aiuto**, um Hilfe rufen; ~ **al fuoco**, "Feuer!" schreien; ~ **qc (a qu)** {ARRIVEDERCI, ORDINE} jdm *etw* zu|rufen; **mi gridò di buttarmi**, er/sie schrie mir zu, ich sollte mich hinunterstürzen; **le gridò che doveva andarsene**, er/sie rief ihr zu, dass er/sie gehen musste; ~ **qc** (*dietro a qu*) {IMPROPERIO DIETRO AL VIGILE} jdm *etw* nach|-, zu|rufen **2** *fig* (*affermare*) ~ **qc (a qu)** {LA PROPRIA INNOCENZA AI GIURATI} *etw* (vor jdm) heraus|schreien **3** *fam region* (*sgridare*) ~ **qu** {PADRE BAMBINO} jdn (aus)|schimpfen, jdn schelten *forb*.

gridìo <-dii> *m* (*insieme di gridi*) {+BAMBINI} Geschrei n *fam*.

grido A *m* **1** <pl: -a f> (*urlo*) {DISPERATO, SOFFOCATO; +BAMBINI, BANDITORE, VENDITORE AMBULANTE} Schrei m; ~ **di dolore**, Schmerzensschrei m; ~ **di gioia/felicità**, Freudenschrei m; ~ **di guerra**, Kriegsgeschrei n **2** <pl: -i m> (*verso*) {+GABBIANI} Schrei m; {+SCIACALLI} Ruf m, Heulen n **3** <pl: -a f> *fig* (*invocazione*) {+POPOLO OPPRESSO} Aufschrei m **B** <solo pl> f *fam* (*rimproveri*) **grida**, Vorwürfe m pl; **ora sentirai le grida del capo**, jetzt wirst du gleich die Vorwürfe vom Chef zu hören bekommen *fam* **C** <inv> *loc agg* (*famoso*): **di ~ AVVOCATO** Star-; {COMMERCIALISTA} *anche* berühmt • **lanciare il ~ d'allarme** *fig* (*denunciare qc*), {GIORNALISTA} Alarm schlagen; **a grida di popolo** *fig* (*per acclamazione*), auf Verlangen des Volkes; **essere all'ultimo ~ fig** (*all'avanguardia*), der letzte Schrei sein *fam*; **l'ultimo ~ della moda** *fig* (*l'ultima novità*), der letzte Schrei, der Dernier Cri.

grifàgno, (-a) *agg lett* (*rapace*) {AVVOLTOIO} (*raub*)gierig **2** *fig* (*minaccioso*) {OCCHIATA} grimmig, drohend.

griffa f **1** <solo pl> *alpin* {+SCARPONI} Steig-, Klettereisen n pl **2** *film* {+PELLICOLA} Greifer

m **3** *tecnol* {+MANDRINO} Klaue f.

griffàre *tr* (*nella moda*) ~ **qc** {PANTALONI, SCARPE} *etw* mit einem Markenzeichen versehen.

griffàto, (-a) *agg* (*nella moda*) {GIACCA} Marken-.

griffe <-> f *franc* (*nella moda*) Marke f.

grifo m **1** *lett* (*grugno*) {+CINGHIALE} Rüssel m **2** *spreg* (*faccia*) {+UOMO} Schnauze f *fam spreg*.

grifóne m **1** *mitol* (*mostro*) {ALATO} Greif m **2** *ornit* Gänsegeier m **3** *zoo* (*cane da caccia*) Jagdhund m.

grigia f *fam* (*brutta figura*): **fare una ~**, eine schlechte/armselige Figur abgeben; **che ~ all'inaugurazione!**, war das (vielleicht) eine Blamage bei der Eröffnung!

grigiàstro, (-a) *agg* (*che tende al grigio*) {BIANCO} gräulich.

grigiazzùrro, (-a) **A** *agg* (*grigio che tende all'azzurro*) {CIELO} graublau, blaugrau **B** m (*colore*) Graublau n, Blaugrau n.

grigio, (-a) <-gi m> **A** *agg* **1** {BARBA, BAFFI, CAPELLI, CIELO} grau; {SIGNORA} *anche* ergraut: ~ **azzurro**, graublau, blaugrau; ~ **cenere**, aschgrau n; ~ **chiaro**, hell-, weißgrau; ~ **ferro/fumo/perla/piombo**, eisen-/rauch-/perl-/bleigrau; ~ **topo/tortora**, maus-/taubengrau; ~ **scuro**, dunkelgrau; **ho solo 40 anni e sono già tutto ~!**, ich bin erst 40 (Jahre alt) und schon ganz grau *fam*/[habe schon ganz graue Haare]! **2** *fig* (*monotono*) {VITA} grau, eintönig, trostlos **3** *fig* (*anonimo*) {IMPIEGATO} grau, namenlos **4** *fig* (*triste*) {GIORNATA, MOMENTO} traurig **B** m (*colore*) Grau n: ~ **azzurro**, Graublau n, Blaugrau n; ~ **cenere**, Aschgrau n; ~ **chiaro**, Hell-, Weißgrau n; ~ **ferro/fumo/perla/piombo**, Eisen-/Rauch-/Perl-/Bleigrau n; ~ **topo/tortora**, Maus-/Taubengrau n; ~ **scuro**, Dunkelgrau n • **è grigia!** *fig* (*va male!*), es läuft schlecht!; *vedere tutto* ~ *fig* (*tutto negativo*), alles grau in grau sehen/malen.

grigióne, grigionése A *agg* graubündnerisch **B** mf (*abitante*) Graubündner(in) m(f).

Grigióni <solo pl> *m geog* Graubünden n.

grigióre m **1** (*l'essere grigio*) {+PAESAGGIO} Grau n **2** *fig* (*monotonia*) {+GIORNATA, VITA} Eintönigkeit f **3** *fig* (*mediocrità*) {+SPETTACOLO} Mittelmäßigkeit f; {+AMBIENTE, IMPIEGATO} Durchschnittlichkeit f.

grigiovérde A *agg* **1** (*grigio che tende al verde*) {LANA, TESSUTO} graugrün **2** *mil* {DIVISA} olivgrün (der italienischen Armee) **B** m **1** (*colore*) Graugrün n **2** *mil* "Uniform f des italienischen Heeres": **vestire il ~**, "bei der italienischen Armee sein".

grigiùme m **1** (*grigiore diffuso*) {+CIELO AUTUNNALE} Grau-in-grau n **2** *fig* (*mediocrità*) {+AMBIENTE, IMPIEGATO} Grau-in-grau n, Trostlosigkeit f.

griglia f **1** *gastr* Grill m, (Brat)rost m: **cuocere qc alla/sulla ~**, etw auf dem Rost braten; **pollo/bistecca alla ~**, Hähnchen n /Steak n vom Grill, gegrilltes Hähnchen/Steak **2** (*inferriata*) {+FINESTRA} Gitter n: ~ **di protezione**, Schutzgitter n **3** *fig* (*schema*) Schema n, Raster n: ~ **interpretativa**, Interpretations-, Deutungsschema n **4** *stat* {+DATI} Raster n • ~ **acceleratrice** *elettr*, Beschleunigungsgitter n; *misto* ~ *gastr* (*insieme di carni o pesci cotti alla* ~), Mixed Grill m; ~ **di partenza** *autom sport*, Startaufstellung f; ~ **del radiatore**, Kühlergrill m.

grigliàre <*gliglio, grigli*> *tr gastr* ~ **qc** {BISTECCA, MELANZANA, SALSICCIA, ZUCCHINO} *etw* grillen, *etw* grillieren *rar*.

grigliàta f *gastr* {+PESCE, VERDURE} Grillgericht n: ~ **di carne**, Fleischgrillgericht n; ~

mista, Mixed Grill m.

grignolìno m *enol* Grignolo m; (*Rotwein aus Piemont*).

grill <-> m *ingl* **1** *gastr* (*del forno*) Grill m, Grillvorrichtung f: **mettere nel forno con il ~ acceso per cinque minuti**, fünf Minuten in den Ofen mit angestelltem Grill geben; (*graticola*) Grill m, Grillgerät n; (*cibo*) Grillgericht n **2** (*grill-room*) Grillroom m, Grillrestaurant n.

grillétto m *artiglieria* {+PISTOLA} Abzug m, Drücker m • **premere il ~**, den Abzug drücken; (*sparare*) (los)feuern, schießen.

grillo m **1** *zoo* Grille f: ~ **canterino**/[**dei campi**], Feldgrille f; ~ **domestico**/[**del focolare**], Hausgrille f **2** *fig* (*capriccio*) Grille f, Laune f, Schrulle f, Schnapsidee f *fam*; **a qu salta/viene il ~ di fare qc** jdm kommt auf die Schnapsidee, etw zu tun **3** *mar tecnol* Schäkel m **4** ® *tel* "kleines Telefon mit leisem Ton" • **andare a sentir cantare i grilli** *fig eufem* (*morire*), zur ewigen Ruhe eingehen *eufem*; **essere il ~** *fig* (*piccolo e vivace*), Ameisen in den Hosen/[Hummeln/Quecksilber im Hintern] haben *fam*; **fare il ~ parlante** *fig* (*dare consigli*), den Besserwisser spielen *spreg*; **indovinala ~!** *fam* (*rif. a qc che non si sa come finirà*), das weiß der Kuckuck *fam*/Teufel *fam*/Geier *slang* !, das wissen die Götter! *fam*; **mangiare come un ~** *fig* (*poco*), essen wie ein Spatz *fam*; **saltare come un ~** (*con agilità*), springen wie eine Gazelle; **avere molti/troppi grilli per la testa**/**il capo** *fig fam* (*avere molte idee strane*), Mengen/[zu viele] Flausen im Kopf haben; **mettere dei grilli per la testa**/**il capo a qu** *fig fam* (*mettergli delle strane idee in testa*), jdm Flausen in den Kopf setzen; **è una brava ragazza, senza tanti grilli per la testa** *fig fam* (*senza strane idee*), sie ist ein tüchtiges Mädchen ohne viel Flausen im Kopf.

grillotàlpa <pl f: *grillotalpe*> m o f *zoo* Maulwurfsgrille f, Werre f *süddt A CH*.

grillroom <-, -s pl *ingl*> m *ingl* (*rosticceria*) {+ALBERGO} Grillroom m, Grillrestaurant n.

grimaldèllo m (*strumento da scasso*) {+LADRO} Dietrich m, Diebeshaken m.

grìnfia f *anche fig fam* (*artiglio*) {+GATTO} Klaue f, Kralle f • **cadere**/**finire nelle grinfie di qu** *fig fam* (*finire nelle sue mani*), in jds/[jdm die] Klauen geraten, jdm in die Finger fallen/geraten *fam*; **mettere le grinfie su qu/qc** *fig fam* (*poterne disporre*), jdn/etw in seine Krallen bekommen *fam*.

gringo <-, -s *pl spagn*> m *spagn spreg* Gringo m *spreg*.

grìnta f **1** (*faccia dura*) grimmiges/finsteres Gesicht, düstere Miene **2** *fig* (*decisione*) {+MANAGER} Entschlossenheit f, Härte f, Mut m: **ci vuole molta ~ per ottenere ciò che si vuole**, man muss sehr entschlossen sein/[viel Entschlossenheit an den Tag legen], um zu erreichen, was man will; **è il momento di mostrare la ~**, das ist der Moment, in dem Mut gefragt ist **3** *sport* {+ATLETA} Kampfgeist m, Biss m *fam*, Bissigkeit f *slang*: **per vincere dovrai metterci più ~**, um zu siegen, musst du mehr Biss zeigen *fam* • **a ~ dura** *fig* (*con severità*), mit strenger Miene.

grintóso, (-a) *agg* **1** (*deciso*) {RICERCATORE} entschlossen **2** *sport* {CORRIDORE} bissig *slang*.

grìnza f **1** (*ruga*) {+PELLE} Falte f, Runzel f **2** (*piega*) {+VESTITO} Falte f, Knitter m, Knitterfalte f: **la gonna fa le grinze**, der Rock wirft Falten • **non fare una ~** *fig*, (*DISCORSO, RAGIONAMENTO*) logisch/einwandfrei sein; {CALCOLO} aufs Haar stimmen *fam*.

grinzosità <-> f **1** (*rugosità*) {+PELLE} Runz(e)ligkeit f, Faltigkeit f; {+TESSUTO} Knitt(e)-

rigkeit f, Faltigkeit f **2** (*insieme di grinze*) Faltigkeit f.
grinzóso, (-a) agg **1** (*rugoso*) {PELLE} faltig, runz(e)lig **2** (*a pieghe*) {STOFFA, VESTITO} faltig; zer-, verknittert.
grippàggio <-*gi*> m autom: ~ del pistone, Kolbenfresser m slang.
grippàre autom **A** tr ● (*qc*) {PISTONE} etw fest|fressen lassen: **ho grippato (il motore)**, ich habe ˻einen Kolbenfresser slang˼/[den Motor festfressen lassen] **B** itr itr pron: **gripparsi** {MOTORE} sich fest|fressen, einen Kolbenfresser f haben.
grippàto, (-a) agg autom {MOTORE} festgefressen.
grisàglia f tess Grisaille f.
grisaille <-> f franc | tess Grisaille f **2** arte (*nella pittura*) Grisaille f.
grisou <-> m franc min Grubengas n.
grissìno m **1** <*di solito al pl*> gastr Grissini n pl <*Knabberstangen aus Weißbrotteig*> **2** fig (*persona magra*) Hering m fam scherz ● **magro come un ~** (*molto magro*), dünn wie ein Hering fam scherz/wie eine Bohnenstange f fam scherz; **sembra un ~** (*è molto magro*), er/sie ist spindeldürr, er/sie ist ein Strich in der Landschaft fam.
grisù → grisou.
grizzly ingl zoo **A** <*inv*> agg {ORSO} Grizzly-, Grisli- **B** <-, -*lies* pl ingl> m Grizzly-, Grislibär m.
grò <-> m tess **1** (*tessuto*) Rips m **2** (*nastro*) Gurtband n.
groenlandése A agg grönländisch **B** mf (*abitante*) Grönländer(in) m(f).
Groenlàndia f geog Grönland n.
grog <-> m ingl enol Grog m.
groggy <*inv*> agg ingl (*stanco*) {PUGILE} groggy; {VIAGGIATORE} groggy fam.
gròlla f "hölzerne Trinkschale aus dem Aostatal".
grómma f (*incrostazione*) {+TUBO} Sinter m; {+BOTTE} Weinstein m; {+PIPA} Kruste f, Verkrustung f.
grónda f **1** (*cornicione del tetto*) (Dach)traufe f; (*condotto*) Dach-, Regenrinne f **2** (*superficie sporgente*) Überhang m.
grondàia f (*tubo*) Dach-, Regenrinne f.
grondànte agg triefend: **~ d'acqua**, triefnass, triefend nass, vor Nässe triefend; **~ di sangue/sudore**, blut-/schweißtriefend.
grondàre A tr **1** (*colare*): **il tetto, dopo il temporale, grondava acqua**, nach dem Gewitter triefte (das) Wasser vom Dach **2** (*versare*): **grondava sudore dalla fronte**, (der) Schweiß rann/triefte ihm/ihr von der Stirn **B** itr **1** <*essere*> (*piovere*) triefen; (*cadere a gocce*) tröpfeln, tropfen **2** <*essere*> (*uscire copiosamente*) triefen: **il sangue le grondava giù dal naso**, Blut rann ihr aus der Nase; **l'acqua grondava sotto il lavandino**, unter dem Waschbecken triefte/troff forb Wasser **3** <*avere*> (*essere bagnato*) ~ ***di qc*** {DI LACRIME, DI SUDORE} vor etw (dat) triefen.
gróngo <-*ghi*> m itt Meeraal m.
gròppa f **1** zoo {+ASINO, CAVALLO} Kruppe f, Rücken m ● **salire/saltare in ~ al mulo**, auf den Rücken des Maulesels steigen/springen **2** fig scherz (*dorso*) Buckel m fam, Kreuz m; **avere/portare qu in ~**, jdn huckepack tragen/nehmen fam ● **ha sulla ~ molti anni di esperienza nel settore** fig (*è molto esperto*), er/sie hat in diesem Bereich ˻viele Jahre Erfahrung˼/[einen langjährigen Erfahrungsschatz]; **avere molti anni sulla ~** fam, viele Jahre auf dem Buckel haben fam; **rimanere sulla ~ a qu** fig (*non riuscire a eliminare qc vendendolo, ecc.*), jdm wie Blei in den Rega-

len bleiben.
gróppo m (*nodo*) Knoten m, Noppe f ● **avere/sentire un ~ alla gola** fig (*essere commosso*), einen Kloß im Hals haben fam; **con il ~ in gola** fig (*con la voglia di piangere*), mit einem Kloß im Hals fam; **~ di vento** meteo, Bö f.
groppóne <*accr di* groppa> m fam scherz (*schiena*) Buckel m fam, Rücken m, Kreuz m ● **avere qu sul ~** fig fam (*sostenerlo economicamente*), jdn finanziell unterstützen; **piegare il ~** fig (*lavorare molto*), schuften fam, malochen fam, rackern fam; (*umiliarsi*), einen krummen Buckel machen fam; **accarezzare/spazzolare il ~ a qu** fig fam (*picchiarlo*), jdm den Buckel vollhauen fam.
gros-grain <-> m franc tess **1** (*tessuto*) Rips m **2** (*nastro*) Gurtband n.
gròssa f zoo {+BACHI} Gros n ● **dormire della ~** fig fam (*profondamente*), schlafen wie ein Murmeltier fam.
grossetàno, (-a) **A** agg {MAREMMA} von Grosseto **B** m (f) (*abitante*) Einwohner(in) m(f) von Grosseto.
Grosséto m geog Grosseto n.
grosszézza f **1** (*dimensione*) {+FRUTTO, PERLA} Größe f; {+BUCO} Durchmesser m: **della ~ di una noce**, in Nussgröße, von der Größe einer Nuss **2** (*spessore*) {+LAMIERA, QUADERNO} Dicke f; {+CORDA} Stärke f **3** (*eccessiva grandezza*) {+CUORE} übermäßige Größe.
grossista <-*i* m, -*e* f> mf comm Grossist(in) m(f), Großhändler(in) m(f).
gròsso, (-a) **A** agg **1** gener {DIAMETRO, EDIFICIO, NAVE} groß; {MANI} breit, groß; {DITO} dick; {COMPLESSO INDUSTRIALE} groß, weit: ~ **come un'arancia**, (so) groß wie eine Orange; (*largo*) {STRADA} breit; (*lungo*) {PERIODO DI TEMPO} lang, ausgedehnt; (*alto*) {MONTAGNA} groß, hohe(r, s), hoch pred; (*profondo*) {SECCHIO} tief; (*esteso*) {CITTÀ} groß, Groß-; {PARCO} groß, ausgedehnt; {SALONE} groß, geräumig **2** (*spesso*) {BUCCIA} dick; {CARTONE, FILO, SPAGO, TELA} anche stark **3** (*rif. a rumore*) {BOTTO, ESPLOSIONE} laut, groß, heftig **4** (*robusto*) {RAGAZZO} groß, kräftig, stark, dick; {BUE} groß **5** (*considerevole*) {AFFLUSSO DI PERSONE} groß, beachtlich, bemerkenswert, riesig fam, Riesen- fam; {GUADAGNO, SOMMA} anche beachtlich, ansehnlich, hohe(r, s), hoch pred; {EREDITÀ} groß, ansehnlich, beachtlich; {AFFARE, ecc.} groß, wichtig **6** (*numeroso*) {CORPO DI BALLO, GRUPPO DI TURISTI, MANDRIA} groß **7** (*forte*) stark, heftig: **c'era una ~ agitazione**, es herrschte eine heftige Aufregung; {IMPRESSIONE} groß, tief; **un ~ dispiacere**, ein großer Kummer; **mi fa una grossa rabbia**, das ärgert mich sehr/ungemein, das macht mich unheimlich fam wütend; **avere un ~ raffreddore**, ˻einen starken Schnupfen˼/[eine starke Erkältung] haben, stark erkältet/verschnupft sein; **con mio ~ stupore**, zu meinem großen Erstaunen **8** (*profondo*) {SOLITUDINE} tief, völlig, vollkommen **9** (*importante*) {OCCASIONE, RETE DI DISTRIBUZIONE} groß; {SUCCESSO} groß, bedeutend, wichtig **10** <*anteposto*> (*di rilievo*) {AVVOCATO, ESPONENTE DI UN MOVIMENTO, POLITICO} wichtig, bedeutend, hochgestellt: **un ~ industriale**, ein Großindustrieller; {CLIENTE} wichtig, bedeutend **11** (*notevole*) {ERRORE} schwer, schlimm, groß; {DIFFERENZA, FATICA, RISCHIO} groß; {INTERESSE} stark, groß; {CORAGGIO} bemerkenswert, groß; {INTELLIGENZA} scharf, groß: **mi sei stato di ~ aiuto**, du warst mir von großer Hilfe **12** (*vasto*) {POSSIBILITÀ DI SCELTA} groß, reich **13** (*difficile*) {PROVA} schwierig, schwer **14** (*serio*) {DIFFICOLTÀ} groß, ernst(lich); {OSTACOLO} groß,

schwierig **15** (*potente*) {BANCHIERE, IMPERATORE} mächtig, einflussreich **16** (*generoso*) groß(mütig): **nel suo ~ cuore c'è amore per tutti**, in seinem/ihrem großen Herzen ist Platz für alle **17** (*eccellente*) {ROMANZO} hervorragend, vorzüglich, vortrefflich, exzellent **18** <*posposto*> (*più ~*) größer: **noi prendiamo il tavolo ~**, wir nehmen den größeren Tisch **19** <*rafforzativo*> groß, wirklich: **è un ~ intenditore**, er ist ein großer Kenner **20** <*posposto*> (*mosso*): **mare ~**, schwere/stürmische See, hoher Seegang **21** <*posposto*> (*in piena*) {FIUME} angeschwollen **22** (*rozzo*) {GENTE} grob spreg, ungehobelt spreg; {MODO} anche roh, unfein **23** (*tardo*) stumpf(sinnig), blöd(e): **essere ~ di mente/d'udito**, ˻schwer von Begriff fam spreg˼/[schwerhörig] sein **24** gastr {SALE} grob(körnig): **pasta grossa**, "großformatige Pastasorten" **25** mil {ARTIGLIERIA} schwer **B** avv (*spesso*) {SCRIVERE} dick **C** m **1** (*parte grossa*) {+ALBERO} größter Teil; Haupt-, Großteil m **2** (*parte numerosa*) {+PUBBLICO} Großteil m **3** (*parte rilevante*) {+LAVORO} Hauptteil m, wichtigster Teil **4** mil {+FANTERIA} Gros n **5** sport (*nel ciclismo*) Gruppe f: **il ~ ha tre minuti di distacco**, die Gruppe hat drei Minuten Abstand **D** loc avv: **in ~ 1** fig (*approssimativamente*) {CALCOLARE} grob, annähernd, annäherungsweise **2** comm {ACQUISTARE} en gros ● **alla grossa** fig (*in modo approssimativo*), in groben Zügen; **l'ho detta grossa!** fig fam (*ho detto qualcosa che non avrei dovuto dire*), da habe ich ja etwas gesagt! fam; das war ich ja ein dicker Hund, was ich da gesagt habe! fam; **dirne di grosse** fig fam (*dire stupidaggini*), dummes Zeug reden fam, Dummheiten von sich (dat) gegen, Stuss reden/verzapfen fam spreg; **dirle/sballarle/spararle grosse** fig fam (*raccontare cose assurde*), dick auftragen fam spreg, Lügenmärchen erzählen, Unsinn reden; **essere grossa** (*rif. a donna: incinta*), dick sein; fig (*incredibile*), ein dickes Ei/Ding sein fam; **farne di grosse** fig fam (*commettere stupidaggini*), etwas Dummes anstellen fam, Dummheiten machen; **l'ha fatta grossa** fig fam (*ha fatto una schiocchezza*), er/sie hat eine große Dummheit gemacht!; **questa sì che è grossa!** fig fam (*è una cosa incredibile*), das ist wirklich ein starkes Stück! fam; **sbagliarsi di ~** fig fam (*enormemente*), sich gewaltig/gehörig irren, völlig danebenhauen fam.
grossolanità <-> f (*rozzezza*) {+MODI, PAROLE} Grobheit f, Rohheit f; {+UOMO} anche Ungeschliffenheit f spreg.
grossolàno, (-a) agg **1** (*rozzo*) {MODI, PAROLE} grob spreg, roh spreg; {UOMO} anche ungeschliffen spreg; {SCHERZI} grob spreg, übel, üble(r, s) **2** (*grande*) {ERRORE} grob, schwer, dick fam **3** (*mal fatto*) {LAVORO, ORNAMENTI} stümperhaft spreg (*ausgeführt*); {TESSUTO} grob **4** tecnol {REGISTRAZIONE, REGOLAZIONE} unsauber.
grossomòdo, **grósso mòdo** avv loc avv (*pressappoco*) ungefähr, etwa: **abbiamo ~ speso lo stesso**, wir haben ungefähr/etwa das Gleiche ausgegeben.
gròtta f **1** (*caverna*) {+PIRATI} Grotte f, Höhle f **2** region (*cantina*) Weinkeller m **3** region (*osteria*) Kellerlokal n.
grottésco, (-a) <-*schi*, -*sche*> **A** agg anche spreg (*ridicolo*) {ABBIGLIAMENTO, FIGURA} grotesk, lächerlich, absonderlich **B** m **1** (*il ridicolo*) Groteske n decl come agg: **avere del ~**, etwas Groteskes (an sich dat) haben; **cadere nel ~**, der Lächerlichkeit anheimfallen **2** lett teat Groteske f **3** tip Grotesk f.
Ground Zero <-> loc sost m ingl Ground Zero m.
groupware <-> m ingl inform Groupware f.

groviera → **gruviera**.

groviglio <-*gli*> m **1** (*intrico*) {+FILI, RADICI} Gewirr n, verwirrter/verwirrtes Knäuel **2** *fig* (*garbuglio*) {+IDEE} Durcheinander n, Wirrwarr m.

grr *inter onomatopeica* (*di rabbia*) grr.

gru <-> f **1** *ornit* Kranich m **2** *film* Kamerakran m **3** *tecnol* (Hebe)kran m: **gru a braccio/cavalletto/torre**, Ausleger-/Bock-/Turm(dreh)kran m; **gru a contrappeso**, Kran m mit Gegengewicht; **gru mobile**, transportierbarer Kran; **gru rotante**, Dreh-, Schwenkkran m.

grùccia <-*ce*> f **1** *med* Krücke f: **camminare con le grucce**, an Krücken gehen **2** (*per abiti*) (Kleider)bügel m: ~ **per camicia**, Hemdenbügel m **3** (*sostegno*) {+PAPPAGALLO} Jule f, Krücke f● **una affermazione/dimostrazione/... che si regge sulle grucce** *fig* (*è priva di basi solide*), eine Behauptung/ein Beweis/..., die/der jeder Grundlage entbehrt.

grufolàre A *itr* **1** *zoo* ~ (+ *compl di luogo*) {MAIALE NEL FANGO} (*irgendwo*) (mit ˌder Schnauze₁/[dem Rüssel]) (herum)wühlen **2** *fig spreg* (*mangiare rumorosamente*) schmatzen **3** *fig spreg* (*frugare*) ~ (+ *compl di luogo*) {NEL BAULE} (*irgendwo*) herum|wühlen, (*irgendwo*) herum|kramen *fam*, (*irgendwo*) herum|stöbern *fam* B *itr pron* (*rotolarsi nel sudiciume*): **grufolarsi in qc** {NEL FANGO} sich *in etw* (dat) wälzen, sich *in etw* (dat) suhlen; *fig* {NEL VIZIO} sich *in etw* (dat) suhlen.

grugnìre <*grugnisco*> A *itr* **1** *zoo* {CINGHIALE} grunzen **2** *fig spreg* (*brontolare*) knurren, murren, grunzen *fam* B *tr fig spreg* (*borbottare*) ~ **qc** {SALUTO, *ecc.*} *etw* brummen, *etw* knurren.

grugnìto m **1** *zoo* {+CINGHIALE} Grunzen n **2** *fig spreg* (*borbottio*) Grunzen n *fam*, Gebrumm(e) n: **mi rispose con un ~**, er/sie antwortete mir mit einem Grunzen *fam*.

grùgno m **1** *zoo* {+MAIALE} Schnauze f, Rüssel m **2** *fig fam spreg* (*faccia*) Schnauze f *volg*, Fresse f *volg* **3** *fig fam* (*broncio*) Schnute f *fam*, Schmollmund m, Flunsch m *fam*, Flappe f *fam norddt*: **fare il ~**, schmollen, eine Schnute ziehen *fam*, ein langes Gesicht machen; **tenere il ~ a qu**, mit jdm schmollen ● **dire qc a qu sul ~** *fig fam* (*direttamente*), jdm etw ins Gesicht sagen; **rompere/spaccare il ~ a qu** *fig fam* (*prenderlo a pugni*), jdm die Fresse/Schnauze polieren *fam*, jdm eins auf/vor die Fresse/Schnauze geben *fam*; **sbattere qc sul ~ a qu** *fig fam* (*mettere qu di fronte a qc*), jdn direkt mit etw (dat) konfrontieren, jdn mit dem Kopf auf etw (acc) stoßen.

gruìsta <-*i* m, -*e* f> mf Kranführer(in) m(f).

grùllo, (-a) *fam spreg* A *agg* (*stupido*) doof *fam spreg*, dämlich *fam spreg*, duss(e)lig *fam*; *tosc* (*lento*) schlaff *spreg*, lahmarschig *spreg* B m (f) Blödian m *fam spreg*, Schwachkopf m *fam spreg*, Einfaltspinsel m *fam spreg*, Dussel m *fam*.

grùmo m **1** (*coagulo*) Klumpen m: ~ **di sangue**, (Blut)gerinnsel n, Embolus m *scient*, Pfropf m **2** *gastr* {+BESCIAMELLA} Klumpen m: **la crema ha molti grumi**, die Creme ist sehr klumpig.

grùmolo m (*gruppo centrale*) {+CAVOLO} Herz n.

grumóso, (-a) *agg* {ASPETTO} klumpig.

grunge m <*inv*> *agg* {MOVIMENTO} Grunge- B <-> mf "Anhänger(in) m(f) der (nordamerikanischen) Grunge-Bewegung".

gruppétto <*dim di gruppo*> m {+AMICI} Gruppe f, Clique f.

grùppo A m **1** (*insieme*) {+AMICI, BALLERINI, STUDENTI} Gruppe f, Schar f: ~ **di gente**, Gruppe f von Leuten; {+ALBERI, CASE, GORILLA} Gruppe f **2** *arte* (*nella pittura, nella scultura*) Gruppe f **3** *comm econ* Konzern m, Gruppe f: ~ **d'acquisto**, Einkaufsverbund m; ~ **economico/finanziario**, Wirtschaftskonzern m/Finanzgruppe f; **il ~ ENI**, der ENI-Konzern **4** *elettr* Aggregat n: ~ **di continuità**, (sich automatisch einschaltender) Zusatzgenerator; ~ **elettrogeno/generatore**, Stromaggregat m, Generatorsatz m **5** *mat* {+ESPRESSIONI} Gruppe f: ~ **abeliano/commutativo**, abelsche Gruppe **6** *mus* {+NOTE} Gruppe f; {+MUSICISTI} Band f **7** *polit* {PARLAMENTARE, SINDACALE} Fraktion f: ~ **arcobaleno**, Regenbogenfraktion f; ~ **democratico europeo**, Fraktion f der Europäische Demokraten; ~ **liberal-democratico e riformista**, Liberale und Demokratische Fraktion f; ~ **socialista**, Sozialistische Fraktion f; ~ **tecnico delle destre europee**, technische Fraktion der europäischen Rechten; ~ **verde**, Grüneuropa f **8** *sport* Verein m, Gruppe f: ~ **sportivo**, Sportverein m; (*nel ciclismo*) Gros n; **riprendere il ~**, die Gruppe einholen; **staccare il ~**, die Gruppe ˌhinter sich (dat) lassen₁/[abhängen *fam*]/[abschütteln *fam*] B <inv> *loc agg*: **di ~ 1** {AMORE, ESAME, FOTOGRAFIA} Gruppen-; {LAVORO} *anche* Team- **2** *psic* (*ANALISI, PSICOTERAPIA*) Gruppen- ● ~ **di** *autoaiuto*, Selbsthilfegruppe f; ~ **etnico** *etnol*, Volksgruppe f; ~ **familiare**, Familienkreis m; ~ **fonetico** *ling*, Lautkomplex m; ~ **di** *lavoro/ricerca/studio*, Arbeits-/Forschungs-/Studiengemeinschaft f; ~ **motore** *autom*, Aggregat n; ~ **sanguigno** *med*, Blutgruppe f: ~ **(sanguigno) zero** *med*, Blutgruppe f 0; ~ **tattico** *mil*, taktische Einheit f.

gruppùscolo m <*di solito al pl*> *polit* {EXTRAPARLAMENTARE} Splittergruppe f.

gruvièra <-> m *o* f *gastr* Gruyère m, Greyerzer (Käse) m.

gruyère <-> f *franc* → **gruviera**.

grùzzolo m *fam* (*piccola somma di denaro*) Sümmchen n *fam*: **mettere insieme un bel ~**, ein hübsches/schönes Sümmchen beisetelegen *fam*.

Gs *fis abbr di gauss*: G, Gs (*abbr di* Gauß).

GS *abbr di* Gruppo Sportivo: (kleiner) Sportverein.

GSM m *tel abbr dell'ingl* Global System for Mobile Communication (*sistema mondiale per la comunicazione con telefonia mobile su 900 Mh*): GSM (europäischer Mobilfunkstandard).

GT A f *autom aero abbr dell'ingl* gate (*porta d'imbarco*) Ausgang f B m **1** *aero autom abbr di* Gran Turismo: GT (*abbr di* Grand Tourisme) **2** *dir abbr di* Giudice Tutelare: Vormundschaftsrichter m.

GTI m *autom abbr di* Gran Turismo Internazionale: GT (*abbr di* Grand Tourisme Internazionale).

G.U. *abbr di* Gazzetta Ufficiale: Gesetz-, Amtsblatt n, Bundesanzeiger m, Staatsanzeiger m, Bundesgesetzblatt n D.

guadagnàre A *tr* **1** (*essere remunerati*) ~ **(qc)** (*etw*) verdienen: ~ **mille euro al mese**, tausend Euro im Monat verdienen **2** (*ricavare un profitto*) ~/**guadagnarci (qc)** {IL 20% NETTO} *etw* (*an etw* dat) verdienen: **quanto ci guadagna il grossista?**, wie viel verdient der Großhändler daran? **3** (*vincere*) ~ **qc** {MEDAGLIA, PREMIO} *etw* gewinnen **4** *fig* (*raggiungere*) ~ **qc** {CIMA, VETTA, USCITA} *etw* erreichen; {MARE APERTO, PORTO} *anche etw* gewinnen; *forb; sport* {TESTA DEL GRUPPO} sich an die Spitze *von etw* (dat) setzen **5** *fig* (*avere un vantaggio in*) ~ **qc** {TEMPO, SPAZIO, VELOCITÀ, *ecc.*} *an etw* (dat) gewinnen **6** *fig* (*ottenere*) ~ **qc** {IDEA SUCCESSO} *etw* erringen; {FAMA} sich (dat) *etw* erwerben, *etw* erlangen **7** *fig* (*meritare*) ~ **qc** {LODE; IMPIEGATO PROMOZIONE} *etw* verdienen **8** *fig* (*trarre vantaggio*) ~/**guadagnarci (qc)** *etw* von *etw* (dat) haben, *etw* (*bei/an etw* dat) verdienen: **e noi cosa ci guadagneremmo?**, und was haben wir davon?; **non ci guadagni nulla a comportarsi così**, ˌdu hast überhaupt nichts davon₁/[das bringt überhaupt nichts *fam*], wenn du dich so verhältst; **qui chi ci guadagna sono loro**, sie sind es, die daran verdienen; **ecco cosa ho guadagnato a starvi a sentire!** *iron*, das hab' ich nun davon, dass ich euch zugehört habe! *iron* **9** *fig* (*convincere*) ~ **a qc** {PROPRIA CAUSA} jdn von *etw* (dat) überzeugen **10** *fig iron* (*prendersi*) ~ **qc** {RAFFREDDORE, SGRIDATA} sich (dat) *etw* zu|ziehen **11** *sport* ~ **qc** {DUE PUNTI} *etw* gewinnen B *itr* **1** (*sembrare migliore*) ~/**guadagnarci (con/in qc)** {DONNA CON GLI ANNI} (*mit etw* dat) attraktiver werden; {QUADRO IN UNA LUCE MIGLIORE} (*bei etw* dat) besser wirken; {TESTO IN CHIAREZZA} *an etw* (dat) gewinnen: **in bianco ci guadagni**, Weiß steht dir besser **2** *anche comm* (*ricevere una remunerazione*) verdienen: ~ **bene/male**, gut/schlecht verdienen C *rfl indir fig* (*accattivarsi*): **guadagnarsi qc** {FAVORE DEL POPOLO} sich (dat) *etw* erobern; {SIMPATIA DI TUTTI} sich (dat) *etw* erwerben ● **c'è tutto da ~ e nulla da** *perdere fig* (*si possono ottenere solo dei vantaggi*), da gibt es nichts zu verlieren (und alles zu gewinnen); **guadagnarsi da** *vivere*, sich (dat) den Lebensunterhalt verdienen.

guadagnàto m (*guadagno*) Verdienst m ● **tanto di ~** (*tanto meglio*), umso besser; **è tutto di ~** (*tutto guadagno*), damit ist nur gewonnen.

guadàgno m **1** (*il guadagnare*) Verdienen n: **pensare solo al ~**, nur ans Geld(verdienen) denken **2** (*somma guadagnata*) {LECITO, PINGUE} Verdienst m: **fare grossi/lauti guadagni**, klotzig verdienen *fam*; *comm* Gewinn m, Ertrag m; ~ **lordo/netto**, Brutto-/Reingewinn m, Roh-/Reinertrag m; **mancato ~**, Verdienstausfall m **3** *fig anche iron* (*utile, vantaggio*) Gewinn m, Vorteil m, Nutzen m: **bel ~!** *iron*, schöner Gewinn/Vorteil! *iron*; **è più lo scapito che il ~!**, die Kosten sind größer als der Gewinn! **4** *elettr* Ersparnis f: ~ **di corrente**, Stromersparnis f.

guadàre *tr* (*passare*): ~ **un torrente a piedi/a cavallo**, einen Fluss zu Fuß/Pferd durchwaten.

guàdo m **1** (*punto*) {+FIUME} Furt f **2** (*il guadare*) Waten n: **passare a ~**, durchwaten **3** *fig lett* (*passaggio*) Weg m, Durchgang m ● **essere in mezzo al ~** *fig* (*a metà di una situazione difficile*), sich mitten in einer schwierigen Situation befinden.

guaglióne, (-a) m (f) *napol fam* (*ragazzo*) Junge m, Bursche m, (Mädchen n).

guài *inter* **1** (*di minaccia*) wehe!: ~ **a te se ci riprovi!**, ˌuntersteh dich₁/[wehe (dir)], wenn du das noch mal machst! **2** (*di pericolo*) wehe: ~ **a sbagliare/[lasciarlo solo]**, wehe, wenn man ˌeinen Fehler macht₁/[ihn allein lässt].

guàina f **1** (*indumento*) Mieder n, Korsett n: ~ **elastica**, Mieder n; ~ **per la gravidanza**, Schwangerschaftsmieder n **2** (*rivestimento*) Hülle f, Mantel m: ~ **protettiva**, Schutzhülle f **3** (*fodero*) {+SPADA} Scheide f **4** *anat bot* Scheide f, Haut f: ~ **di un muscolo**, Muskelhaut f, Muskelscheide f; ~ **mielinica/osteofibrosa/sierosa**, Myelin-/Knochenfaser-/Serosahülle f; ~ **di un tendine**, Sehnenscheide f **5** *elettr* Kabelmantel m: ~ **isolante**, Isoliermantel m, Isolierhülle f ● ~ **antidisturbo** *tel*, Entstörmantel m.

guàio <*guai*> m **1** (*pasticcio*) Schwierigkeit f, Unannehmlichkeit f, Klemme f *fam*, Patsche f *fam*: **non combina altro che guai!**, er/sie ⌞macht nicht als Ärger⌟/[stiftet nur Verwirrung]!; **ho fatto un ~!**, ich hab da was angestellt! *fam*; **mi sono cacciato in un grosso ~**, ich habe mich ⌞in große Schwierigkeiten gebracht⌟/[ganz schön in die Nesseln gesetzt *fam*], ich sitz jetzt vielleicht in der Patsche/Tinte *fam*; **essere/trovarsi in un ~**, sich in Schwierigkeiten befinden, Schwierigkeiten/Unannehmlichkeiten haben, in der Tinte/Patsche/Klemme sitzen *fam*; **l'abbiamo tirato fuori dai guai**, wir haben ihm aus der Patsche/Klemme geholfen *fam*; **togliersi dai guai**, sich aus der Affäre ziehen *fam* **2** (*grana*) {+VITA} Ärger m, Unglück n, Pech n, Missgeschick n; **andare in cerca di guai**, Ärger suchen, sich in die Nesseln setzen *fam*; **cerchi guai?**, suchst du Ärger?; **raccontare a qu i propri guai**, jdm sein Pech erzählen; **se lo viene a sapere saranno guai**, wenn er/sie das erfährt, ⌞wird es Ärger geben⌟/[gibt's Ärger]; **gli è successo un ~**, ihm ist ein Missgeschick passiert **3** (*danno*) Schaden m, Unheil n; **i guai causati dalla cattiva amministrazione**, die durch die schlechte Verwaltung verursachten Schäden **4** <*di solito al pl*> (*fastidi*) Probleme n pl, Unannehmlichkeiten f pl: **avere dei guai con la giustizia**, Probleme mit der Justiz haben • **avere più guai che capelli in testa** *fig* (*avere molti fastidi*), mehr Probleme als Haare auf dem Kopf haben *fam*; **essere nei guai fino al collo** *fig* (*avere molti fastidi*), bis über beide/die Ohren ⌞in Schwierigkeiten⌟/[im Dreck *fam*]/[in der Scheiße *fam*] stecken; **che ~!** (*che disastro*), schöne Bescherung! *iron*; **è un bel ~!** (*è un bel problema!*), da haben wir die Bescherung!; **il ~ è che...** (*il brutto è che...*), das Unangenehme ist, dass ...; **essere nei guai**, Schwierigkeiten/Unannehmlichkeiten haben, in der Tinte/Patsche/Klemme sitzen *fam*; *fig eufem* (*essere incinta*), {DONNA, FIDANZATA, RAGAZZA} in anderen Umständen sein *eufem obs*; **ficcarsi nei guai**, Ärger/Schereien kriegen *fam*, sich in die Nesseln setzen *fam*; *fig eufem* (*rimanere incinta*), {DONNA, FIDANZATA, RAGAZZA} schwanger werden; **mettere qu nei guai**, jdm Unannehmlichkeiten bereiten, jdn in Schwierigkeiten bringen; *fig eufem* (*mettere incinta*), {DONNA, FIDANZATA, RAGAZZA} jdn schwängern; **passare un ~ merid**, im Schlamassel stecken *fam*; **guai a te!**, untersteh dich!; **i guai della pentola li sa il mestolo** *prov*, jeder kennt sein Leid am besten.

guaìre <*guaisco*> itr **1** (*mandare guaiti*) ~ (**per qc**) {CANE PER IL DOLORE} (*vor etw dat*) jaulen, (*vor etw dat*) winseln **2** *fig* (*lamentarsi*) ~ (**per qc**) {PER IL COLPO RICEVUTO} (*wegen etw gen*) wimmern, (*wegen etw gen*) winseln; **~ per il dolore**, vor Schmerzen wimmern **3** *fig spreg* (*cantare lamentosamente*) {CANTANTE} weinerlich/klagend singen.

guaìto m (*verso*) {+CANE} Gewinsel n *spreg*, Gejaule n **2** *fig spreg* (*lamento*) Gewinsel n, Gejammer n **3** *fig spreg* (*canto sgraziato*) jämmerlicher Gesang m.

gualdràppa f (*panno*) {+CAVALLO} Satteldecke f, Schabracke f.

guanàco <*-chi*> m **1** *zoo* Guanako m **2** *tess* Guanakofellfaser f.

guància <*-ce*> f **1** *anat* Wange f, Backe f: **baciare qu sulle guance**, jdn auf die Wangen küssen **2** *gastr* Backe f, Kopf m: **~ di maiale/vitello**, Schweinebacke f/Kalbskopf m • **ballare a ~**, Wange an Wange tanzen; **avere le guance** ⌞**in fiamme**⌟/[**rosse**] f, hochrote/rote Backen haben; **porgere l'altra ~** *fig bibl* (*sopportare le offese senza reagire*), die andere Wange hinhalten.

guanciàle m **1** (*cuscino*) Kissen n, Polster n **2** {+ELMO} Backen-, Wangenstück m **3** *gastr centr* "durchwachsener Speck vom Schweinskopf" • **dormire fra due guanciali** *fig* (*sentirsi sicuro e tranquillo*), ruhig/sorglos schlafen.

guanidìna f *chim* Guanidin n.

guanìna f *chim* Guanin n.

guàno m {+CILE} Guano m, Vogelmist m.

guantàio, (**-a**) m (f) **1** (*fabbricante*) Handschuhfabrikant(in) m(f) **2** (*venditore*) Handschuhverkäufer(in) m(f).

guanterìa f (*fabbrica*) Handschuhfabrik f.

guantièra f **1** (*scatola*) Handschuhschachtel f **2** (*vassoio*) Tablett n (*zum Servieren des Desserts*).

guànto m **1** Handschuh m: **~ da baseball/box**, Baseball-/Boxhandschuh m; **calzare/infilare/mettersi un ~ di lana/pelle**, einen Woll-/Lederhandschuh anziehen/überstreifen; **~ di ferro**, Eisenhandschuh m; **~ da forno**, Backhandschuh m; **guanti glacé**, Glacéhandschuhe m pl; **~ di gomma**, Gummihandschuh m; **~ lungo/monouso**, Stulpen-/Einmalhandschuh m; **mezzi guanti**, fingerlose Handschuhe m pl; **~ da sci**, Skihandschuh m; **togliersi i guanti**, sich (dat) die Handschuhe ausziehen/abstreifen **2** *fam* (*preservativo*) Überzieher m *fam*, Pariser m *fam* • **calzare come un ~** *fig* (*essere comodo*), wie angegossen passen/sitzen *fam*; **gettare/mandare il ~** *fig* (*lanciare una sfida*), den Fehdehandschuh hinwerfen *forb*; **morbido come un ~** (*molto morbido*), {SCARPE} sehr weich; (**prova del) ~ di paraffina** f, Paraffinprobe f; **raccogliere il ~** *fig* (*accettare una sfida*), die Herausforderung annehmen, den Fehdehandschuh aufnehmen *forb*; **rivoltare qc come un ~** (*completamente*), etw wie einen Handschuh umdrehen; *fig* (*analizzare a fondo*), {TESTO} etw gründlich analysieren; **trattare qu coi guanti (bianchi)** *fig* (*bene*), jdn mit Glacé-/Samthandschuhen anfassen *fam*; **usare il ~ di velluto** *fig* (*usare modi gentili*), etwas auf die sanfte Tour machen *fam*.

guantóne <*accr di guanto*> m **1** großer Handschuh m **2** *sport* <*di solito al pl*> (*nel pugilato*) Boxhandschuh m; (*nel baseball*) Baseballhandschuh m • **attaccare i guantoni al chiodo** *fig sport* (*nel pugilato*) (*ritirarsi dall'attività pugilistica*), die Boxhandschuhe an den Nagel hängen *fam*; **incrociare i guantoni** *sport* (*nel pugilato*) (*combattere*), einen Boxkampf austragen.

guàppo, (**-a**) *napol* A agg (*sfrontato*) {MANIERE} unverschämt, arrogant B m (f) **1** (*camorrista*) Mitglied n der Kamorra m (f) **2** (*violento*) gewalttätiger, skrupelloser Mensch.

guardabarrière <-> mf *ferr* Schrankenwärter(in) m(f), Bahnwärter(in) m(f).

guardàbile agg (*che si può guardare*) {SPETTACOLO} ansehbar, ansehenswert.

guardabòschi <-> mf (*addetto alla protezione dei boschi*) Förster(in) m(f), Forsthüter(in) m(f), Waldhüter(in) m(f) *obs*.

guardacàccia <-> mf (*nella caccia*) Jagdaufseher(in) m(f).

guardacòste <-> m **1** *mar* Küstenwachtschiff n **2** *mil* Küstenwache f.

guardalinee <-> mf **1** *ferr* Strecken-, Bahnwärter(in) m(f) **2** *sport* (*nel calcio*) Linienrichter(in) m(f).

guardamàcchine <-> mf (*guardiano di un parcheggio*) Parkwächter(in) m(f).

guardamàno <-> m **1** (*guanto di protezione*) Schutzhandschuh m **2** (*parte dell'impugnatura*) {+SPADA} Korb m, Glocke f **3** *artiglieria* {+FUCILE, PISTOLA} Bügel m **4** *mar* Manntau n.

guardapàrco <-> mf (*guardiano di un parco naturale*) {+GRAN PARADISO} Aufseher(in) m(f) (*eines Naturschutzparks*).

guardapésca <-> mf (*nella pesca*) Fischereiaufseher(in) m(f).

guardapòrto <-> m *mar* (*imbarcazione*) Hafenwachtschiff n.

guardàre A tr **1** *gener* ~ (**qu/qc**) {VIGILE, ALBERO} jdn/etw an|sehen, jdn/etw an|schauen *A CH südtt*: **beh, cosa avete da ~?**, und, was gibt es denn da zu gucken *fam*/glotzen *fam anche spreg*/gaffen *spreg*?; **perché mi guardi così?**, warum siehst du mich (denn) so an?; **~ e non toccare!**, Finger weg, Anfassen is nich! *slang*; {CARTA STRADALE, ORARIO DEI TRAGHETTI, OROLOGIO} auf etw (acc) sehen; **~ (qu/qc) + compl di luogo** (*in*) {+etw /etw irgendwo sehen, irgendwo (an)|schauen *A CH südtt*; **~ altrove**, wegsehen, wegschauen *A CH südtt*; **~ fuori dal finestrino la neve cadere**, aus dem Wagenfenster den Schnee fallen sehen; **~ nel vuoto**, ins Leere blicken; **~ dritto davanti a sé**, nach vorne sehen/gucken *fam*; **~ qu in qc** {IN FACCIA, NEGLI OCCHI} jdn in etw (acc) sehen, jdn in etw (acc) schauen *A CH südtt*; **~ qu/qc con qc** {CELLULA COL MICROSCOPIO} jdn/etw durch etw (acc) betrachten, jdn/etw durch etw (acc) sehen **2** (*osservare*) ~ (**qu/qc**) {VOLO DI UNA RONDINE} jdn/etw beobachten; {QUADRO, STELLE} etw betrachten; {VETRINA} sich (dat) etw an|schauen; **~ (qu/qc) con qc** {CON CURIOSITÀ} (*jdn/etw*) mit etw (dat) betrachten: **~ attentamente**, aufmerksam beobachten; **~ direttamente/fisso**, unvermittelt/starr ansehen; **prima guardiamo come si comporta e poi decidiamo**, zuerst beobachten wir, wie er/sie sich benimmt, dann entscheiden wir; **guarda come faccio così impari!**, sieh zu, wie ich das mache, damit du es lernst! **3** (*visitare*) ~ **qu** {MOSTRA} etw besichtigen **4** (*assistere*) ~ **qc** {FILM, SPETTACOLO} sich (dat) etw an|sehen, sich (dat) etw an|schauen *A CH südtt*: **~ la televisione**, fernsehen; **una partita (di calcio) in televisione**, sich (dat) ein Fußballspiel im Fernsehen ansehen **5** (*visitare*) ~ **qu** {DOTTORE AMMALATO} jdn besuchen **6** (*esaminare*) ~ **qc** {COMPITI, CONTI} etw durch|-, nach|sehen, etw durch|-, nach|schauen *A CH südtt*; {LIBRO} etw lesen, einen Blick in etw (acc) werfen **7** (*considerare*) ~ **qu/qc** jdn/etw beachten, wer hat die denn je beachtet? **8** (*sorvegliare*) ~ **qu/qc** {PROLE, CASA} (*auf jdn/etw*) auf|passen, (*auf jdn/etw*) Acht geben: **quando lavoro mi guarda il bambino una signora**, wenn ich arbeite, passt eine Frau auf mein Kind auf; {PONTE} etw bewachen; {GREGGE} hüten **9** (*occuparsi di*) ~ **qu** {DONNA SIGNORA ANZIANA} sich um jdn kümmern **10** (*controllare*) ~ (**se... ind**), ... (**che... congv**) nach|sehen(, ob... ind); **guarda** ⌞**se la luce è spenta**⌟/[**che la luce sia spenta**]!, sieh mal nach, ob das Licht ausgeschaltet ist! **11** (*affacciarsi*) ~ **qc** {CASA MARE} auf etw (acc) blicken, auf etw (acc) hinaus|gehen **12** *forb* (*difendere*) ~ **qu/qc da qu/qc** {DIO DALLE CATTIVE COMPAGNIE, DALL'INVIDIA} jdn/etw vor jdm/etw schützen, jdn/etw vor jdm/etw beh|halten B itr **1** (*essere rivolto*) ~ **a/su/verso qc** {BALCONE, EDIFICIO, ecc. A EST, SUL CORTILE, VERSO IL MARE} (*auf etw acc*) hinaus|gehen, nach etw (dat) liegen, nach etw (dat) gelegen sein: **le finestre guardano** ⌞**sulla piazza**⌟/[**a sud**], die Fenster ⌞gehen auf den Platz hinaus⌟/[liegen nach Süden] **2** (*cercare*) ~ (+

compl di luogo) {SULL'AGENDA, NELL'ELENCO TELEFONICO, SUL GIORNALE} (*irgendwo*) nach|sehen, (*irgendwo*) suchen: **hai guardato nelle tasche dell'impermeabile?**, hast du in den Taschen des Regenmantels nachgesehen? **3** (*pensare*) **- a qc (con qc)** {AL PASSATO CON SERENITÀ, A UNA STORIA D'AMORE CON NOSTALGIA} an etw (acc) (*mit etw dat*) denken **4** (*fare attenzione*) **- a qc** (*auf etw acc*) auf|passen, *auf etw (acc)* achten, (*auf etw acc*) Acht geben: **guarda a quello che fai!**, pass auf, was du machst!; **guardate che vi state sbagliando!**, gebt Acht, ihr macht einen Fehler!; **guarda di non arrivare in ritardo!**, pass auf, dass du nicht zu spät kommst! **5** (*badare*) **- a qc** sich um etw (acc) kümmern: **guardate ai fatti vostri!**, kümmert euch um eure Angelegenheiten! **6** (*considerare*) **- a qu** jdn für etw (acc) halten, *in jdm etw* sehen: **tutti guardano a lui come al futuro presidente**, alle sehen in ihm den zukünftigen Präsidenten C rfl **1** (*osservarsi*): **guardarsi** (+ *compl di luogo*) sich (*irgendwo*) an|sehen, sich (*irgendwo*) an|schauen A CH *süddt*, sich (*irgendwo*) betrachten: **si guarda troppo spesso allo specchio**, er/sie sieht sich zu oft im Spiegel an, er/sie betrachtet sich zu oft im Spiegel **2** (*astenersi*): **guardarsi dal fare qc** {DAL BESTEMMIARE, DAL RISPONDERGLI} sich davor hüten, *etw zu tun*; sich vor|sehen, *etw zu tun* **3** (*stare in guardia*): **guardarsi da qu/qc** {DAGLI ADULATORI, DALLE CALUNNIE, DAL VIZIO} sich *vor jdm/etw* in Acht nehmen, sich *vor jdm/etw* hüten, sich *von jdm/etw* fern|halten: **guardatene bene!**, hüte dich bloß davor! D rfl rec (*osservarsi*): **guardarsi** (*AVVERSARI*) sich an|sehen, sich an|schauen A CH *süddt*: **i due si guardavano teneramente negli occhi**, die beiden schauten sich zärtlich in die Augen • **guarda guarda!** (*di sorpresa*), sieh (mal) (einer) an!; **guarda/guardi/guardate, sta arrivando adesso!** (*per richiamare l'attenzione*), sieh/[sehen Sie]/[seht] mal, da kommt er/sie!; **- qu dall'alto in basso** *fig* (*con disprezzo*), jdn von oben herab ansehen; **guardarsi attorno/[in giro]** (*di sorpresa*), sich umsehen, sich umschauen *region*; *fig* (*cercare un'alternativa*), sich umsehen; **- avanti**, nach vorne blicken/sehen/schauen A CH *süddt*; *fig* (*pensare al futuro*), in die Zukunft blicken/sehen/schauen A CH *süddt*; **-** ₁**in cagnesco**₁/[male]/[storto]/[di sbieco/di traverso], jdn ₁schief *fam*₁/[schräg *fam*] ansehen/[an|schauen A CH *süddt*]; **- indietro** anche *fig* (*pensare al passato*), zurückblicken; **- lontano**, weit blicken; *fig* (*essere lungimirante*), weit blickend sein; **guarda e passa!** (*senza mostrare interesse*), guck *fam* und geh weiter!; **non guardarsi più (in faccia)** *fig* (*non essere più amici*), nicht mehr miteinander reden, sich (dat) aus dem Weg gehen; **ma guarda un po'!** (*di sorpresa*), na sieh/schau A CH *süddt* mal (einer) an!; ja, da schau her! A *süddt*; **non - qu/qc per non sciuparlo** *fig* (*esserne geloso*), auf jdn/etw eifersüchtig sein; **non - troppo per il sottile** *fig* (*non essere troppo pignolo*), nicht so genau hinsehen/hinschauen A CH *süddt*, es nicht so genau nehmen, fünf gerade sein lassen *fam*; **stare a -** (*assistere passivamente*), zusehen, zuschauen A CH *süddt*; **che state o a ~?** (*che cosa aspettate?*), worauf wartet ihr noch?

guardaròba <-> m **1** (*armadio*) {BAROCCO} Kleiderschrank m **2** (*indumenti*) {ELEGANTE, ESTIVO, INVERNALE} Kleidung f, Garderobe f: **rinnovare il -**, seine Garderobe wechseln **3** (*stanza*) Garderobe f, Ankleideraum m **4** (*luogo*) {+MUSEO, RISTORANTE} Garderobe f: **ho lasciato il cappotto al ~**, ich habe meinen Mantel an der Garderobe gelassen.

guardarobière, (-a) m (f) **1** {+RISTORANTE, TEATRO} Garderobenmann m, (Garderobenfrau f) **2** (*in casa privata*) Garderobier m, (Garderobiere f).

guardasàla <-> mf (*sorvegliante*) {+MUSEO} Saalordner(in) m(f).

guardascàmbi <-> mf *ferr* Weichenwärter(in) m(f), Weichensteller(in) m(f).

guardasigilli A <inv> agg {MINISTRO} Justiz- B <-> m **1** *dir* (*ministro di grazia e giustizia*) Justizminister m **2** *stor* Siegelbewahrer m.

guardaspàlle <-> m (f) (*guardia del corpo*) Leibwächter(in) m(f).

guardàta f (*occhiata*) Blick m: **ho dato una ~ ai temi**, ich habe einen Blick in/auf die Aufsätze geworfen; **dammi una ~ ai bambini!**, schau A CH *süddt* mal nach den Kindern!

guàrdia f **1** (*il vigilare*) Wache f, Bewachung f, Wachdienst m, Überwachung f: **essere di ~**, Wachdienst haben, Wache schieben *fam*; **fare la ~ a qu/qc**, jdn/etw bewachen, jdn/etw überwachen, auf jdn/etw auf|passen; **fare buona ~**, gut auf|passen; **mettere un poliziotto a ~ dei gioielli**, den Schmuck von einem Polizisten bewachen lassen; **montare di ~**, die Wache übernehmen/antreten; **smontare di ~**, die Wache abtreten/abziehen **2** (*addetto alla vigilanza*) Wächter m; *mil* {+CASERMA} Wache f, Wachposten m; **- carceraria**, Gefängniswärter m; **- a cavallo**, berittene Wache; **- civica**, Bürgergarde f; **- del corpo**, Leibwache f; **- forestale**, Förster m; **- giurata**, vereidigter Wachmann m; **- notturna**, Nachtwächter m; **- di sicurezza**, Polizeibeamte m, (Polizeibeamtin f), Polizist(in) m(f); **- svizzera** (*corpo*), Schweizergarde f; (*persona*) Schweizergardist m **3** *edit* {+LIBRO} Vorsatz m, Vorsatzblatt n **4** *mar* {+DRITTA} Schiffswache f **5** *med* (Wach)dienst m: **essere di ~**, Sanitätsdienst haben; **- medica**, Sanitätswache f, ärztlicher Notdienst **6** *sport* (*nel pugilato*) Deckung f, Auslage f; (*nella scherma*) (*posizione dello schermidore*) Auslage f, Ausgangsstellung f; (*parte della spada*) Korb m, Glocke f, Stichblatt n • **abbassare la ~** *sport* (*nel pugilato*), die Deckung fallen lassen; *fig* (*diminuire le difese*), die Deckung vernachlässigen; **aprire la ~** *sport* (*nel pugilato*), die Deckung öffnen; **chiamare le guardie** (*la polizia*), die Polizei rufen; **- costiera**, Küstenwache f; **giocare a guardie e ladri**, Räuber und Gendarm spielen; **in ~!** (*esortazione al combattimento*), Achtung!, Vorsicht!, aufgepasst!; **- di finanza**, "(italienische) Zoll- und Finanzwacht"; (*persona*), (italienische) Zoll- und Finanzbeamte mf decl come agg; (**linea/livello di**) **- idraul**, Hochwasserpunkt m; **mettere qu in ~ contro/da qc** *fig* (*avvertirlo del pericolo*), jdn vor etw (dat) warnen; **mettersi in ~** *sport* (*nella scherma*), in die Auslage gehen; *fig* (*diffidare*), in Deckung gehen; **- nazionale**, Nationalgarde f; **- d'onore**, Ehrengarde f; **stare in ~** *sport* (*nella scherma*), in der Auslage sein; *fig* (*essere allarmato*), auf|passen; **la vecchia ~** (*i primi seguaci, gli anziani*), die alte Garde.

guardiacàccia → **guardacaccia**.

guardiacòste → **guardacoste**.

guardialinee → **guardalinee**.

guardiamàcchine → **guardamacchine**.

guardiamarìna <-> m *mar mil* Leutnant m zur See.

guardiàno, (-a) m (f) **1** (*custode*) {+FABBRICA, VILLA}) Wächter(in) m(f), Aufseher(in) m(f): **~ notturno**, Nachtwächter m **2** (*chi sorveglia*) {+PORCI} Hirt(in) m(f) **3** *relig* Guardian m • **rimanere a fare il ~ a casa** *fig scherz* (*restare solo in casa*), daheim|bleiben und ₁aufs Haus aufpassen *fam*₁/[das Haus hüten]; **~ di coccodrilli** *ornit*, Krokodilwächter m.

guardìna f (*cella*) (Arrest)zelle f: **sbattere qu in ~**, jdn in die Zelle werfen *fam*.

guardingo, (-a) <-ghi, -ghe> agg (*circospetto*) {MODO DI FARE} behutsam, umsichtig.

guardiòla f **1** (*locale*) {+PORTIERE} Portierstube f, Portiersloge f **2** *mil stor* Wachturm m.

guardóne, (-a) m (f) *fam spreg* (*voyeur*) Voyeur m, (Voyeurin f), Spanner m *fam*.

guardrail <-> m *ingl* {+AUTOSTRADA} Leitplanke f.

guaribile agg (*che si può guarire*) **~ (in qc) (con qc)** {MALATTIA IN POCHI GIORNI CON ALCUNE INIEZIONI DI PENICILLINA} (*mit etw dat*) (*in etw dat*) heilbar; {PAZIENTE IN DUE SETTIMANE CON UNA CURA DI ANTIBIOTICI} (*mit etw dat*) (*in etw dat*) genesungsfähig.

guarigióne f (*il guarire*) Heilung f, Genesung f: **Le auguriamo una pronta ~**, wir wünschen Ihnen eine schnelle Genesung; **buona ~!**, gute Besserung!; **la malattia è in via di ~**, die Krankheit ist dabei zurückzugehen.

guarìre <guarisco> A tr <*avere*> **1** *med* **~ (qu) (da qc) (in qc)** {INFEZIONE CON GLI ANTIBIOTICI IN DUE SETTIMANE} etw (*mit etw dat*) (*in etw dat*) heilen; **~ qu (da qc) (con qc)** {AMMALATO DAL TIFO CON UNA CURA ADEGUATA IN POCO TEMPO} jdn (*mit etw dat*) (*in etw dat*) gesund machen, jdn (*mit etw dat*) (*in etw dat*) heilen, jdn (*mit etw dat*) (*in etw dat*) kurieren **2** *fig* (*vincere*) **~ qc (con qc) (in qc)** {NOIA, TRISTEZZA, ECC. IN UN ATTIMO} etw (*mit etw dat*) (*in etw dat*) besiegen **3** *fig* (*liberare*) **~ qu da qc (con qc) (in qc)** {FUMATORE DAL VIZIO DEL FUMO IN SEI SETTIMANE} jdn (*mit etw dat*) (*in etw dat*) von etw (dat) befreien B itr <*essere*> **1** *med* **~ (con qc) (in qc)** {FERITA IN UNA SETTIMANA} (*mit etw dat*) (*in etw dat*) (aus|)heilen: **l'infiammazione guarirà completamente in un mese**, die Entzündung wird in einem Monat vollständig ausheilen; **~ (da qc) (con qc) (in qc)** {MALATO DAL TIFO IN POCO TEMPO} (*von etw dat*) (*mit etw dat*) (*in etw dat*) genesen, (*von etw dat*) (*mit etw dat*) (*in etw dat*) gesund werden; **adesso sono completamente guarito**, jetzt bin ich vollständig genesen **2** *fig* (*rendere libero*) **~ (da qc) (con qc) (in qc)** {DALLA DIPENDENZA DALLA DROGA IN UN ANNO} (*mit etw dat*) (*in etw dat*) *von etw (dat)* geheilt werden.

guaritóre, (-trice) m (f) (*chi fa guarire*) Heilpraktiker(in) m(f), Wunderheiler(in) m(f) *spreg*, Wunderdoktor(in) m(f) *spreg*.

guarnigióne f (*corpo di guardia, luogo*) Garnison f.

guarnìre <guarnisco> tr **1** (*ornare*) **~ qc (di/con qc)** {CAPPELLO DI/CON PIUME, INDUMENTO, TOVAGLIA DI/CON PIZZI} etw (*mit etw dat*) verzieren, etw (*mit etw dat*) schmücken; (*uso assol*) dekorativ sein **2** *gastr* **~ qc (con qc)** {ARROSTO CON PATATE, VITELLO TONNATO} etw (*mit etw dat*) garnieren; {TORTA CON LE FRAGOLE} *etw (mit etw dat*) dressieren **3** *mil* (*fornire*) **~ qc di qc** {CITTADELLA DI MURA} etw (*mit etw dat*) versehen; {NAVE DI CANNONI} etw (*mit etw dat*) aus|statten; **un forte di soldati**, eine Festung mit Soldaten bemannen.

guarnizióne f **1** (*decorazione*) {+INDUMENTO, TENDA} Garnitur f, Verzierung f **2** *autom tecnol* {+CAFFETTIERA} Dichtung f: **- della testata**, Zylinderkopfdichtung f **3** *gastr* (*contorno*) Beilage f, Garnierung f.

Guascógna f *geog* Gascogne f.

guastafèste <-> mf Spiel-, Spaßverderber(in) m(f), Miesmacher(in) m(f) *fam*: **non**

fare il solito ~!, mach uns doch nicht wie immer alles mies! *fam*, sei doch nicht der übliche Spielverderber!

guastàre **A** tr **1** (*rovinare*) ~ *qc* {UMIDITÀ MURO} *etw* beschädigen; {GRANDINE RACCOLTO} *etw* zerstören, *etw* ruinieren *fam*; {CADUTA MECCANISMO} *etw* beschädigen, *etw* kaputt|machen *fam*; {PALAZZO PAESAGGIO} *etw* verunstalten, *etw* verschandeln *fam*; {CICATRICE VISO} *etw* entstellen: **aggiungendo pepe hanno guastato la salsa**, sie haben Pfeffer hinzugegeben und dadurch die Soße verdorben/ruiniert *fam*; *fig* {AMICIZIA, REPUTAZIONE} *etw* ruinieren **2** (*far andare a male*) ~ *qc* {CALDO CARNE, FRUTTA} *etw* verderben, *etw* verkommen lassen; {CARAMELLE DENTI} *etw* ruinieren, *etw* kaputt|machen *fam* **3** (*scombussolare*) ~ *qc* {SCENA APPETITO} *etw* verderben; {URLO SONNO, ecc.} *etw* stören; {STRESS SALUTE} *etw* ruinieren, *etw* schädigen, *etw* zerrütten, *etw* kaputt|machen *fam* **4** *fig* (*turbare*) ~ *qc* {ARRIVO DI QU FESTA; INTERVENTO DI QU INCANTESIMO; NOTIZIA SOGNI DI QU} stören **5** *fig* (*corrompere*) ~ *qu*/*qc* {GUADAGNI ECCESSIVI IMPRENDITORE, ANIMO DI QU; CATTIVE COMPAGNIE} *jdn*/*etw* verderben **B** itr (*nuocere*): **schaden: un po' di cortesia non guasta**, ein wenig Höflichkeit kann nicht schaden **C** itr pron **1** (*smettere di funzionare*): **guastarsi** (**con** *qc*) {MECCANISMO CON LA POLVERE} (*durch etw* acc/*wegen etw* gen) kaputt|gehen *fam*, (*durch etw* acc/*wegen etw* gen) nicht mehr funktionieren, (*durch etw* acc/*wegen etw* gen) Schaden erleiden **2** (*deteriorarsi*): **guastarsi** (**con**/**per**/[**a causa di**] *qc*) {AFFRESCO CON L'UMIDITÀ} (*durch etw* acc/*wegen etw* gen) beschädigt werden, (*durch etw* acc/*wegen etw* gen) Schaden erleiden **3** (*rovinarsi*): **guastarsi** {GIOVANE} verkommen, verderben: **col tempo suo figlio si è guastato**, im Laufe der Zeit ist sein/ihr Sohn immer mehr verkommen **4** (*peggiorare*): **guastarsi** {TEMPO} sich verschlechtern, schlecht werden **5** (*andare a male*): **guastarsi** (**con** *qc*) {PESCE COL CALDO} (*bei etw* dat) verderben, (*bei etw* dat) schlecht werden; {FRUTTA} (*bei etw* dat) verfaulen; {UOVA} (*bei etw* dat) faul werden **D** rfl **1** indir (*rovinarsi*): **guastarsi** *qc* {ESISTENZA} sich (dat) *etw* ruinieren; {FESTA, GIORNATA} *anche* sich (dat) *etw* verderben **2** (*non andare più d'accordo*): **guastarsi con qu** {CON LA SORELLA} sich *mit jdm* überwerfen, es (sich dat) *mit jdm* verderben **E** rfl rec *fig* (*non andare più d'accordo*): **guastarsi** sich zerstreiten; **da grandi amici che erano ora si sono guastati**, früher waren sie große Freunde, aber jetzt haben sie sich überworfen/zerstritten/[ist ihre Freundschaft dahin].

guastatóre m *mil* (Sturm)pionier m.

guàsto① m **1** (*danno*) {+ALLUVIONE, CATTIVA AMMINISTRAZIONE} Schaden m **2** *fig* (*corruzione*) {+SOCIETÀ} Korruption f **3** *fig* (*dissapore*) Zwietracht f *forb*, Uneinigkeit f, Missstimmung f: **c'è del ~ fra di noi**, es herrscht Zwietracht *forb* zwischen uns beiden, wir sind uns uneinig **4** *autom* Panne f, Schaden m: **avere un ~ al motore**, einen Motorschaden haben; **riparare un ~**, einen Schaden reparieren **5** *tecnol* {+IMPIANTO ELETTRICO} Schaden m, Defekt m: **c'è un ~ alla linea telefonica**, es gibt einen Defekt in der Telefonleitung.

guàsto②, (-a) agg **1** (*rotto*) {LAVATRICE, MACCHINA, TELEVISIONE} defekt, schadhaft, kaputt *fam* **2** (*cattiva*) {SALUTE} zerrüttet, ruiniert **3** (*andato a male*) {CARNE} verdorben, schlecht; {FRUTTA} verfault; {UOVA} faul **4** *fig* (*corrotto*) {GIOVENTÙ} verdorben, verkommen *spreg*, verderbt *obs* {MENTE} korrupt **5** *med* {STOMACO} krank, verdorben; {DENTE} *anche* faul, kariös.

guatàre *lett* **A** tr (*fissare*) ~ *qu* {AMATA} *jdn* unverwandt an|sehen **B** rfl rec (*fissarsi*): **guatarsi** {AVVERSARI} sich/einander *forb* an|starren.

Guatemàla m geog Guatemala n.

guatemaltèco, (-a) <-chi, -che> **A** agg {TRADIZIONE} guatemaltekisch **B** m (f) (*abitante*) Guatemalteke m, (Guatemaltekin f) decl come agg.

guàzza f (*rugiada*) Tau(nässe f) m.

guazzabùglio <-gli> m **1** (*miscuglio*) {+VECCHIE CARTE} Durcheinander n, Wirrwarr m, Kunterbunt n *fam*, Mischmasch n *fam* **2** *fig* {+IDEE, GENTE} Durcheinander n, Wirrwarr m Wust m *fam*.

guazzétto (*dim di* guazzo) m gastr (*intingolo*) Soße f, Tunke f norddt: **rane in ~**, geschmorter Frosch.

guàzzo m **1** (*bagnato*) Lache f, Pfütze f: **l'acqua sulla strada ha fatto un gran ~**, das Wasser auf der Straße hat eine große Pfütze gebildet **2** (*pozza*) {+SANGUE} Lache f: **essere in un ~ di sudore**, vollkommen durchschwitzt sein **3** *arte* Gouache f ● (**ciliegie**/...) **in ~** gastr tosc, (Kirschen f pl/...) in Alkohol.

guèlfo, (-a) stor **A** agg **1** (*in Germania*) guelfisch, welfisch **2** (*clericale*) klerikal, päpstlich **B** m (f) **1** (*in Germania*) Guelfe m, Welfe m **2** (*clericale*) Klerikale mf decl come agg ● **merlo ~** *arch*, welfische Zinne.

guêpière <-> f franc (*nella moda*) Mieder n, Korsett n.

guèrcio, (-a) <-ci, -ce> **A** agg **1** (*strabico*) {OCCHI} schielend, schieläugig rar **2** (*monocolo*) einäugig **B** m (f) **1** (*strabico*) Schielende mf decl come agg: **essere ~**, schielen **2** (*monocolo*) Einäugige mf decl come agg.

guèrra **A** f **1** *mil* Krieg m: ~ **aerea**/**navale**/**terrestre**, Luft-/See-/Landkrieg m; **andare in ~**, in den Krieg ziehen; ~ **dei cent'anni**/**trent'anni**, der Hundertjährige/Dreißigjährige Krieg; ~ **atomica**, Atomkrieg m; ~ **batteriologica**/**chimica**/**elettronica**, Krieg m mit biologischen/chemischen/elektronischen Waffen; ~ **civile**/**difensiva**, Bürger-, Verteidigungskrieg m; **entrare in ~**, in den Krieg eintreten; **essere in ~**, Krieg mit jdm/etw führen; **fare la ~**, den Krieg mitmachen; ~ **a finita**, bei Kriegsende; ~ **fratricida**, Bruderkrieg m; **la ~ dei sei giorni**, der Sechstagekrieg m; **la ~ del Golfo**, der Golfkrieg; ~ **d'indipendenza**/**[di liberazione]**, Unabhängigkeits-/Befreiungskrieg m; ~ **intestina**, innerer Krieg; ~ **lampo**, Blitzkrieg m; ~ **di logoramento**/**movimento**/**posizione**/**trincea**, Zermürbungs-/Bewegungs-/Stellungs-/Grabenkrieg m; **muovere ~ a una nazione**, Krieg in ein Land hineintragen; **le guerre napoleoniche**, die napoleonischen Kriege; ~ **nucleare**, Atomkrieg m; ~ **offensiva**/**[d'offesa]**, Offensiv-/Angriffskrieg m; ~ **partigiana**, Partisanenkrieg m; **perdere**/**vincere la guerra**, den Krieg verlieren/gewinnen; **la prima**/**seconda ~ mondiale**, der Erste/Zweite Weltkrieg; **le guerre puniche**, die Punischen Kriege; ~ **di religione**, Religionskrieg m; **la ~ delle due rose**, der Rosenkrieg; ~ **santa**, heiliger Krieg; **guerre stellari**, Krieg der Sterne; ~ **di secessione**/**sterminio**/**successione**, Sezessions-/Vernichtungs-/Erbfolgekrieg m; ~ **telecomandata**, ferngesteuerter Krieg; **tornare dalla ~**, aus dem Krieg heimkehren; ~ **totale**, totaler Krieg; **la ~ del Vietnam**, der Vietnamkrieg **2** *fig* (*lotta*) Kampf m, Streit m: **la ~ al fumo**, der Kampf gegen das Rauchen; **essere in ~ (aperta) con qu**, mit jdm im Krieg liegen, mit jdm (auf dem) Kriegsfuß stehen/leben; *scherz*; **fare una ~ contro la droga**, einen Kampf gegen Drogen führen; ~ **d'interessi**, Interessenkonflikt m; ~ **di nervi**, Nervenkrieg m; ~ **psicologica**, psychologische Kampfführung; **la loro è una ~ all'ultimo sangue**, bis zum letzten Blutstropfen kämpfen **3** *comm polit stor* Krieg m, Kampf m, Konflikt m: ~ **doganale**/**[di tariffe]**, Zollkrieg m; ~ **fredda**, kalter Krieg; ~ **ideologica**, Ideenkrieg m; ~ **del vino**, Weinkrieg m **B** in loc agg *mil*: **da** ~ {AEREO} Kriegs- ● **a colpi di spillo** *anche fig* (*caratterizzata dai dispetti*) Zermürbungskrieg m; ~ **a coltello**/**[ad armi corte]** *fig* (*feroce*), Kampf m bis aufs Messer *fam*; **dichiarare ~ a qu**/*qc*, jdm/etw den Krieg erklären; *fig* (*schierarsi contro*), jdm/etw den Kampf an|sagen.

guerrafondàio, (-a) <-dai> m spreg **A** agg {PARTITO} kriegstreibend, kriegshetzerisch **B** m (f) (*sostenitore della guerra*) Kriegstreiber(in) m(f), Kriegshetzer(in) m(f).

guerreggiàre <*guerreggio*, *guerreggi*> **A** itr (*fare la guerra*) ~ (**con**/**contro qu**/*qc*) {CONTRO L'AVVERSARIO} (mit jdm/etw)/[gegen jdn/etw]) Krieg führen **B** rfl rec (*combattersi*): **guerreggiarsi** {CONTENDENTI, POPOLI} sich (gegenseitig)/[einander] *forb* bekriegen.

guerrésco, (-a) <-schi, -sche> agg **1** *mil* {ARMI, CANTI} kriegerisch, Kriegs- **2** *fig* (*incline alla guerra*) {SPIRITO} kriegerisch.

guerrièro, (-a) **A** agg **1** (*dedito alla guerra*) {GIOVENTÙ} kriegerisch; {POPOLO} *anche* Kriegs- *obs* **2** *fig* (*combattivo*) {ASPETTO} kämpferisch; {SPIRITO} *anche* angriffs-, kampflustig; {ANIMO} streitbar **B** m (f) {+MEDIOEVO} Krieger(in) m(f).

guerríglia f (*lotta*) Guerilla(krieg m) f: ~ **urbana**, Stadtguerilla f.

guerriglièro, (-a) m (f) (*combattente*) Guerillero m, Guerillakämpfer(in) m(f).

guest book <-, - s pl ingl> loc sost m ingl Guest Book n, Gästebuch n.

guest house <-, - s pl ingl> loc sost f ingl (*piccolo albergo*) Gästehaus n.

guest star <-, - s pl ingl> loc sost mf film TV Gaststar m.

gufàggine f (*misantropia*) Eigenbrötelei f *anche spreg*, Eigenbrötlerei f *rar anche spreg*.

gufàre itr (*fare il verso del gufo*) schreien, heulen.

gufàta f *fam* (*malaugurio*) Unken n *fam*.

gùfo m **1** *ornit* Eule f: ~ **comune**, Waldohreule f; ~ **reale**, Uhu m **2** *fig spreg* (*misantropo*) Eigenbrötler m *anche spreg*, Kauz m, Sonderling m.

gùglia f **1** *arch* {+DUOMO DI MILANO} Fiale f **2** *geog* {DOLOMITICA} (Fels)nadel f.

gugliàta f (*nei lavori femminili*) Faden(länge f) m.

Guglielmìna f (*nome proprio*) Wilhelmine.

guglielmìno, (-a) agg (*di Guglielmo II di Prussia*) {EPOCA} wilhelminisch.

Guglièlmo m (*nome proprio*) Wilhelm.

GUI m *inform* abbr dell'*ingl* Graphics User's Interface (*interfaccia utente grafico*): Benutzeroberfläche f für Grafiker.

guìda **A** f **1** (*direzione*) Führung f, Leitung f: **essere alla ~ di un'azienda**, einen Betrieb leiten; **studiare sotto la ~ di eccellenti maestri**, unter der Führung von ausgezeichneten Lehrern studieren **2** *anche fig* (*chi guida*) Führer(in) m(f), Leiter(in) m(f); **fare da ~ a qu**, jdn führen, jdm den Weg weisen; ~ **indiana**, indianischer Führer; ~ **spirituale**, geistiger Führer/Lehrmeister; ~ **turistica**, (Reise)führer(in) m(f) **3** *anche fig* (*ciò che guida*) Wegweiser m: **il suo esempio gli fece da ~**, sein/ihr Beispiel diente ihm als Weg-

guidaiòlo ... **weiser; le stelle e la bussola sono la ~ dei naviganti**, Sterne und Kompass sind die Wegweiser der Seefahrer **4** (*libro*) Leitfaden m, Einführung f, Handbuch n, Wegweiser m: **~ alla traduzione**, Übersetzungshandbuch n; (**~** *turistica*) (Reise)führer m; **~ artistica/enologica**, Kunst-/Weinführer m; **~ gastronomica**, gastronomischer Führer; **abbiamo consultato una ~ dell'Italia**, wir haben in einem Reiseführer über Italien nachgeschlagen; **~ Baedeker**, Baedeker m **5** (*tappeto*) Läufer m: **mettere la ~ rossa**, den roten Teppich ausrollen **6** (*scout*) Pfadfinderin f: **sua figlia è andata in campeggio con le guide**, seine/ihre Tochter macht mit den Pfadfinderinnen Camping **7** *autom* (*sterzo*) Lenkung f, Steuerung f: **~ a destra/sinistra**, Rechts-/Linkssteuerung f; (*azione*) **anche** {+MOTOCICLETTA} Fahren n, Führen n, Lenken n; **in stato di ebbrezza**, Trunkenheit f am Steuer; **essere alla ~ di un veicolo**, am Steuer eines Fahrzeugs sitzen; (*modo di guidare*) {ESPERTA, NERVOSA, PRUDENTE, SPERICOLATA} Führung f, Lenkung f; **ha la ~ sportiva**, er/sie fährt sportlich **8** *ferr* Schienen f pl, Gleise n pl **9** *mecc* {+CASSETTO} Führung f; {+CINGHIA, TENDE} *anche* Schiene f: **~ di scorrimento**, Rollschiene f **10** <*di solito al pl*> *mil* Flügelmann m **B** <*inv*> *agg anche fig* (*IDEA, PARTITO, STATO*) Führungs- • **~** (*alpina*), Bergführer m; **~ d'onda elettr**, Hohl(rohr)leiter m; **~ (del telefono)/(telefonica)**, Telefonbuch n.

guidaiòlo, (-a) **A** *agg* (*che guida*) {VACCA} Leit- **B** m (f) **1** (*capobranco*) Leittier n, Leithammel m **2** *fig* (*chi fa da guida*) Leiter(in) m(f), Leithammel m *anche spreg*.

guidàre *tr* **1** (*amministrare*) **~ qc** {AZIENDA} etw leiten; {CITTÀ, PROVINCIA, STATO} etw regieren **2** *anche fig* (*fare da*) **~ qu** (**+ compl di luogo**) {CIECO, GRUPPO DI TURISTI ATTRAVERSO LA CITTÀ} jdn (*irgendwohin/durch etw acc*) führen: **le stelle guidavano i marinai**, die Sterne führten die Seeleute; **i giovani sulla via dell'onestà**, die Jugendlichen auf den rechten Weg bringen/führen **3** (*condurre*) **qc** (**+ compl di luogo**) {AEREO} etw (*irgendwohin*) steuern; {BARCA IN PORTO} *anche etw* (*irgendwohin*) lenken; {CAVALLO} *etw* (*irgendwohin*) führen; {AUTOBUS AL DEPOSITO} *etw* (*irgendwohin*) fahren; *fam* **non sa ~**, er/sie kann nicht Auto fahren **4** *mil* **qu/qc** {SCHIERA, TRUPPA} jdn/etw an|führen; {BATTAGLIA} jdn/etw führen **5** *sport* **qu/qc** {CLASSIFICA, GRUPPO} jdn/etw an|führen, *in etw* (*dat*) führen.

guidàto, (-a) *agg* (*con la guida di qu/qc*): **percorso ~**, (ausgeschilderter) Rundgang; **visita guidata**, Führung f.

guidatóre, (-trice) **A** *agg* (*che guida*) {STELLA} Leit- **B** m (f) **1** (*conducente*) {PRUDENTE} Fahrer(in) m(f), Lenker(in) m(f) **2** *sport* Fahrer(in) m(f).

guideline <-, -s pl *ingl*> f *ingl* (*linea guida*) Richtlinie f: **le ~ di un'azienda**, die Richtlinien eines Unternehmens.

Guido m (*nome proprio*) Guido.

Guinèa f *geog* Guinea n.

Guinness® <-> m *ingl* (*raccolta dei primati*) Guinness®-Buch n.

guinzàglio <-gli> m **1** (Hunde)leine f: **mettere il ~ al cane**, den Hund an die Leine nehmen; **portare il cane al ~**, den Hund an der Leine führen **2** *fig* (*impedimento*) Leine f • **farsi tenere al ~ da qu** *fig* (*farsi controllare*), sich von jdm an die Leine legen lassen *fam*; **mettere il ~ a qu** *fig* (*controllarlo*), jdn an die Leine legen *fam*; **tenere qu al ~** *fig* (*control-* larlo), jdn an der (kurzen) Leine haben/halten *fam*.

guìsa f *lett* (*modo*) Art f, Weise f, Art und Weise f: **a ~ di**, wie; **di/in ~ che...**, so dass...; derart/so, dass...; **in questa ~**, auf diese Weise.

guìtto, (-a) **A** *agg* (*misero*) armselig, erbärmlich, kläglich **B** m (f) **1** *spreg* (*attore da strapazzo*) Schmierenkomödiant(in) m(f) *spreg* **2** (*chi vive sordidamente*) Armselige mf *decl come agg*.

guizzànte *agg* (*che guizza*) {PESCE} schnellend; {LINGUA DI FUOCO} züngelnd, zuckend, flackerig; {LAMPO} zuckend.

guizzàre *itr* <*essere*> **1** (*muoversi rapidamente*) **~ (+ compl di luogo)** {SALMONE NEL FIUME} *in etw* (*dat*) schnellen; {LAMPO NEL CIELO} (*irgendwo*) zucken; {FIAMMA NEL CAMINO} (*irgendwo*) flackern, (*irgendwo*) züngeln **2** *fig* (*balzare*) **~ (+ compl di luogo)** {BAMBINO DAL LETTO} (*von etw dat*) hoch|schnellen: **guizzò in piedi**, er/sie schnellte in die Höhe;/[sprang blitzschnell auf] **3** *fig* (*fuggire*) **~ + compl di luogo** {PRIGIONIERO DALL'ACCERCHIAMENTO NEMICO} (*etw dat*) entkommen **4** (*scivolare*) **~ via da qc** {SAPONE DALLE MANI} (*etw dat*) entschlüpfen, (*etw dat*) entgleiten, (*aus etw dat*) schlüpfen.

guìzzo m **1** (*movimento*) {+PESCE} Zucken n, Schnellen n; {+FULMINE} Zucken n; {+FIAMMA} Flackern n, Züngeln n **2** (*balzo*) {+LADRO} Ruck m: **fece un ~**, er/sie tat einen Ruck **3** *fig* (*slancio*) Ruck m: **con un ultimo ~ di energia**, mit einer letzten Energieaufwendung.

gùlag <-> m *russo polit* Gulag m.

gulasch <-> m *ted ungherese gastr* Gulasch m o n.

gulp *inter onomatopeica ingl* (*di sorpresa, paura*) schluck!

GUP m *dir abbr di* Giudice dell'Udienza Preliminare: Richter(in) m(f) der Vorverhandlung.

gùrgle *ingl* **A** *inter* (*rumore di un liquido*) gurgel! **B** *m fig* Gurgeln n.

gùru <-> m *hindi* **1** (*maestro*) Guru m **2** (*abito*) Gurukleid n **3** (*santone*) Guru m *spreg* **4** *fig* (*leader*) {+FINANZA, MODA} Guru m *fam*.

gùscio <-*gusci*> m **1** *zoo* {+UOVO} Schale f; {+TARTARUGA} Schild m, Panzer m: **~ della chiocciola**, (Schnecken)haus n, (Schnecke)gehäuse n; **dell'ostrica**, (Muschel)schale f **2** *bot* {+MANDORLA, NOCCIOLA} Schale f; {+FAGIOLI, PISELLI, ecc.} Hülse f, Schote f **3** *aero autom mar* {+AEREO, CARROZZA, NAVE} Schale f **4** *tecnol* {RESISTENTE} Schale f • **~ di noce** *bot anche fig* (*piccola imbarcazione*), Nussschale f; **chiudersi/rannicchiarsi/stare nel proprio ~** *fig* (*vivere ritirato*), sich in sein Schneckenhaus ziehen/zurückgezogen leben, ein verschlossener Mensch sein; **uscire dal ~** *fig* (*aprirsi al mondo*), aus seinem Schneckenhaus herauskommen.

gustàre **A** *tr* <*avere*> **1** (*sentire il gusto*) **~ qc** etw schmecken: **il raffreddore impedisce di ~ qualsiasi cosa**, bei Schnupfen schmeckt man gar nichts **2** (*assaggiare*) **~ qc** etw probieren, etw kosten: **abbiamo gustato una specialità tipica della gastronomia locale**, wir haben eine typische Spezialität der lokalen Küche probiert **3** (*trovare di proprio gusto*) **~ qc** {DOLCE, VINO} etw schmackhaft finden **4** *fig* (*apprezzare*) **~ qc** {BRANO DI LETTERATURA, LA DOLCEZZA DI UNA MUSICA, IL PIACERE DELLA PACE} etw genießen, etw aus|kosten **B** *itr* <*essere*> **~ a qu 1** (*piacere*) jdm schmecken: **vi gustano i tartufi?**, schmecken euch die Trüffel? **2** *fig* (*garbare*) {COMPORTAMENTO DI QU, MUSICA DODECAFONICA} jdm gefallen **C** *rfl indir intens*: **gustarsi qc 1** *gastr* {TORTA} etw genießen, sich (*dat*) *etw* schmecken lassen **2** *fig* (*godersi*) {FILM, LIBRO, SILENZIO} *etw* genießen.

gustatìvo, (-a) *agg* (*relativo al gusto*) {NERVO, PAPILLA} Geschmacks-.

Gustàvo m (*nome proprio*) Gustav.

gùsto A m **1** (*senso*) Geschmack(ssinn) m **2** (*sapore*) {AMARO, DOLCE, SALATO} + CIBO, MEDICINA, VINO} Geschmack m: **avere un buon/cattivo ~**, gut/schlecht schmecken; **al ~ di lampone**, mit Himbeergeschmack; **questa carne non ha ~**, dieses Fleisch hat keinen Geschmack; **questo formaggio ha un ~ strano**, dieser Käse hat einen eigenartigen Geschmack,/[schmeckt seltsam]; (*fragranza*) {+CAFFÈ} Duft m, Wohlgeruch m: **wafer al ~ di nocciola**, Waffeln mit Haselnussgeschmack **3** *fig* (*piacere*) Gefallen n, Freude f: **si tormenta per il ~ di tormentarsi**, er/sie quält sich aus reiner Lust daran; **prenderci/trovarci ~**, Gefallen daran finden; **non so che ~ ci prova a farlo arrabbiare**, ich verstehe nicht, welchen Gefallen er/sie daran findet, ihn zu ärgern; **che ~ c'è a fare telefonate anonime?**, worin liegt wohl der Reiz/Spaß bei anonymen Anrufen?; anonym anrufen? Was ist daran bloß so toll/spannend? **4** *fig* (*preferenza*) {+PUBBLICO} Vorliebe f **5** *fig* (*inclinazione*) {+GIOCO} Lust f, Neigung f **6** *fig* (*eleganza*) Geschmack m, Eleganz f: **scrivere con ~**, elegant schreiben; **vestire con ~**, sich geschmackvoll kleiden **7** *fig* (*senso del bello*) Geschmack m: **avere buon/cattivo ~**, einen guten/schlechten Geschmack haben; **avere ~ per qc**, Sinn für etw (acc) haben; **donna di (buon) ~**, Frau von gutem Geschmack; **dozzinale**, Allerwelts-/Durchschnittsgeschmack m *fam*; **privo di/senza ~**, er hat überhaupt keinen Geschmack; **educare/formare il ~**, den Geschmack bilden **8** *arte* (*stile*) {BAROCCO, CLASSICO, LIBERTY, ROMANTICO} Stil m, Manier f **B** *loc avv*: **di/con ~** - mit Lust, gern, von Herzen: **lavorare di/con ~**, gern arbeiten; **mangiare di/con ~**, mit Appetit essen; **ridere di/con ~**, herzlich/[von Herzen] lachen • **di cattivo/dubbio/pessimo ~** *fig* (*volgare*), {AFFERMAZIONE, SCHERZO} geschmacklos; **esserci lo stesso ~ che a succhiare un chiodo** *fig* (*non essere piacevole*), der Sache kann man absolut keinen Reiz abgewinnen; **non c'è ~ fig** (*non è divertente*), das macht keinen Spaß; **non è di mio ~** *fig* (*non mi piace*), das ist nicht nach meinem Geschmack; **se tutti i gusti fossero alla menta ...** (*fossero uguali*), wenn alles gleich schmecken würde ...; **ognuno ha i suoi gusti**, jedem nach seinem Geschmack, die Geschmäcker sind verschieden *fam*, das ist Geschmackssache *fam scherz*; **provarci un ~ matto a fare qc** (*una grande soddisfazione*), es total geil finden *slang*, etw zu tun; **togliersi il ~ di fare qc** *fig* (*togliersi la soddisfazione*), seine Lust auf etw (acc) befriedigen; **ce n'è per tutti i gusti**, es ist für jeden (Geschmack) etwas da; **sui gusti non si discute**,/[(tutti) i gusti son gusti] *prov*, über Geschmack lässt sich (nicht) streiten *prov*.

gustóso, (-a) *agg* **1** (*saporito*) {PIATTO} schmackhaft, wohlschmeckend **2** *fig* (*divertente*) {BATTUTA} köstlich, amüsant, unterhaltsam.

guttapèrca <-*che*> f *chim* Guttapercha f o n.

gutturàle *agg* (*di gola*) {SUONO, VOCE} guttural, Guttural-, Kehl-.

Guyàna f *geog* Guyana n.

gymkhàna *ingl* → **gincana**.

H, h

H, h <-> f o rar m (*ottava lettera dell'alfabeto italiano*) H, h n ● **h come hotel** (*nella compitazione delle parole*), H wie Heinrich; → anche **A, a**.

h abbr *del lat* hora (*ora*) h, Std. (abbr *di* Stunde).

H 1 abbr *dell'ingl* hospital (*ospedale*) Krankenhaus n **2** *autom* abbr *del lat* Hungaria (*Ungheria*) H (*Ungarn*) **3** *elettr* abbr *di* henry: H (abbr *di* Henry).

ha ① 3ª pers sing dell'ind pres di avere①,②.

ha ② inter (*di irrisione*) ha!: **ha ha! T'è andata male!**, ha! (Da) hast du Pech gehabt!

habanera <-s pl *spagn*> f spagn mus (*danza, musica*) {+CARMEN} Habanera f.

hàbeas còrpus <-> loc sost m lat dir stor Habeaskorpusakte f.

hàbitat <-> m lat **1** biol {ACQUATICO, MARINO, TERRESTRE} Habitat n **2** fig (*ambiente naturale*) geeignetes Milieu, gewohnte Umgebung **3** *urban* Wohnraum m, Wohnstätte f.

habitué <-> mf franc (*cliente abituale*) {+BIRRERIA, CAFFÈ, DISCOTECA, RISTORANTE} Stammgast m; {+BOUTIQUE, NEGOZIO} Stammkunde m, Stammkundin f.

hàbitus <-> m lat **1** biol Habitus m, Körperbeschaffenheit f **2** *med* körperliches Erscheinungsbild m **3** fig forb (*comportamento*) Habitus m, Auftreten n, Haltung f ● **~ mentis/mentale** fig (*modo di pensare*), Geisteshaltung f.

hacienda <-s pl spagn> f spagn (*fattoria*) Hazienda f.

hacker <-> mf ingl inform Hacker(in) m(f).

hàfnio <-> m chim Hafnium n.

hài 2ª pers ind pres di avere①,②.

hairstylist <-> mf ingl (*parrucchiere*) Hairstylist(in) m(f).

Haiti f geog Haiti n.

haitiàno, (-a) A agg {CULTURA} haitianisch, haitisch B m (f) (*abitante*) Haitianer(in) m(f), Haitier(in) m(f).

hall <-> f ingl (*ingresso*) (Eingangs)halle f: **ci troviamo nella ~ dell'albergo alle 8.30**, wir treffen uns um 8.30 Uhr in der ₍Eingangs₎halle des Hotels₎/[Hotelhalle.]

hallo inter ingl hallo.

Halloween <-> m ingl (*notte tra il 31 ottobre e il 1° novembre*) Halloween n.

hambùrger <-> m ingl gastr Hamburger m.

hammàm <-> m arabo Hammam m, Badehaus n.

hàmster <-> m ingl zoo Hamster m.

han inter (*di dubbio*) hm, oder: **non trovi, han?**, du bist nicht einverstanden, hm/oder?

handicap <-> m ingl **1** fig (*svantaggio*) Handikap n, Behinderung f, Nachteil m: **l'età è un serio ~ per lui**, das Alter stellt für ihn ein ernsthaftes Handikap dar **2** med Behinderung f: **un ragazzo portatore di ~**, ein behinderter Junge **3** sport (*nell'equitazione*) Handikap n: **dare un ~ a un cavallo**, einem Pferd ein Handikap geben/gewähren; (*gara*) Ausgleichsrennen n, Handikap n; **correre un ~**, ein Ausgleichsrennen laufen.

handicappàre tr **1** fig (*mettere in svantaggio*) ~ **qu/qc** jdn/etw handikapen, jdn/etw benachteiligen, jdn/etw behindern: **la sua presenza mi handicappava**, seine/ihre Gegenwart störte mich; **nella carriera è stato handicappato dal suo cattivo carattere**, in seiner Karriere stand ihm sein schlechter Charakter im Weg **2** sport (*nell'equitazione*) ~ **qu/qc** {CONCORRENTE, SQUADRA, CAVALLO} jdm/etw ein Handikap geben/gewähren.

handicappàto, (-a) A agg **1** med {RAGAZZO} behindert: **ha un fratello ~**, er/sie hat einen behinderten Bruder **2** fig (*ostacolato*) gehandikapt, benachteiligt: **è un uomo – dal suo pessimo carattere**, der Mann ist durch seinen miserablen Charakter gehandikapt; **sentirsi ~**, sich benachteiligt fühlen **3** sport (*nell'equitazione*) {CAVALLO} gehandikapt B m (f) **1** med Behinderte mf decl come agg: **un'iniziativa a favore degli handicappati**, eine Initiative zu Gunsten der Behinderten **2** fig Benachteiligte mf decl come agg: **sugli sci mi sento un ~**, auf Skiern fühle ich mich gehandikapt.

handout <-> m ingl (*opuscolo*) Hand-out n, Handout n.

hangar <-> m franc aero Hangar m, Flugzeughalle f.

hànno 3ª pers pl dell'ind pres di avere①,②.

hanukkah <-> f relig ebraica (*festa*) Chanukka f, Lichterfest n.

hapax legomenon <-, - legomena pl greco> loc sost m greco filol Hapaxlegomenon n.

happening <-> m ingl **1** arte Happening n, Performance f **2** fig (*festa*) Happening n.

happy end <-> loc sost m ingl film lett (*lieto fine*) Happy End n, Happyend n.

harakiri <-> m giapponese (*suicidio*) Harakiri n ● **fare (il) ~**, Harakiri machen/begehen; fig (*procurarsi un grave danno*), Harakiri begehen, selbstmörderisch handeln.

hard <inv> agg ingl **1** (*duro*) {POLITICA} hart, energisch, entschieden **2** film (*hard core*) {CASSETTA} Hardcore-.

hard còpy <-, - copies pl ingl> loc sost f ingl inform Hardcopy n.

hard-core <inv> agg ingl film Hardcore-.

hardcover <-> m ingl edit Hardcover n.

hard discount <-> loc sost m ingl comm Discounter m, Discountladen m, Discountgeschäft n.

hard disk <-, -s pl ingl> loc sost m ingl inform Hard Disk f, Festplatte f.

hard rock <-> loc sost m ingl mus Hard Rock m.

hardtop <-, - -s pl ingl> loc sost m ingl autom Hardtop n o m.

hardware <-> m ingl **1** inform Hardware f **2** fig (*strumenti*) die nötige Apparatur.

Hare Krishna <-> loc sost mf relig induista Hare-Krishna-Anhänger(in) m(f).

hàrem <-> m turco anche fig Harem m.

harmònium <-> m → armonium.

hascisc <-> m arabo (*stupefacente*) Haschisch n o m.

hashìsh ingl → hascisc.

hasìdico e deriv → cassìdico e deriv.

hatha-yoga <-> m Hatha-Yoga n, Hathajoga n.

haute <-> f lett (*alta società*) High Society f, gesellschaftliche Oberschicht.

haute couture <-> loc sost f franc (*alta moda*) Haute Couture f.

haute cuisine <-> loc sost f franc gastr Haute Cuisine f, gehobene Gastronomie.

hawaiàno, (-a) A agg {DANZA} hawaiisch, Hawaii- B m (f) (*abitante*) Hawaiianer(in) m(f) C m <solo sing> (*lingua*) Hawaiianisch(e) n.

Hawaii, Hawày <solo pl> f geog: **le (isole) ~**, Hawaii-Inseln f pl.

HD m inform abbr dell'ingl hard disk (*disco rigido*) HD (*Festplatte*).

he inter (*di perplessità*) he!: **he! Forse hai ragione tu!**, he! Vielleicht hast du recht!

headline <-> m ingl giorn **1** (*titolo*) Headline f **2** (*testata*) Headline f, Schlagzeile f.

heavy metal <-> loc sost m ingl mus Heavy Metal n.

hegeliàno, (-a) filos A agg (*di G.F. W. Hegel*) {PENSIERO} hegelianisch, hegelsch, Hegel'sch B m (f) (*sostenitore*) Hegelianer(in) m(f).

hegelìsmo m filos Hegelismus m.

hei inter fam **1** (*di richiamo*) he(da)! fam, hallo!: **hei, tu! Ti è caduto questo foglio!**, he du! Dir ist dieses Blatt heruntergefallen! **2** (*per richiamare l'attenzione*) Mensch!, he!: **hei! Avete visto che occhi?**, Mensch! Habt ihr ₍die Augen gesehen₎/[gesehen, was er/sie für Augen hat]?

Helicobàcter <-> m med Helicobacter (pylori)(-Bakterien f pl) m.

hello → hallo.

help <-> m ingl inform Help(-Funktion f) n, Hilfe f.

Hèlsinki f geog Helsinki n.

hem inter **1** (*di incertezza*) hem, hm: **hem, forse ho sbagliato!**, hm, vielleicht habe ich einen Fehler gemacht **2** (*per richiamare l'attenzione*) h(e)m h(e)m: **hem, posso distur-**

barvi un istante?, h(e)m, h(e)m, kann ich euch einen Moment stören?
hènna f → **henné**.
henné <-> m *franc* **1** (*tintura*) Henna f *o* n: **farsi l'~**, sich (**dat**) die Haare mit Henna färben **2** *bot* Hennastrauch m.
hénry <-> m *ingl elettr* Henry n.
hèrpes <-, *herpetes* pl *lat*> m *lat med* Herpes m: **~ simplex**, Herpes simplex m *scient*; **~ virus**, Herpesvirus n; **~ zoster**, Gürtelrose f, Herpes Zoster m *scient*.
hertz <-> m *ted fis* (abbr Hz) Hertz n.
hertziàno, (**-a**) agg *fis* {ONDE} Hertz-.
hezbollàh <-> m *arabo polit* Hizbollah m.
HF f *radio* abbr *dell'ingl* High Frequency (*alta frequenza*) HF (abbr *di* Hochfrequenz).
hi inter **1** (*di disgusto*) pfui!, i! igitt!, bäh!: **hi, che schifo!**, i/pfui, ist das ek(e)lig! **2** (*di stupore*) ah!, ach!: **hi, che casa grande!**, ah, was für ein großes Haus! **3** *iron* (*di canzonatura*): **hi!, hi!**, ätsch(, bätsch)!: **hi, hi, l'abbiamo fregato!**, ätsch(, bätsch), wir haben ihn reingelegt! *fam* **4** (*riproduce la risata*): **hi!, hi!**, haha(ha)!
hic et nunc avv *lat* (*qui subito*) {VOLERE QC} hic et nunc.
hi-fi *ingl tecnol* **A** <inv> agg (*high fidelity*) {IMPIANTO} Hi-Fi- **B** <-> f Hi-Fi(-Anlage) f.
high fidelity *ingl tecnol* **A** <inv> loc agg (*alta fedeltà*) {RIPRODUZIONE} High Fidelity- **B** <-> loc sost f High Fidelity f.
high society <-> loc sost f *ingl* (*alta società*) High Society f, gesellschaftliche Oberschicht.
high-tech *ingl* **A** <-> f *o* m *arch tecnol* (*high technology*) Hightech f *o* n, Hochtechnologie f **B** <inv> agg (*altamente tecnologico*) {PRODUZIONE} Hightech-.
high technology <-> loc sost f *ingl arch tecnol* (*alta tecnologia*) Hochtechnologie f, Hightech f.
hi ho inter onomatopeica iah!: **l'asino fa hi ho!, hi ho!**, der Esel macht iah! iah!
Himalàia, **Himalaya** m *geog* Himalaya m.
himalaiàno, (**-a**), **himalayàno**, (**-a**) agg {MONTAGNE, SHERPA, SPEDIZIONE} Himalaya-.
hìndi *ling* **A** <inv> agg {DIALETTI} Hindi- **B** m <solo sing> (*lingua*) Hindi n.
hìnterland <-, *Hinterländer* pl *ted*> m *ted* **1** *geog* Hinterland n **2** *stor* Einflussbereich m einer Kolonialmacht **3** *urban* {MILANESE} Hinterland n.
hip solo nella loc inter (*di esultanza*) (**per qu/qc**): **hip, hip, hip, urrà!**, (*für jdn/etw*): hipp, hipp, hurra!
hip-hop <-> m *ingl polit* Hip-Hop m.
hippie → **hippy**.
hìppy *ingl* **A** <inv> agg {MODA} Hippie- **B** <-, -pies pl *ingl*> mf Hippie m.
hit <-> m *ingl mus* Hit m *fam*.
hitleriàno, (**-a**) *ted stor* **A** agg (*di A. Hitler*) {DITTATURA} Hitler- **B** m (f) (*seguace*) Hitleranhänger(in) m (f).
hitlerìsmo m *ted stor* Hitlerismus m.
hit-parade <-, -s pl *ingl*> f *ingl mus* (*classifica*) Hitparade f, Hitliste f.
hittita → **ittita**.
HIV <-> m *biol* abbr *dell'ingl* Human Immunodeficiency Virus (*virus dell'immunodeficienza umana*) HIV n; (abbr *dell'ingl* Human Immunodeficiency Virus).
hm inter **1** (*di assenso*) hm!: **hm, va bene!**, hm, einverstanden!; hm, in Ordnung!; hm, ok! *fam* **2** (*di dubbio*) hm: **hm, non so se è così**, hm, ich weiß nicht, ob das wirklich so ist.
ho 1ª pers sing del pres ind *di* avere①,②.
hobbeṣiàno, (**-a**) *filos* **A** agg (*di T. Hobbes*) {PENSIERO} von Hobbes **B** m (f) (*sostenitore*) Anhänger(in) m (f) von Hobbes.
hobbìsta <-i m, -e f> mf (*chi pratica un hobby*) Hobbyist(in) m (f).
hobbìstica <-che> f *comm* Hobby-Industrie f.
hobbìstico, (**-a**) <-ci, -che> agg (*che riguarda un hobby*) {PASSIONE} hobbymäßig, für ein Hobby.
hòbby <-, -bies pl *ingl*> m *ingl* Hobby n, Steckenpferd n: **ho l'~ del bricolage**, Heimwerken ist mein Hobby/Steckenpferd; **coltivare un ~**, ein Hobby pflegen; **fa il pittore per ~**, Malen ist sein Steckenpferd, er ist Hobbymaler.
hockeìsta <-i m, -e f> mf *sport* (*giocatore*) Hockeyspieler(in) m (f).
hòckey <-> m *ingl sport* Hockey n: **~ su ghiaccio/prato**, Eis-/Feldhockey n.
hoi inter **1** (*di dolore*) au(a)!: **hoi, che male!**, au(a), tut das weh! **2** (*di disappunto*) oh Gott!, oh je!: **hoi, che disastro!**, oh Gott, was für eine Katastrophe!; oh je, was für ein Schlamassel *fam*/Desaster!
hólding <-> f *ingl econ* Holding(gesellschaft) f.
hollywoodiàno, (**-a**) agg **1** *film* (*di Hollywood*) {ATTORE} Hollywood- **2** *fig* (*lussuoso*) {CASA} im Hollywoodstil.
home banking <-> loc sost m *ingl banca econ* Homebanking n.
home computer <-, -, -s pl *ingl*> loc sost m *ingl inform* Heim-, Homecomputer m.
hómeless <-> mf *ingl* (*senzatetto*) Homeless mf, Obdachlose mf decl come agg.
home page <-, -, -s pl *ingl*> loc sost f *ingl inform* {+INTERNET} Homepage f.
home video <-, -, -s pl *ingl*> loc sost m *ingl film TV* **1** (*video*) (Home)video n **2** (*settore*) Videosektor m.
hòmo fàber <-> loc sost m *lat filos lett* Homo Faber m.
hòmo hàbilis <-> loc sost m *lat paleont* Homo habilis m.
hòmo oecònomicus <-> loc sost m *lat econ* Homo oeconomicus m.
hòmo sàpiens <-> loc sost m *lat paleont* Homo sapiens m.
homùnculus <-, -li pl *lat*> m *lat lett med* (*in fisiologia*) Homunkulus m.
Hondùras f *geog* Honduras n.
honduregno, (**-a**) agg {POPOLAZIONE} honduranisch **B** m (f) (*abitante*) Honduraner(in) m (f).
Hong Kong f *geog* Hongkong n.
honòris càusa <inv> loc agg *lat università* honoris causa, ehrenhalber: **conferire/dare la laurea honoris causa**, die Ehrendoktorwürde verleihen.
hooligan <-> mf *ingl* (*tifoso teppista*) Hooligan m.
hop inter **1** (*di incitamento a saltare*) hopp! **2** (*sottolinea un salto*) hoppla!
hoplà → **op là**.
horror *ingl* **A** <inv> agg *film lett* {GENERE} Horror- **B** <-> m **1** *film* Horrorfilm m **2** *lett* Horrorliteratur f ● **~ vacui** *lat lett*, Horror Vacui m.
hors-d'oeuvre <-> m *franc gastr* (*antipasto*) Horsd'œuvre n.
hóstess <-, -es pl *ingl*> f *ingl* **1** *aero* Stewardess f: **~ di terra**, Bodenhostess f **2** (*accompagnatrice*) Reiseführerin f **3** (*di congresso*) Hostess f.
hot dog <-, -, -s pl *ingl*> loc sost m *ingl* **1** *gastr* Hotdog n *o* m **2** *sport* (*nello sci*) Hot-Dog-Skiing n, Trickskifahren n, Hotdogging n.
hotel <-> m (*albergo*) Hotel n: **a Parigi scendiamo sempre nello stesso ~**, in Paris steigen wir immer im gleichen Hotel ab; **~ a cinque stelle**, Fünfsternehotel n.
hot line <-, -, -s pl *ingl*> loc sost f *ingl tel* **1** (*per comunicazioni importanti*) Hotline f, heißer Draht **2** (*per comunicazioni erotiche*) Hotline f.
hot pants loc sost m pl *ingl* (*nella moda*) Hotpants pl.
house boat <-, -, -s pl *ingl*> loc sost f *ingl* (*imbarcazione*) Hausboot n.
hovercraft <-> m *ingl mar* Hovercraft n, Luftkissenfahrzeug n.
hp, Hp m *fis* abbr *dell'ingl* horse power (*cavallo vapore*) PS (abbr *di* Pferdestärke).
hùi inter **1** (*di dolore*) au(a)!: **hui, mi hai pestato il piede!**, au(a), ₁du bist mir auf den Fuß getreten₁/[das war mein Fuß]! **2** (*di rammarico*) o je!, ach je!: **hui, che pasticcio!**, o je, was für ein Schlamassel! *fam* **3** (*di contrarietà*) oh, nein!: **dobbiamo aspettare ancora un'ora!** – **hui!**, wir müssen noch eine Stunde warten! – Oh, nein!
Hula-Hoop® <-> m *ingl comm* Hula-Hoop(-Reifen) m.
hully-gully <-> m *ingl* (*ballo*) Hully-Gully m.
hum inter **1** (*di perplessità*) hm!: **hum, chissà chi ha ragione!**, hm, wer weiß, wer Recht hat! **2** (*colpo di tosse*) hm hm.
humour <-> m *ingl* Humor m: **il suo (senso dello) ~ è proverbiale**, sein/ihr (Sinn für) Humor ist sprichwörtlich; **avere molto (senso dello) ~**, viel Sinn für Humor haben; **l'articolo manca di (senso dello) ~**, dem Artikel fehlt es an (Sinn für) Humor; **prendi la cosa con un po' di ~!**, nimm die Sache mit ein bisschen Humor!
hùmus <-> m *o* f *lat* **1** *bot* Humus m **2** *fig* (*terreno culturale*) Nährboden m.
hurrà → **urrà**.
husky <-, *huskies* pl *ingl*> m *ingl zoo* Husky m, Eskimohund m.
hysteron proteron <-> loc sost m *lat ling* Hysteron-Proteron n: **fare un hysteron proteron**, ein Hysteron-Proteron benutzen.
Hz *fis* abbr *del ted* Hertz: Hz (abbr *di* Hertz).

I, i

I, i <-> f o rar m (*nona lettera dell'alfabeto italiano*) I, i ● **i greca/lunga**, Y, y n/ J, j n; **i come Imola** (*nella compitazione delle parole*), I wie Ida; → *anche* **A, a**.

i① *abbr di* informazione: (*abbr di* Information).

i② *art det m pl* (*si usa davanti a consonante eccetto s impura, gn, pn, ps, x, z*) **1** die: **i cavalli/giornali/ragazzi**, die Pferde/die Zeitungen/die Jungen **2** (*non sempre viene tradotto quando è seguito da cognomi o da titoli*): **i primi presidenti degli Stati Uniti**, die ersten Präsidenten der Vereinigten Staaten; **i principi Carlo ed Edoardo**, Prinz Karl und Prinz Eduard, die Prinzen Karl und Eduard; **i (signori) Rossi**, Herr und Frau Rossi **3** (*non viene tradotto con le indicazioni d'età*): **tra i cinquanta e i sessanta**, zwischen fünfzig und sechzig; (*con le parti del corpo*) **ho i capelli biondi**, ich habe blonde Haare; (*se preceduto da tutti*) **tutti i vini**, alle Weine; (*con i numeri frazionari*) **i tre quinti della popolazione**, drei Fünftel der Bevölkerung; (*può non essere tradotto quando indica il generico, una specie, una categoria, ecc.*) **i bambini adorano i giocattoli**, die Kinder lieben Spielzeug; **i dinosauri sono estinti**, (die) Dinosaurier sind ausgestorben **4** (*quello*) die, je-ne; (*con vini preferisco i rossi*, was Wein angeht, ziehe ich ₍die) rote(n)₎/[Rotweine] vor **5** (*questo*) die, diese: **sentiteli, i coraggiosi!**, hört euch diese Helden an! **6** (*temporale: nei, durante i*): **i giorni seguenti non l'ho più visto**, in den (darauf)folgenden Tagen habe ich ihn nicht mehr gesehen **7** (*seguito da agg poss non si traduce*): **i nostri colleghi**, unsere Kollegen; **i suoi cugini**, seine/ihre Cousins; **i miei vestiti**, meine Kleider/Kleidung **8** (*se indica idea di possesso si può anche tradurre col pron poss corrispondente*): **i genitori vivono con lei**, ihre Eltern leben mit ihr (zusammen); **mettiti i guanti**, zieh dir deine Handschuhe an.

I 1 *autom post abbr di* Italia: I (*abbr di* Italien) **2** *banca abbr di* interesse: Zins m **3** *fis abbr di* intensità: Intensität f.

I. *geog abbr di* isola: Insel m.

IACP m *amm abbr di* Istituto Autonomo per le Case Popolari: "Unabhängige Behörde für sozialen Wohnungsbau".

IAL m *abbr di* Istituto Addestramento Lavoratori: "Berufsschule für die Ausbildung von (technischen) Handwerkern".

ialurònico, (-a) <-ci, -che> *agg chim* Hyaluron-.

ialuronidàsi <-> f *chim* Hyaluronidase f.

IARC m *med abbr dell'ingl* International Agency for Reseach on Cancer (*Ufficio internazionale per la ricerca sul cancro*) "internationales Krebsforschungsinstitut".

iàrda → **yard**.

IATA f *aero abbr dell'ingl* International Air Transport Association (*Associazione internazionale per il trasporto aereo*) "internationale Lufttransportvereinigung".

jàto m **1** *fig* (*interruzione*) Bruch m, Unterbrechung f, Kluft f, Riss m: **c'è uno ~ tra i due periodi storici**, zwischen den beiden historischen Epochen ist ein Bruch **2** *anat* {ESOFAGEO} Öffnung f, Spalt m, Hiat(us) m *scient* **3** *ling* Hiat(us) m.

ib. *abbr del lat* ibidem (*in quello stesso luogo*) ibd. (*abbr di* ibidem), ebd. (*abbr di* ebenda).

IB *aero abbr di* Iberia: Iberia; (*spanische Fluggesellschaft*).

ibèrico, (-a) <-ci, -che> *agg* **1** (*spagnolo e portoghese*) {CULTURA, PENISOLA} iberisch **2** *stor* {CIVILTÀ} iberisch.

ibernàre Ⓐ *tr* **1** *med* ~ **qu/qc** {DOTTORE ORGANO} *jdn/etw* der Hibernation *scient* unterziehen **2** *fig* (*congelare*) ~ **qc** {GIUDICE INCHIESTA} *etw* ein|frieren, *etw* auf Eis legen *fam* Ⓑ *itr zoo* Winterschlaf halten.

ibernazióne f **1** *zoo* {+ORSO} Winterschlaf m **2** *med* Hibernation f *scient*.

ibèro-americàno, (-a) *agg* {CULTURA} iberoamerikanisch.

ìbi <-> *poet* → **ibis**.

ibid. → **ib.**

ibìdem *avv lat* (*in quello stesso luogo*, *abbr* ib. o ibid.) ebenda, ibidem, ebendort.

-ìbile *suff* -bar: **fattìbile**, machbar; **incepìbile**, unvorstellbar.

ìbis <-> m *lat ornit* Ibis m.

ibìsco <-schi> m *bot* Eibisch m, Hibiskus m, Stundenblume f.

IBM f *inform abbr dell'ingl* International Business Machines (*Società internazionale macchine per uffici*): IBM (*US-Konzern für Büromaschinen und Datenverarbeitungsanlagen*).

ibridàre *tr bot zoo* ~ **qc** {PIANTA, ANIMALE} *etw* kreuzen, *etw* hybridisieren, *etw* bastardieren.

ibridazióne f *bot zoo* Hybridisierung f, Bastardisierung f, Hybridzüchtung f.

ibridìsmo m *bot zoo* **1** {+RAZZE DIVERSE} Zwitterhaftigkeit f **2** *fig* (*eterogeneità*) {+STILE} Zwitterhaftigkeit f, Heterogenität f.

ìbrido, (-a) Ⓐ *agg* **1** *fig* (*eterogeneo*) {LINGUAGGIO, POPOLO, SOLUZIONE, STILE} hybrid, Misch- **2** *bot elettr inform zoo* {CALCOLATORE, ANIMALE, PIANTA, SISTEMA} hybrid, Hybrid- **3** *ling* {PAROLE} hybrid Ⓑ m **1** *fig* (*mescolanza*) {+STILI DIVERSI} Mischung f, Gemisch n **2** *bot* Hybridzüchtung f, Hybride f o m **3** *ling* Zwitter-, Mischbildung f **4** *zoo* Mischling m, Bastard m.

ibseniàno, (-a) *agg* (*di H. Ibsen*) {OPERA} von Ibsen.

IC Ⓐ m **1** *elettr abbr dell'ingl* Integrated Circuit (*circuito integrato*) IS (*abbr di* integrierte Schaltung/integrierter Schaltkreis) **2** *ferr abbr dell'ingl* Inter City: IC (*abbr di* Intercity--Zug) Ⓑ f *fisco* **1** *abbr di* Imposta Complementare: Zusatzsteuer f **2** *abbr di* Imposta di Consumo: Verbrauchssteuer f.

ICC f *econ abbr dell'ingl* International Chamber of Commerce (*Camera di commercio internazionale*) "internationale Handelskammer".

ICE m **1** *econ abbr di* Istituto Nazionale per il Commercio Estero: "italienisches Außenhandelsinstitut" **2** *ferr abbr dell'ingl* Inter City Express: ICE (*abbr di* Intercity-Expresszug).

iceberg <-> m *ingl geol* Eisberg m.

ICEPS m *econ abbr di* Istituto per la Cooperazione Economica con i Paesi in via di Sviluppo: "italienisches Institut für wirtschaftliche Zusammenarbeit mit Entwicklungsländern".

Ici, ICI <-> f *fisco abbr di* Imposta Comunale sugli Immobili: "kommunale Immobiliensteuer".

ICIAP f *fisco abbr di* Imposta Comunale per l'Esercizio di Imprese, Arti e Professioni: "Gemeindesteuer f für Selbständige, Unternehmen und Handwerksbetriebe".

icòna f **1** *arte relig* {+SANTO} Ikone f **2** *inform* Symbol n, Icon n.

icònico, (-a) <-ci, -che> *agg* **1** (*che riguarda l'immagine*) {LINGUAGGIO} ikonisch **2** *ling* ikonisch.

iconoclàsta <-i m, -e f> Ⓐ *agg* **1** *stor* {MOVIMENTO} ikonoklastisch **2** *fig* (*distruttore*) {VIOLENZA} Bilder- Ⓑ mf **1** *stor* (*seguace*) Ikonoklast(in) m(f), Bildersürmer(in) m(f) **2** *fig* (*critico*) Bildersürmer(in) m(f).

iconoclastìa f **1** *stor* (*movimento*) Bildersturm m **2** *fig* (*critica distruttiva*) Bilderstürmerei f.

iconografìa f **1** (*studio delle immagini*) Ikonographie f **2** *arte* (*nella pittura*) *lett* {BIZANTINA, ROMANTICA} Ikonographie f **3** *edit* {+SAGGIO} Bildverzeichnis n.

iconogràfico, (-a) <-ci, -che> *agg* (*dell'iconografia*) ikonographisch.

iconologìa f **1** (*studio delle allegorie e dei simboli*) Ikonologie f, Symbolkunde f **2** *arte* ikonologisches Interpretationsverfahren f.

iconològico, (-a) <-ci, -che> *agg* (*che riguarda l'iconologia*) {STUDIO} ikonologisch.

ics <-> f o rar m → **X, x**.

ICS m *abbr di* Istituto Centrale di Statistica: "italienisches statistisches Zentralamt".

ictus <-> m *lat ling med mus* Iktus m.

id. *abbr del lat* idem: id. (*abbr di* idem), desgl. (*abbr di* desgleichen).

ID f *inform abbr di* Identificazione: ID (Identifikation).

Ida f (*nome proprio*) Ida.

Iddìo <-> m *relig enf* (Herr)gott m: **benedetto ~!**, allmächtiger Gott!; **Sant'~!**, du lieber Gott!; **um Gottes willen!**; **Signore ~!**, mein Gott!, Herrgott!

idèa <*idee*> f **1** (*opinione*) Meinung f, Ansicht f: **cambiare ~**, seine Meinung ändern, es sich (dat) anders überlegen; **condivido le vostre idee**, ich teile eure Ansichten, ich bin eurer Meinung; **questa è un'~ del tutto personale**, das ist eine völlig subjektive Meinung; **sei libero di esprimere le tue idee**, dir steht es frei, deine Meinung zu äußern; **rimango della mia ~**, ich bleibe bei meiner Ansicht **2** (*concetto*) {+SPAZIO, TEMPO} Begriff m, Idee f **3** (*pensiero astratto*) Idee f, Gedanke m: **tante idee gli frullano per il capo**, ein Haufen *fam* von Ideen schwirrt ihm durch den Kopf; **solo l'~ di quella crudeltà ci faceva rabbrividire**, allein der Gedanke an jene Grausamkeit ließ uns erschauern **4** (*conoscenza*) Vorstellung f, Bild n: **farsi un'~ di qc**, sich (dat) eine Vorstellung von etw (dat) machen; **avere un'~ generale/precisa/vaga di qc**, eine allgemeine/genaue/vage Vorstellung von etw (dat) haben **5** (*accenno*) Eindruck m: **ci ha dato solo un'~ della situazione**, er/sie hat uns nur einen (ersten) Eindruck der Situation vermittelt **6** (*motivo, contenuto*) Idee f, Thema n: **l'~ guida di film**, die Grundidee/das Hauptthema des Films; **l'~ centrale del romanzo**, der Leitgedanke des Romans **7** (*ideale*) Idee f, Ideal n: **dare la vita per un'~**, sein Leben für ein Ideal geben, sein Leben einer Idee opfern; <*di solito al pl*> (*ideologia*) {CRISTIANE, MARXISTE, RIVOLUZIONARIE, UTOPISTICHE} Überzeugung f, Gesinnung f, Idee f; **idee politiche**, politische Gesinnung f; **evidentemente è un uomo di idee conservatrici**, offensichtlich ist er ein Mann von konservativer Gesinnung **8** (*impressione*) Eindruck m: **non mi dà l'~ di una persona seria**, er/sie macht mir nicht den Eindruck eines seriösen Menschen **9** *fam* (*sensazione, sospetto*) Gefühl n, Ahnung f, Vorgefühl n: **ho (l')~ che non torni**, ich habe das/[so ein] Gefühl, dass er/sie nicht zurückkommt **10** (*apparenza*) Anschein m: **dare l'~ di qc**, den Anschein etw (gen) erwecken, den Eindruck etw (gen) machen; **dà l'~ di una persona senza problemi**, er/sie erweckt den Anschein [eines Menschen ohne Probleme]/[, als ob er/sie keine Probleme hätte] **11** (*intenzione*) Gedanke m, Absicht f: **avere l'~ di scrivere un libro**, die Absicht haben, ein Buch zu schreiben; ein Buch schreiben wollen; **avevo una mezza ~ di andare al cinema**, ich hatte vor, eventuell ins Kino zu gehen **12** (*piano, progetto*) Plan m, Vorhaben n: **questa è la nostra ~ per l'evasione**, das ist unser Fluchtplan **13** (*prospettiva*) Gedanke m, Vorstellung f, Aussicht f: **la sola ~ di continuare a scappare mi faceva orrore**, allein die Vorstellung, weiter zu fliehen, entsetzte mich **14** (*ispirazione, spunto*) Idee f: **l'~ di fondo è buona, ma bisogna ancora lavorarci sopra**, der Grundgedanke ist gut, aber man muss noch daran arbeiten **15** (*trovata*) Idee f, Einfall m: **avere un'~ balorda/insulsa/luminosa/sciocca**, eine blöde *fam*/alberne *spreg*/brillante/dumme Idee haben; **e io dovrei sobbarcarmi tutte le responsabilità? Mi piace l'~!** *iron*, und ich soll die ganze Verantwortung auf mich nehmen? (Eine wirklich) tolle Idee! *iron* **16** (*fantasia*) Wahnidee f: **dice di aver sentito dei rumori in soffitta. Che idee!**, er/sie behauptet, Geräusche auf dem Dachboden gehört zu haben. [Was für eine verrückte Idee!]/[Alles Fantasien!] **17** (*immagine ideale*) {+BELLO, SAGGEZZA} Bild n **18** (*somiglianza*) Ähnlichkeit f: **ha un'~ di sua nonna**, er/sie hat [etwas von...]/[eine gewisse Ähnlichkeit mit] seiner/ihrer Großmutter **19** *fam* (*quantità ridotta*) Idee f, Hauch m: **appena un'~**, kaum ein Hauch, ein ganz [kleines bisschen]/[klein wenig]; **un'~ più forte**, [eine Idee]/[etwas] lauter; **un'~ di sale**, eine Idee/Spur/[ein klein wenig] Salz **20** *filos* Idee f, Begriff m **21** *mus* Idee f, Thema n **22** *psic* Idee f: **~ fissa**, fixe Idee; **~ ossessionante**, Zwangsvorstellung f, fixe Idee ● **~! Perché non andiamo tutti a fare una nuotata?**, ich habe eine Idee! Warum gehen wir nicht alle eine Runde schwimmen? *fam*; **accarezzare l'~ di fare qc** (*desiderare fare qc*), mit dem Gedanken spielen, etw zu tun; **accarezzare/vagheggiare un'~**, mit einem Gedanken spielen; **avere ~ di qc** (*sapere*), eine Ahnung von etw (dat) haben; **hai ~ di che cosa significhi tutto questo?**, hast du eine Ahnung *fam*, was das alles bedeutet?; **da non avere ~** (*fuori dal comune*), unvorstellbar; **non avere la minima/[più pallida] ~ di qc** (*non sapere qc*), [nicht die geringste]/[keine blasse]/[absolut keine] Ahnung von etw (dat) haben, [keinen (blassen)]/[nicht den geringsten/leisesten] Schimmer *fam* von etw (dat) haben; **bell'~!** *iron*, tolle Idee! *iron*; **idee innate** *filos*, angeborene Ideen; **maturare l'~ di fare qc** (*il proposito*), den Plan in sich (dat) reifen lassen, etw zu tun; **neanche/nemmeno/neppure per ~!** (*assolutamente no*), auf gar keinen Fall!, nicht (mal) im Traum!; **~ pellegrina/peregrina** (*bizzarra*), wunderliche/merkwürdige Idee, bizarrer Einfall; **non so se rendo l'~**, ich weiß nicht, ob ich mich klar ausgedrückt habe; **idee ristrette** (*vedute*), beschränkte Ansichten; **schiarirsi le idee** *fig* (*capire meglio qc*), seine Gedanken ordnen; **mi è venuta un'~** (*ho pensato qc*), mir ist (da) eine Idee gekommen.

ideàle Ⓐ *agg* **1** (*frutto del pensiero*) {MONDO} ideell, geistig **2** (*perfetto*) {CLIMA, CONDIZIONI, FORMA, GOVERNO, LAVATRICE, LAVORO, MARITO, TIPO} ideal; {BELLEZZA} ideal, vollkommen; {STATO} Ideal- Ⓑ *m* **1** (*idea*) {ROMANTICO; +BELLEZZA, GOVERNO} Ideal n: **morire per un ~ di giustizia/libertà**, für ein Gerechtigkeits-/Freiheitsideal sterben **2** (*modello di perfezione*) Ideal n, Vorbild n: **vedeva in lei il suo ~**, er/sie sah in ihr sein Ideal **3** (*aspirazione*) Wunsch m, Traum m, Ideal n: **quell'uomo è privo di ideali**, dieser Mann hat keine Ideale **4** (*miglior cosa*) Ideale n, Beste n: **lavorare dieci ore al giorno non è certo l'~!**, 10 Stunden am Tag zu arbeiten, ist sicher nicht ideal/das Ideale! **5** *filos* Ideal n, Ideale n decl come agg, Ideelle n decl come agg.

idealìsmo *m* **1** (*il tendere verso un ideale*) Idealismus m: **il suo ~ lo porterà alla rovina**, sein Idealismus wird ihn (noch) ruinieren **2** *spreg* (*mancanza di concretezza*) Idealismus m, Schwärmerei f: **pecca di eccessivo ~**, er/sie macht den Fehler, zu schwärmerisch zu sein **3** *filos* {PLATONICO} Idealismus m.

idealìsta <-*i m*, -*e f*> Ⓐ *agg* **1** (*che aspira a un ideale*) {STUDIOSO} idealistisch **2** (*utopista*) {RIVOLUZIONARIO} wirklichkeitsfremd, schwärmerisch *spreg* **3** *filos* idealistisch Ⓑ *mf* **1** (*chi aspira a un ideale*) Idealist(in) m(f): **è un ~ che ha una fede senza limiti nel progresso**, er/sie ist ein Idealist(in), der/die grenzenloses Vertrauen in den Fortschritt hat **2** (*utopista*) Idealist(in) m (f), Schwärmer(in) m(f) *spreg*, Fantast m *spreg* **3** *filos* Idealist(in) m (f).

idealìstico, (-a) <-*ci*, -*che*> *agg* **1** *anche filos* (*che aspira a un ideale*) {VISIONE} idealistisch **2** (*utopistico*) {ATTEGGIAMENTO} idealistisch, schwärmerisch *spreg*.

idealizzàre *tr* (*mitizzare*) **~ qu/qc** {ARTISTA, MODELLA; RAGAZZO, ROMANTICISMO AMICIZIA} jdn/etw idealisieren, jdn/etw verklären.

idealizzàto, (-a) Ⓐ *part pass di* idealizzare Ⓑ *agg* (*mitizzato*) {FIDANZATO} idealisiert, verklärt.

idealizzazióne f **1** (*l'idealizzare*) {+AMICIZIA, DONNA} Idealisierung f **2** *psic* Idealisierung f.

idealménte *avv* **1** (*astrattamente*) ideell, geistig **2** (*in modo ideale*) ideal.

ideàre *tr* **~ qc 1** (*concepire*) {BAMBINO SCHERZO} sich (dat) etw aus|denken; {SCRITTORE ROMANZO} etw entwerfen **2** (*inventare*) {MACCHINA} etw erfinden **3** (*progettare*) {ARCHITETTO STAZIONE, FAMIGLIA VIAGGIO} etw planen, etw verschönern.

ideatìvo, (-a) *agg* **1** (*che riguarda l'ideazione*) {PROCESSO} erfinderisch **2** *arch* planerisch.

ideatóre, (-*trice*) m (f) **1** (*autore*) {+PROGETTO, PROGRAMMA} Urheber(in) m(f), Schöpfer(in) m(f) **2** (*inventore*) {+MACCHINA A VAPORE} Erfinder(in) m(f).

ideazióne f **1** (*l'ideare*) {+PROGRAMMA, PROVVEDIMENTO} Ausdenken n, Ersinnen n **2** (*invenzione*) {+MACCHINA A VAPORE} Erfinden n **3** (*progettazione*) {+ASSETTO URBANISTICO, COMPLESSO RESIDENZIALE} Planung f, Entwerfen n **4** *psic* Gedankenbildung f, Gedankenverbindung f.

ìdem *lat* Ⓐ *avv fam scherz* (*ugualmente*) ebenso, desgleichen: **~ come sopra**, ebenso, ebenfalls, idem; **io me ne vado adesso e tu ~**, ich gehe jetzt und du ebenfalls Ⓑ <*inv*> *pron dimostr* (*stesso*, abbr id.) idem, desgleichen.

identicità <-> f *rar* (*uguaglianza*) {+COPIA, PARTICOLARE} Identität f, völlige Übereinstimmung.

idèntico, (-a) <-*ci*, -*che*> *agg* **1** (*uguale*) völlig gleich: **preferisci partire oggi o domani? Per me è ~!**, fährst du lieber heute oder morgen (ab)? Mir ist es völlig gleich!; (*come rafforzativo*) derselbe, dieselbe, dasselbe; **siamo della stessa identica opinione**, wir sind (ein und) derselben Meinung; **~ a qu/qc** {RAGAZZO AL FRATELLO, OGGETTO AD UN ALTRO} identisch mit jdm/etw, wie jd/etw **2** *mat* {POLINOMI} gleichwertig, äquivalent.

identificàbile *agg* (*riconoscibile*) identifizierbar: **l'aggressore è facilmente ~ a causa di una cicatrice**, der Aggressor ist wegen einer Narbe leicht zu identifizieren.

identificàre <*identifico, identifichi*> Ⓐ *tr* **1** (*riconoscere*) **~ qu** {VITTIMA AGGRESSORE} jdn identifizieren; **~ qc** {VIGILE AUTO DELL'INVESTITORE} etw identifizieren; {TIPO DI VELENO} etw fest|stellen **2** (*considerare identico*) **~ qc** {SOCIOLOGO DUE TEORIE} etw gleich|setzen, etw als gleich an|sehen Ⓑ *itr pron* (*essere identico*): **identificarsi** {POSIZIONE DEI DUE PARTITI} gleich sein, überein|stimmen Ⓒ *rfl* (*immedesimarsi*): **identificarsi con/in qu/qc** {ATTRICE COL PERSONAGGIO, NELLA PARTE} sich mit jdm/etw identifizieren, sich in jdn/etw hinein|versetzen.

identificatìvo, (-a) Ⓐ *agg* (*di identificazione*) {CODICE} Identifikations- Ⓑ *m anche inform* Identifikationscode m.

identificazióne f **1** *anche psic* (*riconoscimento*) {+SOSTANZA CHIMICA, VITTIMA} Identifikation f, Identifizierung f: **procedere all'~ dell'imputato**, die Identität des Angeklagten feststellen **2** (*l'essere identico*) {+DUE PARTITI, DUE TEORIE} Gleichsetzung f.

identikit <-> *m ingl* **1** *dir* (*processo di riconoscimento*) Identifizierung f **2** (*immagine*) {+ASSASSINO} Phantombild n: **fare un ~**, ein Phantombild erstellen **2** *fig* (*insieme di tratti caratteristici*) Charakteristik f: **la finanza ha**

fatto l'~ dell'evasore tipo, die Finanzbehörde hat eine Charakteristik des typischen Steuerhinterziehers erstellt.

identità <-> f **1** *anche psic* (*l'essere identico*) {+TEORIE} Gleichheit f, Identität f, Übereinstimmung f: **rilevare l'~ di due posizioni**, die Übereinstimmung zweier Meinungen unterstreichen **2** (*identificazione*) Identität f: **provare l'~ di qu**, jds Identität beweisen **3** (*consapevolezza*) {RELIGIOSA, STORICA} Bewusstsein m.

ideogràfico, (-a) <-ci, -che> agg ling {CARATTERE, SISTEMA} ideographisch.

ideogràmma <-i> m **1** ling {EGIZIANO} Ideogramm n, Begriffszeichen n **2** stat (Statistik)diagramm n.

ideòloga f → **ideologo**.

ideologìa f **1** {CAPITALISTA, CATTOLICA, SOCIALISTA} Ideologie f **2** spreg (*idee astratte*) (pure) Ideologie f **3** filos Ideologie f.

ideològico, (-a) <-ci, -che> agg **1** (*riguardante l'ideologia*) {SCELTA, VALORE} ideologisch **2** (*delle idee*) {LEGAME +DUE TEORIE} ideologisch, gedanklich **3** spreg (*astratto*) {POSIZIONE} abstrakt, realitätsfremd **4** filos ideologisch.

ideologizzàto, (-a) **A** part pass di ideologizzare **B** agg {GIORNALISTA} ideologisch vorbelastet, tendenziös.

ideòlogo, (-a) <-gi o fam -ghi, -ghe> m (f) **1** (*teorico*) {SOCIALISTA} Ideologe m, (Ideologin f), Theoretiker(in) m(f) **2** spreg (*chi si perde in astrazioni*) weltfremde(r) Theoretiker(in).

id est loc avv lat (*cioè*, abbr ie) id est, das ist, das heißt.

ìdi f o m pl stor Iden pl ● **guardarsi dalle idi di marzo** fig (*da una sciagura preannunciata*), Vorkehrungen treffen.

idillìaco, (-a), **idìllico**, (-a) <-ci, -che> agg **1** fig (*sereno*) {VISIONE} idyllisch; {PAESAGGIO} *anche* friedlich **2** lett idyllisch.

idìllio <-li> m **1** fig scherz (*convivenza serena*) ~ (**fra qu/qc**) {FRA FAZIONI DIVERSE, FRA PARENTI, FRA PARTITI} Idyll n (*zwischen jdm/etw*), Idylle f (*zwischen jdm/etw*): ~ **familiare**, Familienidyll n **2** fig (*amore*) ~ (**fra qu**) {FRA COMPAGNI DI SCUOLA} Liebschaft f (*zwischen jdm*), Liebelei f (*zwischen jdm*), Techtelmechtel n (*zwischen jdm*) **3** lett Idylle f ● **tessere/intrecciare un ~** fig, zarte Bande knüpfen scherz.

idiolètto m ling Idiolekt m.

idiòma <-i> m lett **1** (*lingua*) {TEDESCO} Idiom n, Sprache f **2** (*dialetto*) {SICILIANO} Dialekt m, Mundart f **3** poet (*linguaggio*) {GENTILE} Sprechweise f.

idiomàtico, (-a) <-ci, -che> agg (*proprio di una lingua*) {ESPRESSIONE} idiomatisch.

idiosincrasìa f **1** fig lett (*avversione*) ~ (**per qu/qc**) {PER LA FOLLA, PER LO SNOBISMO} unüberwindliche Abneigung f (*gegen jdn/etw*), Abscheu m (*vor jdm/etw*), Widerwille m (*gegen jdn/etw*) **2** med ~ **per qc** {PER I CROSTACEI} Überempfindlichkeit f (*gegen etw* acc), Idiosynkrasie f scient (*gegen etw* acc).

idiòta <-i m, -e f> **A** agg **1** spreg (*stupido*) {FILM, TROVATA} idiotisch fam spreg, dumm, blöd(e) fam: **ha reagito in un modo ~**, er/sie hat idiotisch fam spreg/blöd fam reagiert **2** med schwachsinnig **B** mf **1** spreg (*stupido*) Idiot(in) m(f) fam spreg, Dummkopf m spreg, Trottel m fam spreg **2** med Schwachsinnige mf decl come agg.

idiotìsmo m ling {ITALIANO} Spracheigentümlichkeit f, Idiotismus m.

idiozìa f **1** (*stupidità*) Idiotie f fam spreg, Dummheit f **2** (*azione idiota*) Dummheit f, Blödsinn m fam spreg: **non fare idiozie!**,

mach ˌkeine Dummheitenˌ/[keinen Blödsinn]! fam spreg; (*discorso*) Blödsinn m fam spreg, Schwachsinn m fam spreg; **non dire idiozie!**, red keinen Blödsinn fam spreg/ Schwachsinn fam spreg/Stuss! fam spreg **3** med {MONGOLOIDE} Schwachsinn m, Idiotie f scient, Debilität f scient.

idòlatra <-i m, -e f> **A** agg **1** relig (*che venera gli idoli*) {CULTO, POPOLO} götzenanbetend, götzenverehrend **2** fig (*fanatico*) {TIFOSO +CALCIATORE} fanatisch **B** mf **1** relig (*chi venera gli idoli*) Götzenanbeter(in) m(f), Götzendiener(in) m(f) **2** fig (*fanatico*) {+RICCHEZZA} fanatische(r) Verehrer(in).

idolatràre tr **1** relig ~ **qc** {IDOLI} etw (als Götzen) anbeten **2** fig (*ammirare*) ~ **qu** {CALCIATORE} jdn abgöttisch verehren; (*amare*) {PADRE FIGLIA} jdn vergöttern, jdn an|beten, jdn verehren ~ **qc** {DENARO} etw an|beten.

idolatrìa f **1** relig Götzendienst m, Idolatrie f forb **2** fig (*ammirazione*) ~ (**per qu/qc**) {PER IL PROFESSORE} abgöttische Verehrung f (*für jdn/etw*); (*amore*) {PER LA FIGLIA, PER IL SUCCESSO*}* Vergötterung f (*jds/etw*), abgöttische Liebe (*zu jdm/etw*).

idolàtrico, (-a) <-ci, -che> agg **1** relig (*CULTO*) Götzen-, götzendienerisch **2** fig (*fanatico*) {AMORE} abgöttisch.

ìdolo m **1** (*oggetto*) Götzenbild n, Götzenstatue f **2** fig (*persona amata follemente*) {+TIFOSI} Idol n, Abgott m; (*cosa*) Idol n: **distruggere un ~**, ein Idol zerstören **3** filos falscher Begriff ● **~ infranto** fig (*mito crollato*), zerstörtes Idol.

idoneità <-> f (**a qc**) **1** (*l'essere adatto*) {+LUOGO ALLO SCOPO} Eignung f (*für etw* acc/*zu etw* dat), Tauglichkeit f (*für etw* acc/*zu etw* dat) **2** amm Eignung f (*für etw* acc), Befähigung f (*zu etw* dat): ~ **all'insegnamento**, Lehrbefähigung f; ~ **al lavoro**, Arbeitsfähigkeit f **3** mil {ALLA LEVA} Tauglichkeit f (*zu etw* dat).

idòneo, (-a) agg ~ (**a qc**) **1** (*adatto*) {IMPIEGATO ALL'INCARICO} geeignet (*für etw* acc), befähigt (*zu etw* dat); {ABITO ALLA CERIMONIA, LUOGO, MOMENTO} passend (*für etw* acc/*zu etw* dat), geeignet (*für etw* acc/*zu etw* dat) **2** amm fähig (*zu etw* dat), tauglich (*zu etw* dat): ~ **al lavoro**, arbeitsfähig **3** mil tauglich (*zu etw* dat): ~ **al servizio militare**, wehrdiensttauglich.

IDP f inform abbr dell'ingl Integrated Data Processing (*elaborazione integrata dei dati*) IDP (integrierte Datenverarbeitung).

ìdra <-idre> f **1** fig (*calamità*) {+PESTILENZA} Übel n **2** mitol: **Idra**, Hydra f **3** zoo {BRUNA, GRIGIA, VERDE} Hydra f.

idràcido m chim Wasserstoffsäure f.

idrànte m **1** (*dispositivo*) Hydrant m **2** (*autobotte*) Löschfahrzeug n; (*contro dimostranti*) Wasserwerfer m.

idratànte (*nella cosmesi*) **A** agg {CREMA, MASCHERA} Feuchtigkeits-, feuchtigkeitsspendend **B** m Feuchtigkeitscreme f.

idratàre tr ~ **qc 1** (*nella cosmesi*) {PELLE} etw (dat) Feuchtigkeit zu|führen **2** chim etw hydratisieren.

idratazióne f chim med Hydra(ta)tion f; (*nella cosmesi*) Feuchtigkeitszuführung f.

idràto, (-a) m chim **A** agg **1** med hydrat **B** m Hydrat n: **idrati di carbonio**, Kohlenhydrate n pl.

idràulica <-che> f **1** edil Wasserbau m **2** fis Hydraulik f.

idràulico, (-a) <-ci, -che> **A** agg **1** (*esperto*) {INGEGNERE, TECNICO} Wasserbau- **2** fis mecc {ENERGIA, FENOMENO, FRENO, MOTORE} hydraulisch, Wasser-; {TURBINA} wasserangetrieben **3** edil {IMPIANTO, OPERA} hydraulisch; {CALCE, MALTA} unter Wasser erhärtend **B** m (f) Installateur(in) m(f), Klempner(in) m(f).

ìdrico, (-a) <-ci, -che> agg (*d'acqua*) {FABBISOGNO, RISERVA} Wasser-.

idro- primo elemento **1** (*dell'acqua*) hydro-, Hydro-, Wasser-: **idrofilo**, hydrophil, Wasser aufnehmend; **idrolisi**, Hydrolyse **2** chim hydro-, Hydro-, Wasser-: **idrogeno**, Wasserstoff **3** med Gehirnwasser-, wasser-, Wasser-, hydro- scient, Hydro- scient: **idrocefalo**, Gehirnwassersucht, Wasserkopf, Hydrozephalus scient.

idrocarbùro m chim {CICLICO, SATURO} Kohlenwasserstoff m.

idrocèfalo m med Gehirnwassersucht f, Wasserkopf m, Hydrozephalus m scient.

idrocoltùra f bot Hydrokultur f.

idrocortisóne m chim Hydrokortison n.

idrodinàmica <-che> f fis Hydrodynamik f.

idroelèttrico, (-a) <-ci, -che> agg elettr {CENTRALE, ENERGIA} hydroelektrisch.

idròfilo, (-a) **A** agg **1** (*che assorbe acqua*) {COTONE} hydrophil, Wasser/Feuchtigkeit aufnehmend **2** chim fis {COLLOIDE, GRUPPO} hydrophil **3** biol {PIANTA} hydrophil, wasserliebend **B** m zoo Wasserkäfer m.

idrofobìa f **1** chim Hydrophobie f **2** med veter Tollwut f, Hydrophobie f scient **3** psic Wasserscheu f, Wasserangst f.

idròfobo, (-a) agg **1** fam (*furioso*) fuchsteufelswild **2** chim {COLLOIDE, GRUPPO} Hydrophobie f **3** med veter {CANE} tollwütig **4** psic wasserscheu.

idròfono m mar mil Echolot n.

idròfugo, (-a) <-ghi, -ghe> **A** agg (*impermeabile*) {RIVESTIMENTO, TESSUTO} Wasser abstoßend, Wasser abweisend **B** m Feuchtigkeitsisolator m.

idrogenàre tr chim ~ **qc** {MOLECOLA} etw hydrieren.

idrogenàto, (-a) agg {GRASSI} hydriert.

idrògeno m chim {ATTIVO, NASCENTE, PESANTE} Wasserstoff m.

idrogeologìa f geol Hydrogeologie f, Grundwasserkunde f.

idrogeològico, (-a) <-ci, -che> agg geol {DISSESTO, STUDIO} hydrogeologisch.

idrogètto m mar Rückstoßantrieb m.

idrografìa f fis geog Hydrographie f, Gewässerkunde f.

idrogràfico, (-a) <-ci, -che> agg (*delle acque*) {BACINO, CARTA, RETE, STUDI} hydrographisch.

idroguìda f autom tecnol Servolenkung f.

idròlisi <-> f chim Hydrolyse f.

idrolìtico, (-a) <-ci, -che> agg chim hydrolytisch.

idrologìa f {FLUVIALE, MARINA} Hydrologie f, Wasserkunde f ● ~ **medica** med, Wasserheilkunde f.

idromassàggio <-gi> m Unterwassermassage f.

idromèle m enol Met m.

idròmetro m tecnol {REGISTRATORE} Wasserstandsmesser m, Hydrometer n, Pegel m.

idròpico, (-a) <-ci, -che> med **A** agg wassersüchtig, hydropisch scient **B** m (f) Wassersüchtige mf decl come agg, an Wassersucht/ Hydropsie scient Leidende mf decl come agg.

idropisìa f med Wassersucht f, Hydropsie f scient.

idropittùra f (*pittura*) Wasserfarbe f.

idroplàno, (-a) mar **A** agg {SCAFO} Tragflügel- **B** m Tragflächenboot n, Tragflügelboot n.

idrorepellènte agg (*impermeabile*) {TELA} Wasser abstoßend, Wasser abweisend; {VERNICE} wasserfest.

idrosalino, (-a) agg (*in fisiologia*) {EQUILIBRIO, RICAMBIO} Wasser-Salz-.
idrosanitàrio, (-a) <-ri m> agg *edil* sanitär.
idroscàlo m *aero mar* Wasserflughafen m.
idrosolùbile agg *chim* wasserlöslich.
idròssido m *chim* Hydroxid n.
idrostàtica <-che> f *fis* Hydrostatik f.
idrostàtico, (-a) <-ci, -che> agg *fis* {LAMPADA, LIVELLO} hydrostatisch.
idrotermàle agg **1** (*di acque termali*) {SORGENTE} Thermal- **2** *geol* hydrothermal.
idrovìa f Wasserstraße f.
idrovolànte m *aero mar* Wasserflugzeug n.
idròvora f *tecnol* (Wasser)saugpumpe f.
idròvoro, (-a) agg *tecnol* {IMPIANTO, POMPA} Wasser absorbierend, Wasserhaltungs-.
idruntìno, (-a) **A** agg (*di Otranto*) von/aus Otranto **B** m (f) (*abitante*) Einwohner(in) m(f) von Otranto.
ie 1 abbr *del lat* id est (*cioè*) d.h., d.i. (*abbr di* das heißt, das ist) **2** *autom abbr di* iniezione elettronica: elektronische Einspritzung.
i.e. abbr *del lat* id est (*cioè*) d.h., d.i. (*abbr di* das heißt, das ist).
ièlla f *fam* (*sfortuna*) Unglück n, Pech n: **avere/portare** ~, ⌊Pech haben⌋/[Pech bringen]; **che** ~!, was für ein Pech!
iellàto, (-a) agg *fam* (*sfortunato*) vom Pech verfolgt sein: **essere ~ in qc**, bei etw (dat) ein Pechvogel/Unglücksrabe *fam* sein; ein Pechvogel *fam*/Unglücksrabe *fam* sein, was etw angeht.
ièna f **1** *zoo* Hyäne f **2** *fig* (*essere abietto*) Hyäne f, Biest n ● **ridere come una** ~ *fig* (*con malanimo*), dreckig *fam spreg* lachen.
ieràtico, (-a) <-ci, -che> agg **1** (*sacerdotale*) {SCRITTURA} hieratisch *forb*, priesterlich **2** *fig* (*solenne*) {ATTEGGIAMENTO, GESTO} würdevoll, feierlich.
ièri **A** avv **1** *gener* gestern: **~ l'altro**, vorgestern; **da ~**, seit gestern, von gestern ab, ab gestern; **fino a ~**, bis gestern/[zum gestrigen Tag(e)]; **~ mattina**/[**in mattinata**], gestern Morgen/Früh/Vormittag; **~ notte**, gestern Nacht/[in der Nacht]; **~ a otto/quindici**, gestern vor ⌊einer Woche⌋/[zwei Wochen]; **~ sera**, gestern Abend; **erano tre settimane ~**, gestern waren es drei Wochen **2** (*un po' di tempo fa*) gestern, vor kurzer Zeit, vor kurzem: **fino a ~** ≈ **era un signore e adesso chiede l'elemosina**, (bis) ⌊vor kurzem⌋/[gestern] war er noch ein Herr (der guten Gesellschaft) und jetzt/heute bettelt er **B** <-> m **1** *gener* gestriger Tag: **c'è la stessa minestra di ~**, es gibt dieselbe Suppe wie gestern **2** (*passato*): **le generazioni di ~**, die früheren Generationen ● **non sono mica nato ~**! *fig* (*ingenuo*), ich bin doch nicht von gestern! *fam*; **sembra nato ~** *fig* (*ingenuo*), er ist wirklich naiv; **da ~ ad oggi** (*nelle ultime ventiquattro ore*), in den letzten vierundzwanzig Stunden; *fig* (*improvvisamente*), von heute auf morgen, auf einmal, von einem Moment zum anderen; **è sparito da ~ a oggi**, auf einmal war er verschwunden; **me ne ricordo come se fosse ~** (*molto bene*), ich erinnere mich daran, als ob es gestern wäre; **mi sembra/par(e) ~!** (*poco tempo fa*), mir kommt es vor, als sei es gestern gewesen!
ierlàltro avv vorgestern.
ierocrazìa f *polit relig* Hierokratie f *forb*, Priesterherrschaft f.
iettàre tr (*gettare l'influsso malefico*) **~ qu** auf jdn den bösen Blick werfen.
iettatóre, (-trice) m (f) (*chi fa il malocchio*) Unglücksbringer(in) m(f), Unheilbringer(in) m(f).
iettatòrio, (-a) <-ri m> agg (*da iettatore*) {SGUARDO} unglück-, unheilbringend.
iettatùra f **1** (*malocchio*) böser Blick **2** (*disdetta*) Unglück n, Unheil n, Pech n: **quel poveretto sembra avere la ~ addosso**, der Arme scheint vom Pech verfolgt zu sein.
igiène f **1** (*pulizia*) Hygiene f, Körperpflege f: **~ della bocca**, Mundpflege f; **~ intima**, Intimpflege f, Intimhygiene f; **~ personale**, Körperpflege f **2** (*salute*) Hygiene f, Gesundheitspflege f: **~ mentale**, geistige Hygiene.
igienicità <-> f Hygiene f.
igiènico, (-a) <-ci, -che> agg **1** (*di igiene*) {MISURE} hygienisch, gesundheitlich **2** (*salutare*) {CIBO, CLIMA, PASSEGGIATA} gesund **3** *fig fam scherz* (*consigliabile*) ratsam, empfehlenswert: **in certi casi è ~ tacere**, in gewissen Fällen ⌊ist es empfehlenswert⌋/[empfiehlt es sich], zu schweigen.
igienico-sanitàrio, (-a) <-ri m> agg hygienisch, sanitär: **impianti igienico-sanitari**, sanitäre Anlagen.
igienìsta <-i m, -e f> mf **1** *med* Hygieniker(in) m(f); (*in odontoiatria*) Zahnhygieniker(in) m(f) **2** *fig* (*maniaco dell'igiene*) Reinlichkeitsfanatiker(in) m(f).
igienizzàre tr (*rendere sicuro dal punto di vista igienico*) **~ qc** etw desinfizieren: **la toilette viene igienizzata automaticamente**, die Toilette wird automatisch desinfiziert.
igienizzazióne f (*l'igienizzare*) {+CASSONETTI} Desinfizierung f.
igloo, **iglù** <-, *igloos* pl *ingl*> m *ingl* Iglu m o n.
IGM m *autom abbr di* Ispettorato Generale della Motorizzazione: "allgemeines Straßenverkehrsamt".
ignàro, (-a) agg **~** (*di qc*) **1** (*che ignora*) unwissend (*hinsichtlich etw* gen), ahnungslos (*hinsichtlich etw* gen): **si mostrò ~ dell'accaduto**, was das Vorgefallene betrifft, erwies er sich als ahnungslos; **~ degli avvenimenti**, über die Ereignisse nicht unterrichtet; **non ~ dei rischi a cui andava incontro, si lanciò nell'impresa**, obwohl er der Risiken, denen er entgegenging, durchaus kannte, stürzte er sich in das Unternehmen **2** (*inesperto*) unerfahren (*in/auf etw* dat): **è (come) un bambino del tutto ~** (*della vita*), er ist (wie) ein gänzlich (lebens)unerfahrenes Kind.
ignàvia f *lett* **1** (*pigrizia*) Trägheit f, Faulheit f **2** (*indolenza*) Willensschwäche f, Willenlosigkeit f **3** (*viltà*) Feigheit f.
ignàvo, (-a) *lett* **A** agg **1** (*pigro*) faul, träge, lasch *fam* **2** (*indolente*) willensschwach, willenlos, antriebslos **3** (*vile*) feige **B** m (f) Schlappschwanz m *fam spreg*, Waschlappen m *fam spreg*.
ignìfugo, (-a) <-ghi, -ghe> *tecnol* **A** agg {TESSUTO, VERNICE} feuerhemmend **B** m feuerhemmendes Mittel.
ignòbile agg (*meschino*) {INDIVIDUO, LINGUAGGIO} niederträchtig, verwerflich, gemein.
ignobiltà <-> f (*meschinità*) {+INDIVIDUO, LINGUAGGIO, PROPOSTA} Niederträchtigkeit f, Verwerflichkeit f, Gemeinheit f.
ignomìnia f **1** (*infamia*) Schande f **2** (*motivo di vergogna*) {+PAESE} Schandfleck m **3** (*azione*) Schändlichkeit f **4** *fig scherz* (*orrore*) Graus m: **quella statua è una vera ~**, diese Statue ⌊ist wirklich abscheulich⌋/[sieht ja grässlich aus].
ignominióso, (-a) agg (*infamante*) {AZIONE} schändlich, *rar* {INDIVIDUO} niederträchtig.
ignorànte **A** agg **1** (*incolto*) **~** (*di qc*) {ALUNNO DI FISICA} ahnungslos (*in etw* dat), blank *fam* (*in etw* dat); {POLITICO DI ARTE} ungebildet (*in etw* dat) **2** (*ignaro*) **~ di qc** {TURISTA DELLE ABITUDINI LOCALI} unkundig *etw* (gen), unerfahren (*in etw* dat); {DELL'INCIDENTE} nicht informiert/unterrichtet *über etw* (acc) **3** (*incompetente*) {NOTAIO} unfähig **4** (*maleducato*) ungezogen **B** mf **1** (*senza istruzione*) Unwissende mf *decl come agg*, Ignorant(in) m(f) *forb spreg*: **parlare da ~**, (von Tuten und Blasen *fam*) keine Ahnung haben, keinen Schimmer haben *fam* **2** (*maleducato*) ungezogener Mensch, Flegel m *spreg*.
ignorànza f **1** (*mancanza di istruzione*) {+STUDENTE} Unwissenheit f, Unbildung f: **~ crassa**, krasse Unwissenheit **2** (*il non sapere*) {+DIVIETO} Unwissenheit f, Unkenntnis f, Ignoranz f *forb spreg*: **non è ammessa l'~ della legge**, Unwissenheit schützt vor Strafe nicht **3** (*incompetenza*) {+NOTAIO} Inkompetenz f: **scusate la mia ~ in materia**, entschuldigt/[Entschuldigen Sie] meine fehlende Fachkompetenz; **confesso la mia ~**, ich gestehe, dass ich keine Ahnung habe **4** (*maleducazione*) Flegel-, Rüpelhaftigkeit f *spreg* ● **beata ~!**, selig sei die Unwissenheit!, selig sind die Armen im Geiste!
ignoràre **A** tr **1** (*non conoscere*) **~ qc** {LEGGE, NOME DI QU, STORIA} etw nicht kennen; (*non sapere*) {RISPOSTA, SOLUZIONE} etw nicht wissen: **Lei certamente non ignora che ...** *ind*, Sie wissen sicher(lich), dass ... *ind*; **~ gli intrighi della politica**, nichts von den politischen Intrigen wissen **2** (*trascurare*) **~ qu** {FIDANZATA} jdn ignorieren; **~ qc** {INVITO} etw ignorieren; {PRIMI SINTOMI DI UNA MALATTIA} etw übersehen, etw ignorieren; {DOMANDA} etw absichtlich überhören: **non potete ~ la pericolosità della situazione**, ihr dürft die Gefährlichkeit der Situation nicht ignorieren **B** rfl rec: **ignorarsi** {EX CONIUGI} sich ignorieren.
ignoràto, (-a) agg **1** (*sconosciuto*) {CAUSA} unbekannt **2** (*trascurato*) **~** (*da qu/qc*) {DOMANDA DAL POLITICO, INVITO DAL COLLEGA, POETA DAGLI STUDIOSI} (*von jdm/etw*) übergangen, (*von jdm/etw*) ignoriert.
ignòto, (-a) **A** agg (*sconosciuto*) {PAESE} unbekannt, nicht bekannt **B** m Unbekannte mf *decl come agg*: **mi sento attratto dall'~**, ich fühle mich vom Unbekannten angezogen **C** m (f) *anche dir* (*sconosciuto*) unbekannte mf *decl come agg*: **contro ignoti**, gegen unbekannt.
ignùdo, (-a) *lett* **A** agg **1** (*nudo*) {BAMBINO} nackt, unbekleidet, entblößt *forb*: **mezzo ~**, halb nackt **2** *fig* (*spoglio*) {TERRENO} kahl, nackt **3** *fig* (*sguainato*) {SPADA} blank, gezückt **B** m (f) Nackte mf *decl come agg* ● **vestire gli ignudi** *bibl*, die Nackten kleiden.
igròmetro m *fis meteo* Feuchtigkeitsmesser m, Hygrometer m.
igroscòpico, (-a) <-ci, -che> agg *chim fis* {SOSTANZA} hygroskopisch.
igroscòpio <-pi> m *fis* Hygroskop n.
iguàna f *zoo* Leguan m.
ih① inter **1** (*di disgusto*) igitt!, pfui!, i!, bäh!: **ih, che schifo!**, i/pfui, ist das ek(e)lig! **2** (*di stupore*) ah!, ach!, ach so!: **ih, che bella macchina!**, ah, was für ein schönes Auto! **3** (*di insofferenza*) ach!: **ih, quante storie!**, ach, mach(t) keine Geschichten! **4** *iron* (*di canzonatura*): **ih!, ih!**, ätsch, bätsch!; **ih, ih, ci sei cascato!** *fam*, ätsch, bätsch, (du bist) reingefallen *fam*! **5** (*riproduce la risata, ecc.*): **ih!, ih!**, haha(ha)!
ih② inter (*di incitamento al cavallo, ecc.*) hü!, hüh!: **ih! Al galoppo!**, Hü! Galopp!
IIB m abbr *di* Istituto Internazionale dei Brevetti: "internationales Patentamt".
ikebàna <-> m *giapponese* Ikebana n.
il <*i*> art det m <*solo sing*> (*si usa davanti a consonante con l'esclusione di s impura, gn, pn, ps,*

x, z) 1 (*quando indica persona o cosa distinta dalle altre*) der m, die f, das n: **il cameriere mi porta il vino**, der Ober bringt mir den Wein; **il cane/mare/sole**, der Hund/das Meer/die Sonne; (*con titoli di opere, riviste, ecc.*) **il "Financial Time" oggi non è uscito**, die "Financial Time" ist heute nicht erschienen; (*con i nomi di squadre*) **il Napoli**, (der Fußballclub) Napoli; (*con nomi di hotel, ristoranti ecc.*) **il "Roma"**, das (Hotel/Restaurant) "Roma"; (*con nomi di mezzi di trasporto e di voli*) **il "Titanic"**, die "Titanic"; **prendi il treno delle 15.30?**, nimmst du den Zug um 15.30 Uhr?; **il volo TU 150 è decollato**, der Flug TU 150 ist gestartet; (*con le parti del corpo singolari*) **lavarsi prima il viso e poi il collo**, sich zuerst das Gesicht und dann den Hals waschen **2** (*non sempre viene tradotto con cognomi o titoli*): **il signor/professor/dottor Ferrari**, ⌊(der) Herr⌋/[(der Herr) Professor]/[(der Herr) Doktor] Ferrari; **il vecchio primo ministro inglese**, der ehemalige/frühere englische Premierminister; **il conte di Montecristo**, der Graf von Monte Christo; (*con i nomi di massa e materia*) **il latte fa bene**, Milch ist gesund; **il latte/sale è finito**, die Milch/das Salz ist alle *fam*; **bevo volentieri il whisky**, ich trinke gern Whisky; **il carbone è un minerale**, Kohle ist ein Mineral; (*quando indica l'astratto e il generico*) **il lavoro è importante**, Arbeit ist wichtig; **il teatro è la mia grande passione**, das Theater ist meine große Leidenschaft; **il bello e il buono**, das Schöne und das Gute; (*con i nomi di malattia*) **hai il raffreddore?**, hast du den Schnupfen?; **ha il cancro**, er/sie hat Krebs; **hai già avuto il morbillo?**, hast du schon die Masern gehabt?; (*con nomi geografici*) **il Brasile/Cile/Borneo**, Brasilien/Chile/Borneo; **attraversare il Veneto/Lazio**, durch Venetien/das Latium fahren; **il Cervino/Vesuvio/Tevere/Trasimeno**, das Matterhorn/der Vesuv/der Tiber/[der Trasimenische See]; (*ma si traduce sempre quando viene ulteriormente specificato*) **il Portogallo del secolo scorso**, das Portugal des letzten Jahrhunderts; **il vicino Oriente**, der Nahe Osten **3** (*non si traduce con i colori*): **il bianco e il nero**, Weiß und Schwarz; **dopo il verde viene il giallo e poi il rosso**, nach Grün kommt Gelb und dann Rot; (*con i nomi di strumenti musicali e di danze*) **suoni il piano?**, spielst du Klavier?; **so ballare il tango**, ich kann Tango tanzen; (*con le percentuali*) **il quattro per cento dell'inquinamento atmosferico**, vier Prozent der Luftverschmutzung; (*con nomi di sport*) **il calcio è lo sport nazionale per eccellenza**, Fußball ist der Nationalsport schlechthin; (*con i nomi delle festività*) **trascorriamo il Natale in famiglia**, wir verbringen Weihnachten mit der Familie; (*con nomi di scrittori, artisti, ecc.*) **(il) Tintoretto/Manzoni**, Tintoretto/Manzoni **4** (*precede più nel superl rel*) der m, die f, das n: **è il più bravo attore che io conosca**, er ist der beste Schauspieler, den ich kenne **5** (*con agg poss non si traduce*): **il tuo/mio bambino va a scuola**, dein/mein Kind geht zur Schule **6** (*se indica possesso si può anche tradurre col pron poss corrispondente*): **mettiti il cappello!**, setz dir deine Mütze auf!; **il fratello vive con lei**, ihr Bruder wohnt mit ihr (zusammen); (*se indica l'autore*) **il libro di Maria è finito**, Marias Buch ist fertig **7** (*quello*) der m, die f, das n, jener m *forb*, jene f *forb*, jenes n *forb*: **il mio portatovagliolo è il giallo**, mein Serviettenring ist der gelbe **8** (*questo*) der m, die f, das n, dieser m, diese f, dieses n: **sentitelo, il coraggioso!**, hört euch den Helden an! **9** (*distributivo: ogni*): **riceve il giovedì**, er/sie empfängt donnerstags/[jeden Donnerstag]; **costa dieci euro il kilo**, das macht/kostet 10 Euro das Kilo **10** (*temporale: nel, durante il*): **ho aspettato tutto il giorno**, ich habe den ganzen Tag gewartet; **l'ho visto il giorno seguente**, ich habe ihn am nächsten Tag gesehen; **partirò il mese prossimo**, ich werde (im) nächsten Monat abfahren; (*nelle date*) am; **sono arrivato il 3 gennaio**, ich bin am 3. Januar angekommen **11** *amm*: **il Piero Bianchi ha assolto il suo incarico**, Piero Bianchi hat seinen Auftrag erfüllt **12** *region fam*: **il Giorgio è andato via**, der *fam* Giorgio ist weggegangen.

ilare agg (*allegro*) {TONO, VOLTO} heiter, fröhlich, lustig.

ilarità <-> f (*allegrezza*) {+TONO, VOLTO} Heiterkeit f, Fröhlichkeit f, Lustigkeit f; (*risata*) allgemeine Heiterkeit, Gelächter n: **destare l'~ della gente**, für allgemeine Heiterkeit sorgen.

ilcinése A agg (*di Montalcino*) von/aus Montalcino B mf (*abitante*) Einwohner(in) m(f) von Montalcino.

ileo m **1** *anat* (*intestino*) Krummdarm m, Ileum n *scient* **2** *anat* (*osso*) Darmbein n **3** *med* Darmverschluss m, Ileus m *scient*.

iliaco, (-a) <-ci, -che> agg **1** *anat* {CRESTA} Hüft-, Darmbein- **2** *archeol lett* {GENTE, TAVOLA} troianisch.

ill. 1 *abbr di* illustrazione: Abb. (*abbr di* Abbildung) **2** *abbr di* illustrato: bebildert, illustriert.

illanguidire <illanguidisco> A *tr* <avere> ~ **qu/qc** {FORZE} jdn/etw schwächen B *itr* <essere> *itr pron*: **illanguidirsi** {SPERANZA} (immer) schwächer werden, sinken, schwinden; {PERSONA} ermatten, (immer) schwächer werden, {ATTENZIONE, FORZE} anche erlahmen, nach|lassen.

illazióne f **1** (*supposizione*) Annahme f, Behauptung f, Supposition f *forb*: **sono solo illazioni, la verità si saprà domani**, das sind bloß Behauptungen, die Wahrheit wird man morgen erfahren **2** (*deduzione*) Schlussfolgerung f.

illécito, (-a) A agg **1** (*sconveniente*) {AMICIZIA} unerlaubt, unzulässig **2** *dir* {MEZZI, PROVENTI} gesetzwidrig, widerrechtlich B m *dir* Rechtsverstoß m: **~ penale** (*reato*), Straftat f.

illegàle agg (*non legale*) {COMMERCIO, PROCEDIMENTO} illegal, gesetzwidrig, unrechtmäßig.

illegalità <-> f (*l'essere illegale*) Illegalität f, Rechts-, Gesetzwidrigkeit f; (*atto*) Rechts-, Gesetzwidrigkeit f.

illeggiadrire <illeggiadrisco> *forb* A *tr* <avere> ~ **qu** jdm (eine gewisse) Anmut verleihen; ~ **qc** {VISO} etw verschönern, etw (dat) Glanz verleihen B *itr* <essere> *itr pron*: **illeggiadrirsi** {FANCIULLA} schöner werden, {ASPETTO} an Ausstrahlung/Schönheit gewinnen.

illeggìbile agg **1** (*difficile a leggersi*) {LETTERA} schwer entzifferbar, schwer leserlich, unleserlich **2** *fig* (*difficile da comprendere*) {POETA, SAGGIO} schwer verständlich, unverständlich; (*pessimo*) unerträglich, miserabel.

illeggibilità <-> f {+LETTERA} Unleserlichkeit f, Unlesbarkeit f.

illegittima f → **illegittimo**.

illegittimità <-> f *dir* **1** {+PROCEDURA} Rechtswidrigkeit f: **~ costituzionale**, Verfassungswidrigkeit f **2** {+FIGLIO} Unehelichkeit f.

illegittimo, (-a) A agg **1** *dir* (*non legittimo*) {PROCEDURA} rechtswidrig; {GOVERNO} illegitim **2** *dir obs* (*naturale*) {FIGLIO} unehelich **3** *fig* (*ingiustificato*) {PRETESA} unwillkürlich B m (f) *dir obs* uneheliches Kind.

illéso, (-a) agg **1** (*incolume*) {BAMBINO} unbeschadet, heil, unversehrt: ⌊**rimanere ~ in**⌋/[uscire ~ **da**] **uno scontro a fuoco**, bei einem Feuergefecht unversehrt davonkommen **2** *fig* (*intatto*) {DIRITTO, ONORE} unbeschädigt.

illetterato, (-a) A agg **1** (*ignorante*) ungebildet **2** *lett* (*analfabeta*) analphabetisch B m (f) **1** (*ignorante*) Ungebildete mf *decl come agg* **2** *lett* (*analfabeta*) Analphabet(in) m(f).

illibatézza f **1** (*verginità*) {+DONNA, MONACA} Jungfräulichkeit f, Reinheit f, Keuschheit f **2** (*purezza*) {+COSTUMI} Reinheit f, Unschuld f, Unbescholtenheit f.

illibato, (-a) agg **1** (*vergine*) {DONNA} jungfräulich, rein, keusch **2** (*puro*) {VITA} rein, unschuldig, unbescholten.

illiberàle agg **1** (*meschino*) illiberal, engherzig, kleinlich **2** (*tirannico*) freiheitsfeindlich.

illicenziàbile agg (*che non può essere licenziato*) unkündbar.

illicenziabilità <-> f {+IMPIEGATO} Unkündbarkeit f.

illimitatézza f (*l'essere senza limiti*) {+TERRITORIO} Unbegrenztheit f, Grenzenlosigkeit f; {+POTERE} anche Uneingeschränktheit f, Unbeschränktheit f.

illimitato, (-a) agg **1** (*infinito*) {DURATA, ENERGIA, ESTENSIONE, KILOMETRAGGIO, SPAZIO} unbegrenzt, unbeschränkt **2** (*assoluto*) {AUTORITÀ, POTERE} uneingeschränkt; {FIDUCIA} anche voll, grenzenlos **3** *amm* {RESPONSABILITÀ} unbeschränkt f.

illiquidità <-> f *econ* {+AZIENDA} Illiquidität f, (vorübergehende) Zahlungsunfähigkeit f.

illividire <illividisco> A *tr* <avere> **1** (*rendere livido*) ~ **qc** {FREDDO LABBRA} etw bläulich machen **2** (*coprire di lividi*) ~ **qc (a qu)** {VOLTO DI QU} jdm etw mit dunklen Striemen überziehen B *itr* <essere> *itr pron*: **illividirsi** dunkle Striemen auf|weisen; (*per infarto ecc.*) blau an|laufen.

Ill.mo *abbr di* illustrissimo (*nelle lettere*): hochverehrter.

illocutòrio, (-a) <-ri m> agg *ling* {ATTO} illokutiv.

illogicità <-> f **1** (*l'essere illogico*) {+RAGIONAMENTO} Folgewidrigkeit f, Unlogik f **2** (*cosa illogica*) Unlogische n *decl come agg*: **non fa che dire ~**, er/sie gibt nur Unlogisches von sich; **alles, was er sagt, ist unlogisch**.

illògico, (-a) <-ci, -che> agg (*contrario alla logica*) **1** {+RAGIONAMENTO} folgewidrig **2** {CONSEGUENZA} unlogisch.

illùdere <*coniug come* alludere> A *tr* (*ingannare*) ~ **qu (con qc)** {SEDUTTORE RAGAZZA CON UNA PROMESSA DI MATRIMONIO} jdm (mit etw dat) falsche Hoffnungen machen: **il regista illuse l'attrice promettendole la parte**, der Regisseur machte der Schauspielerin falsche Hoffnungen, indem er ihr die Rolle versprach B *rfl* (*ingannare se stesso*) ~ **(su qc)** {SULLE CAPACITÀ DI QU} sich über etw (acc) täuschen: **non c'è da illudersi!**, machen wir uns doch nichts vor!; sehen wir das ganz nüchtern! **2** (*credere*): **illudersi** (dat) etwas vor|machen, sich trügerischen Hoffnungen hin|geben: **si illudeva di sapere tutto**, er/sie bildete sich ein, alles zu wissen; **continuavo a illudermi che avrebbe capito**, ich machte mir weiter Illusionen, dass er/sie schon verstehen würde.

illuminàbile agg (*che si può illuminare*) beleuchtbar.

illuminànte agg **1** (*che diffonde luce*) {RAZZO} leuchtend, Leucht- **2** *fig* (*che chiarisce*) {LETTURA, SPIEGAZIONE} erleuchtend, erhellend.

illumināre A tr 1 (*diffondere luce*) ~ qu/qc {SOLE TERRA} jdn/etw erhellen, jdn/etw erleuchten; {LAMPADA SOGGIORNO} jdn/etw beleuchten; {PROIETTORI PALCOSCENICO} jdn/etw an|strahlen 2 fig (*rendere radioso*) ~ qc {SORRISO OCCHI DI QU} etw erstrahlen lassen 3 fig (*istruire*) ~ qu su qc {CITTADINI SULLA NECESSITÀ DI UNA CONVIVENZA MULTIRAZZIALE} jdm etw klar|machen 4 fig (*informare*) ~ qu su qc jdn (*über etw acc*) auf|klären: **potresti illuminarmi sulla faccenda?**, könntest du mich über die Sache aufklären? 5 fig (*aprire*) ~ qc a qu {INTELLETTO, MENTE} jdm etw erweitern 6 fig anche relig (*far capire*) ~ qu {POESIA, DIO} jdn erleuchten 7 fig (*ravvivare*) ~ qc {COLORE, ROSSETTO, ecc. VISO} etw auf|hellen B itr pron 1 (*accendersi*): **illuminarsi** {STADIO} hell werden 2 fig (*essere raggiante*): **illuminarsi (di qc)** {BAMBINO DI FELICITÀ, DI GIOIA} vor etw (dat) strahlen.

illumināto, (-a) A agg 1 (*rischiarato*) {STRADA} erleuchtet; {PALCOSCENICO} anche beleuchtet, angestrahlt 2 fig (*reso saggio*) ~ (*da qu/qc*) {IDEE, MENTE DA UN AUTORE, DALLA LETTURA DI UN LIBRO} (*von etw dat*) erleuchtet 3 stor polit {ASSOLUTISMO, SECOLO, SOVRANO} aufgeklärt B m relig stor Illuminat m.

illuminazióne f 1 (*l'illuminare*) {DIRETTA, INDIRETTA +CITTÀ} Beleuchtung f; (*azione*) anche Beleuchten n 2 (*apparato*) {ELETTRICA, A GAS} Beleuchtung(sanlage) f 3 (*decorazioni luminose*) {NATALIZIA} Festbeleuchtung f, Illumination f: **l'~ in onore della festa del santo del paese**, die Festbeleuchtung zu Ehren des Dorfheiligen 4 fig (*folgorazione*) Erleuchtung f: **la sua ultima poesia è nata da un'~ improvvisa**, sein/ihr letztes Gedicht entstand aus einer plötzlichen Erleuchtung; relig {+SPIRITO SANTO} Illumination f, Erleuchtung f.

illuminìsmo m filos stor Aufklärung f.

illuminìsta <-i m, -e f> filos stor A agg {MOVIMENTO} der Aufklärung B mf Aufklärer(in) m(f), Anhänger(in) m(f) der Aufklärung.

illuminìstico, (-a) <-ci, -che> agg filos stor {TESI} aufklärerisch, der Aufklärung.

illusa f → illuso.

illùsi 1 pers sing del pass rem di illudere.

illusióne f 1 (*falsa apparenza*) {+MOVIMENTO} Täuschung f, Illusion f: **creare/dare l'~ di qc**, die Illusion von etw (dat)/~ geben vermitteln; irgendwie erscheinen; ~ **ottica**, optische Täuschung 2 (*falsa speranza*) Illusion f, Selbsttäuschung f, Einbildung f: **farsi/nutrire delle illusioni**, sich (dat) Illusionen f/[falsche Hoffnungen] machen; **non farti illusioni!**, mach dir doch nichts vor!; **vive nell'~ di diventare famoso**, er wiegt sich in der Illusion, berühmt zu werden; **perdere/[far perdere] ogni ~**, alle Illusionen verlieren/zerstören 3 psic Illusion f.

illusionìsmo m 1 (*esercizio di abilità*) Zauberkunst f, Zauberkunststücke n pl 2 (*arte*) Illusionismus m, illusionistische Kunst 3 filos spreg Illusionismus m.

illusionìsta <-i m, -e f> mf (*prestigiatore*) Zauberkünstler(in) m(f), Illusionist(in) m(f).

illusionìstico, (-a) <-ci, -che> agg 1 (*di illusione*) {EFFETTO} illusionistisch, illusionär 2 (*dell'illusionismo*) {GIOCO} Zauber-.

illùso, (-a) A part pass di illudere B m (f) (*sognatore*) Träumer(in) m(f), Schwärmer(in) m(f) spreg, Fantast m spreg: **sei un povero ~ se pensi che si comporti così solo per amicizia!**, wenn du meinst, dass er/sie sich aus reiner Freundschaft so verhält, machst du dir bloß Illusionen!

illusorietà <-> f (*l'essere illusorio*) {+SPERANZA} trügerischer Charakter.

illusòrio, (-a) <-ri m> agg 1 (*che illude*) {SPERANZA} illusorisch, trügerisch 2 (*risultato di illusione*) {FELICITÀ} illusionär.

illustrāre tr 1 (*fornire di immagini*) ~ qc (*con qc*) {LIBRO CON FOTOGRAFIE, CON SCHIZZI} etw bebildern, etw (mit etw dat) versehen; {TESI CON GRAFICI} etw (*durch etw acc*/*mit etw dat*) illustrieren 2 fig (*spiegare*) ~ qc (a qu) (con qc) {INSEGNANTE AGLI ALLIEVI UN PASSO DELLA DIVINA COMMEDIA} jdm etw (durch etw acc/mit etw dat) erklären, jdm etw (durch etw acc/mit etw dat) erläutern, jdm etw (durch etw acc/mit etw dat) veranschaulichen, jdm etw (durch etw acc/mit etw dat) illustrieren.

illustratìvo, (-a) agg 1 (*che illustra con immagini*) {MATERIALE} Bild-, Illustrations- 2 (*che spiega*) {NOTA} illustrativ, erläuternd.

illustrāto, (-a) agg (*con immagini, abbr ill.*) {GIORNALE} illustriert; {VOLUME} anche bebildert; {CARTOLINA} Ansichts-.

illustratóre, (-trice) m (f) 1 (*chi illustra con immagini*) {+FIABA} Illustrator(in) m(f) 2 (*chi commenta*) {+DIVINA COMMEDIA} Kommentator m.

illustrazióne f 1 (*figura*, abbr ill.) Illustration f, Abbildung f: **illustrazioni in bianco e nero/[a colori]**, Schwarzweiß-/Farbabbildungen f pl; **illustrazioni fuori testo**, Abbildungen f pl auf Tafeln 2 (*commento*) Erläuterung f, Erklärung f, Illustration f, Veranschaulichung f: **l'~ di quell'oscuro passo è dovuta a un eminente filologo**, die Erklärung dieser dunklen Passage ist einem bedeutenden Philologen zu verdanken.

illùstre agg 1 (*famoso*) {OSPITE} berühmt, bekannt; {MEDICO} anche hervorragend: **cedo la parola all'~ collega**, ich überlasse meinem verehrten Kollegen das Wort; {PROFESSORE} berüchtigt 2 (*nobile*) {FAMIGLIA, NATALI} vornehm.

illustrìssimo, (-a) <superl di illustre> agg forb (*nelle lettere*, abbr Ill.mo) {PRESIDENTE, PROFESSORE} sehr verehrte(r), sehr geehrte(r), hochverehrte(r); (*nell'indirizzo non si traduce*, abbr Ill.mo): **Ill.mo prof. Ugo Rossi**, Herr Prof. Ugo Rossi; (*nel parlato*) ~ **professor Rossi**, verehrter Professor Rossi.

ILO f abbr dell'ingl International Labour Organisation (*Organizzazione internazionale del lavoro*) IAO (abbr di Internationale Arbeitsorganisation).

Ìlor, ILOR <-> f fisco abbr di Imposta Locale sui Redditi: "örtliche Einkommensteuer".

ilòta <-i> mf 1 stor (*schiavo*) Helot m 2 fig (*sottomesso*) Sklave m, Sklavin f.

image maker <-, -s pl ingl> loc sost mf ingl Imagemaker m.

imagìsmo m lett (*movimento*) Imagismus m.

imagìsta <-i m, -e f> lett A agg {POESIA} imagistisch B mf (*seguace*) Imagist(in) m(f).

imàm, imàn m relig islamica Imam m.

imamita <-i m, -e f> relig A mf Imamit(in) m(f), Zwölfer-Schiit(in) m(f) B agg Imamiten-, Zwölfer-Schiiten-.

imbaccuccāre <imbaccucco, imbaccucchi> A tr (*coprire bene*) ~ qu {MADRE BAMBINO} jdn ein|hüllen, jdn warm ein|packen fam, jdn ein|mummel(n)n fam B rfl (*infagottarsi*): **imbaccuccarsi (in qc)** {IN UN MANTELLO, IN UNO SCIALLE} sich in etw (acc) ein|hüllen, sich warm ein|packen fam, sich in etw (acc) ein|mummel(n)n fam: **in inverno bisogna imbaccuccarsi bene!**, im Winter muss man sich warm einpacken fam!

imbaldanzire <imbaldanzisco> A tr <avere> ~ qu {SUCCESSO GIOVANE ATTORE} jdn übermütig machen B itr <essere> itr pron: **imbaldanzirsi (per qc)** {LEADER DEL PARTITO PER LA VITTORIA ELETTORALE} (*wegen etw gen*) übermütig werden.

imballàggio <-gi> m 1 (*involucro*) {+CARTONE} Verpackung f, Hülle f, Packung f: ~ **a perdere**, Einwegverpackung f; ~ **a rendere**, Leergut n, Mehrwegverpackung f, Pfandverpackung f 2 (*operazione*) (Ver)packen n, Verpackung f 3 (*spesa di* ~) Verpackungskosten pl: ~ **da fatturare**, Verpackung(skosten) zu verrechnen; ~ **al costo**, Verpackung zum Selbstkostenpreis 4 tess {+COTONE} Ballen n.

imballāre[1] tr ~ qc 1 (*raccogliere in balle*) {CONTADINO PAGLIA} etw in Ballen pressen 2 (*impacchettare*) {CUCINA, LIBRI, MERCE} etw verpacken, etw ein|packen.

imballāre[2] autom A tr ~ qc {MOTORE} etw überdrehen B itr pron (*andare fuori giri*): **imballarsi** {MOTORE} überdreht werden C rfl sport: **imballarsi**: **l'atleta si imballò**, dem Athleten wurden plötzlich die Beine schwer.

imballatóre, (-trice) m (f) (*addetto all'imballaggio*) (Ver)packer(in) m(f).

imballatrìce f 1 mecc {+PRODOTTO} Verpackungsmaschine f 2 agr: ~ **di fieno/paglia**, Heu-/Strohpresse f.

imbàllo m 1 (*imballaggio*) Verpackung f 2 (*tessuto*) {+IUTA} Verpackung f.

imbalsamāre tr 1 (*mummificare*) ~ qu/qc {EGIZI CADAVERI, GATTI} jdn/etw ein|balsamieren, jdn/etw mumifizieren 2 (*impagliare*) ~ qc {VOLPE} etw aus|stopfen, etw präparieren 3 fig (*immobilizzare*) ~ qu/qc etw ruhig stellen, jdn kalt|stellen fam: **continuando su questa strada rischiamo di ~ la sinistra**, wenn wir so weitermachen, riskieren wir, die Linke aufs Abstellgleis zu stellen fam.

imbalsamatóre, (-trice) m (f) 1 (*chi imbalsama*) {+ANIMALE, CADAVERE} Einbalsamierer(in) m(f) 2 (*impagliatore*) {+AQUILA} Tierpräparator(in) m(f).

imbalsamazióne f 1 (*l'imbalsamare*) {+FARAONE} Einbalsamierung f; (*azione*) anche Einbalsamieren n 2 (*l'impagliare*) {+PAVONE} Ausstopfung f; (*azione*) anche Ausstopfen n.

imbambolàrsi itr pron (*incantarsi*) vor sich hin starren: **si era imbambolato a guardarla**, er war in ihren Anblick versunken.

imbambolàto, (-a) agg 1 (*incantato*) {ARIA} verträumt, träumerisch; {SGUARDO} schläfrig 2 spreg (*inebetito*) wie betäubt, bewegungslos: **se ne stava lì** ~, er stand wie betäubt da.

imbandieràre A tr ~ qc {BALCONE} etw mit Fahnen schmücken; {NAVE} etw beflaggen B itr pron: **imbandierarsi** {CITTÀ} sich mit Fahnen schmücken.

imbandìre <imbandisco> tr 1 (*preparare*) ~ qc {PRANZO} etw auf|tischen; {MENSA} etw (festlich) her|richten 2 fig scherz (*propinare*) ~ qc (a qu) {LUNGO DISCORSO AGLI INVITATI} jdn mit etw (dat) überschütten.

imbarazzànte agg fig (*che mette a disagio*) {DOMANDA, OCCHIATA, SCELTA, SITUAZIONE} peinlich, unangenehm; {PERSONAGGIO} unangenehm: **uscire in accappatoio sarebbe ~ per chiunque**, im Bademantel auf die Straße zu gehen, wäre jedem peinlich/unangenehm.

imbarazzàre A tr 1 (*ostacolare*) ~ qu/qc {ABITO ATTILLATO MOVIMENTI} jdn/etw behindern 2 (*appesantire*) ~ qc {STOMACO} etw belasten 3 (*ingombrare*) ~ qc {MACCHINE PASSAGGIO} etw versperren; {MOBILI STANZA} anche etw verstellen 4 fig (*mettere a disagio*) ~ (qu) {DOMANDA, PROPOSTA} jdn in Verlegenheit bringen, *jdn* verlegen machen: **la sua vicinanza mi imbarazzava**, seine/ihre Nähe ˌbrachte mich in Verlegenheitˌ/[machte mich verlegen] **B** *itr pron* (*sentirsi a disagio*): **imbarazzarsi** (*RAGAZZA*) verlegen werden.

imbarazzàto, (-a) *agg* **1** (*a disagio*) {OSPITE} verlegen, befangen **2** (*che esprime disagio*) {ARIA, ESPRESSIONE} verlegen, betreten **3** (*appesantito*) {STOMACO} verstimmt, verdorben **4** (*occupato*) {MANI} voll.

imbaràzzo *m* **1** (*impedimento*) Hindernis n, Hemmung f **2** (*disagio*) Verlegenheit f: **il suo intervento lo ha levato d'~**, sein/ihr Eingreifen hat ihm aus der Verlegenheit geholfen; **mettere qu in ~**, jdn in Verlegenheit bringen; **tale era il mio ~, che avrei voluto sprofondare**, ˌich war so verlegenˌ/[meine Verlegenheit war so groß], dass ich am liebsten im Boden versunken wäre; **arrossì per l'~**, er/sie wurde rot vor Verlegenheit • **non avere che l'~ della** *scelta* (*avere molte possibilità di scelta*), die Qual der Wahl haben *scherz*; ~ **di** *stomaco* (*pesantezza*), Magenverstimmung f.

imbarbariménto *m* **1** (*decadimento*) {+POPOLO, SOCIETÀ} Verrohung f; {+COSTUMI} *anche* Verwilderung f **2** (*l'inselvatichire*) {+LINGUA} Verrohung f.

imbarbarìre <*imbarbarisco*> **A** *tr* <*avere*> **1** (*far decadere*) ~ **qu** {POPOLO, SOCIETÀ} *jdn* verrohen lassen **2** (*fare inselvatichire*) ~ **qc** {ABITUDINI, COMPORTAMENTO} *etw* verrohen lassen; {COSTUMI} *etw* verwildern lassen: ~ **una lingua**, eine Sprache verkommen lassen **B** *itr* <*essere*> *itr pron*: **imbarbarirsi 1** (*decadere*) {CIVILTÀ, COSTUMI} verrohen, verwildern **2** (*inselvatichire*) verwildern.

imbarcadèro *m mar* (*banchina*) Landungssteg m, Landungsbrücke f.

imbarcàre <*imbarco, imbarchi*> **A** *tr* **1** ~ **qu/qc** (**su qc**) {PASSEGGERI SU UNA NAVE} *jdn/etw* (*irgendwo*) ein|schiffen, *jdn/etw* an Bord (*etw gen*) nehmen; {SU UN AEREO} *jdn/etw* an Bord (*etw gen*) nehmen; {MERCE SU UN CAMION} *etw* (*auf/in etw acc*) verladen **2** *fig* (*coinvolgere*) ~ **qu in qc** {IN UN AFFARE RISCHIOSO} *jdn in etw* (acc) (mit) hinein|ziehen **3** *mar* ~ (**acqua**), {BARCA} lecken, (*mit Wasser*) voll|laufen **B** *itr* <*essere*> *itr pron* (*incurvarsi*): **imbarcarsi** {TAVOLA DI LEGNO} sich verziehen **C** *rfl* **1** (*salire sulla nave*): **imbarcarsi** (**per qc**) (**su qc**) (+ **compl di luogo**) {SU UN BATTELLO, PER UN'ISOLA, A GENOVA} sich (*irgendwo*) (*irgendwohin*) ein|schiffen, (*irgendwo*) an Bord (*etw gen*) (*nach etw dat*) gehen; (*salire sull'aereo*) (*irgendwo*) an Bord (*etw gen*) (*nach etw dat*) steigen: **i passeggeri che si erano imbarcati sull'aereo per Francoforte nella repubblica domenicana non arrivarono mai a destinazione**, die Passagiere, die in der Dominikanischen Republik an Bord der Maschine nach Frankfurt gestiegen waren, kamen nie dort an **2** *fig* (*impegnarsi*): **imbarcarsi in qc** {IN UN AFFARE, IN UNA BRUTTA FACCENDA} sich *auf etw* (acc) ein|lassen **3** *fig fam* (*innamorarsi*): **imbarcarsi di qu** {RAGAZZA DEL COMPAGNO DI SCUOLA} sich *in jdn* verlieben, sich *in jdn* verknallen *fam* **4** *mar*: **imbarcarsi** (**come qc**) {COME MOZZO} sich *als etw* (nom) ein|schiffen, *als etw* (nom) angeheuert werden.

imbarcàta f *fig fam* (*cotta*) Verliebtheit f, Verknalltsein n *fam*: **si è presa una bella ~ per quel ragazzo!**, sie hat sich ganz schön in diesen Jungen verknallt! *fam*.

imbarcatóio <-*toi*> *m mar* Fallreep n.

imbarcatùra f (*incurvamento*) {+LEGNO} Krümmung f.

imbarcazióne f (*barca*) Boot n, Wasserfahrzeug n: ~ **da corsa/diporto/pesca**/ Renn-/Freizeit-/Fischerboot n; ~ **a motore/remi/vela**, Motor-/Ruder-/Segelboot n; ~ **di salvataggio**, Rettungsboot n.

imbàrco <-*chi*> *m* **1** (*atto dell'imbarcare su una nave*) {+PASSEGGERI, TRUPPE} Einschiffung f; (*su un aereo*) {+TURISTI; IMMEDIATO} Einsteigen n, Boarding n; {+ MERCI} Verladung f **2** (*arruolamento*) Anmusterung f: **ottenere un ~ di un anno come cuoco**, für ein Jahr als Koch angeheuert/angemustert werden **3** *aero* (*luogo*) Gate m, Ausgang m *mar* (*luogo*) Kai m; (*per le merci*) Verladeplatz m: **l'~ è a Genova**, (der) Einschiffungshafen ist Genua.

imbastardìre <*imbastardisco*> **A** *tr* <*avere*> **1** ~ **qc** {RAZZA, STIRPE} *etw* bastardieren, *etw* kreuzen **2** *fig* ~ **qc** (**con qc**) {LINGUA CON BARBARISMI} *etw* (*mit etw dat*) verunstalten **B** *itr* <*essere*> *itr pron*: **imbastardirsi 1** (*RAZZA*) entarten, bastardieren **2** *fig* {STILE} verkommen, verderben.

imbastìre <*imbastisco*> *tr* ~ **qc 1** (*cucire provvisoriamente*) {SARTA MANICHE DI UN ABITO} *etw* heften; {ORLO} *etw* (an|)reihen, *etw* heften **2** *fig* (*abbozzare*) {AUTRICE TRAMA DI UN ROMANZO; INSEGNANTE PIANO DI LAVORO; ORATORE DISCORSO} *etw* (in groben Zügen) entwerfen, *etw* skizzieren; {AFFARE} *etw* vor|bereiten, *etw* planen **3** *fig fam* (*mettere insieme*) {CENA} *etw* zusammen|stellen **4** *fig* (*mettere in opera*) {SCHERZO} *etw* ein|fädeln.

imbastitùra f **1** (*azione*) {+VESTITO} Heften n, Reihen n **2** (*risultato*) Heft-, Reihnaht f **3** *sport* (*nel ciclismo*) {+ATLETA} Erschlaffung f, Erschöpfung f **4** *tecnol* provisorische Montage.

imbàttersi *itr pron* **1** (*incontrare inaspettatamente*) ~ **in qu/qc** {IN UN VECCHIO COMPAGNO DI CLASSE, IN UN FIUME} *auf jdn/etw* stoßen, *auf jdn/etw* treffen **2** *fig* (*trovare*) ~ **in qc** {IN UNA DIFFICOLTÀ, IN UN PROBLEMA} *auf etw* (acc) stoßen **3** *fig* (*capitare*) ~ **in qu** {IN UN GIUDICE INDULGENTE} *an jdn* geraten; (*uso assol*): ~ **bene/male**, es gut/schlecht treffen.

imbattìbile *agg* (*insuperabile*) {PRESTAZIONE, PREZZO} unschlagbar; {CORRIDORE} unbesiegbar, unschlagbar; {QUALITÀ} Spitzen- *fam*.

imbattùto, (-a) *agg* (*insuperato*) {RECORD} ungeschlagen; {SCIATORE} *anche* unbesiegt.

imbavagliaménto *m spec fig* {+STAMPA, TELEVISIONE} Knebeln n.

imbavagliàre <*imbavaglio, imbavagli*> *tr* **1** (*mettere un bavaglio*) ~ **qu** (**con qc**) {LADRO VITTIMA CON UN TOVAGLIOLO} *jdn* (*mit etw dat*) knebeln **2** *fig* (*ridurre al silenzio*) ~ **qu/qc** {REGIME DISSIDENTI, GIORNALE} *jdn/etw* kneblen, *jdn/etw* zum Schweigen bringen.

imbeccàre <*imbecco, imbecchi*> *tr* **1** (*nutrire*) ~ **qc** {CHIOCCIA PULCINI} *etw* füttern, *etw* atzen, *etw* (dat) das Futter in den Schnabel stecken **2** *fig* (*suggerire*) ~ **qu** {SUGGERITORE ATTORE} (*jdm*) *etw* soufflieren **3** *fig* (*istruire*) ~ **qu** {TESTIMONE} *jdm etw* ein|flüstern.

imbeccàta f **1** (*quantità di cibo*) Futter n, Atzung f: **la rondine dà l'~ ai suoi piccoli**, die Schwalbe gibt ihren Kleinen Futter **2** *fig* (*suggerimento*) Vorsagen n, Zuflüstern n: **è chiaro che ti hanno dato l'~**, es ist offensichtlich, dass sie dir das eingeflüstert haben; **aspettava l'~ del compagno di banco**, er/sie wartete darauf, dass ihm/ihr der Banknachbar etwas vorsagte **2** *teat* (+SUGGERITORE) souffliertes Stichwort.

imbecillàggine f **1** (*imbecillità*) {+DECISIONE} Dummheit f, Blödheit f **2** (*cosa stupida*) Dummheit f, Blödsinn m *fam spreg*: **ma come fai a dire certe imbecillaggini?**, wie kannst du nur ˌsolche Dummheitenˌ/[solchen Schwachsinn *fam spreg*] sagen?

imbecìlle A *agg* **1** *fig fam spreg* (*stupido*) {COLLEGA} blöd(e) *fam*, dumm **2** *med* schwachsinnig **B** *mf* **1** *fig fam spreg* (*stupido*) Schwachkopf m *fam spreg*, Dummkopf m *spreg*, Dumme mf decl come agg: **è proprio un ~!**, er ist wirklich ein Schwachkopf! *fam spreg*; **passare da/per ~**, als Dummkopf gelten **2** *med* Schwachsinnige mf decl come agg.

imbecillità <-> f **1** (*stupidità*) Dummheit f, Blödheit f **2** *med* Schwachsinn m (mittleren Grades), Imbezillität f.

imbèlle *agg poet* **1** {POPOLO} unkriegerisch **2** *fig* (*fiacco*) {GIOVANE} unfähig; (*vile*) {IMPRESA, VITA} feige.

imbellettàre A *tr* **1** (*truccare*) ~ **qu/qc** {RAGAZZA, VISO} *jdn/etw* schminken **2** *fig* (*mascherare*) ~ **qc** {STILE} *etw* verschönern, *etw* aus|schmücken **B** *rfl* (*truccarsi*): **imbellettarsi** sich schminken; *indir* **imbellettarsi qc** {GUANCE, OCCHI} sich (dat) *etw* schminken.

imbellìre <*imbellisco*> **A** *tr* <*avere*> ~ **qu/qc** {AFFRESCHI EDIFICIO} *jdn/etw* verschönern, *jdn/etw* attraktiver machen **B** *itr* <*essere*> *itr pron*: **imbellirsi** schöner werden.

imbelvìto, (-a) *agg* (*furibondo*) zorn-, wutentbrannt, fuchsteufelswild.

imbèrbe A *agg* **1** {VISO} bartlos **2** *fig scherz* (*ingenuo*) {GIOVINETTO} grün **3** *bot* {PIANTA} flaumlos **B** *m scherz* (*ingenuo*) Milchgesicht n *spreg*, Milchbart m *spreg*.

imbestialìre <*imbestialisco*> **A** *tr* <*avere*> (*mandare in bestia*) ~ **qu** {COCCIUTAGGINE DI QU} *jdn* wütend machen, *jdn* fuchsteufelswild machen, *jdn* in Rage bringen *fam* **B** *itr* <*essere*> *itr pron fig* (*infuriarsi*): **imbestialirsi** (**per/a causa di**) **qc**) {PER IL RITARDO} *wegen etw* (gen) wütend/rasend werden • **fare ~ qu**, jdn rasend machen, jdn zum Tier machen *fam*.

imbévere <*coniug come bere*> **A** *tr* **1** (*inzuppare*) ~ **qc** (**in/di qc**) {GALLETTE DI/NEL CAFFÈ} *etw* (*in etw acc*) ein|tunken **2** (*fare assorbire*) ~ **qc di qc** {COTONE DI DISINFETTANTE} *etw* (*mit etw dat*) durchtränken **B** *itr pron* **1** (*impregnarsi*): **imbeversi** (**di qc**) {D'ACQUA} sich (*mit etw dat*) voll saugen **2** *fig* (*assimilare*): **imbeversi di qc** {DI IDEE, DI PREGIUDIZI} *von etw* (dat) durchdrungen sein.

imbevìbile *agg* (*pessimo*) {ACQUA, CAFFÈ} untrinkbar, ungenießbar: **questo vino è ~**, diesen Wein kann man nicht trinken.

imbevùto, (-a) **A** *part pass di* imbevere **B** *agg* ~ **di qc 1** (*impregnato*) {PANNO} *mit etw* (dat) durchtränkt, *mit etw* (dat) voll gesogen **2** *fig* (*pieno*): ~ **di pregiudizi**, von Vorurteilen durchdrungen, voller Vorurteile.

imbiancàre <*imbianco, imbianchi*> **A** *tr* <*avere*> ~ **qc 1** (*rendere bianco*) {BRINA CAMPI} *etw* weiß färben/machen **2** (*verniciare*) {FACCIATA DI UNA CASA, PARETI} *etw* (weiß) anstreichen, *etw* weißen, *etw* tünchen **3** (*candeggiare*) {TESSUTO} *etw* bleichen **4** *rar* (*lavare*) {INDUMENTI, LENZUOLA} *etw* weiß waschen, *etw* rein waschen **B** *itr* <*essere*> *itr pron* **1** (*diventar bianco*): **imbiancarsi** {CIELO} weiß werden **2** (*incanutire*): **imbiancarsi** {CAPELLI} ergrauen, grau werden **3** *fig* (*impallidire*): **imbiancarsi** (**per/da qc**) {PER LO/[DALLO SPAVENTO} *vor etw* (dat) erblassen, *vor etw* (dat) blass werden.

imbiancàto, (-a) *agg* **1** (*reso bianco*) {PAESAGGIO} weiß **2** (*verniciato*) {PARETI} weiß gestrichen, (weiß) getüncht **3** (*candeggiato*) {STOFFA} gebleicht **4** (*incanutito*) {CAPELLI} ergraut, grau geworden.

imbiancatùra f **1** (*tinteggiatura*) {+PARETI} (weißer) Anstrich m, Tünche f, Weißen n **2** (*candeggio*) {+BIANCHERIA} Bleichen n.

imbianchiménto *m* **1** (*decolorazione*) {+CARTA} Bleichen n **2** *agr enol* {+ORTAGGI}

imbianchino, (-a) m (f) 1 (*decoratore*) Anstreicher(in) m(f), Maler(in) m(f), Tüncher(in) m(f) 2 spreg (*cattivo pittore*) Farbenkleckser(in) m(f) spreg.

imbianchire <*imbianchisco*> **A** tr <*avere*> ~ qc 1 {SOLE COLORI} etw aus|bleichen 2 (*decolorare*) {LIQUIDO} etw auf|hellen 3 (*candeggiare*) {TESSUTO} etw bleichen 4 gastr (*rischiarare*) {CARNI, VERDURE} etw auf|hellen **B** itr <*essere*> 1 weiß werden, aus|bleichen 2 (*incanutire*) ergrauen, grau werden.

imbibire <*imbibisco*> **A** tr ~ qc 1 (*impregnare*) {MATERASSO} etw durchtränken, etw durchweichen 2 tecnol etw ein|saugen lassen, etw einsaugen lassen **B** itr pron anche lett (*impregnarsi*): **imbibirsi** (*di qc*) {MURO DI ACQUA PIOVANA} sich voll (*dat*) saugen.

imbibizióne f 1 (*l'imbibire*) {+SOLIDO} Durchtränkung f 2 (*assorbimento*) {+LIQUIDO} Aufsaugen n.

imbiondire <*imbiondisco*> **A** tr <*avere*> ~ qc 1 (*rendere biondo*) {SHAMPOO ALLA CAMOMILLA CAPELLI} etw blondieren, etw blond färben 2 gastr (*soffriggere*) {CIPOLLA} etw bräunen **B** itr <*essere*> itr pron (*diventare biondo*): **imbiondirsi** {SPIGHE DI GRANO} blond/golden werden.

imbizzarrire <*imbizzarrisco*> itr <*essere*> itr pron: **imbizzarrirsi** 1 (*adombrarsi*) {CAVALLO} scheuen, scheu werden 2 fig (*incollerirsi*) {MAESTRO} sich auf|regen, sich erregen.

imboccàre <*imbocco, imbocchi*> **A** tr 1 (*introdurre cibo*) ~ qu {INFERMIERE PAZIENTE} jdn füttern 2 (*prendere*) ~ qc {STRADA} in etw (acc) ein|biegen; anche fig {DIREZIONE, VIA DELLA FORTUNA} sich auf etw (acc) begeben 3 fig (*imbeccare*) ~ qu {TESTIMONE} jdm etw ein|flüstern 4 mus ~ qc {FLAUTO TRAVERSO, TROMBA, ecc.} etw an die Lippen setzen, etw an|setzen **B** itr ~ in qc {TAPPO NELLA BOTTIGLIA} in etw (acc) (hinein|)passen.

imboccatùra f 1 (*apertura*) {+DAMIGIANA, TUBO} Öffnung f 2 (*entrata*) {+VALLE} Eingang m; {+PORTO} Einfahrt f; {+FIUME} Mündung f 3 mus ~ {+TROMBA} Mundstück n; (*l'appoggiare alla bocca*) Ansatz m 4 (*nell'equitazione*) {+MORSO} Gebiss n.

imbócco <*-chi*> m 1 (*entrata*) {+STRADA} (Ein)mündung f; ~ **dell'autostrada**, Autobahnauffahrt f; {+VALLE} Eingang m; {+FIUME} (Ein)mündung f 2 mecc Eingriff m, Eingreifen n.

imboniménto m 1 (*il decantare*) {+PRODOTTO} Anpreisung f 2 fig (*elogio di cose senza pregio*) Lobhudelei f spreg, Schönfärberei f spreg.

imbonire <*imbonisco*> **A** tr ~ qu {ACQUIRENTE, PUBBLICO, TELESPETTATORE} jdn an|locken, jdn an|reißen fam **B** rfl (*accattivarsi*): **imbonirsi** qu jdn für sich gewinnen.

imbonitóre, (-trice) m (f) (*chi imbonisce*) Anpreiser(in) m(f), Anreißer(in) m(f) fam; (*al mercato*) Marktschreier(in) m(f).

imborgheṣiménto m Verbürgerlichung f.

imborgheṣire <*imborghesisco*> **A** tr <*avere*> ~ qu/qc {MODO DI VITA} jdn/etw verbürgerlichen; spreg jdn/etw verspießern spreg **B** itr <*essere*> rfl: **imborghesirsi** verbürgerlichen, spreg verspießern spreg, sich zum Spießbürger spreg machen, sich spreg entwickeln.

imborgheṣito, (-a) **A** part pass di imborghesire **B** agg anche fig verbürgerlicht, verspießert spreg: **un intellettuale** ~, ein verspießerter Intellektueller spreg.

imboscàre <*imbosco, imboschi*> **A** tr 1 (*nascondere*) ~ qu/qc {UOMO, LEPRE} jdn/etw im Wald verstecken 2 fig ~ qc {MATERIALI, MERCE, VIVERI} etw hamstern fam 3 mil ~ qu jdn dem Militärdienst entziehen **B** rfl 1 (*nascondersi*): **imboscarsi** sich in die Büsche schlagen fam, sich im Wald verstecken 2 mil: **imboscarsi** sich dem Militärdienst entziehen 3 scherz: **imboscarsi** sich drücken fam: **si imbosca sempre quando c'è da lavorare**, er/sie drückt fam sich immer, wenn Arbeit anfällt 4 slang giovanile (*appartarsi*): **imboscarsi** sich verziehen fam, sich ab|setzen fam, sich für ein Schäferstündchen absetzen/absentieren, sich (im Wald) verlustieren 5 inter slang giovanile (*appropriarsi*): **imboscarsi qc** etw ein|sacken fam: **ti sei imboscato la mia penna?**, hast du meinen Füller eingesackt fam?

imboscàta f (*agguato*) Hinterhalt m: **cadere in un'~**, in einen Hinterhalt geraten; **tendere un'~**, im Hinterhalt lauern/liegen.

imboscàto, (-a) **A** agg 1 mil {RAGAZZO} untergetaucht 2 fig (*nascosto*) {MERCE} versteckt 3 scherz {IMPIEGATO} arbeitsscheu 4 slang giovanile (*appartato*) {COPPIETTA} unauffällig abgezogen fam 5 slang giovanile (*sottratto*) {OROLOGIO} eingesackt fam, geklaut fam **B** m mil Deserteur m, Fahnenflüchtige m decl come agg **C** m (f) fig (*scansafatiche*) Drückeberger m fam.

imboschire <*imboschisco*> **A** tr <*avere*> ~ qc {TERRENO} etw auf|forsten, etw mit Bäumen bepflanzen **B** itr <*essere*> itr pron: **imboschirsi** {COLLINA} sich bewalden, sich mit Wald bedecken.

imbótte f arch Laibung f, Leibung f.

imbottigliaménto m 1 (*l'imbottigliare*) {+ACQUA, LATTE, LIQUORI} (Flaschen)abfüllung f 2 fig (*ingorgo*) (Verkehrs)stau m; {+AUTO} Einkeilung f 3 mil {+NEMICO, TRUPPE} Einkesselung f.

imbottigliàre <*imbottiglio, imbottigli*> **A** tr 1 (*mettere in bottiglia*) ~ qc {ACQUA, LATTE, LIQUORI} etw (in Flaschen) ab|füllen; (*uso assol*) ab|füllen: **qual è il periodo migliore per ~?**, wann ist die beste Zeit, um Wein abzufüllen/[zum Abfüllen von Wein]? 2 mil ~ qu {NEMICO, TRUPPE} jdn ein|kesseln **B** itr pron fig autom: **imbottigliarsi + compl di luogo** {VEICOLI SULL'AUTOSTRADA} sich (*irgendwo*) stauen • essere/rimanere **imbottigliato (nel traffico)** fig autom, {VEICOLO} im Stau stecken bleiben.

imbottigliatóre, (-trice) **A** m (f) (*addetto*) (Ab)füller(in) m(f) **B** f (*apparecchio*) Abfüllmaschine f.

imbottire <*imbottisco*> **A** tr 1 (*mettere imbottitura*) ~ qc (*con qc*) {POLTRONA, SOFÀ CON LA GOMMAPIUMA} etw mit etw (dat) polstern; {CUSCINO, MATERASSO CON LA LANA} etw mit etw (dat) füllen; ~ qc {SPALLINE DELLA GIACCA} etw wattieren 2 gastr (*farcire*) ~ qc (*di qc*) {PANINO DI PROSCIUTTO} etw (mit etw dat) belegen 3 fig (*coprire bene*) ~ qu (*di qc*) {BAMBINO DI MAGLIONI} jdn warm (*in etw acc*) ein|hüllen/ein|packen fam 4 fig (*darne in modo esagerato*) ~ qu di qc {DI FARMACI} jdn mit etw (dat) voll|stopfen fam, jdn mit etw (dat) voll|pfropfen fam 5 fig (*riempire*): ~ **la testa agli studenti di idee politiche**, den Studenten politische Ideen in den Kopf setzen|/[einreden] **B** rfl 1 (*coprirsi bene*): **imbottirsi** warm ein|hüllen/ein|packen fam 2 fig (*riempirsi troppo*): **imbottirsi di qc** {DI DOLCI, DI FARMACI} sich mit etw (dat) voll|stopfen fam.

imbottita f (*trapunta*) Steppdecke f, Kolter m o f.

imbottito, (-a) agg 1 (*riempito*) {PARETE} gepolstert; {POLTRONA} Polster-; {CUSCINO} gefüllt; {PANTALONI} wattiert, gepolstert 2 (*farcito*) {PANINO} belegt 3 fig (*coperto*) ~ (*di qc*) {BAMBINO DI MAGLIONI} (*in etw acc*) eingemummt(e)t fam, warm (*in etw acc*) eingehüllt/eingepackt fam 4 fig (*pieno*) ~ **di qc** {TESTA DI PREGIUDIZI, DI LUOGHI COMUNI} voll von etw (dat) 5 fig ~ **di qc** {BAMBINO DI ANTIBIOTICI, DI VITAMINE} mit etw (dat) vollgestopft fam.

imbottitùra f 1 (*l'imbottire*) {+POLTRONA} Polsterung f; {+MATERASSO} Füllung f; {+GIACCA} Futter n, Wattierung f, Polster n 2 (*materiale*) Füllung f {+PANINO} Belag m 4 elettr {+CAVO} Mantel m 5 tess Einschlag m.

imbracàre <*imbraco, imbrachi*> tr 1 ~ qc (*con corda*) {BOTTE, CASSAFORTE} etw mit einem Seil umwickeln; (*con catena*) etw mit einer Kette umwickeln 2 ~ qu {SOCCORRITORI FERITO} jdn verbinden.

imbracatùra f 1 (*l'imbracare*) Anlegen n von Seilschlingen 2 (*sistema di funi*) {+CASSA, PIANOFORTE} Hebeseile n pl; {+PARACADUTE} Gurt m; alpin Klettergurt m: ~ **a cintura/sedile**, Klettergürtel m/Sitzgurt m.

imbracciàre <*imbraccio, imbracci*> tr ~ qc {FUCILE} etw schultern; {SCUDO} etw in den Arm nehmen.

imbragàre e deriv → **imbracare** e deriv.

imbranatàggine f fam (*l'essere maldestro*) Tollpatschigkeit f, Ungeschicklichkeit f, Unbeholfenheit f.

imbranàto, (-a) fam **A** agg (*maldestro*) tollpatschig, ungeschickt, unbeholfen **B** m (f) Tollpatsch m.

imbrancàre <*imbranco, imbranchi*> **A** tr (*unire in gruppo*) ~ qu {GITANTI} jdn versammeln; ~ qc {BESTIAME, CAVALLI} etw zusammen|treiben **B** rfl: **imbrancarsi** {ANIMALI} sich zusammen|scharen; {GIOVANI} eine Gruppe bilden: **imbrancarsi in cattive compagnie**, sich in schlechte Gesellschaft begeben.

imbrattacàrte <-> mf spreg (*cattivo scrittore*) Schreiberling m spreg, Federfuchser(in) m(f) spreg.

imbrattàre A tr 1 (*sporcare*) ~ qc (*di qc*) {TAPPETO DI FANGO} etw (*mit etw dat*) beschmutzen; {QUADERNO DI INCHIOSTRO} etw (*mit etw dat*) beklecksen; ~ qc (*con/di qc*) {MURO CON SCRITTE, PARETE DI GRASSO} etw (*mit etw dat*) beschmieren, etw verunreinigen; {ABITO} anche etw versauen fam 2 fig (*dipingere male*) ~ qc {TELE} etw beschmieren spreg, etw voll| schmieren spreg **B** rfl 1 (*sporcarsi*): **imbrattarsi** (*di qc*) {DI VERNICE} sich (*mit etw dat*) beschmieren, sich (*mit etw dat*) beschmutzen, sich (*mit etw dat*) besudeln, sich (*mit etw dat*) schmutzig/dreckig machen; (*indir*) **imbrattarsi qc** (*dat*) {MANI DI GRASSO} sich (*dat*) etw (*mit etw dat*) beschmieren 2 fig: **imbrattarsi di qc** {DI SANGUE} sich (*mit etw dat*) beflecken, sich (*mit etw dat*) besudeln.

imbrattatéle <-> mf spreg (*cattivo pittore*) (Farben)klecksen(in) m(f) spreg, Sonntagsmaler(in) m(f).

imbràtto m spreg 1 rar (*sporcizia*) Schmutz m, Dreck m fam 2 fig (*scritto*) Geschmiere n spreg, Geschreibsel n spreg 3 fig (*dipinto*) Geklecks m spreg, Kleckserei f spreg, Schinken m fam 4 fig (*pessima vivanda*) Fraß m spreg.

imbrigliàre <*imbriglio, imbrigli*> **A** tr ~ qc 1 (*mettere le redini*) {CAVALLO} (etw auf|)zäumen 2 fig (*dominare*) {CORSO D'ACQUA} etw ein|dämmen; {TERRENO} etw befestigen; {SENTIMENTO} etw zügeln, etw bändigen 3 mar (*rinforzare con corda*) etw mit Seilen verstärken; (*con catena*) etw mit Ketten verstärken

imbrigliatura | **immaginare** 1849

B itr pron: **imbrigliarsi** {CAVALLO} sich mit den Beinen im Zaumzeug verfangen.
imbrigliatùra f **1** (*l'imbrigliare*) {+CAVALLO} Zäumung f, Aufzäumen n **2** (*redini*) Zügel m pl **3** *fig* (*contenimento*) {+TERRENO} Befestigung f; {+CORSO D'ACQUA} Eindämmung f **4** *mar* Verstärkung f.
imbroccàre <*imbrocco, imbrocchi*> tr ~ *qc* **1** (*colpire nel segno*) {BERSAGLIO} etw treffen; (*uso assol*) ins Schwarze treffen *fam* **2** *fig* (*indovinare*) {STUDENTE RISPOSTA} etw erraten: **non imbroccarne una**, immer danebenhauen *fam*.
imbrogliàre <*imbroglio, imbrogli*> **A** tr **1** (*aggrovigliare*) ~ *qc* {SPAGO} etw verwickeln, etw verwirren **2** *fig* (*truffare*) ~ (*qu*) (*jdn*) betrügen: ~ **sul peso**, beim Abwiegen betrügen **3** *fig* (*complicare*) ~ *qc* {AFFARE, FACCENDA} etw komplizieren **4** *fig* (*confondere*) ~ *qu* jdn durcheinander|bringen **5** *mar* ~ *qc* {VELE} etw aufgeien, etw ein|ziehen **B** itr pron **1** (*aggrovigliarsi*): **imbrogliarsi** {FILO} sich verwickeln **2** *fig* (*confondersi*): **imbrogliarsi** (*in qc*) sich (*bei etw dat*) vertun *fam*: **imbrogliarsi nei conti**, sich verrechnen, sich beim Rechnen vertun *fam*; **imbrogliarsi nel fare** *qc*, sich bei etw (*dat*) vertun *fam*; (*nel parlare*) sich verhaspeln **3** *fig*: **imbrogliarsi** {SITUAZIONE} komplizierter werden.
imbròglio <-*gli*> m **1** (*ingarbugliamento*) {+FILI} Verwicklung f, Verschlingung f **2** *fig* (*intoppo*) Hindernis n: **superare l'~**, ein Hindernis überwinden **3** *fig* (*confusione*) Verwirrung f, Konfusion f, Durcheinander n: **chi ci capisce qualcosa in questo ~ di appunti**, wer versteht bei diesem Durcheinander von Notizen noch etwas **4** *fig* (*faccenda intricata*) verwickelte Angelegenheit, Affäre f: **si è cacciato in un bell'~**, da ist er in eine ganz schön komplizierte Angelegenheit hineingeraten; **questo caso è un grosso ~**, das ist eine äußerst verwickelte Angelegenheit; **che ~, non ci capisco più nulla!**, was für ein Durcheinander, ich verstehe überhaupt nichts mehr! **5** *fig* (*truffa*) Betrug m, Schwindel m *fam spreg*: **c'è sotto un ~**, da steckt (ein) Betrug dahinter **6** *mar* Geitau n, Gei f **7** *mus* Imbroglio n.
imbroglióne, (-*a*) **A** agg (*impostore*) {COMMERCIANTE} betrügerisch **B** m (f) (*impostore*) Betrüger(in) m(f), Schwindler(in) m(f) *spreg*.
imbronciàre <*imbroncio, imbronci*> itr <*essere*> itr pron **1** (*immusonirsi*): ~, **imbronciarsi** (*per qc*) {FIGLIA PER OGNI PICCOLO RIMPROVERO} (*wegen etw gen*) schmollen, (*wegen etw gen*) verärgert sein **2** *fig* (*annuvolarsi*): **imbronciarsi** {CIELO} sich verdüstern, sich bewölken.
imbrunìre <*imbrunisco*> **A** itr <*essere*> (*scurirsi*) {PELLE} dunkel werden: **il cielo imbrunisce**, der Himmel verdunkelt sich **B** impers <*essere*> (*diventare buio*) dämmern **C** <-> m (*dopo il tramonto*) (Abend)dämmerung f: **all'/sull'/[verso l']~**, in der (Abend)dämmerung.
imbruttiménto m (*l'imbruttire*) {+DONNA} Hässlichwerden n; {+QUARTIERE} *anche* Verunstaltung f.
imbruttìre <*imbruttisco*> **A** tr <*avere*> (*rendere brutto*) ~ *qu* {ACCONCIATURA SIGNORA} jdn hässlich machen; ~ *qc* {RICAMO VESTITO, RIFIUTI CITTÀ} etw verunstalten **B** itr <*essere*> itr pron (*diventare brutto*): **imbruttirsi** hässlich(er) werden.
imbucàre <*imbuco, imbuchi*> **A** tr **1** (*impostare*) ~ *qc* {CARTOLINA, LETTERA} etw ein|werfen, etw in den Briefkasten werfen (*uso assol*) Post auf|geben **2** (*riporre*) ~ *qc* + *compl di luogo* {VIVERI} (*irgendwo*) ab|

legen **B** rfl (*nascondersi*): **imbucarsi** + *compl di luogo* **1** (*nascondersi*) {BAMBINI} sich *irgendwo* verstecken: **dove si è imbucato il tuo amico?**, wo hat sich nur dein Freund versteckt/[steckt *fam* nur dein Freund]? **2** (*intrufolarsi*) {A UNA FESTA} sich (*heimlich*) *irgendwo* ein|schmuggeln *fam*.
imbucàto, (-*a*) **A** part pass *di* imbucare **B** agg **1** (*impostato*) {LETTERA} eingeworfen **2** (*riposto*) {BIGLIETTO} ~ (+ *compl di luogo*) (*irgendwo*) abgelegt **3** *slang giovanile* {RAGAZZO} eingeschmuggelt *fam* **C** m (f) *slang giovanile*: **alla festa c'erano molti imbucati**, auf der Party waren ein Haufen nicht geladene/eingeschmuggelte *fam* Gäste/[Freibiergesichter *slang scherz*].
imbufalìre <*imbufalisco*> itr *fam* (*arrabbiarsi*) fuchsteufelswild werden, in Weißglut geraten *fam*, aus der Haut fahren *fam*.
imbufalìto, (-*a*) **A** part pass *di* imbufalire **B** agg (*furioso*) fuchsteufelswild *fam*, erbost *forb*, wutentbrannt.
imbullettàre tr *tecnol* ~ *qc* etw mit Zwecken befestigen.
imbullonàre tr *mecc* ~ *qc* {DADO} etw verbolzen, etw mit einem Bolzen befestigen.
imburràre tr ~ *qc* {PIROFILA} etw buttern; {PANINO} etw mit Butter bestreichen.
imbussolàre tr ~ *qc* **1** (*nell'urna*) {SCHEDA ELETTORALE} etw in die Urne werfen **2** *mil* (*nel bossolo*) {POLVERE DA SPARO} etw laden.
imbustàre tr (*mettere in busta*) ~ *qc* {INVITO} etw in einen Umschlag stecken, etw kuvertieren.
imbùto m **1** (*arnese*) Trichter m: **a ~**, trichterförmig **2** *geol zoo* Trichter m • **mangiare con l'~** *fig* (*in fretta*), (hinunter)schlingen.
IME m *abbr di* Istituto Monetario Europeo: EWI (*abbr di* Europäisches Währungsinstitut).
imène① m *anat* Jungfernhäutchen n, Hymen n *o* m *scient*.
imène② m *fig poet* (*nozze*) Hochzeit f.
imenòttero m *zoo* Hautflügler m, Hymenoptere m: **imenotteri**, Hautflügler m pl, Hymenopteren m pl *scient*.
imitàbile agg (*ripetibile*) {STILE} nachahmbar; {ESEMPIO} nachzuahmend.
imitàre tr **1** (*prendere a modello*) ~ *qu* {ARTISTA, MADRE} jdm nach|eifern, jdm nachstreben *forb*; ~ *qc* {L'ESEMPIO DI QU} etw (*dat*) folgen **2** (*riprodurre*) ~ *qc* {COMICO VERSO DI UN ANIMALE, VOCE DI UN CANTANTE} etw nach|ahmen, etw imitieren; ~ *qu* {CABARETTISTA UN UOMO POLITICO} jdn imitieren, jdn nach|machen, jdn nach|äffen *spreg* **3** (*contraffare*) ~ *qc* {DOCUMENTO, FIRMA} etw fälschen **4** (*essere simile*) ~ *qc* {RIVESTIMENTO LEGNO} wie etw (*nom*) aus|sehen.
imitatìvo, (-*a*) agg **1** (*che imita*) {TENDENZA} Nachahmungs-, Imitations-, nachahmend **2** (*di imitazione*) {DOTE} Nachahmungs-, Imitations-.
imitatóre, (-*trice*) m (f) (*chi imita*) {+ANIMALE, PERSONAGGIO} Nachahmer(in) m(f), Imitator(in) m(f); {+PITTORE, SCRITTORE} Nacheiferer m, (Nacheiferin f): **è un dotato ~ di opere d'arte in porcellana**, er ist sehr begabt, Kunstwerke in Porzellan nachzubilden.
imitazióne **A** f **1** (*riproduzione*) {+NATURA, OPERA} Nachahmen n, Nachahmung f, Imitation f; {+PEZZO DI ANTIQUARIATO} Imitation f; {+GRANITO} Nachbildung f **2** (*copia*) {+MARMO, PIETRA PREZIOSA} Nachahmung f, Imitation f; {+MOBILE ANTICO} Nachbildung f: ~ (**della**) **pelle**, Lederimitation f, Kunstleder n; ~ (**del**) **legno**, Holzimitation f **3** (*emulazione*) Nachahmen n: **l'~ nei confronti dei fratelli più grandi**, das Nachahmen der größeren

Geschwister **4** (*mimica*) Imitation f, Nachahmung f: **fare l'~ di qu**, jdn nachahmen, jdn imitieren; **esibirsi in imitazioni di personaggi noti**, als Imitator prominenter Persönlichkeiten auftreten **5** (*contraffazione*) {+ABITO FIRMATO, GIOIELLO, QUADRO DEL '600} Fälschung f, Nachahmung f, Nachbildung f: **diffidare delle imitazioni**, sich vor Nachahmungen in Acht nehmen **6** *mus* {LIBERA} Imitation f **7** *psic* {INFANTILE} Nachahmungstrieb m **B** loc cong (*come*): **a ~ di qu/qc** {DEL NONNO} nach dem Vorbild jds/etw, in der Art jds/etw • **~ servile** *dir*, sklavische Nachahmung.
immacolàto, (-*a*) agg **1** (*bianchissimo*) {BIANCHERIA, CANDORE} schneeweiß, blendend weiß **2** *fig* (*privo di colpe*) {ONORE, VITA} rein, makellos, unbefleckt *forb*; *relig* {VERGINE} unbefleckt.
immagazzinaménto m (Ein)lagerung f; (*azione*) *anche* (Ein)lagern n.
immagazzinàre tr ~ *qc* **1** (*nel magazzino*) {GRANO, PATATE} etw (ein|)lagern **2** *fig* (*accumulare*) {ARIA} etw speichern; {ENERGIE, IDEE, NOZIONI} etw an|häufen, etw sammeln **3** *inform* (*inserire*) {DATI} etw speichern.
immaginàbile agg **1** (*pensabile*) denkbar, vorstellbar, erdenklich: **gli hanno praticato ogni cura possibile e ~**, sie haben bei ihm alle nur denkbaren Heilverfahren angewandt **2** (*credibile*) glaubhaft, glaubwürdig: **non è ~ che abbia reagito così violentemente**, man kann sich kaum vorstellen, dass er so heftig reagiert hat.
immaginàre **A** tr **1** (*figurarsi*) ~ *qu/qc* {MONTAGNA INNEVATA, SPIAGGIA DESERTA} sich (*dat*) jdn/etw vor|stellen: **non era così che lo immaginavo**, so habe ich ihn/es mir nicht vorgestellt; **immagina di possedere il dono dell'ubiquità**, stell dir vor, die Gabe der Allgegenwart zu besitzen; **non puoi ~ quanto sia felice di essere di nuovo a casa**, du kannst dir gar nicht vorstellen, wie froh ich bin, wieder zu Hause zu sein; **provate ad ~ la nostra gioia**, versucht einmal, euch unsere Freude vorzustellen **2** (*ideare*) ~ *qc* {NUOVI SISTEMI DI PRODUZIONE} sich (*dat*) etw aus|denken, etw erfinden **3** (*supporre*) ~ *qc* etw vermuten, etw ahnen: **immagino che siate stanchi dopo il lungo viaggio**, ich nehme an, dass ihr nach der langen Reise/Fahrt müde seid **4** (*intuire*) ~ *qc* etw wissen: **appena lo vidi immaginai subito cosa voleva**, sobald ich ihn sah, ahnte ich, was er wollte **5** (*pensare*) ~ *qc* etw denken, etw glauben: **è più bello di quanto immaginassi**, er/es ist schöner, als ich dachte **6** (*indovinare*) ~ (*qc*) etw erraten, (*etw*) raten: **non immagini mai più chi ho incontrato oggi!**, du wirst nie erraten, wen ich heute getroffen habe!; **ti sei arrabbiato molto? – Prova a ~!**, hast du dich sehr geärgert? – Dreimal darfst du raten! *fam iron* **7** (*inventare*) ~ *qc* {TRAMA A SFONDO POLIZIESCO} sich (*dat*) etw aus|denken, etw ersinnen *forb*: **Goethe immagina che Faust chieda aiuto a Mefistofele**, Goethe lässt Faust (den) Mephisto um Hilfe bitten **B** rfl *indir intens* **1** (*figurarsi*): **immaginarsi** *qu/qc* sich (*dat*) jdn/etw vor|stellen: **te lo immagini Giulio con la toga da avvocato?**, kannst du dir Giulio in der Rechtsanwaltsrobe vorstellen? **2** (*illudersi*): **immaginarsi** *qc* sich (*dat*) etw ein|bilden: **s'immagina di essere un grande pianista**, er bildet sich ein, ein großer Pianist zu sein • **è il cane più intelligente che si possa ~**, das ist der klügste Hund, den man sich vorstellen kann; **La disturbo? – Ma no, s'immagini!** (*tutt'altro*), störe ich (Sie)? – Aber (keineswegs,) ich bitte Sie!

immaginàrio, (-a) <-ri m> **A** agg **1** (fantastico) {CREATURA, MONDO} imaginär, fantastisch, unwirklich, Fantasie- **2** (finto) {MALATO} eingebildet **3** mat {NUMERO} imaginär **B** m antrop psic (immaginazione) {COLLETTIVO, FEMMINILE} Fantasie f.

immaginativa f (fantasia) {+SCRITTORE} Vorstellungskraft f, Vorstellungsvermögen n, Erfindungsgabe f, Fantasie f: **mancare di ~**, keine Fantasie haben.

immaginativo, (-a) agg **1** (che concerne l'immaginazione) {CAPACITÀ} Vorstellungs- **2** (dotato di immaginazione) {MENTE, RAGAZZO} fantasievoll.

immaginazióne f **1** (fantasia) Fantasie f, Vorstellung(skraft) f, Einbildung(skraft) f: **eccitare l'~**, die Fantasie anregen/beflügeln; **una fervida ~**, eine blühende Fantasie; **è solo l'effetto della sua ~**, das ist nur das Produkt seiner/ihrer Fantasie **2** (mente) Vorstellung f, Einbildung f: **quest'idea stramba esiste solo nella tua ~**, diese verschrobene Idee existiert nur in deiner Einbildung **3** (l'immaginare) Fantasieren n: **l'~ è il suo forte**, (das) Fantasieren ist seine/ihre Stärke **4** (invenzione) {INVENTORE}: **si tratta di una vostra ~**, es handelt sich um eine Einbildung von euch.

immàgine f **1** gener (figura) {INGRANDITA, SPECULARE} Bild n: **vide la sua ~ riflessa nell'acqua**, er/sie sah sein/ihr Spiegelbild in Wasser **2** (ritratto) Abbild n, Ebenbild n forb: **è l'~ vivente di suo nonno**, er ist das lebende Abbild seines Großvaters; {+DISPERAZIONE, GIOIA} Verkörperung f: **è l'~ della salute**, er/sie ist die Gesundheit in Person **3** (apparenza esteriore) {+CANTANTE, PARTITO, POLITICO} Image n: **l'~ che dà di sé non gioverà certo alla sua carriera**, ⌊das Image, das er/sie sich gibt,⌋/[diese Art von Imagepflege] wird seiner/ihrer Karriere sicher nicht dienlich sein; **curare l'~**, sein Image pflegen; **la mia ~ ne ha sofferto**, mein Image hat darunter gelitten **4** (ricordo) Erinnerung f: **le scolorite immagini di un lontano passato**, verblasste Erinnerungen an eine ferne Vergangenheit **5** (visione interiore) Vorstellung f, Bild n: **mille immagini popolavano la sua mente**, unendlich viele Bilder gingen ihm/ihr durch den Kopf **6** (prodotto della fantasia) Vision f, Erscheinung f, Trugbild n: **le incoerenti immagini del sogno**, die zusammenhang(s)losen Traumbilder **7** (rappresentazione) {FEDELE +DELLA SOCIETÀ CONTEMPORANEA} Darstellung f, Bild n; (rappresentazione simbolica) Sinnbild n, Symbol n, Verkörperung f **8** arte {ASTRATTA} (Ab)bild n, Bildnis n forb: **dal suo pennello escono immagini perfette**, aus seinem/ihrem Pinsel entstehen in sich vollkommene Bilder; (statua) Standbild n, Statue f, Figur f **9** fis inform fot TV {CAPOVOLTA, ELETTRICA, NEGATIVA, POSITIVA, RETINICA, TELEVISIVA} Bild n: **~ virtuale**, virtuelles Bild **10** lett (metafora) Bild n; (frammento) {CARDUCCIANA} Bild n **11** mat {+PUNTO, SOTTOINSIEME} Darstellung f **12** psic zoo {COLLETTIVA, PATERNA} Imago f **13** relig {SACRA, VOTIVA} Bild n ● **a ~ di qu/qc** fig (a modello), nach dem Vorbild von jdm/etw; **~ radar**, Radarbild n; **essere fatto a ~ e somiglianza di qu/qc** (esserne il sosia), {DEL PADRE, DI UNA STATUA} das Ebenbild forb jds/etw sein; **siamo stati creati a ~ e somiglianza di Dio** bibl, wir sind als Ebenbilder forb Gottes geschaffen.

immaginétta <dim di immagine> f **1** Bildchen n **2** (santino) Heiligenbildchen n, {+S. GIUSEPPE} Bildchen n.

immaginìfico, (-a) <-ci, -che> agg **1** imaginativo **2** lett unerschöpflich kreativ, unbegrenzt schöpferisch.

immaginóso, (-a) agg **1** (fantasioso) {POETA} fantasievoll, fantasiereich **2** (ricco di immagini) {STILE} bilderreich.

immalinconìre <immalinconisco> **A** tr <avere> (avvilire) **~ qu/qc** {PIOGGIA SPIRITO} jdn/etw schwermütig/melancholisch machen **B** itr <essere> itr pron: **immalinconìrsi** schwermütig/melancholisch werden: **è una giornata grigia, sì, ma non è una ragione per immalinconirsi**, es ist ein grauer Tag, ja, aber das ist kein Grund, melancholisch zu werden.

immancàbile agg **1** (che non può mancare) {OSPITE} unvermeidlich; {CONSEGUENZE, INCOMPRENSIONI, RIFIUTO} unausbleiblich, unvermeidlich **2** (sicuro) {VITTORIA} sicher, gewiss.

immàne agg **1** lett (smisurato) {GIGANTE, STATURA} riesig, ungeheuer, enorm **2** (terribile) {SCIAGURA} schrecklich, entsetzlich, furchtbar.

immanènte agg anche filos {CAUSA, PRINCIPIO} immanent.

immanentìsmo m filos Immanenzphilosophie f.

immanènza f anche filos relig Immanenz f.

immangiàbile agg (non mangiabile) {TORTA} ungenießbar, nicht essbar.

immantinènte avv lett (subito) sofort, unverzüglich.

immateriàle agg **1** (non materiale) {ELEMENTO} immateriell **2** (spirituale) {ESSERE} geistig.

immatricolàre **A** tr **1** autom **~ qc** {VETTURA} etw zu|lassen **2** università **~ qu** jdn immatrikulieren, jdn ein|schreiben **B** rfl università: **immatricolarsi** {STUDENTE} sich immatrikulieren, sich ein|schreiben.

immatricolazióne f **1** amm {+RESIDENTE ALL'ESTERO} Anmeldung f **2** autom {+VETTURA} Zulassung f **3** università {+STUDENTE} Immatrikulation f, Einschreibung f.

immaturità <-> f **1** (scarsa maturità) {+FRUTTO} Unreife f, Unreifsein n; fig {POLITICA} Unreife f, Unfertigkeit f **2** med {+NEONATO} "Zustand körperlicher Schwäche einer Frühgeburt" **3** psic Unreife f.

immatùro, (-a) **A** agg **1** (acerbo) {FRUTTO} unreif, grün; fig lett {ETÀ} jugendlich **2** anche psic {RAGAZZO} unreif; **~ per qc** {RAGAZZA PER LA LICENZA, PER IL MATRIMONIO} nicht reif (für etw acc) **3** fig (non attuabile) {PROGETTO} unausgereift, unfertig **4** fig (prematuro) {DECISIONE} voreilig, verfrüht; {MORTE} frühzeitig **5** med {BAMBINO} nicht voll entwickelt, immatur scient **B** m (f) **1** unreifer Mensch **2** med Frühgeborene mf decl come agg, Frühgeburt f.

immedeşimàre **A** tr rar (unire) **~ qc** {CONCETTI, IDEE} etw (miteinander) gleich|setzen, etw (miteinander) identifizieren **B** rfl (identificarsi): **immedesimarsi in qu/qc** {LETTORE EROE DEL DRAMMA} sich in jdn/etw ein|fühlen, sich mit jdm/etw identifizieren, mit jdm/etw eins werden; **immedesimarsi in qc** {NEL LAVORO} mit etw (dat) verwachsen; **immedesimarsi nella situazione di qu**, sich in jds Lage hineinversetzen/hineindenken; **immedesimarsi nel dolore di qu**, jds Schmerz nachempfinden.

immedeşimazióne f (identificazione) **~ (in qu/qc)** {+ATTORE NEL PERSONAGGIO, NELLA SITUAZIONE} Identifikation f (mit jdm/etw), Sicheinfühlen n (in jdn/etw).

immediataménte avv **1** (rif. a tempo) sofort, unverzüglich: **~ dopo**, direkt danach; **è urgente, bisogna occuparsene ~!**, es ist dringend, man muss sich sofort darum kümmern! **2** (rif. a spazio) direkt, unmittelbar: **~ dietro di me c'era lei**, sie war direkt hinter mir.

immediatézza **A** f **1** (rapidità) {+REAZIONE, RISPOSTA} Unverzüglichkeit f **2** (contiguità) {+CONTATTO} Unmittelbarkeit f **B** loc avv: **con ~ 1** (immediatamente) sofort, unverzüglich, prompt **2** (spontaneamente) spontan.

immediàto, (-a) **A** agg **1** (diretto) {CONTATTO, SUPERIORE, VICINANZA} unmittelbar, direkt **2** (pronto) {ARRESTO} sofortig, unverzüglich **3** (spontaneo) {REAZIONE, RISPOSTA} prompt, spontan **4** (evidente) {COMPRENSIONE} offenkundig **5** filos {CAUSA} zwingend **B** loc avv (al presente): **per l'/all'/nell'~**, im Moment/Augenblick.

immemoràbile agg **1** (lontano): **da tempo ~**, seit undenklichen Zeiten **2** dir althergebracht **B** m dir althergebrachtes Recht.

immèmore agg **1** (ingrato) **~ di qc** {DEI BENEFICI RICEVUTI} nicht gedenkend etw (gen), uneingedenk forb etw (gen) **2** (incurante) **~ di qu/qc** {DI SÉ, DEI RISCHI} jdn/etw vergessend.

immensità <-> f **1** (vastità) {+AMORE, CIELI, OCEANO} Unermesslichkeit f, Unendlichkeit f **2** (infinità) {+GENTE} Unmenge f, Menge f, Unmasse f.

immènso, (-a) **A** agg **1** (sconfinato) {MARE} grenzenlos, unendlich (groß) **2** (enorme) {RICCHEZZA} unermesslich, immens, enorm **3** (numeroso) {COLLEZIONE, RACCOLTA} unzählig, zahlreich **4** fig (intenso) {DOLORE} ungeheuer, außerordentlich stark; {DESIDERIO} brennend **B** m lett (immensità) Unermesslichkeit f, Unendlichkeit f.

immensuràbile agg (incommensurabile) {RICCHEZZA} unermesslich, unmessbar; fig {BONTÀ} unermesslich.

immèrgere <coniug come emergere> **A** tr **1** (in un liquido) **~ qc (in qc)** {PIEDI NELL'ACQUA} etw in etw (acc) (ein)|tauchen **2** (affondare) **~ qc in qc** {PUGNALE NEL CORPO} etw in etw (acc) (hinein)|stoßen **3** fig (far sprofondare) **~ qu/qc in qc** {BLACK-OUT CITTÀ NEL BUIO} jdn/etw in etw (acc) tauchen, jdn/etw in etw (dat) versinken lassen **B** rfl **1** (entrare in un liquido): **immergersi (in qc)** {NEL LAGO, NELLA VASCA} (in etw acc) ein|tauchen: **immergersi nelle acque del Danubio**, in die Donau eintauchen; **il sommergibile si è immerso**, das Unterseeboot ist untergetaucht **2** fig (sparire): **immergersi in qc** {NEL BUIO, NELLA NEBBIA} (in etw dat) verschwinden; **immergersi tra qc** {TRA LA FOLLA} (in etw dat) unter|tauchen **3** fig (sprofondarsi): **immergersi in qc** {NEL LAVORO, NELLA LETTURA, NELLA MEDITAZIONE, NELLO STUDIO} sich in etw (acc) vertiefen, sich in etw (acc) versenken: **immergersi nel sonno**, in Schlaf sinken.

immeritàto, (-a) agg **1** (non meritato) {PREMIO} unverdient **2** (ingiusto) {PUNIZIONE} unverdient, ungerecht.

immeritévole agg (indegno) **~ di qc** {ALUNNO DELLE LODI DI QU} unwürdig etw (gen).

immèrsi 1ª pers sing del pass rem di immergere.

immersióne f **1** (l'immergere) **~ (in qc)** {+CAVO, MANI, PIEDI NELL'ACQUA} (Ein-)tauchen n (in etw acc); {+BUCATO NELLA CANDEGGINA} Einweichen n (in etw dat) **2** astr geol {+ASTRO, SATELLITE} Immersion f **3** mar {+NAVE, SOMMERGIBILE} Eintauchen n, Immersion f: **navigare in ~**, unter Wasser fahren **4** sport {+SUBACQUEO} Tauchen n.

immèrso **A** part pass di immergere **B** agg fig (sprofondato) **~ in qc** {CITTÀ NEL BUIO} in etw (acc) getaucht; {RAGAZZA NELLA LETTURA,

immèttere <coniug come mettere> A tr <avere> **1** (introdurre) ~ qc (in qc) {METANO NEL CONDOTTO} etw (in etw acc) ein|führen; {ACQUA NELLA VASCA} etw (in etw acc) einlaufen lassen, etw (in etw acc) ein|lassen; ~ qc in/su qc {BANCONOTA IN CIRCOLAZIONE} etw in etw (acc) bringen, etw in etw (acc) setzen; {PRODOTTO SUL MERCATO} etw auf etw (acc) bringen; ~ qu in qc {ELEMENTO NUOVO NELL'ÉQUIPE} etw (dat) jdn zu|führen **2** dir ~ qu in qc {IN POSSESSO DI UN BENE} jdn in etw (acc) ein|weisen **3** inform ~ qc (in qc) {DATI NEL COMPUTER} etw (in etw acc) ein|geben B itr <essere> itr pron (condurre) ~, immettersi + compl di luogo {PASSAGGIO SEGRETO NELLA BIBLIOTECA} in etw (acc) hinein|führen C rfl (entrare): **immettersi in/su qc** {AUTOMOBILISTA IN UN CORSO} in etw (acc) ein|biegen; {AUTOMOBILISTA SU UNA PIAZZA} auf etw (acc) fahren; {NEL TRAFFICO} sich in etw (acc) ein|ordnen, sich (in etw acc) ein|fädeln.

immigrànte A agg (che immigra) einwandernd, immigrierend; (all'interno della propria nazione) zuziehend, zuwandernd B mf (chi immigra) Einwanderer m, Einwand(r)erin f, Immigrant(in) m(f); (all'interno della propria nazione) Zuzügler(in) m(f), Zuwanderer m, Zuwandrerin f.

immigràre itr <essere> ~ (+ compl di luogo) {IN ITALIA} (irgendwohin) immigrieren, (irgendwohin) ein|wandern; {IN CITTÀ} (irgendwohin) zu|wandern, (irgendwohin) zu|ziehen.

immigràto, (-a) A agg (trasferito) ~ (+ compl di luogo) {LAVORATORE IN ITALIA} (irgendwohin) immigriert; {IN CITTÀ} (irgendwohin) zugewandert B m (f) Immigrant(in) m(f), Einwanderer m, (Einwand(r)erin f; (all'interno della propria nazione) Zugezogene mf decl come agg, Zuzügler(in) m(f).

immigrazióne f **1** (l'immigrare) {+LAVORATORI} Immigration f, Einwanderung f; (all'interno della propria nazione) Zuwanderung f, Zuzug m: ~ **(interna)**, Zuwanderung f, Zuzug m **2** econ {+CAPITALI} Zufluss m **3** zoo {+SPECIE} Einwanderung f.

imminènte agg **1** fig (vicino) {SUCCESSO} (unmittelbar) bevorstehend; {PERICOLO} drohend, imminent **2** lett (incombente) vorstehend, überragend.

imminènza f (vicinanza) {+ARRIVO DI QU} unmittelbares Bevorstehen; {+PERICOLO} Drohung f: **essere nell'~ di un conflitto**, kurz vor einem Konflikt stehen.

immischiàre <immischio, immischi> A tr ~ qu/qc (in qc) {AMICO IN UN AFFARE, NOME DI QU IN UNA FACCENDA} jdn/etw in etw (acc) hinein|ziehen, jdn/etw in etw (acc) verwickeln B itr pron: **immischiarsi in qc** {NELLE FACCENDE ALTRUI} sich in etw (acc) ein|mischen, sich in etw (acc) ein|mengen.

immiserimènto m anche fig (impoverimento) {+ISPIRAZIONE, LINGUA, RACCOLTO} Verarmung f.

immiserìre <immiserisco> A tr <avere> **1** ~ qc {SICCITÀ RACCOLTO} etw schlecht/armselig/mager/dürftig ausfallen lassen **2** fig ~ qu/qc {ABUSO DI PAROLE STRANIERE LINGUA} jdn/etw verarmen lassen B itr <essere> itr pron anche fig: **immiserirsi** {ARISTOCRATICO, ISPIRAZIONE} verarmen.

ìmmisi 1ª pers sing del pass rem di immettere.

immissàrio <-ri> m geog {+TEVERE} Zufluss m.

immissióne f **1** (introduzione) {+ARIA} Einlassen n, Einströmen n; {+ACQUA} Einlassen n, Zufuhr f, Zufluss m; {+METANO} Einführen n, Einführung f; {+BANCONOTE FALSE} Einführung f **2** dir Immission f: ~ **in possesso**, Besitzeinweisung f **3** inform Eingabe f: **l'~ di dati nel computer**, ₍das Eingeben von Daten₎/[die Dateneingabe] in den Computer **4** mecc Einspritzung f: ~ **del carburante**, Benzineinspritzung f **5** med Zufuhr f: **d'aria nei polmoni**, Zufuhr f von Luft in die Lunge ● ~ **in ruolo** amm, Einsetzung f in eine Planstelle.

immòbile A agg **1** (fermo) {BRACCIO} unbeweglich, regungslos; {SGUARDO} starr, unbeweglich, regungslos **rimanere ~**, regungslos bleiben **2** dir {BENE} unbeweglich B m dir Immobilie f, unbewegliches Gut: ~ **di pregio**, wertvolle Immobilie.

immobiliàre A agg {ASSICURAZIONE, BENI, PATRIMONIO} Immobilien-; {AGENTE, MERCATO, SOCIETÀ, VENDITA} Immobilien-; banca {CREDITO} Immobilien- B f (società ~) Immobiliengesellschaft f.

immobilìsmo m **1** (inazione) Untätigkeit f; {CULTURALE} Unbeweglichkeit f **2** econ polit {STATALE; +GOVERNO} Immobilismus m forb.

immobilità <-> f **1** (staticità) {FORZATA} Unbeweglichkeit f, Immobilität f: **sono costretto all'~ per un paio di giorni**, ich darf mich einige Tage absolut nicht bewegen/ rühren; {+CORPO, FIGURA, SUPERFICIE D'ACQUA} Regungslosigkeit f **2** fig Stagnation f, Flaute f, Ebbe f fam: **l'~ politica**, die politische Flaute; **l'~ culturale/economica**, die kulturelle/ wirtschaftliche Ebbe fam/Flaute.

immobilizzàre A tr **1** (rendere immobile) ~ qu {SCIATICA NONNO} jdn bewegungsunfähig machen **2** (bloccare) ~ qu {AGGRESSORE DONNA} jdn fest|halten; {NEMICO} jdn außer Gefecht setzen **3** econ ~ qc {CAPITALE} etw festlegen, etw langfristig an|legen **4** med ~ qc {ARTO} etw ruhig stellen, etw immobilisieren B itr pron (bloccarsi): **immobilizzarsi** stehen bleiben.

immobilizzazióne f **1** (l'immobilizzare) immobilichmachen n **2** med {+ARTO} Ruhigstellung f, Immobilisation f, Immobilisierung f **3** econ banca {+CAPITALE} Festlegung f.

immobilìzzo m econ Festlegung f.

immodèstia f (presunzione) Unbescheidenheit f, Anmaßung f: **parla di sé con assoluta ~**, er/sie spricht mit völliger Unbescheidenheit über sich.

immodèsto, (-a) agg (presuntuoso) {COMPORTAMENTO, RAGAZZO} unbescheiden, anmaßend.

immodificàbile agg (che non può essere cambiato) {SITUAZIONE} unveränderbar, nicht zu ändern(d).

immolàre A tr **1** relig ~ qu/qc {AGNELLO} jdn/etw opfern **2** fig (sacrificare) ~ qc per qu/qc {PROPRIA ESISTENZA PER LA CURA DEI MALATI} (jdm/etw) etw auf|opfern B rfl (dare la vita): **immolarsi (per qu/qc)** {PRIGIONIERO PER I COMPAGNI} sich (für jdn/etw) (auf)|opfern.

immolazióne f rar lett (sacrificio) (Auf)opferung f, (Auf)opfern n; relig Opferung f.

immondézza f **1** (sporcizia) Schmutzigkeit f **2** region (immondizia) Müll m, Abfall m, Unrat m forb **3** fig (indecenza) {+VIZIO} Unanständigkeit f, Unflätigkeit f forb obs.

immondezzàio <-zai> m **1** (pattumiera) {+CONDOMINIO} Müll-, Schuttabladeplatz m **2** fig (porcile) Saustall m volg spreg.

immondìzia f **1** (spazzatura) Abfall m, Müll m, Unrat m forb **2** (sporcizia) Schmutz m, Dreck m fam.

immóndo, (-a) agg **1** (sudicio) {ABITO, BARBONE, LUOGO} schmutzig, dreckig fam **2** fig (corrotto) {INDIVIDUO, SPIRITO} verdorben, niederträchtig **3** fig (indecente) {VIZIO} unanständig, unflätig forb spreg **4** relig (impuro) {ANIMALE, SPIRITO} unrein.

immoràle A agg **1** (corrotto) {INDIVIDUO} unmoralisch, unsittlich **2** (osceno) {LIBRO, SPETTACOLO} (amoralisch) amoralischer forb obszön forb B mf (amorale) amoralischer Mensch.

immoralità <-> f **1** (amoralità) {+COMPORTAMENTO, GENTE} Unmoralität f, Amoralität f forb; (+SPECULATORE) Verderbtheit f forb obs **2** (oscenità) {+LIBRO, SPETTACOLO} Immoralität f forb, Obszönität f forb.

immortalàre A tr ~ qu/qc (in/con qc) {NOME DI QU IN UN'OPERA, IN UN ROMANZO} jdn/etw (₍in/mit etw dat₎/[durch etw acc]) verewigen, jdn/etw (₍in/mit etw dat₎/ [durch etw acc]) unsterblich machen B rfl anche scherz: **immortalarsi (in qc) (con qc)** sich (in etw dat) (₍mit etw dat₎/[durch etw acc]) verewigen, (in etw dat) (₍mit etw dat₎/ [durch etw acc]) unsterblichen Ruhm erlangen.

immortàle A agg **1** (che non muore) {ANIMA} unsterblich **2** fig (perenne) {ARTISTA, OPERA} unvergänglich, unsterblich; {FAMA} ewig, unvergänglich, unsterblich B mf Unsterbliche mf decl come agg.

immortalità <-> f **1** {+ANIMA, MONDO} Unsterblichkeit f **2** fig (fama perenne) {+ARTISTA, OPERA} Unvergänglichkeit f, Unsterblichkeit f: **conquistarsi l'~**, sich unsterblichen Ruhm erwerben.

immotivàto, (-a) agg (senza ragione) {RECLAMO, RINUNCIA} unmotiviert, unbegründet.

immòto, (-a) agg lett (immobile) unbeweglich, regungslos.

immùne agg **1** (esente) ~ da qc frei (von etw dat): ~ **da difetti**, fehlerlos; ~ **da un pagamento**, zahlungsfrei **2** (indenne) ~ da qc (von etw dat) verschont **3** fig (indifferente) ~ a qc {AL FASCINO DI QU} immun gegen etw (acc) **4** med ~ (a qc) {AL MORBILLO} immun scient gegen etw (acc): **rendere ~ qu a qc**, jdn für etw (acc) unempfänglich machen.

immunità <-> f **1** amm (esenzione) ~ da qc {DA IMPOSTE, DAL SERVIZIO MILITARE} Befreiung f (von etw dat) **2** dir polit {DIPLOMATICA, PARLAMENTARE} Immunität f **3** med (PASSIVA} Immunität f scient.

immunitàrio, (-a) <-ri m> agg biol med {RISPOSTA, SISTEMA} Immunitäts- scient.

immunizzàre med anche fig A tr ~ qu (da/contro qc) {CONTRO LA PERTOSSE, CONTRO LE DELUSIONI DELLA VITA} jdn (gegen etw acc) immunisieren scient, jdn (gegen etw acc) immun scient machen B rfl: **immunizzarsi (da/contro qc)** {DAL VELENO, DALLA GELOSIA} (gegen etw acc) immun scient werden.

immunizzazióne f anche med Immunisierung f scient.

immunodeficiènza f med Immunschwäche f scient: ~ **acquisita**, erworbene Immunschwäche scient, Aids n.

immunodepressióne f med (sekundärer) Immundefekt m.

immunodeprèsso, (-a) agg med immunsuppressiv, immundepressiv.

immunologìa f med Immunologie f.

immunòlogo, (-a) <-gi, -ghe> m (f) med Immunologe m, (Immunologin f).

immunoreazióne f med Immunreaktion f.

immusonìrsi <m'immusonisco> itr pron fam (imbronciarsi): ~ **(per qc)** {PER UN NONNULLA} (wegen etw gen) schmollen.

immusoníto, (-a) agg (che fa il muso) {BAMBINO} schmollend.

immutàbile agg 1 (*inalterabile*) {GIUDIZIO} unveränderlich; {SITUAZIONE} unwandelbar 2 (*forte*) {AMORE, FEDELTÀ} unerschütterlich; {PAURA} beständig.

immutabilità <-> f 1 (*inalterabilità*) {+DECRETO} Unveränderlichkeit f; {+DESTINO} Unwandelbarkeit f 2 (*forza*) {+OTTIMISMO} Unerschütterlichkeit f; {+PAURA} Beständigkeit f.

immutàto, (-a) agg (*invariato*) {AFFETTO, CALENDARIO DELLE LEZIONI} unverändert, gleich bleibend.

impaccàre <*impacco, impacchi*> tr ~ **qc** {GIORNALI, MERCE} etw verpacken, etw ein|packen.

impaccatóre, (-trice) m (f) (*chi impacca*) (Ver)packer(in) m(f).

impacchettaménto m (*atto*) Ein-, Verpacken n.

impacchettàre tr ~ (*involgere*) ~ **qc** (**con qc**) {REGALO CON CARTA COLORATA} etw (*mit etw dat*) ein|packen, etw (*mit etw dat*) verpacken; ~ **qc** {ARROSTO} etw ab|packen 2 fig fam (*arrestare*) ~ **qu** {POLIZIA LADRO} jdn schnappen fam.

impacciàre <*impaccio, impacci*> tr 1 ~ **qu/qc** (**in qc**) {PESO ECCESSIVO SIGNORA NELLA CORSA, I MOVIMENTI} jdn/etw (**bei/in** *etw dat*) behindern, jdn/etw an etw (dat) hindern 2 fig (*imbarazzare*) ~ **qu** {PRESENZA DI QU} jdn in Verlegenheit bringen, jdn verlegen machen.

impacciàto, (-a) agg 1 (*intralciato*) ~ (**in qc**) (**da qc**) {RAGAZZA NEI MOVIMENTI DALL'ABITO} bei/in etw (dat) (von etw dat) behindert, bei/in etw (dat) (von etw dat) gehindert 2 (*maldestro, goffo*) ~ (**in qc**) {ANDATURA} unbeholfen (bei/in etw dat), plump (bei/in etw dat): essere ~ **nella guida**, beim (Auto) Fahren unsicher sein 3 (*imbarazzato*) {BAMBINO} verlegen, befangen: **non essere così ~ di fronte a lei!**, sei ihr gegenüber nicht so verlegen!

impàccio <-ci> m 1 (*imbarazzo*) Verlegenheit f: **non seppi nascondere l'~**, ich konnte meine Verlegenheit nicht verbergen 2 (*impiccio*) Verlegenheit f, Klemme f fam: **trarsi/cavarsi d'~**, sich aus der Affäre ziehen fam 3 (*intralcio*) Hindernis n: **essere d'~ a qu**, jdm im Wege sein/stehen, für jdn ein Hindernis sein.

impàcco m {CALDO, FREDDO} Umschlag m, Kompresse f, Packung f: **fare un ~**, einen Umschlag machen.

impadronìrsi <*m'impadronisco*> itr pron 1 (*impossessarsi con la forza*) ~ **di qc** {SERBI DELL'ENCLAVE BOSNIACA} sich etw (gen) bemächtigen, etw ein|nehmen; fig {GOLPISTI DEL POTERE} etw an sich reißen 2 (*appropriarsi indebitamente*) ~ **di qc** {SORELLA OCCHIALI DI QU} sich (dat) etw an|eignen; {DELLA STANZA DI QU} sich (dat) irgendwo breit|machen fam 3 fig (*acquisire a fondo*) ~ **di qc** {DI UNA LINGUA STRANIERA} sich (dat) etw an|eignen 4 fig (*sottomettere*) ~ **di qu/qc** {GELOSIA DEL SUO CUORE} Besitz von jdm/etw ergreifen.

impagàbile agg 1 (*che non può essere pagato*) {MULTA} unbezahlbar 2 (*impareggiabile*) {COLLABORATORE} wertvoll, unbezahlbar fam scherz: **è un tipo ~!**, er ist unbezahlbar! fam scherz 3 (*risposta*) {RISPOSTA} treffend; {SPETTACOLO} köstlich.

impaginàre tr edit ~ **qc** {GIORNALE} etw umbrechen.

impaginàto, (-a) edit A agg {TESTO} umbrochen B m {+LIBRO} Umbruch m, umbrochener Satz.

impaginatóre, (-trice) edit A agg Schriftsetzer- B m (f) Schriftsetzer(in) m(f), Metteur m.

impaginazióne f edit Umbruch m.

impagliàre <*impaglio, impagli*> tr ~ **qc** 1 (*rivestire*) etw mit Stroh umwickeln; {FIASCO} etw mit einem Strohgeflecht versehen; {SEDIA} etw mit einem Korbgeflecht versehen 2 (*imballare*) {CRISTALLI, PORCELLANE} etw mit/in Stroh/Holzwolle verpacken 3 (*imbalsamare*) {PAVONE} etw aus|stopfen.

impagliatóre, (-trice) m (f) 1 (*chi riveste*) {+FIASCO, SEDIA} Korbflechter(in) m(f), Rohrflechter(in) m(f) 2 (*imbalsamatore*) {+VOLPE} (Tier)präparator(in) m(f), Ausstopfer(in) m(f).

impagliatùra f 1 (*l'impagliare*) {+FIASCO, SEDIA} Flechten n 2 (*rivestimento*) {+FIASCO, SEDIA} Rohrgeflecht n 3 (*imballo*) {+CRISTALLI, PORCELLANE} Strohfüllung f 4 (*imbalsamazione*) {+AQUILA} Ausstopfung f.

impàla m zoo Impala f.

impalàre A tr 1 (*uccidere*) ~ **qu** jdn pfählen 2 (*munire di pali di sostegno*) ~ **qc** {POMODORI} etw pfählen, etw mit Pfählen stützen B itr pron (*stare dritto*): **impalarsi** eine kerzengerade Haltung ein|nehmen, gerade stehen: **impalarsi sull'attenti**, strammstehen.

impalàto, (-a) agg 1 (*infilzato in un palo*) {PRIGIONIERO} gepfählt 2 fig (*rigido*) kerzengerade, stocksteif fam: **se ne stava lì ~ senza dire nulla**, er stand stocksteif fam da, ohne ein Wort zu sagen.

impalcatùra f 1 (*struttura*) {TUBOLARE} (Bau)gerüst n; fig {+SOCIETÀ} Aufbau m; {+DISCORSO, RACCONTO} Aufbau m, Gerüst n 2 arch (*Trag*)balken m pl 3 bot {+RAMO} Quirl m, Wirtel m 4 zoo Geweih n.

impallidìre <*impallidisco*> itr <*essere*> 1 (*sbiancare*) ~ (**per/da qc**) {PER LA PAURA, DALLO SPAVENTO} (vor etw dat) erblassen, (vor etw dat) blass werden, (vor etw dat) erbleichen: **alla vista di quell'uomo impallidì**, als er/sie den Mann erblickte, erbleichte er/sie 2 (*perdere intensità*) {COLORE, LUNA} verblassen, verbleichen 3 fig (*perdere importanza*) verblassen: **molti capolavori dell'architettura moderna impallidiscono di fronte alle piramidi**, viele Meisterwerke der modernen Architektur verblassen vor den Pyramiden.

impallinàre A tr 1 (*colpire*) ~ **qu/qc** {CACCIATORE, FAGIANO} jdn/etw (*mit einem Schrotschuss*) treffen 2 fig polit (*silurare*) ~ **qu/qc** {AVVERSARIO, PARTITO} jdn/etw kalt| stellen fam, jdn/etw aus|booten fam B itr pron (*fissarsi*): **impallinarsi di qc** {DI UNA MOTO} auf etw (acc) fixiert sein.

impalmàre tr lett (*sposare*) ~ **qu** {FANCIULLA} jdn zum Traualtar führen.

impalpàbile agg 1 (*finissimo*) {CIPRIA} hauchdünn 2 fig (*impercettibile*) {DIFFERENZA} kaum/nicht wahrnehmbar/spürbar.

impaludàre A tr (*ridurre a palude*) ~ **qc** {ALLUVIONE CAMPI} etw versumpfen lassen B itr <*essere*> rar itr pron (*diventare palude*): **impaludarsi** {TERRENO} versumpfen, sumpfig werden C itr pron fig (*impegolarsi*): **impaludarsi in qc** {IN UN AFFARE} sich in/auf etw (acc) ein|lassen.

impanàre① tr gastr ~ **qc** {MELANZANE, SOGLIOLA} etw panieren.

impanàre② tecnol A tr (*filettare*) ~ **qc** {VITE} ein Gewinde in etw (acc) schneiden B itr pron (*entrare nella madrevite*) {VITE} sich ein|schrauben lassen.

impanàto, (-a) A part pass di impanare① B agg {BRACIOLA, CROCCHETTA} paniert.

impancàrsi <*m'impanco, t'impanchi*> itr pron fig (*atteggiarsi*) ~ **a qc** {A GIUDICE, A MAESTRO} sich als etw (nom) auf|spielen, sich zu etw (dat) auf|werfen.

impaniàre <*impanio, impani*> A tr 1 (*spalmare di pania*) ~ **qc** {BACCHETTINA} etw mit Vogelleim bestreichen 2 fig (*ingannare*) ~ **qu** jdn an|schmieren fam, jdn herein|legen fam, jdn leimen fam B itr pron 1 **impaniarsi** {UCCELLO} auf Leimruten hängen bleiben 2 fig (*invischiarsi*): **impaniarsi in qc** {IN UN AFFARE POCO PULITO} sich in etw (acc) hineinziehen lassen, sich in etw (acc) verwickeln; (*uso assol*) sich verfangen.

impantanàre A tr ~ **qc** 1 {PIOGGIA CAMPO DI PATATE} etw in einen Sumpf verwandeln, etw versumpfen lassen 2 (*sporcare*) {STIVALI INFANGATI PAVIMENTO} etw (*mit Lehm/Matsch*) beschmutzen B itr pron 1 (*affondare nel pantano*): **impantanarsi** {TRATTORE} im Schlamm/Morast versinken 2 fig (*arenarsi*): **impantanarsi** {LAVORO, PRATICA} stecken bleiben 3 fig (*impegolarsi*): **impantanarsi in qc** {IN UNA SITUAZIONE PERICOLOSA} sich in etw (acc) verwickeln, sich in etw (acc) verstricken forb; {NEI DEBITI} (tief) in etw (dat) stecken.

impaperàrsi itr pron (*nel parlare*) ~ (**per qc**) {VINCITORE PER L'EMOZIONE} sich (vor etw dat) verhaspeln fam, sich (vor etw dat) verheddern fam.

impapocchiàre <*impapocchio, impapocchi*> tr region 1 (*abbindolare*) ~ **qu** herein|legen fam: **non lasciarti ~!**, lass dich nicht herein|legen fam! 2 (*raffazzonare*) ~ **qc** {LAVORO} etw verpfuschen fam.

impappinàrsi itr pron (*nel parlare*) ~ (**per qc**) {STUDENTE PER L'AGITAZIONE} sich (vor etw dat) verhaspeln fam, sich (vor etw dat) verheddern fam.

imparagonàbile agg (*incomparabile*) {MALEDUCAZIONE, SUCCESSO} beispiellos, unerhört, nie da gewesen.

imparàre tr ~ **qc** 1 (*apprendere*) {STUDENTE BIOLOGIA, TEDESCO} (*etw*) lernen; {APPRENDISTA MESTIERE} etw erlernen, (etw) lernen: **la bambina impara a suonare il pianoforte**, das Mädchen lernt Klavier spielen; ~ **a leggere/scrivere**, lesen/schreiben lernen; (**a memoria**) {POESIA} etw auswendig lernen; (**con addestramento**) auf jdn/etw dressiert werden, zu etw (dat) abgerichtet werden: **il cane ha imparato a raccogliere la pallina**, der Hund hat gelernt, den Ball zu holen 2 (*acquistare esperienza*) (*etw*) begreifen: **ha finalmente imparato che non si deve più fidare di loro**, er/sie hat endlich begriffen, dass er/sie ihnen nicht mehr vertrauen darf ● **così impari!**, das geschieht dir recht!; **così imparerai a fare certi scherzi**, (*smetterai*), damit werden dir solche Scherze (ein für alle Mal) vergehen!

imparaticcio <-ci> m 1 (*nozioni mal assimilate*) oberflächliches Wissen 2 (*lavoro malfatto*) Stümperei f fam spreg, Pfusch m fam spreg, Schluderarbeit f fam spreg.

impareggiàbile agg (*ineguagliabile*) {BELLEZZA, MEDICO} unvergleichlich: **sei davvero ~!** iron, du bist wirklich unvergleichlich! iron.

imparentàre A tr ~ **qu** {MATRIMONIO DUE FAMIGLIE} jdn verschwägern B itr pron: **imparentarsi con qu** {CON UNA FAMIGLIA BENESTANTE} sich mit jdm verschwägern, mit jdm verwandt werden.

impari <inv> agg 1 (*non equilibrato*) {LOTTA} ungleich 2 (*inferiore*) ~ **di qc** {TRUPPE DI NUMERO} (an etw dat) unterlegen 3 (*inadatto*) ~ **a qc** {AL COMPITO} (etw dat) nicht gewachsen: **essere ~ alle mansioni da svolgere**, den Anforderungen nicht gewachsen sein 4 anat {ORGANI} unpaarig, einfach 5 mat (*dispari*) {NUMERO} ungerade.

imparisillabo, (-a) ling A agg {VERSO} ungleichsilbig B m ungleichsilbiges Sub-

impartire <*impartisco*> tr ~ qc (a qu) 1 (*dare*) {LEZIONE DI MATEMATICA, ORDINE} (*jdm*) *etw* erteilen, (*jdm*) *etw* geben; {BENEDIZIONE} (*jdm*) *etw* spenden 2 (*accordare*) {FAVORI} (*jdm*) *etw* erweisen.

imparziàle agg (*equo*) {ARBITRO} unvoreingenommen; {DECISIONE, GIUDIZIO} unparteiisch, gerecht.

imparzialità <-> f (*equità*) {+GIUDICE} Unparteilichkeit f; {+SENTENZA} Unvoreingenommenheit f: **giudicare con ~**, unparteiisch urteilen.

impasse <-> f franc (*situazione senza via d'uscita*) Sackgasse f, ausweglose Situation, Impasse f *forb*.

impassibile agg 1 (*che non mostra ciò che prova*) {VISO} unbewegt, unerschütterlich; {IMPUTATO} undurchdringlich: **ascoltò ~ la lettura della sentenza**, mit undurchdringlicher Miene hörte er/sie sich den Urteilsspruch an; **restare ~**, keine Miene verziehen 2 (*indifferente*) gleichmütig, unbeirrt: **non si può rimanere impassibili di fronte a questa sciagura**, angesichts dieser Katastrophe kann man nicht gleichmütig bleiben.

impassibilità <-> f 1 (*imperturbabilità*) {+VISO} Unerschütterlichkeit f, Gleichmütigkeit f 2 (*indifferenza*) Gleichmut m, Unbeirrtheit f.

impastàre tr 1 (*amalgamare*) ~ qc {PANE, PASTA DELLA PIZZA} *etw* kneten; ~ qc (con qc) {ARGILLA CON L'ACQUA} *etw* mit *etw* (dat) vermischen; {UOVA CON LA FARINA} *etw* mit *etw* (dat) an|rühren 2 (*mescolare*) ~ qc {COLORI} *etw* mischen.

impastàto, (-a) agg 1 (*impiastricciato*) ~ di qc {MANI DI FANGO, DI TERRA} voll(er) *etw* (dat); (*uso assol*) verschmiert *spreg*, verdreckt *fam spreg* 2 (*pastoso*) {LINGUA} belegt 3 *fig* (*costituito*) ~ di qc {UOMO D'ORGOGLIO} voll(er) *etw* (dat), von *etw* (dat) durchdrungen.

impastatóre, (-trice) A m (f) (*chi impasta*) "wer Teig knetet" B f 1 (*per farina*) Knetmaschine f 2 (*per malta*) Betonmischmaschine f.

impasticcàrsi <*m'impasticco, t'impasticchi*> rfl 1 *slang* (*drogarsi*) Designerdrogen ein|werfen *slang* 2 *fam scherz* (*fare largo uso di medicinali*) sich mit Pillen voll|stopfen *fam*.

impasticcàto, (-a) A part pass di impasticcarsi B agg *fam* mit Tabletten/Designerdrogen/Pillen vollgestopft *fam* C m (f) *fam* Pillen-, Tablettenschlucker(in) m (f) *fam*.

impàsto m 1 (*l'impastare*) Mischen n, Kneten n 2 (*miscuglio*) {+CALCE E SABBIA, MALTA} Mischung f, Gemisch n 3 *arte* (*+COLORI*) (dicker) Farbauftrag m, Impasto m 4 *gastr* {SODO, +PANE} Teig m; {+BURRO} Masse f.

impastoiàre <*impastoio, impastoi*> tr *fig* (*ostacolare*) ~ qc {GIUSTIZIA, RICERCA SCIENTIFICA CON PREGIUDIZI} *etw* (*durch etw* acc) behindern, *etw* (*durch etw* acc) hemmen, *etw* (*durch etw* acc) ein|schränken.

impattaccàre <*impattacco, impattacchi*> fam A tr (*macchiare*) ~ qc {CRAVATTA} *etw* beklecksen, *etw* beflecken, *etw* bekleckern *fam* B rfl (*macchiarsi*): **impattaccarsi** sich voll kleckern *fam*: **mangiando si è tutto impattaccato**, beim Essen hat er sich überall voll gekleckert *fam*.

impattàre itr 1 (*scontrarsi*) {AUTO} aufeinander|prallen, aneinander|geraten, zusammen|stoßen 2 *fig* (*avere un impatto*) Wirkung/Einfluss haben.

impàtto m 1 (*urto*) ~ (+ compl di luogo) {+SASSO SULL'ACQUA} Aufprall m (*auf etw* acc); {+AEREO SUL TERRENO} *anche* Aufschlag m (*auf etw* acc) 2 *fig* (*incontro*) ~ (con qu) {CON UN AUTORE} Begegnung f (*mit jdm*) 3 *fig* (*contatto*) ~ (con qc) {CON L'AMBIENTE, CON LA SOCIETÀ} Berührung f (*mit dat*), Kontakt (*mit etw* dat): **il primo ~ con quella nuova realtà fu molto difficile**, der erste Kontakt mit dieser neuen Wirklichkeit war sehr schwer 4 *fig* (*influenza*) ~ su qu/qc Auswirkung f (*auf jdn/etw*), Einfluss m (*auf jdn/etw*): **l'~ positivo/negativo di una civiltà sull'altra**, der positive/negative Einfluss einer Kultur auf die andere 5 (*nella pubblicità*) {+SPOT PUBBLICITARIO} Effekt m, Wirkung f ● **aero mil Einschlag m, Einschuss m** ~ ambientale *ecol*, Umweltbelastung f, Folgen f pl für die Umwelt.

impaurìre <*impaurisco*> A tr <*avere*> (*spaventare*) ~ qu (con qc) {FILM BAMBINO CON LE SUE IMMAGINI VIOLENTE} jdn (durch *etw* acc) [mit *etw* dat]) verängstigen, jdn (durch *etw* acc) [mit *etw* dat]) Angst machen, jdn (durch *etw* acc) [mit *etw* dat]) Furcht ein|jagen; {CON LE MINACCE} jdn (durch *etw* acc) [mit *etw* dat]) ein|schüchtern B itr <*essere*> itr pron (*spaventarsi*): **impaurirsi** (per qc) {PER LO SPARO} (*über etw* acc) erschrecken, (*wegen etw* gen) einen Schrecken bekommen, (*wegen etw* gen) in Angst geraten.

impàvido, (-a) lett A agg (*coraggioso*) {CUORE, GUERRIERO} unerschrocken, furchtlos, mutig B in funzione di avv mutig, unerschrocken, furchtlos: **affrontò ~ il nemico**, mutig trat er dem Feind entgegen.

impaziènte agg 1 (*senza pazienza*) ~ (con qu/qc) {NONNO CON I NIPOTI} ungeduldig (*mit jdm/etw*) 2 (*che mostra impazienza*) {GESTO, SGUARDO} ungeduldig 3 (*fortemente desideroso*) begierig: **i ragazzi erano impazienti di rivedere i genitori**, die Kinder konnten es kaum erwarten, ihre Eltern wieder zu sehen 4 *lett* (*insofferente*) ~ di qc unduldsam (*jdm/etw gegenüber*).

impazientìrsi <*m'impazientisco*> itr pron (*innervosirsi*) ~ (per qc) {AMICO PER L'ATTESA} (*wegen etw* gen) ungeduldig werden.

impaziènza f (*insofferenza*) Ungeduld f: **fremere d'~**, vor Ungeduld fast vergehen; **manifestare ~**, Zeichen von Ungeduld erkennen lassen.

impazzàre itr <*essere*> 1 (*fare chiasso*) ~ + compl di luogo {TIFOSI PER LE VIE} irgendwo toben 2 (*infuriare*) ~ (+ compl di luogo) {VENTO} (*irgendwo*) heulen, {TEMPESTA} (*irgendwo*) toben 3 *fig* (*diffondersi tumultuosamente*) ~ (+ compl di luogo) {CARNEVALE} (*irgendwo*) toben; {MODA} sich (*irgendwo*) breit|machen 4 *gastr* (*raggrumarsi*) {BESCIAMELLA} gerinnen.

impazzàta loc avv (*furiosamente*): **all'~**, wie verrückt, wie wahnsinnig, wild; **menare colpi all'~**, wie wahnsinnig um sich schlagen; **correre/fuggire all'~**, wie ein Verrückter rasen *fam* /[Hals über Kopf davonlaufen *fam*].

impazziménto m 1 *rar* (*l'impazzire*) Verrücktwerden n 2 *fig* (*briga*) Wahnsinn m.

impazzìre <*impazzisco*> itr <*essere*> 1 (*ammattire*) ~ (di qc) (per qc) {MADRE DI DOLORE PER LA MORTE DEL FIGLIO} verrückt/wahnsinnig (*vor etw* dat) (*wegen etw* gen) werden: **mi sembra di ~**, ich glaube, ich werde wahnsinnig 2 *fig* (*essere fuori di sé*) spinnen *fam spreg*: **sei impazzita?**, spinnst du? *fam spreg*, **bist du nicht ganz bei Trost?** *fam*, hast du sie nicht alle? *fam* 3 (*perdere la pazienza*) ~ con qu/qc bei jdm/etw verrückt werden, bei jdm/etw den Verstand verlieren: **con lui c'è da ~**, bei ihm kann man noch verrückt werden, der macht einen (noch) verrückt 4 *fig* (*spasimare*) ~ per/[dietro a] qu/qc {PER UNA DONNA, PER UNA HARLEY DAVIDSON} nach jdm/etw verrückt sein 5 *fig* ~ di qc {DI FELICITÀ, DI GIOIA} vor *etw* verrückt sein 6 *fig* (*lambiccarsi il cervello*) ~ (su qc) {SU UN PROBLEMA} sich (dat) (*über etw* acc) den Kopf zerbrechen, sich (dat) (*über etw* gen) verrückt machen *fam*: ~ per trovare una soluzione al problema, sich (dat) den Kopf zerbrechen, um eine Lösung für das Problem zu finden; **la traduzione di questo testo mi ha fatto ~**, die Übersetzung dieses Textes hat mich wahnsinnig gemacht *fam* 7 (*funzionare male*) {BUSSOLA, CHIUSURA CENTRALIZZATA, SVEGLIA} spinnen *fam spreg*, verrückt spielen *fam* 8 (*andare in tilt*) {TRAFFICO} der (reinste) Wahnsinn sein *fam*; {TELEFONO} heiß laufen 9 *gastr* (*raggrumarsi*) {MAIONESE} gerinnen, Flocken bilden ● **c'è da ~**, es ist zum Verrücktwerden/Verzweifeln/Mäusemelken *fam*; **mi fa**/[**piace da**] ~, der/die/das gefällt mir wahnsinnig *fam* gut, auf den/die/[darauf] fahr ich völlig ab *slang*.

impazzìto, (-a) A part pass di impazzire B agg 1 *anche fig* (*diventato pazzo*) ~ (di qc) {D'AMORE, DAL DOLORE, DI GIOIA} verrückt *vor etw* (dat) 2 (*fuori controllo*) verrückt (geworden): **traffico ~**, Wahnsinnsverkehr m *fam* 3 *gastr* {MAIONESE} geronnen, flockig.

impeachment <-> m ingl dir Impeachment n.

impeccàbile agg *anche fig* (*perfetto*) {MODI} einwandfrei, tadellos.

impeccabilità <-> f (*perfezione*) {+MODI} Fehlerlosigkeit f, Tadellosigkeit f.

impedènza f *elettr fis* {ACUSTICA, CICLICA} Impedanz f, Scheinwiderstand m.

impediménto m 1 (*ostacolo*) {IMPREVEDIBILE} Hindernis n: **essere d'~ a qu/qc**, ein Hindernis für jdn/etw sein; **frapporre impedimenti**, Steine in den Weg legen; **superare ogni ~**, alle Hindernisse überwinden; **verrò, salvo impedimenti**, wenn nichts dazwischenkommt, werde ich kommen 2 *dir* Hindernis n, (Ver)hinderung f: ~ **dirimente/impediente**, trennendes/aufschiebendes Ehehindernis 3 *med* Funktionsstörung f.

impedìre <*impedisco*> tr 1 (*proibire*) ~ qc (a qu) {INGRESSO AI MENDICANTI} (jdm) *etw* verbieten, (jdm) *etw* untersagen, jdm *etw* verwehren *forb*: **cosa glielo impedisce?**, was hindert ihn daran?; ~ a qu di fare qc, es jdm verbieten, *etw* zu tun; jdm verwehren *forb*, *etw* zu tun; **la nuova legge impedisce ai cittadini di fumare nei locali pubblici**, das neue Gesetz verbietet es/[verwehrt *forb*] den Bürgern, in öffentlichen Lokalen zu rauchen 2 ~ qc (a qc) {PASSAGGIO ALLE MACCHINE} *etw* (dat) *etw* versperren 3 (*evitare*) ~ qc {PROFILASSI TRASMISSIONE DI MALATTIE} *etw* verhüten, {SOPRUSO} *etw* verhindern: **impedì che si commettesse un'ingiustizia**, er/sie verhinderte es, dass ein Unrecht begangen wurde 4 (*intralciare*) ~ qc {ATTUAZIONE DI UNA RIFORMA} *etw* behindern, {CONDOMINIO VISTA SUL PARCO} *etw* versperren 5 (*impicciare*) ~ qc (a qu) {GIACCA A VENTO MOVIMENTI} jdn bei *etw* (dat) behindern, jdn bei *etw* (dat) hindern.

impedìto, (-a) agg 1 (*impacciato*) ~ (da qc) {DALL'ABITO LUNGO} (*durch etw* acc) behindert: **essere ~ nei movimenti**, in seinen Bewegungen behindert sein 2 (*invalido*) {BRACCIO} gelähmt; *fam scherz* behindert *fam scherz*: **non riesci a spostare la poltrona? Ma sei ~?**, kriegst du den Sessel nicht vom Fleck? Ja, bist du denn behindert? *fam scherz*.

impegnàre A tr 1 (*per garanzia*) ~ qc {ARGENTERIA, MOBILE ANTICO} *etw* verpfänden, *etw* versetzen; *fig* {PAROLA} *etw* geben 2 (*te-*

impegnativa f *amm med* Überweisungsschein m.

impegnativo, (-a) *agg* 1 (*vincolante*) {PROMESSA} verbindlich; (*che obbliga*) verpflichtend 2 (*che richiede impegno*) {AFFARE} stark beanspruchend; {LAVORO, PARTITA} *anche* anspruchsvoll, aufwändig 3 (*formale*) {ABBIGLIAMENTO, OCCASIONE} formell, förmlich.

impegnàto, (-a) *agg* 1 (*per garanzia*) {GIOIELLO, MOBILE} verpfändet 2 (*riservato*) {CAMERA} (vor)bestellt, reserviert 3 (*occupato*) **essere ~ (con qu)**, (mit jdm) eine Verabredung/[etw ausgemacht] haben; **sei già ~ sabato sera?**, hast du Samstagabend schon ,eine Verabredung,/[etwas vor]?; **~ (con qc) (mit etw dat)** beschäftigt; **tenere la mente impegnata**, den Geist beschäftigen 4 (*ideologicamente ~*) {CINEMA, ROMANZIERE} engagiert 5 (*fidanzato*) ~ **(con qu)** (mit jdm) verlobt 6 (*promesso*) ~ {PROSSIMO BALLO} (jdm) versprochen 7 *tecnol* (*impiegato*) {POTENZA} angewandt, eingesetzt.

impégno m 1 (*obbligo*) Verpflichtung f: **senza ~**, unverbindlich; **soddisfare/far fronte ai propri impegni**, seinen Verpflichtungen nachkommen; (*promessa*) Versprechen n 2 *<di solito al pl>* (*incombenza*) Verpflichtung f, Beschäftigung f: **avere molti impegni**, viele Verpflichtungen haben, viel beschäftigt sein 3 (*appuntamento*) Verabredung f: **hai già qualche ~ domani sera?**, hast du morgen Abend schon eine Verabredung? 4 *fig* (*fervore*) Einsatz m, Aufbietung f: **se non ci metto dell'~ le cose non procederanno**, wenn ich ,nicht alle Kräfte aufbiete,/[mich nicht dahinterklemme *fam*], geht die Sache nicht voran; **lottare con ~**, mit vollem Einsatz kämpfen 5 *fig* (*zelo*) Eifer m, Fleiß m: **lavora con molto ~**, er/sie arbeitet sehr fleißig, er/sie ist voller Eifer bei der Arbeit 6 (~ *ideologico*) {+SCRITTORE} Engagement n 7 *banca comm econ* Verbindlichkeit f.

impegolàre A *tr* 1 *rar* (*con la pece*) ~ **qc** etw mit Pech bestreichen 2 *fig* (*invischiare*) ~ **qu in qc** {IN UN BRUTTO AFFARE} jdn in etw (acc) verwickeln, jdn in etw (acc) verstricken *forb*, jdn in etw (acc) hinein|ziehen **B** *rfl* (*mettersi*): **impegolarsi (in qc)** {IN UNA FACCENDA LOSCA} sich *auf etw* (acc) ein|lassen, sich *in etw* (acc) verstricken *forb*.

impelagàrsi *<m'impelago, t'impelaghi>* *rfl* (*mettersi*) ~ **(in qc)** {IN UN'IMPRESA RISCHIOSA} sich *auf etw* (acc) ein|lassen, sich *in etw* (acc) verstricken *forb*; {NEI DEBITI} tief *in etw* (dat) stecken.

impellènte *agg* (*urgente*) {NECESSITÀ} dringend; {BISOGNO} dringlich.

impellicciàto, (-a) *agg* (*con una pelliccia*): **una donna tutta impellicciata**, eine voll- ständig in Pelze gehüllte Frau.

impenetràbile *agg* 1 (*inaccessibile*) {BOSCO, MURAGLIA} undurchdringlich 2 (*non trapassabile*) ~ (a qc) undurchlässig (*für etw* acc): **rivestimento ~ all'acqua**, wasserundurchlässige Verkleidung 3 *fig* (*indecifrabile*) {ENIGMA} unergründlich, undurchschaubar; {UOMO} *anche* unzugänglich; {CARATTERE, VOLTO} verschlossen.

impenetrabilità *<–>* f 1 (*inaccessibilità*) {+FORTEZZA, RIVESTIMENTO} Unzugänglichkeit f 2 *fig* (*indecifrabilità*) {+CARATTERE, ENIGMA, UOMO, VOLTO} Unergründlichkeit f 3 *fis* {+CORPI} Undurchlässigkeit f.

impenitènte *agg gener* (*ostinato*) unverbesserlich; {SCAPOLO} eingefleischt; {PECCATORE} verstockt; {BEVITORE} notorisch.

impennàggio *<-gi>* m *aero* {FRONTALE, VERTICALE} Leitwerk n.

impennàre A *tr* ~ **qc** {AEREO} etw hoch|reißen, etw hoch|ziehen **B** *itr pron*: **impennarsi** 1 (*fare un'impennata*) {CAVALLO} sich (auf)bäumen; (*AEREO*) steil auf|steigen, steil nach oben fliegen, hochgerissen/hochgezogen werden; {MOTO} sich auf das Hinterrad stellen, hochgezogen werden 2 *fig* (*salire rapidamente*) {QUOTAZIONI DI BORSA} hoch|schnellen, kräftig steigen 3 *fig* (*stizzirsi*) hoch|fahren, auf|brausen.

impennàta f 1 (*l'impennarsi*) {+CAVALLO} (Sich)aufbäumen n: **improvvisamente fece una ~ con la sua moto**, plötzlich stellte er/sie sein/ihr Motorrad auf das Hinterrad 2 *fig* (*scatto d'ira*) Aufbrausen n 3 *fig* (*sussulto*) {+PATRIOTTISMO} Anwandlung f, Anfall m, Ausbruch m: **~ d'orgoglio**, Anwandlung f von Stolz 4 *fig* (*aumento*) {+TASSI D'INTERESSE} Hochschnellen n, (kräftiger) Anstieg 5 *aero mar* (*+AEREO*) Steigflug m; {+NAVE} Achterlastigkeit f.

impensàbile *agg* 1 (*inconcepibile*) undenkbar, unvorstellbar: **a quei tempi la convivenza era ~**, damals war eine wilde Ehe *fam* unvorstellbar 2 (*assurdo*) unmöglich, absurd: **una cosa del genere è veramente ~**, so etwas ist wirklich absurd 3 (*imprevedibile*) unvorhersehbar: **era ~ un terremoto di questa intensità**, ein Erdbeben dieser Intensität war unvorhersehbar/[nicht vorherzusehen].

impensàto, (-a) *agg* 1 (*imprevisto*) {ESITO} unvermutet, ungeahnt 2 (*inaspettato*) {FORTUNA} unerwartet, überraschend.

impensierire *<impensierisco>* **A** *tr* (*preoccupare*) ~ **qu** {MALATTIA DEL FIGLIO MADRE} jdm Sorgen machen, jdn beunruhigen **B** *itr pron* (*preoccuparsi*): **impensierirsi (per qc)** {PER IL RITARDO} sich (dat) (*wegen etw* gen) Sorgen machen.

impepàta f *gastr* "gepfefferte Miesmuschelsuppe nach neapolitanischer Art".

imperànte *agg* (*che impera*) {DINASTIA} herrschend; *fig* {IDEA, GUSTO, MORALE} herrschend, vorherrschend.

imperàre *itr* 1 (*dominare*) ~ **su qu/qc** {ESERCITO, SOVRANO} jdn/etw beherrschen, (*über jdn/qc*) herrschen 2 *fig* (*regnare*) {ANARCHIA, MODA, STILE} herrschen: **negli anni Settanta imperava la minigonna**, in den siebziger Jahren herrschte der Minirock vor.

imperativo, (-a) **A** *agg* 1 *gener* (*imperioso*) {TONO} befehlend, Befehls-, gebieterisch 2 *dir polit* (*MANDATO*) imperativ; {LEGGE} zwingend 3 *gramm* {MODO} Imperativ-, Befehls- **B** m 1 *gramm* {PRESENTE} Imperativ m, Befehlsform f 2 *filos* Imperativ m: **~ categorico/ipotetico**, kategorischer/hypothetischer Imperativ 3 *dir* zwingender Charakter, Unabänderbarkeit f.

imperatóre, (-trice) m (f) {ROMANO; +GIAPPONE} Kaiser(in) m(f).

impercettìbile *agg* (*lieve*) {DIFFERENZA, RUMORE, SORRISO} kaum vernehmbar/wahrnehmbar, unmerklich.

impercorrìbile *agg* (*che non si può percorrere*) unbefahrbar: **la strada è ~ a causa di una frana**, die Straße ist wegen eines Erdrutsches unbefahrbar.

imperdonàbile *agg* (*ingiustificabile*) {COLPA, DISTRAZIONE, ERRORE} unverzeihlich.

imperfettivo, (-a) *agg ling* imperfektiv.

imperfètto, (-a) **A** *agg* 1 (*incompleto*) {SVILUPPO} unvollständig 2 (*difettoso*) {LAVORO, MECCANISMO, REGISTRAZIONE} mangelhaft, unvollkommen, fehlerhaft **B** m *gramm* Imperfekt n, Präteritum n, Mitvergangenheit f.

imperfezióne f 1 (*l'essere imperfetto*) {UMANA} Unvollkommenheit f, Fehlerhaftigkeit f 2 (*difetto*) {+CARROZZERIA, GEMMA} Fehler m, Mangel m; (~ *fisica*) Gebrechen n, Störung f: **~ della vista**, Sehfehler m.

imperiàle[1] **A** *agg* *polit* 1 (*dell'imperatore*) {MAESTÀ} kaiserlich; {DIGNITÀ} kaiserlich, Kaiser- 2 (*dell'impero*) {CONFINE} des Kaiserreichs **B** m 1 *<di solito al pl>* *polit stor* Anhänger m/Getreue m des Kaisers 2 *numism stor* (*moneta*) Imperial m.

imperiàle[2] m *autom* {+AUTOBUS} Wagendach n; {+DILIGENZA} Verdeck n.

imperialìsmo m *polit* {BRITANNICO} Imperialismus m.

imperialìsta *<-i m, -e f>* *polit* **A** *agg* {POLITICA} imperialistisch **B** *mf* 1 (*sostenitore dell'imperialismo*) Imperialist(in) m(f) 2 (*sostenitore dell'imperatore*) Getreue m/Anhänger(in) m(f) des Kaisers.

imperialìstico, (-a) *<-ci, -che>* *agg polit* {POLITICA} imperialistisch.

imperialrègio, (-a) *<-gi m>* *agg polit stor* {CONSIGLIO} kaiserlich-königlich.

imperièse A *agg* (*di Imperia*) aus Imperia **B** m (*abitante*) Einwohner(in) m(f) von Imperia.

impèrio *<-ri>* m *poet* 1 (*impero*) (Kaiser)reich n 2 (*comando*) Herrschaft f.

imperiosità *<–>* f (*l'essere imperioso*) {+ATTO, GESTO} herrische Art.

imperióso, (-a) *agg* 1 (*autoritario*) {COMANDANTE, TONO} herrisch, gebieterisch 2 *fig* (*irresistibile*) {BISOGNO} zwingend, gebieterisch.

imperito, (-a) *agg poet* 1 (*inesperto*) unerfahren 2 (*incapace*) unfähig, ungeschickt.

imperitùro, (-a) *agg forb* (*eterno*) {FAMA, NOME} unvergänglich.

imperìzia f 1 (*incapacità*) {+AVVOCATO} Ungeschicklichkeit f, Unfähigkeit f 2 *dir* (*inesperienza*) {+GIOVANE} Unerfahrenheit f.

imperlàre A *tr* 1 *rar* (*adornare con perle*) ~ **qc** {ABITO DA SPOSA} etw mit Perlen besetzen/schmücken 2 (*cospargere di gocce*) ~ **qc** {RUGIADA FIORI} etw benetzen, *an etw* (dat) ab|perlen, *auf etw* (acc) perlen 3 (*bagnare*) ~ **qc a qu** {FRONTE DI SUDORE}: **il sudore le imperlò la fronte**, der Schweiß perlte/stand ihr auf der Stirn **B** *itr pron* (*coprirsi*): **imperlarsi di qc** {FRONTE DI SUDORE; PRATI DI RUGIADA} sich *mit etw* (dat) bedecken.

impermalire *<impermalisco>* **A** *tr* (*irritare*) ~ **qu** jdn kränken **B** *itr pron* (*stizzirsi*): **impermalirsi (per qc)** {PER UN NONNULLA} (*wegen etw* gen) gekränkt sein, sich (*wegen etw* gen) beleidigt fühlen.

impermeàbile A *agg* 1 (*non permeabile*) {OROLOGIO} wasserdicht; (~ **a qc**) {STOFFA, STRATO DI TERRENO, VERNICE ALL'UMIDITÀ, ALL'ACQUA} undurchlässig (*für etw* acc): **lattina ~**

all'aria, luftundurchlässige/luftdichte Büchse **2** *fig* (*indifferente*) ~ **a qc** {ALLE CRITICHE} gleichgültig *gegenüber etw* (dat), unempfindlich *gegen etw* (acc) **B** *m* (*soprabito*) Regenmantel *m*.
impermeabilità <-> *f* (*l'essere impermeabile*) {+OROLOGIO, TESSUTO} Wasserundurchlässigkeit *f*, Impermeabilität *f*.
impermeabilizzànte **A** *part pres di* impermeabilizzare **B** *agg* wasserabweisend **C** *m* wasserabweisendes Material.
impermeabilizzàre *tr* (*rendere impermeabile*) ~ **qc** {OROLOGIO} *etw* (wasser)dicht machen; {TESSUTO} *etw* imprägnieren; {MURO} *etw* ab|dichten; {TETTO} *etw* isolieren.
impermeabilizzàto, (-a) **A** *part pass di* impermeabilizzare **B** *agg* {SOFFITTO, TESSUTO} wasserdicht, (wasser)undurchlässig.
impermeabilizzazióne *f* **1** *gener* Abdichtung *f*; (*azione*) *anche* Abdichten *n* **2** *edil* Isolierung *f*, Abdichtung *f*; (*azione*) *anche* Isolieren *n*, Abdichten *n*.
impermutàbile *agg* **1** (*che non si può scambiare*) nicht austauschbar **2** (*immutabile*) unabänderlich.
imperniàre <*impernio, imperni*> **A** *tr* **1** *fig* (*basare*) ~ **qc su qc** {DIBATTITO SU UN DILEMMA} *etw auf etw* (acc) stützen, *etw auf etw* (acc) gründen **2** *mecc* (*collegare con perni*) ~ **qc** *etw* verzapfen; (*con bulloni*) *etw* verbolzen **B** *itr pron fig* (*basarsi*): **imperniarsi su qc** {TESI SU UN SOLO CONCETTO} sich *auf etw* (acc) stützen, *auf etw* (dat) basieren, *auf etw* (dat) beruhen.
impèro **A** *m* **1** (*governo*) kaiserliche/Herrschaft **2** (*territorio*) (Kaiser)reich *n*, Imperium *n* **3** (*insieme di stati*) (Kaiser)reich *n*: **l'~ britannico**, das britische Empire **4** *fig forb* (*potere*) Macht f, Herrschaft f: **l'~ della volontà**, die Macht des Willens **5** *econ* {FINANZIARIO; +GETTY} Imperium *n* **B** <inv> *agg arte* {MOBILE, STILE} Empire- ● **Impero** (*austro-ungarico*), Österreich-Ungarn *n*, ₍kaiserlich-königliche₎/ [österreichisch-ungarische] Monarchie; **il basso ~** *stor*, das spätrömische Reich; **gli imperi centrali** *stor*, die Mittelmächte; **Impero** (*napoleonico*) *stor*, Empire *n*, **Impero (romano) d'Oriente/Occidente** *stor*, Oströmisches/Weströmisches Reich; (**Sacro Romano**) **Impero** *stor*, Heiliges Römisches Reich (Deutscher Nation).
imperscrutàbile *agg* (*oscuro*) {DESTINO, VOLONTÀ} unergründlich, unerforschlich.
imperscrutabilità <-> *f* (*l'essere oscuro*) {+DECISIONE} Unergründlichkeit *f*, Unerforschbarkeit *f*.
impersonàle **A** *agg* **1** (*generico*) {CRITICA} unpersönlich, allgemein **2** (*scialbo*) {STILE} unpersönlich **3** *gramm* (*VERBO*) unpersönlich, impersonal **B** *m gramm* Impersonale *n*, unpersönliches Verb.
impersonàre A *tr* (*incarnare*) ~ **qc** {FAUST DESIDERIO DI CONOSCENZA} *etw* verkörpern, *etw* personifizieren *forb* **2** *teat* (*interpretare*) ~ **qu/qc** {ATTORE ARPAGONE} *jdn/etw* dar|stellen, *jdn/etw* spielen **B** *itr pron* (*incarnarsi*): **in quella ragazza si impersona la grazia**, dieses Mädchen ₍verkörpert die Anmut₎/[ist die Anmut selbst] **C** *rfl* (*immedesimarsi*): **impersonarsi in qu/qc** sich *in jdn/etw* hinein|denken, sich *in jdn/etw* ein|fühlen, sich *mit jdm/etw* identifizieren.
imperterrito, (-a) *agg* (*impassibile*) unerschrocken, unerschütterlich: **continuò ~ per la sua strada**, er ging seinen Weg unerschütterlich weiter.
impertinènte **A** *agg* (*sfrontato*) {RAGAZZA, TONO} frech, unverschämt **B** *mf* (*sfacciato*) unverschämter Mensch, unverschämte Person, Frechdachs *m fam scherz*.
impertinènza *f* **1** (*sfrontatezza*) {+AFFERMAZIONE, STUDENTE} Unverschämtheit *f* **2** (*cosa sfrontata*) Frechheit *f*, Unverschämtheit *f*: **non fai che dire impertinenze!**, du gibst nichts als Unverschämtheiten von dir!
imperturbàbile *agg* (*che non può essere turbato*) {ESPRESSIONE} gelassen, gleichmütig; {CALMA, CARATTERE, SERENITÀ, SICUREZZA, UOMO} gelassen, gleichmütig, unerschütterlich, unbeirrbar.
imperturbabilità <-> *f* {+CARATTERE, MADRE} Gelassenheit *f*, Unerschütterlichkeit *f*, Gleichmut *m*, Unbeirrbarkeit *f*; {+PACE} Ungestörtheit *f*.
imperturbàto, (-a) *agg* (*non turbato*) {CARATTERE, FRATE, SGUARDO} gelassen, unbeirrt; {QUIETE} ungestört.
imperversàre *itr* **1** (*infuriare*) {MALTEMPO, TEMPORALE} toben, wüten **2** (*manifestarsi con violenza*) {COLERA, PESTE} grassieren, wüten, um sich greifen **3** *scherz* (*impazzare*) {MODA} sich breit|machen: **su quella spiaggia imperversa il topless**, an diesem Strand macht sich die Oben-ohne-Mode breit **4** (*infierire*) ~ **contro qu** {DIRETTORE CONTRO LA SEGRETARIA} *jdm* eine Szene machen, *mit jdm* zürnen *forb*.
impèrvio, (-a) <-vi *m*> *agg* (*inaccessibile*) {CIMA, SENTIERO} unwegsam, unzugänglich, unbegehbar.
impestàre *tr fam* (*appestare*) ~ **qu/qc** (*di qc*) {ASCENSORE DI FUMO} *etw* (*mit etw dat*) verpesten *spreg*: **la smetti di impestarmi con i tuoi sigari?**, hörst du endlich auf, mir mit deinen Zigarren die Luft zu verpesten? *spreg*.
ìmpeto *m* **1** (*violenza*) {+ACQUA, BURRASCA, TROMBA D'ARIA} Heftigkeit *f*, Wucht *f*, Gewalt *f*: **urtare con ~**, mit Wucht aufprallen **2** (*assalto*) {+NEMICO} Ansturm *m* **3** *fig* (*impulso*) {+AMORE} Feuer *n*; {+IRA} Ausbruch *m*, Anfall *m*: **agire d'~**, unüberlegt/überstürzt handeln **4** *fig* (*ardore, foga*) {ORATORIO} Schwung *m*, Drang *m*, Eifer *m*, Impetus *m forb*: **nell'~ del discorso**, ₍im Eifer₎/[in der Hitze *fam*] der Diskussion; **parlare con ~**, ₍mit Eifer₎/[leidenschaftlich] sprechen.
impetràre *tr lett* ~ **qc 1** (*ottenere con supplice*) {FAVORE} *etw* erbitten *forb* **2** (*implorare*) {PERDONO} *etw* erflehen *forb*.
impettirsi <m'impettisco> *itr pron* **1** (*sporgere il petto in fuori*) die Brust heraus|strecken **2** *fig* (*insuperbirsi*) sich in die Brust werfen, sich brüsten *spreg*.
impettìto, (-a) *agg spec fig* (*tronfio*) kerzengerade, mit (stolz)geschwellter Brust: **passava e ripassava ~ davanti al caffè**, er stolzierte mit geschwellter Brust vor dem Café auf und ab; **se ne stava lì tutto ~**, er stand mit (stolz)geschwellter Brust da.
impetuosità <-> *f* **1** (*violenza*) {+FIUME, TORNADO} Gewalt *f* **2** (*focosità*) {+CARATTERE, CORTEGGIATORE} Ungestüm *n forb* **3** (*foga*) {+DISCORSO} Leidenschaftlichkeit *f*, Eifer *m*.
impetuóso, (-a) *agg* **1** (*violento*) {ASSALTO} heftig; {VENTO} heftig, stark, tobend, ungestüm *forb rar* **2** (*focoso*) {INNAMORATO, TEMPERAMENTO} ungestüm *forb*, heftig, impulsiv, hitzig **3** (*pieno di foga*) {REQUISITORIA} heftig, hitzig.
impiallacciàre <*impiallaccio, impiallacci*> *tr* ~ **qc** (**con/in qc**) {MOBILE CON/IN ROVERE} *etw mit etw* (dat) furnieren.
impiallacciatùra *f* **1** (*copertura*) {+MOBILE} Furnier *n* **2** (*operazione*) Furnierung *f*, Furnieren *n*.
impiantàre *tr* ~ **qc 1** (*costruire*) {FABBRICA-TO} *etw* errichten, *etw* auf|bauen **2** (*installare*) {RISCALDAMENTO, TELEFONO} *etw* installieren (lassen) **3** (*fondare*) {SUPERMERCATO} *etw* eröffnen; {DITTA} *etw* gründen **4** *fig rar* (*impostare*) {DISCUSSIONE} *etw* in Gang bringen **5** *comm* (*aprire*) {BILANCIO} *etw* auf|stellen, *etw* an|legen; {CONTO} *etw* eröffnen **6** *med* {CAPELLI} *etw* implantieren; {VALVOLA CARDIACA} *etw* ein|pflanzen: **~ una protesi dentaria**, eine Zahnprothese einsetzen.
impiantìstica <-che> *f tecnol* (*tecnica*) Anlagentechnik *f*.
impiantìstico, (-a) <-ci, -che> *agg* (*relativo agli impianti*) Anlagen(technik)-.
impiantìto *m edil* (*pavimento*) Fußboden *m*: **~ di legno**, Holz(fuß)boden *m*; **~ di mattonelle**, Fliesenfußboden *m*, Plattenbelag *m*.
impiànto *m* **1** (*allestimento*) {+SUCCURSALE} Einrichtung *f*, Installierung *f* **2** (*insieme di attrezzatura*) {ELETTRICO, IDRAULICO, STEREO +RAFFREDDAMENTO} Anlage *f*: **~ intercomunicante**, Telefonanlage *f*; **~ sportivo**, Sportanlage *f*; **~ telefonico**, Fernsprechanlage *f* **3** *fig lett* (*struttura*) {+RACCONTO} Struktur *f* **4** *biol* {+UOVO FECONDATO} Einnistung *f* **5** *med* {+CAPELLI, VALVOLA} Implantat *n scient*, Implantation *f scient*: **~ di un pacemaker**, Implantation *f scient* eines Herzschrittmachers; (*in odontoiatria*) Setzen *n*, Einsetzen *n* einer festen Zahnprothese ● **impianti igienico-sanitari** *idraul*, sanitäre Anlagen *f pl*; **~ di messa a terra** *elettr*, Erdungsleitung *f*; **~ di risalita** (*ski-lift*), Skilift *m*; **impianti di risalita** (*funivie, seggiovie, ski-lift*), Seilbahnen *f pl* und Skilifte *m pl*.
impiantologìa → **implantologia**.
impiastràre A *tr* **1** (*spalmare*) ~ **qc** (*di qc*) {INGRANAGGIO DI GRASSO} *etw* (*mit etw dat*) schmieren **2** (*insudiciare*) ~ **qc** (*di qc*) {TOVAGLIA DI MIELE} *etw* (*mit etw dat*) beschmieren, *etw* (*mit etw dat*) voll schmieren *fam* **3** *fig spreg* (*dipingere/scrivere male*) ~ **qc** {FOGLI, TELE} *etw* beschmieren *spreg*, *etw* voll schmieren *fam spreg* **B** *rfl* **1** (*sporcarsi*): **impiastrarsi** (*di qc*) {DI COLLA} sich (*mit etw dat*) beschmieren, sich (*mit etw dat*) voll schmieren *fam*; (*indir*) **impiastrarsi qc** (*di qc*) {MANI DI VERNICE} sich *etw* (*mit etw dat*) schmieren **2** *indir spreg* (*truccarsi troppo*): **impiastrarsi qc** (*di qc*) {VISO DI FONDOTINTA} sich *etw* (*mit etw dat*) bemalen *fam spreg*, sich (*dat*) *etw* übertreiben (*mit etw dat*) schminken.
impiastràto, (-a) **A** *part pass di* impiastrare **B** *agg* (*sporco*) ~ **di qc** {MANI DI FARINA} voll *von etw* (dat), voll/voller + *sost*.
impiastricciàre <*impiastriccio, impiastricci*> *tr spreg* → **impiastrare**.
impiàstro *m* **1** *med* {+SEMI DI LINO} Breiumschlag *m* **2** *fig fam* (*seccatore*) Nervensäge *f fam*, Plagegeist *m fam*, Quälgeist *m fam*; (*incapace*) Tollpatsch *m* **3** *fig fam rar* (*persona spesso malata*) kränklicher Mensch.
impiccagióne *f* (*l'impiccare*) (Er)hängen *n*.
impiccaménto *m* (*l'impiccare*) (Er)hängen *n*; (*l'impiccarsi*) Freitod *m*/Selbstmord *m* durch Erhängen.
impiccàre <*impicco, impicchi*> **A** *tr* **1** (*uccidere appendendo*) ~ **qu** (**a qc**) {PRIGIONIERO A UN ALBERO} *jdn* (*an etw* dat) hängen, *jdn* (*an etw* acc) hängen, *jdn* (*an etw* dat) auf|hängen *fam* **2** *fig* (*stringere alla gola*) ~ **qu** (*COLLETTO*) *jdm* den Hals zu|schnüren **3** *fig fam* ~ **qu** *jdn* aus|nehmen *fam*: **in un negozio che t'impicca**, in dem Geschäft wirst du ausgenommen *fam* **B** *rfl* (*uccidersi*): **impiccarsi** (**a qc**) {ALLE SBARRE DELLA CELLA} sich (*an/in etw* dat) erhängen, sich (*an/in etw* dat) auf|hängen *fam* ● **impiccati!** *fig fam*, geh/[scher

dich] zum Henker/Teufel! *fam.*

impiccàto, (-a) Ⓐ *agg* **1** ~ (**a qc**) {A UN ALBERO} (*an etw dat*) erhängt, (*an etw acc*) gehängt, (*an etw dat*) aufgehängt *fam*: **morire** ~, am Galgen sterben **2** *fig* (*stretto*) ~ (**in qc**) (*in etw dat*) eingeengt: **sentirsi** ~ **in un abito**, sich in einem Anzug eingeengt fühlen **3** *fig* (*assillato*) ~ (**da qc**) {DAGLI IMPEGNI} (*von etw dat*) unter Druck gesetzt Ⓑ *m* (f) **1** Erhängte *mf decl come agg*, Gehängte *mf decl come agg* **2** (*gioco*) Galgenspiel n.

impicciàre <*impiccio, impicci*> Ⓐ *tr* (*intralciare*) ~ (**qu**) (*jdn*) stören, (*jdm*) im Weg(e) sein; ~ **qu/qc** *jdn/etw* behindern: **questo vestito m'impiccia**, dieses Kleid behindert mich; ~ **qc** {STRADA} *etw* versperren Ⓑ *itr pron* (*intromettersi*): **impicciarsi** (**di qc**) sich *in etw* (acc) ein mischen, sich *in etw* (acc) ein mengen: **impicciati dei fatti tuoi!**, kümmere dich um deine eigenen Angelegenheiten!; **non t'impicciare!**, misch dich nicht ein!

impìccio <*-ci*> *m* **1** (*ostacolo*) Hindernis n, störender Gegenstand: **essere d'~ a qu/qc**, *jdm/etw* im Weg(e) sein, *jdm/etw* hinderlich sein **2** *fig* (*seccatura*) Unannehmlichkeit f, Scherer ei *f fam*, Plage f: **è un bell'~!**, das ist ˌganz schön ärgerlich¡/[eine ganz schöne Schererei *fam*]!; (*faccenda sgradevole*) lästige Angelegenheit, unangenehme Sache **3** *fig* (*guaio*) Klemme f *fam*, Patsche f *fam*, Schlamassel m *fam*, Verlegenheit f: **cacciarsi in un brutto** ~, sich in den Schlamassel hineinreiten *fam*, in eine Klemme *fam*/Patsche *fam* geraten; **essere negli impicci**, ˌin der Klemme/Patsche¡/[im Schlamassel] sitzen/stecken *fam*; **levare qu d'**~, *jdn* aus der Klemme/Patsche helfen *fam*, *jdn* aus der Klemme/dem Schlamassel ziehen *fam*.

impiccióne, (-a) *m* (f) (*ficcanaso*) Schnüffler m *fam spreg*, Topfgucker(in) m(f) *scherz*.

impiccolìre <*impiccolisco*> Ⓐ *tr* <*avere*> ~ **qc** {DISTANZA OGGETTO} *etw* verkleinern, *etw* kleiner machen, *etw* kleiner erscheinen lassen Ⓑ *itr* <*essere*> *itr pron*: **impiccolirsi** kleiner werden, sich verkleinern, kleiner erscheinen.

impiegàre <*impiego, impieghi*> Ⓐ *tr* **1** (*usare*) ~ **qc** {ATTREZZO, MATERIALE DA COSTRUZIONE} *etw* verwenden; {FORZA} *etw* an|wenden **2** (*metterci*) ~ **qc** brauchen: **ho impiegato due ore per arrivare a casa**, ich habe zwei Stunden gebraucht, um nach Hause zu kommen; **ci impiega più di me**, er/sie braucht länger als ich **3** (*trascorrere*) ~ **qc** *etw* verbringen: ~ **il tempo libero a suonare**, die Freizeit mit Musizieren verbringen **4** (*utilizzare*) ~ **qc** (**per qc**) {DENARO} *etw für etw* (acc) verwenden **5** (*assumere*) ~ **qu** (**in/a qc**) {CASSIERE IN UNA BANCA, AL SUPERMERCATO} *jdn* (*in etw* dat) ein|stellen **6** *banca econ* (*investire*) ~ **qc in qc** {RISPARMI NEI FONDI COMUNI D'INVESTIMENTO} *etw* (*in etw* dat) an|legen, *etw* (*in etw* acc) investieren Ⓑ *rfl*: **impiegarsi** (**come qc**/**in/a qc**) {COME SEGRETARIA IN UNO STUDIO LEGALE, ALLE POSTE} eine Stelle (*als etw*) (*in/bei etw* dat) bekommen.

impiegàta f → **impiegato**.

impiegatìzio, (-a) <*-zi* m> *agg* (*da impiegato statale*) {CATEGORIA, LAVORO} Beamten-; (*da impiegato privato*) Angestellten-.

impiegàto, (-a) Ⓐ *agg* {PERSONALE} angestellt Ⓑ *m* (f) (*dipendente privato*) Angestellte *mf decl come agg*; (*pubblico*) Beamte m *decl come agg*, Beamtin f (+COMUNE, POSTE} Beamte m *decl come agg*, (Beamtin f): **d'amministrazione**, Verwaltungsangestellte m *decl come agg*, Verwaltungsbeamte m *decl come agg*; ~ **di banca**, Bankangestellte m *decl come agg*; ~ **di concetto**, Beamter des gehobenen Dienstes, höherer Beamter; ~ **d'ordine**, niedriger Beamter, Beamte m *decl come agg* des niederen Dienstes; ~ **pubblico**, Angehöriger m des öffentlichen Dienstes; ~ **statale**, (Staats)beamte m *decl come agg*.

impiegatùccio, (-a) <*-ci, -ce*> m (f) *spreg* (*impiegato di basso livello*) kleine(r) Angestellte(r) f(m).

impiègo <*-ghi*> m **1** (*uso*) {+ARMA, ELICOTTERO} Gebrauch m, Verwendung f; {+CORPO SPECIALE DELL'ESERCITO} Einsatz m: ~ **razionale del tempo libero**, vernünftige Freizeitgestaltung, vernünftiger Umgang mit der Freizeit; {+FORZA} Anwendung f **2** (*posto di lavoro*) Stelle f: ~ **fisso**, feste Stelle; **perdere l'**~, seine Stelle verlieren; **primo** ~, die erste Stelle/Anstellung; ~ **pubblico/statale**, Stelle f im ˌöffentlichen Dienst¡/[Staatsdienst]; **ha un** ~ **di responsabilità**, er ˌhat eine verantwortliche Stellung¡/[sitzt an verantwortlicher Stelle] **3** (*occupazione*) Beschäftigung f: **pieno** ~, Vollbeschäftigung f **4** *banca econ* Anlage f: **un** ~ **redditizio del proprio capitale**, eine Gewinn bringende Kapitalanlage.

impietosìre <*impietosisco*> Ⓐ *tr* ~ **qu/qc** (**a pietà**) ~ **qu** {MENDICANTE PASSANTE} *jds* Mitleid erregen; (*commuovere*) {PIANTO DEL FIGLIO MADRE} *jdn* rühren; (*intenerire*) ~ **qc** {CUORE DI QU} *etw* erweichen Ⓑ *itr pron* (*muoversi a pietà*): **impietosirsi** Mitleid haben, sich erbarmen.

impietóso, (-a) Ⓐ *agg* **1** (*spietato*) {GIUDICE} mitleidslos, erbarmungslos; *scherz* {RITRATTO} mitleidslos, erbarmungslos, gnadenlos **2** *fig* (*incessante*) {NEVICATA} unaufhörlich.

impietrìre <*impietrisco*> Ⓐ *tr* <*avere*> **1** *rar* ~ **qu/qc** *jdn/etw* in Stein verwandeln; *fig* ~ **qu** {PAROLE DI QU, PAURA} *jdn* versteinern, *jdn* zu Stein werden lassen **2** *fig* (*indurire*) ~ **qu**, **qc a qu** {CUORE} *jdm/etw* verhärten, *jdn* ab|stumpfen: **la guerra ha impietrito il cuore a mio padre**, der Krieg hat das Herz meines Vaters verhärtet Ⓑ *itr* <*essere*> *itr pron* **1 impietrirsi** zu Stein werden **2** *fig* **impietrirsi** (**per/da qc**) {ˌPER LO¡/[DALLO] SPAVENTO} *vor etw* (dat) erstarren ● **starsene lì impietrito** *fig* (*attonito*), wie versteinert dastehen.

impietrìto, (-a) Ⓐ *part pass di* impietrire Ⓑ *agg* **1** (*duro come pietra*) versteinert **2** *fig* (*insensibile*) {CUORE} versteinert, verhärtet; {ANIMA DAL DOLORE} ~ (**da qc**) (*vor etw* dat) erstarrt: **restò un momento** ~ **dall'ira**, einen Augenblick lang war er/sie starr vor Zorn.

impigliàre <*impiglio, impigli*> Ⓐ *tr*: **i miei hanno impigliato la mia gonna**, ˌmein Rock ist¡/[ich bin mit meinem Rock] an den Brombeersträuchern hängen geblieben Ⓑ *itr pron* **1** (*rimanere preso*): **impigliarsi** (**in qc**) {NEL CESPUGLIO} sich *in etw* (dat) verfangen, (*an etw* dat) hängen bleiben **2** *fig* (*essere coinvolto*): **impigliarsi in qc** {NELLE DIFFICOLTÀ} sich *in etw* (acc) verstricken *forb*.

impigrìre <*impigrisco*> Ⓐ *tr* <*avere*> ~ **qu/qc** {VITA SEDENTARIA CORPO, MENTE} *jdn/etw* träge/faul machen, *jdn/etw* träge/faul werden lassen Ⓑ *itr* <*essere*> *itr pron* (*diventare pigro*): **impigrirsi** träge/faul werden.

impilaménto m (*atto*) Aufstapeln n.

impilàre *tr* (*mettere in pila*) ~ **qc** {PIATTI} *etw* (auf)stapeln.

impinguàre Ⓐ *tr* **1** (*far ingrassare*) ~ **qc** {MAIALE, OCA} *etw* mästen **2** *fig* (*arricchire*) ~ **qc** (**con qc**) {CASSE DI UNA DITTA} *etw* (*mit etw* dat) bereichern; {ENTRATE FAMILIARI} *etw* vermehren; {COLLEZIONE DI FRANCOBOLLI} *etw* (*um etw* acc) bereichern; ~ **qc** (**di qc**) {DISSERTAZIONE DI CITAZIONI} *etw* (*mit etw* dat) an|reichern Ⓑ *itr* <*essere*> *itr pron rar* (*ingrassare*): **impinguarsi** di ck(er) werden **2** *fig* (*arricchirsi*): **impinguarsi con qc** {COI SOLDI DEL PARTITO} sich (*an etw* dat) bereichern.

impiombàre *tr* **1** (*sigillare*) ~ **qc** {CARRO FERROVIARIO, PACCO POSTALE} *etw* plombieren, *etw* mit einer Plombe versehen **2** (*rivestire di piombo*) ~ **qc** {TETTO} *etw* verbleien; {TUBO} *etw* verlöten **3** *fam* (*otturare*) ~ **qc** {DENTE} *etw* plombieren, *etw* mit einer Füllung versehen **4** *fig fam* (*impallinare*) ~ **qu/qc** {RAPINATORE} *auf jdn/etw* mit Schrot schießen.

impiombatùra f **1** *gener* {+TUBO} Verplombung f, Verbleiung f; (*azione*) *anche* Verplomben n, Verbleien n **2** (*piombo*) Blei n **3** (*sigillo*) {+CARRO FERROVIARIO, PACCO POSTALE} Plombe f **4** *fam* (*otturazione*) {+DENTE} Plombe f *fam*, Füllung f **5** *mar* Spleiß m.

impipàrsi *itr pron* (*fregarsene*) ~ **di qu/qc** {DEI VICINI DI CASA, DELLA SCUOLA} *auf jdn/etw* pfeifen *fam*, sich (dat) *aus jdm/etw* nichts machen: **me ne impipo di quello che dicono di me!**, ich pfeife darauf *fam*, was die anderen über mich sagen!

implacàbile *agg anche fig* (*accanito*) {SOLE, LOGICA} unerbittlich; {NEMICO, ODIO} unversöhnlich.

implacabilità <-> f (*accanimento*) {+SOLE} Unerbittlichkeit f; {+RANCORE} Unversöhnlichkeit f.

implantologìa f *med* Implantologie f *scient*, Implantationstechnik f *scient*.

implementàre *tr inform* ~ **qc** *etw* implementieren.

implicàre <*implico, implichi*> Ⓐ *tr* **1** (*sottintendere*) ~ **qc** {AMORE RISPETTO RECIPROCO} *etw* ein|schließen, *etw* implizieren *forb*: **ciò non implica che io sia d'accordo**, das heißt noch lange nicht, dass ich einverstanden bin **2** (*avere come conseguenza*) ~ **qc** {INVESTIMENTO RISCHIO} *etw* mit sich (dat) bringen, *etw* nach sich (dat) ziehen **3** (*coinvolgere*) ~ **qu in qc** {IN UNA RISSA} *jdn in etw* (acc) verwickeln, *jdn in etw* (acc) hinein|ziehen: **essere implicato in una rapina**, in einen Raub(überfall) verwickelt sein Ⓑ *itr pron* (*invischiarsi*): **implicarsi in qc** {IN UN BRUTTO AFFARE} sich *in etw* (acc) verwickeln, sich *auf etw* (acc) ein|lassen.

implicazióne f **1** <*di solito al pl*> (*conseguenza*) {SOCIALI} Konsequenzen f pl **2** (*coinvolgimento*) Verwickeltsein n, Beteiligung f: ~ **in un processo penale**, Verwickeltsein n in ein Strafverfahren/einen Strafprozess **3** *filos* Implikation f.

implìcito, (-a) *agg* **1** (*sottinteso*) {CONDIZIONE} unausgesprochen, implizit *forb*: **è** ~ **che dobbiamo operare in questo modo**, das impliziert *forb*, dass wir so handeln müssen **2** *gramm mat* {FUNZIONE, PROPOSIZIONE} implizit *forb*.

implòdere {*coniug come* rodere} *itr* <*essere*> **1** *astr* {STELLA} implodieren **2** *fis* (*rompersi*) {LAMPADINA} implodieren **3** *psic* {SOGGETTO DEPRESSO} implodieren.

imploràn te *agg* (*che implora*) {PRIGIONIERO, VOCE} flehend.

implorà re *tr* **1** (*supplicare*) ~ **qu** {DIO} *jdn* an|flehen, *jdn* flehentlich *forb* bitten: **lo implorò di tacere**, er/sie flehte ihn an zu schweigen **2** (*chiedere*) ~ **qc** {CLEMENZA, GRAZIA, PERDONO} *etw* erflehen, *etw* erbitten, (*um etw* acc) flehen.

implosióne f **1** *astr fis* {+STELLA, TUBO CATODICO} Implosion f **2** *ling psic* Implosion f.

implùme *agg* (*senza piume*) {UCCELLO} federlos, unbefiedert.

implùvio <*-vi*> m **1** *archeol* Impluvium n **2** *edil* Dachrinne f **3** *geog* Talweg m.

impoètico, (-a) <*-ci, -che*> *agg lett* (*non poe-

impolítico} {CARATTERE} unpoetisch.
impolítico, (-a) <-ci, -che> agg **1** (contrario alla politica) {GUERRA, PROVVEDIMENTO} politisch unangebracht; (non consigliabile) politisch unklug **2** fig (controproducente) {MOSSA} unklug.
impollinàre A tr ~ qc etw bestäuben B rfl (riempirsi di polline): **impollinarsi** bestäubt werden; (indir) **impollinarsi qc** {ZAMPE} sich (dat) etw voll Blütenstaub machen.
impollinazióne f bot Bestäubung f.
impoltronìre <impoltronisco> A tr (avere) (impigrire) ~ qu jdn träge machen, jdn faul werden lassen B itr <essere> itr pron (impigrirsi): **impoltronirsi** träge/faul werden.
impolveràre A tr **1** ~ qu/qc {SEDIA} jdn/ etw staubig machen, jdn/etw mit Staub bedecken **2** agr ~ qc {VITI} etw spritzen B itr pron **impolverarsi** staubig werden, verstauben: **guarda come ti sei impolverato tutto!**, schau mal, wie ₁staubig du geworden bist₁/ [du dich vollgestaubt fam hast]! C rfl indir **impolverarsi qc** {STIVALI} sich (dat) etw staubig/[voll Staub] machen.
impomatàre A tr (ungere con pomata) ~ qc etw mit Pomade ein|reiben, etw pomadisieren B rfl (cospargersi di brillantina): **impomatarsi** sich (dat) Brillantine ins Haar schmieren, sein Haar pomadisieren.
imponderàbile A agg **1** (incalcolabile) {PARTICELLE} gewichtslos, schwerelos, nicht abzuwägen **2** fig (indeterminabile) {FATTORI} unberechenbar, unwägbar B m (imprevedibile) Unwägbarkeit f, Imponderabilien pl forb.
imponderabilità <-> f **1** (imprevedibilità) Unberechenbarkeit f, Unwägbarkeit f, Imponderabilität f forb **2** fis Gewichtslosigkeit f, Schwerelosigkeit f.
imponénte agg **1** (grandiosità) {CORTEO, COSTRUZIONE, STATURA} imposant, großartig, mächtig; {BAGAGLIO CULTURALE} beeindruckend, imponierend, eindrucksvoll **2** (che incute rispetto) {PERSONAGGIO} imponierend, stattlich, ansehnlich.
imponénza f **1** (grandiosità) {+CORTEO, MONUMENTO} Großartigkeit f, {+CONOSCENZE} beeindruckendes Ausmaß **2** (solennità) {+UOMO} Stattlichkeit f, Ansehnlichkeit f.
impóngo 1ª pers sing dell'ind pres di imporre.
imponìbile A agg **1** (che si può imporre) durchsetzbar **2** fisco {REDDITO} steuerpflichtig, besteuerbar B m fisco steuerpflichtiges Einkommen, Bemessungsgrundlage f ● ~ **di mano d'opera** dir, gesetzlich beziehungsweise tarifvertraglich festgelegte Einstellungsquote von Arbeitskräften.
impopolàre agg (sgradito) ~ **tra qu/qc** {LEGGE, PERSONAGGIO, PARTITO TRA I VOTANTI} (bei jdm/etw) unbeliebt, (bei jdm/etw) unpopulär.
impopolarità <-> f {+POLITICO, TASSA} Unbeliebtheit f, Unpopularität f.
imporporàre A tr ~ qc {TRAMONTO CIELO} etw purpurrot färben: **la vergogna gli imporporò le guance**, die Scham färbte seine Wangen purpurrot B itr pron: **imporporarsi** {CIELO} (purpur)rot werden, sich (purpur)rot färben; {RAGAZZA} erröten forb, (purpur)rot werden.
impórre <coniug come porre> A tr **1** (far osservare) ~ **qc (a qu)** {LE PROPRIE CONDIZIONI, LEGGE} jdm etw auf|erlegen; {TASSA} anche etw erheben {LIMITE} (jdm) etw setzen **2** (far accettare) ~ **qc (a qu)** {OPINIONE} jdm etw auf|nötigen, (jdm) etw auf|drängen; {VOLONTÀ} jdm etw auf|zwingen; ~ **qc** {VOLONTÀ} etw durch|setzen; ~ **qc a qu** {LA PROPRIA PRESENZA A QU} jdm etw auf|drängen **3** (obbligare a) ~ **qc (a qu)** {RESTITUZIONE DI QC} jdn (zu etw dat)

zwingen; {SILENZIO} jdm etw auf|erlegen, (jdm) etw gebieten forb: **mi imposero di firmare**, sie zwangen mich zu unterschreiben **4** (esigere) ~ **qc (a qu)** {SITUAZIONE CAUTELA} etw (von jdm) erfordern; {STUDIO RINUNCE} jdn (zu etw dat) zwingen **5** (avere conseguenza) ~ **qc** {MANCANZA DI DENARO RINUNCE} etw mit sich (dat) bringen, etw nach sich (dat) ziehen **6** (dare) ~ **qc a qu** jdm etw geben: **le imposero il nome di Monica**, sie gaben ihr den Namen Monika **7** relig ~ **qc** {su qc} {MANI SUL CAPO} (jdm) etw auf|legen B itr pron (rendersi necessario): **imporsi** {PROVVEDIMENTO} sich auf|drängen; (apparire necessario) {MISURE DI SICUREZZA} nötig erscheinen C rfl **1** (farsi valere): **imporsi** sich durch|setzen: **lui è una persona che sa imporsi**, er ist ein Mensch, der sich durchzusetzen weiß₁/ [mit Durchsetzungsvermögen]; (affermarsi): **imporsi in qc** {NEL LAVORO} sich (irgendwo) behaupten, sich (irgendwo) durch|setzen **2** (diffondersi): **imporsi** (+ **compl di luogo**) {MODA NEL MONDO} sich (irgendwo) durch|setzen **3** indir (costringersi): **imporsi qc** {RINUNCIA} sich (dat) etw auf|erlegen, sich (dat) etw verordnen: **imporsi di fare qc**, sich (dat) vornehmen, etw zu tun; **imporsi di non piangere**, sich vornehmen, nicht zu weinen **4** anche sport (primeggiare): **imporsi su qu** {SULL'AVVERSARIO} (über jdn) siegen.
import <-> m ingl econ comm Import m, Einfuhr f.
importàbile① agg (che si può importare) {MERCE} importierbar, einführbar.
importàbile② agg (che non si può indossare) {ABITO} nicht tragbar, unmöglich.
importànte A agg **1** (rilevante) {AFFARE, OCCASIONE} bedeutend, wichtig, bedeutsam, beträchtlich: **essere molto ~ nella vita di qu**, in jds Leben ₁sehr wichtig sein₁/[eine große Rolle spielen]/[viel zählen] **2** (autorevole) {FUNZIONARIO} einflussreich, bedeutend, angesehen **3** (che si nota) {ACCONCIATURA, MENTO} auffallend **4** (prestigioso) {PRANZO} schick fam, edel forb B m (essenziale) Wichtige n decl come agg, Hauptsache f: **l' ~ è stare bene**, Hauptsache, man ist gesund.
importànza f **1** (rilievo) {+NOTIZIA} Wichtigkeit f, Bedeutung f: **dare ~ a qu/qc**, jdm/ etw Bedeutung beimessen; **che ~ ha?**, was macht das schon?, was spielt das schon für eine Rolle?; **non ha ~!**, (das) macht nichts!, das spielt keine Rolle!; **della massima ~**, von ₁größter Bedeutung₁/[höchster Wichtigkeit]; **di nessuna**₁/[**senza**] ~, bedeutungslos, belanglos; **di poca ~**, von geringer Bedeutung, nicht von Bedeutung, unwichtig **2** (autorevolezza) {+MINISTRO} Bedeutung f, Ansehen n **3** (valore) {+AMICIZIA, INCONTRO} Wert m.
importàre① A itr <essere> ~ **a qu 1** (stare a cuore) {SALUTE A TUTTI} jdm am Herzen liegen **2** (essere importante) {IL PARERE DI QU} für jdn wichtig sein: **a noi importa che tu sia felice**, es ₁ist uns wichtig₁/ [liegt uns am Herzen], dass du glücklich bist **3** (interessare) {RISPOSTA A NESSUNO} jdm an etw (dat) gelegen sein, jdn interessieren, jdn an|gehen: **a me importa che si concluda l'affare**, mir ist daran gelegen, dass das Geschäft abgeschlossen wird; **a te che te ne importa?**, was geht dich das an?, was interessiert dich das denn? B impers (essere necessario) nötig sein: **devo proprio venire o non importa?**, muss ich wirklich kommen, oder ist es nicht nötig?; (essere importante) wichtig sein; **importa che ... congv**, es ist wichtig, dass ... ind; **importa che ognuno rispetti l'ambiente**, es ist wichtig, dass jeder die Umwelt respektiert; **non importa che ...**

disturbi, Sie brauchen sich keine Umstände zu machen ● **non m'importa un accidente**/ [**fico secco**] (**per niente**), da scheiß ich drauf fam volg, das interessiert mich einen feuchten Dreck fam; **non me ne importa niente** (**non m'interessa**), das interessiert mich nicht, daran ist mir nichts gelegen; (**non mi riguarda**), das geht mich nichts/[einen feuchten Kehricht fam] an; **non importa** (**non è grave**), das macht nichts.
importàre② tr ~ **qc** (**da qc**) (**in qc**) **1** comm {PETROLIO DALL'ARABIA SAUDITA} etw (aus etw dat) (₁nach etw dat₁/[in etw acc]) importieren **2** fig (introdurre) {DOTTRINA, IDEA, MODA} etw (aus etw dat) (₁nach etw dat₁/[in etw acc]) ein|führen **3** inform {PROGRAMMA} etw importieren.
importatóre, (-trìce) A agg (che importa) {SOCIETÀ} Import-, Einfuhr-: **paese ~ di agrumi**, Importland n für Zitrusfrüchte B m (f) (chi importa) Importeur(in) m(f), Einfuhrhändler(in) m(f).
importazióne f **1** (introduzione dall'estero) Import m, Einfuhr f, Einführung f: **~ in franchigia**, zollfreie Einfuhr; **~ temporanea**, Einfuhr f auf Zeit, zeitlich beschränkte Einfuhr **2** <di solito al pl> (complesso delle merci importate) Einfuhrgut n, Importware f: **le importazioni sono in regresso**, die Importe gehen zurück **3** fig (introduzione) {+MUSICA ETNICA} Übernahme f.
import-export ingl econ comm A <inv> agg Import-Export- B m <-> Import-Export m.
impòrto m **1** gener (ammontare) {+FATTURA} Betrag m: **non conoscere l'~ di qc**, den Betrag von etw (dat) nicht kennen **2** (somma) Summe f.
importùna f → importuno.
importunàre tr ~ **qu 1** (molestare) {RAGAZZA} jdn belästigen **2** (disturbare) ~ **qu** (**con qc**) {CON DOMANDE INSISTENTI} jdn (mit etw dat) belästigen, jdn (durch etw acc) stören.
importunità <-> f {+COLLEGA} Lästigkeit f, Aufdringlichkeit f; {+RICHIESTA} Ungelegenheit f.
importùno, (-a) A agg {RAGAZZA} lästig, aufdringlich; {VISITATORE} ungelegen; {PIOGGIA, VISITA} ungelegen, störend; {DOMANDA} unbequem B m (f) (disturbatore) lästige/ aufdringliche Person.
impòsi 1ª pers sing del pass rem di imporre.
imposizióne f **1** anche fig (l'imporre) {+LEADER, LIMITE, MISURE DI SICUREZZA, TASSE} Auflegung f **2** (ingiunzione) Befehl m, Auferlegung f, Diktat n: **non tollerare imposizioni**, sich von niemandem etwas befehlen/sagen lassen; (costrizione) Zwang m **3** econ Abgabe f, Steuer f, Besteuerung f: **elevare nuove imposizioni a carico dei cittadini**, neue Steuern zu Lasten der Bürger erheben ● **~ delle mani** relig, Handauflegen n; **~ del nome** relig, Namengebung f.
impossessàrsi itr pron **1** (appropriarsi) ~ **di qc** {DI UN APPARTAMENTO, DI UN OGGETTO SMARRITO} Besitz von etw (dat) ergreifen, sich (dat) etw an|eignen **2** (impadronirsi con la forza) ~ **di qu** {DEGLI OSTAGGI} jds bemächtigen, jdn fest|nehmen; ~ **di qc** {DELLA POSTAZIONE NEMICA} sich etw (gen) bemächtigen, etw ein|nehmen **3** fig (acquisire a fondo) ~ **di qc** {DI UN ARGOMENTO, DI UNA LINGUA STRANIERA, DI UNA MATERIA} sich (dat) etw an|eignen, sich (dat) etw zu Eigen machen forb **4** fig (impadronirsi) ~ **di qu/qc** {ODIO DEL SUO ANIMO} Besitz von jdm/etw ergreifen.
impossìbile A agg **1** (irrealizzabile) {AMORE} unmöglich: **è una cosa ~ a dirsi/farsi**,

das kann man unmöglich sagen/machen; *dir* {REATO} mit untauglichen Mitteln, am untauglichen Objekt; *mat* {EQUAZIONE, SISTEMA} nicht aufgehen(d) **2** (*non possibile*) unmöglich, absurd: **è ~ che sia già arrivato**, er kann unmöglich schon angekommen sein **3** (*insopportabile*) {CARATTERE, MOGLIE} unmöglich, unerträglich **4** (*esagerato*) {CALDO, TRAFFICO} unmöglich, Wahnsinns- *fam* **5** (*disgustoso*) {CAFFÈ} scheußlich, widerlich **6** (*inopportuno*) unmöglich, äußerst unpassend: **arriva sempre a ore impossibili**, er/sie kommt immer zu den unpassendsten Zeiten B m Unmögliche n *decl come agg*: **pretendere l'~**, das Unmögliche verlangen; **tentare (di fare) l'~**, das Unmögliche versuchen; **non sei tenuto a fare l'~**, niemand verlangt von dir Unmögliches/das Unmögliche che ● **non è ~** (*non è da escludere*), es ist nicht auszuschließen; **pare ~** (*strano*), man sollte es nicht für möglich halten.

impossibilità <-> *f* **1** (*irrealizzabilità*) {+ACCORDO} Unmöglichkeit *f* **2** (*impotenza*) Unvermögen *n*: **trovarsi nell'~ di fare qc**, sich außerstande sehen/[nicht in der Lage sein], etw zu tun.

impossibilitàre *tr* **1** (*rendere impossibile*) **~ qc (a qu)** {FERITA MOVIMENTO; SISTEMA DI ALLARME FURTO} jdn an etw (dat) hindern, (*jdm*) *etw* unmöglich machen, (*impedire*) **~ qu a fare qc** jdn daran hindern, etw zu tun: **~ qu a parlare**, jdn am Sprechen hindern.

impossibilitàto, (-a) *agg* **1** (*impedito*) {MOVIMENTO} verhindert **2** (*non in condizione*) **~ a fare qc**, {A PARTIRE} nicht in der Lage, etw zu tun.

impòsta① *f* **1** (*battente*) {+PORTA} Laden *m*; (*scuro*) Blende *f*: **~ della finestra**, (Fenster)laden *m* **2** *arch edil* {+ARCATA, VOLTA} Kämpfer *m*.

impòsta② *f dir* {DIRETTA, INDIRETTA, PROGRESSIVA, PROPORZIONALE} Steuer *f*, Abgabe *f*: **~ comunale di consumo**, kommunale Verbrauch(s)steuer *f*; **esente da ~**, steuerfrei; **~ fondiaria**, Grundsteuer *f*; **~ complementare**, Ergänzungsabgabe *f*; **~ comunale sugli immobili** (*abbr* ICI), kommunale Immobilienabgabe; **~ locale sui redditi** (*abbr* ILOR), örtliche Einkommensteuer *f*; **~ sui redditi di lavoro**, Einkommen(s)steuer *f*; **~ sul reddito delle persone fisiche** (*abbr* IRPEF), Steuer *f* auf das Einkommen von natürlichen Personen; **~ sul reddito delle persone giuridiche** (*abbr* IRPEG), Körperschaftsteuer *f*; **~ di ricchezza mobile**, Kapitalertrag(s)steuer *f*; **~ soggetto a ~**, steuerpflichtig; **~ di successione**, Erbschaft(s)steuer *f*; **~ sul valore aggiunto** (*abbr* IVA), Mehrwertsteuer *f*.

impostàre① A *tr* **1** (*organizzare*) **~ qc** {AZIENDA, UN SERVIZIO DI VENDITA A DOMICILIO} etw auf|bauen, etw auf die Beine stellen *fam* **2** (*tracciare i punti essenziali*) **~ qc** {PROBLEMA, TEMA} etw skizzieren; {PROGETTO, PROGRAMMA} etw entwerfen **3** (*fondare*) **~ qc** {TEORIA SU FALSE BASI} etw (*auf etw* dat) auf|bauen, etw (*auf etw* dat) gründen **4** edil **~ qc** {ARCO, COLONNA, VOLTA} etw an|legen **5** inform **~ qc** {VALORE DI PROGRAMMA} etw an|legen, etw ein|stellen **6** inform (*introdurre*) **~ qc** {NUMERO} etw ein|führen **7** *mar* **~ qc** {NAVE} auf Stapel legen **8** *mus* **~ qc** {VOCE} etw aus|bilden, etw an|setzen **9** *tip* (*disporre*) **~ qc** {GIORNALE} etw gestalten B *rfl* (*prepararsi*) **impostarsi per qc** {ATLETA PER IL LANCIO DEL GIAVELLOTTO} die richtige Stellung (*für etw* acc) ein|nehmen.

impostàre② *tr* (*imbucare*) **~ qc** {CARTOLINA, LETTERA} etw ein|werfen, etw in den Briefkasten werfen (*uso assol*) Post auf|geben.

impostàto, (-a) A *part pass di* impostare①

B *agg* **1** (*organizzato*) aufgebaut **2** anche *fig* (*con una data impostazione*): **una discussione male impostata**, eine schlecht/ungeschickt angelegte Diskussion **3** (*con una preparazione tecnica*) {ATLETA} trainiert, qualifiziert; {VOCE} geschult, ausgebildet.

impostazióne① *f* **1** (*l'organizzare*) {+AZIENDA} Aufbau *m*; {+LAVORO} Organisation *f* **2** (*struttura*) {+OPERA, TESI} Ansatz *m*: **abbiamo due diverse impostazioni teoriche**, wir haben zwei verschiedene theoretische Ansätze; **~ di un problema**, Aufgabenstellung *f* **3** *fig* (*rudimenti*) Ansätze *m pl*: **avere una buona/cattiva ~**, einen guten/schlechten Ansatz haben **4** inform {+VALORE DI PROGRAMMA} Einstellung *f* **5** inform (*introduzione*) {+NUMERO} Einführung *f* **6** *mat* {+PROBLEMA GEOMETRICO} Ansatz *m* **7** *mus* Ausbildung *f*, Ansatz *m*: **~ della voce**, Stimmbildung *f* **8** *tip* Gestaltung *f*.

impostazióne② *f post* (*alla posta*) Aufgabe *f*; (*nella cassetta*) Einwerfen *n*.

impòsto, (-a) A *part pass di* imporre B *agg* {VOLONTÀ} auferlegt; {PAGAMENTO} auferlegt, Pflicht-; {PREZZO} vorgeschrieben, gebunden.

impostóre, (-tora) *m* (*f*) (*imbroglione*) Betrüger(in) *m*(*f*), Schwindler(in) *m*(*f*) *spreg*: **smascherare un ~**, einen Schwindler *spreg* entlarven.

impostùra *f* **1** (*come abitudine*) Betrügerei *f*, Schwindelei *f spreg* **2** (*frode*) Betrug *m*.

impotènte A *agg* **1** (*senza potenza*) {ESERCITO, POMPIERI} machtlos, ohnmächtig **2** (*inefficace*) {AMMINISTRAZIONE} unfähig; {PROVVEDIMENTO} wirkungslos **3** (*incapace*) unfähig: **essere ~ a farsi ubbidire**, unfähig sein, sich (dat) Gehorsam zu verschaffen **4** *fig* (*sterile*) {IRA} ohnmächtig **5** *lett* (*debole*) {VECCHIA} schwach, kraftlos, hinfällig **6** *med* {UOMO} impotent, zeugungsunfähig B *m med* impotenter Mann.

impotènza *f* **1** (*mancanza di potenza*) {+CITTADINO} Machtlosigkeit *f*, Ohnmacht *f*: **è la mia totale ~ di fronte a questa situazione che mi fa disperare**, es ist meine völlige Ohnmacht angesichts dieser Situation, die mich zur Verzweiflung bringt **2** (*inefficacia*) {+GOVERNO} Unfähigkeit *f*, Unvermögen *n*; {+PROVVEDIMENTO} Wirkungslosigkeit *f* **3** (*incapacità*) Hilflosigkeit *f*, Unvermögen *n*, Unfähigkeit *f*, Ohnmacht *f*: **~ a risolvere un problema**, Unfähigkeit *f*, ein Problem zu lösen **4** *fig* (*sterilità*) {+IRA DI QU} Ohnmacht *f* **5** *lett* (*debolezza*) Schwäche *f* **6** *med* {SESSUALE, FUNZIONALE} Impotenz *f* ● **ridurre qu all'~** *fig* (*renderlo inoffensivo*), jdn unschädlich machen, jdn ausschalten.

impoverimènto *m* **1** (*immiserimento*) {+PAESE} Verarmung *f*, Verelendung *f*; *fig* {+LETTERATURA, LINGUA} Verarmung *f* **2** *agr* {+TERRENO} Verarmung *f*.

impoverire <impoverisco> A *tr* <avere> **1** (*rendere povero*) **~ qu/qc** {ALLUVIONE, GUERRA PAESE} jdn/etw verarmen lassen, jdn/etw arm machen **2** (*privare di qualcosa*) **~ qc** {TERRENO} Raubbau (*an etw* dat) treiben; {CORSO D'ACQUA} etw entwässern **3** (*diminuire*) **~ qc** {PRODUZIONE} etw senken **4** *fig* (*immiserire*) **~ qc** {LETTERATURA} etw verarmen lassen B *tr* <essere> *itr pron* **1** (*diventare povero*) {UOMO COL GIOCO} (*durch etw* acc) arm werden; *fig* {CULTURA, LINGUA} (*durch etw* acc) verarmen **2** (*essere privato di qualcosa*): **impoverirsi** {COLLEZIONE, PARCO, TERRENO} verarmen.

impraticàbile *agg* **1** (*non praticabile a piedi*) {STRADA} unwegsam, ungangbar; {CAMPO} unbetretbar; (*con veicolo*) {STRADA} unbefahrbar **2** (*non applicabile*) {METODO} unanwendbar; (*inattuabile*) {SOLUZIONE} undurch-

führbar **3** *fig* (*intrattabile*) {RAGAZZO} unverträglich, schwer zugänglich, unzugänglich **4** *sport* {+CAMPO DA GIOCO} unbespielbar.

impraticabilità <-> *f* **1** (*inagibilità a piedi*) {+STRADA} Unwegsamkeit *f*; {+TERRENO} Unbetretbarkeit *f*; (*con veicolo*) {+STRADA} Unbefahrbarkeit *f* **2** (*non applicabilità*) {+METODO} Unanwendbarkeit *f*; {+SUGGERIMENTO} Unbrauchbarkeit *f* **3** *sport* {+CAMPO DA GIOCO} Unbespielbarkeit *f*.

impratichire <impratichisco> A *tr* (*addestrare*) **~ qu in qc** {NEL GIARDINAGGIO} jdn in etw (acc) ein|führen; {APPRENDISTA NEL MESTIERE DI ORAFO} jdn (*in etw* acc) ein|arbeiten; **~ qu nell'uso del computer**, jdn in den Umgang mit dem Computer einführen B *itr pron* **1** (*imparare*): **impratichirsi** (*in qc*) {NEL RESTAURO} sich (*in etw* acc) ein|arbeiten; {NELLA GUIDA} sich *in etw* (dat) üben; **impratichirsi a cucinare**, sich im Kochen üben **2** (*diventare pratico*): **impratichirsi di qc** {DI UN LUOGO} sich *mit etw* (dat) vertraut machen.

imprecàre <impreco, imprechi> *itr* (*inveire*) **~ contro qu/qc** {CONTRO IL GOVERNO, CONTRO IL DESTINO} (*über jdn/etw/auf etw* acc) fluchen: **imprecava perché lo avevano sfrattato**, er fluchte, weil sie ihm (die Wohnung) gekündigt hatten.

imprecazióne *f* (*maledizione*) Verwünschung *f*, Fluch *m*: **lanciare imprecazioni contro qu**, Flüche/Verwünschungen gegen jdn ausstoßen, jdm fluchen *forb*.

imprecisàbile *agg* (*che non si può precisare*) {RAGIONE, SOMMA} unbestimmbar.

imprecisàto, (-a) *agg* **1** (*non precisato*) {CIRCOSTANZA, PARTICOLARE} ungenau **2** (*indeterminato*) {DATA} unbestimmt.

imprecisióne *f* **1** (*mancanza di precisione*) {+CONTORNI} Ungenauigkeit *f*; (*di accuratezza*) {+LAVORO} Nachlässigkeit *f* **2** (*inesattezza*) {+LESSICO} Ungenauigkeit *f*, Unbestimmtheit *f*: **calcolare con modesta ~ qc**, etw überschlagen; **riferire qc con ~**, etw ungenau ausrichten.

imprecìso, (-a) *agg* **1** (*inesatto*) {INFORMAZIONE} ungenau; (*approssimativo*) {CALCOLO} Überschlags-: **essere ~ nello studio**, beim Lernen nachlässig sein; **essere ~ nell'eseguire un lavoro**, eine Arbeit nachlässig ausführen **2** (*vago*) {IDEA} unbestimmt, ungenau, vage.

impregiudicàto, (-a) *agg* **1** (*aperto a discussioni*) {QUESTIONE} offen **2** *dir rar* (*incensurato*) {UOMO} unbescholten, nicht vorbestraft: **resta ~ il diritto**, das Recht wird hiervon nicht berührt.

impregnàre A *tr* **1** (*imbevere*) **~ qc** (*di qc*) {BATUFFOLO DI TONICO} etw (*mit etw* dat) durchtränken, etw *mit etw* (dat) tränken **2** (*riempire*) **~ qc di qc** {ARIA DI SOSTANZE TOSSICHE} etw (*mit etw* dat) erfüllen **3** (*permeare*) **~ qc** {FUMO TENDA} etw durchdringen **4** *tecnol* **~ qc** {LEGNO, TESSUTO} etw imprägnieren **5** *zoo* (*fecondare*) **~ qc** {SCROFA} etw trächtig machen B *itr pron* **1** (*imbeversi*): **impregnarsi di qc** {TERRA DI SANGUE} von etw (dat) durchtränkt werden **2** (*riempirsi*): **impregnarsi di qc** {ARIA DI PROFUMO} sich (*mit etw* dat) füllen **3** *zoo*: **impregnarsi** trächtig werden.

impregnàto, (-a) A *part pass di* impregnare B *agg* **1** (*intriso*) **~ (di qc)** *mit etw* (dat) durchtränkt, *von etw* (dat) durchweicht: **terreno ~ di pioggia**, regendurchweichter Boden **2** *anche fig* (*saturo*) **~ di qc** {ANIMO DI RABBIA} *von etw* (dat) erfüllt: **locale ~ di fumo**, verqualmtes Lokal.

imprèndere <coniug come prendere> *tr poet* (*intraprendere*) **~ qc** {RICERCA} etw beginnen,

{VIAGGIO} *etw* beginnen, *etw* unternehmen, *etw* an|treten: **~ a fare qc**, beginnen, zu tun.
imprendìbile *agg* **1** (*che non si può prendere*) {LADRO} nicht zu erwischen(d); {PALLA} unerreichbar **2** (*inespugnabile*) {POSIZIONE} uneinnehmbar.
imprenditóre, (-trice) *m (f)* (*chi opera in un'impresa*) Unternehmer(in) *m(f)*: **~ agricolo/edile**, Landwirtschafts-/Bauunternehmer *m*; **piccolo ~**, Kleinunternehmer *m*.
imprenditorìa *f* **1** (*attività*) Unternehmertum *n* **2** (*categoria*) {TORINESE} Unternehmer *m pl*.
imprenditoriàle *agg* (*dell'imprenditore*) {ATTIVITÀ, CLASSE} Unternehmer-.
imprenditorialità <-> *f* **1** (*qualità*) Unternehmungsgeist *m* **2** *rar* (*imprenditoria*) {ITALIANA} Unternehmer *m pl*.
imprenditrìce *f* → **imprenditore**.
impreparàto, (-a) *agg* **1** (*non preparato*) **~ (a qc)** {RAGAZZO A UNA VITA DIFFICILE} (*für/auf etw acc*) unvorbereitet: **la guerra ci colse impreparati**, der Krieg traf uns unvorbereitet **2** (*senza formazione o istruzione*) {PROFESSORE} unausgebildet, ohne Ausbildung.
impreparazióne *f* **1** (*mancanza di preparazione*) {+STUDENTE} mangelnde Vorbereitung **2** (*mancanza di formazione culturale*) {+MANAGER} fehlende Bildung; (*tecnica*) {+OPERAIO} fehlende Ausbildung.
imprésa *f* **1** (*azione*) {AZZARDATA, RISCHIOSA} Unternehmen *n*, Unterfangen *n*, Tat *f*: **abbandonare l'~**, das Unternehmen aufgeben; **accingersi in un'~**, sich auf ein Unternehmen einlassen; **~ eroica**, Heldentat *f*, heroische Tat *f*; **non è poi un'~ così ardua!**, so eine Heldentat ist das schließlich auch nicht!; **è un'~ folle!**, das ist ja ein verrücktes Unterfangen!; **vincere lo scudetto è stata una grande ~ per la nostra squadra**, den Meistertitel zu gewinnen, war für unsere Mannschaft ein schwieriges Unterfangen (*organismo*) Unternehmen *n*, Betrieb *m*: **~ commerciale**, Wirtschaftsunternehmen *n*; **~ industriale**, Industrieunternehmen *n*, Industriebetrieb *m*; **~ pubblica/privata**, Staats-/Privatunternehmen *n* **3** (*in araldica*) Devise *f* • **imprese amorose** *scherz* (*avventure galanti*), Liebesabenteuer *n pl*, galante Abenteuer; **~ donchisciottesca** *fig* (*idealistica e irrealizzabile*), Donquichotterie *f*; **è un'~!**, das ist ja eine (richtige) Haupt- und Staatsaktion! *iron*; **~ militare** *mil*, Feldzug *m*.
impresàrio, (-a) <-*ri*> *m (f)* **1** (*imprenditore*) {EDILE} Unternehmer(in) *m(f)*: **~ di pompe funebri**, Beerdigungs-, Bestattungsunternehmer *m* **2** *teat* (*gestore*) {+CANTANTE} Agent(in) *m(f)*, Impresario *m obs*: **~ teatrale**, Theateragent *m*.
imprescindìbile *agg* (*da cui non si può prescindere*) {CARATTERISTICA} unumgänglich, (*indispensabile*) unabdingbar, absolut notwendig.
imprescrittìbile *agg dir* unverjährbar.
impresentàbile *agg* (*che non si può presentare*) {RELAZIONE} nicht vorführbar; *fig* nicht vorführbar, unmöglich: **così conciata è veramente ~!**, derart zugerichtet ist sie wirklich nicht präsentierbar!
impréssi 1ª *pers sing del pass rem di* imprimere.
impressionàbile *agg* **1** (*suggestionabile*) {BAMBINO} (leicht) zu beeindruckend(d), empfindlich **2** (*eccitabile*) {FANTASIA} erregbar, reizbar **3** *film fot* {LASTRA} belichtbar.
impressionànte *agg* **1** (*che impressiona*) {FERITA, SCENA} beeindruckend, eindrucksvoll, erschütternd **2** (*molto grande*) {BELLEZ-

ZA} überwältigend; {VELOCITÀ} *anche* enorm, *irr fam*, affenartig *fam*.
impressionàre *A tr* **1** (*colpire*) **~ qu** Eindruck *auf jdn* machen: **il candidato ha impressionato favorevolmente la giuria**, der Kandidat hat auf die Jury einen guten Eindruck gemacht **2** (*turbare*) **~ qu** {NOTIZIA PUBBLICO} *jdn* beeindrucken; {DISGRAZIA} *jdn* erschüttern **3** *fot* **~ qc** {LUCE PELLICOLA} *etw* belichten *B itr pron* **1** (*turbarsi*): **impressionarsi** sich beeindrucken lassen: **quella donna si impressiona facilmente**, diese Frau ˪lässt sich leicht˩/[ist leicht zu] beeindrucken; **impressionarsi** (*per qc*) {PER LA MORTE DI QU} (*von etw dat*) erschüttert sein **2** *fot*: **impressionarsi** belichtet werden.
impressióne *f* **1** (*sensazione*) (Sinnes)eindruck *m*, Empfindung *f*: **~ di caldo/freddo**, Wärmeempfindung *f*/Kältegefühl *n* **2** (*presentimento*) Gefühl *n*, Ahnung *f*, Empfindung *f*: **ho l'~ che avremo delle brutte sorprese**, ich habe das Gefühl, dass wir einige böse Überraschungen erleben werden **3** (*effetto*) Eindruck *m*, Impression *f*: **non sempre conta la prima ~**, der erste Eindruck muss nicht immer richtig sein; **fare buona/cattiva ~**, einen guten/schlechten Eindruck machen **4** (*opinione*) Eindruck *m*: **la mia ~ a caldo è che ... congv**, mein erster Eindruck ist, dass ... *ind* **5** (*turbamento*) {VIOLENTA +MERAVIGLIA, TERRORE} (starker) Eindruck *m*; (*shock*) Erschütterung *f*: **mi fa ~!**, das kann ich nicht sehen!, da kann ich gar nicht hinschauen! **6** (*impronta*) {+DITO, SIGILLO} Abdruck *m* **7** *tip rar* (*stampa*) Druck *m*; (*edizione*) Auflage *f*.
impressionìsmo *m arte lett* Impressionismus *m*.
impressionìsta <-*i m, -e f> arte lett A agg* {PITTURA} impressionistisch *B mf* Impressionist(in) *m(f)*.
impressionìstico, (-a) <-*ci, -che> agg arte lett* {STILE} impressionistisch.
imprèsso A *part pass di* imprimere *B agg* **1** {IMMAGINE} eingeprägt **2** *fig* (*fisso*) (*in qc*) {RICORDO NEL CERVELLO, NELLA MEMORIA} sich (*in etw acc*) eingeprägt; **mi è rimasto ~**, das hat sich mir eingeprägt.
imprestàre *tr fam* (*prestare*) **~ qc a qu** *jdm etw* leihen.
imprevedìbile *agg* **1** (*che non si può prevedere*) {EVENTO} unvorhersehbar, unabsehbar **2** (*sorprendente*) {PERSONA} unberechenbar.
imprevedibilità <-> *f* (*l'essere imprevedibile*) {+REAZIONE} Unvorhersehbarkeit *f*.
imprevedùto, (-a) *agg* **1** (*non preveduto*) {DIFFICOLTÀ, PROBLEMA} unvorhergesehen **2** (*inatteso*) {VITTORIA} unvermutet.
imprevidènte *agg* **1** (*non previdente*) nicht vorausschauend **2** (*non prudente*) leichtsinnig, unvorsichtig.
imprevidènza *f* **1** (*mancanza di previdenza*) {+RAGAZZI} mangelnde Voraussicht **2** (*sconsideratezza*) {+SCELTA} Unbedachtsamkeit *f*, Unüberlegtheit *f*.
imprevìsto, (-a) A *agg* **1** (*non programmato*) {SPESE} unvorhergesehen **2** (*inatteso*) {REAZIONE} unvermutet *B m* **1** (*evento ~*) Unvorhergesehene *n decl come agg*: **in caso di imprevisti telefonami!**, wenn etwas dazwischenkommt, ruf mich an!; **salvo imprevisti**, wenn nichts (Unvorhergesehenes) dazwischenkommt **2** (*di solito al pl*) (*incertezze*) unvorhergesehene Umstände: **la vita è piena di imprevisti**, das Leben ist voller Überraschungen.

imprezioṣìre <*imprezioṣisco> A tr* **~ qc** (*di/con qc*) **1** (*ornare*) {ACCONCIATURA DI PERLE, BRACCIALE CON PIETRE PREZIOSE} *etw* (*mit etw dat*) verzieren **2** (*arricchire*) {DESCRIZIONE CON METAFORE} *etw* (*mit etw dat*) aus|schmücken; {COLLEZIONE DI QUADRI DI UN RENOIR} *etw* (*um etw acc*) bereichern *B itr pron scherz* (*fare il prezioso*): **impreziosirsi** sich selten blicken lassen, sich rar|machen *fam*.
imprigionaménto *m* (*carcerazione*) {+SPACCIATORE} Einkerkerung *f*, Inhaftierung *f*; (*azione*) *anche* Einsperren *n*.
imprigionàre *tr* **1** (*incarcerare*) **~ qu** {BORSAIOLO, SPACCIATORE, TRUFFATORE} *jdn* ein|sperren, *jdn* ins Gefängnis sperren, *jdn* inhaftieren *amm* **2** *fig* (*rinchiudere*) **~ qu/qc + compl di luogo** {IN CASA} *jdn* {+irgendwo/irgendwohin} ein|schließen: **rimanere imprigionato in ascensore**, im Aufzug stecken bleiben; {CARDELLINO IN GABBIA} *etw in etw* (*acc*) sperren; (*bloccare*) {GHIACCIO SCALATORE SULLA MONTAGNA} *jdn/etw irgendwo* blockieren: **nello scontro l'autista rimase imprigionato dietro al volante**, der Autofahrer wurde durch den Aufprall hinter dem Lenkrad eingeklemmt **3** (*arginare*) **~ qc** {ACQUE} *etw* ein|dämmen.
imprimàtur <-> *m lat* **1** *edit* Imprimatur *n*, Druckerlaubnis *f* **2** *dir relig* Imprimatur *n*.
imprìmere <*coniug come comprimere> A tr* **1** (*apporre*) **~ qc + compl di luogo** {SIGILLO NELLA CERALACCA} *etw in etw* (*acc*) drücken; {SIGILLO SU UNA LETTERA} *etw* (*auf etw acc*) auf|drücken: **~ un marchio a fuoco**, ein (Brand)zeichen einbrennen **2** (*lasciare un segno*) **~ qc + compl di luogo** {ORME SULLA SABBIA} *etw irgendwo* hinterlassen; *fig* {LA PROPRIA PERSONALITÀ IN UN'OPERA} *etw* (*dat*) *etw* auf|prägen, *etw* (*dat*) *etw* auf|drücken **3** (*dare*) **~ qc a qc** {VELOCITÀ A UN CORPO} *etw* (*auf etw acc*) übertragen: **il movimento a qc**, *etw* in Bewegung setzen **4** *fig* (*fissare*) **~ qc in qc** {RICORDO NELLA MEMORIA} *etw* (*dat*) *etw* ein|prägen *B itr pron* (*fissarsi*): **imprimersi in qc** {NELLA MEMORIA DI QU} sich *in etw* (*dat*) ein|prägen; {FISIONOMIA NEL CERVELLO} sich *in etw acc* ein|prägen.
imprinting <-> *m ingl biol* Prägung *f*.
improbàbile *agg* **1** (*dubbio*) {GUARIGIONE} unwahrscheinlich: **non è ~**, es ist nicht unwahrscheinlich **2** (*inverosimile*) {VERSIONE DEI FATTI} unwahrscheinlich, unglaubwürdig.
improbabilità <-> *f* (*incertezza*) {+RIUSCITA DI QC} Unwahrscheinlichkeit *f*.
ìmprobo, (-a) *agg lett* **1** (*disonesto*) {UOMO} unehrlich, unredlich; (*malvagio*) boshaft, böswillig **2** *fig* (*ingrato*) {LAVORO} undankbar; (*faticoso*) mühsam, anstrengend, hart.
improcrastinàbile *agg lett* (*che non può essere rimandato*) {SCADENZA} unaufschiebbar.
improducìbile *agg* (*che non può essere presentare*) {CERTIFICATO} unerzeugbar.
improduttività <-> *f* (*mancanza di rendimento*) {+AZIENDA, INVESTIMENTO} Unergiebigkeit *f*, Unproduktivität *f*.
improduttìvo, (-a) *agg* **1** (*che non rende*) {IMPIEGATO} unproduktiv; {INVESTIMENTO} *anche* unergiebig **2** *fig* (*sterile*) {INGEGNO} unfruchtbar, unproduktiv.
imprónta[1] *f* **1** (*segno*) Abdruck *m*: **il cane mi ha lasciato l'~ dei denti sul polpaccio**, auf meiner Wade sieht man den Abdruck von Hundebiss; **prendere le impronte digitali a qu**, *jdm* Fingerabdrücke abnehmen; {+PIEDE} Spur *f*; **le impronte lasciate dalla tigre sono ancora fresche**, die Tigerspuren sind noch frisch; *fig* Spur *f*; **quest'esperienza ha lasciato su di lui un'~ indele-

bile, diese Erfahrung hat ₁bei ihm einen unauslöschlichen Eindruck hinterlassen₁/[sich ihm unauslöschlich eingeprägt] **2** *fig* (*carattere distintivo*) {+GRANDE ARTISTA, GENIO, VIZIO} Stempel m: **ha l'~ dell'autore!**, das trägt den Stempel des Autors! **3** *geol* {+ANIMALE, VEGETALE} Sedimentation f **4** *med* (*cicatrici*) {+VAIOLO} Narbe f **5** *med* (*in odontoiatria*) Gebissabdruck m **6** *metall* {+FORMA} Abguss m ● **~ del conio** *numism*, Gepräge n, Prägebild n.

imprónta② *loc avv* (*a prima vista*): **all'~**, improvisiert, aus dem Stegreif; **tradurre all'~**, aus dem Stegreif übersetzen.

improntàre A *tr* ~ *qc* (*imprimere*) ~ **qc + compl di luogo** {SIGILLO NELLA CERALACCA} *etw in etw* (acc) drücken **2** *fig* (*caratterizzare*) ~ **qc a qc** {DISCORSO ALL'OTTIMISMO} *etw irgendwie* gestalten: **~ l'accoglienza alla cordialità**, den Empfang herzlich gestalten; **il volto a dolore**, sein Gesicht schmerzlich verziehen **3** *mus* ~ *qc* /*via* {+CHOPIN} vom Blatt spielen **4** *numism* (*coniare*) ~ **qc** {MEDAGLIE, MONETE} *etw* prägen B *itr pron*: **improntarsi a/di qc 1** (*atteggiarsi*): **quando sentì la notizia la sua voce si improntò di gioia**, als er/sie das hörte, wurde seine/ihre Stimme ganz fröhlich; **ogni volta che guarda "Casablanca" il suo volto si improntò a commozione**, jedes Mal, wenn er/sie "Casablanca" anschaut, ist ihm/ihr die Rührung ins Gesicht geschrieben **2** (*assumere un carattere*): **il testo si impronta alla satira**, der Text nimmt satirische Züge an.

improntitùdine f **1** (*sfrontatezza*) {+DOMANDA} Frechheit f, Unverschämtheit f, Unverfrorenheit f **2** (*sfacciata insistenza*) Aufdringlichkeit f.

imprónto *solo nella loc avv* (*a prima vista*): **all'~**, aus dem Stegreif.

impronunciàbile *agg* (*che non si può pronunciare*) {NOME} unaussprechlich, unaussprechbar.

impropèrio <-*ri*> m **1** (*ingiuria*) Beleidigung f, Schimpfwort n, Schmähung f **2** <*solo pl*> *relig* Improperien pl.

improponìbile *agg* (*che non si può proporre*) {IDEA} nicht vorschlagbar; *dir* {PROVVEDIMENTO} unzulässig.

improprietà <-> f **1** (*mancanza di proprietà*) {+LINGUAGGIO} Ungenauigkeit f; (*errore*) Unkorrektheit f **2** (*espressione impropria*) ungenauer/unkorrekter Ausdruck: **il suo discorso era pieno di ~**, seine/ihre Rede war voller sprachlicher Ungenauigkeiten.

impròprio, (-a) <-*ri*> *agg* **1** (*non appropriato*) {PAROLA, USO} unangebracht, unpassend, unkorrekt; (*cura*) ungeeignet **2** (*sconveniente*) {LINGUAGGIO, TONO} unpassend, unangebracht **3** *ling* {PREPOSIZIONE} uneigentlich **4** *mat* {FRAZIONE} unecht; {PUNTO, RETTA} uneigentlich.

improrogàbile *agg* (*non prorogabile*) {TERMINE} unaufschiebbar.

improrogabilità <-> f (*l'essere improrogabile*) {+SCADENZA} Unaufschiebbarkeit f.

impròvvido, (-a) *agg poet* **1** (*imprevidente*) ~ (*di qc*) {TUTORE} (*für etw* acc) nicht vorsorgend **2** (*incauto*) {CONSIGLIO} unvorsichtig, unbedacht.

improvvisàre A *tr* **1** (*fare senza preparazione*) ~ (*qc*) {BALLETTO, CANZONE, VERSI} *etw* improvisieren: **ha improvvisato un discorso alla festa dell'ufficio**, bei der Bürofeier hat er/sie ₁aus dem Stegreif eine Rede₁/ [eine Stegreifrede] gehalten; **quel pianista preferisce ~**, dieser Pianist improvisiert lieber **2** *fig* (*allestire all'ultimo momento*) ~ **qc** {PRANZO} *etw* improvisieren, {FESTA} *anche etw* rasch auf|ziehen B *rfl* (*diventare d'un* *tratto*): **improvvisarsi qc** {IDRAULICO} *etw* spielen, *als etw* ein|springen.

improvvisàta f *fam* **1** (*sorpresa*) Überraschung f **2** (*visita inaspettata*) überraschender Besuch: **fare una bella ~ a qu**, jdn unverhofft/unvermutet besuchen, jdn überfallen *fam scherz*, bei jdm vorbeischneien *fam scherz*.

improvvisàto, (-a) *agg* **1** (*non preparato*) {CENA} improvisiert; {DIMOSTRAZIONE} *anche* Stegreif- **2** *spreg* (*privo di preparazione*) {FALEGNAME} unfähig, schlecht.

improvvisatóre, (-*trice*) m (f) **1** (*persona abile nell'improvvisare*) Improvisator(in) m(f) **2** *lett* Stegreifdichter(in) m(f) **3** *mus* Improvisator(in) m(f) **4** *teat* Stegreifkünstler(in) m(f), Stegreifkomödiant(in) m(f).

improvvisazióne f **1** (*l'improvvisare*) Improvisation f, Improvisieren n **2** (*discorso*) Stegreifrede f **3** *spreg* (*mancanza di preparazione*): **nel suo articolo si sente l'~**, seinem Artikel merkt man an, dass er hingehudelt *fam* ist **4** *lett* {+POETA} Stegreifdichtung f **5** *mus* {+PIANISTA} Improvisation f **6** *teat* Stegreifkomödie f.

improvvìso, (-a) A *agg* **1** (*inatteso*) {TELEFONATA, TEMPORALE} unerwartet, überraschend: **la comparsa improvvisa di un uomo che era creduto morto**, das überraschende Wiederauftauchen eines tot geglaubten Mannes; {SUCCESSO} unverhofft, unerwartet **2** (*repentino*) {IDEA} plötzlich, überraschend; {DECISIONE} *anche* jäh *forb*; (*spontaneo*) {SIMPATIA} spontan B *m mus* {+CHOPIN} Impromptu n C *loc avv* (*improvvisamente*): **all'/d'~**, plötzlich, unversehens; **arrivare/morire all'~**, plötzlich (an)kommen/sterben; **d'~ smise di piovere**, unversehens hörte es auf zu regnen.

imprudènte A *agg* **1** (*sventato*) {AUTOMOBILISTA} leichtsinnig, leichtfertig, unvorsichtig **2** (*azzardato*) {SCELTA} unvorsichtig; (*senza riflessione*) {DECISIONE} unüberlegt, unbesonnen B *mf* unvorsichtiger/leichtsinniger Mensch: **sei un ~ ad attraversare col rosso**, wie leichtsinnig von dir, bei Rot die Straße zu überqueren.

imprudènza f **1** (*sventatezza*) Unvorsichtigkeit f, Leichtsinn m, Unbesonnenheit f: **è stata una grande ~ guidare in stato di ubriachezza**, es war sehr leichtsinnig/unbesonnen, betrunken Auto zu fahren **2** (*azione*) Unvorsichtigkeit f, Leichtfertigkeit f: **commettere un'~**, eine Dummheit begehen.

impubblicàbile *agg* (*che non si può pubblicare*) {INTRODUZIONE} unpublizierbar.

impùbere *lett* A *agg* {RAGAZZA} nicht geschlechtsreif; {RAGAZZO} *anche* unmannbar B *mf* (*rif. a ragazzino*) noch nicht geschlechtsreifer Junge; (*rif. a ragazzina*) noch nicht geschlechtsreifes Mädchen.

impudènte A *agg* (*sfrontato*) {RAGAZZA} unverschämt, frech, dreist B *mf* (*sfrontato*) unverschämter Kerl, unverschämte Person.

impudènza f Schamlosigkeit f, Unverschämtheit f, Frechheit f: **ha avuto l'~ di insultarmi davanti a tutti**, er/sie besaß die Unverschämtheit, mich vor allen Leuten zu beleidigen.

impudicìzia f **1** (*indecenza*) {+COMPORTAMENTO} Schamlosigkeit f **2** <*di solito al pl*> (*parole, atti impudici*) Schamlosigkeiten f pl, Obszönitäten f pl *forb*.

impudìco, (-a) <-*chi*, -*che*> *agg* **1** (*privo di pudore*) {DONNA} schamlos, unanständig **2** (*indecente*) {COMPORTAMENTO, PAROLE} unanständig, anstößig, obszön *forb*.

impugnàbile *agg dir* {SENTENZA, TESTAMENTO} anfechtbar.

impugnàre① *tr* ~ *qc* **1** (*afferrare*) {PISTOLA, SPRANGA} *etw* ergreifen **2** (*tenere in mano*) {COLTELLO, RACCHETTA DA TENNIS, RIVOLTELLA} *etw* in der Hand halten.

impugnàre② *tr* ~ *qc* **1** (*contestare*) {DOTTRINA} *etw* bestreiten; {GIUDIZIO, OPINIONE} *anche etw* beanstanden **2** *dir* (*contestare*) {SENTENZA, TESTAMENTO} *etw* an|fechten.

impugnatùra f **1** (*modo di impugnare*) {SALDA} Griff m: **~ incrociata alla sbarra**, Kreuzgriff m am Reck **2** (*punto di presa*) {+ARCO, ASCIA, CINEPRESA, COLTELLO, FRUSTA, SCIABOLA, SPADA} Griff m: **~ del bastoncino da sci**, Skistockgriff m; **~ della falce**, (Sensen)griff m; **~ del ferro da stiro**, Bügeleisengriff m; **~ isolante**, Isoliergriff m; **~ della pistola**, Pistolengriff m; **~ a pistola del trapano**, Griff m des Handbohrers; **~ del pugnale**, Schaft m eines Dolches; **~ della racchetta (da ping pong)**, Griff m des (Tischtennis)schlägers; **~ del remo**, Holm m; **~ in sughero della canna da pesca**, Korkgriff m der Angel.

impugnazióne f *dir* {+SENTENZA, TESTAMENTO} Anfechtung f.

impulsiva f → **impulsivo**.

impulsività <-> f (*l'essere impulsivo*) {+GIOVANE} Impulsivität f.

impulsìvo, (-a) A *agg* **1** (*istintivo*) {CARATTERE, RAGAZZO} impulsiv, unbesonnen; {COMPORTAMENTO} *anche* unbedacht, unüberlegt **2** *rar* {FORZA} (an)treibend **3** *fis* Impuls- B *m* (f) impulsiver Mensch.

impùlso m **1** (*spinta*) *anche fig* Anstoß m, Antrieb m, Impuls m: **dare ~ al terziario**, den Dienstleistungssektor fördern **2** *fig* (*impeto*) Impuls m, innere Regung: **agire d'~**, ₁im Affekt₁/[impulsiv] handeln; **sotto l'~ della collera/vendetta**, von Wut angestachelt/von Rachedurst getrieben **3** *fig* (*istinto*) {VITALE} Trieb m; (*inclinazione naturale*) Neigung f: **abbandonarsi ai propri impulsi**, seinen Neigungen folgen, sich seinen Neigungen hingeben **4** *elettr tel TV* {+CORRENTE, TENSIONE TRIANGOLARE} Impuls m **5** *fis* {+PARTICELLA} Impuls m **6** *med* {NERVOSO} Impuls m **7** *psic* {MORBOSO} Impuls m ● **~ di parte** *dir*, Parteibetrieb m.

impuneménte *avv* **1** (*senza punizione*) ungestraft, straflos: **evadere ~ le tasse**, ungestraft Steuern hinterziehen **2** (*senza danno*) unversehrt, unbeschädigt: **attraversare ~ il fuoco**, durchs Feuer gehen, ohne Schaden zu nehmen.

impunìbile *agg dir* {ACCUSATO} nicht verurteilbar; {REATO} straffrei.

impunibilità <-> f *dir* {+PERSONA, REATO} Straffreiheit f, Nicht-Strafbarkeit f.

impunità <-> f (*esenzione dalla pena*) Straffreiheit f, Straflosigkeit f: **godere/garantire l'~**, Straffreiheit genießen/zusichern.

impunìto, (-a) *agg* (*non punito*) {ASSASSINO, DELITTO} ungestraft, unbestraft, straflos: **i colpevoli rimasero impuniti**, die Schuldigen blieben unbestraft.

impuntàre A *itr* **1** *rar* (*inciampare*) ~ **in qc** {IN UNA PIETRA} (*über etw* acc) stolpern, *gegen/an etw* (acc) mit dem Fuß stoßen, (*an etw* acc) mit dem Fuß an|stoßen **2** (*urtare*) ~ **in qc** {PIALLA IN UN NODO DEL LEGNO} (*an etw* acc) an|stoßen, *gegen/an etw* (acc) stoßen **3** *fig* (*balbettare*) stocken, stecken bleiben, stottern: **~ per l'emozione**, vor Aufregung stammeln B *itr pron* **1** (*bloccarsi*): **impuntarsi** {MULO, BAMBINO} sich (auf dem Boden) aufstemmen, sich sträuben **2** (*bloccarsi nel parlare*) **impuntarsi** stocken, stecken bleiben **3** (*ostinarsi*): **impuntarsi** (*in qc*) {IN UN PROPOSITO} *auf etw* (dat) beharren, sich auf

etw (acc) versteifen: **s'impunta a dire di no**, er/sie beharrt auf seinem/ihrem Nein; **impuntarsi su qc** {SULLA DATA DELLA PARTENZA} sich *auf etw* (acc) versteifen.
impuntire <*impuntisco*> tr (*cucire*) ~ **qc** {CUOIO, GUANCIALE, MATERASSO} *etw* steppen.
impuntùra f 1 (*cucitura*) Steppnaht f; (*punto*) Steppstich m **2** *mar* {+VELA} Liek n.
impunturàre tr *lavori femminili* (*cucire con impunture*) ~ **qc** {STOFFA} *etw* (ab|)steppen.
impurèzza f {+ACQUA} Unreinheit f; {+DIAMANTE} *anche* Verunreinigung f.
impurità <-> f **1** (*l'essere impuro*) Unreinheit f: ~ **dell'aria/acqua**, Luft-/Wasserschmutzung f **2** <*di solito al pl*> (*ciò che rende impuro*) {+ACQUA, ARIA, PELLE, PIETRA PREZIOSA} Verunreinigung f: **liberare un liquido dalle ~**, eine Flüssigkeit reinigen/[von Verunreinigungen befreien]; *fig* Unsauberkeit f, Unreinheit f; **le ~ della lingua**, die Unsauberkeiten der Sprache, die Sprachunreinheiten **3** *fig* {MORALE} Unreinheit f: **vive nell'~**, er/sie lebt in Unzucht *obs*/Sünde *obs* **4** *elettr fis* {+SEMICONDUTTORE} Störstelle f.
impùro, (-a) *agg* **1** *gener* {PIETRA PREZIOSA} unrein, {+ACQUA} *anche* unsauber **2** *fig* (*immorale*) {ATTO, DESIDERIO} unanständig, unzüchtig *obs* **3** *gramm*: **esse impura**, vorkonsonantisches S, S impurum n **4** *ling* {LINGUA} unrein.
imputàbile A *agg* **1** (*attribuibile*) ~ **a qc** {ERRORE A DISTRAZIONE} *etw* (dat) zuschreibbar, *etw* (dat) zuzuschreiben(d): **una svista ~ a negligenza**, ein Versehen aus Nachlässigkeit, ein Flüchtigkeits-, Leichtsinnsfehler **2** (*responsabile*) ~ **di qc** {AUTISTA DELL'INCIDENTE} verantwortlich *für etw* (acc) **3** *comm* ~ **a qc** {SPESE AL CONTO IMPIANTI} (*auf etw* acc) anrechenbar **4** *dir* {PERSONA} schuldfähig B *mf dir* Schuldfähige mf decl come agg.
imputabilità <-> f **1** *comm* {+SPESA} Anrechenbarkeit f **2** *dir* {+REO} Schuldfähigkeit f.
imputàre tr **1** (*considerare responsabile*) ~ **qu di qc, qc a qu** {GIOCATORE DELLA SCONFITTA DELLA SQUADRA, INCIDENTE AL GUIDATORE} jdn *für etw* (acc) verantwortlich machen; jdm *etw* zu|schreiben; (*attribuire la colpa*); ~ **qc a qu/qc** {A DISTRAZIONE, A NEGLIGENZA, ALLA STANCHEZZA} jdm/etw (*an etw* dat) Schuld geben, jdm/etw die Schuld (*an etw* dat) zu|schreiben/geben/bei|messen; {AL CASO, ALL'IGNORANZA} *etw* (dat) die Schuld (*an etw* dat) zu|schreiben **2** (*accusare*) ~ **qu di qc** {DEL FALLIMENTO DI UN'IMPRESA} jdn (*etw* gen) beschuldigen **3** *comm* (*conteggiare*) ~ **qc a qc** {PAGAMENTO A UN DEBITO, SPESA A UN CONTO} *etw* (*irgendwo*) verbuchen **4** *dir* ~ **qu di qc** jdn *etw* gen/*wegen etw* gen) an|klagen; {UOMO DI UN DELITTO} jdm *etw* (acc) zur Last legen.
imputàto, (-a) m (f) *dir* Angeschuldigte mf decl come agg; (*nella fase del giudizio*) Angeklagte mf decl come agg: ~ **contumace**, (nicht erscheinender)/[säumiger] Angeklagter.
imputazióne f **1** *comm* An-, Verrechnung f: ~ **delle spese a un conto**, Zurechnung f der Aufwendungen auf ein Konto **2** *dir* Anklage f; {+DELITTO} Zurlastlegen n: **rispondere dell' ~ di omicidio**, sich wegen Mord(es) vor Gericht verantworten müssen.
imputridiménto m **1** {+CADAVERE} Verwesung f, {+FERITA} Fäulnis f; {+ACQUA} *anche* Verwesen n, Verfaulen n; {+ACQUA} Vermoderung f, (*azione*) *anche* (Ver)modern n **2** *fig* (*corruzione*) {+SOCIETÀ} Verfall m, Verkommenheit f, (*azione*) *anche* Verfallen n, Verkommen m.
imputridìre <*imputridisco*> A *itr* <*essere*> **1** (*marcire*) {FERITA} verfaulen {CADAVERE, PESCE} *anche* verwesen; {ACQUA} vermodern, verfaulen **2** *fig lett* (*corrompersi moralmente*) {GIOVENTÙ} verkommen B tr <*avere*> rar (*far marcire*) ~ **qc** {CALDO FRUTTA} *etw* verderben lassen, *etw* schlecht werden lassen.
imputridìto, (-a) *agg* **1** (*putrido*) {FRUTTA} verfault; {CADAVERE} verwest **2** *fig* {SOCIETÀ} verfallen, verkommen.
impuzzolentìre <*impuzzolentisco*> tr (*far puzzare*) ~ **qc** *etw* verpesten *spreg*: **i navigli impuzzolentiscono la città**, die Kanäle verpesten *spreg* die Stadt.
IMQ m *abbr di* Istituto del Marchio di Qualità: "Institut n für Gütezeichen".
in① <*nel, nello, nell', nella, nei, negli, nelle*> *prep* **1** *anche fig* (*stato in luogo*) {IN CENTRO, IN FABBRICA, IN SARDEGNA} in *etw* (dat): **restare in casa**, (im Haus)/[zu Hause] bleiben; **in casa non c'era nessuno**, niemand war zu Hause; **abitare in strada delle Mimose**, in Strada delle Mimose wohnen; **vivere in Spagna**, in Spanien leben; **è pallido in volto**, er ist blass im Gesicht; (*su*) {IN CIMA, IN PIAZZA, IN TAVOLA, IN TESTA} auf *etw* (dat); **vivere in campagna**, auf dem Lande leben; (*con nomi di autori*) bei jdm; **questa costruzione si trova spesso in Verga**, diese (Satz)konstruktion findet man bei Verga häufig **2** *anche fig* (*moto entro luogo circoscritto*) durch *etw* (acc): **camminava nella nebbia**, er/sie ging (durch den Nebel)/[im Nebel spazieren]; **cavalcare nel vento**, durch Wind und Wetter reiten; **una crociera nel Mediterraneo**, eine Kreuzfahrt auf dem Mittelmeer **3** *anche fig* (*moto attraverso luogo*) durch *etw* (acc): **strani ricordi gli passavano nella mente**, seltsame Erinnerungen gingen ihm durch den Kopf **4** *anche fig* (*moto a luogo*) {IN DISCOTECA, IN FARMACIA, IN MONTAGNA, IN MUNICIPIO, IN PORTO} in *etw* (acc): **salire in auto**, ins Auto steigen; **scendere in giardino**, in den Garten (hinunter)gehen; (*su*) {IN CIMA, IN PIAZZA, IN TAVOLA, IN TESTA} auf *etw* (acc); **è appena uscito in terrazza**, er ist gerade auf die Terrasse hinausgegangen; (*dentro*) {IN ME, IN TE} in *etw* (acc); **non gli vuole entrare in testa**, das will ihm nicht in den Kopf (gehen); (*con nomi di paesi, regioni, ecc.*) nach *etw* (dat); **andare in Austria**, nach Österreich fahren; (*con nomi di paesi, regioni, ecc. che in ted hanno l'articolo*) in *etw* (acc); **andare in Svizzera/Toscana**, in die Schweiz/Toskana fahren **5** (*contro*) gegen *etw* (acc), über *etw* (acc): **inciampare in un gradino**, über eine Stufe stolpern **6** (*tempo determinato*) in *etw* (dat), an *etw* (dat): **in piena estate**, im Hochsommer; **nel pomeriggio**, am Nachmittag, nachmittags; **nel mese di dicembre**, im (Monat) Dezember; **in agosto**, im August; (*con gli anni*) (im Jahre); **Goethe nacque nel 1749**, Goethe ist (im Jahr) 1749 geboren **7** (*tempo continuato*) innerhalb *etw* (gen), im Laufe *etw* (gen): **sbrigare qc in giornata**, etw im Laufe des Tages erledigen; **in soli due anni**, in(nerhalb von) nur zwei Jahren; **è un giallo che si legge in un paio d'ore**, das ist ein Krimi, den man in ein paar Stunden durchlesen kann; (*con i periodi storici*) in *etw* (dat): **nel XX secolo**, im 20. Jahrhundert; **nel Medioevo**, im Mittelalter **8** (*modo, maniera*) in *etw* (dat), mit *etw* (dat): **disporsi in cerchio**, sich im Kreis aufstellen; **in pace**, in Frieden; **camminare in punta di piedi**, auf Zehenspitzen gehen; **riso in bianco** *gastr*, Reis mit Butter; (*spesso si traduce con un agg o un avv*) **pagare in contanti**, bar bezahlen; **carne in umido** *gastr*, gedünstetes Fleisch; (*con capi di abbigliamento*) in *etw* (dat); **essere in vestaglia/[costume da bagno]**, im Bademantel/Badeanzug sein **9** (*mezzo, strumento*) mit *etw* (dat): **andare in tram**, mit der Straßenbahn fahren **10** (*materia*) aus *etw* (dat), von *etw* (dat), in *etw* (dat): **edizione rilegata in cuoio**, in Leder gebundene Ausgabe; (*spesso si traduce con un agg*) **cancello in ferro battuto**, schmiedeeisernes Tor; (*tra due sostantivi si traduce a volte con una parola composta*) **cucina in legno**, Holzküche f **11** (*fine o scopo*) zu *etw* (dat), in *etw* (acc): **accorrere in aiuto di qu**, jdm zu Hilfe eilen; **prendere un libro in visione**, ein Buch zur Ansicht nehmen; **ricevere un biglietto in omaggio**, eine Freikarte/[Karte geschenkt] bekommen; **spendono molto in pranzi e feste**, sie geben viel fürs Essen und für Partys aus **12** (*causa*) vor *etw* (dat), wegen *etw* (gen): **tormentarsi nel dubbio**, sich wegen eines Zweifels quälen, von einem Zweifel gequält werden; **nella fretta dimenticò la cosa più importante**, vor lauter Eile vergaß er/sie das Wichtigste **13** (*limitazione*) in *etw* (dat): **ha dei buoni voti in francese**, er/sie hat in Französisch gute Noten; **essere laureato in biologia**, ein Biologiestudium abgeschlossen haben, einen Hochschulschluss in Biologie haben; (*tra due sostantivi si traduce spesso con una parola composta*) **commerciante in agrumi**, Zitrusfrüchtehändler m; **esperto in economia**, Wirtschaftsfachmann m, Wirtschaftsexperte m **14** (*quantità*) in *etw* (dat): **essere in due**, zu zweit sein; **venire in gran numero**, in großer Zahl kommen **15** (*trasformazione*) in *etw* (acc): **cambiare yen in euro**, Yen in Euro wechseln; **trasformarsi in feroci assassini**, sich in grausame Mörder verwandeln, zu grausamen Mördern werden **16** (*stima*): **tenere qu in (poco conto)/[grande considerazione]**, wenig/[sehr viel] von jdm halten, keine/eine hohe Meinung von jdm haben **17** (*divisione*): **dividere in sei**, in sechs Teile (o mat durch sechs) teilen **18** (*con un inf sostantivato: poiché*): **ho sbagliato nel crederlo un amico**, ihn für einen Freund zu halten, war ein Fehler; (*con un inf sostantivato: mentre*) während *etw* (gen); **nel dirlo arrossì**, während er/sie das sagte, errötete er/sie **19** (*in occasione di*) während *etw* (gen): **si sono conosciuti in un viaggio**, sie haben sich während einer Reise kennen gelernt **20** (*passaggio*): **di ... in ...**, von jdm/etw zu jdm/etw; **di persona in persona**, von Mensch zu Mensch; **di città in città**, von Stadt zu Stadt **21** (*in numerose loc prep*): **in compagnia di qu/qc**, in Begleitung jds/etw; **in relazione a qc**, in Bezug auf *etw* (acc); **in seguito a qc**, infolge *etw* (gen); (*in loc avv*) **in fuori**, nach außen; **in giù**, nach unten; (*in loc avv con valore modale e distributivo*): **di cinque in cinque**, jeweils fünf; **di quando in quando**, von Zeit zu Zeit; **di volta in volta**, von Mal zu Mal; (*in loc cong*): **in modo che ... congv**, so dass ... *ind*; **nel senso che ... ind**, in dem Sinne, dass ... *ind*; dahingehend, dass ... *ind* • **Filomena Rossi in Neri**, Filomena Neri, geborene Rossi; **in tedesco**, auf Deutsch.
in② *ingl* A *agg* (*alla moda*): **gente in**, Leute, die in sind *fam*; **Leute von heute**; **locale in**, In-Lokal n, hippes Lokal B *avv in fam*: **essere in**, in sein *fam*.
INA f *abbr di* Istituto Nazionale delle Assicurazioni: "nationales Versicherungsinstitut".
inabbordàbile *agg* (*inavvicinabile*) {PERSONA} unnahbar, unzugänglich; (*a causa del prezzo*) {CAVIALE} unbezahlbar.
inàbile *agg anche mil* (*inadatto*) ~ (**a qc**) untauglich (*zu etw* dat), untauglich (*für etw* acc): ~ **al lavoro**, arbeitsunfähig; ~ **al servizio militare**, (wehrdienst)untauglich; **dichiarare qu ~**, jdn untauglich schreiben.
inabilità <-> f **1** *anche mil* (*incapacità*) {PER-

MANENTE, TEMPORANEA} Unfähigkeit f, Untauglichkeit f: ~ **al lavoro**, Arbeitsunfähigkeit f; ~ **al servizio militare**, Wehrdienstuntauglichkeit f **2** *dir* Unfähigkeit f: ~ **a contrarre**, Geschäftsunfähigkeit f.

inabilitàre tr **1** *(rendere inadatto)* ~ **qu a qc** {INSUFFICIENZA TORACICA RAGAZZO AL SERVIZIO MILITARE} jdn *(für etw* acc*)* untauglich machen **2** *dir (limitare)* ~ **qu** jdn für beschränkt geschäftsfähig erklären.

inabilitàto, (-a) *dir* **A** agg beschränkt geschäftsfähig **B** m (f) beschränkt Geschäftsfähige mf decl come agg.

inabilitazióne f **1** *anche mil (incapacità)* Untauglichkeit f, Unfähigkeit f: ~ **al lavoro**, Arbeitsunfähigkeit f; ~ **al servizio militare**, Wehrdienstuntauglichkeit f **2** *dir* beschränkte Geschäftsfähigkeit f.

inabissaménto m **1** *anche fig (l'inabissarsi)* {+TRAGHETTO} Untergang m; *(azione)* anche Untergehen n, (Ver)sinken n; {+VALORI} Niedergang m **2** *anche fig (l'inabissare)* {+NAVE} Versenkung f, *(azione)* anche Versenken n.

inabissàre A tr *(sprofondare)* ~ **qc** {TEMPESTA NAVE} etw versenken; *fig* ~ **qu/qc** (**in qc**) {PAESE NEI DEBITI} jdn/etw in etw (acc) stürzen **B** itr pron *(sprofondare):* **inabissarsi** {IMBARCAZIONE} unter|gehen, (ver)sinken; *fig:* **inabissarsi (in qc)** {FAMIGLIA NEI DEBITI} sich in etw (acc) stürzen.

inabitàbile agg *(non abitabile)* {CASA} unbewohnbar.

inabitabilità <-> f *(l'essere inabitabile)* {+QUARTIERE} Unbewohnbarkeit f.

inabitàto, (-a) agg *lett (deserto)* {PAESE} unbewohnt, öd(e).

inaccessìbile agg **1** *(difficile da raggiungere)* {ISOLA} unerreichbar; {MONTAGNA} anche unbezwingbar **2** *(difficile da percorrere)* {BOSCO} unzugänglich **3** *fig (inavvicinabile)* {TOP MODEL} unnahbar **4** *fig (eccessivamente caro)* {PREZZO, SPESA} unerschwinglich **5** *fig (incomprensibile)* {SCRITTORE} unverständlich, unzugänglich, {MISTERO} unerklärlich **6** *fig (che non cede)* ~ **a qc** {AMICO ALLE PREGHIERE} *(für etw* acc*)* unzugänglich.

inaccessibilità <-> f **1** *(l'essere difficilmente accessibile)* {+EREMO} Unzugänglichkeit f, Unerreichbarkeit f **2** *fig (difficoltà di comprensione)* {+TEORIA} Unverständlichkeit f.

inaccettàbile agg **1** *(inammissibile)* {COMPORTAMENTO, CONDIZIONI, PROPOSTA} unannehmbar, inakzeptabel **2** *(inverosimile)* {RESOCONTO} unwahrscheinlich, unglaubwürdig.

inaccettabilità <-> f *(l'essere inaccettabile)* {+SCELTA} Unannehmbarkeit f.

inaccostàbile agg → **inabbordabile**.

inaccuratézza f **1** *rar (trascuratezza)* Unachtsamkeit f, Nachlässigkeit, Schlampigkeit f: **gli errori nel tuo lavoro sono dovuti soprattutto a ~**, die Fehler in deiner Arbeit sind vor allem auf Nachlässigkeit zurückzuführen **2** *(inesattezza)* Ungenauigkeit f, Unbestimmtheit f.

inaccuràto, (-a) agg *(poco accurato)* {LAVORO} ungenau, unachtsam, nachlässig, schlampig.

inacerbìre <*inacerbisco*> **A** tr *(avere)* **1** *(inasprire)* ~ **qc** {DOLORE, FERITA, SITUAZIONE} etw verschärfen, etw verschlimmern **2** *(esasperare)* ~ **qu/qc** {DISCUSSIONE OPERAI, ANIMI} jdn/etw erbittern **B** itr *<essere>* itr pron **1** *(inasprirsi):* **inacerbirsi** {ODIO} sich verschärfen; {DOLORE, SITUAZIONE} anche sich verschlimmern **2** *(esacerbarsi):* **inacerbirsi contro qu** {CONTRO L'AVVERSARIO POLITICO} gegen jdn erbittert sein.

inacidìre <*inacidisco*> **A** tr *(avere)* **1** *(render*

acido) ~ **qc** {MINESTRA} etw sauer machen/ [werden lassen] **2** *fig (inasprire)* ~ **qu/qc** {VECCHIAIA, DELUSIONI CARATTERE} jdn/etw verbittern **3** *chim* ~ **qc** {SOLUZIONE} etw sauer machen, etw an|säuern **B** itr *<essere>* itr pron: **inacidirsi 1** *(diventar acido)* {LATTE, VINO} sauer/schlecht werden **2** *fig (inasprirsi)* verbittert werden, verbittern: **col passare degli anni si è alquanto inacidita**, im Laufe der Jahre ist sie ziemlich verbittert.

inadattàbile agg ~ **a qc 1** *(inservibile)* {COSTRUZIONE A USI SCOLASTICI} nicht verwendbar *(zu etw* dat*)*, unbrauchbar *(für etw* acc*)* **2** *(incompatibile)* {ALLE USANZE LOCALI} unvereinbar *(mit etw* dat*)*, inkompatibel *(mit etw* dat*)* **3** *psic* nicht anpassungsfähig *(an etw* acc*)*: **sono ~ al vostro ambiente**, ich kann mich ₁an eure Umgebung₁/[eurer Umgebung] nicht anpassen.

inadattabilità <-> f **1** *(inservibilità)* ~ **a qc** {+COSTRUZIONE A USI SCOLASTICI} Unverwendbarkeit f *(zu etw* dat*)*, Unbrauchbarkeit f *(für etw* acc*)* **2** *(incompatibilità)* ~ **a qc** {+IMPIEGATO A UNA CARICA} Unvereinbarkeit f *(mit etw* dat*)*, Inkompatibilität f *(mit etw* dat*)*, Ungeeignetsein n *(für etw* acc*)* **3** *psic* mangelnde Anpassungsfähigkeit.

inadàtto, (-a) agg **1** *(inadeguato)* ~ **(a qc)** {TENUTA ALL'OCCASIONE} *(zu etw* dat*)* unpassend, *(für etw* acc*)* ungeeignet **2** *(non adatto)* ~ **(a qc)** {RAGAZZA ALLA FATICA} *(für etw* acc*)* ungeeignet: **mi sembri ~ a svolgere queste ricerche**, du scheinst mir ungeeignet, diese Nachforschungen anzustellen; {IMPIEGATO A UNA CARICA} *(für etw* acc*)* ungeeignet; {RICHIESTA ALL'OCCASIONE} *(zu etw* dat*)* unpassend **3** *(inopportuno)* {MOMENTO} ungünstig.

inadeguatézza f **1** *(insufficienza)* {+MISURE PRECAUZIONALI} Unangemessenheit f **2** *(sproporzione)* {+COMPENSO} Unzulänglichkeit f **3** *(non adeguatezza)* {+COMMESSA} Ungeeignetsein n; {+CURA} anche Unangemessenheit f.

inadeguàto, (-a) agg **1** *(insufficiente)* {MEZZI, PREPARAZIONE} unzureichend **2** *(sproporzionato)* ~ **(a qc)** {STIPENDIO AL LAVORO} *(für etw* acc*)* unangemessen **3** *(non adeguato)* ~ **(a qc)** {IMPIEGATO A UN LAVORO} *(für etw* acc*)* ungeeignet: **essere/sentirsi ~ a un compito**, einer Aufgabe nicht gewachsen sein/sich einer Aufgabe nicht gewachsen fühlen; {TERAPIA AL CASO} *(für etw* acc*)* unangemessen **4** *(inopportuno)* {MOMENTO} ungünstig.

inadempiènte *dir* **A** agg ~ **(a qc)** {PARTE ALL'IMPEGNO} *(etw)* nicht erfüllend, *(etw* dat*)* nicht nachkommend, *(etw)* nicht einhaltend, vertragsbrüchig *(gegenüber etw* dat*)* **B** mf Vertragsbrüchige mf decl come agg.

inadempiènza f *dir (inosservanza)* {+PARTE} Nichterfüllung f, Nichteinhaltung f.

inadempiménto m *anche dir (inadempienza)* {+OBBLIGO, PROMESSA} Nichterfüllung f, Nichteinhaltung f: **un ~ di contratto**, Vertragsbruch m, Vertragsverletzung f.

inadempiùto, (-a) agg *(non adempiuto)* {OBBLIGO} unerfüllt.

inafferràbile agg **1** *(non catturabile)* {FUGGITIVO} nicht fassbar, ungreifbar **2** *fig (incomprensibile)* {SIGNIFICATO} unverständlich, unbegreiflich, unfassbar.

inaffiàre e *deriv* → **annaffiare** e *deriv.*

inaffidàbile agg *(di cui non ci si può fidare)* {CAVALLO, RAGAZZO} unzuverlässig.

inaffondàbile agg **1** *(che non si può affondare)* {SCAFO} unversenkbar **2** *fig scherz:* **un politico ~**, ein Politiker, der ₁sich immer oben hält₁/[nicht unterzukriegen ist *fam*].

inagìbile agg **1** *(non praticabile a piedi)*

{PASSAGGIO} nicht betretbar; *(con veicolo)* unbefahrbar **2** *amm* {CINEMA} unbenutzbar **3** *sport* {CAMPO} unbespielbar.

inagibilità <-> f *(l'essere inagibile)* {+SOFFITTA} Unbenutzbarkeit f; {+TRAFORO ALPINO} Unbefahrbarkeit f; {+CAMPO SPORTIVO} Unbespielbarkeit f; {+TEATRO} Unbenutzbarkeit f.

INAIL m *abbr di* Istituto Nazionale per L'Assicurazione contro gli Infortuni sul Lavoro: "nationales Versicherungsinstitut für Arbeitsunfälle".

inalànte A part pres *di* inalare **B** agg **1** *(per inalazione)* {FARMACO} Inhalier- **2** *(di inalazioni)* {TERAPIA} Inhalations- **C** m *farm* Inhaliermittel n.

inalàre tr ~ **qc** *(inspirare)* {GAS NOCIVO} etw ein|atmen **2** *med* {MUCOLITICO} etw inhalieren.

inalatóre *med* **A** agg {APPARECCHIO} Inhalations- *scient*, Inhalier- *scient*, Einatmungs- **B** m Inhalationsgerät n *scient*, Inhalationsapparat m *scient*, Inhalator m *scient*.

inalatòrio, (-a) <-*ri* m> *med* **A** agg *(dell'inalazione)* Inhalier-, Einatmungs-, Inhalations- *scient* **B** m *(luogo)* Inhalatorium n *scient*.

inalazióne f *med* Inhalation f *scient*.

inalberàre A tr *(issare)* ~ **qc** {BANDIERA} etw hissen, etw auf|pflanzen **B** itr pron: **inalberarsi 1** *(impennarsi)* {CAVALLO} sich auf|bäumen **2** *fig (adirarsi)* auf|brausen, zornig werden, in die Luft gehen *fam*: **s'inalbera per un nonnulla**, er/sie geht bei jeder Kleinigkeit in die Luft *fam*.

in àlbis <inv> loc agg *lat relig* nach Ostern.

inalienàbile agg *dir anche fig* {BENE} unveräußerlich.

inalienabilità <-> f *dir* {+DIRITTO} Unveräußerlichkeit f.

inalteràbile agg **1** *(immutabile)* {MATERIALE} unveränderlich; {TINTA} (wasch)echt; {CIBO} haltbar **2** *fig (invariabile)* {SENTIMENTO} unveränderlich, unwandelbar **3** *fig (imperturbabile)* {CALMA, UOMO} unerschütterlich.

inalterabilità <-> f **1** *(immutabilità)* {+MATERIALE} Unveränderlichkeit f; {+COLORE} Echtheit f; {+CIBO} Haltbarkeit f **2** *(imperturbabilità)* {+VECCHIO} Unerschütterlichkeit f.

inalteràto, (-a) agg **1** *(immutato)* {COLORE} unverändert, wie neu; {CIBO} frisch **2** *(costante)* {TEMPERATURA} konstant **3** *fig (medesimo)* {CONDIZIONI, INTERESSE, SITUAZIONE} unverändert.

in àlto lòco loc avv *lat* **1** *fig (tra le persone importanti)* {AVERE AMICIZIE} unter den oberen Zehntausend, in den Spitzen der Gesellschaft, in den führenden Kreisen **2** *fig (da persone importanti):* **decisioni prese in alto loco**, an höchster Stelle getroffene Entscheidungen, Entscheidungen von ganz oben.

INAM m *abbr di* Istituto Nazionale per L'Assicurazione contro le Malattie: "nationale Krankenversicherungsanstalt".

inamidàre tr ~ **qc** {CAMICIA, CENTRINO} etw stärken.

inamidàto, (-a) agg **1** *(trattato con amido)* {COLLETTO, POLSINI} gestärkt **2** *fig scherz (rigido)* steif (wie ein Stock *fam*), stocksteif *fam*: **quel generale sembra proprio ~**, der General scheint wirklich steif wie ein Stock *fam* zu sein.

inamidatùra f **1** *(risultato)* Stärke f: **togliere l'~ alla biancheria**, die Stärke herauswaschen; **il colletto ha una buona ~**, der Kragen ist gut gestärkt **2** *(l'inamidare)* Stärken n.

inammissìbile agg **1** *(non accettabile)* {COMPORTAMENTO, RITARDO} unzulässig, unannehmbar, inakzeptabel **2** *dir* {APPELLO, DOMANDA, PROVA} unzulässig.

inammissibilità <-> f *anche dir* (*inaccettabilità*) {+COMPORTAMENTO, TESTIMONIANZA} Unzulässigkeit f.

inamovìbile agg *dir* {MAGISTRATO, SENATORE} unabsetzbar; (*non trasferibile*) unversetzbar.

inamovibilità <-> f *dir* {+GIUDICE} Unabsetzbarkeit f.

inàne agg *lett* (*vano*) {SPERANZA} vergeblich.

inanellàre A tr ~ *qc* **1** (*arricciare*) {CAPELLI} *etw* ringeln, *etw* kräuseln **2** (*mettere anelli*) {DITA} *etw* beringen **3** *fig* (*raccontare*) *etw* erzählen: **inanellava una bugia dietro l'altra**, er/sie erzählte ˌeine Lüge nach der anderenˌ/[nur Märchen *fam*] **4** *ornit* (COLOMBO, PAVONCELLA) *etw* beringen B itr pron: **inanellarsi** {CAPELLI} sich ringeln, sich kräuseln.

inanellàto, (-a) agg **1** (*adorno di anelli*) {DITA, MANO} beringt **2** (*arricciato*) {CAPELLI} gekräuselt, gekringelt, geringelt.

inanimàto, (-a) agg **1** (*che non ha vita*) {MATERIA} unbeseelt **2** (*privo di sensi*) leblos: **cadde a terra ~**, er fiel leblos zu Boden.

inanità <-> f *lett* (*inutilità*) Vergeblichkeit f.

inappagàbile agg **1** (*che non può essere placato*) {FAME} unstillbar **2** (*che non può essere soddisfatto*) {DESIDERIO} unerfüllbar.

inappagaménto m (*scontentezza*) {+UOMO} Unzufriedenheit f.

inappagàto, (-a) agg **1** (*non placato*) {FAME} ungestillt **2** (*insoddisfatto*) {DESIDERIO} unerfüllt; {DONNA} unbefriedigt.

inappannàbile agg (*che non si appanna*) {SPECCHIO, VETRO} nicht anlaufend.

inappellàbile agg **1** (*definitivo*) {DECISIONE, GIUDIZIO} unwiderruflich, endgültig **2** *dir* {SENTENZA} unanfechtbar.

inappellabilità <-> f **1** (*l'essere definitivo*) {+GIUDIZIO} Endgültigkeit f **2** *dir* {+SENTENZA} Unanfechtbarkeit f.

inappetènte agg (*senza appetito*) {BAMBINO} appetitlos.

inappetènza f (*mancanza di appetito*) Appetitlosigkeit f.

inapplicàbile agg (*non applicabile*) {TEORIA} unanwendbar.

inapplicabilità <-> f (*non applicabilità*) {+SCHEMA} Unanwendbarkeit f.

inapplicàto, (-a) agg (*che non è stato applicato*) unangewendet: **articolo di legge rimasto ~**, unangewendet gebliebener Gesetzesartikel; Gesetzesartikel, der nicht angewendet wurde.

inapprezzàbile agg **1** (*minimo*) {DANNO, DIFFERENZA} unerheblich, unmerklich **2** (*inestimabile*) {AMICO, AIUTO} unschätzbar.

inapprezzàto, (-a) agg (*che non è stato apprezzato*) {MERITO} nicht geschätzt, nicht anerkannt.

inappropriàto, (-a) agg (*che non è appropriato*) {SISTEMA} ungeeignet, unpassend.

inappuntaménto agg **1** (*privo di difetti*) {RAGIONAMENTO} einwandfrei, tadellos **2** (*impeccabile*) einwandfrei, tadellos: **è sempre ~ quando viene da noi**, er/sie ist immer ˌwie aus dem Ei gepelltˌ *fam*ˌ/[tadellos gekleidet], wenn er/sie zu uns kommt **3** (*irreprensibile*) {IMPIEGATO} untad(e)lig.

inappuntabilità <-> f (*l'essere inappuntabile*) Untadeligkeit f, Tadellosigkeit f.

inappuràbile agg (*che non si può appurare*) unaufklärbar.

inarcaménto m **1** (*curvatura*) {+ASSE} Krümmung f **2** *mar* {+SCAFO} Bucht f.

inarcàre <*inarco, inarchi*> A tr (*curvare*) ~ *qc* {SCHIENA, TRAVE} *etw* krümmen; {LE SOPRACCIGLIA} *etw* hoch|ziehen; **il gatto inarcava la schiena**, die Katze machte einen Buckel B itr pron (*curvarsi*): **inarcarsi** {ASSE DI LEGNO} sich krümmen.

inargentàre tr ~ *qc* **1** (*rivestire d'argento*) {POSATE, VASSOIO} *etw* versilbern **2** *fig* (*ricoprire di color argento*) {RUGIADA CAMPI} *etw* versilbern.

inargentàto, (-a) agg **1** (*argentato*) {POSATE} versilbert **2** *fig* {CAPELLI} silbern.

inaridiménto m **1** (*l'inaridirsi*) {+TERRENO} Austrocknen n, Ausdörren n; {+SORGENTE} Versiegen n *forb* **2** *fig* (*impoverimento*) {+UOMO} Verarmung f **3** *fig* (*esaurimento*) {+PASSIONE} Abkühlen n, Abflauen n {+VENA POETICA} Versiegen n *forb*.

inaridìre <*inaridisco*> A tr <*avere*> **1** (*rendere secco*) ~ *qc* {GRANDE CALDO GOLA; SICCITÀ TERRENO} *etw* aus|trocknen, *etw* aus|dörren **2** *fig* (*impoverire*) ~ *qu* {DOLORE PADRE} *jdn* gefühllos werden lassen; ~ *qc* {MENTE} *etw* aus|dörren **3** *fig* (*esaurire*) ~ *qc* {TEMPO VENA POETICA DI QU} *etw* versiegen *forb* lassen; {PASSIONE} *etw* ab|kühlen, *etw* abflauen lassen B itr <*essere*> itr pron: **inaridirsi 1** (*diventare secco*) {CAMPO, PIANTA} aus|trocknen, vertrocknen, aus|dörren; {SORGENTE} *anche* versiegen *forb* **2** *fig* (*impoverirsi*) {UOMO} gefühllos werden **3** *fig* (*esaurirsi*) {ISPIRAZIONE POETICA} versiegen *forb*; {AMORE} ab|kühlen, ab|flauen.

inaridìto, (-a) agg **1** (*arido*) {FONTE, PIANTA, TERRENO} ausgetrocknet, ausgedörrt **2** *fig* {CUORE} ausgedörrt; {VENA POETICA} ausgetrocknet, versiegt *forb*.

inarrestàbile agg **1** (*che non si può fermare*) {SCORRERE DEL TEMPO} unaufhaltsam **2** (*irrefrenabile*) {RISO} unbändig; {PIANTO} zügellos.

inarrestabilità <-> f (*l'essere inarrestabile*) Unaufhaltsamkeit f.

inarrivàbile agg **1** (*irraggiungibile*) {MONTAGNA} unerreichbar, unzugänglich **2** *fig* (*ineguagliabile*) {INGEGNO} unvergleichlich, unnachahmlich.

inarticolàto, (-a) agg **1** (*indistinto*) {SUONO} unartikuliert.

in artìculo mòrtis *loc avv lat* **1** *relig* (*al momento della morte*) {ASSOLVERE} auf dem Sterbebett **2** *fig* (*all'ultimo momento*) in letzter Sekunde.

inascoltàbile agg (*che non si può ascoltare*) {MUSICA} unanhörbar.

inascoltàto, (-a) agg **1** (*non ascoltato*) {CONSIGLIO} nicht befolgt **2** (*inesaudito*) {PREGHIERA} nicht erhört.

inaspettàto, (-a) agg **1** (*inatteso*) {VISITATORE} unerwartet; {VISITA} *anche* unvermutet **2** (*insperato*) {SUCCESSO} unverhofft, unvermutet.

inaspriménto m **1** (*l'inasprire*) {+DISCIPLINA, LEGGE} Verschärfung f **2** *fig* (*aggravamento*) {+CRISI} Verschärfung f; {+MALATTIA} Verschlimmerung f **3** *fig* (*l'acuirsi*) {+DOLORE} Zunahme f, Verschlimmerung f **4** *fig* (*l'inasprirsi*) {+CARATTERE} Verbitterung f **5** *fig* (*peggioramento*) {+TEMPO} Verschlechterung f **6** *fig* (*aumento*) {+TASSE} Erhöhung f, Heraufsetzung f.

inasprìre <*inasprisco*> A tr <*avere*> **1** *fig* (*rendere più severo*) ~ *qc* {DISCIPLINA, LEGGE, PENA} *etw* verschärfen **2** *fig* (*aggravare*) ~ *qc* {CRISI DELLA GIUSTIZIA} *etw* verschlimmern; {SITUAZIONE} *etw* verschärfen **3** *fig* (*acuire*) ~ *qc* {DOLORE, IRA, ODIO} *etw* verschärfen **4** *fig* (*esasperare*) ~ *qu*/*qc* {DIFFICILE SITUAZIONE FAMILIARE CARATTERE} *jdn* erbittern, *jdn*/*etw* verbittern, *jdn*/*etw* verhärten **5** *fig* (*aumentare*) ~ *qc* {TASSE} *etw* erhöhen B itr <*essere*> itr pron: **inasprirsi 1** (*diventare aspro*) {VINO} sauer/herb werden, versauern **2** *fig* (*peg-

giorare*) {SITUAZIONE} sich verschärfen, sich verschlimmern: **i loro rapporti si sono inaspriti**, ihre Beziehungen sind gespannter geworden **3** *fig* (*diventare più intenso*) {GELO} an Intensität zu|nehmen, strenger werden; {RABBIA} wachsen **4** *fig* (*esasperarsi*) {CARATTERE, INSEGNANTE} bitter werden, verbittern **5** *meteo* {INVERNO} streng werden; {AUTUNNO} rau werden.

inasprìto, (-a) agg **1** (*che è diventato aspro*) {VINO} sauer geworden, versauert **2** *fig* {CARATTERE} verbittert.

inastàre tr ~ *qc* {BANDIERA} *etw* auf|pflanzen, *etw* auf|stecken.

inattaccàbile agg **1** (*immune da attacchi*) {FORTEZZA} unangreifbar; *fig* {FAMA, PERSONA} untad(e)lig, tadellos **2** (*resistente*): **un tessuto ~ dagli acidi**, ein säurebeständiger Stoff.

inattaccabilità <-> f *anche fig* (*l'essere inattaccabile*) {+FORTIFICAZIONE, TESI} Unangreifbarkeit f.

inattendìbile agg (*non credibile*) {VOCE} unglaubwürdig; {DOCUMENTAZIONE, TESTE} unzuverlässig.

inattendibilità <-> f (*l'essere inattendibile*) {+TESTIMONIANZA, VOCE} Unglaubwürdigkeit f, {+TESTE} Unzuverlässigkeit f.

inattéso, (-a) agg **1** (*non atteso*) {AMICO} unerwartet; {VISITA} *anche* unvermutet **2** (*imprevisto*) {SUCCESSO} unvorhergesehen, unverhofft, unvermutet.

inattingìbile agg *lett* (*irraggiungibile*) {POSIZIONE} unerreichbar.

inattitùdine f (*scarsa predisposizione*) ~ (**a** *qc*) {ALLA RICERCA} Ungeeignetsein n (*für etw* acc), Nichteignung f (*zu etw* dat); (*mancanza delle doti*) mangelhafte Begabung (*für etw* acc).

inattivàre tr ~ *qc* **1** *biol chim* (*rendere inattivo*) {CATALIZZATORE} *etw* inaktivieren **2** *tecnol* (*disattivare*) {MINA} *etw* entschärfen.

inattivazióne f *anche biol* {+VIRUS} Inaktivierung f.

inattività <-> f **1** (*inoperosità*) Untätigkeit f: **periodo di ~**, Zeit der Untätigkeit **2** *biol chim* {+CATALIZZATORE} Inaktivität f **3** *geol* {+VULCANO} Untätigkeit f.

inattìvo, (-a) agg **1** (*non attivo*) {PERSONA} untätig, tatenlos; *geol* {VULCANO} untätig; (*spento*) erloschen **2** (*fermo*) {IMPIANTO} stillgelegt **3** *chim* {CATALIZZATORE} inaktiv.

inattuàbile agg (*irrealizzabile*) {PIANO, PROGETTO} undurchführbar, unausführbar, nicht zu verwirklichen(d).

inattuabilità <-> f (*irrealizzabilità*) {+PIANO} Unausführbarkeit f, Undurchführbarkeit f.

inattuàle agg {TEMA} nicht aktuell; {ABITO} unmodisch; {OPINIONE} unzeitgemäß, inaktuell *forb*.

inattualità <-> f (*il non essere attuale*) {+TEORIA} Unzeitgemäßheit f, Inaktualität f *forb*, Überholtheit f.

inaudìto, (-a) agg (*incredibile*) {CRUDELTÀ} unerhört, unglaublich: **è una cosa inaudita!**, das ist ja eine unerhörte/unglauliche Sache!; **è ~!**, das ist unerhört/unglaublich!

inauguràle agg (*di inaugurazione*) {FESTA} Einweihungs-; {DISCORSO, SEDUTA} Eröffnungs-; *università* Inaugural-.

inauguràre tr ~ *qc* **1** (*iniziare con solennità*) {ANNO ACCADEMICO, STAGIONE LIRICA} *etw* feierlich eröffnen **2** (*aprire al pubblico*) {MOSTRA, NEGOZIO} *etw* eröffnen; {PONTE, SCUOLA} *etw* ein|weihen **3** (*mostrare al pubblico per la prima volta*) {LAPIDE, MONUMENTO, TARGA COMMEMORATIVA} *etw* enthüllen **4** (*consacrare*) {ALTARE, CAMPANA, CAPPELLA, CHIESETTA} *etw*

inaugurazione weihen **5** *fig (avviare)* {NUOVA ERA, PERIODO DI PACE} *etw* beginnen, *etw* ein|leiten **6** *scherz (usare per la prima volta)* {AUTO SPORTIVA, COMPUTER, SCI} *etw* ein|weihen *fam scherz*.

inaugurazióne f **1** *(l'inaugurare)* {+MOSTRA, OPERE PUBBLICHE} Eröffnung f; {+CASA, EDIFICIO} Einweihung f; {+CHIESA} (Ein)weihung f; {+MONUMENTO} Enthüllung f **2** *(cerimonia)* Eröffnung f.

inauspicàto, (-a) agg *lett (infausto)* unheilvoll.

inautenticità <-> f *(l'essere inautentico)* Unechtheit f, Unauthentizität f *forb*.

inautèntico, (-a) <-ci, -che> agg *(che non è autentico)* unecht, unauthentisch *forb*.

inavvedutézza f **1** *(sbadataggine)* Unachtsamkeit f **2** *(imprudenza)* Unvorsichtigkeit f, Unbedachtheit f: **ebbe a pentirsi della propria ~**, er/sie hatte Grund, seine/ihre Unvorsichtigkeit zu bereuen.

inavvedùto, (-a) agg **1** *(sbadato)* {GESTO, LETTORE} unachtsam **2** *(imprudente)* {DECISIONE} unbedacht.

inavvertènza f **1** *(distrazione)* Unachtsamkeit f: **l'incendio si sviluppò per l'~ di un fumatore**, Ursache des Brandes war die Unachtsamkeit eines Rauchers **2** *(imprudenza)* Unvorsichtigkeit f, Unbedachtheit f: **commettere un'~**, eine Unvorsichtigkeit begehen.

inavvertitaménte avv *(per inavvertenza)* unabsichtlich, versehentlich, aus Unachtsamkeit.

inavvertìto, (-a) agg *(inosservato)* {PERICOLO} unbemerkt: **passare ~**, unbemerkt bleiben.

inavvicinàbile agg **1** *(non avvicinabile)* unnahbar, unzugänglich: **oggi il direttore è ~**, heute ist der Direktor unnahbar **2** *fig (non alla portata di tutti)* unerschwinglich: **il caviale è un cibo ~**, Kaviar ist ein unerschwingliches Essen.

inazióne f *(inattività)* Untätigkeit f, Tatenlosigkeit f.

ìnca *stor* A <inv> agg {CIVILTÀ} Inka- B <-, -s pl *spagn*> mf *(persona)* Inka m, Inka-Frau f.

incacchiàrsi <m'incacchio, t'incacchi> itr pron *fam eufem (arrabbiarsi)* stinksauer werden *fam*.

incadaverìre <incadaverisco> itr **1** *(assumere un aspetto cadaverico)* ein leichenhaftes Aussehen an|nehmen **2** *fig (morire)* {SOCIETÀ RURALE} aus|sterben.

incagliàre <incaglio, incagli> A itr <essere> itr pron: **incagliarsi 1** *mar* {BARCA} auf|laufen, stranden **2** *fig (trovare ostacoli)* {AFFARI, ATTIVITÀ COMMERCIALE} auf Hindernisse stoßen **3** *fig (interrompersi)* {TRAFFICO} ins Stocken geraten; *(nel parlare)* stocken, stecken bleiben B tr <avere> ~ **qc 1** mar {NAVE} stranden lassen, *etw* auflaufen lassen **2** *fig (ostacolare)* {DIFFICOLTÀ IMPREVISTE TRATTATIVA} *etw* hemmen, *etw* behindern.

incagliàto, (-a) agg *banca* {CREDITO} nicht fällig.

incàglio <-gli> m **1** *fig (intoppo, difficoltà)* Hindernis n, Schwierigkeit f, Stockung f **2** *mar* Auflaufen n, Stranden n.

incàico, (-a) <-ci, -che> agg *(degli Inca)* {SCULTURA} Inka-.

incalcinàre tr ~ **qc 1** {MURO} *etw* verputzen, *etw* mit Kalkmörtel bewerfen **2** *agr (bagnare di calce)* {ALBERO} *etw* ein|kalken.

incalcolàbile agg **1** *(non calcolabile)* {CIFRA} nicht berechenbar **2** *fig (enorme)* {DANNO, VALORE} unschätzbar, unermesslich; {CONSEGUENZE, PERDITA} anche unberechenbar, unabsehbar.

incalliménto m **1** *(il diventare calloso)* {+MANO} Schwieligwerden n **2** *fig (indurimento)* {+CUORE} Verhärtung f.

incallìre <incallisco> A tr <avere> **1** *(rendere calloso)* ~ **qc** {RACCHETTA DA TENNIS MANO} *etw* schwielig machen **2** *fig (indurire)* ~ **qu/qc** {DISGRAZIE} *jdn/etw* verhärten, *jdn/etw* hart machen B itr <essere> itr pron **1** *(diventare calloso)*: **incallirsi** {PIEDE} Schwielen bekommen **2** *fig (indurirsi)*: **incallirsi** {CUORE} sich verhärten **3** *fig (assuefarsi)*: **incallirsi in qc** {NEL VIZIO} *etw* (dat) verfallen sein.

incallìto, (-a) agg **1** *(reso calloso)* {MANO} schwielig **2** *fig (insensibile)* {CUORE} hart **3** *fig (accanito)* {RESISTENZA} hartnäckig; {FUMATORE} stark; {GIOCATORE, ecc.} eingeschworen; *spreg* {PECCATORE} hartgesotten.

incalorìre <incalorisco> A tr **1** *(infiammare)*: **questo tipo di alimentazione incalorisce l'intestino**, durch diese Art von Ernährung kommt es zu Darmentzündungen **2** *fig (infiammare)* {DISPUTA} *etw* an|fachen B itr pron: **incalorirsi 1** {INTESTINO} sich entzünden **2** *fig (infervorarsi)* {DISCUSSIONE} heftig/hitzig werden.

incalzànte agg **1** *(che si susseque con rapidità)* {NOTIZIE, RITMO} sich überstürzend **2** *(pressante)* {SOLLECITAZIONE} bedrängend; {PERICOLO} drohend.

incalzàre A tr **1** *(inseguire)* ~ **(qu)** {GUARDIA FUGGITIVO} *jdn* pausenlos verfolgen, sich *jdm* an die Fersen heften **2** *fig (fare pressione)* ~ **(qu)** {TEMPO} *(jdn)* drängen; {PERICOLO} *(jdn)* drohen; ~ **qu con qc** {RAPITORE FAMIGLIA DEL RAPITO CON UNA RICHIESTA DI RISCATTO} *jdm (mit etw* dat) drohen **3** *fig (susseguirsi con rapidità)* {NOTIZIE} sich überstürzen B rfl rec: **incalzarsi** {AVVENIMENTI, FATTI} sich überstürzen.

incameràbile agg *(che si può incamerare)* {PATRIMONIO} einziehbar.

in càmera caritàtis loc avv *lat forb (confidenzialmente)* vertraulich, unter dem Siegel der Verschwiegenheit: **venne a saperlo in camera caritatis**, er/sie erfuhr es unter dem Siegel der Verschwiegenheit.

incameraménto m **1** *(confisca)* {+BENI} Einziehung f, Beschlagnahmung f, Konfiskation f **2** *(appropriamento)* Aneignung f.

incameràre tr ~ **qc 1** *(confiscare)* {STATO BENI PRIVATI} *etw* ein|ziehen, *etw* konfiszieren, *etw* beschlagnahmen **2** *(appropriarsi)* {DENARO} sich (dat) *etw* an|eignen.

incamiciàre <incamicio, incamici> tr ~ **qc 1** *edil (rinforzare)* {ARGINE} *etw* verkleiden **2** *mar (avvolgere)* {VELE} *etw* ein|hüllen **3** *mecc (rivestire)* {+} *etw* ummanteln, *etw* um|hüllen.

incamiciatùra f **1** *(strato di protezione)* {+ARGINE} Verkleidung f; {+VERNICE} Schutzschicht f **2** *mil* {+PROIETTILE} Hülse f.

incamminàre A itr pron **1** *(mettersi in cammino)* (*+ compl di luogo*) {SULLA STRADA POLVEROSA} sich auf den Weg *(irgendwohin)* begeben/machen: **incamminarsi verso casa**, sich auf den Heimweg machen **2** *fig (avviarsi)*: **incamminarsi verso qc** {VERSO LA ROVINA, VERSO IL SUCCESSO} *auf etw* (acc) zu|steuern B tr **1** *(avviare)* ~ **qc** {AFFARE} *etw* in die Wege leiten; {AZIENDA, IMPRESA} *etw* in Gang bringen **2** *fig (istradare)* ~ **qu in qc** {GIOVANE NELLO STUDIO DELL'ARTE} *jdn in etw* (acc) ein|führen; {FIGLIO IN UNA PROFESSIONE} *jdn (in etw* dat) unterweisen.

incanaglìre <incanaglisco> itr <essere> itr pron *(diventare una canaglia)*: **incanaglirsi** {COMPAGNO DI SCUOLA} gemein/niederträchtig werden.

incanalàre A tr **1** *(convogliare)* ~ **qc** {ACQUA} *etw* kanalisieren, *etw* in einen Kanal leiten **2** *(dirigere)* ~ **qc** {TRAFFICO} *etw* regeln, *etw* lenken; ~ **qu** (**verso qc**) {TIFOSI VERSO L'USCITA} *jdn (zu etw* dat) lenken B itr pron **1** *(raccogliersi)*: **incanalarsi** {ACQUE PIOVANE} in einen Kanal fließen **2** *(dirigersi)*: **incanalarsi verso qc** {FOLLA VERSO L'USCITA DI SICUREZZA} *auf etw* (acc) zu|strömen, *zu etw* (dat) strömen.

incanalatùra f **1** *(l'incanalare)* Kanalisierung f **2** *(canale)* Kanal m.

incancellàbile agg **1** *(che non si può cancellare)* {SCRITTURA} nicht ausradierbar **2** *fig (indelebile)* {RICORDO} unauslöschlich, unverwischbar.

incancrenìre <incancrenisco> itr <essere> itr pron: **incancrenirsi 1** *med (PIAGA DA DECUBITO)* brandig werden, gangränös *scient* werden **2** *fig (peggiorare)* {SITUAZIONE} sich verschlimmern, sich zu|spitzen.

incandescènte agg **1** *(rovente)* {LAVA, METALLO} glühend **2** *fig (acceso)* {POLEMICA, SITUAZIONE POLITICA} hitzig, glühend.

incandescènza f *elettr fis* Glühen n, Glut f.

incantaménto m *fig (l'essere incantato)* Verzauberung f.

incantàre A tr **1** *(stregare)* ~ **qu/qc** {VECCHIA PRINCIPE} *jdn/etw* verzaubern, *jdn/etw* be-, verhexen **2** *(ammaliare)* ~ **qc** {SERPENTE} *etw* beschwören **3** *fig (estasiare)* ~ **(qu)** {DIPINTO, MELODIA, PAESAGGIO, SGUARDO, SORRISO, TRAMONTO} *(jdn)* bezaubern, *jdn* entzücken **4** *fig (affascinare)* ~ **qu** (**con qc**) {CON UN DISCORSO} *jdn (mit etw* dat) faszinieren, *jdn (mit etw* dat) fesseln, *jdn (mit etw* dat) in den Bann ziehen: **non farti ~ da quel truffatore!**, lass dich von dem Schwindler nicht einwickeln! *fam* B itr pron: **incantarsi 1** *(restare ammaliato)* entzückt/verzaubert sein **2** *(restare intontito)* benommen/betäubt sein: **non incantarti, lavora!**, träume nicht, arbeite!; **cosa stai guardando? Ti sei incantato?**, was siehst du so vor dich hin? Träumst du? **3** *(bloccarsi)* {DISPOSITIVO} stehen bleiben.

incantàto, (-a) agg **1** *(fatato)* {ANELLO} verzaubert, Zauber-; {CASTELLO} *anche* verwunschen **2** *fig (suggestivo)* {VISIONE} bezaubernd, entzückend; {MUSICA} *anche* zauberhaft **3** *(estasiato)* verzaubert, entzückt: **siamo rimasti incantati dal paesaggio**, wir waren von der Landschaft hingerissen **4** *(intontito)* benommen, wie betäubt, verträumt: **se ne stava lì ~**, er stand verträumt da **5** *(bloccato)* {DISPOSITIVO, SVEGLIA} blockiert.

incantatóre, (-trice) A agg *(che incanta)* {SGUARDO, SORRISO} bezaubernd, entzückend B m (f) **1** *(operatore d'incantesimi)* Zauberer m, (Zaub(r)erin f) **2** *fig scherz (ammaliatore)* {+FANCIULLE} Verführer(in) m(f) ● **~ di serpenti**, Schlangenbeschwörer m.

incantésimo m **1** *(sortilegio)* Zauber m, Zauberei f, Verzauberung f: **fare un ~**, einen Zauber anwenden, zaubern **2** *(formula magica)* Zauberformel f, Zauberspruch m **3** *fig (incanto)* {+MUSICA, NOTTE D'ESTATE} Zauber m, Reiz m **4** <di solito al pl> *(seduzioni)* {+DONGIOVANNI} Verführungskunst f ● **rompere l'~** (*il sortilegio*), den Zauber brechen/lösen; *fig (disilludere)*, desillusionieren, ernüchtern, entzaubern.

incantévole agg *fig (che incanta)* {LUOGO, RAGAZZA} zauberhaft, bezaubernd, entzückend.

incànto① A m **1** *(magia)* Zauber m, Zauberei f: **come per ~**, wie von Zauberhand **2** *fig (meraviglia)* {+MUSICA} Zauber m: **quel-**

la ragazza è un ~, das Mädchen ist bezaubernd **B** *loc avv* (*meravigliosamente*): **d'~**, wunderbar; **quel vestito le sta d'~**, dieses Kleid steht ihr wunderbar ● **andare d'/[che è un']~** (*funzionare meravigliosamente*), wunderbar laufen; fabelhaft funktionieren; funktionieren, dass es eine wahre Pracht ist *fam*; **fare qc che è un'~** *fig iron* (*molto bene*), eine schöne Bescherung anrichten *fam iron*; **rompere l'~** *fig* (*riportare alla realtà*), den Zauber brechen.

incànto② *m dir* (*vendita all'~*) Versteigerung f, Auktion f: **comperare/vendere all'~**, bei einer Versteigerung ⌞erstehen/ersteigern⌟/[verkaufen]; **mettere all'~**, versteigern.

incanutiménto *m* (*risultato*) {PRECOCE; +RAGAZZO} Ergrauen n.

incanutìre <*incanutisco*> **A** *itr* <*essere*> {CAPELLI} grau werden, ergrauen **B** *tr* <*avere*> ~ **qu** {PREOCCUPAZIONI MADRE} jdn ergrauen lassen.

incapàce **A** *agg* **1** (*inetto*) {AVVOCATO} untüchtig, unfähig **2** (*non capace*) ~ **di qc** {DI UN GESTO SIMILE} unfähig (*zu etw dat*), nicht imstande (*zu etw dat*), außerstande (*zu etw dat*): **è ~ di fare quel lavoro**, er/sie ist nicht imstande, diese Arbeit auszuführen **3** *dir* {MAGGIORENNE} unfähig: **~ di agire**, handlungsunfähig; geschäftsunfähig; **~ di intendere e di volere**, unzurechnungsfähig **B** *mf* **1** (*inetto*) Versager(in) m(f), Nichtskönner(in) m(f) **2** *dir* unfähige Person.

incapacità <-> *f* **1** (*inabilità*) {+INSEGNANTE} Unfähigkeit f, Unvermögen n **2** *dir* Unfähigkeit f: **~ di agire**, Handlungsunfähigkeit f; Geschäftsunfähigkeit f; **~ giuridica**, Rechtsunfähigkeit f.

incaparbìre <*incaparbisco*> *itr* <*essere*> *itr pron* (*ostinarsi*): **incaparbirsi (in qc)** {IN UN LAVORO} *auf etw (dat)* beharren, sich *auf etw (acc)* versteifen, {NEL SOSPETTO} sich (*dat*) *etw* in den Kopf setzen.

incaponiménto *m* (*ostinazione*) Versteifen n: **l'~ del bambino per quel giocattolo era incredibile**, es war unglaublich, wie sich das Kind auf dieses Spielzeug versteifte.

incaponìrsi <*m'incaponisco*> *itr pron* (*ostinarsi*) ~ **(in qc)** *auf etw (dat)* beharren, sich *auf etw (acc)* versteifen, ~ **a/di fare qc**, sich darauf versteifen, *etw zu tun*; sich (*dat*) *etw* in den Kopf setzen, *etw zu tun*.

incaponìto, (**-a**) *agg* (*ostinato*) ~ **(in qc)** {NELL'IDEA DI SCAPPARE DI CASA} versteift *auf etw (acc)*, fixiert *auf etw (acc)*.

incappàre *itr* <*essere*> **1** (*imbattersi*) ~ **in qu** {IN UN UOMO SENZA SCRUPOLI} *an jdn* geraten **2** (*trovare*) ~ **in qc** {IN UNA DIFFICOLTÀ, IN UN'INSIDIA} *in etw (acc)* geraten, *auf etw (acc)* stoßen.

incappottàre **A** *tr* (*mettere il cappotto*) ~ **qu** {BAMBINO} *jdm* einen Mantel an|-, überziehen, *jdn* in einen Mantel hüllen **B** *rfl*: **incappottarsi** sich (*dat*) einen Mantel überziehen, sich in einen Mantel hüllen.

incappucciàre (*incappuccio, incappucci*) **A** *tr* **1** (*coprire con un cappuccio*) ~ **qu/qc** {BAMBINA, BAMBOLA} *jdm/etw* eine Kapuze aufsetzen **2** *fig* (*ammantare*) ~ **qc (di qc)** {INVERNO MONTAGNA DI NEVE} *etw (mit etw dat)* bedecken, *etw (mit etw dat)* überziehen **B** *itr pron fig* (*ammantarsi*): **incappucciarsi di qc** {COLLINA DI NEVE} *mit etw (dat)* bedeckt/überzogen sein **C** *rfl* (*coprirsi con un cappuccio*): **incappucciarsi** sich (*dat*) eine Kapuze auf|setzen.

incappucciàto, (**-a**) **A** *agg* (*che porta un cappuccio*) mit Kapuze **B** *m* (*pl*) Kapuzenträger(in) m(f) ● **gli Incappucciati** (*seguaci del Ku Klux Klan*), Mitglieder n pl des Ku-Klux-Klans.

incaprettaménto *m slang* (*esecuzione mafiosa*) "Fesselung, die (bei Erlahmen der Arm- und Beinmuskulatur) zur Selbstdrosselung führt".

incaprettàre *tr slang* ~ **qu** {MAFIA DELATORE} *jdn* "so fesseln, dass man sich (bei Erlahmen der Arm- und Beinmuskulatur) selbst erdrosselt".

incaprettàto, (**-a**) *agg slang* {IMPRENDITORE} "so gefesselt, dass man sich (bei Erlahmen der Arm- und Beinmuskulatur) selbst erdrosselt".

incapricciàrsi <*m'incapriccio, t'incapricci*> *itr pron* **1** (*invaghirsi*) ~ **di qu** {DI UN'ATTRICE FAMOSA} sich (*in jdn*) verlieben, sich *in jdn* vernarren *fam*, sich (*in jdn*) verknallen *slang* **2** (*farsi prendere da un capriccio*) ~ **di qc** {RAGAZZO DELLA MOTO} sich *auf etw (acc)* kaprizieren.

incapsulaménto *m* **1** (*+BOTTIGLIA*) Verkapselung f **2** *farm* {+ANTIBIOTICO} Einkapselung f **3** *med* (*in odontoiatria*) {+DENTE} Überkronung f.

incapsulàre *tr* ~ **qc** **1** (*effettuare la capsulatura*) {BOTTIGLIA, FIASCO} *etw* verkapseln **2** *farm* {POLVERE MEDICINALE} *etw* ein|kapseln **3** *med* (*in odontoiatria*) {DENTE} *etw* überkronen.

incarceraménto *m* **1** *rar* (*carcerazione*) Einsperren n, Einkerkerung f *forb* **2** *med* Einklemmung f, Inkarzeration f *scient*: **~ dell'ernia**, Brucheinklemmung f.

incarceràre *tr* **1** (*mettere in carcere*) ~ **qu** {INNOCENTE, RAPITORE, RESPONSABILE DELL'OMICIDIO} *jdn* ins Gefängnis (ein)sperren, *jdn* in|haftieren, *jdn* ein|sperren *fam*, *jdn* ein|kerken *forb* **2** *fig* (*rinchiudere*) ~ **qu/qc in qc** {IN ALBERGO, IN CASA} *jdn/etw (in etw dat/acc)* ein|schließen, *jdn/etw (in etw dat/acc)* ein|sperren.

incardinàre **A** *tr* **1** (*porre sui cardini*) ~ **qc** {PORTA} *etw* ein|hängen, *etw* in die Angeln hängen **2** *fig* (*imperniare*) ~ **qc su qc** {TEORIA SU DATI SCIENTIFICI} *etw auf etw (acc)* bauen, *etw auf etw (acc)* stützen **3** *relig* ~ **qu** *jdn* in eine Diözese ein|gliedern **B** *itr pron*: **incardinarsi su qc** {EDUCAZIONE SU PRINCIPI MORALI} *auf etw (dat)* auf|bauen.

incaricàre <*incarico, incarichi*> **A** *tr* ~ **qu di qc** *anche amm* (*affidare un compito*) {ASSISTENTE DEL LAVORO, ISPETTORE IMPIEGATO DEL CONTROLLO DEI CONTI} *jdn mit etw (dat)* beauftragen: **l'hanno incaricata di badare al bambino**, sie haben sie damit beauftragt, auf das Kind aufzupassen; **mi hanno incaricato di salutarti**, sie haben mir aufgetragen, dich zu grüßen; ich soll dir Grüße von ihnen ausrichten **B** *rfl*: **incaricarsi di qc** *etw* übernehmen, *etw* auf sich nehmen: **ti incarichi tu di innaffiare il giardino mentre noi siamo in vacanza?**, übernimmst du es, den Garten zu gießen, während wir im Urlaub sind?

incaricàto, (**-a**) **A** *agg* **1** (*delegato*) ~ **(di qc)** {BIDELLA DELLE PULIZIE} (*mit etw dat*) beauftragt, (*mit etw dat*) betraut: **si prega di consegnare gli oggetti rinvenuti alla persona incaricata**, es wird darum gebeten, die Fundsachen bei der beauftragten Person abzugeben; **è ~ di occuparsene**, er hat den Auftrag, sich darum zu kümmern **2** *scuola università stor* {PROFESSORE} außerordentlich **B** *m (f)* **1** (*funzionario*) Beauftragte mf decl come agg **2** *amm* {+SINDACO} Stellvertreter(in) m(f) **3** *diplomazia* Geschäftsträger(in) m(f): **~ d'affari**, Geschäftsträger m, Chargé d'Affaires m **4** *scuola* Lehrer(in) m(f), Lehrkraft f: **il preside ha riunito gli incaricati**, der Schulleiter hat ⌞die Lehrer⌟/[den Lehrkörper] versammelt; *università stor* außerordentlicher Professor.

incàrico <-*chi*> *m* **1** (*compito*) Auftrag m: **ho avuto l'~ di seguirlo**, ich habe den Auftrag erhalten, ihm zu folgen; **ha eseguito l'~ egregiamente**, er/sie hat den Auftrag tadellos ausgeführt; **se vai a Parigi ho due o tre incarichi per te**, wenn du nach Paris fährst, habe ich einige Aufträge für dich; **per ~ di qu**, im Auftrag von *jdm* **2** *amm polit* {+MINISTRO DEGLI ESTERI} Amt n **3** *scuola università* Lehrauftrag m: **ha ottenuto l'~ di tedesco**, er/sie hat den Lehrauftrag für Deutsch erhalten.

incarnàre **A** *tr* (*personificare*) ~ **qc** {CONCETTO, IMMAGINE} *etw* verkörpern, *etw* personifizieren *forb*; {PERSONAGGIO} *anche etw* dar|stellen **B** *itr pron* **1** *fig* (*personificarsi*): **incarnarsi in qu** sich *in jdm* verkörpern **2** *fig* (*concretarsi*): **incarnarsi in qc** {ISPIRAZIONE IN UN'OPERA} *in etw (dat)* Gestalt an|nehmen **3** *med*: **incarnarsi** {UNGHIA} (ins Fleisch) ein|wachsen **4** *relig*: **incarnarsi** {CRISTO} Fleisch/Mensch werden.

incarnàto①, (**-a**) **A** *agg* **1** *fig* (*personificato*) {BONTÀ} verkörpert, personifiziert *forb*: **la crudeltà incarnata**, die Grausamkeit in Person **2** *fig* (*radicato*) ~ **in qu** {DUBBIO} *bei/in jdm* eingewurzelt **3** *med* {UNGHIA} eingewachsen **4** *relig* {CRISTO, VERBO} Fleisch gewachsen.

incarnàto②, (**-a**) **A** *agg* (*rosa carne*) {ROSA, PIETRA} fleischfarben, fleischrot **B** *m* (*colore*) {+GUANCE} Fleischfarbe f: **avere un bell'~**, eine schöne Hautfarbe haben.

incarnazióne *f* **1** *fig* (*personificazione*) Verkörperung f: **è l'~ della malvagità**, er/sie ist die Bosheit ⌞in Person⌟/[selbst] **2** *relig* {+CRISTO, VERBO} Menschwerdung f, Fleischwerdung f, Inkarnation f.

incarnìre <*incarnisco*> *itr* <*essere*> *itr pron*: **incarnirsi** {UNGHIA} (ins Fleisch) ein|wachsen.

incarnìto, (**-a**) *agg* **1** {UNGHIA} eingewachsen **2** *fig* (*profondamente ancorato*) ~ **in qu/in etw (dat)** verankert: **ha il vizio ~ nelle ossa!**, das Laster sitzt tief in ihm/ihr drin *fam*!

incarognìre <*incarognisco*> *itr* <*essere*> *itr pron* **1** (*diventare una carogna*): **incarognirsi** verkommen *spreg*, verludern *spreg* **2** *fam* (*diventare malvagio*): **incarognirsi in qc** {NEL VIZIO} *in etw (dat)* versinken, *etw* verfallen **3** *rar* (*diventare cronico*): **incarognirsi** {MALATTIA} chronisch werden.

incarognìto, (**-a**) **A** *part pass di* incarognire **B** *agg* (*intestardito*) verbissen.

incartaménto *m amm* Akte f, Aktenbündel n.

incartapecorìre <*incartapecorisco*> *itr* <*essere*> *itr pron*: **incartapecorirsi** **1** (*aggrinzirsi*) {PELLE, VISO} runzlig/faltig werden, zusammen|schrumpfen **2** *fig* (*inaridirsi*) {CERVELLO, CUORE} verknöchern.

incartàre **A** *tr* (*avvolgere in carta*) ~ **qc** {BOTTIGLIA DI VINO, LIBRO, REGALO} *etw* (in Papier) ein|wickeln, *etw* (in Papier) ein|packen: **Le incarto il croissant o lo mangia subito?**, soll ich Ihnen den Croissant ein|packen/[in eine Tüte geben] oder essen Sie es gleich? **B** *itr pron* (*nel bridge*): **incartarsi** nicht ablegen können.

incartàta *f* (*l'incartare velocemente*) Einwickeln n: **dai un'~ a quel libro prima di mettertelo in borsa**, wickel das Buch rasch ein, bevor du es dir in die Tasche steckst.

incartàto, (**-a**) *agg* (*avvolto nella carta*) {OGGETTO} in Papier (ein)gewickelt.

incàrto *m* **1** (*involucro di carta*) {+BISCOTTI}

Verpackung f, Verpackungsmaterial n **2** *amm* (*incartamento*) Akte f, Aktenbündel n.

incartocciàre <*incartoccio, incartocci*> tr ~ **qc 1** (*mettere in un cartoccio*) {CALDARROSTE} *etw* in Tüten ab|packen/geben **2** *rar* (*avvolgere a cartoccio*) *etw* zu einer Tüte drehen.

incasellaménto m *anche* (*fig*) Katalogisierung f, Sortierung f; (*azione*) *anche* Katalogisieren n, Sortieren n.

incaşellàre tr ~ **qc 1** (*disporre in casellario*) {LETTERE} *etw* auf Fächer verteilen, *etw* fachweise ordnen, *etw* in Kästchen verteilen **2** *fig* (*classificare*) {LE PROPRIE COGNIZIONI} *etw* katalogisieren.

incasellatóre, (-trice) m (f) *post* (*impiegato*) Sortierer(in) m(f).

incaşermàre tr ~ **qu 1** (*sistemare in caserma*) *jdn* in Kasernen unter|bringen **2** *fig* {BAMBINI} *jdn* ein|schließen.

incaşinaménto m *slang* (*confusione*) Chaos n *forb*, Durcheinander n; (*l'incasinare*) Durcheinanderbringen n; (*l'incasinarsi*) Durcheinandergeraten n.

incaşinàre **A** tr *slang* **1** (*fare confusione*) ~ **qc** {BAMBINI CASA} *etw* auf den Kopf stellen *fam*, *etw* durcheinander|bringen **2** (*complicare*) ~ **qc** (**a qu**) {FIGLI VITA} (*jdm*) *etw* komplizieren, (*jdm*) *etw* auf den Kopf stellen *fam* **B** itr pron: **incasinarsi 1** (*cacciarsi nei guai*) sich in Schwierigkeiten bringen: **si è incasinato con quella ragazza**, durch dieses Mädchen hat er sich in Schwierigkeiten gebracht **2** (*confondersi*) sich verwirren (lassen), den Überblick verlieren: **cerca di non incasinarti mentre leggi**, versuche, ⌞dich beim Lesen nicht verwirren zu lassen⌟/[beim Lesen nicht den Überblick zu verlieren].

incaşinàto, (-a) agg *slang* **1** (*disordinato*) {STANZA} chaotisch, durcheinander **2** (*complicato*) {TRADUZIONE} kompliziert; {SITUAZIONE, VITA} *anche* verwickelt **3** (*inguaiato*) {RAGAZZO} in Schwierigkeiten steckend **4** (*confuso*) verwirrt: **si è ~ alla terza riga**, bei der dritten Zeile hat er den Überblick verloren **5** (*oberato di impegni*) gestresst, überlastet: **oggi sono troppo incasinata per vederti**, heute habe ich zu viel um die Ohren *fam*, um dich zu sehen.

incassàbile agg **1** *banca* {ASSEGNO} einlösbar **2** *edil* {INTERRUTTORE} einlassbar.

incassàre **A** tr **1** (*collocare in cassa*) ~ **qc** {LIBRI, PORCELLANE, POSATE} *etw* in Kisten verpacken **2** (*inserire in cavità*) ~ **qc** {PRESA DI CORRENTE, SERRATURA} *etw* ein|lassen, *etw* ein|legen, *etw* versenken; {ARMADIO A MURO} *etw* ein|bauen **3** (*incastonare*) ~ **qc** {PIETRA} *etw* ein|fassen **4** (*chiudere dentro gli argini*) ~ **qc** {FIUME} *etw* ein|dämmen **5** (*riscuotere*) ~ **qc** {DENARO} *etw* (ein)kassieren, *etw* ein|treiben; {ASSEGNO} *etw* ein|lösen; (*uso assol*) Umsatz machen: **ieri abbiamo incassato poco**, gestern haben wir wenig eingenommen/[Umsatz gemacht] **6** *fig* (*sopportare bene*) ~ (**qc**) {PUGILE I COLPI DELL'AVVERSARIO} ein|stecken; {ACCUSE, CRITICHE, OFFESE} *anche etw* hin|nehmen **7** *sport* (*nel calcio*) ~ **qc** {SQUADRA UNA RETE} *etw* kassieren *fam* **B** itr (*combaciare*) passen, hinein|passen: **il coperchio non incassa perfettamente**, der Deckel passt nicht richtig **C** itr pron (*incuneasi*): **incassarsi** {STRADA} eingebettet sein.

incassàto, (-a) agg **1** (*chiuso in una cassa*) {MERCE} in Kisten verpackt **2** (*incuneato*) (**tra qc**) {CORSO D'ACQUA TRA DUE VALLI, STRADA FRA DUE PRECIPIZI, VALLE} *in etw* (*acc*) eingebettet, (*zwischen etw dat*) eingeschlossen **3** (*riscosso*) {SOMMA DI DENARO} einkassiert, eingenommen; {ASSEGNO} eingelöst **4** (*scavato*) {OCCHI} tiefliegend **5** (*sprofondato*) {COLLO, TESTA} eingezogen **6** (*incastonato*)

{DIAMANTE} eingefasst **7** *edil elettr* ~ (**in qc**) {CAVI, INTERRUTTORE, PRESA DELLA LUCE NEL MURO} (*in etw acc*) eingelassen.

incassatóre, (-trice) m (f) **1** (*imballatore*) Packer(in) m(f), Verpacker(in) m(f) **2** *fig* (*chi subisce bene un oltraggio*) "Mensch, der viel ein|stecken kann" **3** *sport* (*nel pugilato*) Nehmer m.

incassatùra f **1** (*il mettere in casse*) {+PARTITA DI MERCE} Kistenverpacken n, Kistenverpackung f **2** (*inserimento*) {+FILI ELETTRICI, PRESA DI CORRENTE} Einlassen n, Einpassen n; {+LIBRERIA} Einbauen n **3** (*cavità*) {+STRADA} Einbettung f **4** (*incastonatura*) {+GEMMA} (Ein)fassung f ● ~ **orbitale** *anat*, Augenhöhle f.

incàsso **A** m **1** (*l'incassare*) Einnehmen n, (Ein)kassieren n **2** *banca* {+ASSEGNO} Einlösung f; {+CREDITI} Inkasso n **3** *com* (*ricavo*) {GIORNALIERO, LORDO, NETTO} Einnahme f: **realizzare un forte ~**, hohe Einnahmen machen, *etw* verbuchen **B** <inv> loc agg *edil* (*incassato*): **da ~**, {FORNO, LAVELLO} Einbau-.

incastellatùra f (*impalcatura*) {+EDIFICIO} Gerüst n; {+MOTORE} Gestell n.

incastonàre tr **1** (*fermare nel castone*) ~ **qc** (**in qc**) {RUBINO IN UN ANELLO} *etw* (*in etw acc*) (ein)|fassen **2** *fig* (*inserire*) ~ **qc in qc** {CITAZIONI IN UN DISCORSO} *etw* (*in etw acc*) (schmückend) ein|fügen.

incastonàto, (-a) **A** part pass *di* incastonare **B** agg **1** (*fissato*) {DIAMANTE} eingefasst **2** *fig* (*inserito*): **citazione incastonata nel discorso**, in die Rede ⌞(schmückend) eingefügtes⌟/[geschickt montiertes] Zitat.

incastonatóre, (-trice) m (f) (*in oreficeria*) Einfasser(in) m(f).

incastonatùra f (*montatura*) {+RUBINO} (Ein)fassung f.

incastràre **A** tr **1** (*inserire a forza*) ~ **qc** (+ **compl di luogo**) {TRAVE NEL MURO} *etw* (*in etw acc*) ein|spannen; {BRILLANTE} *etw* (in)|fassen **2** *fig fam* (*intrappolare*) ~ **qu** (**con qc**) {LADRO CON PROVE IRREFUTABILI} *jdn* (*mit etw dat*) fest|nageln *fam*: **si è fatto ~ da quella donna**, er hat sich von dieser Frau herein|legen lassen *fam* **B** itr (*adattarsi*) ineinander|passen, ineinander|greifen: **un ingranaggio che incastra bene**, ein Getriebe, das gut ineinandergreift **C** itr pron: **incastrarsi** (+ **compl di luogo**) **1** (*rimanere incastrato*) {CHIODO NEL MURO} (*in etw dat*) stecken bleiben **2** (*incunearsi*) {AUTO SOTTO UN AUTOCARRO} sich (*unter etw acc*) verkeilen **3** (*conficcarsi*) {TACCO DELLA SCARPA NEL TOMBINO} (*irgendwo*) hängen bleiben **4** (*bloccarsi*) {GUIDATORE NELLE LAMIERE DELL'AUTO} (*irgendwo*) eingeklemmt werden.

incastràto, (-a) agg **1** (*preso*) ~ (+ **compl di luogo**) {AUTO SOTTO UN AUTOCARRO, CINTURA DI SICUREZZA SOTTO IL SEDILE; GAMBA SOTTO LA MOTOCICLETTA} (*irgendwo*) eingeklemmt, (*irgendwo*) eingezwängt: **mi sono trovato ~ fra due macchine**, ich fand mich zwischen zwei Autos eingeklemmt **2** *fig* (*intrappolato*) ~ (**in qc**) *in etw* (*acc*) verstrickt *forb*, *in etw* (*acc*) verwickelt: **si è trovato ~ in una situazione difficile**, er fand sich in eine schwierige Situation verstrickt *forb* **3** *arch* {ARCO} eingespannt **4** *edil* {TRAVE} eingespannt; {SERRATURA} eingerastet **5** *tecnol* {PARTE DI UN GIUNTO} eingeklemmt, eingezwängt.

incastratùra f **1** (*cavità*) Einschnitt m, Schlitz m **2** (*l'incastrare*) Einklemmen n, Einzwängen n.

incàstro m **1** (*l'incastrare*) Einklemmen n, Einzwängen n: ~ **di una trave nel muro**, Einmauern n eines Balkens **2** (*punto di ~*) Einschnitt m: ~ **a forcella**/**mortasa e tenone**/[**coda di rondine**], Zinke f/[einfache

gerade Zapfenholzverbindung]/[Schwalbenschwanzverbindung f]; ~ **a maschio e femmina**, Spundung f **3** *enigmistica* "Einschachtelung eines Wortes in ein anderes".

incatenaménto m (*l'incatenare*) Verkettung f.

incatenàre **A** tr **1** (*legare con catene*) ~ **qu** {DETENUTO, RAPITO} *jdn* in Ketten legen, *jdn* fesseln; ~ **qc** {CANE} *etw* an|ketten, *etw* an die Kette legen **2** (*chiudere con catene*) ~ **qc** {ENTRATA DEL PORTO, DELLA STRADA} *etw* mit einer Kette ab|sperren **3** *fig* (*soggiogare*) ~ **qu**/**qc** {AMANTE, L'ANIMO DI QU, IL CUORE DI QU} *jdn*/*etw* fesseln **4** *fig* (*limitare*) ~ **qc** {CULTURA, PENSIERO, STAMPA} *etw* ein|engen: ~ **la libertà**, die Freiheit beschneiden **5** *edil* (*rafforzare con catene*) {MURO} *etw* verankern, *etw* durch Ketten befestigen **B** rfl (*legarsi con catene*): **incatenarsi a qc** {GIOVANE DISOCCUPATO AL CANCELLO DEL PALAZZO COMUNALE} sich *an etw* (*acc*) (an|)ketten **C** rfl rec (*congiungersi*): **incatenarsi** sich aneinander|binden.

incatenàto, (-a) agg **1** (*legato con catene*) {PRIGIONIERO} gefesselt, in Ketten; {CANE} angekettet **2** *fig* ~ **a qu**/**qc** gefesselt, *an jdn/etw* gekettet: **è ~ alla sua casa**, er ist an sein Haus gefesselt/gebunden **3** *ling* {RIMA} Ketten-.

incatenatùra f *edil tecnol* Verankerung f.

incatramàre tr ~ **qc** {STRADA} *etw* (ver)|teeren.

incatramàto, (-a) agg (*coperto di catrame*) {SOLETTA} geteert, verteert, Teer-.

incattivìre <*incattivisco*> **A** tr <*avere*> **1** (*rendere cattivo*) ~ **qu** *jdn* verbittern; ~ **qc** {CANE} *etw* böse machen **2** (*adirare*) ~ **qu** (**con qc**) {CON ECCESSIVI RIMPROVERI} *jdn* (*mit etw dat*) verärgern, *jdn* (*mit etw dat*) erzürnen, *jdn* (*mit etw dat*) reizen **B** itr <*essere*> itr pron **1** (*diventare cattivo*): **incattivirsi** (**per qc**) {PER I MALTRATTAMENTI} sich (*über etw acc*) erbosen, (*über etw acc*) böse werden **2** (*irritarsi*): **incattivirsi** sich erzürnen, böse werden **3** *fig* (*guastarsi*) {OLIO, VINO} verderben, schlecht werden; {TEMPO} schlecht werden, sich verschlechtern.

incattivìto, (-a) agg (*irritato*) erbost, böse, fuchtig: **mi ha risposto tutto ~**, er hat mir ganz erbost geantwortet.

incàuto, (-a) agg (*avventato*) {RAGAZZO} unvorsichtig; {COMPORTAMENTO, MOSSA} *anche* unüberlegt, unbedacht.

incavàre **A** tr (*rendere cavo*) ~ **qc** {LEGNO} *etw* aus|höhlen **B** itr pron (*formare cavità*): **incavarsi** {GUANCE, VISO} ein|fallen, mager werden.

incavàto, (-a) agg **1** (*cavo*) {TRONCO} gehöhlt **2** (*scavato*) {OCCHI} tiefliegend; {GUANCE} hohl, eingefallen.

incavatùra f **1** (*l'incavare*) {+PIETRA} Aushöhlung f **2** (*incavo*) Aushöhlung f, Vertiefung f: **un'~ nel tronco**, eine Einkerbung im Baumstamm; {+GUANCE} Grübchen n.

incavezzàre tr (*mettere la cavezza*) ~ **qc** {CAVALLO} *etw* (*mit dat*) die Halfter an|legen.

incàvo m **1** (*cavità*) Aushöhlung f, Vertiefung f, Kerbe f: **l'acqua ha fatto un ~ nella roccia**, das Wasser hat den Felsen an einer Stelle ausgehöhlt; **l'~ del ginocchio**, Kniekehle f; **l'~ della spalla**, Achselhöhle f **2** (*scalfo*) Ausschnitt m: ~ **della manica**, Ärmelausschnitt m.

incavolàrsi itr pron *fam eufem* (*arrabbiarsi*) sauer werden *fam*: **non t'incavolare subito!**, jetzt werd(e) nicht gleich sauer *fam*!, jetzt reg(e) dich nicht gleich auf! *fam*; **quando parli così mi fai proprio incavolare**, wenn du so daherredest *spreg*, bringst du mich wir-

klich auf die Palme *fam*.
incavolàto, (-a) *agg fam eufem* (*arrabbiato*) {FRATELLO, ARIA} stinksauer *fam*, stocksauer *fam*, stinkig *fam*.
incavolatùra f *fam eufem* (*arrabbiatura*) Koller m *fam*, Rappel m *fam*.
incazzàrsi *itr pron slang volg* (*arrabbiarsi*) wild werden *fam*, hoch|gehen *fam*, an die Decke gehen *fam*, zornig/wütend werden *fam*: **non incazzarti per così poco!**, jetzt geh(e) wegen einer solchen Kleinigkeit nicht gleich hoch *fam*!; **mi fa sempre incazzare!**, er/sie bringt mich immer ⌊zur Weißglut *fam*⌋/[in Rage *fam*]!
incazzàto, (-a) *agg slang volg* (*molto arrabbiato*) {AMICO, FACCIA, VOCE} stinksauer *fam*, stocksauer *fam*, stinkig *fam*: **essere ~ nero**, auf 180 sein *fam*, fuchsteufelswild sein.
incazzatùra f *slang volg* (*arrabbiatura*) Mords-, Stinkwut f *fam*.
incazzóso, (-a) *agg slang volg* (*che si arrabbia facilmente*) {INSEGNANTE} aufbrausend, jähzornig.
incèdere <coniug *come* cedere> *itr poet* (einher|)schreiten *forb*.
incedìbile *agg anche dir* (*inalienabile*) unveräußerlich.
incellofanàre *tr* (*avvolgere nel cellofan*) ~ **qc** {BICCHIERI} etw in Cellophan® wickeln.
incendiàre <*incendio, incendi*> **A** *tr* **1** (*bruciare*) ~ **qc** {BOSCO, FIENILE, NEGOZIO} etw an|zünden, etw in Brand setzen/stecken; {MATERIALE ESPLOSIVO} etw ab|brennen **2** *fig* (*infiammare*) ~ **qu/qc** {ANIMI, CUORE} jdn/etw entflammen **B** *itr pron* (*prendere fuoco*): **incendiarsi** {AUTOMOBILE} Feuer fangen; {DEPOSITO DI OLI COMBUSTIBILI, SEGHERIA} *anche* sich entzünden, in Brand geraten.
incendiàrio, (-a) <*-ri* m> **A** *agg* **1** (*che incendia*) {BOMBA, SOSTANZA} Brand- **2** *fig* {OCCHIATA, PROPOSITI} aufreizend, entflammend **B** m (f) (*piromane*) Brandstifter(in) m(f).
incèndio <*-di* m> **1** (*fuoco*) {CASA, BOSCO} Brand m, Feuer n: ~ **colposo/doloso**, Brandstiftung f **2** *fig* (*sentimento travolgente*) Feuer n, Flamme f, Glut f: **è difficile spegnere gli incendi dell'odio e dell'amore**, es ist schwer, die Flammen des Hasses und der Liebe zu löschen **3** *fig rar* (*violenza, rovina*) Zerstörungswut f: **l'~ della guerra distrusse interi paesi**, die Zerstörungswut des Krieges vernichtete ganze Länder.
incenerimènto m **1** (*distruzione*) {+ALBERO, LETTERE} Einäscherung f **2** *chim* Veraschung f: ~ **delle immondizie/dei rifiuti**, Müllverbrennung f.
incenerìre <*incenerisco*> **A** *tr* **1** (*ridurre in cenere*) ~ **qc** {INCENDIO, FULMINE CIPRESSO, DEPOSITO, DOCUMENTI, LETTERE} etw ein|äschern **2** *fig* (*annientare*) ~ **qu** jdn vernichten: **mi ha incenerito con uno sguardo**, er/sie hat mich mit einem Blick vernichtet **3** *chim* {RIFIUTI URBANI} etw veraschen **B** *itr pron* (*diventare cenere*): **incenerirsi** zu Asche werden, eingeäschert werden.
incenerìto, (-a) *agg* (*bruciato*) {ALBERO} in Asche liegend.
inceneritóre m *chim* {+RIFIUTI} Müllverbrennungsanlage f, Verbrennungsofen m.
incensamènto m *anche fig* (*+incensare*) Beweihräucherung f, Lobhudelei f *spreg*.
incensàre **A** *tr* **1** *relig* ~ **qu/qc** {CELEBRANTE, ALTARE} jdn/etw beweihräuchern; {CHIESA} etw mit Weihrauch erfüllen **2** *fig* (*adulare*) ~ **qu** {MINISTRO} jdn beweihräuchern *fam spreg*, jdm schön|tun *fam*, jdm lobhudeln *spreg* **B** *rfl rec fig* (*lodarsi*): **incensarsi** sich selbst beweihräuchern *fam spreg*.
incensàta f *anche fig* Beweihräucherung f *fam spreg*; (*effetto*) *anche* Lobhudelei f *spreg*, Schöntuerei f *fam*.
incensatóre, (-trice) m (f) **1** (*chi incensa*) Rauchfassschwinger(in) m(f), Rauchfassträger(in) m(f) **2** *fig* Schmeichler(in) m(f), Schöntuer(in) m(f) *fam*, Lobhudler(in) m(f) *spreg*.
incensière m (*recipiente*) Weihrauchfass n, Räucherfass n • **dare l'~ sul naso a qu** *fig* (*lodare smaccatamente*), jdm Weihrauch streuen *forb*.
incènso m **1** (*gommoresina*) Weihrauch m; *lett* (*profumo*) Weihrauchduft m **2** *fig* (*adulazione*) Schmeichelei f, Beweihräucherung f *fam spreg*, Schöntuerei f *fam*, Lobhudelei f *spreg* • **bruciare l'~ a qu** *fig* (*adulare*), jdm schmeicheln; **sarebbe bruciare l'~ ai morti** *fig* (*fare cosa inutile*), das wäre vergebliche Liebesmüh.
incensuràbile *agg* (*irreprensibile*) {CONDOTTA, PERSONA} tadellos, untadelig.
incensuràto, (-a) *agg* **1** (*irreprensibile*) {CONDOTTA, MINISTRO} tadellos, untadelig **2** *dir* nicht vorbestraft.
incentivànte *agg dir econ* {SGRAVIO FISCALE} der/die Anreize schafft, anspornend.
incentivàre *tr* (*favorire*) ~ **qc** {RICERCA MEDICA, PRODUZIONE DI GRANO, RISPARMIO} etw an|kurbeln.
incentivazióne f (*incoraggiamento*) {+SCAMBI CULTURALI} Anregung f; {+PRODUZIONE DI ORZO} Ankurbelung f.
incentive <-, -s pl *ingl*> m *ingl industr* (*premio*) Incentive n; (*viaggio*) Incentivereise f.
incentìvo m **1** (*stimolo*) ~ (**a qc**) {ALLO STUDIO} Anreiz m (*zu etw dat*), Anregung f (*zu etw dat*), Ansporn m (*zu etw dat*): **il denaro è l'~ che lo spinge a lavorare**, das Geld ist der Stachel, der ihn zur Arbeit antreibt; **le tue parole sono veramente un ~ a continuare così malgrado tutto**, deine Worte sind wirklich ein Ansporn, trotz allem so weiterzumachen **2** (*occasione*) Anstoß m, Ankurbelung f: **quella disgrazia gli ha dato l'~ per cominciare a bere**, dieses Unglück hat ihn ⌊zum Trinken⌋/[in den Suff *fam*] getrieben **3** *econ* ~ (**a qc**) {ALL'ACQUISTO DI UN PRODOTTO} Anregung f (*zu etw dat*), Förderung f (*zu etw dat*).
incentràre **A** *tr* **1** *fig* (*imperniare*) ~ **qc su qc** {RELAZIONE SUI RAPPORTI TRA LA SCIMMIA E L'UOMO} etw auf etw (acc) gründen **2** *lett* (*collocare nel centro*) ~ **qc in qc** {SISTEMA TOLEMAICO} Terra nell'universo} etw in den Mittelpunkt etw (gen) stellen **B** *itr pron fig* (*essere imperniato*): **incentrarsi su qu/qc** {DISCORSO SUI FIGLI, SULLA SOLIDARIETÀ} sich um etw (acc) drehen, um etw (acc) gehen.
incèntro m *mat* Schwerpunkt m.
inceppamènto m **1** (*l'incepparsi*) {+APPARECCHIO MECCANICO} Klemmen n; {+ARMA} Ladehemmung f **2** *fig* (*blocco*) {+TRATTATIVE} Hindernis n, Hemmnis n, Hemmung f.
inceppàre **A** *tr fig* (*bloccare*) ~ **qc** {LIBERO COMMERCIO, TRATTATIVE DI PACE} etw behindern, etw hemmen, etw blockieren **B** *itr pron* (*bloccarsi*): **incepparsi** {FUCILE, PISTOLA} Ladehemmung haben, (sich ver)klemmen; {OBLITERATRICE} blockieren.
inceppàto, (-a) *agg* **1** (*bloccato*) {ACCENDINO, ARMA} verklemmt, blockiert; *fig* {NEGOZIATI DI PACE} gehemmt **2** *fig* (*impacciato*) {STILE} unbeholfen, plump, schwerfällig **3** *mar* {ANCORA} eingeklemmt.
ineràre *tr* ~ **qc** **1** (*spalmare*) {CORDA} etw ein|wachsen **2** (*lucidare*) {MOBILE, PAVIMENTO} etw bohnern, etw wachsen **3** (*sporcare*) {TOVAGLIA} etw beklecksen, etw bekleckern *fam*.
ineràta f **1** (*tela*) Wachstuch n, Wachsleinwand f **2** (*impermeabile*) Regenhaut f, Regenschutz m, Ölzeug n.
incernieràre *tr tecnol* ~ **qc** {SPORTELLO DI UN MOBILE} etw mit Scharnieren versehen.
incerottàre **A** *tr* (*mettere un cerotto*) ~ **qu/qc** {FERITO, GAMBA} jdm/etw (ein) Pflaster auf|kleben, jdm/etw bepflastern *fam* **B** *rfl* (*mettersi un cerotto*) sich verpflastern, sich (ein) Pflaster aufkleben.
incerottàto, (-a) **A** *part pass di* incerottare **B** *agg* verpflastert: **col dito ~**, mit verpflastertem Finger; **dopo la caduta era tutto ~**, nach dem Sturz war er ganz/überall verpflastert.
incertézza f **1** (*mancanza di certezza*) Ungewissheit f: **vivere nell'~**, in der Ungewissheit leben **2** (*imprevedibilità*) {+RISULTATO} Unvorhersehbarkeit f **3** (*insicurezza*) {+FONTE, NOTIZIA} Unsicherheit f **4** (*dubbio*) Zweifel m: **dissipare ogni ~**, alle Zweifel zerstreuen; **avere delle incertezze sulla validità di certe rivendicazioni**, einige Zweifel an der Berechtigung gewisser Ansprüche hegen **5** (*indecisione*) Unentschlossenheit f: **avere un'~ sul da farsi**, sich (dat) unschlüssig sein, was zu tun ist **6** (*esitazione*) Zögern n, Unschlüssigkeit f: **lo studente ha risposto con molta ~**, der Student/Schüler hat sehr zögernd geantwortet **7** (*improprietà*) {+LINGUA} Unsicherheit f **8** *dir* Unsicherheit f, Unklarheit f: ~ **sulla paternità**, Unklarheit f über die Vaterschaft.
incèrto, (-a) **A** *agg* **1** (*malsicuro*) {FEDE, MANO, PERSONA, SCRITTURA, VOCE} unsicher: **sentirsi ~ nella guida della macchina**, sich beim Auto fahren unsicher fühlen; **avanzava con passo ~**, er/sie ging mit unsicherem Schritt weiter **2** (*insicuro*) {DATO, NOTIZIA} unsicher **3** (*dubbioso*) unschlüssig, unentschlossen: **ero ~ se credergli o no**, ich war mir ⌊unschlüssig (darüber)⌋/[im Ungewissen], ob ich ihm glauben sollte oder nicht; **essere ~ sul da farsi**, sich (dat) unschlüssig sein, was zu tun ist **4** (*imprevedibile*) {ESITO, FUTURO, PROMOZIONE} zweifelhaft, fraglich; {TEMPO} unbeständig, unsicher **5** (*non ancora stabilito*) {NUMERO DEGLI INVITATI} ungewiss, unsicher, unbestimmt; {DATA} nicht feststehend **6** (*vago*) {SIGNIFICATO} unbestimmt; (*indistinto*) {PROFILO} unscharf; {IMMAGINE} verschwommen; {LUCE} schumm(e)rig **7** (*sconosciuto*) {ORIGINE} ungewiss **8** *banca* (*QUOTAZIONE, REDDITO*) variabel **B** m **1** <*solo sing*> (*cosa eventuale*) Ungewisse n *decl come agg*: **lasciare il certo per l'~**, das Sichere gegen das Unsichere eintauschen **2** <*di solito al pl*> (*rischi*) Unwägbarkeiten f pl, Risiken n pl: **gli incerti ⌊del mestiere⌋/[della vita]**, die Berufsrisiken/ Unwägbarkeiten/ Imponderabilien *forb* des Lebens **3** <*di solito al pl*> (*guadagni*) Nebeneinkünfte f pl, Nebeneinnahmen f pl: **guadagni più con gli incerti che con lo stipendio**, du verdienst mehr mit deinen Nebeneinkünften als mit deinem Einkommen **4** *econ* Variable f: **dare/quotare l'~**, den Kurswert notieren.
incespicàre <*incespico, incespichi*> *itr* **1** (*inciampare*) ~ (**in qc**) {IN UN SASSO, IN UNA SEDIA} (über etw acc) stolpern, (über etw acc) straucheln *forb* **2** *fig* (*impappinarsi*) sich verhaspeln *fam*, sich verheddern *fam*: ~ **nel leggere/parlare**, stockend lesen/sprechen, sich beim Lesen/Sprechen verhaspeln *fam*; **leggendo incespicò più volte**, beim Lesen verhaspelte er/sie sich mehrmals.
incessàbile *agg lett* (*incessante*) {SCORRERE DELLE ORE, TICCHETTARE DELL'OROLOGIO} unaufhaltsam.
incessànte *agg* **1** (*continuo*) {PIOGGIA} un-

aufhörlich, ununterbrochen, unablässig 2 (*persistente*) {DOLORE} anhaltend.

incèssi 1ª pers sing del pass rem *di* incedere.

incèsso part pass *di* incedere.

incèsto m 1 Inzest m, Blutschande f: **~ tra fratello e sorella**, Inzest m zwischen Bruder und Schwester 2 *dir* Inzest m.

incestuóso, (-a) agg 1 (*di incesto*) {LEGAME} inzestuös, blutschänderisch 2 (*colpevole*) {PADRE} des Inzests schuldig 3 (*nato da incesto*) {FIGLIA} in Blutschande erzeugt.

incètta f 1 (*raccolta*) {+LIBRI} Vorrats-, Großeinkauf m *fam*; (*rif. a generi razionati*) Hamsterkauf m *fam*: **fare ~ di zucchero**, einen großen Zuckervorrat kaufen/horten/hamstern *fam* 2 *fig scherz* {+COMPLIMENTI, PREMI} Sammeln n.

incettàre tr **~ qc** 1 (*fare incetta*) {BIGLIETTI DELLA PRIMA} etw auf|kaufen; (*rif. a generi razionati*) {GRANO, OLIO, PROVVISTE} etw hamstern *fam* 2 *fig* (*procacciarsi*) {APPLAUSI} sich (dat) etw verschaffen, sich (dat) etw erwerben: **~ voti**, sich (dat) Stimmen sichern.

incettatóre, (-trice) m (f) (*accaparratore*) Großeinkäufer(in) m(f); (*rif. a generi razionati*) Hamster m *fam*, (Hamsterin f *fam*).

inchiappettàre tr 1 *volg* (*sodomizzare*) **~ qu** jdn in den Arsch ficken *volg* 2 *fig fam* (*imbrogliare*) **~ qu** jdn betrügen, jdn beschwindeln *fam*, jdn bescheißen *fam* 3 *fig fam* (*rubare*) **~ qc** etw einsacken *fam*, etw klauen *fam* 4 *fig scherz* (*tamponare*) **~** (+AUTO) etw an|fahren, etw reinfahren *fam*, mit etw (dat) zusammenstoßen 5 *fig slang* (*bocciare*) **~ qu** jdn durchfallen lassen *fam*; (*sconfiggere*) jdn besiegen, jdn in die Pfanne hauen *fam*.

inchièsta f 1 (*indagine*) Nachforschung f, Untersuchung f: **svolgere un'~**, Nachforschungen anstellen; *giorn* {GIORNALISTICA, TELEVISIVA} Bericht m 2 *dir* Ermittlung f, Untersuchung f: **aprire/chiudere un'~**, eine Ermittlung/Untersuchung einleiten/abschließen; **~ giudiziaria**, gerichtliche Ermittlung/Untersuchung 3 *sociol* {SOCIOLOGICA} Umfrage f; (*rilevamento*) Erhebung f: **~ statistica**, statistische Erhebung.

inchinàre A tr (*abbassare*) **~ qc** etw senken: **~ la fronte**, den Kopf senken B rfl 1 (*per riverenza*): **inchinarsi a/[di fronte a]/[davanti a] qu/qc** {AL PAPA, DAVANTI AL MONUMENTO DEL MILITE IGNOTO} sich (*vor jdm/etw*) verneigen, sich (*vor jdm/etw*) verbeugen 2 *fig* (*rendere omaggio*): **inchinarsi a qc** {ALLA BRAVURA DI QU} sich (*vor etw dat*) verneigen 3 *fig* (*sottomettersi*): **inchinarsi a qc** {AL DESTINO} sich etw (dat) beugen; {AI VOLERI DI DIO} sich (*in etw acc*) fügen.

inchìno m (*riverenza*) Verneigung f, Verbeugung f, Knicks m *fam*: **fare un ~**, einen Knicks *fam* machen.

inchiodàre A tr 1 (*fissare con chiodi*) **~ qu/qc a qc** {GESÙ ALLA CROCE} jdn/etw an etw (acc) nageln; {ZANZARIERA ALLA FINESTRA} anche etw (an etw dat/acc) fest|nageln 2 (*chiudere con chiodi*) **~ qc** {CASSA} etw zu|nageln 3 *fig* (*immobilizzare*) **~ qu a qc** {MALATTIA A LETTO} jdn an etw (acc) fesseln: **il lavoro lo inchioda a tavolino**, die Arbeit fesselt ihn an den Schreibtisch 4 *fig fam* (*incastrare*) **~ qu** (*con qc*) {CON DELLE FOTO} jdn (mit etw dat) fest|nageln *fam* 5 *autom* (*bloccare*) **~ qc** {VETTURA} etw zum Stehen bringen; (*uso assol*) scharf bremsen 6 *med* (*introdurre un chiodo di protesi*) **~ qc** {FEMORE} etw nageln B itr pron *fig* (*bloccarsi*): **inchiodarsi** {FRIZIONE} blockieren C rfl *fig fam* (*indebitarsi*): **inchiodarsi** sich verschulden.

inchiodàta f *fam* (*brusca frenata*) {+AUTOBUS} Vollbremsung f: **fare un'~**, scharf bremsen.

inchiodàto, (-a) agg 1 (*fissato con chiodi*) {ASSE} fest-, angenagelt 2 *fig* (*paralizzato*) **~ da qc** {BAMBINO DAL FREDDO, DALLA PAURA} starr vor etw (dat) 3 *fig* (*fisso*) **~** (+ **compl di luogo**) {VOLTO DI QU NELLA MENTE} sich (*in etw acc*) eingeprägt 4 *fig fam* (*bloccato*) {PREZZO} festgelegt 5 *fig fam* (*immobilizzato*) **~** + **compl di luogo** (*da qc*) {AMICO A LETTO DALL'INFLUENZA} (*von etw dat*) an etw (acc) gefesselt, (*von etw dat*) irgendwo festgenagelt.

inchiodatùra f 1 (*punto*) vernagelte Stelle 2 (*l'inchiodare*) Festnageln n 3 (*l'insieme dei chiodi*) Nägel m *pl*.

inchiostràre A tr **~ qc** 1 (*sporcare*) {BUSTA, FOGLIO} etw (mit Tinte) beklecksen 2 *tip* {LASTRA, RULLO} etw ein|färben, etw schwärzen B rfl indir (*sporcarsi d'inchiostro*): **inchiostrarsi qc** {LE DITA} sich (dat) etw (mit Tinte) beklecksen.

inchiostrazióne f *tip* Einfärbung f.

inchiòstro m 1 {BLU, INDELEBILE, NERO, ROSSO} Tinte f: **~ di china**, (Auszieh)tusche f; **~ simpatico**, Geheimtinte f; **~ per timbri**, Stempelfarbe f 2 *tip* Farbe f, Druckfarbe f, Druckerschwärze f: **~ da stampa**, Druckerfarbe f, Druckerschwärze f 3 *zoo* {+CALAMARO, SEPPIA} Tinte f • **essere nero come l'~** (*nerissimo*), pechschwarz *fam*/kohlrabenschwarz sein; *fig* (*di pessimo umore*), miesepet(e)rig *fam* sein, stinkgelaunt *fam* sein, eine Stinklaune haben *fam*.

inciampàre itr <*essere o avere*> 1 (*urtare*) **~ (in qc)** {IN UNA PIETRA, IN UNO SCALINO} an etw (acc/dat) an|stoßen, (*über etw acc*) stolpern, (*über etw acc*) straucheln *geh*: **ha inciampato**/[**è inciampata**] **uscendo di casa**, als sie aus dem Haus ging, stolperte sie 2 *fig* (*incappare*) **~ in qu/qc** {IN UNA PERSONA SGRADITA, IN UNA DIFFICOLTÀ} auf jdn/etw stoßen, an jdn/etw geraten 3 *fig* (*impappinarsi*) sich verhaspeln *fam*, sich verheddern *fam*.

inciampàta f (*l'inciamparsi*) Stolpern n, Straucheln n *forb*: **diede un'~ e cadde**, er/sie stolperte und fiel hin.

inciàmpo m 1 (*ostacolo*) Hindernis n, Hemmnis n 2 *fig* (*difficoltà*) Hindernis n, Schwierigkeit f: **essere d'~ a qu**, jdm im Wege sein.

incidentàle agg 1 (*accidentale*) {DISGRAZIA} zufällig, beiläufig 2 (*secondario*) nebensächlich, Neben-: **si tratta di una questione ~ rispetto al problema in discussione**, in diesem Zusammenhang ist das ₍ein nebensächliches Problem₎/[Nebensache] 3 *dir* {QUESTIONE} Inzidenz-, Zwischen-, Anschluss- 4 *gramm* {PROPOSIZIONE} eingefügt, eingeschoben.

incidènte① m 1 (*infortunio*) {+AUTO} Unfall m; {AEREO} Unglück n: **~ ferroviario**, Zug-, Bahnunglück n; **~ sul lavoro**, Arbeits-, Betriebsunfall m; **~ stradale**, Verkehrsunfall m 2 (*contrattempo*) Zwischenfall m: **tutto si è svolto senza incidenti**, alles ist ₍ohne Zwischenfälle verlaufen₎/[glattgegangen] 3 (*disputa*) Meinungsverschiedenheit f, Disput m *forb*: **l'~ è chiuso**, die Sache ist hiermit ₍vom Tisch₎/[gegessen] *fam*, Schwamm drüber *fam* 4 *dir* {PROCESSUALE} Zwischenstreit m • **~ diplomatico** *anche fig scherz*, diplomatischer Zwischenfall; **essere un'~ di percorso** *fig* (*inconveniente irrilevante*), ein belangloser Zwischenfall sein.

incidènte② agg 1 *dir* (*DOLO*) vertragsbeeinträchtigend 2 *mat fis* {RAGGIO, RETTA} Einfalls-, Inzidenz-, einfallend.

incidènza A f 1 *fig* (*peso*) **~ su qu/qc** {+IMPOSTE SUI LAVORATORI, SUL BILANCIO} Belastung f *jds*/*etw* 2 *fig* (*ripercussione*) **~ su qu/qc** {+RIALZO DEI PREZZI SUL POTERE D'ACQUISTO} Auswirkung f (*auf jdn/etw*), Einfluss m (*auf jdn/etw*): **~ negativa**, Vorlauf m 4 *fis mat* {+RAGGIO, RETTA} Einfall m, Einfallen n B loc avv (*incidentalmente*): **per ~**, nebenbei, beiläufig; **sia detto per ~**, nebenbei gesagt.

incìdere① <*coniug come* decidere> itr **~ su qu/qc** 1 (*pesare*) {IMPOSTE SUI LAVORATORI A REDDITO FISSO, SUL BILANCIO FAMILIARE} jdn/etw belasten 2 *fig* (*influire profondamente*) {ESPERIENZE SUL CARATTERE DI UN INDIVIDUO} sich *auf jdn/etw* aus|wirken, jdn/etw beeinflussen, auf jdn/etw ein|wirken; {IMPREVISTO SULLA RIUSCITA DELL'ESPERIMENTO} sich auf etw (acc) aus|wirken.

incìdere② <*coniug come* decidere> A tr 1 (*tagliare*) **~ qc** {CORTECCIA DI UN ALBERO} etw (in etw acc) (ein)|ritzen, etw (in etw acc) ein|schneiden 2 (*intagliare*) **~ (qc)** {ACQUAFORTE} etw radieren: **~ il/in legno**, (in Holz) schnitzen; **~ la/su pietra**, (in Stein) hauen; **~ il/su rame**, in Kupfer stechen; **~ qc** (+ **compl di luogo**) {NOME SU UNA LAPIDE, NELLA ROCCIA} etw (*in etw acc*) ein|gravieren 3 (*registrare*) **~ qc** {MESSAGGIO} etw auf|zeichnen, etw auf|nehmen; {TENORE CANZONE, DISCO} etw auf|nehmen 4 *fig* (*intaccare*) **~ qc** {RISPARMI} etw an|brechen 5 *fig* (*imprimere*) **~ qc in qc** {VERSI DI UN POETA NELLA MEMORIA} etw etw (dat) ein|prägen 6 *med* **~ qc** (*con qc*) {ASCESSO COL BISTURI} etw mit etw (dat) auf|schneiden, etw (*mit etw dat*) inzidieren *scient* B itr pron (*imprimersi*): **incidersi in qc** {PAROLE NELLA MENTE} sich *in etw* (acc) ein|prägen, sich *in etw* (acc) ein|graben.

incìnta agg schwanger: **è ~ di quattro mesi**, sie ist im vierten Monat schwanger; **mettere ~ qu**, jdn schwängern; **rimanere ~**, schwanger werden.

incipiènte agg (*agli inizi*) {PRIMAVERA} beginnend, Anfangs-.

incipit <–> m *lat lett mus* (*inizio*) {+RACCONTO, SONATA} incipit.

incipriàre <*incìprio, incìpri*> A tr **~ qu/**[**qc a qu**] {PARRUCCA, VISO} jdn/[jdm etw] (ein)|pudern B rfl: **incipriarsi** sich (ein)|pudern, (indir) **incipriarsi qc** {NASO} sich (dat) etw (ein)|pudern.

incipriàto, (-a) agg (*cosparso di cipria*) {PARRUCCA, VISO} gepudert.

incirca loc avv (*pressapoco*): **all'~**, ungefähr, etwa; **sarà all'~ mezzogiorno**, es wird ungefähr Mittag sein.

incìsi 1ª pers sing del pass rem *di* incidere①,②.

incisióne f 1 (*taglio*) (Ein)schnitt m: **gli alberi presentano profonde incisioni sulla corteccia**, die Bäume zeigen tiefe Einschnitte/Einkerbungen auf der Rinde 2 (*registrazione*) Aufnahme f: **~ su disco/nastro magnetico**, Schallplatten-/Tonbandaufnahme f 3 *arte* Gravierung f; (*disegno*) {+DÜRER} Stich m, Gravur f: **~ all'acquaforte**, Radierung f; **~ (a bulino)**, Stich m; **~ (su legno)**, Holzschnitt m; **~ (su rame)**, Kupferstich m 4 *med* {+ORGANO} Einschnitt m, Inzision f *scient*.

incisività <–> f *fig* (*efficacia*) {+SCRITTORE, STILE} Einprägsamkeit f.

incisìvo, (-a) agg 1 *fig* (*efficace*) {DISCORSO} einprägsam, wirkungsvoll 2 *anat* {DENTE} Schneide- 3 *fot* (*CONTORNO*) scharf B m *anat* Schneidezahn m, Inzisiv m.

incìso, (-a) A part pass *di* incidere①,② B m 1 *gramm* Einschiebsel n, eingeschobener Satz(teil), Zwischensatz m 2 *mus* Motiv n C loc avv (*incidentalmente*): **per ~**, nebenbei; **detto per ~**, nebenbei gesagt.

incisóre m *arte* (*chi fa incisioni*) {+MEDAGLIA}

Graveur(in) m(f); ~ **in legno**, Holzschneider(in) m(f); ~ **in pietra**, Bildhauer(in) m(f); ~ **in rame**, Kupferstecher(in) m(f).

incisòrio, (-a) ‹-*ri* m› agg **1** (*dell'incisione*) {TECNICA} Gravier-, Schneide-. **2** *med* {SALA} Seziersaal m.

incistàrsi itr pron **1** *biol* sich verkapseln **2** *med* eine Zyste bilden **3** *fig slang* (*esaltarsi*) aus|flippen *fam* **4** *fig slang* (*eccitarsi*) an-geturnt werden *fam*: **questa musica mi incista**, diese Musik ↓turnt mich voll an *fam*↓/ [finde ich total geil *fam*], auf diese Musik fahr ich voll ab *fam*.

incitaménto m ~ (*a qc*) **1** (*sprone*) Anregung f (*zu etw dat*): **essere sordo a ogni ~**, gegen alle Anregungen taub sein **2** (*istigazione*) Anreiz m (*zu etw dat*), Aufhetzung f (*zu etw dat*), Verleitung f (*zu etw dat*): **fu un ~ alla rivolta**, es war eine Verleitung zum Aufstand.

incitàre tr **1** (*spronare*) ~ **qu a qc** {GIOVANE AL LAVORO} jdn zu etw (dat) ermuntern, jdn zu etw (dat) auf|fordern, jdn zu etw (dat) an|treiben (*zu etw dat*) an|spornen, jdn zu etw (dat) an|reizen; {AL BENE} jdn zu etw (dat) an|regen: ~ **qu a fare qc**, jdn (dazu) auf-fordern, etw zu tun; jdn (dazu) antreiben, etw zu tun; jdn (dazu) ermuntern, etw zu tun; ~ **qc (a qc)** etw (*zu etw dat*) an|treiben **2** (*istigare*) ~ **qu a qc** {GIOVANE ALLA VIOLENZA, POPO-LO ALLA SOMMOSSA} jdn zu etw (dat) auf|hetzen, jdn auf|wiegeln: ~ **qu a fare qc**, jdn (dazu) verleiten, etw zu tun; jdn (dazu) anhalten, etw zu tun.

incitatóre, (-trice) Ⓐ agg **1** (*che sprona*) {PAROLE} anspornend, anregend **2** (*che istiga*) {DISCORSO} aufwieglerisch Ⓑ m (f) **1** (*chi sprona*) Antreiber(in) m(f), Anreger(in) m(f) **2** (*chi istiga*) Aufwiegler(in) m(f).

incitrullìre ‹*incitrullisco*› Ⓐ tr ‹*avere*› ~ **qu** {CHIACCHIERE DI QU} jdn dumm im Kopf werden lassen, jdn verdummen Ⓑ itr ‹*essere*› itr pron (*diventare citrullo*): **incitrullirsi** verdummen, verblöden *fam*.

inciuccàre ‹*inciucco, inciucchi*› *fam* Ⓐ tr (*ubriacare*) ~ **qu** jdn besoffen *fam* machen Ⓑ itr pron (*ubriacarsi*): **inciuccarsi** sich betrinken, sich einen Rausch an|trinken, sich besaufen *fam*.

inciùcio ‹-*ci*› m **1** *region* (*pettegolezzo*) Geschwätz n *fam spreg*, Geklatsche n *fam* **2** *giorn polit* (*compromesso*) fauler Kompromiss, Gemauschel n *fam spreg*.

incivettìre ‹*incivettisco*› itr (*diventare civettuola*) {BAMBINA} kokett werden.

incivìle Ⓐ agg **1** (*barbaro, selvaggio*) {POPO-LO} unzivilisiert, unzivilisiert **2** (*contrario alle consuetudini sociali*) {COMPORTAMENTO, GESTO, MODI} unzivilisiert, asozial **3** (*sgarbato*) {RAGAZZO} unfreundlich, unhöflich; (*villano*) ungezogen; (*rozzo*) ungehobelt; (*grossolano*) grob Ⓑ mf (*persona*) Grobian m, Rohling m.

incivilimènto m **1** (*civilizzazione*) {+POPO-LO} Zivilisierung f **2** (*raffinamento*) {+COSTU-MI} Verfeinerung f.

incivilìre ‹*incivilisco*› Ⓐ tr **1** (*rendere civile*) ~ **qu** {SELVAGGIO} jdn zivilisieren **2** (*ingentilire*) ~ **qu/qc** {COSTUMI} jdn zivilisieren, etw verfeinern Ⓑ itr pron **1** (*civilizzarsi*) {POPOLO} zivilisierter werden **2** (*ingentilirsi*) {MODI} sich verfeinern.

inciviltà ‹-› f **1** (*basso livello di civiltà*) Barbarei f **2** (*villania*) {+COMPORTAMENTO, UOMO} Ungezogenheit f, Grobheit f, Unhöflichkeit f.

incl. *abbr di* incluso, einschl. (*abbr di* einschließlich), inkl. (*abbr di* inklusive).

inclassificàbile agg **1** (*che non si può*) classificare) {PIANTA} nicht einzuordnen, nicht klassifizierbar; (*in livelli*) nicht einstufbar **2** *fig* (*scorretto*) {COMPORTAMENTO} unter aller Kritik *fam*/Kanone *fam*/Sau *volg* **3** *fig* (*pessimo*) denkbar/äußerst schlecht **4** *fig* (*scuola*) unzensierbar, nicht bewertbar.

inclemènte agg **1** (*inflessibile*) {SENTENZA} erbarmungslos; {GIUDICE} *anche* unerbittlich, unbeugsam, gnadenlos; (*pioggia*) erbarmungslos, gnadenlos; {CLIMA, INVERNO} *anche* rau, streng.

inclemènza f **1** (*inflessibilità*) {+CORTE} Erbarmungslosigkeit f, Unerbittlichkeit f **2** *fig* (*impietosità*) {+AUTUNNO} Unfreundlichkeit f; {+TEMPO} *anche* Rauheit f; {+SOLE} Erbarmungslosigkeit f, Unerbittlichkeit f.

inclinàbile agg {PIANO} (schräg) verstellbar; {SEDILE} kippbar.

inclinàre Ⓐ tr **1** (*mettere in posizione obliqua*) ~ **qc** {RECIPIENTE, TECNIGRAFO} etw schräg stellen, etw kippen; {TESTA} etw neigen, etw beugen **2** *fig* (*rendere incline*) ~ **qu a qc** {GIOVANE AGLI STUDI} jdn zu etw (dat) bewegen, jdn zu etw (dat) bringen Ⓑ itr ~ **a qc 1** (*pendere*) {SPECCHIO A DESTRA, A SINISTRA} irgendwohin hängen **2** *fig* (*essere propenso*) {ALLA PIGRIZIA} *zu etw* (dat) neigen Ⓒ itr pron (*pendere*): **inclinarsi** (*+ compl di luogo*) {A DESTRA} sich (*irgendwohin*) neigen.

inclinàto, (-a) agg **1** (*obliquo*) {PIANO} geneigt, schief, schräg **2** *fig* (*incline*) ~ **a qc** {RAGAZZO AL PIANTO} *zu etw* (dat) geneigt: **essere ~ a fare qc**, geneigt sein, etw zu tun.

inclinazióne f **1** (*posizione obliqua*) {+SE-DILE} Schräge f; {+TESTA} Neigung f **2** (*strada*) Gefälle n **2** *fig* (*propensione*) Neigung f, Hang m: **ho scarsa ~ al gioco**, ich habe wenig Hang zum Spiel; **seguire la propria ~**, (ganz) seinen Neigungen leben **3** (*capacità naturale*) Veranlagung f, Begabung f, Anlage f: **ha ~ per il disegno**, er/sie hat eine Begabung fürs Zeichnen **4** *fig* (*simpatia*) (Zu)neigung f: **avere una forte ~ per qu**, tiefe Zuneigung für jdn empfinden, jdm sehr zugeneigt sein, eine starke Neigung zu jdm verspüren **5** *astr fis* {+ORBITA, TRAIETTORIA} Inklination f **6** *autom* Sturz m: ~ **delle ruote**, Radsturz m **7** *mat* {+SUPERFICIE} Neigung f **8** *tecnol* Schrägstellung f.

inclìne agg (*propenso*) ~ **a qc** {GIUDICE AL-L'ASSOLUZIONE} *zu etw* (dat) geneigt: **sono ~ a credere che lei dica la verità**, ich ↓neige zur Ansicht↓/[bin geneigt, zu glauben], dass sie die Wahrheit sagt.

inclùdere ‹*coniug come* accludere› tr **1** (*accludere*) ~ **qc** (**in qc**) {RICEVUTA NEL PACCO} *etw* (dat) *etw* bei|fügen, (*in etw* dat) *etw* bei|legen **2** (*inserire*) ~ **qu/qc** (**in qc**) {CANDIDATO NELLA LISTA} jdn (*in etw* acc) auf|nehmen; {CLAUSOLA IN UN TRATTATO} *etw* (dat) *etw* hinzu|fügen **3** (*comprendere*) ~ **qu/qc** {ELENCO TUTTI I PARTECIPANTI} jdn/etw *in etw* (acc) (mit) ein|schließen, jdn/etw *in etw* (acc) (mit) ein|beziehen, etw enthalten, etw umfassen **4** (*implicare, racchiudere*) ~ **qc** {PAROLE RIMPROVERO} *etw* implizieren *forb*, *etw* (mit) ein|schließen *oder* (mit) ein|begreifen.

inclusióne f **1** Einbeziehung f, Einschluss m, Aufnahme f: **con l'~ di tutti i soci**, unter/mit Einschluss aller Mitglieder **2** (*inserimento*) {+CLAUSOLA} Einfügung f **3** *geol* Einschluss m **4** *mat* {+INSIEME} Inklusion f **5** *med* {DENTARIA} Retention f.

inclusive tour ‹-, -*s* pl *ingl*› loc sost m *ingl* (*viaggio organizzato*) Gruppenreise f, Reisepaket n.

inclusìvo, (-a) agg (*che include*) einschließlich, inbegriffen, inklusive: **prezzo ~ delle spese di trasporto**, Transportkosten inbegriffen.

inclùso part pass *di* includere.

incoccàre ‹*incocco, incocchi*› tr ~ **qc** {FRECCIA} *etw* an|legen.

incocciàre ‹*incoccio, incocci*› Ⓐ tr ‹*avere*› **1** *merid* (*imbattersi*) ~ **qu** {AMICO, CONOSCEN-TE} *auf jdn* stoßen **2** *merid* (*urtare*) ~ **qc** {GRADINO} *gegen/an etw* (acc) stoßen **3** *mar* (*agganciare*) ~ **qc** *etw* ein|haken Ⓑ itr ‹*essere*› **1** *merid* (*capitare*): ~ **male/bene**, es schlecht/gut treffen **2** *tosc* (*impermalirsi*) beleidigt sein, ein|schnappen *fam* Ⓒ itr pron *fam* (*incaponirsi*): **incocciarsi in qc** {IN UN'I-DEA} *sich auf etw* (acc) versteifen, *auf etw* (dat) beharren.

incoercìbile agg **1** *fig* (*inarrestabile*) {DE-SIDERIO, SENTIMENTO} unbezwingbar, unbezähmbar **2** *chim fis* {FLUIDO} unverdichtbar **3** *med*: **vomito ~ (della gravidanza)**, Schwangerschaftserbrechen n.

incoercibilità ‹-› f *fig* (*l'essere inarrestabile*) {+ISTINTO} Unbezwingbarkeit f.

incoerènte agg **1** (*contraddittorio*) {RAGIO-NAMENTO} widersprüchlich; {PERSONA} inkonsequent; {DISCORSO} unzusammenhängend, zusammenhang(s)los, inkohärent *forb* **2** *fis* {SORGENTE, VIBRAZIONI LUMINOSE} inkohärent *forb* **3** *geol* {DEPOSITI, ROCCIA} inkohärent, nicht bindig, rollig.

incoerènza f **1** (*mancanza di coerenza*) {+PERSONA} Inkonsequenz f; {+DISCORSO} Zusammenhang(s)losigkeit f, Inkohärenz f *forb*; {+RAGIONAMENTO} Widersprüchlichkeit f: **l'~ della sua tesi è evidente**, die Widersprüchlichkeit seiner/ihrer These ist offensichtlich **2** *fis* Inkohärenz f **3** *geol* {+TERRE-NO SABBIOSO} Inkohärenz f, Lockerheit f.

incògliere ‹*coniug come* cogliere› *poet* itr *nelle* loc: **male gliene incolse**, es misslang ihm/ihr, er/sie erlitt Schiffbruch damit; **male incolga a chi male pensa**, ein Schelm, wer Arges dabei denkt.

incògnita f **1** *fig* (*fatto dall'esito incerto*) unvorhersehbare/ungewisse Angelegenheit: **quel viaggio è un'~**, das ist eine Reise ins Ungewisse; **la vita è piena di incognite**, das Leben ist voller Überraschungen; **questa è una grossa ~**, das steht in den Sternen, das ist völlig unvorhersehbar **2** *fig* (*enigma*) Rätsel n: **quell'uomo è un'~**, der Mann ist ein Rätsel **3** *mat* Unbekannte f, unbekannte Größe: **equazione a due incognite**, Gleichung f mit zwei Unbekannten.

incògnito, (-a) Ⓐ agg (*sconosciuto*) {CAU-SA} unbekannt Ⓑ m **1** (*anonimato*) Inkognito n *forb*: **conservare l'~**, das Inkognito *forb* wahren **2** (*ignoto*) Unbekannte n decl come agg, Fremde n decl come agg: **temere l'~**, das Unbekannte fürchten Ⓒ loc avv (*senza essere riconosciuto*): **in ~**, inkognito *forb*, unerkannt; **viaggiare/vivere in ~**, inkognito *forb* reisen/leben.

incollàggio ‹-*gi*› m **1** *tecnol* Kleben n, Leimen n **2** *tip* Proof m.

incollàre Ⓐ tr **1** (*attaccare*) ~ **qc** (*+ compl di luogo*) {FOTOGRAFIE IN UN ALBUM} *etw* (*irgendwohin*) kleben; {FIGURE SUL CARTONCINO} *etw* (*auf etw* acc) auf|kleben; (~ *parti insieme*) ~ **qc** {COCCI DEL VASO} *etw* zusammen| kleben **2** *fig* (*appiccicare*) ~ **qc a qc** {IL NASO ALLA VETRINA} *etw an etw* (acc) drücken, (*mit etw* dat) *an etw* (dat) kleben **3** *inform* ~ (**qc**) *etw* ein|setzen Ⓑ itr pron: **incollarsi a qc 1** (*attaccarsi*) {FOGLIO ALLA BUSTA} (*an etw* dat) fest|kleben **2** (*aderire*) {PNEUMATICO ALLA STRADA} *auf etw* (dat) haften; {VESTITO AL COR-PO} *anche an etw* (dat) an|liegen Ⓒ rfl *fig* (*appiccicarsi*): **incollarsi a qu/qc** {BAMBINA AL PA-DRE; RAGAZZO AL VIDEO} *an jdm/etw* kleben *fam*.

incollàto, (-a) agg **1** (*con colla*) {BUSTA} zusammengeklebt 2 (attaccato) aufgeklebt, angeklebt: **questi due biscotti sembrano incollati**, diese beiden Kekse scheinen aneinanderzukleben; *fig* - **a qu/qc** an *jdm/ etw* klebend *fam*: **passa tutto il tempo ~ ₁al televisore₁/[a sua sorella]**, er klebt *fam* die ganze Zeit ₁am Fernseher₁/[an seiner Schwester] 3 *gastr* (*passato di cottura*) {RISO} klebrig.

incollatùra① f 1 (*azione*) {+MANIFESTO} (An)kleben n, (An)leimen n 2 (*punto incollato*) {+MANICO DI UNA TAZZINA} Klebestelle f.

incollatùra② f (*nell'equitazione*) Halslänge f: **vincere di mezza ~**, um eine halbe Halslänge siegen.

incollerìre <*incollerisco*> *itr* <*essere*> *itr pron* (*adirarsi*): **incollerirsi (con qu) (per qc)** wütend/zornig (*auf jdn*) (*wegen etw gen*) werden, in Zorn (*auf jdn*) (*über etw acc*) geraten, sich (*über jdn/etw*) erzürnen.

incollerìto, (-a) *agg* (*adirato*) **~ (con qu) (per qc)** {INSEGNANTE CON GLI ALLIEVI PER IL BACCANO} (*auf jdn*) (*wegen etw gen*) zornig, (*auf jdn*) (*wegen etw gen*) wütend.

incollocàto, (-a) *amm dir* **A** *agg* {GIOVANE} nicht vermittelt **B** *m (f)* nicht vermittelte Arbeitskraft.

incolmàbile *agg anche fig* (*che non si può colmare*) {LACUNA} nicht zu füllen(d); {DISTACCO} unüberbrückbar: **lasciare un vuoto ~**, eine nicht zu füllende Leere hinterlassen; eine Leere hinterlassen, die nicht zu füllen ist.

incolmabilità <-> f *anche fig* {+DISTANZA, LACUNA} Unüberwindbarkeit f, Unüberbrückbarkeit f.

incolonnàre **A** *tr* (*disporre in colonna*) ~ **qc** {CIFRE} *etw* in Kolonnen schreiben/ein| ordnen, *etw* in Spalten schreiben; *tip* {LETTERE} *etw* in Druckspalten an|ordnen; ~ **qu** {ALUNNI, ATLETI, SOLDATI} *jdn* in Reih und Glied auf|stellen, *jdn* in Kolonnen auf|stellen **B** *itr pron* (*disporsi in colonna*): **incolonnarsi** {CARRI ARMATI} sich in einer Kolonne auf|stellen; {VISITATORI} sich in Reih und Glied auf|stellen.

incolonnatóre *m* (*tabulatore*) {+MACCHINA PER SCRIVERE} Tabulator *m*.

incolóre *agg* 1 (*senza colore*) {ACQUA} farblos 2 *fig* (*scialbo*) {VISO} farblos, ausdruckslos 3 *fig* (*noioso*) {DONNA, PROSA, VITA} langweilig, fad(e).

incolpàbile *agg* (*che si può incolpare*) **~ di qc** {SOGGETTO} *etw* (*dat*) beschuldigbar.

incolpàre **A** *tr* **~ qu/qc (di qc)** {AMANTE DELL'OMICIDIO, CANE DELL'INCIDENTE} *jdn etw* (*gen*) beschuldigen, *jdm/etw* die Schuld (*an etw dat*/*für etw acc*) geben, *jdm/etw* (*an etw dat*) Schuld geben: **non ~ sempre gli altri di quello che ti succede**, gib nicht immer den anderen die Schuld für das, was dir passiert **B** *rfl* (*darsi la colpa*): **incolparsi di qc** {DEL FALLIMENTO DEL MATRIMONIO} die Schuld *für etw* (*acc*) auf sich nehmen **C** *rfl rec* (*darsi la colpa a vicenda*): **incolparsi (di qc)** {DEL FURTO} einander die Schuld (*an etw dat*/*für etw acc*) geben/zu|schieben.

incolpévole *agg* (*innocente*) {RAGAZZO} unschuldig, schuldlos.

incolpevolézza f (*innocenza*) {+DONNA} Unschuld f, Schuldlosigkeit f.

incòlse 3ª pers sing del pass rem di incogliere.

incoltivàbile *agg* (*che non si può coltivare*) {CAMPO} unbebaubar, unbestellbar.

incólto, (-a) *agg* 1 {TERRENO} unbestellt, brach 2 *fig* (*trascurato*) {BARBA, CAPELLI} ungepflegt; {GIARDINO} vernachlässigt 3 *fig* (*ignorante*) {UOMO} ungebildet.

incòlume *agg* 1 (*illeso*) unversehrt, heil, unverletzt: **è uscito ~ dall'incidente**, er ist bei dem Unfall unversehrt davongekommen 2 *anche fig* (*intatto*) unbeschädigt: **la casa uscì ~ dal terremoto**, das Haus blieb bei dem Erdbeben unversehrt; **mantenere ~ il proprio onore**, seine Ehre unangetastet wahren.

incolumità <-> f 1 (*sicurezza*) Sicherheit f: **attentare all'~ di qu**, jds Sicherheit gefährden; **garantire l'~ degli operai**, für die Sicherheit der Arbeiter garantieren 2 *fig* (*integrità*) {+DEMOCRAZIA, NAZIONE} Unverletzlichkeit f.

incombènte *agg* (*che incombe*) {VISITA} bevorstehend; {PERICOLO} *anche* drohend.

incombènza f (*incarico*) Auftrag m, Obliegenheit f *forb*: **era sua ~ risolvere il problema**, ₁er/sie hatte den Auftrag₁/[ihm/ihr oblag *forb* es], das Problem zu lösen; **sbrigare un'~**, einen Auftrag erledigen.

incómbere <*irr difet non usato al part pass e tempi composti*, *incombo, incombei o incombetti*> *itr* 1 (*sovrastare minaccioso*) **~ su qu/qc** {PERICOLO DI UN'ESPLOSIONE SU DI NOI, SULLA CITTÀ} *jdm/etw* drohen, *über jdm/etw* schweben; {NUBI DENSE DI PIOGGIA SUL LAGO} (drohend) *über jdm/etw* hängen 2 (*essere imminente*) {ESAME DI MATURITÀ} bevor|stehen 3 *amm* (*spettare*) **~ a qu/qc** {COMPITO AL COMUNE} *jdm* obliegen/ob|liegen *forb*, *jdm* als Pflicht zu|fallen: **m'incombe l'obbligo di avvertirvi**, ₁ich habe die Pflicht₁/[mir fällt die Aufgabe zu], euch zu benachrichtigen.

incombustìbile *agg* (*resistente al fuoco*) {SOSTANZA} feuerfest, nicht brennbar.

incominciàre <*incomincio, incominci*> **A** *tr* <*avere*> (*iniziare*) **~ qc** {DISCORSO, LEZIONE, TIROCINIO} *mit etw* (*dat*) beginnen, *mit etw* (*dat*) an|fangen; (*uso assol*) an|fangen: **forza, incominciamo!**, los, fangen wir an! **B** *itr* <*essere o avere*> (*avere inizio*) beginnen, an| fangen: **l'anno accademico incomincia a ottobre**, das akademische Jahr beginnt im Oktober; **il balletto incomincia con l'ouverture**, das Ballett beginnt mit der Ouvertüre; **la salita incomincia dietro la curva**, der Anstieg beginnt hinter der Kurve; **~ a fare qc**, beginnen, *etw* zu tun; anfangen, *etw* zu tun; **~ ad aver appetito**, anfangen, Hunger zu bekommen; langsam Hunger bekommen; **incominci a mangiare!**, fangen Sie mit dem Essen an!; **incominciò a parlare ad alta voce**, er/sie fing an, laut zu sprechen • **a ~ da qu/qc**, angefangen mit/von jdm/etw; **sono tutti simpatici, a ~ dal nonno**, sie sind alle nett, angefangen vom/beim Großvater.

incommensuràbile *agg* 1 (*incalcolabile*) {DISTANZA} unermesslich, unmessbar; *fig* {AMORE} *anche* riesig 2 *mat* {GRANDEZZE OMOGENEE} nicht messbar, inkommensurabel.

incommensurabilità <-> f 1 (*l'essere incalcolabile*) {+SENTIMENTO} Unermesslichkeit f, Unmessbarkeit f 2 *mat* {+LATI DEL TRIANGOLO RETTANGOLO} Inkommensurabilität f.

incommerciàbile *agg dir* {TERRENO} unverkäuflich.

incommestìbile *agg* (*che non si può mangiare*) {FUNGHI} ungenießbar.

incommutàbile *agg* 1 {PROPRIETÀ} unvertauschbar 2 *dir* {PENA} nicht umwandelbar 3 *lett* (*che non muta*) {NORMA} unveränderlich, unabänderlich.

incommutabilità <-> f *dir* {+PENA} Unmöglichkeit f der Umwandlung.

incomodàre **A** *tr* (*disturbare*) **~ qu** *jdn* stören, *jdn* belästigen, *jdm* Umstände bereiten/machen **B** *rfl*: **incomodarsi** sich bemühen, sich (*dat*) Umstände machen: **non s'incomodi!**, machen Sie sich (*dat*) keine Umstände!

incòmodo① *m* 1 (*disturbo*) Störung f, Belästigung f: **levare l'~**, nicht länger stören wollen; **scusi l'~**, entschuldigen Sie die Störung 2 (*scomodità*) {+VIAGGIO} Beschwerlichkeit f, Unbequemlichkeit f: **essere d'~ per qu**, jdm unbequem sein 3 (*corrispettivo*) Vergütung f.

incòmodo②, (-a) *agg* 1 (*inopportuno*) {ORA} ungelegen, unpassend 2 (*scomodo*) {LETTO} unbequem, ungemütlich 3 (*fastidioso*) {MOSCA} lästig • **il terzo ~** *fig* (*chi è di troppo tra due*), der unliebsame/ungelegene Dritte; **essere il**₁/[**fare da**] **terzo ~** *fig* (*essere di troppo*), der unliebsame Dritte sein/den unliebsamen Dritten abgeben.

incomparàbile *agg* (*ineguagliabile*) {BONTÀ} unvergleichlich, unvergleichbar.

incomparabilità <-> f (*l'essere ineguagliabile*) {+CARATTERI, COLORI, SITUAZIONI} Unvergleichbarkeit f.

incompatìbile *agg* 1 (*inconciliabile*) **~ (con qu/qc)** {CARATTERI} unvereinbar (*mit jdm/etw*) 2 (*inammissibile*) **~ (in qu/qc)** unzulässig *forb für jdn/etw*, unstatthaft *forb für jdn/etw*: **è un difetto ~ in un uomo della sua età**, für einen Mann in seinem Alter ist das ein unannehmbarer Fehler 3 *amm* **~ (con qc)** {CARICA CON UN ALTRO LAVORO} inkompatibel (*mit etw dat*), unvereinbar (*mit etw dat*) 4 *chim* unverträglich 5 *mat* {EQUAZIONI} inkompatibel.

incompatibilità <-> f 1 (*inconciliabilità*) **~ (tra qu/qc)** {+COLORI; TRA FRATELLI} Unvereinbarkeit f (*von jdm/etw*/+ gen), Unverträglichkeit f (*von jdm/etw*/+ gen): **~ di carattere**, unüberwindliche Abneigung 2 *bot chim med* {+GRUPPO SANGUIGNO MATERNO-FETALE, GAMETICA} Unverträglichkeit f, Inkompatibilität f 3 *dir* {PARLAMENTARE} Inkompatibilität f, Unvereinbarkeit f 4 *mat* **~ (tra qc)** {TRA EQUAZIONI} Inkompatibilität f (*zwischen etw dat*).

incompetènte **A** *agg* 1 (*inesperto*) **~ (in/di qc)** (*in etw dat*) nicht kompetent, (*in etw dat*) unerfahren, *etw* (*gen*) unkundig: **essere ~ in materia**, auf diesem Gebiet Laie/[nicht sachverständig]/[kein Fachmann] sein; **essere ~ di politica**, sich in Politik nicht auskennen; **sono ~ a dare un giudizio**, mir fehlt die Kompetenz, um ein Urteil abzugeben 2 *spreg* (*incapace*) {TRADUTTORE} unfähig 3 *dir* {TRIBUNALE} unzuständig **B** *mf* (*incapace*) Stümper(in) *m(f) spreg*, Nichtskönner(in) *m(f)*: **questo medico è un ~**, dieser Arzt ist ein Kurpfuscher *fam spreg*;/ Quacksalber *spreg*.

incompetènza f 1 (*inesperienza*) Unkenntnis f, Inkompetenz f, Unwissenheit f 2 *spreg* (*incapacità*) {+IDRAULICO, MEDICO} Unfähigkeit f 3 *dir* {+TRIBUNALE} Unzuständigkeit f.

incompiànto, (-a) *agg lett* (*che non è pianto*) {ESULE} unbeweint.

incompiutézza f (*l'essere incompleto*) {+DISCORSO, LAVORO} Unvollkommenheit f, Unvollständigkeit f.

incompiùto, (-a) *agg* (*incompleto*) {EDIFICIO, ROMANZO, SINFONIA} unvollendet, unvollständig.

incompletézza f (*l'essere incompleto*) {+ELENCO} Unvollständigkeit f.

incomplèto, (-a) *agg* 1 (*imperfetto*) {RACCONTO, TESTO} unvollständig, unvollkommen 2 *bot* {FIORE, STAME} unvollständig 3 *zoo* {DENTATURA} unvollständig.

incompósto, (-a) *agg* 1 (*disordinato*) {CAPELLI, TENUTA} unordentlich, wirr 2 *fig* (*sconveniente*) {ATTO, RISO} ungehörig, unschick-

lich *forb.*
incomprensìbile *agg* **1** (*inspiegabile*) {REAZIONE} unbegreiflich, unverständlich **2** (*impenetrabile*) {UOMO} undurchdringlich; {MISTERO} unergründlich **3** (*indecifrabile*) {SCRITTURA DI QU} unleserlich.
incomprensibilità <-> *f* (*l'essere incomprensibile*) {+MISTERO} Unbegreiflichkeit *f*; {+LINGUA, ESPRESSIONE} *anche* Unverständlichkeit *f.*
incomprensióne *f* **1** (*mancanza di comprensione*) {+GENITORI} Unverständnis *n*, Verständnislosigkeit *f* **2** (*screzio*) Meinungsverschiedenheit *f*, Unstimmigkeit *f*: **tra loro ci sono state molte incomprensioni**, die beiden hatten zahlreiche Meinungsverschiedenheiten.
incomprèso, (-a) A *agg* (*non apprezzato*) {AMORE} unverstanden; *anche iron* {GENIO} verkannt B *m (f)* Unverstandene *mf decl* come *agg*: **non fare l'~**, spiel nicht den Unverstandenen.
incomunicàbile *agg* (*inesprimibile*) {PENSIERO} nicht mitteilbar, nicht vermittelbar.
incomunicabilità <-> *f* **1** (*impossibilità di comunicare*) Kommunikations-/Verständigungs-/Kontaktunfähigkeit *f*, Kommunikations-/ Verständigungs-/ Kontaktunmöglichkeit *f* **2** (*l'essere inesprimibile*) {+SENTIMENTO} Nichtmitteilbarkeit *f.*
inconcepìbile *agg* **1** (*inimmaginabile*) {SOLUZIONE} undenkbar, unvorstellbar **2** (*inammissibile*) {OBIEZIONE} unfassbar, unbegreiflich.
inconciliàbile *agg* **1** (*contrastante*) {ANTAGONISTI} unversöhnlich **2** (*incompatibile*) {PUNTI DI VISTA} unvereinbar.
inconciliabilità <-> *f* *anche fig* (*incompatibilità*) {+TEORIE} Unversöhnlichkeit *f*, Unvereinbarkeit *f.*
inconcludènte A *agg* (*che non raggiunge lo scopo*) {DISCORSO, PAROLE} zusammenhang(s)los, unzusammenhängend; {SFORZO} nutzlos, vergeblich, unnütz, fruchtlos; {UOMO} unbeständig, nichts ausrichtend B *mf* (*incapace*) Nichtskönner(in) *m(f)* *spreg*, Nichtsnutz *m obs spreg*, Taugenichts *m obs spreg.*
inconcludènza *f* (*l'essere inconcludente*) {+DISCORSO} Zusammenhang(s)losigkeit *f*; {+SFORZO} Vergeblichkeit *f.*
inconcùsso, (-a) *agg spec fig lett* (*saldo*) {VERITÀ} unumstößlich; {PRINCIPIO} *anche* unerschütterlich, fest.
incondizionàto, (-a) *agg* (*assoluto*) {RESA} bedingungslos; {APPOGGIO} *anche* voll; *filos* unbedingt.
inconfessàbile *agg* **1** {DESIDERIO, PENSIERO, SOGNO} uneingestehbar, nicht eingestehbar **2** (*vergognoso*) {PECCATO} schändlich, schimpflich.
inconfessàto, (-a) *agg* (*segreto*) {AMBIZIONE, DESIDERIO} uneingestanden.
inconfondìbile *agg* (*unico*) {STILE, TECNICA, VOCE} unverwechselbar, unverkennbar.
inconfutàbile *agg* (*incontestabile*) {ARGOMENTO} unwiderlegbar, unanfechtbar, unbestreitbar; {PROVA, TESTIMONIANZA} *anche* hieb- und stichfest.
inconfutabilità <-> *f* (*l'essere inconfutabile*) {+ASSERZIONE} Unbestreitbarkeit *f*, Unanfechtbarkeit *f.*
incongruènte *agg* **1** (*contraddittorio*) {AFFERMAZIONI} widersprüchlich; {RISPOSTA} widerspruchsvoll, inkongruent *forb* **2** *rar* (*incoerente*) {UOMO} inkonsequent, widerspruchsvoll.
incongruènza *f* **1** (*contraddizione*) {+RISPOSTA} Widersprüchlichkeit *f* **2** (*cosa incongruente*) Widerspruch *m*, Inkongruenz *f forb*: **tesi piena di incongruenze**, These voller Widersprüche.
incòngruo, (-a) *agg* **1** (*inadeguato*) {COMPENSO} unangemessen **2** (*sproporzionato*) {RICOMPENSA} unverhältnismäßig **3** *mat* inkongruent.
inconoscìbile A *agg* **1** (*che non si può conoscere*) {REALTÀ} unerkennbar **2** *filos* unerkennbar B *m* <-> *filos* Unerkennbare *n decl* come *agg.*
inconsapévole *agg* **1** (*che non è venuto a conoscenza*) **~ di qc** {DELL'ACCADUTO} *etw* (gen) nicht bewusst **2** (*ignaro*) **~ (di qc)** {DELLE CONSEGUENZE DI UN ATTO, DEL PERICOLO} *etw* (gen) nicht bewusst, ahnungslos (*angesichts etw* gen).
inconsapevolézza *f* **1** Unbewusstheit *f*: **l'~ del rischio può avere consequenze catastrofiche**, sich (dat) des Risikos nicht bewusst zu sein, kann katastrophale Folgen haben **2** (*incoscienza*) {+BAMBINO} Ahnungslosigkeit *f*, Gedankenlosigkeit *f.*
incònscio, (-a) <-*sci*, -*sce*> A *agg anche psic* {ATTO, PROCESSO} unbewusst B *m psic* {COLLETTIVO} Unbewusste *n decl* come *agg.*
inconseguènte *agg* **1** (*contraddittorio*) {DICHIARAZIONE} inkonsequent, folgewidrig, widersprüchlich **2** (*incoerente*) {DONNA} inkonsequent, widerspruchsvoll.
inconseguènza *f* (*contraddittorietà*) {+RAGIONAMENTO} Inkonsequenz *f*, Widersprüchlichkeit *f.*
inconsideratézza *f* {+GIOVANILE} Unüberlegtheit *f*, Unbesonnenheit *f.*
inconsideràto, (-a) *agg* **1** (*incauto*) {RAGAZZO} unvorsichtig, leichtsinnig **2** (*avventato*) {GESTO, PAROLE, RISPOSTA} unüberlegt, unbesonnen.
inconsistènte *agg* **1** (*privo di consistenza*) {MATERIALE} unfest, inkonsistent; *fig* {RAPPORTO} bedeutungslos, unbedeutend, belanglos; {SCRITTO} gehaltlos, gedankenarm **2** *fig* (*infondato*) {ACCUSA} unhaltbar, haltlos **3** *rar fig* (*debole*) {DONNA} haltlos.
inconsistènza *f* **1** (*scarsa consistenza*) {+MATERIALE} Unfestigkeit *f*, Inkonsistenz *f*; *fig* {+AMORE} Bedeutungslosigkeit *f*, Belanglosigkeit *f*, Unbedeutendheit *f rar*; {+SAGGIO} Gehaltlosigkeit *f*, Gedankenarmut *f* **2** *fig* (*infondatezza*) {+PROVA} Unhaltbarkeit *f* **3** *rar fig* (*debolezza*) {+RAGAZZO} Haltlosigkeit *f.*
inconsolàbile *agg* (*sconsolato*) **~ (per qc)** {DOLORE PER LA PERDITA DI QU, FIGLIO} untröstlich (*über etw* acc).
inconsuèto, (-a) *agg* (*insolito*) {ASPETTO} ungewohnt; {AGGRESSIVITÀ, RITARDO} ungewöhnlich.
inconsùlto, (-a) *agg* (*avventato*) {GESTO} unbesonnen, unüberlegt, unbedacht.
incontaminàto, (-a) *agg* **1** (*puro*) {MONDO} unbefleckt, makellos, unberührt **2** (*non infestato*) {ACQUA} unverseucht, unverschmutzt, sauber.
incontenìbile *agg* (*che non si può limitare*) {FELICITÀ} unbändig.
incontentàbile A *agg* **1** (*impossibile da soddisfare*) {MOGLIE} unersättlich, ungenügsam, nicht zufrieden zu stellen(d); {DESIDERIO} unstillbar **2** (*esigente*) **il capo è ~ nel lavoro**, was die Arbeit angeht, hat der Chef extrem hohe Ansprüche **3** (*persona mai contenta*) ewig/immer unzufrieden, nicht zufrieden zu stellen(d) B *mf* nicht zufriedenzustellender Mensch, ewig unzufriedener Mensch.
incontentabilità <-> *f* (*l'essere incontentabile*) {+GENITORE} ständige Unzufriedenheit *f*, Unersättlichkeit *f*; {+AMBIZIONE} Unstillbarkeit *f.*
incontestàbile *agg* (*indiscutibile*) {FATTO} unbestreitbar, unanfechtbar, unumstößlich.
incontestabilità <-> *f* (*l'essere incontestabile*) {+GIUDIZIO} Unanfechtbarkeit *f.*
incontestàto, (-a) *agg* (*certo*) {DIRITTO, PROVA} unbestritten, unangefochten.
incontinènte A *agg* **1** (*che non sa contenersi*) unmäßig, maßlos **2** *med* inkontinent *scient* B *mf med* "wer an Inkontinenz *scient* leidet".
incontinènza *f* **1** (*smodatezza*) {+PASSIONE} Zügellosigkeit *f*, Unmäßigkeit *f* **2** (*mancanza di autocontrollo*) Unbeherrschtheit *f* **3** *med* Inkontinenz *f scient*: ~ **d'orina**, Harninkontinenz *f scient.*
incontràre A *tr* **1** (~ *casualmente*) **~ qu** jdm begegnen, auf jdn stoßen; (*con appuntamento*) jdn treffen: **il Papa ha incontrato l'ambasciatore austriaco**, der Papst hatte ein Treffen mit dem österreichischen Botschafter **2** (*conoscere*) **~ qu** jdn kennen lernen **3** (*incrociare*) **~ qc** {SGUARDO DI QU} *etw* (dat) begegnen; *mat* {RETTA CERCHIO} *etw* berühren; **~ qc** (+ *compl di luogo*) {VIA STRADA PRINCIPALE FRA DUE ISOLATI} *etw* (*irgendwo*) kreuzen, (*irgendwo*) *in etw* (acc) münden, *etw* (*irgendwo*) schneiden **4** *fig* (*trovare*) **~ qc** {DIFFICOLTÀ} *auf etw* (acc) stoßen; {CATTIVO TEMPO, SUCCESSO} *etw* haben; {FORTUNA, MORTE} *etw* finden: **~ il favore del pubblico**, dem Publikum gefallen **5** (*uso assol*) (*avere successo*) Anklang finden, Erfolg haben: **è una moda che ha incontrato molto in Germania**, das ist eine Mode, die in Deutschland starken Anklang gefunden hat; (*piacere*) gefallen; (*essere gradito*) an|sprechen **6** *sport* **~ qu** {CAMPIONE SFIDANTE} *gegen jdn* spielen B *itr pron* **1** (*vedersi*): **incontrarsi con qu** {CON L'EDITORE} sich *mit jdm* treffen, ein Treffen/eine Verabredung *mit jdm* haben **2** (*incappare*): **incontrarsi in qu** {IN UNA PERSONA ONESTA} *an jdn* geraten C *rfl rec*: **incontrarsi 1** (*vedersi per caso*) sich begegnen, sich treffen, sich sehen: **ci siamo incontrati ieri sera nel foyer**, wir sind uns gestern Abend im Foyer begegnet; (*con appuntamento*) sich treffen, sich sehen **2** (*incrociarsi*) {SGUARDI} sich kreuzen; {STRADE} *anche* sich schneiden, *mat* {RETTE} sich (über)schneiden **3** (*conoscersi*) sich kennen lernen: **dove vi siete incontrati?**, wo habt ihr euch kennen gelernt? **4** *fig* (*coincidere*) {GUSTI, PENSIERI} überein|stimmen **5** *sport* {PUGILI} *gegen jdn* an|treten • **~ bene/male**, es gut/schlecht treffen.
incontràrio *solo nella loc avv fam* (*a rovescio*): **all'~**, verkehrt/falsch herum, umgekehrt; **andare all'~**, {TRENO} rückwärts|fahren; {COSE} schief|gehen *fam*; **fa tutto all'~**, er/sie macht alles verkehrt herum.
incontrastàbile *agg* **1** (*irresistibile*) {AVANZATA} unwiderstehlich **2** (*ineluttabile*) {DESTINO} unabwendbar **3** (*inoppugnabile*) {PROVA} unanfechtbar, unbestreitbar.
incontrastàto, (-a) *agg* (*indiscusso*) {PRIMATO, VINCITORE} unangefochten, unbestritten.
incóntro[①] *m* **1** (*l'incontrare*) {CASUALE +DIVI, PIACEVOLE, SGRADITO} Begegnung *f* **2** (*convegno*) {+MINISTRI} Zusammenkunft *f*, Treffen *n*: ~ **al vertice**, Gipfeltreffen *n* **3** (*appuntamento*) Verabredung *f*, Treffen *n*, Date *n slang*: **fissare un ~**, einen Termin (für ein Treffen)/[ein Date *slang*] ausmachen **4** (*punto d'~*) {+STRADE} Einmündung *f*; {+RETTE} Berührung *f* **5** *sport* Begegnung *f*; (*nel calcio, nella pallacanestro*) Spiel *n*; (*nel pugilato*) Kampf *m* • **fare un brutto ~** *fig* (*incontrare dei delinquenti*), eine unangenehme Begegnung haben; **~ occasionale** (*casuale*),

incontro gelegentliches Treffen, Gelegenheitstreffen n; **avere un ~ a quattr'*occhi* con qu** *fig* (*conversazione privata*), ein Gespräch unter vier Augen mit jdm haben.
incóntro② *loc prep:* **~ a qu/qc** auf jdn/etw zu, jdm/etw entgegen: **mi corse ~**, er/sie lief mir entgegen, er/sie lief auf mich zu; **mi si fece ~ minaccioso**, er kam drohend auf mich zu.
incontrollàbile *agg* **1** (*incontenibile*) {COLLERA} unkontrollierbar, hemmungslos **2** (*non verificabile*) {AFFERMAZIONE} unnachweisbar, unüberprüfbar.
incontrollabilità <~> f **1** {+IRA} Unkontrollierbarkeit f **2** {+AFFERMAZIONE} Unnachweisbarkeit f.
incontrollàto, (-a) *agg* **1** (*impulsivo*) {RISO} unkontrolliert, unbeherrscht **2** (*non verificato*) {AFFERMAZIONE} unüberprüft, unnachgewiesen.
incontrovertìbile *agg* **1** (*indiscutibile*) {GIUDIZIO} unanfechtbar, unbestreitbar, unumstößlich **2** *banca* {TITOLO} inkonvertibel.
inconveniènte m **1** (*difficoltà*) {GRAVE, PICCOLO} Unannehmlichkeit f, Schwierigkeit f, Zwischenfall m **2** (*svantaggio*) Nachteil m: **la tua soluzione presenta un solo ~**, deine Lösung hat nur einen Nachteil ● **sono gli inconvenienti del mestiere!** *fig iron* (*problemi legati a un lavoro*), Berufsrisiko! *iron*, Berufspech! *iron*, das sind die Schattenseiten des Berufs!
inconvertìbile *agg econ banca* {DENARO} unkonvertierbar, inkonvertibel.
incoordinazióne f (*mancanza di coordinazione*) Inkoordination f: **~ motoria**, Bewegungsinkoordination f.
incoraggiaménto m **1** (*l'incoraggiare*) Ermutigung f, Ermunterung f: **bell'~ che gli dai!** *iron*, du bist wirklich unglaublich ermutigend für ihn! *anche iron* **2** <*di solito al pl*> (*parole di conforto*) {+PROFESSORE} Zuspruch m.
incoraggiànte *agg* (*che infonde coraggio*) {PAROLE} ermutigend.
incoraggiàre <*incoraggio, incoraggi*> [A] *tr* **1** (*infondere coraggio*) ~ **qu** {AMICO} jdn ermutigen: **è un bambino introverso che va incoraggiato**, das ist ein introvertiertes Kind, das man ermutigen muss **2** (*spingere*) ~ **qu (a qc)** {FRATELLO AL TRASFERIMENTO} jdn zu etw (*dat*) ermuntern: ~ **qu a fare qc**, jdn antreiben, etw zu tun; jdn ansporn, etw zu tun; ~ **i giovani a scrivere**, die jungen Leute zum Schreiben ansporn **3** (*favorire*) ~ **qc** {DISARMO, ESPORTAZIONI} etw fördern, etw unterstützen; {ASSENTEISMO, DELINQUENZA, ILLEGALITÀ} etw begünstigen [B] *itr pron rar* (*prendere coraggio*): **incoraggiarsi a qc** {AL PROSEGUIMENTO DI UN'IMPRESA} Mut (*zu etw dat*) fassen/schöpfen.
incordàre [A] *tr* **1** (*mettere le corde*) ~ **qc** {CHITARRA} etw besaiten; {RACCHETTA DI TENNIS} etw bespannen [B] *itr pron* (*irrigidirsi*): **incordarsi** {MUSCOLO} steif werden, sich versteifen.
incordatùra f **1** (*l'incordare*) {+STRUMENTO} Besaitung f; {+RACCHETTA} Bespannung f **2** (*corde*) {+PIANOFORTE} Saiten f pl; {+RACCHETTA} Bespannung f **3** *med* {+MUSCOLO} Versteifung f.
incornàre *tr* **1** (*colpire con le corna*) ~ **qu/qc** {TORO TORERO, MUCCA PALO} jdn/etw mit den Hörnern aufspießen, jdn/etw auf die Hörner nehmen **2** *fig fam* (*tradire*) ~ **qu** {CONIUGE, PARTNER} jdn betrügen, jdm Hörner aufsetzen *fam*, jdn hörnen *fam scherz*.
incornàta f (*colpo*) {+TORO} Stoß m mit den Hörnern.

incorniciàre <*incornicio, incornici*> *tr* ~ **qc 1** (*mettere in cornice*) {DIPINTO, FOTOGRAFIA, STAMPA, TELA} etw ein|rahmen, etw rahmen **2** *fig* (*contornare*) {CAPELLI VOLTO, MONTAGNE PAESAGGIO} etw umrahmen **3** *tip* {PAGINA} etw ein|rahmen.
incorniciatùra f **1** (*l'incorniciare*) (Ein)rahmung f, Umrahmung f: **il quadro è pronto per l'~**, das Bild ist fertig für die Rahmung **2** (*cornice*) Rahmen m *fig anche* Ambiente n: **vive in un'~ elegante**, er/sie lebt in einem eleganten Rahmen/Ambiente.
incoronàre [A] *tr* **1** (*cingere di corona*) ~ **qu** {IMPERATORE, RE} jdn krönen, jdm die Krone auf|setzen **2** (*inghirlandare*) ~ **qu di qc** {POETA DI ALLORO, VINCITORE DI FIORI} jdn (*mit etw dat*) bekränzen, jdn (*mit etw dat*) bekrönen **3** *fig* (*circondare*) ~ **qc** {TORRI SAN GIMIGNANO} etw umfassen, etw umgeben **4** *fig* (*consacrare*) ~ **qu** jdn krönen: ~ **qu poeta**, jdn zum Dichter krönen **5** *fam* (*tradire*) ~ **qu** {CONIUGE} jdn betrügen, jdm Hörner auf|setzen *fam*, jdn hörnen *fam scherz* [B] *rfl* (*cingersi di corona*): **incoronarsi** sich krönen: **Napoleone si incoronò imperatore**, Napoleon krönte sich zum Kaiser.
incoronàta f **1** *mus* Fermate f **2** *relig* (*Madonna*): **l'Incoronata**, Madonna f **3** *relig* (*festa*): **l'Incoronata**, Maria f Königin.
incoronàto, (-a) *agg anche relig* (*cinto da corona*) {POETA, VERGINE} gekrönt.
incoronazióne f **1** (*l'incoronare*) {+IMPERATORE} Krönung f **2** (*cerimonia*) Krönung f, Krönungsfeierlichkeiten f pl ● **l'~ di Maria** *arte relig*, die Krönung Mariae.
incorporànte *agg ling* {LINGUA} inkorporierend.
incorporàre [A] *tr* **1** (*amalgamare più elementi in una massa*) ~ **qc (in/con qc)** {PIETRISCO NELL'IMPASTO DI CALCE, CON LA SABBIA} etw *mit etw (dat)* vermengen; {SALE NELLA/CON LA] FARINA} etw *(unter etw acc)* unter|ziehen **2** (*inserire*) ~ **qc in qc** {TAVOLE A COLORI IN UN TESTO} etw (*in etw acc*) ein|fügen, etw (*in etw acc*) ein|gliedern **3** (*assorbire*) ~ **qc** {LEGNO CERA} etw auf|nehmen **4** *fig* (*annettere*) ~ **qc (in qc)** {TERRITORI IN UN IMPERO} etw etw (*dat*) ein|verleiben **5** *fig scherz* (*ingollare*) ~ **qc** {DUE LITRI DI BIRRA, SEI PANINI} sich (*dat*) etw ein|verleiben **6** *inform* ~ **qc** {FILE} etw ein|fügen **7** *mil* ~ **qu in qc** {SOLDATI IN UN REGGIMENTO} jdn *in etw (acc)* ein|reihen, jdn *in etw (acc)* ein|gliedern [B] *rfl rec* (*mescolarsi*): **incorporarsi** {LIQUIDI} sich vermischen, sich vermengen.
incorporazióne f **1** *gener* {+GHIAIA} Vermengung f; (*azione*) *anche* Vermengen n, Vermischung f **2** *fig* (*fusione*) {+MINORANZA ETNICA} Vermischung f **3** *fig* (*inclusione*) {+LEGGE, NOZIONE} Einverleibung f **4** *dir* (*annessione*) {+PROVINCIA} Eingliederung f **5** *dir* {+BENE} Einfügung f **6** *mil* {+RECLUTA} Einreihung f, Eingliederung f.
incorporeità <~> f (*immaterialità*) Körperlosigkeit f, Unkörperlichkeit f.
incorpòreo, (-a) *agg* **1** (*immateriale*) {ANIMA} körperlos, unkörperlich **2** *fig* (*etereo*) zart, durchscheinend: **la luce della luna rendeva la sua bellezza ancora più incorporea**, das Mondlicht ließ seine/ihre Schönheit noch zarter erscheinen.
incorreggìbile *agg* **1** (*non correggibile*) {COMPITO, LAVORO} nicht zu verbessern(d), nicht zu retten(d) **2** (*non modificabile*) {ABITUDINE} eingefleischt **3** *fig* (*incallito*) {BEVITORE} unverbesserlich, notorisch.
incorreggibilità <~> f **1** (*l'essere incorreggibile*) {+TEMA} Unkorrigierbarkeit f, Unverbesserbarkeit f **2** (*non modificabilità*) {+ABITUDINE} Unabänderlichkeit f, Unveränder-

incórrere <*coniug come* correre> *itr* <*essere*> ~ **in qc 1** (*incappare*) etw (*dat*) verfallen; {IN UNA DIFFICOLTÀ} *auf etw* (acc) stoßen; {IN UNA MULTA} *etw* bekommen; ~ **in una condanna**, verurteilt werden; **è incorso in un errore**, ihm ist ein Irrtum unterlaufen; ~ **nell'ira di qu**, sich (*dat*) jds Zorn zuziehen; ~ **in un pericolo**, ein Risiko eingehen, in Gefahr geraten **2** (*contrarre*) {IN DEBITI} *etw* machen.
incorrettézza f *rar* (*scorrettezza*) Unkorrektheit f.
incorrètto, (-a) *agg rar* (*che non è stato corretto*) {SCRITTO} unkorrigiert, unverbessert.
incorròtto, (-a) *agg* **1** (*non putrefatto*) {CIBO} unverdorben; {SALMA} unverwest **2** *fig* (*puro*) {ANIMA, GIOVENTÙ} unverdorben, rein **3** *fig* (*onesto*) {MAGISTRATO} ehrlich, anständig.
incorruttìbile *agg* **1** (*inalterabile*) {SOSTANZA} unverderblich **2** *fig* (*onesto*) {GIUDICE} unbestechlich.
incorruttibilità <~> f *fig* (*onestà*) {+MAGISTRATO} Unbestechlichkeit f.
incosciènte [A] *agg* **1** (*irresponsabile*) {AUTOMOBILISTA} verantwortungslos, gewissenlos, leichtsinnig **2** (*inconscio*) {GESTO, IMPETO} unbewusst **3** (*privo di coscienza*) bewusstlos: **rimase alcune ore ~**, er/sie blieb einige Stunden bewusstlos/[ohne Bewusstsein] [B] *mf* (*imprudente*) verantwortungslose Person: **si è comportato da ~**, er hat sich verantwortungslos verhalten.
incosciènza f **1** (*irresponsabilità*) {+BAMBINO} Leichtsinn m, Verantwortungslosigkeit f, Gedankenlosigkeit f: **dare prova di grande ~**, sich sehr leichtsinnig/verantwortungslos verhalten, eine große Verantwortungslosigkeit an den Tag legen **2** (*azione irresponsabile*) leichtsinnige/verantwortungslose Aktion: **che ~, tuffarsi da dieci metri!**, wie leichtsinnig, von zehn Metern Höhe zu springen! **3** (*perdita di coscienza*) Bewusstlosigkeit f: **uscire dall'~**, aus der Bewusstlosigkeit erwachen.
incostànte [A] *agg* **1** (*instabile*) {TEMPO} unbeständig, veränderlich; {QUOTAZIONE} schwankend; {CARATTERE} unausgeglichen **2** (*volubile*) {GIOVANE} wankelmütig *forb spreg*: **è ~ nello studio**, er/sie ist unbeständig, was das Lernen angeht [B] *mf* (*persona volubile*) unausgeglichener/wankelmütiger *forb spreg* Mensch.
incostànza f **1** (*instabilità*) {+TEMPO} Unbeständigkeit f, Veränderlichkeit f **2** (*volubilità*) {+RAGAZZA} Wankelmut m *forb spreg*; {+FORTUNA} Wechselhaftigkeit f.
incostituzionàle *agg dir* {LEGGE, MANOVRA} verfassungswidrig.
incostituzionalità f (*l'essere incostituzionale*) {+RIFORMA} Verfassungswidrigkeit f.
incravattàre *tr* (*mettere la cravatta*) ~ **qu/qc** jdm/etw eine Krawatte an|ziehen.
incravattàto, (-a) *agg* (*con cravatta*) {BAMBINO} mit Krawatte.
increànza f (*maleducazione*) {+RAGAZZO} Ungezogenheit f, Unhöflichkeit f.
incredìbile [A] *agg* **1** (*assurdo*) unglaublich: **è una storia ~ ma vera**, es ist eine unglaubliche, aber wahre Geschichte **2** (*inverosimile*) {RESOCONTO} unglaubhaft, unwahrscheinlich **3** *fig* (*enorme*) unglaublich, unwahrscheinlich: **ha avuto una fortuna ~!**, er/sie hat unwahrscheinliches Glück gehabt!; **spende somme incredibili!**, er/sie gibt unglaubliche Summen aus! [B] *inter impr* (*di sorpresa*): ~!, unglaublich!; **(è) ~, ha vinto di nuovo!**, (es ist) unglaublich, er/sie hat schon wieder gewonnen!

incrèdula f → incredulo.

incredulità <-> f **1** (*scetticismo*) Ungläubigkeit f: **ammise la propria colpevolezza fra l'~ generale**, er/sie gestand seine/ihre Schuld unter allgemeinem Unglauben ein **2** *relig* Unglaube m, Unglauben m *rar*.

incrèdulo, (-a) **A** *agg* **1** (*scettico*) {ARIA} ungläubig, misstrauisch **2** *relig* {GIOVENTÙ} ungläubig **B** m (f) Ungläubige mf *decl come agg*.

incrementàre *tr* (*aumentare*) ~ *qc* {CAPITALE, NASCITE, SALARIO} *etw* erhöhen; {VENDITE} *etw* steigern; {POPOLAZIONE} *etw* vermehren; {ATTIVITÀ INDUSTRIALE, COMMERCIO, TURISMO} *etw* fördern.

incremènto m **1** (*aumento*) {+INTERESSE, PRESTAZIONI, VALORE} Steigerung f; {+POPOLAZIONE} Vermehrung, Wachstum n, Zunahme f, Zuwachs m **2** (*sviluppo*) {+PRODUZIONE NAZIONALE} Wachsen m, Zunahme f; {+RICERCA} Förderung f: **dare ~ a un'attività**, eine Tätigkeit fördern **3** *mat* {+FUNZIONE, VARIABILE} Inkrement n.

incresciòso, (-a) *agg* **1** (*spiacevole*) {AVVENIMENTO, SITUAZIONE} bedauerlich **2** (*seccante*) {ARGOMENTO, LAVORO} lästig.

increspaménto m (*increspatura*) {+VISO} Runzeln n; {+STOFFA} Fältelung f, Plissierung f; {+CAPELLI, SUPERFICIE DEL MARE, DEL LAGO} Kräuselung f.

increspàre **A** *tr* ~ *qc* **1** (*rendere crespo*) {PETTINATRICE CAPELLI; VENTO SUPERFICIE DEL LAGO} *etw* kräuseln **2** (*fare delle crespe*) {STOFFA} *etw* kräuseln, *etw* plissieren, *etw* in Falten legen, *etw* fälteln; {CARTA} *etw* kreppen, *etw* fälteln **3** (*corrugare*) {FRONTE} *etw* runzeln, *etw* kräuseln **B** *itr pron*: **incresparsi 1** (*diventare crespo*) {MARE} sich kräuseln **2** (*corrugarsi*) {FRONTE, PELLE} sich runzeln.

increspàto, (-a) *agg* (*crespo*) gerunzelt; {CHIOMA, MARE} gekräuselt; {CARTA} Krepp-; {TESSUTO} plissiert.

increspatùra f **1** (*l'increspare*) {+CAPELLI, MARE, PELLE} Kräuselung f, {+CARTA} Kreppung f **2** (*crespa*) {+GONNA, STOFFA} Plissieren n.

incretiniménto m (*rimbecillimento*) Verdummung f, Verblödung f *fam*.

incretinìre <*incretinisco*> **A** *tr* <*avere*> (*rendere cretino*) ~ (*qu*) {LAVORO ALLA CATENA DI MONTAGGIO OPERAIO} *jdn* dumm machen, *jdn* verblöden, *jdn* verblöden *fam* **B** *itr* <*essere*> (*diventare cretino*) verdummen, verblöden *fam*, blöd *fam* werden: **sei incretinito tutt'a un tratto?**, bist du plötzlich verblödet? *fam*.

incretinìto, (-a) *agg* (*rimbecillito*) verblödet *fam*.

incriminàbile *agg* *dir* {POLITICO} anklagbar.

incriminàre *tr* **1** *dir* (*imputare di un reato*) ~ *qu* (*di/per qc*) {PUBBLICO MINISTERO MANIACO DEL DELITTO, PER FALSA TESTIMONIANZA} *jdn* (*etw* gen) an|klagen, *jdn* (*etw* gen) beschuldigen; ~ *qc* als Straftat betrachten: **il contrabbando è incriminato dalla legge**, Schmuggel(n) wird als Straftat betrachtet **2** (*incolpare*) ~ *qu* (*di qc*) {SCUOLA DI PERMISSIVISMO} (*etw* dat) *etw* vor|werfen, *etw* (*dat*) *etw* zur Last legen, *etw* (*für etw* acc) verantwortlich machen.

incriminàto, (-a) *agg* **1** *dir* ~ (*di/per qc*) {AUTORE DI PLAGIO} (*etw* gen) angeklagt, (*etw* gen) beschuldigt **2** *fig scherz* {RIVISTA} angeklagt.

incriminazióne f (*imputazione*) {+DEPUTATO} Anklage f, Anschuldigung f.

incrinàre **A** *tr* **1** (*fare delle incrinature*) ~ *qc* {CERAMICA, VETRO} einen Sprung/Sprünge in *etw* (acc) machen; med ~ *qc a qu* {CADUTA BACINO} *jdm* an|brechen **2** *fig* (*danneggiare*) ~ *qc* {AMICIZIA, REPUTAZIONE} *etw* (*dat*) schaden, *etw* schädigen **B** *itr pron*: **incrinarsi 1** (*fendersi*) {STATUETTA DI PORCELLANA} einen Sprung/einen Riss/Risse bekommen **2** *fig* (*essere intaccato*) {AMICIZIA, LEGAME CONIUGALE} einen Riss/Knacks *fam* bekommen, in die Brüche gehen.

incrinàto, (-a) *agg* **1** {VASO} rissig, gesprungen; *med* {FEMORE} angebrochen **2** *fig*: **uno dei molti matrimoni incrinati**, eine der vielen Ehen, die einen Riss bekommen haben.

incrinatùra f **1** (*crepa*) {+VETRO} Sprung m; {+VASO} *anche* Riss m; *med* Infraktion f *scient* **2** *fig* (*screzio*) Sprung m, Riss m, Kluft f: **il litigio ha provocato un'~ nella loro amicizia**, durch den Streit bekam ihre Freundschaft einen Riss.

incrociàre <*incrocio*, *incroci*> **A** *tr* **1** (*disporre di traverso*) ~ *qc* {ASSI, TRAVI} *etw* kreuzen; {GAMBE} *anche etw* übereinander|schlagen; {BRACCIA} *etw* kreuzen, *etw* verschränken **2** (*incontrare casualmente*) ~ *qu* {COLLEGA, CONOSCENTE} *jdm* begegnen, *auf jdn* stoßen: **al salone del libro ho incrociato il mio professore di latino**, auf der Buchmesse bin ich meinem Lateinlehrer begegnet; ~ *qc* {NUMEROSI CAMION} *auf etw* (acc) treffen; {SGUARDO DI QU} *etw* treffen **3** (*tagliare*) ~ *qc* (+ *compl di luogo*) {STRADA STATALE STRADA PROVINCIALE DOPO IL PONTE} *etw* (*irgendwo*) kreuzen, (*irgendwo*) in *etw* (acc) munden, *etw* (*irgendwo*) schneiden **4** *biol* ~ *qc* {DUE RAZZE DI CANI} *etw* kreuzen **B** *itr* ~ + *compl di luogo* **1** *mar* {FLOTTA NEL MEDITERRANEO} *irgendwo* kreuzen **2** *aero* {SQUADRIGLIA DI CACCIA SULL'OBIETTIVO} *irgendwo* kreisen **3** *fam scherz* {RAGAZZA DA QUESTE PARTI} sich (*irgendwo*) herum|treiben *fam spreg* **C** *rfl rec*: **incrociarsi 1** (*incontrarsi per caso*) sich (*dat*) begegnen: **ci siamo incrociati all'università**, wir sind uns an der Universität begegnet; {TRENI} aneinander vorbei|fahren; {SGUARDI} sich treffen **2** (*tagliarsi*) {STRADE} sich kreuzen, sich schneiden; *mat* {RETTE} sich (über)schneiden **3** *biol* sich kreuzen.

incrociatóre m *mar mil* Kreuzer m.

incrociatùra f **1** (*risultato*) Kreuzung f **2** (*punto di incrocio*) Schnitt-, Kreuzungspunkt m.

incrócio <-*ci*> m **1** (*punto di intersezione*) {+CAVI} Kreuzungs-, Schnittpunkt m; {+BINARI, STRADE} Kreuzung f: **hanno messo un semaforo all'~**, an der Kreuzung wurde eine Ampel aufgestellt; **all'~ giri a destra**, an der Kreuzung (*a sin*) biegst du/(*a des*) biegen Sie] rechts ab **2** *biol* {+RAZZE DI CANI} Kreuzung f; (*rif. a persone*) Mischung f, Kreuzung f **3** *biol* (*prodotto*) {+ROSE} Kreuzung f, Bastard m: **il mio cane è un ~**, mein Hund ist ein Bastard; (*rif. a persone*) Mischling m, Halbblut n **4** *ling* Kontamination f, Wortkreuzung f.

incrollàbile *agg* **1** (*stabile*) {TORRE} fest, einsturzsicher, stabil **2** *fig* (*saldo*) {FIDUCIA} unerschütterlich, fest, unverbrüchlich, unbeirrbar.

incrollabilità <-> f **1** (*stabilità*) {+PONTE} Festigkeit f **2** *fig* (*saldezza*) {+TEORIA} Festigkeit f, Stärke f.

incrostàre **A** *tr* **1** (*ricoprire come una crosta*) ~ *qc* {CALCARE PIATTO DELLA DOCCIA} *etw* verkalken lassen; {FANGO CAMION} *etw* verkrusten lassen, *etw* überkrusten; {RUGGINE BICICLETTA} *etw* verrosten lassen **2** (*per ornamento*) ~ *qc di qc* {FACCIATA DI UNA CHIESA DI MARMO} *etw* (*mit etw* dat) inkrustieren **B** *itr pron* (*depositarsi*): **incrostarsi** {VASCA DA BAGNO} verkalken.

incrostàto, (-a) *agg* (*ricoperto*) ~ (*di qc*) {BALCONE DI RUGGINE, LAVANDINO DI CALCARE, MURO DI VERNICE} *mit etw* (dat) überzogen; {BICICLETTA DI FANGO} (*mit etw* dat) verkrustet, *von etw* (dat) überkrustet; {MOBILE DI PIETRE DURE} (*mit etw* dat) inkrustiert.

incrostazióne f **1** (*formazione di crosta*) Verkrustung f: **bisogna evitare l'~ delle condutture**, man muss das Verkalken der Leitungen vermeiden **2** (*effetto*) {+CALCARE} Kruste f, Belag m **3** (*tecnica di ornamento*) {+AVORIO, PIETRE DURE} Inkrustation f, Inkrustierung f **4** (*risultato*) {+ORO} Inkrustation f.

incrudelìre <*incrudelisco*> **A** *itr* <*avere*> (*infierire*) ~ (**contro/su qu**) {DESTINO CONTRO I PROFUGHI, SUI PRIGIONIERI} (*gegen jdn*) grausam sein; {TEMPESTA} (*gegen jdn*) wüten **B** *tr* <*avere*> *rar* (*rendere spietato*) ~ *qu* {ORRORI DELLA GUERRA ANIMI} *jdn* verrohen, *jdn* brutalisieren **C** *itr* <*essere*> *itr pron* (*inferocirsi*): **incrudelirsi** {UOMO} grausam werden, verrohen.

incrudiménto m *metall* (Ver)festigung f.

incrudìre <*incrudisco*> **A** *tr* <*avere*> *obs* ~ *qc* **1** (*rendere duro*) {CALCARE ACQUA} *etw* verhärten **2** *fig* (*inasprire*) {POLEMICA} *etw* verschärfen, *etw* verhärten **3** *metall* {LEGA} *etw* verfestigen **B** *itr* <*essere*> *itr pron*: **incrudirsi 1** (*indurire*) {ACQUA} hart werden **2** *fig* (*diventare più doloroso*) {FERITA} sich verschlimmern **3** *fig* (*diventare rigido*) {ANIMO, UOMO} hart werden, sich verhärten, verbittert werden; {STAGIONE} rau/hart werden **4** *fig* (*inasprire*) {SENTIMENTO} heftiger werden **5** *metall* {METALLO} spröde werden.

incruènto, (-a) *agg* (*senza spargimento di sangue*) {SCONTRO} unblutig.

incubatrìce f **1** *med* Brutkasten m, Inkubator m *scient*: ~ **per neonati prematuri**, Brutkasten m für Frühgeburten **2** *zoo* (*per covare le uova*) Brutapparat m, Brutschrank m.

incubazióne f **1** (*cova*) Brüten n; (*periodo*) Brutzeit f **2** *fig* (*sviluppo*) Entwicklung f; (*maturazione*) Ausreifung f: **la crisi costituzionale è da tempo in ~**, die Verfassungskrise entwickelt sich (schon) seit geraumer Zeit **3** *med* {+LEBBRA} Inkubation f; (*periodo*) Inkubationszeit f.

ìncubo A m **1** (*brutto sogno*) Alptraum m **2** *fig* (*paura*) Angst f, Alpdruck m: **vive con l'~ dei debiti**, er/sie lebt mit dem Alpdruck der Schulden; ~ **degli esami**, Prüfungsangst f **3** *fig* (*persona*) Schreckgespenst n: **quella donna è il mio ~!**, diese Frau ist mein Schreckgespenst! **B** <*inv*> *loc agg* (*terribile*): **da ~**, {ALBERGO, VIAGGIO, VACANZA} schrecklich, furchtbar, entsetzlich.

incùdine f **1** Amboss m **2** *anat* Amboss m • **essere tra l'~ e il martello** *fig* (*tra due parti in opposizione*), zwischen zwei Feuer geraten sein, zwischen Hammer und Amboss stehen.

inculàre *tr* **1** *volg* (*sodomizzare*) ~ *qu jdn* in den Arsch ficken *volg* **2** *fig fam* (*imbrogliare*) ~ *qu* (*di qc*) {AUTOBUS} *jdn* beschwindeln *fam*, *jdn* bescheißen *fam* **3** *fig scherz* (*tamponare*) ~ *qc* {AUTOBUS} *etw* an|fahren **4** *fig slang* (*bocciare*) ~ *qu* {ALLIEVO} *jdn* durchfallen lassen *fam*; (*sconfiggere*) {AVVERSARI} *jdn* besiegen, *jdn* in die Pfanne hauen *fam*.

inculàta f **1** *volg* (*atto*) Arschficken n *volg* **2** *fig fam* (*imbroglio*) Betrug m, Beschiss m *fam*: **prendersi un'~**, sich hereinlegen lassen *fam*, beschissen werden *fam* **3** *fig slang* (*bocciatura*) Durchfallen n *fam*; (*sconfitta*) Niederlage f.

inculcàre <*inculco, inculchi*> *tr* ~ *qc in qu* {NEI FIGLI IL SENSO DI RESPONSABILITÀ} *jdm etw* ein|schärfen, *jdm etw* ein|prägen.

incunàbolo m **1** (*solo pl*) *fig lett* (*prime testimonianze*) {+CIVILTÀ} erste Zeugnisse **2** *edit* stor Inkunabel f, Wiegendruck m.

incuneàre A tr 1 (*incastrare*) ~ *qc* (*in qc*) {PIETRA NEL MURETTO} *etw* (*irgendwo*) ein|keilen 2 (*fissare con cunei*) ~ *qc* {PALIZZATA} *etw* verkeilen B itr pron: **incunearsi** + *compl di luogo* 1 (*incastrarsi*) {TASSELLO TRA DUE PIASTRELLE} (*irgendwo*) eingekeilt werden 2 *fig* (*inserirsi*) {VALLE TRA LE MONTAGNE} sich *irgendwie* (*in etw* acc) ein|fügen; {DOMINIO AUSTRIACO NELL'ITALIA DEL NORD} *in etw* (acc) ein|dringen.

incupiménto *m* (*atto, effetto*) Verdunkelung f, Verfinsterung f, Verdüsterung f.

incupìre <*incupisco*> A tr <*avere*> 1 (*rendere cupo*) ~ *qc* {COLORE, TINTA} *etw* dunkler machen; {NUBI ORIZZONTE} *etw* verdunkeln, *etw* verfinstern 2 *fig* (*rattristare*) ~ *qu* {NOTIZIA DEL LICENZIAMENTO OPERAIO} *jdn* bedrücken, *jdn* bekümmern, *jdn* betrüben B itr <*essere*> itr pron: **incupirsi** 1 (*assumere colore scuro*) {CIELO} sich verdunkeln, sich verfinstern 2 *fig* (*rabbuiarsi*) {VISO} sich verdüstern, sich verfinstern.

incupito, (-a) *agg* 1 (*cupo*) {CIELO} verfinstert, verdüstert 2 *fig* (*triste*) {VISO} düster, trübselig.

incuràbile A *agg* 1 {MALATTIA, MALE} unheilbar 2 *fig* {DIFETTO, VIZIO} unverbesserlich B *mf* unheilbar Kranke *mf decl come agg.*

incurabilità *f anche fig* (*l'essere incurabile*) {+MALATTIA} Unheilbarkeit f.

incurànte *agg* ~ *di qc* {DEI GIUDIZI DELLA GENTE} *etw* (dat) *gegenüber* gleichgültig; {DEL PERICOLO} *etw* missachtend: **è ~ della sua salute**, er/sie ↓kümmert sich nicht um↓/[achtet nicht auf] seine/ihre Gesundheit.

incurànza *f* {+PERICOLO, REGOLE} Missachtung f; {+PETTEGOLEZZI} Gleichgültigkeit f.

incùria *f* 1 *gener* Sorglosigkeit f, Unbekümmertheit f 2 (*trascuratezza*) Nachlässigkeit f: **abiti che rivelano una grande ~**, Kleidung, die von einer großen Nachlässigkeit zeugt; **~ nell'adempimento del dovere**, Nachlässigkeit f in der Pflichterfüllung ● **~ grave** *dir*, grobe Nachlässigkeit.

incuriosìre <*incuriosisco*> A tr (*rendere curioso*) ~ *qu*/*qc* {BIOGRAFIA DI UN PERSONAGGIO CELEBRE LETTORE; IL NUOVO ARRIVATO GATTO} *jdn*/*etw* neugierig machen, *jds* Neugierde erwecken B itr pron 1 (*provare curiosità*): **incuriosirsi** (*per*/*a causa di*) {A CAUSA DEL SUO SILENZIO} (*wegen etw* gen) neugierig werden 2 (*interessarsi*): **incuriosirsi** (*di qc*) {GIORNALISTA DELLE ABITUDINI DI ALTRI POPOLI} sich *für etw* (acc) interessieren, neugierig *auf etw* (acc) sein.

incuriosìto, (-a) *agg* (*curioso*) {GENTE} neugierig.

incursióne *f* 1 *anche mil* (*attacco*) Einfall m, Überfall m: **~ (aerea)**, (Luft)angriff m; **compiere**/**fare un'~**, (überraschend) einfallen, einen Überfall machen 2 (*per rapina*) Überfall m: **fare ~ in una gioielleria**, ein Juweliergeschäft überfallen 3 *fam scherz* {+PARENTI} Überfall m *fam scherz*: **fare ~ in cucina**, die Küche überfallen *scherz*; **fare ~ in casa di amici**, Freunde überfallen *scherz* 4 *fig* (*breve esperienza*) Ausflug m: **fare un'~ in campo giornalistico**, einen journalistischen Ausflug machen, in die Zeitungswelt hineinschnuppern *fam* 5 *sport* (Sturm)angriff m: **fare ~ nel campo avversario**, in das gegnerische Spielfeld (hinein|)stürmen.

incursóre *mil* A *agg* angreifend, Angriffs- B *m* Angreifer m.

incurvàbile *agg* (*che si può curvare*) {ASSE} biegbar.

incurvaménto *m* {+TRAVE} Krümmung f.

incurvàre A tr ~ *qc* 1 (*rendere curvo*) {FI-LO DI FERRO, RAMO DI SALICE} *etw* krümmen, *etw* biegen 2 (*curvare*) {SCHIENA, SPALLE} *etw* verkrümmen B itr pron (*farsi curvo*): **incurvarsi** {SCHIENA} sich verkrümmen: **le spalle dei ragazzi s'incurvano sotto il peso degli zaini**, die Schultern der Jugendlichen verkrümmen sich durch das Gewicht der Rucksäcke; {LEGNO} sich biegen.

incurvàto, (-a) *agg* (*che si curva*) {SBARRA, SCHIENA} krumm, gebeugt, gekrümmt.

incurvatùra *f* 1 (*curvatura*) {+LINEA} Biegung f, Beugung f, Krümmung f 2 *tecnol* {+PEZZO DI LEGNO} Biegung f.

incùssi 1[a] pers sing del pass rem *di* incutere.

incùsso part pass *di* incutere.

incustodìto, (-a) *agg* (*non sorvegliato*) unbeaufsichtigt: **lasciare la macchina incustodita**, das Auto unbeaufsichtigt lassen; {PARCHEGGIO} unbewacht; {PASSAGGIO A LIVELLO} unbeschrankt.

incùtere <*coniug come* discutere> tr (*suscitare*) ~ *qc* (*a qu*) {PAURA, TERRORE} *jdm etw* ein|jagen; {RISPETTO, SOGGEZIONE, TIMORE} *jdm etw* ein|flößen.

ind. *abbr di* indirizzo: Adr. (*abbr di* Adresse).

ìndaco A <*inv*> *agg* {TAILLEUR} indigoblau, Indigo- B <-*chi*> *m* 1 (*sostanza*) Indigo m o n 2 (*colore*) Indigoblau n.

indaffaràto, (-a) *agg* (*affacendato*) (viel) beschäftigt: **essere tutto ~ a lucidare il pavimento**, vollständig damit beschäftigt sein, den Boden zu bohnern; **essere sempre ~**, immer beschäftigt sein; **essere molto ~**, unheimlich *fam*/schrecklich *fam* beschäftigt sein.

indagàbile *agg* (*che si può indagare*) {EVASIONE FISCALE} ermittelbar.

indagàre <*indago, indaghi*> A tr ~ *qc* 1 (*ricercare*) {CAUSE DI UN FENOMENO} *etw* erforschen, *etw* erkunden, *etw* untersuchen 2 (*cercare di conoscere*) {MISTERI DELLA VITA} *etw* zu verstehen suchen B itr 1 (*investigare*) ~ (*su*/[*intorno a*] *qu*/*qc*) {ISPETTORE SU UN OMICIDIO, INTORNO A UNA RAPINA} (*gegen jdn*)/(*in etw* dat) ermitteln, eine Untersuchung (*über etw* acc) durch|führen, Nachforschungen *über jdn*/*etw* an|stellen; (*uso assol*) {POLIZIA} ermitteln 2 (*cercare di conoscere*) ~ (*su qc*) {SULLE INTENZIONI DI QU} Nachforschungen (*über etw* acc) an|stellen.

indagàto, (-a) *dir* A *agg* {INVESTIMENTO} "bezüglich dessen ermittelt wird"; {POLITICO} beschuldigte(r,s), "gegen den ermittelt wird" B *m* (f) Beschuldigte *mf decl come agg.* "Person f, gegen die ermittelt wird".

indagatóre, (-trice) A *agg* {SGUARDO, SPIRITO} forschend; {COMMISSIONE} Ermittlungs- B *m* (f) (Er)forscher(in) m(f).

indàgine *f* 1 (*inchiesta*) Ermittlung f, Untersuchung f, Nachforschung f: **la polizia ha aperto un'~**, die Polizei hat eine Untersuchung eingeleitet; **fare delle indagini su qc** (acc) anstellen 2 (*studio*) {FILOSOFICA} Untersuchung f 3 (*ricerca*) Erforschung f, Nachforschung f: **~ di mercato**, Marktforschung f.

indebitaménto *m* {PUBBLICO} Verschuldung f.

indebitàre A tr (*gravare di debiti*) ~ *qu*/*qc* {SPESE ECCESSIVE FAMIGLIA, STATO} *jdn*/*etw* mit Schulden belasten B rfl (*contrarre debiti*): **indebitarsi** (*con qu*/*qc*) {CON UN AMICO, CON UNA BANCA} (*bei jdm*/*etw*) Schulden machen; (*uso assol*) sich verschulden, in Schulden geraten: **indebitarsi fino al collo/ai capelli**, bis über ↓den Hals↓/[den Kopf]/[beide Ohren] in Schulden stecken.

indebitàto, (-a) *agg* (*che ha contratto dei debiti*) {AZIENDA, IMPRENDITORE} verschuldet.

indébito, (-a) *agg* 1 (*inopportuno*) unpassend, ungelegen: **ad ora indebita**, zu ungelegener Stunde 2 (*che non è dovuto*) {PAGAMENTO} ungebührlich 3 (*immeritato*) {ACCUSA, CONDANNA, ONORI} unverdient 4 (*illecito*) {MEZZO} unrechtmäßig.

indeboliménto *m* 1 {+EURO, VISTA} Schwächung f; {+FORZE} Nachlassen n 2 *ling* {+CONSONANTE} Schwächung f.

indebolìre <*indebolisco*> A tr <*avere*> (*infiacchire*) ~ *qu*/*qc* {VECCHIAIA MEMORIA, MUSCOLI, UOMO} *jdn*/*etw* schwächen, *jdn* entkräften, *jdn*/*etw* ermatten *forb*; {SISTEMA IMMUNITARIO; INSTABILITÀ POLITICA; EURO} *etw* schwächen; {RESISTENZA DEL NEMICO} *anche etw* dämpfen B itr <*essere*> itr pron (*infiacchirsi*): **indebolirsi** (*per qc*) {FISICO PER IL DIGIUNO} (*wegen etw* gen) schwach werden; {FORZE} nach|lassen: **negli ultimi tempi mi si è indebolita la vista**, in der letzten Zeit ↓sind meine Augen schwächer geworden↓/[hat meine Sehkraft nachgelassen].

indebolìto, (-a) *agg* 1 (*debole*) {MALATO} geschwächt, schwach 2 *fig* {LUCIDITÀ} geschwächt.

indecènte *agg* 1 (*scandaloso*) {ABITO, COMPORTAMENTO, PROPOSTA} anstößig, anstößig; {PREZZO} skandalös: **è una cosa ~!**, das ist unerhört! 2 (*sporco*) {AUTOMOBILE} verdreckt *fam spreg*.

indecènza *f* 1 {+ABBIGLIAMENTO} Unanständigkeit f; {+RELAZIONE} Anstößigkeit f 2 (*vergogna*) Schande f: **è una vera ~!**, das ist wirklich eine Schande! 3 (*sporcizia*) {+CASA} Dreckigkeit f *fam*.

indecifràbile *agg* 1 (*oscuro*) {MESSAGGIO} unverständlich; {SCRITTURA} *anche* unleserlich, unentzifferbar; {CODICE} undechiffrierbar 2 *fig* (*impenetrabile*) {UOMO} undurchdringlich; {ESPRESSIONE, MISTERO} unergründlich.

indecifrabilità <-> *f* 1 {+SCRITTURA} Unentzifferbarkeit f 2 {+MISTERO} Unergründlichkeit f, {+UOMO} Undurchdringlichkeit f.

indecisióne *f* Unentschlossenheit f.

indecìso, (-a) *agg* 1 (*irresoluto*) {CARATTERE, UOMO} unentschlossen, unschlüssig: **essere ~ tra più soluzioni**, zwischen mehreren Lösungen schwanken 2 (*incerto*) {SITUAZIONE, ecc.} unsicher; {TEMPO} *anche* unbeständig; {COLORE} verschwommen 3 (*che denota incertezza*) {ATTEGGIAMENTO, PASSO} unsicher 4 (*da decidere*) {QUESTIONE} offen.

indeclinàbile *agg* 1 *gramm* {SOSTANTIVO} undeklinierbar 2 *fig lett* (*inevitabile*) {OBBLIGO} unumgänglich, unvermeidlich.

indecoróso, (-a) *agg* {PAROLE} ungehörig; {COMPORTAMENTO} unschicklich.

indeducìbile *agg fisco* {IMPOSTA} nicht abzugsfähig/absetzbar.

indeducibilità <-> *f* {+SPESE} Nicht-Absetzbarkeit f, Nicht-Abziehbarkeit f, Nicht-Abzugsfähigkeit f.

indefèsso, (-a) *agg* {LAVORATORE} unermüdlich.

indefettìbile *agg* 1 (*inesauribile*) {DEDIZIONE} unvergänglich 2 *fig lett anche relig* (*senza difetti*) unfehlbar.

indefinìbile *agg* {COLORE, ETÀ DI UNA SIGNORA, RUMORE, SAPORE, SENTIMENTO} undefinierbar, unbestimmbar; {PAURA} unerklärlich, {FASCINO} unsagbar.

indefinibilità <-> *f* (*l'essere indefinibile*) {+SITUAZIONE} Unbestimm-/Undefinierbarkeit f.

indefinitézza *f* (*vaghezza*) {+PROPOSTA} Vagheit f, Unbestimmtheit f.

indefinìto, (-a) A *agg* 1 (*indeterminato*) {TEMPO} unbestimmt; {SPAZIO} unbegrenzt

2 (*non risolto*) {QUESTIONE} ungelöst **3** *gramm* {PRONOME} unbestimmt, indefinit B <-> m **1** *gener* Unbestimmte n **2** *filos* Unendliche n.

indeformàbile *agg* (*che non si deforma*) unverformbar.

indegnità <-> f **1** (*l'essere indegno*) Unwürdigkeit f **2** (*azione indegna*) Schandtat f ● ~ **a succedere** *dir*, Erbunwürdigkeit f.

indégno, (-a) *agg* **1** ~ **di qu/qc** {UOMO DI COMPRENSIONE} *jds/etw* unwürdig: **è ~ della famiglia da cui proviene**, er ist der Familie, aus der er stammt, unwürdig **2** (*scandaloso*) {ACCUSA, AZIONE, COMPORTAMENTO, PROPOSTA} unerhört, skandalös, ungeheuerlich **3** *dir* erbunwürdig ● ~ **a succedere** *dir*, Erbunwürdige mf decl come agg.

indelèbile *agg* **1** (*non cancellabile*) {MACCHIA} nicht weggehend; {INCHIOSTRO} dokumentenecht; {ROSSETTO} kussecht; {COLORE} echt **2** *fig* (*indimenticabile*) {RICORDO} unauslöschlich, bleibend.

indelicatézza f **1** (*mancanza di riguardo*) {+COLLEGA, DOMANDA} Taktlosigkeit f **2** (*azione indelicata*) Taktlosigkeit f.

indelicàto, (-a) *agg* (*irriguardoso*) {RISPOSTA} taktlos.

indemagliàbile *agg* (*che non si smaglia*) {TESSUTO} maschenfest; {CALZA} laufmaschensicher.

indemaniàre <*indemanio, indemani*> *tr dir* ~ *qc etw* den Sachen der öffentlichen Hand ein|verleiben.

indemoniàto, (-a) A *agg* **1** (*ossesso*) (vom Teufel) besessen **2** *fig* (*furioso*) rasend, besessen **3** *fig scherz* (*vivacissimo*) Teufels-: **un ragazzino ~** *scherz*, ein Wildfang B m (f) **1** (*ossesso*) Besessene mf decl come agg **2** *fig* (*persona furiosa*) Besessene mf decl come agg, Rasende mf decl come agg **3** *fig scherz* Wildfang m.

indènne *agg* **1** (*incolume*) {CUGINO} unverletzt, unversehrt: **uscire ~ da un incidente**, bei einem Unfall unversehrt davonkommen **2** (*senza danni*) {CASA} unbeschädigt.

indennità <-> f **1** (*attribuzione patrimoniale*) Vergütung f: ~ **di buonuscita**, Abfindung f; ~ **di contingenza**, Teuerungszulage f; ~ **di disoccupazione**, Arbeitslosenunterstützung f; ~ **di licenziamento**, (Kündigungs)abfindung f; ~ **residenziale**, Ortszuschlag m, Ortsbeilage f; ~ **di rischio**, Gefahrenzulage f; ~ **di trasferta**, Reisekostenvergütung f **2** *dir* (*risarcimento*) Entschädigung f: ~ **di espropriazione**, Enteignungsentschädigung f; ~ **di guerra**, Kriegsentschädigung f, Reparationszahlung f ● ~ **parlamentare** *amm*, Diäten pl.

indennitàrio, (-a) <-*ri* m> *agg dir* Entschädigungs-, Abfindungs-.

indennizzàbile *agg* (*risarcibile*) {DANNO} vergütbar, ersetzbar.

indennizzàre *tr* (*risarcire*) ~ *qu* (*di qc*) {ASSICURAZIONE INVESTITO DEI DANNI SUBITI} *jdn* (*für etw* acc) entschädigen, *jdm etw* vergüten.

indennìzzo m **1** (*risarcimento*) {+GUERRA} Entschädigung f **2** (*somma*) Entschädigungssumme f.

indéntro, in déntro A *avv* **1** (*all'interno: stato*) drinnen: **camminare con i piedi ~**, über den großen Onkel gehen/latschen *fam* **2** (*all'interno: moto*) hinein, nach innen, einwärts: **all'~**, nach innen; **spingere qc ~**, etw nach innen schieben B <inv> *agg* {OCCHI} tief- (liegend).

inderogàbile *agg* {TERMINE} unabdingbar.

inderogabilità <-> f {+SCADENZA} Unabdingbarkeit f.

indescrivìbile *agg* {CONFUSIONE, GIORNATA, FACCIA, SPETTACOLO} unbeschreiblich.

indesideràbile *agg* {ESITO} unerwünscht.

indesiderabilità <-> f (*l'essere indesiderabile*) {+SCANDALO} Unerwünschtheit f.

indesideràto, (-a) *agg* {OSPITE} unerwünscht.

indeterminàbile *agg* {PERIODO DI TEMPO, QUANTITÀ} unbestimmbar.

indeterminabilità <-> f (*l'essere indeterminabile*) {+SPESA} Unbestimmbarkeit f.

indeterminatézza f **1** (*imprecisione*) {+ESPRESSIONE, IDEA} Unbestimmtheit f **2** (*irrisolutezza*) Unentschiedenheit f.

indeterminatìvo *agg gramm* {ARTICOLO} unbestimmt.

indeterminàto, (-a) *agg* {DATA} unbestimmt; {IDEA} *anche* vage.

indeterminazióne f **1** (*imprecisione*) {+IDEA} Unbestimmtheit f **2** (*indecisione*) Unentschlossenheit f.

indeterminìsmo m *filos* Indeterminismus m.

indetonànte *agg* (*che non detona*) {BENZINA} klopffest.

indetraìbile *agg* (*che non si può detrarre*) ~ (*da qc*) {SPESA DALLA DICHIARAZIONE DEI REDDITI} nicht (*von etw* dat) absetzbar, nicht (*von etw* dat) abziehbar.

indetraibilità <-> f {+IVA} Nicht-Abziehbarkeit f.

indeuropèo → **indoeuropeo**.

ìndi *avv poet* (*poi*) danach, sodann.

ìndia f *geog* Indien n.

indianìsta <-*i* m, -*e* f> mf *ling etnol* Indologe m, Indologin f.

indianìstica <-*che*> f *ling etnol* Indologie f.

indianìstico, (-a) <-*ci, -che*> *agg ling etnol* indologisch.

indiàno, (-a) A *agg* **1** (*dell'India*) {ELEFANTE, SPEZIA, VILLAGGIO} indisch **2** (*dei pellirosse*) {RISERVA, TRIBÙ} indianisch, Indianer- B m (f) **1** (*dell'India*) Inder(in) m(f) **2** (*pellerossa*) Indianer(in) m(f): **giocare agli indiani**, Indianer spielen ● **fare l'~** *fig* (*fare finta di non essere al corrente di qc*), sich dumm stellen; **indiani metropolitani** *stor* (*contestatori*), Stadtindianer mpl.

indiavolàto, (-a) *agg* **1** (*furioso*) {SGUARDO} wutentbrannt, fuchsteufelswild **2** (*scatenato*) *fam*, vom Teufel geritten: **un ragazzo ~**, ein kleiner Teufel *fam* **3** (*esagerato*) {VENTO} orkanartig; {CALDO} Affen- *fam*, Wahnsinns- *fam*: **rumore/fracasso ~**, Höllenlärm m.

indicàbile *agg* (*opportuno*) {LETTURA} angezeigt *forb*, angebracht.

indicàre <*indico, indichi*> *tr* **1** (*additare*) ~ *qu/qc* {GENTE, FARO} *auf jdn/etw* zeigen **2** (*spiegare*) ~ *qc* (*a qu*) {A UN TURISTA} *jdm etw* erklären: ~ **la strada a qu**, jdm den Weg erklären **3** (*suggerire*) ~ *qu/qc* {FALEGNAME, PANETTERIA, RIMEDIO} *jdm* empfehlen: **mi può ~ un buon ristorante?**, können Sie mir ein gutes Restaurant empfehlen?; **si faccia ~ la prassi da seguire**, lassen Sie sich erklären, wie Sie vorgehen müssen **4** (*segnare*) ~ *qc* {BUSSOLA NORD} irgendwohin zeigen: **il termometro indica 20 gradi**, das Thermometer zeigt 20 Grad (an) **5** (*rivelare*) ~ *qc* {DATO, NOME} *etw* nennen, *etw* an|geben; {GESTO GRAVE DISAGIO} *von etw* (dat) zeugen.

indicatìvo, (-a) A *agg* **1** (*approssimativo*) {VALUTAZIONE, VALORE} Richt-, ungefähr: **prezzo ~**, Richtpreis m **2** (*sintomatico*) {+ DI qc} {FENOMENO DEL DEGRADO SOCIALE RAGGIUNTO} bezeichnend (*für etw* acc) **3** *gramm* {FUTURO, PRESENTE} indikativisch B m *gramm* Indikativ m: **coniugare un verbo all'~**, ein Verb im Indikativ konjugieren.

indicàto, (-a) *agg* **1** (*mostrato*) {RAGAZZA} gemeint, angegeben **2** (*appropriato*) {RIMEDIO} angezeigt, zweckmäßig, geeignet **3** (*adatto*) ~ **per qc** *für etw* (acc) geeignet: **è la persona più indicata per questo lavoro**, er/sie ist für diese Arbeit am geeignetsten.

indicatóre, (-trìce) A *agg* **1** (*CIPPO, STRUMENTO*) Hinweis-, Anzeige- **2** (*rivelatore*) ~ **di qc** {REAZIONE DEL DISAGIO GIOVANILE} *etw* enthüllend, viel sagend *für etw* (acc) B m **1** *chim* Indikator m: ~ **radioattivo**, radioaktiver Indikator **2** *tecnol* Anzeiger m, Indikator m: ~ **di fase**, Phasenmesser m; ~ **di livello del carburante**, Kraftstoffanzeiger m, Benzinuhr f; ~ **di pressione**, Druckmesser m; ~ **di velocità**, Geschwindigkeitsmesser m ● ~ **di direzione** *autom*, Fahrtrichtungsanzeiger m, Blinker m; ~ **economico** *econ*, wirtschaftlicher Indikator.

indicazióne f **1** (*dato*) Angabe f: **manca l'~ della pagina**, die Seitenangabe fehlt **2** (*informazione*) Hinweis m: **chiedere un'~**, um einen Hinweis bitten **3** (*suggerimento*) Vorschlag m, Anregung f: **al congresso sono state presentate le indicazioni per la lotta all'Aids**, beim Kongress sind die Vorschläge für den Kampf gegen Aids vorgestellt worden **4** (*direttiva*) (An)weisung f; (*istruzione*) Anleitung f: **seguire le indicazioni di qu**, jds Anweisungen befolgen **5** *med* Indikation f: **le indicazioni per una cura**, die Indikationen für eine Behandlung ● **indicazioni stradali**, (Straßen)beschilderung f; Wegerklärungen f pl.

ìndice m **1** *anat* Zeigefinger m **2** (*elenco*) Verzeichnis n, Register n: ~ **analitico[per argomenti]**, Stichwort-/Sachregister n; ~ (**di un libro**), Inhaltsverzeichnis n; ~ **delle illustrazioni**, Abbildungsverzeichnis n; ~ **dei nomi**, Namenregister n **3** *fig* (*indizio*) {+DEGRADO AMBIENTALE} (An)zeichen n: **il tuo comportamento è ~ della tua insicurezza**, dein Verhalten ist ein Zeichen deiner Unsicherheit **4** *fis* {+VISCOSITÀ} Kennzahl f: ~ **di rifrazione**, Brechungsindex m **5** *mat med stat* {+LETTERA, NUMERO, SEDIMENTAZIONE, COSTO DELLA VITA, PRODUZIONE} Index m **6** *relig stor*: ~/**Indice**, Index m; ~ **dei libri proibiti**, Index m der verbotenen Bücher **7** *tecnol* (*lancetta*) {+BAROMETRO} Zeiger m ● ~ **di ascolto radio TV** (*percentuale di ascoltatori*), Einschaltquote f; ~ **beta** *banca*, Betafaktor m; ~ **di gradimento radio TV** (*percentuale di consensi*), Beliebtheitsquote f; **mettere all'~ qu/qc** *fig* (*condannare*), jdn/etw auf den Index setzen; ~ **di mortalità** *stat*, Sterblichkeitsziffer f, Sterblichkeitsrate f, Mortalität f *scient*; ~ **di natalità** *stat*, Geburtenrate f; ~ **pluviometrico** *meteo*, Niederschlagsmenge f; **puntare l'~ addosso a qu/qc** *fig* (*accusare*), jdn/etw anklagen, jdn/etw angreifen.

indicìbile *agg* {GIOIA, SFORZO} unsagbar.

indicizzàbile *agg econ* {RATA} angleichbar, indexierbar.

indicizzàre *tr econ* ~ *qc* {MUTUO, PENSIONI} *etw* indexieren, *etw* dynamisieren, *etw* indizieren.

indicizzàto, (-a) *agg econ* indexiert, Index-.

indicizzazióne f *econ* {+SALARI} Indexierung f, Dynamisierung f.

indietreggiàre <*indietreggio, indietreggi*> *itr* <*essere o avere*> **1** (*arretrare*) ~ (**di fronte**/**[davanti] a qu/qc**) {DAVANTI ALLE TRUPPE NEMICHE} (*vor jdm/etw*) zurück|weichen: ~ **di un passo**, einen Schritt zurückweichen **2** *fig* (*rinunciare*) ~ **di fronte**/**[davanti] a qu/qc** (*vor etw* dat) zurück|schrecken: **non**

indietreggia di fronte a nessun sacrificio, er/sie schreckt vor keinem Opfer zurück.

indiètro A avv 1 zurück: **l'orologio è ~ (di un quarto d'ora)**, die Uhr geht (eine Viertelstunde) nach 2 (*verso dietro*) rückwärts, nach hinten: **cadere all'~**, nach hinten fallen; **camminare all'~**, rückwärtsgehen; **fare un passo avanti e uno ~**, einen Schritt nach vorn und einen zurück machen; **farsi ~**, zurücktreten, zurückgehen B inter impr zurück!, aus der Bahn!: **~, fate largo!**, zurück!/[aus der Bahn], macht Platz! • **essere ~** fig fam (*avere capacità intellettuali limitate*), zurückgeblieben sein; **quella ragazza è un po' ~**, das Mädchen ist etwas zurückgeblieben; fig (*arretrato*) {POPOLAZIONE} rückständig/unterentwickelt sein; **essere ~ con il lavoro** fig (*essere in ritardo*) {+ALAVORO}, mit der Arbeit im Rückstand sein; **essere un anno ~** scuola (*essere stato bocciato una volta*), ein Jahr sitzen geblieben sein fam; **essere ~ negli studi** scuola università, mit dem Lernen hinterher sein fam; **essere ~ in matematica/latino** scuola (*avere uno scarso profitto*), in Mathematik/Latein schwach/zurückgefallen sein; **~ tutta!** mar, volle Kraft zurück!

indifendibile agg (*che non si può difendere*) {BASTIONE} unhaltbar, nicht zu verteidigen(d); fig {CAUSA} unhaltbar.

indiféso, (-a) agg 1 (*privo di difesa*) {CONFINE} ungeschützt 2 (*senza armi*) {SOLDATO} unbewaffnet 3 (*inerme*) {BIMBO, VECCHIETTO} wehrlos.

indifferènte A agg 1 (*insensibile*) **~ a qc** {AL SUCCESSO} etw (dat) **gegenüber** gleichgültig: **un uomo ~ a tutto ciò che accade**, ein allen Ereignissen gegenüber kalt bleibender/[gleichgültig gegenüberstehender] Mensch; **la cosa mi lascia completamente ~**, die Sache lässt mich völlig kalt/unberührt 2 **~ a qu** jdm gleichgültig: **mi sei del tutto ~**, du bist mir völlig gleichgültig; **quell'uomo non le era ~**, dieser Mann war ihr nicht gleichgültig 3 (*irrilevante*) gleich, egal, einerlei: **andare al mare o in montagna per me è ~**, ob wir ans Meer oder ins Gebirge fahren, ist mir gleich/egal/einerlei; **il costo di questa casa non è ~**, dieses Haus kostet ⌈nicht gerade wenig⌉/[eine schöne Stange Geld fam] 4 biol chim fis {EQUILIBRIO, PUNTO} indifferent B agg gleichgültiger Mensch, Gleichgültige mf decl come agg: **fare l'~**, gleichgültig tun.

indifferènza f 1 Gleichgültigkeit f: **guardare qu con ~**, jdn gleichgültig ansehen 2 (*mancanza di partecipazione*) {+GIOVANI} Teilnahmslosigkeit f.

indifferenziàto, (-a) agg 1 (*indistinto*) {GRUPPO} undifferenziert, unterschiedslos 2 biol undifferenziert.

indifferibile agg {IMPEGNO} unaufschiebbar.

indìgeno, (-a) A agg {CUCINA} einheimisch; {POPOLAZIONE} anche eingeboren; {FAUNA, FLORA} heimisch B m (f) Eingeborene mf decl come agg, Einheimische mf decl come agg.

indigènte A agg Not leidend; (*povero*) bedürftig B mf Not Leidende mf decl come agg; (*povero*) Bedürftige mf decl come agg.

indigènza f (*miseria*) Not f, Elend n: **vivere nell'~**, im Elend leben.

indigerìbile agg 1 (*indigesto*) {CIBO} unverdaulich 2 fig (*insopportabile*) {DISCORSO} unerträglich; {VICINO DI CASA} anche unausstehlich.

indigestióne f {+GELATO} Verdauungsstörung f, Magenverstimmung f: **fare un'~ di dolci**, sich an Süßigkeiten überessen, sich mit Süßigkeiten den Magen verderben • **fare un'~ di film/libri** fig, bis zum Überdruss ⌈Filme sehen⌉/[Bücher lesen].

indigèsto, (-a) agg 1 {CIBO} unverdaulich 2 fig {LETTURA, PERSONA} unerträglich.

indignàre A tr **~ qu** {ARTICOLO TUTTI} jdn entrüsten, jdn empören B itr pron: **indignarsi (per qc)** {PER IL COMPORTAMENTO DI QU} sich über etw (acc) entrüsten, sich über etw (acc) empören.

indignàto, (-a) agg (*risentito*) {GENTE} entrüstet, empört, indigniert forb.

indignazióne f Entrüstung f, Empörung f, Indignation f forb: **esprimere la propria ~**, seiner Entrüstung Ausdruck verleihen; **suscitare la pubblica ~**, einen ⌈Sturm der Entrüstung⌉/[Entrüstungssturm] hervorrufen.

indilazionàbile agg (*indifferibile*) {TERMINE} unaufschiebbar.

indimenticàbile agg {GIORNATA} unvergesslich.

indimenticàto, (-a) agg lett (*vivo nel ricordo*) {INCONTRO} unvergessen.

indimostràbile agg (*che non si può dimostrare*) {COLPEVOLEZZA} unbeweisbar, unnachweisbar.

indimostràto, (-a) agg {TEORIA} unbewiesen, unerwiesen.

ìndio① <-> m chim Indium n.

ìndio②, (-a) <indi m, -s m pl spagn> A agg der Indios B m (f) (*abitante*) Indio m, Indiofrau f.

indipendènte A agg 1 **~ (da qu/qc)** {DAI GENITORI, DAL LAVORO} (*von jdm/etw*) unabhängig: **essere ~ economicamente**, finanziell unabhängig sein; **per ragioni indipendenti dalla mia volontà**, aus Gründen, die nicht von mir abhängen; {CARATTERE, PERSONA, STATO} unabhängig, selbstständig, autonom; **rendersi ~**, unabhängig werden, (*nel lavoro*) sich selbstständig machen 2 gramm **proposizione ~** Hauptsatz m 3 mat {VARIABILE} unabhängig 4 polit unabhängig, parteilos B mf polit {+SINISTRA} Unabhängige mf decl come agg.

indipendentìsmo m polit {BASCO} Unabhängigkeits(be)streben n.

indipendentìsta <-i m, -e f> polit A agg {MOVIMENTO} Unabhängigkeits- B mf Befürworter(in) m(f)/Vertreter(in) m(f) der Unabhängigkeit.

indipendentìstico, (-a) agg <-ci, -che> polit Unabhängigkeits-.

indipendènza f {ECONOMICA, POLITICA} Unabhängigkeit f: **~ di carattere**, charakterliche Unabhängigkeit.

indìre <coniug come dire> tr **~ qc** {VENDITA ALL'ASTA} etw an|sagen; {CONCORSO} etw aus|schreiben; {ASSEMBLEA} etw ein|berufen; {CONFERENZA, ELEZIONI} etw an|beraumen; poet {GUERRA} etw erklären.

indirètto, (-a) A agg 1 {ILLUMINAZIONE, MODO, RIMPROVERO} indirekt 2 gramm {DISCORSO} indirekt 3 fisco {IMPOSTE} indirekt.

indirizzàre A tr 1 (*dirigere*) **~ qc + compl di luogo** {PASSI VERSO CASA} etw irgendwohin lenken 2 fig (*instradare*) **~ qu/verso qc** {GIOVANE VERSO UNA CARRIERA, ALLO STUDIO} jdn (*in etw acc*) ein|führen, jdn (*bei etw dat*) an|leiten 3 fig (*mandare*) **~ qu da qu** {PERSONA DA UNO SPECIALISTA} jdn zu jdm schicken 4 fig (*rivolgere*) **~ qc a qu** {PENSIERO AI GENITORI} etw an jdn richten 5 {inform ~ qc} {DATO} etw senden, etw schicken 6 post **~ qc a qu/qc** {PACCO, LETTERA AL PRESIDENTE, ALL'UFFICIO ACQUISTI} etw an jdn/etw adressieren B rfl 1 (*dirigersi*) **indirizzarsi + compl di luogo** {VERSO LA PIAZZA} auf dem Weg irgendwohin sein 2 fig (*rivolgersi*) **indirizzarsi a qu** (*per qc*) {A UN DERMATOLOGO PER UN CONSULTO} sich an jdn wegen etw (*gen*) wenden.

indirizzàrio <-ri> m 1 (*elenco*) Adressbuch n 2 (*rubrica*) Adressenverzeichnis n.

indirìzzo A m 1 {+DESTINATARI, MITTENTE} Anschrift f, Adresse f 2 fig (*orientamento*) {LETTERARIO, POLITICO} Richtung f: **dare un ~ diverso alla propria vita**, seinem Leben eine andere Richtung geben 3 inform {ASSOLUTO, BASE} Adresse f: **~ Internet**, Internetadresse f B loc prep (*contro, verso*): **all'~ di qu**, {DEL GOVERNO} gegen jdn, an jds Adresse, für jdn bestimmt • **~ di saluto** (*messaggio*), Begrüßungsansprache f; **hai sbagliato ~!** (*rivolgiti a un altro!*), damit bist du hier an ⌈die falsche/verkehrte Adresse gekommen⌉/[geraten]/[der falschen Adresse fam]!

indiscernìbile agg (*che non si nota*) **~ (a qc)** {ALLA VISTA} (*bei etw dat*) ununterscheidbar, (*bei etw dat*) unerkennbar.

indisciplìna f Disziplinlosigkeit f.

indisciplinàbile agg (*difficilmente disciplinabile*) {RAGAZZO} undisziplinierbar, unlenkbar; {TRAFFICO} unregelbar.

indisciplinàto, (-a) agg 1 {ALUNNO} undiszipliniert, disziplinlos 2 (*caotico*) {TRAFFICO} ungeregelt, chaotisch.

indiscréto, (-a) agg (*invadente*) {SGUARDO} indiskret; {DOMANDA} anche taktlos; {COMPORTAMENTO} anche zudringlich, aufdringlich: **non vorrei essere ~**, ich möchte ⌈nicht aufdringlich sein⌉/[mich nicht aufdrängen]; **sei stato ~ a chiedergli tanti particolari**, es war indiskret von dir, ihn nach so vielen Einzelheiten zu fragen.

indiscrezióne f 1 (*invadenza*) {+SGUARDO} Indiskretion f; {+RICHIESTA} Taktlosigkeit f; {+COMPORTAMENTO} anche Auf-, Zudringlichkeit f: **la sua ~ non ha limiti**, seine/ihre Aufdringlichkeit ist grenzenlos 2 (*di solito al pl*) (*rivelazione*) Indiskretion f: **secondo indiscrezioni**, Indiskretionen zufolge.

indiscriminàto, (-a) agg {REPRESSIONE, VIOLENZA} unterschiedslos.

indiscùsso, (-a) agg 1 (*indubbio*) {AUTORITÀ, PROVA} unbestritten: **è ~ che avete torto**, es ist gar keine Frage, dass ihr im Unrecht seid 2 (*non ancora dibattuto*) {QUESTIONE} ungeklärt.

indiscutìbile agg (*inconfutabile*) {PROVA} unbestreitbar; {FATTO} unumstößlich; {AUTORITÀ} unanfechtbar: **è ~ che ... congv**, es steht außer Frage, dass ... ind.

indiscutibilità <-> f Unbestreitbarkeit f.

indispensàbile A agg (*essenziale*) **~ per qu/qc** {COLLABORATORE, PRESENZA DI QU, STRUMENTO PER LA RIUSCITA DEL PROGETTO} ⌈jdm/etw⌉/[für jdn/etw] unentbehrlich; {CONDIZIONE, PREMESSA} für jdn/etw unerlässlich: **il suo aiuto si è reso ~**, seine/ihre Hilfe hat sich als unentbehrlich erwiesen; **ritenersi ~**, sich für unentbehrlich halten; **ritenere qc ~**, etw für unerlässlich halten; **è ~ arrivare presto**, es ist unbedingt nötig, früh zu kommen B m <-> (*necessario*) Allernötigste n decl come agg: **il minimo/stretto ~**, das Allerallernötigste.

indispettìre <indispettisco> A tr <avere> (*irritare*) **~ qu** {COLLEGA} jdn (ver)ärgern B itr <essere> itr pron: **indispettirsi** sich ärgern.

indispettìto, (-a) agg (*irritato*) {COLLEGA} ärgerlich, verärgert, aufgebracht.

indisponènte agg (*irritante*) {ATTEGGIAMENTO, PERSONA} ärgerlich.

indisponìbile agg 1 {MERCE} unverfügbar, indisponibel forb 2 dir {BENE} nicht verfügbar; {DIRITTO} unabdingbar.

indispórre <coniug come porre> tr (*irritare*) **~ (qu)** jdn ärgern, jdn verstimmen: **ha un modo di fare che indispone**, er/sie hat eine

ärgerliche Art.
indisposizione f (*malessere*) {PASSEGGERA} Unwohlsein n, Unpässlichkeit f *obs*.
indispósto, (-a) agg **1** unwohl, unpässlich *obs*: **essere** ~, unpässlich *obs* sein; **sentirsi** ~, sich unwohl/unpässlich *obs* fühlen **2** *rar* (*mal disposto*): **essere ~ verso qu**, jdm abgeneigt sein, jdm nicht zugetan sein, nichts für jdn übrig haben.
indisputàbile agg (*indiscutibile*) {RAGIONE} unbestreitbar.
indissociàbile agg (*che non si può dissociare*) **~** (*da qc*) {ELEMENTO DALLA QUESTIONE GENERALE} (*von etw dat*) nicht trennbar.
indissolùbile agg (*inscindibile*) {MATRIMONIO} unauflösbar.
indissolubilità f (*l'essere indissolubile*) {+LEGAME} Unlösbarkeit f, Untrennbarkeit f, Unauflöslichkeit f.
indistintaménte avv **1** (*senza discriminazione*) unterschiedslos: **questo cambiamento vi riguarda tutti ~**, diese Veränderung betrifft euch alle ohne Unterschied **2** (*vagamente*) {VEDERE} unklar, vage.
indistinto, (-a) agg (*confuso*) {FIGURA} verschwommen; {IMMAGINE, SCRITTO} undeutlich; {RICORDO} *anche* vage.
indistruttìbile agg **1** (*resistente*) {LAVATRICE, MATERIALE, STOFFA} unzerstörbar, unverwüstlich **2** *fig* (*radicato*) {FEDE} unerschütterlich.
indistruttibilità <-> f **1** (*l'essere indistruttibile*) {+ASCENSORE, TAPPETO} Unzerstörbarkeit f **2** *fig* {+FEDE} Unerschütterlichkeit f.
indisturbàto, (-a) agg **1** (*tranquillo*) ungestört **2** (*non ostacolato*) ungehindert: **agire ~**, ungehindert vorgehen.
indìvia f *bot* Endivie f.
individuàbile agg (*che si può individuare*) {DIFETTO} ausmachbar: **un errore facilmente/difficilmente ~**, ein leicht/schwer auszumachender Fehler.
individuàle agg **1** (*dell'individuo*) {COMPORTAMENTO, LIBERTÀ} individuell **2** (*personale*) {INTERESSE, INTERPRETAZIONE} persönlich **B** f *sport* (*nel ciclismo*) Einzelkampf m.
individualìsmo m Individualismus m.
individualìsta <-i m, -e f> **A** agg {PERSONA} individualistisch **B** mf Individualist(in) m(f), Einzelgänger(in) m(f).
individualìstico, (-a) <-ci, -che> agg {ATTEGGIAMENTO} individualistisch.
individualità <-> f **1** Individualität f **2** (*singolarità*) Besonderheit f **3** (*personalità*) Persönlichkeit f **4** (*originalità*) Eigentümlichkeit f **5** (*personaggio*) Persönlichkeit f.
individuàre **A** tr **1** (*identificare*) **~ qu/qc** {COLPEVOLE, AUTO DEL FURTO} jdn identifizieren, jdn/etw erkennen: **~ un poliziotto tra la gente**, einen Polizisten in der Menschenmenge erkennen **2** (*localizzare*) **~ qu/qc** {CANE ABBANDONATO} jdn/etw aus|machen; {POSIZIONE DI UN RELITTO} *etw* bestimmen **3** (*scoprire*) **~ qc** {CAUSE DI UNA MALATTIA} *etw* finden **B** itr pron (*prendere forma*): **individuarsi** {NUOVA LINEA POLITICA} Gestalt an|nehmen, sich heraus|kristallisieren.
individuazióne f **1** (*identificazione*) {+BANDA DI MALVIVENTI} Identifizierung f, Erkennen n **2** (*localizzazione*) {+POZZO DI PETROLIO} Lokalisierung f *forb* **3** (*scoperta*) {+VIRUS} Entdeckung f.
indivìduo m **1** (*persona singola*) Individuum n, Person f; (*uomo*) Mensch m **2** *spreg* (*figuro*) {LOSCO, SOSPETTO} Individuum n *spreg*, Subjekt n *spreg*, Type f *fam*, Kerl m *fam*: **c'è fuori un ~ che vuole parlarti**, da drau-

ßen ist ein Typ *fam*/Kerl *fam*, der dich sprechen will; **mia figlia è uscita con un ~ poco raccomandabile**, meine Tochter ist mit einem wenig Vertrauen erweckenden Typen ausgegangen **3** *biol* {+SPECIE ANIMALE} (Einzel)wesen n.
indivisìbile agg **1** {ATOMO} untrennbar **2** (*inseparabile*) {AMICI} unzertrennlich **3** *dir mat* {OBBLIGAZIONE, PATRIMONIO} unteilbar.
indivisibilità <-> f **1** {+ATOMO} Unteilbarkeit f **2** {+COPPIA} Unzertrennlichkeit f **3** *dir mat* Unteilbarkeit f.
indivìso, (-a) agg (*intero*) ungeteilt; *dir* {PROPRIETÀ} ungeteilt.
indiziàre <*indizio, indizi*> tr (*accusare*) **~ qu di qc** {DI UN CRIMINE} jdn *wen* (gen) verdächtigen, jdn in den Verdacht *etw* (gen) bringen.
indiziàrio, (-a) <-ri m> agg *dir* {PROVA, TESTIMONIANZA} Indizien-.
indiziàto, (-a) **A** agg verdächtigt **B** m (f) Verdächtigte mf decl come agg.
indìzio <-zi> m **1** (*sintomo*) {+DEBOLEZZA, STANCHEZZA} (An)zeichen n **2** *dir* Indiz n: **esistono gravi indizi contro di lui**, es gibt schwer wiegende Indizien gegen ihn.
indizióne f (*convocazione*) {+ASSEMBLEA} Anberaumung f.
indòcile agg (*ribelle*) {ALLIEVO} widerspenstig, aufsässig, ungehorsam; {INGEGNO} ungelehrig.
Indocìna f *geog* Indochina n.
indocinése **A** agg indochinesisch **B** mf (*abitante*) Indochinese m, Indochinesin f **C** m <*solo* sing> (*lingua*) Indochinesisch(e) n.
indoeuropèo, (-a) **A** agg indoeuropäisch **B** m (f) (*persona*) Indoeuropäer(in) m(f) **C** m <*solo* sing> (*lingua*) Indoeuropäisch(e) n.
ìndole f **1** (*natura*) Wesen n, Natur f: **per ~**, von Natur aus; **comportarsi secondo la propria ~**, sich seiner inneren Natur gemäß verhalten **2** (*carattere*) {MITE, VIOLENTA} Charakter m: **essere di ~ buona**, einen guten Charakter haben.
indolènte **A** agg (*pigro*) {RAGAZZO} nachlässig, träge **B** mf träger Mensch, Transuse f *fam spreg*, Tranfunzel f *fam spreg*.
indolènza f (*pigrizia*) Nachlässigkeit f, Trägheit f.
indolenziménto m {+DITO} Gefühllosigkeit f.
indolenzìre <*indolenzisco*> **A** tr <*avere*> **~ qc**: **la camminata in montagna mi ha indolenzito le gambe**, nach der Bergwanderung ⌊habe ich Muskelkater in den Beinen⌋/[tun mir die Beine weh] **B** itr <*essere*> itr pron: **indolenzirsi** weh|tun, schmerzen: **il mio braccio (si) è indolenzito**, mein Arm tut mir weh; **dopo la prima giornata sugli sci le mie gambe (si) erano tutte indolenzite**, nach dem ersten Tag auf Skiern ⌊hatte ich Muskelkater in den Beinen⌋/[taten mir die Beine weh].
indolenzìto, (-a) agg (*dolente*) {BRACCIO, MANO} (diffus) schmerzend: **oggi mi sento tutto ~**, heute tut mir alles weh, heute habe ich überall (diffuse) Schmerzen.
indolóre agg {PUNTURA} schmerzlos.
indomàbile agg **1** (*che non si lascia domare*) {TIGRE} unzähmbar **2** *fig* (*indomito*) {ORGOGLIO} unbezähmbar.
indomàni m: **l'~ 1** (*giorno seguente*) der/am darauf folgenden Tag: **l'~ dell'incidente**, der/am Tag nach dem Unfall; **rimandare la visita all'~**, den Besuch auf den nächsten Tag verschieben; **disse che l'avrebbe fatto l'~ mattina**, er/sie sagte, er/sie würde es morgen früh machen **2** (*periodo successivo*): **l'~ della rivoluzione russa**, in der Zeit un-

mittelbar nach der Russischen Revolution.
indòmito, (-a) agg **1** (*selvaggio*) {BELVA} ungezähmt **2** *fig* (*ribelle*) {ORGOGLIO} unbeugsam.
Indonèsia f *geog* Indonesien n.
indonesiàno, (-a) **A** agg indonesisch **B** mf (*abitante*) Indonesier(in) m(f) **C** m <*solo* sing> (*lingua*) Indonesisch(e) n.
indoor <-inv-> agg *ingl sport* Hallen-.
indoràre **A** tr **~ qc 1** (*rivestire d'oro*) {ACCENDINO} *etw* mit Gold überziehen, *etw* vergolden **2** *fig* {SOLE CIME DEI MONTI} *etw* vergolden **3** *gastr* {FRITTURA} *etw* vor dem Braten in geschlagenem Ei wälzen **B** itr pron *fig* (*assumere un colore dorato*): **indorarsi** {MESSI} sich vergolden, golden werden.
indossàre tr **~ qc 1** (*avere indosso*) {TAILLEUR GRIGIO} *etw* tragen, *etw* an|haben **2** (*mettersi indosso*) {VESTITO} *etw* an|ziehen.
indossatóre, (-trice) m (f) Dressman m, (Mannequin n, Model n).
indòsso avv (*sulla persona*: *stato*) auf sich (dat), an sich (dat), am Leib: **avere ~ qc**, etw tragen, etw anhaben; **aveva ~ bellissimi gioielli**, sie trug wunderbare Juwelen; **non portare nulla ~**, nichts anhaben; (*moto*) auf sich (acc), an sich (acc); **mettersi ~ qc**, etw anziehen.
indòtto, (-a) **A** part pass *di* indurre **B** agg **1** *fis* {RADIOATTIVITÀ, RESISTENZA} induziert **2** *psic* {DELIRIO} induziert **C** m **1** *econ* <*solo* sing> {+AUTO} Zulieferbetriebe m pl **2** *elettr* {+DINAMO} Anker m.
indottrinaménto m **1** Unterweisung f, Schulung f; (*azione*) *anche* Unterweisen n, Schulen n **2** *polit* Indoktrinierung f *spreg*; (*azione*) *anche* Indoktrinieren n *spreg*.
indottrinàre tr (*ammaestrare*) **~ qu** {GIOVANI} jdn indoktrinieren.
indovìna f → indovino.
indovinàbile agg (*che si può indovinare*) {RISPOSTA} erratbar.
indovinàre tr **~ (qc) 1** {NOME, PENSIERO DI QU} (*etw*) raten, *etw* erraten; (*per intuito*) {VERITÀ} *etw* ahnen: **ci vuol poco a ~**, das ist unschwer zu erraten **2** (*azzeccare*) (*etw*) treffen, *etw* finden: **l'ha proprio indovinata!**, er/sie hat wirklich ins Schwarze getroffen!; **~ l'abito adatto per ogni occasione**, für jeden Anlass die passende Kleidung finden; **non ne indovina una!**, er/sie liegt/haut *fam* immer daneben! **3** (*pronosticare*) {SVILUPPO DI QC} *etw* voraus|sehen **4** (*immaginare*) *etw* raten, (sich) *etw* vor|stellen: **indovina un po' chi ha vinto?** *fam*, rate mal, wer gewonnen hat?
indovinàto, (-a) agg **1** (*riuscito*) {FILM, SERATA, SPETTACOLO} geglückt, gelungen, gut **2** (*scelto bene*) {CRAVATTA} gut gewählt; {PAROLA} gut getroffen.
indovinèllo m Rätsel n.
indovìno, (-a) m (f) Wahrsager(in) m(f): **non sono un ~!**, ich kann nicht hellsehen!
indù **A** agg hinduistisch **B** mf (*abitante*) Hindu m, Hindufrau f **C** m <*solo* sing> (*lingua*) Hindi n.
indùbbio, (-a) <-bi> agg (*indubitabile*) {ONESTÀ, SINCERITÀ} zweifelsfrei, unzweifelhaft.
indubitàbile agg (*certo*) {BUONA FEDE} unzweifelhaft, unbezweifelbar.
indubitàto, (-a) agg (*sicuro*) {VERITÀ} zweifellos, sicher, gewiss.
indùco 1ª pers sing dell'ind pres *di* indurre.
indugiànte agg (*che indugia*) {PASSO} zögernd.
indugiàre <*indugio, indugi*> **A** itr **1** (*esitare*) zögern, zaudern: **~ a lungo prima di decidersi**, die Entscheidung lange hinauszö-

gern; **~ a rispondere**, mit der Antwort zögern **2** (*attardarsi*) **~ in qc** {NEI RICORDI} sich in etw (dat) verlieren **B** *itr pron* (*soffermarsi*): **indugiarsi** verweilen *forb*, sich auf|halten: **indugiarsi a guardare le vetrine**, beim Betrachten der Schaufenster ₗverweilen *forb*ⱼ/[die Zeit vertrödeln *fam spreg*].

indùgio <-gi> m **1** (*esitazione*) Zögern n, Zaudern n **2** (*ritardo*) Verzug m, Verzögerung f: **senza ~**, unverzüglich • **rompere gli indugi** (*agire*), zur Tat schreiten.

induìsmo m *relig* Hinduismus m.

induìsta <-i m, -e f> *relig* **A** agg {DOTTRINA} hinduistisch **B** mf (*studioso*) Hinduist(in) m(f).

induìstico, (-a) <-ci, -che> agg (*dell'induismo*) hinduistisch.

indulgènte agg **1** (*benevolo*) **~ con qu** nachsichtig *mit jdm*: **la critica non è stata ~ col regista**, die Kritik ₗwar unbarmherzig mit dem Regisseurⱼ/[drückte beim Regisseur kein Auge zu] **2** (*che mostra indulgenza*) {SORRISO} nachsichtig, mild.

indulgènza f **1** (*condiscendenza*) Nachsicht f: **mostrare ~ verso qu**, jdm gegenüber Nachsicht zeigen; **non ho nessuna ~ per gente simile**, für solche Leute habe ich nicht das geringste Verständnis **2** *relig* {PLENARIA} (Sünden)ablass m.

indùlgere <*irr* indulgo, indulgi, indulsi, indulto> *itr* (*acconsentire*) **~ a qc 1** {A UNA RICHIESTA} *etw* (dat) nach|geben **2** (*cedere*) {AL VIZIO DEL BERE} *etw* (dat) nach|geben.

indùlto m *dir* Straferlass m.

induménto m (*abito*) {LEGGERO; +COTONE} Kleidungsstück n: **indumenti intimi**, Unterwäsche f.

indurènte *chim* **A** agg {LIQUIDO} härtend **B** m Härtemittel n.

indurimènto m **1** *gener* {+CEMENTO} (Ver)härtung f **2** *fig* {+CARATTERE} Verhärtung f.

indurìre <indurisco> **A** *tr* <avere> **1** (*rendere duro*) **~ qc** {CEMENTO, CRETA} *etw* (ver)härten, *etw* hart machen **2** *fig* (*rendere insensibile*) **~ qu/qc** jdn/etw verhärten: **la delusione gli ha indurito il cuore**, die Enttäuschung hat sein Herz verhärtet **B** *itr* <essere> *itr pron*: **indurirsi 1** (*diventar duro*) {CERA, CUOIO} (sich) verhärten, hart werden **2** *fig* (*diventare insensibile*) {CUORE DI QU} hart werden.

indùrre <*coniug come* condurre> **A** *tr* **1** (*spingere*) **~ qu a qc** {ALL'INDULGENZA, ALLA SOTTOMISSIONE} *jdn zu etw* (dat) bewegen, *jdn zu etw* (dat) veranlassen: **~ qu a parlare**, jdn zum Sprechen bewegen; **ciò mi induce a pensare che ...** *congv*, das veranlasst mich zu denken, dass ... *ind*; *spreg* **~ qu in/a qc** {AL PECCATO} *jdn zu etw* (dat) verleiten, *jdn zu etw* (dat) verführen; **~ qu in errore**, jdn irreführen; **~ qu in tentazione**, jdn in Versuchung führen **2** *filos fis* **~ qc** {ELETTRICITÀ, MAGNETISMO} *etw* induzieren **B** *itr pron* (*decidersi*): **indursi a fare qc** {A LASCIARE UNA CITTÀ} sich entschließen, *etw zu tun*.

indùstria f **1** (*impresa*) Industrie f: **~ aeronautica**, Luftfahrtindustrie f; **~ automobilistica**, Auto(mobil)industrie f; **~ bellica**, Rüstungsindustrie f; **~ dolciaria**, Süßwarenindustrie f; **~ estrattiva**, Bergbau m; **~ farmaceutica**, Pharmaindustrie f; **grande ~**, Großindustrie f; **~ leggera/pesante**, Konsumgüter-/Schwerindustrie f; **~ libraria**, Buchhandel m; **~ metalmeccanica**, Metall- und Maschinenbauindustrie f; **~ navale**, Schiffbauwesen n; **~ siderurgica**, Eisenindustrie f, Hüttenindustrie f; **~ tessile**, Textilindustrie f; **~ turistica**, Fremdenverkehrsgewerbe n **2** *lett* (*operosità*) {+API} Betriebsamkeit f, Emsigkeit f, Fleiß m • **~ culturale**, Kulturindustrie f.

industrial design <-> loc sost m *ingl* Industrial Design n, Industriedesign n.

industrial designer <-, -s pl *ingl*> loc sost m *ingl* Industrial Designer m.

industriàle A agg {CHIMICA, PRODUZIONE, RIVOLUZIONE, SVILUPPO} industriell {ATTIVITÀ} gewerblich; {SCUOLA} Gewerbe-; {ZONA} *anche* Industrie- **B** mf Industrielle mf *decl come agg*.

industrialìsmo m *econ stor* Industrialismus m.

industrializzàre A *tr* **~ qc** {PAESE, REGIONE} *etw* industrialisieren **B** *itr pron*: **industrializzarsi** sich zum Industriestaat entwickeln.

industrializzàto, (-a) agg **1** {PAESE} Industrie- **2** {PRODUZIONE} industrialisiert.

industrializzazióne f {+PAESE} Industrialisierung f.

industriàrsi <m'industrio, t'industri> *itr pron* (*ingegnarsi*) sich bemühen, sich ab|mühen, sich befleißigen, sich ein|setzen: **si industriò per avere una particina nel film**, er/sie bemühte sich, eine kleine Rolle in dem Film zu bekommen.

industriosità <-> f {CINESE} Betriebsamkeit f, Emsigkeit f.

industrióso, (-a) agg (*laborioso*) {FALEGNAME} betriebsam, rührig.

induttività f *fis* Induktivität f.

induttìvo, (-a) agg **1** *elettr* {CIRCUITO} induktiv, Induktiv-, Induktions- **2** *filos* {METODO} induktiv.

induttóre, (-trice) **A** agg (*che induce*) Induktions-, Induktor- **B** m **1** *biol* Induktor m **2** *elettr* Erregerwicklung f **3** *fis geog* Induktor m: **~ magnetico**, Magnetinduktor m; **~ terrestre**, Erdinduktor m.

induzióne f **1** *elettr fis* {ELETTRICA, ELETTROMAGNETICA, ELETTROSTATICA} Induktion f **2** *filos* Induktion f; (*supposizione*) Vermutung f.

inebetìre <inebetisco> **A** *tr* <avere> {DOLORE} betäuben **B** *itr* <essere> *itr pron*: **inebetirsi** verdummen, verblöden *fam*.

inebetìto, (-a) agg (*attonito*) benommen, betäubt, stumpfsinnig: **la guardava ~ cercando di capire che cosa stesse succedendo**, er/sie sah sie stumpfsinnig an, ohne zu begreifen, was vor sich ging.

inebriaménto m *spec fig* (*effetto*) Rausch m, Taumel m, Begeisterung f; (*azione*) *anche* Berauschen n.

inebriànte agg **1** (*che procura ebbrezza*) {PROFUMO} berauschend **2** *fig* (*avventura, bellezza, musica*) hinreißend, berauschend.

inebriàre <inebrio, inebri> **A** *tr* **1 ~ (qu)** {VINO} (*jdn*) berauschen, (*jdn*) betrunken machen **2** *fig* (*esaltare*) **~ (qu)** {APPLAUSI DEL PUBBLICO, SUCCESSO} (*jdn*) berauschen, (*jdn*) trunken machen **B** *rfl*: **inebriarsi 1** (*ubriacarsi*) sich betrinken **2** *fig* (*esaltarsi*) **~ di qc** {D'AMORE} sich *an etw* (dat) berauschen.

inebriàto, (-a) agg **1** (*ubriaco*) betrunken, berauscht **2** *fig* (*esaltato*) hingerissen, begeistert: **era ~ dalla sua presenza**, er war von seiner/ihrer Gegenwart hingerissen.

ineccepìbile agg **1** (*irreprensibile*) {COMPORTAMENTO, VITA} einwandfrei, tadellos **2** (*corretto*) {RAGIONAMENTO} richtig, korrekt, fehlerfrei.

inèdia f **1** (*langes*) Fasten **2** *fig* (*noia*) Lang(e)weile f, Lethargie f: **morire d'~**, vor Lang(e)weile sterben.

inedificàbile agg {TERRENO} unbebaubar, nicht bebaubar.

inèdito, (-a) **A** agg **1** *fig* (*non ancora divulgato*) {NOTIZIA, PETTEGOLEZZO} unbekannt, neu **2** *lett* (*non ancora pubblicato*) {CARTEGGIO} unveröffentlicht **B** m *lett* unveröffentlichte Schrift.

ineducàto, (-a) agg (*maleducato*) {RAGAZZO} unerzogen, ungezogen.

ineducazióne f (*maleducazione*) {+RAGAZZO} schlechte Erziehung.

ineffàbile agg {GIOIA} unaussprechlich, unsagbar.

ineffabilità f (*l'essere inesprimibile*) {+VISIONE} Unsagbarkeit f, Unaussprechlichkeit f.

ineffettuàbile agg (*inattuabile*) {PROGETTO} undurchführbar, unausführbar.

inefficàce agg **1** (*inutile*) {AIUTO, RIMEDIO} unwirksam **2** *fig* (*fiacco*) {ARGOMENTO, PAROLE} nicht überzeugend, wirkungslos; {DISCORSO, STILE} matt, lau, kraftlos.

inefficàcia f **1** {+CURA} Unwirksamkeit f **2** *fig* {+ARGOMENTAZIONI DI QU} Wirkungslosigkeit f; {+DISCORSO, STILE} Mattheit f, Lauheit f, Kraftlosigkeit f.

inefficiènte agg {APPARATO BUROCRATICO, COLLABORATORE} nicht leistungsfähig.

inefficiènza f {+ORGANIZZAZIONE, PERSONALE} Leistungsunfähigkeit f, mangelnde Leistungsfähigkeit.

ineguagliàbile agg {IMPRESA} unvergleichlich, unvergleichbar.

ineguaglianza f (*diseguaglianza*) {+TRATTAMENTO; SOCIALE} Ungleichheit f.

ineguagliàto, (-a) agg (*che non ha eguali*) {RECORD} unerreicht: **un primato ancora oggi ~**, ein bis heute unerreichter Rekord.

ineguàle agg **1** (*diverso*) {TRATTAMENTO ECONOMICO} ungleich **2** (*irregolare*) {TERRENO} uneben; {BATTITO, TESSUTO} unregelmäßig.

ineleggìbile agg {CANDIDATO} unwählbar.

ineleggibilità <-> f {+DEPUTATO} Unwählbarkeit f.

ineliminàbile agg (*che non si può eliminare*) {TRACCIA} unauslöschlich, {DIFETTI, OSTACOLI} nicht zu beseitigende(r, s).

ineludìbile agg (*che non si può eludere*) {BARRIERA DI GENTE, SORVEGLIANZA} unausweichlich, umgehbar.

ineludibilità <-> f Unausweichlichkeit f, Unumgehbarkeit f.

ineluttàbile agg (*inevitabile*) {DESTINO} unabwendbar.

ineluttabilità <-> f (*inevitabilità*) {+MORTE} Unabwendbarkeit f.

inemendàbile agg (*che non si può emendare*) {PECCATO} unverbesserlich.

inenarràbile agg **1** (*indescrivibile*) {CATASTROFE, DOLORE} unsagbar, unsäglich **2** (*incredibile*) {BELLEZZA} unaussprechlich, unsagbar.

inequivocàbile agg {MESSAGGIO} unmissverständlich.

inerènte agg **~ a qc** {OSSERVAZIONE ALL'ARGOMENTO} *mit etw* (dat) verbunden; {INDAGINI AL DELITTO} *etw* betreffend; {RESPONSABILITÀ UN INCARICO} *mit etw* (dat) verbunden, *mit etw* (dat) verknüpft, *etw* (dat) inhärent *forb*.

inerènza f (*attinenza*) Anhaften n, Innewohnen n.

inèrme agg **1** (*disarmato*) {PAESE} unbewaffnet **2** (*indifeso*) {VECCHIETTO} wehrlos.

inerpicàrsi <m'inerpico, t'inerpichi> *itr pron* (*arrampicarsi*) **~ su/tra qc** {STRADA SULLA COLLINA, TRA LE MONTAGNE} *etw* hinauf|klettern, sich (*etw/irgendwohin*) hoch|schlängeln.

inèrte agg **1** (*ozioso*) träge; (*inattivo*) untätig **2** (*immobile*) {BRACCIO, CORPO} unbeweg-

inerzia | infantile

lich, bewegungslos **3** *chim* untätig, reaktionsträge; {GAS} inert **4** *econ* {CAPITALE} tot **5** *fis* {FORZA} träge **6** *med* schwach, träge.

inerzia f **1** (*oziosità*) {SOLITA} Trägheit f; (*inoperosità*) Untätigkeit f **2** (*immobilità*) Unbeweglichkeit f, Bewegungslosigkeit f **3** (*intorpidimento*) Trägheit f: ~ *fisica*, körperliche Trägheit; ~ *mentale*, geistige Trägheit/Stumpfheit **4** *chim* Reaktionsträgheit f, Untätigkeit f **5** *fis* Trägheit f **6** *med* Trägheit f, Schwäche f: ~ *vescicale*, Blasenschwäche f ● **fare qc per (forza d')** ~ *fig* (*abitudine*), etw aus reiner Gewohnheit tun.

inerziàle agg aero astr fis mar {NAVIGAZIONE} Inertial-.

inesattezza f **1** (*imprecisione*) {+INFORMAZIONE} Ungenauigkeit f **2** (*errore*) {PICCOLA} Unrichtigkeit f.

inesatto① , (-a) agg **1** (*poco preciso*) {CITAZIONE, RISPOSTA} ungenau **2** (*errato*) {CONCLUSIONE} unrichtig.

inesatto②, (-a) agg {IMPOSTA} nicht einkassiert/eingezogen.

inesaudìbile agg (*che non può essere esaudito*) {RICHIESTA} unerhörbar, unerfüllbar.

inesaudìto, (-a) agg (*che non è stato esaudito*) {DESIDERIO} unerhört.

inesauribile agg *anche fig* (*illimitato*) {FONTE} unerschöpflich.

inesauribilità <-> f **1** (*l'essere inesauribile*) {+FONTE} Unerschöpflichkeit f **2** *fig* {+SENTIMENTO} Unendlichkeit f, Unermesslichkeit f.

inesàusto, (-a) agg *lett* **1** (*che non si è esaurito*) {SORGENTE, TERRENO} unerschöpft **2** *fig* {ENERGIA} unerschöpflich.

ineseguìbile agg (*che non può essere eseguito*) {ORDINE} undurchführbar, unausführbar.

ineseguìto, (-a) agg (*che non è stato eseguito*) {ORDINE} unausgeführt, unvollzogen.

inesigìbile agg econ {CREDITO} uneinbringlich.

inesistènte agg **1** (*che non esiste*) {LIBRO, SOCIETÀ} inexistent *forb* **2** *fam* (*trascurabile*) {DANNO} unbeträchtlich, unerheblich; {POSSIBILITÀ DI SUCCESSO} nicht bestehend, nicht existent **3** (*immaginario*) {CREATURA} imaginär, fantastisch; {SINTOMI DI MALATTIA} eingebildet, inexistent.

inesistènza f {+ACCORDO, PERICOLO} Nichtbestehen n, Inexistenz f *forb*; {+PROVE} Fehlen n, Nichtvorhandensein n, Inexistenz f *forb*.

inesoràbile agg **1** (*inflessibile*) {GIUDICE, TRIBUNALE} unerbittlich, hart **2** (*ineluttabile*) {DESTINO} unabwendbar; {MALE, MORBO} unerbittlich; {VENDETTA} grimmig, grausam.

inesorabilità <-> f **1** (*inflessibilità*) {+TRIBUNALE} Unerbittlichkeit f **2** (*ineluttabilità*) {+MORTE} Unabwendbarkeit f.

inesperiènza f Unerfahrenheit f: **errore dovuto a** ~, ein auf Unerfahrenheit zurückzuführender Fehler.

inespèrto, (-a) agg **1** (*privo di esperienza*) {RAGAZZO} unerfahren; ~ **di** *qc* {UOMO DI POLITICA, DEL MESTIERE} in etw (dat) unerfahren **2** {MANO} ungeschickt.

inespiàbile agg (*non espiabile*) {PECCATO} unsühnbar.

inespiàto, (-a) agg (*che non è stato espiato*) ungesühnt.

inesplicàbile agg (*inspiegabile*) {ENIGMA, FENOMENO} unerklärlich, unerklärbar.

inesplicàto, (-a) agg {MISTERO} ungeklärt, unerklärt.

inesploràbile agg **1** {GROTTA} unerforschbar, unergründbar **2** *fig* {ABISSI DELL'ANIMO UMANO} unergründlich.

inesploràto, (-a) agg *anche fig* {FORESTA, ZONE DELLA PSICHE} unerforscht.

inesplòso, (-a) agg (*che non è ancora esploso*) {BOMBA} nicht explodiert.

inespressìvo, (-a) agg **1** {VOLTO} ausdruckslos **2** (*inefficace*) {STILE} hölzern, papieren.

inesprèsso, (-a) agg {SENTIMENTO} unausgesprochen, unterschwellig.

inesprimìbile agg {DOLORE} unaussprechlich, unsagbar, unnennbar.

inespugnàbile agg **1** {FORTEZZA} uneinnehmbar **2** *fig* (*incorruttibile*) unbeugsam, unbestechlich, unerschütterlich.

inespugnàto, (-a) agg **1** (*che non è stato espugnato*) {FORTIFICAZIONE} nicht eingenommen, nicht erobert **2** *fig* {VOLERE} unbezwungen, ungebeugt.

inessenziàle agg (*che non è fondamentale*) {DETTAGLIO} unwichtig, unwesentlich.

inestetismo m (*difetto*) Schönheitsfehler m.

inestimàbile agg (*incalcolabile*) {VALORE} unschätzbar, unermesslich.

inestimàto, (-a) agg (*non abbastanza stimato*) {VALORE} ungeschätzt.

inestinguìbile agg **1** {INCENDIO} unauslöschbar, nicht zu löschen(d) **2** *anche fig* (*implacabile*) {SETE} nicht zu löschen; {PASSIONE} unauslöschlich.

inestirpàbile agg **1** {MALE, RADICE} unausrottbar **2** *fig* {PREGIUDIZIO} unausrottbar, tief eingewurzelt.

inestricàbile agg **1** {NODO} unentwirrbar **2** *fig* {PROBLEMA} unlösbar.

inètta f → **inetto**.

inettitùdine f (*incapacità*) Untauglichkeit f, Ungeeignetsein n.

inètto, (-a) Ⓐ agg **1** (*incapace*) unfähig, nichtsnutzig **2** ~ *a qc* untauglich *für etw* (acc); **essere** ~ **alle armi**, (wehrdienst)untauglich sein Ⓑ m (f) (*incapace*) Nichtsnutz m(f).

inevàso, (-a) agg {PRATICA} unbearbeitet, unerledigt; {POSTA} unbeantwortet.

inevitàbile Ⓐ agg {CONSEGUENZA, DIFFICOLTÀ, ERRORE, SCIAGURA} unvermeidbar, unvermeidlich: **era** ~ **che dicesse qualche sciocchezza!**, es war unvermeidlich, dass er/sie etwas Dummes sagen würde Ⓑ m *decl come agg*: **rassegnarsi all'**~, sich ins Unvermeidliche fügen.

inevitabilità <-> f (*l'essere inevitabile*) Unvermeidlichkeit f.

in extrèmis *loc avv lat* **1** (*in punto di morte*) in den letzten Zügen, im Sterben **2** *fig* (*all'ultimo momento*) im letzten Augenblick, in letzter Minute: **farcela in extremis**, es in letzter Minute schaffen.

inèzia f Kleinigkeit f, Lappalie f: **comprare qc per un'**~, etw ₍fast umsonst₎/[(halb) geschenkt]/[für ein Butterbrot *fam*] bekommen; **litigare per un'**~, wegen einer Lappalie streiten.

infagottàre *fam* Ⓐ *tr* **1** (*coprire bene*) ~ **qu (in qc)** {BAMBINO IN UNA COPERTA} *jdn* (in *etw* acc) ein│mumme(l)n *fam* **2** (*far sembrare un fagotto*) ~ **qu** {VESTITO} *jdn* dick machen Ⓑ *rfl*: **infagottarsi 1** sich ein│mumme(l)n *fam* **2** (*vestirsi male*) sich unvorteilhaft kleiden.

infagottàto, (-a) agg **1** (*avvolto come un fagotto*) {BAMBINO} eingemummelt *fam*, eingewickelt **2** (*mal vestito*) {DONNA} unordentlich/nachlässig gekleidet.

infallìbile agg **1** *anche relig* (*non soggetto a sbagliare*) {ISTINTO, PAPA} unfehlbar: **nessuno è** ~, kein Mensch ist unfehlbar **2** (*preciso*) {OCCHIO} sicher; {TIRATORE} ziel-/treffsicher **3** (*sicuro*) {GIUDIZIO} sicher.

infallibilità <-> f **1** *anche relig* (*l'essere infallibile*) {+METODO} Unfehlbarkeit f **2** (*precisione*) Sicherheit f: ~ **della mira**, Ziel-, Treffsicherheit f **3** (*sicurezza*) {+GIUDIZIO} Sicherheit f ● ~ **del Papa** *relig*, Unfehlbarkeit f des Papstes.

infamànte agg {ACCUSA} entehrend, schändlich, beschämend.

infamàre Ⓐ *tr* **1** (*coprire d'infamia*) ~ **qu/qc** {IL PROPRIO NOME} *jdn*/*etw* mit Schande/Schmach bedecken **2** (*diffamare*) ~ **qu (con qc)** {UOMO POLITICO CON CALUNNIE} *jdn* (mit *etw* dat) verleumden, *jdn* (mit *etw* dat) in Verruf bringen, *jdn* an│schwärzen *spreg* Ⓑ *itr pron* (*coprirsi d'infamia*): **infamarsi per/[a causa di]** *qc* {PER UN DELITTO} sich (wegen *etw* gen) mit Schande/Schmach bedecken, sich (wegen *etw* gen) infamieren.

infamatòrio, (-a) <-ri m> agg (*che infama*) {ARTICOLO} entehrend, infamierend *obs*.

infàme Ⓐ agg **1** (*ignobile*) {CRIMINE, TRUFFATORE} niederträchtig, schändlich, infam *spreg* **2** *fig scherz* (*pessimo*) {CENA, TEMPO} widerlich, scheußlich, abscheulich; {DESTINO} grausam, {VIAGGIO} furchtbar, schrecklich Ⓑ *mf* (*persona abietta*) Lump m *spreg*, Schuft m *spreg*, Schurke m *spreg*.

infàmia f **1** (*disonore*) {+CONDANNATO} Schande f, Schmach f: **macchiarsi/coprirsi d'**~, sich mit Schmach bedecken **2** (*scelleratezza*) {+CRIMINE} Schändlichkeit f, Infamie f *forb* **3** (*azione*) Schandtat f, Infamie f *forb* **4** <*di solito al pl*> (*insulto*) Schimpfwort n, Schmähwort n: **dire infamie a qu**, *jdn* beschimpfen **5** (*vergogna*) {+FAMIGLIA} Schande f *fam*, Schandfleck m: **è un'**~**!**, das ist eine Schande! **6** *fig scherz* (*cosa pessima*) Scheußlichkeit f, Abscheulichkeit f: **il vitto di questa pensione è un'**~, das Essen in dieser Pension ist abscheulich ● **bollare qu** (col marchio) d' ~ *fig* (*disonorare*), *jdn* entehren, *jdn* brandmarken; **senza** ~ **e senza** *lode fam* (*mediocre*), mittelmäßig, soso *fam*.

infangàre <*infango, infanghi*> Ⓐ *tr* **1** (*imbrattare di fango*) ~ **qc** {PANTALONI, RUOTE DI UN TRATTORE, STIVALI} *etw* mit Schlamm bedecken/beschmutzen **2** *fig* (*disonorare*) ~ **qu/qc** {LA MEMORIA, IL NOME DI UN TRATTORE} *jdn*/*etw* in den Schmutz ziehen, *jdn*/*etw* besudeln Ⓑ *rfl* **1** (*sporcarsi di fango*): **infangarsi** sich mit Schlamm beschmutzen; *indir*: **infangarsi qc** {SCARPE} sich (dat) *etw* mit Schlamm beschmutzen **2** *fig* (*disonorarsi*): **infangarsi (con qc) (per qc)** {CON UN COMPORTAMENTO IGNOMINIOSO} sich (wegen *etw* gen) (mit *etw* dat) besudeln *spreg*, sich (wegen *etw* gen) (mit *etw* dat) beschmutzen: **si è infangato per pochi soldi**, er hat sich wegen wenig Geld besudelt *spreg*.

infangàto, (-a) agg **1** (*sporco di fango*) {PANTALONI} schlammig, mit Schlamm beschmutzt **2** *fig* (*disonorato*) {RICORDO} besudelt, in den Schmutz gezogen.

infànte① , (-a) agg *lett rar* **1** (*dell'infanzia*) kindlich **2** *fig* (*agli esordi*) {CIVILTÀ} beginnend Ⓑ *mf* (*bambino*) (Klein)kind n ● **il Divino Infante** *relig* (*Gesù*), Christkind n.

infànte② , (-a) m (f) *stor* {+SPAGNA} Infant(in) m (f).

infanticìda <-i m, -e f> *mf* (*chi uccide un neonato*) Kindesmörder(in) m(f).

infanticìdio <-di> m Kindermord m, Kindesmord m.

infantìle agg **1** (*dell'infanzia*) {ASILO, LETTERATURA, MALATTIA, SCUOLA} Kinder-; {INGENUITÀ, SPENSIERATEZZA} kindlich **2** *med psic anche spreg* {COMPORTAMENTO, DISCORSO} kindisch,

infantil.
infantilismo m **1** *fig spreg* (*immaturità*) mangelnde Reife, Infantilität f *forb* **2** *med psic* {PSICOLOGICO, SESSUALE} Infantilismus m.
infantilità <-> f *rar* **1** (*condizione*) {+AMICO} Kindlichkeit f **2** *spreg* (*cosa infantile*) kindische *spreg* Art und Weise, Infantilität f *forb*: **fare delle ~**, sich kindisch *spreg* aufführen; **dire ~**, kindisches *spreg* Zeug reden.
infànzia f **1** (*periodo*) Kindheit f: **dall'~**, von Kindheit an; **prima/seconda ~**, Babyalter n/Kleinkindalter n; **terza ~**, Kindheit f (*vom siebten bis zum dreizehnten Lebensjahr*) **2** (*i bambini*) {ABBANDONATA} Kinder n pl: **educare l'~**, (die) Kinder erziehen **3** *fig* (*primordi*) {+LETTERATURA} Anfänge m pl: **l'~ del Medioevo**, das frühe Mittelalter.
infarcire <*infarcisco*> tr **1** *gastr* (*riempire*) **~ qc** (**di qc**) {TACCHINO DI VERDURE, TORTA DI CREMA PASTICCERA} *etw* (*mit etw* dat) farcieren, *etw* (*mit etw* dat) füllen **2** *fig* (*disseminare*) **~ qc di qc** {DETTATO DI ERRORI ORTOGRAFICI, DISCORSO DI CITAZIONI, TESI DI LAUREA DI NOTE} *etw mit etw* (dat) spicken; {CERVELLO DEGLI STUDENTI DI ERUDIZIONE LIBRESCA} *etw* (*mit etw* dat) voll stopfen *fam*.
infarcitura f *gastr* {+TORTA} Füllung f.
infarinàre A tr **~ qc 1** (*rinvoltare nella farina*) {SCALOPPINE, SOGLIOLA} *etw* in Mehl wälzen **2** (*cospargere di farina*) {TEGLIA} *etw* mit Mehl bestreuen/bestäuben **3** (*sporcare di farina*) {GONNA} *etw* mit Mehl beschmutzen **4** *fig* (*imbiancare*) {NEVE CIME DEI MONTI} *etw* weiß machen, *etw* weiß färben B *rfl* **1** (*sporcarsi di farina*): **infarinarsi** {CASALINGA} sich mit Mehl beschmutzen, sich voller Mehl machen *fam*; indir **infarinarsi qc** {SCARPE} sich (dat) *etw* voller Mehl machen *fam* **2** *fig scherz* (*incipriarsi*): **infarinarsi qc** {LE GUANCE, IL VISO} sich (dat) *etw* pudern.
infarinàto, (-a) *agg* **1** (*coperto di farina*) {PESCE} in Mehl gewälzt; {TAVOLO} mit Mehl bestreut **2** *fig scherz* (*che ha una conoscenza superficiale*): **ragazzo ~ di filosofia**, Junge mit oberflächlichen Philosophiekenntnissen.
infarinatùra f **1** (*effetto*) Bestreuung f mit Mehl; (*azione*) anche Bemehlen n: **procedere all'~ delle sogliole/della teglia**, sich ans Panieren der Seezungen/[Bemehlen der Backform] machen **2** *fig* (*conoscenza superficiale*) oberflächliche Kenntnis f: **avere un'~ di tedesco**, oberflächliche Deutschkenntnisse haben.
infàrto A m *med* Infarkt m *scient*: **~ (cardiaco)/cerebrale**, (Herz)infarkt m *scient*/Gehirnschlag m B <inv> *loc agg fig fam* (*stupendo*): **da ~**, {ABITO, AUTO, CASA} sensationell, umwerfend.
infartuàle *agg med* Infarkt- *scient*.
infartuàto, (-a) *med* A *agg* {PAZIENTE} Infarkt- *scient* B m (f) Infarktpatient(in) m(f) *scient*.
infastidire <*infastidisco*> A tr **1** (*importunare*) **~ qu** (**con qc**) {COLLEGA CON DOMANDE INDISCRETE; MUSICA AD ALTO VOLUME CONDOMINI} *jdn* (*mit etw* dat) belästigen, *jdn* (*mit etw* dat) stören, *jdn* (*mit etw* dat) ärgern **2** (*molestare*) **~ qu** {RAGAZZA} *jdn* belästigen **3** (*tormentare*) **~ qu** {EMICRANIA} *jdn* plagen, *jdn* quälen B *itr impers* (*irritarsi*): **infastidirsi** (*per qc*) {PER LE CONTINUE INTERRUZIONI} sich *über etw* (acc) ärgern.
infastidìto, (-a) *agg* **1** (*irritato*) {NEGOZIANTE} verärgert, verdrossen.
infaticàbile *agg* (*instancabile*) {LAVORATORE} unermüdlich.
infaticabilità <-> f **1** (*l'essere infaticabile*) {+MADRE} Unermüdlichkeit f **2** (*tenacia*) {+RICERCATORE} Hartnäckigkeit f, Unermüdlich-

keit f.
infàtti *cong* (*in realtà*) nämlich, in der Tat, tatsächlich: **è chiaro che non è colpevole, ~, se lo fosse, non si comporterebbe così**, es ist klar, dass er/sie unschuldig ist; wenn er/sie schuldig wäre, würde er/sie sich nämlich nicht so verhalten; **deve essere già arrivato, ecco ~ la sua macchina**, er muss schon angekommen sein, da ist nämlich sein Auto; **non avevi detto che saresti andato al mare? ~ ~, mi piacerebbe!**, hattest du nicht gesagt, du würdest ans Meer fahren? – Das würde ich tatsächlich gern tun!; **sembrate fratello e sorella! ~ ~ (lo siamo)!**, ihr seht aus wie Bruder und Schwester! – (In der Tat,) das sind wir auch!; **ha detto che sarebbe venuto, ~ (non ho visto nessuno)...** *iron*, er hat gesagt, er würde kommen, das sieht man ja ... *iron*.
infatuàre A tr (*infervorare*) **~ qu di qc** {GIOVANE DI IDEE RIVOLUZIONARIE} *jdn* (*durch etw* acc/*mit etw* dat) begeistern B *itr pron* **1** (*invaghirsi*): **infatuarsi di qu** {DI UN'ARTISTA, DI UN'ATTRICE, DI UN CALCIATORE} sich *in jdn* verlieben, sich *in jdn* vernarren **2** (*entusiasmarsi*): **infatuarsi di qc** {DELL'ARTE, DEL CICLISMO, DELLA MUSICA} sich *für etw* (acc) begeistern, sich *für etw* (acc) erwärmen.
infatuàto, (-a) *agg* (*appassionato*) **~ di qu/qc** {DI UNA DONNA, DI UN QUADRO} *von jdm/etw* begeistert.
infatuazióne f (*passione*) Schwärmerei f: **avere un'~ per un attore/[movimento politico]**, für einen Schauspieler/[eine politische Bewegung] schwärmen.
infàusto, (-a) *agg* **1** (*sventurato*) {GIORNO} unselig, unheilvoll, unglückselig, verhängnisvoll; {PRESAGIO} unglückverheißend **2** *eufem* (*mortale*) {ESITO DI UNA MALATTIA} unglücklich, infaust *scient*.
infecondità <-> f *anche fig* (*l'essere infecondo*) {+CAMPO, STIRPE, VIGNA} Unfruchtbarkeit f, Sterilität f; {+RICERCA} anche Unergiebigkeit f, Fruchtlosigkeit f.
infecóndo, (-a) *agg* **1** {CAMPO, TERRENO} unfruchtbar, unergiebig; {PIANTA} fruchtlos **2** (*sterile*) {DONNA} unfruchtbar, steril; {MATRIMONIO} kinderlos **3** *fig* (*che non crea*) {INGEGNO} unfruchtbar, unschöpferisch.
infedéle A *agg* **1** (*traditore*) **~ a qu/qc** {MOGLIE AL MARITO, AMICO AI PROPRI IDEALI, SERVITORE} (*jdm/etw*) untreu **2** *fig* (*non conforme all'originale*) {COPIA} ungetreu, ungenau; {TRADUZIONE} ungenau **3** *fig* (*non conforme alla realtà*) {RESOCONTO} unzuverlässig, ungetreu **4** *relig* {POPOLAZIONE} ungläubig B mf *relig* ungläubige mf *decl come agg*.
infedeltà f **1** (*tradimento*) **~ (a qu)** {CONIUGALE, ALLA MOGLIE} Untreue f (*jdm gegenüber*), Treulosigkeit f (*jdm gegenüber*); **~ (a qc)** {+MINISTRO ALLA COSTITUZIONE} Untreue f (*etw dat gegenüber*) **2** *fig* (*inesattezza*) **~ (a qc)** {+RITRATTO ALL'ORIGINALE; RACCONTO ALLA VERITÀ} Ungenauigkeit f (*etw dat gegenüber*) • **commettere un'~**, einen Treulosigkeit begehen.
infelìce A *agg* **1** (*triste e depresso*) {DONNA} unglücklich **2** (*sventurato*) {AMORE, DESTINO, ESISTENZA, ESITO, GIOVINEZZA} unglücklich **3** (*mal riuscito*) {LAVORO, ROMANZO, QUADRO} misslungen, missglückt; {CASA, SOLUZIONE ARCHITETTONICA} unglücklich **4** (*negativo, sfavorevole*) {IMPRESA, VENDEMMIA} unglücklich; {INCONTRO} anche unglücklich **5** (*inopportuno*) {BATTUTA} unangebracht, unglücklich, unpassend: **sei arrivato in un momento ~**, du bist in einem unpassenden/ungünstigen Moment gekommen **6** (*brutto*) {STAGIONE, TEMPO} scheußlich, grässlich; {POSIZIONE DI UNA CASA} ungünstig **7** (*infermo*) verkrüppelt,

missgestaltet **8** (*deficiente*) geistesschwach B mf Unglückliche mf *decl come agg* **2** (*infermo*) Krüppel m **3** (*deficiente*) Geisteskranke mf *decl come agg*.
infelicità <-> f **1** (*sofferenza*) {UMANA} Unglück n **2** (*inopportunità*) {+DOMANDA} Unangebrachtheit f **3** (*sfavore*) {+SITUAZIONE ECONOMICA} Misslichkeit f.
infeltrire <*infeltrisco*> A tr **~ qc** {LAVAGGIO MAGLIONE} *etw* verfilzen lassen B *itr pron*: **infeltrirsi** {COPERTA} verfilzen.
inferènza f **1** *filos* (*Schluss*)folgerung f **2** *stat* Ableitung f.
ìnferi m pl *mitol* **1** (*regno dei morti*) Unterwelt f **2** (*divinità infernali*) Götter m pl der Unterwelt.
inferìi 1ª pers sing del pass rem *di* inferire②.
inferióre <*compar di* basso> A *agg* **1** (*più basso*) {ARTO, PARTE DI UN EDIFICIO, DI UNA PAGINA} untere(r, s), Unter-: **l'ufficio si trova al piano ~**, das Büro befindet sich im Untergeschoss; **il corso ~ di un fiume**, der Unterlauf eines Flusses **2** (*minore*) **~ a/[rispetto a] qc**) {PREZZO RISPETTO AGLI ALTRI SUPERMERCATI, TEMPERATURA ALLA MEDIA STAGIONALE} niedriger (*als etw*); {NUMERO DEI PARTECIPANTI AL PREVISTO, TAGLIA ALLA MEDIA} kleiner (*als etw*); {LIVELLO DELL'ACQUA AL LIMITE DI GUARDIA} tiefer (*als etw*): **essere di età ~ ai vent'anni**, unter zwanzig (Jahre alt) sein; {GRADO} niedere(r, s), niedrigere(r, s); **le quotazioni sono scese a un valore ~**, die Quotationen sind gefallen/[schwächer notiert]; {RISULTATO ALLE ASPETTATIVE} hinter *etw* (dat) zurückbleibend **3** (*peggiore*) **~ (rispetto a qc)** {QUALITÀ RISPETTO AGLI ALTRI NEGOZI} minderwertig (*im Vergleich zu etw* dat), niedriger (*als etw*) **4** (*al di sotto*) **~ a qu (per qc)** {AL FRATELLO PER ABILITÀ, PER INTELLIGENZA} *jdm* (*irgendwie/hinsichtlich etw* dat) unterlegen: **essere ~ a qu per qc**, *jdm* irgendwie/hinsichtlich *etw* (dat) unterlegen sein, *jdm in etw* (dat) nachstehen; **sentirsi ~ a qu per qc**, sich *jdm* irgendwie/hinsichtlich *etw* (dat) unterlegen fühlen **5** *fig* (*umile*) {CLASSE SOCIALE} niedere(r, s) **6** *bot zoo* {PIANTE, ANIMALI} niedere(r, s) **7** *geog stor* (*più a sud*) {GALLIA} Unter-, Süd-, südlich **8** *geol* {PALEOLITICO} erste(r, s), frühere(r, s) **9** *mil* {UFFICIALE} Unter- **10** *scuola* {CLASSE} der Unterstufe B mf (*subalterno*) Untergebene mf *decl come agg*.
inferiorità <-> f (*l'essere inferiore*) {+FRATELLO} Unterlegenheit f; {+PRODOTTO, STILE} Minderwertigkeit f; {+PEZZO D'ANTIQUARIATO} geringer Wert: **soccombere per ~ numerica**, wegen zahlenmäßiger Unterlegenheit den Kürzeren ziehen *fam*.
inferire① <*inferisco, infersi, inferto*> tr (*infliggere*) **~ qc a qu** {ASSASSINO NUMEROSE COLTELLATE ALLA VITTIMA} *jdm etw* zu|fügen; *fig* **~ qc a qu/qc** {COLPO AD UN AVVERSARIO POLITICO; ASCESA DELL'EURO DURO COLPO ALLE IMPORTAZIONI} *jdm/etw etw* versetzen; {PERDITE AL NEMICO} *jdm* Verluste zu|fügen.
inferire② <*inferisco, inferii, inferito*> tr **1** (*desumere*) **~ qc da qc** {DALLE STATISTICHE} *etw* aus *etw* (dat) folgern, *etw* aus *etw* (dat) schließen **2** *mar* **~ qc** {VELE} *etw* an|schlagen, *etw* beschlagen.
inférma f → **infermo**.
infermerìa f Krankenstation f; *mil* Sanitätsraum m.
infermière, (-a) A *agg*: **volontario ~**, freiwilliger Krankenpfleger B m (f) Krankenpfleger(in) m(f), (Kranken)schwester f: **~ professionale/specializzato**, staatlich geprüfter/[spezialisierter] Krankenpfleger; (*di studio privato*) Sprechstundenhilfe f • **fare da ~ a qu** *fam* (*assistere un malato*), *jdn* pflegen.

infermierìstica <-che> f Krankenpflege f.
infermierìstico, (-a) <-ci, -che> agg {PERSONALE} Krankenpfleger(r)-.
infermità <-> f **1** (malattia) Krankheit f, Gebrechen n, Leiden n: **essere afflitto da una ~ permanente**, von einer chronischen Krankheit heimgesucht werden **2** fig rar (debolezza) Schwäche f: **~ della volontà**, Willensschwäche f ● **mentale** psic, Geisteskrankheit f.
infèrmo, (-a) Ⓐ agg **1** (malato) **~ (a qc** {AGLI ARTI} (an etw dat) krank: **essere mentalmente ~**, geisteskrank sein **2** lett (debole) {VOLONTÀ} schwach Ⓑ m (f) (malato) Kranke mf decl come agg: **visitare/curare gli infermi**, die Kranken besuchen/pflegen.
infernàle agg **1** (dell'inferno) {MOSTRO} höllisch, Höllen- fam **2** (da inferno) {VISIONE} entsetzlich, schrecklich **3** fig (diabolico) {AZIONE, IDEA, UOMO} teuflisch, diabolisch **4** fig fam (insopportabile) {CHIASSO, MUSICA} Höllen- fam: **le vacanze sono state infernali**, die Ferien waren die Hölle; **oggi fa un caldo ~**, heute herrscht eine Affenhitze fam.
infèrno Ⓐ m **1** relig Hölle f; mitol (luogo) anche Unterwelt f; (insieme di spiriti) Höllengeister m pl **2** fig (tormento) Hölle f: **vivere con loro è proprio un ~**, mit ihnen zu leben ist wirklich die Hölle Ⓑ <inv> loc agg (terribile): **d'~**, (MESE, SOFFERENZA, VITA) entsetzlich, schrecklich ● **Inferno** lett (prima cantica della Divina Commedia di Dante Alighieri), Inferno n; **fare l'~** fig (un gran baccano), einen Höllenlärm veranstalten; **mandare qu/qc all'~** fig fam (liberarsene), jdn/etw zum Teufel jagen/schicken fam; **scatenare un ~** fig (un disastro), eine Katastrophe entfesseln/auslösen; **si era scatenato l'~** fig (una forza distruttiva senza limite), die Hölle war los fam; (va) **all'~! fig fam (alla malora!)**, (geh) zur Hölle!; **l'~ è lastricato/[la via dell'~ è lastricata] di buone intenzioni** prov, der Weg zur Hölle ist mit guten Vorsätzen gepflastert.
infernòtto m region (piano più basso di una cantina) unteres Kellergeschoss.
inferocìre <inferocisco> Ⓐ tr <avere> **1** (rendere feroce) **~ qc** {MALTRATTAMENTI ANIMALE} etw wild machen, etw wütend machen **2** fig (irritare fortemente) **~ qu** {MALEDUCAZIONE, RITARDO} jdn wütend machen Ⓑ itr <essere> itr pron: **inferocirsi 1** (diventare feroce) {TIGRE} wild werden, wütend werden **2** fig (infuriarsi) {PADRE} wütend werden, in Zorn geraten.
inferocìto, (-a) agg (furioso) wütend, wild.
inferriàta f (grata) {+CANTINA, PRIGIONE} (Eisen)gitter n.
infèrsi 1ª pers sing del pass rem di inferire①.
infèrto Ⓐ part pass di inferire① Ⓑ agg anche fig (assestato) **~ (a qu/qc)** {COLPO AL NEMICO, ALL'ECONOMIA ITALIANA} (jdm/etw) versetzt, (jdm/etw) zugefügt.
infervoraménto m (entusiasmo) Begeisterung f, Eifer m.
infervoràre Ⓐ tr (accendere) **~ qu/qc** {DISCORSO PLATEA} jdn/etw begeistern, jdn/etw erhitzen Ⓑ itr pron (entusiasmarsi): **infervorarsi per/in qc** {PER UNA CORRENTE FILOSOFICA, IN UN DIBATTITO} sich für etw (acc) begeistern, sich für qu (acc) erhitzen, sich für etw (acc) ereifern: **infervorarsi nel parlare**, sich in Eifer reden.
infervoràto, (-a) agg (preso) **~ (da qc)** {ORATORE DALL'ENTUSIASMO} (von etw dat) erhitzt.
infestànte agg **1** bot: **pianta ~**, Unkraut n **2** med veter {VIRUS} befallend.
infestàre tr **1** (depredare) **~ qc** {PIRATI MARI} etw heim|suchen **2** (danneggiare grave-

mente) **~ qc** {PARASSITI COLTIVAZIONI} etw verseuchen, etw befallen; {GRAMIGNA TERRENO} etw verunkrauten; {MALARIA REGIONE} etw heim|suchen, etw befallen **3** fig (diffondere rapidamente) **~ qc**: **la droga ha infestato la società**, die Droge hat sich schnell in der Gesellschaft verbreitet, die Droge hat die Gesellschaft vergiftet **4** med veter **~ qu/qc** {PARASSITI} jdn/etw verseuchen.
infestàto, (-a) agg **1 ~ di qc** {MARE DI SQUALI} von etw (dat) heimgesucht **2** {TERRENO} verunkrautet **3** fig {SOCIETÀ} verdorben **4** med veter verseucht.
infestatóre, (-trice) Ⓐ agg (che infesta) {GERME} heimsuchend, befallend Ⓑ m (f) "wer heimsucht/befällt".
infestazióne f **1** {+ACQUA} Verseuchung f **2** {+GRAMIGNA, PARASSITI} Befall m **3** med veter Verseuchung f.
infèsto, (-a) agg lett **1** (dannoso) {CIBO, INSETTO} schädlich; {ACQUA} verseucht: **erba infesta**, Unkraut n **2** fig (nefasto) {SENTIMENTO} unheilvoll.
infettàre Ⓐ tr **1** med veter **~ qu/qc** {SANGUE DEL PAZIENTE CHIRURGO} jdn/etw an|stecken, jdn/etw infizieren scient **2** fig (inquinare) **~ qc** {SCARICHI INDUSTRIALI CORSI D'ACQUA} etw verseuchen; {MONOSSIDO DI CARBONIO ARIA} etw verpesten spreg **3** fig (corrompere) **~ qu/qc** {DOTTRINE PERICOLOSE GIOVANI GENERAZIONI, COSTUMI DI UNA SOCIETÀ} jdn/etw verderben forb, jdn/etw korrumpieren forb spreg, jdn/etw vergiften Ⓑ itr pron **1** (contrarre un'infezione): **infettarsi (con qc)** sich (mit etw dat) an|stecken, sich (mit etw dat) infizieren scient; indir **infettarsi qc (con qc)** {BAMBINO UN DITO CON UN CHIODO ARRUGGINITO} sich (dat) etw (mit etw dat) infizieren scient **2** fig (diventare inquinato): **infettarsi** {ACQUA, ARIA} verschmutzen.
infettìvo, (-a) agg med veter {PROCESSO} Infektions- scient; {MALATTIA, VIRUS} infektiös scient, ansteckend.
infettivologìa f med Infektionsmedizin f.
infettivòlogo, (-a) <-gi, -ghe> m (f) med Infektionsmediziner(in) m(f).
infètto, (-a) agg **1** med veter {PIAGA} infiziert scient **2** fig (contaminato) **~ (da qc)** {ACQUE, AMBIENTE DAI PESTICIDI} (mit etw dat) vergiftet, (mit etw dat) verseucht: **cibo ~ dalle radiazioni**, radioaktiv verseuchtes Essen **3** fig (corrotto) {AMBIENTE, SOCIETÀ} korrupt spreg, verderbt forb obs.
infeudàre Ⓐ tr **1** stor (dare in feudo) **~ qc a qu** {DOMINIO A UN VASSALLO} jdn mit etw (dat) belehnen **2** fig (asservire) **~ qc a qu/qc** {COSCIENZA, SPIRITO ALLA POLITICA} jdm/etw verkaufen **3** fig scherz (assegnare) **~ qc a qu/qc** {RUOLO DI PRESTIGIO AL RAMPOLLO DI UNA FAMIGLIA FACOLTOSA} jdm/etw zu|weisen Ⓑ rfl **1** stor (diventare vassallo): **infeudarsi a qu** jds Lehnsmann werden **2** fig (asservirsi): **infeudarsi a qu/qc** {AI POTENTI} jdm/etw hörig werden, jdm/etw verfallen.
infezióne f **1** {LATENTE} Entzündung f, Infektion f scient: **la ferita ha fatto ~**, die Wunde hat sich infiziert scient; **mi è venuta un'~ al piede**, ich habe eine Entzündung/Infektion scient am Fuß bekommen **2** fig (contaminazione) {+COLTIVAZIONI} Verseuchung f, Verpestung f.
infiacchiménto m (debolezza) Entkräftung f, Schwächung f; (l'infiacchirsi) Schwachwerden n.
infiacchìre <infiacchisco> Ⓐ tr <avere> (indebolire) **~ qu/qc** {LUNGA DEGENZA IN OSPEDALE PAZIENTE} jdn/etw schwächen, jdn/etw entkräften, jdn/etw ermatten forb; fig {OZIO ANIMI} jdn/etw schwächen, jdn/etw ermatten

forb Ⓑ itr <essere> itr pron (indebolirsi): **infiacchirsi** {CORPO} ermatten forb, schwach werden, matt werden; fig {SPIRITO} schwach werden, matt werden.
infiammàbile Ⓐ agg **1** {SOSTANZA} entflammbar, entzündbar, entzündlich; (con pericolo d'incendio) feuergefährlich **2** fig (eccitabile) {CARATTERE, TEMPERAMENTO} hitzig, aufbrausend Ⓑ m <di solito al pl> (sostanze infiammabili) feuergefährlicher Stoff, feuergefährliches Material.
infiammabilità <-> f {+GAS, TESSUTO SINTETICO} Entflammbarkeit f, Entzündbarkeit f; (con pericolo d'incendio) Feuergefährlichkeit f.
infiammàre Ⓐ tr **1** (accendere) **~ qc** {BENZINA} etw an|zünden, etw entzünden **2** fig (far diventare rosso) **~ qc** {SOLE ORIZZONTE} etw rot färben; **~ qu** {FEBBRE GUANCE; VERGOGNA VISO} jdn erröten lassen, jdn/etw rot werden lassen **3** fig (eccitare) **~ qc (a qu)** {ANIMO, MENTE} etw entzünden, jdn/etw entflammen: **~ la fantasia a qu**, jds Fantasie entzünden/entflammen **4** fig (incitare) **~ qu a qc** {POPOLO ALLA RIBELLIONE} jdn zu etw (dat) auf|hetzen **5** fig **~ gastr ~ qc** {GELATO, OMELETTE, POLLO} etw flambieren **6** med: **la polvere le infiammò gli occhi**, durch den Staub entzündeten sich ihre Augen Ⓑ itr pron **1** (incendiarsi): **infiammarsi (per/[a causa di] qc)** {DEPOSITO DI COMBUSTIBILI A CAUSA DI UN CORTO CIRCUITO} sich (durch etw acc/wegen etw gen) entzünden, (durch etw acc/wegen etw gen) in Brand geraten **2** fig (diventare rosso): **infiammarsi** {CIELO} sich rot färben: **il suo viso si infiammò per la vergogna**, er/sie errötete vor Scham **3** fig (accendersi di entusiasmo o di passione): **infiammarsi per qu/qc** {PER UN IDEALE} sich für jdn/etw begeistern; {PER UNA DONNA} anche in Liebe für jdn entflammen, in Liebe (für jdn/zu jdm) entbrennen **4** fig (incollerirsi): **infiammarsi (per qc)** wegen etw (gen) auf|brausen: **è un tipo che si infiamma per un nonnulla**, er ist der Typ, der wegen nichts aufbraust/[in die Luft geht fam] **5** med: **infiammarsi (a qu)** {PELLE} sich entzünden: **gli si è infiammata la ferita**, seine Wunde hat sich entzündet.
infiammàto, (-a) agg **1** (acceso) entzündet, entflammt **2** fig (ardente) **~ (di qc)** {SGUARDO D'AMORE} (vor etw dat) blitzend, (vor etw dat) glühend; {SPIRITO D'ODIO} (in etw dat) entflammt, (in etw dat) entbrannt; {VOLTO} rot, glühend **3** med {TONSILLE} entzündet.
infiammatòrio, (-a) <-ri> m agg med {PROCESSO, STATO} Entzündungs-, entzündend.
infiammazióne f med Entzündung f, Inflammation f scient: **avere un'~ al tendine d'Achille**, eine Entzündung an der Achillesferse haben.
infiascàre <infiasco, infiaschi> tr **~ qc** {VINO} etw in (Korb-/Stroh)flaschen füllen; (uso assol) Wein ab|füllen.
infibulàre tr etnol **~ qu** jdn infibulieren.
infibulazióne f etnol Infibulation f.
inficiàre <inficio, infici> tr **1** dir (contestare) **~ qc** {DEPOSIZIONE, TESTIMONIANZA} etw an|fechten: **inficiato di nullità**, nichtig **2** dir (dichiarare sospetto) **~ qu** {TESTIMONE} jdn für verdächtig erklären, jdn verdächtigen; **~ qu di qc** {DI FALSO} jdn (etw gen) bezichtigen **3** lett (togliere valore) **~ qc** {GIUDIZIO} etw entwerten, etw herab|setzen, etw entkräften.
infìdo, (-a) agg **1** (sleale) {COMPAGNO} treulos, untreu; lett (traditore) {MARITO} untreu **2** fig (pericoloso) tückisch: **avanzare per un terreno ~**, sich ⌊in Gefahr begeben⌋/[einer Gefahr aussetzen] **3** fig (ingannevole) {ACCORDO, PACE} trügerisch.

in fieri <inv> loc agg lat **1** (in divenire) {PRO-

infierire <*infierisco*> itr **1** (*accanirsi con violenza*) ~ **su**/**contro qu** {SUI DEBOLI, SUI VINTI} (*gegen jdn*) wüten **2** (*trattare con durezza*) ~ **su**/**contro qu** {INSEGNANTE SUGLI ALUNNI} grausam *gegen jdn* vor|gehen.

infiggere <*coniug come affiggere*> **A** tr ~ **qc in qc 1** (*piantare*) {CHIODO NEL MURO} *etw in etw* (acc) (hinein|)schlagen, *etw in etw* (acc) (hinein|)treiben; {PALO NEL TERRENO} *etw in etw* (acc) (hinein|)rammen **2** (*conficcare*) {PUGNALE NEL PETTO DI QU} *jdm etw in etw* (acc) stoßen **3** *fig* (*imprimere*) {RICORDO NELL'ANIMO, NELLA MEMORIA, NELLA MENTE} *jdm etw in etw* (acc) ein|prägen **B** *itr pron*: **infiggersi in qc 1** (*conficcarsi*) {FRECCIA NEL TRONCO} (*in etw* acc) ein|dringen **2** *fig* (*imprimersi*) {IMMAGINE, IMPRESSIONE NELLA MENTE} sich *jdm in etw* acc) ein|prägen.

infilapèrle <--> f (*in oreficeria*) "Schnur f zum Aufreihen von Perlen".

infilàre **A** tr **1** gener ~ **qc** (+ *compl di luogo*) {CHIAVE NELLA TOPPA, GIORNALE NEL BORSONE, MANI IN TASCA, OCCHIALI NELL'ASTUCCIO, SPINA NELLA PRESA, TAPPO NELLA BOTTIGLIA} *etw in etw* (acc) stecken; {FILO NELL'AGO} *etw in etw* (acc) ein|fädeln; {CAPPUCCIO SULLA PENNA STILOGRAFICA} *etw auf etw* (acc) stecken: ~ **un anello nel dito**, einen Ring an den Finger stecken/[anstecken]; *fig* {CITAZIONI NEL DISCORSO} *etw* (in *etw* acc) ein|flechten **2** (*indossare*) ~ **qc** {GUANTI} *etw* über|streifen, *etw* an|ziehen; {GIACCA, MAGLIONE, PANTALONI, SOPRABITO, VESTITO} *anche in etw* (acc) schlüpfen; {CAPPELLO, OCCHIALI} *etw* auf|setzen; {PANTOFOLE, SCARPE} *in etw* (acc) schlüpfen, *in etw* (acc) fahren; (*far indossare*) ~ **qc a qu** *jdm etw* an|ziehen: **ho infilato la tutina al bambino**, ich habe dem Kind den Strampler angezogen **3** (*trapassare*) ~ **qu**/**qc con qc** {SOLDATO CON LA SPADA} *jdn*/*etw* (*mit etw* dat) durchbohren **4** (*infilzare*) ~ **qc in qc** {POLLO NELLO SPIEDO} *etw* (*auf etw* acc) auf|spießen **5** (*far passare un filo*) ~ **qc** {COLLANA, PERLE} *etw* auf|fädeln, *etw* auf|reihen **6** *fig* (*imboccare*) ~ **qc** {CORSO, STRADA, VIA} *etw* nehmen, *etw* ein|schlagen; {LA PORTA DI CASA} *durch etw* (acc) gehen, *durch etw* (acc) schlüpfen **7** *fig* (*fare per caso*) ~ **qc** *etw* machen: ~ **uno sbaglio dopo/dietro l'altro**, einen Fehler nach dem anderen machen; ~ **una serie di errori**, eine Reihe von Fehlern machen **B** *rfl* **1** (*entrare*) : **infilarsi in**/**sotto qc** {SOTTO LE COPERTE, NEL LETTO} *in*/*unter etw* (acc) kriechen; {IN UN PORTONE} *durch etw* (acc) huschen, *durch etw* (acc) schlüpfen; {IN UN UFFICIO} *in etw* (acc) huschen, *in etw* (acc) schlüpfen; *fig* {IN UNA GRADUATORIA} *in etw* (acc) hineinrutschen *fam* **2** indir (*indossare*): **infilarsi qc** {SCARPE} sich (dat) *etw* an|ziehen; {GIACCA, GUANTI} *anche* sich (dat) *etw* über|streifen; {CAPPELLO, OCCHIALI} sich (dat) *etw* auf|setzen **3** (*passare attraverso*): **infilarsi tra qc** {TRA LA FOLLA} sich *unter etw* (acc) mischen • **non ne infila una!** *fig* (*non ne fa una giusta*), ihm/ihr gelingt auch rein gar nichts!

infilàta **A** f **1** (*fila*) {+CORRIDOI, STANZE} Reihe f, Folge f **2** *fig* (*sfilza*) {+INGIURIE} Reihe f, Folge f, Serie f **B** *loc avv*: **d'~**, in *un'unica serie* hintereinander: **ho preso tre influenze d'~**, ich habe drei Mal hintereinander die Grippe bekommen **2** (*nel senso della lunghezza*) in Längsrichtung.

infiltràrsi itr pron **1** (*penetrare*): ~ (+ **compl di luogo**) {ACQUA NEGLI STRATI DI ROCCIA; GAS ATTRAVERSO FESSURE DELLA PARETE} *in etw* (acc) ein|sickern, *in etw* (acc) ein|dringen **2** *fig* (*insinuarsi*): ~ **tra qu**/**[in qc**] {TRA GLI INVITATI, IN UN GRUPPO} sich *in etw* (acc) ein|schleichen, *in etw* (acc) ein|dringen; {NELLO SCHIERAMENTO NEMICO} *anche in etw* (acc) ein|brechen; {NEL PARTITO AVVERSARIO} *etw* unterwandern.

infiltràto, (-a) **A** agg {AGENTE} eingeschleust **B** m (f) {+POLIZIA} Verbindungsmann m.

infiltrazióne f **1** (*l'infiltrarsi*) {+ACQUA, GAS} Eindringen n, Durchsickern n **2** *fig* (*penetrazione furtiva*) {+IDEOLOGIA POLITICA, SPIA NEMICA} Eindringen n, Infiltration f **3** *med* Infiltration f.

infilzàre **A** tr **1** (*infilare*) ~ **qc** {PERLE} *etw* auf|fädeln, *etw* auf|reihen **2** (*trafiggere*) ~ **qc** {POLLO} *etw* auf|spießen **3** (*trapassare*) ~ **qu** (*con qc*) {NEMICO CON LA SPADA} *jdn* (*mit etw* dat) durchbohren, *jdn* (*mit etw* dat) durchstechen, *jdn* (*mit etw* dat) auf|spießen **4** *fig* (*dire di seguito*) ~ **qc** {BUGIE, CITAZIONI, PAROLACCE} *etw auf etw* (acc) häufen, *etw* aneinander|reihen **B** *rfl itr pron* (*ferirsi*): **infilzarsi** {CON UNO SPUNTONE ARRUGGINITO} *an etw* (dat) aufgespießt werden/bleiben **C** *rfl rec* (*trafiggersi*) {DUELLANTI} sich durchbohren.

infilzàta f **1** (*serie*) {+BOTTONI, PERLE} Reihe f **2** *fig* (*successione*) {+BUGIE, INSULTI, SPROPOSITI} Folge f, Reihe f, Serie f **3** *gastr* {+TORDI} Spießvoll m.

infimo, (-a) **A** agg **1** *fig* (*pessimo*) {QUALITÀ} geringste(r, s), schlechteste(r, s) **2** *lett* (*il più basso*) {CLASSE SOCIALE, LUOGO} niedrigste(r, s), niederste(r, s) **B** m (f) Niedrigste(r, s) f (m, n).

infine avv **1** (*alla fine*) schließlich, (*ganz*) am Ende, endlich, zum Schluss: **arrivammo ~ al rifugio**, schließlich erreichten wir die Berghütte; **ho telefonato molte volte e ~ sono riuscito a parlargli**, ich habe oft angerufen und es endlich geschafft, mit ihm zu sprechen **2** (*insomma*) endlich, vielleicht einmal, eigentlich: **si può sapere ~ quello che vuoi?**, kann man vielleicht einmal erfahren, was du willst?

infingàrda f → **infingardo**.

infingardàggine f **1** (*pigrizia*) {+RAGAZZO} Drückebergerei f *fam spreg* **2** (*atto*) Faulenzerei f.

infingàrdo, (-a) **A** agg {PIGRO} {CUGINO} träg(e), drückebergerisch *fam spreg*, faul, unwillig **B** m (f) (*persona*) Träge mf decl come agg, Drückeberger(in) m(f) *fam spreg*, Faulenzer(in) m(f).

infinità <--> f **1** (*illimitatezza*) {+UNIVERSO} Unendlichkeit f, Endlosigkeit f **2** (*quantità immensa*) {+GENTE} Unmenge f, Unzahl f **3** *mat* {+PUNTI} Unendlichkeit f.

infinitaménte avv **1** *anche mat* (*all'infinito*) unendlich, endlos: **quantità ~ grande**, unendlich große Menge **2** *fam* (*molto*) {COMMOSSO, FELICE, GRATO} unendlich; {INFERIORE} endlos.

infinitesimàle agg **1** (*minimo*) {QUANTITÀ} kleinste(r, s), mindeste(r, s) **2** *mat* {ANALISI, CALCOLO, GRANDEZZA} infinitesimal, Infinitesimal-.

infinitèsimo, (-a) **A** agg **1** (*minimo*) {PARTE} allerkleinste(r, s), winzig **2** *mat* infinitesimale **B** m **1** (*quantità piccolissima*) {+EREDITÀ} winziger Teil **2** *mat* Grenzwert m.

infinitiva f (*proposizione*) Infinitivsatz m.

infinitivo, (-a) *gramm* agg {PROPOSIZIONE} Infinitiv-.

infinito, (-a) **A** agg **1** (*illimitato*) {DISTESA, QUANTITÀ, SPAZIO} unendlich, unermesslich, endlos; {GRAZIA, PAZIENZA} grenzenlos, unendlich; {INTELLIGENZA} außerordentlich **2** (*innumerevole*) {GREGGE} unendlich groß, riesig **3** *gramm* {MODO} infinit **4** *mat* {INSIEME, NUMERO} unendlich **5** *relig* {L'ESSERE} unendlich **B** m **1** <*solo sing*> (*ciò che non ha fine*) Unendliche n decl come agg, Unendlichkeit f **2** *gramm* {ATTIVO, PASSIVO; +VERBO} Infinitiv m, Nennform f **3** <*solo sing*> *mat* {MATEMATICO} Infinite n decl come agg **C** *loc avv*: **all'~ 1** (*infinite volte*) endlos, ewig *fam*: **andare (avanti)**/[**continuare**] **all'~**, unendlich lang dauern/ewig *fam* weitermachen; **ripetere una cosa all'~**, eine Sache endlos/tausendmal wiederholen; **discordie che vanno all'~**, ewige Unstimmigkeiten f pl **2** *fot* auf unendlich: **regolare l'obiettivo all'~**, das Objektiv auf unendlich einstellen **3** *mat* unendlich: **tendere/**[**prolungare qc**] **all'~**, *etw* in die Länge ziehen.

infinocchiàre <*infinocchio*, *infinocchi*> tr *fam* (*ingannare*) ~ **qu** *jdn* beschwindeln, *jdn* auf den Arm nehmen *fam*, *jdn* übers Ohr hauen *fam*: **non farti ~!**, lass dich nicht übers Ohr hauen *fam*!

infinocchiatùra f *fam* (*fregatura*) Betrug m, Schwindel m *fam spreg*.

infiocchettàre **A** tr (*ornare di fiocchetti*) ~ **qc** {ALBERO DI NATALE, VESTITO} *etw* mit Schleifen verzieren **B** *rfl* (*ornarsi di fiocchetti*): **infiocchettarsi** sich mit Schleifen schmücken; indir **infiocchettarsi qc** {I CAPELLI} sich (dat) *etw* mit Schleifen schmücken.

infioràre **A** tr **1** (*ornare con fiori*) ~ **qc** {ALTARE, BALCONI, CITTÀ, TOMBA} *etw* mit Blumen schmücken **2** (*cospargere di fiori*) ~ **qc** {STRADA} *etw* mit Blumen bestreuen **3** *fig* (*abbellire*) ~ **qc** (*di qc*) {DISCORSO DI CITAZIONI, STILE} *etw* mit *etw* (dat) schmücken, *etw* (*mit etw* dat) verschönern, *etw* (*mit etw* dat) verzieren; *iron* {COLLOQUIO DI BESTEMMIE, COMPITO DI ERRORI} *etw* mit *etw* (dat) spicken **4** *fig* (*rendere lieto*) ~ **qc** {SODDISFAZIONI VITA} *etw* verschönern **B** *rfl* (*ornarsi con fiori*): **infiorarsi** {FANCIULLA} sich mit Blumen schmücken **C** *itr pron* **1** (*coprirsi di fiori*): **infiorarsi** (*di qc*) {CAMPI DI GRANO DI FIORDALISI} mit Blumen bedeckt/übersät sein **2** *fig* (*diventare bello*) {VITA} schön werden.

infiorescènza f *bot* Blütenstand m, Infloreszenz f: ~ **a mazzetto**, gebündelter Blütenstand.

infirmàre tr **1** *dir* (*invalidare*) ~ **qc** {CONTRATTO, DECISIONE, LEGGE, SENTENZA} *etw* für ungültig erklären **2** *fig* (*respingere*) ~ **qc** {ARGOMENTO, OPINIONE, PRINCIPIO} *etw* entkräften.

infischiàrsi <*m'infischio*, *t'infischi*> itr pron *fam* (*non dare importanza*): ~ **di qu**/**qc** {DEGLI ALTRI, DELLE CONVENZIONI SOCIALI} *auf jdn*/*etw* pfeifen *fam*: **me ne infischio di ciò che pensa la gente**, ich pfeife darauf *fam*, was die anderen denken; **se ne infischia di tutto e di tutti**, er/sie pfeift auf alles und alle *fam*; **ce ne infischiamo altamente**, das ist uns wurstegal *fam*.

infissi 1ª pers sing del pass rem di **infiggere**.

infìsso, (-a) **A** part pass di **infiggere B** agg (*conficcato*) ~ **in qc** {CHIODO NEL MURO} *in etw* (acc) (hinein)geschlagen; {PALO NEL TERRENO} *anche in etw* (acc) (hinein)gerammt **C** m **1** *edil* (*struttura fissa*) {+FINESTRA, PORTA} Blendrahmen m, Einfassung f, Rahmenwerk n **2** <*di solito al pl*> *edil* (*serramenti*) Tür f; Fenster n: **gli infissi**, die Türen und Fenster **3** *ling* Infix n.

infittire <*infittisco*> **A** tr <*avere*> **1** (*rendere più fitto*) ~ **qc** {MAGLIE DI UNA RETE} *etw* dichter machen **2** (*rendere più frequente*) ~ **qc** {CONTROLLI ANTIDROGA NELLE SCUOLE} *etw* verschärfen; {VISITE A UN AMICO} die Zahl *von etw* (dat/+ gen) steigern/erhöhen **B** itr pron (*diventare fitto*): **infittirsi** {NEBBIA}

dichter werden, sich verdichten; {BUIO, PIOGGIA} zu|nehmen; *fig* {GIALLO, MISTERO} spannender werden, an Spannung zu|nehmen.

infitto *part pass di* infiggere.

inflativo, (-a) *agg econ* Inflations-, inflationär.

inflazionàre *tr* ~ *qc* **1** *econ* {MERCATO} *etw* inflationieren **2** *fig* (*usare in modo eccessivo*) {TERMINE} einen inflationären Gebrauch *von etw* (*dat*) machen.

inflazionàto, (-a) *agg* **1** *econ* inflationiert **2** *fig* (*eccessivamente diffuso*) {MODO DI DIRE} abgenützt, abgegriffen, abgedroschen *fam*: **una laurea inflazionata**, ein inflationär gewordener Studienabschluss.

inflazióne f **1** *econ* Inflation f: ~ **creditizia**, kreditäre Inflation; ~ **galoppante**, galoppierende Inflation; ~ **strisciante/latente**, schleichende Inflation **2** *fig* (*offerta eccessiva*) {+GIORNALI SCANDALISTICI} Inflation f, Überangebot n.

inflazionismo *m econ* Inflationismus m, Inflationspolitik f.

inflazionista <-*i m*, -*e* f> *mf econ* Inflationist(in) m(f).

inflazionistico, (-a) <-*ci*, -*che*> *agg econ* {STATO, TENSIONE} inflationistisch, inflatorisch, Inflations-, inflationär.

inflessibile *agg* **1** *fig* (*rigido*) {CARATTERE, GIUDICE} unbeugsam, starr: **su questo sarò ~**, was diese Sache angeht, werde ich nicht nachgeben **2** *rar* (*che non si piega*) {SBARRA} unbiegsam.

inflessibilità <-> *f fig* (*rigidezza*) {+ARBITRO, NORME GIURIDICHE} Unbeugsamkeit f, Starrheit f.

inflessióne f **1** (*cadenza*) Tonfall m, Einschlag m: **parlare con ~ dialettale**, mit dialektalem Einschlag sprechen **2** *fis* {+RAGGI LUMINOSI} Beugung f, Krümmung f **3** *ling* {VOCALICA} Ablaut m **4** *mus* Modulation f **5** *tecnol* {+TRAVE} Durchbiegen n • ~ **longitudinale/trasversale** *geol*, Längs-/Querbiegung f.

infliggere <*coniug come* affliggere> *tr* **1** (*imporre*) ~ *qc* (*a qu*) {CASTIGO, CONDANNA, PENA, PUNIZIONE} jdm etw auf|erlegen, etw über jdn verhängen **2** (*far subire*) ~ *qc a qu* {GRAVI PERDITE AL NEMICO, SCONFITTA AD UN AVVERSARIO POLITICO} jdm etw bei|bringen, jdm etw zu|fügen; *fig scherz* {LA PROPRIA PRESENZA} jdm etw zu|muten.

influènte *agg* (*che ha credito*) einflussreich: **ha un amico molto ~**, er/sie hat einen sehr einflussreichen Freund.

influènza f **1** (*azione determinante*) ~ **su *qu*/*qc*** {+LUNA; SULLE MAREE; +MACCHINA; SULLA CIVILTÀ MODERNA} Einfluss m (*auf jdn/etw*), Beeinflussung f (*jds/etw*), Einwirkung f (*auf jdn/etw*): **l'~ benefica del clima marino si sente subito**, man fühlt gleich den wohltuenden Einfluss des Seeklimas **2** (*ascendente*) ~ (**su *qu*/*qc***) Einfluss m (*auf jdn/etw*): **avere molta ~ su *qu*/*qc***, eine großen Einfluss auf jdn/etw haben; **esercitare la propria ~ presso *qu***, seinen Einfluss auf jdn Igelten machen|/ausüben; **sotto l'~ di *qu*/*qc***, unter jds/etw Einfluss; **la letteratura degli ultimi cinquant'anni ha subito la sua ~**, die Literatur der letzten fünfzig Jahre wurde von ihm/ihr beeinflusst **3** *astrol* ~ (**su *qc***) {+ASTRI SUL CARATTERE} Einfluss m (*auf etw* acc), Wirkung f (*auf etw* acc) **4** *fis* {ELETTRICA, ELETTROSTATICA} Influenz f **5** *med* {VIRALE} Grippe f: **mi sono già preso due volte l'~**, ich habe schon zweimal die Grippe bekommen.

influenzàbile *agg* (*suggestionabile*) {BAMBINO} beeinflussbar, leicht zu beeinflus-sen(d): **essere molto/facilmente ~**, sehr/leicht beeinflussbar sein.

influenzàle *agg med* {STATO} grippal, Grippe-, grippös.

influenzàre Ⓐ *tr* (*condizionare*) ~ *qu*/*qc* {GIUDIZIO DI UNA PERSONA, GIURIA, OPINIONE PUBBLICA} jdn/etw beeinflussen, auf jdn/etw ein|wirken, *auf jdn/etw* einen Einfluss aus|üben: **non lasciarti ~ dagli amici!**, lass dich von deinen Freunden nicht beeinflussen! Ⓑ *itr pron* (*ammalarsi d'influenza*) ~ **influenzarsi** (*BAMBINO*) eine Grippe bekommen Ⓒ *rfl rec* (*condizionarsi*): **influenzarsi** sich (gegenseitig) beeinflussen.

influenzàto, (-a) *agg* **1** (*condizionato*) ~ **da *qu*/*qc*** *von jdm/etw* beeinflusst **2** *med* grippekrank.

influìre <*influisco*> *itr* ~ **su *qu*/*qc*** **1** (*esercitare un'azione determinante*) {ASTRI SULL'INDOLE UMANA; CLIMA SULLE ABITUDINI DI UN POPOLO; ESPERIENZA DOLOROSA SUL CARATTERE DI UN INDIVIDUO} auf jdn/etw ein|wirken, jdn/etw beeinflussen **2** (*avere ascendente*) {SU DI UN GIUDICE, SU DI UNA COMMISSIONE D'ESAME} *auf jdn/etw* einen Einfluss aus|üben.

influsso *m* (*influenza*) {+SCOPERTE SCIENTIFICHE, STELLE} Einfluss m, Einwirkung f: **avere/esercitare un ~ benefico/malefico su *qu*/*qc***, eine guten/schlechten Einfluss auf jdn/etw haben; **il suo ~ è stato decisivo**, sein/ihr Einfluss war entscheidend; *<di solito al pl>* *arte film lett mus* Einfluss m; **la musica contemporanea risente degli influssi etnici**, die zeitgenössische Musik steht unter ethnischem Einfluss.

info <-> *f ingl* (*informazioni*) Info f: ~ **sul concerto allo 0104019**, für Infos zum Konzert wählen Sie bitte die 0104019, Infos zum Konzert unter der 0104019.

infocare *e deriv* → **infuocare** *e deriv*.

infognàrsi *itr pron fig fam* (*inguaiarsi*) ~ **con *qu*** {CON UN POCO DI BUONO} *auf jdn/etw* ein|lassen; ~ **in *qc*** {IN UN BRUTTO AFFARE, NEI DEBITI} sich in etw (acc) stürzen; (*uso assol*) in die Tinte geraten *fam*.

infoline, **info-line** <-> *f ingl inform tel* Infoline f.

in fòlio *lat edit* Ⓐ <inv> *loc agg* in folio, in Folioformat Ⓑ <-> *loc sost m* Buch n in Folioformat.

infoltiménto *m* (*atto, effetto*) Verdichtung f: **cura per l'~ dei capelli**, verdichtende Haarkur.

infoltìre <*infoltisco*> Ⓐ *tr* <avere> (*rendere folto*) ~ *qc* {CAPELLI} etw verdichten, etw dicht machen Ⓑ *itr* <essere> *itr pron* (*diventare folto*): **infoltirsi** {BARBA, BOSCO, CAPELLI, RAMI, SIEPE} dichter werden, sich verdichten.

infondatézza f **1** (*l'essere infondato*) {+PREOCCUPAZIONE, PROTESTA} Unbegründetheit f, Haltlosigkeit f **2** *dir* Unbegründetheit f.

infondàto, (-a) *agg* (*privo di fondamento*) {GIUDIZIO} unbegründet; {NOTIZIA} *anche* aus der Luft gegriffen; {INVIDIA, PAURA, PETTEGOLEZZO} grundlos, gegenstandslos; {CRITICA} unberechtigt.

infóndere <*coniug come* fondere> *tr fig* (*instillare*) ~ *qc a qu* {MADRE CORAGGIO, FIDUCIA, SPERANZA AI SUOI FIGLI} jdm etw ein|flößen, in jdm etw erwecken; {VIGORE} jdm etw verleihen.

infopoint, **info point** <-> ~, ~ *s pl ingl* m loc sost *m ingl anche inform* (*luogo*) Infopoint m.

inforcàre <*inforco, inforchi*> *tr* ~ *qc* **1** (*infilare con la forca*) {CONTADINO FIENO, PAGLIA} etw auf|gabeln **2** (*montare*) {RAGAZZO BICICLETTA, MOTO} sich auf etw (acc) setzen, sich auf etw (acc) schwingen **3** (*mettersi sul naso*) {STU-DENTE OCCHIALI} etw auf|setzen.

inforcàta f (*quantità*) {+PAGLIA} Heugabel f.

inforcatùra f **1** (*biforcazione*) {+RAMI} Gabelung f **2** *anat* Ansatz m der Beine **3** (*negli scacchi*) Gabel f.

informàle Ⓐ *agg* **1** (*non ufficiale*) {CENA, INCONTRO} zwanglos, formlos, informell **2** *arte* {ARTE, PITTORE, QUADRO} informell Ⓑ *m arte* (*arte*) Informel n Ⓒ *mf arte* (*seguace*) Vertreter(in) m(f) des Informel.

informàre Ⓐ *tr* **1** (*mettere a conoscenza*) ~ *qu* (*di/su qc*) {PUBBLICO SUGLI/DEGLI ORARI DELLA BIBLIOTECA CIVICA} jdn (*über etw* acc) informieren; {CLIENTE SULL'/DELL'ARRIVO DELLA MERCE RICHIESTA, POLIZIA STRADALE DI UN INCIDENTE} jdm etw (*von etw dat*) benachrichtigen: ~ **i giovani sul/del pericolo che corrono assumendo droghe**, die jungen Leute über die Gefahr des Drogenmissbrauchs informieren; **ti hanno male informato**, sie haben dich schlecht informiert **2** *fig* (*conformare*) ~ *qc a qc* {LA PROPRIA CONDOTTA AI PROPRI PRINCIPI} etw nach etw (dat) aus|richten **3** *fig* (*dare un'impronta*) ~ *qc a qc* {SPIRITO CONCILIATIVO COLLOQUI} etw nach etw (dat) bilden, etw nach etw (dat) formen Ⓑ *itr pron* (*chiedere notizie*): **informarsi di/su *qu*/*qc* (*presso qu*/*qc*)** {SU UN CANDIDATO, DEL COSTO DI UN BIGLIETTO AEREO PRESSO UN'AGENZIA, DEGLI ORARI DEL TRENO PER BRINDISI, DELLA SALUTE DI QU} sich (*bei jdm/etw*) nach jdm/etw erkundigen, sich (*bei jdm/etw*) (*über jdn/etw*) informieren **2** (*uniformarsi a un modello*): **informarsi a *qc*** {ALLE NUOVE DISPOSIZIONI DEL MINISTERO} sich *nach etw* (dat) richten; {ALLE ABITUDINI DEL LUOGO} sich *etw* (dat)/*an etw* (acc) an|passen.

informàtica <-*che*> *f* Informatik f.

informàtico, (-a) <-*ci*, -*che*> Ⓐ *agg* {RICERCA} Datenverarbeitungs-, Informations- Ⓑ *m* (f) Informatiker(in) m(f).

informativo, (-a) Ⓐ *agg* (*che informa*) {ARTICOLO} informativ; {SCOPO} Informations- Ⓑ *f amm* (*vertrauliche*) Mitteilung f.

informatizzàre *tr* (*dotare di sistemi informatici*) ~ *qc* etw computerisieren.

informatizzazióne f Computerisierung f; (*azione*) *anche* Computerisieren n.

informàto, (-a) *agg* (*aggiornato*) ~ (*di/su qc*) {LETTORE, PUBBLICO DELL'ACCADUTO} *über etw* (acc) unterrichtet, *über etw* (acc) informiert: **essere bene/male ~**, gut/schlecht informiert sein.

informatóre, (-trice) Ⓐ *agg lett* (*ispiratore*) ~ (*di qc*) {PRINCIPIO DI UN'OPERA} leitend, Leit- Ⓑ *m* (f) (*chi fornisce informazioni*) {+AGENZIA IMMOBILIARE, POLIZIA} Informant(in) m(f), Auskunftgeber(in) m(f); {+AGENZIA STAMPA, RIVISTA} Berichterstatter(in) m(f); *mil* Geheimdienst-, Nachrichtendienstoffizier m: ~ **medico/scientifico**, Werbefachmann m, Werber m *fam* für pharmazeutische Produkte.

informazióne f **1** (*ragguaglio*) Auskunft f, Information f: **per ulteriori informazioni rivolgersi a...**, für weitere Auskünfte wenden Sie sich an...; **prendere informazioni su *qu***, Auskünfte/Informationen über jdn einholen/einziehen **2** (*notizia*) {POLITICA, SPORTIVA} Nachricht f, Auskunft f: **informazioni meteorologiche**, Wetterbericht m **3** (*l'informare*) {+MASSE} Benachrichtigung f, Unterrichtung f; (*l'informarsi*) Erkundigung f **4** *inform* Information f **5** *mil* Geheim-, Nachrichtendienst m • ~ **di garanzia** *dir*, Ermittlungsbescheid m; ~ **genetica** *biol*, genetische Information.

infórme *agg* **1** (*amorfo*) {MASSA} unförmig, formlos **2** *fig* (*confuso*) {ABBOZZO, PROGETTO} schwammig *spreg*.

informicolaménto m (*formicolio*) Kribbeln n.

informicolàrsi <*mi informicolo*> → **informicolirsi**.

informicolìrsi <*m'informicolisco*> itr pron (*avere una sensazione di formicolio*): ~ **a qu** {GAMBE} jdm ein|schlafen.

infornàre tr ~ **qc 1** (*mettere a cuocere nel forno*) {DOLCE, LASAGNE, PIZZA} etw in den Backofen/die Backröhre schieben; {PANE} anche etw ein|schieben, etw backen; (*in forni industriali*) {CALCE, MATTONI} etw in den Ofen ein|schieben **2** (*rifornire un forno di combustibile*) {CARBONE} etw nach|legen **3** *fig scherz* (*mangiare avidamente*) {UN INTERO POLLO} etw verschlingen, etw hinunter|schlingen.

infornàta f **1** (*azione*) {+BISCOTTI, PANE} Einschieben n **2** (*cottura al forno*) Backen n **3** (*quantità*) Schub m, Ladung f: **questa è la seconda ~ di mattoni oggi**, das ist heute die zweite Ladung von Ziegelsteinen; **la prima infornata di biscotti è già pronta**, der erste Schub Plätzchen ist schon fertig **4** *fig scherz* (*grande quantità*) {+INSEGNANTI, TURISTI} Schub m ● ~ **di pubblico** *teat slang*, überfüllter Zuschauerraum.

infortunàrsi itr pron **1** (*subire un infortunio*): ~ (+ ***compl di luogo***) {BAMBINO IN UN INCIDENTE STRADALE} (*irgendwo*) verunglücken, sich (*irgendwo*) verletzen; {MURATORE SUL LAVORO} *anche* (*irgendwo*) einen Unfall haben **2** *sport* {ATLETA, CALCIATORE, TENNISTA} sich verletzen.

infortunàto, (-a) **A** agg (*che ha avuto un infortunio*) {MURATORE} (*irgendwo*) verunglückt: **rimanere ~** ˻**sul lavoro**˼/[**in un incidente**], ˻bei der Arbeit˼/[auf der Straße] verunglücken **B** m (f) (*chi ha avuto un infortunio*) Verunglückte mf decl come agg.

infortùnio <-ni> m **1** (*incidente*) Unfall m: **ha subito un grave ~ sul lavoro**, er/sie hat einen schlimmen Arbeitsunfall gehabt **2** (*disastro*) {FINANZIARIO} Katastrophe f.

infortunìstica <-che> f (*disciplina*) Unfallforschung f.

infortunìstico, (-a) <-ci, -che> agg (*che riguarda gli infortuni*) {ASSICURAZIONE} (Arbeits)unfall-; {LEGISLAZIONE} Unfallschutz-.

infossaménto m **1** (*l'infossarsi*) Einsinken n: **l'~ della strada ha provocato numerosi danni**, das Einsinken der Straße hat zahlreiche Schäden verursacht **2** (*avvallamento*) {+CAMPO} Versenkung f, Vertiefung f **3** (*incavatura*) {+GUANCE} Einfallen n: **l'~ degli occhi**, Hohläugigkeit f.

infossàre **A** tr (*incavare*): **la malattia gli ha infossato le guance**, durch die Krankheit hat er eingefallene/hohle Wangen bekommen **B** itr pron (*formare una fossa*): **infossarsi** {STRADA} ein|sinken **2** (*incavarsi*): **gli si sono infossati gli occhi**, er hat tiefliegende Augen bekommen **3** (*affondarsi*): **infossarsi in qc** (**con qc**) {NEL FANGO CON LA MACCHINA} (*mit etw dat*) (*in etw acc*) ein|sinken.

infossàto, (-a) agg **1** (*avvallato*) {CAMPO} eingesunken **2** (*incastrato*) ~ + ***compl di luogo*** {TORRENTE FRA DUE PARETI DI ROCCIA} irgendwohin eingegraben **3** (*incavato*) {GUANCE} eingefallen, hohl; {OCCHI} tiefliegend **4** (*affondato*) ~ **in qc** {MACCHINA NEL FANGO} *in etw* (acc) eingesunken.

infracidìre <*infracidisco*> itr <*essere*> rar **1** (*marcire*) {CORPO, FOGLIE} (ver)faulen **2** *fig* (*rammollirsi*) (**in qc**) {NELL'OZIO} (*durch etw acc*) verweichlichen.

infradiciàre <*infradicio, infradici*> **A** tr ~ **qc 1** (*inzuppare*) {PIOGGIA FIENO} etw durchnässen **2** (*far marcire*) {CILIEGE MARCE QUELLE BUONE} etw (ver)faulen lassen, etw verderben lassen; {LEGNO} etw vermorschen lassen **B** itr pron: **infradiciarsi 1** (*bagnarsi completamente*) durchnässen, nass werden: **mi sono infradiciata sotto la pioggia mentre aspettavo il bus**, während ich auf den Bus wartete, wurde ich völlig vom Regen durchnässt **2** (*diventare marcio*) {FRUTTA} (ver)faulen.

infradiciàta f (*bagnatura*) Durchnässen n: **si è preso una bella ~ tornando a casa**, auf dem Heimweg wurde er völlig durchnässt.

infradito <-> m *o* f Dianette f.

inframmettènza f (*intromissione*) Aufdringlichkeit f, Einmischung f.

inframméttere <*coniug come* mettere> **A** tr *rar* (*interporre*) ~ **qc** {OSTACOLI} etw dazwischen|setzen, etw dazwischen|stellen, jdm etw in den Weg legen **B** itr pron (*immischiarsi*): **inframmettersi in qc** {NEGLI AFFARI ALTRUI, IN UN DISCORSO} sich *in etw* (acc) ein|mischen.

inframmezzàre → **intramezzare**.

infràngere <*coniug come* frangere> **A** tr ~ **qc 1** (*spezzare*) {BICCHIERI DI CRISTALLO; PALLONE VETRI DI UNA PORTA, SPECCHIO} etw zerbrechen, etw entzwei|brechen, etw zertrümmern **2** *fig* (*violare*) {AMICO PATTO} etw brechen; {LEGGE} *anche* etw übertreten; {SEGRETO} etw verraten; {COMANDAMENTO; AUTOMOBILISTA DIVIETO} etw übertreten; {IMPIEGATO CONTRATTO} etw verletzen **3** *fig* (*distruggere*) {SCONFITTA PACE, SOGNO, SPERANZA} etw zerstören **4** *fig* (*schiacciare*) {ASSALTO NEMICO, RESISTENZA} etw brechen **B** itr pron **1** (*rompersi*): **infrangersi** (+ ***compl di luogo***) {BICCHIERE} (*irgendwo*) zerbrechen, (*irgendwo*) in Scherben gehen; {ONDE SUGLI SCOGLI} sich (*an etw* dat) brechen **2** *fig* (*vanificarsi*): **infrangersi** {SFORZI, SPERANZE, VOLONTÀ} zerbrechen.

infrangìbile agg **1** (*che non si rompe*) {MATERIALE} unzerbrechlich; {VETRO} *anche* bruchfest **2** *fig* (*saldo*) {FEDE, VOLONTÀ, ecc.} unerschütterlich **3** *fig* (*inviolabile*) {DIRITTO} unverletzbar, unantastbar.

infrànto, (-a) agg **1** (*frantumato*) {CRISTALLIERA} zerbrochen **2** *fig* (*violato*) {ACCORDO} gebrochen; {NORMA} überschritten; {CONTRATTO} verletzt **3** *fig* (*distrutto*) {IDEALE, SOGNO} zerstört; {CUORE} gebrochen; {IDOLO} gefallen.

infraròsso, (-a) *fis* **A** agg {RAGGIO} infrarot, Infrarot- **B** m Infrarot n.

infrascàre <*infrasco, infraschi*> **A** tr **1** (*disporre ramoscelli a sostegno*) ~ **qc** {PISELLI} etw mit Zweigen stützen; (*coprire con le frasche*) etw mit Zweigen bedecken **2** *fig* (*ornare eccessivamente*) ~ **qc di qc** {CASA DI SOPRAMMOBILI, DISCORSO DI RIMPROVERI} etw mit etw (dat) überladen **B** rfl (*rifugiarsi fra le frasche*): **infrascarsi** {VOLPE} sich zwischen den Zweigen verbergen.

infrascritto, (-a) agg *amm* unten angegeben, unten angeführt.

infrasettimanàle agg {GIORNO DI FESTA, RIPOSO} während der Woche.

infrastruttùra f **1** (*di solito al pl*) (*servizi pubblici*) Infrastruktur f **2** *aero* Bodenorganisation f: ~ **dell'aeroporto**, Flughafenanlage f **3** *econ* Infrastruktur f.

infrastrutturàle agg (*dell'infrastruttura*) {VANTAGGIO} Infrastruktur-.

infrastrutturàre tr *amm* **1** (*dotare di infrastrutture*) ~ **qc** etw erschließen, etw mit Infrastruktur(en) versehen **2** (*costruire infrastrutture*) ~ (**qc**) Infrastruktur(en) bauen.

infrastrutturazióne f Erschließung f.

infrasuòno m *fis* Infraschall m.

infrattàre *centr fam* **A** tr (*nascondere*) ~ **qu/qc** {FUGGITIVO, MUCCA} jdn/etw im Wald verstecken **B** itr **1** (*nascondersi*): **infrattarsi** sich in die Büsche schlagen *fam*, sich im Wald verstecken **2** *slang giovanile* (*appartarsi*): **infrattarsi** sich verziehen *fam*, sich ab|setzen *fam*, sich für ein Schäferstündchen absetzen/abseilen, sich (im Wald) verlustieren.

infrazióne f *anche dir* (*trasgressione*) ~ (**a/di qc**) {AL CODICE PENALE, DI UNA NORMA} Übertretung f etw (gen), Verletzung f etw (gen), Überschreitung f etw (gen), Verstoß m *gegen etw* (acc) ● ~ **ossea** *med*, Infraktion f *scient*.

infreddatùra f (*raffreddore*) {LEGGERA} Schnupfen m, Erkältung f.

infreddolìto, (-a) agg (*intirizzito*) {BAMBINO, GATTINO} fröstelnd, fröst(e)lig, frierend: **essere tutto ~**, ganz durchgefroren sein.

infrequentàbile agg (*che non è frequentabile*): **è un locale ~**, in dem Lokal kann man unmöglich verkehren; **una compagnia ~**, ein unmöglicher Umgang.

infrequènte agg (*raro*) {CASO} nicht häufig, selten: **non è ~ che...**, *congv*, es kommt nicht selten vor, dass ... *ind*.

infrequènza f (*bassa frequenza*) {+EVENTO} Seltenheit f.

infrollìre <*infrollisco*> **A** itr <*essere*> itr pron: **infrollirsi 1** *gastr* {CARNE} mürbe werden **2** *fig* (*rammollirsi*) schlapp werden, kraftlos werden, erschlaffen, schlaff werden **B** tr **1** *gastr* ~ **qc** (**in qc**) {CONIGLIO NEL VINO} etw (*in etw* dat) mürbe machen **2** *fig* (*fare perdere vigore*) ~ **qu** {VITA AGIATA} jdn verweichlichen, jdn schlapp werden lassen.

infruttescènza f *bot* Fruchtstand m.

infruttìfero, (-a) agg **1** (*che non dà frutti*) {PIANTA} keine Früchte tragend, unfruchtbar, fruchtlos *rar* **2** *econ* {CAPITALE} tot, zinslos, unverzinslich.

infruttuosità <-> f (*l'essere infruttuoso*) {+TERRENO} Fruchtlosigkeit f; *fig* {+RICERCA} Erfolglosigkeit f.

infruttuóso, (-a) agg **1** (*infruttifero*) unfruchtbar, fruchtlos *rar* **2** *fig* (*vano*) {FATICA} fruchtlos, vergeblich; {RICERCA, TENTATIVO} *anche* erfolglos **3** *fig lett* (*sterile*) {UNIONE} unfruchtbar **4** *econ* {INVESTIMENTO} keinen Gewinn abwerfend, nicht Gewinn bringend.

infuocàre <*infuoco, infuochi*> **A** tr **1** (*arroventare*) ~ **qc** {METALLO, PIASTRA} etw durchglühen **2** *fig* (*infiammare*) ~ **qc** {TRAMONTO CIELO} etw rot färben; ~ **qc** (**a qu**) {COLLERA VISO} jdn erröten lassen, etw rot werden lassen **B** itr pron **1** (*arroventarsi*): **infuocarsi** sich entzünden, erglühen, glühend werden **2** *fig* (*infiammarsi*): **infuocarsi** (**di qc**) **per qu/qc** {D'AMORE} (*vor/in etw* dat) (*zu jdm*) erglühen; {PER UN'IDEA} sich *für jdn/etw* begeistern; {PER UNA DONNA} *anche* in Liebe *zu jdm* entflammen, in Liebe *für jdn/zu jdm* entbrennen **3** *fig* (*eccitarsi*): **infuocarsi** sich ereifern: **si è infuocato durante la discussione**, während der Diskussion ereiferte er sich.

infuocàto, (-a) agg **1** (*rovente*) {METALLO} glühend(heiß) **2** (*torrido*) {CLIMA} glühend-(heiß), heiß **3** *fig* (*acceso*) {COLORE, GUANCE} feuerrot, glühend rot, glutrot **4** *fig* (*ardente*) {DISCORSO, OCCHI, OCCHIATA} feurig.

infuòri **A** *loc avv* (*in fuori*): **all'~**, nach außen; **una trave sporgente all'~**, ein ˻nach außen stehender˼/[hinausragender] Balken **B** *loc prep* (*eccetto*): **all'~ di qu/qc** mit Ausnahme von jdm/etw, außer jdm/etw, ausgenommen jd/etw; **all'~ di te non è venuto nessuno**, außer dir ist niemand gekommen.

infurbìre <*infurbisco*> itr <*essere*> itr pron (di-

ventare più furbo): **infurbirsi** schlau werden.
infuriàre <*infurio, infuri*> **A** *itr* <*avere*> (*scatenarsi*) {BATTAGLIA, EPIDEMIA, GUERRA CIVILE} wüten; {BURRASCA, TEMPORALE, URAGANO} *anche* toben, rasen **B** *itr* <*essere*> *itr pron* (*adirarsi*): **infuriarsi** (*a/per qc*) {ALLA/[PER LA] MINIMA CONTRARIETÀ} (*wegen etw gen*) wütend/zornig werden, (*wegen etw gen*) in Wut geraten, (*wegen etw gen*) auf die Palme gehen *fam* **C** *tr* (*rendere furioso*) ~ *qu* {CERTI COMPORTAMENTI GENITORI} *jdn* wütend/rasend machen, (*wegen etw gen*) ⌈auf die Palme⌉/[zur Weißglut] bringen *fam*.
infuriàto, (-a) *agg* (*molto arrabbiato*) {GENITORE} wütend, fuchsteufelswild.
infusióne f **1** (*procedimento*) Aufguss m, Aufgießen n **2** (*infuso*) (Kräuter)tee m: ~ **di tiglio/malva**, Lindenblüten-/Malventee m **3** *relig* Ausgießung f (des Heiligen Geistes).
infùso, (-a) A *part pass di* infondere **B** *agg* **1** (*versato*) ~ (*su qc*) {ACQUA BOLLENTE SULLE ERBE} über etw (*acc*) gegossen **2** *relig* {SPIRITO SANTO} eingeflößt **C** m (*bevanda*) (Kräuter)tee m: **farsi un ~ di valeriana/melissa**, sich einen Baldrian-/Melissentee machen.
infusóre *m med* Infusionsgerät *n scient*.
ing. *abbr di* ingegnere: Ing. (*abbr di* Ingenieur).
ingabbiaménto m **1** (*effetto*) Käfighaltung f **2** (*azione*) Einsperren n in einen Käfig.
ingabbiàre <*ingabbio, ingabbi*> *tr* **1** (*chiudere in gabbia*) ~ *qc* {CORVO, FRINGUELLO} *etw* in einen Käfig sperren **2** (*imballare*) ~ *qc* {ORTAGGI} *etw* in Verschläge verpacken **3** *fig scherz* (*imprigionare*) ~ *qu* *jdn* ins Gefängnis sperren, *jdn* hinter Gitter stecken, *jdn* ein|lochen *fam* **4** *edil* ~ *qc* {EDIFICIO} *an etw* (*dat*) ein Traggerüst an|bringen, *etw* ein|rüsten.
ingabbiatùra f *edil* {+EDIFICIO} Tragwerk n, Traggerüst n.
ingaggiàre <*ingaggio, ingaggi*> *tr* **1** (*assumere*) ~ *qu* {AZIENDA IMPIEGATO, OPERAIO, SPEDIZIONIERE} *jdn* ein|-, an|stellen, *jdn* in seine Dienste nehmen; {TEATRO ATTORE, GOVERNANTE, VIOLINISTA} *jdn* engagieren; {MERCENARIO, SOLDATO} *jdn* an|werben; {ATTACCANTE STRANIERO, NUOTATRICE DI UNA SOCIETÀ} *jdn* engagieren, *jdn* verpflichten, *jdn* ein|kaufen *slang* **2** (*incominciare*) ~ *qc* {COMBATTIMENTO, LOTTA} *etw* eröffnen, *etw* beginnen, *etw* auf|nehmen.
ingaggiatóre, (*rar* -**trice) m (f) (*chi ingaggia*) Anwerber(in) m (f).
ingàggio <-*gi*> m **1** (*assunzione*) {+PERITO} Verpflichtung f; {+CAMERIERA} Ein-, Anstellung f; {+ATTORE, CONTROFIGURA} Engagement n; {+MERCENARIO} Anwerbung f; *sport* {+TERZINO} Engagement n, Verpflichtung f, Einkauf m *slang*; {+PRODIERE} Anheuerung f **2** (*somma*) Gage f **3** *sport* (*nell'hockey*) Abschlag m.
ingagliardìre <*ingagliardisco*> **A** *tr* **1** (*irrobustire*) ~ *qc* {SPORT CORPO} *etw* kräftigen, *etw* stärken **2** (*rendere baldanzoso*) ~ *qu* {SUCCESSO ATTORE} *jdn* berauschen, *jdn* in (einen) Begeisterungstaumel versetzen **B** *itr* <*essere*> *itr pron* (*irrobustirsi*): **ingagliardirsi con qc** {FISICO DEGLI ADOLESCENTI CON L'ATTIVITÀ SPORTIVA} durch *etw* (*acc*) stark werden, *durch etw* (*acc*) kräftig werden, *durch etw* (*acc*) erstarken.
ingannàbile *agg* leicht zu täuschen(d), gutgläubig.
ingannàre A *tr* **1** (*indurre in errore*) ~ *qu* *jdn* täuschen: **se la memoria/vista non mi inganna** ..., wenn mich ⌈mein Gedächtnis nicht täuscht⌉/[meine Augen nicht täuschen] ...; (*uso assol*) trügen, täuschen: **questo vino inganna**, dieser Wein täuscht **2** (*truffare*) ~ *qu/qc* {CLIENTE, FISCO} *jdn/etw* betrügen, *jdn/etw* hintergehen **3** (*tradire*) ~ *qu* {MARITO, MOGLIE} *jdn* betrügen **4** (*sedurre*) ~ *qu* {RAGAZZA} *jdn* verführen **5** (*far cadere in un tranello*) ~ *qu* {NEMICO} *jdn* irre|leiten **6** (*eludere*) ~ *qc* {SORVEGLIANZA} *etw* hintergehen **7** (*far passare*) ~ *qc* {ATTESA, TEMPO} sich (*dat*) *etw* verkürzen **B** *itr pron* (*cadere in errore*): **ingannarsi su qu/qc**, **ingannarsi in qu/qc** {SU DI UN AMICO, SULLA QUALITÀ DELLA MERCE} sich in *jdm/etw* täuschen, sich *in jdm/etw* irren: **se non m'inganno** ..., wenn ich nicht irre ..., wenn ich mich nicht täusche ...
ingannatóre, (-trice) A *agg* (*che inganna*) {SORRISO} trügerisch, täuschend **B** m (f) (*chi inganna*) Betrüger(in) m (f).
ingannévole *agg* (*illusorio*) {APPARENZA, SPERANZA} trügerisch, illusorisch.
ingànno m **1** (*raggiro*) Betrug m: **riuscire in qc con l'~**, *etw* durch Betrug schaffen, durch Betrug Erfolg in *etw* (*dat*) haben; **usare l'~**, betrügen, täuschen **2** (*errore*) {OTTICO} Täuschung f: **cadere in ~**, getäuscht/[hinters Licht geführt] werden; **il miraggio è un ~ dei sensi**, die Fata Morgana ist eine Sinnestäuschung • **ordire inganni** *fig* (*architettare*), Ranke schmieden; *trarre* in ~ *qu fig* (*truffarlo*), *jdn* täuschen, *jdn* hinters Licht führen.
ingarbugliàre <*ingarbuglio, ingarbugli*> **A** *tr* **1** *fam* (*imbrogliare*) ~ *qc* {I FILI, LA MATASSA} *etw* verwirren, *etw* verwickeln **2** *fig* (*intricare*) ~ *qc* {SITUAZIONE} *etw* komplizieren **3** *fig* (*confondere*) ~ *qu* *jdn* verwirren, *jdn* durcheinander|bringen **B** *itr pron*: **ingarbugliarsi 1** {FILI} sich verwickeln, sich verheddern *fam* **2** *fig* (*complicarsi*) {QUESTIONE} kompliziert werden **3** *fig* (*impappinarsi*) {STUDENTE} in Verwirrung geraten, ins Schwimmen kommen *fam*.
ingarbugliàto, (-a) *agg* **1** (*imbrogliato*) {MATASSA} verwirrt, verwickelt **2** *fig* (*intricato*) {SITUAZIONE} verwickelt, verzwickt *fam*; {DISCORSO, FACCENDA} verworren.
ingarbuglióne, (-a) m (f) *fam* (*confusionario*) Chaot(in) m (f), Wirrkopf m *spreg*; (*truffatore*) Betrüger(in) m (f), Schwindler(in) m (f) *spreg*.
ingàuno, (-a) A *agg* von/aus Albenga **B** m (f) (*abitante*) Einwohner(in) m (f) von Albenga.
ingegnàccio <-*ci*, pegg *di* ingegno> m *fig fam scherz* (*persona di talento*) Intelligenzbestie f *fam*: **è sempre stato un ~**, er war schon immer eine Intelligenzbestie *fam*.
ingegnàrsi *itr pron* ~ *a/per fare qc* **1** (*sforzarsi*) {PER RISOLVERE UN PROBLEMA, A TROVARE UN LAVORO} sich bemühen, *etw zu tun*; sich an|strengen, *etw zu tun* **2** (*arrabattarsi*) {PER GUADAGNARE QC} sich ab|mühen, *etw zu tun*; sich (*dat*) Mühe geben, *etw zu tun*; (*uso assol*) sich durch|schlagen: **nella vita bisogna sapersi ingegnare**, im Leben muss man sich durchschlagen können.
ingegnère m (*abbr* Ing.) (Diplom)ingenieur m: ~ **aeronautico**, Luftfahrtingenieur m; ~ **civile**, Bauingenieur m; ~ **chimico**, Ingenieurchemiker m; ~ **elettronico**, Elektroingenieur m; ~ **idraulico/meccanico/minerario/navale**, Wasserbau-/Maschinenbau-/Bergbau-/Schiffbauingenieur m; ~ **nucleare**, Ingenieur m für Kerntechnik; **Le presento l'ingegner Rossi**, ich stelle Ihnen den Ingenieur Rossi vor.
ingegnerìa f **1** (*scienza*) Ingenieurwesen n: ~ **chimica**, Chemie f; ~ **idraulica/meccanica/mineraria**, Wasser-/Maschinenbau-/Bergbau-, ~ **civile**, Bauingenieurwesen n; ~ **informatica**, Informatik f; ~ **nucleare**, Kerntechnik f **2** (*applicazione a campi diversi*) Technik f: ~ **economica**, Ingenieurökonomie f; ~ **umana/ambientale**, Anthropo-/Umwelttechnik f; ~ **genetica**, Gentechnik f **3** *università* (*studio*) Ingenieurwissenschaften f pl: **fare/studiare ~**, Ingenieurwissenschaften studieren; **laurearsi in ~**, Ingenieur werden; (*facoltà*) Technische Hochschule.
ingegnerìstico, (-a) <-*ci*, -*che*> *agg* **1** (*dell'ingegneria*) der Ingenieurwissenschaften **2** (*dell'ingegnere*) Ingenieur-.
ingégno m **1** (*facoltà intellettiva*) {UMANO} Geist m, Verstand m, Intellekt m **2** (*capacità*) {BRILLANTE, MEDIOCRE, SVEGLIO, VIVACE} Talent n **3** (*inclinazione*) Anlage f, Talent n, Begabung f: **avere dell'~ matematico/musicale/artistico**, eine mathematische/musikalische/künstlerische Begabung haben **4** (*genio*) Genie n, Geist m **5** *tecnol* {+CHIAVE} Bart m • ~ **leonardesco** (*multiforme*), Universalgenie n; *vivere* dell'~ (*dei proventi derivanti dalla propria attività creativa*), von seinem Talent leben.
ingegnosità <-> f (*l'essere ingegnoso*) {+INVENTORE, PROGETTO} Einfallsreichtum m.
ingegnóso, (-a) *agg* **1** (*che usa l'ingegno*) {FALEGNAME} findig, einfallsreich **2** (*frutto di ingegno*) {SISTEMA, TROVATA} erfinderisch, sinnreich, ingeniös *forb*.
ingelosìre <*ingelosisco*> **A** *tr* <*avere*> (*rendere geloso*) ~ *qu* {COMPAGNI DI CLASSE, FIDANZATO, MOGLIE} *jdn* eifersüchtig machen, *jds* Eifersucht erregen: **far ~ qu**, *jdn* eifersüchtig machen **B** *itr* <*essere*> *itr pron* (*diventare geloso*): **ingelosirsi** eifersüchtig werden: **s'ingelosisce facilmente**, er/sie wird leicht eifersüchtig; **ingelosirsi (di qu/qc, per qu/qc)** {PER LA FORTUNA DI UN AMICO, DEI SUCCESSI SCOLASTICI DI UNA COMPAGNA} auf *jdn/etw* (*wegen jds/etw*) eifersüchtig werden.
ingemmàre *tr* **1** (*ornare con gemme*) ~ *qc* {CORONA} *etw* mit Edelsteinen besetzen **2** *fig* (*ornare*) ~ *qc di qc* {PRIMAVERA PRATERIA DI FIORI} *etw mit etw* (*dat*) schmücken **3** *fig iron* (*riempire*) ~ *qc di qc* {COMPITO DI ERRORI} *etw mit etw* (*dat*) spicken.
ingeneràre A *tr fig forb* **1** (*far nascere*) ~ *qc* {CONFUSIONE} *etw* stiften, *etw* erzeugen; {SOSPETTO} *etw* erregen; {GELOSIA, INVIDIA, ODIO} *etw* hervor|rufen **2** (*generare*) ~ *qu/qc jdn/etw* zeugen **B** *itr pron* (*nascere*): **ingenerarsi (da qc)** {LITIGIO DA UN FRAINTENDIMENTO} (*wegen etw gen*) entstehen.
ingeneràto, (-a) A *part pass di* ingenerare **B** *agg* (*innato*) angeboren.
ingenerosità <-> f (*grettezza*) Engherzigkeit f, Kleinlichkeit f *spreg*.
ingeneróso, (-a) *agg* (*gretto*) {ATTO, VINCITORE} unedel, engherzig, kleinlich: **questo è assai ~ da parte tua!**, das ist sehr kleinlich von dir!
ingènito, (-a) *agg* (*innato*) ~ (*in qu*) {BONTÀ IN UN AMICO} *jdm* angeboren.
ingènte *agg* (*considerevole*) {PERDITA, SOMMA} enorm, riesig, ungeheuer.
ingentilìre <*ingentilisco*> **A** *tr* <*avere*> (*nobilitare*) ~ *qc* {STUDI UMANISTICI ANIMO, MENTE} *etw* veredeln; {LINGUA, MANIERE, STILE} *etw* verfeinern **B** *itr* <*essere*> *itr pron* (*affinarsi*): **ingentilirsi** {ARTE, CIVILTÀ, COSTUMI, I MODI DI UNA PERSONA, STILE} sich verfeinern.
ingentilìto, (-a) A *part pass di* ingentilire **B** *agg* **1** {STILE} verfeinert; {ANIMO} veredelt **2** (*addolcito*) verschönt, gemildert: **un viso duro ~ da un sorriso**, ein hartes, von einem Lächeln verschöntes Gesicht.
ingènua f → ingenuo.

ingenuità <-> f **1** (*sprovvedutezza*) Naivität f: **tutti approfittano della sua ~**, alle nutzen seine/ihre Naivität aus, alle profitieren von seiner/ihrer Naivität: **ha avuto l'~ di credere a quel furbone**, er/sie war so naiv, diesem schlauen Fuchs *fam* zu glauben **2** (*credulonería*) Arglosigkeit f, Leichtgläubigkeit f **3** (*candore*) Unschuld f, Treuherzigkeit f: **dice le cose con una ~ che disarma**, er/sie sagt die Dinge mit entwaffnender Unschuld/Treuherzigkeit **4** (*atto*) Leichtfertigkeit f **5** (*cosa detta*) Einfältigkeit f: **a volte dice tali ~!**, manchmal sagt er/sie so einfältige Dinge! **6** *stor rom* Freigeborenenstand m.

ingènuo, (-**a**) A agg **1** (*sprovveduto*) {UOMO} naiv, unbedarft **2** (*credulone*) {RAGAZZO} arglos, leichtgläubig **3** (*da ingenuo*) {DOMANDA, ESPRESSIONE} naiv **4** (*innocente*) {BAMBINO} unschuldig B m (f) **1** (*sprovveduto*) naiver Mensch, Naive mf decl come agg, Naivling m *fam spreg* **2** (*credulone*) Einfältige mf decl come agg, Einfaltspinsel m *fam spreg* **3** *stor rom* Freigeborene mf decl come agg • **non fare l'~!** *fig* (*non fare finta di non capire!*), spiel nicht den Naiven!

ingerènza f (*intromissione*) Einmischung f: **non ammetto ingerenze altrui nelle cose mie**, ich gestehe anderen nicht zu, sich in meine Angelegenheiten einzumischen.

ingerire <*ingerisco*> A tr (*ingoiare*) ~ **qc** {BAMBINO PILLOLA} etw ein|nehmen, etw (hin-unter|)schlucken B itr pron (*intromettersi*): **ingerirsi in qc** {NELLE COSE ALTRUI} sich in etw (acc) ein|mischen, sich in etw (acc) ein|mengen.

ingessàre tr ~ **qc 1** *med* {BRACCIO, GAMBA} etw ein|gipsen, etw in Gips legen **2** (*murare a gesso*) etw vergipsen, etw mit Gips befestigen.

ingessàto, (-**a**) agg *med* {BRACCIO} eingegipst.

ingessatùra f **1** *med* (*gesso*) Gips(verband) m: **fare un'~**, einen Gips anlegen; (*l'ingessare*) Eingipsen n, Eingipsung f **2** *edil* Eingipsen n.

ingestióne f (*l'ingerire*) {+SONNIFERO, VELENO} Einnahme f; {+CIBI SOLIDI} Zusichnehmen n, Aufnahme f.

Inghiltèrra f *geog* England n.

inghiottìre <*inghiottisco o inghiotto*> tr ~ **qc 1** (*ingoiare*) {CARAMELLA, SALIVA} etw (hinunter|)schlucken, etw verschlucken; (*uso assol*) schlucken: **il malato ha difficoltà a ~**, der Kranke hat Schwierigkeiten mit dem Schlucken **2** *fig* (*subire*) {OFFESA, SOPRUSO, TORTO} etw (hinunter|)schlucken *fam*, etw ein|stecken *fam* **3** *fig* (*sommergere*) {TEMPESTA NAVE} etw verschlucken, etw verschlingen **4** *fig* (*divorare*) {CAPITALI, PATRIMONIO} etw verschlingen.

inghìppo m *rom* (*inganno*) Betrug m, Schwindel m *fam spreg*.

inghirlandàre tr ~ **qc 1** (*ornare con ghirlande*) {BALCONE, PORTA, VETRINA} etw mit Kränzen schmücken; {CAPO} etw bekränzen **2** *fig* (*circondare*) {VIGNETI PAESI DELLA LANGA} etw umkränzen, etw umschließen, etw umgeben.

ingialliménto m Vergilbung f; (*azione*) anche Vergilben n.

ingiallìre <*ingiallisco*> A tr <*avere*> (*rendere giallo*) ~ **qc** {AUTUNNO CAMPAGNA; SICCITÀ FOGLIE} etw gelb färben; {NICOTINA DENTI} anche etw gelb machen B itr <*essere*> **1** (*diventare giallo*) {ALBERO, GRANO, PRATO} gelb werden; {LETTERA, MANIFESTO} vergilben **2** *fig* (*appassire*) {BELLEZZA} verblühen, (ver)welken.

ingiallìto, (-**a**) agg ~ (**da qc**) **1** (*giallo*) {FOTO} vergilbt; {FOGLIA} anche gelb geworden: **dita ingiallite dalle sigarette**, nikotingelbe Finger **2** *fig* (*affievolito*) verblichen, geschwächt: **ricordi ingialliti dal tempo**, verblichene Erinnerungen.

ingigantire <*ingigantisco*> A tr <*avere*> **1** (*ingrandire*) ~ **qu/qc** {SPECCHIO DEFORMANTE IMMAGINE} jdn/etw riesengroß *fam* machen, etw riesig groß werden lassen *fam* **2** *fig* (*esagerare*) ~ **qc** {DIFFICOLTÀ, PERICOLO, PROBLEMA} etw auf|bauschen, etw übertreiben B itr <*essere*> itr pron anche *fig* (*crescere smisuratamente*): **ingigantirsi** {PROBLEMA DELLO SMALTIMENTO DEI RIFIUTI} riesengroß *fam* werden, sich enorm *fam* vergrößern.

inginocchiàrsi <*m'inginocchio, t'inginocchi*> itr pron **1** (*mettersi in ginocchio*): ~ (+ **compl di luogo**) (*irgendwo*) nieder|knien, sich irgendwohin (hin|)knien: **s'inginocchiò davanti all'altare**, er/sie kniete vor dem Altar nieder; {ASINO, CAMMELLO} in die Knie gehen **2** (*fare atto di ossequio*): ~ **davanti a qu** sich vor jdm auf die Knie werfen, sich vor jdn hin| knien **3** *fig* (*sottomettersi*) sich jdm beugen, in die Knie gehen, sich unterwerfen.

inginocchiatóio <*-toi*> m (*mobile*) {+CHIESA} Kniebank f, Betstuhl m, Betpult m.

ingioiellàre A tr **1** (*ornare di gioielli*) ~ **qu/qc** {SIGNORA, MANI} jdn/etw mit Juwelen schmücken, jdn/etw mit Schmuck behängen *fam spreg* **2** *fig* (*impreziosire*) ~ **qc** (**di qc**) {PROSA DI CITAZIONI, STILE} etw (mit etw dat) schmücken, etw (mit etw dat) verzieren B rfl (*ornarsi di gioielli*): **ingioiellarsi** sich mit Juwelen schmücken, sich mit Schmuck behängen *fam spreg*; *indir* ingioiellarsi **qc** {LE MANI, IL PETTO} etw mit Juwelen schmücken.

ingiù A avv (*in basso*) (nach) unten, hinunter: **guardare ~**, hinunterschauen B loc avv **1** (*verso il basso*): **all'~**, (nach) unten, abwärts; **cadere all'~**, hinunterfallen **2** *rar* (*dal basso*): **dall'~**, von unten; **osservare dall'~**, von unten heraufsehen.

ingiudicàto, (-**a**) agg *lett* (*non ancora giudicato*) unentschieden; *dir* "über den/die/das noch kein Urteil gefällt ist".

ingiùngere <*coniug come giungere*> tr (*intimare*) ~ **qc a qu/qc** {PAGAMENTO DI UNA MULTA ALL'AUTOMOBILISTA} jdm/etw etw auf|erlegen, jdm/etw etw an|ordnen: **ai testimoni è stato ingiunto di comparire in giudizio**, den Zeugen wurde angeordnet, beim Prozess zu erscheinen; **gli ingiunse di uscire/tacere**, er/sie befahl ihm, hinauszugehen/[zu schweigen].

ingiuntivo, (-**a**) agg **1** (*d'ordine*) {TONO} befehlend, Befehls- **2** *dir* {DECRETO} Mahn-, Vollstreckungs-.

ingiunzióne f **1** (*richiesta perentoria*) Anordnung f: ~ **di comparire in giudizio**, Anordnung f, beim Prozess zu erscheinen **2** *dir* Aufforderung f, Befehl m: ~ **di pagamento**, Zahlungsaufforderung f, Mahnung f.

ingiùria f **1** (*insulto*) Schmähung f, Schimpfwort n: **lo ha coperto d'ingiurie**, er/sie hat ihn mit Schimpfwörtern überschüttet **2** (*offesa*) {ATROCE} Beleidigung f: **fare ~ a qu/qc**, jdn/etw beleidigen **3** *rar* (*torto*) Unrecht n: **mi si fa ~ credendo a queste voci**, man tut mir Unrecht, wenn man diesen Gerüchten glaubt **4** <*di solito al pl*> *lett* (*danno*): **le ingiurie del tempo**, der Zahn der Zeit *fam*; **le ingiurie dell'età**, die Alterserscheinungen **5** *dir* (*reato di*) {GRAVE} Beleidigung f • **raccogliere un'~** *fig* (*non lasciarla cadere*), eine Beleidigung nicht auf sich sitzen lassen.

ingiuriàre <*ingiurio, ingiuri*> A tr ~ **qu/qc 1** (*offendere*) jdn/etw beleidigen **2** (*insultare*) {TIFOSO SQUADRA AVVERSARIA} jdn/etw beschimpfen B rfl rec (*insultarsi*): **ingiuriarsi** sich beschimpfen: **dopo essersi ingiuriati, passarono alle mani**, nachdem sie sich beschimpft hatten, wurden sie handgreiflich.

ingiurióso, (-**a**) agg (*offensivo*) {AZIONE} beleidigend; {SCRITTO} Schmäh-; {PAROLE} Schimpf-.

ingiùsta f → ingiusto.

ingiustificàbile agg (*che non si può giustificare*) {COMPORTAMENTO, MANCANZA} unentschuldbar, nicht zu entschuldigen(d).

ingiustificàto, (-**a**) agg (*immotivato*) {ASSENZA, CRITICA} ungerechtfertigt, unbegründet.

ingiustìzia f **1** (*l'essere ingiusto*) {+SENTENZA} Ungerechtigkeit f **2** (*sopruso*) {EVIDENTE, PALESE} Ungerechtigkeit f, Unrecht n.

ingiùsto, (-**a**) A agg **1** (*iniquo*) {ESAMINATORE} ungerecht: **è stata ingiusta con tutti noi**, sie war gegen uns alle ungerecht **2** (*contrario alla giustizia*) {CONDANNA, SENTENZA} ungerechtfertigt **3** (*immotivato*) {CRITICA, SOSPETTO} grundlos, unmotiviert **4** (*immeritato*) {PUNIZIONE} unverdient **5** (*irragionevole*) {PRETESA} absurd, unsinnig B m <*solo sing*> (*ciò che è ingiusto*) Unrecht n: **bisogna saper distinguere il giusto dall'~**, man muss Recht von Unrecht unterscheiden können C m (f) (*chi non è giusto*) Ungerechte mf decl come agg.

inglése A agg englisch B mf (*abitante*) Engländer(in) m (f) C m <*solo sing*> (*lingua*) Englisch(e) n: **come si dice in ~?**, wie heißt das auf Englisch?; **l'~ è una bella lingua**, Englisch/das Englische ist eine schöne Sprache; **parla ~?**, sprechen Sie Englisch? D <*inv*> *loc agg*: **all'~**, {GIARDINO, GUANTI, PETTINATURA} englisch • **andarsene/filarsela all'~** *fig fam* (*in silenzio, senza salutare*), sich auf Französisch empfehlen/verabschieden *fam*; **fare l'~** *fig* (*far finta di non capire*), sich dumm stellen, den Dummen spielen *fam*.

inglesìsmo m *rar* (*anglicismo*) Anglizismus m.

inglesizzàre A tr (*anglicizzare*) ~ **qu/qc** jdn/etw anglisieren B itr pron: **inglesizzarsi 1** {POPOLAZIONE} sich anglisieren **2** {VOCABOLO} anglisiert werden.

inglobaménto m Einverleibung f; (*azione*) anche Einverleiben n.

inglobàre tr (*incorporare*) ~ **qc** {HOLDING ALTRE SOCIETÀ} (dat) etw ein|verleiben, etw schlucken *fam*.

inglorióso, (-**a**) agg **1** (*senza gloria*) {MORTE} ruhmlos **2** (*misero*) {FINE} unrühmlich.

inglùvie <-> f *anat zoo* Kropf m.

ingobbìre <*ingobbisco*> A tr (*incurvare*) ~ **qu** {ETÀ, FATICA UOMO} jdn buck(e)lig machen B itr <*essere*> itr pron (*diventare gobbo*): **ingobbirsi** buck(e)lig werden; **si è ingobbito sui libri**, er ist über den Büchern buck(e)lig geworden.

ingobbìto, (-**a**) agg (*ricurvo*) buck(e)lig, gekrümmt.

ingoiàre <*ingoio, ingoi*> tr ~ **qc 1** (*inghiottire con avidità*) {HOT DOG, PIATTO DI PATATE} etw verschlingen **2** (*mandar giù in fretta*) {MEDICINA, SCIROPPO PER LA TOSSE} etw hinunter| schlucken, etw schlucken **3** *fig* (*sopportare*) {I TORTI} etw erdulden, etw hinunter|schlucken *fam*: **è dura da ~!**, das ist schwer zu schlucken! *fam*.

ingolfaménto m *mot* Ab-, Ersaufen n *fam*.

ingolfàre A tr **1** *fig* (*immischiare*) ~ **qu in qc** {FAMIGLIA NEI DEBITI} jdn in etw (acc) stürzen **2** *mot* ~ **qc** {MOTORE} etw absaufen lassen *fam* B itr pron **1** *fig* (*impelagarsi*): **ingolfarsi in qc** {NEI DEBITI} sich in etw (acc) stürzen, in etw (acc) geraten **2** *fig* (*immergersi*):

ingolfarsi *in qc* {NELLA LETTURA, NELLO STUDIO} sich *in etw* (acc) stürzen, sich *auf etw* (acc) ein|lassen **3** *rar* (*formare un golfo*): **ingolfarsi** {MARE} eine Bucht bilden **4** *mot*: **ingolfarsi** {CARBURATORE} ab|saufen *fam*, ersaufen *fam*.

ingolfàto, (-a) **A** *part pass* di ingolfare **B** *agg* (*con lo stomaco ingombro*): **oggi mi sento un po' ~**, heute fühle ich mich etwas überfressen, heute habe ich ein leichtes Völlegefühl, heute habe ich ein Gefühl der Völle im Magen.

ingollàre *tr* ~ *qc* **1** (*inghiottire*) {PIATTO DI PASTA} *etw* verschlingen **2** (*tranguigiare*) {MEDICINA} *etw* schnell hinunter|schlucken.

ingolosìre <*ingolosisco*> **A** *tr* <*avere*> ~ (*qu*) **1** (*rendere goloso*) {TORTA NUZIALE INVITATI} *jdm* Appetit machen, *jds* Appetit erregen **2** *fig* (*allettare*) {NOTIZIE GROSSO PUBBLICO} *jdn* verlocken **B** *itr* <*essere*> *itr pron*: **ingolosirsi di qc 1** (*diventare goloso*) {DI UN ARROSTO} *auf etw* (acc) Appetit bekommen, naschsüchtig *nach etw* (dat) werden **2** *fig* (*desiderare*) {DI UNA CASA} *auf etw* (acc) Lust bekommen, sich *in etw* (acc) vernarren.

ingombrànte *agg* **1** (*voluminoso*) {MOBILE} sperrig, platzraubend; {PACCO} *anche* umfangreich: **rifiuti ingombranti**, Sperrmüll m **2** *fig* (*invadente*) {FAMIGLIA, PERSONALITÀ} aufdringlich, penetrant.

ingombràre *tr* **1** (*ostruire*) ~ *qc* {CAMION STRADA; LAVORI DI PAVIMENTAZIONE STRADALE PASSAGGIO DELLE AUTO, DEGLI AUTOBUS} *etw* versperren; {MOBILI NEL CORRIDOIO PASSAGGIO} *etw* verstellen, *etw* behindern **2** (*riempire*) ~ *qc* {DIZIONARI SCRIVANIA; VALIGE, ZAINI SCOMPARTIMENTO DEL TRENO} *etw* überfüllen **3** (*appesantire*) ~ *qc* {CIBI GRASSI STOMACO} *etw* belasten **4** *fig* (*occupare*) ~ *qc di qc* {LA MENTE DI NOZIONI INUTILI} *etw* mit *etw* (dat) voll stopfen *fam* **5** *fig* (*opprimere*) ~ *qc* {RICORDO DELLA PRIGIONIA MENTE DI UN REDUCE DI GUERRA} *etw* bedrängen, *etw* belasten.

ingómbro① *m* **1** (*volume*) Größe *f*: **il mobile ha un ~ di un metro per 60 centimetri**, das Möbelstück hat eine Größe von einem Meter auf 60 Zentimeter **2** (*oggetto che ingombra*) Hindernis *n*: **togliere un ~ dal tavolo**, einen störenden Gegenstand vom Tisch nehmen **3** (*l'ingombrare*) Verstellen n, Versperren n: **essere d'~**, im Wege sein, Platz wegnehmen.

ingómbro②, (-a) *agg* **1** (*ostruito*) ~ (*di qc*) {DI MOBILI} (*mit etw* dat) versperrt **2** (*pieno*) ~ (*di qc*) {MANI} voll(er) (*gen*); {RIPIANO DI FOTOGRAFIE} *mit etw* (dat) überhäuft, *mit etw* (dat) angefüllt **3** *fig* (*pieno*) ~ *di qc* {CUORE DI PENSIERI, LIBRO DI CITAZIONI} voll(er) *etw* (*gen*).

ingommàre *tr* **1** (*spalmare*) ~ *qc* {MANIFESTO PUBBLICITARIO} *etw* mit Gummi bestreichen, *etw* gummieren **2** (*appiccicare*) ~ *qc su qc* {ETICHETTA SU UN BARATTOLO DI MARMELLATA} *etw* (*auf etw* acc) (auf)kleben, *etw* (*an etw* dat/acc) an|kleben.

ingommatùra *f* **1** (*l'ingommare*) Gummieren *n* **2** (*strato di gomma*) {+BUSTA} Gummierung f.

ingordìgia *f* **1** (*voracità*) Gefräßigkeit *f spreg*, Fressgier *f spreg*: **mangiava con ~**, er/sie fraß *spreg* gierig **2** *fig* (*cupidigia*) ~ (*di qc*) Begierde *f nach etw* (dat), Gier *f nach etw* (dat): **una folle ~ di denaro**, eine wahnsinnige Geldgier *spreg*.

ingórdo, (-a) **A** *agg* **1** (*vorace*) gefräßig *spreg*; ~ *di qc* {DI FRAGOLE} (ess)gierig *auf etw* (acc) **2** *fig* (*avido*) ~ (*di qc*) {DI SUCCESSO} gierig (*nach etw* dat): ~ **di soldi**, geldgierig *spreg*; ~ **di divertimenti**, vergnügungssüchtig **B** *m* (f) Fresssack *m fam spreg*.

ingorgàre <*ingorgo, ingorghi*> **A** *tr* (*intasare*) ~ *qc* {AVANZI DI CIBO LAVELLO} *etw* verstopfen; {LINEE TELEFONICHE} *etw* blockieren **B** *itr pron* **1** (*otturarsi*) ingorgarsi {LAVANDINO, TUBO DI SCARICO} verstopfen **2** (*intasarsi*): **ingorgarsi** (*di qc*) (+ *compl di luogo*) {TRAFFICO AL SEMAFORO} sich (*irgendwo*) stauen, (*irgendwo*) stocken; {INCROCIO DI AUTOVEICOLI} (*von etw* dat) verstopft sein **3** (*affollarsi*): **ingorgarsi** + *compl di luogo* {SPETTATORI ALL'USCITA DELLA SCALA DI MILANO} sich (*irgendwo*) stauen.

ingórgo *m* **1** (*intasamento*) {+SCARICO DEL LAVANDINO, TUBO} Verstopfung *f*; {+LINEE TELEFONICHE} Blockierung *f* **2** (*affollamento*) {+TIFOSI} Ansammlung *f*; {+AUTO} (Verkehrs)stau *m*, Verkehrsstauung f, (Verkehrs)stockung *f*: **c'è un ~ (di traffico) sulla tangenziale/all'incrocio**, auf der Umgehungsstraße/[an der Kreuzung] ist ein Stau **3** *med* {MAMMARIO} Stauung f.

ingovernàbile *agg* **1** (*che non si può governare*) {NAZIONE} unregierbar **2** *mar* {BARCA} nicht zu manövrieren(d).

ingovernabilità <-> *f* (*l'essere ingovernabile*) {+PAESE} Unregierbarkeit *f*; {+IMBARCAZIONE} Unsteuerbarkeit f.

ingozzàre **A** *tr* **1** (*riempire di cibo*) ~ *qu* {BAMBINO} *jdn* voll stopfen *fam* **2** (*inghiottire*) ~ *qc* {INTERA FETTA DI TORTA, PIATTO DI LASAGNE} *etw* verschlingen, *etw* hinunter|schlucken, *etw* gierig essen **3** *fig* (*sopportare*) ~ *qc* {IMPOSIZIONE, SOPRUSO} *etw* (hinunter|)schlucken *fam*, *etw* hin|nehmen; (*uso assol*) schlucken *fam* **4** *zoo* ~ *qc* {GALLINE, OCHE, TACCHINI D'ALLEVAMENTO} *etw* mästen, *etw* stopfen **B** *rfl* (*riempirsi di cibo*): **ingozzarsi di qc** {BAMBINO DI PASTICCINI} sich *an etw* (dat) über|fressen *fam*; (*uso assol*) sich überfressen *fam*: **non t'~!**, überfriss dich nicht! *fam*.

ingracilìre <*ingracilisco*> **A** *tr* <*avere*> (*rendere gracile*) ~ *qu/qc* {BAMBINO} *jdn/etw* schmächtig werden lassen **B** *itr* <*essere*> *itr pron*: **ingracilirsi** schmächtig werden.

ingranàggio <-gi> *m* **1** *autom* Getriebe *n*, Räderwerk n, {+ *del cambio*} Wechselradgetriebe *n*; ~ **elicoidale**, Schraubenrad *n*, Schräg(zahn)rad *n*; ~ **scorrevole**, Schieberad *n*, verschiebbares Zahnrad *n* **2** *tecnol* Getriebe *n*: ~ **conico/cilindrico**, Kegelrad-/Stirnrädergetriebe *n*; ~ **differenziale**, Ausgleichs-, Differenzialgetriebe *n*; ~ **a gradini**, Stufenrad *n*; ~ **a lanterna/evolvente**, Zapfenzahn-/Evolventenrad *n*; ~ **riduttore**, Untersetzungsgetriebe *n*; ~ **a rocchetto e dentiera**, Kettenzahnrad *n*; ~ **delle ruote dell'orologio**, Räderwerk *n* der Uhr **3** *fig* (*meccanismo*) Getriebe *n*, Räderwerk *n*: **essere preso nell'~ degli affari**/[**della vita moderna**], ₁von den Geschäften₁/[vom Getriebe des modernen Lebens] voll in Anspruch genommen sein.

ingranàre **A** *tr* ~ *qc* **1** *autom* {UNA MARCIA, LA RETROMARCIA} *etw* ein|legen, *etw* ein|schalten: ~ **la prima**, den Ersten/[ersten Gang] einlegen **2** *mecc etw* ein|kuppeln **B** *itr* **1** *fig fam* (*cominciare a funzionare*) {ATTIVITÀ COMMERCIALE} an|laufen, in Gang kommen; {COLLABORATORE} mit|machen, mit|ziehen: **oggi non riesco proprio a ~**, heute komme ich wirklich nicht ₁auf Touren₁/[in Gang]/[in die Gänge] **2** *mecc* {RUOTA} (ineinander|)greifen; {SECONDA MARCIA} greifen.

ingrandiménto *m* **1** (*ampliamento*) {+APPARTAMENTO} Ausbau *m*; {+CITTÀ} Ausbau *m*; {+AZIENDA} Vergrößerung f, Erweiterung *f* **2** *fig* (*esagerazione*) {+PAURA} Übertreiben n **3** *fot ott* {+FOTOGRAFIA; ANGOLARE, LINEARE} Vergrößerung f.

ingrandìre <*ingrandisco*> **A** *tr* <*avere*> ~ *qc* **1** (*rendere più grande*) {LENTE OGGETTO} *etw* vergrößern **2** (*ampliare*) {CENTRO COMMERCIALE, FABBRICA, UFFICIO} *etw* aus|bauen, *etw* erweitern: **fare ~ una stanza**, ein Zimmer ausbauen lassen **3** *fig* (*esagerare*) {DIFFICOLTÀ, I MERITI DI QU, PERICOLO, PROBLEMA} *etw* übertreiben **4** *fot* {FOTOGRAFIA} *etw* vergrößern **B** *itr* <*essere*> (*crescere*) {FIGLIO} groß/größer werden, wachsen **C** *itr pron*: **ingrandirsi 1** (*crescere*) {ALBERO} groß/größer werden, wachsen **2** (*espandersi*) {BANCA, SUPERMERCATO} sich erweitern, sich aus|dehnen; {DITTA} sich vergrößern: **si sono ingranditi**, sie haben sich vergrößert **3** *fig* (*aumentare*) {TIMORE} wachsen.

ingranditóre **A** *agg* (*che ingrandisce*) {APPARECCHIO} Vergrößerungs-, vergrößernd **B** *m film fot* {+NEGATIVO} Vergrößerer *m*, Vergrößerungsapparat m.

ingrassàggio <-gi> *m autom* {+AUTO} (Fett)schmierung f.

ingrassaménto *m* **1** (*risultato*) {+BAMBINO} Verfettung *f* **2** *agr* {+TERRENO} Düngung *f* **3** *zoo* {+OCHE, POLLAME} Mästung f.

ingrassàre **A** *tr* <*avere*> **1** (*rendere grasso*) ~ *qu* {VITA SEDENTARIA CAPOUFFICIO} *jdn* dick machen; (*uso assol*) dick machen: **troppi carboidrati ingrassano**/[**fanno ~**], zu viele Kohlenhydrate machen dick **2** (*ungere*) ~ *qc* {CUSCINETTO} *etw* ein|fetten, *etw* ein|ölen; {INGRANAGGIO, MOTORE} *etw* (ein|)schmieren, *etw* fetten **3** *agr* (*concimare*) ~ *qc con qc* {CAMPO COL LETAME} *etw* (*mit etw* dat) düngen **4** *zoo* (*impinguare*) ~ *qc* {MAIALI, OCHE, POLLI, TACCHINI} *etw* mästen, *etw* stopfen **B** *itr* <*essere*> *itr pron*: **ingrassarsi 1** (*diventare grasso*) zu|nehmen: **durante la gravidanza è molto ingrassata**, während der Schwangerschaft hat sie viel zugenommen; ~ **di 4 kili**, 4 Kilo zunehmen; **tendo facilmente a ~**, ich nehme leicht zu **2** *fig* (*arricchirsi*) reich werden, sich bereichern: **quella famiglia si è ingrassata alle spalle altrui**, diese Familie hat sich auf Kosten anderer bereichert.

ingràsso *m* **1** *agr* Düngung *f*; (*concime*) {VEGETALE} Dünger m, Düngemittel *n* **2** *zoo* {+MAIALI; INTENSIVO, STALLIVO} Mast *f*, Mästung *f*: **mettere all'~ qc**, {OCHE} *etw* mästen • **mettere all'~ qu** *scherz* (*fare ingrassare*), {BAMBINO} *jdn* mästen *fam*.

ingràta *f* → ingrato.

ingraticciàta *f* (*graticcio*) Flechtwerk n.

ingratitùdine *f* (*mancanza di gratitudine*) Undankbarkeit f, Undank m.

ingràto, (-a) **A** *agg* **1** (*non riconoscente*) ~ (**verso**/[**nei confronti di**] *qu*) {FIGLIA} (*jdm gegenüber*) undankbar: **cerca di non essere ~ verso il tuo benefattore**, versuche, deinem Wohltäter gegenüber nicht undankbar zu sein **2** (*sgradevole*) {LAVORO} undankbar; {ODORE, RICORDO, SAPORE} unangenehm **3** (*difficile*) {ETÀ} **B** *m* (f) Undankbare *mf decl come agg*, undankbarer Mensch: **sei proprio un bell'~!**, du bist wirklich ein ganz schön undankbarer Mensch!

ingravidaménto *m fam* Schwängerung *f*; (*azione*) anche Schwängern n.

ingravidàre **A** *tr* <*avere*> (*rendere gravida*) ~ *qu* {DONNA} *jdn* schwängern; *zoo* ~ *qc* {MUCCA} *etw* trächtig machen **B** *itr* <*essere*> (*diventar gravida*) schwanger werden.

ingraziàrsi <*m'ingrazio, t'ingrazi*> *tr pron* (*accattivarsi*) ~ *qu* *jds* Gunst erwerben, sich *bei jdm* beliebt machen, sich *bei jdm* ein|schmeicheln *spreg*: **fa di tutto per ~ i professori**, er/sie tut alles, um sich bei den Lehrern/Professoren einzuschmeicheln *spreg*.

ingrediènte *m* **1** (*singola sostanza*) {+COCKTAIL, TORTA} Zutat *f*, Ingrediens *n*, In-

gredienz f; *chim* Ingrediens n, Ingredienz f **2** <di solito al pl> *fig* (*elemento*) {+FILM, ROMANZO} Bestandteil m.
ingressióne f *geol* Ingression f.
ingrèsso m **1** (*entrata*) {+CASA, TEATRO} Eingang m, Zugang m; (*porta*) Eingang m: ~ **principale**/[**di servizio**], Haupt-/Dienstboteneingang m **2** (*anticamera*) Vorzimmer n **3** (*atto di entrare*) Einzug m: l'~ **trionfale delle truppe in città**, der triumphale Einzug der Truppen in die Stadt; *fig* Eintritt m; l'~ **degli studenti all'università**, der Eintritt der Studierenden in die Universität; *teat* Auftritt m; l'~ **del protagonista in scena**, der Auftritt des Hauptdarstellers **4** (*facoltà di entrare*) Zutritt m: ~ **libero/gratuito**, Eintritt frei; ~ **a pagamento**, Eintritt m gegen Bezahlung; **vietato l'~ agli estranei**/[**ai non addetti ai lavori**], Zutritt m für Unbefugte verboten **5** (*prezzo*) Eintritt(spreis) m, Eintrittsgeld n: l'~ **costa 10 euro**, der Eintritt kostet 10 Euro **6** (*biglietto*) (Eintritts)karte f: **hai pagato tu l'~?**, hast du die (Eintritts)karte bezahlt? **7** *fig* (*entrata in carica*) {+MINISTRO} Antritt m **8** *fig* (*apparizione*) Einzug m: **l'inverno ha fatto il suo** ~, der Winter hat seinen Einzug gehalten **9** *elettr* Eingang m: **circuito a due ingressi**, Stromkreis m mit zwei Eingängen **10** *inform* Eingabe f ● ~ **planetare** *astrol*, Eintritt m eines Planeten in ein Sternzeichen.
ingrigìre <ingrigisco> *itr* <essere> **1** (*diventare grigio*) {CIELO} grau werden **2** (*incanutirsi*) {DONNA} graue Haare bekommen.
ingrippàre *autom* A *tr* ~ **qc** {MOTORE} *etw* fest|fressen lassen B *itr itr pron*: **ingripparsi** {MOTORE} sich fest|fressen.
ingrossaménto m **1** Verdickung f, Vergrößerung f; {+TORRENTE} Anschwellung f **2** *med* {+CUORE, FEGATO, MILZA} Vergrößerung f.
ingrossàre A *tr* <avere> **1** (*rendere grosso*) ~ **qc** {PIOGGIA TORRENZIALE FIUME} *etw* anschwellen lassen; {MARE} *etw* auf|wühlen **2** (*far sembrare più grosso*) ~ **qu** *jdn* dicker machen/[aussehen lassen]: **quei pantaloni color fucsia ti ingrossano**, diese fuchsienfarbige Hose ˌmacht dich dickerˌ/[lässt dich dicker aussehen] **3** *fig* (*aumentare*) ~ **qc** {LE FILE DI UN PARTITO} *etw* verstärken, {CAPITALE, DEBITO, SPESE} *etw* vergrößern, *etw* vermehren B *itr* <essere> *itr pron* **1** (*diventare grosso*): **ingrossarsi** {ZIA} dick werden, zu|nehmen; **ingrossarsi con qc** {LEGNO CON L'UMIDITÀ} *durch etw* (acc) (auf|)quellen; {MARE CON IL VENTO; FIUME, TORRENTE CON LA PIOGGIA} (*durch etw* acc/*mit etw* dat) an|schwellen **2** (*gonfiare*): **ingrossarsi** (**a qu**) {FEGATO, MILZA, MUSCOLI, SENO} (*jdm*) (an|)schwellen **3** *fig* (*aumentare*): **ingrossarsi** {PATRIMONIO DELLO STATO} wachsen, zu|nehmen; {ESERCITO} sich vergrößern.
ingròsso *loc avv*: **all'~ 1** *comm* (*in grande quantità*) en gros, im Großen; {COMMERCIO} Groß-: **all'~ costa...**, en gros kostet das...; **vendere all'~**, ˌen gros/[im Großhandel] verkaufen **2** *fam* (*pressapoco*) über den Daumen gepeilt *fam*, beiläufig, ungefähr, etwa: **fare le cose all'~**, die Dinge ˌüber den Daumen peilen *fam*ˌ/[P mal Daumen machen *fam*]; **valutò all'~ il valore della collana**, er/sie bestimmte den ungefähren Wert der Kette.
ingrugnàre, ingrugnìre <ingrugnisco> *itr* <essere> *itr pron*: **ingrugnarsi, ingrugnirsi** *fam* (*fare il broncio*) schmollen, maulen *fam spreg*.
ingrugnìto, (-a) *agg* (*imbronciato*) {FIDANZATA} schmollend.
inguaiàre <inguaio, inguai> *fam* A *tr* ~ **qu 1** (*mettere nei guai*) *jdn* in Schwierigkeiten bringen, *jdm* Schereien *fam* ein|bringen **2** (*mettere incinta*) {RAGAZZA} *jdn* schwängern B *rfl* (*mettersi nei guai*): **inguaiarsi** in Schwierigkeiten geraten, Schereien *fam* bekommen: **si è inguaiato fino al collo**, er steckt bis zum Hals in Schwierigkeiten.
inguainàre *tr* ~ **qc 1** (*mettere nel fodero*) ~ **qc** {SPADA} *etw* in die Scheide stecken **2** *fig* (*aderire come una guaina*) ~ **qu** {ABITO MODELLA} *jds* Formen betonen, *jdm* eng an|liegen.
ingualcìbile *agg* (*che non si sgualcisce*) {TESSUTO} knitterfrei.
inguantàre A *tr* (*mettere i guanti*) ~ **qc** {LE MANI} Handschuhe *über etw* (acc) streifen B *rfl* (*mettersi i guanti*): **inguantarsi** sich (dat) Handschuhe an|ziehen.
inguardàbile *agg* (*che non si può guardare*) {TRASMISSIONE TELEVISIVA} unmöglich, unter aller Kritik *fam*.
inguaribile *agg* **1** (*che non si può guarire*) {MALATTIA} unheilbar **2** *fig* (*incorreggibile*) {ROMANTICO} unverbesserlich.
inguinàle *agg anat* {CANALE, ERNIA} Leisten-.
inguine m *anat* Leiste f.
ingurgitàre *tr* ~ **qc 1** (*inghiottire con avidità*) {FETTA DI TORTA, SPAGHETTI} *etw* verschlingen, *etw* in sich hinein|schlingen **2** (*ingoiare in fretta*) {CUCCHIAIO DI SCIROPPO AMARO} *etw* hinunter|schlucken, *etw* hinunter|würgen.
inibire <inibisco> A *tr* **1** (*ostacolare*) ~ **qc** {FARMACO DESIDERIO DEL FUMO; FREDDO FIORITURA} *etw* hemmen, *etw* (ver)hindern **2** (*proibire*) ~ **qc a qu** {MEDICO GLI ALCOLICI AL PROPRIO PAZIENTE} *jdm etw* verbieten, *jdm etw* untersagen **3** *psic* ~ **qu** {TIMIDEZZA IL RAGAZZO} *jdn* hemmen B *rfl itr pron psic* (*intimidirsi*): **inibirsi** schüchtern werden: **il bambino si inibisce di fronte agli estranei**, das Kind ˌwird vor Fremden schüchternˌ/[fremdelt].
inibito, (-a) A *agg* (*che ha delle inibizioni*) {RAGAZZO} gehemmt B m (f) *psic* gehemmter Mensch.
inibitóre, (-trice) A *agg* (*che inibisce*) {INFLUENZA} hindernd, hemmend; *anat* {NERVO} Hemmungs-; *biol* {GENE} inhibitorisch B m **1** *biol* Inhibitor m, Hemmstoff m **2** *chim* {CHIMICO} Inhibitor m, Hemmstoff m, Stabilisator m: ~ **per lubrificanti/benzine**, Stabilisator m für Fette/Benzine; ~ **di ossidazione**, Oxidationsverhinderer m, Inhibitor m **3** *metall* Inhibitor m: ~ **di corrosione**, Korrosionsinhibitor m.
inibitòrio, (-a) <-ri m pl> *agg* **1** (*che inibisce*) verbietend, verhindernd, hemmend **2** *dir* {PROVVEDIMENTO} Verbots- **3** *psic* hemmend, Hemmungs-.
inibizióne f **1** (*l'essere ostacolato*) {+DESIDERIO} Hemmung f, Verhindern n; {+GERMINAZIONE} Hemmung f **2** (*proibizione*) Verbot n, Untersagung f **3** *dir* Hemmung f, Verhinderung f, Untersagung f, Verbot n **4** *psic* Hemmung f: **devi superare le tue inibizioni**, du musst deine Hemmungen überwinden.
inidoneità <-> f (*il non essere adatto*) ~ (**a qc**) **1** *amm* Ungeeignetheit f (*für etw* acc): ~ **all'insegnamento**, Untauglichkeit f zur Lehrtätigkeit; ~ **al lavoro**, Arbeitsunfähigkeit f **2** *mil* {ALLA LEVA} Untauglichkeit f (*zu etw* dat).
inidòneo, (-a) *agg* ~ (**a qc**) **1** (*inadatto*) {RAGAZZO ALL'INCARICO} ungeeignet (*für etw* acc) **2** *amm* unfähig (*zu etw* dat), untauglich (*zu etw* dat): ~ **al lavoro**, arbeitsunfähig **3** *mil* untauglich (*zu etw* dat): ~ **al servizio militare**, (wehrdienst)untauglich.
iniettàbile *agg* (*che si può iniettare*) {SOSTANZA} einspritzbar, injizierbar *scient*.
iniettàre A *tr* **1** (*far penetrare*) ~ **qc** (**a qu**) (**in qc**) {SIERO NEL SANGUE} *jdm etw* (*irgendwohin*) (ein|)spritzen, *jdm etw* (*in etw* acc) injizieren *scient*: **gli iniettarono una dose di morfina**, sie spritzten ihm eine Dosis Morphium (ein) **2** (*inoculare*) ~ **qc** (**in qu**/**qc**) {SERPENTE VELENO NELLA LEPRE} (*jdm/etw*) *etw* ein|spritzen **3** (*introdurre*) ~ **qc in qc** {CEMENTO IN UNA FONDAZIONE} *etw* in *etw* (acc) ein|spritzen; {GAS} *etw* in *etw* (acc) einblasen; ~ **un liquido nel legno**, Holz mit einer Flüssigkeit imprägnieren B *rfl indir*: **iniettarsi qc** {ANTIDOTO} sich (dat) *etw* spritzen lassen.
iniettóre m **1** *autom* Einspritz(düse) f: ~ **del carburante**, Einspritzventil n **2** *tecnol* Injektor m, Einspritzpumpe f: ~ **idraulico**, Strahlpumpe f.
iniezióne f **1** Einspritzung f, (Injektions)spritze f *fam*, Injektion f *scient*: ~ **sottocutanea/endovenosa**, subkutane/intravenöse Injektion *scient*; **fare un'~ a qu**, *jdm* eine Spritze geben; **farsi fare un'~**, sich (dat) eine Spritze geben lassen **2** *fig* (*carica*) {+BUONUMORE, CORAGGIO, SPERANZA} Einflößung f **3** *fig* (*contributo*) {+CAPITALE} Spritze f *fam* **4** *autom* {DIRETTA, INDIRETTA} Einspritzung f **5** *edil* Einspritzung f, Injektion f: **iniezioni di cemento per consolidare le fondamenta di un edificio**, Zementeinspritzungen zur Festigung der Fundamente eines Gebäudes **6** *farm* Spritze f **7** *geol* {+MAGMA} Injektion f **8** *mat* injektive Abbildung f: l'~ **di un insieme A in un insieme B**, injektive Abbildung einer Menge A in eine Menge B **9** *tecnol* Injektion f, Einspritzung f.
in illo tèmpore *loc avv lat relig* (*a quel tempo*) zu jener Zeit, damals; *scherz* anno dazumal *fam scherz*, anno Tobak *fam scherz*.
inimicàre <inimico, inimichi> A *tr* (*rendere nemico*) ~ **qu** {BRAMA DI RICCHEZZE DUE FRATELLI} *jdn* zum Feind/zu Feinden machen, *jdn* entzweien B *rfl* (*rendersi nemico*): **inimicarsi qu** {COLLEGA, TUTTI} sich *mit jdm* verfeinden, sich *mit jdm* überwerfen C *itr pron* (*rendersi nemico*): **inimicarsi con qu** {CON I COLLEGHI, CON I VICINI DI CASA} sich *mit jdm* verfeinden, sich *mit jdm* überwerfen.
inimicizia f (*ostilità*) ~ (**tra qu/qc**) {TRA FAZIONI DIVERSE} Feindschaft f (*zwischen jdm/etw*).
inimitàbile *agg* **1** (*difficilmente imitabile*) {ABILITÀ DI UN MUSICISTA, BRAVURA DI UN ATTORE} unnachahmlich, unvergleichlich **2** (*non riproducibile*) {FENOMENO, VERSO DI UN ANIMALE} unnachahmlich.
inimmaginàbile *agg* (*incredibile*) {FASTO, LUSSO} unvorstellbar, undenkbar; {FORZA} *anche* außerordentlich.
ininfiammàbile *agg* (*ignifugo*) {LIQUIDO, TESSUTO} nicht entzündbar, unentzündlich.
ininfluènte *agg* (*che non influisce*) {DETTAGLIO} ohne Einfluss.
ininfluènza f (*l'essere ininfluente*) {+PARTICOLARE} Einflusslosigkeit f.
inintelligibile *agg* **1** (*incomprensibile*) {SENSO DI UNA FRASE} unverständlich; {GRAFIA} unleserlich, unentzifferbar **2** (*inafferrabile*) {SUSSURRO} unverständlich.
ininterrótto, (-a) *agg* (*continuo*) {ANDIRIVIENI, PIOGGIA, RUMORE} ununterbrochen.
iniqua f → **iniquo**.
iniquità <-> f **1** (*ingiustizia*) {+LEGGE} Ungerechtigkeit f **2** (*scelleratezza*) {+INDIVIDUO} Niederträchtigkeit f, Bosheit f, Niedertracht f *forb* **3** (*atto*) Frevel m *forb*, Freveltat f *forb*: **ha commesso molte** ~, er/sie hat viele Freveltaten *forb* begangen.
iniquo, (-a) A *agg* **1** (*ingiusto*) {ARBITRO,

GIUDIZIO} ungerecht, unbillig **2** (*malvagio*) {UOMO} niederträchtig, boshaft, bösartig, böse(e) **3** (*inadeguato*) {RICOMPENSA} unangemessen **4** (*impari*) {CONFLITTO} ungleich **5** *lett* (*avverso*) {DESTINO} widrig **B** *m* (f) (*malvagio*) niederträchtiger/ungerechter Mensch.

in itinere *lat* **A** <inv> *loc agg* (*in corso*) {PRATICA} in itinere, auf dem Weg, ablaufend **B** *loc avv* (*nel corso del suo svolgimento*) im weiteren Verlauf.

iniziàbile *agg* (*che si può iniziare*) {APPRENDISTATO} zu beginnen(d), anzufangen(d).

iniziàle **A** *agg* **1** (*dell'inizio*) {STADIO} Anfangs-; {STIPENDIO} *anche* anfänglich **2** *biol* {CELLULA} Initial- **3** (*che fin fis* {CONDIZIONE} Ausgangs- **4** *ling* {VOCALE} Anfangs- **B** f **1** (*lettera*) {+PAROLA} Anfangsbuchstabe m **2** <*solo pl*> (*del nome*) Initialen f pl: **ha ricamato le sue iniziali su tutta la biancheria**, sie hat ihre Initialen auf die ganze Wäsche gestickt **3** *tip* Initial n, Initiale f.

inizializzàre *tr inform* ~ **qc** {DISCHETTO} *etw* initialisieren.

inizializzazióne f *inform* Initialisierung f.

inizialménte *avv* (*all'inizio*) anfangs, am Anfang, zu Beginn, zuerst.

iniziàre <*inizio, inizi*> **A** *tr* <*avere*> **1** (*cominciare*) ~ (**qc**) {CORSO DI CUCINA, LAVORO, RICERCA, STUDIO DI UNA LINGUA STRANIERA} mit *etw* (*dat*) an|fangen, *etw* beginnen; {PRATICHE PER OTTENERE IL DIVORZIO, PROCESSO} *etw* ein|leiten; {TRATTATIVE DI PACE} *anche etw* auf|nehmen: **abbiamo iniziato con gli antipasti**, wir haben mit den Vorspeisen angefangen **2** (*avviare*) ~ **qu a qc** {GIOVANE AL RITO MASSONICO} jdn in *etw* (*acc*) ein|weihen, jdn in *etw* (*acc*) initiieren *forb*; {RAGAZZA ALLA LETTURA DEL GENERE POLIZIESCO, ALLA PITTURA} jdn in *etw* (*acc*) ein|führen **B** *itr* <*essere*> *itr pron* (*avere inizio*): **iniziarsi + compl di tempo** {ANNO ACCADEMICO A NOVEMBRE; PRIMAVERA IL 21 MARZO; PROIEZIONE ALLE ORE 20} irgendwann an|fangen, irgendwann beginnen.

iniziàta f → **iniziato**.

iniziàtico, (-a) <-ci, -che> *agg* **1** (*di iniziazione*) {CERIMONIALE} Einführungs-, Initiations-; *etnol* {RITO} Initiations- **2** *fig* (*oscuro*) {DISCORSO} unverständlich.

iniziatìva f **1** {PERSONALE} Initiative f, Anregung f: **agire di propria** ~, etwas auf eigene Faust[1]/[von sich (dat) aus]/[aus eigener Initiative] tun; **prendere l'~ di fare qc**, die Initiative ergreifen, *etw* zu tun; **la richiesta è stata inoltrata per/su ~ di una minoranza**, die Anfrage wurde auf Initiative einer Minderheit weitergeleitet **2** (*attività intrapresa*) {CULTURALE, UMANITARIA} Unternehmung f **3** (*intraprendenza*) Unternehmung f, Initiative f: **una collaboratrice piena di / [senza] ~**, eine Mitarbeiterin voller/ohne Initiativen **4** *dir* {LEGISLATIVA} Initiative f **5** *econ* Initiative f: ~ **privata/libera**, Privatinitiative f.

iniziàto, (-a) **A** *agg* ~ **a qc 1** (*edotto*) {DISCEPOLO ALLA DISCIPLINA SCIENTIFICA} in *etw* (*acc*) eingeführt **2** (*affiliato*) {BAMBINO A UN RITO, ecc.} in *etw* (*acc*) eingeweiht **B** m (f) Eingeweihte mf *decl come agg*: ~ **alla Massoneria**, in die Freimaurerei Eingeweihte.

iniziatóre, (-trice) **A** *agg* (*che inizia*) Anfangs-, Einführungs-; *relig* {PRATICA} Initiations-, Einweihungs- **B** m (f) (*chi inizia*) {+CORRENTE ARTISTICA, MUSICALE} Initiator(in) m (f) *forb*, Beginner(in) m (f), Urheber(in) m (f).

iniziazióne f ~ (**a qc**) **1** (*affiliazione*) {ALLA CARBONERIA} Initiation f (*in etw acc*) **2** (*introduzione*) {ALLA MUSICA LIRICA, ALLA VITA SOCIALE}

Einführung f (*in etw acc*) **3** *relig etnol* {+RAGAZZO AL MONDO DEGLI ADULTI} Einweihung f (*in etw acc*) • ~ (**amorosa**) (*sessuale*), sexuelle Initiation.

inìzio <-*zi*> **A** m **1** (*principio*) {+CAPITOLO, PARTITA, SPETTACOLO, STUDIO} Beginn m, Anfang m; {+SUPERSTRADA} Anfang m: **avere** ~, beginnen, anfangen; **l'~ non è stato buono**, der Anfang war nicht gut; **dare il segnale d'~ della gara**, das Startsignal für den Wettkampf geben **2** (*il cominciare*) {+GUERRA, LAVORI} Beginnen n, Anfangen n **3** <*di solito al pl*> (*primordi*) {+ERA MODERNA} Anfänge m pl, Ursprung m **B** *loc avv* **1** (*inizialmente*) all'~ / [agli inizi] {DELLA PRIMAVERA} zu Beginn (von *etw dat*/+ *gen*), am Anfang (*etw gen*) **2** (*fin dal principio*) **fin dall'~**, von Anfang an • **dare** ~ **a qc** (*avviare*), {AL GIOCO} *etw* anfangen; (*A UNA NUOVA ATTIVITÀ COMMERCIALE*) *etw* in Gang setzen, *etw* an|leiern *fam*; (*provocare*) {ALLA GUERRA} zu *etw* (*dat*) treiben, zu *etw* (*dat*) hetzen.

inka → **inca**.

in lòco *loc avv lat* (*nello stesso posto*) an Ort und Stelle.

innaffiàre e *deriv* → **annaffiare** e *deriv*.

innalzaménto m **1** (*l'innalzare*) {+BANDIERA} Hissen n **2** *anche fig* (*elevazione*) ~ (**a qc**) {AL SEGGIO} Erhebung f (*auf etw acc*); {+AUTORE ALLA FAMA UNIVERSALE; +FAMIGLIA, CONDIZIONI ECONOMICHE AL PONTIFICATO} Erhebung f (*zu etw dat*) **3** *arch edil* {+BASILICA} Errichtung f, Bau m • ~ **a potenza** *mat*, Erhebung f zur Potenz.

innalzàre **A** *tr* **1** (*rivolgere verso l'alto*) ~ **qc** (**a qu/qc**) {OCCHI AL CIELO} *etw* zu *etw* (*dat*) erheben **2** (*edificare*) ~ **qc** (**a qu/qc**) {MONUMENTO ALLE VITTIME DI UNA STRAGE} *etw* (*für jdn/etw*) errichten, *etw* (*für jdn/etw*) auf|bauen: ~ **una basilica a ricordo di un miracolo**, eine Basilika zur Erinnerung an ein Wunder errichten **3** (*aumentare*) ~ **qc** (*PIOGGIA TORRENZIALE LIVELLO DEL FIUME*) *etw* ansteigen lassen, *etw* erhöhen **4** (*levare in alto*) ~ **qc** (*BANDIERA*) *etw* hissen, *etw* auf|ziehen; {INSEGNA} *etw* hoch|-, empor|heben **5** *fig* (*elevare a un'alta carica*) ~ **qu a qc** {AL TRONO} jdn auf *etw* (*acc*) erheben, {AL PONTIFICATO} jdn zu *etw* (*dat*) erheben **6** *fig* (*conferire dignità*) ~ **qu** veredeln *forb*, jdn erheben, jdn erhöhen: **il suo coraggio lo ha innalzato agli occhi di tutti**, sein Mut hat ihn in den Augen aller erhöht **7** *mat* ~ **a qc** {UN NUMERO A POTENZA} *etw* zu *etw* (*dat*) erheben **B** *itr pron* **1** (*elevarsi*): **innalzarsi** (+ *compl di luogo*) {CAMPANILE AL DI SOPRA DEI TETTI} sich (*irgendwo*) erheben; {MONTI} *anche* (*irgendwo*) empor|ragen: **la montagna si innalza oltre i 2000 metri**, der Berg erhebt sich über 2000 m; {COLONNA DI FUMO} sich (*irgendwo*) auf|steigen; {AEREO OLTRE LE NUBI} sich (*irgendwohin*) erheben **2** (*aumentare*): **innalzarsi** {LIVELLO DEL FIUME} steigen **C** *rfl fig* (*emergere*): **innalzarsi** {FAMIGLIA} empor|kommen, empor|steigen.

innamoraménto m **1** (*effetto*) Verliebtheit f **2** (*l'innamorarsi*) Sichverlieben n **3** (*periodo*) Verliebtheit f.

innamoràre **A** *tr* **1** (*ispirare amore in altri*) ~ **qu** jdn verliebt machen, jdn entzücken: **quell'attore ha fatto** ~ **molte donne**, jener Schauspieler hat viele [Frauen entzückt]/[Frauenherzen gebrochen] **2** *fig* (*affascinare*) ~ (**qu**) {LUOGO, PAESAGGIO, SINFONIA} jdn entzücken, jdn fesseln: **un sorriso che mi innamora/[che fa ~]**, ein Lächeln zum Verlieben **B** *itr pron* **1** (*infatuarsi*): **innamorarsi** (*di qu*) {DI UN COLLEGA DI LAVORO, DI UN COMPAGNO DI UNIVERSITÀ, DI UNA RAGAZZA} sich (*in jdn*) verlieben: **è un giovane che si innamora facilmente**, er ist ein junger Mann, der sich leicht verliebt **2** *fig* (*appassionarsi*): **innamorarsi di qc** {DI UN AFFRESCO, DI UN FILM, DELLA MUSICA DI BACH, DI UN PIANOFORTE} sich *für etw* (*acc*) begeistern, *für etw* (*acc*) schwärmen **C** *rfl rec* (*provare amore l'uno per l'altro*): **innamorarsi** sich ineinander verlieben: **si sono innamorati a prima vista**, sie haben sich auf den ersten Blick (ineinander) verliebt.

innamoràto, (-a) **A** *agg* **1** ~ (*di qu*) (*in jdn*) verliebt **2** *fig* (*appassionato*) ~ **di qc** {DELLA LIRICA, DELLO SPORT} *von etw* (*dat*) begeistert, schwärmend *für etw* (*acc*) **3** *lett* (*carico d'amore*) {PAROLE} verliebt **B** m (f) **1** (*chi ama*) {TIMIDO} Verliebte mf *decl come agg* **2** (*amato*) Liebhaber(in) m (f), Geliebte mf *decl come agg*: **si incontrava con l'~ tutte le sere**, sie traf sich jeden Abend mit ihrem Geliebten • **essere** ~ **cotto/pazzo di qu** (*molto* ~), bis über beide Ohren verliebt/verknallt *fam* in jdn sein; **essere follemente/perdutamente** ~ **di qu** (*molto* ~), wahnsinnig/[über alle Maßen] verliebt in jdn sein; **essere** ~ **di se stesso** *fig* (*essere tutto preso dalle proprie doti*), selbstverliebt sein.

innànzi *lett* **A** *avv* **1** (*stato in luogo: davanti*) vorn(e): **stare** ~, vorne bleiben **2** (*moto a luogo: in avanti*) vorwärts, nach vorne: **fare un passo** ~, einen Schritt nach vorne machen; **guardare** ~, nach vorne schauen; **venire** ~, vorankommen; (*di allontanamento*) voraus; **andate pure** ~ **voi**, geht ihr ruhig voraus; **camminare** ~, vor(aus)gehen, vorangehen **3** (*prima*) vorher, vorhin, früher: **come è stato detto** ~, wie schon vorher gesagt wurde **4** (*poi*) später: **d'ora** ~, von jetzt an **B** *prep* **1** (*di tempo*) ~ **tempo**, vorzeitig; ~ **tutto**, vor allem **C** *prep loc prep* (*davanti a*) ~ (**a**) **qu/qc** {A ME, A TUO FRATELLO} vor jdm / *etw*: **lo aspettai** ~ **a casa sua**, ich wartete vor seinem Haus auf ihn **D** *loc prep* (*in presenza di*) ~ **a qu/qc** {A TESTIMONI} vor jdm /*etw* **E** <inv> *agg* (*precedente*) vorhergehend, vorig, vergangen: **il mese** ~, im vorhergehenden Monat, im Vormonat.

innanzitùtto, **innànzi tutto** *avv loc avv* **1** (*prima di tutto*) vor allem, insbesondere, fürs Erste **2** (*zu)erst einmal, zuallererst*: ~ **fai i compiti, poi vai a giocare**, (zu)erst einmal machst du deine Hausaufgaben, dann gehst du spielen.

innatìsmo m *filos psic* Nativismus m.

innatìsta <-*i* m, -*e* f> *filos psic* **A** *agg* nativistisch **B** *mf* Nativist(in) m (f).

innatìstico, (-a) <-ci, -che> *agg filos psic* nativistisch.

innàto, (-a) *agg* **1** (*connaturato*) {CARATTERE} angeboren **2** (*spontaneo*) {GENEROSITÀ} natürlich, spontan; {ALLEGRIA, OTTIMISMO} *anche* ungezwungen **3** *filos* {IDEA} eingeboren.

innaturàle *agg* (*non naturale*) {ESPRESSIONE DEL VISO, POSA} unnatürlich; {ANDATURA} *anche* gekünstelt.

innavigàbile *agg* (*che non si può navigare*) {LAGUNA} unschiffbar.

innavigabilità <> f (*l'essere innavigabile*) {+CANALE} Unschiffbarkeit f.

innecessàrio, (-a) <-*ri*> *agg lett* (*non necessario*) {CRUDELTÀ} unnötig.

innegàbile *agg* (*inconfutabile*) {CERTEZZA} unleugbar, unbestreitbar: **è** ~ **che abbiate ragione**, es ist unbestreitbar, dass ihr Recht habt.

inneggiàre <*inneggio, inneggi*> *itr* **1** (*cantare inni di lode*) ~ **a qu** {AL CREATORE} Hymnen *auf jdn* singen, *jdm* frohlocken **2** *fig* (*esaltare*) ~ **a qu/qc** {A UN EROE, A UN VINCITORE, ALLA LIBERTÀ, ALLA PACE} jdn/*etw* (*lob*)preisen **3** *fig* (*adulare*) ~ **a qu/qc** {A UN DITTATORE}

jdm/etw schmeicheln.
innervàre tr *anat* ~ *qc etw* innervieren *scient*.
innervazióne f *anat* Innervation f *scient*.
innervosìre <*innervosisco*> **A** tr (*rendere nervoso*) ~ **qu** {TRAFFICO AUTOMOBILISTA} *jdn* nervös machen **B** itr pron (*irritarsi*): **innervosirsi** (*per qc*) {PER LE LUNGAGGINI BUROCRATICHE, PER IL RITARDO DELL'AUTOBUS} (*wegen etw* gen) nervös werden: **si è innervosito perché è rimasto in panne**, er ist nervös geworden, weil er eine Panne hatte.
innescaménto m **1** (+BOMBA) Scharfmachen n **2** (*nella pesca*) (+AMO) Anködern n **3** *fig* (*l'innescare*) (+RIVOLTA) Auslösen n **4** *fis* (*innesco*) Zündung f.
innescànte *chim* **A** agg zündend, Zünd- **B** m Zündstoff m, Initialsprengstoff m.
innescàre <*innesco, inneschi*> **A** tr ~ *qc* **1** (*mettere l'innesco*) {BOMBA} *etw* zünden, *etw* scharf machen **2** (*applicare l'esca*) {AMO} *etw* beködern, *etw* mit einem Köder versehen **3** *fig* (*provocare*) {POLEMICA, REAZIONE A CATENA, RIVOLTA} *etw* entfesseln **B** itr pron *fig* (*prendere l'avvio*): **innescarsi** {PROCESSO} ausgelöst werden.
innèsco <-*schi*> m **1** (*detonatore*) (+CARICA ESPLOSIVA, CARTUCCIA) Zündvorrichtung f **2** *fis anche fig* (*causa scatenante*) (+PROCESSO DI MIGLIORAMENTO DELL'ECONOMIA, REAZIONE A CATENA) Auslösung f.
innestàre A tr **1** *fig* (*inserire*) ~ *qc in qc* {ELEMENTI SOVRANNATURALI IN UN RACCONTO REALISTICO} *etw* (*in etw* acc) ein|schieben **2** *agr* ~ *qc* (*su qc*) {PESCO GENTILE SU PESCO SELVATICO, LE VITI} *etw* (*auf etw* acc) ein|pfropfen **3** *elettr* ~ *qc in qc* {SPINA NELLA PRESA DI CORRENTE} *etw* (*in etw* acc) (ein|)stecken **4** *med* (*trapiantare*) ~ *qc* {ORGANO} *etw* transplantieren *scient*, *etw* überpflanzen, *etw* verpflanzen; (*inoculare*) {VAIOLO} *etw* inokulieren *scient*, *etw* ein|impfen **5** *tecnol* ~ *qc* {MARCIA} *etw* ein|legen; ~ **la frizione**, kuppeln, die Kupplung einschalten **B** itr pron *fig* (*inserirsi*): **innestarsi su qc** {NUOVE TRADIZIONI SULLE VECCHIE} sich *in etw* (acc) ein|fügen; {PROVINCIALE SULLA TANGENZIALE} *in etw* (acc) ein|münden.
innestatóre, (-*trice*) m (f) *agr* Veredler(in) m(f).
innestatùra f *agr* **1** Vered(e)lung f **2** (*punto*) Pfropfstelle f **3** (*stagione*) Vered(e)lungszeit f.
innèsto m **1** *fig* (*inserimento*) ~ (*in qc*) {DIALETTALE; +LINGUAGGIO GIOVANILE NEI TESTI LETTERARI} Einschieben n (*in etw* acc), Einfügen n (*in etw* acc) **2** *agr* Vered(e)lung f, Pfropfung f: ~ **a corona/marza**, Kronen-/Stammveredelung f; ~ **a occhio/gemma**, Okulieren n, Okulation f; (*parte da innestare*) (+CILIEGIO) Pfropfreis n **3** *autom* (*l'innestare*) (+RETROMARCIA; AUTOMATICO) Einlegen n **4** *elettr* (+LAMPADA) Einstecken n, Anschluss m: ~ **della spina nella presa di corrente**, das Einstecken des Steckers in die Steckdose **5** *fot* (+FLASH) Zubehörschuh m **6** *mecc tecnol* Kupplung f: ~ **a cono/denti/dischi/frizione**, Kegel-/Zahn-/Scheiben-/Reibungskupplung f **7** *med* (+TESSUTO) Transplantation f *scient*, Verpflanzung f; *rar* (+PREPARATO ORMONALE) Injektion f *scient*; (+VAIOLO) (Ein)impfung f.
innevaménto m **1** (*quantità*) {SUFFICIENTE} Schneedecke f **2** (*qualità*) {OTTIMO} Schneeverhältnisse n pl, Schnee m **3** (*l'innevare*) Verschneien n: **artificiale di una pista da sci**, künstliches Beschneien einer Skipiste.
innevàre A tr (*coprire di neve*) ~ *qc etw* mit Schnee bedecken **B** itr pron: **innevarsi**

{VETTA} sich mit Schnee bedecken.
innevàto, (-*a*) agg (*coperto di neve*) {CIME} verschneit, schneebedeckt.
inno m **1** *anche lett mus relig* (*canto*) Hymne f: ~ **nazionale**, Nationalhymne f; **cantare un ~ al Signore**, eine Hymne auf den Herrn singen **2** *fig* (*lode*) Hymne f, Loblied n: **la sua requisitoria è un ~ alla libertà**, sein Plädoyer ist eine Hymne auf die Freiheit.
innocènte A agg **1** (*non colpevole*) {IMPUTATO} unschuldig, schuldlos: **si dichiarò ~**, er/sie erklärte sich für unschuldig **2** (*ingenuo*) {BAMBINO, SORRISO} naiv, harmlos, rein **3** (*senza malizia*) {AFFETTO, DISCORSO, DOMANDA, LIBRO, PIACERE} harmlos, unschuldig, arglos **B** mf (*chi non è colpevole*) Unschuldige mf decl come agg **2** (*bambino*) unschuldiges Kind **3** *iron* (*finto ingenuo*) Unschuldige mf decl come agg *iron*: **non fare l'~!**, spiel nicht ˌden Unschuldigenˌ/[das Unschuldslamm]! *iron*.
innocentìno, (-*a*) <*dim di innocente*> m (f) *iron* (*chi fa l'ingenuo*) Unschuldsengel m *iron*, Unschuldslamm n *iron*: **non fare l'~!**, spiel nicht den Unschuldsengel *iron*!
innocentìsmo m *dir* Verfechtung f der Unschuld eines Angeklagten.
innocentìsta <-*i* m, -*e* f> mf *dir* Verfechter(in) m(f) der Unschuld eines Angeklagten.
innocènza f **1** (*mancanza di colpa*) Unschuld f, Schuldlosigkeit f: **dimostrarono la piena ~ dell'imputato**, sie bewiesen die völlige Unschuld des Angeklagten **2** (*purezza d'animo*) Unschuld f, Reinheit f: **conservare/perdere l'~**, seine Unschuld bewahren/verlieren **3** (*ingenuità*) Naivität f, Unschuld f: **domanda fatta con ~**, eine naiv gestellte Frage ● **beata ~!**, mein Gott, wie naiv!; *iron*, die liebe Einfalt!, (du) heilige Einfalt!
Innocènzo m (*nome proprio*) Innozenz.
innocuità <-> f (*l'essere innocuo*) (+FARMACO) Unschädlichkeit f; (+CANE) Harmlosigkeit f.
innòcuo, (-*a*) agg **1** (*che non nuoce*) {RIMEDIO} unschädlich; {PETTEGOLEZZO} harmlos **2** (*inoffensivo*) {ANIMALE} harmlos **3** *spreg* (*inetto*) {AVVERSARIO} unfähig.
innominàbile agg (*vergognoso*) {AZIONE, VIZIO} unaussprechlich, schändlich, unnennbar *forb*.
innominàto, (-*a*) **A** agg **1** (*che non viene nominato*) {PERSONAGGIO} ungenannt, unbenannt **2** *dir* (*contratto*) atypisch **B** m (f) Ungenannte mf decl come agg.
innovaménto m **1** (*innovazione*) Erneuerung f, Neuentwicklung f, Innovation f *forb* **2** (*novità*) Neuerung f.
innovàre A tr (*rinnovare*) ~ *qc* {CODICE DELLA STRADA, ORGANIZZAZIONE DI UN'AZIENDA, PROCESSO PRODUTTIVO, SISTEMA ELETTORALE} *etw* erneuern; (*uso assol*) Neuerungen ein|führen **B** itr pron (*rinnovarsi*): **innovarsi** sich erneuern.
innovatività f (*l'essere innovativo*) (+TECNICA) innovativer Charakter.
innovatìvo, (-*a*) agg (*volto a innovare*) {PROVVEDIMENTO} innovativ.
innovatóre, (-*trice*) **A** agg (*innovativo*) {AUTORE, POLITICA} innovativ **B** m (f) (*chi introduce innovazioni*) (+SISTEMA FISCALE) Erneuerer m, (Erneuerin f).
innovazióne f **1** (*effetto*) Erneuerung f, Neuerung f: **fare innovazioni in un porto**, Neuerungen in einem Hafen durchführen, einen Hafen erneuern **2** (*novità*) Neuerung f: **il testo contiene alcune innovazioni**, der Text enthält einige Neuerungen **3** (*l'innovare*) Erneuern n.

Innsbruck f *geog* Innsbruck n.
in nùce <inv> loc agg avv *lat* **1** (*in embrione*) {IDEA} in nuce *forb* **2** (*in breve*) {COMPENDIO, ESPORRE} in nuce *forb*, in Kürze, im Kern.
innumerévole agg (*molto numeroso*) (+PUBBLICO) zahlreich; {EFFETTI, VANTAGGI} anche unzählig, zahllos.
ino agg *tosc fam* (*piccolino*) klein, ganz klein, klitzeklein *fam*: **è un regalino, ma proprio ino ino**, es ist ein kleines Geschenk, wirklich nur ein klitzekleines *fam*.
-ino suff alterat -chen n, -lein n: **ragazzino**, Bürschlein n; **topolino**, Mäuschen n.
inoccultàbile agg *lett* (*che non si può nascondere*) {VIZIO} nicht zu verheimlichen(d).
inoccupàto, (-*a*) **A** agg **1** *rar* (*non occupato*) {POSTO, LUOGO} unbesetzt **2** (*disoccupato*) {GIOVANE} unbeschäftigt, beschäftigungslos **B** m (f) (*disoccupato*) Unbeschäftigte mf decl come agg.
inoculàre tr **1** *med* (*iniettare*) ~ *qc* {FARMACO, SIERO, VELENO, VIRUS} *etw* (ein|)impfen, *etw* inokulieren *scient* **2** *fig* (*insinuare*) ~ *qc* (*in qc*) {INVIDIA, MALE, ODIO NELL'ANIMO DI QU} (*jdm/etw*) *etw* ein|träufeln, (*jdm/etw*) *etw* ein|impfen, *etw* (*in/bei jdm/etw*) keimen lassen, *etw* (*in/bei jdm/etw*) aufkommen lassen.
inoculazióne f **1** *med* (+VACCINO) (Ein)impfung f **2** *fig* (*instillazione*) ~ (*in qu/qc*) (+DUBBIO, SOSPETTO NEI PENSIERI DI QU) Einimpfen n (*in jdm/etw*), Einträufeln n (*in jdm/etw*).
inodóre agg, **inodóro**, (-*a*) agg (*senza odore*) {CREMA PER IL VISO} geruchlos, geruch(s)frei; {ACQUA} nicht riechend; {FIORE} anche nicht duftend.
inoffensìvo, (-*a*) agg **1** (*innocuo*) {ARMA} unschädlich; {PAROLE} nicht beleidigend, harmlos **2** (*mite*) {ANIMALE, UOMO} ungefährlich, harmlos; *iron* harmlos.
inoltràre A tr **1** *amm* (*avviare*) ~ *qc* (*a qu/qc*) {RICHIESTA AL MINISTERO} *etw* (*an jdn/etw*) weiter|leiten, *jdm etw* übermitteln; {LETTERA AL DESTINATARIO} (*jdm/etw*) *etw* nach|schicken **2** (*mandare*) ~ *qc* {RECLAMO} *etw* ein|reichen; {DOMANDA} *etw* ein|senden **B** itr pron **1** (*addentrarsi*): **inoltrarsi in qc** {IN UN BOSCO} *in etw* (acc) ein|dringen, *in etw* (acc) hinein|gehen **2** (*avanzare*): **inoltrarsi** {AUTUNNO} fort|schreiten **3** *fig* (*proseguire*): **inoltrarsi in qc** {NELLA LETTURA, NELLO STUDIO DELLA FILOSOFIA} mit *etw* (dat) weiter|kommen, *in etw* (acc) vor|dringen.
inoltràto, (-*a*) agg **1** (*avanti*) {MATTINO, STAGIONE} spät: **a notte/sera inoltrata**, zu vorgerückter Stunde; **fino a notte inoltrata**, bis spät in die Nacht (hinein); **a inverno ~**, im tiefen Winter **2** *fig* (*avanzato*) ~ **in qc** {NELLO STUDIO DEL RUSSO} fortgeschritten (*in etw* dat).
inóltre avv **1** (*oltre a ciò*) ferner, außerdem, dazu: **bisogna ~ provvedere al necessario per il nuovo esperimento**, es muss ferner das für das neue Experiment Nötige besorgt werden **2** (*per di più*) darüber hinaus, überdies: ~ **è molto presuntuoso**, überdies ist er sehr eingebildet.
inóltro m **1** *amm* (+PRATICA, RICHIESTA) Weiterleiten n **2** (*invio*) (+MERCE) Weiterbeförderung f.
inondàre tr **1** (*allagare*) ~ *qc* {FIUME CAMPAGNA CIRCOSTANTE} *etw* überschwemmen, *etw* überfluten, *etw* überströmen; {CONTADINO RISAIA} *etw* unter Wasser setzen **2** (*coprire*) ~ *qc* (*a qu*) {LUNGHISSIMI CAPELLI SPALLE} *jdm* über *etw* (acc) fließen **3** (*riempire*) ~ *qc* di *qc* {SOLE STANZA DI LUCE} *etw* mit *etw* (dat) übergießen; {ANIMI DI FELICITÀ, DI GIOIA} *jdn*/

etw mit etw (dat) erfüllen 4 *enf* (*colmare*) ~ *qu di qc* {BAMBINO DI BACI, DI CAREZZE} jdn mit *etw* (dat) bedecken 5 *fig* (*bagnare*) ~ **qc** (*a qu*) {LACRIME OCCHI, VISO} (*jdm*) über *etw* (acc) fließen, (*jdm*) über *etw* (acc) strömen 6 *fig* (*invadere*) ~ **qc** {AUTO GIAPPONESI MERCATO EUROPEO; TURISTI Venezia} *etw* überfluten.

inondazione f 1 (*allagamento*) Überschwemmung f: **le inondazioni periodiche del Nilo**, die periodischen Überschwemmungen des Nils 2 *fig* (*abbondanza*) {+PRODOTTI FARMACEUTICI} Schwemme f.

inoperàbile agg *med* {PAZIENTE, TUMORE} inoperabel, nicht operierbar.

inoperànte agg (*non operante*) {PROVVEDIMENTO} wirkungslos, unwirksam.

inoperosità <-> f (*inattività*) {+MACCHINA BUROCRATICA} Untätigkeit f.

inoperóso, (-a) agg 1 (*inattivo*) {VITA} untätig: **è rimasto a lungo ~ a causa della malattia**, er blieb wegen der Krankheit lange (Zeit) untätig 2 (*in ozio*) träg(e): **se ne sta tutto il giorno ~**, er hängt den ganzen Tag herum *fam* 3 (*fermo*) {IMPIANTO, MACCHINA} stillgelegt 4 *econ* {CAPITALE} tot, eingefroren.

inopinàbile agg *lett* 1 (*impensabile*) {AVVENIMENTO} unvorstellbar, undenkbar: **è ~ che...** *congv*, es ist unvorstellbar/undenkbar, dass... *ind* 2 (*incredibile*) unglaublich, undenkbar.

inopinàto, (-a) agg *lett* (*imprevisto*) {MORTE} unvorhergesehen, unvermutet, ungeahnt, unerwartet.

inopportunità <-> f {+DOMANDA} Ungelegenheit f.

inopportùno, (-a) agg (*importuno*) {COLLEGA} lästig, störend; {GESTO, INTERVENTO} unangebracht; {VISITA} ungelegen, unzeitig, unpassend: **è stato ~ telefonare così tardi!**, es war unpassend, so spät anzurufen!; **arrivare in un momento ~**, zur Unzeit geh ankommen.

inoppugnàbile agg 1 (*indiscutibile*) {ARGOMENTO} unwiderlegbar 2 *dir* {PROVA, TESTIMONIANZA} unanfechtbar.

inoppugnabilità <-> f 1 (*incontestabilità*) {+FATTO} Unwiderlegbarkeit f 2 *dir* {+PROVA, TESTIMONIANZA} Unanfechtbarkeit f.

inorganicità <-> f 1 *chim* {+SOSTANZA} anorganischer Charakter 2 *fig* (*mancanza di organicità*) {+TEORIA} Uneinheitlichkeit f.

inorgànico, (-a) <-ci, -che> agg 1 *chim* {CHIMICA, COMPOSTO} anorganisch 2 *fig* (*privo di organicità*) {DISCORSO} zusammenhang(s)los, nicht organisch, unorganisch, uneinheitlich, unsystematisch.

inorgoglìre <*inorgoglisco*> A tr *avere* (*riempire di orgoglio*) ~ **qu** {BRILLANTE PRESTAZIONE SPORTIVA DEL FIGLIO PADRE} jdn stolz machen B itr <*essere*> itr pron (*diventare orgoglioso*): **inorgoglirsi** (*di qc*) {DEI PROPRI SUCCESSI} stolzgeschwellt (über *etw* acc) sein, auf *etw* (acc) stolz werden.

inorgoglìto, (-a) agg (*orgoglioso*) ~ (*di qc*) {BAMBINO DELLA PRIMA PAGELLA} stolzgeschwellt (über *etw* acc).

inorridìre <*inorridisco*> A tr *avere* (*destare orrore*) ~ **qu** {EPISODIO DI CRONACA LETTORE} jdn entsetzen, jdn erschrecken: **è un film che ha fatto ~ tutti gli spettatori**, dieser Film hat alle Zuschauer entsetzt B itr <*essere*> (*provare orrore*) ~ (*a qc*) {ALLA VISTA DI QC} (bei *etw* dat) (er)schaudern.

inorridìto, (-a) agg (*atterrito*) entsetzt.

inospitàle agg 1 (*ostile*) {CITTÀ, POPOLO} ungastlich, unfreundlich 2 (*scomodo*) {CASA} unwirtlich, ungastlich 3 (*selvaggio*) {REGIONE} unwirtlich, öd(e).

inospitalità <-> f (*l'essere inospitale*) {+GEN-

TE} Ungastlichkeit f, Unwirtlichkeit f.

inosservàbile agg 1 (*a cui non si può obbedire*) {NORMA} nicht beachtbar 2 *rar* (*che non si può vedere*) {FENOMENO} nicht wahrnehmbar, nicht beobachtbar.

inosservànza f 1 (*trasgressione*) {+PRECETTI RELIGIOSI} Nichtbeachtung f, Nichteinhaltung f 2 *dir* {+CONTRATTO} Nichtbeachtung f.

inosservàto, (-a) agg 1 (*inavvertito*) unbemerkt, unbeachtet: **la sua assenza passò inosservata**, seine/ihre Abwesenheit blieb unbemerkt 2 *dir* (*non rispettato*) {CONTRATTO} nicht eingehalten; {LEGGE} nicht beachtet.

inossidàbile agg 1 (*che non si ossida*) {ACCIAIO} rostfrei, nicht rostend 2 *fig scherz* (*temprato*) {ATLETA} abgehärtet.

inox <inv> agg (*d'acciaio inossidabile*) {SERVIZIO DI POSATE} Edelstahl-.

in pèctore <inv> loc agg *lat* 1 *amm polit* {AMMINISTRATORE} in pectore, unter Geheimhaltung 2 *relig* {CARDINALE} in pectore.

in perpètuum *lat dir* <inv> loc agg avv 1 in perpetuum *forb*, auf immer.

in prìmis loc avv *lat* (*anzitutto*) zuerst, zuvorderst.

in progress <inv> loc agg ingl (*in formazione*) {PROGETTO} in progress.

INPS <-> m abbr *di* Istituto Nazionale Previdenza Sociale: "nationale italienische Sozialversicherungsanstalt".

input <-> m ingl 1 *econ* Input m o n 2 *inform* Input m o n, Eingabe f 3 *fig* (*spinta*) Anstoß m, Kick m *fam*: **il suo intervento ha dato grande ~ alla realizzazione del progetto**, sein/ihr Eingriff hat der Realisierung des Projekts einen großen Anstoß gegeben.

inquadraménto m 1 *amm* {SINDACALE; +IMPIEGATO, INSEGNANTE} Einordnung f; (*azione*) *anche* Einordnen n: ~ **in una categoria professionale**, Einordnung f in eine Berufsgruppe 2 *fig* (*collocamento*) {CULTURALE, STORICO} Einordnung f.

inquadràre A tr 1 (*incorniciare*) ~ **qc** {DIPINTO, DISEGNO, FOTOGRAFIA} *etw* einǀrahmen, *etw* umrahmen 2 *fig* (*collocare*) ~ **qu/qc in qc** {SCRITTORE IN UNA CORRENTE LETTERARIA} jdn/*etw* in *etw* (acc) einǀordnen: ~ **un avvenimento in un contesto storico**, ein Ereignis in einen historischen Kontext einordnen 3 *amm* ~ **qu in qc** {PERSONA IN UN PARTITO, IN UN SINDACATO} jdn in *etw* (acc) einǀgliedern 4 *fot film TV* (*riprendere*) ~ **qu/qc** {ATTRICE, SCENA} jdn/*etw* aufǀnehmen 5 *mil* ~ **qu/qc** {RECLUTE, PLOTONE} jdn/*etw* einǀreihen B itr pron: **inquadrarsi in qc** 1 (*inserirsi*) {PAESE IN UNA VALLATA} sich in *etw* (acc) einǀgliedern 2 *fig* (*collocarsi*) {PROVVEDIMENTO IN UN PIANO DI RISTRUTTURAZIONE} sich in *etw* (acc) einǀordnen.

inquadràto, (-a) A part pass *di* inquadrare B agg 1 (*incorniciato*) {FOTOGRAFIA} gerahmt 2 *fig* (*collocato*) ~ **in qc** in *etw* (acc) eingeordnet 3 *fig* (*ligio*) einer Sache treu ergeben 4 *amm* ~ **in qc** {INSEGNANTE NEL SISTEMA SCOLASTICO} in *etw* (acc) eingegliedert, in *etw* (acc) eingeordnet 5 *fot film TV* (*ripreso*) {ATTORE} aufgenommen.

inquadratùra f 1 (*mettere in cornice*) {+DIPINTO} Einrahmung f 2 *fot* {OBLIQUA} Bildausschnitt m; (*l'inquadrare*) Bestimmung f des Bildausschnitts 3 *film TV* {MOSSA} Einstellung f.

inqualificàbile agg *spreg* (*scorretto*) {COMPORTAMENTO} unmöglich, unqualifiziert *spreg*, unter aller/jeder Kritik *fam*.

in quànto A loc prep 1 (*in qualità di*) (in der Eigenschaft) als: **in quanto minorenne sei soggetto alla patria potestà**, als Min-

derjähriger unterstehst du der elterlichen Gewalt 2 (*quanto*) **in quanto a qu/qc** was jdn/*etw* angeht/betrifft: **in quanto a me tacerò**, was mich angeht, werde ich schweigen B loc cong (*perché*) weil, da: **non ho potuto parlargli in quanto non l'ho più rivisto**, ich habe nicht mit ihm sprechen können, weil ich ihn nicht mehr wieder gesehen habe.

in quànto che loc cong (*perché*) weil, da: **potrà fare molti progressi in quanto che è ancora giovanissimo**, er wird noch viele Fortschritte machen können, da er noch sehr jung ist.

inquietànte agg 1 (*preoccupante*) {PENSIERO, SITUAZIONE POLITICA} beunruhigend, Besorgnis erregend, beängstigend 2 (*perturbante*) {PRESENZA, RACCONTO} hinreißend 3 (*conturbante*) {BELLEZZA, FASCINO} verwirrend.

inquietàre A tr (*angosciare*) ~ **qu** {NOTIZIE RICEVUTE DONNA} jdn beunruhigen, jdn (be)ängstigen, jdn aufǀregen B itr pron 1 (*arrabbiarsi*): **inquietarsi** (*con qu*) (*per qc*) sich (*wegen etw* gen) (*über jdn*) ärgern: **perchè t'inquieti con me?**, warum ärgerst du dich über mich? 2 (*preoccuparsi*): **inquietarsi per qc** {PER IL RITARDO DEL FIGLIO} sich *über etw* (acc) beunruhigen, (*wegen etw* gen) unruhig werden.

inquièto, (-a) agg 1 (*agitato*) {MALATO, NOTTE, RAGAZZO} unruhig; *fig anche lett* {MARE, TEMPI} unruhig 2 (*turbato*) {ANIMO, SGUARDO} unruhig, unstet *forb* 3 (*preoccupato*) ~ (*per qc*) (*über etw* acc) besorgt, (*über etw* acc/wegen *etw* gen) beunruhigt: **il suo ritardo mi rende ~**, seine Verspätung macht ₁mir Sorgen/[mich unruhig] 4 (*irritato*) ~ (*per qc*) (*con qu*) {PER IL COMPORTAMENTO DI QU} ärgerlich (*auf/über jdn*) (*wegen etw* gen), (*über etw* acc) verärgert: **sono ~ con te**, ich bin ₁ärgerlich auf/über dich₁/[sauer auf dich *fam*].

inquietùdine f 1 (*agitazione*) Unruhe f, Unrast f *forb*: **c'era una certa ~ nel suo sguardo**, in seinem/ihrem Blick lag eine gewisse Unruhe 2 (*preoccupazione*) Beunruhigung f, Sorge f, Besorgnis f: **il suo ritardo desta ~**, seine/ihre Verspätung gibt Anlass zur Sorge.

inquilinìsmo m *biol zoo* Kommensalismus m.

inquilìno, (-a) m (f) 1 (*affittuario*) Mieter(in) m(f), Hausbewohner(in) m(f) 2 *biol* Inquilin m.

inquinaménto m 1 *anche biol* (*risultato*) Verschmutzung f, Verseuchung f, Verunreinigung f: ~ **acustico**, Lärmbelastung f; ~ **dell'ambiente/aria/acqua**, Umwelt-/Luft-/Wasserverschmutzung f; ~ **luminoso**, atmosphärisches Streulicht; ~ **da petrolio**, Ölpest f; ~ **radioattivo**, radioaktive Verseuchung f (Umwelt)verschmutzung f 2 (*l'inquinare*) {+COSTA} Verschmutzen n, Verseuchen n 3 *fig* (*corruzione*) {+AMBIENTE SCOLASTICO} Verkommenheit f, Verdorbenheit f • ~ **delle prove** *dir* (*alterazione*), Veränderung f/Fälschung f von Beweismitteln.

inquinànte agg (*che inquina*) {SOSTANZA} umweltgefährdend, verschmutzend.

inquinàre tr 1 (*contaminare*) ~ **qc** (*con qc*) {ACQUA, ARIA, ALIMENTO, MARE CON IL PETROLIO} *etw* (*mit etw* dat) verschmutzen, *etw* (*mit etw* dat) verpesten, *etw* (*mit etw* dat) verseuchen; *fig* {SOCIETÀ CON IDEOLOGIE PERICOLOSE} *etw* (*mit etw* dat) verderben, *etw* (*mit etw* dat) vergiften; {LINGUA CON ANGLICISMI} *etw* (*mit etw* dat) verunreinigen 2 *dir* (*alterare*) ~ **qc** {PROVE} *etw* vernichten, *etw* verändern, *etw* beiseiteschaffen, *etw* unter-

drücken, *etw* fälschen.
inquinàto, (-a) *agg* (*contaminato*) {MARE} verseucht, verunreinigt; *fig* {AMBIENTE} verschmutzt.
inquinatóre, (-trice) **A** *agg* umweltverschmutzend **B** *m* (*f*) (*che, chi inquina*) Umweltverschmutzer(in) *m*(*f*).
inquirènte *dir* **A** *agg* untersuchend, ermittelnd; {COMMISSIONE, MAGISTRATO, MAGISTRATURA} Untersuchungs-, Ermittlungs- **B** <*di solito al pl*> *mf* Untersuchungsausschuss *m*, Ermittlungsausschuss *m*.
inquisìre <*inquisisco*> **A** *tr* (*investigare*) ~ *qu/qc* {UOMO} über jdn/etw Ermittlungen/Nachforschungen an|stellen; {VITA DI UNA FAMIGLIA} *anche etw* untersuchen; *dir* gegen jdn/etw ermitteln **B** *itr* (*indagare in modo indiscreto*) ~ *su qu/qc* {SUL PASSATO DI UNA DONNA} *in etw* (*dat*) schnüffeln *fam spreg*.
inquisitìvo, (-a) *agg* (*atto a inquisire*) {TECNICA} untersuchend, Untersuchungs-.
inquisìto, (-a) *dir* **A** *agg* {POLITICO} beschuldigte(r,s), "gegen den ermittelt wird" **B** *m* (*f*) Beschuldigte *mf*, "Person, gegen die ermittelt wird".
inquisitóre, (-trice) **A** *agg* **1** (*che inquisisce*) {TONO} inquisitorisch, forschend **2** *dir* Ermittlungs-, Untersuchungs-, ermittelnd **3** *relig stor* Inquisitions- **B** *m relig stor* Inquisitor *m*: **il grande ~**, der Großinquisitor **C** *m* (*f*) *anche fig* (*chi inquisisce*) Ermittler(in) *m*(*f*), Untersucher(in) *m*(*f*): **lo interrogava con modi da ~**, er/sie fragte ihn mit inquisitorischen Methoden aus.
inquisitòrio, (-a) <-*ri* *m*> *agg* **1** *relig stor* {TRIBUNALE} Inquisitions- **2** *fig* (*severo*) {SGUARDO} inquisitorisch, forschend.
inquisitrìce *f* → **inquisitore**.
inquisizióne *f* **1** *anche fig* (*inchiesta*) {FISCALE} Untersuchung *f* **2** *relig stor*: (**Santa**) **Inquisizione**, (Heilige) Inquisition *f*.
INRI *m relig abbr del lat* Jesus Nazarenus Rex Judeorum (*Gesù Nazareno Re dei Giudei*) I.N.R.I.
insabbiaménto *m anche fig* (*effetto*) {+FIUME, PRATICA} Versandung *f*; (*azione*) *anche* Versanden *n*.
insabbiàre <*insabbio, insabbi*> **A** *tr* **1** (*coprire di sabbia*) ~ *qu/qc* {COMPAGNO DI GIOCHI, PIEDI} jdn/etw mit Sand bedecken **2** (*sporcare di sabbia*) ~ *qu/qc* {ASCIUGAMANO, BARATTOLO DI CREMA PER IL SOLE} jdn/etw mit Sand machen **3** *fig* (*bloccare*) ~ *qc* {INCHIESTA, PROVVEDIMENTO} *etw* vertuschen, *etw* versanden lassen, *etw* im Sand(e) verlaufen lassen **B** *itr pron*: **insabbiarsi 1** (*arenarsi*) {BARCA} auf Sand laufen, auf|laufen **2** (*diventare di fondale più basso*) {PORTO} versanden **3** *fig* (*bloccarsi*) {PRATICA, RICORSO} versanden, im Sand(e) verlaufen **C** *rfl* **1** (*coprirsi di sabbia*): **insabbiarsi** {CROSTACEI} sich im Sand verstecken, sich im Sand ein|graben **2** (*sporcarsi di sabbia*): **insabbiarsi** sich voll Sand machen; *indir* **insabbiarsi** *qc* {CAPELLI} sich (*dat*) *etw* voll Sand machen.
insabbiatóre, (-trice) *fig* **A** *agg* (*che in sabbia una pratica*) {LENTEZZA BUROCRATICA} vertuschend, im Sand verlaufen lassend **B** *m* (*f*) "wer etwas im Sand verlaufen lässt".
insaccaménto *m* {+CARNE SUINA} Wursten *n*.
insaccàre <*insacco, insacchi*> **A** *tr* **1** (*mettere in sacchi*) ~ *qc* {FARINA, GRANO} *etw* ein|sacken, *etw* in Säcke füllen **2** (*mettere nei budelli*) ~ *qc* {CARNE DI MAIALE TRITATA} *etw* in Häute/Därme füllen **3** *fig* (*ammassare*) ~ *qu in qc* {PRIGIONIERI IN UNA CELLA} jdn in etw (*acc*) (hinein|)stopfen, jdn irgendwo ein|pferchen, jdn irgendwo zusammen|pferchen, jdn *in etw* (*acc*) zwängen **4** *fig fam* (*infagottare*) ~ *qu in qc* {BAMBINO IN UNA TUTA DA SCI} jdn *in etw* (*acc*) ein|mummen, jdn *in etw* (*acc*) warm ein|hüllen **5** *fig fam* (*mangiare con avidità*) ~ *qc* *etw* verschlingen **B** *itr pron* **1** *fig* (*subire un contraccolpo*): **insaccarsi** sich (*dat*) *etw* verstauchen, sich (*dat*) *etw* prellen: **si è insaccato cadendo da una scala**, bei seinem Sturz von einer Treppe hat er sich etwas verstaucht/geprellt **2** *fig* (*ammucchiarsi*): **insaccarsi in qc** {VIVERI IN UNA STANZA} sich (*in etw dat*) häufen **C** *rfl* **1** *fig* (*infagottarsi*): **insaccarsi in qc** {IN ABITI TROPPO LARGHI} sich *in etw* (*acc*) ein|mummen|n *fam*, sich *in etw* (*acc*) warm ein|hüllen **2** *fig* (*ammucchiarsi*): **insaccarsi in qc** {PASSEGGERI IN UNA STANZA} (*in etw dat*) zusammengepfercht sein.
insaccàta *f* **1** (*scrollata*) Zusammensacken *n* **2** (*contraccolpo*) Prellung *f*: **cadendo ha preso una bella ~**, beim Sturz hat er/sie sich eine schöne Prellung geholt.
insaccàto, (-a) **A** *agg* **1** (*chiuso in un sacco*) {FARINA, PASTA, SABBIA} eingesackt **2** (*infagottato*) ~ (*in qc*) {NEL CAPPOTTO} (*in etw dat*) eingemummt(e)|t *fam* <*di solito al pl*> *m gastr* Wurst *f*, Wurstwaren *f*.
insacchettàre *tr* ~ *qc* {FAGIOLINI SURGELATI, PROSCIUTTO} *etw* eintüten, *etw* in Säckchen verpacken.
in saecula saeculorum *loc avv lat* (*fino alla fine dei secoli*) in saecula saeculorum; *scherz* {DISCUTERE} ewig und drei Tage *scherz*, ewig *fam*, endlos.
insalàta *f* **1** *bot gastr* Salat *m*: **~ belga**, Chicorée *m* o *f*; **~ cruda**, (Rohkost)salat *m*; **~ verde**, grüner Salat **2** *gastr* Salat *m*: **~ cotta**, "Salat aus verschiedenen gekochten Gemüsen"; **~ mista**, gemischter Salat; **~ di patate**,/[**patate in ~**], Kartoffelsalat *m*; **~ di riso/pollo**, Reis-/Hühnersalat *m*; **~ russa**, russischer Salat **3** *fig* (*confusione*) Wirrwarr *m*, Durcheinander *n*, Salat *m fam*: **questo compito è un'~ di errori**, diese Aufgabe ist ein (einziger) Fehlersalat *fam*; **nella tua traduzione hai fatto una bella ~**, bei deiner Übersetzung hast du einen schönen Salat fabriziert *fam* • **~ di discorsi** *fig* (*mescolanza confusa*), wirres Gerede *fam*, leeres Geschwätz *n fam spreg*; **fare un'~ russa** *fig* (*gran confusione*), ein großes Chaos anrichten; **te lo mangi in ~** *fig* (*sei più bravo di lui*), er kann dir nicht das Wasser reichen, mit dem hast du leichtes Spiel; **~ di pellicola** *film*, Film(streifen)salat *m*.
insalatièra *f* (*recipiente*) Salatschüssel *f* • **~ d'argento** *sport* (*nel tennis*: **Coppa Davis**), Davispokal *m*.
insalivàre *tr* (*umettare*) ~ *qc* {FRANCOBOLLO} *etw* mit Speichel befeuchten.
insalùbre *agg* (*malsano*) {CLIMA} ungesund, gesundheitsschädlich.
insalubrità *f* (*l'essere insalubre*) {+CASA} Ungesundsein *n*.
insalutàto, (-a) *agg lett* (*non salutato*) {OSPITE} nicht begrüßt.
insalvàbile *agg* (*che non si può salvare*) {MALATO} unrettbar; {RAPPORTO} nicht zu retten(d).
insanàbile *agg* **1** (*incurabile*) {MALATTIA} unheilbar **2** (*irrimediabile*) {CATASTROFE ECOLOGICA} irreversibel, nicht wieder gutzumachen(d); *fig* {PERDITA} unersetzlich **3** *fig* (*implacabile*) {DOLORE} unstillbar; {ODIO} unversöhnlich, unerbittlich.
insanguinàre **A** *tr* **1** (*macchiare di sangue*) ~ *qc* (*a qu*) {CHIRURGO CAMICE} (*jdm*) *etw* mit Blut beflecken, (*jdm*) *etw* blutig machen **2** *fig* (*funestare con stragi*) ~ *qc* {GUERRA CIVILE LA JUGOSLAVIA} *etw* mit Blut tränken, *in etw* (*dat*) Blut fließen lassen, *etw* mit Blut beflecken **B** *rfl* (*sporcarsi di sangue*): **insanguinarsi** *qc* {CAMICIA} sich (*dat*) *etw* mit Blut beflecken, sich (*dat*) *etw* blutig machen.
insània *f lett* **1** (*pazzia*) Torheit *f forb*, Wahnsinn *m* **2** (*azione*) Torheit *f forb*: **ha commesso un'~**, er/sie hat eine Torheit *forb* begangen.
insanìre <*insanisco*> *itr* (*essere*) *poet* wahnsinnig werden.
insàno, (-a) *agg* **1** (*folle*) {GESTO} wahnwitzig, wahnsinnig **2** *lett* (*pazzo*) {UOMO} töricht, unsinnig, wahnsinnig.
insaponàre *tr* **1** (*con sapone*) ~ *qc* {BIANCHERIA, CORDA, MAGLIETTA} *etw* ein|seifen **2** *fig fam* (*adulare*) ~ *qu* {CAPUFFICIO, PROFESSORE} jdm schmeicheln, jdm Honig ums Maul schmieren *fam*.
insaponàta *f* (*veloce insaponatura*) schnelles Einseifen *n*: **do un'~ alla biancheria e arrivo**, ich seife die Wäsche schnell ein und komme.
insapóre *agg* (*insipido*) {FARMACO, LIQUIDO} geschmacklos, fad(e).
insaporìre <*insaporisco*> *gastr* **A** *tr* (*rendere saporito*) ~ *qc* (*con qc*) {RISO CON UN BICCHIERE DI VINO} *etw* (*mit etw dat*) schmackhaft machen; (*con delle spezie*) {COL PEPE} *etw* (*mit etw dat*) würzen **B** *itr pron* (*diventare saporito*): **insaporirsi** {CONIGLIO} schmackhaft werden.
insapóro, (-a) → **insapore**.
insapùta *loc avv* (*senza che si sappia*): **all'~ di qu**, ohne jds Wissen; **ha fatto tutto a mia ~**, er/sie hat alles ohne mein Wissen getan; **è venuto all'~ del padre**, er ist ohne das Wissen seines Vaters gekommen.
insaturàbile *agg chim* {SOLUZIONE} unsaturierbar, nicht sättigungsfähig.
insàturo, (-a) *agg chim* {SOLUZIONE} ungesättigt.
insaziàbile *agg* **1** (*che non si sazia*) {APPETITO, FIGLIO} unersättlich **2** *fig* (*inappagabile*) {CURIOSITÀ, DESIDERIO} unstillbar, unersättlich.
insaziabilità <-> *f* **1** {+FAME DI QU, RAGAZZO} Unersättlichkeit *f* **2** *fig* {+DESIDERI DI QU} Unstillbarkeit *f*.
insaziàto, (-a) *agg* **1** (*non sazio*) {APPETITO} ungesättigt **2** *fig* (*inappagato*) {VOGLIA} unbefriedigt, ungestillt.
inscatolaménto *m* {+DONO} Einschachtelung *f*; (*azione*) *anche* Einschachteln *n*; *industr* {+MAIS, PELATI} Eindosung *f*; (*azione*) *anche* Eindosen *n*.
inscatolàre *tr* (*confezionare in una scatola*) ~ *qc* {REGALO} *etw* einschachteln; *industr* {CARNE, PISELLI, SARDINE, TONNO} *etw* ein|dosen, *etw* in Dosen füllen.
inscenàre *tr* ~ *qc* **1** *teat* (*allestire*) {DRAMMA, TRAGEDIA} *etw* inszenieren **2** (*simulare a scopo di inganno*) {INCIDENTE, LITE, RAPINA} *etw* inszenieren, *etw* simulieren.
inscindìbile *agg fig* (*inseparabile*) **~ (da qc)** {EFFETTO DALLA CAUSA, UNIONE} untrennbar (*von etw dat*).
inscrittìbile *agg mat* einbeschreibbar.
inscrìtto, (-a) *agg mat* **~ in qc** {POLIGONO IN UN CERCHIO} *in etw* (*acc*) einbeschrieben.
inscrìvere <*coniug come scrivere*> *tr mat* **~ *qc* in *qc*** {FIGURA GEOMETRICA IN UN CERCHIO} *etw in etw* (*acc*) einbeschreiben.
inscrivìbile *agg mat* **~ in qc** *in etw* (*acc*) einbeschreibbar.
inscrizióne *f mat* {+QUADRATO} Einbeschreibung *f*.
insecchìre <*insecchisco*> **A** *tr* <*avere*>

1 (*rendere secco*) ~ *qc* {SICCITÀ PIANTE} *etw* aus|dörren, *etw* austrocknen lassen **2** *fig* (*rendere magro*) ~ *qu*/*qc* {MALATTIA NONNO} *jdn*/*etw* dürr werden lassen ▣ *itr* «*essere*» *itr pron*: **insecchirsi 1** (*diventare secco*) {FOGLIE, MAZZO DI FIORI} vertrocknen, trocken werden, aus|trocknen **2** *fig* (*dimagrire*) ab|magern, mager werden: **con l'età è insecchito**, mit den Jahren ist er dürr geworden.

insediaménto *m* **1** (*lo stanziarsi*) Ansiedeln *n*: **l'~ dei Romani in Grecia**, das Ansiedeln der Römer in Griechenland **2** (*luogo di stanziamento*) (An)siedlung *f*; *spreg* Einnistung *f* **3** *amm* (*l'insediarsi*) {+GIUDICE, VESCOVO} (Amts)antritt *m*: ~ **in carica**, Amtsantritt *m*, Amtsübernahme *f*; (*cerimonia*) Amtseinsetzung *f* **4** *antrop geog* (*distribuzione abitativa*) Besiedlung *f*: **l'~ umano sul territorio**, die Besiedlung des Gebietes durch Menschen.

insediàre <*insedio, insedi*> ▣ *tr* (*investire di una carica*) ~ *qu* {GIUNTA, PRESIDENTE, SINDACO} *jdn*/*etw* in ein Amt ein|setzen ▣ *itr pron* **1** (*assumere una carica*): **insediarsi** (+ **compl di luogo**) {IN UNA CARICA} *etw* an|treten **2** (*stabilirsi*): **insediarsi** + **compl di luogo** {IN UNA REGIONE} sich (*irgendwo*) an|siedeln.

inségna ▣ *f* **1** (*targa*) Schild *n*: ~ **luminosa/[al neon]**, Leuchtschrift *f*/Neonreklame *f*; ~ **del ristorante**, Restaurantschild *n* **2** (*indicazione stradale*) {+VIALE} Schild *n* **3** <*di solito al pl*> (*simbolo*) {PAPALI; +LEGION D'ONORE, RE} Abzeichen *n*, Zeichen *n*: **l'aquila**, ~ **delle legioni romane**, der Adler, das Abzeichen der römischen Legionen; **deporre le insegne del comando**, die Befehlsgewalt niederlegen; **insegne sacerdotali**, Priesterinsignien *pl* ▣ (*stemma*) {+MEDICI, MILANO} Wappen *n*, Wappenbild *n* **5** (*motto*) {+FAMIGLIA REALE INGLESE} Wahlspruch *m*, Leitspruch *m*, Devise *f* **6** *fig* (*principio*) Grundsatz *m*, Prinzip *n*, Regel *f*: **la loro ~ è**: "volere è potere", ihr Grundsatz ist: "Wo ein Wille ist, (da) ist auch ein Weg" **7** *edit* (+CASA EDITRICE) Druckervermerk *m*, Druckermerk *m* **8** *anche mil* (*vessillo*) Fahne *f*, Banner *n*, Zeichen *n*, Vexillum *n*; (*stendardo*) Wappen *n*; (*bandiera*) {+FIORENTINA, PORTOGALLO} Fahne *f*, Flagge *f* ▣ *loc prep* (*conforme a*): **all'~ di qc**, im Zeichen *etw* (*gen*); **la riunione si è svolta all'~ del buon umore**, die Versammlung lief im Zeichen der guten Laune ab • **abbandonare le insegne** *fig* (*disertare*), Fahnenflucht begehen; **militare/schierarsi sotto le insegne di qu/qc** (*combattere per qu/qc*), {DELL'IMPERO} unter jds/etw Fahne kämpfen; *fig* (*essere un attivista*) {DI UN PARTITO} aktives Mitglied von *etw* (*dat*/+ *gen*) sein; **ripiegare le insegne** *fig* (*abbandonare un'impresa*), *etw* aufgeben.

insegnàbile *agg* (*che si può insegnare*) lehrbar: **è una tecnica difficilmente ~**, das/es ist eine schwer zu lehrende Technik.

insegnaménto *m* **1** (*l'insegnare*) Unterricht *m*, Unterrichten *n*: **l'~ è faticoso**, (das) Unterrichten ist anstrengend; ~ **della filosofia**, Philosophieunterricht *m*; ~ **statale**/**libero**/**laico**, staatlicher/freier/konfessionsloser Unterricht; ~ **universitario**/**religioso**, Hochschul-/Religionsunterricht *m*; (*metodo*) {PRATICO, TEORICO} Lehr-, Unterrichtsmethode *f* **2** (*professione*) Lehrerberuf *m*: **darsi all'~**, den Lehrerberuf ergreifen **3** (*lezione*) Lehre *f*, Unterweisung *f*, Belehrung *f*: **bisogna trarre ~ dall'esperienza**, man muss aus der Erfahrung eine Lehre ziehen; **da lui ho ricevuto un utile ~**, ich habe von ihm eine nützliche Lehre bekommen **4** *università* (*materia*) (Lehr)fach *n*.

insegnànte ▣ *agg* {CORPO, PERSONALE}

Lehr- ▣ *mf* (*chi insegna*) Lehrer(in) *m(f)*: ~ **d'appoggio**/**di sostegno**, "zusätzliche Lehrkraft, die die Integration behinderter Mitschüler in den normalen Unterricht unterstützt"; ~ **di canto**, Gesangslehrer *m*; ~ **delle elementari**, Grundschul-, Volksschullehrer(in) *m(f)*; ~ **privato**, Privatlehrer *m*; ~ **di scuola media**, Hauptschullehrer(in) *m(f)*; ~ **di storia**, Geschichtslehrer(in) *m(f)*; ~ **delle superiori**, (*di ruolo*) Studienrat *m*, Studienrätin *f*; (*di liceo*) Gymnasiallehrer(in) *m(f)*; ~ **di tedesco**, Deutschlehrer(in) *m(f)*; <*di solito al pl*> *amm* Lehrkraft *f*; **ieri c'è stato uno sciopero degli insegnanti**, gestern gab es einen Lehrerstreik.

insegnàre *tr* **1** (*far imparare*) ~ *qc* (*a qu*) {FILASTROCCA, GIOCO, TABELLINE A UN'AMICA} *jdm etw* bei|bringen: **ho insegnato a Lucia a giocare a tennis**, ich habe Lucia Tennisspielen beigebracht; ~ **ai bambini la buona educazione**, den Kindern gutes Benehmen beibringen; **chi ti ha insegnato a dire le parolacce?**, wer hat dir beigebracht, unanständige Wörter zu benutzen?; *scuola* {ITALIANO AGLI ALUNNI DELLA SCUOLA MEDIA, LATINO A UNO STUDENTE} *jdn* (*in etw dat*) unterrichten, (*jdn*) *etw* lehren; ~ **a qu a leggere e scrivere**, *jdn* lesen und schreiben lehren; (*uso assol*) unterrichten: **insegna alle elementari**, er/sie unterrichtet an der Grundschule; **è totalmente incapace di ~**, er/sie ist völlig unfähig zu unterrichten; *università* lehren **2** *region* (*indicare*) ~ *qc a qu* {LA STRADA A UN FORESTIERO} *jdm etw* zeigen: **mi saprebbe ~ un bravo meccanico?**, könnten Sie mir einen guten Mechaniker empfehlen? • **come Lei mi insegna..** *iron*, wie Sie schon sagen...; Sie wissen das ja am besten...; **vi insegno io a essere così sfacciati!**, ich werde euch lehren, so unverschämt zu sein!; **ti insegno io a rigare diritto!**, dir werd' ich helfen *fam*!

inseguiménto *m* **1** (*l'inseguire*) Verfolgung *f*: **si è gettato all'~ del ladro**, er hat die Verfolgung des Diebes aufgenommen/[sich den Dieb an die Fersen geheftet]; ~ **di una macchina sospetta da parte della polizia**, polizeiliche Verfolgung eines verdächtigen Autos **2** *aero mil tecnol* Verfolgung *f*: ~ **radar**, Verfolgung *f* per Radar **3** *sport* (*nel ciclismo*) Fliegerrennen *n*.

inseguìre ▣ *tr* **1** (*seguire*) ~ *qu*/*qc* {POLIZIOTTO LADRO; TRUPPE NEMICI IN FUGA, CANI SELVAGGINA} *jdn*/*etw* verfolgen; *sport* (*nel ciclismo*) (*uso assol*) die Verfolgung auf|nehmen: **la squadra italiana insegue a pochi metri**, die italienische Mannschaft folgt im Abstand von wenigen Metern **2** *fig* (*assillare*) ~ *qu jdn* verfolgen, *jdn* bedrängen: **quell'incubo lo inseguiva ovunque**, jener Alptraum verfolgte ihn überallhin **3** *fig* (*vagheggiare*) ~ *qc* {RICORDO} *etw* (*dat*) nach|hängen: {SOGNI DI GLORIA} *anche etw* nach|jagen ▣ *rfl rec* (*rincorrersi*): **inseguirsi** sich (*dat*) nach|laufen, sich nach|jagen.

inseguitóre, (-*trice*) ▣ *agg* (*che segue*) {SQUADRA} Verfolger-, verfolgend ▣ *m* **1** (*chi segue*) Verfolger(in) *m(f)* **2** *sport* Flieger *m*; (*nel ciclismo*) *anche* Verfolgungsrennenradfahrer *m* • ~ **catodico** *elettr*, Kathodenleistungsverstärker *m*.

insellàre ▣ *tr* **1** (*mettere in sella*) ~ *qu* {FANTINO} *jdn* in den Sattel heben **2** *fig* (*piegare*) ~ *qc* {PIANO DI COMPENSATO} *etw* krümmen **3** *rar* (*sellare*) ~ *qc* {CAVALLO} *etw* satteln ▣ *itr pron*: **insellarsi 1** (*montare in sella*) in den Sattel steigen **2** *fig* (*piegarsi*) sich krümmen.

inselvatichìre <*inselvatichisco*> ▣ *tr* <*avere*> **1** (*rendere selvatico*) ~ *qc* {RANDAGISMO CANE, GATTO} *etw* verwildern lassen **2** *fig* (*rendere rozzo*) ~ *qu* {LUNGA PRIGIONIA UOMO} *jdn* verwildern lassen, *jdn* verrohen lassen ▣ *itr* «*essere*» *itr pron* (*diventare selvatico*): **inselvatichirsi** {CANE, PIANTA, VIGNA} verwildern.

inseminàre *tr med veter* ~ *qu*/*qc jdn*/*etw* besamen.

inseminazióne *f med veter* Besamung *f*: ~ **artificiale**, künstliche Besamung.

insenatùra *f* (*baia*) {+COSTA} Einbuchtung *f*, Bucht *f*.

insensatézza *f* **1** (*l'essere insensato*) {+SCELTA, RAGAZZO} Unbesonnenheit *f* **2** (*cosa insensata*) Torheit *f forb*: **ha fatto**/**detto un'~**, er/sie hat eine Torheit *forb* begangen/gesagt.

insensàto, (-*a*) ▣ *agg* **1** (*scriteriato*) {RAGAZZO} unvernünftig, unbesonnen, töricht *spreg* **2** (*assurdo*) {COMPORTAMENTO, DISCORSO} unsinnig, töricht *spreg*: **è una cosa insensata!**, das ist unsinnig! ▣ *m (f)* Tor *m*, (Törin *f*) *forb*.

insensìbile ▣ *agg* **1** (*impercettibile*) {DIFFERENZA, ERRORE} unmerklich, unauffällig **2** (*che non sente*) ~ (*a qc*) {CORPO, NERVO AL FREDDO} unempfindlich (*gegen etw* acc) **3** *fig* (*indifferente*) ~ (*a qc*) {ANIMO, PADRE ALLE PREGHIERE} unempfindlich (*gegen etw* acc), nicht zugänglich (*für etw* acc); ~ **rimanere** ~, unberührt bleiben; *spreg* gefühllos, gefühlskalt; ~ **al dolore altrui**, er/sie ist gleichgültig gegenüber anderer Leute Leid; **è più ~ di una pietra**, er/sie hat ein Herz aus Stein/[ist völlig gefühlskalt] ▣ *mf* (*chi è privo di sensibilità*) gefühlloser Mensch.

insensibilità <-> *f* **1** (*scarsa sensibilità*) ~ (*a qc*) {+MANO PARALIZZATA AL CALORE} Unempfindlichkeit *f* (*gegen etw* acc) **2** *fig* (*indifferenza*) Unempfindlichkeit *f*, Unempfänglichkeit *f*; *spreg* Gefühllosigkeit *f*, Gleichgültigkeit *f*: ~ **di fronte alle disgrazie altrui**, Gleichgültigkeit *f* gegenüber anderer Leute Unglück **3** *inform* {RELATIVA} Unempfindlichkeit *f*.

inseparàbile *agg* **1** (*non divisibile*) {AMICI, FRATELLI} unzertrennlich; ~ **da qu** {SORELLA DAL FRATELLO} untrennbar (*mit jdm*) verbunden; ~ (*da qc*) {L'IDEA DELLA MORTE DALL'IDEA DELLA VITA} untrennbar (*mit etw* dat) verbunden **2** (*immancabile*) unvermeidlich: **lui e la sua** ~ **pipa**, er und seine unvermeidliche Pfeife **3** *gramm* {SUFFISSO} untrennbar.

inseparabilità <-> *f* (*l'essere inseparabile*) {+FRATELLI} Untrennbarkeit *f*, Unzertrennlichkeit *f*.

insepólto, (-*a*) *agg* {SALMA} unbegraben, unbestattet.

insequestràbile *agg dir* {MOBILE, SOMMA} unpfändbar.

inserìbile *agg* (*che si può inserire*) {ALLARME} einschaltbar.

inseriménto *m* **1** (*introduzione*) ~ **di qc** (**in qc**) {+CHIAVE NELLA TOPPA; +SEGNALIBRO IN UN LIBRO} Stecken *n von etw* (*dat*)/+ *gen* (*in etw* acc); {+SPINA NELLA PRESA DI CORRENTE} Einstecken *n von etw* (*dat*)/+ *gen* (*in etw* acc); {+CASSETTA NEL REGISTRATORE} Einlegen *n von etw* (*dat*)/+ *gen* (*in etw* acc); {+TESSERA MAGNETICA} Einführen *n von etw* (*dat*)/+ *gen* (*in etw* acc); *elettr* {+RESISTENZA IN UN CIRCUITO} Einfügen *n von etw* (*dat*)/+ *gen* (*in etw* acc) **2** (*inclusione*) ~ **di qc** (**in qc**) {+NOME IN UNA GRADUATORIA} Aufnahme *f von etw* (*dat*)/+ *gen* (*in etw* acc), Einschluss *m von etw* (*dat*)/+ *gen* (*in etw* acc); {+INSERZIONE PUBBLICITARIA IN UNA RIVISTA} Aufgeben *n von etw* (*dat*)/+ *gen* (*in etw* dat); *anche dir* {+CLAUSOLA IN UNA SCRITTURA PRIVATA; +NOTA} Einfügung *f* (*von etw* dat/+ *gen*) (*in etw* acc) **3** *fig* (*adattamento*) ~ **di qu** (**in**/**a qc**) {+BAMBINO ALL'A-**

inserire | **insinuazione**

SILO; +IMMIGRATI NELLA SOCIETÀ} Eingliederung f (von jdm/+ gen) (irgendwo); {+DISOCCUPATO IN UN'AZIENDA} Einführung f (von jdm/+ gen) (in etw acc) **4** inform (introduzione di caratteri) Eingeben n von etw (dat)/+ gen (in etw acc).

inserire <inserisco> **A** tr **1** (infilare) ~ qc (in qc) {CHIAVE NELLA SERRATURA, FASCICOLO IN UN RACCOGLITORE} etw in etw (acc) stecken {SPINA NELLA PRESA DELLA CORRENTE} etw (in etw acc) ein|stecken; {CASSETTA NEL REGISTRATORE, COMPACT DISC NELLO STEREO} etw (in etw acc) ein|legen; {TESSERA} etw (in etw acc) ein|führen; **elettr** {RESISTENZA IN UN CIRCUITO} etw (in etw acc) ein|fügen **2** fig (includere) ~ qu/qc (in qc) {ATLETA, NOME IN UNA LISTA} jdn/etw (in etw acc) auf|nehmen; {COMMENTO NEL TESTO, NOTA} etw (in etw acc) ein|fügen; {ANNUNCIO IN UNA RIVISTA} etw) inserieren, etw (in etw dat) auf|geben; dir {CLAUSOLA IN UN ATTO} etw (in etw acc) ein|fügen **3** fig (immettere) ~ qu in qc {GIOVANI NEL MONDO DEL LAVORO} jdn in etw (acc) ein|führen **4** elettr ~ qc {CIRCUITO} etw (ein|)schalten **5** inform ~ qc etw ein|geben **B** itr pron (innestarsi): **inserirsi + compl di luogo** {MUSCOLI SULLE OSSA} an etw (dat) an|setzen; fig {PROTESTA IN UN CONTESTO DI DIFFUSA POVERTÀ} sich in etw (acc) ein|fügen **C** rfl **1** (intervenire): **inserirsi in qc** {IN UN DIBATTITO, IN UNA DISCUSSIONE} sich in etw (acc) ein|schalten, in etw (acc) ein|greifen **2** fig (integrarsi): **inserirsi (in qc)** {STRANIERI NELLA SOCIETÀ} sich (in etw acc) ein|gliedern, sich (in etw acc) ein|fügen; {ALUNNO IN UN NUOVO ISTITUTO} sich in etw (dat) ein|leben, sich in etw (dat) ein|gewöhnen; {NEL MONDO DEL LAVORO} sich (in etw acc) ein|arbeiten, in etw (acc) ein|treten: **non riuscire a inserirsi**, es nicht schaffen, sich einzufügen.

insèrto m **1** (incartamento) Aktenheft n, Aktenbündel n **2** film Insert m, Flash m **3** giorn {+GIORNALE, RIVISTA} Beilage f: ~ **pubblicitario**, Werbebeilage f **4** (nella moda): ~ **di pizzo**, Spitzeneinsatz m **5** tecnol {+LEGNO} Einlage f **6** TV {FILMATO} Einlage f.

inservìbile agg (inutilizzabile) {ATTREZZATURA} unbrauchbar, nutzlos.

inservibilità <-> f Unbrauchbarkeit f, Nutzlosigkeit f.

inserviènte mf **1** (addetto) {+FABBRICA, OSPEDALE} Dienstbote m, Dienstbotin f, Diener(in) m(f), Bedienstete mf decl come agg **2** relig Messdiener m.

inserzióne f **1** (annuncio) Anzeige f, Inserat n: **fare un'**~, eine Anzeige aufgeben; ~ **a pagamento**, kostenpflichtige Anzeige **2** anat ~ **di qc su qc** {+MUSCOLO SULL'OSSO} Ansatz m von etw (dat/+ gen) an etw (dat), Insertion f scient von etw (dat/+ gen) an etw (dat) **3** tel Zuschaltung f.

inserzionista <-i m, -e f> **A** agg (che fa un'inserzione) {DITTA} inserierend **B** mf (chi fa un'inserzione) Inserent(in) m(f).

inserzionìstico, (-a) <-ci, -che> agg giorn Inseraten-, Anzeigen-.

insetticida <-i m, -e f> **A** agg {EFFETTO} insektenvertilgend, insektentötend; {POLVERE, SPRAY} Insekten- **B** m (sostanza) {MOLTO TOSSICO} Insektenvertilgungs-, Insektenbekämpfungs-, Insektenvernichtungsmittel n, Insektengift n, Insektizid n scient.

insettìfugo <-ghi> farm **A** agg {SOSTANZA} insektenvertreibend, Insektenvertreibungs- **B** m Insektenvertreibungsmittel n.

insettìvoro, (-a) bot zoo **A** agg {PIANTA, ANIMALE} Insekten fressend **B** m <di solito al pl> Insektenfresser m.

insètto m **1** {FLORICOLO} Insekt n, Kerbtier n rar: ~ **nocivo**, Schädling m **2** fam (parassita) Ungeziefer n **3** fig spreg Wurm m.

insicurézza f **1** (mancanza di fiducia in se stesso) {+RAGAZZO} Unsicherheit f: **la sua ~ è preoccupante**, seine/ihre Unsicherheit ist besorgnis erregend **2** (incertezza) {+FUTURO, OPERAZIONE} Ungewissheit f, Unsicherheit f.

insicùro, (-a) **A** agg **1** (incerto) {CARATTERE, RISPOSTA, UOMO} unsicher; {FUTURO} anche ungewiss **2** (instabile) {SCALA} unsicher **B** m (f) (chi manca di sicurezza) unsicherer Mensch.

insider <-> mf ingl dir Insider(in) m(f).

insider trading <-> loc sost m ingl banca comm Insiderhandel m, Insidertrading n.

insìdia f **1** (tranello) Hinterhalt m, Falle f: **porre/tendere un'~ a qu**, jdm eine Falle stellen **2** <di solito al pl> (pericolo nascosto) Gefahr f, Falle f, Tücke f: **il mare è pieno di insidie**, das Meer ist voller Gefahren **3** fig (lusinga) Reiz m, Verlockung f forb, Anfechtung f forb: **le insidie della civiltà dei consumi**, die Verlockungen der Konsumgesellschaft.

insidiàre <insidio, insidi> **A** tr **1** (tramare contro) ~ **qu** {NEMICO} jdn in einen Hinterhalt locken, jdm eine Falle stellen, jdm auf|lauern; ~ **qc** {TRONO DI UN RE} nach etw (dat) trachten forb; {BUON NOME DI QU} etw angreifen **2** scherz (cercare di sedurre) ~ **qu** {DONNA} jdm nach|stellen **B** itr (tendere insidie) ~ **a qc** {ALLA VITA DI QU} jdm nach etw (dat) trachten forb.

insidióso, (-a) agg **1** (che rappresenta un'insidia) {COLLEGA, COMPORTAMENTO, DOMANDA, ESAMINATORE, PROBLEMA} hinterhältig, tückisch; {SITUAZIONE} verfänglich **2** (che nasconde un pericolo) {MALATTIA, LUOGO} (heim)tückisch.

insième **A** avv **1** (con una persona o cosa) zusammen, (mit)einander: **quei due sono sempre ~**, die beiden sind immer zusammen; **Silvia e io abbiamo viaggiato ~**, Silvia und ich sind miteinander gereist; (con più persone o cose) zusammen, miteinander, beieinander; **questi colori stanno male ~**, diese Farben passen schlecht zusammen; **mangiare/studiare/vivere ~**, zusammen essen/studieren/leben **2** (contemporaneamente) zugleich, gleichzeitig, auf einmal, zusammen, zur gleichen Zeit: **abbiamo finito ~**, wir waren gleichzeitig fertig; **gli invitati sono arrivati tutti ~**, die Gäste kamen alle gleichzeitig; **piangeva e rideva ~**, er/sie weinte und lachte auf einmal; **lo spero e lo temo ~**, ich hoffe es und fürchte es zugleich; **non si può fare tutto ~**, man kann nicht alles auf einmal machen **3** (anche) zugleich, zusammen: **è una ragazza bella e ~ simpatica**, sie ist eine schöne und zugleich nette junge Frau **4** (in blocco) zusammen: **comperare tutto ~**, alles auf einmal/[in einem] kaufen; **i quattro tomi sono vendibili solo ~**, die vier Bände sind nur zusammen verkäuflich **B** loc avv **1** (complessivamente): **nell'~**, insgesamt, im Ganzen, alles in allem, im Großen und Ganzen; **bisogna considerare le cose nell'~**, man muss die Dinge insgesamt betrachten **2** (in una volta): **tutto (quanto) ~**, alles auf einmal/[zusammen]; **pagare tutto ~**, alles auf einmal/[zusammen] bezahlen **3** (totalità): **tutti (quanti) ~**, alle zusammen; **ci riuniamo tutti quanti ~**, wir treffen uns alle (zusammen) **C** loc prep: ~ **con/a qu/qc 1** (con) mit jdm/etw (zusammen/gemeinsam), in Begleitung von jdm/etw: **è uscito ~ con/a un amico**, er ist mit einem Freund (zusammen) ausgegangen; **mangia il formaggio ~ al pane**, er isst den Käse mit Brot; **partirò ~ con/a Nadia**, ich werde mit Nadia (zusammen) wegfahren **2** (contemporaneamente) mit jdm/etw zugleich/zusammen, gleichzeitig mit jdm/etw: **i due orologi non battono mai le ore uno ~ all'altro**, die beiden Uhren schlagen nie gleichzeitig die Stunde; **ha tagliato il traguardo ~ con me**, er/sie ist (gleichzeitig) mit mir durchs Ziel gegangen **D** <inv> loc agg (complessivo): **d'~**, {VEDUTA} Gesamt-, gesamt **E** m **1** <-> anche fig (totalità) {+AFFARI DI UNA SOCIETÀ, ATTORI DI UNA COMPAGNIA, EDIFICI DI UN QUARTIERE, CONOSCENZE UMANE, PENSIERI} Gesamtheit f **2** <-> (complesso) Gesamtheit f, Ganze n decl come agg: **l'~ del film è interessante**, der ganze Film ist interessant; **formano un'~ perfetto**, sie bilden eine perfekte Einheit **3** mat Menge f: ~ **subordinato a un altro**, eine Menge, die einer anderen Menge untergeordnet ist; ~ **vuoto**, leere Menge.

insiemistica <-che> f mat Mengenlehre f.

insiemìstico, (-a) <-ci, -che> agg mat der Mengenlehre.

insight <-> m ingl psic Einsicht f.

insigne agg **1** (eminente) {SCRITTORE} bedeutend, hervorragend, berühmt **2** (grande) {PRIVILEGIO} groß **3** (di pregio) {MONUMENTO} bedeutend **4** scherz (abile) durchtrieben, abgefeimt; {LADRO} anche Erz-.

insignificante agg **1** (che significa poco o nulla) {SGUARDO} unbedeutend, bedeutungslos, nichts sagend **2** (banale) {LIBRO, PERSONAGGIO, UOMO} unbedeutend, banal **3** (trascurabile) {PARTICOLARE, PERCENTUALE} unwesentlich, unbedeutend, unwichtig, belanglos.

insignificànza f (l'essere insignificante) {+PERSONAGGIO} Bedeutungslosigkeit f.

insignìre <insignisco> tr (conferire un'onoreficenza) ~ **qu di qc** {ATTRICE DELLA LEGION D'ONORE, INDUSTRIALE DEL TITOLO DI CAVALIERE DEL LAVORO} jdn mit etw (dat) aus|zeichnen.

insilàre tr agr ~ **qc** {GRANO} etw einsäuern, etw silieren.

insincerità <-> f (falsità) {+AMICO, RISPOSTA} Unaufrichtigkeit f, Unehrlichkeit f.

insincèro, (-a) agg (falso) {AMICO, ATTEGGIAMENTO, LODE, TESTIMONE} unaufrichtig, unehrlich, falsch.

insindacàbile agg **1** (indiscutibile) {DECISIONE, POTERE} unkontrollierbar **2** (definitivo) {GIUDIZIO, SENTENZA} unanfechtbar, endgültig.

insinuàbile agg (che si può insinuare) {DUBBIO} erweckbar, erregbar.

insinuànte agg **1** (che si insinua) {PRESENZA} anbiedernd **2** (suadente) {MANIERE, VOCE} einschmeichelnd.

insinuàre **A** tr **1** (introdurre) ~ **qc in qc** {FILO DI FERRO IN UNA FESSURA} etw (in etw acc) (hinein|)stecken **2** fig (destare) ~ **qc in qu/qc** {DUBBIO, GELOSIA, SOSPETTO NELL'ANIMO DI QU} etw in jdm erwecken, etw in jdm erregen **3** fig (formulare accuse velatamente) ~ **qc** jdm etw unterstellen, jdm etw sagen: **cosa vorresti ~?**, was willst du damit unterstellen?, was willst du damit sagen? **B** itr pron **1** (penetrare): **insinuarsi + compl di luogo** {GHIACCIO NELLE CREPE DELL'ASFALTO} in etw (acc) (ein|)dringen **2** fig (infilarsi): **insinuarsi tra qc** {TRA LA FOLLA} sich unter etw (acc) mischen; **insinuarsi tra qu** {DISCORDIA TRA DI LORO} sich bei jdm ein|schleichen **3** ~ **un credito in un fallimento** dir (chiederne l'ammissione), einen Kredit von der Konkursmasse abziehen.

insinuazióne f **1** (l'insinuarsi) Sichaufdrängen n, Eindringen n: **l'~ di un sospetto nella mente di qu**, das Aufsteigen eines Verdachtes in jds Kopf **2** fig (accusa) Unterstellung f: **fece/respinse un'~**, er/sie machte eine Unterstellung/[wies eine Unterstellung von/zurück von sich (dat)]; **smetti di fare delle insinuazioni sul suo conto!**, hör auf, ihm/ihr Dinge zu unterstellen! ● ~ **di un credito in un fallimento** *dir*, Abzug *m* eines Kredits von der Konkursmasse.

insipidézza *f* **1** (*l'essere insipido*) {+MINESTRA} Fadheit *f*, Geschmacklosigkeit *f* **2** *fig* (*banalità*) {+LIBRO, RAGIONAMENTO} Fadheit *f spreg*, Schalheit *f*.

insìpido, (-a) *agg* **1** *gastr* (*senza sapore*) {BEVANDA} fad(e) *spreg*, geschmacklos; (*senza sale*): **il sugo è ~**, der Soße fehlt Salz **2** *fig* (*banale*) {DISCORSO, FILM, ROMANZO} fad(e) *spreg*, schal; {UOMO} *anche* geistlos; {VITA} banal *forb spreg*.

insipiènte *agg lett* (*ignorante*) {RAGAZZO} unwissend, dumm.

insipiènza *f lett* (*ignoranza*) Unwissenheit *f*, Dummheit *f*.

insistènte *agg* **1** (*ripetuto*) {RICHIESTA DI DENARO} nachdrücklich; {DOMANDA} *anche* eindringlich **2** (*ostinato*) {CORTE} beharrlich: **com'è ~ tua sorella!**, wie beharrlich deine Schwester ist! **3** (*continuo*) {PIOGGIA} anhaltend, andauernd.

insistènza ⓐ *f* **1** (*l'essere insistente*) {+BAMBINO} Drängen n, Drängeln *n fam* **2** (*richiesta ripetuta*) Drängelei *f fam spreg*: **cedere alle insistenze di qu**, jds Drängen nachgeben **3** (*ostinatezza*) {+RICERCA} Beharrlichkeit *f* **4** (*continuità*) {+RICERCA} Anhalten *n*, Andauern *n* ⓑ *loc avv* (*insistentemente*): **con ~**, eindringlich; **domandare qc con molta ~**, etw sehr beharrlich/eindringlich fragen.

insìstere <*coniug come* esistere> *itr* **1** (*ostinarsi*) ~ **in/su qc** {IN UN'OPINIONE, IN UN PROPOSITO, SU UNA QUESTIONE, IN UNA RICERCA} *auf etw* (*dat*) beharren, *auf etw* (*dat*) bestehen: **l'ispettore di polizia insiste nel portare avanti le indagini**, der Polizeiinspektor besteht darauf, die Ermittlungen vorwärtszubringen; **insiste a dire che ci siamo sbagliati**, er/sie besteht (fest) darauf, dass wir uns geirrt haben; **la segretaria insiste per ottenere un aumento**, die Sekretärin besteht auf einer Gehaltserhöhung; (*uso assol*) insistieren *forb*; **non ho voluto ~**, ich wollte nicht darauf bestehen/insistieren *forb*; **è del tutto inutile ~**, es hat überhaupt keinen Sinn, darauf zu beharren; **bambini, non insistete!**, Kinder, hört auf zu quengeln *fam* **2** *mat* (*in geometria*) ~ **su qc** {SU UN ARCO} *an etw* (*dat*) an|liegen.

ìnsito, (-a) *agg lett* **1** (*connaturato*) ~ **in qu/qc** {ISTINTO DI SOPRAVVIVENZA NELL'UOMO, NEGLI ANIMALI} *in jdm/etw* verwurzelt, *in jdm/etw* innewohnend; {QUALITÀ NELL'UOMO} (*in*) *jdm/etw* angeboren **2** *fig* (*racchiuso*) ~ **in qc** {GIUDIZIO IN UNA RISPOSTA} *in etw* (*dat*) enthalten.

in situ *loc avv lat* (*sul posto*) in situ, an Ort und Stelle; *archeol med* in situ.

insociévole *agg* (*asociale*) {CARATTERE} ungesellig.

insoddisfacènte *agg* (*che non soddisfa*) {LAVORO} unbefriedigend.

insoddisfàtto, (-a) ⓐ *agg* **1** (*scontento*) ~ (**di qc**) {INSEGNANTE DEL COMPITO IN CLASSE} unzufrieden (*mit etw* dat), unbefriedigt (*über etw* acc): **rimanere ~ del risultato**, unzufrieden mit dem Ergebnis sein **2** (*inappagato*) {BISOGNO, DESIDERIO} unerfüllt; (*sessualmente*) unbefriedigt ⓑ *m* (f) (*scontento*) unzufriedener Mensch: **è un eterno ~**, er ist ewig *fam* unzufrieden.

insoddisfazióne *f* **1** (*scontentezza*) {+GENTE, LAVORATORI} Unzufriedenheit *f*

2 (*mancato appagamento*) {SESSUALE} Unbefriedigtsein *n*.

insofferènte *agg* (*intollerante*) übersensibel, überempfindlich; ~ (*di/a qc*) {CARATTERE DI OGNI COSTRIZIONE} unduldsam (*gegenüber etw* dat): **ma come sei ~ alle critiche!**, du verträgst ja wirklich überhaupt keine Kritik!; **è ~ di ogni forma di ingiustizia**, er/sie duldet keinerlei Ungerechtigkeit.

insofferènza *f* (*intolleranza*) Ungeduld *f*, Überempfindlichkeit *f*; ~ (**per/a qc**) {+RAGAZZO PER LA/[ALLA] DISCIPLINA} Unduldsamkeit *f* (*gegenüber etw* dat).

insolazióne *f* **1** (*esposizione al sole*) Besonnung *f*, Sonneneinstrahlung *f* **2** *med* Sonnenstich *m*, Insolation *f scient*: **ha preso un'~**, er/sie hat einen Sonnenstich bekommen.

insolènte ⓐ *agg* (*arrogante*) {BAMBINO, RISPOSTA} frech, anmaßend, unverschämt ⓑ *mf* unverschämter Mensch, Frechling *m forb*.

insolentìre <*insolentisco*> ⓐ *tr* **1** (*ingiuriare*) ~ **qu** {IMPIEGATA DELL'UFFICIO POSTALE} *jdn* beleidigen, *jdn* beschimpfen, *jdn* an|pöbeln *fam spreg* **2** *rar* (*rendere insolente*) ~ **qu** *jdn* auf|bringen ⓑ *itr* **1** <*avere*> (*inveire*) ~ **contro qu** {CONTRO IL MINISTRO DELLA SANITÀ} *jdn* schimpfen, *jdn* beleidigen, *gegen jdn* ausfallend werden **2** *rar* <*essere*> (*diventare insolente*) frech werden.

insolènza *f* **1** (*arroganza*) {+PAROLE DI QU, RAGAZZO} Frechheit *f*, Unverschämtheit *f* **2** (*cosa insolente*) Frechheit *f*, Unverschämtheit *f*.

insòlito, (-a) ⓐ *agg* **1** (*diverso*) {ATTEGGIAMENTO} ungewöhnlich **2** (*straordinario*) außergewöhnlich: **un'estate con un caldo ~**, ein außergewöhnlich heißer Sommer **3** (*strano*) {FENOMENO} eigenartig, seltsam ⓑ *m* seltsames Ereignis: **accadde qualcosa di ~**, es geschah etwas Seltsames.

insolùbile *agg* **1** (*che non si può sciogliere*) {VINCOLO} unauflöslich, unauflösbar, unlösbar **2** *fig* (*irresolvibile*) {PROBLEMA, ecc.} unlösbar; {DUBBIO} nicht zu zerstreuen(d) **3** *chim* ~ (**in qc**) {SOSTANZA IN ACQUA} unlöslich (*in etw* dat), unlösbar (*in etw* dat), insolubel (*in etw* dat).

insolubilità <-> *f* **1** (*l'essere insolubile*) {+LEGAME} Unauflösbarkeit *f*, Unauflöslichkeit *f*, Unlösbarkeit *f* **2** *fig* (*l'essere irresolvibile*) {+DILEMMA} Unlösbarkeit *f* **3** *chim* {+SALE} Unlöslichkeit *f*.

insolùto, (-a) ⓐ *agg* **1** (*irrisolto*) {PROBLEMA} ungelöst, nicht gelöst **2** (*ancora da pagare*) {DEBITO} unbezahlt **3** *chim* {ELEMENTO} nicht gelöst, ungelöst ⓑ *m pl comm* (*crediti*) Außenstände *pl*: **riscuotere gli insoluti**, Außenstände einziehen.

insolvènte *dir* ⓐ *agg* {DEBITORE, ENTE} zahlungsunfähig, insolvent ⓑ *m* (f) Zahlungsunfähige *mf decl come agg*.

insolvènza *f dir* {+DITTA} Zahlungsunfähigkeit *f*, Insolvenz *f*: ~ **fraudolenta**, betrügerische Verheimlichung der Zahlungsunfähigkeit.

insolvìbile *agg dir* (*che non può pagare*) {DEBITORE} zahlungsunfähig, insolvent.

insolvibilità <-> *f dir* {+IMPRESA} Zahlungsunfähigkeit *f*, Insolvenz *f*.

insómma ⓐ *avv* **1** (*dunque*) also, somit, schließlich: ~ **hai deciso, accetti quel lavoro**, du hast also entschieden, diese Arbeit anzunehmen **2** (*in breve*) kurz, kurz und gut, um es kurz zu sagen: **la casa era ampia e luminosa, ~ quello che ci voleva per lei**, das Haus war geräumig und hell, kurz, das war sie brauchte ⓑ *inter* **1** (*di irritazione*)

aber, eigentlich, vielleicht, doch: **~, basta!**, jetzt reicht's aber!; **~, per chi mi prendono?**, für wen halten die mich eigentlich?; **~, cos'hai da ridere tanto?**, was gibt's da eigentlich so viel zu lachen?; **~, la smetti o no?**, hörst du jetzt endlich auf damit?; **~, finiamola una buona volta!**, lass uns die Sache doch endlich begraben *fam*! **2** (*di impazienza*) jetzt, vielleicht: **~, vuoi partire o restare?**, willst du nun gehen oder dableiben?; **~, si può sapere cosa vuoi?**, kann man vielleicht einmal erfahren, was du willst? **3** (*così, così*) na ja!: **com'è andato il compito in classe? – ~!**, wie ist die Klassenarbeit gelaufen? – Na ja!

insondàbile *agg* **1** (*che non si può scandagliare*) {PROFONDITÀ} nicht auslotbar **2** *fig* (*che non si può esplorare*) {ENIGMA, REGIONE} unerforschlich, unergründlich.

insònne *agg* **1** (*che non ha sonno*) ~ (**per qc**) {BAMBINO PER L'AGITAZIONE} wach (*vor etw* dat) **2** (*senza dormire*) ~ (**per qc**) schlaflos (*wegen etw* gen): **passava notti insonni per la rabbia**, wegen seiner/ihrer/[vor] Wut verbrachte er/sie schlaflose Nächte **3** *fig* (*instancabile*) {OPERA, RICERCATORE} unermüdlich.

insònnia *f* Schlaflosigkeit *f*, Insomnie *f scient*: **molte persone soffrono d'~**, viele Leute leiden unter Schlaflosigkeit.

insonnolìto, (-a) *agg* (*assonnato*) schläfrig, verschlafen, schlaftrunken *forb*: **quando hai bussato alla porta ero ancora tutta insonnolita**, als du an die Tür geklopft hast, war ich noch ganz verschlafen.

insonorizzànte ⓐ *part pres di* insonorizzare ⓑ *agg* schalldämpfend ⓒ *m* (*materiale*) schalldämpfendes/schallisolierendes Material.

insonorizzàre *tr* (*isolare dai rumori*) ~ **qc** *etw* schalldicht machen.

insonorizzàto, (-a) *agg* (*isolato dai rumori*) {STANZA} schalldicht.

insonorizzazióne *f* {+LOCALE} Schallisolierung *f*.

insopportàbile *agg* **1** (*che non si riesce a sopportare*) {FIDANZATA, UOMO} unerträglich, unausstehlich; {CALDO, CARATTERE, FAME, FREDDO, SETE} unerträglich; {SITUAZIONE} *anche* untragbar: **gli ha reso la vita ~**, er/sie hat ihm das Leben unerträglich gemacht **2** (*intollerabile*) {BRUTALITÀ, IMPOSIZIONE} unerträglich.

insorgènza *f* (*il manifestarsi*) Auftreten *n*: ~ **di complicazioni**, das Auftreten von Komplikationen.

insòrgere <*coniug come* sorgere> ⓐ *itr* **1** (*sollevarsi*) ~ (**contro qu/qc**) {CONTRO UN MONARCA, CONTRO UN'INGIUSTIZIA} *sich gegen jdn/etw* erheben, *sich gegen jdn/etw* auf|lehnen, *gegen jdn/etw* auf|stehen *forb obs*: {CONTRO UNA PROPOSTA DI LEGGE, CONTRO LA RIFORMA DELLA SANITÀ} *sich gegen jdn/etw* auf|lehnen **2** (*sorgere*) {COMPLICAZIONE, IMPREVISTO, INFEZIONE, GRAVI DIFFICOLTÀ} auf|treten ⓑ *m* Auftreten *n*, Erscheinen *n*: **l'~ di ostacoli/problemi/complicazioni**, das Auftreten von Hindernissen/Problemen/Komplikationen.

insormontàbile *agg* (*insuperabile*) {DIFFICOLTÀ, LIMITE} unüberwindlich.

insòrsi 1ª pers sing del pass rem *di* insorgere.

insòrto, (-a) ⓐ *part pass di* insorgere ⓑ *agg* **1** (*ribelle*) {CITTADINANZA} aufständisch, aufrührerisch **2** (*sopravvenuto*) {INCONVENIENTE, MALORE} aufgetreten ⓒ *m* (f) (*ribelle*) Aufständische *mf decl come agg*, Aufrührer(in) *m*(f): **gli insorti penetrarono nel palazzo**, die Aufständischen drangen in den Palast

ein.
insospettàbile agg 1 (*superiore a qualsiasi sospetto*) {AMICO, SEGRETARIA} unverdächtig, über jeden Verdacht erhaben 2 (*imprevisto*) unvermutet, ungeahnt: **ha dimostrato un ~ sangue freddo**, er/sie hat eine unvermutete Kaltblütigkeit bewiesen.
insospettabilità <-> f Unverdächtigkeit f.
insospettàto, (-a) agg 1 (*che non suscita sospetti*) unverdächtig 2 fig (*imprevisto*) {VITALITÀ} ungeahnt, unvermutet.
insospettire <*insospettisco*> A tr (*avere*) (*destare sospetto*) ~ **qu** {STRANO COMPORTAMENTO DELL'INQUILINO VICINI DI CASA} jds/[bei jdm] Verdacht erregen, jdn argwöhnisch machen B itr pron <*essere*> (*cominciare a sospettare*): **insospettirsi** (*per/[a causa di]* **qc**) {PER LE CONTINUE ASSENZE DI QU} (*wegen etw gen*) argwöhnisch werden forb, (*wegen etw gen*) Verdacht schöpfen: **insospettirsi alla vista di qu**, bei jds Anblick Verdacht schöpfen; **quando non lo vide rientrare s'insospettì**, als er/sie ihn nicht zurückkommen sah, schöpfte er/sie Verdacht.
insostenìbile agg 1 (*che non si può sostenere*) {SPESA} untragbar 2 (*insopportabile*) {PENA, SITUAZIONE} unerträglich 3 fig (*che non si può difendere*) {POSIZIONE, TESI} unhaltbar, haltlos 4 mil {ATTACCO} unhaltbar.
insostenibilità <-> f 1 (*l'essere insopportabile*) {+SITUAZIONE} Unerträglichkeit f 2 fig {+OPINIONE} Unhaltbarkeit f.
insostituìbile agg (*che non si può sostituire*) {COLLABORATORE, LAVORO} unersetzlich, unersetzbar.
insostituibilità <-> f (*l'essere insostituibile*) {+DOCENTE} Unersetzlichkeit f.
insozzàre A tr 1 (*sporcare*) ~ **qc** {CUCINA, MAGLIONE, MURO} etw beschmutzen, etw versauen fam, etw besudeln 2 fig (*contaminare*) ~ **qc** {ONORE, MEMORIA, NOME DI UNA FAMIGLIA} etw besudeln spreg, etw beflecken B rfl 1 (*imbrattarsi*): **insozzarsi** sich beschmutzen, sich besudeln; indir **insozzarsi qc** {LE MANI} sich (dat) etw beschmutzen, sich (dat) etw besudeln 2 fig (*disonorarsi*): **insozzarsi di/con qc** {CON AZIONI SOSPETTE} seinen Ruf (*durch etw acc*) ruinieren; {DI VERGOGNA} sich mit etw (dat) bedecken.
insperàbile agg (*improbabile*) {RISULTATO} nicht zu erhoffen(d), unverhofft: **in casi come questo un miglioramento è ~**, in solchen Fällen ist eine Besserung nicht zu erhoffen.
insperàto, (-a) agg 1 (*non sperato*) {FORTUNA} unverhofft 2 (*imprevisto*) {ARRIVO} unerwartet.
inspiegàbile agg 1 (*incomprensibile*) unverständlich: **il suo atteggiamento è ~**, seine/ihre Haltung ist unverständlich 2 (*che non si può spiegare*) {EVENTO} unerklärlich.
inspiràre tr 1 (*introdurre nei polmoni*) ~ (**qc**) {ARIA, FUMO, GAS TOSSICO, OSSIGENO, POLVERE} (*etw*) ein|atmen: **inspira profondamente col naso**, atme tief durch die Nase ein 2 fig (*infondere*) ~ **qc** {ANIMA, VITA} etw ein| hauchen, etw ein|geben.
inspiratòrio, (-a) <-ri *m* > agg (*dell'inspirazione*) Einatmungs-, inspiratorisch scient.
inspirazióne f {+GAS TOSSICI} Einatmung f; (*azione*) anche Einatmen n.
instàbile agg 1 anche fig (*non stabile*) {SCALA} instabil, nicht stabil; {EQUILIBRIO, SITUAZIONE} anche unstabil, unbeständig 2 (*variabile*) {TEMPO} unbeständig 3 (*volubile*) {CARATTERE, UMORE} wankelmütig forb spreg 4 (*fluttuante*) {EURO, QUOTAZIONE} unbeständig 5 chim {COMBINAZIONE, COMPOSTO} instabil 6 fis {PARTICELLA, SISTEMA} instabil, labil

7 psic {BAMBINO} labil, haltlos.
instabilità <-> f 1 (*scarsa stabilità*) {+PONTE} Instabilität f 2 fig (*che cambia*) {+COSE DEL MONDO, GOVERNO} Instabilität f; {+SORTE, STAGIONE} Unbeständigkeit f 3 chim fis (*+PLASMA; NUCLEARE*) Instabilität f 4 psic {EMOTIVA; +UOMO} Instabilität f.
installàre A tr 1 (*collocare*) ~ **qc** {IMPIANTO DEL GAS, TELEFONO, TELEVISORE} etw an| schließen, etw installieren 2 (*sistemare*) ~ **qu presso qu** {AMICI PRESSO PARENTI} jdn (bei jdm) unter|bringen 3 inform ~ **qc** {PROGRAMMA, SISTEMA ANTIVIRUS} etw installieren 4 rar (*insediare*) ~ **qu in qc** {PROFESSORE IN UNA CATTEDRA UNIVERSITARIA} jdn (in etw acc) ein| setzen B itr pron scherz (*sistemarsi comodamente*): **installarsi + compl di luogo** sich (*irgendwo*) nieder|lassen, sich (*irgendwo*) ein|nisten: **si è installato a casa nostra e non vuole andarsene**, er hat sich bei uns eingenistet und denkt nicht daran abzureisen.
installatóre, (-trice) *m* (f) (*chi installa impianti*) Installateur(in) *m* (f).
installazióne f 1 (*l'installare*) {+ELETTRODOMESTICO, GAS, TELEFONO} Anschließen n 2 (*impianto*) Anlage f 3 inform Installation f 4 rar (*insediamento*) {+SINDACO, VESCOVO} Einsetzung f, Installation f obs o CH; (*azione*) anche Einsetzen n, Installieren n obs o CH.
installer <-> *m* ingl inform Installationsprogramm n.
instancàbile agg 1 (*infaticabile*) {LAVORATORE} unermüdlich 2 fig (*incessante*) {OPERA} rastlos, unermüdlich.
instancabilità <-> f (*l'essere instancabile*) {+ATLETA} Unermüdlichkeit f.
instant-book <-, -s pl ingl> *m* ingl edit "Buch n zu einem Ereignis von großer Publikumsresonanz, das kurz nach dem Ereignis veröffentlicht wird".
instauràre A tr 1 (*istituire*) ~ **qc** {DITTATURA, MONARCHIA, REPUBBLICA} etw errichten; {NUOVO GOVERNO} etw ein|setzen 2 (*stabilire*) ~ **qc (con qu)** {UN RAPPORTO DI FIDUCIA CON I FIGLI} etw (mit jdm) schaffen, etw (mit jdm) her|stellen 3 (*dare avvio*) ~ **qc** {NUOVO CORSO DELLA POLITICA} etw ein|führen 4 dir ~ **qc** {PROCESSO} etw ein|leiten B itr pron 1 (*costituirsi*): **instaurarsi (+ compl di tempo)** {NUOVO REGIME ALLA FINE DEL SECOLO} sich (*irgendwo*) bilden, (*irgendwo*) errichtet werden 2 (*stabilirsi*): **instaurarsi (+ compl di luogo)** {CLIMA DI SFIDUCIA NEL PAESE} (*irgendwo*) herrschen.
instauratóre, (-trice) *m* (f) (*fondatore*) {+MOVIMENTO ARTISTICO} Gründer(in) *m* (f), Errichter(in) *m* (f).
instaurazióne f {+NUOVA MODA} Gründung f, Errichtung f; (*azione*) anche Gründen n, Errichten n.
insterilìre v **isterilire**.
instillàre tr 1 (*versare*) ~ **qc in qc** {GOCCE DI COLLIRIO NELL'OCCHIO} etw (in etw acc) ein| träufeln, etw (in etw acc) eintröpfeln 2 fig (*infondere a poco a poco*) ~ **qc in qu/qc** {AMORE PER IL TEATRO NELL'ANIMO DI QU, GUSTO PER LA MUSICA NEI GIOVANI} jdm etw vermitteln.
instillazióne f {+COLLIRIO} Einträufelung f, Instillation f.
institóre *m* dir Handlungsbevollmächtigte *m*.
instradàre A tr 1 (*avviare*) ~ **qu/qc** {GRUPPO DI TURISTI} jdn/etw leiten; ~ **qc** {TRAFFICO, VEICOLI} etw um|leiten 2 fig (*indirizzare*) ~ **qu in/verso qc** {RAGAZZO NELLO STUDIO, VERSO UNA CARRIERA} jdn (in etw acc) ein|führen, jdn in etw (acc) ein|weisen, jdn bei etw (dat) an|leiten: **è un giovane che ha bisogno**

di essere instradato, er ist ein Jugendlicher, der geführt werden muss 3 fig (*far procedere*) ~ **qc** {PRATICA} etw in Gang bringen, etw ein|leiten B itr pron (*farsi strada*): **instradarsi in qc** {NEL COMMERCIO} sich (dat) in etw (dat) einen Weg bahnen.
insù A avv (*verso l'alto*) {GUARDARE} nach oben, hinauf B loc avv (*verso l'alto*): **all'~**, nach oben, hinauf, aufwärts.
insubordinatézza f (*indisciplina*) {+SQUADRA} Undiszipliniertheit f.
insubordinàto, (-a) agg 1 (*indisciplinato*) {SCOLARO} undiszipliniert 2 mil {TRUPPE} unbotmäßig, widersetzlich.
insubordinazióne f 1 (*indisciplina*) {+RAGAZZO} Undiszipliniertheit f, Aufsässigkeit f 2 (*ribellione*) {+CLASSE, DETENUTI} Aufstand *m* 3 dir mil Gehorsamsverweigerung f.
insuccèsso *m* 1 (*fallimento*) Misserfolg *m*, Scheitern n: **tentativo destinato all'~**, zum Scheitern verurteilter Versuch 2 (*fiasco*) Reinfall *m* fam, Fiasko n: **il film è stato un clamoroso ~**, der Film war ein grandioser Reinfall fam.
insudiciàre <*insudicio, insudici*> A tr 1 (*sporcare*) ~ **qc (di qc)** {SCARPE DI FANGO} etw (mit etw dat) beschmutzen, etw (mit etw dat) beschmieren; {FOGLIO DI INCHIOSTRO} etw (mit etw dat) beklecksen; {MOBILE DI GRASSO} etw (mit etw dat) beschmieren; ~ **qc (con qc)** {MURO CON SCRITTE} etw (mit etw dat) beschmieren; ~ **qc** {STRADA} etw verschmutzen, etw verunreinigen; {ABITO} anche etw versauen fam 2 fig (*dipingere male*) ~ **qc** {TELE} etw beschmieren spreg, etw voll schmieren spreg 3 fig (*macchiare*) ~ **qc** {ONORE, REPUTAZIONE DI UNA PERSONA} etw beflecken B rfl 1 (*sporcarsi*): **insudiciarsi (di qc)** {DI VERNICE} sich (mit etw dat) beschmieren, sich (mit etw dat) beschmutzen, sich (mit etw dat) besudeln, sich (mit etw dat) schmutzig/dreckig machen; (indir) **insudiciarsi qc (di qc)** {MANI DI GRASSO} sich (dat) etw (mit etw dat) beschmieren 2 fig (*abbassarsi*): **insudiciarsi con qu** sich zu jdm herab|lassen iron: **non t'~ con un individuo del genere**, lass dich nicht zu einem solchen Individuum/Typ herab iron, gib dich erst gar nicht mit solch einem Individuum/ Typ ab.
insufficiènte agg 1 (*non bastevole*) {MOTIVO, RACCOLTO} ungenügend, unzureichend, unzulänglich: **è una cifra ~ a pagare il debito**, die Summe reicht nicht aus, um die Schulden zu bezahlen 2 (*inadeguato*) ~ (**a qc**) {PADRE AI PROPRI DOVERI} etw (dat) nicht gewachsen 3 scuola {VOTO} ungenügend.
insufficiènza f 1 (*carenza*) ~ **di qu/qc** {DI OPERATORI, DI LETTI IN UN OSPEDALE, DI SPIRITO D'INIZIATIVA} Mangel *m* an jdm/etw: **assolvere qu per ~ di prove**, jdn aus Mangel an Beweisen freisprechen 2 (*inadeguatezza*) {+SALARI} Unzulänglichkeit f 3 (*incapacità*) {+CLASSE POLITICA} Ungeeignetheit f, Unfähigkeit f, Untüchtigkeit f 4 med Schwäche f, Versagen n, Insuffizienz f scient: ~ **mentale/renale/respiratoria**, Geistesschwäche f/[Niereninsuffizienz f scient]/[respiratorische Insuffizienz scient] 5 scuola: **ho preso tre insufficienze di latino**, ich habe in Latein drei "ungenügend" bekommen; **avere un'~ in fisica**, ein "ungenügend" in Physik haben.
insufflàre tr 1 med ~ **qc + compl di luogo** {ARIA NEI POLMONI} etw (*irgendwohin*) ein| blasen 2 fig rar (*ispirare*) ~ **qc a qu** {CORAGGIO} jdm etw ein|flößen.
insufflazióne f med {+ARIA} Einblasen n, Insufflation f scient.
insula f lat 1 anat Insula f scient 2 archeol "Haus n in einer römischen Stadt".
insulàre A agg (*di un'isola*) {CLIMA} Insel-,

insular B m (f) (*isolano*) Inselbewohner(in) m(f).

insularismo m 1 *geog* Insularität f 2 *fig* (*tendenza all'isolamento*) {CULTURALE, POLITICO} Insularismus m (*Abschottungstendenz* f *eines Inselstaates*).

insulina f *biol farm* Insulin n.

insulinico, (-a) <-ci, -che> agg *med* {SHOCK} Insulin- *scient*.

insulinismo m *med* Insulinismus m *scient*.

insulinoterapia f *med* Insulintherapie f *scient*.

insulsaggine f 1 (*futilità*) {+RAGAZZO} Geistlosigkeit f, Fadheit f *spreg*; {+DISCORSO} Abgeschmacktheit f, Albernheit f *spreg* 2 (*atto, detto sciocco*) Abgeschmacktheit f, Albernheit f *spreg*.

insulso, (-a) agg (*futile*) {PERSONA} geistlos, fad(e) *spreg*; {AFFERMAZIONE, ARTICOLO, CONCETTO} banal *forb spreg*, abgeschmackt, albern *spreg*, fad(e) *spreg*, nichts sagend.

insultante agg (*offensivo*) {COMPORTAMENTO} beleidigend, anstößig.

insultare A tr (*offendere*) ~ **qu** {POLITICANTE, TIFOSO DELLA SQUADRA AVVERSARIA} *jdn* beleidigen, *jdn* beschimpfen, *jdn* schmähen *forb*; ~ **qc** {MEMORIA DI UN MAGISTRATO} *etw* schmähen *forb* B rfl *rec* (*offenderesi a vicenda*): insultarsi {DUE MANIFESTANTI} sich beschimpfen, sich beleidigen.

insulto m 1 (*offesa*) Beleidigung f, Beschimpfung f, Schmähung f *forb*: **non occorre arrivare agli insulti!**, zu Beleidigungen muss man es nicht kommen lassen! 2 *fig* (*danno*) Schaden m: **la statua è stata esposta per anni agli insulti delle intemperie**, die Statue ist jahrelang den Unbilden des Wetters *forb* ausgesetzt gewesen; **gli insulti del tempo**, der Zahn der Zeit 3 *med* Anfall m: ~ **apoplettico/cardiaco**, Schlag-/Herzanfall m.

insuperabile agg 1 *anche fig* (*insormontabile*) {DIFFICOLTÀ, FIUME, OSTACOLO, VETTA} unüberwindlich 2 (*imbattibile*) {ATLETA, CAVALLO} unübertrefflich, ausgezeichnet, unschlagbar 3 (*formidabile*) {DIRETTORE D'ORCHESTRA} unübertrefflich, ausgezeichnet, unschlagbar.

insuperato, (-a) agg (*imbattuto*) {ABILITÀ, PRIMATO} unüberwunden, unübertroffen: **il suo record è rimasto finora ~**, sein/ihr Rekord ist bis jetzt unübertroffen/ungebrochen geblieben.

insuperbire <*insuperbisco*> A tr <*avere*> (*rendere superbo*) ~ **qu** {SUCCESSO UOMO D'AFFARI} *jdn* hochmütig machen, *jdn* stolz machen B itr <*essere*> itr pron (*diventare superbo*): **insuperbirsi** (**per qc**) {PER LA VITTORIA} (*wegen etw* gen) hochmütig werden, (*wegen etw* gen) stolz werden.

insurrezionale agg 1 (*dell'insurrezione*) {MOTO} aufständisch, aufrührerisch 2 (*degli insorti*) {ASSEMBLEA} Aufständischen-, Revolutions-, Insurrektions- *forb*.

insurrezione f (*rivolta*) {POPOLARE} Aufstand m, Erhebung f, Insurrektion f *forb*.

insussistente agg 1 (*inconsistente*) {PERICOLO, PROBABILITÀ DI SUCCESSO} inexistent, nicht bestehend, nicht vorhanden 2 (*infondato*) {VOCI} unbegründet; {AFFERMAZIONE, anche gegenstandslos; {ACCUSA} anche hinfällig.

insussistenza f 1 (*inconsistenza*) Inexistenz f, Nichtbestehen n; *dir* {+CONDIZIONE, REATO} Nichtgegebensein n 2 (*infondatezza*) {+ACCUSA} Gegenstandslosigkeit f.

intabarrare A tr ~ **qu** 1 (*mettere un tabarro*) *jdn* in den Mantel hüllen 2 (*imbaccucare*) {BAMBINO} *jdn* ein|mummel(l)n *fam* B rfl: **intabarrarsi** 1 (*avvolgersi in un tabarro*) sich in einen Mantel hüllen 2 (*imbaccuccarsi*) sich ein|mumme(l)n *fam*.

intaccabile agg 1 {MATERIALE} angreifbar 2 *fig* {RISULTATO} angreifbar.

intaccare <*intacco, intacchi*> A tr ~ **qc** 1 (*fare uno o più tagli*) {BANCO, BASTONE} *etw* (ein|)kerben, *etw* ein|schneiden, *etw* an|schneiden 2 (*danneggiare il filo*) {LAMA, RASOIO} *etw* schartig machen 3 (*erodere*) {ACIDO METALLO} *etw* an|greifen 4 (*attaccare*) {MALATTIA FEGATO} *etw* an|greifen 5 *fig* (*cominciare a consumare*) {CAPITALE} *etw* an|greifen 6 *fig* (*ledere*) {LITIGIO AMICIZIA, ONORE, REPUTAZIONE DI UN UOMO} *etw* (dat) schaden 7 *chim etw* an|ätzen, *etw* an|greifen B itr *rar* (*intopparsi*) stocken, stecken bleiben.

intaccatura f 1 (*tacca*) {+BANCO} Kerbe f, Einschnitt m; {+LAMA} Scharte f 2 (*l'intaccare*) (Ein)kerben n, Einschneiden n.

intacco m (*tacca*) Kerbe f, Einschnitt m.

intagliare <*intaglio, intagli*> tr ~ **qc** 1 (*incidere*) {LEGNO} *etw* schnitzen; {METALLO} *etw* (aus|)stechen; {MARMO} *etw* hauen, *etw* gravieren, *etw* meißeln 2 {DIAMANTE} *etw* schleifen 3 (*fare degli intagli*) {FOGLIO DA DISEGNO} *etw* (an|)schneiden; *lavori femminili* {RICAMO} *etw* ein|schneiden.

intagliatore, (-trice) m (f) {+CAMMEO} Schleifer(in) m(f); {+METALLO} Stecher(in) m(f), Schneider(in) m(f), Graveur m: ~ **su legno**, Holzschnitzer m.

intaglio <-*gli*> m 1 *arte* (*nella scultura: l'intagliare*) {+LEGNO} Schnitzen n: **lavorare un mobile/[legno pregiato] con la tecnica dell'~**, ein Möbel/[hochwertiges Holz] schnitzen; {+METALLO} Stechen n, Schneiden n, Gravieren n; {+CAMMEO, PIETRA PREZIOSA} Schleifen n 2 (*oggetto intagliato*) Schnitzwerk n, Schnitzerei f, Schnitzarbeit f.

intanfare A tr <*avere*> *lett* (*ammorbare*) ~ **qc** {AMBIENTE} *etw* verpesten B itr <*essere*> **intanfarsi** itr pron *lett* modrig/abgestanden riechen.

intangibile agg 1 (*intoccabile*) {RISORSE} unberührbar; {CAPITALE} unantastbar 2 *fig* (*inviolabile*) {DIRITTO, LIBERTÀ DEL CITTADINO} unantastbar, unverletzbar.

intangibilità <-> f 1 {+CAPITALE} Unantastbarkeit f 2 (*inviolabilità*) {+DIRITTO} Unantastbarkeit f.

intanto A avv 1 (*nel frattempo*) inzwischen, unterdessen, mittlerweile, währenddessen: **~ aspettami qui**, warte inzwischen hier auf mich 2 (*invece*) dagegen, indessen, aber: **dice di voler smettere di fumare e ~ continua a comprare le sigarette**, er/sie sagt, dass er/sie mit dem Rauchen aufhören will, aber er/sie kauft sich weiterhin Zigaretten; **non l'avrà fatto apposta, ma ~ io mi trovo nei guai**, er/sie wird es nicht mit Absicht getan haben, aber ich stecke trotzdem in Schwierigkeiten 3 (*conclusivo*) schließlich, zu guter Letzt: ~ **anche questo caso è stato risolto**, zu guter Letzt ist auch dieser Fall gelöst; **e ~ noi siamo rovinati**, und schließlich sind wir ruiniert B loc avv (*per il momento*): **per ~**, einstweilen, vorläufig; **per ~ va bene così**, vorläufig ist das so in Ordnung C loc cong (*mentre*) ~ **che ... ind** während ... *ind*: **~ che aspetti leggiti questo articolo**, während du wartest, lies dir diesen Artikel durch; **scendete ~ che mi preparo**, geht hinunter, während ich mich vorbereite.

intarlare itr <*essere*> itr pron (*essere attaccato dai tarli*): **intarlarsi** {MOBILE ANTICO} wurmstichig werden.

intarmare itr <*essere*> itr pron (*essere attaccato dalle tarme*) **intarmarsi** {TAPPETO} von Motten zerfressen werden.

intarsiare <*intarsio, intarsi*> tr 1 (*lavorare a intarsio*) ~ **qc** {MOBILE, TAVOLO} *etw* mit Holz ein|legen, *etw* intarsieren; (*uso assol*) Intarsien her|stellen: **è esperto nell'~**, er ist Experte für Einlegearbeiten in Holz/[Herstellung von Intarsien] 2 *fig* (*ornare*) ~ **qc di qc** {DISCORSO DI CITAZIONI} *etw* mit *etw* (dat) schmücken, *etw* mit *etw* (dat) verzieren.

intarsiato, (-a) agg (*lavorato a intarsio*) {MOBILE} eingelegt, intarsiert.

intarsiatore, (-trice) m (f) (*artigiano*) Intarseur(in) m(f).

intarsio <-*si*> m 1 (*l'intarsiare*) Einlegearbeit f, Einlegen n: **l'arte dell'~**, die Kunst des Einlegens 2 (*decorazione*) {AVORIO} Intarsie f, Einlegearbeit f, Intarsiatur f 3 *enigmistica* Schachtelrätsel n 4 *med* (*in odontoiatria*) Einlagefüllung f: ~ (**dentario**), Einlagefüllung f 5 *tess* {+PIZZO} "in einen Stoff eingefügtes verschiedenartiges Gewebe".

intasamento m 1 (*ingorgo*) {+TUBO} Verstopfung f 2 (*rif. a traffico*) Verkehrsstau m, Verkehrsstockung f 3 *mil min* {+FORO DA MINA} Stopfen n, Versetzen n, Besatz m.

intasare A tr ~ **qc** 1 (*occludere*) {CONDUTTURA, LAVELLO} *etw* verstopfen 2 (*provocare un'interruzione*) {INCIDENTE TRAFFICO CITTADINO} *etw* zum Stocken bringen; {AUTOCARRO CARREGGIATA} *etw* verstopfen B itr pron 1 (*ostruirsi*): **intasarsi** {TUBO} verstopfen 2 (*otturarsi*): a **causa del raffreddore mi si è intasato il naso**, durch den Schnupfen habe ich eine verstopfte Nase/[ist meine Nase zu *fam*].

intasato, (-a) agg 1 (*otturato*) {TUBO} verstopft 2 (*chiuso*) {NASO} verstopft 3 (*bloccato*) {STRADA} verstopft.

intascare <*intasco, intaschi*> tr 1 (*mettere in tasca*) ~ **qc** {PORTAFOGLIO} *etw* in die Tasche stecken 2 *fig* (*guadagnare*) ~ (**qc**) {SOMMA DI DENARO} *etw* ein|stecken *fam spreg*, *etw* ein|streichen *fam spreg*, *etw* ein|sacken *fam*: **con quell'affare ha intascato diversi milioni**, durch das Geschäft hat er einige Millionen eingesteckt *fam spreg*.

intatto, (-a) agg 1 (*mai toccato*) {NATURA} unberührt 2 (*puro*) {NOME DI QU} unbefleckt, makellos 3 (*integro*) {PACCO} unversehrt, unangetastet, unangebrochen; {BELLEZZA} ungebrochen, ungetrübt 4 (*irrisolto*) {FACCENDA} unverändert.

intavolare tr ~ **qc** 1 (*sistemare in tabelle*) {DATI, NUMERI} *etw* ein|tragen, *etw* ein|schreiben, *etw* auf|stellen 2 *fig* (*iniziare*) {DISCUSSIONE} *etw* beginnen, *mit etw* (dat) an|fangen; {TRATTATIVE} *etw* auf|nehmen.

integerrimo, (-a) <*superl di* integro> agg (*incorruttibile*) {AMMINISTRATORE, FUNZIONARIO} makellos, unbestechlich.

integrabile agg (*che si può integrare*) {PENSIONE} ergänzbar; *mat* {FUNZIONE} integrierbar.

integrale① agg 1 (*completo*) {RIMBORSO} vollständig, gesamt; {VERSIONE DI UN FILM} ungekürzt; {EDIZIONE} *anche* Gesamt-; {APPLICAZIONE DI UNA LEGGE} uneingeschränkt; {ABBRONZATURA} nahtlos; *fam scherz* {IMBECILLE} Voll- 2 *gastr* {PANE} Vollkorn-, vollkörnig; {RISO} ungeschält; {ALIMENTI} Vollwert-.

integrale② *mat fis* A agg {CALCOLO} Integral- B m {+FUNZIONE} Integral n.

integralismo m *polit relig* {ISLAMICO} Integralismus m.

integralista <-i m, -e f> *polit relig* A agg {PENSIERO} integralistisch B mf Integralist(in) m(f).

integralistico, (-a) <-ci, -che> agg *polit relig* {PENSIERO} integralistisch.

integrante agg (*fondamentale*) {ASPETTO DI

UNA TEORIA} integrierend, essenziell, unerlässlich.

integràre Ⓐ tr 1 (*completare*) ~ qc (**con qc**) {CURA DI ANTIBIOTICI CON VITAMINE, TESTO CON DELLE NOTE} *etw durch etw* (acc) ergänzen; ~ **qc** (**con qu**) {ORGANICO DI UN'AZIENDA CON NUOVI OPERAI} *etw durch jdn* ergänzen 2 (*inserire*) ~ **qu/qc in qc** {EXTRACOMUNITARI NELLA SOCIETÀ} *jdn/etw in etw* (acc) integrieren 3 *mat* ~ **qc** {FUNZIONE} *etw* integrieren Ⓑ rfl (*inserirsi*): **integrarsi** (*in qc*) {LAVORATORI ITALIANI IN GERMANIA} sich *in etw* (acc) integrieren Ⓒ rfl rec (*completarsi l'un l'altro*): **integrarsi** {FORZE SOCIALI} sich ergänzen.

integrativo, (-a) agg 1 (*aggiuntivo*) {INDENNITÀ} Ergänzungs-, Zusatz- 2 *dir* {NORMA} Ergänzungs-, Zusatz- 3 *scuola* {ANNO, CORSO, ESAME} Aufbau-.

integràto, (-a) agg 1 *elettr tel* {CIRCUITO, ELETTRONICA, RESISTORE} integriert 2 *inform* {MACCHINA} integriert.

integratóre, (-trice) Ⓐ agg 1 Ergänzungs- 2 *elettr fis inform mat* Integrierender, Integrier- Ⓑ m 1 <*di solito al pl*> {DIETETICI} Nahrungszusätze m pl 2 *mat* Integrator m, Integriergerät n.

integrazióne f 1 (*supplemento*) Vervollständigung f, Ergänzung f: ~ **dello stipendio**, Gehaltszulage f 2 (*aggiunta*) Zusatz m: ~ **del latte con vitamine**, Milch mit Vitaminzusatz 3 (*completamento*) {+RAPPORTO, TESTO} Vervollständigung f, Ergänzung f: **a ~ della ricerca svolta, presentiamo oggi dei nuovi dati**, zur Vervollständigung der durchgeführten Untersuchung stellen wir heute neue Daten vor 4 (*inserimento*) {+EMIGRANTI, MINORANZA ETNICA} Integration f, Eingliederung f: ~ **razziale**, Rassenintegration f; {+TOSSICODIPENDENTE} Integration f 5 (*annessione*) {+REGIONE} Annektierung f, Annexion f 6 (*fusione*) Fusion f: ~ **dei reparti**, Abteilungszusammenschluss m 7 (*collaborazione*) {ECONOMICA, EUROPEA, POLITICA} Zusammenarbeit f 8 *spreg* (*omologazione*) Gleichschaltung f: **resistere/opporsi ai tentativi di ~ (nel sistema capitalista)**, sich den Gleichschaltungsversuchen (im kapitalistischen System) widersetzen 9 *anat* {+ATTIVITÀ DEGLI ORGANI, INFLUSSI NERVOSI} Integration f 10 *dir* {+CONTRATTO} Ergänzung f, Vervollständigung f 11 *econ* {LATERALE, ORIZZONTALE, VERTICALE DELLE IMPRESE} Integration f 12 *mat stat* {+DATI; NUMERICA} Integration f.

integrazionìsmo m *polit* Rassengleichheitsbewegung f.

integrazionìsta <-i m, -e f> *polit* Ⓐ agg Rassengleichheits- Ⓑ mf Rassengleichheitskämpfer(in) m(f).

integrità <-> f 1 (*l'essere intatto*) {+TERRITORIO NAZIONALE} Unversehrtheit f, Intaktheit f; {+VASO DI CRISTALLO} Vollständigkeit f, Gesamtheit f: ~ **fisica**, körperliche Unversehrtheit 2 *fig* (*correttezza*) Rechtschaffenheit f, Integrität f: **essere un esempio di ~ d'animo**, von beispielhafter Integrität sein.

integro, (-a) <*più integro, integerrimo*> agg 1 (*completo*) {TESTO} vollständig, ganz, ungekürzt; {SOMMA} Gesamt- 2 (*intatto*) {SCULTURA} intakt, unversehrt, unberührt 3 *fig* (*onesto*) {GIUDICE} integer, rechtschaffen, unbescholten, ehrbar, anständig.

intelaiàre <*intelaio, intelai*> tr ~ **qc** 1 (*fare un telaio*) *etw* ein|rahmen, *etw* ein|fassen 2 *tecnol* {VETRO} *etw* ein|rahmen, *etw* ein|fassen 3 *tecnol* {MACCHINA} *etw* bauen.

intelaiatùra f 1 (*l'intelaiare*) Aufspannen n 2 (*telaio*) {+QUADRO, SPECCHIO} Einrahmung f 3 *fig* (*struttura*) {+DRAMMA, ECONOMIA NAZIONALE, RACCONTO} Aufbau m, Struktur f 4 *edil* Gerüst n; {+FINESTRA, PORTA} Rahmen

m; {+INFISSO} Rahmenwerk n, Skelett n; {+PONTE} Tragwerk n 5 *mar* {+NAVE} Spanten n pl 6 *mecc* Gerüst n, Gestell n; {+BICICLETTA} Spanten n pl.

intelàre tr (*sostenere con tela*) ~ **qc** {GIACCA} *etw* mit Stoff bespannen.

intellegibile → **intelligibile**.

intellettivo, (-a) agg (*dell'intelletto*) geistig; {QUOZIENTE} Intelligenz-: **facoltà** ~, Geistesgabe f.

intellètto m 1 (*facoltà intellettiva*) {UMANO} Intelligenz f, Verstand m, Intellekt m 2 (*mente*) {DEBOLE, GRANDE} Geist m, Intellekt m, Verstand m, Denkvermögen n 3 (*ingegno*) Geist m, Kopf m, Intelligenz f: **è uno dei nostri più grandi intelletti**, er/sie ist einer unserer bedeutendsten Köpfe 4 *relig* {DIVINO, PRIMO} Einsicht f ● **perdere (il ben del)l'~** (*andare fuori di senno*), den Verstand verlieren.

intellettuàle Ⓐ agg 1 {ACUTEZZA, FORZA} verstandesmäßig, Verstandes-; {FACOLTÀ} Denk-; {LAVORO, SUPERIORITÀ} intellektuell, geistig 2 {AMICO} intellektuell 3 (*culturale*) {CIRCOLO} geistig, Kultur- 4 *rar* (*intellettualistico*) {TESTO} intellektualistisch Ⓑ mf Intellektuelle mf decl come agg: **è un ~ impegnato**, er ist ein engagierter Intellektueller; **darsi arie da ~**, einen auf intellektuell machen *fam spreg*; **fare l'~** *iron*, intellektuell wirken.

intellettualìsmo m *anche filos* Intellektualismus m.

intellettualìsta <-i m, -e f> mf *anche filos* Intellektualist(in) m(f).

intellettualìstico, (-a) <-ci, -che> agg *anche filos* (*cerebrale*) {ARTE, CONCETTO} intellektualistisch.

intellettualità <-> f 1 (*l'essere intellettuale*) {+MOTIVAZIONE} Intellektualität f, Verstandesmäßigkeit f 2 (*intellettuali*) Intellektuellen pl, Intelligenz f.

intellettualizzàre tr *anche spreg* (*rendere intellettuale*) ~ **qc** {PRODUZIONE NARRATIVA} *etw* intellektualisieren *forb*.

intellettualizzazióne f *anche filos psic* Intellektualisierung f *forb*.

intellettualòide *spreg* Ⓐ agg (*pseudo intellettuale*) {SPETTACOLO} pseudointellektuell *spreg* Ⓑ mf Halbgebildete mf decl come agg *spreg*, Pseudointellektuelle mf decl come agg *spreg*.

intellezióne f *filos* Erkennen n, Verstehen n.

intelligence <-> f *ingl* (*servizio segreto*) Intelligence f, Geheimdienst m.

intelligènte agg 1 (*dotato di intelligenza*) intelligent, klug, gescheit: **la scimmia è un animale ~**, der Affe ist ein intelligentes Tier 2 (*paricolarmente dotato*) {ECONOMISTA, STORICO} intelligent: **è uno studente molto ~**, er ist ein sehr intelligenter Student; **essere poco ~**, nicht sehr intelligent sein 3 (*fatto con intelligenza*) {LIBRO, PROPOSTA, RISPARMIO, SUGGERIMENTO} klug, intelligent 4 (*che rivela intelligenza*) {ESPRESSIONE, SGUARDO} intelligent 5 *scherz* (*provvidenziale*) gelegen kommend: **un intervento chirurgico ~ gli ha evitato il servizio militare**, ein gelegen kommender chirurgischer Eingriff hat ihm den Wehrdienst erspart 6 *filos* {PRINCIPIO} intelligent, denkend 7 *inform tecnol* {COMPUTER, SEMAFORO} intelligent.

intelligènza f 1 (*capacità di intendere e di pensare*) {ACUTA} Verstand m, Intelligenz f: **è una persona di media ~**, er/sie ist ein Mensch von durchschnittlicher Intelligenz; *psic* Intellekt m, Denkvermögen n 2 (*abilità*) Klugheit f, Intelligenz f: **dare prova di grande ~**, große Klugheit beweisen; **disporre di un'~ pratica/speculativa/creativa**, über

praktische/spekulative/kreative Intelligenz verfügen; **è una ricerca fatta con ~**, das ist eine ₍mit Verständigkeit₎/[verständig] gemachte Untersuchung 3 (*ingegno*) großer Kopf, Talent n, Intelligenz f, kluger Mensch, Geist m: **è una delle più belle intelligenze del nostro secolo**, er/sie ist einer der größten Köpfe/Geister unseres Jahrhunderts 4 (*intesa*) (Ein)verständnis n: **ha ~ col nemico**, zwischen ihm/ihr und dem Feind herrscht Einverständnis 5 *inform* {+COMPUTER} Intelligenz f: ~ **artificiale**, künstliche Intelligenz 6 *lett* (*comprensione*) Verständlichkeit f: **un testo di difficile ~**, ein schwer verständlicher Text 7 *mar* Gegensignal n, Empfangsbestätigungssignal n ● **le intelligenze celesti** *relig*, die Engel m pl; **come ~ non ha certo da scialare** *fig* (*non è una cima*), er/sie ist sicherlich keine Intelligenzbestie *fam*; ₍**l'Intelligenza suprema**₎/[**la prima Intelligenza**] *relig* (*Dio*), Gott m.

intellighènzia f *anche stor* (*intellettuali*) {FRANCESE} Intelligenzija f; *iron* Intelligenz f.

intelligìbile agg 1 (*comprensibile*) {DISCORSO, SCRITTURA} verständlich 2 *filos* intelligibel.

intelligibilità <-> f (*comprensibilità*) {+SCRITTO} Verständlichkeit f.

INTELSAT m abbr *dell'ingl* International Telecommunications Satellite Consortium (*Consorzio internazionale per le telecomunicazioni via satellite*) INTELSAT (internationale Fernmeldesatelliten-Organisation).

intemeràta f *fam* (*rimprovero*) Maßregelung f, Zurechtweisung f.

intemeràto, (-a) agg (*puro*) {FAMA} unbescholten, rechtschaffen; {COSCIENZA} rein.

intemperànte agg 1 (*smodato*) unmäßig, maßlos, zügellos, unbeherrscht: **essere ~ nel mangiare**, unmäßig essen; **fare un uso ~ di vino**, maßlos Wein konsumieren 2 (*violento*) {LINGUAGGIO} ungezügelt.

intemperànza f 1 (*smodatezza*) Unmäßigkeit f, Zügellosigkeit f 2 (*atto*) Unbeherrschtheit f, Ausschweifung f: **tutti i tuoi disturbi sono dovuti alle tue intemperanze**, all deine Beschwerden sind auf deine Ausschweifungen zurückzuführen.

intempèrie f pl schlechtes Wetter, Unwetter n, Unbilden pl *forb* ₍des Wetters₎/[der Witterung]: **essere/rimanere esposto alle ~**, den Unbilden *forb* der Witterung ausgesetzt sein; **resistere alle ~**, den Unbilden *forb* des Wetters widerstehen.

intempestività <-> f (*inopportunità*) {+DOMANDA, VISITA} Ungelegenheit f.

intempestìvo, (-a) agg (*inopportuno*) {DOMANDA, PROPOSTA} ungelegen.

intendènte m 1 *amm* Verwalter m, Direktor m: ~ **di finanza**, Finanzdirektor m 2 *mil* Vorgesetzter m einer Intendantur.

intendènza f 1 *amm* Direktion f, Verwaltungsstelle f, Amt n: ~ **di finanza**, Finanzdirektion f 2 *mil* Intendantur f: ~ **militare**, Heeresverwaltungsbehörde f.

intèndere <coniug *come* tendere> Ⓐ tr 1 (*capire*) ~ **qu** *jdn* verstehen: **mi ha inteso?**, haben Sie mich verstanden?; ~ **qc** {DISCORSO, FRASE, PAROLA, RAGIONAMENTO} *etw* begreifen, *etw* verstehen: **lasciare/fare ~**, *etw* durchblicken lassen: **lasciare/fare ~ qc a qu**, jdm etw zu verstehen geben; **che cosa si intende per Romanticismo?**, was versteht man unter Romantik? 2 (*interpretare*) ~ **qc + compl di modo** (*RISPOSTA IN VARIO MODO*) *etw* (*irgendwie*) aus|legen, *etw* (*irgendwie*) interpretieren, *etw* (*irgendwie*) verstehen: **questo verso si può ~ in due modi**, diesen Vers kann man auf zwei Arten auslegen;

quel rifiuto è stato inteso come una provocazione, diese Ablehnung wurde als Provokation verstanden 3 (*volere*) ~ **fare qc** *etw tun* wollen; vor|haben, *etw zu tun*: **intendo lasciare questa città**, ich will diese Stadt verlassen; ich habe vor, diese Stadt zu verlassen; **cosa intendi dire?**, was willst du damit sagen?; **non intendo rispondere alla sua lettera**, ich habe nicht vor, seinen/ihren Brief zu beantworten; **non intendeva offenderti**, er/sie wollte dich nicht beleidigen 4 (*voler esprimere*) ~ **qc** *etw* meinen: **mi hai frainteso, intendevo un'altra cosa**, du hast mich missverstanden, ich meinte etwas anderes 5 (*pensare*) ~ **qc** sich (dat) *etw* vor|stellen: **queste sono vacanze come le intendo io!**, das sind Ferien_L, wie ich sie mir vorstelle_J/[nach meinem Geschmack]! 6 (*ascoltare*) ~ **qc** *auf etw* (acc) hören: **non vuole ~ consigli da nessuno**, er/sie hört auf keinen Rat 7 (*intuire*) ~ **qc** *etw* ahnen, *etw* vermuten: **credo di ~ il motivo della tua visita**, ich glaube, den Grund deines Besuches zu ahnen 8 (*sentire*) ~ **qc** {RUMORE, SUONO} *etw* vernehmen; *etw* hören: **abbiamo inteso molte chiacchiere sul suo conto**, wir haben viel Klatsch über ihn/sie gehört **B** *itr lett* (*dedicarsi*) ~ **a qc** {AL PROPRIO LAVORO} sich *etw* (dat) widmen **C** *itr pron* (*essere esperto*): **intendersi di qc** {DI ASTROLOGIA, DI GIARDINAGGIO} etwas *von etw* (dat) verstehen: **se ne intende di antiquariato**, er/sie versteht etwas vom Antiquariat; **è uno che se ne intende**, er ist ein Fachmann, er kennt sich damit aus **D** *rfl rec* 1 (*andare d'accordo*): **intendersi + compl di modo** {ALLA PERFEZIONE} sich *mit jdm irgendwie* verstehen: **ci intendiamo a meraviglia**, wir verstehen uns wunderbar 2 (*capirsi*): **intendersi** sich verstehen: **intendiamoci bene, tu da sola in vacanza non ci vai!**, dass wir uns richtig verstehen, du fährst nicht allein in Urlaub!; **tanto per intenderci ...**, damit L_keine Missverständnisse entstehen_J/[das klar ist *fam*] ... 3 (*mettersi d'accordo*): **intendersi su qc** {SUL PREZZO, SULLE PULIZIE DI CASA} sich *über etw* (acc) verständigen ● **intendersela con qu** (*avere una relazione*), mit jdm ein Verhältnis haben, etwas mit jdm haben *fam*; **se la intende con la moglie del sindaco**, er hat mit der Frau des Bürgermeisters ein Verhältnis, er und die Frau des Bürgermeisters haben was miteinander; **dare a ~ a qu che ...** (*fargli credere una cosa non vera*), jdm etw weismachen/vormachen; **cercare di darla a ~ a qu**, jdm etw weiszumachen suchen; **paghiamo noi, s'intende**, es versteht sich von selbst, dass wir zahlen; **s'intende che verremo a trovarvi appena possibile**, selbstverständlich/klar *fam* kommen wir euch so bald wie möglich besuchen.

intendiménto m 1 (*intenzione*) Absicht f, Sinn m: **è nostro ~ chiarire quest'affare**, es ist unsere Absicht, diese Sache zu klären 2 (*comprensione*) {+FRASE} Verständnis m 3 (*intelligenza*) {ACUTO} Verstand m.

intenditóre, (-**trice**) m (f) (*conoscitore*) Kenner(in) m(f): **~ di musica/vini**, Musik-/Weinkenner m ● **a buon intenditor poche parole** *prov*, einem Gelehrten ist gut predigen.

intenerìménto m 1 {+CARNE} Zartwerden n 2 *fig* {+MADRE} Weichwerden n, Rührung f.

intenerìre <*intenerisco*> **A** *tr* 1 *fig* (*commuovere*) ~ **qu** {SCENA SPETTATORE} *jdn* rühren; {SUPPLICHE DEL FIGLIO MADRE} *jdn* erweichen 2 *rar* (*rendere tenero*) ~ **qc** *etw* weich machen; {CARNE} *anche etw* zart machen **B** *itr pron*: **intenerirsi** 1 (*divenire tenero*) weich werden; {CARNE} *anche* zart werden

2 *fig* (*addolcirsi*) {INSEGNANTE} sich erweichen lassen.

intenerìto, (-**a**) *agg fig* (*tenero*) {SGUARDO} gerührt, ergriffen, bewegt.

intensificàre <*intensifico, intensifichi*> **A** *tr* ~ **qc** 1 (*rafforzare*) {LA VIGILANZA} *etw* verstärken 2 (*rendere più intenso*) {LO STUDIO} *etw* intensivieren; ~ **gli sforzi per raggiungere un obiettivo**, seine Anstrengungen intensivieren, um ein Ziel zu erreichen 3 (*rendere più frequente*) {LE VISITE} die Zahl *von etw* (dat/+ gen) erhöhen 4 (*incrementare*) {LA PRODUZIONE} *etw* steigern **B** *itr pron*: **intensificarsi** 1 (*farsi più intenso*) {RITMI DI PRODUZIONE, TRAFFICO} zu|nehmen 2 (*farsi più frequente*) {IMPEGNI, SCAMBI CULTURALI} sich intensivieren, intensiver werden.

intensificazióne f 1 (*il diventare più intenso*) {+SFORZI} Intensivierung f 2 (*il diventare più frequente*) {+AZIONI CRIMINALI} Zunahme f 3 (*rafforzamento*) {+SORVEGLIANZA} Verstärkung f, Intensivierung f.

intensìmetro m *fis* Intensimeter n.

intensità <-> **A** f 1 (*l'essere intenso*) {+DOLORE} Intensität f, Stärke f, Heftigkeit f, Gewalt f; {+FREDDO} *anche* Strenge f; {+SENTIMENTO} Intensität f, Tiefe f; {+COLORE} *anche* Kräftigkeit f, Sattheit f, Saftigkeit f 2 *biol* {+GENE; RESPIRATORIA} Intensität f 3 *fis* (abbr I) Intensität f, Stärke f: **~ luminosa**, Lichtstärke f, Leuchtkraft f; **~ di un segnale**, Intensität eines Signals 4 *mus* Intensität f: **~ di un suono**, Schallintensität f, Schallstärke f **B** *loc avv* (*intensamente*): **con ~** {GUARDARE, LAVORARE} intensiv; {ODIARE} inbrünstig *forb*.

intensìvo, (-**a**) *agg* 1 (*che intensifica*) {PROPAGANDA} intensiv 2 (*accelerato*) {CORSO} Intensiv- 3 *agr* {COLTURA} intensiv 4 *chim fis* {GRANDEZZE} intensiv 5 *med* intensiv; {TERAPIA} Intensiv- 6 *zoo* {INGRASSAMENTO} intensiv.

intènso, (-**a**) *agg* 1 (*forte*) {CHIARORE, LUCE, ODORE} intensiv, stark; {FREDDO} *anche* groß, streng; {COLORE} intensiv, tief, kräftig, satt, saftig 2 (*profondo*) {SGUARDO} eindringlich; {AMORE, EMOZIONE} tief, heftig, stark, gewaltig 3 *fig* (*assiduo*) {LAVORO} intensiv, unermüdlich 4 *fig* (*denso di avvenimenti*) {GIORNATA, VITA} intensiv, ausgefüllt.

intentàre *tr dir* (*promuovere un'azione processuale*) ~ **qc a/contro qu** *etw gegen jdn* an|strengen: ~ **una causa contro qu**, einen Prozess gegen jdn anstrengen.

intentàto, (-**a**) *agg* 1 (*non tentato*) unversucht: **non lasciar nulla d'~**, nichts unversucht lassen 2 *lett* (*inesplorato*) {SENTIERO} unerforscht.

intènto① m 1 (*proposito*) {NOBILE} Absicht f: **con/nell'~ di aiutare qu**, in der Absicht, jdm zu helfen 2 (*scopo*) Zweck m: **fare qc con un ~ preciso/segreto**, etw mit einer bestimmten/geheimen Absicht tun.

intènto② , (-**a**) *agg* ~ **a qc** 1 (*occupato*) {ALLA STESURA DI UN LIBRO} *mit etw* (dat) beschäftigt, *auf etw* (acc) gespannt, *etw* (dat) hingegeben: **era intenta al suo lavoro**, sie war mit ihrer Arbeit beschäftigt; **essere ~ a fare qc**, {A LEGGERE, A SCRIVERE} dabei sein, etw zu tun; mit etw (dat) beschäftigt sein; bei etw (dat) sein; **ero così ~ ad ascoltare la musica che non ti ho sentito entrare**, ich war so L_damit beschäftigt, Musik zu hören_J/[in die Musik vertieft], dass ich dich nicht habe hereinkommen hören 2 (*attento*) {A UNO SPETTACOLO} aufmerksam.

intenzionàle *agg anche dir* (*volontario*) {RITARDO, ERRORE} absichtlich.

intenzionalità f {+AZIONE} Absichtlichkeit f; {+OMICIDIO} Vorsätzlichkeit f.

intenzionàto, (-**a**) *agg* (*disposto*) gesinnt, gesonnen: **essere bene/male ~**, gute/böse Absichten haben, gutgesinnt/wohlgesinnt/[übel gesinnt] sein; **essere ~ a/di fare qc**, die Absicht haben, etw zu tun.

intenzióne f 1 (*proposito*) {LONTANA, ONESTA, PRECISA} Absicht f, Vorsatz m, Vorhaben n: **avere cattive intenzioni verso qu**, jdm gegenüber böse Absichten hegen; **avere l'~ di fare qc**, die Absicht haben, etw zu tun; **avere una mezza ~ di fare qc**, Lust haben, etw zu tun; **avere intenzioni serie**, ernste Absichten haben; **con ~**, mit Fleiß, absichtlich; **era loro ~ fuggire**, es war ihre Absicht, zu fliehen; L_non è nelle_J/[è fuori dalle] **mie intenzioni offenderti**, es ist nicht meine Absicht, dich zu beleidigen; **manifestare l'~ di fare qc**, die Absicht bekunden, etw zu tun; **con le migliori intenzioni**, mit den besten Absichten; **senza ~**, ohne Absicht, unabsichtlich; (*buon proposito*) Vorsatz m; **a volte basta l'~**, manchmal genügt schon der Vorsatz 2 (*desiderio*) Wille m: L_secondo l'~_J/[nell'~] **dell'autore questo doveva essere un giallo**, der Intention des Autors gemäß sollte das ein Krimi werden; **aveva la ferma ~ di portare a termine gli studi**, er/sie hatte den festen Willen, sein/ihr Studium abzuschließen 3 (*disposizione*) {BUONA, CATTIVA} Gesinnung f, Einstellung f.

inter- *pref* (*tra*) inter-, Inter-, zwischen-, Zwischen-, wechsel-, Wechsel-: **interattivo**, interaktiv, Interaktion-; **interazione**, Wechselwirkung, **intercapedine**, Zwischenraum.

interafricàno, (-**a**) *agg polit* interafrikanisch.

interagènte *agg* (*che interagisce*) interagierend.

interagìre <*interagisco*> *itr* 1 *anche chim* (*agire reciprocamente*) ~ **con qc** {BAMBINO CON L'AMBIENTE} *mit etw* (dat) interagieren; {ALCOL CON UN FARMACO} *anche mit etw* (dat) interferieren; *fis* {CON LA FORZA DI GRAVITÀ} *mit etw* (dat) in Wechselwirkung stehen 2 (*influenzarsi reciprocamente*) {FENOMENI} sich gegenseitig beeinflussen; *chim* {SOSTANZE} miteinander interagieren/interferieren; *fis* {FORZE} in Wechselwirkung miteinander stehen.

interaménte *avv* (*completamente*) ganz, vollständig, gänzlich, völlig: **la casa è ~ distrutta**, das Haus ist völlig/vollständig zerstört.

interamericàno, (-**a**) *agg polit* {CONGRESSO} interamerikanisch.

interàrabo, (-**a**) *agg polit* innerarabisch.

interasiàtico, (-**a**) *agg* <-ci, -che> *polit* innerasiatisch.

interàsse m *mecc* Achs(en)abstand m.

interatòmico, (-**a**) *agg* <-ci, -che> *agg fis* zwischenatomar.

interattività <-> f 1 (*capacità di interagire*) Wechselwirkung f 2 *inform tel TV* Interaktivität f.

interattìvo, (-**a**) *agg anche inform* (*che interagisce*) {CORSO, PROGRAMMA} interaktiv.

interaziendàle *agg industr* {PATTO} zwischenbetrieblich.

interazióne f (*influenza reciproca*) Interaktion f, Wechselwirkung f; *chim fis* {+FORTE} Zusammenwirkung f.

interbancàrio, (-**a**) <-ri m> *agg banca* {ACCORDO} Interbanken-.

interbèllico, (-**a**) *agg* <-ci, -che> *agg* (*fra le due guerre*) zwischen den Kriegen.

interblòcco <-chi> m *inform* Satzlücke f.

intercalàre① **A** *agg* 1 *agr* {COLTURA} Zwischenfrucht- 2 *astr* {ANNO, MESE} Schalt- **B** m 1 (*espressione*) Füllwort n, Lieblingswort n: **... è il suo ~**, ... ist sein/ihr Lieblings-

wort **2** *lett* (*ritornello*) {+COMPONIMENTO POETICO} Kehrreim m, Refrain m.
intercalàre② tr **1** (*frapporre*) ~ *qc a qc* {RITORNELLO ALLA FINE DI UNA STROFA} *etw in etw* (acc) ein|schieben, *etw in etw* (acc) ein|fügen; ~ *qc in qc* {FOGLIO SUPPLEMENTARE IN UN REGISTRO} *etw in etw* (acc) ein|schieben, *etw in etw* (acc) ein|legen **2** (*inserire*) ~ *qc in qc* {PAROLE VOLGARI IN UN DISCORSO} *etw in etw* (acc) ein|fügen; ~ *qc a qc* {GIORNO AL MESE DI FEBBRAIO} *etw in etw* (acc) ein|schalten.
intercambiàbile agg (*sostituibile*) {PEZZI} austauschbar, auswechselbar; *fot* {LENTE, OBIETTIVO} auswechselbar, Wechsel-, Vorsatz-.
intercapèdine f **1** *edil tecnol* {+TETTO; ISOLANTE} Zwischen-, Hohlraum m **2** *mar* {+SCAFO} Zwischendeck n.
intercategoriàle agg (*comune a diverse categorie*) {ACCORDO} mehrere Kategorien betreffend.
intercèdere <irr *intercedo, intercedei o intercedetti o intercessi, interceduto o intercesso*> **A** itr **1** <avere> (*intervenire a favore di*) ~ (**presso qu**) (*a favore di*/[per] qu) (per qc) {PRESSO IL PRESIDENTE PER LA GRAZIA} sich *bei jdm für etw* (acc) verwenden; ~ **a favore di un amico**, sich für einen Freund einsetzen; **intercederò io presso la tua famiglia perchè ti perdoni**, ich werde mich bei deiner Familie für dich verwenden, damit sie dir verzeiht **2** <essere> *lett* (*intercorrere*) bestehen: **tra i due episodi non intercede alcun legame**, zwischen den beiden Episoden gibt es keine Verbindung **B** tr <avere> (*ottenere*) ~ *qc per qu* {GRAZIA PER UN CONDANNATO A MORTE} *etw für jdn* erreichen.
interceditrìce → **intercessore**.
intercellulàre agg *biol* interzellular, interzellulär.
intercessióne f **1** (*mediazione*) Fürsprache f: **fu liberato per ~ di un parente**, er wurde dank der Fürsprache eines Verwandten befreit **2** *dir stor* Interzession f **3** *relig* {+MADONNA} Fürbitte f.
intercessóre, (*-ceditrice*) m (f) (*mediatore*) Fürsprecher(in) m(f).
intercettàre tr **1** (*fermare*) ~ *qu/qc* {SPIA NEMICA, LETTERA; GIOCATORE PALLA} *jdn/etw* ab|fangen; {CONVOGLIO, PATTUGLIA} *etw* auf|halten, *etw* hemmen **2** (*captare*) ~ *qc* {TELEFONATA} *etw* ab|hören, *etw* ab|horchen *rar*.
intercettatóre, (*-trice*) *aero mil* **A** agg {CACCIA} Abfang- **B** m Abfangjäger m.
intercettazióne f **1** (*controllo*) Abhören n: ~ **ambientale**, Abhören n; ~ **telefonica**, Telefonabhörung f, Abhören n von Telefongesprächen **2** (*l'intercettare*) {+ARMI, LETTERA, MERCE} Abfangen n; {+TELEFONATA} Abhören n **3** *mil* {+BOMBARDIERI NEMICI} Aufhalten n.
intercity <-> m *ingl ferr* (*abbr* IC) Intercity(zug) m.
interclàsse <-> f *scuola* Jahrgangsstufe f in der Grundschule.
interclassìsmo m *polit* Prinzip n der Solidarität zwischen den Klassen.
interclassìsta <-i m, -e f> *polit* **A** agg klassenübergreifend **B** mf Befürworter(in) m(f) des Prinzip n der Solidarität zwischen den Klassen.
interclusióne f **1** Einschließung f **2** *dir* {+FONDO} Abgeschnittenheit f.
intercompartimentàle agg *amm* zwischen verschiedenen Bezirken.
intercomunàle agg *amm* interkommunal.
intercomunicànte **A** agg (*che sono in comunicazione*) {GALLERIE} Verbindungs-; {STANZE} *anche* kommunizierend, Zwischen-

B m **1** *ferr* Balg m **2** *tel* Telefonanlage f.
interconfederàle agg *amm* {ACCORDO} zwischen verschiedenen Verbänden.
interconfessionàle agg *relig* interkonfessionell.
interconfessionalìsmo m *relig* Interkonfessionalismus m.
interconfessionalìstico, (*-a*) <-ci, -che> agg (*dell'interconfessionalismo*) Interkonfessionalismus-, interkonfessionell.
interconnessióne f (*connessione*) Verbindung f; *elettr* Vermaschung f.
interconnèttere {+coniug come annettere} tr *elettr* ~ *qc etw* miteinander verbinden.
interconsonàntico, (*-a*) <-ci, -che> agg *ling* zwischenkonsonantisch.
intercontinentàle agg **1** (*tra continenti*) {CHIAMATA TELEFONICA, VOLO} interkontinental, Interkontinental- **2** *mil* {MISSILE} Interkontinental- **3** *polit* {ACQUE} interkontinental.
intercooler <-> m *ingl tecnol* Intercooler m, Zwischenkühler m.
intercórrere {+coniug come correre} itr <essere> **1** *fig* (*esserci*) ~ *tra qu* zwischen jdm bestehen: **tra le due famiglie intercorrono buoni rapporti**, zwischen den beiden Familien bestehen gute Beziehungen **2** (*essere in mezzo*) ~ *tra qc* zwischen etw (dat) liegen: **tra l'inizio e la fine della Repubblica Democratica Tedesca intercorrono circa 40 anni**, zwischen dem Anfang und dem Ende der Deutschen Demokratischen Republik liegen ungefähr vierzig Jahre; **tra i due palazzi intercorrono 300 metri**, beide Gebäude liegen 300 Meter weit voneinander entfernt.
intercostàle agg *anat* {DOLORE} Interkostal-, interkostal.
intercultùra f (*insieme di attività*) Interkultur f.
interculturàle agg (*che riguarda più culture*) {MANIFESTAZIONE} interkulturell.
interculturalità <-> f Interkulturalität f.
interdentàle **A** agg **1** *anche anat* {FILO, SPAZIO} interdental **2** *ling* {CONSONANTE} interdental, Zwischenzahn- **B** f *ling* Zwischenzahnlaut m.
interdentàrio, (*-a*) <-ri m> agg *anat* {SPAZIO} interdental.
interdétto① , (*-a*) **A** part pass *di* interdire **B** agg **1** (*proibito*) {ACCESSO} untersagt, verboten **2** *dir* ~ *da qc* {DAI PUBBLICI UFFICI} "dem/der *etw* versagt ist" **C** m (f) **1** *dir* Entmündigte mf decl come agg **2** *fam* (*sciocco*) Schwachkopf m *spreg* **D** m *relig* Interdikt n.
interdétto②, (*-a*) agg (*sorpreso*) sprachlos, fassungslos, verblüfft: **lasciare qu ~**, jdn sprachlos machen; **rimase ~**, er war sprachlos.
interdicèndo m *dir* "Person, gegen die ein Entmündigungsverfahren läuft".
interdipendènte agg (*reciprocamente dipendenti*) {ELEMENTI} voneinander abhängig, interdependent *forb*.
interdipendènza f *anche econ* (*l'essere reciprocamente dipendenti*) {+DOMANDA E OFFERTA, FATTORI DIVERSI} gegenseitige Abhängigkeit, Interdependenz f *forb*.
interdìre <coniug *come* dire> tr **1** (*vietare d'autorità*) ~ *qc a qu* (+ *compl di luogo*) {ACCESSO AI NON ADDETTI AI LAVORI IN UN CANTIERE, INGRESSO AL PUBBLICO IN ZONE MILITARI} *jdm/etw etw* (*irgendwo*) untersagen, *jdm etw* (*irgendwo*) verbieten **2** *dir* ~ *qu* {UOMO DALL'ESERCIZIO DI UNA PROFESSIONE} *jdm etw* verbieten; ~ **dai pubblici uffici**, jdm die Amtsfähigkeit, die Wählbarkeit und das Stimmrecht versagen

3 *relig* ~ *qc* (*a qu*) {A UN SACERDOTE LA SOMMINISTRAZIONE DELL'EUCARISTIA} (*jdm*) *etw* verbieten, (*jdm*) *etw* untersagen.
interdisciplinàre agg (*di più discipline*) {CORSO} interdisziplinär.
interdisciplinarità <-> f (*l'essere interdisciplinare*) interdisziplinärer Charakter.
interdizióne f **1** (*proibizione*) {+RIARMO} Verbot n **2** *dir* (*GIUDIZIALE*) Entmündigung f; {LEGALE} Verbot n: ~ **da una professione**, Berufsverbot n; ~ **dai pubblici uffici**, Verlust m der Amtsfähigkeit, der Wählbarkeit und des Stimmrechts **3** *elettr* Sperrzustand m **4** *relig* Interdikt n.
interessaménto m **1** (*partecipazione*) (An)teilnahme f, Interesse n: **lo ha seguito negli studi con sincero ~**, er/sie hat ihn mit aufrichtigem Interesse in seinem/ihrem Studium begleitet **2** (*interesse*) Interesse n, Anteil m: **prova grande ~ per il suo lavoro**, er/sie nimmt großen Anteil an seiner/ihrer Arbeit **3** (*intervento*) Bemühung f, Verwendung f, Fürsprache f: **è riuscito a trovare lavoro grazie all' ~ di un parente**, es ist ihm durch die Bemühung eines Verwandten gelungen, eine Arbeit zu finden **4** *med* {+BACINO} Betroffensein n **5** *meteo* {+COSTA ORIENTALE} Betroffensein n.
interessànte agg (*che suscita interesse*) {PROGRAMMA} interessant, bemerkenswert; {RAGAZZA} *anche* anziehend, reizvoll.
interessàre **A** tr <avere> **1** (*riguardare*) ~ *qu/qc* {DIFESA DELLA DEMOCRAZIA TUTTI I CITTADINI} *jdn/etw* an|gehen, *jdn/etw* interessieren; {PROVVEDIMENTO FASCIA DEI LAVORATORI AUTONOMI} *jdn/etw* betreffen **2** (*suscitare interesse*) ~ (*qu*) *jdn* interessieren: **il dibattito non mi ha interessato**, die Debatte hat mich nicht interessiert; **è un libro che riesce a ~**, es ist ein fesselndes Buch **3** (*estendersi*) ~ *qc* {PERTURBAZIONE L'AUSTRIA} sich *irgendwohin* aus|dehnen; {INFIAMMAZIONE GOLA} *etw* betreffen **4** (*sensibilizzare*) ~ *qu a qc* {RAGAZZI ALLE PROBLEMATICHE AMBIENTALI} *jdn für etw* (acc) sensibilisieren **5** (*rendere partecipe*) ~ *qu a qc*/*qu in etw* (dat) bemühen: **interessò il ministro al suo caso**, er/sie bemühte den Minister in seiner/ihrer Angelegenheit **6** (*cointeressare*) ~ *qu a qc* {AI PROFITTI} *jdn an etw* (dat) beteiligen **B** itr <essere> ~ *a qu* **1** (*concernere*) *jdn* an|gehen: **sono affari vostri che a noi non interessano**, das sind eure Angelegenheiten, die gehen uns nichts an **2** (*avere interesse*) *jdn* interessieren: **ti interessa l'acquisto di una bici di seconda mano?**, bist du daran interessiert, ein Fahrrad aus zweiter Hand zu kaufen? **C** itr pron **1** (*mostrare interesse*): **interessarsi** *a/di qu/qc* {DI ARTE, AGLI SPORT ACQUATICI} sich *für jdn/etw* interessieren: **ultimamente mi sembra che lei si stia interessando un po' troppo a te**, mir scheint, dass sie sich in letzter Zeit etwas zu sehr für dich interessiert **2** (*curarsi di*): **interessarsi** *a/di qu/qc* {DELLE CONDIZIONI DI SALUTE DI QU} sich *um jdn/etw* kümmern: **non ha nessuno che si interessi a lei**, sie hat niemanden, der sich um sie kümmert; **non interessarti di cose che non ti riguardano**, kümmere dich nicht um Dinge, die dich nichts angehen **3** (*adoperarsi a favore di*): **interessarsi di qc** sich *für etw* (acc) verwenden; **mi sono interessata personalmente del tuo caso**, ich habe mich persönlich für deinen Fall verwendet **4** (*ingerirsi*): **interessarsi di qc** sich *in etw* (acc) ein|mischen.
interessàto, (*-a*) **A** agg **1** (*che ha interesse*) ~ (*a qc*) {PUBBLICO, STUDENTE ALLA RICERCA} *an etw* (dat) interessiert **2** (*coinvolto*) ~ (*in qc*) {CATEGORIA NELLO SCIOPERO} *in etw* (acc)

hineingezogen, *von etw* (dat) betroffen **3** (*in oggetto*) {PARTE} betroffene(r,s); ~ *da qc von etw* (dat) betroffen: **le zone interessate dal passaggio della perturbazione**, die vom Durchzug der Störung betroffenen Gebiete; **la regione interessata dal terremoto**, die vom Erdbeben betroffene Gegend **4** *fig spreg* (*opportunista*) {OFFERTA, PIACERE, REGALO} eigennützig; {PERSONA} materiell eingestellt, gewinnsüchtig **5** *comm* ~ *a/in qc* {SOCIO NELL'AZIENDA} *an etw* (dat) beteiligt **B** m (f) **1** Interessent(in) m(f): **gli interessati si rivolgano in segreteria**, die Interessenten wenden sich bitte an das Sekretariat **2** *amm* (*la persona in causa*) Betreffende mf decl come agg: **è indispensabile la presenza dell'~**, die Anwesenheit des Betreffenden ist unerlässlich.

interèsse **A** m **1** (*interessamento*) Interesse n: **studiare qc con ~**, etw mit Interesse studieren; **mostrare vivo ~ per qu/qc**, für etw (acc) lebhaftes Interesse zeigen; **il progetto ha suscitato l'~ del governo**, das Projekt hat das Interesse der Regierung geweckt **2** (*partecipazione*) (An)teilnahme f, Interesse n: **ascoltare/guardare qc con ~**, etw mit Anteilnahme anhören/ansehen **3** (*importanza*) Wichtigkeit f, Interesse n, Belang m, Bedeutung f: **si tratta di una ricerca ˻di grande˼/˻senza alcun˼ ~**, es handelt sich um eine Untersuchung ˻von großer˼/˻ohne jede˼ Bedeutung; **sono dettagli privi d'~**, das sind unwichtige Details **4** (*utilità*) {PUBBLICO} Interesse n, Vorteil m, Nutzen m, Wohl n **5** (*vantaggio*) Interesse n, Vorteil m: **non hanno alcun ~ a calunniarci**, sie haben nicht das geringste Interesse, uns zu verleumden; **agire/˻dire qc˼ nell'~ di qu**, jds Interessen wahrnehmen; ˻**pensare al˼/˻fare il˼ proprio ~**, ˻an seinen Vorteil denken˼/˻seinen Vorteil durchsetzen˼ **6** (*avidità*) Gewinnsucht f: **agisce esclusivamente per ~**, er/sie handelt ausschließlich aus Gewinnsucht **7** <solo pl> (*ciò che appassiona*) Interessen n pl: **quali sono i tuoi interessi?**, welche sind deine Interessen? **8** <solo pl> (*affari*) Angelegenheiten f pl, Interessen n pl, Geschäfte n pl: **curare ˻i propri interessi˼/˻gli interessi di stato˼**, sich um ˻seine eigenen Angelegenheiten˼/ ˻Staatsangelegenheiten˼ kümmern **9** *dir* Interesse n: **~ privato in atti d'ufficio**, Privatinteresse n in Amtshandlungen **10** *econ* Zins m, Zinsen m pl: **6% di annuo**, 6% Zinsfuß/Zinssatz; **~ attivo**, Aktiv-, Habenzins m; **~ composto**, Zinseszins m; **interessi creditori/debitori**, Habenzinsen pl/Sollzinsen pl; **interessi di mora**, Verzugszinsen m pl; **~ legale**, gesetzlicher Zins; **~ passivo**, Passiv-, Schuldzins m; **~ semplice**, einfacher Zins; **~ usuraio**, Wucherzins m; **interessi zero**, zinsfrei, zinslos **B** loc prep (*a favore*): **nell'~ di qu/qc**, im Interesse von jdm/etw/+ gen; **te lo dico nel tuo ~**, das sage ich dir in deinem eigenen Interesse ● **fare gli interessi della propria parrocchia** *fig* (*fare i propri interessi*), sein(e) Schäfchen ins Trockene bringen *fam*.

interessènza f *econ* (*Gewinn*)beteiligung f: **ha un'~ nell'impresa**, er/sie hat eine Gewinnbeteiligung am Unternehmen.

interètnico, (-a) <-ci, -che> agg *etnol* interethnisch, zwischen verschiedenen Ethnien.

intereuropèo, (-a) agg {SCAMBIO} innereuropäisch.

interèzza f **1** (*insieme*) Gesamtheit f: **il problema va considerato nella sua ~**, das Problem muss in seiner Gesamtheit betrachtet werden **2** *fig lett* (*integrità*) {MENTALE} Integrität f.

interfàccia f **1** *inform* Interface n, Schnittstelle f: **~ amichevole**, benutzerfreundliche Schnittstelle; **~ grafica/parallela/seriale**, grafische/parallele/serielle Schnittstelle; **~ utente**, Benutzeroberfläche f **2** *scient* Interface n, Schnittstelle f **3** *fig* (*punto di contatto*) Berührungspunkt m: **un ~ fra imprenditori e sindacati**, ein Berührungspunkt zwischen Unternehmern und Gewerkschaften.

interfacciàbile agg *inform* {STAMPANTE} mittels Schnittstelle anschließbar.

interfacciàle agg *inform* {COLLEGAMENTO} Schnittstellen-.

interfacciàre tr *inform* ~ *qc etw* an|schließen.

interfacoltà università **A** <inv> agg {CONSIGLIO} fakultätsübergreifend **B** <-> f Studentenausschuss m.

interfederàle agg (*che riguarda più federazioni*) {CONSIGLIO} mehrere Föderationen betreffend.

interferènza f **1** *fig* (*intromissione*) {ECONOMICA, POLITICA} Einmischung f, Eingreifen n: **non tollero interferenze nelle mie mansioni**, ich dulde keine Einmischung in meine Aufgaben **2** *fis* {+ ONDE SONORE, RAGGI LUMINOSI} Interferenz f: **~ acustica**, Tonstörung f **3** *ling* {LINGUISTICA} Interferenz f **4** *mecc* (*rif. ad accoppiamento*) Übermaß n; (*rif. a ruote dentate*) Kanteneingriff m **5** *radio* Störung n **6** *tel* Störgeräusch n **7** *TV* Interferenz f.

interferenziàle agg *fis fot* {COLORE, FILTRO, FOTOGRAFIA} Interferenz-.

interferire <interferisco> itr **1** *fig* (*intromettersi*) ~ **in qc** {NELLE DECISIONI DI QU, NEL GIUDIZIO DI UNA PERSONA, NELLA VITA PRIVATA DI UN'AMICA} sich *in etw* (acc) ein|mischen **2** (*sovrapporsi*) ~ **con qc** sich *mit etw* (dat) überschneiden, sich *mit etw* (dat) überlagern, *mit etw* (dat) interferieren *forb*: **il potere politico non deve ~ con quello giudiziario**, Politik und Rechtsprechung dürfen sich nicht überschneiden **3** *fis* {ONDE SONORE} interferieren; {RADIO} *anche* sich überlagern.

interferòmetro m *ott* {ACUSTICO} Interferometer n.

interferòne m *biol* Interferon n.

INTERFLORA f *comm abbr di* Associazione Internazionale di Trasmissioni Floreali: INTERFLORA (internationale Blumenversand-Vereinigung).

interfòglio <-gli> m (*foglio interposto*) {+ VELINA} Durchschussblatt n.

interfòno <-> m (*dispositivo acustico*) Sprechanlage f; *tel* Haustelefon n.

interfòrze <inv> agg *mil* abteilungsübergreifend.

intergalàttico, (-a) <-ci, -che> agg (*che si trova fra due galassie*) {SPAZIO} intergalaktisch.

intergenerazionàle agg (*tra le diverse generazioni*) {GENERAZIONI} zwischen verschiedenen Generationen: **contrasti intergenerazionali**, Generationenkonflikte m pl.

intergovernatìvo, (-a) agg **1** (*di due o più governi*) {VERTICE} Regierungs- **2** (*che si basa su un accordo tra Stati*) zwischenstaatlich: **Europa intergovernativa**, zwischenstaatliches Europa.

interiettìvo, (-a) agg *ling* {LOCUZIONE} interjektionell.

interiezióne f *ling* Interjektion f.

ìnterim <-> *lat* **A** m **1** (*periodo*) Interim n *forb*, Zwischenzeit f **2** (*incarico*) Interim n *forb* **B** loc avv: **ad ~**, {INCARICO} vorläufig, zeitweilig, Interims- *forb*.

interinàle agg *amm* (*provvisorio*) {OCCUPAZIONE} vorübergehend, vorläufig, zwischenzeitlich, interimistisch *forb*: **governo ~**, Übergangsregierung f, Interimsregierung f *forb*.

interinàto m *amm* **1** (*compito provvisorio*) provisorisches Amt **2** (*durata*) provisorische Amtszeit.

interióra f pl (*viscere*) {+ ANIMALE} Eingeweide n pl, Innereien f pl: **~ di pollo**, Hühnerklein n.

interióre <compar di interno> agg **1** (*interno*) innere(r, s); {LATO DI UNA FABBRICA, PARTE} Innen- **2** *fig* (*della coscienza*) innere(r, s), innerlich; {VITA} Innen-: **aveva un tormento ~**, er/sie quälte sich innerlich.

interiorità <-> f **1** (*l'essere interiore*) {+ SENTIMENTO} Innerlichkeit f **2** (*la vita interiore*) {+ GENTE} Innenleben n.

interiorizzàre tr (*rendere interiore*) ~ *qc* {INSEGNAMENTO} *etw* verinnerlichen.

interiorizzazióne f Verinnerlichung f.

interìsta <-i m, -e f> *sport* **A** agg {TIFOSO} Inter- **B** mf (*tifoso dell'Inter*) Fan m von Inter Mailand.

interleuchìna f *biol* Interleukine pl *scient*.

interlìnea f **1** (*spazio fra due linee*) Durchschuss m: **ho aggiunto un commento nell'~**, ich habe im Durchschuss einen Kommentar ergänzt; (*testo scritto fra due linee*) Zwischenzeile f **2** *film* Zeilenabstand m **3** *film* "schwarzer Strich, der zwei aufeinanderfolgende Fotogramme voneinander trennt" **4** *tip* Zeilenschalter m.

interlineàre[1] agg **1** (*dell'interlinea*) zwischen den Zeilen, Zeilen- **2** (*scritto nell'interlinea*) {TRADUZIONE, NOTA} interlinear, Interlinear-.

interlineàre[2] tr *tip* (*separare le righe con interlinea*) ~ *qc* {TESTO} *etw* durchschießen.

interlineatùra f *tip* Durchschuss m.

interlìngua f *ling* Interlingua f.

interlinguìstica <-che> f *ling* Interlinguistik f, Welthilfssprachenlehre f.

interlinguìstico, (-a) <-ci, -che> agg *ling* {CONFRONTO} interlinguistisch, interlingual.

interlocàle agg *amm* interlokal.

interlocutóre, (-trice) m (f) **1** (*persona con cui si parla*) Gesprächspartner(in) m(f) **2** (*chi partecipa a un dialogo*) Diskussionsteilnehmer(in) m(f).

interlocutòrio, (-a) <-ri m> agg **1** {FASE} Zwischen- **2** *dir stor* {GIUDIZIO} vorläufig, Zwischen-.

interlocutrìce f → **interlocutore**.

interloquìre <interloquisco> itr (*intervenire*) ~ **in qc**) {IN UNA DISCUSSIONE} *in etw* (acc) ein|greifen.

interlùdio <-di> m **1** *fig lett* (*intermezzo*) Einschub m, Pause f: **è stato un breve ma piacevolissimo ~**, es war eine kurze, aber sehr angenehme Pause **2** *mus* Zwischenspiel n, Interludium n.

intermediàle agg (*dei diversi mezzi di comunicazione*) intermedial.

intermediàrio, (-a) <-ri m> **A** agg (*che funge da mediazione*) {FUNZIONE} dazwischenliegend, Zwischen-, intermediär **B** m (f) (*mediatore*) Vermittler(in) m(f), Mittelsperson f: **fare l'~ in un negoziato**, als Vermittler bei einer Verhandlung auftreten ● **intermediari finanziari** *banca econ*, Geldvermittlungsinstitute m pl.

intermediazióne f *comm* {IMMOBILIARE, FINANZIARIA} Vermittlung f.

intermèdio, (-a) <-di m> **A** agg **1** (*mediano*) {TONALITÀ} Mittel-; {PERIODO} *anche* Zwischen-, mittlere(r, s) *chim*: **composto ~**, Zwischenprodukt n **3** *radio tel TV* {FREQUENZA} Zwischen- **B** m *chim* {+ SINTESI} Zwischenprodukt n **C** m (f) *industr* Facharbei-

ter m.
intermestruàle agg med {PERIODO} intermenstruell scient, intermenstrual scient.
intermèzzo m 1 lett mus teat {BALLATO, RECITATO} Intermezzo n; (interludio) Interludium n, Zwischenspiel n 2 (intervallo) Pause f.
interminàbile agg 1 (senza fine) {RACCONTO} endlos, unendlich; {CHIACCHIERE} anche unaufhörlich 2 (lungo e noioso) {LEZIONE} endlos, unendlich.
intermittènte agg 1 (discontinuo) {SFORZI} wechselnd, ruckartig 2 ferr {SEGNALE LUMINOSO} Blink- 3 mar Blink-: faro ~, Blinkfeuer n 4 med {FEBBRE} intermittierend; {POLSO} unregelmäßig 5 tecnol intermittierend; {LUCE} Blink-.
intermittènza A f 1 (discontinuità) {+IMPEGNO} Unbeständigkeit f, Unstetigkeit f forb, Diskontinuität f forb 2 ferr mar {+SEGNALE, FARO} Blinken n 3 med {+FEBBRE} Intermittieren n 4 tecnol Intermittenz f B <inv> loc agg tecnol (intermittente): a ~, intermittierend; lampada a ~, Blinkleuchte f.
intermolecolàre agg chim fis intermolekular.
intèrna f → interno.
internal auditor <-, -s pl ingl> loc sost m ingl econ interner Buchprüfer.
internalizzàre tr ~ qc 1 psic etw internalisieren, etw verinnerlichen 2 (nell'organizzazione aziendale) etw internalisieren.
internalizzazióne f 1 psic Internalisierung f, Verinnerlichung f 2 (nell'organizzazione aziendale) Internalisierung f.
internaménte avv 1 (dentro) innen, im Inner(e)n, inwendig: ~ è imbottito di piume, innen ist er/es mit Federn gepolstert 2 fig (nell'anima) innerlich, im Inner(e)n: ~ provava una profonda felicità, innerlich empfand er/sie ein tiefes Glück.
internaménto m 1 (reclusione) {+AVVERSARIO POLITICO} Internierung f, Einlieferung f, Einweisung f 2 med Einweisung f.
internàre A tr 1 (in campi di concentramento) ~ qu {OPPOSITORI DEL REGIME} jdn internieren, jdn ein|liefern, jdn ein|weisen 2 med ~ (qu) {SCHIZOFRENICO} jdn ein|weisen: si è reso necessario internarla, es wurde notwendig, sie einzuweisen B itr pron 1 (addentrarsi): internarsi in qc {IN UN BOSCO} in etw (acc) ein|dringen, in etw (acc) vor|dringen 2 fig (sprofondarsi): internarsi in qc {NELLA MEDITAZIONE, NELLO STUDIO} sich in etw (acc) vertiefen.
internàto① m 1 scuola (condizione) Lage f der Internatsschüler; (periodo) Internatszeit f; (convitto) Internat n 2 università {+STUDENTE DI MEDICINA} Praktikum n.
internàto② , (-a) A agg ~ (+ compl di luogo) 1 (recluso) {PRIGIONIERO IN UN CAMPO DI CONCENTRAMENTO} (in etw acc) interniert, (in etw acc) eingeliefert, (in etw acc) eingewiesen, 2 med {MALATO IN OSPEDALE PSICHIATRICO} (in etw acc) eingewiesen B m (f) anche med Internierte mf decl come agg.
internàuta mf inform (utente di Internet) Internetuser(in) m(f), Internet(be)nutzer(in) m(f).
internazionàle A agg 1 (di più nazioni) {CAMPIONATO, CUCINA, CRIMINALITÀ ORGANIZZATA, CONGRESSO, IMPORTANZA, LINEA, TRASPORTI} international; {ACCORDO, TRATTATO} anche Länder-; {BANCA, SUCCESSO} Welt-; {STAMPA, TOURNÉE, VOLO} Auslands- 2 (cosmopolita) {CITTÀ} international 3 dir {CORTE} international; {COMUNITÀ} Staaten-; {DIRITTO} Völker- 4 polit {ACQUE, ZONA} international B f polit stor: l'Internazionale/~ {SOCIALISTA} Internatio-

nale f.
internazionalìsmo m polit Internationalismus m.
internazionalìsta <-i m, -e f> A agg polit {TESI} internationalistisch B mf 1 dir Völkerrechtler(in) m(f) 2 polit (sostenitore) Internationalist(in) m(f); (chi appartiene all'internazionale) Mitglied n der Internationalen.
internazionalìstico, (-a) <-ci, -che> agg polit internationalistisch.
internazionalizzàre A tr ~ qc 1 (rendere internazionale) {BREVETTO, INIZIATIVA} etw internationalisieren 2 (sottoporre a controllo internazionale) {PORTO, TERRITORIO} etw internationalisieren B itr pron (acquistare portata internazionale): internazionalizzarsi {CONFLITTI, PROBLEMI} sich internationalisieren.
internazionalizzazióne f Internationalisierung f.
Ìnternet <-> ingl inform A <-> f Internet n, Netz n: andare in ~, ins Netz/Internet gehen; comprare qc in ~, etw übers/per Internet kaufen; fare il collegamento a ~, sich ans Internet anschließen; collegarsi a ~, ins Internet gehen; navigare in ~, im Internet surfen B agg {SITO} Internet-.
Ìnternet café <-, -s pl ingl> loc sost m ingl (locale pubblico) Internetcafé n.
internettiàno, (-a) A agg (di Internet) {LINGUAGGIO, POPOLO} Internet- B m (f) (chi naviga in Internet) Internetuser(in) m(f), Internet(be)nutzer(in) m(f).
internettìsta inform A agg Internetbenutzer- B m (f) (utente) Internetbenutzer(in) m(f).
internìsta <-i m, -e f> mf med Internist(in) m(f).
intèrno, (-a) <più interno, interiore> A agg 1 (che sta dentro) {ELEMENTO, LATO DELLA GAMBA, LATO DEL SENTIERO, RIVESTIMENTO, STRATO} innere(r, s), Innen- 2 (riguardante persone dello stesso ufficio, azienda, gruppo) {CHIAMATA, MESSAGGIO, QUESTIONI, REGOLAMENTO} intern 3 (nazionale) {TRASPORTO} Inlands-; {POLITICA} Innen-; {COMMERCIO, DAZIO} Binnen-; {GUERRA} Bürger- 4 fig (interiore) {EMOZIONE, GIOIA, VOCE} innere(r, s) 5 chim fis {COMPOSTO, ENERGIA} innere(r, s) 6 geog mar {ACQUE, MARE, NAVIGAZIONE, REGIONE} Binnen- 7 mat {ANGOLO} Innen- 8 med {MEDICINA} intern, innere(r, s) 9 scuola {ALUNNO} Internats-, intern obs internes Kommissionsmitglied 10 sport {VITTORIA} Heim- B m (f) 1 scuola Interne mf decl come agg 2 sport (nel calcio) {DESTRO, SINISTRO} Mittelstürmer(in) m(f) 3 università Arzt m (Ärztin f) im Praktikum C m 1 (parte interna) {+EDIFICIO} (Innen)raum m, Innenseite f: il rumore viene dall'~, der Lärm kommt von drinnen; {+BOSCO, MONGOLIA, STRADA} Innenseite f; {+SCATOLA} Innere n del capo 2 (fodera) Futter n: l'~ del cappotto è di castorino, das Mantelfutter ist aus Nutria 3 (numero ~) Wohnungsnummer f: scala B, ~ 4, Treppenhaus B, Wohnungsnummer 4; tel Durchwahlnummer f, Apparat m; chiamami in ufficio, al 7549 ~ 20, ruf mich im Büro an, die Durchwahlnummer ist 754920 4 (territorio nazionale) Inland n: dall'~ non ci sono novità, im Inland gibt es keine Neuigkeiten 5 fig (intimità) Innere n decl come agg, Seele f 6 <di solito al pl> amm innere Angelegenheiten: Ministero degli Interni, Minister m des Inneren, Innenminister m; giorn Innenpolitik f 7 arte (nella pittura) {+MATISSE} Interieur n; fot Innenaufnahme f: oggi abbiamo girato gli interni, heute haben wir die Innenaufnahmen gedreht D loc avv (internamente): all'/nell'~, innen, drinnen; cerca bene all'/nell'~, su-

che (d)rinnen alles gründlich ab E loc prep (in): all'/nell'~ di qc, {DI UNA GROTTA} innerhalb etw (gen).
ìnter nos loc avv lat (fra di noi) unter uns: detto inter nos ..., unter uns gesagt ...
intèro, (-a) A agg 1 (completo) {MANOSCRITTO, RACCOLTA DI MONETE ROMANE} vollständig, komplett; {OPERA} Gesamt- 2 (tutto) {ASIA, GIORNO, PAESE, POPOLO, SETTIMANA, SOMMA} ganz: un anno ~, ein ganzes Jahr; ho pagato il biglietto ~, ich habe für die Karte den ganzen Preis bezahlt; devi imparare a memoria l'~ codice della strada, du musst die ganze Straßenverkehrsordnung auswendig lernen; devi raccontarmi l'intera storia, du musst mir die ganze Geschichte erzählen 3 (illeso) {AUTOMOBILISTA} ganz, heil 4 (integro) {CARAFFA DI CRISTALLO} ganz, unbeschädigt, unversehrt 5 (in un unico pezzo) {BISCOTTO, COMPRESSA} ganz, unzerkaut: 100 euro interi, 100 Euro-Schein m; 2 euro interi, 2-Euro-Stück n; ho mandato giù un'oliva intera, ich habe eine Olive unzerkaut hinuntergeschluckt 6 fig (assoluto) {FIDUCIA} voll, vollkommen, absolut, uneingeschränkt 7 gastr {LATTE} Voll- 8 mat {NUMERO} ganz B m 1 (totalità) Ganze n decl come agg, Gesamtheit f: abbiamo considerato la questione nel suo ~, wir haben die Frage in ihrer Gesamtheit betrachtet 2 mat Ganze n decl come agg: l'~ è costituito da parti, das Ganze besteht aus Teilen C loc avv (completamente): per ~, ganz (und gar), im Ganzen, gänzlich, vollständig, völlig; firmare per ~, mit vollem Namen unterschreiben.
interoceànico, (-a) <-ci, -che> agg (che interessa più oceani) interozeanisch.
interparlamentàre agg amm dir interparlamentarisch.
interpartìtico, (-a) <-ci, -che> agg polit {PATTO} Mehrparteien-.
interpellànza f dir Interpellation f, Anfrage f: presentare un'~, eine Anfrage einreichen.
interpellàre tr 1 (consultare) ~ qu {MEDICO} jdn zu|ziehen, jdn zu Rate ziehen: perché prima di decidere non mi hai interpellato?, warum hast du mich nicht zu Rate gezogen, bevor du dich entschieden hast? 2 polit ~ qu/qc {MINISTRO, GOVERNO} jdn/etw interpellieren.
interpèllo m dir {+PARTE} Befragung f, Vernehmung f.
interpersonàle agg (fra più persone) {RAPPORTI} interpersonell, interpersonal, zwischenmenschlich.
interpetràre e deriv → interpretare e deriv.
interplanetàrio, (-a) <-ri m> agg astr {MATERIA, SPAZIO} interplanetar(isch); {NAVIGAZIONE} Weltraum-.
Interpòl <-> f ingl (polizia internazionale) Interpol f.
interpolàre tr ~ qc 1 dir {LEGGE} etw (ab)ändern 2 lett mat {TESTO, VALORI} etw interpolieren.
interpolazióne f 1 dir (Ab)änderung f 2 lett Interpolation f.
interpónte m mar Zwischendeck n.
interpórre <coniug come porre> A tr ~ qc 1 (frapporre) {DIFFICOLTÀ, OSTACOLI} etw in den Weg legen 2 fig (far valere) {AUTORITÀ DI QU, INFLUENZA DI QU} etw geltend machen 3 dir (proporre) {APPELLO} ein|legen B itr pron (porsi nel mezzo): interporsi tra qc {LUNA TERRA E IL SOLE} sich zwischen etw (acc) schieben; forb: interporsi in qc {IN UN LITIGIO} sich in etw (acc) ein|schalten.
interpòrto m (centro di strutture e di servizi

per la distribuzione di merci) Güterverkehrszentrum n.

interposizione f **1** (*mediazione*) {+AMICO} Vermittlung f **2** (*l'interporre*) {+OSTACOLI} Dazwischenlegen n **3** (*l'interporsi*) {+LUNA} Sichdazwischenschieben n **4** *dir* Vermittlung f: ~ **di persona**, Vorschiebung/Einschaltung f einer Person ● **senza ~ di tempo lett** (*senza indugio*), ohne zu zögern, ohne Zeit zu verlieren.

interposto, (-a) **A** *part pass di* interporre **B** *agg* **1** (*messo in mezzo*) {VELINA} eingefügt, eingeschoben, dazwischengeschoben **2** (*intermediario*): **per interposta persona**, durch Mittelsperson, durch jds Vermittlung.

interpretabile *agg* (*che si può interpretare*) {CODICE} auslegbar, deutbar.

interpretare *tr* **1** (*spiegare*) ~ *qc* {LEGGE, OPERA CUBISTA} *etw* interpretieren, *etw* auslegen; {BRANO, PASSO DI AUTORE, VERSI} *anche etw* erklären, *etw* erläutern **2** (*attribuire un significato*) ~ *qc* {SOGNO, VISIONE} *etw* deuten **3** (*intendere*) ~ *qc* + *compl di modo* {MALE} *etw irgendwie interpretieren, etw irgendwie* verstehen: **hai interpretato bene il mio pensiero**, du hast meinen Gedanken richtig interpretiert; **interpretò il suo rifiuto come una sfida**, er/sie fasste seine Ablehnung als Herausforderung auf **4** (*esprimere*) ~ *qc* {DESIDERIO, VOLONTÀ DI TUTTI} *etw* (dat) Ausdruck geben, *etw* zum Ausdruck bringen **5** *film teat TV* ~ *qu/qc* {PERSONAGGIO, PARTE, RUOLO} *jdn/etw* interpretieren, *jdn/etw* spielen, *jdn/etw* darstellen **6** *mus* ~ *qu/qc* {HÄNDEL, SONATA} *jdn/etw* interpretieren, *jdn/etw* spielen, *jdn/etw* vor|tragen.

interpretariato *m* Dolmetschen n.

interpretativo, (-a) *agg* **1** (*di interpretazione*) {SFORZO} Interpretations- *forb*, interpretatorisch *forb* **2** *psic* {STATO} Interpretations-.

interpretazione f **1** (*spiegazione*) {+ISCRIZIONE, SCELTE DEL GOVERNO} Erklärung f, Erläuterung f; {+AZIONE, LINGUA ANTICA, PAROLE} Interpretation f, Deutung f; {+ANTICA SCRITTURA, POESIA, TESTO; FUORVIANTE +SACRE SCRITTURE} Interpretation f, Auslegung f: ~ **della legge**, Gesetzesauslegung f **2** (*attribuzione di un significato*) Deutung f: ~ **dei sogni**, Traumdeutung f **3** (*espressione*) {+DESIDERIO, VOLONTÀ DI QU} Ausdruck m **4** *film teat TV* Darstellung f: **la sua ~ di Faust fu memorabile**, seine Darstellung des Faust war denkwürdig **5** *filos* {+CONCETTO, OPERA D'ARTE} Interpretation f **6** *geog* {+CARTA GEOGRAFICA} Interpretation f **7** *mus* {+BRANO MUSICALE} Ausführung f, Interpretation f.

interprete *mf* **1** (*traduttore*) Dolmetscher(in) m(f): **fare l' ~ in una ambasciata**, als Dolmetscher(in) in einer Botschaft arbeiten; ~ **simultaneo**, Simultandolmetscher(in) m(f) **2** (*mediatore*) Vermittler(in) m(f), Dolmetsch m *forb*: **farsi ~ di qc presso qu**, bei jdm in einer Sache vermitteln; (*portavoce*) Wortführer(in) m(f); **si è fatto ~ della volontà di tutti**, er hat den Wunsch aller zur Sprache gebracht **3** (*commentatore*) {+TESTO ANTICO} Kommentator(in) m(f), Interpret(in) m(f): **è uno dei più valenti ~ della Divina Commedia**, er ist einer der fähigsten Interpreten der Göttlichen Komödie **4** *mus* {+MOZART} Interpret(in) m(f); *film teat TV anche* {+DRAMMA DI IBSEN, PERSONAGGIO} Darsteller(in) m(f), (Film-/Theater)schauspieler(in) m(f), (Film-/Theater)schauspieler(in) m(f), **5** *inform* interpretatives Programm.

interprovinciale *agg amm* {CONSORZIO} zwischen verschiedenen Provinzen.

interpunzione f **1** *ling* Interpunktion f, Zeichensetzung f **2** *mus* Phrasierung f.

inter-rail <-> *m ingl ferr* Interrailkarte f, Interrail <*ohne art*>.

interramento *m* **1** (*l'interrare*) Eingraben n, Vergraben n **2** (*risultato*) {+CANALE, LAGO} Aufschüttung f; {+DISCARICA} Versenkung f.

interrare A *tr* ~ *qc* **1** (*mettere nella terra*) {SEMI} *etw* (in die Erde) setzen; {PEZZO DI ARTIGLIERIA} *etw* ein|graben, *etw* vergraben **2** (*coprire di terra*) {PALUDE} *etw* mit Erde füllen **B** *itr pron* (*riempirsi di terra*): **interrarsi** {ALVEO FLUVIALE} sich mit Erde füllen, versanden **C** *rfl* (*sporcarsi di terra*): **interrarsi** sich voll Erde machen; **interrarsi qc** {SCARPE} sich (dat) *etw* voll Erde machen.

interrato, (-a) **A** *agg* **1** (*messo nella terra*) {VASO} eingegraben **2** (*pieno di terra*) {BAIA, STAGNO} aufgeschüttet **B** *m edil* Kellergeschoss n.

interregionale *agg* (*che riguarda più regioni*) {CAMPIONATO, COMMERCIO} überregional; *ferr*: **treno ~**, Interregio(zug) m.

interregno *m* **1** (*nella forma + situazione*) Interregnum n, Zwischenherrschaft f **2** (*periodo*) Interregnum n, Übergangszeit f.

interrelato, (-a) *agg* (*in relazione*) {PROBLEMI} zusammenhängend.

interrelazione f (*relazione reciproca*) Wechselbeziehung f, Wechselverhältnis n.

interrogare <*interrogo, interroghi*> **A** *tr* **1** (*rivolgere domande*) ~ *qu* (*su qc*) *jdn nach etw* (dat) fragen, *jdn über etw* (acc)₁/[*zu etw* (dat)] befragen, *jdn über etw* (acc) aus|fragen: **il padre interrogò il figlio sull'accaduto**, der Vater fragte den Sohn über das Vorgefallene aus **2** *scuola* ~ *qu* (*in/su qc*) {ALUNNO IN GEOGRAFIA, STUDENTE SUL ROMANTICISMO} *jdn/jdm etw* ab|fragen, *jdm etw* ab|hören; *università jdn* (*in etw* dat) prüfen **3** *anche fig* ~ *qc* {ASTRI, LA PROPRIA COSCIENZA, IL PROPRIO CUORE} *etw* befragen **4** *dir* ~ *qu* {TESTIMONE} *jdn* vernehmen; {IMPUTATO} *jdn* verhören **5** *polit* ~ *qu/qc* {GOVERNO} eine (kleine) Anfrage *an jdn/etw* richten **B** *rfl* (*rivolgersi domande*): **interrogarsi su qc** sich (dat) Fragen *über etw* (acc) stellen: **si interrogò a lungo su quali potevano essere state le sue colpe**, er/sie fragte sich lange, worin seine/ihre Schuld bestanden haben könnte.

interrogativo, (-a) **A** *agg* **1** (*che interroga*) {SGUARDO, TONO} fragend **2** *gramm* {AGGETTIVO, PRONOME, PROPOSIZIONE} interrogativ, Frage- **B** *m* **1** (*dubbio*) Frage f: **gli interrogativi sono molti**, es stellen sich viele Fragen **2** *fig* (*persona misteriosa*) Rätsel n **3** *fig* (*enigma*) Geheimnis n: **l'avvenire è per noi un ~**, die Zukunft ist für uns ein Geheimnis **4** *gramm* (*punto ~*) Fragezeichen n.

interrogato, (-a) **A** *agg* **1** gefragt, befragt **2** *scuola* {STUDENTE} ausgefragt; *università* geprüft **3** *dir* verhört, vernommen **4** *polit* befragt **B** *mf* **1** Gefragte mf decl come agg, Befragte mf decl come agg **2** *scuola* Ausgefragte mf decl come agg; *università* Geprüfte mf decl come agg **3** *dir* Verhörte mf decl come agg, Vernommene mf decl come agg **4** *polit* Befragte mf decl come agg.

interrogatorio, (-a) <-ri *m*> **A** *agg* (*di chi interroga*) {TONO} forschend, *rar* {OCCHIATA} fragend **B** *m* **1** *dir* (*mezzo di prova*) Verhör n, Vernehmung f **2** (*serie di domande*) Verhör n ● **~ di terzo grado** *fig scherz* (*fitta serie di domande*), (Kreuz)verhör n.

interrogazione f **1** (*quesito*) Befragung f **2** (*l'interrogare*) Befragen n **3** *dir* Vernehmung f, Verhör n **4** *inform* Sendeabruf f **5** *ling* Fragesatz m, Interrogativsatz m: ~ **retorica**, rhetorische Frage **6** *polit* {PARLAMENTARE} Befragung f, Anfrage f **7** *scuola* {ORALE, SCRITTA} Ab-, Ausfragen n: ~ **di storia**, Ab-, Ausfragen n in Geschichte **8** *università* Prüfung f, Examen n.

interrompere <*coniug come* rompere> **A** *tr* **1** (*sospendere*) ~ *qc* {SPETTACOLO, STUDI, TRATTATIVA} *etw* ab|brechen; {LAVORO} *etw* unterbrechen; {PAGAMENTI, RIFORNIMENTI} *etw* ein|stellen **2** (*tagliare*) ~ *qc* {MALTEMPO LINEA TELEFONICA, STRADA} *etw* unterbrechen **3** (*troncare*) ~ *qc* {GRAVIDANZA} *etw* unterbrechen **4** (*impedire di continuare*) ~ *qu/qc* (*con qc*) {ATTORE CON FISCHI, PROFESSORE CON DOMANDE, CONVERSAZIONE} *jdn/etw* (*mit etw* dat) unterbrechen: **posso interromperla un attimo?**, darf ich Sie kurz unterbrechen?; **non interrompetemi ogni momento!**, unterbrecht mich nicht ständig! **B** *itr pron* **1** (*finire*): **interrompersi** (+ *compl di luogo*) {STRADA} *irgendwo* enden **2** (*nel parlare*): **interrompersi** (+ *compl di luogo*) {NEL BEL MEZZO DEL DISCORSO} sich (*irgendwann*) unterbrechen **3** (*cessare*) {MUSICA} auf|hören.

interrotto, (-a) *agg* **1** (*che ha subito un'interruzione*) ~ (*per/[a causa di] qc*) {STUDI} (*wegen etw* gen) abgebrochen; ~ (*da qc*) {RACCONTO DA RISA, TRASMISSIONE} (*durch etw* acc) unterbrochen; {RIFORNIMENTO} (*wegen etw* gen) eingestellt **2** (*tagliato*) ~ (*da qc*) {STRADA} (*wegen etw* gen) unterbrochen; {COMUNICAZIONE DALLA CADUTA DELLA LINEA} *anche* (*wegen etw* gen) abgebrochen **3** (*troncato*) {GRAVIDANZA} abgebrochen.

interruttore *m elettr* {AUTOMATICO, BIPOLARE, ROTATIVO, UNIPOLARE} Schalter m: ~ **ad acqua**, Pegelschalter m; ~ **oscillante a bilancere**, Kippbelschalter m; ~ **a coltelli/leva**, Messerschalter m, Hebelschalter m; ~ **a mercurio**, Quecksilberschalter m; ~ **in olio**, Ölschalter m; ~ **a pulsante**, Druckknopfschalter m; ~ **a relé**, Relaisschalter m ● ~ **di minima** *autom*, Rückstromschalter m; ~ **dell'accensione** *autom*, Zündschalter m.

interruzione A f **1** (*sospensione*) {+COMUNICAZIONI, LAVORO, SPETTACOLO} Unterbrechung f: **in seguito alle continue interruzioni la conferenza si è protratta oltre il termine stabilito**, wegen der ständigen Unterbrechungen zog sich der Vortrag über die festgelegte Uhrzeit hinaus **2** (*cessazione*) {+ACQUA, CORRENTE ELETTRICA, GAS} Einstellung f **3** {+STRADA} Unterbrechung f **4** *elettr* {+CIRCUITO} Unterbrechung f **B** *loc avv* (*ininterrottamente*): **senza ~**, ununterbrochen, dauernd, fortwährend; **piove senza ~ da ieri sera**, es regnet seit gestern Abend ununterbrochen ● ~ **della gravidanza** *med* (*aborto*), Schwangerschaftsabbruch m, Abtreibung f; ~ **di pagina** *inform*, Seitenumbruch m.

interscambiabile *agg* (*che si possono scambiare*) {PARTI, RUOLI} austauschbar.

interscambio <-bi *m*> **1** (*scambio*) {CULTURALE} Austausch m **2** *autom* {AUTOSTRADALE} mehrstöckige Straßenüberführung **3** *comm* Waren-, Handelsaustausch m: ~ **con l'estero**, Warenaustausch m mit dem Ausland.

interscolastico, (-a) <-ci, -che> *agg scuola* {CONSIGLIO} verschiedener Schulen.

interscuola f *scuola* Mittagspause f in der Ganztagsschule.

intersecare <*interseco, intersechi*> **A** *tr* ~ *qc* **1** (*attraversare*) {STRADA BOSCO} *etw* (durch)-kreuzen, *etw* durchschneiden **2** *mat* (*in geometria*) {RETTA CIRCONFERENZA} *etw* schneiden **B** *rfl rec* **1** **intersecarsi 1** (*incrociarsi*) {STRADE} sich kreuzen **2** *mat* (*in geometria*) {RETTE} sich schneiden.

intersessuale *biol* **A** *agg* intersexuell **B** *mf* Intersex n.

intersessualità <-> f *biol* Intersexualität f.

intersettoriàle agg (di più settori) {CONVEGNO} intersektoral.

intersezióne f 1 (incrocio) {+BINARI, STRADE} Schnittpunkt m 2 mat {+INSIEMI} Schnittmenge f.

intersindacàle agg (di più sindacati) {ACCORDO} zwischen verschiedenen Gewerkschaften.

intersoggettìvo, (-a) agg (fra più soggetti) intersubjektiv.

interstellàre agg astr {MATERIA} interstellar.

interstìzio <-zi> m (spazio minimo) Zwischenraum m, Lücke f: **la biro era caduta nell'~ fra il mobile e il muro**, der Kugelschreiber war in den Zwischenraum zwischen Möbel und Wand gefallen; (fessura) Spalt m; **la luce filtrava fra gli interstizi**, das Licht drang durch die Spalten ● ~ **di tempo** rar (intervallo), (Zwischen)zeit f, Zeitspanne f, Zeitraum m.

intertèmpo m sport Zwischenzeit f.

intertèsto m ling Intertext m.

intertestuàle agg ling {ANALISI} intertextuell.

intertestualità <-> f ling Intertextualität f.

interurbàno, (-a) **A** agg {COLLEGAMENTO, RETE} Fern-; tel {LINEA} Fern(sprech)-; {CHIAMATA} Fern- **B** f tel Ferngespräch n: **fa molte interurbane**, er/sie führt/hat viele Ferngespräche.

intervallàre tr ~ qc 1 (distanziare nel tempo) {PARTENZE, VIAGGI} etw zeitlich staffeln 2 (distanziare nello spazio) {EDIFICI, FILARI DI VITE} zwischen etw (dat) (einen gewissen) Abstand lassen.

intervàllo A m 1 (periodo di tempo intercorrente tra due cose) (Zwischen)zeit f, Zeitraum m, Zeitabstand m, Zeitspanne f: **un ~ di un anno**, ein Zeitraum von einem Jahr; **~ di tempo**, Zeitspanne f 2 (pausa) Pause f, Unterbrechung f: **gli allievi fanno un ~ alle 11**, die Schüler haben um 11 Uhr Pause 3 (distanza) Abstand m, Zwischenraum m: **l'~ tra i due edifici è di venti metri**, der Abstand zwischen den beiden Gebäuden beträgt zwanzig Meter; **l'~ fra soldato e soldato deve essere di un metro**, zwischen zwei Soldaten soll ein Meter Abstand sein 4 elettr Intervall n 5 film teat Pause f 6 fis inform mat mus {APERTO; +DUE SUONI} Intervall n 7 sport Pause f; (nel calcio) Halbzeit f 8 stat {+ACCETTAZIONE, CLASSE, FIDUCIA} Intervall n 9 tip Abstand m 10 TV Pause f **B** loc avv (a tratti); **a intervalli**, von Zeit zu Zeit ● **lucido ~**/[~ **di lucidità**] psic, Phase f geistiger Klarheit.

intervenìre {coniug come **venire**} itr <essere> 1 (frapporsi) {POLIZIA} ein|schreiten; ~ **(in qc)** {IN UNA LITE} sich (in etw acc) ein|mischen, (in etw acc) ein|greifen; ~ **(in qc)** (a favore di qu) {NELLA DISCUSSIONE A FAVORE DEL FIGLIO} sich (dat) einen Ball (für jdn) einsetzen, (in etw dat) [für jdn] eintreten 2 (partecipare attivamente) ~ **in qc** {IN UN DIBATTITO} sich an etw (dat) beteiligen, an etw (dat) teil|nehmen 3 (essere presente) ~ **a qc** {A UN'ASSEMBLEA, UNA CERIMONIA, UNA FESTA} an etw (dat) teil|nehmen, etw (dat) bei|wohnen forb 4 (sopravvenire) {COMPLICAZIONI NEL PARTO} (bei etw dat) dazwischen|kommen, sich (bei etw dat) ergeben, (bei etw dat) ein|treten: **se non intervengono fatti nuovi …**, wenn nichts dazwischenkommt … **5 dir ~ in qc** {NEL PROCESSO} etw (dat) bei|treten 6 med einen Eingriff vor|nehmen, operieren, ein|greifen: **~ d'urgenza**, einen Noteingriff vornehmen, notoperieren **7 mil ~ (in qc)** {MEZZI CORAZZATI NEL CONFLITTO} (in etw acc)

ein|greifen, (in etw dat) intervenieren 8 sport **~ su qu** {SULL'AVVERSARIO} jdn behindern; **~ su qc** {SULLA PALLA} etw spielen.

interventìsmo m polit Interventionismus m.

interventìsta <-i m, -e f> polit **A** agg {POLITICA} interventionistisch, Interventions- **B** mf Interventionist(in) m(f).

interventìstico, (-a) <-ci, -che> agg polit {SCELTA} interventionistisch.

intervènto m 1 (l'intervenire) ~ (**in qc**) {+USA NELLA GUERRA DEL GOLFO} Eingriff (in etw acc), Intervention f (in etw dat); {ARMATO; +POLIZIA} Einschreiten n; {+PROFESSORE} Eingreifen n 2 (partecipazione) ~ (a qc) {+PREFETTO; ALLA CERIMONIA} Teilnahme f (an etw dat) 3 (discorso in un dibattito) Ansprache f, Rede f: **il suo ~ è stato l'~ più brillante**, er/sie hielt die brillanteste Rede, sein/ihr Redebeitrag war der brillanteste 4 (contributo) Zutun n, Hilfe f: **senza il suo ~ non sarebbe riuscito a trovare lavoro**, ohne sein/ihr Zutun hätte er keine Arbeit gefunden 5 (l'emergere) {+FATTI NUOVI} Auftauchen n 6 comm {ECONOMICO} Eingriff m: **~ statale**, staatlicher Eingriff 7 dir Intervention f: **~ nel processo**, Beitritt m zum Verfahren 8 med Eingriff m, Operation f: **~ operatorio**, operativer Eingriff; **ha subito un importante ~ chirurgico**, er/sie hat sich einer schweren Operation unterziehen müssen; **~ demolitivo**, operativer Eingriff zur Organentnahme 9 polit (ingerenza) {DIPLOMATICO} Einmischung f, Intervention f: **non ~**, Nichteinmischung f 10 sport {+GIOCATORE} Einschreiten n.

intervenùto, (-a) **A** agg {PUBBLICO} anwesend, erschienen, teilnehmend **B** mf <di solito al pl> (partecipante) Anwesende mf decl come agg, Teilnehmer(in) m(f).

intervìsta f 1 giorn {FAMOSA} Interview n: **fare un'~ a/con qu**, jdn interviewen 2 stat Befragung f.

intervistàre tr ~ **qu (su qc)** 1 giorn (fare un'intervista) {ATTRICE, CALCIATORE, ROCKSTAR} jdn (über etw acc) interviewen 2 stat jdn (zu etw dat)/[über etw acc] befragen.

intervistàto, (-a) giorn **A** agg 1 {PERSONAGGIO} interviewt 2 stat befragt **B** m (f) 1 Interviewte mf decl come agg 2 stat Befragte mf decl come agg.

intervistatóre, (-trice) m (f) 1 giorn Interviewer(in) m(f) 2 stat Befrager(in) m(f).

inter vivos <inv> loc agg lat dir {NEGOZIO GIURIDICO} unter Lebenden.

intervocàlico, (-a) <-ci, -che> agg ling zwischen Vokalen.

intésa f 1 (accordo) Einverständnis n: **fra di loro c'è una grande ~**, zwischen ihnen herrscht volles Einverständnis; **agire d'~ con qu**, im Einverständnis mit jdm handeln; **essere d'~**, einig sein 2 (patto) Absprache f, Vereinbarung f, Übereinkunft f: **tutto è regolato da un'~ segreta**, alles ist durch eine geheime Absprache geregelt 3 comm {INDUSTRIALE} Absprache f, Vereinbarung f 4 polit {BALCANICA} Bündnis n, Entente f: **la Triplice Intesa** stor, Dreibündnis n 5 sport Zusammenspiel n: **curare l'~ con i compagni di squadra**, das Zusammenspiel mit den Mannschaftskameraden pflegen.

intéso, (-a) **A** part pass di **intendere B** agg 1 (volto) **~ a qc** {AL MIGLIORAMENTO DELLE CONDIZIONI DI LAVORO} etw anstrebend, auf etw (acc) ausgerichtet: **opere intese al bene**, gute Werke n pl, Wohltätigkeit f; **regola intesa a facilitare il lavoro**, arbeitserleichternde Vorschrift 2 (capito) **~ (+ compl di modo)** (DISCORSO IN SENSO LETTERALE, A MERAVIGLIA)

(irgendwie) verstanden, (irgendwie) gedeutet: **bene ~**, wohlverstanden, wohlgemerkt 3 (convenuto) vereinbart, abgemacht: **resta ~ che …**, es ist/wird vereinbart, dass …; es bleibt dabei, dass … ● **(allora siamo) intesi?** (siamo d'accordo), abgemacht!; **non darsi per ~ di qc** (non preoccuparsene), sich um etw (acc) nicht kümmern; **rimanere/restare intesi che…** (essere d'accordo), sich (dat) (darüber) einig sein, dass…; einverstanden (damit) sein, dass…; **allora siamo/restiamo intesi, ci vediamo domani!** (siamo d'accordo), dann bleibt es also dabei, wir sehen uns morgen!; **ci siamo intesi?** (di minaccia), haben wir uns da gut verstanden?, ist das klar?

intèssere tr **~ qc** 1 (intrecciare) {CESTO} etw flechten, {ARAZZO} etw weben; {ORNAMENTO} etw ein|weben; {FILI D'ORO} etw verweben 2 fig (comporre) {ELOGIO, LODI} etw verfassen 3 fig (ordire) {CONGIURA} etw an|zetteln; {INTRIGHI} etw schmieden.

intessùto, (-a) **A** part pass di **intessere B** agg (pieno): **un resoconto ~ di fandonie**, ein ˌmit Lügen gespickterˌ/[vor Lügen strotzender] Bericht.

intestàbile agg (che si può intestare) **~ a qu/qc** {CONTO A UNA DITTA, A UN MAGGIORENNE} jdm/etw überschreibbar ˌauf jds Namenˌ/[auf den Namen etw gen] eintragbar.

intestardìrsi <m'intestardisco> itr pron (ostinarsi): **~ su/in qc** {IN UNA DECISIONE, IN UN'IDEA} sich auf etw (acc) versteifen, auf etw (dat) bestehen, auf etw (dat) beharren: **quando si intestardisce su una cosa non c'è verso di fargli cambiare idea**, wenn er sich (dat) etwas in den Kopf gesetzt hat, ist es unmöglich, ihn davon abzubringen; **si è intestardito a non voler proseguire gli studi**, er hat sich darauf versteift, sein Studium abbrechen zu wollen.

intestàre A tr 1 (fornire di titolo) **~ qc** {ARTICOLO} etw mit einer Überschrift versehen 2 (fornire di intestazione) **~ qc** {BUSTA} etw mit Namen versehen, {LETTERA} etw mit dem/einem Briefkopf versehen 3 (intitolare) **~ qc a qu/qc** {CONTO AI FIGLI} etw auf jdn überschreiben, jdm etw überschreiben, etw ˌauf jds Namenˌ/[auf den Namen etw (gen)] ein|tragen, auf jds Namen eröffnen; {APPARTAMENTO A UNA SOCIETÀ} etw auf jdn überschreiben **B** itr pron (ostinarsi): **intestarsi a voler uscire**, (es) sich (dat) in den Kopf setzen auszugehen.

intestatàrio, (-a) <-ri m> **A** agg (titolare): **correntista ~**, Kontoinhaber(in) m (f) 1 (titolare) {+CARTA DI CREDITO} Inhaber(in) m(f): **~ di un conto (corrente)**, Kontoinhaber m 2 (mittente) {+LETTERA} Absender(in) m(f).

intestàto①, (-a) agg 1 (dotato di intestazione) {LETTERA} mit Briefkopf versehen; {BUSTA, CARTA} anche mit Namen versehen 2 (a nome di) **~ a qu/qc** {CASA ALLA MOGLIE, MACCHINA ALLA DITTA} auf jdn überschrieben, ˌauf jds Namenˌ/[auf den Namen etw (gen)] eingetragen.

intestàto②, (-a) dir **A** agg {SUCCESSIONE} Intestat- **B** m (f) "kein Testament hinterlassender Erblasser" ● **morire ~**, ohne Testament sterben.

intestatùra f 1 (punto di unione) Stumpfnaht f 2 tecnol Stumpfstoß m.

intestazióne f 1 (testata) {+PAGINA} Kopf m; (di carta da lettere) {+CARTA DA LETTERE} Briefkopf m 2 (titolo) {+LIBRO} Titel m; {+CAPITOLO} Überschrift f; giorn {+GIORNALE} Überschrift f, Schlagzeile f 3 anche dir (l'intestare) {+CASA} Überschreibung f.

intestinàle agg anat {CANALE, INFLUENZA}

Darm-, intestinal.
intestino① m anat Darm m, Gedärm n: ~ **cieco/crasso/tenue**, Blind-/Dick-/Dünndarm m.
intestino②, (-a) agg (interno) {LOTTA} innere(r, s).
intiepidire <intiepidisco> A tr <avere> ~ qc 1 (rendere tiepido) {LATTE, MINESTRA} etw lau-(warm) machen 2 fig (mitigare) {AFFETTI, PASSIONI} etw ab|kühlen, etw ab|schwächen B itr <essere> itr pron: **intiepidirsi** 1 (diventare tiepido) lau(warm) werden: **non bere il caffè bollente, lascia ~!**, trink den Kaffee nicht brühheiß, lass ihn zuerst abkühlen!; **la temperatura intiepidisce**, es kühlt ab 2 fig (attenuarsi) {SENTIMENTI} ab|kühlen, nach|lassen.
intièro → intero.
intifàda <-> f arabo polit Intifada f.
intimàre A tr 1 (ordinare con autorità) ~ **qc a qu** {URLA DEL PADRE FIGLIO} jdm zu etw (dat) auf|fordern, jdm etw an|ordnen, jdm etw befehlen: **gli intimò di fermarsi**, er/sie forderte ihn auf, ₁anzuhalten₁/[stehen zu bleiben] 2 (esigere) ~ **qc** {I DANNI} etw fordern 3 dir ~ **qc a qu** {LO SFRATTO A UN INQUILINO} jdn zu etw (dat) auf|fordern 4 mil ~ **qc** {GUERRA} etw erklären.
intimatóre, (-trice) A agg (che intima) auffordernd, befehlend B m (f) "wer auffordert/befiehlt".
intimazióne f 1 (ordine) Aufforderung f, Befehl m; dir Aufforderung f, Mahnung f: ~ **di sfratto**, Aufforderung f zur Räumung; ~ **di pagamento**, Zahlungsaufforderung f 2 mil (dichiarazione) Kriegserklärung f: ~ **di guerra**, Kriegserklärung f.
intimidatòrio, (-a) <-ri m> agg (di minaccia) {ATTO, MANOVRA} einschüchternd, drohend.
intimidazióne f (minaccia) Einschüchterung f, Drohung f: **non devi cedere alle intimidazioni!**, du darfst auf die Drohungen nicht eingehen!, du darfst dich von den Drohungen nicht einschüchtern lassen!
intimidire <intimidisco> A tr <avere> 1 (rendere timido) ~ **qu** jdn schüchtern/verlegen machen: **la presenza di quell'uomo la intimidì**, die Gegenwart dieses Mannes machte sie verlegen 2 (incutere timore) ~ **qu con qc** {UOMO CON MINACCE} jdn durch etw (acc) ein|schüchtern B itr <essere> itr pron (farsi timido): **intimidirsi** schüchtern werden: **si intimidisce davanti agli insegnanti**, Lehrer schüchtern ihn/sie ein.
intimidito, (-a) agg (timido) {RAGAZZO} verschüchtert, verängstigt, eingeschüchtert.
intimìsmo m lett Kult m der Innerlichkeit.
intimìsta <-i m, -e f> lett A agg Innerlichkeits- B mf Autor(in) m(f) der Innerlichkeit.
intimìstico, (-a) <-ci, -che> agg lett {RACCONTO} der Innerlichkeit.
intimità <-> f 1 (l'essere intimo) {+RAPPORTO} Intimität f 2 (confidenza) Vertrautheit f: **essere in ~ con qu**, mit jdm vertraut sein 3 (luogo intimo) Intimität f, Gemütlichkeit f: **si rilassa nell'~ della casa**, er/sie entspannt sich in der Intimität seiner/ihrer Wohnung 4 fig (intimo) {+ANIMA, COSCIENZA} Innerste m decl come agg, Tiefe f ● **nell'~** (nella vita privata), im Privatleben; eufem (nella vita sessuale), im Intimleben euf.
ìntimo, (-a) A agg 1 (più interno) {PARTE} innerste(r, s) 2 (interiore) {VITA} Innen-; {COMMOZIONE} innere(r, s); {STORIA} intim, heimlich; {PENSIERI} intim, innerste(r, s) 3 (a contatto con la pelle) {BIANCHERIA} Unter- 4 fig (profondo) {SIGNIFICATO DI UNA POESIA} tief, tiefer; {CONNESSIONE TRA FATTI} eng, tiefer; {CONVINZIONE} innere(r, s), inners-

te(r, s) 5 fig (stretto) {AMICO} eng, intim, vertraut; {AMICIZIA} eng, innig 6 fig (raccolto) {AMBIENTE, ATMOSFERA} gemütlich, intim 7 fig (riservato a pochi intimi) {CERIMONIA, PRANZO} im engsten Kreis 8 eufem (sessuale) {RAPPORTO} Geschlechts-; (dei genitali) {IGIENE} Intim- 9 fis eng B m 1 fig (+ANIMO, CUORE) Innerste m decl come agg: **provare qc nel proprio ~**, etw in seinem tiefsten Inneren empfinden; **sviscerare l'~ di una questione**, den Kern eines Problems eingehend behandeln 2 (nella moda) Unterwäsche f C m (f) 1 <di solito al pl> (familiari) eng(st)e Verwandte pl; (amici) Vertraute pl: **ha invitato solo gli intimi**, er/sie hat nur die engsten Verwandten/Freunde eingeladen; **fra/per pochi intimi**, für wenige Vertraute 2 (amico) Busenfreund m: **è ~ di suo fratello**, er ist der Busenfreund seines/ihres Bruders.
intimorìre <intimorisco> A tr (incutere timore) ~ **qu** {URLA DEL PADRE FIGLIO} jdm Angst ein|jagen, jdn verängstigen, jdn ein|schüchtern B itr pron (provare timore): **intimorirsi (per/[a causa di] qc)** {PER LA PRESENZA DI ESTRANEI} sich (vor etw dat) ängstigen, (vor etw dat) Angst bekommen/haben.
intimorìto, (-a) agg (impaurito) {BAMBINO} verängstigt, furchtsam, angstvoll.
intìngere <coniug come tingere> A tr (immergere) ~ **qc in qc** {BISCOTTI NEL TÈ, PENNA NEL CALAMAIO} etw in etw (acc) (ein|)tauchen, etw in etw (acc) (ein|)tunken region B itr 1 (prendere): ~ **a qc** {A FONDI SEGRETI} auf etw (acc) zurück|greifen 2 fig (avere parte in utili) ~ **in qc** {IN UN AFFARE LOSCO} bei etw (dat) Gewinn erzielen.
intingolo m 1 gastr (sugo) {+POLLO} Tunke f nordd, Soße f; (pietanza) "Gericht n mit reichlich Soße" 2 fig (discorso confuso) (abgekupfertes) Gesabber/Geschwätz fam spreg, Quatsch m mit Soße fam scherz.
intirizzìre <intirizzisco> A tr <avere> (irrigidire) ~ **qc** {GELO MANI, VISO} etw erstarren lassen, etw starr/steif machen: **il vento gelido mi ha intirizzito le dita**, der eisige Wind hat meine Finger erstarren lassen B itr <essere> itr pron (irrigidirsi): **intirizzirsi** starr werden, erstarren: **gli si sono intirizziti i piedi per il freddo**, bei der Kälte sind seine Füße erstarrt.
intirizzìto, (-a) agg (gelato) ~ **(da qc)** {MANI DAL GELO} (vor etw dat) erstarrt, starr (vor etw dat), steif (vor etw dat): **eravamo intirizziti dopo il lungo viaggio in slitta**, nach der langen Schlittenfahrt waren wir ganz verfroren.
intisichìre <intisichisco> A tr 1 (rendere tisico) ~ **qu** {LE PRIVAZIONI} jdn schwindsüchtig werden lassen 2 fig (inaridire) ~ **qc** {OZIO MENTE} etw verkümmern lassen B itr <essere> itr pron: **intisichirsi** 1 (diventare tisico) schwindsüchtig werden 2 fig (deperire) verkümmern, versauern fam; {PIANTA} verkümmern, ein|gehen.
intitolàre A tr 1 (fornire del titolo) ~ **qc** {COMMEDIA, RACCONTO} etw betiteln 2 (dedicare) ~ **qc a qu** {TEATRO A VITTORIO ALFIERI} etw nach jdm benennen; {CHIESA A S. LORENZO} jdm etw weihen; {STRADA A RAFFAELLO SANZIO} jdm etw widmen B itr pron (avere per titolo): **intitolarsi** betitelt sein, heißen: **come si intitola l'ultimo libro di Peter Handke?**, wie heißt das letzte Buch von Peter Handke?; **il film è intitolato ...**, der Film ₁trägt den Titel₁/[heißt] ...
intitolazióne f 1 dir Benennung f, Betitelung f, Überschrift f: ~ **di una legge/un atto**, Benennung f eines Gesetzes/einer Urkunde 2 film TV lett {+FILM, LIBRO} Betitelung f; (azione) anche Betiteln n.

intoccàbile A agg (che non si può toccare) {CAPITALE, UOMO} unberührbar B mf 1 fig (chi non può essere oggetto di critiche) Unberührbare mf decl come agg 2 amm iron {+ENTE STATALE} Unberührbare mf decl come agg iron 3 <di solito al pl> relig (paria) {+INDIA} Unberührbaren m, Paria-Kaste f.
intolleràbile agg 1 (che non si può tollerare) {ABUSO, INGIUSTIZIA} unerträglich 2 (insopportabile) {CALDO, CARATTERE DI QU, DOLORE} unerträglich; {PROFESSORE, RAGAZZO} unausstehlich.
intollerabilità <-> f 1 (l'essere intollerabile) {+COMPORTAMENTO} Unerträglichkeit f 2 (l'essere insopportabile) {+DOLORE} Unerträglichkeit f.
intolleràntе A agg 1 (insofferente) ~ **del caldo/del freddo**, wärme-/kälteempfindlich; **è ~ di ogni disciplina**, er/sie erträgt überhaupt keine Disziplin, er/sie reagiert auf jede Art von Disziplin empfindlich; **ha lo stomaco molto sensibile, è ~ di cibi grassi**, er/sie hat einen sehr empfindlichen Magen, er/sie verträgt kein Fett 2 (intransigente) {REGIME, TIRANNO} intolerant, unduldsam 3 (impaziente) {CARATTERE} unduldsam B mf (intransigente) Unnachgiebige mf decl come agg.
intolleranza f 1 (insofferenza) ~ **(per/verso qc)** {PER LE CHIACCHIERE} Empfindlichkeit f gegen etw (acc); {VERSO GLI ANTIBIOTICI} Intoleranz gegen etw (acc): ~ **alimentare**, Lebensmittelunverträglichkeit f 2 (intransigenza) {POLITICA, RELIGIOSA} Intoleranz f, Unnachgiebigkeit f 3 (impazienza) {+RAGAZZA} Unduldsamkeit f.
intonacàre <intonaco, intonachi> A tr (rivestire di intonaco) ~ **qc** {MURO, PARETE} etw verputzen; (di altro materiale) ~ **qc di qc** {DI CERA} etw mit etw (dat) bestreichen: ~ **qc di pece**, etw verpichen region, etw mit Pech überziehen B rfl scherz (imbellettarsi troppo): **intonacarsi di qc** {VISO DI FONDOTINTA} sich (dat) etw stark schminken, sich (dat) etw an|malen fam.
intònaco <-ci o -chi> m 1 edil {+CALCE, CEMENTO, GESSO} (Ver)putz m: **è caduto l'~ del soffitto**, der Deckenputz ist heruntergefallen; ~ **(esterno)**, Außenputz m; **dare l'~ a un muro**, eine Wand verputzen; ~ **della parete**, Wandputz m; ~ **pettinato**, Kammputz m; ~ **picchiettato**, Besenputz m, Stipp-Putz m; ~ ₁**alla rustica**₁/[**a bugnatura rustica**], Rauputz m, Rappputz m, Bestich m; ~ **a spazzola/spruzzo**, Kamm-/Spritzputz m 2 fig scherz (trucco) Schminke f.
intonàre A tr 1 fig (armonizzare) ~ **qc (a/con qc)** {COLORI, ESPRESSIONE ALLE CIRCOSTANZE, PAIO DI SCARPE A UN ABITO} etw auf etw (acc) ab|stimmen 2 mus ~ **(qc)** {CANZONE} etw an|stimmen, etw intonieren 3 mus (accordare) ~ **qc** {CHITARRA, PIANOFORTE} etw stimmen B itr pron fig (armonizzare): **intonarsi a/con qc** {CAMICETTA CON UN TAILLEUR, TAPPEZZERIA AI MOBILI} zu etw (dat) passen, mit etw (dat) harmonieren.
intonàto, (-a) agg 1 {PERSONA} richtig singend: **(non) essere ~**, (nicht) richtig singen können, den Ton (nicht) halten können 2 fig ~ **(a/con qc)** auf etw (acc) abgestimmt; **colori intonati**, aufeinander abgestimmte Farben 3 mus {PIANOFORTE} gestimmt.
intonatóre, (-trice) m (f) mus Stimmer(in) m(f).
intonazióne f 1 (timbro) {STENTOREA} Intonation f 2 fig (tono) {IRONICA, SARCASTICA +DISCORSO, RECENSIONE} Unterton m 3 fig (armonia) {+COLORI} Harmonie f, Einklang m, Abstimmung f 4 fot Tönung f 5 ling Intona-

tion f, Tongebung f, Ton m **6** *mus* (*l'intonare*) {+VOCE} Anstimmen n; (*effetto*) {FALSA, GIUSTA} Ansatz m **7** *mus* (*l'accordare*) {+STRUMENTO} Stimmen n **8** *mus* (*nota fondamentale*) Einsatz m: **dare l'~**, den Einsatz geben **9** *mus* (*l'essere intonato*) {+CANTANTE} Richtigsingen n; {+MUSICISTA, ORCHESTRA} Richtigspielen n.

intónso, (**-a**) agg **1** (*non tagliato*) {BARBA, CHIOMA} ungeschoren, ungeschnitten **2** *fig* {LIBRO} unbeschnitten.

intontiménto m **1** (*l'essere intontito*) Benommenheit f, Betäubung f: **~ provocato da esalazioni di gas**, durch das Ausströmen von Gas verursachte Benommenheit **2** (*l'intontire*) Betäuben n, Benommenmachen n.

intontìre <*intontisco*> **A** tr <*avere*> (*stordire*) **~ qu** {CHIACCHIERE, MAL DI DENTI, RUMORE SIGNORA} jdn betäuben, jdn benommen machen **B** itr <*avere*> itr pron (*inebetire*): **intontirsi** (+ **compl di modo**) {BAMBINO TUTTO IL GIORNO DAVANTI AI VIDEOGAMES} *irgendwie*) verdummen, *irgendwie*) verblöden *fam*.

intontìto, (**-a**) agg (*inebetito*) **~** (*di qc*) {DI LAVORO, DI SONNO} (*vor*/*von etw* dat) betäubt, (*vor*/*von etw* dat) benommen: **ha davvero un'aria intontita**, er/sie sieht wirklich betäubt/benommen aus.

intóppo m **1** (*l'intoppare*) (An)stoßen n **2** (*ostacolo*) Hindernis n, Hemmnis n: **correre senza intoppi**, wie am Schnürchen laufen **3** *fig* (*contrattempo*) Schwierigkeit f, Hindernis n: **c'è un ~**, es gibt eine Schwierigkeit; **svolgersi senza intoppi**, ohne Zwischenfälle ablaufen.

intorbidaménto m **1** *anche fig* Trübung f; (*azione*) *anche* Trüben n: **la mareggiata ha provocato l' ~ del mare**, durch die Sturmflut ist es zu einer Trübung des Meeres gekommen; **~ della situazione politica del paese**, Verdunkelung f/Verdüsterung f der politischen Situation des Landes **2** *enol* {+VINO} Trübung f.

intorbidàre **A** tr <*avere*> **~ qc 1** (*rendere torbido*) {BURRASCA MARE} etw trüben, etw trüb(e) machen **2** *fig* (*offuscare*) {IRA, VINO MENTE} etw trüben **B** itr <*essere*> itr pron: **intorbidarsi 1** (*diventare torbido*) {LAGO} trübe werden, sich trüben **2** *fig* (*offuscarsi*) {MENTE, VISTA} sich trüben; {SENSI} nach|lassen; {SITUAZIONE POLITICA} sich verdunkeln, sich verdüstern.

intorbidìre **A** tr <*avere*> (*rendere torbido*) **~ qc** {BURRASCA MARE} etw trüben, etw trübe machen **B** itr <*essere*> itr pron (*diventare torbido*): **intorbidirsi** {LAGO} trübe werden, sich trüben.

intórno **A** <*inv*> in funzione di agg umliegend, ringsherum, ringsum(her): **le case ~**, die umliegenden Häuser, die Häuser ringsum(her); **i paesi ~ sono scarsamente popolati**, die umliegenden Dörfer sind nur dünn besiedelt **B** avv (*in giro*) umher, herum: **sua figlia è sicuramente qui ~**, seine/ihre Tochter ist sicher hier in der Gegend; **girare ~**, drum herumgehen, drum herumfahren; **tutt'~ hanno costruito grattacieli**, sie haben ringsherum Hochhäuser errichtet; **guardarsi ~**, umherschauen, sich umschauen; **un tavolo con ~ delle sedie**, ein Tisch mit Stühlen ringsherum; **non riesco a togliermelo d' ~**, ich werde ihn nicht los; **me lo trovo sempre ~**, er ist immer um mich herum, er sitzt mir ständig auf der Pelle *fam* **C** m *mat* {+PUNTO} Umgebung f **D** loc prep **1** (*attorno*: *stato*): **~ a qu/qc** {ALLA PIAZZA} um jdn/etw herum; **~ a lui si radunò molta gente**, es sammelten sich viele Leute um ihn; {METTERE AL COLLO} (*moto*) um jdn/etw (herum), rings um jdn herum; **correva ~ a tut-**

ti, er/sie lief um alle herum; **la Terra gira ~ al Sole**, die Erde dreht sich um die Sonne **2** (*argomento*): **~ a qu/qc** {A NAPOLEONE BUONAPARTE, ALLE ORIGINI DELLA MATERIA} über jdn/etw, von jdm/etw **3** *fam* (*su*): **~ a qc** an etw (dat); **lavorare ~ a un progetto**, an einem Projekt arbeiten **4** (*circa*): **~ a + agg num**, um etw (acc) herum: **deve essere ~ ai cinquant'anni**, er/sie muss um die Fünfzig (herum) sein; **ci vediamo ~ alle dieci/[a Pasqua]/ [alla fine dell'anno]**, wir sehen uns gegen zehn/[um Ostern herum]/[gegen Ende des Jahres]; **costa ~ al milione**, das kostet ungefähr eine Million; **ciò avvenne ~ al 1920**, das ereignete sich um 1920 herum ● **avere qu sempre ~**, jdn immer um sich (herum) haben; **stare sempre ~ a qu**, immer in jds Nähe/[um jdn herum] sein.

intorpidiménto m **1** (*indolenzimento*) {+ARTI} Erstarrung f; *fig* {+MENTE} Trägheit f, Stumpfheit f **2** (*l'intorpidirsi*) Einschlafen n.

intorpidìre <*intorpidisco*> **A** tr <*avere*> **1** (*indolenzire*) **~ qc** {MEMBRA} etw gefühllos machen **2** *fig* (*infiacchire*) **~ qu/qc** {INERZIA MENTE, UOMO} jdn/etw ab|stumpfen, jdn/etw stumpf/gefühllos machen **B** itr <*essere*> itr pron: **intorpidirsi 1** (*indolenzirsi*) {MANI} gefühllos werden, ein|schlafen **2** *fig* (*impigrire*) {MENTE} träge werden, ab|stumpfen, stumpf werden.

intorpidìto, (**-a**) agg **~** (*da qc*) **1** (*addormentato*) {MANI DAL FREDDO} (*vor etw* dat) eingeschlafen **2** *fig* {VOLONTÀ DALL'AGIATEZZA} (*durch etw* acc) abgestumpft, (*durch etw* acc) stumpf, (*durch etw* acc) lahm, (*durch etw* acc) träge.

intossicàre <*intossico*, *intossichi*> **A** tr **~ qu/qc 1** (*avvelenare*) {ALCOL ORGANISMO} jdn/etw vergiften **2** *fig* (*corrompere moralmente*) {SPETTACOLI GIOVANI} jdn verderben **B** rfl (*subire un'intossicazione*): **intossicarsi** (**con qc**) {COL FUMO} sich mit etw (dat) vergiften.

intossicàto, (**-a**) agg **1** (*avvelenato*) **~** (*da qc*) {DALL'OSSIDO DI CARBONIO} (*durch etw* acc) vergiftet **2** *fig* (*corrotto*) **~ da qc** {DAI PREGIUDIZI} (*durch etw* acc) vergiftet, (*durch etw* acc) verdorben **B** m (f) Vergiftete mf decl come agg.

intossicazióne f *med* {BENZOLICA, ENDOGENA, ESOGENA} Vergiftung f, Intoxikation f *scient*: **~ da piombo**, Bleivergiftung f; **~ professionale**, Vergiftung f am Arbeitsplatz.

in tòto loc avv *lat* (*completamente*) {CONSIDERARE UN FENOMENO} in toto *forb*, in seiner Ganzheit/Gesamtheit, als Ganzes.

intracomunitàrio, (**-a**) <*-ri*> m agg *polit* {ACCORDO} innereuropäisch, zwischen (verschiedenen) Ländern (der Europäischen Wirtschaftsgemeinschaft).

intradòsso m **1** *arch* Laibung f, Leibung f **2** *aero* Flügelunterseite f.

intraducìbile agg **1** (*che non si può tradurre*) {LINGUA} unübersetzbar **2** *fig* (*inesprimibile*) {SENTIMENTO, SODDISFAZIONE} unaussprechlich, unausdrückbar, unsagbar; {SGUARDO} nicht in Worte zu fassen(d).

intraducibilità <-> f (*il non essere traducibile*) {+ESPRESSIONE IDIOMATICA} Unübersetzbarkeit f.

intrafamiliàre agg (*all'interno della famiglia*) {CONFLITTI, DINAMICHE} intrafamiliär.

intralciàre <*intralcio*, *intralci*> **A** tr **~ qc 1** (*ostacolare*) {SEDIA PASSAGGIO} etw behindern; {LAVORI STRADALI TRAFFICO} etw behindern, etw verlangsamen, etw hemmen **2** *fig* (*rallentare*) {MALTEMPO RICERCHE DEI DISPERSI, INDAGINI, TRATTATIVE} etw erschweren; {PROGETTI DI QU} etw durchkreuzen **B** itr pron (*complicarsi*): **intralciarsi** (**per/[a causa**

di] **qc**) {NEGOZIATI PER LA MANCANZA DI COLLABORAZIONE DELLE PARTI} wegen etw (gen) schwierig werden **C** rfl rec (*ostacolarsi a vicenda*): **intralciarsi** sich gegenseitig behindern.

intràlcio <*-ci*> m **1** (*ostacolo*) Hindernis n, Hemmnis n: **quella borsa nel corridoio è d'~**, diese Tasche im Korridor steht/ist im Weg *fam* **2** *fig* (*difficoltà*) Schwierigkeit f: **questa legge provoca intralci al commercio**, dieses Gesetz bringt Schwierigkeiten für den Handel mit sich/[behindert den Handel].

intrallazzàre itr (*intrigare*) Machenschaften betreiben *spreg*: **ha fatto carriera intrallazzando**, er/sie hat durch Machenschaften Karriere gemacht *spreg*.

intrallazzatóre → **intrallazzone**.

intrallàzzo m **1** (*intrigo*) {+POLITICA} Machenschaft f: **fare intrallazzi**, Machenschaften betreiben **2** (*accordo losco*) zwielichtige Vereinbarung/Abmachung: **avere degli intrallazzi con qu**, zwielichtige Vereinbarungen mit jdm treffen.

intrallazzóne, (**-a**) m (f) *fam* (*chi intrallazza*) Kungler(in) m(f) *fam spreg*, Ränkeschmied m *forb obs*.

intraméttere tr (*inframettere*): **~ qc a qc** {UN BRANO MUSICALE A UNA LETTURA} etw in etw (acc) ein|schieben, etw in etw (acc) ein|legen.

intramoenia <*inv*> *lat* agg {ATTIVITÀ} intramural.

intramontàbile agg *fig* (*che non tramonta*) {BELLEZZA, FILOSOFO, TEORIA} unvergänglich, unsterblich.

intramuscolàre agg *med* {INIEZIONE} intramuskulär *scient*.

intramùscolo *med* **A** agg intramuskulär *scient* **B** f (*iniezione*) intramuskuläre Injektion *scient*.

Intranet <-> f *ingl inform* Intranet n.

intransigènte **A** agg (*che non transige*) {ARTICOLO} unerbittlich, gnadenlos; {GIUDICE} *anche* unnachgiebig, intransigent *forb*; {FANATICO} unversöhnlich **B** mf Unversöhnliche mf decl come agg; (*rif. a politico*) Intransigent m *forb*.

intransigènza f (*l'essere intransigente*) {+DOTTRINA} Unerbittlichkeit f; {+INSEGNANTE} *anche* Unnachgiebigkeit f, Unversöhnlichkeit f, Intransigenz f *forb*.

intransitàbile agg (*impraticabile*) {SENTIERO} unbegehbar; (*con veicolo*) {TRATTO DI AUTOSTRADA} unbefahrbar; {VALICO} *anche* unpassierbar.

intransitività <-> f *ling mat* Intransitivität f.

intransitìvo, (**-a**) *ling* **A** agg {VERBO} intransitiv, nichtzielend **B** m Intransitiv n, intransitives Verb.

intrappolàre tr **1** (*prendere in trappola*) **~ qc** {TOPO} etw in einer Falle fangen **2** *fig* (*bloccare*) **~ qu** jdn blockieren: **sono rimasta intrappolata nel traffico**, ich bin im Stau stecken geblieben **3** *fig* (*imbrogliare*) **~ qu** jdn herein|legen *fam*, jdn überlisten.

intraprendènte agg (*ricco di iniziative*) {BANCHIERE} unternehmungslustig, unternehmend: **è ~ con le donne**, bei Frauen ergreift er die Initiative/[ist er draufgängerisch].

intraprendènza f (*spirito d'iniziativa*) Unternehmungslust f, Unternehmungsgeist m: **è un uomo di grande coraggio e ~**, er ist ein Mann von großem Mut und Unternehmungsgeist/[sehr mutiger und unternehmungslustiger Mann]; (*con le donne*) {+LATIN LOVER} Draufgängertum n.

intraprèndere <*coniug come* prendere> tr (*iniziare*) **~ qc** {SPEDIZIONE, VIAGGIO} etw un-

ternehmen; {STUDI} *etw* beginnen; {CARRIERA} *anche etw* ein|schlagen; {PROFESSIONE} *etw* ergreifen.

intrapsìchico, (-a) <-ci, -che> agg *psic* intrapsychisch.

intrasferìbile agg (*che non si può trasferire*) {IMPIEGATO} nicht versetzbar; {PRATICA} nicht übertragbar; *banca* {ASSEGNO} nicht übertragbar; {SOMMA} nicht transferierbar.

intrasportàbile agg (*che non si può trasportare*) nicht transportierbar; {FERITO} nicht transportfähig.

intratestuàle agg *ling* intratextuell.

intrattàbile agg 1 (*scontroso*) {CARATTERE} unverträglich, unzugänglich, schwierig; {PERSONA} *anche* jähzornig: **quando si arrabbia diventa ~**, wenn er/sie sich ärgert, ⌐wird er/sie jähzornig¬/[ist mit ihm/ihr nicht gut Kirschen essen *fam*] 2 (*difficile*) {ARGOMENTO, PROBLEMA} heikel, schwierig 3 (*difficile lavorazione*) {METALLO} schwer zu bearbeiten(d) 4 (*non riducibile*) {PREZZO} nicht verhandlungsfähig.

intrattenére <coniug *come* tenere> A tr 1 (*far trascorrere il tempo*) **~ qu** (**con qc**) {AMICI CON GIOCHI DI SOCIETÀ} *jdn* (*mit etw* dat) unterhalten: **li ho intrattenuti a parlare fino al tuo arrivo**, ich habe sie bis zu deiner Ankunft unterhalten 2 (*avere*) **~ qc con qu** *etw* zu *jdm* unterhalten: **~ buoni rapporti con il vicinato**, gute Beziehungen zur Nachbarschaft unterhalten, in guten Beziehungen zur Nachbarschaft stehen B itr pron 1 (*trascorrere il tempo*): **intrattenersi con qu** {CON GLI AMICI} *mit jdm* die Zeit verbringen 2 (*soffermarsi*): **intrattenersi su qc** {PROFESSORE SUL DECADENTISMO} sich *bei etw* (dat) auf|halten.

intrattenimento m 1 (*divertimento*) {CULTURALE} Unterhaltung f; {GIOVANILE} Vergnügen n, Zeitvertreib m 2 (*l'intrattenere*) Unterhalten n.

intrattenitóre, (-trice) m (f) (*chi intrattiene*) Unterhalter(in) m(f), Entertainer m.

intrauterìno, (-a) agg *med* {DISPOSITIVO, VITA} intrauterin *scient*.

intravedére, **intravvedére** <coniug *come* vedere> tr 1 (*scorgere*) **~ qu/qc** (+ **compl di luogo**) *jdn/etw* (*irgendwo*) (flüchtig) erblicken, *jdn/etw* (*irgendwo*) undeutlich sehen/erkennen: **l'ho intravisto ieri all'università**, ich habe ihn gestern flüchtig an der Universität gesehen 2 *fig* (*intuire*) **~ qc** {VERITÀ, VIA D'USCITA} *etw* (er)ahnen; {DIFFICOLTÀ} *etw* voraus|sehen.

intravenóso, (-a) agg *med* intravenös *scient*.

intrecciàre <*intreccio, intrecci*> A tr 1 (*unire in treccia*) **~ qc** {CAPELLI, FILI} *etw* flechten 2 (*intessere*) **~ qc** {FIORI, VIMINI} *etw* flechten; **~ qc in qc** {NASTRO DI VELLUTO NEI CAPELLI} *etw* in *etw* (acc) ein|flechten, *etw mit etw* (dat) verflechten 3 (*incrociare*) **~ qc** {DITA} *etw* in einander falten/kreuzen; {MANI} *etw* falten 4 *fig* (*allacciare*) **~ qc** (**con qu**) {RELAZIONE D'AFFARI} *etw* (*mit jdm*) an|knüpfen; {RELAZIONE AMOROSA} *anche etw* (*mit jdm*) an|fangen *fam* 5 *fig* (*elaborare*) **~ qc** {TRAMA DI UN RACCONTO} *etw* aus|arbeiten B rfl rec: **intrecciarsi** 1 (*attorcigliarsi*) {FILI} sich verwickeln, sich verwirren, sich verschlungen 2 *fig* (*intersecarsi*) {INTERESSI, VITE} sich überschneiden, sich verflechten: **domande e risposte che si intrecciano**, Fragen und Antworten, die sich überschneiden.

intrecciàto, (-a) agg 1 {CAPELLI} geflochten; {CIFRE} eingeflochten 2 *fig* (*legato*) {ASPETTI DI UNA QUESTIONE} verflochten, verschlungen.

intrecciatùra f {+PAGLIA} Verflechtung f; (*azione*) *anche* Verflechten n.

intréccio <-ci> m 1 (*risultato*) {+FILI, NASTRI, PIANTE RAMPICANTI} Flechtwerk n, Geflecht n; {+ALGHE} Gewirr n 2 (*l'intrecciare*) Flechten n, Verflechten n 3 *fig* (*complesso*) {+PROPOSTE} Reihe f; {+EVENTI FORTUNATI} Verkettung f: **~ di voci**, Stimmengewirr n 4 *fig* (*trama*) {+FILM, ROMANZO} Handlung f 5 *tess* Geflecht n *von* Fäden.

intrepidézza f (*audacia*) {+EROE} Unerschrockenheit f, Furchtlosigkeit f.

intrèpido, (-a) agg 1 (*audace*) {EROE} unerschrocken, draufgängerisch, furchtlos 2 *iron* (*spavaldo*) dreist, frech, unverfroren, unverschämt.

intricàre <*intrico, intrichi*> A tr **~ qc** 1 (*aggrovigliare*) {FILI, MATASSA} *etw* verwirren 2 *fig* (*imbrogliare*) {SITUAZIONE} *etw* komplizieren, *etw* komplizierter machen B itr pron: **intricarsi** 1 (*arruffarsi*) {FILI} sich verwickeln, sich verwirren; {CAPELLI} zerzaust werden 2 *fig* (*complicare*) {FACCENDA} sich komplizieren, komplizierter werden.

intricàto, (-a) agg 1 (*imbrogliato*) {MATASSA} verworren 2 *fig* {SITUAZIONE} verwickelt, verzwickt *fam* 3 *fig* (*confuso*) {RACCONTO} verworren, wirr.

intrìco <-chi> m (*groviglio*) {+RAMI} Geflecht n; {+SENTIERI} Gewirr n; *fig* {+SENSAZIONI CONFUSE} Gewirr n: **trovarsi in un brutto ~**, in einem schönen Schlamassel stecken *fam*.

intrìdere <*irr intrido, intrisi, intriso*> tr 1 *anche edil tecnol* (*stemperare*) **~ qc** {CALCE, GESSO} *etw* an|rühren; **~ qc** {FARINA} *etw* {+ACQUA, WASSER} in Mehl einrühren/einkneten 2 (*inzuppare*) **~ qc** {PIOGGIA ABITO} *etw* durchnässen 3 *fig* (*permeare*) **~ qc** (**di qc**) {RACCONTO DI DOLCEZZA} *etw* (*mit etw* dat) durchdringen.

intrigànte A agg 1 (*che intriga*) intrigant *forb* 2 *fig* (*che avvince*) {AMICO, FATTO DI CRONACA, LIBRO, SGUARDO} faszinierend, fesselnd B mf (*armeggione*) Intrigant(in) m(f) *forb*.

intrigàre <*intrigo, intrighi*> A tr (*avvincere*) **~ (qu)** {ROMANZO LETTORE} (*jdn*) fesseln, (*jdn*) faszinieren: **è un giallo che intriga**, das ist ein fesselnder Krimi B itr **~** <*avere*> (*brigare*) intrigieren, Ränke schmieden *forb obs*: **per ottenere un aumento**, intrigieren, um eine Gehaltserhöhung zu bekommen C itr pron 1 *fam* (*impicciarsi*): **intrigarsi di qc** {DEI FATTI ALTRUI} sich in *etw* (acc) ein|mischen 2 (*trovarsi coinvolto*): **intrigarsi in qc** {IN UN BRUTTO AFFARE} *in etw* (acc) verwickelt sein.

intrigàto, (-a) agg 1 (*complesso*) {AFFARE} komplex *forb*, vielschichtig 2 (*implicato*) **~ in qc** {IN UNA SITUAZIONE DIFFICILE} *in etw* (acc) verwickelt.

intrìgo <-ghi> m 1 (*macchinazione*) {PARLAMENTARE, POLITICO} Intrige f, Ränke pl *forb obs*, Machenschaften f pl *spreg*: **ordire un ~**, eine Intrige anzetteln, Ränke schmieden *forb obs* 2 (*pasticcio*) Schlamassel m *fam*: **cacciarsi in un bell'~**, in einen schönen Schlamassel geraten *fam* • **~ amoroso** (*relazione*) f, (Liebes)verhältnis n.

intrigóne, (-a) m (f) *fam* (*chi è intrigante*) Kungler(in) m(f) *fam spreg*, Intrigant(in) m(f) *forb*.

intrìnseco, (-a) <-ci, -che> A agg 1 (*in sé*) {IMPORTANZA} innere(r, s); {MERITO} wirklich; {VALORE} wirklich, Sach- 2 (*inerente*) **~ (a/in qc)** {QUALITÀ ALLA/NELLA NATURA DELLE COSE} *etw* (dat) innewohnend 3 (*intimo*) **~ (di/con qu)** {AMICO} *mit jdm* vertraut: **è ~ del/[con il] suo datore di lavoro**, er ist der Vertraute seines Arbeitgebers 4 *filos* {ARGOMENTO} der Sache innewohnend B m <*solo sing*> 1 (*essenziale*) Innere n *decl come agg*, Wesen n, Kern m: **guardare all'~ delle cose**, auf das Wesentliche der Dinge achten 2 (*intimo*) Inner(st)e n *decl come agg*: **nel suo ~ non ammetterà d'aver sbagliato**, in seinem/ihrem Innersten wird er/sie nicht zugeben, einen Fehler gemacht zu haben C m (f) *rar* (*amico*) Vertraute mf *decl come agg*.

intrìso, (-a) A part pass *di* intridere B agg **~ di qc** 1 (*imbevuto*) {TESSUTO DI ACQUA} *von etw* (dat) durchnässt, *mit/von etw* (dat) durchtränkt: **maglia intrisa di sudore**, durchgeschwitztes Hemd 2 (*sporco*) {MANI DI SANGUE} *mit etw* (dat) verschmiert, voll (*von*) *etw* (dat)/+ *gen forb*, voller *etw* (*gen*) 3 *fig* (*permeato*) {RACCONTO DI SENTIMENTALISMO, DI TRISTEZZA} *von etw* (dat) triefend C m 1 (*miscuglio*) Gemisch n, Brei m: **~ di acqua e farina**, Gemisch n aus Wasser und Mehl 2 *edil* Gemisch n: **~ di gesso**, Gipsgemisch n.

intristìre <*intristisco*> A itr <*essere*> (*perdere vigore*) {PIANTA} welken B itr <*essere*> itr pron (*diventare triste*): **intristirsi** {RAGAZZO} traurig werden.

introdótto, (-a) A part pass *di* introdurre B agg 1 (*fatto entrare*) **~** (+ **compl di luogo**) (*irgendwohin*) eingeführt: **merci introdotte di recente sul mercato**, neulich auf dem Markt eingeführte Waren 2 (*esperto*) **in qc** {MATEMATICO NELLO STUDIO DELLE CONICHE} *auf/in etw* (dat) bewandert, *auf/in etw* (dat) erfahren 3 (*che ha molte conoscenze*) (**in qc**) {POLITICO IN AMBIENTI ALTOLOCATI} *in etw* (acc) eingeführt.

introducìbile agg (*che si può introdurre*) {MODIFICA} einführbar.

introducibilità <-> f (*l'essere introducibile*) {+NUOVO PRODOTTO} Einführbarkeit f.

introdùrre <coniug *come* condurre> A tr 1 (*inserire*) **~ qc in qc** {CHIAVE NELLA SERRATURA, SPINA NELLA PRESA} *etw in etw* (acc) (ein|)stecken; {MONETA NEL PARCHIMETRO} *etw in etw* (acc) ein|werfen 2 (*mettere in uso*) **~ qc** {ANGLICISMO NELLA LINGUA ITALIANA, COMPUTER NELLA SCUOLA, MODA IN UN PAESE, NUOVO SISTEMA FISCALE, USO DI MACCHINE NELLA FATTORIA} *etw irgendwo* ein|führen 3 (*far entrare*) **~ qu** (**in qc**) *jdn* (*in etw* acc) eintreten lassen: **la cameriera introdusse gli ospiti nel salone**, die Hausangestellte ließ die Gäste in den Salon eintreten 4 (*far entrare clandestinamente*) **~ qc** (**in qc**) {DROGA NEL PAESE} *etw* (*in etw* acc) ein|schmuggeln 5 (*presentare*) **~ qu presso/da qu** {PRESSO IL MINISTRO, DAL PRESIDENTE} *jdn jdm* vor|stellen; **~ qu** (+ **compl di luogo**) {SCRITTORE PERSONAGGIO A METÀ CAPITOLO} *jdn* (*irgendwo*) ein|führen: **~ qu in società**, *jdn* in die Gesellschaft einführen 6 *fig* (*iniziare*) **~ qu a/in qc** {GIOVANE ALLO STUDIO DELLA FILOSOFIA} *jdn in etw* (acc) ein|führen: **~ qu nell'esercizio di una professione**, *jdn* in die Ausübung eines Berufes einführen⌐/[einarbeiten] 7 *fig* (*avviare*) **~ qc** (*DISCORSO*) *etw* ein|leiten 8 *gramm* **~ qc** *etw* ein|leiten B itr pron: **introdursi in qc** 1 (*penetrare*) {LADRO IN UN APPARTAMENTO} *in etw* (acc) ein|dringen, sich *in etw* (acc) ein|schleichen 2 (*inserirsi*) {IN UNA CONVERSAZIONE} sich *in etw* (acc) ein|schalten: **introdursi in società**, sich (dat) Eintritt in die Gesellschaft verschaffen, sich in die Gesellschaft einführen lassen 3 (*diffondersi*) {ABITUDINE NELLA SOCIETÀ MODERNA} sich *in etw* (dat) verbreiten, sich *in etw* (dat) durch|setzen.

introduttìvo, (-a) agg (*che introduce*) {NOTA, PARTE} einleitend, einführend.

introduttóre, (-trice) m (f) 1 (*chi inaugura*) {+LEGGE, MODA} Einführer(in) m(f) 2 (*chi introduce*) {+PERSONAGGIO} Einführer(in) m(f).

introduzióne f 1 (*immissione*) {+CIBO}

introflessione Einführung f; {+CHIODO} Einschlagen n: **l'~ di una sonda nello stomaco**, die Einführung einer Sonde in den Magen; (azione) anche Einführen n **2** (entrata) {+MODA, NUOVO SISTEMA DI CALCOLO} Einführung f: **~ dei pomodori in Europa**, Einführung f der Tomaten in Europa **3** (prefazione) {+DISCORSO} Einleitung f; {+LIBRO} Vorwort n **4** (presentazione) Vorstellung f, Einführung f: **~ di una signora presso un amico**, Vorstellung f einer Frau bei einem Freund **5** (avviamento, guida) Einführung f: **~ alla biologia/fisica**, Einführung f in die Biologie/Physik **6** comm Einfuhr f: **~ di nuovi prodotti sul mercato interno**, Einfuhr f neuer Produkte auf den Binnenmarkt **7** mus {+SONATA} Introduktion f, Vorspiel n; {+OPERA} Ouvertüre f.

introflessione f anat bot Einstülpung f.
introflesso, (-a) agg anat bot eingestülpt.
introiettàre tr psic **~ qc** etw introjizieren.
introiettàto, (-a) agg psic introjiziert.
introiezióne f psic Introjektion f.
introitàre tr amm (incassare) **~ qc** {ERARIO UNA SOMMA} etw ein|nehmen, etw (ein)kassieren.
intròito m **1** (incasso) Einnahme f, Einkünfte f pl: **gli introiti giornalieri di un cinema**, die Tageseinnahmen eines Kinos **2** mus relig Introitus m.
introméttersi <coniug come mettere> rfl **~ (in qc) 1** (immischiarsi) sich (in etw acc) ein|mischen: **non intrometterti in cose che non ti riguardano!**, misch dich nicht in Dinge ein, die dich nichts angehen! **2** (intervenire) {IN UNA RISSA} sich (in etw acc) ein|mischen, dazwischen|treten, dazwischen|gehen fam.
intromissióne f **1** (intervento) Einmischung f, Eingreifen n, Intervention f: **bisogna eliminare ogni ~ straniera**, jede ausländische Einmischung/Intervention muss ausgeschlossen werden **2** (mediazione) Vermittlung f: **la sua ~ è disinteressata**, seine/ihre Vermittlung ist uneigennützig **3** (ingerenza) Einmischung f: **non sopporto la tua ~ nei miei affari**, ich ertrage es nicht, dass du dich in meine Geschäfte einmischst.
intronàre tr **1** (assordare) **~ qu** jdn betäuben, jdn benommen machen **2** (scuotere) **~ qc** etw erschüttern: **le esplosioni facevano ~ la casa**, die Explosionen ließen das Haus erbeben.
intronàto, (-a) agg (stordito) **~ (da qc)** (vor/von etw dat) betäubt, (vor/von etw dat) benommen: **era ~ dal rumore**, er war vom Lärm betäubt.
intróne m biol RNA f, RNS f, Ribonukleinsäure f.
introspettìvo, (-a) agg **1** (dell'introspezione) {VALORE} introspektiv **2** (portato all'introspezione) {RAGAZZO} introspektiv.
introspezióne f psic Introspektion f.
introvàbile agg (che non si riesce a trovare) {ESPERTO, PEZZO DI RICAMBIO} unauffindbar.
introversióne f psic Introversion f.
introvèrso, (-a) **introvertito**, (-a) psic A agg {CARATTERE, FIGURA} introvertiert B m (f) Introvertierte mf decl come agg.
intrufolàre A tr fam (cacciare dentro) **~ qc in qc** {MANO NELLA TASCA DI QU} etw in etw (acc) gleiten lassen B rfl (introdursi furtivamente) **intrufolarsi** (+ compl di luogo) {ALLA FESTA} sich (heimlich) (irgendwo) ein|schmuggeln.
intrugliàre <intruglio, intrugli> A tr **~ qc 1** (mescolare) etw mischen, etw mixen **2** fig (ingarbugliare) {DISCORSO} etw verwirren, etw verwickeln B rfl **1** (insudiciarsi): **intrugliarsi** sich schmutzig machen **2** fig (appesantire): **intrugliarsi qc** {STOMACO} sich (dat) etw verderben **3** fig (intromettersi): **intrugliarsi in qc** sich auf etw (acc) ein|lassen, sich in etw (acc) verwickeln.

intrùglio <-gli> m **1** spreg (mistura) Gemisch n, Mixtur f forb; (bevanda) Gebräu n fam spreg, Gesöff n fam spreg: **beve strani intrugli per dimagrire**, er/sie trinkt seltsame Mixturen forb, um abzunehmen **2** fam (medicina) Mixtur f forb: **ho buttato giù quell'~ tutto d'un fiato**, ich habe diese Mixtur forb in einem Zug hinuntergeschüttet **3** fig (imbroglio) Schwindel m fam spreg: **quest'affare non è che un ~**, dieses Geschäft ist ein einziger Schwindel fam spreg **4** fig (lavoro mal fatto) Pfuscharbeit f fam spreg, Mischmasch m fam: **ha pubblicato uno strano ~**, er/sie hat eine eigenartige Pfuscharbeit veröffentlicht fam spreg.
intruglióne, (-a) m (f) **1** (chi fa intrugli) Mischer(in) m(f), Panscher(in) m(f) **2** fig (chi fa pasticci) Pfuscher m fam spreg, Hud(e)ler(in) m(f).
intruppàre itr fam (urtare) **~ con qc** (contro qc) {CON LA MOTO CONTRO UN PARACARRO} mit etw (dat) gegen etw (acc) fahren: **~ con il piede contro lo spigolo**, sich (dat) den Fuß an der Kante anhauen fam.
intruppàrsi rfl spreg (mettersi in gruppo numeroso) {GENTE} sich zusammen|scharen, in Scharen zusammen|kommen, sich zusammen|rotten spreg: **intrupparsi con qu** {CON ALTRI SPETTATORI} sich jdm anschließen, sich zu jdm gesellen.
intruppàto, (-a) agg spreg (organizzato come una truppa) {GENTE} in Scharen, in Horden fam: **durante i fine settimana arrivano i turisti tutti intruppati**, an den Wochenenden kommen die {Touristen scharenweise}/{Touristenhorden fam}.
intrùsa f → intruso.
intrusióne f **1** (intervento) Eindringen n **2** (ingerenza) Einmischung f: **si è opposto all'~ di estranei**, er hat sich gegen die Einmischung von Außenstehenden gewehrt **3** geol Intrusion f.
intrusìvo, (-a) agg geol {ROCCIA} intrusiv, Intrusiv-.
intrùso, (-a) m (f) (estraneo) Eindringling m: **in questa casa mi sento un ~**, in diesem Haus kommt ich mir wie ein Eindringung vor; **l'hanno trattato come un ~**, sie haben ihn wie einen Eindringling behandelt.
intubàre tr **1** med **~ qu/qc** {PAZIENTE} jdn/etw intubieren scient **2** min tecnol **~ qc** {POZZO} etw verrohren.
intubazióne f **1** med Intubation f scient; (azione) anche Intubieren n scient **2** tecnol Verrohrung f.
intuìbile agg (che si può intuire) {CONCLUSIONE, RISULTATO} (er)ahnbar.
intuìre <intuisco> tr **~ qc 1** (percepire) {GRAVITÀ DI UNA SITUAZIONE, VERITÀ} etw ahnen, etw erahnen **2** (presentire) {PERICOLO} etw voraus|ahnen **3** (comprendere per intuizione) {LEGGE SCIENTIFICA, SOLUZIONE DI UN QUESITO MATEMATICO} etw intuitiv erfassen/erkennen **4** (rendersi conto) etw fühlen: **intuì che non sarebbe più tornato**, ihm/ihr wurde bewusst, dass er nicht mehr wiederkehren würde.
intuitività <-> f **1** (capacità di intuire) {+RAGAZZO} Intuitionsfähigkeit f **2** (l'essere intuitivo) {+SOLUZIONE} intuitiver Charakter.
intuitìvo, (-a) agg **1** (relativo all'intuizione) {CERTEZZA, CONOSCENZA, METODO} intuitiv **2** (ovvio) {CONSEGUENZE} offensichtlich, verständlich: **ciò è ~**, das versteht sich von selbst **3** (dotato di grande intuito) {TRADUTTORE} einfühlsam, gutes/großes Sprachgefühl besitzend.

intùito① m **1** (conoscenza immediata) Gefühl n, Intuition f: **sapere qc per ~**, etw gefühlsmäßig/[vom Gefühl her] wissen; **si fida del suo ~**, er/sie verlässt sich auf seine/ihre Intuition **2** (perspicacia) Scharfsinn m: **è dotato di notevole ~**, er verfügt über einen bemerkenswerten Scharfsinn, er ist ausgesprochen scharfsinnig; **~ pronto**, Geistesgegenwart f.
intùito②, (-a) agg (compreso) {VERITÀ} intuitiv erfasst.
intuizióne f **1** {FELICE} Eingebung f: **Einstein ebbe una grande ~**, Einstein hatte eine großartige Eingebung **2** (capacità di intuire) Intuition f: **fidati della tua ~**, vertraue auf deine Intuition **3** (conoscenza immediata) Intuition f: **per ~**, intuitiv **4** (presentimento) Vorgefühl n, Vorahnung f: **ha avuto l'~ che tutto sarebbe andato bene**, er/sie hatte die Vorahnung, dass alles gut gehen würde **5** filos {ESTETICA} Intuition f.
intuizionìsmo m filos mat Intuitionismus m.
intuizionìsta <-i m, -e f> mf filos mat Intuitionist(in) m(f).
intumescènza f **1** med Anschwellung f, Intumeszenz f scient **2** bot Wucherung f.
intumidìre <intumidisco> itr <essere> (gonfiarsi) {LABBRO} schwellen, an|schwellen.
inturgidiménto m Anschwellung f; (azione) anche Anschwellen n.
inturgidìre <inturgidisco> itr <essere> itr pron (diventare turgido): **inturgidirsi** {SENO} (an)|schwellen: **le sue labbra si erano inturgidite**, seine/ihre Lippen waren (an)geschwollen.
inuit etnol A <inv> agg der Inuit B <-> Inuit pl, Angehörige mf decl come agg der Inuit.
inulina f chim Inulin n.
inumanità <-> f **1** (l'essere inumano) Grausamkeit f, Unmenschlichkeit f, Inhumanität f forb **2** (atto) Grausamkeit f, Unmenschlichkeit f.
inumàno, (-a) agg **1** (crudele) {RAPPRESAGLIA} grausam, unmenschlich; {DIRETTORE} unmenschlich, inhuman **2** (disumano) {CONDIZIONI} menschenunwürdig **3** lett (sovrumano) {RESISTENZA, SFORZO} übermenschlich.
inumàre tr forb (seppellire nella terra) **~ qc** {CADAVERE} etw begraben, etw beerdigen.
inumazióne f (sepoltura) Beerdigung f, Bestattung f.
inumidìre <inumidisco> A tr **~ qc 1** (bagnare leggermente) {PIANTE, TERRA} etw besprengen; {BUCATO} etw ein|sprengen **2** (rendere umido) {VAPORE VETRI} etw beschlagen; {RUGIADA ERBA} etw benetzen forb B itr pron (farsi umido): **inumidirsi** feucht werden: **le si inumidirono gli occhi**, sie bekam feuchte Augen C rfl indir (bagnare con la saliva): **inumidirsi qc** {LABBRA} sich (dat) etw befeuchten.
inurbaménto m {+MASSE RURALI} Urbanisierung f, Landflucht f, Verstädterung f.
inurbàno, (-a) agg (scortese) {VICINO DI CASA} unhöflich, grob; {COMPORTAMENTO} anche unzivilisiert, unhöflich, ungesittet.
inurbàrsi itr pron **1** (trasferirsi in città) in die Stadt ziehen **2** fig lett (incivilirsi) verstädtern.
inusitàto, (-a) agg (insolito) {PAROLA} ungewöhnlich, ungebräuchlich.
inusuàle agg (insolito) {COMPORTAMENTO} ungewöhnlich.
inùtile agg **1** (senza utilità) {DISCORSO, OG-

GETTO} unnütz, nutzlos: **nella sua famiglia si sentiva ormai ~**, inzwischen fühlte er/sie sich in seiner/ihrer Familie überflüssig **2** (*inefficace*) {PROTEZIONE, RIMEDIO, TERAPIA} nutzlos, unwirksam, erfolglos **3** (*vano*) {AVVERTIMENTO, ECONOMIA} zwecklos, sinnlos, vergeblich: **è ~ che vi diate tanto da fare**, es ist sinnlos, dass ihr euch so bemüht; **è ~, non ce la faccio proprio!**, es ˻hat keinen Sinn˼/[ist zwecklos], ich schaffe es wirklich nicht!; **non è ~ ritentare**, ein zweiter Versuch schadet nichts; **è ~ insistere oltre**, es ist zwecklos, (noch) weiter darauf zu beharren.

inutilità <-> f **1** (*mancanza di utilità*) {+LAMPADA} Nutzlosigkeit f, Zwecklosigkeit f: **la tua ~ qui è evidente**, du bist hier eindeutig überflüssig **2** (*inefficacia*) {+RIMEDIO} Unwirksamkeit f, Wirkungslosigkeit f **3** (*l'essere vano*) {+INTERVENTO DI QU} Vergeblichkeit f, Sinnlosigkeit f, Zwecklosigkeit f.

inutilizzàbile agg (*che non si può utilizzare*) {LAVORO, VECCHIO COMPUTER} unbrauchbar, nicht verwendbar, unverwendbar.

inutilizzàto, (-a) agg (*non utilizzato*) {BIGLIETTO} unbenutzt.

invadènte A agg (*indiscreto*) {VICINO DI CASA} aufdringlich, zudringlich B mf aufdringlicher Mensch.

invadènza f (*indiscrezione*) Aufdringlichkeit f, Zudringlichkeit f.

invàdere <irr *invado, invasi, invaso*> tr **1** (*occupare con forza*) **~ qc** {PAESE} etw besetzen, *in etw* (acc) ein|fallen, *in etw* (acc) ein|dringen; {CITTÀ} anche etw ein|nehmen; {FORTEZZA} etw stürmen **2** (*riversarsi*) **~ qc** {TIFOSI CAMPO DI CALCIO} etw/auf etw (acc) stürmen; {TURISTI STRANIERI ITALIA} etw überschwemmen; {CAVALLETTE CAMPI} über etw (acc) her|ein|brechen: **i parenti ci hanno invaso la casa**, die Verwandten haben unser Haus/unsere Wohnung in Beschlag genommen **3** (*propagarsi*) **~ qc** {ACQUA CAMPAGNA} etw überschwemmen, etw überfluten; {GRAMIGNA CAMPI} etw überwuchern; {EPIDEMIA CITTÀ} sich (*irgendwo*) verbreiten, etw heim|suchen; {TUMORE TESSUTI} etw durchdringen: **la lava invase le strade di Pompei**, die Straßen Pompejis wurden von Lava verschüttet **4** fig (*affluire*) **~ qc** {PRODOTTI ITALIANI MERCATO TEDESCO} etw überschwemmen **5** fig (*diffondersi*) **~ qc** {CORRUZIONE PUBBLICA AMMINISTRAZIONE} auf etw (acc) über|greifen: **la lingua italiana è invasa dagli anglicismi**, die italienische Sprache ist von Anglizismen durchsetzt **6** fig (*pervadere*) **~ qu** {PAURA} jdn packen, jdn überkommen, jdn überwältigen **7** fig (*sconfinare*) **~ qc** *in etw* (acc) ein|dringen: **~ i diritti altrui**, in die Rechte anderer eingreifen.

invaditrice f → **invasore**.

invaghire <*invaghisco*> lett A itr pron (*innamorarsi*) **invaghirsi di qu/qc** {DI UNA RAGAZZA, DI UN QUADRO DI VAN GOGH} sich *in jdn/etw* verlieben; fig: **invaghirsi di qc** {DEL SUCCESSO} sich *auf etw* (acc) kaprizieren B tr (*attrarre*) **~ qu** {PAESAGGIO} jdn bezaubern, jdn an|ziehen, jdn faszinieren.

invalére <difet *usato solo alla 3ª pers* part pass, coniug *come* valere> itr <*essere*> (*affermarsi*) {ABITUDINE} sich durch|setzen, sich verbreiten: **si tratta di una moda invalsa dieci anni fa**, es handelt sich um eine Mode, die sich vor zehn Jahren durchgesetzt hat.

invalicàbile agg **1** (*che non si può valicare*) {MURO} unübersteigbar **2** fig (*insuperabile*) {DIFFICOLTÀ, LIMITE} unüberschreitbar.

invàlida f → **invalido**.

invalidàbile agg dir für ungültig erklärbar.

invalidànte agg **1** (*che rende invalido*) {INCIDENTE} Invalidität verursachend **2** dir {CLAUSOLA} zur Ungültigkeit führend.

invalidàre tr **~ qc 1** (*confutare*) {RAGIONAMENTO, TESI} etw entkräften **2** dir {CONTRATTO, ELEZIONE, NOMINA, TESTAMENTO} etw für ungültig erklären.

invalidità <-> f **1** (*inabilità*) {PERMANENTE, TEMPORANEA} Invalidität f, Arbeitsunfähigkeit f: **~ al lavoro**, Erwerbsunfähigkeit f **2** (*il non essere valido*) {+TESI} Ungültigkeit f **3** dir {+PROVVEDIMENTO} Ungültigkeit f.

invàlido, (-a) A agg **1** (*inabile*) invalid(e): **~ al lavoro**, arbeitsunfähig, erwerbsunfähig **2** (*non valido*) {RISULTATO} ungültig, nichtig; dir {SENTENZA} ungültig B m (f) Invalide mf decl come agg, Arbeits-/Erwerbsunfähige mf decl come agg: **~ civile**, Zivilbeschädigte mf decl come agg; **essere un grande ~**, schwerbeschädigt sein; **~ di guerra**, Kriegsversehrte m decl come agg, Kriegsbeschädigte m decl come agg.

invàlso, (-a) A part pass *di* invalere B agg (*diffuso*) verbreitet, üblich: **questa usanza americana è ormai invalsa nel nostro paese**, diese amerikanische Sitte ist inzwischen auch bei uns verbreitet/üblich.

invàno A <inv> in funzione di agg (*inutile*) vergeblich, nutzlos: **tutto è stato ~**, alles war vergeblich B avv (*inutilmente*) umsonst, vergebens: **affaticarsi/lottare ~**, ˻sich vergebens abmühen˼/[vergebens kämpfen].

invariàbile agg **1** (*che non varia*) {REGOLA} unveränderlich, unveränderbar, unwandelbar forb; {CONDIZIONI METEOROLOGICHE} beständig **2** ling {PARTE DEL DISCORSO} unveränderlich.

invariabilità <-> f (*l'essere invariabile*) Unveränderlichkeit f, Unwandelbarkeit f forb.

invariànza f chim fis mat Invarianz f.

invariàto, (-a) agg (*immutato*) {SITUAZIONE POLITICO-ECONOMICA} unverändert.

invasaménto m **1** (*ossessione*) {+VISIONARIO} Besessenheit f **2** (*esaltazione*) {+TIFOSO} Aufgebrachtheit f, Erregung f.

invasàre[1] A tr **~ qu 1** (*possedere*) von *jdm* Besitz ergreifen: **è invasato dal demonio**, er ist vom Teufel besessen **2** fig (*assalire*) {GELOSIA, ODIO} jdn ergreifen, jdn packen B tr pron (*infervorarsi*): **invasarsi di qu/qc** {DI UN CALCIATORE, DI UN GENERE MUSICALE} sich *für jdn/etw* begeistern, jdn an|himmeln, *von jdm/etw* angetan/begeistert sein.

invasàre[2] tr **~ qc 1** (*mettere in un vaso*) etw in ein Gefäß tun; {PIANTA} etw eintopfen **2** mar {NAVE} etw auf Stapel legen.

invasàto[1], (-a) A agg **~ (da qc) 1** (*posseduto*) {DAL DEMONIO} (*von etw dat*) besessen **2** fig (*ossessionato*) {RAGAZZO DALLA PASSIONE, SGUARDO} (*von etw dat*) ergriffen B mf anche fig (*ossesso*) Besessene mf decl come agg.

invasàto[2], (-a) agg {PIANTA} eingetopft.

invasatùra f **1** (*il mettere in vaso*) {+PIANTA} Eintopfen n **2** mar {+BARCA} Stapel m, Ablaufgerüst n.

invàsi 1ª pers sing del pass rem *di* invadere.

invasióne f **1** (*occupazione*) {+BARBARI} Einfall m; mil {+ESERCITO} Invasion f, Einfall m **2** (*inondazione*) {+REGIONE} Überschwemmung f **3** fig (*entrata in massa*) {TURISTI STRANIERI, TURISTI} Überschwemmung f **4** fig (*diffusione*) {+LETTERATURA ROSA} Verbreitung f **5** med {+EPIDEMIA, TERRIBILE MORBO} Umsichgreifen n, Eindringen n **6** meteo {+ARIA FREDDA} Einfall m, Eindringen n **7** sport Sturm m: **~ di campo**, Stürmen n des Spielfeldes • **essere come un'~ di cavallette** fig (*una totale devastazione*), wie ein Heuschreckenschwarm einfallen.

invasività <-> f med biol Invasivität f *scient*.

invasìvo, (-a) agg biol med invasiv.

invàso[1] m **1** (*invasatura*) {+PIANTA} Eintopfen n **2** (*capacità*) {+SERBATOIO} Staukapazität f, Fassungsvermögen n.

invàso[2] part pass *di* invadere.

invasóre, (**invaditrice**) A agg (*che invade*) {ESERCITO} eindringend, einfallend B m (f) (*chi invade*) eindringender Feind, Invasor(in) m(f).

invecchiaménto m **1** {+TEORIA SCIENTIFICA} Veralten n **2** biol Altern n, Alterung f: **in poco tempo ha subito un forte ~**, er/sie ist in kurzer Zeit sehr/stark gealtert **3** enol gastr {+PARMIGIANO} (Ab)lagerung f, Alterung f **4** chim {+GOMMA, MATERIE PLASTICHE} Aushärtung f, Aushärten n; {+FILM DI PITTURA, VERNICE} Trocknung f, Trocknen n **5** metall tecnol {+LEGA} Aushärtung f, Aushärten n **6** sociol {+DEMOGRAFICO} Überalterung f.

invecchiàre <*invecchio, invecchi*> A tr <*avere*> **1** (*far sembrare vecchio*) **~ qu** jdn alt aussehen lassen: **i baffi ti invecchiano**, mit dem Schnurrbart siehst du älter aus **2** (*far diventare vecchio*) **~ qu** jdn alt machen, jdn altern lassen, jdn alt werden lassen: **le tribolazioni lo hanno invecchiato**, die Sorgen haben ihn alt gemacht **3** enol gastr **~ qc** {FORMAGGIO} etw (ab)lagern lassen; {VINO} anche etw altern **4** tecnol **~ qc** etw aushärten B itr <*essere*> **1** (*diventare vecchio*) alt werden: **non ho paura di ~**, ich habe keine Angst, alt zu werden **2** (*trascorrere la vecchiaia*) seinen Lebensabend verbringen: **vorrei ~ al mio paese**, ich möchte meinen Lebensabend in meinem Heimatort verbringen **3** (*perdere vitalità*) altern: **è invecchiato nello spirito**, er hat an geistiger Frische verloren **4** (*stagionare*) {VINO} altern, (ab|)lagern **5** fig (*passare di moda*) {ISTITUZIONI, OPERA} veralten **6** tecnol aushärten.

invecchiàto, (-a) agg **1** (*diventato vecchio*) {UOMO} gealtert **2** (*stagionato*) {ROVERE} abgelagert **3** fig (*superato*) {METODO, MODA} veraltet, überholt.

invéce, in véce A avv (*al contrario*) dagegen, hingegen, jedoch, stattdessen, aber: **ero convinto ~ che fosse colpa tua**, ich war hingegen davon überzeugt, dass es deine Schuld sei; **credi di avere ragione e ~ hai torto**, du glaubst, Recht zu haben, du irrst dich jedoch; **rafforzativo** fam während... dagegen/hingegen; **vorrei stare in casa, ma ~ devo uscire**, ich würde gern zu Hause bleiben, muss aber weg; **sembrava onesto mentre ~ si è dimostrato un imbroglione**, er schien ein ehrlicher Mensch zu sein, stattdessen hat er sich als Betrüger herausgestellt B loc prep (*al posto di*): **~ di qu/qc** (an)statt jds/etw, an jds Stelle, anstelle von jdm/etw, **sono venuto ~ di mio fratello**, ich bin an Stelle meines Bruders gekommen; **di lei**, an ihrer Stelle; **ho fatto un numero di telefono ~ di un altro**, ich habe ˻die falsche Nummer gewählt˼/[mich verwählt]; **~ di ridere, se l'è presa moltissimo**, statt darüber zu lachen, hat er/sie sich furchtbar aufgeregt; **~ che di aiuto mi sei stato d'impiccio**, statt mir zu helfen, warst du mir nur im Weg; **seguito da agg poss ha grafia divisa** an jds Stelle, anstelle von jdm/etw; **ho firmato in vece sua**, ich habe für ihn/sie unterschrieben; **verrà lui in vece mia**, er wird an meiner Stelle kommen.

invedìbile agg **1** (*che non si può vedere*) unanschaubar **2** (*che non merita d'essere visto*) {SPETTACOLO} unmöglich, unter aller Kritik *fam*.

inveìre <*inveisco*> itr (*scagliarsi*) **~ contro**

qu/qc {CONTRO I RESPONSABILI, CONTRO IL DIS-SERVIZIO} *gegen/über jdn/etw* wettern *fam*, ⌊*über jdn/etw*⌋/[*auf jdn/etw*] heftig schimpfen.

invelenire <*invelenisco*> **A** *tr* <*avere*> **1** (*fare adirare*) ~ **qu** (**con qc**) {CON UN ATTEGGIAMENTO, CON DELLE CRITICHE} *jdn* (*durch etw* *acc*) erbittern, *jdn* (*durch etw acc*) wütend/giftig machen **2** (*rendere più aspro*) ~ **qc** {CONTRASTO, LITE} *etw* verschärfen **B** *itr* <*essere*> *itr pron* **1** (*infuriarsi*): **invelenirsi** (**per qc**) {PER UN NONNULLA} *wegen etw* (*gen*) wütend/zornig/giftig werden; **invelenirsi contro/con qu** *gegen jdn* aufgebracht sein, *auf jdn/mit jdm* böse sein: **si è invelenita contro di noi perché l'abbiamo criticata**, sie ist böse/wütend auf uns, weil wir sie kritisiert haben **2** (*inasprirsi*): **invelenirsi** {LITE, QUESTIONE} sich verschärfen.

invelenito, (-a) *agg* (*esacerbato*) ~ (**contro qu**) {DONNA CONTRO I TEPPISTI} erbittert (*gegen jdn*), erzürnt (*gegen jdn*).

invendìbile *agg* (*che non si riesce a vendere*) {VECCHIA AUTOMOBILE} unverkäuflich.

invendicàbile *agg* (*che non può essere vendicato*) {ONTA} unrächbar.

invendicàto, (-a) *agg* **1** (*non vendicato*) {OFFESA} ungerächt **2** (*impunito*) {CRIMINE} unbestraft.

invendùto, (-a) *comm* **A** *agg* (*non venduto*) {MERCE} unverkauft **B** *m* <*di solito al pl*> (*giacenza*) Ladenhüter *m spreg*: **smerciare l'~**, die Ladenhüter *spreg* ausmisten *fam*.

inventàre *tr* ~ **qc 1** (*ideare*) {NUOVO METODO DI ANALISI, RADIO, TELEFONO, TELEVISIONE} *etw* erfinden **2** (*escogitare*) {GIOCO, PIANO} sich (*dat*) *etw* aus|denken, *etw* aus|tüfteln *fam*: **le inventa tutte!**, er/sie sich nicht alles ausdenkt! **3** (*immaginare*) ~ **qu/qc** {PERSONAGGIO} *jdn/etw* erfinden; {STORIA} *anche etw* ersinnen *forb* **4** (*dire cose non vere*) ~ **qc** {BUGIE, FROTTOLE} *etw* erzählen; {SCUSE} sich (*dat*) *etw* aus|denken; {DIFFICOLTÀ, PERICOLI} *etw* herbei|reden: **si è inventato tutto!**, das hat er alles frei erfunden!, das hat er sich alles aus den Fingern gesaugt! *fam*.

inventariàbile *agg* (*che può essere inventariato*) {BENI, MERCI} inventarisierbar.

inventariàre <*inventario, inventari*> *tr* (*registrare*) ~ **qc** {MANOSCRITTI, MERCI} *etw* inventarisieren, die Inventur/eine Bestandsaufnahme *von etw* (*dat*) machen.

inventàrio <*-ri*> *m* **1** (*elencazione di beni*) Inventur f, Bestandsaufnahme f: **fare/compilare l'~ dei libri di una biblioteca**, eine Bestandsaufnahme der Bücher einer Bibliothek machen; **fare l'~ delle merci invendute**, eine Inventur der unverkauften Waren machen **2** (*registro*) Inventarverzeichnis n **3** *fig* (*enumerazione noiosa*) Litanei f: **mi ha fatto l'~ delle sue malattie**, er/sie hat mir all seine/ihre Krankheiten aufgezählt **4** *dir* Inventar n.

inventàto, (-a) *agg* **1** (*immaginato*) {STORIA} erfunden, erdacht **2** (*falso*) erfunden, aus der Luft gegriffen: **queste notizie sono inventate di sana pianta**, diese Nachrichten sind von A bis Z erlogen *fam*.

inventìva f (*creatività*) Erfindungsgabe f, Fantasie f: **avere scarsa ~**, wenig Fantasie haben, fantasiearm sein; **ricco d'~**, erfindungsreich, fantasievoll.

inventività <-> f (*capacità di inventare*) Erfindungsgeist m, Erfindungsgabe f, Einfallsreichtum m.

inventìvo, (-a) *agg* **1** (*creativo*) {SCRITTORE} erfinderisch; {INGEGNO} *anche* Erfinder-; {FACOLTÀ} Erfindungs- **2** (*di fantasia*) {PARTE DI UN RACCONTO} erfunden.

inventóre, (-trice) **A** *agg* (*FORZA, GENIO*) Erfinder- **B** *m* (f) *anche fig lett* (*chi inventa*) {+BUSSOLA, RADIO, STAMPA} Erfinder(in) m(f).

invenzióne f **1** (*ideazione*) {+RADIO, STAMPA, TELEFONO} Erfindung f: **ci ha fatto assaggiare un piatto di sua ~**, er/sie hat uns ein von ihm/ihr ausgedachtes Gericht probieren lassen; (*atto*) *anche* Erfinden n **2** (*oggetto inventato*) Erfindung f: **il computer è un'~ che ha rivoluzionato il modo di lavorare**, der Computer ist eine Erfindung, die die Arbeitsweise revolutioniert hat; **ha brevettato la sua ~**, er/sie hat seine/ihre Erfindung patentieren lassen; (*prototipo*) Muster n, Entwurf m, Modell n **3** (*stratagemma*) {DIABOLICA} Einfall m, Idee f **4** (*prodotto della fantasia*) Erfindung f, Einfall m: **si tratta di un racconto ricco di invenzioni**, es handelt sich um eine sehr einfallsreiche Erzählung; {POETICA} Erfindung f, Einfall m **5** (*bugia*) Erfindung f, Lüge f: **son tutte invenzioni delle male lingue**, das sind alles nur Erfindungen böser Zungen, das ist alles nur bösartiges Geschwätz! *fam spreg*; **non è vero, è tutta un'~!**, das ist nicht wahr, das ist eine glatte Lüge! **6** *dir* (*modo di acquisto della proprietà*) Fund m **7** *mus* Invention f **8** *relig rar* (*ritrovamento*) {+RELIQUIA} Auffindung f ● ~ **del demonio** *fig* (*ciò che è ritenuto negativo e immorale*) {POETICA}, teuflische Erfindung, Teufelswerk n *obs*.

inverdìre <*inverdisco*> **A** *tr* <*avere*> (*rendere verde*) ~ **qc** {BELLA STAGIONE CAMPI} *etw* grün machen **B** *itr* <*essere*> *itr pron* (*diventare verde*): **inverdirsi** {PRATI} grün werden, grünen.

inverecòndia f (*spudoratezza*) {+MODA, RAGAZZO} Schamlosigkeit f.

inverecóndo, (-a) *agg* **1** (*spudorato*) {GESTO, PAROLA, RAGAZZA} schamlos **2** (*sfrontato*) {RAGAZZO} unverschämt, frech.

inverificàbile *agg* (*che non si può verificare*) {TESI} nicht nachprüfbar.

invernàle **A** *agg* **1** (*dell'inverno*) {CONDIZIONI METEOROLOGICHE} winterlich; {NEBBIA, LETARGO, SPORT, STAGIONE} Winter- **2** (*usato in inverno*) {ABITO} Winter- **3** *bot* {PIANTA} Winter- **B** f *alpin* Aufstieg m im Winter: **scalare una cima in ~**, einen Gipfel ⌊im Winter⌋/[in der Winterzeit] besteigen.

invernàta f *lett* (*stagione invernale*) {SCORSA} Winter m.

inverniciàre **A** *tr* (*dare la vernice*) ~ **qc** {ARMADIO, SEDIA} *etw* lackieren, *etw* an|streichen **B** *rfl scherz* (*imbellettarsi*): **inverniciarsi** sich stark schminken, sich an|malen *fam*.

inverniciatùra f **1** (*laccatura*) {+MOBILE} Lackierung f, Anstrich m; (*atto*) *anche* Anstreichen n **2** *fig* (*infarinatura*) {+BUONA EDUCAZIONE, ISTRUZIONE} Anstrich m.

invèrno m {NEVOSO, PIOVOSO, RIGIDO} Winter m: **in/d'~ come d'estate**, im Winter wie im Sommer; **l'~ scorso/passato**, vorigen/letzten Winter; **d'~**, winterlich, Winter-: **i mesi d'inverno**, die Wintermonate ● **l'~ della vita** *fig* (*la vecchiaia*), der Lebensabend, der Lebensherbst.

invéro *lett* **A** *avv* (*davvero*) wirklich, wahrlich *forb* **B** *cong* (*in realtà*) tatsächlich, in der Tat.

inverosimiglianza f (*qualità*) {+DESCRIZIONE} Unwahrscheinlichkeit f.

inverosìmile **A** *agg* **1** (*incredibile*) {NOTIZIA} unwahrscheinlich **2** (*assurdo*) absurd, unsinnig: **quello che dici è davvero ~**, was du sagst, ist wahrhaftig absurd **B** *m* <*solo sing*> (*assurdo*) Absurde n *decl come agg*: **lo svolgimento dei fatti rasenta l'~**, was passiert ist, grenzt ans Absurde.

inversióne f **1** *gener* Umkehrung f, Wende f: **dopo tanti anni si è verificata una ~ nelle scelte politiche del paese**, nach vielen Jahren zeichnet sich in den politischen Entscheidungen des Landes eine Wende ab; ~ **di tendenza**, Tendenzwende f; (*azione*) *anche* Umkehren n **2** (*scambio*) {+PAROLE DI UNA FRASE, TERMINI DI UNA MOLTIPLICAZIONE} Umstellung f **3** *autom* Wendung f, Wenden n: ~ **di marcia**, Wendung n; ~ **a U**, 180-Grad-Wende f, Umkehrung f, Kehrtwende f **4** *aero* Wechsel m: ~ **di comandi**, Steuerungsumkehr f **5** *chim* {+SACCAROSIO} Inversion f **6** *fot* {FOTOGRAFICA} Umkehrverfahren n **7** *geog* {+RILIEVO} Inversion f **8** *gramm* {+SOGGETTO} Inversion f: ~ **sintattica**, Inversion f der Syntax **9** *mil* Umkehr f **10** *psic* Inversion f: ~ **sessuale**, (sexuelle) Inversion ● ~ **di corrente elettr**, Stromwendung f, Stromumkehr f; **di rotta** *aero mar anche fig*, Kurswechsel m; ~ **termica** *meteo*, Inversion f, Temperaturumkehr f; ~ **dell'utero** *med*, Um-, Einstülpung f der Gebärmutter, Inversio Uteri f *scient*.

invèrso, (-a) **A** *agg* **1** (*opposto*) umgekehrt, entgegengesetzt: **nell'ordine ~**, in umgekehrter Reihenfolge; **arrivare in senso ~ a qu/qc**, aus der entgegengesetzten Richtung von jdm/etw kommen **2** *biol* {ORGANO} umgekehrt liegen(d) **3** *geol* {FAGLIA, FIANCO} invertiert **4** *ling* {VERBO} umkehrbar **5** *mat* {ELEMENTO, NUMERO, OPERAZIONE} umgekehrt, invers **B** m **1** (*opposto*) Gegenteil n, Umgekehrte n *decl come agg* **2** *mat* Umkehrung f **C** *loc avv* (*alla rovescia*): **all'~**, {PROCEDERE} umgekehrt.

invertebràto, (-a) **A** *agg* **1** *zoo* wirbellos **2** *fig* (*smidollato*) rückgratlos *spreg*, gefügig **3** *fig* (*privo di carattere*) {STILE} kraftlos, schwach **B** m **1** *zoo* Wirbellose(n) pl, Evertebraten m pl *scient*: **gli invertebrati**, die Evertebraten m pl *scient* **2** *fig* (*persona smidollata*) rückgratloser Mensch *spreg*.

invertìbile *agg* (*che si può invertire*) umkehrbar, umstellbar; {FIGURA} Inversions-; *fot* {EMULSIONE, PELLICOLA} Umkehr-.

invertìre <*inverto*> **A** *tr* ~ **qc 1** (*volgere nel senso opposto*): ~ **il senso di marcia**, umkehren; ~ **la rotta di un aereo**, die entgegengesetzte Flugrichtung einschlagen; ~ **la rotta di una nave**, auf Gegenkurs gehen **2** (*cambiare di posto*) *etw* um|stellen: ~ **la disposizione dei mobili**, die Möbel umstellen; ~ **l'ordine dei nomi in una lista**, die Namen in einer Liste umstellen/[anders ordnen]; ~ **la disposizione degli ospiti**, die Gäste umsetzen **3** *fig* (*scambiare*) {PARTI, RUOLI} *etw* tauschen, *etw* vertauschen **4** *elettr* {CORRENTE} *etw* um|schalten: ~ **i poli**, umpolen **5** *chim mat etw* invertieren **B** *itr pron*: **invertirsi** {PARTI} sich um|kehren.

invertìto①, (-a) *agg* **1** (*rovesciato*) {ORDINE ALFABETICO} umgekehrt **2** (*scambiato*) {POSTI} umgestellt **3** *chim* {ZUCCHERO} invertiert **4** *elettr* {CORRENTE} umgeschaltet **5** *ling* {CONSONANTE} Zerebral-, retroflex **6** *mat* {FRAZIONE} invers, umgekehrt.

invertìto②, (-a) **A** *agg* (*omosessuale*) invertiert *scient*, homosexuell **B** m (f) (*omosessuale*) Invertierte mf *decl come agg scient*, Homosexuelle mf *decl come agg*.

invertitóre, (-trice) **A** *agg fis* {DISPOSITIVO, PRISMA} Umkehr- **B** m **1** *elettr* Wender m, Wechselrichter m: ~ **di fase/polarità**, Phasen-/Polwechsler m **2** *ferr* Richtungswender m: ~ **assiale**, Achswendegetriebe n **3** *mecc* {+MARCIA} Wendegetriebe n.

investìbile *agg econ* (*che si può investire*) {CAPITALE} investierbar, anlegbar.

investigàbile *agg* (*sondabile*) erforschbar, sondierbar *forb*.

investigàre <*investigo, investighi*> **A** tr (*esaminare*) ~ qc {MOVENTI DI UN DELITTO} etw untersuchen; (*CAUSE DI UN FENOMENO*) anche etw erforschen **B** itr (*compiere indagini*) ~ (**su qu/qc**) {SU DI UN UOMO, SUL TRAFFICO D'ARMI} (*über* jdn/etw) Ermittlungen/Nachforschungen an|stellen, *nach* jdm/etw fahnden: **la polizia sta investigando**, die Polizei ermittelt gerade.

investigativo, (-a) agg **1** (*che investiga*) {SQUADRA} Kriminal-, Ermittlungs- **2** (*d'investigazione*) {UFFICIO} Detektiv-; (*nella finanza*) Fahndungs-.

investigatóre, (-trice) **A** agg (*che investiga*) {MENTE, SGUARDO} Nachforschungs-, Ermittlungs-, Fahndungs- **B** m (f) (*chi investiga*) Ermittler(in) m(f), Detektiv(in) m(f), Fahnder(in) m(f), Erforscher(in) m(f): ~ (**privato**), (Privat)detektiv m.

investigazióne f **1** anche dir (*indagine*) {+POLIZIA} Untersuchung f, Nachforschung f **2** (*ricerca*) {SCIENTIFICA} Forschung f.

investiménto m **1** (*urto*) Zusammenstoß m; {+ANZIANA, CANE, DONNA} Anfahren n; (*con esito letale*) Überfahren n **2** fig (*impiego*) {+ENERGIA} Einsatz m **3** econ {FINANZIARIO, MOBILIARE} Investition f, Anlage f: **è un ~ di capitale sicuro**, das ist eine sichere Kapitalanlage; ~ **immobiliare**, Immobilieninvestition f; **fare un ~ a breve/medio/lungo termine**, eine kurz-/mittel-/langfristige Investition vornehmen; **un ~ di un miliardo**, eine Investition in Höhe von einer Milliarde **4** mar Zusammenstoß m, Kollision f: ~ **di una nave in un banco di sabbia**, Auflaufen n eines Schiffes auf eine Sandbank **5** mil {+FORTEZZA} Stürmen n, Bestürmung f **6** psic {AFFETTIVO} Objektbesetzung f.

investìre <*investo*> **A** tr **1** (*urtare violentemente*) ~ **qu/qc** {MACCHINA PASSANTE, CANE} jdn/etw an|fahren, jdn/etw um|fahren; {AUTOTRENO MACCHINA} auf jdn/etw (acc) auf|fahren; {VALANGA SCIATORI} jdn/etw mit sich (dat) reißen; (*con esito letale*) jdn/etw überfahren **2** (*insignire*) ~ **qu di qc** {PERSONA DI UN TITOLO NOBILIARE} jdm etw verleihen; {DI UNA CARICA POLITICA, DI UN POTERE} jdn mit etw (dat) betrauen **3** (*utilizzare*) ~ **qc in qc** {ENERGIE IN UN LAVORO} etw auf etw (acc) verwenden etw (*in etw* acc) investieren **4** fig (*coprire*) ~ **qu di/con qc** {UOMO CON UNA VALANGA DI INGIURIE} jdn mit etw (dat) überschütten, jdn mit etw (dat) überhäufen; {PASSANTE CON PUGNI E CALCI} jdn mit etw (dat) traktieren; {DI DOMANDE} jdn mit etw (dat) bestürmen **5** dir ~ **qc** {TRIBUNALE} etw an|rufen **6** econ ~ (**qc**) (**in qc**) {SOLDI IN BENI IMMOBILI} etw (*in etw* acc) investieren, etw (*in etw* dat) an|legen: **ho investito bene**, ich habe gut investiert **7** mar ~ **qc** {NAVE SCOGLIO} auf etw (acc) auf|fahren **8** mil ~ **qc** {PIAZZAFORTE} etw bestürmen **B** rfl rec (*scontrarsi*): **investirsi** {TRENI} zusammen|stoßen, zusammen|prallen, kollidieren **C** rfl: **investirsi di qu/qc** {ATTRIBUIRSI UNA CARICA} {DI UN TITOLO} sich (dat) etw zu|schreiben **2** rar (*immedesimarsi*) {DI UNA PARTE, DI UN PERSONAGGIO} sich in jdn/etw hinein|versetzen, sich in jdn/etw ein|fühlen **3** rar (*essere partecipi*) {DI UN DOLORE} an etw (dat) inneren Anteil nehmen.

investìto, (-a) **A** agg **1** ~ (**da qu/qc**) {UOMO DALL'AUTOBUS} (*von* jdm/etw) angefahren; (*con esito letale*) (*von* jdm/etw) überfahren **2** (*utilizzato*) ~ (**in qc**) {RISORSE UMANE IN UN PROGETTO} auf etw (acc) verwandt, (*in etw* acc) investiert **3** econ ~ (**in qc**) {CAPITALE NELL'IMPRESA} (*in etw* acc) investiert **B** m (f) Unfallopfer n: **l'~ non dava più segni di vita**, das Unfallopfer gab kein Lebenszeichen mehr von sich.

investitóre, (-trice) **A** agg **1** (*che attribuisce una carica*) {AUTORITÀ} einsetzend, einkleidend, investitiv forb **2** (*che investe*) {VEICOLO} anfahrend; (*con esito letale*) überfahrend **3** econ {SOCIETÀ} Anleger- **B** m (f) **1** (*chi investe*) {STRADALE} Unfallfahrer(in) m(f) **2** econ Anleger(in) m(f), Investor(in) m(f).

investitùra f **1** (*conferimento di una carica*) Einsetzung f **2** (*cerimonia*) Einsetzungszeremonie f **3** stor Investitur f.

investment bank <-, - -s pl ingl> loc sost f ingl econ Investmentbank f, Emissions-, Effektenbank f.

investment trust <-, - -s pl ingl> loc sost m econ Investmenttrust m.

inveteràto, (-a) agg (*radicato*) {ABITUDINE, VIZIO} eingewurzelt, eingefleischt.

invetriàre <*invetrio, invetri*> tr ~ **qc 1** (*munire di vetri*) {FINESTRA} etw verglasen, etw mit Glasscheiben versehen **2** (*eseguire l'invetriatura*) {TERRACOTTA} etw glasieren **3** (*rendere simile a vetro*) {GELO STAGNO} etw glasähnlich machen.

invetriàta f **1** (*finestra*) Glasfenster n **2** (*porta*) Glastür f **3** fig scherz (*occhiali*) (Brillen)glas n.

invettìva f (*apostrofe*) Beleidigung f, Schmähung f; (*discorso*) Schmährede f, Schmähung f: **scagliare/lanciare un'~ contro qu/qc**, jdn/etw wüst spreg beschimpfen, eine Schmähung gegen jdn/etw ausstoßen.

inviàbile agg (*che si può inviare*) {PACCO} verschickbar.

inviàre <*invio, invii*> tr **1** (*mandare*) ~ **qu** (+ **compl di luogo**) {GIORNALISTA, ISPETTORE SUL POSTO} jdn (*irgendwohin*) schicken, jdn (*irgendwohin*) entsenden forb; ~ **qc a qu** {SALUTI A UN AMICO} jdm etw senden **2** (*spedire*) ~ **qc** (**a qu/qc**) {LETTERA, PACCO, TELEGRAMMA} (jdm/etw) etw schicken, jdm/etw etw zu|schicken, jdm/etw etw zu|senden; {MERCE, OPUSCOLI} (*an* jdn/etw) versenden, etw (*an* jdn/etw) verschicken; {ARTICOLO, MANOSCRITTO ALLA CASA EDITRICE} etw (*an* etw acc) (ein|)senden, etw (*an* etw acc) ein|schicken; {DENARO A UN FORNITORE} jdm/etw zukommen lassen **3** (*trasmettere per radio o televisione*) ~ **qc** (**a qu**) {MESSAGGIO ALLA NAZIONE} etw übersenden.

inviàto, (-a) m (f) **1** diplomazia {+MINISTERO} (Ab)gesandte mf decl come agg: ~ **d'affari**, Geschäftsträger m **2** giorn Berichterstatter(in) m(f): **dal nostro ~**, von unserem Berichterstatter; ~ **speciale**, Sonderberichterstatter m • ~ **del Cielo/di Dio** relig, Seher m.

invìdia f **1** Neid m: **degno d'~**, beneidenswert; **avere una salute che fa ~**, eine beneidenswerte Gesundheit besitzen **2** relig Neid m • **crepare/morire d'~** fig fam (*essere molto invidioso*), vor Neid platzen fam/vergehen; **meglio fare ~ che pietà** prov, lieber beneidet als bemitleidet.

invidiàbile agg (*degno d'invidia*) {APPETITO, FORTUNA, SALUTE} beneidenswert.

invidiàre <*invidio, invidi*> tr **1** (*provare invidia*) ~ **qu** (**per/[a causa di] qc**) {AMICO PER IL POSTO DI LAVORO} jdn (*um* etw acc) beneiden: **non ti invidio!**, ich beneide dich nicht!; ~ **qc a qu** {RICCHEZZA A UN AMICO} jdm etw missgönnen: **gli invidio la ricchezza**, ich missgönne ihm seinen Reichtum; **non ho niente da invidiarle**, es gibt nichts, worum ich sie beneiden würde **2** (*ammirare*) jdn um etw beneiden: **invidio la tua calma**, ich ₁beneide dich um₁[bewundere] deine Ruhe **3** (*essere da meno*): **questi tortellini non hanno nulla da ~ a quelli fatti in casa**, diese Tortellini stehen den selbst gemachten in nichts nach.

invidióso, (-a) **A** agg **1** (*che prova invidia*) ~ **di (qu/qc)** {IMPIEGATO DEL COLLEGA, DEL SUCCESSO DI QU} neidisch auf jdn/etw **2** (*d'invidia*) {SGUARDO} neidisch, neidvoll **B** m (f) Neider(in) m(f), Neidhammel m fam spreg: **brutto ~!** fam, alter Neidhammel! fam spreg.

invigliacchìre <*invigliacchisco*> **A** itr <*essere*> (*diventare vigliacco*) feige werden **B** itr pron: **invigliacchirsi** feige werden.

invigoriménto m Erstarkung f; (*azione*) anche Stärken n.

invigorìre <*invigorisco*> **A** tr <*avere*> (*irrobustire*) ~ **qu/qc** (**con qc**) {CORPO CON LA GINNASTICA} jdn/etw (*mit etw* dat) stark machen, jdn/etw (*mit etw* dat) stärken, jdn/etw (*mit etw* dat) kräftigen **B** itr <*essere*> itr pron (*diventare robusto*): **invigorirsi** sich stärken, erstarken, stark werden.

invilùppàre **A** tr **1** (*avvolgere*) ~ **qu in qc** {BAMBINA IN UNA COPERTA} jdn in etw (acc) ein|wickeln, jdn in etw (acc) ein|hüllen **2** fig lett (*celare*) ~ **qc** (**con qc**) {REALTÀ CON FINZIONE POETICA} etw (*durch etw* acc) verbergen **3** fig rar (*immischiare*) ~ **qu in qc** {UOMO IN UN TRAFFICO LOSCO} jdn in etw (acc) verwickeln, jdn in etw (acc) hinein|ziehen **B** rfl **1** (*avvolgersi*): **invilupparsi in qc** {IN UNO SCIALLE} sich in etw (acc) ein|wickeln, sich in etw (acc) ein|hüllen, sich *mit etw* (dat) umhüllen **2** fig rar (*immischiarsi*): **invilupparsi in qc** {IN UNA LOSCA FACCENDA} sich in etw (acc) ein|mischen.

invilùppo m **1** (*involucro*) Umwick(e)lung f, Hülle f, Umhüllung f **2** (*intrico*) {+RAMI} Geflecht n **3** (*pacco*) {+VECCHI GIORNALI} Bündel n **4** fig (*imbroglio*) verwickelte Angelegenheit **5** mat {+FAMIGLIA DI CURVE, RETTE} Enveloppe f, Hüllkurve f; {+SUPERFICI} Hüllfläche f **6** tel {+ONDA PORTANTE} Modulationshüllkurve f.

INVIM f fisco abbr di Imposta Comunale sull'Incremento di Valore degli Immobili: "Kommunalsteuer f auf Immobilienwertzuwachs".

invincìbile agg **1** (*imbattibile*) {ESERCITO} unbesiegbar **2** fig (*insormontabile*) {OSTACOLO} unüberwindlich, unüberwindbar **3** fig (*incontrollabile*) unkontrollierbar: **provava una ~ antipatia per lei**, er/sie empfand eine spontane Abneigung gegen sie.

invìo <-*vii*> m **1** (*il mandare*) {+SQUADRA DI TECNICI} Entsendung f **2** (*spedizione*) {+LETTERA, PACCO} (Ab)sendung f, Schicken n **3** (*insieme di cose spedite*) Versand m: **non abbiamo ancora ricevuto il vostro ~**, wir haben eure Sendung noch nicht erhalten **4** inform Enter(taste) f, Eingabe(taste) f.

inviolàbile agg **1** (*che non si può violare*) {PRINCIPIO} unverletzlich; {DIRITTO} antastbar; {LUOGO} heilig, unverletzlich **2** polit {CAPO DELLO STATO} unantastbar.

inviolabilità <-> f **1** (*l'essere inviolabile*) {+IDEA} Unverletzlichkeit f; {+DIRITTO} anche Unantastbarkeit f; {+TOMBA} Heiligkeit f, Unverletzlichkeit f **2** polit {+AMBASCIATORE} Unantastbarkeit f.

inviolàto, (-a) agg **1** (*integro*) {VERGINITÀ} unberührt **2** (*rispettato*) {LEGGE} unverletzt, {DIRITTO} anche unangetastet; {TERRITORIO} unberührt; {FEDE, PROMESSA} ungebrochen **3** sport torlos: **partita conclusa a reti inviolate**, Spiel, das torlos/[null zu null] ausging.

inviperìre <*inviperisco*> **A** tr <*avere*> (*far infuriare*) ~ **qu** jdn wütend machen: **quelle critiche l'hanno inviperita**, diese Kritiken haben sie ₁wütend gemacht₁/[erzürnt] **B** itr <*essere*> itr pron (*infuriarsi*): **inviperirsi** (**per qc**) {PER UN RIMPROVERO} (*über etw* acc) wütend werden, (*über etw* acc) in Wut geraten, sich (*über etw* acc) erbosen.

inviperito, (-a) agg (*furioso*) wütend, zornig, böse, erbost.

invischiàre <*invischio, invischi*> **A** tr **1** (*spalmare di vischio*) ~ **qc** {RETE} etw mit Vogelleim ein-/bestreichen **2** (*catturare con il vischio*) ~ **qc** {UCCELLO} etw mit Vogelleim fangen **3** fig (*coinvolgere*) ~ **qu** (*in qc*) {UOMO IN UN AFFARE LOSCO} jdn in etw (acc) verwickeln, jdn in etw (acc) hineinziehen **B** itr pron **1** (*rimanere impaniato*): **invischiarsi** {UCCELLO} an der Leimrute hängen bleiben **2** fig (*impelagarsi*): **invischiarsi in qc** {IN UNA DISCUSSIONE, IN UNA SITUAZIONE} sich in etw (acc) verstricken.

inviscidìre <*inviscidisco*> itr <*essere*> (*diventare viscido*) {FUNGO} klebrig/glitschig werden.

invisìbile agg **1** (*non visibile*) {FORZA, MONDO} unsichtbar: **a occhio nudo**, mit bloßem Auge nicht erkennbar/[zu erkennen] **2** (*minuscolo*) {PORZIONE DI TORTA} winzig, sehr klein **3** (*che non si nota*) {CICATRICE} kaum sichtbar, nicht erkennbar **4** scherz (*introvabile*) unauffindbar: **da qualche tempo è ~**, er/sie ist seit einiger Zeit ∟von der Bildfläche verschwunden fam ↓/[unauffindbar].

invisibilità <-> f (*l'essere invisibile*) Unsichtbarkeit f.

invìso, (-a) agg lett **a qu 1** (*malvisto*) {AUTORE AI CRITICI, MODIFICA AGLI UTENTI} bei jdm unbeliebt: **essere ~ a tutti**, bei allen unbeliebt sein **2** (*odiato*) {GIOCATORE ALLA SQUADRA AVVERSARIA} jdm verhasst.

invitante agg (*attraente*) {PISCINA, POLTRONA} einladend, verlockend, {PIATTO} anche appetitlich; {DONNA, SORRISO} anziehend, reizend: **uscire sotto la pioggia era poco ~**, bei Regen aus dem Haus zu gehen war nicht gerade reizvoll.

invitàre[1] **A** tr **1** (*chiamare a partecipare*) ~ **qu** (*a qc*) {COLLEGA A CENA, A UNA FESTA, A UN SAGGIO DI DANZA} jdn zu etw (dat) ein|laden; {AMICA AL CINEMA, A TEATRO} jdn in etw (acc) ein|laden: ~ **qu a fare qc**, {AMICO A FARE UNA PASSEGGIATA} jdn einladen, etw zu tun; ~ **qu a ballare**, jdn zum Tanzen einladen **2** (*esortare*) ~ **qu a qc** {MANIFESTANTI ALLA CALMA} jdn zu etw (dat) auf|fordern; {AUTOMOBILISTI ALLA PRUDENZA} anche jdn zu etw (dat) ermahnen: ~ **qu a fare qc**, {UTENTI A METTERSI IN FILA} jdn bitten/auffordern, etw zu tun; **vi invito a riflettere**, ich bitte/ersuche Sie, darüber nachzudenken **3** (*convocare*) ~ **qu** (*a qc*) {CAMPANE I FEDELI ALLA MESSA} jdn zu etw (dat) rufen **4** (*sollecitare*) ~ **qu a qc** {DEBITORE AL PAGAMENTO} jdn zu etw (dat) auf|fordern **5** fig (*indurre*) ~ **qu a qc** {PIANTO/RIDERE} jdn zum Weinen/Lachen bringen, jdn zu etw (dat) ein|laden: ~ **qu al pianto/ridere**, jdn zum Weinen/Lachen bringen; **questo tempo meraviglioso invita a passeggiare**, dieses wunderbare Wetter lädt zum Spazierengehen ein **6** (*nei giochi di carte*) (*uso assol*) ~ **a qc** {A PICCHE} etw fordern, etw verlangen **B** rfl (*intervenire senza invito*): **invitarsi** (*a qc*) sich selbst {zu etw dat} ein|laden: **si è invitato a cena**, er hat sich selbst zum Abendessen eingeladen **C** rfl rec: **invitarsi** (*a qc*) sich gegenseitig {zu etw dat} ein|laden.

invitàre[2] tr fam ~ **qc 1** (*avvitare*) {VITE} etw an|schrauben, etw in etw schrauben: ~ **a fondo qc**, etw tief einschrauben, etw festschrauben **2** (*fissare con viti*) {PARTI DEL PEZZO} etw verschrauben.

invitàto, (-a) m (f) (*ospite*) Gast m, Eingeladene mf decl come agg: **gli invitati erano tutti presenti**, die eingeladenen Gäste waren alle anwesend.

invìto m **1** (*convocazione*) Einladung f: **accettare/declinare un ~**, eine Einladung annehmen/ablehnen; **fare un ~**, jdn einladen; **abbiamo ricevuto l'~ formale per la riunione di domani**, wir haben die formelle Einladung für die morgige Versammlung erhalten; **su ~ di qu**, auf Einladung von jdm **2** (*cartoncino*) Einladung(skarte) f **3** (*sollecitazione*) Aufforderung f: **l'~ a presentarsi in questura**, die Aufforderung, auf dem Polizeipräsidium zu erscheinen **4** fig (*allettamento*) Verlockung f, Reiz m: **è un ~ irresistibile**, das ist eine Verlockung, der man nicht widerstehen kann **5** arch Antritt(stufe f) m **6** (*nei giochi di carte*) {+5 EURO} Einsatz m **7** mecc Anzug m {nella scherma} Einladung f; **essere un ~ a nozze per qu**, fig (*a fare qc di suo gradimento*) ein hochwillkommenes Angebot für jdn sein.

in vitro lat biol **A** <inv> loc agg {FECONDAZIONE} in vitro, im Reagenzglas **B** loc avv in vitro.

invìtto, (-a) agg lett **1** (*insuperabile*) {EROE, ESERCITO} unbesiegbar **2** fig (*che non si lascia abbattere*) {SPIRITO} nicht zu entmutigen(d), nicht kleinzukriegen(d) fam.

invivìbile agg **1** (*in cui è impossibile vivere*) {CITTÀ, POSTO} unmenschlich, menschenunwürdig: **il centro è diventato ~ per il traffico e il rumore**, in der Innenstadt kann man wegen des Verkehrs und des Lärms kaum mehr leben **2** (*insopportabile*) {ATMOSFERA} unerträglich, nicht auszuhalten.

invivibilità <-> f **1** (*intollerabilità*) {+AMBIENTE} Unerträglichkeit f **2** (*scomodità, disagio*) Unlebbarkeit f.

in vivo lat biol **A** <inv> loc agg in vivo, am lebenden Objekt **B** loc avv in vivo.

invocàre <*invoco, invochi*> tr ~ **1** (*pregare con fervore*) ~ **qu** {DIO, LA MADONNA} jdn an|rufen **2** (*implorare*) ~ **qc** {SOCCORSO} um etw (acc) rufen, {AIUTO} anche um etw (acc) flehen; {GRAZIA, PERDONO} etw erbitten **3** (*chiedere con insistenza*) ~ **qc** {PROVVEDIMENTI, RIFORME} etw fordern **4** (*auspicare*) ~ **qc** {PACE} etw beschwören **5** (*citare*) ~ **qc** {LA LEGGE} sich auf etw (acc) berufen.

invocatóre, (-trice) agg (*che invoca*) {GRIDO} flehend.

invocazióne f **1** (*l'invocare*) {+TREGUA} Anrufung f **2** (*grido*) Ruf m: **~ di soccorso/aiuto**, Hilferuf m, Anflehung f rar **3** dir stor Anrufung f **4** lett relig Anrufung f, Invokation f forb: **~ a Dio/alle Muse**, Anrufung f Gottes/der Musen.

invogliàre <*invoglio, invogli*> **A** tr **1** (*mettere voglia*) ~ (**qu**) (*a qc*) {BAMBINO ALLA LETTURA} jdn zu etw (dat) an|regen, in jdm Lust zu etw (dat) erregen/erwecken: **il caldo invoglia i turisti a fare il bagno**, bei der Hitze bekommen die Touristen Lust zu baden **2** (*stuzzicare*) ~ **qc** {L'APPETITO} etw an|regen **B** itr pron **1** (*incapricciarsi*): **invogliarsi di qc** {DI UN BEL QUADRO} sich auf etw (acc) kaprizieren, einen Narren an etw (acc) gefressen haben fam **2** (*invaghirsi*): **invogliarsi di qu** {DI UNA DONNA} sich in jdn verlieben, einen Narren an jdm gefressen haben fam.

involàre A tr lett (*sottrarre furtivamente*) ~ **qc** etw entwenden forb **B** itr pron forb (*dileguarsi*): **involarsi** {GIOVINEZZA, SPERANZE} dahin|schwinden forb.

involgarire <*involgarisco*> **A** tr (*avere*) (*far diventare volgare*) ~ **qu** vulgär/ordinär machen: **quel trucco pesante ti involgarisce**, mit diesem schweren Make-up siehst du ordinär aus **B** itr (*essere*) itr pron (*diventare volgare*) involgarirsi vulgär/ordinär werden.

invòlgere <*coniug come volgere*> **A** tr **1** (*avvolgere*) ~ **qc** (*in qc*) {FIORI NEL CELLOFAN} etw in etw (acc) ein|wickeln, etw in etw (acc) ein|packen **2** fig rar (*coinvolgere*) ~ **qu in qc** {PERSONA IN UNO SCANDALO} jdn in etw (acc) verwickeln **B** itr pron (*avvilupparsi*): **involgersi** {CORDA} sich auf|wickeln.

involontàrio, (-a) <-ri m> agg **1** (*contro la propria volontà*) unfreiwillig **2** (*senza intenzione*) {ERRORE} unabsichtlich, ungewollt; {GESTO} unwillkürlich **3** anat {CONTRAZIONE} unwillkürlich **4** dir {ERRORE} unbeabsichtigt **5** psic {RIFLESSO} unbewusst, automatisch.

involtàre A tr fam (*avvolgere*) ~ **qc in qc** {SALAME NELLA CARTA} etw in etw (acc) ein|wickeln **B** rfl fam (*avvolgersi*): **involtarsi in qc** {IN UNO SCIALLE} sich in etw (acc) ein|hüllen.

involtàta f fam (*l'avvolgere in fretta*) schnelles Einwickeln n.

involtìno m gastr Roulade f.

invòlto[1] m **1** (*cartoccio*) {+CALDARROSTE} Tüte f **2** (*pacco*) {+GIORNALI} Paket n **3** (*fagotto*) Bündel n **4** (*involucro*) {+STOFFA} Hülle f.

invòlto[2], (-a) **A** part pass di involgere **B** agg (*avvolto*) ~ (*in qc*) {STATUA IN DRAPPO} (*in etw* acc) eingewickelt, (*in etw* acc) eingehüllt.

invòlucro m **1** (*rivestimento*) {+PLASTICA, TELA} Hülle f, Umhüllung f: ~ **del dischetto**, Diskettenhülle f **2** aero {+DIRIGIBILE} (Gas)hülle f **3** bot Hülle f **4** elettr {+TRANSISTORE} Mantel m **5** gastr {+PASTA} Hülle f **6** tecnol {+TURBINA IDRAULICA} Mantel m, Hülle f ● ~ **dei testicoli** anat, Hodenzellhaut f.

involutìvo, (-a) agg (*di involuzione*) {FASE, PROCESSO} rückläufig.

involùto, (-a) agg (*oscuro*) {RAGIONAMENTO} verworren, {STILE} anche gewunden, geschraubt fam spreg.

involutòrio, (-a) <-ri> agg mat med {CORRISPONDENZA, MATRICE} Involutions- scient.

involuzióne f **1** (*degenerazione*) {+SOCIETÀ} Rückentwicklung f, Rückschritt m, Involution f forb **2** fig (*l'essere contorto*) {+STILE} Gewundenheit f, Geschraubtheit f fam spreg, Verworrenheit f **3** biol med {+ORGANISMO, SENILE} Rückbildung f, Involution f scient.

invulneràbile agg **1** (*che non si può ferire*) {EROE} unverwundbar, unverletzlich **2** fig (*inattaccabile*) {FAMA} unangreifbar.

invulnerabilità <-> f **1** (*l'essere invulnerabile*) Unverwundbarkeit f, Unverletzlichkeit f **2** fig (*l'essere inattaccabile*) {+POLITICO} Unangreifbarkeit f.

inzaccheràre A tr (*sporcare di fango*) ~ **qc** {IMPERMEABILE, SCARPE, STIVALI} etw mit Schlamm beschmutzen **B** rfl fam (*insudiciarsi*): **inzaccherarsi** sich mit Schlamm beschmutzen; indir **inzaccherarsi qc** {PANTALONI} sich (dat) etw mit Schlamm beschmutzen.

inzaccheràto, (-a) agg (*molto sporco*) ~ (*di qc*) {SCARPE DI FANGO} (*mit etw* dat) beschmutzt.

inzeppàre tr **1** (*riempire*) ~ **qc di qc** {BORSA DI LIBRI} etw mit etw (dat) voll stopfen fam, etw mit etw (dat) voll pfropfen fam: ~ **qu di qc** {BAMBINO DI CIBO} jdn mit etw (dat) voll stopfen fam **2** fig ~ **qc di qc** {TRADUZIONE DI ERRORI} etw mit etw (dat) spicken fam, etw mit etw (dat) an|füllen.

inzolfàre tr ~ **qc** agr enol {BOTTE, VITE} etw schwefeln.

inzuccheràre tr **1** (*cospargere di zucchero*) ~ **qc** {FRAGOLE, TORTA} etw überzuckern **2** (*dolcificare*) ~ **qc** {CAFFÈ} etw zuckern **3** fig (*mitigare*) ~ **qc** {RIMPROVERO} etw ab|mildern **4** fig (*blandire*) ~ **qu** jdm Honig ums Maul schmieren fam.

inzuccheràto, (-a) agg **1** (*coperto di zucchero*) überzuckert **2** (*addolcito*) {CAFFÈ} gezuckert **3** fig (*lezioso*) {COMPLIMENTO} ver-

süßt, honigsüß.
inzuppàre A tr 1 (*intingere*) ~ *qc* (*in qc*) {BISCOTTO NEL LATTE} *etw in etw* (acc) (ein)tauchen 2 (*intridere*) ~ *qc* {PIOGGIA CAMPI} *etw* durchtränken; ~ *qc* (*di qc*) {SPUGNA D'ACQUA} *etw* (*mit etw* dat) tränken 3 (*bagnare completamente*) ~ *qu* in *qc* durchnässen: **l'acquazzone mi ha inzuppato**, durch den Platzregen bin ich pitschnass geworden *fam* B itr pron: **inzupparsi** (*di qc*) 1 (*imbeversi*) {PRATO D'ACQUA} sich *mit etw* (dat) voll saugen 2 (*bagnarsi*) {PASSANTE} durchnässt werden, durch und durch nass werden.
inzuppàto, (-a) agg 1 (*intinto*) ~ (*in qc*) {PANE NEL BRODO} (*in etw* acc) getränkt 2 (*bagnato*) {CAPPOTTO} nass, durchnässt 3 *fig* (*pieno*) ~ *di qc* {RACCONTO DI MELENSAGGINI} voll (*von*) *etw* (dat)/+ *gen forb*, voller *etw* (nom *o* gen).
io A pron pers 1ª pers sing 1 (*soggetto che in ital è spesso sottinteso*) ich: (**io**) **non lo so**, ich weiß es nicht; **credeva che** (**io**) **non ti conoscessi**, er/sie glaubte, dass ich dich nicht kenne(n würde); **potessi avere** (**io**) **la tua età!**, hätte ich nur dein Alter!, wär ich nur so alt wie du! 2 (*soggetto espresso anche in ital*) ich: **io sottoscritto** *amm*, ich, der Unterzeichner/Unterzeichnete; **son qua io per aiutarti**, ich bin (doch) hier, um dir zu helfen; **anch'io**, ich auch, auch ich; **nemmeno io**, ich auch nicht; **non lo sapevamo né voi né io**, weder ihr noch ich wussten es; **non hai tanti impegni quanti ne ho io**, du hast nicht so viele Verpflichtungen wie ich; **io per me lo farei, ma non ho tempo**, was mich betrifft/anbelangt, würde ich es machen, aber ich habe keine Zeit; **voi potete permettervelo, io no**, ihr könnt euch das erlauben, ich nicht; **l'ho visto io stesso**, ich selbst habe ihn/es gesehen; **proprio io**, gerade ich; **ve lo dico io!**, das könnt ihr mir glauben!; **ricco io?**, ich und reich?; **io, se fossi in voi, farei così**, ich an eurer Stelle würde Folgendes machen B <-> m 1 Ich n: **nel proprio io**, im Inneren, innerlich; *filos*: **io/Io**, Ich n; **l'io e il non io**, das Ich und das Nicht-Ich; *psic*: **Io**, Ich n 2 (*interesse*) Ich n, Ego n: **mette il proprio io davanti a tutto**, er/sie stellt sein/ihr Ich über alles andere • **io come io** (*per quel che mi riguarda*), ich für meinen Teil; **io narrante lett** (*personaggio che racconta in prima persona*) Icherzähler m; **io sono io e tu sei tu** (*per evidenziare delle differenze*), ich bin ich und du bist du; ich und du, wir sind eben verschieden; **non sono più io** (*lo stesso*), ich bin nicht mehr derselbe.
I/O *inform* abbr *dell'ingl* Input/Output (*ingresso/uscita*) I/O, Ein-/Ausgabe f.
iodàto, (-a) *chim* A agg jodhaltig B m Jodat n.
iòdico, (-a) <-ci, -che> agg *chim* jodhaltig, Jod-.
iòdio <-> m *chim* Jod n.
iodofòrmio <-mi> m *chim farm* Jodoform n.
iodùro m *chim* Jodid n: ~ **di potassio**, Kaliumjodid n.
iòga → **yoga**.
iògurt <-> → **yogurt**.
iòle f *mar* Gig n, Jolle f.
ióne m *fis* Ion n.
Ióni m pl (*stirpe greca*) Ionier m pl.
iònico[1], (-a) <-ci, -che> agg *geog* {ISOLE} ionisch.
iònico[2], (-a) <-ci, -che> A agg 1 (*degli Ioni*) {LETTERATURA} ionisch 2 *arch filos ling* {CAPITELLO, COLONNA, DIALETTO, PIEDE, SCUOLA, STILE} ionisch B m 1 *arch* ionische Ordnung 2 *ling* <solo sing> (*metro*) Ioniker m, Ionikus m; *dialetto* Ionisch(e) n.

iònico[3], (-a) <-ci, -che> agg *fis* {PROPULSIONE} Ionen-, Ionisierungs-.
iònio[1], (-a) <-ioni m> agg *arch lett* (*ionico*) {COLONNA, LINGUA} ionisch.
iònio[2], (-a) <-ioni m> *geog* A agg {COSTA} ionisch B m: **Ionio**, Ionisches Meer.
iònio[3] m *fis* Ionium n.
ionizzàre tr *chim fis* ~ *qc etw* ionisieren.
ionizzatóre m *med* Ionisator m *scient*.
ionizzazióne f *fis med* Ionisation f *scient*: ~ **da radiazione**, Strahlungsionisation f *scient*; ~ **per urto**, Stoßionisation f *scient*.
ionoforèsi <-> f *med* Ion(t)ophorese f *scient*.
ionosfèra f *astr* Ionosphäre f.
iòsa loc avv (*in abbondanza*): **a** ~, in Hülle und Fülle *forb*, im Überfluss; **di cibo ce n'è a** ~, Nahrungsmittel gibt es in Hülle und Fülle *forb*.
iòta <-> m *o* f (*lettera greca*) Jota n, Iota n.
IP f *inform* abbr *dell'ingl* Input (*immissione*) IP, Eingabe f.
IPAS m *scuola* abbr *di* Istituto Professionale di Stato per l'Agricoltura: "staatliche landwirtschaftliche Gewerbeschule" f.
IPC m *scuola* abbr *di* Istituto Professionale per il Commercio: Handelsfachschule f.
iper- primo elemento (*molto*) hyper-, Hyper-, -reich, Super-, super-, Über-, über-: **iperacidità**, Hyperacidität, Superacidität; **iperalimentazione**, Überernährung; **ipercalorico**, kalorienreich; **ipercritico**, hyperkritisch.
iperacidità <-> f *med* Hyperacidität f *scient*, Superacidität f.
iperaffaticaménto m (*eccessivo affaticamento*) Übermüdung f.
iperalimentazióne f *med* Überernährung f.
iperattività <-> f 1 Hyperaktivität f, Überaktivität f 2 *dir* Ausweitung f der Aktivlegitimation.
iperattivo, (-a) agg 1 (*molto attivo*) {IMPIEGATO} über-, hyperaktiv 2 *psic* (*molto irrequieto*) {BAMBINO} über-, hyperaktiv.
iperazotemia f *med* Hyperazotämie f *scient*.
iperbàrico, (-a) <-ci, -che> agg *fis* {CAMERA, CENTRO} hyperbar.
ipèrbole A f 1 *ling* Hyperbel f 2 *fig* (*esagerazione*) Übertreibung f B m *o* f *mat* {EQUILATERA} Hyperbel f.
iperbòlico, (-a) <-ci, -che> agg 1 *ling* {SCRITTORE} hyperbolisch 2 *mat* hyperbolisch, hyperbelartig; {FUNZIONE, PARABOLOIDE, PUNTO} anche Hyperbel- 3 *fig* (*smisurato*) {COMPLIMENTO, PREZZO, SUCCESSO} übertrieben.
iperbòreo, (-a) A agg *anche lett* hyperboreisch *obs* B m (f) *mitol* Hyperboreer m.
ipercalòrico, (-a) <-ci, -che> agg (*ricco di calorie*) {PASTO} kalorienreich.
ipercinètico, (-a) <-ci, -che> agg *med* hyperkinetisch *scient*.
ipercolesterolemìa f *med* Hypercholesterinämie f.
ipercrìtico, (-a) <-ci, -che> A agg 1 (*troppo critico*) {ATTEGGIAMENTO, INSEGNANTE} hyperkritisch 2 *fis* {CICLO} überkritisch 3 *nucl* {REATTORE} überkritisch B m (f) übermäßig kritischer Mensch: **è un** ~, **non si ritiene mai soddisfatto**, er ist hyperkritisch und ist nie zufrieden.
ipereccitàbile agg (*molto eccitabile*) {RAGAZZO} leicht erregbar, übererregbar.
iperemotività <-> f (*emotività eccessiva*) Überempfindlichkeit f, Hyperemotionalität f *scient*.
iperemotivo, (-a) agg *med* überempfind-

lich, hyperemotional.
iperglicemìa f *med* Hyperglykämie f *scient*.
iperglicèmico, (-a) <-ci, -che> agg *med* hyperglykämisch *scient*.
ipermarket <-> m *comm* Supermarkt m.
ipermenorrèa f *med* Hypermenorrhö f *scient*.
ipermercàto m *comm* Supermarkt m.
ipermètrope *med* A agg {RAGAZZO} weitsichtig; {VISIONE} hypermetropisch *scient* B mf Weitsichtige mf decl come agg.
ipermetropia f *med* Weitsichtigkeit f, Hypermetropie f *scient*.
ipernòva f <-e, -ae pl *lat*> *astr* Hypernova f.
ipernutrìre <coniug come nutrire> tr *med* ~ *qu jdn* überernähren.
ipernutrizióne f *med* Überernährung f.
iperóne m *nucl* Hyperon n.
iperonimìa f *ling* Hyperonymie f.
iperònimo, (-a) *ling* A agg {TERMINE} hyperonym B m Hyperonym n.
iperossigenazióne f (*eccessiva ossigenazione*) Hypersauerstoffanreicherung f, Hypersauerstoffzufuhr f.
iperplaṡìa f *med* Hyperplasie f *scient*.
iperprotèico, (-a) <-ci, -che> agg (*che contiene molte proteine*) {PASTO} proteinreich.
iperprotettività <-> f Überbehütung f, Überprotektivität f *med*.
iperprotettivo, (-a) agg (*molto protettivo*) {GENITORE} überbehütend, überprotektiv, overprotective.
iperrealismo m *arte* Hyper-, Fotorealismus m.
iperrealista <-i m, -e f> m (f) *arte* Hyperrealist(in) m(f), Fotorealist(in) m(f).
iperrealìstico, (-a) <-ci, -che> agg *arte* {QUADRO} hyperrealistisch, fotorealistisch.
ipersensibile agg 1 (*molto sensibile*) überempfindlich, hypersensibel 2 (*che si offende facilmente*) überempfindlich 3 *med* überempfindlich.
ipersensibilità <-> f (*l'essere ipersensibile*) Überempfindlichkeit f, Hypersensibilität f.
iperspàzio <-zi> m *mat* mehrdimensionaler Raum.
ipertensióne f *med* Bluthochdruck m, Hypertonie f *scient*.
ipertensivo, (-a) *farm* agg hypertonisch *scient*.
ipertèṡo, (-a) *med* A agg Bluthochdruck-, hypertonisch *scient* B m (f) Bluthochdruckpatient(in) m(f), Hypertoniker(in) m(f) *scient*.
ipertèsto m *inform* Hypertext m.
ipertestuàle agg *inform* hypertextuell, Hypertext-.
ipertiroidèo, (-a) agg *med* Schilddrüsenüberfunktion-, hyperthyreoid *scient*.
ipertiroidìsmo m *med* Schilddrüsenüberfunktion f, Hyperthyreoidismus m *scient*.
ipertonìa f *med* Hypertonie f *scient*.
ipertònico, (-a) <-ci, -che> agg *med* hypertonisch *scient*.
ipertricòṡi <-> f *med* Hypertrichosis f *scient*, Hypertrichose f *scient*.
ipertrofia f *med* {COMPENSATRICE, PROSTATICA} Hypertrophie f *scient*.
ipertròfico, (-a) <-ci, -che> A agg 1 *med* {CUORE} hypertroph *scient*, hypertrophisch *scient* 2 *fig* (*eccessivamente sviluppato*) {BUROCRAZIA} überzogen, überentwickelt, hypertroph *forb* B m (f) *med* Hypertrophiker(in) m(f) *scient*.
iperurànio, (-a) <-ni m> A agg *lett* {LUOGO}

überhimmlisch **B** m *filos* überhimmlischer Ort.

iperventilazióne f *med* Hyperventilation f *scient*; (*azione*) *anche* Hyperventilieren n *scient*.

ipervitamìnico, (-a) <-ci, -che> agg (*ricco di vitamine*) {DIETA} vitaminreich.

ipervitaminòṣi <-> f *med* Hypervitaminose f *scient*.

iPhone m *ingl tel* iPhone n.

ipnògeno, (-a) agg *farm med* hypnagog, hypnagogisch.

ipnòṣi <-> f *psic* Hypnose f.

ipnòtico, (-a) <-ci, -che> **A** agg 1 {STATO} hypnotisch 2 *fig* (*ammaliante*) {SGUARDO} verzaubernd 3 *farm* {FARMACO} hypnotisch, einschläfernd, Schlaf- **B** m *farm* Schlafmittel n, Hypnotikum n.

ipnotiżżàre tr 1 (*sottoporre a ipnosi*) ~ **qu** {PAZIENTE} jdn hypnotisieren 2 *fig* (*incantare*) ~ **qu/qc** {TENORE PUBBLICO DELL'OPERA DI VIENNA} jdn be-/verzaubern.

ipnotiżżatóre, (-trice) m (f) Hypnotiseur(in) m(f).

ipo- pref 1 *lett scient* (*sotto*) Hypo-, hypo-, Sub-, sub-, Schwer-, schwer-, -arm, -mangel: **ipoacidità**, Säuremangel, Hypoacidität, Subacidität; **ipoacusia**, Schwerhörigkeit; **ipocalorico**, kalorienarm; **ipocondria**, Hypochondrie, Schwermut 2 *chim* Unter-, unter-, Hypo-, hypo-: **ipoclorito**, Hypochlorit; **ipocloroso**, unterchlorig.

ipoacidità <-> f *med* Säuremangel m, Hypoacidität f *scient*, Subacidität f *scient*.

ipoacuṣìa f *med* Schwerhörigkeit f.

ipoalimentazióne f *med* Unterernährung f.

ipoallergènico, (-a) <-ci, -che> agg {CREMA} hypoallergenisch.

ipobàrico, (-a) <-ci, -che> agg *fis* hypobar.

ipocalòrico, (-a) <-ci, -che> agg (*che contiene poche calorie*) {CIBO} kalorienarm.

ipoclorito m *chim* Hypochlorit n.

ipoclorόṣo, (-a) agg *chim* unterchlorig.

ipocolesterolemìa f *med* Hypocholesterinämie f *scient*.

ipocondrìa f 1 *psic* Hypochondrie f 2 *lett* (*malinconia*) Schwermut f, Trübsinn m.

ipocondrìaco, (-a) <-ci, -che> **A** agg 1 (*che è affetto da ipocondria*) {UOMO} hypochondrisch 2 (*dell'ipocondria*) hypochondrisch 3 *anat* des Hypochondriums 4 *lett* (*malinconico*) schwermütig, trübsinnig **B** m (f) Hypochonder m.

ipocòndrio <-dri> m *anat* Unterrippengegend f, Hypochondrium n *scient*.

ipocriṣìa f 1 (*falsità*) {+COMPORTAMENTO FORMALE} Scheinheiligkeit f *fam spreg*, Hypokrisie f *forb*; {+POLITICO} Heuchelei f *spreg* 2 (*atto*) Heuchelei f *spreg*.

ipòcrita <-i m, -e f> **A** agg (*falso*) {SORRISO, UOMO} heuchlerisch *spreg*, scheinheilig *fam spreg* **B** mf Heuchler(in) m(f) *spreg*, Scheinheilige mf decl come agg *fam spreg*.

iPod® <-> m *ingl inform* iPod m: ~ **shuffle** m, iPod shuffle m.

ipodèrma <-i> m *anat* Unterhautgewebe n, Hypoderm n *scient*.

ipodèrmico, (-a) <-ci, -che> agg 1 *anat* hypodermatisch *scient* 2 *med* {INIEZIONE} subkutan *scient*.

ipodermoclìṣi <-> f *med* subkutane Infusion *scient*.

ipofiṣàrio, (-a) <-ri> m agg *med* hypophysär *scient*.

ipòfiṣi <-> f *anat* Hirnhangdrüse f, Hypophyse f *scient*.

ipogèo, (-a) **A** agg 1 (*sotterraneo*) unterirdisch 2 *bot* Erd- 3 *zoo* unterirdisch **B** m *archeol* Hypogäum n.

ipoglicemìa f *med* Hypoglykämie f *scient*.

ipoglicèmico, (-a) <-ci, -che> agg *med* {CRISI} hypoglykämisch *scient*.

ipomenorrèa f *med* Hypomenorrhö f *scient*.

ipomètrope *med* **A** agg (*miope*) kurzsichtig **B** mf Kurzsichtige mf decl come agg.

ipometropìa f *med* Kurzsichtigkeit f.

iponimìa f *ling* Hyponymie f.

ipònimo, (-a) *ling* **A** agg {VOCABOLO} hyponym **B** m Hyponym n, Unterbegriff m.

iponutrizióne f *med* Unterernährung f.

ipoplaṣìa f *med* {RENALE} Hypoplasie f *scient*.

ipoplàstico, (-a) <-ci, -che> agg *med* hypoplastisch *scient*.

ipoprotèico, (-a) <-ci, -che> agg (*scarsamente proteico*) {PASTO} proteinarm.

ipoṣòdico, (-a) <-ci, -che> agg (*che contiene poco sale*) {PANE} salzarm, natriumarm.

ipòstaṣi <-> f *filos lett ling med relig* Hypostase f.

ipostàtico, (-a) <-ci, -che> agg *filos relig med* {GENE} hypostatisch.

ipostatiżżàre tr *anche filos ling etw* hypostasieren.

ipotàlamo m *anat* Hypothalamus m *scient*.

ipotàttico, (-a) <-ci, -che> agg *ling* hypotaktisch, unterordnend.

ipotèca <-che> f *dir* Hypothek f: **accendere un'~**, eine Hypothek bestellen/aufnehmen; **spegnere un'~**, eine Hypothek löschen/tilgen/abtragen • **mettere/porre un'~ su qc** *dir*, {SU UN IMMOBILE} eine Hypothek auf etw (acc) aufnehmen; *fig fam* (*assicurarsi qc*), {SQUADRA SUL CAMPIONATO} sich (dat) etw sichern.

ipotecàbile agg 1 (*che si può ipotecare*) {IMMOBILE} mit einer Hypothek belastbar, verpfändbar 2 *fig* {FUTURO, VITA} berechenbar.

ipotecàre <*ipoteco, ipotechi*> tr ~ **qc** 1 *dir* {CASA} etw mit einer Hypothek belasten 2 (*assicurarsi*) {IMPIEGO, SCUDETTO, TITOLO DI CAMPIONE DEL MONDO} sich (dat) etw sichern 3 *fig* (*fare progetti*) {AVVENIRE, FUTURO} etw voraus|planen, in etw (acc) planen.

ipotecàrio, (-a) <-ri m> agg *dir* {CREDITO, MUTUO} durch Hypothek gesichert; {CREDITORE} Hypotheken-.

ipotensióne f *med* Hypotension f *scient*, Hypotonie f *scient*.

ipotensivo, (-a) agg *med* {FARMACO} hypotonisch *scient*.

ipotenuṣa f *mat* Hypotenuse f.

ipòteṣi <-> **A** f 1 (*congettura, supposizione*) {ASSURDA, PROBABILE} Annahme f, Hypothese f, Vermutung f: **diciamo, tanto per fare un'~, che…**, nehmen wir einfach/doch mal an, dass…; **si possono fare diverse ~**, es lassen sich verschiedene Hypothesen aufstellen … 2 (*progetto*) Hypothese f: **~ di lavoro/ricerca**, Arbeits-/Forschungshypothese f; **~ di legge**, vom Gesetz vorgesehen Fall 3 (*caso, eventualità*) Fall m, Eventualität f: **nella migliore/peggiore delle ~**, im günstigsten/schlimmsten Fall, besten-/schlimmstenfalls; **nell'~ che … congv**, angenommen, dass… **ind**; ⌊für den⌋/[im] Fall, dass … **ind** 4 *mat filos stat* {+TEOREMA; ALTERNATIVA, COMPOSTA, NULLA} Hypothese f **B** loc avv (*ipoteticamente*): **per/[a titolo di] ~**, hypothetisch; **se per ~**, angenommen, dass…; **supponiamo per/[a titolo di] ~ che…**, ⌊gehen wir einmal davon aus⌋/[nehmen wir einmal an], dass… • **~ di reato** *dir*, Straftat-

bestand m.

ipotèṣo, (-a) *med* **A** agg hypotonisch *scient* **B** m (f) Hypotoniker(in) m(f) *scient*.

ipotètico, (-a) <-ci, -che> agg 1 *anche filos* (*posto per ipotesi*) {RAGIONAMENTO} hypothetisch 2 (*dubbio*) {GUADAGNO, INTERESSATO} eventuell: **contava su un'ipotetica eredità**, er/sie rechnete mit einer eventuellen Erbschaft 3 *ling* {PROPOSIZIONE} Bedingungs-, Konditional-.

ipotiroidèo, (-a) agg *med* Schilddrüsenunterfunktion-, hypothyreoid *scient*.

ipotiroidìṣmo m *med* Schilddrüsenunterfunktion f, Hypothyreoidismus m *scient*.

ipotiżżàbile agg (*che si può ipotizzare*) {SVILUPPO} annehmbar.

ipotiżżàre tr (*supporre*) ~ **qc** {SVILUPPO DI UN SETTORE INDUSTRIALE} eine Hypothese *über etw* (acc) auf|stellen, *etw* als Hypothese an|nehmen, *etw* vermuten.

ipotonìa f *med* Hypotonie f *scient*, Hypotension f *scient*.

ipotònico, (-a) <-ci, -che> agg *chim med* hypotonisch *scient*.

ipotricòṣi <-> f *med* Hypotrichosis f *scient*, Hypotrichose f *scient*.

ipotrofìa f *bot med* {+CELLULA, ORGANO} Unterentwicklung f, Hypotrophie f *scient*.

ipotròfico, (-a) <-ci, -che> agg *med* hypotroph *scient*.

ipovedènte **A** agg (*che vede molto poco*) {ANZIANO} sehbehindert, mit stark verminderter Sehkraft **B** mf (*chi vede molto poco*) Sehbehinderte mf decl come agg, Sehschwache mf decl come agg.

ipovitaminòṣi <-> f *med* Hypovitaminose f *scient*.

ippica <-che> f Reitsport m, Reiten n, Pferdesport m • (**ma**) **datti all'~!** *fig fam iron* (*cambia occupazione*), lass lieber die Finger davon! *fam*, lass mal! *scherz*, vielleicht solltest du dich nach was anderem umsehen!

ippico, (-a) <-ci, -che> agg {CIRCOLO} Reit-; {CONCORSO} *anche* Pferde-.

ippocàmpo m 1 *itt* Seepferdchen n 2 *anat* Ammonshorn n.

ippocastàno m *bot* Rosskastanie f.

ippocràtico, (-a) <-ci, -che> agg *med* {GIURAMENTO} hippokratisch.

ippòdromo m Pferderenn-, Reitbahn f, Hippodrom m o n.

ippogrifo m *lett* Hippogryph m.

ippopòtamo m *zoo* Nil-, Flusspferd n.

ippoterapìa f *med* Hippotherapie f.

iprite f *chim* Senfgas n.

ipse dixit <-> loc sost m *lat filos* "das hat er selbst gesagt".

IPSIA m *scuola* abbr *di* Istituto Professionale di Stato per l'Industria e l'Artigianato: "staatliche Gewerbeschule für Industrie und Handwerk".

ìpsilon **A** <-> f o m *greco* Ypsilon n **B** <inv> loc agg: **a ~** {TUBO} ypsilonförmig.

IPSOA m *università* abbr *di* Istituto Postuniversitario per lo Studio dell'Organizzazione Aziendale: "postuniversitäres Institut für das Studium der Unternehmensorganisation".

ipso fàcto loc avv *lat* (*subito*) sofort, unverzüglich.

ipso iùre <inv> loc agg *dir* ipso jure.

IPT f *fisco* abbr *di* Imposta Provinciale di Trascrizione: "Provinzialsteuer f für Grundbucheintragungen".

IPU f abbr *dell'ingl* Interparlamentary Union (*Unione Interparlamentare*) "interparlamentarische Union".

IPZS m abbr *di* Istituto Poligrafico e Zecca dello Stato: "staatliche Druckerei und Münze".

IQ m psic abbr dell'ingl Intelligence Quotient (quoziente d'intelligenza) IQ (abbr di Intelligenzquotient).

IR m **1** abbr di Infrarosso: Infrarot n **2** ferr abbr di Treno Intraregionale: IR (abbr di Interregio, Interregiozug).

ira f **1** (collera) Zorn m, Wut f: **in un momento d'ira**, in einem Anfall von Wut/Zorn; **sopportare le ire di qu**, jds Wut-/Zornausbrüche ertragen **2** fig lett (furia) {+ELEMENTI, VENTO} Wüten n **3** rar (odio) Hass m: **avere in ira qu/qc**, jdn/etw hassen **4** relig Zorn m • **l'ira di Dio** (il castigo divino), der Zorn Gottes; **un'ira di Dio** fig fam (grande quantità), eine Riesenmenge fam; (disastro meteorologico), (Un)wetterkatastrophe f; **è un'ira di Dio** fig fam (una peste), den/die hat Gott im Zorn erschaffen fam, das ist ein richtiger kleiner Teufel! fam; **costare l'ira di Dio** fig fam (costare molto), ein Vermögen/Heidengeld fam/Schweinegeld fam kosten; **dire un'ira di Dio di qu** fig fam (parlare male di qu), entsetzlich über jdn herziehen fam, sich über jdn das Maul zerreißen fam; (insultare), jdn vor den Kopf stoßen, jdm Bescheid stoßen fam; **fare un'ira di Dio** fig fam (fare un gran baccano), einen Heidenlärm machen fam; **farne un'ira di Dio** fig fam (farne di tutti i colori), alles Mögliche anstellen, es bunt treiben fam; **successe l'ira di Dio** fig fam (successe di tutto), es war der Teufel/die Hölle los fam; **venirne giù un'ira di Dio** fig fam (piovere moltissimo), in Strömen regnen; (nevicare moltissimo), kräftig schneien; **essere accecato dall'ira** fig (essere fuori di sé dalla rabbia), blind vor Wut sein, außer sich (dat) sein vor Wut; **essere un'ira scatenata** fig (su tutte le furie), rasen vor Zorn.

IRA m polit abbr dell'ingl Irish Republican Army (Esercito della repubblica irlandese) IRA (abbr di irisch-republikanische Armee).

iracheno, (-a) **A** agg irakisch **B** m (f) (abitante) Iraker(in) m(f).

iracondia f (irascibilità) Jähzorn m.

iracondo, (-a) agg **1** (irascibile) {VECCHIO} jähzornig; {CARATTERE} anche aufbrausend **2** (pieno d'ira) {SGUARDO} zornerfüllt.

Iran m geog Iran m.

iraniano, (-a) **A** agg iranisch **B** m (f) (abitante) Iraner(in) m(f).

iranico, (-a) <-ci, -che> **A** agg iranisch **B** mf (abitante) Iraner(in) m(f); **C** m <solo sing> (lingua) Iranische n.

iranista <-i m, -e f> mf (studioso) Iranist(in) m(f).

iranistica <-che> f (disciplina) Iranistik f, Irankunde f.

IRAP f fisco abbr di Imposta Regionale sulle Attività Produttive: "regionale Produktivitätssteuer".

Iraq m geog Irak m.

irascibile agg (facile all'ira) {INSEGNANTE, TEMPERAMENTO} jähzornig.

irascibilità <-> f (facilità all'ira) {+PERSONA STANCA} Jähzornigkeit f, Reizbarkeit f.

irato, (-a) agg **1** (arrabbiato) ~ **con/contro qu/qc** {LAVORATORE CONTRO I DIRIGENTI, CON IL GOVERNO} wütend auf jdn/etw, erzürnt über jdn/etw forb **2** (pieno d'ira) {PAROLE} zornig, voller Zorn **3** fig lett (tempestoso) {MARE} tobend.

Ire <-> f (imposta) Einkommensteuer f.

Irène f (nome proprio) Irene f.

ireos <-> m greco bot Schwertlilie f, Iris f.

IRI m abbr di Istituto per la Ricostruzione Industriale: "Institut n für den industriellen Wiederaufbau".

iridare A tr lett ~ **qc** etw regenbogenartig färben **B** itr pron (tingersi con i colori dell'iride): **iridarsi** sich regenbogenartig färben.

iridato, (-a) **A** agg **1** (iridescente) {OPALE} regenbogenfarbig **2** sport (nel ciclismo) {MAGLIA} Regenbogen-: **campione** ~, Radrennweltmeister(in) m(f) **B** m sport (nel ciclismo) Radrennweltmeister(in) m(f).

iride f **1** (arcobaleno) Regenbogen m: **i colori dell'**~, Regenbogenfarben f pl **2** anat Iris f, Regenbogenhaut f **3** bot Iris f, Schwertlilie f **4** min Irisstein m **5** ott Irisblende f **6** sport (nel ciclismo) Regenbogentrikot n: **vestirsi dell'**~, das Regenbogentrikot tragen.

iridescente agg (cangiante) {ROSSETTO, VERNICE} irisierend, in Regenbogenfarben schillernd.

iridescenza f (l'essere cangiante) {+PERLA} Irisieren n, Schillern n in Regenbogenfarben.

iridio m chim Iridium n.

iridologia f med Augendiagnose f, Iridologie f scient.

iridologo, (-a) <-gi, -ghe> m (f) (specialista in iridologia) Augendiagnostiker(in) m(f), Iridologe m scient, (Iridologin f scient).

iris <-> m bot Iris f, Schwertlilie f.

Irish coffee <-, - -s pl ingl> loc sost m ingl Irish Coffee m.

Irlanda f geog Irland n.

irlandese A agg irisch **B** mf (abitante) Ire m, Irin f **C** m <solo sing> (lingua) Irisch(e) n.

irochese A agg Irokesen-, irokesisch **B** mf (persona) Irokese m, (Irokesin f).

ironia f **1** (sarcasmo) {+PIRANDELLO} Ironie f: **non è il momento di fare dell'**~ **su questo**, es ist jetzt nicht der richtige Augenblick, diese Sache zu ironisieren; **parlare con** ~, ironisch sein; **c'era una punta di** ~ **nella sua voce**, seine/ihre Stimme hatte einen ironischen Unterton; **con pungente** ~ **le fece notare dove aveva sbagliato**, mit beißender Ironie stieß er sie mit dem Kopf auf ihren Fehler **2** (scherno) Ironie f, Spott m, Spöttelei f: **mi guardava con** ~, er/sie sah mich ironisch/spöttisch an **3** filos {SOCRATICA} Ironie f **4** ling Ironie f • **della sorte** fig (rif. a un imprevisto negativo), Ironie f des Schicksals.

ironico, (-a) <-ci, -che> agg {ARTICOLO, GESTO, RISPOSTA} ironisch; {UOMO} anche spöttelnd.

ironista <-i m, -e f> mf lett (chi fa spesso dell'ironia) Ironiker(in) m(f).

ironizzare A tr (trattare con ironia) ~ **qc** {LA PROPRIA SITUAZIONE, I SUCCESSI ALTRUI} etw ironisieren **B** itr (fare dell'ironia) ~ (**su qc**) {SCRITTORE SU CERTI COMPORTAMENTI DEGLI ITALIANI} (über etw acc) ironisieren, sich über etw lustig machen, (über etw acc) spötteln: **si diverte a** ~, ihm/ihr macht es Spaß, Dinge zu ironisieren.

iroso, (-a) agg **1** (iracondo) {OCCHIATA, PAROLE, RISPOSTA} zornig **2** (adirato) {MODO DI FARE} jähzornig, aufbrausend; {UOMO} anche zornig.

IRPEF <-> f dir abbr di Imposta sul Reddito delle Persone Fisiche: Einkommensteuer f.

IRPEG f dir abbr di Imposta sul Reddito delle Persone Giuridiche: Körperschaftsteuer f.

irpino, (-a) **A** agg von/aus Irpinia **B** m (f) (abitante) Einwohner(in) m(f) der Irpinia.

irradiamento m anche fis {+LUCE} Ausstrahlung f, (azione) anche Ausstrahlen n **2** (l'irradiarsi) {+STRADA} strahlenförmige Anordnung f, {+MESSAGGIO} Verbreitung f.

irradiare[1] <irradio, irradi> **A** tr <avere> **1** (emanare) ~ **qc** {FORNO CALORE} etw aus|strahlen **2** (rischiarare) ~ **qc** etw erleuchten, etw bestrahlen: **i portici erano irradiati** dalla luce dei lampioni, die Laubengänge waren von den Straßenlaternen erleuchtet **3** fig (far risplendere) ~ **qc** (**a qu**) etw erleuchten (lassen): **la contentezza irradia il suo viso**, ₍er/sie₎/[sein/ihr Gesicht] strahlt vor Freude **4** fig (sprigionare) ~ **qc** etw aus|strahlen, vor etw (dat) strahlen: **Luisa irradia felicità da tutti i pori**, Luisa strahlt übers ganze Gesicht **5** fis ~ **qc** etw bestrahlen **6** med (sottoporre a radiazioni) ~ **qu/qc con qc** jdn/etw mit etw (dat) bestrahlen; nucl {CAMPIONI} etw verstrahlen **B** itr <essere> **1** (diffondersi) ~ **da qc** {LUCE DALL'INCENDIO} von etw (dat) aus|gehen **2** fig (sprigionarsi): **la felicità irradiava dal suo volto**, er/sie strahlte vor Glück, sein/ihr Gesicht strahlte vor Freude **C** itr pron (diffondersi): **irradiarsi da qc** {DOLORE DALLA SCHIENA ALLA GAMBA} (von etw dat) (in etw acc) aus|strahlen: **da questa piazza si irradiano molte strade**, von diesem Platz gehen viele Straßen aus.

irradiare[2] <irradio, irradi> tr radio ~ **qc** {COMUNICATO} etw aus|strahlen.

irradiazione f **1** (emissione di raggi) {+SOLE} (Aus)strahlung f, (azione) anche Ausstrahlen n **2** (propagazione) {+SENSAZIONE DOLOROSA} Ausstrahlung f, Irradiation f scient; (azione) anche Ausstrahlen n **3** fis {+URANIO} Bestrahlung f **4** med {+PAZIENTE, TUMORE} Bestrahlung f; (in fisioterapia) Bestrahlung f **5** ott {+SUPERFICIE} Irradiation f.

irraggiamento m fis {ENERGETICO} Strahlung f.

irraggiare <irraggio, irraggi> **A** tr <avere> ~ **qc 1** anche fis (irradiare) {SOLE TERRA} etw bescheinen **2** (diffondere) {FORNO CALORE} etw aus|strahlen; fig {DONNA FELICITÀ} etw (dat) strahlen, etw aus|strahlen **B** itr <essere> itr pron **1** anche fis (irradiarsi): **irraggiarsi** {FUOCO} leuchten **2** (diffondere): **irraggiarsi da qc** {CALORE} von etw (dat) aus|strahlen.

irraggiungibile agg (che non si può raggiungere) {MONTE, PERSONAGGIO, VELOCITÀ} unerreichbar; fig {RISULTATO} unerreichbar.

irraggiungibilità <-> f (l'essere irraggiungibile) {+VETTA} Unerreichbarkeit f; fig {+CARICA} anche Unerfüllbarkeit f.

irragionevole agg **1** (senza raziocinio) unvernünftig: **è la persona più** ~ **che conosca**, er/sie ist der unvernünftigste Mensch, den ich kenne **2** (irrazionale) {ANIMALE} vernunftlos, ohne Vernunft **3** (assurdo) {REAZIONE} übertrieben, unsinnig **4** fig (infondato) {SOSPETTO, TIMORE} unbegründet, grundlos **5** fig (eccessivo) {PREZZO} ungerechtfertigt, unangemessen.

irragionevolezza f (l'essere irragionevole) {+AMICO} Unvernunft f; {+SCELTA} Unvernünftigkeit f, Sinnlosigkeit f.

irrancidire <irrancidisco> itr <essere> **1** (diventare rancido) ~ (**con qc**) {BURRO COL CALDO} (bei etw dat) ranzig werden **2** (cadere in disuso) {MODO DI DIRE, PAROLA} veralten.

irrazionale agg **1** (irragionevole) {ANIMALE} vernunftlos, ohne Vernunft **2** (insensato) {COMPORTAMENTO} irrational, unvernünftig, unsinnig **3** (istintivo) {RAGAZZO} instinktiv; {SCELTA} anche irrational **4** (illogico) {TEORIA} unlogisch, vernunftwidrig, unsinnig, absurd **5** (poco pratico) {DISTRIBUZIONE} irrational, unpraktisch **6** mat filos {NUMERO} irrational **B** m <solo sing> Irrationale n decl come agg.

irrazionalismo m filos Irrationalismus m.

irrazionalistico, (-a) <-ci, -che> agg filos irrational, irrationell forb.

irrazionalità <-> f **1** (l'essere irragionevole) {+ANIMALE} Vernunftlosigkeit f **2** (insensatezza) {+COMPORTAMENTO} Irrationalität f, Unvernunft f, Unvernünftigkeit f 3 (istintività) {+RAGAZZO} Instinktivität f; {+SCELTA} anche Irrationalität f 4 (illogicità) {+TEORIA} Vernunftwidrigkeit f, Unlogische n decl come agg, Unsinnigkeit f 5 (scarsa praticità) {+ORGANIZZAZIONE DEL LAVORO} Irrationalität f.

irreàle agg 1 (non reale) {ASPETTO} irreal, unwirklich 2 (immaginario) {ESSERE, PAESE} unwirklich, irreal, fantastisch.

irrealìstico, (-a) <-ci, -che> agg (non realistico) {VISIONE DEL MONDO} unrealistisch.

irrealizzàbile agg (che non si può realizzare) {PROGETTO, SOGNO} undurchführbar, unrealisierbar, nicht verwirklichbar.

irrealizzabilità f (il non essere realizzabile) Undurchführbarkeit f.

irrealtà <-> f (l'essere irreale) {+PRESUPPOSTO} Irrealität f, Unwirklichkeit f.

irrecuperàbile agg 1 (che non si può recuperare) {EDIFICIO} nicht wiederherstellbar, unwiederbringlich verloren 2 (che non si può riportare alla normalità) {ALCOLISTA} unheilbar, unrettbar: è un allievo ~, dieser Schüler ist ein hoffnungsloser Fall; un individuo ~ alla società, ein nicht resozialisierbarer Mensch; sei proprio ~!, scherz, du bist wirklich nicht mehr zu retten! scherz 3 (che non si può curare) {MALATO} unheilbar, tod-, sterbens- 4 fig (perduto) {FELICITÀ} unwiederbringlich, endgültig verloren 5 econ {PATRIMONIO} uneinbringlich; {CREDITO} anche uneintreibbar.

irrecuperabilità <-> f Unwiederbringlichkeit f.

irrecusàbile agg 1 (che non si può rifiutare) {PROPOSTA} unabweisbar, nicht abweisbar 2 (PROVA, TESTIMONE) unwiderlegbar.

irredentìsmo m polit anche stor Irredentismus m.

irredentìsta <-i m, -e f> polit stor A agg (MOVIMENTO) irredentistisch B mf Irredentist(in) m(f).

irredènto, (-a) agg polit {PAESE, POPOLO} unter fremder Herrschaft stehen(d).

irredimìbile agg econ {DEBITO} unkündbar, untilgbar.

irrefrenàbile agg (che non si può frenare) {RISO} unbändig, zügellos; fig anche {PASSIONE} stürmisch.

irrefutàbile agg (indiscutibile) {CERTEZZA, TESTIMONIANZA} unwiderlegbar, unbestreitbar, unanfechtbar.

irreggimentàre tr ~ qu 1 mil (inserire nel reggimento) jdn einem Regiment ein|gliedern, jdn in ein Regiment ein|reihen 2 fig (disciplinare) {POPOLO} jdn disziplinieren, jdn einer strengen Disziplin unterwerfen.

irregolàre A agg 1 (non regolare) {GRAFIA, PAESAGGIO, VISO} unregelmäßig; {COSTRUZIONE} anche ungleichmäßig; {SUPERFICIE} uneben 2 (non conforme a una regola) {PROCEDURA} regelwidrig, irregulär; rar {UNIONE} ungesetzlich, gesetzwidrig 3 (disordinato) {VITA} ungeregelt, regellos, unordentlich 4 (discontinuo) {CLIMA} unbeständig, wechselnd; {FUNZIONAMENTO, RENDIMENTO} ungleichmäßig, unbeständig; {SONNO} unregelmäßig, unruhig 5 dir {POSIZIONE} vorschriftswidrig 6 mat {POLIGONO} ungleichmäßig, unregelmäßig 7 gramm {VERBO} unregelmäßig, irregulär 8 ling {METRICA} unregelmäßig 9 med {POLSO} unregelmäßig 10 mil {MILIZIA} irregulär B m <di solito al pl> mil Irreguläre m decl come agg.

irregolarità <-> f 1 (l'essere irregolare) {+PAVIMENTAZIONE, PROFILO} Unregelmäßigkeit f, Ungleichmäßigkeit f 2 (procedimento irregolare) {+VOTAZIONE} Irregularität f 3 (discon-

tinuità) {+FUNZIONAMENTO DI UNA MACCHINA} Ungleichmäßigkeit f 4 (disordine) {+VITA} Regellosigkeit f 5 dir {+DOCUMENTO} Unregelmäßigkeit f, Vorschriftswidrigkeit f: **denunciare un'~**, eine Unregelmäßigkeit/Vorschriftswidrigkeit anzeigen; eufem (reato) strafbare Handlung; ~ **amministrativa**, Verstoß m gegen eine Verwaltungsvorschrift 6 dir relig Irregularität f 7 gramm {+VERBO} Unregelmäßigkeit f 8 sport {+AZIONE} Regelwidrigkeit f.

irrelàto, (-a) agg (senza relazione) {ELEMENTI} unverbunden: **sono fatti irrelati**, diese Tatsachen haben nichts miteinander zu tun.

irreligiosità <-> f 1 (mancanza di sentimento religioso) Irreligiosität f forb 2 (atto) Frevel tat f forb.

irreligióso, (-a) agg 1 (non religioso) {RAGAZZO} unreligiös, nicht religiös, irreligiös forb, ungläubig 2 (contrario alla religione) {FILM, PRINCIPIO} religionsfeindlich.

irremissìbile agg 1 lett (imperdonabile) {ERRORE, PECCATO} unverzeihlich, unverzeihbar 2 (che non perdona) {UOMO} nachtragend.

irremovìbile agg 1 (inflessibile) {VOLONTÀ} unerschütterlich, unbeugsam: **l'insegnante si dimostrò ~**, der Lehrer/die Lehrerin erwies sich als unbeugsam 2 rar (che non si può rimuovere) {DIFFICOLTÀ} unüberwindlich, nicht zu beseitigen(d).

irremovibilità <-> f (fermezza) {+INSEGNANTE} Unerschütterlichkeit f.

irreparàbile A agg 1 (irrimediabile) irreparabel forb; {DANNO} nicht wieder gutzumachen(d); {PERDITA} unersetzlich 2 fig (inevitabile) {SVENTURA} unvermeidlich B <-> m Unvermeidliche n decl come agg.

irreparabilità <-> f {+ERRORE} Irreparabilität f forb.

irreperìbile agg (introvabile) {DICHIARAZIONE, TESTE} unauffindbar, nicht auffindbar: **si è reso ~**, er ist untergetaucht; dir {IMPUTATO, PERSONA} nicht anzutreffen, unauffindbar.

irreperibilità <-> f (il non essere reperibile) {+MATERIALE, MEDICO} Unauffindbarkeit f.

irreprensìbile agg (ineccepibile) {UOMO} untadelig; {ARBITRO} einwandfrei; {ELEGANZA, STILE} tadellos; {COMPORTAMENTO, MODI} anche untadelig.

irreprensibilità f (l'essere irreprensibile) {+PERSONA} Untadeligkeit f.

irrequietézza f (agitazione) {+CARATTERE, UOMO, VITA} Ruhelosigkeit f, Unruhe f.

irrequièto, (-a) agg 1 (agitato) {MALATO} unruhig; {RAGAZZO} anche ruhelos, unstet forb; {CAVALLO} gereizt, nervös 2 (che mostra agitazione) {SGUARDO} ruhelos, unruhig.

irrequietùdine f (ansia) {+ADOLESCENTE} Unruhe f, Ruhelosigkeit f, Unrast f.

irresistìbile agg 1 (a cui non si può resistere) {COMICITÀ, FASCINO, IMPULSO} unwiderstehlich; {ARGOMENTO} stichhaltig 2 (affascinante) {DONNA, UOMO} faszinierend, bezaubernd, hinreißend.

irresolùbile agg 1 (che non si può sciogliere) {LEGAME} unauflösbar 2 (che non si può risolvere) {QUESTIONE} unlösbar.

irresolùto, (-a) agg 1 (indeciso) {CARATTERE, PERSONAGGIO} unentschlossen 2 lett (insoluto) {PROBLEMA} ungelöst.

irrespiràbile agg 1 (che non si può respirare) {ARIA} nicht zu atmen(d), unerträglich, irrespirabel scient 2 (tossico) {GAS} giftig 3 fig (insopportabile) {CLIMA POLITICO} unerträglich: **l'aria in casa sua è diventata ~**, die Stimmung bei ihm/ihr zu Hause ist unerträglich geworden.

irresponsàbile A agg 1 (incosciente)

{BAMBINO} leichtsinnig; {INDIVIDUO} verantwortungslos; {AZIONE} anche unverantwortlich 2 (esente da responsabilità) (di qc) {DELL'ACCADUTO} nicht verantwortlich (für etw acc); {ALIENATO MENTALE} anche unzurechnungsfähig 3 dir {CAPO DELLO STATO} immun B mf 1 (incosciente) Leichtsinnige mf decl come agg: **ti sei comportato da vero ~**, du hast dich wirklich leichtsinnig/verantwortungslos benommen 2 dir Unzurechnungsfähige mf decl come agg.

irresponsabilità <-> f 1 (incoscienza) {+OPERAZIONE, RAGAZZO} Verantwortungslosigkeit f, Leichtsinn m 2 (l'essere irresponsabile) {+INDIVIDUO} Unverantwortlichkeit f 3 dir {+PARLAMENTO} Immunität f.

irrestringìbile agg tess {COTONE} nicht einlaufend, krumpfecht.

irretìre <irretisco> tr 1 fig (abbindolare) ~ **qu** (con qc) {CON LUSINGHE} jdn durch etw (acc) bestricken, jdn mit etw (dat) umgarnen forb, jdn ein|wickeln fam: **quella donna lo irretì col suo fascino**, diese Frau bestrickte ihn durch ihren Charme; **si è fatto ~ da un imbroglione**, er hat sich von einem Betrüger einwickeln lassen fam 2 rar (catturare con la rete) ~ **qc** {PESCI} etw im Netz fangen.

irreversìbile agg 1 (non reversibile) {MOVIMENTO} nicht umkehrbar, irreversibel forb 2 fig {FENOMENO} nicht rückgängig zu machen(d); {PROCESSO} anche irreversibel forb 3 chim fis mecc med {REAZIONE, TRASFORMAZIONE, INNESTO, COMA} irreversibel 4 econ {INVESTIMENTO} nicht freisetzbar, nicht liquidierbar.

irreversibilità <-> f (l'essere irreversibile) {+DECISIONE} Irreversibilität f.

irrevocàbile agg 1 (che non si può revocare) {DECISIONE, MANDATO} unwiderruflich 2 lett (trascorso) {STAGIONE DELLA VITA} unwiederbringlich forb: **questo ricordo è ~**, diese Erinnerung gehört unwiederbringlich der Vergangenheit an.

irriconoscènte agg (ingrato) ~ (verso/ [nei confronti di] qu/qc) {NEI CONFRONTI DI UN AMICO, VERSO LA SOCIETÀ} (jdm/etw gegenüber) undankbar.

irriconoscìbile agg 1 (non riconoscibile) {BAMBINO MASCHERATO, MONUMENTO RESTAURATO} nicht wieder zu erkennen(d), unkenntlich: **il trucco l'ha reso ~**, durch die Schminke ist er nicht wieder zu erkennen 2 fig (molto cambiato) gewandelt, geändert, nicht wieder zu erkennen(d): **da quando si è convertita al buddismo tua sorella è ~**, seit deine Schwester sich zum Buddhismus bekehrt hat, ist sie kaum wieder zu erkennen; **con questi nuovi mobili la stanza è ~**, diese neuen Möbel haben das Zimmer verwandelt, durch diese neuen Möbel ist das Zimmer wie verwandelt/neu.

irrìdere <coniug come ridere> tr lett (schernire) ~ **qu/qc** {PROGRESSO} jdn/etw verspotten, jdn/etw verlachen forb, jdm/etw verhöhnen; {AVVERSARIO} anche jdn aus|lachen.

irriducìbile A agg 1 (che non si può ridurre) {IMPORTO, PREZZO, SOMMA} nicht herabsetzbar, fest 2 fig (incoercibile) {NEMICO} erbittert 3 fig (saldo) {OSTINAZIONE} unerschütterlich; {VOLONTÀ} anche fest, unbeugsam 4 fig (convinto) {FAN, VEGETARIANO} überzeugt, eingefleischt, unverbesserlich 5 anat {ERNIA} nicht einrenkbar, irreponibel scient 6 mat {EQUAZIONE, POLINOMIO} irreduzibel; {FRAZIONE} echt, unkürzbar B mf (ostinato) Unverbesserliche mf decl come agg: **un ~ del bicchiere**, ein unverbesserlicher Trinker; **un ~ dell'IRA**, ein unbeugsamer Anhänger der IRA.

irriducibilità <-> f fig (incoercibilità) {+AVVERSARIO} Unbezwingbarkeit f.

irriferìbile agg (*che non si può riferire*) {EPISODIO, PAROLE} nicht wiederzugeben(d).

irriflessióne f (*sconsideratezza*) Unbedachtsamkeit f, Unüberlegtheit f.

irriflessìvo, (-a) agg (*sconsiderato*) {RAGAZZO} unbedachtsam; {ATTO} unüberlegt, unbedacht.

irrigàbile agg (*che si può irrigare*) {CAMPO} bewässerbar.

irrigàre <*irrigo, irrighi*> tr **1** (*innaffiare*) ~ qc {CAMPO, PIANTAGIONE, TERRENO} etw bewässern; (*a gocce*) etw berieseln; (*a getto*) etw sprengen **2** (*bagnare*) ~ qc {ADIGE TRENTINO} etw durchfließen, etw durchqueren **3** *rar lett* (*cospargere*) ~ qc di qc {CAMPO DI BATTAGLIA DI SANGUE} etw mit etw (dat) tränken **4** *med* etw (aus|)spülen.

irrigatóre, (-trice) **A** agg (*che irriga*) bewässernd; {CANALE} Bewässerungs- **B** m **1** *agr* Sprinkler m, Sprenger m, Beregnungsgerät n **2** *med* Spülapparat m, Irrigator m *scient*.

irrigazióne f **1** *agr* {+FERTILIZZANTE} Bewässerung f: ~ **a goccia**, Berieselung f; ~ **per sommersione/aspersione**, Überstauung f/Besprengung f; (*l'irrigare*) Bewässern n **2** *med* {NASALE, VAGINALE} (Aus)spülung f, Irrigation f *scient*.

irrigidiménto m **1** (*effetto*) {+MEMBRA, MUSCOLO} Versteifung f; {+CADAVERE} Erstarrung f **2** *fig* (*l'irrigidirsi*) **in qc** {IN UNA POSIZIONE} Versteifung f *auf etw* (acc): **questa proposta causerà l'~ della parte avversa nella sua posizione**, dieser Vorschlag wird zur Folge haben, dass sich die gegnerische Partei auf ihre Position versteift **3** *fig* (*l'inasprirsi*) {+DISCIPLINA, PENA} Verschärfung f **4** *meteo* {+CLIMA} Rauwerden n; {+TEMPERATURA} Sinken n.

irrigidìre <*irrigidisco*> **A** tr ~ qc **1** (*rendere rigido*) {MUSCOLI} etw steif werden lassen; {FREDDO MEMBRA} etw erstarren lassen, etw steif machen: **la paralisi gli ha irrigidito il braccio**, durch die Lähmung ist sein Arm steif geworden **2** *fig* (*indurire*) {ATTEGGIAMENTO DI QU} etw versteifen: **il dolore le ha irrigidito il cuore**, der Schmerz hat sie/ihr Herz verhärtet **3** *fig* (*aggravare*) {PENA} etw verschärfen **B** itr pron **1** (*diventare rigido*): **irrigidirsi** {GAMBE} steif werden; (*impettirsi*) **irrigidirsi sull'attenti**, strammstehen **2** *fig* (*impuntarsi*): **irrigidirsi (in qc)** {IN UNA DECISIONE, IN UNA POSIZIONE} sich auf etw (acc) versteifen, auf etw (dat) beharren: **lui, di solito così comprensivo, questa volta si è irrigidito**, er, der gewöhnlich so verständnisvoll ist, hat dieses Mal stur geschaltet **3** *meteo*: **irrigidirsi** {CLIMA, STAGIONE} rau werden.

irrigidìto, (-a) agg **1** (*rigido*) ~ **da/per/[a causa di] qc** {MEMBRA DAL FREDDO} steif (*vor etw* dat), (*vor etw* dat) erstarrt **2** (*fissato*) ~ **in qc** {VOLTO IN UN SORRISO STEREOTIPATO} (*in etw* dat) erstarrt **3** *fig* ~ **su qc** {DIRETTORE SULLE SUE POSIZIONI} *auf etw* (acc) versteift.

irriguardóso, (-a) agg (*insolente*) {FRASE} ungebührlich *forb*: **è stato ~ verso l'insegnante**, er hat sich der Lehrkraft gegenüber ungebührlich *forb* verhalten.

irrìguo, (-a) agg **1** (*per l'irrigazione*) {ACQUE} zur Bewässerung **2** (*che si irriga*) {COLTIVAZIONE} bewässert **3** (*abbondantemente irrigato*) {TERRENO} reichlich bewässert.

irrilevànte agg (*trascurabile*) {DIFETTO, DIFFERENZA, FENOMENO} unbedeutend, unerheblich, irrelevant *forb*.

irrilevànza f (*l'essere irrilevante*) {+PROBLEMA} Bedeutungslosigkeit f, Unwichtigkeit f, Irrelevanz f *forb*.

irrimediàbile agg **1** (*che non si può rimediare*) {MALE} irreparabel *forb*; {DANNO, ERRORE} nicht wieder gutzumachen(d); {PERDITA} unersetzlich **2** *fig* (*inevitabile*) {SVENTURA} unvermeidlich.

irrinunciàbile agg (*a cui non si può rinunciare*) {ESIGENZA} unverzichtbar; *dir* {DIRITTO} unabdingbar.

irrinunziàbile e *deriv* → **irrinunciabile** e *deriv*.

irripetìbile agg **1** (*che non si può ripetere*) {VITTORIA} unwiederholbar, nicht wiederholbar **2** (*unico*) {AVVENTURA} einmalig **3** (*che non si può riferire*) {OSCENITÀ} nicht wiederzugeben(d), unwiederholbar **4** *dir* {PAGAMENTO} einmalig.

irripetibilità <-> f (*l'essere irripetibile*) {+EVENTO} Unwiederholbarkeit f, Einmaligkeit f.

irriproducìbile agg (*che non si può riprodurre*) {IMMAGINE, SENSAZIONE} nicht reproduzierbar, nicht wiederzugeben(d).

irrisióne f (*scherno*) Verspottung f, Spott m.

irrisòlto, (-a) agg (*che non è stato risolto*) {QUESTIONE} ungelöst, ungeklärt.

irrisolvìbile agg (*che non si può risolvere*) {PROBLEMA} unlösbar.

irrisòrio, (-a) <-ri m> agg **1** (*inadeguato*) {SALARIO} lächerlich, Hunger- *fam* **2** (*molto basso*) {PREZZO} Spott- *fam*, Schleuder- *fam* **3** (*derisorio*) {AFFERMAZIONE, MODI} spöttisch.

irrispettóso, (-a) agg (*che manca di rispetto*) {FIGLIO} respektlos; {CONDOTTA} anche ungebührlich.

irritàbile agg **1** (*eccitabile*) {CARATTERE} reizbar; {PERSONA} anche erregbar **2** *med* {INTESTINO, PELLE} empfindlich, leicht entzündlich, irritabel *scient*.

irritabilità <-> f **1** (*eccitabilità*) {+BAMBINO} Reizbarkeit f, Erregbarkeit f **2** *med* {+MUCOSA, PELLE} Empfindlichkeit f, Reizbarkeit f, Entzündbarkeit f, Irritabilität f *scient*.

irritànte agg **1** (*che irrita*) {SOSTANZA} Reiz- **2** *fig* (*fastidioso*) {ATTEGGIAMENTO, PERSONA} aufreizend, lästig, irritierend.

irritàre **A** tr **1** (*seccare*) ~ qu jdn ärgern, jdn irritieren, jdn verärgern: **le sue parole mi hanno irritarono**, seine/ihre Worte ärgerten/irritierten mich; **i capricci del bambino hanno irritato la madre**, die Launen des Kindes haben die Mutter verärgert **2** *med* ~ **qc** {FUMO GOLA, OCCHI} etw reizen; {PIAGA} etw entzünden: **il detersivo mi ha irritato la pelle delle mani**, durch das Waschmittel hat sich die Haut meiner Hände entzündet **B** itr pron **1** (*seccarsi*): **irritarsi [per/[a causa di] qc]** {PER IL RITARDO DI UN AMICO} sich über etw (acc) ärgern, sich über etw (acc) erzürnen, sich über etw (acc) verärgert sein **2** (*infiammarsi*): **irritarsi** {PELLE} sich entzünden.

irritàto, (-a) agg **1** (*contrariato*) gereizt, ärgerlich, verärgert **2** *med* {FERITA} entzündet; {OCCHI} anche gereizt.

irritazióne f **1** (*stizza*) Gereiztheit f, Ärger m, Erregung f; (*l'irritare*) anche Reizung f **2** *med* {+BRONCHI, PELLE} Entzündung f.

irriverènte agg (*insolente*) {ALLUSIONE, RAGAZZO} respektlos.

irriverènza f (*atto, insolenza*) Respektlosigkeit f.

irrobustìre <*irrobustisco*> **A** tr (*rendere robusto*) ~ qc (con qc) {MUSCOLI DELLE BRACCIA CON LA GINNASTICA} etw (durch etw acc) stärken, etw (durch etw acc) kräftigen **B** itr pron (*invigorirsi*): **irrobustirsi** kräftiger werden: **crescendo si è irrobustito**, mit zunehmendem Alter ist er kräftiger geworden.

irrogàre tr *dir* (*infliggere*) ~ qc (a carico di qu) {CONDANNA, PENA, SANZIONE} etw (über *gegen jdn*) verhängen.

irrogazióne f *dir* {+CONDANNA, PENA, SANZIONE} Verhängung f.

irrompènte agg {VITALITÀ} stürmisch, übersprudelnd.

irrómpere <*difet non usato al part pass e tempi composti, coniug come rompere*> itr ~ + *compl di luogo* **1** {POLIZIA NELL'ABITAZIONE DEL LATITANTE} in etw (acc) ein|dringen; {LADRO ALL'INTERNO DI UN ALLOGGIO} in etw (acc) ein|brechen **2** *fig* (*penetrare*) {MALCOSTUME NELLA SOCIETÀ} sich irgendwo verbreiten, *irgendwo* um sich greifen.

irroraménto m *med* {+TESSUTO} Blutversorgung f, Durchblutung f.

irroràre tr **1** (*bagnare*) ~ **qc**: **lacrime irroravano₁/[il sudore irrorava] il suo viso**, ₁Tränen benetzten/benäßten₁/[Schweiß benetzte/benäßte] sein/ihr Gesicht *poet* **2** *agr* ~ **qc** {VITI} etw (be)spritzen **3** *med* ~ **qc** {ORGANO, TESSUTO} etw durchfließen, etw durchströmen, etw durchdringen: **il sangue irrora l'organismo**, der Organismus wird durchblutet.

irroratrice f *agr* (Pflanzen)spritze f, Sprüher m, Sprühgerät n: ~ ₁**a spalla**₁/[**su carro**], Kolbenrücken-/Karrenspritze f.

IRRSAE m *abbr di* Istituto Regionale per la Ricerca, la Sperimentazione e l'Aggiornamento Educativo: "regionales Institut für schulische Forschung, Experimentierung und Weiterbildung".

irruènte agg **1** (*che irrompe*) {MASSA DI TIFOSI} ungestüm *forb*, wild, ungezügelt **2** *fig* (*impetuoso*) {CARATTERE, DISCORSO, RAGAZZO} ungestüm *forb*, impulsiv.

irruènza **A** f **1** (*impetuosità*) {+GENTE} Ungestüm n *forb*; (*impeto*) {+ACQUE} Wucht f **2** *fig* (*impetuosità*) {+REAZIONE DI QU} Heftigkeit f; {+UOMO} Ungestüm n *forb* **B** loc avv: **con ~**, ungestüm *forb*, heftig; **rispose con ~ alle sue domande**, er/sie antwortete sehr ungehalten auf seine/ihre Fragen.

irrùppi 1ª pers sing del pass rem di **irrompere**.

irruvidiménto m {+MANI, SUPERFICIE} Aufrauung f.

irruvidìre <*irruvidisco*> **A** tr <*avere*> ~ qc **1** (*rendere ruvido*) {LAVORI PESANTI MANI} etw auf|rauen, etw rau machen **2** *fig* (*indurire*) {CARATTERE, PERSONA} etw hart werden lassen **B** itr <*essere*> itr pron: **irruvidirsi** **1** (*diventare ruvido*) {PELLE} rau werden **2** *fig* (*indurirsi*) {MANIERE, MODI} roh werden; {ANIMO} gefühllos/unempfindlich werden.

irruzióne f (*l'irrompere*) {+POLIZIA} Eindringen n; {+LADRO} anche Einbruch m: **la polizia fece ~ in un locale notturno**, die Polizei drang in ein Nachtlokal ein.

IRS m *abbr di* Istituto di Ricerca Sociale: "Institut n für Sozialforschung".

irsutìsmo m *med* Hirsutismus m *scient*.

irsùto, (-a) agg **1** (*ispido*) {BARBA} struppig, borstig **2** (*peloso*) {UOMO} behaart, haarig **3** *fig rar* (*rozzo*) {MODI} ungeschliffen, grob.

ìrto, (-a) agg **1** (*ispido*) {PELO} struppig **2** (*pieno*) ~ **di qc** {TERRENO DI SASSI} voll (von) etw (dat)/+ gen *forb*, voller etw (nom o gen): **il bosco è ~ di abeti**, der Wald ist voller Fichten; {CANCELLO DI PUNTE} mit etw (dat) gespickt *fam* **3** *fig* (*ricco*) ~ **di qc** {PROGETTO DI DIFFICOLTÀ} voll (von) etw (dat)/+ gen *forb*, voller Hindernisse₁/[voller Hindernisse] **4** *fig lett rar* (*rozzo*) {PERSONAGGIO} grobschlächtig *spreg*, rüde *spreg*.

isabèlla agg (*colore*) {MANTO} isabellfarben, isabellfarbig.

Isabèlla f (*nome proprio*) Isabella f, Isabelle f.

ISBN m *edit abbr dell'ingl* International Standard Book Number (*codice numerico standard internazionale per l'identificazione dei libri*) ISBN (*abbr di* internationale Standardbuchnummer).

iscariòta **A** <inv> *agg* von Keriot: **Giuda ~**, Judas von Keriot **B** <-i m, -e f> *mf* (*traditore*) Judas m *spreg*, Verräter m.

ischeletrire <ischeletrisco> **A** *tr* <avere> **1** (*rendere scheletrico*) ~ **qu** jdn zum Skelett machen/[abmagern lassen]: **la malattia l'ha ischeletrito**, die Krankheit hat ihn zum Skelett gemacht/[abmagern lassen] **2** *fig* ~ **qc** {INVERNO ALBERO} *etw* kahl werden lassen **3** *fig* (*stremare*) ~ **qc** {L'INGEGNO} *etw* verkümmern lassen **B** *itr* <essere> *itr pron* **1** (*diventare scheletrico*): **ischeletrirsi** (**per/[a causa di]** *qc*) {BAMBINO PER LA FAME} (*wegen etw gen*) zum Skelett ab|magern **2** *fig* (*diventare spoglio*): **ischeletrirsi** {ALBERO} seine Blätter verlieren, kahl werden.

ischemia f *med* Ischämie f *scient*.

ischèmico, (-a) <-ci, -che> *med* **A** *agg* blutleer, ischämisch *scient* **B** m (f) Ischämiker(in) m(f) *scient*.

ischitàno, (-a) **A** *agg* von/aus Ischia, Ischianer **B** m (f) (*abitante*) Ischianer(in) m(f).

iscritto[1] *loc avv*: **per ~**, schriftlich; **mettere qc per ~**, *etw* schriftlich festhalten, *etw* niederschreiben.

iscritto[2], (-a) **A** *part pass di* iscrivere **B** *agg* **1** ~ (**a** *qc*) {STUDENTE AD UN CORSO DI NUOTO} (*in etw* acc) eingetragen, (*in etw* acc) eingeschrieben, (*zu etw* dat) angemeldet **2** mat ~ (in *qc*) {TRIANGOLO IN UN CERCHIO} *etw* dat) ein|geschrieben **C** m (f) Mitglied n, Eingetragene mf *decl come agg*, Eingeschriebene mf *decl come agg*.

iscrivere <coniug *come* scrivere> **A** *tr* **1** (*far ammettere*) ~ **qu** (**a** *qc*) {FIGLIO A UN CORSO DI RUSSO} jdn (*zu etw* dat) an|melden, {A UNA SCUOLA PRIVATA} jdn (*in etw* dat) an|melden; {ALL'UNIVERSITÀ} jdn (*an etw* acc) ein|schreiben; {A UN CLUB} jdn (*in etw* dat) ein|schreiben; ~ **qc** (**a** *qc*) {CANE A UNA GARA} *etw* (*zu etw* dat) an|melden **2** (*registrare*) ~ **qu in** *qc* {NEL REGISTRO DEI SOCI} jdn (*in etw* acc) ein|tragen, jdn (*in etw* acc) ein|schreiben; ~ **qc** (**in/a** *qc*) {SPESA NEL BILANCIO} *etw* (*in etw* dat) ein|tragen, {ABITAZIONE AL CATASTO} *etw* (*bei etw* dat) ein|tragen **3** *dir* ~ **una causa a ruolo**, einen Prozess in den Verhandlungskalender eintragen **4** mat ~ **qc in** *qc* {TRIANGOLO IN UN CERCHIO} *etw* (*in etw* dat) ein|beschreiben **B** *rfl* (*farsi ammettere*): **iscriversi** (**a** *qc*) {A SCUOLA} sich (*in etw* dat) an|melden; {A UN'ASSOCIAZIONE, A UN PARTITO} *etw* (*dat*) bei|treten; {ALL'UNIVERSITÀ} sich (*an etw* dat) ein|schreiben; {A UN CORSO DI FOTOGRAFIA, A UN ESAME} sich (*zu etw* dat) an|melden; {A UN CONCORSO} sich (*zu etw* dat) ein|schreiben.

iscrizióne f **1** *gener* ~ (**a** *qc*) {A SCUOLA} Anmeldung f (*in etw* dat); {A UN CIRCOLO} Anmeldung f (*in etw* dat); {A UNA GARA} Anmeldung f, Einschreibung f *an etw* (dat); {A UN PARTITO} Eintritt m *in etw* (acc), Beitritt m *in etw* (acc): ~ **all'albo**, Eintragung f ins Register **2** (*registrazione*) {+VEICOLO} Eintragung f (*frase incisa*) {ANTICA, BILINGUE} Inschrift f **4** *dir* Eintragung f, Eintrag m: **di una causa a ruolo**, Eintragung f eines Prozesses in den Verhandlungskalender **5** mat Einbeschreibung f: ~ **di una figura in un'altra**, eine Figur einer anderen einbeschreiben.

ISDN f *inform tel abbr dell'ingl* Integrated Service Digital Network (*rete digitale di servizi inte-*

grati) ISDN (integriertes digitales Fernmeldenetz).

ISEF m *abbr di* Istituto Superiore di Educazione Fisica: ≈ Sporthochschule f.

isernìno, (-a) **A** *agg* von/aus Isernia **B** m (f) (*abitante*) Einwohner(in) m(f) der Isernia.

ISI f *fisco abbr di* Imposta Straordinaria sugli Immobili: "außerordentliche Immobiliensteuer".

Islàm <-> m *relig* Islam m.

islàmico, (-a) <-ci, -che> **A** *agg* (*dell'Islam*) {DOTTRINA, INTEGRALISMO} islamisch, moslemisch **B** m (f) (*seguace*) Mohammedaner(in) m(f), Moslem m, (Moslime f).

islamismo m *relig* Islam m.

islamista <-i m, -e f> *mf* (*studioso*) Islamist(in) m(f), Islamforscher(in) m(f).

islamistica <-che> f (*disciplina*) Islamforschung f, Islamkunde f.

islamizzàre **A** *tr* (*convertire all'Islam*) ~ **qu/qc** jdn/etw islamisieren, jdn/etw zum Islam bekehren **B** *itr pron*: **islamizzarsi** zum Islam über|treten.

islamizzazióne f Islamisierung f; (*azione*) *anche* Islamisieren n.

islamofobia f Islamophobie f.

islamofòbico, (-a) <-ci, -che> *agg* {ATTEGGIAMENTI} islamophob.

Islànda f *geog* Island n.

islandése **A** *agg* isländisch **B** *mf* (*abitante*) Isländer(in) m(f) **C** m <*solo* sing> (*lingua*) Isländisch(e) n.

ismaelìta <-i m, -e f> **A** *agg* (*arabo*) arabisch **B** *mf* Araber(in) m(f).

ISMEO m *abbr di* Istituto per gli Studi sul Medio ed Estremo Oriente: "Institut n für Studien über den Mittleren und Fernen Osten".

-ìsmo *suff* -ismus m, -ik f, -tum m: **analfabetismo**, Analphabetismus m, Analphabetentum n; **romanticismo**, Romantik f.

ISO <-> m *fot abbr dell'ingl* International Organization for Standardisation: ISO f.

isòbara f *geog meteo* Isobare f: ~ **al livello del mare**, Isobare f auf Meereshöhe.

isobàrico, (-a) <-ci, -che> *agg meteo* {LINEA, SUPERFICIE} isobar.

isòbata f *geog* Isobathe f.

isocromàtico, (-a) <-ci, -che> *agg* (*dello stesso colore*) isochromatisch.

isocronismo m *fis med* Isochronismus m *scient*.

isòcrono, (-a) *agg fis* isochron.

isofrequènza f *radio* "Radioübertragungssystem n, das auf manchen italienischen Autobahnen auch in Tunnels und auf Bergstrecken die Übertragung des Verkehrsservices garantiert".

ìsola f **1** (*terra emersa*) {CORALLINA, MADREPORICA, VULCANICA} Insel f **2** (*abitanti*) Inselbewohner m, Insulaner pl: **l'intera ~ accorse ad acclamarlo**, alle Inselbewohner eilten herbei, um ihm zuzujubeln **3** *fig* (*zona separata*) {ETNICA, LINGUISTICA} Insel f **4** *fig* (*oasi*) {+TRANQUILLITÀ} Insel f, Oase f ● **isole del Langerhans** *anat*, Langerhans-Inseln f pl; ~ **di montaggio** *industr*, Montageinsel f; ~ **pedonale** *urban*, Fußgängerzone f; ~ **spartitraffico** *urban*, Verkehrsinsel f.

isolàbile *agg* (*che si può isolare*) {ELEMENTO, MALATO} isolierbar.

isolaménto m **1** (*esclusione da contatti*) {+BAITA DI MONTAGNA} Abgelegenheit f, Abgeschiedenheit f; {+DETENUTO, MALATI CONTAGIOSI} Isolation f **2** (*solitudine*) Einsamkeit f, Abgeschiedenheit f, Zurückgezogenheit f: **da un anno si è chiuso nell'~**, seit einem Jahr

lebt er zurückgezogen in seiner Einsamkeit; **viveva nel più completo ~**, er/sie lebte in vollständiger Zurückgezogenheit,/[völlig zurückgezogen] **3** *elettr fis tecnol* Isolierung f: ~ **acustico/termico**, Schall-/Wärmedämmung f; ~ **elettrico**, Elektroisolierung f; ~ **dal freddo**, Kälteisolierung f **4** *polit* Isolation f: **lo splendido ~** (**dell'Inghilterra**) *stor*, die Splendid Isolation *forb* Englands.

isolàno, (-a) **A** *agg* (*dell'isola*) {POPOLAZIONE} Insel-; {SPECIALITÀ GASTRONOMICA} *anche* insular **B** m (f) (*abitante*) Inselbewohner(in) m(f).

isolànte **A** *agg* **1** (*che isola*) {MATERIALE, NASTRO} isolierend, Isolier- **2** *elettr fis* {CORPO, SOSTANZA} nicht leitend **3** *ling* {LINGUA} isolierend **B** m *elettr fis tecnol* Isolierstoff m, Isolator m, Isoliermittel m: ~ **acustico/termico**, Schall-/Wärmeisolierstoff m.

isolàre **A** *tr* **1** (*privare di contatti*) ~ **qc** {CASA} *etw* von der Außenwelt abschneiden, *etw* isolieren **2** (*circoscrivere*) ~ **qc** {INCENDIO} *etw* ein|grenzen **3** (*proteggere acusticamente*) ~ **qc** {STANZA} *etw* isolieren **4** (*segregare*) ~ **qu** {CARCERATO, MALATO CONTAGIOSO} jdn isolieren, jdn ab|sondern **5** (*emarginare*) ~ **qu** {COMPAGNA DI CLASSE} jdn isolieren, jdn aus|grenzen **6** (*estrapolare*) ~ **qc** (**da** *qc*) {FRASE DAL CONTESTO} *etw* aus *etw* (dat) reißen **7** *biol chem elettr fis* ~ **qc** {ELEMENTO, VIRUS} *etw* isolieren **B** *rfl* **1** (*appartarsi*): **isolarsi** (**da** *qu*/*qc*) {DAGLI AMICI} sich (*von jdm/etw*) ab|sondern; **isolarsi** + *compl di luogo* {IN UN PAESETTO DI MONTAGNA, NELLO STUDIO} sich *irgendwohin* zurück|ziehen **2** *polit*: **isolarsi** {NAZIONE} sich isolieren.

isolàto[1] m (*complesso di edifici*) {+CENTRO} Häuserblock m, Häusergruppe f.

isolàto[2], (-a) **A** *agg* **1** (*solitario*) einsam, abgesondert/zurückgezogen lebend: **vive ~ in una vecchia casa**, er lebt zurückgezogen in einem alten Haus; {GRUPPO} isoliert; {LUOGO, PAESE} abgelegen, abgeschieden, entlegen **2** (*unico*) vereinzelt, einzeln, Einzel-: **un caso ~**, das ist ein Einzelfall **3** *elettr fis* {CAVO, CORPO, CONDUTTORE, SISTEMA} isoliert **B** m (f) (*chi vive separato dal mondo*) Einzelgänger(in) m(f), Einsame mf *decl come agg*.

isolatóre, (-trice) **A** *agg* (*che isola*) {STRATO} Isolier- **B** m *elettr* Isolator m: ~ **a campana/gola/sospensione**, Glockenisolator m/Isolierrolle f/Hängeisolator m; ~ **per alta/bassa tensione**, Hoch-/Niederspannungsisolator m.

isolazionismo m *polit* Isolationismus m.

isolazionista <-i m, -e f> *polit* **A** *agg* {POLITICA} isolationistisch, Isolations- **B** *mf* Isolationist(in) m(f).

isòmero, (-a) *chim* **A** *agg* isomer **B** m Isomer(e) n.

isomètrico, (-a) <-ci, -che> *agg anat chim fis geog ling mat* {CONTRAZIONE} isometrisch.

isomorfismo m *chim mat min* Isomorphismus m.

isomòrfo, (-a) *agg chim mat min* isomorph.

isòscele *agg mat* (*in geometria*) {TRAPEZIO, TRIANGOLO} gleichschenk(e)lig.

isotèrma f *fis meteo* Isotherme f: ~ **di gennaio/luglio**, Januar-/Juli-Isotherme f.

isotèrmico, (-a) <-ci, -che> *agg fis meteo* {TRASFORMAZIONE} isothermisch.

isòtopo *chim fis* **A** *agg* Isotopen- **B** m Isotop n.

Isòtta f (*nome proprio*) Isolde f.

ispànico, (-a) <-ci, -che> **A** *agg* (*spagnolo*) spanisch, Spanien-; (*anche dell'America latina*) {CULTURA} hispanisch **B** m (f) (*abitante*) Spanier(in) m(f).

ispanismo m *ling* Hispanismus m.

ispanista <-i m, -e f> mf (studioso) {+UNIVERSITÀ DI MILANO} Hispanist(in) m(f).

ispanistica <-che> f (disciplina) Hispanistik f.

ispano- primo elemento (rif. alla Spagna o agli Spagnoli) hispano-.

ispano-americano, (-a) agg **1** (dell'America latina) {LETTERATURA} lateinamerikanisch **2** (della Spagna e dell'America) {POLITICA} spanisch-amerikanisch.

ispanofono, (-a) **A** agg (che parla spagnolo) Spanisch sprechend **B** m (f) Spanisch sprechende mf decl come agg.

ISPES m abbr di Istituto di Studi Politici Economici e Sociali: "Institut n für soziale, wirtschaftliche und politische Studien".

ispessimento m Verdickung f; (azione) anche Verdicken n.

ispessire <ispessisco> **A** tr ~ **qc 1** (rendere più spesso) {STRATO DI CEMENTO} etw verdicken **2** (rendere più denso) {SALSA} etw verdicken **B** itr pron (diventare più denso): ispessirsi {NEBBIA} dichter werden.

ispettivo, (-a) agg (d'ispezione) {FUNZIONE, METODO} Inspektions-, Kontroll-.

ispettorato m **1** amm (ufficio e grado di ispettore) Inspektorat n; (durata) Amtsdauer f des Inspektors **2** amm (ente) Aufsichtsamt n: **Ispettorato del lavoro/della motorizzazione**, Gewerbeaufsichts-/Straßenverkehrsamt n **3** (edificio) Aufsichtsamt n, Aufsichtsbehörde f.

ispettore, (-trice) m (f) **1** (chi controlla) Inspektor(in) m(f): ~ **doganale**, Zollinspektor m; ~ **di polizia**, Polizeiinspektor m; ~ **scolastico**, Schulinspektor m, Schulrat m **2** film TV Studioleiter(in) m(f): ~ **di produzione**, Produktionsleiter m.

ispezionare tr (controllare) ~ **qc** {SCUOLA} etw inspizieren, etw kontrollieren; {DOGANIERE BAGAGLI} etw kontrollieren, etw durchsuchen; {POLIZIA ZONA} etw ab|suchen; {IL FUNZIONAMENTO DI UNA MACCHINA} etw prüfen, etw kontrollieren.

ispezione f **1** (controllo) {+CUCINA DI UN RISTORANTE} Inspektion f; {DOGANALE} Visitation f, Durchsuchung f: **fare un'~**, eine Visitation vornehmen **2** med Untersuchung f.

ISPI m polit abbr di Istituto per gli Studi di Politica Internazionale: "Forschungsinstitut n für Internationale Politik".

ispidezza f **1** {+BARBA} Borstigkeit f **2** fig (rudezza) {+CARATTERE} Grobheit f.

ispido, (-a) agg **1** (stopposo) {CAPELLI} borstig, struppig **2** (pungente) ~ **di qc** {PIANTA DI SPINE} voll (von); etw (dat)/+ gen forb, voller etw (nom o gen) **3** fig (rude) {CARATTERE} rüde, widerspenstig, kratzbürstig **4** fig (scabroso) {TEMA} heikel.

ispirare **A** tr **1** (suscitare) ~ **qc (a qu)** {FIDUCIA, PAURA, RISPETTO, TIMORE} jdm etw ein|flößen; {AMORE, COMPASSIONE, TENEREZZA} in jdm etw erwecken **2** (stimolare) ~ **qu** {CAMPAGNA SENESE PITTORE} jdn inspirieren, jdn an|regen **3** fam (attirare) ~ **qu** jdn an|ziehen, jdn an|machen fam: **il titolo di questo film non mi ispira**, der Titel des Films macht mich nicht an fam **4** fam (piacere) ~ **qu** jdm gefallen: **quel suo nuovo amico non mi ispira**, dieser neue Freund von ihm/ihr gefällt mir nicht **5** (suggerire) ~ **qc a qu** {PROCEDIMENTO} jdm etw empfehlen, jdm etw vor|schlagen, jdm etw zu etw (dat) raten: **l'avvocato mi ha ispirato questa soluzione**, der Anwalt hat mir diese Lösung vorgeschlagen **6** relig ~ **qu** {DIO PROFETI} jdn inspirieren **B** itr pron **1** (trarre ispirazione): **ispirarsi a qu/qc** {PITTORE ALLA REALTÀ} sich von jdm/etw inspirieren lassen **2** (orientarsi): **ispi-**

rarsi a qu/qc {ARTISTA AL CUBISMO; PARTITO A DEGLI IDEALI} sich an jdm/etw orientieren **3** (adeguarsi): **ispirarsi a qc** {NORME A PRINCIPI COSTITUZIONALI} sich nach etw (dat) richten, etw (dat) folgen.

ispirato, (-a) agg **1** (acceso da ispirazione) **parlava con aria ispirata**, er/sie sprach, als wäre er/sie erleuchtet **2** (orientato) ~ **a qu/qc** {SAGGIO LETTERARIO A CONCETTI FILOSOFICI} an jdm/etw ausgerichtet **3** (suggerito) ~ **da qu/qc** von jdm/etw empfohlen, von jdm/etw vorgeschlagen.

ispiratore, (-trice) **A** agg {MOTIVO} anregend **B** m (f) Anreger(in) m(f), Inspirator(in) m(f) forb; fig Ursache f.

ispirazione f **1** (estro creativo) {POETICA} Inspiration f, Eingebung f: **segue la sua ~**, er/sie folgt seiner/ihrer Eingebung; **trarre ~ da qc**, sich von etw (dat) inspirieren lassen **2** (suggerimento) Inspiration f, Anregung f: **ha preso ~ da suo fratello**, er/sie hat sich von seinem/ihrem Bruder inspirieren/anregen lassen; {CONSIGLIO} Rat(schlag) m **3** (idea) Einfall m, Eingebung f: **mi è venuta la felice ~ di telefonargli**, mir fiel glücklicherweise ein, ihn anzurufen **4** (indirizzo) Richtung f, Tendenz f: **è una scelta politica d'~ comunista**, es ist eine kommunistisch gefärbte politische Entscheidung **5** relig Inspiration f: ~ **divina**, göttliche Eingebung.

isposa → **sposa**.

isposo → **sposo**.

Israele m geog Israel n.

israeliano, (-a) **A** agg {MUSICA} israelisch **B** m (f) (abitante) Israeli mf.

israelita <-i m, -e f> **A** agg israelitisch **B** mf (ebreo) Israelit(in) m(f), Jude m, (Jüdin f).

israelitico, (-a) <-ci, -che> agg (ebreo) {COMUNITÀ} israelitisch.

israelo- primo elemento (rif. allo Stato d'Israele o agli Israeliani) israelisch-: **israelo-americano**, israelisch-amerikanisch; **israelo-palestinese**, israelisch-palästinensisch.

ISS m amm abbr di Istituto Superiore di Sanità: "oberste Gesundheitsbehörde".

issa inter (di incitamento per alzare qc) ruck!: **oh, ~!**, hau, ruck!

issare **A** tr ~ **qc 1** (alzare) {BANDIERA, VELE} etw hissen **2** (sollevare) {CARICO} etw stemmen, etw (hoch|)heben **B** rfl (salire): **issarsi su qc** {SUL CAMION} sich auf etw (acc) hieven fam.

ist. abbr di istituto: Inst. (abbr di Institut).

istaminico, (-a) <-ci, -che> agg biol Histamin-.

Istanbul f geog Istanbul n.

istantanea f fot Sofortbild n, Momentaufnahme f: **ho scattato un'~ in giardino**, ich habe ein Sofortbild im Garten geschossen fam.

istantaneo, (-a) agg **1** (immediato) {MORTE} augenblicklich, sofortig, unmittelbar: **fotografia istantanea**, Sofortbild n, Momentaufnahme f **2** (fulmineo) {LUCE} Blitz- **3** fis (VALORE) momentan **4** gastr (liofilizzato) {CAFFÈ} Instant-; {BRODO} sofort löslich.

istante **A** m (attimo) Augenblick m, Moment m: **l'incendio si propagò in un ~**, der Brand verbreitete sich augenblicklich/ [griff sofort um sich]; **non indugiare un ~**, keinen Augenblick zögern; **vi prego di aspettare un ~**, ich bitte euch, einen Moment zu warten **B** loc avv **1** (immediatamente): **all'/sull'~**, {ARRIVARE} sofort, augenblicklich; {FARE LE VALIGIE} auf der Stelle, unverzüglich **2** (continuamente): **ad ogni ~**, {TELEFONARE} jeden Augenblick/Moment,

ständig **3** (subito): **in un ~**, sofort, gleich; **è un dolore che passa in un ~**, das ist ein Schmerz, der gleich vorbeigeht.

istanza f **1** (aspirazione) Anspruch m, Forderung f: **le istanze delle classi meno abbienti**, die Ansprüche der weniger begüterten Klassen **2** (insistenza) Nachdruck m, Drängen n: **ha ceduto alle sue istanze**, er/ sie hat seinem/ihrem Drängen nachgegeben **3** amm dir (richiesta) Antrag m, Gesuch n, Eingabe f: **fare un'~ per ottenere qc**, einen Antrag stellen, um etw zu erhalten; **a/per/ su ~ di qu/qc**, auf Antrag von jdm/etw; **presentare un'~ di divorzio**, einen Scheidungsantrag/die Scheidung einreichen **4** dir (grado) {PRIMA, SECONDA} Instanz f **5** polit psic Instanz f ● **in ultima ~** dir, in letzter Instanz; fig in definitiva, endgültig.

ISTAT m abbr di Istituto Centrale di Statistica: "staatliches Statistikamt".

isterectomia f med Hysterektomie f scient.

isteria f psic Hysterie f.

isterico, (-a) <-ci, -che> **A** agg **1** (irritabile) {DONNA, UOMO} hysterisch, reizbar **2** (nervoso) {RISATA} hysterisch **3** psic {ATTACCO, PAZIENTE} hysterisch **B** m (f) **1** (persona facilmente irritabile) leicht reizbarer Mensch **2** psic Hysteriker(in) m(f).

isterilimento m **1** {+TERRENO} Unfruchtbarkeit f, Sterilität f **2** fig {+VENA POETICA} Unfruchtbarkeit f, Versiegen n.

isterilire <isterilisco> **A** tr ~ **qc 1** (rendere sterile) {TERRENO} etw unfruchtbar machen **2** fig (inaridire) {IMMAGINAZIONE, ISPIRAZIONE} etw versiegen/austrocknen lassen; {CUORE} etw verkümmern lassen **B** itr pron **1** (divenire sterile): **isterilirsi (per/[a causa di] qc)** {CAMPO PER LA SICCITÀ} unfruchtbar werden **2** fig (inaridirsi): **isterilirsi** {VENA POETICA} versiegen; {ENERGIA, FORZA} sich erschöpfen; {CUORE} verkümmern.

isterismo m anche psic Hysterie f: **sono stanco dei tuoi isterismi!**, ich hab genug von deinen hysterischen Anfällen!

isteroscopia f med Gebärmutterspiegelung f, Hysteroskopie f.

isterotomia f med Gebärmutterschnitt m, Hysterotomie f scient.

istigare <istigo, istighi> tr **1** (spingere) ~ **qu (a qc)** {ALLA RIVOLTA, ALLA VIOLENZA} jdn zu etw (dat) an|stiften, jdn zu etw (dat) auf|hetzen, jdn zu etw (dat) auf|wiegeln: ~ **un ragazzo a commettere un furto**, einen Jungen zum Diebstahl anstiften **2** (accendere) ~ **qc** {PASSIONI} etw entfesseln.

istigatore, (-trice) **A** agg (che istiga) ~ **(di qc)** {IDEA DI VIOLENZA} zu etw (dat) aufwiegelnd, zu etw (dat) aufhetzend: **discorso ~**, Hetzrede f **B** m (f) (chi istiga) Scharfmacher(in) m(f) fam, Anstifter(in) m(f), Hetzer(in) m(f), Aufwiegler(in) m(f).

istigazione f **1** (spinta) Anstiftung f, Aufwieg(e)lung f, Verleitung f: **ha agito su ~ del padre**, sein/ihr Vater hat ihn/sie zu dieser Tat angestiftet **2** dir Anstiftung f, Verleitung f: ~ ₍**a delinquere**₎/[all'omicidio]/[al suicidio], Anstiftung f/Verleitung f ₍zum Verbrechen₎/[zum Mord]/[zum Selbstmord]; ~ **alla prostituzione**, Verleitung f zur Prostitution.

istintività <-> f {+REAZIONE} Instinktivität f, Instinktmäßigkeit f.

istintivo, (-a) **A** agg **1** (dell'istinto) instinktiv, triebhaft: **mangiare e bere sono bisogni istintivi**, Essen und Trinken sind triebhafte Bedürfnisse **2** (impulsivo) {DONNA} impulsiv, instinktiv; {REAZIONE} anche gefühlsmäßig **3** (innato) {ARTISTA} geboren; {CORDIALITÀ} natürlich; {INCLINAZIONE, SIMPATIA} anche

instintkiv B m (f) (*chi agisce d'istinto*) impulsiver/instinktiver Mensch.

istinto A m 1 *anche psic* {+API, FORMICHE, SCIMMIE} Instinkt m, Trieb m: ~ **di aggressività/(auto)conservazione**, Aggressions-/Selbsterhaltungstrieb m; ~ **materno**, Mutterinstinkt m; ~ **sessuale**, Geschlechtstrieb m; ~ **di vita/morte**, Lebens-/Todestrieb m 2 (*impulso*) {BASSO} Trieb m, Instinkt m; {GENEROSO, NOBILE} Impuls m 3 (*inclinazione*) Gefühl n, Sinn m: ~ **d'artista**, Künstlernatur f; **è nato con l'~ del commerciante**, er hat einen angeborenen Geschäftssinn; ~ **musicale**, musikalisches Gefühl B loc avv (*istintivamente*): **d'/per ~**, instinktmäßig, instinktiv; **fare qc d'/per ~**, etw instinktiv machen.

istintuale agg *psic* {SFERA} Instinkt-.

istituire <*istituisco*> tr 1 (*fondare*); ~ **qc** {ACCADEMIA, ORDINE RELIGIOSO, SCUOLA} *etw* gründen; {CENTRO DI RICERCA, CONCORSO, OSPEDALE, PREMIO} *etw* stiften; {ASILO, BORSA DI STUDIO, CENTRO DI ASSISTENZA, CONSULTORIO} *etw* einrichten 2 (*creare*) ~ **qc** {CONSUETUDINI, NORME} *etw* ein|führen 3 (*iniziare*) ~ **qc** {INCHIESTA} *etw* ein|leiten 4 (*stabilire*) ~ **qc** {PARALLELO} *etw* ziehen; {CONFRONTO} *anche etw* an|stellen; {EQUAZIONE} *etw* auf|stellen 5 *dir* ~ **qu qc** jdn zu etw (dat) ein|setzen, jdn als etw (acc) ein|setzen: **il padre ha istituito erede il figlio**, der Vater hat seinen Sohn als Erben eingesetzt.

istitutivo, (-a) *agg* 1 (*costitutivo*) Gründungs-, Satzungs- 2 *dir* einführend, einrichtend.

istituto m 1 (*ente*, abbr ist.) {RELIGIOSO; +ANALISI, RICERCA} Institut n, Anstalt f: ~ **ospedaliero**, Krankenanstalt f; ~ **di pena**, Vollzugsanstalt f, Strafanstalt f 2 *dir* ~ (~ *giuridico*) {+FAMIGLIA} (Rechts)institut n 3 **scuola** Schule f, Institut n: ~ **magistrale**, = Pädagogische Hochschule (*Schultyp m für die Ausbildung von Grundschullehrern*); ~ **scolastico**, Schule f; ~ **tecnico**, technisches Gymnasium 4 **università** {+CHIMICA, ERMENEUTICA, GEOGRAFIA} Institut n • ~ **di bellezza**, Schönheitssalon m, Kosmetikinstitut n; ~ **di credito banca**, Kreditinstitut n, Bank f; **Istituto Nazionale della *Previdenza* Sociale** (abbr INPS), Italienisches Nationales Institut für die Sozialversicherung f.

istitutore, (-trice) m (f) 1 (*precettore*) {+FIGLI DEL CONTE} (Haus)lehrer(in) m(f), Privatlehrer(in) m(f); (*nei collegi*) Heimlehrer(in) m(f) 2 (*fondatore*) {+SOCIETÀ} Gründer(in) m(f), Stifter(in) m(f).

istituzionàle agg 1 *polit* {NORME, QUESTIONE} institutionell 2 **università** (*fondamentale*) {PARTE DI UN ESAME} Grund-, Basis-.

istituzionalismo m *econ* Institutionalismus m.

istituzionalizzare A tr ~ **qc** 1 (*rendere definitivo*) {SITUAZIONE} *etw* institutionalisieren *forb* 2 *dir etw* institutionalisieren B itr pron: **istituzionalizzarsi** sich institutionalisieren *forb*.

istituzione f 1 (*fondazione*) {+PREMIO LETTERARIO} Stiftung f, Gründung f 2 (*istituto*) {+FAMIGLIA, MATRIMONIO} Institution f 3 (*ente*) Anstalt f, Einrichtung f, Institution f: ~ **di carità/beneficienza**, Wohltätigkeitseinrichtung f 4 (*costituzione*) {+PARAMETRO DI CONFRONTO} Verfassung f 5 <*di solito al pl*> (*ordinamento*) Institution f, Einrichtung f: **istituzioni sociali/democratiche**, soziale/demokratische Einrichtungen f pl 6 <*di solito al pl*> (*nozioni fondamentali*) {+DIRITTO ROMANO} Grundbegriffe m pl, Grundlagen f pl 7 *dir* (*nomina*) Einsetzung f, Ernennung f: ~ **di erede**, Erbeinsetzung f • **essere un'~** *fig scherz* (*figura emblematica*), eine Institution sein.

istmico, (-a) <-*ci, -che*> agg *anat geog* isthmisch.

istmo m 1 *geog* {+PANAMA, SUEZ} Landenge f, Isthmus m *scient* 2 *anat* {+ENCEFALO, UTERO} Verengung f, Isthmus m *scient*.

istologia f *med* Histologie f *scient*.

istològico, (-a) <-*ci, -che*> agg *med* {REFERTO} histologisch *scient*.

istoriàre <*istorio, istori*> tr ~ **qc** 1 (*adornare con immagini dipinte*) {PARETE} *etw* bemalen, *etw* aus|malen; (*scolpite*) {COLONNA} *etw* behauen 2 *rar* (*illustrare*) {LIBRO} *etw* bebildern.

istràda → **strada**.

istriàno, (-a) A agg istrianisch B m (f) (*abitante*) Istrianer(in) m(f).

istrice m 1 *zoo* Stachelschwein n 2 *fig fam* (*persona intrattabile*) ruppiger Mensch *spreg*, Ruppsack m *fam spreg*, Kratzbürste f *fam scherz*.

istrióne m 1 *fam spreg* (*attore mediocre*) Schmierenkomödiant m *spreg* 2 *fig* (*esibizionista*) Komödiant m *spreg* 3 *stor rom* Histrione m.

istrionésco, (-a) <-*schi, -sche*> agg *spreg* (*da istrione*) {CONTEGNO} komödiantenhaft *spreg*.

istrionismo m *spreg* (*il fare l'istrione*) Komödiantentum n *spreg*.

istruìre <*istruisco*> A tr 1 (*educare*) ~ **qu** {GIOVANI} jdn erziehen 2 (*far apprendere*) ~ (**qu**) (**in qc**) {RAGAZZO IN CHIMICA, IN LATINO, NELL'USO DELLE ARMI} jdn etw lehren, jdn in etw (dat) unterweisen, jdm etw bei|bringen: **è un documentario che istruisce**, das ist ein lehrreicher Dokumentarfilm 3 (*dare istruzioni*) ~ **qu su qc** {SUL MODO DI COMPORTARSI, SULLA STRADA DA SEGUIRE} jdm Anweisungen über etw (acc) geben/erteilen 4 *iron* (*dare l'imbeccata*) ~ **qu** jdm etw ein|flüstern, jdm etw ein|-, vor|sagen: **li hanno istruiti benissimo**, da haben sie gut dressiert *spreg* 5 *rar* (*ammaestrare*) ~ **qc** {CANE DA SOCCORSO} *etw* dressieren, *etw* ab|richten 6 *amm* ~ **qc** {PRATICA} *etw* bearbeiten 7 *dir* ~ **qc** {CAUSA, PROCESSO} *etw* ein|leiten B itr pron: **istruirsi** 1 (*farsi un'istruzione*) sich bilden 2 (*informarsi*) **istruirsi su qc** {SUL PASSATO DI QU} sich über *etw* (acc) informieren: ~ **sul da farsi**, sich darüber informieren, was zu tun ist.

istruìto, (-a) agg 1 (*colto*) {AMICO} gebildet 2 *dir* {CAUSA} eingeleitet.

istruttivo, (-a) agg 1 (*che istruisce*) {LIBRO} lehrreich, belehrend, instruktiv *forb* 2 (*che arricchisce*) {ESPERIENZA, VIAGGIO} lehrreich, aufschlussreich, instruktiv *forb*.

istruttóre, (-trice) A agg 1 (*che istruisce*) ausbildend, Ausbildungs- 2 *dir* {GIUDICE} Untersuchungs- B m (f) {MILITARE; +EQUITAZIONE} Lehrer(in) m(f).

istruttòria f *dir* Beweisaufnahme f, Beweiserhebung f.

istruttòrio, (-a) <-*ri* m> agg *dir* {FASE} Beweiserhebungs-.

istruttrice f → **istruttore**.

istruzióne f 1 (*cultura*) {+ALLIEVO} Bildung f, Wissen n: **ha una buona/scarsa ~**, er/sie ist sehr gebildet/ziemlich ungebildet; **è una persona senza ~**, er/sie hat keine Bildung/ist (völlig) ungebildet; **dare un'~ a qu**, jdm Wissen vermitteln, jdn bilden 2 (*cognizioni acquisite*) {MILITARE} Ausbildung f {MUSICALE} *anche* Bildung f 3 <*di solito al pl*> (*direttiva*) Anweisung f, Anleitung f, Instruktion f: **impartire istruzioni**, Anweisungen geben/erteilen 4 <*solo pl*> (*norme per l'uso*) {+ELETTRODOMESTICO} Gebrauchsanweisung f, Bedienungsanleitung f, Bedienungsvorschrift f: **attenersi alle istruzioni per l'uso**, die Bedienungsanleitung befolgen 5 *amm* (*insegnamento*) (Schulaus)bildung f, Unterricht m: ~ **elementare/media/superiore**, Grundschul-/Realschul-/Gymnasialbildung f; ~ **obbligatoria**, allgemeine Schulpflicht; ~ **pubblica/privata**, öffentliches/privates Unterrichts-/Bildungswesen 6 *dir* (Verhandlung f und) Beweiserhebung f 7 *inform* Anweisung f: **istruzioni di entrata-uscita**, Ein-/Ausgabeanweisung f; ~ **a un indirizzo**₁/[**a due/più indirizzi**], ₁Einadressbefehl m₁/[Zwei-/Mehradressbefehl m]; **istruzioni di rientro**, Rückkehrbefehl m 8 <*solo pl*> *med* {+MEDICINA} Gebrauchsanweisung f, Packungsbeilage f.

istupidimento m Verdummung f, Verblödung f *fam*; (*azione*) *anche* Verdummen n, Verblöden n *fam*.

istupidire <*istupidisco*> A tr <*avere*> ~ **qu** 1 (*frastornare*) {PROGRAMMA TELEVISIVO SPETTATORE} jdn verdummen, jdn dumm machen, jdn verblöden *fam* 2 (*intontire*) jdn betäuben: **quel colpo mi ha istupidito**, der Schlag hat mich betäubt B itr <*essere*> itr pron: **istupidirsi** 1 (*diventare stupido*) verdummen, dumm werden, verblöden *fam* 2 (*frastornarsi*) dumm werden: **i bambini si istupidiscono stando tutto il giorno davanti alla TV**, die Kinder verblöden, wenn sie den ganzen Tag vor der Glotze hocken *fam*.

istupidìto, (-a) agg (*stordito*) verdummt, verblödet *fam*.

ital. abbr *di* italiano: ital. (abbr *di* italienisch).

ITALCABLE f abbr *di* Servizi Cablografici Radiotelegrafici e Radioelettrici: "interkontinentale Fernmeldegesellschaft".

ITALCASSE m abbr *di* Istituto di Credito delle Casse di Risparmio Italiane: "Kreditinstitut n der italienischen Sparkassen".

ITALGAS f abbr *di* Società Italiana per il Gas: "italienische Gasversorgungsgesellschaft".

Italia f *geog* (abbr I) Italien n: **l'Italia meridionale/centrale/settentrionale**, Süd-/Mittel-/Norditalien n; **l'~ è un paese molto bello**, Italien ist ein sehr schönes Land; **l'~ peninsulare**, die italienische Halbinsel; **vado in ~**, ich fahre nach Italien • **bassa ~** (*meridionale*), Unteritalien n; ~ **del nord** (*settentrionale*), Norditalien n, Oberitalien n.

italiàna f → **italiano**.

italianìsmo m *ling* Italianismus m.

italianìsta <-*i* m, -*e* f> mf (*studioso*) Italianist(in) m(f).

italianìstica <-*che*> f *ling* Italianistik f.

italianità <-> f 1 (*l'essere italiano*) italienische Abstammung/Herkunft 2 (*carattere italiano*) italienische Wesenart {+MANIFESTAZIONE CULTURALE} das typisch Italienische.

italianizzàre A tr 1 (*rendere italiano*) ~ **qu** jdn italianisieren 2 *ling* ~ **qc** {PAROLA STRANIERA} *etw* italianisieren B itr pron (*assimilarsi alla cultura italiana*): **italianizzarsi** sich italianisieren.

italianizzazióne f *anche ling* Italianisierung f; (*azione*) *anche* Italianisieren n.

italiàno, (-a) A agg (abbr ital.) {ARTE} italienisch B m (f) (*abitante*) Italiener(in) m(f): **è italiana**, sie ist Italienerin C m <*solo sing*> (*lingua*) Italienisch(e) n: **l'~ è una bella lingua**, Italienisch/das Italienische ist eine schöne Sprache; **come si dice in ~?**, was/wie heißt das auf Italienisch?; **parla ~?**, sprechen Sie Italienisch? D <*inv*> loc agg: **all'italiana** 1 (*alla maniera degli italiani*) {GIARDINO} italienisch: **commedia all'italiana**, typische italienische Filmkomödie; **western all'italiana**, Spaghettiwestern m *scherz* 2 (*improvvisato genialmente*) {MIRACOLO} "dem italienischen Improvisationstalent verdankte(r, s)" **3** (*con indulgenza*) "mit typisch italienischer Nachsicht" **4** *spreg* (*corrotto*) {GIOCO DI POTERE} typisch italienisch, korrupt angehaucht **5** *sport* (*nel calcio*): **gioco all'italiana**, "überwiegend defensive Spieltaktik mit Überraschungsangriffen" **E** *loc avv* (*alla maniera degli italiani*): **all'italiana**, {MANGIARE, VESTIRE} italienisch, nach italienischer Art/Manier.

Italian style <-> *loc sost m ingl* Italian Style m.

itàlico, (-a) <-*ci*, -*che*> **A** *agg* **1** *stor* {CIVILTÀ} italisch **2** *lett* (*italiano*) {TERRA} italienisch **B** *m* (f) *stor* Italiker(in) m (f), Italier(in) m (f) **C** *m tip* Kursivschrift f.

italiòta <-*i m*, -*e f*> **A** *agg* **1** *stor* großgriechisch **2** *spreg* (*italiano*) Itaker(in) m (f) *fam spreg* **B** *mf stor* Einwohner(in) m (f) Großgriechenlands.

italo-americàno, (-a) **A** *agg* **1** (*dell'Italia e dell'America*) {SCAMBI COMMERCIALI} zwischen Italien und Amerika **2** (*degli italoamericani*) italoamerikanisch **B** *m* (f) Italoamerikaner(in) m (f).

ITC *m scuola abbr di* Istituto Tecnico Commerciale: Handelsschule f.

item① *avv lat dir* item *obs*, ebenso, desgleichen.

item② <-> *m ingl* **1** *econ* Item n **2** *inform ling* Item n, Datenwort n, Element n.

iter m, *itinera* pl *lat*> m *lat amm* (*trafila*) Weg m, Gang m, Lauf m: ~ **burocratico di una pratica**, Dienst-/Amtsweg m einer Akte; **l'~ parlamentare di una legge**, der parlamentarische Weg eines Gesetzes.

iteràbile *agg* (*ripetibile*) {ESAME} wiederholbar.

iteràre *tr* (*ripetere*) ~ *qc* {ESAME} *etw* wiederholen.

iterativo, (-a) *agg* **1** (*ripetitivo*) wiederholend **2** *elettr* {IMPEDENZA} Ketten- **3** *ling* {LO-CUZIONE} iterativ, Iterativ- **4** *mat* {CALCOLO} iterativ.

iterazióne f **1** (*ripetizione*) Wiederholung f **2** *ling* Iteration f.

itineràrio, (-a) <-*ri* m> **A** *agg* (*che si sposta*) {MOSTRA} Wander-.

itineràrio, (-a) <-*ri* m> **A** *agg rar*: **misura itineraria**, Weg(e)maß n **B** m **1** (*percorso*) {TURISTICO} (Reise)strecke f, Route f; {+PROCESSIONE} Verlauf m: ~ **europeo** (*abbr* E), Europastraße f **2** (*guida*) {+ROMA, TERRA SANTA} Führer m.

ITIS *m scuola abbr di* Istituto Tecnico Industriale Statale: "Schule f für industrietechnische Berufsausbildung".

ITSOS *m scuola abbr di* Istituto Tecnico di Stato per il Turismo: "staatlich-technisches Fremdenverkehrsinstitut".

ittèrico, (-a) <-*ci*, -*che*> *med* **A** *agg* {COLORE} gelbsüchtig, Gelbsucht-, ikterisch *scient* **B** m (f) an Gelbsucht Erkrankte *mf decl come agg*, Gelbsüchtige mf *decl come agg*.

itterìzia f *med obs* Gelbsucht f, Ikterus m *scient* • **fare venire l'~ a qu** *fig fam scherz* (*far stizzire*), jdn (bis) zur Weißglut bringen *fam*.

ittero m *med* Gelbsucht f, Ikterus m *scient*.

ittico, (-a) <-*ci*, -*che*> *agg* (*del pesce*) {COMMERCIO} Fisch-.

ittiòlo m *farm* Ichthyol® n.

ittiologìa f Fischkunde f.

ittita <-*i m*, -*e f*> *stor* **A** *agg* {CIVILTÀ} het(h)itisch **B** *mf* (*persona*) Het(h)iter(in) m (f) **C** m <*solo* sing> (*lingua*) Het(h)itisch(e) n.

ITU f *tel abbr dell'ingl* International Telecommunication Union (*Unione internazionale delle telecomunicazioni*) ITU (internationale Fernmeldeunion).

I.U. f *biol chim abbr di* International Unit (*unità internazionale*) I.U. (internationale Einheit).

iùcca → **yucca**.

IUD <-> m *med abbr dell'ingl* Intra Uterine Device (*dispositivo intrauterino*) IUD n *scient*, Intrauterinpessar n *scient*.

IUE m *università abbr di* Istituto Universitario Europeo: "europäisches Universitätssystem".

iùgero m *metrol stor* Joch n.

iugoslàvo, (-a) **A** *agg* {POPOLAZIONE} jugoslawisch **B** m (f) (*abitante*) Jugoslawe m, (Jugoslawin f) **C** m <*solo* sing> (*lingua*) Jugoslawisch(e) n.

IULM m *università abbr di* Istituto Universitario di Lingue Moderne: "Universitätsinstitut für neuere Sprachen".

IUN m *università abbr di* Istituto Universitario Navale: "universitäres Schifffahrtsinstitut".

IUO m *università abbr di* Istituto Universitario Orientale: "Universitätsinstitut für Orientalistik".

ius m <-, *iura* pl *lat*> *lat dir* Jus n: **ius aedificandi**, Baurecht n.

iùta f *tess* Jute f.

IVA <-> f *abbr di* Imposta sul Valore Aggiunto: MwSt., MWSt. (*abbr di* Mehrwertsteuer).

ivàto, (-a) *agg amm* {RICEVUTA} Mehrwertsteuer inklusive.

IVG f *med abbr del franc* Interruption Volontaire de Grossesse (*interruzione volontaria di gravidanza*) Schwangerschaftsabbruch m.

ivi *avv* **1** *lett* (*lì*) da, dort: **ivi accluso**, dort beiliegend, anbei, als Anlage; **ivi si trovano ancora popolazioni nomadi**, es gibt dort noch Nomadenvölker **2** (*nelle citazioni*) ebenda, ebendort: **ivi, p. 2**, ebenda, S. 2.

Ivo m (*nome proprio*) Ivo.

IYHF f *abbr dell'ingl* International Youth Hotels Federation (*federazione internazionale degli alberghi per la gioventù*) IYHF (internationaler Jugendherbergsverband).

J, j

J① , **j** <-> f o rar m (*decima lettera dell'alfabeto italiano*) J, j n • **j come jersey** (*nella compitazione delle parole*), J wie Julius; → *anche* **A, a**.

J② **1** *autom abbr di* Japan (*Giappone*) J (*abbr di* Japan) **2** *fis abbr di* Joule: J (*abbr di* Joule) **3** (*nei giochi di carte*) *abbr dell'ingl* Jack: Bube.

jabot <-> m *franc* (*nella moda*) Jabot n.

j'accuse <-> loc sost m *franc lett* (*denuncia*) J'accuse n, öffentliche Anklage: **lanciare un j'accuse**, etw öffentlich/[mit einem J'accuse] anprangern.

jack <-> m *ingl* **1** *elettr* Anschaltklinke f **2** (*nei giochi di carte*) Bube m.

jackpot <-> m **1** *ingl* (*in giochi d'azzardo*) Jackpot m **2** *fig* (*successo eccezionale*) (echter) Jackpot/Glücksfall.

jacquard *franc tess* **A** <inv> agg {TESSUTO} Jacquard- **B** <-> m Jacquard(gewebe n) m.

Jacùzzi® <-> f (*vasca per idromassaggio*) Jacuzzi®-Whirlpool m.

Jäger <-> m *ted* (*soldato*) Jäger m.

Jahvé m *bibl* Jahve m, Jahwe m, Jehova m.

jais <-> m *franc* (*giaietto*) Gagat m, Jett n o m, schwarzer Bernstein.

Java <-> m *inform* Java n, Java-Software f.

jazz *mus* **A** <inv> in funzione di agg {CONCERTO, DANZA} Jazz- **B** <-> m Jazz m.

jazz-band <-, -s pl *ingl*> f o m *ingl mus* Jazzband f, Jazzkapelle f.

jazzista <-i m, -e f> mf *mus* Jazzer(in) m(f), Jazzmusiker(in) m(f).

jazzistico, (-a) <-ci, -che> agg *mus* {PASSIONE} Jazz-, für Jazz.

jeans *ingl* **A** <inv> agg *tess* {TELA} Jeans- **B** <-> m **1** (*solo pl*) (*nella moda*) (*blue jeans*) Jeans pl, Bluejeans pl **2** *tess* Jeansstoff m.

jeanseria f *fam* (*negozio*) Jeansladen m.

Jeep® <-> f *ingl autom* Jeep® m.

jersey <-> m *ingl tess* Jersey m: ~ **di cotone/lana**, Baumwoll-/Wolljersey m.

jet <-> m *ingl aero* Jet m.

jetlag <-> m *ingl* (*malessere*) Jetlag m.

jet set <-> loc sost m *ingl* (*jet society*) Jetset m.

jet society <-> loc sost f *ingl* (*alta società internazionale*) Jetset m.

jiddisch → **yiddish**.

jihad → **gihad**.

jingle <-> m *ingl comm mus* Jingle m.

job <-> m *ingl* **1** (*impiego*) Job m *fam* **2** *inform* Job m.

job sharing <-> loc sost m *ingl industr* Jobsharing n.

jockey <-> m *ingl* **1** (*nei giochi di carte*) (*fante*) Bube m **2** *sport* (*nell'ippica*) Jockei m, Jockey m.

Jodel, **Jodler** <-> m *ted mus* Jodeln n.

jogger <-> mf *ingl sport* Jogger(in) m(f).

jogging <-> m *ingl sport* Jogging n: **fare ~**, joggen.

joint venture <-, -s pl *ingl*> f *ingl econ* Joint Venture n.

jojoba <-> f *bot* **1** (*pianta*) Jojoba f **2** (*frutto*) Jojobafrucht f.

jolly *ingl* **A** <-, -lies pl *ingl*> m **1** (*nei giochi di carte*) Joker m **2** *fig* (*tuttofare*) Joker m, Mädchen n für alles) sein **3** *fig* (*combinazione fortunata*) Trumpf m **4** *sport* (*nel calcio*) Allroundspieler(in) m(f), Allrounder m *slang* **B** <inv> in funzione di agg *fig* {REDATTORE} universal/vielseitig einsetzbare(r, s).

joule *ingl fis* **A** <-> m (*abbr J*) Joule n **B** <inv> in funzione di agg {EFFETTO} Joule-.

joyciàno, (-a) agg *lett* (*di J. Joyce*) {OPERA} von Joyce.

joystick <-> m *ingl inform* Joystick m.

jr. abbr *del lat* junior (*più giovane*) jr., jun. (abbr *di* junior).

judò <-> m *giapponese sport* Judo n.

judoista <-i m, -e f> mf *sport* Judosportler(in) m(f).

judoistico, (-a) <-ci, -che> agg *sport* {COMPETIZIONE} Judo-.

judòka <-> mf *giapponese sport* Judosportler(in) m(f).

Jugoslàvia f *geog stor* Jugoslawien n.

jujitsu <-> m *giapponese sport* Jiu-Jitsu n, Dschiu-Dschitsu n.

jukebox <-> m *ingl mus* Juke-, Musikbox f.

julienne <-> f *franc gastr* {+VERDURE} Julienne f: **zuppa alla ~**, Julienne-Suppe f.

jùmbo <-, -s pl *ingl*> m *ingl aero* (*jumbo-jet*) Jumbo m.

jùmbo jet <-, - -s pl *ingl*> loc sost m *ingl aero* Jumbojet m.

jumper <-> m *ingl elettr* Jumper m.

junghiàno, (-a) *psic* **A** agg (*di C. G. Jung*) {INTERPRETAZIONE, SCUOLA, TEORIA} von Jung, jungianisch **B** m (f) (*seguace*) Anhänger(in) m(f) von Jung.

jùngla → **giungla**.

jùnior *lat* **A** <inv> agg (*abbr jr., più giovane*) junior **B** <juniores> mf *industr sport* Junior(in) m(f) **C** m <solo pl> *sport* (*categoria*): juniores, Junioren pl.

just in time <inv> loc sost *ingl econ* Just-in-Time-Produktion f.

jùta → **iuta**.

juventino, (-a) *sport* (*nel calcio*) **A** agg {GIOCATORE, TIFOSO} von Juventus (Turin) **B** m (*giocatore*) Spieler m von Juventus (Turin) **C** m (f) (*tifoso*) Fan m von Juventus (Turin).

K, k

K, k <-> m o rar f (*undicesima lettera dell'alfabeto italiano*) K, k n ● **k come Kursaal** (*nella compitazione delle parole*), K wie Kaufmann; → *anche* **A, a**.

k *abbr di* Kilo-: Kilo-.

K 1 *fis abbr di* kelvin: K (*abbr di* Kelvin) **2** (*nei giochi di carte*) *abbr dell'ingl* King: König.

kabùki <-> m *giapponese teat* Kabuki n.

kafkiàno, (-a) *agg* **1** (*di F. Kafka*) {RACCONTO} Kafkas, von Kafka; {STILE} *anche* Kafka- **2** *fig* (*assurdo*) {ATMOSFERA} kafkaesk *forb*.

kafkìsmo m **1** (*imitazione di F. Kafka*) {+OPERA} Kafkaeske n **2** *fig* (*assurdità*) Kafkaeske n *decl come agg forb*.

Kaiser <-> m *ted* **1** (*imperatore*) Kaiser m **2** *fig fam eufem* (*in frasi negative: niente*): **non ... un ~**, kein bisschen, keine Spur *fam*, nicht die Bohne *fam*; **non capisce un ~**, er/sie versteht nur Bahnhof *fam*/[blickt's überhaupt nicht *slang*].

kajal <-> m *hindi* (*nella cosmesi*) Kajal n, Kajalstift m.

kàki → **cachi**①.

kalashnikov <-> m *russo artiglieria* Kalaschnikow f.

kamasutra <-> m *sanscrito lett* **1** Kamasutra n **2** *fig scherz* (*acrobazia*): **conciliare governo e opposizione è un ~ politico**, Regierung und Opposition zu versöhnen ist ein Seilakt.

kamikàze *giapponese* A <inv> *in funzione di agg* Selbstmord- *stor* {PILOTA} Kamikaze- B m **1** *stor* Kamikaze(flieger) m, Todesflieger m (*terrorista*) Selbstmordattentäter m **3** *fig* (*temerario*) Kamikaze m, Wag(e)hals m.

kantiàno, (-a) *filos* A *agg* {PENSIERO} kantisch, kantianisch, Kants, von Kant B m (f) Kantianer(in) m(f).

kantìsmo m *filos* Kantianismus m.

kapò <-> m *ted stor* {+LAGER} Kapo m.

kappaò *sport* (*nel pugilato*) A <-> m (*al tappeto*) {ANDARE, FINIRE} k.o. B <inv> *agg* {PUGILE} k.o. C <-> m K.o. m ● **essere ~ sport**, k.o. sein; *fig* (*sfinito*), (völlig) k.o. sein *fam*, fix und fertig sein *fam* (*sconfitto*), geschlagen/erledigt *fam* sein; **mettere qu ~ sport**, jdn k.o. schlagen; *fig* (*sfinire*), jdn fertig|machen *fam*; *fig* (*sconfiggere*), jdn erledigen *fam*.

kaputt *ted* A <inv> *agg* (*distrutto*) {ATLETA} kaputt *fam* B *avv* {SENTIRSI} kaputt *fam*, fix und fertig *fam*.

karakiri → **harakiri**.

karaóke <-> m *giapponese* **1** (*passatempo*) Karaoke n **2** (*apparecchio*) Karaokegerät n.

karàte <-> m *giapponese sport* Karate n.

karatè → **karate**.

karatèka <-> mf *giapponese sport* Karateka m, Karatekämpfer(in) m(f).

karité m *bot* Karité-, Sheanusbaum m: **burro di ~**, Karité-, Shea-, Galambutter f.

karkadè → **carcadè**.

kàrma <-> m *sanscrito relig* Karma(n) n.

kart <-> m *ingl sport* (*go-kart*) Gokart m.

kartìsmo m *sport* Karting n.

kartìsta <-*i* m, -*e* f> mf *sport* Kartler(in) m(f), Gokartfahrer(in) m(f).

kartòdromo m *sport* (*pista*) Gokartbahn f.

kàsba, kasbah → **casba**.

kasher <inv> *agg ebraico relig* {CIBO} koscher.

kàshmir <-> m *ingl rar* → **cachemire**.

Kàshmir <-> m *geog* Kaschmir n.

kàsko① → **casco**®.

kàsko② *ted econ* A <inv> *agg* {ASSICURAZIONE} Kasko- B <-> f Kaskoversicherung f.

katàna f *giapponese* Samuraischwert n.

katiùscia <-*sce*> f *artiglieria* Stalinorgel f.

kayàk <-> m *mar* Kajak m.

kay-way → **K-way**®.

Kazakistan m *geog* Kasachstan n.

kazàko, (-a) A <inv> *agg* (*LINGUA*) kasachisch B m (f) (*abitante*) Kasache m *decl come agg*, (Kasachin) f C m <inv> (*lingua*) Kasachisch(e) n.

kB *inform abbr dell'ingl* kilobyte: KB, KByte.

kcal *fis abbr di* kilocaloria: kcal.

kebàb <-> m *arabo gastr* Kebab m.

kedivè <-> m *arabo stor* (*viceré*) Khedive m.

kefiah <-> f *arabo* (*fazzoletto*) Kaffijeh m.

kèlvin *ingl fis* A <inv> *agg:* **~/Kelvin**, {SCALA} Kelvin- B (*abbr* K) Kelvin n.

kèndo <-> m *giapponese sport* Kendo n.

Kènia, Kènya m *geog* Kenia n.

keniòta <-*i* m, -*e* f> A *agg* keniatisch B m (f) (*abitante*) Kenianer(in) m(f).

kennediàno, (-a) *agg stor* (*di J. F. Kennedy*) {POLITICA} Kennedy-, Kennedys.

kènzia f *bot* Kentiapalme f.

képi <-> m *franc* (*copricapo*) Schirmmütze f ● **i kepi bianchi** *mil* (*legionari*), Fremdenlegionäre m pl.

kepleriàno, (-a) *agg astr* (*di J. Kepler*) keplersche(r, s), Kepler'sche(r, s).

Keplèro m *stor* Kepler m.

kermesse <-> f *franc* **1** (*festa patronale*) Kirchweih(fest) n f, Kirmes f *region* **2** (*sagra paesana*) Dorffest n **3** *fig* (*raduno festoso*) Jubel m, Trubel m, Heiterkeit f **4** *sport* (*nel ciclismo*) Ehrenrunde f.

keròsene → **cherosene**.

ketch <-, -*es* pl *ingl*> m *ingl mar* Ketsch f.

ketchup <-> m *ingl gastr* Ketchup m o n.

key <-> m *ingl* **1** *industr* Leiter m **2** *inform* Taste f.

keyboard <-, -*s* pl *ingl*> m *ingl* **1** *mus* Keyboard n, Tasteninstrument n **2** *inform* Tastatur f.

keynesiàno, (-a) *econ* A *agg* (*di J. M. Keynes*) {TEORIA} keynesianisch B m (f) (*seguace*) Keynesianer(in) m(f).

keyword <-> f *ingl inform* Schlüsselwort n.

kg *abbr di* kilogrammo: kg (*abbr di* Kilogramm).

KGB m *stor polit abbr del russo* Komitet Gosudarstvennoj Bezopasnosti (*Comitato di Sicurezza dello Stato*) KGB m.

khan <-> m *turco* (*titolo*) Khan m.

khmer A <inv> *agg* {CULTURA} Khmer- B <-> mf (*abitante*) Khmer m: **~ rossi**, Rote Khmer.

khomeinìsmo m **1** *polit stor* Khomeinibewegung f **2** *fig* (*atteggiamento intransigente*) Integralismus m, Intransigenz f *forb*.

khomeinìsta <-*i* m, -*e* f> *polit stor* A *agg* {POLITICA} Khomeini- B mf **1** Khomeini-Anhänger(in) m(f) **2** *fig* (*intransigente*) Integralist(in) m(f), Intransigent(in) m(f) *forb*.

kibbùtz <-, -*i* m pl *ebraico*> m *ebraico agr* Kibbuz m.

kick bòxing <-> loc sost m *ingl sport* Kickboxen n, Kickboxing n.

kidnapping <-> m *ingl* (*rapimento*) Kidnapping n, Menschenraub m; (*di bambini*) (Kindes)entführung f, (Kindes)raub m.

Kiev m *geog* Kiew n.

kilim <-> m *turco* (*tappeto*) Kelim m.

Kilimangiàro m *geog* Kilimandscharo m.

killer *ingl* A <inv> *in funzione di agg* (*che uccide*) {SOSTANZA, ZANZARA} Killer- B <-> mf (*assassino*) Killer(in) m(f) *fam*, Mörder(in) m(f).

kilo m (*kilogrammo*) Kilo n: **alcuni kili di patate**, einige Kilos Kartoffeln; **due kili abbondanti**, gut zwei Kilo; **mezzo ~ di pere**, ein Pfund/[halbes Kilo] Birnen; **pesa 50 kili**, er/sie/es wiegt 50 Kilo ● **togliere i kili superflui** (*dimagrire*), überflüssige Kilos verlieren, abspecken *fam*; **avere qualche ~ di troppo** (*essere un po' sovrappeso*), ein paar Pfund zu viel auf den Rippen haben.

kilo- *primo elemento inform metrol* Kilo-: **kilobyte**, Kilobyte n; **kilometro**, Kilometer.

kilobyte <-> m *ingl inform* (*abbr* kB) Kilobyte n.

kilocaloria f *fis* (*abbr* kcal) Kilokalorie f.

kilocìclo m *fis* Kilohertz n.

kilogràmmo m *fis* (*abbr* kg) Kilogramm n: **~ massa**, Kilogramm n; **~ peso**, Kilopond n.

kilohèrtz m *fis* Kilohertz n.

kilometràggio <-*gi*> m (*percorso in kilometri*) Kilometrierung f.

kilometràre *tr* (*misurare i kilometri*) **qc** {DISTANZA} *etw* kilometrieren.

kilomètrico, (-a) <-*ci*, -*che*> *agg* **1** (*in kilometri*) {PERCORSO} in Kilometern, kilometrisch **2** *fig* (*interminabile*) {DISCORSO} endlos.

kilòmetro m (abbr km) Kilometer m: **una coda di/lunga due kilometri**, eine zwei Kilometer lange Schlange; **dista alcuni kilometri**, er/sie/es ist einige Kilometer entfernt; **fare i 150 kilometri all'ora**, 150 ₋Kilometer pro Stunde₋/[Stundenkilometer *fam*] fahren; **per molti kilometri non incontrammo nessuno**, kilometerweit trafen wir niemand; ~ **quadrato**, Quadratkilometer m • *fare kilometri e kilometri fam* (*fare molta strada*), Kilometer fressen *fam*; ~ ₋da fermo₋/[lanciato] *sport* (*nello sci, nel ciclismo*), Einkilometerrennen n ₋aus dem Stand₋/[im Flug]; *macinare* kilometri *fam* (*fare molta strada*), Kilometer fressen *fam*.

kiloton <-> m *fis mil* Kilotonne f.

kilovòlt <-> m *elettr fis* Kilovolt n.

kilovoltampère <-> m *elettr fis* Kilovoltampere n.

kilowatt <-> m *elettr fis* (abbr kW) Kilowatt n.

kilowattóra <-> m *elettr fis* (abbr kWh) Kilowattstunde f.

kilt <-> m *ingl* {SCOZZESE} Kilt m; (*da donna*) Schottenrock m.

kimòno <-, *rar -i*> m *giapponese* **1** (*abito*) Kimono m **2** *sport* Kimono m.

king <-> m (*gioco di carte*) König m.

king-size <inv> agg *ingl* (*più grande del normale*) {BOTTIGLIA, SIGARETTA} Kingsize-.

kippà <-> f *ebraico* (*copricapo*) Kipa f.

Kippùr <-> m *ebraico relig* Jom Kippur m.

kirghìso, (-a) A agg {CULTURA} kirgisisch B m (f) (*abitante*) Kirgise mf.

Kirsch <-> m *ted enol* Kirsch m, Kirschwasser n.

kit <-> m *ingl* **1** (*attrezzatura*) Satz m: **kit di montaggio**, Montage-, Bausatz m **2** (*confezione*) {+TRUCCO} Set n **3** *med* Erste Hilfe--Set n.

kitsch ted A <inv> agg (*di cattivo gusto*) {SPETTACOLO} kitschig B <-> m Kitsch m.

kìwi① <-> m *ingl* (*frutto*) Kiwi f.

kìwi② <-> m *ingl ornit* Kiwi m, Schnepfenstrauß m.

Kleenex® <-> m *ingl comm* Tempo® n, Papiertaschentuch n.

klinker → **clinker**.

km abbr di kilometro: km (abbr di Kilometer).

kmq abbr di kilometro quadrato: qkm (abbr di Quadratkilometer).

knock down *ingl sport* (*nel pugilato*) A <inv> loc agg {PUGILE} knockdown B <-> loc sost m Knockdown m.

knockout *ingl sport* (*nel pugilato*) A <inv> loc agg knockout, k.o. B <-> loc sost m Knockout m, K.-o.-Schlag m • **essere knock out** *sport*, k.o. sein; *fig* (*sfinito*), (völlig) k.o. sein *fam*, fix und fertig sein *fam*; *fig* (*sconfitto*), geschlagen/erledigt *fam* sein; *mettere qu* **knock out** *sport*, jdn k.o. schlagen; *fig* (*sfinire*), jdn fertig|machen *fam*; *fig* (*sconfiggere*), jdn erledigen *fam*.

know-how <-> m *ingl* (*capacità*) Know--how n.

K.O. *sport* (*nel pugilato*) abbr dell'*ingl* knock out A <-> m K. o. m: **K.O. tecnico**, technischer K. o. B avv (*al tappeto*) {METTERE QU} k. o.

koàla <-> m *ingl zoo* Koala(bär) m, Beutelbär m.

koinè <-> m *greco* **1** *ling* Koine f; (*comunità linguistica*) Koine f **2** *fig* (*unione*) {CULTURALE} Vereinigung f.

kolchoz <-> m *russo agr stor* Kolchose f, Kolchos m.

kolòssal <-> m *ted film* Kolossalfilm m: ~ **televisivo**, Megafernsehproduktion f.

kosovàro, (-a) A agg Kosovo-, kosovo-albanisch B m (f) (*abitante*) Kosovo-Albaner(in) m(f).

kràpfen <-> m *ted gastr* Krapfen m.

kriss <-> m (*pugnale*) Kris m.

kumquat <-> m *ingl bot* **1** (*pianta*) Kumquatpflanze f **2** (*frutto*) Kumquat f, Zwergorange f.

kung fu <-> loc sost m *cinese sport* (*nella lotta*) Kung-Fu n.

Kùrsaal <-> m *ted* (*edificio*) Kursaal m.

Kuwait m *geog* Kuwait n.

kuwaitiàno, (-a) A agg {PETROLIO} kuwaitisch B m (f) (*abitante*) Kuwaiter(in) m(f).

kW *elettr fis* abbr *di* kilowatt: kW (abbr *di* Kilowatt).

K-way® <-> m o f *ingl* (*nella moda*) K.WAY® m.

kWh *elettr fis* abbr *di* kilowattora: kWh (abbr *di* Kilowattstunde).

L, l

L, l <-> f o rar m (*dodicesima lettera dell'alfabeto italiano*) L, l n ◆ *ferro a l*, Winkeleisen n; **l come *Livorno*** (*nella compitazione delle parole*), L wie Ludwig → **anche A, a**.

l 1 abbr *di litro*: l (abbr *di* Liter) **2** abbr *di lira*: Lit, L. (abbr *di* Lira) **3** abbr *di* lunghezza: L (abbr *di* Länge) **4** *dir* abbr *del lat* lex: L. (abbr *di* Lex).

l' **A** art det m e f <*solo sing*> (*si usa davanti a vocale o h muta*) der m, die f, das n: **l'arte**, die Kunst; **l'erba**, das Gras; **l'hotel**, das Hotel; **l'incidente**, der Unfall; → **il**, **la** **B** pron pers **1** 3ᵃ pers m sing ihn → **lo 2** 3ᵃ pers f sing sie → **la**① **3** (*forma di cortesia*): l'/L', Sie.

L 1 abbr *di lira*: Lit, L. (abbr *di* Lira) **2** abbr *dell'ingl* Large: L (abbr *di* large) **3** abbr *di* Lussemburgo: L (abbr *di* Luxemburg) **4** *dir* abbr *del lat* lex: L. (abbr *di* Lex) **5** geog abbr *di* lago: L. (abbr *di* lake) **6** fis abbr *di* induttanza: L (abbr *di* Induktivität).

la① <·l'> **A** art det f <*solo sing*> **1** (*quando indica persona o cosa distinta dalle altre*) der m, die f, das n: **la donna/luna/ragazza**, die Frau/der Mond/das Mädchen; **la segretaria apre la posta**, die Sekretärin macht die Post auf; (*con nomi di mezzi di trasporto*) **partirò con la nave delle 18.00**, ich werde das Schiff um 18 Uhr nehmen; (*con le parti del corpo singolari*) **lavarsi prima la faccia e poi il collo**, sich (dat) zuerst das Gesicht und dann den Hals waschen; (*con i nomi di squadre*) **la Juventus**, der Juventus **2** (*non sempre viene tradotto con cognomi o titoli*) **la dottoressa/professoressa/signora Ferrari**, ₍die Frau₎ Doktor₎/[(die Frau) Professor]/[(die Frau) Ferrari; **la principessa Anna d'Inghilterra**, Prinzessin Anna von England; (*con i nomi di massa e materia*) **bevo volentieri la birra**, ich trinke gern Bier; (*quando indica l'astratto e il generico*) **la danza è un'arte**, Tanzen ist eine Kunst; **la fortuna e la rovina**, Glück und Ruin; **la guerra è orribile**, Krieg ist etwas Schreckliches; (*con i nomi di malattie*) **la malaria**, die Malaria; **hai già avuto la varicella?**, hast du die Windpocken schon gehabt?; (*con nomi geografici*) **la Cina/Germania/[Nuova Zelanda]**, China/Deutschland/Neuseeland; **attraversare la Sicilia/Toscana**, durch Sizilien/die Toskana (durch)fahren; (*ma si traduce sempre quando viene ulteriormente specificato*) **la romantica Germania**, das romantische Deutschland; **la Svizzera dei nostri giorni**, die Schweiz von heute **3** (*non si traduce con i nomi di strumenti musicali e di danze*): **suoni la chitarra?**, spielst du Gitarre?; **chi sa ancora ballare oggi la tarantella?**, wer kann heute noch Tarantella tanzen?; (*con nomi di sport*) **la ginnastica artistica è spettacolare**, Kunstturnen ist großartig; (*con nomi di scrittori, artisti, ecc.*) **(la) Deledda**, (Grazia) Deledda **4** (*precede più nel superl rel*) der m, die f, das n: **è la più brava inse-**gnante di danza che io abbia mai avuto, sie ist die beste Tanzlehrerin, die ich je gehabt habe **5** (*con agg poss non si traduce*): **la nostra mamma**, unsere Mama **6** (*se indica possesso si può anche tradurre col pron poss corrispondente*): **mettiti la sciarpa!**, zieh dir deinen Schal an!; **la sorella abita a Parigi**, meine/ihre Schwester wohnt in Paris; (*se indica l'autore*) **la lettera di Giovanna è arrivata oggi**, Giovannas Brief ist heute angekommen **7** (*quella*) der m, die f, das n, jener m *forb*, jenes n *forb*: **la mia macchina è la blu**, mein Wagen ist der blaue **8** (*questa*) der m, die f, das n, dieser m, diese f, dieses n: **eccola lì, la moralista!**, jetzt spielt sie wieder die Moraltante! *fam* **9** (*distributivo: ogni*): **la domenica i negozi sono chiusi**, sonntags sind die Geschäfte zu; **faccio la spesa due volte la settimana**, ich kaufe zwei Mal die/[in der] Woche ein; **costa 20 euro la confezione**, das macht/kostet 20 Euro die Packung **10** (*temporale: nel, durante la*): **ho dormito tutta la mattina**, ich habe den ganzen Vormittag geschlafen; **l'avevamo incontrato la sera prima**, wir hatten ihn am Abend vorher getroffen; **il congresso inizierà la prossima settimana**, der Kongress wird nächste Woche anfangen **11** *amm*: **la Raffaella Bianchi ha assolto il suo incarico**, Raffaella Bianchi hat ihren Auftrag erfüllt **12** *region fam*: **chiama la Luisa e la Maria**, ruf die Luisa und die Maria (an) **B** pron pers 3ª pers f sing **1** (*compl oggetto*) sie, ihn, es: **la ami veramente?**, liebst du sie wirklich?; **eccola laggiù che sta arrivando!**, da unten kommt sie (gerade)!; **ecco la luna. Se ti affacci la vedi anche tu!**, da ist der Mond. Wenn du hinausschaust, siehst du ihn auch!; **la ragazza là in fondo ha i capelli rossi. La vedi?**, das Mädchen dort hinten hat rote Haare. Siehst du sie?; **la relazione? Te la porterò quando l'avrò finita!**, den Bericht? Den bring ich dir, wenn ich ihn fertig habe!; (*se il verbo regge il dat*) ihr; **aiutala, se puoi!**, hilf ihr, wenn du kannst!; **l'hanno licenziata**, sie haben ihr gekündigt **2** (*forma di cortesia*): la/La, Sie; **la/La prego, mi aiuti!**, ich bitte Sie, helfen Sie mir!; (*se il verbo regge il dat*) Ihnen; **la/La ringrazio!**, ich danke Ihnen!

la② <-> m *mus* a, A n: **dare/intonare il la**, den Ton angeben; **la minore/maggiore**, A-Moll/Dur ● **dare il la (a qc)** *fig* (*dare inizio*), den Anstoß (zu etw dat) geben; (*dare il tono*), den Ton an|geben.

là A avv **1** (*stato in luogo*) dort, da: **ero là per caso**, ich war zufällig dort; (*laggiù*) dort (unten), **là in fondo al corridoio troverete una porta**, dort am Ende des Korridors stoßt ihr auf eine Tür **2** (*moto a luogo*) dorthin, dahin: **andrò là dopo pranzo**, ich werde dort nach dem Mittagessen hingehen; **posalo là su quella sedia**, leg es dort auf den Stuhl **3** (*moto da luogo*) daher, dorther: **via di là!**, weg da! **4** (*rafforzativo degli avv di luogo*) dort: **là dentro**, (stato) dort drinnen, da drinnen, (moto) dort hinein, da hinein; **là sopra**, (stato) dort oben, da oben; (moto) dort hinauf, da hinauf; **là sotto**, (stato) dort unten, da unten; (moto) dort hinunter, da hinunter, da: **questo mobile sta meglio qui e non là**, dieses Möbel passt besser hierhin als dorthin; **qui non c'è posto, mettiti là!**, hier ist kein Platz, setz dich dorthin!; **sta un po' qua e un po' là**, er/sie treibt sich ein bisschen hier und ein bisschen dort herum *fam* **6** (*rafforzativo con pron pers, quello e ecco*), dort: **eccolo là!**, da kommt er!; **tu, là, fatti avanti!**, du da, komm einmal nach vorn(e)!; **quella là è proprio stupida!**, die (da) ist wirklich dumm *fam* **B** loc avv **1 di là**, dahin, dorthin (stato in luogo) drüben; **stai di là e non muoverti**, bleib dort und rühr dich nicht!; (*moto da luogo*) von dort, von dorther; **vieni via di là!**, komm ₍von dort₎/[da *fam*] weg!; (*moto a luogo*) hinüber, rüber *fam*; **è passato di là**, er ist dort hinübergegangen/rübergegangen *fam*; **per di là**, dort hindurch **2** (*altrove*): **in là**, woanders, anderswo *fam*, ₍ANDARE, VOLTARSI₎ dorthin, anderswohin *fam*; **da qui in là**, von hier bis dort **3** *fig fam* (*avanti*): **in là**, vorwärts, voran; **andare troppo in là**, zu weit gehen; **penso che andremo molto in là con gli esami**, ich glaube, dass wir mit den Prüfungen sehr fertig werden **C** loc agg (*indigene*): **di là**, ₍ABITUDINI₎ einheimisch **D** loc prep (*oltre*): **al di là di qc**, (moto) auf die andere Seite von etw (dat)/+ gen; (stato) jenseits etw (gen), auf der anderen Seite von etw (dat)/+ gen; **al di là del fiume/confine**, ₍auf der anderen Seite des Flusses₎/[jenseits der Grenze]; **al di là di quel muro c'è un fossato**, hinter dieser Mauer ist ein Graben **E** inter **1** (*di esortazione*) he!, na!: **là là, calmati!**, he, jetzt beruhig dich mal!; **là là, smettetela tutti e due!**, he(he), ihr beiden, hört auf damit!; **tacete là! zitti là!**, still da! Ruhe dort! **2** (*di sorpresa*) hallo!, he!: **ehi là!**, hallo!, he! **3** (*indica la conclusione di un'azione*) so!, das wär's!: **là, ora è tutto a posto!**, das wär's, jetzt ist alles in Ordnung! ● **l'al di là → aldilà**; **alto là!**, mil, halt!; **farsi/tirarsi in là** (*scansarsi*), zur Seite gehen; **più in là** (*tempo*), später; (*luogo*), weiter weg; **più in là di quel punto non sono mai andato**, ich bin nie gegangen; **essere più di là che di qua** *fig* (*essere in fin di vita*), schon fast hinüber sein *fam*, mehr tot als lebendig sein; **chi va là?** mil, wer da?

làbaro m **1** *anche relig stor* (*vessillo*) {+CONFRATERNITA} Standarte f, Labarum n **2** *fig* Fahne f, Symbol n: **portare/seguire il ~ dell'emancipazione**, die Emanzipation auf seine Fahne/sein Panier *forb* schreiben.

làbbro m 1 ‹pl: -a f› anat {CARNOSE, SOTTILI; +RAGAZZA} Lippe f: ~ **inferiore/superiore**, Unter-/Oberlippe f; ~ **leporino**, Hasenscharte f; ‹solo pl› (bocca) Mund m, Lippen f pl 2 ‹pl: -i m› fig (bordo) {+CONCA, POZZO, VASO} Rand m; **i labbri della ferita sono ancora aperti**, die Ränder der Wunde sind noch offen 3 ‹pl: -i m› bot Lippen f pl 4 ‹pl: -i m› geol {+FAGLIA, FRATTURA} Spalte f 5 ‹pl: -a f› zoo Lefze f ● **bagnarsi le labbra** fig (bere), sich (dat) die Kehle anfeuchten fam; **aveva le labbra cucite** fig, er/sie schwieg beharrlich, kein Wort kam über seine/ihre Lippen; **grandi/piccole ~** anat, große/kleine Schamlippen; **leccarsi le labbra** fig (dimostrare di gradire qc), sich (dat) die/[alle zehn] Finger nach etw ecken (dat) lecken; **mordersi le labbra** anche fig (trattenersi dal dire qc), sich (dat) auf die Lippen beißen; **morire sulle labbra** fig (non essere detta), {PAROLA} jdm auf den Lippen ersterben forb; **pendere dalle labbra di qu** fig (ascoltarlo imbambolato), an jds Lippen hängen.

label ‹-› m o f ingl 1 (etichetta) Etikett n, Schild n 2 comm Label n, Plakette f.

labiàle A agg 1 anat {MUSCOLI} labial, Lippen- 2 ling {CONSONANTE} Labial-, Lippen- B f ling Labial-, Lippenlaut m.

làbile agg 1 lett (fugace) {FELICITÀ} vergänglich; {EQUILIBRIO} labil; {IMPRESSIONE, RICORDO} flüchtig; (debole) {MEMORIA} schwach 2 chim {COMPOSTO} unbeständig, instabil 3 psic labil.

labilità ‹-› f 1 lett (fugacità) Flüchtigkeit f, Vergänglichkeit f; (debolezza) {+MEMORIA} Schwäche f 2 chim Instabilität f, Labilität f.

labiodentàle ling A agg labiodental B f Labiodental(laut) m.

labiolettùra f (lettura delle labbra) Lippenlesen n.

labionasàle ling A agg labionasal B f Labionasal(laut) m.

labiopalatàle ling A agg labiopalatal B f Labiopalatal(laut) m.

labiovelàre ling A agg labiovelar B f Labiovelar(laut) m.

labirìntico, (-a) ‹-ci, -che› agg 1 (simile a un labirinto) {PERCORSO, QUARTIERE} labyrinthisch 2 fig (tortuoso) {RAGIONAMENTO} verworren, verschlungen, wirr 3 anat Labyrinth-.

labirintìte f med Labyrinthentzündung f, Labyrinthitis f scient.

labirìnto m 1 (luogo intricato) Labyrinth n: **questo palazzo è un vero ~**, dieser Palast ist echt ein Labyrinth, **~ di specchi**, Spiegelkabinett n 2 (nei giardini) Irrgarten m, Labyrinth n 3 fig (dedalo) {+CORRIDOI, STRADE} Gewirr n, Labyrinth n 4 anat (Ohr)labyrinth n, Innenohr n 5 mitol Labyrinth n 6 tecnol {+ALTOPARLANTE} Lautsprecher m.

laboratòrio ‹-ri› m 1 gener Werkstatt f, Werkstätte f forb: **~ di un falegname**, Werkstatt f eines Schreiners; **~ di sartoria**, Schneiderei f, Schneiderwerkstätte f 2 fig (ambito di ricerca) Labor(atorium) n, Werkstatt f: **è stato organizzato un ~ di teatro sperimentale**, es wurde eine Werkstatt für experimentelles Theater eingerichtet 3 fot ling scient {CHIMICO, FARMACEUTICO; +RICERCHE SPERIMENTALI} Labor(atorium) n: **~ di analisi**, Labor n; **~ fotografico/linguistico**, Foto-/Sprachlabor n; **~ spaziale**, Raumlabor n, Spacelab n.

laboratorìsta ‹-i m, -e f› mf (ricercatore) Laborant(in) m(f).

laboriosità ‹-› f 1 (attività) {+POPOLO} Fleiß m, Emsigkeit f, Geschäftigkeit f, Arbeitsamkeit f forb obs, Betriebsamkeit f: **l'hanno lodato per la sua ~**, sie haben ihn wegen seines Fleißes gelobt 2 (difficoltà) {+TRATTATIVE} Mühseligkeit f, Beschwerlichkeit f.

laborióso, (-a) agg 1 (attivo) {VITA} arbeitsreich; (OPERAIO) fleißig, geschäftig, arbeitsam forb obs 2 anche fig (faticoso) {PROSA} schwierig; {INCHIESTA} anche mühsam; (difficile) {DIGESTIONE} schlecht, beschwerlich; {PARTO} schwer.

labradòr ‹-› m 1 itt Lippfisch m 2 zoo Labrador(hund) m.

laburìsmo m polit Labo(u)rismus m.

laburìsta ‹-i m, -e f› polit A agg {TENDENZA} Labo(u)r- B mf (sostenitore) Anhänger(in) m(f) der Labour Party; (politico) Mitglied n der Labour Party.

làcca ‹-che› f 1 (sostanza) Lack m 2 (oggetto) {CINESE} Lackarbeit f 3 (colore) Lackfarbe f 4 (nella cosmesi: per capelli) Haarlack m, Haarspray m o n; (per unghie) Nagellack m.

laccàre ‹lacco, lacchi› tr (verniciare) ~ **qc** (di qc) {MOBILE DI ROSSO} etw (irgendwie) lackieren, etw (irgendwie) lacken.

laccàto, (-a) agg 1 (verniciato) ~ **(di qc)** {LIBRERIA DI ROSSO} (irgendwie) lackiert 2 (nella cosmesi) {CAPELLI} mit Haarlack besprüht; {UNGHIE} lackiert.

laccatùra f Lackierung f; (azione) anche Lackieren n.

lacchè ‹-› m 1 (valletto) Lakai m, Diener m 2 fig spreg (chi si umilia) Lakai m spreg, Kriecher m spreg, Speichellecker m spreg.

làccio ‹-ci› m 1 (legaccio) Schnur f: **~ delle scarpe**, Schnürsenkel m, Schuhriemen m region, Schuhband n, Schuhbändel n fam CH 2 fig (tranello) Falle f, Hinterhalt m 3 fig (vincolo) {+AMORE} Band n 4 (nella caccia) Schlinge f: **prendere un coniglio/tordo al ~**, ein Kaninchen/eine Drossel mit der Schlinge fangen ● **cadere nel ~** fig (nella trappola), in die Falle gehen; **mettere il ~ al collo a qu** fig (sottometterlo), jdm die Schlinge um den Hals legen; **~ emostatico** med, blutstillendes Mittel.

laceràbile agg (che si può lacerare) {TESSUTO} zerreißbar.

laceràrte agg 1 zerreißend, Reiß- 2 fig (straziante) quälend, qualvoll; {URLO} markerschütternd, durchdringend, gellend; {RUMORE} tosend; {FRAGORE} nagend.

laceràre A tr (strappare) ~ **qc** {ABITO, LETTERA} etw zerreißen, etw zerfetzen 2 fig (straziare) ~ **qc (a qu)** {RUMORE TIMPANI AI VICINI DI CASA} etw (von jdm/+ gen) zum Platzen bringen, jdm etw zerreißen; ~ **qu/qc** (CONTRASTO FIGLIO, DOLORE ANIMO) jdn/etw quälen, jdn (innerlich)/etw zerreißen; ~ **qu/qc** {GUERRA AMERICA, RIFORMA GOVERNO, POLITICI, SINISTRA} jdn/etw spalten B itr pron 1 anche med (strapparsi): **lacerarsi (+ compl di luogo)** {PELLE SUL GOMITO} (irgendwo) rissig werden: **la vela si è lacerata**, das Segel ist zerrissen/[hat einen Riss bekommen] 2 fig (spezzarsi): **lacerarsi** {LEGAME} (zer)reißen 3 fig (torturarsi): **lacerarsi (da qc)** {MARITO DALLA GELOSIA} sich (wegen etw gen) quälen, sich (wegen etw gen) verrückt machen.

lacerazióne f 1 (strappo) {+FOGLIO DI CARTA} Riss m 2 (azione) Zerreißen n 3 fig (strazio) {+ANIMO} Qual f, Schmerz m 4 fig (separazione dolorosa) Riss m: **ha vissuto il distacco dal paese natio come una ~**, er/sie hat den Abschied von der Heimat als Riss erlebt 5 med Risswunde f, Verletzung f.

làcero, (-a) agg 1 (strappato) {TESSUTO} zerrissen, zerfetzt 2 (consunto) {GIACCA} abgetragen, abgenutzt, zerschlissen 3 (malridotto) {MENDICANTE} zerlumpt 4 med {FERITA} Riss-.

lacero-contùso, (-a) agg med {FERITA} Riss- und Quetsch-, Platz-.

lacèrto m 1 anat: **~ fibroso**, Lacertus fibrosus m scient 2 lett (muscolo) (Arm)muskel m 3 fig lett (frammento) {ANTICO} handschriftliches Fragment.

laconicità ‹-› f 1 (stringatezza) {+BIGLIETTO, DISCORSO} Kürze f, Bündigkeit f, Lakonismus m forb 2 (concisione) {+AMICO} Einsilbigkeit f, Wortkargheit f.

lacònico, (-a) ‹-ci, -che› agg 1 (stringato) {RISPOSTA} lakonisch forb, kurz und bündig 2 (conciso) {TESTIMONE} wortkarg, einsilbig 3 geog stor {ABITANTE, INSEDIAMENTO} lakonisch.

Lacoste® ‹-› f (maglietta) Lacoste T-Shirt n.

làcrima f 1 gener Träne f: **una ~ le spuntava tra le ciglia**, eine Träne hing in seinen/ihren Wimpern 2 (goccia) Tropfen m: **~ di cera**, Wachstropfen m 3 (oggetto) Träne f, Tropfen m 4 fig (quantità minima) Tropfen m: **nel flacone è rimasta solo una ~ di sciroppo**, in dem Fläschchen sind nur noch ein paar Tropfen Hustensaft 5 agr Tropfen m 6 gastr {+GORGONZOLA} Tropfen m 7 (in oreficeria) Brioletts pl, Briolette pl, Doppelrosen pl ● **asciugare le lacrime a qu** fig (consolarlo), jdn trösten, jds Tränen trocknen; **lacrime calde/cocenti** fig, heiße/schmerzliche/bittere Tränen; **lacrime di coccodrillo** fig (falso pentimento), Krokodilstränen f pl; **commuovere/commuoversi fino alle lacrime** fig (piangere dalla commozione), zu Tränen rühren/[gerührt sein]; **essere facile alle lacrime** fig (commuoversi facilmente), nah am/ans Wasser gebaut haben fam; **avere le ~ facile** fig fam (essere facile alla commozione), nahe am/ans Wasser gebaut haben fam; **ingoiare/frenare le lacrime** fig (controllare le proprie emozioni), die Tränen hinunterschlucken fam/zurückhalten; **lacrime di S. Lorenzo** astr, Perseiden pl; **avere le lacrime agli occhi** (essere sul punto di piangere), Tränen in den Augen haben; **chiedere/implorare/supplicare con le lacrime agli occhi**, mit Tränen in den Augen fragen/flehen/bitten; **far venire le lacrime agli occhi** fig (commuovere), zu Tränen rühren; **piangere a calde lacrime**/[lacrime amare] fig (soffrire molto), heiße Tränen vergießen, bittere Tränen weinen; **ridere fino alle lacrime** fig (fino a piangere), Tränen lachen; **sudare lacrime e sangue** fig (fare molta fatica), Blut und Wasser schwitzen; **sciogliersi in lacrime** fig (piangere a dirotto), sich in Tränen auflösen; **scoppiare in lacrime** fig (mettersi improvvisamente a piangere), in Tränen ausbrechen; **spander/versare lacrime** fig (piangere), Tränen vergießen; **spremere le lacrime** fig (sforzarsi di piangere), sich (dat) eine Träne abpressen fam; **da strappare le lacrime** fig (molto triste), {SPETTACOLO} rührtränenselig, auf die Tränendrüsen drückend, schmalzig spreg; **avere le lacrime in tasca** fig (essere facile alla commozione), nahe am/ans Wasser gebaut haben fam.

lacrimàle agg anat {SECRETO} Tränen-.

lacrimàre itr 1 {OCCHI} tränen 2 fig (gocciolare) {MURO PER L'UMIDITÀ} tröpfeln B tr ~ **qc** lett (piangere) {MORTE DI UN AMICO} etw beweinen, etw beklagen, etw betrauern.

lacrimazióne f med Tränen m, Tränenfluss m.

lacrimévole agg 1 (triste) {CONDIZIONE} beklagenswert, bedauerlich 2 scherz (sentimentale) {STORIA} rührselig.

lacrimògeno, (-a) A agg 1 (che provoca il pianto) tränenerregend, {BOMBA, GAS} Tränen- 2 fig scherz (patetico) {FILM} rührselig B m (candelotto) Tränengas(bombe f) n; Tränengaspatrone f.

lacrimóso, (-a) agg **1** (*bagnato di pianto*) {OCCHI} verweint, tränend, tränenfeucht; {VISO} *anche* tränenüberströmt, tränennass **2** *fig* (*commovente*) {STORIA} (zu Tränen) rührend, ergreifend.

lacuàle agg (*lacustre*) {CITTÀ} (Binnen)see-; {NAVIGAZIONE, PORTO} Binnen(see-).

lacùna f **1** (*vuoto*) Lücke f; *fig anche* Mangel m: **si tratta di una grave ~ culturale**, es handelt sich um eine schwer wiegende Bildungslücke f; ~ ⌊**del diritto**⌋/[**legislativa**], Rechtslücke f, rechtsfreier Raum, Rechtsvakuum n; ~ **della legge**, Gesetzeslücke f; ~ **della memoria**, Gedächtnislücke f **2** *fig* (*scarsa conoscenza*) Lücke f: **deve colmare le sue lacune in matematica**, er/sie muss seine/ihre Lücken in Mathematik schließen **3** *biol* Lakune f, Lücke f **4** *bot* Zwischenzell-, Interzellularraum m **5** *edit filol* {+TESTO} Lakune f, (Text)lücke f **6** *elettr fis* {ELETTRONICA} Loch n **7** *geol* {STRATIGRAFICA} Senke f, Vertiefung f.

lacunàre m *arch* Kassette f, Feld n.

lacunosità <-> f (*incompletezza*) {+DESCRIZIONE} Lückenhaftigkeit f, Unvollständigkeit f.

lacunóso, (-a) agg (*incompleto*) {PREPARAZIONE} lückenhaft; {TRADUZIONE} *anche* unvollständig.

lacùstre agg (*del lago*) {FAUNA, FLORA} (Binnen)see-.

laddóve, là dóve *lett* **A** avv loc avv (*stato*) dort, wo; (*moto*) dorthin, wohin **B** cong loc cong **1** (*qualora*) wenn, falls: ~ **sorgessero difficoltà, mi chiami**, rufen Sie mich (an), falls Schwierigkeiten auftauchen sollten **2** (*mentre*) anstatt, wo doch, während: **ride ~ dovrebbe piangere**, er/sie lacht, ⌊wo⌋ es doch nichts zu lachen gibt⌋/[um nicht zu weinen].

ladino, (-a) A agg (*CULTURA*) ladinisch **B** m (f) (*abitante*) Ladiner(in) m(f) **C** m <solo sing> (*lingua*) Ladinisch(e) n.

làdra f → **ladro**.

ladrerìa f (*truffa*) Betrug m, Betrügerei f, Diebstahl m: **si è arricchito con ladrerie**, er hat sich durch Betrügereien bereichert; **vendere a questo prezzo è una ~**, zu diesem Preis zu verkaufen, ist reiner Diebstahl!

ladrésco, (-a) <-schi, -sche> agg (*da ladro*) {COLPO} Diebes-.

làdro, (-a) A agg **1** (*che ruba*) {GAZZA} diebisch *obs* **2** *fig fam* (*insopportabile*) {FREDDO} scheußlich, schrecklich, schlimm **B** m (f) **1** *gener* Dieb(in) m(f): **dare del ~ a qu**, jdn einen Dieb heißen *forb*; **un ~ matricolato**, ein abgefeimter/raffinierter Dieb, ein Erzgauner *fam spreg*; **scappò via come un ~**, er/sie lief weg wie ein Dieb **2** *fig* Gauner(in) m(f) *spreg*, Halsabschneider(in) m(f) *fam spreg*: **quel meccanico è un vero ~!**, dieser Automechaniker ist ein echter Gauner! *spreg* ● **al ~!**, haltet den Dieb!; ~ **di cuori** (*rubacuori*), Herzensbrecher m; **andare come il ~ alla forca** *fig* (*fare malvolentieri qc*), etwas widerwillig/[mit Todesverachtung *scherz*] tun; ~ **di galline/polli** *fig* (*da poco*), kleiner Gauner; **in guanti gialli** *fig* (*che sembra una persona distinta*), Hochstapler m; **fare come i ladri di Pisa** *fig* (*rimanere insieme nonostante i litigi*), trotz aller Streitigkeiten zusammenbleiben, auf Gedeih und Verderb zusammenhalten; **trattare qu come un ~** *fig* (*sgarbatamente*), jdn abschätzig/abfällig/[wie einen Hund] behandeln.

ladrocìnio <-ni> m (*furto*) Diebstahl m.

ladróne <*accr di ladro*> m (*ladro incallito*) (Straßen)räuber m ● **i due ladroni** *relig* (*sul Calvario*), die beiden Schächer.

ladronerìa f **1** (*disonestà*) {+NEGOZIANTE} Betrügerei f **2** (*furto*) Räuberei f, Dieberei f.

ladronésco, (-a) <-schi, -sche> agg (*da ladrone*) {AFFARE} räuberisch, betrügerisch.

ladrùncolo, (-a) <*dim di ladro*> m (f) (*ragazzo che ruba, ladro da poco*) kleiner Dieb, (kleine Diebin).

lady <-, *ladies* pl *ingl*> f *ingl* (*signora*) Lady f.

Lag. *geog* abbr *di* laguna: Lagune f.

làger <-> m *ted* **1** *stor* (*campo di concentramento*) Internierungs-, Konzentrationslager n, KZ n *fam*; (*di sterminio*) Vernichtungs-, Konzentrationslager n, KZ n *fam* **2** *fig* (*luogo di coercizione*) Lager n: **quella scuola è un vero ~!**, diese Schule ist ein echtes (Straf)lager!

laggiù avv **1** (*stato*) dort unten, da drüben: **la casa è ~ in fondo**, das Haus steht dort ganz hinten; (*moto*) dort hinunter, dort hinüber; **sono sceso fin ~ per prendere dell'acqua**, ich bin bis dort hinunter gestiegen, um Wasser zu holen **2** *fig* (*sud*) dort unten: **la gente di ~**, die Leute von dort unten **3** *fig* (*per esprimere lontananza*) bis nach: **sono andati ~ in India per visitare i monasteri**, sie sind bis nach Indien gefahren, um dort die Klöster zu besuchen.

lagna f **1** *fam* (*lamento*) Gejammer n *fam spreg*, Jammern n: **basta con questa ~!**, genug jetzt mit dem Gejammer! *fam spreg* **2** (*persona*) Nervensäge f *fam spreg*: **sua sorella è una ~**, seine/ihre Schwester ist eine richtige Nervensäge *fam spreg* **3** (*discorso*) Litanei f *fam*, Salbaderei f *fam spreg*: **la lezione era una ~**, der Unterricht war nervtötend *spreg* **4** (*musica*) Gedudel n *fam spreg*, Leiermusik f *spreg*: **ci ha seccato con quella ~!**, wir haben die Schnauze voll von seinem Gedudel! *fam spreg*.

lagnànza f (*lamentela*) Beschwerde f, Klage f: **non fa che muovere lagnanze**, er/sie tut nichts anderes als sich zu beklagen.

lagnàrsi itr pron **1** (*lamentarsi*): ~ (**con qu**) (**di**/**per qu**/**qc**) sich (*bei jdm über jdn*/*etw*) beklagen, sich (*bei jdm über jdn*/*etw*) beschweren, (*über jdn*/*etw*) klagen, (*über jdn*/*etw*) jammern: **vanno bene gli affari? – Non posso lagnarmi!**, gehen die Geschäfte gut? – Ich kann nicht klagen!; **di che si lagna?**, worüber beklagt er/sie sich denn?; **non ha proprio di che ~!**, es gibt wirklich nichts, worüber er/sie sich beklagen könnte!; **non lagnarti della tua sorte!**, jammere nicht über dein Schicksal! **2** *rar* (*gemere*): ~ (**per qu/qc**) {AMICO PER IL MAL DI DENTI} *vor etw* (dat) stöhnen, *vor etw* (dat) ächzen, *vor etw* (dat) wimmern.

làgno m **1** (*lamento*) {+BAMBINO} (Weh)klage f, Jammern n **2** (*verso*) {+ANIMALE} Laut m.

lagnóne, (-a) *fam* **A** agg (*che si lagna in continuazione*) {BAMBINO} jammerig *slang*, wehleidig *spreg*, weinerlich **B** m (f) Heulpeter m *fam spreg*, Heulsuse f *fam spreg*, Klageweib n *scherz*.

lagnóso, (-a) agg **1** (*lamentoso*) {RAGAZZA, TIPO} jammerig *slang*, wehleidig *spreg*, weinerlich **2** *centr fam* (*noioso*) {FILM} todlangweilig.

làgo <-ghi> m **1** *geog* {TETTONICO} See m: **ieri siamo andati ai laghi**, gestern sind wir an die Seen gefahren; **andiamo a fare una nuotata nel ~**, gehen wir doch schwimmen im See *fam*; **anche quest'anno passeremo le vacanze al ~**, auch dieses Jahr werden wir unseren Urlaub am See verbringen; ~ **alpino/glaciale/carsico/artificiale**, Berg-/Gletscher-/Karst-/Stausee m; **Lago di** ⌊**Bodano/Costanza**⌋/[**Garda**], Boden-/Gardasee m; **Lago dei Quattro Cantoni**, Vierwaldstätter See m; **Lago di Como/Ginevra**, Comer/Genfer See m; ~ **craterico**/**vulcanico**, Kratersee m, Maar n; **Lago Maggiore**, Lago m Maggiore; ~ **di sbarramento**/**circo**, Stau-/Gletschersee m; **Lago Trasimeno**, Trasimenischer See **2** *fig* (*grande quantità di liquido*) Lache f, See m: **quando piove c'è un ~ davanti al cancello**, wenn es regnet, bildet sich eine große Wasserlache vor dem Tor; **dopo la corsa ero in un ~ di sudore**, nach dem Lauf war ich ⌊schweißgebadet *fam*⌋/[vollkommen nass geschwitzt]; **la vittima era in un ~ di sangue**, das Opfer lag in einer Blutlache **3** *anat* See m, Lacus m *scient*: ~ **lacrimale**, Tränensee m, Lacus m lacrimalis *scient*; **laghi sanguigni**, Blutseen m pl, Lacus m sanguineus *scient*.

lagòstoma <-i> m *med* Hasenscharte f.

làgrima *e deriv* → **lacrima** *e deriv*.

lagùna f *geog* Lagune f: **la ~ (di Venezia)**, die Lagune (von Venedig).

lagunàre A agg (*della laguna*) {FLORA} Lagunen- **B** m *mil* "Soldat einer amphibischen Kampfeinheit in der italienischen Armee".

L'Àia f *geog* Den Haag n.

làica f → **laico**.

laicàle agg (*laico*) {CONDIZIONE} weltlich; {STATO} Laien-; (*aconfessionale*) konfessionslos, bekenntnislos: **scuola ~**, konfessionslose Schule.

laicàto m **1** (*l'essere laico*) Laienstand m, Laientum n **2** (*insieme di laici*) Laientum n *rar*.

laicìsmo m {+IDEOLOGIA} Laizismus m.

laicità <-> f (*l'essere laico*) {+ENTE ASSISTENZIALE} Laientum n.

laicizzàre A tr **1** (*rendere laico*) ~ **qu** {SACERDOTE} jdn in den Laienstand zurück⌊führen, jdn laisieren⌋; ~ **qc** {SCUOLA} etw verweltlichen **2** *stor* (*secolarizzare*) ~ **qc** {BENEFICIO} etw säkularisieren, etw verweltlichen **B** itr pron (*diventare laico*): **laicizzarsi** {SCUOLA} verweltlichen.

laicizzazióne f (*l'essere laico*) {+ISTRUZIONE} Verweltlichung f; {+SACERDOTE} Laisierung f.

làico, (-a) <-ci, -che> **A** agg **1** (*non ecclesiastico*) {VOLONTARIATO} weltlich, Laien- **2** *anche polit* (*non confessionale*) {TENDENZA} konfessionslos, bekenntnislos, laizistisch **3** *fig* (*profano*) laienhaft **4** *dir* Laien- **B** m (f) **1** (*chi non fa parte del clero*) Laie m **2** *anche polit* (*non confessionale*) Freidenker(in) m(f) **3** *relig* (*converso*) Laienbruder m, Laienschwester f.

laidézza f *lett* **1** (*sozzura*) Schmutzigkeit f **2** *fig* (*oscenità*) Unflätigkeit f *forb spreg*, Unanständigkeit f, Anstößigkeit f: **fare/dire laidezze**, ⌊sich unanständig aufführen⌋/[Vulgär-/Kraftausdrücke benutzen] **3** *fig* (*disonestà*) Schändlichkeit f, Schamlosigkeit f.

làido, (-a) agg *lett* **1** (*sozzo*) {TUGURIO} schmutzig **2** *fig* (*osceno*) {SPETTACOLO} unflätig *forb spreg*, unanständig, anstößig.

laissez-faire <-> loc sost *franc* **1** (*permissivismo*) Permissivität f **2** *econ* Laissez-faire n.

lallarallà inter (*di indifferenza*) tralla(la)la!

lallazióne f *psic* Lallen n.

lallèra inter (*di indifferenza*) tralla(la)la!

lalleró f → **lallera**.

làma[1] f **1** *gener* Klinge f: ~ **del coltello**/**rasoio**, Messer-/Rasierklinge f; ~ **dei pattini**, Schlittschuhkufe f; ~ **della sega**, Sägemesser n **2** (*spada*) Schwert n, Degen m **3** *autom* {+PARAURTI} Blech n **4** *mar* {+DERIVA} Schwert n **5** *tecnol* {+LIVELLATRICE} Schneide f: ~ **d'aria**, Luftmesser n ● **una buona ~** *fig* (*un bravo schermidore*), eine gute Klinge *obs*, ein guter Haudegen m; ~ **di luce** *fig* (*sottile rag-*

gio), Streiflicht n; **~ a doppio** *taglio* *fig*, zweischneidiges Schwert.

làma② <-> m *relig* Lama m.

làma③ <-> m *zoo* Lama n.

làma④ f (*zona paludosa*) Sumpflandschaft f, Au(e) f *lett*.

lamaìsmo m *relig* Lamaismus m.

lambàda f (*spagn* (*nella danza*) Lambada m o f.

làmbda <-> m o f (*lettera greca*) Lambda n.

lambiccàre <*lambicco, lambicchi*> A *itr pron* (*scervellarsi*): **lambiccarsi per fare qc** {PER TROVARE UNA SOLUZIONE} über etw (acc) nach|grübeln, über etw (dat o acc) grübeln, sich (dat) über etw (acc) den Kopf zerbrechen; sich (dat) den Kopf zerbrechen, um etw zu tun B *tr obs* (*distillare*) ~ **qc** {ACQUA} etw destillieren.

lambiccàto, (-a) *agg fig* **1** (*molto complicato*) {SOLUZIONE} ausgetüftelt *fam* **2** (*artificioso*) {STILE} gekünstelt *spreg*, gespreizt *spreg*, gestelzt *spreg*, geschraubt *spreg*.

lambìre <*lambisco*> *tr* ~ **qc 1** (*leccare*) {CANE MANO DEL PADRONE} etw (ab|)lecken **2** *fig* (*sfiorare*) {VENTO VISO} etw streichen, über etw (acc) streichen; {FIAMME CASA} etw umzüngeln, etw lecken; {MARE MURA DELLA CITTÀ} etw um, bespülen.

lambrùsco <-*schi*> m *enol* Lambrusco m (*Rotwein aus der Emilia-Romagna*).

lamb's wool <-> *loc sost* m *ingl tess* Lambswool f, Lammwolle f.

lamé *tess* A <*inv*> *agg* {FILATO} lamé, Lamé B <-> m Lamé m.

lamèlla <*dim di* lama①> f **1** (*sottile lamina*) Lamelle f; ~ **di plastica/vetro**, Plastiklamelle f/Glasblättchen n **2** *bot* {+FUNGO} Lamelle f **3** *elettr* {+COLLETTORE} Lamelle f, Segment n **4** *zoo* Blättchen n.

lamellàre *agg* **1** (*a lamelle*) {TESSUTO} lamellenförmig, lamellar **2** *min* {FRATTURA} blätt(e)rig.

lamentàre A *tr* **1** (*soffrire di*) ~ **qc** über etw (acc) klagen; **il malato lamenta un continuo mal di testa**, der Kranke klagt über ständige Kopfschmerzen **2** (*compiangere*) ~ **qc** {PERDITA DI UN FIGLIO} etw beklagen, etw beweinen **3** (*segnalare*) ~ **qc** {ERRORE} sich über etw (acc) beschweren, etw monieren; {DANNI, DISORDINI, VITTIME} etw beklagen, etw zu verzeichnen haben **4** (*esprimere rammarico*) ~ **qc** über etw (acc) klagen, sich über etw (acc) beschweren: **l'opinione pubblica lamenta che a distanza di dieci anni l'opera di ricostruzione non sia ancora iniziata**, die öffentliche Meinung hält es für ein Unding, dass nach zehn Jahren die Wiederaufbauarbeiten noch nicht begonnen haben **5** *anche dir* ~ **qc** (**con qc**) {VIOLAZIONE DI UN ARTICOLO DI LEGGE CON UN INTERVENTO} etw im Zusammenhang (*mit etw* dat) beklagen B *itr pron*: **lamentarsi** (**con qu**) (**di/per qc**) **1** (*gemere*) sich (*bei jdm*) (*über etw* acc) beklagen, (*über etw* acc) stöhnen, *über etw* (acc) jammern, *über etw* (acc) wehklagen *forb*: **si lamentava in continuazione per il mal di pancia**, er/sie jammerte ständig über seine/ihre Bauchschmerzen **2** (*dolersi*) sich *über etw* (acc) beklagen, *etw* beklagen, *über etw* (acc) jammern: **è uno che non può fare a meno di lamentarsi delle sue sciagure**, er kann es nicht lassen, über sein Unglück zu jammern/lamentieren *fam spreg*: **soffre senza lamentarsi**, er/sie leidet ohne zu klagen /[klaglos] **3** (*protestare*) sich (*bei jdm*) (*über etw* acc) beschweren, sich (*bei jdm*) (*über etw* acc) beklagen: **come mi si è lamentato spesso d'aver subito un affronto**, er hat sich häufig bei mir darüber beschwert, beleidigt worden zu sein ● **come**

stai? – Non mi lamento! (*di moderata soddisfazione*), wie geht's? – Ich kann mich nicht beklagen/[nicht klagen]!

lamentazióne f <*di solito al pl*> (*lamenti*) Gejammer n *fam spreg*: **ci annoia tutti con le sue lamentazioni!**, sein/ihr Gejammer ödet uns alle an! *fam spreg* ● **Lamentazioni di Geremia** *bibl*, Klagelieder n pl Jeremiä.

lamentèla f **1** (*lagnanza*) Beschwerde f: **ormai le vostre lamentele non hanno più ragion d'essere**, eure Beschwerden haben jetzt keine Berechtigung mehr; **hanno delle lamentele da presentare circa la qualità del prodotto**, sie möchten sich über die Qualität des Produkts beschweren **2** (*lamento*) Klage f, Gejammer n *fam spreg*, Lamentieren n *fam spreg*: **non sopporto più le sue continue lamentele**, ich ertrage sein/ihr ständiges Gejammer/Lamentieren nicht mehr *fam spreg*.

lamentévole *agg* **1** (*lagnoso*) {VOCE} klagend, jammernd **2** (*commiserabile*) {SORTE} kläglich, beklagenswert, jämmerlich.

lamentìo <-*tii*> m (*lamento prolungato*) {+FERITI} Klagen f pl; {+VECCHIO} *anche* Gejammer n *fam spreg*.

laménto m **1** (*gemito*) (Weh)klage f, Wehklagen n: **ha sopportato il dolore senza un ~**, er/sie hat die Schmerzen ohne Klagen/[klaglos] ertragen **2** (*rimostranza*) Klage f, Beschwerde f: **i sindacati hanno ascoltato i lamenti delle maestranze**, die Gewerkschaften haben sich (dat) die Klagen der Belegschaft angehört **3** *lett* Wehklage f: ~ **funebre**, Trauerklage f **4** *mus* Klagelied n, Lamento n **5** *zoo* Heulen n; {+CANE} *anche* Winseln n.

lamentóso, (-a) *agg* **1** (*lagnoso*) {VOCE} klagend, jammernd, weinerlich **2** (*pieno di lamenti*) {DISCORSO} voller Klagen.

lamétta <*dim di* lama①> f Klinge f: ~ **da barba**, Rasierklinge f.

lamièra A f Blech n: ~ **laminata**, gewalztes Blech, Walzblech n; ~ **ondulata**, Wellblech n; ~ **sagomata**, Form-/Profilblech n B <*inv*> *loc agg*: **di** ~, {PROTEZIONE, TETTO} Blech- ● ~ **del ponte** *mar*, Deckplatte f.

lamierìno <*dim di* lamiera> m **1** (*lamiera sottile*) Feinblech n **2** *elettr* Blech n: ~ **a cristalli orientati**, kristallorientiertes Blech; ~ **magnetico**, Pol(schuh)lamelle f; ~ **al silicio**, Siliciumblech n.

lamierìsta <-*i* m, -*e* f> mf (*operaio*) Blechschmied m, Blechbearbeiter(in) m(f).

làmina f **1** (*sottile strato*) Blatt n, Blättchen n, Folie f: ~ **d'acciaio/argento**, Stahl-/Silberfolie f; ~ **di vetro**, Glasblättchen n **2** *anat*: ~ **vertebrale**, Wirbelplatte f, Lamina f arcus vertebrae *scient* **3** *bot* Lamina f, Blattspreite f **4** *fis* {MAGNETICA} Blatt n **5** *geol* Platte f: ~ **di mica**, Glimmerplatte f **6** *sport* (*nello sci*) Kante f: **devo far rifare le lamine agli sci**, ich muss die Skikanten schleifen lassen.

lamināre① A *agg* **1** (*sottile*) {SUPERFICIE} lamellen-, blättchenförmig **2** (*composto di lamine*) {STRATO} Lamellen- **3** *fis* {CAMPO VETTORIALE, CORRENTE, FLUSSO, MOTO, REGIME} laminar.

lamināre② *tr* **1** (*ridurre in lamine*) ~ **qc** {ACCIAIO, FERRO} etw (aus|)walzen **2** (*coprire con lamine*) ~ **qc** {ORLOGIO D'ORO} *fig* mit einem Metallbelag versehen **3** *sport* (*nello sci*) ~ **qc** {SCI} etw mit Stahlkanten versehen **4** *tess* ~ **qc** {STOFFA} etw strecken, etw laminieren.

laminàto, (-a) A *agg* **1** {ACCIAIO} (aus)gewalzt, Walz- **2** (*rivestito di lamine*) {MOBILE} furniert **3** *tess* {FILATO} laminiert, gestreckt B m **1** (*materiale*) Walzstück m, Walzgut n: ~ **di acciaio**, Walzstahl m; ~ **plastico**, Kunst

stoffplatte f **2** *tess* Lamé m.

laminatóio <-*toi*> m *tecnol* Walzmaschine f, Walzwerk n: ~ **continuo** (**a caldo/freddo**), (Warm-/Kalt)dauerwalzwerk m, kontinuierliches (Warm-/Kalt)walzwerk m; ~ **per fili/lamiere/profilati**, Draht-/Blech-/Profilwalzwerk n.

laminazióne f *tecnol* {+METALLO, RESINA} (Aus)walzen n.

làmpada f **1** *gener* Lampe f, Licht n: **ormai è buio, accendi la ~!**, es ist jetzt dunkel, schalte bitte das Licht an!; ~ **alogena**, Halogenlampe f; ~ **elettrica**, elektrisches Licht; ~ **a gas/olio/petrolio**, Gas-/Öl-/Petroleumlampe f; ~ **a incandescenza**, Glühlampe f; ~ **al neon**, Neonröhre f, Neonlampe f; ~ **da notte/tavolo**, Nachttisch-/Tischlampe f; ~ **a raggi infrarossi/ultravioletti**, Infrarotstrahler m/Höhensonne f; ~ **di sicurezza**, Sicherheitslampe f; ~ **a stelo**, Stehlampe f; ~ **tascabile**, Taschenlampe f **2** (*lampadina*) Glühbirne f, Glühlampe f: **bisogna cambiare la ~, è bruciata**, die Glühbirne muss ausgewechselt werden, sie ist durchgebrannt **3** (*lume*) Votivlicht n **4** (*fornelletto*) Brenner m: ~ **per saldare/[a spirito]**, Schweiß-/ Spiritusbrenner m **5** (*fiamma*) Licht n, Schimmer m **6** *fig* (*guida*) geistiger Führer, Leitbild n **7** *fig lett* (*stella*) Stern m **8** *gastr* Kocher m, Rechaud m *region CH* A ● ~ (*abbronzante*/[a raggi UVA]), UV-Lampe f, Höhensonne f: **fare troppe lampade (abbronzanti) fa male alla pelle**, zu oft unter der Höhensonne zu liegen, schadet der Haut; **avere la ~ di Aladino** *fig* (*riuscire a ottenere tutto ciò che si desidera*), sich (dat) alle Wünsche erfüllen können; ~ **della vita** *fig* (*continuità di generazione in generazione*), Lebensbaum m, Lebensstrahl m.

lampadàrio <-*ri*> m {ANTICO; +SALOTTO} (Kron)leuchter m, Lüster m *obs*.

lampadìna <*dim di* lampada> f Glühbirne f, Glühlampe f: **deve essersi bruciata/fulminata/fusa la ~**, die Glühbirne muss durchgebrannt sein; ~ **smerigliata**, mattierte Glühbirne; ~ **spia**, Kontrolllampe f; ~ **da 100 candele/watt**, 100 W(att)-(Glüh)birne f ● **all'improvviso gli si accese la ~** *fig* (*gli venne una buona idea*), plötzlich kam ihm eine gute Idee/[hatte er einen Geistesblitz m].

lampànte *agg* **1** (*rilucente*) {MEDAGLIA} leuchtend, funkelnd **2** (*limpido*) {LIQUIDO} klar **3** *fig* (*evidente*) offensichtlich, offenkundig, einleuchtend: **la verità è chiara e ~!**, die Wahrheit liegt klar und offen zu Tage/[auf der Hand]! **4** *rar* (*da lampada*) {PETROLIO} Lampen-.

lampàra f (*nella pesca*) **1** (*lampada*) (Nacht)leuchte f, Licht n: **pescare alla ~**, mit der Nachtleuchte fischen, Lichtfischerei betreiben **2** (*rete*) Leuchtfischernetz n, Netz n zum Nachtfischfang **3** (*barca*) Leuchtfischerboot n, Boot n zum Nachtfischfang.

lampascióne m *merid* **1** *bot* schopfblütige Traubenhyazinthe f **2** (*sciocco*) Dummkopf m *spreg*, Trottel m *fam spreg*.

lampeggiaménto m **1** *anche fig* (*bagliore*) Funkeln n: **ebbe un repentino ~ d'occhi**, seine/ihre Augen begannen plötzlich zu funkeln **2** *autom* {+FARI, FRECCE} Blinken n **3** *meteo* Blitzen n, Wetterleuchten n: **c'era uno strano ~ nel cielo**, am Himmel war ein seltsames Wetterleuchten zu sehen.

lampeggiànte A *agg* **1** (*intermittente*) {SEMAFORO} blinkend; {LUCE} Blink- **2** *fig lett* (*balenante*) ~ **di qc** {SGUARDO D'IRA} funkelnd vor etw (dat) **3** *meteo* {CIELO} blitzend B m (*apparecchio*) Blitzgerät n.

lampeggiàre <*lampeggio, lampeggi*> A *itr* <*avere*> **1** *anche fig* (*balenare*) funkeln, (auf|)blitzen, (auf|)leuchten: **le artiglierie lam**

peggiavano nella notte, die Artilleriefeuer ˌleuchteten in der Nachtˌ/[blitzten in der Dunkelheit der Nacht auf]; **l'odio lampeggiava nei suoi occhi**, Hass funkelte in seinen/ihren Augen; **le spade lampeggiavano al sole**, die Schwerter blitzten in der Sonne **2** *autom tecnol* auf|blenden: **ho fatto ~ i fari della macchina**, ich habe (die Scheinwerfer) aufgeblendet **3** *meteo* {CIELO} blitzen, wetterleuchten **B** *itr impers* «*essere o avere*» *meteo* blitzen, wetterleuchten: **lampeggiò tutta la notte**, es blitzte die ganze Nacht.

lampeggiatóre *m* **1** *autom* Blinker *m* **2** *film fot* {ELETTRONICO} Blitzlicht *n*, Blitzgerät *n*.

lampéggio① <-*gi*> *m* **1** *autom* Warnblinker *m* **2** *film fot* Blitzen *n*.

lampéggio② <-*gii*> *m* (*lampeggiare continuato*) Funkeln *n*, (Auf)blitzen *n*, (Auf)leuchten *n*; *meteo* Wetterleuchten *n*.

lampionàio <-*nai*> *m stor* Laternen-, Lampenanzünder *m*.

lampioncino <*dim di lampione*> *m* {DECORATIVO} Lampion *m* o *n*, Papierlaterne *f*.

lampióne *m* (*lampada*) {+STRADA} (Straßen)laterne *f*, (Straßen)lampe *f*: **~ a gas/petrolio**, Gas-/Petroleumlaterne *f* ● **alla giapponese** (*con involucro di carta di riso*), Lampion *m* o *n*; **~ alla veneziana** (*con involucro di carta colorata*), venezianische Laterne *f*.

lampista <-*i m, -e f*> *mf* **1** *ferr* Signalwärter(in) *m*(*f*) **2** *min* Lampenwärter(in) *m*(*f*).

làmpo A *m* **1** (*fulmine*) Blitz *m*: **l'altra notte c'erano lampi e tuoni**, gestern Nacht blitzte und donnerte es **2** *lett* (*bagliore*) {+LAMA} Aufblitzen *n*; {+SPECCHIO} Schimmer *m*, Schein *n* **3** *fig* Blitzen *n*, Aufleuchten *n*: **i suoi occhi sprizzavano lampi**, seine/ihre Augen sprühten Blitze **4** *fig* (*intuizione*) (Geistes)blitz *m fam*, Einfall *m* **5** *fot* Blitz *m*: **~ elettronico**, Elektronenblitz *m*; **~ fotografico**, Blitzlicht *n*; **~ al magnesio**, Magnesiumlicht *n* **B** <*inv*> (*cerniera*) {+GIUBBOTTO} Reißverschluss *m* **C** <*inv*> *in funzione di agg* **1** (*che dura pochissimo*) {GUERRA, VISITA} Blitz-: **matrimonio ~**, Blitz-/Kurzehe *f*; (*brevissimo*) {NOTIZIA} Kurz- **2** (*che chiude velocemente*) {CERNIERA} Reiß- **D** *loc avv* (*in un attimo*): **in un ~**, {FARE, SISTEMARE QC, TORNARE} im Nu, blitzschnell ● (**veloce**) **come un ~** *fig* (*velocissimo*), (schnell) wie der Blitz *fam*, wie ein geölter Blitz *fam*; **è corso via** (**veloce**) **come un ~** (*molto rapidamente*), er ist wie ein Blitz davongerannt *fam*; **fare lampi e fulmini** *fig* (*essere molto arrabbiato*), außer sich (*dat*) sein vor Wut, vor Wut kochen *fam*, in die Luft gehen *fam*; **avere un ~ di genio** *fig* (*un'improvvisa intuizione*), einen Geistesblitz haben *fam*; **dopo il ~** (**viene**) **il tuono** *fig* (*passare all'azione dopo le minacce*), nach dem Grollen folgt das Donnerwetter *fam*.

lampóne A *m* **1** (*pianta*) Himbeerstrauch *m* **2** (*frutto*) Himbeere *f* **B** <*inv*> *in funzione di agg* {COLORE} Himbeer-, himbeer- **C** <*inv*> (*colore*) Himbeerrot *n*.

lampréda *f zoo* Lamprete *f*, Neunauge *n*.

LAN *f inform abbr dell'ingl Local Area Network* (*rete in area locale*) LAN *n* (lokales Netzwerk).

làna *f* **1** *gener* {+PECORA} Wolle *f*: **~ da materasso**, Matratzenwolle *f*; **un tempo la ~ si filava a mano**, früher wurde die Wolle handgesponnen **2** (*filato*) Wolle *f*, Wollfaden *m*, Wollgarn *n*: **~ greggia**, Natur-/Rohwolle *f*; **~ cardata/fine**, Streich-/Feinwolle *f*; **~ madre/pettinata**, Kern-/Kammwolle *f*; **~ sucida/vergine**, Schweiß-/Schurwolle *f*; **~ per lavori a maglia**, Strickwolle *f* **3** (*tessuto*) Wollstoff *m*: **una giacca misto ~**, eine Jacke aus Mischgarn **4** (*laniccio*) Staubfluse *f*: **non faccio che raccogliere la ~ sotto i mobili**, ich bin immer nur dabei, die Staubflusen unter den Möbeln zusammenzukehren **5** *tecnol* Wolle *f*: **~ d'acciaio**, Stahlwolle *f*; **~ di legno/vetro**, Holz-/Glaswolle *f*; **~ di roccia**/[*scorie minerali*], Gesteins-/Schlackenwolle *f* ● **andare per ~ e tornarsene tosi** *fig* (*partire con grandi speranze e tornare delusi*), ˌvoller Hoffnungen losfahrenˌ/[hochfliegende Pläne haben] und enttäuscht/[mit eingezogenem Schwanz] zurückkehren; **cercare la ~ dell'asino** *fig* (*cercare qc nel posto sbagliato*), ˌam falschen Ortˌ/[unterm Birnbaum nach Äpfeln] suchen; **essere una buona ~** *fig fam* (*briccone*), ein Spitzbube *fam*/Gauner *fam* sein; **vendere la ~ per salvar la pecora** *fig* (*rinunciare a qc per salvarne una più importante*), auf Entbehrliches verzichten, um das Wesentliche zu retten; kleine Opfer bringen, um der Sache zu dienen; Ballast abwerfen/[über Bord werfen], um das (Luft)schiff zu retten; Haare lassen müssen, um etwas zu erreichen; **mischiare ~ e seta** *fig* (*cose diverse fra loro*), Äpfel und Birnen zusammenzählenˌ/[mit Birnen addieren]; **essere della stessa ~** *fig* (*avere lo stesso carattere*), aus dem gleichen Holz (geschnitzt) sein.

lanaiòlo, (-**a**) *m* (*f*) **1** (*commerciante*) Wollhändler(in) *m*(*f*) **2** (*operaio*) Arbeiter(in) *m*(*f*) in einer Wollfabrik.

lanceolàto, (-**a**) *agg* **1** (*a forma di lancia*) {DECORAZIONE} lanzenförmig **2** *bot* {FOGLIA} lanzenförmig, lanzettlich, lanzettförmig.

lancétta <*dim di lancia*①> *f* **1** {+OROLOGIO} (Uhr)zeiger *m*: **~ delle ore/dei minuti/dei secondi**, Stunden-/Minuten-/Sekundenzeiger *m* **2** *bot* wilde Tulpe **3** *itt* Lanzettfisch *m* **4** *med* {+CHIRURGO} Lanzette *f*: **~ per il salasso**, Aderlasslanzette *f*, Aderlassschnäpper *m*.

lància① <-*ce*> *f* (*arma*) Lanze *f*: **~ da combattimento/torneo**, Kampf-/Turnierlanze *f* **2** (*arpione*) Harpune *f* **3** *mil* (*guerriero*) Lanzenträger *m*: **essere una buona ~**, ein guter Krieger sein **4** *tecnol* Rohr *n*: **~ da fuoco**, Flammenwerferrohr *n*; **~ d'idrante**, Strahlrohr *n*; **~ per sabbiare**, Sandstrahlrohr *n* ● **partire ~ in resta** *fig* (*cominciare qc con entusiasmo*), begeistert/[mit Feuereifer] loslegen *fam*, Feuer und Flamme sein *fam*; **spezzare una ~ in favore di qu/qc** *fig* (*aiutare qu/qc*), *jdn*/*etw* eine Lanze brechen.

lància② <-*ce*> *f mar* (*imbarcazione*) Boot *n*, Schaluppe *f*, Kutter *m*: **~ di salvataggio**, Rettungsboot *n*.

lanciàbile *agg* **1** (*che si può lanciare*) {PIATTELLO} schleuderbar **2** *comm* **~ su qc** {PRODOTTO SUL MERCATO} auf *etw* (*dat*) absetzbar.

lanciabómbe <-> *m aero mil* Bombenabwurfvorrichtung *f*.

lanciafiàmme <-> *m mil* Flammenwerfer *m*.

lanciamìssili *mil* **A** <*inv*> *agg* {SOMMERGIBILE} raketenbestückt; {BASE} Raketen(abschuss)- **B** <-> *m* Raketenabschussrampe *f*, Raketenstarter *m*.

lanciapiattèllo <*inv*> *agg* {MACCHINA} Wurf- **B** <-> *m* Wurfmaschine *f*.

lanciaràzzi *mil* **A** <*inv*> *agg* {PISTOLA} Leuchtsignalpatronen- **B** <-> *m* {MULTIPLO} Raketenwerfer *m*, Raketenapparat *m*.

lanciàre <*lancio, lanci*> **A** *tr* **1** (*gettare*) **~ qc** {PALLA, SASSO} *etw* werfen, *etw* schleudern; {FRECCIA} *etw* ab|-, los|schießen; {RAZZO} *anche mil* *etw* ab|feuern; {CORDA} *etw* zu|werfen; {BOMBA} *etw* ab|werfen; {CANDELOTTO LACRIMOGENO} *etw* ab|feuern; {DRAGO FIAMME} *etw* speien, (*con i piedi*) *etw* schießen; (*dall'alto*) **~ qu/qc** {PARACADUTISTI, PACCO VIVERI} *jdn*/*etw* ab|werfen **2** (*gettare fuori*) **~ qc da qc** {OGGETTI DAI FINESTRINI} *etw* aus *etw* (*dat*) werfen **3** (*incitare*) **~ qu/qc** (**a qc**) (+ *compl di luogo*) {CAVALLO AL GALOPPO} *etw* in *etw* (*acc*) setzen; {CAVALLO VERSO IL TRAGUARDO} {CAVALLO WOHIN} los|galoppieren lassen; {CANE ALLA PREDA} *etw* (*acc*) an|setzen; **~ qc** (**contro qu/qc**) {CANI CONTRO I LADRI} *etw* (*auf jdn/etw*) los|lassen, *etw* (*auf jdn/etw*) hetzen: **~ i soldati all'assalto**, die Soldaten angreifen lassen **4** (*dare velocità*) **~ qc** (+ *compl di luogo*) {AUTOMOBILE SULL'AUTOSTRADA} *etw* (*irgendwo*) beschleunigen, (*irgendwo*) Gas geben *fam*, *etw* (*irgendwo*) hoch|jagen *slang*, *etw* (*irgendwo*) aus|fahren **5** *anche fig* (*mandare*) **~ qc** (**contro qu/qc**) {BESTEMMIA, GRIDO, IMPROPERI CONTRO LA SORELLA, MALEDIZIONE CONTRO GLI AVVERSARI} *etw* (*gegen jdn/etw*) aus|stoßen; **~ qc** (**a/verso qu/qc**) {OCCHIATA VERSO LA RAGAZZA} *jdm etw* zu|werfen; {BACIO ALL'AMANTE} *jdm etw* zu|werfen: **~ una frecciatina al collega**, dem Kollegen gegenüber eine spitze Bemerkung machen, einen vergifteten Pfeil auf den Kollegen abschießen **6** *fig* (*presentare*) **~ qc** {IDEA, MOZIONE, ecc.} *etw* vor|bringen; {PETIZIONE} *anche etw* ein|reichen; {PROPOSTA} *etw* unterbreiten, *etw* vor|legen; {MODA} *etw* vor|stellen; {ACCUSA} *etw* erheben; {CAMPAGNA PUBBLICITARIA} *etw* starten **7** *fig* (*far conoscere al pubblico*) **~ qu/qc** {AMICO, ATTORE, CANTANTE, DISCO} *jdn/etw* lancieren **8** *fig* (*iniziare*) **~ qc** {ASSALTO} *etw* starten: **~ un'offensiva**, in die Offensive gehen **9** *aero* **~ qc** {ALIANTE} *etw* starten; {SATELLITE} *etw* in eine Umlaufbahn bringen **10** *comm* **~ qc** (+ *compl di luogo*) {NUOVO DETERSIVO IN OLANDA} *etw* (*irgendwo*) ein|führen, *etw* (*irgendwo*) lancieren; {DITTA NUOVO PRODOTTO SUL MERCATO} *etw* auf *etw* (*acc*) bringen, *etw auf etw* (*acc*) werfen, *etw* (*irgendwo*) in Umlauf bringen **11** *inform* **~ qc** {PROGRAMMA} *etw* ein|geben, *etw* ein|speichern, *etw* starten: **la stampa**, den Drucker anwerfen **12** *sport* (*nel calcio*) **~ qu** {COMPAGNO} *jdm* einen Pass/den Ball zu|spielen, *jdn* schicken *slang*: **~ qu a rete**, *jdm* eine Vorlage geben; (*nel ciclismo*): **~ la volata**, zum Spurt ansetzen; (*nell'atletica*) {DISCO, GIAVELLOTTO} *etw* werfen; **il peso**, Kugel stoßen **13** *tel* **~ qc** {TELEX} *etw* ab|schicken, *etw* übermitteln **14** *zoo* **~ qc** {FAGIANI} *etw* auswildern **B** *rfl* **1** (*buttarsi*): **lanciarsi su/contro qu/qc** {ESERCITO CONTRO IL NEMICO} sich *auf/gegen jdn/etw* stürzen, sich *auf/gegen jdn/etw* werfen, *auf* (*dall'alto*): **lanciarsi da qc** {DAL TRAMPOLINO} *von etw* (*dat*) ab|springen; {DALLA TORRE DI PISA} *anche* sich *von etw* (*dat*) stürzen, (*fuori*) {DALL'AUTO} sich *aus etw* (*dat*) stürzen, *aus etw* (*dat*) springen; *anche fig* **~ a qc** {ALLA CONQUISTA DEL MERCATO TEDESCO} *mit etw* (*dat*) beginnen, *zu etw* (*dat*) schreiten: **lanciarsi all'assalto**, zum Angriff übergehen; **lanciarsi al galoppo**, zu galoppieren beginnen; **lanciarsi all'inseguimento**, die Verfolgung aufnehmen **2** (*prendere velocità*): **lanciarsi** {MOTOCICLISTA, PILOTA} starten, beschleunigen, an Tempo/Geschwindigkeit gewinnen **3** *fig* (*gettarsi senza ritorno*): **lanciarsi in qc** {NELLA MISCHIA, IN POLITICA} sich *in etw* (*acc*) stürzen: **si è lanciato in un'impresa molto rischiosa**, er hat sich ˌin ein sehr riskantes Unternehmen gestürztˌ/[auf ein sehr riskantes Unternehmen eingelassen]; **dai, lanciati anche tu nella discussione!**, los, ˌnimm auch an der Diskussion teilˌ/[schalt dich auch in die Diskussion ein]! **4** *fig* (*osare*): **lanciarsi** sich entschließen, sich überwinden, es wagen: **finalmente ti sei iscritto anche tu in palestra! — Sì, mi sono lanciato!**, endlich hast du dich auch beim Fitnesscenter eingeschrie-

lanciasiluri <-> m mar mil **1** Torpedo(ausstoß)rohr n **2** (nave) Torpedoschiff n, Torpedoboot n.

lanciàto, (-a) agg **1** (gettato) {OGGETTO} abgeworfen, abgeschossen **2** (molto veloce) {AUTO, MOTO} in voller Fahrt: **essere ~**, {CORRIDORE} dahinsausen, dahinrasen; {MACCHINA} in voller Fahrt sein **3** fig (preso) **~ (in qc)** {AMICO NELLA DISCUSSIONE} von etw (dat) gepackt **4** fig (famoso) {ATTORE} berühmt, erfolgreich: **tuo fratello è ormai ~ nel mondo degli affari**, deinem Bruder ist mittlerweile der Durchbruch in der Geschäftswelt gelungen **5** sport (nello sci): **kilometro ~**, Einkilometerrennen mit fliegendem Start.

lanciatóre, (-trice) m (f) **1** (chi lancia) {+PIETRA} Werfer(in) m(f) **2** sport (nell'atletica) Werfer(in) m(f): **~ del disco/giavellotto**, Diskus-/Speerwerfer m; **~ del peso**, Kugelstoßer m.

lancière m mil Lanzenreiter m.

lancinànte agg (molto acuto) {DOLORE} stechend.

làncio <-ci> m **1** gener {+SASSO} Wurf m; (dall'alto) {+BOMBA, VIVERI} Abwurf m **2** (salto) {+PARACADUTISTA} Sprung m: **fare un ~ col paracadute**, einen Fallschirmabsprung machen **3** (il lanciare) Werfen n **4** fig {+ATTORE, DISCO, FILM} Lancierung f, Lancieren n **5** aero {+RAZZO, SATELLITE ARTIFICIALE} Start m **6** comm {+NUOVO PRODOTTO} Lancieren n, Markteinführung f: **il ~ della nuova marca è previsto per marzo**, die neue Marke kommt im März auf den Markt; **~ propagandistico**, Lancierung f, Werbeeinführung f **7** giorn Agenturnachricht f **8** (nella pesca) Auswerfen n **9** sport (nell'atletica) Wurf m: **~ del disco/giavellotto**, Diskus-/Speerwurf m, Diskus-/Speerwerfen n; **~ del peso**, Kugelstoßen n; (nel baseball) Wurf m, Werfen n; (nel calcio) Steilpass m.

Land <-, Länder pl ted> m ted anche fig (Bundes)land n.

lànda f (pianura) Heide f, Ebene f: **una ~ dimenticata da Dio**, eine gottverlassene Ebene; **~ di Luneburgo**, Lüneburger Heide f.

land art <-> loc sost f ingl arte Landart f.

landau <-, -s pl franc> m franc (carrozza) Landauer m.

landò → landau.

Land Rover® <-, - -s pl ingl> loc sost f ingl (auto) Landrover® m.

lanerìe f pl (assortimento di tessuti di lana) Wollwaren f pl.

lanétta <dim di lana> f tess leichter Wollstoff, Halb-, Mischwolle f.

lànga <-ghe> f geog **1** piem (piemontesische) Langa **2** fig (regione collinosa coperta di boscaglia) Langa f **3** fig (terreno collinoso) Hügellandschaft f.

langràvio <-vi> m stor Landgraf m.

langue <-> f franc ling Langue f.

languidézza f **1** (debolezza) {+CONVALESCENTE} Schwäche f, Mattigkeit f **2** fig (svenevolezza) {+SGUARDO DI QU} Schmachtende n decl come agg **3** fig {+STILE} Kraftlosigkeit f • **~ di stomaco** (languore), Leeregefühl n im Magen.

lànguido, (-a) agg **1** (debole) {LUCE} schwach, matt; {CORPO} anche kraftlos **2** fig (svenevole) {OCCHI, SGUARDO} schmachtend, sehnsüchtig; {GESTI} affektiert forb; {VOCE} anche süßlich spreg **3** fig {PROSA} kraftlos.

languii 1ª pers sing del pass rem di languire.

languire <irr languo o languisci, languii, languito> itr **1** (indebolirsi) {MALATO} ermatten,

schwach/schwächer werden; {LUCE, PASSIONE} schwach werden, nach|lassen **2** (stentare) {ATTIVITÀ} stocken: **la conversazione langue**, die Konversation stockt **3** fig (struggersi) **~ (di qc)** sich vor etw (dat) verzehren, nach etw (dat) schmachten, vor etw (dat) vergehen: **~ d'amore per qu**, sich in Liebe zu jdm verzehren forb; **~ in carcere**, im Gefängnis schmachten forb; **~ dalla fame**, vor Hunger vergehen.

languóre m **1** (fiacchezza) {+REAZIONE} Schlaffheit f, Schwäche f **2** fig (svenevolezza) {+SGUARDO} Schmachtenden decl come agg **3** fig {+ATTEGGIAMENTO, GESTO} Affektiertheit f forb: **morire di ~**, vor Sehnsucht vergehen **3** <di solito al pl> fig (sentimentalismo) Zimperlichkeit f spreg, Getue n fam spreg: **era pieno di languori e smancerie**, er gab sich entsetzlich geziert und affektiert spreg • **~ di stomaco**, Leeregefühl n im Magen.

laniccio <-ci> m **1** (lanugine) Staubfluse f, Staubflocke f: **ho tolto il ~ sotto i mobili**, ich habe die Staubflusen unter den Möbeln entfernt **2** zoo {+BACO DA SETA} Flaumhaar n.

lanière f tess Wollwarenfabrikant(in) m(f); Arbeiter(in) m(f) in einer Wollfabrik.

laniéro, (-a) agg tess {INDUSTRIA} Woll-.

lanifìcio <-ci> m tess Wollweberei f; (filatura) Wollspinnerei f.

lanolìna f chim Lanolin n.

lanóso, (-a) agg **1** (ricco di lana) {PECORA, TESSUTO} Woll-, wollig **2** (simile alla lana) {CAPELLI} wollähnlich, wollig.

lantànide chim A agg Lanthanid-, Lanthanoid- B m Lanthanid n, Lanthanoid n.

lantànio <-> m chim Lanthan n.

lantèrna f **1** gener Laterne f, Leuchte f: **~ cieca**, Blendlaterne f; **~ cinese**, Lampion m o n; **~ veneziana**, venezianische Laterne **2** (faro) Leuchtturm m; (parte terminale del faro) Laterne f, Blinklicht n, Feuer n **3** <di solito al pl> fig scherz (occhi) Augen n pl; (occhiali) Brille f **4** fig rar (guida) {SPIRITUALE} Führer m, Vorbild n **5** arch {+CUPOLA, LUCERNARIO, SCALE} Laterne f **6** film {+PROIEZIONE} Lampengehäuse n **7** teat Bühnenbeleuchtung f • **andarsene a cercare con la ~** fig (andare in cerca di guai), sich selber in Schwierigkeiten bringen, sich (dat) selber unnötig das Leben schwer machen; **~ di Aristotele** zoo, Laterne f des Aristoteles (Kauapparat der Seeigel); **~ magica** ott, Laterna magica f; **essere magro come una ~** fig (molto magro), dünn wie eine Bohnenstange sein fam.

lanternìno <dim di lanterna> m kleine Laterne • **cercare qu/qc col ~** fig (con cura), jdn/etw mit der Laterne/[gewissenhaft]/[verzweifelt] suchen; **andarsene a cercare con il ~** fig (andare in cerca di guai), sich selber in Schwierigkeiten bringen, sich (dat) selber unnötig das Leben schwer machen.

lanùgine f anche bot {+GUANCE DI UN RAGAZZO} Flaum m.

lanzichenécco <-chi> m mil stor Landsknecht m.

lapalissiàno, (-a) agg (ovvio) {CHIAREZZA} offensichtlich, auf der Hand liegend: **la risposta è lapalissiana**, die Antwort liegt auf der Hand/[versteht sich von selbst].

laparotomìa, **laparotomia** f med Bauchschnitt m, Laparotomie f scient.

lap dance <-, - -s pl ingl> loc sost f ingl (danza) Lap-Dance m.

lapidàre tr **1** (scagliare pietre) **~ qu** {ADULTERA} jdn steinigen **2** fig (insultare) **~ qu** jdn an|prangern **3** tecnol **~ qc** läppen.

lapidàrio, (-a) <-ri m> A agg **1** (delle lapidi) {ARTE} Steinmetz- **2** fig (conciso) {RISPOSTA} lapidar forb, knapp; {STILE} anche Lapi-

dar- forb B m (f) **1** (operaio) Steinmetz(in) m(f), Steinhauer(in) m(f) **2** (nell'oreficeria) Edelsteinschneider(in) m(f) C m **1** (museo) Lapidarium n, Inschriftensammlung f **2** edit {MEDIEVALE} Abhandlung f über Edelsteine.

lapidatóre, (-trice) A agg anche fig (che lapida) {VOLGO} steinigend; {INTERVENTO} Steinigungs- B m (f) Steiniger(in) m(f).

lapidatrice f tecnol Läppmaschine f.

lapidatùra f **1** (nell'oreficeria) Feinschliff m, Feinschleifen n **2** tecnol Läppen n.

lapidazióne f **1** (esecuzione) {+BESTEMMIATORE} Steinigung f; (azione) anche Steinigen n **2** tecnol Läppen n.

làpide f **1** (pietra tombale) Grabstein m **2** (lastra con epigrafe) Gedenktafel f, Gedenkstein m: **hanno messo una ~ dedicata alle vittime del terrorismo**, den Opfern des Terrorismus wurde eine Gedenktafel errichtet.

lapidèllo m tecnol Läppdorn m, Läppstein m.

lapìdeo, (-a) A agg **1** (di pietra) {URNA} steinern, Stein- **2** (simile a pietra) {MATERIALE} steinartig **3** fig (duro) steinern, steinhart B m (f) (operaio) Steinbrecher(in) m(f).

lapìllo m <di solito al pl> geol {+ETNA} Lapilli pl.

lapin <-> m franc (pelliccia di coniglio) Kaninin n.

làpis <-> m (matita) Bleistift m; (colorata) Buntstift m: **~ rosso/verde**, roter/grüner Buntstift; **~ emostatico** farm, Blutstill-, Alaunstift m.

lapislàzzuli <-> m min Lapislazuli m, Lasurstein m.

lappàre① tr **~ (qc) 1** (bere leccando) {GATTO LATTE} (etw) schlabbern fam **2** fig (bere o mangiare avidamente) {RAGAZZO MINESTRA} (etw) schlürfen.

lappàre② tr tecnol **~ qc** etw läppen.

lappatùra f tecnol Läppen n.

làppone A agg lappisch, lappländisch B mf (abitante) Lappe m, Lappin f, Lappländer(in) m(f) C m <solo sing> (lingua) lappische Sprache.

làpsus <-> m lat **1** (errore) Lapsus m forb, Flüchtigkeitsfehler m, Versehen n: **~ calami**, Schreibfehler m, Lapsus Calami m forb; **~ linguae**, Versprecher m, Lapsus Linguae m forb; **~ memoriae**, Gedächtnislücke f, Lapsus Memoriae m **2** psic Fehlleistung f: **è stato un ~ freudiano**, das war eine freudsche Fehlleistung.

laptop <-> m ingl inform Laptop m.

lardellàre tr **1** gastr **~ qc** {ARROSTO} etw spicken **2** fig scherz (infiorare) **~ qc di qc** {DISCORSO DI CITAZIONI} etw mit etw (dat) spicken.

làrdo m gastr Speck m • **gettare il ~ ai cani** fig (buttare via qc), Perlen vor die Säue werfen fam; **nuotare nel ~** fig (vivere nella ricchezza), leben wie die Made im Speck fam, im Fett sitzen/schwimmen fam.

lardóso, (-a) agg **1** (che ha molto lardo) {ARROSTO} fett, mit dicker (Speck)schwarte **2** scherz (grasso) {RAGAZZA} mollig eufem, gut gepolstert scherz, speckig fam spreg.

làre m <di solito al pl> relig stor rom Hausgott m • **tornare ai patri/propri lari** fig scherz (a casa, in patria), heimkehren zur Scholle scherz.

large <inv> agg ingl (grande, abbr L) large (abbr L).

largheggiàre <largheggio, largheggi> itr (essere generoso) **~ (di/in qc)** (mit etw dat) großzügig/freigebig sein: **~ in cortesie**, extrem/ausgesprochen höflich/zuvorkommend sein; **~ in mance**, mit Trinkgeldern um sich werfen; **~ in/di promesse**, große Versprechungen machen, allerhand fam versprechen; **ora che è ricco può ~ (col denaro)**, jetzt wo er reich ist, kann er es sich leisten, großzügig zu sein/[das Geld mit vollen Händen ausgeben].

larghézza f **1** gener {+CAMERA, CARATTERE, FORO, PAGINA, VASO} Breite f: **quanto è/misura di ~ la piscina?**, wie breit ist das Schwimmbecken?; **la tavola è 1 m di lunghezza e 80 cm di ~**, der Tisch ist 1 m lang und 80 cm breit **2** (*ampiezza*) {+ABITO} Weite f: **~ di torace**, Brustweite f **3** (*spaziosità*) {+PALCOSCENICO, SALONE} Geräumigkeit f **4** *fig* (*generosità*) Großzügigkeit f, Freigebigkeit f: **distribuire/donare/elargire con ~**, freigebig/gebefreudig sein, eine milde/offene Hand haben **5** *fig* (*apertura mentale*) Aufgeschlossenheit f: **~ d'idee**, Weitblick m **6** *fig* (*indulgenza*) Nachsicht f: **giudicare con ~**, mit Nachsicht (be)urteilen **7** *fig* (*elasticità*) eine Vorschrift flexibel auslegen **8** *fig* (*abbondanza*) Fülle f, Überfluss m: **con ~ di particolari**, mit einer Fülle an Einzelheiten ● **~ di banda**, Bandbreite f.

largìre ⟨*largisco*⟩ tr *lett* (*concedere*) ~ **qc** {FAVORI} etw erweisen; {GRAZIE} anche etw gewähren; {SOVVENZIONI} etw spenden, etw stiften.

largitóre, (-trice) *lett* A agg (*che elargisce*) {ENTE} spendend, stiftend B m (f) (*chi elargisce*) Spender(in) m(f).

largizióne f *lett* Spende f, Geschenk n, Stiftung f: **reggersi su una politica di continue largizioni**, sich durch andauernde Spendenpolitik an der Macht erhalten; (*azione*) anche Spenden n, Schenken n.

làrgo, (-a) ⟨-ghi, -ghe⟩ A agg **1** gener {GALLERIA, SCATOLA, STANZA, TAVOLO} breit: **quanto è ~ il corridoio? – Tre metri**, wie breit ist der Korridor? – Drei Meter; **un nastro ~ due centimetri**, ein zwei Zentimeter breites Band **2** (*ampio*) {GESTO, GIRO} weit; {CURVA} flach; **~ di fianchi/spalle**, mit breiten Hüften/breitschult(e)rig; **la strada in quel punto è molto larga**, die Straße ist an dieser Stelle sehr breit **3** (*gran*) {MARGINE, QUANTITÀ} groß; {DISPENDIO, GUADAGNO} hoch: **ha una larga parte degli utili**, er/sie bekommt einen Großteil der Gewinne, auf ihn/sie fällt ein Großteil der Gewinne ab **4** (*spazioso*) {PALESTRA} geräumig **5** (*comodo*) {VESTITO} weit, bequem; (*troppo ampio*) zu weit: **la gonna mi è larga**, der Rock ist mir zu weit; **le scarpe mi stanno troppo larghe**, die Schuhe sind mir zu weit **6** ⟨*solo pl*⟩ (*distanziato*) mit Abstand, weit voneinander: **sistemare le sedie ben larghe nel salone**, die Stühle in großem Abstand voneinander im Salon aufstellen **7** *fig* (*non limitato*) {IDEE, INTERPRETAZIONE} großzügig, aufgeschlossen: **in senso ~**, in einem weitgefassten Sinn; **nel significato più ~ del vocabolo**, im weitesten Sinn (des Wortes) **8** *fig* (*generoso*) ~ (**in**/**di qc**) {AMICO, MAESTRO DI LODI, NEI VOTI} großzügig (*mit etw dat*) **9** *fig* (*indulgente*) ~ (**in qc**) {AMICO NEI GIUDIZI} nachsichtig (*in etw dat*): **l'insegnante è stato molto ~ nel valutare la traduzione**, der Lehrer war bei der Bewertung der Übersetzung sehr nachsichtig **10** *fig* (*aperto*) {GENITORE DI IDEE, DI VEDUTE} offen *in etw* (*dat*) **11** *anat* **legamento ~**, Bauchfellbandserweiterung f, Ligamentum latum *scient* **12** *ling* {PRONUNCIA, VOCALE} offen **13** *mar* {VENTO} See-, auflandig B m **1** ⟨*solo sing*⟩ (*larghezza*) Breite f, Weite f **2** (*spazio*) Platz m: **i barellieri chiesero un po' di ~ per il ferito**, die Krankenträger baten um etwas mehr Platz für den Verletzten **3** ⟨*solo sing*⟩ (*alto mare*) offene See, offenes Meer: **si lasciò portare al ~ dalla corrente**, er/sie ließ sich von der Strömung auf die offene See hinaustreiben; **nuotava al ~**, er/sie schwamm aufs offene Meer hinaus/[auf dem offenen Meer]/[weit hinaus/draußen] **4** *mus* Largo n **5** *urban*: ~/**Largo**, Platz m; **ci vediamo in ~ Leopardi**, wir sehen uns dann auf dem Leopardi-Platz C loc avv (*nel senso della larghezza*): **in/per ~** ⟨STENDERE LA VERNICE⟩ breit D loc prep: **al ~ di qc**, ⟨DI UN PROMONTORIO⟩ vor etw (*dat*), auf der Höhe von etw (*dat*); **al ~ di Ventimiglia è stata avvistata una balena**, vor/[auf der Höhe von] Ventimiglia wurde ein Wal gesichtet E inter impr (*spazio*): ~ (**a qu/qc**)! Platz da (*für jdn/etw*)!: (*fate*) ~ **ai giovani!**, Platz den jungen Leuten Platz! ● **alla -a!** (*tenersi lontano da qu o qc*), weg da!, Finger weg! *fam*; (**con qc**), weg damit!; **fare ~** (*aprire un varco*), Platz machen; **farsi ~** (*tra la gente*/...) *fig* (*aprirsi un varco*), sich (*dat*) einen Weg durch die Menge bahnen; **farsi ~** (nella vita/[nel lavoro]) *fig* (*iniziare una carriera*), im Leben/[bei der Arbeit] vorankommen; **girare (al) ~**/[**alla larga**] **da qu/qc** *fig fam* (*tenersi lontano da qu/qc*), einen großen Bogen um jdn/etw machen *fam*; **essere più ~ che lungo** *fig fam* (*grasso*), mehr breit als lang sein, mehr in die Breite als in die Höhe gehen; **prendere il ~ mar**, {BARCA} in See stechen/gehen; *fig* (*andare via*), {RAGAZZA} sich davonmachen, sich aus dem Staube machen *fam*; **prenderla larga** (*prendere una curva allargandosi troppo*), eine Kurve zu sehr ausfahren; **prenderla**/[**prendere qc**] (**alla**) **larga** *fig* (*arrivarci in modo indiretto*), weit ausholen, um den heißen Brei herum machen *fam*; **stare larghi** *fig* (*comodi*), Platz haben, es bequem haben: **su quel divano si stava larghi anche in tre**, auf dem Sofa hatte man es auch dritt bequem; **stare alla larga da qu/qc** *fig* (*lontano*), jdn/etw meiden, einen großen Bogen um jdn/etw machen *fam*; **tenersi al ~ mar**, {BARCA} auf hoher See bleiben; **tenersi alla larga**/[**al ~**] **da qu/qc** *fig* (*evitarlo*), einen großen Bogen um jdn/etw machen *fam*, jdm/etw aus dem Weg gehen.

làrice m *bot* Lärche f.

larìnge f o m *anat* Kehlkopf m, Larynx m *scient*.

laringèo, (-a) agg **1** *anat* {TRATTO} Kehlkopf-, laryngeal *scient* **2** *ling* {SUONO} Kehlkopf-.

laringìte f *med* Kehlkopfentzündung f, Laryngitis f *scient*.

laringofaringìte f *med* Laryngopharingitis f *scient*.

laringoiàtra ⟨-i m, -e f⟩ mf *med* Laryngologe m, Laryngologin f.

laringoiatrìa f *med* Laryngologie f *scient*.

laringoiàtrico, (-a) ⟨-ci, -che⟩ agg *med* {VISITA} Laryngologie- *scient*.

laringologìa f *med* Laryngologie f *scient*.

laringoscòpio ⟨-pi⟩ m *med* Laryngoskop n *scient*.

laringotomìa f *med* Kehlkopfschnitt m, Laryngotomie f *scient*.

làrva f **1** *zoo* {+INSETTO} Larve f; (*vuota*) Larvenhülle f **2** *fig* (*ombra*) Schatten m: **essere la ~ di se stesso**, nur noch ein Schatten seiner selbst sein; **un uomo ridotto a una ~**, ein Mensch, der nur noch ein Schatten seiner selbst ist **3** *spreg* (*nullità*) Null f *fam spreg*: **l'impiegato allo sportello è una vera ~!**, der Beamte am Schalter ist echt eine Null! *fam spreg* **4** *fig* (*parvenza*) {+LIBERTÀ, VITA} (An)schein m, Abglanz m **5** *lett* (*fantasma*) Gespenst n, Phantom n **6** *stor rom* {+DEFUNTO} böser Geist ● **~ umana** *fig* (*persona malridotta*), Schatten m, (menschliches) Wrack.

larvàle agg **1** *zoo* larval, Larven- **2** *fig* (*in abbozzo*) {FASE, FORMA} Anfangs-.

larvàto, (-a) agg *anche fig* (*non manifesto*) {INTERESSE} verhüllt, verschleiert, versteckt; {REAZIONE ALLERGICA} indirekt.

larvicìda ⟨-i⟩ A agg {PRODOTTO} Larvenvernichtungs- B m (*sostanza*) Larvizid n.

lasàgna f pl *gastr* **1** (*pasta*) Bandnudeln f pl: **~ verdi**, Bandnudeln f pl mit Spinat, grüne Bandnudeln **2** (*piatto*): **~ (al forno)**, Lasagne f (*Nudelplatten mit Hackfleischfüllung*) ● **nuotar nelle ~** *fig* (*essere ricco*), im Geld schwimmen *fam*, Geld wie Heu haben *fam*.

lasciapassàre ⟨⟩ m **1** (*salvacondotto*) Passierschein m **2** *fig* (*garanzia*) Garantie f: **una laurea oggi non è più un ~ per un posto di lavoro**, ein Studienabschluss ist heute keine Garantie mehr für einen Arbeitsplatz ● **~ doganale** *dir*, Zollpassierschein m.

lasciàre ⟨*lascio, lasci*⟩ A tr **1** (*mollare*) ~ **qu/qc** {BRIGLIE, FRIZIONE, PRESA, VOLANTE} jdn/etw loslassen ~ **l'acceleratore/il freno**, vom Gas/[von der Bremse] gehen; **lasciami il braccio!**, lass meinen Arm los!; **lascialo, deve andare**, lass ihn, er muss gehen **2** (*abbandonare*) ~ **qu/qc** {GIOVANE FAMIGLIA, PAESE} jdn/etw verlassen, *anche* von etw (*dat*) gehen: **hanno lasciato il figlio a se stesso**, sie haben ihren Sohn sich (*dat*) selbst überlassen; **avevamo appena lasciato il teatro quando scoppiò l'incendio**, kaum hatten wir das Theater verlassen, als der Brand ausbrach; {STRADA PRINCIPALE} von etw (*dat*) ab|biegen; {LAVORO} etw aufgeben, etw kündigen; {COMANDO} etw nieder|legen; {PARTITO} aus etw (*dat*) aus|treten; {STUDIO} etw ab|brechen; **~ la scuola**, von der Schule (ab)gehen; **~ l'università**, sein Studium abbrechen; **l'angoscia non lo lascia**, die Angst lässt ihn nicht los; (*uso assol*) {AMMINISTRATORE DELEGATO} aus seinem Amt aus|scheiden **3** (*liberare*) ~ **qu/qc** {DETENUTO, FALCONE, UCCELLINO} jdn/etw frei|lassen; ~ **qc** (**a qu**) {POSTO, STANZA} jdm etw überlassen, (*jdm*) etw zur Verfügung stellen **4** (*separarsi*) ~ **qu** (**per qu**) {FIDANZATO PER UN ALTRO RAGAZZO, MARITO, MOGLIE} sich *von jdm* (*wegen jds*) trennen, jdn (*wegen jds*) verlassen, jdn (*wegen jds*) im Stich lassen, jdn (*wegen jds*) hängen lassen *fam*: **vuoi lasciare tua moglie per lei?**, willst du deine Frau ihretwegen verlassen? **5** (*non portare con sé*) ~ **qu/qc** (+ compl di luogo) jdn/etw (*irgendwo*) zurück|lassen, jdn/etw (*irgendwo*) da|lassen *fam*: **partendo ha lasciato tutta la famiglia nel suo paese d'origine**, als er/sie wegging, ließ er/sie seine/ihre ganze Familie in der Heimat zurück **6** (*dimenticare*) ~ **qc** (+ compl di luogo) {OCCHIALI A CASA} etw (*irgendwo*) (liegen) lassen; {VALIGIA IN TRENO} etw (*irgendwo*) (stehen) lassen; {GIACCA AL RISTORANTE} etw (*irgendwo*) (hängen) lassen **7** (~ **in eredità**) ~ **qc a qu/qc** *jdm/etw* vermachen, hinterlassen, *jdm/etw* etw vermachen: **ha lasciato tutti i suoi libri a una biblioteca pubblica**, er/sie hat alle seine/ihre Bücher einer öffentlichen Bibliothek vermacht; **mi ha lasciato in eredità l'appartamento**, er/sie hat mir die Wohnung vererbt; ~ **qu qc** *jdn zu etw* machen; **l'ha lasciato erede delle sue sostanze**, er/sie hat ihn zum Erben seines/ihres Vermögens gemacht **8** (*passare*) ~ **qc su/a qc** {FIUME A SINISTRA, POSTA SULLA DESTRA} *etw irgendwo* liegen lassen **9** (*affidare*) ~ **qu/qc a qu/qc** *jdm/etw* jdn/etw übergeben, *jdm/etw* jdn/etw an|vertrauen, *jdm/etw* etw zur Aufbewahrung geben: ~ **il bambino dalla vicina di casa**, das Kind bei der Nachbarin lassen/[der Nachbarin anvertrauen]; **le lascio (in custodia)** mio figlio/[la mia collezione di quadri], ich vertraue Ihnen meinen Sohn/

[meine Bildersammlung] an; ~ qc nelle mani di qu, jdm etw überlassen, jdm etw anvertrauen; ~ **qc a qu/qc** {ALL'ASSOCIAZIONE LA STESURA DI UN CODICE} jdm/etw etw überlassen; {INCARICO DELICATO A UN COLLABORATORE, A UN'IMPRESA} jdm/etw etw übertragen; {EGEMONIA CULTURALE ALLO STATO} etw etw (dat) belassen; dir ~ **qu a qu** {FIGLIO AL PADRE} jdn/[das Sorgerecht für jdn] jdm zu|sprechen **10** (consegnare) ~ **qc** (+ **compl di luogo**) {PACCO IN PORTINERIA} etw irgendwo lassen, etw (irgendwo) ab|geben **11** (vendere) ~ **qc a qu** jdm etw verkaufen, jdm/etw überlassen: gli ha lasciato la villa a un prezzo irrisorio, er/sie hat ihm die Villa für einen lächerlichen Preis verkauft **12** (parcheggiare) ~ **qc** (+ **compl di luogo**) {AUTO SULLA PIAZZA} etw (irgendwo) stehen lassen **13** (mettere) ~ **qc** (+ **compl di luogo**) {BORSA, CAPPOTTO AL GUARDAROBA} etw (irgendwo) lassen **14** (fare): hai lasciato correre il cane?, hast du den Hund laufen lassen?; gli ho lasciato capire/intendere che deve andarsene, ich habe ihm zu verstehen gegeben, dass er gehen muss; lasciolo dire!, lass ihn (doch) reden!; ma lascialo sfogare!, lass ihn sich doch austoben! **15** (perdere) ~ **qc** etw verlieren: ha lasciato una gamba in battaglia, er hat ein Bein in der Schlacht verloren; attento a non lasciarci la pelle!, pass auf, dass du dabei nicht draufgehst! fam **16** (morire) ~ **qu** {FIGLIO, MOGLIE} von jdm gehen eufem, jdn hinterlassen: ci ha lasciati dopo una lunga agonia, er/sie ist nach langem Todeskampf von uns gegangen eufem **17** (stingere) ~ **qc** {COLORE} etw aus|bleichen **18** (~ dire) ~ **qc a qu** {MENZOGNE AGLI AVVERSARI} jdm etw überlassen **19** anche fig (produrre) ~ **qc** {MACCHIA, RACCONTI, SAGGI, SEGNO} etw hinterlassen: il cervo ha lasciato delle orme sulla neve, der Hirsch hat Spuren im Schnee hinterlassen; ha lasciato un'impronta nella letteratura contemporanea, er/sie hat der zeitgenössischen Literatur seinen/ihren Stempel aufgedrückt **20** anche fig (far rimanere) ~ **qu/qc** (+ **compl di luogo**) {AMMINISTRATORE AL SUO POSTO} jdn/etw (irgendwo) (be)lassen: lasciò ogni cosa al suo posto, er/sie ließ alles unangetastet; ~ **qu di guardia/vedetta**, jdn Wache schieben lassen/[als Wachtposten zurücklassen]; ~ **qu in propria vece**, einen Stellvertreter für sich benennen **21** anche fig (tralasciare) ~ **qc** {SILLABA} etw aus|lassen; {PARTICOLARE IMPORTANTE} anche etw vergessen **22** fig ~ **qu/qc** + agg jdn/etw + agg lassen: ~ **invariato qc**, etw unverändert lassen, nichts an etw (dat) ändern; ~ **qu sfinito**, jdn erschlagen fam, jdn völlig erschöpfen; l'ha lasciato solo, er/sie hat ihn allein gelassen; ~ **qu stupefatto**, jdn verblüffen **23** (non portare dentro): ~ **fuori qu/qc** {BAMBINO, CANE, OMBRELLO} jdn/etw draußen lassen **24** fig (escludere): ~ **fuori qu** {COLLEGA} jdn aus|schließen; ~ **fuori qc** {CITTÀ} etw umgehen; {SOCIETÀ} etw nicht ein|beziehen **25** (stingere) ~ **giù qc** {STOFFA GIALLO, ROSSO} etw entfärben **26** (lasciare che segua): ~ **indietro qu** jdn zurück|lassen **27** fig (superare) ~ **indietro qu** {COMPAGNI DI CLASSE} jdn hinter sich (dat) lassen, jdn überflügeln **28** spec lett (cessare) ~ **qc** {DISCUSSIONE} mit etw (dat) auf|hören: ha lasciato di leggere per rispondere al telefono, er/sie hörte auf zu lesen, um ans Telefon zu gehen **29** lavori femminili ~ **qc** {MAGLIA} etw fallen lassen **30** (nei giochi di carte) ~ (**qc**) passen **B** rfl **1** (accomiatarsi): lasciarsi auseinander|gehen, sich trennen: dopo discussione ci siamo lasciati bene, nach der Diskussion sind wir friedlich/[im Guten] auseinandergegangen **2** (troncare i rapporti): lasciarsi sich trennen, die Beziehung ab|brechen: si sono lasciati dopo molti anni di matrimonio, nach vielen Jahren Ehe haben sie sich getrennt **3** (farsi): non lasciarti ingannare dall'apparenza!, lass dich nicht vom Schein trügen!; lasciati prendere/trasportare dall'entusiasmo!, lass dich einfach von der Begeisterung mitreißen/mittragen!; si è lasciato persuadere dal fratello a partire, er hat sich von seinem Bruder zur Abfahrt überreden lassen; si è lasciato sedurre/vincere da quella ragazza, er hat sich von diesem Mädchen verführen/hinreißen lassen ● ~ **qc addietro** fig (trascurarla), etw vernachlässigen; ~ **andare qu** (liberare), {PRIGIONIERO} jdn freilassen; ~ **andare qc** (a qu) (mollare), {SBERLA} jdm etw verpassen fam: mi ha fatto così arrabbiare che ho lasciato andare un ceffone, er/sie hat mich so geärgert, dass mir [die Hand ausgerutscht]/[eine Ohrfeige rausgerutscht] ist fam; ~ **andare/perdere/stare** fig (non preoccuparsi di qc), es gut sein|/[bleiben] lassen; lasciamo andare/perdere/stare fig (non parliamone più), lassen wir das, belassen wir es dabei, reden wir nicht mehr darüber, Schwamm drüber! fam; ~ **andare/perdere/stare qc** fig (non prendere in considerazione), {GIUSTIFICAZIONI, SCHERZI, SCUSE} etw bleiben/sein lassen, sich (dat) etw sparen; **lasciarsi andare** fig (rilassarsi), sich gehen lassen; **non lasciarti andare così!** fig (non abbatterti così), lass dich nicht so gehen/hängen fam!; **lasciarsi andare a qc** fig (abbandonarsi), {AI RICORDI} sich etw (dat) überlassen; {ALLA PIÙ SFRENATA EUFORIA, ALL'ODIO} anche sich von etw (dat) packen lassen, sich zu etw (dat) hin|reißen lassen; ~ **aperto qc**, {PORTONE} etw offen lassen; (in sospeso) {QUESTIONE} etw offen|lassen; ~ **correre** fig (essere indulgente), nachsichtig sein, ein Auge zudrücken fam; ~ **a desiderare** fig (non essere soddisfacente), zu wünschen übrig lassen; ~ **detto a qu di fare qc** (far dire), {AL FIGLIO DI TORNARE A CASA} jdm ausrichten/bestellen lassen, etw zu tun; {suonano alla porta} **devo proprio lasciarti!** fig (interrompere la conversazione), (es klingelt an der Tür,) ich muss jetzt wirklich Schluss machen; ~ **dormire qc** fig (trascurare), {UNA PRATICA} etw ruhen/versanden/[im Sande verlaufen] lassen; ~ **fare qu**, jdn machen/gewähren forb lassen; **lasci fare a me!** (lasci, faccio io), lassen Sie mich nur machen!; **non lasciar freddare qc** fig (non perdere tempo), die Gelegenheit beim Schopfe ergreifen/fassen/packen; das Eisen schmieden, solange es heiß ist; keine Zeit mit etw (dat) verlieren; ~ **freddo qu** fig (non fare alcuna impressione), jdn kaltlassen; ~ **intatto qc**, {VASO} etw unversehrt lassen; fig (integro), {AMBIENTE} etw schonen, etw unberührt lassen; (immutato), {DUBBIO} etw bestehen lassen, etw aufrechterhalten; ~ **qu libero di fare qc** fig (lasciargli piena autonomia), jdm bei etw (dat) freie Hand lassen; ~ **libero qc** (non occuparlo più), {POSTO} etw frei lassen; ~ **qu moribondo**/[in fin di vita] fig (non curare), jdn halb tot liegen lassen, zurück|lassen; ~ **morire qu** (non curare), sich nicht um jdn kümmern, jdn sträflich vernachlässigen, jdn stiefmütterlich behandeln, jdn seinem Tod überlassen, einen Sterbenden im Stich lassen; **lasciarsi morire** (non curarsi), sich gehen lassen, jeden Lebensmut fahren lassen; ~ **scritto a qu di fare qc** (lasciare un messaggio), {ALLA SORELLA DI NON USARE LA LAVATRICE} jdm schriftlich hinterlassen, etw zu tun; ~ **stare qu/qc** (lasciarlo in pace), jdn in Ruhe lassen; **non lasciar vivere qu** fig (tormentare), jdn belästigen, jdm keine Ruhe lassen.

lasciàto, (-a) <-> m (f) (cosa lasciata) Zurückgelassene n decl come agg ● ogni ~/lasciata è perso/persa prov (le occasioni favorevoli non vanno perse), versäumt ist verloren.

làscito m dir Zuwendung f, Vermächtnis n: **fare un ~ a qu/qc**, jdm/etw eine Zuwendung machen, jdm/etw etw vermachen.

lascivia f **1** (libidine) Geilheit f, Lüsternheit f, Laszivität f forb **2** (atto) unzüchtige/anstößige Handlung **3** <di solito al pl> fig lett (leziosaggine) {+PROSA} Geziertheit f spreg, Affektiertheit f forb.

lascivo, (-a) agg (licenzioso) {RAGAZZO} geil, lüstern; {ATTEGGIAMENTO} anstößig, lasziv forb.

làsco, (-a) <-schi, -sche> **A** agg **1** region anche fig (allentato) {CORDA, MORALE} gelockert, locker **2** mecc locker, los(e) **3** mar {CAVO, MANOVRA} locker, schlaff **B** m **1** mar Segeln n vor dem Wind: **la barca andava al gran ~**, das Boot fuhr vor dem Wind **2** mecc toter Gang, Totgang m, Totlauf m, Spiel(raum m) n.

làser ingl **A** <inv> agg {LUCE, RAGGIO} Laser- **B** <-> m **1** fis Laser m: **~ a gas/rubino**, Gas-/Rubinlaser m **2** mar Laser m (Regattasegelschiff mit vier am Hintermastsegel **C** <-> f inform Laserdrucker m.

laserchirurgia f med Laserchirurgie f.

laserterapia f med Lasertherapie f.

lassativo, (-a) farm **A** agg {PILLOLE} abführend, Abführ- **B** m Abführmittel n, Laxativum n scient.

lassismo m **1** fig (indulgenza) {+GENITORI} Laxheit f, Nachlässigkeit f, Wurs(ch)tigkeit f fam **2** relig Laxismus m.

lassista <-i m, -e f> **A** agg (eccessivamente indulgente) {ATTEGGIAMENTO} lax, nachlässig, wurs(ch)tig fam **B** m (f) laxer/wurs(ch)tiger fam Mensch.

lassità <-> f med {TIBIO-TARSICA} Erschlaffung f.

làsso m solo nella loc sost (periodo): **~ di tempo**, Zeitraum m, Zeitspanne f.

lassù avv **1** (là in alto: stato) dort oben, da oben: **~, oltre le Alpi**, dort, jenseits der Alpen; **da ~ si vede tutta la città**, von dort oben sieht man die ganze Stadt; (moto) da ~ hinauf, dort hinauf; **dobbiamo arrivare fin ~**, wir müssen bis dort oben hin kommen **2** (a nord) dort oben (im Norden): **~ al Polo Nord**, dort oben am Nordpol **3** fig (in cielo) im Himmel: **ci rivedremo ~**, dort oben|/[im Himmel] werden wir uns wiedersehen.

last but not least loc avv ingl (ultimo, ma non meno importante) last but not least.

last minute ingl **A** <inv> loc agg {OFFERTA} Last-Minute- **B** <-> loc sost m: **le occasioni del last minute**, die Last-Minute-Angebote n pl.

làstra f **1** (piastra) Platte f, Tafel f: **~ di acciaio/ardesia/marmo**, Stahl-/Schiefer-/Marmorplatte f; **~ di vetro**, Glasscheibe f; **le strade erano una ~ di ghiaccio**, die Straßen waren eine einzige Eisfläche **2** fot {SENSIBILE} Fotoplatte f **3** med (radiografia) Röntgenplatte f; (radiografia) Röntgenaufnahme f, Röntgenogramm n: **farsi le lastre** fam, sich röntgen lassen **4** tip Druckplatte f ● **consumare le lastre** fig (passare spesso nello stesso luogo), häufig denselben Weg gehen, das gleiche Pflaster treten.

lastricàre <lastrico, lastrichi> tr (ricoprire) ~ **qc** (di qc) {STRADA DI PIETRE} etw mit etw (dat) pflastern; {TETTO DI ARDESIA} etw mit etw (dat) bedecken.

lastricàto, (-a) **A** agg (ricoperto) ~ (di qc) {STRADA DI PORFIDO} (mit etw dat) gepflastert **B** m (pavimentazione) Straßenpflaster n.

làstrico <-chi o -ci> m **1** (copertura a lastre) {SCIVOLOSO; +STRADA} Pflaster n, Pflasterung f **2** (strada) Straße f **3** dir edil: **~ solare**, (begehbares) Flachdach ● **buttare/mettere/ridurre qu sul ~** fig (in miseria), jdn an den Bettelstab bringen fam; **essere/ridursi sul ~** fig (in miseria), auf den Hund kommen fam.

lastróne ‹accr di lastra› m **1** große Platte: **sul lago c'era un ~ di ghiaccio**, auf dem See schwamm eine große Eisplatte **2** alpin Felswand f, Felsplatte f.

lat geog abbr di latitudine: Br. (abbr di Breite).

latèbra f lett **1** (nascondiglio) Unterschlupf m, Versteck m, Schlupfwinkel m **2** fig forb (intimità) {+ANIMO UMANO} Inner(st)e n decl come agg, Tiefen f pl.

latènte agg **1** (nascosto) {INTENZIONE, RIVOLTA} geheim; {ODIO} anche latent, schwelend; {FORZA} verborgen; {SIGNIFICATO DI UNA FRASE} anche versteckt **2** bot {GEMMA} schlafend **3** fis {CALORE} latent, gebunden **4** fot {IMMAGINE} versteckt **5** ling latent **6** med {CARATTERE, MALATTIA, STATO} latent, schleichend **7** psic {CONTENUTO} latent.

latènza f **1** (l'essere latente) Latenz f, Schlummern n **2** psic Latenz f.

lateràle A agg **1** (di lato) {PARETE, PORTA, VIA} Seiten-, seitlich **2** fig lett (accessorio) {ARGOMENTO} Neben-; {PROBLEMA} sekundär, zweitrangig **3** arch {NAVATA} Seiten- **4** ling {CONSONANTE} Lateral- **5** sport (nel calcio) {LINEA} Seiten(aus)- B m sport (nel calcio) Außenläufer m, Mittelfeldspieler m C f ling Lateral(laut) m.

lateralizzazióne f psic (in fisiologia) Lateralität f, Seitigkeit f.

lateranènse agg **1** relig {BASILICA, MUSEI} lateranisch, Lateran- **2** stor {PATTI} Lateran-.

laterìzio, (-a) ‹-zi m› A agg (di, del mattone) {INDUSTRIA} Ziegel-, Backstein-; {MURA, OPERE} anche aus (gebrannter) Tonerde: **materiale ~**, Ziegelsteine m pl B m pl Ziegel(steine) m pl, Backsteine m pl.

latex ‹-› m ingl (lattice) Latex m.

làtice m bot chim {NATURALE, SINTETICO, VULCANIZZATO} Latex m.

latifòglio, (-a) ‹-gli m› agg bot {PIANTA} breitblätt(e)rig.

latifondiàrio, (-a) ‹-ri m› agg (del latifondo) Großgrundbesitz-.

latifondìsta ‹-i m, -e f› mf (proprietario terriero) Großgrundbesitzer(in) m(f).

latifondìstico, (-a) ‹-ci, -che› agg {PROPRIETÀ} Großgrund-.

latifóndo m **1** (proprietà terriera) Großgrundbesitz m **2** stor rom Latifundium n.

latìna f → latino.

latinìsmo m ling Latinismus m.

latinìsta ‹-i m, -e f› mf ling Latinist(in) m(f).

latinità ‹-› f **1** (carattere) lateinischer/südländischer Charakter, Latinität f **2** (lingua e letteratura) Latein n **3** (cultura classica) römische Klassik ● **~ aurea**, goldene Latinität f.

latinizzàre A tr (rendere latino) **~ qc** {GALLIA} etw latinisieren B itr pron: **latinizzarsi** {COSTUMI} latinisiert werden.

latinizzazióne f **1** (il rendere latino) {+GALLIA} Latinisierung f; (azione) anche Latinisieren n **2** ling {+PAROLA} Latinisierung f.

latin lover ‹-›, ‹-s pl ingl› m ingl (seduttore) Latin Lover m.

latìno, (-a) A agg **1** stor {LINGUA} lateinisch; {CIVILTÀ, MONDO, POPOLO} römisch **2** (neolatino) {FONETICA} romanisch **3** geog {CARATTERE, TEMPERAMENTO} südländisch **4** relig {RITO} römisch(-katholisch): **chiesa latina**, römisch-katholische Kirche B f **1** stor (abitante del Lazio antico) Latiner(in) f m(f); (di Roma) Römer(in) m(f) **2** geog Südländer(in) m(f) C m ‹solo sing› (lingua) {CLASSICO} Latein(ische) n: **~ volgare**, Vulgärlatein n ● **capire/intendere il ~** fig (saper interpretare il senso nascosto di una frase), zwischen den Zeilen zu lesen verstehen; **~ maccheronico** lett, Küchenlatein n, stümperhaftes Latein; **parlar ~** fig (non farsi capire), unverständliches Zeug reden fam, chinesisch sprechen fam; fig (parlare con ricercatezza), sich gewählt ausdrücken; **perdere/sprecare il proprio ~ per qu/qc** fig (sprecare tempo e fatica), seine Zeit und Mühe für jdn/etw vergeuden, Perlen vor die Säue werfen fam.

latino-americàno, (-a) A agg {CONTINENTE} lateinamerikanisch B m (f) Lateinamerikaner(in) m(f).

latitànte A agg **1** (irreperibile) flüchtig, untergetaucht **2** dir {COLPEVOLE} flüchtig **3** fig (inefficiente) {MINISTRO} unfähig, untauglich, pflichtvergessen B mf Flüchtige mf decl come agg.

latitànza f **1** (irreperibilità) Flüchtigsein n, Untergetauchtsein n **2** dir Flüchtigsein n: **darsi alla ~**, untertauchen **3** fig (inazione) {+GOVERNO} Tatenlosigkeit f, Untauglichkeit f, Unfähigkeit f, Pflichtvergessenheit f.

latitàre itr spec fig (essere assente) {GOVERNO, MADRE} sich seiner Verantwortung entziehen, pflichtvergessen sein, seine Pflichten vernachlässigen.

latitudinàle agg (della latitudine) latitudinal; {COORDINATA} Breiten-.

latitùdine f geog {+ROMA} geografische Breite, Latitüde f, Breitengrad m: **~ terrestre**, geografische Breite, Latitüde f, Breitengrad m; **queste piante non sopravvivono alle nostre latitudini**, diese Pflanzen überleben in unseren Breiten(graden) nicht; astr {ALTA, BASSA} Himmelsbreite f; **~ celeste**, Deklination f.

làto[1] A m **1** mat {+QUADRATO, TRIANGOLO} Seite f; {+ANGOLO} Schenkel m **2** anche fig (parte) {DESTRO; +VIALE; MERIDIONALE; +CITTÀ} Seite f: **~ anteriore/posteriore della vettura**, Vorder-/Hinterseite f des Fahrzeugs; **~ inferiore/superiore**, Unter-/Oberseite f; **girarsi dall'altro ~**, sich zur anderen Seite drehen; **viene dal ~ destro/sinistro**, er/sie es kommt von rechts/links; **prendi la cosa dal ~ migliore**, nimm die Sache von der besten Seite; (faccia) {+DISCO, MONETA} Seite f; **dormire dal ~ destro/sinistro**, auf der rechten/linken Seite schlafen **3** fig (aspetto) Seite f, Aspekt m: **cerca sempre il ~ buono/cattivo delle cose**, sie versucht immer das Positive/Negative einer Sache zu sehen **4** fig (punto di vista) Gesichts-, Standpunkt m: **ho esaminato il problema ˻da tutti i lati˼/˻da tutti i lati˼**, ich habe das Problem ˻von allen Seiten untersucht˼/˻unter allen Aspekten betrachtet˼; **da un certo ~ non ha tutti i torti**, in gewisser Hinsicht hat er/sie nicht ganz Unrecht; **dal mio ~**, meinerseits, was mich betrifft/angeht **5** fig (ramo) Seite f: **dal ~ materno/paterno**, mütterlicher-/väterlicherseits **6** mar {+SOPRAVVENTO, SOTTOVENTO} Seite f B loc avv **1** (a fianco): **a ~**, {SEDERSI} seitlich **2** (da una parte: stato): **da un ~**, {FERMARSI} auf/an einer Seite; (moto a luogo) {ANDARE} zur/auf eine Seite; **mettiti da un ~**, geh zur Seite; (moto da luogo) {ARRIVARE} von einer Seite **3** (lateralmente: stato): **di ~**, {STARE} seitlich, auf der Seite; (moto) {METTERE QC, SPOSTARSI} zur Seite C loc prep **1** (a fianco): **a ~ di qu/qc**, neben jdm/etw, an jds/einer Seite; **le macchine erano parcheggiate ai due lati della strada**, die Wagen waren an beiden Straßenseiten geparkt; **siede al ~ destro/sinistro della moglie**, er sitzt rechts/links von seiner Frau **2** (lateralmente): **di ~ a qu/qc**, {STARE} seitlich von jdm/etw, auf der Seite von jdm/etw **3** (sulla parte: stato): **sul ~ di qu/qc**, auf der Seite von jdm/etw, auf jds Seite; **la farmacia è sul ~ destro della chiesa**, die Apotheke liegt rechts von der Kirche; (moto) auf die Seite von jdm/etw; **andare sul ~ opposto**, auf die gegenüberliegende Seite gehen ● **d'altro ~** (d'altronde), and(e)rerseits; **da un ~ ..., da un altro (~)** (per un verso..., per un altro...), einerseits..., and(e)rerseits...; **da un ~ l'idea mi piace, dall'altro (~) mi spaventa**, einerseits gefällt mir der Gedanke, and(e)rerseits macht er mir (auch) Angst; **questo è il suo ~ debole** fig (debolezza), das ist seine/ihre ˻schwache Seite˼/[Schwachstelle]/[Achillesferse]; **mandare/mettere a ~ sport** (nel calcio) {+PALLA} (nella pallacanestro), ins Seitenaus spielen; **con quel suo caratteraccio non si sa da che ~ prenderlo** fig (come trattarlo), bei seinem/ihrem schlechten Charakter weiß man nie, wie man ihn/sie ˻anpacken soll fam˼/[zu nehmen hat]; **da quel ~ non ci sente** fig (quell'argomento non gli è gradito), auf dem Ohr ist er/sie taub; **svegliarsi dal ~ storto** fig (male), mit dem linken Bein/Fuß zuerst aufstehen.

làto[2] agg **1** lett (ampio) ausgedehnt, weit **2** fig (esteso) {SENSO} weitere(r, s), übertragene(r, s).

latomìa f archeol Latomien f pl (unterirdische Steinbruchgefängnisse bei Syrakus).

latóre, (-trìce) m (f) (chi porta) Überbringer(in) m(f): **essere ~ di buone/cattive notizie**, Glücks-/Unglücksbote sein; **il ~ della presente**, der Überbringer dieses Briefes.

latràre itr **1** (abbaiare) {CANE} kläffen spreg, an|schlagen rar **2** fig (sbraitare) **~ contro qu/qc** {ATTORE CONTRO IL PUBBLICO} auf jdn/etw einbrüllen fam.

latràto m (prolungato abbaiare) {+CANE} Gekläffe n decl come agg spreg, Gebell n.

latrìce f → latore.

latrìna f **1** (gabinetto) Abort m, Latrine f **2** fig spreg (luogo sudicio) Sau-, Schweinestall m volg spreg.

latrocìnio → ladrocinio.

làtta f **1** (lamiera) Blech n **2** (recipiente) {+PETROLIO} Kanne f, Kanister m; {+POMODORI, SARDINE} (Blech)dose f **3** (contenuto) Dose f.

lattàio, (-a) ‹-tai m› (f) (venditore) Milchmann m, (Milchfrau f); Milchhändler(in) m(f).

lattànte A agg (che prende il latte) {BAMBINO, GATTINO} saugend B mf **1** (neonato) Säugling m **2** fig scherz (giovane inesperto) junger Spund fam, Baby n fam, Milchbart m: **quel tuo amico è ancora un ~!**, dieser Freund von dir ist ja noch ein richtiges Baby fam, dieser Freund von dir ist ja noch feucht/nass/grün/[nicht trocken] hinter den Ohren fam.

lattàsi ‹-› f chim Laktase f scient.

lattazióne f **1** biol Milchabsonderung f, Milchproduktion f, Laktation f scient **2** (in zootecnica: produzione) {+MUCCA} Milchproduktion f.

làtte A m **1** gener Milch f: **~ di asina/capra/mucca/pecora**, Esel-/Ziegen-/Kuh-/Schaf(s)milch f; **~ cagliato/condensato**, Dick-/Kondensmilch f; **~ fresco**, Frischmilch f; **~ intero**, Vollmilch f; **~ magro/scremato**, Magermilch f; **~ materno**, Muttermilch f; **~ omogeinizzato**, H-Milch f; **~ pastorizzato**, pasteurisierte Milch; **~ in polvere**, Milchpulver n; **~ in scatola**, Dosen-, Büchsenmilch f; **~ umanizzato**, Säuglingsmilchpulver n, adaptierte Milchnahrung, humanisierte Milch; **~ uperizzato**, H-Milch f, uperisierte Milch **2** bot {+FICO, VITE} Milch f, Milchsaft m **3** chim edil Milch f: **~ di calce/magnesia**, Kalkmilch f **4** (nella cosmesi) Milch f: **~ ˻di bellezza˼/[detergente]/[solare]**, Gesichts-/Reinigungs-/Son-

lattemiele | **lavamacchine**

nenmilch 5 *gastr* Milch f: ~ **di cocco/mandorle/soia**, Kokos-/Mandel-/Sojamilch f; ~ **bruleé/[alla portoghese]**, ₍Crème f brulée₎/[Karamellpudding m, Karamellkrem f] B <inv> in funzione di agg {BIANCO} milch-; {COLORI} milchweiß ● **non** *avere* ~ (*non poter allattare*), {MADRE} keine Milch haben, nicht stillen können; **essere** *bianco come il* ~ (*bianchissimo*), schneeweiß sein; **avere ancora il** ~ **alla bocca** *fig* (*essere ancora un lattante*), noch ein Baby *fam*/Milchbart sein, noch feucht/nass/grün/[nicht trocken] hinter den Ohren sein *fam*; ~ *crudo* (*appena munto*), Rohmilch f; *da* ~ *zoo* (*non ancora svezzato*), {VITELLINO} Milch-; (*in odontoiatria*) {DENTE} Milch-; *dare* il ~ **a qu** (*allattare al seno*), jdn stillen; (*col biberon*), jdm Milch geben; *di* ~ (*che ha avuto la stessa balia*), {FRATELLO, SORELLA} Milch- *obs*; ~ **di gallina** *bot*, Doldenmilchstern m, Ackerlauch m; *gastr*, "Kräftigungstrunk m aus in Milch geschlagene Eidotter mit Cognac"; *fig* (*ciò che è introvabile*), etwas Unauffindbares, Löwenmilch f; **far venire il** ~ **alle ginocchia/ai gomiti a qu** *fig* (*annoiare*), jdn anöden, stinklangweilig/unerträglich für jdn sein *fam*; **avere ancora il** ~ **sulle labbra** *fig* (*atteggiarsi a esperto pur essendo alle prime armi*), noch ein Baby *fam*/Milchbart sein, noch feucht/nass/grün/[nicht trocken] hinter den Ohren sein *fam*; **levare/togliere il** ~ (*svezzare*), abstillen, entwöhnen; ~ **e miele** → **lattemiele**; ~ **di pesce** *zoo*, Fischmilch f; *piangere sul* ~ **versato** *fig* (*angustiarsi quando è troppo tardi*), unnütze Tränen vergießen, über verschüttete Milch weinen; *sapere/puzzare di* ~ *fig* (*rif. a giovane che voglia comportarsi da adulto*), noch ein Baby *fam*/Milchbart sein, noch feucht/nass/grün/[nicht trocken] hinter den Ohren sein *fam*; **succhiare qc col** ~ (**dalla madre**) *fig* (*aver appreso qc nella prima infanzia*), etw mit der Muttermilch einsaugen; **cavare il** ~ *dal toro fig* (*fare una cosa impossibile*), einen Stier/Ziegenbock melken wollen *scherz*, einen Pudding an die Wand nageln wollen *scherz*, einen Mohren weiß waschen wollen *rar*; ~ *dei vecchi fig* (*vino*), Wein m.

lattemièle, **latte e miéle** A <inv> in funzione di agg loc agg *fig* (*dolce*) {VOCE} (honig)süß *fam* B <-> m loc sost m *gastr* "Süßspeise aus Honig und Sahne"; *region* (*panna montata*) Schlagsahne f ● *nuotare* nel ~ *fig* (*essere molto felice*), im siebten Himmel sein *fam*, sich wie im siebten Himmel fühlen *fam*, in Milch und Honig baden; **essere** *tutto* ~ **con qu** *fig* (*essere molto gentile*), jdm Honig ums Maul schmieren *fam*.

làtteo, (-a) *agg* 1 (*di latte*) {DIETA, REGIME} Milch- 2 (*simile al latte*) {CONSISTENZA} milchig; {COLORE} milchweiß 3 *med* {CROSTA, FEBBRE, MONTATA} Milch-.

latterìa f 1 (*stabilimento*) Molkerei f 2 (*negozio*) Milchhandlung f, Milchgeschäft n 3 *fig scherz* (*seno prosperoso*) (viel) Holz vor der Hütte *fam scherz*, Vorbau m *fam scherz*, Atombusen m *fam scherz*.

lattescènte *agg lett* (*simile al latte*) {ACQUA, ASPETTO} milchfarben, milchig.

lattescènza f *lett* (*l'essere lattescente*) Milchigkeit f.

làttice → **latice**.

latticèllo <*dim di latte*> m *gastr* Buttermilch f.

latticemìa f *med* Hyperlactazidämie f *scient*.

latticìno m <*di solito al pl*> *gastr* Milchprodukt n, Milcherzeugnis n: **latticini**, Milchprodukte n pl, Milcherzeugnisse n pl.

làttico, (-a) <-*ci, -che*> *agg anche chim* {ACIDO, FERMENTO} Milch-.

lattièra f (*bricco*) Milchkanne f.

lattièro, (-a) *agg* (*del latte*) {CENTRALE, PRODUZIONE} Milch-.

lattìfero, (-a) *agg* 1 (*che produce latte*) milcherzeugend, milchgebend, Milch-; {VACCA} Milch- 2 *anat* milchführend; {CANALE} Milch- 3 *bot* {PIANTA} Latex absondernd.

lattiginóso, (-a) *agg* 1 (*simile al latte*) {LIQUIDO, RESINA, SUCCO} milchig, milchartig 2 *bot* {PIANTA} Latex absondernd.

lattìna <*dim di latta*> f 1 (*recipiente*) {+ARANCIATA} Büchse f, Dose f 2 (*contenuto*) Dose f: **ha bevuto una** ~ **di birra tutta d'un fiato**, er/sie hat eine Dose Bier auf einen Zug ausgetrunken.

lattonière m (*stagnaio*) Klempner m, Blechschmied m.

lattónzolo m 1 *zoo* Jungtier n (*das noch gesäugt wird*); (*maialino*) Spanferkel n; (*vitellino*) Milchkalb n 2 *rar fig* (*ragazzo inesperto*) Milchbart m, junger Spund *fam*.

lattòsio <-*si*> m *chim* Milchzucker m, Laktose f *scient*.

lattùga <-*ghe*> f *bot* (Garten)lattich m; *gastr* grüner Salat, Kopfsalat m: ~ **cappuccio**, Kopfsalat m; ~ **crespa/ricciolina**, (krause) Winterendivie; ~ **romana**, Sommerendivie f, römischer Salat ● **dar la** ~ **in guardia ai paperi** *fig* (*fidarsi di qu di cui bisogna invece diffidare*), dem Wolf die Schafe (an)befehlen, den Wolf zum (Gänse)hirten machen.

lattughèlla f *bot* Feld-, Vogelsalat m.

lattughìna <*dim di lattuga*> f 1 kleiner Kopfsalat 2 *bot* Feld-, Vogelsalat m.

làuda <-*e o -i*> f *di solito al pl*> *lett relig stor* Lobgesang m, Laudes f pl, Lauda f.

làudano m *farm* Opiumtinktur f, Laudanum n.

Làura f (*nome proprio*) Laura.

làurea f 1 *università* (Hochschul)abschluss m, Diplom n; (*in Italia*) Doktortitel m, Doktorwürde f: ~ **breve**, Bachelor m, "Hochschulabschluss eines Kurzstudiengangs"; **prendere la** ~ **in economia e commercio**, seinen Abschluss in Wirtschaftswissenschaften machen; ~ **honoris causa**/[**ad honorem**], Doktor m honoris causa, Ehrendoktor m; ~ **in lettere**, Magister (Artium) m; **conseguire la** ~ ₍**con 110 e lode e dignità di stampa**₎/[**a pieni voti**], sein Studium mit Auszeichnung/der Bestnote abschließen; ~ **specialistica**, Masterstudiengang m 2 *fam* (*discussione in Italia*) Diskussion f/Verteidigung f der Magisterarbeit.

laureàndo, (-a) *università* A *agg* {STUDENTE} sich diplomierend, kurz vor der Abschlussprüfung stehend B m (f) Diplomand(in) m(f), Examenskandidat(in) m(f).

laureàre A *tr* 1 *università* ~ **qu** (**in qc**) (**con qc**) ₍UN NUOVO DOTTORE IN BIOLOGIA COL MASSIMO DEI VOTI₎ jdm das Diplom (*in etw dat*) (*mit etw dat*) verleihen, bei jdm die Abschlussprüfung (*in etw dat*) ab|nehmen 2 *fig lett* (*coronare*) ~ **qu** jdn küren *forb*: **il poeta fu laureato in campidoglio**, der Dichter wurde auf dem Kapitol mit ₍Lorbeer bekränzt₎/[dem Lorbeerkranz gekrönt]; ~ **qc** {PETRARCA POETA} jdn als etw (acc) ehren; *sport*: **l'atleta è stato laureato campione del mondo**, dem Athleten wurde der Weltmeistertitel verliehen B *itr pron* 1 *università*: **laurearsi** (*in qc*) (*con qc*) {CON 110 E LODE} (s)einen Hochschulabschluss/(s)ein Diplom (*in etw dat*) (*mit etw dat*) erwerben, sein Studium (*in etw dat*) (*mit etw dat*) ab|schließen: **laurearsi in medicina a pieni voti**, das/sein Medizinstudium mit der Bestnote abschließen; **laurearsi dottore in legge**, sein Jurastudium abschließen 2 *sport etw* erringen, *lett* **laurearsi campio-**

ne, Meister werden.

laureàto, (-a) A *agg* 1 *università* diplomiert, Diplom-, mit Hochschulabschluss: **è** ~ **in ingegneria**, er ist Diplomingenieur 2 *fig lett* (*coronato*) lorbeergekrönt, lorbeerbekränzt B m (f) *università* Hochschulabsolvent(in) m(f), Akademiker(in) m(f): ~ **in legge/lettere**, Jurist m/Philologe m.

laurenziàno, (-a) *agg* 1 (*di S. Lorenzo*) {BASILICA} von San Lorenzo 2 (*di Lorenzo de' Medici*) {LIRICA} von Lorenzo il Magnifico.

lauretàno, (-a) *agg* (*di Loreto*) {SANTUARIO} lauretanisch: **litanie lauretane**, Lauretanische Litanei.

làuro m 1 *bot* (*alloro*) Lorbeer m 2 *fig lett* (*emblema*) Lorbeerkranz m: ~ **della vittoria**, Siegerkranz m; (*gloria*) Ruhm m 3 *sport* {OLIMPICO} Titel m.

lauroceràṣo, **làuro cèraṣo** m loc sost m *bot* Kirschlorbeer m.

làuto, (-a) *agg* 1 (*abbondante*) {PRANZO} reich, üppig 2 (*generoso*) {RICOMPENSA} großzügig, üppig, hoch.

làva f *geol min* Lava f.

lavabiancherìa <-> f (*lavatrice*) Waschmaschine f: **hai caricato troppo la** ~, du hast die Waschmaschine zu voll geladen; **l'ho lavato in** ~, das habe ich in/mit der (Wasch)maschine gewaschen; **questo vestito può essere lavato in** ~, dieses Kleid ist waschmaschinenfest.

lavàbile *agg* (*che si può lavare*) {BORSA} waschbar: ~ **in lavatrice**, waschmaschinenfest; {TINTA} waschecht; {CARTA DA PARATI} abwaschbar.

lavàbo <-*o -bi*> m 1 (*lavandino*) Waschbecken n, Lavabo m CH; (*treppiede*) Waschtisch m 2 (*ambiente*) {+TRENO} Waschraum m 3 *relig* (*parte della messa*) Lavabo n; (*catino*) Lavabo n.

lavabottìglie <-> m Flaschenreinigungs-, Flaschenspülmaschine f.

lavacassonétti A <-> m (*automezzo*) (Mülltonnen)reinigungsfahrzeug n B <inv> *agg* {CAMION} (Mülltonnen)reinigungs-.

lavacristàllo m *autom* Scheibenwaschanlage f.

lavàcro m 1 *forb* (*bagno*) {CALDO} Waschung f 2 (*recipiente*) Waschschüssel f, Badewanne f 3 *fig lett* (*purificazione*) Läuterung f, Reinigung f: ~ **delle colpe**, Reinwaschen n von den Sünden 4 *lett* (*corso d'acqua*) {LIMPIDO} Wasserlauf m ● ~ **di sangue** *lett* (*martirio*), Martyrium n; **Santo** ~ *lett* (*battesimo*), Taufe f.

lavàggio <-*gi*> m 1 *gener* {+PONTE DI UNA NAVE} Reinigung f, Waschen m; {+PAVIMENTO} Wischen n: ~ **a mano**/[**in lavatrice**], Hand-/Maschinenwäsche f; ~ **a secco**, chemische Reinigung 2 (*autolavaggio*) Auto-, Wagenwäsche f: **tessera per dieci lavaggi**, Karte für zehn Autowäschen 3 *fot* {+NEGATIVO} Wässerung f 4 *mecc* Spülung f, Reinigung f: ~ **dei gas** (**in un motore a combustione interna**), Abgasreinigung f (*bei Verbrennungsmotoren*) 5 *med* {+INTESTINO} Spülung f: ~ **gastrico**, Magenspülung f 6 *min* {+MINERALI} Schlämmen n ● **fare il** ~ **del cervello a qu** *fig* (*modificare le sue convinzioni*), jdn einer Gehirnwäsche unterziehen.

lavàgna f 1 *geol* Schiefer m 2 *scuola* Tafel f: **andare alla** ~, zur Tafel gehen; **riempire la** ~ **bianca**, ₍die weiße Tafel₎/[das Whiteboard] vollschreiben; **l'allievo chiamato alla** ~ **ha fatto scena muta**, der an die Tafel gerufene Schüler brachte keinen Ton heraus; ~ **luminosa**, Tageslicht-, Overheadprojektor m; ~ **magnetica**, Magnettafel f; **scrivere alla/sulla** ~, an die Tafel schreiben.

lavamàcchine <-> mf (*chi lava le auto*) Au-

towäscher(in) m(f).
lavamàno <-> m (*lavabo*) Waschbecken n, Lavabo n CH; (*treppiede*) Waschtisch m.
lavamoquètte <-> f Teppichbodenreiniger m, Teppichbodenreinigungsgerät n.
lavànda① f **1** *lett* (*toeletta*) Waschung f *forb* **2** *farm* Lösung f zum Ausspülen **3** *med* Spülung f: ~ **gastrica/vaginale,** Magen-/Scheidenspülung f **4** *relig* Waschung f.
lavànda② f **1** *bot* Lavendel m **2** (*nella cosmesi*): (**acqua di**) ~, Lavendelwasser n, Lavendel m.
lavandàio, (-a) <-*dai* m> A m (f) **1** *gener* Wäscher(in) m(f), Waschfrau f **2** *tess* Bleicher(in) m(f) B f *fig spreg* (*donna rozza*) Waschweib n *spreg*.
lavanderìa f **1** (*tintoria*) Reinigung f, Wäscherei f: ~ **automatica/[a gettone],** Waschsalon m; **hai ritirato la biancheria che ho fatto lavare e stirare in ~?,** hast du die Wäsche abgeholt, die ich zum Waschen und Bügeln in die Reinigung gebracht habe? **2** (*stanza*) Waschküche f: **nella villa hanno una grande** ~, in der Villa gibt es eine große Waschküche.
lavandino m **1** (*lavabo*) Waschbecken n **2** (*lavello*) {+BAGNO} Waschbecken n **2** (*lavello*) {+CUCINA} Spülbecken n ● **essere un** ~ *fig* (*mangiare moltissimo e qualunque cosa*), wie ein Scheunendrescher essen *fam*.
lavapaviménti <-> f (*elettrodomestico*) Bodenreiniger m.
lavapiàtti <-> A f (*lavastoviglie*) Spülmaschine f B mf (*chi lava i piatti*) Tellerwäscher(in) m(f).
lavàre A tr **1** *gener* ~ **qu/qc** (**con qc**) {AUTO, BIANCHERIA, INSALATA} jdn/etw (*mit etw dat*) waschen; {BAMBINO, MANI CON ACQUA E SAPONE, VISO} *anche* jdm/etw (*mit etw dat*) ab|waschen; {STOVIGLIE COL DETERSIVO} etw (*mit etw dat*) spülen, etw (*mit etw dat*) ab|waschen; {DENTI CON LO SPAZZOLINO, VETRI} etw (*mit etw dat*) putzen; {PAVIMENTO} etw (*mit etw dat*) wischen: ~ **in lavatrice qc,** etw in der (Wasch)maschine waschen; ~ **a mano qc,** etw mit der Hand waschen; ~ **a secco qc,** etw chemisch reinigen; (*uso assol: fare il bucato, pulire*} waschen; putzen **2** (*ripulire*) ~ **qc** (**da qc**) {MACCHIE DALLE PIASTRELLE} etw von etw (*dat*) ab|waschen: **la pioggia ha lavato via la polvere dalle strade,** der Regen hat den Staub von den Straßen weggespült; **il temporale ha lavato l'aria,** das Gewitter hat die Luft gereinigt, nach dem Gewitter ist die Luft wieder sauber **3** *fig:* ~ **un peccato col pentimento,** eine Sünde sühnen, für eine Sünde Buße leisten; ~ **l'anima dalle colpe,** die Seele von den Sünden reinwaschen/[rein läutern] **4** *fig enf* (*vendicare*) ~ **qc** (**in/con qc**) {AFFRONTO, DISONORE, ONTA CON LA VENDETTA} etw (*mit etw dat*) sühnen, etw (*mit etw dat*) tilgen: ~ **un'offesa col sangue,** eine Beleidigung mit Blut sühnen **5** *arte* (*nella pittura*) ~ **qc** etw lavieren **6** *fot* ~ **qc** etw wässern B *rfl* (*pulirsi*): **lavarsi** (**con qc**) sich (*mit qc*) waschen: **dopo essersi lavata si trucca,** nach dem Waschen schminkt sie sich; (*indir*) **lavarsi qc** (**con qc**) {MANI CON ACQUA E SAPONE} sich (*dat*) etw (*mit etw dat*) waschen; {BAMBINO DENTI CON LO SPAZZOLINO} sich (*dat*) etw (*mit etw dat*) putzen.
lavarèllo, lavarétto m *itt* Felchen m.
lavasciùga <-> f (*macchina*) Waschmaschine f mit integriertem Trockner.
lavasciugatrìce <-> f → **lavasciuga**.
lavasécco <-> A <*inv*> *agg* {MACCHINA} Trockenreinigungs- B <-> m o f (*lavanderia*) chemische Reinigung, Trockenreinigung f C <-> f (*macchina*) Trockenreinigungsmaschine f.
lavastovìglie <-> A f (*macchina*) (Geschirr)spülmaschine f B mf *rar* (*chi lava i piatti*) Tellerwäscher(in) m(f).
lavàta f (*il lavare*) (flüchtiges) (Ab)waschen: **una** ~ **e via!,** einmal waschen und fertig!; **diamogli ancora una** ~, waschen wir nochmal drüber! *fam* ● ~ **di capo** *fig* (*sgridata*), Standpauke f *fam*; **dare a qu una** (**bella**) ~ **di capo** *fig* (*rimproverare*) jdm (gehörig/tüchtig) den Kopf waschen *fam,* jdm eine (gehörige/tüchtige) Kopfwäsche verpassen *fam;* **prenderci una** (**bella**) ~ **di capo da qu** *fig* (*venire rimproverati*), von jdm (gehörig/tüchtig) den Kopf gewaschen bekommen *fam.*
lavatergilunòtto <-> m (*accessorio*) Heckscheibenwischer m.
lavatìvo, (-a) *fam* A m (*clistere*) Klistier n, Darmeinlauf m; (*strumento*) Klistierspritze f B *fig* (*fannullone*) Drückeberger m *fam spreg,* Faulpelz *fam spreg,* Faulenzer(in) m(f) *spreg.*
lavatóio <-*toi*> m **1** (*locale*) Waschküche f **2** (*vasca*) {+PIETRA} Waschtrog m **3** (*piano inclinato*) {+LEGNO, PLASTICA} Waschbrett n.
lavatóre, (-trice) A m (f) (*addetto al lavaggio*) Wäscher(in) m(f) B m *tecnol* Gasreiniger m.
lavatrìce f (*elettrodomestico*) Waschmaschine f: **questa** ~ **si carica dall'alto,** diese Waschmaschine wird von oben gefüllt; **lavo sempre le tende in** ~, die Vorhänge wasche ich immer in/mit der (Wasch)maschine; **questa gonna si può lavare in** ~, dieser Rock ist waschmaschinenfest.
lavatùra f **1** (*lavaggio*) {+PANNI} Waschen n, Wäsche f; {+PAVIMENTI} Wischen n **2** (*acqua*) Spül-, Waschwasser n ● ~ **di botte/fiaschi** *fig spreg* (*vino annacquato*), verwässerter Wein; ~ **di piatti** *fig spreg* (*brodaglia*), Spülwasser n *spreg,* dünne Brühe *spreg;* **un brodo/caffè che è una** ~ **di piatti** *fig spreg* (*brodo o caffè annacquato*), eine Brühe/ein Kaffee, die/der wie Spülwasser schmeckt *spreg.*
lavavétri A <*inv*> *agg* {PANNO, SPATOLA} Fensterputz- B <-> mf (*chi lava i vetri*) Fensterputzer(in) m(f); (*delle auto*) Autoscheibenputzer(in) m(f) C <-> m (*spatola*) Fensterputzgerät n.
lavèllo m (*acquaio*) {+CUCINA} Spülbecken n; {+FABBRO} Becken n zum Abschrecken: ~ **di acciaio,** Spülbecken n aus Stahl.
làvico, (-a) <-*ci, -che*> *agg* (*di lava*) {COMPOSTO, DEPOSITO} Lava-, aus Lava.
lavìna f *geol* (*di terra*) Erdrutsch m; (*di neve*) (Schnee)lawine f.
lavoràbile *agg* **1** (*che si può lavorare*) {MATERIALE} bearbeitbar, verarbeitbar **2** (*coltivabile*) {TERRENO} bebaubar, bestellbar.
lavoràccio <-*pegg di lavoro*> m **1** (*lavoro fatto male*) *spreg* Pfuscharbeit f *spreg,* Stümperei f *spreg,* stümperhafte Arbeit *spreg* **2** (*lavoro molto faticoso e/o noioso*) Heiden-, Knochenarbeit f *fam,* Kraftakt m.
lavorànte mf (*dipendente*) Geselle m, Gesellin f; Arbeiter(in) m(f) ● ~ **finito** (*che può seguire la lavorazione completa di un prodotto*), ausgelernter Arbeiter.
lavoràre A *itr* **1** *gener* ~ (+ **compl di luogo**) (*irgendwo*) arbeiten; {A SCUOLA, ALL'UNIVERSITÀ} *an etw* (*dat*) arbeiten, *an etw* (*dat*) tätig sein; {IN BANCA, ALLA POSTA} *bei etw* (*dat*) arbeiten, *bei etw* (*dat*) tätig sein: **qui si lavora bene,** hier lässt es sich gut arbeiten, hier arbeitet es sich gut; **questo si chiama** ~!, diese Art zu arbeiten nenne ich das Arbeiten!; ~ **a cottimo/giornata/ore/tempo pieno,** im Akkord/[auf Tagelohn]/[stundenweise]/[ganztags] arbeiten; ~ **part-time,** halbtags arbeiten; ~ **a domicilio,** Heimarbeit machen; **vado a** ~ **tutti i giorni** in **fabbrica**/[**alla posta**]/[**in ospedale**]/[**in ufficio**], ich gehe jeden Tag in die Fabrik/[in die Post]/[ins Krankenhaus]/[ins Büro] arbeiten; ~ **in gruppo**/[**a squadre**], im Teamwork arbeiten; ~ **a macchina/mano,** maschinell/[mit der Hand] arbeiten, an der Maschine arbeiten/[eine handwerkliche Tätigkeit ausüben]; ~ **in nero**/[**sottocosto**], schwarz|arbeiten, unter Preis/Tariflohn arbeiten; **lavora dieci ore al giorno,** er/sie arbeitet zehn Stunden am Tag; **silenzio, qui si lavora!,** Ruhe, hier wird gearbeitet!; ~ **in proprio,** selbständig arbeiten; ~ **con sveltezza,** schnell/flink arbeiten; ~ **sodo**/[**senza sosta**], hart/pausenlos arbeiten; **bisogna** ~ **per vivere,** um zu leben, muss man arbeiten; wer leben will, muss arbeiten; ~ **a qc** {A UN FILM, A UN'OPERA LETTERARIA, ALLA PROGETTAZIONE DI UN IMPIANTO, A UN QUADRO} *an etw* (*dat*) arbeiten; ~ **a/con qc** {AL COMPUTER} *an etw* (*dat*) arbeiten; {CON LA MACCHINA DA SCRIVERE} *mit etw* (*dat*) arbeiten; ~ **con qu** {CON I BAMBINI} *mit jdm* arbeiten; ~ **come/da qu** (+ *compl di luogo*) {COME APPRENDISTA IN FALEGNAMERIA, DA IDRAULICO, COME INFORMATORE, DA MURATORE} *als jd* (*irgendwo*) arbeiten; {COME LETTORE ALL'UNIVERSITÀ} *als jd an etw* (*dat*) tätig sein; ~ **di qc** {DI BULINO E CESELLO} *mit etw* (*dat*) arbeiten; ~ **per qu/qc** (*come dipendente*) {PER UN PARRUCCHIERE, PER UNA DITTA TEDESCA} *bei jdm/etw* arbeiten; (*come collaboratore*) {PER UNA CASA EDITRICE} *für jdn/etw* arbeiten; ~ **su qu/qc** {SU LEOPARDI, SULLA RIVOLUZIONE INDUSTRIALE} *über jdn/etw* arbeiten **2** (*essere impiegato*) ~ **in qc** {PERITO NEL SETTORE DELL'ELETTRONICA} *in etw* (*dat*) beschäftigt sein **3** (*funzionare*) {MACCHINA, OFFICINA} arbeiten; {TORNIO} in Betrieb sein **4** (*faticare*) {BUE} arbeiten **5** (*aver effetto*) ~ **su qc** {FARMACO SUI SINTOMI} (*gegen etw acc*) wirken, (*gegen etw acc*) wirksam sein **6** (*fare affari*) ~ (+ **compl di luogo**) (*irgendwo*) geschäftlich erfolgreich sein: **sulla piazza di Bergamo lavoriamo molto bene,** in Bergamo machen wir sehr gute Geschäfte/[sind wir geschäftlich sehr erfolgreich]; ~ (+ **compl di modo**) {NEGOZIO, STUDIO CON SUCCESSO, MALE} (*irgendwie*) gehen, (*irgendwie*) laufen *fam* **7** *fig* (*tramare*) ~ (**per qc**) {PER LA ROVINA DI QU} *auf etw* (*acc*) hin|arbeiten, es *auf etw* (*acc*) an|legen: **lavora per rovinarmi,** er/sie arbeitet auf meinen Ruin hin, er/sie hat es auf meinen Ruin abgesehen, er/sie tut alles, um mich zu ruinieren **8** *anat* (*in fisiologia*) {CUORE, TUMORE} arbeiten **9** *fam teat TV* ~ **in qc** {IN UNA COMMEDIA, IN UN FILM} *bei etw* (*dat*) mit|wirken B *tr* **1** (*trasformare*) ~ **qc** {PETROLIO} *etw* verarbeiten; {FERRO, LEGNO} *anche etw* bearbeiten; {MASTICE} *etw* kneten **2** (*coltivare*) ~ **qc** {TERRENO} *etw* bebauen, *etw* bestellen **3** *fig* (*irretire*) ~ **qu/qc** {PADRONA DI CASA} *jdn/etw* bearbeiten, *jdn/etw* umgarnen *forb* **4** *gastr* ~ **qc** {SALSA} *etw* um|rühren; {IMPASTO, PASTA} *etw* kneten, *etw* bearbeiten; ~ **qc** (**con qc**) {TUORLO CON LO ZUCCHERO} *etw mit etw* (*dat*) verrühren **5** *sport* (*nel pugilato*) ~ **qu** *jdn* bearbeiten: ~ **di destro/sinistro,** *jdn* mit links/rechts bearbeiten, seine Rechte/Linke gegen jdn einsetzen; **il pugile lavora l'avversario ai fianchi,** der Boxer bearbeitet den Gegner seitlich/[von der Seite] C *rfl indir:* **lavorarsi qu/qc 1** *fig* (*cercare di convincere*) {PROFESSORE, ENTE PUBBLICO} *jdn/etw* zu überzeugen versuchen, *jdn/etw* bearbeiten **2** *fig fam* (*irretire*) {PUBBLICO} *jdn/etw* umgarnen *forb,* *jdn/etw* bestricken, {CASALINGA} *anche jdn/etw* bearbeiten, *jdn/etw* herumbekommen (wollen) *fam* **3** *fig scherz* (*cercare di mangiare*) {CANE OSSO; OSPITE BRACIOLA} *etw* bearbeiten *scherz* ● **gli lavo-**

ra *dentro fig* (gli rode), es arbeitet in/[nagt an] ihm, das macht ihm zu schaffen; ~ sotto sotto/[sott'acqua] *fig* (*di nascosto*), im Trüben fischen *fam*, heimlich agieren, im Verborgenen handeln; **chi non lavora, non mangi** *prov*, wer nicht arbeitet, soll auch nicht essen *prov*.

lavoràta f **1** (*sgrossata*) Arbeit f, Bearbeitung f: **ho dato una prima ~ all'argilla**, ich habe den Ton schon mal durchgeknetet **2** (*tirata di lavoro*): **abbiamo fatto una buona ~**, wir haben ein gutes Stück Arbeit geleistet; **hanno fatto una ~ di sei ore senza mai fermarsi**, sie haben sechs Stunden am Stück gearbeitet *fam*.

lavorativo, (-a) *agg* **1** (*di lavoro*) {CAPACITÀ, GIORNATA, SETTIMANA} Arbeits-; (*feriale*) Werk- **2** (*che si può lavorare*): **terreno ~**, Ackerland n, Ackerboden m.

lavoràto, (-a) **A** *agg* **1** *gener* {FERRO, RAME} bearbeitet, verarbeitet **2** (*decorato*) ~ (**a** *qc*) (*mit etw dat*) verziert: **mobile ~ a intarsio**, mit Intarsien verziertes Möbel; **soffitto ~ a cassettoni**, Kassettendecke f **3** (*coltivato*) {TERRA} bebaut, bestellt **4** *fig* (*elaborato*) {PROSA, STILE} ausgefeilt, geschliffen **5** (*in oreficeria*) {ARGENTO} bearbeitet; {RUBINO} geschliffen **6** *tecnol* {PEZZO} bearbeitet **7** *tess* {CAMICETTA, RASO} gemustert **B** m **1** (*manufatto*) Fabrikat n, Fertigprodukt n, Fertigware f **2** (*in oreficeria*) in Gold/Silber ausgeführtes Schmuckstück.

lavoratóre, (-trice) **A** *agg* **1** (*che lavora*) {MADRE} berufs-, werk-, erwerbstätig **2** (*dei lavoratori*) {CLASSE, MASSE} arbeitend, Arbeiter- **B** m (f) **1** (*chi fa un mestiere*) Arbeiter(in) m(f), Beruf-, Werk-, Erwerbstätige mf *decl come agg*: **~ agricolo**, Landarbeiter m, Bauer m; **~ edile/tessile**, Bau-/Textilarbeiter m; **~ autonomo**, Selbständige m *decl come agg*; **~ avventizio**, Gelegenheitsarbeiter m; **~ a cottimo**, Akkordarbeiter m; **~ dipendente**, Arbeiter m, Arbeitnehmer m; **lavoratrice domestica a domicilio**, Haushalts-, Putzhilfe f, Hausgehilfin f, Zugehfrau f *süddt A*; **~ in nero**, Schwarzarbeiter m; **~ part-time**, Kurz-, Teilzeitarbeiter m, Teilzeitler m; **~ pendolare**, Pendler m; **~ qualificato**, gelernter Arbeiter; **~ specializzato/stagionale/turnista**, Fach-/Saison-/Schichtarbeiter m; **~ straniero**, ausländischer Arbeitnehmer, Gastarbeiter m **2** (*chi lavora molto*) Arbeitstier n *fam*: **è un gran ~**, er ist ein richtiges Arbeitstier *fam*; **è un ~ indefesso/instancabile**, er ist ein unermüdliches Arbeitstier *fam*.

lavorazióne f **1** *gener anche tecnol* {CUOIO, LEGNO, MARMO, SETA} Bearbeitung f: **~ a catena/mano/macchina**, Fließband-/Hand-/Maschinenarbeit f; **~ a caldo/freddo**, Heiß-/Kaltbearbeitung f; **~ a elettroerosione/scintillamento/ultrasuoni**, Elektroerosions-/Funken-/Ultraschallbearbeitung f; **~ di un pezzo metallico alla fresatrice/al tornio**, Fräsmaschinen-/Drehbankbearbeitung f eines Metallteils; **il pezzo è in ~**, das Stück ist in Arbeit/Bearbeitung; **~ in serie**, Serienfertigung f; {+PETROLIO} Verarbeitung f; {+PASTA} Kneten m **2** (*coltivazione*) {+TERRENO} Bebauung f, Bestellung f **3** *film* Herstellung f: **il film è stato interrotto durante la ~**, die Herstellung/Dreharbeit des Films musste unterbrochen werden.

lavorétto m ‹*dim di lavoro*› m **1** kleine/leichte/kurze Arbeit, Job m **2** (*oggetto*) {+BAMBINI DELL'ASILO} Bastelarbeit f, Bastelei f **3** (*impresa da nulla*) Kleinigkeit f, Kinderspiel n **4** *eufem* (*attività losca*) kleines/finsteres/dunkles Geschäft: **dovresti sbrigare un ~ per noi**, du müsstest für uns ein kleines Geschäft erledigen.

lavoricchiàre ‹*lavoricchio, lavoricchi*› *itr fam* **1** (*lavorare svogliatamente*) {NUOVO COLLABORATORE} lustlos arbeiten **2** (*fare lavori saltuari*) (*herum*)jobben *fam*, gelegentlich/[hin und wieder] arbeiten: **di tanto in tanto lavoricchia**, gelegentlich jobbt er/sie *fam* **3** (*fare pochi affari*): **questo negozio lavoricchia**, der Laden läuft nicht besonders gut *fam*/[setzt wenig um]/[macht wenig Umsatz]/[hält sich gerade so über Wasser].

lavòrio ‹-rii› m **1** (*intensa attività*) Geschäftigkeit f, Betriebsamkeit f: **in città si notava un febbrile ~**, die Stadt pulsierte vor Geschäftigkeit **2** (*effetto*) {+PIOGGIA, VENTO} (Ein)wirkung f **3** *fig* (*intrigo*) Intrige f, Wühlarbeit f *spreg*: **~ di corridoio**, Ränkespiel n, Machenschaften f pl *spreg*; **~ elettorale**, Wahlkampfintrigen f pl.

lavóro A m **1** *gener* {CREATIVO} Arbeit f, Tätigkeit f: **essere abile/inabile al ~**, arbeitsfähig/arbeitsunfähig sein; **si è ammalato per il troppo ~**, er hat sich krank gearbeitet; **~ di concetto/[intellettuale]/[manuale]**, Büro-/Kopf-/Handarbeit f; **dare molto ~ a qu/qc**, jdm/etw viel Arbeit machen; **c'è ancora molto ~ da fare**, es gibt noch viel zu tun/arbeiten, es ist noch viel Arbeit zu verrichten/erledigen; **qui il ~ non manca!**, hier fehlt es nicht an Arbeit!; **lavori di manutenzione/rifacimento della facciata**, die Instandsetzungs-/Renovierungsarbeiten f pl an der Fassade; **essere oberato di ~**, mit Arbeit überladen sein; **non mi ringrazi, faccio solo il mio ~**, nichts zu danken, ich tue bloß meine Arbeit; **è spossato dal duro ~**, er ist von der harten Arbeit erschöpft; **~ di équipe/gruppo/squadra**, Teamwork n, Gruppenarbeit f; **lavori stradali**, Straßen(bau)arbeiten f pl; **negli ultimi tempi ho molto/troppo ~**, in letzter Zeit habe ich viel/[zu viel] Arbeit; **richiedere molto ~**, viel Arbeit/Mühe kosten **2** (*occupazione remunerata*) Arbeit f, Beschäftigung f: **~ abusivo**, illegale Arbeit; **~ in affitto/[interinale]**, Zeitarbeit f; **~ autonomo/[dipendente/subordinato]/[fisso]**, selbständige/unselbständige/feste Arbeit; **cercare/trovare (un buon) ~**, {DISOCCUPATO} (eine gute) Arbeit suchen/finden; *fam* {STUDENTE} (einen guten) Job suchen/finden; **~ a domicilio**, Heimarbeit f; **~ doppio/secondo**, Nebenarbeit f, Nebenbeschäftigung f; **~ effettivo**, tatsächlich geleistete Arbeit; **che fai?, was machst du beruflich?**, was bist du von Beruf?; **la gente vive del proprio ~**, die Leute leben von ihrer Arbeit; **~ lucrativo**, einträgliche/lukrative *forb* Arbeit; **dopo la maternità ha ripreso subito il ~**, nach dem Schwangerschaftsurlaub hat sie gleich wieder zu arbeiten/[mit der Arbeit] begonnen; **da due mesi è senza ~/[ha perso il]**, er/sie ist seit zwei Monaten arbeitslos/[hat vor zwei Monaten seine/ihre Arbeit verloren]; **~ notturno**, Nachtarbeit f; **~ occasionale/saltuario**, Gelegenheitsarbeit f; **senza ~**, arbeitslos; **~ straordinario**, Überstunden f pl; **~ a tempo parziale/[part-time]/[a orario ridotto]**, Teilzeitarbeit f; **~ a tempo pieno**, Ganztagsarbeit f; **~ a tempo definito**, befristetes Arbeitsverhältnis **3** (*risultato*) Arbeit f: **complimenti, ottimo ~!**, gratuliere, [sehr gut gemacht]/[reife Leistung fam]! **4** (*luogo*) Arbeit f, Arbeitsort m: **andare al ~**, zur/[an die] Arbeit gehen; **tra le tre e le sette mi trovi al ~**, zwischen drei und sieben kannst du mich in der Arbeit erreichen **5** (*tempo*) Arbeit(szeit) f: **non chiamatemi sul ~!**, ruft mich nicht während der Arbeitszeit an! **6** (*lavoratori*) Belegschaft f, Arbeiterschaft f: **i rapporti fra impresa e ~ sono sempre difficili**, die Beziehungen zwischen Unternehmensleitung und Belegschaft sind immer schwierig **7** (*effetto*) {+MARE, VENTO} (Ein)wirkung f **8** ‹*di solito al pl*› *amm* {PARLAMENTARI} Arbeiten f pl: **lavori pubblici**, öffentliche Arbeiten **9** *arte lett* Arbeit f, Werk n: **il suo ~ è ben scritto, ma povero di contenuti**, seine/ihre Arbeit ist zwar gut geschrieben, aber inhaltsarm; **una mostra di lavori di Dalí**, eine Ausstellung der Werke von Dalí, eine Dalí-Ausstellung **10** *fis* {+FORZA} Arbeit f **11** ‹*di solito al pl*› *mil* {+MINA} Wirkung f **12** (*in oreficeria*) Arbeit f, Stück n: **uno splendido ~ in oro e diamanti**, eine wunderschöne Arbeit aus Gold und Diamanten **13** *teat* Stück n, Werk n: **~ teatrale di Pirandello**, Theaterstück n/Bühnenwerk n von Pirandello **B** ‹*inv*› *loc agg* **1** (*dove si lavora*): **da ~**, {TAVOLO} Arbeits- **2** (*professionale*): **da ~**, {ABITO, ATTREZZATURA} Arbeits- **3** (*di ~*) (*VIAGGIO*) Dienst-/{CENA} *anche* Arbeits- ● **lavori d'ago/[di cucito]** lavori femminili, Näharbeiten f pl; **essere allergico al ~** *fig* (*non aver voglia di lavorare*), die Arbeit nicht erfunden haben, gegen Arbeit allergisch sein *scherz*; **ammazzarsi di ~** *fig* (*lavorare molto*), sich (halb) totarbeiten/schuften *fam*; **buttarsi nel ~** *fig* (*dedicarsi esclusivamente a questo*), sich in die Arbeit stürzen; **~ da certosino/[cinese]** *fig* (*di pazienza*), Gedulds-, Pusselarbeit f; **lavori in corso** (*su strade*), Baustelle f; **lavori domestici** (*di casa*), Hausarbeit f; **~ di fatica** (*pesante*), Heiden-, Knochenarbeit *fam*, Strapaze f; **hai fatto proprio un bel ~!** *fig iron* (*pasticcio*), da hast du aber etwas Schönes angerichtet! *fam iron*; **lavori femminili**, Hand-, Frauenarbeit f; **lavori forzati (a vita)** (*pena*), (lebenslange) Zwangsarbeit f; **~ d'incavo**, Einschneidearbeit f; **~ di lima**, Feilarbeit f; *fig* (*perfezionamento*), Ausfeilen n, Überarbeiten n; **~ da maestro** *fig* (*perfetto*), Meisterwerk n; **~ a maglia/uncinetto** lavori femminili, Strick-/Häkelarbeit f; **si è messo subito al ~** (*ha iniziato immediatamente a lavorare*), er hat sich sofort ans Werk/[an die Arbeit] gemacht; **abbandonare/lasciare il ~ a metà** *fig* (*interromperlo*), eine Arbeit halb fertig liegen lassen; **~ minorile**, Kinderarbeit f; **~ da negri** *fig* (*pesante*), Sklavenarbeit f *spreg*; **~ nero** *fig* (*non dichiarato*), Schwarzarbeit f; **fare un ~ di pazienza** (*lungo e difficile*), eine Gedulds-/Pusselarbeit verrichten; **il ~ non scappa** *fig* (*può aspettare*), die Arbeit läuft einem nicht davon; **essere molto serio sul ~** *fig* (*molto professionale*), bei der Arbeit zuverlässig/professionell sein; **~ sommerso** *giorn* (*attività non rilevate dalle statistiche*), Schwarzarbeit f, Dunkelziffer f auf dem Arbeitsmarkt; **~ di tavolino** *fig* (*sedentario*), Schreibtischarbeit f; **pagare il ~ a ultimato/finito** *comm*, 30% bei Fertigstellung bezahlen; **il ~ nobilita l'uomo** *prov*, Arbeit adelt den Menschen.

lavoróne ‹*accr di lavoro*› m **1** schwere/mühevolle Arbeit, Riesenarbeit f *fam*: **spostare le strutture amministrative da una città all'altra è un ~**, Verwaltungseinrichtungen von einer Stadt in eine andere zu verlagern ist eine mühevolle Arbeit **2** (*opera ben riuscita*) großes Werk: **la commedia ha avuto molto successo, è un ~!**, die Komödie hat viel Erfolg, das ist ein tolles Stück! *fam* **3** *tosc* (*seccatura*) Scherererei f *fam*, Ärger m *fam*.

lavorucchiàre ‹*lavorucchio, lavorucchi*› → **lavoricchiare**.

lay out ‹-, - -s *pl ingl*› *loc sost* m *ingl* **1** *anche comm inform* (*bozzetto*) {PUBBLICITARIO; +PAGINA} Lay-out n, Gestaltung f, Aufmachung f **2** (*istruzioni*) Anweisungen f pl, Ablaufschema n: **il lay out per la realizzazione di un lavoro**, der Produktionsplan, der geplante Arbeitsablauf **3** *industr* Lageplan m, Grundriss m **4** (*nell'organizzazione aziendale*) Anordnung f, Warenauslage f.

laziàle A agg {RETE STRADALE} Latiums; {SQUADRA} aus Latium B mf 1 (*abitante*) Bewohner(in) m(f) Latiums 2 *sport* (*nel calcio*) (*tifoso*) Fan m des Fußballclubs Lazio (Rom); (*giocatore*) Spieler m des Fußballclubs Lazio (Rom).

Làzio m *geog* Latium n.

làzo <-, -s *pl spagn*> m *spagn* (*laccio*) Lasso n o m: **prendere al ~ un bisonte**, ein Bison mit dem Lasso fangen.

lazulìte f *min* Lazulith m.

lazzarétto m 1 (*per lebbrosi*) Lazarett n; (*per malattie epidemiche*) Seuchenkrankenhaus n, Seuchenstation f 2 (*zona di quarantena*) Quarantänegebiet n.

lazzaronàta f (*mascalzonata*) Gaunerei f, Schurkerei f *spreg*.

lazzaróne, (-a) m (f) *fam* 1 (*mascalzone*) Schurke m *spreg*, (Schurkin f *spreg*), Lump m *spreg*: **l'hanno finalmente messo dentro quel ~!**, endlich haben sie den Lump eingelocht! *fam spreg* 2 *spreg scherz* (*fannullone*) Faulpelz m *fam spreg*, Faulenzer(in) m(f) *spreg*, Faultier n *spreg*: **muoviti ~!**, mach schon, du Faulpelz! *fam spreg*.

lazzerétto → **lazzaretto**.

làzzo m <*di solito al pl*> 1 (*motto*) Witz m, witziger/wunderbarer Einfall, Schmäh m *fam* A 2 *teat* (*atto buffonesco*) improvisierte Nummer, Posse f, Schwank m.

lb, lb. abbr *del lat* libra (*libbra*) lb. (*abbr di* Pound) (*englisches/amerikanisches Pfund*).

LC *polit stor* abbr *di* Lotta Continua: "linksradikale außerparlamentarische Bewegung".

le A art det f pl 1 die: **le case/isole/passioni**, die Häuser/Inseln/Leidenschaften 2 (*quando è seguito da cognomi o da titoli*): **le (sorelle) Rossi**, die Schwestern Rossi, die Rossi-Schwestern 3 (*non viene tradotto con le indicazioni dell'ora*): **tra le 2 e le 3**, zwischen zwei und drei (Uhr); (*con le parti del corpo*): **ho le ciglia lunghe**, ich habe lange Wimpern; (*se preceduto da tutte*): **porta tutte le fotografie!**, nimm alle Fotos mit!; (*può non essere tradotto quando indica il generico, una specie, una categoria, ecc.*): **le tigri rischiano l'estinzione**, Tiger sind vom Aussterben bedroht; **per le mamme i loro figli sono sempre belli**, für jede Mutter schön findet jede Mutter schön 4 (*quelle*) die, jene: **come mele preferisco le renette**, meine Lieblingsäpfel sind die Renetten 5 (*queste*) die, diese: **sentitele, le emancipate!**, hört euch diese Emanzen an! *fam* 6 (*temporale*: **nelle, durante le**): **le settimane seguenti non l'ho più vista**, in den (darauf)folgenden Wochen habe ich sie nicht mehr gesehen 7 (*seguito da agg poss non si traduce*): **le tue gonne**, deine Röcke; **le mie sorelle**, meine Schwestern 8 (*se indica idea di possesso si può anche tradurre col pron poss corrispondente*): **mettiti le scarpe!**, zieh dir deine Schuhe an!; **le zie vivono con lei**, ihre Tanten leben mit ihr B *pron pers 3ª pers f sing* 1 (*compl di termine*) ihr: **cosa le hai regalato per il suo compleanno?**, was hast du ihr zum Geburtstag geschenkt?; **scrivile!**, schreib ihr!; **dille di venire subito**, sag ihr, sie soll sofort kommen; (*se il verbo regge l'acc*) sie; **non le hai ancora telefonato?**, hast du sie noch nicht angerufen?; **la tua macchina è molto sporca, devi proprio darle una lavata**, dein Auto ist sehr schmutzig, du musst es wirklich waschen 2 (*forma di cortesia*): **le/Le**, (*compl di termine*) Ihnen; **le/Le faccio i miei complimenti!**, ich gratuliere Ihnen!; **le/Le hanno già restituito i suoi/Suoi soldi?**, haben sie Ihnen Ihr Geld zurückgegeben?; (*se il verbo regge l'acc*) Sie; **posso chiederLe quanti anni ha?**, darf ich Sie fragen, wie alt Sie sind?; **le/Le chiedo scusa**, ich bitte Sie um Entschuldigung C *pron pers 3ª pers f pl* (*compl oggetto*) sie: **le mie cugine? Eccole che arrivano!**, meine Cousinen? Da kommen sie!; **queste vacanze non me le dimenticherò mai**, diese Ferien werde ich nie vergessen; (*se il verbo regge il dat*) ihnen; **aiutale per favore!**, hilf ihnen(,) bitte!; **le hanno licenziate ieri**, sie haben ihnen gestern gekündigt.

leader *ingl* A <inv> agg {INDUSTRIA} führend B <-> mf 1 *anche polit* (*capo*) {+ASSOCIAZIONE, PARTITO} Führer(in) m(f) 2 *sport* {+SETTORE DELL'INFORMATICA} Leader m 3 *sport* (*nell'automobilismo, nel ciclismo, nell'ippica*) {+CAMPIONATO} Tabellen-/Spitzenführer(in) m(f), Leader m ● ~ **di mercato** *econ* (*rif. a azienda o a prodotto*), Marktführer m.

leadership <-> f *ingl anche polit* (*egemonia*) Führung f, Führerschaft f.

leàle agg 1 (*onesto*) {AMICO, SENTIMENTO} aufrichtig, ehrlich; {COLLEGA} *anche* loyal; {GARA} fair; {COMPORTAMENTO} *anche* korrekt: **è molto ~ negli affari**, in Geschäftssachen ist er/sie sehr korrekt 2 (*fedele*) {MARITO} treu.

lealìsmo m *polit* {+CONSERVATORI} Regierungstreue f, *stor* Loyalität f.

lealìsta <-i m, -e f> A agg *polit* {MOVIMENTO} regierungstreu; *stor* loyal B mf *polit* Regierungstreue mf *decl come agg*; *stor* Loyalist(in) m(f).

lealtà <-> f (*onestà*) {+COMPORTAMENTO} Fairness f, Korrektheit f; {+CONCORRENTE} *anche* Aufrichtigkeit f, Ehrlichkeit f 2 (*fedeltà*) {+AMANTE} Treue f; {+AMICO} *anche* Loyalität f.

leàrdo A agg {CAVALLO} grauscheckig B m Grauschimmel m.

leasing <-> m *ingl econ* Leasing n.

lèbbra f 1 *med* Lepra f, Aussatz m 2 *bot* {+OLIVO, SUSINO} Schorf m 3 *fig* (*male morale*) {+CORRUZIONE, INVIDIA} Übel n, Krankheit f 4 *fig* (*processo consuntivo*) {+STATUA} Zerfallsprozess m: **le mura erano mangiate dalla ~**, die Mauern waren zerfallen/zerfressen ● **evitare qu come avesse la ~ fig** (*a tutti i costi*), jdn meiden wie die Pest *fam*; **temere qu come la ~ fig** (*temerlo molto*), jdn fürchten wie die Pest *fam*.

lebbròsa f → **lebbroso**.

lebbrosàrio <-ri> m *med* (*ricovero*) Leprakrankenhaus n, Leprastation f.

lebbróso, (-a) A agg 1 *med* {BAMBINO} leprakrank, aussätzig 2 *fig* (*scalcinato*) {MURO} zerfallen, abgebröckelt, abgeblättert B m (*malato*) Leprakranke mf *decl come agg*, Aussätzige mf *decl come agg*.

leccacùlo <-, -i> m *volg spreg* A agg {STUDENTE} schleimig *spreg*, arschkriecherisch *volg spreg* B mf (*adulatore*) Arschkriecher(in) m(f) *volg spreg*, Schleimscheißer(in) m(f) *volg spreg*.

lécca lécca <-> loc sost m Lutscher m, Lolli m *fam*.

leccapiàtti <-> mf *rar* 1 (*ghiottone*) Leckermaul n *fam*: **che ~, non ne ha mai a sufficienza!**, dieses Leckermaul kann nicht genug kriegen! *fam* 2 (*parassita*) Schmarotzer m *spreg*, Nassauer m *fam*: **quel ~ si fa sempre invitare dappertutto**, dieser Schmarotzer lässt sich (immer) überall einladen *spreg*.

leccapièdi <-> mf *spreg* (*adulatore*) Speichellecker(in) m(f) *spreg*, Schmeichler(in) m(f).

leccàrda f *gastr* Fettfänger m, Fettpfanne f.

leccàre (*lecco, lecchi*) A tr 1 (*passare la lingua*) ~ **qc** {GELATO} etw schlecken; {BORDO DELLA BUSTA, FRANCOBOLLO} etw an|lecken; ~ **qc a qu** (*jdm*) *dat* {+LABBRA} (ab|)lecken; **il gatto lecca la mano al padrone**, die Katze leckt ihrem Herrchen die Hand ab 2 (*lappare*) ~ **qc** etw auf|lecken, etw ab|lecken, etw (ab|)schlecken; **il cane lecca l'uovo caduto sul pavimento**, der Hund leckt das auf dem Boden gefallene Ei auf 3 *fig* (*adulare*) ~ **qu** {POTENTI} jdm schmeicheln, sich *bei* jdm ein|schleimen *spreg* 4 *fig* (*curare eccessivamente*) ~ **qc** {PROPRIA PERSONA} etw auf|putzen; {QUADRO} etw wieder und wieder überarbeiten; {SCRITTO} wieder und wieder an etw (*dat*) feilen B rfl 1 *indir* **leccarsi qc** {LABBRA} sich (*dat*) etw lecken 2 (*lisciarsi*) **leccarsi** {GATTO} sich putzen, sich (ab|)lecken; (*indir*) **leccarsi qc** {GATTO PELO} sich (*dat*) etw lecken 3 *fig* (*curarsi*) **leccarsi** sich schniegeln *fam*, sich heraus|putzen, sich schön machen: **ha passato la mattina a leccarsi davanti allo specchio**, er/sie hat den ganzen Morgen vor dem Spiegel gestanden und sich herausgeputzt ● **leccarsi i baffi/le dita per qc** *fig* (*dimostrare di gradire*), sich die/[alle zehn] Finger nach etw (*dat*) lecken; ~ **e non mordere** *fig* (*sapersi accontentare*), sich beherrschen/bremsen/zufrieden|geben können.

leccàta f 1 (*atto*) (Ab)lecken n: **dare una ~ al barattolo del miele**, das Honigglas ablecken, am Honigglas lecken 2 *fig* (*lusinga*) Schmeichelei f, Lobhudelei f *spreg* ● **dare una ~ fig** (*corrompere con denaro*), (mit Geld) bestechen.

leccatìna <*dim di* leccata> f 1 Lecken n 2 *fig* (*colpetto*) Klaps m, leichter Schlag/Hieb.

leccàto, (-a) agg 1 {CUCCHIAIO} (ab)geleckt 2 *fig* (*curato*) {PETTINATURA} geleckt *fam scherz*; {UOMO} *anche* geschniegelt *fam*, herausgeputzt 3 *fig spreg* (*affettato*) {STILE} affektiert *spreg*, geziert *spreg*.

leccatùra f 1 (*atto*) (Ab)lecken n 2 *fig* (*adulazione*) {IGNOBILE} Schmeichelei f 3 *fig* (*rifinitura eccessiva*) {+QUADRO} übertriebenes Überarbeiten.

Lécce f *geog* Lecce n.

leccése A agg *as*/von Lecce B mf (*abitante*) Einwohner(in) m(f) von Lecce.

lecchése A agg von/aus Lecco B mf (*abitante*) Einwohner(in) m(f) ↓von Lecco↓/[Leccos].

lecchìno, (-a) m (f) 1 *fam spreg* (*leccapiedi*) Speichellecker(in) m(f) *spreg*, Schmeichler(in) m(f) 2 *tosc* (*bellimbusto*) Lackaffe m *fam spreg*, Geck m *fam obs spreg*.

lèccia① <-ce> f *itt* Gabelmakrele f.

lèccia② <-ce> f *bot* Eichel f/Frucht f der Steineiche.

léccio <-ci> m 1 *bot* Steineiche f 2 (*legno*) Steineiche(nholz n) f.

leccornìa f (*ghiottoneria*) Delikatesse f, Leckerbissen m, Leckerei f: **ai bambini piacciono molto le leccornie**, Kinder lieben Leckereien sehr; **questa pietanza è una vera ~**, dieses Gericht ist ein echter Leckerbissen.

lecitìna f *biol* Lezithin n: ~ **di soia**, Sojalezithin n.

lécito, (-a) A agg 1 (*permesso*) erlaubt, zulässig, gestattet: **mi sia ~ dire/fare qc**, es sei mir erlaubt, etw zu sagen/machen; **pensa che tutto gli sia ~**, er glaubt, dass ihm alles gestattet sei↓/[er alles darf] 2 (*giustificato*) {DUBBIO} berechtigt 3 *dir* {ATTI, GUADAGNI} (rechtlich) zulässig, erlaubt B m <*solo sing*> Erlaubte n *decl come agg*, Zulässige n *decl come agg* ● **vi par ~?** *fig* (*giusto*), ↓finden Sie↓/[findet ihr] das richtig?; **dove vai, se (mi) è ~?** *fig* (*permesso chiederlo*), wohin gehst du, wenn ich fragen darf?

lèctio brèvis <-> loc sost f *lat scuola* Lectio brevis f, verkürzter Unterrichtstag.

led, LED <-> m *elettr* abbr *dell'ingl* Light-Emitting Diode (*diodo a emissione luminosa*) LED abbr *di* (Lumineszenzdiode): **display a led**, LED-Anzeige f; Leuchtdioden-, Leuchtzifferanzeige f.

lèdere <irr *ledo, lesi, leso*> tr ~ **qc** **1** (*danneggiare*) {URTO CARROZZERIA} *etw* beschädigen; *fig* {DIGNITÀ, DIRITTO, INTERESSE} anche *etw* verletzen **2** *med etw* verletzen: **il proiettile non ha leso organi vitali**, die Kugel hat keine lebenswichtigen Organe verletzt.

léga① <*-ghe*> f **1** (*associazione*) Verband m, Vereinigung f: **la ~ contro il cancro**, Vereinigung f gegen (den) Krebs/[zur Krebsbekämpfung], ≈ Deutsche Krebsgesellschaft; **Lega Navale Italiana**, Italienischer Schifffahrtsverband m; ~ **operaia**, Arbeiterverein m; ~ **sindacale**, Gewerkschaftsbund m **2** (*federazione*) Bund m, Liga f, Bündnis n: ~ **doganale**, Zollvereinigung f; ~ **monetaria**, Währungsunion f; **stringere/rompere una ~**, ein Bündnis schließen/eingehen/[brechen] **3** (*combutta*) Vereinbarung f: **far ~ con qu**, sich mit jdm zusammentun; **far ~ contro qu**, sich gegen jdn verbünden **4** (*insieme di persone*) Bande f, Clique f: **essere della ~**, zur Clique/Bande gehören **5** *chim metall* {BIANCA, BINARIA, ROSSA} Legierung f: **il bronzo è una ~ di rame e stagno**, Bronze ist eine Kupfer-Zinn-Legierung/[Legierung aus Kupfer und Zinn]; ~ **per caratteri**/[**tipografica**], Lettern-, Schriftmetall n; ~ **leggera**, Leichtmetalllegierung f; ~ **di piombo**, Bleilegierung f **6** *polit* Liga f, Liga f: **Lega Nord**, Lega Nord f; *stor* Bund m: ~ **anseatica**, Hanse f; ~ **lombarda**, lombardischer Bund **7** *sport* Liga f: **Lega Nazionale Calcio**, Italienischer Fußballbund ● **Lega Ambiente**, Italienischer Naturschutzbund; **oro di bassa ~ metall**, niederkarätiges Gold; **di bassa ~** *fig* (*da poco*), {BATTUTA, SCHERZO} geschmacklos; **gente di bassa ~**, Pack n *fam spreg*, Pöbel m *spreg*, Mob m *spreg*; **di buona ~ metall**, {ORO} hochkarätig; *fig* (*di valore*), {SAGGIO} sehr gut, vorzüglich.

léga② <*leghe*> f *metrol* Meile f: ~ **marina**, Seemeile f.

legàccio <*-ci*> m (*laccio*) (Schnür)band n; (*della scarpa*) Schnürsenkel m pl, Schuhband n *region A*.

legàle A agg **1** (*giuridico*) {ASPETTO, ASSISTENZA, CONTROVERSIA, DECISIONE, RICERCA, SEPARAZIONE} gesetzlich, Gesetzes-; {MATERIA, MEZZI, PROCEDURA, QUESTIONE} Rechts-, rechtlich **2** (*di un legale*): **studio/ufficio ~**, (Rechts)anwaltskanzlei f **3** (*giudiziario*) {MEDICINA, MEDICO, PROCEDURA, SPESA} Gerichts- **4** (*conforme alla legge*) {ARMI} gesetzlich, legal; {COMPORTAMENTO} rechtmäßig; {CONTRATTO} rechtsgültig, rechtskräftig **5** (*valido*) {CORSO DI UNA MONETA} gültig B *mf* (*avvocato*) (Rechts)anwalt m, Rechtsbeistand m: **abbiamo appena consultato il nostro ~**, wir haben gerade unseren Anwalt zu Rate gezogen/[konsultiert *forb*].

legalità <-> f (*conformità alla legge*) {+ATTO} Gesetzlichkeit f, Gesetzmäßigkeit f, Legalität f: **nei limiti della ~**, im gesetzlichen Rahmen, im Rahmen der Legalität; **il suo operato esce dalla/[rimane nella] ~**, sein/ihr Handeln sprengt den/[bleibt im] Rahmen der Legalität/[des gesetzlich Erlaubten].

legalitàrio, (*-a*) <*-ri* m> agg (*che opera legalmente*) {OPPOSIZIONE, PARTITO} gesetzmäßig, sich im Rahmen der Legalität bewegend, gesetzlich, legal.

legalizzàre tr ~ **qc 1** (*regolarizzare*) {RAPPORTO DI COLLABORAZIONE} *etw* legalisieren, *etw* gesetzlich regeln; ~ **una situazione di fatto**, eine tatsächlich bestehende Situation legalisieren **2** *amm* {DOCUMENTO, FIRMA} *etw* legalisieren, *etw* (amtlich) beglaubigen **3** *dir* {+ABORTO} *etw* legal machen.

legalizzazióne f **1** (*regolarizzazione*) {+POSIZIONE, RAPPORTO DI COLLABORAZIONE} Legalisierung f, gesetzliche Regelung **2** *amm* {+CERTIFICATO} Legalisierung f, Legalisation f, (amtliche) Beglaubigung **3** *dir* {+ABORTO, DROGA} Legalisierung f; {+ATTO PUBBLICO STRANIERO} Legalisation f.

legàme m **1** *fig* (*vincolo*) {MORALE, STRETTO} (Ver)bindung f, Band n *forb*: **avere dei legami col proprio paese d'origine**, Kontakte/Verbindungen zu seinem Ursprungsland haben; ~ **di parentela**, verwandtschaftliche Beziehung/[Familienbande n pl *forb*]; ~ **di sangue**, Blutsbande n pl *forb* **2** *fig* (*relazione sentimentale*) (Liebes)verhältnis n, (Liebes)beziehung f **3** *fig* (*nesso logico*) Verbindung f, Zusammenhang m: **abbiamo stabilito un ~ fra i due eventi**, wir haben einen Zusammenhang zwischen den beiden Ereignissen hergestellt **4** *chim* {IONICO} Bindung f: ~ **triplo**, Dreifachbindung f **5** *psic* Bindung f ● **~ doppio** ~ *chim*, Doppelbindung f; *psic*, Double-Bind(-Theorie) f) n.

legaménto m **1** (Ver)bindung f, (*azione*) *anche* (Ver)binden n **2** *anat* Band n: **si è rotto i legamenti della caviglia**, er hat sich (dat) die Knöchelbänder gerissen; **legamenti crociati del ginocchio**, Kreuzbänder n pl (des Knies) **3** *ling* Bindung f: **in francese ci sono molti legamenti**, im Französischen wird bei vielen Wörtern eine Liaison vorgenommen **4** <*di solito al pl*> *mar* {+NAVE} Verbindungsstück n **5** *mus* {+ACCENTUAZIONE, DURATA} Ligatur f **6** *sport* (*nella scherma*) Ligade f.

legànte① A agg *edil tecnol* bindend, Binde- B m **1** *chim gastr* Bindemittel n **2** *edil tecnol* {IDRAULICO} Bindemittel n, Binder m.

legànte② *dir* A agg vermachend B *mf* Erblasser(in) m (f).

legàre① <*lego, leghi*> A tr **1** *gener* ~ **qu/qc** (*a qu/qc*) (*con qc*) jdn/*etw* (mit *etw* dat) *an etw* (*acc*) (*an|-, fest*|)binden: **legalo stretto!**, bind ihn/es ganz fest!; {PRIGIONIERO, MANI ALLA SEDIA CON UNA CORDA} jdn/*etw* (mit *etw* dat) *an etw* (acc) fesseln; (*con funi*) {BARCA ALLA RIVA} *etw* an *etw* (dat) vertäuen; {CAVALLO A UN ALBERO} *etw* an *etw* (acc) binden; (*con spago*) {PACCO AL PORTAPACCHI} *etw* an *etw* (dat) fest|schnüren; ~ **alla catena qu/qc**, jdn/*etw* an die Kette legen, jdn/*etw* anketten **2** (*chiudere*) ~ **qc** (*con qc*) {SACCHETTO DEI RIFIUTI CON UN ELASTICO} *etw* (mit *etw* dat) zu|binden; {PACCO CON UN CORDINO} *etw* (mit *etw* dat) ver-, zu|schnüren; {FASCIO DI DOCUMENTI CON UN NASTRO} *etw* (mit *etw* dat) zusammen|binden; ~ **qc a qu** (*con qc*) {SCARPE AL FIGLIO} jdm *etw* (zu|)binden, jdm *etw* zu|schnüren; {CAPELLI ALLA FIGLIA CON UN NASTRO} jdm *etw* (mit *etw* dat) zusammen|binden **3** *fig* (*unire*) ~ **qu** (*a qu/qc*) {NOSTALGIA IMMIGRATO ALLA FAMIGLIA, AL PAESE D'ORIGINE; PROMESSA MARITO ALLA MOGLIE} jdn an jdn/*etw* binden, jdn mit jdm/*etw* verbinden: **li lega un affetto profondo e duraturo**, sie verbindet eine tiefe, anhaltende Zuneigung **4** *fig* (*collegare*) ~ **qc a qc** *etw* mit *etw* (dat) (ver)binden: **i due progetti sono legati fra di loro**, die beiden Projekte sind miteinander verbunden; {IDEE, PARTE DEL DISCORSO A UN'ALTRA} *etw* mit *etw* (dat) verknüpfen; {DISCIPLINE DIVERSE} *etw* (zu *etw* dat) zusammen|fassen **5** *fig* (*impegnare*) ~ **qu** jdn binden, jdn beanspruchen: **questo lavoro/[questa relazione] mi lega troppo**, diese Arbeit/Beziehung nimmt mich zu sehr in Anspruch **6** *fig* (*allappare*) **i frutti acerbi legano i denti**, unreifes Obst zieht den Mund zusammen **7** *fig lett* (*vincolare*) ~ **qu a qu/qc** (*con qc*) {UOMO CON PROMESSE} jdn (durch *etw* acc/mit *etw* dat) *an qu/jdn* binden **8** *chim metall* ~ **qc** {ORO COL RAME} *etw* mit *etw* (dat) legieren **9** *edit* ~ **qc** {LIBRO} *etw* (ein|)binden **10** *gastr* ~ **qc** {SALSA CON UN CUCCHIAIO DI FECOLA} *etw* mit *etw* (dat) legieren, *etw* mit *etw* (dat) ein|dicken **11** *mar* ~ **qc** {CIME} *etw* fest|machen **12** *med* ~ **qc** {ARTERIA} *etw* ab|binden, eine Ligatur *an etw* (dat) vor|nehmen **13** *mus* ~ **qc** *etw* binden **14** (*in oreficeria*) ~ **qc** {GEMMA, PERLA} *etw* (ein|)fassen **15** *sport* (*nel pugilato*) ~ **qu** {BLU COL VERDE} klammern B itr **1** *fig* (*armonizzare*) ~ (**con qc**) {BLU COL VERDE; CORNICE CON IL QUADRO} zu *etw* (dat) passen; {BLU E VERDE, CONCETTI, PAROLE, SUONI} (gut) zusammen|passen **2** *fig fam* (*andar d'accordo*) ~ (**con qu**) {CARATTERI; INSEGNANTE CON LA CLASSE} sich (mit jdm) (gut) verstehen, (mit jdm) gut aus|kommen, sich (mit jdm) vertragen: **quei due non legano!**, die beiden kommen nicht gut miteinander aus!, zwischen den beiden stimmt die Chemie nicht! *fam* **3** *bot* an|setzen **4** *chim* {ATOMI} sich verbinden; *metall* (*far lega*) ~ **qc** (**con qc**) {RAME CON LO STAGNO} (mit *etw* dat) eine (Ver)bindung ein|gehen, sich (mit *etw* dat) legieren lassen C rfl **1** *indir* (*chiudersi*) **legarsi qc** (**con qc**) {CAPELLI CON UN ELASTICO} sich (dat) *etw* (mit *etw* dat) zusammen|binden; {SCARPE} sich (dat) *etw* (zu|)binden, sich (dat) *etw* zu|schnüren **2** *fig* (*unirsi*): **legarsi a/con qu** sich *an jdn* binden, mit jdm verbunden sein: **legarsi in matrimonio (con qu)**, sich ehelich (*an jdn*) binden, (*jdn*) heiraten; **si è legata sentimentalmente a/con uno straniero**, sie ist mit einem Ausländer liiert **3** *fig* (*vincolarsi*): **legarsi con qc** {CON UNA PROMESSA} sich *durch etw* (acc) binden, sich *durch etw* (acc) verpflichten **4** *fig* (*collegarsi*): **legarsi a/con qc** {DISCORSO A UN ALTRO} sich *auf etw* (acc) beziehen, Bezug *auf etw* (acc) nehmen **5** *chim metall*: **legarsi con qc** sich (mit *etw* dat) mischen, sich (mit *etw* dat) verbinden, sich *an etw* (acc) binden ● **essere matto/pazzo da ~** *fig scherz* (*completamente pazzo*), völlig übergeschnappt/verrückt sein *fam*.

legàre② <*lego, leghi*> tr *dir* (*lasciare*) ~ **qc a qu/qc** {BENI AL FIGLIO, IMMOBILE ALL'OSPEDALE} jdm/*etw* *etw* vermachen.

legàta f (*legare velocemente*) Binden n, Bindung f: **diede una ~ al mazzo di rose**, er/sie band den Strauß Rosen schnell zusammen.

legatàrio, (-a) <*-ri* m> m (f) *dir* Legatar(in) m(f), Vermächtnisnehmer(in) m(f).

legàto① m **1** *dir stor* Gesandte m decl come agg, Legat m **2** *relig* Legat m.

legàto② m *dir* {PARTICOLARE} Vermächtnis n, Legat n.

legàto③, (-a) A agg **1** *fig* (*unito*) ~ **a qu** {FRATELLO ALLA SORELLA} jdm eng verbunden, jdm zugetan **2** *fig* (*impacciato*) ~ (*in qc*) {RAGAZZA NEI MOVIMENTI} unbeholfen *in etw* (dat), plump *in etw* (dat); {PROSA} verkrampft *spreg*; *sport* {PASSO} steif, starr **3** *fig* (*che dipende da*) ~ **a qc** {ALLE CONDIZIONI METEOROLOGICHE, AL GIUDIZIO DEL PADRE} *von etw* (dat) abhängig **4** *edit* ~ **in qc** {LIBRO IN TELA} *in etw* (acc) (ein|)gebunden **5** *metall* {ACCIAIO} legiert B m *mus* Legato n.

legatóre, (*-trice*) m (f) *edit* Buchbinder(in) m(f).

legatoria f *edit* **1** (*tecnica*) Buchbinderei f, Buchbinderkunst f **2** (*laboratorio*) Buchbinderei f, Buchbinderwerkstatt f.

legatrìce① f → **legatore**.

legatrìce② f **1** *agr* Bindemaschine f, Bindemäher m **2** *mecc* Verschnür-, Umschnür-, Aufbindemaschine f.

legatùra f **1** Bindung f: **allentare/stringere una ~**, eine Bindung lockern/[enger machen]; ~ **delle scarpe**, Schuhbindung f; (*azione*) anche Binden n; (*con funi*) Vertäuung f; (*azione*) anche Vertäuen n; (*con spago*) {+SACCO} Verschnürung f, (*azione*) anche Verschnüren n **2** (*punto in cui si lega*) Verbindung f, Verbindungsstelle f: **sulla ~ era sta-**

legazione | **leggero** 1939

to posto un sigillo di ceralacca, die Verbindungsstelle wurde mit Siegellack verschlossen **3** *agr* {+COVONI DI GRANO} Binden n **4** *edit* Einband m: ~ **in pelle**, Ledereinband m; ~ **a spirale**, Spiralheftung f; (*azione*) anche Einbinden n **5** *gastr* {+SALSA} Legierung f; (*azione*) anche Legieren n **6** *mar* {INCROCIATA, PORTOGHESE} Verknotung f; (*azione*) anche Verknoten n **7** *med* {+VASI SANGUIGNI} Abbinden n **8** *mus* Binde-, Legatobogen m, Ligatur f: ~ **di frase**, Phrasenbindung f **9** (*in oreficeria*) {+PIETRA PREZIOSA} (Ein)fassung f; (*azione*) anche (Ein)fassen n.

legazióne f **1** (*ambasciata*) Gesandtschaft f, Legation f: **la ~ del Principato di Monaco**, die Gesandtschaft des Prinzipats von Monaco; (*sede*) Gesandtschaft f, Gesandtschaftsgebäude n; **vado in ~ a ritirare il visto**, ich gehe zur Gesandtschaft, um das Visum abzuholen **2** (*delegazione*) Gesandtschaft f: **ricevere una ~**, eine Gesandtschaft empfangen **3** (*carica*) Legationsamt n: **esercitare una ~**, ein Legationsamt ausüben; (*durata*) Legationsamtsdauer f **4** ‹*di solito al pl*› *relig stor* Legat m: **le legazioni di Romagna**, die Legaten der Romagna.

legènda ‹-› f (*didascalia*) {+MAPPA, MEDAGLIA, STEMMA} Legende f, Zeichenerklärung f.

légge A f **1** *dir* (*norma giuridica*) {+ECCEZIONALE, ORDINARIA, SPECIALE} Gesetz n: ~ **antitrust**, Kartellgesetz n, Antitrustgesetz n; ~ **costituzionale**, Verfassungsgesetz n; **quando decade/[entra in vigore] questa ~?**, wann tritt dieses Gesetz außer/in Kraft?; **il documento è conforme alla ~**, die Urkunde entspricht den gesetzlichen Bestimmungen; ~ **cornice/quadro**, Rahmen-, Mantelgesetz n; ~ **delega**, parlamentarisches Ermächtigungsgesetz; ~ **elettorale/finanziaria/fiscale**, Wahl-/Finanz-/Steuergesetz n; **chiedere giustizia alla ~**, vom Gesetz Gerechtigkeit fordern; **la ~ è stata abrogata/promulgata due mesi fa**, das Gesetz ist vor zwei Monaten aufgehoben/erlassen worden; ~ **marziale**, Kriegsrecht n; **per ~ Lei ha l'obbligo di pagarle gli alimenti**, gesetzlich/[nach dem Gesetz] sind Sie verpflichtet, Unterhalt zu bezahlen; ~ **ponte**, Überbrückungsgesetz n; ~ **stralcio**, Übergangsgesetz n; **leggi razziali**, Rassengesetze n pl; **ricorrere alla ~**, das Gesetz in Anspruch nehmen, sich an die Justizbehörde wenden; **ha la ~ dalla sua**, das Gesetz ist auf seiner/ihrer Seite; **la ~ è uguale per tutti**, vor dem Gesetz sind alle gleich **2** *dir* (*diritto*) Recht n, Rechtswissenschaft f: **università** Jura, Rechtswissenschaft f, Recht n: **essere iscritto alla facoltà di ~**, in der rechtswissenschaftlichen Fakultät eingeschrieben sein; **fare ~**, Jura studieren **3** (*norma*) {+AMICIZIA, CONVIVENZA, SOCIETÀ; DIVINA, MORALE} Gesetz n, Norm f, Regel f: **la ~ della domanda e dell'offerta**, das Gesetz von Angebot und Nachfrage; **la ~ non scritta della malavita**, die ungeschriebenen Gesetze der Unterwelt; ~ **dell'omertà**, Gesetz n des Schweigens; ~ **dell'onore**, Ehrenkodex m **4** (*principio, regola*) {+CHIMICA, FISICA; FONETICA} Regel f, Gesetz n: ~ **di Avogadro**, avogadrosches Gesetz; ~ **di Keplero**, keplersches/Kepler'sches Gesetz; **le leggi della natura**, die Naturgesetze **5** (*autorità*) Behörde, Polizei f: **l'assassino era ricercato dalla ~**, der Mörder wurde polizeilich gesucht **6** (*ordine*) Vorschrift f **B** in funzione di agg: **decreto** ~, Rechtsverordnung f • non avere/conoscere/[essere un senza] ~ *fig* (*essere un fuorilegge*), ein Gesetzloser/Vogelfreier/Geächteter sein; ~ **del Corano** *relig*, Gesetz n des Korans; **dettare ~** *fig* (*comandare*), Vorschriften machen, befehlen, den Ton angeben; ~ **divina** *relig*, Gesetz n Gottes, Heilige Schrift; **fare una ~**

draconiana *fig* (*molto severa*), drakonische Maßnahmen ergreifen; **esser/far ~** (*valere come* ~), ₁als Norm gelten₁/[(Macht)befugnis haben]; *fig* (*essere un modello*), vorbildhaft/ musterhaft sein; **fuori ~** (*vietato*), {COMPORTAMENTO} ungesetzlich, illegal, unrechtmäßig; **la ~ della giungla/foresta/**{+del più forte} *fig*, das Gesetz des Dschungels/Stärkeren; **la ~ non ammette ignoranza**, Unwissenheit schützt vor Strafe nicht; **in nome della ~, aprite!**, im Namen des Gesetzes, aufmachen!; ~ **della similitudine** *med* (*nell'omeopatia*), Ähnlichkeitsprinzip n, Ähnlichkeitsgesetz n; ~ **del taglione**, Talionslehre f; **la ~ delle 12 tavole** *relig*, der Gesetzeskodex der 12 Tafeln; **fatta la ~, trovato l'inganno** *prov*, jedes Gesetz hat seine Hintertür.

leggènda f **1** *lett* {+ARGONAUTI, TAVOLA ROTONDA} Sage f, Legende f: **la ~ vuole che Siegfriedo sia morto qui**, der Sage nach soll Siegfried hier gestorben sein; (*storica*) {GARIBALDINA} Legende f, Heldentat f; (*religiosa*) {+SANTO} Legende f **2** (*didascalia*) {+MAPPA, VIGNETTA} Legende f, Zeichenerklärung f **3** *fig* (*fandonia*) Märchen n, Geschichte f, Lüge f: **le calunnie diffuse su di noi sono leggende**, die Verleumdungen, die man über uns verbreitet, sind erstunken und erlogen *fam* **4** (*in araldica*) Wappen-, Wahlspruch m **5** *mus* Legende f • **entrare nella ~** *fig* (*diventare mitico*), legendär werden; ~ **metropolitana** *fig* (*notizia inventata*), urbane Legende.

leggendàrio, (-a) ‹-ri m› **A** agg **1** (*della leggenda*) {EROE, RACCONTO} sagenhaft, Sagen- **2** *fig* (*diventato mitico*) {BELLEZZA} legendär, zur Legende geworden: **il ~ festival di Woodstock**, das legendäre Woodstock-Festival **B** m *relig* Legendenbuch n, Legendensammlung f.

leggèra → **leggero**.

lèggere ‹*irr* leggo, lessi, letto› tr **1** gener ~ (qc) (*etw*) lesen: **insegnare a ~ ai bambini della prima elementare**, Kindern in der ersten Grundschulklasse das Lesen beibringen; **trascorrere gran parte della giornata leggendo**, einen großen Teil des Tages mit Lesen verbringen; **imparare a ~ e scrivere**, lesen und schreiben lernen; **ha letto tutto Pirandello in un mese**, er/sie hat ₁den ganzen Pirandello₁/[alles von Pirandello] in einem Monat gelesen; **la scritta era difficile/facile da ~**, die Schrift war schwer/leicht zu lesen; ~ ₁**a bassa voce**₁/[**in silenzio**], leise/ still lesen; ~ **qc + compl di luogo** {IN UN LIBRO, SUL MURO} *etw* irgendwo lesen; **sul giornale si leggono spesso delle notizie false**, in der Zeitung liest man häufig Falschmeldungen/Enten *slang*; **dove hai letto della sciagura aerea?**, wo hast du über das Flugzeugunglück gelesen?; (~ ad altri) ~ **qc (a qu)** (*jdm*) *etw* vor₁lesen; **in classe si sta leggendo un racconto**, in der Klasse wird gerade eine Erzählung gelesen **2** (*capire*) ~ **qc** {INGLESE, RUSSO} *etw* verstehen, *etw* lesen können **3** (*decifrare*) ~ **qc** {CARTA GEOGRAFICA} *etw* lesen können; {DIAGRAMMA, GRAFICO} anche *etw* interpretieren; {CONTATORE DEL GAS} *etw* ab₁lesen: **i ciechi leggono con le dita**, Blinde lesen mit den Fingern; {CARTE, MANO} *aus etw* (*dat*) lesen **4** (*intuire*) ~ (*qc*) + **compl di luogo** {NELL'ANIMO DI QU, PREOCCUPAZIONE, TERRORE SUL VOLTO} (*etw*) irgendwo lesen: **le si leggeva ₁in faccia₁/[negli occhi] che stava mentendo**, ihr stand ins Gesicht geschrieben, dass sie log; **aus ₁ihrem Gesicht₁/[ihren Augen] war deutlich zu lesen, dass sie log 5** *fig* anche **lett** (*vedere*) ~ **qc** *etw* lesen, *etw* aus₁legen, *etw* verstehen, *etw* interpretieren: ~ **l'orientamento del governo come una risposta ai sindacati**, die Politik der Regierung als eine Antwort an die Gewerk-

schaften verstehen; ~ **Manzoni in chiave strutturalista**, Manzoni strukturalistisch/ [unter dem Gesichtspunkt des Strukturalismus] interpretieren; **i critici dell'Ottocento leggevano erroneamente questa strofa**, die Kritiker des 19. Jahrhunderts deuteten diese Strophe falsch **6** *amm dir* ~ **qc** *etw* verlesen, *etw* vor₁lesen **7** *inform* ~ **qc** *etw* lesen **8** *mus* ~ **qc** *etw* lesen: ~ **a prima vista**, vom Blatt spielen **9** *tecnol* (*riprodurre*) ~ **qc** {SUONO} *etw* wieder₁geben • ~ **dentro a qu** *fig* (*saper capire una persona*), jdn verstehen können, in jds Seele lesen können; (*riuscire a indovinare i pensieri di qu*), jds Gedanken erraten können; **farsi ~** (*essere apprezzabile*), {OPERA TEATRALE, ROMANZO, SAGGIO} beachtenswert/lesbar sein; **si legge che...** (*si dice che....*), es steht geschrieben, dass...; **si legge nella Bibbia/[Divina Commedia]/...**, in der Bibel/[Göttlichen Komödie]/... steht; **leggasi ...** (*si intenda ...*), das heißt ..., das ist so zu verstehen ...

leggerézza f **1** (*levità*) {+PIUMA} Leichtigkeit f, Leichtheit f; *fig* {+SUONO, TOCCO, TONALITÀ DI COLORE} Zartheit f **2** (*agilità*) {+BALLERINA} Gewandtheit f, Leichtigkeit f **3** *fig* (*superficialità*) Leichtsinn m, Gedankenlosigkeit f: **fare qc con ~**, etw leichtsinnig tun; **dar prova di ~**, gedankenlos handeln **4** *fig* (*atto*) Leichtsinn m, Leichtsinnigkeit f: **non commettere leggerezze!**, sei nicht leichtsinnig!, lass dich zu keinem Leichtsinn hinreißen! **5** *fig* (*frivolezza*) Leichtfertigkeit f, Frivolität f.

leggèro, (-a) **A** agg **1** (*di poco peso*) leicht: **l'olio è più ~ dell'acqua**, Öl ist leichter als Wasser; **il tuo maglione è ~ come una piuma**, dein Pullover ist federleicht; {TESSUTO} leicht, dünn; **d'estate si indossano abiti leggeri**, im Sommer trägt man leichte Kleidung **2** (*digeribile*) {CIBO} leicht (verdaulich), (*frugale*) {PASTO} leicht **3** (*con poco alcol*) {BIRRA} leicht, Leicht-, mit einem geringen Alkoholgehalt; (*diluito*) {CAFFÈ} dünn: **il vino questa volta è troppo ~**, diesmal ist der Wein zu leicht, diesmal hat der Wein einen zu niedrigen Alkoholgehalt **4** (*blando*) {MEDICINA} leicht **5** (*piccolo*) leicht, geringfügig, klein: **ci sarà un ~ aumento delle tasse**, es wird zu einer leichten Steuererhöhung kommen; **ha un ~ difetto di pronuncia**, er/sie hat einen leichten Aussprachefehler **6** (*delicato*) leise, sanft: **c'era un ~ profumo di lavanda**, es duftete leicht nach Lavendel, ein Hauch von Lavendelduft lag in der Luft; **spirava un vento caldo e ~**, es wehte ein warmer, sanfter Wind **7** (*debole*) leicht: **c'è stata una leggera scossa di terremoto**, es gab einen leichten Erdstoß **8** (*agile*) gewandt, flink: **è molto ~ nel muoversi**, er bewegt sich sehr flink; **camminava con passo ~**, er/ sie ging ₁leichten Schrittes₁/[mit leichten Schritten]/[leichtfüßig] **9** *fig* (*lieve*) {MAL DI TESTA, NAUSEA} leicht: **si è fatta una leggera contusione**, sie hat sich eine leichte Prellung zugezogen **10** *fig* (*di poco conto*) unbedeutend, bescheiden: **si tratta solo di un ~ rimprovero**, es handelt sich nur um einen geringfügigen Vorwurf **11** *fig* (*non impegnativo*) {DISCUSSIONE} anspruchslos, unverbindlich: **svolge un lavoro ~**, die Arbeit, die er/ sie macht, ist anspruchslos **12** *fig* (*sereno*) {SPIRITO} unbeschwert, heiter: **sentirsi ~**, sich unbeschwert fühlen **13** *fig* (*frivolo*) unbeständig, leichtfertig, unstet, flatterhaft *spreg*: **quella ragazza è davvero leggera**, das Mädchen ist wirklich flatterhaft *spreg* **14** *agr* {TERRENO} locker **15** *agr* {INCROCIATORE, NAVE} leicht **16** *sport* (*nell'atletica*) {PESO} Leicht- **B** avv (*in modo leggero*) {MANGIARE, VESTIRSI} leicht • **alla ~a** *fig* (*superficialmente*), oberflächlich, leger; **prendere le co-**

se alla leggera fig (senza preoccuparsi troppo), die Dinge auf die leichte Schulter nehmen; **tenersi ~ (di stomaco)** fig (mangiare cibi digeribili), leichte Kost zu sich nehmen.

leggiadrìa f (grazia) {+BALLERINA, VOLTO} Anmut f, Grazie f, Liebreiz m forb.

leggiàdro, (-a) agg **1** (aggraziato) {SORRISO, VOLTO} anmutig, reizend; {FORMA} zierlich **2** fig lett (magnifico) {OPERA} großartig, prachtvoll.

leggìbile agg **1** (che si può leggere) {FIRMA, SCRITTURA} leserlich **2** (decifrabile) {MANOSCRITTO} entzifferbar **3** (discreto) {PROSA} lesbar **4** (raccomandabile) {LIBRO} lesenswert.

leggibilità <-> f (l'essere leggibile) Lesbarkeit f, Leserlichkeit f.

leggicchiàre <leggicchio, leggicchi> tr ~ (**qc**) **1** (leggere male) {BAMBINO LIBRO} etw stockend/schlecht/holprig lesen **2** (leggere senza impegno) (etw) flüchtig lesen, (in etw dat) schmökern fam: **che cosa hai fatto ieri pomeriggio? – Ho leggicchiato**, was hast du gestern Nachmittag gemacht? – Ich habe ein wenig geschmökert/rumgelesen fam.

leggièro e deriv → **leggero** e deriv.

lèggimi <-> m inform Liesmich-, Readme- (datei) f.

leggìna <dim di legge> f **1** dir Novelle f **2** spreg: **prima delle elezioni si moltiplicano di solito le leggine**, vor den Wahlen häufen sich gewöhnlich die populistischen Gesetze spreg.

lèggio <-gii> m **1** (sostegno per libri) Lesepult n **2** mus Notenständer m.

leggiucchiàre → **leggicchiare**.

lèggo 1ª pers sing dell'ind pres di **leggere**.

leghìsmo m polit "besonders in Norditalien auftretende Tendenz zur (separatistischen) Bündnisbildung", Leg(h)ismus m.

leghìsta <-i m, -e f> polit A agg {ASSESSORE} Lega- B mf **1** Legist(in) m(f), "Anhänger(in) der Lega Nord-Bewegung" **2** stor (lavoratore iscritto a una lega) "Mitglied eines Arbeiterbundes".

legiferàre itr **1** dir Gesetze erlassen **2** fig scherz (dettare legge) Vorschriften machen, befehlen, den Ton an|geben.

legiferatóre, (-trice) A agg (che promulga una legge) gesetzgebend B m (f) Gesetzgeber(in) m(f).

legiferazióne f Gesetzgebung f.

legionàrio, (-a) <-ri m> A agg (della legione) {TRUPPE} Legions-, Legionär(s)- B m **1** (soldato della Legione straniera) Fremdenlegionär m **2** stor rom {+CESARE} Legionär m.

legióne f **1** mil Korps n, Legion f: **la ~ dei carabinieri**, das Korps der Carabinieri; **Legione straniera**, Fremdenlegion f **2** stor rom {ROMANA} Legion f **3** fig anche scherz (schiera) {+CUGINI} Unzahl f, Menge f, Legion f ● **Legion d'onore** (ordine cavalleresco), Ehrenlegion f.

legionellòsi <-> f med Legionärskrankheit f.

legislatìvo, (-a) agg (della legislazione) {SUPPORTO} gesetzgebend, legislativ.

legislatóre, (rar -trice) dir A agg {STATO} gesetzgebend B m (f) Gesetzgeber(in) m(f). C m (Parlamento) Legislative f.

legislatùra f (attività) Legislative f, Legislatur f, Gesetzgebung f **2** (ufficio) gesetzgebende Gewalt **3** (periodo) Legislaturperiode f, Legislatur f.

legislazióne f **1** (attività) Gesetzgebung f **2** (insieme di leggi) {TEDESCA} Gesetze n pl, Recht n: **~ d'emergenza**, Notstandsgesetze n pl; **~ infortunistica**, Unfallschutzgesetze n pl; **~ del lavoro**, Arbeitsrecht n.

legìttima f dir (quota di ~) Pflichtteil m.

legittimàre A tr **1** dir ~ **qc** {ATTO} etw legitimieren, etw als rechtsgültig an|erkennen; ~ **qu** {FIGLIO NATURALE} jdn legitimieren; ~ **qu/qc a qc** {EREDI ALLA RISCOSSIONE DI UN CREDITO, GOVERNO A EMANARE UNA LEGGE} jdn/etw zu etw (dat) berechtigen: **lo zio alla tutela del minore**, dem Onkel die Vormundschaft über den Minderjährigen übertragen **2** fig (giustificare) ~ **qu/qc** {ASSENZA, ASSISTENZA PUBBLICA} jdn/etw rechtfertigen, jdn/etw entschuldigen B rfl (diventare legittimo): **legittimarsi (di fronte a qu)** {DI FRONTE AL POPOLO} sich jdm gegenüber rechtfertigen: **legittimarsi quale forza politica**, sich als politische Macht durchsetzen.

legittimàrio, (-a) <-ri m> m (f) dir gesetzlicher Erbe, (gesetzliche Erbin), Noterbe m, (Noterbin f), Pflichtteilsberechtigte mf decl come agg.

legittimazióne f **1** {+TEORIA} Legitimation f, Anerkennung f, (azione) anche Legitimieren n **2** dir {+ATTO} Begründung f/Erklärung f der Rechtmäßigkeit; {ATTIVA, PASSIVA, +FIGLIO} Legitimation f: ~ **ad agire** jur/[processuale], Prozessführungsbefugnis f.

legittimità <-> f **1** dir {+ATTO AMMINISTRATIVO} Rechtsgültigkeit f; {+PROLE} Ehelichkeit f; polit {+MONARCHIA} Legitimität f **2** fig (validità) {+AZIONE, RICHIESTA} Rechtmäßigkeit f, Legitimität f **3** fig (fondatezza) {+DESIDERIO} Berechtigung f.

legìttimo, (-a) agg **1** dir (conforme alla legge) {ATTO, MATRIMONIO} rechtmäßig; {PROLE} ehelich; {EREDE} gesetzlich; (consentito dalla legge) {OPPOSIZIONE} berechtigt, legitim **2** fig (lecito) {DESIDERIO} legitim, rechtmäßig **3** fig (fondato) {SOSPETTO} berechtigt, gerechtfertigt; {DUBBIO} begründet: **è ~ supporre che...**, die Annahme ist gerechtfertigt, dass... **4** fig (giusto) regulär, einer Regel/Norm entsprechend: **l'uso di quel termine mi sembra ~**, dieser Begriff scheint mir geläufig/gebräuchlich, der Gebrauch dieses Begriffs scheint mir korrekt zu sein **5** fam (genuino) {CIBO} unverfälscht, natürlich; {VINO} naturrein.

légna <- o -e> f {ASCIUTTA} (Brenn)holz n: ~ **da ardere/forno**, Brennholz n/[Holz n für den Ofen]; **far ~**, Holz sammeln; **mettere dell'altra ~ sul fuoco**, Holz nachlegen; **~ secca/verde**, trockenes/[frisches/grünes] Holz; **spaccare la ~**, Holz hacken/spalten ● **portare ~ al bosco** fig (fare una cosa inutile), Holz in den Wald tragen, Eulen nach Athen tragen forb; **aggiungere/mettere ~ al fuoco** fig (fomentare qc), Öl ins Feuer gießen; **tagliare la ~ addosso a qu** fig (sparlare di qu), schlecht über jdn reden, über jdn herziehen fam; **caricarsi di ~ verde** fig (fare più fatica del necessario), sich unnötige Arbeit machen.

legnàceo, (-a) agg **1** (di legno) {SUPPORTO} Holz- **2** (simile al legno) {CONSISTENZA} holzartig.

legnàia f (deposito) Holzschuppen m ● **menare a ~** fig (dare legnate), Prügel austeilen.

legnàme m (legna) (Nutz)holz n: ~ **da ardere/costruzione**, Brenn-/Bauholz n; ~ **minuto**, Kleinholz n.

legnàre tr fam (bastonare) ~ **qu** jdn verprügeln, jdn vermöbeln fam, jdn verhauen fam, jdn verkloppen fam.

legnàta f fam (bastonata) Stockschlag m: **dare un fracco di legnate a qu** fam, jdm eine Tracht Prügel verpassen fam.

légno m **1** anche bot {DOLCE, DURO, LAVORATO, LISCIO, NODOSO, STAGIONATO} Holz n: **la costruzioni/lavoro**, Werk-, Nutz-, Bauholz n; **~ compensato**, Sperrholz n; **~ impiallacciato**, Furnier n, furniertes Holz; **~ per falegnameria**, Tischlereiholz n; **~ lamellare**, Schichtholz n, mehrlagiges Holz; **~ massello**, Massiv-, Vollholz n; **~ di noce/rovere/tek**, Nuss-/Eichen-/Teakholz n **2** (pezzo) Holzstück n, Stück n Holz: **raccolse un ~ da terra**, er/sie hob ein Stück Holz vom Boden auf **3** (bastone) Knüppel m, Stock m **4** fig obs (nave) Schiff n: **i legni corsari**, die Seeräuberschiffe **5** lett (albero) Baum m **6** <di solito al pl> mus Holz n, Holzblasinstrumente n pl **7** sport (nel golf) Holz n ● **essere duro come il ~** (molto duro), steinhart sein; **non essere di ~** fig (non essere insensibili), nicht aus Holz/Stein sein; **morire su tre legni** fig (impiccato), am Galgen enden; **toccar ~** fig (fare gli scongiuri), auf Holz klopfen; **essere un ~ torto** fig (una situazione difficile), eine verzwickte Lage sein fam; **ogni ~ ha il suo tarlo** prov, nichts/niemand ist vollkommen.

legnosità <-> f anche fig (rigidezza) {+MATERIALE} Holzigkeit f, Zähigkeit f.

legnóso, (-a) agg **1** (del legno) {TESSUTO} hölzern, aus Holz **2** (simile al legno) {SUPERFICIE} holzähnlich **3** fig (duro) {FRUTTA} holzig; {CARNE} zäh **4** fig (rude) {CARATTERE} rau, spröde, borstig; {COMPORTAMENTO} rüde spreg **5** fig (rigido) {ANDATURA, FIGURA} hölzern, steif.

Lègo® <-> m comm Lego n, Legospiel n.

leguléio <-lei> m spreg Rechtsverdreher m spreg, Winkeladvokat m spreg.

legùme m **1** (baccello) Hülse f, Schote f **2** <solo pl> {FRESCHI, SECCHI} Hülsenfrüchte f pl.

legumièra f Gemüseschüssel f.

leguminósa f bot Hülsenfrüchtler m, Leguminose f.

lèi A pron pers 3ª pers f sing **1** (soggetto che in ital è spesso spesso sottinteso) sie: **(lei) è arrivata in ritardo**, sie ist verspätet angekommen **2** (soggetto espresso anche in ital) sie (selbst): **anche lei**, sie auch, auch sie; **lei, fare cose simili!**, sie und so was tun? (Das kann ich mir nicht vorstellen); **entrata lei tutti tacquero**, als sie eintrat, schwiegen alle; **lui fumava, lei no**, er rauchte, sie nicht; **né lui né lei**, weder er noch sie; **non lo sa nemmeno/neppure/neanche lei**, sie weiß selber/auch nicht so recht; **più lei si arrabbiava, più lui rideva**, je mehr sie sich aufregte, desto mehr lachte er; **andando lei a prenderlo, è arrivato a casa prima**, da sie ihn abgeholt hat, war er früher zu Hause; **me l'ha proposto lei!**, sie (selbst) hat es mir vorgeschlagen!; **proprio lei**, gerade sie; **chi si sposa domani? – Lei!**, wer heiratet morgen? – Sie!; **è lei stessa a volerlo**, sie selbst will es so **3** (compl oggetto) sie: **lei cerco, non lui**, sie suche ich, nicht ihn!; (se il verbo ted regge il dat) ihr; **aiuterò solo lei**, ich werde nur ihr helfen **4** (se il verbo ted regge il gen) ihrer forb: **si vergogna di lei**, er/sie schämt sich ihrer forb /[für sie]/[wegen ihr] fam/[ihretwegen]; (con prep) sie, ihr, ihrer; **ci andrò con lei**, ich werde mit ihr hingehen; **davanti/dietro a lei**, vor/hinter ihr; **le mani di lei sfiorarono quelle di lui**, ihre Hände streiften die seinen; **l'ho fatto per lei**, das habe ich für sie gemacht; ⌊**quanto a**⌋/[**per**] **lei**, ⌊was sie betrifft⌋/[für sie] **5** (in forme comparative, esclamative ed interrogative) sie: **è** ⌊**più coraggioso di**⌋/[**coraggioso quanto/come**] **lei**, er ist ⌊mutiger als⌋/[genauso mutig wie] sie; **sua madre chiacchiera** ⌊**molto più di**⌋/[**quanto**] **lei**, ihre Mutter redet ⌊noch mehr als⌋/[genauso viel wie] sie; **contenta lei ...**, wenn sie zufrieden ist ...; **beata lei!**, die Glückliche!; **fate come lei!**, macht es so wie sie!; macht es ihr nach!; **bella lei?**, sie und schön?, und sie soll schön sein? **6** pred sie: **non sembrava lei**, sie war nicht wiederzuerkennen **7** (la stessa) dieselbe be, sie selbst: **non era più lei**, sie war nicht mehr dieselbe/[sie selbst]/[die Alte *fam*] **8** *lett* (*a lei*) ihr: **dite lei che non si disturbi a scendere!**, sagt ihr, dass sie sich nicht extra herunterkommen soll! **B** *pron pers* 3ª *pers sing* (*forma di cortesia*): **lei/Lei 1** (*soggetto che in ital è spesso sottinteso*) Sie: **se (lei/Lei) crede...**, wenn Sie meinen/glauben...; **(lei/ Lei) è arrivato oggi?**, sind Sie heute angekommen? **2** (*soggetto espresso anche in ital*) Sie: **lo ammette anche lei/Lei**, das geben Sie auch zu, auch Sie geben das zu; **proprio lei/Lei!**, gerade Sie! **3** (*compl oggetto*) Sie: **hanno scelto lei/Lei**, man hat Sie ausgewählt; (*se il verbo ted regge il dat*) Ihnen; **aiuterò solo lei/Lei**, ich werde nur Ihnen helfen **4** (*se il verbo ted regge il gen*) Ihrer *forb*: **ci vergogniamo di lei/Lei**, wir schämen uns ˌIhrer *forb*ˌ/[für Sie]/[wegen Ihnen *fam*]/ [Ihretwegen]; (*con prep*) Sie, Ihnen, Ihrer; **è a lei/Lei che devo rivolgermi?**, muss ich mich an Sie wenden?; **tocca a lei/Lei giudicare**, das müssen Sie (selbst) beurteilen; **non si disturbi, vengo io da lei/Lei**, machen Sie sich keine Umstände, ich komme zu Ihnen; **se fossi in lei/Lei**, ich an Ihrer Stelle; **per lei/Lei lo faccio volentieri**, für Sie mache ich das gern; **secondo lei/Lei?**, was meinen Sie dazu? **5** (*in forme comparative, esclamative ed interrogative*) Sie: **sono ˌpiù alto diˌ/[alto quanto/come] lei/Lei**, ich bin ˌgrößer alsˌ/[genauso groß wie] Sie; **beato lei/Lei!**, Sie Glücklicher! **6** *pred* Sie: **in questa foto non sembra lei/Lei**, auf diesem Foto sehen Sie ganz anders aus **7** (*la stessa*) dieselbe, sie selbst: **non sembra più lei/Lei**, Sie scheinen nicht mehr Sie selbst zu sein **C** <*inv*> *loc agg* **amm lett forb** (*suo*): **il di lei, i di lei, le di lei**, ihr, ihre; **il di lei marito**, ihr Gatte; **la di lei bellezza**, ihre Schönheit **D** <-> *m*: lei/Lei, Sie; **dare del lei/Lei a qu**, jdn siezen, jdn mit Sie anreden **E** <-> *f* **1** (*donna*) Frau *f* **2** (*amata*) Geliebte *f decl come agg*: **la tua lei**, deine Geliebte *obs*.

leibniziàno, (-a) *filos* **A** *agg* (*di G.W. Leibniz*) {SCRITTI} Leibniz', leibniz(i)sch, Leibniz'sch **B** *m* (f) (*seguace*) Leibnizianer(in) m(f), Anhänger(in) m(f) Leibniz'.

Leitmotiv <-> *m ted anche mus* Leitmotiv n.

Lem, LEM <-> *m astr abbr dell'ingl* Lunar Excursion Module (*modulo per l'escursione lunare*) Mond(lande)fähre f.

lèmbo *m* **1** (*bordo*) {+GIACCA, GONNA} Saum m: **lo trattenne per il ~ del mantello**, sie hielt ihn am Mantelsaum fest; {+STRADA} Rand m; *fig* {+EUROPA, ITALIA} Zipfel m **2** (*striscia*) {+CIELO, TERRA} (dünner) Streifen m **3** *bot* Spreite f, Blattfläche f **4** *med* {+FERITA} Rand m.

lèmma <-*i*> *m* **1** *filos mat* Lemma n **2** *ling* Lemma n, Stichwort n.

lemmàrio <-*ri*> *m ling* Stichwortverzeichnis n.

lèmme lèmme *loc avv fam* (*piano piano*) gemächlich, in aller Gemütsruhe, ganz langsam, sachte *fam*: **andare lemme lemme**, gemächlich gehen.

lèmure *m* **1** *mitol* Lemur(e) m **2** *zoo* Lemur m, Maki m.

léna f **1** (*vigore*) Kraft f, Stärke f, Eifer m **2** (*volontà*) Willensstärke f: **lavorare di buona/gran ~**, tüchtig/kräftig arbeiten **3** *fig* (*fiato*) Atem m: **mancare la ~**, atemlos sein; **dopo lo sforzo riprese ~**, nach der Anstrengung holte er/sie Atem ● (**un lavoro/ un'opera**) **di lunga ~** *fig* (*di grande fatica*), (eine) sehr anstrengende (e Arbeit).

Lènci® *comm tess* **A** <*inv*> *agg* Lenci-® **B** <-> m Lenci®-Filz m (*in Turin, v.a. für die Herstellung von Puppen produzierter Stoff*).

lèndine *m o rar f zoo* Nisse f.

leniménto m **1** (*attenuazione*) Linderung f, Milderung f **2** (*medicamento*) schmerzstillendes Mittel, Schmerz-, Linderungsmittel n **3** *anche fig* (*sollievo*) Linderung f: **la tua lettera affettuosa ha dato un certo ~ alla sua depressione**, dein herzlicher Brief hat seine/ihre Depression ein wenig gelindert.

leniniàno, (-a) *agg polit* Lenin-, von Lenin, Lenins.

leninìsmo *m polit* Leninismus m.

leninìsta <-*i m*, -*e f*> *polit* **A** *agg* {MOVIMENTO} leninistisch **B** *mf* (*seguace*) Leninist(in) m(f).

lenìre <*lenisco*> *tr ~ qc* **1** *lett* (*calmare*) *etw* lindern, *etw* mildern: **il tempo lenirà il suo dolore**, die Zeit wird seinen/ihren Schmerz lindern **2** *med etw* lindern.

lenitìvo, (-a) **A** *agg anche fig* (*che calma il dolore*) {AZIONE, SOSTANZA} schmerzstillend, lindernd **B** m **1** (*calmante*) schmerzstillendes Mittel, Schmerz-, Linderungsmittel n: **~ per la tosse**, Hustenmittel n **2** *fig* (*rimedio*) Linderung f, Heil-, Gegenmittel n: **il viaggio è stato un valido ~ alla sua sofferenza**, die Reise war ein gutes Mittel gegen sein/ihr Leiden f, (*palliativo*) Trostpflaster m, Notbehelf m: **i soccorsi non furono che un ~ per l'immane tragedia**, bei dem Ausmaß der Tragödie waren die Hilfsgüter nur ein Tropfen auf dem heißen Stein.

lenocìnio <-*ni*> m **1** *dir* Zuhälterei f, Kuppelei f: **essere colpevole di ~**, der Zuhälterei/Kuppelei schuldig sein **2** *fig* (*lusinga*) {+STILE} Verlockung f, Reiz m, Verführung f.

lenóne, (-a) **A** *m stor rom* Sklavenhändler m **B** m (f) *lett* (*ruffiano*) Kuppler(in) m(f) *spreg*.

lènte f **1** *ott* Linse f: **~ cilindrica**, Zylinderglas n; **~ concava/convessa**, Konkav-/Konvexlinse f; **~ deformante**, Zerrlinse f; **esaminò/guardò il francobollo con la ~ d'ingrandimento**, er/sie untersuchte/betrachtete die Briefmarke mit dem Vergrößerungsglas/der Lupe; **~ d'ingrandimento binoculare/tascabile/[per leggere]**, ˌbinokulares Vergrößerungsglasˌ/[Taschenlupe f]/[Leseglas n]; **~ di messa a fuoco**, Gummilinse f, Zoomobjektiv n; **~ da orologiaio**, Uhrmacherlupe f; {+OCCHIALI} Glas n; **~ bifocale/ prismatica/progressiva**, Bifokal-/Prismen-/Progressivglas n; **~ panoramica**, Weitwinkelobjektiv n **2** (*a contatto*) (Kontakt)linse f: **~ ˌa contattoˌ/[corneale]**, (Kontakt-/Korneal)linse f; **lenti monouso/[usa e getta]**, Austausch-, Wegwerf(kontakt)linsen f, Ein-Tages-Linsen f pl; **lenti morbide/rigide/semirigide**, weiche/harte/halbweiche (Kontakt)linsen; **devo mettere/togliere le lenti**, ich muss die (Kontakt)linsen einsetzen/herausnehmen; **porto le lenti permanenti**, ich trage Langzeit(kontakt)linsen **3** <*di solito pl*> (*occhiali*) Brille f: **ho l'obbligo di guida con le lenti**, ich muss beim Autofahren eine Brille tragen **4** (*del pendolo*) Pendelkörper m **5** *anat* (Augen-/Kristall)linse f **6** *bot* Linse f **7** *fis* {ACUSTICA, CONVERGENTE, DIVERGENTE, ELETTRONICA, NEGATIVA, POSITIVA} Linse f **8** <*di solito pl*> *gastr* (*pasta*) "linsenförmige Suppennudeln".

lentézza f (*l'esser lento*) {+MOVIMENTO, RAGAZZO, TRENO} Langsamkeit f; {+UFFICIO} Langwierigkeit f; **con ~**, langsam.

lentìcchia f **1** *bot* Linse f **2** <*di solito pl*> *gastr* (*pasta*) "linsenförmige Suppennudeln" **3** *fam* (*efelide*) Sommersprosse f.

lenticolàre *agg* **1** (*simile a lente*) {FORMA} lentikular, lentikulär, Linsen-; *sport* (*nel ciclismo*): **ruota ~**, Scheibenrad n **2** *aero* {DIRIGIBILE, PROFILO} flach **3** *anat* {APOFISI, NUCLEO} Linsen- **4** *bot* Lentizellen- **5** *meteo* {NUBE} Lentikularis- **6** *min* {GNEISS, SCISTO} linsenförmig.

lentìggine f (*efelide*) Sommersprosse f: **avere le lentiggini**, Sommersprossen haben.

lentigginóso, (-a) *agg* (*con le efelidi*) {+RAGAZZA} sommersprossig, voll(er) Sommersprossen.

lentìsco <-*schi*> *m bot* Mastixstrauch m, Mastixbaum m.

lènto, (-a) **A** *agg* **1** (*non veloce*) {COMBUSTIONE, MOVIMENTO, MORTE, RITMO} langsam: **camminava a lenti passi**, er/sie ging langsam/[langsamen Schrittes]/[mit langsamen Schritten]; **è molto lenta a vestirsi**, sie braucht sehr lange zum Anziehen; {SONNIFERO, VELENO} langsam wirkend **2** (*lungo*) {MONOLOGO} lang, langwierig **3** (*allentato*) {CINTURA, FUNE, VITE} locker, lose; {ABITO} locker fallend; *lett* {CHIOME} offen, lose **4** (*dolce*) {PENDIO} sanft **5** *fig* (*monotono*) {FILM, SPETTACOLO} dahinplätschernd, langweilig **6** *fig* (*ottuso*) langsam, beschränkt *spreg*: **quel ragazzo è un po' ~**, dieser Junge ist ein wenig langsam/beschränkt **7** *fig* (*cauto*) vorsichtig: **bisogna essere molto lenti nel giudicare**, man muss sehr vorsichtig urteilen **8** *mus* lento, langsam **B** *avv* (*lentamente*) {CAMMINARE, PARLARE} langsam: **il tempo passava ~**, die Zeit verging langsam **C** *m* **1** (*ballo*) langsamer Tanz: **i lenti non vanno più di moda**, die langsamen Tänze sind aus der Mode **2** *mus* Lento n ● **~ come una lumaca/tartaruga** (*molto lento*), langsam wie eine Schnecke/Schildkröte.

lènza f **1** (*nella pesca*) Angelschnur f: **~ da fondo**, Bodenangel f; **pescare con la ~**, mit der Schnur angeln **2** *fig fam* (*furbo*) Schlauberger m *fam*, Schlaumeier m *fam*: **sei proprio una bella ~!**, du bist ein richtiger Schlaumeier! *fam* **3** *agr* "terrassierter Ackerboden".

lenzuòlo m **1** <pl: -*i* m> *gener* Laken n **2** <pl: -*a* f> Betttuch n, (Bett)laken n: **~ matrimoniale/[a due piazze]**, Betttuch n für Doppelbett, Doppelbetttuch n; **~ a una piazzaˌ/[singolo]**, Betttuch n für Einzelbett, Einzelbetttuch n; **rimboccare le lenzuola**, die Laken umschlagen; **~ di sopra**, Überschlaglaken n; **~ di sotto con gli angoli**, Spannbetttuch n, Spannlaken n **3** *fig* (*manto*) Decke f, Schicht f: **la campagna era sotto un ~ di neve**, das Land lag unter einer Schneedecke ● **~ da bagno** (*asciugamano*), Badetuch n; **diventare decisamente bianco come un ~ fig** (*pallido*), kreideblich werden; **cacciarsi/ ficcarsi sotto/tra le lenzuola** *fig* (*andare a letto*), unter die Decke schlüpfen, sich in die Falle/Federn hauen *fam*; **covare** (**sotto**) **le lenzuola** *fig* (*poltrire nel letto*), sich im Bett rekeln/aalen, im Bett (he)rumliegen; **basta covare** (**sotto**) **le lenzuola!**, raus aus den Federn! *fam*; **~ funebre**, Leichentuch n; **essere grande come un ~** *fig* (*più grande della norma*), {FAZZOLETTO, TOVAGLIOLO} riesig sein; **stendersi quanto è lungo il ~**, sich (im Bett) recken und strecken; **il caldo dei lenzuoli non fa bollir la pentola** *prov* (*bisogna lavorare per vivere*), von nichts kommt nichts, vom (He)rumliegen wird man nicht satt.

leonardésco, (-a) <-*schi*, -*sche*> **A** *agg* **1** *arte lett* (*di L. da Vinci*) {CARTONE} im Stile Leonardos/[Leonardo da Vincis] **2** *fig* (*universale*) {INGEGNO} Universal- **B** *m arte lett* (*seguace*) Schüler m Leonardos.

Leonàrdo m (*nome proprio*) Leon(h)ard.

leoncìno, (-a) <*dim di leone*> m (f) *zoo* (*cucciolo*) Löwenjunge n.

leóne A m **1** *zoo* Löwe m **2** *fig* (*persona audace*) Löwe m **3** (*in araldica*) Löwe m: **il Leone di San Marco**, der Markuslöwe **B** <-> *m* (f) *astrol astr*: **Leone**, Löwe m; **sono del/un**

Leone, ich bin (ein) Löwe ● ~ **d'America** *zoo*, Puma *m*; **battersi/comportarsi da/[come un]** ~ *fig (con grande coraggio)*, ₁wie ein Löwe kämpfen₁/[sich löwenmutig verhalten]; **il ~ di Caprera** *stor (G. Garibaldi)*, Garibaldi; **coraggioso/forte/fiero come un ~**, mutig/stark/stolz wie ein Löwe; **essere un ~ in gabbia** *fig (essere insofferente e nervoso)*, ein Löwe/Tier im Käfig sein; **giovani leoni** *fig stor (carrieristi)*, Karrieremacher *m pl spreg*, Karrieretypen *m pl spreg*, karrieregeile Typen *pl spreg*; **~ marino** *zoo*, Seelöwe *m*; **sentirsi un ~** *fig (in gran forma)*, sich fühlen, als ob man Bäume ausreißen könnte; **Leone d'oro di Venezia** *film*, der goldene Löwe von Venedig.

leonéssa *f zoo* Löwin *f* ● **la ~ d'Italia** *fig (Brescia)*, Brescia.

leoníno, (-a) *agg* **1** *(da leone)* {ASPETTO, CORAGGIO} Löwen- **2** *dir* {CONTRATTO, PATTO, SOCIETÀ} leoninisch **3** *ling* {VERSO} leoninisch **4** *med* {FACIES} leon(t)ina, löwenähnlich.

leontíași <-> *f med* Leontiasis *f scient*.

leopardáto, (-a) *agg* {VESTAGLIA} mit Leopardenmuster.

leopardiáno, (-a) *agg* (*di G. Leopardi*) {CORPUS} von Leopardi.

leopárdo *m* **1** *zoo* Leopard *m*: **~ delle nevi**, Schneeleopard *m*, Irbis *m* **2** *(pelliccia)* Leopardenfell *n* **3** *(in araldica)* Leopard *m* ● **essere fatto a pelle/macchie di ~** *(a chiazze)*, ein Leopardenmuster haben, gescheckt sein; *fig (in modo non uniforme)*, ungleichmäßig sein.

LEP *m fis abbr dell'ingl* Large Electron-Positron Collider (*acceleratore di elettroni e positroni*) LEP *m (Elektronen-Positronen-Speicherring/Kollideranlage)*.

lèpido, (-a) *agg* **1** *(piacevole)* {DISCORSO} geistreich, witzig **2** *(arguto)* {AMICO, AUTORE} scharfsinnig **3** *iron lett (ridicolo)* lächerlich, töricht.

lepidòttero *m <di solito al pl> zoo* Schuppenflügler *m pl*, Falter *m pl*, Schmetterlinge *m pl*, Lepidoptera *m pl*.

leporíno *agg*: **labbro ~**, Hasenscharte *f*.

lèpre *f* **1** *zoo* Hase *m*: **~ europea**, Feldhase *m*; **~ femmina/maschio**, Häsin *f*/Rammler *m* **2** *gastr* Hase *m*: **~ in salmì**, Hasenpfeffer *m* **3** *sport (nell'atletica)* Schrittmacher *m* ● **aspettare la ~ al balzello** *fig (aspettare l'occasione giusta)*, die richtige Gelegenheit abwarten; **correre come una ~** *(veloce)*, wie ein Wiesel laufen/rennen; **dormire come una ~** *fig obs (a occhi aperti)*, mit offenen Augen schlafen; **fare da ~** *(dare il passo)*, Schrittmacher sein; **invitare la ~ a correre** *fig (a fare qc di gradito)*, jdn auffordern, das zu tun, was ihm liegt; **~ di mare** *zoo*, Seehase *m*; **~ meccanica**, künstlicher Hase; **essere pauroso come una ~** *fig (molto pauroso)*, hasenfüßig sein *fam spreg*, ein Hasenfuß sein *fam spreg*; **essere timido come una ~** *fig (molto timido)*, scheu wie ein Reh sein; **vedere dove giace/sta la ~** *fig (il nocciolo di una questione)*, sehen, wo der Hase im Pfeffer liegt *fam*.

lepròtto <*dim di lepre*> *m (cucciolo)* Junghase *m*, Häschen *n*.

leptomeníge *f anat* weiche Hirn-/Rückenmarkshaut, Leptomeninx *f scient*.

leptóne *m fis* Lepton *n*.

leptospiròși <-> *f med* Leptospirose *f*.

leptotène *m biol* Leptotän *n*.

lèrcio, (-a) <-*ci*, -*ce*> **A** *agg* **1** *(sozzo)* {MANI} schmutzig, dreckig **2** *fig (immondo)* {VIZIO} widerlich, ekelhaft, abscheulich **B** <-> *m* *(sozzura)* Schmutz *m*, Unrat *m*, Dreck *m fam*: **che ~ in questo ufficio!**, was für ein ₁Dreck in diesem₁/[verdrecktes] Büro! *fam*.

lerciúme *m anche fig (sozzura)* Schmutz *m*, Unrat *m*, Dreck *m fam*: **la casa è piena di ~**, das Haus/die Wohnung ist ₁voller Dreck₁/[vollkommen verdreckt *fam*]; **nascondere il ~ di certi ambienti**, die ₁unsauberen Geschäfte₁/[moralische Verkommenheit] bestimmter Kreise vertuschen.

lèsbica <-*che*> *f (donna omosessuale)* Lesbierin *f*, Lesbe *f*.

lèsbico, (-a) <-*ci*, -*che*> *agg* **1** *(omosessuale)* {DONNA, RAPPORTO} lesbisch **2** *(di Lesbo)* {POESIA} lesbisch.

lesbíșmo *m (omosessualità femminile)* lesbische Liebe.

leșéna *f arch* Lisene *f*.

lèși 1a *pers sing del pass rem di* ledere.

lèșina *f* **1** *(arnese)* {+CALZOLAIO} Ahle *f*, Pfriem *m* **2** *fig (spilorceria)* Geiz *m*, Knauserei *f fam spreg* Knaus(e)rigkeit *f fam spreg*, Knick(e)rigkeit *f fam spreg* Knickerei *f fam spreg* **3** *fig (persona tirchia)* Geizhals *m fam*, Geizkragen *m fam*, Knauser(in) *m(f) fam spreg*, Knicker(in) *m(f) fam spreg* ● **spuntare la ~** *fig (spendere, detto di un tirchio)*, Geld (he)rausrücken.

leșináre **A** *tr (risparmiare)* **~ qc** *an/mit etw (dat)* sparen, *mit etw (dat)* knausern *fam spreg, mit etw (dat)* kargen *forb*: **~ il centesimo**, jeden Pfennig umdrehen *fam*, mit jedem Pfennig rechnen; *fig* **~ qc a qu** *jdm etw (dat)* ersparen; **non gli ha lesinato certo le critiche**, er/sie hat ihm sicher keine Kritik erspart **B** *itr (risparmiare)* **~ su qc** {SUL MANGIARE} *an/mit etw (dat)* sparen, *mit etw (dat)* knausern *fam spreg, mit etw (dat)* kargen *forb*.

leșionàre **A** *tr (danneggiare)* **~ qc** {EDIFICIO} *etw* beschädigen **B** *itr pron (rovinarsi)*: **lesionarsi** {CASA, CASTELLO} beschädigt/baufällig werden.

leșióne *f* **1** *gener* Beschädigung *f*, Schaden *m*: **~ in una vendita**, Draufzahlen *n fam* beim Verkauf; *(azione) anche* Beschädigen *n* **2** *fig (violazione)* {+LIBERTÀ, TRATTATO INTERNAZIONALE} Verletzung *f*: **~ degli interessi**, Verletzung *f* der Interessen; **~** ₁**all'onore**₁/[**alla reputazione**] **di qu**, Ehrenbeleidigung *f*/[Schädigung *f* jds Ansehens] **3** *dir* Verletzung *f*, Schädigung *f*: **~ personale colposa/dolosa**, fahrlässige/vorsätzliche Körperverletzung; *(azione) anche* Verletzen *n*, Schädigen *n* **4** *edil* {+MURO} Riss *m* **5** *med* {+ULCEROSA} Verletzung *f*, Läsion *f scient*: **lesioni interne**, innere Verletzungen.

leșività <-> *f (l'essere lesivo)* {+MEZZI} Schädlichkeit *f*.

leșívo, (-a) *agg* **1** *(dannoso)* {MEZZO} schädlich, schädigend **2** *fig (offensivo)* **~ di qc** {ATTO DELLA LIBERTÀ} *etw* verletzend; {PAROLE DELL'ONORE} *etw* kränkend.

lèșo, (-a) **A** *part pass di* ledere **B** *agg* **1** *(rovinato)* beschädigt; {MURO} rissig **2** *fig (violato)* {ONORE} verletzt, gekränkt **3** *dir* {PARTE} geschädigt **4** *med* {ARTO} verletzt.

-lèșo *secondo elemento med* -geschädigt, -verletzt: **audioleso**, hörgeschädigt; **cranioleso**, schädelverletzt.

lessàre *tr gastr* **~ qc (in qc)** {PESCE IN UN BRODO AROMATICO} *etw in etw (dat)* kochen, *etw in etw (dat)* sieden.

lessàta *f gastr* Kochen *n*, Sieden *n*: **dare una ~ a qc**, *etw* kurz kochen.

lessèma <-*i*> *m ling* Lexem *n*.

lèssi 1a *pers sing del pass rem di* leggere.

lessicàle *agg ling* {ANALISI} lexikalisch.

lessicalizzàre *ling* **A** *tr* **~ qc** *etw* lexikalisieren **B** *itr pron*: **lessicalizzarsi** lexikalisiert werden.

lessicalizzazióne *f ling* Lexikalisierung *f*.

lèssico <-*ci*> *m* **1** *(insieme di parole)* {SOCIOLOGICO, TEDESCO, VERGHIANO} Wortschatz *m*, Lexik *f* **2** *(dizionario)* Wörterbuch *n*, Lexikon *n*: **~ botanico**, Lexikon der Botanik; **~ onomastico**, Namenslexikon *n*.

lessicògrafa *f* → **lessicografo**.

lessicografía *f ling* Lexikografie *f*.

lessicogràfico, (-a) <-*ci*, -*che*> *agg ling* {PROGETTO} lexikografisch.

lessicògrafo, (-a) *m (f) ling* Lexikograf(in) *m(f)*.

lessicòloga *f* → **lessicologo**.

lessicología *f ling* Lexikologie *f*.

lessicològico, (-a) <-*ci*, -*che*> *agg ling* {STUDIO} lexikologisch.

lessicòlogo, (-a) <-*gi*, -*ghe*> *m (f) ling* Lexikologe *m*, (Lexikologin *f*).

lèsso, (-a) *gastr* **A** *agg* {CARNE, PESCE, POLLO} gekocht, gesotten, gegart, Koch- {PATATE} *anche* Pell-: **fare ~ qc**, *etw* kochen, *etw* sieden **B** *m* **1** *(carne lessata)* Gesottene *n decl come agg*, Suppenfleisch *n*: **abbiamo mangiato del ~ con la senape**, wir haben Suppenfleisch mit Senf gegessen **2** *(taglio di carne)* Suppenfleisch *n*, Siedfleisch *n südd CH*: **compra un kilo di ~!**, kauf ein Kilo Suppenfleisch!

lèsto, (-a) **A** *agg* **1** *(veloce)* schnell, flink, gewandt, behänd(e): **abbiamo fatto una colazione lesta lesta**, wir haben ganz schnell gefrühstückt; **il ladro era ~ come un gatto**, der Dieb war gewandt wie eine Katze **2** *(sbrigativo)* {PROCEDIMENTO} eilig, rasch, Schnell- **B** *in funzione di avv (in fretta)* hopphopp, schnell, rasch: **fai/vai ~**, mach schnell; **fare qc lesto lesto**, *etw* ₁in aller Eile₁/[hastig] tun **C** *loc avv (in fretta)*: **alla lesta**, hopphopp, in Eile, schnell **D** *inter inter (di esortazione)*: **~!**, hopphopp, schnell!; **lesti, sbrigatevi!**, hopphopp, beeilt euch!

lestofànte *mf (imbroglione)* Betrüger(in) *m(f)*, Gauner(in) *m(f)*, Schwindler(in) *m(f)*: **quel ~ di tuo cugino**, dieser Gauner von deinem Cousin.

letàle *agg* **1** *(mortale)* {FERITA, MALATTIA} tödlich, letal *scient*: **l'intossicazione ha avuto purtroppo esito ~**, die Vergiftung hatte leider einen tödlichen Ausgang **2** *(che precede la morte)* {COLORITO} Todes- **3** *fig (funesto)* {DECISIONE} unselig, unheilvoll, verhängnisvoll **4** *biol*: **geni letali**, Letalfaktoren *m pl*.

letalità <-> *f* **1** {+ARMA} Tödlichkeit *f*; {+MALATTIA} *anche* Letalität *f* **2** *med* {+AIDS} Sterblichkeit *f*, Mortalität *f*.

letamàio <-*mai*> *m* **1** *(deposito)* Misthaufen *m*, Mistgrube *f* **2** *fig (ambiente sporco)* Schweine-, Saustall *m fam spreg*: **questa stanza è un ~!**, dieses Zimmer ist ein Saustall! *fam spreg*.

letàme *m* **1** *agr* Mist *m*: **bisogna spargere il ~ sul campo**, der Mist muss auf dem/das Feld verteilt werden **2** *fig (sporcizia)* Schmutz *m*, Dreck *m fam* **3** *fig (corruzione)* Korruptionssumpf *m*.

letargía *f med* Lethargie *f*.

letàrgico, (-a) <-*ci*, -*che*> *agg* **1** *med* lethargisch **2** *zoo* {ANIMALE, STATO} lethargisch.

letàrgo <-*ghi*> *m* **1** *zoo (invernale)* Winterschlaf *m*: **andare in ~**, in den Winterschlaf fallen; *(estivo)* Sommerschlaf *m* **2** *bot* Ruhe *f* **3** *med* Lethargie *f*, Schlafkrankheit *f*, Schlafsucht *f* **4** *fig (inerzia)* {+COSCIENZA CIVILE} Lethargie *f*, Teilnahmslosigkeit *f* ● **cadere/essere in ~** *med* in Lethargie ₁verfallen₁/[verfallen sein]; *zoo*, Winterschlaf halten; *fig scherz (in un lungo sonno)*, ₁in einen Tiefschlaf fallen₁/[im Tiefschlaf liegen]; *(essere apatici)*, teilnahmslos/apathisch werden/sein.

Lète *m* **1** *mitol* Lethe *f* **2** *fig lett (oblio)* Lethe *f forb*, Vergessen *n*.

letizia f (*felicità*) Freude f, Fröhlichkeit f, Frohsinn m: **i suoi occhi erano pieni di ~**, seine/ihre Augen waren/strahlten voller Freude.

lett. abbr *di* letterario: geh. (abbr *di* gehoben).

letta f (*veloce lettura*) rasches Durchlesen, Überfliegen n, Überlesen n: **ho dato una ~ al giornale**, ich habe die Zeitung rasch überflogen.

lettera A f 1 gener {+ALFABETO CIRILLICA, GRECA, LATINA} Buchstabe m: ~ **capitale**, Anfangs-, Kapitalbuchstabe m; **lettere gotiche/onciali**, gotische Buchstaben /[Unzialbuchstaben] m pl; ~ **grande/maiuscola**, Großbuchstabe m; ~ **minuscola/piccola**, Kleinbuchstabe m; **lettere di scatola/[cubitali]**, Riesenbuchstaben m pl; **lettere speciali**, Sonderzeichen n pl 2 (*significato letterale*) Buchstabe m, Wortsinn m, Wortlaut m: **non essere troppo attaccato alla ~ del testo**, nicht zu sehr am Wortsinn des Textes kleben *fam* 3 (*comunicazione scritta*) Brief m: ~ **anonima**, anonymer Brief; ~ **assicurata/espresso/raccomandata**, Wert-/Eil-/Einschreib(e)brief m; ~ **circolare**, Rundschreiben m; ~ **commerciale**, Geschäftsbrief m; ~ **di congedo/raccomandazione/ringraziamento**, Abschiedsbrief m/Empfehlungs-/Dankschreiben n; **firmare/scrivere una ~**, einen Brief unterschreiben/unterzeichnen /[schreiben]; **mandare/spedire /[ricevere] una ~**, einen Brief schicken/bekommen; **per ~**, brieflich; ~ **personale/riservata**, persönlicher/vertraulicher Brief, ~ **di presentazione**, Empfehlungsschreiben n; **rispondere a una ~**, auf einen Brief antworten; **segue ~**, Brief folgt; ~ **per via aerea**, Luftpostbrief m; *amm* Schreiben n 4 <*solo pl*> (*lettere latine*, er/sie widmet sich der lateinischen Literatur; (*materie letterarie*) Geisteswissenschaften f pl 5 <*solo pl*> (*epistolario*) {+CICERONE, MUSIL, PAVESE} Briefwechsel m, Korrespondenz f 6 *banca econ* Brief m: ~ **d'avviso**, Benachrichtigungsschreiben n; ~ **di cambio**, Wechsel m; ~ **di credito**, Akkreditiv n, Kreditbrief m 7 *dir* Brief m 8 *mat* Buchstabe m 9 *numis* Buchstabe m 10 *tip* Type f, (Druck)letter m, Druckbuchstabe m: **invertire la posizione delle lettere**, die Position der Druckbuchstaben umkehren 11 <*solo pl*> *università* Sprach- und Literaturwissenschaft f: (**Facoltà di) Lettere**, sprach- und literaturwissenschaftliche Fakultät; (*filologia*) Philologie f; **Lettere antiche/moderne/romanze**, klassische/moderne/romanische Philologie B loc avv (*letteralmente*): **alla ~** {INTERPRETARE UN ORDINE} wörtlich; {TRADURRE} *anche* wortgetreu ● ~ **aperta** *anche giorn* (*pubblica*), offener Brief; ~ **apostolica/pontificia** *relig* (*del Papa*), päpstliche Enzyklika; **fu un espressionista avanti ~** *fig* (*prima del tempo*), er war ein Vorläufer des Expressionismus; **Belle lettere** (*studi umanistici*), Geisteswissenschaften f pl; **dire/scrivere qc a chiare lettere** *fig* (*molto chiaramente*), etw ohne Umschweife sagen/schreiben; ~ **chiusa**, versiegelter Brief; ~ **citatoria**, (Vor)ladungsschreiben n; **a lettere così** *fig* (*chiaramente*), unmissverständlich, klipp und klar *fam*; **lettere credenziali diplomazia**, Beglaubigungsbriefe m pl, Beglaubigungsschreiben n pl; ~ **fiume** *fig* (*molto lunga*), endlos langer Brief, Roman m *scherz*, Epistel f *scherz o spreg*; **segnare a lettere di fuoco** *fig* (*in modo indelebile*), ein unauslöschliches Zeichen zurücklassen; ~ **minatoria** (*di minacce*), Drohbrief m; **restare/rimanere ~ morta** *fig* (*senza effetto*), ohne Wirkung /[unbeachtet] bleiben; **a lettere d'oro** *fig* (*che non può essere ignorato*), denkwürdig; ~ **pastorale** *relig* (*del vescovo*), Hirtenbrief m; ~

patente diplomazia, Patentbrief m; **attenersi alla ~ del regolamento**, sich streng an die Vorschriften halten; **scrivere a lettere di sangue** *fig* (*con spargimento di sangue*): **la storia dei Balcani dell'ultimo secolo è stata scritta a lettere di sangue**, die Geschichte des Balkans im letzten Jahrhundert ist mit Blut geschrieben worden; **scrivere qc in/a tutte lettere** (*senza abbreviare*), etw ausschreiben; *fig* (*senza mezzi termini*), etw ohne Umschweife /[unmissverständlich] schreiben; **scrivere a lettere maiuscole** *fig* (*in modo molto chiaro*), klar und deutlich schreiben; **a tanto di lettere** *fig* (*chiaramente*), unmissverständlich, klipp und klar *fam*.

letteraccia <*pegg di* lettera> f 1 (*lettera mal scritta*) schlampiger Brief 2 (*lettera dura od offensiva*) böser Brief.

letterale agg 1 (*alla lettera*) {TRADUZIONE} wörtlich, wortgetreu 2 *mat* {COEFFICIENTE, ESPRESSIONE} Buchstaben-.

letteralmente avv 1 (*alla lettera*) wörtlich: **il testo è stato tradotto ~**, der Text ist wörtlich übersetzt worden 2 *fig* (*completamente*) buchstäblich, gänzlich: **ammazzarsi ~ di lavoro**, sich buchstäblich zu Tode arbeiten.

letterario, (-a) <-*ri* m> agg 1 (*di letteratura*) {CRITICA, FACOLTÀ, RIVISTA, STUDI} literarisch, Literatur-; (*di letterati*) {AMBIENTE, CIRCOLO} literarisch, Literatur-; (*da letterato*) {TALENTO} Schiftsteller- 2 *ling* {VOCABOLO} gehoben, bildungssprachlich; {STILE} *anche* literarisch.

letterato, (-a) A agg (*che ha cultura letteraria*) literarisch gebildet B m (f) 1 (*chi ha cultura letteraria*) Literat(in) m(f), literarisch gebildeter Mensch 2 (*critico*) Literaturkritiker(in) m(f).

letteratura f 1 gener {COMPARATA, FRANCESE, INGLESE, RELIGIOSA, TEDESCA} Literatur f: **darsi alla ~ amena**, sich der Unterhaltungsliteratur/Belletristik widmen; ~ **per l'infanzia**, Kinderliteratur f 2 (*pubblicazioni*) {CRITICA, SCIENTIFICA} (Sekundär)literatur f: **sull'argomento esiste una ricca ~**, zu diesem Thema gibt es eine umfangreiche Sekundärliteratur 3 *farm* {+PRODOTTO} Beipackzettel m ● ~ **di consumo** (*di svago*), Trivialliteratur f; **fare della ~ su qc** *fig iron* (*della retorica*), Phrasen über etw (acc) dreschen *fam spreg*; ~ **rosa** (*sentimentale*), Liebesgeschichten f pl, Schmalzliteratur f *fam spreg*.

lettiera f 1 (*strame*) Streu f 2 (*sabbia*) (Katzen)streu f.

lettiga <-*ghe*> f 1 (*barella*) (Trag)bahre f, (Kranken)trage f 2 *stor* (*portantina*) {ROMANA} Sänfte f.

lettino <*dim di* letto①> m 1 Bettchen n: ~ **per bambini**, Kinderbett n; ~ **da campeggio/spiaggia**, Camping-/Strandliege f; (*in un ambulatorio*) Liege f; (*dallo psicanalista*) Couch f 2 (*nella cosmesi*): ~ **(solare/[a raggi UVA])**, Sonnenbank f; (*seduta*) Höhensonnen-Bestrahlung/Sitzung f.

letto① A m 1 (*mobile*) Bett n: **alzarsi dal ~**, vom Bett aufstehen; ~ **da campo**, Feldbett n; ~ **a canapè /[alla turca]**, Diwan m, Kanapee m; ~ **a castello**, Etagen-, Stockbett n; **disfare il ~**, das Bett aufdecken; **fare il ~** (*la prima volta*), das Bett neu beziehen, (*riassettarlo*) das Bett machen; **rifare il ~**, das Bett machen; ~ **matrimoniale/[a due piazze]**, Doppel-, Ehebett n, zweischläfriges Bett; **mettere a ~ un bambino/malato**, ein Kind/einen Kranken ins Bett bringen; ~ **a una piazza /[singolo]**, Einzelbett n, einschläfriges Bett; ~ **a una piazza e mezza**, französisches Bett; ~ **pieghevole/ribaltabile**, Klappbett n; **rigirarsi nel ~**, sich im Bett (hin- und her)wälzen; **rincalzare il ~**, Bett-

tuch und Decke (an den Bettseiten) einschlagen; **sdraiarsi/stendersi sul ~**, sich auf's Bett legen /[auf dem Bett ausstrecken]; **letti sovrapponibili**, übereinanderlegbare Betten; **stare a ~ fino a tardi**, lang im Bett bleiben 2 (*giaciglio*) {+FOGLIE} Lager n, Ruhestätte f 3 (*di letti*) {+BUOI} Streulager n; {+BACHI DA SETA} Bett n 4 *fig* (*matrimonio*) Ehe f: **ha due figli di primo ~**, er/sie hat zwei Kinder aus erster Ehe 5 *agr* Bett n: ~ **caldo/freddo**, Warm-/Kaltbett n; ~ **di semina**, Saatbeet n 6 *anat* Bett n: ~ **ungueale**, Nagelbett n 7 *arch* Sohle f: ~ **di posa**, Bauuntergrund m 8 *chim enol* Satz m: ~ **del vino**, Weinhefe f; **fare ~**, ablagern 9 *gastr* {+INSALATA, PATATE} Bett n *forb* 10 *geol* Lager n, Bank f; {+ARNO, RENO} (Fluss)bett n: ~ **sabbioso/sassoso del fiume**, sandiges/steiniges Flussbett; (*di valle*) Talsohle f 11 (*nella pesca*) {+PARANZA} Fangbeutel m B <*inv*> in funzione di agg Schlaf-: **divano ~**, Schlafcouch f, Couchbett n; **poltrona ~**, Schlafsessel m ● ~ **anatomico/operatorio** *med*, Untersuchungs-/Operationstisch m; **andare a ~ presto/tardi** (*andare a dormire*), früh/spät ins/zu Bett /[schlafen] gehen; **andare a ~ con qu** *fam eufem* (*avere rapporti sessuali*), mit jdm ins Bett steigen *fam*; **buttarsi sul ~** *fam*, sich auf's Ohr legen /[Bett hauen] *fam*; **essere buttato giù dal ~** *fig* (*essere svegliato improvvisamente*), aus dem Bett geworfen/geholt werden; **cambiare il ~** (*sostituire la biancheria del ~*), die Bettwäsche wechseln, das Bett neu beziehen; **sei cascato dal ~?** (*detto a persona ancora mezza addormentata*), du schläfst ja noch mit offenen Augen!; ~ **di contenzione** *med*, Stützbett n; **essere costretto a /[inchiodato al] ~** *fig* (*essere gravemente malato*), ans Bett gefesselt sein; ~ **di dolore** *fig* (*di malattia*), Krankenbett n, Krankenlager n; **finire a ~ con qu** *fam eufem* (*avere rapporti sessuali*), mit jdm im Bett landen *fam*; ~ **funebre**, Sarg m, (Toten)bahre f; **andare a ~ con le galline** *fig fam* (*molto presto*), mit den Hühnern schlafen /[zu Bett] gehen *scherz*; **macchiare/profanare il ~ coniugale** *fam* (*commettere adulterio*), Ehebruch begehen; **mettersi a ~** (*per dormire*), ins/zu Bett gehen; (*per malattia*), das Bett hüten (müssen); **morire nel proprio ~**, im eigenen Bett sterben; ~ **di morte** *fig* (*di chi è in punto di morte*), Sterbe-, Totenbett n; ~ **di piume** *fig* (*situazione agevole*), rosige Situation; **portarsi a ~ qu** *fam eufem* (*convincerlo ad avere rapporti sessuali*), jdn ins Bett kriegen *fam*, jdn aufreißen *slang*; **essere /[stare come] sul ~ di Procuste** *fig* (*situazione di costrizione*), sich in einem Prokrustesbett befinden *forb rar*; **(non) stare (proprio) su un ~ di rose** *fig* (*condurre una vita agiata*), (nicht gerade) auf Rosen /[weich] gebettet sein; **saltare/balzare giù dal ~** *fig* (*subito*), sofort aus dem Bett/den Federn *fam* springen; ~ **di spine** *fig* (*situazione disagiata*), dornenreiches Dasein; **trovare il ~ rifatto** *fig* (*essere serviti e riveriti*), sich ins gemachte Bett legen; ~ **del vento** *mar*, Windrichtung f.

letto② *part pass di* leggere.

lettone① A agg lettisch B mf (*abitante*) Lette m, Lettin f C m <*solo sing*> (*lingua*) Lettisch(e) n.

lettone② <*accr di* letto①> m (*nel linguaggio infantile*) Ehebett n, Bett n der Eltern.

Lettonia f *geog* Lettland n.

lettorato m 1 *università* Lektorat n; (*periodo di incarico*) Lektor(at)szeit f) n 2 *relig* niedere Priesterweihen f pl.

lettore, (-trice) A m (f) 1 (*chi legge*) Leser(in) m(f): ~ **accorto/attento**, umsichtiger/aufmerksamer Leser; **è un assiduo ~ di romanzi/giornali**, er ist ein unermüdlicher

Roman-/Zeitungsleser; ~ **onnivoro**, Allesleser m; (*ad alta voce*) Vorleser(in) m(f); **fa il ~ in un istituto per ciechi**, er ist Vorleser in einem Blindeninstitut; ~ **radiofonico**, Radiosprecher m **2** *università* Lektor(in) m(f): **è ~ di francese all'università di Milano**, er ist Französischlektor an der Universität Mailand B ▪ **1** *inform tecnol* (Ab)leser m, Abtaster m: ~ **automatico**, automatischer Abtaster; ~ **di CD**, CD-Player m; ~ **di CD multiplo**, CD-Wechsler m; ~ **di CD-ROM**, CD-ROM-Laufwerk n; ~ **di codici a barre**, Barcodeleser m; ~ **per microfilm**, Lesegerät n (für Mikrofilme); ~ **perforatore**, (Loch)kartenleser m, (Loch)kartenabtaster m; ~ **del suono**, Tonabnehmer m; ~ **ottico**, Klarschriftleser m; ~ (*a penna*) Lesestift m, optischer Leser **2** *relig* Lektor m ● ~ **di bozze** *edit*, Korrektor m.

lettùra f **1** *gener* Lesen n, Lektüre f: **mio figlio non eccelle nella ~**, Lesen ist nicht gerade die Stärke meines Sohnes; **vi consiglio un'attenta ~ della "Divina Commedia"**, ich empfehle euch/Ihnen, "Die Göttliche Komödie" aufmerksam zu lesen; **Gadda non è di facile ~**, Gadda ist ein schwer lesbarer Autor; **dai una ~ alla lista e dimmi se manca qualcosa**, lies dir die Liste durch und sag mir, ob etwas fehlt; **essere di piacevole ~**, sich gut/leicht lesen (lassen); ~ **ad alta voce**, Vorlesen n; (~ *in pubblico*) {+RACCONTO} Lesung f; {+DISCORSO POLITICO, POESIA} Vortrag m **2** (*leggibilità*) Lesbarkeit f: **il codice antico non era di facile ~**, die antike Handschrift war nicht leicht zu lesen **3** *anche ling* (*interpretazione*) {+ENUNCIATO, + RACCONTO} Deutung f **4** (*valutazione*) {+OPERA D'ARTE, SITUAZIONE POLITICA} Einschätzung f, Bewertung f **5** (*opera*) Lektüre f, Lesestoff m: **letture amene**, Unterhaltungslektüre f; **letture per l'infanzia**, Kinderliteratur f, Kinderbücher n pl; **letture istruttive/sconsigliabili**, lehrreiche/[nicht zu empfehlende] Lektüre **6** (*conferenza*) {DANTESCA} Vortrag m, Vorlesung f **7** (*rilevazione*) {+CONTATORE} Ablesen n **8** *biol* {GENETICA} Dechiffrierung f **9** *dir* (*Ver-/Vor*)lesung f: **dare ~ di ⌐un atto notarile⌐/⌐un'ordinanza⌐**, ⌐eine notarielle Urkunde⌐/⌐eine Verfügung⌐ verlesen/vorlesen **10** *filol* Lesart f, Deutung f, Interpretation f **11** *inform* Lesen n ● ~ **delle bozze** *edit*, Fahnenlesen n, Fahnenkorrektur f; ~ **delle carte/mano** (*predizione del futuro*), Kartenlegen n, Handlesen n; **essere/dare in ~** (*in prestito*), ⌐ausgeliehen sein⌐/⌐ausleihen⌐; **in prima/seconda ~** *polit*, in erster/zweiter Lesung; **capire a prima ~** (*leggendo solo una volta*), beim ersten Lesen verstehen; ~ **a vista** *mus*, Vom-Blatt-Spielen n.

letturìsta <-*i m, -e f*> mf (*addetto*) {+ACQUA, GAS} Ableser(in) m(f).

leucemìa f *med* Leukämie f.

leucèmico, (-a) <-*ci, -che*> *med* A agg {BAMBINO} leukämisch B m (f) Leukämiekranke mf *decl come agg*.

leucocìta, **leucocìto** <-*ti*> m *biol* weißes Blutkörperchen, Leukozyt m *scient*.

leucòma <-*i*> m *med* Leukom n *scient*.

leucoplasìa f *med* Leukoplakie f *scient*.

leucorrèa f *med* Weißfluss m, Leukorrhö f *scient*.

lèva① f **1** *anche aero autom tecnol* Hebel m: **ho azionato la ~ del cambio**, ich habe den Schalthebel/Schaltknüppel betätigt; ~ **del cavapietre/selciatore**, Steinbrecher-/Steinsetzerhebel m; ~ **di comando di un aereo**, Steuerknüppel m (eines Flugzeugs); ~ **di comando della frizione**, Kupplungshebel m; ~ **del freno a mano**, Handbremshebel m; ~ **a manovella**, Kurbelhebel m; **usare come ~ un bastone**, einen Stock als Hebel benutzen **2** *ferr* Hebel m: ~ **per l'avanzo**, Vorschubhebel m; ~ **di direzione/itinerario**, Führungs-/Fahrstraßenhebel m; ~ **di manovra dello scambio**, Rangierweichenhebel m **3** *fis* Hebel m: ~ **di primo/secondo genere**, zweiarmiger-/einarmiger Hebel; ~ **di terzo genere**, Winkel-/Kniehebel; ~ **vantaggiosa/svantaggiosa**, günstiger/ungünstiger Hebel **4** *med* (*in odontoiatria*) Wurzelheber m **5** *fig* (*mezzo*) Mittel n; (*stimolo*) Antrieb m, Anreiz m: **il denaro è una ~ potente**, Geld ist ein starker Anreiz ● **leve del** *comando fig* (*potere*), Schalthebel m; **fare ~ su qu** *fig* (*avvalersi di qu*), von jdm Gebrauch machen, sich jds bedienen; **fare ~ su qc**, den Hebel auf etw (acc) ansetzen; *fig* (*stimolare*) {SULLA COMPASSIONE} an etw (acc) appellieren, sich (dat) etw zunutze machen.

lèva② *mil* A f **1** (*arruolamento*) Einberufung f (zum Wehrdienst): **essere di ~**, einberufen sein; **è stato rimandato alla ~ successiva**, seine Einberufung wurde auf den nächsten Termin verschoben **2** (*coscrizione obbligatoria*) Wehrpflicht f **3** (*servizio militare*) Wehrdienst m: **deve assolvere agli obblighi di ~**, er muss seinen Wehrdienst ableisten/machen *fam* **4** (*arruolati nello stesso anno*) Jahrgang m: **la ~ del 1960**, der Jahrgang 1960, der 60er Jahrgang *fam* B <*inv*> *loc agg* (*militare*): **di ~**, wehrpflichtig: **chiamata/visita di ~**, Einberufung f/Wehrdiensttauglichkeitsuntersuchung f ● **le nuove leve di qc** *fig* (*la nuova generazione*), Nachwuchs von etw (dat).

levacàpsule <-> m (*apribottiglie*) Flaschenöffner m.

levanòccioli <-> m *gastr* Entkerner m.

levànte A *agg* (*che si leva*) {SOLE} aufgehend B m **1** (*est*) Osten m: **a ~**, im Osten; **a ~ dell'isola**, im Osten der Insel **2** (*vento*) Ostwind m: **soffia il ~**, der Ostwind weht **3** (*paesi del Mediterraneo orientale*): **il Levante**, Küstenländer n pl des östlichen Mittelmeers, Levante f ● **da ~ a ponente** *fig* (*da una parte all'altra*), von da nach dort.

levantìno, (-a) A *agg* **1** (*del Levante*) {POPOLO, PROFUMO, TABACCO} levantinisch *obs* **2** *fig* (*furbo*) {MENTALITÀ} durchtrieben; {CAMERIERE} *anche* gerissen *fam* B m (f) **1** (*nativo del Levante*) Levantiner(in) m(f) *obs* **2** *fig spreg* (*furbo*) Schlaukopf m *fam*, gerissener Kerl *fam*.

levapùnti <-> m (*utensile*) Entheftet m, Heftklammerentferner m.

levàre A tr (*alzare*) ~ **qc** (+ *compl di luogo*) *etw* (*irgendwohin*) heben, *etw* hochheben: ~ **le braccia in alto**, die Arme hochheben; ~ **gli occhi al cielo**, die Augen zum Himmel erheben **2** *anche fig* (*togliere*); ~ (*via*) **qc** (*da qc*) {PENTOLA DAL FUOCO} *etw* von etw (dat) (fort-, weg)nehmen; {BICCHIERE DAL TAVOLO} *etw* von etw (dat) wegräumen; {ADESIVO DAL VETRO} *etw* von etw (dat) ab|machen *fam*; {CARTACCE DALLA SCRIVANIA} *etw* (von etw dat) weg|tun; {NOME DA UN ELENCO, PANE DALLA DIETA} *etw* (von etw dat) streichen; {MANI DALLA BOCCA} *etw* (von etw dat) weg|nehmen; {MACCHIA DALLA GIACCA, ROSSETTO DAL COLLETTO DELLA CAMICIA} *etw* (aus/von etw dat) entfernen; ~ **qc** {ACCAMPAMENTO, TENDE} *etw* ab|brechen; {DIVIETO, TASSA} *etw* auf|heben; ~ **il tappo alla bottiglia**, die Flasche entkorken, den Korken aus der Flasche (heraus|)ziehen; {OSTACOLO} *etw* beseitigen; ~ **qc a qu** {INCARICO A UN IMPIEGATO} jdm etw (weg|)nehmen; {DESIDERIO, PENSIERO, VIZIO} jdm etw aus|treiben; {PREOCCUPAZIONI SONNO} jdn um etw (acc) bringen, jdm etw rauben; {ONORE} jdn (gen) berauben; {REPUTAZIONE} *etw* ruinieren: **una bella multa non gliela leva nessuno**, um eine saftige Geldstrafe kommt er/sie nicht herum! **3** *anche fig* (*allontanare*) ~ (**via**) **qu/qc da qc** {BAMBINO DALLA FAMIGLIA} jdn/etw von etw (dat) trennen; {BAMBINO DA UN AMBIENTE MALSANO} jdn aus etw (dat) heraus|holen; {FIGLIO DALLA SCUOLA PRIVATA} jdn von/aus etw (dat) nehmen **4** (*levare di dosso*) ~ **qc** {ABITO, CALZE, SCARPE} *etw* aus|ziehen; {CAPPOTTO, GIACCA} *anche etw* ab|legen; {ANELLO, BRACCIALETTO, BRETELLE, CINTURA, COLLANA, SCIARPA} *etw* ab|legen; {CAPPELLO, FASCIATURA, OCCHIALI} *etw* ab|nehmen; {LENTI A CONTATTO} *etw* heraus|nehmen **5** (*placare*) ~ **qc** {SETE} *etw* stillen, *etw* löschen: **oggi non riesco a levarmi la fame**, heute ⌐schaffe ich es nicht, meinen Hunger zu stillen⌐/[werde ich einfach nicht satt] **6** (*interrompere*) ~ **qc** {CORRENTE} *etw* ab|schalten; {COMUNICAZIONE} *etw* unterbrechen **7** (*estrarre*) ~ **qc** {CHIODO, DENTE} *etw* (heraus|)ziehen **8** (*privare*) ~ **qc a qu** {PASSAPORTO A UN TURISTA} jdm etw weg|nehmen, jdm etw ab|nehmen; {PATENTE DI GUIDA A UN UBRIACO} jdm etw entziehen **9** (*prelevare*) ~ **qc da qc** {POSTA DALLA CASSETTA, SOLDI DALLA CASSA} *etw* (*dat*) entnehmen, *etw aus etw* (dat) nehmen **10** (*concludere*) ~ **qc** {SEDUTA} *etw* auf|heben, *etw* schließen, *etw* auf|lösen **11** *fig* (*far uscire*) ~ **qu da qc** {jdn aus etw (dat) heraus|ziehen, jdn aus etw (dat) heraus|holen}: **l'abbiamo levato dai guai**, wir haben ihm aus der Patsche geholfen *fam* **12** *fig* (*rivolgere*) ~ **qc** (**a qu/qc**) {ANIMO A DIO} *etw zu jdm/etw* erheben; {INVOCAZIONE} *etw an jdn/etw* richten **13** (*nella caccia*) ~ **qc** {LEPRE} *etw* auf|, hoch|jagen **14** *mar* ~ **qc** {ANCORA} *etw* lichten **15** *mat* ~ **qc** (**da qc**) {NUMERO DA UNA SOMMA} *etw* (von etw dat) ab|ziehen B *itr pron* **1** (*sorgere*): **levarsi** (+ *compl di luogo*) (+ *compl di tempo*) {LUNA} (*irgendwo*) (*irgendwann*) auf|gehen: **il sole si leva all'orizzonte alle 5**, die Sonne geht um 5 Uhr am Horizont auf **2** (*alzarsi*): **levarsi** {VENTO} auf|kommen, sich erheben: **l'aereo si è levato in volo**, das Flugzeug hat abgehoben **3** (*elevarsi*): **levarsi** (+ *compl di luogo*) {TORRIONE SULLA CIMA DELLA COLLINA} (*irgendwo*) empor|ragen, sich (*irgendwo*) erheben **4** (*andarsene*): **levarsi** (+ *compl di luogo*) (*irgendwoher*) sich (*irgendwoher*) entfernen: **mi levai da quella ressa**, ich entfernte mich aus dem Gedränge C *rfl* **1** (*alzarsi*): **levarsi** (+ *compl di tempo*) (*irgendwann*) aufstehen: **mi sono levato (dal letto) presto/tardi/[alle 8]**, ich bin früh/spät/[um 8 Uhr] aufgestanden **2** (*togliersi*): **levarsi qc** {CINTURA, OROLOGIO, SCIARPA} *etw* ab|legen; {CAPPOTTO, GIACCA} *anche etw* aus|ziehen; {CAPPELLO, OCCHIALI} *etw* ab|nehmen; {CAMICIA, COLLANT, STIVALI} *etw* aus|ziehen; {LENTI A CONTATTO} *etw* heraus|nehmen **3** (*uscire*): **levarsi** (**da qc**) {DAI GUAI} (*aus etw dat*) heraus|kommen: **te la levi da solo?**, kommst du da alleine heraus? **4** (*soddisfare*): **levarsi qc** {CAPRICCIO, VOGLIA} *etw* befriedigen; {FAME} *etw* stillen; {SETE} *anche etw* löschen **5** (*abbandonare*): **levarsi qc** {VIZIO} sich (dat) ab|gewöhnen **6** (*sollevarsi*): **levarsi** (+ *compl di luogo*) {DALLA POLTRONA, DA TAVOLA} sich (*irgendwoher*) erheben *forb*: **levarsi a sedere sul letto**, sich im Bett aufrichten; **levarsi a parlare**, aufstehen und das Wort ergreifen; **levati in piedi!**, steh auf!; *fig* sich erheben; **grida ostili si levavano dalla folla**, aus der Menge erhob sich feindseliges Geschrei *forb*; **levarsi al di sopra delle miserie umane**, sich über das menschliche Elend erheben; **levarsi contro qu** sich gegen jdn stellen D m **1** *lett* (*sorgere*) {+ASTRO} Aufgang m, Aufgehen n: **al levar del sole**, bei Sonnenaufgang **2** *mus* Auftakt m ● **levati dalla mente/testa quell'uomo**, schlag dir diesen

Mann aus dem Kopf!, vergiss diesen Mann!; **levati dalla mente/testa di andare in vacanza in America**, schlag dir aus dem Kopf, in den Ferien nach Amerika zu fahren; ~ **qu di mezzo** (*allontanandolo*), jdn entfernen; (*uccidendolo*), jdn aus dem Weg räumen/schaffen fam, jdn beiseite|schaffen, jdn beseitigen *eufem*; **levarsi di mezzo/torno**, verschwinden, abhauen *fam*.

levàta f 1 (*il sorgere*) {+ASTRO, SOLE} Aufgang m, Aufgehen n 2 (*l'alzarsi dal letto*) Aufstehen n: **su, a letto, domani la ~ è alle sei!**, auf, ins Bett, morgen heißt es um sechs Uhr aufstehen! *fam*; *med* Aufstehen n; **dopo l'intervento è consigliabile una ~ precoce**, nach dem Eingriff ist es ratsam, dass der Patient so bald wie möglich aufsteht 3 *agr* {+GRANO} Aufgehen n 4 **comm** {+MERCI} Beziehen n, Bezug m 5 *post* Leerung f: **prima/seconda ~ della posta**, erste/zweite Leerung des Briefkastens • ~ **di cassa banca**, Entnahme f; **avere una ~ d'ingegno** *fig fam* (*trovata*), einen Geistesblitz haben *fig*; **fare una ~ di scudi contro qc** *fig* (*ribellarsi*), offen gegen etw (*acc*) rebellieren/protestieren/aufbegehren; ~ **topografica** *topogr*, Aufnahme f.

levatàccia <-ce, *pegg di* levata> f *fam* (*alzataccia*) früher frühes Aufstehen: **fare una ~**, ˌsehr früh⌋/[in aller Herrgottsfrühe] aufstehen (müssen).

levàto, (-a) *agg* 1 (*alzato dal letto*) aufgestanden: **per oggi non restare troppo ~!**, bleib heute nicht so lange auf! 2 (*salvo*) ~ **qu/qc** außer jdm/etw, bis auf jdn/etw, mit Ausnahme *von jdm/etw*/+ *gen*, abgesehen *von jdm/etw*: **a quella imperfezione, il mobile è di ottima fattura**, bis auf diesen kleinen Fehler ist das Möbelstück ausgezeichnet gearbeitet 3 *gastr* (*lievitato*) {+PASTA} aufgegangen.

levatórsoli <-> m *gastr* Entkerner m.

levatrìce f *fam* (*ostetrica*) Hebamme f.

levatùra f 1 (*intelligenza*) Format n, Niveau n: **è un uomo di eccezionale ~**, er ist ein Mann von außergewöhnlichem Format 2 (*ottima qualità*) {+ROMANZO} hohes Niveau.

levigàre <levigo, levighi> tr 1 (*lisciare*) ~ **qc** {LEGNO, MARMO, PIETRA} etw glätten, etw polieren; (*con abrasivo*) etw schleifen, etw schmirgeln 2 *fig* (*limare*) ~ **qc** {DISCORSO, STILE} etw aus|feilen 3 *chim tecnol* ~ **qc** etw läppen 4 (*in oreficeria*) ~ **qc** {PIETRA PREZIOSA} etw schleifen.

levigatézza f 1 (*l'essere liscio*) {+MARMO} Glätte f, Schliff m 2 *fig* {+STILE} Gewandtheit f, Schliff m, Ausgefeiltheit f.

levigatrice f *tecnol* Schleifmaschine f: ~ **a disco/nastro**, Scheiben-/Bandschleifmaschine f; (*nella fabbricazione di carta*) Kalander m.

levigatùra → **levigazione**.

levigazióne f 1 Glätte f, Politur f; (*azione*) *anche* Glättung f, Polierung f; (*con abrasivo*) Schleifen n: ~ **di una lastra di vetro**, Schleifen n einer Glasplatte; ~ **di una superficie metallica**, Honen n/Läppen n einer Metalloberfläche; ~ **di una pietra di costruzione**, Abschleifen n eines Bausteins 2 *chim* Abscheidung f: **separare mediante ~**, durch Abscheidung trennen 3 *geol* (*in oreficeria*) {+PIETRA PREZIOSA, ROCCIA} Schliff m 4 *ott* Schleifen n, Schliff m.

levita <-i> m *bibl* Levit m.

levità <-> f *lett* (*leggerezza*) Leichtigkeit f.

levitàre *itr* (*sollevarsi in aria*) {ILLUSIONISTA} schweben.

levitazióne f (*nell'occultismo*) Levitation f, freies Schweben.

levitico, (-a) <-ci, -che> *relig* A *agg* levitisch B m: **il Levitico**, der Levitikus.

levogiro, (-a) *agg chim fis* {COMPOSTO, MOVIMENTO} linksdrehend.

levrière, **levrièro** m *zoo* {AFGANO} Windhund m.

lezioncìna <*dim di* lezione> f 1 Privatstunde f 2 *fig* (*ammaestramento*) kleine Lektion/Lehre: **la ~ della multa gli sarebbe servita**, der Strafzettel wäre ihm eine gute Lehre gewesen.

lezióne f 1 *anche scuola* Unterrichtsstunde f, Unterricht m: **assistere alla ~**, am Unterricht teilnehmen; **dare/prendere lezioni**, Privatunterricht/Privatstunden geben/nehmen; **prendere lezioni private di tedesco**, Privatstunden in Deutsch nehmen; ~ **frontale**, Frontalunterricht m; ~ **di inglese/latino/matematica/storia**, Englisch-/Latein-/Mathematik-/Geschichtsunterricht m; **vado a ~ di danza due volte alla settimana**, ich gehe zweimal in der Woche zur Tanzstunde; (*insieme di nozioni*) Unterrichtsstoff m, Lektion f; **ripetere/studiare la ~ di fisica**, den Physikstoff wiederholen/lernen; (*compito a casa*) Hausaufgabe f, Lektion f; **università** Vorlesung f; ~ **cattedratica**, Vorlesung f; **il professore sta facendo ~**, der Professor hält gerade (seine) Vorlesung; **frequentare le lezioni di un professore**, die Vorlesung eines Professors besuchen 2 (*capitolo*) {+LIBRO} Lektion f, Abschnitt m 3 *fig* (*ammaestramento*) Lektion f, Lehre f: **ci ha dato una ~ di altruismo**, er/sie hat uns gelehrt, was es heißt, selbstlos zu sein; **non accetto lezioni da nessuno**, ich lasse mir von niemand etwas vorschreiben; **gli servirà di ~!**, das wird ihm eine Lehre sein! 4 *fig* (*punizione*) Denkzettel m, Zurechtweisung f: **dare a qu una ~**, jdm eine Lektion erteilen, jdn zurechtweisen; **è stata una dura ~ ma ci servirà**, es war hart, aber es wird uns eine Lehre sein; **gli ha impartito una severa ~**, er/sie hat ihm einen kräftigen Denkzettel erteilt/verpasst *fam*; **è stata una bella ~ per lui!**, das war ihm ein schöner Denkzettel (fürs Leben)! 5 *filol* {+MANOSCRITTO} Lesart f 6 *relig* Lektion f • **fare ~ scuola**, unterrichten; **università**, *anche* Vorlesungen halten; **recitare la ~**, etw (Auswendiggelerntes) aufsagen, etw nachplappern *fam*.

leziosàggine f (*sdolcinatezza*) Getue n *fam spreg*, Affektiertheit f, Geziertheit f *spreg*.

leziosità <-> f (*affettazione*) Affektiertheit f, Geziertheit f *spreg*.

lezióso, (-a) *agg* 1 (*smorfioso*) {RAGAZZA} affektiert, geziert *spreg* 2 (*affettato*) {MODI, STILE} affektiert, geziert *spreg*; {ENTUSIASMO} gekünstelt.

lèzzo m 1 (*puzza*) {+LETAME} Gestank m 2 *anche fig* (*lordura*) {+CORRUZIONE, VIZIO} Abscheulichkeit f; {+POLITICO} Verkommenheit f, Verworfenheit f *forb obs*.

LF *abbr dell'ingl* Low Frequency (*bassa frequenza*) NF (*abbr di* Niederfrequenz).

LH *abbr del ted* Lufthansa: DLH f (*abbr di* Deutsche Lufthansa AG).

li[1] *pron pers dimostr* 3ª *pers m pl* (*compl oggetto*) sie: **li vedo spesso**, ich sehe sie häufig; **togli i bicchieri, non voglio romperli!**, nimm die Gläser da weg, ich will sie nicht kaputtmachen! *fam*; **non voglio disturbarli**, ich möchte sie nicht stören; **eccoli! Guardateli!**, da sind sie! Seht sie euch an!; (*se il verbo ted regge il dat*) ihnen; **li aiuto io**, ich helfe ihnen.

li[2] *art m pl amm* den: **Bologna, li 20 aprile**, Bologna, den 20. April.

lì A *avv* 1 (*stato in luogo*) dort, da: **mi trovavo lì per caso**, ich befand mich durch Zufall dort; **guarda un po' lì sul tavolo!**, sieh mal da auf dem/den Tisch!; (*laggiù*) dort unten 2 (*moto a luogo*) dorthin, dahin: **andrò lì dopo pranzo**, ich werde nach dem Mittagessen dort hingehen; **posalo lì su quella sedia**, stell/leg es da hin auf den Tisch 3 (*moto da luogo*) daher, dorther, von dort/da: **via di lì!**, weg da! 4 (*rafforzativo degli avv di luogo*) dort: **lì dentro**, (*stato*) dort da drinnen; (*moto*) dort/da hinein, dort rein *fam*; **lì fuori**, (*stato*) dort draußen; (*moto*) dort nach draußen, dort raus *fam*; **lì presso**, (*stato*) dort bei; (*moto*) dorthin bei; **lì sopra**, (*stato*) dort/da oben; (*moto*) dort/da oben hin; **lì sotto**, (*stato*) dort/da unten; (*moto*) dort/da unten hin 5 (*contrapposto a qua, qui, là*) da, dort: **questo mobile sta meglio qui e non lì**, das Möbel passt besser hier- als dorthin; **qua non c'è posto, siediti lì!**, hier ist kein Platz, setz dich dorthin!; **ricopia la là a lì!**, schreib das von hier bis da noch einmal! 6 (*rafforzativo con pron pers, quello e ecco*) da, dort: **eccolo lì!**, da kommt er!; **è proprio quello lì**, es ist genau der/das da 7 (*con valore intensivo*) da: **guarda lì cosa mi hai combinato!**, schau dir an, was du angestellt hast! *fam*; (*di esortazione, allarme*) he!; **ehi lì!**, he da!; **ehi lì, calmati!**, he, beruhig dich jetzt!; **tacete/zitti lì!**, schweigt jetzt!, Ruhe da (hinten)! 8 (*indica la conclusione di un'azione*) damit: **e tutto finisce lì ...**, und damit ist alles vorbei/[zu Ende] ...; **lì, ora è tutto a posto**, da ist jetzt alles in Ordnung; **piantala lì!**, hör jetzt auf damit! 9 (*indica l'insistenza di un'azione*) da: **e lì tutto ricominciava come prima**, und da fing alles wieder von vorne an 10 (*circa*) etwa, ungefähr: **lì verso Natale/le cinque**, gegen Weihnachten/fünf B *loc avv* 1 (*moto da luogo*) **da lì**, von dort, von dorther 2 (*stato in luogo*) **di lì**, da (drüben), dort (drüben); **stai di lì e non muoverti!**, bleib dort und rühr dich nicht!; (*moto da luogo*) von dort, von dorther; **è venuto/passato di lì**, er ist von dort gekommen; **vieni via di lì!**, komm da/dort weg!; (*moto a luogo*) hinüber; **per di lì**, dort hindurch 3 (*dopo*): **di lì a un mese/[due settimane]**, einen Monat/[zwei Wochen] später 4 (*fino a quel punto*): **fin(o) lì**, bis dort(hin); **siamo arrivati fin lì**, wir sind bis dorthin gelangt; **fin lì tutto è andato bene**, bis dahin war alles gut gegangen 5 (*all'incirca*): **giù di lì**, mehr oder weniger, ungefähr; **avrà quarant'anni o giù di lì**, er/sie wird ungefähr vierzig sein 6 (*sul momento*): **lì per lì**, im ersten Augenblick, sofort, gleich; **lì per lì credevo di non aver capito**, im ersten Augenblick glaubte ich, nicht verstanden zu haben; **lì per lì non l'ho riconosciuto**, ich habe ihn nicht sofort/[zuerst habe ich ihn nicht] wiedererkannt; **bisognava rispondere lì per lì**, man musste gleich antworten • **essere lì lì per fare qc** *fig* (*essere sul punto di fare qc*), {PER CADERE, PER PARTIRE, PER PIANGERE} nahe dran sein, etw zu tun; **sei ancora/sempre lì?** (*ci sei ancora?*), bist du immer noch da?; *fig* (*non hai ancora finito?*), bist du immer noch nicht fertig?; **siamo di nuovo lì** *fig* (*ci risiamo*), schon wieder!, jetzt geht das schon wieder los! *fam*; **se non siamo mille, siamo lì** *fig* (*ci manca poco*), wenn wir auch nicht tausend sind, so fehlt doch nicht viel; **con l'eredità ormai siamo lì** *fig* (*è quasi finita*), das Erbe haben wir bald aufgebraucht; **di lì a pochi giorni**, wenige Tage später; **restare/rimanere lì** *fig* (*immobile*), regungslos bleiben; (*interdetto*), sprachlos sein; **non ricordarsi da qui a lì**, ein schlechtes Gedächtnis haben, ein Gedächtnis wie ein Sieb haben *fam*; **sta un po' qui un po' lì** *fig* (*dappertutto*), er/sie ist heute hier, morgen dort.

liaison <-> f *franc* 1 *fig* (*legame*) (Liebes-)Verhältnis n, Liaison f *forb obs* 2 *ling* Binden

liàna f bot Liane f, Schlingpflanze f.
libagióne f 1 anche relig (cerimonia) Trankopfer m: **prima della cerimonia fecero delle abbondanti libagioni**, vor der Zeremonie brachten sie reichliche Trankopfer 2 fig scherz (bevuta) Zecherei f, Trinkgelage n.
libanése A agg libanesisch B m (f) (abitante) Libanese m, Libanesin f.
Libano m geog Libanon m.
libàre tr 1 lett relig (offrire) ~ (qc) (a qu/qc) {VINO AGLI DEI} jdm/etw etw als Opfertrank dar|bringen 2 fig (gustare) ~ qc {VINO PREGIATO} etw probieren.
libbra f metrol englisches/amerikanisches Pfund.
libecciàta f 1 (raffica di libeccio) Südwestböe f 2 (mareggiata) "vom Südwestwind verursachte Sturmflut".
libéccio <-ci> m 1 (vento) Südwest(wind) m 2 (sud-ovest) Südwesten m.
libèllo m (scritto diffamatorio) Schmähschrift f, Pamphlet n forb spreg: **divulgare libelli contro qu/qc**, Pamphlete gegen jdn/etw verbreiten forb spreg.
libèllula f 1 zoo Libelle f 2 fig (persona agile) beweglicher Mensch: è (leggera come) **una ~**, sie ist (graziös wie) eine Gazelle.
libera f 1 alpin (arrampicata) Freeclimbing n 2 sport (nello sci) (discesa) Abfahrtslauf m.
liberàbile agg (che si può liberare) beziehbar, bezugsfertig: **appartamento ~ a breve scadenza**, kurzfristig bezugsfertige/beziehbare Wohnung.
liberal ingl polit A <inv> agg (progressista) {QUOTIDIANO} liberal B <-> mf Liberale mf decl come agg.
liberaldemocràtico, (-a) <-ci, -che> polit A agg (CORRENTE, POSIZIONE) freidemokratisch B m (f) Freidemokrat(in) m (f).
liberaldemocrazia f polit Freidemokratie f.
liberàle A agg 1 (generoso) ~ **(con/verso qu/qc)** (jdm gegenüber) freigebig, (jdm gegenüber) großzügig, (jdm gegenüber) hochherzig: **è molto ~ verso i poveri**, er/sie ist den Armen gegenüber sehr großzügig; (magnanimo) (jdm gegenüber) großmütig, (jdm gegenüber) edel 2 (che rispetta la libertà) {IDEA, LEGGE, RIFORMA} liberal, freiheitlich gesinnt, freisinnig obs; {lett (PROFESSIONI, STUDI} frei 3 polit (del liberalismo) liberal; stor {DEPUTATO, PARTITO} liberal B mf 1 gener lfreiheitlich gesinnter,/[freisinniger] Mensch 2 polit Liberale mf decl come agg; stor Liberalist(in) m (f).
liberalìsmo m polit Liberalismus m.
liberalità f 1 (generosità) Großzügigkeit f, Freigebigkeit f; (atto) Akt m der Großzügigkeit, großzügige Geste 2 dir (GIURIDICA) Schenkung f, unentgeltliche Zuwendung.
liberalizzàre tr anche econ università (rendere libero) ~ **qc** {ABORTO, PIANO DI STUDIO, PROGRAMMA, SCAMBI COMMERCIALI} etw liberalisieren.
liberalizzazióne f anche econ università Liberalisierung f.
liberalsocialìsmo m polit Sozialliberalismus m.
liberalsocialista <-i m, -e f> polit A agg liberalsozialistisch, sozialliberal B mf Liberalsozialist(in) m (f), Sozialliberale mf decl come agg.
liberaménte avv 1 (senza limiti) {COMMERCIARE} frei 2 (con franchezza) {PARLARE} freimütig, frei, offen 3 (senza formalità) {COMPORTARSI} frei, ungezwungen.
liberàre A tr 1 (restituire alla libertà) ~ **qu/qc (da qu/qc)** {PAESE DAI NEMICI, PRIGIONIERO DALLE CATENE} jdn/etw (von jdm/etw) befreien; {FERITO DALLE MACERIE, UCCELLO DA UNA RETE} jdn/etw aus etw (dat) befreien; {CANE DAL GUINZAGLIO} etw von etw (dat) los|machen 2 (rilasciare) ~ **qu/qc** {OSTAGGIO} jdn/etw frei|lassen: **il detenuto è stato liberato alle 6**, der Häftling wurde um 6 Uhr entlassen 3 (salvare) ~ **qu/qc (da qu/qc)** {RAGAZZO DA UN PERICOLO} jdn/etw (aus etw dat) retten 4 (sgombrare) ~ **qc (da qu/qc)** {VIA DALLA NEVE} etw (von etw dat) befreien, etw räumen; {MANI} etw frei machen: **l'intestino**, den Darm entleeren, ~ **le vie respiratorie**, die Atemwege befreien; {APPARTAMENTO DAGLI ABUSIVI, STANZA} etw (von jdm/etw) räumen 5 (sbloccare) ~ **qc** {INGRANAGGIO} etw entblocken, etw wieder in Gang bringen; {RUOTA} etw befreien 6 fig (dare sfogo) ~ **qc** (in qc) {FANTASIA NEL GIOCO} etw (dat) (in etw dat) freien Lauf lassen 7 fig (esimere) ~ **qu** (da qc) {AMICO DA UN OBBLIGO, DALLA PAROLA DATA, DA UNA PROMESSA} jdn (von etw dat) entbinden; {DA UNA SOFFERENZA} jdn (von etw dat) erlösen 8 arch ~ **qc** direkt zugänglich machen: **il corridoio libera tutti i vani dell'appartamento**, durch den Flur hat man zu allen Zimmern einen direkten Zugang 9 chim ~ **qc** {MOLECOLE, OSSIGENO} etw frei|machen, etw frei|setzen 10 banca econ ~ **qc** {AZIONE} etw flüssig machen, etw ab|bezahlen, etw frei|geben; {RISORSE} etw frei|setzen 11 dir: **l'immobile è stato liberato dall'ipoteca**, die an der Immobilie bestellte Hypothek wurde gelöscht 12 edit ~ **qc** {LE BOZZE} etw für druckfertig erklären, etw für den Druck frei|geben, etw in Druck geben 13 gastr ~ **qc da qc** {CARNE DALLA PELLICINA} etw von etw (dat) befreien, etw (dat) etw (dat) ab|ziehen: ~ **lo storione dalla pelle**, den Stör häuten, dem Stör die Haut abziehen 14 sport (nel calcio): **la squadra cercava invano di ~ la porta**, die Mannschaft versuchte vergebens, den Ball aus der Gefahrenzone zu bringen B itr pron: **liberarsi 1** (rendersi libero) {POSTO} frei werden 2 chim (CALORE) frei(gesetzt) werden C rfl (sbarazzarsi): **liberarsi (da/di qu/qc)** {CONTORSIONISTA DALLE CATENE} sich von jdm/etw befreien; {DA UN SECCATORE, DI UN DEBITO, DI UN IMPEGNO, DI UN INCUBO, DEI PREGIUDIZI} anche sich (jds/etw) entledigen, jdn/etw los|werden; {DEL VIZIO DEL FUMO} von etw (dat) weg|kommen.
liberàto, (-a) A agg (rilasciato) {ANIMALE, OSTAGGIO} freigelassen B m (f) (chi viene rilasciato) Freigelassene mf decl come agg.
liberatóre, (-trìce) A agg (che libera) {GUERRA} befreiend, Befreiungs- B m (f) Befreier(in) m (f): **è il ~ del nostro paese**, er ist der Befreier unseres Landes.
liberatòria f dir (+CREDITORE) Erklärung f über die Erfüllung der schuldnerischen Verpflichtung.
liberatòrio, (-a) <-ri m> agg 1 (che libera) {GESTO, PIANTO} befreiend 2 dir econ (PAGAMENTO) schuldbefreiend.
liberatrìce f → **liberatore**.
liberazióne f 1 (+DELFINO, LEPRE) Befreiung f: **la ~ dei minatori imprigionati nella miniera**, die Befreiung der im Bergwerk eingeschlossenen Bergmänner; (azione) anche Befreien n; (+NAZIONE) Entsatz m; (azione) anche Freilassung f: **i terroristi hanno chiesto la ~ dei detenuti politici**, die Terroristen haben die Freilassung der politischen Gefangenen verlangt; (azione) anche Freilassen n 3 (salvezza) Rettung f: ~ **dal pericolo**, Rettung vor der Gefahr; (azione) anche Retten n 4 (cancellazione) Befreiung f: ~ **da un obbligo/debito**, Befreiung f von einer Pflicht/Schuld; (azione) anche Befreien n 5 fig (sollievo) Erleichterung f: **che ~ la sua partenza!**, seine/ihre Abfahrt ist eine echte Erleichterung! 6 banca econ Einzahlung f 7 chim {+MOLECOLE DI OSSIGENO} Freisetzen n 8 dir {CONDIZIONALE} Entlassung f: ~ **da un'obbligazione**, Schuldverpflichtungsbefreiung f ● **la Liberazione** stor, der Tag der Befreiung (vom Nationalsozialismus).
libèrcolo m spreg (libro di poco conto) Büchlein n, Büchelchen n.
liberìsmo m econ Freihandel m; (dottrina) Freihandelslehre f.
liberìsta① <-i m, -e f> A agg econ {POLITICA} Freihandels- B mf econ "Anhänger(in) m (f) der Freihandelslehre".
liberìsta② <-i m, -e f> mf sport (nello sci) Abfahrtsläufer(in) m (f); (nel nuoto) Freistilschwimmer(in) m (f); (nella lotta libera) Freistilringer(in) m (f).
lìbero, (-a) A agg 1 gener {ANIMALE, CITTADINO, MONDO, UOMO} frei: **domani i prigionieri saranno liberi**, die Gefangenen werden morgen frei sein/gelassen 2 (padrone) frei, unabhängig: **siamo liberi di scegliere il nostro destino**, wir können über unser Schicksal frei entscheiden; **sono ~ di fare/dire/pensare quello che voglio**, ɪes steht mir frei, zu」/[ich kann] machen/sagen/denken, was ich will; **sei ~ di intervenire come più ti piace**, du kannst nach Belieben eingreifen; **ti lascio ~ di fare quello che vuoi**, ich lasse dir frei eine freie Hand 3 (non occupato) frei: **hai le mani libere?**, hast du die Hände frei?; **scusi è ~ quel posto?**, Entschuldigung, ist dieser Platz frei? 4 (permesso) {ACCESSO} frei, erlaubt, gestattet 5 (gratuito) {ENTRATA, INGRESSO} frei 6 (celibe o nubile) frei, ledig: **mio fratello è ancora ~**, mein Bruder ist noch ledig 7 (esente): ~ **da preoccupazioni**, ohne Sorgen, sorglos; **è ~ da ogni pregiudizio**, er hat keinerlei Vorurteile 8 fig (non impegnato) (von jeder Verpflichtung) frei: **domani sono ~**, è meglio rinviare l'incontro, morgen habe ich keine Zeit, es ist besser, wenn wir das Treffen verschieben; **vorrei chiedergli di collaborare al progetto, se è ancora libero**, ich möchte ihn bitten, an dem Projekt mitzuarbeiten, wenn er noch frei ist; **le ho dato una serata libera**, ich habe ihr einen freien Abend gegeben; **non so come occupare il tempo ~**, ich weiß nicht, wie ich meine Freizeit ausfüllen soll 9 fig (non vincolato) {ELEZIONI, INTERROGATORIO} frei, selbstständig: **dare ~ sfogo」alla fantasia」/[ai propri pensieri]**, seiner Fantasie/seinen Gedanken freien Lauf lassen 10 fig (indipendente) Frei-: ~ **docente/professionista**, Privatdozent m/Freiberufler m; ~ **pensatore**, Freidenker m 11 fig (non convenzionale) {AMORE} frei 12 fig (ardito) {ESPRESSIONE, LINGUAGGIO} unverblümt, schnodd(e)rig fam 13 chim rein, frei, nicht gebunden: **elemento allo stato ~**, Element im Reinzustand 14 dir **il terreno è ~ da qualunque servitù**, das Grundstück ist frei von jeglicher Dienstbarkeit 15 econ {MERCATO} frei; {SCAMBIO} frei 16 filos relig frei: ~ **arbitrio**, Willensfreiheit f 17 film lett TV {ADATTAMENTO DI UN ROMANZO, TRADUZIONE, VERSO} frei 18 ling {VOCALE} offen 19 polit frei 20 sport (nel nuoto) {STILE} Frei- B mf 1 sport (nel calcio) Libero m 2 stor rom "freier Bürger Roms".
liberoscambìsmo m econ Freihandelslehre f.
libèrta f → **liberto**.
libertà <-> f 1 gener Freiheit f: **agire in tutta/piena ~**, in voller Freiheit handeln; **avere ~ d'azione**, Handlungsfreiheit haben;

conservare/perdere/riconquistare la propria ~ di giudizio/parola/pensiero, seine Meinungs-/Rede-/Gedankenfreiheit bewahren/verlieren/wiedergewinnen; **conquistare la ~ e l'indipendenza**, die Freiheit und Unabhängigkeit erobern; ~ **di culto**, Religionsfreiheit f; **essere geloso della propria ~**, auf seine Freiheit bedacht sein; **lasciare a qu molta/poca/troppa ~**, jdm viel/wenig/zu viel Freiheit lassen; ~ **personale**, persönliche Freiheit; ~ **di scelta**, freie Wahl; **concedere la ~ a uno schiavo**, einem Sklaven die Freiheit schenken; ~ **da qc** Freisein n *von etw* (dat), Mangel m *an etw* (dat); **la ~** ₍**dagli impegni quotidiani**₎/**[da un legame fisso]**, das Freisein von ₍täglichen Verpflichtungen₎/[einer festen Bindung] **2** *fig* (*svago*) Zerstreuung f, Vergnügen n: **nei momenti di ~ leggo**, in meiner Freizeit lese ich **3** *fig* (*impudenza*) Freiheit f, Frechheit f: ~ **di costumi**, Freiheit f *der Sitten*; **non sopporto la sua ~ di linguaggio**, ich ertrage seine lose Zunge nicht **4** *fig* (*franchezza*) Freiheit f: **posso esprimermi con ~?**, darf ich offen/frei reden? **5** *dir* {CIVILE, POLITICA, RELIGIOSA} Freiheit f: ~ **di associazione/lavoro/riunione/stampa/voto**, Vereinigungs-/Arbeits-/Versammlungs-/Presse-/Abstimmungsfreiheit f; **(ri)mettere in ~ i detenuti**, die Häftlinge (wieder) freilassen; **hanno concesso la ~ provvisoria/vigilata al prigioniero**, der Gefangene wurde ₍vorläufig freigelassen₎/[unter Führungsaufsicht gestellt] **6** *econ* Freiheit f: ~ **dei commerci/degli scambi**, Handelsfreiheit f ● **avere la ~ di dire/fare qc** *fig* (*essere padrone di dire/fare qc*), frei sein, etw zu sagen/machen; **mettere qu in ~** (*rilasciare*), jdn freilassen, jdn in die Freiheit entlassen; **metterci in ~** *fig* (*mettersi degli abiti comodi*), es sich (dat) bequem machen; **perdere la propria ~** *fig* (*legarsi*), seine Freiheit verlieren; **prendersi la ~ di fare qc** *fig* (*permettersi*), sich (dat) die Freiheit (heraus)nehmen, etw zu tun; **prendersi delle ~ con qu** *fig* (*delle eccessive confidenze*), sich (dat) jdm gegenüber (manche) Freiheiten herausnehmen; **restituire a qu la sua ~** *fig* (*separarsi da qu*), jdm seine Freiheit zurückgeben; **riprendere/riprendersi la propria ~** *fig* (*separarsi*), in sein freies/ungebundenes Leben zurückkehren.

libertàrio, (-a) <-ri m> **A** agg anarchistisch, libertär *forb rar* **B** m (f) Anarchist(in) m(f), libertärer Mensch *forb rar*.

liberticìda <-i m, -e f> **A** agg (*che distrugge la libertà*) {IDEALE} freiheitsfeindlich, freiheitsgefährdend **B** mf freiheitsfeindlicher/freiheitsgefährdender Mensch.

libertinàggio <-gi> m **1** (*dissolutezza*) Zügellosigkeit f, Ausschweifung f **2** *anche filos relig stor* {MORALE, RELIGIOSO} Libertinage f *forb*.

libertinìsmo m *anche filos relig stor* {RELIGIOSO, MORALE} Libertinismus m *forb*, Zügelsigkeit f.

libertìno, (-a) **A** agg **1** (*dissoluto*) {VECCHIO} zügellos; {VITA} *anche* ausschweifend **2** *anche filos relig stor* {MOVIMENTO} freidenkend **3** *stor rom* freigelassen **B** m (f) **1** (*dissoluto*) zügelloser Mensch, Wüstling m *spreg*, Libertin m *forb obs* **2** *anche filos relig stor* Libertin m *obs*, Freidenker(in) m(f), Freigeist m **3** *stor rom* Freigelassene mf *decl come agg*.

libèrto, (-a) m (f) *stor rom* Freigelassene mf *decl come agg*.

liberty *ingl arte* **A** <inv> agg {MOBILE} Jugendstil- **B** <-> m Jugendstil m.

Lìbia f *geog* Libyen n.

lìbico, (-a) <-ci, -che> **A** agg libysch **B** m (f) (*abitante*) Libyer(in) m(f).

libìdine f **1** (*lussuria*) Lüsternheit f, Geil-

heit f **2** *fig* (*smania*) {+POTERE} Begierde f, Sucht f ● **questo gelato/film è una ~!** *fam* (*eccezionale*), ₍dieses Eis₎/[dieser Film] ist echt geil! *slang*.

libidinóso, (-a) agg (*lussurioso*) {OCCHIATA} lüstern, geil *fam*.

lìbido <-> f *lat psic* Libido f.

libràio, (-a) <-rai m> m (f) Buchhändler(in) m(f): ~ **editore**, Verlagsbuchhändler m, Verleger m; ~ **tipografo**, Druckereibuchhändler m.

libràrio, (-a) <-ri m> agg {COMMERCIO, MERCATO} Buch-, Bücher-.

libràrsi *itr pron*: ~ (+ *compl di luogo*) **1** (*tenersi sospeso*) (*irgendwo*) schweben: **l'aquila si libra nell'aria**, der Adler schwebt in der Luft **2** (*equilibrarsi*) (irgendwo) bilancieren: ~ **sulla punta dei piedi**, auf den Fußspitzen balancieren **3** *aero* (irgendwo) gleiten: **l'aliante si librava nel cielo**, das Segelflugzeug glitt durch den Himmel.

libratóre m *aero* Segel-, Gleitflugzeug n, Gleiter m.

libreria f **1** (*mobile*) Bücherschrank m, Bücherregal n: **la grande ~ che c'è nel mio ufficio**, der große Bücherschrank, der in meinem Büro steht **2** (*negozio*) Buchhandlung f, Buchladen m: ~ **antiquaria**, Antiquariat n, Antiquariatsbuchhandlung f; ~ **editrice**, Verlagsbuchhandlung f **3** *inform* {+IMMAGINI, NASTRI} Bibliothek f: ~ **dei programmi**, Programmbibliothek f **4** *rar* (*biblioteca*) Bibliothek f, Bücherei f: ~ **pubblica**, öffentliche Bibliothek.

librésco, (-a) <-schi, -sche> agg *spreg* {ERUDIZIONE} Buch-, Bücher-.

librettista <-i m, -e f> mf *mus* Librettist(in) m(f).

librétto <dim *di* libro> **A** m **1** Büchlein n, kleines Buch, Bändchen n **2** (*per appunti*) Notizbuch n, Notizblock m **3** (*documento*) Ausweis m, Papier n, Pass m, Heft n: ~ **ferroviario**, Ermäßigungsausweis m für Bahnfahrten; ~ **di lavoro**, Arbeitspapiere n pl; ~ **sanitario**, Krankenschein m **4** *aero* Bordbuch n: ~ **delle segnalazioni**, Signalbuch n; ~ **di volo**, Flugschein m **5** *autom* Fahrzeugbrief m: ~ **di circolazione**, (Kraft)fahrzeugschein m, Kfz-Schein m, Zulassung f *fam*, (Kraft)fahrzeugbrief m **6** *banca* Buch n, Heft n: ~ **di assegni**, Scheckheft n, Scheckbuch n; ~ **al portatore**, Inhaberscheckheft n; ~ **di risparmio**, Sparbuch n **7** *dir* Schein m: ~ **per transiti doganali**, Zollgutversandschein m **8** *mil*: ~ (**personale**), Wehrpass m **9** *mus* {+BOHÈME} Textbuch n **B** m Freiexemplar n **B** <inv> loc agg (*pieghevole*) a ~, faltbar, klappbar, Falt-, Klapp- ● **delle giustificazioni** *scuola*, "Absentenheft n, in das die Eltern die Entschuldigungen für Schulversäumnisse eintragen"; ~ **di istruzioni**, Gebrauchsanweisung f; ~ **della locomotiva** *ferr*, Kessel-, Lok(omotiv)buch n; ~ **di manutenzione** *tecnol*, Wartungsbuch n; **il ~ rosso di Mao** *polit*, die Mao-Bibel, das Rote Buch (Maos); ~ **universitario università**, Studienbuch n.

lìbro A m **1** *gener anche edit* Buch n: **ho sfogliato tutto il ~, ma non ho trovato quello che cercavo**, ich habe das ganze Buch durchgeblättert, aber das, was ich suchte, nicht gefunden; ~ **di cucina/lettura/preghiere**, Koch-/Lese-/Gebetbuch n; **il ~ è esaurito**, das Buch ist vergriffen; ~ **delle firme**, Gästebuch n; ~ **illustrato**, Bilderbuch n; **pubblicare/scrivere/stampare un ~**, ein Buch veröffentlichen/schreiben/drucken; ~ **rilegato**, gebundenes Buch; **aprite il ~ a pagina 29**, schlagt/[schlagen Sie] das Buch auf Seite 29 auf; ~ **tascabile di 100 pagine**, Taschenbuch von 100 Seiten **2** (*parte*) Buch n: **i libri di un codice**, die Gesetzbücher n pl; **il**

primo ~ dell'Odissea, das erste Buch der Odyssee **3** <*di solito al pl*> *fig* (*studi*) Bücher n pl, Lernen n, Studieren n: **si è immerso nei libri per tutta la notte**, er hat sich die ganze Nacht in die Bücher vertieft **4** *amm* Buch n: ~ **dei privilegi**, Privilegienbuch n **5** *bot* Bast m **6** *comm dir* Buch n, Register n: **tenere i libri di un'azienda**, die Bücher eines Betriebs führen; ₍Buchführung eines Betriebs machen₎; ~ **di cassa/magazzino**, Kassen-/Lagerbuch n; ~ **mastro/paga**, Haupt-/Lohnbuch n; **i libri ausiliari di una società**, die Hilfsregister einer Gesellschaft **7** *mar* Buch n: ~ **di bordo**, Logbuch n; ~ **dei fari e dei fanali**, Leuchtfeuerverzeichnis n; ~ **dei segnali**, Signalbuch n **8** *zoo* {GENEALOGICO; +ORIGINI} Pedigree m, Stammbaum m **B** <inv> loc agg (*pieghevole*): a ~, faltbar, klappbar, Falt-, Klapp- ● **aggobbirsi sui libri** *fig*, pauken *fam*, über den Büchern hocken *fam*; **essere come un ~ aperto** *fig* (*senza segreti per gli altri*), ein offenes/aufgeschlagenes Buch sein; **non ha mai aperto ~** *fig* (*non ha mai studiato*), er/sie hat nie ein Buch in die Hand genommen; **cantare/suonare a ~ aperto** *fig* (*a prima vista*), vom Blatt singen/spielen; **tradurre ad apertura di ~** *fig* (*a prima vista*), aus dem Stegreif übersetzen; ~ **bianco** *fig anche polit* (*di testimonianze*), Weißbuch n; ~ **canonico** *relig*, kanonische Schriften/Bücher; **essere (come) un ~ chiuso** *fig* (*incomprensibile*), ein Buch mit sieben Siegeln sein; ~ **condensato** *fig* (*riassunto*), Zusammenfassung f; ~ **del destino/natura/vita** *fig*, Buch n des Schicksals *forb obs*/ der Natur *forb obs*/ des Lebens *forb obs*; **ho letteralmente divorato il suo ultimo ~** *fig* (*letto con piacere*), ich habe sein/ihr letztes Buch geradezu verschlungen; **finire un ~** *fig* (*finire di leggerlo o scriverlo*), ein Buch beenden; ~ **in folio/ottavo/sedicesimo** *edit*, Buch in Folio-/Oktav-/Sedezformat; ~ **giallo** *lett*, Kriminalroman m, Krimi m *fam*; ~ **giocattolo** *edit*, Ausklapp-, Falt(bilder)buch n; ~ **gioco** *lett* → **libro-game**; ~ **all'Indice** *relig stor*, auf dem Index stehendes Buch; **libri ispirati** *relig*, Heilige Schrift; **leggere nel ~ di qu** *fig* (*conoscere le sue intenzioni*), in jdm wie in einem offenen Buch lesen; ~ **dei morti** *relig*, Totenbuch n; ~ **nero** *fig* (*elenco di persone indesiderate*), schwarze Liste; (*elenco di ricercati*), Fahndungsliste f, Fahndungsregister n; **notare qc nel proprio ~** *fig* (*memorizzare qc*), sich (dat) etw merken, etw im Gedächtnis/Kopf behalten, sich (dat) etw hinter die Ohren schreiben *fam*; ~ (**in**) **omaggio** *edit*, Freiexemplar n; ~ **d'ore** (*di preghiere*), Stundenbuch n; **il ~ d'oro araldica**, das Goldene Buch; *fig* (*dei personaggi importanti*), das Goldene Buch; **il ~ d'oro del Giro d'Italia**, das Goldene Buch des Giro d'Italia; **mettere a ~ paga qu** *fig* (*assumere con regolare contratto*), jdn fest einstellen; **parlare come un ~ stampato** *fig iron* (*fare sfoggio di erudizione*), wie ein Buch/gedruckt reden; **portare a ~ qc** *amm comm* (*registrare*), etw eintragen, etw registrieren; **essere/stare/[passare il proprio tempo] ricurvo sui libri** *fig* (*studiare molto*), die ganze Zeit über seinen Büchern sitzen/hocken *fam*; ~ **rosa** *lett*, Liebesroman m, sentimentales/schmalziges *fam spreg* Buch; ~ **sacro** *relig*, Heilige Schrift, Bibel f, Buch n der Bücher; **non sapere leggere altro che nel proprio ~** *fig* (*rifarsi solo alla propria esperienza*), nur auf seine eigenen Erfahrungen zurückgreifen können; ~ **dei sogni** (*nell'occultismo*), Traumbuch n; *fig* (*progetto irrealizzabile*), Utopie f; **cosa letta nel ~ dei sogni** *fig* (*fantasia*), Traum m, Fantasie(vorstellung) f; ~ **da spiaggia** *fig* (*di svago*), Strand-, Urlaubslektüre f; ~ **di testo** *scuola*, Schul-, Lehrbuch n;

non *toccare* ~ *fig* (*non studiare*), kein Buch anrühren/[in die/zur Hand nehmen].

libro-game <-> *loc sost m ingl edit* Spielbuch n, Abenteuerbuch n zum Mitmachen.

licàntropo, (-a) *m* (f) Werwolf m, Wolfsmensch m; *anche med* Lykanthrop(in) m(f).

liceàle *scuola* **A** *agg* {STUDI} gymnasial, Gymnasial- **B** *mf* (*studente*) Gymnasiast(in) m(f).

liceità <-> *f anche dir* (*l'essere lecito*) {+COMPORTAMENTO} Zulässigkeit f, Erlaubtheit f.

licènza f 1 (*autorizzazione*) Erlaubnis f, Genehmigung f: **con vostra ~**, mit Ihrer/eurer Erlaubnis 2 *fig* (*eccessiva confidenza*) Freiheit f: **come ti permetti simili licenze!**, wie kommst du dazu, dir derartige Freiheiten herauszunehmen!; **prendersi troppe licenze**, sich (dat) zu viele Freiheiten herausnehmen; **prendersi la ~ di dire/fare qc**, ˻sich (dat) die Freiheit nehmen, etw zu˼/[so frei sein und etw] sagen/machen 3 *fig* (*dissolutezza*) Ausschweifung f, Zügellosigkeit f 4 *fig lett* (*libertà*) Freiheit f, Lizenz f *forb*: ~ **poetica**, poetische Lizenz f *orb*, dichterische Freiheit; ~ **grammaticale/ortografica**, grammatische/orthografische Freiheit 5 *amm comm sport* Lizenz f, Genehmigung f, Schein m, Zulassung f: ~ **di caccia/circolazione/porto d'armi**, Jagd-/(Kraft)fahrzeug-/Waffenschein m; ~ **di costruzione**, Baugenehmigung f, Baulizenz f, Bauerlaubnis f; ~ **d'esercizio**, Gewerbeschein m; ~ **di esportazione/fabbricazione/importazione**, Ausfuhr-/Herstellungs-/Einfuhrlizenz f, Ausfuhr-/Herstellungs-/Einfuhrerlaubnis f; **ha ottenuto/richiesto/ritirato la ~**, er/sie hat die Lizenz erhalten/angefordert/abgeholt; ~ **di pesca** (*con la canna*), Angelschein m; (*con la rete*) Fischereilizenz f, Fischereierlaubnis f; **gli è stata revocata la ~**, ihm ist die Lizenz entzogen worden; **su ~ tedesca**, in deutscher Lizenz; ~ **d'uso**, Nutzungsrecht n; *inform* Lizenz f 6 *mil* Urlaub(sschein) m: **andare in ~**, in Urlaub gehen; **chiedere una ~**, um Urlaub bitten/anfragen; ~ **di convalescenza**, Genesungs-, Erholungsurlaub m; ~ **di fine ferma**, Wehrdienstentlassungsschein m; ~ **premio**, Sonderurlaub m (als Belohnung) 7 *scuola* Abschlusszeugnis n: ~ **elementare/media**, Grundschul-/Hauptschulabschluss(zeugnis n) m.

licenziàbile *agg* (*che può essere licenziato*) kündbar.

licenziabilità <-> *f* Kündbarkeit f.

licenziaménto *m* {+IMPIEGATO, OPERAIO} Entlassung f, Kündigung f: ~ **in tronco**, fristlose Kündigung; ~ **per giusta causa**, Kündigung f aus stichhaltigem Grund; (*azione*) *anche* Kündigen n, Entlassen n.

licenziàre <*licenzio, licenzi*> **A** *tr* 1 (*interrompere un rapporto di lavoro*) ~ **qu** {DATORE DI LAVORO DOMESTICA, IMPIEGATO} jdn entlassen, jdm kündigen: ~ **qu due piedi**˻/[in tronco]/[dall'oggi al domani], jdn fristlos/[von heute auf morgen] entlassen 2 (*sfrattare*) ~ **qu** {INQUILINO} jdm kündigen, jdn vor die Tür setzen 3 *lett* (*accomiatare*) ~ **qu** {OSPITE, VISITATORE} jdn verabschieden 4 *edit*: ~ **una pagina** (**alla**/[**per la**] **stampa**), eine Seite zum Druck freigeben 5 *scuola* ~ **qu** jdn (von der Schule) entlassen: **quest'anno la nostra scuola licenzierà trecento studenti**, dieses Jahr machen an unserer Schule dreihundert Schüler ihren Abschluss **B** *itr pron* 1 **licenziarsi** (**da qc**) {LAVORATORE DA UN IMPIEGO} *etw* kündigen: **si è licenziato per motivi di salute**, er hat aus gesundheitlichen Gründen gekündigt 2 *lett* (*accommiatarsi*): **licenziarsi** (**da qu**) {OSPITE DAL PADRONE DI CASA} sich (von jdm) verabschieden: **si è licenziato all'improvviso**, er hat sich plötzlich verab-

schiedet **C** *rfl scuola*: **licenziarsi** {STUDENTE} die Schule ab|schließen, einen Schulabschluss machen: **si è licenziato con ottimi voti**, er hat die Schule mit ausgezeichneten Noten abgeschlossen.

licenziosità <-> *f* (*impudicizia*) {+COMPORTAMENTO} Zügellosigkeit f, Liederlichkeit f *spreg*.

licenzióso, (-a) *agg* (*impudico*) {ABITUDINE} zügellos, liederlich *spreg*; {FILM} freizügig.

licèo *m* 1 *scuola* Gymnasium n: ~ **artistico**, musisches Gymnasium; ~ **classico**, humanistisches/altsprachliches Gymnasium; ~ **linguistico**, neusprachliches Gymnasium; ~ **scientifico**, naturwissenschaftliches Gymnasium 2 *filos* {+ATENE} Lykeion n.

lichène *m bot* Flechte f.

licitàre *itr* 1 *dir* (*partecipare a una licitazione*) an einer Versteigerung teil|nehmen; (*fare un'offerta all'asta*) bieten 2 (*nel bridge*) bieten.

licitazióne f 1 *dir* (*asta*) Versteigerung f; (*offerta*) (Preisan)gebot n: **mettere in ~**, zur Versteigerung freigeben 2 (*nel bridge*) Lizitation f, Angebot n.

licopène *m chim* Lycopen n, Lykopen n.

lido *m* 1 (*spiaggia*) (Sand)strand m; *geog* Lido m: ~ **di Venezia**, Lido m von Venedig 2 *lett* (*paese*) Gestade n *poet* ● **tornare ai patrii lidi** *fig* (*in patria*), zu heimatlichen Gestaden zurückkehren *poet*.

Liechtenstein *m geog* Liechtenstein n.

Lied <-, *-er pl ted*> *m ted mus* Lied n.

liederìstica <*-che*> *f mus* Lied n, Lieder pl.

liederìstico, (-a) <*-ci, -che*> *agg mus* {REPERTORIO} Lied-, Lieder-.

lièto, (-a) *agg* 1 (*contento*) {GIOVENTÙ} froh, fröhlich, glücklich, heiter; {ESPRESSIONE, FACCIA} *anche* freudig: **sono ~ di conoscerla**, (ich bin) sehr erfreut/(, Sie kennen zu lernen) 2 (*piacevole*) {AVVENIMENTO, CENA, GIORNATA} angenehm, vergnüglich 3 *lett* (*ridente*) {CAMPO, COLLE} lieblich, reizvoll.

lième **A** *agg* 1 (*leggero*) {STRATO} dünn: ~ **come una piuma**, leicht wie eine Feder 2 (*piccolo*) leicht, geringfügig, klein; {CONTUSIONE, SCOSSA DI TERREMOTO} leicht: **ci sarà un ~ aumento degli stipendi**, es wird eine leichte/kleine Gehaltserhöhung geben; **ha un ~ difetto di pronuncia**, er/sie hat einen leichten Aussprachefehler 3 (*delicato*) schwach, leise, leicht, sanft: **spirava una brezza ~**, es wehte eine leichte Brise; **camminava con passo ~**, er/sie ging ˻leichtfüßig˼/[behände]/[mit leisen Schritten]; **c'era un ~ profumo di vaniglia**, ein schwacher Vanilleduft lag in der Luft 4 (*impercettibile*) {ROSSORE, RUMORE} unmerklich 5 *fig lett* (*facile*) {COMPITO} leicht, mühelos **B** *in funzione di avv lett* (*lievemente*) leicht.

lievità <-> *f* 1 (*leggerezza*) {+SETA} Leichtigkeit f 2 *fig lett* (*incostanza*) {+IDEE} Unbeständigkeit f; (*debolezza*) {+CONCETTI} Schwäche f, Beschränktheit f.

lievitàre **A** *itr* <*essere*> 1 *gastr anche edil* {CALCE, PASTA} auf|gehen 2 *fig* (*aumentare*) {PREZZI} (an|)steigen 3 *fig* (*crescere*) {ODIO} gären, schwelen **B** *tr* <*avere*> **gastr** ~ **qc** {PANE} *etw* säuern, *etw* mit Hefe an|rühren.

lievitazióne f 1 *gastr* {+PASTA} Säuerung f; (*azione*) *anche* Aufgehen n 2 *fig* (*aumento*) {+PREZZI} (An)steigen n 3 *fig* (*crescita*) {+ODIO} Gären n, Schwelen n.

lièvito *m* 1 *biol gastr* Hefe f: ~ **di birra/del pane**, Bier-/Backhefe f; ~ **naturale**, Sauerteig m; ~ **in polvere**, Backpulver n 2 *fig* (*stimolo*) {+RIVOLTA} Antrieb m, Auslöser m, Ursache f.

lifeboat <-> *f ingl mar* Rettungsboot n.

lift <-> *m* 1 (*inserviente*) Liftboy m, Fahrstuhlführer m 2 *sport* (*nel tennis*) Topspin m.

liftàto, (-a) **A** *part pass di* liftare **B** *agg anche fig spreg* {ATTRICE} geliftet.

lifting <-> *m ingl med* Lifting n: **farsi il ~**, sich liften lassen.

light <*inv*> *agg ingl* {MOZZARELLA, SIGARETTA} light.

light pen <- -, - -s *pl ingl*> *loc sost f ingl inform* Light Pen m, Lichtstift m.

lìgio, (-a) <*-gi m*> *agg* (*fedele*) ~ (**a qu/qc**) (*jdm/etw*) treu, (*jdm/etw*) ergeben, (*jdm/etw*) untertan: ~ **al dovere**, pflichttreu; ~ **al sovrano**, herrschertreu.

lignàggio <*-gi*> *m lett* (*rango*) Abstammung f, Herkunft f: **essere di alto ~**, von adliger Abstammung sein.

lìgneo, (-a) *agg* 1 (*di legno*) {STATUA} hölzern, aus Holz 2 (*simile al legno*) {CONSISTENZA} holzähnlich.

lignìna *f chim* Lignin n.

lignite *f min* Lignit m, Braunkohle f.

lìgure **A** *agg* ligurisch **B** *mf* Ligurer(in) m(f).

Ligùria *f geog* Ligurien n.

lilla, lillà **A** <*inv*> *agg* {CAMICETTA} lila-, fliederfarben, fliederfarbig; {COLORE} *anche* lila **B** <-> *m* 1 *bot* Flieder m 2 (*colore*) Lila n.

lilliputziàno, (-a) **A** *agg anche fig* (*molto piccolo*) {CITTÀ} liliputanisch *rar*, Liliputaner-, winzig, zwergenhaft: **essere ~ fig**, winzig/zwergenhaft sein **B** *m* (f) Liliputaner(in) m(f).

lìma f 1 (*arnese*) Feile f: ~ **a coltello**, Messerfeile f; ~ **da macchina**, Maschinenfeile f; ~ **quadra**/[**mezzo tonda**], Vierkant-/Halbrundfeile f; ~ **a taglio bastardo/dolce/grosso/mezzodolce**, Schrupp-/Schlicht-/Grob-/Halbschlichtfeile f; ~ **per unghie**, Nagelfeile f 2 *fig* (*rifinitura*) Ausfeilen n, Überarbeiten n: **dopo la prima stesura il testo ha bisogno di ~**, nach der ersten Fassung muss der Text noch ausgefeilt/überarbeitet werden 3 *fig lett* (*affanno*) {+NOSTALGIA} Qual f, Pein f ● ~ **sorda** *tecnol*, Speckfeile f; *fig* (*pensiero angoscioso*), nagender Kummer; *fig* (*chi tesse inganni*), Ränkeschmied m *obs*, Intrigant(in) m(f).

limaccióso, (-a) *agg* 1 (*fangoso*) {TERRENO} schlammig 2 (*torbido*) {ACQUA} trüb 3 *fig* (*oscuro*) {TESTO} dunkel, unklar, schwer verständlich.

limàre **A** *tr* 1 *gener* ~ **qc** {PEZZO DI METALLO, SBARRA} *etw* feilen 2 *fig* (*rifinire*) ~ **qc** {ARTICOLO, ROMANZO} *etw* (stilistisch) überarbeiten, *etw* aus|feilen 3 *fig* (*torturare*) ~ **qu/qc** {TRISTEZZA ANIMO} *jdn/etw* quälen, *jdn/etw* verzehren **B** *rfl indir*: **limarsi qc** {LE UNGHIE} sich (dat) *etw* feilen.

limàto, (-a) *agg* 1 {SBARRA} gefeilt 2 *fig* (*rifinito*) {RACCONTO, STILE} ausgefeilt.

limatrìce *f tecnol* Feilmaschine f.

limatùra f 1 Feilarbeit f; (*azione*) *anche* {+PEZZO} Feilen n 2 (*particelle*) Feilstaub m, Feilspäne m pl: ~ **di ferro**, Eisenfeilspäne m pl.

lìmbo *m* 1 *relig* Vorhölle f, Limbus m 2 *fig* (*situazione incerta*) ungewisse Lage/Situation, quälende Ungewissheit: **rimanere nel ~**, im Ungewissen bleiben ● **tenere nel ~ qu** *fig* (*lasciare in attesa*), jdn ˻im Ungewissen lassen˼/[hinhalten]; **vivere in un ~** *fig* (*fuori dalla realtà*), außerhalb der Wirklichkeit leben.

lime <-> *m ingl bot* Limette f.

limétta① <-> *f dim di* lima> *f* Nagelfeile f.

limétta② *f bot* Limette f.

liminàle *agg psic* {FENOMENO} "oberhalb der Bewusstseinsschwelle liegend".

limitàbile *agg* (*che si può limitare*) {DANNO} beschränkbar, begrenzbar.

limitànte agg (che limita) {SCELTA} be-, einschränkend.

limitàre① **A** tr **1** (circoscrivere) ~ qc etw ab|-, ein|-, be-, umgrenzen: **~ la durata di qc nel tempo**, etw zeitlich ab-/eingrenzen; **~ l'estensione di qc nello spazio**, etw räumlich ab-/eingrenzen; **il fiume limita la regione**, der Fluss bildet die Grenze der Region; **~ un terreno con una palizzata**, ein Grundstück mit einem Pfahlzaun ab-/umgrenzen **2** (contenere) ~ qc {AMBIZIONI} etw beherrschen, etw unterdrücken; {SPESE} etw be-, ein|schränken; {DANNI} etw begrenzen **3** (ridurre) ~ qc etw verringern, etw vermindern, etw verkleinern: **un grande caseggiato limita la visuale**, ein großer Wohnblock versperrt die Sicht **4** (trattenere) **~ qu in qc** {BAMBINO NEI MOVIMENTI} jdn in etw (dat) ein|schränken **5** fig (determinare) ~ ab|grenzen, etw ab|stecken: **~ con esattezza una questione**, ein Problem genau abstecken **B** rfl **1** (contenersi): **limitarsi (in qc)** sich (in etw dat) beschränken, sich (in/bei etw dat) ein|schränken: **limitarsi nel mangiare**, sich beim Essen einschränken; **bisogna sapere limitarsi nelle spese**, man muss seine Ausgaben einzuschränken wissen **2** (fermarsi): **limitarsi a qc** auf etw (acc) beschränken; **limitarsi all'essenziale**, sich auf das Wesentliche beschränken; **limitarsi al proprio lavoro**, sich auf seine Arbeit beschränken **3** (non fare altro che): **limitarsi a fare qc** sich darauf beschränken, etw zu tun: **anziché rispondere si è limitato a scuotere il capo**, statt zu antworten, schüttelte er nur den Kopf/[hat er sich darauf beschränkt, den Kopf zu schütteln].

limitàre② m **1** (soglia) (Tür)schwelle f **2** (margine) Rand m: **ci siamo fermati sul ~ del bosco**, wir sind am Waldrand stehen geblieben **3** fig (inizio) {+ADOLESCENZA} Schwelle f, Anfang m.

limitatézza f anche fig (pochezza) {+SPAZIO} Begrenztheit f; {+IDEE} Beschränktheit f.

limitativo, (-a) agg **1** (che limita) {CLAUSOLA} ein-, beschränkend **2** ling eingrenzend, einschränkend: **il valore ~ di un avverbio**, die eingrenzende Bedeutung eines Adverbs.

limitàto, (-a) agg **1** (contenuto) {INGEGNO, INTELLIGENZA} beschränkt spreg; {POTERE, RESPONSABILITÀ, RISORSE, VELOCITÀ} begrenzt: **si muove in uno spazio ~**, er/sie bewegt sich in einem begrenzten/[eng abgesteckten] Raum **2** (modesto) {RISULTATO} bescheiden, mäßig **3** (di vedute ristrette) {PERSONA} beschränkt spreg **4** mat begrenzt.

limitatóre m **1** elettr Strombegrenzer m **2** mecc Begrenzer m.

limitazióne f **1** gener Beschränkung f, Begrenzung f; (azione) anche Beschränken n, Begrenzen n: **~ degli armamenti**, Rüstungsbegrenzung f; **~ del credito bancario**, Dispolimit n, Grenze f/Limit n des Bankkredits; **~ della libertà**, Freiheitsbeschränkung f; **~ delle nascite**, Geburtenregelung f, Geburtenkontrolle f; **~ del potere**, Machtbeschränkung f; **~ di spazio/tempo**, Raum-/Zeitbegrenzung f **2** (restrizione) Einschränkung f: **fu approvato con certe/[senza] limitazioni**, es wurde mit einigen/[ohne] Einschränkungen angenommen; **porre delle limitazioni**, Grenzen setzen; **soggetto a limitazioni**, Beschränkungen unterworfen.

limite A m **1** (confine) Grenze f: **il vallo costituiva un ~ insuperabile**, der Wall stellte eine unüberwindbare Grenze dar; **~ ideale**, Idealwert m; **rientra nei limiti dell'accettabilità**, ist gerade noch annehmbar; **esce dai limiti della decenza**, das überschreitet die Grenzen des Anstands; **conosco i limiti della mia forza**, ich kenne die Grenzen meiner Macht/Kraft; **i limiti della mente umana**, die Grenzen des menschlichen Geistes **2** <di solito al pl> (condizione) {+PATTO} Bedingung f **3** <di solito al pl> (difetto) {+OFFERTA DI LAVORO} Nachteil m: **l'avarizia è un suo grosso ~**, sein/ihr Geiz ist ein großer Fehler von ihm/ihr **4** fig (ultimo grado) (Höchst)grenze f, Höchstmaß n: **la mia pazienza è arrivata al ~**, meine Geduld ist am Ende **5** astr {+UNIVERSO FISICO} Grenze f **6** autom Grenze f, Begrenzung f: **~ di carico/peso/sosta**, Belastungsgrenze f/Gewichtsbegrenzung f/[maximale Haltezeit]; **~ di velocità**, Höchstgeschwindigkeit f, Tempolimit n **7** banca Grenze f: **~ massimo**, Höchstgrenze f, Höchstbetrag m, Höchstsatz m, obere Grenze **8** bot geog {+NEVI PERSISTENTI, OLIVO, VEGETAZIONE ARBOREA, VITE} Grenze f **9** mat {+FUNZIONE} Grenzwert m **10** sport (Feld)grenze f **B** in funzione di agg **1** (massimo) {CARICO, PORTATA, VELOCITÀ} Höchst-, maximal **2** fig (estremo) {CASO} Grenz-, äußerst **3** aero {VELOCITÀ} Höchst- **4** fis mat {ANGOLO, PUNTO, RESISTENZA} Grenz- **C** loc avv fig: **al ~ 1** (in caso estremo) äußerstenfalls, letzten Endes, im Endeffekt **2** (nel caso peggiore) schlimmstenfalls • **essere al ~ di qc** fig (aver raggiunto il grado estremo), {DELLE FORZE} am Ende etw (gen) sein; **entro certi limiti** fig (fino a un certo punto), innerhalb eines bestimmten Rahmens, bis zu einem bestimmten Punkt; **non conoscere ~** fig (essere sconfinato), {AMORE MATERNO, SETE DI CONOSCENZA} keine Grenzen kennen; **per raggiunti limiti d'età** amm, wegen Erreichung der Altersgrenze; **fuori ~ sport**, im Aus; **~ kilometrico** (pietra miliare), Kilometerstein m; **nei limiti di qc** (entro i confini di qc), im Rahmen von etw (dat)/+ gen; **oltre ogni ~** fig (oltre l'accettabile), über jegliches Maß hinaus; **ciò passa ogni ~** fig (va oltre l'accettabile), das macht das Maß voll; **porre/mettere un ~ a qc** (contenerla), etw (dat) eine Grenze setzen; **nei/[entro i limiti del possibile** (fino a che è possibile), im Rahmen des Möglichen; **la sua pazienza/bontà/vanità è senza limiti** (è molto grande), seine/ihre Geduld/Güte/Eitelkeit ist grenzenlos, er/sie ist von grenzenloser Geduld/Güte/Eitelkeit; **stare/tenersi nei limiti di qc** (non superare i confini di qc), im Rahmen von etw (dat) bleiben/[sich im Rahmen von etw (dat) bewegen]; **tutto ha un ~** fig (non si deve esagerare), alles hat seine Grenzen.

limitrofo, (-a) agg (confinante) {REGIONE} angrenzend, Grenz-.

limnologìa f biol geol geog Seen-, Süßwasserkunde f, Limnologie f scient.

limnòlogo, (-a) <-gi, -ghe> m (f) biol geol geog Limnologe m, (Limnologin) f.

limo f (fango) Schlamm m **2** geol Schlick m: **~ del Nilo**, Nilschlick m.

limonàre itr region fam (pomiciare) {INNAMORATI} schmusen fam, knutschen fam, rummachen fam.

limonàta f gastr (Zitronen)limonade f.

limoncèllo A <inv> agg (giallo limone) zitronengelb, zitronenfarben, zitronenfarbig **B** m **1** (colore) Zitronengelb n **2** bot Limetta f **3** enol (liquore) Limoncello m, italienischer Zitronenlikör.

limóne A m **1** (frutto) Zitrone f: **~ candito**, kandierte Zitrone; **bagnare/condire con succo di ~**, in Zitronensaft einweichen/[mit Zitronensaft anmachen] **2** (pianta) Zitronenbaum m **3** <-> (colore) Zitronengelb n **B** <inv> agg {COLORE, TESSUTO} zitronengelb: **più agro del ~** fig (molto avaro), geizig, knickerig fam; **fare i limoni** fig fam (baciarsi), sich küssen, schmusen fam, knutschen fam; **garantito al ~** fig scherz (di cosa certa), so sicher wie das Amen in der Kirche; **giallo come un ~** fig (pallido), bleich wie ein Leinentuch/die Wand; **spremere/strizzare i limoni** fig scherz (stringere le mani giunte), die Hände (im Gebet) fest zusammenfalten; **spremere/strizzare qu come un ~** fig (sfruttarlo), jdn wie eine Zitrone auspressen fam/ausquetschen fam.

limonite f min Limonit m, Brauneisen(stein m) n.

limóso, (-a) agg (fangoso) {ACQUA} schlammig; {FONDO} schlick(er)ig norddt.

limousine <-> f franc autom Limousine f.

limpidézza f anche fig (trasparenza) {+RAGIONAMENTO} Klarheit f; {+ACQUA} anche Durchsichtigkeit f.

lìmpido, (-a) agg **1** (trasparente) {CRISTALLO, FONTE} klar; {ACQUA} anche durchsichtig **2** fig (chiaro) {CIELO, VOCE} klar; {OCCHI, SGUARDO} anche offen **3** fig (lucido) {MENTE} klar **4** fig (schietto) {SCRITTORE} klar verständlich, eindeutig; {STILE} anche unverfälscht, klar, deutlich **5** fig (puro) {ANIMA} rein, klar.

Lina f (nome proprio) Lina.

lìnce f zoo Luchs m.

linciàggio <-gi> m **1** (esecuzione) Lynchjustiz f, Lynchmord m **2** fig (denigrazione) Verleumdung f: **~ morale**, Rufmord m.

lincìare <lincio, linci> tr **~ qu 1** (uccidere con linciaggio) jdn lynchen **2** fam scherz fig jdn lynchen: **venire linciato da qu**, von jdm gelyncht werden fam scherz; **entro questa settimana devo consegnare il lavoro, se no mi linciano** fam, ich muss noch diese Woche die Arbeit abgeben, sonst werde ich gelyncht/[lynchen die mich].

linciatóre, (-trice) m (f) (chi lincia) Lynchmörder(in) m(f), Teilnehmer(in) m(f) an einem Lynchmord.

lindo, (-a) agg **1** (pulito) {ASPETTO, VECCHIETTO} reinlich, sauber **2** (curato) {CASA} ordentlich, {ABBIGLIAMENTO} gepflegt, adrett **3** fig (affettato) {STILE} geziert, gesucht.

lindóre m anche fig (pulizia) {+IMMAGINE} Sauberkeit f; {+CAMICIA, CASA} anche Reinlichkeit f.

lìnea A f **1** (segno) {ORIZZONTALE, VERTICALE} Linie f, Strich m: **le linee della mano**, die Handlinien; **sottolineate la terza parola con una ~**, unterstreicht das dritte Wort mit einer Linie **2** (limite) Grenze f, Linie f: **~ di carico/demarcazione**, Belastungsgrenze f/Demarkationslinie f; **~ di confine/separazione**, Grenz-/Trennungslinie f **3** (fila) {+ALBERI, CESPUGLI, DUNE} Reihe f: **disporsi su due linee parallele**, sich in zwei parallelen Reihen aufstellen; **mettersi in ~**, sich in Reih und Glied aufstellen **4** (direzione) Linie f, Richtung f: **seguiva la ~ della strada**, er/sie folgte der Straßenführung **5** anche arch arte (contorno) {+COSTA, EDIFICIO, STATUA} Linie f, Umriss m, Kontur f: **i palazzi di Gaudí sono noti per le loro linee bizzarre**, die Häuser Gaudis sind für ihre seltsamen Konturen bekannt **6** (lineamenti) Zug m, Linie f: **la ~ dolce del suo naso/profilo**, die zarte Linie ihrer Nase/ihres Profils **7** (silhouette) Figur f, Linie f: **conservare/(man)tenere la ~**, seine schlanke Linie behalten, schlank bleiben **8** (taglio) Schnitt m, Modell n: **cappotto di ~ sportiva**, sportlicher Mantel; **giacca di ~ classica**, klassische/[klassisch geschnittene] Jacke **9** (design) {+AUTO} Linie f, Design n; fig (stile) Stil m, Klasse f fam: **mancare di ~**, keinen Stil haben; **avere molta/poca ~**, viel/wenig Klasse haben fam; **una seggiola di ~ squisita**, ein Sessel, der große Klasse hat fam **10** fig (indirizzo) Linie f, Richtung f: **da anni questa è**

la ~ ufficiale del partito, das ist seit Jahren die offizielle Parteilinie f; ~ d'azione, Aktionsrichtung f; seguire una precisa ~ politica, einer genauen politischen Linie folgen 11 <di solito al pl> fig (tratti) {+RAGIONAMENTO} Wesenszüge m pl, Merkmale n pl, Eigenschaften f pl 12 fig (ramo) {ASCENDENTE, DISCENDENTE +PARENTELA} Linie f, Zweig m: ~ femminile/ maschile/ materna/ paterna, weibliche/ männliche/ mütterliche/ väterliche Linie; ~ trasversale, indirekte Linie 13 aero autom mar Linie f, Strecke f: ~ dell'autobus/della metropolitana/del tram, Bus-/U-Bahn-/Straßenbahnstrecke f, Bus-/U-Bahn-/Straßenbahnlinie f; la ~ 4, die Linie 4; ~ marittima, Seestrecke f; ferr (Eisen)bahnlinie f; ~ ferroviaria a binario doppio/semplice, zwei-/eingleisige Eisenbahnlinie/Eisenbahnstrecke f; sulla ~ Torino-Milano c'è stato un incidente, auf der Eisenbahnstrecke Turin-Mailand ist es zu einem Unfall gekommen 14 anat Linie f: ~ alba, Bauchwandmittellinie f 15 artiglieria Linie f: ~ di mira/tiro, Ziellinie f 16 astr Linie f: ~ equinoziale, Himmelsäquator m, Äquinoktialkreis m; ~ meridiana, Meridian-, Mittagslinie f; ~ dei nodi, Knotenlinie f 17 biol {GERMINALE, PURA} Abstammung f 18 comm (Produkt-, Artikel)serie f, Sortiment n: la nuova ~ di bellezza della casa, die neue Schönheitsartikelserie des Hauses; alla ~ donna si aggiunge ora la ~ uomo, das Sortiment umfasst ab sofort neben Damen- auch Herrenkonfektion/[Damen- auch Herrenprodukte]; una ~ di prodotti per animali domestici, ein Produktsortiment für Haustiere 19 edil Rand m: ~ di colmo, First m; ~ di gronda, äußerer Rand der Dach-/Regenrinne 20 elettr Leitung f: ~ di scansione, Bild-, Abtastungszeile f; ~ di campo elettrico/magnetico, Kraftlinie f eines elektrischen/magnetischen Feldes, elektrische/magnetische Feldlinie; ~ di contatto, Oberleitung f; ~ di distribuzione dell'energia elettrica, Stromverteilungsleitung f; ~ monofase/trifase, ein-/dreiphasige Leitung; ~ sotterranea, unterirdische Leitung; ~ ad alta/bassa/media tensione, Hoch-/Nieder-/Mittelspannungsleitung f; le linee dell'alta tensione, die Hochspannungsleitungen 21 fis mat {CHIUSA, CURVA, MISTA, PARALLELA, PERPENDICOLARE, SPEZZATA} Linie f: ~ di forza, Kraftlinie f; ~ di frazione/sottrazione, Bruch-/Subtraktionsstrich m; ~ retta, Gerade f, gerade Linie 22 geog Linie f: ~ delle nevi perpetue, Grenze f des ewigen Schnees; ~ di massima pendenza, Falllinie f; ~ di vetta, Wasserscheide f 23 industr Straße f: ~ di montaggio/trasferimento, Montage-/Transferstraße f 24 inform Leitung f: fuori/in ~, off-/online 25 mar Wasserlinie f: ~ di carico/galleggiamento, Tieflade-/Leichtladelinie f 26 meteo Linie f: linee isobare/isoterme, Isobaren f pl/Isothermen f pl, Gleichdrucklinien f pl/[isothermische Linien] 27 metrol (Teil)strich m; {+TERMOMETRO} (Grad)strich m: il bambino da ieri ha qualche ~ di febbre, das Kind hat seit gestern /leicht erhöhte Temperatur/ [leichtes Fieber] 28 mil {DIFENSIVA, INTERNA} Linie f: andare in ~, an die Front gehen; essere sulla ~ del fuoco, sich in der Feuerlinie befinden; ~ di operazione, Operationslinie f 29 sport Linie f: ~ di arrivo/partenza, Ziel-/Startlinie f; ~ di fondo, Grundlinie f; ~ laterale del campo da gioco, Seitenlinie f des Spielfeldes 30 tecnol Linie f 31 tel Leitung f: attenda/rimanga in ~!, bleiben Sie am Apparat!; è caduta la ~, die Leitung ist unterbrochen worden; la ~ è disturbata, die Leitung ist gestört; Milano è in ~, Mailand (ist) am Apparat; trovare la ~ libera/occu-

pata, die Leitung frei/besetzt vorfinden; ~ di servizio interurbana, Fernsprechverbindung f; ~ telegrafica, Telegrafenleitung f 32 tip {CONTINUA, SPESSA, SOTTILE} Zeile f: ~ tratteggiata/[a tratti], gestrichelte Linie B <inv> loc agg: di ~, {AEREO, NAVE, PILOTA, SERVIZIO} Linien-; aereo in volo di ~, Flugzeug im Linienflug • ~ aerea aero, Fluglinie f, elettr, Freileitung f, oberirdische Leitung; in ~ d'aria fig (retta), in Luftlinie; ~ calda/rossa fig polit (fra la Casa Bianca e il Cremlino), heißer Draht; assumere/avere/mantenere una ~ di condotta, ein Verhalten annehmen/[an den Tag legen]/[beibehalten]; ~ direttrice, Leitlinie f, Richtschnur f; in ~ di fatto fig (praticamente), praktisch; ~ di fede metrol, Steuerstrich m; tecnol, Bezugslinie f; descrivere/raccontare qc a grandi linee fig (sommariamente), etw in groben Zügen beschreiben/erzählen; ~ guida fig (principio ispiratore), Leitfaden m, Richtschnur f; ~ di impluvio edil, Kehllinie f; geog, Talweg m; in ~ (allineato), in einer Reihe; i pali sono in ~ con il margine della strada, die Maste sind parallel zum Straßenrand aufgestellt; guasto/incidente in ~ (lungo il percorso), Zwischenfall m; essere/stare in ~ con una certa ideologia fig (essere coerente), im Einklang mit einer bestimmten Ideologie stehen; ~ Maginot/Sigfrido stor, Maginot-/Siegfriedlinie f; in ~ di massima fig (in generale), im Allgemeinen, im Prinzip, prinzipiell, grundsätzlich; ~ di mezzeria, Mittellinie f; ~ d'ombra fig (confine indefinito tra due realtà), Schattenlinie f; ~ del Point of no Return ~ (punto di non ritorno), Point of no Return, "Punkt, von dem an es kein Zurück mehr gibt"; combattere/essere/stare in prima ~ mil, in vorderster Linie kämpfen; essere in prima ~ nella lotta contro il cancro fig (essere molto attivo), in vorderster Linie gegen den Krebs kämpfen; in ~ di principio fig (teoricamente), prinzipiell, grundsätzlich; in ~ retta, geradlinig, geradeaus; avanzava in ~ retta, er/sie ging geradeaus; essere/passare in seconda ~ fig (essere/diventare di secondaria importanza), nebensächlich sein/werden; su tutta la ~ fig (completamente), auf der ganzen Linie, vollständig, vollkommen; dare ragione a qu su tutta la ~, mit jdm völlig einverstanden sein; successo su tutta la ~, Erfolg auf der ganzen Linie.

lineaménto m <di solito al pl> 1 (tratti) (Gesichts)züge m pl: ha dei lineamenti delicati/grossolani, er/sie hat zarte/grobe Gesichtszüge 2 fig (elementi) Grundzüge m pl, Grundelemente n pl: esporre i lineamenti di una dottrina, die Grundzüge einer Lehre darlegen • avere i lineamenti di un cammeo fig (perfetti), fein geschnittene Gesichtszüge haben.

lineàre agg 1 gener {MISURA} Längen-; {TRACCIATO} linear, Linear- 2 fig (coerente) {COMPORTAMENTO, DISCORSO} geradlinig, klar, eindeutig 3 archeol {SCRITTURA} Linear- 4 elettr fis {CIRCUITO, RESISTENZA} linear, Linear- 5 mat mecc {ESPRESSIONE, OPERAZIONE} linear.

linearità <-> f 1 (l'essere lineare) {+PERCORSO} Linearität f 2 fig (coerenza) {+CONDOTTA} Geradheit f, Aufrichtigkeit f; {+DISCORSO} Geradlinigkeit f, Klarheit f.

lineétta <dim di linea> f (trattino) (kleiner) Strich; (di una parola composta) Bindestrich m: italo-tedesco si scrive con una ~, italienisch-deutsch schreibt man mit einem Bindestrich; (nel discorso diretto) Gedankenstrich m; metti l'inciso fra lineette, setze den eingeschobenen Satz zwischen Gedankenstriche.

linfa f 1 anat Gewebsflüssigkeit f, Lymphe f scient 2 bot {DISCENDENTE, ELABORATA, GREGGIA} Pflanzensaft m 3 fig (alimento) Inspira-

tion f, Eingebung f: ~ vitale, Lebenselixier n, Energiequelle f.

linfàtico, (-a) <-ci, -che> A agg anat {GANGLI, SISTEMA, VASI} lymphatisch, Lymph- B m (f) med an Lymphatismus Erkrankte mf decl come agg.

linfatismo m med Lymphatismus m scient.

linfocita, **linfocito** <-i> m biol Lymphozyt m.

linfodrenàggio <-gi> m (massaggio) Lymphdrainage f.

linfogranulòma <-i> m med Lymphogranulom n scient.

linfòma <-i> m med Lymphknotenvergrößerung f, Lymphom(a) n scient.

linfonòdo m anat Lymphknoten m.

lingerie <-> f franc (biancheria intima) Lingerie f, Damenunterwäsche f.

lingòtto m 1 metall (massello ferroso) Block m: ~ di ferro, Eisenblock m; (non ferroso) Barren m: ~ d'oro/[di piombo], Gold-/Bleibarren m; in lingotti, in Barren 2 tip (blocchetto) Reglette f; (interlinea): ~ (di 12 punti), (12-Punkt-)Durchschusslinie f.

lingua f 1 anat Zunge f: avere la ~ bianca/impastata/sporca, eine belegte Zunge haben; assaggiare qc con la punta della ~, etw mit der Zungenspitze kosten; far schioccare la ~, mit der Zunge schnalzen 2 anche inform ling lett (linguaggio) {FRANCESE, GRECA} Sprache f, Zunge f poet: ~ agglutinante/flessiva/monosillabica, agglutinierende/ flektierende/ [isolierende/einsilbige] Sprache; ~ d'arrivo/[di partenza], Ziel-/Ausgangssprache f; ~ artificiale, Kunstsprache f; la ~ dei colori, die Sprache der Farben/[Farbsymbolik]; ~ diplomatica, Diplomatensprache f; il film era in ~ originale, der Film war in Originalsprache; la ~ dei fiori, die Blumensprache/[Sprache der Blumen]; ~ forbita, gehobene Sprache; la ~ di Gadda, die Sprache Gaddas; ~ giuridica/letteraria/popolare, Juristen-/Schrift-/Umgangssprache f; la ~ italiana, die italienische Sprache, Italienisch n, das Italienische; ~ madre/materna, Muttersprache f; la ~ dei medici, die Medizinersprache f; ~ morta/viva, tote/lebende Sprache; ~ (storico-)naturale, (historisch gewachsene) natürliche Sprache; ~ nazionale, Nationalsprache f; ~ parlata, gesprochene Sprache, Umgangssprache f; prima/seconda ~, erste/zweite Sprache; ~ di programmazione, Programmiersprache f; ~ scritta, Schriftsprache f; ~ di ~ tedesca, deutschsprachig; ~ veicolare, Verkehrssprache f; ~ e letteratura yiddish, Jiddistik f; (italiano) Italienisch n, das Italienische; <di solito al pl> anche università (~ straniera) (Fremd)sprachen f pl; lingue classiche/moderne, klassische/ neuere Sprachen; è molto portato per le lingue, er ist sehr sprachbegabt; studiare lingue, Sprachen studieren 3 anche geog (striscia) länglicher Streifen, Zunge f: ~ di ablazione/[glaciale], Ablationsstreifen m/Gletscherzunge f; ~ di terra, Landzunge f 4 fig (nazione) Land n, Nation f: gente di ogni ~, Menschen von überall her/[aus aller Herren Länder forb]; gente della stessa ~, Menschen derselben Sprache 5 bot Zunge f, Kraut n: ~ d'acqua, Schwimmendes Laichkraut; ~ di bue, Ochsenzunge f, Leberpilz m, Fleischschwamm m; ~ di cane, Hundezunge f, Wegerich m; ~ cervina, Hirschzunge f 6 gastr {AFFUMICATA, SALMISTRATA} Zunge f; (biscotto) Zunge f: lingue di gatto, Katzenzungen f pl; lingue di suocera, Schwiegermutterzungen f pl, Schuhschnallen (hauchdünnes Salzgebäck) 7 tecnol Zunge f • arrotare/menare la ~ fig (sparlare), über jdn herziehen fam, über jdn lästern; **avere la ~** *affilata*/*tagliente*/*velenosa* *fig* (*fare affermazioni pungenti*), eine scharfe/spitze/[giftige/falsche] Zunge haben; **bagnarsi la ~** *fig fam* (*bere*), sich (*dat*) die Gurgel/Kehle schmieren/ölen/anfeuchten *fam scherz*; **avere la ~** *biforcuta*/*bugiarda*/*malefica*/[*di serpente*] *fig* (*essere bugiardo*), doppelzüngig/[mit doppelter/gespaltener Zunge] reden, eine falsche Zunge haben *forb*; *fig* (*essere infido*), falsch/tückisch sein; **avere la ~** *in bocca* fig (*saper portare avanti le proprie ragioni*), nicht auf dem Mund gefallen sein; **fare a ~ in bocca** *fam* (*limonare*), Zungenküsse austauschen, schmusen *fam*, knutschen *fam*, rummachen *fam*; *fig fam* (*andare d'accordo con qu*, *contrariamente alle apparenze*), trotz Hickhack ein Herz und eine Seele sein *fam*; **parlare solo perché si ha la ~ in bocca** *fig* (*senza riflettere*), gedankenlos daherreden *spreg*; **avere una buona ~** *fig* (*sapersi esprimere in modo appropriato*), sich gut/angemessen auszudrücken wissen; **hai lasciato la ~ a casa?** *fig* (*perché non parli?*), hat's dir die Sprache verschlagen?; **in che ~ ve lo debbo dire?** *fig* (*come devo farvelo capire?*), in welcher Sprache soll ich euch das noch/denn sagen?, muss ich mir erst den Mund fusselig reden?! *fam*, wie kann ich euch das nur klarmachen?; **non dire tutto ciò che ti viene sulla ~** *fig* (*rifletti prima di parlare*), (zu)erst denken, dann reden!, nicht gleich draufloshreden! *fam*; **~ franca** *stor* (*lingua dei Franchi*), fränkische Sprache; *stor* (*lingua mista*), Lingua franca *fig* (*lingua semplificata con*, Verkehrssprache f; **frenare la ~₁/[tenere la ~ a freno]** *fig* (*controllarsi nel parlare*), seine Zunge hüten/[im Zaume halten]/[zügeln]/[beherrschen]; **~ di fuoco** (*striscia di fuoco*), Zunge f der Flammen; *fig* (*persona*), spitze/scharfe Zunge; **~ furbesca** (*della malavita*), Gaunersprache f; **ti ha mangiato la ~ il gatto?** *fig fam* (*perché non parli?*), hat's dir die Sprache verschlagen?; **parlare** *in* **~** (*non in dialetto*), in der Hoch-/Standardsprache sprechen; **essere lesto di ~** *fig* (*rispondere con prontezza*), schlagfertig sein; **avere la ~** *lunga* *fig* (*parlare troppo*), eine lose Zunge haben *fam*; *fig* (*non saper mantenere i segreti*), seine Zunge nicht hüten können, nichts für sich behalten können; **mala ~** *fig* (*pettegolo*), Lästerzunge f, Läster-, Klatschmaul n *fam spreg*, Klatschtante f *fam spreg*; *fig* (*persona maligna*), böse Zunge, Lästerer(in) m(f); **~₁ di Menelik₁/[delle donne fig]** (*giocattolo*), Tröte f; **mettere ~ in qc** *fig* (*intromettersi*), sich in etw (*acc*) einmischen; **preferisco non metterci ~**, da misch ich mich lieber nicht ein; **mordersi la ~** *anche fig* (*trattenersi dal parlare*), sich (*dat*) auf die Zunge/Lippen beißen; **glielo dissi ma poi mi morsi la ~** (*mi pentii*), ich sagte es ihm, aber danach hätte ich mir am liebsten die Zunge abgebissen!; **mostrare**/**fare la ~**, die Zunge zeigen/herausstrecken; (*fare linguacce*), jdm die Zunge heraus|strecken/zeigen; **essere una ~ d'oro** *fig* (*una persona molto eloquente*), ein eloquenter *forb* Redner sein, sehr wort-/redegewandt sein; **essere come le lingue di pappagallo** *fig* (*molto buona*), köstlich schmecken, eine Delikatesse sein; **parlare la stessa ~** *fig* (*capirsi bene*), die gleiche Sprache sprechen/reden; **che ~ parlo?** *fig scherz* (*hai capito?*), spreche ich nicht deine Sprache?, hast du verstanden?; **con la lingua penzoloni**, {CANE} mit (heraus)hängender Zunge; *fig* (*trafelato*), ein (heraus)hängender Zunge *fam*, ganz außer Atem; **avere perso la ~** *fig* (*restare ammutolito*), die Sprache verloren haben; **tenere la ~ a posto** *fig* (*non usare termini sconvenienti*), seine Zunge

hüten/[im Zaume halten]/[zügeln]; (*non essere pettegolo*), nicht klatschen; **sciogliere la ~** *med* (*tagliare il frenulo*), das Zungenbändchen abschneiden; *fig* (*indurre a parlare*), jdn zum Sprechen bringen, jdm die Zunge lösen, jdn gesprächig machen; (*parlare senza interruzione*), ununterbrochen/[ohne Unterlass] reden/sprechen; **avere la ~ sciolta** *fig* (*parlare con scioltezza*), ein flinkes/loses Mundwerk haben *fam*; *fig* (*essere pettegolo*), ein Klatsch-/Schwatz/Plappermaul sein *fam spreg*; **avere la ~ secca** *fig* (*avere sete*), ausgetrocknet sein, eine ausgetrocknete Kehle haben; **seccarsi la ~** *fig fam* (*parlare troppo*), sich heiser reden; **avere una ~ che** *taglia* **e cuce** *fig* (*malignare*), eine böse/boshafte Zunge haben, ein Lästermaul *fam spreg*/eine Lästerzunge sein; **taci o ti taglio la ~!** *fig scherz*, schweig/[sei still] oder ich schneide dir die Zunge ab! *scherz*; **essere una lingua velenosa** *fig* (*sparlare*), eine giftige Zunge haben; **la ~ batte dove il dente duole** *prov*, wes das Herz voll ist, des geht der Mund über *prov*; **ne uccide₁/[taglia] più la ~ che la spada** *prov*, scharfe Schwerter schneiden sehr, scharfe Zungen noch viel mehr *prov*.

linguàccia <-ce, pegg di lingua> f **1** <*di solito al pl*> (*smorfie*): **smettila di fare le linguacce!**, hör auf, die Zunge herauszustrecken! **2** *fig spreg* (*malalingua*) böse Zunge, Lästermaul n *fam spreg*: **sei proprio una ~!**, du bist ja ein richtiges Lästermaul! *fam spreg* **3** *med* belegte Zunge.

linguacciùto, (-a) A agg *fig* (*pettegolo*) {DONNA} klatschhaft *fam spreg*, geschwätzig *spreg*, schwatzhaft *spreg*, schwätzerisch *spreg*, klatschsüchtig *spreg* B m (*fig*) Lästermaul n *fam spreg*; (*pettegolo*) Klatschmaul n *fam*.

linguàggio <-gi> m **1** (*facoltà*) Sprache f, Sprechen n **2** (*modo di parlare*) Sprache f, Sprechweise f: **~ articolato**/**sconveniente**, artikulierte/unanständige Sprache; **~ colloquiale**/ **letterario**/ **scientifico**/ **tecnico**, Umgangs-/Literatur-/Wissenschafts-/Fachsprache f; **~ popolare**, Umgangs-/Volkssprache f; **~ familiare**, Umgangssprache f **3** (*lingua*) Sprache f: **~ in chiaro**/**codice**, offene/verschlüsselte Sprache; **~ convenzionale**, konventionelle Sprache *forb*; **~ dei ladri**, Gaunersprache f **4** (*modo di esprimersi*) Sprache f, Ausdrucksweise f: **~ dei colori**, Sprache f der Farben, Farbsymbolik f; **~ dei fiori**/**suoni**, Blumen-/Klangsprache f; **~ mimico**, Gebärdensprache f **5** *anche zoo* (*sistema di segnali*) {+API, BALENE} (Zeichen)sprache f **6** *filos inform mat* (Programmier)sprache f, Kode m: **~ di alto**/**basso livello**, höhere/niedere (Programmier)sprache; **~ (di) macchina**, Maschinensprache f; **~ di programmazione**, Programmiersprache f; **~ simbolico**, Symbolsprache f • **parlare lo stesso ~** *fig* (*avere le stesse idee*), die gleiche Sprache sprechen/reden.

linguàle A agg **1** *anat* {ARTERIA} lingual **2** *ling* {SUONO} Zungen- B f *ling* Zungenlaut m.

linguèlla <*dim di lingua*> f (*in filatelia*) gummiertes Papier, Falze f: **~ per incollare francobolli da collezione**, durchsichtiges, gummiertes Papier zum Einkleben von Sammelbriefmarken.

linguétta <*dim di lingua*> f **1** kleine Zunge **2** (*striscia*) Zunge f: **~ delle scarpe**, Zunge f/Lasche f der Schuhe **3** (*parte gommata*) Lasche f **~ della busta**, Lasche f des Kuverts **4** *agr* Doppelpropfenverede(e)lung f **5** *mecc tecnol* Feder f: **assemblaggio a scanalature e ~**, Nut und Feder - Zusammenbau; **~ riportata**, eingesetzter Federkeil **6** *mus* {+ORGANO} Zunge f, Rohrblatt n **7** *tess* {+AGO}

Zäckchen n.

linguìna <*dim di lingua*> f <*di solito al pl*> *gastr* Bandnudeln f pl.

linguìsta <-i m, -e f> mf (*esperto*) Linguist(in) m(f), Sprachwissenschaftler(in) m(f).

linguìstica <-che> f (*disciplina*) Linguistik f, Sprachwissenschaft f: **~ applicata**/**comparata**/ **funzionale**/ **generale**/ **strutturale**, angewandte/ vergleichende/ funktionale/ allgemeine/strukturelle Linguistik; **~ computazionale**, Computerlinguistik f.

linguìstico, (-a) <-ci, -che> agg **1** (*della lingua*) {QUESTIONE} sprachlich, Sprach(en)- **2** (*della linguistica*) {SEZIONE} linguistisch, sprachwissenschaftlich.

linicoltùra f (*coltivazione del lino*) Leinenanbau m.

linifìcio <-ci> m *tess* Leinen-, Flachsspinnerei f.

linimènto m *farm* Einreibemittel n, Liniment n *scient*.

link <-> m *ingl inform* Link m.

linkàre tr (*stabilire un link*) **~ qc (con qc)** etw (mit etw dat) verlinken.

linneàno, (-a) agg *bot* {CLASSIFICAZIONE} Linnésche(r, s).

Linnèo m *stor* Linné m.

lìno A m **1** (*pianta*) Flachs m, Lein m: **la coltivazione del ~ è molto diffusa in questa regione**, der Flachsanbau ist in dieser Region sehr verbreitet **2** (*tessuto*) Leinen n B <inv> *loc agg* **di ~**, {FARINA, OLIO, SEMI} Lein-; {ASCIUGAMANO, CAMICIA, TENDE} Leinen-, leinen; **una giacca di misto ~**, eine Jacke aus Halbleinen.

linoleìco, (-a) <-ci, -che> agg *chim* {ACIDO} Linol-.

linòleum <-> m *edil* Linoleum n.

linotipìa f *tip* **1** (*composizione*) Linotype-, Zeilensatz m **2** (*stabilimento*) Zeilensetzerei f.

linotipìsta <-i m, -e f> mf *tip* Zeilensetzer(in) m(f).

Linotype® <-> f *ingl tip* Linotype-Setzmaschine f, Linotype® f.

Linz f *geog* Linz n.

liocòrno m *mitol* Einhorn n.

liofilizzàre tr *chim tecnol* **~ qc** {CAFFÈ, POLLO} etw gefriertrocknen.

liofilizzàto, (-a) *chim tecnol* A agg {LATTE, MINESTRA} gefriergetrocknet B m gefriergetrocknetes Produkt: **~ di patate**, gefriergetrocknete Kartoffeln.

liofilizzazióne f *chim tecnol* {+ALIMENTO} Gefriertrocknung f.

lionése A agg von/aus Lyon B mf (*abitante*) Einwohner(in) m(f) von Lyon.

Lìpari f pl *geog* (*isole*) ~, Liparische Inseln.

lipemìa f *med* Lipämie f *scient*.

lìpide m <*di solito al pl*> *chim* Fett n, Lipid n *scient*: **i lipidi**, die Lipide *scient*.

lipìdico, (-a) <-ci, -che> agg *chim* Fett-.

lipizzàno, (-a) (*nell'equitazione*) A agg {PULEDRO} Lipizzaner- B m Lipizzaner m.

lipòma <-i> m *med* Lipom(a) n *scient*.

liposarcòma <-i> m *med* Liposarkom n *scient*.

liposcultùra f *med* Liposuktion f, Fettabsaugung f, Liposkulptur f.

liposolùbile agg *chim* {SOSTANZA} fettlöslich.

liposòma <-i> m *biol* Liposom n.

liposuzióne f *med* Liposuktion f, Absaugen n von Fettgewebe.

Lipsia f *geog* Leipzig n.

lipstick <-> m *ingl* (*nella cosmesi*) Lippenstift m, Lipstick m.

LIPU f abbr di Lega Italiana Protezione Uccelli: "italienischer Vogelschutzverband".

liquàme m {+FOGNA} Jauche f; med "beim Verwesungsprozess entstehende faulige Körperflüssigkeit".

liquefàre <irr liquefaccio o liquefò, liquefeci, liquefatto> **A** tr ~ **qc 1** anche fis (rendere liquido) {ARIA, GAS} etw verflüssigen; {CALORE METALLO, NEVE} etw zum Schmelzen bringen; {BURRO} etw zergehen lassen **2** fig (dilapidare) etw verschwenden, etw vergeuden: **ha liquefatto in poco tempo ogni suo avere**, er/sie hat sein/ihr ganzes Vermögen in kurzer Zeit durchgebracht **B** itr pron: **liquefarsi 1** anche fig (diventare liquido) {GAS} sich verflüssigen, flüssig werden: **l'azoto si liquefà a -147,1 °C**, Stickstoff wird bei - 147,1°C flüssig; {GHIACCIO, METALLO, STRUTTO} schmelzen **2** fig (disperdersi) dahin|-, zusammen| schmelzen: **il suo capitale si è liquefatto in un momento**, sein/ihr Kapital ist von einem Augenblick zum anderen dahingeschmolzen **3** fig (sudare molto) in Schweiß baden: **con quest'afa ci si liquefà**, bei dieser Schwüle badet man im eigenen Schweiß.

liquefàtto, (-a) **A** part pass di liquefare **B** agg **1** (allo stato liquido) {AZOTO} verflüssigt, Flüssig-, flüssig; {GHIACCIO, STRUTTO} geschmolzen; {ACCIAIO} anche flüssig **2** fig (dilapidato) {EREDITÀ} vergeudet, durchgebracht **3** fig (spossato) schweißgebadet, zerschlagen: **dopo aver camminato sei ore sotto il sole ero ~**, nach einem sechsstündigen Marsch unter der Sonne war ich schweißgebadet.

liquefazióne f {+GAS} Verflüssigung f; (azione) anche Verflüssigen n; {+METALLO, NEVE, STRUTTO} Schmelzung f; (azione) anche Schmelzen n.

liquerizia → liquirizia.

liquescènte agg (che diventa liquido) {GHIACCIO} schmelzend.

lìquida f ling Liquida f, Fließlaut m.

liquidàbile agg **1** (che si può liquidare) {SOMMA} (aus)zahlbar, begleichbar; {DANNO} regulierbar, begleichbar; {MERCE} absetzbar; amm {PENSIONE} auszahlbar; dir {SOCIETÀ} liquidierbar, abwickelbar **2** fig (licenziabile) {IMPIEGATO} kündbar **3** fig (eliminabile) ~ (con qc) {AMICO CON UNA SCUSA} (mit etw dat) abservierbar fam; {DUBBIO, PROBLEMA, SOSPETTO CON UN'INDAGINE} (mit etw dat) lösbar.

liquidàre tr **1** (pagare) ~ **qu/qc** {FATTURA} etw bezahlen, etw begleichen; {CONTO} etw ab|schließen, etw saldieren; {COLLABORATRICE DOMESTICA, SOMMA} jdn/etw aus|zahlen; {DEBITO} etw tilgen, etw liquidieren; {IMPOSTA} etw fest|setzen; ~ **qc a qu** {SPESE DI TRASFERTA A UN COLLABORATORE} jdm etw erstatten; {DANNO ALL'ASSICURATO} jdm etw ersetzen **2** (svendere) ~ **qc** {FONDI DI MAGAZZINO, GIOIELLI} etw aus|verkaufen **3** fig (licenziare) ~ **qu** {IMPIEGATO} jdn entlassen, jdm kündigen **4** fig (risolvere) ~ **qc** {PROBLEMA} etw lösen, etw vom Tisch räumen; {DISPUTA} etw bei|legen, etw schlichten: **il professore ha liquidato la questione dei forestierismi in cinque minuti**, der Professor/Lehrer hat das Problem der Fremdwörter in fünf Minuten abgehandelt **5** fig (mandare via) ~ **qu** {SEGRETARIO DEL PARTITO} jdn ab|servieren fam, jdn aus|schalten, jdn liquidieren, jdn kalt|stellen fam **6** fig (sbarazzarsi) ~ **qc** {AFFARE, LAVORO NOIOSO} etw ab|wickeln, etw erledigen; ~ **qu** (**con qc**) {AMICO CURIOSO CON UN PRETESTO} jdn mit (etw dat) ab|fertigen fam, jdn mit (etw dat) ab|servieren fam **7** fig (etichettare) ~ **qu/qc come qc** {POLITICO COME UN FURBO MANIPOLATORE, SUCCESSO DI UN'INIZIATIVA COME SEGNALE DI RIPRESA ECONOMICA} jdn/etw als etw (acc) ab|tun, jdn/etw als etw

(acc) hin|stellen, jdn/etw als etw (acc) bezeichnen **8** fig (battere) ~ **qu** jdn erledigen, jdn besiegen: **il pugile ha liquidato l'avversario in tre riprese**, der Boxer hat seinen Gegner in drei Runden erledigt/kaltgemacht fam **9** fig eufem (uccidere) ~ **qu** (**con qc**) {TESTIMONE PERICOLOSO CON UN COLPO DI RIVOLTELLA} jdn (mit etw dat) um|bringen, jdn (mit etw dat) liquidieren, jdn (mit etw dat) erledigen, jdn (mit etw dat) kalt|machen fam, jdn (mit etw dat) alle machen fam **10** amm ~ **qc** {PENSIONE, SUCCESSIONE} etw aus|zahlen **11** dir ~ **qc** {SOCIETÀ} etw liquidieren, etw ab|wickeln **12** econ ~ **qc** {FALLIMENTO DI UNA SOCIETÀ} etw ab|wickeln.

liquidatóre, (-trice) dir **A** agg Abwicklungs- **B** m (f) Liquidator(in) m(f), Abwickler(in) m(f): ~ **di un danno**, Schadenregulierer m, Schadenberechner m ● ~ **di un fallimento** econ, Konkursverwalter m.

liquidazióne f **1** (pagamento) {+DEBITO} Tilgung f; (azione) anche Tilgen n; {+IMPOSTA} Bezahlung f; (azione) anche Bezahlen n; {+CREDITORE} Auszahlung f; (azione) anche Auszahlen n: ~ **di sinistro**, Schadensregulierung f, Schadensabwicklung f **2** (scioglimento) {+AZIENDA} Liquidation f, Auflösung f; (azione) anche Liquidieren n, Auflösen n **3** (indennità) Abfindung f: **ho chiesto l'anticipo/il pagamento della ~**, ich habe einen Vorschuss auf die/[die Auszahlung der] Abfindung verlangt; **ho speso tutta la ~ per comprare la casa**, ich habe meine ganze Abfindung in den Hauskauf gesteckt **4** (svendita) {+ARTICOLI SPORTIVI} Ausverkauf m; (azione) anche Ausverkaufen n: ~ **per rinnovo locali**, Ausverkauf m wegen Umbau; ~ **a prezzi di realizzo**, Ausverkauf m zu Schleuderpreisen fam; ~ **di fine stagione**, (Saison)ausverkauf m, (Saison)schlussverkauf m **5** amm {+PENSIONE} Auszahlung f; {+SUCCESSIONE} Regulierung f, Regelung f; (azione) anche Auszahlen n, Regulieren n **6** dir {+SOCIETÀ} Liquidation f, Abwicklung f; (azione) anche Liquidieren n, Abwickeln n **7** banca Abwicklung f von Börsengeschäften; (azione) anche Abwickeln n von Börsengeschäften **8** chim {+SAPONE} Liquidation f; (azione) anche Liquidieren n ● ~ **di un fallimento** econ, Konkurs-, Insolvenzabwicklung f.

liquidità <-> f **1** (l'essere liquido) {+GAS, SANGUE} Flüssigkeit f, Flüssigsein n **2** econ {+CREDITO, DEBITO, IMPRESA} Liquidität f.

lìquido, (-a) **A** agg **1** anche fis (fluido) {ELEMENTO, PECE, STATO} flüssig; {COLLA, LAVA, METALLO} anche Flüssig-: **dieta liquida**, Saftkur f, auf Flüssignahrung basierende Diät; (stemperato) dünn, flüssig, wässerig: **questa crema è troppo liquida**, diese Creme ist zu dünn/flüssig/wässerig **2** fig lett (limpido) {PUPILLA, VOCE} klar **3** econ {CAPITALE} liquid(e), flüssig; {CREDITO, DEBITO} liquid(e), verfügbar; {DENARO, VALORE} Bar- **4** ling liquid: **consonante ~**, Liquida f, Fließlaut m **B 1** anche fis (fluido) Flüssigkeit f: ~ **per freni**, Bremsflüssigkeit f; **l'acqua è un ~ incolore**, Wasser ist eine farblose Flüssigkeit; **ingerisce solo liquidi**, er/sie nimmt nur Flüssigkeiten zu sich **2** med (in fisiologia) Flüssigkeit f: ~ **amniotico**, Fruchtwasser n; ~ **cefalorachidiano**, Gehirnrückenmarkflüssigkeit f **3** econ (denaro) Bargeld n **C** f ling (consonante) Liquida f, Fließlaut m ● ~ **di governo gastr**, Konservierungsflüssigkeit f.

Liquigàs® <-> m comm Flaschen-, Flüssiggas n.

liquirizia f **1** bot Süßholz n **2** farm gastr Lakritze f, Lakritz m o n.

lìquor <-, -es pl lat> m lat anat Liquor m scient.

liquóre m **1** enol Likör m: **liquori artificiali/naturali**, synthetische/natürliche Liköre **2** farm Liquor m **3** lett (liquido) Flüssigkeit f; Stärkungs-, Kräftigungsmittel n.

liquorino <dim di liquore> m fam (bicchierino di liquore) Gläschen n Likör.

liquorizia → liquirizia.

liquoróso, (-a) agg enol {BEVANDA} likörartig; {VINO} Likör-.

lira① f **1** anche stor (moneta, abbr L) {ITALIANA} Lira f; {EGIZIANA, TURCA} Pfund n; ~ **israeliana**, Schekel m; ~ **sterlina**, Pfund n Sterling; numism "von Karl dem Großen eingeführte Münze" **2** fam (denaro) Pfennig m ● **non avere (più) una ~** fig fam (non avere un soldo), keinen Pfennig/[roten Heller] (mehr) haben fam, (völlig) blank/abgebrannt sein fam; **essere (sempre) senza una ~** fig fam (senza soldi), (chronisch) blank/abgebrannt sein fam, nie Geld haben; **non valere una ~** fig fam (non aver valore), keinen Pfennig/[keinen roten Heller]/[nicht einen blutigen Heller] wert sein fam; **vendere/comprare qc per poche/due lire** fig fam (per pochi soldi), etw für einen Apfel und ein Ei verkaufen/kaufen fam.

lira② f **1** mus Leier f, Lyra f: **suonare la ~**, Leier spielen **2** fig lett (poesia lirica) Dichtkunst f, Dichtung f **3** astr: Lira, Lyra f, Leier f, **la Lira è composta da 20 stelle**, die Lyra f/[das Sternbild der Lyra] besteht aus 20 Sternen **4** ornit (uccello ~) Leierschwanz m ● ~, leierförmig; **spezzare la ~** fig (smettere di comporre poesie), die Leier zerbrechen, aufhören, Gedichte zu schreiben.

lìrica <-che> f **1** lett (poesia) {INTIMISTA} Lyrik f, lyrische Dichtung, Poesie f; {GRECA} {+SECOLO SCORSO} Lyrik f, Dichtung f; (componimento poetico) Gedicht n: **una ~ di Foscolo**, ein Gedicht von Foscolo **2** mus Oper(nmusik) f: **la ~ di Berg**, die Opernmusik von Berg; (romanza) Lied n, Romanze f.

liricità <-> f (lirismo) {+BRANO DI PROSA} lyrischer Charakter, Lyrismus m.

liricizzàre tr (rendere lirico) ~ **qc** {EPOPEA} etw lyrisch gestalten.

lìrico, (-a) <-ci, -che> **A** agg **1** lett {COMPONIMENTO, GENERE, POETA} lyrisch **2** fig (sentimentale) {CLIMA, SLANCIO} lyrisch, gefühlvoll **3** mus {CANTANTE} Opern-: **(musica) lirica**, Opernmusik f; **stagione lirica**, Opernspielzeit f, Opernsaison f; **teatro ~**, Oper f, Opernhaus n **B** m (f) lett {+OTTOCENTO} Lyriker(in) m(f).

lirìsmo m **1** lett {ROMANTICO} Lyrismus m **2** (tono ispirato) Gefühlsbetontheit f: **descrivere una scena con ~**, eine Szene gefühlbetont beschreiben.

Lisa f (nome proprio) Li(e)se f.

Lisbóna f geog Lissabon n.

lisbonése **A** agg aus/von Lissabon **B** mf Lissabonner(in) m(f).

lisca <-lische> f **1** itt (Fisch)gräte f; (colonna vertebrale) Rückgrat m **2** tess Schäbe f **3** fig (difetto di pronuncia) Lispeln n: **avere**/[**parlare con**] **la ~**, lispeln ● **a ~ di pesce**, {DISEGNO DI UNA STOFFA} Fischgräten-; **parcheggio a ~ di pesce**, Schrägparkplatz m; **avanzare a ~ di pesce** (nello sci), im Grätenschritt vorwärtskommen.

liscézza f **1** (levigatezza) {+SUPERFICIE} Glätte f, Glattheit f **2** fig (scorrevolezza) {+VERSO} Flüssigsein n.

lisciamènto m **1** {+SUPERFICIE} Glättung f; (azione) anche Glätten n, Glattstreichen n **2** fig (adulazione) Schmeichelei f: **basta coi lisciamenti!**, genug mit den Schmeicheleien!

lisciàre <liscio, lisci> **A** tr **1** (rendere liscio) ~ **qc** {LEGNO} etw glätten, etw glatt machen;

{CARTA, STOFFA} anche etw kalandrieren; {MARMO} etw polieren 2 (passare la mano su) ~ qc {BARBA, CAPELLI} etw glatt streichen; ~ qc (a qc) {PELO AL CANE} [ihren Kleinen das Fell] etw dat) etw streicheln 3 (leccare) ~ qc etw lecken: la gatta lisciava i suoi piccoli, die Katzenmutter leckte ihren Jungen/[ihren Kleinen das Fell] 4 fig (adulare) ~ qu jdm schmeicheln, jdn umschmeicheln, jdm um den Bart gehen/streichen fam, jdm Honig um den Bart/Mund schmieren fam: ha lisciato il capo per ottenere la vacanza, er/sie ist dem Chef um den Bart gestrichen, um den Urlaub zu kriegen fam 5 fig fam (rifinire) {OPERA, RELAZIONE SCRITTA, STILE} etw (aus)feilen, etw aus|schmücken, etw verschönern 6 (nei giochi di carte) (nel tresette) ~ (qc) {CARTA} (etw) herum|schieben; (nel bridge) {CARTA} (etw) nicht nehmen 7 sport (nel calcio) ~ qc {PALLONE} etw streifen; (nel tennis) {PALLA} etw streifen B rfl 1 (curarsi): lisciarsi {RAGAZZA} sich heraus|putzen; {RAGAZZO} sich schniegeln fam 2 (ravviarsi): lisciarsi qc {BARBA, CAPELLI} sich (dat) etw glatt streichen 3 (leccarsi): lisciarsi qc {GATTO PELO} sich (dat) etw lecken.

lisciàta f 1 (lisciare velocemente) Glätten n, Glättung f: dare una ~ a una panca, die Holzbank rasch glätten; dare una ~ al marmo, den Marmor schnell polieren; si è dato una ~ ai capelli, er hat sich (dat) schnell über die Haare gestrichen 2 fig (adulazione) Schmeichelei f: ha ottenuto un trattamento speciale con qualche ~, durch seine/ihre Schmeicheleien hat er/sie eine Extrawurst gebraten bekommen fam.

lisciàto, (-a) agg 1 (liscio) {LEGNO} glatt, geglättet; {CARTA, TESSUTO} anche kalandriert; {PIETRA} poliert; {CAPELLI} geglättet; {PELO} glatt gestrichen 2 fig (azzimato) herausgeputzt, geschniegelt fam: un dandy profumato e ~, ein parfümierter und geschniegelter Dandy fam 3 fig (molto curato) {PROSA, STILE} ausgefeilt.

lisciatùra f 1 (operazione) {+MOBILE} Glätten n; {+CARTA, STOFFA} anche Kalandrieren n; {+MARMO} Polieren n 2 fig (adulazione) Schmeichelei f: dopo tante lisciature ha finalmente ottenuto quel che voleva, nach so vielen Schmeicheleien hat er/sie endlich bekommen, was er/sie wollte 3 fig rar (cura eccessiva) {+PROPRIA PERSONA} übertriebene Pflege; {+ARTICOLO} Ausgefeiltheit f 4 tecnol {+FORMA} Schleifen n.

liscio, (-a) <-sci, -sce> A agg 1 (senza asperità) {BUCCIA, PARETE, PIETRA, VELLUTO} glatt: la sua pelle è molto liscia, seine/ihre Haut ist sehr glatt/zart 2 (senza decorazioni) {COLONNA, MOBILE, VESTITO} schlicht 3 (diritto) {CAPELLI} glatt 4 fig (facile) {AFFARE} glatt, einfach, leicht 5 fig lett (scorrevole) {PROSA, VERSI} flüssig 6 anat {MUSCOLO} glatt 7 artiglieria {CANNA DEL FUCILE} ohne Drall 8 gastr (puro) {CAFFÈ} schwarz (ohne Milch und ohne Schnaps); {BEVANDA ALCOLICA} ohne Wasser, pur; (non gassato) {ACQUA MINERALE} still, ohne Kohlensäure 9 mecc {CUSCINETTO} Gleit- 10 relig {MESSA} ohne Gesang B m 1 (ballo) Gesellschaftstanz m 2 sport (nel calcio) Fehlschuss m: fare un ~, den Ball streifen ● andare per le lisce fig (per le spicce), Les kurz/[kurzen Prozess fam] machen, gleich/direkt zur Sache kommen; (non) andrà tutto ~! fig (bene), es wird (nicht) alles wie am Schnürchen laufen fam/[glatt/gut|gehen]!; ci è andata liscia! fig (bene), wir haben nochmal Glück gehabt!; il piano è ~ come un biliardo/uovo (molto ~), die Oberfläche ist spiegelglatt; filare tutto ~ (come l'olio) fig (bene), wie geschmiert gehen/laufen fam; passarla liscia fig (evitare un pericolo), heil m/[mit heiler Haut] davonkommen; passarla

liscia a qu fig (non punirlo), jdm etwas durchgehen lassen; **non la passerà liscia!**, das wird er/sie nicht ungestraft bleiben!, das werde ich ihm nicht durchgehen lassen!; scorrere ~ anche fig (senza intoppi), {LIQUIDO} ungehindert fließen; {PERIODO DI VACANZA} ohne Zwischenfälle ablaufen, wie am Schnürchen laufen fam.

lisciva fam → **lisciva**.

liscìvia f anche chim (ranno) (Aschen)lauge f: ~ di potassa/soda, Kali-/Natriumlauge f.

liscóso, (-a) agg (pieno di lische) {PESCE} grätig.

liseuse <-> f franc (mantellina) Bettjacke f, Bettjäckchen n.

lisi <-> f 1 biol chim {BATTERIA} Lysis f 2 med Lysis f scient: ~ di una curva febbrile, allmählicher Fieberabfall; ~ dei sintomi di una malattia, langsames Abklingen der Symptome einer Krankheit.

lisina f chim Lysin n 2 med Lysine f.

liso, (-a) agg (consumato) {ASCIUGAMANO, COLLETTO} abgenutzt; {CAPPOTTO} anche abgetragen.

lisofòrmio <-mi> m chim Lysoform n.

Lisp, LISP <-> m inform abbr dell'ingl List Processing (elaborazione a liste) Lisp.

lista f 1 (striscia) Streifen m: ~ di carta/metallo, Papier-/Metallstreifen m 2 (riga) Linie f: un disegno a liste bianche, ein Muster aus weißen Linien 3 anche amm polit (elenco) Liste f, Verzeichnis n: hanno già compilato/fatto la ~ d'attesa, sie haben die Warteliste schon aufgestellt; ~ dei candidati, Kandidatenliste f; ~ civica, Bürgerliste f; è iscritto nelle liste di collocamento della sua città d'origine, er ist im Verzeichnis des Arbeitsamts seiner Stadt eingetragen; ~ elettorale, Wählerliste f, Wählerverzeichnis n; chi c'era nella ~ degli invitati?, wer war in die Gästeliste eingetragen?; è nella ~ di leva di Milano, er steht im Wehrdienstverzeichnis von Mailand; ~ della spesa, Einkaufsliste f 4 (menu) Speisekarte f: ~ dei vini/delle vivande, Wein-/Speisekarte f 5 rar (conto) ~ f {SARTA} Rechnung f Rechnung m polit (presentarsi come candidato), kandidieren; mettere in ~ (includere), auf die Liste setzen; fig (citare tra le altre cose), neben anderen Dingen an|führen; mettere/segnare qu nella ~ nera fig (fra le persone non gradite), jdn auf die schwarze Liste setzen; ~ di nozze (di regali scelti dagli sposi), Hochzeitsliste f.

listàre tr 1 (bordare) ~ qc (di qc) {CARTONCINO DI ROSSO} etw (mit etw dat) ein|fassen, etw (mit etw dat) umranden 2 (rinforzare) ~ qc {FASCICOLO} etw versteifen 3 inform ~ qc {ELENCO DEI PRODOTTI} etw auf|listen.

listàto, (-a) A agg (bordato) ~ (di qc) (mit etw dat) umrandet: carta listata a bruno, braun umrandetes Papier; carta listata a lutto, Papier n mit Trauerrand, schwarz umrandetes Papier B m inform Auflistung f.

listatùra f 1 (bordatura) Umrandung f; (azione) anche Umranden n 2 (rinforzo) Versteifung f; (azione) anche Versteifen n 3 inform Auflistung f.

listellàre agg (costituito da listelli) Zierleisten-: pannello ~, Leimholzplatte f.

listèllo <dim di lista> m 1 anche arch (striscia sottile) (Zier)leiste f: ~ di legno, dünne Holzlatte 2 edil Dachlatte f.

listino <dim di lista> m 1 (catalogo) Liste f, Verzeichnis n: ~ delle auto d'occasione, Verzeichnis n der günstigen Wagen; ~ dei prezzi, Preisliste f 2 banca Kursblatt n, Kurszettel m, Kursnotierung f: ~ ufficiale di borsa, offizielle Kursnotierung, amtlicher

offizieller Aktienkurszettel; ~ dei cambi, Kursblatt n, Kurszettel m.

listóne <accr di lista> m 1 lange Liste 2 (per parquet): ~ da incollaggio, Parkettstab m; ~ a incastro, Mosaikparkettlamelle f.

Lit., LIT stor abbr di Lira Italiana: Lit.

litania f <di solito al pl> 1 relig {+MORTI, SANTI} Litanei f: cantare/recitare le litanie, die Litaneien singen/beten 2 anche fig (sequela) Litanei f spreg, Leier f fam spreg: non fa che ripetere la stessa ~ da mattina a sera, von morgens bis abends wiederholt er/sie nur die alte Leier fam spreg; una ~ di nomi, eine lange Aufzählung von Namen ● essere (lungo come) una ~ fig fam (lungo e noioso), eine ellenlange Leier fam/[langweilige Litanei] sein spreg.

litantràce m min Steinkohle f.

litchi <-> m bot Litschi(pflaume) f.

lite f 1 (litigio) Streit m, Zank m, Zoff m fam: ha attaccato ~ col vicino di casa, er/sie hat Streit mit dem Nachbarn angefangen; scatenare una ~, einen Streit anzetteln/entfachen/[vom Zaun brechen fam]; placare una ~, einen Streit schlichten; è scoppiata una ~ in ufficio, im Büro ist ein Streit ausgebrochen; è in ~ con sua moglie, er liegt mit seiner Frau im Streit, er hat Zoff mit seiner Frau fam 2 dir Rechtsstreit m, Prozess m: ha deciso di muovere ~ al suo datore di lavoro, er/sie hat beschlossen, einen Prozess gegen seinen/ihren Arbeitgeber anzustrengen/[seinen/ihren Arbeitgeber zu verklagen]; ~ pendente, rechtshängige (Streit)sache.

litigànte A agg 1 (che bisticcia) streitend 2 dir {PARTE} prozessführend B mf 1 Streitende mf decl come agg: hanno dovuto separare i due litiganti, sie mussten die beiden Streitenden trennen 2 dir Prozessführende mf decl come agg ● fra i due litiganti il terzo gode prov, wenn zwei sich streiten, freut sich der Dritte prov.

litigàre <litigo, litighi> A itr 1 (bisticciare) ~ (con qu) (per qc) (sich) mit jdm um etw (acc) streiten, (sich) mit jdm um/über etw (acc) zanken: non fanno (altro) che ~, sie liegen sich ständig in den Haaren fam; marito e moglie si sono messi a ~, Mann und Frau haben angefangen zu streiten; litigano con tutti per futili motivi, sie streiten mit allen wegen Lappalien; quei due ragazzi litigano per niente, die beiden Jungen streiten wegen nichts; da quando abbiamo litigato non mi rivolge più la parola, seitdem wir gestritten haben, redet er/sie kein Wort mehr mit mir 2 (essere in controversia giudiziaria) ~ (con qu) per qc (gegen jdn) wegen etw (gen) einen Prozess führen, (gegen jdn) wegen etw (gen)/um etw (acc) prozessieren: ~ per un risarcimento danni, wegen Schadensersatz prozessieren 3 fig (stonare) ~ (con qc) {COLORE DELLA MAGLIA CON QUELLO DEI PANTALONI} sich mit etw (dat) beißen fam B rfl indir (contendersi): litigarsi qc {CONTRATTO VANTAGGIOSO, TERRENO} um etw (acc) streiten C rfl rec fam (bisticciare): litigarsi sich streiten, sich zanken: non fanno altro che litigarsi, sie tun nichts anderes als streiten.

litigarèllo agg rom scherz (caratterizzato da piccoli litigi) kampf-, streitlustig: l'amore è ~, was sich liebt, das neckt sich.

litigàta f (violento litigio) Streit m, Zank m, Krach m fam, Zoff m fam: ieri abbiamo fatto una ~, gestern hatten wir Krach fam.

litigio <-gi> m (bisticcio) Streit m, Zank m, Zoff m fam: ha continui litigi con tutti senza un valido motivo, er/sie streitet mit allen ohne triftigen Grund; è un ~ fra marito e moglie, das ist ein Ehekrach fam.

litigiosità <-> f 1 (*propensione a bisticciare*) Streit-, Zanksucht f 2 *dir* (*propensione alle cause*) Klagebereitschaft f: **la ~ in materia di separazione giudiziale è in aumento/diminuzione**, die Bereitschaft zur gerichtlichen Ehetrennung nimmt zu/ab.

litigioso, (-a) agg 1 (*propenso al bisticcio*) {INDOLE, UOMO} streit-, zanksüchtig 2 *dir* {AFFARE} umstritten, streitig, strittig; {DIRITTI} streitbefangen.

litio <-> m *chim* Lithium n.

litisconsorte mf *dir* Streitgenosse m, Streitgenossin f.

litisconsorzio <-zi> m *dir* Streitgenossenschaft f.

litografare tr *arte tip* ~ **qc** {LOCANDINA} etw lithografieren.

litografia f *arte tip* 1 (*tecnica, riproduzione*) Lithografie f: **un libro con cinque litografie a colori**, ein Buch mit fünf Farblithografien 2 (*stabilimento*) Steindruckerei f.

litografico, (-a) <-ci, -che> agg *arte tip* {STAMPA} lithografisch.

litografo, (-a) m (f) *arte tip* Lithograf(in) m(f), Steindrucker(in) m(f).

litolisi <-> f *med* Litholyse f *scient*.

litologia f 1 *geol* Gesteinskunde f, Lithologie f 2 *med* Lithologie f *scient*.

litorale A agg (*costiero*) {STRADA} Küsten-, Ufer-; {ZONA} anche Strand-; {FAUNA, FLORA} Litoral- B m (*fascia costiera*) {MEDITERRANEO} Küste f, Küstenstreifen m, Litoral(e) n.

litoraneo, (-a) A agg (*del litorale*) {CORDONE} Küsten-; {STRADA} anche Ufer- B f (*strada*) Küstenstraße f.

litosfera f *geol* Lithosphäre f.

litote f *ling* Litotes f.

litoteca <-che> f *min* Mineraliensammlung f.

litotomia f *med* Lithotomie f *scient*.

litro m anche *metrol* (abbr l) Liter m: **un/mezzo ~ d'olio**, ein/[ein halber] Liter Öl; **un quarto di ~**, ein Viertelliter, ein viertel Liter f; **vai a prendere due litri di vino**, geh zwei Liter Wein holen; (*recipiente da un ~*) Literflasche f, Litergefäß n.

littore m 1 *stor* {FASCISTA} Sieger m von Sportwettkämpfen 2 *stor rom* Liktor m.

littorina f *ferr* Triebwagen m (mit Dieselmotor).

littorio, (-a) <-ri m> A agg 1 *stor* (*fascista*) {CASA} Faschisten-, faschistisch 2 *stor rom* {FASCIO} Liktoren- B m *stor* Liktorenbündel n, Faszes pl, Fasces pl.

Lituania f *geog* Litauen n.

lituano, (-a) A agg {CULTURA} litauisch B m (f) (*abitante*) Litauer(in) m(f) C <solo sing> (*lingua*) Litauisch n, das Litauische.

liturgia f 1 *relig* {CATTOLICA} Liturgie f: ~ **delle ore**, Brevier n, Stundenbuch n; ~ **della parola**, Wortgottesdienst m 2 *fig* (*rituale*) Ritual n.

liturgico, (-a) <-ci, -che> agg 1 *relig* {INDUMENTO, LIBRO} liturgisch; {ANNO} anche Kirchen- 2 (*sacro*) {PITTURA} Kirchen-; {DRAMMA, MUSICA} anche liturgisch.

liutaio, (-a) <-tai m> m (f) *mus* (*chi fabbrica liuti*) Lautenbauer(in) m(f), Lautenmacher(in) m(f), Lautenhersteller(in) m(f); (*violini*) Geigenbauer(in) m(f); (*altri strumenti a corda*) Hersteller(in) m(f) von Saiteninstrumenten.

liutista <-i m, -e f> mf *mus* Lautenspieler(in) m(f), Lautenschläger(in) m(f).

liuto m *mus* Laute f.

live *ingl mus teat TV* A <inv> agg {CONCERTO} live, Live- B <-> m {+TENORE} Livekonzert n.

livella f *tecnol* Wasserwaage f, Libelle f: ~ **a acqua/bolla**, Wasserwaage f.

livellamento m 1 {+TERRENO} (Ein)ebnung f, Planierung f; (*azione*) anche (Ein)ebnen n, Planieren n 2 *fig* (*appiattimento*) {+PREZZI} Angleichung f; {+GRADO DI ISTRUZIONE DI UNA NAZIONE} anche Ausgleich m, Nivellierung f *forb*; (*azione*) anche An-, Ausgleichen n, Nivellieren n *forb* 3 *elettr* Glättung f, Siebung f 4 *tecnol* Nivellieren n, Abrichten n.

livellare A tr 1 (*appianare*) ~ **qc** {RILIEVO, TERRENO} etw (ein|)ebnen, etw planieren 2 *fig* (*pareggiare*) ~ **qc** {PREZZI} etw an|gleichen; {CONDIZIONI SOCIALI} anche etw aus|gleichen, etw nivellieren *forb*; ~ **qu** {POPOLAZIONE} jdn gleich|machen, jdn gleich|stellen 3 *topogr* ~ **qc** etw nivellieren B itr pron: livellarsi 1 (*appianarsi*) sich glätten, eben werden: **con il tempo il sentiero si è livellato**, mit der Zeit ist der Weg eben geworden; **i liquidi nei vasi comunicanti si livellano**, Flüssigkeiten in kommunizierenden Röhren stellen sich auf dieselbe Höhe ein 2 *fig* (*pareggiarsi*) {LE USCITE E LE ENTRATE} sich aus|gleichen.

livellatore, (-trice) A agg {PROVVEDIMENTO} ausgleichend B m (f) 1 *fig* Gleichmacher(in) m(f) 2 *tecnol* Planierer(in) m(f) C m *elettr* Siebschaltung f, Glätter m, Sieber m D f *edil* Planierraupe f.

livellazione f *topogr* Nivellierung f.

livello A m 1 (*altezza*) Höhe f, Stand m: **alzare/abbassare il ~ dell'acqua**/[**dell'olio**]/[**della benzina**], den Wasser-/Öl-/Benzinstand heben/senken; **la cucina è a ~ della strada**, die Küche liegt auf Straßenhöhe; **le due costruzioni non sono allo stesso ~**, die beiden Gebäude stehen nicht auf gleicher Höhe; **portare allo stesso ~ qc**, etw auf den gleichen Stand bringen; ~ **del terreno**, Bodenhöhe f; {+FIUME} Spiegel m, Stand m, Pegel(stand) m 2 *fig* (*grado*) Niveau n, Stand m, Stufe f, Ebene f, Lage f, Level m *forb*: **alto/basso ~**, hohes/niedriges Niveau, hoher/niedriger Level *forb*; ~ **economico**, Wirtschaftslage f, wirtschaftliches Niveau; **un alto ~ d'intelligenza**/[**di senso morale**], ein hohes Intelligenzniveau/[ein ausgeprägter Sinn für Moral]; ~ **culturale di una nazione**, kulturelles Niveau eines Landes; ~ **dei prezzi**, Preisniveau n, Stand m der Preise; **il ~ medio della produzione si è alzato**, die durchschnittliche Produktionsleistung/Produktionsmenge hat sich erhöht; ~ **scolastico**, schulisches Niveau 3 *fig* (*condizione sociale*) Rang m, Stand m 4 *fis* Pegel m 5 *geol* Schicht f: ~ **freatico**, Grundwasserspiegel m 6 *ling* Ebene f 7 *min* Sohle f: ~ **di miniera**, Bergwerkssohle f 8 *radio TV* {SONORO} Pegel m 9 *tecnol* {+ACQUA DI UNA CALDAIA} Stand m, Höhe f 10 *topogr* Nivelliergerät n; **fra i due punti c'è una differenza di ~**, zwischen den beiden Punkten gibt es einen Höhenunterschied B loc prep 1 (*per quel che riguarda*): **a ~ di aule la scuola è certo più piccola**, hinsichtlich der Klassenräume ist die Schule sicherlich kleiner 2 (*dal punto di vista*): **a ~ burocratico**, aus Beamten-/Verwaltungssicht, aus der Beamten-/Verwaltungsperspektive; **a ~ legale**, rechtlich (gesehen), vom rechtlichen Standpunkt her, aus rechtlicher Sicht; **a ~ contenutistico il romanzo lascia alquanto a desiderare**, der Roman lässt inhaltlich einiges zu wünschen übrig; **non abbassarti al suo ~** *fig* (*non metterti sullo stesso piano*), lass dich nicht auf sein/ihr Niveau hinab; **ad alto ~**, {CORSO} niveauvoll, anspruchsvoll; (*importante*) {GENTE} mit (hohem) Niveau; **di alto/basso ~**, {CRITICA, INCHIESTA} mit (hohem)/wenig Niveau; {ATLETA} von Format/[von geringem Format]; {RELATORE} mit (hohem)/niedrigem Niveau; **a un ~ alto/basso**, auf (hohem)/niedrigen Niveau, niveauvoll/niveaulos; **ad altissimo ~** (*ottimo*), {CORSO DI SPECIALIZZAZIONE} sehr/extrem niveau-, anspruchsvoll; **superare il ~ di guardia/sicurezza**, {FIUME} die Alarm-/Sicherheitsstufe überschreiten; *fig* (*il limite estremo*) {DIFFUSIONE DEL COLERA} die äußerste Grenze überschreiten; **a 100 m sopra/sotto il ~ del mare** (abbr s.l.m.), 100 m über/unter dem Meeresspiegel; **non vuole certo mettersi al suo (stesso) ~**, er/sie will sich bestimmt nicht auf dasselbe Niveau wie er/sie begeben; **salire/scendere di ~**, hinauf-/hinabsteigen; *fig* (*migliorare/peggiorare*), auf-/absteigen, besser/schlechter werden; **è salito/sceso a un ~ più alto/basso**, er ist auf ein höheres Niveau gestiegen/[niedrigeres Niveau abgesunken]; **essere/mettere tutto/tutti allo stesso ~** *fig* (*sullo stesso piano*), alles/alle auf derselben Stufe sein/[dieselbe Stufe stellen]; **a un ~ superiore/inferiore** anche *fig*, auf ein höheres/niedrigeres Niveau; ~ **di vita**, Lebensstandard m.

liviano, (-a) agg *lett stor rom* (*di T. Livio*) des Titus Livius.

lividastro, (-a) agg (*che tende al livido*) {COLORITO} fahl, bläulich.

lividezza f (*colorito livido*) {CADAVERICA} bläuliche Färbung.

livido, (-a) A agg 1 (*bluastro*) {VISO} bläulich, blassblau: ~ **per il freddo**, blau vor Kälte 2 *fig* (*terreo*) blass, fahl: ~ **per la**/[**di**] **collera/paura/rabbia**, blass vor Wut/Angst/Zorn 3 *fig* (*plumbeo*) {LUCE} bleiern: **il cielo era ~ di pioggia**, der Himmel war regenschwer 4 *fig lett* (*pieno di livore*) {PAROLE, SGUARDO} missgünstig, neidvoll B m (*ematoma*) blauer Fleck: **avere un ~ sul ginocchio**, einen blauen Flecken am Knie haben; **la donna era coperta di lividi**, die Frau war mit blauen Flecken übersät; **farsi un ~**, sich (dat) einen blauen Flecken zuziehen.

living <-> m *ingl* (*soggiorno*) Wohnzimmer n.

living theatre <-> *loc sost m ingl teat* Living Theatre n.

Livio m (*nome proprio*) Livius.

livore m (*astio*) Missgunst f, (blasser) Neid, Groll m: **cupo ~**, tiefer/purer Neid; **le sue parole erano piene di ~**, seine/ihre Worte waren neiderfüllt.

livornese A agg livornesisch B mf Livorneser(in) m(f) C f (*gallina*) "Leg(e)huhn m mit hoher Legeleistung" ● **alla ~** *gastr*, {CACCIUCCO} auf livornesische Art (*mit Tomaten, Zwiebeln, Knoblauch und Pfeffer angerichtet*).

Livorno m *geog* Livorno n.

livrea f (*uniforme*) Livree f: **aprì la porta un maggiordomo in ~**, die Tür wurde von einem Diener in Livree geöffnet 2 *zoo* {+ANIMALE} Kleid n ● **portare la ~ di qu** (*essere al suo servizio*), in jds Dienst stehen; *fig* (*essere servile con qu*), jdm gegenüber unterwürfig sein, vor jdm buckeln, jdm sklavisch ergeben sein.

livre de chevet <- -, -es - -> *pl franc* > *loc sost m franc* (*libro preferito*) Lieblingsbuch n, Nachttischlektüre f.

lizza f 1 (*palizzata*) Palisade f 2 *fig* (*competizione*) Wettkampf m, Streit m: **essere in ~**, in Streit liegen; **entrare/scendere in ~**, Streit/[ein hitziges Gefecht] geraten 3 *mil stor* Turnierplatz m.

LL.AA. abbr *di* Loro Altezze: Eu(e)re Hoheiten.

LL.PP. *amm* abbr *di* Lavori Pubblici: Öffentliche Arbeiten.

lm *fis* abbr *di* lumen: lm (abbr *di* Lumen).

l.m. abbr di livello del mare: M (abbr di Meeresspiegel).

LN abbr di Luna Nuova: NMm (abbr di Neumond).

lo <l'> **A** art det m <solo sing> (si usa davanti a s impura, gn, pn, ps, x, z) **1** (quando indica persona o cosa distinta dalle altre) der m, die f, das n: **lo space-shuttle**, der Spaceshuttle; **lo stadio**, das Stadion; **lo zigote**, die Zygote **2** (non sempre viene tradotto con nomi di massa e materia): **lo zucchero è un ingrediente base per i dolci**, Zucker ist eine grundlegende Zutat von Süßwaren; **lo zucchero è finito**, der Zucker ist alle fam; (quando indica l'astratto e il generico) **lo stupore fu grande**, das Staunen war groß; (con i nomi di malattie) **avere lo scorbuto**, Skorbut haben; (con nomi geografici) **lo Zaire**, Zaire n; (ma si traduce sempre quando viene ulteriormente specificato) **lo Zaire di oggi**, das Zaire von heute **3** (non si traduce con i nomi di strumenti musicali): **suonare lo xilofono**, Xylophon spielen; (con nomi di sport) **lo sci è uno sport appassionante**, Ski ist ein toller Sport **4** (se indica possesso si può anche tradurre col pron poss corrispondente): **mettiti lo scialle!**, zieh (dir) deinen Schal an!; **lo zio vive a Oslo**, sein/ihr Onkel wohnt in Oslo; (se indica l'autore) **lo scritto di Garibaldi**, Garibaldis Schrift **5** (questo) der m, die f, das n, dieser m, diese f, dieses n: **sentitelo, lo spavaldo!**, hört euch diesen Draufgänger an! **6** am: **lo Zanio ha assolto il suo incarico**, Zanio hat seinen Auftrag erfüllt **B** pron pers 3ª pers m sing **1** (compl oggetto) sie, ihn, es: **lo ami veramente?**, liebst du ihn wirklich?; **il bambino dei vicini? Eccolo laggiù che sta arrivando!**, das Nachbarskind? Da unten kommt es (gerade)!; **questo sole di mezzogiorno... non lo trovi troppo caldo?**, diese Mittagssonne... findest du sie nicht zu heiß?; (se il verbo regge il dat) ihm; **aiutalo, se puoi!**, hilf ihm, wenn du kannst!; **l'hanno licenziato**, sie haben ihm gekündigt **2** (ciò, questo) es, das: **fallo subito, prima di dimenticarti!**, mach es gleich, bevor du es vergisst!; **dove andrete a Pasqua? – Non lo sappiamo ancora**, wohin fahrt ihr Ostern? – Das wissen wir noch nicht; **me l'avevi promesso o l'hai forse già dimenticato?**, du hattest es mir versprochen oder hast du es etwa schon vergessen?; **non lo so**, ich weiß es nicht; **lo sai che presto avremo dei nuovi vicini di casa?**, weißt du, dass wir bald neue Nachbarn haben werden? **3** (tale) es: **sembra cattivo ma non lo è**, er scheint böse, ist es aber nicht.

loader <-> m ingl inform Lader m, Ladeprogramm n.

lob <-> m ingl sport (nel tennis) Lob m.

lobato, (-a) agg (a lobi) {FOGLIA} lappig, gelappt.

lobbismo m econ polit Lobbyismus m.

lobbista <-i m, -e f> mf econ polit Lobbyist(in) m(f).

lobbistico, (-a) <-ci, -che> agg econ polit lobbyistisch.

lobby <-> f ingl econ polit Lobby f.

lobo m **1** anat Lappen m (eines Organs), Lobus m scient: – **cerebrale**, Gehirnlappen m; – **dell'orecchio**, Ohrläppchen n; **lobi polmonari**, Lungenflügel m pl **2** arch Pass m: **abside a tre lobi**, Apsis f mit drei Pässen, Dreipassapsis f **3** bot zoo {+ PINNA CAUDALE} Feld n; {+FOGLIA} anche Lappen m **4** mecc: – **della camma**, Nockenbuckel m **5** tel TV Keule f: **lobi di radiazione dei un'antenna**, Strahlungskeulen f pl einer Antenne.

lobotomia f med Lobotomie f scient, Leukotomie f scient.

lobotomizzare tr med – **qu** bei jdm eine Lobotomie/Leukotomie vor|nehmen scient.

lobotomizzato, (-a) med **A** agg {PAZIENTE} Lobotomie- **B** m (f) Lobotomie-/[Leukotomie unter]zogener] Patient.

locale① agg **1** (di, del luogo) {AUTORITÀ, FERROVIA, GIORNALE} Lokal-, lokal; {USI} örtlich, Orts-; {ORCHESTRA} anche einheimisch; {LAVORATORI} ortsansässig; {MEMORIA} Orts-; {NOME} lokal **2** (caratteristico del luogo) {PIATTO} ortsüblich, ortstypisch **3** astr zu unserer Galaxie gehörend **4** med {ANESTESIA} örtlich, Lokal-.

locale② m **1** (stanza) Raum m, Zimmer n: **ho affittato un appartamento di tre locali**, ich habe eine Dreizimmerwohnung gemietet; – **ad uso commerciale**, Geschäftsraum m, zu Handelszwecken/[kommerziell] genutzter Raum **2** (luogo pubblico) Lokal n: **abbiamo fatto il giro dei locali da ballo**, wir sind durch alle Tanzlokale gezogen, wir haben alle Tanzlokale abgeklappert fam; **un – (pubblico) assai frequentato**, ein vielbesuchtes/[stark frequentiertes] Lokal; **un – di moda**, ein Modelokal/[In-Lokal fam]; **è un – notturno ben frequentato**, das ist ein gut besuchtes Nachtlokal; **un – di periferia**, er/sie singt in einem Vorstadtlokal; – **scolastico**, Schulraum m, Schulsaal m **3** ferr Lokal-, Nahverkehrszug m, Bummelzug m scherz **4** mar Raum m, Saal m: – **macchine/[di macchina]** mar, Maschinenraum m, Maschinensaal m.

localismo m econ polit Regionalismus m forb.

localista <-i m, -e f> mf (sostenitore) Regionalist(in) m(f) forb.

localistico, (-a) <-ci, -che> agg (del localismo) regionalistisch.

località <-> f **1** (luogo) Ort m, Ortschaft f, Örtlichkeit f: **abita in – "Quar"**, er/sie wohnt in der Ortschaft "Quar"; – **balneare/termale/turistica**, Bade-/Thermal-/Fremdenverkehrsort m **2** (regione) Gebiet n, Gegend f: **varie – del paese sono state isolate dall'inondazione**, verschiedene Gegenden des Landes sind durch die Überschwemmung von der Außenwelt abgeschnitten worden.

localizzabile agg (che si può localizzare) lokalisierbar: **la falla era facilmente –**, das Loch konnte schnell lokalisiert/[ausfindig gemacht] werden.

localizzare A tr – **qc** (+ compl di luogo) **1** (individuare) {EPICENTRO DEL TERREMOTO NEL MARE, RUMORE} etw (irgendwo) lokalisieren, etw (irgendwo) aus|machen; **aero mar** {AEREO, NAVE NELL'OCEANO} etw (irgendwo) orten **2** (limitare) {EPIDEMIA, INCENDIO ALLA COSTA} etw (irgendwo) ein|grenzen, etw (irgendwo) ein|dämmen **3** (situare) {OFFICINA IN PERIFERIA} etw (irgendwohin) legen, etw (irgendwo) an|siedeln **B** itr pron (essere limitato): **localizzarsi** (+ compl di luogo) {MALTEMPO SULLE ISOLE} sich auf etw (acc) beschränken, auf etw (acc) beschränkt bleiben; {FRATTURA NELLA REGIONE LOMBARE} irgendwo auf|treten.

localizzato, (-a) agg **1** (individuato) {SUONO} lokalisiert, ausgemacht **2** (limitato) (a/in qc) {ALLUVIONE AL PIEMONTE} auf etw (acc) beschränkt; {DOLORE AL FEGATO} irgendwo auftretende(r, s).

localizzazione f **1** (individuazione) {+EPICENTRO DI UN TERREMOTO, RUMORE} Lokalisierung f, Lokalisation f; (azione) anche Lokalisieren n; aero mar {+AEROPLANO, MINA} Ortung f; (azione) anche Orten n **2** (limitazione) {+FOCOLAIO INFETTIVO} Beschränkung f, Eindämmung f; (azione) anche Beschränken n, Eindämmen n **3** ling psic {CEREBRALE} Lokalisation f.

locanda f (pensione) Gast-, Wirtshaus n, Gastwirtschaft f • **dormire alla – di Madonna Oliva** fig (dormire sotto un ulivo), unter einem Olivenbaum schlafen.

locandiere, (-a) m (f) (albergatore) (Gast)wirt(in) m(f).

locandina f (manifesto) {+CINEMA, TEATRO} Reklamezettel m, Plakat n.

locare <loco, lochi> tr dir **1** (dare in locazione) – **qc** (a qu/qc) {CAMERA, FABBRICATO A UN'AZIENDA} jdm/etw etw vermieten; {TERRENO} jdm/etw etw verpachten **2** (prendere in locazione) – **qc** (da qu) etw (von jdm) mieten; {TERRENO} etw (von jdm) pachten.

locatario, (-a) <-ri> m (f) dir (chi prende in locazione) {+CASA} Mieter(in) m(f); {+TERRENO} Pächter(in) m(f).

location <-, -s pl ingl> f ingl **1** (posizione) {+NEGOZIO} Location f, Standort m **2** film TV Location f, Drehort m.

locativo① , (-a) gramm **A** agg {CASO} Lokativ-, Orts- **B** m Lokativ m, Ortsfall m.

locativo② , (-a) agg dir {VALORE} Miet-, Pacht-.

locatore, (-trice) m (f) dir (chi dà in locazione) {+APPARTAMENTO} Vermieter(in) m(f); {+TERRENO} Verpächter(in) m(f).

locatorio, (-a) <-ri m> agg dir (locativo) {CONTRATTO} Miet-; (del locatore) Vermieter-.

locazione f dir **1** (da parte del locatore) {+NEGOZIO} Vermietung f; {+TERRENO} Verpachtung f **2** (da parte del locatario) Miete f; {+FONDO RUSTICO, TERRENO} Pacht f **3** (contratto) Mietvertrag m: **hanno firmato la – ieri**, sie haben den Mietvertrag gestern unterschrieben • **concedere/dare in – qc** dir, {CASA} etw vermieten; {TERRENO} etw verpachten; **prendere in – qc** dir, {CASA} etw mieten; {TERRENO} etw pachten.

loc. cit. abbr di loco citato: loc. cit., a. a. O. (abbr di am angegebenen/angeführten Ort).

lochi m pl med Lochien pl, Wochenfluss m.

lockiano, (-a) filos stor **A** agg (di J. Locke) {PENSIERO} von Locke, Lockes **B** m (f) Anhänger(in) m(f) Lockes.

loco <lochi> m lett (luogo) Ort m • **in alto –** (a livello dei potenti), an höchster Stelle; **in – (nello stesso posto)**, an Ort und Stelle.

locomotiva f ferr Lokomotive f, Lok f: – **diesel/elettrica/[a vapore]**, Diesel-/Elektro-/Dampflokomotive f; – **di manovra/spinta**, Rangier-/Schiebelokomotive f • **essere una**/[**fare da**] – fig (avere un effetto trainante), die Lokomotive/[treibende Kraft] sein; **fumare come una –** fig scherz (fumare molto), rauchen wie ein Schlot fam; **sbuffare come una –** fig scherz (sbuffare molto), wie eine Lokomotive schnaufen/schnauben.

locomotore, (-trice) **A** agg anat anat {FACOLTÀ} lokomotorisch, Fortbewegungs- **B** m ferr Elektrolokomotive f obs, E-Lok f obs.

locomotorio, (-a) <-ri m> agg anat med {APPARATO} lokomotorisch, Fortbewegungs-.

locomotrice f ferr Elektrolokomotive f obs, E-Lok f obs.

locomozione f **1** (mediante veicolo) Transport m, Beförderung f **2** med (in fisiologia) {+UOMO} Fortbewegung f, Sichfortbewegen n.

loculo m **1** (vano) {+CIMITERO} Grabnische f **2** zoo {+VESPAIO} Zelle f.

locusta f **1** zoo (Wander)heuschrecke f **2** fig (avido) Blutsauger(in) m(f), Schmarotzer(in) m(f).

locutivo agg loc lokutiv, Sprech-.

locutore lett anche ling **A** agg (che parla) Sprech- **B** mf Sprecher(in) m(f).

locutorio, (-a) <-ri m> agg ling {ATTO} lokutionär, lokutiv, Sprech-.

locuzione f ling {AVVERBIALE} (feste) Wort-

verbindung f/Wendung f; (modo di dire) {REGIONALE, SCHERZOSA} Redewendung f, Redensart f.
lodàbile agg (degno di lode) {PAZIENZA} lobenswert, löblich.
lodàre A tr 1 (elogiare) ~ qu/qc (per qc) {AMICO PER IL CORAGGIO, MODESTIA} jdn/etw für etw (acc) loben: **non posso certo lodarvi per queste prodezze**, loben kann ich euch nicht gerade für eure Heldentaten!; **devo ~ l'esecuzione del lavoro**, ich muss wirklich loben, wie die Arbeit ausgeführt wurde; **ha lodato quel ristorante per tutta la sera**, er/sie hat den ganzen Abend ₗdieses Restaurant in den höchsten Tönen gelobtˌ/[eine Lobeshymne auf dieses Restaurant gesungen/angestimmt fam] 2 (celebrare) ~ qu/qc jdn/etw rühmen, jdn/etw (lob)preisen; {AMORE, BELLEZZA} anche etw verherrlichen: **sia lodato ₗil cielo/[Dio]!**, dem Himmel/Gott sei Dank! B itr pron (compiacersi) **lodarsi di qu/qc** {DELL'INTELLIGENZA DI QU} sich über jdn/etw freuen, Freude an jdm/etw haben C rfl (esaltarsi) **lodarsi** sich (selbst) loben: **non faccio per lodarmi...**, ich sage/tue es nicht aus Eigenlob... ● **chi si loda s'imbroda** prov, Eigenlob stinkt fam prov.
lodàto, (-a) agg (elogiato) gepriesen: **la mai troppo lodata signora Rossi**, Frau Rossi, die man gar nicht hoch genug loben kann.
lodatóre, (-trice) A agg (che loda) Lob- B m (f) (chi loda) Lobredner(in) m(f), Lobhudler(in) m(f) spreg.
lòde f 1 (elogio) Lob n, Anerkennung f: **ha ricevuto/ottenuto molte lodi per la sua buona azione**, er/sie hat viel Anerkennung für seine/ihre gute Tat erhalten; **è sensibile alle lodi**, er/sie ist für Lob empfänglich; **non avere che parole di ~ per qu**, des Lobes voll über jdn sein forb, nur Lobesworte für jdn übrig haben 2 ₗdi solito al plˌ (virtù) Ruhmestaten f pl, rühmliche Taten f pl 3 relig Lobpreisung f: **sia ~ a Dio!**, Gott sei gepriesen!; **dar ~ a Dio**, Gott sei Lob (und Dank)!; ₗdi solito al plˌ (preghiere) Loblied n; **cantare/dire le lodi di Dio**, ₗdas Lob des Herrnˌ singenˌ/[zu Ehren Gottes beten]; **innalzare le lodi a Dio**, einen Lobgesang auf Gott anstimmen; **lodi mattutine**, Matutin f, Morgengebet n, Frühgottesdienst m 4 **scuola università** Auszeichnung f ad ~, mit Auszeichnung; **si è laureato con 110 e ~**, er hat das Studium mit Auszeichnung/der Bestnote abgeschlossen ● **a ~ di qu/qc** (a onore), zu Ehren von jdm/etw; **in ~ di qu/qc** (che vuole lodare qu/qc), {SCRITTO} jdm/etw zum Lob; **dare/rendere ~ al merito**, dem Verdienst Lob zollen forb, Verdienste anerkennen; **senza ~** (mediocre), durchschnittlich; **cantare/fare/tessere le lodi di qu/qc** (parlarne bene), jdn/etw loben, lobend über jdn/etw reden, jds/etw Lob singen, einen Lobgesang auf jdn/etw anstimmen, ein Loblied/eine Lobeshymne fam auf jdn/etw anstimmen/singen; **tornare a ~** (fargli onore), jdm Ehre machen; **a ~ del vero** (in verità), der Wahrheit zu Ehren, um die Wahrheit zu sagen, offen gestanden.
lóden <-> m ted tess (panno) Loden m: **giacca di ~**, Lodenjacke f 2 (cappotto) Lodenmantel m: **indossava un bellissimo ~**, er/sie trug einen wunderschönen Lodenmantel.
lodévole agg 1 (encomiabile) {AZIONE} lobens-, rühmenswert, löblich 2 (raccomandabile) ~ **per qc** {PERSONA PER IL SUO TEMPISMO} empfehlens-, lobens-, rühmenswert für etw (acc) 3 stor scuola (voto) ausgezeichnet, sehr gut.
lodge <-> f ingl (residenza) Lodge f, Feriendorf n, Ferienhotel(anlage) f n.

Lòdi f geog Lodi n.
lòdo m dir Schiedsspruch m.
lòdola f ornit Lerche f.
Lodovico m (nome proprio) Ludwig.
loft <-> m ingl arch Loft n o m.
log ① <-> m ingl mar Log n.
log ② mat abbr di logaritmo: log (abbr di Logarithmus).
logaritmico, (-a) <-ci, -che> agg mat {SPIRALE, TAVOLA} logarithmisch, Logarithmen-.
logaritmo m mat (abbr log) Logarithmus m: **il ~ in base di... è...**, der Logarithmus von.... ist ....; ~ **decimale**, dekadischer Logarithmus; ~ **naturale**, natürlicher Logarithmus.
loggàto, (-a) agg inform eingeloggt.
lòggia <-ge> f 1 arch Loggia f, Säulenhalle f; (galleria) Galerie f 2 (associazione, luogo) Loge f: **appartenere a una ~ massonica**, einer Freimaurerloge angehören 3 anat (organo) Bett n, Lager n, Höhle f, Kavität f scient 4 bot (di un frutto) Loculus m, Fruchtknoten m.
loggiàto m 1 arch Loggia f, Bogen-, Laubengang m, Arkade f 2 teat oberster Rang, Galerie f obs, Olymp m fam scherz.
loggióne m teat oberster Rang, Galerie f obs, Olymp m fam scherz; (spettatori) Zuschauer m pl in der Galerie obs.
loggionista <-i m, -e f> mf teat Zuschauer(in) m(f) in der Galerie obs.
loggista <-i m, -e f> mf (chi fa parte di una loggia massonica) Freimaurer(in) m(f).
lògica <-che> f 1 filos mat {FORMALE, MATEMATICA, MATERIALE, SIMBOLICA, TRASCENDENTALE; +ARISTOTELE} Logik f 2 (coerenza) {INESORABILE} Logik f, Folgerichtigkeit f: **la ~ degli avvenimenti**, der innere Zusammenhang der Ereignisse; **a filo/rigor di ~**, logischerweise, folgerichtigerweise, streng genommen; **è una persona priva di ~**, er/sie ist ein völlig unlogischer Mensch.
logicità <-> f (l'essere logico) {+RAGIONAMENTO} Folgerichtigkeit f, Logizität f, Logischsein n.
lògico, (-a) <-ci, -che> A agg 1 filos mat (conforme alla logica) {CRITERIO} logisch, folgerichtig 2 (ragionevole) {UOMO} logisch: **siamo logici!**, seien wir (einmal) logisch!; {CONSEGUENZA} logisch; **è un principio di derivazione logica**, das ist ein logisches Ableitungsprinzip 3 (naturale) natürlich, selbstverständlich: **(è) ~!**, (das ist doch) logisch!; **la reazione più logica sarebbe stata la fuga**, die natürlichste/nächstliegende Reaktion wäre Flucht gewesen 4 gramm {ANALISI} Satz- 5 inform {MEMORIA, UNO, ZERO} logisch B m anche filos mat Logiker(in) m(f).
login <-> m ingl inform Einloggen n, Login n, Log-in n.
logistica <-che> f (organizzazione, sincronizzazione) Logistik f; mil Logistik f, Nachschubwesen n.
logistico, (-a) <-ci, -che> agg (relativo alla logistica) logistisch; mil {BASE} logistisch, Nachschub-.
lòglio <-gli> m bot anche fig (Taumel)lolch m, Raigras n.
lògo <-> m industr → **logotipo**.
lògo- primo elemento 1 anche med psic logo-, Logo-, sprach-, Sprach-: **logopedia**, Logopädie, Sprachheilkunde, **logorrea**, Logorrhö(e) f 2 ling lett wort-, Wort-: **logomachia**, Wortgefecht n 3 enigmistica buchstaben-, Buchstaben-, silben-, Silben-: **logogrifo**, Logogriph, Buchstaben-, Silbenrätsel n.
logogràmma <-i> m ling Logogramm n.
logogrifo m enigmistica Logogriph m, Buchstaben-, Silbenrätsel n.

logomachia f lett (disputa sulle parole) Wortgefecht n.
logopatìa f med Sprachstörung f.
logopedia f med Logopädie f, Sprachheilkunde f.
logopedista <-i m, -e f> mf med Logopäde m, Logopädin f.
logoràbile agg (usurabile) {TESSUTO} abnutzbar, verschleißbar.
logorabilità <-> f {+MATERIALE} Abnutzbarkeit f, Verschleißbarkeit f.
logoraménto m 1 (usura) {+UTENSILE} Abnutzung f, Verschleiß m; (azione) anche Abnutzen n, Verschleißen n; {+VESTITO} Abgetragenheit f; (azione) anche Abtragen n 2 fig (esaurimento) {+ENERGIE} Aufreibung f, Zermürbung f, Zerrüttung f; (azione) anche Aufreiben n, Zermürben n, Zerrütten n 3 tecnol Verschleiß m.
logorànte agg 1 (che logora) {PROCESSO} Abnutzungs-, Verschleiß-, verschleißend 2 fig {ATTESA} aufreibend, zermürbend; {MESTIERE} anche anstrengend.
logoràre A tr 1 (usurare) ~ qc {GUARNIZIONE, MOTORE} etw ab|nutzen, etw verschleißen; {VESTITI} anche etw ab|tragen: **ha logorato la camicia sotto le ascelle** ₗ/[la giacca nei gomiti], er/sie hat ₗdas Hemd unter den Achseln ₗ/[die Jacke an den Ellbogen] abgewetzt; {PAVIMENTO} etw ab|nutzen, etw ab|treten; {SCARPE, TACCHI} anche etw ab|laufen 2 fig ~ qu/qc {GIOVENTÙ} jdn/etw auf|reiben; {AMICO} anche jdn/etw zermürben; {SALUTE} etw ruinieren, etw zerrütten; {FORZE, NERVI} anche etw kaputt|machen, etw zermürben, etw verschleißen; {INGEGNO} etw auf|zehren 3 fig (sfinire) ~ qu/qc {NEMICO} jdn/etw zermürben; (uso assol) {FATICA} schwächen; {POTERE} verschleißen 4 fig (deteriorare) ~ qc {RAPPORTO} etw beeinträchtigen; {ECONOMIA DI UN PAESE} etw belasten 5 banca ~ qc {EURO} etw schwächen B itr pron: **logorarsi** 1 anche fig (rovinarsi) {MACCHINA, STOFFA} sich ab|nutzen, verschlissen werden; {CAPPOTTO} abgetragen werden; {STIVALI} abgelaufen/abgenutzt/abgetreten werden: **i gomiti della giacca si sono logorati con l'uso**, die Ellenbogen der Jacke haben sich durch das Tragen abgewetzt 2 fig (diventare superato) {SLOGAN} überholt sein/werden 3 fig (svanire) verblühen, dahin|gehen: **col tempo la bellezza si logora**, mit der Zeit verblüht die Schönheit C rfl 1 fig (sfinirsi): **logorarsi (in/per qc)** sich (durch etw acc) auf|reiben, sich (durch etw acc) zugrunde richten: **si è logorato in inutili tentativi**, er hat sich durch nutzlose Versuche aufgerieben 2 fig (rovinarsi): **logorarsi (qc) (in/su qc)** sich (dat) etw (ₗbei etw datˌ/[durch etw acc]) verderben, sich (dat) etw (ₗbei etw datˌ/[durch etw acc]) kaputt|machen fam: **logorarsi la vista sui libri**, sich (dat) beim Lesen die Augen verderben.
logoràto, (-a) agg 1 (consumato) {TAPPETO} abgenutzt, abgewetzt, abgetreten; {VESTITO} abgetragen 2 fig (sfinito) {SISTEMA NERVOSO, UOMO} zerrüttet, aufgerieben, zermürbt.
logorìo <-rii> m 1 (deterioramento) {+CONGEGNO} Abnutzung f, Verschleiß m 2 fig {+NERVI} Zermürbung f, Zerrüttung f, Aufreibung f.
lògoro, (-a) agg 1 (consumato) {MONETA} abgenutzt; {VESTITO} anche verschlissen, abgetragen, abgewetzt; {TAVOLO} abgenutzt; {POLTRONA} anche durchgesessen; {PAVIMENTO} abgenutzt, abgetreten; {STIVALI} anche abgelaufen; {TENDA, TESSUTO} abgewetzt, verschlissen 2 (mal ridotto) {SENZATETTO} zerlumpt, abgerissen 3 fig ~ (da qc) {OCCHI} müde; {DAL DOLORE} (von etw dat) angegriffen; {SALUTE, UOMO DALLA FATICA} (von etw dat)

aufgerieben, (von etw dat) angegriffen, (von etw dat) zerrüttet; {FORZE} verbraucht, zermürbt 4 fig (superato) {TEORIA} überholt.

logorrèa f 1 med krankhafte Geschwätzigkeit, Logorrhö(e) f scient 2 fig (eccessiva loquacità) {+AMICO} Geschwätzigkeit f spreg.

logorròico, (-a) <-ci, -che> agg 1 med an Logorrhö(e) scient leidend 2 fig anche scherz (molto loquace) {SIGNORA} geschwätzig spreg.

lògos <-, logoi pl greco> m greco 1 filos (ragione) Logos m 2 relig (verbo) Logos m, das Wort Gottes, Jesus Christus m.

logoterapìa f psic Logotherapie f.

logoterapista <-i m, -e f> mf psic Logotherapeut(in) m(f).

logotipo f 1 edit Logotype f 2 industr Logo n o m, Signet n, Markenzeichen n.

logout <-> m ingl inform Ausloggen n, Logout n.

lolita f (ninfetta) Lolita f, Kindfrau f.

lòlla f (pula) Spreu f ● essere di ~ fig (debole), schwach/kraftlos/schlapp fam sein.

lombàggine f med Hexenschuss m, Lumbago f scient.

lombalgìa f med Lendenschmerz m, Lumbalgie f scient.

lombàrda f → lombardo.

Lombardìa f geog Lombardei f.

lombàrdo, (-a) A agg {AMMINISTRAZIONE} lombardisch B m (f) (abitante) Lombarde m, (Lombardin f) C m <solo sing> (dialetto) Lombardisch(e) n.

Lombàrdo-Vèneto m geog stor Lombardo-Venetien n.

lombàre agg anat med {PUNTURA} Lumbal-; {VERTEBRA} Lenden-.

lombàta f gastr 1 (taglio di carne) Lende f, Lendenstück n: vorrei una ~ di vitello ai ferri, ich möchte ein Kalbslendenstück vom Grill 2 (arrosto) Lendenbraten m.

lómbo m 1 anat Lende f 2 <di solito al pl> (fianco) Hüfte f; fig lett (origini) Geschlecht n, Haus n 3 gastr Lende f: ~ di bue/vitello, Rinder-/Kalbslende f ● avere buoni lombi fig (essere robusto), gut/kräftig gebaut sein fam, stämmig sein; discendere da magnanimi lombi fig lett (essere di buona famiglia), aus guter Familie stammen; fare i lombi fig (irrobustirsi), kräftig werden.

lombosacràle agg anat med {ARTICOLAZIONE, ARTROSI} Lendenkreuzbein-, Lumbosakral- scient.

lombricoltùra f (allevamento di lombrichi) Regenwurmzüchtung f.

lombrìco <-chi> m zoo Regenwurm m.

lómpo m itt Seehase m, Deutscher Kaviar.

londinése A agg (di Londra) Londoner B mf (abitante) Londoner(in) m(f).

Lóndra f geog London n.

long abbr di longitudine: Längengrad m.

lònga mànus <-> loc sost f lat (chi agisce per conto d'altri) verlängerter Arm: essere la longa manus di qu, jds verlängerter Arm sein.

longànime agg lett 1 (indulgente) {AMICO} duldsam, langmütig forb 2 (generoso) großmütig, großzügig, großherzig forb.

longanimità <-> f 1 (indulgenza) Duldsamkeit f, Langmut f forb 2 (generosità) Großmut f, Großzügigkeit f, Großherzigkeit f forb.

longarìna → longherina.

longaróne → longherone.

long drink <- , - -s pl ingl> loc sost m ingl (bevanda alcolica) Longdrink m.

longevità <-> f (lunga vita) {+ELEFANTE} Langlebigkeit f.

longèvo, (-a) agg (che vive a lungo) {ANIMA-

LE, PIANTA, UOMO} langlebig: nella mia famiglia sono tutti molto longevi, in meiner Familie werden alle sehr alt.

longherina f 1 edil Längsträger m: ~ (di scala), Treppenwange f; ~ di sponda, Wangenmauer f 2 ferr (traversina) (Eisenbahn)schwelle f 3 mar Gleitschiene f.

longheróne m aero autom Holm m, Längsträger m.

longilìneo, (-a) agg (snello e alto) {RAGAZZA, TIPO} hochgewachsen.

longitudinàle agg 1 (nel senso della longitudine) longitudinal, Longitudinal-; (della lunghezza) längs-, Längs- 2 mar tecnol {PIANO} longitudinal.

longitùdine f (abbr long) (geografische) Länge, Längengrad m: ~ celeste, Himmelslänge f; l'isola è situata a 60° ~ est, die Insel liegt 60° östlicher Länge.

longobàrdo, (-a) A agg {CIVILTÀ} langobardisch, Langobarden- B m (f) (persona) Langobarde m, (Langobardin f) C m <solo sing> (lingua) Langobardisch(e) n.

long-playing, fam **long-play** ingl mus (abbr LP) A <-> loc sost m Langspielplatte f B <inv> loc agg {DISCO} Langspiel-.

long seller <-> loc sost m ingl edit Longseller m.

longuette franc (nella moda) A <inv> agg wadenlang B <-> f wadenlanger Rock.

lontanaménte avv fig 1 (con negazione) im Geringsten, im Entferntesten: non ci pensiamo neppure ~, wir denken auch nicht im Entferntesten daran 2 (vagamente) entfernt: accennò ⌊alle sue origini⌋, er/sie machte vage Andeutungen über seine/ihre Herkunft.

lontanànza A f 1 (distanza) Ferne f, Entfernung f: vista la ~ sono costretto a prendere l'autobus, angesichts der Entfernung muss ich den Bus nehmen 2 fig (l'essere lontano) Fernsein n: soffre per la ~⌊dalla famiglia⌋/⌊dal paese d'origine⌋, er/sie leidet unter dem Fernsein von der Familie/Heimat, er/sie hat Heimweh nach seiner Familie/Heimat 3 fig (assenza) Abwesenheit f: tornò dopo un lungo periodo di ~, er/sie kehrte nach einer langen Zeit der Abwesenheit zurück B loc avv (da lontano): in ~, {GUARDARE, SCORGERE, VEDERE} von weitem, von der Ferne.

lontàno, (-a) A agg 1 (nello spazio) ~ (da qu/qc) {LUOGO DA QUI, PAESE DA NOI} fern (von jdm/etw), entfernt (von jdm/etw), weit (weg)/(entfernt) (von jdm/etw) fam: la città è lontana ancora qualche kilometro, die Stadt ist noch einige Kilometer entfernt; è -? – No, è a due passi, ist es/das weit? – Nein, es ist gleich um die Ecke fam; {RUMORE, SUONO, VOCE} entfernt 2 (assente) abwesend, fern: penso sempre ⌊agli amici⌋/⌊ai figli⌋ lontani, ich denke immer an meine Freunde/Kinder ⌊in der Ferne⌋/⌊, die weit weg sind⌋ 3 (nel tempo) {FUTURO} fern; {PASSATO} anche weit zurückliegend: l'estate è ormai lontana, der Sommer ist ⌊schon lange her⌋/⌊weit weg⌋; il giorno della partenza è ancora ~, der Tag der Abfahrt ist noch fern; ~ (da qu) {EPOCA DA NOI} weit (von jdm) entfernt 4 fig ~ (da qc) weit (von etw dat) entfernt: essere ancora molto lontani dalla perfezione, weit davon entfernt sein, vollkommen zu sein; siamo lontani dal credere che ciò sia vero, wir sind weit davon entfernt zu glauben, dass das der Wahrheit entspricht; è lontana dal sospettare che lui menta, der Verdacht, dass er lügt, liegt ihr fern; questa versione dei fatti è lontana dal vero, diese Darstellung entspricht überhaupt nicht den Tatsachen 5 fig (vago) {SPERANZA} vage; {RICORDO, SOMIGLIANZA} anche entfernt, schwach:

non ho la più lontana idea di ciò che sta succedendo, ich habe nicht die geringste Ahnung, was los ist fam 6 fig (indiretto) {PARENTE} entfernt, weitläufig: è un mio ~ cugino, er ist ein entfernter Cousin von mir 7 fig (discordante) {GUSTI, IDEE, OPINIONI} verschieden B avv 1 (stato) {ABITARE, STARE, VIVERE} weitab, weit entfernt/weg 2 (moto) {CORRERE, FUGGIRE} weit weg C <inv> loc agg: alla lontana, {PARENTI} entfernt, weitläufig D loc avv 1 (stato): da/di ~ {GUARDARE, RICONOSCERE, SALUTARE, VEDERE} von weitem, von der Ferne 2 (moto): da/di ~ {ARRIVARE, VENIRE} von weither 3 (alla larga) alla lontana: girare alla lontana da qu/qc, einen (großen) Bogen um jdn/etw machen fam; stare alla lontana, sich fern⌊halten⌋ 4 (vagamente): alla lontana {SOMIGLIARSI} vage, entfernt, schwach E loc prep: ~ da qu/qc 1 (stato) weit (entfernt/weg) von jdm/etw 2 (moto) weit (entfernt/weg) von jdm/etw ● essere ben ~ dal fare qc (non pensarci neanche), ⌊weit davon entfernt sein⌋/⌊nicht im Traum daran denken⌋, etw zu tun; tenere qu ~ da qc, {DALLA FAMIGLIA} jdn von etw (dat) fern⌊halten⌋; fig {DAL PERICOLO} anche jdn vor etw (dat) schützen.

lóntra f 1 zoo Fischotter m: ~ marina, Seeotter m 2 (pelliccia) Otternfell n.

lónza f gastr 1 (lombata) Lendenstück n 2 (coppa) Hüfte f.

look <-> m ingl Look m.

loop <-> m ingl 1 inform Schleife f 2 elettr (circuito chiuso) geschlossener Stromkreislauf.

looping <-> m ingl aero Looping m o n.

lòppa f 1 (pula) Spreu f 2 metall (scoria) Schlacke f.

loquàce agg 1 (ciarliero) gesprächig, redselig, schwatzhaft spreg: tua sorella non è molto ~, deine Schwester ist nicht sehr gesprächig 2 fig (eloquente) {GESTO, OCCHIATA, SILENZIO} viel sagend, beredt.

loquacità <-> f (parlantina) Gesprächigkeit f, Redseligkeit f.

lòran, LORAN <-> m aero mar radio abbr dell'ingl Long Range Navigation (sistema di radionavigazione) LORAN (Langstreckennavigationssystem).

lord <-> m ingl 1 (titolo) Lord m 2 fig fam (gran signore) großer/feiner Herr: si veste come un ~, er kleidet sich wie ein feiner Herr.

lordàre A tr 1 (imbrattare) ~ qc (di/con qc) {RAGAZZO MURO} etw (mit etw dat) beschmutzen, etw (mit etw dat) besudeln spreg 2 fig (insozzare) ~ qc {MEMORIA DI QU, ONORE} etw beschmutzen, etw besudeln spreg B rfl anche fig (insudiciarsi): lordarsi (di qc) {DI SANGUE} sich mit etw (dat) beflecken, sich mit etw (dat) besudeln spreg; lordarsi qc (di qc) {MANI DI FANGO, COSCIENZA} sich (dat) etw mit etw (dat) besudeln spreg.

lórdo, (-a) A agg 1 (sudicio) ~ di qc {DI FANGO, DI GRASSO, DI SANGUE} mit etw (dat) befleckt, mit etw (dat) besudelt spreg 2 fig (VITA) dreckig fam, versaut fam; {COSCIENZA} schlecht 3 comm econ {PESO, PRODOTTO INTERNO, REDDITO, STIPENDIO} Brutto-, brutto B m 1 (peso) Bruttogewicht n 2 (importo) Bruttosumme f ● al ~ comm (compresa la tara), brutto; al ~ delle ritenute econ, brutto.

lordòsi <-> f med Krümmung f der Wirbelsäule nach vorn, Lordose f scient.

lordùme m (insieme di cose sudice) Schmutz m, Unrat m.

lordùra f 1 (sporcizia) Schmutzigkeit f, Dreck m fam: la ~ di quella casa è indicibile, dieses Haus ist unsäglich schmutzig/verdreckt fam spreg 2 (lordume) Schmutz m,

Unrat m: **strade piene di ~**, Straßen voller Schmutz, verdreckte Straßen *fam spreg* **3** *fig (turpitudine)* Abscheulichkeit f: **~ morale**, Verkommenheit f, Verderbtheit f *forb obs*.

Loredàna f (*nome proprio*) Loredana.

Lorèna A f (*nome proprio*) Lorena B f *geog* Lothringen n.

Lorènzo m (*nome proprio*) Lorenz • **~ il Magnifico** *stor*, Lorenzo der Prächtige.

lorgnette <-> f *franc* **1** (*occhialino*) Lorgnette f, Lorgnon n **2** (*binocolo da teatro*) Opernglas n.

lorica <-che> f *stor* (*corazza*) Brustpanzer m (der römischen Legionäre).

lòro A pron *pers mf* 3ª *pers pl* (*forma di cortesia anche: Loro*) **1** (*soggetto che in ital è spesso sottinteso*) sie; Sie: **(~) arrivano domani**, sie kommen morgen an; **(Loro) comprenderanno la situazione**, Sie werden die Situation sicher verstehen **2** (*soggetto espresso anche in ital*) sie; Sie: **anche ~**, sie auch, auch sie; **essendoci ~ siamo andati anche noi**, da sie dort waren, sind wir ebenfalls hingegangen; **noi arrivavamo e ~ partivano**, wir kamen an und sie fuhren ab; **come Loro si augurano**, wie Sie (es sich mal) wünschen; **chi ci doveva avvisare? – ~!**, wer sollte uns benachrichtigen? – Sie!; **lo dicono ~**, sie sagen es; **~ due**, sie beide, die beiden; **nemmeno ~**, sie auch nicht; **né voi né ~**, weder ihr noch sie; **partiti ~ è tornata la pace**, nachdem sie abgefahren sind, ist wieder Friede eingekehrt; **io posso farlo, ~ no**, ich darf es machen, sie nicht; **sono stati ~ a proporlo**, sie haben es/das vorgeschlagen; **proprio ~**, gerade sie; **l'hanno constatato ~ stessi**, das haben sie selbst festgestellt; **~ tre vanno d'accordo**, die drei verstehen sich **3** (*compl oggetto*) sie; Sie: **intendevo ~, non voi**, ich meinte sie, nicht euch; (*se il verbo ted regge il dat*) ihnen, Ihnen; **aiuterò solo ~**, ich werde nur ihnen helfen **4** (*compl di termine*) ihnen; Ihnen: **dai ~ il libro**, gib ihnen das Buch; (*se il verbo ted regge l'acc*) sie; Sie: **ho chiesto ~/Loro di venire**, ich habe sie/Sie gebeten zu kommen **5** (*se il verbo ted regge il gen*) ihrer; Ihrer: **si vergogna di ~**, er/sie schämt sich ihrer; (*con prep*) sie; Sie: **con ~**, mit ihnen; Ihnen; ihrer; Ihrer; **mi rivolgo a Loro**, ich wende mich an Sie; **abitiamo con/[sopra di]/[sotto di] ~**, wir wohnen mit/über/unter ihnen; **veniamo con ~/Loro**, wir kommen mit ihnen/Ihnen; **parliamo di ~**, wir sprechen über sie; **se fossi in ~**, ich an ihrer Stelle; **per ~/Loro è troppo presto**, es ist zu früh für sie/Sie; **contiamo su di ~**, wir zählen auf sie, wir verlassen uns auf sie; **litigano spesso tra ~**, sie streiten oft miteinander **6** (*in forme comparative, esclamative ed interrogative*) sie: **siamo ₗpiù bassi diₗ/[bassi quanto/come] ~**, wir sind ₗkleiner alsₗ/[genauso klein wie] sie; **ne so quanto ~**, ich weiß so viel wie sie; **beati ~!**, die Glücklichen!; **generosi ~?**, sie und großzügig? **7** *pred sie*: **sembrano ~**, sie scheinen es zu sein **8** (*gli stessi*) sie selbst, dieselben: **non sono più ~**, sie sind nicht mehr dieselben B <*inv*> *agg poss di* 3ª *pers pl* (*forma di cortesia anche: Loro*) ihr; Ihr: **le ~ speranze**, ihre Hoffnungen; **il ~ padre/zio**, ihr Vater/Onkel; **un ~ amico**, ein Freund von ihnen; **in ~ onore**, ihnen zu Ehren; **stiamo a casa ~/Loro!**, dann ₗsollen sieₗ/[bleiben Sie] gefälligst (bei sich) zu Hause bleiben! *fam*; **questa casa è ~**, dieses Haus gehört ihnen; **questi libri sono Loro?**, sind das Ihre Bücher?, gehören diese Bücher Ihnen? C <*inv*> *loc agg amm lett forb*: **il di ~, la di ~, i di ~, le di ~**, ihr; Ihr; ihre; Ihre; **la di ~ figlia**, ihre Tochter; **i di ~ fratelli**, ihre Geschwister/Brüder D *pron poss di* 3ª *pers pl* (*forma di cortesia anche: Loro*): **il/la ~**, ihre(r, s); Ihre(r, s); **questa macchina è la ~?**, ist das ihr Wagen?; **questi bagagli sono i ~**, das ist ihr Gepäck, das Gepäck gehört ihnen; **sono i Loro questi abiti?**, sind das Ihre Kleider?, gehören diese Kleider Ihnen? E m: **il ~**, das ihr(i- g)e; **spendono del ~**, sie geben von ihrem Geld aus; **ci rimettono del ~**, da zahlen sie (selbst) drauf *fam* • **anche tu sei dei ~** (*amici*)?, gehörst du auch zu ihnen/[ihren Freunden]?; **i ~** (*familiari*), die Ihren *forb*; **i ~** (*genitori*), ihre Eltern; **con la ~** (*lettera*) **del ...**, mit ihrem Brief vom ....; **dicono sempre la ~** (*opinione*), sie sagen immer, was sie denken; **stare/essere dalla ~** (*parte*), auf ihrer Seite sein; **ne hanno combinata una delle ~**, sie haben wieder ₗwas angerichtet/angestellt *famₗ*/[eins ihrer Dinger gedreht *fam*].

lorsignóri, (-e), lor signóri, (-e) m (f) pl *loc sost* m (f) pl *anche iron* ihre Herrschaften.

losànga <-ghe> A f (*rombo*) Rhombus m, Raute f B <*inv*> *loc agg*: **a ~** {DISPOSIZIONE, FORMA, LAVORAZIONE} rautenförmig, rhombisch.

Losànna f *geog* Lausanne n.

lósco, (-a) <-schi, -sche> *agg* **1** (*bieco*) {SGUARDO} scheel *fam*, schräg *fam* **2** *fig* {INDIVIDUO} anrüchig, zwielichtig, suspekt, dubios; {AFFARE, TRAFFICO} krumm, finster.

Lotaringia f *geog stor* Lothringen n.

lòto m **1** *bot lett* Lotos m, Lotosblume f **2** (*nello yoga*) Lotossitz m.

lòtta f **1** (*scontro*) {ASPRA, DISPERATA, DURA, IMPARI, SANGUINOSA} Kampf m: **~ a corpo a corpo**, Nahkampf m, Kampf m Mann gegen Mann; **ingaggiare una ~ con/contro qu**, einen Kampf ₗmit jdmₗ/[gegen jdn] beginnen/aufnehmen **2** *fig* (*battaglia*) Kampf m: **la vita è una ~**, das Leben ist ein (einziger) Kampf; **~ di classe**, Klassenkampf m; **entrare/scendere in ~**, einen Kampf beginnen; **~ per l'esistenza/la vita**, Existenzkampf m, Kampf m ums Dasein; **~ ideologica/politica**, ideologischer/politischer Kampf m; **~ sindacale**, Gewerkschaftskampf m; **~ contro/a qu/qc** {CONTRO/ALLA CRIMINALITÀ ORGANIZZATA} Bekämpfung f *von jdm/etw*/+ *gen*, Kampf m *gegen jdn/etw*: **~ contro il cancro**, Kampf m gegen den Krebs; **~ per/[a favore di] qu/qc** {ₗPER LAₗ/[A FAVORE DELLA] LIBERALIZZAZIONE DELLE DROGHE LEGGERE} Kampf m *ₗum jdn/etwₗ*/[*für jdn/etw*] **3** *fig* (*conflitto*) Kampf m, Streit m: **essere in ~ con qu/[se stessi]**, mit sich (dat) selbst ₗuneins seinₗ/[ringen], (innerlich) hin und her gerissen sein **4** *sport* Ringen n, Ringkampf m: **fare la ~**, ringen; **~ libera/greco-romana**, Freistilringen n/[Ringen n im griechisch-römischen Stil]; **~ giapponese**, Sumo m • **~ armata** *polit*, bewaffneter Kampf; **~ a coltello**, Kampf m bis aufs Messer *fam*; **~ senza esclusione di colpi** *anche fig*, Kampf m mit ₗallen Mittelnₗ/[harten Bandagen]; **~ ad oltranza** *mil*, Kampf m bis zum ₗletzten (Blutstropfen)ₗ/[äußersten], Kampf m bis aufs Messer *fam*; **~ senza quartiere** (*contro qc*), {CONTRO LA CRIMINALITÀ, CONTRO LA DROGA} unerbittlicher, schonungsloser Kampf (*gegen etw* acc), Kampf m auf Leben und Tod (*gegen etw* acc); **~ non violenta** *polit*, gewaltloser Kampf.

lottàre *itr* <*avere*> *anche fig* **~ (con/contro qu/qc)** {CON/CONTRO IL NEMICO, CON/CONTRO LA MORTE, CON/CONTRO IL VENTO} ₗmit jdmₗ/[gegen jdm/etw] kämpfen: **i due avversari lottarono per un'ora contendendosi il titolo**, die beiden Gegner kämpften eine Stunde um den Titel; **~ (per qu/qc)** {PER UNA DONNA, PER LA LIBERTÀ} ₗum jdn/etwₗ/[für jdn/etw] kämpfen, *um jdn/etw* ringen; {PER GUARIRE/RIUSCIRE/VINCERE} sich (dat) alle erdenkliche Mühe ge- ben, seine ganze Kraft aufbieten, sein Bestes geben.

lottatóre, (-trice) m (f) **1** *gener* Kämpfer(in) m(f) **2** *sport* Ringkämpfer(in) m(f), Ringer(in) m(f).

lotteria f **1** Lotterie f, Lotto n: **~ di beneficenza**, Wohltätigkeitslotterie f; **~ istantanea**, Instant Lotto n; **~ nazionale**, Staatslotterie f **2** *fig* (*situazione dall'esito incerto*) Glücksspiel n: **quando si passa ai rigori la partita diventa una ~**, wenn's zum Elfmeterschießen kommt, wird das Match zum Glücksspiel • **vincere alla ~**, ₗin der Lotterieₗ/[im Lotto] gewinnen; *fig* (*avere molta fortuna*), das große Los ziehen.

lottizzàbile *agg* {TERRENO} in Parzellen aufteilbar, parzellierbar.

lottizzàre *tr* **~ qc 1** (*frazionare*) {AREA EDIFICABILE, TERRENO} etw in Parzellen aufₗteilen, etw parzellieren **2** *polit* (*spartire*) {CARICHE DIRETTIVE, RETI TELEVISIVE} etw nach dem Proporzsystem verteilen, etw nach dem/im Proporz besetzen, etw unter den Parteien aufteilen.

lottizzàto, (-a) *agg* **1** (*frazionato*) {SUPERFICIE, TERRENO} in Parzellen aufgeteilt, parzelliert **2** *polit* {GIORNALE, TELEGIORNALE} dem Proporz(system) unterliegend, unter den Parteien aufgeteilt.

lottizzazióne f **1** (*frazionamento*) {+AREA FABBRICABILE, TERRENO} Aufteilung f in Parzellen, Parzellierung f **2** *polit* (*spartizione*) {+CENTRI DI POTERE, RETI RADIOFONICHE} Aufteilung f ₗnach dem Proporzsystemₗ/[nach dem/im Proporz].

lòtto① m (*gioco*) Lotto(spiel) n: **~ clandestino**, illegales Lotto; **giocare cinque numeri al ~**, fünf Zahlen beim Lotto spielen; **giocare/vincere al ~**, ₗ(im) Lotto spielenₗ/[im] beim Lotto gewinnen].

lòtto② m **1** (*appezzamento*) Parzelle f: **~ di terreno**, Landparzelle f **2** (*quota*) Anteil m: **il patrimonio venne diviso in tre lotti**, das Vermögen wurde in drei Anteile aufgeteilt **3** *comm* (*partita*) Posten m, Partie f: **hanno ordinato un ~ di tessuti**, sie haben einen Posten Stoff bestellt • **comprare/vendere a lotti qc**, {MERCE} etw partie(n)weise/[in Partien] einkaufen/verkaufen; {TERRENO} etw parzellenweise ein|kaufen/verkaufen.

love story <-, -ries *pl ingl*> *loc sost* f *ingl* Lovestory f, Liebesaffäre f.

low <*inv*> *agg ingl* low: **low cost**, {VIAGGIO} Low-Cost-; **low profile**, (*poco appariscente*) unauffällig; **low-tech**, Low-Tech-.

low cost *ingl* A <*inv*> *loc agg* (*a prezzi molto concorrenziali*) {VIAGGIO} low cost, Low-Cost- B <-> *loc sost* m Low Cost n, Billigflug m.

lozióne f Lotion f, Wasser n: **~ per capelliₗ**/[*dopobarba*], Haar-/Rasierwasser n.

LP <-> m *mus abbr dell'ingl* Long Playing: LP f (*abbr di* Langspielplatte).

LPM *inform abbr di* Linee al Minuto: lpm (abbr *di* lines per minute) (Zeilen pro Minute).

LSD <-> m *chim abbr dell'ingl* Lysergic Acid Diethylamide (*dietilammide dell'acido lisergico*) LSD n (*abbr di* Lysergsäurediäthylamid).

Lubècca f *geog* Lübeck n.

lùbrico, (-a) <-ci, -che> *agg* **1** *lett* (*sdrucciolevole*) {SENTIERO, TERRENO} rutschig, glitschig, schlüpfrig; (*viscido*) {ANGUILLA} glatt; {LUMACA} schleimig, glitschig **2** *fig* (*indecente*) {DISCORSO, GESTO, PERSONA} schlüpfrig *spreg*, anstößig, unanständig.

lubrificànte A *agg* {OLIO, SOSTANZA} Schmier-, schmierend B m {LIQUIDO, SINTETICO, SOLIDO} Schmiermittel n, Schmiere f.

lubrificàre <*lubrifico, lubrifichi*> *tr* **~ qc** {INGRANAGGIO, MOTORE} etw schmieren, etw fetten, etw (ein)ölen.

lubrificazióne f Schmieren n, Schmierung f, Fetten n, Ölen n: ~ **refrigerante**, Kühlschmierung f.

Lùca m (nome proprio) Lukas.

Lucània f geog stor Lukanien n.

lucàno, (-a) **A** agg lukanisch **B** m (f) (abitante) Lukanier(in) m(f) **C** m <solo sing> (dialetto) Lukanisch(e) n.

lucarino → **lucherino**.

Lùcca f geog Lucca n.

lucchétto m {+ARMADIETTO} Vorhänge-, Hänge-, Anhängeschloss n ● **mettere il ~ alla bocca di qu** fig (far tacere), jdn zum Schweigen bringen, jdm ein Schloss vor den Mund legen/hängen.

luccicànte agg (rilucente) {ORO, SPADA} glänzend, glitzend, funkelnd: **occhi luccicanti di gioia**, vor Freude glänzende Augen.

luccicàre <lùccico, lùccichi> itr <essere o avere> (brillare) {BRILLANTE, METALLO, STELLA} glänzen, glitzern, funkeln; ~ (**per qc**) {OCCHI PER LA COMMOZIONE, PER L'EMOZIONE, PER LA GIOIA} (vor etw dat) glänzen: **le luccicano gli occhi**, ihre Augen glänzen (feucht).

lucciichío <-chii> m {+OCCHI} Glänzen n, Funkeln n; {+GIOIELLO, LAMÉ} anche Glitzern n, Geglitzer n.

lucciicóne m (lacrima) (dicke) Träne: **aveva i luccicóni agli occhi**, er/sie hatte Tränen in den Augen.

lùccio <-ci> m itt Hecht m.

lùcciola f 1 zoo Leuchtkäfer m, Glühwürmchen n fam 2 eufem (prostituta) Prostituierte f, Nutte f fam spreg 3 rar (maschera nei cinema) Platzanweiserin f ● **prender lucciole per lanterne** fig (sbagliarsi in modo evidente), einen Bock schießen, auf dem Holzweg sein.

lùce f 1 gener anche fis {BIANCA, DIRETTA, INFRAROSSA, MONOCROMATICA, NATURALE, NERA, RIFLESSA} Licht n: ~ **artificiale**, künstliches Licht, künstliche Beleuchtung; **far ~ a qu**, jdm leuchten; ~ **del giorno/sole**, Tages-/Sonnenlicht n; **al neon**, Neonlicht n; ~ **radente**, Streiflicht n; ~ **di Wood** (ultravioletta) Analysen-, Schwarzlicht-, Schwarzglaslampe f 2 (sorgente luminosa) Licht n, Lichtquelle f: **accendere/spegnere la ~**, das Licht an-/ausmachen; **scorgemmo una ~ in lontananza**, wir sahen ein Licht in der Ferne 3 (luminosità) Licht n: **una stanza piena di ~**, ein helles Zimmer; **questa pianta ha bisogno di (molta) ~**, diese Pflanze braucht viel Licht 4 (sistema di illuminazione) {+STRADA} Licht n, Beleuchtung f: **le luci dell'albero di Natale**, die Weihnachtsbaumbeleuchtung, die Lichter des Weihnachtsbaums 5 (segnale luminoso) {FISSA, LAMPEGGIANTE, VERDE} Licht n: **la ~ rossa si è accesa**, das rote Licht ist angegangen; ~ **intermittente**, Blinklicht n 6 (splendore) {+BRILLANTE} Glitzern n, Funkeln n, Glanz m: **negli occhi delle donne in attesa c'è una particolare ~**, schwangere Frauen haben einen besonderen Glanz in den Augen 7 (corrente elettrica) Strom m fam obs: **è ˌandata viaˌ/ [tornata] la ~**, der Strom ist ausgefallen/zurückgekehrt; **la ~ costa cara**, Strom ist teuer 8 fig {+FEDE, PROGRESSO, RAGIONE, SCIENZA} Licht n 9 pl fig poet (occhi) Augen n pl 10 arch (distanza) {+ARCATA} Spannweite f; {+PONTE} anche lichte Weite, Lichtweite f, (Bogen)spannweite f 11 <di solito al pl> autom {+TARGA} Licht n: ~ **d'arresto**, Brems-, Stopplicht n; **luci abbaglianti/anabbaglianti**, Fern-/Abblendlicht n; ~ **di cortesia**, Innenbeleuchtung f; **luci di ingombro**, Begrenzungslichter n pl; **luci di posizione**, Stand-, Parklicht n, Stand-, Parkleuchte f 12 dir (apertura) Öffnung f; Lichtöffnung f, die der Nachbar dulden muss: **diritto di chiudere le luci**, Recht n, die Lichtöffnungen zu schließen 13 idraul (diametro) {+TUBO} Durchmesser m 14 tecnol (finestra) Fenster(öffnung f) n: **una stanza con una ~ sola**, ein Zimmer mit nur einem Fenster; **un vano senza ~**, ein fensterloser Raum; (anta) Teil m; **armadio a due luci**, zweiteiliger/zweitüriger Schrank; (fessura) Spalt m, Ritze f: **una porta che chiude bene non deve avere ~**, eine gut schließende Tür darf keine Ritzen haben ● **alla ~ di qc** fig (in base a), angesichts etw (gen), auf der Grundlage von etw (dat)/+ gen; **alla ~ di quanto è accaduto**, angesichts dessen was passiert ist; **alla ~ dei fatti**, in Anbetracht der Tatsachen; **brillare di ~ propria/riflessa** fig (per meriti propri/altrui), durch eigene/fremde Verdienste glänzen, ˌsein Licht leuchten lassenˌ/[sich mit fremden Federn schmücken]; ~ **cinerea** astr, aschgraues Licht; **contro ~**, {OSSERVARE UN OGGETTO} bei Gegenlicht; **dare alla ~ qu** fig (far nascere), jdn zur Welt bringen; ~ **eterna/perpetua** relig, ewiges Licht; **fare ~ su qc** fig (chiarire), Licht in etw (acc) bringen, etw aufklären; **e la ~ fu** bibl, und es ward Licht; **gettare una nuova/sinistra ~ su qu/qc** fig (rendere nuovo/sinistro), ein neues/unheimliches Licht auf jdn/etw werfen; **alla ~ del giorno/sole** fig (davanti a tutti), {AGIRE} bei Tageslicht, vor aller Augen; **mettere in (piena) ~ qc** fig (evidenziare), {ASPETTO DI UN PROBLEMA} etw an den Tag bringen; **mettere qu/qc in buona/cattiva ~** fig (presentare in modo positivo/negativo), jdn/etw ins rechte/ schiefe Licht rücken; **mettersi in ~** fig (emergere), sich hervortun; **la ~ degli occhi** fig (vista), das Augenlicht; **essere la ~ degli occhi di qu** fig (gioia), jds Augenstern/Freude sein; **presentare qu/qc nella sua vera ~** fig (in modo imparziale), jdn/etw in seinem wahren Licht präsentieren; **alle prime luci del̩l'albaˌ/[del giorno]**, bei Tagesanbruch, im Morgengrauen; **le luci della ribalta**, das Rampenlicht, fig (il palcoscenico), das Theater, die Bühne; **dei Bretter**, die die Welt bedeuten; fig (notorietà), das Rampenlicht; **riportare qc alla ~** fig (scoprire), {REPERTO ARCHEOLOGICO} etw wieder ans Licht bringen; **a ˌ~ rossaˌ/[luci rosse]** (pornografico), {CINEMA, PELLICOLA} Porno-; **vedere la ~** fig (nascere), {BAMBINO, PROGETTO} das Licht der Welt erblicken; **venire alla ~** fig (nascere), zur Welt kommen; (emergere) {VERITÀ} ans Licht kommen; (essere scoperto) {TOMBA ETRUSCA} entdeckt werden; ~ **zodiacale** astrol astr, Zodiakallicht n.

Lùce <inv> in funzione di agg film stor abbr di l'Unione Cinematografica Educativa (programma di attualità) {FILM, GIORNALE} "Italienische Vereinigung für Filmerziehung".

lucènte agg (luccicante) {CAPELLI} glänzend; {METALLO, SPECCHIO} anche glitzernd; {OCCHI} glänzend, strahlend, funkelnd.

lucentézza f {+CAPELLI, PELO} Glanz m; {+DIAMANTE, OCCHI} anche Leuchten n; {+PERLA, ORO, RASO, SETA} Schimmer m, Glanz m.

lucèrna f 1 (lume) Öllampe f 2 scherz (cappello) Zweispitz m 3 fig lett (luce) Licht n.

Lucèrna geog **A** m (cantone) Luzern n **B** f (città) Luzern n.

lucernàrio, lucernàio <-(r)i> m Oberlicht n, Dachfenster n.

lucèrtola f 1 zoo Eidechse f 2 (pelle) Eidechs(en)leder n: **la borsa è in/di (pelle di) ~**, die Tasche ist aus Eidechsenleder.

lucertolóne <accr di lucertola> m zoo 1 (grossa lucertola) große Eidechse 2 (ramarro) Smaragdeidechse f.

lucherino m ornit (Erlen)zeisig m.

Lucía f (nome proprio) Lucie, Luzia, Luzie.

lucidalàbbra <-> m (nella cosmesi) Lipgloss n.

lucidànte **A** part pres di lucidare **B** agg (che lucida) {PANNO} Polier- **C** m (sostanza) Poliermittel n.

lucidàre **A** tr 1 (lustrare) ~ **qc (con qc)** {ARGENTERIA CON UNO STRACCIO, MOBILE, SCARPE} etw (mit etw dat) polieren; {PAVIMENTO} etw (mit etw dat) bohnern 2 (ricalcare) ~ **qc** {DISEGNO} etw durch|pausen, etw durchzeichnen **B** rfl indir (lustrare): **lucidarsi qc** {SCARPE} sich (dat) etw polieren.

lucidatóre, (-trice) m (f) 1 (chi lucida) Polierer(in) m(f) 2 (chi fa i lucidi) Pauser(in) m(f).

lucidatrice f 1 (elettrodomestico) Bohnermaschine f 2 tecnol (levigatrice) Poliermaschine f.

lucidatùra f 1 (lustratura) {+AUTO, SCARPE, SCRIVANIA} Polieren n; {+PAVIMENTO} Bohnern n 2 (ricalco) {+DISEGNO} Durchpausen n, Durchzeichnung f 3 tecnol (calandratura) {+CARTA, TESSUTO} Glätten n, Kalandern n, Kalandrieren n.

lucidézza f (lucentezza) {+SUPERFICIE} Glanz m.

lucidità <-> f 1 (lucentezza) {+MARMO} Glanz m 2 fig (consapevolezza) {+MENTE} Klarheit f: **l'assassino agì con ~**, der Mörder handelte ˌbei klarem Verstandˌ/[mit (vollem) Bewusstsein] 3 fig (perspicuità) {+DISCORSO, RAGIONAMENTO} Klarheit f, Deutlichkeit f.

lùcido, (-a) **A** agg 1 {MOBILE, PAVIMENTO, PELO, SCARPE} glänzend, blank; {OCCHI} anche leuchtend, strahlend; ~ **come uno specchio**, spiegelblank 2 fig (perspicuo) {ANALISI DEI FATTI, ARGOMENTAZIONE, IDEE} klar, deutlich 3 fig (cosciente) bei Bewusstsein: **all'arrivo in ospedale era ancora ~**, bei der Ankunft im Krankenhaus war er noch bei Bewusstsein **B** m 1 (lucentezza) {+MARMO, TAVOLO} Glanz m: **con l'usura i pavimenti perdono il ~**, die Fußböden verlieren durch Abnutzung ihren Glanz 2 (sostanza lucidante) Politur f, Polier-, Putzmittel n: ~ **(per scarpe)**, Schuhcreme f 3 (disegno) Pause(zeichnung) f 4 (foglio per lavagna luminosa) Klarsichtfolie f ● **tirato a ~** fig (sistemato perfettamente) {RAGAZZO} herausgeputzt, fein gemacht; {STANZA} auf Hochglanz gebracht, hochglanzpoliert.

Lucífero m 1 lett (Venere) Morgenstern m 2 relig Luzifer m.

lucignolo m 1 (stoppino) {+CANDELA} Docht m 2 fig (persona magrissima) Bohnenstange f fam scherz 3 tess Vorgarn n, Vorgespinst n.

lucràre **A** tr ~ **qc** 1 (guadagnare) {SOMME} etw ein|nehmen; (illecitamente) etw ein|stecken fam spreg, etw in die eigene Tasche stecken fam 2 fig {INDULGENZE} etw erlangen **B** itr (speculare) ~ **su qc** {SULLE DISGRAZIE ALTRUI} auf etw (acc) spekulieren fam, etw aus|nutzen, aus etw (dat) Vorteil ziehen.

lucrativo, (-a) agg (remunerativo) {ATTIVITÀ} Gewinn bringend, einträglich, lukrativ.

lùcro m (guadagno) Gewinn m, Nutzen m, Vorteil m: **fare qc a scopo di ~**, etw ˌaus Gewinngründenˌ/[zu Gewinnzwecken] machen; **attività senza fine di ~**, Tätigkeit ohne Gewinnzwecke ● **cessante** dir, Gewinnausfall m, entgangener Gewinn.

lucróso, (-a) agg (redditizio) {ATTIVITÀ, PROFESSIONE} Gewinn bringend, einträglich, lohnend.

lucullìano, (-a) agg (abbondante e succulento) {CENA, PASTO} lukullisch forb.

luddìsmo m polit stor Luddismus m, Stürmen n der Maschinen.

ludìbrio <-bri> m Gespött n, Spott m: **esporre qu/qc al pubblico ~**, jdn/etw dem öffent-

lichen Gespött aussetzen; **mettere in ~ le istituzioni**, die Institutionen zum Gespött machen; **essere il ~ di tutti**, zum Gespött aller (Leute) werden.

lùdico, (-a) <-ci, -che> agg (di gioco) {ATTEGGIAMENTO, COMPORTAMENTO} spielerisch; {ATTIVITÀ} Spiel-.

lùdo m <di solito al pl> stor {CIRCENSI, FUNEBRI, OLIMPICI} Spiele n pl.

ludo- primo elemento (gioco) Spiel-: **ludotèca**, Spielothek f; **ludoterapìa**, Spieltherapie f.

ludotèca <-che> f Spiel(i)othek f.

ludoterapìa f psic Spieltherapie f.

lùe <-> f med (sifilide) Lues f, Syphilis f.

luètico, (-a) <-ci, -che> **A** agg {AFFEZIONE, DISTURBO} luetisch, luisch, syphilitisch **B** m (f) (malato) Luiker(in) m(f), Syphilitiker(in) m(f).

lug. abbr di luglio. Jul. (abbr di Juli).

Lugàno f geog Lugano n.

lùglio <-gli> m (abbr lug.) Juli m; → anche **settembre**.

lùgubre agg (sinistro) {AVVENIMENTO, CERIMONIA, SPETTACOLO} unheimlich, schaurig; {ASPETTO, FACCIA} finster, düster.

lùi **A** pron pers 3ª pers m sing **1** (soggetto che in ital è spesso sottinteso) er: **(lui) sostiene che...**, er behauptet dass... **2** (soggetto espresso anche in ital) er: **anche lui**, er auch, auch er; **arrivato lui, cominciò la festa**, als er kam, begann das Fest; **chi è il colpevole? – lui!**, wer ist schuld? – Er!; **l'ha detto (anche) lui**, er hat es (auch) gesagt; **lui, dire cose simili!**, und er sagt solche Sachen!/[soll solche Sachen sagen?] (Das kann ich mir nicht vorstellen), **imbiancando lui la casa ha risparmiato un bel po'**, da er die Wohnung selbst gestrichen hat, hat er einen Haufen Geld gespart fam; **né lui né io**, weder er noch ich; **non lo sa neanche/nemmeno/neppure lui**, er weiß selber/auch nicht so recht; **più lui si arrabbiava, più lei rideva**, je mehr er sich ärgerte, desto mehr lachte sie; **io posso dirlo, lui no**, ich darf es/das sagen, er nicht; **proprio lui**, gerade er; **l'ha deciso lui stesso**, er hat es selbst entschlossen **3** (compl oggetto) ihn: **voglio proprio lui**, ich will unbedingt ihn; (se il verbo ted regge il dat) ihm; **aiuterò solo lui**, ich werde nur ihm helfen **4** (se il verbo ted regge il gen) seiner: **si vergogna di lui**, er/sie schämt sich [seiner forb]/[für ihn]; (con prep) ihn, ihm, seiner; **dillo a lui**, sag es ihm; **viene con lui**, er/sie kommt mit ihm; **è tornata da lui**, sie ist zu ihm zurückgekehrt; **davanti/dietro a lui**, vor/hinter ihm; **se fossi in lui**, wenn ich an seiner Stelle wäre, ich an seiner Stelle; **l'ho comprato per lui**, das habe ich für ihn gekauft; **quanto a [lui]/[per] lui**, [was ihn betrifft]/[für ihn] **5** (in forme comparative, esclamative ed interrogative) er: **è più testarda di [lui]/[testarda quanto/come] lui**, sie ist [dickköpfiger fam als]/[so dickköpfig fam wie] er; **lavori [molto più di]/[quanto] lui**, du arbeitest [viel mehr als]/[genauso viel wie] er; **fate come lui**, macht es wie er; **contento lui ...**, wenn er zufrieden ist ...; **beato lui!**, der Glückliche!; **felice lui?**, er und glücklich?, und er soll glücklich sein? **6** pred er: **ci era parso lui**, er schien uns zu sein **7** (lo stesso) derselbe, er selbst; **non sembra/è più lui**, er ist nicht mehr [er selbst]/[der Alte fam] **8** lett (a lui) ihm: **dite lui che lo amo**, sagt ihm, dass ich ihn liebe **B** <-> m sg amm lett forb (suo): **il di lui, la di lui, i di lui, le di lui**, sein, seine; **il di lui fascino**, sein Zauber; **la di lui sorella**, seine Schwester **C** <-> m **1** (uomo) Er m: **è un lui, non una lei**, er ist ein Mann, keine Frau, das ist ein Er, keine Sie **2** (amato) Geliebter m obs: **il tuo lui**, dein Geliebter obs.

luigi <-> m numism Louisdor m.

Luigi m (nome proprio) Ludwig.

Luisa f (nome proprio) Luise.

lumàca <-che> f **1** zoo Schnecke f **2** fig scherz Lahmarsch m fam, Tranfunzel f fam spreg: **quella ~ di tuo fratello**, diese Tranfunzel von deinem Bruder fam spreg **3** <di solito al pl> gastr {AL SUGO} Schnecken pl ● **essere (lento come) una ~** (molto lento), langsam wie eine Schnecke sein; **~ di Pascal mat**, pascal'sche Schnecke/Limaçon.

lumacóne, (-a) <-accr di lumaca> **A** m zoo Nacktschnecke f **B** m (f) **1** fig scherz (lento, goffo) Schlafmütze f fam, Tranfunzel f fam spreg: **su, cammina, ~!**, los, beeil dich/[Tempo], du Schlafmütze! fam **2** (finto tonto): **quello è un ~**, der stellt sich nur dumm.

lumàre tr region slang (adocchiare) **~ qu/qc** {RAGAZZA, COLLANA} nach jdm/etw schielen fam.

lumbàrd, (-a) polit **A** <inv> agg Lega- **B** <-> m (f) (leghista) Legist(in) m (f) (Anhänger(in) der Lega-Nord-Bewegung).

lùme m **1** gener Lampe f: **~ a gas/olio/petrolio**, Gas-/Öl-/Petroleumlampe f; **~ da tavolo**, Tischlampe f **2** (luce) Licht n: **cenare/leggere a ~ di candela**, bei Kerzenlicht [zu Abend essen]/[lesen]; fig {+FEDE, RAGIONE, SCIENZA} Licht n **3** <di solito al pl> fig (chiarimento) Aufklärung f: **chiedere lumi**, um Aufklärung bitten **4** pl fig poet (occhi) Augen n pl **5** anat {ARTERIOSO, INTESTINALE} Lumen n ● **andare/[fare qc]/[giudicare] a ~ di naso** fig (secondo il proprio intuito), sich von seinem Gefühl leiten lassen/[etw nach Gefühl machen]/[sich bei seinem Urteil vom Gefühl leiten lassen]; **~ degli occhi** fig (vista), Augenlicht n; **perdere il ~ [degli occhi]/[della ragione]** fig (essere fuori di sé), sich [vom Zorn hinreißen]/[gehen] lassen, die Fassung verlieren, außer sich (dat) sein; **allora ho proprio perso il ~ della ragione e l'ho riempito di botte**, da ist bei mir wirklich eine Sicherung durchgebrannt/[sind bei mir wirklich die Pferde durchgegangen] und ich habe auf ihn eingeprügelt fam.

lumeggiàre <lumeggio, lumeggi> tr **1** anche arte (nella pittura) **~ qc** {AFFRESCO, PARTICOLARE, QUADRO} etw aufhellen **2** (in cartografia) **~ qc** etw schattieren **3** fig forb (mettere in luce) **~ qu/qc** {AVVENIMENTO, PERSONAGGIO} jdn/etw hervorheben **4** fig lett (illuminare) **~ qc** {FARO SCOGLI} etw beleuchten.

lùmen <-, -a pl lat> m fis Lumen n.

lumicino <dim di lume> m **1** Lämpchen n, kleine Lampe f **2** (luce fioca) schwaches/kleines Licht ● **cercare qc col ~** fig (con molta attenzione), etw mit der Laterne/gewissenhaft/verzweifelt suchen; **essere ridotto al ~** fig (alla fine), {PERSONA} in den letzten Zügen liegen fam; {DITTA} kurz vor dem Ende sein.

lumièra f **1** (lampadario) Kronleuchter m **2** (candelabro) Leuchter m, Kandelaber m **3** stor (per fiaccole, fanali) Lampengehäuse n.

Luminàl® m chim Luminal n.

luminàre m Größe f, Kapazität f, Leuchte f fam: **un ~ della medicina**, eine Größe/Kapazität auf dem Gebiet der Medizin.

luminària f **1** (illuminazione) (Fest)beleuchtung f **2** (quantità di lumi accesi) Lichtermeer n.

luminescènte agg anche fis lumineszierend, leuchtend, Leucht-.

luminescènza f anche fis {+CORPO} Lumineszenz f, Leuchten n: **~ catodica**, Kathodenlumineszenz f.

luminìsmo m arte (nella pittura) Luminismus m, Lichteffekt-, Helldunkelmalerei f.

luminìstica <-che> f teat Beleuchtungstechnik f.

luminìstico, (-a) <-ci, -che> agg arte (nella pittura) {EFFETTO} Licht-; {TECNICA} Lichteffekt-, Helldunkel-.

lumino <dim di lume> m Lämpchen n, kleine Lampe: **~ del cimitero**, Grablicht n; **~ da notte**, Nachttischlampe f.

luminosità <-> f **1** (l'essere luminoso) {+STANZA} Helligkeit f **2** anche fig {+COLORE, STOFFA} Leuchtkraft f; {+VISO} Strahlen n **3** fig (chiarezza) {+IDEA} Klarheit f **4** arte (nella pittura) {+QUADRO} Licht n **5** astr {+STELLA} Leuchtkraft f **6** fot {+OBIETTIVO} Lichtstärke f **7** TV {+TELEVISORE} Helligkeit f.

luminóso, (-a) agg **1** (pieno di luce) {STANZA} hell; {CIELO, GIORNATA} klar **2** (che emette luce) {INSEGNA, SEGNALE} Leucht-; astr fis {STELLA} strahlend, leuchtend; {FONTE} Licht- **3** anche fig (che sembra irradiare luce) {COLORE, STOFFA} leuchtend; {SORRISO, VISO} strahlend **4** fig (eccezionale) {IDEA} hervorragend, glänzend, großartig **5** fot mit hoher Lichtstärke.

lun. abbr di lunedì. Mo. (abbr di Montag).

lùna f **1** astrol: **~/Luna** scient, Mond m; **~ calante/crescente**, abnehmender/zunehmender Mond; **~ nuova/piena**, Neu-/Vollmond m **2** astrol (satellite) Mond m, Trabant m, Satellit m: **le lune di Giove**, die Jupitermonde **3** (lunazione) Mond m poet obs, Monat m, Lunation f: **dovettero aspettare ancora tre lune**, sie mussten noch drei Monate warten ● **abbaiare alla ~** fig (protestare inutilmente), den Mond anbellen fam; **andare/essere a lune** fig (essere capriccioso), launisch/launenhaft/grillenhaft sein; **avere [le lune]/[la ~ (storta)]/[la ~ di/per traverso]** fig (essere di cattivo umore), schlechte Laune haben, mit dem linken Fuß zuerst aufgestanden sein fam; **essere di ~ buona/cattiva** fig fam (essere di buon/cattivo umore), guter/schlechter Laune sein; **cambiare [come la]/[a seconda della] ~** fig (essere volubile), unbeständig/flatterhaft spreg sein; **chiedere la ~/[volere la ~ (nel pozzo)]** fig (avere dei desideri esagerati), nach den Sternen greifen, Unmögliches verlangen; **mezza ~** (attrezzo da cucina), Wiegemesser n; **a mezza ~**, halbmondförmig; **~ di miele** fig (primo periodo del matrimonio), Flitterwochen f pl; **faccia di ~ piena** fig (grassa), Vollmondgesicht n scherz; **far vedere a qu la ~ nel pozzo** fig (illudere), jdm blauen Dunst vormachen fam; **vivere (nel mondo della)/sulla ~** fig (non essere realisti), hinter/auf dem Mond leben fam.

luna park <-> loc sost m Vergnügungspark m, Jahrmarkt m, Kirmes f region: **andare al luna park**, einen Vergnügungspark besuchen, auf den Jahrmarkt gehen.

lunàre agg **1** anche astr {ATTRAZIONE, ECLISSI, FASE, PAESAGGIO} Mond-: **mese ~**, Mond m poet obs, Monat m, Lunation f **2** (diafano) {BELLEZZA} durchscheinend, ätherisch; {PALLORE} anche Wachs-.

lunàrio <-ri> m (almanacco) Kalender m, Almanach m ● **sbarcare il ~** fig fam (procurarsi il minimo necessario per vivere), sich recht und schlecht über Wasser halten, gerade so über die Runden kommen fam, sich durchschlagen.

lunàtico, (-a) <-ci, -che> **A** agg (volubile) launenhaft, unbeständig, grillenhaft **B** m (f) launenhafter/ grillenhafter/ absonderlicher Mensch.

lunazióne f astr Mond m poet obs, Monat m, Lunation f.

lunch <-, -es pl ingl> m ingl Lunch m.

Luneburgo f geog Lüneburg n.

lunedì <-> m (abbr lun.) Montag m (abbr Mo.): **al/il/di ~**, montags; **l'ho visto ~**, ich habe ihn (am) Montag gesehen; **oggi è ~ due maggio**, heute ist Montag, der zweite Mai; **di ~ mattina**, Montagmorgen, Montag früh; **di ~ mattina/sera**, am Montagmorgen/Montagabend; **ogni/[tutti i] ~**, jeden Montag; **~ a otto**, Montag in acht Tagen; **~ prossimo/scorso**, (am) nächsten/letzten Montag; **~ pomeriggio/sera**, Montagnachmittag/Montagabend; **tutto il ~**, den ganzen Montag (über); **un ~ sì uno no**, jeden zweiten Montag; **un ~**, eines Montags, an einem Montag; **era un ~**, es war ein Montag ● **~ dell'Angelo/[di Pasqua]**, Ostermontag m.

lunétta <dim di luna> f **1** (piccola luna) Möndchen n; (oggetto) (mond)sichelförmiger Gegenstand **2** (mezzaluna) Wiegemesser n **3** arte (nella pittura) Lünettenbild n; (nella scultura) Lünettenrelief n **4** arch Lünette f, Bogenfeld n; (finestra) Bogenfenster n.

lungàdige <-> m (strada) Etsch-Ufer n, Etsch-Promenade f, Straße f am Etsch entlang.

lungàggine f (lentezza) Langatmigkeit f, Schwerfälligkeit f: **le lungaggini della burocrazia**, der Amtsschimmel scherz/Bürokratismus spreg.

lungagnóne, (-a) **A** agg lahm **B** m (f) fam (persona lenta) lahmer Mensch, Lahmarsch m volg, lahme Ente fam spreg.

lungaménte avv (a lungo) {ASPETTARE} lange (Zeit): **la fissò ~**, er/sie sah sie lange an.

lungàrno m Arno-Ufer n, Straße f am Arno (entlang), Arno-Promenade f.

lunghézza f **1** (estensione) {+CAPELLI, FIUME, FRASE, GAMBE, GONNA, MANICHE, STRADA, TRENO} Länge f; {+CAMPO DA TENNIS} Längsseite f: **20 cm di ~**, 20 cm Länge; **il ponte ha una ~ di 120 metri**, die Brücke ist 120 Meter lang; **questo tavolo misura due metri di ~**, dieser Tisch ⌊ist zwei Meter lang⌋/[hat eine Länge von zwei Metern]/[misst zwei Meter] **2** (durata) {+DISCORSO, FILM, RIUNIONE, VIAGGIO} Länge f, Dauer f **3** ling {+VOCALE} Länge f **4** mat Länge f: **la ~ del perimetro**, der Umfang f; **un rettangolo la cui ~ è 16 cm**, ein Rechteck, dessen Länge 16 cm beträgt ⌊/[mit 16 cm Länge] **5** sport Länge f: **vincere per mezza ~**, mit einer halben Länge gewinnen ● **~ focale** fot, Brennweite f; **~ d'onda fis**, Wellenlänge f; **siamo sulla stessa ~ d'onda** fig (pensiamo allo stesso modo), wir ⌊haben die gleiche⌋/[liegen auf der gleichen] Wellenlänge fam.

lùngi poet **A** avv fern, fernab forb: **non andarono ~**, sie gingen nicht weit **B** loc prep (lontano) **~ da qu/qc** fern von jdm/etw, in weiter Ferne von jdm/etw, fernab von jdm/etw forb: **~ da me ogni sospetto!**, jeglicher Verdacht ⌊liegt mir fern⌋/[sei fern von mir]!; **essere ben ~ dalla verità**, meilenweit von der Wahrheit entfernt sein, völlig auf dem Holzweg sein; **essere ben ~ dal pensare qc**, weit davon entfernt sein, etw zu denken; **dal serbargli rancore**, weit davon entfernt sein, ihm etw nachzutragen.

lungimirànte A agg (previdente) {POLITICA, UOMO} weit blickend, vorausschauend **B** mf weit blickender/vorausschauender Mensch.

lungimirànza f {+POLITICO, SCELTA} Weitblick m, Weitsicht f.

lùngo, (-a) <-ghi, -ghe> **A** agg **1** (estensione) {ABITO, BARBA, CAPELLI, PANTALONI, UNGHIE} lang: **~ tre kilometri**, drei Kilometer lang; **una lunga fila di persone**, eine lange Menschenschlange; **una stanza stretta e lunga**, ein schmales, langes Zimmer **2** (tempo) {ATTESA, GIORNATA, RIUNIONE} lang; {MALATTIA} anche langwierig: **un'amica di lunga data**, eine langjährige/alte Freundin; **temo che sarà una cosa lunga**, ich fürchte, das wird ⌊lange dauern⌋/[eine langwierige Angelegenheit]; **è una cosa lunga da spiegare**, das ist eine lange Geschichte; **un film troppo ~**, ein zu langer Film; **più a ~**, länger; **programma a lunga scadenza**, langfristiger Plan **3** (lontano) {TIRO} weit; {PALLA} lang **4** (lento) {COMMESSA} langsam: **com'è ~ a vestirsi!**, was braucht er lange, um sich anzuziehen! **5** (liquido) {BRODO, CAFFÈ, ecc.} dünn, lang fam **6** (alto) {RAGAZZO} hochgewachsen, groß, lang fam **7** anat {MUSCOLO} Lang- **8** ling {VOCALE} lang **9** mus {NOTA} lang **B** m (lunghezza) Länge f: **per il ~**, der Länge nach **C** avv (lontano) {CALCIARE, TIRARE} weit **D** loc avv **1** (per molto): **a ~**, {RICORDARSI QC} lange **2** (in ~ l'abito lungo): **in ~**, {ESSERE} in Abendkleid; **per la cerimonia si è vestita in ~**, für die Feier hat sie sich (dat) ein Abendkleid angezogen **E** prep **~ qc 1** (stato in luogo) etw entlang, entlang etw (gen o rar dat); längs etw (gen o rar dat) lett: **~ i viali c'erano delle abitazioni stile liberty**, ⌊entlang den Alleen⌋/[die Alleen entlang] standen Häuser im Jugendstil **2** (moto a luogo) etw entlang, längs etw (gen o rar dat) lett: **camminare ~ il fiume**, den Fluss entlang spazieren **3** (durante) während etw (gen/dat): **le indicazioni che abbiamo ricevuto ~ la strada erano sufficienti**, die Wegerklärungen, die wir unterwegs bekamen, genügten **4** (tempo) während etw (gen/dat): **la giornata**, während des Tages ● **alla lunga** (col tempo), auf die Dauer; **andare per le lunghe** (durare molto), {TRATTATIVA} sich in die Länge ziehen, sich hinziehen; **essere/cadere ~ disteso (per terra)** (coricato), ⌊(lang) ausgestreckt auf dem Boden liegen, auf den Boden ausgestreckt sein⌋/[(lang) ausgestreckt auf den Boden fallen]; **la dice lunga su qu/qc** fig fam (rivela), das sagt einiges/alles über jdn/etw; **farla lunga** fig fam (insistere), es in die Länge ziehen; **di gran lunga** (molto), weitaus, bei weitem; **di gran lunga più coraggioso**, wesentlich mutiger; **di gran lunga meno costoso**, weitaus/[bei weitem] billiger; **in ~ e in largo**, kreuz und quer; fig, ausführlich, lang und breit; **cercare in ~ e in largo**, überall suchen; **saperla lunga** fig (essere furbo), mit allen Wassern gewaschen sein fam, es faustdick hinter den Ohren haben fam; (essere ben informato), Bescheid wissen; wissen, wie der Hase läuft fam; **tirare qc per le lunghe** fig (protrarla), etw auf die lange Bank schieben, etw in die Länge ziehen.

lungodegènte mf Langzeitkranke mf decl come agg.

lungodegènza f Langzeitkrankheit f.

lungofiùme m Uferstraße f, Uferpromenade f.

lungolàgo <-ghi> m Seeufer n, Seestraße f, Seepromenade f.

lungolìnea sport **A** <-> m (colpo) Schlag m an der Grundlinie **B** <inv> agg: **rovescio/passante ~**, Rückhand-/Passierschlag m an der Grundlinie.

lungomàre m Strandpromenade f, Straße f am Meer.

lungometràggio <-gi> m film Spielfilm m.

lungóne, (-a) m (f) (persona molto lenta) lahmer Mensch, Lahmarsch m volg, lahme Ente fam spreg.

lungopò <-> m Po-Ufer n, Po-Promenade f, Straße f am Po entlang.

lungosènna <-> m Seine-Ufer n, Seine-Promenade f, Straße f an der Seine entlang.

lungotévere <-> m Tiber-Ufer n, Tiber-Promenade f, Straße f am Tiber entlang.

lunigiàno, (-a) **A** agg von/aus Lunigiana **B** m (f) (abitante) Einwohner(in) m(f) der Lunigiana.

lunòtto m autom Heckscheibe f: **~ termico**, heizbare Heckscheibe.

lùnula f anat (Nagel)möndchen n, Lunula f scient: **~ (dell'unghia)**, (Nagel)möndchen n, Lunula f scient.

luògo <-ghi> **A** m **1** gener Ort m, Stelle f: **da un ~ all'altro**, von einem Ort zum anderen; **in nessun ~**, nirgends, nirgendwo **2** (località) Ort m, Ortschaft f: **luoghi poco frequentati dai turisti italiani**, Orte, die nur wenig von italienischen Touristen besucht werden; **~ di destinazione**, Ziel-, Bestimmungsort m; **essere del ~**, ortsansässig sein; **~ di nascita/residenza**, Geburts-/Wohnort m; **~ di partenza**, Abfahrts-, Ausgangsort m; **~ di pubblicazione/villeggiatura**, Erscheinungs-/Urlaubsort m **3** (posto) Ort m, Stätte f: **~ appartato/deserto**, abgelegener/menschenleerer Ort; **~ del delitto**, Tatort m, Ort m des Verbrechens; **~ del disastro**, Unglücksort m, Unglücksstätte f; **~ di divertimento**, Vergnügungsstätte f; **~ di ritrovo degli spacciatori**, Treffpunkt m von Dealern fam, Dealertreff m fam **4** lett (punto) Stelle f: **~ citato** (abbr l.c., l.cit., loc. cit.), loco citato forb, an der angeführten Stelle (abbr l.c.) **5** mat (in geometria) ~ Ort m: **~ (geometrico)**, geometrischer Ort **B** <inv> loc agg **1** (locale): **del ~**, {AUTORITÀ, TRADIZIONE} örtlich; {GENTE} ortsansässig; {CUCINA} ortsüblich; {GIORNALE, STAMPA} Lokal- **2** gramm: **di ~**, {AVVERBIO} Lokal-, Orts-; **complemento di ~**, Ortsbestimmung f, lokale Umstandsangabe **C** loc prep (invece) **in ~ di qu/qc** an Stelle von jdm/etw/+ gen, (an)statt jds/etw: **in ~ di un amico**, an Stelle eines Freundes; **in ~ di andare al cinema restò a casa**, statt ins Kino zu gehen, blieb er/sie zu Hause ● **~ aperto** (esposto), freies Feld; **in ~ aperto** (all'aperto), im Freien; **aver ~** (accadere), {PREMIAZIONE} stattfinden; **~ dell'azione** teat, Handlungsort m, Schauplatz m der Handlung; **~ comune** (argomento banale), Gemeinplatz m spreg; **dar ~ a qc**, {A CRITICHE, A PETTEGOLEZZI, A SOSPETTI} Anlass zu etw (dat) geben; {E EQUIVOCI} anche etw verursachen; **~ di decenza** (gabinetto), Toilette f, Klosett n, Klo n fam; **~ di delizie** (di svago), Vergnügungsstätte f; **i luoghi deputati** teat, "die Schauplätze m pl/Aufführungsorte m pl der mittelalterlichen Stationentheater"; **~ deputato a qc** fig (adatto a qc), (für etw acc) geeigneter/passender Ort; **esserci ~** (esserci motivo), Veranlassung bestehen; **non c'è ~ di preoccuparsi tanto**, es besteht keine Veranlassung, sich (dat) so viele Sorgen zu machen; **far ~** (spostarsi), Platz machen; **far ~ a qc** dir, {ALLA DOMANDA} etw (dat) stattgeben; **farsi ~** fig (farsi strada), sich (dat) einen Weg bahnen; **fuori ~** (inadatto), {BATTUTA, RICHIESTA} unangebracht, fehl am Platz(e); **in primo/ultimo ~**, ⌊zuallererst⌋, an erster Stelle⌋/[zuallerletzt, an letzter Stelle]; **in secondo/terzo ~**, an zweiter/dritter Stelle; **in ogni ~** (ovunque), überall; **~ di malaffare** (postribolo), Bordell n fam, Freudenhaus n; **~ di pena** (penitenziario), Strafanstalt f; **~ di perdizione**, Ort m der Verdammnis, Lasterhöhle f spreg; **~ di preghiera**, Gebetsstätte f; **non ~ a procedere** dir, Einstellung f des Verfahrens; **~ pubblico** dir, öffentlicher Ort; **~ aperto al pubblico** dir, öffentlicher Ort, der Öffentlichkeit zugänglicher Ort; **~ sacro**, Heilige Stätte; **luoghi santi** (in Palestina), Heilige Stätten; **sentirsi fuori ~** (inadatto), sich fehl am Platz(e) fühlen; **sul ~ avrete altre informazioni**, an Ort und Stelle werden Sie weitere Informationen bekommen; **a suo ~**, zur rechten Zeit; **tenere in ~ fresco e asciutto**, kühl und trocken aufbewahren; **~ topico** (~ comune), Topos m.

luogotenènte m mil stor Statthalter m.

lùpa f **1** zoo Wölfin f **2** fig (ninfomane) scharfer Hase slang, geile Mieze fam, heiße/scharfe Braut/Puppe/Biene fam; poet (meretrice) Dirne f, Hure f spreg ● ~ **capitolina** (simbolo di Roma), kapitolinische Wölfin.

lupacchiòtto, (-a) <dim di lupo> m (f) **1** kleiner/junger Wolf, Wolfjunges n **2** fig (persona astuta) Schlitzohr n fam, Fuchs m fam, Pfiffikus m fam scherz.

lupanàre m **1** poet (bordello) Bordell n fam, Freudenhaus n, Lupanar n stor **2** fig (ambiente corrotto) Lasterhöhle f fam spreg.

lupàra f (fucile) Jagdgewehr n, Stutzen f pl ● **bianca** fig giorn, "Mafiamord m mit spurlosem Beiseiteschaffen der Leiche".

lupétto <dim di lupo> m **1** zoo kleiner Wolf; (cane) junger Wolfshund **2** (scout) junger Pfadfinder, Wölfling m **3** (maglioncino a collo alto) geschlossener Pullover, Stehkragenpullover m.

lupino m bot (seme, pianta) Lupine f.

lùpo m zoo Wolf m ● **Lupo d'Alsazia** (pastore tedesco), Deutscher Schäferhund, Wolfshund m; ~ **travestito da** agnello fig (persona infida), Wolf m im Schafspelz; **il ~ e l'agnello** fig (il prepotente e il debole), der Wolf und das Lamm; (**gridare**) **al ~!** fig (dare un falso allarme), (zum Spaß) Fehlalarm/[blinden Alarm] schlagen; **in bocca al ~! – Crepi il ~!** (augurio e risposta), Hals- und Beinbruch! – Danke/[Wird schon schiefgehen fam scherz]!; **mangiare come un ~** (con voracità), wie ein Bär/Scheunendrescher fam essen; ~ **mannaro** (licantropo), Werwolf m, Wolfsmensch m; ~ **di mare** fig (marinaio esperto), Seebär m; ~ **delle praterie** (coyote), Kojote m, Präriewolf m; ~ **solitario** fig (chi conduce vita da eremita), Einzelgänger m, Eigenbrötler m, seltsamer Kauz; ~ **non mangia** ~ prov, eine Krähe hackt der anderen kein Auge aus prov; **il** ~ **perde il pelo ma non il vizio** prov, die Katze lässt das Mausen nicht prov.

lùppolo m bot Hopfen m.

lùpus <-> m lat med Hautflechte f, Lupus m scient.

lùpus in fàbula <-, -i - - pl lat> loc sost m lat Lupus in fabula m forb.

Lùrex® <-> m tess (fibra, tessuto) Lurex® n.

lùrido, (-a) agg **1** (sporco) {MAGLIONE, MANI, STANZA} schmutzig, dreckig **2** fig (ignobile) {SPIA} gemein, dreckig spreg.

luridùme m **1** (sporcizia) {+COLLETTO DELLA CAMICIA} Schmutz m **2** (insieme di cose sporche) Schmutz m, Dreck m, Unrat m forb: **strade piene di** ~, vollkommen verschmutzte Straßen **3** fig {MORALE} Sündenpfuhl m spreg.

luṣinga <-ghe> f **1** <di solito al pl> (adulazione) Schmeichelei f: **cedette alle sue lusinghe**, er/sie erlag seinen/ihren Schmeicheleien **2** lett (piacere illusorio) {+VITA} (Ver)lockung f.

luṣingàre <lusingo, lusinghi> A tr ~ **qu/qc** (con qc) **1** (gratificare) {L'ORGOGLIO DI QU} jdm/etw (mit etw dat) schmeicheln: **le sue parole mi lusingano!**, seine/ihre Worte schmeicheln mir sehr! **2** (allettare) {CON FALSE PROMESSE} jdn (mit etw dat) locken B itr pron: **lusingarsi 1** (osar credere) sich einbilden, hoffen, zu glauben wagen: **mi lusingo che la festa sia piaciuta a tutti**, ich bilde mir ein/[hoffe], dass das Fest allen gefallen hat **2** rar (illudersi) sich einbilden, sich (dat) Illusionen machen, sich trügerischen Hoffnung hingeben: **c'eravamo lusingati di riuscire**, wir hatten uns eingebildet, es zu schaffen.

luṣingatóre, (-trice) A agg (che lusinga) {SGUARDO} schmeichelnd, schmeichlerisch B m (f) Schmeichler(in) m(f), Schöntuer(in) m(f) fam.

luṣinghièro, (-a) agg **1** (che gratifica) {PAROLE} schmeichlerisch, schmeichelhaft **2** (molto soddisfacente) {RISULTATO, SUCCESSO} schmeichelhaft, zufrieden stellend.

luṣiṣmo m ling Lusitanismus m obs.

Lusitània f geog stor Lusitanien n.

luṣitanista <-i m, -e f> mf lett (studioso) Lusitanist(in) m(f) obs.

luṣitàno, (-a) A agg stor lusitanisch; lett (portoghese) portugiesisch B m stor Lusitanier(in) m(f); lett (portoghese) Portugiese m, (Portugiesin f).

luṣòfono, (-a) A ling A agg portugiesischsprachig, lusophon B m (f) Portugiesischsprachige mf decl come agg.

lussàre med A tr ~ **qc a qu** {CADUTA POLSO} (jdm) etw verrenken B rfl indir: **lussarsi qc** {CAVIGLIA} sich (dat) etw verrenken.

lussàto, (-a) agg med {SPALLA} ausgerenkt, verrenkt, luxiert scient.

lussazióne f med Verrenkung f, Luxation f scient: **avere una ~ all'anca**, eine Hüftverrenkung haben.

lussemburghése A agg {GRANDUCATO} luxemburgisch, Luxemburger B mf (abitante) Luxemburger(in) m(f) C m <solo sing> (dialetto) Luxemburgische n.

Lussembùrgo m geog Luxemburg n.

lùsso A m **1** (ricchezza) Luxus m: **vivere nel ~**, im Luxus leben **2** (cosa superflua) Luxus m: **questa vacanza all'estero è un ~**, dieser Auslandsurlaub ist ein Luxus; **mi concederò questo ~!**, ich werde mir diesen Luxus gönnen!; **permettersi certi lussi**, sich (dat) einen gewissen Luxus erlauben B <inv> loc agg (lussuoso): **di ~** {ALBERGO, APPARTAMENTO, AUTOMOBILE} Luxus-; {EDIZIONE} anche Pracht- ● **ti è andata di ~!** fig (hai avuto molta fortuna), da hast du aber großes Glück/[riesiges Schwein fam]/[Dusel fam] gehabt!

lussuóṣo, (-a) agg {APPARTAMENTO} luxuriös, Luxus-.

lussureggiànte agg **1** (rigoglioso) {VEGETAZIONE} üppig, prächtig **2** fig (ricco) ~ (**di qc**) {PROSA DI METAFORE} reich an etw (dat).

lussùria f anche relig (libidine) Fleischeslust f, Wolllust f forb, Unzucht f obs, Unkeuschheit f forb obs.

lussurióṣo, (-a) A agg **1** (libidinoso) {DONNA} geil, lüstern, wollüstig forb, unzüchtig obs **2** (dissoluto) {VITA} ausschweifend, liederlich spreg B m (f) Wüstling m, Lüstling m, liederliches Weibsstück spreg.

lustràre A tr (pulire) ~ **qc** (**con qc**) {SCARPE CON UNO STRACCIO} etw (mit etw dat) putzen, etw (mit etw dat) wichsen fam; {ARGENTERIA, MOBILE, SPECCHIO} etw (mit etw dat) polieren; {PAVIMENTO, SCALE} etw (mit etw dat) bohnern B rfl indir: **lustrarsi qc** {SCARPE} sich (dat) etw putzen.

lustrascàrpe <-> mf **1** Schuhputzer(in) m(f) **2** fig (adulatore) Schmeichler(in) m(f), Kriecher(in) m(f) spreg, Speichellecker(in) m(f).

lustràta f (lucidata) rasches Putzen: **dare una ~ alle scarpe**, die Schuhe rasch putzen.

lustrino m (paillette) Flitter m, Paillette f.

lùstro① , (-a) A agg **1** {ARMADIO, STIVALI} glänzend, poliert; {PAVIMENTO} anche blank, spiegel-, blitz(e)blank fam (che luccicano) {OCCHI} glänzend, glitzernd B m **1** (lucentezza) {+PAVIMENTO} Glanz m **2** (lucido) Putzmittel n, Politur f **3** fig (gloria) Ruhm m, Ehre f: **dare ~ al paese**, dem Land (alle) Ehre machen **4** fig (vanto) Zierde f, Stolz m: **essere il ~ della famiglia**, der Stolz der Familie sein.

lùstro② m poet (quinquennio) Jahrfünft n, Zeitraum m von fünf Jahren.

luteìna f biol (progesterone) Progesteron n.

luteranéṣimo m relig **1** (dottrina) Luthertum n **2** (insieme dei luterani) Lutheraner m pl.

luteràno, (-a) A agg lutherisch B m (f) Lutheraner(in) m(f).

lutèzio m chim Lutetium n.

lùtto m **1** Trauer f: **essere in ~**, in Trauer sein; **biglietto listato a ~**, Trauerkarte f; ~ **nazionale**, Staatstrauer f, Landestrauer f obs; **chiesa parata a ~**, mit Trauerflor versehene Kirche; **partecipiamo con dolore al vostro ~**, wir möchten euch unsere herzlichste Anteilnahme/[unser herzlichstes Beileid] aussprechen; ~ **stretto**, tiefe Trauer **2** (morte) Trauerfall m: **chiuso per ~**, wegen Trauerfall geschlossen; ~ **di famiglia**, Familientrauer m **3** (periodo) Trauer(zeit) f **4** (abito) Trauer(kleidung) f: **portare il ~ per qu**, (für jdn) Trauer tragen; **prendere il ~**, Trauer anlegen ● ~ **vedovile** dir, zeitweiliges Eheschließungsverbot für Frauen.

luttuóṣo, (-a) agg **1** (funesto) {AVVENIMENTO} tödlich; {NOTIZIA} Todes- **2** (sventuroso) {TEMPI} unheilvoll, verhängnisvoll.

lux <-> m lat fis Lux n (abbr lx).

LW radio abbr dell'ingl Long Wave (onde lunghe) Langwelle f.

lx fis abbr del lat Lux: lx (abbr di Lux, lux).

Lycra® <-> f tess Lycra n.

M, m

M, m <-> f *o rar* m (*tredicesima lettera dell'alfabeto italiano*) M, m n ● **m come Milano** (*nella compitazione delle parole*), M wie Martha; → *anche* **A, a**.

m **1** *abbr di* metro: m (*abbr di* Meter); **m²** (*abbr di* metro quadrato), m² (*abbr di* Quadratmeter); **m³** (*abbr di* metro cubo), m³ (*abbr di* Kubikmeter) **2** *abbr di* massa: m (*abbr di* Masse).

m. 1 *abbr di* mese: M. (*abbr di* Monat) **2** *abbr di* morto: verstorben.

M 1 *abbr dell'ingl* medium (*nelle taglie*) M (*abbr dell'ingl* medium) **2** *elettr inform* metrol *abbr di* mega-: M (*abbr di* Mega-) **3** *fis abbr di* momento: M (*abbr di* Dreh-, Kraftmoment).

ma **A** *cong* **1** (*però*) aber, (je)doch: **verrei volentieri, ma non posso**, ich würde gern kommen, aber ich kann nicht; **il vino era buono, ma scarso**, der Wein war gut, aber knapp **2** (*bensì*) sondern: **non siamo stati noi a chiamare i pompieri, ma i nostri vicini**, nicht wir haben die Feuerwehr gerufen, sondern unsere Nachbarn; **non solo non le ha restituito i soldi, ma gliene ha chiesti addirittura altri**, er/sie hat ihr das Geld nicht nur nicht zurückgegeben, sondern sie sogar um noch mehr gebeten **3** (*rafforzativo*) doch, aber: **ma è impossibile!**, (aber) das ist doch nicht möglich!; **ma smettila con questi pettegolezzi!**, (nun) hör doch auf mit diesem Klatsch!; **ma no!**, aber nein!; **ma sì!**, doch!, freilich!, natürlich!; **ma certo!**, aber sicher/klar (doch)!; (*come risposta a una domanda negativa*) aber sicher doch!; **ma chi te l'ha detto?**, wer hat dir das denn gesagt?; **ma insomma, che vuoi?**, was willst du denn eigentlich?; **ma su, sii buono!**, komm, sei lieb!; **ma se vi dico che è così!**, wenn ich's euch doch sage, dass es so ist!; **ma perchè?**, warum denn?, aber warum? **B** <-> m Aber n: **non ci sono ma che tengano**, da gibt es kein Wenn und Aber, da hilft alles nichts; **sì, ma c'è un ma**, ja, aber die Sache hat einen Haken *fam*.

màcabro, (-a) **A** *agg* {SCENA, SCOPERTA} makaber *forb*: **che scherzo ~!**, was für ein makaber *forb* Scherz!; {DANZA} Toten- **B** *m* Makabre n *decl come agg forb*.

macàco <-*chi*> *m* **1** *zoo* Makak *m* **2** *fig spreg* Affe *m fam*.

macadàm <-> *m edil* Makadam *m o n*: **~ al bitume**, bitumiges Makadam.

macarèna *f spagn* (*ballo*) Macarena *m*.

maccarèllo *m itt* Makrele *f*.

maccartismo *m polit* McCarthyismus *m*.

maccartista <-*i m, -e f*> *polit* **A** *agg* McCarthy- **B** *mf* (*fautore del maccartismo*) Befürworter(in) *m(f)* des McCarthyismus.

macché *inter im Gegenteil*, ach was *fam*, ach wo(her) *fam*: **era contenta di vederti? – ~!**, war sie froh, dich zu sehen? – Ach was

fam!; **~, scherzi?**, mach keine Witze! *fam*; das soll wohl ein Witz/Scherz sein, was? *fam*.

maccheronàta *f* **1** (*mangiata di maccheroni*) Makkaroniessen *n*: **a mezzanotte abbiamo fatto una ~ a casa mia**, um Mitternacht haben wir bei mir ein Makkaroniessen veranstaltet **2** *fig* (*sciocchezza*) Stuss *m fam spreg*: **non dite maccheronate!**, redet keinen Stuss! *fam spreg* **3** *fig* (*lavoro mal fatto*) Pfuscharbeit *f fam spreg*, Pfuscherei *f fam spreg*.

maccheroncino <*dim di* maccherone> *m* <*di solito al pl*> *gastr* Makkaroncini *pl*.

maccheróni *m pl gastr* Makkaroni *pl*.

maccherònico, (-a) <-*ci, -che*> *agg* **1** *lett* {LATINO} makkaronisch **2** *fig* (*storpiato*) stümperhaft *spreg*: **parla un tedesco ~**, er/sie radebrecht Deutsch.

màcchia① *f* **1** (*di sporco*) {+CAFFÈ, VERNICE} Fleck(en) *m*: **il limone fa andare via le macchie di ruggine**, Rostflecken ₗentfernt man mit Zitronensaftₗ/[gehen mit Zitronensaft weg] **2** (*di colore*) Sprenkel *m*: **un divano a macchie verdi e gialle**, ein grün-gelb gesprenkeltes Sofa; **la mia gatta ha una macchia nera sul muso**, meine Katze hat einen schwarzen Fleck auf der Schnauze; (*in pittura*) Farbtupfer *m* **3** *fig* (*colpa*) Makel *m*: **senza ~ e senza paura**, ohne Furcht und Tadel ● **espandersi a ~ d'olio** *fig*, sich in Windeseile ausbreiten; **macchie solari** *astr*, Sonnenflecken *m pl*.

màcchia② *f bot* Macchia *f*, Macchie *f* (*für den Mittelmeerraum charakteristischer Buschwald*) ● **alla ~** *fig*, heimlich, illegal; **darsi/vivere alla ~** (*essere latitante*), untertauchen/[im Untergrund leben]; *polit* Partisan(in) *m(f)*/Guerillakämpfer(in) *m(f)* werden/sein.

macchiàbile *agg* (*che si può macchiare*) {RIVESTIMENTO} befleckbar.

macchiaiòlo, (-a) *arte* (*nella pittura*) **A** *agg* {MOVIMENTO} der Macchiaioli **B** *m* (*f*) (*pittore*) Vertreter(in) *m(f)* der Macchiaioli.

macchiaiuòlo → **macchiaiolo**.

macchiàre <*macchio, macchi*> **A** *tr* **1** (*sporcare*) ~ **qu/qc** (*di qc*) {VESTITO DI UNTO} etw (*mit etw dat*) beflecken, *auf etw* (*acc*) Flecken machen: **hai macchiato la tovaglia di pomodoro!**, du hast einen Tomatenfleck auf die Tischdecke gemacht!; **mi scusi l'ho macchiata di gelato!**, (oh,) entschuldigen Sie, jetzt habe ich Sie mit Eis bekleckert! *fam*; (*uso assol*) kleckern, klecksen **2** *fig* (*disonorare*) ~ **qu/qc** {ONORE DI QU, REPUTAZIONE DI QU} *qu* besudeln *forb*, *etw* beflecken **3** *arte* (*nella pittura*) ~ (**qc**) (*etw*) in der Tupfentechnik malen **B** *itr pron*: **macchiarsi** Flecken bekommen: **il muro si è macchiato di fuliggine**, die Mauer hat Rußflecken be-

kommen **C** *rfl* **1** (*sporcarsi*): **macchiarsi** (*di qc*) {DI FANGO, DI VERNICE} sich (*mit etw dat*) beflecken; (*indir*) **macchiarsi qc** (*di qc*) {MANI DI COLLA} sich (*dat*) *etw* (*mit etw dat*) beflecken **2** *fig* (*disonorarsi*): **macchiarsi** (*di qc*) {DI COLPE} *etw* auf sich laden ● **l'acqua col vino**, einen Spritzer Wein ins Wasser geben; **~ il caffè**, einen Schuss Milch in den Kaffee tun/geben.

macchiàto, (-a) **A** *agg* **1** (*chiazzato*) {PELAME} scheckig; {MARMO} fleckig, befleckt **2** *gastr* {CAFFÈ} "mit einem Schuss Milch"; {LATTE} "mit einem Schuss Kaffee" **B** *m arte* (*nella pittura*) Tupfentechnik *f*.

macchiétta *f* **1** (*schizzo, bozzetto*) Farbskizze *f* **2** (*persona*) Kauz *m*, Original *n* **3** *teat* Karikatur *f*.

macchiettàre *tr* (*cospargere di macchie*) ~ **qc** (*di qc*) {MOBILE DI VERDE} *etw* (*mit etw dat*) (be)sprenkeln.

macchiettàto, (-a) *agg* (*cosparso di macchie*) ~ (*di qc*) {CAMPO DI GRANO DI PAPAVERI, GRANITO DI ROSA, PELLICCIA DI NERO} (*mit etw dat*) besprenkelt, (*mit etw dat*) gesprenkelt.

macchiettatùra *f* (*insieme di macchie*) {+MARMO, PELLICCIA, TESSUTO} Sprenkel *m pl*.

macchiettista <-*i m, -e f*> *mf* **1** (*che fa caricature*) Karikaturist(in) *m(f)* **2** (*attore*) Komiker(in) *m(f)*.

macchiettistico, (-a) <-*ci, -che*> *agg* (*caricaturale*) {PERSONAGGIO} karikaturesk *forb*.

màcchina **A** *f* **1** (*congegno*) Maschine *f*, Apparat *m*: ~ **da caffè**, Kaffeemaschine *f*; (**~**) **calcolatrice**, Taschenrechner *m*; ~ **scavatrice**, Bagger *m*; **fatto a ~**, maschinell hergestellt; ~ **fotografica**, Fotoapparat *m*, Kamera *f*; ~ **miscelatrice**, Mischmaschine *f*; ~ **da presa**, Filmkamera *f*; ~ **da scrivere/cucire**, Schreib-/Nähmaschine *f*; **scrivere a ~**, Maschine schreiben, tippen *fam*; **macchine utensili**, Werkzeugmaschinen *f pl* **2** (*auto*) Auto *n*, Wagen *m* **3** *fig giorn* (*struttura*) Apparat *m*: **la ~ dello Stato**, der Staatsapparat, die Maschinerie des Staates *forb spreg* **4** *fig* (*meccanismo*) Maschinerie *f*, Getriebe *n* **5** *fig* (*automa*) Roboter *m*, Maschine *f*: **non siamo delle macchine, siamo uomini!**, wir sind keine Maschinen, wir sind Menschen! **6** *ferr* Lokomotive *f* **7** *inform* (*computer*) Rechner *m* **B** <*inv*> *loc agg mar*: **di** ~ {PERSONALE, UFFICIALE} Maschinen- ● **andare in ~** *autom*, mit dem Auto fahren; *tip* in Druck gehen; ~ **teatrale** *teat*, Theatermaschinerie *f*; ~ **transfer** *tecnol*, Transferstraße *f*.

macchinàle *agg* {AZIONE, COMPORTAMENTO, GESTO, REAZIONE} mechanisch, automatisch, unwillkürlich.

macchinàre *tr* (*tramare*) ~ **qc** (*contro qu*) {INSIDIE, VENDETTA} *etw* (*gegen jdn*) an|zetteln, *etw* (*gegen jdn*) an|stiften: **quei due macchinano sempre qualcosa**, diese bei-

macchinàrio <-ri> m {+STABILIMENTO, TIPOGRAFIA} Maschinen f pl, Maschinenpark m.
macchinàta f fam 1 (carico) {+BIANCHERIA, STOVIGLIE} Ladung f 2 (su automobile) {+AMICI, SCATOLONI} Ladung f anche scherz.
macchinatóre, (-trice) m (f) {+INGANNO} Intrigant(in) m(f); {+COMPLOTTO} Drahtzieher(in) m(f) spreg.
macchinazióne f Machenschaften f pl spreg, Intrige f.
macchinétta <dim di macchina> f fam 1 (caffettiera) Kaffeemaschine f 2 (accendisigari) Feuerzeug n 3 (apparecchio ortodontico) Zahnspange f 4 (sfoltitrice) {+PARRUCCHIERE} Haarschneidemaschine f ● **~ mangiasoldi**, Spielautomat m; ˻parla come una˼/[sembra una] **~** fig fam (parlare velocemente e senza fermarsi), er/sie redet wie ˻aufgezogen fam˼/[ein Wasserfall]; **rispondere a ~** fig fam (come un automa), roboterhaft/mechanisch antworten.
macchinìsmo m Technisierung f.
macchinìsta <-i m, -e f> mf 1 (addetto alle macchine) Maschinist(in) m(f), Mechaniker(in) m(f) 2 ferr Lok(omotiv)führer(in) m(f) 3 mar Maschinist m(f) 4 teat TV Maschinenmeister(in) m(f).
macchinosità <-> f (complicatezza) {+TEORIA} Kompliziertheit f, Verwickeltheit f.
macchinóso, (-a) agg anche fig {TRAMA} verwickelt; {SISTEMA, SOLUZIONE} kompliziert.
macèdone A agg {REGIONE} mazedonisch B mf (abitante) Mazedonier(in) m(f); C m <solo sing> (lingua) Mazedonisch n.
macedònia f gastr (di frutta) Obstsalat m; (di verdure) Gemüsesalat m.
Macedònia f geog Mazedonien n, Makedonien n.
macedònico, (-a) <-ci, -che> agg (della Macedonia) {SOLDATO} mazedonisch, makedonisch.
macellàbile agg (che si può macellare) {BESTIAME} schlachtbar, Schlacht-.
macellàio, (-a) <-lai m> m (f) 1 (chi macella) Fleischer(in) m(f), Metzger(in) m(f) spec A CH südd, Schlachter m(f) norddt, Schlächter m(f) norddt 2 (negoziante) Fleischer(in) m(f), Metzger(in) m(f) spec A CH südd 3 fig spreg Schlachter m spreg, Schlächter m spreg.
macellàre tr 1 (uccidere) ~ (qc) {AGNELLO, BUE, MAIALE} (etw) schlachten; fig ~ **qu** {TRUPPE} jdn ab|-, hin|schlachten, jdn nieder|metzeln 2 fig fam (rovinare) ~ **qu/qc** jdn/etw übel zu|richten.
macellatóre, (-trice) m (f) anche fig Schlächter(in) m(f).
macellazióne f {+VITELLO} Schlachtung f; (azione) anche Schlachten n.
macellerìa f Fleischerei f, Metzgerei f spec A CH südd, Schlachterei f norddt.
macèllo A m 1 (mattatoio) Schlachthof m, Schlachthaus n 2 (strage) Blutbad n, Gemetzel n spreg: **fare un ~**, ein Blutbad anrichten 3 fig scherz Katastrophe f fam, Fiasko n, Reinfall m fam: **la prova scritta è stata un vero ~**, die schriftliche Prüfung war eine echte Katastrophe fam; (confusione) Durcheinander n, Chaos n; **che ~ nella stanza dei bambini!**, im Kinderzimmer herrscht vielleicht ein Chaos! B <inv> loc agg: **da ~** {BESTIE} Schlacht-.
maceràre agg 1 (di macerazione) {EFFETTO} aufweichend, einweichend 2 fig (che tormenta) {ATTESA} zermürbend, (nerven)aufreibend.

maceràre A tr 1 (ammollare) ~ **qc** (in qc) {CANAPA, CARTA NELL'ACQUA} etw (in etw dat) ein|weichen, etw (in etw dat) auf|weichen: ˻**mettere a**˼/[**lasciare**] **~ qc in qc**, etw in etw (dat) einweichen lassen, etw zum Einweichen in etw (acc) geben; gastr {CARNE NELL'ACETO, NEL VINO} etw in etw (dat) mürbe machen 2 fig lett (torturare) ~ **qu** {INVIDIA} jdn verzehren, jdn peinigen B itr pron (ammollarsi): **macerarsi in qc** {CANAPA, CARTA NELL'ACQUA} in etw (dat) weich werden; gastr {CARNE NELL'ACETO, NEL VINO} in etw (dat) mürbe werden C rfl (torturarsi): **macerarsi (da qc)** (in qc) {DALLA GELOSIA} von etw (dat) gequält/gepeinigt/geplagt werden/sein, sich vor etw (dat) verzehren: **si macerava nell'attesa del figlio**, das Warten auf seinen/ihren Sohn zermürbte ihn/sie.
Maceràta f geog Macerata n.
maceratése A agg aus/von Macerata B mf (abitante) Einwohner(in) m(f) von Macerata.
maceràto, (-a) agg 1 ~ (in qc) {FOGLIE NELL'ACQUA} (in etw dat) aufgeweicht; gastr {CARNE NEL VINO} (in etw dat) eingelegt 2 fig (roso) ~ (**da qc**) {UOMO DALL'ATTESA} (von etw dat) zermürbt, (von etw dat) aufgerieben, {CORPO DALLA DENUTRIZIONE, DALLA SOFFERENZA} (durch etw acc) angegriffen, (durch etw acc) geschwächt: **e ~ dall'invidia fu costretto ad assistere al trionfo del suo avversario**, und während ihn der Neid verzehrte, war er gezwungen, dem Triumph seines Gegners beizuwohnen.
maceratóio <-toi> m 1 agr Mistgrube f 2 tess Rott-, Röstgrube f.
maceratóre, (-trice) m (f) (addetto) {+CANAPA, CARTA} Rotter(in) m(f), Röster(in) m(f).
macerazióne f 1 (processo) Aufweichen n 2 med {+PELLE} Aufweichung f, Mazeration f scient.
macèrie f pl {+CASA} Trümmer pl, Trümmerhaufen m, Schutt m.
màcero, (-a) A agg 1 {CANAPA} aufgeweicht, aufgelöst 2 fig (sfinito) {FISICO} entkräftet, kraftlos, zerschlagen B m 1 Auflösung f, Einstampfen n 2 (vasca) Einstampfungswanne f ● **mandare qc al ~**, etw einstampfen.
mach <-> m ted fis Mach n.
machete <-, -s pl spagn> m spagn (coltello) Machete f.
machiavèllico, (-a) <-ci, -che> agg machiavellistisch; anche fig {PIANO, POLITICA, RAGIONAMENTO} skrupellos; (ingegnoso) {TROVATA} genial, listig.
machiavellìsmo m polit fig Machiavellismus m.
machìsmo m 1 (ostentazione di virilità) Machismo m forb, Chauvinismus m spreg 2 (maschilismo) Männlichkeitswahn m, Machismo m forb.
macho spagn fam A <inv> agg {STILE} chauvinistisch spreg, Macho- spreg B <-, -s pl spagn> m (maschio) Macho m fam, Chauvi m fam.
macìgno m Fels(block) m ● **avere un ~ sul cuore** fig (peso), einen Stein auf dem Herzen haben; **togliersi un ~ dal cuore** fig (peso), è **un ~** fig (noioso), er ist eine Tratüte fam/Schlaftablette fam scherz.
macilènto, (-a) agg {UOMO} aus-, abgezehrt, mager, ausgemergelt; {VISO} eingefallen, hohlwangig.
màcina f {+MULINO} Mühle f; (mola) Mühlstein m.
macinàbile agg (che si può macinare) {PEPE} mahlbar.
macinacaffè <-> m Kaffeemühle f.
macinacolóri <-> A m (macina) Farb(en)mühle f B mf (persona) Arbeiter(in) m(f) an der Farbenmühle.
macinadosatóre m {+BAR} "Kaffeemühle für Espressomaschinen mit gleichzeitiger Dosierungsfunktion".
macinapépe <-> m Pfeffermühle f.
macinàre tr ~ (**qc**) 1 (tritare) {GRANO, CAFFÈ, PEPE} etw mahlen; {CARNE} etw hacken, etw durch den Wolf drehen 2 fig (rimuginare) {PENSIERI} (über etw acc) (nach|)grübeln, vor sich hin|grübeln.
macinàta f 1 (il macinare) {+ORZO, PEPE} Mahlen n 2 (quantità macinata in una volta) Mahlmenge f ● **dare una ~ a qc** (macinarla in fretta), etw schnell mahlen.
macinàto, (-a) A agg (tritato) {CAFFÈ, GRANO, PEPE} gemahlen; {CARNE} gehackt, Hack- B m 1 (prodotto di macinazione) {+GRANO} Mehl n; {+CAFFÈ, PEPE} Gemahlene n decl come agg 2 (carne tritata) Hackfleisch n.
macinatóre, (-trice) A agg {APPARECCHIO} Mahl- B m (f) Müller(in) m.
macinatùra f 1 (il macinare) Mahlen n; {+COLORE} Zerreiben n 2 (effetto) Gemahlene n decl come agg.
macinazióne f {+GRANO} Mahlen n.
macinìno <dim di macina> m 1 (per caffè) Kaffeemühle f; (per pepe) Pfeffermühle f 2 fig scherz (vecchia auto) (Klapper)kiste f fam, Mühle f fam.
macinìo <-nii> m 1 (macinare continuo) unablässiges/pausenloses Mahlen 2 (rumore) Mahlgeräusch n.
maciste m anche scherz Herkules m.
maciullàre tr 1 fig (stritolare) ~ **qu/qc** (in qc) {PERSONA IN UN INCIDENTE AUTOMOBILISTICO, MANO NEGLI INGRANAGGI} jdn/etw (in etw dat) zerquetschen, jdn/etw (in etw dat) zermalmen 2 ~ **qc** {CANAPA, TESSUTI} etw brechen.
macò → **makò**.
macramè <-> m tess 1 (intelaiatura) Pikee m 2 (pizzo, tecnica) Makramee n.
màcro <-> f inform abbr di macroistruzione: Makro m o n (abbr di Makrobefehl).
macro- primo elemento (grande) Groß-, Makro-: **macrocèlla**, Makrozephalie f; **macroclima**, Groß-, Makroklima; **macroeconomia**, Makroökonomie.
macroanàlisi <-> f 1 econ makroökonomische Analyse 2 scient globale Untersuchung.
macrobiòtica <-che> f Makrobiotik f.
macrobiòtico, (-a) <-ci, -che> agg {CUCINA, DIETA} makrobiotisch; {NEGOZIO} Bio-.
macrocefalìa f med Makrozephalie f scient.
macrocèfalo, (-a) med A agg makrozephal scient B m (f) Makrozephale mf scient decl come agg.
macroclìma <-i> m geog Groß-, Makroklima n.
macrocontèsto m ling Makrokontext m.
macrocòsmo m Makrokosmos m.
macrodistribuzióne f econ Makrodistribution f.
macroeconomìa f econ Makroökonomie f.
macroeconòmico, (-a) <-ci, -che> agg econ makroökonomisch.
macrofotografìa f fot 1 (tecnica) Makrofotografie f 2 (immagine) Groß-, Makroaufnahme f.
macroistruzióne f inform Makrobe-

fehl m.
macrolinguìstica <-che> f ling Makrolinguistik f.
macromolècola f chim Makromolekül n.
macroprogrammazióne f inform Makroprogrammierung f.
macroscòpico, (-a) <-ci, -che> agg **1** scient makroskopisch **2** fig (enorme) {DIFETTO} riesig, gewaltig.
macrosistèma <-i> m (sistema superiore) Makrosystem n.
macrosociologìa f sociol Makrosoziologie f.
macrosociològico, (-a) <-ci, -che> agg sociol makrosoziologisch.
macrosomìa f med Riesenwuchs m, Makrosomie f scient.
macrostruttùra f **1** edil Grobstruktur f **2** ling {+DIZIONARIO} Makrostruktur f **3** metall Grobstruktur f, Makrostruktur f **4** sociol {+SOCIETÀ} Makrostruktur f.
màcula f anat biol Fleck m, Macula f scient.
maculàre agg **1** anat biol Flecken-, Macula- scient **2** astr Sonnenflecken-.
maculàto, (-a) agg {PELLE DEL LEOPARDO} gefleckt, {TESSUTO} gesprenkelt.
maculatùra f **1** (il maculare) Beflecken n **2** (effetto) Fleckigkeit f **3** agr Buntblättrigkeit f, Chlorose f scient: ~ **fuligginosa della mela**, stellenweise braune Verfärbung des Apfels.
macùmba f port brasiliano **1** relig (danza propiziatoria) Macumba f **2** fig (pratica magica) Macumba m, schwarze Magie, Hexenzauber m.
madàma f **1** stor Madame f **2** scherz Gnädigste f **3** slang (polizia) Bullen m pl fam spreg, Polente f slang obs.
madamigèlla f scherz Madamchen n fam scherz, gnädiges Fräulein scherz.
madaròsi <-> f med Madarose f.
maddài → **dai**②.
maddalèna① f (peccatrice pentita) reuige Sünderin.
maddalèna② f gastr Madeleine f.
Maddalèna f (nome proprio) Magdalena, Magdalene.
made in <-> loc agg ingl (fabbricato in): **made in Germany/Spain**, made in Germany/Spain, hergestellt in Deutschland/Spanien.
made in Italy <-> loc sost m ingl (prodotti italiani) made in Italy, italienische Produkte.
madeleine <-, -s pl franc> f gastr Madeleine f.
madèra <-> m enol Madeira m, Madera m.
màdia f Backtrog m.
màdido, (-a) agg {FRONTE, VISO} feucht: ~ **di sudore**, {PERSONA, VISO} schweißgebadet, {CAMICIA} schweißnass.
madière m mar Schiffsplanke f.
madònna A f **1** relig Jungfrau Maria f, Muttergottes f: **la ~ fu assunta in cielo**, die Jungfrau Maria fuhr zum/[in den] Himmel auf **2** (nell'arte) Madonna f, Madonnenbild n; (statua) Madonna f, Madonnenstatue f B inter impr fam: **~!** **1** (di rabbia o contrarietà) verflixt/verdammt (noch mal)! fam, zum Donnerwetter! fam: **~, ho perso il treno!**, verdammt, jetzt habe ich den Zug verpasst! fam **2** (di meraviglia) Donnerwetter! fam, Mensch! fam: **~ com'è bello!**, Mensch, ist der/das schön! fam ● **avere le madonne** (essere di cattivo umore), schlecht gelaunt sein, schlechter Laune sein; **tirar giù madonne** fig (bestemmiare), fluchen.
madonnàro, (-a) m (f) **1** (pittore) Pflastermaler m **2** slang giovanile (fan) Ma-

donna-Fan m.
madonnìna f **1** <dim di Madonna> (nell'arte) Madonnenbildchen n; (statua) kleine Madonnenfigur **2** (simbolo di Milano) die Madonnenstatue von Mailand: **la ~ è il simbolo di Milano**, die Madonnenstatue auf dem Mailänder Dom ist das Wahrzeichen der Stadt **3** iron (santerellina) Unschuldslamm n scherz ● **infilzata** fig iron, Unschuldsengel m scherz, Unschuldslamm n scherz.
madóre m lett (umidità) {+VOLTO} Hautausdünstung f, Transpiration f forb.
madornàle agg {ERRORE} gewaltig, enorm.
madòsca inter fam eufem **1** (di rabbia o contrarietà) Mist! fam, verflixt (noch mal)! fam, zum Donnerwetter! fam: **~, non mi hanno aspettato!**, (so ein) Mist, sie haben nicht auf mich gewartet! fam **2** (di meraviglia) Donnerwetter! fam: **~, che bella moto!**, Donnerwetter, was für ein schönes Motorrad! fam.
madràs <-> m tess Madras m.
màdre A f **1** (genitrice) Mutter f: **~ adottiva**, Adoptivmutter f; **~ biologica**, leibliche Mutter; **la loro ~**, ihre Mutter; **una buona ~ di famiglia**, eine gute Hausfrau und Mutter; **~ snaturata**, Rabenmutter f spreg; **~ in affitto** giorn, Leihmutter f **2** (di animali) Muttertier n, Mutter f **3** (matrice) Kontrollabschnitt m, Juxta f **4** fig (causa, origine) Mutter f: **l'esperienza è ~ di scienza**, die Grundlage der Wissenschaft ist die Erfahrung **5** relig Schwester f: **~ superiora**, (Schwester) Oberin f B <inv> Mutter-: **~ (che ha figli)** Mutter-: **ragazza ~**, allein erziehende Mutter; **regina ~**, Königinmutter f **2** (principale) {CASA} Haupt-: **questa è la scena ~ del film**, das ist die Schlüsselszene/[zentrale Szene] des Films; {IDEA} Leit-, Grund- **3** (d'origine) {CELLULA, LINGUA} Mutter- ● **~ dell'aceto**, Essigmutter f; **la ~ di tutte le battaglie** (la più importante), die entscheidende Schlacht f; **La Santa Madre Chiesa** relig, die heilige Kirche; **~ coraggio** fig (impegnata in lotte sociali), Mutter f Courage (sozial engagierte Frau); **la ~ di Dio**, Muttergottes f; **dura ~** anat, Dura mater f, harte Rückenmarkshaut; **~ lingua**, Muttersprache f; **~ natura**, Mutter f Natur; **pia ~** anat, Pia mater f; **è la mia seconda ~** fig, sie ist wie eine Mutter zu mir; **~ terra**, Mutterboden m; **venderebbe anche sua ~** fig (a chi è capace di tutto), er/sie würde seine/ihre Mutter verkaufen.
madrefórma f (forma da getto) Gussform f, Mater f.
madrelìngua A f (lingua) Muttersprache f: **essere di ~ italiana**, italienische(r) Muttersprachler(in) sein B <-> mf (persona) Muttersprachler(in) m(f).
madrepàtria f **1** Vaterland n **2** anche stor {+COLONIA} Mutterland n.
madrepèrla f Perlmutter f, Perlmutt n.
madreperlàceo, (-a) agg **1** {STRATO} Perlmutt(er)- **2** {COLORE} perlmutt(er)farben.
madreperlàto, (-a) agg (iridescente) {EFFETTO} irisierend, schillernd; (nella cosmesi) {OMBRETTO} perlmuttern, perlmutt(er)farben.
madrèpora f zoo Steinkoralle f, Madrepore f.
madrevìte f mecc (Schrauben)mutter f.
Madrid f geog Madrid n.
madrigàle m lett mus Madrigal n.
madrigalésco, (-a) <-schi, -sche> agg **1** (da madrigale) madrigalesk, madrigalistisch **2** fig (complimentoso) galant forb obs.
madrigalìsta <-i m, -e f> mf (scrittore di madrigali) Madrigalist(in) m(f).
madrigalìstico, (-a) <-ci, -che> agg (del

madrigale) {RACCOLTA} madrigalistisch, madrigalesk.
madrilèno, (-a) A agg (di Madrid) Madrider B m (f) (abitante) Madrider(in) m(f).
madrìna f **1** {+BATTESIMO, CRESIMA} Patin f, Patentante f **2** {+NAVE} Patin f.
madrinàggio m **1** (condizione) Patinnenschaft f **2** (doveri) Pflichten f pl einer Patin **3** (partecipazione) Teilnahme f als Patin.
madrinàto m (assistenza) Patenschaft f, Patinnenschaft f.
MAE amm abbr di Ministero degli Affari Esteri: Auswärtiges Amt, Außenministerium n.
maestà <-> f **1** (imponenza) {+MONTAGNE, MUSICA} Erhabenheit f, Großartigkeit f, Majestät f forb; {+COMPORTAMENTO} Würde f, Majestät f **2** (titolo di sovrani) Majestät f: **Sua ~ il re**, Seine Majestät der König.
maestosità <-> f {+MONTAGNA} Erhabenheit f, Großartigkeit f, Majestät f forb.
maestóso, (-a) agg {ASPETTO, GESTO} erhaben, majestätisch, hoheitsvoll; {ALBERO, EDIFICIO} imposant, gewaltig **2** mus feierlich, maestoso; scherz {NASO} imposant, eindrucksvoll.
maèstra f **1** (di scuola primaria) (Grundschul)lehrerin f **2** (istruttrice) Lehrerin f: **~ di ballo/nuoto**, Tanz-/Schwimmlehrerin f; **~ giardiniera**, Kindergärtnerin f **3** (esperta) Meisterin f **4** mar Großsegel n ● **d'asilo**, Erzieherin f, Kindergärtnerin f fam.
maestràle A agg Mistral- B m (vento) Mistral m.
maestrànza f <di solito al pl> Arbeiterschaft f, Belegschaft f.
maestrìa f **1** (abilità) Meisterschaft f, Geschicklichkeit f **2** (furberia) Schlauheit f, Durchtriebenheit f spreg.
maèstro, (-a) A m **1** (di scuola primaria) (Grundschul)lehrer m **2** (istruttore) Lehrer m: **~ di sci/tennis**, Ski-/Tennislehrer m **3** (esperto) Meister m, Experte m: **essere un ~ nell'arte di lusingare**, der geborene Schmeichler sein; **~ di cerimonie**, Zeremonienmeister m; **essere un ~ nel proprio campo**, ein Meister auf seinem Gebiet sein **4** fig (modello) {+ELEGANZA} Vorbild m, Muster n; spreg {+INSENSIBILITÀ} Ausbund m spreg iron: **è un ~ di stupidità**, er ist ein Ausbund an Dummheit spreg iron **5** (guida) {SPIRITUALE} Führer m **6** anche ante Meister m: **i maestri dell'arte antica**, die Meister der antiken Kunst; **~ carpentiere**, Zimmermannsmeister m; **maestri orafi**, Goldschmiedemeister m pl **7** mus Musiklehrer m, Maestro m forb: **i maestri cantori** mus poet stor, die Meistersinger m pl; **~ del coro**, Chorleiter m **8** relig (Gesù) Meister m B agg **1** (principale) {ENTRATA, PORTA, STRADA} Haupt-; mar {ALBERO, VELA} Groß- **2** (abile) meisterhaft, Meister- C <inv> loc agg: **da ~** {COLPO} Meister-; {LAVORO} meisterlich ● **farla da ~** (essere saccente), es besser wissen wollen; fig (riuscire in qc molto bene), ein Meister in etw (dat) sein; **nessuno nasce ~** prov, es ist noch kein Meister vom Himmel gefallen prov.
MAF amm abbr di Ministero dell'Agricoltura e Foreste: Land- und Forstwirtschaftsministerium n.
màfia f **1** {SICILIANA} Mafia f **2** fig Mafia f.
mafiologìa f (studio) Mafiakunde f, Mafiaforschung f.
mafiòlogo, (-a) <-gi, -ghe> m (f) (esperto) Mafiaexperte m, (Mafiaexpertin f).
mafiosità <-> f (comportamento) {+POLITICO} mafiöses Verhalten.
mafióso, (-a) A agg **1** {METODI, ORGANIZZAZIONE} Mafia- **2** fig Mafia- B m (f) Mafioso m, (Mafiosa f).

mag. abbr di maggio: Mai m.

màga <maghe> f **1** (che fa magie) Zauberin f **2** fig (donna affascinante) Circe f.

magàgna f **1** (difetto) Mangel m, Defekt m; (di frutta) faule Stelle **2** fig (in senso morale) Laster n: **essere pieno di magagne**, lasterhaft sein.

magàri Ⓐ inter und wie!, und ob!, schön wär's (ja)! fam: **ti piacerebbe imparare a sciare? – ~!**, würdest du gerne Ski fahren lernen? – Und ob!, **è tua la Ferrari? – ~!**, gehört der Ferrari dir? – Schön wär's Ⓑ cong **~ ... congv 1** (di desiderio) wenn nur ~, congv, wenn doch (nur/bloß)... congv: **~ fosse vero!**, wenn es doch wahr wäre!; **~ smettesse di piovere!**, wenn es doch aufhören würde, zu regnen! **2** (anche se) auch wenn... ind: **mi comprerò una casa, dovessi ~ impiegarci una vita**, ich werde mir ein Haus kaufen und wenn ich ein Leben dazu brauche! Ⓒ avv **1** (forse) möglicherweise, vielleicht: **~ dico una sciocchezza, ma...**, ist vielleicht blöd, was ich sage, aber... **2** (persino) vielleicht, sogar: **e adesso ~ vuoi che ti ringrazi!**, und jetzt willst du (vielleicht) sogar noch, dass ich mich bei dir bedanke!

magazine <-> m ingl **1** (rivista) Magazin n, Zeitschrift f **2** (inserto) {SETTIMANALE + QUOTIDIANO} Beilage f, Magazin n.

magazzinàggio <-gi> m **1** (il deposito) {+MERCI} Lagerung f, Lagerhaltung f **2** (prezzo) Lagergebühr f.

magazzinière, (-a) m (f) Lagerverwalter(in) m(f), Lagerhalter(in) m(f).

magazzìno m **1** (deposito) (Waren)lager n, {+FORMAGGI, GRANO, VIVERI} Lager n; (molto grande) Lagerhaus n **2** <di solito al pl> (punto di vendita) Kaufhaus n; (molto grande) Warenhaus n: **i grandi magazzini**, Kauf-, Warenhäuser m pl **3** (assortimento) Sortiment n, Auswahl f: **quel negozio ha un ~ ben fornito**, dieses Geschäft hat ein großes Sortiment; **negozio che rinnova il ~**, Geschäft, das sein Sortiment erneuert **4** (ufficio) Lagerverwaltung f.

magènta Ⓐ <inv> agg (rosso primario) {CAMICIA} anilinrot Ⓑ <-> m (colore) Magenta n, Anilinrot n.

maggèngo, (-a) <-ghi, -ghe> agg agr {FIENO} Mai-.

maggesàre tr agr rar **~ qc** {CAMPO} etw brach|legen.

maggèse m agr **1** (campo) Brachland n, Brache f **2** (pratica) Brachlegung f.

maggiaiòlo, (-a) agg (di maggio) {SAGRA} Mai-.

màggio <-gi> m (abbr mag.) Mai m; → anche **settembre**.

maggiocióndolo m bot Goldregen m.

maggiolìno m zoo Maikäfer m.

maggioràna f bot Majoran m.

maggioranza f **1** (maggior parte) {+CASI, PERSONE} Mehrzahl f, Mehrheit f: **la stragrande ~**, die überwältigende Mehrheit **2** dir polit {+VOTANTI} Mehrheit f, Mehrzahl f: **~ assoluta/relativa**, absolute/relative Mehrheit; **essere in ~**, in der Mehrheit/Mehrzahl sein; **una schiacciante ~**, eine erdrückende Mehrheit.

maggioràre tr (aumentare) **~ qc (di qc)** {PREZZO, TASSA DEL 20%} etw (um etw acc) erhöhen, etw (um etw acc) an|heben.

maggiorascàto, **maggiorasco** <-schi> m dir stor Ältestenrecht n, Majorat n.

maggioràta f scherz (donna formosa) {+CINEMA FELLINIANO} üppige Frau.

maggioràto, (-a) agg **1** (aumentato) {COSTO} erhöht **2** autom {CILINDRATA} frisiert fam.

maggiorazióne f {+PREZZO} Erhöhung f.

maggiordòmo m Butler m.

maggióre <compar di grande> Ⓐ agg **1** (comparativo: più grande) größer; {FORZA} höher; (più alto) höher: **il costo fu ~ del previsto**, die Kosten waren höher als vorgesehen **2** (più vecchio) älter; {SORELLA, FRATELLO} anche älter: **la sorella è ~ di tre anni**, die Schwester ist (um) drei Jahre älter **3** (più importante) {ALTARE} größer, bedeutender **4** mat {BASE} höher; (con i numeri) anche mehr **5** mil Ober- **6** mus Dur: **do ~**, C-Dur **7** (superl rel: il più grande): **il/la ~**, größte(r, s); **quella fu la nostra gioia ~**, das war unsere größte Freude **8** (il più vecchio) älteste(r, s); **lui è il ~ del gruppo**, er ist der Älteste der Gruppe **9** (il più importante) {OPERA} bedeutendste(r, s), wichtigste(r, s), Haupt- Ⓑ mf (primogenito) Erstgeborene mf decl come agg, Älteste mf decl come agg Ⓒ m mil Major m • **andare per la ~** fig (avere successo), großen Erfolg haben.

maggiorènne Ⓐ agg {RAGAZZO} volljährig, mündig Ⓑ mf Volljährige mf decl come agg.

maggiorènte mf <di solito al pl>: **i maggiorenti**, die Oberschicht.

maggioritàrio, (-a) <-ri m > Ⓐ agg mehrheitlich, Mehrheits-; polit {SISTEMA} Mehrheits- Ⓑ m polit Mehrheitswahlrecht f.

maggiorménte avv **1** (di più) mehr, stärker, in höherem/stärkerem Maß **2** (più di tutto) am meisten.

maghrebìno → **magrebino**.

màgi m pl relig: **i re ~**, die Heiligen Drei Könige m pl, die drei Weisen m pl aus dem Morgenland.

magìa f **1** (arte occulta) Magie f, Zauberei f: **~ bianca/nera**, weiße/schwarze Magie **2** fig {+SGUARDO, TRAMONTO} Zauber m: **apparire come per ~**, wie von/durch Zauberhand erscheinen.

magiàro, (-a) lett Ⓐ agg (ungherese) madjarisch, magyarisch, ungarisch Ⓑ m (f) (abitante) Madjar(in) m(f), Magyar(in) m(f), Ungar(in) m(f).

màgico, (-a) <-ci, -che> agg **1** (di magia) {BACCHETTA, RITO} Zauber-; {FORMULA, PAROLA, POTERI} anche magisch **2** fig (eccezionale) {ATMOSFERA, SGUARDO} zauberhaft, bezaubernd.

magióne f obs lett anche scherz Domizil n forb anche scherz.

magistèro m **1** (attività) Lehrtätigkeit f, Lehramt n **2** (insegnamento) {+CHIESA} Lehre f **3** fig (grande maestria) Meisterschaft f, Kunst f **4** università stor Pädagogische Hochschule.

magistràle Ⓐ agg **1** (per maestri) Lehrer(er)-: **istituto ~** stor, "Lehrerbildungsanstalt für Grundschullehrer" **2** (da maestro) {ESECUZIONE, TOCCO} meisterhaft; {MODO} vorbildlich **3** spreg {TONO} schulmeisterlich spreg Ⓑ f pl stor: **le magistrali**, "die Lehrerbildungsanstalt für Grundschullehrer".

magistràto m **1** dir (giudice) Richter m: **rivolgersi al ~**, sich an den Richter wenden; (pubblico ministero) Staatsanwalt m **2** amm lett stor (carica pubblica) öffentliches Amt; (persona) Amtsperson f.

magistratùra f dir **1** (organo) Richterschaft f, Staatsanwaltschaft f **2** (funzione giurisdizionale) Gerichtsbarkeit f: **~ ordinaria**, ordentliche Gerichtsbarkeit.

màglia f **1** (intrecciatura) {+ACCIAIO, CORDA} Masche f: **~ diritta/rovescia**, rechte/linke Masche; **lavorare a ~**, stricken **2** (tessuto) Nadel-, Strick-, Häkelarbeit f **3** (indumento intimo) {+COTONE, LANA} Unterhemd n **4** (in-dumento leggero) T-Shirt n **5** (maglione) Pullover m **6** sport {AZZURRA, ROSA} Trikot n: **~ iridata**, Regenbogentrikot n **7** <solo pl fig (trame)> Netz n, Maschen f pl: **cadere nelle maglie di un intrigo**, in ein Intrigennetz geraten.

magliàia f Strickerin f.

maglierìa f **1** (genere di merci) Trikotagen f pl, Strickwaren f pl **2** (fabbrica) Strickerei f, Wirkerei f **3** (bottega) Strickwarengeschäft n.

magliétta <dim di maglia> f **1** (indumento leggero) T-Shirt n **2** (indumento intimo) {+COTONE, LANA} Unterhemd n.

maglifìcio <-ci> m Strickwarenfabrik f, Wirkerei f.

maglìna <dim di maglia> f tess Jersey m.

màglio <-gli> m **1** metall (per forgiare) Gesenkhammer m **2** (martello) Fäustel m **3** sport (hockey) Schläger m.

maglióne <accr di maglia> m (dicker) Pullover.

maglista <-i m, -e f> mf metall tecnol Hammerarbeiter(in) m(f).

màgma <-i> m geol Magma n.

magmàtico, (-a) <-ci, -che> agg **1** fig (caotico) {PENSIERO} wirr, chaotisch forb **2** geol {FORMAZIONE} magmatisch, Magma-.

magnàccia <-> m region Zuhälter m.

magnanimità <-> f Großmut f.

magnànimo, (-a) agg großmütig, edel.

magnàte m Magnat m: **~ d'industria**, Industriemagnat m, Großindustrielle m decl come agg.

magnèsia f chim Magnesia f, Magnesiumoxid n scient.

magnèsio <-> m chim Magnesium n.

magnesìte f miner Magnesit m.

magnète m **1** fis Magnet m **2** mecc Zündmagnet m, Zündspule f.

magnètico, (-a) <-ci, -che> agg **1** fis {CAMPO, FORZA} magnetisch, Magnet- **2** fig {SGUARDO} magnetisierend.

magnetìsmo m **1** anche fis {ANIMALE, TERRESTRE} Magnetismus m **2** fig {+SGUARDO} Anziehungskraft f.

magnetite f min Magnetit m.

magnetizzàbile agg fis magnetisierbar.

magnetizzabilità <-> f fis Magnetisierbarkeit f.

magnetizzàre Ⓐ tr **1** ~ **qc** {FERRO} etw magnetisieren **2** fig (affascinare) **~ qu (con qc)** {CON GLI OCCHI} jdn (mit etw dat) bezaubern, jdn (mit etw dat) in den Bann ziehen Ⓑ itr pron (diventare magnetico): **magnetizzarsi** {FERRO} magnetisch werden.

magnetizzàto, (-a) agg **1** fig (ipnotizzato) {SPETTATORE} wie magnetisiert, hypnotisiert **2** fis (qc) magnetisiert.

magnetizzatóre, (-trice) Ⓐ m (f) fig Magnetiseur(in) m(f); (ipnotizzatore) Hypnotiseur(in) m(f) Ⓑ m fis Elektromagnet m.

magnetizzatrìce f (apparecchio) Magnetisierungsgerät n.

magnetizzazióne f fis {+TESSERA} Magnetisierung f.

magnetòfono m Tonbandgerät n, Magnetophon® n.

magnetolettóre m inform Leseautomat m für magnetische Datenträger.

magnetolettùra f inform Lesen n magnetischer Datenträger.

magnetomeccànica <-che> f fis Magnetomechanik f.

magnetomeccànico, (-a) <-ci, -che> agg fis magnetomechanisch.

magnetòmetro m fis Magnetometer n.

magnetoresistènza f fis Magnetoresistenz f, magnetische Widerstandskraft.
magnetosfèra f astr Magnetosphäre f.
magnetostàtica <-che> f fis Magnetostatik f.
magnetoterapìa f med Mesmerismus m, Heilmagnetismus m.
magnificàre <magnifico, magnifichi> **A** tr **1** (esaltare) ~ **qu/qc** jdn/etw verherrlichen, jdn/etw rühmen, jdn/etw (lob)preisen poet **2** (decantare) ~ **qc** (EFFETTO DI QC, OPERE DI QU) etw in den Himmel heben **B** rfl (esaltarsi): **magnificarsi** sich rühmen.
magnìficat <-> m lat **1** mus relig Magnifikat n **2** fig fam scherz (pranzo) Essen n.
magnificatóre, (-trice) **A** agg (che magnifica) verherrlichend, lobpreisend poet **B** m (f) (chi magnifica) Verherrlicher(in) m(f), Lobpreiser(in) m(f) poet.
magnificazióne f **1** (gener) Verherrlichung f, Rühmen n, Lobpreisung f poet **2** (lode esagerata) Lobeserhebung f forb **3** scient tecnol Vergrößerung f, Erweiterung f.
magnificentìssimo, (-a) <superl di magnifico> agg lett (magnanimo) {MECENATE, SIGNORE} herrlich.
magnificènza f **1** {+ANIMO} Großmut f **2** {+ARREDO, FESTA, ecc.} Pracht f, Prunk m; {+COLLANA} Herrlichkeit f; (meraviglia) Großartigkeit f: **un panorama che è una ~**, ein herrliches Panorama **3** rar (titolo) Magnifizenz f.
magnìfico, (-a) <-ci, -che> **A** agg **1** (meraviglioso) {IDEA, SERATA} wunderbar; {TEMPO} anche herrlich; {GIOIELLO} anche prächtig; {CANE} wunderschön; (sontuoso) {PALAZZO} prunkvoll, prachtvoll **2** (nei titoli) Magnifikus m, Magnifizenz f: **al Magnifico Rettore dell'Università degli Studi di Torino**, an den Rektor (Magnifikus) der Universität Turin **B** inter impr: **~! 1** (di entusiasmo) wunderbar!, fantastisch! fam, toll! fam: **stasera siamo invitati fuori a cena. – ~!**, heute sind wir zum Abendessen eingeladen. – Fantastisch! fam **2** iron (di contrarietà) großartig! iron: **~, ho perso il treno!**, das ist ja großartig, ich habe den Zug verpasst iron.
magniloquènte agg **1** lett eloquent forb **2** spreg {PROSA, TONO} schwülstig spreg, salbungsvoll spreg, pathetisch spreg.
magniloquènza f **1** lett {+ORATORE} Eloquenz f forb **2** spreg Pathos n forb anche spreg, Schwülstigkeit f spreg.
magnitùdine f astr {+STELLA} Magnitudo f.
magnitùdo <-> f lat fis geol {+SCOSSA SISMICA} Magnitude f.
màgno, (-a) agg poet groß: **Carlo Magno**, Karl der Große.
magnòlia f bot Magnolie f.
màgnum <-> f lat **1** (bottiglia da circa 2 litri) Magnum(flasche) f **2** artiglieria (cartuccia) Magnum(patrone) f; (revolver) Magnum (revolver) f.
màgo <maghi> m **1** (che esercita la magia) Magier m, Zauberer m; (nelle fiabe) Zauberer m: **il ~ Merlino**, der Zauberer Merlin **2** (guaritore) Wunderheiler m **3** (illusionista) Zauberkünstler m **4** fig (fuoriclasse) Meister m: **il mio commercialista è un ~**, mein Steuerberater ist ein wahres Genie fam.
magóne m sett **1** (di pollo) Hühnermagen m **2** fig tiefer Kummer, Gram m forb, Herz(e)leid n lett: **avere il ~**, das heulende Elend haben fam anche scherz, in Weltuntergangsstimmung sein; **quando l'ho saputo mi è venuto il ~**, als ich es erfahren habe, ist mir ganz anders geworden fam.
Magónza f geog Mainz n.

màgra f **1** {+FIUME} Niedrigwasser n: **essere in ~**, wenig Wasser führen **2** fig fam (misera figura) Blamage f, schlechte Figur: **fare una ~**, sich bis auf die Knochen blamieren fam; **che ~!**, was für eine Blamage! ● **periodo/tempi di ~** (di scarsità), magere Zeiten.
Magrèb m geog Maghreb m.
magrebìno, (-a) **A** agg maghrebinisch **B** m (f) (abitante) Maghrebiner(in) m(f).
magrézza f **1** {+PERSONA, VISO} Magerkeit f, Hagerkeit f **2** fig {+ENTRATE, RISULTATI} Dürftigkeit f, Spärlichkeit f.
màgro, (-a) **A** agg **1** {UOMO} mager, dünn: **~ come un chiodo/un'acciuga/uno stecco**, spindeldürr; (snello) schlank **2** {CARNE, PROSCIUTTO} mager; {FORMAGGIO, YOGURT} anche fettarm **3** fig (scarso) {AFFARI, ANNATA, BOTTINO, RICOMPENSA, RISULTATO} dürftig, mager **4** fig (meschino) {SCUSA} faul fam; {FIGURA} kläglich, erbärmlich fam **B** m (f) (persona) Magere mf decl come agg: **è una falsa magra, sie sieht schlanker aus, als sie (in Wirklichkeit) ist **C** m **1** (senza grasso) {+PROSCIUTTO} magerer Teil, Magere m decl come agg **2** (senza carni) fleischlose Kost: **mangiare di ~**, fleischlos essen.
mah inter **1** (chissà) wer weiß: **sarà vero? – mah!**, ob das wahr ist? – Wer weiß! **2** (di disapprovazione) allerdings, ja: **mah (insomma)!**, na ja! fam **3** (di rassegnazione) tja fam: **mah, non so più cosa fare!**, tja fam, ich weiß nicht mehr, was ich tun soll!; **e adesso cosa vuoi fare? – mah!**, und was willst du jetzt machen? – ₁Ich weiß auch nicht!₁/[Keine Ahnung!].
maharajàh <-> m hindi Maharadscha m.
maharàni <-> f hindi (sposa del maharaja) Maharani f.
mahatma hindi **A** <inv> agg (magnanimo) mit großer Seele **B** <-> m (appellativo) Mahatma m: **il ~ (Gandhi)**, Mahatma Gandhi.
mahdi <-> m arabo relig (nell'islamismo) Mahdi m.
mài avv **1** (nessuna volta) nie(mals): **non ... mai**, nie; **mai più**, nie mehr, nie wieder; **mai e poi mai**, nie und nimmer; **mai che mi avvisi per tempo!**, nie sagst du mir rechtzeitig Bescheid! **2** (qualche volta) jemals, je, irgendwann: **smetterà mai di piovere?**, wird es irgendwann einmal aufhören zu regnen? **3** fam (interrogativo) denn: **come mai non vieni?**, wieso kommst du denn nicht?; **nessuno ... mai**, niemand ... je **4** (pleonastico) nur, wohl, bloß: **cosa vuoi mai che sia!**, was soll das schon sein!; **chi sarà mai?**, wer mag das wohl sein?; **se mai la dovessi rivedere...**, falls ich sie je wieder treffen sollte... ● **dove sarà mai andato?**, wohin wird er (nur) gegangen sein?; **cosa mi dici mai!**, was du nicht sagst!; **chi l'avrebbe mai detto?**, wer hätte das jemals gedacht?; **è più gentile che mai**, er/sie ist freundlicher denn je; **ora meno che mai**, jetzt erst recht nicht; **ora più che mai**, jetzt erst recht, jetzt mehr denn je; **quando mai mi sono tirato indietro?**, wann habe ich je einen Rückzieher gemacht?; **ciò è quanto mai spiacevole**, das ist äußerst unangenehm; **non si sa mai!**, man kann nie wissen!
maiàla f anche fig volg Sau f anche volg.
maialàta f volg **1** (azione ignobile) Schweinerei f anche volg spreg **2** (oscenità) Schweinigelei f fam spreg.
maiàle m **1** zoo Schwein n **2** gastr Schwein n; (carne) Schwein(efleisch) n **3** fig volg Schwein n volg, Sau f volg ● **essere un ~ fig fam** (sporco), eine Sau volg spreg sein; **rimpinzarsi/mangiare come un ~ fig fam** (in modo esagerato), sich den Magen voll|schla-

gen fam, wie ein Schwein fressen fam volg.
maialésco, (-a) <-schi, -sche> agg **1** (da maiale) {FACCIA} Schweins- spreg **2** fig (immondo) {AZIONE} schweinisch fam spreg, dreckig fam spreg; {SGUARDO} anstößig, unflätig forb spreg; {ESPRESSIONE} anche zotig spreg, schlüpfrig spreg.
maièutica <-che> f filos {SOCRATICA} Mäeutik f.
maièutico, (-a) <-ci, -che> agg filos {PROCESSO} mäeutisch.
mail <-> f inform abbr dell'ingl electronic mail: (messaggio) Mail f: **mandare una ~ a qu**, jdm eine Mail schicken; **controllare le proprie ~**, seine Mails checken.
mailbox <-> f ingl inform (casella postale) Mailbox f.
mailing <-> m ingl comm polit (Direct) Mailing n.
mailing list <-, -, -s pl ingl> f ingl inform Mailingliste f, Mailingliste f.
mail order <-, -, -s pl ingl> loc sost m ingl (ordine postale) Mailorder f.
mainframe <-> m inform Mainframe m.
maiòlica <-che> f (ceramica, oggetto) Majolika f: **le maioliche di Faenza**, die Majoliken aus Faenza.
maiolicàio, (-a) <-cai> m (f) **1** (fabbricante) Majolikahersteller(in) m(f) **2** (venditore) Majolikenhändler(in) m(f).
maiolicàre <maiolico, maiolichi> tr ~ **qc 1** {TERRACOTTA} etw mit Majolikaglasur überziehen **2** {LE PARETI DI UN BAGNO} etw mit Majolikafliesen verzieren/verkleiden.
maiolicàto, (-a) **A** agg {MURO} mit Majolikakacheln verkleidet; {GHISA} mit Zinnglasur **B** m (superficie) mit Majolikakacheln verkleidete Wand.
maionése f gastr Majonäse f.
Maiòrca f geog Mallorca n.
màis <-> m Mais m.
maiscoltóre, (-trice) m (f) agr Maisbauer m, (Maisbäuerin f).
maiscoltùra f agr Maisanbau m.
maison <-> f franc **1** eufem (bordello) Etablissement n forb **2** (nella moda) Modehaus n.
maître <-> m franc **1** (direttore) {+HOTEL, RISTORANTE} Direktor m **2** (maggiordomo) Butler m.
maître à penser <-, -s -pl franc> loc sost m franc lett (modello ispiratore) {+ROMANTICISMO} Inspirator m forb.
maîtresse <-> f franc eufem (tenutaria) Puffmutter f spreg.
maiùscola A agg {LETTERA} Groß- **B** f Großbuchstabe m.
maiuscolétto <dim di maiuscolo> m tip Kapitälchen n.
maiùscolo, (-a) agg **1** {LETTERA, SCRITTURA} Groß-, groß(geschrieben) **2** scherz {PROVA, SPETTACOLO} kolossal, gewaltig.
Maizèna® f (farina di granoturco) Maizena n, Maisstärkepuder m.
major <-> f ingl film **1** (casa di produzione) große Filmproduktionsgesellschaft: **le ~ di Hollywood**, die Major Hollywoodstudios, die Hollywood-Majors **2** (impresa) bedeutendes Unternehmen.
majorette <-> f ingl Majorette f.
make-up <-> m ingl (nella cosmesi) {LEGGERO, PESANTE} Make-up n.
makò <-> tess **A** agg {COTONE} Mako- **B** m Mako f o m o n.
mal → **male**①, **male**②.
màla f slang (malavita) Unterwelt f.
malàccio <-ci, pegg di male②> m solo nella

malaccòlto, (-a) agg (*ricevuto con ostilità*) {PROPOSTA} unwillkommen.

malaccortézza f (*l'essere malaccorto*) {+IMPIEGATO} Unvorsichtigkeit f, Unachtsamkeit f, Unbesonnenheit f.

malaccòrto, (-a) agg **1** {PERSONA} unvorsichtig, unachtsam **2** {FRASE} unpassend, unklug.

malachìte f *min* Malachit m.

malacologìa f *zoo* Malako(zoo)logie f.

malacòlogo, (-a) <-gi, -ghe> m (f) *zoo* Malakologe m, (Malakologin f).

malacreànza <*malecreanze*> f Unhöflichkeit f, Ungezogenheit f.

malaféde <*rar malefedi*> f Unredlichkeit f, böse Absicht: **agire in ~**, wider besseres Wissen handeln; **essere in ~**, unredlich sein.

malafémmina <*-e, male femmine*> f *merid spreg* (*donna di malaffare*) Nutte f *spreg*, Flittchen n *spreg*, Schnepfe f *spreg*.

malaffàre <inv> loc agg: **di ~**, {CASA, DONNA, GENTE} berüchtigt, verrufen, von üblem Ruf.

màlaga <-> **A** m *enol* Malaga(wein) m **B** f (*uva*) Malagatraube f.

malagévole agg **1** {LAVORO, SALITA} beschwerlich, anstrengend **2** *fig* {TEMPI} hart.

malagiàto, (-a) agg **1** (*scomodo*) {APPARTAMENTO} ungemütlich **2** (*povero*) {CONDIZIONI} ärmlich, armselig, bescheiden.

malagràzia <*malegrazie*> f Grobheit f, Ungeschliffenheit f.

malalìngua <*malelingue*> f Lästerzunge f, Lästermaul n *fam*.

malaménte avv schlecht, übel, in übler Weise: **finire ~**, schlimm enden; **rispondere ~ a qu**, jdm eine unpassende/schiefe *fam*/patzige *fam* Antwort geben; **scivolare ~**, unglücklich ausrutschen; **trattare qu ~**, jdn schlecht behandeln.

malandàto, (-a) agg **1** (*ridotto male*) {VECCHIO} heruntergekommen; {BAR, NEGOZIO, ecc.} anche abgewirtschaftet; {BRACCIO} schlimm **2** {VESTITO} schäbig *spreg*.

malandrinàggio <-gi> m (*brigantaggio*) Straßenräuberei f.

malandrinésco, (-a) <-schi, -sche> agg (*da malandrino*) {COLPO} Gauner-.

malandrìno, (-a) **A** m (f) *scherz* (*furbo*) Schlingel m *scherz*, Spitzbube m *scherz* **B** m (*persona losca*) Gauner m *spreg*, Schurke m *spreg* **C** agg **1** (*disonesto*) {VITA} Gauner-, unehrlich; {GENTE} anche übel **2** *scherz* {OCCHI, SORRISO} spitzbübisch, verschmitzt, schelmisch.

malànimo m **1** (*insoddisfazione*) Unzufriedenheit f: **di ~**, widerwillig **2** (*avversione*) Abneigung f **3** (*ostilità*) Feindseligkeit f: **con ~**, feindselig.

malànno m **1** (*acciacco*) Leiden n, Gebrechen m: **è un vecchio pieno di malanni**, er ist ein gebrechlicher alter Mann; **prendersi un ~** *fam*, sich erkälten, sich eine Erkältung zuziehen/holen *fam* **2** (*disgrazia*) Unglück n, Unheil n **3** *scherz* (*persona molesta*) Störenfried m.

malaparàta, **mala paràta** <*rar maleparate*> f loc sost f kritische/gefährliche Situation • **alla ~** (*se la situazione peggiora*), schlimmstenfalls: **alla ~ dormiamo in macchina**, schlimmstenfalls schlafen wir im Auto.

malaparòla <*-e, male parole*> f (*ingiuria*) Schimpfwort n.

malapéna loc avv: **a ~**, kaum, mit Müh und Not, mit Ach und Krach *fam*; **può a ~ parlare**, er/sie kann kaum sprechen; **riuscire a ~ a sfamarsi**, mit Müh und Not seinen Hunger stillen.

malapiànta, **màla piànta** <*malepiante*> f loc sost f **1** (*fenomeno*) {+VIOLENZA} Übel n, Unkraut n **2** (*stirpe malvagia*) Übel n, Unkraut n.

malària f *med* Malaria f.

malàrico, (-a) <-ci, -che> **A** agg {ZONA} Malaria- **B** m (f) *med* Malariakranke mf decl come agg.

malasanità <-> f *giorn* Missstände m pl im Gesundheitswesen: **i casi di ~ aumentano di giorno in giorno**, von Tag zu Tag nehmen die Missstände im Gesundheitswesen zu.

malasòrte <*malesorti*> f Missgeschick n, Unglück n.

malassàre tr (*impastare*) **~ qc** {ARGILLA, FARINA E ACQUA} etw kneten.

malassorbiménto m *med* Malabsorption f *scient*.

malàta f → **malato**.

malatìccio, (-a) <-ci, -ce> agg {BIMBO} kränklich, kränkelnd.

malàto, (-a) **A** agg **1** krank: **~ di fegato/cuore**, leber-/herzkrank; **essere ~ di tumore**, einen Tumor haben **2** (*insana*) {CIVILTÀ, MENTE} krank, ungesund **3** *fig* **~ di qc** {D'AMORE, DI NOSTALGIA} vor etw (dat) krank: **essere ~ di invidia**, gelb/grün vor Neid sein **B** m (f) Kranke mf decl come agg: **~ terminale**, Kranke mf decl come agg im Endzustand • **darsi ~**, sich krankmelden; **essere mezzo ~**, nicht so gut/recht beieinander/beisammen sein.

malattìa f **1** (*morbo*) Krankheit f: **~ dei cassoni**, Druckluftkrankheit f, Caissonkrankheit f *scient*; **~ ereditaria**, Erbkrankheit f; **~ mentale**, Geisteskrankheit f; **~ della pelle**, Hautkrankheit f; **~ professionale**, Berufskrankheit f; **quarta ~**, "leichte Form von Scharlach"; **quinta ~**, "leichte Form von Masern"; **~ a trasmissione sessuale**, sexuell übertragbare Krankheit; **~ venerea**, Geschlechtskrankheit f **2** *fig* (*vizio*) Laster n; (*fissazione*) fixe Idee, Macke f *fam* • **~ diplomatica** *scherz*, Scheinkrankheit f, gespielte Krankheit; **non bisogna farne una ~** *fig* (*non bisogna prendersela troppo*), man darf sich ˻davon nicht verrückt machen lassen˼/[da nicht hineinsteigern], man darf das nicht dramatisieren; **mettersi in ~**, sich krankschreiben lassen.

malauguràto, (-a) agg {COINCIDENZA, GIORNO, INCIDENTE} verhängnisvoll, unglückselig.

malaugùrio m böses Omen: **essere di ~**, Unglück bringen.

malaventùra, **màla ventùra** *lett* **A** f loc sost f (*cattiva sorte*) Unglück n **B** loc avv (*disgraziatamente*): **per ~**, unglücklicherweise.

malavìta <-> f (*insieme di persone*) {PARIGINA} Unter-, Verbrecherwelt f: **darsi alla ~** (*tipo di vita*), ein Verbrecherleben führen, Verbrecher werden.

malavitóso, (-a) **A** agg (*della malavita*) {AMBIENTE, ORGANIZZAZIONE} Unterwelt-, Verbrecher- **B** m (f) (*chi appartiene alla malavita*) Verbrecher(in) m(f).

malavòglia <*malevoglie*> **A** f Widerwillen m, Unlust f **B** loc avv: **di ~**, ungern, widerwillig.

malavvedùto, (-a) agg (*incauto*) {GESTO, PARERE} unüberlegt, unbedachtsam.

malavvézzo, (-a), **màla avézzo**, (-a) agg loc agg (*abituato male*) verwöhnt, verzogen; **~ (a qc)** {GIOVANE AL LAVORO, ALLO STUDIO} an etw (acc) nicht gewöhnt.

malbiànco, **mal biànco** <-chi> m loc sost m *agr* Oidium n.

malcadùco <-chi> m *fam* (*epilessia*) Epilepsie f, Fallsucht f *obs*.

malcapitàto, (-a), **mal capitàto**, (-a) **A** agg loc agg {PERSONA} unglückselig **B** m (f) loc sost m(f) Unglückselige mf decl come agg.

malcàuto, (-a), **mal càuto**, (-a) agg loc agg (*avventato*) **~ (in qc)** {RAGAZZO NELLE SUE AZIONI} unvorsichtig (*in etw dat*), unklug (*in etw dat*): **è stato ~ nel prendere quella decisione**, es war sehr unvorsichtig von ihm, diese Entscheidung zu treffen.

malcelàto, (-a), **mal celàto**, (-a) agg loc agg (*mal dissimulato*) {ANTIPATIA, ORGOGLIO} schlecht verhüllt.

malcollocàto, (-a), **mal collocàto**, (-a) agg loc agg (*collocato male*) {SCHEDA} falsch eingeordnet.

malcóncio, (-a) <-ci, -ce> agg **1** {PERSONA} übel zugerichtet **2** {VESTITO} abgetragen, abgenutzt: **auto malconcia**, Klapperkiste f *fam*.

malconsideràto, (-a) agg (*sconsiderato*) unbedacht, unbesonnen.

malconsigliàto, (-a) agg (*incauto*) unvorsichtig.

malcontènto, (-a) **A** agg **~ (di qu/qc)** unzufrieden (*mit jdm/etw*) **B** m (*insoddisfazione*) Unzufriedenheit f.

malcopèrto, (-a), **mal copèrto**, (-a) agg loc agg (*coperto a stento*) {BAMBINO} kaum bedeckt.

malcorrispósto, (-a) agg **1** (*non corrisposto*) {AMORE, SIMPATIA} unerwidert **2** (*non ricompensato*) {IMPEGNO} nicht entlohnt.

malcostùme, **mal costùme** <*mali costumi*> m loc sost m (*DIFFUSO*) moralische Verkommenheit, Verlogenheit f, Verdorbenheit f: **combattere il ~ politico**, gegen die Verlogenheit/[moralische Verkommenheit] der Politiker ankämpfen.

malcreàto, (-a), **mal creàto**, (-a) agg (*screanzato*) {RAGAZZA} ungezogen, frech.

maldèstro, (-a) agg {CAMERIERE, TENTATIVO} ungeschickt, unbehollen.

maldicènte **A** agg {PERSONA} klatschsüchtig **B** mf Lästerzunge f, Lästermaul n *fam*.

maldicènza f **1** (*sparlare*) Lästern n **2** (*calunnie*) üble Nachrede, Verleumdung f: **dar retta alla maldicenza della gente**, auf die Verleumdungen der Leute hören.

maldispósto, (-a) agg **~ verso qu/qc** (*jdm*) übel gesinnt, (*etw dat*) abgeneigt.

maldistribuìto, (-a) agg (*distribuito male*) {PRODOTTO, SERVIZIO} schlecht verteilt.

maldiviàno, (-a) **A** agg maledivisch **B** m (f) (*abitante*) Malediver(in) m(f).

màle[1] <*peggio, malissimo*> **A** avv **1** (*non bene*) schlecht, schlimm, übel: **comportarsi ~**, sich schlecht benehmen; **dormire ~**, schlecht schlafen; **potrebbe andar ~**, das könnte übel ausgehen; **le cose le vanno proprio ~**, sie ist wirklich übel dran *fam*, bei ihr läuft's wirklich schlecht *fam*; **l'hanno proprio conciato ~**, sie haben ihn wirklich übel zugerichtet **2** (*erroneamente*) falsch: **ho forse capito ~?**, habe ich vielleicht etwas falsch verstanden? **3** (*non, appena*) schlecht, kaum: **lo guardò con mal celato orgoglio**, er/sie sah ihn mit verhohlenem Stolz an; **fare qc mal volentieri**, etw ungern tun **B** inter impr (*di disapprovazione*): **hai rotto il vetro dei vicini? ~!**, hast du den Nachbarn die Scheibe eingeworfen? Das ist schlecht!

màle[2] m **1** Schlechte n decl come agg, Übel n, Böse n decl come agg: **fare il ~**, Böses tun; **istigare qu al ~**, jdn zu Bösem verleiten; **la lotta contro il ~**, der Kampf gegen das Böse; **vedere il ~ dappertutto**, überall ˻das Böse sehen˼/[Böses wittern] **2** (*dolore*) Schmerz m: **ho mal di denti**, ich habe Zahnschmerzen m pl/ Zahnweh n; **ho/sento ~ alla gam-**

ba, mein Bein tut mir weh **3** (*malattia*) Krankheit f, Leiden n **4** (*danno*) Schaden m **5** (*sventura*) Unglück n, Unheil n • **mal d'*Africa***, Afrikasehnsucht f; **mal d'*amore***, Liebeskummer m; ***andar* di ~ in peggio**, immer schlechter gehen, vom Regen in die Traufe kommen; **andare a ~**, schlecht werden, verderben; ***augurare* del ~ a qu**, jdm Schlechtes wünschen; **avere un ⌊brutto ~⌋**/[~ **incurabile**] **male** (*cancro*), eine unheilbare Krankheit haben, unheilbar krank sein; **mal *caduco*** *fam* (*epilessia*), Epilepsie f, Fallsucht f *obs*; **che ~ c'è?**, was ist denn Schlimmes dabei?, was schadet das?; **come va?** – **Non c'è ~, grazie!**, wie geht's/[geht es Ihnen]? – ⌊Nicht schlecht⌋/[Ganz gut], danke!; ***dire* di qu tutto il ~ possibile**, jdn völlig heruntermachen *fam*, ⌊nichts Gutes⌋/[kein gutes Haar] an jdm lassen *fam*, jdn in Grund und Boden verdammen *fam*; **il braccio mi *fa ~***, der Arm tut mir weh; **il latte mi fa ~**, ich vertrage keine Milch; **mi fa ~ pensare che presto partirai!**, der Gedanke an deine baldige Abfahrt tut mir weh!; **fare del ~ a qu**, jdm wehtun, jdm schaden, jdm etw zuleide tun; **farsi del ~**, sich (dat) wehtun, sich verletzen; *fig*, sich (dat) weh|tun; **mal *francese*** *fam* (*sifilide*), Syphilis f; **mal dell'*inchiostro*** *bot*, Tintenkrankheit f; ***liberaci* del ~** *relig*, erlöse uns von dem Bösen; **mal ⌊di *mare*⌋**/ [di *montagna*]/[d'*aria*]/[d'*auto*], See-/Höhen-/Luft-/Autokrankheit f; **mi viene il mal di mare**, ich werde seekrank; **ho il mal di mare**, ich bin seekrank, ich leide an Seekrankheit; **meno ~ che è finita!**, gut/[Gott sei Dank], dass es vorbei ist!; **non fare ~ a una *mosca***, keiner Fliege etwas zuleide tun; **niente**/**mica ~!** *fam*, nicht schlecht! *fam*; **non ci vedo niente di ~**, ich sehe nichts Schlimmes darin; **non (è) ~**, (das ist) nicht schlecht; **prendersela**/**aversela a ~** (*offendersi*), sich beleidigt fühlen, einschnappen *fam*, etw in die falsche Kehle bekommen *fam*; **poco ~**, das macht nichts, das ist nicht/halb so schlimm; **portare ~** (*sfortuna*), Unglück bringen; **non *sarebbe* ~ telefonargli**, es wäre nicht schlecht, wenn man ihn anrufen würde; **il ~ del *secolo***, das Übel des Jahrhunderts; **mal *sottile*** *fam* (*tubercolosi*), Tuberkulose f; **i mali della *vita***, die Widrigkeiten des Lebens; ***voler* ~ a qu**, jdm übelwollen; **a mali estremi, estremi rimedi** *prov*, auf einen groben Klotz gehört ein grober Keil *prov*; **non tutto il ~ vien per nuocere** *prov*, durch Schaden wird man klug *prov*, es hat alles sein Gutes; **mal comune mezzo gaudio** *prov*, geteiltes Leid ist halbes Leid *prov*.

maleavviàto, (-a) agg (*avviato male*) {RAPPORTO, TRATTATIVA} schlecht angelaufen.

malecreànze pl *di* malacreanza.

maledétto, (-a) **A** agg *anche fam spreg* {FRETTA, GIORNO, OSPEDALE, PAURA} verdammt *fam spreg*, verflucht *fam*, verflixt *fam*: **avere un ~ bisogno di soldi**, verdammt dringend Geld brauchen **B** m (f) Verdammte mf decl come agg, Verfluchte mf decl come agg.

maledìre ⟨*coniug come* dire⟩ tr **1** ~ (*qu*) {DIO CAINO} jdn verdammen, jdn verfluchen **2** ~ *qu*/*qc* {SITUAZIONE} jdn/etw verfluchen {COLLEGA} *spreg* jdm/etw verwünschen.

maledizióne A f **1** {+FARAONE} Fluch m, Verwünschung f: **gli ha lanciato un sacco di maledizioni** *fam*, er/sie hat einen Haufen Flüche nach ihm ausgesprochen **2** *fig* (*rovina*) Fluch m, Unglück n **B** inter impr verflixt, verflucht (nochmal): **~! il treno è partito** *fam*, verflixt/verflucht/verdammt (nochmal), der Zug ist weg! *fam*.

maleducàto, (-a) **A** agg {GENTE} flegelhaft *spreg*, unhöflich, ohne Manieren; {BAMBINO} ungezogen **B** m (f) Grobian m *spreg*, Flegel m *fam spreg*, Lümmel m *fam spreg*: **è stata una vera maleducata**, sie war ausgesprochen unhöflich.

maleducazióne f {+GENTE} Flegelhaftigkeit f *spreg*; {+BAMBINO} Ungezogenheit f.

malefàtta f ⟨*di solito al* pl⟩ Verfehlung f, Missetat f.

malefédi *rar* pl *di* malafede.

maleficio ⟨-ci⟩ m Hexerei f, Zauberei f.

malèfico, (-a) ⟨-ci, -che⟩ agg **1** (*nocivo*) {ARIA} schädlich, giftig **2** {INFLUSSO} Zauber-, Hexen-.

malefizio *e deriv* → **maleficio** *e deriv*.

malegràzie pl *di* malagrazia.

malèico, (-a) ⟨-ci, -che⟩ agg *chim*: **acido ~**, Maleinsäure f.

màle intenzionàto → **malintenzionato**.

malelìngue pl *di* malalingua.

maleodorànte agg {FOGNA} übel riechend; {CANALE} *anche* stinkend.

maleolènte agg *lett* (*maleodorante*) {AMBIENTE} übel riechend; {CANALE} *anche* stinkend.

maleparàte pl *di* malaparata.

malèrba f Unkraut n • **la ~ non muore mai** *fig scherz*, Unkraut vergeht/verdirbt nicht *fam*.

malesòrti pl *di* malasorte.

malèssere m **1** (*indisposizione*) {PASSEGGERO} Unwohlsein n, Unpässlichkeit f *obs* **2** *fig* (*turbamento*) {GENERALE} Unbehagen n.

malèstro m Schaden m, Unheil n.

malevòglie pl *di* malavoglia.

malevolènza f Böswilligkeit f, Missgunst f, Übelwollen n: **agire con ~**, böswillig handeln.

malèvolo, (-a) agg {ATTEGGIAMENTO} böswillig, übelwollend.

malfamàto, (-a) agg {LOCALE, PERSONA, POSTO, VIA} verrufen.

malfàtto, (-a) **A** agg **1** {AZIONE, LAVORO, LIBRERIA, RITRATTO} missraten, misslungen **2** {CORPO, PERSONA} missgestaltet **B** m Unrecht n, Verfehlung f, Missetat f *forb obs*.

malfattóre, (-trice, *fam* -tora) m (f) Übeltäter(in) m(f), Missetäter(in) m(f) *forb obs*.

malférmo, (-a) agg **1** {PASSO} unsicher; {GAMBE} wack(e)lig; {VOCE} schwach **2** *fig* schwach: **essere ~ di salute**, eine schwache Gesundheit/Konstitution haben.

malfidàto, (-a) **A** agg (*diffidente*) misstrauisch, argwöhnisch *forb* **B** m (f) (*chi non si fida*) misstrauischer/argwöhnischer Mensch.

malfido, (-a) agg (*infido*) {AMICO, GENTE} unzuverlässig.

malfondàto, (-a) agg (*infondato*) {DUBBIO, SPERANZA} unbegründet.

malformàto, (-a) agg med biol {ORGANO} missgebildet.

malformazióne f med biol {OSSEA; +ORGANO} Missbildung f.

malfrancése, mal francése m loc sost m med Syphilis f, Lues f.

malfunzionaménto m (*funzionamento insoddisfacente*) {+APPARECCHIO, SERVIZIO PUBBLICO} mangelhaftes/schlechtes Funktionieren, Funktionsuntüchtigkeit f.

malfunzionàre itr (*funzionare male*) schlecht funktionieren.

màlga ⟨-ghe-⟩ f sett (*pascolo*) Alm f.

malgàrbo m Grobheit f, Unhöflichkeit f: **rispondere con ~**, unhöflich antworten.

malgàro, (-a) m (f) (*pastore*) Senn(e) m region, (Sennerin f) region.

malgiudicàre ⟨*malgiudico, malgiudichi*⟩ tr (*giudicare ingiustamente*) ~ *qu*/*qc* jdn/etw zu Unrecht verurteilen: **spesso è facile ~ il prossimo**, es ist oft leicht, den Nächsten (zu Unrecht) zu verurteilen.

malgovèrno, mal govèrno m loc sost m polit Misswirtschaft f (der Regierung).

malgràdo A prep (*nonostante*) **~ *qc*** trotz *etw* (gen)/(dat) *fam*: **~ il ritardo, sono riusciti a prendere l'aereo**, trotz ihrer Verspätung haben sie das Flugzeug noch bekommen; **~ tutto/ciò gli voglio ancora bene**, trotz allem habe ich ihn noch gern **B** cong ~ loc cong (*benché*): **~ che ... congv**, obwohl... *ind*, wenn ... auch... *ind*; **~ fosse celebre, non aveva un amico**, obwohl er/sie berühmt war, hatte er/sie keinen einzigen Freund **C** avv: **mio/tuo/... ~**, gegen meinen/deinen/... Willen; **ho divorziato mio ~**, ich habe mich gegen meinen Willen scheiden lassen.

malguardàto, (-a), **mal guardàto**, (-a) agg loc agg (*mal custodito*) {PODERE} schlecht bewacht.

malìa f **1** (*fascino*) Zauber m, Faszination f **2** (*pratica magica*) Zauberei f, Hexerei f: **fare una ~ a qu**, jdn verhexen.

maliàrdo, (-a) **A** agg {SGUARDO, SORRISO} bezaubernd, faszinierend **B** f (*donna affascinante*) Vamp m.

màlico, (-a) ⟨-ci, -che⟩ agg *chim* {ACIDO} Apfel-.

malignàre itr ~ (*su qu*/*qc*) {SUI VICINI DI CASA, SULLE SCELTE DI QU} (*über jdn/etw*) klatschen *spreg*, (*über jdn/etw*) tratschen *fam spreg*, *über jdn/etw* her|ziehen *fam spreg*.

malignità <> f **1** (*malizia*) {+COMMENTO} Bosheit f, Boshaftigkeit f: **mi guardava con ~**, er/sie schaute mich boshaft an **2** (*cosa detta*) Bosheit f, Boshaftigkeit f, Gehässigkeit f: **dice solo delle ~**, er/sie verbreitet nur Bosheiten/Gehässigkeiten **3** med {+MALATTIA} Bösartigkeit f, Malignität f *scient*.

malìgno, (-a) **A** agg **1** {INSINUAZIONE} böswillig; (*risatina*) boshaft, hässlich **2** {CRITICO} böswillig; {PERSONA} *anche* boshaft, bösartig, gehässig **3** med {TUMORE} bösartig, maligne *scient* **B** m (f) Böswillige mf decl come agg, Böse mf decl come agg: **i maligni dicono che...**, böse Zungen behaupten, dass... • **il ~**, der Teufel.

malimpiegàto, (-a) agg (*usato male*) {PATRIMONIO} schlecht genutzt.

malinconìa f *anche psic* {CUPA} Melancholie f, Schwermut f.

malincònico, (-a) ⟨-ci, -che⟩ agg {CARATTERE} melancholisch, schwermütig.

malincuòre loc avv: **a ~**, schweren Herzens, notgedrungen; **gliel'ho dato a ~**, ich habe es ihm schweren Herzens gegeben.

malinformàto, (-a) agg (*non informato esattamente*) {UTENTE} schlecht informiert.

malintenzionàto, (-a) **A** agg übel gesinnt, böswillig **B** m (f) Übelgesinnte mf decl come agg.

malintéso, (-a) **A** agg (*male interpretato*) {SENSO DELL'ONORE} missverstanden **B** m Missverständnis n: **c'è stato un ~**, es hat ein Missverständnis gegeben.

malìssimo superl *di* male⊕.

malìzia f **1** Arglist f, Hinterlist f **2** (*furbizia allusiva*) Pfiffigkeit f, Gewitztheit f, Verschmitztheit f **3** (*astuzia*) Kniff m, Trick m, Finesse f *forb*.

maliziosità <> f (*l'essere malizioso*) {+RAGAZZINO} Boshaftigkeit f, Bösartigkeit f; {+SGUARDO} Gehässigkeit f.

malizióso, (-a) **A** agg **1** (*maligno*) {RAGAZZA} boshaft, arglistig, hinterlistig; {DOMANDA} tückisch, maliziös *forb*; {INSINUAZIONE} *anche* böswillig **2** (*birichino*) {SORRISO} pfiffig, gewitzt, verschmitzt **B** m (f) Übelgesinnte mf decl come agg.

malleàbile agg **1** *fis* dehnbar; {METALLO} (ver)formbar **2** *fig* {CARATTERE} gefügig, formbar.

malleabilità <-> f **1** *fis* Dehnbarkeit f; {+ORO, RAME} (Ver)formbarkeit f **2** *fig* {+CARATTERE} Gefügigkeit f, Formbarkeit f.

mallèolo m *anat* (Fuß)knöchel m.

mallevadóre, (-drice) m (f) Bürge m, (Bürgin f).

malleveria f {SCRITTA} Bürgschaft f.

màllo m *bot* {+MANDORLE, NOCI} weiche Außenschale.

mallòppo m **1** *region* (*fagotto*) Bündel n, Siebensachen f pl *fam* **2** *slang* (*refurtiva*) Sore f *slang*, (Diebes)beute f, Diebesgut n **3** *fig* (*peso*) Schweregefühl n: **avere un ~ sullo stomaco**, einen Stein im Magen liegen haben **4** *fam scherz* (*voluminoso insieme di fogli*) Packen m: **guarda che ~ ho da studiare!**, sieh mal, was ich für einen Berg zu lernen habe! *fam*.

mallorèddus m pl *gastr* sardische Safrannocken f pl.

malmenàre tr **1** (*maltrattare*) **~ qu/qc** {FIGLIO, CANE} jdn/etw misshandeln, jdn/etw malträtieren; (*picchiare*) jdn/etw verprügeln **2** *fig* **~ qu/qc** {AUTORE, LIBRO} jdn/etw attackieren, jdn/etw hart kritisieren **3** *fig* (*suonare male*) **~ qc** {VIOLINO} etw malträtieren, etw schlecht spielen.

malmésso, (-a), **mal mésso**, (-a) agg loc agg {CASA} verwahrlost; {PERSONA} nachlässig, ungepflegt, schlampig *fam spreg*.

malmignàtta f *zoo* Malmignatte f.

malmisuràto, (-a) agg (*misurato inesattamente*) schlecht bemessen.

malmostosità <-> f *sett* Unzugänglichkeit f, Griesgrämigkeit f, Unverträglichkeit f.

malmostóso, (-a) agg <-> *sett* unzugänglich, griesgrämig, unverträglich.

malnàto, (-a), **mal nàto**, (-a) **A** agg loc agg **1** *fig* (*villano*) {GIOVANE} ungezogen **2** *fig* (*funesto*) {PASSIONE} schädlich, unheilvoll **3** *fig* (*sciagurato*) unglücklich **B** m (f) loc sost m(f) (*disgraziato*) Unglückliche mf decl come agg.

malnòto, (-a), **mal nòto**, (-a) agg loc agg (*poco conosciuto*) {FENOMENO} schlecht/wenig bekannt; {sconosciuto} unbekannt.

malnutrito, (-a) agg {RAGAZZA} unterernährt, schlecht ernährt.

malnutrizióne f *med* schlechte Ernährung, Unterernährung f.

màlo, (-a) agg *lett* böse, schlecht: **rispondere in ~ modo**, frech/patzig *fam* antworten.

malòcchio m **1** (*maleficio*) böser Blick: **fare il ~ a qu**, auf jdn den bösen Blick werfen **2** (*antipatia*) Missgunst f: **guardare qu di ~**, jdn schief ansehen.

malóra A f (*rovina*) Verderben n, Verhängnis n: **andare in ~**, zugrunde gehen; **mandare qu in ~**, jdn zugrunde richten **B** <inv> loc agg (*maledetto*): **della ~**, verflucht • (**va') in ~!** *fam*, (geh) zum Teufel! *fam*.

malóre m plötzliche Übelkeit: avere un ~ improvviso,/[essere colto da ~], von plötzlicher Übelkeit befallen werden.

malpagàto, (-a) agg (*retribuito male*) {LAVORO} schlecht bezahlt.

malpartito, **mal partito** loc avv (*in difficoltà*): **a ~**, in Schwierigkeiten; **per paura di trovarsi a ~ ...**, aus Angst, in Schwierigkeiten zu geraten.

malpensànte A agg böswillig, übel gesinnt, schlecht denkend **B** m (f) Böswillige mf decl come agg, Schlechtgesinnte mf decl come agg.

malpensàto, (-a) agg (*affrettato e poco originale*) {PROGETTO, SOLUZIONE} übereilt, voreilig.

malpósto, (-a), **mal pósto**, (-a) agg loc agg **1** (*messo nel posto sbagliato*) {OGGETTO} schlecht verwahrt/untergebracht **2** *fig* (*impostato in modo sbagliato*) {DOMANDA, PROBLEMA} falsch gestellte(s,r).

malpreparàto, (-a) agg unvorbereitet, schlecht vorbereitet.

malprocèdere <-> m (*procedere scorretto*) {+GIUSTIZIA} unkorrekte/unredliche *forb*/unlautere *forb* Vorgehensweise.

malprovvisto, (-a), **mal provvisto**, (-a) agg loc agg (*sprovvisto*) **~ (di qc)** {SCOLARO DI VOLONTÀ} ohne etw (acc), bar etw (gen) *forb*.

malridótto, (-a) agg **1** {OGGETTO} verschlissen, abgenutzt **2** {PERSONA} übel zugerichtet.

malrifàtto, (-a) agg (*rifatto male*) {DECORAZIONE, FACCIATA} schlecht restauriert; {LETTO, NASO} schlecht gemacht.

malripósto, (-a), **mal ripósto**, (-a) agg loc agg *fig* (*affidato alla persona sbagliata*) {FIDUCIA, SEGRETO} in die falschen Hände geraten(r,s).

malriuscito, (-a) agg **1** (*venuto male*) {INTERVENTO, SOUFFLÉ} misslungen **2** *fig* (*mancato*) {TENTATIVO} fehlgeschlagen.

malsàno, (-a) agg **1** {AMBIENTE, CIBO, CLIMA} ungesund **2** {ASPETTO DI QU} krank, kränklich **3** *fig* {DESIDERIO, ecc.} krankhaft • **avere la malsana idea di fare qc** (*cattiva*), auf die krankhafte Idee verfallen, etw zu tun.

malservito, (-a) agg (*servito in modo insoddisfacente*) schlecht bedient.

malsicùro, (-a) agg **1** (*pericoloso*) {ZONA} gefährlich, unsicher **2** (*instabile*) {STRUTTURA} instabil, schwankend; {PASSO} unsicher **3** *fig* (*esitante*) {PERSONA} unsicher, unentschlossen, unschlüssig **4** *fig* (*incerto*) {NOTIZIA} unsicher.

màlta f *edil* Mörtel m.

Màlta f *geog* Malta n.

maltagliàti m pl *gastr* "kleine, unregelmäßig geschnittene Nudeln".

maltèmpo m Unwetter n.

maltenùto, (-a), **mal tenùto**, (-a) agg loc agg (*trascurato*) {RISTORANTE} vernachlässigt.

maltése A agg {PORTO} maltesisch, Malteser-; *zoo* {CAPRA} maltesisch **B** mf (*abitante*) Malteser(in) m(f) **C** m *zoo* Malteser m **D** m <*solo sing*> (*lingua*) Maltesisch(e) n.

maltessùto, (-a) agg (*che non è ben tessuto*) schlecht gewebt.

màlti <-> m (*lingua maltese*) Maltesisch(e) n.

maltinto, (-a), **mal tinto**, (-a) agg loc agg **1** (*tinto male*) schlecht gefärbt **2** *zoo* {CAVALLO} schwarzrotbraun.

màlto m Malz n.

maltollerànte, **mal tollerànte** agg loc agg (*intollerante*) **~ (di qc)** {DEI SOPRUSI} unduldsam, (*was etw angeht*).

maltòlto, (-a) **A** agg (*rubato*) unrecht erworben **B** m (*refurtiva*) unrecht erworbenes Gut: **restituiscimi il ~**, gib mir das zu unrecht Erworbene zurück.

maltòsio <-si> m *chim* Maltose f, Malzzucker m.

maltrattaménto m Misshandlung f.

maltrattàre tr **1** (*trattare male*) **~ qu/qc** {FIGLIO, CANE} jdn/etw misshandeln, {AUTO, OCCHIALI} *mit etw* (dat) nachlässig um|gehen **2** *fig* (*interpretare male*) **~ qu/qc** {AUTORE, LIBRO} jdn/etw falsch auslegen/interpretieren **3** (*parlare male*) **~ qc** {LINGUA} etw radebrechen **4** (*suonare male*) **~ qc** {VIOLINO} etw malträtieren.

maltusianìsmo m *econ* **1** *stor* Malthusianismus m **2** (*controllo delle nascite*) Geburtenregelung f, Geburtenkontrolle f.

maltusiàno, (-a) *econ stor* **A** agg {TESI} Malthus- **B** m (f) (*seguace*) Malthusianer(in) m(f).

malùccio <dim *di male*> avv (*abbastanza male*) {VESTIRSI} mehr schlecht als recht, ziemlich schlecht.

malumóre m **1** (*cattivo umore*) schlechte Laune, Missstimmung f: **alzarsi di ~,** ₁**essere di ~,**₁[mit dem linken Fuß zuerst] aufstehen; **essere di ~**, schlechte Laune haben, schlecht/übel gelaunt sein, schlechter Laune sein, schlecht drauf sein *fam* **2** (*malcontento*) {+CITTADINI} Unzufriedenheit f, Verstimmung f.

màlva A f *bot* Malve f **B** <inv> agg (*colore*) {VESTITO} malvenfarben **C** <-> m (*colore*) Blasslila n.

malvàceo, (-a) agg **1** *bot* {PIANTA} malvenartig **2** (*lilla*) {COLORE} malvenfarbig.

malvàgio, (-a) <-gi m, -ge o -gie f> **A** agg **1** (*cattivo*) {AZIONE, DONNA, SGUARDO, SORRISO} niederträchtig, gemein, böse, bösartig, fies *fam spreg* **2** *scherz*: **lo spettacolo non era ~**, die Vorstellung war nicht übel *scherz* **B** m (f) Unmensch m, Schurke m *spreg anche scherz*, Schuft m *spreg anche scherz*.

malvagità <-> f {+SORRISO} Boshaftigkeit f; {+AZIONE, UOMO} *anche* Bosheit f, Niedertracht f *forb*.

malvaṣìa m **1** (*uva*) Malvasiertrauben f pl **2** *enol* Malvasier(wein) m.

malversàre tr *dir* **~ (qc)** {COSE, DENARO} (etw) veruntreuen, (etw) unterschlagen.

malversatóre, (-trice) m (f) *dir* Veruntreuer(in) m(f), Unterschlager(in) m(f).

malversazióne f *dir* (*reato di ~*) {+COSE, DENARO} Veruntreuung f/Unterschlagung f (durch eine Privatperson).

malvestito, (-a), **mal vestito**, (-a) agg loc agg **1** (*vestito con abiti logori*) zerlumpt, schlecht gekleidet **2** (*vestito con scarsa eleganza*) schlecht gekleidet, schlecht angezogen.

malvézzo m (*cattiva abitudine*) schlechte Angewohnheit: **ha il ~ di interrompere la conversazione**, er/sie hat die schlechte Angewohnheit, das Gespräch zu unterbrechen.

malvissùto, (-a) agg {VECCHIO} verlebt.

malvisto, (-a) agg **~ (da qu)**/(**+ compl di luogo**) (*bei jdm*)/(*irgendwo*) unbeliebt: **essere ~ in certi ambienti**, in gewissen Kreisen unbeliebt/[nicht gern gesehen] sein.

malvivènte mf Verbrecher(in) m(f), Übeltäter(in) m(f).

malvivènza f (*malavita*) Unterwelt f, Verbrecherwelt f.

malvolentièri avv ungern, widerwillig.

malvolére① <coniug *come volere*> tr <difet *usato solo all'*inf *e part pass*> (*detestare*) **~ qu**, jdm übel|wollen, jdm übel gesinnt sein, jdn nicht mögen: **prendere a ~ qu/qc**, eine Abneigung gegen jdn/etw fassen/entwickeln; **è molto malvoluto**, er ist sehr unbeliebt.

malvolére② m **1** (*scarsa volontà*) Unwillen m decl come agg **2** *rar* (*ostilità*) Abneigung f, Feindseligkeit f.

màmba <-> m *zoo* Mamba f.

màmbo <-> m (*ballo*) Mambo m.

mamertino, (-a) agg *lett* (*messinese*)

Messiner, Messina-.

màmi f fam Mutti f fam, Mami f fam.

màmma A f fam Mama f fam, Mami f fam, Mutti f fam; **fare da ~ a qu**, jdn bemuttern B inter impr: **~!** loc inter impr: **~ mia!** 1 (di contrarietà) (ach) du lieber Himmel!, (ach) du meine/liebe Güte! fam, mein Gott!: **~ (mia) che freddo!**, mein Gott, ist das kalt! 2 (di meraviglia) Donnerwetter! fam, Mensch! fam: **~ (mia) che buono!**, Mensch, ist das gut! fam 3 (di spavento) mein Gott!: **~ (mia) che incidente!**, was für ein schrecklicher Unfall! ● **come ~ l'ha fatto** scherz (nudo), wie ihn Gott geschaffen hat scherz.

mammalùcco, (-a) <-chi, -che> A m stor Mameluck m B m (f) fig fam (stupido) Schwachkopf m spreg.

mammamìa inter 1 (di contrarietà) (ach) du lieber Güte! fam, (ach) du meine/liebe Güte! fam, mein Gott!: **~ che multa!**, (ach) du lieber Himmel fam, was für eine Geldstrafe! 2 (di meraviglia) Donnerwetter! fam: **~ che regalo!**, Donnerwetter, was für ein Geschenk! fam 3 (di spavento) mein Gott!: **~ che paura!**, mein Gott, habe ich Angst gekriegt!

mammàna f 1 merid (levatrice) Hebamme f 2 (donna che procura aborti clandestini) Engelmacherin f fam eufem.

mammàrio, (-a) <-ri m> agg anat {GHIANDOLA} Brust-.

mammasantìssima <-> m merid slang (capo della mafia o della camorra) "Boss m fam der Mafia bzw. der Kamorra".

mammèlla f anat {+DONNA} Brust; {+ANIMALE} Zitze f.

mammìfero zoo A m Säugetier n B agg {ANIMALE} Säuge-.

mammillàre agg anat {TUBERCOLI} mammilär, mammilar; (della mammella) {GHIANDOLA} Brust-.

mammìsmo m psic 1 (eccessivo attaccamento della madre al figlio adulto) übertriebene Mutterliebe 2 (bisogno di protezione materna in età adulta) Mutterkomplex m, übertriebene Mutterbindung.

màmmo m scherz 1 (padre che ha l'affidamento dei figli) Hausmann m 2 fig mütterlicher/emanzipierter Vater scherz: **un ~ tenero e sempre disponibile**, ein zärtlicher und stets verfügbarer Hausmann und Vater.

mammografìa f med Mammographie f scient.

mammogràfico, (-a) <-ci, -che> agg med {REFERTO} Mammographie- scient.

màmmola f bot (März)veilchen n.

mammolétta f <dim di mammola> fig (persona ingenua) Unschuldslamm n scherz, Unschuldsengel m scherz.

mammóna <-i m> m o f (ricchezza divinizzata) Mammon m spreg o scherz.

mammóne, (-a) fam A agg (molto attaccato alla mamma) {BAMBINO} Schürzen-, Schoß- B m (f) Muttersöhnchen n fam spreg, Schürzen-, Schoßkind n, Mutterknabe m.

mammùt <-> m paleont Mammut n.

màna <-> m etnol Mana n.

màngement <-> m ingl econ 1 (complesso di funzioni) {+AZIENDA} Management n 2 (responsabili) Manager m pl.

mànager <-> mf ingl econ film mus sport teat {+AZIENDA, ATTORE, CANTANTE, SQUADRA} Manager(in) m(f).

manageriàle agg (del manager) {ATTEGGIAMENTO, STRATEGIA} Manager-.

managerialìsmo m (comportamento da manager) {+CLASSE DIRIGENTE} Managerallüren f pl.

managerialità <-> f (caratteristica di un manager) {+DIRETTORE COMMERCIALE} Managereigenschaft f.

manàta f 1 (colpo) Schlag m mit der Hand: **dare a qu una ~ sul naso**, jdm eins auf die Nase geben fam 2 (quantità) Hand voll f.

mànca <-che> f (sinistra) Linke f, linke Seite: **a dritta e a ~**, rechts und links.

mancaménto m Ohnmacht f: **avere un ~**, ohnmächtig werden.

mancànte agg 1 (incompleta): **iscrizione ~ di alcune righe**, Inschrift, bei der einige Zeilen fehlen 2 mus {INTERVALLO} vermindert.

mancànza A f 1 (assenza) {+COLLEGA} Abwesenheit f; {+RIFORMA} Ausbleiben n: **sentire la ~ di qu/qc**, jdn/etw vermissen; **~ di tatto/rispetto/educazione**, Takt-/Respektlosigkeit f/Ungezogenheit f 2 (scarsità) {+IDEE, LAVORO, PERSONALE} Mangel m: **per ~ di qu/qc**, aus Mangel an jdm/etw 3 (fallo) {GRAVE, IMPERDONABILE, LIEVE} Fehler m, Verfehlung f B loc prep: **in ~ di qu/qc** in Ermangelung von jdm/etw forb | gen forb, mangels + gen: **in ~ di meglio**, in Ermangelung von etwas Besserem forb.

mancàre <manco, manchi> A tr <avere> 1 anche fig (perdere) ~ qc {AEREO, COINCIDENZA} etw verpassen; {OCCASIONE} anche etw versäumen; (non incontrare) ~ qu jdn verpassen 2 (fallire) ~ qc {BERSAGLIO} etw verfehlen: **~ il colpo**, danebenschießen; (non investire) ~ qu/qc {GATTO} jdn/etw beinahe überfahren; **l'ho mancato per un soffio**, ich habe ihn/es um Haaresbreite verfehlt; sport {GOL} etw verfehlen B itr <essere> 1 (non esserci) ~ (a qu/qc) {AUTO, AUTORIZZAZIONE, FIRMA, INIZIATIVA, TESTIMONE} (jdm/etw) fehlen: **non manca nulla/"proprio niente"**, es fehlt nichts/[überhaupt nichts]; **gli manca solo la parola**, ihm fehlt nur die Sprache 2 <essere> (essere assente) ~ (a/da qc) {ALL'APPELLO, ALLA RIUNIONE} (bei etw dat) fehlen, (bei etw dat) abwesend sein: **~ all'appuntamento**, nicht zur Verabredung kommen/erscheinen; (per un lungo periodo) {DAL LAVORO} (bei etw dat) fern bleiben; {DA CASA} weg von zu Hause sein 3 <essere> anche fig (venir meno) ~ (a qu) {FIATO, FORZE} (jdm) schwinden, jdm aus|gehen, jdm aus|bleiben; {APPOGGIO, SOLIDARIETÀ} aus|bleiben: **venire a ~**, zu Ende gehen 4 <essere> {LUCE} aus|fallen; {ACQUA} fehlen 5 <essere> fig eufem (morire) ~ (a qc) {ALL'AFFETTO DEI SUOI CARI} sterben, aus dem Leben scheiden eufem, dahin|scheiden forb eufem: **è mancato lunedì**, er ist am Montag gestorben/verstorben forb; **venire a ~**, sterben 6 <essere> (esserci in meno) ~ (a/per qc) {POCHI METRI ALL'ARRIVO, ALCUNI MINUTI PER LA COTTURA} bis zu etw (dat) (noch) sein/fehlen: **quanto manca al confine?**, wie weit ist es noch bis zur Grenze?; **mancano pochi giorni al mio compleanno**, in wenigen Tagen habe ich Geburtstag; **non manca molto, presto saremo a casa**, es ist nicht mehr weit, bald sind wir zu Hause; **mancano cinque minuti alle dieci**, es ist fünf vor zehn; **manca poco alla fine delle vacanze**, bald sind die Ferien zu Ende; **coraggio, mancano ancora pochi metri!**, los/auf, (es sind) nur noch ein paar Meter! 7 <avere> (non mantenere) ~ **di/a qc** {A UN GIURAMENTO, DI PAROLA, ALLA PAROLA DATA} etw brechen, etw nicht halten; {AI PROPRI IMPEGNI} etw nicht ein|halten 8 <essere> (essere privo) ~ **di qc** su **~ (di etw)** fehlen lassen, es an etw (dat) mangeln lassen; {DI BUON GUSTO, DI RIGUARDO, DI SENSIBILITÀ} es an etw (dat) fehlen lassen: **il ragazzo manca di volontà**, dem Jungen mangelt es an Willenskraft; **la terapia manca di efficacia**, die Therapie schlägt nicht richtig an; **questi dialoghi mancano di vivacità**, diesen Dialogen fehlt es an Lebendigkeit; **mi ha mancato di rispetto**, er/sie hat es mir am nötigen Respekt fehlen lassen 9 <essere> (sentire la lontananza) ~ **a qu** jdm fehlen: **ci manchi molto**, du fehlst uns sehr, wir vermissen dich sehr 10 <avere o lett essere> (sbagliare) (uso assol) einen Fehler begehen: **ho mancato nei tuoi riguardi**, ich habe mich dir gegenüber falsch verhalten 11 <avere> (fare certamente): **non ~ (di fare qc)**, es nicht versäumen (, etw zu tun); **mi saluti sua moglie!** – **Grazie, non mancherò!**, grüßen Sie Ihre Frau! – Danke, das werde ich sicherlich tun!; **non mancherò di farmi vivo ogni tanto!**, ich werde bestimmt ab und zu etwas von mir hören lassen! ● **ci mancherebbe altro!**, das fehlte gerade noch!; **non farsi ~ niente**, es sich (dat) an nichts fehlen lassen; **mancò poco che non mi rompessi una gamba**, es fehlte nicht viel und ich hätte mir nicht ein Bein gebrochen; **non è matto, ma poco ci manca**, verrückt ist er nicht, aber es fehlt nicht viel; **ci mancava anche questo/questa!**, das hat uns gerade noch gefehlt!; **gli manca una rotella/[un giovedì/venerdì]** fig, er ist nicht ganz bei Trost fam, der hat ja nicht alle Tassen im Schrank fam; **sentirsi ~** (svenire), in Ohnmacht fallen; **a quelle parole si sentì ~ la terra/il terreno sotto i piedi**, bei diesen Worten hatte er/sie das Gefühl, als würde ihm/ihr der Boden unter den Füßen weggezogen /[er/sie den Boden unter den Füßen verlieren].

mancàto, (-a) agg {OMICIDIO, TENTATIVO} fehlgeschlagen, missglückt, misslungen; {OCCASIONE} verpasst; {GOL} verfehlt; {PROFITTO} ausgeblieben; {ARTISTA, SCRITTORE, ecc.} verhindert.

mancétta <dim di mancia> f fam (paghetta) kleines Trinkgeld.

manche <-, -s pl franc> f franc sport {+GARA} Durchgang m, Runde f.

manchétte <-> f franc 1 edit Bauchbinde f 2 giorn {+QUOTIDIANO} Kopf m, Kopfzeile f.

manchévole agg 1 (insufficiente) {CONTROLLO} unzulänglich 2 (imperfetto) {EDUCAZIONE} mangelhaft.

manchevolézza f 1 (scorrettezza) {GRAVE, IMPERDONABILE} Verfehlung f, Fehltritt m 2 (insufficienza) {+RAGIONAMENTO} Unzulänglichkeit f, Mangelhaftigkeit f.

mància <-ce> f Trinkgeld n: **~ competente**, Finderlohn m.

manciàta A f {+RISO} Hand voll f B loc avv: **a manciate**, mit vollen Händen ● **ancora una ~ di minuti** fig, noch wenige Minuten.

mancìna A f 1 (mano sinistra) linke Hand: **usare la ~**, die linke Hand benutzen 2 lett (parte) Linke f B loc avv (a sinistra): **a ~**, links; **girare a ~**, links abbiegen.

mancinìsmo m med Linkshändigkeit f, Mancinismus m scient.

mancìno, (-a) A agg 1 {PERSONA} linkshändig; {CALCIATORE} mit linkem Schussbein 2 {MANO} linke(r, s) 3 fig {COLPO, TIRO} hinterhältig, (heim)tückisch, link fam B m (f) Linkshänder(in) m(f).

mànco avv fam (neppure) nicht mal, auch nicht: **non ha risposto ~ uno!**, [kein Einziger]/[nicht einer] hat (darauf) geantwortet; **la sua nuova ragazza è ~ a dirlo, ricca e bella**, seine neue Freundin ist selbstredend reich und schön; **~ a farlo apposta**, als wäre es Absicht/gewollt, wie das Leben so spielt; **~ per [sogno/idea]/[scherzo]!**, nicht mal [im Traum]/[zum Spaß]!; **~ lui ha dormito!**, nicht einmal er hat geschlafen!

mancorrènte m (*corrimano*) Handlauf m, Handleiste f.

màndala <-> m *relig* {BUDDISTA, INDUISTA} Mandala n.

mandànte mf **1** *banca* Auftraggeber(in) m(f) **2** *dir* Auftraggeber(in) m(f): **~ del delitto**, Auftraggeber m des Verbrechens/Mordes.

mandaràncio <-ci> m Klementine f.

mandàre tr **1** (*inviare*) ~ *qc* (*a qu*) (*per qc*) {LETTERA, PACCO PER CORRIERE, PER POSTA} (*jdm*) *etw* (*per etw dat*) schicken: **~ qc a qu per fax**, jdm etw faxen, jdm etw per Fax schicken; **~ qc** (*a qu*) {FIORI, MESSAGGIO} (*jdm*) *etw* schicken, (*jdm*) *etw* übersenden; {UN BACIO} (*jdm*) *etw* zu|werfen: **~ maledizioni a qu**, jdn verwünschen, jdn verfluchen; (*nelle lettere*) {AUGURI, BACI, SALUTI} *jdm etw* senden **2** (*far andare*) ~ *qu* (+ *compl di luogo*) {FATTORINO IN BANCA} *jdn* (*irgendwohin*) schicken, *jdn* (*irgendwohin*) senden: **~ a chiamare qu**, nach jdm schicken; **~ a chiedere qc**, nach etw (*dat*) fragen lassen; **~ a dire qc**, etw durch jdn ausrichten lassen; **~ a prendere qu/qc**, jdn/etw abholen lassen **3** (*far frequentare*) ~ *qu a qc* {FIGLI A DANZA, A NUOTO} *jdn zu etw* (*dat*) schicken; {ALL'ASILO} *anche jdn in etw* (*acc*) schicken **4** *fam* (*lasciar andare*) ~ *qu* + *compl di luogo* {IN DISCOTECA, IN GITA} *jdn irgendwohin* gehen lassen **5** (*buttare*) ~ *qc* + *compl di luogo* {PALLA CONTRO UN VETRO} *etw irgendwohin* werfen, *etw irgendwohin* schleudern; {VENTO ELICOTTERO CONTRO LE MONTAGNE} *etw irgendwohin* schleudern **6** (*emettere*) ~ *qc* {GRIDO} *etw* aus|stoßen; {COLORE, LUCE} *etw* aus|strahlen; {RIFLESSO} *etw* aus|lösen; {PROFUMO} *etw* aus|strömen **7** (*far precedere*) **~ avanti qu** {AMICO, FIGLIO} *jdn* vorangehen lassen; (~ *in avanscoperta*) {ESPLORATORE, GUIDA} *jdn* vor|schicken **8** *fig* **~ avanti qc** {AZIENDA, NEGOZIO} *etw* leiten, *etw* schmeißen *fam*; {FAMIGLIA} *etw* unterhalten; {CASA} *etw* führen: **sono stufa di ~ avanti da sola tutta la casa!**, ich hab's satt, den ganzen Haushalt allein zu schmeißen! *fam* **9** (*far entrare*) **~ dentro *qu*** *jdn* hinein|schicken; *eufem* (*in prigione*) *jdn* ein|lochen *fam eufem*, *jdn* ein|sperren **10** (*far uscire*) **~ fuori *qu/qc*** {GATTO} *jdn/etw* hinaus|jagen **11** (*far uscire di casa*) **~ *qu* in giro** *jdn* herumgehen lassen **12** (*far scendere*) **~ giù *qu/qc*** {RAGAZZA, ASCENSORE} *jdn/etw* hinunter|schicken; {BOCCONE} *etw* (hinunter|)schlucken, *etw* runter|schlucken *fam* **13** *fig* (*accettare*) **~ giù *qc*** {TORTO} *etw* (hinunter|)schlucken müssen *fam* **14** (*respingere*) **~ qc indietro** {PACCO} *etw* zurück|schicken; {OFFERTA} *etw* ab|lehnen **15** (*far salire*) **~ su *qu/qc*** {RAGAZZA, ASCENSORE} *jdn/etw* hochschicken **16** (*allontanare*) **~ via *qu/qc*** *jdn/etw* fort|-, hinaus|jagen **17** (*espellere*) **~ via *qu* (*da qc*)** {DA UN PARTITO} *jdn* (*aus etw dat*) aus|stoßen **18** (*licenziare*) **~ via *qu*** *jdn* ent-lassen **19** (*spedire*) **~ via *qc*** {PACCO} *etw* ab|senden • **~ *qu* al diavolo/[a farsi friggere]/[all'inferno]/[a quel paese]/[a farsi benedire]** *fig fam*, jdn zum Teufel jagen *fam*, jdn zur Hölle/[zum Kuckuck] wünschen *fam*; **non mandarle a dire *fig* (*essere diretto*)**, kein Blatt vor dem Mund nehmen; **~ qc per le lunghe**, etw hinauszögern, etw verschieben, etw auf die lange Bank schieben *fam*.

mandarinétto <dim *di* mandarino①> m *enol* Mandarinenlikör m.

mandarino① m *bot* **1** (*frutto*) Mandarine f **2** (*pianta*) Mandarinenbaum m.

mandarino② m *stor anche spreg* Mandarin m.

mandàta f **1** (*rif. a serratura*) (Schlüssel-)

umdrehung f: **chiudere a doppia ~**/[**con due mandate**], den Schlüssel zweimal umdrehen **2** (*spedizione*) {+MERCE} Sendung f.

mandatàrio, (-a) <-ri> m (f) *dir* Beauftragte mf *decl come agg*: **~ del delitto**, Auftragsmörder(in) m (f), Auftragsverbrecher(in) m(f) *rar*.

mandàto m **1** (*incarico*) Auftrag m: **eseguire il ~**, den Auftrag ausführen; **rinunciare al ~**, auf einen Auftrag verzichten **2** *dir polit* (*delega*) Mandat n **3** *banca comm* (Zahlungs)anweisung f: **~ di pagamento**, Zahlungsanweisung f • **~ di arresto** *dir stor*, (richterlicher) Befehl zur Festnahme; **~ di cattura** *dir stor*, (richterlicher) Haftbefehl; **~ di comparizione** *dir stor*, (richterliche) Vorladung; **~ diplomatico** *diplomazia*, Diplomatenamt n; **~ alle liti** *dir* (*procura*), Prozessvollmacht f; **~ parlamentare** *polit*, Abgeordnetenmandat n.

mandìbola f *anat* {+RAGAZZO} Unterkiefer m; *zoo* {+INSETTO} Kiefer m.

mandibolàre *agg anat* Unterkiefer-; *zoo* Kiefer-.

mandolino m *mus* Mandoline f.

màndorla f Mandel f: **mandorle dolci**, süße Mandeln; **mandorle amare**, Bittermandeln f pl.

mandorlàto *gastr* A m Mandelgebäck n, Mandelkuchen m B *agg* {CIOCCOLATO} Mandel-.

mandorléto m *agr* Mandelbaumpflanzung f.

mandorlicoltóre, (-trice) m (f) *agr* Mandelbaumpflanzer(in) m(f).

mandorlicoltùra f *agr* Mandelbaumanbau m.

mandorlièro, (-a) *agg* (*delle mandorle*) Mandel-.

màndorlo m *bot* Mandelbaum m.

mandràcchio <-chi> m **1** *edil* Entwässerungskanal m, Entwässerungsgraben m **2** *mar* Mandelbassin m.

mandràgola f *bot* Alraunwurzel f, Alraune f.

Mandrake <-> m *ingl scherz* (*persona particolarmente dotata*) Mandrake(, der Zauberer), Leuchte f *fam*.

mandratùra f *agr* Einpferchen n.

màndria f **1** {+CAVALLI} Herde f **2** *fig spreg* Meute f *spreg*, Horde f *spreg*.

mandriàno, (-a) m (f) Viehhüter(in) m(f).

mandrillo m **1** *fig fam* (*libidinoso*) Lustmolch m *fam spreg*, Lüstling m *fam spreg* **2** *zoo* Mandrill m.

mandrino m **1** *mecc* (*albero*) {+MACCHINA UTENSILE} (Arbeits)spindel f; (*utensile del trapano*) Bohrkopf m: **~ per tubi**, Dorn m; (*di serraggio*) {+TORNITORE} Spundfutter n **2** *med* Führungsstab m, Einlegestab m, Mandrin m *scient*.

mandritta A f *rar* **1** (*mano destra*) rechte Hand **2** *lett* (*lato*) rechte Seite B *loc avv* (*a destra*): **a ~**, rechts; **girare a ~**, rechts abbiegen.

màne f <*solo sing*> *lett* (*mattina*) Morgen m • **da ~ a sera** (*per tutto il giorno*), von morgens bis abends, von früh bis spät; *fig* (*continuamente*), immerzu *fam*, immerfort *obs*.

maneggévole *agg* **1** {ARNESE, PISTOLA *ecc.*} handlich **2** *fig* {CARATTERE} gefügig, fügsam.

maneggevolézza f (*l'essere maneggevole*) {+ELETTRODOMESTICO} Handlichkeit f; {+AUTO} Wendigkeit f.

maneggiàbile *agg* **1** (*che si può maneggiare*) {ATTREZZO} handlich **2** (*che si lascia convincere*) {UOMO} gefügig.

maneggiabilità <-> f (*maneggevolezza*) {+STRUMENTO DI LAVORO} Handlichkeit f; {+FURGONE} Wendigkeit f.

maneggiàre <*maneggio, maneggi*> tr **1** (*lavorare con le mani*) ~ *qc* {CRETA, PASTA} *etw* bearbeiten **2** (*tenere in mano*) ~ *qc* {ARMA, VASO, VIOLINO} *etw* handhaben, *mit etw* (*dat*) um|gehen **3** *fig* (*saper usare*) ~ *qc* {LINGUA} *etw* beherrschen; {PENNELLO, RACCHETTA, SCALPELLO} *mit etw* (*dat*) umgehen können **4** *fig* (*amministrare*) ~ *qc* {DENARO} *mit etw* (*dat*) um|gehen; {CAPITALE} *etw* verwalten **5** *fig* (*rigirare*) ~ *qu* jdn um den kleinen Finger wickeln *fam* **6** *fig* (*trattare*) ~ *qu mit qu* umgehen, *mit jdm* um|gehen: **è un uomo difficile da ~**, er ist ein wenig umgänglicher Mann.

maneggiatóre, (-trice) m (f) *anche fig* (*chi maneggia*): **è un abile ~ di armi**, er kann sehr gut mit Waffen umgehen.

manéggio <-gi> m **1** (*uso*) {+ARMI, DENARO} Verwendung f, Handhabung f, Umgang m **2** (*amministrazione*) {+AFFARI} Verwaltung f, Führung f **3** <*di solito al pl*> (*manovra*) {+POLITICA} Manipulation f, Manöver n **4** (*nell'ippica*) (*luogo*) Reitbahn f; (*esercizi per cavalli*) Zureiten n.

maneggióne, (-a) m (f) Intrigant(in) m(f).

manésco, (-a) <-schi, -sche> *agg* {UOMO} handgreiflich.

manétta f **1** *mecc* (Hand)hebel m **2** <*solo pl*> Handschellen f pl: **mettere le manette a qu**, jdm Handschellen anlegen • **andare a ~** *fig* (*molto in fretta*), mit Vollgas/Bleifuß *fam* fahren, rasen.

manfòrte, man fòrte <-> f *loc sost* (*aiuto*) Hilfe f, Beistand m: **dare/prestare ~ a qu/qc**, jdm/etw unter die Arme greifen.

manfrina f **1** *fig fam* (*lagna*) Leier f *fam spreg*: **è sempre la solita ~!**, es ist immer die alte Leier! *fam spreg* **2** *fig fam* (*messinscena*) Theater n *fam*: **ogni volta che mi vede fa la ~**, jedes Mal, wenn er/sie mich sieht, macht er/sie mir das gleiche Theater vor *fam*.

manganàto m *chim* Manganat n.

manganellàre tr ~ *qu* {LADRO} *jdn* (nieder|)knüppeln.

manganellàta f (*colpo di manganello*) Knüppelschlag m.

manganèllo m Schlagstock m.

manganése m *chim* Mangan n.

màngano m **1** (*arnese da stiro*) {+ALBERGO, COLLEGIO} Bügelmaschine f **2** *tess* Mangel f.

mangeréccio, (-a) <-ci, -ce> *agg* {FUNGO} essbar, Speise-.

mangeria f *fam* Unterschlagung f: **è tutta una ~**, hier stiehlt/klaut man wie die Raben *fam*.

mangiabambini <-> mf *fam scherz* **1** (*babau*) {+FIABA} Kinderschreck m **2** *fig* (*persona truce ma innocua*) Raubein n *fam*, Polterer m, (Polterin f) *fam*, Raubauz m *fam*.

mangiàbile *agg* essbar.

mangiacassétte <-> m (*mangianastri*) (tragbarer) Kassettenrekorder.

mangiacristiàni <-> mf *fam scherz* (*persona apparentemente terribile ma innocua*) Raubein n *fam*, Polterer m, (Polterin f) *fam*, Raubauz m *fam*.

mangiadischi <-> m "tragbarer automatischer Plattenspieler mit Schlitzöffnung"

màngiaebévi, màngia-e-bévi <-> m *gastr* (*gelato*) "Eisbecher m mit Sahne- und Nusseis, Likör und Obst".

mangiafùmo <*inv*> *agg* (*che elimina il fumo*) {CANDELA} rauchverzehrend.

màngia màngia <-> *loc sost* m *fam* (*rube-*

ria) Gaunerei f, Machenschaften f pl, Dieberei f.

mangiamósche <-> m (*pigliamosche*) Fliegenklatsche f.

mangianàstri <-> m Tonbandgerät n.

mangiapagnòtte <-> mf *fam spreg* (*chi percepisce uno stipendio pubblico senza lavorare molto*) Schnorrer(in) m(f), Schmarotzer(in) m(f) *spreg*.

mangiapàne <-> loc sost mf: **~ a ufo/tradimento**, Schnorrer(in) m(f), Schmarotzer(in) m(f) *spreg*, Taugenichts m *spreg*, Tagedieb m *obs spreg*.

mangiapatàte *fam* **A** <inv> agg (*ghiotto di patate*) {TEDESCHI} kartoffelfressend *spreg* **B** <-> mf (*chi è ghiotto di patate*) Kartoffelesser(in) m(f), Kartoffelfresser(in) m(f) *spreg* **2** *fig spreg* (*persona inetta*) Taugenichts m *spreg*.

mangiapolènta <-> mf *fam* (*chi mangia molta polenta*) Polentaesser(in) m(f) **2** *fig spreg* (*persona inetta*) Taugenichts m *obs spreg*, Nichtsnutz m *obs spreg*.

mangiaprèti <-> mf *scherz* (*anticlericale*) Pfaffenhasser(in) m(f).

mangiàre① <mangio, mangi> **A** tr **1** ~ (*qc*) {PERSONA CARNE, FRUTTA, PASTA} (*etw*) essen: **si mangia!**, (man kann) essen!; **la minestra si mangia calda**, (die) Suppe muss warm gegessen werden; {ANIMALE FIENO, PREDA} (*etw*) fressen **2** (*rodere*), ~ *qc* {TARLO, TOPI} an *etw* (dat) nagen, *etw* zernagen **3** (*corrodere*) ~ *qc* {MARE COSTA; RUGGINE BICICLETTA} *etw* zerfressen **4** *fam* (*pizzicare*) ~ *qc* {ZANZARA} *jdn* stechen **5** ~ *qc a qu* (*nella dama, negli scacchi*) {PEDINA} *jdm etw* weg|nehmen, *etw* schlagen **6** (*consumare*) ~ *qc* {CAMINO LEGNA} *etw* verbrauchen; {EREDITÀ, PATRIMONIO} *etw* auf|zehren, *etw* vergeuden, *etw* durch| bringen *spreg* **7** *fig* (*frodare*) (*uso assol*) betrügen: **molti politici pensano solo a** ~, viele Politiker denken nur daran, sich die Taschen zu füllen **B** rfl indir intens **1 mangiarsi qc** {BISTECCA} *etw* verschlingen: **s'è mangiato un piatto di pasta**, er hat einen ganzen Teller Nudeln verschlungen **2** *fig* (*consumare*): **mangiarsi qc** {PATRIMONIO} *etw* durch|bringen: **in un anno si è mangiato l'intera eredità**, in einem Jahr hat er sein ganzes Erbe durchgebracht **3** *fig anche sport* (*essere il più forte*): **mangiarsi qu** {AVVERSARIO} *jdn* fertig|machen *fam* **4** *fig* (*saltare*): **mangiarsi qc** {LETTERA, NOTA} *etw* überspringen, *etw* aus|lassen; {PAROLA} *anche etw* verschlucken • **dare qc da** ~ **a qu**, *jdm* (*etw*) zu essen geben; **dare da** ~ **a un animale**, ein Tier füttern; **farsi da** ~, sich (dat) *etw* kochen, sich (dat) *etw* zu essen machen; **~ come un** *maiale*/*bue*/*lupo* (*molto*), wie ein Schwein *volg* essen; **~** ₗ**per due/tre/quattro**ₗ/[**a quattro palmenti**] (*molto*), ₗfür drei/vier *fam*ₗ/[wie ein Scheunendrescher *fam*] essen; **preparare/fare da** ~, das Essen vorbereiten, (das) Essen machen; **~ del proprio**, auf eigene Kosten essen; **~ come un uccellino/uno scricciolo** (*pochissimo*), wie ein Spatz essen *fam*; **~/mangiarsi vivo qu** (*aggredirlo a parole*) *jdn* heftig angreifen, *jdn* zur Sau machen *volg*, *jdm* den Kopf abreißen *fam*.

mangiàre② m **1** Essen n; {+ANIMALI} Fressen n **2** (*cibo*) {BUONO, PESANTE, SANO} Essen n, Speise f; (*per animali*) Futter n.

mangiasòldi <-> f *scherz* (*slot machine*) Spielautomat m.

mangiàta f *fam* {+FRITTELLE, PESCI} Schmaus m *fam*: **farsi una bella** ~, sich (dat) den Bauch voll|schlagen *fam*.

mangiatóia f *anche fig* Futterkrippe f • **hai trovato la** ~**!** *fig* (*fonte di guadagno*), du sitzt an der Futterkrippe! *fam*.

mangiatóre, (-trice) m (f) **1** Esser(in) m(f): **è un grande ~ di lasagne**, er ist ein großer Lasagne-Esser **2** {+FUOCO} Schlucker(in) m(f): **~ di spade**, Schwertschlucker m.

mangime m Futter n.

mangimifìcio <-ci> m (*fabbrica di mangimi*) Tierfutterfabrik f.

mangióne, (-a) m (f) **1** *scherz* Vielfraß m *fam* **2** *fig* Schmarotzer(in) m(f) *spreg*.

mangiucchiàre <mangiucchio, mangiucchi> tr ~ *qc* {OLIVE} *etw* naschen; {SALATINI} *anche etw* knabbern; (*uso assol*) naschen, knabbern.

màngo <-ghi> m bot **1** (*frutto*) Mango f **2** (*pianta*) Mangobaum m.

mangósta → **mangusta**.

mangróvia, **mangròva** f bot Mangrove f.

mangùsta f zoo Manguste f, Mungo m.

màni m pl **1** relig etnol ~/Mani, Manen pl **2** *fig lett* Manen pl, gute Geister der Toten.

manìa f **1** *fig* (*fissazione*) {+IGIENE} Wahn m, Fimmel m *fam*, Sucht f: ~ **dell'órdine**, Ordnungswahn m, Ordnungssucht f, Ordnungsfimmel m *fam* **2** *fig* (*passione*) ~ (**di qc**) {+GELATO, STEREO} Leidenschaft f (*für etw* acc) **3** *psic* Wahn m, Manie f: ~ **di grandezza/persecuzióne**, Größen-/Verfolgungswahn m.

-manìa secondo elemento *spec med* -manie, -wahn: **cleptomania**, Kleptomanie; **dipsomania**, Dipsomanie; **megalomania**, Megalomanie, Größenwahn.

maniacàle agg **1** (*eccessivo*) {PRECISIONE, PULIZIA} übertrieben **2** *psic* {TENDENZA} manisch.

maniaco, (-a) <-ci, -che> **A** agg **1** *fig* (*fanatico*) ~ (**di qc**) {DI DANZA ORIENTALE, DEI GIALLI DI SIMENON} fanatisch *spreg*, (*nach etw* dat/*auf etw* acc) verrückt *fam*: **è ~ della puntualità**, er ist ein Pünktlichkeitsfanatiker; {DI PUGILATO, DI SCI, DI TENNIS} Fan m **2** *psic* manisch **B** m (f) **1** *psic* Wahnsinnige mf decl come agg: ~ **sessuale**, Sexualtäter m, Sexualverbrecher m **2** *fig* Fanatiker(in) m(f), Verrückte mf decl come agg: **è un ~ del calcio**, er ist Fußballfanatiker m/Fußballfan m.

maniaco-depressivo, (-a) agg *psic* {STATO} manisch-depressiv.

mànica <-che> f **1** {+CAMICIA, GIACCA} Ärmel m: **mezza** ~, kurzer Ärmel, Kurzärmel m ~ **a tre quarti**, Dreiviertelärmel m; **vestito con** ~ **a palloncino**, puffärm(e)liges Kleid, Kleid mit Puffärmeln; **senza maniche**, ärmellos **2** *fig spreg* {+FARABUTTI} Bande f, Brüder m pl • **in maniche di** *camicia*, hemdsärm(e)lig; **ridursi/rimanere in maniche di camicia** *fig fam* (*cadere in miseria*), kein Hemd mehr am Leibe haben/tragen, an den Bettelstab kommen; **essere nelle maniche di qu** *fig* (*goderne i favori*), bei *jdm* gut angeschrieben sein *fam*, in *jds* Gunst stehen, *jds* Schutz genießen; **essere** ₗ**di** ~ *larga*ₗ/[*largo* **di maniche**] *fig* (*indulgente*), nachsichtig/verständnisvoll sein, ein Auge zudrücken; **essere** ₗ**di** ~ *stretta*ₗ/[**stretto di** ~] *fig* (*severo*), streng sein; ₗ**tirarsi su**ₗ/[**rimboccarsi**] **le maniche** (*di maglione*) (*di camicia*) sich (dat) die Ärmel hochkrempeln; *fig* (*darsi da fare*), (sich dat) die Ärmel hoch|krempeln *fam*; **~ a vento** *aero meteo*, Windsack m; *mar*, Lüfterkopf m.

Mànica f *geog*: **la** ~, Ärmelkanal m.

manicarétto m *gastr* Leckerbissen m.

manicheìsmo m **1** (*contrapposizione di due principi*) Dualismus m **2** *relig* Manichäismus m.

manichèo, (-a) **A** agg **1** {VISIONE DEL MONDO} dualistisch **2** *relig* {SETTA} manichäisch **B** m (f) **1** Dualist(in) m(f) **2** *relig* Manichäer(in) m(f).

manichétta f **1** (*soprammanica*) Ärmelschoner m **2** *tecnol* (*tubo*) {ANTINCENDIO} Schlauch m.

manichìno m **1** (*per artisti*) Gliederpuppe f; (*per sarti*) Schneider-, Kleiderpuppe f; (*da vetrina*) Schaufensterpuppe f; (*per prove su auto*) Dummy m **2** *fig spreg* Roboter m • **sembrare un** ~ *fig* (*vestito con cura*), wie eine Modepuppe aussehen *fam spreg*; **starsene come un** ~ *fig* (*rigido*), stocksteif dastehen *fam*.

mànico <-chi o -ci> m **1** {+CACCIAVITE, COPERCHIO, OMBRELLO, PENTOLA, POSATA, VALIGIA} Griff m; {+COLTELLO, SPADA} *anche* Heft n *forb*; {+CESTO, TAZZA, TEIERA, SECCHIO} Henkel m; {+BORSA} Bügel m, Griff m; {+SCOPA} Stiel m **2** *mus* {+CHITARRA} Hals m • **ciurlare nel** ~ *fig* (*sottrarsi a un impegno rinviandolo*), *etw* vor sich her schieben; **sta seduto come se avesse ingoiato un ~ di** *scopa*, er sitzt da, als hätte er einen Besenstiel/Stock verschluckt *fam*.

manicòmio <-mi> m **1** (*ospedale*) psychiatrische Klinik, Irrenanstalt f: ~ **giudiziario/criminale** *fam*, forensische psychiatrische Anstalt **2** *fig fam scherz* Irrenhaus n *fam*, Klapsmühle f *fam* • **finire al** ~ *fig* (*impazzire*), verrückt werden, ₗim Irrenhausₗ/[in der Klapsmühle] landen *fam*.

manicòtto m **1** {+LANA, PELLICCIA} Muff m **2** *tecnol* (*per collegare i tubi*) Muffe f, Manschette f.

manicùre <-> **A** mf (*persona*) Maniküre f **B** f (*trattamento*) Maniküre f: **farsi la** ~, sich maniküren; **chi ti fa solitamente la** ~**?**, wer manikürt dich gewöhnlich?

maniéra **A** f **1** (*modo*) Art f, Weise f, Art und Weise f: **in nessuna** ~, unter keinen Umständen; **in qualche** ~, irgendwie; **in questa** ~, auf diese Weise, so; **gliel'ho già detto in tutte le maniere**, ich habe es ihm schon auf jede erdenkliche Weise gesagt; **bisogna risolvere il problema in ~ definitiva**, man muss das Problem ₗein für alle Mal ₗ/[endgültig] lösen; **in che ~?**, auf welche Weise?, wie? **2** *solo pl* (*modo di comportarsi*) Manieren f pl: **le buone/cattive maniere**, die guten/schlechten Manieren; **belle maniere!**, schöne Manieren sind das!; **imparare le buone maniere**, gute Manieren lernen; **ma che maniere sono queste?**, was ist das denn für eine Art?; **usare le belle maniere**, gute Manieren haben; **usare le buone maniere**, sich guter Manieren bedienen, *fig* es ₗim Gutenₗ/[auf gütlichem Wege] versuchen; **usare le maniere forti**, Gewalt anwenden **3** *arte* (*stile*) {+DANTE, LEONARDO} Stil m **B** <inv> loc agg avv: **di ~ 1** *arte* {PITTORE} ₗim Stilₗ/[in der Manier] von **2** *gramm* {COMPLEMENTO} Art und Weise **C** loc cong: **in ~ che… congv.** *da... inf* damit… *inf*, um… zu *inf* • **alla ~ degli zingari**, auf Zigeunerart, nach Art der Zigeuner; **ce la faremo, in una ~ o nell'altra**, irgendwie schaffen wir es schon; **è una ~ come un'altra per divertirsi**, das ist eine Art wie viele andere, sich zu amüsieren; **trattare/guardare qu** *in* **una ~!** (*male*), *jdn* von der letzten Dreck behandeln *fam*ₗ/[*jdn* schief ansehen *fam*]; **ognuno alla sua ~**, jeder nach seinem Geschmack.

manieràto, (-a) agg **1** {ELEGANZA, UOMO} gekünstelt *spreg* **2** *arte lett* {PITTORE, STILE} manieriert *forb*.

manierìsmo m **1** *arte lett* Manierismus m **2** *psic* Manieriertheit f *forb*.

manierìsta <-i, -e> *arte lett* **A** agg {PITTORE} manieristisch **B** mf (*artista*) Manierist(in) m(f).

manierìstico, (-a) <-ci, -che> agg arte lett {DIPINTO, POEMA} manieristisch.

manièro m lett Schloss n, Palast m.

manifattùra f 1 (lavorazione) {+COTONE} Verarbeitung f 2 (stabilimento) {+TABACCHI} Manufaktur(betrieb m) f.

manifatturàre tr (lavorare) ~ qc {PELLE, TABACCO} etw manufakturieren.

manifatturière, (-a) m (f) 1 (chi lavora in una manifattura) Manufakturarbeiter(in) m(f) 2 (imprenditore) Fabrikant(in) m(f), Manufakturist m obs.

manifatturièro, (-a) agg {INDUSTRIA} Verarbeitungs-, Manufaktur-.

manifestànte mf Demonstrant(in) m(f), Teilnehmer(in) m(f) einer Kundgebung.

manifestàre A tr ~ qc 1 (esprimere) {DISAPPUNTO, FELICITÀ, OPINIONE} etw äußern, etw aus|drücken, etw zum Ausdruck bringen, etw manifestieren forb 2 (rivelare) {GESTO PENSIERO DI QU} etw offenbaren, etw kund|tun forb B itr - **per/contro qc** {OPERAI, STUDENTI CONTRO I LICENZIAMENTI} für/gegen etw (acc) demonstrieren C itr pron rfl: **manifestarsi** {CARATTERE, DISPOSIZIONE, DIVINITÀ, PERSONA} sich zeigen, zum Vorschein kommen, {INCENDIO, MALATTIA} aus|brechen.

manifestazióne f 1 (espressione) {+CORAGGIO, GIOIA} Zeichen n, Bezeigung f forb, Äußerung f: **è una ~ d'affetto**, das ist ein Zeichen der Zuneigung/Liebe 2 (spettacolo) {CULTURALE} Veranstaltung f: **~ sportiva**, Sportveranstaltung f 3 (dimostrazione pubblica) ~ (contro/per qc) {NAZIONALE} Demonstration f (gegen/für etw acc), Kundgebung f (gegen/für etw acc) 4 (comparsa) {+MALATTIA} Auftreten n.

manifestìno m Flugblatt n.

manifèsto① m 1 (avviso) {+SPETTACOLO, ELETTORALE} Plakat n, Bekanntmachung f 2 (programma) {FUTURISTA} Manifest m • **non andare subito a mettere i manifesti in giro!** fig fam (dirlo a tutti), erzähl es nicht gleich überall herum!, mach es nicht gleich publik!

manifèsto②, (-a) agg 1 (noto) bekannt: **rendere ~ qc a qu**, jdm etw bekannt geben 2 (evidente) {COLPA} deutlich, klar, offenkundig.

manìglia f 1 {+BAULE, CASSETTO} Griff m: **la ~ della porta**, die Türklinke 2 (negli autobus) Haltegriff m 3 sport {+CAVALLO} Pausche f.

manigliàme m (assortimento di maniglie) Sortiment n/Auswahl f/Satz m von Griffen.

manigliòne, (-a) <accr di maniglia> A m 1 (grossa maniglia) großer Türgriff: **~ -panico**, Antipaniktürgriff m 2 mar {+ANCORA} Schäkel m B m (f) fig scherz (raccomandato) Günstling m spreg, Protegé m forb.

manigóldo, (-a) m (f) 1 (furfante) Schurke m, Schurkin f 2 scherz Spitzbube m scherz, (Spitzbübin f scherz) Gauner(in) m(f).

manìna <dim di mano> f 1 (piccola mano) Händchen n 2 (arnese per grattarsi) Rückenkratzer m 3 bot (fiore) Geißblatt n, Heckenkirsche f; <di solito al pl> (fungo) Keulenpilz m, Ziegenbart m 4 tip Index m in Form einer Hand.

manìoca <-che> f bot Maniok m.

manipolàbile agg anche fig (che si può manipolare) {GENTE, RISULTATO ELETTORALE} manipulierbar forb.

manipolàre tr 1 (lavorare con le mani) ~ qc {PASTA} etw zu|bereiten, {CRETA} etw bearbeiten 2 spreg (adulterare) ~ qc {CONSERVA} etw verfälschen, {VINO} etw panschen spreg 3 fig (alterare) ~ qc {ARTICOLO, TESTO, TRADUZIONE} etw verändern 4 fig (adattare) ~ qc {DATI, NOTIZIE, RISULTATI} etw manipulieren 5 fig (manovrare) ~ qu/qc {MASSE, PUBBLICO} jdn/etw lenken, jdn/etw beeinflussen 6 med ~ qu/qc jdn/etw massieren.

manipolatóre, (-trice) A agg (che manipola) {INTERVENTO} manipulierend forb B m (f) 1 (chi manipola) {+ESPLOSIVI} Manipulant(in) m(f) forb 2 spreg {+CIBI} Verfälscher(in) m(f) 3 fig (manovratore) {+MASSE} Manipulator(in) m(f) forb 4 fig (modificatore) {+FATTI} Verdreher(in) m(f) fam spreg 5 fig {+TESTI} Fälscher(in) m(f) C m 1 metall Schmiedemanipulator m 2 nucl tecnol (comando a distanza) {+CAMPIONI RADIOATTIVI} Manipulator m 3 tecnol (interruttore) {+CIRCUITO} Manipulator m • **il ~ Morse** tel (tasto), der Morseapparat.

manipolatòrio, (-a) <-ri m> agg anche fig (della manipolazione) {ESITO} manipulativ forb.

manipolazióne f 1 {+INGREDIENTI} Bearbeitung f 2 spreg (adulterazione) {+VINO} Panschen n spreg 3 fig biol med {+DATI, INFORMAZIONE, NOTIZIE} Manipulation f: **~ genetica**, Genmanipulation f, genetische Manipulation.

manìpolo m 1 (gruppetto) {+SOLDATI} Schar f 2 (fascio) {+SPIGHE} Bündel n 3 relig Manipel m.

maniscàlco <-chi> m 1 (operaio) Hufschmied m 2 stor Marschall m.

manìsmo m 1 relig etnol {+POPOLAZIONI PRIMITIVE} Manismus m, Toten-, Ahnenkult m 2 relig stor {+OGNI FORMA DI RELIGIONE} Manismus m.

manitù <-> m relig etnol Manitu m.

mànna f 1 relig Manna n o f 2 fig (bene inatteso) Manna n, Geschenk n des Himmels, Segen m: **quell'eredità inaspettata è stata una vera ~ per noi**, diese unerwartete Erbe war für uns ein echtes Geschenk des Himmels • **aspettare la ~ dal cielo** fig (aspettare che i problemi si risolvano da sé), warten, bis einem die gebratenen Tauben in den Mund fliegen fam.

mannàggia inter region (di rabbia o contrarietà) verflixt (nochmal)! fam, verdammt (nochmal)! fam, zum Donnerwetter! fam, zum Teufel! fam: **~ a lui!**, zum Teufel mit ihm! fam; **~ la miseria!**, verflixt und zugenäht! fam; **~ ho perso le chiavi!**, verflixt (nochmal) fam, ich habe die Schlüssel verloren! fam.

mannàia f 1 {+BOSCAIOLO} Axt f: **~ del boia**, Henker(s)beil n 2 (coltello) Metzgerbeil n.

mannequin <-, -s pl franc> f franc Mannequin n.

màno f 1 anat Hand f: **alzare la ~**, die Hand heben; **alzare le mani al cielo**, die Hände zum Himmel strecken; **battere le mani a qu**, jdm applaudieren, jdm Beifall klatschen; **dare la ~ a qu**, jdm die Hand geben; **darsi/stringersi la ~**, sich die Hände geben/drücken/schütteln; **a mani giunte**, mit gefalteten Händen; **prendere in ~ qc**, etw in die Hand nehmen; **tenersi per ~**, sich bei der Hand halten, Händchen halten; **tenere per ~ qu**, jdn an der Hand halten, Händchen mit jdm halten 2 (strato) {+COLORE, VERNICE} Anstrich m, Schicht f: **dare una ~ di bianco**, etw (einmal) weiß (an)streichen; **dare la ~ finale/di fondo**, den End-/Grundanstrich geben; **dare la seconda ~**, den zweiten Anstrich geben; **dare l'ultima ~**, (die) letzte Hand anlegen 3 (tocco) {+MAESTRO} Hand f, Touch m 4 (nei giochi di carte) Runde f: **essere di ~**, ausspielen • **a ~ a ~, man ~** nach und nach, allmählich; **cucire a ~**, mit der Hand nähen; **fatto a ~**, handgemacht; **ricamato a ~**, handgestickt; **adoperare le mani** fig (picchiare), mit den Fäusten auf jdn losgehen; **alla ~**, (PROVE, SOLDI) zur Hand, (griff)bereit; fig (semplice) {PERSONA} umgänglich; **allungare le mani** fig (picchiare), schlagen; fig (palpeggiare), befühlen, betasten, befummeln fam, begrapschen fam spreg; **mani in alto!**, Hände hoch!; **alzare le mani su qu** fig (picchiare), Hand an jdn legen; **andare a finire nelle mani di qu**, {DOCUMENTO} jdm in die Hände fallen; **armare la ~ di qu**, jdn bewaffnen; **a ~ armata**, bewaffnet, mit Waffengewalt; **avere una buona ~**, geschickt sein; **avere la ~ felice** fig, die glückliche Hand haben; **avere la ~ larga** fig, freigebig sein; **avere le mani lunghe** fig, lange/krumme Finger machen fam; **avere le mani pulite** fig, eine weiße Weste haben; **avere per le mani qc**, etw in der Hand haben; **avere qc in ~**, etw in der Hand haben; **avere sotto ~ qc** (avere vicino), etw bei der Hand haben; fig (AFFARE) etw in der Hand haben; **bacio le mani** fig region, küss die Hand A o obs; **ha le mani bucate fig** (è spendaccione), ihm/ihr zerrinnt das Geld zwischen/unter den Fingern; **avere le mani di burro** fam, alles fallen lassen, nichts festhalten können; **gli ho dato una ~ e si è preso tutto il braccio!** fig, ich habe ihm den kleinen Finger gereicht und er nimmt sich die ganze Hand!; **mettersi le mani nei capelli** fig (disperarsi), verzweifeln, sich die Haare (aus)raufen fam; **cadere nelle mani di qu** fig (diventare vittima o prigioniero), {+NEMICO} jdm in die Hände fallen, in jds Hände/[die Hände von jdm] fallen; **calcare la ~ su qc** (esagerare), übertreiben; **capitare in buone mani** fig (capitare bene), in gute Hände geraten; **man ~ che** (come), wie; (mentre), während; **chiedere la ~ di qu** fig (di una donna), um jds Hand anhalten; **condurre a ~ un cavallo**, ein Pferd am Zügel führen; **andare contro ~**, die falsche Fahrspur benutzen; **mettersi una ~ sulla coscienza/[sul cuore]** fig fam (essere comprensivo), mit sich (dat) ins Gericht gehen; **dar man forte a qu fig** (spalleggiare), jdm unter die Arme greifen, jdm zu Hilfe kommen; **dare una ~ a qu fig** (aiutare), jdm zur Hand gehen, jdm helfen, jdm behilflich sein; **(in senso economico)**, jdn unterstützen, jdm unter die Arme greifen; **possono darsi la ~ quei due fig** (sono dello stesso genere), die beiden können sich die Hand reichen; **disegno a ~ libera**, freihändiges Zeichnen; **essere nelle mani di Dio**, in Gottes Hand sein; **a due mani**, zwei-, beidhändig, mit zwei Händen; **essere in ~ a**/[nelle mani di] qu, in jds Gewalt/Hand sein; **essere in buone mani**/[mani sicure], in guten/sicheren Händen sein; **far la ~ a qc** fig (abituarsi), sich an etw (acc) gewöhnen; **far man bassa di qc** (razzia), etw mitgehen lassen, etw einsacken fam, etw an sich raffen spreg; (mangiando), etw auffressen; **fare la ~ morta** fig (palpeggiare), zudringlich werden/sein; **farsi la ~ fig** (impratichirsi), sich in etw (acc) einarbeiten, sich mit etw (dat) vertraut machen; **fare le mani**, die Hände pflegen; **mani di fata fig** (abili), geschickte Hände; **con ~ ferma**, mit entschiedener/entschlossener Hand; **~ di ferro in guanto di velluto** fig, freundlich, aber bestimmt; **fregarsi le mani fig** (essere contento), sich die Hände reiben; **mettere la ~ sul fuoco fig** (essere certi), die Hand ins Feuer legen; **fuori**, {LOCALE, POSTO} abgelegen, entlegen; **giù le mani!**, Finger weg!; **insanguinarsi le mani** fig (macchiarsi di un delitto), an seinen Händen Blut kleben haben forb, sich mit Blut besudeln; **lavarsene le mani** fig (non assumere la responsabilità di qc), seine Hände in Unschuld waschen; *lavorare* di ~ *fig* (*rubare*), lange/krumme Finger machen; **ho le mani legate** *fig* (*non posso agire*), mir sind die Hände gebunden; **avere ~ libera in qc**, freie Hand bei/in etw (dat) haben; ˌ**andarci con**ˌ/[**avere**] **la ~ leggera** *fig* (*essere indulgente*), nachsichtig sein; **leggere la ~** (*in chiromanzia*), aus der Hand lesen; **essere di ~ lesta** (*nel borseggiare*), lange Finger haben; **essere lesto di ~** (*abile nel rubare*), klebrige Finger/Hände haben; **essere la lunga ~ di qu** *fig*, jds verlängerter Arm sein; **avere ~ libera in qc** *fig* (*essere libero*), freie Hand bei/in etw (dat) haben; **dare ~ libera a qu** *fig* (*libertà di agire*), jdm freie Hand geben; **mangiarsi le mani** *fig* (*arrabbiarsi*), sich schwarzärgern, sich (dat) vor Ärger/Wut in den Hintern beißen *fam*; **essere pronto a menare le mani** *fig* (*picchiare*), bereit sein, sich zu prügeln; **mettere ~ a qc** (*prendere*) {ALLA BORSA, AL PORTAFOGLIO} zu etw (dat) greifen; (*cominciare*) {A UN LAVORO} etw an|packen, etw beginnen, etw in Angriff nehmen; **mettere le mani addosso a qu** *fig* (*picchiare*), Hand an jdn legen, handgreiflich werden, jdn verprügeln; **mettere le mani avanti** *fig* (*cautelarsi*), sich absichern; **mettere le mani su qc** *fig* (*impossessarsi*), die/seine Hand auf etw (acc) legen *forb*, von etw (dat) Besitz ergreifen; **mettersi nelle mani di qu** *fig* (*affidarsi*), sich jdm anvertrauen; **~ nella ~**, Hand in Hand; **a mani nude** *fig* (*senza armi*), unbewaffnet; **avere le mani d'oro** *fig* (*abili*), geschickte Hände haben; **passare la ~** *fig* (*ritirarsi*), zurücktreten; **passare di ~ in ~**, von Hand zu Hand gehen; **avere le mani di pasta frolla** *fig* (*che fanno cadere tutto*), zwei linke Hände haben; **avere le mani in pasta** *fig* (*essere addentro*), die Hände (mit) im Spiel haben; **morire per ~ di qu**, durch jds Hand sterben/umkommen; **avere la ~ pesante** *fig*, streng sein; **essere legato mani e piedi** *fig* (*nell'impossibilità di agire*), an Händen und Füßen gefesselt sein; **a piene mani** *fig* (*in abbondanza*), mit vollen Händen; **operazione "mani pulite"**, (Operation) "Weiße Weste"/"Mani pulite"; **portare un motorino a ~**, ein Mofa schieben; **tieni le mani a posto**! (*non allungare le mani!*), Finger/Hände weg!, fass mich nicht an!, nicht fummeln, Liebling)!; (*nei litigi: non mi toccare!*) fass mich nicht an!, nicht anfassen!; (*rif. a un bambino: non toccare nulla!*) Finger/Hände weg!, fass nichts an!, nichts anfassen!; **prendere la ~ fig** (*impratichirsi*), in etw (dat) Übung bekommen; **prendere per ~ qu** *anche fig* (*guidare*), jdn bei der Hand nehmen; **presentarsi a mani vuote**, mit leeren Händen erscheinen; **di prima/seconda ~**, aus erster/zweiter Hand; **con le proprie mani**, eigenhändig; **mi sento prudere le mani** (*aver voglia di picchiare*), mir kribbelt/juckt es in den Fingern; **qua la ~!**, meine Hand darauf!! Hand drauf!; **a quattro mani** *mus*, vierhändig; **raccomandarsi a mani giunte** *fig* (*supplicare*), flehen, inständig/flehentlich bitten; **avere in ~ le redini di una ditta**, eine Firma leiten; **restare a mani vuote** *fig*, leer ausgehen, mit leeren Händen dastehen; **rovinarsi con le proprie mani** (*essere artefici delle proprie sventure*), sich selbst zugrunde richten; **farsi sfuggire di ~ fig** (*in flagrante*), jdn auf frischer Tat ertappen; **a man salva** *fig* (*senza limiti*), ungehindert; **farsi sfuggire di ~ la situazione** *fig* (*perdere il controllo*), die Kontrolle über eine Situation verlieren; **sporcarsi le mani** *fig*, sich (dat) die Hände schmutzig/dreckig *fam* machen; **stare con la ~ tesa** *fig* (*chiedere l'elemosina*), betteln; **Sue Gentili Mani** (abbr S.G.M.), **Sue Proprie Mani** (abbr S.P.M.) (*sul* *le buste*), zu Händen jds; **stare con le mani in tasca**/**mano** *fig* (*senza far nulla*), die Hände in den Schoss legen; **tendere una ~ a qu**, jdm die/eine Hand reichen; *fig* (*venire in aiuto*), jdm zu Hilfe kommen; **dare una ~ di tinta**, etw überstreichen; **toccare qc con ~ fig** (*constatare di persona*), selbst erleben; **tornarsene a mani vuote** *fig*, mit leeren Händen zurückkehren; **venire alle mani** (*picchiarsi*), handgreiflich werden; **venire per le mani a qu** (*trovare senza cercare*), jdm (zufällig) in die Hände fallen; **non sappia la ~ destra quello che fa la sinistra** *prov*, die Linke/linke Hand] weiß nicht, was die Rechte/rechte Hand] tut; **una ~ lava l'altra (e tutte e due lavano il viso)** *prov*, eine Hand wäscht die andere *prov*.

manodòpera, màno d'òpera <-> *loc sost f* **1** (*lavoratori*) {QUALIFICATA} Arbeiterschaft *f*, Arbeitskräfte *f pl* **2** (*lavoro*) Arbeitskosten *pl*, Arbeitslohn *m*.

manolèsta A <inv> *agg* (*che è veloce a rubare*) {CLIENTE} langfing(e)rig *scherz* B <-> *mf* (*chi è veloce a rubare*) Langfinger *m scherz*.

manomèsso, (-a) *agg* **1** (*forzato*) {ARMADIO, SERRATURA} aufgebrochen **2** (*messo fuori uso*) {ALLARME} außer Betrieb gesetzt, beschädigt **3** (*aperto*) {BUSTA} aufgerissen, offen **4** (*falsificato*) {CERTIFICATO} gefälscht **5** (*profanato*) {SEPOLCRO} geschändet.

manòmetro *m fis* Manometer *n*, Druckmesser *m*.

manomèttere <coniug *come* mettere> *tr* ~ **qc 1** (*aprire senza autorizzazione*) {LETTERA, PACCO} etw (unerlaubt) öffnen/auf|reißen; {CASSETTO} etw auf|brechen, etw erbrechen *forb*; {TOMBA} etw plündern **2** (*alterare*) {DOCUMENTI} etw fälschen **3** (*mettere fuori uso*) {ASCENSORE} etw außer Betrieb setzen {MOTORE, SISTEMA D'ALLARME} *anche* etw beschädigen.

manomissióne *f* **1** (*il manomettere*) {+SERRATURA} Aufbrechen *n*, {+MOTORE} Beschädigen *n*, {+PACCO} (unerlaubtes) Öffnen/Aufreißen *n*, {+DOCUMENTO} Fälschen *n* **2** (*effetto*) {+LUCCHETTO} Aufgebrochensein *n*; {+FRENI} Beschädigung *f*; {+LETTERA} Aufgerissensein *n*; {+CERTIFICATO} Fälschung *f*.

manomòrta A *f dir* (Zustand *m* der) Unveräußerlichkeit *f*: **beni della ~**, unveräußerliche Güter *n pl* B *loc verbale fam scherz*: **fare la ~** *prov*.

manóne, (-a) <accr *di* mano> *m* (*f*) große Hand, Riesenpfote *f fam*.

manòpola *f* **1** *tecnol* {+RADIO} (Dreh)knopf *m*, Regler *m*: ~ **del volume**, Lautstärkeregler *m*; {+LAVATRICE} Drehwählschalter *m* **2** (*guanto*) Fausthandschuh *m* **3** (*impugnatura*) {+BICICLETTA} Griff *m* **4** {+ABITO, PIZZO} Stulpe *f*, Ärmelaufschlag *m*.

màno sàlva → **mansalva**.

manoscritto, (-a) A *m* (*abbr* ms) {ANTICO} Handschrift *f*; *anche edit* Manuskript *n* B *agg* {LETTERA} handschriftlich, handgeschrieben.

manoscrìvere <difet *usato solo all'*inf *e al* part pass, coniug *come* scrivere> *tr* (*scrivere a mano*) ~ (*qc*) {CURRICULUM, DICHIARAZIONE, LETTERA} etw mit der Hand schreiben.

manovalànza *f* **1** (*lavoro*) Hilfsarbeit *f*, Handlangerdienst *m spreg anche scherz*: **lavoro di bassa ~**, Handlangerarbeit *f spreg* **2** (*lavoratori*) Hilfsarbeiter *m pl*.

manovàle *mf* Hilfsarbeiter(in) *m*(*f*) *spreg*, Handlanger(in) *m*(*f*) *spreg*.

manovèlla *f* Kurbel *f*.

manòvra *f* **1** *gener tecnol* {+SCAMBI} Bedienung *f* **2** *fig* {ECONOMICA; +GOVERNO} Maßnahmen *f pl* **3** *fig* (*intrighi*) {POLITICA, SPECULATIVA} Manöver *n*, Intrigen *f pl*, Machen- schaften *f pl spreg*: **~ diversiva**, Ablenkungsmanöver *n* **4** *ferr* Rangieren *n*, Manöver *n*: **automezzi in ~**, manövrierende Fahrzeuge; **far ~**, manövrieren **5** *mar* {+TIMONE} Steuerung *f* **6** *mar* {+ATTRACCO} Manöver *n* **7** *mil* Manöver *n*, Übung *f*: **grandi manovre**, große Manöver.

manovràbile *agg* **1** *tecnol* {ESCAVATORE, GRU} steuerbar, manövrierfähig **2** *fig* (*influenzabile*) {PERSONA} beeinflussbar; {OPINIONE PUBBLICA} lenkbar.

manovrabilità <-> *f* (*l'essere manovrabile*) {+AUTOMOBILE} Wendigkeit *f*; {+AEREO, NAVE} Manövrierbarkeit *f*.

manovràre A *tr* **1** (*far funzionare*) ~ **qc** {AEREO, GRU, VELE} etw bedienen; {MECCANISMO} etw betätigen **2** *fig* (*far agire*) ~ **qu** {PERSONA} jdn lenken **3** *fig* (*influenzare*) ~ **qc** {OPINIONE PUBBLICA} etw beeinflussen **4** *ferr* ~ **qc** {TRENO} etw rangieren; {SCAMBIO} etw bedienen, etw stellen **5** *mil* ~ **qc** {FORZE, UNITÀ} etw manövrieren, etw bewegen B *itr* **1** (*fare manovra*) {AUTO, NAVE} manövrieren, Manöver aus|führen **2** *fig* (*brigare*) manövrieren.

manovràto, (-a) *agg* **1** *mil* {ATTACCO} Bewegungs- **2** *econ* {MONETA} gelenkt **3** *sport* (*nel calcio*) {GIOCO} Angriffs-.

manovratóre, (-trice) *m* (*f*) **1** (*guidatore*) {+ESCAVATORE, TRAM} Führer(in) *m*(*f*) **2** *ferr* {+TRENO} Rangierer(in) *m*(*f*).

manque <-> *m franc* (*nella roulette*) Manque.

manrovèscio <-sci> *m* Ohrfeige *f* (mit dem Handrücken).

mansàlva, man sàlva *loc avv* (*liberamente*): **a ~**, {RUBARE} unbehelligt, ungehindert.

mansàrda *f edil* Mansarde *f*.

mansardàto, (-a) *agg edil* {LOCALE} Mansarden-, -ausgebaut.

mansionàrio① <-ri> *m amm* {+CONTRATTO} Aufgabenverteilung *f*; {+CATEGORIA} Zuständigkeitsbereich *m*.

mansionàrio② <-ri> *m relig* Kaplan *m*; *stor* (*cappellano*) {+CHIESA, ORATORIO} Küster *m*.

mansióne *f* <*di solito al pl*> (*compito*) Aufgabe *f*, Obliegenheit *f forb amm*: **adempiere le proprie mansioni**, seine Amtspflichten erfüllen; **avere mansioni direttive**, Führungsaufgaben/[eine leitende Funktion] haben.

mansuèto, (-a) *agg* {CARATTERE, RAGAZZA, SGUARDO} sanft; {AGNELLO} zahm.

mansuetùdine *f* {+BAMBINO, POPOLAZIONE} Fügsamkeit *f*; {+MUCCA} Zahmheit *f*.

mànta *f itt* Teufelsfisch *m*.

mantèca <-che> *f* **1** (*composto grasso*) Brei *m* **2** (*unguento*) Pomade *f* **3** *spreg* (*poltiglia*) Pampe *f*, Papp *m region* **4** *gastr* (*burrino*) "mit Butter gefüllter birnenförmiger Käse".

mantecàre <*manteco, mantechi*> *tr* ~ **qc 1** (*burro*) etw schlagen **2** *gastr* (*pasta*) etw kneten; {PUREA, RISOTTO} etw breiig machen.

mantecàto, (-a) *gastr* A *agg* {RISOTTO} in Butter gedünstet; {GELATO} Soft- B *m* (*gelato*) Softeis *n*.

mantèlla *f* {+SIGNORA} Cape *n*, Pelerine *f*; *mil* {+CARABINIERI} Umhang *m*.

mantellétta <*dim di* mantella> *f anche relig* (*mantello corto*) Mäntelchen *n*.

mantellìna <*dim di* mantella> *f* **1** (*mantello corto*) Mäntelchen *n*; *mil* kurzer Mantel **2** *edil* (*intonaco*) {+POZZO} Auskleidung *f*.

mantèllo *m* **1** {+DONNA, UOMO} Mantel *m*, Umhang *m* **2** *zoo* {MACULATO} Fell *n* **3** *fig* (*strato*) {+NEVE} Decke *f* ● **~ terrèstre** *geol*, Erdkruste *f*.

mantenére <coniug *come* tenere> A *tr* **1** (*conservare*) ~ **qc** {CONTATTI, ORDINE} etw aufrecht|erhalten; {SEGRETO} etw wahren;

{CALMA} *etw* bewahren; {POSTO} *etw* erhalten; *mil* {POSIZIONE} *etw* halten, *etw* verteidigen; *fig* {LE PROPRIE POSIZIONI, IL PROPRIO PUNTO DI VISTA} bei *etw* (dat) bleiben; ~ *qc* + *compl di modo* {AMBIENTE ASCIUTTO, FISICO IN FORMA} *etw irgendwie* halten **2** (*provvedere a*) ~ *qu* {FAMIGLIA, FIGLI} *jdn* unterhalten, *jdn* ernähren; {AMANTE} *jdn* aus|halten *fam spreg*: **farsi ~**, sich aushalten lassen *fam spreg*; ~ *qc* {ISTITUTO, OSPIZIO} *etw* unterhalten; {STRADA} *etw* instand halten; {GIARDINO} anche *etw* pflegen **3** *fig* (*adempiere*) ~ *qc* {GIURAMENTO, PAROLA DATA} *etw* halten; {PROMESSA} *anche etw* ein|halten **B** *itr pron* (*conservarsi*): **mantenersi** (+ *compl di modo*) {CIBO FRESCO, IN BUONO STATO; TEMPO BELLO} *irgendwie* bleiben **C** *rfl* **1** (*provvedere a sé*): **mantenersi** für seinen Unterhalt sorgen; **mantenersi agli studi**, sein Studium (selbst) finanzieren **2** (*conservarsi*): **mantenersi** + *compl di modo* {BENE, IN PERFETTA FORMA, GIOVANE, IN BUONA SALUTE} sich *irgendwie* halten.

mantenìbile *agg anche fig* (*che si può mantenere*) {PAROLA, POSIZIONE} zu halten(d).

manteniménto *m* **1** (*conservazione*) {+CONTATTI, ORDINE} Aufrechterhaltung f; {+SEGRETO} Wahrung f; {+CALMA} Bewahrung f; {+FISICO, POSTO} Erhaltung f **2** {+FAMIGLIA} Unterhalt m; {+AMANTE} Aushalten n; {+ISTITUTO} Unterhaltung f; {+PARCO} Instandhaltung f, Pflege f **3** (*adempimento*) {+GIURAMENTO, PAROLA} Halten n; {+PROMESSA} *anche* Einhaltung f.

mantenùto, (-a) *m* (f) *spreg* (*chi si fa mantenere dall'amante*) Ausgehaltene mf decl come *agg fam spreg*.

màntica <-che> *f relig stor* Mantik f, Wahrsagekunst f.

màntice *m* **1** (*attrezzo*) Blasebalg m **2** *autom* {+AUTO, CARROZZA} Verdeck m **3** *ferr* (Falten)balg m **4** *mus* (Blase)balg m.

màntide *f zoo* Fangheuschrecke f: **~ religiosa**, Gottesanbeterin f.

mantìglia *f* (*velo*) {SPAGNOLA} Mantille f, Schleier m.

mantìle *m* **1** *region* (*tovaglia*) Tischdecke f **2** *merid* (*copricapo*) {RICAMATO; +PIZZO} Kopftuch n **3** *merid* (*grembiule*) Schürze f.

mànto *m* **1** (*indumento*) Mantel m **2** (*strato*) {+ASFALTO, NEVE} Decke f: **~ stradale**, Straßendecke f; {+VERNICE} Überzug m **3** *fig* (*finzione, pretesto*) Deckmantel m: **fare qc sotto il ~ dell'amicizia**, *etw* unter dem Deckmantel der Freundschaft tun; **nascondere qc sotto il ~ dell'amore per il prossimo**, *etw* unter dem Deckmantel der Nächstenliebe verbergen **4** *zoo* {BAIO; +CAVALLO} Fell n ● **~ di stelle** *fig*, Sternenzelt n.

Màntova *f geog* Mantua n.

mantovàna *f* **1** (*fascia di tessuto*) {+TENDA} Querbehang m, Überhang m **2** *arch* {+VILLINO} Lambrequin m **3** *gastr* {+PRATO} Mandelkuchen m.

mantovàno, (-a) **A** *agg* mantuanisch **B** *m* (f) Mantuaner(in) m(f).

màntra <-> *m sanscrito relig* Mantra n.

manuàle[1] *agg* **1** (*abilità, lavoro*) Hand- **2** (*non automatico*) {COMANDO} manuell ausgeführt.

manuàle[2] **A** *m* {+FOTOGRAFIA} Handbuch n; {+STORIA} Lehrbuch n **B** <inv> *loc agg fig* (*perfetto*): **da ~**, {ATTERRAGGIO} Bilderbuch-; {RAPINA} perfekt (ausgeführt).

manualìstica <-che> *f edit* einschlägige Literatur.

manualìstico, (-a) <-ci, -che> *agg* **1** (*di, da manuale*) {PRODUZIONE} Lehrbuch-; {CONTENUTI} lehrbuchmäßig **2** *spreg* (*nozionistico*) {CULTURA} angelernt *spreg*.

manualità <-> *f* **1** (*uso delle mani*) Handarbeit f: **la ~ è una componente fondamentale di questo lavoro**, Handarbeit macht einen Großteil dieser Tätigkeit aus **2** (*abilità manuale*) {+BAMBINO, CHIRURGO} Handfertigkeit f.

manualizzàre *tr* ~ *qc* **1** (*rendere manuale*) {LAVORO} *etw* auf Handbetrieb ein|stellen **2** (*compendiare*) {STORIA DEL CINEMA} einen Abriss von *etw* (dat) geben.

manùbrio <-bri> *m* **1** {+BICICLETTA} Lenkstange f **2** (*manico*) (Hand)griff m **3** *sport* (*attrezzo*) Hantel f.

manufacturing <-> *m ingl industr* industrielle Herstellung.

manufàtto, (-a) **A** *agg forb* {PRODOTTO} Manufaktur- **B** *m* **1** (*prodotto*) Manufakturware f, gewerbliche Erzeugnisse **2** (*piccola costruzione*) (kleiner) Arbeit(en pl) f.

mànu militàri *loc avv lat* (*con la forza*) mit (Waffen)gewalt.

manutentìvo, (-a) *agg* (*della manutenzione*) Wartungs-: **spesa ~**, Wartungs-, Unterhaltskosten pl.

manutentóre, (-trice) **A** *agg* (*che cura la manutenzione*) {IMPRESA} Wartungs- **B** *m* (f) (*chi si cura della manutenzione*) Wartungsarbeiter(in) m(f), Pfleger(in) m(f).

manutenzióne *f* **1** {+IMPIANTO, STABILE, STRADA} Wartung f, Instandhaltung f: **di facile ~**, wartungsfreundlich **2** *inform* Wartung f.

mànzo *m* Rind n: **arrosto di ~**, Rinderbraten m; **carne di ~**, Rindfleisch n.

manzoniàno, (-a) *lett* **A** *agg* (*di anche Manzoni*) {INTERPRETAZIONE, ROMANZO} von Manzoni **B** *m* (f) (*seguace*) Anhänger(in) m(f) Manzonis.

mao *m* **miao**.

MAO *biol abbr di* MonoAmminaOssidasi: MAO f (*abbr di* Monoaminoxydase).

maoìsmo *m polit stor* Maoismus m.

maoìsta <-i m, -e f> *polit* **A** *agg* maoistisch **B** *m* (f) Maoist(in) m(f).

maoìstico, (-a) <-ci, -che> *agg polit* maoistisch.

maomettàno, (-a) *relig* **A** *agg* {DOTTRINA} mohammedanisch **B** *m* (f) Mohammedaner(in) m(f).

maomettìsmo *m relig* Mohammedanismus m.

maòri *etnol* **A** *agg* maorisch **B** *mf* (*abitante*) Maori mf **C** *m* <*solo sing*> (*lingua*) Maori n.

màpo *m* (*frutto*) Tangelo m.

màppa *f* **1** *geog* {TOPOGRAFICA} Karte f, Landkarte f: **~ catastale**, Flur-, Katasterkarte f; **~ lunare**, Mondkarte f, Mondatlas m; **~ del tesoro**, Schatzkarte f **2** *fig* {+CRIMINALITÀ ORGANIZZATA} Übersicht f ● **~ dei caratteri** *inform* (*zona*), {+ELABORATORE} Zeichenabbildung f, (*funzione*), Schriftartensatz m; **~ cromosomica** *biol*, Chromosomensatz m.

mappàle *dir* **A** *agg* {PARTICELLA, NUMERO} Flurkarten- **B** *m* (*mappa catastale*) Flurkarte f.

mappalùna *f* (*rappresentazione grafica della luna*) Mondkarte f.

mappamóndo *m* **1** (*globo*) Globus m **2** Weltkarte f: **~ celeste**, Himmelskarte f **3** *fig fam scherz* (*deretano*) vier Buchstaben pl *fam*, Allerwerteste m *fam*, Hintern m *fam*.

mappàre *tr* ~ *qc* **1** *astr geog* {DEPRESSIONE} *etw* kartieren, *etw* planzeichnen **2** *biol* {+GENE} die Kartierung/den Plan von *etw* (dat) erstellen.

mappatùra *f* **1** *astr geog* {+LAGUNA} Kartierung f, Planzeichnen n **2** *biol* {+CORREDO CROMOSOMICO} Kartierung f, Plan m.

mappàzza *f merid* **1** *fig* (*senso di sazietà*) Völlegefühl n: **avere la ~**, (*bis oben hin*) voll sein *fam scherz*, ein Völlegefühl haben **2** *fig* (*malloppo*) Berg m: **una ~ di pagine da correggere**, ein Korrekturberg.

maquette <-> *f franc* **1** *aero mar* Modell n **2** *arch* {+GRATTACIELO} Modell n **3** *arte* {+SCULTURA} Maquette f **4** (*nella pubblicità*) (*bozzetto*) {+MANIFESTO} Entwurf m.

maquillage <-, -s pl franc> *m franc* **1** Make-up n **2** (*arte*) Schminkkunst f.

marabù <-> *m* **1** *ornit* Marabu m **2** (*piume*) Marabufeder f.

maraca <-, -s pl spagn> *f spagn mus* Maraca f.

marachèlla *f fam* Mogelei f *fam*, Streich m: **fare una ~**, mogeln *fam*, schwindeln *fam*.

maracujá <-> *m port bot* Maracuja f.

maragià → **maharajah**.

maramàldo *m* (*vile*) Feigling m *spreg*.

maramào, **maramèo** *inter scherz* (*di derisione*) ätsch! *fam*: **far ~ a qu**, jdm eine lange Nase machen *fam*.

maràsca <-sche> *f* (*frutto*) Sauerkirsche f.

maraschìno *m enol* (*liquore*) Maraschino m.

marà sma <-i> *m* **1** *med* (Kräfte)verfall m, Marasmus m *scient* **2** *fig* (*caos*) {ECONOMICO, POLITICO, SOCIALE} Chaos n; (*decadenza*) Verfall m.

maratóna *f sport anche fig* Marathon m: **concludere quel contratto è stata una vera ~** *fig*, der Abschluss des Vertrags war ein echter Verhandlungsmarathon ● **~ di ballo** (*gara di resistenza*), Marathontanz(wettbewerb) m; **~ televisiva** *TV*, Marathonsendung f (im Fernsehen).

maratonèta <-i m, -e f> *mf* **1** *sport* (*nell'atletica*) Marathonläufer(in) m(f) **2** *fig* (*buon camminatore*) tüchtige(r) Wanderer(in) m(f).

màrca[1] <-che> **A** *f* **1** *comm* Marke f: **~ depositata/registrata**, eingetragenes Warenzeichen **2** (*ditta*) Marke f **3** (*contrassegno*) (Aufbewahrungs)schein m, (Quittungs)zettel m: **~ del guardaroba**, (Garderoben)marke f **4** *fig* (*stampo*) Art f **5** *amm* (*bollo*) ~: **da bollo**, Steuer-, Wert-, Gebühren)marke f **B** <inv> *loc agg*: **di ~**, {PRODOTTO} Marken-; **è un prodotto di gran ~**, das ist ein Qualitätsprodukt, das ist eine edle Marke.

màrca[2] <-che> *f stor* (*territorio*) Mark f.

marcaménto *m sport* Deckung f.

marcantònio, (-a) <-i m> *m* (f) *fam* **1** (*uomo*) Mordskerl m *fam* **2** (*donna*) Walküre f *scherz*.

marcàre <*marco, marchi*> **A** *tr* **1** (*contrassegnare*) ~ *qc* {ARGENTERIA, BIANCHERIA} *etw* kennzeichnen, *etw* markieren; {BESTIAME} *etw* mit einem Brandzeichen versehen, *etw* (dat) ein Zeichen ein|brennen **2** *fig* (*accentuare*) ~ *qc* {LINEA, SUONO} *etw* hervor|heben, *etw* betonen, *etw* markieren **3** *chim* ~ *qc* {TERRITORIO} *etw* markieren **4** (*in etologia*) ~ *qc* {CANE} *etw* markieren **5** *sport* ~ *qu* {AVVERSARIO, GIOCATORE} *jdn* decken, *jdn* markieren; ~ *qc* {UNA ZONA} *etw* decken **6** *sport* (*segnare*) ~ (*qc*) {RETE} *etw* schießen, *etw* erzielen; (*nel biliardo*) {PUNTI} *etw* erzielen, *etw* machen **B** *itr sport*: **~ a uomo/a zona**, Mann/Raum decken.

marcatèmpo **A** <inv> *agg industr*: **orologio ~**, Zeitmesser m **B** <-> *m* **1** (*impiegato*) Zeitnehmer m **2** (*dispositivo*) Zeitstempel m.

marcàto, (-a) *agg* **1** (*con marchio*) gekennzeichnet, markiert **2** *fig* (*accentuato*) {ACCENTO, CONTORNI, LINEAMENTI} ausgeprägt, markant.

marcatóre, (-trice) *m* (f) **1** *sport* (*di gol*)

Torschütze m, (Torschützin f) **2** sport (chi marca l'avversario) Deckungsspieler(in) m(f) **3** industr Markierer(in) m(f), Kennzeichner(in) m(f) **4** inform (puntatore) Cursor m, Schreibmarke f, Positionsanzeiger m **5** (chi segna i punti) Anschreiber(in) m(f).

marcatrice f tecnol Markiermaschine f.

marcatùra f **1** gener {+PIANTE} Kennzeichnung f; {+BOVINI} Einbrennen n eines Zeichens **2** (in etologia) {+TERRITORIO} Markierung f; {+ANIMALE} Markierung f **3** sport Deckung f.

marcescènte agg **1** lett (marcio) faulend **2** fig forb (corrotto) {CIVILTÀ} verdorben, verkommen.

marcétta <dim di marcia> f mus (+CIRCO) kurzer Marsch.

Màrche f pl geog Marken pl.

marchesàto m **1** (titolo) Marchese m **2** (territorio) Marchesat n **3** (insieme dei marchesi) Marchesenstand m.

marchése, (-a) m (f) Markgraf m, (Markgräfin f), (in Francia) Marquis(e) m(f); (in Italia) Marchese m, (Marchesa f).

marchesìno, (-a) <dim di marchese> m (f) Marchesensohn m, (Marchesentochter f).

marchétta f stor (Versicherungs)marke f • **far marchette** fam (prostituirsi), anschaffen/[auf den Strich] gehen fam.

marchettàra f rom volg (prostituta) Hure f spreg.

marchettàro m rom volg (omosessuale che si prostituisce) Strichjunge m fam, Stricher m fam spreg.

marchiàno, (-a) agg {ERRORE} ungeheuer, riesig, grob.

marchiàre <marchio, marchi> tr **1** ~ qu/qc {PERSONA} jdn/etw kennzeichnen, jdn/etw markieren; {BESTIAME} (etw dat) ein Zeichen ein|brennen, etw mit einem Brandzeichen versehen; (con timbro) etw stempeln **2** fig (bollare) ~ qu/qc di/con qc {RAGAZZO COL NOME DI ...} jdm/etw etw an|hängen fam: ~ **d'infamia** qu/qc, jdn/etw brandmarken.

marchiàto, (-a) agg **1** (con un marchio) {POSATE} markiert, gekennzeichnet; {BESTIAME} mit einem Brandzeichen markiert **2** fig (bollato) gezeichnet.

marchiatóre, (-trice) m (f) (chi marchia) "wer mit einem Brandzeichen markiert".

marchiatùra f **1** (il marchiare) {+BESTIAME} Markierung f: ~ **a fuoco**, Markierung f mit einem Brandzeichen **2** (marchio) Brandzeichen n.

marchigiàno, (-a) **A** agg {TRADIZIONE} von/aus den Marken **B** m (f) (abitante) Einwohner(in) m(f) der Marken.

marchingégno m **1** (complicato meccanismo) komplizierter Mechanismus m **2** fig (stratagemma) Schachzug m, Winkelzug m.

màrchio <-chi> m **1** (segno) Zeichen n; fig anche Spur f **2** {+BESTIAME} (Brand)zeichen n **3** {+ARGENTO, ORO} Stempel m **4** fig {+DISONORE, INFAMIA} Schandmal m, Schandfleck m **5** comm Waren-, Markenzeichen n: ~ **di qualità**, Gütezeichen n; ~ **registrato/depositato**, eingetragenes Warenzeichen • ~ **comunitario** comm, EU-Zeichen n; ~ **di fabbrica**, Warenzeichen n; fig, Herkunftszeichen n; **avere il** ~ **di famiglia** fig, von der Familie geprägt sein; ~ **di servizio banca** comm, Servicezeichen n.

màrcia <-ce> f **1** anche mil (cammino) Marsch m: **una** ~ **contro gli armamenti nucleari**, ein (Protest)marsch gegen die Atomrüstung; ~ **di avvicinamento**, Annäherungsmarsch m; **essere in** ~, auf den Marsch sein; ~ **forzata**, Gewaltmarsch m; **invertire la** ~, wenden, **mettersi in** ~, sich in Bewegung setzen; **una ~ per la pace**, ein Friedensmarsch **2** autom mecc {+OROLOGIO} Gang m: **cambiare ~**, schalten; ~ **indietro**, Rückwärtsgang m **3** mus Marsch m: ~ **nuziale/funebre**, Hochzeits-/Trauermarsch m; **la ~ trionfale dell'"Aida"**, der Triumphmarsch aus der "Aida" **4** sport Gehen n • **avere una ~ in più** fig (essere abile), etw draufhaben fam; **far ~ indietro** fig, einen Rückzieher machen per; **la Lunga Marcia** stor, der Lange Marsch; **la Marcia su Roma** stor, der Marsch auf Rom.

marcialónga <-marcelonghe> f sport (nello sci di fondo) "Skilanglaufrennen über circa 70 km".

marciapiède m Gehweg m, Bürgersteig m; ferr Bahnsteig m • **battere il ~** fig (prostituirsi), ˌauf den Strichˌ[anschaffen] gehen fam.

marciapièdi → marciapiede.

marciàre <marcio, marci> itr **1** (avanzare) ~ (+ compl di modo) (+ compl di luogo) {IN FILA, CON PASSO DI PARATA, SUL PIAZZALE} (irgendwie) (irgendwo) marschieren; {AUTO, AUTOBUS AD ALTA VELOCITÀ, AI 100 ALL'ORA} (irgendwie) (irgendwo) fahren; mil **su qc** {ESERCITO SU ROMA} auf etw (acc) zumarschieren; ~ **contro qu/qc** {ESERCITO CONTRO IL NEMICO} gegen jdn/etw vor|rücken **2** fig region (approfittare): **marciarci** die Gelegenheit aus|nützen: **sua madre è sempre disponibile e lui ci marcia**, seine Mutter steht immer zur Verfügung und er nützt das aus **3** fig fam (funzionare) {MOTORE} laufen; {OROLOGIO} gehen **4** sport (nell'atletica) gehen • ~ **per uno**, im Gänsemarsch gehen.

marciàta f scherz (marcia) Marsch m.

marciatóre, (-trice) m (f) **1** (chi marcia) Marschierer(in) m(f), Wanderer(in) m(f) **2** sport (Wett)geher(in) m(f).

màrcio, (-a) <-ci, -ce> **A** agg **1** {FRUTTO, UOVA} faul; {CARNE} anche verdorben; {LEGNO} morsch, faul **2** fig {SISTEMA, SOCIETÀ, UOMO} verkommen, verdorben, verderbt forb obs, verrottet spreg **3** med eitrig **B** m **1** (parte marcia) faule/verdorbene Stelle **2** fig (corruzione) Verdorbenheit f, Verderbtheit f obs **3** med Eiter m.

marcìre <marcisco> itr <essere> **1** tess {CANAPA} verfaulen; {FRUTTA, VERDURA} anche faulen, verderben, faul werden; {INFISSI, TRAVE} vermodern, verrotten **2** fig ~ **in qc** {NELL'OZIO} (in etw dat) faulenzen; {IN ETW DAT} verkümmern; {IN CARCERE} (in etw dat) verfaulen, (in etw dat) vermodern **3** med {FERITA} eitern.

marciùme m **1** {+FRUTTO} Faule n decl come agg **2** (cose marce) faules Zeug, Moder m **3** fig (corruzione) Verkommenheit f, Verderbtheit f obs **4** bot Fäule f **5** med Eiter m.

màrco <-chi> m stor Mark f: ~ **orientale** DDR, Ostmark f fam; ~ **tedesco**, Deutsche Mark.

Màrco m (nome proprio) Markus.

marconìsta <-i> m Funker m.

marconiterapìa f med Kurzwellenbehandlung f, Kurzwellentherapie f.

màre m **1** See f, Meer n: **Mare Adriatico**, Adria f; **andare al ~**, ans Meer fahren; **andare per ~**, zur See fahren; **in ~ aperto**, auf offenem Meer, auf offener See; **alto ~**, hohe See, hohes Meer; **Mar Baltico**, Ostsee f; **cadere in ~**, über Bord gehen; ~ **chiuso**, Binnenmeer n; ~ **Egeo**, Ägäisches Meer, Ägäis f; ~ **forza 6**, Seestärke f 6; **il Mar Glaciale Artico**, das nördliche Eismeer; ~ **grosso**, starker/schwerer Seegang, ~ **interno**, Binnenmeer n; **Mar Ionio**, Ionisches Meer; **Mar Ligure**, Ligurisches Meer; **sul livello del ~** (abbr s.l.m.), über dem Meeresspiegel (abbr ü.d.M.); **Mar Mediterraneo**, Mittelmeer n; **Mare del Nord**, Nordsee f; **Mar Rosso/Nero**, Rotes/Schwarzes Meer; **Mari del Sud**, Südsee f; **Mare Tirreno**, Tyrrhenisches Meer **2** fig (grande quantità) Haufen m fam + nom/+ gen pl, Menge f + nom/+ gen pl, Berg m fam von etw (dat)/+ gen/+ nom sing, Masse f fam + nom/+ gen pl: **avere un ~ di problemi**, eine Menge/einen Haufen Probleme haben fam; **un ~ di debiti**, ein Berg von Schulden; **un ~ di lavoro**, ein Haufen/eine Menge/eine Masse Arbeit fam; **un ~ di tempo**, eine Menge/ein Haufen Zeit fam • **essere in alto ~ fig**, noch weit vom Ziel entfernt sein; **arare il ~ fig** (fare una cosa inutile), Eulen nach Athen tragen fam; **buttare a ~ qc fig** (rinunciare), {PROGETTI} etw hinwerfen; **essere in un ~ di guai fig**, das Wasser bis zum Hals stehen haben fam; **nuotare in un ~ di latte fig** (essere molto ricco), im Geld schwimmen fam; **promettere a qu mari e monti fig** (molto), jdm das Blaue vom Himmel versprechen fam; **perdersi in ~** (naufragare), Schiffbruch erleiden, in den Wellen/Fluten untergehen; **riprendere il ~** (rimettersi a navigare), wieder in See stechen; **stare largo in ~ mar** (lontano dalla costa), auf offener See sein.

marèa f **1** mar Gezeiten pl: **alta/bassa ~**, Flut f/Ebbe f; ~ **di quadratura**, Nippflut f, niedrigste Tide f **2** fig (grande quantità) ~ **di qc** Haufen m fam + nom/+ gen pl, Menge f + nom/+ gen pl, Berg m fam von etw (dat)/+ gen/+ nom sing, Masse f fam + nom/+ gen pl: **una ~ di persone**, eine riesige Menschenmasse; **una ~ di soldi**, ein Haufen/eine Stange/ein Batzen Geld fam • ~ **nera** giorn, Öltreppich m, Ölpest f.

mareggiàre <mareggio, mareggi> **A** itr **1** lett (agitarsi) {MEDITERRANEO} branden, wallen forb **2** fig (fluttuare) {GENTE, SPIGHE} wogen forb **B** m lett (movimento) {+FOLLA} Wogen n forb.

mareggiàta f Sturmflut f.

màre màgnum <-> loc sost m lat (grande confusione) {+POLITICA ITALIANA} Durcheinander n, Chaos n, Tohuwabohu n fam.

marèmma f geog Maremmen pl: **la Maremma toscana**, Maremmen pl.

maremmàno, (-a) **A** agg anche zoo (della maremma) {BOVINO, PASTORE, PALUDE} Maremmen- **B** m (f) (abitante) Maremmenbewohner(in) m(f).

maremòto m Seebeben n.

maréngo <-ghi> m **1** numism Napoleondor m **2** tess Marengo m.

mareomotóre, (-trice) agg tecnol {FORZA} Gezeiten-.

marescialla f (moglie del maresciallo) Frau f Marschall obs.

maresciàllo m **1** (sottufficiale) {+CARABINIERI} Feldwebel m **2** stor (ufficiale supremo) Marschall m.

marétta f **1** mar leichter Seegang, leichte See **2** fig (nervosismo) gespannte Atmosphäre: **c'è un po' di ~ tra le due cognate**, zwischen den beiden Schwägerinnen ˌherrscht eine etwas gespannte Atmosphäreˌ/[gibt es gewisse Spannungen].

marezzàre tr (variegare) ~ qc {CARTA, MURO} etw masern; tess etw moirieren.

marezzàto, (-a) agg {CARTA, STOFFA} Moiré-, moiriert; {LEGNO, MARMO} gemasert; {CARNE} durchwachsen.

marezzatùra f {+CARTA, STOFFA} Moiré(-Muster) n; {+LEGNO, MARMO} Maserung f; {+CARNE} Durchwachsensein n.

marézzo m (striatura) {+LEGNO, MARMO} Maserung f; tess Moirierung f.

margarìna f gastr Margarine f.

margarita <-> m (*cocktail*) Margarita(-Cocktail) m) f.

margherita f Margerite f: ~ **di prato**, Margerite(nblume) f ● (**pizza**) ~ *gastr*, "Pizza mit Käse und Tomaten".

Margherita f (*nome proprio*) Margarete.

margheritina <*dim di margherita*> f **1** *bot* Gänseblümchen n, Maßliebchen n **2** <*di solito al pl*> (*perline*) Glasperlchen n pl.

marginàle agg **1** Rand-, marginal: **area** ~, Randgebiet n; **nota** ~, Randbemerkung f **2** *fig* {QUESTIONE} nebensächlich, marginal; {ASPETTO, PERSONAGGIO} Neben- **3** *econ* {COSTO} unerheblich.

marginalità <-> f **1** (*carattere marginale*) {+QUESTIONE} Nebensächlichkeit f **2** *sociol* {+GRUPPO} Marginalität f.

marginalizzàre tr ~ *qu/qc* **1** (*mettere ai margini*) jdn/etw an den Rand drängen **2** *sociol* {MINORANZA ETNICA} jdn/etw aus|grenzen, jdn/etw an den Rand drängen.

marginàre tr ~ *qc* {FOGLIO, PAGINA} etw um|randen, etw rändern *rar*, den Rand etw (gen) bestimmen; *tip* etw ein|legen, etw an|legen.

marginatóre m **1** (*dispositivo*) {+MACCHINA PER SCRIVERE} Randsteller m **2** *fot* Klapp-, Abdeckrahmen m **3** *tip* Anlegeapparat m.

marginatùra f **1** (*margine*) {ASIMMETRICA +FOGLIO} (Druck)anlage f **2** (*il marginare*) Einlegen n, Anlegen n **3** *tip* Format-, Schließstege m pl.

màrgine m **1** *gener* {+BOSCO, FERITA, FOGLIO} Rand m: ~ **della strada**, Straßenrand m **2** (*quantità*) {+TEMPO} Spanne f, *econ* {+GUADAGNO} Spanne f, Marge f **3** *fig* {+SOCIETÀ} Rand m, Grenze f: **fare qc ai margini della legalità**, sich am Rande der Legalität bewegen **4** *sport* (*vantaggio*) Vorsprung m: **vincere con un buon** ~, mit großem Vorsprung gewinnen **5** *tip* Steg m ● ~ **di errore**, Fehlerspanne f ● ~ **di rischio**, Risikospanne f; ~ **di sicurezza edil**, Sicherheitsspielraum m.

margòtta f *agr* Ableger m, Absenker m.

margottàre tr *agr* ~ *qc* {PIANTA} etw ab|legen, etw ab|senken.

margràvio, (-a) <-*vi* m> m (f) *stor* (*titolo*) Markgraf m, (Markgräfin f).

Marìa f (*nome proprio*) Maria, Marie.

marjàno, (-a) agg {MESE} Marien-, marianisch.

maricoltùra f *itt* Seefischzucht f.

marijuana <-> f *ingl spagn* Marihuana n, Gras n *fam eufem*.

marìmba f *mus* Marimba f.

marìna f **1** (*riva*) Küste f **2** (*città*) Küstenstadt f **3** *arte* (*quadro*) Seestück n **4** *mar mil* Marine f.

marinàio <-*nai*> m Seemann m; *anche mil* Matrose m ● ~ **d'acqua dolce** *scherz spreg*, Süßwassermatrose m *fam scherz*; **mezzo** ~ *mar* (*attrezzo*), Bootshaken m.

marinàra f **1** (*abito*) Matrosenanzug m **2** (*cappello*) "Strohhut mit breiter, hochgezogener Krempe" **B** <inv> *loc agg*: **alla** ~ **1** {ABITO} Matrosen- **2** *gastr* {SPAGHETTI} mit Meeresfrüchten, {PIZZA} mit Käse, Knoblauch und Tomaten.

marinàre tr (~ *qc*) **1** *gastr* {CARNE, PESCE} etw marinieren, {SELVAGGINA} etw ein|legen **2** *fig fam* (*saltare*) {LEZIONI, SCUOLA} etw schwänzen *fam*.

marinarésco, (-a) <-*schi*, -*sche*> agg {LINGUAGGIO, TRADIZIONE} Seemanns-, Matrosen-.

marinarétto <*dim di marinaro*> m **1** (*giovane marinaio*) Jungmatrose m **2** (*ragazzo vestito alla marinara*) Junge m im Matrosenanzug.

marinàro, (-a) agg {TRADIZIONE} Seemanns-, Matrosen-; {POPOLO} Seefahrer-; (*di pescatori*) Fischer-.

marinàta f *gastr* Marinade f.

marinàto, (-a) *gastr* **A** agg {SALMONE} mariniert **B** m Marinade f.

marinatùra f *gastr* {+ALICI} Marinieren n.

marìne <-, -*s* pl *ingl*> m *ingl mil* Marinesoldat m, Mariner m *slang*.

marinerìa f Seestreitkräfte f pl, Marine f.

marinìsmo m *lett* Marinismus m.

marìno, (-a) agg {ACQUA} Meer(es)-; {CAVALLUCCIO, LOCALITÀ, STELLA} See-; {BREZZA} Meeres-.

Màrio m (*nome proprio*) Marius.

marjolerìa f (*azione*) Gaunerei f *fam*.

mariòlo, (-a) m **1** Gauner(in) m(f) *spreg* **2** *fam scherz* Spitzbube m *fam scherz* (Spitzbübin f).

mariologìa f *relig* Mariologie f.

marionétta f *anche fig* Marionette f, Hampelmann m: **muoversi come una** ~, ˌwie eine Marionetteˌ/[tapsig *fam*] gehen.

marionettìstico, (-a) <-*ci*, -*che*> agg (*delle marionette*) {SPETTACOLO} Marionetten-.

marìsta <-*i* m, -*e* f> *relig* **A** agg {COLLEGIO} Maristen- **B** m Marist m.

maritàbile agg {RAGAZZA} heiratsfähig, mannbar *forb*.

maritàle agg **1** (*del marito*) des (Ehe)manns **2** (*del matrimonio*) Ehe-.

maritàre A tr **1** (*dare marito*) ~ *qu* (**con**/**a qu**) {FIGLIA} jdn (mit jdm) verheiraten **2** *fig* (*congiungere*) ~ *qc* **a** *qc* {VITE ALL'OLMO} etw mit etw (dat) kreuzen **B** itr pron (*sposare*): **maritarsi** (**a**/**con** *qu*) {DONNA} jdn heiraten, sich mit jdm verheiraten.

maritàto, (-a) agg **1** (*sposato*) verheiratet **2** *gastr*: **uova** ~-*e*, Rühreier n pl mit Beilage.

marìto m (Ehe)mann m, Gatte m *forb*: **essere** ~ **e moglie**, Mann und Frau sein, verheiratet sein.

marìttimo, (-a) **A** agg **1** {SCALO, STAZIONE} See-; {CLIMA} *anche* maritim; {CITTÀ} Hafen- **2** (*in mare*) {COMMERCIO, GUERRA, TRASPORTI} See- **3** *dir* {DIRITTO} See- **B** m Hafenarbeiter m; (*marinaio*) Seemann m.

màrker <-> m *ingl anche chim med* Marker m.

màrketing <-> m *ingl econ* Marketing n.

marketing information <-> f *ingl* (*nella pubblicità*) Marketing-Information f.

market leader <- -, - -*s* pl *ingl*> *loc sost m ingl econ* **1** (*azienda*) Marktführer(in) m(f) **2** (*prodotto*) marktführendes Produkt.

market maker <- -, - -*s* pl *ingl*> *loc sost mf ingl econ* Market-Maker m, Marktmacher(in) m(f), Marktpfleger(in) m(f).

màrlin <-> m *zoo* {BIANCO, NERO} Marlin m.

marmàglia f **1** (*gentaglia*) (Lumpen)gesindel n *spreg*, (Lumpen)pack n *spreg* **2** *fam scherz* (Jugend)bande f.

marmagliùme m *spreg* (*gentaglia*) (Lumpen)pack n *spreg*, (Lumpen)gesindel n *spreg*, Abschaum m *spreg*.

marmellàta f *gastr* {+ALBICOCCHE} Marmelade f ● **ridurre in** ~ *fig scherz* (*spappolare*), jdn zu Brei schlagen *volg*.

marmétta f *edil* Fliese f.

marmettóne <*accr di marmetta*> m *edil* größere Fliese.

marmìfero, (-a) agg *min* **1** {CAVA, TERRENO} Marmor- **2** {INDUSTRIA} Marmor-.

marmìsta <-*i* m, -*e* f> mf Marmorschleifer(in) m(f).

marmìtta f **1** (*pentolone*) (Koch)kessel m, Topf m: ~ **da campo** *mil*, Feldküche f, Gulaschkanone f *slang* **2** *autom* Auspufftopf m: ~ **catalitica**, Katalysator m **3** *geol* {EOLICHE, GLACIALI} Topf m: ~ **dei giganti**, Kolk m, Strudeltopf m.

marmittóne m *slang mil* (*soldato*) Tol(l)patsch m *fam*.

màrmo m **1** {GREZZO, LEVIGATO, SCREZIATO} Marmor m: ~ **di Carrara**, Carrarischer Marmor **2** (*scultura*) Marmorplastik f, Marmorskulptur f **3** <*di solito al pl*> (*lastre*) Marmorplatte f **4** (*lapide*) Marmortafel f ● **bianco come il** ~, schneeweiß (*pallidissimo*), leichenblass; **freddo**/**duro come il** ~, eiskalt/[hart wie Stein]; **di** ~ *fig* (*duro*), aus Stein; (*impassibile*) {LABBRA} unbeweglich; **diventare di** ~ *fig* (*impietrire*), zur Salzsäule erstarren; **essere inciso**/**scolpito nel** ~ *fig* (*indimenticabile*), unauslöschlich/unvergesslich sein.

marmòcchio, (-a) <-*chi* m> m (f) *fam scherz* (*bambino*) Knirps m *fam*, Göre f *fam*.

marmòreo, (-a) agg **1** (*di marmo*) {BASE, LAPIDE, SCULTURA} Marmor-, marmorn *forb* **2** *fig* {BIANCHEZZA, DUREZZA, FISSITÀ} marmorn *forb*.

marmorizzàre tr ~ *qc* {CARTA, PARETE, TESSUTO} etw marmorieren.

marmorizzàto, (-a) agg {STOFFA} marmoriert, Marmor-.

marmorizzazióne f (*il marmorizzare*) {+PARETE} Marmorierung f.

marmòtta f **1** *zoo* Murmeltier n **2** (*pelliccia*) Murmeltierpelz m **3** *fig* (*persona pigra*) Schlafmütze f *fam scherz*, Faulpelz m *spreg*, Faulenzer m *scherz* ● **dormire come una** ~ *fig* (*a lungo e profondamente*), wie ein Murmeltier schlafen *enf*.

marmottìna f (*valigetta del campionario*) {+COMMESSO VIAGGIATORE} Musterkoffer m.

màrna f *geol* Mergel m.

marnóso, (-a) agg *geol* {TERRENO} mergelig, Mergel-.

maró m *mar mil slang* Matrose m, Maat m.

marocain *franc tess* **A** <inv> agg Marocain- **B** <-> m Marocain m o n.

marocchìno[1] m (*cuoio*) Maroquin(leder n) m o n.

marocchìno[2], (-a) **A** agg {RAGAZZO} marokkanisch **B** m (f) (*abitante*) Marokkaner(in) m(f).

Maròcco m *geog* Marokko n.

maronìta <-*i* m, -*e* f> *relig* **A** agg {PATRIARCA} maronitisch **B** mf Maronit(in) m(f).

maróso m **1** <*di solito al pl*> (*onda grossa*) Sturzwelle f, Brecher m **2** *fig lett* (*sconvolgimento*) {+VITA} Qual f, Pein f *forb*.

marpióne, (-a) m f *fam scherz* (*furbacchione*) Schlitzohr n *fam*, Schlauweier m, Schlawiner m *süddt fam*: **quello è un vecchio** ~!, der ist ein alter Fuchs! *fam*.

marquise <-> f *franc* **1** (*poltrona*) "niedriger Polstersessel für zwei Personen" **2** (*pietra, taglio*) Markise f **3** (*tenda*) Markise f **4** *gastr* "Dessert auf Schokoladenbasis".

màrra f **1** (*zappa*) Karst m, Breithacke f **2** *edil* Kalkrührer m **3** *mar* Flunke f.

marràno m *lett scherz* (*traditore*) Treuloser m *scherz*.

marrocchìno, (-a) → **marocchino**[1] e **marocchino**[2].

marron *franc* **A** <inv> agg {CAPPELLO, SCARPE} braun **B** <-> m **1** (*frutto*) Marone f **2** (*colore*) Braun n.

marronàta f **1** *gastr* Kastanienmarmelade f **2** *fam scherz* (*sciocchezza*) Dummheit f.

marróne A m (*frutto*) (Edel)kastanie f,

Marone f B <inv> agg **1** {BORSA, OCCHI} (kastanien)braun **2** *di solito al pl* fig eufem scherz *(testicoli)* Eier n pl eufem scherz **3** *(pianta)* Edelkastanienbaum m **4** <-> *(colore)* {CHIARO, SCURO} Braun n.

marron glacé <- -, - -s pl *franc*> loc sost m *franc gastr* Marron glacé m, kandierte Kastanie, Marone f mit Zuckerglasur.

marronsécco <-chi> m *(castagna secca)* getrocknete Marone.

marrovèscio → **manrovescio**.

marsàla <-> m *enol* Marsala(wein) m.

marsalàre tr *enol* ~ qc {VINO} etw zu Marsala verarbeiten.

marsc' inter *mil anche scherz (marcia)* marsch!: **avanti, marsc'!**, vorwärts marsch!

Marsìglia f *geog* Marseille f.

marsigliése A agg **1** {ACCENTO} Marseiller **2** *edil* {PIASTRELLA, TEGOLA} Falz- B mf Marseiller(in) m(f) C f **1** *(inno)* Marseillaise f: **la squadra intonò la ~**, die Mannschaft stimmte die Marseillaise an **2** *edil* Falzziegel m.

marsìna f *(frac)* Frack m.

marsupiàle *zoo* A agg {CON MARSUPIO} Beutel- B m pl Beuteltiere n pl.

marsùpio <-pi> m **1** *zoo* Bauchtasche f, Beutel m **2** *(piccola borsa)* Beutel m, (Gürtel)tasche f **3** *(per neonati)* Tragebeutel m, Tragesack m.

mart. abbr *di martedì*: Di. (abbr *di* Dienstag).

Màrta f *(nome proprio)* Martha • **fare da ~ e Maddalena** fig *(fare di tutto)*, ein Hansdampf in allen Gassen sein fam.

Màrte <-> m *astrol astr mitol* Mars m.

martedì <-> m *(abbr* mart.) Dienstag m; → *anche* **lunedì** • **~ grasso** *(ultimo giorno di Carnevale)*, Faschingsdienstag m.

martellaménto m **1** *(serie di colpi)* {+CUOIO, LAMIERA} (fortgesetztes) Hämmern; {+GRANDINE} Hagelschlag m **2** *(il pulsare)* {+TEMPIE} Klopfen n, Pochen n; {+POLSI} Anschlagen n, Hämmern n **3** *fig (il tormentare)* {+ARTIGLIERIA NEMICA, DOMANDE} Trommelfeuer n.

martellànte agg **1** *(forte e ripetitiva)* {MUSICA, RUMORE} hämmernd fam **2** *fig (incessante)* {FUOCO} Trommel-; {DOLORE} quälend, plagend; {DOMANDE} beharrlich, insistierend.

martellàre A tr **1** *(battere col martello)* ~ (qc) {CUOIO, LAMIERA, PIETRA} etw hämmern **2** *(percuotere)* ~ qc {CON qc} {GRANDINE SELCIATO} (mit etw dat) auf etw (acc) hämmern, (mit etw dat) auf etw (acc) schlagen, {MURO COI PUGNI} (mit etw dat) gegen/an etw (acc) schlagen, (mit etw dat) gegen/an etw (acc) hämmern; *sport (nel pugilato)* ~ **qu** {CON qc} {AVVERSARIO COI PUGNI} jdn mit etw (dat) überziehen **3** *fig (tormentare)* ~ **qu, qc a qu** {RICORDO CERVELLO} jdn/etw quälen, jdn/etw peinigen forb, jdm/etw plagen: **la musica gli martellava le orecchie**, die Musik hämmerte ihm in den Ohren/[tat ihm in den Ohren weh]; ~ **qu di/con qc** {ALLIEVO INSEGNANTE DI/CON DOMANDE} jdn mit etw (dat) überschütten/löchern B itr *(pulsare)* ~ (**per qc**) {TEMPIE PER LO SFORZO} (wegen etw gen) klopfen, (wegen etw gen) pochen: **i polsi mi martellavano per l'agitazione**, mein Puls hämmerte/raste vor Aufregung.

martellàta f *(colpo)* Hammerschlag m: **prendere a martellate qc**, etw (dat) Schläge mit dem Hammer verpassen, auf etw (acc) einhämmern.

martellàto, (-a) A agg **1** *(picchiettato)* {RAME} geschmiedet, Schmiede-; {CUOIO} gehämmert **2** *mus* {NOTA} gehämmert B m *mus* Martellato m.

martellatóre, (-trice) m (f) *(chi lavora di martello)* Arbeiter(in) m(f) am Maschinenhammer.

martellétto <*dim di* martello> m **1** *gener* Hämmerchen n **2** *med* Perkussionshammer m **3** *mus (del pianoforte)* Klavierhammer m **4** *tip* {+MACCHINA PER SCRIVERE} Typenhebel m: ~ **di stampa**, Typenhebel m.

martellìano, (-a) *poet* A agg {METRICA} Septenar- B m *(verso)* jambischer Septenar.

martellinatùra f *edil tecnol* Schmieden n, Hämmern n, Krönein n.

martèllio <-lii> m **1** {+FABBRO} Hämmern n, Gehämmer n **2** *fig* {+CAMPANE, GRANDINE, TEMPIE} heftiges Schlagen.

martellìsta <-i m, -e f> mf **1** *ferr* Gleisarbeiter(in) m(f) **2** *min* Sprengmeister(in) m(f) **3** *sport (nell'atletica)* Hammerwerfer(in) m(f).

martèllo A m **1** *(arnese)* {+ACCIAIO, GOMMA} Hammer m: ~ **da calzolaio/falegname**, Schuster-/Tischlerhammer m; ~ **da ghiaccio** *alpin*, Eispickel m **2** *(battente della porta)* Türklopfer m **3** *(battaglio)* {+CAMPANA} Klöppel m **4** *anat* {+ORECCHIO} Hammer m **5** *sport* Hammer m, Bombe f B loc avv *(regolarmente e in fretta)*: **le campane suonavano a ~**, die Glocken läuteten Sturm • **~ pneumatico** *tecnol*, Presslufthammer m.

martensìte f *metall min* Martensit m.

Martìna f *(nome proprio)* Martina.

martinétto m *mecc* Winde f; *autom* Wagenheber m.

martingàla f **1** *(cintura)* {+CAPPOTTO, GIACCA} Rückengurt m **2** *(per il cavallo)* Martingal n, Hilfszügel m.

Martini® m *enol* **1** *(vermut)* Martini m **2** *(cocktail)* Martini-Gin-Cocktail m.

martinìcca <-che> f *(freno)* {+CARROZZA} Backenbremse f.

Martìno m *(nome proprio)* Martin.

martin pescatóre <- -i> loc sost m *ornit* Eisvogel m.

màrtire mf *relig stor* {+FEDE, INDIPENDENZA ITALIANA} Märtyrer(in) m(f); *fig anche* Opfer n: **lui fa sempre il ~**, er spielt immer das arme Opfer/[den Märtyrer].

martìrio <-ri> m **1** *relig stor* {+SANTA LUCIA} Martyrium n, Märtyrertod m **2** *fig (supplizio)* Qual f, Martyrium n: **la conferenza è stata proprio un ~**, der Vortrag war eine richtige Qual.

martirizzàre tr ~ **qu 1** *relig stor* {CRISTIANO} jdn martern **2** *fig rar (torturare)* {SUOCERA NUORA} jdn quälen, jdn peinigen forb.

martirològio <-gi> m **1** *(libro delle vite dei martiri)* Martyrologium n **2** *(insieme di martiri)* {+RIVOLUZIONE} Märtyrer m pl forb **3** *fig (panegirico)* Lobrede f.

màrtora f *zoo* Marder m.

martoriàre <*martorio, martori*> tr ~ **qu/qc 1** *(torturare)* {DOLORE PERSONA, ANIMALE, CORPO} jdn/etw martern **2** *fig (tormentare)* {GELOSIA MENTE} jdn/etw quälen, jdn/etw peinigen forb.

martoriàto, (-a) agg *anche fig (torturato)* ~ (**da qc**) {CORPO DALLE PERCOSSE} *(durch etw acc)* gefoltert, *(durch etw acc)* gemartert forb.

marxiàno, (-a) agg *econ filos polit (di K. Marx)* {CONCETTO, FILOSOFIA, TEORIA} von Marx.

marxìsmo m *econ filos polit* Marxismus m.

marxismo-leninìsmo m *econ filos polit* Marxismus-Leninismus m.

marxìsta <-i m, -e f> A agg {CRITICA, IDEOLOGIA} marxistisch B mf *econ filos polit (sostenitore)* Marxist(in) m(f).

marxista-leninìsta <-i-i m, -e-e f> *econ filos polit* A agg marxistisch-leninistisch B mf *(seguace)* Marxist-Leninist(in) m(f).

marxìstico, (-a) <-ci, -che> agg *econ filos polit* marxistisch.

marz. abbr *di* marzo: März m.

marzapàne m *gastr* Marzipan n.

marziàle agg **1** *(della guerra)* {CORTE, LEGGE} Kriegs- **2** *fig (soldatesco)* {ASPETTO, PASSO} kriegerisch, martialisch forb **3** *med (a base di ferro)* {TINTURA} Eisen-.

marzialità <-> f fig {+ASPETTO} Kriegerische n decl come agg.

marziàno, (-a) A agg *astr (di Marte)* Mars- B m (f) **1** *(alieno)* Marsmensch m **2** *fig fam (estraneo)* Sonderling m: **a quella cena gli invitati sembravano tutti dei marziani**, bei diesem Abendessen schienen mir alle Gäste von einem anderen Planeten zu sein.

màrzo m (abbr marz.) März m: ~ **pazzerello, April, April, der weiß nicht was er will**; → *anche* **settembre**.

marzolìno, (-a) A agg *(di marzo)* {PIOGGIA} März- B m *gastr (con latte di pecora)* Schaf(s)käse m; *(con latte di bufala)* Büffelkäse m.

marzuòlo, (-a) A agg **1** *(che si semina a marzo)* {FORAGGIO} März- **2** *(che nasce a marzo)* {PULCINO} März-.

Mas <-> m *mar mil* Torpedoboot n.

mascalzonàta f *fam anche scherz* Gemeinheit f, Schurkerei f *fam*.

mascalzóne m *fam* Schurke m *spreg*, Schuft m *spreg*, Lump m *spreg*, Kanaille f *spreg*; *anche scherz* Halunke m: **agire/comportarsi da/[come un] ~**, schurkisch *spreg*/niederträchtig handeln, sich wie ein Halunke benehmen.

mascàra <-> m *ingl* Wimperntusche f, Mascara m o f.

mascarpóne m *gastr* Mascarpone m.

mascèlla f **1** *anat* Kiefer m: ~ **inferiore**, Unterkiefer m, Kinnlade f **2** *di solito al pl* *mecc* {+TAGLIOLA} Backe f • **lavorare di mascelle** *fig scherz*, spachteln *fam*, futtern *fam*; **slogarsi le mascelle a forza/furia di sbadigliare** *fig*, sich vor lauter Gähnen den Kiefer verrenken *fam*.

mascellàre *anat* A agg {NERVO, OSSO} Kiefer- B m {SUPERIORE} Kieferknochen m.

màschera f **1** *(finto volto)* {+CARTAPESTA, CUOIO} Maske f: ~ **da gatto/Arlecchino**, Katzen-/Harlekinsmaske f **2** *(travestimento)* Verkleidung f, Kostümierung f, Maskerade f: **mettersi in ~**, sich verkleiden, sich kostümieren, sich maskieren **3** *anche teat (persona travestita)* {+CARNEVALE} Maske f, Kostüm n; *(personaggio della commedia dell'arte italiana)* Gestalt f, Figur f, Maske f: **Pulcinella è la ~ di Napoli**, Pulcinella ist die Maske Neapels **4** *anche sport (protezione)* (Schutz)maske f: ~ **antigas/antipolvere**, Gas-/Staubmaske f; ~ **per apicoltori**, Bienenschleier m; ~ **da scherma**, Fechtmaske f **5** *(calco)* {+COMPOSITORE} Totenmaske f: ~ (**mortuaria**), Totenmaske f **6** *(nella cosmesi)* {IDRATANTE, NUTRIENTE} (Schönheits)maske f: ~ **di argilla**, Tonmaske f **7** *fig (volto, immagine)* {+DISPERAZIONE, SOFFERENZA} Abbild m **8** *fig (simulazione)* {+ONESTÀ, SIMPATIA} Deckmantel m, Maske f, Vorwand m **9** *film teat (persona)* {+CINEMA} Platzanweiser(in) m(f) **10** *mecc* Vorrichtung f **11** *med* {GRAVIDICA, PELLAGROSA} Gesicht n, Facies f *scient* **12** *tecnol (schermatura)* Schutzschirm m, Schutzschild m • **nascondere qc sotto la ~ dell'altruismo** *fig*, etw unter dem Deckmantel der Nächstenliebe verbergen; ~ **per anestesia** *med*, Narkosemaske f; ~ **chirurgica** *med*, Mundschutz m; **essere una ~ di qc** *fig (avere il volto coperto di qc)*, {DI CALIGINE} ein über und über mit etw (dat) bedecktes Gesicht haben; **essere una ~ di sangue/sudore**, ein blut-/schweißüberströmtes Gesicht haben; **giù la ~** fig (smetti di fingere), hör auf mit dem Theater₁/[, Theater zu spielen]; **mettere la ~** fig (fingere), sich verstellen, etw vorgaukeln; **mezza ~** (che copre solo gli occhi), Larve f, Halbmaske f; **nascondersi dietro una ~** fig (essere diversi da come si vuol apparire), sich hinter einer Maske verstecken; **~ a ossigeno** med, Atem-, Sauerstoffmaske f; **sembra una ~!** (è troppo truccata), die ist wohl in den Schminktopf gefallen! scherz; **~ (subacquea)**, Tauchermaske f, Taucherbrille f; **togliere la ~ a qu** fig (scoprire il suo gioco), jdm die Maske vom Gesicht reißen, jdn demaskieren, jdn entlarven; **togliersi/levarsi/gettare la ~** fig (scoprire il proprio gioco), die Maske abnehmen/[fallen lassen]/[von sich werfen].

mascheraménto m 1 rar (il mascherare) Maskierung f 2 fig rar {+INTENZIONI DI QU} Verschleierung f 3 fis {+SUONO} Verdeckung f 4 mil {+IMPIANTI, MEZZI} Tarnung f.

mascheràre Ⓐ tr 1 (coprire con una maschera) **~ qc** {VOLTO} etw maskieren 2 (travestire) **~ qu** (da qu/qc) {BAMBINO DA ARLECCHINO} jdn (als jd/etw) verkleiden, jdn (als jdn/etw) kostümieren 3 fig (coprire) **~ qc (con qc)** {MACCHIA CON UN FIORE, PORTA CON UNA SIEPE} etw (mit etw dat) verdecken; mil {AEREO} etw (mit etw dat) tarnen 4 fig (schermare) **~ qc (con qc)** {LUCE CON UN DRAPPO} etw (mit etw dat) ab|schirmen 5 fig (dissimulare) **~ qc (con qc)** {INVIDIA, OPINIONE, PENSIERO CON UN ATTEGGIAMENTO} etw (mit etw dat) maskieren, etw (hinter etw dat) verbergen, etw (hinter etw dat) verstecken, etw (mit etw dat) tarnen **~ qc (con qc)** {SAPORE DELLA CARNE CON LE SPEZIE} etw (mit etw dat) maskieren, etw (mit etw dat) verdecken Ⓑ rfl 1 (travestirsi): **mascherarsi (da qu/qc)** (DA ORSO, DA PULCINELLA) sich (als jd/etw) verkleiden, sich (als jd/etw) kostümieren; **mascherarsi da donna**, sich als Frau verkleiden/maskieren 2 fig (fingersi): **mascherarsi (da qu)** {DA CORAGGIOSO, DA LIBERALE} sich als jd aus|geben, sich (als jd) auf|spielen.

mascheràta f 1 (corteo) {STORICA; +CARNEVALE} Maskenzug m 2 (festa) Maskerade f, Mummenschanz m 3 fig spreg (buffonata) Farce f, Witz m fam, Posse f; **il processo è stata solo una ~!**, der Prozess war (nur) eine (einzige) Farce!

mascheràto, (-a) agg 1 (col volto coperto) {BANDITO} maskiert 2 (travestito) **~ (da qu/qc)** {DA DAMINA} (als etw nom) verkleidet 3 (in maschera) {BALLO, CARRO} Masken- 4 fig (dissimulato) {FRODE, ODIO} verschleiert, bemäntelt forb 5 fig (nascosto) **~ (da qc)** {BUCO DA UN MUCCHIO D'ERBA} (durch etw acc) verborgen.

mascheratùra f 1 (effetto) {+DIFETTO} Maskierung f 2 (il mascherare) Maskieren n 3 fot Maskieren n 4 tip Maskierung f.

mascherìna <dim di maschera> f 1 (per il viso) {+CARTA, GARZA} Halbmaske f, Larve f 2 (persona mascherata) (schöne) Maske 3 {+SCARPA} (Vorder)kappe f 4 (schermo) {+LAMPADA} Schirm m 5 autom Kühlergrill m 6 zoo Maske f (Fleck m auf der Schnauze) ● **ti conosco ~!** anche fig (ti ho smascherato!), du bist durchschaut/entlarvt!

mascherìno <dim di maschera> m 1 (ornamento a forma di maschera) Schmuck m in Maskenform 2 fot Maske f.

mascheróne <accr di maschera> m 1 arch (ornamento) {+FONTANA} Maskaron m 2 fig (volto deformato) Fratze f spreg: **non truccar-**

ti troppo altrimenti diventi un ~, schminke dich nicht zu sehr, sonst siehst du aus wie ein Tuschkasten/Papagei fam spreg.

maschiàccio <-ci, pegg di maschio> m spreg scherz Wildfang m: **si veste sempre da ~**, sie zieht sich immer an wie Junge spreg.

maschiètta <dim di maschio> f (ragazzina) burschikoses Mädchen, wilde Hummel fam.

maschiètto <dim di maschio> m 1 (ragazzino) Büblein n, Bübchen n 2 fam (neonato) Junge m, Kleine m fam 3 tecnol Angel f.

maschìle Ⓐ agg 1 gener {ASPETTO, VOCE} männlich; (rif. a uomini) {GARA, MODA} Herren-, Männer-; (rif. a ragazzi) {CLASSE} Jungen- 2 biol gramm {GAMETE, GENERE, SESSO} maskulin, männlich Ⓑ m gramm (genere) Maskulinum n.

maschilìsmo m Machismo m forb spreg, männlicher Chauvinismus spreg.

maschilìsta <-i m, -e f> Ⓐ agg {AFFERMAZIONE, COMPORTAMENTO} Macho- fam, machohaft fam, chauvinistisch Ⓑ m (f) Macho m fam, Chauvinist(in) m(f).

maschilìstico, (-a) <-ci, -che> agg (maschilista) {ATTEGGIAMENTO} Macho- spreg, chauvinistisch spreg.

màschio, (-a) <-schi> Ⓐ m 1 zoo {+CORVO, LEPRE} Männchen n 2 (uomo) Mann m; anche scherz richtiger Mann, Kerl m; (ragazzo) Junge m 3 arch (torre) Hauptturm m, Bergfried m stor 4 mecc Zapfen m: **incastro a ~ e femmina**, Spundung f 5 mecc (utensile) Gewindebohrer m, Gewindeeisen n Ⓑ agg 1 (virile) {CARATTERE, COMPORTAMENTO} männlich, viril; {MODA, VOCE} anche maskulin 2 biol männlich: **aquila/felce ~**, männlicher Adler/Farn; **ha due figli maschi**, er/sie hat zwei Söhne; **due tigri ~**, zwei männliche Tiger.

mascolinità <-> f (l'essere mascolino) Männlichkeit f.

mascolinizzàre Ⓐ tr rar (rendere mascolino) **~ qc** {DONNA SUO COMPORTAMENTO} etw vermännlichen Ⓑ itr pron (diventare mascolino): **mascolinizzarsi** {DONNA} männliche Züge an|nehmen, männlich werden.

mascolìno, (-a) agg {VISO} männlich.

mascotte <-, -s pl franc> f franc (portafortuna) {+NAZIONALE DI ATLETICA} Maskottchen n, Maskotte f.

masnàda f spreg anche scherz (gruppo) {+FURFANTI, LADRI} Bande f.

masnadière m (bandito) Räuber m, Bandit m, Gauner m spreg ● **i masnadieri** (titolo di un'opera di F. Schiller), die Räuber.

màso m agr dir (Bauern)hof m: **~ avito**, (Südtiroler) Erbhof m (, der seit mindestens 200 Jahren derselben Familie gehört); **~ chiuso**, "geschlossener Hof" (des Südtiroler Raums).

masochìsmo m 1 psic Masochismus m 2 fig (autolesionismo) Selbstverstümmelung f.

masochìsta <-i m, -e f> Ⓐ **→ masochìstico** Ⓑ m f 1 psic Masochist(in) m(f) 2 fig (autolesionista) Selbstverstümmler(in) m(f).

masochìstico, (-a) <-ci, -che> agg psic anche fig {ATTEGGIAMENTO, REAZIONE} masochistisch.

Masonite® f comm edil Holzfaser-, Spanplatte f.

màssa Ⓐ f 1 gener astr meteo fis (quantità) {+ACQUA, FANGO, LAVA, MARMO, NEVE} Masse f: **~ d'aria** meteo, Luftmasse f; **~ atomica** fis, Atommasse f; **~ inerte/critica** fis, träge/kritische Masse f; **~ mancante** astr fis, fehlende Masse 2 anche fig (mucchio) {+CARTE, ERRORI, LAVORO, VESTITI} Menge f, Haufen m fam 3 (moltitudine) {+GENTE, OPERAI} (Un)menge

f, große Zahl; spreg {+LADRI} Bande f, Horde f, Rotte f spreg 4 (maggioranza) {+PARTECIPANTI, VOTANTI} Masse f, Mehrheit f, Großteil m 5 anche sociol (popolazione) (breite) Masse, Volk n 6 arch arte {+EDIFICIO, STATUA} (Bau)körper m 7 elettr {MAGNETICA} Erde f, Masse f: **andare a ~**, Masse bekommen; **collegare/mettere a ~**, erden Ⓑ <inv> loc agg **di ~**, {CULTURA, FENOMENO} Massen- ● **cerebrale/tumorale** anat med, Hirn-/Tumormasse f; **~ circolante/monetaria** econ, Geldumlauf m; **~ corale/orchestrale** mus, Chor m/Orchester n; **~ ereditaria** dir (asse ereditario), Erbmasse f, Erbschaft f; Nachlass m; **far ~** fig (affollarsi), sich anhäufen, zusammenströmen; **~ fondamentale** geol, Grundmasse f; **in ~**, {PARTECIPAZIONE, PARTENZA} massenweise, massenhaft; {ARRUOLAMENTO, RIFIUTO} im Ganzen, en bloc; **~ vestiario/rancio** mil slang, Kleidungs-/Verpflegungsbestand m.

massacrànte agg fig (estenuante) {ATTESA, LAVORO, ORARIO, SALITA} aufreibend, mörderisch fam, zermürbend.

massacràre Ⓐ tr 1 (trucidare) **~ qu/qc** {GRUPPO DI PRIGIONIERI, MANDRIA DI CAVALLI} jdn/etw massakrieren, jdn/etw nieder|metzeln, jdn/etw hinschlachten 2 fam (picchiare) **~ qu/qc (di qc)** {DI BOTTE, DI LEGNATE} jdn/etw verprügeln, jdn/etw (mit etw dat) schlimm zu|richten 3 fig fam (stremare) **~ qu** {SALITA, VIAGGIO} jdn erschöpfen, jdn fertig|machen fam; fig {ATTESA} jdn zermürben 4 fig (maltrattare) **~ qc** {LINGUA, SPARTITO, TESTO} etw vergewaltigen, etw massakrieren fam 5 fig (distruggere) **~ qc** etw beschädigen; {RUOTE} etw ab|nützen Ⓑ rfl: **massacrarsi di qc** {DI LAVORO} sich vor etw (dat) kaputt|machen fam.

massacratóre, (-trice) Ⓐ agg (che massacra) {VIOLENZA} massakrierend Ⓑ m (f) (chi massacra) Schlächter(in) m(f), Mörder(in) m(f).

massàcro m 1 (eccidio) {+CAVALLI, PRIGIONIERI} Massaker n, Gemetzel n spreg, Blutbad n: **mandare qu al ~**, jdn hin-/niedermetzeln lassen 2 fig (grande fatica) Strapaze f, Plackerei f fam, (Wahnsinns)stress m fam 3 fig (catastrofe) Katastrophe f.

massaggiagengive <-> m (dentaruolo) Beißring m, Beißfigur f.

massaggiàre <massaggio, massaggi> tr 1 **~ qu/qc** {ATLETA, MUSCOLI} jdn/etw massieren 2 eufem scherz (picchiare) **~ qu** jdm die Knochen massieren fam scherz.

massaggiatóre, (-trice) Ⓐ m (f) Masseur(in) m(f) Ⓑ m Massagegerät n.

massàggio <-gi> m {ELETTRICO, MANUALE} Massage f ● **~ cardiaco** med, Herzmassage f.

massàia f Hausfrau f.

massèllo m 1 mecc {+ACCIAIO, RAME} Metallblock m, Massel f 2 (blocco di pietra) Werkstein(block) m, Naturstein m 3 (legno) Massivholz n.

masserìa f (azienda agricola) Bauern-, Gutshof m.

masserìzie f <di solito al pl> (suppellettili di casa) Hausrat m.

massése Ⓐ agg von/aus Massa Ⓑ mf (abitante) Einwohner(in) m(f) von Massa.

massì avv fam (di consenso o condiscendenza) jaa, ist schon gut /[ja recht], meinetwegen: **~, lo sappiamo, vince sempre lui**, jaa, ist recht, wir wissen schon, dass immer er gewinnt; **'Mamma posso uscire?' - '~, vai!'**, 'Mama, darf ich raus?' - 'Meinetwegen(, geh schon)!'.

massicciàre <massiccio, massicci> tr edil **~ qc** {PIAZZA} etw (be)schottern.

massicciàta f Schotterbettung f, (Gleis)-bettung f, Schotterung f.

massìccio, (-a) <-ci, -ce> **A** agg **1** (puro) {ACCIAIO, ORO, NOCE} massiv; (solido) {COLONNA} massiv; {EDIFICIO, MOBILE} fest, solide; (voluminoso) {MURI} massiv, wuchtig; (tarchiato) {PERSONA} stämmig, untersetzt, kräftig (gebaut); {MUSCOLATURA} kräftig; (VISO) derb, flächig, breit **2** fig (intenso) {INTERVENTO, OPERA DI SENSIBILIZZAZIONE, REPRESSIONE} massiv **3** fig (pesante) {SAGGIO, STILE} erdrückend, schwerfällig **4** fig (grossolano) {ERRORE} grob, schwer **B** m geog (Gebirgs)massiv n: **il ~ centrale**, das Zentralmassiv.

màssico, (-a) <-ci, -che> agg **1** fis {PORTATA} Massen- **2** tecnol: **potenza massica**, Leistungsgewicht n.

massificàre <massifico, massifichi> tr sociol **~ qu/qc** {INDIVIDUI, SOCIETÀ} jdn/etw vermassen spreg.

massificàto, (-a) agg (di massa) {PRODUZIONE} Massen-.

massificazióne f {+CULTURA} Vermassung f spreg.

màssima① **A** f **1** (sentenza, motto) {POPOLARE} Maxime f; {LATINA} anche Denkspruch m **2** (principio, norma) {+COMPORTAMENTO} Grundsatz m, Prinzip n **3** dir {+SENTENZA} Leitsatz m **B** loc avv (in generale): **(in linea di ~**, im Prinzip, prinzipiell, grundsätzlich; **un accordo di ~**, eine grundsätzliche Übereinkunft/Einigung.

màssima② f **1** meteo (temperatura) {+MILANO, NAPOLI} Höchsttemperatur f **2** med (pressione) Maximum n, Höchstwert m, systolischer Blutdruck.

massimàle **A** agg {VALORE} höchste(r, s), Höchst-, maximal, Maximal- **B** m econ {+ALIQUOTA, TARIFFA} Höchstbetrag m, Höchstsumme f: **fissare i massimali**, die Höchstsummen festlegen; **~ (di rischio)** (nelle assicurazioni), maximale Versicherungssumme.

massimalìsmo m polit Radikalismus m.

massimalìsta <-i m, -e f> mf polit Radikale mf decl come agg, Maximalist(in) m(f).

massimàrio <-ri> m **1** (raccolta di massime) Sammlung f von Maximen **2** dir Leitsatzsammlung f.

Massimiliàno m (nome proprio) Maximilian.

massimizzàre tr econ mat **~ qc** {PRODUZIONE} etw maximieren forb, etw maximalisieren forb rar.

màssimo, (-a) <superl di grande> **A** agg **1** (il più grande) {COMPRENSIONE, LUNGHEZZA, PROFONDITÀ, SENSIBILITÀ} größte(r, s): **avere il ~ riguardo nei confronti di qu**, jdm höchste Achtung entgegenbringen/erweisen **2** (il più alto) {GRADO, LIVELLO, PREZZO, VELOCITÀ} höchste(r, s), Höchst-; (PROFITTO) maximal **3** (il migliore) {POETA DELL'ANTICHITÀ} wichtigste(r, s), bedeutendste(r, s), beste(r, s) {RISULTATO} beste f **B** m **1** {+PENA, SOPPORTAZIONE, STIPENDIO} Maximum n, Höchstmaß n: **laurearsi col ~ dei voti e la lode**, "seinen Universitätsabschluss mit der Höchstnote und mit Auszeichnung machen" **2** mat {+FUNZIONE} Höchstwert m, Maximum n **3** sport (nel pugilato) Schwergewicht(ler m) n **C** loc avv: **al ~** **1** (tutt'al più) höchstens **2** (al più tardi) spätestens: **è pronto al ~ domani**, er/es ist spätestens morgen fertig ● **~ scoperto**, ungedeckter Höchstbetrag.

Màssimo m (nome proprio) Max.

massìvo, (-a) agg **1** (in massa) {ATTACCO, IMMIGRAZIONE} Massen- **2** (massiccio) {QUANTITÀ, SFORZO} groß, gewaltig **3** fis {NUCLEO} Masse- **4** med {ASPORTAZIONE} Total-; {EMORRAGIA, INFEZIONE} massiv.

mass media loc sost m pl ingl Massenmedien n pl, Massenkommunikationsmittel n pl.

massmediàle agg Massenmedien-.

massmediàtico, (-a) <-ci, -che> agg Massenmedien-.

massmediologìa f Medienforschung f.

massmediològico, (-a) <-ci, -che> agg sociol Medienforschungs-.

massmediòlogo, (-a) <-gi, -ghe> m (f) sociol Massenmedienexperte m, (Massenmedienexpertin f).

màsso m **1** (roccia) (Fels)block m **2** fig (oggetto pesante) Stück n Blei ● **~ artificiale** edil, Betonblock m; **dormire come un ~**, schlafen wie ein Murmeltier/Toter fam / Stein; **~ erratico** geog, Findling m, erratischer Block m; **si sente un ~ sullo stomaco** fig (un peso), etwas liegt ihm/ihr schwer/[wie Blei] im Magen fam.

massofisioterapìa f med Massage f und Physiotherapie f.

massofisioterapìsta <-i m, -e f> mf med Masseur(in) m(f) und Physiotherapeut(in) m(f).

massóne, (-a) m Freimaurer m.

massonerìa f **1** Freimaurerei f **2** (consorteria) Klüngelei f spreg.

massònico, (-a) <-ci, -che> agg **1** {LOGGIA} Freimaurer-, freimaurerisch **2** fig {CRICCA, MENTALITÀ} Klüngel- spreg, Cliquen- spreg.

massoterapìa f med Massagebehandlung f.

massoteràpico, (-a) <-ci, -che> agg {CICLO} Massage-.

massoterapìsta <-i m, -e f> mf Masseur(in) m(f).

mastectomìa f med Mastektomie f scient, Mammaamputation f scient, Brustamputation f.

mastectomizzàre tr med **~ qu** {MALATA DI TUMORE} jdn mammaamputieren scient, jdm die Brust operativ entfernen.

mastectomizzàto, (-a) agg med {DONNA} mammaamputiert scient, brustamputiert.

mastèllo m {+UVA} Bottich m, Bütte f.

màster <-> m ingl **1** (corso post-universitario) Master m: **~ in economia aziendale**, Master m in Betriebswirtschaft; (titolo) Master m **2** (nella caccia) Master m **3** inform Master m **4** mus Master(band m) m, Originalaufnahme f **5** sport (nel tennis) Masters-Turnier m **6** tecnol Master m.

masterizzàre tr inform **~ qc** {CD} etw brennen.

masterizzatóre m inform CD-Brenner m fam, Toaster m fam.

masterizzazióne f inform {+CD} Brennen n.

Mastermind® <-> m ingl (gioco di società) Mastermind® n.

master plan <-, - -s pl ingl> loc sost m ingl (piano generale) Masterplan m.

masticàbile agg (che si può masticare) {COMPRESSA} kaubar.

masticàre <mastico, mastichi> tr **1** **~ (qc)** {CIBO, GOMMA, TABACCO} etw) kauen **2** fig (biascicare) **~ qc** {BESTEMMIE, PAROLE} (etw) (vor sich hin) murmeln, (etw) (vor sich hin) brummen; **~ delle scuse**, Entschuldigungen stammeln **3** fig (parlare male): **un po' di qc**, {UN PO' DI GRECO} etw radebrechen; **~ bene/male qc**, {BENE IL RUSSO} etw gut/schlecht sprechen; **~ amaro** fig (dover sopportare qc), etw zähneknirschend schlucken fam, etw hinunterschlucken fam.

masticatìccio, (-a) <-ci, -ce> **A** agg (che è stato masticato a lungo) {PENNA} ziemlich zerkaut **B** m Gekaute n decl come agg.

masticàto, (-a) agg **1** {GOMMA} gekaut **2** fig (meditato) {DISCORSO} durchdacht, wohl überlegt.

masticatóre, (-trice) **A** agg anat zoo Kau- **B** m (f) (chi mastica in continuazione) {+BETEL, FOGLIE DI COCA} Dauerkauer(in) m(f) **C** m tecnol Knetmaschine f.

masticatòrio, (-a) <-ri m> agg {PROBLEMA} Kau-.

masticatrice f → **masticatore**.

masticazióne f Kauen n.

màstice m **1** (miscuglio adesivo) Kitt m: **~ da vetrai**, Fensterkitt m **2** rar (resina) Mastix m **3** fig Bindemittel n.

mastìno m **1** zoo Mastiff m **2** fig (persona) Bluthund m.

mastìte f med Brust(drüsen)entzündung f, Mastitis f scient.

mastodónte m fig (persona) Koloss m fam scherz.

mastodòntico, (-a) <-ci, -che> agg fig (gigantesco) {SCENOGRAFIA} kolossal; {EDIFICIO} anche riesig.

mastopatìa f med Mastopathie f scient.

mastoplàstica <-che> f med {RICOSTRUTTIVA, RIDUTTIVA} Mammaplastik f scient.

màstro m **1** (artigiano) Meister m: **~ d'ascia**, Schreiner-, Tischlermeister m; **~ carpentiere**, Zimmermannsmeister m **2** (libro mastro) Hauptbuch n.

masturbàre **A** tr **~ qu** jdn masturbieren **B** rfl: **masturbarsi** masturbieren, onanieren, sich selbst befriedigen.

masturbatòrio, (-a) <-ri> agg (della masturbazione) {ATTO} masturbatorisch.

masturbazióne f **1** Masturbation f, Selbstbefriedigung f, Onanie f **2** fig {MENTALE} Selbstbefriedigung f spreg, Onanie f spreg.

mat <inv> agg ingl (opaco) {ROSSETTO, SMALTO} matt.

matador <-, -es pl spagn> m spagn **1** (torero) Matador m **2** fig (mattatore) Matador m, Hauptperson f, Mittelpunkt m.

matafióne m mar Zeising m.

matàssa f **1** (filo avvolto) {+LANA, SETA} Strang m, Docke f; {+PASTA} Bündel n **2** fig (imbroglio) verwickelte/verworrene Situation, Verwicklung f **3** elettr Wicklung f ● **imbrogliare/arruffare la ~** fig (confondere), Verwirrung stiften; **sbrogliare/dipanare la ~** (vedere chiaro in qc), etw entwirren.

match <-, -es pl ingl> m ingl sport Match n o m; (nel pugilato) Fight m, Boxkampf m.

match ball <-, - -s pl ingl> loc sost m ingl sport (nel tennis, nella pallavolo, nel ping-pong) Matchball m.

match point <-, - -s pl ingl> loc sost m ingl sport (nel tennis) Matchpoint m.

màte <-, -s pl spagn> m spagn **1** (infuso) Mate(tee) m **2** bot Matepflanze f, Matestrauch m.

matelassé <inv> agg franc tess Matelassé-.

matemàtica① <-che> f {APPLICATA, FINANZIARIA, PURA} Mathematik f ● **se la ~ non è un'opinione, fa...**, das ist/sind/macht nach Adam Riese... fam scherz.

matemàtica② f → **matematico**.

matematicaménte avv nach mathematischen Regeln, mathematisch ● **~ sicuro/certo** fig (assolutamente), zweifellos, ganz (und gar) sicher, todsicher fam.

matemàtico, (-a) <-ci, -che> **A** agg **1** mat {ANALISI, DIMOSTRAZIONE, ESATTEZZA, FORMULA, PRECISIONE, RIGORE, SIMBOLO} mathematisch **2** (assoluto) {CERTEZZA} absolut, völlig: **è ~ che...**, es ist 100%ig₁/[absolut] sicher fam, dass... **B** m (f) (studioso) Mathematiker(in)

m (f).
materàno, (-a) **A** agg von/aus Matera **B** m (f) (*abitante*) Einwohner(in) m(f) von Matera.
materassàio, (-a) <-*sai* m> m (f) Polsterer m (Polst(r)erin f), Matratzenmacher(in) m(f).
materassino <dim di materasso> m **1** (~ *gonfiabile*) Luftmatratze f **2** *sport* Schaumgummiunterlage f.
materàsso m {ORTOPEDICO; +GOMMAPIUMA, LANA} Matratze f: ~ ˌad acquaˌ/[a molle], Wasserbett n/Federkernmatratze f; ~ **di crine**, Rosshaar-, Seegrasmatratze f; **~ a** ˌ**una piazza**ˌ/[**due piazze**], Einzelbett-/Doppelbettmatratze f ● ~ **alluvionale** *geol*, Schwemmland n, alluviale Ablagerungen f pl, Alluvialablagerungen f pl; *fare da* **~ a qu/qc** *anche fig*, jdn/etw abfedern.
matèria f **1** (*sostanza*) {INFIAMMABILE, ORGANICA} Stoff m, Substanz f: **materie plastiche**, Kunststoffe m pl **2** (*argomento*) Thema n, Stoff m, Gegenstand m: **entrare in ~**, zum Thema kommen; **essere ~ di scontro**, Thema/Gegenstand einer Auseinandersetzung sein **3** (*disciplina*) Fach n, Gebiet n: **in ~ di qc**, auf dem Gebiet etw (*gen*), was etw betrifft; **in ~ di legge è un'autorità**, auf dem Gebiet des Rechts ist er/sie eine Autorität; (~ *di insegnamento*) (Lehr)fach n; **materie letterarie/scientifiche**, geisteswissenschaftliche/naturwissenschaftliche Fächer **4** (*occasione*) Anlass m, Grund m **5** *fam* (*pus*) Eiter m **6** *filos fis* Materie f ● ~ **grigia** *anat*, graue Substanz; *fig scherz* (*intelligenza*), die kleinen grauen Zellen f pl *scherz*; **~ prima**, Rohstoff m, Rohmaterial n; *fig fam* (*intelligenza*), Intelligenz f.
materiàle A agg **1** (*di, della materia*) {MASSA} stofflich, materiell **2** (*concreto*) {PROBLEMI} real, konkret, {DANNI} Sach-; {AIUTO, BENESSERE, BISOGNI, COSTI, INTERESSI, NECESSITÀ, VALORE, VANTAGGI DI QC} materiell **3** (*fisico*) {DISAGI} körperlich; {LAVORO} *anche* Körper- **4** (*necessario*) wirklich, erforderlich: **non ho il tempo ~ per finire il lavoro**, ich habe schlicht und ergreifend nicht die Zeit, die Arbeit zu Ende zu führen **5** (*effettivo*) absolut, tatsächlich: **essere nell'impossibilità ~ di fare qc**, ˌabsolut nicht imstande seinˌ/[es absolut nicht schaffen], etw zu tun; {AUTORE, ESECUTORE} eigentlich, tatsächlich **6** (*grossolano*) {ABITO} plump; {PERSONA} grob **7** *fig* (*materialistico*) {IDEA, PERSONA} materialistisch **8** *dir* (*a contenuto normativo*) {LEGGE} materiell **B** m **1** (*prodotto*) {RESISTENTE, SINTETICO} Material m, Stoff m: **materiali per l'edilizia**, Baumaterialien n pl; **~ isolante**, Isoliermaterial n; **di recupero**, Recyclingmaterial n **2** (*strumenti*) {DIDATTICO} Material n, Mittel m pl; {CHIRURGICO} Instrument n **3** (*appunti o documenti*) Unterlagen f pl, Belege m pl: **~ autobiografico**, autobiografisches Material; **~ documentario**, Dokumentations-, Belegmaterial n; **~ illustrativo**, Anschauungs-, Bildmaterial n ● ~ **bellico** *mil*, Kriegsmaterial n; **materiali di risulta** *tecnol*, wiederverwertbare Restmaterialien; **~ umano** *fig* (*uomini*), Menschenmaterial n.
materialìsmo m *filos anche fig spreg* Materialismus m *spreg*.
materialista <-*i* m, -*e* f> *filos anche fig spreg* **A** agg materialistisch *spreg* **B** *mf* Materialist(in) m(f) *spreg*.
materialìstico, (-a) <-*ci*, -*che*> agg *filos anche fig spreg* {MONDO, PENSIERO} materialistisch *spreg*.
materialità <-> f **1** (*condizione*) {+FATTO, OGGETTO, SUONO} Materialität f **2** *fig raro* (*volgarità*) Grobheit f, Vulgarität f *forb*.
materializzàre A tr **~ qc** *etw* materialisieren, *etw* verstofflichen **B** itr pron **1** (*prender corpo*): **materializzarsi** (**in qc**) {ANIMA, DIVINITÀ, SPIRITO IN UN MIRTO} sich (*in etw dat*) materialisieren, sich (*in etw acc*) verwandeln, *etw* (*gen*) Gestalt anˌnehmen **2** *fig* (*diventar concreto*): **materializzarsi** {ASPIRAZIONE, SOGNO} konkret werden, sich verwirklichen **3** *fig scherz* (*apparire all'improvviso*): **materializzarsi** aufˌtauchen, plötzlich erscheinen, plötzlich aufˌtreten **4** *fis*: **materializzarsi** {ENERGIA} sich materialisieren.
materializzazióne f *anche fis* {+ENERGIA} Materialisation f.
materialménte avv **1** materiell, effektiv, wirklich: **è ~ impossibile fare qc**, es ist effektiv unmöglich, etw zu tun **2** (*in modo concreto*) konkret: **aiutare ~ qu**, jdm konkret helfen.
materialóne, (-a) <*accr di materiale*> **A** agg (*grossolano*) {MODO DI FARE} grob *spreg*, roh *spreg* **B** m (f) Grobian m *fam spreg*, Rohling m *spreg*.
materialòtto, (-a) <*accr di materiale*> **A** agg (*grezzo*) {MODI} ziemlich grob/roh **B** m (f) Grobian m *fam spreg*, Rohling m *spreg*.
matèrico, (-a) <-*ci*, -*che*> agg **1** (*della materia*) Material- **2** *arte* Material-.
maternità <-> f **1** *anche dir* (*condizione di madre*) Mutterschaft f **2** (*reparto ospedaliero*) Entbindungsstation f **3** *amm* (*periodo*) Mutterschutz m: **essere in ~**, im Mutterschutz/Schwangerschaftsurlaub sein; **andare/mettersi in ~**, in Mutterschutz/Schwangerschaftsurlaub gehen **4** *amm* (*nome e cognome della madre*) Mutterschaft f **5** *dir* (*tutela della* ~) Mutterschutz m.
matèrno, (-a) agg **1** (*di, da madre*) {AFFETTO, AMORE} Mutter-; {ATTENZIONI, CURE} mütterlich **2** (*da parte di madre*) {LINEA, ZIO} mütterlicherseits **3** (*nativo*) {LINGUA} Mutter-; {TERRA} Heimat-.
materòzzolo m (*porta chiavi di legno*) Schlüsselanhänger m aus Holz.
matinée <-> f *franc* **1** (*vestaglia corta*) Damenmorgenrock m **2** *teat* (*spettacolo del mattino*) Matineé f, Vormittagsvorstellung f; (*del pomeriggio*) Nachmittagsvorstellung f.
matita f **1** {AUTOMATICA} Stift m: **matite colorate**, Buntstifte m pl; (*lapis*) Bleistift m **2** (*nella cosmesi*) {MORBIDA, NERA, ROSSA} Stift m: **~ per gli occhi/le labbra**, Augenkonturen-/Lippenstift m ● ~ **emostatica** *med*, Alaun-, Blutstillstift m.
matràccio <-*ci*> m *chim* Kolben m: **~ graduato/tarato**, Messkolben m.
matriàrca <-*che*> f **1** Matriarchin f **2** *fig* (*donna capo famiglia*) weibliches Familienoberhaupt.
matriarcàle agg {SOCIETÀ} matriarchalisch.
matriarcàto m *anche fig* Matriarchat n.
matrìce f **1** (+ASSEGNO) Stammregister n, Juxta; f; (+SCHEDINA) Kontrollabschnitt m **2** *fig* (*fonte*) {POLITICA} Ursprung m **3** *anat mat* {UNGUEALE, QUADRATA} Matrix f **4** *min* {+CRISTALLO} Muttergestein m **5** *tecnol* (+MEDAGLIA) Gesenk m **6** *tip* Matrize f, Mater f ● ~ **attiva** *inform*, Dünnfilmtransistor-Bildschirm m.
matriciàno, (-a) agg *centr*: **spaghetti alla matriciana**, Spaghetti mit Speck, Tomaten, Zwiebeln und Käse.
matricìda <-*i* m, -*e* f> **A** agg Mutter-: **delitto ~**, Muttermord m; **il suo furore/odio ~**, sein/ihr tödlicher Mutterhass **B** *mf* Muttermörder(in) m(f).
matricìdio <-*di*> m Muttermord m.
matrìcola f **1** (*registro*) Matrikel f, Register n **2** (*numero*) Matrikelnummer f **3** *fig anche sport* Anfänger(in) m(f), Neuling m **4** *mil* (*registro*) Stammrolle f, Stammregister n; (*ufficio*) Stammregisterstelle f **5** *università* (*studente*) {+LETTERE, MEDICINA} Studienanfänger(in) m(f), Erstsemester m.
matricolàre agg {NUMERO} Matrikel-.
matricolàto, (-a) agg *scherz spreg* {FURBO} ausgefuchst *fam*, abgefeimt *spreg*; {LADRO, ecc.} *anche* raffiniert, gerissen *fam spreg*, durchtrieben *spreg*.
matrìgna A agg *fig* (*ostile*) {PATRIA, SORTE} feindlich gesinnt: **la natura gli è stata ~**, die Natur hat ihn stiefmütterlich behandelt **B** *anche fig* Stiefmutter f.
matrilineàre agg *etnol* {DISCENDENZA} matrilinear.
matrimoniàle agg {LETTO, VITA} Ehe-; {AGENZIA, ANNUNCIO} Heirats-.
matrimonialista <-*i* m, -*e* f> **A** agg {AVVOCATO} Scheidungs- **B** *mf* (*divorzista*) Scheidungsanwalt m, Scheidungsanwältin f; (*studioso*) Eherechtler(in) m(f).
matrimònio <-*ni*> m **1** (*unione*) Ehe f: **d'amore/interesse**, Liebes-/Geldheirat f; **~ bianco**, nicht vollzogene Ehe; **~ di convenienza**, Vernunftheirat f, Vernunftehe f; **~ misto**, Mischehe f; **~ morganatico**, morganatische Ehe, Ehe f zur linken Hand; **~ riparatore**, Mussehe f; **unire in ~ qu**, jdn trauen; **unirsi in ~**, (sich ver)heiraten **2** (*cerimonia*) Hochzeit f, Trauung f: **~ civile/religioso**, standesamtliche/kirchliche Trauung ● **~ rato e non valido** (*nel diritto canonico*), gültig geschlossene und nicht vollzogene Ehe.
matriòsca, **matriòska** <-*sche*, -*ske*> f *russo* (*bambola di legno*) Matr(j)oschka f.
matrizzàre itr (*assomigliare alla madre*) {FIGLIA} der Mutter nachˌgeraten/nachˌschlagen/nachˌarten *forb*.
matròna f **1** *stor* Matrone f **2** *fig scherz* üppige Frau.
matronàle agg *anche fig* (*da matrona*) {FISICO, TEMPERAMENTO, TONO} matronenhaft.
matronèo m *arch* Empore f.
matronimìa f (*derivazione del nome*) Metronymie f.
matronìmico, (-a) <-*ci*, -*che*> **A** agg metronymisch **B** m (*nome*) Metronymikon n.
màtta[1] f (*nei giochi di carte*) (*jolly*) Joker m.
màtta[2] f → **matto**.
mattacchióne, (-a) m (f) *scherz* Spaßvogel m, Witzbold m *fam*.
mattàna f *fam* **1** (*stato d'animo*) Launenhaftigkeit f **2** (*cosa bizzarra*) Verrücktheit f, Laune f, Kapriole f: **ha fatto una delle sue mattane**, er/sie hat mal wieder ˌSchabernack getriebenˌ/[etwas angestellt].
mattànza f *merid* (*nella pesca*) *anche fig* Abschlachten n.
mattarèllo → **matterello**.
mattàta f *fam* (*pazzia*) toller Streich, Tollheit f.
mattatóio <-*toi*> m (*macello*) {COMUNALE} Schlachthof m, Schlachthaus n.
mattatóre[1], (-*trice*) m (f) *fig* (*protagonista*) Matador m, Hauptperson f.
mattatóre[2], (-*trice*) m (f) (*chi lavora in un mattatoio*) Schlachter(in) m(f), Schlächter(in) m(f), Arbeiter(in) m(f) in einem Schlachthaus.
Mattèo m (*nome proprio*) Matthäus, Matthias.

matterèllo m Nudelholz n.

mattìna f {FRESCA; +INVERNO} Morgen m, Vormittag m: **alle 11 della ~**, um 11 Uhr vormittags; **l'altra ~**, kürzlich/unlängst morgens; **l'altra ~ mi è andato tutto storto**, kürzlich ging mir morgens alles schief; **di ~**, morgens; [**di prima ~**]/[**la ~ presto**], am frühen Morgen, früh am Morgen, morgens früh, frühmorgens; **domani ~**, morgen früh; **la ~ dopo/seguente**, am [nächsten Morgen]/[Morgen darauf]; **ieri ~**, gestern früh/Morgen; **sabato ~**, Samstag früh, Samstagmorgen; **si sveglia sempre [la ~ di buon'o-ra]/[di prima ~]**, er/sie wacht immer [zu früher Stunde]/[frühmorgens] auf; **la ~ di giovedì**, am Donnerstagmorgen; **la ~ vado a scuola**, morgens gehe ich zur Schule; **la ~ prima/precedente**, am vorhergehenden Morgen, am Morgen zuvor/[des Vortages]; **questa ~**, heute Morgen/früh; **tutta la ~**, den ganzen Morgen; **tutte le mattine**, jeden Morgen ● **e sera** fig (sempre), Tag und Nacht; **da(lla) ~ a(lla) sera** fig (tutto il giorno), den ganzen Tag, von früh bis spät.

mattinàle [A] agg lett (mattutino) morgendlich, Morgen- [B] m amm (+MINISTRO DELL'INTERNO) morgendlicher Rapport.

mattinàta f 1 (ore della mattina) Vormittag m: **in ~**, vormittags, am Vormittag 2 mus Morgenständchen n 3 teat (spettacolo) Matinee f.

mattinièro, (-a) [A] agg (che si sveglia presto): **essere ~**, (ein) Frühaufsteher sein [B] m (f) Frühaufsteher(in) m(f).

mattìno m (mattina) Morgen m: [di buon]/[sul (far del)] **~**, früh am Morgen, frühmorgens ● **fare ~** (passare una notte insonne facendo qc), die Nacht durchmachen; **il ~ della vita** fig (fanciullezza), die Kindheit, die Jugendzeit, der Lebensmorgen forb; **il ~ ha l'oro in bocca** prov, Morgenstund' hat Gold im Mund prov.

màtto, (-a) [A] agg 1 (pazzo) {DONNA, UOMO} wahnsinnig, verrückt 2 (bizzarro) {CAVALLO, PECORA} störrisch 3 fam (stravagante) verrückt fam, verdreht fam spreg 4 fig (enorme) {GIOIA} wahnsinnig fam, riesig fam, schrecklich fam, irr(e) fam; {PAURA} anche irrsinnig fam 5 fig (falso) {ORO} falsch, unecht 6 fig (che non funziona) {GAMBA} krank, schlimm 7 rar (opaco) matt, glanzlos [B] m (f) 1 (pazzo) Geisteskranke mf decl come agg, Irr-, Wahnsinnige mf decl come agg fam anche fig, Spinner m fam spreg, Verrückte mf decl come agg, Irre mf decl come agg fam spreg 2 (persona stravagante) verrückte Person fam, verrückter/irrer Typ/Kerl fam 3 (nei tarocchi) Narr m, Skis m ● **andar ~ per qu** fam (amarlo molto), {PER IL NIPOTE} auf jdn/nach jdm verrückt sein fam; **andar ~ per qc** fig fam (gradirla molto), {PER I FUNGHI} auf etw (acc)/nach etw (dat) verrückt sein fam; **essere ~ nel cervello**, nicht ganz bei Trost sein fam, nicht ganz richtig ticken fam, eine Tasse im Schrank haben fam, nicht ganz richtig ticken fam; **correre/gridare/saltare come un ~**, wie ein Wahnsinniger fam/Irrer fam laufen/schreien/herumspringen; **dare il ~ a qu** anche fig, jdn (schach)matt setzen; **c'è da diventare matti**, das ist (ja) zum Verrücktwerden fam; **essere ~ da legare** fam, total verrückt sein fam, spinnen fam, [einen Klaps/Schlag/Dachschaden]/[eine Meise] haben fam; **far diventare ~ qu** anche fig, jdn wahnsinnig/verrückt machen anche fam, jdn um den Verstand bringen; **fare il ~** fig (essere molto allegro), völlig aufgedreht/überdreht sein fam (avere una crisi di nervi), durch|drehen fam, aus|rasten fam, aus|flippen fam, den Verstand verlieren; **[fossi ~]**/fam [**non sono mica ~**]!, ich wäre ja verrückt fam!, ich bin doch nicht verrückt! fam, ich müsste ja verrückt sein fam!; **non tutti i matti sono al manicomio**, ein paar Verrückte laufen immer frei herum fam; **essere mezzo ~**, nicht ganz klar im Kopf sein fam, einen leichten Knacks haben fam; **roba/cose da matti**, (das ist ja) Wahnsinn! fam; **ma sei ~?** fam (rivolto a chi si comporta in modo assurdo), bist du verrückt geworden fam?, bist du wahnsinnig fam/des Wahnsinns fam?, spinnst du? fam spreg, bist du nicht ganz dicht? fam.

mattòide [A] agg spec scherz (strambo) bekloppt fam, meschugge fam: **è un tipo un po' ~**, der Typ hat [einen leichten Knacks fam]/[eine Meise fam] [B] mf (persona stramba) Unzurechnungsfähige mf decl come agg, Gestörte mf decl come agg: **vestito così sembra un ~**, so angezogen, sieht er nicht ganz zurechnungsfähig aus.

mattonàia f (luogo dove si fabbricano e asciugano i mattoni) Ziegelei f.

mattonàio, (-a) <-nai m> m (f) (operaio) Arbeiter(in) m(f) in einer Ziegelbrennerei.

mattonàre tr (lastricare) **~ qc** {CORTILE} etw mit Backsteinen belegen/pflastern.

mattonàta f 1 (colpo) Schlag m mit einem Ziegel: **il ladro gli ha dato una ~ al finestrino e poi ha rubato l'autoradio**, der Dieb hat mit einem Ziegel die Scheibe eingeschlagen und dann das Autoradio gestohlen 2 fig (opera noiosa e pesante) unverdaulicher Brocken fam: **che ~ quello spettacolo!**, was für eine unverdauliche Vorstellung! fam.

mattonàto m (pavimento di mattoni) {+SOFFITTA} Backsteinboden m.

mattoncìno <dim di mattone> m 1 kleiner Ziegel(stein) 2 (gioco) kleiner Stein: **i mattoncini del Lego**, die Legosteine.

mattóne [A] <inv> agg {ROSSO} ziegel- [B] m 1 (laterizio) {FORATO, ISOLANTE, PIENO, REFRATTARIO} Ziegel(stein) m, Backstein m 2 fig (libro, film, ecc. noioso) Schinken m fam scherz o spreg; (persona) Langweiler m fam 3 fig giorn (immobili) Immobilien f pl ● **ho un ~ sullo stomaco** (peso), etw liegt mir wie Blei im Magen fam; fig (avere un peso sulla coscienza) anche, mich plagt mein Gewissen, ich habe ein schlechtes Gewissen.

mattonèlla f 1 (piastrella) {SMALTATA} Fliese f, Kachel f: **~ di asfalto**, Pflasterstein m 2 (blocchetto) {+ANTRACITE, CARBONE} Brikett n 3 (nel biliardo) Bande f 4 (gioco) "Spiel für Kinder" 5 napol (gelato) Eisschnitte f.

mattonellifìcio <-ci> m (fabbrica di mattonelle) Fliesenfabrik f.

mattonifìcio <-ci> m (fabbrica) Ziegelei f, Ziegelbrennerei f.

mattutìno, (-a) [A] agg (del mattino) {RISVEGLIO, TRAFFICO} morgendlich; {LUCE, STELLA, VENTO} anche Morgen- [B] m 1 relig Matutin f, Morgengebet n, Frühgottesdienst m 2 (suono della campana) Morgenläuten n.

matùra f → **maturo**.

maturàndo, (-a) m (f) scuola Abiturient(in) m(f), Maturant(in) m(f) A.

maturàre tr <avere> 1 (rendere maturo) **~ qc** {IMPACCO ASCESSO; SOLE FRAGOLE} etw reifen lassen, etw reif werden lassen, etw reifen forb; {FORMAGGIO, VINO} etw ausreifen lassen 2 fig **~ qu** {ESPERIENZA RAGAZZO} jdn reif machen, jdn reif werden lassen, jdn reifen lassen 3 fig (giungere) **~ qc** {DECISIONE} etw reiflich/gründlich überlegen 4 fig (perfezionare) **~ qc** {IDEA, PIANO, PROGETTO} etw reifen lassen 5 amm **~ qc** {IMPIEGATO GIORNI DI FERIE} auf etw (acc) Anrecht haben 6 scuola **~ qu** {COMMISSIONE CANDIDATO} jdn für hochschulreif erklären [B] itr <essere> 1 (giungere a maturità) {MELE, PESCHE} reifen, reif werden; {FORMAGGIO, VINO} aus|reifen; {ASCESSO, CATARRO, TOSSE} reifen 2 fig {RAGAZZO} heran|reifen, reifen forb 3 fig (SITUAZIONE, TEMPI) reif werden 4 banca comm {INTERESSI, RATE} fällig werden.

maturàto, (-a) [A] agg 1 (ponderato) {DECISIONE} reiflich überlegt 2 (passato) {BIMESTRE} vergangen, verflossen 3 banca comm {INTERESSE} fällig.

maturazióne f 1 gener {+MELE, PESCHE} Reifen n, Reifeprozess m: **giungere a ~**, reifen, zur Reife gelangen/kommen; {+FORMAGGIO, VINO} Lagern n; {+ASCESSO, CATARRO} Reifung f 2 fig {+DECISIONE} reifliche Erwägung 3 banca comm {+INTERESSI, RATE, REDDITO} Fälligkeit f.

maturità <-> f 1 (maturazione) {+GRANO, UVA} Reife f: **giungere a ~**, reifen, zur Reife gelangen/kommen 2 anche fig (sviluppo) {+PERSONA} Reife f; {+PROPOSTA} Wohlüberlegtheit f, Ausgewogenheit f; {CIVILE; +POPOLO} Reife f 3 (età intermedia) die besten Jahre, reifes Alter 4 biol: **~ sessuale**, (Geschlechts)reife f 5 econ {ECONOMICA} Sättigungsgrad m 6 scuola (diploma) {CLASSICA, SCIENTIFICA} Abitur n; (esame) Abitur-, Reifeprüfung f.

matùro, (-a) [A] agg 1 (giunto a maturazione) {ASCESSO, CATARRO, FRUTTO} reif; {FORMAGGIO} abgelagert; {VINO} ausgereift, alt 2 fig {RAGAZZO} reif, erwachsen 3 fig (prima della vecchiaia) {DONNA, ETÀ, UOMO} reif 4 fig (idoneo) {SITUAZIONE, TEMPI} reif 5 fig (saggio) {GIUDIZIO} reif, weise, ausgewogen 6 banca comm {INTERESSI, RATE} fällig 7 scuola (diplomato) {STUDENTE} mit Abitur/Hochschulreife [B] m (f) scuola Abiturient(in) m(f) (nach der Reifeprüfung).

matùşa <-> mf slang giovanile scherz Grufti m slang scherz, Mumie f slang scherz, alter Knacker fam spreg.

matuşalèmme m fam (persona molto anziana): **~/Matusalemme**, Methusalem m ● **essere un ~** (molto vecchio), ein Methusalem sein fam; fig (retrogrado), rückständig/rückschrittlich sein; **essere più vecchio di Matusalemme** (vecchissimo), uralt sein enf.

mauriziàno, (-a) agg relig {OSPEDALE} Mauritius-.

Maurìzio m (nome proprio) Moritz.

Màuro m (nome proprio) Maurus.

màuşer [A] <-> m (fucile) Mauser-Gewehr n [B] <-> f (rivoltella) Mauser-Revolver m.

mauşolèo m (sepolcro) {+D'ANNUNZIO} Mausoleum n, Grabdenkmal n ● **sembrare**/**[essere come] un ~**, wie [eine Mumie]/[ein lebendes Denkmal] aussehen.

max abbr del lat maximus, -a, -um: maximal, Maximal-: **livello max**, Höchststand m; **profondità/altezza max**, Maximaltiefe/Maximalhöhe f; (negli annunci) bis; **cercasi segretaria max quarantenne**, Sekretärin bis vierzig Jahre gesucht, Sekretärin gesucht: Höchstalter vierzig Jahre.

màxi [A] <inv> agg {CAPPOTTO} Maxi- [B] <-> m (maxicappotto) Maximantel m [C] <-> f (maxigonna) Maxirock m.

màxi- primo elemento Maxi-, Groß-: **maxigonna**, Maxirock f, **maxiprocesso**, Großverfahren.

maxicappòtto m Maximantel m.

maxiemendaménto m dir massive Gesetzesänderung f: **il ~ alla Finanziaria**, die Riesenänderung des Haushaltsgesetzes.

maxigónna f Maxirock m.

maxillofacciàle agg med {INTERVENTO} Kiefer-, maxillofazial scient.

màximum <-> m lat econ Maximum n forb.

maxiprocèsso m 1 *giorn* Mammutprozess m *fam* 2 *dir* Großverfahren n.
maxischérmo, maxischèrmo m (*schermo gigante*) Großleinwand f, Großbildschirm m.
maxitràm <-> m (*tram particolarmente grande e veloce*) Großraumstraßenbahn f.
màxwell <-> m *fis* (*abbr* Mx) Maxwell n.
màya *spagn* A <inv> agg {CULTURA} Maya- B <-, -s pl *spagn*> mf (*persona*) Maya mf.
mayday <-> m *ingl* 1 (*richiesta d'aiuto*) Mayday n 2 *fig* Hilferuf m, SOS n.
mazùrca <-che> f *anche mus* (*danza*) {+CHOPIN} Mazurka f.
màzza f 1 (*bastone*) Knüppel m, Stock m 2 (*grosso martello*) Vorschlaghammer m, Fäustel m 3 *mil* {FERRATA} Keule n 4 *mus* Schlägel m 5 *sport* (*nel baseball e nel golf*) Schläger m; *fig* (*persona*) Schläger m *spreg* • **non capire una ~** *volg* (*non capisce nulla*), nicht die Bohne verstehen *fam*.
mazzàta f 1 (*colpo*) Knüppel-, Hammerschlag m 2 *fig* (*stangata*) {+MALATTIA, TASSE} Keulenschlag m.
mazzétta① <*dim di mazzo*①> f 1 (*pacchetto*) {+TITOLI} Bündel n: **~ (di banconote)**, Banknotenbündel n 2 (*campioni*) {+TESSUTI} Stoffmusterbündel n 3 (*denaro dato a scopo di corruzione*) Schmiergeld n *fam spreg*.
mazzétta② <*dim di mazza*> f 1 (*bastone da passeggio*) kleiner Stock, Stöckchen n 2 *alpin* Hammer m: **~ da roccia**, Felshammer m 3 *edil* {+PORTA} Laibung f, Leibung f 4 *min* Fäustel m 5 *tecnol* kleiner Hammer: **~ da cesello**, Ziselierhammer m.
mazzétto <*dim di mazzo*①> A m 1 (*mazzolino*) {+VIOLE} Sträußchen n; {+BASILICO, ERBE} Bund n 2 (*mucchietto*) {+NASTRI COLORATI} Bündel n 3 (*mazzetta*) Banknotenbündel n 4 (*nei giochi di carte*) Spiel m B <inv> *loc agg bot:* **a ~**, {INFIORESCENZA} gebündelt.
mazziàto, (-a) *agg region* 1 (*bastonato*) durchgeprügelt, windelweich geprügelt *fam* 2 *fig:* **essere cornuto e ~**, wer den Schaden hat, braucht für den Spott nicht zu sorgen.
mazzière① m 1 (*chi porta la mazza*) {+BANDA} Stabträger m; *stor* {+COMUNE} Einpeitscher m 2 *polit* {NEOFASCISTA} Schläger(typ) m *spreg*.
mazzière②, **(-a)** m (*nei giochi di carte*) Kartengeber(in) m(f).
mazziniàno, (-a) A *agg* (*di G. Mazzini*) {DISCORSO} des Mazzini B m (f) (*seguace*) Anhänger(in) m(f) Mazzinis.
màzzo① m 1 (*fascio*) {+ASPARAGI, BASILICO, CHIAVI, CIPOLLOTTI, OGGETTI} Bund m; {+GAROFANI, ROSE, VIOLE} *anche* Strauß m 2 (*di carte*) (Karten)spiel n, Stoß m, Karten pl: **alzare/tagliare il ~**, die Karten abheben; **~ di carte**, (Karten)spiel n, Stoß m; **essere di ~**, die Karten geben; **fare il ~**, die Karten mischen 3 *fig spreg scherz* (*gruppo*) {+PERSONE} Haufen m *fam*, Schar f • **mettere nel(lo stesso) ~ fig** (*accomunare*), alles in einen Topf werfen *fam*; **prendere/scegliere dal ~ fig** (*da un insieme*), etwas aus einer größeren Menge herausnehmen/auswählen.
màzzo② m *volg scherz* (*sedere*) Arsch m *volg* • **avere ~ fig** (*fortuna*), Schwein haben *fam*; **fare il ~ / [un ~ così] a qu fig** (*farlo lavorare molto*) aufreißen *volg*; **sgridarlo**, jdm (gehörig) den Kopf waschen *fam*; **farsi il ~ fig** (*lavorare molto, fare molta fatica per ottenere qc*) sich (dat) den Arsch aufreißen *volg*.
mazzòla *fam* → **mazzuola**.
mazzolàre, mazzuolàre tr **~ qu** 1 (*uccidere*) jdn zu Tode knüppeln 2 (*picchiare*) jdm den Hintern versohlen *fam*

3 *fig fam* (*far pagare molto caro*) {DENTISTA} jdn aus|nehmen *fam* 4 *fig fam* (*sconfiggere*) {NAZIONALE DI CALCIO AVVERSARI} jdn/*etw* besiegen, jdn in/auf die Knie zwingen *forb*.
mazzolàta f 1 (*colpo*) Schlag m mit dem Knüppel 2 *fig fam* (*batosta*) Schlag m.
mazzòlo *fam* → **mazzuolo**.
mazzuòla <*dim di mazza*> f 1 (*piccola mazza*) Schlägel m 2 (*nell'oreficeria*) Goldschmiedehammer m 3 *tip* "Holzhammer m zum Glätten der Druckbuchstaben".
mazzuòlo m (*martello di legno*) Klopfholz n, Klöppel m: **~ quadrangolare**, Vierkantholzhammer m; (*da campeggio*) Zeltpflock-, Heringshammer m 2 *arte* {+SCULTORE} Fäustel m 3 *idraul* Holzhammer m 4 *min* Klöpfel m 5 *mus* Trommelschlägel m 6 *sport* (*nel golf*) Ende n eines Drivers.
MB *inform abbr di* megabyte: MB (*abbr di* Megabyte).
MBA m *econ università abbr dell'ingl* Master in Business Administration (*diploma di economia aziendale*) Master m in Betriebswirtschaft.
MCD *abbr di* Massimo Comune Divisore: ggT (*abbr di* größter gemeinsamer Teiler).
mcm *abbr di* minimo comune multiplo: k.g.V. (*abbr di* kleinstes gemeinsames Vielfaches).
me pron pers 1ª pers sing 1 (*compl oggetto*) mich: **hanno scelto me e non te**, sie haben sich für mich und nicht für dich entschieden; (*se il verbo ted regge il dat*) mir; **aiutano me e non lui**, sie helfen mir und nicht ihm 2 (*compl introdotto da una prep*) mich, mir: **questi fiori sono per me?**, sind diese Blumen für mich?; **parlano di me**, sie sprechen über mich; **è arrivato dopo di me**, er ist nach mir (an)gekommen; **abita con/[sopra di]/[sotto di] me**, er/sie wohnt mit/über/unter mir; **senza di me**, ohne mich; **conta pure su di me**, du kannst dich ruhig auf mich verlassen; **è molto gentile con me**, er/sie ist sehr freundlich zu mir; **si è rivolto a me**, er hat sich an mich gewandt 3 (*in forme comparative ed esclamative*) ich: **sei ₁più alto di₁/[alto quanto/come] me**, du bist ₁größer als₁/[so groß wie] ich; **povero me!**, ach, ich Armer! 4 (*compl di termine*) mir: (*se il verbo ted regge l'acc*) mich: **ha chiesto a me di andarlo prendere**, er hat mich darum gebeten, ihn abzuholen; **me l'ha chiesto ieri**, er/sie hat mich gestern danach gefragt; **me li presti?**, leihst du sie mir?; **me ne ha dati cinque**, er/sie hat mir fünf davon gegeben; **dimmelo subito se lo stato tu**, sag mir jetzt sofort, ob du es gewesen bist 5 (*negli itr pron*) mich: **me ne vergogno**, ich schäme mich dafür; (*a volte non si traduce*) **me ne pento**, ich bereue es 6 (*predicativo*) ich: **sembra me**, er/sie sieht (so) aus wie ich • **da me**, selbst, selber; **dentro di me**, in mir, in meinem Innersten; **se tu fossi in me**, wenn du in meiner Haut stecken würdest; **per/[quanto a] me**, was mich betrifft; **secondo me**, meiner Meinung nach; **tra me e me**, vor mich hin.
mèa cùlpa <-> *loc sost* m *lat anche relig* mea culpa • **fare/dire/recitare il mea culpa** *fig* (*pentirsi*), seine Schuld bekennen.
meàndro m 1 *geog* {+FIUME} Mäander m, Windung f 2 <*di solito al pl*> (*sinuosità*) {+CITTÀ, EDIFICIO} Gewirr n 3 <*di solito al pl*> *fig* (*tortuosità*) {+BUROCRAZIA, PENSIERI} Labyrinth n.
meàto m 1 *anat* Gang m: **~ acustico**, Gehörgang m; **~ uretrale**, Harnröhrenöffnung f 2 *geol* Riss m 3 *lett* (*stretta apertura*) Gang m 4 *mecc* Schmierspalt m.
MEC m *abbr di* Mercato Comune Europeo: Europäischer Gemeinsamer Markt.

mècca <-che> f *fig* 1 (*paradiso*) {+GIOCATORI D'AZZARDO} Paradies n, Eldorado n 2 (*centro più importante*) Mekka n: **la ~ del cinema**, das Mekka des Films.
Mècca f *geog relig* Mekka n.
meccànica① <-che> f 1 *fis* {QUANTISTICA, RAZIONALE} Mechanik f: **~ dei fluidi**, Strömungsmechanik f 2 (*attività tecnologica*) Maschinenbau m, Technik f 3 (*funzionamento*) {+OROLOGIO} Mechanismus m; {+MOTORE, STRUMENTO} *anche* Arbeitsweise f 4 (*parti meccaniche*) {+AUTO} Mechanik f 5 (*processo*) {+DIGESTIONE} Vorgang m 6 *fig* (*dinamica*) {+DELITTO} Dynamik f • **~ dello sviluppo** *biol*, Entwicklungsmechanismus m.
meccànica② f → **meccanico**.
meccanicìsmo m *filos* Mechanismus m.
meccanicìsta <-i m, -e f> mf *filos* Mechanist(in) m(f).
meccanicìstico, (-a) <-ci, -che> *agg filos* mechanistisch.
meccanicità <-> f *fig* {+LAVORO, MOVIMENTO} Automatismus m.
meccànico, (-a) <-ci, -che> A *agg* 1 (*PEZZO*) mechanisch; {DISEGNATORE, GUASTO} *anche* Maschinen- 2 (*eseguito con le macchine*) {CALCOLO} automatisch 3 *fig* {LAVORO} mechanisch; {MOVIMENTO} *anche* automatisch, unwillkürlich 4 *fis* mechanisch B m (f) Mechaniker(in) m(f), Maschinenschlosser(in) m(f); (*per automobili*) Automechaniker(in) m(f), Autoschlosser(in) m(f).
meccanìsmo m 1 (*insieme di parti meccaniche*) {+MOTORE, OROLOGIO} Mechanismus m, Mechanik f 2 (*funzionamento*) {+OROLOGIO} Mechanismus m; {+MOTORE} *anche* Arbeitsweise f; *fig* {+GIUSTIZIA, INFLAZIONE} Mechanismus m 3 *psic* {+AUTODIFESA} Mechanismus m.
meccanizzàre A tr 1 **~ qc** {DISTRIBUZIONE, LAVORO} *etw* mechanisieren 2 *fig* **~ qu** {CIVILTÀ MODERNA UOMINI} jdn automatisieren, jdn zum Automaten machen B *itr pron rfl*: **meccanizzarsi** 1 (*diventare meccanico*) {BUROCRAZIA, INDUSTRIA, LAVORO} mechanisiert werden 2 *fig fam* (*comprarsi un veicolo*) sich (dat) ein Fahrzeug zu|legen|an|schaffen.
meccanizzàto, (-a) *agg* 1 (*che si avvale di macchine*) {LAVORO, REPARTO} mechanisiert 2 (*motorizzato*) {TRUPPE} motorisiert.
meccanizzazióne f {+AGRICOLTURA, LAVORO} Mechanisierung f.
Meccàno® m (*gioco*) Metallbaukasten m.
meccanografìa f (automatisierte) Datenverarbeitung.
meccanogràfico, (-a) <-ci, -che> *agg* Datenverarbeitungs-, Rechen-; {MACCHINA} Lochkarten-.
meccanorecettóre m *med* Mechanorezeptor m *scient*.
mecenàte A *agg* {CARDINALE, PRINCIPE} gönnerhaft B *mf* {+ARTISTI} Mäzen(in) m(f) *forb*, Gönner(in) m(f).
mecenatésco, (-a) <-schi, -sche> *agg* (*di mecenate*) {GENEROSITÀ} mäzenatisch.
mecenatìsmo m {+PRINCIPI} Mäzenatentum n *forb*.
mèche <-> f <*di solito al pl*> *franc* (*ciocca di colore diverso*) {BIONDE, ROSSE} (Haar)strähne f.
méco *pron pers lett rar* (*con me*) mit mir: **sa-li ~**, steig mit mir hoch; **leggi ~**, lies mit mir.
mecònio <-ni> m 1 (*oppio*) Opium n 2 *med* {+NEONATO} Kindspech m, Mekonium n *scient*.
méda f *aero mar* {LUMINOSA} Bake f.
medàglia f 1 Medaille f, Münze f: **~ commemorativa**, Gedenkmünze f 2 (*riconoscimento*) Medaille f, Orden m, Auszeichnung f: **~ ₁d'oro₁/[d'argento]/[di bronzo]** *sport*, Gold-/Silber-/Bronzemedaille f 3 (*persona*

decorata) Inhaber(in) m(f) einer Medaille: ~ **al valor civile/militare**, Verdienstorden m/ Tapferkeitsmedaille f ● **meritare una** – *anche iron,* sich (dat) eine Medaille verdienen *anche iron; volere* una ~ *iron (pretendere un riconoscimento)*, eine Medaille erwarten; **ogni ~ ha il suo rovescio** *prov,* jedes Ding hat zwei Seiten *prov.*

medagliere m **1** *(raccolta)* Medaillensammlung f **2** *(mobile)* Medaillenschrank m **3** *mil sport* Medaillen f pl.

medaglietta <*dim di medaglia*> f **1** *relig* {+MADONNA} kleine Medaille **2** *polit* "goldene Erkennungsmarke italienischer Parlamentier".

medaglione <*accr di medaglia*> m **1** *(pendente)* {+ARGENTO, ORO, SMALTO} Medaillon n; *(decorazione)* Medaillon n **2** *fig (profilo biografico)* Porträt n **3** *gastr* Medaillon n.

medaglista <-*i m, -e f*> mf **1** *(incisore)* Münzarbeiter(in) m(f) **2** *(collezionista)* Medaillensammler(in) m(f).

medésimo, (-a) **A** agg dimostr **1** *(stesso):* **il ~, la medesima** {CASA, IDEA, UOMO} der-, die-, dasselbe; **i due quadri sono del ~ pittore**, die beiden Bilder stammen ⌊von demselben⌋/[vom selben] Maler; **è la stessa medesima cosa**, das ist ein und dasselbe **2** *(uguale)* {FORMA, SINTOMI} gleich **3** *(in persona)* {IO} selbst; {PAPA, RE} in Person **B** pron dimostr: **il ~, la medesima**, der-, die-, dasselbe; **è sempre la medesima**, sie ist immer noch dieselbe.

media① **A** f **1** *gener* {ANNUA, MENSILE; +SALARI} Durchschnitt(swert) m, Mittel n: **fare/calcolare la ~**, den Durchschnitt aus-/berechnen; **inferiore/superiore alla ~**, unter-/überdurchschnittlich **2** *mat* Mittel n, Mittelwert m: **~ aritmetica**, arithmetisches Mittel **3** *scuola (di voti)* Notendurchschnitt m **4** <*di solito al pl*> *scuola* Mittelschule f **B** loc avv (*di solito*): **in ~**, im Durchschnitt, durchschnittlich ● **~ oraria** *autom sport,* Durchschnittsgeschwindigkeit f.

media② m pl *(mass media)* (Massen)medien m pl, (Massen)kommunikationsmittel n pl ● **media center** <-, - -s pl ingl> loc sost m *ingl inform* Media Center n.

mediale① agg *anat* medial *scient.*

mediale② agg *ling* {VALORE} Medium-, medial.

mediale③ agg *(dei mass media)* {IMPATTO} der Massenmedien, Massenmedien-.

mediana f **1** *mat* Mittellinie f **2** *sport* Läuferreihe f **3** *stat* {+SERIE} Median-, Zentralwert m.

medianicità <-> f *(nell'occultismo)* {+FENOMENO} Übersinnlichkeit f.

medianico, (-a) <-*ci, -che*> agg *(nell'occultismo)* {FACOLTÀ, FENOMENI, POTERI} medial, übersinnlich.

medianità <-> f *(nell'occultismo)* *(potere)* mediale Fähigkeit.

mediano, (-a) **A** agg **1** *(di mezzo)* {PIANO, VALORE} Mittel-, mittlere(r, s) **2** *med* {NERVO, VENA} Median-, median **B** m *sport (giocatore)* Mittelfeldspieler(in) m(f).

mediante prep *(per mezzo di)* ~ *qc* {UN PULSANTE, RACCOMANDAZIONI} durch *etw* (acc), mittels *etw* (gen), mit *etw* (dat).

mediare <*medio, medi*> tr **1** *(conciliare)* ~ (*qc*) {CONTRASTO} *(in/fra etw* tut*)* vermitteln **2** *mat* ~ *qc* {DUE VALORI} *(von/aus etw* dat) den Mittelwert bilden.

mediastino m *anat* Mittelfell n, Mediastinum n *scient.*

mediateca <-*che*> f *(centro mediale)* Mediathek f.

mediatico, (-a) <-*ci, -che*> agg *(mediale)* Massenmedien-.

mediatizzare tr ~ *qc etw* medial aus|schlachten *fam spreg.*

mediato, (-a) agg *(indiretto)* {CAUSA, CONOSCENZA} mittelbar, indirekt.

mediatore, (-trice) **A** agg {FUNZIONE, OPERA} vermittelnd, Vermittler- **B** m (f) **1** *(intermediario)* {+PACE} Mittelsmann m, Vermittler(in) m(f) **2** *comm* {+AFFARI, BORSA} Makler(in) m(f).

mediazione f **1** *(conciliazione)* {+AVVOCATO, SINDACATI} Vermittlung f **2** *(provvigione)* Maklergebühr f **3** *relig fig (intercessione)* {DIVINA} Fürsprache f.

medica f ~ **medico.**

medicabile agg {FERITA} behandelbar, heilbar.

medicale agg *med* {ATTREZZATURA} ärztlich, Arzt-; {SOSTANZA} medizinisch.

medicalizzare tr *(risolvere con la medicina)* ~ *qc* {CONTRACCEZIONE} *etw* medikamentös *scient* an|gehen.

medicalizzazione f {+PARTO, TOSSICODIPENDENZA} Medikalisierung f, ärztliche Behandlung, ärztliche Betreuung.

medicamento m *(farmaco)* Medikament n, Arznei f, Arznei-, Heilmittel n.

medicamentoso, (-a) agg *(medicinale)* {ERBE, POLVERE, SOSTANZA} heilkräftig, Heil-.

medicare <*medico, medichi*> **A** tr ~ *qu, ~ qc* (*a qu*) {DOTTORE, INFERMIERE FERITO, BRACCIO AL BAMBINO, PIAGA} *jdn/etw* (*an etw* dat) (ärztlich) behandeln, *jdn* verarzten *fam* **B** rfl: **medicarsi** sich selbst behandeln, sich selbst verarzten *fam*; (indir) **medicarsi** *qc* {FERITA} *etw* selbst behandeln.

medicastro m *spreg* Kurpfuscher m *fam spreg,* Quacksalber m *spreg.*

medicato, (-a) agg *farm* {CEROTTO} Heil-, medizinisch.

medicazione f **1** *(azione)* Behandlung f **2** *(fasciatura)* Verband m: **fare/farsi una ~**, {ANTISETTICA} (sich dat) einen Verband anlegen, jdn/sich verbinden; **togliere la ~**, den Verband abnehmen.

mediceo, (-a) agg *stor (dei Medici)* {VILLA} mediceisch, Mediceer-.

medicina f **1** *(scienza)* {GENERALE, INTERNA} Medizin f, Heilkunde f: **~ legale**, Gerichtsmedizin f; **~ naturale**, Naturheilkunde f; **~ olistica**, holistische Medizin, Ganzheitsmedizin f; **~ omeopatica**, homöopathische Medizin, Homöopathie f; **studiare ~**, Medizin studieren; **~ tropicale**, Tropenmedizin f; **~ veterinaria**, Veterinär-, Tiermedizin f **2** *(farmaco)* {AMARA, OMEOPATICA} Medizin f, Arznei(mittel n) f, Heilmittel n **3** *fig (rimedio)* {+ANIMA} (Heil)mittel n **4 università** *(facoltà)* Medizinische Fakultät f.

medicinale **A** agg *(curativo)* {PIANTA, PRODOTTO} Heil-, Arznei-, heilkräftig **B** m *(farmaco)* Arznei(mittel n) f, Heilmittel n, Medikament n: **è un ~**, **usare con cautela**, dies ist ein Heilmittel- mit Vorsicht zu genießen.

medico, (-a) <-*ci, -che*> **A** agg **1** *(della medicina)* {CLINICA, CURA, PRATICA} medizinisch **2** *(del medico)* {CERTIFICATO, CONSULTO} ärztlich; {VISITA} Arzt- **3** *(curativo)* {ERBA} Heil- **B** m **1** *(dottore in medicina)* {LEGALE, OSPEDALIERO} Arzt m; *(donna)* Ärztin f: **~ di base**, Hausarzt m; **~ di bordo**, Schiffsarzt m; **~ chirurgo/generico**, Allgemeinmediziner m, praktischer Arzt, Arzt m für Allgemeinmedizin; **~ di turno**, Bereitschaftsarzt m, Dienst habender Arzt; **~ veterinario**, Tierarzt m; **~/ veterinario provinciale**, Kreisarzt m/Kreistierarzt m **2** *fig (aiuto)* (Heil)mittel n: **il tempo è un gran ~**, die Zeit heilt alle Wunden *prov*; **~ dell'anima**, Seelsorger m.

medico-chirurgico, (-a) <- -*ci, -che*> agg *med* {PRESIDIO} chirurgisch.

medicone <*accr di medico*> m **1** *scherz (gran medico)* berühmter Arzt **2** *fam (guaritore)* Wunderheiler m.

medieuropeo, (-a) agg *(dell'Europa centrale)* {REGIONE} mitteleuropäisch.

medievale agg **1** *stor* {STORIA, TRADIZIONI} mittelalterlich **2** *fig (retrogrado)* {MENTALITÀ} rückständig, mittelalterlich.

medievalista <-*che*> ~ **medievista.**

medievalistica <-*che*> f Mediävistik f.

medievalistico, (-a) <-*ci, -che*> agg {STUDI} mediävistisch, über das Mittelalter.

medievista <-*i m, -e f*> **A** agg mediävistisch; {PROFESSORE} für Mediävistik **B** mf *(studioso)* {+SORBONA} Mediävist(in) m(f).

medievistica, **medioevistica** → **medievalistica.**

medina f *(centro storico delle città islamiche)* Medina n.

medio, (-a) <*medi* m> **A** agg **1** *(di valore intermedio)* {ETÀ, PREZZO, REDDITO, TEMPERATURA, VELOCITÀ} Durchschnitts-, durchschnittlich **2** *(nella norma)* {ANNATA, CULTURA, INTELLIGENZA} Durchschnitts-, durchschnittlich: **l'italiano ~**, der Durchschnittsitaliener **3** *(di mezzo)* {ITALIA, PUNTO} Mittel-, mittlere(r, s): **il ~ tedesco**, das Mittelhochdeutsch(e) **B** m **1** *anat (dito)* Mittelfinger m **2** *gramm* Medium n **3** *mat (termine)* Innenglied n ● **~ circolante** *econ,* Zahlungsmittel n.

mediocre **A** agg *(inferiore alla media)* {RISTORANTE, SCRITTORE} mittelmäßig, mediocker **B** mf Mittelmaß n: **il regista è un ~ sopravvalutato**, er ist ein überschätzter mittelmäßiger Regisseur.

mediocredito m *econ* mittelfristiger Kredit.

mediocrità <-> f {+LIBRO, SCRITTORE} Mittelmäßigkeit f, Mediokrität f ● **l'aurea ~**, die goldene Mitte, goldener Mittelweg; *anche iron (mediocrità)*, die Mittelmäßigkeit, die Durchschnittlichkeit.

medioeuropeo, (-a) → **medieuropeo.**

medioevale e *deriv* → **medievale** e *deriv.*

Medioevo **A** m *stor* Mittelalter n: **alto/basso Medioevo**, Früh-/Spätmittelalter m **B** <inv> loc agg *spreg (retrogrado)*: **da ~**, rückständig, mittelalterlich.

medioleggero m *sport (nel pugilato)* Weltergewicht(ler m) n.

mediologia f *(massmediologia)* Mediologie f.

mediologico, (-a) <-*ci, -che*> agg *(massmediologico)* mediologisch.

mediologo, (-a) <-*gi, -ghe*> m (f) *(massmediologo)* Experte m, (Expertin f) für Massenmediologie.

mediomassimo m *sport (nel pugilato)* Halbschwergewicht(ler m) n.

mediometraggio <-*gi*> m *film* Kurzfilm m, Film m mittlerer Länge.

mediorientale agg *geog* {CRISI, QUESTIONE} Nahost-; {STATO} des Mittleren Ostens.

mediateca → **mediateca.**

meditabondo, (-a) agg {RAGAZZO, SGUARDO} gedankenverloren, nachdenklich, in Gedanken versunken; *anche scherz (pensieroso) scherz:* **che aria meditabonda!**, welch tiefschürfende/tiefsinnige Miene! *iron.*

meditare **A** tr ~ *qc* **1** *(progettare)* {PIANO} *sich* (dat) *etw* aus|denken, *etw* aus|hecken *fam*; {VENDETTA} *auf etw* (acc) sinnen: **~ di andare in pensione**, vorhaben, in Pension zu gehen **2** *(riflettere su)* {QUESTIONE} über *etw* (acc) nach|denken, sich (dat) *etw* durch den Kopf gehen lassen B itr (*riflettere a lungo*) ~ (*su qc*) {SULLA MORTE, SULLE PAROLE DI QU} lange/gründlich über etw (acc) nach|denken, über etw (acc) nach|sinnen *forb*.

meditativo, (-a) *agg* **1** {INDOLE, SPIRITO} nachdenklich **2** (*della meditazione*) {ISOLAMENTO} meditativ **3** {VITA} beschaulich.

meditàto, (-a) *agg* **1** (*ponderato*) {OPERA, SCELTA} (wohl)überlegt, (wohl)durchdacht **2** (*calcolato*) {GESTO} (wohl)kalkuliert.

meditazióne f **1** *anche relig* (*riflessione*) Meditation f, Betrachtung f, Nachdenken n: **fare/[essere in]** ~, meditieren; **immergersi nella** ~, sich der Meditation hingeben; ~ **trascendentale**, transzendentale Meditation; ~ **sulla vita**, Lebensbetrachtungen f pl **2** (*considerazione*) Überlegung f, Erwägung f, Betrachtung f **3** (*preparazione*) {+RAPIMENTO} Planung f **4** <*di solito al pl*> *filos* (*opera*) Betrachtungen f pl.

mediterraneità <-> f (*caratteristica*) {+GRECIA} mediterraner Charakter, Mediterraneität f.

mediterràneo, (-a) *geog* A *agg* **1** {MARE} Mittel- **2** (*del Mediterraneo*) {CLIMA, MACCHIA, PAESI} Mittelmeer-, mediterran B *m*: **M** ~, Mittelmeer n.

mèdium① <-> *mf franc* (*nello spiritismo*) Medium n.

medium② *agg ingl* (*taglia*) mittlere Größe.

medùsa f *zoo* Qualle f, Meduse f.

Medùsa f *mitol* Medusa f, Meduse f.

meeting <-, -s pl *ingl*> m *ingl* (*riunione*) Meeting n, Treffen n.

mefisto m (*caschetto di lana*) Mütze f.

Mefisto m *lett* → **Mefistofele**.

Mefistòfele m *lett* Mephisto(pheles) m.

mefistofèlico, (-a) <-ci, -che> *agg* **1** *lett* (*di Mefistofele*) mephistophelisch *forb* **2** *fig* (*diabolico*) {SORRISO} mephistophelisch teuflisch, satanisch.

mefítico, (-a) <-ci, -che> *agg* **1** (*fetido*) {ESALAZIONE, GAS} stinkend **2** *fig* (*corrotto*) {AMBIENTE} verkommen.

mèga- *primo elemento* **1** (*grande*) Mega-, Makro-: **megaconcerto**, Megakonzert m; **megaspora**, Makrospore **2** *fis elettr inform mat* Mega-: **megaciclo**, Megahertz; **megaohm**, Megaohm; **megabyte**, Megabyte.

megabyte <-> m *ingl inform* Megabyte n.

megacíclo m *fis* Megahertz n.

megaconcèrto m (*concerto con grande afflusso di pubblico*) Megakonzert n *fam*.

megàfono m Megaphon n.

megagalàttico, (-a) <-ci, -che> *agg* **1** *fam scherz* (*molto grande e bello*) {UFFICIO} Riesen- *fam*, megagalaktisch *fam scherz*; {MOTO} *anche* Wahnsinns- *slang* **2** *fig* (*rif. a chi occupa una posizione di prestigio*) Mega- *fam*.

megahèrtz <-> m *fis* Megahertz n.

megalite m *archeol* Megalith m.

megalítico, (-a) <-ci, -che> *agg archeol* {MONUMENTO} Megalith-, megalithisch.

mègalo- *primo elemento* (*grande*) Megalo-, Makro-, Größen-, Riesen- *fam*: **megalocefalia**, Megalenzephalie *scient*, Makrozephalie *scient*; **megalomania**, Größenwahn, Megalomanie *scient*; **megalopoli**, Megalopolis, Riesenstadt.

megalocefalia f *med* Megalenzephalie f *scient*, Makrozephalie f *scient*.

megalocèfalo, (-a) *med* A *agg* {PAZIENTE} makrozephal *scient* B (f) *agg scient* m decl come *agg scient*.

megalòmane A *agg* {TENDENZA, UOMO} größenwahnsinnig B *mf* Größenwahnsinnige mf decl come agg.

megalomanìa f Größenwahn m, Megalomanie f.

megalòpoli f (*grande città*) {+AMERICA DEL SUD} Megalopole f *forb*, Megalopolis f *forb*, Riesenstadt f *fam*.

megaóhm <-> m *elettr* Megaohm n.

megaprogètto m Mega-, Riesenprojekt n: **il** ~ **del ponte sullo Stretto**, das Megaprojekt der Brücke über die Meerenge von Messina.

mègaron <-, megara pl *greco*> m *greco archeol* Megaron n.

megaschérmo m → **maxischermo**.

megaspóra f *biol* Makrospore f.

megastore <-, -s pl *ingl*> m *ing comml* Megastore m.

megatenèo m *univ* Massenuniversität f.

mègaton, **megatóne** <-, -i> m *nucl* Megatonne f.

megàttera f *zoo* Buckelwal m.

megavòlt <-> m *elettr* (*abbr MV*) Megavolt n.

megawàtt <-> m *elettr* (*abbr MW*) Megawatt n.

megèra f **1** *mitol*: Megera, Megäre f **2** *fig* Megäre f *forb*: **una vecchia** ~, eine alte Hexe/Schreckschraube *spreg*, ein alter Drachen *fam spreg*.

mèglio A <*compar di buono*> *agg* **1** (*migliore*) besser: **sembrare/essere** ~ **di qu/qc**, besser als jd/etw scheinen/sein **2** (*preferibile*) besser, am besten: **è** ~ **mettere lo spumante subito in frigorifero**, den Sekt legen wir am besten sofort in den Kühlschrank; **è** ~ **non uscire**, es ist besser, nicht aus dem Haus zu gehen **3** *fam* (*con valore di superlativo*) beste(r, s), allerbeste(r, s): **è la** ~ **cuoca del mondo**, sie ist die beste Köchin der Welt B <*compar di bene*①> *avv* **1** (*in modo migliore*) besser: **sta già** ~, es geht ihm/ihr schon besser; **vestiti** ~!, zieh dir was Besseres an! **2** (*piuttosto*) lieber, eher, besser: ~ **la prigione che vivere con te!**, mit dir zusammenleben? Eher lass ich mich vierteilen! **3** (*più*) mehr, besser: **pagare** ~ **qu**, jdn besser bezahlen, jdm mehr bezahlen **4** (*anzi*) o ~, (oder) besser, besser noch; **scrivimi, o** ~, **telefonami**, schreib mir, oder besser noch, ruf mich (einfach) an **5** (*più facilmente, più chiaramente*) leichter, besser, müheloser: **con questo coltello si pelano** ~ **le patate**, mit diesem Messer lassen sich die Kartoffeln leichter schälen **6** (*con valore comparativo*) + *part pass* besser: **è** ~ **allenato di me**, er ist durchtrainierter als ich **7** (*con valore di superl*) ~ + *part pass* am besten + *part pass*, best + *part pass*: **è il ragazzo** ~ **vestito**, er ist der [am besten gekleidete]/[bestgekleidete] Junge; **la sua opera è la** ~ **riuscita**, sein/ihr Werk ist das gelungenste C <-> m Beste n decl come agg: **ho dato il** ~ **di me**, ich habe mein Bestes gegeben D <-> f (*la cosa migliore*) Beste n decl come agg E *loc avv* (*come si può*): **alla (bell'e)** ~, (so gut es [eben] geht; **ci siamo arrangiati per la notte alla (bell'e)** ~, wir haben uns für die Nacht arrangiert/eingerichtet, so gut es eben ging; (*miseramente*) dürftig, kärglich F *inter impr* **1** *loc inter impr* (*di soddisfazione*) **tanto** ~!, umso besser!, umso besser!; **è andato via?** – ₍Tanto) ~₎/[~ così]!, ist er (weg)gegangen? – Umso besser!; **(tanto)** ~ **(per te)!**, umso besser (für dich)! ● **l'atleta è al** ~ **della forma fisica**, der Athlet hat seine körperliche Höchstform erreicht; **al** ~ (*prezzo*) *comm* (*alle migliori condizioni*), zum günstigsten Preis; **mi aspettavo qualcosa di** ~, ich erwartete mir (et)was Besseres; **avere la** ~ *fig* (*la sorte migliore*), die Oberhand gewinnen/behalten; **c'è di** ~, es gibt Besseres; **quando si ha sete** non c'è nulla di ~ dell'acqua, nichts stillt den Durst besser als Wasser; **fare del proprio** ~ *fig* (*tutto quel che si può*), sein Möglichstes/Bestes tun; **non hai/avete/hanno niente di** ~ **da fare?**, ₍hast du₎/[habt ihr]/[haben sie] nichts Besseres zu tun?; **questo è** *quanto di* ~ **posso offrirti**, das ist das Beste, was ich dir (an)bieten kann; *per il* ~, zum Besten, auf die beste Weise; ~ **poco che niente**, das Bessere als gar nichts; **il** ~ *possibile*, das Bestmögliche; (*nel miglior modo possibile*), auf die bestmögliche Weise; **fare qc il** ~ **possibile**, etw so gut es geht tun; *tardi che mai*, besser spät als nie; ~ **soli che male accompagnati** *prov*, besser allein als in schlechter Gesellschaft; **il** ~ **è nemico del bene** *prov*, das Bessere ist des Guten Feind *prov*.

mehàri <-> m *arabo zoo* Mehari n, Reitdromedar n.

meiòsi <-> f *biol* Meiose f *scient*.

méla f **1** (*frutto*) Apfel m: ~ **cotogna**, Quitte f **2** <*di solito al pl*> *fig fam* (*guance*) Apfelbäckchen n pl *fam* **3** <*di solito al pl*> *fig fam* (*natiche*) Hinterbacken f pl *fam*, Arschbacken f pl *volg*, Gesäßbacken f pl ● **la grande Mela** *fig* (*New York*), der Big Apple, New York; **la** ~ **marcia** *fig* (*elemento corrotto*), korruptes Element *spreg*/Subjekt *spreg*.

melagràna <*melagrane o melegrane*> f *bot* Granatapfel m.

melagràno → **melograno**.

melamìna, **melammìna** f *chim* Melamin n.

melanconìa *e deriv* → **malinconia** *e deriv*.

mélange *franc* A <inv> *agg* {LANA} meliert, Melange- B <-> m **1** (*mescolanza*) {+TINTE} Mischung f, Gemisch n **2** (*filato*) Melangegarn n.

melangiàto, (-a) A *agg* (*mélange*) {LANA} Melange- B *m* (*tessuto*) {+COTONE} Melange f.

melàngolo m (*frutto*) Pomeranze f, Bitterorange f.

melanìna f *biol* Melanin n.

melanocita <-i> m *biol* Melanozyt m.

melanòma <-i> m *med* Melanom n *scient*.

melanzàna f *bot* (*frutto, pianta*) Aubergine f.

melarància <-ce> f (*frutto*) Orange f, Apfelsine f.

melaràncio <-ci> m *bot* Orangen-, Apfelsinenbaum m.

melàrio, (-a) <-ri m> A *agg* (*del miele*) Honig- B m (*cassetta*) Honigwaben f pl.

melàssa f Melasse f ● **appiccicoso come la** ~ *fig* (*persona assillante*), lästig wie eine Klette.

melàto, (-a) *agg* **1** *gastr* {BEVANDA, CIBO} Honig gesüßt **2** *fig spreg* (*mellifluo*) {FRASI, PAROLE, SORRISO} honigsüß *spreg*, süßlich *spreg* **3** *fig* (*melodioso*) {VOCE} melodiös, wohlklingend.

melatonìna f *chim* Melatonin n.

melènso, (-a) *agg* **1** (*tardo*) {PERSONA} einfältig, dumm, dämlich *fam spreg* **2** (*banale*) {DISCORSO, SGUARDO} nichts sagend, geistlos.

melèto m (*piantagione di meli*) Apfelgarten m.

mèlica <-che> f *bot* **1** (*saggina*) Mohrenhirse f **2** (*mais*) Mais m, türkischer Weizen m.

mèliga <-ghe> → **melica**.

melina *solo nella loc verbale slang sport* (*nel calcio, nella pallacanestro*): **fare (la)** ~, auf Zeit spielen.

melissa f *bot* Melisse f.

mellífero, (-a) *agg lett* (*che porta miele*) Honig-.

mellificare <*mellifico, mellifichi*> itr (*fare miele*) {APE} Honig erzeugen/machen.

mellifluo, (**-a**) agg *fig spreg* {MODI, PAROLE, TONO} honigsüß *spreg*, süßlich *spreg*; {PERSONA} (ein)schmeichlerisch.

mellito **A** agg *med* {DIABETE} mellitus **B** m *farm* Honigsirup m.

melma f **1** (*fango*) Schlamm m, Kot m: **affondare nella ~ fino alle ginocchia**, bis zu den Knien im Schlamm einsinken **2** *fig* Schmutz m: **essere nella ~ fino al collo**, bis zum Hals ₁in der Scheiße *volg*₁/[im Dreck *fam*] stecken; **trascinare qu nella ~**, jdn in/durch den Dreck/Schmutz ziehen *fam*.

melmosità <-> f (*l'essere melmoso*) {+PALUDE} Schlammigkeit f, Verschlammtheit f.

melmoso, (**-a**) agg {FONDO, PALUDE} schlammig.

melo m Apfelbaum m.

melo *franc* **A** <inv> agg (*melodrammatico*) {SPETTACOLO} melodramatisch *forb anche iron* **B** <-> m (*melodramma*) Melodram n, Melodrama n.

melodia f **1** *mus* {ORECCHIABILE, STRUMENTALE, VERDIANA} Melodie f; (*componimento*) Stück n, Weise f: **eseguire una ~ per voce e chitarra**, ein Stück für Gesang und Gitarre vortragen **2** *fig* (*soavità*) {+VERSO, VIOLINO, VOCE} Wohlklang m.

melodico, (**-a**) <-ci, -che> agg **1** *mus* {MOTIVO} melodisch **2** *fig* {VOCE} melodisch, wohlklingend.

melodioso, (**-a**) agg {LINGUA, MUSICA, PRONUNCIA} melodiös, wohlklingend.

melodista <-i m, -e f> mf *mus* Melodiker(in) m(f).

melodramma **A** m *teat* Melodram(a)n **B** <inv> loc agg *spreg* (*esagerato*): **da ~** {FACCIA, PERSONAGGIO} melodramatisch *forb iron*, theatralisch • **cadere nel ~** *fig spreg*, pathetisch werden *spreg*.

melodrammatico, (**-a**) <-ci, -che> agg **1** *mus teat* {SPETTACOLO} melodramatisch **2** *fig spreg* (*esagerato*) {ATTEGGIAMENTO, EROE, PERSONAGGIO} melodramatisch *forb iron*, theatralisch.

melograno <*melograni o meligrani*> m Granat(apfel)baum m.

melomane **A** agg (*che è amante della musica*) {FRATELLO} musikbesessen **B** mf (*chi è amante della musica*) Musikbesessene mf *decl come agg*.

melomania f (*grande passione per la musica*) Melomanie f *forb*, Besessenheit f für Musik.

melone m *bot* **1** (*pianta*) Melone f **2** (*frutto*) (Honig)melone f: **~ reticolato**, (Netz)melone f.

meloterapia f *med psic* Musiktherapie f.

melt down <-> m *ingl* **1** *nucl* Meltdown m, Kernschmelze f **2** *fig* (*crollo*) {ECONOMICO} Meltdown m, Sturz m.

melting pot <-> loc sost m *ingl* **1** (*mescolanza*) Meltingpot m, Mischung f, Vermengung f **2** *relig sociol* {ETNICO, RELIGIOSO} Meltingpot m, Auffang-, Sammelbecken n; Schmelztiegel m.

membrana f **1** *anat biol tecnol radio zoo* {ALARE} Membran(e) f: **~ dializzatrice** *scient tecnol*, Zwerchfell n, Diaphragma n *scient tecnol*; **~ nittitante**, Nickhaut f; **~ del timpano**, Trommelfell n; **~ interdigitale** *anat*, Schwimmhaut f **2** (*pergamena*) Pergament n **3** *mus* (*del tamburo*) Trommelfell n.

membraniforme agg (*che sembra una membrana*) {TESSUTO} membranartig.

membranofono agg *mus* Membranophon n.

membranoso, (**-a**) agg **1** (*tipo membrana*) membran(en)artig **2** (*fatto di membrana*) Membran(en)-.

membratura f **1** *anat* {FORTE} Gliederbau m, Glieder n pl **2** *arch* (Bau)glied n.

membro m **1** <pl: *-i* m> (*persona*) {+FAMIGLIA, GIURIA} Mitglied n **2** <pl: *-i* m> (*parte costitutiva*) Teil n, Glied n **3** <pl: *-a* f> *anat* Glied n: **le membra**, die Gliedmaßen/Glieder **4** <pl: *-i* m> *anat* (*pene*) (männliches) Glied, Penis m **5** *arch* (Bau)glied n **6** *ling mat* {+PERIODO, UGUAGLIANZA} Glied n.

membruto, (**-a**) agg (*robusto*) {UOMO} kräftig gebaut.

memento <-> m *lat* **1** *relig* Memento n **2** *scherz* (*avvertimento*) Mahnruf m *forb*: **se sarà necessario gli darò un ~**, wenn nötig, werde ich ihm einen Denkzettel erteilen.

memo <-> m (*promemoria*) Notiz f, Merkzettel m.

memorabile agg {ESEMPIO, EVENTO, GIORNALE, PAROLE} denkwürdig.

memorandum <-> m *lat* **1** *anche diplomazia* (*documento espositivo*) {+INTESA} Denkschrift f, Memorandum n **2** (*notes*) Notizbuch n **3** *amm* (*foglio*) halber Briefbogen **4** *amm comm* (*lettera commerciale*) kurzer Geschäftsbrief, Mitteilung f.

memore agg *lett* **~ di qc 1** {DELLE PAROLE DI QU} eingedenk *etw* (*gen*) **2** (*grato*) {DEI BENEFICI} dankbar *für etw* (*acc*).

memoria f **1** *anche psic* (*capacità, processo*) Gedächtnis n, Erinnerungsvermögen n: **se la ~ non mi inganna ci siamo già conosciuti**, wenn mich nicht alles täuscht, ₁sind wir uns schon mal begegnet₁/[kennen wir uns bereits]; **~ visiva**, fotografisches/visuelles Gedächtnis **2** (*ricordo*) {+AMICO, EVENTO} Erinnerung f, Andenken n; (*tradizione*) {COLLETTIVA, STORICA} Bewusstsein n: **in/alla ~ di qu/qc**, ₁in Erinnerung₁/[zum Gedenken] an jdn/etw (*menzione*) Erwähnung f **4** (*cimelio, documento*) Erinnerungsstück n **5** <solo pl> *lett* (*opera*) {+PITTORE, SCRITTORE} Memoiren pl, Erinnerungen f pl **6** (*annotazione*) Notiz f, Gedächtnisstütze f: **prendere ~ di qc**, sich (*dat*) etw aufschreiben **7** *biol* {GENETICA, IMMUNITARIA} Code m **8** *dir* (*atto di parte*) Schriftsatz m: **~ di costituzione** (*nel processo civile*), einlassender Schriftsatz; **~ difensiva** (*nel processo penale*), Verteidigungsschrift f; **~ di replica** (*nel processo civile*), Replik f, Erwiderung f **9** *inform* Speicher m: **~ ad accesso casuale** (*abbr* RAM), RAM-Speicher m; **~ ad accesso immediato**, Speicher m mit Schnellzugang; **~ alta**, hoher Speicher; **memorie ausiliarie**, Hilfsspeicher m pl; **~ cache**, Cachespeicher m; **~ centrale**, **principale**/[**di lavoro**], Zentral-/Haupt-/Arbeitsspeicher m; **~ convenzionale**, konventioneller Arbeitsspeicher; **~ espansa**/**estesa**, Expansionsspeicher m; **~ a sola lettura** (*abbr* ROM), ROM-Speicher m; **~ reale**/**virtuale**, effektiver/virtueller Speicher; **~ tampone**, Pufferspeicher m **10** *tecnol* {+SEGRETERIA TELEFONICA} Steuerung f • **avere la ~ corta** *fig fam* (*avere dimenticato*), ein kurzes *fam*/schlechtes Gedächtnis haben; **avere ~ per qc**, {PER I NUMERI DI TELEFONO} ein gutes Gedächtnis für etw (*acc*) haben, sich (*dat*) etw gut merken können; **cancellare qc dalla ~** *fig*, etw aus der Erinnerung streichen; *inform*, etw löschen; **degno di ~**, denkwürdig; **avere una ~ da elefante** *fig* (*detto di chi non dimentica spec i torti*), ein Elefantengedächtnis haben *fam*; **avere una ~ di ferro** *fig* (*ottima*), ein ausgezeichnetes Gedächtnis haben; **imparare**/**sapere qc a ~**, etw auswendig lernen/[wissen/können]; **avere la ~ di Mitridate** *fig* (*ricordarsi tutto*), ein Ge-

dächtnis wie ein Elefant haben; **avere poca ~**, ein Gedächtnis wie ein Sieb haben *fam*; **pro ~**, Merkzettel m; **rinfrescare la ~ a qu** *fig iron* (*far ricordare*), jdm sein/ihr Gedächtnis auffrischen *iron*; **a ~ d'uomo**, seit Menschengedenken.

memorial <-> m *ingl* **1** (*monumento*) Memorial n *forb* **2** (*manifestazione*) Memorial n *forb*.

memoriale m (*scritto*) {+SANT'ELENA} Denkschrift f; (*di difesa*) Verteidigungsschrift f; (*di supplica*) Bittschrift f.

memorialista <-i m, -e f> mf (*scrittore di memorie*) Memoirenschreiber(in) m(f) *forb*.

memorialistica <-che> f *lett* Memoirenliteratur f.

memorialistico, (**-a**) <-ci, -che> agg *lett* Memoiren(schreiber)-.

memorizzare tr **~ qc 1** {DATA, NUMERO} sich (*dat*) *etw* ins Gedächtnis ein/prägen, sich (*dat*) *etw* merken, *etw* behalten, *etw* memorieren *obs* **2** *inform* {DATI, TESTO} *etw* speichern.

memorizzazione f **1** *inform* Speicherung f **2** *psic* Memorisierung f; {+DATA, NUMERO} Speichern n, Sicheinprägen n.

Memotel® <-> m *tel* Memotel n (*zentraler Anrufbeantworterservice der italienischen Telecom*).

menabò <-> m *tip* Layout n.

mènade f *lett mitol* Mänade f *forb* • **essere/sembrare una ~** *fig* (*invasa da una passione*), eine Mänade *forb* sein/scheinen.

menadito loc avv (*benissimo*): **conoscere/sapere qc a ~**, etw ₁im Schlaf₁/[aus dem Effeff *fam*] können.

ménage <-> m *franc* **1** (*vita matrimoniale*) Eheleben n; (*convivenza*) Haushalt m, Zusammenleben n: **~ di coppia**, Zweierhaushalt m **2** (*vita quotidiana*) {NORMALE, TRANQUILLO} Alltag m, Alltagsroutine f • **a ~ a tre** (*triangolo*), Dreiecksverhältnis n.

menagramo <-> mf *fam* (*chi porta male*) Unglücksbringer(in) m(f): **non fare il ~ !**, spiel nicht den Unglücksbringer!

menarca <-chi> m *med* Menarche f *scient*.

menare **A** tr **1** *fam* (*picchiare*) **~ qu/qc** {RAGAZZO, CANE} jdn/etw schlagen, jdn/etw hauen m **2** *forb* (*condurre*) **~ qc** *etw* führen **B** rfl rec *fam* (*picchiarsi*): **menarsi** sich schlagen • **menarla per le lunghe** *fig* (*tirare in lungo qc*), etw in die Länge ziehen.

menata f *sett fam* Litanei f: **è sempre la solita ~**, es ist immer wieder die alte Leier *fam*.

mendace agg *lett* (*falso*) {PAROLE} falsch, lügenhaft *spreg*; {APPARENZA, PROMESSA} falsch, trügerisch.

mendacia f *lett* (*falsità*) {+AMICO, GIURAMENTO} Falschheit f.

mendacità f *lett* (*l'essere mendace*) {+DISCORSO} Lügenhaftigkeit f *spreg*, Verlogenheit f *spreg*.

mendeliano, (**-a**) agg *biol* Mendelsche(r, s).

mendicante **A** agg {FRATE, ORDINE} Bettel- **B** mf (*accattone*) {CIECO, VECCHIO} Bettler(in) m(f).

mendicare <*mendico, mendichi*> **A** tr **~ qc 1** (*elemosina*) {VECCHIO PANE, SOLDI} *etw* erbetteln, um *etw* (*acc*) betteln **2** *fig* {FAVORE, INCARICO, PROMOZIONE} *etw* erflehen *forb*, um *etw* (*acc*) flehen; {AMORE, SGUARDO} um *etw* (*acc*) betteln **B** itr (*elemosinare*) **~** (+ *compl di luogo*) {SUL MARCIAPIEDE} (*irgendwo*) betteln.

mendicità <-> f Armut f, Bettelei f.

mendico, (**-a**) <-chi, -che> *lett* **A** agg Bettler-, bettlerhaft **B** m (f *rar*) (*mendicante*)

Bettler(in) m(f).

menefreghismo m Gleichgültigkeit f, Wurstigkeit f *fam*.

menefreghista <-i m, -e f> **A** agg {ATTEGGIAMENTO} gleichgültig, wurstig *fam* **B** mf: è proprio un ~, ihm ist alles total Wurst/Wurscht *fam*.

meneghino, (-a) **A** agg (*Milanese*) mailändisch, Mailänder **B** m (f) (*abitante*) Mailänder(in) m(f).

menestrèllo, (-a) m (f) **1** *scherz* Straßensänger(in) m(f) **2** *spreg* (*poeta da strapazzo*) Dichterling m *spreg* **3** *stor* Spielmann m, Minstrel m.

menhir <-> m *archeol* Menhir m.

meninge f *anat* Hirnhaut f, Meninx f *scient* • **spremersi le meningi** *fig fam scherz* (*sforzarsi a pensare*), sein Hirn anstrengen *fam*.

meningite f *med* Hirnhautentzündung f, Meningitis f *scient*.

menisco <-schi> m *anat* Meniskus m.

méno <compar *di poco*> **A** avv **1** (*in minor quantità, misura, grado*) weniger, nicht so viel: **lavora ~, altrimenti ti esaurirai!**, hör auf, so viel zu arbeiten, sonst machst du dich kaputt!; **un ristorante ~ buono**, ein weniger/[nicht so] gutes Restaurant **2** (*in frasi comparative*) ~ ... di, nicht so ... wie, weniger ... als: **una bottiglia di vino è ~ di un litro**, eine Weinflasche enthält weniger als einen Liter; **questo vestito costa ~ dell'altro**, dieses Kleid ⌈kostet weniger⌉/[ist billiger] als das andere; **la mia auto è ~ malandata della tua**, mein Auto ist nicht ⌈in so einem schlechten Zustand⌉/[so abgewrackt *fam*] wie deins **3** (*in frasi superlative*) am wenigsten: **il ~ furbo**, der Dümmste **4** (*rif. a ora*) vor: **sono le tre ~ cinque**, es ist fünf (Minuten) vor drei (Uhr) **5** (*no*) nicht: **dobbiamo decidere se andarci o ~**, wir müssen entscheiden, ob wir hingehen oder nicht **6** *mat meteo scuola* minus, weniger: **sei ~ due uguale quattro**, sechs minus zwei (ist) gleich vier; **ho preso sette ~**, ich habe eine Drei minus bekommen; **Mosca ~ 30°**, Moskau minus 30° C (Grad) **B** <inv> agg {ERRORI, GENTE, SOLDI} weniger, nicht so viel: **~ chiasso per favore!**, nicht so viel Lärm/Krach *fam*, bitte! **C** <-> m **1** (*la minor cosa*) Geringste n *decl come agg*, Mindeste n *decl come agg*, Wenigste n *decl come agg* **2** (*la parte minore*) geringerer Teil **3** *mat* Minus(zeichen) n **4** <solo pl> (*minoranza*) Minderheit f **D** prep (*eccetto*) ~ **qu/qc** außer jdm/etw, ausgenommen jd/etw/jdn/etw, jd/etw/jdn/etw ausgenommen: **c'eravamo tutti ~ lui**, außer ihm waren wir alle da **E** loc cong (*salvo che ...*) **a ~ di ... inf**, **a ~ che ... congv**, es sei denn, dass ... *ind*; außer wenn ... *ind* • **ancora ~**, noch weniger; **in ~ di un attimo**, im Handumdrehen, im Nu, in null Komma nichts *fam*; ~ **che ~**, schon gar nicht; **non mi piace il mare, ~ che ~ nell'alta stagione**, ich mag das Meer nicht, schon gar nicht, wenn Hochsaison ist; **di ~**, weniger; **in men che non si dica**, im Handumdrehen, im Nu, in null Komma nichts *fam*; **non essere da ~ di qu** (*non essere inferiore*), jdm in nichts nachstehen; (*peggiore*), nicht schlechter sein als jd; **fare a ~ di qu/qc** (*privarsi*), auf jdn/etw verzichten, ohne jdn/etw auskommen; (*astenersi*) nicht etw (gen) enthalten; **in ~** (*tempo*), in weniger; (*numero*), weniger, zu wenig; **~ che mai**, weniger denn je; **~ male!** *fam*, Gott sei Dank!; **niente ~!**, darunter geht's wohl nicht!; **quest'estate vado in Egitto. – Niente ~!**, diesen Sommer fahre ich nach Ägypten. – Darunter tust du's wohl nicht! *fam*; **~ di/che niente**, absolut nichts, weniger als nichts; **niente ~ che ...**, kein Ge-

ringerer als ..., nicht weniger als ...; **non di ~**, trotzdem, nichtsdestotrotz, nichtsdestoweniger; **per ~**, billiger; **per lo ~**, wenigstens; **poco ~**, etwas weniger; **quando ~ te lo aspetti**, wenn du es am wenigsten erwartest; **quanto ~** (*perlomeno*), wenigstens; **senza ~** (*certamente*), zweifellos, ganz sicher; **tanto ~**, umso weniger; **venir ~** (*svenire*), ohnmächtig werden; **venir ~ a qu** (*mancare*), jdm (dat) nicht nachkommen, etw nicht einhalten; {A UNA PROMESSA, ALLA PAROLA DATA} etw nicht halten; **venir ~ a se stesso** *lett*, hinter seinen Möglichkeiten zurückbleiben, sich selbst gegenüber etwas schuldig bleiben.

Mèno m *geog* Main m.

menomàle, méno màle inter loc inter (*di gioia*), Gott sei Dank! *fam*: ~ **che non sei partito, sull'autostrada ci sono 20 Km di coda!**, Gott sei Dank bist du nicht weggefahren, auf der Autobahn ist ein Stau von 20 km!

menomànte agg {INTERVENTO} verletzend, herabwürdigend, schmälernd.

menomàre tr **1** (*diminuire l'efficienza*) ~ **qu/qc** {FERITA, INCIDENTE USO DEL BRACCIO} jdn/etw behindern, jdn/etw beeinträchtigen **2** *fig* (*ledere*) ~ **qc** {FAMA DI QU} etw verletzen, etw beeinträchtigen, etw herab⌈würdigen, etw schmälern.

menomàto, (-a) **A** agg {RAGAZZA} behindert; {SOLDATO} verstümmelt; {SUCCESSO} beeinträchtigt, geschmälert **B** m (f) (*minorato*) Behinderte mf *decl come agg*.

menomazióne f **1** (*non integrità*): **avere una ~ fisica**, körperbehindert sein, physisch/körperlich behindert **2** *fig* (*perdita*) {+PRESTIGIO} Beeinträchtigung f, Herabwürdigung f, Schmälerung f, Verletzung f.

menopàusa f *med* Wechseljahre n pl, Menopause f *scient*.

menoràh <-> f *ebraico* (*candelabro*) Menora f.

menorragìa f *med* Menorrhagie f *scient*.

menorrèa f *med* Menorrhö(e) f *scient*.

mènsa f **1** Kantine f: **oggi mangio alla ~** (*aziendale*), heute esse ich in der Kantine; ~ (**degli) ufficiali**, Offizierskasino n; **università** Mensa f; *mar* Offiziersmesse f **2** (*tavola*) Tisch m, Tafel f *forb* **3** *lett* (*pasto*) {RICCA} Mahl n *forb* **4** *relig* (*piano dell'altare*) Mensa f • ~ **eucaristica** *relig*, das Abendmahl.

menscevico, (-a) <-chi, -che> polit stor **A** agg menschewistisch **B** m (f) (*sostenitore*) Menschewik(in) m(f), Menschewist(in) m(f).

mensile A agg **1** (*di un mese*) {QUOTA} Monats- **2** (*di ogni mese*) {SCADENZA} monatlich, Monats- **3** (*che dura un mese*) {ABBONAMENTO} einmonatig, einen Monat lang, für einen Monat, Monats- **B** m **1** (*stipendio*) Monatsgehalt n, Monatseinkommen n **2** (*periodico*) Monatsheft n, Monatsschrift f.

mensilità <-> f **1** (*retribuzione*) Monatsgehalt n, Monatslohn m: **tredicesima ~**, dreizehntes Monatsgehalt, Weihnachtsgeld n, Weihnachtsgratifikation f **2** (*periodicità mensile*) {+PAGAMENTO, SCADENZA} monatliche Leistung.

mènsola f **1** (*piano*) {+LEGNO, MARMO} Brett n, Bord n, Konsole f **2** *arch* (*sostegno*) Konsole f.

ménta f **1** *bot* Minze f: ~ **piperita**, Pfefferminze f **2** (*essenza*) Minzextrakt m **3** *gastr fam* (*liquore*) Pfefferminzlikör m; (*confetto*) Pfefferminzbonbon n; (*bibita*) Pfefferminzgetränk n.

mentàle agg **1** anche *psic* (*della mente*) {ETÀ, FACOLTÀ, IGIENE} geistig; {MALATTIA} Geis-

tes- **2** (*senza parlare*) {PREGHIERA} still; {CALCOLO} Kopf-.

mentalità <-> f {ANTIQUATA, APERTA, BORGHESE, INFANTILE} Mentalität f, Denkweise f: **avere una ~ ristretta**, engstirnig/kleinkariert *fam spreg* sein; **ha la ~ del burocrate**, er/sie hat eine Bürokratenmentalität *spreg*.

mentalménte avv **1** (*con la mente*) im Geiste, im Kopf: **fare ~ una somma**, eine Summe im Kopf überschlagen **2** (*di mente*) innerlich.

ménte A f **1** (*opposto a corpo*) Geist m **2** (*opposto a cuore*) Verstand m **3** (*intelligenza, intelletto*) {BALZANA, GENIALE, INVENTIVA} Geist m, Verstand m **4** (*pensiero*) Gedanken m pl **5** (*intenzione*) Sinn m: **avere in ~ di fare qc**, ⌈im Sinn haben⌉/[vorhaben], etw zu tun **6** (*memoria*) Gedächtnis n: **richiamare qc alla ~**, jdm/sich (dat) etw ins Gedächtnis (zurück)rufen; **tenere a ~ qc**, etw im Gedächtnis behalten/bewahren, sich (dat) etw merken, etw im Kopf behalten; **qc torna in/a/alla ~**, sich an etw (acc) erinnern **7** *fig* (*persona*) {NOBILE, SUPERIORE} Kopf m: **la ~ (direttiva) del gruppo è lui**, er ist der Kopf der Gruppe **8** *psic* {SCONVOLTA} Geist m **B** loc avv (*a memoria*): **a ~** {RIPETERE, SAPERE, STUDIARE} auswendig • **aprire/illuminare la ~ (a qu)** *fig*, jdm die Augen öffnen, jdn über etw (acc) aufklären; **a ~ fredda** *fig*, nüchtern, bei nüchternem Verstande; **lesto di ~**, scharfsinnig; **far ~ locale**, sich konzentrieren; **a ~ lucida/fresca** *fig*, bei klarem Verstand; **~ malata**, kranker Geist; **passare/uscir di ~** (*scordarsi*), entfallen, aus dem Sinn kommen; **volevo telefonarti, ma poi mi è passato di ~**, ich wollte dich anrufen, aber dann habe ich es vergessen; **cosa ti salta/viene in ~?**, was fällt dir ein?; **~ sana**, gesunder Geist/Verstand; **venire in ~ a qu**, jdm in den Sinn kommen, jdm einfallen; **mi viene in ~ qc**, mir fällt etw ein; **~ sana in corpo sano** *prov*, ein gesunder Geist in einem gesunden Körper.

-ménte suff avv -weise: **fortunatamente**, glücklicherweise; **scioccamente**, dummerweise.

mentecàtto, (-a) **A** agg (*sciocco*) schwachsinnig *fam spreg*, dumm **B** m (f) (*persona sciocca*) Schwach-, Dummkopf m *spreg*: **povero ~!** *fam*, armer Irrer! *fam*.

mentìna f (*pastiglia*) Pfefferminzbonbon n.

mentìre <*mento o mentisco*> itr **1** (*dire il falso*) ~ (**a qu**) jdn an⌈lügen **2** *fig* (*essere falso*) {PAROLE, SORRISO} trügen, lügen • **menti sapendo di ~!**, du lügst bewusst!; **~ a se stesso**, sich selbst belügen/[etw in die Tasche lügen *fam*], sich (dat) selbst etwas vormachen; **~ spudoratamente**, das Blaue vom Himmel herunterlügen *fam*; lügen, dass sich die Balken biegen *fam*.

mentitóre, (-trice) **A** agg {GIORNALISTA} lügnerisch *spreg* **B** m (f) Lügner(in) m(f).

ménto m *anat* Kinn n: **doppio ~**, Doppelkinn n.

mentolàto, (-a) agg (*con mentolo*) {TALCO} Menthol-.

mentòlo m *chim* Menthol n.

mèntore m *lett* (*consigliere*) Mentor m.

méntre **A** cong **1** (*temporale*) ~ ... *ind*: **andava a scuola si è messo a piovere**, während er/sie zur Schule ging, fing es zu regnen an; **non distrarti ~ guidi!**, lass dich nicht ablenken, während du Auto fährst! **2** (*avversativo*) ~ ... *ind/condiz* während ... *ind/congv*, wohingegen ... *ind/congv*, indessen *forb* ... *ind/congv*: **è partito ~ avrebbe fatto meglio a restare**, er ist weggefahren, indessen hätte er besser dableiben sollen **B** *loc avv*: **in quel ~**, in dem Moment.

mentùccia <-ce, *dim di* menta> f *bot* Poleiminze) f.

menu, menù <-> m **1** (*lista*) Speisekarte f **2** (*sequenza*) Menü n, Speisenfolge f **3** *inform* Menü n: ~ **principale**, Hauptmenü n; ~ **a tendina**, Pull-down-Menü n ● ~ **del giorno**, Tageskarte f; ~ **a prezzo fisso**, Menü n zum Festpreis; ~ **turistico**, Touristenmenü n.

menzionàre tr (*citare*) ~ **qu/qc** {ARGOMENTO, AUTORE, FRASI, LUOGO, NOME} jdn/etw nennen, jdn/etw erwähnen.

menzióne f **1** (*ricordo*) Erwähnung f: **degno di ~**, erwähnenswert; **far ~ di qu/qc**, jdn/etw erwähnen **2** *amm dir* Vermerk m: **non ~ della condanna** (*nel certificato penale*), Nichtaufnahme f/Nichteintragung f ins Führungszeugnis.

menzógna f Lüge f.

menzognèro, (-a) agg **1** (*bugiardo*) {PERSONA} lügnerisch *spreg* **2** (*falso*) {PAROLE} falsch, erlogen; (*PERSONA*) verlogen *spreg* **3** *fig* (*fallace, illusorio*) {SOGNO, SPERANZA} trügerisch.

mèo m *fam* (*sciocco*) Dummkopf m *spreg*, Depp m *spreg region*, Pflaume f *fam spreg*.

mer. **1** *abbr di* mercoledì: Mi. (*abbr di* Mittwoch) **2** *abbr di* meridionale: Süd-, südlich.

Meràno f *geog* Meran n.

meravìglia f **1** (*stupore*) Erstaunen n, Verwunderung f, Staunen n: **con ~ di qu**, zu jds Verwunderung; **nessuna ~ che ...**, kein Wunder, dass... **2** (*cosa, persona meravigliosa*) {+CREATO, NATURA, SCIENZA} Wunder n; {+INGEGNERIA} Wunderwerk n: **che ~ se venissi anche tu!**, das wäre toll *fam*/herrlich, wenn du auch mitkommst *fam*/mitkäme(e)st!; **dire/raccontare meraviglie di qu**, jdn in den Himmel heben, von jdm Wunderdinge erzählen ● **a ~**, wunderbar, ausgezeichnet, vorzüglich; **che ~ di casa!**, was für ein wunderschönes/fantastisches Haus!; **una ~ di torta**, ein herrlicher/wunderbarer Kuchen; **balla che è una ~**, er/sie tanzt wunderbar/[wie ein junger Gott]; **mi fa ~ che ... congv**, es wundert mich, dass ... *ind*; **fare meraviglie** (*cose straordinarie*), Wunderdinge vollbringen; **l'ottava ~** (*del mondo*) *scherz* (*cosa o persona bellissima*), das achte Weltwunder *scherz*; **sai che ~!** *iron*, unglaublich aufregend! *iron*; **le sette meraviglie** (*del mondo*), die sieben Weltwunder.

meravigliàre <*meraviglio, meravigli*> **A** tr (*stupire*) ~ (**qu**) {RISPOSTA, STRANEZZA} jdn verwundern, jdn erstaunen **B** itr pron (*stupirsi*): **meravigliarsi di qu/qc**) {DI LUI, DELLE PAROLE DI QU} sich (*über jdn/etw*) wundern: **mi meraviglio di te!**, ich muss mich doch sehr über dich wundern!; **non mi meraviglierei affatto se ...**, es würde mich (gar) nicht wundern, wenn ...; **non c'è da meravigliarsi che la casa sia stata venduta subito!**, kein Wunder, dass das Haus sofort verkauft wurde!

meravigliàto, (-a) agg (*stupito*) {FOLLA, SPETTATORE} verwundert, erstaunt: **rimanere ~**, staunen; **sembrava ~ di vedermi**, er schien erstaunt, mich zu sehen.

meraviglióso, (-a) **A** agg (*magnifico*) {MARITO} wunderbar, wundervoll; {VERSI, VISTA} *anche* wunderschön, herrlich **B** m **1** (*il meraviglioso*) Wunderbare n decl come agg: **il ~ è che ... congv**, das Wunderbare ist, dass... *ind* **2** *lett* Wunderbare n decl come agg forb, Wundersame n decl come agg forb.

mercànte, (*rar* **-essa**) m (f) **1** (*commerciante*) {STOFFE, VINI} Händler(in) m(f):

~ **d'arte**, Kunsthändler m **2** *fig spreg* {+ONORI} Krämer m *spreg obs* ● ~ **di morte** (*spacciatore*), Drogenhändler m, Dealer m.

mercanteggiàre <*mercanteggio, mercanteggi*> **A** tr *spreg* ~ **qc** {LA PROPRIA ONESTÀ} etw verschachern *spreg* **B** itr (*contrattare*) ~ (**su qc**) {SUL CAMBIO, SUL PREZZO} (*um etw acc*) handeln, über etw (acc) verhandeln, (*um etw acc*) feilschen.

mercantésco, (-a) <-schi, -sche> agg *spreg* {AVIDITÀ, SPIRITO} Krämer- *spreg*.

mercantéssa f *rar* → **mercante**.

mercantile **A** agg **1** (*commerciale*) {POLITICA} Handels-; {ATTIVITÀ} *anche* kaufmännisch **2** (*del mercante*) {VITA} Händler- **3** *mar* {FLOTTA, NAVE} Handels- **B** m (*nave*) Handels-, Frachtschiff n.

mercantilìsmo m *econ polit stor* Merkantilismus m *stor*.

mercantilìsta <-i m, -e f> *econ* **A** agg {POLITICA} merkantilistisch **B** mf (*fautore*) Merkantilist(in) m(f).

mercantilìstico, (-a) <-ci, -che> agg (*del mercantilismo*) merkantilistisch.

mercanzìa f **1** (*merce*) {+SCARTO, VALORE} (Handels)ware f **2** *fam spreg* (*roba*) Zeug n *fam spreg*, Plunder m *fam spreg*, Kram m *fam spreg*.

mercatìno <*dim di* mercato> m **1** (*mercato all'aperto*) (Wochen)markt m **2** *econ* Freiverkehr m.

mercatìstica <-che> f Marketing n.

mercàto m **1** *comm* {+FIORI, PESCE} Markt m: **andare al ~**, auf den Markt gehen; ~ **all'aperto/al coperto**, Markt m/Markthalle f; **mercati generali**, Großmarkt m; ~ **immobiliare/mobiliare**, Immobilien-/Effektenmarkt m; ~ **all'ingrosso/al minuto**, Großmarkt m/Einzelhandel m **2** *econ* {+LAVORO, TITOLI} Markt m: ~ **dei cambi**, Devisenmarkt m; **immettere qc sul ~**, etw auf den Markt bringen; ~ **libero/aperto**, freier/offener Markt; ~ **nazionale/estero**, Binnen-/Auslandsmarkt m; ~ **ristretto**, Freiverkehr m; ~ **a termine**, Terminmarkt m; ~ **toro/orso**, Bullen-/Bärenmarkt m **3** *fig* (*mercimonio*) Schacher m *spreg* **4** *fig* (*confusione*) Durcheinander n, Tohuwabohu n ● **a buon ~** *fig* (*a poco prezzo*), preiswert, günstig; **cavarsela a buon ~** *fig* (*senza danni eccessivi*), glimpflich davonkommen, mit einem blauen Auge davonkommen *fam*; **Mercato Comune** (**Europeo**) (abbr M.E.C.), Europäischer Gemeinsamer Markt; ~ **nero/clandestino**, Schwarzmarkt m; ~ **delle pulci**, Flohmarkt m; ~ **dell'usato**, Gebrauchtwarenmarkt m; (*di automobili*), Gebrauchtwagenmarkt m; ~ **di voto** *dir*, Stimmenkauf m.

mèrce f *comm* {DEPERIBILE, FRAGILE} Ware f: ~ **dozzinale**, Dutzendware f *spreg*; ~ **di rifiuto**, Ausschussware f; (*nelle spedizioni*) Gut n ● **è una ~ rara** *fig*, das ist ein seltenes/kostbares Gut; **merci alla rinfusa** *mar*, Schüttgut m, Sturzgut m; ~ **a grande/piccola velocità** *ferr*, Eil-/Frachtgut n; **saper vendere bene la propria ~** *anche fig*, seine Ware gut verkaufen/[an den Mann bringen] können.

mercé *forb* **A** <-> f **1** (*potere*) Macht f: **essere alla ~ di qu**, in jds Hand/Händen sein; **trovarsi alla ~ di qu**, sich in jds Hand/Händen befinden **2** (*aiuto*) Hilfe f: **chiedere/implorare ~**, um Hilfe bitten/flehen **B** prep *impr lett* (*grazie*): ~ **qc** dank etw (dat)/+ gen, durch etw (acc): **sono riuscito ~ il vostro aiuto**, ich habe es dank eurer Hilfe geschafft.

mercéde f **1** (*paga*) {+OPERAIO} Lohn m **2** *lett* (*ricompensa*) Belohnung f.

mercenàrio, (-a) <-ri m> **A** agg **1** *anche mil* {TRUPPE} Söldner-; {SOLDATI} bezahlt **2** *fig spreg* (*venale*) {AMORE, GIORNALISTA} käuflich **B** m **1** *mil* Söldner m **2** *fig spreg* Krämergeist m *spreg*.

merceologìa f Warenkunde f.

merceològico, (-a) <-ci, -che> agg *econ* {TABELLA} warenkundlich.

merceòlogo, (-a) <-gi, -ghe> m (f) *econ* Warenkundler(in) m(f).

mercerìa f **1** (*assortimento*) Kurzwaren f pl, Mercerie f CH **2** (*negozio*) Kurzwarenhandlung f, Mercerie f CH.

mercerizzàre tr *tess* ~ **qc** {FILATO, TESSUTO} etw merzerisieren.

merchandiser <-> mf *ingl comm* Verkaufsförderungsexperte m, Verkaufsförderungsexpertin f.

merchandising <-> m *ingl comm* Verkaufsförderung f *anche dir* Merchandising n.

merchant bank <-, - -s pl *ingl*> *loc sost* f *ingl econ* Handelsbank f, Merchant-Bank f.

merci <-> m *ferr* Güterzug m.

merciàio, (-a) <-ciai m> m (f) Kurzwarenhändler(in) m(f).

mercificàre <*mercifico, mercifichi*> tr ~ **qc** {ARTE, CULTURA, SENTIMENTI, VALORI UMANI} etw kommerzialisieren.

mercificazióne f {+ARTE, DONNA} Kommerzialisierung f.

mercimònio <-ni> m *fig* (*traffico*) Schacher m *spreg*, (schmutziger) Handel.

mercoledì <-> m (*abbr* mer.) Mittwoch m; → *anche* **lunedì** ● ~ **delle Ceneri** *relig*, Aschermittwoch m.

mercuriàle① agg **1** *astr* Merkur- **2** *farm* {PILLOLA, POMATA} Quecksilber-.

mercuriàle② f *comm* Marktbericht m.

mercuriàno, (-a) **A** agg *astr* Merkur- **B** m (f) (*abitante*) Merkurbewohner(in) m(f).

mercùrio <-> m *chim* Quecksilber n.

Mercùrio m *astrol astr* Merkur m.

mercurocròmo m *farm* Quecksilberpräparat n.

mèrda *volg* **A** f **1** (*sterco*) Scheiße f *volg*, Kacke f *volg*, Kot m **2** *fig* Scheiße f *volg*, (Scheiß)dreck m *volg*, Mist m *fam spreg* **3** *fig* (*persona*) Scheißkerl m *volg spreg*, Dreckskerl m *volg spreg*, Arschloch n *volg spreg*: **sei una ~!**, du bist ein Arschloch! *volg spreg* **B** inter *impr* (*di disappunto*): ~!, Scheiße! *spreg*; ~! **Ho perso il treno**, ⸢Scheiße *spreg*⸣/[so ein Mist *fam*]! Ich habe den Zug verpasst! ● **essere nella ~** (**fino al collo**) *anche fig*, (bis zum Hals/bis über beide Ohren) in der Scheiße stecken *volg*/sitzen *volg*; **finire nella ~**, in der Scheiße enden *volg*; **lasciare qu nella ~**, jdn in der Scheiße sitzen lassen *volg*; **togliere qu dalla ~**, jdn aus der Scheiße/dem Dreck ziehen *fam*.

merdàio <-dai> m *volg* **1** (*luogo*) Sau-, Schweinestall m *volg*, Dreck(s)loch n *volg*, Drecknest n **2** *fig* Schweinerei f *volg spreg*, Sauerei f *volg spreg*.

merdàta f *volg* (*atto spregevole*) Scheiß m *volg spreg*.

merdóso, (-a) agg *volg* beschissen *volg*; *fig anche* dreckig *spreg*.

merènda f (Nachmittags)imbiss m, Vesper(brot n) f *spec süddt*, Jause f A: **dare la ~ a qu**, {AI BAMBINI} jdm einen Imbiss geben; **fare (la) ~**, einen Imbiss nehmen, Vesper machen *spec süddt*, vespern *spec süddt*, jausen A.

merendìna <*dim di* merenda> f *comm gastr* kleine Zwischenmahlzeit.

merèngue <-> m *spagn mus* Merengue f.

meretrìce f *lett* (*prostituta*) Dirne f, Hure f *spreg*.

merger <-> f ingl econ Merger m, Fusion f.
mèria f <di solito al pl> merid (frische) Luft, schattiges Plätzchen.
merid. abbr di meridionale: Süd-, südlich.
meridiàna① f (orologio) Sonnenuhr f.
meridiàna② f astr Mittagslinie f, Meridian m.
meridiàno, (-a) **A** agg **1** (LUCE, ORE) Mittags-, mittäglich **2** astr (CERCHIO, LINEA) Mittags-, Meridian-, Längen- **B** m astr geog Meridian m, Längenkreis m, Mittagskreis m rar: **il ~ di Greenwich**, Nullmeridian m.
meridionàle **A** agg (abbr mer., merid.) **1** (del sud) {PAESE, REGIONE} südlich; {VENTO} Süd- **2** (dei popoli del sud) {CULTURA, TRADIZIONE} südländisch **3** (del Mezzogiorno italiano) {ACCENTO, CITTÀ, QUESTIONE} süditalienisch **B** mf (abitante del sud) Südländer(in) m(f); (abitante del Mezzogiorno italiano) Süditaliener(in) m(f).
meridionalìsmo m **1** econ stor (complesso dei problemi del Mezzogiorno) Süditalienfrage f, Süditalienproblem n **2** ling süditalienischer Ausdruck.
meridionalista <-i m, -e f> econ sociol **A** agg {TESI} über Süditalien **B** mf (studioso) Sachverständige mf decl come agg für Süditalienfragen.
meridionalìstico, (-a) <-ci, -che> agg **1** (del meridione) Süditalien- **2** (del meridionalismo) {IMPEGNO} für Süditalien.
meridionalità <-> f (caratteristica) Südländische n, Südlichkeit f **2** fig (in Italia) Süditalienische n.
meridionalizzàre **A** tr (rendere meridionale) ~ **qu/qc** jdm/etw süditalienischen Charakter geben **B** itr pron (diventare meridionale): **meridionalizzarsi** {ABITUDINI} süditalienische Wesensart an|nehmen.
meridionalizzazióne f **1** (effetto) Süditalianisierung f **2** (atto) {+COSTUMI, LINGUA} Süditalianisieren n.
meridióne m (sud) Süden m; (d'Italia) Süditalien n.
meriggiàre <meriggio, meriggi> **A** itr lett (riposare all'ombra) mittags im Schatten aus|ruhen **B** tr (radunare) ~ **qc** {PASTORE BESTIAME} etw Mittagsruhe halten lassen.
meriggio <-gi> m lett **1** (mezzogiorno) Mittagszeit f **2** fig (periodo di splendore) {+RINASCIMENTO CAROLINGIO} Glanz-, Blütezeit f.
merìnga <-ghe> f gastr **1** Baiser m, Meringe f, Meringel n, Meringue f CH **2** (con panna) Sahnemeringe f.
meringàta f gastr Meringenkuchen m.
meringàto, (-a) agg gastr {DOLCE} Meringe-.
merino spagn **A** <inv> agg {LANA} Merino- **B** <-> m **1** zoo Merino(schaf) m **2** (lana) Merinowolle f.
meritàre **A** tr **1** (essere degno) ~ **qc** {PREMIO, RICONOSCENZA} etw verdienen; {ATTENZIONE, NOTIZIA, COMPORTAMENTO} etw wert sein: ~ **di essere apprezzato**, schätzenswert sein; **tu non mi meriti!**, du verdienst mich nicht! **2** (procurare) ~ **qc** {AMMIRAZIONE} etw ein|tragen, etw ein|bringen **B** itr fam (valere) lohnen, sich lohnen, der Mühe wert sein: **non merita aspettare**, es lohnt sich nicht zu warten; **non merita che se ne parli**, es ist nicht wert, dass man darüber spricht; **Venezia? Credetemi, merita!**, Venedig? Glaubt mir, das lohnt sich!; **è un viaggio che meritа!**, die Reise lohnt sich! **C** rfl indir intens fam: **meritarsi qc** sich (dat) etw verdienen: **ti sei meritato un invito a cena!**, du hast dir eine Einladung zum Abendessen verdient!; **ha avuto quel che si meritava**, er/sie hat bekommen, was er/sie verdiente; **questa te la sei proprio meritata!**, das geschieht dir gerade recht! fam.

meritévole agg **1** (degno di lode) {STUDENTE} verdienstvoll; {COMPORTAMENTO} anche anerkennenswert, lobenswert **2** ~ **di qc** {DI ATTENZIONE, DI STIMA} etw (dat) wert, etw (dat) würdig.

mèrito m **1** Verdienst n: **è il suo più grande ~**, das ist sein/ihr größtes Verdienst; **per ~ di qu**, dank jds/jdm; **croce/medaglia al ~**, Verdienstkreuz n/Verdienstmedaille f; **qc va/torna a ~ di qu**, etw ist jdm zu verdanken **2** (sostanza) Kern m, Hauptsache f: **entrare nel ~ della questione**, zum Kern der Sache kommen • **in ~ a ...**, was ... betrifft, in Bezug auf ...; **nel ~ di** (contrapposto a: in rito), zur Begründetheit; zur Sache; **a pari ~**, ebenbürtig; sport, punktgleich.

meritocràtico, (-a) <-ci, -che> agg (che si basa sulla meritocrazia) {SISTEMA} leistungsorientiert, meritokratisch forb.

meritocrazìa f (sistema basato sul merito) Leistungsprinzip n, Meritokratie f forb.

meritòrio, (-a) <-ri m> agg {ATTIVITÀ} verdienstvoll.

merlàre tr (guarnire di merli) ~ **qc** {TORRE} etw mit Zinnen versehen.

merlàto, (-a) agg {CASTELLO, TORRE} mit Zinnen versehen.

merlatùra f {+CASTELLO, TORRE} Zinnenkranz m.

merlettàia f Spitzenklöpplerin f.

merlettàre tr (nei lavori femminili) ~ **qc** {LENZUOLO} etw mit Spitzen besetzen.

merlettatùra f **1** (merletto) {+ASCIUGAMANO} Spitzenbesatz m **2** (il merlettare) Besetzen n mit Spitzen.

merlétto m (pizzo) Spitze f.

mèrlo① m **1** ornit Amsel f, Schwarzdrossel f **2** fig fam (ingenuo) Gimpel m fam spreg, Einfaltspinsel m fam spreg: **ha trovato il ~ che la sposa**, sie hat einen Dummen gefunden, der sie heiratet.

mèrlo② m arch {+CASTELLO, TORRE} Zinne f.

merlot <-> m **1** (vitigno) Merlot-Rebe f/Rebsorte f **2** enol Merlot m (Rotwein aus Nordostitalien).

merlùzzo m itt Kabeljau m, Dorsch m.

mèro, (-a) agg fig (semplice) {COMBINAZIONE, CURIOSITÀ} pur, rein, bloß.

meropìa f med Teilblindheit f.

merovìngico, (-a) <-ci, -che> agg stor (dei Merovingi) {STEMMA} merowingisch, Merowinger-.

mesa <-s pl spagn> f spagn (montagna) Mesa f.

mésalliance <-> f franc Mesalliance f forb, Missheirat f.

mescàl <-> m messicano **1** enol Meskal m, Agavenbranntwein m **2** gastr "aus dem Fruchtfleisch der Agaven hergestelltes Nahrungsmittel".

mescalìna f chim Meskalin n.

méscere <mesco, mesci, mescei, mesciuto> tr **1** (versare) ~ **qc** {VINO} etw ein|schenken, (etw) ein|gießen **2** lett (mescolare) ~ **qc** etw mischen.

meschìna f → **meschino**.

meschineria f **1** (inadeguatezza) {+COMPENSO} Dürftigkeit f, Unzulänglichkeit f, Spärlichkeit f, Erbärmlichkeit f **2** {+ANIMO, IDEE} Kleinlichkeit f, Engherzigkeit f; {+INTELLIGENZA} Engstirnigkeit f **3** (atto meschino) kleinliche/jämmerliche Tat.

meschinità <-> f **1** (inadeguatezza) {+COMPENSO} Dürftigkeit f, Unzulänglichkeit f, Spärlichkeit f, Erbärmlichkeit f **2** {+ANIMO, IDEE} Kleinlichkeit f, Engherzigkeit f; {+INTELLIGENZA} Engstirnigkeit f **3** (atto meschino) kleinliche/jämmerliche Tat.

meschìno, (-a) **A** agg **1** (misero) armselig, elend; fig {ARTICOLO, FIGURA} kläglich, jämmerlich **2** (inadeguato) {COMPENSO, RISULTATO} dürftig, spärlich, kümmerlich, erbärmlich **3** (gretto) {ANIMO, IDEA} kleinlich, engherzig; (limitato) engstirnig, beschränkt **B** m (f) armer Teufel fam, Arme mf decl come agg.

méscita f **1** (distribuzione di bevande) {+LIQUORE, VINO} Ausschank m, Ausschenken n **2** (bicchiere) {+LIQUORE, VINO} Glas n **3** tosc (osteria) Schankwirtschaft f, Schenke f.

mescolàbile agg (che si può mescolare) mischbar, Misch-.

mescolaménto m **1** (effetto) {+FARINA E ZUCCHERO, FRAGRANZE DIVERSE} Mischung f, Vermischung f **2** (il mescolare) {+DUE SOSTANZE} Mischen n.

mescolànza f **1** (azione) {+INGREDIENTI} Mischung f, Mischen n, Vermischung f, Vermengung f **2** (effetto) {+COLORI, ODORI, SAPORI} Mischung f, Gemisch n, Gemenge n **3** fig spreg (confusione) {+CETI, RAZZE, POPOLI} Vermischung f.

mescolàre **A** tr **1** anche fig (unire) ~ **qc (con qc)** {LATTE COL CAFFÈ, VINI, UNA RAZZA CON UN'ALTRA, UNO STILE MODERNO CON UNO CLASSICO} etw (mit etw dat) mischen, etw (mit etw dat) vermischen; (alla rinfusa) ~ **qc** {FOGLI} etw durcheinander|bringen, etw durcheinander|werfen; ~ **qc con qc** {FATTURE NUOVE CON QUELLE VECCHIE} etw (mit etw dat) mischen **2** (rimestare) ~ **qc** {VERNICE} etw verrühren **B** itr pron rfl **1** (mischiarsi): **mescolarsi (con qc)** {GAS CON L'ARIA} sich (mit etw dat) vermischen **2** (confondersi): **mescolarsi a/tra qu** {LADRO TRA LA FOLLA, AI VISITATORI} sich unter jdn mischen.

mescolàta f (kurzes) Umrühren: **dare una ~ alla minestra**, die Suppe (kurz) umrühren; **dare una ~ alle carte**, die Karten rasch/schnell mischen.

mescolàto, (-a) agg (mischiato) ~ **a qc** {GIALLO AL ROSSO, VINO ALL'ACQUA} (mit etw dat) gemischt, (mit etw dat) vermischt.

mescolatóre, (-trice) **A** agg (che mescola) {FORZA} Misch- **B** m (f) (chi mescola) Mischer(in) m(f) **C** m o f mecc Mischmaschine f, Mischgerät n, Mischer m **D** m elettr Mischpult n.

mescolatùra f (il mescolare) Mischung f, Vermischung f, Vermengung f.

mescolìo <-lii> m (continuo mescolare) {+ACQUA} ständiges Mischen.

mése m **1** (periodo di tempo, abbr m) Monat m: **al ~**, monatlich, im/pro Monat; **quest'altro ~**, der kommende Monat; **ho chiesto due mesi di aspettativa**, ich habe zwei Monate unbezahlten Urlaub beantragt; **sono due mesi che aspetto**, ich warte jetzt schon zwei Monate; **quanti mesi ha il bambino?**, wie viele Monate ist das Kind alt?; **compiere un mese**, einen Monat alt werden; **con i mesi**, im Laufe der Monate, mit der Zeit; **il ~ corrente** (abbr c.m.), laufender Monat; **corso di tre mesi**, dreimonatiger Kurs; **di ~ in ~**, von Monat zu Monat; **un ~ fa**, vor einem Monat; **farò un ~ di vacanza**, ich werde einen Monat Urlaub machen; **il ~ passato/scorso/prossimo/entrante**, der vorige/letzte/nächste/kommende Monat; **nel ~ di giugno**, im (Monat) Juni; **per ~**, Monat für Monat; **per tutto il ~**, den ganzen Monat lang; **il primo/l'ultimo del ~**, der erste/letzte Tag des Monats; **ai primi/agli ultimi del mese**, Anfang/Ende des Monats **2** (stipendio) Monatslohn m, Monatsgehalt n: **gli devono cin-**

que mesi di arretrati, sie müssen ihm noch fünf Monatsgehälter auszahlen 3 (canone d'affitto) Monatsmiete f: mi hanno chiesto un anticipo di due mesi come cauzione, sie haben zwei Monatsmieten Kaution von mir verlangt 4 med Monat m: il bambino è nato di otto mesi, es ist ein Achtmonatskind; essere al terzo ~, im dritten Monat (schwanger) sein • a tre mesi, mit drei Monaten; ~ lunare, Mondumlauf m, Mondmonat m; ~ mariano relig, Marienmonat m; per mesi e mesi (per molto tempo), monatelang; mesi or sono, vor Monaten.

mesencefalo m anat Mittelhirn n.

meseta f spagn geog Meseta f.

mesétto <dim di mese> m (mese scarso) knapper Monat.

mesocàrpo m bot Mesokarp(ium) n scient.

mesolitico, (-a) <-ci, -che> geol A agg mesolithisch scient B m Mesolithikum n scient, Mittelsteinzeit f.

Mesopotàmia f geog stor Mesopotamien n.

mesopotàmico, (-a) <-ci, -che> agg geog stor {PIANURA} mesopotamisch.

mesosfèra f meteo Mesosphäre f.

mesotèlio <-li> m anat Mesothel n scient.

mesoterapìa f med Quaddeln n.

mesotèrmo, (-a) agg meteo {CLIMA} mild • piante -e bot, Mesothermophyten pl.

mesotoràce m 1 anat Mittelbrust f 2 zoo Mittelbrustring m, Mesothorax m scient.

mesozòico, (-a) <-ci, -che> geol A agg {ERA} mesozoisch B m Mesozoikum n.

méssa loc sost f (azione del mettere): ~ a dimora agr, Einsetzen n; ~ in discussione, Infragestellen n; ~ a fuoco fot, Scharfeinstellung f; fig (+PROBLEMA) Umreißen n; ~ in marcia tecnol, Ingangsetzen n; ~ a massa terra elettr, Erdung f; ~ in moto tecnol, Anlassen n; fig Ingangsetzen n; ~ in opera tecnol, Installation f, Verlegung f; ~ in orbita astr, Beförderung f in die Umlaufbahn; ~ in palio, Aussetzung f; ~ in piega, (Wasser)welle f rar; farsi fare la ~ in piega, sich (dat) die Haare (ein)legen lassen; ~ a punto tecnol, Einstellung f; fig Überprüfung f; ~ in scena • **messinscena**; ~ in vendita, Feilbieten n obs; finalmente aveva deciso la ~ in vendita della casa, endlich hatte er/sie sich dazu entschlossen, das Haus zum Verkauf anzubieten.

Méssa f 1 relig Messe f, Amt n, Gottesdienst m: andare a/alla ~, den Gottesdienst besuchen, zur Messe gehen; **cantar** ~ (celebrare la prima messa dopo l'ordinazione sacerdotale), die Messe zelebrieren; ~ **cantata/solenne**, Hochamt n; **dire la** ~, die Messe lesen; **far dire una** ~ **per qu**, für jdn eine Messe lesen lassen; ~ **di mezzanotte**, Mitternachtsmesse f; ~ **di Natale**, Christmesse f, Christmette f; **perdere la** ~, nicht rechtzeitig zur Messe erscheinen; ~ **di requiem**, Totenmesse f; **servir la** ~, ministrieren, bei der Messe dienen; ~ **di trigesima**, Gedenkmesse f am dreißigsten Todestag 2 mus Messe f.

messaggèra f → **messaggero**.

messaggerìa f 1 <di solito al pl> comm (ditta) {ITALIANE, MUSICALI} Versandbuchhandel m; ~ **postale**, Bahnpost f 2 inform Nachrichtenfernübermittlung f.

messaggèro, (-a) A m (f) (ambasciatore) {+DEI, PACE} Bote m, (Botin f), Gesandte mf decl come agg B agg fig poet ~ **di qc** {ALBA DEL NUOVO GIORNO, NUBI DI PIOGGIA} etw verkündend • ~ **postale** post, Frachtdienstarbeiter m.

messaggiàre tr <io messaggio> fam ~ **qc a qu** jdm etw per SMS schicken, jdm etw sim-

sen: **messaggiami la tua risposta**, simse mir deine Antwort.

messaggino <dim di messaggio> m tel SMS f, Kurznachricht f: **mandare un** ~ **a qu**, jdm eine SMS schicken.

messàggio <-gi> m 1 (comunicazione) {RADIOFONICO, SEGRETO} Nachricht f: **potete lasciare un** ~ **dopo aver sentito il segnale acustico** tel, nach dem Signalton können Sie eine Nachrichthinterlassen; fig anche Botschaft f 2 (contenuto) {+CRISTO, SCRITTORE} Aussage f, Message n fam 3 (discorso solenne) {+PRESIDENTE DELLA REPUBBLICA} Ansprache f, Botschaft f 4 inform Message f: ~ **di errore**, Fehlermeldung f; ~ **(di posta elettronica)**, Mail f 5 ling Botschaft f 6 tel Kurznachricht f, SMS-Nachricht f: **non è necessario che mi chiami, puoi anche solo mandarmi un** ~, du brauchst mich nicht anzurufen, schick mir einfach eine SMS • ~ **pubblicitario**, Werbespot m.

messaggìstica <-che> f tel elektronische Nachrichtenfernübermittlung.

messàle m 1 relig Messbuch n, Missale n 2 scherz (libro grande) Wälzer m fam • **non saper leggere che nel proprio** ~ fig (avere una cultura molto limitata), nicht über den eigenen Tellerrand hinaussehen/hinausschauen können.

messalina f scherz (donna depravata) Messalina f obs, Lebedame f spreg.

messalino <dim di messale> m relig Messbüchlein n.

mèsse f 1 <di solito al pl> (quantità di cereali) {ONDEGGIANTI} Getreide n, Korn n 2 lett (mietitura) (Getreide)ernte f 3 lett (raccolto) {SCARSA} Ernte f 4 fig (frutto) {+GUADAGNI, ONORI} Gewinn m, Ausbeute f, Ertrag m.

messère m scherz (signore) Herr m.

messìa <-> m 1 relig: **il Messia**, der Messias 2 fig (Salvatore) Erlöser m, Retter m: **aspettare/attendere il** ~, auf den Jüngsten Tag warten.

messiànico, (-a) <-ci, -che> agg relig {ATTESA} messianisch.

messianìsmo m relig Messianismus m.

messicàno, (-a) A agg {PIATTO} mexikanisch B m (f) (abitante) Mexikaner(in) m(f).

Mèssico m geog Mexiko n.

messinése A agg von/aus Messina B mf (abitante) Einwohner(in) m(f) von/aus Messina.

messinscèna <messinscene> f 1 teat {+OPERA} Inszenierung f 2 fig (simulazione) Theater n fam, Mache f fam spreg.

mèsso① part pass of mettere.

mésso② m 1 poet (messaggero) {DIVINO} Bote m 2 amm {COMUNALE} Amtsdiener m: ~ **del tribunale**, Gerichtsdiener m.

mestàre A tr (rimestare) ~ **qc** {MALTA, SALSA} etw (um)rühren B tr fig (fare intrighi) wühlen spreg, Ränke schmieden forb obs.

mèstica <-che> f arte (nella pittura) Grund m, Grundierung f, Grundfarbe f.

mesticherìa f tosc (colorificio) Farbengeschäft n.

mestierànte mf spreg Pfuscher(in) m(f) spreg, Stümper(in) m(f) spreg.

mestière m 1 (lavoro) {+IDRAULICO, FALEGNAME} Beruf m, Handwerk n; (professione) {+AVVOCATO, SCRITTORE} Beruf m: **avere un** ~ **in mano**, einen richtigen Beruf haben, eine Ausbildung in der Hand haben 2 (competenza) Fach n, Beruf m: **essere senza un** ~, ohne Beruf sein/dastehen; **essere (uno) del** ~, (einer) vom Fach sein, ein Fachmann sein; **essere nuovo del** ~, neu im Beruf sein; **essere vecchio del** ~, berufserfahren/[ein alter

Hase fam] sein; **il pericolo è il mio** ~, die Gefahr ist mein tägliches Brot 3 spreg {+LADRO} Gewerbe n: **fare di qc un** ~ (a scopo di lucro), aus etw (dat) Kapital schlagen; (per abitudine) sich (dat) etw zur Gewohnheit machen • **il più antico** ~ **del mondo** eufem (la prostituzione), das älteste Gewerbe der Welt eufem scherz; **di** ~, von Beruf; (abituale) {LADRO} Gewohnheits-; spreg, Erz-; **fare il** ~ (prostituirsi), sich prostituieren, der Prostitution nachgehen; **fare i mestieri sett** (fare le pulizie), putzen, sauber machen; **a ognuno il suo** ~, Schuster, bleib bei deinen Leisten prov; **rubare il** ~ **a qu** anche scherz, jdn ins Handwerk pfuschen.

mestìzia f Wehmut f, Betrübnis f, Traurigkeit f.

mèsto, (-a) agg 1 {ANIMO, VOLTO} wehmütig, betrübt, traurig 2 {DISCORSO, PAGINE} traurig, betrüblich.

méstola f 1 (da cucina) Schöpflöffel m, (Schöpf)kelle f 2 (del muratore) (Maurer)kelle f 3 <di solito al pl> fig scherz (mani) Pranken f pl fam, Pratzen f pl fam.

mestolàta f 1 (colpo) Schlag m mit der Schöpfkelle: **si è preso una** ~ **in testa**, er hat einen Schlag mit der Schöpfkelle auf den Kopf bekommen 2 (quantità) (+BRODO) Schöpfkelle f.

mestolièra f (attrezzo a cui appendere i mestoli) Schöpfkellenhalter m.

mestolìno <dim di mestolo> m Schöpflöffel m • **fare il** ~ fig (espressione di un bambino che sta per piangere), das Gesicht zum Weinen verziehen.

méstolo m Kochlöffel m, Schöpflöffel m • **avere il** ~ **in mano** fig (comandare), das Zepter führen/schwingen scherz.

mestrìno, (-a) A agg von/aus Mestre B m (f) (abitante) Einwohner(in) m(f) von/aus Mestre.

mestruàle agg med {CICLO, FLUSSO} Menstruations-, menstrual.

mestruàre itr (avere le mestruazioni) menstruieren.

mestruàto, (-a) agg (che ha le mestruazioni) {RAGAZZA} menstruierend.

mestruazióne f Regel f, Monatsblutung f, Menstruation f, Periode f: **ha le mestruazioni**, sie hat ihre Menstruation/Tage fam eufem/Periode.

mèstruo m med → **mestruazione**.

mèta f 1 (destinazione) {+VIAGGIO} Ziel n: **vagare senza (una)** ~, ziellos umherirren, ohne (ein) bestimmtes Ziel umherziehen; **coraggio, siamo ormai vicini alla** ~, nur Mut, wir sind ja bald am Ziel 2 fig (scopo) {+VITA} Zweck m, Ziel n 3 sport (nel rugby) Mal n.

metà <-> A f 1 (parte) {+FOGLIO, GUADAGNO, PRESENTI, TORTA} Hälfte f: **la palla è** ~ **rossa e** ~ **blu**, der Ball ist halb rot und halb blau 2 (punto di mezzo) {+MESE, VIAGGIO} Mitte f: **verso la** ~ **di agosto**, gegen Mitte August; **a** ~ **strada**, auf halbem Wege 3 fig scherz (coniuge) bessere Hälfte fam scherz: **posso presentarti la mia dolce** ~?, darf ich dir meine bessere Hälfte vorstellen? fam scherz B loc avv: **a/per** ~, halb, zur Hälfte; **aprire la finestra a** ~, das Fenster halb öffnen; **dividere a/per** ~, halbieren; **fare** [~ **e** ~]/[**a** ~] (dividere), halbe-halbe/fifty-fifty machen fam, halbpart machen fam; **a** ~ **prezzo**, zum halben Preis; **svuotare la bottiglia a** ~, die Flasche [zur Hälfte ausleeren]/[halb leer machen fam] • **l'altra** ~ **del cielo** fig (le donne), das schwache/zarte/schöne Geschlecht fam scherz; **diventare la** ~ ~ fig (dimagrire molto), vom Fleisch(e) fallen fam, nur noch ein

Schatten seiner selbst sein; **non posso mica dividermi** a ~! *fig* (*fare tutto*), ich kann mich doch nicht in Stücke reißen! *fam*; **lasciare** qc a ~ (*non terminare*), etw halbfertig liegen lassen; **ridursi alla** ~, sich um die Hälfte reduzieren, sich halbieren; **chi ben comincia è a ~ dell'opera** *prov*, frisch gewagt ist halb gewonnen *prov*.

Mèta® <-> m o f Meta® n, Metaldehyd m.

metabòlico, (-a) <-ci, -che> agg biol {ALTERAZIONE, PROCESSO} metabolisch, Stoffwechsel-.

metabolismo m biol Stoffwechsel m, Metabolismus m *scient*: ~ **basale**, Grundumsatz m; ~ **energetico**, Energieumsatz m.

metabolizzànte *farm* **A** agg {COMPRESSE} stoffwechselfördernd **B** m Stoffwechselförderungsmittel n.

metabolizzàre tr ~ qc **1** *anat* etw um|wandeln, *etw* verändern **2** *fig* (*assimilare*) {TEORIA} sich (dat) *etw* an|eignen.

metacàrpo m *anat* Mittelhand f.

metacrilàto m *chim* Methakrylate pl.

metacrìtica <-che> f *filos* Metakritik f.

metadóne m *chim* Methadon n.

metadònico, (-a) <-ci, -che> agg (*di metadone*) {SOMMINISTRAZIONE, TERAPIA} Methadon-.

metafìsica f **1** *filos* Metaphysik f **2** *arte* metaphysische Kunst.

metafìsico, (-a) <-ci, -che> **A** agg **1** *arte filos* {PITTURA, PRINCIPI} metaphysisch **2** *spreg* (*astruso*) {RAGIONAMENTO, SOTTIGLIEZZA} abstrus, überspannt **B** m (f) Metaphysiker(in) m(f).

metàfora f **1** *ling* Metapher f **2** *fig* (*rappresentazione*) Metapher f, Sinnbild n, Symbol n: **il viaggio è una ~ della vita**, die Reise ist ein Symbol des Lebens • **fuor di ~ fig** (*chiaramente*), deutlich, unverblümt; **parlar per metafore** *fig* (*in modo poco esplicito*), etw durch die Blume sagen *fam*.

metafòrico, (-a) <-ci, -che> agg **1** *ling* {ESPRESSIONE} metaphorisch **2** (*figurato*) {SENSO} übertragen, bildlich.

metal → **heavy metal**.

metaldèide f *chim* Methaldehyd m.

metaldetector <-> m *ingl* (*cercametalli*) Metallsuchgerät n.

metalinguàggio <-gi> m *ling* Metasprache f.

metalinguìstica <-che> f *ling* Metalinguistik f.

metalinguìstico, (-a) <-ci, -che> agg *ling* {FUNZIONE} metalinguistisch.

metallàro, (-a) *slang giovanile* **A** agg Heavy-Metal- **B** m (f) (*giovane fanatico dell'heavy metal*) Heavy-Metal-Fan m *fam*, Heavy-Metal-Freak m *slang*.

metàllico, (-a) <-ci, -che> agg **1** (*di metallo*) {MATERIALE, RIVESTIMENTO} Metall-, metallen **2** (*come il metallo*) {COLORE, RIFLESSO} metallartig, metallisch, metallen **3** *fig* {VOCE} metallisch.

metallìfero, (-a) agg {GIACIMENTO, MINERALE} metallhaltig, erzhaltig, Metall-.

metallizzàre tr ~ qc *etw* metallisieren.

metallizzàto, (-a) <-ci, -che> agg **1** (*rivestito*) {FILO} metallic **2** (*che contiene metallo*) {MINERALE} metallhaltig; {VERNICE} metallic.

metàllo m **1** *chim* {LEGGERO, PREZIOSO} Metall n: **non** ~, Nichtmetall n **2** (*lega*) Metalllegierung f.

metallografia f **1** *metall* Metallographie f **2** *tip* Metall-, Bronzedruck m.

metallòide m *chim* Nichtmetall n, Metalloid n *obs*.

metallurgìa f **1** (*scienza*) Metallurgie f, Hüttenkunde f **2** *tecnol* Hüttenwesen n.

metallùrgico, (-a) <-ci, -che> **A** agg {INDUSTRIA, PRODUZIONE} Metall-, Metall verarbeitend **B** m (f) <*di solito al pl*> (*lavoratore*) Hütten-, Metallarbeiter(in) m(f).

metalmeccànico, (-a) <-ci, -che> **A** agg {INDUSTRIA} Metall- und Maschinenbau- **B** m (f) <*di solito al pl*> (*lavoratore*) Metallarbeiter(in) m(f).

metamòrfico, (-a) <-ci, -che> agg biol geol metamorph, metamorphisch.

metamorfìsmo m *geol* Metamorphismus m, Metamorphose f.

metamorfosàre **A** tr biol anche fig (*trasformare*) ~ qc etw verwandeln, etw metamorphosieren forb **B** itr pron (*trasformarsi*): **metamorfosarsi** metamorphosieren *forb*.

metamòrfosi <-> f **1** biol {+FARFALLA} Metamorphose f Verwandlung f **2** *fig* (*mutazione*) {+PENSIERO, SOCIETÀ} Veränderung f, Änderung f **3** *lett* {+KAFKA} Verwandlung f **4** *mitol* {+DAFNE} Metamorphosen f pl.

metanizzàre tr ~ qc **1** (*portare il metano*) {LIGURIA} etw mit Methan versorgen **2** (*convertire a metano*) {IMPIANTO} etw auf Methan um|stellen **3** *autom* {AUTOMOBILE} etw auf Methanbetrieb um|stellen.

metanizzazióne f **1** {+REGIONE} Umstellung f auf Versorgung mit Methan **2** *anche autom* {+CAMIONCINO, IMPIANTO} Umstellung f auf Methan.

metàno m *chim* Methan(gas) n.

metanodótto m Erdgasleitung f.

metanòlo m *chim* Methanol n, Methylalkohol m.

metaplasìa f *med* Metaplasie f *scient*.

metapsìchico, (-a) <-ci, -che> agg (*paranormale*) {FENOMENO} metapsychisch.

metàstasi <-> f *med* Tochtergeschwulst f, Metastase f *scient*.

metastàtico, (-a) <-ci, -che> agg med {DIFFUSIONE} metastatisch *scient*.

metastatizzàre itr itr pron *med*: **metastatizzarsi** metastasieren *scient*, Metastasen *scient* bilden.

metastòria f (*ciò che permane nel divenire storico*) Metahistorie f.

metatàrso m *anat* Mittelfuß m.

metàtesi f *ling* Lautumstellung f, Metathese f, Metathesis f.

metempsicòsi f *filos relig* Seelenwanderung f.

mèteo **A** <inv> agg (*meteorologico*) {NOTIZIARIO} Wetter- **B** <-> m (*notiziario*) {+SERA} Wetterbericht m.

metèora f **1** *astr anche fig* Meteor m **2** *geog* (*fenomeno atmosferico*) atmosphärische Erscheinung • **passare come una ~ fig** (*durare poco; detto di fama, moda, ecc.*), eine Eintagsfliege sein *fam*.

meteòrico, (-a) <-ci, -che> agg **1** *astr* {SCIAME} meteorisch **2** *geog* {AZIONE, FENOMENO} atmosphärisch.

meteorìsmo m *med* Darmblähungen f pl, Blähsucht f *scient*, Flatulenz f *scient* • **del rumine** *zoo*, Aufblähung f *scient*, Trommelsucht f *scient*, Tympanie f *scient*.

meteorìte m o f Meteorit m.

meteorìtico, (-a) <-ci, -che> agg astr {POLVERE} meteoritisch.

meteoròloga f → **meteorologo**.

meteorologìa f Meteorologie f, Wetterkunde f.

meteorològico, (-a) <-ci, -che> agg meteorologisch; {BOLLETTINO, SATELLITE, STAZIONE, ecc.} Wetter-.

meteoròlogo, (-a) <-gi, -ghe> m (f) Meteorologe m, (Meteorologin f).

meteoropatìa f *med* Meteorotropismus m *scient*.

meteoropàtico, (-a) <-ci, -che> *med* **A** agg {DOLORE} meteorotrop *scient* **B** m (f) (*chi soffre di meteoropatia*) Meteoropath(in) m(f) *scient*.

Mèteosat <-> m (*satellite*) Meteosat m.

metìccio, (-a) <-ci, -ce> m (f) **1** biol Hybride mf decl come agg **2** (*persona*) Mestize m, (Mestizin f), Mischling m.

meticolosità <-> f (*scrupolosità*) {+RICERCA} Gewissenhaftigkeit f; *spreg* Pingeligkeit f *fam*, peinliche/pedantische *spreg* Sorgfalt.

meticolóso, (-a) <-ci, -che> agg (*scrupoloso*) gewissenhaft, minuziös *forb*; *spreg* pingelig *fam*, peinlich/pedantisch *spreg* genau.

metile m *chim* Methyl n.

metilène m *chim* Methylen n.

metìlico, (-a) <-ci, -che> agg Methyl-.

metòdica <-che> f Methodik f.

metodicità <-> f methodisches Vorgehen.

metòdico, (-a) <-ci, -che> **A** agg **1** (*sistematico*) {MODO, ORDINE} methodisch, systematisch **2** (*abitudinario*) gewohnheitsmäßig **B** m (f) Gewohnheitsmensch m.

metodìsmo m *relig* Methodismus m.

metodìsta① <-i m, -e f> *relig* **A** agg {CHIESA, MOVIMENTO} methodistisch, Methodisten- **B** mf (*seguace*) Methodist(in) m(f).

metodìsta② <-i m, -e f> m (f) **1** (*analista*) Analytiker(in) m(f) von Arbeitsmethoden **2** (*giocatore d'azzardo*) Systemspieler(in) m(f).

metodìstico, (-a) <-ci, -che> agg *relig* methodistisch.

mètodo m **1** (*sistema*) {+INDAGINE, INSEGNAMENTO, STUDIO; INFALLIBILE, SCIENTIFICO} Methode f: **avere** ~, methodisch sein/vorgehen; **conosco un buon ~ per dimagrire**, ich kenne eine gute Methode zum Abnehmen **2** (*procedimento*) {+LAVORAZIONE} Verfahren(sweise f) n **3** (*modo di comportarsi*) Art f (und Weise f): **i suoi metodi non mi piacciono**, seine/ihre ⌞Methoden gefallen⌟/[Art fällt] mir nicht **4** (*manuale*) Leitfaden m, Lehrbuch n • **~ Feldenkrais**, Feldenkrais-Methode f; **procedere con ~**, methodisch vorgehen; **~ di vita** (*stile*), Lebensweise f.

metodologìa f **1** Methodologie f **2** (*metodica*) Methodik f.

metodològico, (-a) <-ci, -che> agg methodologisch.

metonimìa f *ling* Metonymie f.

metonìmico, (-a) <-ci, -che> agg *ling* metonymisch.

metonomàsia f *ling* Metonomasie f.

metràggio <-gi> m **1** (*lunghezza*) {+STOFFA} Länge f in Metern **2** (*misurazione*) Messen n nach Metern • **corto/lungo ~ film**, Kurz-/Spielfilm m.

metratùra f **1** (*area*) {+ALLOGGIO} Größe f **2** (*lunghezza*) {+NASTRO} Länge f (in Metern) **3** (*misurazione*) Messen n nach Metern.

mètrica <-che> f *ling* Metrik f, Verslehre f.

mètrico, (-a) <-ci, -che> agg ling metrol {ACCENTO, SISTEMA} metrisch.

mètro① m **1** metrol (*unità di lunghezza*, abbr m) Meter m o n: **l'acqua qui è 30 metri**, das Wasser ist hier 30 Meter tief; **~ cubo/quadrato**, Kubik-/Quadratmeter m o n; **un giocatore di pallacanestro di 2.02 metri**, ein 2.02 Meter großer Basketballspieler; **c'è un ~ di neve**, der Schnee liegt einen Meter hoch; **un ~ di stoffa**, ein Meter Stoff; **un tavolo di due metri**, ein zwei Meter langer

Tisch **2** (*strumento*) Metermaß n, Messband n; **~ pieghevole**, Zollstock m; (*a nastro*) Meterband n; **~ da sarto**, Metermaß m **3** *fig* (*criterio di giudizio*) Maßstab m: **giusto per avere un ~ di paragone**, nur um eine Vergleichsmöglichkeit zu haben ● **cento metri sport**, Hundertmeter f *fam*, Hundertmeterlauf m; **correre i cento metri** *sport*, die Hundertmeter *fam* laufen.

mètro② m *lett* **1** (*piede*) Versfuß m **2** (*verso, schema metrico*) {+SONETTO} Metrum n, Versmaß n.

metrò <-> m U-Bahn f; (*a Parigi e Mosca*) Metro f.

metrologia f *scient* Metrologie f, Maß- und Gewichtslehre f.

metrònomo m *mus* Metronom n.

metronòtte <-> m (f) Nachtwächter(in) m(f).

metròpoli <-> f **1** (*grande città*) Großstadt f, Metropole f **2** (*capitale*) Hauptstadt f.

metropolita <-*i*> m *relig* Metropolit m.

metropolitàna f {+MILANO, ROMA} U-Bahn f, Untergrundbahn f; {+MOSCA, PARIGI} Metro f.

metropolitàno, (-a) agg **1** (*di metropoli*) {VITA} Großstadt- **2** *relig* {CHIESA} metropolitan.

méttere <*irr* metto, misi, messo> **A** *tr* **1** (*collocare*) ~ *qc* (+ *compl di luogo*) {CILIEGINA SULLA TORTA} *etw irgendwohin* geben; {NOME SULLA SCHEDA} *etw irgendwohin* schreiben; ~ **le lenzuola all'aria/al sole**, das Bettzeug lüften; (*~ in piedi*) {BOTTIGLIA IN TAVOLA, PIATTI NELLA CREDENZA, SCALA CONTRO IL MURO} *etw irgendwohin* stellen; (*~ orizzontalmente*) {PANE SUL TAVOLO, TAPPETO SUL PAVIMENTO} *etw irgendwohin* legen; {TOVAGLIA} *etw irgendwo* ausbreiten; (*~ appeso*) {AVVISO IN BACHECA} *etw irgendwohin* hängen; **~ la biancheria ad asciugare**, die Wäsche zum Trocknen aufhängen; **~ le tende alla finestra**, die Gardinen aufhängen **2** (*~ in piedi*) ~ *qu* + *compl di luogo* {BAMBINO SUL MURETTO} *jdn irgendwohin* stellen **3** (*adagiare*) ~ *qu* + *compl di luogo* {FERITO SULLA BARELLA} *jdn irgendwohin* legen **4** (*~ a sedere*) ~ *qu* + *compl di luogo* {BIMBO NEL SEGGIOLONE} *jdn irgendwohin* setzen; ~ **qu a sedere**, *jdn* hinsetzen **5** (*disporre*) ~ *qu* **in** *qc* {SCOLARI IN FILA} *jdn irgendwie* aufstellen lassen **6** (*posare*) ~ *qc* + *compl di luogo* {MANO SULLA SPALLA} *etw irgendwohin* legen; {PIEDI SULLO SCENDILETTO} *etw irgendwohin* stellen **7** (*aggiungere*) ~ *qc* (+ *compl di luogo*) {ZUCCHERO SULLA TORTA, NEL CAFFÈ} *etw irgendwohin* geben, *etw irgendwohin* tun; {ACQUA NEL VINO, NEL RADIATORE} *etw in etw* (acc) gießen: **metta anche delle rose nel mazzo!**, geben Sie auch Rosen in den Strauß! **8** (*infilare*) ~ *qc* + *compl di luogo* {LETTERA IN UNA BUSTA, MANI IN TASCA} *etw irgendwohin* stecken **9** (*riporre*) ~ *qc* **in** *qc* {DOCUMENTO NELLO SCHEDARIO, MAGLIA NELL'ARMADIETTO} *etw in etw* (acc) zurücklegen **10** (*applicare*) ~ *qc* (+ *compl di luogo*) {CEROTTO SUL BRACCIO, SULLA FERITA, ETICHETTA SULLA BOTTIGLIA} *etw irgendwohin* kleben, *etw irgendwohin* machen; {CREMA SUL VISO, ROSSETTO SULLE LABBRA} *etw irgendwo* auftragen; {GARZA} *etw* auflegen; {FASCIATURA} *etw* anlegen **11** (*cucire*) ~ *qc* (+ *compl di luogo*) {TOPPA A UNA MANICA} *etw irgendwohin* aufnähen, *etw* aufsetzen; {BOTTONI ALLA CAMICIA} *etw an etw* (acc) annähen **12** *fam* (*installare*) ~ *qc* {ACQUA} *etw* installieren; {ELETTRICITÀ} *anche etw* {TELEFONO} *etw* anschließen: **hanno finalmente messo il gas**, sie haben endlich die Gasleitung gelegt **13** *fam* (*far pagare*) ~ *qc* **a** *qu* *etw für etw* (acc) berechnen, sich (dat) *etw für etw* (acc) bezahlen lassen: **a quanto ha messo i pomodori?**, wie viel hat er/sie dir für die Tomaten berechnet? **14** (*dedicare*) ~ *qc* **in** *qc* {ATTENZIONE, ENERGIA, IMPEGNO, VOLONTÀ IN UN LAVORO} *etw auf etw* (acc) verwenden, *etw in etw* (acc) stecken *fam*: **mettercela tutta**, sich voll Pein einsetzen, alles geben **15** (*indossare*) ~ *qc* {BRETELLE, CALZE, GIACCA, SCARPE, VESTITO} *etw* anziehen; {CAPPELLO} *anche etw* aufsetzen; {COLLANA} *etw* umhängen, *etw* anlegen *forb*; {ANELLO} *etw* anstecken, *etw* anlegen *forb*; {SCIARPA} *etw* umbinden; {CINTURA} *etw* umschnallen, *etw* anlegen *forb*; {OCCHIALI} *etw* aufsetzen; {LENTI A CONTATTO} *etw* einsetzen **16** (*far indossare*) ~ *qc* **a** *qu* {CALZE, GIACCA, SCARPE, VESTITO AL FIGLIO} *jdm etw* anziehen; {CAPPELLO} *anche jdm etw* aufsetzen; {BRETELLE} *anche jdm etw* anlegen; {COLLANA} *jdm etw* umhängen, *jdm etw* anlegen *forb*; {ANELLO} *jdm etw* anstecken, *jdm etw* anlegen *forb*; {SCIARPA} *jdm etw* umlegen, *jdm etw* umbinden; {CINTURA} *jdm etw* umschnallen, *jdm etw* umbinden; {OCCHIALI} *jdm etw* aufsetzen; {LENTI A CONTATTO} *jdm etw* einsetzen **17** (*inserire*) ~ *qc* (**in** *qc*) {IDEE IN UN TESTO, PUNTEGGIATURA, VIRGOLE IN UNA LETTERA} *etw* (*in etw* acc) einfügen **18** (*far andare*) ~ *qu* (+ *compl di luogo*) {BAMBINO A LETTO, DETENUTO IN CARCERE} *jdn irgendwohin* bringen; {RE SUL TRONO} *jdn auf etw* (acc) führen **19** (*sviluppare*) ~ *qc* {RADICI} *etw* ansetzen, *etw* treiben: **~ i denti**, Zähne bekommen, zahnen **20** (*usare*) ~ *qc* {FORZA} *etw* einsetzen, *etw* gebrauchen **21** (*opporre*) ~ *qc* {LIMITE, OSTACOLI} *etw* setzen: **~ un freno**, bremsen, Einhalt gebieten **22** *fam* (*accendere*) ~ *qc* {CONDIZIONATORE, RADIO, RISCALDAMENTO} *etw* anschalten, *etw* einschalten, *etw* anmachen **23** (*paragonare*) ~ (*qu*/*qc* **con** *qu*/*qc*) {IL VECCHIO APPARTAMENTO COL NUOVO} (*jdn*/*etw mit jdm*/*etw*) vergleichen: **vuoi ~ le vacanze in Australia con quelle in Svizzera? Sono tutta un'altra cosa!**, willst du etwa den Australienurlaub mit dem in der Schweiz vergleichen? (Aber) das ist doch ganz was anderes!; **vuoi ~ una pizzeria con un ristorante a tre stelle?**, eine Pizzeria und ein Drei-Sterne-Restaurant – das kann man doch nicht vergleichen! **24** (*pubblicare*) ~ *qc* + *compl di luogo* {ANNUNCIO SUL GIORNALE} *etw irgendwo* aufgeben; {NOME IN COPERTINA} *etw irgendwo* veröffentlichen **25** (*alloggiare*) ~ *qu* (+ *compl di luogo*) {ZIA NELLA STANZA DEGLI OSPITI} *jdn* (*irgendwo*) unterbringen **26** (*nella roulette*) (*puntare*) ~ *qc* **su** *qc* {TUTTO SUL ROSSO} *etw auf etw* (acc) setzen **27** (*costringere*) ~ *qu* **a** *qc* {A DIETA, A PANE E ACQUA} *jdn auf etw* (acc) setzen **28** (*imporre*) ~ *qc* {MULTA, TASSA} *etw* auferlegen; {LEGGE} *etw* erlassen **29** (*contribuire con denaro*) ~ *qc* *etw* geben, *etw* beitragen: **quanto mettiamo a testa?**, wie viel geben wir pro Person/Kopf? **30** (*causare*) ~ *qc* {BENE, MALE, PACE} *etw* verursachen, *etw* auslösen **31** (*far fare*) ~ *qu*/*qc* **a fare** *qc* *jdn*/*etw* dazu veranlassen, *etw zu tun*; *jdn*/*etw zu etw* (dat) bewegen: **~ un amico a cucinare**, einen Freund zum Kochen bewegen; **~ il più giovane a fare la guardia**, den Jüngsten Wache schieben lassen **32** (*infondere*) ~ *qc* **a** *qu* *jdn mit etw* (dat) erfüllen: **~ allegria a** *qu*, *jdn* fröhlich stimmen; {PAURA} *jdm etw* einflößen, *jdm etw* einjagen *fam*; {BUIO ANSIA} *jdn in etw* (acc) versetzen; **~ *qc* tra** *qu* {DISCORDIA, ZIZZANIA} *etw* zwischen *jdm* säen **33** (*provocare*) ~ *qu* **in** *qc* {IN ANSIA, IN AGITAZIONE} *jdn in etw* (acc) versetzen **34** (*sottoporre*) ~ *qu* **sotto** *qc* {SOTTO INCHIESTA} *etw gegen jdn* einleiten; {SOTTO PROCESSO} *jdn gegen jdn* führen **35** (*impiegare*): **metterci** *qc* {DUE ORE, TEMPO} *etw* brauchen **36** (*indossare*): ~ **addosso** *qc* {MAGLIONE} *etw* anziehen **37** (*spostare avanti*) ~ **avanti** *qc* {OROLOGIO} *etw* vorstellen **38** ~ *qc* **dentro** (**a**) *qc* {VALIGIA DENTRO (AL)L'ASCENSORE} *etw in etw* (acc) (hinein)stellen; (*infilare*) {CHIAVE DENTRO (AL)LA TOPPA, MANO DENTRO (AL)LA BORSETTA} *etw in etw* (acc) (hinein)stecken **39** *fig fam* (*in prigione*) ~ **dentro** *qu* *jdn* einlochen *fam* **40** (*scacciare*) ~ **fuori** *qu* *jdn* hinausjagen, *jdn* hinausschmeißen *fam*, *jdn* vor die Tür setzen **41** (*estrarre*) ~ **fuori** *qc* *etw* herausziehen; (*sporgere*) {TESTA} *etw* hinausstrecken **42** (*esporre*) ~ **fuori** *qc* {BANDIERA, RISULTATI DEGLI ESAMI} *etw* aushängen; {PANNI} *etw* hinaushängen **43** (*posare*) ~ **giù** *qc* {COLTELLO} *etw* hinlegen; {VALIGIA, VASSOIO} *etw* (ab)stellen; {BICCHIERE, STATUETTA} *etw* hinstellen; {TELEFONO} *etw* auflegen; {MANI} *etw* senken, herunternehmen; *fig* (*scrivere*) {ALCUNE IDEE} *etw* auf-, niederschreiben **44** (*spostare indietro*) ~ **indietro** *qc* {OROLOGIO} *etw* zurückstellen **45** ~ **insieme** *qu*/*qc* (*riunire*) {GRUPPO DI VOLONTARI, SOCIETÀ} *jdn*/*etw* versammeln, *jdn* zusammentrommeln *fam*; (*organizzare*) {SQUADRA} *etw* zusammenstellen **46** ~ **insieme** *qc* {PROGRAMMA} *etw* zusammenstellen; (*montare*) *etw* zusammensetzen, *etw* zusammenbauen; (*accumulare*) {DENARO} *etw* (an(|))häufen; (*raccogliere*) *etw* zusammenlegen, *etw* zusammensammeln **47** *fig* (*unire*) ~ **insieme** *qc* {IDEE} *etw* vereinen: **mettendo insieme gli sforzi dovremmo farcela**, mit vereinten Kräften sollten wir es schaffen **48** ~ **sotto** *qu*/*qc* (*investire*) *jdn*/*etw* überfahren; *fig* (*far lavorare*) *jdn*/*etw* einspannen *fam*; *fig* (*sopraffare*) *jdn* überwältigen; **~ sotto** *qc* *etw* unten hinstellen; {BESTIE DA SOMA} *etw* anspannen, *etw* vorspannen **49** (*fondare*) ~ **su** *qc* {FAMIGLIA} *etw* gründen; (*organizzare*) {GRUPPO MUSICALE} *etw* zusammenstellen, *etw* gründen; {SPETTACOLO} *etw* aufziehen *fam*, *etw* organisieren; (*aprire*) {ATTIVITÀ} *etw* eröffnen; {NEGOZIO} *anche etw* aufmachen **50** *fam* (*sul fuoco*) ~ **su** *qc* {CENA} *etw* aufsetzen **51** *fam* (*indossare*) ~ **su** *qc* {IMPERMEABILE} *etw* anziehen **52** *fam* (*istigare*) ~ **su** *qu* (*gegen etw* acc) aufbringen, *jdn* (*zu etw* dat) anstiften **53** (*riporre*) ~ **via** *qc* *etw* wegstellen, ~ *qc* {LA PRIMA, LA RETROMARCIA} *etw* einlegen **54** *autom* (*inserire*) ~ *qc* {LA PRIMA, LA RETROMARCIA} *etw* einlegen **55** *banca* (*depositare*) ~ *qc* (+ *compl di luogo*) {SOLDI SUL CONTO} *etw* (*auf etw* acc) einzahlen; (*investire*) {RISPARMI IN TITOLI} *etw in etw* (acc) investieren/stecken *fam* **56** *gastr* (*conservare*) ~ *qc* **sotto** *qc* {ACCIUGHE SOTTO SALE, VERDURE SOTT'OLIO} *etw in etw* (dat) legen **57** *radio TV* ~ *qc* {IL 3° CANALE} *etw* einschalten **B** *itr pron* **1** (*evolvere*): **mettersi** + *compl di modo* {BENE, MALE} sich (*irgendwie*) entwickeln **2** (*cominciare*): **mettersi a fare** *qc* {A LEGGERE, A RECITARE} beginnen, *etw zu tun*; anfangen, *etw zu tun*: **si mise a piovere**, es (fing an)/(begann) zu regnen; **si è messo a far caldo**, es fängt an, warm zu werden; es wird langsam warm; (*diventare*) *etw* (nom) werden; **si mise a fare l'attore**, er begann, Theater zu spielen/[mit der Schauspielerei *fam*] **C** *rfl*: **mettersi 1** (*assumere una posizione*): **mettersi in ginocchio**, sich hinknien; **mettersi sdraiato**, sich hinlegen; **mettersi seduto**, sich setzen **2** (*andare*): **mettersi** + *compl di luogo* {A TAVOLA} sich (*irgendwohin*) setzen; {IN FILA} sich *irgendwohin* stellen; {A LETTO} sich *irgendwohin* legen: **mettersi per strada**, sich auf den Weg machen **3** (*vestirsi*): **mettersi in** *qc* {IN COSTUME, IN VESTAGLIA} sich (dat) *etw* anziehen **4** *indir* (*indossare*): **mettersi** *qc* {CALZE, GIACCA, SCARPE, VESTITO} *etw* anziehen; {CAP-

PELLO} *anche* sich (**dat**) *etw* auf|setzen; {BRETELLE} *anche* sich (**dat**) *etw* an|legen; {COLLANA} sich (**dat**) *etw* um|hängen, sich (**dat**) *etw* an|legen *forb*; {ANELLO} sich (**dat**) *etw* an|stecken, sich (**dat**) *etw* an|legen *forb*; {SCIARPA} sich (**dat**) *etw* um|binden; {CINTURA} sich (**dat**) *etw* um|schnallen, sich (**dat**) *etw* um| binden; {OCCHIALI} sich (**dat**) *etw* auf|setzen; {LENTI A CONTATTO} sich (**dat**) *etw* ein|setzen **5** (*associarsi*): **mettersi con qu** sich *mit jdm* vereinigen, sich *mit jdm* zusammen|tun **6** mettersi ˌ**insieme a**ˌ/[**con**] **qu** (*iniziare una relazione*) mit jdm ˌeine Beziehungˌ/ [(et)was] *fam* an|fangen, (*convivere*) mit jdm zusammen|ziehen **7** (*stabilire*): **mettersi in qc con qu** {IN CONTATTO, IN COMUNICAZIONE} sich *mit jdm in etw* (acc) setzen **8** (*finire*): **mettersi in qc** {NEI GUAI, NEI PASTICCI} sich *in etw* (acc) bringen: **mettersi in una situazione spiacevole**, sich in eine unangenehme Lage bringen **9** (*opporsi*): **mettersi contro qu/qc** {IL PROPRIO PADRE, LA SOCIETÀ} sich *gegen jdn/etw* stellen, sich *jdm/etw* entgegen| setzen; (*con i pron pers*): **mettersi contro di qu** {CONTRO DI ME} sich *jdm* entgegenstellen, sich *gegen jdn* stellen **10** (*inimicarsi*): **mettersi qu contro** sich (**dat**) *jdn* zum Feind machen **11** (*iniziare*): **mettersi a fare qc** {PERSONA} beginnen, *etw zu tun*; an|fangen, *etw zu tun*: **la barca si mise a rollare**, das Schiff begann zu schlingern **12** **mettercisi** (*mettersi in mezzo*) sich dazwischen|stellen; (*sedersi*) sich darauf|setzen; (*in poltrona*) sich hinein|setzen; (*dedicare*) sich dafür ein| setzen/verwenden *forb*; *fig* (*mettersi d'impegno*) sich daran|machen *fam*: **questa volta ci si è proprio messo, eppure non ce l'ha fatta**, dieses Mal hat er wirklich alles gegeben, trotzdem hat er es nicht geschafft; (*impiegare*) dafür brauchen: **quanto ci si mette da qui a Milano in treno?**, wie lange braucht man mit dem Zug von hier bis Mailand?; (*cominciare*) damit beginnen: **quando ci si mette non la finisce più**, wenn er/sie erst einmal damit anfängt, dann findet er/sie kein Ende mehr • **mettersi** ˌ**a proprio agio**ˌ/ [**comodo**], es sich (**dat**) bequem machen; **essere ben messo** (*robusto*), kräftig gebaut sein; (*vestito con cura*) gut gekleidet sein; *iron* (*in una situazione difficile*), in der Tinte sitzen *fam*; **mettersi bene** (*vestirsi con cura*), sich gut kleiden; **metti/metta/mettiamo che ... congv**, nimm/[nehmen Sie]/[nehmen wir] (einmal) an, dass ... *ind*; ~ **in chiaro qc**, etw klarstellen; **metterla giù dura** *fig fam* (*esagerare*), ˌeine Tragödieˌ/[ein Drama]/ [eine Affäre] aus etw (**dat**) machen *fam*, maßlos/gewaltig übertreiben; ~ **in mezzo qu** (*compromettere*), jdn in etw (acc) (mit)- hineinziehen; (*raggirare*), jdn hintergehen, jdn betrügen; **mettersi sotto** *fig* (*impegnarsi al massimo*), sich (da)ranhalten *fam*, sich reinhängen *fam*, sich tun; ~ **tutto sotto sopra**, alles ˌin Unordnung bringenˌ/[durcheinander|bringen], ein großes Chaos anrichten, alles auf den Kopf stellen; ~ **a tacere qu**, jdn zum Schweigen bringen; **mettersi in mente/testa di fare qc fam**, sich (**dat**) in den Kopf setzen, etw zu tun.
mettibòcca <-> *mf scherz* (*chi interviene a sproposito*) Naseweis m *fam*.
mettimàle <-> *mf* (*chi mette discordia*) Störenfried m, Unruhestifter(in) m(f) *spreg*.
mettitùtto <-> *m* (*mobile*) Allzweckschrank m.
meublé *franc* **A** <inv> *agg* {ALBERGO} ohne Restaurantbetrieb **B** <-> *m* (*albergo*) Hotel *n* ohne Restaurantbetrieb.
mèzza *f fam* **1** (*mezz'ora*) halbe Stunde **2** (*mezzogiorno e mezzo*) halb eins: **non pranziamo prima della ~**, wir essen nicht vor halb eins **3** (*mezzanotte e mezza*) halb eins (in der Nacht): **non riesco ad addormentarmi prima della ~**, vor halb eins kann ich nicht einschlafen.
mezzacàlza *f* <mezzecalze> **1** *rar* Socke *f* **2** *fig* (*mezzacalza*) halbes Hemd *fam*, mittelmäßiger Mensch, kleine Nummer *fam*.
mezzacalzétta, mèzza calzétta <mezzecalzette> *f loc sost f fam* halbes Hemd *fam*, mittelmäßiger Mensch, kleine Nummer *fam*.
mezzacartùccia, mèzza cartùccia <mezzecartucce> *f loc sost f fam* Niete *f fam*, Blindgänger m *fam*.
mezzacòsta, mèzza còsta <mezzecoste> *f loc sost f* (*parte mediana di un pendio*) halbe Höhe: **a ~**, auf halber Höhe.
mezzadrìa *f agr stor* Halbpacht *f*.
mezzadrìle *agg* (*della mezzadria*) {CONTRATTO, LEGGI} Halbpacht-.
mezzàdro, (-a) *m* (f) *agr stor* Halbpächter(in) m(f).
mezzàla, mezz'àla <-i, mezze ali> *f loc sost f sport* (*nel calcio*) Halbstürmer(in) m(f): ~ **destra**, Halbrechte mf *decl come agg*.
mezzalùna <mezzelune> *f* **1** (*coltello*) Wiegemesser *n* **2** *astr anche fig* Halbmond *m*.
mezzamànica <mezzemaniche> *f* **1** (*soprammanica*) Ärmelschoner *m*, Ärmelschützer *m* **2** <di solito al pl> *fig* (*impiegato subalterno*) Büromensch *m fam spreg*, Bürohengst *m fam spreg*.
mezzàna *f* → **mezzano**.
mezzaníno *m arch* Zwischengeschoss *n*, Mezzanin *n*.
mezzàno, (-a) *m* **A** *agg* **1** (*di età intermedia*) {FRATELLO} mittlere(r, s) **2** (*di media qualità*) {STILE} von mittlerer Qualität **3** (*del ceto medio*) {GENTE} der Mittelschicht, des Mittelstands **B** *m* (f) (*ruffiano*) Kuppler(in) m(f) *spreg*.
mezzanòtte <mezzenotti> *f* **1** (*ora*) Mitternacht *f*: **a ~ e un quarto**, um null Uhr fünfzehn, um Viertel nach zwölf nachts/[in der Nacht]; **a ~ e mezza**, um null Uhr dreißig, um halb eins nachts/[in der Nacht]; **scoccò la ~**, es schlug Mitternacht **2** (*nord*) Norden *m*: **la camera da letto è a ~**, das Schlafzimmer liegt nach Norden.
mezzapùnta, mèzza pùnta *f loc sost f* <mezzepunte> **1** (*nella danza*) halbe Spitze; (*scarpetta*) Schläppchen *n* **2** *sport* offensiver Mittelfeldspieler.
mezz'ària *loc avv*: **a mezz'aria** → **aria**①.
mezzaséga <mezzeseghe> *f volg* **1** (*persona mingherlina*) mickrige *fam spreg* Gestalt, halbe Portion *fam scherz* **2** (*persona mediocre*) Niete *f fam spreg*, Flasche *f fam spreg*, Loser m *fam spreg*.
mezz'àsta *loc avv*: **a mezz'asta** → **asta**①.
mezzatàcca, mèzza tàcca <mezzetacche, mezze tacche> **A** *f* **1** (*persona piccola*) Stöpsel *m fam* **2** (*persona mediocre*) Niete *f fam spreg*, Flasche *f fam spreg*, Loser m *slang spreg* **B** <inv> *loc agg* (*mediocre*): **di ~** {PERSONA} mittelmäßig, mittelprächtig *fam scherz*, ohne Format.
mezzatínta <mezzetinte> *f* **1** (*tonalità intermedia*) Zwischenfarbe *f*, Halbton *m* **2** *fig* (*sfumatura*) Nuance *f*: **è uno scrittore che ama le mezzetinte**, das ist ein Schriftsteller, der die Nuancen liebt **3** *tip* Mezzotinto *n* **4** *arte* (*nella pittura*) Mezzotinto *n*.
mezzecalzétte *pl di* mezzacalzetta.
mezzecartùcce *pl di* mezzacartuccia.
mezzelùne *pl di* mezzaluna.
mezzenòtti *pl di* mezzanotte.
mezzerìa *f* **1** (*linea*) mittlere Linie; (*punto*) mittlerer Punkt **2** *autom* (+STRADA) Mittellinie *f*.
mezzibùsti *pl di* mezzobusto.
mezzicontràlti *pl di* mezzocontralto.
mezzisopràni *pl di* mezzosoprano.
mèzzo① **A** *m* **1** {+SUSSISTENZA} Mittel *n*: ~ **legale**, Rechtsmittel *n*; **mezzi di produzione**, Produktionsmittel *n pl*; **con ogni ~**, mit allen Mitteln **2** (*veicolo*) Verkehrsmittel *n*, Fahrzeug *n*: **mezzi corazzati**, Panzerwagen *m pl*; *mar* Wasserfahrzeug *n*, Boot *n*; **mezzi pubblici**, öffentliche Verkehrsmittel *n pl*; **mezzi di trasporto**, Verkehrsmittel *n pl*, Transportmittel *n pl* **3** <solo pl> (*denaro, averi*) (Geld)mittel *n pl*: **non abbiamo molti mezzi**, wir haben nicht viel Geld; **privo di mezzi**, mittellos; **propri mezzi**, eigene Mittel **4** *fis* Medium *n* **B** *loc prep*: **a/per ~ di qu**, durch jdn; ~ **per ~ (di)**ˌ/[**a ~ di**] **qc**, {DELLA POSTA, DELLA STAMPA} mit etw (**dat**), mit Hilfe *von etw* (**dat**)/+ gen • **mezzi audiovisivi**, audiovisuelle Mittel; **mezzi di comunicazione di massa**, Massenkommunikationsmittel *n pl*; **mezzi di fortuna**, Behelfsmittel *n pl*; (*veicolo*), Gelegenheitsfahrzeug *n*; **mezzi di informazione**, (Massen)medien *n pl*; ~ **di prova** *dir*, Beweismittel *n*.
mèzzo②, (-a) **A** *agg* **1** (*metà di un intero*) {BICCHIERE, LITRO, ORA} halb **2** (*medio, intermedio*) {ETÀ} mittlere(r, s) **3** *fig* (*quasi completo*) {FRASE, PROMESSA, VERITÀ, VITTORIA} halb: **con un ~ sorriso**, mit einem gezwungenen/gequälten Lächeln; **al funerale c'era mezza città**, die halbe Stadt nahm an der Beerdigung teil; **è un ~ ingegnere**, er ist bald ein richtiger Ingenieur **4** (*preceduto da un numerale*): **tre litri e ~**, drei(und)einhalb Liter; **un metro e ~**, ein(und)einhalb Meter; **dodici anni e ~**, zwölfeinhalb Jahre; (*con l'ora*) **le tre e ~/mezza**, halb vier, drei Uhr dreißig; **un'ora e ~/mezza**, einundeinhalb/anderthalb Stunden **B** *m* **1** (*metà*) Hälfte *f*: **tre mezzi**, drei Hälften **2** (*parte centrale*) {+FESTA, STANZA} Mitte *f* **C** *loc prep* **1** (*stato*): **in ~ a qc** {AL MARE} mitten auf/in etw (**dat**), {AL PRATO} mitten auf etw (**dat**), {ALLA STANZA} mitten in etw (**dat**) **2** (*moto*): **in ~ a qc** {ALLA PIAZZA} mitten auf etw (**dat**), {AL BOSCO} mitten in etw (**dat**) **3** (*tra due: stato*): **in ~ a qu/qc** {A LORO DUE, ALLE DUE PIANTE} zwischen jdm/etw; (*moto*) zwischen jdn/etw **4** (*tra più: stato*): **in ~ a qu/qc** {ALLA FOLLA} unter jdm, in etw (**dat**), {ALLE CASE} zwischen etw (**dat**), inmitten etw (gen) *forb*; (*moto*) {ALLA FOLLA} unter jdn, in etw (acc), {ALLE CASE} zwischen etw (acc) **D** *avv* (*quasi*) ~ + *agg/pp* halb-, halb: ~ **scemo/congelato/morto**, halb verblödet/erfroren/tot; ~ **bianco e ~ nero**, halb weiß und halb schwarz • **andarci di ~** (*subire le conseguenze*), in etw (acc) verwickelt/hineingezogen werden; **di ~**, {CORSIA, ETÀ} mittlere(r, s); {VIA} Mittel-; ~ **e ~**, halb und halb; **una cosa ~ e ~** (*così e così*), eine mittelmäßige Sache, so lala *fam*; **esserci di ~** (*essere coinvolto*), drinstecken *fam*, seine Hände im Spiel haben; (*essere d'ostacolo*), im Weg sein/stehen; (*essere in questione*), zur Debatte stehen; **quando c'è di ~ la salute...**, wenn die Gesundheit auf dem Spiel steht...; **levare/togliere di ~** (*mettere da parte*), aus dem Weg räumen, wegräumen, wegschaffen, beseitigen; *fam eufem* (*uccidere*), aus dem Weg räumen *eufem*, ausschalten *eufem*, beseitigen *eufem*; **levarsi/togliersi di ~**, aus dem Weg gehen, von der Bildfläche verschwinden *fam*; *fam eufem* (*uccidersi*), sich umbringen, sich das Leben nehmen; **mettercisi/mettersi di ~**, dazwischentreten, sich hinein|reinhängen *fam*; **mettere in ~ qu** (*coinvolge-*

re), jdn hineinziehen.

mezzobùsto, mèzzo bùsto <*mezzibusti*> **A** m loc sost m *arte fot* Büste f: **fotografìa a ~**, Brustbild n **B** mf loc sost mf *fig scherz* (*giornalista televisivo*) Fernsehjournalist(in) m(f).

mezzocièlo <*mezzicieli*> m *astr* "höchster Punkt des Himmeläquators".

mezzocontràlto, mèzzo contràlto <*mezzicontralti*> m loc sost m *mus* Mezzoalt m, hoher Alt.

mezzodì <-> m *forb* (*mezzogiorno*) Mittag m.

mezzofondìsta <-*i* m, -*e* f> mf *sport* (*nell'atletica*) Mittelstreckenläufer(in) m(f); (*nel nuoto*) Mittelstreckenschwimmer(in) m(f).

mezzofóndo m *sport* (*nell'atletica*) Mittelstreckenlauf m; (*nel nuoto*) Mittelstreckenschwimmen n.

mezzofórte m *mus* Mezzoforte n.

mezzogiórno m **1** (*le 12*) Mittag m, zwölf Uhr (mittags): è ~, es ist Mittag **2** (*sud*) Süden m: **la cucina è a ~**, die Küche liegt nach Süden **3** (*zona meridionale*) Süden m **4** (*l'Italia meridionale*): **Mezzogiorno**, Süditalien n.

mezzoguànto, mèzzo guànto <*mezziguanti, mezzi guanti*> m loc sost m fingerloser Handschuh.

mezzolìtro, mèzzo lìtro <*mezzilitri*> m loc sost m **1** (*bottiglia*) Halbliterflasche f **2** (*quantità*) halber Liter.

mezzomarinàro, mezzomarinàio <*mezzimarinari, mezzimarinai*> m *mar* Bootshaken m.

mèzzopùnto, mèzzo pùnto <*mezzipunti*> m loc sost m (*nei lavori femminili*) Perlstich m: **ricamare qc a ~**, etw mit Perlstich sticken.

mezzóra, mezz'óra <*mezze ore*> f loc sost f halbe Stunde.

mezzorilièvo, mèzzo rilièvo <*mezzirilievi*> m loc sost m *arte* (*nella scultura*) Halbrelief n.

mezzosàngue <-> m *anche* (*nell'ippica*) Halbblut n.

mezzoservìzio, mèzzo servìzio <-> m loc sost m (*collaborazione domestica a mezza giornata*) Halbtagsarbeit f: **da due mesi hanno preso una donna a ~**, seit zwei Monaten haben sie halbtags eine Haushaltshilfe.

mezzosopràno, mèzzo sopràno <*mezzosoprani*> mf loc sost mf Mezzosopran m.

mezzotenóre m *mus* Bariton m.

mezzotóndo <-> m *arte* (*nella scultura*) Halbrundplastik f.

mezzùccio <-*ci*> m *pegg* lächerliches Mittel, klägliches Hilfsmittel.

MF f *radio* **1** *abbr di* Modulazione di Frequenza: FM (**abbr** *di* Frequenzmodulation) **2** *abbr di* Media Frequenza: MF (**abbr** *di* Mittelfrequenz).

MFE m *polit abbr di* Movimento Federalista Europeo: EFB (**abbr** *di* Europäische Föderalistische Bewegung).

mg *abbr di* milligrammo: mg (**abbr** *di* Milligramm).

MHz *fis abbr di* megaherz: MHz (**abbr** *di* Megaherz).

mi① **A** pron pers 1ª pers sing **1** (*compl di termine*) mir: **mi hai detto la verità?**, hast du mir die Wahrheit gesagt?; **mi ha appena dato la lettera**, er/sie hat mir gerade den Brief gegeben; (*se il verbo ted regge l'acc*) mich; **chiedimi pure quello che vuoi**, frag mich ruhig, was du willst; **mi ha mentito**, er/sie hat mich angelogen; **mi pensa sempre**, er/sie denkt immer an mich; **quando mi ritelefoni?**, wann rufst du mich wieder an? **2** (*compl oggetto*) mich: **mi ami?**, liebst du mich?; **mi hai convinto!**, du hast mich überzeugt!; (*se il verbo ted regge il dat*) mir; **aiu-**

tami!, hilf mir!; **mi ha licenziato**, er/sie hat mir gekündigt **B** pron rfl 1ª pers sing mich: **mi lavo**, ich wasche mich; (*nei rfl indiretti*) mir; **mi lavo le mani**, ich wasche mir die Hände.

mi② <-> m *mus* e, E n.

miagolàre A tr (*cantare male*) ~ **qc** {CANZONE} *etw* jaulen *spreg*, *etw* plärren *spreg*; (*uso assol*) einen Katzengesang veranstalten *fam spreg* **B** itr {GATTO} miauen; *fig* {NEONATO} plärren *fam*.

miagolàta f **1** (*serie di miagolii*) Miauen n **2** *spreg* (*canto lamentoso*) Katzengesang m *fam spreg*.

miagolìo <-*lii*> m **1** {+GATTO} Miauen n **2** *fig* (*piagnucolio*) Geplärr(e) n *fam spreg*.

mialgìa f *med* Muskelschmerz m, Myalgie f *scient*.

miào *inter* miau.

miàsma <-*smi*> m **1** {+PALUDE} Miasma n **2** (*puzza*) Miasma n, übler Dunst, Pestgestank m.

miàu → miao.

MIBTEL m *econ abbr di* Milano Indice Borsa Telematico: Mailänder telematischer Börsenindex.

mic, MIC *abbr di* microfono: Mikrofon n.

mìca① *avv* **1** (*affatto, per niente*): **non ... ~** doch nicht, ja nicht, gar nicht: **non l'ho ~ fatto apposta!**, ich habe es doch/gar nicht absichtlich getan!; **non ho speso ~ tanto**, ich habe doch nicht viel ausgegeben **2** (*per caso*): **non ... ~** (doch) nicht etwa, nicht zufällig: **non hai ~ visto mia sorella?**, hast du nicht etwa/zufällig meine Schwester gesehen? **3** *fam* (*non*) nicht, (und) kein: ~ **male quel tipo!** *fam*, nicht übel/schlecht, dieser Typ! *fam*; **siamo amici, ~ parenti!**, wir sind Freunde und keine Verwandten!; ~ **vorrai che ci creda!**, du meinst doch wohl nicht, dass ich dir das glaube!; und das soll ich dir glauben!?

mìca② <*miche*> f *min* Glimmer m.

mìcca, mìca <-*che*> f *sett* "kleines rundes Brot".

mìccia <-*ce*> f Zündschnur f.

Micène f *geog* Mykene n, Mykenä n.

micenèo, (-a) A agg {ARTE} mykenisch **B** m (f) (*persona*) Mykener(in) m(f).

micète m *bot* Pilz m.

Michèla m (*nome proprio*) Michaela.

michelàccio <-*ci*> m Müßiggänger m *forb*, Taugenichts m *obs spreg*: **l'arte del ~**, die Kunst des Müßiggangs *forb*; **fare il/[la vita del] ~**, ein Taugenichts *obs spreg*/Nichtstuer *spreg* sein.

michelangiolésco, (-a) <-*schi, -sche*> agg **1** (*di Michelangelo Buonarroti*) {CICLO, PITTURA} Michelangelos, des Michelangelo **2** (*imponente*) {STATURA} mächtig, gewaltig.

Michèle m (*nome proprio*) Michael.

michétta f *sett* "kleines rundes Brötchen".

mìcia f → micio.

micidiàle agg **1** (*mortale*) {VELENO} tödlich **2** *fig* (*molto dannoso*) {CLIMA} schädlich **3** *fig* (*intollerabile*) {CALDO, PUZZA} unausstehlich, mörderisch *fam*, wahnsinnig *fam*; *scherz* {DONNA} unerträglich.

mìcio, (-a) <-*ci, -ce*> m (f) *fam* Mieze f *fam*.

micologìa f *bot* Pilzkunde f, Mykologie f *scient*.

micològico, (-a) <-*ci, -che*> agg *bot* {TRATTATO} pilzkundlich, mykologisch *scient*.

micòlogo, (-a) <-*gi, -ghe*> m (f) *bot* Mykologe m, (Mykologin f).

micòsi <-> f *med* Pilzkrankheit f, Mykose f *scient*.

micòtico, (-a) <-*ci, -che*> agg *med* {INFEZIONE} mykotisch *scient*.

micragnóso, (-a) agg *region* **1** (*avaro*) geizig, knauserig *fam* **2** (*povero*) arm, .mittellos.

micro- *primo elemento* **1** *scient tecnol* (*piccolo*) Mikro-, Klein-, Kleinst-, Miniatur-: **microcassetta**, Mikro-, Kleinstkassette; **microcircuito**, Mikro-, Miniaturschaltung; **microclima**, Mikro-, Kleinklima **2** *metrol* Mikro-, Millionstel-: **microamper**, Mikroampere; **microgrammo**, Millionstelgramm.

microampère <-> m *elettr fis* Mikroampere m.

microanàlisi <-> f *chim econ* Mikroanalyse f.

microbibliografìa f (*bibliografia su microfilm*) Mikrodokumentation f von Bibliographien.

microbicìda <-*i*> *biol* **A** agg {DETERSIVO} mikrobentötend **B** m Mikrobizid n *scient*.

micròbico, (-a) <-*ci, -che*> agg {SPECIE} Mikroben-, mikrobiell.

micròbio → microbo.

microbiòloga f → microbiologo.

microbiologìa f Mikrobiologie f.

microbiològico, (-a) <-*ci, -che*> agg {ANALISI} mikrobiologisch.

microbiòlogo, (-a) <-*gi, -ghe*> m (f) Mikrobiologe m, (Mikrobiologin f).

micròbo m **1** *biol* Mikrobe f, Mikrobion n **2** *fig spreg* Wurm m *spreg*.

microcalcolatóre m *inform* Mikrocomputer m.

microcàmera f *fot* Kleinbildkamera f.

microcassétta f Mikro-, Kleinstkassette f.

microcefalìa f *med* Mikrozephalie f *scient*.

microcèfalo, (-a) A agg **1** *med* mikrozephal *scient* **2** *fig spreg* (*idiota*) schwachsinnig *fam spreg* **B** m (f) **1** *med* Mikrozephale mf decl come agg *scient* **2** *fig spreg* (*idiota*) Schwachsinnige mf decl come agg *fam spreg*: **non fare ragionamenti da ~!**, stell nicht so schwachsinnige Überlegungen an!

microchip <-> m *ingl elettr inform* Mikrochip m.

microchirurgìa f *med* {+MANO} Mikrochirurgie f *scient*.

microcircùito m *elettr* Mikro-, Miniaturschaltung f.

microclìma <-*i*> m *meteo* {+LAGUNA} Mikro-, Kleinklima n.

microcomponènte m *elettr* Mikrokomponente f.

microcomputer <-> m *inform* Mikrocomputer m.

microcòsmico, (-a) <-*ci, -che*> agg (*del microcosmo*) mikrokosmisch.

microcòsmo m Mikrokosmos m.

microcriminalità <-> f (*piccola criminalità*) {+PERIFERIA} Kleinkriminalität f.

microdelinquènza f (*microcriminalità*) {+PERIFERIA} Kleinkriminalität f.

microeconomìa f *econ* Mikroökonomie f.

microeconòmico, (-a) <-*ci, -che*> agg *econ* {RICERCA} mikroökonomisch.

microelaboratóre m *inform* Mikrocomputer m.

microeleménto m *chim* Spurenelement n.

microelettrònica <-*che*> f *elettr* Mikroelektronik f.

microelettrònico, (-a) <-*ci, -che*> agg *elettr* mikroelektronisch.

microfessurazióne f Mikrospaltung f.

microfibra f *tess* Mikrofaser f.
microfiche <-, -s *pl franc*> f *franc inform* Mikrofiche m, Mikrokarte f.
microfilm <-> m *film fot* Mikrofilm m.
microfilmàre tr *film fot* ~ **qc** {DOCUMENTO, PROGETTO} etw auf Mikrofilm auf|nehmen.
microflòra f *biol* Mikroflora f.
microfonàre tr (*fornire di microfono*) ~ **qu** jdm ein Mikrophon reichen/[zur Verfügung stellen].
micròfono m Mikrophon n.
microfotografìa f *film fot* Mikrofotografie f.
microgràmmo m *metrol* Millionstelgramm n.
microinfusóre m *med* Mikroinfusionsgerät n, Mikroinfusomat m *scient*.
microinterruttóre m *elettr* Mikroschalter m.
microistruzióne f *inform* Mikrobefehl m.
microlettóre m *film fot* Lesegerät n (für Mikrofilme).
micròmetro m *tecnol* Mikrometer m.
micromotóre m **1** (*motore*) Kleinmotor m **2** (*veicolo*) Kleinmotorfahrzeug n.
mìcron <-> m *metrol* Mikrometer m, Mikron n *obs*.
Micronèşia f *geog* Mikronesien n.
micronizzàre tr ~ **qc** {TALCO} etw auf Mikrometergröße reduzieren.
microónda f *fis* Mikrowelle f.
microprocessóre m *inform* Mikroprozessor m.
microprogràmma <-i> m *inform* Mikroprogramm n.
microprogrammazióne f *inform* Mikroprogrammierung f.
microproiettóre m *fot ott* Projektor m für Mikroaufnahmen.
microregistratóre m Kleinstrecorder m.
microrganìşmo m *biol* Mikroorganismus m.
microsaldatùra f **1** (*atto*) Mikroschweißen n **2** (*punto*) Mikroschweißung f.
microschèda f *inform* Mikrokarte f.
microscopìa f Mikroskopie f.
microscòpico, (-a) <-ci, -che> agg **1** (*molto piccolo*) {INSETTO} mikroskopisch klein; *fig scherz* {FERITA, FETTA DI TORTA} winzig, klitzeklein *fam* **2** *econ* {ECONOMIA} Mikro- **3** *scient* mikroskopisch **4** *tecnol* {ESAME} mikroskopisch.
microscòpio <-pi> m Mikroskop n: ~ **elettronico/ottico**, Elektronen-/Lichtmikroskop n • *osservare qc col* ~ *fig* (*molto attentamente*), etw unter die Lupe nehmen; **ci vuole il** ~ **per vederlo!** *fig* (*è minuscolo*), da braucht man ja ein Mikroskop, um das zu sehen! *anche iron*.
microsìşma, **microsìşmo** <-> m *geol* mikroseismisches Erdbeben.
microsişmògrafo m *geol* Seismograph m, Seismometer n.
microsociologìa f *sociol* Mikrosoziologie f.
microsólco <-chi> m **1** (*solco*) Mikrorille f **2** (*disco*) Langspielplatte f.
microsónda f *tecnol* Mikrosonde f.
microspìa f Minispion m, (Abhör)wanze f *fam*.
microstruttùra f **1** (*piccola struttura*) {+CRISTALLO} Mikrostruktur f, Mikrogefüge n **2** *lett ling sociol* Mikrostruktur f.
microtelèfono m (Telefon)hörer m.
microtràuma <-i> m *med* Mikrotrauma n.
middle class <-> *loc sost* f *ingl* (*ceto medio*) Middle Class f, Mittelschicht f, Mittelstand m.
midòlla① f {+PANE} Krume f.
midòlla② f *pl* → **midollo**.
midollàre *agg* {LESIONE} (Knochen)mark-.
midollìno m (*per arredamento*) Binse f.
midòllo <*pl*: -a f o rar -i m> m **1** *anat bot* Mark n: ~ **osseo**, Knochenmark n; ~ **spinale**, Rückenmark n **2** *fig* Mark n, Knochen m • *bagnarsi fino al* ~/*alle midolla fig fam* (*completamente*), ⌊bis auf die Knochen nass *fam*⌋/[pudelnass *fam*] werden; *essere corrotto/conservatore/... fino alle midolla fig* (*fino in fondo*), durch und durch ⌊korrupt/ verdorben⌋/[konservativ]/... sein; *penetrare nel* ~/*nelle midolla fig fam*, durch Mark und Bein jdm bis ins Mark treffen; *un uomo senza* ~ *fig* (*debole*), ein Mann ohne Rückgrat; *succhiare a qu anche il* ~ *fig* (*sfruttare*), jdm das Mark aus den Knochen saugen.
mìe, **mièi** → **mìo**.
mielàto, (-a) → **melato**.
mièle m Honig m • *essere tutto* ~ *fig* (*esageratamente gentile*), überfreundlich/scheißfreundlich *volg* sein.
mielìna f *anat* Myelin n *scient*.
mielìnico, (-a) <-ci, -che> agg *anat* {GUAINA} Mark-, Myelin- *scient*.
mielóşo, (-a) agg *anche fig* (*dolce e appiccicoso*) {LIQUIDO, PREGHIERA} süßlich *anche spreg*.
mietere tr **1** *agr* ~ **qc** {AVENA, GRANO} (*etw*) mähen **2** *fig* (*uccidere*) ~ **qu**/**qc** {GUERRA, MALATTIA, MORTE VITTIME} jdn/etw fordern, jdn/etw dahin|raffen *forb* **3** *fig* (*raccogliere*) ~ **qc** {RISULTATI, SUCCESSI} etw ernten.
mietitóre, (-trice) m (f) Mäher(in) m(f), Schnitter(in) m(f).
mietitrébbia, **mietitrebbiatrice** f *agr* Mähdrescher m.
mietitrice① f Mähmaschine f, Mäher m *fam*.
mietitrice② → **mietitore**.
mietitùra f *agr* **1** (*lavoro*) Mähen n **2** (*periodo*) Erntezeit f **3** (*messe*) {ABBONDANTE} Getreideernte f.
MIG m *mil abbr del russo* Mikojan e Gurevič (*aereo militare russo*) MiG f (*abbr di* Mikojan e Gurewitsch) (*russisches düsengetriebenes Jagdflugzeug*).
migale f *zoo* Tapezierspinne f.
migliàccio <-ci> m *gastr* **1** (*sanguinaccio*) "gebackenes Gericht aus Schweineblut und anderen Zutaten" **2** (*castagnaccio*) Kastanienkuchen m.
migliàio <*migliaia* f> m Tausend n: **un** ~ (**di qu/qc**), etwa tausend + *sost*, an die tausend + *sost*; **migliaia** (**di qu/qc**), tausend, Tausende di von jdm/etw; **ho migliaia di cose da fare**, ich habe tausend Dinge zu erledigen; **a migliaia**, zu Tausenden; **migliaia e migliaia**, Tausende und Abertausende *forb*.
miglio① <*miglia* f> m **1** (*unità di misura*) Meile f: ~ **marino**, Seemeile f; ~ **terrestre/inglese**, englische Meile **2** *fig* (*distanza notevole*) meilenweite Entfernung: *essere lontano mille miglia da qc*, meilenweit von etw (*dat*) entfernt sein; *ero lontano mille miglia dal volerti offendere*, ich wollte dich absolut nicht beleidigen; *ti si sente ad un ~ di distanza!*, sprich leise! Man hört dich ja auf einen Kilometer Entfernung! **3** (*pietra*) Meilenstein m • **la Mille miglia** *autom*, das Tausend-Meilen-Rennen.
miglio② <*migli*> m *bot* Hirse f.
migliorabile *agg* {PROCEDURA, RISULTATO} verbesserbar, verbesserungswürdig.
miglioraménto m **1** {+PRODUTTIVITÀ, QUALITÀ} Verbesserung f **2** {+RAPPORTI, SITUAZIONE, TEMPO, MALATO, SALUTE} Besserung f; {+STUDENTE} Verbesserung f.
migliorare A tr (*avere*) (*rendere migliore*) ~ **qu** {RAGAZZO} jdn bessern; ~ **qc** {POSIZIONE, PRODUTTIVITÀ, QUALITÀ, TRASPORTI} etw verbessern B itr (*essere*) (*diventare migliore*) {CARATTERE, RAGAZZO, SITUAZIONE, TEMPO} sich bessern, besser werden; **il malato migliora**, dem Kranken geht es besser; **il suo stato di salute migliora continuamente**, sein Gesundheitszustand bessert sich zunehmend; ~ (**in qc**) {SCOLARO IN MATEMATICA} (*in etw dat*) besser werden, sich (*in etw dat*) verbessern C rfl (*rendersi migliore*): **migliorarsi** {ATTORE, AZIENDA} sich verbessern.
migliorativo, (-a) *agg amm* (Ver)besserungs-.
miglióre <*compar di buono*> A *agg* **1** (*compar*) besser: **un futuro ~**, eine bessere Zukunft; **l'anno passato è stato ~ di questo**, das vorige Jahr war besser als das jetzige **2** (*superl rel*) **il/la** ~ besser(r, s): **la mia allieva**, meine beste Schülerin; **i miei migliori auguri**, meine besten Glückwünsche; **il prezzo ~**, der beste Preis; **è la torta ~ che io abbia mai mangiato**, das ist der beste Kuchen, den ich je gegessen habe B *mf decl come agg* • **è il ~ di tutti**, er ist der ⌊Beste von allen⌋/[Allerbeste]; **vinca il ~**, der Beste möge gewinnen.
miglioria f Ausbau m, Umbau m: **apportare delle migliorie a qc**, etw verbessern, an etw (*dat*) Verbesserungsmaßnahmen durchführen.
mignàtta f **1** *zoo* Blutegel m **2** *fig spreg* Blutsauger m.
mignolo m *anat* **1** (*della mano*) kleiner Finger **2** (*del piede*) kleiner Zeh.
mignòn <-> *agg franc* (*piccolo*) {LAMPADINA} Mignon, klein; {PASTICCERIA} *anche* Klein-.
mignonette <-> f *franc* (*bottiglietta*) {+GRAPPA} Fläschchen n.
mignòtta f *region volg* Hure f *spreg*, Nutte f *spreg*.
migrànte *agg* **1** (*che si sposta*) {STORMO, TRIBÙ} Wander- **2** *med* {LARVA, RENE} Wander-.
migràre *itr* <*essere*> ~ (+ *compl di luogo*) {POPOLO, TRIBÙ VERSO LE MONTAGNE} (*irgendwohin*) wandern; {UCCELLI A SUD} *anche* (*irgendwohin*) ziehen.
migratóre, (-trice) A *agg* Wander-; *zoo* {UCCELLO} Zug- B m (f) (Aus)wanderer m, (Aus)wand(r)erin f; *zoo* Zugvogel m.
migratòrio, (-a) <-ri m> *agg* {CORRENTI} Migrations-, Wander-; *zoo* {ABITUDINE} Zug-.
migratrice f → **migratore**.
migrazióne f **1** *anche biol chim med* {+POPOLAZIONI, IONI} Wanderung f; {+RENE} Wandern n; *zoo* {+RONDINI} Wandern n, Migration f **2** *geol* Migration f: ~ **dei poli**, Polwanderung f.
mikàdo <-> m *giapponese* **1** *forb* (*imperatore*) Mikado m; *stor* (*palazzo dell'imperatore*) Palast m des Mikado **2** (*gioco di società*) Mikado n.
mila <*inv*> *agg num fam* (*migliaia*) tausend: **einige hunderttausend Lire**; **gliel'ho detto e ripetuto non so quante ~ volte**, ich habe es ihm (hundert)tausend Mal wiederholt.
-mila secondo elemento (*mille*) -tausend: **duemila**, zweitausend; **quattordicimila**, vierzehntausend.
milady <-> f *ingl* (*signora*) Mylady f.
milanése A *agg* mailändisch B *mf* Mailänder(in) m(f).
milanista <-*i* m, -*e* f> *sport* (*nel calcio*) A *agg*

1 (*che gioca nel Milan*) {TERZINO} Milan- **2** (*che tifa per il Milan*) {SEZIONE} Milan- **B** m (*chi gioca nel Milan*) Milan-Spieler m **C** mf (*chi tifa per il Milan*) Milan-Fan m.

Milàno f geog Mailand n.

miliardàrio, (-a) <-ri m> **A** agg {FURTO, PROGETTO, SOMMA} Milliarden-; {UOMO} milliardenschwer fam **B** m (f) Milliardär(in) m(f).

miliardèsimo, (-a) **A** agg num **1** {PARTE} milliardste(r, s) **2** fig (*grossa quantità*) {VOLTA} hunderttausendste(r, s) **B** m (f) Milliardste mfn decl come agg **C** m (*frazione*) Milliardstel n; → anche **quinto**.

miliàrdo m **1** Milliarde f: **possiede miliardi**, er/sie ist milliardenschwer fam/steinreich fam **2** fig (*grossa quantità*) x-mal fam, zigmal fam: **mi ha telefonato un ~ di volte!**, er/sie hat mich zigmal fam angerufen!

miliàrio <-ri> m metrol stor Meilenstein m.

milièu <-, -x pl franc> m franc (*ambiente*) Milieu n.

milionàrio, (-a) <-ri m> **A** agg {FURTO, SOMMA} Millionen-; {UOMO} millionenschwer fam **B** m (f) Millionär(in) m(f).

milióne m **1** Million f: **il suo conto in banca ammonta a diversi milioni**, er/sie hat mehrere Millionen auf seinem/ihrem Bankkonto **2** fig (*grossa quantità*) hunderttausendmal, x-mal fam: **me l'hai chiesto un ~ di volte!**, das hast du mich schon hunderttausendmal gefragt! fam.

milionèsimo, (-a) **A** agg num **1** {PARTE} milionste(r, s) **2** fig (*grossa quantità*) {VOLTA} millionste(r, s) **B** m (f) Millionste mfn decl come agg **C** m (*frazione*) Millionstel n; → anche **quinto**.

militànte A agg {CRITICO} engagiert; polit militant, kämpferisch **B** mf polit {+ORGANIZZAZIONE, PARTITO} Militante mf decl come agg, Kämpfer(in) m(f).

militànza f (*partecipazione*) Militanz f, Kämpfertum n, Aktivismus m: **dopo anni di ~ nel partito**, nach jahrelanger Mitarbeit in der Partei.

militàre[1] **A** agg {DISCIPLINA} militärisch; {DITTATURA, TRIBUNALE} Militär-; {VITA} Soldaten-; {ESERCITAZIONE, SERVIZIO} Wehr- **B 1** Soldat m; (*ufficiale*) Militär m: **~ di carriera**, Berufssoldat m; **~ di leva**, Wehrpflichtige m decl come agg **2** (*periodo, servizio*) Militärdienst m: **andare a fare il ~**, zum Bund/Militär gehen, Soldat werden; **fare il ~**, beim Bund/beim Bundeswehr/beim Militär sein, den Militärdienst ableisten; **partire ~**, (zum Militärdienst) einrücken; **tornare da ~**, vom Militärdienst entlassen werden.

militàre[2] itr **1** mil ~ **in** (*in qc*) (*con qu*) {IN CAVALLERIA} Soldat (mit/unter jdm) (bei etw dat) sein, (mit/unter jdm) (bei etw dat) dienen, Wehrdienst (mit/unter jdm) (bei etw dat) leisten **2** fig (*partecipare attivamente*) ~ **tra qu**/**in qc** {TRA I CONSERVATORI, NELLE FILE DEI REPUBBLICANI} (bei jdm/in etw dat) aktiv/tätig sein ● **~ a favore di qu**/**qc** fig (*essere a favore*), sich für jdn/etw einsetzen.

militarésco, (-a) <-schi, -sche> agg {DISCIPLINA} militärisch, soldatisch, Soldaten-; spreg Kasernen- spreg.

militarìsmo m Militarismus m.

militarìsta <-i m, -e f> **A** agg militaristisch **B** mf Militarist(in) m(f).

militarìstico, (-a) <-ci, -che> agg {SPIRITO} militaristisch.

militarizzàre A tr **1** ~ **qu**/**qc** {IMPIEGATI STATALI, FABBRICA} jdn/etw militarisieren **2** mil (*fortificare*) ~ **qc** {CONFINI} etw militärisch befestigen **B** rfl: **militarizzarsi** {STATO} sich militarisieren.

militarizzazióne f {+FABBRICA, FERROVIERI} Militarisierung f.

militassòlto agg slang giorn wehrdienstfrei, aus dem Wehrdienst entlassen: **cercasi meccanico ~**, wehrdienstfreier Mechaniker gesucht.

mìlite m **1** (*membro*) {+CROCE ROSSA} Aktive m decl come agg **2** lett (*soldato*) Soldat m **3** fig (*chi lotta*) {+SCIENZA} Kämpfer m, Streiter m ● **il Milite Ignoto**, der Unbekannte Soldat.

militesènte agg amm (von der Wehrpflicht) freigestellt.

milìzia f **1** (*speciale corpo armato*) Miliz f **2** mil spec stor (*esercito*) {ROMANA} Armee f, Heer m, Truppen f pl **3** fig (*partecipazione attiva*) Kampf m, Kämpfen n: **anni di ~ in un partito**, Jahre des Kampfes in einer Partei ● **la ~ angelica** relig, die himmlischen Heerscharen f pl; **la ~ cristiana**/**di Cristo** relig, die Christenheit.

miliziàno, (-a) m (f) (*membro della milizia*) Milizsoldat(in) m(f).

millantàre A tr (*vantare*) ~ **qu**/**qc** {AMICIZIE IMPORTANTI, LE PROPRIE DOTI} mit jdm/etw prahlen fam, mit jdm/etw anlgeben fam **B** rfl (*vantarsi*): **millantarsi (di qc)** sich (etw gen) rühmen, sich (etw dat) auflspielen fam spreg.

millantàto, (-a) agg (*vantato*) viel gepriesen, vielgerühmt anche iron: **è questa la sua tanto millantata intelligenza?**, ist das sein/ihr viel gepriesener Intelligenz?

millantatóre, (-trice) **A** agg {SOLDATO} prahlerisch fam, angeberisch fam **B** m (f) Angeber(in) m(f) fam, Prahler(in) m(f) fam.

millantería f Prahlerei f spreg.

mìlle A agg num **1** {INVITATI, KILOMETRI, EURO} (ein)tausend: **~ e dieci**, (ein)tausend(und)zehn; **~ e uno**, (ein)tausend(und)ein(s); **siamo in ~**, wir sind tausend; **la provvigione è del 7 per ~**, die Provision beträgt 7 Promille **2** fig (*molto*) tausend fam: **ripetere ~ volte la stessa cosa**, eine Sache tausendmal wiederholen; **in mezzo a ~ difficoltà**, unter tausend Schwierigkeiten **B** <-> m (Ein)tausend f ● **o n ~ di ~ Mille stor**, die Tausend; **l'anno ~**, das Jahr Tausend (nach Christus); **uno su**/**tra ~**, einer von/unter tausend.

millecènto <-> **A** m stor: **il Millecento**, das zwölfte Jahrhundert **B** f autom Elfhunderter m fam.

millecinquecènto A agg num {EURO, METRI, SPETTATORI} tausendfünfhundert: **erano in ~**, sie waren tausendfünfhundert **B** <-> m **1** (*numero*) Tausendfünfhundert f **2** (*secolo*) sechzehntes Jahrhundert ● **l'anno ~**, das Jahr Tausendfünfhundert; **i ~ piani**/**ostacoli sport** (*nell'atletica*), der 1500-m-Lauf/Hindernislauf, die 1500 m fam/die 1500 m Hindernis fam].

millefióri <-> **A** agg {MIELE} Blüten- **B** m **1** (*vetro*) Millefioriglas n **2** (*profumo*) Blütenöl n **3** enol Kräuterlikör m.

millefòglie <-> **A** f bot Schafgarbe f **B** m gastr Blätterteigschnitte f, Blätterteigstückchen n.

millelire edit **A** agg Tausend-Lire- **B** <-> m "Billigtaschenbuch zu tausend Lire".

millenàrio, (-a) <-ri m> **A** agg **1** (*che dura mille anni*) {CITTÀ, SEQUOIA, TRADIZIONE} tausendjährig **2** (*che ricorre ogni mille anni*) {FESTA} alle tausend Jahre, tausendjährig **B** m Tausendjahrfeier f.

millènnio <-ni> m Jahrtausend n.

millepièdi <-> m zoo Tausendfüß(l)er m.

millerighe A <inv> agg {CARTONE, TESSUTO} Ringel- **B** <-> m tess Stoff m mit Ringelmuster.

millesimàle agg **1** (*minuscola*) {QUANTITÀ} minimal **2** amm {QUOTA} in Tausendstel **3** med {PREPARATO} mit Millesimalpotenz.

millèsimo, (-a) **A** agg num **1** {CLIENTE, PARTE} tausendste(r, s) **2** fig (*ennesima*) tausendste(r, s): **è la millesima volta che te lo ripeto**, ich wiederhole es dir jetzt zum tausendsten Mal **B** m (f) Tausendste mfn decl come agg **C** m (*frazione*) Tausendstel n: **un ~ di secondo**, eine Tausendstelsekunde.

milleùsi <inv> agg (*polivalente*) {BORSA} Allzweck-.

millibàr <-> m fis meteo Millibar n.

milligràmmo m Milligramm n.

millilitro m metrol Tausendstelliter n o m.

millimetràto, (-a) agg {CARTA, RIGA} Millimeter-.

millimètrico, (-a) <-ci, -che> agg **1** (*in millimetri*) {MISURA} Millimeter- **2** (*di un millimetro*) {TAGLIO} millimeterlang, millimetergroß **3** fig anche scherz (*minuscolo*) {FETTA DI TORTA, IMPERFEZIONE} winzig **4** fig (*molto dettagliato*) {PRECISIONE} Millimeter-.

millimetro m (abbr mm) Millimeter m o n.

millisecóndo m metrol (abbr ms.) Tausendstelsekunde f.

milòrd <-> m ingl **1** (*signore*) Mylord m **2** fig fam (*persona elegante*) eleganter Herr.

mìlza f anat Milz f.

mimàbile agg (*che si può mimare*) {PERSONAGGIO} mimisch forb darstellbar.

mimàre tr ~ **qu**/**qc** {PORTIERE} jdn/etw mimisch dar|stellen, jdn/etw mimen rar; {AEROPLANO} jdn/etw mit|machen.

mimèsi <-> f **1** (*imitazione*) Nachahmung f, Mimese f forb, Mimesis f forb: **l'arte come ~ della realtà**, die Kunst als Mimesis der Wirklichkeit **2** filos Mimese f forb, Mimesis f forb.

mimètico, (-a) <-ci, -che> agg **1** (*mimetizzante*) {TUTA} Tarn- **2** arte (*imitativo*) {CAPACITÀ} imitativ, Nachahmungs- **3** zoo mimetisch.

mimetìsmo m **1** zoo Mimese f **2** fig (*POLITICO*) Anpassungsfähigkeit f, Anpassungsvermögen n.

mimetizzàre A tr mil ~ **qu**/**qc** {SOLDATI, AEREI} jdn/etw tarnen **B** rfl **1** (*confondersi*): **mimetizzarsi (con qc)** mil {SOLDATI CON I CESPUGLI} sich (mit etw dat) tarnen; {ORSO POLARE CON LA NEVE} sich (etw dat) an|passen **2 mimetizzarsi tra qu** {TRA LA FOLLA} sich unter jdn mischen.

mìmica <-che> f Mimik f: **~ facciale**, Mimik f.

mìmico, (-a) <-ci, -che> agg teat {AZIONE, ESPRESSIONE} mimisch: **arte mimica**, die Kunst des Mienenspiels, Pantomimik f.

mìmo, (-a) teat **A** m (*spettacolo*) Pantomime f **B** m (f) **1** (*attore*) Mime m, Mimin f **2** spreg (*istrione*) Komödiant(in) m(f) spreg.

mimodràmma <-i> m **1** mus Musikpantomime f, Mimodram(a) n **2** psic "Rollenspiel n zu therapeutischen Zwecken".

mimòsa f bot Mimose f.

min. **1** abbr di minuto: min, Min, m obs (abbr di Minute) **2** abbr di minimo, minima: min. (abbr di Minimum, Minimal-).

Min. amm abbr di ministero, ministro: Min. (abbr di Minister, Ministerium).

mìna f **1** {+MATITA} Mine f **2** mil Mine f: **~ anticarro**/**antiuomo**, Panzerabwehr-/Tretmine f **3** (*carica esplosiva*) (Spreng)ladung f **4** (*cunicolo sotterraneo*) Stollen m ● **~ vagante** giorn polit (*pericolo*), wandelnde Gefahr.

minàccia <-ce> f **1** (*intimidazione*) Drohung f: **fare delle minacce a qu**, jdm drohen **2** (*pericolo*) Bedrohung f, Gefahr f: **è una ~**

per la collettività, er/sie/es ist eine ₗöffentliche Gefahr」/[Gefahr für die Öffentlichkeit/Gemeinschaft] **3** *med*: ~ **di aborto**, Abortgefahr f.

minacciàre <*minaccio, minacci*> **A** *tr* **1** (*spaventare*) ~ (**qu**) (**con qc**) {CON UN COLTELLO} *jdm* (*mit etw dat*) drohen, *jdn* (*mit etw dat*) bedrohen; ~ (**qu**) **di qc** {DI MORTE} (*jdm mit etw* (*dat*) drohen: **il direttore ha minacciato di licenziarlo**, der Chef hat ihm mit (der) Entlassung gedroht **2** (*promettere*) ~ **qc** {RAPPRESAGLIA} *etw* an|drohen; *scherz* **invito a cena**} *mit etw* (*dat*) drohen *scherz* **3** (*mettere in pericolo*) ~ **qu/qc** {COLERA MARINAI, CITTÀ} *jdn/etw* bedrohen, *jdn/etw* gefährden: **l'epidemia minaccia di estendersi**, die Epidemie droht sich auszudehnen; {CONTRASTI UNITÀ} *etw* gefährden **4** (*preannunciare*) ~ **qc** {NUVOLE TEMPORALE} *etw* an|kündigen **B** *impers* drohen: **minaccia di piovere**, es sieht nach Regen aus; **minaccia una tempesta**, es droht ein Sturm.

minaccióso, (-a) *agg* **1** {ESPRESSIONE, GESTO} drohend **2** (*pericoloso*) {TEMPESTA} gefährlich; {SITUAZIONE} *anche* bedrohlich.

minàre *tr* ~ **qc 1** {EDIFICIO, TERRENO} *etw* verminen **2** *fig* {FALLIMENTO FIDUCIA DI QU; PRIGIONIA SALUTE DI QU} *etw* untergraben; {AUTORITÀ DI QU} *anche etw* unterminieren.

minaréto *m arch* Minarett n.

minatóre *m* **1** (*operaio*) Bergmann m **2** *mil* (*geniere*) Pionier m, Mineur m.

minatòrio, (-a) <-*ri m*> *agg* {LETTERA} Droh-.

mìnchia *merid volg* **A** *f* (*pene*) Schwanz m *volg* **B** *inter impr* (*di stupore*): ~!, ach, du Scheiße! *volg*, verdammte Scheiße! *volg*; ~, **quanto costa!**, ach, du Scheiße, ist das teuer! *volg*.

minchiàta *f merid volg* (*sciocchezza*) Blödsinn *m fam spreg*, Schwachsinn *m fam spreg*, Scheiß *m fam spreg*: **dire minchiate**, Schwachsinn von sich geben *fam spreg*, Scheiß reden *fam spreg*, Schwachsinn verzapfen *fam spreg*; **fare minchiate**, Blödsinn machen *fam spreg*, Scheiß machen *fam spreg*.

minchióna *f* → **minchione**.

minchionàggine *f merid volg* Dämlichkeit *f fam spreg*, Dummheit f.

minchióne, (-a) *m* (*f*) *merid volg* Schwachkopf *m fam spreg*, Trottel *m fam spreg*, Simpel *m fam*, Einfaltspinsel *m fam*.

minchioneria *f merid volg* **1** (*l'essere stupido*) Dämlichkeit *f fam spreg*, Stupidität *f spreg* **2** (*sciocchezza*) Blödsinn *m fam spreg*, Schwachsinn *m fam spreg*, Scheiß *m fam spreg*.

mine-detector <-, -*s pl ingl*> *m ingl* (*cercamine*) Minensuchgerät n.

mineràle A *agg* {ACQUA, REGNO} Mineral-; {SALI} *anche* mineralisch **B** *m* {GREZZO} Mineral n, Erz n.

mineralizzàre *chim min* **A** *tr* ~ **qc** {ACQUA, TERRENO} *etw* mineralisieren **B** *itr pron* (*trasformarsi in minerale*): **mineralizzarsi** sich mineralisieren, zu Mineral werden.

mineralizzazióne *f* **1** (*aggiunta*) {+ACQUA, TERRENO} Mineralanreicherung *f* **2** (*trasformazione*) {+LEGNO} Mineralisation f.

mineralogìa *f* Mineralogie f.

mineralògico, (-a) <-*ci, -che*> *agg* {RICERCA} mineralogisch.

mineralogista <-*i m, -e f*> *mf min* Mineraloge m, Mineralogin f.

mineralogràmma <-*i*> *m med* Haarmineralstoffanalyse f.

mineràrio, (-a) <-*ri m*> *agg* **1** (*dei minerali*) {GIACIMENTO} Erz- **2** (*delle miniere*) {INGEGNE-

RE} Bergbau-; {INDUSTRIA} *anche* Montan-.

minèrva **A** <-> *m* (*fiammiferi*) Streich-, Zündhölzer n *pl*, Zündholzbriefchen n **B** *f* (*per il collo*) Halswirbel-, Cervicalstütze f.

minèstra *f gastr* {+VERDURE} Suppe *f* ● **una ~ riscaldata** *fig* (*cosa che si ripete*), eine aufgewärmte Geschichte *fam*; **è sempre la solita ~** *fig* (*la stessa cosa*), es ist immer ₁die alte Geschichte」/[das alte Lied] *fam*; **o mangi questa ~ o salti questa finestra** *prov*, friss, Vogel, oder stirb! *fam*.

minestrìna *f gastr* Brühe f, (leichte) Suppe.

minestróne *m* **1** *gastr* {+VERDURE} Minestrone f (*dicke Gemüsesuppe, meist mit Hülsenfrüchten, Teigwaren o. Reis*) **2** *fig* (*miscuglio*) Mischmasch m *fam spreg*, Sammelsurium n *fam*: **fare un ~**, alles (kunterbunt) durcheinanderwerfen.

mingherlìno, (-a) *agg* {BAMBINO, DONNA} schmächtig; {UOMO} *anche* schmalbrüstig.

mìni A <*inv*> *agg* {ABITO, APPARTAMENTO} Mini- **B** <-> *f* Mini(rock) m.

mini- *primo elemento* (*piccolo*) Mini-, Klein-, Miniatur-: **miniappartamento**, Kleinwohnung, kleine Wohnung, Mini-Appartement; **minicomputer**, Kleinrechner; Klein-, Minicomputer; **minidisco**, Minidiskette; **minigolf**, Miniatur-, Mini-, Kleingolf.

miniàbito *m* (*nella moda*) Minikleid n.

minialloggio <-*gi*> *m* Kleinwohnung f, kleine Wohnung, Mini-Appartement m.

miniappartaménto *m* Kleinwohnung f, kleine Wohnung, Mini-Appartement m.

miniàre <*minio, mini*> *tr* **1** (*decorare*) ~ (**qc**) {MESSALE} *etw* mit Miniaturen aus|schmücken **2** *fig* (*cesellare*) ~ **qc** {PITTORE QUADRO} *etw* (bis ins Detail) ausmalen; {SCRITTORE RACCONTO} *etw* (in allen Details) beschreiben.

miniàto, (-a) **A** *part pass di* miniare **B** *agg* im Detail ausgeschmückt/ausgemalt/beschrieben.

miniatóre, (-trice) *m* (*f*) *arte* (*nella pittura*) Miniatur(en)maler(in) m(f).

miniatùra A *f* **1** *arte* (*nella pittura*) Miniaturmalerei *f* **2** *arte* (*nella pittura*) film (*opera*) Miniatur *f* **3** *fig* (*lavoro di precisione*) Präzisionsarbeit *f* **B** *loc avv* (*in piccolo*): **in ~**, in Miniatur, en miniature.

miniaturista <-*i m, -e f*> *mf* **1** (*artista*) Miniatur(en)maler(in) m(f) **2** *film* Modelleur m, Modellbauer(in) m(f).

miniaturìstico, (-a) <-*ci, -che*> *agg* **1** *arte* (*nella miniatura*) Miniatur- **2** *fig* {PRECISIONE} Miniatur-.

miniaturizzàto, (-a) *agg* (*in miniatura*) {IMPIANTO} miniaturisiert.

miniaturizzazióne *f elettr tecnol* {+CIRCUITO} Miniaturisierung f.

minibàr A <-> *m* **1** (*piccolo frigorifero*) {+CAMERA D'ALBERGO} Minibar *f* **2** (*piccolo bar*) {+TRENO, VILLAGGIO TURISTICO} Minibar f **B** <*inv*> *agg solo nella loc*: **carrello ~**, mobile Minibar.

minibàsket *m sport* Minibasketball m.

minibus <-> *m* {+ALBERGO} Klein(omni)bus m.

minicalcolatóre *m inform* Kleinrechner m; Klein-, Minicomputer m.

minicàr <-> *f ingl autom* Kleinstwagen m, Minicar m.

MINICOMES *amm abbr di* Ministero del Commercio con l'Estero: Außenhandelsministerium n.

minicomputer <-> *m inform* Kleinrechner m; Klein-, Minicomputer m.

minidìsco <-*schi*> *m inform* Minidiskette f,

Minidisc f.

minielaboratóre *m inform* Kleinrechner m; Klein-, Minicomputer m.

minièra *f* **1** *min* {+FERRO} Bergwerk n, Grube f, Mine f: ~ **abbandonata**, alter/toter Mann, stillgelegte Mine; ~ **di rame**, Kupfermine f **2** *fig* (*fonte*) {+IDEE, NOTIZIE} Fundgrube *f* ● ~ **d'oro**, Goldmine f; *fig* (*fonte di ricchezza*), Goldgrube *f fam*.

minigolf <-> *m* Minigolf n.

minigónna *f* Minirock m.

mìnima *f* **1** Minimum n, Niedrigstwert m, diastolischer Blutdruck; *meteo* Tiefsttemperatur *f* **2** *mus* halbe Note.

mìnimal art <-> *loc sost f ingl arte* Minimal Art f.

minimàle A *agg* {RETRIBUZIONE, TARIFFA} Mindest- **B** *m* Mindestgrenze f, Mindestmaß n.

minimalìsmo *m* **1** *polit* Politik f der kleinen Schritte **2** *arte* Minimal Art f; *lett* Minimalismus m.

minimalista <-*i m, -e f*> **A** *agg* **1** *polit* {POLITICO} der kleinen Schritte **2** *arte* {ARTISTA} Minimal-Art-; *lett* {SCRITTORE} Minimalismus- **B** *mf* **1** *polit* Politiker(in) m(f) der kleinen Schritte **2** *arte lett* Minimalist(in) m(f).

minimalìstico, (-a) <-*ci, -che*> *agg* **1** *polit* {POLITICA} der kleinen Schritte **2** *arte mus* {CORRENTE} minimalistisch; {TECNICA} Minimal-Art-; *lett* Minimalismus-.

minimal music <-> *loc sost f ingl mus* Minimusic f, Minimal Music f.

minimàrket <-> *m ingl comm* Kleinmarkt m.

minimercàto *m* (*minimarket*) Minimarkt m.

minimizzàre *tr* ~ (**qc**) {INCIDENTE} *etw* bagatellisieren, *etw* herunter|spielen, *etw* untertreiben; {IMPORTANZA DI QC} *etw* herab|setzen, *etw* verkleinern: **cerca sempre di ~**, er/sie versucht immer, alles herunterzuspielen.

mìnimo, (-a) <*superl di* piccolo> **A** *agg* **1** (*estremamente piccolo*) {DIFFERENZA, OSCILLAZIONE, VANTAGGIO} minimal, geringfügig, gering, sehr klein **2** (*il più piccolo*) {DISTRAZIONE, SFORZO} kleinste(r, s); *anche fig* geringste(r, s), minderste(r, s): **non avere il ~ rispetto nei confronti di qu**, nicht die geringste Rücksicht auf jdn haben **3** (*il più basso*) {TEMPERATURA} tiefste(r, s), niedrigste(r, s), Tiefst-; {PREZZO} Mindest- **B** *m* **1** (*la parte più piccola*) Geringste n *decl come agg*, Mindeste n *decl come agg*: **questo è il ~ che tu possa fare per me**, das ist das Mindeste, was du für mich tun kannst **2** (*misura, quantità minima*) {+PENA, STIPENDIO} Minimum n; {+SOPPORTAZIONE} *anche* Mindestmaß n **3** *autom* niedrige Drehzahl **4** *mat* {+FUNZIONE} Minimum m **C** *loc avv*: **al ~**, mindestens; *autom*: **il motore è al ~**, der Motor läuft bei niedrig(st)er Drehzahl.

minimósca <-> *m sport* (*nel pugilato*) Papiergewicht n.

minimòto <-> *f* (*piccola motocicletta*) Pocketbike n, Minimofa n.

mìnimum <-> *m lat amm* {+FIRME} Minimum n *forb*.

minimum tax <-> *loc sost f lat stor* **1** (*sistema di imposizione*) Mindestbesteuerung *f* **2** (*imposta*) Mindeststeuer f.

mininvasìvo, (-a) *agg med* {INTERVENTO} minimalinvasiv *scient*.

mìnio *m* Mennige f, Minium n.

minirifórma *f* (*riforma ridotta*) Reform f auf einem begrenzten Sektor.

minisèrie <-> *f TV* Miniserie f.

ministeriàle agg {DECRETO} Ministerial-, ministerial, ministeriell; {CRISI} Regierungs-.
ministèro m 1 (dicastero) Ministerium n: ~ **della Cultura/[Pubblica Istruzione]**, Kultusministerium n; ~ **della Difesa/della Sanità/delle Finanze/[della Giustizia]**, Verteidigungs-/ Gesundheits-/ Finanz-/ Justizministerium n; **Ministero degli Affari Esteri** (abbr Aff. Est.), Auswärtiges Amt, Außenministerium n 2 (edificio) Ministerium n 3 (governo) Regierung n, Kabinett n 4 fig (ufficio) {SACERDOTALE} Amt n • **Pubblico Ministero** (abbr P.M.), Staatsanwalt m; (organo), Staatsanwaltschaft f.
ministra it polit (Frau) Ministerin f.
ministrànte m relig Ministrant m, Messdiener m.
ministréssa f scherz 1 (ministro donna) Ministerin f, Frau Ministerin f 2 (moglie del ministro) Frau f des Ministers.
ministro m 1 polit Minister(in) m(f): **primo ~**, Ministerpräsident(in) m(f), Premierminister(in) m(f); Regierungschef(in) m(f) fam; **Ministro degli Esteri/degli Interni/della Difesa/delle Finanze/[della Giustizia]/[della Pubblica Istruzione]**, Außen-/ Innen-/ Verteidigungs-/ Finanz-/ Justiz-/ Kultusminister(in) m(f); ~ **senza portafoglio** (facente parte del Consiglio dei Ministri, ma non a capo di un ministero), Minister ohne Geschäftsbereich/Portefeuille 2 relig Diener(in) m(f): **il ~ di Dio**, der Diener Gottes.
minitel® <-> m tel (in Francia) Minitel n.
minòico, (-a) <-ci, -che> agg archeol {ARTE} minoisch.
minoranza f 1 (minima parte) {+CASI} Minderheit f 2 dir polit {+VOTANTI} Minderheit f, Minderzahl f: **essere in ~**, in der Minderheit/Minderzahl sein 3 sociol {ETNICA, RELIGIOSA} Minderheit f, Minorität f.
minoràto, (-a) 🄰 agg {RAGAZZO} behindert 🄱 m (f) Behinderte mf decl come agg: ~ **psichico**, geistig Behinderter.
minorazione f 1 (condizione) Behinderung f 2 (riduzione) {+PREZZI} (Ver)minderung f, Kürzung f, Herabsetzung f; {+FAMA} Nachlassen n, Verblassen n.
minóre <compar di piccolo> 🄰 agg 1 (compar: più piccolo) kleiner; {SPAZIO} anche geringer: **l'alloggio è più luminoso, ma è ~ il numero delle stanze**, die Wohnung ist heller, aber sie hat weniger Zimmer; (più basso) {COSTO} geringer, niedriger; (più breve) {DURATA} kürzer; (più debole) {FORZA} geringer; fig {PREOCCUPAZIONE} geringer, kleiner 2 (più giovane) jünger; {FRATELLO, SORELLA} anche kleiner: **è ~ di due anni**, er/sie ist zwei Jahre jünger 3 (meno importante) {ALTARE} unbedeutend; {AUTORE, LAVORO} unbedeutend, zweitrangig: **è un'opera ~ di Pavese**, es ist ein zweitrangiges Werk von Pavese 4 mat {BASE} kleiner; (con i numeri) niedriger 5 mus Moll-: **fa ~**, f-Moll 6 (superl rel: il più piccolo) il/la ~ kleinste(r, s): **questo è il nostro problema ~**, das ist unser kleinstes/geringstes Problem 7 (il più giovane) jüngste(r, s): **è il ~ della classe**, er ist der Jüngste der Klasse 🄱 mf 1 (persona più giovane) Jüngste mf decl come agg 2 (minorenne) Minderjährige mf decl come agg, Jugendliche mf decl come agg; dir Minderjährige mf decl come agg: **vietato ai minori di 14 anni** spec film, freigegeben ab 14 Jahren.
minorènne 🄰 agg {FIGLIA} minderjährig 🄱 mf Minderjährige mf decl come agg, Jugendliche mf decl come agg: **vietato ai minorenni**, für Jugendliche (unter 18 Jahren) verboten.
minorile agg {DELINQUENZA} Jugend-, jugendlich.
minorità <-> f dir Minderjährigkeit f.
minoritàrio, (-a) <-ri m> agg {GRUPPO, PARTITO} Minderheiten-, Minderheits-.
Minòsse m 1 mitol Minos m 2 fig (giudice severo) strenger Richter.
minsi 1ª pers sing del pass rem di mingere.
minuétto m (danza) Menuett n.
minùscola f tip Kleinbuchstabe m, Minuskel f.
minùscolo, (-a) 🄰 agg 1 {LETTERA} Klein-; {INIZIALE} klein(geschrieben) 2 (piccolissimo) {FETTA DI TORTA, PIEDE} winzig, klitzeklein fam 🄱 m Minuskel f 🄲 f Kleinbuchstabe m.
minus hàbens <-> loc sost mf lat 1 (persona poco intelligente) Minderbemittelte mf decl come agg fam spreg 2 (chi ha meno diritti) Bürger zweiter Klasse.
minusvalènza f econ Minderwert m.
minùta f Entwurf m, Konzept n.
minutàglia f spreg (Klein)kram m fam, Krimskrams m fam.
minutaménte avv 1 (a pezzetti) in kleine(n) Stücke(n) 2 (in modo particolareggiato) in allen Einzelheiten, aufs Genau(e)ste.
minuterìa f Kleinartikel m pl, Nippes m pl fam.
minutézza f 1 (piccolezza) {+RIFINITURE} Kleinheit f 2 (minuzia) Kleinigkeit f, Lappalie f.
minutièra f (lancetta dei secondi) {+OROLOGIO} Sekundenzeiger m.
minùto① m (abbr min.) Minute f: **mancano cinque minuti alle tre**, es ist fünf (Minuten) vor drei; **è una questione di pochi minuti**, das ist eine Sache von wenigen Minuten; ~ **primo/secondo**, Minute f/Sekunde f; **sono le sette e dieci minuti**, es ist zehn (Minuten) nach sieben • **contare i minuti** fig (essere impaziente), die Minuten zählen; **ho i minuti contati** fig (ho poco tempo), meine Zeit ist knapp (bemessen), ich habe nur sehr wenig Zeit; fig (in punto di morte), meine Tage sind gezählt, meine Uhr ist abgelaufen; **guardare il ~ fig** (tener conto anche del tempo), auf jede Minute sehen; **non c'è un ~ da perdere** fig (qc è molto urgente), da gibt es keine Sekunde/Zeit zu verlieren; **osservare/fare un ~ di raccoglimento/silenzio**, eine Schweigeminute/Gedenkminute einlegen; **spaccare il ~ fig** (essere puntuale), auf die Minute pünktlich sein; **in un ~ fig** (rapidamente), in einer Sekunde fam.
minùto② (-a) 🄰 agg 1 (piccolo) {FRAMMENTO} klein; {BESTIAME} Klein- 2 (di poca importanza) {ARGOMENTI, SPESE} klein 3 (gracile) {RAGAZZA} zierlich 4 (delicato, sottile) {NASO} fein 5 (particolareggiato) {DESCRIZIONE} genau, eingehend, ausführlich 6 (di bassa condizione) {GENTE} klein, einfach 🄱 <inv> loc agg comm: **al ~**, {VENDITA} Einzel- 🄲 loc avv comm: **al ~**, {VENDERE} en détail, im Detail.
minùzia f Kleinigkeit f, Einzelheit f: **non perderti in minuzie!**, verliere dich nicht in Einzelheiten!
minuziosità <-> f {+IMPIEGATO, INDAGINE} peinliche Genauigkeit.
minuzióso, (-a) agg {LAVORO} minuziös forb; {PERSONA} peinlich genau.
minùzzolo m Stückchen n, Bröckchen n.
minzióne f med Harnen n, Harnlassen n.
mio, (**mìa**) <miei, mie> 🄰 agg poss di 1ª pers sing mein: **la mia anima/voce**, meine Seele/Stimme; **mio padre/zio**, mein Vater/Onkel; **un mio amico**, ein Freund von mir 🄱 pron poss di 1ª pers sing: **il mio**, **la mia** meiner, meine, meine(s), meine: **quale libro vuoi? Il tuo o il mio?**, welches Buch willst du? Dein(e)s oder mein(e)s? 🄲 m: **il mio** das Mein(ig)e: **non voglio rimetterci del mio**, ich will da keine Verluste erleiden/[nicht draufzahlen müssen]; **mi accontento del mio**, ich gebe mich mit dem zufrieden, was ich habe • **i miei** (familiari), die Meinen forb; **i miei** (genitori), meine Eltern; **la mia** (lettera) del ..., mein Brief vom ...; **ho detto la mia** (opinione), ich habe meine Meinung gesagt; **essere/stare dalla mia** (parte), auf meiner Seite sein; **anch'io ho passato le mie** (pene), ich habe auch einiges durchgemacht fam; **ne ho fatta una delle mie**, das war wieder mal typisch für mich.
miocàrdico, (-a) <-ci, -che> agg anat Herzmuskel-, Myokard- scient.
miocàrdio <-di> m anat Herzmuskel m, Myokard(ium) n scient.
miocène m geol Miozän n scient.
miope med anche fig 🄰 agg {OCCHI, POLITICA} kurzsichtig 🄱 mf Kurzsichtige mf decl come agg.
miopìa f med anche fig Kurzsichtigkeit f.
miorilassànte farm 🄰 agg {COMPRESSA} muskelentspannend 🄱 m Muskelentspannungsmittel n, Muskelrelaxans m scient.
miosìna f chim Myosin n.
miosòtide f bot Vergissmeinnicht n.
MIPS m inform abbr dell'ingl Mega Instructions Per Seconds (milioni di istruzioni per secondo) MIPS pl (Millionen Befehle je Sekunde).
mira f 1 (il mirare) {INFALLIBILE} Zielen n, (An)visieren n: **avere un'ottima ~**, ein guter Schütze sein; **prendere la ~**, zielen 2 fig (intenzione, scopo) Ziel n, Zielsetzung f, Absicht f: **avere delle mire su qu/qc**, es auf jdn/etw abgesehen haben • **prendere di ~ qu** fig (accanirsi) jdn aufs Korn nehmen fam.
MIRAAF m amm abbr di Ministero delle Risorse Agricole, Alimentari e Forestali: ≈ Land- und Forstwirtschaftsministerium n.
miràbile agg {CORAGGIO, INGEGNO} bewundernswert, bewundernswürdig; (meraviglioso) {BELLEZZA} außerordentlich.
mirabilia f pl → **mirabilie**.
mirabilie f pl scherz Wunderdinge n pl.
mirabolànte agg {STORIA} unglaublich, großartig, verblüffend, frappant forb.
miracolàre tr ~ **qu** 1 (aiutare) {MADONNA AMMALATO INGUARIBILE} jdn durch ein Wunder heilen 2 scherz (aiutare con un intervento eccezionale) jdn wie durch ein Wunder retten.
miracolàto, (-a) agg 1 {BAMBINO} durch (ein) Wunder geheilt/gerettet 2 fig scherz auf wunderbare Weise gerettet scherz.
miràcolo 🄰 m relig anche fig {+SANTO, SCIENZA} Wunder n: **gridare al ~**, ein Wunder verkünden; **è un ~ di armonia** fig, es/das ist ein Wunder an Harmonie; **un ~ della tecnica** fig, ein Wunderwerk der Technik; **far miracoli**, Wunder tun; fig Wunder vollbringen; {MEDICINA} Wunder wirken 🄱 inter impr fam: ~!, ein Wunder! fam; ~, **oggi non sei in ritardo!**, ein Wunder, dass du dich heute nicht verspätet hast! • **che ~!** fam iron, o Wunder! Wunder über Wunder! iron; ~ **economico**, Wirtschaftswunder n; **per ~**, wie durch ein Wunder.
miracolóso, (-a) 🄰 agg 1 (che fa miracoli) {ACQUA} wundertätig, wunderkräftig; fig {INTERVENTO, MEDICINA} fabelhaft 2 (dovuto a miracolo) {GUARIGIONE} Wunder-; fig {RISULTATO} einem Wunder gleichkommend 🄱 m <solo sing> anche fig Wunderbare n decl come agg: **una guarigione/un rinnovamento che ha del ~**, eine Heilung/Erneuerung, die ans Wunderbare grenzt.
miràggio <-gi> m 1 fis {+DESERTO} Luftspie-

gelung f, Fata Morgana f 2 fig (promessa seducente) {+RICCHEZZA} Illusion f, Trugbild n.
miràre A tr lett (osservare) ~ qu/qc {OPERA D'ARTE, PAESAGGIO} jdn/etw betrachten, jdn/etw an|sehen, jdn/etw an|schauen A CH süddt B itr 1 (puntare) ~ (a qu/qc) {ALL'UOMO, AL CUORE} auf jdn/etw zielen, jdn/etw an|visieren: ~ **dritto**, etw direkt anvisieren, direkt auf etw (acc) zielen 2 fig (aspirare) ~ (a qc) {AL GUADAGNO, A UNA POSIZIONE, A UN POSTO DI LAVORO} auf etw (acc) ab|zielen, nach etw (dat) trachten, nach etw (dat) streben, es auf etw (acc) abgesehen haben: **è un uomo che mira troppo in alto**, er ist ein Mann, der ⌞zu hoch hinaus will⌟/[ein zu hohes Ziel anstrebt]; {CIRCOLARE, PROVVEDIMENTO} etw bezwecken; ~ **a qu** {ALL'AMICA} es auf jdn abgesehen haben.
miràto, (-a) agg (diretto) {CAMPAGNA STAMPA, INTERVENTO, PUBBLICAZIONE} gezielt.
miriade A f {+FORMICHE, PERSONE} Myriaden f pl, Unmenge f B loc avv: **a miriadi**, zu Zehntausenden.
mirino m 1 {+PISTOLA} Korn n, fig Korn n, Visier n, Fadenkreuz n: **essere nel ~ di qu**, von jdm aufs Korn genommen werden fam 2 film fot {+CINEPRESA} Sucher m.
mirmìdone mf stor (abitante della Tessaglia) Myrmidone m, Myrmidonin f.
mirra f Myrrhe f.
mirror <-> m ingl inform Spiegelung f.
mirtillo m bot Heidelbeere f, Blaubeere f.
mirto m bot Myrte f.
mis- pref negativo o pegg Mis-, Miss-, Un-: **miscredente**, ungläubig; **misfatto**, Missetat, Untat; **misogino**, misogyn forb.
misàntropa f → misantropo.
misantropìa f psic Misanthropie f forb, Menschenhass m, Menschenfeindlichkeit f.
misantròpico, (-a) <-ci, -che> agg (da misantropo) {MODI} misanthropisch forb, menschenfeindlich.
misàntropo, (-a) psic A m (f) Misanthrop m forb, Menschenfeind(in) m(f) B agg misanthropisch forb, menschenfeindlich.
miscèla f 1 {+AROMI, CAFFÈ, TABACCO} Mischung f 2 autom Gemisch n: ~ **carburante**, Kraftstoffgemisch n.
miscelaménto m Mischung f, (azione) anche Mischen n.
miscelàre tr (mescolare) ~ **qc (con qc)** {ACQUA COL VINO, LUCI, SUONI} etw (mit etw dat) (ver)mischen.
miscelàto, (-a) agg (mischiato) {SPEZIE} gemischt, Misch-.
miscelatóre, (-trice) A agg Misch-, Mix- B m (f) (operaio) Mischer(in) m(f) C m 1 (apparecchio) Mixer m; (macchina) Mischer m, Mischmaschine f; (rubinetto) Mischer m 2 (recipiente graduato) Mixer m, Shaker m, Mixbecher m.
miscellànea f 1 (mescolanza) Mischung f, Gemisch n 2 (titolo di libro) Sammelband m, Essaysammlung f, Sammelwerk n; (titolo di rubrica) Vermischte n decl come agg, Miszellen pl, Miszellaneen pl.
miscellàneo, (-a) agg {CODICE, VOLUME} Sammel-.
mischia <mischie> f 1 sport Gewühl n, Gedränge n, Getümmel n 2 fig Gewühl n: **essere al di fuori/sopra della** ~, sich heraushalten, über eine Sache stehen, nichts mit der Sache zu tun haben ● **gettarsi nella** ~ anche fig, sich ins Gewühl stürzen.
mischiàre <mischio, mischi> A tr 1 (mescolare) ~ **qc (con qc)** {SALE COL PEPE} etw (mit etw dat) (ver)mischen; fig {RAZZE, STILI} etw (mit etw dat) vermischen; (alla rinfusa) ~ **qc**

{FOGLI} etw durcheinander|bringen, etw durcheinander|werfen; ~ **qc con qc** {UOVA FRESCHE CON QUELLE VECCHIE} etw mit etw (dat) mischen 2 (rimestare) ~ **qc** (um|)rühren 3 fig (immischiare) ~ **qc (in qc)** etw (in etw acc) hinein|bringen: **mischia la religione in ogni cosa**, überall bringt er/sie die Religion ins Spiel B itr pron rfl 1 (unirsi): **mischiarsi** {COLORI} sich vermischen 2 (confondersi): **mischiarsi a/tra qu** {STRANIERO AI VISITATORI, TRA LA GENTE} sich unter jdn mischen.
mischiàta f Mischen n: **dai una ~ alle carte prima di distribuirle!**, misch die Karten einmal, bevor du sie verteilst!
miscìbile agg chim fis mischbar.
misconoscènte lett A agg (ingrato) ~ **di qc** {RAGAZZO DEI FAVORI RICEVUTI} (für etw acc) undankbar B mf Undankbare mf decl come agg.
misconóscere <coniug come conoscere> tr (non riconoscere) ~ **qc** {AIUTO DI QU, MERITI DI QU, VALORE DI QC} etw nicht an|erkennen, etw verkennen.
misconosciùto, (-a) agg lett (non apprezzato) {LAVORO DI QU} verkannt.
miscredènte A agg ungläubig B mf Ungläubige mf decl come agg.
miscùglio <-gli> m 1 {+INGREDIENTI, RAZZE, STILI} Mischung f, Gemisch n 2 chim Mischung f.
mise <-> f franc {ELEGANTE} Toilette f forb, Kleidung f.
misera f → misero.
miseràbile A agg 1 (compassionevole) {STORIA} erbärmlich, jämmerlich, Mitleid erregend 2 (povero) {STIPENDIO, VITA} armselig, miserabel, elend 3 spreg {RICATTO, TRUFFATORE} erbärmlich fam, elend, miserabel B mf 1 Elende mf decl come agg 2 spreg Hund m spreg: **sei un ~!**, du elender/verdammter Hund! spreg ● **i miserabili** (titolo di un romanzo di V. Hugo), die Elenden.
miseràndo, (-a) agg (da compatire) {SPETTACOLO, VITA} beklagenswert, kläglich.
miserère <-> m lat relig Miserere n ● **cantare il ~ a qu/qc** fig (considerarlo alla fine), für jdn/etw den Grabgesang anstimmen, jdn/etw als erledigt betrachten; **essere al ~** fig (in fin di vita), in den letzten Zügen liegen fam.
miserévole agg 1 (compassionevole) {CONDIZIONI} Mitleid erregend, bedauernswert 2 (misero) {VITA} armselig, elend.
misèria f 1 (povertà) Armut f, Elend n: **viveva nella ~ più nera**, er/sie lebte ⌞in bitterer Armut⌟/[im schlimmsten Elend]/[in tiefster Not] 2 (scarsità) ~ **di qc** {DI TUTTO} Mangel m an etw (dat), Not f an etw (dat) 3 (somma esigua) erbärmliche Summe; (rif. a guadagno) Hungerlohn m spreg: **lavorare per una ~**, für ⌞einen Hungerlohn spreg⌟/[einen Apfel und ein Ei fam] arbeiten; **pagare qu una ~**, jdm einen Hungerlohn zahlen spreg; (rif. a costo) Spottpreis m fam; **comprare qc per una ~**, etw ⌞zu einem Spottpreis⌟/[für einen Apfel und ein Ei] kaufen fam; **costare una ~**, spottbillig sein fam 4 (solo pl) (disgrazie) Misere f forb, Nöte f pl, Leid n 5 (meschinità) {+ANIMO} Armseligkeit f, Erbärmlichkeit f ● **piangere** ~ fig fam (lamentarsi della mancanza di soldi), jammern, lamentieren fam spreg; **porca ~!** fam, verdammte Schweinerei!/Scheiße! volg.
misericòrdia A f 1 {DIVINA} Barmherzigkeit f 2 (pietà) ~ **di qu** Mitleid n mit jdm, Erbarmen n mit jdm: **Dio abbia ~ di noi**, Gott erbarme sich unser B inter impr (di stupore): ~!, barmherziger Gott/Himmel!; ~, **che hai**

combinato!, barmherziger Gott, was hast du denn angestellt! ● **senza ~**, erbarmungslos, unbarmherzig.
misericordióso, (-a) A agg 1 {SIGNORE} barmherzig 2 (compassionevole) {GESTO} mitleid(s)voll, barmherzig B m (f) Barmherzige mf decl come agg.
misero, (-a) A agg 1 (povero) {VITA} armselig, elend 2 (infelice) {DESTINO, FINE} traurig; {PRIGIONIERO} unglücklich: **me ~!**, ich Unglücklicher! 3 (insufficiente) {CENA, GUADAGNO, RISULTATO} armselig, kümmerlich, jämmerlich 4 (meschino) {FIGURA} kläglich, jämmerlich; {SCUSA} faul fam spreg 5 spreg {TRUFFATORE} elend spreg B m (f) Arme mf decl come agg.
misèrrimo, (-a) <superl di misero> agg {FINE} armselig, elend, elendiglich.
misfàtto m {ORRIBILE} Untat f, Missetat f forb obs.
misi 1ª pers sing del pass rem di mettere.
misirizzi <-> m 1 (giocattolo) Stehaufmännchen n 2 fig (chi cammina impettito) eitler Pfau spreg 3 fig (voltagabbana) Flattergeist m, Flattermann m fam.
misoginìa f psic Misogynie f forb, Frauenhass m, Frauenfeindlichkeit f.
misògino psic A agg {ATTEGGIAMENTO} frauenfeindlich, misogyn forb B m Misogyn m forb, Frauenfeind m, Weiberfeind m spreg, Frauenhasser m spreg.
miss <-> f ingl Miss f: ~ **Italia**, Miss Italien f.
missàggio <-gi> m film Mischen n, Mischung f.
missàre tr film TV ~ **qc** etw mixen, etw mischen.
missile m aero mil Rakete f: ~ **Cruise**, Marschflugkörper m, Cruisemissile n; ~ **ariaterra/acqua-aria**, Luft-Boden-/Wasser-Luft-Rakete f; ~ **a gittata intermedia**, Mittelstreckenrakete f.
missilìstica <-che> f aero mil Raketenforschung f, Raketentechnik f.
missilìstico, (-a) <-ci, -che> agg aero mil {BASE} Raketen-.
missino, (-a) m (f) polit stor "Mitglied oder Anhänger der italienischen rechtsradikalen Partei MSI".
mission f ingl (scopi) Mission f.
missionàrio, (-a) <-ri -m> A agg 1 relig missionarisch, Missions- 2 fig {SPIRITO} missionarisch B m (f) 1 relig Missionar(in) m(f) 2 fig (apostolo) {+PACE} Apostel m.
missióne f 1 (incarico) Mission f, Auftrag m: **in ~ segreta**, in geheimer Mission, in geheimem Auftrag 2 (gruppo di persone) {DIPLOMATICA} Mission f forb 3 fig {+MEDICO} Aufgabe f 4 relig {APOSTOLICA} Mission f, Sendung f forb; (sede) Missionsstation f ● ~ **compiuta!** mil anche scherz (incarico è stato svolto), Auftrag ausgeführt!, Mission erfüllt! scherz.
missiva f lett anche scherz Schreiben n, Epistel f scherz.
mister <-> m ingl 1 (vincitore di un concorso) Mister m: ~ **muscolo/universo**, Mister m Bodybuilding/Universum 2 slang sport (allenatore) Trainer m, Coach m.
mistèrico, (-a) <-ci, -che> agg 1 relig stor {RITO} Mysterien- 2 fig {SCRITTO} rätselhaft, geheimnisvoll.
misterióso, (-a) A agg {CIRCOSTANZE, DONNA, MODO, MORTE, SGUARDO, TELEFONATA} geheimnisvoll, mysteriös, rätselhaft B m (f) Geheimnistuer(in) m(f) fam, Geheimniskrämer(in) m(f) fam spreg: **fare il ~**, geheimnisvoll tun.
mistèro m 1 (enigma, fatto oscuro) Rätsel n: **il suo comportamento è un ~ per me**,

mistica <-che> f relig {CRISTIANA} Mystik f.

misticheggiànte agg (che tende al misticismo) {INTERPRETAZIONE} mystifizierend forb.

misticismo m relig Mystizismus m.

mistico, (-a) <-ci, -che> relig A agg {CONTEMPLAZIONE, ESPERIENZA} mystisch B m (f) Mystiker(in) m(f).

mistificànte agg (ingannevole) {DISCORSO} irreführend.

mistificàre <mistifico, mistifichi> tr **1** (alterare) ~ qc {INTERPRETAZIONE, NOTIZIA, RISULTATO} etw verfälschen **2** rar (ingannare) ~ qu jdn täuschen, jdn irre|führen.

mistificatóre, (-trice) m (f) **1** (imbroglione) Betrüger(in) m(f) **2** (falsificatore) Fälscher(in) m(f).

mistificatòrio, (-a) <-ri m> agg (che ingannna) {RISPOSTA} trügerisch.

mistificazióne f **1** (falsificazione) {+STORIA} Fälschung f **2** (inganno) Täuschung f, Irreführung f, Betrug m.

mistilìngue <-> agg **1** {FAMIGLIA} gemischtsprachig **2** (in più lingue) {TESTO} mehrsprachig.

misto, (-a) A agg {MATRIMONIO, TESSUTO} Misch-; {CLASSE, INSALATA, SCUOLA, SQUADRA} gemischt; anche fig ~ **a qc** {A CACHEMIRE, A FELICITÀ} mit etw (dat) gemischt B m Mischung f, Gemisch m: **è un ~ di verità e finzione**, es/das ist eine Mischung aus Wahrheit und Fiktion ● **lana/seta**, Halbwolle f/Halbseide f.

mistral <-> m meteo Mistral m.

mistùra f **1** anche fig (mescolanza) Gemisch n, Mischung f, Mixtur f **2** (ingrediente alterante) Zusatz(stoff) m **3** (bevanda adulterata) Gesöff n spreg **4** farm Mixtur f.

misùra f **1** mat Maß n: **misure di capacità**, Maßeinheiten n; (unità di ~) Maß n **2** <di solito al pl> (dimensione) {+DIVANO, SENO, STANZA, TENDA, VITA} Maß n: **prendere le misure a qu**/[di qc], bei jdm Maß nehmen/[etw ab|messen] **3** (taglia) {PICCOLA} Größe f: **di tutte le misure**, in allen Größen **4** (provvedimento) {PREVENTIVA, RESTRITTIVA} Maßnahme f: **misure prudenziali**, Vorsichtsmaßnahmen f pl; **misure di repressione**, Unterdrückungsmaßnahmen f pl; **misure di sicurezza**, Sicherheitsmaßnahmen f pl **5** (grado, proporzione) (Aus)maß n, Umfang m, Grad m: **in egual ~**, im gleichen Umfang/Maß(e); **in ~ maggiore/minore**, in stärkerem/geringerem Maß(e); **nella ~ in cui**, in dem Maß(e), in dem; **nella ~ delle mie forze/possibilità**, im Rahmen meiner Kräfte/Möglichkeiten **6** (il misurare) {+TEMPO} Messung f **7** fig (moderazione) Maß n: **spendere senza ~**, ohne [Maß und Ziel]/[Sinn und Verstand fam] Geld ausgeben **8** fig (criterio di valutazione) Maß n, Maßstab m: **questo ti dà la ~ della sua sincerità**, daran kannst du seine/ihre Ehrlichkeit messen; **l'uomo è la ~ di tutte le cose**, der Mensch ist das Maß aller Dinge **9** fig (limite) Maß n: **colmare/passare la ~**, das Maß voll|machen **10** mus Takt m ● **la ~ è colma** fig fam (si dice quando non si è disposti a tollerare oltre), das Maß ist voll; **per ~ d'igiene**, aus Hygienegründen; **mezze misure** fig (provvedimenti blandi), hal-

be Sachen f pl; **non avere mezze misure** fig (essere molto deciso), sich nicht mit Halbheiten zufrieden|geben; **oltre**/**fuor di ~** (in modo eccessivo), maßlos/über die/alle Maßen; **su ~**, Maß-; **fare qc su ~** {ABITO, SCARPE} etw nach Maß machen; **essere fatto su ~ per qu** fig (essere molto adatto), wie für jdn geschaffen sein; **a ~ d'uomo**, nach Menschenmaß; **vincere di ~** sport anche fig, knapp gewinnen.

misuràbile agg {ALTEZZA} messbar.

misurabilità <-> f Messbarkeit f.

misuràre A tr **1** ~ **qc** (con/a qc) {SUPERFICIE DI QC, PRESSIONE DI QC, TEMPERATURA DI QC CON IL TERMOMETRO, VELOCITÀ DI QU CON IL CRONOMETRO} etw (mit etw dat) messen; {DISTANZA TRA DUE PUNTI, LUNGHEZZA DI QC CON IL METRO, STOFFA A BRACCIA} etw (mit etw dat) (ab|)messen; {VOLUME DI QC} etw (mit etw dat) (aus|)messen; {STOFFA A METRI} etw (nach etw dat) vermessen; {DIAMETRO DI QC COL CALIBRO} etw mittels etw (gen) ab|messen; ~ **qc a qu** {FEBBRE} jdm etw messen **2** (provare) ~ **qc** {GIACCA, SCARPE} etw an|probieren; (far provare) ~ **qc a qu** {SARTO VESTITO AL CLIENTE} jdm etw an|probieren **3** (percorrere) ~ **qc** {STANZA A LUNGHI PASSI} in etw (dat) (irgendwie) auf und ab gehen; {PIAZZA A LUNGHI PASSI} etw (irgendwie) überqueren **4** (ponderare) ~ **qc** {GESTI, PAROLE} etw ab|wägen **5** (mettere alla prova) ~ **qc** {IL CORAGGIO DI QU} etw testen, etw auf die Probe stellen **6** (giudicare) ~ **qu** jdn beurteilen **7** (limitare) ~ **qc** {SPESE} etw ein|schränken; {USCITE} etw beschränken; (razionare) {CIBO} etw rationieren: ~ **i soldi**, auf den/jeden Pfennig sehen fam B itr messen: **la stanza misura 3.50 m in altezza**, das Zimmer misst 3.50 m in der Höhe C rfl **1** fig (cimentarsi): **misurarsi con qu (in qc)** {ATLETA CON L'AVVERSARIO IN UNA GARA} sich mit jdm (in etw dat) messen, es mit jdm (in etw dat) auf|nehmen, mit jdm (in etw dat) wetteifern: **si misurò con il suo avversario**, er/sie nahm es mit seinem/ihrem Gegner auf **2** (contenersi): **misurarsi in qc** {NEL MANGIARE} sich (bei/in etw dat) mäßigen, (in/mit etw dat) Maß halten.

misuratézza f (moderazione) Mäßigkeit f, Maß n: **comportarsi con ~**, sich ausgeglichen verhalten.

misuràto, (-a) agg **1** (moderato) maßvoll, zurückhaltend, gemäßigt: **essere ~ nel fare qc**, in/bei etw (dat) maßvoll sein **2** (equilibrato) {DISCORSO, UOMO} ausgeglichen, gemäßigt **3** (ponderato) {GESTI, PAROLE} ausgewogen, überlegt **4** (limitato) {POSSIBILITÀ} begrenzt.

misuratóre m {+PRESSIONE} Messgerät n, Messer m.

misuratùra f (il misurare) {+PROFONDITÀ} (Aus)messen n.

misurazióne f Messen n, Messung f; {+TERRENO} Vermessung f; {+PROFONDITÀ DELL'ACQUA} Ausloten n, Auslotung f.

misurìno m {+DETERSIVO, SCIROPPO} Messbecher m, Messzylinder m.

mite agg **1** (benevolo) {PERSONA, POPOLO, SGUARDO} mild(e), sanftmütig; (indulgente) {GIUDICE} mild(e), nachsichtig **2** {CLIMA, CONDANNA, RICHIESTE} mild **3** {MANSUETO} {AGNELLO} zahm.

mitézza f **1** (benevolenza) {+POPOLO, SGUARDO, UOMO} Milde f, Sanftmut f; (indulgenza) {+GIUDICE} Nachsicht f **2** {+CLIMA, SENTENZA} Milde f **3** (mansuetudine) {+AGNELLO} Zahmheit f.

miticità <-> f (l'essere mitico) {+PERSONAGGIO} Mythenhaftigkeit f.

mìtico, (-a) <-ci, -che> agg **1** (del mito) {RAC-

CONTO} mythisch **2** (leggendario) {EVENTO, LUOGO, PERSONAGGIO} legendär, sagenhaft **3** slang giovanile (fantastico) {CONCERTO, FESTA, VACANZA} sagenhaft, fantastisch fam, irre fam, wahnsinnig fam, Wahnsinns- fam.

mitigàbile agg (che si può mitigare) {PENA, SOFFERENZA} zu mildernd.

mitigàre <mitigo, mitighi> A tr (attenuare) ~ **qc** {FREDDO, PENA, RABBIA} etw mildern; {DOLORE} anche etw lindern B itr pron: **mitigarsi** {FREDDO} nach|lassen; {DOLORE} anche sich mildern.

mitigatóre, (-trice) A agg (che mitiga) beruhigend, lindernd, besänftigend B m (f) (chi mitiga) Linderer m, (Linderin f), Besänftiger(in) m(f): **il mare è un ~ del clima**, das Meer mildert das Klima.

mitigazióne f {+PENA} Milderung f.

mìtilo m zoo Miesmuschel f.

mitizzàre A tr (rendere mitico) ~ **qu/qc** {PERSONAGGIO, EVENTO} jdn/etw zum Mythos machen/erheben, jdn/etw verherrlichen B itr Mythen schaffen.

mitizzazióne f {+IMPERATORE} Mythologisierung f forb.

mito m **1** anche fig {+CALLAS, HOLLYWOOD; GRECO} Mythos m: **la fine di un ~** fig, das Ende eines Mythos **2** fig (utopia) Utopie f, Traum m **3** fam scherz Kult m fam scherz: **i Beatles sono un ~**, die Beatles sind Kult fam scherz; **le tue feste sono un ~**, deine Feste sind kultig/Kult fam scherz ● **della caverna filos** (in Platone), Höhlengleichnis n.

mitocòndrio <-dri> m biol Mitochondrium n scient.

mitologìa f Mythologie f.

mitològico, (-a) <-ci, -che> agg **1** (di mitologia) {TRADIZIONE} mythologisch, Mythen- **2** (di mito) {PERSONAGGIO} mythologisch **3** fig (favoloso) {EVENTO} sagenhaft.

mitòmane psic A agg mythoman B mf Mythomane m, Mythomanin f.

mitomanìa f psic Lügensucht f, Mythomanie f.

mitra① <-> m mil Maschinenpistole f.

mitra② f relig Mitra f, Bischofsmütze f.

mitràglia f **1** (insieme di colpi) Feuerstoß m, Maschinengewehrsalve f **2** slang mil (mitragliatrice) Maschinengewehr n.

mitragliaménto m **1** mil Maschinengewehrfeuer n **2** fig {+DOMANDE, RICHIESTE} Bombardieren n fam.

mitragliàre <mitraglio, mitragli> tr **1** mil ~ **qu/qc** jdn/etw unter Maschinengewehrfeuer nehmen **2** fig (bersagliare) ~ **qu/qc di qc** {DI RICHIESTE} jdn/etw mit etw (dat) bombardieren fam: ~ **qu di domande**, jdm mit Fragen bombardieren fam, jdm Löcher in den Bauch fragen fam, jdn mit Fragen löchern fam.

mitragliàta f mil Feuerstoß m, Maschinengewehrgarbe f, Maschinengewehrsalve f, Maschinengewehrfeuer n.

mitragliatóre, (-trice) A agg {FUCILE} Maschinen- B m MG-Schütze m C f {LEGGERA, PESANTE} Maschinengewehr n ● **parlare come una mitragliatrice** fig fam (senza interruzione), reden wie ein Wasserfall fam.

mitraglièra f Maschinenkanone f.

mitraglière m MG-Schütze m.

mitragliétta f Maschinenpistole f.

mitràle agg anat {VALVOLA} mitral scient, Mitral- anat.

mitràlico, (-a) <-ci, -che> agg anat {STENOSI} Mitral(klappen)-.

mitridatìsmo m med Mithridatismus m scient.

mitridatizzàre A tr (immunizzare) ~ **qu**

jdn an Gifte gewöhnen **B** rfl (*immunizzarsi*) **mitridatizzarsi** *contro qc* {CONTRO UNA SOSTANZA} sich *gegen etw* (acc) immunisieren; *fig* {CONTRO UNA SITUAZIONE SPIACEVOLE} sich *gegen etw* (acc) ab|härten.

mitt. *post abbr di* mittente: Abs. (**abbr** *di* Absender).

Mitteleuròpa f *geog* Mitteleuropa n.

mitteleuropèo, (-a) *agg* (*dell'Europa centrale*) {LETTERATURA} mitteleuropäisch.

mittènte mf *post* (*abbr* mitt.) Absender(in) m(f).

mix <-> m *ingl* (*mescolanza*) {+PROFUMI, RAZZE} Mix m *slang*, Gemisch n.

mixage <-> m *franc film mus* Mix m *slang*.

mixàre tr *film TV* ~ *qc etw* mixen, *etw* mischen.

mixàto, (-a) **A** *part pass di* mixare **B** *agg* {CD} gemixt.

mixer <-> **A** m *ingl* 1 (*recipiente*) Mixer(in) m(f), Shaker m, Mixbecher m 2 (*del frullatore*) Mixer m 3 *film mus radio TV* (*apparecchio*) Mischpult n **B** mf *film mus radio TV* (*tecnico*) Mixer(in) m(f), Ton- und Bildmischer(in) m(f).

mìzzica *inter merid* (*di stupore, sorpresa, ammirazione*) wow *slang*, hey *slang*: ~ *che pensata!*, wow, was für ein Einfall *slang*!; hey, tolle Idee *slang*!

ml 1 *abbr di* miglio: M, M. (**abbr** *di* Meile) 2 *abbr di* millilitro: ml (**abbr** *di* Milliliter).

mm *abbr di* millimetro: mm (**abbr** *di* Millimeter).

MM 1 *mil abbr di* Marina Militare: Kriegsmarine f 2 *abbr di* Metropolitana Milanese: Mailänder U-Bahn.

MM.GG. *abbr di* Magazzini Generali: öffentliche Lagerhäuser.

m/min *abbr di* metri al minuto: m/min (**abbr** *di* Meter je/pro Minute).

MMS <-> m *tel* 1 MMS-System n 2 (*messaggio*) MMS f.

mnemònico, (-a) <-ci, -che> *agg* {FACOLTÀ} Erinnerungs-; {ESERCIZIO} Gedächtnis-, mnemotechnisch *scient*.

mnemotècnica <-che> f *psic* Mnemotechnik f *scient*.

mnèstico, (-a), **mnèsico** <-ci, -che> *agg psic* {TURBAMENTO} Gedächtnis-.

m/o *comm abbr di* mio ordine: in meinem Auftrag.

mo'① *avv region fam* 1 (*ora*) nun, jetzt: **e mo' che facciamo?**, und was machen wir jetzt? 2 (*da un bel po'*) seit langem, seit geraumer Zeit: **è da mo' che te lo dico!**, das sag ich dir schon seit langem!

mo'② *solo nella loc fam* (*come*): **a mo' di qu/qc** auf jds Art, auf die Art *etw* (gen), auf die Art *von jdm*; **a mo' di tua madre**, nach Art deiner Mutter; **a mo' di esempio**, beispielsweise; **a mo' di ragnatela**, in der Form eines Spinnennetzes.

MO *geog abbr di* Medio Oriente: Nahost.

mòbbing <-> m *ingl* Mobbing n.

mobbizzàre tr ~ *qu* {COLLEGA, COMPAGNO} *jdn* mobben.

mòbile A *agg* 1 *anche econ* (*che si può muovere*) {BENE, CAPITALE, FESTA, PROTESI} beweglich; {STRUTTURA} *anche* mobil; {LABORATORIO} mobil; (*su ruote*) fahrbar 2 (*vivace*) {FANTASIA, SGUARDO} lebhaft 3 *spreg* (*volubile*) unbeständig, sprunghaft, launenhaft 4 *lett* (*in movimento*) {ONDE} bewegt **B** m 1 (*oggetto d'arredamento*) Möbel(stück) n: ~ **bar**, Hausbar f; **mobili componibili/per ufficio**, Anbau-/Büromöbel n pl; ~ **Luigi XIV**/[**Liberty**]/[**in stile**], Louis-quatorze-/Jugendstil-/Stilmöbel n; ~ **della radio**, Musiktruhe f

2 *fis* beweglicher Körper **C** f (*squadra mobile*): **la ~/Mobile**, Einsatzkommando n.

mobìlia f {+OTTOCENTO} Mobiliar n, Hausrat m.

mobiliàre *agg econ* {CAPITALE} beweglich; {CREDITO} Mobiliar-: **investimento ~**, Wertpapieranlage f, Wertpapierinvestition f; **reddito ~**, Einkommen aus beweglichem Vermögen; **titolo ~**, Wertpapier n.

mobilière, (*rar* -a) m (f) 1 (*fabbricante*) Möbelfabrikant(in) m(f) 2 (*falegname*) Möbeltischler(in) m(f) 3 (*commerciante*) Möbelhändler(in) m(f).

mobilifìcio <-ci> m Möbelfabrik f.

mobìlio <-li> m Mobiliar n.

mobilità <-> f 1 (*capacità di spostamento*) Beweglichkeit f 2 (*vivacità*) {+SGUARDO} Lebhaftigkeit f 3 (*incostanza*) {+PASSIONE} Unbeständigkeit f, Launenhaftigkeit f 4 *econ* Mobilität f: ~ **del lavoro**, berufliche Mobilität ● ~ **articolare** *med*, Gelenkigkeit f.

mobilitàre A tr 1 (*mettere in moto*) ~ *qu/qc* (*per qc*) {SCOUT PER LA RACCOLTA DEI FONDI} *jdn/etw* (*für etw* acc) mobilisieren, *jdn/etw* (*für etw* acc) auf die Beine bringen/stellen; *anche scherz* {AMICI, PARENTI} *jdn/etw* (*für etw* acc) mobilisieren *scherz* 2 (*smuovere*) ~ *qu/qc* (*per/contro qc*) {OPINIONE PUBBLICA CONTRO LE MINE ANTIUOMO} *jdn/etw* (*für/gegen etw* acc) mobilisieren 3 *econ* (*impiegare produttivamente*) ~ *qc etw* mobilisieren, {CAPITALE, FONDI} *anche etw* flüssig machen 4 *mil* ~ (*qu/qc*) {AVIAZIONE, ESERCITO} (*jdn/etw*) mobil machen, *jdn/etw* mobilisieren **B** rfl 1 (*mettersi in moto*): **mobilitarsi** (*per qc*) {AMICI PER L'OCCASIONE} sich (*für etw* acc) in Bewegung setzen 2 (*essere attivo*): **mobilitarsi contro/[a favore di]** *qu/qc* aktiv *gegen/für jdn/etw* werden.

mobilitazióne f 1 (*appello generale*) {+LAVORATORI, STUDENTI} Mobilisierung f 2 *mil* {GENERALE +ESERCITO} Mobilmachung f.

moblog <-> m *ingl inform* Moblog m.

mòca <-> **A** m Mokka(kaffee) m **B** f Espressokocher m, Espressokanne f.

mocassìno m Mokassin m.

mòccio <-ci> m *fam* Rotz m *volg*, Rotze f *region volg*.

mocciòso, (-a) **A** *agg* {FAZZOLETTO} verschleimt; *fam* rotzig *fam*, verrotzt *volg* **B** m (f) *anche fig* Rotznase f *volg spreg*, Rotzbengel m *volg spreg*, Rotzgöre f *volg spreg*.

mòccolo m 1 (*di candela*) Kerzenstummel m 2 *fam* (*bestemmia*) Fluch m: **tirare giù certi moccoli!** *fam*, Gift und Galle spucken! *fam* 3 *fam* (*moccio*) Rotz m *volg*, Rotze f *region volg* ● **reggere il ~** *fig* (*essere di troppo in un incontro amoroso*), bei jdm die Anstandsdame *obs*/den Anstandswauwau *fam scherz* spielen.

mocétta f *gastr* Mocetta(-Salami) f (*aus der Keule oder aus Hirnfleisch*).

mòcheno, (-a) **A** *agg* fersentaler **B** m (f) (*persona*) Fersentaler(in) m(f).

mod. *abbr di* modulo, modello: M (**abbr** *di* Modul, Modell).

mòda A f {+DIETA, MINIGONNA} Mode f: **l'alta ~**, die Haute Couture; ~ **etnica**, folkloristischer Stil; ~ **pronta**, Konfektion f; **seguire la ~**, mit der Mode gehen; **l'ultima ~**, die neueste Mode, der letzte Schrei *fam* **B** *loc agg* 1 **alla ~**, {LOCALITÀ, RAGAZZA} modisch 2 *anche fig*: **di ~**, {ATTEGGIAMENTO, OROLOGIO} modern; **andare/essere di ~**, (in) Mode/modern sein; **quest'anno il rosso è di gran ~**, Rot ist dieses Jahr groß in Mode 3 *anche fig*: **fuori ~**, {IDEE, SCARPE} altmodisch **C** *loc avv* 1 **alla ~**, {VESTIRSI} modisch, nach der Mode 2 *anche fig*: **di ~**, in Mode, **passare/diventa-**

re di ~, ⌐aus der¬/[in] Mode kommen; **tornare di ~**, wieder aufkommen/[modern werden]/[in Mode kommen] 3 *anche fig*: **fuori ~**, aus der Mode.

modaiòlo, (-a) **A** *agg* (*della moda*) {NOVITÀ} modisch **B** m (f) *spreg* (*fanatico della moda*) Modefanatiker(in) m(f), Modepüppchen n *spreg*, Modesklave m, (Modesklavin f).

modàle *agg* 1 *gramm* modal, Modal- 2 *mus* {SCALA} modal.

modalità <-> f 1 (*modo*) {+CONSEGNA} Bedingung f: ~ **di pagamento**, Zahlungsbedingungen f pl, Zahlungsmodalitäten f pl 2 *amm dir* Art f und Weise, Bedingung f, Bestimmung f, Modalität f: **con le ~ previste dalla legge**, gemäß den gesetzlichen Bestimmungen 3 *inform* Modus m, Betrieb m: ~ **inserimento/sovrascrittura**, ⌐Einfügemodus m, Einfügebetrieb m¬/[Überschreibmodus m, Überschreibbetrieb m]; ~ **protetta/reale**, geschützter/realer Modus.

modanatrìce f (*in falegnameria*) Kehlmaschine f.

modanatùra f 1 (*sagoma*) {+AUTO} Kehlung f, Hohlkehle f 2 *arch* (Ge)sims n: ~ **a foglie**, Kyma, Kymation n.

modèlla f 1 *arte* fot Modell n: **fare da ~ a qu**, jdm Modell sitzen/stehen 2 (*indossatrice*) Mannequin n, Modell n, Vorführdame f.

modellàbile *agg* (*che si può modellare*) modellierbar, formbar.

modellaménto m 1 (*atto*) Modellierung f, Formung f 2 *geog* Bodengestaltung f.

modellàre A tr 1 (*plasmare*) ~ (*qc*) (*in qc*) {ARTIGIANO TESTA IN CERA} (*etw*) (in/aus *etw* dat) modellieren, *etw* (in/aus *etw* dat) formen 2 (*disegnare*) ~ (*qc*) (*VISO*) (*etw*) skizzieren 3 *fig* (*sagomare*) ~ *qc* {CAPPELLO, MOBILE} *etw* nach|bilden; {BUSTINO VITA, MARE COSTA} *etw* (dat) Form geben 4 *fig* (*conformare ad un modello*) ~ *qc su qc* {LA PROPRIA ARTE SU QUELLA DEI GRANDI} *etw an etw* (dat) aus|richten, *etw an etw* (dat) nach|bilden **B** rfl (*conformarsi*): **modellarsi su qu/qc** {SULL'ESEMPIO DI QU} sich *nach jdm/etw* richten, sich *an jdm/etw* orientieren, sich *(an) jdm/etw* zum Vorbild nehmen.

modellàto, (-a) **A** *agg* ~ + *compl di modo* {CORPO, VASO MERAVIGLIOSAMENTE} irgendwie modelliert **B** m *arte* (*nella scultura*) Modellierung f, (*nella pittura*) Körperlichkeit f, Plastik f, Plastizität f.

modellatóre, (-trice) **A** *agg* Modellier- **B** m (f) Modellierer(in) m(f), Modelleur(in) m(f) **C** m Korsett n.

modellatùra f {+PORTA} Modellierung f.

modellìno m 1 Modell n (in verkleinertem Maßstab) 2 (*nella moda*) Modell n.

modellìsmo m Modellbau m.

modellìsta <-i m, -e f> mf 1 (*ideatore*) Modelleur(in) m(f), Modellierer(in) m(f); (*di abiti*) Modellzeichner(in) m(f) 2 (*esecutore*) Modellbauer(in) m(f).

modellìstica <-che> f {NAVALE} Modellbau m.

modellizzàre tr (*trarre un modello*) ~ *qc etw* modellisieren.

modellizzazióne f Modellisierung f.

modèllo A m 1 *gener* Modell n: ~ **dell'atomo**, Atommodell n; (*oggetto di riferimento*) Muster n 2 (*abito*) {ESCLUSIVO} Modell(kleid) n 3 (*cartamodello*) (Schnitt)muster m 4 (*forma, stampo*) Form f 5 *fig* (*esempio*) ~ **di** ~ {+ELEGANZA} Muster n *an etw* (dat), Vorbild n *etw* (gen), Modell n *forb etw* (gen): **è un ~ di perfezione**, er/sie/das ist ein Muster an Vollkommenheit; **prendere a ~ qu/qc**, sich *jdn/etw* zum Vorbild nehmen **B** <inv> *agg* {MARITO, STALLA, STUDENTE} Muster-.

mòdem <-> *m inform* Modem *n* o *m*.

mòdem fax <-> *loc sost m inform* Faxmodem *m* o *n*.

Mòdena *f geog* Modena *n*.

modenése Ⓐ *agg* modenaisch Ⓑ *mf* Modenaer(in) *m(f)*.

moderàre Ⓐ *tr* ~ *qc* **1** (*ridurre*) {LA VELOCITÀ} *etw* verringern, *etw* herab|setzen, *mit etw* (dat) herunter|gehen *fam*; {IL VOLUME} *etw* verringern; {LA VOCE} *etw* mäßigen; {LE SPESE} *etw* ein|schränken **2** *fig* (*misurare*) {IL TONO} *etw* mäßigen; {I TERMINI} *anche etw* ab|wägen; {L'ENTUSIASMO} *etw* mäßigen, *etw* zügeln, *etw* bändigen; {LE PRETESE, LE RICHIESTE} *etw* herunter|schrauben **3** *radio TV* {TRASMISSIONE} *etw* moderieren; {DIBATTITO} *etw* leiten Ⓑ *rfl*: **moderarsi 1** (*limitarsi*) sich mäßigen, Maß halten: **moderarsi nel mangiare/bere**, sich im Essen/Trinken mäßigen **2** (*calmarsi*) sich beruhigen: **cerca di moderarti!**, versuch mal, dich zu beruhigen!

moderatézza *f* {+COSTUMI} Ausgeglichenheit *f*.

moderatìsmo *m polit* gemäßigte Haltung.

moderàto, (-a) Ⓐ *agg* **1** (*non eccessivo*) {CALDO, COSTO, ENTUSIASMO, VELOCITÀ} mäßig **2** (*equilibrato*) {DISCORSO, UOMO} ausgeglichen: **essere ~ nel fumare**, beim Rauchen maßvoll sein, sich mit dem Rauchen einschränken **3** *polit* {IDEE, PARTITO, POLITICO} gemäßigt, moderat *forb* **4** *mus* moderato, mäßig schnell Ⓑ *m (f) polit* Gemäßigte *mf decl come agg*, Moderate *mf decl come agg*.

moderatóre, (-trice) Ⓐ *agg* {EFFETTO} mäßigend Ⓑ *m (f) radio TV* Moderator(in) *m(f)*, Ⓒ *m nucl* Moderator *m*.

moderazióne *f* Mäßigung *f*; (*nel bere, mangiare, ecc.*) Mäßigkeit *f*, Maßhalten *n*: **ci vuole ~ nello spendere**, beim Ausgeben muss man ‚maßvoll sein·/[sich mäßigen].

modernaménte *avv* **1** (*in modo moderno*) modern **2** (*in tempi moderni*) in jüngster/letzter Zeit.

modernariàto *m* Modernariat *n* (*Möbel und Haushaltgeräte von 1945 bis 1970*): **nei negozi di ~ si trovano anche i juke-box**, in auf Modernariat spezialisierten Läden findet man auch Jukeboxes.

modern dance <-> *loc sost f ingl* (*danza moderna*) Modern Dance *m*.

modernìsmo *m* Modernismus *m*.

modernìsta <-*i m,* -*e f*> Ⓐ *agg* **1** (*del modernismo*) {TESI} modernistisch **2** (*innovativo*) {LETTERATURA} innovativ, erneuernd Ⓑ *mf* **1** *anche relig* (*seguace del modernismo*) Modernist(in) *m(f)* **2** *arte lett* Modernist(in) *m(f)*.

modernità <-> *f* **1** (*qualità*) {+CONCETTO, PALAZZO, POETA, SOLUZIONE, TEORIA} Modernität *f* **2** (*epoca*) Moderne *f*.

modernizzàre Ⓐ *tr* (*rendere moderno*) ~ *qc* {GLI IMPIANTI DI UNO STABILIMENTO} *etw* modernisieren; {IL METODO D'INSEGNAMENTO} *anche etw* erneuern Ⓑ *rfl* (*diventare più moderno*): **modernizzarsi** {INSEGNANTE, TECNICA} mit der Zeit gehen, sich der Zeit an|passen.

modernizzazióne *f* Modernisierung *f*; (*azione*) *anche* Modernisieren *n*.

modèrno, (-a) Ⓐ *agg* {ARCHITETTURA, DANZA, LETTERATURA, MENTALITÀ, SCIENZA} modern; {TECNICA, METODO} *anche* neuartig; {LINGUA} neuere(r, s); {ETÀ, STORIA} neuzeitlich Ⓑ *m* Moderne *n decl come agg*.

modern style <-> *loc sost m ingl arch arte* Jugendstil *m*.

modèstia *f* **1** (*virtù*) {INNATA} Bescheidenheit *f* **2** (*sobrietà*) Genügsamkeit *f*, Anspruchslosigkeit *f* **3** (*pudore*) {+RAGAZZA} Anstand *m*, Sittsamkeit *f obs* **4** (*limitatezza*) {+POSSIBILITÀ ECONOMICHE} Bescheidenheit *f*; (*mediocrità*) {+RISULTATO} Mittelmäßigkeit *f* **5** (*povertà*) {+ABBIGLIAMENTO} Ärmlichkeit *f* ● **senza falsa ~**, ohne falsche Bescheidenheit; **~ a parte scherz**, bei aller Bescheidenheit; **la ~ non è mai troppa** *prov*, Bescheidenheit ist eine Zier *prov*.

modèsto, (-a) Ⓐ *agg* **1** (*umile*) {AMICO} bescheiden **2** (*privo di sfarzo*) {VITA} bescheiden, einfach; (*limitato*) {RICHIESTA} bescheiden, gering; (*STIPENDIO*) *anche* mäßig; {PREZZO} niedrig, gering, mäßig **3** (*povero*) {ORIGINI} bescheiden, einfach **4** (*pudico, serio*) {RAGAZZA} anständig, sittsam *obs* **5** *spreg* (*mediocre*) {INTELLIGENZA} mittelmäßig Ⓑ *mf* Bescheidene *mf decl come agg*: **su, non faccia il ~!**, kommen Sie, jetzt spielen Sie nicht den Bescheidenen!; nur keine falsche Bescheidenheit!

modicità <-> *f* {+PREZZO, SOMMA} Niedrigkeit *f*, Mäßigkeit *f*.

mòdico, (-a) <-*ci,* -*che*> *agg* {PREZZO, SOMMA, SPESA} gering, niedrig, mäßig.

modìfica <-*che*> *f* {SOSTANZIALE +LEGGE, PROGETTO, TESTO} (Um-, Ver)änderung *f*, Modifikation *f*; {+TESTAMENTO} (Ab)änderung *f*: **fare una ~ al vestito**, an dem Kleid etwas (ab)ändern; **a parziale ~ di quanto precedentemente comunicato...**, als teilweise Änderung der zuvor Mitgeteilten...

modificàbile *agg* (*che si può modificare*) {LEGGE} modifizierbar *forb*.

modificabilità <-> *f* (*l'essere modificabile*) Modifizierbarkeit *f forb*.

modificànte *agg* (*che modifica*) {EFFETTO} modifizierend *forb*.

modificàre <*modifico, modifichi*> Ⓐ *tr* ~ *qc* **1** (*cambiare*) {LIBRERIA, PIANO DI LAVORO} *etw* (ab|, um|-, ver)ändern, *etw* modifizieren; {LEGGE, ROTTA} *etw* ändern; {VESTITO} *etw* (ab|)ändern **2** (*migliorare*) {CARATTERE DI QU} *etw* verbessern **3** *chim etw* modifizieren Ⓑ *itr pron* (*mutare*): **modificarsi** sich (ver)ändern: **certe abitudini si modificano col tempo**, bestimmte Gewohnheiten ändern sich mit der Zeit.

modificatóre, (-trice) Ⓐ *agg* **1** (*che modifica*) {INTERVENTO} modifizierend *forb* **2** *chim* modifizierend *forb* Ⓑ *m (f)* (*chi modifica*) Ab-, Veränderer(in) *m(f)* Ⓒ *m ling* {+FRASE} Modifizierung *f forb*.

modificazióne *f* {+STRUTTURA} (Ab)änderung *f*, Modifikation *f*; *biol* Modifikation *f*.

modìsta *f* Modistin *f*.

mòdo Ⓐ *m* **1** (*maniera*) Art *f*, Weise *f*, Art und Weise *f*: **in che ~?**, wie?, auf welche Weise?; **in ~ definitivo**, endgültig; **fare in ~ che ...**, es so einrichten, dass...; **a suo ~ è gentile**, auf seine/ihre Art ist er/sie freundlich; **a questo/quel ~**, auf diese Art, so; **~ di parlare**, Art zu sprechen; **allo/nello stesso ~**, gleich, genauso; **in qualche modo ci arrangeremo**, irgendwie werden wir schon zurechtkommen; **in tal ~**, derart, dermaßen, so; **voglio fare a ~ mio**, ich will es so machen, wie ich mir das vorstelle **2** (*mezzo*) Mittel *n*, Lösung *f*: **~ di pagamento**, Zahlungsweise *f*; **trovare il ~ di partire**, einen Weg finden, um abzufahren **3** <*di solito al pl*> (*comportamento*) Benehmen *n*, Art *f*; {RAFFINATI} Manieren *pl*, Umgangsformen *f pl*: **avere bei modi**, gute/höfliche Umgangsformen haben; **di fare**, Benehmen *n*; **ma che modi sono questi?**, was sind denn das für Manieren? **4** (*occasione*) Gelegenheit *f*, Möglichkeit *f*: **dar ~ a qu di fare qc**, jdm die Gelegenheit geben, etw zu tun **5** (*abitudine, usanza*) {+VITA} Art *f*: **vestire al ~ dei cacciatori**, sich ‚wie die·/[in der Art der] Jäger kleiden **6** *gramm* Modus *m*: **~ condizionale/congiuntivo/indicativo/imperativo**, Konditional *m*/Konjunktiv *m*/Indikativ *m*/Imperativ *m* **7** *mus* Tonart *f*: **~ maggiore/minore**, Dur(tonart *f*) *n*/Moll(tonart *f*) *n* Ⓑ <*inv*> *loc agg gramm*: **di ~** {AVVERBIO, COMPLEMENTO} Modal- Ⓒ *loc cong* (*affinché*): **di/in ~ che ..., congv** so, dass ... *ind*; **di/in ~ che tu possa dormire**, so, dass du schlafen kannst; **in ~ da ...** *inf* um...zu... *inf*; **di/in ~ da partire subito**, um sofort abzufahren ● **fare le cose a ~** (*perbene*), die Dinge richtig machen; **una persona a ~** (*perbene*), ein anständiger Mensch; **è un ~ come un altro per fare qc**, das ist nur ‚eine von vielen Möglichkeiten·/[einer von vielen Wegen], wie man es macht spielt keine Rolle, um etw zu tun; das ist Jacke wie Hose *fam*; **cadere in malo ~**, schlimm fallen, dumm hinfallen; **c'è ~ e ~ di dire qc**, man kann etwas so oder so sagen; es gibt vielerlei Arten, etwas zu sagen; der Ton macht die Musik; **in un certo qual ~** (*da un certo punto di vista*), irgendwie, gewissermaßen; **~ di dire**, Redensart *f*, Redewendung *f*; **l'ha detto così, per ~ di dire** (*tanto per dire*), das hat er/sie nur so dahingesagt; **lavora per ~ di dire** (*non propriamente*), er/sie arbeitet, wenn man es so nennen will *iron*; **non è il ~** (*di fare*), das ist keine Art; **grosso ~** *fig* (*più o meno*), mehr oder weniger, im Großen und Ganzen; **nel migliore dei modi**, aufs beste, so gut wie möglich; **non voglio averci a che fare in nessun ~** (*assolutamente*), will ‚absolut nichts·/[auf keinen Fall]/[unter keinen Umständen etwas] damit zu tun haben; **ad ogni ~** (*comunque*), auf jeden Fall, jedenfalls, auf alle Fälle; (*in ogni mezzo*), mit allen Mitteln; **oltre ~**, ausgesprochen, äußerst; **in ~ particolare·/[in special ~]**, besonders; **~ di procedere**, Verfahren *n*, Vorgehen *n*; **in qualunque ~**, unter allen Umständen, mit allen Mitteln; (*in ogni caso*), auf jeden Fall; **cercare in tutti i modi di fare qc** (*con ogni mezzo*), alles versuchen, um etw zu tun; **in tutti i modi telefonami** (*comunque*), ruf mich auf jeden Fall an; **trattare qu in malo ~**, jdn unhöflich behandeln; **trattare/guardare qu in un ~!** (*male*), ‚jdn schlecht behandeln·/[jdn schief ansehen *fam*]; **a mio ~ di vedere** (*secondo me*), meiner Meinung/Ansicht nach, meines Erachtens *forb*; **ciascuno a suo ~** *prov*, jeder nach ‚seinem Geschmack·/[seiner Art].

modulàbile *agg* **1** (*che si può modulare*) modulierbar *forb* **2** *elettr fis* {GRANDEZZA} modulierbar.

modulàre① *agg* **1** *tecnol* {ELEMENTO} Modul-; {CUCINA} Einbau-; {APPARECCHIATURA, IMPIANTO, SISTEMA} Baukasten- **2** *inform* {PROGRAMMAZIONE} modular.

modulàre② *tr* **1** *mus* (*variare*) ~ *qc* {SUONO, VOCE} *etw* modulieren; *fis* {INTENSITÀ DI QC, VALORE DI QC} *etw* regeln **2** *radio TV* {FREQUENZA, SEGNALE} *etw* modulieren, *etw* regeln.

modulàrio <-*ri*> *m* **1** (*blocco*) Formularblock *m* **2** (*insieme*) Formularsammlung *f*.

modulatóre, (-trice) Ⓐ *agg* {SCHERMO} Modulations- Ⓑ *m fis radio* {+AMPIEZZA, FREQUENZA} Modulator *m*.

modulazióne *f* **1** *fis radio* {+AMPIEZZA} Modulation *f*: **~ di frequenza** (*abbr* FM), Frequenzmodulation *f*; **a ~ di frequenza**, frequenzmoduliert **2** *mus* Modulation *f*, Übergang *m*.

modulìstica <-*che*> *f amm industr* **1** Formulardruck *m* **2** (*raccolta*) Reihe *f* von Formularen, Formulare *n pl*.

mòdulo *m* **1** (*formulario*) {+ISCRIZIONE} Formular *n*, Vordruck *m*, Formblatt *n*: **~ continuo** *inform*, Endlosformular *n*; **~ di versamento** *post*, Zahlkarte *f*, Einzahlungsschein m CH; banca Einzahlungsformular n, Einzahlungsschein m CH **2** arch mat tecnol {+CUCINA} Modul m **3** astr {+COMANDO, SERVIZIO} Kapsel f: ~ lunare, Mond(lande)fähre f.

mòdus operàndi <-, -modi - pl lat> loc sost m lat (modo di operare) Modus Operandi m forb.

mòdus vivèndi <-, -modi - pl lat> loc sost m lat anche dir (accordo) Modus Vivendi m forb.

moffétta f zoo Stinktier n, Skunk m.

mògano **A** <inv> agg (colore) {CAPELLI, RIFLESSI} rötlich braun, rotbraun **B** m Mahagoni n.

mòggio <moggia f o moggi m> m Scheffel m • **mettere la lanterna/fiaccola sotto il ~** fig (nascondere la verità), sein Licht unter seinen Scheffel stellen.

mògio, (-a) <mogi, moge o mogie> agg (avvilito) niedergeschlagen, bedrückt: **se ne stava lì mogio mogio**, er ließ ˻die Ohren˼/[den Kopf] hängen fam, er stand wie ein Häufchen Unglück/Elend da fam.

móglie <mogli> f (Ehe)frau f, Gattin f forb: **avere ~ e figli**, Frau und Kinder haben; **dare in ~**, zur Frau geben obs; **prender ~**, heiraten • **~ e buoi dei paesi tuoi** prov, bleibe im Lande und nähre dich redlich prov; **tra ~ e marito non mettere il dito** prov, lass Eheleute ihre Streitigkeiten allein ausfechten, misch(e) dich nie in Ehestreitigkeiten ein!

mogòl <-> m (imperatore dei Mongoli) Mogul m • **Gran Mogol** stor (imperatore dell'India), Großmogul.

mohair <-> m franc Mohair m.

moicàno, **mohicàno**, (-a) stor **A** agg Mohikaner- **B** m (f) Mohikaner(in) m(f) • **essere l'ultimo dei moicani** fig (essere l'ultimo nostalgico di un'idea sorpassata), der letzte Mohikaner sein fam.

moìna f <di solito al pl> fam Schmeichelei f: **fare le moine a qu** fam, jdm ˻um den Bart gehen˼/[streicheln]; **fare mille moine**, jdm Honig ˻um den Bart/Mund˼/[ums Maul] schmieren fam.

moire f franc tess Moiré n o m.

mòka → **moca**.

mol. fis abbr di molecola: Mol (abbr di Molekül, Molekel).

mòla f Schleifstein m; (disco) Schleifscheibe f; (da mulino) Mühlstein m.

molàre[1] m Backenzahn m; (di animali) Mahlzahn m, Molar(zahn) m.

molàre[2] tr ~ **qc** {LAMA, SPECCHIO, VETRO} etw schleifen.

molatóre, (-trice) m (f) (addetto alla molatura) Schleifer(in) m(f).

molatrice f tecnol Schleifmaschine f.

molatùra f tecnol **1** (azione) {+COLTELLO} Schleifen n **2** (risultato) {+SPECCHIO} Schliff m.

Moldàvia f geog Moldau f.

moldàvo, (-a) **A** agg moldauisch **B** mf (abitante) Moldauer(in) m(f).

mòle f **1** (dimensione) {+PIRAMIDE} Ausmaß n; {+BALENA} Umfang m; {+PERSONA} Gewicht n **2** (volume) {+LIBRO} Umfang m **3** fig (quantità) {+LAVORO} Menge f, Masse f fam **4** arch (imponierendes) Bauwerk, Bau m • **Mole Adriana**, Engelsburg f; **Mole Antonelliana**, Mole Antonelliana f.

molècola f chim fis (abbr mol.) anche fig Molekül n.

molecolàre agg chim fis {STRUTTURA} molekular, Molekular-.

molestàre tr (infastidire) ~ **qu/qc** {RAGAZZA, LUCERTOLA} jdn/etw belästigen; {GENITORI, SONNO} (jdn/etw) stören.

molestatóre, (-trice) m (f) (chi molesta) Grapscher(in) m(f) fam, Grabscher(in) m(f) fam, (sexuelle(r)) Belästiger(in) m(f).

molèstia f **1** (fastidio) {+ZANZARE} Plage f; {+AFA} Qual f **2** (azione molesta) Belästigung f, Störung f, Unfug m **3** dir Belästigung f, Störung f: **molestie sessuali**, sexuelle Belästigungen f pl.

molèsto, (-a) agg {TOSSE, VICINO, ZANZARA} lästig; {RUMORE} anche störend.

molibdèno m chim Molybdän n.

molisàno, (-a) **A** agg von/aus dem Molise **B** m (f) Einwohner(in) m(f) des Molise.

Molise m geog Molise m.

molitòrio, (-a) <-ri m> agg {INDUSTRIA} Mühl(en)-.

molitùra f {+CEREALI} Mahlen n; {+OLIVE} Pressen n.

mòlla f **1** {+OROLOGIO} Feder f: **~ a balestra**, Blattfeder f; **~ a spirale piana**, flache Sprungfeder; **~ di torsione elicoidale**, schrauben-, spiralförmige Torsionsfeder **2** <solo pl> Zange f; (per il camino) Feuerzange f **3** fig (impulso) {+CAMBIAMENTO, DELITTO} Triebfeder f, Antrieb m, Impuls m • **prendere qu con le molle** fig fam (trattarlo con delicatezza), jdn mit Samt-/Glacéhandschuhen anfassen fam; **da prendere con le molle** fig, (difficile) {PERSONA} mit Vorsicht zu genießen fam; (delicato) {PROBLEMA} mit Vorsicht zu behandeln fam; **scattare come una ~** fig (reagire con prontezza), wie ˻ein geölter Blitz˼/[von der Tarantel gestochen] reagieren fam; (per tensione accumulata), explodieren fam, in die Luft gehen fam.

mollacciòne, (-a) <accr di molle> m (f) spreg (smidollato) Weichei n fam.

mollàre **A** tr **1** (lasciar andare) ~ **qu** {PRIGIONIERO} jdn freillassen; ~ **qc** {PRESA} etw lockern, etw locker lassen; {PREDA} etw loslassen **2** fig (dare) ~ **qc a qu** {SBERLA} jdm etw verpassen fam; {MANCIA} jdm etw geben, jdm etw lassen **3** fig fam (piantare) ~ **qu** {FAMIGLIA, MARITO} jdn sitzen lassen fam; ~ **qc** {STUDI} etw schmeißen fam, etw auf|geben **4** mar ~ **qc** {ANCORA} etw werfen; {CAVI} etw fieren; {VELE} anche etw klar|machen; {ORMEGGI} etw los|machen **B** itr **1** (desistere) nach|geben, locker|lassen fam: **non è il momento di ~**, jetzt nicht locker|lassen fam **2** (smetterla) auf|hören: **quando attacca a parlare non la molla più**, wenn er/sie erst einmal zu sprechen anfängt, ˻hört er/sie nicht mehr auf˼/[ist er/sie nicht mehr zu stoppen fam].

mòlle **A** agg **1** (morbido) {TESSUTO} weich; (flessibile) {RAMI DEL SALICE} biegsam, geschmeidig **2** (bagnato) {TENDA} nass, durchnässt; (umido) feucht: **terreno ~ per la pioggia**, vom Regen aufgeweichter Boden **3** fig (debole) {CARATTERE} schwach, weichlich; {COSTUMI} verweichlicht **4** fig (rilassato) {ATTEGGIAMENTO} locker fam, entspannt; spreg nachlässig; (dolce, mite) {CADENZA DELLA VOCE} sanft; (sciolto) {ANDATURA} lässig, locker **5** ling (palatalizzato) {CONSONANTE} palatal **B** m (il morbido) Weiche m decl come agg.

molleggiaménto m **1** Federn n, Federung f **2** sport (nello sci) Wippen n, Federn n.

molleggiàre <molleggio, molleggi> **A** tr ~ **qc** {POLTRONA} etw federn **B** itr **1** {AUTO, LETTO} federn **2** sport (nello sci) {SCIATORE} wippen, federn **C** itr pron: **molleggiarsi** federn.

molleggiàto, (-a) agg **1** (con molle) {DIVANO} gefedert **2** fig (flessuoso) {PASSO} federnd, geschmeidig.

molléggio <-gi> m anche sport Federung f: **fare un ~ sulle gambe**, Kniebeugen machen.

mollétta f **1** (per capelli) Haarklammer f, Haarklemme f **2** (per panni) (Wäsche)klammer f **3** <solo pl> (per zucchero) Zuckerzange f; (per ghiaccio) Eiszange f.

mollettóne m Molton m.

mollézza f **1** fig (fiacchezza) {+CARATTERE} Weichlichkeit f, Schwäche f; {+COSTUMI} Verweichlichung f **2** <solo pl> fig (agio) Bequemlichkeit f **3** rar (l'essere molle) {+TESSUTO} Weichheit f.

mòllica <-che> f **1** (del pane) (Brot)krume f **2** <solo pl> (briciole di pane) (Brot)krümel m pl.

molliccio, (-a) <-ci, -ce> spreg agg **1** (alquanto molle) {COMPOSTO} matschig fam **2** fig fam (viscido) {PERSONA} schleimig spreg, schmierig spreg, (aal)glatt spreg.

mòllo, (-a) **A** agg nass **B** loc avv: **a ~** nass: **lasciare a ~ qc**, etw einweichen lassen; **mettere a ~ qc**, etw einweichen; **stare a ~**, im Wasser bleiben; (fare il bagno) {PERSONA} baden.

mollùsco <-schi> m **1** <di solito al pl> zoo Weichtier n, Molluske f: **i molluschi**, Weichtiere n pl, Mollusken f pl scient **2** fig spreg Weichei n fam, Waschlappen m spreg, Schlappschwanz m spreg.

mòlo m (Hafen)mole f, Molo m A.

moloc <-> m mitol zoo Moloch m forb.

molòsso m zoo Molosser m, Mastiff m.

mòlotov <-> f Molotowcocktail m.

moltéplice agg **1** <solo pl> (molti) {APPLICAZIONI, ATTIVITÀ, INTERESSI} vielseitig; {SOLUZIONI} vielfältig, mannigfaltig **2** {STRUTTURA} vielgestaltig.

molteplicità <-> f {+FORME, INTERESSI} Vielfältigkeit f, Mannigfaltigkeit f; (varietà) Vielfalt f.

moltìplica <-che> f **1** tecnol {+BICICLETTA} Übersetzung f **2** fam (moltiplicazione) Malnehmen n fam (può moltiplicare); {CIFRA} multiplizierbar.

moltiplicabilità <-> f (l'essere moltiplicabile) Multiplizierbarkeit f.

moltiplicàndo m mat Multiplikand m.

moltiplicàre <moltiplico, moltiplichi> **A** tr **1** (aumentare) ~ **qc** {INTERVENTI, STRADE} etw vermehren, etw vervielfachen; {ENTRATE} etw steigern **2** mat ~ **qc** (**per qc**) {NUMERI, UN NUMERO PER UN ALTRO} (etw) (mit etw dat) multiplizieren **B** itr pron: **moltiplicarsi 1** (aumentare) {STUDENTI} mehr werden, zu|nehmen; {SPESE} steigen **2** (riprodursi) {CRICETI, FUNGHI} sich vermehren, sich fort|pflanzen.

moltiplicàto, (-a) agg **1** (aumentato) {INVESTIMENTO} vermehrt **2** (ripetuto) {INTERVENTI} wiederholt **3** mat mal, multipliziert: **due ~ tre fa sei**, zwei mal/[multipliziert mit] drei ist sechs.

moltiplicatóre, (-trice) **A** agg {MACCHINA, MECCANISMO} Vervielfältigungs- **B** m **1** fig anche econ mat Multiplikator m **2** tecnol {+FREQUENZA, TENSIONE} Verstärker m; {+VELOCITÀ} Übersetzungsgetriebe n.

moltiplicazióne f **1** mat Multiplikation f: **fare una ~**, multiplizieren **2** anche biol (accrescimento numerico) {+POPOLAZIONE, PROBLEMI} Vermehrung f, Zuwachs m **3** mecc Übersetzung f • **la ~ dei pani e dei pesci** bibl, die wunderbare Brotvermehrung.

moltissimo superl di **molto**.

moltitùdine f **1** {+PERSONE} Menge f, Vielzahl f; (uso assol) Masse f **2** {+COSE} Vielzahl f, (Un)menge f, Unzahl f.

mólto, (-a) <più, moltissimo> **A** agg indef **1** (in gran numero) {AMICI, ERRORI, MILIONI, STELLE} viel **2** (in gran quantità) {DENARO, VINO} viel: **-a gente**, viele Leute; **~ spazio**, viel

Raum 3 (*intenso, grande*) {AFFETTO, AIUTO, TALENTO} groß 4 (*lungo*): **è trascorso ormai ~ tempo**, es ist schon lange her, es ist schon viel Zeit vergangen; **la distanza non può essere molta**, es kann nicht weit sein B *avv* 1 (*quantità*) viel: **questa parola è ~ usata**, dieses Wort wird viel gebraucht 2 (*intensità*) sehr: **qui fa ~ caldo**, hier ist es sehr heiß; **è ~ contenta del nostro regalo**, sie freut sich sehr über unser Geschenk; **sono ~ stanca**, ich bin sehr müde; **nuota ~ bene**, er/sie schwimmt sehr gut 3 (*a lungo*) lange: **ti ho aspettato ~**, ich habe lange auf dich gewartet 4 (*spesso*) oft, viel: **guarda ~ la televisione**, er/sie sieht viel/oft fern; **vado ~ a teatro**, ich gehe oft/viel ins Theater 5 (*caro*) viel: **non costa ~**, es ist nicht teuer, es kostet nicht viel 6 **~ +** *compar* (*di qu/qc*) viel/wesentlich + *compar* (*als jd/etw*): **è ~ meglio**, es/das ist viel besser; **è ~ più gentile della moglie**, er ist viel netter als seine Frau 7 *fam iron* (*affatto, per nulla*) viel *fam*: **m'importa ~ di quello che dice!**, was ˻meinst du˼/[meint ihr], wie egal mir das ist, was er/sie sagt C *m* Viele *n decl come agg* D *pron indef* 1 (*viel*, s): **se metto al mondo dei figli, ne voglio molti**, wenn ich Kinder in die Welt setze, dann möchte ich viele 2 <solo pl> (*molte persone*) viele: **molti la pensano così, ma molti altri no**, viele denken so, aber viele sind anderer Meinung; **molte di loro**, viele unter/von ihnen • **da ~**, seit langem, seit langer/geraumer *forb* Zeit; **a dir ~**, höchstens; **dopo ~ camminare**, nach einer langen Wanderung; **~ dopo/prima**, viel später/früher, lange danach/vorher; **è già ~ se arriva in tempo!** (*si può essere contenti*), man kann schon froh sein, wenn er/sie rechtzeitig kommt; **è ~ (tempo) che si sono trasferiti qui**, es ist schon lange her, dass sie hierher gezogen sind; **c'è molta da qui a casa dei tuoi?**, ist es weit von hier bis zum Haus deiner Eltern?; **dopo molte e molte notti** *enf*, nach unzähligen Nächten; **fra non ~**, in Kürze; **per ~**, lange, auf lange (Zeit hinaus); **né ~ né poco**, überhaupt nicht(s).

momentàccio <-ci, pegg di momento> *m* 1 (*momento difficile, spec economicamente*) finanzieller Engpass, schwierige Zeit: **per lui è proprio un ~**, er macht wirklich eine schwierige Zeit durch 2 (*momento poco opportuno*) schlechter/ungünstiger Moment/Zeitpunkt: **arrivo in un ~?**, komme ich ungelegen?

momentaneaménte *avv* (*per il momento*) im Moment, momentan, im Augenblick: **essere ~ assente**, im Augenblick abwesend sein.

momentàneo, (-a) *agg* {INTERRUZIONE} kurzzeitig, momentan, {MALESSERE} vorübergehend.

momentìno <dim di momento> *m* (*attimo*) Augenblickchen n, Momentchen n: **un ~!**, einen kleinen Moment!

moménto A *m* 1 (*istante*) {+DISTRAZIONE} Augenblick m, Moment m: **dal primo ~ che ti ho visto**, vom ersten Augenblick an, wo ich dich sah; **vom dem Augenblick an, da ich dich zum ersten Mal sah; hai un ~ di tempo?**, hast du einen Moment/Augenblick Zeit? 2 (*periodo*) {+RIFLESSIONE; CRITICO, FELICE} Zeit(raum) m, Stunden f pl: **questo è un brutto ~**, das ist ein ungünstiger Augenblick; **sono momenti difficili**, das sind schwierige Momente/Zeiten; (*circostanza*) Zeitpunkt, Moment m; **non è il ~ di scherzare**, das ist jetzt nicht der geeignete Moment ˻für Scherze˼/[, um Witze zu machen]; (*situazione*) Situation f; **il ~ non permette questa spesa**, die augenblickliche Finanzlage erlaubt diese Ausgabe nicht 3 (*occasione*) Gelegenheit f: **è il mio ~!**, das ist meine (große) Stunde! 4 *fis* {+FORZA, IMPULSO} Moment n B *loc cong* (*poiché*) **dal ~ che ... ind** da ...; **ind: dal ~ che sei qui**, da du (jetzt) hier bist • **a momenti** (*tra poco*), jeden Moment; (*quasi*), um ein Haar, beinahe, fast; **a momenti mi rompevo l'osso del collo** *fam*, beinahe hätte ich mir das Genick gebrochen *fam*; **a momenti glielo dicevo**, um ein Haar hätte ich es ihm/ihr gesagt *fam*; **andare a momenti** (*essere volubile*), {PERSONA} launisch sein; (*a periodi*), {LAVORO} wechselhaft sein; **al ~** (*adesso*), jetzt, zurzeit; **al ~ giusto**, im richtigen Moment; **al ~ di salutarsi**, beim Abschied; **non avere un ~ di pace**, keine ruhige Minute haben; **da quel ~**, von da an, seitdem, seither; **da un ~ all'altro**, jeden Augenblick/Moment; (*improvvisamente*), von heute auf morgen; **dal ~ in cui ho lasciato la mia città**, seitdem ich meine (Heimat)stadt verlassen habe; **in un ~ di debolezza**, in einer schwachen Stunde; **del ~** (*attuale*), {FIDANZATO} momentan, gegenwärtig, derzeitig; (*che ha successo*), {MODA, STAR} des Augenblicks; (*passeggero*), {ENTUSIASMO} vorübergehend, kurzfristig; **di ~ in ~**, mit jeder Minute/Sekunde; **il fatidico ~**, der schicksalhafte Augenblick; **fin da questo ~**, von jetzt an, ab jetzt; **fino a questo ~**, bis dahin/jetzt; **giungere in un bel ~**, in einem unpassenden Augenblick kommen; **ecco il grande ~!**, der große Moment ist gekommen!; **in qualunque/qualsiasi ~**, jederzeit, zu jeder Zeit; **in questo ~**, jetzt, im Moment; **in un ~**, im Nu *fam*, im Handumdrehen; **in un ~ d'ira**, in einem Moment des Zorns; **~ magico** (*molto favorevole*), große Stunde, Sternstunde f *forb*; **proprio nel ~ in cui...**, gerade (in dem Moment) als...; **nel ~ in cui sono arrivato**, als ich angekommen bin; ˻**ogni ~**˼/[**tutti i momenti**], andauernd, ununterbrochen, ständig; **d'ora in avanti ogni ~ è buono**, von jetzt an ist jede Gelegenheit zu nutzen; **per il ~**, einstweilen, vorläufig; **~ psicologico**, psychologischer Moment; ˻**in un primo ~**˼/[**sul ~**], zuerst, zunächst, im ersten Moment; **quando sarà/verrà il ~**, wenn es so weit ist; **avere un ~ di sbandamento** *fig*, einen Moment der Orientierung verlieren; **un ~!**, (einen) Augenblick!; **attenda un ~ per favore!** *anche tel*, (einen) Moment, bitte!; **gli ultimi momenti** *eufem* (*di vita*), die letzten Stunden; **all'ultimo ~**, im letzten Moment; **non vedere il ~ di ... *inf***, ˻den Augenblick˼/[es] nicht erwarten können, da ...; sich sehr auf etwas freuen.

móna *volg* A *f sett fig* (*vulva*) Möse f *volg*, Fotze f *volg* B *m veneto* (*stupido*) Trottel m *spreg*, Dummkopf m *spreg*.

mònaca <-che> *f* Nonne f.

monacàle *agg* 1 (*da monaco*) {ABITO} mönchisch, Mönchs- 2 (*da monaca*) Nonnen- 3 *anche fig* {VITA} klösterlich.

monacàto *m relig* 1 (*stato dei monaci*) Mönchsstand m; (*delle monache*) Nonnenstand m 2 (*ordine dei monaci*) Mönch(s)tum n; (*delle monache*) Nonnentum n.

monacènse A *agg* Münchener, Münchner B *mf* (*abitante*) Münchener(in) m(f), Münchner(in) m(f).

monachèlla, monacèlla <dim di monaca> *f* (*giovane monaca*) Nönnchen n.

monachése → monacense.

monachésimo *m relig* Mönch(s)tum n, Mönchswesen n.

mònaco <-ci> *m* {BENEDETTINO} Mönch m.

Mònaco *f geog* 1 (*nel Principato di ~*) Monaco n 2 (*~ di Baviera*) München n.

mònade *f filos* Monade f.

monàdico, (-a) <-ci, -che> *agg filos* monadisch, Monaden-.

monadìsmo *m filos* Monadismus m, Monadenlehre f.

monadologìa *f filos* Monadologie f.

monàrca <-chi> *m* Monarch m.

monarchìa *f* {ASSOLUTA, COSTITUZIONALE, ELETTIVA, EREDITARIA} Monarchie f.

monàrchico, (-a) <-ci, -che> A *agg* 1 (*della monarchia*) {REGIME} monarchistisch 2 (*del monarca*) {POTERE} monarchisch 3 (*tipo di governo*) {SIMPATIZZANTE, STATO} monarchistisch B *m (f)* Monarchist(in) m(f).

monastèro *m* Kloster n.

monàstico, (-a) <-ci, -che> *agg* 1 (*del monastero*) Kloster-; *fig* {VITA} Kloster-, klösterlich 2 (*dei monaci*) Mönchs- 3 (*delle monache*) Nonnen-.

monàtto *m stor* Totengräber m.

mónca *f → monco*.

moncherìno *m anat* Armstumpf m.

mónco, (-a) <-chi, -che> A *agg* 1 {BRACCIO} verstümmelt; {RAGAZZO} verkrüppelt: **essere ~ d'un braccio**, nur einen Arm haben, einarmig sein 2 (*incompleto*) {LIBRO, PAROLE} unvollständig B *m (f)* Krüppel m.

moncóne *m* 1 {+MATITA} Stummel m; *aero* {+ALA} Stumpf m 2 *anat* {+AMPUTAZIONE; TONSILLARE} Stumpf m.

mondàna *f eufem* (*prostituta*) Prostituierte f, Halbweltdame f *spreg*, Lebedame f *spreg*.

mondanità <-> *f* 1 (*frivolezza*) {+DISCORSO} Mondanität f 2 (*alta società*) High Society f, mondäne Gesellschaft, Schickeria f *slang*.

mondàno, (-a) *agg* 1 (*dell'alta società*) {DONNA, FESTA, LOCALE, VITA} mondän; {AVVENIMENTO} gesellschaftlich, {ABITUDINI, VITA} weltmännisch, weltgewandt; (*frivolo*) eitel, frivol 2 (*del mondo*) {BENI, COSE, GIOIE} weltlich, irdisch.

mondàre A *tr* 1 (*pulire*) **~ qc** {VERDURA} etw putzen; {INSALATA} *anche* etw lesen 2 (*vagliare*) **~ qc** {GRANO, ORZO} etw dreschen 3 (*ripulire*) **~ qc** {RISAIA} etw vom Unkraut befreien 4 (*sbucciare*) **~ qc** {CASTAGNE, RISO} etw schälen 5 *fig* (*purificare*) **~ qc** (*da qc*) {ANIMO DAL PECCATO} etw (*von etw dat*) reinigen, *anche* (*von etw dat*) etw läutern *forb* B *rfl fig lett* (*purificarsi*): **mondarsi da qc** {ANIMO DAL PECCATO} sich (*von etw dat*) reinigen.

mondatùra *f* 1 (*rifiuti*) Abfälle m pl; {+FRUTTA} Schale f; {+ALBERI} Ausputz m *obs*; {+GRANO} *anche* Spreu f 2 (*il mondare*) Reinigung f; {+FRUTTA} Schälen n; {+ALBERI} Ausputzen m; {+RISO} Jäten n.

mondézza *f region fam* (*spazzatura*) Abfall m, Unrat m.

mondezzàio <-zai> *m* 1 (*luogo*) Müll-/Schuttabladeplatz m 2 *fig spreg* (*letamaio*) Saustall m *spreg*.

mondiàle A *agg* 1 (*del mondo*) {GUERRA} Welt- 2 *fig fam* (*ottimo*) {RAGAZZA, SPAGHETTI} fabelhaft *fam*, fantastisch *fam* B *m pl sport* {+CALCIO, PALLAVOLO} Weltmeisterschaften f pl.

mondialìsmo *m* Mondialismus m.

mondialìsta <-i m, -e f> A *agg* (*mondialistico*) mondialistisch B *mf* Mondialist(in) m(f).

mondìna① *f fam* (*mondariso*) Unkrautjäterin f (*in einem Reisfeld*).

mondìna② *f gastr* "geschälte und gekochte Kastanien".

móndo① *m* 1 *gener* Welt f; (*terra*) Erde f; (*universo*) Weltall n 2 *fig* (*regno*) Reich n: **il ~ animale/minerale/vegetale**, das Tier-/Mineral-/Pflanzenreich 3 *fig* (*ambiente so-*

ciale, civiltà) Welt f: **appartengono ad un altro ~**, sie gehören einer anderen Welt an; **~ dell'arte**, Kunstszene f; **il bel/gran ~**, die High Society, die vornehme/feine Gesellschaft **4** *fig* (*gran quantità*) {+BENE} Unmenge f, Fülle f: **divertirsi un ~** *fam*, sich köstlich amüsieren, einen Haufen Spaß haben *fam* ● **abbandonare il ~** *fig* (*entrare in convento*), der Welt entsagen; **senza motivi al ~** (*alcun*), ohne jeden/jeglichen Grund; **per nulla/[nessuna cosa]/[niente] al ~**, nicht um alles in der Welt, um nichts in der Welt; **nessuno al ~**, kein Mensch auf Erden; **non c'è persona al ~ che ...** (*nessuno*), es gibt niemand(en), der...; **andare all'altro ~** *eufem* (*morire*), das Zeitliche segnen *eufem*; **andare per il ~**, durch die weite Welt ziehen, in die Welt hinausgehen; **l'altro ~** (*l'aldilà*), das Jenseits; **roba/cose dell'altro ~** *fam* (*incredibili*), haarsträubende/unglaubliche Dinge; ⌊**il ~ antico**⌋/[**il nuovo ~**], die Alte/Neue Welt; *antico*/**vecchio come il ~**, uralt, alt wie die Welt; **non avere più nessuno al ~**, allein auf der Welt sein, niemand(en) mehr auf der Welt haben; **non casca il ~ se...** (*non è grave*), die Welt geht nicht unter, wenn...; **cascasse il ~** (*a tutti i costi*), auf Biegen oder Brechen *fam*; koste es, was es wolle; um jeden Preis; (*in nessun caso*), um keinen Preis; **caschi pure il ~, io ci vado!**, auch wenn der Himmel einstürzen sollte, ich gehe hin!; **non c'è niente di più bello al ~ che ...**, es gibt nichts Schöneres auf der Welt als ...; **il ~ civile**, die zivilisierte Welt; **sentirsi crollare il ~ addosso** *fig* (*avere una forte delusione*), das Gefühl haben, die Welt bricht über einen zusammen; **il miglior amico del ~** *fig* (*di tutti*), der allerbeste Freund; **uomo/donna di ~**, Mann m/Frau f von Welt; **da che ~ è ~** (*da sempre*), seit die Welt besteht, seit eh und je; **essere al ~** (*vivere*), auf der Welt sein; **non essere più di questo ~** *eufem* (*essere morto*), nicht mehr von dieser Welt sein *forb*, das Zeitliche gesegnet haben *obs eufem*; **il ~ esteriore**, die Außenwelt; **fuori del ~** *fig*, weltfremd; **vivere *fuori* del ~** *fig* (*essere disinformati*), von aller Welt abgeschnitten/abgeschieden leben; **girare il ~** (*viaggiare molto*), um die halbe Welt reisen, in der Welt herumkommen, ein Weltenbummler sein; **girare tutto il ~**, die ganze Welt bereisen; **il ~ è grande/largo** *eufem* (*c'è spazio per tutti*), die Welt ist groß genug; **essere ancora nel ~ delle *idee*** *fig* (*in fieri*), noch nicht geboren/erfunden sein; **~ invisibile** (*estraneo a quello sensibile*), unsichtbare Welt; **~ *ladro*!** *fig anche scherz* (*di rabbia*), verflucht!, Mist!; **venire dal ~ della *luna*** *fig* (*stupirsi di tutto*), vom Mond kommen/[gefallen sein] *fam*; **vivere nel ~ della *luna*** *fig* (*essere disinformati*), hinter/auf dem Mond leben; **mandare qu all'altro ~** *eufem* (*uccidere*), jdn ins Jenseits befördern; **mettere al ~** *fig* (*far nascere*), zur Welt bringen; **c'era mezzo ~** *fig* (*molte persone*), alle Welt war da *fam*; **sperare in un ~ migliore**, auf eine bessere Welt hoffen; **com'è piccolo il ~!**, wie klein doch die Welt ist!; **essere nel ~ dei più** *eufem* (*morto*), im Reich der Toten sein *eufem*; **rinunciare al ~** (*abbandonare la vita mondana*), der Welt entsagen; *saper* **stare al ~** (*vivere*), lebenstüchtig sein; **essere nel ~ dei *sogni*** (*dormire*), im Reich der Träume sein *forb*; **vivere nel ~ dei *sogni*** *fig* (*essere ingenuo*), in einer Traumwelt leben; **il terzo ~**, die Dritte Welt; **tornare al ~** *fig* (*resuscitare*), wieder geboren werden; **così va il ~** *fig*, das ist der Lauf der Welt/Dinge!; **il ~ va alla rovescia**, die Welt steht (auf dem) Kopf *fam*; **venire al ~** *fig* (*nascere*), auf die Welt kommen; **vive in un ~ tutto suo** *fig* (*realtà*), er/sie lebt in einer ganz eigenen Welt; **ma in che ~ vivi?** *fig* (*realtà*), wo lebst du eigentlich?; **il ~ è bello perché è vario** *prov*, die Abwechslung⌊macht das Leben erst schön⌋/[ist die Würze des Lebens]; **il ~ è fatto a scale, chi le scende e chi le sale** *prov*, also geht es in der Welt: der eine steigt, der andere fällt *prov*; **il ~ non fu fatto in un giorno** *prov*, Rom ist nicht an/in einem Tag erbaut worden; **tutto il ~ è paese** *prov*, die Menschen sind doch überall gleich.

móndo② , (-a) *agg* **1** (*ripulito*) {VERDURA} geputzt; {INSALATA} anche gelesen **2** (*sbucciato*) {CASTAGNE, RISO} geschält **3** *fig* (*puro*) {ANIMA, COSCIENZA} rein.

mondovisióne f *TV* Mondovision f, weltweite Fernsehübertragung.

monegàsco, (-a) <-schi, -sche> **A** *agg* {TURISMO} monegassisch **B** m (f) (*abitante*) Monegasse m, (Monegassin f).

monelleria f (*atto*) Streich m, Lausbubenstreich m *fam*.

monellésco, (-a) <-schi, -sche> *agg* (*da monello*) {SFACCIATAGGINE} schalkhaft *forb*, schelmisch.

monèllo, (-a) **A** m Straßen-, Gassenjunge m *spreg; scherz* Lausbub m *fam*, Frechdachs m *fam scherz*, Schlingel m, Lausejunge m *fam*, Lausebengel m *fam* **B** f Göre f *norddt anche spreg*, Gör n *norddt anche spreg*.

monèma <-i> m *ling* Monem n.

monéta f **1** {+ARGENTO, ORO; ANTICA} Münze f, Geldstück n: **~ da 2 euro**, 2-Euro-Stück n **2** (*denaro*) Geld n: **~ cartacea/metallica**, Papier-/Hartgeld n; **~ elettronica**, Electronic Cash n, bargeldloser Zahlungsverkehr **3** (*valuta*) Währung f: **~ debole/forte**, weiche/harte Währung; **~ unica**, Einheitswährung f, Euro m **4** (*spiccioli*) Kleingeld n **5** (*nell'ippica*) (Wett)einsatz m ● **batter ~** (*emettere denaro*), {STATO} Geld drucken; **~ divisionale/divisionaria** *econ*, Scheidemünze f, Scheidegeld n; **pagare in ~ sonante** (*in contanti*), in klingender Münze zahlen *forb*; **(ri)pagare qu con la stessa ~** *fig* (*trattare allo stesso modo*), es jdm mit/in gleicher Münze heimzahlen; **prendere qc per ~ buona/contante** *fig* (*per vero*), etw für bare Münze nehmen.

monetàrio, (-a) <-ri m> *agg* {MERCATO} Geld-; {POLITICA, RIFORMA, SISTEMA} *anche* Währungs-.

monetarismo m *econ* Monetarismus m.

monetarístico, (-a) <-ci, -che> *agg econ* monetaristisch.

monetina <*dim di* moneta> f **1** (*piccola moneta*) kleine Münze **2** *sport* (*nel calcio*) Münze f ● **lanciare/gettare la ~** (*tirare a sorte*), die Münze werfen.

monetizzàbile *agg* **1** (*valutabile*): **danno difficilmente ~**, finanziell schwer abzuschätzender Schaden **2** (*convertibile in denaro*) {OBBLIGAZIONI} monetisierbar, verflüssigbar, in Geld umwandelbar **3** *fig* (*che può essere scambiato con denaro*) bezahlbar: **la sicurezza sul lavoro non è ~**, die Sicherheit am Arbeitsplatz ist unbezahlbar.

monetizzàre *tr* **~ qc 1** (*valutare*) {CONTRATTO} den Geldwert *etw* (*gen*) fest|legen **2** (*convertire in denaro*) {TITOLI} *etw* monetisieren, *etw* verflüssigen, *etw* in Geld um|wandeln.

money manager <-, -s *pl ingl*> *loc sost* m *ingl econ* Geldverwalter m.

mongolfièra f Warm-/Heißluftballon m, Montgolfiere f.

Mongòlia f *geog* Mongolei f.

mongòlico, (-a) <-ci, -che> *agg* **1** (*della Mongolia*) {LINGUA} mongolisch **2** (*simile ai Mongoli*) {LINEAMENTI} mongolisch.

mongolismo m *med* Mongolismus m *anche scient*, Down-Syndrom n.

mòngolo, (-a) **A** *agg* mongolisch **B** m (f) (*abitante*) Mongole m, (Mongolin f) **C** m <*solo sing*> (*lingua*) Mongolisch(e) n.

mongolòide *anche med* **A** *agg* {BAMBINO} mongoloid, mit Down-Syndrom **B** mf Mongoloide mf *decl come agg*, Mensch mit Down-Syndrom.

Mònica f (*nome proprio*) Monika.

monìle m (*gioiello*) Schmuckstück n.

monismo m *filos* Monismus m.

mònito m {SEVERO} Mahnung f: **che questo vi sia di ~**, lasst euch das eine Mahnung/Lehre sein, schreibt euch das hinter die Ohren *fam*.

mònitor <-> m *ingl inform tecnol TV* Monitor m, Bildschirm m.

monitoràggio <-gi> m **1** *fig* (*controllo*) {+SITUAZIONE POLITICA} Kontrolle f, Überwachung f **2** *med* {+GESTANTE} Überwachung f, Beobachtung f per Monitor, Monitor-, Bildschirmüberwachung f **3** *scient* Überwachung f per Monitor.

monitoràre *tr* **~ qu/qc** {MALATO, SITUAZIONE AMBIENTALE} *jdn/etw* laufend überwachen, *jdn/etw* unter Kontrolle haben; {PREZZI} *etw* kontrollieren.

monitòrio, (-a) <-ri m> **A** *agg anche relig* (*che ammonisce*) {LETTERA} Mahn- **B** m *relig* Mahnbrief m.

monitorizzàre *tr* **1** (*fare il monitoraggio*) **~ qu/qc** {PAZIENTE, ORGANO} *jdn/etw* per Monitor überwachen/beobachten **2** (*dotare di monitor*) **~ qc** {REPARTO} *etw* mit einem Monitor aus|statten.

mònna f *poet obs* Frau f.

monnézza → **mondezza**.

mòno- *primo elemento* (*uno*) ein-, Ein-, mono-, Mono-: **monocamera**, Einzimmerwohnung; **monocorde**, eintönig, monoton; **monogamo**, in Einehe lebend, monogam.

monoàlbero *agg autom tecnol* {DISTRIBUZIONE} mit einer Welle.

monoàsse <inv> *agg tecnol scient* einachsig.

monobloccco <-chi> **A** <inv> *agg* Block-, aus einem Block bestehend; {CUCINA} Einbau- **B** m **1** (*cucina*) Einbauküche f **2** *mecc* Zylinderblock m.

monocàmera f Einzimmerwohnung f.

monocameràle *agg polit* Einkammer-.

monocameralismo m (*unicameralismo*) Einkammersystem n.

monocellulàre *agg biol* einzellig.

monocèntrico, (-a) <-ci, -che> *agg* (*con un solo centro*) monozentrisch.

monocìclo m (*veicolo con una sola ruota*) Einrad n.

monocilìndrico, (-a) <-ci, -che> *agg mecc* Einzylinder-.

monocito m *biol* Monozyt m *scient*.

monoclàsse *agg* {TRENO} mit nur einer Klasse: **scuola ~**, Einklassenschule f.

monòcolo A m **1** (*lente*) Monokel n **2** (*persona*) Einäugige m *decl come agg* **B** *agg* **1** (*con un solo occhio*) einäugig **2** (*cieco da un occhio*) auf einem Auge blind.

monocolóre A <inv> *agg* **1** (*di un solo colore*) einfarbig **2** *polit* {GIUNTA} Einparteien- **B** <-> m Einparteienregierung f.

monocoltùra f *agr* Monokultur f.

monocomàndo <inv> *agg* **1** (*con un unico comando*) {RUBINETTO} mit Einzelsteuerung **2** (*con un solo posto di pilotaggio*) {VELIVOLO} Einsitzer-, Einmann-.

monocòrde *agg lett* {ROMANZO} eintönig,

monoton.
monocotilèdone *bot* **A** *agg* einkeimblättrig **B** f *<di solito al pl>* Monokotyledonen f pl.
monocottùra f *edil* Einmalbrandverfahren n.
monocromàtico, (-a) *<-ci, -che>* *agg* **1** *lett* (*di un solo colore*) einfarbig, monochrom **2** *fis* {LUCE} monochromatisch, einfarbig.
monocromatismo m **1** *fis* Monochromatismus m, Monochromatischsein n **2** *med* völlige Farbenblindheit, Monochromasie f *scient*.
monocromia f *arte* (*nella pittura*) *tip* einfarbiges Bild.
monòcromo, (-a) **A** *agg* *anche arte* (*nella pittura*) einfarbig, monochrom **B** m *arte* (*nella pittura*) monochromes Gemälde.
monoculàre *agg* {VISIONE} monokular, Monokular-.
monocultùra f *antrop* Monokultur f.
monodirezionàle *agg anche fig* (*che si muove in una sola direzione*) unidirektional.
monodòṣe *agg* (*da una sola dose*) {BUSTINA} Monodosis-, mit einer Dosis: **confezione ~**, Einerpackung f.
monoèlica *<inv>* *agg aero* Ein-Propeller-.
monofamiliàre *agg* (*per una sola famiglia*) {VILLETTA} Einfamilien-.
monofàṣe *<inv>* *agg elettr* {CORRENTE} einphasig.
monofònico, (-a) *<-ci, -che>* *agg elettr mus* {IMPIANTO, TELEVISORE} monophon.
monofùne *<inv>* *agg* {TELEFERICA} Einseil-.
monogamìa f Monogamie f.
monogàmico, (-a) *<-ci, -che>* *agg* (*di monogamia*) {LEGAME} monogam.
monògamo, (-a) **A** *agg anche dir* in Einehe lebend, monogam **B** m (f) Monogame mf *decl come agg*.
monografia f Monographie f: **una ~ su Grazia Deledda**, eine Monographie über Grazia Deledda.
monogràfico, (-a) *<-ci, -che>* *agg* {CORSO} monographisch.
monogràmma *<-i>* m Monogramm n.
monokini *<->* m (*nella moda*) Minikini m.
monolingue *agg* {DIZIONARIO} einsprachig.
monolite → **monolito**.
monolìtico, (-a) *<-ci, -che>* *agg* **1** (*in un solo blocco*) {CUPOLA} monolithisch **2** *fig* (*compatto*) {PARTITO} monolithisch, einheitlich **3** *fig* (*risoluto*) {DIRETTORE, DIRIGENTE} charakterfest, unbeugsam.
monòlito m *arch geol* Monolith m.
monolocàle m Einzimmerwohnung f.
monòlogo *<-ghi>* m Monolog m, Selbstgespräch n: **~ interiore** *lett*, innerer Monolog.
monomandatàrio, (-a) *<-ri m comm* **A** *agg* {AGENTE} einer einzigen Firma **B** m (f) Handelsvertreter(in) m(f)/Verkaufsagent(in) m(f)/Verkaufsvertreter(in) m(f) einer einzigen Firma.
monomanìa f **1** *psic* Monomanie f **2** (*fissazione*) fixe Idee.
monomaniacàle *agg psic* {FISSAZIONE, PAZIENTE} monomanisch *scient*, monoman *scient*.
monomanìaco, (-a) *<-ci, -che> psic* **A** *agg* {PAZIENTE} monoman(isch) **B** m (f) Monomane m, (Monomanin f).
monomàrca *<inv>* *agg comm* {BOUTIQUE, NEGOZI} Mono-Brand-, Einmarken-.
monòmero *chim* **A** *agg* monomer **B** m Monomere n.
monomotóre *aero* **A** *agg* einmotorig **B** m einmotoriges Flugzeug.
mononucleòṣi *<->* f *med* Mononukleose f *scient*.
monoovulàre → **monovulare**.
monoparentàle *agg* (*con un solo genitore*) {FAMIGLIA} Eineltern-.
monopartìtico, (-a) *<-ci, -che>* *agg polit* Einpartei(en)-.
monopartitìṣmo m *polit* Einpartei(en)system n.
monopàttino m Roller m.
monopètto **A** *<inv>* *agg* {GIACCA} einreihig **B** *<->* m Einreiher m.
monopiàno m *aero* Eindecker m.
monopolàre *agg elettr* einpolig.
Monòpoli® *<->* m (*gioco*) Monopoly® n.
monopòlio *<-li>* m *econ anche fig* {+MERCE} Monopol n: **avere il ~ di qc**, das Monopol auf etw (acc) haben; *anche fig* etw für sich gepachtet haben *fam*; **~ di stato**, Staatsmonopol n.
monopolista *<-i m, -e f>* *mf econ* Monopolist(in) m(f).
monopolìstico, (-a) *<-ci, -che>* *agg econ* {REGIME} monopolistisch.
monopolizzàre tr **1** *dir econ* **~ qc** {ELETTRICITÀ, TELECOMUNICAZIONI} *etw* monopolisieren **2** *fig* (*accentrare su di sé*) **~ qc** {ATTENZIONE GENERALE} *etw* auf sich ziehen, *etw* auf sich lenken **3** *fig* (*dominare*) **~ qc** {CULTURA} *etw* beherrschen, *etw* monopolisieren **4** *fig scherz* (*volere tutto per sé*) **~ qu/qc** {AMICO, DIVANO} *jdn/etw* in Beschlag nehmen, *jdn/etw* mit Beschlag belegen.
monopolizzatóre, (-trice) *econ anche fig* **A** *agg* {ATTEGGIAMENTO, SPIRITO} Monopol- **B** m (f) Monopolist(in) m(f).
monopolizzazióne f *econ* {+ECONOMIA INTERNA} Monopolisierung f; (*azione*) anche Monopolisieren n.
monoporzióne f Einpersonenration f.
monopósto **A** *<inv>* *agg autom aero* einsitzig **B** *<->* m *aero* Einsitzer m **C** *<->* f *autom* Einsitzer m.
monoprogrammazióne f *inform* Einzelprogrammbetrieb m, Monoprogramming n.
monopsònio *<-ni>* m *econ* Nachfrage-, Käufermonopol n.
monorazióne f (*pasto preconfezionato da una porzione*) Einpersonenration f.
monoreattóre m *aero* Eindüsenflugzeug n.
monorèddito *<->* *agg econ* {FAMIGLIA} mit einem Einkommen.
monorotàia **A** *agg* {FERROVIA} Einschienen- **B** f **1** Einschienenbahn f **2** (*rotaia aerea*) Hängebahnschiene f.
monosaccàride m *chim* Monosacharid n *scient*.
monoscì, **monoskì** *<->* m *sport* (*nello sci*) **1** (*attrezzo*) {+RESINA} Monoski m **2** (*disciplina*) Monoskifahren n.
monoscòpio *<-pi>* m *TV* Testbild n.
monosemìa f *ling* Monosemie f.
monosillàbico, (-a) *<-ci, -che>* *agg* {PAROLA} einsilbig.
monosìllabo, (-a) **A** *agg* (*di una sola sillaba*) {CONGIUNZIONE} einsilbig **B** m einsilbiges Wort ● **rispondere/parlare a monosillabi** *fig* (*laconicamente*), einsilbig antworten/reden.
monoskì → **monoscì**.
monospermìa f *biol* Monospermie f.
monòssido m *chim* Monoxyd n: **~ di carbonio**, Kohlenmonoxyd n.
monostàbile *agg elettr* {CIRCUITO} monostabil.
monoteìṣmo m *relig* Monotheismus m.
monoteista *<-i m, -e f>* *relig* **A** *agg* {CULTO} monotheistisch **B** *mf* Monotheist(in) m(f).
monoteìstico, (-a) *<-ci, -che>* *agg relig* {CONCEZIONE} monotheistisch.
monotemàtico, (-a) *<-ci, -che>* *agg* **1** *arte film lett* {RACCONTO} monothematisch **2** *mus* monothematisch.
monotipo m (*stampa*) Monotypie f.
monotonìa f {+LAVORO, MUSICA} Eintönigkeit f, Monotonie f.
monòtono, (-a) *agg* **1** (*uniforme*) {CANTILENA} gleichförmig, monoton; (*privo di varietà*) {GIORNATA, LAVORO, PAESAGGIO, VITA} *anche* eintönig, einförmig; (*noioso*) {DISCORSO} langweilig **2** *mat* monoton.
Monotype® *<-, -s pl ingl>* f *tip* Monotype® f.
monoùṣo *<inv>* *agg* {RASOIO, SIRINGA} Einweg-.
monovalènte *agg* **1** *chim* einwertig **2** *farm* {VACCINO} Mono-.
monovolùme *autom* **A** *<inv>* *agg* {AUTOMOBILE} mit Einraumkarosserie **B** *<->* m *o* f Auto n mit Einraumkarosserie.
monovulàre *agg biol* {GEMELLI} eineiig.
monozigòte *biol* **A** *agg* eineiig, monozygot *scient* **B** m eineiiger Zwilling, Monozygot m *scient*.
monozigòtico, (-a) *<-ci, -che>* *agg biol* {GEMELLI} eineiig, monozygot *scient*.
monregalése **A** *agg* (*di Mondovì*) von/aus Mondovì **B** *mf* (*abitante*) Einwohner(in) m(f) von Mondovì.
Mons. *relig abbr di* Monsignore: Msgr. (abbr di Monsignore).
monsignóre m *relig* (abbr Mons.) Monsignore m.
monsóne m *meteo* {+MARE, TERRA} Monsun m.
monsònico, (-a) *<-ci, -che>* *agg meteo* {PIOGGIA, VENTO} Monsun-, monsunisch.
mónstrum *<-, -a pl lat>* m *lat fig* (*mostro*) Ungeheuer n, Monster n.
mónta f **1** (*accoppiamento*) Decken n, Beschälung f: **cavallo da ~**, Deckhengst m **2** (*luogo*) Deckstation f **3** *sport* (*nell'equitazione*) Reiten n.
montacàrichi *<->* m Lastenaufzug m.
montàggio *<-gi>* m **1** *tecnol* Montage f; (*installazione*) {+ANTENNA PARABOLICA} Einbau m, Installation f **2** *film* Montage f, Schnitt m.
montàgna f **1** (*monte*) Berg m **2** (*regione montuosa*) Gebirge n, Berge m pl: **alta/mezza ~**, Hoch-, Mittelgebirge n; **andare in ~**, in die Berge/[ins Gebirge] fahren **3** *fig* (*grande quantità*) **~ di qc** Berg m *fam* von etw (dat)/+ gen pl/+ nom sing, Haufen m *fam* + nom/+ gen pl, Menge + nom/+ gen pl, Masse f *fam* + nom/+ gen pl: **una ~ di lavoro**, ein Berg/Haufen Arbeit *fam* ● **montagne russe**, Achterbahn f.
montagnàrdo m *polit stor* Montagnard m.
montagnóṣo, (-a) *agg* {ZONA} gebirgig, bergig, Gebirgs-.
montanàro, (-a) **A** m (f) **1** Gebirgs-, Bergbewohner(in) m(f), Bergler(in) m(f) **2** *fig* (*rozzo*) ungehobelter/rüder Mensch *spreg* **B** *agg* {POPOLAZIONI, TRADIZIONE} Gebirgs-, Berg-.
montàno, (-a) *agg* {AGRICOLTURA, PAESAGGIO} Gebirgs-, Berg-.
montànte m **1** (*asta*) Pfeiler m; {+FINESTRA, PORTA} Rahmen m **2** *econ* Gesamtbetrag m, Gesamtsumme f **3** *sport* (*nel calcio*) Pfosten m **4** *sport* (*nel pugilato*) Aufwärtsha-

ken m, Uppercut m.

montàre A tr <avere> **1** (comporre) ~ qc {IMPALCATURA, LIBRERIA} etw auf|stellen; {TENDA} etw auf|bauen; {OROLOGIO} etw zusammen|bauen; mecc {PEZZI DI UN'AUTO} etw montieren, etw ein|bauen **2** (mettere al proprio posto) ~ qc {ANTENNA} etw installieren; {SERRATURA} etw ein|bauen; {TENDE DEL SALONE} etw auf|hängen **3** (fornire di supporto) ~ qc {FOTOGRAFIA} etw (ein|)rahmen; {PIETRA PREZIOSA} etw ein|fassen; {VETRI} etw verglasen **4** (salire) ~ qc {SCALE} etw hinauf|steigen **5** (andare a cavallo) ~ (qc) {CAVALLO BAIO} (etw) reiten, (auf etw dat) reiten **6** fig (esaltare) ~ qu {CRITICA ATTORE} jdm den Kopf verdrehen fam, jdm zu Kopf steigen **7** fig (istigare) ~ qu contro qu {FIGLI CONTRO IL MARITO} jdn (gegen jdn) auf|hetzen, jdn (gegen jdn) auf|bringen; jdn (gegen jdn) scharf|machen fam **8** fig (esagerare) ~ qc {STAMPA NOTIZIA, PARTICOLARI} etw auf|bauschen **9** film teat TV ~ qc {DOCUMENTARIO, SPETTACOLO} etw montieren **10** gastr ~ qc {CHIARA D'UOVO, PANNA} etw schlagen **11** zoo ~ (qc) {MUCCA} (etw) decken, (etw) besteigen B itr <essere> **1** (salire) ~ + compl di luogo {SU UN ALBERO, SOPRA UN MOBILE} auf etw (acc) steigen; {IN BICI, IN MOTO} anche (auf etw acc) auf|steigen; {IN AUTOBUS, IN BARCA, IN MACCHINA, IN TRENO} (in etw acc) ein|steigen; dai, monta! (in macchina), los, steig ein!; (sulla moto, sulla bici) los, steig auf!; fig {LACRIME AGLI OCCHI} jdm (in etw acc) kommen **2** (cavalcare) {FANTINO} reiten **3** (aumentare) {LIVELLO, MAREA} (an|)steigen; {ACQUA} an|schwellen; il fiume è montato di diversi metri, der Fluss ist um einige Meter angeschwollen; fig {TONO} an|heben **4** (diventare ripido) {STRADA} an|steigen **5** (iniziare un servizio) ~ + compl di tempo {ALLE SEI} (irgendwann) beginnen, (irgendwann) anfangen **6** gastr {CHIARA DELL'UOVO, PANNA} steif werden, auf|gehen C rfl (esaltarsi): montarsi eingebildet werden.

montascàle A <inv> agg Treppenaufzug- B <-> m Treppenaufzug m.

montàsio m gastr Montasio-Käse m.

montàta f zoo {+SALMONI} Wandern n • ~ lattea med, Einschießen n scient der Milch.

montàto, (-a) A agg **1** gastr {PANNA} Schlag-; {CHIARA DELL'UOVO} (steif) geschlagen **2** slang giovanile eingebildet, aufgeblasen fam B m (f) slang giovanile eingebildeter/aufgeblasener Kerl m fam spreg, Wichtigtuer(in) m(f) spreg.

montatóre, (-trice) A m (f) **1** tecnol Montagearbeiter(in) m(f), Monteur(in) m(f) **2** film Cutter(in) m(f) B agg tecnol Montage-.

montatùra f **1** (incastonatura) {+DIAMANTE} Fassung f **2** (supporto) {+OCCHIALI} Gestell n **3** (incorniciatura) {+STAMPA} Rahmung f, Rahmen m **4** fig (esagerazione) {+GIORNALI} Aufbauschen n, Übertreibung f **5** fig (finzione) Vortäuschung f **6** gastr Schlagen n **7** tecnol Montage f, Zusammenbau m.

montavivànde <-> m Speisenaufzug m.

mónte A m **1** (rilievo) Berg m **2** fig (grande quantità) ~ di qc Berg m fam von etw (dat)/+ gen pl/+ nom sing, Haufen m fam + nom/+ gen pl, Menge f fam + nom/+ gen pl, Masse f fam + nom/+ gen pl: avere un ~ di cose da sbrigare, einen Haufen/[Berg von] Sachen zu erledigen haben fam **3** (banca) Kredit-, Geldinstitut n **4** (in chiromanzia) Handballen m **5** (nei giochi di carte) Talon m, Kartenstock m B loc prep: a ~ di qc, {DEL PAESE} fluss-, stromaufwärts; fig: andare a ~ del problema, ein Problem von Grund auf angehen C loc avv (in alto, su) a ~ oben: guardare a ~, nach oben sehen • andare a ~ fig

(fallire), {MATRIMONIO} scheitern; {PROGETTI} sich zerschlagen; {SPETTACOLO, VACANZA} ins Wasser fallen fam, platzen fam; Monte Bianco geog, Montblanc m; i Monti dei Giganti geog, das Riesengebirge; mandare a ~ qc fig (far fallire), etw über den Haufen werfen fam; ~ ore amm, (zu leistende) Gesamtstundenzahl; ~ dei pegni, Pfandleihanstalt f; ~ di pietà, Pfand-, Leihhaus n; ~ premi, Gewinnausschüttung f, Gesamtgewinnsumme f; ~ di Venere anat, Venusberg m, Venushügel m.

montebiànco <-chi> m gastr "kegelförmige Süßspeise aus Kastaniencreme mit Sahne".

MONTEDISON f econ abbr di Montecatini Edison: Montedison.

montenegrìno, (-a) A agg {FOLKLORE} montenegrinisch B m (f) (abitante) Montenegriner(in) m(f).

Montenégro m geog Montenegro n.

montepulciàno <-> m **1** (vitigno) Montepulciano-Rebe/Rebsorte f **2** enol Montepulciano m (Rotwein aus Mittelitalien).

montessoriàno, (-a) agg pedag {METODO, SCUOLA} Montessori-.

montgòmery <-> m ingl (giaccone) Dufflecoat m.

montóne m **1** Schafbock m; (castrato) Hammel m **2** (pelliccia) {ROVESCIATO} Schaffell n **3** (carne) Hammelfleisch n.

montuosità <-> f **1** (qualità) {+TERRENO} Gebirgigkeit f **2** <di solito al pl> (monti) {+LUNA} Gebirgskette f.

montuóso, (-a) agg {REGIONE} gebirgig, bergig, Gebirgs-.

monumentàle agg **1** (di monumento) Denkmal(s)- **2** (con monumenti) {CIMITERO, CITTÀ, REGIONE} reich an Denkmälern **3** fig (MOBILE) monumental **4** fig (imponente) {OPERA LETTERARIA} monumental, imposant.

monumentalità <-> f (imponenza) {+EDIFICIO} Monumentalität f forb, Großartigkeit f.

monuménto m Monument n; anche fig Denkmal n: ~ ai caduti, Kriegerdenkmal n; ~ al Milite Ignoto, Denkmal n des Unbekannten Soldaten • ~ nazionale, Denkmal n; fig scherz, nationales Denkmal scherz.

monzése A agg von/aus Monza B mf (abitante) Einwohner(in) m(f) von Monza.

Moon boot® <-> m comm Moonboot m.

Moplèn® <-> m chim Polypropylen n.

moquettàto, (-a) agg (coperto di moquette) {STANZA} mit Teppichboden (ausgelegt).

moquette <-> f franc Teppichboden m.

mòra① f bot **1** (del rovo) Brombeere f **2** (del gelso) Maulbeere f.

mòra② f **1** (interessi moratori) Verzugszinsen m pl: pagare una ~ del 10%, Verzugszinsen in Höhe von 10% zahlen **2** dir (ritardo ingiustificato) Verzug m: costituire qu in ~, jdn in Verzug setzen; costituzione in ~, Inverzugsetzung f; ~ del creditore, Gläubigerverzug m; ~ del debitore, Schuldnerverzug m.

mòra③ f → moro®.

moràle A agg {DANNO, SCRUPOLI} moralisch; {FILOSOFIA} Moral- B f **1** (moralità) Moral f **2** (insegnamento) Moral f, Lehre f **3** filos Moralphilosophie f, Ethik f, Sittenlehre f C fam (spirito) Stimmung f, Moral f: risollevare il ~ di qu, jdn aufmuntern • avere il ~ alto/[essere su di ~] (essere allegro), in guter Stimmung sein, gut gelaunt sein, gut drauf sein fam; avere il ~ basso/[essere giù di ~] (essere triste), den Moralischen haben fam, schlecht drauf sein fam; ~ elastica, dehnbare Prinzipien n pl; fare la ~ a qu fig (redarguire qu), jdm moralisch kommen fam, jdm Moral predigen spreg, jdm eine Moralpredigt halten spreg; ~ della favola, die Mo-

ral der Geschichte; fig (conclusione), die Moral (von) der Geschichte; avere il ~ ₁a terra₁/[sotto i tacchi] fig (essere depresso), eine angeknackste Moral haben, total schlecht drauf sein fam, stimmungsmäßig völlig durchhängen slang; tirare su il ~ a qu fig (rallegrarlo), jdn aufheitern/aufmuntern; tirarsi su il ~, sich aufheitern.

moraleggiànte agg (improntato al moralismo) {ARTICOLO, RACCONTO} moralisierend spreg.

moraleggiàre <moraleggio, moraleggi> itr ~ (su qc) {SULL'AMORE, SULLE AZIONI DI QU} (über etw acc) moralisieren; spreg den Moralisten spielen spreg, Moral predigen spreg.

moralìsmo m anche filos {FACILE} Moralismus m.

moralìsta <-i m, -e f> mf **1** spreg (intransigente) Saubermann m fam, Moralprediger(in) m(f), Moralist(in) m(f) spreg: fare il ~, Moral predigen spreg **2** filos Moralist(in) m(f).

moralìstico, (-a) <-ci, -che> agg {DISCORSO} moralistisch.

moralità <-> f **1** {+AZIONE} Sittlichkeit f, Moralität f **2** (la morale) {PUBBLICA} Moral f **3** filos Moralität f • di dubbia ~, von zweifelhafter Moral.

moralizzàre tr ~ qc {POLITICA, VITA} etw moralischer machen/gestalten.

moralizzatóre, (-trice) A agg (che moralizza) {INTERVENTO} moralisierend B m (f) (chi moralizza) Saubermann m fam, Moralprediger(in) m(f), Moralist(in) m(f) spreg.

moralizzazióne f {+ABITUDINI} Versittlichung f, (azione) anche Versittlichen n.

moratòria f **1** (sospensione) {NUCLEARE} Moratorium n, Aussetzung f **2** (dilazione) Moratorium n, (Zahlungs)aufschub m, Stundung f.

moratòrio, (-a) <-ri m> agg dir {INTERESSI} Verzugs-.

morbidézza f **1** (+CUSCINO, TESSUTO) Weichheit f **2** (flessuosità) {+INCEDERE} Geschmeidigkeit f.

mòrbido, (-a) agg **1** (soffice) {CUSCINO} weich **2** (liscio e delicato) {STOFFA} weich, geschmeidig; {PELLE DEL VISO} weich, zart **3** fig {LINEE} zart **4** fig {METODI} weich.

morbìllo m med Masern pl.

morbillóso, (-a) med A agg Masern- B m (f) (malato) Masernkranke mf decl come agg.

mòrbo m **1** med Krankheit f: ~ di Alzheimer, Alzheimer-Krankheit f; ~ di Parkinson, Parkinson'sche Krankheit, Parkinsonkrankheit f **2** fig (piaga) Plage f, Übel n • ~ blu, Blausucht f; ~ celtico fig (sifilide), Syphilis f, Franzosenkrankheit f obs; ~ sacro, Epilepsie f, Fallsucht f obs.

morbosità <-> f fig {+AMORE} Krankhaftigkeit f.

morbóso, (-a) agg **1** (anormale) {CURIOSITÀ} krankhaft **2** med {STATO} Krankheits-.

mòrchia f (deposito) Bodensatz m.

mordàce agg **1** {CANE} bissig **2** {ACIDO} scharf, beißend **3** fig (caustico) {GIORNALISTA, RISPOSTA} bissig; {LINGUA} spitz; {SATIRA} beißend.

mordacità <-> f fig {+CRITICA} Bissigkeit f, Schärfe f.

mordènte m **1** fig (efficacia) Wirkungskraft f, Biss m fam: avere ~, Biss haben fam; privo di ~, ohne Biss fam **2** chim Beize f, Beizmittel n **3** mus Mordent m.

mòrdere <irr mordo, morsi, morso> A tr **1** (morsicare) ~ qu/qc {CANE POSTINO} jdn/etw beißen; {COSCIA DI POLLO} in etw (acc) beißen, etw an|beißen; fam {ZANZARA} jdn/

etw stechen; {FORMICA} *jdn/etw* beißen **2** (*aderire*) ~ *qc* {PNEUMATICI ASFALTO} auf etw (dat) haften, griffig sein **3** (*corrodere*) ~ *qc* {ACIDO LASTRA DI METALLO} *etw* ätzen **4** (*stringere*) ~ *qc* {TENAGLIE PEZZO} *etw* packen, *etw* fassen **5** *fig* (*irritare*) {ACETO, FREDDO, VENTO} (*etw*) beißen, ein *B* an *etw* (acc) scheiden **B** rfl rec: **mordersi** {GATTI} sich (gegenseitig) beißen • **mordersi la** *lingua*/**le labbra** *fig* (*trattenersi dal dire*), sich (*anche* dat) auf die Zunge beißen; **mordersi le** *mani*/*dita fig* (*pentirsi*), sich (dat) (vor Wut) in den Hintern *fam*/Arsch *volg* beißen, sich (dat) die Haare raufen, sich (selbst) ohrfeigen *fam*.

mordicchiàre (*mordicchio, mordicchi*) **A** tr ~ *qc* {BISCOTTO} an *etw* (dat) knabbern; {MELA} an *etw* (dat) kauen **B** rfl: **mordicchiarsi** *qc* {UNGHIE} *etw*/[an *etw* (dat)] kauen.

morèllo **A** agg schwarz **B** m *zoo* Rappe m.

morèna f *geol* Moräne f.

morèndo <-> m *mus* Morendo n.

morènico, (-a) <-ci, -che> agg *geol* {ANFITEATRO, COLLINE} Moränen-.

morènte **A** agg **1** (*ANIMALE, PERSONA*) sterbend, im Sterben liegend **2** *fig* {GIORNO} zu Ende gehend; {SOLE} untergehend; {LUCE} erlöschend; {SUONO} *anche* verklingend; {CIVILTÀ} aussterbend **B** mf Sterbende mf decl come agg.

morésco, (-a) <-schi, -sche> **A** agg (*dei Mori*) {SCULTURA} maurisch **B** loc avv: **alla moresca**, nach Art der Mauren.

mòre sòlito <-> loc avv *lat* (*come al solito*) wie üblich.

morétto <dim di moro> **A** agg brünett **B** m **1** (*ragazzo scuro di carnagione e capelli*) brünetter Junge **2** (*negretto*) schwarzer Junge.

mòre uxòrio <-> loc avv *lat* (*come marito e moglie*) in wilder Ehe *obs*.

morfèma <-i> m *ling* Morphem n.

morfina f *chim* Morphium n, Morphin n.

morfinismo m *med* Morphiumsucht f, Morphinismus m *scient*.

morfinòmane *med* **A** agg {SOGGETTO} morphiumsüchtig **B** mf Morphiumsüchtige mf decl come agg, Morphinist(in) m(f).

morfinomania f *med* Morphiumsucht f, Morphinismus m *scient*.

morfogènesi f *biol* Morphogenese f *scient*.

morfologìa f **1** *biol ling* {ANIMALE, VEGETALE} Morphologie f **2** *geog min* {TERRESTRE} (Geo)morphologie f **3** (*aspetto*) Beschaffenheit f, Formation f; ~ **del terreno**, Geländebeschaffenheit f, Geländeformation f.

morfològico, (-a) <-ci, -che> agg {CARATTERI} morphologisch.

morfosintàssi <-> f *ling* Morphosyntax f.

morfosintàttico, (-a) <-ci, -che> agg *ling* morphosyntaktisch.

morganàtico, (-a) <-ci, -che> agg *dir* {MATRIMONIO} morganatisch.

morìa f {+PESCI, PRIGIONIERI} Massensterben n.

moribóndo, (-a) **A** agg **1** sterbend, im Sterben liegend: **essere** ~, im Sterben liegen **2** *fig* (da ~) {VOCE} erlöschend, dahinschwindend **3** *fig* (*che sta per estinguersi*) {CIVILTÀ} aussterbend **B** m (f) Sterbende mf decl come agg.

morigeratézza f {+COSTUMI} Mäßigkeit f; {+UOMO} maßvolle Haltung.

morigeràto, (-a) agg {UOMO, VITA} sittsam; (*sobrio*) maßvoll, gemäßigt.

morire <irr *muoio, morii, morto*> itr <essere> **1** (*cessare di vivere*) ~ (**di**/**per qc**) {BAMBINO PER ASSIDERAMENTO} an *etw* (dat) sterben: **la donna è morta di parto**, die Frau ist ⌊bei der Geburt⌋/⌊im Wochenbett/Kindbett⌋ *obs* gestorben; **è morta nel sonno**, sie ist im Schlaf gestorben; ~ **ammazzato**, umgebracht werden; ~ **impiccato**, ⌊durch Erhängen⌋/⌊am Strang⌋ sterben; {ANIMALE DI TUMORE, PER UN'EMORRAGIA} an *etw* (dat) verenden, an *etw* (dat) ein|gehen; {PIANTA PER IL FREDDO} infolge/wegen *etw* (gen) ein|gehen, infolge/wegen *etw* (gen) ab|sterben **2** *fig* (*soffrire*) ~ **di**/**da qc** {DI/DAL CALDO} vor *etw* (dat) sterben *fam*, vor *etw* (dat) um|kommen *fam*; {DI/DALLA VERGOGNA} vor *etw* (dat) vergehen; {DI/DALLA RABBIA} vor *etw* (dat) platzen **3** *fig* (*spasimare*) ~ **per**/⌊**dietro a**⌋ **qu** {PER UN ATTORE} nach jdm schmachten *forb* **4** *fig* (*cessare di esistere*) {CITTÀ} sterben; {POPOLO} aus|sterben; {SPERANZA} erlöschen **5** *fig* (*non spiccare*) {COLORE} nicht hervor|treten, sich *B* verlöschen *6* *fig* (*affievolirsi*) {LUCE} er-, verlöschen, verblassen; {VOCE} ersterben, verhallen **7** *fig* (*terminare*) ~ **in qc** {FIUME IN MARE} in *etw* (acc) münden, sich in *etw* (acc) ergießen; {STRADA NELLA PIAZZA} irgendwohin enden, bis irgendwohin gehen **8** *fig* (*estinguersi*) {STELLA} verlöschen **9** *fig lett* (*finire*) {ANNO, STAGIONE} zu Ende gehen **10** *fig* (*non avere successo*) misslingen: **l'iniziativa morì nel disinteresse generale**, die Initiative ging im allgemeinen Desinteresse unter • **più antipatico/bello/brutto/sordo di così si muore** *fig* (*al massimo grado*), ⌊unsympathischer kann man nicht mehr sein⌋/⌊atemberaubend schön sein⌋/⌊abgrundhässlich *enf* sein⌋/⌊stocktaub *fam* sein⌋; ~ **di** *crepacuore*/*vecchiaia*, an ⌊gebrochenem Herzen⌋/⌊Altersschwäche⌋ sterben; **da** ~ (*al massimo grado*), wahnsinnig *fam*, irre *fam*, ungemein; ⌊**amare qu**⌋/⌊**volere a qu un bene**⌋ **da** ~, jdn über alles lieben, jdn zum Fressen gern haben; **è testardo da** ~, er ist unglaublich dickköpfig *fam*; **si arrabbia da** ~, er/sie regt sich ungemein auf; **avere una fame/sete da** ~ *fam*, einen Mordshunger *fam*/Mordsdurst *fam* haben; **essere stanco da** ~ *fam*, todmüde sein; **far** ~ **qu**, jdn unter die Erde bringen; ~ **di fame**, verhungern, *enf* (*avere molta fame*), vor Hunger sterben *fam*, fast am Verhungern sein; **lasciarsi** ~, dahinsterben, jeden Lebenswillen aufgeben; ~ **di morte** *naturale*/*violenta*, eines natürlichen/gewaltsamen Todes sterben; **non è mica morto nessuno!** *fam* (*non è così grave*), das ist doch halb so schlimm/wild!; ~ **dal ridere**, sich totlachen *fam*; **c'è da morir dal ridere**, es ist zum Totlachen *fam*; **chi non muore si rivede** *prov*, wen sieht man denn da wieder!

moritùro, (-a) *lett* **A** agg (*che sta per morire*) dem Tod(e) geweiht, todgeweiht **B** m (f) (*chi sta per morire*) dem Tod(e) Geweihte mf decl come agg.

mormóne m <di solito al pl> *relig* Mormone m.

mormònico, (-a) <-ci, -che> agg *relig* mormonisch, Mormonen-.

mormonismo m *relig* Mormonentum n.

mormoràre **A** tr (*bisbigliare*) ~ **qc** {PAROLE} (*etw*) murmeln, (*etw*) flüstern **B** itr **1** {RUSCELLO} rauschen, plätschern, murmeln *forb*; {FRONDE, VENTO} rauschen **2** (*sussurrare*) murmeln, raunen: ~ **tra i denti**, in den Bart murmeln *fam* **3** (*brontolare*) {PRESENTI} murren **4** (*sparlare*) {GENTE} munkeln *fam*.

mormorazióne f *spreg* Gerede n *fam*, Gemunkel n *fam*, Munkelei f *fam*.

mormorio <-rii> m **1** (*sussurro*) {+APPROVAZIONE, DISAPPROVAZIONE} Gemurmel n, Geraune n, Flüstern n **2** {+FRONDE} Rauschen n; {+ACQUA} *anche* Murmeln n *poet*, Plätschern n.

mòro① m *bot* Maulbeerbaum m.

mòro②, (-a) **A** agg **1** (*di capelli scuri*) {RAGAZZO} dunkelhaarig; {RAGAZZA} *anche* brünett; (*di carnagione scura*) dunkelhäutig **2** (*nero*) {CAVALLO} schwarz **3** *rar* {UOMO} schwarz, Neger- *spreg* **4** *stor* maurisch **B** m (f) **1** (*di capelli scuri*) Dunkelhaarige mf decl come agg, Brünette mf decl come agg; (*di carnagione scura*) dunkelhäutiger Mensch **2** (*nero*) Schwarze mf decl come agg, Neger(in) m(f) *spreg*, Mohr(in) m(f) *obs* **3** *stor* Maure m, (Maurin f).

moròsa f → **moroso**①, **moroso**②.

morosità <-> f *dir* Säumigkeit f, Säumnis f, (Zahlungs)verzug m.

moróso①, (-a) *dir* **A** agg {CONTRIBUENTE, DEBITORE} säumig **B** m (f) Säumige mf decl come agg.

moróso②, (-a) m (f) *sett fam* (*fidanzato*) Freund(in) m(f), Schatz m *fam*: **avere il** ~, einen Freund haben.

mòrra f (*gioco*) Mora f.

mòrsa f **1** (*attrezzo*) Schraubstock m **2** *fig* Zange f: **la** ~ **del freddo**, die beißende Kälte; **strappare qu dalla** ~ **della morte**, jdn den Klauen des Todes entreißen; **essere preso in una** ~, in die Zange genommen werden *fam*.

Morse <inv agg *ingl tel*> {ALFABETO} Morse-.

morsetteria f *elettr* Armaturen f pl.

morsétto m **1** Zwinge f, Klammer f **2** *elettr* Klemme f.

mòrsi 1ª pers sing del pass rem di *mordere*.

morsicàre <*morsico, morsichi*> tr **1** ~ **qu**/**qc** {CANE POSTINO} jdn/etw beißen; {MELA} in *etw* (acc) beißen, *etw* an|beißen **2** (*pungere*) {TAFANO} jdn/etw stechen, jdn/etw beißen.

morsicatùra f **1** (*segno di morso*) Biss(wunde f) m **2** (*segno di puntura d'insetto*) Stich m.

mòrso **A** part pass di *mordere* **B** m **1** (*azione*) Biss m, (Zu)beißen n: **dare un** ~ **a qu**, jdn beißen **2** (*segno*) Biss(wunde f) m; {+SERPENTE} Biss m; (*puntura d'insetto*) Stich m **3** (*boccone*) Bissen m: **mangiare qc a** (*piccoli*) **morsi**, etw in kleinen Bissen essen **4** (*per cavallo*) Gebiss n **5** <*di solito al pl*> *fig* (*sensazione acuta*) {+FAME, GELOSIA} Stich m • **mettere il** ~ **a qu** *fig* (*assoggettare*), jdn an die Kandare nehmen, jdm Zügel anlegen; **stringere**/**allentare il** ~ *fig* (*dare minore*/*maggiore libertà*), die Zügel straffer anziehen/lockern.

morsùra f *arte* (*nella grafica*) {+LASTRA} Ätzen n.

mòrta① f **1** *geog* toter Flussarm **2** *fig* (*inattività*) Tatenlosigkeit f, Untätigkeit f: **nel lavoro stiamo attraversando un periodo di** ~, in der Arbeit ist gerade Flaute/[nichts los] *fam*.

mòrta② f → **morto**.

mortadèlla f *gastr* Mortadella f.

mortàio <-tai> m **1** (*recipiente*) Mörser m **2** *mil* (*da fanteria*) Granatwerfer m, Mörser m *obs*.

mortaista <-i> m *mil* Mörserschütze m.

mortàle **A** agg **1** (*soggetto a morte*) {ESSERE} sterblich **2** (*degli uomini*) {COSE, VITA} vergänglich **3** (*di morte*) {PALLORE} Tod(es)-; {DOSE, ESITO} tödlich **4** *anche fig* (*che causa la morte*) {NOIA} tödlich; {OFFESA} *anche* schwer **5** *fig* (*accanito*) {ODIO} tödlich, bitter, unversöhnlich; {NEMICO} Tod- **B** mf <di solito al pl> Sterbliche mf decl come agg.

mortalità <-> f {INFANTILE} Sterblichkeit f, Mortalität f.

mortalménte avv **1** (*in modo mortale*) tödlich **2** *fig* (*profondamente*) tödlich, auf den Tod: **annoiarsi** ~, sich ⌊zu Tode⌋/⌊tödlich⌋ langweilen; **odiare** ~ **qu/qc**, jdn/etw auf den Tod hassen, jdn/etw abgrundtief hassen.

mortarétto m Böller m.

mortàṣa f tecnol Stemm-, Zapfenloch n.

mòrte f 1 (cessazione della vita) {+PERSONA} Tod m: ~ **per asfissia**, Erstickungstod m; **darsi la** ~, sich töten, sich (dat) das Leben nehmen, sich umbringen; {+PIANTE} Eingehen n, Tod m, Sterben n; {+ANIMALI} anche Verenden n 2 (pena capitale) Todesstrafe f: **condannare a** ~ **qu**, jdn zum Tode verurteilen; **pena/sentenza a** ~, Todesstrafe f/Todesurteil n 3 fig (fine) Tod m, Ende n 4 gastr fam: **la** ~ **dei tordi è allo spiedo**, die Drosseln schmecken am besten vom Spieß ● **a** ~! (abbasso), tötet ihn/sie!; **a** ~ (moltissimo), tödlich, zu Tode; **annoiarsi a** ~ fam, sich ₍zu Tode₎/[tödlich] langweilen; **avercela** ~ **con qu** fam, jdn zutiefst/[auf den Tod]/[wie die Pest] fam hassen, jdn auf den Tod nicht leiden können fam; ~ **accidentale**, Unfalltod m; ~ **apparente**, Scheintod m; ~ **bianca** fig (per assideramento), weißer Tod; (sul lavoro), "Tod m durch Arbeitsunfall wegen unzureichender Sicherheitsmaßnahmen"; **brutto come la** ~, hässlich wie die Nacht, abgrundhässlich; ~ **civile**, Aberkennung f der bürgerlichen Ehrenrechte; fig (emarginazione), "(Zustand gesellschaftlicher) Ausgrenzung f"; **avere la** ~ **nel cuore** fig (essere molto tristi), todunglücklich sein; **con la** ~ **nel cuore** (molto malvolentieri), schweren Herzens; **la** ~ **dolce** fig (eutanasia), der sanfte Tod; **aver visto la** ~ **in faccia** fig (aver rischiato di morire), dem Tod ins Auge gesehen haben; **fare una brutta** ~, einen elenden Tod haben, eines elenden Todes sterben; ~ **improvvisa**, plötzlicher Tod; **incontrare la** ~ fig forb, den Tod finden forb; **è morto di una** ~ **terribile**, er ist auf eine schreckliche Art umgekommen; **a ogni** ~ **di papa/vescovo** fig (molto raramente), alle Jubeljahre (einmal) fam scherz; **non sapere di che** ~ **morire** fig (cosa fare), mit seinem Latein am Ende sein; **scherzare con la** ~ fig (rischiare), mit dem/ seinem Leben spielen; **finché** ~ **non vi separi** (formula matrimoniale), bis dass der Tod euch scheide; **sicuro come la** ~, sicher wie das Amen in der Kirche fam; **fare la** ~ **del topo** fig (intrappolato), in der Falle enden/verrecken fam; **sembrare la** ~ **in vacanza** fig fam (essere ridotto male), wie eine Leiche auf Urlaub aussehen fam scherz; **la** ~ **non guarda in faccia nessuno** prov, der Tod macht alle gleich(, er frisst Arm und Reich) prov; **la** ~ **viene quando uno meno se l'aspetta** prov, der Tod hat keinen Kalender prov; ~ **tua, vita mia** prov, des einen Tod ist des andern Brot prov.

mortìfero, (-a) agg 1 forb (mortale) {EPIDEMIA, VELENO} todbringend, tödlich 2 fig lett (dannoso) {IDEE} verderblich, schädlich, ungesund.

mortificànte agg (umiliante) {LAVORO} beschämend.

mortificàre <mortifico, mortifichi> A tr 1 (umiliare) ~ **qu** (**con qc**) {FIGLIO CON UN RIMPROVERO} jdn (mit etw dat) demütigen, jdn (mit etw dat) beschämen 2 (reprimere) ~ **qc** (**con qc**) {CARNE COL DIGIUNO} etw (durch etw acc) kasteien B itr pron (avvilirsi) **mortificarsi** beschämt sein C rfl relig (reprimersi) **mortificarsi** sich kasteien.

mortificazióne f 1 (umiliazione) Demütigung f 2 relig {+SENSI} Kasteiung f.

mòrto, (-a) A part pass di morire B agg 1 (che ha cessato di vivere) {UOMO} tot 2 fig (inerte) {CORPO, PESO} leb-, regungslos 3 fig {CIVILTÀ} untergegangen, versunken; {BINARIO, CAPITALE, CITTÀ, LINGUA, STAGIONE} tot 4 fig {ACQUA} stehend C m (f) 1 (persona morta) Tote mf decl come agg: **tre morti e dieci feriti**, drei Tote und zehn Verletzte; (defunto) Verstorbene mf decl come agg; (pallido come un ~, leichenblass, totenblass 2 (nei giochi di carte) Strohmann m: **giocare col** ~, mit einem Strohmann spielen ● **cascar** ~, tot umfallen; **dare per** ~ **qu** (considerarlo), jdn tot glauben; **essere un** ~ **di fame** fig spreg (poveraccio), ein Hungerleider m fam spreg sein; **fare il** ~ (in acqua), den toten Mann machen fam; **farebbe resuscitare un** ~ (detto di cosa molto buona), das würde einen Toten aufwecken/[zum Leben erwecken]; **essere mezzo** ~, halb tot sein; **sul nascere anche** fig, {INIZIATIVA, PROGETTO} eine Totgeburt sein; ~ **risuscitato**, ein zum Leben erweckter Toter; **qui ci scappa il** ~ (qu muore), hier wird einer draufgehen fam, da wird's einen Toten geben; **sembrare un** ~ **che cammina** fig fam (essere malconcio), wie ein wandelnde Leiche aussehen fam; ~ **e sepolto** fig (passato), tot und begraben; **essere un** ~ **di sonno** fig fam spreg (inetto), eine Schlafmütze/ ein Nachtwächter sein spreg; **stanco** ~ fam, todmüde, zum Umfallen müde; **le campane suonano a** ~, die Totenglocke läuten; **più** ~ **che vivo** (malconcio), mehr tot als lebendig.

mortòrio <-ri> m fig fam Trauerspiel n fam anche scherz: **la festa è stata un vero** ~, die Feier war ein einziges Trauerspiel fam.

mortuàrio, (-a) <-ri> m agg {MESSA} Toten-; {ANNUNCIO} Todes-; {CAMERA} Leichen-.

mòrula f biol Morula f scient.

moṣaicàto, (-a) agg (a mosaico) {PAVIMENTO, PIANO} Mosaik-.

moṣaicìsta <-i m, -e f> mf 1 (artista) Mosaikkünstler(in) m(f) 2 (operaio) Mosaikarbeiter(in) m(f).

moṣàico <-ci> m 1 Mosaik n 2 fig {+RELIGIONI, TRADIZIONI} Gemisch n, Sammelsurium n.

mósca <mosche> A f 1 zoo Fliege f: ~ **cavallina**, Stechfliege f, Bremse f; ~ **tze tze**, Tsetsefliege f 2 (neo) Schönheitspflästerchen n, Mouche f forb 3 (pizzo) Fliege f 4 (nella pesca) Fliege f B <-> m sport Fliegengewicht(ler m) n ● **essere raro come una** ~ **bianca** fig, selten sein wie ein weißer Rabe; ~ **cocchiera** fig, Wichtigtuer(in) m(f) fam; **fare d'una** ~ **un elefante** fam (esagerare), aus einer Mücke einen Elefanten machen fam; **non farebbe male a una** ~ fam (a nessuno), er/sie würde keiner Fliege ₍etw zuleide tun₎/[ein Leid zufügen]; **giocare a** ~ **cieca**, Blindekuh spielen; **morire come le mosche** fig fam (in molti), sterben wie die Fliegen fam; **andare come le mosche al miele** fig (essere attirati), wie die Motten vom Licht angezogen werden; **gli salta la** ~ **al naso** fig fam (perde la pazienza), ihm reißt die Geduld/der Geduldsfaden fam, er fährt aus der Haut fam; **non si sente volare una** ~ fig, es ist totenstill; es herrscht Totenstille; es ist so still, dass man eine Stecknadel fallen hören kann; **mosche volanti** fig, Mouches volantes pl, Eintrübung f im Glaskörper; **zitto e** ~! **fam region**, Ruhe!, kein Wort (mehr)!; **si prendono più mosche con un cucchiaio di miele che con un barile d'aceto** prov, mit Speck fängt man Mäuse prov.

Mósca f geog Moskau n.

moscacièca, **mósca cièca** f loc sost f (gioco) Blindekuh f: **giocare a** ~, Blindekuh spielen.

moscàio m Fliegenschwarm m.

moscaiòla f 1 (per proteggere i cibi) Fliegenschrank m 2 (per catturare le mosche) Fliegenfänger m.

moscardìno m 1 zoo (roditore) Haselmaus f 2 zoo (mollusco) Moschuspolyp m 3 fig (damerino) obs Geck m spreg, Stutzer m spreg obs.

moscatèllo m enol Muskateller m.

moscàto A m enol (vitigno, vino) Muskateller m B agg 1 {UVA} Muskateller- 2 {NOCE} Muskat-.

moscerìno m 1 zoo Taufliege f, kleine Fliege 2 fig (nullità) Flasche f, Null f fam spreg, Niete f fam spreg.

moschèa f relig Moschee f.

moschèra, **moschièra** f nella pesca Fliegenrute f, Fliegenangel f.

moschettière m mil stor Musketier m stor ● **i tre moschettieri** (titolo di un romanzo di A. Dumas), die drei Musketiere.

moschétto m Karabiner m, stor Muskete f.

moschettóne m Karabiner(haken) m.

moschicìda <-i> A agg {SOSTANZA} Fliegen(gift)- B m Fliegengift n.

moschìno, (-a) <dim di mosca> A m (moscerino) kleine Mücke B agg fig sett (permaloso) empfindlich, reizbar, übelnehmerisch.

moschìto m → **mosquito**.

móscio, (-a) <mosci, mosce> agg 1 (floscio) {CAPPELLO} schlapp 2 (appassito) schlaff; {CARNI} welk 3 fig {GENTE} schlapp fam, schlaff; **un giovane** ~, ein Schlaffi slang, Weichei n fam spreg.

moscóne m 1 zoo Schmeißfliege f, große Fliege, Brummer m fam 2 fig fam (corteggiatore) Verehrer m 3 mar (pattino) Ruderboot n ● ~ **d'oro** zoo, Goldkäfer m.

moscovìta <-i m, -e f> A agg moskauisch B m (f) (abitante) Moskowiter(in) m(f), Moskauer(in) m(f).

Moṣèlla f geog Mosel f.

moṣquito <-, -s pl spagn> m spagn 1 (zanzara) Moskito m, Stechmücke f 2 ® (motorino) Hilfsmotor m, Fahrrad n mit Hilfsmotor.

mòssa f 1 (movimento) {IMPROVVISA +TESTA} Bewegung f 2 (movenza) Geste f, Gebärde f 3 anche fig (nel gioco) Zug m: **fare la prima** ~ **anche** fig, den ersten Schritt tun; **a noi la prossima** ~, wir sind als nächste am Zug; **4 mil** Manöver n 5 sport {+JUDO} Schlag m ● **darsi una** ~ fig (sbrigarsi), sich beeilen, hinne machen fam norddt, die Hufe schwingen fam scherz; ~ **falsa** fig (sbagliata), falscher Zug; **fare la** ~ fig fam, mit den Hüften wackeln; **fare la** ~ **di fare qc** fig (gesto), andeuten, etw zu tun; **prendere le mosse da qc** (prendere spunto), von etw (dat) ausgehen.

mossétta <dim di mossa> f 1 Geste f, Bewegung f 2 fig <al pl> (moine) Getue n fam spreg.

mòssi 1a pers sing del pass rem di muovere.

mòsso, (-a) A part pass di muovere B agg 1 (agitato) {MARE} bewegt 2 (ondulato) {CAPELLI, LINEA} gewellt 3 fot verwackelt 4 mus bewegt, lebhaft, mosso.

mostàrda f gastr (salsa) Senfsoße f ● ~ **(di Cremona)**, "Früchte in Senfsirup".

mósto m (Trauben)most m.

móstra f 1 (esposizione) {+ANTIQUARIATO, CANINA} Ausstellung f; ~ **itinerante**, Wanderausstellung f; ~ **retrospettiva**, Retrospektive f, Rückschau f; comm Messe f, Ausstellung f; ~ **mercato** → **mostra-mercato** 2 (luogo) Messe f 3 fig (sfoggio) Schau f, Zurschaustellung f 4 fig (finta) (äußerer) Schein, Anschein m; **far** ~ **di... inf**, den Anschein erwecken ₍zu ... inf₎/[, als ob ...; congv] 5 (vetrina) Auslage f 6 (quadrante) {+OROLOGIO} Zifferblatt n 7 (campione) {+RISO, SETA} Muster n, Probe f 8 (della giacca) Aufschlag m, Revers n 9 arch Laibung f, Leibung f ● **far bella** ~ **di sé** (presentarsi bene), {GIOIELLO, QUADRO} sich

gut ausnehmen, gut aussehen; **mettere** in ~ **qc**, etw zur Schau stellen; **mettersi** in ~ *fig*, sich zur Schau stellen.
mostràbile *agg* (*che si può mostrare*) vorzeigbar.
mostra-mercàto <*mostre-mercato*> *f comm* Verkaufsmesse f, Verkaufsausstellung f.
mostràre A *tr* **1** (*far vedere*) ~ **qc** (**a qu**) {MONOLOCALE A UNO ZIO, MONUMENTO A UN TURISTA, QUADRO A UN ESPERTO} *jdm etw* zeigen; (*esibire*) {BIGLIETTO AL CONTROLLORE} (*jdm*) etw vor|zeigen; *fig* {A TUTTI IL PROPRIO CORAGGIO} *jdm etw* zeigen **2** (*indicare*) ~ **qc** (**a qu**) {FRECCIA STRADA} (*jdm*) etw an|zeigen; {STRADA A UN TURISTA} *jdm etw* weisen **3** (*dimostrare*) ~ **qc** (**a qu**) {FUNZIONAMENTO DELLA CALDAIA} *jdm etw* erklären; **gli mostrò come aprire il portone**, er/sie zeigte ihm, wie man das Tor öffnet **4** (*lasciar vedere*) ~ **qc** {PERSONA ANNI} *etw* erkennen lassen; {CASA SEGNI DEL TEMPO} *etw* auf|weisen **5** (*mettere in mostra*) ~ **qc** {GAMBE} *etw* zeigen B *itr pron* (*apparire*): **mostrarsi a qu/qc** {AGLI OCCHI DI QU} sich *jdm/etw* zeigen, zum Vorschein kommen: **appena aperta la porta, gli si mostrò uno spettacolo orribile**, sobald er die Tür geöffnet hatte, *bot* sich ihm ein schreckliches Schauspiel C *rfl* **1** (*farsi vedere*): **mostrarsi** sich zeigen, sich sehen lassen: **si mostrò in compagnia di uno strano tipo**, er/sie zeigte sich in Gesellschaft ₁eines sonderbaren Typen *fam*₁/[einer seltsamen Gestalt] **2** (*dimostrarsi*): **mostrarsi + compl di modo** {ALL'ALTEZZA DEL PROPRIO COMPITO} sich *irgendwie* zeigen; **si mostrò soddisfatto dell'incontro**, er zeigte sich zufrieden über das Treffen; {SUPERIORE ALL'ACCADUTO} sich *irgendwie* erweisen; {DISPERATO PER LA SEPARAZIONE} *irgendwie* scheinen.
mostravènto <-> *m mar* Windrichtungszeiger m.
mostriciàttolo <*dim di mostro*> *m fam* kleines Monster *scherz*, kleines Scheusal *scherz*.
mostrìna *f mil* Kragenspiegel m.
mostrìno *m* (*piccolo quadrante*) {+OROLOGIO} Sekundenzifferblatt m.
móstro *m* **1** (*creatura fantastica*) Monstrum n, Ungeheuer n; *fig anche* Scheusal n *spreg* **2** *scherz* (*portento*) ~ **di qc** {DI BRAVURA, DI VELOCITÀ} Ausbund *m an etw* (dat) **3** *biol* Missgeburt f, Monstrum m **4** *giorn* (*criminale*) Monster n ● ~ **sacro** *fig* (*fuoriclasse*) Monstre sacré n, Heiliges Monster, Urgestein n, Gallionsfigur f, Legende f, Monument n.
mostruosità <-> *f* **1** (*atto*) Monstrosität f **2** *anche fig* (*qualità*) {+AZIONE} Monstrosität f, Ungeheuerlichkeit f.
mostruóso, (-a) *agg* **1** (*orrendo*) {VOLTO} scheußlich, monströs *forb* **2** (*crudele*) {DELITTO} scheußlich, abscheulich **3** (*eccezionale*) {FORZA} ungeheuer(lich); {INTELLIGENZA} außergewöhnlich.
motèl <-> *m* Motel n.
motherboard <-> *f ingl inform* (*scheda madre*) Haupt-, Grundplatine f; Grundplatte f, Motherboard n.
motilità <-> *f* **1** *biol* Beweglichkeit f, Bewegungsvermögen n, Motilität f *scient* **2** (*attitudine motoria*) {+BAMBINO} Mobilität f.
motivàbile *agg* (*spiegabile*) ~ (+ **compl di modo**) {FACILMENTE} (*irgendwie*) zu erklären(d), (*irgendwie*) begründbar.
motivàre *tr* **1** (*spiegare*) ~ **qc** {PRESA DI POSIZIONE, SCELTA} *qc* {LITE, SEPARAZIONE} *etw* verursachen, *etw* hervor|rufen **3** *amm* ~ **qc** {ATTO, PROVVEDIMENTO, SENTENZA} *etw* begründen **4** *psic* (*stimolare*) ~ **qu a qc** {RAGAZZO ALLO STUDIO} *jdn* zu *etw* (dat) motivieren, *jdn* a

motivàto, (-a) *agg* **1** (*spiegato*) ~ (**da qc**) (*durch etw* acc) motiviert, (*durch etw* acc) begründet: **una protesta ben motivata dalla mancanza di lavoro**, ein durch den Mangel an Arbeit wohlbegründeter Protest **2** (*giustificato*) ~ **da qc** (*durch etw* acc) gerechtfertigt: **una reazione motivata dalla stanchezza**, eine durch Müdigkeit gerechtfertigte Reaktion, eine auf Müdigkeit zurückzuführende Reaktion **3** (*determinato*) ~ **a qc** (*zu etw* dat) motiviert: **uno studente molto ~ allo studio**, ein zum Lernen sehr motivierter Student **4** *ling* motiviert.
motivazionàle *agg* (*sul motivo di una scelta*) {COLLOQUIO, RICERCA} Motivations-, motivational, Motiv-.
motivazióne *f* **1** *anche amm* (*esposizione delle ragioni*) Begründung f **2** *psic* {FORTE} Motivation f ● ~ **della sentenza** *dir* (*parte della sentenza*), Urteilsbegründung f.
motivétto <*dim di motivo*> *m mus fam* Weise f.
motìvo *m* **1** (*causa*) Grund m, Ursache f **2** (*ragione*) {VALIDO} (Beweg)grund m, Motiv n, Anlass m; **aver ~ di/per ... inf**, Grund haben zu... *inf*; **dar ~ di... inf**, Anlass geben zu... *inf*: **devi aver avuto i tuoi motivi!**, du wirst schon deine Gründe gehabt haben!; ~ **di preoccupazione**, Grund m/Anlass m zur Sorge **3** (*canzone*) {ORECCHIABILE} Weise f, Motiv n **4** (*decorazione*) {FLOREALE, GEOMETRICO} Muster n: ~ **ornamentale**, Ornament n **5** *dir* (Beweg)grund m, Motiv n **6** *lett mus* Thema n, Motiv n ● ~ **conduttore**, Leitmotiv n; **per motivi di** *famiglia*/**salute** *anche amm*, aus familiären/gesundheitlichen Gründen; **per che**/**quale ~?**, aus welchem Grund?; ~ **per cui** *fam* (*perciò*), deshalb, deswegen, aus diesem Grund; ~ **a treccia** (*nei lavori femminili*), Zopfmuster n.
mòto① *m* **1** *gener anche fis* {UNIFORME} Bewegung f: ~ **perpetuo**, Perpetuum mobile n; ~ **di rotolamento**, rollende Bewegung **2** *fig* (*impulso*) {+RIBELLIONE, STIZZA} (innere) Bewegtheit m **3** *astr* Umlauf m **4** *autom* Gang m **5** *polit stor* {MAZZINIANI} Unruhe f ● **con ~ mus**, mit Bewegung, con moto; **essere in ~**, in Bewegung sein; *fig*, dabei sein, damit beschäftigt sein; *autom*, in Gang/Betrieb sein; **fare del ~**, sich regelmäßig bewegen; **mettere in ~ qu** *fig* (*far agire*) *jdn zu etw* (dat) veranlassen; **mettere in ~ qc** *anche fig*, etw in Gang setzen; **mettersi in ~**, sich in Bewegung setzen; *fig*, in Gang kommen; ~ **ondoso** *geog*, Wellengang m.
mòto② <-> *f* (*motocicletta*) Motorrad n, Moto n *fam CH*: **andare in ~**, Motorrad fahren; ~ **da cross**/**strada**, Geländemotorrad n/Motorrad n.
motobàrca <*-che*> *f* kleines Motorboot.
motobómba *f* (*motocicletta carica di esplosivo*) Motorradbombe f.
motocàrro *m* dreirädriger Kastenwagen, Dreirad n.
motocarrozzétta *f* Motorrad n mit Beiwagen.
motociclétta *f* Motorrad n.
motociclìsmo *m sport* Motorradsport m.
motociclìsta <*-i m, -e f*> A *agg* {CORRIDORE} Motorrad- B *mf* Motorradfahrer(in) m(f).
motociclìstico, (-a) <*-ci, -che*> *agg* {CORSA, INDUSTRIA, SPORT} Motorrad-.
motocìclo *m amm* Motorrad n.
motocròss <-> *m sport* Motocross n.
motocrossìsta <*-i m, -e f*> *mf sport* Motocross-Fahrer(in) m(f).
motòdromo *m* Motodrom n.
motofàlce *f agr* Rasenmäher m.
motofalciatrìce *f agr* Mähmaschine f.
motofurgóne *m* dreirädriger Lieferwagen, Dreirad n.
motonàuta <*-i m, -e f*> *mf sport* Motorbootfahrer(in) m(f).
motonàutica <*-che*> *f sport* Motorbootsport m, Motorschifffahrt f.
motonàutico, (-a) <*-ci, -che*> *agg sport* {GARA} Motorboot-.
motonàve *f mar* Motorschiff n.
motopescheréccio <*-ci*> *m* Fischkutter m.
motopómpa *f tecnol* Motorpumpe f.
motopropulsóre A *agg* {SISTEMA} Antriebs-: **gruppo ~**, Antriebsaggregat n, Triebwerk n B *m* Antriebsmotor m, Triebwerk n.
motoràdio <-> *f* Motorradradio n.
motoradùno *m* Motorradfahrertreffen n.
motóre, (*-trice*) A *m* **1** *mecc* Motor m, Antrieb m: ~ **a benzina**/**scoppio**, Benzin-/Verbrennungsmotor m; ~ **a combustione interna**, Verbrennungsmotor m; ~ **Diesel**/**elettrico**, Diesel-/Elektromotor m; ~ **a iniezione**, Einspritzmotor m; ~ **a iniezione elettronica**, Motor m mit elektronischer Einspritzung; ~ **a repulsione**, Repulsionsmotor m; ~ **a due**/**quattro tempi**, Zwei-/Viertaktmotor m **2** *fig* (*movente*) Motor m, Triebfeder f, Triebkraft f: **il ~ di questa iniziativa è la solidarietà**, Triebkraft dieser Initiative ist die Solidarität B *agg* **1** *mecc* {FORZA, RUOTA} Antriebs-, Trieb- **2** *anat* {MUSCOLO} Bewegungs- C <*inv*> *loc agg avv*: **a ~**, mit Motorantrieb ● ~ **di ricerca** *inform*, Suchmaschine f.
motorétta *f fam* (Motor)roller m.
motorìno *m* **1** *fam* (*ciclomotore*) Mofa n *fam*, Moped n, Mokick n **2** *mecc* Kleinmotor m, kleiner Motor: ~ **d'avviamento**, Anlasser m, Starter m.
motòrio, (-a) <*-ri m*> *agg* {APPARATO} Bewegungs-, motorisch.
motorìsmo *m sport* Motorsport m.
motorìsta <*-i*> *m* Mechaniker(in) m(f).
motorìstica <*-che*> *f mecc* Motorenbau m.
motorìstico, (-a) <*-ci, -che*> *agg sport* Motor(sport)-.
motorizzàre A *tr* **1** (*munire di motore*) ~ **qc** {LINEA, VEICOLO} *etw* mit Motor versehen **2** (*munire di automezzi*) ~ **qu**/**qc** {ESERCITO} *jdn*/*etw* motorisieren B *rfl* (*munirsi di automezzi*): **motorizzarsi** {ESERCITO} sich mit Fahrzeugen aus|statten; *fam* (*comprarsi un'auto, una moto, ecc.*) sich motorisieren *fam*: **ci siamo motorizzati anche noi!**, wir haben uns auch ein Fahrzeug/[einen fahrbaren Untersatz *fam*] zugelegt!
motorizzazióne *f* **1** Motorisierung f **2** *amm* Zulassungsstelle f: ~ **civile**, Kfz-Zulassungsstelle f.
motorsailer <-> *m ingl mar* Motorsegler m.
motorscooter <-> *m ingl* (Motor)roller m.
motoscafìsta <*-i m, -e f*> *mf mar* Motorbootfahrer(in) m(f).
motoscàfo *m mar* Motorboot n.
motoséga <*-ghe*> *f tecnol* Motorsäge f.
motoslìtta *f* **1** (*slitta*) Motorschlitten m **2** (*moto da neve*) Schneemotorrad n, Snowmobil n.
mototrazióne *f mecc* Motorantrieb m.
mototurìsmo *m* Motorradtourismus m.
mototurìsta <*-i m, -e f*> *mf* Motorradtourist(in) m(f).
motovedétta *f mar* Patrouillen-, Schnell-, Wachboot n.
motoveìcolo *m amm* Motorfahrzeug n.

motovelòdromo m *sport* Motorradrennbahn f.
motovettùra f *autom* Dreiradwagen m; *(a quattro ruote)* Motorfahrzeug m.
motozàppa f *agr* Motorhacke f, Motorhackmaschine f.
motrìce f **1** *autom* {+AUTOTRENO} Sattelschlepper m, Zugwagen m, Zugmaschine f **2** *ferr* {+TRAM, TRENO} Triebwagen m: ~ **ferroviària**, Lokomotive f.
motricità <-> f *biol psic* Motorik f.
motteggiàre <*motteggio, motteggi*> **A** tr *(burlare)* ~ **qu** jdn verspotten, jdn bespötteln **B** itr *(scherzare)* witzeln, scherzen.
mottéggio <-gi> m **1** *(azione)* Spaßen n, Scherzen n, Spötteln n, Spöttelei f **2** *(battuta)* witzige Bemerkung.
mottétto m **1** *mus* Motette f **2** *lett* Stornello n.
mòtto m **1** *(detto sentenzioso)* Motto n, Wahlspruch m; {+CARABINIERI, SCOUT} Devise f **2** *(detto arguto)* Witz m **3** *lett* Wort n ● ~ **popolare**, Sprichwort n; ~ **di spirito**, geistreiches Motto.
motulèso, (-a) *med* **A** agg {RAGAZZO} bewegungsgestört **B** m (f) Bewegungsgestörte mf decl come agg.
motupròprio <-> *lat* **A** m *relig* {+PONTEFICE} Motuproprio n **B** loc avv *(di propria iniziativa)*: **di** ~ {CONCEDERE QC} aus eigenem Antrieb ● **fare qc** ~, etw aus eigenem Antrieb tun.
mou *franc* **A** <inv> agg {CARAMELLA} Milch-, Weich- **B** <-> f *(caramella)* Milchbonbon n, Toffee n.
mouliné *franc tess* **A** <inv> agg {COTONE} Mouliné- **B** <-> m Mouliné n.
mountain bike <-, --s pl *ingl*> loc sost f *ingl sport* Mountainbike n.
mouse <-, *mice* pl *ingl*> m *ingl inform* Maus f.
mousse <-, -s pl *franc*> f *franc gastr* Mousse f: ~ **al cioccolato**, Schokoladenmousse f, Mousse au Chocolat f.
movènte m ~ *(di qc)* {+CRIMINE, DELITTO, LITE} Motiv n *(für etw acc)*, Beweggrund m *(für etw acc)*.
movènza f **1** <*di solito al pl*> {FLESSUOSE; +BALLERINA} Bewegung f **2** *fig (andamento)* {+FRASE} Fluss m.
movida <-e, -as pl *spagn*> f *spagn* **1** Movida f *(spanische Künstlerbewegung)*: **la sfrenata tezza della ~ madrilena**, die Ausgelassenheit der Madrilener Movida **2** *fig (vita notturna)*: **i music bar della ~ romana**, die Musikschuppen des römischen Nachtlebens.
movie <-> m *ingl film* Movie n.
movimentàre tr **1** *(animare)* ~ **qc** {con qc} {FESTA, SERATA} etw *(mit etw dat/durch etw acc)* beleben, etw *(mit etw dat/durch etw acc)* in Schwung bringen; {ROMANZO} etw *(durch etw acc)* lebendig gestalten; {VITA} etw *(durch etw acc)* bewegter gestalten **2** *econ* ~ **qc** {MERCATO} etw beleben **3** *tecnol* ~ **qc** {CARICO} etw bewegen.
movimentàto, (-a) agg **1** *(frenetico)* {LAVORO} turbulent, hektisch; {GIORNATA, VITA} anche bewegt, aufregend **2** *(animato)* {FESTA} schwungvoll **3** *(mosso)* {PAESAGGIO} uneben; {DECORAZIONE} reich, aufwendig.
moviménto m **1** *(mossa, moto)* Bewegung f: **fare un ~ con la mano**, eine Bewegung mit der Hand machen; ~ **di regressione**, rückläufige Bewegung **2** *anche polit (corrente)* Bewegung f **3** *(animazione)* Verkehr m, Betrieb m **4** *arte* {+QUADRO} Leben n **5** *comm econ* {+CAPITALI} Bewegung f, Verkehr m **6** *ferr* Verkehr m **7** *mil* {+TRUPPE} Bewegung f **8** *mus (andamento)* Tempo n; {+SINFONIA} Satz m ● ~ **di cassa** *econ*, Kassenbewegung f; **mettersi in** ~, sich in Bewegung setzen; *fig (darsi da fare)*, sich bemühen, sich rühren, sich um|tun *fam*; **Movimento Sociale Italiano - Destra Nazionale** *polit*, "italienische rechtsradikale Partei"; ~ **di terra** *tecnol*, Erdbewegung f; ~ **dei turisti/viaggiatori**, Touristen-/Reiseverkehr m.
moviòla f **1** *film (apparecchio)* Schneidetisch m **2** *TV sport* Zeitlupe f: **rivedere un gol alla ~**, ein Tor noch einmal in der Zeitlupe sehen.
moviolìsta <-i m, -e f> mf *TV* Fußballreporter(in) m(f) für Zeitlupen.
mozartiàno, (-a) *mus* **A** agg *(di o su W. A. Mozart)* {COMPOSIZIONE, RICERCA} mozartisch, Mozart- **B** m (f) *(seguace)* Anhänger(in) m(f) Mozarts, Mozartianer(in) m(f).
moziòne f *polit* Antrag m, Motion f *CH*: ~ **di fiducia/sfiducia (al governo)**, Vertrauens-/Misstrauensantrag m.
mozzafiàto <inv> agg *fam* {BELLEZZA, FILM} atemberaubend.
mozzàre tr **1** *(recidere)* ~ **qc** *(a qu)* {GAMBA, TESTA} *(jdm)* etw ab|schneiden, *(jdm)* etw ab|schlagen **2** *fig (interrompere)* ~ **qc** {DISCORSO} etw ab|brechen; ~ **qc** *(a qu)* {FIATO, RESPIRO} *(jdm)* etw nehmen, *(jdm)* etw verschlagen, *(jdm)* etw rauben.
mozzarèlla f *gastr* Mozzarella m *(Frischkäse aus Büffel- oder Kuhmilch)*: ~ **in carrozza**, "Käse- und Brotscheiben, die zusammen paniert und frittiert werden".
mozzatùra f **1** *(effetto)* Schnitt m **2** *(azione)* Abschneiden n **3** *(mozzicone)* {+SIGARO} Stummel m, Kippe f *fam*.
mozzicàre <*mozzico, mozzichi*> tr *merid (mordere)* ~ **qu/qc** jdn/etw beißen: ~ **l'orecchio a qu**, jdn ins Ohr beißen.
mózzico <-chi> m *merid (morso)* Biss m: **mangiare qc a mozzichi**, etw häppchenweise essen.
mozzicóne m {+MATITA, SIGARETTA} Stummel m, Kippe f *fam*; {+CANDELA} Stumpf m.
mózzo① m *(marinaio)* Schiffsjunge m.
mózzo② m *mecc* {+ELICA, RUOTA} Nabe f.
mózzo③, (-a) agg *(reciso)* {CAPO} abgeschnitten, abgeschlagen **2** *fig (mutilo)* {DISCORSO} verstümmelt, verkürzt.
mp3 <-, -s pl *ingl*> m *inform* Mp3 n: **Mp3-Player/lettore MP3**, MP3-Player m.
MPC m *inform* abbr *dell'ingl* Multimedia Personal Computer: MPC m; *(abbr di* multimedialfähiger PC).
MR 1 *relig* abbr *di* Molto Reverendo: Hochwürden **2** *università* abbr *di* Magnifico Rettore: Rector magnificus m, Universitätsrektor m.
ms abbr *di* manoscritto: Ms. *(abbr di* Manuskript).
m/s abbr *di* metri al secondo: m/s *(abbr di* Meter pro Sekunde).
MS abbr *di* Movimento Studentesco: "Studentenbewegung Ende der 60er Jahre", "68er Bewegung".
MS-DOS m *inform* abbr *dell'ingl* Microsoft-Disk Operating System *(sistema operativo su disco della Microsoft)* MS-DOS.
MSI-DN m *polit stor* abbr *di* Movimento Sociale Italiano - Destra Nazionale: "italienische rechtsradikale Partei".
Mt. *geog* abbr *di* Monte: Berg m.
MT f *fis* **1** abbr *di* media tensione: Ms, MS *(abbr di* Mittelspannung) **2** abbr *di* megaton: Mt. *(abbr di* Megatonne).
Mt.i *geog* abbr *di* Monti: Berge m pl.
mùcca <-che> f Kuh f: ~ **da latte**, Milchkuh f ● ~ **pazza** *giorn*, Rinderwahn(sinn) m.
mucchiétto <dim *di* mucchio> m **1** *(gruppetto)* {+CASE} Grüppchen n **2** *(somma di denaro)* Sümmchen n: **ha risparmiato un bel ~**, er/sie hat ein schönes Sümmchen gespart.
mùcchio <-chi> **A** m **1** {+CARBONE, LEGNA, PATATE, ROBA DA LAVARE, SABBIA} Haufen m: **un ~ di neve/pietre**, ein Schnee-/Steinhaufen m **2** *fig (grande quantità)*: ~ **di qc** Haufen m + nom/+ gen pl *fam*, Menge + nom/+ gen pl *fam*, Berg m *von etw* (dat)/+ gen pl/+ nom sing *fam*, Masse f *fam* + nom/+ gen pl; {+LETTERE, PROTESTE} Flut *von etw* (dat pl): **hanno un ~ di bambini**, sie haben eine Menge/einen Haufen Kinder *fam*; **ho un ~ di cose da sbrigare**, ich habe einen Haufen/[Berg von] Sachen zu erledigen *fam*; **ha un ~ di dischi**, er/sie hat eine ganze Masse Schallplatten *fam*; **c'era un ~ di gente**, es war/waren eine ganze Menge Leute da *fam*; **ci servono un ~ di soldi**, wir brauchen einen Haufen/eine Stange/einen Batzen Geld *fam* **B** loc avv: **a mucchi** {DISPORRE QC} haufenweise *fam* ● **pescare nel ~** *fig (non scegliendo)*, wahllos herausgreifen; **sparare/colpire nel ~** *(a caso)*, blindlings ⌊schießen⌋/[drauflosschießen *fam*]/[zuschlagen]; *fig*, jdn/etw wahllos heraus|greifen.
mucillàgine f *bot* (Pflanzen)schleim m.
mucillaginóso, (-a) agg *bot* schleimig.
mùco <muchi> m *med* Schleim m.
mucolìtico, (-a) <-ci, -che> *farm* **A** agg schleimlösend **B** m schleimlösendes Mittel.
mucósa f *anat* Schleimhaut f.
mucóso, (-a) agg {SOSTANZA} schleimig; *anat* {GHIANDOLA, TESSUTO} Schleim-, mukös *scient*.
mùda f *ornit* Mauser f.
muesli <-> m ● **müsli**.
muezzìn <-> m *turco relig* Muezzin m.
mùffa f Schimmel m ● **fare la ~**, schimm(e)lig werden, (ver)schimmeln; *fig (restare inattivo)*, versauern *fam*, verkümmern; **non starò in questo ufficio a fare la ~!**, ich werde in diesem Büro nicht versauern! *fam*.
mùffola f **1** <*di solito al pl*> *(guanto)* Fausthandschuh m **2** *elettr* (Kabel)muffe f.
muflóne m *zoo* Mufflon m.
mugghiàre <*mugghio, mugghi*> itr *fig lett* {MARE} brausen, rauschen; {VENTO, TEMPESTA} heulen, brausen.
mùgghio <-mugghi> m **1** {+MUCCA} Muhen n; {+BUE} Brüllen n **2** *fig* {+MARE} Brausen n, Rauschen n; {+VENTO} Heulen n, Rauschen n.
mùggine m *itt* Meerasche f.
muggire <*muggisco*> itr **1** *(emettere muggiti)* {MUCCA} Muhen n **2** *fig* ~ *(per qc)* {PERSONA PER IL MALE} *(vor etw* dat) brüllen **3** *fig* {MARE} brausen, rauschen; {VENTO, TEMPESTA} heulen, brausen.
muggìto m **1** {+MUCCA, VITELLO} Muhen n **2** *fig* {+MARE} Brausen n, Rauschen n; {+VENTO} Heulen n, Rauschen n.
mughétto m **1** *bot* Maiglöckchen n **2** *med* Soor m *scient*.
mugic <-> m *russo (contadino)* Muschik m.
mugnàio, (-a) <*mugnai* m> m (f) Müller(in) m(f).
mugolànte agg *(che mugola)* {CANE} winselnd; *fig* {VENTO} heulend, rauschend.
mugolàre **A** tr *(brontolare)* ~ **qc** {PAROLE} etw brumme(l)n, etw murmeln **B** itr **1** *(guaire)* {CANE} winseln **2** *(gemere)* ~ **di qc** {PERSONA DI DOLORE, DI PIACERE} *vor etw* (dat) stöhnen **3** *fig (mugghiare)* ~ *(+ compl di luogo)* {VENTO TRA GLI ALBERI} *(irgendwo)* heulen, *(irgendwo)* brausen.
mugolìo <-lìi> m **1** {+CANE} Gewinsel n,

mugugnare | munire

Winseln n **2** *fig rar* {+VENTO} Brausen n.
mugugnàre *itr region* brummen, knurren.
mugùgno m *region* Gebrumme(l) n.
mujaheddin m pl *arabo* **1** (*combattenti*) Heilige Krieger m pl **2** (*guerriglieri afghani*) Mudschaheddin m pl.
mulàtta f → **mulatto**.
mulattièra f Saumpfad m, Maultierpfad m.
mulattière m (*chi guida i muli*) Maultiertreiber m.
mulàtto, (-a) A agg {FIGLIO, RAGAZZA} Mulatten- B mf Mulatte m, (Mulattin f).
muleta <-, -s pl *spagn*> f *spagn* (*drappo*) {+MATADOR} Muleta f.
mulétto m **1** *autom sport* T-Car n **2** *tecnol* Gabelstapler m.
muliebre agg *forb* {BELLEZZA} weiblich; {RITRATTO} *anche* Frauen-.
mulinàre A tr ~ *qc* **1** (*roteare*) {BASTONE, SPADA} *etw* herum|wirbeln **2** *fig* (*macchinare*) {IPOTESI DI QC, PROPOSITI DI QC} sich (dat) *etw* aus|denken, *etw* aus|hecken *fam spreg* B itr (*turbinare*) ~ (+ *compl di luogo*) {ACQUA, FOGLIE} (*irgendwohin*) wirbeln; *fig* ~ *in qc* {IDEE, PENSIERI NELLA MENTE} in *etw* (dat) herum|schwirren.
mulinèllo m **1** (*moto vorticoso*) {+VENTO} Wirbel m; {+ACQUA} *anche* Strudel m **2** {+CANNA DA PESCA} Rolle f **3** (*ventilatore*) Ventilator m **4** *mar* Ankerwinde f.
mulino m Mühle f: ~ ˌad acquaˌ/[a vento], Wasser-/Windmühle f • **lottare contro i mulini a vento** *fig* (*contro i fantasmi*), gegen Windmühlen kämpfen; *parlare* **come un ~ a vento** *fig fam* (*velocemente*), reden wie ein Wasserfall; **chi va al ~ s'infarina** *prov*, wer Pech anfasst, besudelt sich *prov*; **il ~ non macina senz'acqua** *prov*, ohne Fleiß kein Preis *prov*, von nichts kommt nichts *prov*.
Müller Thurgau <-> m *ted* (*vitigno, vino*) Müller-Thurgau m.
mùlo m Maultier n • **essere carico come un ~** (*molto*), beladen wie ein Esel sein; **più duro di un ~** *fig* (*testardo*), störrischer als ein Esel; **lavorare come un ~** (*molto*), arbeiten wie ein Pferd *fam*/Kuli *spreg*; **testardo come un ~** (*molto*), störrisch wie ein (Maul)esel *fam*.
mùlta f **1** (*pena*) Geldstrafe f **2** *fam* (*ammenda*) Verwarnungs-, Bußgeld n: **~ per divieto di sosta**, Bußgeld wegen Halteverbots, Strafmandat/Strafzettel *fam* für falsches Parken.
multàre tr ~ *qu* (*di qc*) (*per qc*) {DI 50 EURO PER DIVIETO DI SOSTA} *jdn* (*wegen etw gen*) mit einem Bußgeld/einer Geldstrafe (in Höhe *von etw* dat) belegen.
mùlti- primo elemento (*che ha molti*) mehr-, viel-, multi-: **multiforme**, vielförmig, vielgestaltig; **multilaterale**, mehrseitig, vielseitig, multilateral; **multilingue**, mehrsprachig, multilingual *forb*.
multicèntrico, (-a) <-ci, -che> agg (*policentrico*) mit mehreren Zentren.
multicolóre agg {TAPPETO} vielfarbig, bunt.
multiculturàle agg {SOCIETÀ} multikulturell, multikulti.
multiculturalìsmo m **1** (*condizione*) Multikulturalismus m **2** *polit* Multikulturalismus(-Politik) f m.
multiculturalità f → **multiculturalismo**.
multidisciplinàre agg {RICERCA, TESI DI LAUREA} multidisziplinär, fachübergreifend.
multidisciplinarità <-> f Multidisziplinarität f.
multiètnico, (-a) <-ci, -che> agg {CULTURA} Vielvölker-, multiethnisch.

multifocàle agg *ott* {LENTE} Multifokal-.
multifórme agg **1** (*vario, molteplice*) {ASPETTO} vielfältig, vielgestaltig **2** (*versatile*) {INGEGNO} vielseitig.
multifrequènza A <inv> agg {DISPOSITIVO} Multifrequenz- B f *elettr tel* Multifrequenz f.
multifunzionàle agg (*che ha molte funzioni*) {CENTRO} multifunktional.
multifunzionalità <-> f {+MACCHINA} Multifunktionalität f.
multifunzióne <inv> agg (*multifunzionale*) multifunktional.
multijet *autom* A <inv> agg Multijet- B <-> m Multijet m.
multilaterále agg *fig* {ACCORDO, SCAMBIO} multilateral.
multilingue <-> agg (*poliglotta*) {FAMIGLIA} mehrsprachig, multilingual *forb*.
multimediàle agg **1** (*che fa uso di diversi media*) {CAMPAGNA PUBBLICITARIA} Multimedia- **2** *inform* {CENTRO} multimedial, Multimedia-.
multimedialità <-> f {+INFORMAZIONE, MOSTRA, SPETTACOLO} Multimedialität f, Multimedia n, Medienverbund m.
multimiliardàrio, (-a) <-ri m -> A agg {CONTRIBUENTE} millionenschwer *fam*, milliardenschwer *fam*, milliardenreich B m (f) Multimillionär(in) m(f), Multimilliardär(in) m(f).
multinazionàle A f multinationales Unternehmen B agg {IMPRESA} multinational.
multipack <-> m *comm* Multipack m o n.
multipara *med* A agg {DONNA} mehrgebärende(s) B f Multipara f, Pluripara f, Mehrgebärende f.
multipartitìsmo m *polit* Viel-, Mehrparteiensystem n.
multipiàno <inv> agg (*a più piani*) {PARCHEGGIO} mehrstöckig.
multipiattafórma <inv> agg *inform* Multiplattform-.
multiplayer <inv> agg *ingl inform* Multiplayer m, Mehrspieler m.
mùltiplex m *tel* Multiplex(verfahren) n.
mùltiplo A m *mat* Vielfache m decl come agg: **il minimo comune ~** (abbr m.c.m.), das kleinste gemeinsame Vielfache B agg mehrfach, vielfach; {PRESA} Mehrfach-.
multipolàre agg *biol fis* mehrpolig.
multipolarità <-> f *fis polit* Mehr-, Vielpoligkeit f.
multiprocessóre m *inform* Multiprozessor m.
multiprogrammazióne f *inform* Mehrprogrammbetrieb m, Multiprogramming n.
multiproprietà <-> f **1** *amm* Gesamteigentum n **2** *dir* Time-Sharing n von Wohnungen.
multirazziàle agg {SOCIETÀ} multirassisch.
multiruòlo agg *anche mil* (*che assolve più ruoli*) verschiedentlich einsetzbar.
multisàla *film* A agg {CINEMA} Multiplex-, mit mehreren Sälen B f Kinocenter n, Kinozentrum n, Multiplex-Kino n.
multisàle → **multisala**.
multisettoriàle agg (*di vari settori*) {ATTIVITÀ, PROGRAMMI} multisektoral.
multistràto <inv> agg {PROTEZIONE} vielschichtig; {PANNELLO} Sperr(holz)-.
multitàsking <-> m *ingl inform* Multitasking n.
multitrapiànto m *med* Mehrfachtransplantation f *scient*.
multiùso agg (*multifunzionale*) {SACCA} Mehrzweck-.

multiutènte <inv> agg *inform* Mehrbenutzer-, Vielnutzer-.
multivitamìnico, (-a) <-ci, -che> agg *farm* {COMPLESSO} Multivitamin-.
multizonàle agg (*di più zone*) überörtlich; *amm* {PRESIDIO, OSPEDALE} Bezirks-.
mùmble inter *ingl* (*nei fumetti*) grummel.
mùmmia f **1** (*cadavere imbalsamato*) {EGIZIA} Mumie f **2** *fig slang* (*persona vecchia*) Mumie f *slang scherz*, Grufti m *slang scherz*, Scheintote mf decl come agg *slang*; (*di idee antiquate*) Mensch m mit überlebten/überholten Vorstellungen.
mummificàre <mummifico, mummifichi> A tr ~ *qu/qc* {EGIZI FARAONE} *jdn/etw* mumifizieren B itr pron: **mummificarsi 1** (*CADAVERE*) mumifiziert werden **2** *fig* {ISTITUZIONI} verknöchern *fam spreg*; {GENTE} *anche* verkalken *fam spreg*.
mummificazióne f *anche med* Mumifizierung f.
mundial <-> m *spagn sport* (*nel calcio*) Weltmeisterschaft f.
mùngere <irr *mungo, munsi, munto*> tr **1** ~ *qc* {LATTE, PECORA, VACCA} *etw* melken **2** *fig fam* (*sfruttare economicamente*) ~ *qu jdn* aus|nehmen *fam*, *jdn* melken *fam*, *jdn* schröpfen *fam spreg* **3** *fig fam* (*spillare*) ~ *qc* (**a qu**) {SOLDI} *jdm etw* ab|knöpfen.
mungitóio <-toi> m **1** (*ambiente*) Melkerei f **2** (*recipiente*) Melkeimer m.
mungitóre, (-trice) m (f) Melker(in) m(f).
mungitrice f (*apparecchio*) Melkmaschine f, Melkanlage f.
mungitùra f {MECCANICA; +VACCHE} Melken n.
municipàle agg **1** *amm* {AZIENDA TRANVIARIA, BANDA, IMPIEGATI} städtisch; {REGOLAMENTO} Gemeinde-; {CONSIGLIO, GIUNTA} *anche* Stadt- **2** *spreg* (*circoscritto*) {AMBIZIONI} spießbürgerlich *spreg*.
municipalésco, (-a) <-schi, -sche> agg *spreg* (*campanilistico*) lokalpatriotisch, hurrapatriotisch *fam spreg*.
municipalìsmo m *polit* Lokalpatriotismus m, Kirchturmpolitik f *spreg*.
municipalista <-i m, -e f> A agg (*di municipalismo*) {ATTEGGIAMENTO} hurrapatriotisch *fam spreg*, kirchturmpolitisch *spreg* B mf (*fautore*) Lokalpatriot(in) m(f), Hurrapatriot(in) m(f) *fam spreg*.
municipalìstico, (-a) <-ci, -che> agg (*di municipalismo*) kommunal, Kommunal-.
municipalità <-> f *anche amm* (*autorità*) Stadtobrigkeit f, Gemeindeverwaltung f.
municipalizzàre tr ~ *qc* {AZIENDA ELETTRICA, TRASPORTI} *etw* kommunalisieren.
municipalizzàta f (*azienda*) Stadtwerke n pl, städtischer Betrieb m.
municipalizzàto, (-a) agg (*gestito dal comune*) {AZIENDA} gemeindeeigen, kommunal.
municipalizzazióne f {+TRASPORTI} Kommunalisierung f.
municìpio <-pi> m **1** (*amministrazione*) Stadt(verwaltung) f, Gemeinde(verwaltung) f **2** (*sede*) Rathaus m • **sposarsi in ~**, sich standesamtlich trauen lassen.
munificènte agg *lett* (*munifico*) freigebig, spendabel *fam*.
munificènza f *lett* (*qualità*) {+PRINCIPE} Großzügigkeit f, Freigiebigkeit f, Generosität f *forb rar*.
munìfico, (-a) <-ci, -che> agg *lett* {MECENATE, OFFERTA} generös *forb*, großzügig.
munìre <*munisco*> A tr **1** (*fornire*) ~ *qu/qc di qc* {SOLDATI DEI FUCILI, ARMATA DI MEZZI} *jdn/etw mit etw* (dat) aus|rüsten; {ESCURSIONISTA

DI UNO ZAINO, AUTO DI UN ANTIFURTO} *jdn/etw mit etw* (dat) aus|statten, *jdn/etw mit etw* (dat) versehen; *amm* ~ **qc di qc** {CERTIFICATO DEL TIMBRO} *etw mit etw* (dat) versehen **2** *mil* ~ **qc** {CITTÀ} *etw* befestigen **B** *rfl*: **munirsi di qc 1** {POLIZIOTTO DI UNA PISTOLA} sich *mit etw* (dat) aus|rüsten; {STUDENTE DI UN QUADERNO} sich (dat) *etw* zu|legen **2** *fig* (*avere*) {DI CORAGGIO, DI PAZIENZA} sich *mit etw* (dat) wappnen.

munizióni *f pl* Munition *f*.

mùnsi 1ª pers sing del pass rem *di* mungere.

mùnto part pass *di* mungere.

muòio, muòre, muòri 1ª, 3ª e 2ª pers sing del pres ind*di* morire.

muòvere <*irr muovo, mossi, mosso*> **A** *tr* <*avere*> **1** (*spostare*) ~ **qc** (+ *compl di luogo*) {BRACCIO, GAMBA, LABBRA; PIANISTA DITA SULLA TASTIERA; VENTO FOGLIE SUL MARCIAPIEDE} *etw* (*irgendwo*) bewegen; {CODA} *mit etw* (dat) wedeln **2** (*mettere in moto*) {ACQUA, MOTORE MECCANISMO, RUOTA} *etw* in Bewegung setzen, *etw* (an|)treiben **3** *fig* (*fare agire*) ~ **qu** {PERSONA INFLUENTE} *jdn* in Bewegung setzen **4** *fig* (*fare*) ~ **qc a qu** {DOMANDA A UN AMICO} *jdm etw* stellen; {ACCUSA, CAUSA A UN IMPRENDITORE, OBIEZIONE} *etw gegen jdn* erheben; {CRITICA} *etw an jdm* üben; {RIMPROVERO} *jdm etw* machen; ~ **guerra a qu**, Krieg gegen *jdn* führen **5** *fig* (*suscitare*) ~ **qu a qc** {PRESIDE A SDEGNO} *etw bei jdm* hervor|rufen; {NEMICO A PIETÀ} *etw bei jdm* erregen **6** *fig* (*spingere*) ~ **qu** *jdn* reizen, *jdn* (an|)treiben: **era mosso dall'ambizione**, er war vom Ehrgeiz (an|)getrieben **7** *fig* (*distogliere*) ~ **qu da qc** {DALL'INTENZIONE DI PARTIRE} *jdn von etw* (dat) ab|bringen **8** (*negli scacchi, nella dama*) ~ **qc** {PEDINA} (*etw*) ziehen: **tocca a te** ~, du bist mit Ziehen dran, du musst ziehen **B** *itr* <*essere o avere*> **1** (*partire*) ~ **da qc** {AUTOBUS DA CAGLIARI} *von etw* (dat) ab|fahren; *fig* {ACCUSA DA FATTI REALI} *von etw* (dat) aus|gehen **2** (*avanzare*) ~ **verso qc** {ESERCITO VERSO IL CONFINE} sich *in Richtung etw* (gen) bewegen, sich *auf etw* (acc) zu|bewegen; ~ **verso qu** {FIGLIO VERSO LA MADRE} *auf jdn* zu|gehen, *jdm* entgegen|gehen **C** *itr pron* **1** (*essere in moto*): **muoversi** {PERSONA, RAMI, SCIMMIA} sich bewegen **2** (*mettersi in moto*): **muoversi** sich in Bewegung setzen; (*a piedi*) auf|brechen **3** (*allontanarsi*): **muoversi** (+ *compl di luogo*) {DAL PROPRIO POSTO, DALL'UFFICIO} (*von etw* dat) weg|gehen, sich (*von etw* dat) entfernen: **oggi non mi muovo di casa**, heute rühre ich mich nicht aus dem Haus *fam*; **di qui non mi muovo**, von hier rühre ich mich nicht weg *fam*; *fig* {DA UN'IDEA} *von etw* (dat) ab|kommen **4** *fig* (*darsi da fare*): **muoversi** sich rühren, ein|greifen, etwas unternehmen: **tutti si mossero in soccorso dei feriti**, alle kamen den Verletzten zu Hilfe **5** *fig fam* (*affrettarsi*): **muoversi** sich beeilen, sich sputen *obs o region*: **e dai, muoviti!**, los, ₋mach schon/schnell₋/[(mach) Tempo]/[dalli, dalli]! *fam* **6** *fig* (*commuoversi*): **muoversi a qc** {A PIETÀ} *von etw* (dat) gerührt werden; {A SDEGNO} *von etw* (dat) erfasst werden **7** *fig* (*sollevarsi*): **muoversi contro qu** {OPERAI CONTRO LA CLASSE DIRIGENTE} sich (*gegen jdn*) erheben ● **eppur si muove!**, und sie bewegt sich doch!; **che nessuno si muova!**, keine Bewegung!, dass sich keiner ₋vom Fleck₋/[von der Stelle] rührt!

mùra① → **muro**.

mùra② *f mar* Halse *f*.

muràglia *f anche fig*: **la ~ cinese**, die Chinesische Mauer.

muraglióne *m* (hohe) Mauer.

muràle *agg* {PIANTA} Mauer-; {CARTA GEOGRAFICA, GIORNALE, PITTURA} Wand-.

muràles *m pl spagn arte* Murales pl, Wandmalereien *f pl*.

muràre A *tr* **1** (*fare un muro*) (*uso assol*) ~ (+ *compl di modo*) (*irgendwie*) mauern **2** (*chiudere*) ~ **qc** {FINESTRA, PASSAGGIO} *etw* zu|mauern **3** (*fissare*) ~ **qc** *etw* ein|mauern **4** (*nascondere*) ~ **qu/qc** {CADAVERE, SOLDI} *jdn/etw* ein|mauern; ~ **vivo qu**, *jdn* lebendig einmauern **B** *rfl fig* (*isolarsi*): **murarsi** (+ *compl di luogo*) {STUDENTE IN CASA} sich (*irgendwo*) ein|schließen.

muràrio, (-a) <*-ri m*> *agg* **1** (*di muratura*) {OPERA} Mauer-; {RECINZIONE} gemauert **2** (*di muratore*) {ARTE} Maurer- **3** (*di mura*) {CINTA} Mauer-.

muràta *f mar* Bord-, Schiffswand *f*.

muratóre *m* (*operaio*) Maurer *m* ● **franco** ~ *stor*, (Frei)maurer *m*.

muratùra *f* **1** (*costruzione*) {+CEMENTO, MATTONI} Mauerwerk *n*, Mauer *f* **2** (*il murare*) Mauern *n*.

muràzzi *m pl* (*sistema di dighe*) {+VENEZIA} Lagunendämme *m pl*.

muréna *f itt* Muräne *f*.

murétto <*dim di muro*> *m* **1** Mäuerchen *n* **2** (*parapetto*) (Mauer)brüstung *f*.

muríccio <*-ci*> *m edil* Wand *f*.

muriccìolo <*dim di muro*> *m* (niedrige) Einfassungsmauer, (niedrige) Grenzmauer; (*del giardino*) Gartenmauer *f*.

murícolo, (-a) *agg bot* Mauer-.

mùro *m* **1** *f solo pl* (*cinta difensiva*): **mura**, {+CITTÀ} Mauer *f*; **mura ciclopiche**, Zyklopenmauern *f pl* **2** <*pl: muri m*> (*parete*) Wand *f*: ~ **di cinta**, Ringmauer *f*; ~ **divisorio**, Trenn-/ Zwischenwand *f*; ~ **maestro**, tragende Wand; *fig* {+INCOMPRENSIONE, OMERTÀ} Mauer *f*; ~ **di nebbia**, Nebelwand *f* **3** *sport* (*nell'equitazione*) Mauer *f* **4** *sport* (*nello sci*) (*nel calcio*) Mauer *f*; ~ **della pallavolo*) Block *m*; ~ **di Berlino** *stor*, die Berliner Mauer; **chiudersi fra quattro mura** *fig*, sich in die eigenen vier Wände zurückziehen; ~ **contro** ~ *fig* (*contrapposizione*), Mauern *n*, Verweigerungshaltung *f*; **il presidente persiste nella sua posizione ~ contro ~**, der Präsident mauert weiter, der Präsident hält an seiner Verweigerungshaltung fest; **le mura domestiche**, die eigenen vier Wände; **fuori le mura**, außerhalb der Stadtmauern; ~ **di gomma** *fig* (*indifferenza*), Mauer *f* der Gleichgültigkeit; **mettere qu al ~** *fig* (*fucilarlo*), *jdn* an die Wand stellen *fam*; (**anche**) **i muri hanno orecchie** *fig*, (sogar) die Wände haben Ohren *fam*; **è come parlare al ~** *fig fam*, es ist, als würde man gegen eine Wand reden; ~ **del pianto** *relig*, Klagemauer *f*; **è scritto anche sui muri** *fig* (*lo sanno tutti*), das pfeifen die Spatzen von den/allen Dächern *fam*; ~ **del suono** *fis*, Schallmauer *f*.

murrina *f* (*vetro*) Murano-Glas *n*.

MURST *m amm università abbr di* Ministero dell'Università e della Ricerca Scientifica e Tecnologica: Ministerium für Universität, wissenschaftliche Forschung und technologische Entwicklung.

mùsa *f* **1** (*dea*) {+DANZA, POESIA} Muse *f* **2** (*donna ispiratrice*) Muse *f* **3** *fig* (*ispirazione*) Muse(nkuss *m*) *f*, Eingebung *f*: **invocare la** ~, die Musen anrufen **4** *fig* (*poeta*) von der Muse Geküsste *mf decl come agg scherz* ● **la decima** ~ (*il cinema*), die Filmkunst, der Film.

musàta *f* (*colpo di muso*) Stoß *m* mit der Schnauze.

muschiàto, (-a) *agg* **1** {ESSENZA} Moschus-, moschus- **2** *zoo* {TOPO} Bisam-; {BUE} Moschus-.

mùschio① <*muschi*> *m bot* Moos *n*.

mùschio② <*muschi*> *m* (*secrezione e profumo*) Moschus *m*.

mùsco → **muschio**①.

muscolàre *agg* {DOLORE, FIBRE, STRAPPO} Muskel-.

muscolatùra *f* {FORTE; +ATLETA} Muskulatur *f*.

mùscolo *m* **1** *anat* Muskel *m*: ~ **involontario/volontario**, unwillkürlicher/willkürlicher Muskel **2** <*solo pl*> (*forza*) Kraft *f*: **qui ci vogliono i muscoli**, hier ist Muskelkraft gefragt **3** *zoo* (*cozza*) Miesmuschel *f* ● **muscoli d'acciaio** *fig* (*molto forti*), Muskeln (wie) aus Stahl; **essere tutto muscoli e niente cervello** *fig*, ein hirnloses Muskelpaket sein *fam spreg*; **mostrare i muscoli** *fig* (*forza, potere*), seine Muskeln zeigen/[spielen lassen].

muscolosità <-> *f* (*l'essere muscoloso*) {+CORPO} muskulöse Beschaffenheit.

muscolóso, (-a) *agg* {GAMBE, TIPO} muskulös.

muscóso, (-a) *agg* {ROCCIA} bemoost, moosbedeckt, moosbewachsen.

musèo *m* {+NUMISMATICA; ETNOGRAFICO} Museum *n*: ~ **delle cere**, Wachsfigurenkabinett *n*.

museografìa *f* (*tecnica di costruzione e gestione dei musei*) Museumswesen *n*.

museogràfico, (-a) <*-ci, -che*> *agg* {COMITATO} Museums-.

museruòla *f* {+CANE} Maulkorb *m* ● **mettere la ~ a qu** *fig* (*far tacere*), *jdm* einen Maulkorb anlegen *fam*.

musétto <*dim di muso*> *m* **1** (*piccolo muso*) Schnäuzchen *n* **2** *fig* (*visino*) Gesichtchen *n*.

mùsica <*-che*> *f* **1** *gener* {CLASSICA, JAZZ, RUSSA} Musik *f*: ~ **da camera**, Kammermusik *f*; ~ **di fondo**, Hintergrundmusik *f*; ~ **leggera/sacra**, Unterhaltungs-/Kirchenmusik *f*; ~ **per orchestra**, Orchestermusik *f* **2** (*singolo componimento*) {+MOZART, ROSSINI} Musikstück *n*, Musik *f* **3** *fam* (*banda*) {+BERSAGLIERI} Musikkapelle *f*, Musik *f fam rar* ● **dire qc in ~** *fig fam* (*far intendere*), *jdm etw* verdolmetschen *fam*, *jdm etw* verklickern *fam slang*; **è sempre la solita/stessa ~** *fam* (*è la stessa cosa*), es ist immer dasselbe/[das alte] Lied *fam*, es ist immer dieselbe/[die alte] Leier *fam*; **è tutta un'altra ~** *fig* (*è completamente diverso*), das ist etwas ganz anderes; **far ~**, Musik machen, musizieren; **leggere la ~**, Noten lesen; **mettere in ~ qc**, *etw* vertonen; ₋**questa è**₋/[**le sue parole sono**] **per le mie orecchie** *fig*, ₋das ist₋/[seine/ihre Worte sind] Musik in meinen Ohren *fam*; **cambia la ~ ma non i suonatori** *fig* (*la sostanza non cambia*), es wird nur neuer Wein in alte Schläuche gefüllt.

musicàbile *agg* {TESTO} vertonbar.

musicabilità <-> *f* (*l'essere musicabile*) {+POESIA} Vertonbarkeit *f*.

musical <-, -s *pl ingl*> *m ingl* {AMERICANO} Musical *n*.

musicàle *agg* **1** (*di musica*) {STRUMENTO} Musik-; {ACCOMPAGNAMENTO, COMPOSIZIONE} musikalisch **2** (*portato per la musica*) {GENTE, ORECCHIO} musikalisch **3** (*armonioso*) {LINGUA, VOCE} musikalisch, klangvoll **4** *scuola* {LICEO} musisch, Musik-.

musicalità <-> *f* {+ITALIANO, VERSO} Klangfülle *f*, Musikalität *f*.

musicànte A *mf anche spreg* Musikant(in) *m*(*f*) **B** *agg* musizierend.

musicàre <*musico, musichi*> *tr* ~ **qc** {CANZONE, LIBRETTO D'OPERA} *etw* vertonen.

musicassétta *f* Musikkassette *f*, MC *f*.

music bar <-, -s *pl ingl*> *loc sost m ingl* (*bar con musica dal vivo*) Musikbar *f*, Music Bar *f*,

Musikschuppen m.
music-hall <-, -s pl ingl> m ingl (*teatro, spettacolo*) Music-Hall f, Varieté n.
musicista <-i m, -e f> mf **1** (*compositore*) {GRANDE} Komponist(in) m(f) **2** (*esecutore*) {+ORCHESTRA} Musiker(in) m(f).
mùsico, (-a) <-ci, -che> **A** agg lett (*musicale*) {MANO} Musik-, musikalisch **B** m stor (*musicista*) Musiker m.
musicòfilo, (-a) agg (*amante della musica*) Musik liebend.
musicologìa f mus Musikwissenschaft f, Musikologie f.
musicològico, (-a) <-ci, -che> agg mus {RICERCA} musikwissenschaftlich, musikologisch.
musicòlogo, (-a) <-gi, -ghe> m (f) mus Musikwissenschaftler(in) m(f).
musicoterapìa f med mus Musiktherapie f.
musino <dim di muso> m **1** (*piccolo muso*) Schnäuzchen n **2** fig (*visino*) Gesichtchen n.
musivo, (-a) agg arte (*nel mosaico*) {ARTE, DECORAZIONE, OPERA} musivisch, Musiv-, Mosaik-.
müsli <-> m ted gastr Müsli n.
mùso m **1** {+CANE, CAVALLO, LEONE} Schnauze f, Maul n **2** fig fam anche spreg (*rif. a persona*) Visage f fam spreg, Schnauze f fam anche spreg, Maul n fam anche spreg, Fresse f volg: **rompere/spaccare il ~ a qu** slang, jdm eins auf die Schnauze hauen/geben spreg, jdm die Fresse polieren volg; scherz Gesicht n, Maul n fam; **hai il ~ sporco di cioccolato**, dein Maul fam ist voller Schokolade **3** fig fam (*broncio*) Schnute f fam, Flappe f fam norddt: **avere/fare il ~ (lungo)** fam, eine Schnute ziehen fam, schmollen, ein langes Gesicht machen; **gli ha tenuto il ~ per una settimana**, er/sie hat eine Woche lang mit ihm geschmollt **4** fig {+AUTO} Schnauze f fam; {+AEREO} anche Nase f • **brutto ~** spreg, fiese/ dreckige Visage spreg, Arschgesicht n spreg; scherz, Scheusal n scherz; **dire qc a qu sul ~** fig fam (*direttamente*), jdm etw ins Gesicht sagen; **a ~ duro** fig fam (*senza delicatezza*), kaltschnäuzig fam; **sbattere qc sul ~ a qu** fig fam (*mettere qu di fronte a qc*), jdn direkt/ brutal mit etw (dat) konfrontieren, jdn mit dem Kopf auf etw (acc) stoßen.
musóne, (-a) **A** agg {RAGAZZO} ungesellig **B** m (f) fam Miesepeter m fam, Sauertopf m fam spreg.
musonerìa f fam Miesepetrigkeit f fam, Sauertöpfischkeit f fam spreg.
mussànte agg (*spumeggiante*) {VINO} moussierend, schäumend, perlend.
mussàre itr {BEVANDA} schäumen.
mùssola f tess {+COTONE} Musselin m.
mussolina → **mussola**.
mussoliniàno, (-a) agg stor (*di B. Mussolini*) von Mussolini, mussolinisch.
mussulmàno → **musulmano**.
must <-> m ingl Muss n, Must n.
mustàcchi m pl Schnauzbart m, (großer) Schnurrbart.
mustàng <-> m ingl zoo Mustang m.
musulmàno, (-a) **A** agg (*islamico*) {CULTURA, USANZE} moslemisch **B** m (f) Moslem m, (Moslime f).
mùta① f **1** biol {+UCCELLI} Mauser f; {+IN-

SETTI, RETTILI} Häutung f: **fare la ~**, sich häuten **2** mil {+SENTINELLE} Ablösung f **3** sport Taucheranzug m • **~ della voce**, Stimmbruch m.
mùta② f (*gruppo di cani*) (Hunde)meute f.
mùta③ f → **muto**.
mutàbile agg **1** {TEMPERATURA} veränderlich **2** (*volubile*) {UMORE} wechselhaft.
mutabilità <-> f **1** (*variabilità*) {+TEMPO} Veränderlichkeit f, Wechselhaftigkeit f **2** fig forb (*volubilità*) {+COSE DEL MONDO} Unbeständigkeit f, Wechselhaftigkeit f **3** biol Mutationsfähigkeit f scient **4** stat Veränderlichkeit f.
mutaménto m **1** (*cambiamento*) {+GOVERNO} Wechsel m **2** (*trasformazione*) {PROFONDO; +PERSONALITÀ} Veränderung f, Wandlung f.
mutànde f pl {+COTONE, LANA} Unterhose f • **rimanere in ~** fig (*senza soldi*), abgebrannt sein fam.
mutandìne f pl {+BAMBINO, DONNA} Slip m, Schlüpfer m obs.
mutandóni <accr di mutande> m pl (*mutande lunghe*) lange Unterhosen, Liebestöter m pl.
mutànte **A** agg biol mutierend **B** m **1** biol (*gene*) Mutagen m **2** biol (*portatore*) Mutant m **3** film lett (*extraterrestre*) Außerirdische m decl come agg.
mutàre **A** tr <*avere*> **1** (*cambiare*) **~ qc** {ABITUDINI, ASPETTO, IDEA} etw ändern; {GOVERNO} etw wechseln **2** (*rendere diverso*) **~ qu/qc (in qu/qc)** {ESPERIENZA RAGAZZO IN UN UOMO} jdn/etw (*in jdn/etw*) verwandeln; {MULINO IN UN RISTORANTE} etw in etw acc /zu etw acc um|wandeln **B** itr <*essere*> (*cambiare*) {FIGLIO, SITUAZIONE} sich (ver)ändern; **~ di qc** {D'ASPETTO, D'IDEE} etw ändern **C** rfl: **mutarsi in qu/qc** {AMICO IN NEMICO; BRUCO IN FARFALLA; GRANDINE IN ACQUA} sich in jdn/etw verwandeln.
mutàtis mutàndis loc avv lat fig (*fatte le dovute correzioni*) mutatis mutandis forb.
mutàto, (-a) agg (*cambiato*) {ATTEGGIAMENTO} verändert.
mutazionàle agg biol Mutations- scient.
mutazióne f **1** (*trasformazione*) {PROFONDA; +RAPPORTI} Veränderung f, Wandlung f **2** biol {CROMOSOMICA} Mutation f.
mutévole agg {STAGIONE, TEMPO} wechselhaft; spreg anche {CARATTERE} unbeständig.
mutevolézza f {+CARATTERE, UMORE} Unbeständigkeit f, Wechselhaftigkeit f.
mutézza f rar (*incapacità di parlare*) Stummheit f, Mutismus m scient.
mutilàre tr (*privare*) **~ qu/qc** jdn/etw verstümmeln: **la motosega ha mutilato un braccio all'operaio**, die Motorsäge hat dem Arbeiter einen Arm abgetrennt; fig **~ qc** {RACCONTO} etw verstümmeln, etw entstellen; **~ qc (di qc)** {ARTICOLO DEI COMMENTI} etw aus etw (dat) streichen.
mutilàto, (-a) **A** m (f) {CIVILE} Versehrte mf decl come agg, Körperbeschädigte mf decl come agg: **~ di guerra**, Kriegsversehrte m decl come agg; **~ del lavoro**, Arbeitsversehrte m decl come agg, Versehrte m decl come agg (durch Arbeitsunfall) **B** agg anche fig {BRACCIO, SCRITTO} verstümmelt.
mutilatóre, (-trice) agg lett (*che mutila*) {INTERVENTO DELLA CENSURA} verstümmelnd.

mutilazióne f {GRAVE} Verstümmelung f; fig anche {+OPERA D'ARTE} Entstellung f.
mùtilo, (-a) agg poet {SCRITTO} verstümmelt.
muting <-> m ingl elettr mus (*riduttore del volume*) Muting n; (*filtro*) Muting n, Rauschsperre f.
mutìsmo m **1** (*silenzio*) Schweigen n: **chiudersi in un (ostinato) ~**, sich in (ein beharrliches) Schweigen hüllen **2** med Mutismus m scient.
mùto, (-a) **A** agg **1** {BAMBINO, CONSONANTE} stumm **2** (*silenzioso*) {AMMIRAZIONE, DONNA, SEGNI, VIOLINO} stumm; (*per lo stupore*) sprachlos **3** (*senza parole*) {ACCORDO} schweigend, stumm, sprachlos forb; {CINEMA} Stumm- **B** m (f) Stumme mf decl come agg **C** m film Stummfilm m.
mùtua f amm stor Krankenkasse f, Krankenversicherung f • **~ assicurativa**, Versicherungsinstitut auf Gegenseitigkeit f; **avere la ~**, krankenversichert sein, eine Krankenversicherung haben; **essere in ~**, krankgeschrieben sein; **mettersi in ~**, sich krankschreiben lassen.
mutuàbile① agg (*rimborsabile dalla mutua*) {MEDICINALE} kassenzulässig.
mutuàbile② agg **1** econ {DENARO} leihbar **2** fig (*derivabile*) **~ da qc** {DEFINIZIONE DALLA MATEMATICA} (*von etw dat*) ableitbar.
mutualìsmo m biol Mutualismus m scient.
mutualìstico, (-a) <-ci, -che> agg **1** amm {ENTE} (Kranken)versicherungs- **2** biol {RAPPORTO} wechselseitig, mutual, mutuell.
mutuànte dir **A** agg {BANCA} Darlehen gebend, Darlehens- **B** mf (*persona*) Darlehensgeber(in) m(f).
mutuàre tr **1** econ **~ qc (da qu/qc)** (*ricevere*) {DENARO DA UNA FINANZIARIA} etw (*bei jdm/etw*) als Darlehen/Kredit auf|nehmen; (*dare*) **~ qc (a qu)** {BANCA} (*jdm*) etw als Kredit/Darlehen gewähren **2** fig lett **~ qc (da qu/qc)** {SCRITTORE CONCETTI DAI CLASSICI} etw (*von jdm/etw*)/(*aus etw dat*) entlehnen.
mutuàta f → **mutuato**.
mutuatàrio, (-a) <-ri m> dir **A** m (f) (*persona*) Darlehensnehmer(in) m(f) **B** agg {COMMERCIANTE, IMPRESA} Darlehens-.
mutuàto, (-a) m (f) amm Kassenpatient(in) m(f).
mùtuo① m **1** (*prestito*) {BANCARIO, IPOTECARIO} Kredit m, Darlehen n: **concedere un ~**, {BANCA} einen Kredit bewilligen/gewähren; **fare un ~**, {IMPRESARIO} ein Darlehen aufnehmen; **~ fondiario**, Baudarlehen n **2** dir Darlehen n.
mùtuo②, (-a) agg {CONSENSO, SOCCORSO} gegenseitig.
muuh inter (*di muggito*) muh.
mV fis abbr di millivolt: mV (abbr di Millivolt).
MW 1 fis abbr di megawatt: MW (abbr di Megawatt) **2** radio abbr dell'ingl Medium Wawes (*onde medie*) MW (abbr di Mittelwelle).
MWh f fis abbr di megawattora: MWh (abbr di Megawattstunde).
Mx fis abbr dell'ingl Maxwell (*flusso di induzione magnetica*) M, Max, Mx (abbr di Maxwell).
myosòtis m o f lat bot Myositis f scient.
mystery <-, -s pl ingl> m ingl film lett Krimi m fam.

N, n

N, n <-> f o rar m (*quattordicesima lettera dell'alfabeto italiano*) N, n n; → *anche* **A, a** ● **n come Napoli** (*nella compitazione delle parole*), N wie Nordpol.

n 1 *abbr di* numero: Nr. (*abbr di* Nummer), Z. (*abbr di* Zahl) **2** *abbr di* nato: geb. (*abbr di* geboren) **3** *abbr di* nome: n. (*abbr di* Name).

N. 1 *abbr di* nord: N (*abbr di* Nord) **2** *fis abbr di* newton: N (*abbr di* Newton) **3** *geog abbr di* Norvegia: N (*abbr di* Norwegen) **4** (*negli scacchi*) *abbr di* nero: S (*abbr di* Schwarz).

nabàbbo m **1** *stor* Nabob m **2** *fam scherz* Nabob m, Fürst m: ⌊**fare una vita**⌋/[**vivere**] **da ~**, wie ein Fürst leben.

nàbuk <-> m (*pellame*) Nubuk(leder) n.

nàcchera f **1** <*solo pl*> *mus* (*strumento*) Kastagnetten f pl **2** *zoo* (*mollusco*) Perlmutt n, Perl(mutt)muschel f.

nàcqui 1ª pers sing del pass rem *di* nascere.

Nàdia f (*nome proprio*) Nadja.

nadir <-> m *astr* Nadir m, Fußpunkt m.

nàfta f **1** (*petrolio greggio*) Roherdöl n, Naphtha n o f **2** (*olio combustibile*) Heizöl n **3** (*per motori Diesel*) Dieselöl n, Dieselkraftstoff m: **fare ~**, (Dieselöl) tanken.

naftalìna f **1** *chim* Naphthalin n **2** (*tarmicida*) Mottenkugel f ● **mettere qc in ~** *anche* *fig* (*non usarla*), etw einmotten.

naftène m *chim* Naphthene pl.

naftòlo m *chim* Naphthole pl.

nàia① f *zoo* (*cobra*) Kobra f, Brillenschlange f.

nàia② f *slang mil* (*servizio militare*) Bund m *fam*, Barras m *slang*, Kommiss m *fam*: **andare sotto la ~**, zum Bund *fam*/Barras *slang* gehen; **aver finito la ~**, ⌊mit dem Bund fertig⌋/[Ausscheider] sein *fam*; **devo ancora fare la ~**, ich muss noch zum Bund *fam*; **essere sotto la ~**, beim Bund sein *fam*.

naïf *franc* A <*inv*> agg **1** *arte* (*nella pittura*) {ARTE, QUADRO} naiv **2** *fig* (*ingenuo*) {RAGAZZA} naiv, leichtgläubig, arglos B mf *arte* (*nella pittura*) naive(r) Maler(in) m(f).

nàilon → **nylon**.

naïveté <-> f (*ingenuità*) Naivität f, Leichtgläubigkeit f, Arglosigkeit f.

Namìbia f *geog* Namibia n.

nàna f → **nano**.

nanchìno m *tess* Nanking m.

Nanchìno m *geog* Nanking n.

naneròttolo, (-a) <*dim di* nano> m (f) *scherz anche spreg* **1** (*chi è molto piccolo*) Zwerg m, Gnom m *fam*, Knirps m *fam spreg* **2** *fig spreg* (*persona molto mediocre*) unbedeutender Wicht *spreg*.

nanìsmo m **1** *bot zoo* Zwergwuchs m **2** *anche med* (*scarso sviluppo*) {IPOFISARIO, TIROIDEO} Nanismus m *scient*.

nànna f (*nel linguaggio infantile*) Heia f: **andare a ~**, in die Heia gehen; **fare la ~**, heia machen; **mettere a ~ i bambini**, die Kinder ins Heiabett(chen) legen.

nàno, (-a) A agg **1** *astr* {STELLA} Zwerg- **2** *bot zoo* {PIANTA} zwergenhaft, Zwerg(en)- **3** *med* zwergenhaft B m (f) *anche med* (*nelle fiabe*) Zwerg(in) m(f): **i sette nani di Biancaneve**, die sieben Zwerge von Schneewittchen ● **nana bianca** *astr*, heller Zwergstern.

nanofarad <-> m *elettr* (*unità di misura*) Nanofarad n.

nanomètro m *fis* (*unità di misura*) Nanometer m o n.

nanoparticèlla f *fis* Nanoteilchen n.

nanosecóndo m *fis* (*unità di tempo*) Nanosekunde f.

nanotecnologìa f *tecnol* Nanotechnologie f.

nàos m *arch* (*tempio greco*) Naos m.

NAP m pl *polit stor abbr di* Nuclei Armati Proletari: "italienische Terroristenorganisation".

nàpalm m *chim* (*materiale incendiario*) Napalm® n.

napoleóne m **1** *numism* (*moneta d'oro*) Napoleondor m **2** (*bicchiere da cognac*) Kognakglas n, Kognakschwenker m, Schwenkglas n.

Napoleóne m *stor* Napoleon.

napoleònico, (-a) <*-ci, -che*> agg *stor* (*di Napoleone*) {EPOCA, ESERCITO, REGIME} napoleonisch.

napoletàna f (*caffettiera*) neapolitanische Kaffeemaschine.

napoletàno, (-a) A agg {CANZONE} neapolitanisch B m (f) (*abitante*) Neapolitaner(in) m(f) C m <*solo sing*> (*dialetto*) Neapolitanisch(e) n.

Nàpoli f *geog* Neapel n.

nàppa f **1** (*ornamento*) {+TENDA} Quaste f, Troddel f **2** (*tipo di pelle*) Nappa(leder) n: **borsetta in ~**, Tasche aus Nappaleder **3** *fam scherz* (*nasone*) Zinken m *fam scherz*, große Nase.

nappàre① tr (*conciare*) ~ **qc** etw zu Nappa(leder) verarbeiten.

nappàre② tr *gastr* ~ **qc** etw nappieren, etw mit Soße überziehen.

NAR m pl *polit stor abbr di* Nuclei Armati Rivoluzionari: "linksextremistische italienische Terrororganisation".

narcisìsmo m *psic anche fig* (*autocompiacimento*) Narzissmus m.

narcisìsta <-i m, -e f> mf *psic anche fig* (*chi è affetto da narcisismo*) Narzisst(in) m(f).

narcisìstico, (-a) <*-ci, -che*> agg *psic anche fig* (*di autoammirazione*) {ATTEGGIAMENTO} narzisstisch.

narcìso① m *bot* Narzisse f.

narcìso② , (-a) m (f) *psic anche fig* (*chi è innamorato di sé*) Narziss(in) m(f) *forb*.

narco <-, -os pl *spagn*> m *spagn* (*narcotrafficante*) Rauschgifthändler m.

narcodòllaro m <*di solito al pl*> Narkodollars m pl.

narcolessìa f *med* (*sindrome*) Narkolepsie f *scient*.

narcòsi <-> f *med* (*anestesia*) Narkose f *scient*, Betäubung f.

narcòtico, (-a) <*-ci, -che*> A agg **1** *farm* (*ipnotico*) {AZIONE, PROPRIETÀ} betäubend, narkotisch **2** *fig scherz* (*soporifero*) {DISCORSO, FILM, LIBRO} einschläfernd B m *farm* Narkose-, Betäubungsmittel n, Narkotikum n ● **la (squadra) Narcotici** (*corpo della Polizia*) Drogenfahndung f, Drogenpolizei f, Rauschgiftdezernat n.

narcotizzàre tr **1** *med* (*sottoporre a narcosi*) ~ **qu** {ANESTESISTA PAZIENTE} jdn narkotisieren, jdn unter Narkose setzen **2** *fig* (*stordire*) ~ **qu** {PERSONA CON CHIACCHIERE} jdn (mit etw dat) ein|schläfern, jdn (mit etw dat) betäuben.

narcotrafficànte mf (*trafficante di droga*) Rauschgifthändler(in) m(f).

narcotràffico <*-ci*> m (*traffico di droga*) Rauschgifthandel m.

nàrdo m *bot* (*lavanda*) Narde f.

naretìno → **neretino**.

nàri f pl *lett* (*narici*) Nasenlöcher n pl, Nüstern f pl *forb*.

narìce f **1** *anat* Nasenloch n **2** *zoo* Nüster f.

narrànte A agg (*che narra*) erzählend: **l'io narrante**, der Icherzähler, die Icherzählerin B mf (*chi narra*) Erzähler(in) m(f).

narràre A tr (*raccontare*) ~ **qc** (**a qu**) {PADRE LEGGENDA AL FIGLIO} (jdm) etw erzählen: **il libro narra le avventure di un marinaio**, das Buch erzählt von den Abenteuern eines Matrosen B itr (*parlare*) ~ **di qu/qc** {DI PERSONA, DI UN VIAGGIO} von jdm/etw erzählen, ⌊von jdm/etw⌋/[über jdn/etw] berichten ● **si narra che ~**, es wird erzählt, dass ...

narrativa f **1** *lett* (*genere*) Belletristik f, erzählende Literatur **2** *lett* (*insieme delle opere*) {ITALIANA} Erzählliteratur f **3** *dir* (*parte di un atto contenente gli elementi di fatto*) Tatsachenvortrag m, Sach(verhalts)darstellung f.

narrativo, (-a) agg *lett* {GENERE} Erzähl- {LETTERATURA, STILE} *anche* erzählend.

narràto, (-a) A part pass *di* narrare B agg erzählte(r,s): *lett* **l'io ~**, der Icherzähler, die Icherzählerin.

narratologìa f *ling* Narrativik f, Erzählungsforschung f.

narratóre, (-trice) m (f) *anche lett* Erzähler(in) m(f).

narrazióne f **1** (*il narrare*) {SEMPLICE, VIVACE} Erzählung f: **iniziare la ~**, mit der Erzählung beginnen **2** (*racconto*) Erzählung f, Ge-

schichte f.
narvàlo m zoo (cetaceo) Narwal m.
NAS m abbr di Nucleo Antisofisticazioni: "Sondereinheit der Karabinieri gegen Lebensmittelverfälschung".
NASA f abbr dell'ingl National Areonautic and Space Administration (Ente Nazionale Areonautico Spaziale) NASA f (Amerikanische Luft- und Raumfahrtbehörde).
nașàle **A** agg **1** (pronunciato nel naso) {VOCE} nasal, näselnd **2** anat {OSSO, SETTO} Nasen- nasal, Nasal- **B** f ling (consonante) Nasal(laut) m.
nașalizzàre tr ling (rendere nasale) ~ qc {FONEMA} etw nasalisieren.
nașàta f (colpo ricevuto sul naso) Nasenstüber m, Schlag m auf die Nase ● **battere una ~**, mit der Nase gegen etw (acc) stoßen; fig (subire uno smacco), eine Niederlage/Schlappe fam erleiden.
nascènte agg (che nasce) {GIORNO} anbrechend; {SOLE} aufgehend.
nàscere <irr nasco, nasci, nacqui, nato> **A** itr <essere> **1** (venire al mondo) geboren werden, zur/[auf die] Welt kommen: **sono nato a Firenze il 20 luglio 1970**, ich bin am 20. Juli 1970 in Florenz geboren; **Kafka nacque a Praga nel 1883**, Kafka wurde 1883 in Prag geboren; **il bambino nascerà in primavera**, das Kind kommt im Frühjahr auf die Welt; **~ da genitori poveri**, ein Kind armer Eltern sein, aus armem Haus kommen; **le è nata una bambina**, sie hat ein Mädchen bekommen; **è nato cieco/prematuro**, er ist blind/[zu früh] geboren **2** (crescere) ~ a qu jdm wachsen; **gli è nato un dente del giudizio**, ihm ist ein Weisheitszahn gewachsen, er hat einen Weisheitszahn bekommen **3** (scaturire) ~ (+ compl di luogo) {TEVERE DAL MONTE FUMAIOLO} irgendwo entspringen **4** (sorgere) {ASTRO, SOLE} auf|gehen; {GIORNO} an|brechen **5** fig (essere costruito) entstehen: **nel nostro quartiere nascerà un centro sportivo**, in unserem Stadtviertel wird ein Sportzentrum entstehen **6** fig (spuntare) **~ in qu/qc** in jdm/etw auf|kommen: **in lui,/[nel suo cuore] nacque l'odio**, in ihm/[seinem Inneren] kam Hass auf **7** fig (avere origine) ~ (+ compl di luogo) {IL CINEMA, MOTI RIVOLUZIONARI IN FRANCIA} irgendwo auf|kommen, irgendwo seinen Ursprung haben, irgendwo entstehen: **non so come sia nata la lite**, ich weiß nicht, wie es zu dem Streit kam **8** fig (venire alla mente) **~ a qu** jdm ein|fallen, jdm kommen: **mi nasce un sospetto**, mir kommt ein Verdacht **9** bot (spuntare) {MARGHERITA} keimen, sprießen **10** zoo {MAMMIFERO} geworfen werden: **alla mucca sono nati tre vitellini**, die Kuh hat drei Jungen/Kälber geworfen; {PULCINO} aus|schlüpfen **B** m Entstehen n: **la rivolta è stata soffocata sul ~**, die Revolte wurde im Keim erstickt ● **deve ancora ~ chi mi batte!** scherz (non c'è nessuno in grado di farlo!), wer mir das Wasser reichen will, der muss erst noch geboren werden!; fam; **coraggiosi si nasce, non si diventa**, Mut erlernt man nicht, Mut hat man!; **si sa come si nasce, non si sa come si muore** (non si può prevedere il futuro), man weiß nicht, was noch werden wird.
nàscita f **1** (il nascere) {+BAMBINO} Geburt f: **alla ~**, bei der Geburt; **italiano di ~**, gebürtiger Italiener **2** (l'apparire) {+SOLE} Aufgang m; {+GIORNO} Anbruch m **3** fig (origine) {+CIVILTÀ, MOVIMENTO ARTISTICO, NUOVO STATO} Entstehung f, Ursprung m; {+AMORE} Beginn m **4** bot {+PIANTA} Keimen n, Sprießen n **5** zoo {+MAMMIFERO} Geburt f; {+INSETTO, RETTILE} Ausschlüpfen n ● **dalla ~** (fin dalla ~), {SORDO} von Geburt an.

nascitùro, (**-a**) **A** agg (che dovrà nascere) ungeboren **B** m (chi sta per nascere) ungeborenes Kind.
nàsco 1ª pers sing dell'ind pres di nascere.
nascóndere <irr nascondo, nascosi, nascosto> **A** tr **1** (sottrarre alla vista) **~ qu/qc** (+ compl di luogo) {DENARO IN UN CASSETTO} jdn/etw (irgendwo) verstecken **2** fig (celare) **~ qc** (**a qu**) (jdm) etw verbergen: **le case ci nascondono la vista del mare**, die Häuser verstellen uns den Blick aufs Meer; {DELUSIONE, SENTIMENTO} (jdm) etw verbergen, (jdm) etw verhehlen; {MALATTIA} (jdm) etw verheimlichen; {LA PROPRIA IDENTITÀ, I PROPRI INTENTI, LA VERITÀ} etw vor jdm verbergen: **riuscì a ~ il suo disappunto**, ihm/ihr gelang es, seinen/ihren Ärger zu verbergen **B** rfl **1** (rintanarsi): **nascondersi** (**+ compl di luogo**) {BAMBINA IN SOFFITTA, DIETRO UN ALBERO, SOTTO IL LETTO} sich (irgendwo) verstecken, sich (irgendwo) verbergen **2** fig: **nascondersi + compl di luogo** {SOLE TRA LE NUVOLE} irgendwo verschwinden, sich irgendwo verstecken **C** itr pron (celarsi): **nascondersi** sich verbergen: **dietro quel gesto disperato si nasconde un dramma familiare**, hinter dieser Verzweiflungstat verbirgt sich ein Familiendrama ● **andare a nascondersi** fig (vergognarsi profondamente), sich zutiefst schämen; **non ho niente da ~** (avere la coscienza pulita), ich habe nichts zu verbergen/verheimlichen; **non ti nascondo che...**, ich verheimliche dir nicht, dass ...
nascondìglio <-gli> m (luogo nascosto) Versteck n.
nascondìno m (gioco) Versteckspiel n: **giocare a ~**, Versteck(en) spielen.
nascósi 1ª pers sing del pass rem di nascondere.
nascósto, (**-a**) **A** part pass di nascondere **B** agg **1** (isolato) ~ (+ compl di luogo) {VILLAGGIO TRA I BOSCHI} (irgendwo) versteckt **2** fig (non manifesto) {PREGI, VIRTÙ} verborgen: **tenere ~ qc**, etw verborgen halten **C** loc avv (senza farlo sapere): **di ~**, {FUMARE} heimlich; **fare qc di ~ dalla mamma**, etw hinter dem Rücken der Mutter tun ● **rimanere ~**, sich (weiterhin) verstecken, unauffindbar bleiben; fig {QUALITÀ} verborgen bleiben; **è rimasto ~ per mesi in un casolare**, er hat sich über Monate hinweg in einem Bauernhaus versteckt.
nașèllo m itt Seehecht m.
nașièra f (arnese di ferro) {+BUE} Nasenring m.
nașìno <dim di naso> m Näschen n: **~ all'insù**,/[**alla francese**], Stupsnäschen n, Himmelfahrtsnase f fam scherz.
nàșo m **1** anat Nase f: **~ adunco/camuso/schiacciato**, Haken-/Stumpf-/Plattnase f; **~ greco/storto**, griechische/krumme Nase; **avere il ~ chiuso/otturato** fam, eine verstopfte Nase haben; **soffiarsi il ~**, sich (dat) die Nase putzen/wischen, sich schnäuzen **2** fig (parte sporgente) Spitze f: **~ dell'arcolaio**, Spitze f der Garnwinde **3** mecc (parte anteriore del mandrino) Nase f **4** zoo {+CAVALLO} Nase f; {+CANE} anche Schnauze f ● **a (lume di) ~** (circa, più o meno), schätzungsweise, über den Daumen (gepeilt) fam; **andare a ~** (per istinto), nach dem Gefühl gehen, sich von seinem Gefühl leiten lassen; **andare in giro col ~ per aria** (essere molto distratti), zerstreut sein, mit offenen Augen schlafen; **arricciare/storcere il ~** (mostrare repulsione), die Nase rümpfen; **avere buon ~** (avere fiuto) {CANE} eine gute/feine Nase haben; **avere ~ per qc** fig (avere fiuto), {PER GLI AFFARI} eine gute Nase,/[einen guten Riecher fam]/[ein gutes Gespür] für etw (acc)

haben; **bagnare il ~ a qu** fig (superarlo), jdn übertrumpfen; **battere il ~,/[dare di] ~ in qc**, mit der Nase gegen etw (acc) stoßen; **non ricordare/rammentarsi dal ~ alla bocca** fig (essere smemorati), ein Gedächtnis wie ein Sieb haben fam; **oggi non ho ancora messo il ~ fuori casa** (non sono uscito di casa), ich habe heute noch keinen Fuß vor die Tür gesetzt; **ha il ~ che cola**, ihm/ihr läuft die Nase; **farla sotto il ~ a qu** fig (raggirare qu), jdn an der Nase herumführen fam, jdn übers Ohr hauen fam; **ficcare/mettere il ~ negli affari altrui** fig (essere impiccioni), die Nase in die Angelegenheiten anderer Leute stecken fam; **menare/prendere qu per il ~** fig (prenderlo in giro), jdn auf den Arm/die Schippe nehmen fam; **mettere a qu qc sotto il ~** fig (mettergliela davanti agli occhi), jdm mit der Nase auf etw (acc) stoßen fam, jdm etw unter die Nase reiben fam; **~ all'insù**, Stupsnase f; **parlare col ~** (con voce nasale), durch die Nase sprechen, näseln; **passare sotto il ~ a qu** fig (perdere per poco), {TRAM} jdm vor der Nase wegfahren fam; **~ a patata**, Kartoffel(nase) f fam scherz; **sbatterci il ~** fig (prendere coscienza di qc), mit der Nase d(a)raufstoßen fam, sich (dat) etw (gen) bewusst werden; **rimanere/restare con tanto di ~** fig (rimanere delusi o stupefatti), ein langes Gesicht machen fam; **tapparsi il ~**, sich (dat) die Nase zuhalten; **mi sono detto: tappati il naso!** fig (sopporta), ich sagte mir: Augen zu und durch! fam; **non vedere più in là del proprio ~** (vederci poco), schlecht sehen; fig (essere di vedute limitate), nicht über die eigene Nasenspitze/[seinen Tellerrand] hinaussehen.
nașóne <accr di naso> m scherz **1** (grosso naso) Zinken m fam scherz, große Nase **2** (persona) Mensch m mit großer Nase.
nàssa f (nella pesca) (Fisch)reuse f.
nastrìno <dim di nastro> m **1** (piccolo nastro) Bändchen n **2** mil (onoreficenza) Ordensband n.
nàstro m (striscia di tessuto) {+RASO} Band n ● **~ adesivo**, Klebestreifen m; **~ azzurro** mil (decorazione), Blaues Band; **~ biadesivo**, beidseitiges Klebeband; **~ dattilografico**, Farbband n; **~ isolante**, Isolierband n; **~ di lutto**, Trauerflor m, Trauerbinde f; **~ (magnetico/sonoro)**, Magnet(ton)-/Tonband n; **~ metrico**, Maßband n; **~ di mitragliatrice**, Patronengurt m eines Maschinengewehrs, Maschinengewehrgürtel m; **~ di partenza sport**, Startband n; **essere ai nastri di partenza** fig, in den Startlöchern stehen/sitzen fam; **~ perforato** inform, Lochstreifen m; **~ stradale**/[**d'asfalto**], Straßenlinie f; **~ trasportatore**, Förderband n.
nastrotèca <-che> f (raccolta di nastri, negozio) Phonothek f.
nastùrzio <-zi> m bot Kresse f: **~ indiano**, Kapuzinerkresse f.
nașùto, (**-a**) agg (che ha un naso grosso) {UOMO} großnasig.
natàle **A** agg (nativo) {PAESE, TERRA} Geburts-, Heimat- **B** m <solo pl> lett (nascita) Geburt f: **Köln diede i natali a Böll**, Böll wurde in Köln geboren ● **un uomo di umili natali** (origine), ein Mensch von niedriger Herkunft.
Natàle m (festa) Weihnacht f, Weihnachten n: **buon ~!**, fröhliche/frohe Weihnachten!; **cosa farai a ~?**, was machst du (zu) Weihnachten?; **cosa gli regali per ~?**, was schenkst du ihm zu Weihnachten?; **festeggiare il ~ a casa**, Weihnachten zu Hause feiern; **mandare gli auguri di ~ a qu**, jdm Weihnachtswünsche schicken ● **durare da ~ a S. Stefano** (pochissimo), von zwölf bis mit-

tags dauern *fam*; **~ con i tuoi e Pasqua con chi vuoi** *prov*, Weihnachten zuhause und Ostern mit Freunden.
Natalìna f (*nome proprio*) Natalie.
natalità <-> f *stat* (*insieme delle nascite*) Geburtenrate f, Natalität f, Geburtenzahl f: **la ~ è in aumento/diminuzione**, die Geburtenrate nimmt zu/ab; **un paese ad alta/bassa ~**, ein Land mit hoher/niedriger Geburtenrate.
natalìzio, (-a) <-zi m> agg **1** (*di Natale*) {REGALO} Weihnachts-; {FESTIVITÀ} *anche* weihnachtlich: **farsi gli auguri natalizi**, sich (dat) gegenseitig frohe Weihnachten wünschen **2** *rar* (*relativo alla nascita*) {GIORNO} Geburts-.
natànte A agg (*che galleggia*) {FIORE} schwimmend; {ISOLA} treibend B m (*galleggiante*) Wasserfahrzeug n: **~ a motore**, Motorboot n.
natatòia f *anat zoo* Schwimmhaut f.
natatòrio, (-a) <-ri m> agg (*relativo al nuoto*) {ESERCIZIO, GARA} Schwimm-.
Natel® <-> m *CH tel* (*servizio, telefono*) Natel® n.
nàtica <-che> f *anat* Gesäß-, Hinterbacke f *fam*.
natìo, (-a) <-tii m> agg **1** (*di nascita*) {CITTÀ, TERRA} Geburts-, Heimat- **2** (*del paese d'origine*) {DIALETTO} Heimat-.
natività <-> f **1** *relig* (*festa della nascita*) {+S. GIOVANNI BATTISTA} Geburt f **2** *arte* Christi Geburt f.
natìvo, (-a) A agg **1** (*originario*) **~ di qc** {PERSONA DELLA CALABRIA} aus etw (dat) stammend, aus etw (dat) gebürtig: **essere ~ della Sardegna**, aus Sardinien stammen/[gebürtig sein] **2** *rar* (*innato*) {CLASSE, ORGOGLIO} angeboren **3** *chim min* {ORO, RAME} gediegen B m (f) <*di solito al pl*> (*indigeno*) Eingeborene mf *decl come agg*.
nàto, (-a) A *part pass di* nascere B agg **1** (*venuto al mondo*) geboren: **bambino ~ morto**, tot geborenes Kind **2** (*dalla nascita*) von Geburt an: **~ cieco/sordo**, von Geburt an blind/taub **3** *fig* (*dotato*) **~ (per qc)** {PER L'ARTE, PER LA MUSICA} für etw (acc)/zu etw (dat) geboren, (*für etw* acc) talentiert: **è un attore ~**, er ist ein geborener Schauspieler; **è ~ per fare il medico**, er ist zum Arzt geboren **4** (*rif. al cognome di nascita*) geboren: **Carla Bianchi nata Rossi**, Carla Bianchi, geborene Rossi C m **1** *lett* (*figlio*) Kind n: **l'ultimo ~**, Letztgeborene m *decl come agg* **2** <*solo pl*> *amm* Jahrgang m: **i nati dal 1966 al 1976**, die Jahrgänge 1966 bis 1976 ● **non è ancora ~ chi mi batte** *scherz* (*non esiste qu in grado di farlo*), wer mir das Wasser reichen will, der muss erst noch geboren werden! *fam*; **essere ~ ieri** (*essere inesperto*, ↓von gestern↓/[grün hinter den Ohren] sein *fam*; **non sono nato ieri!** (*non sono tanto ingenuo!*), ich bin doch nicht von gestern! *fam*; **essere ~ stanco**, schon müde auf die Welt gekommen sein.
NATO f *abbr dell'ingl* North Atlantic Treaty Organization (*Organizzazione del trattato nordatlantico*) NATO f, Nato f (*Nordatlantischer Verteidigungspakt*).
natrìce f *zoo* (*rettile*) Ringelnatter f.
nàtron m *chim* Natron n.
nàtta f *med* (*cisti*) Grützbeutel m, Atherom n *scient*.
natùra f **1** (*universo*) Natur f **2** (*indole*) {SOCIEVOLE, VIOLENTA} Wesen n, Natur f, Anlage f: **è un ragazzo di ~ pacifica**, er ist ein von Natur (aus/her) friedfertiger Junge; **non è nella mia ~ litigare**, zu streiten liegt mir nicht; **ciò è contrario alla mia ~**, das

geht mir wider/gegen die Natur; **essere geloso per/di ~**, von Natur aus eifersüchtig sein; {AGGRESSIVO +FELINI} Wesen n **3** (*caratteristica*) {+FERRO} Beschaffenheit f **4** (*tipo*) Art f, Wesen n, Natur f: **la ~ dei suoi studi**, die Art seiner/ihrer Studien; **la ~ delicata di un argomento**, der heikle Charakter eines Themas **5** (*persona*) {IPOCRITA, PERFIDA} Wesen n ● **contro ~**, naturwidrig, gegen/wider die Natur; **in ~** (*allo stato brado*), im Naturzustand; *fig* {PAGARE} in Naturalien; **lasciar fare alla ~** (*non intervenire*), der Natur ihren Lauf lassen; **~ morta** *arte*, Stillleben n.
naturàle A agg **1** (*della natura*) Natur-: **le bellezze naturali del paesaggio**, die Naturschönheiten **2** (*secondo natura*) {BISOGNI, METODI} naturgemäß, natürlich: **il corso ~ della vita**, der natürliche Lauf der Welt **3** (*non tinto*) {CAPELLI} natürlich, echt, Natur- **4** (*vero*) {DENTI} echt **5** (*genuino*) {CIBO, VINO} unverfälscht **6** (*normale*) {ACQUA} still, ohne Kohlensäure **7** (*del suolo o sottosuolo*) {RICCHEZZE, RISORSE} Natur-; {GAS} Erd- **8** (*del sole*) {LUCE} Tages- **9** (*innato*) {TALENTO} natürlich, angeboren: **l'istinto di sopravvivenza è ~ negli uomini**, der Überlebenstrieb ist den Menschen angeboren **10** (*spontaneo*) {POSA, RAGAZZA} natürlich, spontan, ungezwungen: **gli viene ~ comportarsi così**, er verhält sich ganz spontan so **11** (*ovvio*) natürlich: **è ~ che (tu) gli risponda in quel modo!**, das ist doch klar, dass du ihm auf diese Weise antwortest! **12** *dir* {DIRITTO} Natur-; {FIGLIO} unehelich **13** *mat* {NUMERI} natürlich **14** *mus* {SUONO} natürlich B avv (*certamente*) natürlich, sicherlich, gewiss: **vieni anche tu a ballare? – ~!**, kommst du auch mit tanzen? – Selbstverständlich! C *loc agg gastr*: **al ~**, {TONNO} nature.
naturalézza f (*spontaneità*) {+COMPORTAMENTO, GESTO} Natürlichkeit f: **recitare un ruolo con ~**, eine Rolle sehr natürlich spielen.
naturalìsmo m *filos lett* {FRANCESE; +ZOLA} Naturalismus m ● **~ economico** (*liberismo*), Freihandel m, freie Wirtschaft.
naturalìsta <-i m, -e f> mf **1** *filos lett* (*seguace*) Naturalist(in) m(f) **2** *scient* (*studioso di scienze naturali*) Naturforscher(in) m(f) **3** (*chi ama la natura*) Naturliebhaber(in) m(f).
naturalìstico, (-a) <-ci, -che> agg **1** *filos lett* {NARRATIVA, PENSIERO, POESIA} naturalistisch **2** *scient* {RICERCHE} naturwissenschaftlich.
naturalità <-> f (*spontaneità*) {+GESTO} Natürlichkeit f, Spontaneität f.
naturalizzàre A *tr* (*dare la cittadinanza*) **~ qu** {STRANIERO} *jdn* naturalisieren, *jdn* einbürgern B *itr pron*: **naturalizzarsi 1** *fig* (*diffondersi*) {CONSUETUDINE, PAROLA} sich verbreiten **2** *biol* (*ambientarsi*) {ANIMALE, PIANTA} sich anpassen C *rfl* (*ottenere la nazionalità*): **naturalizzarsi** die Staatsangehörigkeit erhalten, eingebürgert werden: **naturalizzarsi (cittadino) tedesco**, die deutsche Staatsangehörigkeit erhalten.
naturalizzazióne f (*acquisizione della cittadinanza*) Einbürgerung f, Naturalisation f, Naturalisierung f.
naturalménte avv **1** (*certamente*) selbstverständlich, natürlich: **vieni anche tu a ballare? – ~!**, kommst du auch mit tanzen? – Ja, natürlich!; **mi scriverai? – Si, ~!**, du mir schreiben? – Ja, natürlich! **2** (*ovviamente*) natürlich, selbstverständlich: **le spese saranno ~ a carico tuo**, die Kosten wirst du natürlich tragen müssen; **~ ci vorrà del tempo per superare la crisi**, natürlich wird

es einige Zeit dauern bis die Krise überwunden ist **3** (*con naturalezza*) {RECITARE} natürlich **4** (*per natura*) von Natur (aus), natürlich: **una donna ~ altruista**, eine von Natur aus selbstlose Frau.
nature <inv> agg *franc* (*genuino*) {BELLEZZA, PERSONA} natürlich, unverfälscht; {CIBO} nature.
naturìsmo m **1** (*movimento*) Naturismus m, Freikörperkultur f; (*nudismo*) Nudismus m *forb* **2** *med* Naturheilverfahren n **3** *relig* (*teoria*) Naturmythologie f.
naturìsta <-i m, -e f> A agg (*naturistico*) {MOVIMENTO} Freikörperkultur- B mf (*seguace*) Anhänger(in) m(f) des Naturismus, Naturist(in) m(f) *rar*; (*nudista*) Nudist(in) m(f) *forb*.
naturòpata <-i m, -e f> mf *med* Heilpraktiker(in) m(f).
naturopatìa f *med* Naturheilkunde f.
nàufraga f → **naufrago**.
naufragàre <*naufrago, naufraghi*> *itr* **1** <*essere o avere*> (*fare naufragio*) **~ (+ compl di luogo)** {NAVIGATORE} (*irgendwo*) Schiffbruch erleiden: **hanno naufragato nello stretto di Gibilterra**, sie haben in der Meerenge von Gibraltar Schiffbruch erlitten **2** <*essere*> (*affondare*) **~ (+ compl di luogo)** {PESCHERECCIO} (*irgendwo*) auflaufen **3** *fig* <*essere*> (*fallire*) {IMPRESA, PROGETTO} scheitern, Schiffbruch erleiden; {AZIENDA} Bankrott machen.
naufràgio <-gi> m **1** (*affondamento*) {+TITANIC} Untergang m, Schiffbruch m: **fare ~**, Schiffbruch erleiden **2** *fig* (*fallimento*) {+ATTIVITÀ} Scheitern n, Schiffbruch m **3** *filos* Scheitern n.
nàufrago, (-a) <-ghi, -ghe> m (f) (*chi ha fatto naufragio*) Schiffbrüchige mf *decl come agg*.
nàusea f **1** (*malessere*) Übelkeit f, Brechreiz m: **ho la ~**, mir ist übel/schlecht; **questo cibo mi dà la ~**, dieses Essen ekelt mich an **2** *fig* (*avversione*) Ekel m, Abscheu m: **provare ~ per certi discorsi**, bei bestimmten Gesprächen Ekel empfinden; **che ~!**, das ist ja ekelhaft! ● **fino alla ~** (*fino alla saturazione*), {MANGIARE} bis zum Erbrechen *fam spreg*; *fig* {DIRE QC, RIPETERE QC} bis zum Überdruss; **ho le nausee** (*rif. a donne incinte*), mir ist schlecht.
nauseabóndo, (-a) agg **1** (*che provoca nausea*) {ODORE} Ekel erregend, widerlich *spreg*, widerwärtig **2** *fig* (*ripugnante*) {COMPAGNIA} abstoßend, grässlich.
nauseànte agg **1** (*che dà il voltastomaco*) {MEDICINA} ekelhaft, widerlich *spreg* **2** *fig* (*rivoltante*) {PERSONA} grässlich *fam*, widerlich *spreg*, scheußlich.
nauseàre *tr* **~ (qu) 1** (*dare la nausea*) (*bei jdm*) Übelkeit erregen: **la panna mi nausea**, bei Schlagsahne wird mir schlecht **2** *fig* (*disgustare*) *jdn* an|ekeln, *jdn* an|widern: **la sua prepotenza mi ha nauseato**, seine/ihre Überheblichkeit hat mich angewidert *spreg*.
nauseàto, (-a) agg *fig* (*disgustato*) angeekelt, angewidert; **essere ~ da qu/qc** von *jdm/etw* angeekelt/angewidert sein *spreg*.
nàutica <-che> f **1** (*scienza*) Nautik f, Schifffahrtskunde f **2** (*navigazione da diporto*) Schifffahrt f.
nàutico, (-a) <-ci, -che> agg **1** (*per la navigazione*) {ASTRONOMIA} nautisch; {TAVOLE} See-: **strumenti ~**, Navigationsinstrumente n pl **2** (*di navigazione*) {SPORT} Wasser-.
navajo, (-a) <-i, -e> A agg <inv> agg Navajo- B <-, *navajos* pl *spagn*> mf Navajo mf C m <sing> (*lingua*) Navajo n.
navàle agg **1** (*delle navi*) {CANTIERE, MECCANICA} Schiff(s)- **2** (*con navi*) {BATTAGLIA} See- **3** (*della navigazione*) {ACCADEMIA, ISTITUTO}

Schifffahrts-.
navalmeccànica <-che> f tecn (tecnica) Schiff(s)bau m.

navàta f arch (Kirchen)schiff n: ~ **laterale/centrale**, Seiten-/Mittelschiff n; **una chiesa a tre navate**, eine dreischiffige Kirche.

nàve f (imbarcazione) Schiff n: ~ **a quattro/cinque alberi**, Vier-/Fünfmaster m; ~ **ammiraglia**, Flagg-, Admiralschiff n; ~ **da carico**, Frachtschiff n; ~ **cisterna**, Tanker m; ~ **corsara**, Seeräuberschiff n, Korsar m, Kaperschiff n; ~ **da diporto**, Vergnügungs-, Erholungsschiff n; ~ **da guerra**, Kriegsschiff n; ~ **di linea**, Linienschiff n; ~ **mercantile**, Handelsschiff n; ~ **ospedale/passeggieri**, Lazarett-/Passagierschiff n; ~ **da pesca**, Fischereifahrzeug n; ~ **petroliera**, (Öl)tanker m, Tankschiff n; ~ **posacavi**, Kabelleger m; **raddrizzare una** ~ mar, den (Schiffs)kurs berichtigen; ~ **a remi**, Ruderschiff n, Galeere f; ~ **rompighiaccio**, Eisbrecher m; ~ **da sbarco**, Landungsschiff n; ~ **traghetto**, Fähre f, Fährschiff n; ~ **da trasporto**, Transportschiff n; ~ **a vapore**, Dampfschiff n; ~ **a vela**, Segelschiff n • ~ **civetta** mil, "als Handelsschiff getarntes Kriegsschiff"; ~ **del deserto** fig (cammello), Wüstenschiff n scherz; ~ **scuola**, Schulschiff n; **fare da ~ scuola a qu** fig scherz (insegnargli qc), jdm etw beibringen; ~ **spaziale** astr, Raumschiff n.

navétta <dim di nave> **A** f **1** (mezzo di trasporto) Pendelfahrzeug n **2** tess (spola) {+TELAIO} (Weber)schiffchen n **B** <inv> agg {AEREO, TRENO} Pendel- • **diamante tagliato a ~** (in oreficeria), Navettenschiff m; **fare la ~** fig (fare la spola), hin- und herpendeln; ~ **spaziale** astr (shuttle), Spaceshuttle m.

navicèlla <dim di nave> f **1** (piccola nave) Schiffchen n **2** aero {+DIRIGIBILE} Gondel f; {+AEROSTATO} anche Ballonkorb m • **la ~ di Pietro** fig (la Chiesa), die Kirche; ~ **spaziale** astr, Raumkapsel f.

navigàbile agg (che può essere navigato) {TRATTO DI FIUME} schiffbar.

navigabilità <-> f **1** (l'essere navigabile) {+FIUME} Schiffbarkeit f **2** (galleggiabilità) {+NAVE} Seetüchtigkeit f **3** (stabilità) {+AEREO} Flugtüchtigkeit f.

navigànte A agg **1** mar (che naviga) {PERSONALE} Schiffs- **2** aero Flug- **B** mf mar (marinaio) Seefahrer(in) m(f).

navigàre <navigo, navighi> itr **1** (a motore) {BATTELLO} fahren: ~ **lungo la costa**, die{[an der] Küste entlangfahren; (a vela) segeln; (a remi) rudern **2** (viaggiare) {PASSEGGERI} reisen: **un marinaio che naviga da molti anni**, ein Seemann, der seit vielen Jahren zur See fährt **3** (venire trasportato) {MERCI} transportiert werden **4** aero (volare) fliegen **5** inform (esplorare) ~ + **compl di luogo** {SU/IN INTERNET} irgendwo surfen.

navigàto, (-a) agg **1** (percorso da navi) {CANALE, FIUME} befahren **2** fig (di grande esperienza) {UOMO} (welt)erfahren, lebenserfahren; spreg (che ha avuto molte esperienze amorose): **donna navigata**, mit allen Wassern gewaschene Frau fam.

navigatóre, (-trice) m (f) **1** mar (chi naviga) Seefahrer(in) m(f), Schiffer(in) m(f), Seemann; ~ **solitario**, einsamer Seefahrer **2** aero mar (ufficiale di rotta) Navigator(in) m(f) **3** sport (nei rally) Beifahrer(in) m(f) • ~ **satellitare**, ~ **spaziale** astr, Raumfahrer(in) m(f), Astronaut(in) m(f).

navigazióne f **1** mar Schifffahrt f: ~ **di cabotaggio**, Küstenschifffahrt f; ~ **di lungo corso**, große Fahrt; ~ **fluviale/lacustre/marittima**, Fluss-/Binnensee-/Seeschifffahrt f; ~ **interna**, Binnenschifffahrt f; ~ **a remi**, Ruderschifffahrt f **2** aero Luftfahrt f

3 aero mar (scienza e tecnica) Navigation f: **essere esperto di ~**, Navigationsfachmann sein **4** inform (esplorazione) Surfen n: ~ **su/in una rete**, Surfen n in einem Netz • ~ **mista** mar (a vela e a motore), gemischte Navigation; ~ **spaziale** astr, Raumfahrt f.

navìglio <-gli> m **1** (canale navigabile) {+MILANO} Schifffahrtskanal m **2** (insieme di più navi) Flotte f, Schiffe n pl: ~ **mercantile**, Handelsflotte f; ~ **da pesca**, Fischereiflotte f.

naz. abbr di nazionale: nat. (abbr di national).

nazarèno, (-a) **A** agg (di Nazaret) {GESÙ} von/aus Nazareth **B** m (Gesù): **il Nazareno**, Jesus der Nazarener.

nàzi <inv> agg (nazista) {NAZI-} spreg **B** <-> mf Nazi m spreg, Nazisse f spreg.

nazifascìsmo m polit stor (alleanza) Nazifaschismus m spreg.

nazifascìsta <-i m, -e f> polit stor **A** agg (del nazifascismo) nazifaschistisch spreg **B** mf (seguace) Nazifaschist(in) m(f) spreg.

nazificàre <nazifico, nazifichi> tr polit stor (imporre il nazionalsocialismo) ~ **qc** {CULTURA, ISTITUZIONI, SOCIETÀ} etw nazifizieren.

nazionàle A agg (abbr naz.) **1** (della nazione) {BANDIERA, EROE, INNO, LETTERATURA, PARCO} National-; {FESTA} anche National-; {LINGUA} Landes-; {LUTTO} Volks-, Staats-; {INTERESSE, MOVIMENTO, UNIFICAZIONE} national **2** (patriottico) {COSCIENZA} national; {SENTIMENTO} anche National- **3** (statale) {BIBLIOTECA} Staats-; {STRADA} Bundes- **4** (interno) {MERCATO} Binnen-; {ECONOMIA, INDUSTRIA} national; {PRODOTTO} National- **5** polit stor {ASSEMBLEA} National-, Volks- **B** f **1** sport {+ATLETICA LEGGERA, NUOTO, PALLAVOLO} Nationalmannschaft f: ~ **di calcio**, Fußballnationalmannschaft f **2** (solo pl) comm "italienische Zigarettensorte" **C** m (f) sport (atleta) Angehörige mf decl come agg einer Nationalmannschaft.

nazionalìsmo m polit (ideologia) Nationalismus m.

nazionalìsta <-i m, -e f> polit **A** agg (nazionalistico) {MOVIMENTO, PARTITO} nationalistisch **B** mf Nationalist(in) m(f).

nazionalìstico, (-a) <-ci, -che> agg polit {SPIRITO} nationalistisch.

nazionalità <-> f **1** (cittadinanza) Nationalität f, Staatsangehörigkeit f: **prendere la ~ americana**, die amerikanische Staatsangehörigkeit annehmen; **sono di ~ tedesca**, ich bin deutscher Nationalität/Staatsangehörigkeit, ich habe die deutsche Staatsangehörigkeit **2** (nazione) Nation f: **partecipanti in gara di diverse ~**, Wettkampfteilnehmer aus verschiedenen Nationen.

nazionalizzàre tr (statalizzare) ~ **qc** {AZIENDA, BANCA} etw nationalisieren, etw verstaatlichen.

nazionalizzazióne f (statalizzazione) {+FERROVIE} Nationalisierung f, Verstaatlichung f.

nazionalsocialìsmo m polit stor (dottrina) Nationalsozialismus m spreg.

nazionalsocialìsta <-i m, -e f> polit stor **A** agg (del nazionalsocialismo) {DITTATURA, IDEOLOGIA, PARTITO} nationalsozialistisch **B** mf Nationalsozialist(in) m(f).

nazionalsocialìstico, (-a) <-ci, -che> agg polit stor {PROGRAMMA} nationalsozialistisch.

nazióne f **1** (popolo) {FRANCESE, ITALIANA, TEDESCA} Nation f, Land n, Volk n: **le tradizioni di una ~**, die Traditionen eines Landes **2** (Stato) Staat m • **Nazioni Unite** (abbr NU), Vereinte Nationen.

naziskin <-> mf (neonazista) Skinhead m, Neonazi m.

nazìsmo m polit stor (nazionalsocialismo)

Nazismus m spreg.

nazìsta <-i m, -e f> polit stor **A** agg {GERMANIA, REGIME} Nazi-; {CAMPO DI STERMINIO} nazistisch spreg: **saluto** ~, Hitlergruß m **B** mf **1** Nazi m spreg **2** fig spreg (fanatico) Nazi m spreg, Nazianhänger(in) m(f) spreg.

nazìstico, (-a) <-ci, -che> agg polit stor Nazi- spreg.

N.B., n.b. abbr di nota bene: NB (abbr di notabene).

NCEU m edil abbr di Nuovo Catasto Edilizio Urbano: "Katasteramt n für städtische Liegenschaften".

nCi fis abbr di nanocurie: nCi (abbr di Nanocurie).

NCT m edil abbr di Nuovo Catasto Territoriale: "Katasteramt n für ländliche Liegenschaften".

N.d.A. abbr di Nota dell'Autore: Anm. d. Verf. (abbr di Anmerkung des Verfassers).

N.d.D. abbr di Nota della Direzione: Anmerkung der Geschäftsleitung.

N.d.E. abbr di Nota dell'Editore: Anm. d. Verl. (abbr di Anmerkung des Verlags).

N.d.R. abbr di Nota ⌊della Redazione⌋/[del Redattore]: Anm. d. Red. (abbr di Anmerkung ⌊der Redaktion⌋/[des Redakteurs]).

'ndràngheta f merid (organizzazione mafiosa calabrese) Ndrangheta f (Vereinigung süditalienischer Mafia mit Hauptsitz in Kalabrien).

N.d.T. abbr di Nota del Traduttore: Anm. d. Ü. (abbr di Anmerkung des Übersetzers).

ne[1] **A** pron **1** (di/da lui) von ihm, über ihn, sein: **ha un fratello in America ma da tempo non ne sa più nulla**, er/sie hat einen Bruder in Amerika, aber er/sie hat schon lange nichts mehr von ihm gehört; (di/da lei) von ihr, über sie, ihr; **appena la vide ⌊se ne invaghì⌋/[ne rimase affascinato]**, kaum hatte er sie gesehen, ⌊verliebte er sich in sie⌋/[war er von ihr hingerissen]; (di/da loro) von ihnen, über sie, ihr; **sono cari amici e ne apprezzo molto la disponibilità**, es sind liebe Freunde von mir und ich schätze ihre Hilfsbereitschaft sehr **2** (di/da questo, di/da quello, di/da questa, di/da quella, di/da questi, di/da quelli, di/da queste, di/da quelle) damit, darüber, davon, daraus, einige, welche: **che bei vestiti, prestamene uno!**, was für schöne Kleider, leih mir eins davon!; **è un arrosto squisito, dammene ancora!**, der Braten ist exquisit, gib mir noch etwas davon; **hai ancora del pane? – No, non ne ho più**, hast du noch Brot? – Nein, ich habe kein(e)s mehr; **che belle rose, raccogliamone qualcuna!**, was für schöne Rosen, schneiden wir einige ab!; **hai dei francobolli? – Sì, ne ho**, hast du Briefmarken? – Ja, ich habe welche; **quanti anni hai? – ne ho 29**, wie alt bist du? – Ich bin 29 (Jahre alt); **ascoltai il discorso e ne fui ben impressionato**, ich hörte mir die Rede an und war schwer davon beeindruckt **3** (di ciò) darüber, davon, dafür, daran: **non ne vedo proprio la ragione**, ich sehe wirklich keinen Grund dafür/dazu; **verrà alla festa? – ne dubito!**, wird er/sie zur Feier kommen? – Das bezweifle ich; **gliene parlerò**, ich werde mit ihm/ihr darüber sprechen **4** (da ciò) daraus: **ne deduco che non l'avete letto**, ich schließe daraus, dass ihr es nicht gelesen habt; **quale conclusione se ne può trarre?**, was kann man daraus schließen?, welcher Schluss lässt sich daraus ziehen? **5** (con valore poss) sein, ihr: **bisogna osservare attentamente la natura per scoprirne le leggi**, man muss die Natur aufmerksam beobachten, um ihre Gesetze zu entdecken **6** (uso pleonastico: non *si traduce)*: **che ne pensi di questa storia?**, was ₍denkst du über diese₎/[hältst du von dieser] Geschichte?; **che ne dici di questa proposta?**, was sagst/meinst du zu diesem Vorschlag? **B** *avv anche fig* (*di lì, di là, di qui, di qua*) von hier/da/dort: **non te ne andare**, geh nicht fort!; **se ne andò senza salutarci**, er/sie ging, ohne sich von uns zu verabschieden; **vattene!**, geh weg!, hau ab! *fam*; **ne uno uscita a testa alta**, ich behielt den Kopf oben, ich ließ ₍mir nicht auf den Kopf spucken *fam*₎/[mich nicht unterkriegen *fam*].

ne② *prep* (*in*) in: **Carneade è nominato ne "I promessi sposi"**, Carneade wird in den "Promessi sposi" erwähnt.

né *cong* **1** (*correlativa negativa*): **né ... né** weder... noch...; **non ho comprato né l'uno né l'altro**, ich habe weder ₍den einen₎/[das eine] noch ₍den anderen₎/[das andere] gekauft; **né io né lui lo avremmo immaginato**, weder ich noch er hätten uns das vorstellen können; **cosa ti ha risposto? – né sì né no**, was hat er/sie dir geantwortet? – Weder ja noch nein; **né oggi né domani né mai**, nie und nimmer; **non si può dire né bene né male di quell'uomo**, man kann nichts Gutes und nichts Schlechtes über diesen Menschen sagen; **né lo confermo, né lo smentisco**, weder bestätige noch widerrufe ich es **2** (*e non*) und ... auch nicht: **non conosco il suo passato né mi interessa conoscerlo**, ich kenne seine/ihre Vergangenheit nicht, und ich ₍bin auch nicht daran interessiert₎/[habe auch keinerlei Interesse], sie kennen zu lernen; **ha preso quella decisione né io posso ostacolarlo**, er hat diese Entscheidung getroffen, und ich kann ihn auch nicht daran hindern ● **né più né meno** (*esattamente*), nicht mehr und nicht weniger.

NE *abbr di nordest*: NO (*abbr di* Nordost).

neànche A *avv* **1** auch nicht: **Paola non va alla festa e io ~**, Paola geht nicht zum Fest und ich auch nicht; **se non mi accompagni, ~ io vado alla conferenza**, wenn du nicht mitkommst, gehe ich auch nicht zur Konferenz; **~ + art indet** (*überhaupt*) kein(e, r); **non ho in tasca ~ un centesimo**, ich habe nicht einen Pfennig dabei; **~ una settimana dopo**, ₍nicht einmal eine₎/[noch keine] Woche später **2** (*assolutamente*) absolut nicht: **non mi sfiora ~ l'idea di cercarlo**, ich denke nicht im Traum daran, ihn/es zu suchen; **non ci penso ~!**, ich denke nicht im Geringsten/Entferntesten/Traum daran! **3** (*non ... persino*) nicht einmal: **~ a un pazzo verrebbe in mente di fare una cosa del genere**, nicht einmal einem Verrückten würde es einfallen, etwas Derartiges zu tun **4** **~ + agg/avv** nicht einmal: **non è ~ lontano**, es ist nicht einmal weit **B** *cong* **1** (*perfino*) nicht einmal: **se ne sono andati senza ~ salutarci**, sie sind gegangen und haben sich nicht einmal von uns verabschiedet **2** (*anche se*) auch wenn: **non ci ricavi nulla ~ a trattarlo con mille attenzioni**, da ist nichts zu holen, auch wenn du ihn mit tausend Aufmerksamkeiten überhäufst; **~ insistendo riuscirebbe a convincermi**, auch wenn er/sie insistierte, würde er/sie mich nicht überzeugen ● **~ uno**, kein Einziger.

nébbia *f* **1** *meteo* {AUTUNNALE; +PIANURA PADANA} Nebel m: **~ a banchi**, Nebelbänke *f pl* **2** *fig* (*offuscamento*) {+ALCOL} Nebel m, Trübung *f* **3** *bot* (*malattia*) {+GRANO} Oidium m, Echter Mehltau ● **~ artificiale** *mil*, künstlicher Nebel; **dissolversi/sciogliersi come la ~ fig** (*di cosa che dura poco*), sich in Luft auflösen; **una ~ che si taglia con il coltello** *fig* (*molto fitta*), ein ₍zum Schneiden dichter₎/[undurchdringlicher] Nebel.

nebbiolìna <dim *di* nebbia> *f* (*nebbia leggera*) leichter Nebel.

nebbiòlo *m* **1** (*vitigno*) Nebbiolo-Rebe/Rebsorte *f* **2** *enol* Nebbiolo m (*Rotwein aus Piemont*).

nebbióne <accr *di* nebbia> *m* (*nebbia fitta*) dichter Nebel.

nebbiosità <-> *f* **1** *meteo* (*l'essere nebbioso*) {+AUTOSTRADA} Nebligkeit *f* **2** *fig* (*vaghezza*) {+IDEA, PENSIERO, PROGETTO} Unklarheit *f*, Verschwommenheit *f*.

nebbióso, (-a) *agg* **1** *meteo* (*pieno di nebbia*) {CIELO, STAGIONE, TEMPO} neb(e)lig **2** *fig* (*confuso*) {CONCETTO, IDEA, RICORDO} unklar, verworren, nebulös *forb*.

nebulizzàre *tr* ~ *qc* **1** (*ridurre in goccioline*) {LIQUIDO} etw zerstäuben **2** *agr* (*spruzzare antiparassitari*) {PIANTE} etw besprühen.

nebulizzatóre *m* (*apparecchio*) Zerstäuber m; *agr anche* Sprühgerät n.

nebulizzazióne *f* **1** (*il nebulizzare*) {+PROFUMO} Zerstäubung *f* **2** *agr* (*trattamento*) {+INSETTICIDA} Sprühen n.

nebulósa *f* *astr* (*addensamento*) Nebel m: **nebulose galattiche/extragalattiche**, galaktische/extragalaktische Nebel; **nebulose lucide/oscure**, ₍leuchtende Nebel₎/[Dunkelwolken *f pl*].

nebulosità <-> *f* **1** *fig* (*vaghezza*) {+CONCETTO} Unklarheit *f*, Verschwommenheit *f* **2** *meteo* Nebeligkeit *f*; (*nuvolosità*) {+CIELO} Bewölkung *f*.

nebulóso, (-a) *agg* **1** *fig* (*confuso*) {AFFERMAZIONE, RAGIONAMENTO} unklar, verschwommen, nebulös *forb* **2** *meteo* {GIORNATA} neb(e)lig; (*nuvoloso*) {CIELO} bewölkt.

nécessaire <-> *m franc* (*astuccio*) Necessaire n, Nessessär n: **~ da viaggio**, Reisenecessaire n, Reisenessessär n, Kulturbeutel m.

necessariaménte *avv* (*inevitabilmente*) notgedrungen, notwendigerweise: **misure di sicurezza che devono ~ essere prese**, notwendige Sicherheitsmaßnahmen.

necessàrio, (-a) <-*ri m*> **A** *agg* **1** (*utile*): **(a qu/qc)** notwendig (*für jdn/etw*), nötig (*für jdn/etw*): **attrezzo ~ al giardiniere/giardinaggio**, das nötige/notwendige Gartengerät **2** (*indispensabile*) **~ per qu/qc** (unbedingt) erforderlich (*für jdn/zu etw dat*), unerlässlich (*für jdn/zu etw dat*): **documenti necessari per l'espatrio**, erforderliche Ausreisepapiere; **ritenere qu/qc ~**, jdn/etw für unerlässlich/unentbehrlich halten **3** (*fondamentale*) (unbedingt) notwendig: **è ~ rispettare l'ambiente**, die Umwelt muss unbedingt respektiert werden **4** *filos* {VERITÀ} notwendig **B** *m* (*ciò che occorre*) Nötige n decl come agg, Notwendige n decl come agg: **il ~ per cucire**, das Nötige zum Nähen ● **parlare più del ~**, mehr reden als nötig ist; **è proprio ~ telefonargli?** (*dobbiamo*), müssen wir ihn wirklich anrufen?; **avere lo stretto ~ per vivere**, das Allernötigste zum Leben haben.

necessità <-> *f* **1** (*utilità*) {+INTERVENTO, MAGGIORE INFORMAZIONE} Notwendigkeit *f*: **(non) vedere la ~ di fare qc**, (nicht) die Notwendigkeit sehen, etw zu tun **2** (*bisogno*) {REALE} Bedürfnis n: **ho bisogno di un po' di ~ di riposarmi un po'**, ich brauche unbedingt ein wenig Ruhe **3** (*povertà*) Not *f*, Elend n: **trovarsi in ~**, in Not sein **4** (*inevitabilità*) {+DOLORE, EVENTO} Unvermeidlichkeit *f* **5** *filos* {MORALE} Notwendigkeit *f* ● **~ corporali** (*bisogni fisiologici*), physiologische Bedürfnisse *n pl*; **essere nella ~ di fare qc**, gezwungen sein, etw zu tun; **per ~**, gezwungenermaßen; **fare di ~ virtù** (*adattarsi all'inevitabile*), aus der Not eine Tugend machen; **la ~ aguzza l'ingegno** *prov*, Not macht erfinderisch.

necessitàre A *tr* <*avere*> (*rendere necessario*) **~ qc** etw erfordern, etw ist erforderlich machen: **è un problema che necessita l'attenzione di tutti**, es ist ein Problem, das die Aufmerksamkeit aller erforderlich macht **B** *itr* <*essere*> **1** (*avere bisogno*) **~ di qu/qc** {DI UN SOCIO, DI AIUTI ECONOMICI} jdn/etw brauchen, jdn/etw benötigen **2** (*essere necessario*) {PERMESSO} nötig/erforderlich sein: **mi necessita la tua collaborazione**, ich brauche deine Hilfe; **necessita che si intervenga subito**, es ist ein sofortiger Eingriff notwendig, es muss sofort ₍etwas getan₎/[eingegriffen] werden.

necessitàto, (-a) *agg* (*costretto a*) genötigt, gezwungen: **essere/sentirsi ~ a fare qc**, ₍gezwungen sein₎/[sich genötigt fühlen], etw zu tun.

necrobiòsi <-> *f* *biol* Nekrobiose *f*.

necrofagìa *f* (*il nutrirsi di cadaveri*) Nekrophagie *f*.

necròfago, (-a) <-*gi, -ghe*> *agg* {INSETTO} nekrophag, aasfressend.

necròfila *f* → **necrofilo**.

necrofilìa *f* *psic* (*deviazione sessuale*) Leichenschändung *f*, Nekrophilie *f* *scient*.

necròfilo, (-a) A *agg* (*relativo a necrofilia*) {TENDENZA} nekrophil **B** *m* (*f*) (*chi è affetto*) Leichenschänder(in) m(f), Nekrophile *mf* decl come agg *scient*.

necrofobìa *f* (*terrore dei cadaveri*) Nekrophobie *f*.

necròforo *m anche zoo* (*becchino*) Totengräber m.

necrologìa *f* **1** (*annuncio mortuario*) Todesanzeige *f* **2** (*breve discorso*) Nachruf m.

necrològico, (-a) <-*ci, -che*> *agg* (*relativo alla necrologia*) Todes-.

necrològio <-*gi*> *m* **1** (*annuncio funebre*) Todesanzeige *f*: **mettere/pubblicare un ~ sul giornale**, eine Todesanzeige ₍in die Zeitung setzen₎/[in der Zeitung veröffentlichen] **2** (*registro*) Totenbuch n, Nekrolog(ium) n.

necrologìsta <-*i m, -e f*> *mf* (*chi scrive un necrologio*) Nekrologschreiber(in) m(f).

necròpoli <-> *f* **1** *archeol* Nekropolis *f*, Totenstadt *f* **2** (*cimitero*) Friedhof m.

necroscopìa *f* *med* (*autopsia*) Autopsie *f* *scient*, Leichenschau *f*.

necroscòpico, (-a) <-*ci, -che*> *agg med* (*autoptico*) {ESAME} Leichen-.

necròsi <-> *f med* (*cancrena*) Gewebstod m, Nekrose *f* *scient*.

necròtico, (-a) <-*ci, -che*> *agg med* (*cancrenoso*) {TESSUTO} nekrotisch *scient*.

necrotizzàre *med* **A** *tr* (*provocare necrosi*) **~ qc** {TESSUTO} etw absterben lassen **B** *itr pron* (*subire necrosi*): **necrotizzarsi** an Nekrose leiden *scient*.

nederlandése, neerlandése A *agg* niederländisch **B** *mf* (*abitante*) Niederländer(in) m(f) **C** *m* <*solo sing*> (*lingua*) Niederländisch n.

nefandézza *f* **1** (*malvagità*) {+AZIONE} Ruchlosigkeit *f forb*, Frevelhaftigkeit *f forb* **2** (*atto*) Schandtat *f*, Frevelhaftigkeit *f forb*, Ruchlosigkeit *f forb*, Freveltat *f forb*: **compiere delle nefandezze**, Frevel/Freveltaten begehen *forb* **3** (*discorso*) Niederträchtigkeit *f forb*.

nefàndo, (-a) *agg* (*infame*) {+ACCUSA} ruchlos *forb*, schändlich, frevelhaft *forb*.

nefàsto, (-a) *agg* **1** *fig* (*funesto*) {PRESAGIO} unheilvoll; {AVVENIMENTO} *anche* verhängnisvoll, unselig *forb* **2** *fig scherz* (*che è causa di danni*) {PERSONA} Unheil bringend **3** *stor* ro-

mana: giorni nefasti, gesperrte/geschlossene Tage (an denen aus religiösen Gründen weder Gerichtssitzungen noch Komitien gehalten werden durften).

nefralgia f med (*dolore renale*) Nierenschmerzen m pl, Nephralgie f *scient*.

nefrite① f med (*infiammazione*) Nierenentzündung f, Nephritis f *scient*.

nefrite② f min Nephrit m.

nefrìtico, (-a) <-ci, -che> med **A** agg **1** (*relativo a nefrite*) die Nephritis betreffend *scient* **2** (*colpito da nefrite*) {PAZIENTE} an Nephritis leidend *scient* **B** m (f) (*persona*) an Nephritis Leidende mf decl come agg *scient*.

nefrologìa f med Nephrologie f *scient*.

nefrològico, (-a) <-ci, -che> agg med {TERAPIA} nephrologisch *scient*.

nefròlogo, (-a) <-gi, -ghe> m (f) med Nephrologe m *scient*, (Nephrologin f *scient*).

nefropatìa f med Nierenleiden n, Nephropathie f *scient*.

nefropàtico, (-a) <-ci, -che> med **A** agg nierenkrank, nephropathisch *scient* **B** m (f) Nierenkranke mf decl come agg.

nefròsi <-> f med Nephrose f *scient*.

nefrotòssico, (-a) <-ci, -che> agg med {AGENTE, FARMACO} nierenschädigend, nephrotoxisch *scient*.

negàre <*nego, neghi*> **A** tr **1** (*escludere*) ~ qc {AUTORE L'ESISTENZA DI DIO} etw leugnen: **non possiamo ~ che...**, wir können nicht leugnen, dass ... **2** (*contestare*) ~ qc {ACCUSA, INSINUAZIONI} etw zurück|weisen; {L'EVIDENZA DI QC, UNA VERITÀ} etw leugnen, etw bestreiten, etw ab|streiten: **non lo nego**, das streite ich nicht ab; **negano di aver commesso il furto**, sie leugnen ˻den Diebstahl˼/ [, den Diebstahl begangen zu haben]; (*uso assol*) leugnen; **l'indiziato nega**, der Verdächtige leugnet **3** (*rifiutare*) ~ qc (a qu) {IL PROPRIO AIUTO, UN FAVORE A QU} jdm etw versagen; {UN DIRITTO, LA GRAZIA A QU} jdm etw verweigern **B** rfl **1** (*non concedersi*): negarsi, {DONNA} sich (*jdm*) verweigern *forb*: **negarsi al telefono**, sich am Telefon verleugnen lassen **2** indir (*privarsi di*): **negarsi qc** {UN PO' DI RIPOSO} sich (*dat*) etw versagen *forb*, sich (*dat*) etw nicht gönnen.

negatìva f **1** *fot* (*negativo*) Negativ(bild) n **2** *gramm* (*negazione*) Verneinungssatz m: **mantenersi/tenersi sulla** «*continuare a negare*», seine ablehnende Haltung beibehalten.

negativaménte avv **1** (*no*) negativ: **rispondere ~**, verneinen, eine negative Antwort geben **2** (*in modo negativo*) negativ: **influenzare qu ~**, jdn negativ beeinflussen; **la prova si concluse ~**, der Test fiel negativ aus.

negatività <-> f (*l'essere negativo*) {+RAPPORTO} Negativität f.

negativizzàrsi itr pron med {BAMBINO} negativ werden, seronkonvertieren.

negativizzazióne f med Serokonversion f.

negatìvo, (-a) **A** agg **1** (*non positivo*) {ASPETTO, CRITICA, GIUDIZIO} negativ **2** (*non affermativo*) {RISPOSTA} verneinend, negativ **3** *chim* {CATALIZZATORE} Verzögerungs- **4** *filos* {TEOLOGIA} negativ **5** *fis* {ELETTRICITÀ} negativ **6** *fot* {IMMAGINE} Negativ- **7** *gramm* {AVVERBIO, PARTICELLA, PROPOSIZIONE} Verneinungs-, Negations- **8** *mat* {NUMERO, SEGNO} negativ **9** med {ESAME DELLE FECI} ohne Befund; {TEST DI GRAVIDANZA} negativ **B** m fot Negativ-(bild) n.

negàto, (-a) agg **1** (*rifiutato*) {ASSISTENZA, PERMESSO} versagt, verweigert **2** fig (*privo di talento*) ~ per qc für etw (acc) unbegabt, für

etw (acc) untalentiert: **essere ~ per la musica**, unmusikalisch sein.

negatóre, (-trice) **A** agg (*che nega*) verneinend, leugnend **B** m (*chi nega*) Leugner(in) m(f).

negatróne, **negatóne** m fis (*elettrone*) Negatron n.

negazióne f **1** (*esclusione*) {+DIO} Leugnung f **2** (*contestazione*) {+ACCUSA} Zurückweisung f **3** (*rifiuto*) {+PERMESSO DI SOGGIORNO} Ablehnung f **4** fig (*opposto*) {+CIVILTÀ} Gegenteil n **5** *filos* Negation f **6** *gramm* {+VERBO} Verneinung f, Negation f.

negazionìsmo m (*revisionismo storico*) Negationismus m, Geschichtsrevisionismus m.

negazionìsta <-*i* m, -*e* f> **A** agg (*del negazionismo*) {POSIZIONE, TEORIA} negationistisch **B** mf Negationist(in) m(f).

neghittóso, (-a) agg *lett* (*pigro*) {GIOVANE} träge, faul.

neglètto, (-a) agg **1** (*dimenticato*) {PAESE} vergessen **2** (*sciatto*) nachlässig, schlampig *fam spreg*: **essere ~ nel vestire**, sich nachlässig kleiden; {STILE} nachlässig, schludrig *spreg*.

nègli prep in① con art gli.

néglìgé <-> m franc (*vestaglia*) Négligé n, Morgenrock m.

negligènte A agg **1** (*svogliato*) ~ (**in qc**) {STUDENTE NELLO STUDIO} lustlos (*bei etw dat*): **essere ~ nel lavoro**, keine Lust zum Arbeiten haben **2** *rar* (*sciatto*) nachlässig, schlampig *fam spreg* **B** mf (*chi mostra scarso impegno*) lahme Ente *fam spreg*, Lahmarsch m *spreg*.

negligenteménte avv **1** (*svogliatamente*) träge, faul: **studiare ~**, lustlos studieren **2** (*sciattamente*) nachlässig: **vestire ~**, sich nachlässig kleiden.

negligènza f **1** (*svogliatezza*) {+SCOLARO} Lustlosigkeit f, Faulheit f **2** (*trascuratezza*) Fahrlässigkeit f, Nachlässigkeit f: **commettere una grave ~**, eine große Fahrlässigkeit begehen; **per ~ di qu**, wegen jds Nachlässigkeit.

negoziàbile agg **1** econ {TITOLO} begebbar; {CAMBIALE} bankfähig **2** *polit* (*che si può negoziare*) {ACCORDO SINDACALE} verhandlungsfähig.

negoziàle agg *dir* rechtsgeschäftlich.

negoziànte mf (*proprietario o gestore*) Kaufmann m, Kauffrau f, Händler(in) m(f): **~ all'ingrosso**, Großhändler m; **~ al minuto**, Einzel-, Kleinhändler m; **un piccolo ~ di tessuti**, ein kleiner Stoffhändler m.

negoziàre <*negozio, negozi*> **A** tr ~ qc **1** (*contrattare*) {PARTITA DI VERDURA} über etw (acc) verhandeln **2** econ {CAMBIALI, TITOLI} mit etw (*dat*) handeln, etw begeben, etw in Umlauf setzen **3** polit (*trattare*) {ACCORDO, LA PACE} etw aus|handeln **B** itr (*commerciare*) **~ in qc** {IN GRANAGLIE} mit etw (dat) handeln, mit etw (dat) Handel treiben.

negoziàto m <di solito al pl> polit (*insieme di trattative*) Verhandlung f, Unterhandlung f: **i negoziati di pace**, die Friedensverhandlungen f pl.

negoziatóre, (-trice) m (f) polit (*chi conduce trattative*) Unterhändler(in) m(f), Verhandlungspartner(in) m(f).

negoziazióne f **1** polit (*trattativa*) Verhandlung f, Unterhandlung f **2** econ (*compravendita*) {+CAMBIALI, TITOLI} Handel m, Begebung f.

negòzio <-*zi*> m **1** (*locale*) Geschäft n, Laden m: **~ di abbigliamento/alimentari/calzature**, Bekleidungs-/Nahrungsmittel-/Schuhgeschäft n; **~ di articoli sportivi**,

Sport(artikel)geschäft n **2** (*affare*) Geschäft n **3** *lett* (*occupazione*) Tätigkeit f, Beschäftigung f ▸ **giurìdico** *dir*, Rechtsgeschäft n.

négra f → **negro**.

negrièro, (-a) **A** agg (*relativo al commercio di schiavi*) {TRAFFICO} Sklaven- **B** m stor (*trafficante*) Sklavenhändler m (a fig spreg (*sfruttatore*) Sklaventreiber(in) m(f) spreg.

négro, (-a) **A** agg {LETTERATURA, RAZZA} schwarz: **musica negra**, schwarzafrikanische Musik **B** m (f) **1** anche spreg (*persona*) Neger(in) m(f) spreg, Schwarze mf decl come agg **2** fig scherz (*chi scrive*) Ghostwriter m ● **sgobbare/lavorare come un ~** fig (*lavorare duramente*), wie ein Pferd arbeiten *fam*.

negroafricàno, (-a) agg (*dei negri d'Africa*) schwarzafrikanisch.

negroamericàno, (-a) agg (*dei negri d'America*) afroamerikanisch.

negròide A agg negroid **B** mf (*persona*) Negroide mf decl come agg.

negromànte mf (*mago*) Zauberer m, (Zauberin f), Schwarzkünstler(in) m(f).

negromàntico, (-a) <-ci, -che> agg (*relativo a negromanzia*) {RITUALE} Zauber-, Schwarzkünstler-.

negromanzìa f (*magia*) Zauberei f, schwarze Kunst.

nègus <-> m amarico stor (*sovrano etiope*) Negus m.

neh inter lomb piem fam (*di conferma*) nicht wahr?, oder?, gell? *süddt*, gelt? *fam süddt*: **abbiamo trascorso una bella serata, neh?**, wir haben doch einen schönen Abend verbracht, ˻nicht wahr˼/[gell *süddt*]?; **non sembri molto contento, neh?**, du scheinst nicht sehr froh zu sein, oder?

néi, **nel**, **nell'**, **nélla**, **nélle**, **néllo** prep in① con art i, il, l', la, le, lo.

nematòde m zoo Fadenwurm m, Nematode m *scient*.

némbo m meteo (*nube scura*) Gewitter-, Sturmwolke f.

nembostràto m meteo (*nube bassa*) Nimbostratus m.

nèmesi <-> f **1** fig (*vendetta*) Rache f, Vergeltung f: **~ storica**, historische Gerechtigkeit f **2** mitol (*Nemesi*), Nemesis f *forb*.

nemìco, (-a) <-ci, -che> **A** agg **1** (*avverso*) feindlich, feind *forb obs*: **essere ~ di qu**, jds Feind sein; **farsi ~ qu**, sich (dat) jdn zum Feind machen; **giornale ~ del governo**, regierungsfeindliche Zeitung **2** fig (*contrario*) **~ di qc** {DEI COMPROMESSI, DELL'IPOCRISIA} etw (dat) abgeneigt **3** fig (*nocivo*) schädlich: **il fumo è ~ dei cardiopatici**, Rauch ist für Herzkranke schädlich **4** *mil* {ESERCITO} feindlich; (*dei nemici*) {ACCAMPAMENTO, POSTAZIONE} Feindes- **B** m (f) **1** {DICHIARATO} Feind(in) m(f), Gegner(in) m(f): **ha molti nemici sul lavoro**, er/sie hat viele Feinde am Arbeitsplatz; **farsi dei nemici**, sich (dat) Feinde machen; **~ giurato**, Erzfeind m; **~ mortale**, Todfeind m **2** *mil* (*avversario*) {IMBATTIBILE, POTENTE} Feind m ● **essere ~ dell'acqua** fig (*lavarsi di rado*), wasserscheu sein, sich nur selten waschen; (*bere solo vino*), nur Wein trinken; **molti nemici, molto onore**, viel Feind', viel Ehr'; **passare al ~** *mil* anche fig, zum Feind überlaufen.

nemméno → **neanche**.

nènia f **1** (*canto lento*) Kantilene f **2** (*ninna nanna*) Wiegenlied n **3** fig spreg (*discorso monotono*) Leier f *fam spreg* **4** stor (*canto funebre*) (altrömische) Totenklage f, Nänie f *forb*.

nèo m **1** anat Muttermal n, Leberfleck m **2** (*di bellezza*) Schönheitspflästerchen n, Schönheitsfleck m **3** fig (*lieve imperfezione*) Schönheitsfehler m: **l'articolo è ben scritto**

ma presenta qualche piccolo neo, der Artikel ist bis auf einige kleine Schönheitsfehler gut geschrieben.

nèo- primo elemento (*nuovo*) Neo-, neo-, Neu-, neu-: **neogotico**, neugotisch; **neoplatonismo**, Neuplatonismus.

neoacquisto m *anche polit sport* (*chi è appena entrato a far parte di un gruppo*) Neuerwerb m, Neuzugang m.

neoassùnto, (-a) **A** agg (*assunto da poco*) {OPERAIO} neu eingestellt **B** m (f) Neueingestellte mf decl come agg, Neuling m.

neoavanguàrdia f *arte lett* (*corrente*) Neoavantgarde f, neue Avantgarde.

neobaròcco, (-a) <-chi, -che> *arte* **A** agg Neo-, Neubarock n o m **B** agg {ESTETICA, OPERE} neo-, neubarock.

neocapitalismo m *econ* Neokapitalismus m.

neocapitalista <-i m, -e f> *econ* **A** agg {SISTEMA} neokapitalistisch **B** mf Neokapitalist(in) m(f).

neoclassicismo m *arch arte lett* (*movimento*) Neu-/Neoklassizismus m.

neoclassicista <-i m, -e f> *arte lett* **A** agg neo-, neuklassizistisch **B** mf (*artista*) Neuklassizist(in) m(f), neo-, neuklassizistische(r) Künstler(in).

neoclàssico, (-a) <-ci, -che> *arte lett* **A** agg {AUTORE, OPERA} neo-, neuklassizistisch **B** m (f) (*artista*) Neuklassizist(in) m(f), neo-, neuklassizistische(r) Künstler(in).

neocolonialismo m (*politica*) {+PAESI CAPITALISTICI} Neokolonialismus m.

neocolonialista <-i m, -e f> **A** agg {POLITICA} neokolonialistisch **B** mf (*fautore*) Neokolonialist(in) m(f).

neocomunista <-i m, -e f> *polit* **A** mf Neokommunist(in) m(f) **B** agg neokommunistisch.

neocon *polit* **A** <inv> agg neokonservativ **B** <-> mf Neokonservative mf decl come agg.

neoconservatóre, (-trice) *polit* **A** <inv> agg neokonservativ **B** mf (*sostenitore*) Neokonservative mf decl come agg.

neocorporativismo m Neokorporativismus m.

neocriticismo m *filos* (*movimento*) {+CASSIRER, NATORP} Neukantianismus m.

neodadaismo m *arte* (*corrente*) Neodadaismus m.

neodarwinismo m *biol* (*teoria evoluzionistica*) Neodarwinismus m.

neodimio <-> m *chim* (*elemento*) Neodym n.

neodiplomàto, (-a) **A** agg (*diplomato da poco*) {GIOVANE} frisch maturiert A, "der(/die) gerade sein(/ihr) Abitur gemacht hat" **B** m (f) Schulabsolvent(in) m(f), frischgebackene(r) *fam* Abiturient(in); *università* frisch Diplomiert mf decl come agg.

neoebràico, (-a) <-ci, -che> **A** agg (*della lingua ebraica*) neuhebräisch **B** m <solo sing> (*lingua*) Neuhebräisch(e) n.

neoelètto, (-a) **A** agg (*appena eletto*) {SINDACO} neugewählt **B** m (f) Neugewählte mf decl come agg.

neoellènico, (-a) <-ci, -che> **A** agg (*greco*) {LETTERATURA, LINGUA} neugriechisch **B** m <solo sing> (*lingua*) Neugriechisch(e) n.

neofascismo m *polit* Neofaschismus m.

neofascista <-i m, -e f> *polit* **A** agg {GRUPPO} neofaschistisch **B** mf (*seguace*) Neofaschist(in) m(f).

neòfita <-i m, -e f> mf **1** *fig* (*nuovo membro*) {+PARTITO} neues Mitglied; {+CORRENTE LETTERARIA} Neuling m **2** *relig* (*convertito*) Neubekehrte mf decl come agg, Neugetaufte mf decl come agg, Neophyt m.

neòfito → **neofita**.

neoformazióne f **1** *biol med* (*produzione di tessuti*) Neubildung f **2** *ling* Neubildung f, Neologismus m.

neogòtico, (-a) <-ci, -che> *arch* **A** agg (COSTRUZIONE, STILE) neugotisch **B** m Neugotik f.

neogrammàtico, (-a) <-ci, -che> *ling* **A** agg {TEORIA} der Junggrammatiker **B** m (f) (*linguista*) Junggrammatiker(in) m(f).

neogrèco → **neoellenico**.

neoindustriàle agg {SOCIETÀ} postindustriell.

neokantiàno, (-a) *filos* **A** agg neukantianisch **B** m (f) (*rappresentante*) Neukantianer(in) m(f).

neokantismo m *filos* Neukantianismus m.

neolatino, (-a) agg *ling* (*romanzo*) {LETTERATURA, LINGUA} romanisch.

neolaureàto, (-a) **A** agg (*appena laureato*) frisch graduiert, "wer gerade das Studium abgeschlossen hat": **architetto ~**, frischgebackener *fam* Architekt **B** m (f) Jungakademiker(in) m(f).

neoliberalismo m *econ polit* Neoliberalismus m.

neoliberismo m *polit* Neoliberalismus m.

neoliberty *arte* **A** <inv> agg {ARCHITETTURA} Neojugendstil- **B** <-> m Neojugendstil m.

neolìtico, (-a) <-ci, -che> *geol* **A** agg {CIVILTÀ} jungsteinzeitlich, neolithisch *scient* **B** m (*periodo*) Jungsteinzeit f, Neolithikum n *scient*.

neologismo m *ling* Neologismus m.

neomelòdico, (-a) <-ci, -che> agg *mus* {CANTANTE} neomelodico (der modernen neapolitanischen Schnulze).

nèon <-> m **1** (*lampada*) Neonlampe f **2** *chim* Neon n: **illuminazione al ~**, Neonbeleuchtung f.

neonatàle agg *med* {PATOLOGIA, PERIODO} Säuglings-, Neugeborenen-.

neonàto, (-a) **A** agg **1** (*appena nato*) {BAMBINO, CAGNOLINO} neugeboren **2** *fig* (*recentissimo*) {GOVERNO} neu, jung; {ISTITUTO BANCARIO} neugegründet **B** m (f) Neugeborene mf decl come agg: ~ **prematuro**, Frühgeburt f.

neonatologìa f *med* Neonatologie f *scient*.

neonatòlogo, (-a) <-gi, -ghe> m (f) *med* Neonatologe m *scient*, Neonatologin f *scient*).

neonazismo m *polit* Neonazismus m.

neonazista <-i m, -e f> *polit* **A** agg (*del neonazismo*) {GRUPPO} neonazistisch **B** mf (*seguace*) Neonazist(in) m(f), Neonazi mf.

neopatentàto, (-a) **A** agg gerade ein Fahrprüfung abgelegte(r,s) **B** m (f) (*che ha appena preso la patente*) Fahranfänger(in) m(f), Führerscheinneuling m.

neoplasìa f *med* Neoplasie f *scient*.

neoplàsma <-i> m *med* Neoplasma n *scient*.

neoplàstico, (-a) <-ci, -che> agg *med* Tumor-, Krebs-, neoplastisch *scient*.

neoplatònico, (-a) <-ci, -che> **A** agg *filos* {CORRENTE} neuplatonisch **B** m (f) (*seguace*) Neuplatoniker(in) m(f).

neoplatonismo m *filos* {+PLOTINO} Neuplatonismus m.

neopositivismo m *filos* Neopositivismus m.

neopositivista <-i m, -e f> *filos* **A** agg neopositivistisch **B** mf "Vertreter(in) f(m) des Neopositivismus".

Neoprène® m *chim* (*gomma sintetica*) Neopren® n.

neopromòssa f *sport* frisch/neu aufgestiegene Mannschaft.

neopromòsso, (-a) agg *sport* {SQUADRA} neu aufgestiegen.

neorealismo m **1** *arte film lett* Neorealismus m, Neoverismus m **2** *filos* (*movimento*) {+RUSSELL} Neorealismus m.

neorealista <-i m, -e f> **A** agg **1** *arte film lett* neorealistisch, neoveristisch **2** *filos* neorealistisch **B** mf **1** *arte film lett* Neorealist(in) m(f), Neoverist(in) m(f) **2** *filos* Neorealist(in) m(f).

neoromanticismo m *arte lett* Neo-, Neuromantik f.

neoscolàstica <-che> f *filos* Neuscholastik f.

neostomìa f *med* Neostomie f *scient*.

neotestamentàrio, (-a) <-ri m> agg *relig* neutestamentlich.

neozelandése **A** agg neuseeländisch **B** m (f) (*abitante*) Neuseeländer(in) m(f).

neozòico, (-a) <-ci, -che> *geol* **A** agg {ERA} neozoisch **B** m Neozoikum n.

NEP f *econ abbr del russo* Novaja Ekonomičeskaja Politika (*nuova politica economica*): NÖP f (*abbr di* Neue Ökonomische Politik) (*neue russische Wirtschaftspolitik*).

nèpa f *zoo* (*insetto*) Wasserskorpion m.

Nepal m *geog* Nepal n.

nepalése **A** agg nepalesisch **B** mf (*abitante*) Nepaler(in) m(f), Nepalese m, Nepalesin f.

nepetèlla, **nipitèlla** f → **nepitella**.

nepitèlla f *bot* Bergmelisse f, Bergminze f.

nepotismo m **1** *fig* (*favoreggiamento*) Vetternwirtschaft f *spreg* **2** *stor* (*politica dei papi*) Nepotismus m *forb*.

nepotista <-i m, -e f> mf *anche stor* (*chi favorisce*) Nepotist(in) m(f) *forb*.

nepotìstico, (-a) <-ci, -che> agg *anche stor* {TENDENZA} nepotistisch *forb*.

neppùre → **neanche**.

nequizia f *lett* (*malvagità*) Bosheit f, Boshaftigkeit f.

neràstro, (-a) agg (*che tende al nero*) {LABBRA} schwärzlich.

nerazzùrro, (-a) **A** agg **1** {MARMO} schwarzblau, blauschwarz **2** *sport* (*nel calcio*) {SCUDETTO, SQUADRA} von Inter Mailand **B** m *sport* (*nel calcio*) Fußballspieler m von Inter Mailand.

nerbàta f (*sferzata*) Peitschenhieb m.

nèrbo m **1** (*scudiscio*) Peitsche f, Ochsenziemer m **2** *fig* (*vigore*) Kraft f: **ragazzo privo di ~**, kraftloser Junge **3** *fig* (*pilastro*) {+SQUADRA} Kern m.

nerborùto, (-a) agg (*muscoloso*) {UOMO} sehnig, nervig, muskulös.

nerèide f *mitol* Nereide f.

neretino, (-a) **A** agg von/aus Nardò **B** m (f) (*abitante*) Einwohner(in) m(f) von Nardò.

nerétto <dim di nero> **A** agg *tip* Halbfettdruck- **B** m **1** *tip* (*carattere*) Halbfettdruck m, Halbfettschrift f: **titolo in ~**, halbfetter Titel **2** *giorn* (*articolo*) Artikel m in Halbfettdruck.

néro, (-a) **A** agg **1** {CALZINI, CAPELLI, CAVALLO, LAVAGNA, MATITA, OCCHI} schwarz **2** (*scuro*) {PANE} Schwarz-, schwarz; {VINO} Rot-; {CIELO} dunkel, schwarz **3** (*livido*) {OCCHIO} dunkel, schwarz **4** (*da lutto*) {ABITO, FASCIA} Trauer- **5** (*negro*) {RAZZA} schwarz **6** *fam* (*sudicio*) {PIEDI} schmutzig, schwarz *fam*, dreckig *fam* **7** *fig* (*clandestino*) {BORSA, LAVORO, MERCATO} Schwarz-; {FONDI} anche illegal **8** *fig* (*negativo*) {MOMENTO, PERIODO} unglücklich: **giornata nera**, schwarzer Tag, Unglückstag m; {PENSIERI} düster **9** (*nell'occultismo*) {MAGIA, MESSA} schwarz **10** *polit stor* (*fascista*) {CAMICIE} Schwarz-: **terrorismo ~**, Rechtsterrorismus m, rechter/neofaschisti-

nerofumo | neuro-

scher Terrorismus **B** m (anche nei giochi) Schwarz n: **essere tutto vestito di ~**, ganz in Schwarz gekleidet sein **C** m (f) **1** (individuo di pelle nera) Schwarze mf decl come agg **2** polit (fascista) Faschist(in) m(f) **3** stor: **i Neri**, die Schwarzen (Fraktion im mittelalterlichen Florenz) **D** <inv> loc agg (clandestino): **in ~**, Schwarz-; **pagamento in ~**, Schwarzzahlung f fam **E** loc avv: **in ~**, {LAVORARE} schwarz-; • **non distinguere in ~ dal bianco** fig (non cogliere le differenze), Schwarz und Weiß nicht unterscheiden können; **~ di carbonio** chim, Kohlenstoffschwarz n; **~ come il carbone/la pece**, schwarz wie die Nacht, kohl-/pech(raben)schwarz; **diventare ~** (abbronzato), braun/schwarz fam obs werden, fig (furibondo) außer sich (dat) geraten, sich schwarzärgern fam; **essere ~** (abbronzato), braun/schwarz fam obs sein; fig (furibondo) rotsehen fam, außer sich (dat) sein; **fare ~ qu** fig (picchiarlo), jdn grün und blau schlagen fam; **mettere qc su bianco a qu** fig (per iscritto), jdm etw schwarz auf weiß geben fam; **vedere tutto ~** fig (essere pessimista), alles schwarzsehen fam; **~ di seppia** zoo (pigmento), Sepia f; **essere ~ in volto** fig (essere arrabbiato), ein finsteres/düsteres Gesicht machen.

nerofùmo, néro fùmo **A** <inv> agg loc agg (di colore molto scuro) {COLLANT} rauchfarben, rauchfarbig **B** <-> m loc sost m (polvere nera) Ruß m.

nèroli <-> m chim (essenza) Neroliöl m.

neróne m **1** stor: **Nerone**, Nero **2** fig (uomo crudele) grausamer Mensch.

nerùme m **1** (patina scura) {+POSATE D'ARGENTO, TEIERA} Schwarz f, Schwarz m **2** agr {+CEREALI} Blattfleckenkrankheit f.

nervatùra f **1** anat (venatura) {+ALI DELLE MOSCHE} Nervatur f **2** bot Nervatur f, Blattäderung f, Rippe f pl **3** edil (elemento di sostegno) {+VOLTA} Rippe f: **~ di rinforzo**, Verstärkungsrippe f **4** edit (rilievo) Bund m, Buchrückenverzierung f.

nervìno, (-a) agg (che colpisce il sistema nervoso) {GAS} Nerven-.

nèrvo m **1** anat {ACUSTICO, MOTORIO} Nerv m: **~ ottico**, Sehnerv m; (vena) {+ALA DI INSETTO} Nerv m **2** bot Blattader f, Rippe f **3** <solo pl> fam Nerven m pl **4** fig (forza espressiva) Kraft f, Stärke f; {+ROMANZO} Nerv m **5** fam impr (tendine) Sehne f • **avere i nervi d'acciaio/saldi** fig (avere autocontrollo), Nerven [aus Stahl]/[wie Drahtseile/Stricke fam] haben; **avere i nervi** fig (essere nervoso), nervös/genervt fam sein; **dare sui/ai nervi a qu** fig (far innervosire qu), jdm auf die Nerven gehen fam, jdn nerven fam, jdm den Nerv töten fam; **avere i nervi a fior di pelle** fig (essere irritabile), überreizte Nerven haben, ein Nervenbündel sein fam, die Nerven blank liegen haben fam; **avere i nervi a pezzi** fig (essere esaurito), mit den Nerven herunter/fertig sein fam; **avere i nervi scossi** fig (essere molto turbato), zerrüttete Nerven haben, mit den Nerven fertig/herunter/[am Ende] sein fam; **far saltare i nervi a qu** fig (esasperarlo), jdn zur Verzweiflung bringen; **avere i nervi tesi** fig (essere nervoso), angespannt/ein Nervenbündel sein fam; **ho i nervi tesi**, meine Nerven liegen blank/bloß; **un uomo tutto nervi** fig (irrequieto), ein extrem nervöser Mensch, ein Nervenbündel von einem Mann; **far venire i nervi a qu** fig (innervosirlo), jdm auf die Nerven gehen/fallen fam, jdn nerven fam, jdm den Nerv töten fam.

nervosaménte avv (con impazienza) nervös, unruhig: **tamburellare ~ le dita sul tavolo**, nervös mit den Fingern auf dem Tisch klopfen.

nervoṣìṣmo m (agitazione) Nervosität f, Gereiztheit f.

nervoṣità <-> f **1** (irritabilità) Nervosität f, Reizbarkeit f **2** fig arte lett (efficacia) {+STILE} Prägnanz f, Bündigkeit f.

nervóṣo, (-a) **A** agg **1** (relativo ai nervi) {ESAURIMENTO, MALATTIA, SISTEMA} Nerven-; {TIC} nervös **2** (eccitabile) {CARATTERE, DONNA} nervös, reizbar: **diventa ~ per un nonnulla**, er regt sich wegen jeder Kleinigkeit auf; **i rumori mi rendono ~**, Lärm macht mich nervös; **è un tipo molto ~**, er ist ein sehr nervöser Typ **3** (di nervosismo) {RISATA} nervös **4** (agile e asciutto) {BRACCIA, GAMBE} sehnig, nervig; {CORPO} anche drahtig; {DITA, MANI} flink **5** (rapido) {ANDATURA} schnell, rasch **6** arte lett {STILE} prägnant, markant **7** bot (che ha nervature) {FOGLIA} geädert, gerippt **8** enol (vivace) {VINO} spritzig **B** m fam Nervosität f: **avere il ~**, nervös sein; **mi dà il ~**, er/sie/es macht mich nervös, er/sie/es nervt mich fam; **far venire il ~ a qu**, jdm auf die Nerven gehen fam, jdn nerven fam, jdm den Nerv töten fam; **mi viene il ~**, ich werde nervös.

nèspola f bot (frutto) Mispel f: **~ del Giappone**, Japanische Mispel, Wollmispel f.

nèspolo m bot (pianta) Mispelbaum m.

nèsso m **1** (collegamento) Zusammenhang m, Beziehung f: **cercare il ~ tra due fatti**, den Zusammenhang zwischen zwei Ereignissen suchen; **non c'è alcun ~ tra i due ragionamenti**, es besteht keinerlei Beziehung zwischen den beiden Überlegungen; **senza alcun ~ logico**, ohne jeden logischen Zusammenhang **2** ling {VOCALICO} Verbindung f • **~ causale** dir (rapporto di causalità), kausaler Zusammenhang, Kausalzusammenhang m, Kausalität f.

nessùno, (-a) **A** agg indef <solo sing> m (davanti a s impura, gn, pn, ps, x, z, y, j e alla semiconsonante i, negli altri casi diventa nessun) f (davanti a consonante e alla semiconsonante i, negli altri casi diventa nessun'; se la vocale è atona l'elisione è facoltativa) **1** (neanche uno) kein, keinerlei: **nessun ostacolo lo ferma**, ihn hält ₁kein Hindernis₁/[nichts] auf; **non ho ricevuto nessun pacchetto**, ich habe kein Päckchen erhalten; **non c'è nessun motivo per arrabbiarsi così**, es gibt keinen Grund, sich derart aufzuregen; **idee molte, mezzi ~**, viele Ideen, keine Mittel **2** (alcuno) jeglich, jede(r, s), kein: **senza nessuna fretta**, ohne jegliche Eile; **senza nessun impegno**, ganz/vollkommen unverbindlich; **senza nessun motivo/senso**, ohne jeden Grund/Sinn; **in nessun caso**, auf keinen Fall, keinesfalls; **in nessun luogo**, nirgendwo, nirgends; **in nessun modo**, in keiner Weise; **non lo troviamo da nessuna parte**, wir finden ihn nirgendwo/nirgends **3** (in frasi interrogative: qualche) irgendein: **nessuna telefonata per me?**, hat niemand/jemand für mich angerufen? **B** pron indef **1** (neanche uno) niemand: **~ mi ha aiutato**, niemand hat mir geholfen; **non abbiamo incontrato ~**, wir haben niemand(en) getroffen; **non lo sa ~**, niemand weiß es; (se si riferisce a qc di noto) keine(r, s); **~ di noi lo ha visto**, keiner von uns hat ihn gesehen; **vedi qualche errore? – No, ~**, siehst du irgendeinen Fehler? – Nein, (ich sehe) keinen; **non hai telefonato a ~ dei tuoi amici?**, hast du keinen deiner Freunde angerufen?; **nessun altro ne è al corrente**, ₁kein anderer₁/[niemand anders] weiß davon **2** (qualcuno) jemand: **c'è ~ in casa?**, ist jemand zu Hause? **C** m (persona che non conta nulla) Nichts n spreg, Niemand m: **si dà tante arie e non è ~**, er/sie spielt sich groß auf ist doch ein Nichts spreg; **e pensare che ancora pochi anni fa non era ~**, und wenn man bedenkt, dass er/sie noch vor wenigen Jahren ein Niemand war.

net <-> m ingl **1** inform Netz n **2** sport (nel tennis, nel ping-pong) Netzball m.

netiquette <-> f franc inform Netiquette f, Netikette f, Internet-Etikette f.

netsurfer <-> mf ingl inform Netsurfer(in) m(f).

netsurfing <-> m ingl inform Netsurfing n, Surfen n.

nettaménte avv **1** (decisamente) entschieden: **essere ~ contrario a qc**, entschieden gegen etw (acc) sein **2** (chiaramente) {DISTINGUERE} klar, deutlich.

nettapénne <-> m (arnese) Tinten-, Federwischer m.

nettapièdi <-> m (zerbino) Fußabstreifer m, Fußmatte f, Fußabtreter m.

nettapipe <-> m (arnese) Pfeifenstopfer m.

nèttare① m **1** bot {+FIORI} Nektar m **2** fig scherz (vino squisito) köstlicher Wein, Göttertrank m scherz • **il ~ degli dei mitol** (ambrosia), Göttertrank m, Nektar m und Ambrosia.

nettàre② tr tosc **qc 1** (mondare) {L'INSALATA} etw lesen, etw putzen; {FAGIOLI, PISELLI} anche etw enthülsen **2** (pulire) {OCCHIALI} etw putzen.

nettarìna f bot (pesca noce) Nektarine f.

nettézza f **1** (pulizia) {+CASA} Sauberkeit f **2** (precisione) {+CONTORNO} Klarheit f • **~ urbana** (abbr NU) (pulizia stradale e raccolta rifiuti), Straßenreinigung f und Müllabfuhr f.

nétto, (-a) **A** agg **1** (preciso) {CONTORNO} scharf, deutlich, klar **2** (deciso) {MIGLIORAMENTO} klar, deutlich, entschieden; {RIFIUTO} glatt **3** (forte) {DIFFERENZA, IMPRESSIONE} stark, deutlich: **avere la netta sensazione che...**, ₁das deutliche Gefühl₁/[den starken Verdacht] haben, dass ...; {DISTACCO, SCONFITTA, VANTAGGIO, VITTORIA} deutlich; **essere in ~ ritardo su qu**, deutlich hinter jdm zurückliegen **4** (pulito) {BIANCHERIA} sauber, rein **5** comm econ {PESO, REDDITO, RENDITA, STIPENDIO} Netto- **B** m comm econ Nettoeinkommen n: **lo stipendio è molto allettante, ma bisogna vedere quanto è il ~**, das Gehalt ist ja verführerisch, aber man muss erst einmal sehen, was netto dabei herauskommt fam **C** avv (chiaramente) {PARLARE} deutlich **D** loc prep comm econ: **al ~ di qc** nach Abzug von etw (dat); **paga al ~ delle ritenute**, Nettolohn m • **al ~** comm econ, netto; **di ~**, {TRANCIARE QC} sauber.

nettùnio <-> m chim (elemento) Neptunium n.

Nettùno m **1** astrol astr Neptun m **2** mitol Neptun m.

netturbino, (-a) m (f) (spazzino) Straßenkehrer(in) m(f), Müllmann m fam, (Müllfrau f) fam.

nètwork <-> m ingl **1** comm Netzwerk n **2** inform Netzwerk n, Network n **3** TV Fernsehnetz n.

nètwork administrator <-> loc sost m ingl inform Systemverwalter m, Netzwerkadministrator m.

nètwork computer <-> loc sost m ingl inform Netzcomputer m.

neuràle agg **1** anat {TUBO} neural, Nerven- **2** inform {RETE} Neural-.

neurite → **nevrite**.

nèuro f fam Klapsmühle f fam, Irrenanstalt f fam: **finire alla ~**, in der Klapsmühle fam landen.

neuro- primo elemento anat med Neuro-, neuro-, Nerven-: **neurochirurgia**, Neurochirurgie; **neurologico**, neurologisch; **neuro-**

ne, Nervenzelle.
neurobiologìa f *biol* Neurobiologie f.
neurobiològico, (-a) <-ci, -che> agg *med* neurobiologisch *scient*.
neurobiòlogo, (-a) <-ghi, -ghe> m (f) *med* Neurobiologe m, (Neurobiologin f) *scient*.
neuroblastòma <-i> m *med* Neuroblastom n *scient*.
neurochirurgìa f *med* Neurochirurgie f *scient*.
neurochirùrgico, (-a) <-ci, -che> agg *med* {INTERVENTO} neurochirurgisch *scient*.
neurochirùrgo, (rar -a) <-ghi o -gi, -ghe> m (f) *med* Neurochirurg m *scient*, (Neurochirurgin f *scient*).
neurocìto m *anat* (*neurone*) Nervenzelle f.
neurodelìri <-> m o f *fam* (*manicomio*) Klapsmühle f *fam*, Irrenanstalt f *fam*.
neuroendòcrino, (-a) agg *biol* {DISFUNZIONE} neuroendokrin *scient*.
neuroendocrinologìa f *biol* Neuroendokrinologie f.
neurofarmacologìa f *farm* Neuropharmakologie f.
neurofisiologìa f *biol med* Neurophysiologie f *scient*.
neurofisiològico, (-a) <-ci, -che> agg *med* {DISTURBO} neurophysiologisch *scient*.
neurolèttico, (-a) <-ci, -che> *farm* A agg neuroleptisch B m Neuroleptikum n.
neuròloga f → **neurologo**.
neurologìa f *med* Neurologie f *scient*.
neurològico, (-a) <-ci, -che> agg *med* {DISTURBI} neurologisch *scient*, Nerven-.
neuròlogo, (-a) <-gi, -ghe> m (f) *med* Neurologe m *scient*, (Neurologin f *scient*).
neuròma m *med* (*tumore*) Neurom n *scient*.
neuromotòrio, (-a) <-ri m> agg 1 (*in fisiologia*) neuromotorisch 2 *anat med* neuromotorisch, neuromuskulär.
neuróne m *anat* Nervenzelle f.
neuropatìa f *med* Neuropathie f *scient*.
neuropatòloga f → **neuropatologo**.
neuropatologìa f *med* Neuropathologie f *scient*.
neuropatòlogo, (-a) <-gi, -ghe> m (f) *med* Neuropathologe m *scient*, (Neuropathologin f *scient*), Nervenarzt m, (Nervenärztin f).
neuropsichiàtra <-i m, -e f> mf *med* Neuropsychiater(in) m(f).
neuropsichiatrìa f *med* Neuropsychiatrie f *scient*.
neuropsichiàtrico, (-a) <-ci, -che> agg *med* {MALATTIA} neuropsychiatrisch *scient*.
neuropsìchico, (-a) <-ci, -che> agg *med* {SQUILIBRIO} neuropsychisch *scient*.
neuropsicologìa f *psic* (*studio*) Neuropsychologie f *scient*.
neurotomìa f *med* Neurotomie f *scient*.
neurotònico, (-a) <-ci, -che> *farm* A agg nervenstärkend, nervenkräftigend B m Nerventonikum n.
neurotòssico, (-a) <-ci, -che> A agg {SOSTANZA} Nervengift-, neurotoxisch B m Nervengift n, Neurotoxikum n.
neurotrasmettitóre m (*in fisiologia*) Neurotransmitter m.
neurovegetatìvo, (-a) agg *anat* {DISTURBI} neurovegetativ.
neutràle A agg 1 (*che non parteggia*) {PERSONA} neutral 2 *chim fis* neutral 3 *dir* (*che è in stato di neutralità*) {STATO} neutral B m *dir* (*stato*) Neutrale m decl come agg.
neutralìsta <-i m, -e f> A agg {LINEA} neutralistisch, Neutralitäts- B mf (*sostenitore*) Neutralist(in) m(f).

neutralità <-> f 1 *chim fis anche fig* Neutralität f 2 *dir* (*estraneità rispetto a un conflitto bellico in atto*) {+STATO} Neutralität f • ~ *armata*, bewaffnete Neutralität; *uscire dalla* ~ (*intervenire in guerra*), seine neutrale Haltung aufgeben, in den Krieg eintreten.
neutralizzànte A part pres di neutralizzare B agg neutralisierend C m *chim* Neutralisationsmittel n.
neutralizzàre A tr 1 (*vanificare*) ~ *qc* {LE MOSSE DEL NEMICO, GLI SFORZI DI QU} etw unwirksam/zunichte machen 2 (*vincere*) ~ *qc* {CATTIVO ODORE} etw beseitigen; *sport* ~ *qu* {AVVERSARIO} jdn aus|schalten 3 *chim* ~ *qc* (*con qc*) {SOLUZIONE} etw (*mit etw dat*) neutralisieren 4 *sport* ~ *qc* {DIECI MINUTI} etw neutralizzarsi B itr pron (*annullarsi*): **neutralizzarsi** (*EFFETTO DI UN DEODORANTE*) neutralisiert werden C rfl rec: **neutralizzarsi** {FORZE CONTRARIE} sich (gegenseitig) auf|heben.
neutralizzazióne f 1 (*vanificazione*) Neutralisierung f, Unwirksammachung f 2 *chim* {+SOLUZIONE} Neutralisation f 3 *dir* (*estraneità rispetto a un conflitto bellico che può insorgere*) {+STATO} dauernde Neutralität 4 *sport* (*sospensione*) Neutralisation f.
neutrìno m *fis* Neutrino n.
nèutro, (-a) A agg 1 (*indefinibile*) {COLORE} neutral 3 *dir* (*neutrale*) {PAESE} neutral 4 *elettr* {CONDUTTORE} ungeladen, unelektrisch, Mittel- 5 *fis* {ATOMO} neutral 6 *gramm* {GENERE} sächlich, neutral 7 *mat* {ELEMENTO} neutral 8 *sport* {CAMPO} neutral B m 1 *elettr* Mittelleiter m 2 *gramm* Neutrum n, sächliches Geschlecht.
neutróne m *fis* Neutron n: ~ *nucleare*, Spaltneutron n.
nevàio <*nevai*> m 1 (*terreno coperto di neve*) Schneefeld n 2 (*accumulo di neve*) Schneewehe f.
néve A f 1 Schnee m: ~ *dura/gelata/molle/compatta/bagnata*, harter/vereister/lockerer/dichter/nasser Schnee; ~ *fresca/farinosa*, Neu-/Pulverschnee m; ~ *perenne*, ewiger Schnee 2 *slang* (*cocaina*) Schnee m *slang* B <inv> loc agg (*adatto alla neve*): *da* ~, {GUANTI, SCARPONI} Schnee- • ~ *artificiale*, Kunstschnee m; *bianco come la* ~, schneeweiß, weiß wie Schnee; ~ *carbonica chim*, Trockeneis m; *montare qc a* ~, {ALBUME} etw zu Schnee schlagen; *sciogliersi come al sole fig* (*vanificarsi*), {SPERANZE} dahinschmelzen wie der Schnee in der Sonne.
nevicàre itr impers <*essere o avere*> *meteo* schneien: **ha/è nevicato fitto fitto ieri notte**, gestern Nacht hat es sehr stark geschneit.
nevicàta f *meteo* {ABBONDANTE} Schneefall m.
nevìschio <*-schi*> m *meteo* Schneegestöber n.
nevosità <-> f *meteo* (*quantità di neve*) Schneemenge f.
nevóso, (-a) agg 1 (*innevato*) {CIMA} schneebedeckt 2 (*ricco di neve*) {STAGIONE} schneereich 3 *meteo* {PRECIPITAZIONE, TEMPO} Schnee-.
nevralgìa f *med* Neuralgie f *scient*.
nevràlgico, (-a) <-ci, -che> agg 1 *fig* {QUESTIONE} neuralgisch 2 *med* {DOLORE} neuralgisch *scient*.
nevrastenìa f *med* (*malattia*) Neurasthenie f *scient*.
nevrastènico, (-a) <-ci, -che> A agg 1 *fig* (*nervoso*) nervös 2 *med* {SOGGETTO} nervenschwach, neurasthenisch *scient* B m *fig* 1 *fig* (*persona nervosa*) nervöser Mensch

2 *med* Neurastheniker(in) m(f).
nevrìte f *med* Nervenentzündung f, Neuritis f *scient*.
nevròsi <-> f *med psic* Neurose f: ~ *ossessiva*, Zwangsneurose f.
nevròtico, (-a) <-ci, -che> *med psic* A agg (*di nevrosi*) {SOGGETTO, TURBE} neurotisch B m *med psic anche fig* (*persona*) Neurotiker(in) m(f).
nevrotizzànte agg 1 (*esasperante*) entnervend, nervtötend 2 *psic* neurotisierend.
nevrotizzàre A tr ~ *qu* 1 (*esasperare*) {INSEGNANTE} jdn (ent)nerven 2 *psic* jdn neurotisieren B rfl *psic*: **nevrotizzarsi** neurotisch werden, Neurosen an|nehmen.
nevrotizzàto, (-a) agg 1 (*nervoso*) mit den Nerven fertig 2 *psic* neurotisch.
nevrotizzazióne f 1 (*nervoso*) Entnervung f 2 *psic* Neurotisierung f.
nevvéro inter sett *fam* (*di conferma*) nicht wahr: **interessante, ~?**, interessant, nicht wahr?
new age <-> loc sost f *ingl* New Age n.
new deal <-, - -s pl *ingl*> loc sost m *ingl* 1 *stor* New Deal m 2 *fig* New Deal m, Bündel n von Wirtschaftsreformen.
new economy <-, *new economies* pl *ingl*> loc sost f *ingl econ* New Economy f.
new entry <-, *new entries* pl *ingl*> loc sost f *ingl mus* (*brano*) Newcomer m, "Musikstück, das zum ersten Mal in die Hitparade gelangt".
new global *ingl* A <inv> loc agg globalisierungskritisch B <-, - -s pl *ingl*> loc sost mf Globalisierungskritiker(in) m(f).
new media loc sost m pl *ingl inform TV* neue Medien.
news f pl *ingl* 1 *film* (*cinegiornale*) Wochenschau f 2 *inform* Netnews pl 3 *radio TV* (*telegiornale*) Fernsehnachrichten f pl.
newsgroup <-> m *ingl inform* News-Group f.
newsletter <-> f *ingl* (*notiziario*) Mitteilungsblatt n; *inform* Newsletter m.
newton m *ingl fis* (*unità di misura*) Newton n.
new wave *ingl arte film lett mus* A <-> loc sost f Neue Welle f, New Wave f B <inv> loc agg Neue-Welle-, New-Wave-.
New York f *geog* New York n.
newyorkése A agg New Yorker B mf (*abitante*) New Yorker(in) m(f).
NGF m abbr *dell'ingl* Nerve Growth Factor (*fattore di crescita delle cellule nervose*): NGF m (*Nervenwachstumsfaktor*).
ni[1] A m *fam* (*risposta incerta*) Jein n *fam* B avv *scherz iron* (*né sì né no*) jein *fam scherz*.
ni[2] <-> m o f (*lettera greca*) Ny n.
Niagàra m (*grande quantità*) Flut f: *prima delle elezioni un* ~ *di promesse*, vor den Wahlen eine Flut von Versprechungen.
nibelùngico, (-a) <-ci, -che> agg *lett mus* (*dei Nibelunghi*) {CICLO, LEGGENDA, POEMA} Nibelungen-.
nibelùngo <*-ghi o -gi*> m <*di solito al pl*> *mitol stor* Nibelunge m.
NIC pl *econ* abbr *dell'ingl* Newly Industrialized Countries (*paesi di nuova industrializzazione*): NIC f pl (*Schwellenländer, neue Industriestaaten*).
Nicarágua m *geog* Nicaragua n.
nicaraguégno, (-a) A agg nicaraguanisch B m (f) (*abitante*) Nicaraguaner(in) m(f).
nicaraguènse → **nicaraguegno**.
nìcchia f 1 *anche arch* (*incavo*) Nische f 2 *fig* (*impiego comodo*) ruhiges Plätzchen

3 *alpin* (*rientranza*) (Fels)nische f • **di ~**, Nischen-; **~ ecologica** *biol*, ökologische Nische; **~ di mercato** *econ*, Marktnische f.

nicchiàre <*nicchio, nicchi*> *itr* (*esitare*) unschlüssig sein, zögern: **quando gli chiedo dei soldi nicchia sempre**, wenn ich ihn um Geld bitte, zögert er immer.

nìcchio <*nicchi*> m **1** (*conchiglia*) Muschel(schale) f **2** (*lucerna*) Öllampe f **3** (*cappello a tre punte*) Birett n.

nicciàno → **nietzschiano**.

Niccolò m (*nome proprio*) Nikolaus, Nikolo A.

nichel <-> m *chim* Nickel n.

nichelàre *tr* (*sottoporre a nichelatura*) **~ qc** *etw* vernickeln.

nichelatùra f *tecnol* Vernick(e)lung f.

nichelcròmo m *metall* (*lega*) Nickelchromlegierung f.

nichelìno m *stor* "kleine Nickelmünze im Wert von 20 Centesimi".

nichèlio <-> → **nichel**.

nichilìsmo m *filos polit stor* (*dottrina*) Nihilismus m.

nichilìsta <-*i* m, -*e* f> *filos polit stor* A *agg* nihilistisch B mf (*seguace o fautore*) Nihilist(in) m(f).

nichilìstico, (-a) <-*ci, -che*> *agg filos polit stor* nihilistisch.

nickname <-> m *ingl inform* (*soprannome*) Nick-, Spitzname m.

niçoise *franc gastr* A <-> f Salat m Niçoise B <*inv*> *agg* {INSALATA} Niçoise.

Nicòla m (*nome proprio*) Klaus, Nikolaus.

Nicolétta f (*nome proprio*) Nicola, Nikola, Nicoletta, Nikoletta *rar*.

nicotìna f *chim* Nikotin n: **senza ~**, nikotinfrei.

nicotìnico, (-a) <-*ci, -che*> *agg chim* {ACIDO} Nikotin-.

nicotinìsmo m *med* Nikotinvergiftung f.

nictàlope *med* A *agg* tagblind, nyktalop *scient* B mf (*persona*) an Tagblindheit/Nyktalopie *scient* Leidende mf decl come agg.

nictalopìa f *med* (*capacità visiva notturna*) Tagblindheit f, Nyktalopie f *scient*.

nictofobìa f *med* (*fobia della notte*) Nachtangst f, Nyktophobie f *scient*.

nidiàce *ornit* A *agg* {UCCELLO} (noch) nicht flügge B m Nestling m.

nidiàta f **1** *ornit* {+UCCELLINI} Brut f **2** *zoo* {+CAGNOLINI, GATTINI} Wurf f **3** *fig scherz* (*prole*) Kinderschar f: **un'allegra ~ di bimbi**, eine fröhliche Kinderschar.

nidificàre <*nidifico, nidifichi*> *itr* (*fare il nido*) **~ compl di luogo** {SU UN ALBERO, IN UN FIENILE} (*irgendwo*) nisten, (*irgendwo*) ein Nest bauen.

nìdo m **1** *ornit* {+CICOGNE, MERLI, TORDI} Nest n: **far ~**, Nest bauen; {+AQUILE} Horst m **2** *zoo* {+API, FORMICHE, SERPI, TOPI} Nest n **3** *fig* (*casa*) Nest n *fam*, Heim n: **abbandonare il ~**, das Nest verlassen *fam*; **tornare al ~**, zum heimischen Herd zurückkehren *fam* **4** *fig spreg* (*covo*) {+BANDITI} Schlupfwinkel m, Versteck m **5** *fig* (*asilo nido*) Kinderkrippe f, Krabbelstube f • **~ d'amore**, Liebesnest n; **a ~ d'ape**, {TESSUTO} wabenartig, Waben-; **~ di mitragliatrici** *mil*, Maschinengewehrnest n; **nidi di rondine** *gastr*, Schwalbennester n pl; **~ di vipere**, Schlangennest n, **fig** (*insieme di persone maligne*) Natternbrut f *spreg*.

niellàre *tr* (*in oreficeria*) **~ qc** *etw* niellieren.

niello m (*in oreficeria*) **1** (*oggetto*) Niello n **2** (*arte*) Niellierkunst f, Niellierarbeit f.

niènte A <*inv*> *pron indef* **1** (*nessuna cosa*) nichts: **non ho visto ~**, ich habe nichts gesehen; **non abbiamo comprato ~**, wir haben nichts gekauft; **non ha paura di ~**, er/sie hat vor nichts Angst; **~ di + agg**, nichts + agg; **~ di interessante**, nichts Interessantes; **non abbiamo visto ~ di bello**, wir haben nichts Schönes gesehen; **~ da + inf**, nichts zu + inf; **non ho ~ da dire**, ich habe nichts zu sagen; **non ci hanno dato ~ da mangiare**, sie haben uns nichts zu essen gegeben **2** (*nelle interrogative*: *qualcosa*) etwas, nichts: **hai ~ da raccontarmi?**, hast du mir nichts zu erzählen?, willst du mir nichts erzählen?; **ti serve ~?**, brauchst du etwas?; **gli domandarono se non avesse ~ da chiedere**, sie fragten ihn, ob er etwas wissen wolle **3** (*inezia*) nichts (von Belang), Kleinigkeit f: **lo ha sollevato come se fosse ~**, er/sie hat ihn/es hochgehoben, als ob er/es aus Pappe *fam* wäre; **vi pare ~?**, ist das euer Meinung nach vielleicht nichts? B <*inv*> *agg indef anche fam* (*nessuno*) kein: **~ paura!**, keine Angst!; **non ho ~ voglia di andarci**, ich habe überhaupt keine Lust, hinzugehen; **~ scherzi!**, und keine Späße! C **~** m **1** (*nonnulla*) Kleinigkeit f, Nichts n: **basta un ~ per innervosirlo**, es genügt eine Kleinigkeit, um ihn nervös zu machen; **se la prende per un ~**, er/sie regt sich wegen jeder Kleinigkeit auf **2** (*nulla*) Nichts n: **si è fatto dal ~**, er hat sich aus dem Nichts hochgearbeitet D *avv* **1** (*nulla*) nichts: **quell'uomo non vale ~**, dieser Mensch ist keinen Pfifferling wert *fam*; **non gliene importa ~**, es liegt ihm nichts daran **2** (*assolutamente*) überhaupt/absolut nicht, ganz und gar nicht, nicht im Geringsten: **non fa ~ freddo**, es ist überhaupt nicht kalt; **non è ~ divertente**, das ist ganz und gar nicht lustig • **e me ~?** (*non mi date niente?*), und ich bekomme nichts?; **nient'affatto**, ganz und gar nicht, durchaus nicht; **nient'altro**, nichts anderes; **non gliene importa un bel ~** (*assolutamente niente*), das interessiert ihn ₁nicht im Geringsten₁ [einen feuchten Kehricht *fam*]; **è una cosa da ~**, das ist nicht der Rede wert; **grazie mille! – Di ~**, tausend Dank! – Gern geschehen, Nichts zu danken; **~ di ~**, absolut/[ganz und gar]/[rein gar] nichts; **non essere ~** (*non essere nessuno*), {PERSONA} ein Niemand/Nichts spreg sein; **nessuno fa ~ per ~** (*disinteressatamente*), niemand tut etwas aus purer Selbstlosigkeit; **non fa ~** (*non importa*), das macht nichts; **di qc non se ne fa ~** (*qc va a monte*), {DI QUEL PROGETTO} aus etw (dat) wird nichts; **non far ~ tutto il giorno** (*essere fannulloni*), den ganzen Tag nichts tun, Taugenichts sein *obs spreg*; **non fare ~ a qu** (*non avere effetto*), {CURA} bei jdm nicht anschlagen; (*non fare male*) jdm nichts tun; **non c'è più ~ da fare**, da ist nichts mehr zu tun; **da ist nichts mehr zu machen**; **non farsene ~ di qu/qc**, mit jdm/etw nichts anfangen können; **non farsi ~** (*uscire illesi*), sich (dat) nicht wehtun; **come (se) ~ fosse**, einfach so *fam*; mir nichts, dir nichts *fam*; **non è ~ male** *scherz*, {FILM, RAGAZZA} er/sie/es ist gar nicht schlecht; **non c'è ~ di male in questo**, da ist nichts Schlimmes dabei/daran; **non c'è ~ di meglio che ...**, es gibt nichts Besseres als ...; **~ meno che ...**, kein Geringerer als ... *forb*, nichts Geringeres als ... *forb*; **meno che ~** → **nientedimeno**; **non per ~** (*non a caso*), nicht umsonst; **per ~** (*affatto*), durchaus/überhaupt/[ganz und gar] nicht; **non ci siamo visti per ~**, wir haben uns überhaupt nicht gesehen; **per ~** (*invano*), vergebens, umsonst; **sono andato lì per ~**, ich bin umsonst dorthin gegangen; (*quasi gratis*), fast umsonst; **l'ho acquistato per ~**, ich habe es ₁fast umsonst₁/[für einen Apfel und ein Ei

fam] erworben; **e questo è ~!** (*c'è dell'altro!*), und das ist noch gar nichts!; **non è vero ~!** (*non è affatto!*), das ist absolut nicht wahr!, davon ist nichts wahr!

nientediméno, **nienteméno** A *avv* (*addirittura*) kein Geringerer als ... *forb*, nichts Geringeres als ... *forb*: **è ~ che la figlia del presidente!**, es ist kein Geringerer *forb* als die Tochter des Präsidenten!; **ha ereditato ~ che 800 milioni!**, er/sie hat die Kleinigkeit von 800 Millionen geerbt! *scherz* B *inter* (*di stupore*) echt?!, nein!: **ha sposato un miliardario ~!**, sie hat einen Millionär geheiratet – Nein!

nientepopodiméno *avv scherz* (*nientemeno*) kein Geringerer als ... *forb*, nichts Geringeres als ... *forb*: **eccovi ~ che il vincitore del primo premio**, und hier kein Geringerer als der Gewinner des ersten Preises *forb*; **ha raggranellato ~ che 10 milioni**, er/sie hat das schöne Sümmchen von 10 Millionen zusammengekratzt *fam*.

nièt <-> m **1** *stor* Niet n **2** *fig* (*rifiuto categorico*) Niet n, entschiedenes Nein.

nietzschiàno, (-a) <*filos* A *agg* (*di Nietzsche*) {IDEA, PENSIERO} Nietzsches, von Nietzsche; (*interpretazione*) Nietzsche- B m (f) (*seguace*) Nietzschianer(in) m(f), Anhänger(in) m(f) Nietzsches.

Nìger m *geog* Niger m.

Nigèria f *geog* Nigeria n.

nigeriàno, (-a) A *agg* (*della Nigeria*) nigerianisch B m (f) (*abitante*) Nigerianer(in) m(f).

nigerìno, (-a) A *agg* (*del Niger*) nigrisch B m (f) (*abitante*) Nigrer(in) m(f).

night <-, -s pl *ingl*> → **nightclub**.

nightclub <-, -s pl *ingl*> m *ingl* (*locale notturno*) Nightclub m, Nachtlokal n, Nachtbar f.

Nilo m *geog* Nil m: **~ Azzurro/Bianco**, Blauer/Weißer Nil.

nilòta <-*i*> mf (*persona*) Nilot(in) m(f).

nilòtico, (-a) <-*ci, -che*> *agg geog* (*del Nilo*) {LINGUA} nilotisch; {SOCIETÀ, VEGETAZIONE} Nil-.

nìmbo m **1** *lett* (*sfolgorio di luce*) Lichtstrahl m, Lichtschein m **2** *relig* (*aureola*) {+SANTI} Nimbus m, Heiligenschein m.

nìnfa f **1** *fig lett* (*fanciulla graziosa*) anmutiges Mädchen **2** *mitol* {+BOSCHI, MARE} Nymphe f **3** *zoo* (*stadio larvale*) {+INSETTO} Nymphe f **4** <*solo pl*> *anat* (*piccole labbra*) kleine Schamlippen f pl.

ninfàle A *agg* **1** *mitol* {COSTUME} Nymphen- **2** (*simile a ninfa*) {BELLEZZA} nymphenhaft B m **1** *lett* (*componimento*) Nymphendichtung f **2** *mus* (*organo*) Regal n.

ninfèa f *bot* See-, Wasserrose f.

ninfèo m *arch* (*tempietto, fontana*) Nymphäum n.

ninfétta f (*lolita*) Lolita f, Kindfrau f.

ninfòmane f *psic* Nymphomanin f.

ninfomanìa f *psic* Nymphomanie f.

nìnna f (*nel linguaggio infantile*): **fare la ~**, Heia machen.

ninnanànna <*ninnenanne*> f **1** (*filastrocca*) Wiegen-, Schlaflied n: **cantare la ~ ai bambini**, den Kindern ein Wiegenlied singen **2** *mus* {+CHOPIN} Wiegenlied n • **, ninna oh!**, eiapopeia!

nìnnolo m **1** (*giocattolo*) (Kinder)spielzeug n **2** (*soprammobile*) Nippfigur f **3** (*gingillo*) Nippes pl.

nìobio <-> m *chim* Niob n, Niobium n.

nipiologìa f *med* Säuglingsmedizin f.

nipóte mf **1** (*di zii*) Neffe m, Nichte f **2** (*di nonni*) Enkel(in) m, Enkelsohn m, Enkeltochter f; (*se non si specifica il sesso*) Enkelkind n **3** <*solo pl*> *fig* (*discendenti*) Nachkom-

men m pl.
nipplo m mecc (elemento tubolare) Nippel m.
nippònico, (-a) <-ci, -che> **A** agg japanisch **B** m (f) (abitante) Japaner(in) m(f).
nirvàna <-> m **1** relig buddista Nirwana n: **raggiungere il ~**, ins Nirwana eingehen **2** fig (stato di felicità) Zustand m des Glücksgefühls.
nirvànico, (-a) <-ci, -che> agg **1** relig buddista Nirwana-, des Nirwana **2** fig {CALMA} absolut.
nistàgmo m med (movimento rapido) Augenzittern n, Nystagmus m scient.
nitidézza f **1** (limpidezza) {+CIELO, SUONO} Klarheit f; {+CONTORNO, FOTOGRAFIA} Schärfe f **2** (pulizia) {+VETRO} Reinheit f **3** fig (chiarezza) {+PENSIERO, STILE} Klarheit f.
nitido, (-a) agg **1** (limpido) {ACQUA, SUONO} klar, sauber; {COLORE, FOTOGRAFIA, LINEE} scharf **2** (pulito) {SPECCHIO} sauber **3** fig (chiaro) {STILE} klar.
nitràre tr chim ~ qc etw nitrieren.
nitràto m chim Nitrat n: **~ di calcio**, Kalziumsalpeter n; **~ di sodio**, salpetersaures Natron.
nitrazióne f chim Nitrierung f.
nitrico, (-a) <-ci, -che> agg chim {ACIDO} Salpeter-.
nitrificàre <nitrifico, nitrifichi> tr biol ~ qc etw nitrifizieren.
nitrile m chim Nitril n.
nitrire <nitrisco> itr {CAVALLO} wiehern.
nitrito① m zoo (verso) {+MULO} Gewieher n, Wiehern n.
nitrito② m chim Nitrit n.
nitro m min: **~ del Cile**, Chilesalpeter m.
nitrobenzène m chim Nitrobenzol n.
nitrocellulósa f chim Nitrozellulose f, Zellulosenitrat n.
nitroderivàto, (-a) chim **A** agg {+ESPLOSIVO} Nitroderivat- **B** m Nitroderivat n.
nitrofosfàto m chim (concime) Nitrophosphat n.
nitroglicerìna f chim Nitroglyzerin n.
nitróso, (-a) agg chim {ACIDO} salpet(e)rig, Salpeter-, salpeterhaltig.
nitrurazióne f metall (trattamento) Nitrierhärtung f.
nitrùro m chim Nitrid n.
nitticora f ornit Nachtreiher m.
niùbbo mf ingl inform Newbie m.
niùno lett **~ nessuno**.
nivàle agg **1** {FAUNA, ZONA} Schnee- **2** lett (nevoso) schneebedeckt, schneeig.
niveo, (-a) agg lett {VOLTO} schneeweiß.
nivòmetro m metrol Nivometer n.
Nizza f geog Nizza n.
nizzàrdo, (-a) **A** agg nizzaisch, Nizzaer **B** m (f) (abitante) Nizzaer(in) m(f).
NLG banca abbr di Fiorino Olandese: NLG m (abbr di Niederländischer Gulden), hfl (abbr di Hollands Florijn).
nn abbr di numeri: Nrn. (abbr di Nummern), Zahlen.
n.n. abbr di non numerate: ohne Nummerierung; (rif. a pagine) ohne Seitenangabe.
NN abbr del lat amm nescio nomen: (di padre ignoto): N.N., Name unbekannt.
NNE abbr di Nord-Nord-Est: NNO (abbr di Nordnordost).
NNO abbr di Nord-Nord-Ovest: NNW (abbr di Nordnordwest).
no① **A** avv **1** (di negazione) nein: **hai fatto la spesa? – no!**, hast du eingekauft? – Nein!; **sei pronto? – no, non ancora**, bist du fertig? – Nein, noch nicht; **ma no, non du intendevo**

dire questo!, aber nein, das das habe ich doch nicht gemeint!; **no, non posso crederci!**, nein, das kann ich nicht glauben!; [darf doch nicht wahr sein]!; **gli scrivi una lettera per scusarti? – no ᵢdi certoⱼ/[davvero]!**, schreibst du ihm einen Entschuldigungsbrief? – Ganz sicher nicht!; **lo farai? – no e poi no!**, machst du es? – Nein, ᵢnein und nochmals nein famⱼ/[auf gar keinen Fall]!; **proprio/sicuramente/assolutamente no**, wirklich/sicher/absolut nicht; **dire di no**, nein sagen; **rispondere di no**, nein sagen, mit Nein antworten; (posposto alla parola da negare) nicht; **difficile no, ma lungo**, nicht schwer aber lang; schwer nicht, aber (dafür) lang **2** (in contrapposizione ad affermazioni) nicht: **parti domani o no?**, fährst du morgen ab oder nicht?; **vuoi smetterla, sì o no?**, willst du jetzt (endlich) damit aufhören!; **lui è gentile, lei no**, er ist nett, sie nicht **3** (come richiesta di conferma) nicht, oder: **lo farai, no?**, du wirst es tun, oder nicht? **4** (con verbi di opinione o copulativi) nicht: **penso/credo/ritengo di no**, ich denke/glaube/meine nicht; **pare/sembra di no**, es scheint nicht so zu sein **5** (come rafforzativo) nein: **oh no, proprio adesso si mette a piovere!**, o nein, ausgerechnet jetzt fängt es zu regnen an! **6** (può esprimere incredulità o stupore) nein!, echt?!: **è pieno di debiti fino al collo – Ma no!**, er steckt bis zum Hals voller Schulden – Nein! **B** <-> m **1** (rifiuto) Nein n: **un no categorico**, ein kategorisches Nein; **il secco no del governo**, ein schroffes Nein der Regierung; **decidersi per il no**, sich dagegen entscheiden **2** (di solito al pl) (voto contrario) Nein(stimme f) n, Gegenstimme f: **ci sono stati molti no**, es gab viele Gegenstimmen **C** <inv> agg (negativo) negativ, schlecht: **una giornata no**, ein schlechter Tag ● **ci aiutate anche voi a fare trasloco, vero? – Come no!** anche scherz o iron, ihr helft uns doch auch beim Umzug, nicht? – Natürlich/[Und wie]! iron; **vieni al concerto? – Perché no!** (ma sì), kommst du ins Konzert (mit)? – Warum eigentlich nicht?; **più no che sì** (probabilmente no), eher nein als ja, wahrscheinlich nicht; **se no** (altrimenti), wenn nicht; **sbrigatevi, se no vi lascio a casa**, beeilt euch, sonst lasse ich euch zu Hause.
nò② <-> m giapponese teat Nō n.
no. abbr di numero: Nr. (abbr di Nummer), Z. (abbr di Zahl).
NO abbr di nordovest: NW (abbr di Nordwest).
Nòbel <-> m **1** (premio) Nobelpreis m: **dare a qu il Nobel per la fisica/letteratura**, jdm den Nobelpreis für Physik/Literatur verleihen **2** (persona) Nobelpreisträger(in) m(f).
nobèlio <-> m chim Nobelium n.
nobildònna f (donna nobile) Adlige f, Edelfrau f stor.
nòbile A agg **1** (aristocratico) {CASATO} ad(e)lig, Adels-: **essere ~**, adlig, von Adel sein; **essere di famiglia ~**, aus einer adeligen Familie stammen, aus adligem Hause sein **2** fig (elegante) {ASPETTO, PORTAMENTO} vornehm, edel **3** fig (generoso) {ANIMO, GESTO, SENTIMENTO} edel, nobel forb: **essere pieno di nobili propositi**, voller nobler forb Vorsätze sein **4** chim {GAS, METALLO} edel, Edel- **B** mf Adlige m f decl come agg: **i nobili**, der Adel.
nobiliàre agg (di nobile, della nobiltà) {ALMANACCO, TITOLO} Adels-.
nobilitàre A tr anche fig (rendere nobile) **qu/qc** {UOMO, CASATO} jdn/etw adeln **B** rfl: **nobilitarsi 1** (diventare nobile) sich in den Adelsstand erheben, ad(e)lig werden **2** fig (elevarsi) geadelt werden, (an Format) gewinnen: **con quella rinuncia si è nobilitato**

agli occhi di tutti, dieser Verzicht hat ihn vor aller Augen geadelt, mit diesem Verzicht hat er vor aller Augen (an Format) gewonnen.
nobilitazióne f **1** (conferimento di un titolo) Adelung f, Erhebung f in den Adelsstand **2** fig {+UOMO} Adelung f, Veredelung f.
nobiltà <-> f **1** (condizione e ceto) {INGLESE, TEDESCA} Adel m: **di antica ~**, von altem Adel, altad(e)lig; **far parte della ~**, zum Adel gehören; **di recente ~**, von neuem Adel **2** fig (signorilità) Vornehmheit f **3** fig (generosità) Adel m: **~ d'animo**, Seelenadel m forb, edler Charakter; **~ di sentimenti**, Gefühlsadel m ● **~ di spada**, Schwertadel m; **~ di toga**, Dienstadel m; **~ di terriera**, Landadel m.
nobiluòmo <nobiluomini> m (aristocratico) Adlige m decl come agg, Edelmann m.
nòcca <nocche> f **1** anat (giuntura) (Finger)knöchel m: **far scrocchiare le nocche delle mani**, mit den Fingern knacken **2** zoo {+CAVALLO} Köte f, Kötengelenk n.
nocchière, nocchièro m **1** fig (condottiero) Führer m **2** lett (timoniere) {+NAVE} Steuermann m; (traghettatore) {INFERNALE} Fährmann m **3** mar mil (nostromo) (Ober)bootsmann m.
nòcchio <nocchi> m bot Knorren m.
nocchiùto, (-a) agg (nodoso) {DITA, MANI} knorrig.
nòcci 1ª pers sing dell'ind pres di nuocere.
nocciòla A <inv> agg (marrone chiaro) {SCARPE} haselnussbraun **B** f (frutto) Haselnuss f **C** m (colore) Haselnussfarbe f, Haselnussbraun n.
nocciolàia f ornit Tannenhäher m.
noccioláto m (cioccolato con nocciole) (Hasel)nussschokolade f.
nocciolìna f <dim di nocciola> kleine Haselnuss f ● **~ americana** (arachide), Erdnuss f; **parlava di miliardi come se fossero noccioline** (cose da poco), er/sie sprach von Milliarden, als wären es Peanuts slang.
nocciolìno m zoo (moscardino) Haselmaus f.
nòcciolo① m **1** {+ALBICOCCA, CILIEGIA, OLIVA} Kern m, Stein m **2** fig (punto più importante) Kern m: **questo è il ~ della questione**, das ist der Kern der Sache; **venire/giungere al ~ del problema**, zum Kern des Problems kommen **3** nucl (parte interna) {+REATTORE NUCLEARE} Kern m ● **~ duro** fig (parte più salda), {+PARTITO} harter Kern.
nocciòlo② m bot (arbusto) Haselnuss(strauch m) f.
nóce① **A** m **1** bot (albero) (Wal)nussbaum m **2** (legno) Nussbaum(holz n) m **3** (colore) Nussbraun m **B** <inv> agg nussbraun.
nóce② f **1** (frutto) (Wal)nuss f **2** (taglio di carne) Nuss f, Nüsschen n **3** anat (malleolo) (Fuß)knöchel m **4** fig (pezzetto) {+BURRO} nussgroßes Stückchen ● **avere le noci in bocca** fig (pronunciare male), nuscheln, einen Kloß im Mund haben; **~ di cocco**, Kokosnuss f; **~ moscata/vomica**, Muskat-/Brechnuss f.
nocèlla f **1** (cerniera) {+COMPASSO} Spreizgelenk n **2** anat (Hand)knöchel m.
nocepèsca <-sche> f (frutto) Nektarine f.
nocepèsco <-schi> m bot Nektarinenbaum m.
nocéto m Nussbaumgarten m, Nussbaumpflanzung f.
nocìno m enol Nusslikör m.
nociùto part pass di nuocere.
nocività <-> f (dannosità) {+RADIAZIONI NUCLEARI, SOSTANZA} Schädlichkeit f.
nocìvo, (-a) agg (dannoso) schädlich: **gli anticrittogamici sono nocivi per l'ambien-**

te, die Pflanzenschutzmittel sind umweltschädlich; **il fumo è ~ alla salute**, Rauchen schadet der Gesundheit/ist gesundheitsschädlich].

no comment <-> loc sost m *ingl giorn* kein Kommentar, no comment: **rispose con un secco no comment**, er/sie antwortete mit einem trockenen "kein Kommentar".

nòcqui 1ª pers sing del pass rem *di* nuocere.

NOCS abbr *di* Nucleo Operativo Centrale di Sicurezza: "Spezialeinsatztruppen f pl der Polizei".

nocuménto m *lett* (*danno*) Schädigung f; (*azione*) *anche* Schädigen n: **essere di ~ a qu**, jdm schaden, jdm zum Schaden gereichen *forb*.

nodàle agg **1** *fig* (*cruciale*) {PUNTO, QUESTIONE} Kern- **2** *scient tecnol* Knoten-.

nodèllo m **1** *bot* (+CANNA) Knoten m, Nodus m **2** *zoo* (+CAVALLO) Knöchel m.

nodíno <*dim di* nodo> m **1** *sett* (*costata di vitello*) Kalbsrückenstück n **2** *lavori femminili* Knotenstich m.

nòdo m **1** (*legatura*) Knoten m: **~ a bocca di lupo**, Buchtknoten m, Kuhstek m, Lerchenkopf m; **~ doppio**, Doppelknoten m; **~ parlato**, Webeleinstek m, Slipstek m; **~ piano**, Kreuzknoten m; **~ (di) Savoia**, Achtknoten m **2** *fig* (*groviglio*) {+CAPELLI} Knoten m **3** *fig* (*nocciolo*) {+QUESTIONE, PROBLEMA} Kern(punkt) m, Hauptsache f **4** *fig* (*intreccio*) {+DRAMMA, FILM} Handlung f **5** *fig* (*vincolo*) {INDISSOLUBILE} Band n **6** *astr* Knoten m **7** *bot* Knoten m **8** *elettr fis* {ELETTRICO} Knotenpunkt m **9** *inform* Knoten m **10** *mar* Knoten m: **navigare a 15 nodi**, mit 15 Knoten Geschwindigkeit fahren **11** *mat* Knoten m **12** *med* Knoten m: **~ linfatico**, Lymphknoten m *scient* **~ d'amore**, Liebesband n; **fare il ~ alla cravatta**, die Krawatte binden; **fare un ~ al fazzoletto** *anche fig* (*per ricordare qc*), einen Knoten ins Taschentuch machen; **~ ferroviario** *ferr*, Eisenbahnknotenpunkt m; **avere un ~ alla gola** (*per l'emozione*), einen Kloß im Hals haben *fam*; **~ gordiano** *fig* (*faccenda intricata*), gordischer Knoten; **tagliare il ~ gordiano** *fig* (*risolvere con decisione una situazione difficile*), den gordischen Knoten zerschlagen/durchschlagen/durchhauen; **~ delle guide**, zurückgesteckter Achter (*einfachste Form der Bindung in einer Seilschaft*); **~ scorsoio**, Schlaufe f; **~ stradale** *autom*, Straßenknotenpunkt m; **~ del vento**, Wirbelwind m; **tutti i nodi vengono al pettine** *prov*, es ist nichts so fein gesponnen, es kommt doch ans Licht der Sonnen *prov*.

nodosità <-> f **1** {+DITA, LEGNO, TRONCO} Knorrigkeit f **2** *med* Knotigkeit f, Knötchenbildung f.

nodóso, (-a) agg {BASTONE, DITA, PIEDE} knotig; {FUSTO} *anche* knorrig.

nodulàre agg *med* {FORMAZIONE} knötchenförmig.

nòdulo m **1** *anat* Knötchen n: **avere un ~ al seno**, ein Knötchen in der Brust haben **2** *geol min* Klümpchen n.

noèma <-*i*> m *filos ling* Noema n.

noèsi <-> f *filos* Noesis f.

no fly zone <-> loc sost f *ingl aero mil* No-Fly-Zone f, Flugverbotszone f.

no frost *ingl* A <inv> loc agg {FRIGORIFERO} mit automatischem Abtausystem B <-> loc sost m (*sistema di sbrinamento*) automatisches Abtausystem.

no glóbal *ingl* A <inv> loc agg {MOVIMENTO} Antiglobalisierungs-, No-Global- B <-, -s pl *ingl*> loc sost mf Globalisierungsgegner(in) m/f.

nói pron pers 1ª pers pl **1** (*soggetto, spesso sottinteso*) wir: **domani (noi) andiamo al mare**, morgen fahren wir ans Meer; **compriamo noi delle mele!**, kaufen wir Äpfel!; **voi potete permettervelo, noi no**, ihr könnt euch das erlauben, wir nicht; **te lo prestiamo noi, niente paura, ci siamo qua noi**, nur keine Angst, wir sind ja da; **noi, gente di provincia**, wir aus der Provinz **2** (*compl oggetto*) uns: **vogliono intervistare prima noi**, sie wollen erst uns interviewen; (*se il verbo ted regge il dat*) uns; **non hanno ringraziato noi, ma voi**, sie haben nicht uns gedankt, sondern euch **3** (*se il verbo ted regge il gen*) unser: **si ricorderanno ancora di noi i nostri nipoti?**, werden unsere Enkelkinder noch unser gedenken? *forb*; (*con prep*) uns, unser; **si intrattiene volentieri con noi**, er/sie unterhält sich gern mit uns; **ha chiesto a noi un consiglio**, er/sie hat uns um Rat gebeten; **non contare troppo su di noi**, rechne nicht zu sehr mit uns; **ci siamo accordati tra noi**, wir haben uns untereinander geeinigt; **non dipende da noi**, es/das hängt nicht von uns ab; **crede molto in noi**, er/sie glaubt sehr an uns; **senza di noi**, ohne uns; **Dio abbia pietà di noi**, Gott erbarme sich unser **4** (*in forme comparative ed esclamative*) **è di gran lunga più ricco di noi**, er ist weitaus reicher als wir; **è una persona semplice come noi**, er ist ein einfacher Mensch wie wir; **poveri noi!**, wir Armen! **5** (*predicativo*) wir: **i nostri figli sembrano noi 30 anni fa**, unsere Kinder sehen aus wie wir vor 30 Jahren **6** (*impers*) man: **se noi pensiamo che...**, wenn man bedenkt, dass... **7** *amm* (*plurale maiestatico*): **Noi**, wir; **Noi, Federico II, re di Prussia, ordiniamo...**, wir, Friedrich II., König von Preußen, ordnen an ... **8** *tosc* (*regge il verbo al sing con costruzione impers*): wir: **noi si pensa di andare al cinema**, wir haben vor, ins Kino zu gehen ● **da noi** (*a casa nostra*), bei uns; (*nel nostro paese*), bei uns im Dorf/Land, in unserem Dorf/Land; **quanto a noi**, was uns betrifft; *secondo noi* (*il nostro parere*), unserer Meinung nach.

nòia <*noie*> f **1** {+ROUTINE, LUNGO VIAGGIO} Lang(e)weile f: **che ~ quel concerto!**, was für ein langweiliges Konzert! **2** (*fastidio*) Störung f, Belästigung f: **dare ~ a qu**, jdn stören, jdm auf die Nerven/den Geist gehen *fam*; **mi dà ~ il fumo**, das Rauchen stört mich **3** <*solo pl*> (*problema*) Unannehmlichkeiten f pl, Probleme n pl, Scherereien f pl *fam*: **avere noie con la polizia/giustizia**, Scherereien mit der Polizei/Justiz haben pl; **avere noie al/[con il] motore**, Probleme mit dem Motor haben **4** *lett* (*tedio*) {LEOPARDIANA} Überdruss m: **avere ~ a ~ qu/qc** (*esserne stanchi*), jds/etw überdrüssig sein *forb*, genug von jdm/etw haben *fam*; **ripetere/dire qc ~ qu fino alla ~**, (jdm) etw bis zum Überdruss wiederholen; **morire di ~**, vor Langeweile sterben; **~ mortale**, tödliche Langeweile; **venire a ~ qu** (*diventare insopportabile*), jdm lästig/[zur Last]/[zum Klotz am Bein *fam*] werden.

noiàltre pron pers 1ª pers f pl rafforzativo (*noi*) wir (unsererseits): **~ donne**, wir Frauen.

noiàltri pron pers 1ª pers m pl rafforzativo (*noi*) wir (unsererseits): **~ avvocati**, wir Anwälte; **~ continuiamo le ricerche, voialtri chiamate la polizia**, wir setzen die Suche fort, ihr ruft die Polizei.

noiosità <-> f (*l'essere noioso*) {+PERSONA} Langweiligkeit f; {+VITA QUOTIDIANA} Langweile f, Eintönigkeit f.

noióso, (-a) A agg **1** (*che dà noia*) {CONVERSAZIONE, SPETTACOLO} langweilig: **che festa noiosa!**, was für ein langweiliges Fest! **2** (*fastidioso*) {INSETTO, RAFFREDDORE, TOSSE} lästig B m (f) (*persona*) langweiliger Mensch, Langweiler(in) m(f) *fam* **spreg** ● **non fare la noiosa!** (*spec rif. a bambini*), sei nicht quengelig! *fam*; **un film ~ da morire**, ein tod-/sterbenslangweiliger Film *fam*.

noir *franc film lett* A agg <inv> (*giallo*) {RACCONTO} noir: **film ~**, Film noir B <-> m (*genere*) Film noir m, Noir m.

NOK f *banca* abbr *di* Corona Norvegese: NOK, nkr (abbr *di* Norwegische Krone).

noleggiànte mf *mar* (*chi dà a nolo*) {+NAVE} Verleiher(in) m(f).

noleggiàre <*noleggio, noleggi*> tr **1** (*prendere a nolo*) **~ qc** {AUTOMOBILE} etw mieten; {SNOWBOARD, VIDEOCASSETTA} etw aus[leihen; {AEREO, NAVE} etw chartern **2** (*dare a nolo*) **~ qc (a qu)** {MOTORINI AI TURISTI} (jdm) etw₁ /[etw (an jdn)] vermieten; {COSTUMI DI CARNEVALE} etw (an jdn) verleihen; {AEREO, NAVE} etw (an jdn) verchartern.

noleggiatóre, (-trice) m (f) **1** (*chi dà a nolo*) {+AUTOMOBILE} Vermieter(in) m(f); {+VIDEOCASSETTE} Verleiher(in) m(f); {+AEREI, NAVI} Vercharterer m, (Vercharterin f) **2** (*chi prende a nolo*) {+BICICLETTA, PULMINO} Mieter(in) m(f); {+AEREO, NAVE} Charterer m, (Charterin f).

nolèggio <-*gi*> m **1** Miete f: **prendere/dare a ~ un'auto**, ein Auto mieten/vermieten; {+SCI} Verleih m; **prendere/dare a ~ videocassette**, Videokassetten ausleihen/verleihen; {+NAVE, AEREO} Chartern n; **prendere/dare a ~ un aereo**, ein Flugzeug chartern/verchartern **2** (*prezzo*) Mietpreis m; {+ABITO DA SPOSA, SCI} Leihgebühr f; {+AEREO, NAVE} Charterpreis m **3** (*luogo*) {+MOTOCICLETTE} Verleih m.

nòlo m **1** (*noleggio*) {+COSTUME DI CARNEVALE, MOTORINO} Verleih m: **dare/prendere a ~ un'automobile**, einen Wagen vermieten/mieten; **dare/prendere a ~ un impianto fonico**, eine Tonanlage verleihen/leihen; {+AEREO} Chartern n; **dare/prendere a ~ una nave da crociera**, einen Luxusdampfer für Kreuzfahrten verchartern/chartern **2** (*prezzo*) {+COSTUME DI CARNEVALE} Mietpreis m; {+VIDEOCASSETTA} Verleihpreis m; {+AEREO, NAVE} Charterpreis m.

nòmade A agg **1** {POPOLO, TRIBÙ} nomadisch, Nomaden- **2** *fig* (*senza dimora fissa*) Wander- B mf **1** (*persona*) Nomade m (Nomadin f); (*zingaro*) Zigeuner(in) m(f) **2** *fig* (*chi cambia sovente residenza*) (moderner) Nomade, (moderne) Nomadin.

nomadísmo m **1** (*modo di vivere*) {+TRIBÙ} Nomadentum n, Nomadenleben n **2** *fig* (modernes) Nomadenleben, (modernes) Nomadendasein.

nóme m **1** *anche amm dir* (*rif. a prenome e cognome*) Name m: **mi dia il Suo ~ e il Suo indirizzo!**, nennen Sie mir Ihren Namen und Ihre Adresse! **2** (*prenome*) Vorname m: **~ (di battesimo)**, Vor-, Taufname m; **chiamare qu per ~**, jdn mit seinem Namen ansprechen; **~ e cognome**, Vorname und Familienname; **qual è il tuo ~? – Giovanna**, wie ist dein Name? – Giovanna **3** {+CANE, DITTA, FIUME, STRADA} Name m; {+PRODOTTO COMMERCIALE} *anche* Bezeichnung f, Benennung f **4** *gramm* {INVARIABILE, MASCHILE, SINGOLARE} Nomen n, Hauptwort n: **~ astratto/concreto**, Abstraktum n/Konkretum n; **~ collettivo**, Sammelname m, Kollektivbezeichnung f; **~ composto**, Kompositum n, zusammengesetztes Hauptwort n; **~ comune/proprio**, Gattungs-/Eigenname m ● **a ~ di qu** (*da parte di*), in jds Namen; **~ d'arte** (*pseudonimo*), Künstlername m, Pseudonym n; **avere un ~**

nella musica *fig* (*essere famoso in quell'ambito*), einen Namen in der Musikszene haben; ~ ˌdi *battaglia*˩/[**in** *codice*] *anche scherz*. Deck-, Tarnname *m*; **ha intervistato i più bei nomi dell'industria** (*persone illustri*), er/sie hat die bekanntesten Industriellen interviewt; ***come** fa di **~?** (**come si chiama?**), wie heißt er/sie?, wie ist sein/ihr Name?; **conoscere qu di ~**, jdn dem Namen nach kennen; **in ~ e per** *conto* **di qu** *dir*, in jds Namen und für jds Rechnung; namens und im Auftrag von jdm; **~ depositato** (*coperto da brevetto*), Schutzmarke f; **di ~ ...** (*chiamato*), namens ...; **non nominare il ~ di Dio invano** *relig* (*secondo comandamento*), du sollst den Namen des Herrn, deines Gottes, nicht missbrauchen; **fare il ~ di qu** (*rivelarlo*), {DI UN COMPLICE} jds Namen preisgeben, jdn nennen; **farsi un ~** (*diventare importante*), sich (dat) einen Namen machen; **in ~ di qu**, (*in rappresentanza di*) {DEL POPOLO ITALIANO} in jds Namen, im Namen von jdm/+ *gen*; **in ~ ˌdi Dio˩/[del cielo]!**, in Gottes Namen!; **chiamare qu per ~**, jdn beim Vornamen rufen; **~ da ragazza** (*da signorina*), Mädchenname *m*; **nel ~ del Padre, del Figlio e dello Spirito Santo** *relig*, im Namen des Vaters, des Sohnes und des Heiligen Geistes; **prendere il ~ da qu/qc** (*derivarlo*), {CITTÀ DA AUGUSTO} von jdm/etw abstammen; **rispondere al ~ di ...** (*chiamarsi*), auf den Namen ... hören; **senza ~**, namenlos; **scrivere sotto il ~ di qu** (*con lo pseudonimo*), unter dem Namen von jdm/+ *gen* schreiben; **sotto falso/finto ~**, unter falschem Namen.

noméa *f spec spreg* (*fama*) Ruf *m*, Leumund *m*: **avere una cattiva ~**, einen schlechten Ruf haben; **avere/farsi ~ di truffatore**, als Betrüger bekannt/verschrien sein.

nomenclatóre, (**-trice**) A *agg* (*che classifica*) {LIBRO} nomenklatorisch B *m* (*esperto*) Terminologe *m*, (Terminologin *f*).

nomenclatùra *f* (*terminologia*) {ANATOMICA, CHIMICA} Nomenklatur *f*.

nomenklatùra *f polit stor anche spreg* (*alta burocrazia*) Nomenklatur *f*.

nomìgnolo <*dim di nome*> *m* (*soprannome*) {AFFETTUOSO, OFFENSIVO} Spitzname *m*.

nòmina *f* 1 *amm polit* (*assegnazione di carica*) {PRESIDENZIALE} Ernennung *f*, Nominierung *f*: **~ ministeriale**, Ernennung *f* zum Minister; **ottenere la ~ a ispettore delle ferrovie**, zum Eisenbahninspektor ernannt werden 2 *scuola* Einstellung *f*: **direttore fresco di ~**, neu eingestellter Direktor; **università** Berufung *f*, Ruf *m*.

nominàbile *agg* (*che si può nominare*) nennbar, erwähnbar.

nominàle *agg* 1 (*per nome*) {APPELLO, SCRUTINIO} Namens- 2 (*solo di nome*) {INCARICO, POTERE} nominell, (nur) dem Namen nach bestehend 3 *econ* Nenn-, Nominal-: **valore ~ della moneta**, Nominal-/Nennwert der Währung 4 *elettr fis* {POTENZA, TENSIONE} Nenn- 5 *gramm ling* {FORMA, FRASE, STILE} nominal, Nominal-.

nominalìsmo *m filos* Nominalismus *m*.

nominalìsta <*-i m*, *-e f*> *filos* A *agg* {DOTTRINA} nominalistisch B *mf* Nominalist(in) *m*(f).

nominalìstico, (**-a**) <*-ci*, *-che*> *agg filos* nominalistisch.

nominalizzazióne *f ling* (*trasformazione in nome*) {+AGGETTIVO, FRASE} Nominalisierung *f*.

nominàre *tr* 1 (*citare*) ~ **qu/qc** *jdn/etw* erwähnen, *jdn/etw* nennen: **me ne nomini almeno uno**, nennen Sie mir wenigstens einen (davon); **lo nomina spesso**, er/sie nennt ihn häufig 2 (*conferire una carica*) ~ **qu qc** {CONSOLE, DIRETTORE} *jdn zu etw* (dat) ernennen: **qu re**, jdn zum König ausrufen 3 (*scegliere*) ~ **qu** {AVVOCATO} jdn bestellen; ~ **qc** {COMMISSIONE PARLAMENTARE} *etw* ein|setzen 4 *scuola* ~ **qu** {PROFESSORE DI INGLESE} jdn ein|stellen; ~ **qc** {COMMISSIONE DI MATURITÀ} *etw* ernennen ● **mai sentito ~!**, nie gehört!

nomination <-> *f ingl* 1 *film* (*candidatura*) Nominierung *f*: ~ **all'Oscar**, Nominierung *f* für den Oscar, Oscarnominierung *f* 2 *polit* (*negli Stati Uniti*) {+CANDIDATO DEMOCRATICO} Nominierung *f*.

nominatìvo, (**-a**) A *agg* 1 *amm* (*per nome*) {ELENCO} Namens- 2 *econ* {TITOLO} Namens-, namentlich 3 *gramm*: **caso ~**, Nominativ *m* B *m* 1 *amm* (*nome*) {+CANDIDATI} Name *m* 2 *gramm* Nominativ *m*.

nomogràmma <*-i*> *m mat* Nomogramm *n*.

non *avv* 1 (*con verbi*) nicht: **non è ancora arrivata**, sie ist noch nicht angekommen; **non posso non andare**, ich muss unbedingt hingehen; (*in loc verbali*) kein, nicht; **non ho fame**, ich habe keinen Hunger; **non abbiamo fretta**, wir haben keine Eile, wir haben es nicht eilig 2 (*con sostantivi*) nicht-, Nicht-, un-, Un-, non-, Non-: **non credente**, Ungläubige *mf decl come agg*; **non fumatori**, Nichtraucher *m pl*; **residenti e non**, Ortsansässige und Nicht-Ortsansässige *pl*; **non violenza**, Gewaltlosigkeit *f* 3 (*con aggettivi, avverbi e pronomi*) nicht, kein: **è un lavoro non facile**, es ist keine leichte Arbeit; **paese non belligerante**, nicht Krieg führendes Land; **ha tribolato non poco**, er/sie hat sich nicht wenig geplagt; **non tutti lo sanno**, nicht alle wissen es; **l'ho fatto non senza fatica**, es zu machen, ˌwar für mich nicht ganz mühelos˩/[hat mich einige Mühe gekostet] 4 (*con rafforzativo*) nicht: **non sono mica sorda**, ich bin doch nicht taub; **non c'entra affatto con quello che è successo**, das hat mit dem, was passiert ist, überhaupt nichts zu tun 5 (*seguito da un'altra negazione non si traduce*): **non c'è nessuno**, es ist niemand da; **non l'ho mai/[mai più] incontrato**, ich habe ihn nie/[nie mehr] getroffen 6 (*in contrapposizione*) nicht: **non è bello, ma è simpatico**, er sieht (zwar) nicht gut aus, aber er ist nett; **non solo è ricca, ma è anche famosa**, sie ist nicht nur reich, sondern auch berühmt; **mi ha parlato da amico, non da genitore**, er hat als Freund zu mir gesprochen, nicht als Vater 7 (*in frasi disgiuntive*) nicht: **ti piaccia o non ti piaccia**, ob es dir nun passt/gefällt oder nicht 8 (*nelle interrogative*) nicht: **non ti avevo dato appuntamento alle quattro?**, hatten wir uns nicht um vier Uhr verabredet?; **ho fatto la cosa giusta, non è vero?**, ich habe (doch) das Richtige gemacht, nicht wahr? 9 (*pleonastico*) **le cose che non ho visto in quella casa!**, was ich in diesem Haus (nicht) alles gesehen habe! ● **non appena ... ind**, sobald ... *ind*; **non c'è di che** (*risposta a un ringraziamento*), gern geschehen; **non che sia sciocco, ma è superficiale**, er ist zwar nicht dumm, aber oberflächlich; **non che → nonché**.

nòna① *f* 1 *mus* (*intervallo*) None *f*; (*accordo*) Nonenakkord *m* 2 *relig stor* Gebetsstunde *f* (zur 9. Tagesstunde), None *f* ● **la ~ di Beethoven** *mus*, Beethovens Neunte, die Neunte von Beethoven.

nòna② *f* → **nono**.

nonagenàrio, (**-a**) <*-ri m*> *lett* → **novantenne**.

non aggressióne A *loc sost f dir* (*principio di non aggressione*) Gewaltverbot *n*, Nichtangriffsprinzip *n* B <inv> *loc agg polit*: **di non aggressione**, {PATTO} Nichtangriffs-.

non allineàto, (**-a**) *loc agg polit* (*neutrale*) {PAESE} blockfrei.

non belligerànte *polit* A *loc agg* {STATO} nicht Krieg führend B *loc sost m* (*stato*) nicht Krieg führendes Land.

non belligerànza *loc sost f polit* Nichtbeteiligung *f* am Krieg.

nonchalance <-> *f franc* (*distaccata indifferenza*) Nonchalance *f*.

nonché, non che *cong loc cong* 1 (*e anche*) und außerdem sowie, und auch: **è un saggio lungo ~ noioso**, es ist ein langer und außerdem langweiliger Aufsatz; **bisogna conoscere chimica, fisica ~ matematica**, man muss sich in Chemie, Physik sowie Mathematik auskennen 2 (*tanto più, tanto meno*) geschweige denn: **non gli si può scrivere, ~ telefonare**, man kann ihm nicht schreiben, geschweige denn ihn anrufen.

nonconformìsmo *m* Nonkonformismus *m*.

nonconformìsta <*-i m*, *-e f*> A *agg* {SPIRITO} nonkonformistisch B *mf* Nonkonformist(in) *m*(f).

non credènte A *loc agg* nichtgläubig, ungläubig B *loc sost mf* (*ateo*) Ungläubige *mf decl come agg*.

noncurànte *agg* (*indifferente a*) ~ **di qu/qc** {DEGLI ALTRI, DELLE MALDICENZE ALTRUI, DEL PERICOLO} gleichgültig *gegenüber jdm/etw*, ohne Rücksicht *auf jdn/etw*.

noncurànza *f* 1 (*indifferenza*) Gleichgültigkeit *f*, Unbekümmertheit *f*, Sorglosigkeit *f* 2 (*trascuratezza*) Nachlässigkeit *f*: **la sua ~ nel vestire è famosa**, seine/ihre nachlässige Kleidung ist berühmt 3 (*inosservanza*) {+REGOLE} Nichtbeachtung *f*, Nichtbefolgung *f*.

non deambulànte A *loc agg* (*geh*)behindert: **posti rivervati a passeggeri non deambulanti**, Behindertenplätze *m pl* B *loc sost mf* (*chi ha ridotte capacità motorie*) (Geh)behinderte *mf decl come agg*.

nondiméno *cong* (*tuttavia*) dennoch, trotzdem, nichtsdestoweniger: **non ha studiato molto, ~ tenterà l'esame**, er/sie hat nicht sehr viel gelernt, trotzdem wird er/sie die Prüfung versuchen.

non docènte *amm* A *loc sost mf* nicht zum Lehrkörper gehörendes Personal B *loc agg*: **personale non docente**, nicht zum Lehrkörper gehörendes Personal.

non-èssere <-> *m filos* (*nulla*) Nichtsein *n*.

non fumatóre, (**-trice**) A *loc sost m* (*-trice*) Nichtraucher(in) *m*(f) B *loc agg* Nichtraucher-: **carrozza/scompartimento (per) non fumatori**, Nichtraucherabteil *n*.

non garantìto, (**-a**) A *loc agg* {CETI} sozial/finanziell nicht abgesicherte(r,s) B *loc sost m* (*f*) (*chi non è sufficientemente tutelato sul piano sociale*) sozial/finanziell nicht Abgesicherte *mf decl come agg*.

non intervènto <-> *loc sost m polit* (*principio*) Nichteinmischung *f*.

nònio <*nonii*> *m fis* (*strumento*) Nonius *m*.

non-io <-> *m filos* Nicht-Ich *n*.

non-metàllo *loc sost m chim* Nichtmetall *n*.

nònna *f* 1 Großmutter *f*, Oma *f fam*: **~ materna/paterna**, Großmutter *f* mütterlicherseits/väterlicherseits 2 (*vecchia*) Alte *f*, Oma *f fam* ● **il comò/letto della ~** (*antico*), die Kommode/das Bett aus Großmutters Zeiten; **la crostata della ~** (*genuina, secondo una vecchia ricetta*), der Mürbeteigkuchen nach einem alten Rezept; **sembrano i mutandoni della ~** (*rif. a moda del passato*), das könnten ja Großmutters Unterhosen sein, das sind ja ˌLiebestöter *fam scherz*˩/[Unterhosen aus der Vorkriegszeit *fam*]!

nonnìna <dim *di* nonna> f *fam* Großmütterchen n.

nonnìno <dim *di* nonno> m *fam* Großväterchen n.

nonnìsmo m *slang mil* (*atteggiamento prepotente*) "das Schikanieren der Rekruten durch die Dienstältesten"

nònno m **1** Großvater m, Opa m *fam*: **~ materno/paterno**, Großvater m mütterlicherseits/väterlicherseits **2** <*solo pl*> (*nonno e nonna*) Großeltern pl **3** (*vecchio*) Alte m, Opa m *fam* **4** *fig* (*antenati*) Vorfahren m pl **5** *slang mil* Dienstälteste m ● **mio ~!** (*macché*), von wegen!, das glaubst aber auch nur du! *fam*.

nonnùlla <-> m Kleinigkeit f, Nichts n: **arrabbiarsi per un ~**, sich wegen nichts/[jeder Kleinigkeit] aufregen; **basta un ~ per spazientirlo**, bei jeder Kleinigkeit verliert er die Geduld.

nòno, (-a) **A** agg num neunte(r, s) **B** m (f) Neunte mfn decl come agg **C** m (*frazione*) Neuntel n, neunter Teil; → *anche* quinto.

nonostànte A prep (*malgrado*) ~ *qc* trotz *etw* (gen o dat *fam*): **~ il vento abbiamo fatto una passeggiata**, trotz des Windes/(dem Wind *fam*) haben wir einen Spaziergang gemacht; **andiamo d'accordo ~ le diversità di carattere**, trotz unseres unterschiedlichen Charakters verstehen wir uns; **~ tutto ho un bel ricordo di quel periodo**, trotz allem habe ich eine schöne Erinnerung an diese Zeit; **ciò ~**, trotzdem → *anche* **cionondimeno B** cong (*benché*) ~ ... *congv*, toc cong ~ *che...* *congv*, auch wenn ... *ind*, obwohl ... *ind*, *ind*, obgleich ... *ind*, obschon ... *ind*: **sono andata a lavorare ~ avessi mal di testa**, ich bin zur Arbeit gegangen, obwohl ich Kopfschmerzen hatte; **fece l'investimento ~ (che) lo avessi sconsigliato**, er/sie tätigte die Investition, obwohl ich ihm davon abgeraten hatte; **lo aiutai ~ mi fosse antipatico**, ich half ihm, auch wenn er mir unsympathisch war.

non plus ùltra <-> loc sost m *lat anche iron* (*il massimo*) Nonplusultra n, *anche scherz*: **questa mousse di cioccolato è il non plus ultra!**, diese Schokoladenmousse ist ˪das Nonplusultra˩/[einfach absolute Spitze *fam*]!; **sei il non plus ultra della stupidità!**, du bist (wirklich) das Nonplusultra an Dummheit *scherz!*, du bist an Dummheit absolut nicht zu übertreffen!

non professionàle <inv> loc agg (*dilettantistico*) {CORO, TEATRO} Amateur-, Liebhaber-, Laien-.

non profit *ingl econ* **A** <inv> loc agg {ASSOCIAZIONE} Nonprofit-, ohne Gewinnstreben/Erwerbszweck **B** <-> (*settore*) Nonprofit-Sektor m.

non proliferazióne <-> loc sost f *polit* (*limitazione*) {+ARMAMENTI} Nichtweitergabe f, Nonproliferation f.

nònsense *ingl* **A** <inv> agg (*assurdo*) {FILM} Nonsens- **B** <-> m (*assurdità*) Nonsens m, Unsinn m.

nonsènso <-> m (*assurdità*) Nonsens m, Unsinn m: **ciò che stai dicendo è un ~**, was du da sagst, ist Unsinn.

non so che A <inv> loc agg indef (*un certo*) gewisse(r, s): **sento non so che imbarazzo a parlargli**, ˪mir ist es irgendwie peinlich˩/[ich spüre ein gewisses Unbehagen], mit ihm zu sprechen **B** <-> loc sost m (*qualche cosa*) ein gewisses Etwas: **c'è un non so che di misterioso nelle sue parole**, es liegt etwas Geheimnisvolles in seinen/ihren Worten ● **un certo non so che** (*un che di indefinibile*), ein gewisses Etwas, was Undefinierbares.

nonstop <inv> loc agg *ingl* (*senza interruzione*) {TRASMISSIONE} nonstop, Nonstop-.

non tessùto, (-a) *tess* **A** <inv> loc agg {MATERIALE} Vlies- **B** <-> loc sost m Vliesstoff m.

nontiscordardimé, **non-ti-scordàr-di-me** <-> m *bot* Vergissmeinnicht n.

non trasferìbile *banca* **A** <inv> loc agg {ASSEGNO} nicht übertragbar, nur zur Verrechnung **B** <-> loc sost m Nichtübertragbarkeit f.

non udènte A loc agg (*sordo*) gehörlos, taub **B** loc sost mf Gehörlose mf decl come agg, Taube mf decl come agg.

non vedènte A loc agg (*cieco*) blind **B** loc sost mf Blinde mf decl come agg.

nonviolènto, (-a), **non violènto**, (-a) **A** agg loc agg (*pacifista*) {OPPOSIZIONE} gewaltlos **B** m (f) loc sost m(f) Anhänger(in) m(f) der Gewaltlosigkeit.

nonviolènza, **non violènza** f loc sost f *polit* (*resistenza passiva*) Gewaltlosigkeit f.

no profit → **non profit**.

Norbèrto m (*nome proprio*) Norbert.

norcìno, (-a) **A** agg aus/von Norcia **B** m (f) (*abitante*) Einwohner(in) m(f) von Norcia **C** m *region* (*chi macella maiali*) Schweineschlachter m.

nord A <inv> agg Nord-: **il lato ~ dell'edificio**, die Nordseite des Gebäudes **B** <-> m **1** (abbr N) Norden m: **a ~ di qc**, nördlich von etw (dat); **da ~ a sud**, von Norden nach Süden; **verso ~**, nordwärts, in nördlicher Richtung **2** (*la parte settentrionale*) {+ITALIA} Nord-, Norden m: **il ~ della Germania**, Norddeutschland, der Norden Deutschlands, der nördliche Teil Deutschlands; **gente del ~**, Leute aus dem Norden; **America del ~**, Nordamerika n **3** *fig* (*insieme dei paesi industrializzati*): **Nord**, Industrienationen f pl (der nördlichen Halbkugel); **lo squilibrio tra il Nord e il Sud**, das Ungleichgewicht zwischen Nord und Süd, das Nord-Süd-Gefälle **4** (*nel bridge*) Nord m ● **Nord magnetico**, magnetischer Nordpol.

nord- primo elemento (*settentrionale*) nord-, Nord-: **nordorientale**, nordöstlich; **Nordafrica**, Nordafrika.

Nordàfrica m *geog* Nordafrika n.

nordafricàno, (-a) **A** agg nordafrikanisch **B** m (f) (*abitante*) Nordafrikaner(in) m(f).

Nordamèrica m *geog* Nordamerika n.

nordamericàno, (-a) **A** agg nordamerikanisch **B** m (f) (*abitante*) Nordamerikaner(in) m(f).

nordcoreàno, (-a) **A** agg nordkoreanisch **B** m (f) (*abitante*) Nordkoreaner(in) m(f).

nordèst, **nord-èst** m **1** (abbr NE) Nordost(en) m (abbr NO): **a ~ di qc**, im Nordosten von etw (dat); **da/verso ~**, von/nach Nordosten **2** (*d'Italia*): **il Nord Est**, der Nordosten Italiens.

nordeuropèo, (-a) **A** agg (*dell'Europa del nord*) nordeuropäisch **B** m (f) (*abitante*) Nordeuropäer(in) m(f).

nòrdico, (-a) <-ci, -che> **A** agg {POPOLAZIONE} nordisch, Nord- **B** m (f) (*abitante*) Nordländer(in) m(f).

nordìsta <-i m, -e f> **A** agg **1** {COREA} Nord- **2** *stor* {SOLDATO} nordstaatlich, Nordstaaten- **B** mf **1** (*abitante*) "Bewohner(in) m(f) des nördlichen Teils eines zweigeteilten Landes" **2** *stor* Nordstaatler(in) m(f).

nordoccidentàle agg nordwestlich, Nordwest-.

nordorientàle agg nordöstlich, Nordost-.

nordovèst, **nord-òvest** m **1** (abbr NO) Nordwest(en) m (abbr NW): **a ~ di qc**, im Nordwesten von etw (dat); **da/verso ~**, von/nach Nordwesten, aus/in nordwestlicher Richtung **2** (*cappello*) Südwester m.

nòria f (*macchina*) Eimerbagger m.

Norimbèrga f *geog* Nürnberg n.

nòrma f **1** (*regola*) Norm f, Regel f: **è buona ~ (che)...**, es ist Sitte, dass ...; **elementari norme igieniche**, grundlegende Hygienevorschriften; **stabilire una ~**, eine Norm festsetzen; (*regola scritta*) Vorschrift f, Bestimmung f; **norme di circolazione/navigazione**, Verkehrsvorschriften f pl/Schifffahrtsordnung f; **norme di sicurezza**, Sicherheitsvorschriften f; **norme vigenti**, geltende Vorschriften **2** (*consuetudine*) Norm f, Regel f: **fuori della ~**, außergewöhnlich; **nella ~**, in der Norm; **rientrare nella ~**, der Norm entsprechen; **uscire dalla ~**, von der Norm abweichen **3** (*istruzione*) Anweisung f: **norme per l'uso**, Gebrauchsanweisung f **4** *dir* {GIURIDICA} (Rechts)norm f, Vorschrift f **5** *ling* {ORTOGRAFICA} Regel f **6** *stat* dichtester/häufigster Wert **7** *tip* Norm f ● **a ~ di qc amm dir**, laut etw (dat o gen), gemäß etw (dat o gen), nach etw (dat); **a ~ di legge/dell'articolo** (*secondo quanto prescrive*), ˪laut Gesetz˩/[laut Artikel]; **un cinema a ~ di legge**, ein den gesetzlichen Bestimmungen entsprechendes Kino; **come di ~** (*come solito*), wie üblich; **di ~** (*solitamente*), gewöhnlich; **mettere a ~ l'impianto elettrico**, die elektrische Anlage den gesetzlichen Bestimmungen anpassen; **per tua ~ e regola**, lass dir das gesagt sein!, zu deiner Orientierung!; **~ di vita**, Lebensregel f.

normàle A agg **1** (*nella norma*) {CONDIZIONI, TEMPERATURA} normal, üblich; {BATTITO, POLSO} regelmäßig: **è ~ che alla sua età voglia uscire con gli amici**, es ist normal, dass er/sie in seinem/ihrem Alter mit Freunden ausgehen will **2** (*sano di mente*) normal: **quel tipo non mi sembra tanto ~**, dieser Typ scheint mir nicht ganz normal/[richtig im Kopf] zu sein *fam* **3** *amm* {LETTERA} Rund-; {ORDINANZA} Normal- **4** *chim* {SOLUZIONE} Normal- **5** *fis* {PRESSIONE} Normal- **6** *mat* (*in geometria*) {RETTA} normal **B** f **1** *alpin* (*itinerario*) (am häufigsten benutzter) markierter Wanderweg **2** *amm* (*documento*) {+MINISTERO} Rundschreiben n **3** *mat* (*in geometria*) Normale f, Senkrechte f ● **la Normale** (*scuola di livello universitario a Pisa*), die (Scuola) Normale (Superiore) (pisanische Eliteuniversität).

normalità <-> f (*l'essere normale*) Normalität f: **tutto è (ri)tornato alla ~**, alles hat sich wieder normalisiert.

normalizzàre A tr ~ *qc* **1** *anche polit* (*rendere normale*) {RAPPORTI TRA DUE STATI} *etw* normalisieren **2** *industr* (*standardizzare*) {PRODUZIONE} *etw* normieren, *etw* vereinheitlichen, *etw* normen **3** *mat* {EQUAZIONE} *etw* normalisieren **B** itr pron *anche polit* (*tornare alla normalità*): **normalizzarsi** {SITUAZIONE} sich normalisieren.

normalizzàto, (-a) agg *industr* (*standardizzato*) {BUSTA} normiert, vereinheitlicht, genormt.

normalizzazióne f **1** *anche polit* {+SITUAZIONE ECONOMICA DI UN PAESE} Normalisierung f **2** *industr* (*standardizzazione*) {+PRODOTTO} Normierung f, Vereinheitlichung f, Normung f **3** *metall* {+LEGA} Normalglühen n.

normalménte avv **1** (*solitamente*) normalerweise, gewöhnlich: **~ prendo l'autobus**, gewöhnlich nehme ich den Bus **2** (*regolarmente*) planmäßig, ordnungsgemäß, regulär: **le cose procedono ~**, alles läuft nach Plan **3** (*con naturalezza*) {CAMMINARE} natür-

lich, normal.
Normandia f geog Normandie f.
normànno, (-a) **A** agg **1** aus der Normandie **2** stor {INVASIONI} normannisch **B** m (f) **1** (abitante) Einwohner(in) m(f) der Normandie **2** stor Normanne m, (Normannin f).
normativa f (insieme delle norme) Vorschriften f pl, Bestimmungen f pl, Regelung f: **seguire la ~ vigente**, die geltenden Bestimmungen befolgen.
normativo, (-a) agg **1** (che stabilisce norme) {POTERE} normativ, maßgebend **2** (di norme) {SISTEMA} Normen- **3** ling (prescrittivo) {GRAMMATICA} normativ.
normatóre, (-trice) **A** agg normativ **B** m (f) (che, chi disciplina una certa attività) Normierer(in) m(f).
normodotàto, (-a) psic **A** agg normalbegabt, mit durchschnittlichem/mittlerem Intelligenzquotienten **B** m (f) Normalbegabte mf decl come agg.
normògrafo m tecnol Schablone f.
normopéso med **A** <inv> agg normgewichtig **B** <-> m (tipo costituzionale) Normalgewicht n.
nòrna f mitol Norne f, Schicksalsgöttin f.
norrèno, (-a) stor **A** agg {SAGA} altnordisch **B** m (lingua) Altnordisch(e) n.
norv. abbr di norvegese: norw. (abbr di norwegisch).
norvegése A agg (abbr norv.) norwegisch **B** mf (abitante) Norweger(in) m(f) **C** m <solo sing> (lingua) Norwegisch(e) n.
Norvègia f geog Norwegen n.
nosocòmio <-mi> m lett (ospedale) Krankenhaus n.
nossignóra avv **1** (esprime reazione negativa) nein, meine Dame: **~, non lo faccio!**, nein, meine Dame, das mache ich nicht! **2** iron (di disappunto) aber nein; nein, meine Liebe: **gli avevamo detto di stare a casa, ~ ha voluto uscire!**, wir hatten ihm gesagt, dass er zu Hause bleiben solle, aber nein, er wollte ja unbedingt ausgehen!
nossignóre avv **1** (esprime reazione negativa) nein, mein Herr **2** iron (di disappunto) aber nein; nein, mein Lieber.
nostalgìa f **~ di qc 1** (desiderio) {INTENSA, PROFONDA; ↕ITALIA} Heimweh n nach etw (dat): **avere ~ della propria casa**, Heimweh haben; **sento ~ del mio paese**, ich verspüre/habe Heimweh nach meinem Dorf/Land; **hai ~ della tua famiglia?**, hast du Heimweh nach deiner Familie?, sehnst du dich nach deiner Familie? **2** (stato d'animo malinconico) {+AMORE, GIOVINEZZA} Sehnsucht f nach etw (dat).
nostàlgico, (-a) <-ci, -che> **A** agg **1** (pieno di nostalgia) {DESIDERIO, RICORDO} sehnsüchtig, sehnsuchtsvoll; {UOMO} heimwehkrank **2** (reazionario) {IDEE} reaktionär spreg **B** m (f) Reaktionär(in) m(f) spreg.
no-stòp → nonstop.
nostràno, (-a) agg {VINO} einheimisch, hiesig.
nòstro, (-a) **A** agg poss di 1ª pers pl (abbr ns.) unser: **la nostra gioia**, unsere Freude; **~ fratello/zio**, unser Bruder/Onkel; **la nostra casa**, unser Haus; **un ~ collega**, ein Kollege von uns **B** pron poss di 1ª pers pl: **il ~, la nostra**, unsere(r, s); **quale pacchetto è il ~?**, welches Päckchen ↓ist unseres↓/[gehört uns]? **C** m: **il ~**, das Unsere, das Unsrige; **ci rimettiamo del ~**, wir zahlen drauf fam; **spendiamo del ~**, wir zahlen von unserem Geld, wir geben unser Geld aus ● **sei dei nostri (amici)?**, machst du auch mit?, bist du

mit dabei?; **stasera anche lui è dei nostri**, heute Abend ist er auch mit dabei; **arrivano i nostri!** mil anche scherz (i rinforzi), hier kommen die Unsrigen!, hier kommt Verstärkung!; **i nostri** (familiari) (genitori, familiari, parenti), die Unsrigen m pl forb; **la nostra** (lettera) **del ... comm**, unser Schreiben/Brief vom ...; **vogliamo dire la nostra** (opinione), wir wollen unsere Meinung sagen/[zum Ausdruck bringen]; **avere qu dalla nostra** (parte), jdn auf unserer Seite haben; **abbiamo anche noi avuto le nostre** (preoccupazioni), wir haben unsere Probleme gehabt; **ne abbiamo fatta una delle nostre!**, wir haben uns ja wieder eine schöne Suppe eingebrockt! fam.
nostròmo m mar Bootsmann m, Bootsmaat m.
NOT m pl abbr di Nuclei Operativi per le Tossicodipendenze: "Drogeneinsatzgruppe f".
nòta f **1** (appunto) Anmerkung f, Notiz f: **prendi ~ di quest'indirizzo**, schreib dir diese Adresse auf; **prendete ~ di quanto diciamo**, schreibt auf, was wir sagen; **tiene ~ di tutto**, er/sie notiert sich alles **2** (elenco) {+PARTECIPANTI} Aufstellung f, Verzeichnis n: **~ spese**, Spesenabrechnung f **3** (conto) {+SARTA} Rechnung f **4** (comunicazione ufficiale) Mitteilung f, Schreiben n: **~ diplomatica**, (diplomatische) Note; **~ informativa**, Informationsschreiben n **5** fig (tocco) {DISTINTIVA, PERSONALE} (Kenn)zeichen n, Merkmal n: **una ~ di colore/allegria/spensieratezza**, eine bunte/fröhliche/ausgelassene Note **6** comm dir (atto scritto) Vermerk m, Anmerkung f: Aufstellung f, Verzeichnis n: **~ di accredito**, Gutschrift f; **~ di consegna**, Ablieferungsschein m; **~ di vendita**, Kassenzettel m **7** edit (annotazione) {FILOLOGICA +FAUST} Anmerkung f: **un saggio ricco di note**, ein Essay voller Anmerkungen; **Nota dell'Autore** (abbr N.d.A.), Anmerkung f des Verfassers; **~ bibliografica**, bibliographische Anmerkung; **Nota dell'Editore** (abbr N.d.E.), Anmerkung f des Verlags; **~ introduttiva**, Einleitung f; **~ marginale**, Randbemerkung f; **~ a piè di pagina**, Fußnote f; **Nota della Redazione/del Redattore** (abbr N.d.R.), Anmerkung f der Redaktion/des Redakteurs; **Nota del Traduttore** (abbr N.d.T.), Anmerkung f des Übersetzers **8** filos Determination f **9** mus Note f: **note alte/acute**, hohe Noten; **note basse**, tiefe Noten **10** scuola Vermerk m, Eintrag m: **~ di biasimo**, Verweis m; **mettere una ~ sul registro**, einen Eintrag/eine Eintragung ins Klassenbuch schreiben ● **~ di copertura** dir (nelle assicurazioni) (copertura provvisoria), vorläufige Deckung; **dire qc a chiare note** (senza reticenza), etw klar und deutlich sagen, etw klipp und klar sagen fam; **cose degne di ~** fig (rilievo), bemerkenswerte Dinge; **le dolenti note** fig (la parte meno piacevole di qc), das Traurige, das Unangenehme; **~ integrativa** dir (parte del bilancio di esercizio), Anhang m; **prima ~ comm**, Kladde f; **una ~ stonata**, ein falscher Ton; fig (particolare fuori luogo), etwas Unpassendes; **trovare la giusta ~** fig, den richtigen Ton treffen.
nòta bène <-> m (abbr N.B.) Notabene n forb, Anmerkung f.
notàbile A agg **1** (degno di nota) {AVVENIMENTO} bemerkenswert, denkwürdig **2** (illustre) {FAMIGLIA, PERSONA} angesehen, bedeutend **B** m pl (persone autorevoli) {+CITTÀ, PAESE} Honoratioren pl; polit {+PARTITO} Prominenz f.
notabilità <-> f **1** (prestigio) Angesehensein n **2** <solo pl> (persone autorevoli) Honoratioren pl, Prominenz f.

notàio, (rar -a) <-tai m> m (f) (pubblico ufficiale) Notar(in) m(f).
notàre tr **1** (accorgersi) **~ qu** {BELLA RAGAZZA} jdn bemerken: **farsi ~ da qu**, jds Aufmerksamkeit auf sich lenken, jdn auf sich aufmerksam machen; **si fa ~ per la sua capigliatura fluente**, er/sie fällt durch seine/ihre Haarpracht auf; **~ qc** (in qu/qc) {CAMBIAMENTO} etw (an jdm/etw) bemerken; **hai notato in lui qualcosa di strano?**, hast du etwas Eigenartiges an ihm bemerkt?, ist dir etwas Seltsames an ihm aufgefallen? **2** (vedere) **~ qc** etw sehen: **la cicatrice non si nota quasi**, die Narbe sieht man fast gar nicht **3** (rilevare) **~ qc** etw fest|stellen, etw hervor|heben; **è importante che...**, es ist wichtig hervorzuheben, dass ...; **far ~ qc a qu**, {RISCHI DI UN INTERVENTO} jdn auf etw (acc) aufmerksam machen; **ti faccio ~ che...**, ich weise dich darauf hin, dass ...; ich mache dich darauf aufmerksam, dass ... **4** (segnare) **~ qc** (in/su qc) {INDIRIZZO, SPESE SU UN FOGLIETTO} etw (auf/in etw dat) auf|zeichnen, etw (auf/in etw dat) auf|schreiben, etw (auf/in etw dat) an|streichen, {QC IN MARGINE} etw (an etw dat) an|merken ● **nota bene che ...** (osserva), achte gut darauf, dass ...; gebe gut darauf acht, dass ...
notarésco, (-a) <-schi, -sche> agg spreg (notaio) {FORMULA, LATINO} Notar(s)-, eines Notars.
notariàto m **1** (professione) Notariat n: **esercitare il ~**, das Amt eines Notars ausüben, Notar sein **2** (categoria) Berufsstand m der Notare.
notarile agg **1** (del notaio) {ATTO, REGISTRO} notariell **2** (degli atti) {ARCHIVIO} Notariat(s)- **3** (da notaio) {STILE} Notar-, eines Notars.
notàro m → notaio.
notazióne f **1** (annotazione) Anmerkung f **2** fig (nota) {FILOLOGICA, LINGUISTICA} Beobachtung f, Bemerkung f **3** chim mat min (insieme di simboli) Zeichensprache f **4** mus Notenschrift f, Notation f.
nòtebook <-> m ingl **1** (notes) Notizblock m **2** inform (computer portatile) Laptop m, Notebook n, Schlepptop n scherz, Portable m.
nòtes <-> m (taccuino) Notizblock m.
notévole agg **1** (considerevole) {ALTEZZA, CAPIENZA, DIFFERENZA, DISTANZA, SOMMA} beträchtlich, beachtlich, bemerkenswert **2** (degno di nota) {INTELLIGENZA, OPERA, PERSONA} bemerkenswert: **raggiungere notevoli risultati**, bemerkenswerte Resultate erzielen.
notevolménte avv bemerkenswert, beträchtlich: **i prezzi sono ~ saliti**, die Preise sind beträchtlich gestiegen.
notìfica <-che> f → notificazione.
notificàre <notifico, notifichi> tr **~ qc (a qu) 1** amm (comunicare) {LE PROPRIE ENTRATE} (jdm) etw bekannt geben, (jdm) etw mit|teilen; {CAMBIAMENTO DI RESIDENZA} anche jdn von etw (dat) benachrichtigen **2** dir {ATTO PROCESSUALE} (jdm) etw zu|stellen.
notificazióne f **1** amm (comunicazione) {+MINISTERO, SINDACO} Mitteilung f, Bekanntmachung f: **ricevere una ~**, eine Mitteilung erhalten; {+CAMBIO DI RESIDENZA} Benachrichtigung f **2** dir (notifica) {+ATTO DI CITAZIONE, SENTENZA} Zustellung f: **~ a mani proprie**, Zustellung ↓zu eigenen Händen↓/[durch Übergabe an den Zustellungsadressaten]; **relazione/relata di ~**, Zustellungsurkunde f.
notìzia f **1** (informazione) Auskunft f, Information f: **si hanno poche notizie su quella**

scoperta scientifica, es gibt nur wenige Informationen über diese wissenschaftliche Entdeckung **2** ‹di solito al pl› Nachricht f, Nachrichten f pl: **dateci vostre notizie!**, gebt uns Nachricht von euch!, lasst etwas von euch hören!; **dare notizie di sé**, von sich (dat) hören lassen; **fammi avere tue notizie!**, lass von dir hören!; **è da tanto tempo che non ho più sue notizie!**, ich höre schon seit längerer Zeit nichts von ihr/ihm! **3** anche giorn (novità) Nachricht f, Meldung f: **che notizie ci sono?**, was gibt es Neues?, gibt es Neuigkeiten?; (gibt's) gute Nachrichten von zu Hause?; ~ **d'agenzia**, Agenturmeldung f; ~ **bomba**, Bombennachricht fam, eine (Nachricht wie eine) Bombe fam; ~ **di cronaca**, Tagesnachricht f; **dare ~ di qc**, etw melden; **dare una ~ alla televisione**, eine Nachricht durch das Fernsehen verbreiten; ~ **in esclusiva**, Exklusivbericht m; **notizie dall'estero**, Auslandsmeldungen f pl; ~ **falsa**, Falschmeldung f, Ente f slang; ~ **fresca**, gerade eingegangene Nachricht; **giunge ~ che ...**, es wird gemeldet, dass ...; ~ **infondata**, unbegründete Nachricht; **secondo le ultime notizie...**, den letzten Meldungen zufolge ...; **ultime notizie!**, letzte Nachrichten!; ~ **vera**, wahre/wahrheitsgemäße Nachricht **4** lett (conoscenza) Kenntnis f: **ebbi subito ~ dell'accaduto**, ich wurde sofort von dem Vorfall benachrichtigt **5** rar (nozione) {BIBLIOGRAFICHE, STORICHE} Kenntnis f ● **fare ~ giorn** (suscitare grande interesse), Aufsehen/[großes Interesse] erregen; ~ **di reato** dir, Kenntnis f von Straftaten.

notiziàrio ‹-ri› m **1** giorn (rubrica) Nachrichten f pl, Nachrichtensendung f: **ascoltare il ~ alla radio**, Nachrichten im Radio hören; ~ **economico/regionale**, Wirtschafts-/Regionalnachrichten f pl; (nel giornale) Nachrichtenteil m **2** (periodico) {MEDICO} Bulletin n.

nòto, (-a) A agg **1** (conosciuto) ~ **a qu** {FATTO, VISO} (jdm) bekannt: **un industriale ~ in tutto il paese**, ein im ganzen Land bekannter Industrieller; **una persona nota a tutti**, ein allseits/allen bekannter Mensch; **ben ~**, wohl bekannt; **mi è nota la sua professionalità**, seine/ihre Professionalität ist mir bekannt **2** (risaputo) bekannt: **è ~ che...**, es ist bekannt, dass ...; **come è ~ ...**, wie allgemein bekannt ...; **rendere ~ qc**, etw bekannt geben, etw bekannt machen; **è ~ a tutti che ...**, es ist allseits bekannt, dass ...; **da tempo**, altbekannt **3** (famoso) {PITTORE, SCRITTORE} berühmt **4** spreg berüchtigt: **un uomo tristemente ~**, ein Mann von trauriger Berühmtheit B m (ciò che è conosciuto) Bekannte n decl come agg.

notoriaménte avv (in modo risaputo) bekanntlich, bekanntermaßen: **una persona ~ disonesta**, ein bekanntlich unehrlicher Mensch, ein für seine Unehrlichkeit bekannter Mann.

notorietà ‹-› f **1** (fama) {+ATTORE, SCRITTORE} Berühmtheit f: **raggiungere la ~**, Berühmtheit erlangen **2** (l'essere noto) {+AVVENIMENTO} Bekanntheit f.

notòrio, (-a) ‹-ri› agg **1** (risaputo) {FATTO} (allgemein) bekannt: **è ~ che...**, es ist allgemein bekannt, dass ... **2** dir {ATTO} Notorietäts-.

nottàmbula f → **nottambula**.

nottambulìsmo m (l'essere nottambulo) Nachtschwärmerei f.

nottàmbulo, (-a) A agg (che ama la vita notturna) {GENTE} nachtschwärmerisch B m (f) (persona) Nachtschwärmer m m (f): **un'allegra compagnia di nottambuli**, eine lustige Gesellschaft von Nachtschwärmern.

nottàta f (notte) {AGITATA, GELIDA, PIOVOSA} Nacht f ● **fare la ~ a qu** (vegliare un malato), am Krankenbett von jdm wachen; **passare la ~ a far qc** (dedicarla a un'attività), die Nacht damit zubringen, etw zu tun.

nottatàccia ‹pegg di nottata› f **1** (nottata di maltempo) Unwetternacht f: **che ~ oggi!**, was für ein Unwetter heute nacht! fam **2** (nottata spiacevole o faticosa) Unglücksnacht f, Horrornacht f fam **3** (nottata in cui non si riesce a dormire bene) schlechte Nacht.

nòtte A f **1** Nacht f: ~ **buia**, dunkle Nacht; **cala/scende/viene la ~**, es wird Nacht; **di ~**, nachts, bei Nacht; **si fa ~**, es wird Nacht; **martedì ~**, Dienstagnacht; **la ~ prima/dopo**, die Nacht zuvor/danach; **la prima ~ di nozze**, die Hochzeitsnacht; **questa ~**, heute Nacht; **la ~ scorsa**, letzte/gestern Nacht; ~ **stellata**, Sternennacht f; **star svegli tutta la ~**, die ganze Nacht aufbleiben/durchmachen fam; **la ~ tra giovedì e venerdì**, die Nacht von Donnerstag auf Freitag; **tutta la ~**, die ganze Nacht (hindurch); **è l'una di ~**, es ist ein Uhr nachts **2** fig lett {+MEDIOEVO} Finsternis f **3** lett (oscurità) Finsternis f, Dunkelheit f B ‹inv› loc agg (che si usa di notte): **da ~**, {CAMICIA, CREMA} Nacht- ● **a ~ alta/fonda** (in piena notte), mitten in der Nacht; **peggio che andar di ~!** (di male in peggio), vom Regen in die Traufe kommen fam; **passare la ~ in bianco** (senza dormire), eine schlaflose/durchwachte Nacht verbringen; ~ **brava** (in cui si fanno bravate), wilde Nacht; **buona ~** → **buonanotte**; **la ~ dei lunghi coltelli** stor, die Nacht der langen Messer; **la ~ dei cristalli** stor, die Reichskristallnacht; **far ~** (fare tardi), es spät werden lassen; **fare la ~** (turno di lavoro), Nachtschicht machen/schieben fam; **fare la ~ a qu** (vegliare un malato), an jds Krankenbett wachen; **far della ~ il giorno** (dormire di giorno e star sveglio di ~), die Nacht zum Tag machen; **il mille e una ~** (raccolta di novelle), Tausendundeine Nacht; **la ~ di Natale**/[santa], die Heilige Nacht; **passare la ~ da qu**, bei jdm die Nacht verbringen; (dormire), bei jdm übernachten; **non passare la ~** (essere alla fine), {MALATO GRAVE} die Nacht nicht überstehen; **la ~ di San Lorenzo**, Nacht der Sternschnuppen/[fallenden Sterne], Nacht von San Lorenzo, Sankt-Lorenz-Nacht f; ~ **di San Bartolomeo** stor, Bartholomäusnacht f; **la ~ di San Silvestro**, die Silvesternacht; **nella ~ dei tempi** fig (in tempi lontanissimi), in grauer Vorzeit; **perdersi nella ~ dei tempi**, {VICENDA} sich in grauer Vorzeit verlieren; ~ **di Valpurga**, Walpurgisnacht f; **la ~ porta consiglio** prov, die Nacht bringt Rat.

nottetémpo avv (di notte) {PARTIRE} nachts, bei Nacht.

nòttola① f ornit (pipistrello) Abendsegler m ● **portare nottole ad Atene** fig (fare una cosa inutile), Eulen nach Athen tragen forb.

nòttola② f mecc **1** (saliscendi) {+CANCELLO, USCIO} Klinke f, Falle f **2** (sbarretta) Riegel m.

nottolino ‹dim di nottola②› m mecc **1** (piccolo saliscendi) Klinke f **2** (dente metallico) Sperrklinke f, Sperrzahn m, Zuhaltung f.

nottùrna f sport (partita serale) abends ausgetragenes Spiel: **giocare in ~**, [bei Flutlicht]/[abends] spielen.

nottùrno, (-a) A agg **1** (della notte) {QUIETE} nächtlich; (TARIFFA, UCCELLO} Nacht- **2** (durante la notte) {LAVORO, SCHIAMAZZI, SERVIZIO, TURNO, VIAGGIO, VITA} Nacht- **3** (che lavora di notte) {GUARDIANO} Nacht- **4** (aperto di notte) {LOCALE} Nacht- **5** mus **1** arte (nella pittura) Nachtszene f, Nachtbild n **2** fot (rappresentazione) Nachtaufnahme f **3** mus (composizione) {+CHOPIN} Nocturne n o f **4** radio (programma) Nachtprogramm n **5** relig stor Nachtandacht f.

nòtula f {+DENTISTA} Rechnung f.

nougat ‹-› m provenzale gastr Nugat m o n, Nougat m o n.

nouméno m filos Noumenon n.

nouveau roman ‹-› loc sost m franc lett Nouveau Roman m.

nouvelle cuisine ‹-› loc sost f franc gastr Nouvelle Cuisine f.

nouvelle vague ‹-› loc sost f franc **1** film (corrente) Nouvelle Vague f **2** fig (nuove leve) Nachwuchs m, die neuen Generationen.

nov. abbr di novembre: Nov. (abbr di November).

nòva f astr (stella) Nova f.

novànta A agg num neunzig B ‹-› m (numero) Neunzig f; → anche **cinquanta**.

novantènne A agg neunzigjährig B mf Neunzigjährige mf decl come agg.

novantènnio ‹-ni› m Zeitraum m von neunzig Jahren, neunzig Jahre m pl.

novantèsimo, (-a) A agg num neunzigste(r, s) B m (f) Neunzigste mfn decl come agg C m (frazione) Neunzigstel n, neunzigster Teil; → anche **quinto**.

novantìna f: **una ~ (di ...)**, (etwa/ungefähr) neunzig (...); **essere sulla ~** (avere circa novant'anni), an/um die Neunzig sein.

novarése A agg von/aus Novara B mf (abitante) Einwohner(in) m (f) von/aus Novara.

novazióne f dir (causa di estinzione dell'obbligazione) Novation f, Schuldumwandlung f, Schuldumschaffung f, Schuldersetzung f.

nòve A agg num neun B ‹-› m **1** (numero) Neun f **2** (nelle date) Neunte m decl come agg **3** (voto scolastico) ≈ sehr gut, Eins f, Einser m fam C f pl neun Uhr; → anche **cinque**.

novecentésco, (-a) ‹-schi, -sche› agg (del Novecento) {ARCHITETTURA, LETTERATURA} des zwanzigsten Jahrhunderts.

novecentista ‹-i m, -e f› mf lett **1** (artista) Künstler(in) m (f) des zwanzigsten Jahrhunderts; (scrittore) Schriftsteller(in) m (f) des zwanzigsten Jahrhunderts **2** (studioso) Gelehrte mf decl come agg des zwanzigsten Jahrhunderts.

novecènto A agg num neunhundert B ‹-› m **1** (numero) Neunhundert f **2** stor: **il N ~**, das zwanzigste Jahrhundert; (nell'arte italiana) das Novecento.

novela ‹-e, -as pl port› f → **telenovela**.

novèlla f **1** lett (racconto) Novelle f: **le novelle di Boccaccio**, die Novellen von Boccaccio **2** lett (notizia) Nachricht f, Kunde f ● **la buona ~** relig (il Vangelo), die Frohe Botschaft.

novellàme m itt (insieme di pesci giovani) Jungfische m pl junge Fische m pl.

novellàre itr lett (raccontare novelle) Novellen erzählen.

novellatóre, (-trice) m (f) lett **1** (narratore) (Novellen)erzähler(in) m (f) **2** (scrittore) Novellist(in) m (f), Novellenschreiber(in) m (f).

novellière, (-a) A m lett **1** (autore di novelle) Novellist(in) m (f), Novellenschreiber(in) m (f) **2** (narratore) (Novellen)erzähler(in) m (f) B m lett (raccolta) Novellensammlung f.

novellìno, (-a) A agg **1** (primaticcio) {CIPOLLE} jung; {PATATE} neu, Früh- **2** (inesperto) {AVVOCATO, MAESTRA} frischgebacken fam B m (f) (principiante) Neuling m, Anfänger(in) m (f).

novellìsta ‹-i m, -e f› mf lett (scrittore) No-

vellist(in) m(f), Novellenschreiber(in) m(f).
novellìstica <-che> f **1** (*genere*) Novellistik f, Novellendichtung f **2** (*insieme delle novelle*) {FRANCESE, RUSSA} Novellen f pl.
novellìstico, (-a) <-ci, -che> agg (*di novelle*) {PRODUZIONE} novellistisch.
novèllo, (-a) agg **1** (*nato da poco*) {ERBA, FIORE, FRUTTO} frisch; {PATATA} neu, Früh-; {ALBERO, VIGNA} jung **2** (*recente*) {SPOSO} frisch verheiratet; {SACERDOTE} Jung- **3** lett (*nuovo*) neue(r, s), zweite(r, s): **un ~ Michelangelo**, ein neuer/zweiter Michelangelo **4** enol {VINO} neu.
novèmbre m (abbr nov.) November m; → anche **settembre**.
novembrìno, (-a) agg (*di novembre*) {PIOGGE} November-.
novemìla agg num neuntausend: **costa ~ euro**, das kostet neuntausend Euro ◼ <> m Neuntausend f.
novèna f relig (*ciclo di preghiere*) {+MADONNA, NATALE} Novene f: **fare la ~**, eine Novene beten.
novenàrio <-ri> ling ◼ agg {VERSO} neunsilbig ◼ m (*verso*) Neunsilb(l)er m.
novennàle agg **1** (*di nove anni*) {CONTRATTO, ESPERIENZA} neunjährig **2** (*che cade ogni nove anni*) {FESTA} neunjährlich, Neunjahr(es)-.
novènne ◼ agg (*che ha nove anni*) {BAMBINO} neunjährig ◼ mf Neunjährige mf decl come agg.
novènnio <-ni> m Zeitraum m von neun Jahren, neun Jahre.
nòvero m forb (*gruppo*) Kreis m: **è nel ~ dei miei collaboratori più fidati**, er/sie gehört zum Kreis meiner engsten Mitarbeiter/zu meinen engsten Mitarbeitern.
novilùnio <-ni> m astr (*luna nuova*) Neumond m.
novìssimo lett superl di nuovo.
novità <> f **1** (*aspetto innovativo*) {+METODO, RICERCA} Neuheit f, Neuartigkeit f **2** (*innovazione*) Neuerung f, Neuschöpfung f: **introdurre delle ~ nel campo industriale**, Neuerungen im Bereich der Industrie einführen **3** (*cosa nuova*) {CINEMATOGRAFICA, LETTERARIA, MUSICALE; +MODA} Neuheit f: **~ assoluta**, absolute Neuheit; **~ editoriale/libraria**, Neuerscheinung f; **ultima ~**, letzte Neuheit **4** (*notizia recente*) Neuigkeit f, Nachricht f: **ci sono ~ in giro?**, gibt es Neuigkeiten?; **nessuna ~**, nichts Neues; **mi porti delle ~?**, hast du Nachrichten für mich?, bringst du mir Neuigkeiten?; *TV radio* Nachrichten f pl; **sentiamo le ~ del giorno**, hören wir uns mal die Nachrichten von heute an ● **che ~ è questa?** (*di disappunto*) was muss ich da hören?; **non è (certo) una ~!** anche iron (*di cosa abituale*), das ist sicher nichts Neues! iron.
novìzia f → **novizio**.
noviziàto m **1** relig (*periodo*) Noviziat n: **fare il ~**, das Noviziat machen; (*luogo*) Noviziensinternat n **2** fig (*apprendistato*) {ARTISTICO} Lehr-, Einarbeitungszeit f.
novìzio, (-a) <-zi m> ◼ agg (f) **1** relig Novize m, (Novizin f) **2** fig (*principiante*) Neuling m, Anfänger(in) m(f) ◼ agg (*inesperto*) {POSTINO} unerfahren.
novocaìna f farm (*anestetico*) Novocain® n.
nozióne f **1** (*cognizione*) {+REALTÀ} Begriff m: ⌊**non avere**⌋/**perdere la ~ del tempo**, ⌊kein Zeitgefühl haben⌋/⌊das Zeitgefühl verlieren⌋ **2** <di solito al pl> (*conoscenza di base*) Kenntnisse f pl: **avere qualche ~ di informatica**, einige Informatikkenntnisse haben; **dare le prime nozioni di matematica**, Grundkenntnisse in Mathematik vermitteln **3** filos (*concetto*) Begriff m.

nozionìsmo m spreg (*conoscenza superficiale*) {ARIDO} angelerntes/oberflächliches Wissen.
nozionìstico, (-a) <-ci, -che> agg spreg (*superficiale*) {INSEGNAMENTO, STUDIO} auf Faktenwissen beschränkt; {CULTURA} Halb- spreg.
nòzze ◼ f pl **1** {SEMPLICI, SONTUOSE} Hochzeit f: **~ d'argento**, silberne Hochzeit, Silberhochzeit; ⌊**~ di diamante**⌋/⌊**d'oro**⌋, diamantene/goldene Hochzeit; **celebrare le ~**, Hochzeit feiern; **in seconde ~**, in zweiter Ehe **2** biol (*fecondazione*) {+PIANTE} Befruchtung f ◼ B <inv> loc agg: **di ~**, {ABITO} Braut-; {PRANZO, REGALI, RICEVIMENTO, TORTA, VIAGGIO} Hochzeits-; {TESTIMONE} Trau- ● **andare a ~** (*sposarsi*), heiraten; fig (*fare qc con grande piacere*), etw sehr gerne tun; **le ~ di Canaa** bibl, die Hochzeit zu Kanaan; **convolare a giuste ~** (*sposarsi*), heiraten, in den (heiligen) Stand der Ehe treten; **far le ~ con i fichi secchi** (*voler fare figura con poca spesa*), wenig ausgeben und doch Eindruck schinden wollen fam; **invitare a ~ qu**, jdn zur Hochzeit einladen; fig (*a fare qc di suo gradimento*), jdm ein hochwillkommenes Angebot machen; **~ mìstiche**/⌊**con Gesù**⌋ relig (*voti*), Hingabe f an Christus.
ns. comm abbr di nostro: unser.
NS 1 abbr di Nostro Signore, Nostra Signora: unser Herr, unser lieber Jesus, unsere liebe Frau **2** polit stor abbr di Nazionalsozialismo (*Nazionalsozialismo*): NS m (abbr di Nationalsozialismus).
NT abbr di Nuovo Testamento: N.T. (abbr di Neues Testament).
nt.wt. abbr dell'ingl Net Weight (*peso netto*): nt. wt. n, NW n (abbr di Nettogewicht).
NU f **1** <solo pl> abbr di Nazioni Unite: UN f pl (abbr di United Nations) **2** abbr di Nettezza Urbana: Städtische Müllabfuhr.
nuance <> f franc anche fig (*sfumatura*) {+COLORE, SIGNIFICATO} Nuance f.
nùbe f **1** anche meteo (*nuvola*) Wolke f: **cielo coperto di nubi**, bewölkter Himmel; **nubi alte/basse/medie**, hohe/tiefe/mittelhohe Wolken; **nubi gravide di pioggia**, Regenwolken f pl, regenschwere Wolken f pl **2** (*ammasso*) {+FUMO, GAS, POLVERE} Wolke f; {+MOSCERINI} Schwarm m **3** fig (*velo*) {+TRISTEZZA} Schleier m, Schatten m ● **c'è qualche ~ tra i due** fig (*dissapore*) es herrscht nicht gerade eitel Sonnenschein zwischen den beiden scherz; **~ cosmica/stellare** astr, Sternwolke f; **~ elettronica** fis, Elektronenwolke f; **~ ionica** chim, Ionenwolke f.
nubifràgio <-gi> m (*violento temporale*) Wolkenbruch m.
nùbile spec amm ◼ agg {DONNA} ledig, unverheiratet ◼ f (*donna non sposata*) Ledige f decl come agg, ledige Frau.
nùca <-nuche> f anat Nacken m, Genick n: **colpire qu alla ~** (*con un oggetto*), jdn ins Genick treffen; (*con un proiettile*) jdn ins Genick schießen.
nucleàre ◼ agg **1** nucl {ARMI, ESPERIMENTO, FISICA, INCIDENTE, POTENZA} Atom-; {ENERGIA, ESPLOSIONE, FISSIONE, FUSIONE, REAZIONE} Kern-; {CENTRALE, GUERRA, REATTORE} Nuklear-, Atom-; {MEDICINA} Nuklear- **2** arte (*nella pittura*) nuklear, Nuklear- **3** biol Nuklear- **4** sociol {FAMIGLIA} Kern- ◼ B m nucl (*energia*) Nuklearenergie f.
nuclearìsta <-i m, -e f> polit ◼ agg Kernkraft befürwortend ◼ B m (f) (*sostenitore*) Kernkraftbefürworter(in) m(f).
nuclearizzàre ◼ tr (*fornire di energia nucleare*) **~ qc** etw mit Kernenergie beliefern

◼ B itr pron (*adottare il nucleare*): **nuclerizzarsi** Kernenergie an wenden.
nuclearizzazióne f **1** (*atto, effetto*) Versorgung f mit Kernenergie f **2** fig (*divisione in nuclei distinti*) {+PARTITO} Zersplitterung f.
nucleàsi <> f chim (*enzima*) Nuklease f.
nuclèico, (-a) <-ci, -che> agg biol chim {ACIDO} Nuklein-.
nucleìna f biol chim Nuklein n.
nucleìnico → **nucleico**.
nùcleo m **1** biol bot chim fis anche fig (*parte centrale*) {+ROMANZO, TEORIA} Kern m: **~ atomico**, Atomkern m **2** fig (*squadra*) {ANTIDROGA, ANTINCENDIO, INVESTIGATIVO} Gruppe f, Einheit f: **~ antisofisticazioni** (abbr N.A.S.), ⌊Sondereinheit der Karabinieri gegen⌋/[Dienststelle zur Bekämpfung von] Lebensmittelverfälschung; mil {ARMATO} Truppe f **3** fig (*gruppo originario*) {POLITICO} Zelle f **4** anat {NERVOSO} Zelle f **5** astr (*parte più luminosa*) {+COMETA} Kern m **6** ling {+FRASE} Kern m ● **~ di condensazione** meteo, Kondensierungskern m; **~ familiare** sociol (*famiglia*), Familie f, Haushalt m; **~ magnetico** elettr, Magnetkern m; **~ terrestre** geol, Erdkern m.
nucleòlo m biol (*corpuscolo*) Nukleolus m.
nucleóne m nucl (*particella*) Nukleon m.
nucleoplàsma <-i> m biol Kernplasma n.
nucleoproteìna f biol chim (*sostanza*) Nukleoprotein n.
nuclìde m nucl Nuklid n.
nudìsmo m (*movimento naturista*) Nudismus m, Freikörperkultur f.
nudìsta <-i m, -e f> ◼ agg {CAMPO} Nudisten- ◼ B mf (*chi pratica il nudismo*) Nudist(in) m(f).
nudità <> f **1** (*l'essere nudo*) {+CORPO} Nacktheit f, Blöße f **2** fig (*aridità*) {+TERRENO} Kahlheit f **3** fig (*assenza di ornamento*) {+STANZA} Schmucklosigkeit f **4** fig (*semplicità*) {+STILE} Einfachheit f **5** <solo pl> (*parti nude*) Schamteile n pl, Geschlechtsteile n pl, Blöße f forb: **coprire le ~**, seine Blöße bedecken forb.
nùdo, (-a) ◼ agg **1** (*senza vestiti*) {BRACCIA, GAMBE} nackt, bloß: **è abituato a dormire ~**, er ist es gewohnt, nackt zu schlafen; **bambini nudi sulla spiaggia**, nackte Kinder am Strand **2** fig (*privo di vegetazione*) {MONTAGNA, TERRENO} kahl **3** fig (*spoglio*) {PARETE} kahl, nackt **4** fig (*essenziale*) {NARRAZIONE, STILE} einfach ◼ B m arte (*corpo umano*) {FEMMINILE, MASCHILE} Akt m: **un ~ di donna**, ein Frauenakt; **fotografare un ~**, eine Aktfotografie machen ● **~ e crudo** fig (*senza veli*), {REALTÀ, VERITÀ} nackt; **mettere a ~ i propri sentimenti** fig (*rivelarli*), seine Gefühle offenlegen; **mettersi a ~** fig (*confessarsi*), beichten; **essere mezzo ~** fig (*quasi ~*), halb nackt sein.
nùgolo m **1** (*nube*) {+POLVERE} Wolke f; {+ZANZARE} Schwarm m **2** fig (*moltitudine*) {+PERSONE} Schar f, Menge f.
nùlla ◼ A <inv> pron indef **1** (*niente*) nichts: **non avete capito proprio ~**, ihr habt wirklich gar nichts verstanden; **non ci è successo ~**, uns ist nichts passiert; **a ~ è servito l'appello delle autorità**, der Aufruf der Behörden hat nichts genützt; **~ di + agg**, nichts + agg; **~ di bello/buono/particolare**, nichts Schönes/Gutes/Besonderes; **non ho letto ~ di interessante sul giornale**, ich habe nichts Interessantes in der Zeitung gelesen; **non c'è ~ di più facile (che...)**, es gibt nichts Einfacheres (als ...); **~ da + inf**, nichts zu + inf; **non hai ~ da temere**, du hast nichts zu befürchten; **non mi hanno offerto ~ da bere**, sie haben mir nichts zu trinken angeboten **2** (*nelle interrogative*: *qualcosa*) etwas,

nichts: **avete notato ~?**, habt ihr etwas/nichts bemerkt?; **sai ~ dell'incidente?**, weißt du etwas über den Unfall? **3** (*inezia*) nichts (von Belang), Kleinigkeit f: **e questo ti sembra ~?**, und das scheint dir eine Kleinigkeit zu sein?, ist das deiner Meinung nach vielleicht nichts? **B** <> m **1** (*nonnulla*) Kleinigkeit f, Nichts n: **un ~ lo mette di cattivo umore**, eine Kleinigkeit genügt, und er ist schlechter Laune; schon eine Kleinigkeit versetzt ihn in schlechte Laune **2** (*niente*) Nichts n: **creare qc dal ~**, etw aus dem Nichts (er)schaffen; **farsi di nulla**, aus dem Nichts etw ohne arbeiten **3** *filos* (*il non essere*) Nichts n **C** *avv* (*niente*) nichts: **non conta ~**, das zählt nichts; **non me ne importa ~**, ich mache mir überhaupt nichts daraus, das hat keinerlei Bedeutung für mich, das ist mir absolut nicht wichtig • **e a noi ~?** (*non ci date ~?*), und wir bekommen nichts?; **non avere ~ in contrario** (*non aver obiezioni*) nichts dagegen haben; **una cosa da ~**, etwas Unbedeutendes; **grazie infinite! – Di ~**, tausend Dank! – ˹Gern geschehen˼/[Nichts zu danken]; ~ *di ~*, absolut/[ganz und gar]/[rein gar] nichts; **non essere più ~ per qu** (*non contare più*), keinerlei Bedeutung mehr für jdn haben; **non fa ~** (*non importa*), das macht nichts; **non se ne fa ~** (*la cosa non si fa*), daraus wird nichts; **non far tutto il giorno** (*essere fannulloni*) den ganzen Tag nichts tun, ein Taugenichts sein; **non fare ~ a qu** (*non avere effetto*), {FARMACO} bei jdm nicht anschlagen; (*non fa male*) jdm nichts tun; **non c'è più ~ da fare**, es gibt nichts mehr zu tun; **non farsene ~ di qu/qc**, mit jdm/etw nichts anfangen können; **non farsi ~** (*uscire illesi*), sich (dat) nicht wehtun; **risolversi in un ~ di fatto**, sich in Luft auflösen *fam*; **come (se) ~ fosse**, einfach so; mir nichts, dir nichts *fam*; **non c'è ~ di male in questo**, da ist nichts Schlimmes dabei; **non c'è ~ di meglio che ...**, es gibt nichts Besseres als ...; **non per ~** (*non a caso*), nicht umsonst; **per ~** (*affatto*), durchaus/überhaupt/[ganz und gar] nicht; **non siamo per ~ contenti**, wir sind ganz und gar nicht zufrieden; **per ~** (*invano*), vergebens, umsonst; **ho aspettato per ~**, ich habe umsonst gewartet; (*quasi gratis*), fast umsonst; **l'ha preso per ~**, er/sie hat es ˹fast umsonst˼/[für einen Apfel und ein Ei *fam*] bekommen; **e questo è ~!** (*c'è dell'altro*), und das ist noch gar nichts!; *senza dire/fare ~*, ohne etwas zu sagen/tun; **non valere un bel ~** *fam*, keinen Pfifferling wert sein *fam*.

nullafacènte **A** *agg* (*che non fa nulla*) {UOMO} nichtstuerisch *spreg* **B** *mf* Nichtstuer(in) m(f) *spreg*.

nullaòsta, **nùlla òsta** <> *m loc sost m amm* (*dichiarazione*) (amtliche) Genehmigung, Erlaubnis f: **dare il ~ a qu**, jdm die Genehmigung erteilen.

nullatenènte **A** *agg* (*povero*) mittellos, unbemittelt: **essere ~**, unbemittelt sein **B** *mf* (*persona*) Mittellose mf *decl come agg*.

nullìpara *agg med* (*di donna che non ha mai partorito*): **donna ~**, Nullipara f *scient*.

nullità <> *f* **1** (*inconsistenza*) {+ARGOMENTO} Nichtigkeit f **2** (*persona incapace*) Null f *fam*: **è una vera ~**, er/sie ist eine echte Null *fam* **3** *dir* (*invalidità*) {+ATTO AMMINISTRATIVO, ATTO PROCESSUALE, NEGOZIO GIURIDICO} Nichtigkeit f; Ungültigkeit f; Unwirksamkeit f: **azione di ~**, Nichtigkeitsklage f.

nùllo, (**-a**) *agg* **1** (*non valido*) {ESAME, SCHEDA ELETTORALE} ungültig: **rendere ~ qc**, etw ungültig machen **2** (*inefficace*) vergeblich: **gli sforzi per salvarlo furono nulli**, die Anstrengungen, ihn zu retten, waren vergeblich **3** *dir* (*inficiato da vizi*) {CONTRATTO, DONAZIONE, SENTENZA} nichtig; ungültig; unwirksam: **dichiarare ~ qc**, etw für nichtig/ungültig/unwirksam erklären **4** *lett* (*nessuno*) keiner, niemand **5** *mat* (*che vale zero*) {NUMERO} null **6** *sport* {MATCH} unentschieden.

nùme m **1** *mitol* (*divinità*) {+OLIMPO} Gottheit f, Numen n: **i numi tutelari**, Schutzgötter m pl **2** *fig* (*luminare*) {+MEDICINA} Größe f *decl come agg* • **santi numi!** *fam scherz obs* (*di meraviglia*), ach du lieber Gott!

numeràbile *agg* **1** *ling* {NOME} zählbar **2** *mat* {INSIEME} nummerierbar, zählbar.

numeràle **A** *agg* **1** *ling* {AGGETTIVO} Zahl- **2** *mat* {SISTEMA} Zahlen- **B** *m ling* Zahlwort n, Numerale n: **numerali cardinali/ordinali**, Kardinal-/Ordinalzahlwörter n pl.

numeràre *tr* (*segnare con un numero*) **~ qc (con qc)** {POSTI IN PLATEA CON DEI BIGLIETTINI} *etw* (*mit etw dat*) nummerieren, *etw* (*mit etw dat*) beziffern.

numeràrio <-ri> m *banca* (*denaro contante*) Kassenbestand m, Bargeld n.

numeràto, (**-a**) *agg* **1** (*con un numero*) {FILA, PAGINA, POSTO, SEDIA} nummeriert **2** (*contato*) abgezählt.

numeratóre m **1** *mat* (*numero*) Zähler m **2** *tecnol* (*apparecchio*) Zählwerk n: **~ elettrònico**, elektronisches Zählwerk.

numerazióne f **1** (*sequenza di numeri*) {STRADALE; +PAGINE} Nummerierung f, Bezifferung f, Benummerung f **2** *mat* Zahlen f pl: **~ araba/romana**, arabische/römische Zahlen; **~ binaria/decimale**, arabische/römische Zahlen; **~ binaria/decimale**, Binärzeichen n pl/Dezimalzahlen f pl; **~ diadica**, Dyadik f.

numericaménte *avv anche mat* (*in relazione al numero*) zahlenmäßig: **noi siamo ~ di più**, wir sind zahlenmäßig mehr/überlegen.

numèrico, (**-a**) <-ci, -che> *agg* **1** (*di numeri*) {ORDINE, SERIE} zahlenmäßig, Zahlen-, numerisch **2** (*fondato sul numero*) {MAGGIORANZA, SUPERIORITÀ} zahlenmäßig **3** *inform* (*digitale*) {CARATTERE} numerisch **4** *mat* {CALCOLO, FUNZIONE} numerisch.

nùmero m (*abbr* n) **1** *mat* Zahl f: **numeri arabi**, arabische Zahlen; **~ cardinale**, Kardinalzahl f; **~ di due cifre**, zweistellige Zahl; **numeri decimali**, Dezimalzahlen f pl; **numeri dispari/pari**, ungerade/gerade Zahlen; **numeri frazionari**, Bruchzahlen f pl, Brüche m pl; **numeri immaginari**, imaginäre Zahlen; **numeri interi/negativi/relativi**, ganze/negative/relative Zahlen; **~ periodico**, periodische Zahl; **~ primo**, Primzahl f; **numeri romani**, römische Zahlen; **~ ordinale**, Ordinalzahl f; **numeri razionali/irrazionali**, rationale/irrationale Zahlen **2** *gener* Nummer f: **~ civico/telefonico**, Haus-/Telefonnummer f; **~ di conto corrente**, Kontonummer f; **~ di inventario**, Inventarnummer f; **~ di targa**, Autonummer f; **mi spiace, ha sbagliato ~!** (*al telefono*), es tut mir leid, Sie haben sich verwählt! **3** (*di mezzi pubblici*) Linie f: **per andare in ufficio prendo il ~ 16**, um ins Büro zu kommen, nehme ich die 16 **4** (*di camera d'albergo*) (Zimmer)nummer f **5** (*taglia, misura*) Größe f: **~ di scarpe**, Schuhgröße f **6** (*fascicolo*) {+GIORNALE, RIVISTA} Nummer f, Exemplar n: **~ arretrato**, ältere Nummer; **è uscito il ~ di maggio**, es ist schon das Mai-Heft erschienen; **nel prossimo ~**, in der nächsten Nummer; **~ unico**, Sonderausgabe f **7** (*esibizione*) {+SPETTACOLO} Nummer f: **~ da circo**, eine Zirkusnummer **8** (*nella tombola e nel lotto*) Zahl f: **i numeri estratti**, die gezogenen Zahlen; **il ~ vincente è ...**, die Gewinnzahl lautet ... **9** (*solo pl*) *fig* (*qualità*) Qualität f, Fähigkeit f: **avere dei numeri**, begabt sein; **ha tutti i numeri per farcela**, er/sie hat das Zeug dazu *fam*, um es zu schaffen **10** *fig fam* (*tipo buffo*) komische Nummer *fam*, lustiger Typ: **che ~ quel tuo amico!**, dein Freund ist vielleicht ˹eine komische Nummer˼/[ein lustiger Kerl]! *fam* **11** *fig* (*quantità indeterminata*) (An)zahl f, Menge f: **un buon/certo/gran ~ di persone**, eine stattliche/gewisse/große Anzahl von Personen **12** *fis* Zahl f: **~ atomico**, Atomzahl f; **~ di massa**, Massenzahl f **13** *gramm* Numerus m, Zahl f: **~ plurale**, Mehrzahl f, Plural m; **~ singolare**, Einzahl f, Singular m **14** *post* (*di codice di avviamento postale*) Zahl f • **~ di Avogadro** *chim*, Avogadrosche Zahl; **~ chiuso** *università*, Numerus clausus m; **dare i numeri** *fig fam* (*essere impazziti*), verrückt sein/spielen, nicht alle Tassen im Schrank haben *fam*; **essere un ~** *fig* (*non essere considerato come persona*), eine Nummer sein; **essere del ~** (*far parte di un gruppo*), zur Gruppe gehören; **prenderne/volerne due di ~** (*solo due*), nur zwei davon nehmen/wollen; **far ~** (*contare solo per la propria persona*) {COSA, PERSONA} nur als Nummer zählen; **farsi un ~** *fig fam* (*una gaffe*), ins Fettnäpfchen treten *fam*; **~ guida** *fot*, Bildzahlanzeige f; **numeri indici** *stat*, Indexzahlen f pl; **~ legale** *amm dir*, Beschlussfähigkeit f, Quorum n; **~ di matricola**, Matrikelnummer f; **~ d'ordine** *tip*, laufende Nummer, Ordnungsnummer f; **~ di ottano** *chim*, Oktanzahl f; **~ di posizione** (*nella collocazione*), {+LIBRO, OPERA} Signatur f, Stell(ungs)nummer f, Katalognummer f; **~ progressivo**, fortlaufende Nummer; **~ di protocollo**, Geschäftszeichen n, Protokollnummer f; **~ di serie**, Seriennummer f; **essere il ~ uno** *fig* (*eccellere nel proprio campo*), die Nummer eins sein; (*in senso negativo*) den Vogel abschießen *fam*; **un mascalzone ~ uno** *fig*, ein Schurke ersten Ranges; **~ verde** *tel*, (kostenlose) Hotline, Infos n pl zum Nulltarif, freecall Rufnummer f; **~ zero**, Null f; *edit* (*esemplare di prova*), Nullnummer f.

numerologìa f (*arte*) Zahlensymbolik f.

numerosità <> f (*grande quantità*) {+TURISTI} große Anzahl, Vielzahl f, Unmenge f.

numeróso, (**-a**) *agg* **1** (*con molti componenti*) {CLIENTELA} groß; {FAMIGLIA} anche kinderreich **2** (*molteplice*) {CASI, ERRORI, TESTIMONIANZE} zahlreich.

numismàtica <-che> f (*scienza*) Numismatik f, Münzkunde f.

numismàtico, (**-a**) <-ci, -che> **A** *agg* {RACCOLTA} numismatisch, Münzen- **B** m (f) **1** (*studioso*) Numismatiker(in) m(f), Münzenkenner(in) m(f) **2** (*collezionista*) Münzensammler(in) m(f).

nummolària, **nummulària** f *bot* (*erba*) Pfennigkraut n.

nummulìte f *geol* Nummulit m.

nunziatùra f *relig* (*rappresentanza*) Nuntiatur f.

nùnzio, (**-a**) <-zi> m (f) *lett* (*messaggero*) {+DEI, PACE} Bote m, (Botin f), Gesandte mf *decl come agg* • **~ apostòlico** *relig*, (Apostolischer) Nuntius.

nuòcere <irr noccio o nuoccio, nuoci, nocqui, nociuto> *itr* <*essere e avere*> **~ a qu/qc 1** (*fare male*) {FUMO ALLE DONNE IN GRAVIDANZA, ALLA SALUTE} jdm/etw schaden, jdm/etw Schaden zufügen, für jdn/etw schädlich sein: **~ ˹a se stessi˼/[agli altri]**, ˹sich (dat) selbst˼/[anderen] schaden/[Schaden zufügen]; **non essere più in grado di ~ a qu**, nicht mehr imstande sein, jdm Schaden zuzufügen **2** (*compromettere*) {SCANDALO ALLA REPUTAZIONE DI UN INDUSTRIALE} jdm/etw schaden.

nuòra f Schwiegertochter f • **dire a ~ perché suocera intenda** *prov*, den Sack schlagen und den Esel meinen *prov*.

nuorése A agg von/aus Nuoro B mf (abitante) Einwohner(in) m(f) von/aus Nuoro.
nuotàre A itr 1 (muoversi in acqua) ~ (+ compl di luogo) {BAMBINI IN PISCINA} (irgendwo) schwimmen; {FINO ALLA BOA} irgendwohin schwimmen: **abbiamo nuotato tre ore**, wir haben/sind drei Stunden lang geschwommen; **~ controcorrente**, gegen die Strömung schwimmen; **~ a delfino**, delfinschwimmen; **~ a farfalla**, im Schmetterlingsstil schwimmen; **~ ˌsul dorsoˌ/ˌa stile libero ̣**, rückenschwimmen/kraulen; **~ sott'acqua**, tauchen; **~ a rana**, brustschwimmen 2 fig (galleggiare) ~ + compl di luogo {TRONCO NEL FIUME} irgendwo treiben 3 fig fam (starci largo): **in questa giacca ci nuoto!**, diese Jacke ist mir viel zu weit!, in diese Jacke passe ich zehnmal hinein! fam B tr sport (nel nuoto) **~ qc** {I QUATTROCENTO (METRI) STILE LIBERO} etw schwimmen.
nuotàta f 1 (il nuotare) Schwimmen n: **fare una (bella) ~**, (ausgiebig) schwimmen 2 (stile) Schwimmstil m.
nuotatóre, **(-trice)** m (f) (chi nuota) Schwimmer(in) m(f).
nuòto A m anche sport Schwimmen n, Schwimmsport m: **~ agonistico**, Schwimmsport m; **~ sincronizzato**, Synchronschwimmen n B loc avv: **a ~**, schwimmend; **attraversare a ~ un fiume**, durch einen Fluss schwimmen; **tornare a ~**, zurückschwimmen.
nuòva f (notizia) Neuigkeit f, Nachricht f: **ricevere nuove di qu**, Nachrichten von jdm erhalten • **nessuna ~, buona ~** prov, keine Nachricht, gute Nachricht.
Nuòva Delhi f geog Neu-Delhi n.
Nuòva Guinèa f geog Neuguinea n.
nuovaménte avv (di nuovo) wieder: **si occupa ~ di politica**, er/sie beschäftigt sich wieder mit Politik.
Nuòva York f geog New York n.
Nuòva Zelànda f geog Neuseeland n.
nuòvo, (-a) A (più nuovo, nuovissimo o lett novissimo) agg 1 gener neu: **un ~ computer**, ein neuer Computer; **un orologio ~**, eine neue Uhr 2 (non usato) {AUTOMOBILE} neu, nicht gebraucht 3 (novello) {CAROTE, INSALATA} frisch; {VINO} neu, jung 4 (sconosciuto) unbekannt: **questo fatto mi è del tutto ~**, dieser Vorfall ist mir völlig unbekannt; **questa faccia/voce non mi è nuova**, ˌdieses Gesichtˌ/ˌdiese Stimmeˌ ist mir nicht fremd 5 (recente) {CORRENTE ARTISTICA, IDEE, STILE, VOCABOLO} neu; {METODO} anche neuartig 6 (assunto o nominato da poco) {IMPIEGATO, VESCOVO} neu 7 (ulteriore) {CRISI, SCONTRI, TENSIONI} erneut, weiter 8 (altro) zweite(r, s): **un ~ Picasso**, ein zweiter Picasso 9 edit {EDIZIONE} Neu- B ˌsolo singˌ m (novità) Neue n decl come agg, Neuigkeit f: **non è amante del ~**, er/sie dem Neuen (gegenüber) nicht sehr aufgeschlossen; **che c'è di ~?**, was gibt es Neues? C loc avv 1 (ancora): **di ~**, {DORMIRE, PARTIRE} wieder; {NEVICARE, PIANGERE} anche von neuem, erneut 2 (come se fosse nuovo): **a ~**, wie neu; **macchina lucidata a ~**, ein wie neu glänzendes Auto; **rimettere qc a ~**, etw wieder instand setzen/bringen • **essere come ~** (sembrare), wie neu sein; **è ~ a questo tipo di vita**, ˌdiese Art zu lebenˌ/ ˌdiese Lebensweiseˌ ist neu für ihn; **essere ~ in un luogo** (non esserci mai andato prima), zum ersten Mal an einem Ort sein; **~ fiammante/ˌdi zeccaˌ** (nuovissimo), (funkel)nagelneu fam; **questa è nuova!**, das ist wirklich unerhört!
nuràghe m archeol Nurag(h)e f.
nurse <-> f ingl 1 (bambinaia) Kinderfräulein n, Kindermädchen n, Kinderfrau f 2 (infermiera) Krankenschwester f, Krankenpflegerin f.
nùrsery <-, -ries pl ingl> f ingl Säuglingszimmer n.
nutazióne f astr Nutation f.
Nutèlla® f gastr Nutella® f.
nùtria f zoo Biberratte f.
nutrìce f 1 (balia) Amme f 2 lett {+ARTE} Ernährerin f, Nährmutter f.
nutriènte agg 1 (sostanzioso) {CIBO} nährend, nahrhaft 2 (nella cosmesi) {CREMA} Nahrungs-, Nähr-.
nutriménto m anche fig Nahrung f: **il ~ per gli animali/le piante**, Tier-/Pflanzennahrung f; **trarre ~ da qc**, etw (dat) Nährstoff entziehen.
nutrìre <irr nutro o nutrisco, nutri o nutrisci, nutrii, nutrito> A tr 1 (alimentare) **~ qu/qc** {FIGLIO, ANIMALE, PIANTA} jdn/etw nähren, (dat) etw ernähren; (uso assol) nähren, nahrhaft sein: **un cibo che nutre (molto)**, eine (sehr) nahrhafte Kost 2 (mantenere) **~ qc** {FAMIGLIA} jdn ernähren 3 (nella cosmesi) **~ qc** {PELLE} etw (dat) Nährstoffe zuˌführen 4 fig (arricchire) **~ qc** (con qc) {LA MENTE, LO SPIRITO} etw (mit etw dat) fördern, etw (mit etw dat) nähren 5 fig (provare) **~ qc in qu** {ODIO} etw gegen jdn hegen; {SPERANZA} etw in jdn setzen: **nutre fiducia nei suoi collaboratori**, er/sie hat Vertrauen in seine/ihre Mitarbeiter B rfl 1 (alimentarsi): **nutrirsi (di qc)** {DI CARNE, DI FRUTTA, DI PESCE} sich von etw (dat) ernähren; **si nutre male**, er/sie ernährt sich schlecht 2 fig: **nutrirsi di qc** {DI LETTURE} von etw (dat) leben.
nutritìvo, **(-a)** agg 1 {POTERE, VALORE} Nähr- 2 (atto a nutrire) {ALIMENTO} Nähr-, Nahrungs-.
nutrìto, **(-a)** agg 1 (alimentato) ernährt, genährt: **essere ben/mal ~**, wohlernährt/ unterernährt sein 2 (numeroso) {GRUPPO} ansehnlich; {SCHIERA} groß.
nutritóre m (apparecchiatura) Futterkrippe f.
nutrizionàle agg med (relativo alla nutrizione) Ernährungs-.
nutrizióne f 1 (il nutrire) {+ADULTI, BAMBINI} Ernährung f 2 (cibo) {ABBONDANTE} Nahrung f, Essen n.
nutrizionìsta <-i m, -e f> mf (studioso) Ernährungswissenschaftler(in) m(f).
nutrizionìstico, **(-a)** <-ci, -che> agg (della nutrizionistica o della nutrizione) ernährungswissenschaftlich.
nùvola f 1 {GRIGIA, MINACCIOSA, PASSEGGERA} Wolke f: **un cielo pieno di nuvole**, ein stark bewölkter Himmel 2 fig (ammasso) {+FUMO, POLVERE, SMOG} Wolke f • **cadere/cascare dalle nuvole** fam (essere sorpreso), aus allen Wolken fallen fam; **vivere nelle nuvole** fam (essere un sognatore o distratto), auf/über den Wolken schweben forb.
nuvolàglia f (massa di nuvole) {FITTA} Gewölk n.
nuvolétta <dim di nuvola> f 1 Wölkchen n 2 (disegno a forma di nuvola) {+FUMETTI} Sprechblase f.
nùvolo agg region (nuvoloso) {CIELO} wolkig, bewölkt.
nuvolóne <accr di nuvola> m große Wolke.
nuvolosità <-> f meteo Bewölkung f.
nuvolóso, **(-a)** agg (coperto di nuvole) {CIELO} wolkig, bewölkt, bedeckt.
nuziàle agg (delle nozze) {BANCHETTO, CERIMONIA} Hochzeits-; {ANELLO} Trau-.
nuzialità <-> f stat {BASSA, ELEVATA} Eheschließungsziffer f.
nylon <-> m ingl chim tess Nylon n.

O, o

o, o <-> f o rar m (*quindicesima lettera dell'alfabeto italiano*) O, o n ● **o come Otranto** (*nella compitazione delle parole*), O wie Otto; → *anche* **A, a**.

o① <od> cong **1** (*oppure*) oder: **sì o no?**, ja oder nein?; **qua o là, poco importa**, ob hier oder da, darauf kommt es nicht an; **questo o quello?**, dies oder das?; **vino bianco o rosso?**, Weißwein oder Rotwein?; **cinque o sei anni fa**, vor fünf oder sechs Jahren; **non so se rimanere o invece partire**, ich weiß nicht, ob ich bleiben oder abfahren soll **2** (*nella correlazione*): **o ... o**, entweder ... oder: **o nero o bianco**, entweder schwarz oder weiß; **o in montagna o al mare**, entweder ins/im Gebirge oder ans/am Meer **3** (*altrimenti*) sonst: **smettila di tirarmi i capelli o lo dico alla mamma!**, hör auf, mich an den Haaren zu ziehen, sonst sage ich es der Mama! **4** (*ossia, vale a dire*) oder auch, das heißt, beziehungsweise: **la zoologia, o scienza degli animali**, die Zoologie oder auch Tierkunde.

o② inter **1** (*rafforzativo del vocativo*) o!, oh!, ach!: **o Signore, aiutateci!**, o Herr, steh uns bei! **2** *rar fam* he! *fam*: **o, Giuseppe, vieni qua!**, he *fam*, Giuseppe, komm mal her!

O *abbr di* ovest: W (*abbr di* West).

OA *aero abbr dell'ingl* Olympic Airways: OA (*griechische Fluggesellschaft*).

òasi <-> f **1** Oase f: **un'~ nel deserto**, eine Oase in der Wüste **2** *fig* (*luogo*) {+PACE, PROTEZIONE FAUNISTICA, SILENZIO} Oase f, Insel f: **il Lichtenstein è un'~ fiscale**, Lichtenstein ist eine Steueroase/ein Steuerparadies *fam*.

obbediènte → **ubbidiente**.

obbiettàre *e deriv* → **obiettare** *e deriv*.

Obbl. *abbr di* Obbligazione: Verpflichtung f, Obligation f.

obbligàre <obbligo, obblighi> A tr **1** (*vincolare*) ~ **qu/qc** (**a qc**) {SENSO DEL DOVERE AL SILENZIO} jdn/etw (*zu etw dat*) verpflichten: **lo Stato obbliga i cittadini a pagare le tasse**, der Staat verpflichtet die Bürger dazu, Steuern zu zahlen; ~ **qu a qc per vie legali**, jdn auf dem Rechtsweg zu etw (*dat*) verpflichten **2** (*costringere*) ~ **qu/qc** (**a qc**) {MALATTIA AL RIPOSO} jdn/etw (*zu etw dat*) zwingen, jdn/etw (*zu etw dat*) nötigen: **nessuno ti obbliga, puoi scegliere liberamente**, niemand zwingt dich, du kannst frei wählen; **mi hanno obbligato ad ascoltare le loro lamentele**, sie haben mich dazu gezwungen, mir ihre Beschwerden anzuhören; ~ **qu a letto**, jdn ans Bett fesseln B *rfl* **1** (*impegnarsi*) **obbligarsi** (*a fare qc*) *sich (a etw dat) verpflichten*, *sich dazu verpflichten, etw zu tun*: **obbligarsi a consegnare un lavoro entro un certo termine**, sich dazu verpflichten, eine Arbeit innerhalb einer bestimmten Frist abzugeben **2** *dir*: **obbligarsi** sich (schuld-

rechtlich) verpflichten: **obbligarsi come fideiussore**, sich als Bürge verpflichten.

obbligàto, (-a) A agg **1** (*costretto*) ~ **a qc** {GESTATE A LETTO, AL RIPOSO, TESTIMONE AL SILENZIO} *zu etw* (*dat*) gezwungen, *zu etw* (*dat*) genötigt: **non siete obbligati a rispondere**, ihr seid nicht dazu verpflichtet, zu antworten **2** *anche dir* (*tenuto*) ~ **a qc** {MILITARE AL GIURAMENTO, DATORE DI LAVORO AL PAGAMENTO DELLA RETRIBUZIONE} *zu etw* (*dat*) verpflichtet: **essere ~ a effettuare la prestazione concordata**, die vereinbarte Leistung schulden **3** (*debitore*) ~ **a qu** jdm zu Dank verpflichtet, jdm verbunden *forb*: **Le siamo molto obbligati**, wir sind Ihnen sehr verbunden *forb*; **sentirsi ~ verso/[nei confronti di] qu**, sich jdm gegenüber zu Dank verpflichtet fühlen **4** (*inevitabile*) {PASSAGGIO, PERCORSO} vorgeschrieben, festgelegt, obligatorisch **5** *mus* {RECITATIVO} obligat B m (f) *anche dir* Verpflichtete mf *decl come agg*: ~ **cambiario**, Wechselverpflichtete mf *decl come agg*; ~ **di regresso**, Rückgriffsschuldner(in) m (f).

obbligatorietà <-> f *dir* {+LEGGE} Verbindlichkeit f: ~ **dell'azione penale**, Verfolgungszwang m.

obbligatòrio, (-a) <-ri m> agg **1** (*ISTRUZIONE, SERVIZIO*) vorgeschrieben, obligatorisch *forb*; {FERMATA} planmäßig; {FREQUENZA, MATERIA} Pflicht-, obligatorisch *forb*: **è ~ l'uso del casco in motorino**, für Mofafahrer besteht Helmpflicht **2** *dir* (*che costituisce un obbligo*) {ASSUNZIONE} Pflicht-; (*che comporta un'obbligazione*) {RAPPORTO} Schuld-; {VENDITA} schuldrechtlich: **contratto ad effetti obbligatori**, Vertrag m mit schuldrechtlicher Wirkung.

obbligazionàrio, (-a) <-ri m> agg *econ* {CAPITALE, DEBITO, PRESTITO} Schuldverschreibungs-; {TITOLO} Anleihe-.

obbligazióne f **1** *rar* (*impegno*) Verbindlichkeit f, Dankbarkeit f **2** *dir* (*schuldrechtliche*) Verpflichtung/Pflicht; Schuld f; (*rapporto obbligatorio*) Schuldverhältnis n: ~ **cambiaria**, Wechselverpflichtung f; ~ **pecuniaria**, Geldschuld f **3** *econ* (*abbr Obbl.*) Schuldverschreibung f, Obligation f: ~ **bancaria**, Bankschuldverschreibung f; (*del comune*) Kommunalobligation f, Kommunalschuldverschreibung f; **obbligazioni al portatore**, Inhaberobligationen f pl, Inhaberobligationen f pl; **obbligazioni a premi**, Gewinnschuldverschreibungen f pl; **obbligazioni dello Stato**, Staatsanleihen f pl, Staatsschuldverschreibungen f pl.

obbligazionìsta <-i m, -e f> mf *econ* Inhaber(in) m (f) von Schuldverschreibungen.

òbbligo <-ghi> A m *anche dir* (*dovere*) {MORALE, PROFESSIONALE; +COSCIENZA, FREQUENZA, PADRE} Pflicht f, Verpflichtung f: **avere degli**

obblighi verso qu, Verpflichtungen jdm gegenüber haben; ₁**avere l'**-₁/[**essere in ~**] **di fare qc**, die Pflicht haben, etw zu tun; **è mio ~ (di) fare qc**, es ist meine Pflicht, etw zu tun; ~ **militare/[di leva]**, Wehrpflicht f; **sentirsi in ~ di fare qc**, sich verpflichtet fühlen, etw zu tun; ~ **scolastico**, Schulpflicht f B <inv> loc agg (*obbligatorio*): **d'~**, vorgeschrieben, obligatorisch *forb*, Pflicht(-); **è d'~ l'abito da sera**, Abendgarderobe/Abendkleidung ist vorgeschrieben; *relig* {DIGIUNO, FESTA} gesetzlich ● ~ **a contrarre** *dir*, Kontrahierungs-, Abschlusszwang m; **è fatto ~ a qu di fare qc** *amm* (*imposto*), jd wird dazu verpflichtet, etw zu tun; **farsi un ~ di qc** (*sentirsi obbligato*), sich dazu verpflichtet fühlen, etw zu tun.

obb.mo *abbr di* obbligatissimo: sehr ergebener *obs*.

obbròbrio <-bri> m **1** (*disonore*) {+FAMIGLIA} Schande f, Schmach f *forb* **2** *fig* (*ciò che offende il buon gusto*) Schande f, Beleidigung f des Geschmacks: **che ~ quel film!**, was für ein ₁Schrott *fam spreg* dieser Film₁/[geschmackloser Film]!; **il nuovo ospedale è un vero ~**, das neue Krankenhaus ist ein wahrer Schandfleck!

obbrobriosità <-> f {+QUADRO} Abscheulichkeit f.

obbrobrióso, (-a) agg **1** (*disonorevole*) {COMPORTAMENTO} schändlich **2** *fig* (*molto brutto*) {FILM, MOSTRA} abscheulich, scheußlich.

obelisco <-schi> m *arch archeol* {EGIZIANO; +S. MARIA MAGGIORE} Obelisk m.

oberàre tr ~ **qu di qc** {DI LAVORO} jdn mit etw (*dat*) überlasten.

oberàto, (-a) agg *fig* (*sovraccarico*) ~ **di qc** {DI COMPITI, DI LAVORO} mit etw (*dat*) überlastet, mit etw (*dat*) überhäuft, mit etw (*dat*) überladen: ~ **di debiti**, überschuldet.

obèsa f → **obeso**.

obesità <-> f **1** (*grassezza*) Fettleibigkeit f *forb* **2** *med* Fettsucht f *scient*.

obèso, (-a) A agg **1** (*grasso*) fettleibig *forb* **2** *med* fettsüchtig *scient* B m (f) **1** Fettleibige mf *decl come agg* **2** *med* anche agg *forb* **2** *med* Fettsüchtige mf *decl come agg*.

òbice m *artiglieria* Haubitze f.

obiettàre tr (*fare obiezione*) ~ **qc** (**a qu**) (**su qc**) *etw* (*gegen jdn*)(*bezüglich etw gen*) ein|wenden, jdm etw (*bezüglich etw gen*) entgegen|halten: **hai qualcosa da ~?**, hast du etwas einzuwenden?; **su questo non si può ~**, dagegen ₁ist nichts einzuwenden₁/[lässt sich nichts einwenden]; (*uso assol*) Einwendungen machen, Einwände erheben; **smettila di ~!**, hör (jetzt) auf, Einwände zu machen!; hör (jetzt) mit deinen Einwänden auf!

obiettività <-> f (*imparzialità*) {+GIUDICE,

PROVA} Objektivität f.

obiettivo, (-a) A agg 1 (oggettivo) {AFFERMAZIONE, COMMENTO, CRITICA} sachlich; {DECISIONE, GIUDIZIO, PARERE} anche objektiv; {ARBITRO} anche unparteiisch, unvoreingenommen, neutral 2 med: **esame ~**, direkte Untersuchung B m 1 film fot ott {GRANDANGOLARE; +CINEPRESA, MACCHINA FOTOGRAFICA, CANNOCCHIALE} Objektiv n 2 mil (bersaglio) {MILITARE, RADAR} Ziel n 3 fig (scopo) {+ESERCIZIO, RICERCA} Ziel n, Zweck m.

obiettóre, (rar **-trice**) m (f) 1 (chi fa obiezione) Widerspruch Einlegende mf decl come agg: **~ di coscienza,** Kriegs-/Wehrdienstverweigerer m (aus Gewissensgründen) 2 med "Arzt, (Ärztin) der/die sich aus Gewissensgründen weigert, Schwangerschaftsunterbrechungen vorzunehmen" ● **~ fiscale** fisco giorn polit, Steuerverweigerer m.

obiezióne f (contestazione) Einwand m, Einspruch m, Widerspruch m: **fare/muovere un'~ a qu,** einen Einwand gegen jdn erheben, Einspruch/Widerspruch einlegen; **respingere/accogliere un'~,** einen Widerspruch ablehnen/annehmen; **se non ci sono obiezioni, passerei al prossimo argomento,** wenn keine Einwände bestehen, würde ich zum nächsten Thema übergehen ● **~ di coscienza,** Kriegs-/Wehrdienstverweigerung f (aus Gewissensgründen); dir, Kriegsdienstverweigerung f.

obitòrio <-ri> m Leichenschauhaus n.

oblatóre, (-trice) m (f) 1 forb Spender(in) m(f), Stifter(in) m(f) 2 dir "wer freiwillig eine Geldbuße entrichtet".

oblatòrio, (-a) <-ri> m agg relig Spenden-.

oblazióne f 1 lett (offerta) Spende f 2 dir freiwillige Bußgeldzahlung/[Entrichtung einer Geldbuße] f 3 relig {+PANE, VINO} Oblation f.

obliàre <oblio, oblii> lett A tr (dimenticare) **~ qc** {OFFESA} etw vergessen, etw aus dem Gedächtnis verlieren B rfl (dimenticare se stessi): **obliarsi in qc** sich vergessen, sich in etw (acc) versenken, **obliarsi in qu** mit den Gedanken (ganz) bei jdm sein.

oblìo <oblii> m 1 lett (perdita del ricordo) Vergessenheit f: **cadere nell'~,** in Vergessenheit geraten/kommen; **sottrarre qc all'~,** etw der Vergessenheit entreißen 2 psic Gedächtnisverlust m.

obliquità <-> f 1 {+MURO} Schräge f, Schiefe f; anche astr (inclinazione) {+ECLITTICA, RAGGI SOLARI} Schrägheit f 2 fig {+SGUARDO} Unehrlichkeit f, Unlauterkeit f forb.

obliquo, (-a) agg 1 (sghembo) {MURO, RAGGIO} schief, schräg; {ASSE} anche geneigt; {DIREZIONE} Quer- 2 fig (ambiguo) {SGUARDO} schief fam, schräg fam 3 fig (non onesto) {INTENZIONE} krumm fam, unehrlich, unsauber, unlauter forb 4 anat {MUSCOLI} Schräg- 5 astr mat {ECLITTICA, PIANO, RETTA} schief 6 gramm {CASO} abhängig.

obliteràre A tr **~ qc 1 amm** (annullare) {BIGLIETTO, FRANCOBOLLO, MARCA DA BOLLO} 2 lett entwerten, etw ungültig machen 2 lett (cancellare) {PAROLA} etw tilgen forb, etw (aus|)streichen; fig {RICORDO} etw aus|löschen 3 med {CONDOTTO ORGANICO} etw verstopfen, etw verschließen B itr pron med: **obliterarsi** {CONDOTTO ORGANICO} sich verstopfen, sich verschließen.

obliteratrice f Entwerter m.

obliterazióne f 1 (annullo) {+BIGLIETTO, FRANCOBOLLO, MARCA DA BOLLO} Entwertung f 2 lett (cancellazione) {+PAROLA} Tilgung f forb, (Aus|)streichen n; fig {+RICORDO} Auslöschen n 3 med (occlusione) {+INTESTINO} Verstopfung f, Verschluss m; {+TUBA} Obliteration f

scient.

oblò <-> m {+BARCA, LAVATRICE, NAVICELLA SPAZIALE} Bullauge n.

oblùngo, (-a) <-ghi, -ghe> agg (bislungo) länglich, mehr lang als breit.

obnubilaménto m 1 lett Trübung f, Verschleierung f 2 psic Trübung f.

obnubilàre lett med A tr **~ qc** {SENSI, VISTA} etw trüben, etw benebeln B itr pron: **obnubilarsi** {SENSI, VISTA} trübe werden, sich trüben.

obnubilàto, (-a) agg {MENTE, VISTA} getrübt, benebelt.

obnubilazióne f psic Trübung f.

òboe m Oboe f.

oboìsta <-i m, -e f> mf mus Oboist(in) m(f), Oboebläser(in) m(f), Oboespieler(in) m(f).

òbolo m (offerta) Obolus m, Scherflein m forb: **offrire il proprio ~ per la manutenzione della chiesa,** sein Scherflein forb zur Instandhaltung der Kirche beitragen/beisteuern ● **~ di San Pietro** (offerta dei fedeli alla Santa Sede), Peterspfennig m.

obsolescènza f 1 (invecchiamento) {+TERMINE} Veralten n 2 econ tecnol {+IMPIANTO} Überholtheit f, Veraltetsein n.

obsolèto, (-a) agg 1 lett (disusato) {TERMINE} veraltet, obsolet forb 2 econ tecnol {SISTEMA DI PRODUZIONE} veraltet, überholt.

OC abbr fis di onde corte: KW (abbr di Kurzwelle).

òca <oche> f 1 Gans f: **oca maschio,** Gänserich m; **oca selvatica/domestica,** Wild-/Hausgans f 2 fig fam spreg (donna sciocca) Gans f fam spreg, Schnepfe f fam spreg, Zicke f fam spreg: **comportarsi come un'oca,** sich wie eine (dumme) Gans/Zicke benehmen fam spreg; **che oca questa ragazza!,** was für eine Zicke fam spreg, dieses Mädchen! 3 tecnol (di tubi) Schwanenhals m ● **camminare come un'oca,** über den großen/dicken Onkel gehen fam; **oca giuliva** fig fam spreg (donna sciocca e ingenua), alberne Pute fam spreg; **porca l'oca!,** zum Teufel!, zum Henker!, Menschenskind(er)! fam.

ocàggine f fig fam spreg (stupidità) {+DONNA} Albernheit f, Dummheit f.

ocarina f mus Okarina f.

occ. abbr di occidentale: westlich, okzident.

occasionàle agg 1 (fortuito) zufällig; {INCONTRO} anche Zufalls- 2 (saltuario) {PRESTAZIONE D'OPERA} Gelegenheits-, gelegentlich 3 (che fornisce il pretesto) {CAUSA} indirekt.

occasionalità <-> f (casualità) Zufälligkeit f.

occasióne A f 1 (opportunità) {INSPERATA, UNICA} Gelegenheit f, Chance f: **se hai ~ di incontrarlo digli che voglio parlargli,** falls du ihn triffst, sage ihm, dass ich ihn sprechen will; **cogliere l'~,** die Gelegenheit nutzen/wahrnehmen; **cogliere l'~ al volo,** die Gelegenheit beim Schopf(e) packen/fassen; **perdere/[lasciarsi sfuggire] un'~,** eine Gelegenheit verpassen/[ungenutzt lassen], sich (dat) eine Gelegenheit entgehen lassen; **non appena se ne presentarà l'~,** sobald sich die Gelegenheit dazu bietet; **alla prima ~,** bei der ersten Gelegenheit; **questa ~ non torna più,** diese Gelegenheit kommt nicht wieder 2 (pretesto) Grund m, Anlass m: **è stato lui a fornirmi l'~ di reagire così,** er selbst gab mir Anlass, so zu reagieren; **la presentazione del suo ultimo libro è stata ~ di un interessante dibattito,** die Vorstellung seines/ihres letzten Buch(e)s war Anlass zu einer interessanten Debatte 3 (circostanza) Gelegenheit f, Anlass m: **per l'~, alla prima ~,** bei dieser Anlass, zur Feier des Tages; **questo è l'abito delle grandi occasioni,** das ist das

Kleid für festliche Gelegenheiten 4 comm (oggetto conveniente) Gelegenheit f, Gelegenheitskauf m ● <inv> loc agg: **d'~** 1 (particolare) {DISCORSO, VERSI} Gelegenheits- 2 comm {AUTO, MOBILE} günstig C loc prep (per): **in ~ di qc** {DELLE NOZZE, DELLA PROMOZIONE} anlässlich etw (gen) ● **all'~** (all'occorrenza), bei Gelegenheit; **con l'~,** bei der Gelegenheit; **l'~ fa l'uomo ladro** prov, Gelegenheit macht Diebe prov.

occàso m lett 1 (tramonto) Sonnenuntergang m 2 (occidente) Westen m, Okzident m obs 3 fig (declino) Untergang m, Niedergang m forb 4 fig (morte) Tod m, Heimgang m forb eufem.

òcchi pl di occhio.

occhiàccio <-ci, pegg di occhio> m hässliches Auge n ● **far gli occhiacci a qu** (guardare con rimprovero), jdn böse anblicken, jdm drohende Blicke zuwerfen.

occhiàia f 1 <di solito al pl> (dunkle) Ränder m pl {+SOTTO GLI OCCHI}: **guarda che occhiaie che hai!,** sieh mal, was du für Augenringe hast! 2 anat (orbita) Augenhöhle f.

occhialàio, (-a) <-lai m> m (f) 1 (fabbricante) Brillenhersteller(in) m(f) 2 (riparatore) Brillenspezialist(in) m(f) 3 (venditore) Brillenverkäufer(in) m(f).

occhialeria f 1 (negozio) Brillengeschäft n 2 (assortimento) Brillenauswahl f.

occhialétto <dim di occhiale> m Lorgnette f, Lorgnon n.

occhiàli m pl {CORRETTIVI, FORTI, SCURI} Brille f: **~ bifocali,** Bifokalbrille f; **~ da miope/presbite,** Brille f für Kurzsichtige/Weitsichtige; **~ da sole,** Sonnenbrille f; **~ da vista,** (Seh)brille f.

occhialùto, (-a) agg scherz (che porta gli occhiali) {RAGAZZO} bebrillt.

occhiàta f (rapido sguardo) (kurzer) Blick m: **dare un'~ a qc,** einen (kurzen) Blick auf etw (acc) werfen, etw überfliegen; **dare un'~ al giornale,** einen Blick in die Zeitung werfen; **dare un'~ in giro,** sich kurz umsehen; **scambiarsi un'~ d'intesa,** einen Blick des Einverständnisses wechseln ● **dare un'~ ai bambini** (badare), ein Auge auf die Kinder haben, auf die Kinder aufpassen/[Acht geben].

occhiatàccia <pegg di occhiata> f (occhiata severa) böser/wütender Blick: **gli risposi con un'~,** ich warf ihm als Antwort einen bösen Blick zu.

occhieggiàre <occhieggio, occhieggi> A tr anche fig (lanciare occhiate) **~ qu** {RAGAZZA} nach jdm äugeln; **~ qc** {VESTITO} mit etw (dat) liebäugeln B itr (apparire) **~ + compl di luogo** {FIORI NEI PRATI} irgendwo hervorschauen, irgendwo zum Vorschein kommen, irgendwo zu sehen sein C rfl rec (scambiarsi occhiate): **occhieggiarsi** Blicke tauschen, (miteinander) liebäugeln rar.

occhiellatrice f tecnol (macchina che fa occhielli) Ösen(einsetz)maschine f.

occhiellatùra f 1 (il fare occhielli) Ösenmachen n 2 (le parti con occhielli) Ösenreihe f, Ösen f pl 3 (parte dell'indumento con occhielli) Knopflochreihe f.

occhièllo <dim di occhio> m 1 (asola) {+GIACCA} Knopfloch n: **uscì con un fiore all'~,** er/sie ging mit einer Blume im Knopfloch aus; {+BORSE, CINTURA, SCARPE} Öse f 2 tip (soprattitolo) Schmutztitel m; {+ARTICOLO} Kopfzeile f 3 tip {+LIBRO} Schmutztitelblatt n.

occhiétto <dim di occhio> m 1 (occhio piccolo e vivace) Äuglein n 2 tip Schmutztitel m; {+ARTICOLO} Kopfzeile f 3 tip {+LIBRO} Schmutztitelblatt n ● **far l'~ a qu** (ammicca-

òcchio <occhi> **A** m **1** gener anche anat {CERCHIATI, CHIARI, LUCIDI, SCURI} Auge n : **una bionda con gli occhi azzurri**, eine Blondine mit blauen Augen; **guardarsi negli occhi**, sich (dat) in die Augen sehen/schauen; **dopo un po' gli occhi si erano abituati all'oscurità**, nach kurzer Zeit hatten sich seine/ihre Augen an die Dunkelheit gewöhnt; **si stropicciava gli occhi dalla stanchezza**, er/sie rieb sich (dat) vor Müdigkeit die Augen; **si trucca sempre gli occhi**, sie schminkt sich (dat) immer die Augen; **ci vede da un ~ solo**, er/sie sieht nur auf einem Auge, er/sie ist auf einem Auge blind **2** <di solito al pl> (vista) Blick m, Auge n : **rovinarsi gli occhi**, sich (dat) die Augen verderben/ruinieren/kaputtmachen fam **3** <di solito al pl> (sguardo) {TRISTE, VIVACE} Blick m, Auge n : **alzare/abbassare gli occhi**, ⌊den Blick heben⌋/[die Augen niederschlagen, den Blick senken]; **posare/gettar l'~ su qc**, einen Blick auf etw (acc) werfen **4** (foro) {+FORMAGGIO} Loch n; {+IMBUTO, FORBICI, MESTOLO} anche Auge n **5** {+TONDO} {+BRODO} Fettauge n : **gli occhi della coda del pavone**, die Augen des Pfauenschwanzes **6** fig <di solito al pl> (presenza) Augen n pl : **lontano da occhi indiscreti**, fern/[weit entfernt] von zudringlichen Blicken; **gli hanno rubato il portafoglio sotto gli occhi di tutti**, ihm wurde ⌊vor aller Augen⌋/[unter den Augen aller] das Portemonnaie gestohlen; **l'hanno arrestato sotto gli occhi esterrefatti dei vicini**, er wurde vor den Augen der entsetzten Nachbarn verhaftet **7** fig (senso) Blick m, Auge n : **un panorama che rallegra/appaga l'~**, ein Panorama, das das Auge erfreut **8** fig <di solito al pl> (giudizio) {+MONDO, PUBBLICO} Auge n : **agli occhi della gente sembravano normali**, in den Augen der Leute schienen sie normal **9** arch Auge n **10** bot {+PATATA} Auge n **11** mar {+ORMEGGIO} Auge n **12** tip {+CARATTERE} Schriftbild n **13** zoo Auge n : **~ semplice/composto**, Auge n/Facettenauge n **B** inter impr (attenzione) ~!, aufgepasst!, Achtung!, Vorsicht!; **~ a qc!**, {ALL'AUTOBUS, ALLA BORSA, AL PORTAFOGLI} pass auf etw (acc) auf fam! • **a ~** (senza misurazioni), schätzungsweise, ungefähr; **occhi d'acciaio** fig (freddi), eiskalte Augen; (penetranti) durchdringende Augen; **alzare gli occhi (al cielo)** (per impazienza), die Augen zum Himmel heben; **occhi aperti!**, Augen auf!; **aprire gli occhi**, die Augen öffnen; fig (capire) **finalmente mi si aprirono gli occhi**, endlich gingen mir die Augen auf; **aprire gli occhi a (su qc)** fig (metterlo al corrente di qc), jdm (über etw acc) die Augen öffnen; **a occhi asciutti**, trockenen Auges; **avere gli occhi** fig (vederci molto bene), ein gutes Auge fam, Augenmaß besitzen; **avere ancora negli occhi qc** fig (avere un ricordo vivo), etw noch genau vor Augen/sich (dat) haben; **avere ⌊davanti agli occhi⌋/[⌊sott'~⌋] qc** fig (vicino), etw vor Augen haben; **⌊avere occhi solo per⌋/[non avere occhi che per] qu** fig, nur/[für niemand sonst als] für jdn Augen haben; **avere buon ~** fig (saper notare), ein Auge für etw (acc) haben; **avere gli occhi buoni** (vederci bene), gute Augen haben; **avere l'~ clinico** med (la geübte Auge des Mediziners haben); fig (esperto), einen Kennerblick haben; **non avere più occhi per piangere** (essere disperati), sich (dat) die Augen ausweinen/[aus dem Kopf weinen]; **avere un ~ nero** (per un colpo), ein ⌊blaues Auge⌋/[Veilchen fam] haben; **avere gli occhi pesti** (per un colpo), zwei ⌊blaue Augen⌋/[Veilchen fam] haben; (per il sonno), schwere/verquollene Augen haben; **averne fin sopra gli occhi di qu** fig (non sopportarlo più), von jdm die Nase/Schnauze (gestrichen) voll haben fam; **~ di basilisco** fig, Basiliskenblick m forb; **fare gli occhi di basilisco**, wilde Blicke um sich werfen, stechend/Furcht erregend dreinblicken; **in un batter d'~** fig (immediatamente), im Nu fam, in null Komma nichts fam; **non batter ~** fig (guardare fisso), nicht mit der Wimper zucken; **fare a qu un ~ blu** fig (picchiarlo), jdm ein blaues Auge schlagen; **occhi bovini** (sporgenti), Frosch-/Glotzaugen n pl fam; **~ di bue** arch bot, Ochsenauge n ; mar, Bullauge n ; film teat, Spot m ; **avere gli occhi come carboni accesi** (scintillanti), glühende/glänzende Augen haben; **cavare gli occhi a qu** (accecarlo), jdn blenden; fig fam (aggredire), jdm die Augen auskratzen fam; **cavarsi gli occhi** fig (stancarsi la vista), sich (dat) die Augen verderben; (odiarsi), sich nicht sehen fam/riechen können; **non (riuscire a) chiudere ~** fig (non riuscire a dormire), kein Auge zutun können; **chiudere gli occhi** fig (ignorare la realtà), die Augen vor etw (dat) verschließen; **chiudere gli occhi per sempre** fig (morire), die Augen für immer schließen eufm; **per questa volta chiudiamo un ~** fig (siamo indulgenti), diesmal drücken wir ein Auge zu fam; **gli si chiudono gli occhi** (per il sonno), die Augen fallen ihm zu; **è un medico del quale mi fido a occhi chiusi** fig (assolutamente), diesem Arzt vertraue ich blindlings; **trovò la strada di casa a occhi chiusi** fig (con facilità), er/sie fand mit schlafwandlerischer Sicherheit den Weg nach Hause; **~ del ciclone**, anche fig Auge n/Zentrum n des Hurrikans/Wirbelsturms/Taifuns; **essere/trovarsi nell'~ del ciclone** fig, sich im Auge/Zentrum des Hurrikans/Wirbelsturms/Taifuns befinden, im Auge/Zentrum des Hurrikans/Wirbelsturms/Taifuns tanzen; **occhi del cielo poet** (astri), Himmelskörper m pl, Gestirne n pl; **costare un ~ (della testa)** fig (molto), ⌊ein Vermögen⌋/[eine Heidengeld fam]/[ein Stange Geld fam] kosten; **covare qu con gli occhi** fig (fissarlo con amore), jdn mit Blicken verschlingen, jdn anschmachten fam; **non credere ai propri occhi** fig (non poterci credere), seinen Augen nicht trauen; **a ~ e croce** fig (più o meno), über den Daumen gepeilt fam; **dare nell'~** fig (farsi notare), {COLORE} ins Auge fallen/springen, {COMPORTAMENTO, TRAVESTIMENTO} auffallen; **devi cercare di non dare nell'~** fig, du musst versuchen, nicht aufzufallen; **dare un ~ a qu/qc** fig fam (badare), ein Auge auf jdn/etw haben, auf jdn/etw aufpassen; **dormire a occhi aperti** fig (avere molto sonno), mit offenen Augen schlafen; **ma dove ce li hai gli occhi?** fig (non ci vedi?), hast du keine Augen im Kopf? fam; **essere tutt'occhi** fig (attento), seine Augen überall haben; **fare gli occhi dolci/[di triglia] a qu** fig (flirtare), jdm ⌊schöne Auge machen⌋/[verliebte Blicke zuwerfen], jdn anschmachten obs; **fare l'~ a qc** (abituarsi), sein Auge an etw (acc) gewöhnen; **fare gli occhi neri a qu** fig (picchiarlo), jdm grün und blau schlagen fam; **occhi da gazzella** fig, Rehaugen n pl; **guardare con tanto d'occhi** fig (con stupore), große Augen machen fam; **guardare qu con occhi torvi** fig (in modo minaccioso), jdm wilde Blicke zuwerfen, wenn Blicke töten könnten…; **guardami negli occhi!** fig (dimmi la verità!), sieh/schau mir in die Augen!; **lasciare gli occhi su qc** fig (desiderarla), sein Auge auf etw (acc) geworfen haben fam; **non levar/togliere gli occhi di dosso a qu** (fissarlo), jdn nicht aus den Augen lassen, jdn anstarren, die Augen nicht von jdm abwenden; **~ di lince** fig (che vede tutto), Falken-/Adleraugen n pl; **aprire gli occhi alla luce** fig (nascere), das Licht der Welt erblicken; **lustrarsi gli occhi** fig (guardando qualcosa di bello), glänzende Augen bekommen; **~ magico** elettr, magisches Auge; **occhi a mandorla**, Mandelaugen n pl; **mangiarsi qu/qc con gli occhi** fig (guardarlo con insistenza), jdn/etw mit den Augen verschlingen fam; **mettere gli occhi addosso a qu** fig (adocchiare), ein Auge auf jdn werfen fam; **misurare qc a occhio** fig, etw mit den Augen abschätzen; **visibile a ~ nudo** (senza strumenti), mit bloßem/nacktem Auge sichtbar; **avere gli occhi fuori dalle orbite** (essere stravolto), nicht mehr aus den Augen sehen können fam; **con gli occhi fuori delle orbite**, mit weit aufgerissenen Augen; **gli occhi le schizzavano fuori dalle orbite/dalla testa** fig (era stupefatta), die Augen traten ihr aus ⌊den Höhlen⌋/[dem Kopf]; **anche l'~ vuole la sua parte** fig (è bene soddisfare anche le esigenze estetiche), das Auge will auch seinen Teil; **~ per ~, (dente per dente)** fig bibl (legge del taglione), Auge um Auge, Zahn um Zahn; **non perdere d'~ qu/qc** (controllare), jdn/etw nicht aus den Augen verlieren; **~ di pernice** med, Hühnerauge n ; **avere gli occhi da pesce lesso** fig (inespressivi), Kuhaugen haben fam; **occhi rossi di pianto**, verweinte Augen; **avere gli occhi foderati di prosciutto** fig fam (non accorgersi di qc), Tomaten auf den Augen haben fam; **a quatt'occhi** fig (privatamente), unter vier Augen; **rifarsi l'~/gli occhi** fig (guardare qc di bello), die Augen laben, sich an dem Anblick erfreuen; **avere un ~ di riguardo per qu** fig (favorirlo), jdn bevorzugen; **non riuscire a tenere gli occhi aperti** (dal sonno), die Augen nicht aufhalten können; **rubare qu/qc con gli occhi** fig (desiderarlo molto), jdn/etw mit Blicken verschlingen; **saltare all'~** fig (essere evidente), ins Auge springen/stechen/fallen, auffallen; **saltare agli occhi a qu** fig (aggredire qu), jdm die Augen auskratzen fam; **occhi iniettati di sangue** (per la rabbia), blutunterlaufene Augen haben; **sgranare/sbarrare/spalancare gli occhi**, die Augen aufreißen/aufsperren; **sognare a occhi aperti** fig (da sveglio), mit offenen Augen träumen; **occhi impastati di sonno** fig, schläfrige Augen n pl; **stare all'~** fig fam (attento), die Augen offen halten; **stralunare gli occhi**, mit den Augen verdrehen; **strizzare l'~ a qu** fig (fare l'occhiolino), jdm zuzwinkern; **tenere d'~ qu/qc** fig (badare), jdn/etw im Auge behalten, auf jdn/etw aufpassen; **tenere qu/qc sott'~** fig (vicino), jdn/etw vor Augen haben, etw in Reichweite haben; **tenere gli occhi addosso a qu** fig (controllarlo), jdn nicht aus den Augen lassen; **tenere gli occhi aperti** fig (essere attento), die Augen offen halten; **tenere gli occhi bassi**, die Augen niederschlagen; **~ di tigre/falco/gatto/serpente** min, Tiger-/Falken-/Katzen-/Schlangenauge n ; **uscire dagli occhi a qu** fig (averne abbastanza), jdm zum Hals heraushängen fam; **vale un ~ (della testa)** fig (molto), er/sie/es ist nicht mit Gold aufzuwiegen; **vedere di buon ~ qu/qc** fig (favorevolmente), jdm wohlgesonnen sein; **vedere qc coi propri occhi** fig (di persona), etw mit eigenen Augen sehen; **lontano dagli occhi, lontano dal cuore** prov, aus den Augen, aus dem Sinn prov; **l'~ del padrone ingrassa il cavallo**, das Auge des Herrn macht die Kühe fett; **quattro occhi vedono meglio di due** prov, vier Augen sehen mehr als zwei; **gli occhi sono lo specchio dell'anima** prov, die Augen sind der Spiegel der Seele; **~ non vede, cuore non duole** prov, was ich nicht weiß, macht mich nicht heiß *prov.*

occhiolino <dim *di occhio*> m Äuglein n ● **fare l'~ a qu**, jdm zuzwinkern; **fare l'~ a qc**, mit etw (dat) liebäugeln.

occhiùto, (-a) agg **1** (*con macchie*) {PIUME DEL PAVONE} gefleckt **2** *lett* (*con molti occhi*) vieläugig.

occidentàle **A** agg (abbr occ.) **1** (*a occidente*) West-, westlich: **la costa ~ dell'Irlanda**, die Westküste Irlands; **il versante ~ del Monte Bianco**, die Westwand des Montblanc **2** (*europeo e nordamericano*) {STATI} **B** westlich; {CIVILTÀ, CULTURA} *anche* abendländisch **C** mf (*abitante*) Bewohner(in) m(f) ₍der westlichen Welt₎/[des Abendlands], Abendländer(in) m(f) **C** <*di solito al pl*> m *econ mil polit stor* die westlichen Länder, die westliche Welt.

occidentalìsmo m *polit* Okzidentalismus m.

occidentalizzàre **A** tr ~ *qu/qc* {POPOLAZIONE, AREA} jdn/etw verwestlichen **B** itr pron: **occidentalizzarsi** {NAZIONE, POPOLO} sich verwestlichen.

occidentalizzazióne f (*effetto*) Verwestlichung f; (*azione*) *anche* Verwestlichen n.

occidènte m **1** (*ovest*) Westen m: **a ~ di qc**, westlich/[im Westen] von etw (dat) **2** (*regione*) Abendland n.

occipitàle agg *anat* {OSSO} Hinterhaupt-, okzipital *scient*.

occìpite m *anat* Hinterkopf m, Hinterhaupt(s)bein n *scient*.

occitànico, (-a) <-ci, -che> agg *ling* {CANTI, LINGUA} okzitanisch.

occitàno, (-a) **A** agg {DANZA} okzitanisch **B** m (f) Okzitanier(in) m(f).

occlùdere <*coniug come escludere*> *lett med* **A** tr (*ostruire*) ~ **qc** {EMBOLO VENA; SABBIA SCOLO} etw verschließen, etw verstopfen **B** itr pron (*ostruirsi*): **occludersi** {INTESTINO, VENA} sich verschließen, sich verstopfen.

occlusióne f **1** (*ostruzione*) {+CANALE} Verschluss m; *med anche* Okklusion f *scient*: **~ intestinale**, Darmverschluss m **2** *ling* {+CANALE VOCALE} Verschluss m **3** *meteo* Okklusion f.

occlusìva f *ling* Verschlusslaut m, Okklusiv m.

occlusìvo, (-a) agg **1** *med* {BENDAGGIO} verschließend, okklusiv *scient* **2** *ling* {CONSONANTE} okklusiv.

occlùso A *part pass di* occludere **B** agg **1** (*ostruito*) {CANALE} verschlossen, verstopft **2** *meteo* {FRONTE, PERTURBAZIONE} Okklusions-, okkludiert.

occorrènte A agg (*necessario*) ~ (*per qc*) {DENARO PER L'ACQUISTO} notwendig (*für etw* acc), nötig (*für etw* acc), erforderlich (*für etw* acc) **B** m (*ciò che è necessario*) Notwendige n decl come agg, Nötige n decl come agg: **l'~ per scrivere**, das Schreibzeug.

occorrènza f **1** (*necessità*) Bedarf m, Erfordernis n: **le occorrenze della vita**, die Erfordernisse des Lebens; **all'~**, bei Bedarf, im Bedarfsfall **2** (*eventualità*) Fall m, Gelegenheit f: **mi sono premunito per ogni ~**, ich habe mich für/gegen jede Eventualität gewappnet **3** (*circostanza*) Umstand m: **Francesca ha abiti per ogni ~**, Francesca hat Kleider für alle Gelegenheiten.

occórrere <*coniug come correre*> **A** itr <*essere*> **1** (*essere necessario*) erforderlich sein, benötigt werden: **a qu occorre qc**, jd braucht etw; **mi occorre del latte**, ich brauche Milch; **occorrono medicinali particolari**, es sind spezielle Medikamente erforderlich; **occorrono molti sforzi**, es bedarf großer Anstrengungen; **occorre il passaporto**, man benötigt einen Pass **2** *lett* (*accadere*) ~ **a qu** jdm widerfahren *forb*, jdm zu|stoßen: **gli occorse una disgrazia**, ihm ist ein Unglück zugestoßen **B** impers (*è necessario*) nötig sein, müssen; **occorre ... inf**, man muss ... *inf*; **non occorre ... inf**, man braucht nicht ... zu; es ist nicht nötig, dass ...

occultaménto m **1** (*il nascondere*) {+REFURTIVA} Verbergen n, Verstecken n; {+REDDITI} Verheimlichung f **2** *mil* {+ARMI, MEZZI} Tarnung f ● **~ di cadaveri** *dir* (*reato di ~*), unbefugtes Verbergen von Leichen.

occultàre A tr ~ **qc 1** (*nascondere*) {CARTE COMPROMETTENTI, GIOIELLI} etw verbergen, etw verstecken **2** *fig* (*dissimulare*) {DIFETTI DI QU} etw verheimlichen, etw verschleiern **3** *astr* etw verfinstern, etw bedecken **4** *mil* etw tarnen **B** rfl (*nascondersi*): **occultarsi** (**a qc**) {AL TIRO DEI CECCHINI, ALLA VISTA DI QU} sich (*vor* etw dat) verstecken, sich (*vor* etw dat) verbergen.

occultatóre, (-trice) **A** agg *fig* {MANOVRA} Verschleierungs- **B** m (f) *rar* Verberger(in) m(f).

occultazióne f **1** *forb* (*il nascondere*) Verbergen n, Verstecken n **2** *astr* {+PIANETA, STELLA} Finsternis f, Eklipse f.

occultìsmo m Okkultismus m.

occultìsta <-i m, -e f> mf Okkultist(in) m(f).

occultìstico, (-a) <-ci, -che> agg okkultistisch.

occùlto, (-a) **A** agg **1** (*arcano*) {FORZE, PRATICHE} okkult, geheim **2** *lett* (*nascosto*) {SENTIMENTI} geheim, versteckt, verborgen **B** m Okkulte n decl come agg.

occupàbile agg {SPAZIO} besetzbar, einnehmbar.

occupànte A agg *anche mil* (*che occupa*) {ESERCITO} Besatzungs- **B** mf (*chi occupa*) {+ABITAZIONE, TERRENO} Bewohner(in) m(f); {+AUTO, AUTOBUS} Insasse m, Insassin f; (*per protesta*) {+SCUOLA} Besetzer(in) m(f) ● *mil* Besatzungsmacht f.

occupàre A tr **1** (*tenere occupato*) ~ **qc** {LUOGO, SUOLO PUBBLICO, TELEFONO} etw besetzen; {POSTO, SEDIA} *anche* etw belegen, etw besetzt halten; {APPARTAMENTO, CAMERA} etw beziehen, etw bewohnen; (*per protesta*) {STUDENTI UNIVERSITÀ} etw besetzen **2** (*riempire*) ~ **qc** {ARAZZO TUTTA LA PARETE; PREFAZIONE UNA VENTINA DI PAGINE} etw ein|nehmen; {CORTEO TUTTA LA STRADA} *anche* etw beanspruchen; {MOBILE TROPPO SPAZIO} etw weg|nehmen **3** (*dare lavoro*) ~ **qu** jdn an|stellen, jdm Arbeit geben: **lo stabilimento occupa circa duemila operai**, das Werk beschäftigt ungefähr zweitausend Arbeiter; ~ **qu in qc** {IN BANCA} jdn in/bei etw (dat) unter|bringen **4** (*impegnare*) ~ **qu/qc** {LAVORO GENITORI, TUTTA LA GIORNATA; PENSIERI MENTE, VISTA} jdn/etw beschäftigen: **la lettura occupa tutto il suo tempo libero**, seine/ihre ganze Freizeit verbringt er/sie mit Lesen,/[bringt er/sie mit Lesen zu]; ~ **qu con qc** {MAESTRA BAMBINO CON UN GIOCO} jdn mit etw (dat) beschäftigen **5** (*detenere*) ~ **qc** {CARICA, CATTEDRA ALL'UNIVERSITÀ} etw inne|haben, etw bekleiden **6** *mil* ~ **qc** {TRUPPE REGIONE} etw besetzen; {TRUPPE CITTÀ} *anche* etw ein|nehmen; {PUNTI STRATEGICI} *anche* etw ein|nehmen **B** rfl **1** (*curarsi*): **occuparsi di qu/qc** {DEGLI AMICI, DEGLI OSPITI, DEL GATTO, DELLA RIUNIONE} sich um jdn/etw kümmern **2** (*interessarsi*): **occuparsi di qc** {DI BOTANICA, DI FILOSOFIA} sich mit etw (dat) beschäftigen **3** (*impicciarsi*): **occuparsi di qc** sich in etw (acc) ein|mischen, sich mit etw (dat) befassen ● **non occuparti di ciò che non ti riguarda!**, misch dich nicht in Sachen ein, die dich nichts angehen!; **occupati dei fatti tuoi!**, kümmere dich um ₍deine (eigenen) Angelegenheiten₎/[deinen eigenen Kram *fam*] **4** (*farsi assumere*): **occuparsi** (*in qc*) (*come qc*) {IN UNA SOCIETÀ DI RICERCHE, COME SEGRETARIO} (*irgendwo*) (*als etw* nom) angestellt werden, (*irgendwo*) (*als etw* nom) eine Beschäftigung/Stelle/Arbeit finden.

occupàto, (-a) **A** agg **1** (*non libero*) {LUOGO, SEDIA, SUOLO PUBBLICO} besetzt; {CASA} bewohnt: **tieni occupati questi posti per favore!**, halte bitte diese Plätze frei!, besetze bitte diese Plätze!; {APPARTAMENTO, CAMERA} belegt; (*per protesta*) {CASA, FABBRICA} besetzt **2** (*riempito*) ~ **da qc** {PARETE DAL MOBILE} von etw (dat) eingenommen **3** (*impegnato*) {BAMBINO, MENTE, TEMPO LIBERO} beschäftigt: **stamattina sono molto ~**, heute Morgen bin ich sehr beschäftigt **4** (*detenuto*) {CARICA, POSTO} besetzt **5** (*impiegato*) ~ **in qc** {IN COMUNE} in/bei etw (dat) angestellt, in/bei etw (dat) beschäftigt **6** *mil tel* {CAPITALE, LINEA, TELEFONO} besetzt **B** m (f) *giorn* (*chi ha lavoro*) Berufstätige mf decl come agg.

occupatóre, (-trice) **A** agg {STUDENTI} besetzend; *mil* {TRUPPE} Besatzungs- **B** m (f) (*chi occupa*) {+CASA, FABBRICA, SCUOLA} Besetzer(in) m(f); *mil* Besatzer(in) m(f).

occupazionàle agg (*dell'occupazione*) {CRISI, MODELLO} Beschäftigungs-.

occupazióne f **1** (*presa di possesso*) Besetzung f: **procedere all'~ di uno stabile abbandonato**, ein verlassenes Gebäude besetzen/[in Besitz nehmen] **2** (*impiego*) Beschäftigung f, Anstellung f: **~ ben retribuita**, gut bezahlte Anstellung; **piena ~**, Vollbeschäftigung f, Arbeit(s)...; **~ a tempo pieno**, Ganztagsarbeit f, Fulltimejob m *fam* **3** (*attività*) {ABITUALE} Beschäftigung f, Tätigkeit f: **avere molte occupazioni**, viel beschäftigt sein; **la sua ~ preferita è la pesca**, seine/ihre Lieblingsbeschäftigung ist das Fischen **4** *dir* (*acquisto della proprietà a titolo originario*) freie Aneignung herrenloser Sachen **5** *econ* (*il complesso dei lavoratori*) {NEL TURISMO} Beschäftigte mf pl decl come agg: **aumento/riduzione dell'~**, Erhöhung f/Kürzung f der Beschäftigtenzahl **6** *mil* (*azione*) Besetzung f, Einnahme f; (*effetto*) Besetzung f, Okkupation f: **truppe/esercito di ~**, Besatzungstruppen f pl.

OCE f *econ* abbr *di* Organizzazione di Cooperazione Economica: Organisation f für wirtschaftliche Zusammenarbeit.

Oceania f *geog* Ozeanien n.

oceaniàno, (-a) **A** agg ozeanisch **B** m (f) Bewohner(in) m(f) Ozeaniens.

oceànico, (-a) <-ci, -che> agg **1** (*dell'oceano*) {CLIMA, TEMPESTA} ozeanisch; {ISOLA, TRAVERSATA} Ozean- **2** *fig* (*immenso*) {FOLLA} unermesslich, unendlich.

oceàno m **1** *geog* Ozean m: **l'~ Atlantico**, der Atlantische Ozean **2** *fig* (*immensità*) {+GRANO} Meer n.

oceanografia f Meereskunde f, Ozeanographie f.

oceanogràfico, (-a) <-ci, -che> agg {MUSEO, RICERCA} meereskundlich, ozeanographisch; {SPEDIZIONE} Ozean-.

oceanologìa f (*oceanografia*) Meereskunde f, Ozeanographie f, Ozeanologie f.

ocèllo m *zoo* **1** (*piccolo occhio*) {+INSETTO} Neben-, Punktauge n, Ozelle f *scient* **2** (*macchia*) {+FARFALLA, PIUME DEL PAVONE} Pfauenauge n, Augenfleck m.

ocelòt → ozelot

òche pl *di* oca.

OCR m *inform* abbr *di* Optical Character Reader (*lettore ottico dei caratteri*) OCR m (*optischer*

Belegleser).

òcra **A** *f min* (*argilla*) Ocker m ○ n: ~ **gialla/rossa**, gelber/roter Ocker **B** <inv> *agg* {ABITO} ocker(farben) **C** <-> *m* (*colore*) Ockerfarbe f.

OCSE *f econ abbr di* Organizzazione per la Cooperazione e lo Sviluppo Economico: OECD f (*abbr dell'ingl* Organization for Economic Cooperation and Development) (*Organisation für wirtschaftliche Zusammenarbeit und Entwicklung*).

òctopus <-> *m zoo* Oktopus m, gemeiner Krake.

oculàre **A** *agg* **1** {TESTIMONE} Augen- **2** *med* (*BULBO, MUSCOLO*) Aug(en)-, okular *scient* **B** *m film fis* {+CANNOCCHIALE, MICROSCOPIO} Okular n: ~ **per la messa a fuoco**, Okular n zur Feineinstellung.

oculatézza *f* (*prudenza*) Umsicht f, Besonnenheit f, Vorsicht f: **agire con ~**, besonnen/umsichtig handeln.

oculàto, (-a) *agg* **1** (*prudente*) {MEDICO} umsichtig, besonnen, vorsichtig **2** *fig* {CRITICA, SCELTA} überlegt.

oculìsta <-i m, -e f> *mf med* Augenarzt m, Augenärztin f.

oculìstica <-che> *f med* Augenheilkunde f.

oculìstico, (-a) <-ci, -che> *agg med* {STUDIO} augenärztlich; {CLINICA} *anche* Augen-.

od → **o**①.

òda 1ª, 2ª e 3ª pers sing del *congv pres di* udire.

oddìo *inter* **1** (*di disapprovazione*) o Gott!: ~, **che colore orribile!**, o Gott, was für eine schreckliche Farbe! **2** (*di incertezza*) ach Gott!: **ma, ~, non saprei cosa consigliarti!**, ach Gott, ich weiß auch nicht, was ich dir raten soll! **3** (*di meraviglia*) oh!: ~ **che grande!**, oh, ist das groß! **4** (*di attenuazione*) na ja *fam*: **era buono, ~, mangiabile!**, es war gut, na ja *fam*, man konnte es essen!

òde *f lett* {+PINDARO} Ode f.

O.d.G. *abbr di* Ordine del Giorno: TO (*abbr di* Tagesordnung).

odiàre <*odio, odi*> **A** *tr* **1** (*avere in odio*) ~ **qu/qc** {ASSASSINO, DITTATURA} jdn/etw hassen **2** (*aborrire*) ~ **qc** {MESCHINITÀ} etw verabscheuen **B** *rfl* (*disprezzare se stesso*): **odiarsi sich hassen C** *rfl rec* (*detestarsi*): **odiarsi** {COLLEGHI, CONIUGI} sich hassen: **odiarsi a vicenda**, sich/einander *forb* hassen, sich nicht ausstehen/riechen *fam* können.

odièrno, (-a) *agg* **1** (*di oggi*) {RIUNIONE} heutig **2** (*attuale*) {CONDIZIONE SOCIALE, COSTUMI, SITUAZIONE POLITICA} gegenwärtig, derzeitig, jetzig.

òdio <*odi*> *m* (*ostilità*) {FEROCE, IMPLACABILE, MORTALE} Hass m, (*heftige*) Abneigung f: **avere in ~ qu**, jdn hassen; **venire in ~ a qu**, sich (dat) jds Hass zuziehen, sich bei jdm verhasst/[sehr unbeliebt] machen ● ~ **di classe** (*rivalità*), Klassenhass m; **in ~ alla legge** (*contro*), aus Abneigung gegen das Gesetz; ~ **di razza**, Rassenhass m.

odiosità <-> *f* (*l'essere odioso*) {+GESTO, PAROLA} Gehässigkeit f, Abscheulichkeit f, Verabscheuungswürdigkeit f.

odióso, (-a) *agg* (*detestabile*) {INSEGNANTE, MODO DI FARE} verhasst, hassenswert.

odissèa *f* **1** *lett*: Odissea, Odyssee f **2** *fig* (*peripezia*) Irrfahrt f: **il mio viaggio è stato un'~**, meine Reise war die reinste Odyssee.

òdo 1ª pers sing dell'*ind pres di* udire.

odontalgìa *f med* Zahnschmerz(en pl) m.

odontàlgico, (-a) <-ci, -che> **A** *agg* **1** *farm* {SOSTANZA} zahnschmerzstillend **2** *med* Zahnschmerz- **B** *m farm* (Zahn)schmerzmittel n.

odónto- primo elemento zahn-, Zahn-, odonto-, Odonto-: **odontoiatrico**, zahnärztlich, zahnmedizinisch, Zahnarzt-; **odontoiatria**, Zahnmedizin, Zahnheilkunde, Odontologie.

odontoiàtra <-*i m, -e f*> *mf med* Zahnarzt m, Zahnärztin f, Odontologe m *scient*, Odontologin f *scient*.

odontoiatrìa *f med* Zahnmedizin f, Zahnheilkunde f, Odontologie f *scient*.

odontoiàtrico, (-a) <-ci, -che> *agg med* {STUDIO} zahnärztlich, zahnmedizinisch, Zahnarzt-.

odontostomatologìa *f med* Mund- und Zahnheilkunde f.

odontotècnica <-che> *f med* Zahntechnik f.

odontotècnico, (-a) <-ci, -che> *med* **A** *agg* zahntechnisch **B** *m* (*f*) Zahntechniker(in) m(f).

odoràre **A** *tr* **1** (*annusare*) ~ **qc** {PROFUMO} an etw (dat) riechen; {CANE PISTA} etw wittern **2** *anche gastr* (*profumare*) ~ **qc** (**con qc**) {BIANCHERIA CON LA LAVANDA, POMODORO COL BASILICO} etw (mit etw dat) zum Duften bringen, etw mit (*irgendeinem*) Duft an|reichern **3** *fig* (*fiutare*) ~ **qc** {+AGENTE PROVOCATORE VANTAGGIOSA} etw wittern, etw ahnen **B** *itr* **1** (*profumare*) ~ **di qc** {BIANCHERIA DI LAVANDA} nach etw (dat) duften, nach etw (dat) riechen **2** *fig lett* (*puzzare*) ~ **di qc** {D'IMBROGLIO} nach etw (dat) riechen, nach etw (dat) schmecken.

odoràto *m* (*olfatto*) {+CANE, UOMO} Geruch(ssinn) m: **avere l'~ fino**, einen feinen Geruch[eine feine Nase *fam*] haben.

odóre *m* **1** *gener* (*sensazione*) ~ (**di qc**) {+BRUCIATO} Geruch m *nach/von* etw (dat): **avere ~ di qc**, nach etw (dat) riechen; **buon ~**, Duft m, Wohlgeruch m; ~ **di caffè**, Kaffeegeruch m, Kaffeeduft m; **cattivo ~**, übler Geruch, Gestank m *spreg*; ~ **di chiuso**, stickige Luft; ~ **di muffa**, muffiger Geruch; **c'è ~ di pulito**, hier riecht es sauber **2** (*puzza*) {+UOVA MARCE} Gestank m *spreg*: **usciamo, qui c'è troppo ~**, wir gehen raus, hier stinkt es zu sehr *spreg* **3** (*essenza odorosa*) Riechmittel n: **in strada gli odori si mescolavano**, auf der Straße vermischten sich die Gerüche **4** *fig* (*sentore*) ~ **di qc** {+DISCORDIA, GUERRA} (Ge)ruch m *forb* nach etw (dat): **sento ~ di inganno**, das riecht mir nach Betrug, das sieht mir nach Betrug aus; ~ **di morte**, Todesahnung f, Todesgefühl n **5** <*solo pl*> *gastr* Gewürzkräuter n pl ● **dar buon ~ di sé** *fig forb* (*fare bella figura*), einen guten Eindruck von sich (dat) hinterlassen; **qui c'è ~ di marcio**, hier riecht es faul; *fig* (*frode*), hier ist irgendwas faul *fam spreg*; **sentire ~ di quattrini** *fig* (*pensare che ci sia possibilità di guadagnare*), ein Geschäft wittern; **morire in ~ di santità** *fig relig*, im Ruf der Heiligkeit sterben; **c'è ~ di tempesta nell'aria** *fig* (*si avvicinano i rimproveri*), hier ist dicke Luft *fam*.

odorìno <*dim di odore*> *m* **1** (*profumino*) Aroma n, (*würziger*) Duft: **un delizioso ~ d'arrosto**, ein köstlicher Bratenduft **2** *iron* (*puzza*) {+PIEDI} Gestank m *spreg*.

odoróso, (-a) *agg* (*profumato*) {BIANCHERIA, CAPELLI, VINO} duftend, wohlriechend.

OE *ferr abbr di* Orient Express: Orientexpress m, Orient-Express m.

off <inv> *agg ingl* **1** (*che non è in funzione*) off, aus **2** *teat* {SPETTACOLO} alternativ.

offèndere <*coniug come* difendere> **A** *tr* **1** (*danneggiare*) ~ **qu/qc** (**in qc**) (**con qc**) {AMICO NELL'ONORE, CON ATTI, CON SCRITTI} jdn (*in etw dat*) (*mit etw dat/durch etw acc*) beleidigen, jdn (*in etw dat*) (*mit etw dat/durch etw acc*) verletzen: **hai offeso la sua sensibilità**, du hast seine/ihre Sensibilität verletzt **2** (*urtare*) ~ **qu** (**con qc**) {CON IL PROPRIO RIFIUTO} jdn (*mit etw dat*) beleidigen, jdn (*mit etw dat*) kränken **3** (*violare*) ~ **qc** {BUON SENSO, BUON GUSTO, MORALE, PUDORE} gegen etw (acc) verstoßen **4** (*infastidire*) ~ **qc** {COLORI VISTA} etw verletzen **5** (*ledere*) ~ **qu/qc** {GAMBA, NERVO} jdn/etw verletzen: **rimase offeso dallo scoppio di una bomba**, er wurde durch eine Bombenexplosion verletzt **6** *dir* (*ferire*) ~ **qc** {ONORE, PRESTIGIO} etw verletzen; ~ **qu** jdn beleidigen **B** *itr pron* (*risentirsi*): **offendersi** (**per qc**) {PER LA RISPOSTA DI QU} (*wegen etw gen*) beleidigt/gekränkt sein, sich (*wegen etw gen*) beleidigt fühlen: **ti sei offeso per quello che ho detto?**, hat dich gekränkt, was ich gesagt habe? **C** *rfl rec* (*insultarsi*): **offendersi** sich (*gegenseitig*) beleidigen.

offenditrìce *f* → **offensore**.

offensìva *f anche mil* (*azione organizzata*) {DIPLOMATICA} Offensive f: **sferrare un'~**, in die Offensive gehen, zum Angriff übergehen.

offensìvo, (-a) *agg* **1** (*lesivo della dignità*) {ATTI, PAROLE, TONO} beleidigend, verletzend **2** (*atto a ferire*) {OGGETTO} verletzend **3** *mil* {ARMI, GUERRA} offensiv, Angriffs-, Offensiv-.

offensóre, (**offenditrìce**) *m* (*f*) **1** (*chi offende*) Beleidiger(in) m(f) **2** *mil* Angreifer(in) m(f).

offerènte *mf* (*chi offre*) Spender(in) m(f); (*nelle aste*) Bieter(in) m(f): **aggiudicare qc al migliore/maggiore ~**, etw dem Meistbietenden zuschlagen.

offèrsi 1ª pers sing del *pass rem di* offrire.

offèrta *f* **1** (*proposta*) {+AIUTO} Angebot n: **fare un ~**, ein Angebot machen; ~ **di lavoro**, Stellenangebot n; (*nelle aste*) Gebot n; ~ **all'asta**, Ausbietung f **2** (*obolo*) Spende f: **fare un ~ in denaro**, Geld spenden; <*di solito al pl*> *relig* {+FEDELI} Opfergabe f **3** (*dono*) {VOTIVA} Gabe f: ~ **d'un sacrificio**, Opfergabe f **4** *comm* Angebot n: ~ **speciale**, Sonderangebot n; **al supermercato i biscotti sono in ~**, im Supermarkt sind die Kekse im Angebot; (*prezzo*) *anche* Offerte f **5** *dir econ* Angebot n: **la domanda e l'~**, Angebot und Nachfrage ● ~ **reale** *dir*, Realangebot n.

offèrto *part pass di* offrire.

offertòrio <-*ri*> *m relig* Offertorium n.

offèsa① *f* **1** (*affronto*) Beleidigung f, Kränkung f: **il suo comportamento è un'~ nei miei confronti**, sein/ihr Verhalten ist eine Beleidigung mir gegenüber; **recare ~ a qu**, jdn beleidigen **2** (*oltraggio*) ~ **a/per qc** Verletzung f *etw* (gen), Verstoß *gegen etw* (acc): **è un'~ al buon gusto**, das ist ein Verstoß gegen den guten Geschmack; **un'~ per la verità**, eine Verdrehung der Wahrheit **3** *fig* (*lesione*) *f*: **temere le offese degli anni**, die Gebrechen des Alters fürchten; *rar* (*fisica*) {+INCIDENTE} Verletzung f **4** *dir* (*reato di ~*) ~ **a qu/qc** Beleidigung f jds, Verletzung f *etw* (gen): ~ **a emblemi di Stati esteri**, Verletzung f von Hoheitszeichen ausländischer Staaten; ~ **al pudore e all'onore sessuale**, Verletzung f des Schamgefühls und der Geschlechtsehre; ~ **al Presidente della Repubblica (italiana)**, Beleidigung f des (italienischen) Staatspräsidenten; ~ **ai rappresentanti di Stati esteri**, Beleidigung f von Vertretern ausländischer Staaten **5** *mil* Angriff m **6** *sport* (*nella scherma*) Angriff m ● **lavare un'~ col sangue** *fig* (*uccidendo*), eine Beleidigung mit Blut sühnen; **senza ~!**, nichts für ungut! *fam*.

offèsa② *f* → **offeso**.

offèsi 1ª pers sing del *pass rem di* offendere.

offéso, (-a) **A** part pass di offendere **B** agg **1** (risentito) {AMICO, CLIENTE} beleidigt, verletzt, gekränkt: sentirsi ~ da qc, sich durch etw (acc) beleidigt fühlen **2** (leso) {PARTE} verletzt **C** m (f) Beleidigte mf decl come agg, Gekränkte mf decl come agg: smetti di fare l'~!, hör mal auf, den Beleidigten/die beleidigte Leberwurst fam scherz zu spielen!

officiànte **A** agg {SACERDOTE} zelebrierend **B** m (chi celebra) Zelebrant m, Offiziant m.

officiàre <officio, offici> itr relig (celebrare) {PAPA, PARROCO} zelebrieren.

officina f **1** (laboratorio) {AUTORIZZATA, MECCANICA} Werkstatt f, Werkstätte f forb: ~ di riparazioni/montaggio, Reparatur-/Montagewerkstatt f **2** fig (ARTISTICA, CULTURALE, LETTERARIA; +ELOQUENZA} Werkstatt f **3** mil Werkstätte f.

officinàle agg farm {PRODOTTO} Arznei-; {PIANTA} anche Heil-.

off-limits <inv> loc agg avv ingl **1** (vietato) {TERRITORIO} off limits **2** fig (proibito) {ARGOMENTO, COMPORTAMENTO, TEMA} verboten, Tabu-.

off line <inv> loc agg avv ingl inform {EDITORIA} off-line.

offrìre <irr offro, offersi o offrii, offerto> **A** tr **1** (dare) ~ qc a qu {CIBO, CURE A UN AMICO} jdm etw an|bieten; {ACQUA, VINO} anche jdm etw kredenzen forb: chi mi offre una sigaretta?, wer gibt mir eine Zigarette?; fig {OCCASIONE, POSSIBILITÀ} jdm etw bieten; {AIUTO, OSPITALITÀ, PROTEZIONE} jdm etw an|bieten **2** (proporre) ~ qc a qu {CONTRATTO, IMPIEGO, SCAMBIO} jdm etw an|bieten, jdm etw vor|schlagen: gli offrirono di pagare tutto in quindici giorni, sie boten ihm an, alles in vierzehn Tagen zu bezahlen; ~ qc a qu (in/come qu) {GIOIELLO IN PEGNO, COME GARANZIA} jdm etw (als etw acc) an|bieten **3** (regalare) ~ qc a qu {MAZZO DI FIORI ALLA FIDANZATA, TARGA RICORDO AL REGISTA} jdm etw schenken **4** (mettere in vendita) ~ qc (a qu) (a qc) {PRODOTTO A UN BUON PREZZO} (jdm) etw (zu etw dat) an|bieten, (jdm) etw (zu etw dat) offerieren obs **5** (essere disposto a pagare) ~ qc (per qc) {100 EURO PER IL BIGLIETTO DEL CONCERTO} etw für etw (acc) bieten **6** (produrre) ~ qc {REGIONE GRANO, OLIO, VINO} etw bieten: il mercato non offre nulla di meglio, der Markt bietet nichts Besseres **7** fig (esibire) ~ qc (a qu/qc) {IL PROPRIO DOLORE ALLA VISTA DI TUTTI} (jdm/etw) etw zeigen; {TRISTE SPETTACOLO} (jdm/etw) etw bieten **8** fig (presentare) ~ qc (a qu) (jdm) etw dar|bieten: hanno offerto uno spettacolo di grande interesse artistico, sie boten ein in künstlerischer Hinsicht sehr interessantes Schauspiel **9** fig (consacrare) ~ qc a qu {ANIMA A DIO} jdm etw widmen; {SACRIFICIO AGLI DEI} opfern **10** fam (pagare) ~ (qc) (etw) zahlen: oggi offre lui (il pranzo), heute zahlt er (das Mittagessen) **B** itr pron (presentarsi): offrirsi a qc {INSOLITO SPETTACOLO AI NOSTRI OCCHI} sich etw (dat) dar|bieten; fig offrirsi a qu {POSSIBILITÀ} sich (jdm) bieten **C** rfl **1** (essere disposto): offrirsi di fare qc sich an|bieten, etw zu tun; sich erbieten, etw zu tun forb: si è offerto di accompagnarci in macchina, er hat sich angeboten, uns im Wagen zu begleiten **2** (candidarsi): offrirsi (come qu/qc) sich (als jd/etw) an|bieten, sich (als jd/etw) zur Verfügung stellen, (als jd/etw) zur Verfügung stehen: si offre come cameriera, sie stellt sich als Kellnerin zur Verfügung; offrirsi volontario, sich freiwillig melden, sich als Freiwilliger melden **3** (consacrarsi): offrirsi a qu {A DIO} sich jdm widmen, sich jdm opfern.

offset ingl edit tip **A** <inv> agg {CARTA, MACCHINA} Offset(druck)- **B** <> m (stampa in ~) Offsetdruck(verfahren) n m.

offshore ingl **A** <inv> agg **1** (rif. a ricerche petrolifere) Offshore- **2** econ sport Offshore- **B** <> m **1** (motoscafo) Offshoreboot n **2** sport Offshore m.

offshore fund <> loc sost m ingl banca econ Offshorefonds m.

offuscaménto m **1** (oscuramento) Verdunk(e)lung f **2** fig (annebbiamento) {+MENTE, PENSIERI} Trübung f.

offuscàre <offusco, offuschi> **A** tr ~ qc **1** (oscurare) {NUVOLE CIELO, SOLE} etw verdunkeln, etw verfinstern **2** fig (annebbiare) {LACRIME VISTA; TEMPO RICORDI} etw trüben; {VINO MENTE} etw benebeln, etw trüben; {FAMA, MERITI} etw schmälern, etw beeinträchtigen **B** itr pron: offuscarsi **1** {CIELO, VISTA} sich verfinstern, sich verdunkeln **2** fig {RICORDI} sich trüben, verschwimmen.

Ofìdi m pl zoo Schlangen f pl.

oftàlmico, (-a) <-ci, -che> agg anat med {LENTE, NERVO} Augen-, ophthalmisch scient.

oftalmologìa f med Augenheilkunde f, Ophthalmologie f scient.

oftalmològico, (-a) <-ci, -che> agg med die Augenheilkunde betreffend, ophthalmologisch scient.

oftalmòlogo, (-a) <-gi, -ghe> m (f) med Augenarzt m, (Augenärztin f), Ophthalmologe m, (Ophthalmologin f) scient.

ogg. abbr di oggetto: Betr. (abbr di Betreff).

oggettìstica <-che> f Geschenkartikel m pl.

oggettivàre **A** tr (rendere oggettivo) ~ qc {SENTIMENTO} etw objektivieren, etw versachlichen **B** itr pron (esternarsi): oggettivarsi {SENSAZIONE} sich offenbaren.

oggettivazióne f **1** (concretizzazione) {+SENTIMENTI} Objektivierung f **2** spec filos psic Objektivation f, Objektivierung f.

oggettivìsmo m filos Objektivismus m.

oggettività <> f anche filos Objektivität f, Sachlichkeit f: giudicare con ~, objektiv/sachlich urteilen; mancare di ~, es an Sachlichkeit mangeln lassen.

oggettìvo, (-a) **A** agg **1** (dell'oggetto) {DATO, REALTÀ} objektiv, gegenständlich **2** (obiettivo) objektiv, unvoreingenommen, sachlich: voglio dare un giudizio ~, ich möchte ein unvoreingenommenes Urteil abgeben **3** filos psic objektiv **4** gramm {PROPOSIZIONE} Objekt- **5** med {SINTOMO} real **B** f gramm Objektsatz m.

oggètto **A** <inv> agg inform {CODICE, LINGUA, LINGUAGGIO} Objekt- **B** m **1** (unità materiale) {+AVORIO, LEGNO; ANTICO, MODERNO} Gegenstand m, Ding n fam, Sache f, Objekt n: ~ d'arte, Kunstgegenstand m, Kunstobjekt n; oggetti preziosi, Wertgegenstände m pl; oggetti d'uso corrente/personale, Gegenstände m pl des täglichen Bedarfs/für den persönlichen Gebrauch, Gebrauchsgegenstände m pl **2** (persona o cosa sulla quale transita l'azione) {AMATO, DESIDERATO, SOGNATO; +AMMIRAZIONE, PENSIERI, SCHERNO} Gegenstand m, Objekt n: essere ~ di persecuzione, verfolgt werden **3** (argomento) Gegenstand m, Thema n: avere per ~ qc, etw zum Gegenstand haben; ~ del discorso/della ricerca, Gesprächs-/Forschungsgegenstand m **4** (scopo) {+VIAGGIO} Ziel n, Zweck m **5** amm (abbr ogg.) Betreff m **6** dir (contenuto) {+CONTRATTO} Gegenstand m des Vertrags; sociale, Gegenstand m des Unternehmens, Gesellschaftszweck m; conseguire l'~ sociale, den Unternehmensgegenstand erreichen **7** dir (contenuto) {+CONTRATTO} Gegenstand m, Inhalt m **8** filos Objekt n **9** gramm (com-

plemento ~) Akkusativobjekt n, Akkusativergänzung f **C** <inv> loc agg avv amm (di cui si parla): in ~, oben genannt; la questione in ~, die Frage, um die es geht; con riferimento a quanto indicato in ~ ..., unter Bezugnahme auf die im Betreff genannte Angelegenheit ... • non gettare oggetti dal finestrino, keine Gegenstände aus dem Fenster werfen; ~ giuridico del reato dir (bene offeso dal reato), verletztes Rechtsgut; ~ volante non identificato, unbekanntes Flugobjekt.

oggettualità <> f Objektivität f.

òggi **A** avv **1** gener heute: quanti ne abbiamo ~? – Ne abbiamo tre, den Wievielten haben wir heute? – Den Dritten; ~ come ~, (so) wie es heute steht; che giorno è ~? – È martedì, was für ein Tag ist heute? – Dienstag; ~ a otto/quindici, heute in acht Tagen/[zwei Wochen]; proprio ~, ausgerechnet/gerade heute; quest'~, heute (noch); sono tre settimane ~, es ist jetzt drei Wochen her; ~ stesso, heute noch **2** (in questo momento) heute: ~ pensa una cosa, domani un'altra, heute meint er/sie dies und morgen das **3** (al giorno d'~) heutzutage: ~ non sarebbe più concepibile, heutzutage wäre das nicht mehr denkbar **B** m (solo sing) **1** Heute n: il giornale di ~, die Zeitung von heute; basta per ~, Schluss für heute, für heute genug, für heute reicht's fam **2** (presente) Heute n, Gegenwart f: ~ o mai più, jetzt oder nie **C** <inv> loc agg (attuale): d'~ {MODA, SITUAZIONE} heutig; la gioventù d'~, die Jugend von heute; l'Italia d'~, das heutige Italien • dall'~ al domani fig (improvvisamente), von heute auf morgen; fin/[a partire] da ~, ab heute, von heute an; fino a ~, bis heute; da ~ in poi, von heute an; a tutt'~, bis zum heutigen Tag, bis heute; ~ a me domani a te prov (le disgrazie capitano a tutti), heute mir, morgen dir.

oggidì, **oggigiórno** **A** avv (oggi) heutzutage: ~ certi metodi non valgono più, heutzutage taugen bestimmte Methoden nichts mehr **B** <inv> loc agg (moderno): d'~/di ~, von heute; i giovani d'~ sono più esigenti, die Jugend von heute ist anspruchsvoller.

ogìva f **1** arch Spitzbogen m **2** mil Spitze f: ~ del missile, Geschossspitze f, Raketenkopf m; ~ nucleare, Atomsprengkopf m.

ogivàle agg arch {ARCHITETTURA} spitzbogig, Spitzbogen-, Ogival-; {ARCO} Spitz-.

ogm, **OGM** <> m biol abbr di Organismo Geneticamente Modificato: GMO m (abbr di gentechnisch modifizierter Organismus), GVO m (abbr di gentechnisch veränderter Organismus).

ógni <inv, solo al sing> agg indef **1** (ciascuno) jede(r, s): lo vedo ~ giorno, ich sehe ihn jeden Tag; mi interrompe a ~ istante, er/sie unterbricht mich ständig **2** (tutti) alle, jede(r, s): abbiamo tentato con ~ mezzo, wir haben kein Mittel unversucht gelassen/alles versucht; bisogna stare attenti a ~ particolare, man muss auf jede Einzelheit achten; ~ uomo è mortale, jeder Mensch ist sterblich **3** (qualsiasi) jeder, jede Beliebige, jeglicher: sospendo ~ altra attività, ich unterbreche jede weitere Tätigkeit, ich lasse alles stehen und liegen; erano presenti persone d'~ ceto sociale, es waren Leute aus allen sozialen Schichten anwesend; adatto per ~ uso, für jeglichen Gebrauch geeignet **4** (con valore distributivo) all, jeder: viene ~ tre o quattro giorni, er/sie kommt alle drei, vier Tage; mi scrive ~ sei mesi, er/sie schreibt mir alle halbe(n) Jahre; l'autobus passa ~ dieci minuti, der Bus fährt alle zehn Minuten/im Zehn-Minuten-Takt]; uno ~ dieci, jeder Zehnte **5** (massimo) größte(r, s), höchste(r, s), äußerste(r, s): con ~

cura, mit größter Sorgfalt; **con ~ riguardo**, mit Hochachtung • **in ~ dove** (*dappertutto*), überall; ~ **tanto** (*di tanto in tanto*), hin und wieder, von Zeit zu Zeit, ab und zu.

ogniqualvòlta cong lett (*ogni volta che*) ~ ... ind/congv, jedes Mal, wenn... ind; sooft... ind: ~ **lo giudicate/giudichiate necessario**, sooft ihr es für notwendig erachtet.

Ognissànti <-> m (*festa*) Allerheiligen n.

ognóra avv poet (*sempre*) immer, allezeit obs.

ognùno, (-a) <solo sing> pron indef (*ogni persona*) (ein) jeder, (eine) jede, (ein) jedes, jedermann: (**come**) ~ **sa**, (wie) jedermann weiß; ~ **a casa propria**, jeder ⌊zu sich (dat) nach Hause⌋/[bei sich (dat) zuhause/daheim]; **se ne sono andati ~ per conto suo**, jeder ist seiner Wege gegangen; ~ **è libero di fare come crede**, (einem) jedem steht es frei, zu tun, was er für richtig hält; ~ **si occupi dei fatti suoi**, ein jeder kümmere sich um seine eigenen Angelegenheiten; ~ **ha i suoi gusti**, die Geschmäcker sind verschieden *fam scherz*, über Geschmack lässt sich nicht streiten; ~ **pensa a sé**, ein jeder denkt an sich selbst; **tornate ~ al vostro posto**, ein jeder kehre auf seinen Platz zurück; ~ **di qu/qc** {DI NOI, DI VOI, DI LORO, DI QUESTE RIVISTE} jede(r, s) *von jdm/etw*.

oh inter **1** (*di dolore, di preoccupazione*) ach!, au!, oje!: **oh, che male!**, au, tut das weh!; **oh, come faremo adesso?**, oje, was machen wir jetzt bloß? **2** (*di impazienza*) o!, oh!: **oh, che barba!** *fam*, ach du meine Güte *fam*, ist das langweilig! **3** (*di compassione*) o!, oh!: **oh, povero ragazzo!**, oh, du armer Junge! **4** (*di sdegno*) bäh!, ih!: **oh, che schifo!**, bäh, ⌊das ist ja⌋/[wie] widerlich *spreg*/eklig! **5** (*di meraviglia*) oh!: **oh, che bel cavallo!**, oh, was für ein schönes Pferd!

ohé inter fam he *fam*!: **ohé, dove credi di essere?**, he, was glaubst du denn, wo du bist? *fam*.

òhi A inter **1** (*di dolore*) au(a)!: **ohi, mi fai male!**, au(a), du tust mir weh! **2** (*di rammarico*) o je!, ach je!: **si è rotto per la seconda volta il naso! – ohi!**, er hat sich (dat) zum zweiten Mal die Nase gebrochen! – O je! **3** (*di contrarietà*) ach!, och! *fam*: **adesso non posso più venire! – ohi!**, ich kann jetzt nicht mehr kommen! – Ach! **4** (*unito a pron*) ach!: **ohi me!**, ich Armer!, weh mir! *forb*; **ohi noi!**, wehe uns! *forb* B loc inter: **ohi là!**, he! *fam*; **ohi là! C'è qualcuno?**, he! He Ist da jemand?

ohibò inter (*di disapprovazione*) pfui!: ~, **che coraggio dire certe cose!**, pfui, wie kann man nur ⌊solche Sachen⌋/[so was] sagen!; ~, **che schifo!**, pfui, Teufel!

ohimè inter (*di sconforto*) oje(mine) *obs*!, weh mir *forb*!: ~! **che disgrazia!**, oje *obs*, was für ein Unglück!

ohm <-> m elettr fis Ohm n.

oibò → **ohibò**.

OIC f econ abbr di Organizzazione Internazionale del Commercio: Internationale Handelsorganisation.

OIJ f econ abbr del franc Organisation Internationale des Journalistes (*organizzazione internazionale dei giornalisti*) IJV f (abbr di Internationale Journalistenvereinigung).

OIL f econ abbr di Organizzazione Internazionale del Lavoro: IAO f (abbr di Internationale Arbeitsorganisation).

OIM f polit abbr di Organizzazione Internazionale delle Migrazioni: Internationale Migrationsbehörde.

O.K., okay ingl fam A <inv> agg (*a posto*) o.k. *fam*, O.K. *fam*, okay *fam*, in Ordnung: **essere O.K.**, in Ordnung sein, okay sein *fam*; **tutto O.K.!**, alles okay *fam*!, alles in Ordnung!, alles palett! *fam* B <-> m Okay n *fam*: **avere/dare l'O.K.**, das Okay haben/geben *fam* C inter (*va bene*) okay! *fam*: **vieni con noi alla partita? O.K.!**, kommst du mit uns zum Spiel? Okay! *fam*.

OL abbr elettr fis di onde lunghe: LW (abbr di Langwelle).

ola <-e, -as pl spagn> f spagn (*movimento dei tifosi*) La Ola(-Welle) f: **fare la ola**, (die) La Ola(-Welle) machen.

olà inter (*per richiamare l'attenzione in modo minaccioso o scherzoso*) heda *obs*!, holla!: **olà, state zitti**, heda *obs*, haltet mal euren Mund! *fam*.

Olànda f geog Holland n.

olandése A agg holländisch, niederländisch B mf (*abitante*) Holländer(in) m(f), Niederländer(in) m(f) C m **1** <solo sing> (*lingua*) Holländisch(e), Niederländisch(e) n **2** gastr (*formaggio*) Edamer (Käse) m.

old economy <-, old economies pl ingl> loc sost f ingl econ Old Economy f.

olé spagn A m (*danza*) Olé n B inter *scherz* olé!

oleàndro m bot Oleander m.

oleàrio, (-a) <-ri m> agg **1** (*dell'olio*) {MERCATO} Öl- **2** (*delle olive*) {MOSCA} Oliven-.

olèico, (-a) <-ci, -che> agg chim {ACIDO} Öl-.

oleifìcio <-ci> m Ölfabrik f.

oleodótto m (Erd)ölleitung f, Pipeline f.

oleografìa f **1** tip Öl(farben)druck m **2** fig arte spreg (*opera poco originale*) Kitsch m spreg.

oleogràfico, (-a) <-ci, -che> agg **1** tip (*che riguarda l'oleografia*) den Öl(farben)druck betreffend, Öl(farben)druck- **2** tip (*prodotto con l'oleografia*) Öldruck- **3** fig arte spreg (*poco originale*) {OPERA} kitschig spreg, banal spreg.

oleosità <-> f (*untuosità*) {+IMPASTO} Ölig̈keit f, ölige Beschaffenheit.

oleóso, (-a) agg **1** (*che contiene olio*) {IMPASTO, SEMI} ölhaltig **2** (*simile all'olio*) {LIQUIDO, SOLUZIONE, SOSTANZA} ölig.

olezzànte agg **1** lett (*profumato*) duftend, wohlriechend *forb* **2** iron (*maleodorante*) stinkend *spreg*, übel riechend.

olezzàre itr **1** lett (*profumare*) duften, Wohlgeruch aus|strömen *forb* **2** iron (*essere maleodorante*) stinken *spreg*, übel riechen.

olézzo m **1** lett (*profumo*) Wohlgeruch m *forb*, Duft m **2** iron (*puzza*) Gestank m *spreg*.

olfattìvo, (-a) agg (*dell'olfatto*) {STIMOLO} Geruchs-; anat {NERVO} Riech-.

olfàtto m (*odorato*) {FINE} Geruch(ssinn) m, Nase f *fam*.

Òlga f (*nome proprio*) Olga.

oliàre (*olio, oli*) tr **1** (*lubrificare*) ~ **qc** {INGRANAGGIO, SERRATURA, STAMPO} etw ölen **2** rar (*condire con olio*) ~ **qc** {INSALATA} etw mit Öl an|machen **3** fig (*corrompere*) ~ **qu** {FUNZIONARIO, USCIERE} jdn bestechen, jdn schmieren *fam spreg*.

oliàto, (-a) agg **1** (*lubrificato*) {MOTORE} geölt **2** (*condito*) {INSALATA} mit Öl angemacht.

oliatóre m **1** (*recipiente*) Ölkännchen n **2** tecnol Schmiernippel m.

olièra f Menage f; (*singola ampolla*) Ölflaschchen n, Ölkännchen n.

oligarchìa f anche polit stor {INDUSTRIALE} Oligarchie f.

oligàrchico, (-a) <-ci, -che> polit A agg oligarchisch B m (f) Oligarch(in) m(f).

oligocène m geol Oligozän n.

oligoelemènto m biol med Spurenelement n.

oligominerále agg {ACQUA} mit geringem Mineralgehalt.

oligopòlio <-li> m econ Oligopol n.

olimpìade f **1** <solo pl> sport Olympiade f, Olympische Spiele n pl: **olimpiadi invernali/estive**, Winter-/Sommerolympiade f, Olympische Winter-/Sommerspiele n pl **2** stor Olympiade f.

olìmpico, (-a) <-ci, -che> agg **1** sport {GIOCHI} Olympisch; {STADIO, VILLAGGIO} Olympia- **2** stor {DIVINITÀ} olympisch **3** fig (*imperturbabile*) {SERENITÀ} olympisch *forb*, göttergleich, erhaben, unerschütterlich.

olimpiònico, (-a) <-ci, -che> sport A agg {SQUADRA} Olympia-, olympisch: (*campione*) ~, Olympionike m, (Olympionikin f), Olympiasieger(in) m(f) B m (f) (*atleta*) Olympionike m, (Olympionikin f), Olympiateilnehmer(in) m(f).

olìmpo m **1** geog lett mitol: **Olimpo**, Olymp m **2** fig iron (*posizione elevata*) hohes Ross *forb*: **scese dal suo ~ per ascoltarci**, er/sie stieg von seinem/ihrem hohen Ross *forb* herunter und hörte uns an **3** fig (*élite*) Spitze f, Elite f, Olymp m: **appartiene all'~ degli armatori**, er/sie gehört zu den bedeutendsten Reedern; **entrare nell'~ delle rockstar**, in den Olymp der Rockstars eintreten.

òlio <-oli> m **1** Öl n: ~ **animale/vegetale**, Tier-/Pflanzenöl n; ~ **di balena**, (Walfisch)tran m; ~ **commestibile**, Speiseöl n; ~ **di fegato di merluzzo**, Lebertran m; ~ **minerale**, Erd-, Mineralöl n; ~ **di oliva/semi/ricino/arachidi**, Oliven-/Keim-/Rizinus-/Erdnussöl n; ~ **vergine d'oliva**, reines Olivenöl n; **extra vergine**, extra natives Olivenöl, Olivenöl nativ extra; **sott'~** gastr, in Öl eingelegt; ~ **di vaselina**, Vaseline f **2** arte (*nella pittura: quadro*) {+TINTORETTO, TIZIANO} Ölmalerei f **3** chim mecc tecnol (*Schmier*)öl n: ~ **per cilindri/ingranaggi/orologeria**, Motor(en)-/Getriebe-/Uhrenöl n; ~ **combustibile**, Heizöl n; ~ **multigrade/lubrificante**, Mehrbereichs-/Schmieröl n **4** (*nella cosmesi*) {+MANDORLE DOLCI} Öl n; ~ **abbronzante**, Sonnenöl n; ~ **essenziale**, ätherisches Öl • **chiaro come l'~** fig (*chiarissimo*), sonnenklar *fam*; **essere un ~** (*calmo*), {MARE} ruhig sein; **gettare ~ sul fuoco** fig (*fomentare il rancore*), Öl ins Feuer gießen; **lavorare con ~ di gomito** fig fam (*con lena*), sich ins Zeug legen *fam*; **qui ci vuole ~ di gomito** fig fam (*fatica fisica*), hier muss man kräftig zupacken; **liscio come l'~**, {MARE} spiegelglatt; **andare liscio come l'~** fig (*andare bene*), glattlaufen, glattgehen *fam*; **essere come l'~ per il lume** fig (*di grande aiuto*), eine große Hilfe sein; **gettare ~ sulle onde** fig (*calmare persone o situazioni*), Öl auf die Wogen gießen; **Olio santo** relig, Salböl n, heilige Öle; **dare a qu l'Olio santo** relig (*l'estrema unzione*), jdm die Letzte Ölung erteilen; **essere all'Olio santo** relig (*in punto di morte*), im Sterben liegen; **ricevere l'Olio santo** relig, die Krankensalbung/[Letzte Ölung *obs*] empfangen.

olìsmo m biol Holismus m.

olìstico, (-a) <-ci, -che> agg biol {TERAPIA} holistisch.

olìva A f {FARCITA, NERA, VERDE} Olive f: **olive da tavola**, Tafeloliven f pl B <inv> agg (*verde*) {COLOR} oliv(grün) C <-> m (*colore*) Olivgrün n • a ~ (*rif. alla forma*), olivenförmig, Oliven-; **vede cascare le olive nel paniere** fig (*avere casualmente una buona occasione*), ihm/ihr fällt (et)was in den Schoß.

olivàstro① m bot Oleaster m, Wilde Olive.

olivàstro②, (-a) A agg {CARNAGIONE, COLORITO} olivfarben, olivbraun B m (*colore*) Olivbraun n.

olivéto m Olivenhain m.

olivicoltóre, (-trice) m (f) *agr* Olivenbauer m, (Olivenbäu(e)rin f).
olivicoltùra f *agr* Olivenanbau m.
olìvo m **1** *bot* Olivenbaum m, Olive f: **~ selvatico**, Oleaster m **2** (*legno*) Olivenholz n **3** (*simbolo di pace*) Ölzweig m: **offrire/porgere** ⌊l'**~**⌋/[il ramoscello d'**~**], ein Friedensangebot machen ● **~ benedetto** *relig*, geweihter Ölzweig.
òlla f **1** *lett* (*pentola*) Tontopf m **2** *archeol* {FUNERARIA} Topf m.
ólmo m *bot* Ulme f, Rüster f.
olocàusto m **1** *relig stor* Menschen-, Brandopfer n **2** *fig* (*sacrificio*) Opfer n: **si è offerto in ~**, er hat sein Leben hingegeben **3** *stor* (*sterminio degli ebrei*) Holocaust m.
olocène m *geol* Holozän n.
olografìa f Holographie f.
ològrafico, (-a) <-ci, -che> agg (*dell'olografia*) holographisch.
ològrafo, (-a) agg *dir* {TESTAMENTO} eigenhändig, holographisch.
ologràmma <-i> m *fis* Hologramm n.
olóna *tess* **A** agg {TELA} Segel-, Bram- **B** f Segel-, Bramtuch n.
olotùria f *zoo* Seegurke f.
OLP f *polit abbr di* Organizzazione per la Liberazione della Palestina: PLO f (*abbr dell'ingl* Palestine Liberation Organization) (palästinensische Befreiungsorganisation).
oltraggiàre <oltraggio, oltraggi> tr (*offendere*) **~ qu/qc** {PUBBLICO UFFICIALE, ONORE DI QU} jdn/etw (schwer) beleidigen.
oltraggiatóre, (-trice) m (f) Beleidiger(in) m(f).
oltràggio <-gi> m **1** (*offesa*) **~ a qu** (schwere) Beleidigung jds: **fare ~ a qu**, jdn beschimpfen, jdn beleidigen; **~ a qc** {ALLA DIGNITÀ DI QU, ALLA MEMORIA DI QU} Beleidigung f etw (gen), {AL BUON GUSTO} anche Verletzung f etw (gen), Verstoß gegen etw (acc) **2** *fig* (*lesione*) {+ANNI} Schaden m: **l'~ del tempo**, der Zahn der Zeit *fam* **3** *dir* (*reato di offesa dell'onore o del prestigio*) Beleidigung f: **a pubblico ufficiale**, Beleidigung f einer Amtsperson; Beamtenbeleidigung f.
oltraggióso, (-a) agg (*ingiurioso*) {AFFERMAZIONE, GESTO} beleidigend, kränkend.
oltràlpe, *rar* **oltr'àlpe** **A** avv loc avv (*al di là delle Alpi*) jenseits der Alpen: **emigrare ~**, in Länder jenseits der Alpen auswandern **B** <-> m (*al di là delle Alpi*) Land n/Länder n pl jenseits der Alpen.
oltramontàno, (-a) agg **1** (*al di là dei monti, spec le Alpi*) {PAESE} jenseits der Berge **2** *fig* (*straniero*) {TRADIZIONI} ausländisch.
oltrànza **A** <inv> loc agg: **a ~**, {SCIOPERO} unbegrenzt; {LOTTA} bis zum Äußersten, bis aufs Messer *fam* **B** loc avv: **a ~**, bis zum Äußersten; **scioperare a ~**, unbegrenzt streiken.
oltranzìsmo m *polit* {POLITICO} Extremismus m.
oltranzìsta <-i m, -e f> *polit* **A** agg {IDEE, POSIZIONI} extremistisch **B** mf Extremist(in) m(f), Ultra m *slang*.
oltranzìstico, (-a) <-ci, -che> agg *polit* extremistisch.
óltre **A** avv **1** (*luogo*) weiter: **andare ~ (in qc)**, {NELLA LETTURA} (in etw dat) weitergehen, (mit etw dat) weitermachen *fam*; **non siamo andati ~**, wir sind nicht weitergegangen; **fino al fiume e non ~**, bis zum Fluss und nicht weiter; **è passato ~ senza fermarsi**, er ist weitergegangen, ohne stehen zu bleiben; **vedi ~**, siehe weiter unten **2** (*tempo*) später: **fino a mezzanotte e non ~**, bis Mitternacht und nicht später; (*tempo: rif. alla quantità*) mehr als; **ci vorranno due settimane e ~**, das wird mindestens/über zwei Wochen dauern; (*tempo: in frasi negative*) länger; **non aspetterò (più) ~**, ich werde nicht länger warten, ich warte nicht länger; **non abuserò ~ della sua cortesia**, ich werde seine/ihre Freundlichkeit nicht länger missbrauchen **3** *fig* (~ *il limite*) weit: **andare troppo ~**, zu weit gehen **B** prep **1** (*stato in luogo: dall'altra parte di*): **~ qc** {CONFINE, FIUME, SIEPE} jenseits etw (gen); {con i nomi geog si omette l'articolo}: **~ Manica/Atlantico**, jenseits des Ärmelkanals/Atlantiks; (*stato in luogo: superato*): **~ qc** hinter etw (dat); **l'ufficio postale è appena ~ via Roma**, das Postamt liegt direkt hinter der Via Roma; *fig* jenseits etw (gen); **~ ogni aspettativa**, alle Erwartungen übertreffend; **~ il lecito/giusto**, über das zulässige/rechte Maß hinaus **2** (*moto a luogo*): **~ qc** über etw (acc): **andò ~ le montagne**, er/sie überstieg die Berge **3** (*tempo*): **~ qc** über etw (acc), länger als etw (acc): **~ una certa data/ora/età**, über ⌊ein bestimmtes Datum⌋/[eine bestimmte Uhrzeit]/[ein bestimmtes Alter] hinaus **4** (*di qc: di solito davanti ai numerali*): **~ qc** mehr als etw (acc), über etw (acc): **accadde ~ dieci anni fa**, das geschah vor mehr als zehn Jahren; **c'erano ~ 200 invitati**, es waren über 200 Gäste anwesend; **~ cinque kilometri**, über fünf Kilometer; **è da ~ un'ora che aspetto**, ich warte seit über einer Stunde; **deve essere ~ i 60**, er/sie muss über 60 sein **C** prep **~ qu/qc** loc prep (*in aggiunta a, in più*): **a qu/qc** neben etw (dat), außer etw (dat): **~ a ciò ci sarebbero mille cose da dire**, ⌊darüber hinaus⌋/[außerdem] gibt es noch tausend Dinge zu sagen; **~ (al)la pensione ha qualche piccolo provento**, neben/außer der Rente hat er/sie noch ein kleines Einkommen **D** loc prep (*eccetto*): **~ a qu/qc** außer jdm/etw, mit Ausnahme von jdm/etw/+ gen, ausgenommen jd/etw/ ausgenommen: **~ a te non lo sa nessuno**, außer dir weiß niemand **E** loc cong (*non solo*): **~ che ... ind**, nicht nur... ind, sondern auch ...; sowohl... ind, als auch ...: **~ ad avergli incoraggiato, gli ho anche dato del denaro**, ich habe ihn nicht nur ermutigt, sondern ihm auch noch Geld gegeben; **~ che regista è anche scrittore**, er ist nicht nur Regisseur, sondern auch Schriftsteller.
oltreconfìne, **óltre confìne** **A** <inv> agg loc agg avv loc avv jenseits der Grenze, {REGIONI} Auslands-, {ANDARE} ins Ausland {TROVARSI, VIVERE} im Ausland **B** <-> m loc sost m Ausland n.
oltrecortìna *polit stor* **A** avv (*stato*) hinter dem Eisernen Vorhang (gelegen); (*moto*) hinter den Eisernen Vorhang **B** <-> m: (*paesi d'*) **~**, Länder pl hinter dem Eisernen Vorhang.
oltrefrontièra, **óltre frontièra** **A** <inv> agg loc agg avv loc avv jenseits der Grenze, {TERRITORI} Auslands-, {ANDARE} ins Ausland {ESSERE} im Ausland **B** <-> m loc sost m Ausland n.
oltremàre **A** <inv> agg {AZZURRO, BLU} ultramarin- **B** <inv> loc agg: **d'~**, {GENTE} aus Übersee; {PAESI, TERRE} Übersee-, überseeisch **C** <-> m **1** (*paesi*) Überseeländer n pl **2** (*colore*) {TESSUTO} Ultramarin(blau) n **D** avv (*stato in luogo: al di là del mare*) in Übersee; (*moto a luogo*) nach Übersee.
oltremarìno, (-a) agg **1** (*d'oltremare*) {TERRITORI} überseeisch, Übersee- **2** (*colore*) {AZZURRO, BLU} ultramarin.
oltremisùra, **óltre misùra** avv loc avv *lett* (*smisuratamente*) höchst, überaus, äußerst, über die Maßen *forb*.
oltremòdo, **óltre mòdo** avv loc avv *lett* **1** (*troppo*) überaus, enorm: **è ~ ingrassato**, er hat extrem zugenommen **2** (*estremamente*) äußerst, ausgesprochen, extrem: **un libro ~ interessante**, ein ausgesprochen interessantes Buch.
oltremondàno, (-a) agg *relig* (*dell'al di là*) {REGNO} jenseitig, überirdisch.
oltreoceàno **A** <inv> loc agg: **d'~**, {CINEMA} aus Übersee **B** avv (*stato*) in Übersee; (*moto*) nach Übersee.
oltrepassàre tr **1** (*andare oltre*) **~ qc** {CONFINE; ACQUA LIVELLO DI GUARDIA} etw überschreiten, (*con veicolo*) etw überfahren; {MONTE} etw übersteigen; *mar* {CAPO, PENISOLA} etw umsegeln; **~ qu (in qc)** {AVVERSARIO NELLA CORSA} jdn (*bei etw* dat) überholen **2** *fig* (*eccedere*) **~ qc** {I LIMITI DELLA DECENZA, LA MISURA} etw überschreiten, etw übersteigen.
oltretómba <-> m (*aldilà*) Jenseits n.
oltretùtto, **óltre tùtto** avv loc avv (*inoltre*) außerdem, darüber hinaus, ferner: **~ non ha avvisato**, außerdem hat er/sie nicht Bescheid gegeben.
OM 1 abbr di onde medie: MW (abbr di Mittelwelle) **2** *dir* abbr di Ordinanza Ministeriale: ministerielle Verordnung.
omaccióne <accr di uomo> m gutmütiger Riese *fam*.
omaggiàre tr **1** **~ qu** jdn verehren, jdm seine Ehrerbietung entgegenbringen **2** *scherz* (*donare*) **~ qu** (*di/con qc*) jdn (*mit etw* dat) beehren.
omàggio <-gi> **A** <inv> agg *comm* (*gratis*) {BORSA, CONFEZIONE} Geschenk-; {BIGLIETTO, COPIA} Frei-; {CAMPIONE} Probe-, kostenlos **B** m **1** (*regalo*) Geschenk n: **~ floreale**, Blumengeschenk n; *comm* (Werbe)geschenk n; **il libro è stato mandato in ~ a tutti i critici**, alle Kritiker bekamen das Buch als Geschenk zugeschickt; **ricevere un libro in ~**, ein Buch geschenkt bekommen **2** *fig* (*segno di rispetto*) **~ a qu/qc** Gedenken n (*an jdn/etw*), Huldigung f (*an jdn/etw*); {A UN ARTISTA} Hommage f *für/an jdn forb*: **rendere ~ a qu/qc**, {ALLA MEMORIA DI QU} jds/etw gedenken **3** <*di solito al pl*> (*ossequi*) Verehrung f, Hochachtung f: **presentare i propri omaggi a qu**, jdm seine Ehrerbietung bezeigen, jdm gegenüber seine Hochachtung zum Ausdruck bringen; (*saluti*) Empfehlung(en pl) f *forb*; **(Le porgo) i miei omaggi!**, meine Hochachtung! ● **in ~ alla consuetudine**, nach altem Brauch; **~ della ditta** *comm*, Werbegeschenk n; *scherz*, ein Geschenk der Firma *scherz*; **in ~ alla verità**, der Wahrheit zuliebe.
ombelicàle agg *anat med* {CORDONE, ERNIA} Nabel-.
ombelìco <-chi> m **1** *anat* (Bauch)nabel m **2** *fig* (*centro*) {+TERRA} Nabel m *forb*.
ómbra **A** <inv> agg *polit* {GABINETTO, GOVERNO} Schatten- **B** f **1** *gener* (*zona al riparo dalla luce*) Schatten m: **all'~ (di qc)**, im Schatten (*von etw* dat/+ gen); **nell'~ fitta dei boschi**, im tiefen Schatten der Wälder; **fare ~**, Schatten spenden; **è una pianta che ama l'~**, diese Pflanze liebt den Schatten **2** (*oscurità*) {+NOTTE, SERA} Dunkelheit f, Finsternis f: **la luce e l'~**, Licht und Schatten **3** (*sagoma*) {+CAMPANILE, CIPRESSI, PASSANTI} Schatten m **4** (*figura non riconoscibile*) Schatten m: **dietro alla finestra si muovevano delle ombre**, hinter dem Fenster bewegten sich Schatten **5** (*alone*) Rand m: **le macchie di grasso le hanno tolte, ma l'~ è rimasta**, die Fettflecken haben sie entfernt, aber ein Rand ist geblieben **6** *fig* (*traccia*) {+VERITÀ} Spur f: **c'era un'~ di ironia nel suo discorso**, in seiner/ihrer Rede lag eine Spur von

Ironie; **senz'~ di sospetto**, über jeden Verdacht erhaben; **senz'~ di dubbio**, zweifellos; **vorrei un'~ di latte nel caffè, per favore**, ich möchte bitte einen Schuss Milch in den Kaffee; (*sul viso, nella voce*) {+DOLORE} Schatten m, Schleier m **7** *fig* (*protezione*) Schutz m, Schirm m: **all'**/**[sotto l']~ di qu/qc**, unter dem Schutz von jdm/etw **8** *fig* (*dissapore*) Streitigkeit f: **qualche ~ ha turbato la loro amicizia**, ihre Freundschaft wurde durch einige Streitigkeiten getrübt **9** *arte* (*nella pittura*) {+CHIAROSCURO} Schattierung f **10** *fis* Schatten m **11** <*di solito al pl*> *lett* (*fantasma*) Gespenst n, Spuk m **12** *psic mitol* Schatten m **13** (*nei giochi di carte*) Lomber m • **agire**/**tramare nell'~** *fig* (*di nascosto*), im Verborgenen wirken; **ombre cinesi** (*proiettate per divertimento*), chinesische Schattenspiele; **dare**/**fare ~ a qu** *fig* (*oscurarlo*), jdm Schatten spenden; **dissipare le ombre** *fig* (*chiarire*), das Dunkel lichten *forb*; **diventare un'~** *fig* (*dimagrire molto*), spindeldürr werden; **essere l'~ di qu** *fig* (*accompagnare o pedinare qu*), jdm wie ein Schatten folgen; ⌊**essere**⌋/**sembrare l'~**⌋/[**ridursi all'~**] **di se stesso** (*dimagrire molto*) *anche* (*perdere grinta e capacità*), ⌊nur noch ein Schatten seiner selbst sein⌋/[zum Schatten seiner selbst werden]; **gettare delle ombre su qu/qc** *fig* (*gettare del sospetto*), einen dunklen Schatten über jdn/etw werfen; **lasciare qu nell'~** *fig* (*non valorizzarlo*), jdn im Schatten stehen lassen; **lasciare qc nell'~** *fig* (*non renderla nota*), etw im Verborgenen lassen; **mettere in ~ qu/qc** *fig* (*sovrastare per importanza*), jdn/etw in den Schatten stellen; **mezz'~** (*semioscurità*), Halbschatten m; **~ della morte** *fig* (*vicinanza*), die Nähe des Todes; **essere nato all'~ di S. Pietro**/**delle Torri**/**... fig** (*a Roma, a Bologna, ecc.*), in Rom/Bologna/... geboren sein; **senz'~ di quattrini**/**denaro** *fig* (*al verde*), völlig abgebrannt *fam*; **restare nell'~** *fig* (*non farsi notare*), im Dunkeln bleiben, ein Schattendasein führen, im Verborgenen bleiben; **seguire qu come un'~** *fig* (*accompagnare o pedinare qu*), jdm wie ein Schatten folgen; **senza ombre** *fig* (*senza punti poco chiari*), glasklar; **trarre qc dall'~** *fig* (*renderla nota*), etw bekannt machen, etw ans Licht bringen; **vivere all'~ di qu** *fig* (*sacrificare se stessi a favore del successo di qu*), in jds Schatten leben, sich jdm opfern; **vivere nell'~** *fig* (*nell'anonimato*), zurückgezogen leben.

ombràre *tr* **1** (*ombreggiare*) **~ qc** {DIPINTO} *etw* schattieren; {DISEGNO} *anche etw* schraffieren **2** *lett* (*oscurare*) **~ (qc)** {VIOTTOLO} *etw* beschatten.

ombreggiàre <*ombreggio, ombreggi*> *tr* **~ qc** (*con qc*) **1** (*fare ombra*) {ALBERI STRADA CON I RAMI; CIGLIA GOTE} *etw* (*mit etw dat*) beschatten **2** *arte* (*nella pittura*) {PAESAGGIO CON TONI SCURI} *etw* (*mit etw dat*) schattieren; (*nel disegno*) {RITRATTO CON LA MATITA} *etw* (*mit etw dat*) schraffieren, *etw* (*mit etw dat*) schattieren **3** (*nella cosmesi*) Schatten *auf etw* (*acc*) auf|tragen: **ombreggiò gli occhi di blu**, sie trug blauen Lidschatten auf.

ombreggiàto, (-a) *agg tip* schattiert.

ombreggiatùra f **1** *arte* (*nella pittura*) {+PAESAGGIO} Schattierung f; (*nel disegno*) *anche* Schraffierung f **2** *geog* {+CARTINA, RILIEVI} Schraffierung f **3** (*nella cosmesi*) {+OCCHI} Schattierung f.

ombrèlla f **1** *fig* (*fronde*) {+ALBERI} Schatten spendendes Laubwerk **2** *bot* Dolde f **3** *zoo* {+MEDUSA} Schirm m.

ombrellàio, (-a) <*-lai* m> m (f) **1** (*fabbricante*) Schirmmacher(in) m (f) **2** (*riparatore*) Schirmflicker(in) m (f) **3** (*venditore*)

Schirmverkäufer(in) m (f).

ombrellàta f Schlag m mit einem Schirm: **la vecchietta prese il ladro a ombrellate**, das Mütterchen schlug mit einem Schirm auf den Dieb ein.

ombrellifìcio <*-ci*> m (*fabbrica*) Schirmfabrik f.

ombrellìno <*dim di ombrello*> m **1** Schirmchen n, kleiner Schirm; (*parasole*) (kleiner) Sonnenschirm **2** *relig* (kleiner) Baldachin.

ombrèllo m **1** Schirm m: **~ pieghevole**, Knirps® m *fam*, Taschenschirm m; **~ da pioggia**/**sole**, Regen-/Sonnenschirm m **2** *fig* (*copertura*) {+FRASCHE, FRONDE} Schirm m **3** *aero mil* Schirm m: **~ aereo**, Fliegerschirm m.

ombrellóne <*accr di ombrello*> m (großer) Sonnenschirm: **~ da mercato**/**spiaggia**, Markt-/Sonnenschirm m.

ombrétto m (*nella cosmesi*) Lidschatten m.

ombrìna f *itt* Umber m.

ombrosità <-> f **1** (*oscurità*) {+BOSCHI} Dunkel n **2** *fig* {+CAVALLO} Scheu f; {+BAMBINO, RAGAZZA} *anche* Empfindlichkeit f, Verletzlichkeit f.

ombróso, (-a) *agg* **1** (*ricco d'ombra*) {BOSCO, LUOGO} schattig **2** (*che dà ombra*) {ALBERO, RAMI} Schatten spendend **3** *fig* (*permaloso*) {CAVALLO} scheu; {BAMBINO, CARATTERE, RAGAZZA} *anche* empfindlich, verletzlich.

omèga <-> m o m **1** (*lettera greca*) Omega n **2** *fig* (*fine*) Ende n, Omega n.

omelette <-> f *franc gastr* Omelett n, Omelette f.

omelìa f **1** *relig* Homilie f **2** *fig scherz* (*discorso*) Moralpredigt f *scherz*.

omeòpata <*-i* m, *-e* f> mf *med* Homöopath(in) m (f) *scient*.

omeopatìa f *med* Homöopathie f *scient*.

omeopàtico, (-a) <*-ci, -che*> *med* **A** *agg* {RIMEDIO} homöopathisch *scient* **B** m (f) Homöopath(in) m (f) *scient*.

omeostàṣi <-> f *biol* Homöostase f.

omeostàtico, (-a) <*-ci, -che*> *agg biol* {ORGANISMO} homöostatisch.

omeotèrmo *zoo* **A** *agg* warmblütig **B** m Warmblüter m.

omeràle *agg anat* {ARTERIA} Schulter-.

omèrico, (-a) <*-ci, -che*> *agg* **1** (*di Omero*) {POEMA} homerisch **2** *fig* (*epico*) {IRA, RISATA} homerisch; {APPETITO} unbändig.

òmero m **1** *anat* Oberarmknochen m **2** <*di solito al pl*> *poet* (*spalla*) Schulter f.

omertà <-> f (*legge del silenzio*) Schweigepflicht f, Verschwiegenheit f, Omertà f: **l'~ rendeva impossibile ogni indagine**, die Omertà/[(allgemeine) Verschwiegenheit] machte jegliche Nachforschung unmöglich; **c'era ~ tra gli abitanti del villaggio**, aus den Dorfbewohnern war nichts herauszubekommen *fam*.

ométtere <*coniug come* mettere> *tr* **~ qc 1** (*tralasciare*) {DETTAGLIO, PAROLE} *etw* aus|lassen, *etw* weg|lassen **2** (*non fare*) {DENUNCIA} *etw* unterlassen, *etw* versäumen; **~ di fare qc**, es unterlassen, etw zu tun.

ométto <*dim di uomo*> m **1** (*piccolo uomo*) Männchen n, kleiner Mann; (*uomo semplice*) einfacher Mann **2** *fig* (*bambino*) kleiner Mann, Kerlchen m: **tuo figlio** ⌊**è già**⌋/[**si comporta già come**] **un ~**, dein Sohn ⌊ist schon⌋/[benimmt sich schon wie] ein richtiger kleiner Mann **3** *region* (*gruccia*) Kleiderbügel m **4** (*nel biliardo*) Kegel m **5** *alpin* (*piramide di pietre*) Steinhaufen m.

OMI f *mar abbr di* Organizzazione Marittima Internazionale: IMO f (*abbr dell'ingl* International Maritime Organization) (internationale

Seeschifffahrtsorganisation).

omiciàttolo <*pegg di uomo*> m **1** (*fisicamente*) kleiner Kerl, Knirps m *spreg*, Männeken n *norddt* **2** (*moralmente*) kümmerlicher Wicht *spreg*.

omicìda <*-i* m, *-e* f> **A** *agg* **1** (*che uccide*) {MANO} Mörder- **2** (*di assassinio*) {STRUMENTO, TENTATIVO, VOGLIA} Mord-; {SGUARDO} Mörder-; {INTENZIONE} Tötungs- **B** *mf* (*assassino*) Mörder(in) m (f).

omicìdio <*-di*> m (*uccisione*) {RITUALE} Tötung f: **tentato ~**, Tötungsversuch m; **dir** (*reato di ~*) Tötung f; (*per dolo grave*) Mord m; (*per dolo semplice*) Totschlag m; **~ colposo**, fahrlässige Tötung; **~ del consenziente**, Tötung f auf Verlangen; **~ doloso**/**volontario**, vorsätzliche Tötung; **~ preterintenzionale**, Körperverletzung f mit Todesfolge • **~ bianco**, "Tod m durch Arbeitsunfall wegen unzureichender Sicherheitsmaßnahmen".

ominìcchio <*-chi*> m *spreg* (*uomo da poco*) unbedeutender Wicht *spreg*.

omìnide m *paleont* Hominide m.

omìṣi 1ª pers sing del pass rem *di* omettere.

omissàto, (-a) *agg giorn* (*coperto da omissis*) lückenhaft.

omissìbile *agg* (*tralasciabile*) {DETTAGLIO, PARAGRAFO} weglassbar; {ATTO} unterlassbar.

omissióne f **1** (*il tralasciare*) {INVOLONTARIA; +VIRGOLA} Auslassen n, Weglassen n **2** (*cosa tralasciata*) Auslassung f, Weglassung f: **sei sicuro che non ci sono omissioni nella lista?**, bist du sicher, dass ⌊es keine Auslassungen in der Liste gibt⌋/[die Liste vollständig ist]? **3** *dir* (*mancato compimento di un'azione doverosa*) Unterlassen n (einer gebotenen Handlung): **~ di atti d'ufficio**, Unterlassung f von Amtshandlungen; **~ di denuncia**, Nichtanzeige f von Straftaten; **~ di soccorso**, unterlassene Hilfeleistung.

omissis <-> m *lat* Weglassung f.

òmnibus <-> m *lat stor* Omnibus m.

omo- primo elemento (*uguale*) homo-, Homo-: **omografo**, homographisch; Homograph m.

omofilìa f **1** (*omosessualità*) Homophilie f **2** *biol* Homophilie f.

omòfilo, **A** *agg* **1** (*omosessuale*) {SOGGETTO} homophil **2** *biol* homophil **B** m (f) Homophile mf decl come agg.

omofobìa f (*avversione per l'omosessualità*) Homophobie f.

omòfobo, (-a) **A** *agg* (*di omofobia*) {ATTEGGIAMENTO} homophob **B** m (f) Homophobe mf decl come agg.

omofonìa f **1** *ling* Gleichlaut m **2** *mus* Homophonie f.

omòfono, (-a) **A** *agg* **1** *ling* {PAROLE} gleich lautend **2** *mus* {BRANO} homophon **B** m *ling* Homophon n.

omogamìa f **1** *biol* Homogamie f **2** *bot* Homogamie f.

omògamo, (-a) *agg bot* {FIORE} homogam.

omogeneità <-> f **1** *anche fig* (*uniformità*) {+COMPOSTO, ELEMENTI, TEMA} Homogenität f, Gleichartigkeit f **2** *fis mat* Homogenität f.

omogeneizzàre *tr anche fig* (*rendere omogeneo*) **~ qc** {COMPOSTO, LATTE} *etw* homogenisieren; {ABITUDINI} *etw* aufeinander ab|stimmen, *etw* in Übereinstimmung/Einklang bringen.

omogeneizzàto, (-a) **A** *agg* (*reso omogeneo*) {LATTE} homogenisiert **B** m <*di solito al pl*> (*alimento*) {+FRUTTA, PESCE, VERDURA} (Kinder)fertignahrung f.

omogeneizzazióne f {+FRUTTA, LATTE, PESCE, VERDURA} Homogenisierung f.

omogèneo, (-a) *agg* **1** (*uniforme*) {IMPA-

omografia | **ondulazione**

STO, LIQUIDO} homogen **2** *fig* (*armonico*) {INSIEME DI COLORI} einheitlich, harmonisch; {GUSTI, IDEE} gleich(artig), ähnlich; {STILE} einheitlich **3** *chim fis mat* {COORDINATE, FUNZIONE, REAZIONE} homogen.

omografìa *f ling mat* {+PAROLE} Homographie *f*.

omògrafo, (-a) *ling* **A** *agg* {PAROLE} homographisch **B** *m* (*parola*) Homograph *n*.

omologàre <*omologo, omologhi*> **A** *tr* ~ *qc* **1** (*ratificare*) {BREVETTO, CONTRATTO, DOCUMENTO} *etw* genehmigen; *tecnol* {AUTOVEICOLO} *etw* zu|lassen **2** *fig* (*massificare*) {MEDIA ABITUDINI, LINGUAGGIO} *etw* vereinheitlichen, *etw* gleich machen **3** *dir* (*convalidare ufficialmente*) {ATTO, FATTO} *etw* bestätigen **4** *sport* {PARTITA DI CALCIO, PRIMATO} *etw* an|erkennen **B** *itr pron fig* (*adeguarsi*): **omologarsi a qc** {A UN MODELLO} sich *an etw* (acc) an|passen.

omologàto, (-a) *agg* **1** {AUTO, CASCO} zugelassen **2** (*conformista*) {COMPORTAMENTO} vereinheitlicht, Massen-: **cultura omologata**, Massenkultur *f*.

omologazióne *f* **1** (*ratifica*) {+BREVETTO, CONTRATTO, DOCUMENTO} Genehmigung *f*; *tecnol* {+AUTOVEICOLI} Zulassung *f*; {+IMPIANTO} Abnahme *f* **2** *fig* (*massificazione*) {ATTI, FATTI, LINGUAGGIO} Vereinheitlichung *f* **3** *dir* (*convalida ufficiale di atti o fatti*) Bestätigung *f*: ~ **della separazione consensuale dei coniugi**, gerichtliche Bestätigung der einverständlichen Trennung der Ehegatten **4** *dir* (*verifica dei requisiti per la costituzione di una società*) Prüfung *f* durch das Registergericht: **procedimento di ~**, Eintragungsverfahren *n* **5** *sport* {+PRIMATO} Anerkennung *f*.

omologìa *f* **1** (*corrispondenza*) ~ **di/fra qc** {DI/FRA ELEMENTI} Übereinstimmung *f* *zwischen etw* (dat) **2** *biol mat* Homologie *f*.

omòlogo, (-a) <*-ghi, -ghe*> *agg* **1** (*conforme*) {DATI} homolog, übereinstimmend, entsprechend **2** *biol chim* {COMPOSTI, CROMOSOMI, GENI, ORGANI} homolog **3** *mat* {ELEMENTI, LATI} homolog.

omóne <*accr di uomo*> *m* (*uomo grande e grosso*) Riesen-, Mordskerl *m fam*, Mannsbild *n fam*.

omònima *f* → **omonimo**.

omonimìa *f* **1** {+FILM, LIBRO, PERSONA} Gleichnamigkeit *f* **2** *ling* Homonymie *f*.

omònimo, (-a) *agg* **1** (*che ha lo stesso nome*) {IMPIEGATI, NEGOZI} gleichnamig: **la città di Attersee si trova sul lago ~**, die Stadt Attersee liegt am gleichnamigen See **2** *ling* {PAROLE} homonym **B** *m* (*f*) Namensvetter *m*, (Namensschwester *f*): **parliamo di due omonimi, non della stessa persona**, wir sprechen von zwei Namensvettern, aber nicht von derselben Person **C** *m ling* Homonym *n*.

omosessuàle A *agg* {TENDENZE} homosexuell; {COPPIA} *anche* Schwulen- *fam* **B** *mf* Homosexuelle *mf decl come agg*, Schwule *m fam*, Lesbe *f fam*.

omosessualità <-> *f* {DICHIARATA, LATENTE} Homosexualität *f*.

omosèx *fam* **A** <*inv*> *agg* {AMICO} homosexuell **B** <-> *mf* Homosexuelle *mf*.

omotelèuto *m ling* Homöoteleuton *n*.

omozigòsi <-> *f biol* Reinerbigkeit *f*, Homozygotie *f scient*.

omozigòte *m biol* reinerbiges Lebewesen, Homozygot *n scient*.

omozigòtico, (-a) <-*ci*, -*che*> *agg biol* reinerbig, homozygot *scient*.

OMR *m* **1** *abbr di* Ordine al Merito della Repubblica: Verdienstkreuz *n* der Italienischen Republik **2** *inform abbr dell'ingl* Optical Mark Recognition (*riconoscimento ottico di marcature*)

OMR (*optische Markierungserkennung, optisches Markierungslesen*).

OMS *f abbr di* Organizzazione Mondiale della Sanità: WHO *f* (*abbr di* World Health Organization) (*Weltgesundheitsorganisation*).

omùncolo *m* **1** *lett spreg* (*omiciattolo*) kleiner Kerl, Knirps *m spreg* **2** (*nell'alchimia*) Homunkulus *m*.

on <*inv*> *agg ingl* (*attivato*) on, an.

on. *abbr di* onorevole: Abgeordnete *mf decl come agg*.

ònagro① *m zoo* Onager *m*, Halbesel *m*.

ònagro② *m mil stor* (*lanciasassi*) Onager *m stor*.

onanìsmo *m* **1** (*masturbazione*) Onanie *f*, Masturbation *f* **2** *fig* (*atto narcisistico*) Onanie *f*, Selbstbefriedigung *f* **3** *relig* (*rapporto volutamente infecondo*) (Ehe)onanismus *m*.

onanìsta <-*i m, -e f*> *mf* Onanist(in) *m*(*f*).

ONAS *m abbr di* Ordine Nazionale Autori e Scrittori: "italienischer Autoren- und Schriftstellerverband".

òncia <*once*> *f* **1** *metrol* (*unità di peso e monetaria, abbr* oz) Unze *f* **2** *fig* (*minima quantità*) Fünkchen *n*, Quäntchen *n*: **non avere un'~ di giudizio**, kein Fünkchen Verstand haben.

onciàle *stor* **A** *agg* {CARATTERI, SCRITTURA} Unzial- **B** *f* (*scrittura*) Unzialschrift *f*, Unziale *f*.

oncogène *m med* Onkogen *n scient*.

oncologìa *f med* Krebsforschung *f*, Onkologie *f scient*.

oncològico, (-a) <-*ci*, -*che*> *agg med* onkologisch *scient*.

oncòlogo, (-a) <-*gi, -ghe*> *m* (*f*) *med* Onkologe *m*, (Onkologin *f*).

oncoterapìa *f med* Onkotherapie *f scient*.

ónda A *f* **1** (*flutto*) {+MARE; ANOMALA} Welle *f*, Woge *f forb*: ~ **di piena**, Flutwelle *f*; ~ **di risucchio**, Strudel *m*, Wirbel *m*, Sogwelle *f*; ~ **di traverso/prua**, Transversal-/Bugwelle *f* **2** (*motivo*) Wellenmotiv *n*: **un tessuto a onde rosse e gialle**, ein Stoff mit rot-gelbem Wellenmotiv **3** (*ondulazione*) {+CAPELLI} Wellenform *f*: **farsi fare le onde ai capelli**, sich (dat) das Haar wellen lassen **4** *fig* (*movimento fluttuante*) wellenförmige Bewegung: **andare a onde**, torkeln **5** *fig* (*l'avanzare*) {+ENTUSIASMO, RICORDI, SENTIMENTI} Welle *f*, Woge *f* **6** *fig* (*grande quantità*) {+LUCE} Flut *f*; {+PAROLE} *anche* Schwall *m* **7** *arch* Karnies *n* **8** <*di solito al pl*> *fis radio tel TV* {ELETTROMAGNETICHE, SONORE} Welle *f*: ~ **d'urto**, Stoßwelle *f*; **onde corte/lunghe/medie** (*abbr* OC/OL/OM), Kurz-/Lang-/Mittelwelle *f* **9** *geol* {SISMICA} Welle *f* **10** *lett* (*fiume, lago*) Wasser *n*, Wellen *f pl*; *poet* (*mare*) *anche* Meer *n*, Fluten *f pl forb* **11** *med* {MUSCOLARE, PERISTALTICA} Bewegung *f* **B** *loc agg* (*linea ondulata*): **a onde**, {CAPELLI} wellig, gewellt; {MOTIVO, PROFILO, VENATURE} Wellen-, wellenförmig • **all'~ gastr**, "Gericht mit nicht besonders dickflüssiger Soße" *andare/essere in ~ radio TV* (*essere trasmesso*), ausgestrahlt/gesendet werden; ~ **breve/lunga** *fig giorn* (*effetto lontano/vicino*), Langzeit-/Kurzzeitwirkung *f*; **cavalcare l'~** *fig* (*sfruttare una situazione favorevole*) auf der Welle schwimmen; **mandare qc in ~ radio TV** (*trasmettere*), etw ausstrahlen, etw senden, etw übertragen; ~ **nera** (*di petrolio*), Ölteppich *m*; **seguire l'~** *fig*, mit dem Strom schwimmen; **sull'~ di qc** *fig* (*sullo slancio di qc*), {DELL'ENTUSIASMO, DEL SUCCESSO} auf der Welle *von etw* (dat)/+ gen; ~ **verde autom** (*sincronizzazione dei semafori*), grüne Welle.

ondàta A *f* **1** (*colpo di mare*) Brecher *m*, Sturzwelle *f* **2** *fig* (*afflusso*) {+EMIGRANTI} Welle *f*: ~ **di caldo**, Hitzewelle *f* **3** *fig* (*diffusione*) {+COLLERA, ENTUSIASMO, MALCONTENTO} Welle *f* **4** *fig* (*il ripetersi*) {+BOCCIATURE, FURTI} Welle *f* **B** *loc avv* (*in modo ripetuto e regolare*): **a ondate**, wellenartig; **in estate i turisti si riversano sulle coste italiane a ondate**, die Touristen überschwemmen jeden Sommer (wellenartig) die italienischen Küsten.

ónde *lett* **A** *avv* **1** (*luogo: da dove*) woher, von wo: ~ **arrivate?**, woher kommt ihr?, wo kommt ihr her? *fam*; **lì c'è un'altura ~ si ammira uno splendido panorama**, dort gibt es eine Anhöhe, von der aus man einen wunderschönen Ausblick hat; (*luogo: attraverso cui*) durch etw (acc); **le valli ~ passammo**, die Täler, durch die wir gingen **2** (*da chi*) von wem: ~ **avete saputo tutto questo?**, von wem habt ihr das alles erfahren?, woher wisst ihr das alles? **3** (*con cui*) womit, wovon, von dem, mit dem: **i vestiti ~ ti copri**, die Kleider, die du trägst **4** (*di cui*) wovon, von dem **5** (*causa: dalla qual cosa*) weshalb, wovon, woraus: ~ **avvenne che...**, weshalb es dazu kam, dass... **B** *cong* **1** *lett* (*affinché*) ~... *congv*, damit... *ind*, dass... *ind*: **te lo ripeto ~ tu mi capisca bene**, ich wiederhole es dir, damit/[auf dass *obs scherz*] du mich richtig verstehst **2** *amm fam* (*per*) ~... *inf*, *con*... *inf*: **cercava un'apertura ~ uscire**, er/sie suchte eine Öffnung, um hinauszugelangen; ~ **provvedere all'arresto**, um die Verhaftung zu veranlassen • **aver ben ~** *fig* (*fondato motivo*), gute Gründe haben.

ondeggiaménto *m* **1** (*l'ondeggiare*) {+BARCA} Schwanken *n*, Schaukeln *n*; {+GRANO} Wogen *n*; {+BANDIERA} Wehen *n*, Flattern *n* **2** *fig* (*incertezza*) {+OPINIONE PUBBLICA} Schwanken *n*.

ondeggiàre <*ondeggio, ondeggi*> *itr* **1** {MARE} wogen, wallen *forb* **2** (*muoversi qui e là*) ~ (+ *compl di luogo*) {BARCA SUL MARE} (*irgendwo*) schwanken, (*irgendwo*) schaukeln **3** (*fluttuare*) ~ (**a qc**) {SPIGHE DI GRANO AL VENTO} (*in etw* dat) wogen; ~ (+ *compl di luogo*) {BANDIERA IN CIMA AL PALAZZO} (*irgendwo*) wehen, (*irgendwo*) flattern **4** (*vacillare*) schwanken, wanken, torkeln: **l'ubriaco camminava ondeggiando**, der Betrunkene torkelte **5** *fig* (*esitare*) ~ **tra qc** {TRA DUE POSSIBILITÀ} *zwischen etw* (dat) schwanken.

on-demand <*inv*> *agg ingl* (*con attivazione a richiesta*) {TELEVISIONE} on-Demand-.

ondìna *f* **1** *fig scherz* (*bella bagnante*) (Bade)-, (Wasser)nixe *f scherz*; (*brava*) gute Schwimmerin *f* **2** *mitol* (*Ondina*, Undine *f* **3** *sport* Wettschwimmerin *f*.

ondóso, (-a) *agg* **1** (*delle onde*) {MOTO} Wellen-, See- **2** (*mosso*) {MARE} bewegt, wogend; *fig* {BARBA, VESTITI} wallend; {CAPELLI} *anche* gewellt, wellig.

ondulànte *agg* **1** (*ondeggiante*) schwankend, schaukelnd **2** *med* {FEBBRE} undulierend *scient*.

ondulàre A *tr* (*incurvare*) ~ **qc (con qc)** {LAMIERA CON UN ATTREZZO} *etw* (*mit etw* dat) wellen; {CAPELLI COL FERRO} *anche etw* (*mit etw* dat) in Wellen legen **B** *itr lett* (*ondeggiare*) ~ (**a qc**) {GRANO AL VENTO} (*in etw* dat) wogen.

ondulàto, (-a) *agg* **1** (*a onde*) {TERRENO} wellig; {CAPELLI} *anche* gewellt; {LAMIERA} Well-; {MOVIMENTO} Wellen- **2** *fis* {GRANDEZZA} wellenförmig, undulatorisch.

ondulatòrio, (-a) <-*ri m, -rie f*> *agg* **1** (*a onde*) *geol* {TERREMOTO} wellenförmig, wellenartig, {MOVIMENTO} *anche* Wellen- **2** *fis* {FENOMENO, TEORIA} Undulations- *scient*, undulatorisch *scient*.

ondulazióne *f* **1** (*oscillazione*) {+CAMPO DI

GRANO} Wellenbewegung f 2 (disposizione a onde) {+TERRENO} Welligkeit f, Wölbung f 3 (acconciatura a onde) Wellen n: ~ **a caldo**, Wasserwelle f; ~ **al ferro**, Ondulation f (mit der Brennschere); ~ **permanente**, Dauerwelle f 4 fis Undulation f scient.

onerare tr 1 (caricare) ~ **qu/qc di/con qc** {CITTADINI, CASE DI/CON TASSE} jdn/etw mit etw (dat) belasten 2 fig (gravare di un onere) ~ **qu di qc** {DI UNA RESPONSABILITÀ} jdm etw auf|bürden.

ònere m 1 fig (responsabilità) Last f, Verpflichtung f, Verantwortung f: **assumersi l'~ di fare qc**, sich verpflichten, etw zu tun; **supportare pesanti oneri**, schwere Verantwortungen tragen 2 dir <spec al pl> (in senso stretto nell'ambito del diritto civile: ottenimento di un effetto vantaggioso in cambio di un sacrificio) Auflage f; (in senso ampio: obbligo) Obliegenheit f, Pflicht f, Verpflichtung f; (peso) Last f, Belastung f: ~ **della prova**, Beweislast f; (spese) Aufwendungen f pl, Ausgaben f pl, Kosten pl; **oneri deducibili**, abzugsfähige Aufwendungen pl; (tributi) öffentliche Lasten f pl, Abgaben f pl; **oneri sociali** (contributi previdenziali) Sozialabgaben f pl, Sozialversicherungsbeiträge m pl ● ~ **fiscale**, Steuerlast f, Steuerbelastung f; **avere gli oneri e non gli onori scherz** (avere la responsabilità, ma non il riconoscimento di un lavoro), mitansehen müssen, wie jemand ₁deine Lorbeeren₁/[die Lorbeeren für deine Arbeit/einheimst fam; die ganze Arbeit/Mühe haben und doch leer ausgehen.

onerosità <-> f (peso) {+LAVORO} Druck m, Last f.

oneróso, (-a) agg 1 (pesante) {IMPEGNO, OBBLIGO} belastend; {LAVORO, PENA} schwer; {CARICO, TASSE, ecc.} drückend 2 dir an eine Auflage gebunden; verpflichtend; belastend; entgeltlich.

onèsta f → **onesto**.

onestà <-> f 1 (rettitudine) {+INTENZIONI, MAGISTRATO} Ehrlichkeit f, Rechtschaffenheit f: **un uomo di specchiata ~**, ein Mann von beispielhafter Ehrlichkeit 2 (virtuosità) {+DONNA} Ehrbarkeit f.

onestaménte avv 1 (con onestà) ehrlich, redlich: **lavora ~**, er/sie arbeitet redlich 2 (in tutta sincerità) ehrlich/offen gesagt: ~ **ha ragione lui**, offen gesagt, hat er recht.

onèsto, (-a) A agg 1 (retto) {FACCIA, GENTE, LAVORATORE} ehrlich, rechtschaffen, redlich; {DESIDERIO, PENSIERO, PROPOSITO} anche ehrbar forb 2 (leale) {AMICO} aufrichtig, ehrlich 3 (diligente) ehrlich, fleißig, gewissenhaft: **dopo vent'anni di ~ lavoro...**, nach zwanzig Jahren ehrlicher/fleißiger Arbeit; **è uno studioso ~, ma non ha fantasia**, er ist ein gewissenhafter Forscher, aber er hat keine Phantasie 4 fam (giusto) {CIFRA, PREZZO, PROPOSTA, RICHIESTA} angemessen, {POLITICA} anche gerecht 5 (decoroso, lecito) {DISCORSO, LINGUAGGIO, SPETTACOLO} anständig; {COMPORTAMENTO} anche schicklich forb 6 obs (puro) {FANCIULLA, MOGLIE} sittsam obs, ehrbar forb B m <solo sing> (giusto) Richtige n, Rechte n, Akzeptable n: **questo è al limite dell'~**, das liegt an der Grenze des Akzeptablen C m (f) (persona onesta) ehrlicher Mensch, ehrliche Haut fam.

onestuòmo, onest'uòmo <onestuomini> m loc sost m ehrlicher Mensch, ehrliche Haut fam.

ONG A m abbr di Ordine Nazionale dei Giornalisti: "italienischer Journalistenverband" B f abbr di Organizzazione Non Governativa: nicht-staatliche Einrichtung.

ònice m min Onyx m.

onicofagìa f med Onychophagie f scient.

oniomanìa f psic Kaufsucht f.

onìrico, (-a) <-ci, -che> agg 1 (del sogno) {IMMAGINE} Traum- 2 (simile al sogno) {LUOGO} traumhaft, traumähnlich.

onirìsmo m med traumähnliches Erlebnis, Oneirismus m scient.

oniromanzìa f (nell'occultismo) Traumdeutung f, Oneiromantie f.

on line <inv> A agg ingl inform {COMPUTER, RIVISTA, SERVIZIO} online, Online- B avv {PRENOTARE} online.

ònni- primo elemento forb (tutto) All(es)-, all(es)-, Omni-, omni-: **onnicomprensivo**, allumfassend; **onnipotenza**, Allmacht, Omnipotenz.

onnicomprensivo, (-a) agg 1 lett (che comprende tutto) {CATEGORIA} allumfassend 2 amm: **centro scolastico ~**, Schulzentrum n.

onnipotènte A agg 1 relig (che può tutto) {DIO} allmächtig, allgewaltig forb 2 enf (che può molto) ~ **in qc** {MINISTRO, PERSONAGGIO NEL MONDO FINANZIARIO} einflussreich (in etw dat) B m relig (Dio): **l'Onnipotente**, Allmächtige m decl come agg.

onnipotènza f 1 (potere assoluto) {+DIO, MINISTRO, PAROLA DI QU} Allmacht f, Omnipotenz f forb 2 scherz {+PENSIERO} Omnipotenz f.

onnipresènte agg (presente ovunque) {DIO} allgegenwärtig, omnipräsent forb; enf scherz allgegenwärtig, überall anzutreffen(d) scherz.

onnipresènza f (ubiquità) {+DIO} Allgegenwart f, Omnipräsenz f forb; enf scherz Allgegenwart f scherz, Omnipräsenz f forb scherz.

onnisciènte agg (che sa tutto) {DIO} allwissend; enf scherz {SCRITTORE} allwissend scherz.

onnisciènza f {+DIO} Allwissenheit f; enf scherz {+PROFESSORE} Allwissenheit f scherz.

onnivalènte agg scient {VACCINO} omnivalent.

onniveggènte agg (che vede tutto) {DIO} allsehend; enf scherz {MADRE} alles sehend scherz.

onniveggènza f {DIO} Fähigkeit f, alles zu sehen.

onnìvoro, (-a) zoo A agg (che mangia di tutto) {ANIMALE} allesfressend, omnivor scient B m Allesfresser m, Omnivore m scient.

ONO m abbr di Ovest Nord Ovest: WNW (abbr di Westnordwest).

onomasiologìa f ling Begriffsforschung f, Onomasiologie f.

onomasiològico, (-a) <-ci, -che> agg ling {ORDINE} onomasiologisch.

onomàstica <-che> f 1 (nomi propri) Eigennamen m pl 2 ling Namenkunde f, Onomastik f.

onomàstico, (-a) <-ci, -che> A agg ling Namen(s)-, namenkundlich B m (festa) Namenstag m.

onomatopèa f ling Lautmalerei f, Onomatopöie f; (parola) lautmalerisches/lautmalendes Wort.

onomatopèico, (-a) <-ci, -che> agg ling {TERMINE} onomatopoetisch, lautmalend, lautmalerisch.

onoràbile agg (degno d'onore) ehrbar.

onorabilità <-> f 1 (onore) Ehre f 2 (buon nome) Ehrbarkeit f forb, Ehrenhaftigkeit f.

onorànze f pl (celebrazione) Ehrenerweisungen f pl, Ehrungen f pl, Honneurs f pl: ~ **funebri**, Toten-, Leichenfeier f.

onoràre A tr 1 (trattare con rispetto) ~ **qu/qc** {MADRE, PADRE, PRESENZA DI QU} jdn/etw ehren, jdn/etw achten; (con ammirazione) {AUTORITÀ VITTIME DEL TERRORISMO, MEMORIA DI UN DEFUNTO} jdn/etw ehren; relig (con venerazione) {DIO, SANTI} jdn/etw verehren 2 (far oggetto di onore) ~ **qu/qc** (con qc)/(di qc) {AMICO CON LA PROPRIA VISITA} jdn/etw (mit etw dat) beehren; {DELLA PROPRIA AMICIZIA} jdm/etw (durch etw acc) seine Ehre erweisen: **la tua scelta mi onora**, deine Wahl ehrt mich 3 (essere un onore) ~ **qu/qc** {GESTA DI QU PATRIA} jdm/etw Ehre machen 4 (rispettare) ~ **qc** {FIRMA, IMPEGNI ASSUNTI} etw ein|halten, etw (dat) nach|kommen; econ {CAMBIALE, TRATTA} etw ein|lösen, etw honorieren B rfl (pregiarsi): **onorarsi di qc** {DELLA STIMA DI QU} sich (dat) etw zu Ehren an|rechnen; **onorarsi di fare qc** {DI CONOSCERE QU, DI ESSERE AMICO DI QU, DI PRESENTARE QU} die Ehre haben, etw zu tun; es sich (dat) zur Ehre an|rechnen, etw zu tun.

onoràrio① <-ri> m anche dir (compenso del professionista) {+MEDICO} Honorar n.

onoràrio② , (-a) <-ri m> agg 1 {CITTADINANZA, CONSOLE, PRESIDENTE} Ehren- 2 (commemorativa) {COLONNA} Gedenk-.

onoratézza f {+NOME} Ehrbarkeit f.

onoràto, (-a) agg 1 (felice) ~ (di qc) (über etw acc) erfreut, (mit etw dat) zufrieden: **molto ~ di fare la Sua conoscenza**, ₁es ist mir eine Ehre₁/[(ich bin) sehr erfreut], Ihre Bekanntschaft zu machen; **ne sono molto ~**, das ehrt mich sehr 2 (stimato) {UOMO} angesehen, geschätzt, geachtet 3 (onesto) {VITA} rechtschaffen; (dignitoso) {SEPOLTURA} ehrenvoll, ehrenhaft.

onóre A m 1 (reputazione, gloria) Ehre f: **ne va del mio ~**, das verletzt meine Ehre 2 (orgoglio) Stolz m: **il mio ~ me lo impedisce**, mein Stolz verbietet mir das 3 (atti che dimostrano stima) Ehren(bezeigungen f pl): **ricevere qu con tutti gli onori**, jdn mit allen Ehren empfangen 4 (vanto) {+SCUOLA} Stolz m 5 (merito) Verdienst m: **l'~ di questa iniziativa è suo**, diese Initiative ist sein/ihr Verdienst, ihm/ihr gebührt der Verdienst für diese Initiative forb 6 (privilegio) Ehre f: **ho l'~ di presentarle ...**, ich habe die Ehre, Ihnen ... vorzustellen 7 (solo pl) (dignità, carica) Würde f, Ehren f pl: **ambire gli onori**, hohe Würden anstreben, nach hohen Ehren streben 8 (decoro) Anstand m, Ehrenhaftigkeit f: **è un uomo senza ~**, er ist ein Mensch ohne Ehrgefühl 9 relig (adorazione) Verehrung f B <inv> loc agg (di riguardo): **d'~**, {OSPITE} Ehren- C loc prep ~ **di qu/qc** {DELLA LORO VECCHIA AMICIZIA, DELLO SPOSO} zu Ehren von jdm/etw/+ gen ● **innalzare all'~ degli altari** relig (santità), heiligsprechen; **concedere ~ delle armi** mil (concesso ai vinti che hanno combattuto con valore), militärische Ehren erweisen; **fare gli onori di casa** fig (a un ospite), die Honneurs machen ₂/₂ die Gäste begrüßen; **che ~!**, welch(e) Ehre!; **fare ~ a qu/qc** (essere motivo di vanto), jdm/etw Ehre machen; **fare ~ a**, {AL PRANZO} sich (dat) etw sichtbar schmecken lassen; econ {A UNA TRATTA} etw ein|lösen, etw honorieren; **farsi ~ in qc** (avere successo), in etw (dat) zu Ehren kommen; **giurare sul proprio ~**, auf seine Ehre schwören; **al merito!** (venga riconosciuto il merito), Ehre, wem Ehre gebührt!; **l'~ della porpora** relig (dignità cardinalizia), Kardinalswürde f; **tenere qu in ~** (stimare), jdn in Ehren halten; **tornare a ~ di qu**, jdm zur Ehre gereichen forb; **a onor del vero**, der Wahrheit zu Ehren, um der Wahrheit die Ehre zu geben; **Vostro Onore** (titolo), Euer Ehren.

onorévole A agg 1 (degno di onore) {COLLEGA} ehrenwert forb 2 (decoroso) {IMPIEGO, SOLUZIONE} achtbar 3 (che dà onore) {COM-

PORTAMENTO} ehrenvoll, ehrenhaft B mf *amm polit* Abgeordnete mf *decl come agg* (des italienischen Parlaments) • **l'~ deputato₁/[la ~ deputata]** (*appellativo di parlamentari italiani*) *amm polit*, der Herr/die Frau Abgeordnete.

onorificènza f **1** (*titolo*) Ehrentitel m, Ehrenbezeichnung f **2** (*decorazione*) Ehrenzeichen n, Auszeichnung f.

onorìfico, (-a) <-*ci, -che*> agg {CARICA} Ehren-; (*senza retribuzione*) ehrenamtlich.

ónta f *forb* **1** (*disonore*) {TERRIBILE} Schande f **2** (*oltraggio*) Schmach f *forb*, Schimpf m *forb* • ***ad ~ di qc*** (*nonostante*), {DELLE DIFFICOLTÀ} ungeachtet etw (*gen*), trotz etw (*gen* o *dat fam*); ***ad ~ di ciò***, dessen ungeachtet.

ontàno m *bot* Erle f.

on the road <*inv*> loc agg *ingl film lett* {RACCONTO} On the road-.

on the rocks <*inv*> loc agg *ingl* {WHISKY} on the rocks.

ontogènesi <-> f *biol* Ontogenese f, Ontogenie f.

ontologìa f *filos* Ontologie f.

ontològico, (-a) <-*ci, -che*> agg *filos* ontologisch.

ONU f *abbr di* Organizzazione delle Nazioni Unite: UNO f (*abbr di* United Nations Organization).

OO.PP. abbr *di* Opere Pubbliche: "staatliche/ öffentliche Bauwerke und Bauvorhaben".

oops inter (*di sorpresa o di scuse*) oops *slang*: **~, che sbadato!**, oops, wie ungeschickt slang!

OO.RR. abbr *di* Ospedali Riuniti: "vereinigte Krankenhäuser".

oosfèra f *biol* Eizelle f.

OO.SS. abbr *di* Organizzazioni Sindacali: Gewerkschaften f pl.

Op. abbr *di* Opera: op. (*abbr di* Opus) (Werk).

OPA f *econ* abbr *di* Offerta Pubblica d'Acquisto: öffentliches Kaufangebot.

opacità <-> f **1** (*mancanza di trasparenza*) {+VETRO} Undurchsichtigkeit f; {+FILTRO OTTICO} Lichtundurchlässigkeit f, Opazität f **2** (*mancanza di brillantezza*) {+METALLO, OMBRETTO} Mattheit f, Stumpfheit f, Glanzlosigkeit f **3** *fig* (*oscurità*) {+DISCORSO} Unklarheit f, Unverständlichkeit f **4** *fig* (*mancanza di vivacità*) {+SGUARDO} Stumpfheit f, Leblosigkeit f, Mattheit f; {+VOCE} Dumpfheit f.

opacizzànte A agg mattierend B m Trübungsmittel n.

opacizzàre A tr **~ qc 1** (*rendere opaco*) {VETRO} etw undurchsichtig machen; {METALLO} etw mattieren **2** med {ORGANO} "etw mit einem Kontrastmittel sichtbar machen" B itr pron (*diventare opaco*): **opacizzarsi** {VETRO} milchig/trüb/blind werden; {METALLO} matt werden.

opacizzazióne f **1** med Kontrastmittelanwendung f **2** metall Mattierung f.

opàco, (-a) <-*chi, -che*> agg **1** (*privo di trasparenza*) {LENTE} lichtundurchlässig, undurchsichtig, opak; {VETRO} anche trübe, milchig, blind **2** (*privo di brillantezza*) {OMBRETTO} matt; {MARMO, STOFFA} anche glanzlos **3** *fig* (*oscuro*) {PAROLA} dunkel **4** *fig* (*spento*) {SUONO} dumpf; {SGUARDO} glanzlos, matt, leblos.

opàle m o f *min* Opal m.

opalescènte agg opaleszent, opalisierend.

opalescènza f Opaleszenz f.

opalina f **1** (*vetro*) Opalglas n **2** (*stoffa*) Opal m **3** (*cartoncino*) Glanzkarton m.

opalino, (-a) agg **1** (*di opale*) opalen **2** (*simile all'opale*) opalartig.

op. cit. abbr *di* opera citata: ebd. (*abbr di* ebenda).

OPEC f *econ* abbr *dell'ingl* Organization of Petroleum Exporting Countries (*organizzazione dei paesi esportatori di petrolio*) OPEC f (*Organisation Erdöl exportierender Länder*).

òpe lègis loc avv *lat dir* (*in forza di una legge*) kraft eines Gesetzes.

open *ingl* A agg **1** *ferr* {BIGLIETTO} "ohne Datumsverfall"; {AEREO} umbuchbar **2** *sport* offen B *sport* Open n, offene Meisterschaft.

open-ended <*inv*> agg *ingl* **1** *econ* unbegrenzt **2** *tess* Offen-End-.

open market <-> loc sost m *ingl econ* offener/freier Markt.

open source *ingl inform* A <*inv*> loc agg {SOFTWARE} Open-source- B <-*, - -s* pl *ingl*> loc sost m Open Source <*ohne art*>.

open space <-> loc sost m *ingl arch* Open Space (Büro n) m, Großraumbüro n.

òpera A f **1** (*lavoro*) Arbeit f, Werk n: **essere all'~ tutto il giorno**, den ganzen Tag am Werk(e) sein; **méttersi all'~**, sich ans Werk machen **2** (*risultato*) {+API, DIO, PIOGGIA, UOMO} Werk n: **compiere buone opere**, gute Werke tun; **è ~ sua** *anche fig iron*, das ist sein/ihr Werk; **tutti questi guai sono solo ~ della tua ambizione**, diese ganzen Probleme sind nur auf deinen Ehrgeiz zurückzuführen **3** (*azione*) {EDUCATRICE; +FAMIGLIA} Tat f, Werk n; {MODELLATRICE; +ACQUA} Wirken n **4** (*aiuto*) Hilfe f: **presterò la mia ~ gratuitamente**, ich werde meine Hilfe gratis zur Verfügung stellen **5** (*libro*) Werk n: **~ di consultazione**, Nachschlagewerk n **6** (*ente assistenziale*) (Hilfs)werk n: **~ universitaria**, Studentenwerk n, Studentisches Hilfswerk **7** *arte lett* {+PITTORE, SCRITTORE, SCULTORE} Werk n; **~ della maturità**, Alters-, Spätwerk n; **~ postuma**, nachgelassenes/posthumes *forb* Werk **8** *edil* Bau m: **~ in muratura**, gemauerter Bau **9** *mus* Oper f: **~ buffa**, Opera buffa f, komische Oper; **~ lirica**, Oper f; **~ seria**, Opera seria f, ernste Oper; (*singolo componimento*) {+VERDI} Oper f; (*nei titoli*) Opus n **10** *mus teat* (*teatro*): **Opera**, Oper(nhaus n) f; **~ dei pupi**, Marionettentheater n **11** *tecnol* {+FORTIFICAZIONE, IRRIGAZIONE} Anlage f B loc prep (*con l'aiuto di qu*) **per ~ di qu** durch jdn, mit Hilfe von jdm/+ *gen* • **~ d'arte**, Kunstwerk n; *edil* (*gallerie, ponti, ecc.*), Bauwerk n; **opere di bene**, gute Werke n pl; **completare l'~** *fig iron* (*aggiungere danno a danno*), das Maß vollmachen; **fare ~ di convinzione/persuasione presso qu** *fig* (*persuadere*), jdn überzeugen, Überzeugungsarbeit bei jdm leisten; **fare ~ di divulgazione scientifica**, etwas populärwissenschaftlich vermitteln; **~ d'ingegno**, geistige Schöpfung; **mèttere in ~ qc** (*montare*), etw aufstellen; **opere di misericordia** *relig*, Werke n pl der Barmherzigkeit; **~ prima**, Erstlingswerk n, Erstlingsarbeit f; **opere pubbliche**, öffentliche Bauten pl; **opere repellenti** *idraul*, Buhne f; **è sparito per ~ dello Spirito Santo** *scherz* (*da solo*), das ist ₍ganz von allein₁/[im Orkus *forb*] verschwunden *scherz*, das hat sich in Luft aufgelöst *fam*.

operàbile agg *med* operabel, operierbar.

operabilità <-> f {+PAZIENTE} Operierbarkeit f.

operàio, (-a) <-*rai* m> A agg **1** {CLASSE} Arbeiter- **2** *zoo* {APE} Arbeits-, Arbeiter- B m (f) Arbeiter(in) m(f): **~ cottimista**, Akkordarbeiter m; **~ metalmeccanico/edile**, Metall-/Bauarbeiter m; **~ qualificato/specializzato**, ₍gelernter Arbeiter₁/[Facharbeiter] m.

operànte agg **1** (*attivo*) {FARMACO} wirksam; (*valido*) {ACCORDO} anche gültig **2** *relig* {GRAZIA} wirkend.

òpera òmnia <-> loc sost f *lat* {+CARDUCCI} sämtliche Werke n pl, Gesamtwerk n.

operàre A tr **1** (*fare*) **~ qc** {IL BENE, IL MALE} etw bewirken, etw tun; {SCELTA} etw treffen; {MIRACOLI} etw vollbringen **2** *med veter* **~ (qu/qc)** (*di qc*) **(a qc)** {MALATO DI APPENDICITE, CANE, GATTO} jdn (*an etw dat*) operieren: **~ a caldo/freddo**, in/außerhalb der akuten Phase operieren; **il chirurgo ha deciso di ~ oggi stesso**, der Chirurg hat beschlossen, noch heute zu operieren; **farsi ~ (di qc) (a qc)** *fam* sich (*an etw dat*) operieren lassen; **~ qu d'urgenza**, jdn notoperieren **3** *tess* **~** {TESSUTO} etw mustern B itr **1** (*agire*) **~ + compl di modo** (₍a favore di₁/[contro] qu/qc), (+ *compl di modo*) ₍a favore di₁/[contro] qu/qc {LEALMENTE, CON ASTUZIA, ₍A FAVORE DELLA₁/[CONTRO LA] FAMIGLIA} irgendwie (₍zugunsten jds/etw₁/[gegen jdn/etw]) handeln, (*irgendwie*) ₍zugunsten jds/etw₁/[gegen jdn/etw] handeln, *irgendwie* (₍zugunsten jds/etw₁/[gegen jdn/etw]) vor|gehen, (*irgendwie*) ₍zugunsten jds/etw₁/[gegen jdn/etw] vor|gehen: **~ bene/male**, Gutes/Schlechtes tun, gut/ schlecht handeln **2** (*esercitare*) **~ in/a qc** {IN BORSA} *an etw (dat)* arbeiten; {NEL SETTORE DEI TRASPORTI, A MODENA} *in etw (dat)* arbeiten, *in etw (dat)* tätig sein **3** (*avere effetto*) **~ + compl di modo su qc** {CLIMA NEGATIVAMENTE SU CERTE COLTIVAZIONI} einen + *agg* Einfluss *auf etw (acc)* haben, *irgendwie auf etw (acc)* wirken **4** *mil* **~ + compl di luogo** {ALLO SCOPERTO} *irgendwo* operieren C itr pron **1** (*verificarsi*): **operarsi** (**in qu/qc**) {MUTAMENTO RADICALE NELLA MENTE DI QU} sich *in jdm/etw* vollziehen, sich *in jdm/etw* ereignen **2** *fam* (*sottoporsi a un'intervento chirurgico*): **operarsi** (**di qc**) (**a qc**) {DI APPENDICITE, ALLA TESTA} sich (*an etw dat*) operieren lassen.

operatìvo, (-a) agg **1** (*di operare*) {CAPACITÀ} Operations- **2** (*con fini pratici*) {SCIENZA} angewandt, praktisch **3** (*di realizzazione*) {FASE} Realisierungs- **4** *amm* (*in vigore*) {DECRETO} gültig, wirksam **5** *inform* {SISTEMA} Betriebs- **6** *mil* {REPARTO} operativ; {BASE, ZONA} Operations-.

operàto, (-a) A agg **1** *med* operiert **2** *tess* {STOFFA} gemustert B m (f) *med* Operierte mf *decl come agg* C m Werk n, Wirken n, Tun n, Handlungen f pl: **non rispondo del suo ~**, ich bin für ₍seine/ihre Handlungen₁/[sein/ihr Tun] nicht verantwortlich.

operatóre, (-trice) m (f) **1** *gener* Arbeiter(in) m(f): **~ ecològico**, Straßenreiniger m; **~ sanitario**, Gesundheitsvertreter m, Gesundheitsträger m, im Gesundheitswesen Tätige m *decl come agg*; **~ scolastico**, Angestellte m *decl come agg* im Schuldienst, im Schulwesen Tätige m *decl come agg*; **~ sociale**, Sozialarbeiter m **2** *comm* Makler(in) m(f), Händler(in) m(f): **~ di borsa**, Börsenmakler m; **~ econòmico**, Wirtschaftsunternehmer m, Wirtschaftsmakler m **3** *inform* Operator(in) m(f) **4** *mat* Operator m **5** *med* Chirurg(in) m(f) **6** *radio TV* {RADIOFONICO, TELEVISIVO} Techniker m **7** *tel* Telefonist(in) m(f): **per parlare con l'~ digiti 4**, um mit der Vermittlung/dem Telefonisten/der Telefonistin zu sprechen, wählen Sie die 4 • **~ cinematogràfico** *film*, Kameramann m; **~ turìstico** (*imprenditore*), Tourisikunternehmer m; (*accompagnatore*), Reisebegleiter m.

operatòrio, (-a) <-*ri* m> agg *med* {SALA, TAVOLO} Operations-; {INTERVENTO} operativ.

operatrice f → **operatore**.

operazionàle agg **1** *elettr inform* {AMPLIFICATORE} Operations- **2** *mat* {RICERCA} Operations-.

operazióne f 1 (*azione*) {DIPLOMATICA; +POLIZIA} Aktion f 2 *anche scherz* (*attività*) {+MONTAGGIO} Unternehmen n: **la delicata ~ di appendere un quadro** *anche scherz*, das schwierige Unternehmen, ein Bild aufzuhängen *anche scherz* 3 (*campagna*) Aktion f, Kampagne f: **è partita l'~ "aria pulita"**, die Aktion "Saubere Luft" ist angelaufen 4 *econ* {BANCARIA, FINANZIARIA} Geschäft n: **operazioni su titoli non quotati in borsa**, Geschäfte n pl mit Wertpapieren, die nicht an der Börse notiert sind; **operazioni a medio/lungo termine**, mittel-/langfristiges Geschäft; **~ pronti contro termine**, Repogeschäft n, Repo-Geschäft n, Swapgeschäft n, Swap-Geschäft n 5 *mat* Operation f: **operazioni aritmetiche**, Rechenarten f pl 6 *med* Operation f: **~ al ginocchio**, Knieoperation f 7 *mil* {MILITARE} Operation f ● **operazioni di dogana** *amm*, Zollabfertigung f; **~ di rastrellamento**, Razzia f, Durchkämmen n; **operazioni di salvataggio**, Rettungs-, Bergungsarbeiten f pl.

opèrcolo m 1 {+TUBETTO DI ALLUMINIO} Schutzschicht f 2 *bot* {+MUSCHIO} Samendeckel m 3 *zoo* {+PESCI} Kiemendeckel m.

operétta A f 1 *lett* kleines literarisches Werk 2 *mus* Operette f B <inv> loc agg (*privo di serietà*): **da ~**, {PAESE, PRINCIPE} Operetten-.

operettista <-i m, -e f> mf (*compositore*) Operettenkomponist m.

operettistico, (-a) <-ci, -che> agg 1 *mus* {GENERE} Operetten- 2 *fig spreg* (*frivolo*) operettenhaft *spreg*, Operetten- *spreg*.

operistico, (-a) <-ci, -che> agg *mus* Opern-.

operosità <-> f Arbeitsamkeit f, Fleiß m, Eifer m.

operóso, (-a) agg 1 (*laborioso, attivo*) {GENTE} arbeitsam, fleißig, eifrig; {VITA} arbeitsam, arbeitsreich 2 *poet* (*faticoso*) {MESTIERE} mühevoll, beschwerlich.

opifício <-ci> m Fabrik f, Werk n.

opìmo, (-a) agg *lett* 1 (*grasso*) {BUE} fett 2 (*abbondante*) {RACCOLTA} reich, fett *fam* 3 *fig* (*fertile*) {TERRA} fett, ertragreich, fruchtbar.

opinàbile A agg 1 (*pensabile*) {SOLUZIONE} denkbar 2 (*discutibile*) {MATERIA} diskutierbar B m (*persönliche*) Meinung.

opinàre tr itr *forb* (*ritenere*): **~ che … congv**, meinen, dass … *ind*; **la mia/nostra/Ansicht sein, dass … *ind*: **alcuni di noi opinano che si debba cambiare tattica**, einige von uns sind der Meinung, dass die Taktik geändert werden muss.

opinióne f 1 (*idea*) Meinung f, Ansicht f: **è ~ diffusa che …**, die Meinung ist verbreitet, dass …; **essere convinto delle proprie opinioni**, von seinen Ansichten überzeugt sein; **farsi un'~ su qc**, sich (dat) eine Meinung über etw (acc) /zu etw (dat) bilden; **secondo la mia ~**, meiner Meinung/Ansicht nach; **siamo dell'~ che …**, wir sind der Meinung, dass … 2 (*stima*) Meinung f: **avere una grande ~ di sé**, eine hohe Meinung von sich (dat) haben; **avere un'ottima/una pessima ~ di qu**, eine ⌜hohe/gute⌝/⌜schlechte⌝ Meinung von jdm haben ● **l'~ pubblica** (*ciò che pensa la maggior parte della gente*), die öffentliche Meinung; (*gente*), Öffentlichkeit f; **le opinioni alla sbarra** *fig*, Meinungen kritisch betrachten.

opinionista <-i m, -e f> mf *giorn* Kolumnist(in) m(f), Kommentator(in) m(f).

opinion leader <-> loc sost mf *ingl econ polit* Meinungsführer(in) m(f), Opinionleader(in) m(f).

opinion maker <-> loc sost mf *ingl econ polit* Meinungsmacher(in) m(f), Opinionmaker m.

opitergino, (-a) A agg von/aus Oderzo B m (f) (*abitante*) Einwohner(in) m(f) von Oderzo.

op là loc inter 1 (*di incitamento a saltare*) hopp! 2 (*di incoraggiamento per chi è caduto*) hoppla!

opòssum <-> m *zoo* Opossum n.

opp. *abbr di* oppure: od. (*abbr di* oder).

oppiàceo, (-a) agg opiumhaltig, Opium-.

oppiàre <*oppio, oppi*> tr 1 (*mescolare con oppio*) **~ qc** {BEVANDA, TABACCO} etw mit Opium vermischen 2 (*drogare con oppio*) **~ qu** jdm Opium geben/verabreichen 3 *fig* (*ottenebrare*) **~ qu/qc (con qc)** {ADOLESCENTI, MENTE CON LA TELEVISIONE} jdn/etw (mit etw dat) berauschen, jdn/etw (mit etw dat) betäuben.

oppiàto, (-a) A agg {TABACCO} opiumhaltig, mit Opium vermischt B m *farm* Opiat n.

òppio <*oppi*> m *anche fig* Opium n.

oppiomane A agg opiumsüchtig B mf Opiumsüchtige mf decl come agg.

oppiomanìa f *med* Opiumsucht f.

opplà → **op là**.

opponènte A agg 1 *anat* Gegen- 2 *dir* gegnerisch B mf 1 Widersacher(in) m(f), Gegner(in) m(f), Opponent(in) m(f) 2 *dir*: **~ all'esecuzione**, Vollstreckungsgegenkläger(in) m(f), Vollstreckungsabwehrkläger(in) m(f); **~ del terzo** (*nel processo di esecuzione*), Drittwiderspruchskläger(in) m(f); **~ di terzo** (*nel processo civile*), Anfechtungskläger(in) m(f).

opponìbile agg 1 entgegensetzbar, einwendbar 2 *anat* entgegenstellbar.

opponibilità <-> f *dir* Drittwirkung f.

oppórre <*coniug come porre*> A tr 1 (*mandare contro*) **~ qu/qc a qu/qc** {ESERCITO AI NEMICI, LA FORZA ALLA FORZA} jdm/etw jdn/etw entgegen|stellen, jdm/etw jdn/etw entgegen|setzen 2 (*offrire*) **~ qc** {RESISTENZA} etw leisten 3 (*addurre contro*) **~ qc (a/su/contro qu/qc)** {UN NETTO RIFIUTO ALLE NOSTRE PROPOSTE, DUBBI SULLA VERITÀ DI QC, ARGOMENTI CONTRO LA PRESENZA DI QU} etw (gegen jdn/etw) ein|wenden: **non avere nulla da ~ a qc**, nichts gegen etw (acc) einzuwenden haben; **alle nostre domande oppose che non era stato testimone degli avvenimenti**, auf unsere Fragen wandte er ein, er sei nicht Zeuge der Ereignisse gewesen 4 (*mettere contro*) **~ qc a qc** {ARGINI ALLA PIENA DEL FIUME} etw (dat) etw entgegen|stellen; *fig* **~ qu/qc** {CONFLITTO I DUE PAESI; INCONTRO I FINALISTI} jdn/etw in Gegensatz zueinander stellen B itr pron 1 (*fare da ostacolo*): **opporsi (a qu/qc) (con qc)** {AL NEMICO CON TUTTA LA PROPRIA FORZA, ALLE AMBIZIONI DI QU, A UN PROGETTO, A UN PROVVEDIMENTO} sich (mit etw dat) (jdm/etw) widersetzen, (mit etw dat) (gegen jdm/etw) opponieren: **opporsi al dilagare della violenza**, sich der Ausdehnung/Ausbreitung der Gewalt entgegenstellen; **i suoi genitori si oppongono al matrimonio**, seine/ihre Eltern widersetzen sich der Heirat 2 (*resistere*): **opporsi a qc** {ALLA VIOLENZA DELL'URAGANO} etw (dat) widerstehen, sich etw (dat) entgegen|setzen 3 *dir*: **opporsi** Einspruch erheben: **mi oppongo!**, (ich erhebe) Einspruch!; **~ all'esecuzione**, Vollstreckungsgegenklage/Vollstreckungsabwehrklage erheben.

opportunìsmo m Opportunismus m *forb*.

opportunìsta <-i m, -e f> mf agg opportunistisch *forb* B mf Opportunist(in) m(f) *forb*.

opportunìstico, (-a) <-ci, -che> agg opportunistisch *forb*.

opportunità <-> f 1 (*l'essere opportuno*) {+ACQUISTO, VISITA} Zweckmäßigkeit f 2 (*occasione*): **buona ~**, günstige Gelegenheit ● **pari ~** *dir*, Chancengleichheit f, Gleichberechtigung f.

opportúno, (-a) agg 1 (*adatto*) {LUOGO} passend, zweckmäßig; {MOMENTO} richtig, günstig 2 (*che giunge al momento adatto*) {VISITA} gelegen: **arrivare ~**, gelegen kommen 3 *pred* (*conveniente*) angebracht: **sarebbe ~ chiedergli il permesso**, es wäre angebracht, ihn um Erlaubnis zu bitten.

oppositìvo, (-a) agg (*di opposizione*) {GIUDIZIO} widersprechend.

oppositóre, (-trice) m (f) {+PARTITO; FIERO} Gegner(in) m(f), Opponent(in) m(f).

opposizióne A f 1 (*posizione contraria*) {+POLLICE} Opposition f; *fig* Gegensatz m, Gegensätzlichkeit f, Opposition f: **le nostre idee sono in netta ~**, unsere Ansichten/Vorstellungen ⌜sind völlig gegensätzlich⌝/⌜stehen in eindeutigem Gegensatz zueinander⌝] 2 (*obiezione*) – **(a qc)** {AL MATRIMONIO, INUTILE, STERILE} Widerspruch m (*gegen etw* acc), Opposition f (*gegen etw* acc): **fare ~**, Widerspruch einlegen, Einwendungen machen; **muovere ~ a qc**, sich etw (dat) widersetzen, gegen etw (acc) opponieren, einen Einwand gegen etw (acc) erheben 3 *astr polit* {PARLAMENTARE} Opposition f: **~ di destra/sinistra**, rechte/linke Opposition B <inv> loc agg *polit*: **d'~**, {PARTITO} Oppositions-; **giornale d'~**, Oppositionsblatt n ● **~ all'esecuzione** *dir*, Vollstreckungsgegenklage f, Vollstreckungsabwehrklage f; **~ del terzo** *dir* (*nel processo di esecuzione*), Drittwiderspruchsklage f; **~ di terzo** *dir* (*mezzo di impugnazione straordinario nel processo civile*), Anfechtungsklage f (*des durch ein rechtskräftiges Urteil benachteiligten Dritten*).

oppósto, (-a) A agg 1 (*situato di fronte*) {RIVA DEL FIUME} gegenüberliegend 2 (*contrario*) entgegengesetzt: **via Garibaldi? È dalla parte opposta!**, Via Garibaldi? Die liegt in der entgegengesetzten Richtung!; *fig* {IDEA, SENTIMENTI} gegensätzlich, entgegengesetzt; **diametralmente ~**, diametral entgegengesetzt 3 *bot* {FOGLIE} gegenständig 4 *mat* {ANGOLI} gegenüberliegend B m Gegenteil n: **all'~**, im Gegenteil; **tutto l'~**, das genaue Gegenteil, ganz das Gegenteil ● **gli opposti si attraggono**, Gegensätze ziehen sich an.

opprèssa f → **oppresso**.

opprèssi 1ª pers del pass rem *di* **opprimere**.

oppressióne f 1 (*sopraffazione*) {+INVASORE} Unterdrückung f 2 *fig* Beklemmung f, beklemmendes Gefühl: **sentire una forte ~ al petto**, ein sehr beklemmendes Gefühl in der Brust haben.

oppressìvo, (-a) agg 1 {CALDO} drückend 2 *fig* {REGIME} repressiv *forb*, Unterdrückungs-, Zwangs-.

opprèsso, (-a) A part pass di **opprimere** B agg 1 {POPOLO} unterdrückt 2 {RESPIRO} schwer, mühsam 3 *fig* **~ di qc** {DI LAVORO} von etw (dat) erdrückt, von etw (dat) erschlagen *fam* C m (f) Unterdrückte mf decl come agg.

oppressóre A m Unterdrücker m B agg unterdrückerisch.

opprimènte agg 1 {CALDO} unerträglich 2 *fig* {PERSONA} unausstehlich.

opprimere <*coniug come comprimere*> tr 1 (*gravare*) **~ qc** {CENA STOMACO} auf etw (acc) drücken, (schwer) *in etw* (dat) liegen; *fig* **~ qu di qc** {IMPIEGATO DI LAVORO} jdn mit etw (dat) überlasten, jdm etw auf|halsen *fam* 2 *fig* (*spossare*) – **(qu/qc)** {CALDO CITTÀ} auf jdm/etw lasten; {CALDO STUDENTI} jdn/etw erschöpfen 3 *fig* (*angosciare*) **~ qu (con qc)**

{CON DELLE DOMANDE} jdn (mit etw dat) bedrücken, jdn (mit etw dat) ängstigen: **non mi scerò ~ dall'angoscia**, ich werde mich nicht von der Angst erdrücken lassen **4** fig (infastidire) **~ qu** {LA VISTA DI QU} jdm lästig fallen **5** fig (vessare) **~ qu/qc (con qc)** {STATO POPOLO CON LEGGI INIQUE} jdn/etw (mit etw dat) unterdrücken; {PADRE FIGLI} anche jdn/etw (mit etw dat) schikanieren.

oppugnàbile agg anfechtbar.

oppugnàre tr lett **~ qc 1** fig (confutare) {GIUDICE ACCUSA} etw an|fechten; {PROFESSORE TEORIA, TESI} anche etw bekämpfen **2** rar (assaltare) {NEMICO FORTEZZA} etw bestürmen.

oppugnazióne f lett **1** (assalto) Bestürmung f **2** fig (opposizione, obiezione) Anfechtung f, Bekämpfung f.

oppùre cong **1** (o, o invece, abbr opp.) oder: **questo ~ quello, poco importa**, ob dies oder das, das ist nicht wichtig **2** (altrimenti) sonst, andernfalls, ansonsten: **smettila, ~ lo dico a tua madre!**, hör jetzt damit auf, sonst sag ich es deiner Mutter!; wenn du nicht damit aufhörst, sag ich es deiner Mutter! **3** (o meglio) oder (besser noch): **~, sai cosa potresti fare?**, oder weißt du, was du machen könntest?

optàre itr (scegliere tra due alternative) **~ per qc** etw (aus)wählen, etw aus|suchen, sich für etw (acc) entscheiden: **con questo diploma potrai ~ per la facoltà che preferisci**, mit diesem Abiturzeugnis kannst du dir die Fakultät aussuchen/auswählen, die dir gefällt; {PER LA NAZIONALITÀ ITALIANA} für etw (acc) optieren; **~ tra qc** {TRA DUE PARTITI} sich zwischen etw (dat) entscheiden.

òptical ingl **A** <inv> agg **1** arte Optical-Art-, Op-Art- **2** (nella moda) Op-Art- **B** <-> m: **la moda dell'~**, die Op-Art-Mode.

òptical art <-> loc sost f ingl arte Optical Art f.

òptimum <-> m lat Optimum n.

òption <-> f econ ingl (opzione) Option f, Wahl(freiheit) f.

òptional <-, -s ingl> m pl ingl spec autom Extra n fam; Sonder-, Extraausstattung f.

optometrìa f med Optometrie f scient.

optomètrico, (-a) <-ci, -che> agg fis med {ESAME} optometrisch adj.

optometrìsta <-i m, -e f> mf Optometriker(in) m(f), Optometrist(in) m(f).

opulènto, (-a) agg **1** lett (ricco) {RACCOLTO} (über)reich, üppig; {CENA} anche opulent forb; {SOCIETÀ} reich, opulent forb **2** fig scherz {DONNA} mollig eufem, üppig **3** fig {STILE} überladen.

opulènza f **1** lett (ricchezza) {+TERRA} Reichtum m, Üppigkeit f **2** fig scherz {+FORME} Üppigkeit f **3** fig {+STILE} Überladenheit f.

opùnzia f bot (fico d'India) Feigenkaktus m, Opuntie f scient.

òpus <-> m lat arch mus Opus n.

opùscolo m Heft n, Broschüre f: **~ informativo**, Informationsbroschüre f; **~ pubblicitario**, Werbeprospekt m.

opzionàle agg **1** (a scelta) {MATERIA} fakultativ, wahlfrei **2** spec autom (extra) {ALZACRISTALLI ELETTRICI} als Extra.

opzióne f **1** (libera scelta) Wahlfreiheit f **2** dir Option f: **diritto di ~**, Bezugsrecht n; **~ zero** giorn polit (rif. al disarmo), Nulllösung f.

or. abbr di orientale: östlich, orientalisch.

òra① f (abbr h) **1** (unità di tempo) {+LAVORO} Stunde f: **un'ora di lezione/danza**, eine Unterrichts-/Tanzstunde f; **tra mezz'ora**, in einer halben Stunde; **pagare qu a ore**, jdn stundenweise/[nach Stunden] bezahlen; **per ore e ore**, stundenlang; **entro quarantotto ore**, innerhalb von achtundvierzig Stunden; **è a un'ora di strada/treno/aereo da qui**, es ist eine Auto-/Zug-/Flugstunde von hier entfernt; **ora di straordinario**, Überstunde f; **ore di volo**, Flugstunden f pl **2** (nelle indicazioni temporali) Uhr f: **che ora è? – È l'una**, wie viel Uhr ist es/wie spät ist es? – Es ist ein Uhr/[eins]; **che ora fa l'orologio del campanile?**, wie viel Uhr ist es nach der Kirchturmuhr?; **hai l'ora giusta?**, hast du die genaue (Uhr)zeit?; **che ore sono? – Sono le quattro**, wie viel Uhr ist es? – Es ist vier (Uhr); **a che ora arrivi a Vienna?**, um wie viel Uhr kommst du in Wien an? **3** (orario) Zeit f: **ora di apertura dei negozi**, Öffnungszeiten f pl der Geschäfte; **ora civile/locale**, Normal-/Ortszeit f; **ora legale/estiva**, Sommerzeit f; **alle sei ora locale**, um sechs Uhr Ortszeit; **ora solare vera**, effektive Sonnenzeit f **4** fig (momento) {+APERITIVO, TÈ, VERITÀ; LIETE, TRISTI} Stunde f, Zeit f, Augenblick m: **ora del delitto**, Tatzeit f; **è giunta l'ora**, die Stunde ist gekommen; **a qualsiasi ora del giorno e della notte**, zu jeder Tages- und Nachtzeit; **è ora di partire**, es ist Zeit, abzureisen; **alle ore dei pasti**, zu den Essenszeiten; **a quest'ora sarà già lontano**, um die(se) Zeit wird er schon weit weg sein; **all'ultima ora**, in der letzten Stunde; **di ora in ora**, jeden Moment; **correre a cento all'ora**, mit hundert ╷Kilometern pro Stunde╵/[Stundenkilometern] fahren; **guadagna 30 euro all'ora**, er/sie verdient 30 Euro pro/[in der] Stunde; **ora d'aria** (in prigione), Ausgang m; **è un'ora che aspetto!**, jetzt warte ich schon seit einer Stunde!; **avere un'ora buca**, eine Freistunde haben, ein Zeitfenster von einer Stunde haben; **alla buon'ora!** (finalmente!), endlich!; **di buon'ora** (presto), früh(zeitig), früh(morgens), früh am Morgen; **l'ora canonica** fig scherz (giusta), der richtige Augenblick; **ha le ore contate** (essere quasi catturato; {RAPINATORE} seine Stunden sind gezählt; (essere quasi morto) {MALATO} er liegt im Sterben; **è la mia/tua/... ora** fig (il momento della mia/tua/... morte), ╷meine/deine/... letzte Stunde╵/[mein/dein/... letztes Stündlein] ╵hat geschlagen╵/[ist gekommen] scherz; **era ora!**, es war höchste Zeit!; **ora estrema** fig eufem (morte), die letzte Stunde, das letzte Stündlein scherz; **ora fatale** (fatidica), verhängnisvolle Stunde f; (della morte), Todesstunde f; **ore libere**, Freizeit f; **ora di morta** (di poco traffico), verkehrsruhige Zeit; **un'ora di orologio** (esatta), eine geschlagene Stunde; **far le ore piccole** (tardi), bis in die frühen Morgenstunden aufbleiben; **ora di punta** (di grande traffico), Hauptverkehrszeit f, Rush-hour f; **arrivi a quest'ora?** (così tardi?), so spät kommst du?; **rubare le ore al sonno** fig (dormire meno del necessario), nicht genug/ausreichend schlafen; **a tarda ora** (tardi), zu später Stunde; **a tutte le ore** (in qualsiasi momento), jederzeit, zu jeder Tages- und Nachtzeit; **non veder l'ora di ...** fig (essere impaziente), es kaum erwarten können, zu ...; sich sehr darauf freuen, zu ...; **ventiquattr'ore su ventiquattro → ventiquattr'ore**; **l'ora X/fatidica** (il momento stabilito), die Stunde X; **l'ora zero**, null Uhr, Mitternacht f; fig (ora di inizio di un'operazione), die Stunde null; **le ore del mattino hanno l'oro in bocca** prov, Morgenstund' hat Gold im Mund prov.

òra② **A** avv <talvolta troncato in or> **1** (adesso) jetzt, nun: **ora è un anno**, jetzt ist es ein Jahr her; **d'ora in avanti/poi**, von jetzt an, von nun an, ab jetzt; **fin d'ora**, von diesem Augenblick an; **quattro mesi or sono**, vor vier Monaten, vier Monate ist das jetzt her; **per ora**, im Augenblick, einstweilen; **ora o mai più**, jetzt oder nie; **prima d'ora**, zuvor, vorher; **non ora ma più tardi**, nicht jetzt, sondern später; **un tempo uscivo spesso, ora molto meno**, früher ging ich öfter aus, heute viel weniger **2** (poco fa) (so)eben, gerade (jetzt): **li ho posati qui ora**, ich habe sie gerade hier hingestellt **3** (tra poco) gleich: **ora te lo dico**, ich sage es dir gleich **4** (in correlazioni): **ora ... ora ...**, einmal ..., einmal ...; bald ..., bald ...; jetzt ..., dann ...: **ora dice una cosa, ora un'altra**, bald sagt er/sie dies, bald das; mal sagt er/sie hü und mal hott; **ora triste, ora lieto**, bald traurig, bald wieder fröhlich **B** cong **1** (invece) nun, aber: **tu gli hai sempre creduto, ora ti dimostro che mente**, du hast ihm stets geglaubt, aber ich beweise dir jetzt, dass er lügt **2** (dunque, allora): nun: **ora, bisogna riconoscere che ...**, nun muss man anerkennen, dass... **3** loc cong: **ora che ... ind**, nun, da ... ind; jetzt, da... ind: **ora che me lo dici, me ne ricordo**, jetzt, da du es sagst, erinnere ich mich ● **or ora**, soeben, gerade (eben); **or bene → orbene**; **ora come ora**, unter diesen Umständen, so wie es jetzt/[im Augenblick] aussieht; **ora sì che ci capiamo**, jetzt verstehen wir uns endlich.

oràcolo m **1** (responso) {+SIBILLA} Orakel n: **l'~ di Delfi**, das Orakel von Delphi, das delphische Orakel; fig iron Orakel n iron **2** fig scherz {+FAMIGLIA} Orakel n.

òrafo, (-a) A agg {ARTE} Goldschmiede- **B** m (f) Goldschmied(in) m(f).

oràle A agg **1** (della bocca) {IGIENE} Mund- **2** (a voce) {ESAME} mündlich; {TRADIZIONE} anche oral **B** m mündliche Prüfung.

oramài → ormai.

orangìsta <-i m, -e f> **A** agg Orangisten-, orangistisch **B** mf Orangist(in) m(f).

oràngo, orangutàn <-ghi; -> m zoo Orang-Utan m.

oràre itr poet (pregare) **~ (per qu/qc)** {PER I FIGLI} (für jdn/etw) beten.

oràrio, (-a) <-ri m> **A** agg **1** (di un'ora) {MEDIA, RETRIBUZIONE, VELOCITÀ} Stunden- **2** (delle ore) {FUSO, SEGNALE} Zeit- **B** m **1** (distribuzione di operazioni nel tempo) {+SCUOLA} Stunden f pl, Zeit f, Zeitplan m: **~ di apertura/chiusura**, Öffnungs-/Schließzeit f; **~ di arrivo/partenza**, Ankunfts-/Abfahrtszeit f; **~ continuato**, durchgehende Öffnungszeit f; **~ elastico/flessibile**, gleitende Arbeitszeit; **~ estivo/invernale**, Sommer-/Winterfahrplan m; **~ di lavoro/di servizio/d'ufficio**, Arbeits-/Dienst-/Bürozeit f; **~ dei negozi**, Geschäftszeit f; **~ di sportello**, Schalterstunden f pl; **~ delle visite**, Sprechstunden f pl; (in ospedale) Besuchszeit f **2** ferr Fahrplan m; (libro) Kursbuch n **4** scuola (delle lezioni) Stundenplan m; università Vorlesungsplan m ● **non** avere **~** (nella vita quotidiana), keine festen Zeiten haben; **essere in ~**, pünktlich sein; {TRENO} (fahr)planmäßig an|kommen/ab|fahren; {AEREO} planmäßig sein; **~ di ricevimento scuola università med**, Sprechstunde f.

oràta f itt Goldbrasse f.

oratóre, (-trice) m (f) {BRILLANTE} Redner(in) m(f).

oratòria f {FORENSE} Redekunst f: **~ da tribuno**, demagogische Redegewandtheit.

oratòrio① <-ri> m **1** {SALESIANO} Oratorium n, kirchliches Jugendzentrum **2** relig Betsaal m **3** arch {+CONVENTO} Oratorium n.

oratòrio② <-ri> m mus {+BACH} Orato-

rium n.
oratòrio³, (-a) <-ri m> agg {ARTE, STILE, TONO} Rede-.
oratrice f → **oratore**.
orazióne f 1 (*preghiera*) {FUNEBRE} Gebet n 2 (*discorso*) {POLITICA} Rede f: ~ **domenicale**, Vaterunser n, Gebet n des Herrn.
òrba f → **orbo**.
orbàre tr *poet* (*privare*) ~ **qu di qu** {INCIDENTE DELLA MOGLIE} jdn jds berauben *forb*.
òrbe m *poet* 1 (*cerchio*) Kreis m 2 (*sfera, globo*) Kugel f: ~ **terracqueo**, Erdkugel f, Erde f 3 *fig* (*mondo*) Welt f, Erdkreis m *poet*.
orbène, or bène cong loc cong (*dunque*): ~ ... ind, also ... ind, nun (gut) ... ind: ~ **vuoi deciderti?**, willst du dich nun endlich entscheiden?; ~, **non pensarci più!**, ˌdannˌ/[nun gut] denk nicht mehr daran!
orbettino m *zoo* Blindschleiche f.
òrbita f 1 *anat* Augenhöhle f, Orbita f *scient* 2 *astr* {LUNARE, TERRESTRE} (Umlauf)bahn f, Orbit(albahn f) m: **lanciare in** ~ **qc**, etw in eine Umlaufbahn schicken/schießen 3 *fis* {+ELETTRONE} Bahn f 4 *fig* (*ambito*) (Einfluss)bereich m, Rahmen m: **attirare qu nella propria** ~, jdn in seinen Einfluss-/Machtbereich bringen/ziehen; **uscire dall'**~ **della legalità**, den Bereich der Legalität verlassen • **essere/andare in** ~ *fig* (*per la felicità, ecc.*), außer sich (dat) (vor etw dat) sein.
orbitàle agg 1 *anat* Augenhöhlen-, orbital *scient* 2 *astr* orbital, Orbital-, Umlauf-; {STAZIONE} (Welt)raum-, Orbital- 3 *fis* {VELOCITÀ} Umlauf-.
orbitànte A part pres *di* orbitare B agg {SATELLITE} umkreisend.
orbitàre itr 1 *astr* ~ **attorno a qc** {SATELLITE ATTORNO A UN PIANETA} etw umkreisen, um etw (acc) kreisen, etw umlaufen 2 *fig* (*gravitare*) ~ **attorno a qc** {ARTISTA ATTORNO A UNA GALLERIA} um etw (acc) kreisen; ~ **attorno a qu** {RICERCATORE ATTORNO A UN PROFESSORE} in jds Dunstkreis *forb* sein, sich in jds Wirkungskreis bewegen.
òrbo, (-a) A agg 1 (*cieco*) blind: **essere** ~ **da un occhio**, auf einem Auge blind sein 2 *fam* (*che vede poco*) halb blind, fast/beinahe blind: **è talmente** ~ **che non vede un palo a cinque metri**, er ist blind wie ein Maulwurf; er ist dermaßen blind, dass er (ohne Brille/Kontaktlinsen) seine eigene Frau auf Kussdistanz nicht erkennt 3 *poet* (*privo*) ~ **di qu** jds beraubt *forb* B m (f) Blinde mf decl come agg.
òrca <*orche*> f 1 *zoo* Schwertwal m, Orka m 2 *mitol* Ungeheuer n.
orchèstra f 1 {SINFONICA} Orchester n: ~ **d'archi**, Streichorchester n; ~ **da camera**, Kammerorchester n 2 *archeol* Orchestra f 3 *teat* Orchestergraben m 4 *fig scherz* Krach m: **senti che** ~!, hör doch mal, was für eine Katzenmusik! *scherz*.
orchestràle *mus* A agg Orchester-, orchestral B mf Orchestermusiker(in) m(f).
orchestràre tr ~ **qc** 1 *mus* {OPERA MUSICALE} etw orchestrieren 2 *fig* (*organizzare*) {CAMPAGNA ELETTORALE} etw organisieren.
orchestratóre, (-trice) *fig* A agg organisierend B m (f) (*che, chi organizza*) Organisator(in) m(f).
orchestrazióne f 1 *mus* {+SONATA} Orchestration f, Orchestrierung f 2 *fig* (*organizzazione*) {+CONVEGNO} Organisation f.
orchestrina f *mus* (Musik)kapelle f.
orchidèa f *bot* Orchidee f.
orchìte f *med* Hodenentzündung f, Orchitis f *scient*.
òrcio <*orci*> m (*vaso*) Tonkrug m; (*con anse*)

amphorenförmiger Tonkrug.
òrco, (**orchèssa**) <*orchi*> A m (f) 1 (*nelle fiabe*) (menschenfressendes) Ungeheuer 2 *fig fam* (*mostro*) Ungeheuer n, Scheusal n *spreg* B m <*solo* sing> *mitol* (*inferno*): **Orco**, Orkus m, Hades m, Unterwelt f, Totenreich n • ~ **marino** *zoo*, Samtente f.
òrda f 1 (*comunità*) {+UNNI} Horde f 2 *scherz spreg* (*massa*) {SCATENATA; +RAGAZZI} Haufen m, Horde f *spreg*.
ordìgno m 1 (*bomba*) Sprengkörper m: ~ **esplosivo**, Sprengkörper m 2 (*congegno*) Gerät n, Maschine f: ~ **diabolico/infernale**, Teufels-/Höllenmaschine f 3 *fam* (*oggetto strano*) Apparat m *fam*, Ding n *fam*.
ordinàle A agg *ling mat* {AGGETTIVO NUMERALE, NUMERO} Ordinal-, Ordnungs- B m 1 *gramm* Ordinalzahl f 2 *mat* Ordinal-, Ordnungszahl f.
ordinaménto m 1 (*assetto*) {+MONDO} (An)ordnung f 2 (*sistema*) {CIVILE, MILITARE} Ordnung f, Regelung f; (*istituzione*) Einrichtung f, Institution f 3 (*distribuzione*) {+CAPITOLI DI UN LIBRO} Anordnung f, Aufbau m 4 *inform* {+DATI} Anordnung f: ~ **ad albero**, Baumstruktur f • ~ **giudiziario** *dir*, Gerichtsverfassung f; ~ **giuridico** *dir*, Rechtsordnung f.
ordinànza A f 1 *amm* {MINISTERIALE, PREFETTIZIA +SINDACO} Verordnung f, Anordnung f 2 *dir* {+GIUDICE} Beschluss m; Verfügung f; {+AUTORITÀ AMMINISTRATIVA} Verfügung f 3 *mil* (*schierazione*) Aufstellung f, Ordnung f 4 *mil stor* (*attendente*) {+CAPITANO} Ordonnanz f <inv> loc agg *mil* 1 **di** ~ {PISTOLA, UNIFORME} Dienst- 2 **fuori** ~ {SCIABOLA} unvorschriftsmäßig.
ordinàre A tr 1 (*mettere in ordine*) ~ **qc** {CASALINGA CASA, STANZA} etw auf|räumen; {ARCHIVISTA BIBLIOTECA, SCHEDARIO} etw ordnen: ~ **alfabeticamente una lista di nomi**, eine Namenliste alphabetisch ordnen; {CAMERIERA ARMADIO} etw auf|räumen, etw in Ordnung bringen; *fig* {RELATORE CONCETTI, IDEE} etw ordnen 2 (*comandare*) ~ **qc a qu** {RESTITUZIONE DELLA SOMMA} jdm etw befehlen, jdm etw an|ordnen: **gli ordinarono di ripartire**, sie befahlen ihm, wieder abzufahren 3 (*prescrivere*) ~ **qc a qu** {DOTTORE CURA AL PAZIENTE} jdm etw verordnen; {DOTTORE MEDICINA AL PAZIENTE} jdm etw verschreiben 4 (*fare un'ordinazione*) ~ (**qc**) (**a qu**) {AVVENTORE BIRRA, CAFFÈ AL CAMERIERE} etw (bei jdm) bestellen: **ha già ordinato?**, haben Sie schon bestellt? 5 *amm* ~ **qc** etw verordnen, etw bestimmen: **il governo ha ordinato una serie di interventi finanziari a favore dell'agricoltura**, die Regierung hat eine Reihe von finanziellen Maßnahmen zugunsten der Landwirtschaft angeordnet 6 *comm* ~ **qc** {PARTITA DI CAFFÈ, DI CARNE} etw ordern, etw bestellen, etw in Auftrag geben 7 *inform* ~ **qc** etw sortieren 8 *mat* ~ **qc** {POLINOMIO} etw ordnen 9 *relig* ~ **qu qc** jdn zu etw (dat) weihen: ~ **qu sacerdote**, jdn zum Priester weihen, jdn ordinieren B itr pron rfl (*disporsi*): **ordinarsi in qc** {BAMBINI IN DUE FILE} sich in etw (dat) auf|stellen, sich zu etw (dat) formieren.
ordinariàto m *relig università* Ordinariat n.
ordinàrio, (-a) <-ri m> A agg 1 (*consueto*) {FACCENDE, SPESE} üblich, alltäglich; (*normale*) {TARIFFA} normal; {SOCIO} ordentlich 2 (*dozzinale*) {ABITO, TESSUTO} (ganz) gewöhnlich, mittelmäßig, billig, ordinär 3 *spreg* (*rozzo*) {MODI} ordinär *spreg*, anständig; {DONNA, UOMO} *anche* gewöhnlich, Durchschnitts- 4 *amm dir relig* {ASSEMBLEA, MEZZO DI IMPUGNAZIONE, TASSA, VESCOVO} ordentlich 5 *scuola università* {PROFESSORE} or-

dentlich B m 1 <*solo* sing> (*consuetudine, normalità*) Übliche n decl come agg, Normale n decl come agg: **sono problemi che escono dall'**~, das sind Probleme, die über das Übliche hinausgehen; **ha speso più dell'**~, er/sie hat mehr als gewöhnlich ausgegeben 2 *relig* (*vescovo*) Ordinarius m: ~ **militare**, Militärbischof m 3 *relig* (*della messa*) Ordo Missae m C m (f) *scuola università* (*professore di ruolo*) {+ZOOLOGIA} Ordinarius m D <inv> loc agg (*eccezionale*): **fuori dell'**~ {CUOCO, MEDICO} außergewöhnlich, außerordentlich E loc avv (*di solito*): ˌper l'ˌ/[d']~, üblicherweise, gewöhnlich.
ordinàta① f *fam* (*ordinare*): **dare un'**~ (**a qc**), {ALLA STANZA} (etw) (schnell) in Ordnung bringen; {AI DOCUMENTI} *anche* etw ordnen.
ordinàta② f 1 *mat* Ordinate f 2 *aero* Spant n 3 *mar* {MAESTRA +CHIGLIA} Spant n o m, Rippe f.
ordinatàrio, (-a) <-ri m> mf *banca* Inhaber(in) m(f) eines Orderpapiers.
ordinatìvo, (-a) A agg (*utile a ordinare*) {CRITERIO} Ordnungs- B m *comm* Auftrag m, Order f.
ordinàto, (-a) agg 1 (*osservante dell'ordine*) {ALLIEVO, FIGLIO} ordentlich, ordnungsliebend 2 (*messo in ordine*) {CAMERA} aufgeräumt; {SCHEDARIO} geordnet, ordentlich; (*regolato*) {VITA} geregelt; (*preciso*) {LAVORO} genau, ordentlich 3 *comm* {+MERCE} bestellt 4 *mat* {PARZIALMENTE, TOTALMENTE} geordnet.
ordinatóre, (-trice) A agg (*che ordina*) {PRINCIPIO, VOLONTÀ} Ordnungs- B m (f) 1 (*chi ordina*) Ordner(in) m(f) 2 (*nelle biblioteche*) Katalogisierer(in) m(f).
ordinatòrio, (-a) <-ri m> agg *dir* {PROVVEDIMENTO} "prozessleitende Anordnung enthaltend"; {TERMINE} (*nel processo civile*) "deren Nichtbeachtung keinen Verfall der Rechte zur Folge hat"; (*nel processo penale*) "an deren Nichtbeachtung keine prozessrechtlichen Folgen geknüpft sind".
ordinazióne① f 1 (*nei locali pubblici*) {+TAVOLO QUATTRO} Bestellung f: **il cameriere è già passato a prendere le ordinazioni dei clienti**, die Bedienung ist schon vorbeigekommen und hat die Bestellungen der Gäste aufgenommen 2 *comm* {+MERCE} Order f, Bestellung f, Auftrag m: **fare un'**~, eine Bestellung aufgeben; **la torta è stata fatta su** ~, die Torte/der Kuchen wurde auf Bestellung angefertigt 3 *med* {+FARMACO} Verschreibung f.
ordinazióne② f *relig* Ordination f, Weihe f.
órdine m 1 *gener* (*disposizione regolare*) {INTERNO; +FAMIGLIA, PAGINE, PARTI DI UN DISCORSO} Ordnung f: **fare/mettere** ~, Ordnung schaffen; **ovunque regna l'**~, überall herrscht Ordnung 2 (*successione*) Ordnung f, (Reihen)folge f, Anordnung f: **andare/procedere** ˌper ~ˌ/[secondo l'~] **alfabetico**, in alphabetischer Ordnung/Reihenfolge vorgehen; **disporre gli oggetti** ˌper ~ˌ/[secondo l'~] **di grandezza**, die Gegenstände der Größe nach ordnen; **mettersi in/per** ~ **d'altezza**, sich der Größe nach aufstellen; **esporre i fatti secondo un** ~ **cronologico**, die Tatsachen chronologisch berichten; **narrando ha variato qua e là l'**~ **dei fatti**, bei seiner/ihrer Erzählung hat er/sie hin und da die Reihenfolge der Ereignisse umgestellt; **riferire per** ~, ˌin chronologischer Reihenfolgeˌ/[der Reihe nach] berichten; **in** ~ **di tempo**, in zeitlicher Reihenfolge; **per** ~ **di merito**, leistungsgerecht 3 (*organizzazione*) {+SOCIETÀ} Ordnung f, Aufbau m, System n: **è nell'**~ **naturale delle cose**, das liegt in der Natur der Dinge 4 (*quiete*) Ordnung f: **la polizia ha ri-**

stabilito l'~, die Polizei hat die Ordnung wiederhergestellt; **richiamare qu all'~**, jdn zur Ordnung rufen; **la professoressa ha richiamato all'~ la classe**, die Lehrerin rief die Klasse zur Ordnung **5** (*fila*) {+DENTI, NAVI} Reihe f; {+STANZE} Flucht f; (*filare*) {+VITI} Reihe f; *arch* {DOPPIO +COLONNE} Reihe f; *teat* {+POLTRONE} Rang m, Reihe f **6** (*ceto, classe*) {+PATRIZI, PLEBEI} Stand m, Klasse f **7** (*categoria*) Kategorie f; {PROFESSIONALE} Verband m, Kammer f, Bund m: ~ **degli avvocati/dei medici**, Anwalts-/Ärztekammer f; ~ **dei giornalisti**, Journalistenverband m **8** *stor* (*associazione*) {CAVALLERESCO +CAVALIERI DI MALTA, TEMPLARI} Orden m **9** *anche mil* (*comando*) Befehl m, Auftrag m: **gli ordini sono ordini**, Befehl ist Befehl; **agli ordini!** *anche scherz*, zu Befehl!; **agli ordini, signor Colonnello!**, zu Befehl, Herr Oberst!; **essere agli ordini di qu**, unter jds Befehl stehen; **mancare/[venir meno] a un ~**, einen Befehl nicht ausführen; **di mobilitazione generale**, Generalmobilmachungsbefehl m; **per ~ di qu**, auf Befehl/Anordnung von jdm/+ gen, im Auftrag von jdm/+ gen; **ricevere/accettare ordini da qu**, Befehle von jdm entgegennehmen/befolgen; **secondo gli ordini**, laut Befehl, auftragsgemäß; **per ~ superiore**, auf höheren Befehl, in höherem Auftrag, auf Befehl von oben; **ai vostri ordini**, zu Ihren Diensten **10** (*disposizione, direttiva*) Anweisung f: **ho l'~ di non farvi entrare**, ich habe die Anweisung, Sie/euch nicht hineinzulassen **11** *fig* (*ambito*) Bereich m, Natur f: **fenomeni che appartengono all'~ soprannaturale**, Phänomene, die dem (Bereich des) Übernatürlichen angehören; **entrare nell'~ di idee che ...**, sich mit dem Gedanken anfreunden, etw zu tun; sich darauf einstellen; **ciò non rientra nel nostro ~ di idee**, das entspricht nicht unseren Vorstellungen; **siamo in tutt'altro ~ di idee**, wir haben eine völlig andere Einstellung (dazu) **12** *amm dir* Anordnung f, Regelung f **13** *arch* (*stile*) {CORINZIO, DORICO, IONICO} Stil m **14** *banca* Auftrag m, Anweisung f: ~ **di accreditamento**, Akkreditiv n, Kreditbrief m; **all'~**, an Order, Order-; ~ **di pagamento**, Zahlungsanweisung f; ~ **di Borsa**, Börsenauftrag m, Börsenorder f **15** *bot zoo* (*gruppo*) {+COLEOTTERI} Ordnung f **16** *comm* {+MERCE} Auftrag m, Bestellung f, Order f: ~ **di consegna/acquisto**, Lieferauftrag m/Kauforder f; **d'~ e per conto di qu/qc**, im Auftrag und auf Rechnung von jdm/etw/+ gen; **ordini in corso**, laufende Aufträge; **evadere un ~**, einen Auftrag ausführen; **fare/ricevere un ~**, eine Bestellung aufgeben/entgegennehmen **17** *dir* Befehl m: ~ **di accompagnamento** (staatsanwaltschaftlicher) Vorführungsbefehl; ~ **di cattura** *stor*, (staatsanwaltschaftlicher) Haftbefehl; ~ **di carcerazione**, (staatsanwaltschaftliche) Ladung zum Antritt der Strafe; (staatsanwaltschaftlicher) Vorführungs-/Haftbefehl zum Strafantritt; ~ **di comparizione** *stor*, (staatsanwaltschaftliche) (Vor)ladung; ~ **di scarcerazione**, (staatsanwaltschaftlicher) Haftentlassungsbefehl **18** *mat* {PRIMO} Ordnung f **19** *med* (*prescrizione*) {+FARMACO} Verschreibung f **20** *mil* (*formazione*) Ordnung f, Reihe f, Formation f: **avanzare/procedere in ~ sparso**, in aufgelöster Formation vorrücken/fortschreiten; **in ~ di marcia**, in Marschordnung **21** *relig* (*sacramento*) Weihe f **22** *relig* (~ *religioso*) {DOMENICANO, MENDICANTE; +CARMELITANE} Orden m **23** *sport* (*successione, classifica*) Reihenfolge f, Platzierung f: **l'~ di partenza/arrivo dei maratoneti**, die Startaufstellung/der Einlauf der Marathonläufer • **l'~ costituito**, die bestehende Ordnung; **dell'~ di qc**, {DI UN PAIO DI MILIONI} in (der) Höhe *von etw* (dat)/+ gen; **dell'~ di cinque millimetri**, in fünf Millimetern Höhe; ~ **episcopale** *relig*, Bischofswürde f; **essere in ~** (a posto), {AUTO} in Ordnung sein; {STANZA} *anche* aufgeräumt sein; {BAMBINO} ordentlich angezogen/[zurechtgemacht] sein; **questioni d'~ generale**, Probleme/Fragen allgemeiner Art/Bedeutung; ~ **della giarrettiera** *stor*, Hosenbandorden m; **dell'~ di grandezza di qualche centimetro**, in der Größenordnung von einigen Zentimetern; ~ **del giorno** (lista di argomenti), Tagesordnung f; *mil* (*programma*), Tagesbefehl m; **essere all'~ del giorno** *anche fig* (*normale*), an der Tagesordnung sein; **in ~ a qc** *amm comm* (*relativamente*), {A UNA RICHIESTA, A UN FATTO} betreffs etw (gen), in Bezug auf etw (acc); **d'infimo ~**, minderwertig; **mettere in ~ qc**, {LIBRI} etw ordnen, etw in Ordnung bringen; {CASA} etw auf|räumen; (*ripararla*) {BICICLETTA, MOTORE, RADIO} etw in Ordnung bringen, etw reparieren; **mettersi in ~** (a posto), sich zurechtmachen; **fino a nuovo ~**, bis auf weiteres/Widerruf; **questioni d'~ pratico/tecnico**, Angelegenheiten f pl praktischer/technischer Art; **prendere ordini da qu** *fig* (*dipendere*), auf jds Befehle angewiesen sein; **di primo/secondo/terzo/quarto ~**, {GENTE, QUESTIONE} ersten/zweiten/dritten/vierten Ranges; {ALBERGO, MERCE} *anche* erst-/zweit-/dritt-/viertklassig; **è stato un insuccesso di prim'~**, das war ein Misserfolg ersten Ranges; ~ **pubblico**, öffentliche Ordnung; **ordini di remi** *mar* (*bireme trireme*), Anzahl f der Ruderbänke, Ruderboottyp m; **ritirarsi in buon ~** *mil*, den geordneten Rückzug antreten, sich geordnet zurückziehen; *fig* (*defilarsi rinunciando ad attaccare*), sich in Deckung bringen, in Deckung gehen; **è un ~ di scuderia** *fig* (*che giunge dall'alto*), (das ist ein) Befehl von oben; ~ **spaziale**, Layout n; **è tutto in ~ per qc** (a posto), {PER IL TRASLOCO, PER IL VIAGGIO} es ist alles bereit/fertig für etw (acc).

ordire <*ordisco*> *tr* ~ **qc 1** *fig lett* (*abbozzare*) {TRAMA DI UN RACCONTO} etw entwerfen, etw konzipieren **2** *fig* (*macchinare*) {COMPLOTTO} etw an|stiften, etw an|zetteln *fam* **3** *tess* {TELA} etw zetteln.

ordito m **1** *tess* {+TELA} Kette f, Zettel m **2** *fig rar* (*trama*) {+NOVELLA} (Handlungs)gerüst n, (Handlungs)entwurf m **3** *fig rar* {+MENZOGNE, NOTIZIE FALSE} Netz n.

orditóre, (-trice) m (f) **1** *fig* (*chi trama*) {+COMPLOTTO} Anstifter(in) m (f), Anzettl(e)r(in) m (f) *fam* **2** *tess* (*operaio*) Anknüpfer(in) m (f), Andreher(in) m (f).

orditùra f **1** *fig lett* (*trama*) {+NOVELLA, OPERA} (Handlungs)gerüst n, (Handlungs)entwurf m **2** *fig* (*macchinazione*) Anstiftung f, Anzettl(e)lung f *fam* **3** *edil* {+TETTO} Gebälk n **4** *tess* {+TELA} Anknüpfen n, Andrehen n.

ordùnque, or dùnque *cong loc cong lett* so denn, also.

oréccia f **1** → **orecchio 2** *fig fam* (*piegatura*) Eselsohr n *fam*: **fare un'~ alla pagina**, in ein Eselsohr in die Seite machen **3** *fig* {+TAZZA} Henkel m **4** *mar* {+ANCORA} Ohr n • ~ **marina**/[di mare] *zoo*, See-, Meerohr n.

orecchiàbile *agg* (*che si impara facilmente*) {ARIA} ins Ohr gehend, einprägsam, eingängig: **quel motivo è molto ~**, dieses Motiv geht leicht ins Ohr/[ist leicht eingängig].

orecchiànte A *agg* **1** (*che suona a orecchio*) nach dem Gehör spielend; (*che canta a orecchio*) nach dem Gehör singend **2** *fig* (*superficiale*) oberflächlich B *mf* **1** (*chi suona a orecchio*) nach dem Gehör spielende Person; (*chi canta a orecchio*) nach dem Gehör singende Person **2** *fig* (*dilettante*) Dilettant(in) m (f) *forb spreg*.

orecchiàre <*orecchio, orecchi*> A *tr* ~ **qc** (PAROLE} etw durch Lauschen erfahren, etw erlauschen *rar* B *itr* horchen, lauschen.

orecchiètta <*dim di orecchia*> f **1** *anat* {DESTRA} Vorhof m, Vorkammer f **2** <*di solito al pl*> *gastr* "ohrförmige Nudelsorte aus Apulien".

orecchino m (*monile*) Ohrring m: ~ **a clip**, (Ohren)klipp m, (Ohren)clip m; ~ **a pendaglio**, Gehänge n.

orécchio <-*chi* m o -*chie* f> m **1** *gener anche anat* Ohr n: ~ **esterno**, äußeres Ohr n; ~ **medio**, mittleres Ohr, Mittelohr n; ~ **interno**, inneres Ohr, Innenohr n; **essere sordo da/di un ~**, auf einem Ohr taub sein; (*padiglione auricolare*) {GRANDE, PICCOLO} Ohrmuschel f, Ohr n; **orecchie a sventola**, abstehende Ohren, Segelohren n pl *fam* **2** (*udito*) Ohren n pl, Gehör n: **essere delicato/debole d'~**, schlechte Ohren haben, schlecht hören; **essere di ~ fino**/[avere l'~ fine], ein feines Gehör haben; **stordire le orecchie a qu**, jdm die Ohren betäuben, jdm in den Ohren dröhnen **3** *fig* (*disposizione musicale*) Ohr n, Gehör n: **avere molto/poco ~**, ein feines/[kein gutes] Ohr (für Musik) haben; **non avere ~**, kein Ohr (für die Musik) haben **4** *agr* {+ARATRO} Streichblech n • **abbassare gli orecchi** *fig* (*essere mortificato*), beschämt sein; **allungare/usare le orecchie** *fig* (*sforzarsi di ascoltare*), die Ohren spitzen *fam*; **aprire bene le orecchie/gli orecchi** *fig fam* (*ascoltare attentamente*), gut zuhören, die Ohren aufsperren/auftun/aufmachen *fam*; **arrossire fino agli orecchi** *fig* (*completamente*), bis über die/beide Ohren rot werden *fam*; **avere le orecchie d'asino**/[lunghe] *fig* (*essere ignorante*), ein Esel/Rindvieh/Einfaltspinsel sein *fam*; **avere le orecchie lunghe**/[gli orecchi lunghi] *fig* (*essere curiosi*), lange Ohren machen *fam*; (*origliare*), (neugierig) lauschen; **confidare qc in un ~ a qu** (*dirlo in segreto*), jdm etw vertraulich mitteilen, jdm etw ins Ohr sagen; **non credere ai propri orecchi** *fig* (*non poter credere qc*), seinen Ohren nicht trauen; **dire qc all'~ qu** (*sottovoce*), jdm etw ins Ohr flüstern; ~ **di Dionisio** *arch* (*antica cava romana nei pressi di Siracusa*), Ohr(muschel f) n des Dionysos; **essere duro d'~** *anche fig* (*sordo*), schwerhörig sein; **entrare da un ~ e uscire dall'altro** *fig* (*essere ignorato*), zum einen Ohr hinein- und zum anderen wieder hinausgehen *fam*; **bisogna farci l'~** (*abitudine*), man muss sich (in etw acc) einhören; **a qu fischiano le orecchie** *fig* (*quando si parla di lui*), jdm klingen die Ohren *fam scherz*; ~ **di Giuda** *fam bot*, Judasohr n; **giungere/arrivare all'~/agli orecchi di qu** *fig* (*venire a sapere*), jdm zu Ohren kommen, bis zu jds Ohr dringen; **fare orecchie da mercante** *fig* (*far finta di non capire*), sich taub stellen, auf etw (acc) nicht eingehen; ~ **d'orso** *fam bot*, Aurikel f; **porgere l'~ a qu/qc** *fig* (*prestare attenzione*), jdm/etw Gehör schenken, jdm/etw sein Ohr leihen *forb*, jdn anhören; **prestare/dare ~** *fig* (*ascoltare con attenzione*), aufmerksam zuhören; **avere gli orecchi/le orecchie foderate di prosciutto** *fig fam* (*non (voler) sentire*), (wohl) Bohnen/Watte in den Ohren haben *fam*, auf den Ohren sitzen *fam*; **risuonare ancora nell'~** *fig* (*avere ancora vivo il ricordo delle parole di qu, di un suono ecc.*), jdm noch in den Ohren klingen, es noch in den Ohren haben; **rizzare/drizzare le orecchie** *fig* (*fare molta attenzione*), die Ohren spitzen *fam*; **da questo ~ non ci sento** *fig* (*non voglio saperne nulla*), auf diesem Ohr bin ich taub.

[höre ich nicht] *fam*; **stare con l'~ teso** *fig* (*stare attento per sentire ogni rumore*), die Ohren aufsperren/spitzen *fam*; **sturare le orecchie a qu** *fig* (*far ascoltare a qu cose che non vorrebbe ascoltare*), jdm die Ohren lang ziehen *fam*, jdm gründlich seine Meinung sagen; **suonare/cantare a ~**, nach Gehör spielen/singen; **tirare le orecchie/gli orecchi a qu** *fig* (*riprendere qu*), jdm die Ohren lang ziehen *fam*; **~ di topo** *tosc bot*, Hornkraut n; **turarsi/tapparsi le orecchie/gli orecchi** *anche fig* (*non voler sentire*), sich (*dat*) die Ohren zuhalten/zustopfen; **essere tutt'orecchi** *fig* (*prestare molta attenzione*), ganz Ohr sein; **chi ha orecchi per intendere, intenda** *prov bibl*, wer ein offenes Ohr hat, (der) wird verstehen.

orecchióni m pl *med fam* Mumps m, Ziegenpeter m *fam*, Parotitis f *scient*.

orecchiùto, (-a) *agg* **1** (*con grandi orecchie*) {CANE, CAVALLO} langohrig, großohrig **2** *rar fig* (*ignorante*) (stroh)dumm.

oréfice mf **1** (*artigiano*) Goldschmied(in) m(f) **2** (*negoziante*) Juwelier(in) m(f).

oreficería f **1** (*arte*) Goldschmiedekunst f **2** (*laboratorio*) Goldschmiedewerkstatt f **3** (*negozio*) Juwelierladen m, Juweliergeschäft n.

Orèste m (*nome proprio*) Orest • **essere come ~ e Pilade** (*amici inseparabili*), unzertrennliche Freunde sein, ein Herz und eine Seele sein.

orétta <*dim di ora*> f (*un'ora scarsa*) Stündchen n: **fra un' ~ avrò finito**, in einem Stündchen bin ich fertig.

orfanèllo, (-a) <*dim di orfano*> m (f) (*bambino orfano*) Waisen-, Findelkind n.

òrfano, (-a) A *agg* **1** (*senza genitori*) verwaist, Waisen-: **bambino ~**, Waisenkind n, Waise f; **~ dei genitori**, elternlos, ganz/voll verwaist; **essere ~ di madre/padre**, mutter-/vaterlos sein; **è rimasto ~ di un genitore a tre anni**, er ist mit drei als Halbwaise zurückgeblieben, mit drei (Jahren) hat er einen Elternteil verloren **2** *fig lett* (*privo*) **~ di qc** {DELL'AMICIZIA DI QU} ohne *etw* (*acc*) B m (f) (*chi è senza genitori*) Waisenkind n, (Voll)waise f; (*senza un genitore*) Halbwaise f: **gli orfani di guerra**, Kriegswaisenkinder n pl, Kriegswaisen f pl.

orfanotròfio <-*fi*> m (*istituto*) Waisenhaus n.

òrfico, (-a) <-*ci*, -*che*> A *agg* **1** orphisch **2** *fig* geheimnisvoll, dunkel B m (f) Orphiker(in) m(f).

orfísmo m **1** *stor* Orphik f, Orphismus m **2** *fig* {+PAROLA} Magie f.

organétto[①] <*dim di organo*> m *mus* **1** (*organo meccanico mobile*) Drehorgel f, Leierkasten m *fam* **2** *fam* (*fisarmonica*) Akkordeon n, Ziehharmonika f, Quetschkommode f *fam* **3** *fam* (*armonica a bocca*) Mundharmonika f.

organétto[②] m *ornit* Birkenzeisig m.

organicìsmo m *filos* Organizismus m.

organicità <-> f (*armonia*) {+SAGGIO, STRUTTURA} organischer Aufbau, Einheitlichkeit f, Geschlossenheit f, organische Einheit.

orgànico, (-a) <-*ci*, -*che*> A *agg* **1** (*animale e/o vegetale*) {CHIMICA} organisch; {SOSTANZA} *anche* belebt, lebend **2** (*degli organi o dell'organismo*) {CRESCITA, DISFUNZIONE, SVILUPPO} organisch **3** *fig* (*armonico*) {SVILUPPO, SVOLGIMENTO} organisch, einheitlich: **l'insieme ~ di elementi architettonici di una facciata**, die organische Einheit der architektonischen Elemente einer Fassade **4** *fig* (*organizzato*) organisch, abgeschlossen: **complesso ~**, organisches Ganzes; **unità organica di lavoro**, abgeschlossene Arbeitseinheit **5** *ling*

{COMPARATIVI, SUPERLATIVI} synthetisch B m **1** *amm* (*insieme delle cariche*) {+AZIENDA, UFFICIO} Haushaltsstellenplan m; (*del personale*) Personal(bestand) m n **2** *mil* {+REPARTO} Bestand m **3** *mus teat* {+COMPAGNIA} Gruppe f, Truppe f; {+ORCHESTRA} Ensemble n.

organigràmma <-*i*> m **1** *amm polit* (*grafico*) {+AZIENDA, PARTITO, UFFICIO} Organigramm n **2** *inform* {+SISTEMA} Ablauf-, Flussdiagramm n.

organíno <*dim di organo*> m *mus* Drehorgel f, Leierkasten m *fam*.

organísmo m **1** (*essere vivente*) {ANIMALE, VEGETALE} Organismus m, Lebewesen n **2** (*corpo umano*) {FORTE, MALATO, SANO} Körper m, Leib m *forb* **3** *fig* (*sistema*) {AMMINISTRATIVO} Organismus m, Gebilde n, Gefüge n.

organísta <-*i* m, -*e* f> mf *mus* Organist(in) m(f), Orgelspieler(in) m(f).

organístico, (-a) <-*ci*, -*che*> *agg mus* {CONCERTO} Orgel-.

organizer <-> m *ingl* **1** (*agenda*) Organizer m **2** *inform* Organizer m.

organizzàre A *tr* **1** (*strutturare*) **~ qc** {DIRIGENTE AZIENDA; POLITICO PARTITO} *etw* organisieren; {LAVORO, VITA} *etw* ein|teilen; **~ qu** (*in qc*) {SOCCORRITORI IN SQUADRE} jdn (*in etw acc*) ein|teilen **2** (*preparare*) **~ qc** {GIOVANI COMPLOTTO; CONGRESSO, FESTA, GITA, MOSTRA, SPETTACOLO; LADRI FURTO, RAPINA} *etw* organisieren, *etw* vor|bereiten **3** (*riunire*) **~ qu in qc** {IN UN SINDACATO} jdn *in etw* (*dat*) vereinigen **4** *mil stor slang* (*procurarsi*) **~ qc** {PRIGIONIERI CAPPOTTI} *etw* organisieren *fam* B *rfl* **1** (*strutturarsi*): **organizzarsi** {AZIENDA, PARTITO} sich organisieren; *indir* **organizzarsi qc** {LAVORO, VITA} sich (*dat*) *etw* ein|teilen; **organizzarsi in qc** {IN TRE GRUPPI} sich *in etw* (*acc*) ein|teilen, sich *in etw* (*dat*) organisieren **2** (*prepararsi*): **organizzarsi qc** {VIAGGIO} *etw* vor|bereiten, *etw* organisieren: **organizzarsi per partire**, sich zur Abfahrt bereit/fertig machen **3** (*unirsi*): **organizzarsi in qc** {LAVORATORI IN UN PARTITO} sich *in etw* (*dat*) organisieren **4** *biol*: **organizzarsi** {FETO} sich entwickeln.

organizzàta *f* → organizzato.

organizzatívo, (-a) *agg* (*di organizzazione*) {CAPACITÀ, ERRORE, FASE} Organisations-, organisatorisch.

organizzàto, (-a) A *agg* {DELINQUENZA} organisiert: **mi sembri bene/poco/male ~ per fare il tuo lavoro**, du scheinst mir sehr/kaum/nicht fähig, deine Arbeit einzuteilen B m (f) (*associato*) organisiertes Mitglied.

organizzatóre, (-trice) A *agg* (*che organizza*) {SQUADRA} Organisations- B m (f) (*chi organizza*) {+CAMPAGNA STAMPA, RETE DI VENDITA} Organisator(in) m(f); {+FESTA, SPETTACOLO, VIAGGIO} Veranstalter(in) m(f).

organizzazióne f **1** (*l'organizzare*) {+CAMPAGNA PUBBLICITARIA, ESERCITO, UFFICIO} Organisation f; *aziendale*, Betriebsorganisation f; {+FESTA, GITA, SPETTACOLO} Veranstaltung f **2** (*associazione*): **~/Organizzazione**, Organisation f, Verband m; **~ politica**, politische Organisation; **~ sindacale/economica**, Gewerkschafts-/Wirtschaftsorganisation f; **l'ONU è una ~ internazionale**, die UNO ist eine internationale Organisation.

òrgano m **1** *anat* (*artificiale, interno*) Organ n: **gli organi genitali**, Genital-, Geschlechts-, Sexualorgane n pl; **organi sensoriali**, Sinnesorgane n pl, Sinneswerkzeuge n pl; **organi della vista**, Sehorgane n pl **2** (*giornale*) {+PARTITO, SINDACATO} Organ n, Blatt n: **è il principale ~ di stampa dell'opposizione**, es/das ist das wichtigste Oppositionsblatt **3** *fig* (*parte*) {+INSIEME} Teil n

4 *amm polit* {ESECUTIVO, LEGISLATIVO} Organ n; {DIRETTIVO} *anche* Gremium n **5** *mus* {ELETTRICO} Orgel f **6** *tecnol* {+MOTORE, TRASMISSIONE} Teil n.

organolèttico, (-a) <-*ci*, -*che*> *agg* {ESAME} organoleptisch; {PROPRIETÀ} *anche* (durch die Sinne) wahrnehmbar.

organza f *tess* Organza m.

orgàsmo m **1** (*sessuale*) Orgasmus m **2** *fig* (*agitazione*) Aufregung f, Erregung f: **mettersi in ~**, in Aufregung geraten.

òrgia <-*orge*> f **1** (*ammucchiata*) Orgie f: **darsi alle orge**, Orgien feiern **2** *fig* (*tripudio*) Orgie f, Fülle f, Pracht f: **~ di forme/colori**, Formen-/Farbenpracht f; **~ di luci**, Lichtermeer n; **~ di piaceri**, Fülle f von Genüssen; **~ di sangue**, Blutbad n **3** *relig stor* Orgie f: **orge bacchiche/dionisiache**, ⌊bacchantische Feste⌋/[Dionysien] f pl.

orgiàstico, (-a) <-*ci*, -*che*> *agg* {FESTA, PIACERI} orgiastisch, ausschweifend.

orgóglio <-*gli*> m **1** (*stima di sé*) Stolz m, Eigenliebe f; (*boria*) {+POTENTI} Hochmut m **2** (*fierezza*) Stolz m **3** (*ragione di vanto*) Stolz m: **è l'~ della famiglia**, er/sie ist der Stolz der Familie.

orgogliöso, (-a) *agg* **1** (*fiero*) **~ di qu/qc** {DI TE, DELLA PROPRIA CASA} stolz (*auf jdn/etw*) **2** (*borioso*) hochmütig, überheblich, stolz: **è troppo ~ per accettare un compromesso**, er ist zu stolz, um einen Kompromiss einzugehen.

oricèllo m *chim tess* (*colorante*) Orseille n.

orientàbile *agg* (*che si può orientare*) {SPECCHIETTO} verstellbar, einstellbar; {ANTENNA} Richt-, ausrichtbar.

orientàle A *agg* **1** (*dell'est*) {VENTO} Ost-, östlich **2** (*a est*) {PERIFERIA; +FRANCOFORTE} im Osten **3** (*dell'oriente*) {LINGUE, PIANTA} orientalisch; (*civiltà*) *anche* morgenländisch *obs*; {TAPPETO} Orient- B mf (*abitante*) Orientale m, Orientalin f.

orientalísta <-*i* m, -*e* f> mf (*studioso*) Orientalist(in) m(f).

orientalìstica <-*che*> f (*insieme di discipline*) Orientalistik f.

orientalìstico, (-a) <-*ci*, -*che*> *agg* **1** (*relativo all'orientalistica*) {STUDI} orientalistisch **2** *arte* {PITTURA} orientalistisch.

orientalizzànte A *part pres di* orientalizzare B *agg* (*orientaleggiante*) {ARTE} orientalisierend.

orientalizzàre A *tr* **1** **~ qu/qc** {POPOLAZIONE, AREA} jdn/*etw* veröstlichen **2** **~ qc** *etw* orientalisieren B *itr pron* **1** **orientalizzarsi** {NAZIONE, POPOLO} sich veröstlichen **2** sich orientalisieren.

orientalizzazióne f **1** Veröstlichung f; (*azione*) *anche* Veröstlichen n **2** {+ARTE} Orientalisierung f.

orientaménto m **1** (*posizione*) {+COSTRUZIONE} Ausrichtung f, Positionsbestimmung f **2** (*capacità di orientarsi*) {+CANE, RAGAZZO} Orientierung f: **ho perso subito l'~**, ich habe sofort die Orientierung verloren **3** *fig* (*consulenza*) {SCOLASTICO} Beratung f: **~ professionale**, Berufsberatung f **4** *fig* (*indirizzo*) **~ (su qu/qc)/(verso qu/qc)** {+DOMANDA SULL'OFFERTA; +RAGAZZO VERSO UN LAVORO} Ausrichtung f (*nach etw dat*) (*auf jdn/etw*); {+POLITICO VERSO PRINCIPI DEMOCRATICI} Orientierung f (*an etw dat*): **questo può servire da ~ generale**, das kann der allgemeinen Orientierung dienen **5** *inform* Format m.

orientàre A *tr* **1** (*disporre*) **~ qc a qc** {ARCHITETTO L'ENTRATA A EST} *etw* (*nach etw dat*) (aus)|richten; **~ qc** {CARTA GEOGRAFICA} *etw* aus|richten **2** *fig* (*guidare*) **~ qu/qc** (*verso qc*) {AMICO VERSO UN LAVORO INTERESSANTE,

orientativo | **ormeggio**

propria scelta verso una casa in campagna} jdn/etw (auf etw acc) lenken, jdn/etw (auf etw acc) richten **3** mar ~ qc {VELE} etw kanten **4** mat ~ qc {RETTA} etw ziehen **5** mil ~ qc {FUCILE} etw an|legen; {CANNONE} etw ausrichten **B** itr pron **1** (disporsi): **orientarsi a qc** {BANDIERA A NORD, A SUD} sich nach etw (dat) aus|richten **2** (orizzontarsi): **orientarsi (in qc)** {IN UN DESERTO} sich (in etw dat) orientieren **3** fig (raccapezzarsi): **orientarsi (in qc)** {IN UNA SITUAZIONE, IN UN TESTO} sich (in etw dat) zurecht|finden **4** fig (indirizzarsi): **orientarsi (verso qc)** {VERSO LA RICERCA} sich (in etw dat) zu|wenden **5** fig (scegliere): **orientarsi (verso qc)** {VERSO UN VIAGGIO IN MAROCCO} sich (für etw acc) entscheiden; (interessarsi) sich (für etw acc) interessieren.

orientativo, (-a) agg fig (che orienta) {INDAGINE} Orientierungs-, orientierend, zur Orientierung: **te lo dico a titolo ~**, ich sage dir das zu deiner Orientierung.

orientazióne f (orientamento) Orientierung f.

oriénte m **1** (est, abbr or.) Osten m, Ost m: **a ~ di qc**, östlich/[im Osten] von etw (dat); **muoversi verso ~**, sich nach Osten bewegen **2** (Asia) Osten m, Orient m: **l'Estremo/Medio/Vicino ~**, der Ferne/Mittlere/Nahe Osten **3** (civiltà asiatica) Orient m, Morgenland n obs: **l'~ musulmano/cristiano**, der moslemische/christliche Orient **4** (nella massoneria) Orient m: **Grande Oriente**, Großer Orient.

orienteering <-> m ingl sport Orientierungslauf m, Orienteering n.

orifizio <-zi> m **1** (foro) {+TUBO} Öffnung f **2** anat Öffnung f, Mund m: **~ anale**, Afteröffnung f, Aftermündung f; **~ uterino**, Muttermund m.

origami m giapponese Papierfaltkunst f.

origano m **1** bot Origanum n, Wilder Majoran, Dost m **2** gastr Origano m, Oregano m.

originàle A agg **1** (autentico) {CALCO, DOCUMENTO, MANOSCRITTO, SPARTITO} Original-, original: **una prima edizione con note e commenti originali a margine**, eine Erstausgabe mit Originalanmerkungen und Originalkommentaren am Rand **2** (primo) {LINGUA, VERSIONE} ursprünglich, Original-: **edizione ~**, Originalausgabe f, Originalfassung f **3** (di origine) Original-, original: **seta ~ indiana**, original indische Seide **4** (nuovo, innovativo) {AUTORE, IMPRONTA, PETTINATURA} neuartig, originell; {TEORIA} anche originär forb; (eseguito per la prima volta) {MUSICA} erstmals aufgeführt, uraufgeführt **5** (stravagante) {RAGAZZO, TROVATA} originell, extravagant: **si veste in maniera troppo ~**, er/sie kleidet sich zu extravagant **6** rar (delle origini) {PECCATO} Ur-, Erb- **B** m **1** (opera di mano dell'autore) Original n, Urtext m: **l'~ è andato perduto**, das Original ist verloren gegangen; **la traduzione è molto fedele all'~**, die Übersetzung hält sich stark an das Original **2** (esemplare di documento) Original n, Urschrift f: **l'~ è in carta bollata**, das Original ist auf Stempelpapier; **copia conforme all'~** amm, Abschrift and Original ₁stimmen überein₁/[identisch] **3** (modello) ₁Original n, Modell n, Vorlage f: **l'~ è più bello del ritratto**, das Modell ist schöner als das Porträt **4** (opera) ~ {RADIOFONICO, TELEVISIVO} Original n **5** (lingua ~) Original-, Ursprungssprache f **6** dir Urschrift f **7** edit giorn Original n **C** mf (persona stravagante) Original n, Sonderling m fam.

originalità <-> f **1** (autenticità) {+OPERA} Originalität f, Echtheit f **2** (carattere innovativo) {+BRANO MUSICALE, STILISTA} Originalität f **3** (stravaganza) {+AMICO, MODA} Originalität f,

Eigenartigkeit f, Eigentümlichkeit f.

originàre tr <avere> (causare) **~ qc** etw hervor|rufen, etw bewirken, etw erzeugen, etw verursachen: **il suo intervento originò violente proteste**, sein/ihr Eingriff rief heftige Proteste hervor.

originàrio, (-a) <-ri m> agg **1** (primitivo) {ASPETTO, SPLENDORE} ursprünglich; {SIGNIFICATO} anche Ur-: **la condizione originaria dell'umanità**, der Urzustand der Menschheit **2** (proveniente da un luogo) **~ di qc** {PATATA DELL'AMERICA, SAMBA DEL BRASILE} aus etw (dat) stammend; {FAMIGLIA DEL PIEMONTE} anche aus etw (dat) abstammend: **è ~ di Berlino**, er ist gebürtiger Berliner; **è ~ della Germania settentrionale**, er stammt aus Norddeutschland **3** (che dà origine) Ursprungs-, Herkunfts-: **l'Italia è il mio paese ~**, ich komme/stamme (ursprünglich) aus Italien.

orìgine A f **1** (inizio) {+CITTÀ, FIUME, LINGUAGGIO, PENSIERO, VITA} Ursprung m, Beginn m: **avere ~ da qc**, von etw (dat) ausgehen, irgendwo beginnen; **dare ~ a qc**, {A UN MOVIMENTO ARTISTICO} etw ins Leben rufen, {A UN INCENDIO} etw verursachen; **essere alle origini di qc**, an den Anfängen von etw (dat) sein; **dalle origini ai giorni nostri**, von den Anfängen/Ursprüngen bis zur Gegenwart; **prendere ~** (+ compl di luogo), {FIUME} irgendwo entspringen; {LEGGENDA} seinen Ausgang von etw (dat) nehmen; **risalire alle origini di qc**, zu den Ursprüngen von etw (dat) zurückkehren **2** (provenienza) {AUSTRIACA, MITICA; +FAMIGLIA, NOTIZIA, STIRPE} Herkunft f, Abstammung f: **di nobili/basse origini**, adliger/niederer Herkunft; **di dubbia ~**, zweifelhafter Herkunft **3** (causa) {NERVOSA; +PROBLEMA} Ursache f, Grund m, Ursprung m: **le misteriose origini di un fenomeno**, die geheimnisvollen Ursachen eines Phänomens **4** anat {+ARTERIA} Ausgangspunkt m **5** mat {+RETTA} Ursprung m, Ausgangspunkt m **6** gramm Herkunft f, Abstammung f **B** <inv> loc agg (originario): **d'~**, {DIFETTO, PAESE, PROBLEMA} ursprünglich, Ursprungs- **C** loc avv (all'inizio): **in ~**, anfangs, am Anfang.

origliàre <origlio, origli> tr itr (ascoltare di nascosto) **~ (qc)** (+ compl di luogo) {AL MURO} (an etw dat) lauschen, (an etw dat) horchen; {DISCORSI DEI GENITORI ALLA PORTA} etw (an etw dat) erlauschen rar, etw durch Lauschen (an etw dat) erfahren.

orina f Urin m, Harn m.

orinàle m **1** (vaso da notte) Nachttopf m fam **2** (pappagallo) Urinal n.

orinàre A tr **~ qc** etw aus|scheiden: **~ sangue**, Blut im Urin haben **B** itr urinieren, Harn lassen forb, harnen rar.

orinatóio <-toi> m **1** Urinal n **2** (vespasiano) Bedürfnisanstalt f, Pissoir n obs.

oristanése A agg von/aus Oristano **B** mf (abitante) Einwohner(in) m(f) von/aus Oristano.

oriùndo, (-a) **A** agg (originario) gebürtig, stammend: **~ austriaco**, er ist gebürtiger Österreicher **B** m (f) (chi è originario) Gebürtige mf decl come agg: **~ milanese**, in Mailand Gebürtige m decl come agg.

orizzontàle A agg **1** (LINEA, PIANO) waag(e)recht, horizontal: **tenda a righe orizzontali**, waag(e)recht gestreifter Vorhang; **enigmistica waagerecht 2** econ horizontal: **concentrazione ~**, horizontale Konzentration **B** f **1** (linea) Horizontale f, Waag(e)rechte f: **in ~**, in der Horizontalen **2** sport Horizontale f, Waag(e)rechte f **3** <solo pl> enigmistica Waag(e)rechte f.

orizzontalità <-> f horizontale Lage.

orizzontaménto m **1** (orientamento) Orientierung f **2** edil Deckenstruktur f.

orizzontàre A tr (orientare) **~ qc** {EDIFICIO} etw aus|richten **B** itr pron: **orizzontarsi (in qc) 1** (orientarsi) {VIAGGIATORE NELLA NEBBIA} sich in etw (dat) orientieren **2** fig (raccapezzarsi) {RICERCATORE IN UNA SITUAZIONE, IN UN TESTO} sich in etw (dat) zurecht|finden.

orizzónte m **1** gener anche astr {ASTRONOMICO, TERRESTRE} Horizont m: **il sole si alza all'~**, die Sonne geht am Horizont auf **2** fig (apertura mentale) Horizont m, Gesichtskreis m: **una persona di ~ limitato**, eine Person mit begrenztem Horizont **3** fig (prospettiva) Horizont m, Aussicht f: **nuovi orizzonti si aprono**, neue Horizonte tun sich auf **4** fig (futuro) Zukunft f: **una grave crisi turba l'~ politico del paese**, eine schwere Krise erschüttert die politische Zukunft des Landes **5** <di solito al pl> fig (confini) {+SCIENZA} Horizont m **6** aero geol mar {ARTIFICIALE, GEOLOGICO, GIROSCOPICO, STRATIGRAFICO} Horizont m.

ORL med abbr di Otorinolaringoiatra: HNO-Arzt m, HNO-Ärztin f (abbr di Hals-Nasen-Ohren-Arzt/Ärztin).

Orlàndo m (nome proprio) Roland • **l'Orlando furioso** lett (titolo di un'opera di L. Ariosto), der Rasende Roland.

orlàre tr **~ qc 1** (nel cucito) {ASCIUGAMANO, PANTALONI} etw (ein)säumen **2** fig (contornare) {COSTA} etw ein|fassen; {CAMPO} etw umranden.

orlatóre, (-trice) **A** m (f) (operaio) Säumer(in) m(f) **B** m tecnol tess {+MACCHINA PER CUCIRE} Säumer m **C** f tecnol tess (macchina) Säummaschine f.

orlatùra f **1** (azione) {+LENZUOLO} (Ein)säumen n **2** (orlo) {+FAZZOLETTO} Saum m **3** (bordura) Einfassung f, Umrandung f.

órlo m **1** (margine) {+BICCHIERE, BURRONE} Rand m: **essere pieno fino all'~**, randvoll/[bis zum Rande voll] sein **2** (nel cucito) {+GONNA} Saum m: **~ a giorno**, Hohlsaum m; **fare l'~ a qc**, etw säumen **3** (bordura) Bordüre f, Besatz m **4** fig (ripiegatura di lamiera) Bördelung f **5** fig (limite) Rand m: **essere sull'~ del fallimento**, am Rand(e) des Bankrotts stehen; **essere sull'~ della pazzia**, am Rande des Wahnsinns sein • **essere sull'~ del precipizio**, kurz vor dem Abgrund sein/stehen, fig (della rovina), kurz vor dem Zusammenbruch stehen, am Rand des Ruins sein.

órma f **1** {+LADRO} (Fuß)spur f, Fußstapfe f; {+VOLPE} Fährte f **2** fig (traccia) {INDELEBILE} Spur f • **mettersi sulle orme di qu** fig (inseguire), sich ₁an jds₁/[jdm an die] Fersen hängen; **seguire/ricalcare le orme di qu** fig (proseguirne l'opera), in jds Fußstapfen treten.

ormài avv **1** (ora) nun, jetzt: **~ è troppo tardi!**, jetzt ist es zu spät!; **~ è quasi buio**, jetzt ist es fast schon dunkel **2** (già) schon, bereits: **venne il medico, ma era ~ troppo tardi**, der Arzt kam, aber es war bereits zu spät; **quando ci informammo, l'appartamento era ~ stato venduto**, als wir uns erkundigten, war die Wohnung bereits verkauft.

ormeggiàre <ormeggio, ormeggi> **A** tr **1** mar **~ qc (a qc)** {BARCA A UNA BOA} etw (an etw dat) fest|machen, etw (an etw dat) vertäuen **2** aero **~ qc** {DIRIGIBILE} etw verankern **B** itr pron mar: **ormeggiarsi** {BARCA, COMANDANTE} fest|machen, an|legen.

orméggio <-gi> m **1** mar (azione) Verankerung f, Vertäuung f; aero Verankerung f **2** mar (luogo) Ankerplatz m: **andare/essere all'~**, vor Anker gehen/liegen **3** <solo pl> mar (Halte)leinen f pl: **mollare gli ormeggi**, die

Leinen festmachen.

ormonàle agg biol med {DISFUNZIONE} hormonal, Hormon-.

ormóne m biol Hormon n.

ormònico, (-a) <-ci, -che> agg biol med hormonell, hormonal.

ornamentàle agg {PIANTA} Zier-; {FUNZIONE, MOTIVO} anche ornamental, Ornament-.

ornamentazióne f **1** (effetto) Verzierung f; (azione) anche Verzieren n **2** (insieme di ornamenti) Ornamente n pl, Verzierung(en pl) f.

ornaménto m **1** (decorazione) {ARCHITETTONICO, MUSICALE, SACERDOTALE} Ornament n, Verzierung f, Ausschmückung f: **ornamenti muliebri**, Schmucksachen f pl **2** fig (pregio) Zierde f.

ornàre **A** tr **1** (abbellire) ~ **qu/qc di/con qc** {SPOSA COL VELO, ALBERO DI NATALE DI NINNOLI} jdn/etw (mit etw dat) schmücken; {CASA, STANZA} anche jdn/etw (mit etw dat) aus|schmücken; {MURO DI FREGI, TORTA CON I CONFETTI} etw (mit etw dat) verzieren, {ABITO DI PIZZI} etw (mit etw dat) besetzen **2** fig (arricchire) ~ **qc di qc** etw mit etw (dat) bereichern; ~ **qc** {DISCORSO, STILE} etw aus|schmücken **B** rfl (adornarsi): **ornarsi di/con qc** {DI FIORI, DI GIOIELLI} sich (mit etw dat) schmücken; {DI GIOIELLI} etw an|legen.

ornàto, (-a) **A** agg **1** ~ (**di qc**) {DI DISEGNI} (mit etw dat) verziert, (mit etw dat) geschmückt **2** fig {LINGUAGGIO, STILE} geschmückt **B** m **1** (nel disegno) Ornamentik f **2** arch Ornamente n pl, Verzierungen f pl, Schmuck m.

ornitòloga f → **ornitologo**.

ornitologìa f Vogelkunde f, Ornithologie f.

ornitològico, (-a) <-ci, -che> agg vogelkundlich, ornithologisch; {OSSERVATORIO, PARCO, STAZIONE} Vogel-.

ornitòlogo, (-a) <-gi, -ghe> m (f) Vogelkundler(in) m (f), Ornithologe m, (Ornithologin f).

ornitomanzìa f Vogelschau f.

ornitorìnco <-chi> m zoo Schnabeltier n.

òro **A** m **1** (metallo) Gold n: **gioielli in oro basso**, niederkarätiger Schmuck; **oro bianco/giallo/rosso**, Weiß-/Gelb-/Rotgold n; **oro a 24 carati**, 24-karätiges Gold n; **oro falso/matto**, Talmigold n; **oro massiccio**, massives Gold; **oro zecchino**, Dukatengold n **2** (denaro) Gold n, Geld n: **nuotare nell'oro**, im Geld schwimmen fam **3** (solo pl) (oggetti d'oro) Goldstücke n pl, Gold n **4** (colore) Gold(gelb) n **5** (solo pl) (nei giochi di carte) Karo n, Schelle f **6** sport Goldmedaille f **B** <inv> agg {GIALLO} gold- • **coprire qu d'oro fig** (dare molti soldi), jdn mit Geld überhäufen; **d'oro** (in oro), {OROLOGIO} golden, Gold-; fig (eccezionale) {BAMBINO} Gold- fam; {MARITO} herzensgut; {PERIODO, TEMPI} golden; {OCCASIONE} einzigartig, einmalig; **questo è un consiglio d'oro**, dieser Rat ist Gold wert; **no per tutto l'oro del mondo**, nicht um alles in der Welt fam; **oro musivo** arte, Musiv-, Mosaikgold n; **oro nero** (petrolio), flüssiges Gold; **prendere tutto per oro colato**, alles für bare Münze nehmen; **vale tant'oro quanto pesa** fig (vale molto), das ist Gold wert, das ist nicht mit Gold aufzuwiegen; **non è tutto oro quel che luccica** prov, es ist nicht alles Gold, was glänzt prov.

orofaringèo, (-a), rar **orofaringeo**, (-a) agg med oropharyngeal.

orogènesi <-> f geol Gebirgsbildung f, Orogenese f scient.

orografìa f geol **1** (distribuzione delle zone montuose) Gebirgsverteilung f **2** (disciplina) Orographie f.

orogràfico, (-a) <-ci, -che> agg geol orographisch.

orologerìa f **1** (arte) Uhrmacherhandwerk n **2** (industria) {SVIZZERA} Uhrenindustrie f **3** (negozio) Uhrengeschäft n **4** (dispositivo) Zeitzünder m.

orologiàio, (-a) <-giai m> m (f) **1** (fabbricante) Uhrenfabrikant(in) m (f) **2** (riparatore) Uhrmacher(in) m (f) **3** (venditore) Uhrenhändler(in) m (f).

orologièro, (-a) agg {INDUSTRIA} Uhr(en)-.

orològio <-gi> m Uhr f: ~ **da donna/uomo**, Damen-/Herrenuhr f; ~ **digitale/analogico/calendario**, Digital-/Analog-/Kalenderuhr f; ~ **a cucù**, Kuckucksuhr f; ~ {al quarzo}/[ad acqua]/[a sabbia], Quarz-/Wasser-/Sanduhr f; ~ **da polso/tasca/tavolo/parete**, Armband-/Taschen-/Tisch-/Wanduhr f; ~ **solare**, Sonnenuhr f • ~ **biologico** biol, biologische Uhr; **un'ora d'** ~ (esattamente un'ora), genau eine Stunde; **essere un** ~ fig (molto preciso), wie ein Uhrwerk funktionieren; (molto puntuale), die Pünktlichkeit selbst sein, pünktlich wie die Eieruhr sein fam; **il mio** ~ **fa le cinque**, auf meiner Uhr ist es fünf; **il mio** ~ **va per i fatti suoi** fam (segna ore sbagliate), meine Uhr geht nach dem Mond fam; **quell'** ~ **è fermo**, diese Uhr ist stehen geblieben.

OROM f inform abbr dell'ingl Optical Read-Only Memory (memoria ottica di sola lettura) OROM, optischer Festwertspeicher.

oròscopo m **1** astrol Horoskop n: **farsi fare l'** ~, sich (dat) ein Horoskop stellen lassen **2** (pronostico, previsione) Vorhersage f.

orpèllo m **1** (similoro) Flittergold n **2** fig (falsa apparenza) Schein m, Blendwerk n forb **3** <di solito al pl> spreg (fronzoli) Flitter m.

orrèndo, (-a) agg {ASPETTO, DELITTO, MORTE, MUSICA, SOGNO, VENDETTA, VISTA, VOLTO} schrecklich, entsetzlich, fürchterlich, abscheulich, grässlich, scheußlich.

orrìbile agg **1** (atroce) {SCENA} schrecklich, entsetzlich, furchtbar; {DELITTO} grauenvoll, Grauen erregend, grässlich **2** (molto brutto) {ASPETTO, CORPO, MOSTRO, VISO} abscheulich, Ekel erregend, scheußlich **3** (pessimo) {ODORE} ekelhaft, {ACCENTO} schrecklich, grässlich.

òrrido, (-a) **A** agg {PAESAGGIO, SPETTACOLO} schrecklich, schauderhaft; {ASPETTO} anche furchteinflößend, schauerlich **B** m **1** (dirupo) Klamm f, Schlucht f **2** (ciò che è orribile) Schreckliche n, Schauderhafte n.

orrìfico, (-a) <-ci, -che> → **orripilante**.

orripilànte agg {ASPETTO, SCENA} grauenvoll; {STORIA} anche haarsträubend.

orróre m **1** (repulsione, spavento) Entsetzen n, Grausen n, Horror m; (avversione) Horror m fam, Abscheu m: **avere** ~ **di/per qc**, {DEL SANGUE} vor etw (dat) Grauen empfinden, vor etw (dat) Horror haben fam, sich vor etw (dat) grau(s)en; **avere** ~ **in** ~ **qu/qc**, jdn/etw verabscheuen; (terrore) Schrecken m **2** (ciò che è orribile) Schrecken m pl, Gräuel m pl: **gli orrori della guerra**, die Schrecken m pl des Krieges, Kriegsgräuel m pl; **quel vaso è un vero** ~!, diese Vase ist wirklich schauderhaft/scheußlich! • **film/romanzo dell'orrore**, Horrorfilm m/Horrorroman m; **avere un sacro** ~ **lett**, ein heiliger Schauer forb; **avere un sacro** ~ **del sapone** scherz, die Seife scheuen wie der Teufel das Weihwasser scherz.

órsa f zoo Bärin f • **l'Orsa maggiore/minore** astr, der Große/Kleine Bär.

orsacchiòtto <dim di orso> m **1** (giocattolo) {+PELUCHE} Teddy-, Plüschbär m **2** zoo kleiner Bär, Bärchen n.

orsétto <dim di orso> m **1** zoo (cucciolo) kleiner Bär, Bärenjunge n **2** (pelliccia) Katzenpelz m **3** (stoffa) katzenpelzähnlicher Stoff • ~ **lavatore** zoo, Waschbär m.

órso m **1** zoo Bär m: ~ **ammaestrato**, dressierter Bär, Tanzbär m; ~ **bianco/polare**, Eisbär m; ~ **bruno/grigio/lavatore**, Braun-/Grizzly-/Waschbär m **2** fig (persona poco socievole) (komischer) Kauz fam, Eigenbrötler m spreg: **essere un** ~, bärbeißig/brummig sein **3** <> slang econ (ribassista) Baissier m; (tendenza) Baisse f, sinkende Tendenz, Bärenmarkt m • **ballare come un** ~ fig (in modo goffo), wie ein Bär tanzen fam.

orsolìna f relig Ursuline f, Ursulinerin f.

orsóno, lett **òr sóno** avv loc avv (fa) vor nunmehr: **due secoli/anni** ~, vor nunmehr zwei Jahrhunderten/Jahren, es ist nun zwei Jahrhunderte/Jahre her.

orsù inter lett auf denn, wohlauf obs, wohlan obs.

ortàggio <-gi> m Gemüse n.

ortènsia f bot Hortensie f.

ortìca <-che> f Brennnessel f • **gettare qc alle ortiche** fig (sprecare), {CARRIERA} etw aufgeben, etw an den Nagel hängen fam.

orticànte agg → **urticante**.

orticària f med Nesselsucht f, Nesselfieber n.

orticèllo <dim di orto> m **1** Gärtchen n **2** fig (ambito privato limitato) Tellerrand m: **vivere chiuso nel proprio** ~, nicht über den eigenen Tellerrand ausschauen.

orticolo, (-a) agg Garten-, Gartenbau-.

orticoltóre, (-trice) m (f) Gärtner(in) m (f).

orticoltùra f Gartenbau m.

Ortiséi f geog Sankt Ulrich n.

ortivo[1], (-a) agg **1** (coltivato ad orto) {ZONA} Garten- **2** (da orto) {PIANTA} Garten-.

ortivo[2], (-a) agg astr {PUNTO} Aufgangs-.

òrto m (Gemüse-, Nutz)garten m: ~ **familiare**, Küchengarten m • ~ **botanico**, botanischer Garten; **coltivare il proprio** ~ fig (occuparsi dei propri affari), sich nur um die eigenen Angelegenheiten kümmern, sein eigenes Süppchen kochen fam; ~ **secco**, Kräutersammlung f, Herbarium n.

ortodòntico, (-a) <-ci, -che> agg med kieferorthopädisch scient.

ortodontìsta <-i m, -e f> mf Kieferorthopäde m, Kieferorthopädin f.

ortodonzìa f med Kieferorthopädie f scient.

ortodòssa f → **ortodosso**.

ortodossìa f anche fig {MARXISTA, RELIGIOSA} Orthodoxie f.

ortodòsso, (-a) **A** agg anche fig {CHIESA} orthodox: **è un'interpretazione poco ortodossa**, das ist eine unorthodoxe Interpretation **B** m (f) relig Angehörige mf decl come agg der orthodoxen Kirche.

ortofloricoltùra, **ortofloricultùra** f (coltivazione) Obst- und Blumenanbau m.

ortoflorofrutticoltùra, **ortoflorofrutticultùra** f (coltivazione) Obst-, Blumen- und Gemüseanbau m.

ortofònico, (-a) <-ci, -che> agg ling klangtreu.

ortofrenìa f psic Lernbehindertenpädagogik f.

ortofrènico, (-a) <-ci, -che> agg psic {ISTITUTO} für Lernbehinderte, Lernbehinderten-.

ortofrùtta f (frutta e ortaggi) Obst- und Gemüse n: **negozio di** ~, Obst- und Gemüseladen m; **il settore dell'** ~, Obst- und Gemüsesektor m.

ortofrutticolo, (-a) agg {MERCATO} Obst-

und Gemüse-.
ortofrutticoltùra f Obst- und Gemüseanbau m.
ortogènesi <-> f biol Orthogenese f.
ortogonàle agg mat {PROIEZIONE} rechtwink(e)lig, orthogonal.
ortografia f ling Rechtschreibung f, Orthographie f.
ortogràfico, (-a) <-ci, -che> agg {ERRORE} Rechtschreib-, orthographisch.
ortolàno, (-a) m (f) **1** (coltivatore) Gemüsegärtner(in) m(f) **2** (venditore) Gemüsehändler(in) m(f) **3** ornit Ortolan m, Gartenammer f.
ortomercàto m comm Obst- und Gemüsemarkt m.
ortopedìa f med Orthopädie f scient.
ortopèdico, (-a) <-ci, -che> med **A** agg {CLINICA, VISITA} orthopädisch scient **B** m (f) Orthopäde m, (Orthopädin f).
ortoressìa f med Orthorexie f scient.
ortoscopìa f **1** med ott Orthoskopie f **2** med Röntgenaufnahme f im Stehen **3** ott Orthoskopie f.
ortoscòpio <-pi> m med Röntgenapparatur f zur Aufnahme im Stehen.
orvièto m enol Orvieto m (Weißwein aus Umbrien).
òrza f mar **1** (cavo) Luvbrasse f **2** (lato) Luv(seite) f) o n.
orzaiòlo m med Gerstenkorn n.
orzàre itr mar {BARCA} (an|)luven.
orzàta① f gastr **1** (bevanda) Mandelmilch f **2** (sciroppo) Mandelsirup m.
orzàta② f mar Luven f.
òrzo m Gerste f: ~ **mondo**, Graupen f pl; ~ **perlato**, Perlgraupen f pl.
OS **A** aero abbr (Austrian Airlines) Austrian Airlines (österreichische Fluggesellschaft) **B** m inform abbr dell'ingl Operating System (sistema operativo) OS n (Betriebssystem).
osàbile agg (che può essere tentato) wagbar, zu wagen(d).
osànna **A** inter hosianna! **B** <-> m Hosianna n, Hosiannaruf m.
osannàre **A** tr fig (acclamare) ~ **qu** {TIFOSI VINCITORE} jdm zujubeln, jdn bejubeln **B** itr **1** fig (acclamare) ~ **a qu** {FOLLA AL SALVATORE} jdm zujubeln, jdn umjubeln **2** lett relig Hosianna rufen.
osannàto, (-a) **A** part pass di osannare **B** agg (acclamato) {CALCIATORE} umjubelt, bejubelt.
osàre tr **1** (avere il coraggio) ~ (**fare qc**) (es) wagen(, etw zu tun); den Mut haben(, etw zu tun); sich trauen(, etw zu tun): **bisogna ~**, man muss sich trauen; **non oso chiedere**, ich wage nicht zu fragen; **come hai potuto ~?**, wie konntest du es nur wagen?; **ha osato dir ciò?**, er/sie ∟hat sich getraut⌐/ [hatte die Stirn], das zu sagen? **2** (tentare) ~ **qc** {L'IMPOSSIBILE} etw versuchen ● **oserei dire che ...**, ich ∟wage zu behaupten⌐/[würde die Behauptung wagen], dass...; **oso sperare che ...**, ich wage zu hoffen, dass...
òscar <-> m **1** film Oscar m: **gli è stato assegnato l'~ per la regia**, ihm wurde der Oscar für die beste Regie verliehen **2** {+DANZA} erster Preis.
oscenità <-> f **1** (indecenza) {+ATTO, FILM} Obszönität f forb, Unanständigkeit f **2** <di solito al pl> (parola) Unanständigkeit f, Unanständige n **3** fam (bruttura) Widerlichkeit f spreg, Gräuel m forb.
oscèno, (-a) agg **1** (indecente) {GESTO, SPETTACOLO} obszön forb, unanständig, unzüchtig obs **2** fam (bruttissimo) widerlich spreg, ekelhaft: **essere vestito in modo ~**, scheußlich/furchtbar angezogen sein.
oscillànte agg **1** {PREZZI} schwankend **2** fis {CIRCUITO} schwingend.
oscillàre itr **1** (dondolare) schaukeln anche fis schwingen: **il terremoto ha fatto oscillare il lampadario**, das Erdbeben brachte die Deckenlampe zum Schwingen/Schaukeln **2** fig (variare) {PESO, PREZZI} schwanken **3** fig (tentennare) schwanken: **oscilla fra due alternative**, er/sie schwankt zwischen zwei Alternativen.
oscillatóre m elettr fis Oszillator m: ~ **cristallo**, Kristalloszillator m, Kristallschwinger m; ~ **a quarzo**, quarzgesteuerter Oszillator.
oscillatòrio, (-a) <-ri m> agg {MOTO} schwingend, Schwingungs-, oszillatorisch; fis Schwingungs-, oszillatorisch.
oscillazióne f **1** {+LAMPADARIO} Schwanken n, Schaukeln n; fis {+PENDOLO} Schwingung f, Oszillation f **2** fig {+PREZZI, TEMPERATURA} Schwanken n **3** sport {+BRACCIA} Schwingung f.
oscillògrafo m elettr fis tecnol Oszillograph m.
oscillogràmma <-i> m fis Oszillogramm n.
òsco-ùmbro <osco-umbri> stor **A** agg oskisch-umbrisch **B** m <solo sing> (lingua) Oskisch-Umbrisch(e) n.
oscuraménto m **1** (eliminazione della luce) {+CITTÀ} Verdunk(e)lung f; {+SOLE} Verfinsterung f **2** fig (ottenebramento) {+VISTA} Trübung f; {+MENTE} anche Umnachtung f forb, Blackout m o n fam **3** TV {+CANALE TELEVISIVO} Blackout m o n.
oscurantìsmo m **1** stor Obskurantismus m **2** spreg Fortschrittsfeindlichkeit f.
oscurantìsta <-i m, -e f> **A** agg {POLITICA} fortschrittsfeindlich **B** mf Obskurant(in) m(f) forb.
oscurantìstico, (-a) <-ci, -che> agg aufklärungsfeindlich, obskurantistisch forb.
oscuràre **A** tr ~ **qc 1** (rendere oscuro) {NUBI ORIZZONTE} etw verdunkeln, etw verfinstern **2** (schermare) {DRAPPO LUCE} etw ab|schirmen **3** (superare in luminosità) etw nicht sichtbar werden lassen, etw überstrahlen: **il sole oscura la luna durante il giorno**, tagsüber lässt die Sonne den Mond nicht sichtbar werden **4** fig (rendere cupo) {TRISTEZZA VOLTO DI QU} etw trüben, etw verfinstern **5** fig (far impallidire) {GLORIA DI QU} etw schmälern, etw in den Schatten stellen **6** fig rar (rendere poco chiaro) {SENSO DI UNA FRASE} etw verschleiern **7** TV {CANALE TELEVISIVO} den Empfang von etw (dat) stören **B** itr «essere» itr pron: **oscurarsi 1** (diventare oscuro) {SOLE} sich verdunkeln, sich verfinstern **2** fig (incupirsi) {VOLTO DI QU} sich verfinstern **3** fig (annebbiarsi) {VISTA} sich trüben, sich verschleiern; {MENTE} sich umnachten forb, sich trüben.
oscurità <-> f **1** (assenza di luce) {+STANZA} Dunkelheit f, Dunkel n, Finsternis f **2** fig (ottenebramento) {+VISTA} Trübung f; {+MENTE} anche Umnachtung f forb **3** fig (difficile intelligibilità) {+CONCETTO, DISCORSO} Unverständlichkeit f **4** fig (scarsa notorietà) Verborgene n: **vivere nell'~**, im Verborgenen leben.
oscùro, (-a) **A** agg **1** (buio) {ANGOLO, NOTTE} finster, dunkel **2** fig (di difficile interpretazione) {LINGUAGGIO, PASSO, PROFEZIA} dunkel, unklar, schwer verständlich; {PENSIERO} finster, düster **3** fig (sconosciuto) {SCRITTORE} unbekannt; {ORIGINE} anche obskur forb **4** fig spreg {FATTO, PROPOSITO, RAGIONE} verdächtig; {TEMPI} finster, düster **5** fig (incerto) ungewiss: **gli si presenta un avvenire ~**, vor ihm liegt eine ungewisse Zukunft **B** m Dunkel n, Dunkelheit f: **essere all'~ di qc**, in Unkenntnis über etw (acc) sein, von etw (dat) keine Ahnung haben fam; **essere all'~ di tutto**, von nichts eine Ahnung haben fam; **tenere qu all'~ di qc**, jdn über etw (acc) im Dunkeln lassen.
osé <inv> agg franc {FILM, SPACCO} gewagt.
osmòsi <-> f fis anche fig Osmose f.
osmòtico, (-a) <-ci, -che> agg biol fis {PRESSIONE} osmotisch.
OSO abbr di Ovest Sud Ovest: WSW (abbr di Westsüdwest).
ospedàle m {CIVILE, MILITARE, PSICHIATRICO} Krankenhaus n, Hospital n: ~ **da campo**, Feldlazarett n; **entrare in ~**, ins Krankenhaus aufgenommen werden; **fare sei mesi d'~**, sechs Monate im Krankenhaus liegen ● **essere un ~ ambulante** fam (avere molte malattie), an allen Krankheiten der Welt leiden scherz; **mandare qu all'~** anche scherz (picchiare), jdn krankenhausreif schlagen fam.
ospedalièro, (-a) **A** agg **1** (di ospedale) {COMPLESSO, CURE, REPARTO} Krankenhaus- **2** relig {ORDINE} Krankenpflege- **B** m (f) **1** Krankenpfleger(in) m(f); (medico) Krankenhausarzt m, (Krankenhausärztin f): **gli ospedalieri**, das Krankenhauspersonal **2** relig Hospitaliter m, (Hospitalitin f).
ospedalizzàre tr (ricoverare in ospedale) ~ **qu** jdn ins Krankenhaus ein|liefern/bringen.
ospedalizzazióne f Einlieferung f ins Krankenhaus, Krankenhausaufnahme f.
ospitàle agg {AMICO} gastfreundlich; {LUOGO, PAESE} gastlich, einladend.
ospitalità <-> f {+GENTE} Gastfreundschaft f: **dare ~ a qu**, jdm Gastfreundschaft gewähren; **vi ringraziamo per la vostra cortese ~**, wir danken euch für eure liebenswürdige Gastfreundschaft ● **dare ~ in una rivista a uno scritto**, einen Text in eine Zeitschrift aufnehmen.
ospitàre tr **1** (dare ospitalità) ~ **qu** {FAMIGLIA AMICO} jdm Gastfreundschaft gewähren, jdn zu Gast haben: **mi ospiteresti per tre giorni?**, würdest du mich für drei Tage bei dir aufnehmen?, kann ich drei Tage bei dir wohnen?; **la villa che ci ospita è monumento nazionale**, die Villa, in der wir untergebracht sind, ist ein Nationaldenkmal **2** (accogliere) ~ **qu** {CITTÀ TURISTI} beherbergen, jdn auf|nehmen; {TEATRO MILLE PERSONE} jdn fassen, jdn auf|nehmen; ~ **qc** {GALLERIA COLLEZIONE PRIVATA} etw beherbergen: **la cantina ospita molti vecchi mobili**, im Keller sind viele alte Möbel untergebracht; sport ~ **qu** {CITTÀ SQUADRA DI PALLACANESTRO} jdn zu Gast haben; ~ **qc** {CAMPIONATO DI ATLETICA} Austragungsort von etw (dat) sein **3** fig (pubblicare) ~ **qc** {GIORNALE ARTICOLO, INTERVENTO} etw auf|nehmen, etw veröffentlichen **4** biol ~ **qc** {GATTO PARASSITI} Wirt für etw (acc) sein.
ospitàta f slang TV (partecipazione a una trasmissione) Medien-, Fernsehpräsenz f: **un attore sempre in cerca di ospitate**, ein stets auf Fernsehpräsenz erpichter Schauspieler.
òspite **A** mf **1** (persona che ospita) Gastgeber(in) m(f) **2** (chi è ospitato) {IMPORTANTE, INDESIDERATO} Gast m: **avere ospiti**, Besuch/Gäste haben; **essere ~ di qu**, jds Gast sein; ~ **di riguardo**/[d'onore], Ehrengast m **3** biol Wirt m **B** agg {SQUADRA} Gast- **andarsene/partire insalutato ~** (senza salutare), sich auf Französisch empfehlen; fort-/weggehen, ohne sich zu verabschieden; **l'~ è come il pesce, dopo tre giorni puzza** prov, Besuch ist wie Fisch, er bleibt nicht lange

ospizio <-zi> m Heim n, Hospiz n: ~ **per orfani/vecchi**, Waisenhaus n/Alters-, Altenheim n ● **finire all'~** fig (finire in miseria), im Elend enden.

ossàrio <-ri> m Beinhaus n, Ossarium n.

ossatùra f **1** anat {+UOMO} Skelett n, Knochengerüst n; {+MANO} Knochenbau m **2** fig (orditura) {+DISCORSO, ROMANZO} Gerüst n, Aufbau m **3** fig (struttura portante) {+DIRIGIBILE} Gerippe n, Skelett n.

òsseo, (-a) agg {CELLULA} Knochen-; {PARTI} anche knöchern.

ossequènte agg forb **1** ~ **a qu/qc** {CITTADINO ALL'AUTORITÀ, ALLE LEGGI} jdm/etw gegenüber respektvoll, jdm/etw gegenüber ehrerbietig forb **2** (ubbidiente) {FIGLIO} gehorsam.

ossequiàre <ossequio, ossequi> tr **1** forb (riverire) ~ **qu/qc** {AMBASCIATORE, MINISTRO, SALMA DI QU} jdn/etw hoch achten forb, jdm/etw Hochachtung entgegen|bringen **2** iron ~ **qu** sich empfehlen iron.

ossèquio <-qui> **A** m forb **1** (rispetto) Hochachtung f, Ehrfurcht f, Ehrerbietung f forb: **in ~ alla verità**, um der Wahrheit willen, um der Wahrheit die Ehre zu geben **2** <di solito al pl> Verehrung f, Hochachtung f: **gradisca i miei ossequi**, mit vorzüglicher/[dem Ausdruck meiner vorzüglichen] Hochachtung forb; (saluti) Empfehlung(en pl) f forb; **i miei ossequi, gentile signora**, mit den besten Empfehlungen forb, gnädige Frau **B** loc prep amm (conformemente): **in ~ a qc** {ALLE DISPOSIZIONI DI LEGGE} unter Beachtung etw (gen), etw (dat) gemäß.

ossequiosità <-> f **1** forb {+FIGLIA} Ehrerbietigkeit f forb, Ehrerbietung f forb **2** spreg {+SUBALTERNO} Unterwürfigkeit f spreg.

ossequióso, (-a) agg **1** forb ~ **verso qu** {VERSO I GENITORI} ehrfurchtsvoll jdm gegenüber, ehrerbietig jdm gegenüber forb **2** spreg {ATTEGGIAMENTO} unterwürfig spreg.

osservàbile agg beobachtbar.

osservànte **A** agg **1** (rispettoso) ~ **di qc** etw befolgend: **essere ~ delle leggi**, die Gesetze befolgen **2** relig {CATTOLICO} strenggläubig, observant **B** mf relig Strenggläubige mf decl come agg ● **(frati) osservanti** relig, Observanten m pl.

osservànza **A** f **1** {+LEGGE} Befolgung f, Beachtung f **2** relig Observanz f, Strenggläubigkeit f **B** loc prep amm (conformemente): **in ~ a qc** {ALLE DISPOSIZIONI EMANATE} unter Beachtung etw (gen) ● **con perfetta ~** (nelle lettere), mit vorzüglicher Hochachtung forb.

osservàre **A** tr **1** (guardare attentamente) ~ **qu/qc** {FIGLIA, AFFRESCO, FRAMMENTO DI ROCCIA, STRUTTURA DI UN CORPO} jdn/etw beobachten, jdn/etw genau/aufmerksam betrachten, jdn/etw observieren scient: ~ **qu di nascosto**, jdn heimlich beobachten **2** (notare) ~ **qc** etw bemerken, etw beobachten, etw fest|stellen: **è stato osservato un lieve miglioramento delle condizioni dell'ammalato**, es wurde eine leichte Verbesserung des Zustands des Kranken festgestellt; **far ~ qc a qu**, jdn auf etw (acc) aufmerksam machen/[hinweisen]; **mi permetto di farle che ...**, ich erlaube mir, Sie darauf hinzuweisen, dass ... **3** (obiettare) ~ **qc** etw ein|wenden: **"manca qualcosa!" osservò**, "es fehlt etwas!", wandte er/sie ein **4** (rispettare) ~ **qc** {REGOLA GRAMMATICALE, REGOLE DEL GIOCO} etw beachten, etw befolgen; {LEGGE, PRESCRIZIONE DEL MEDICO} anche etw {noch} beachten; {DIGIUNO, DISCIPLINA, ORDINE, PATTO, RIPOSO FESTIVO, SILENZIO} etw ein|halten **B** rfl rec: **osservarsi** sich beobachten: **si osservavano da lontano**, sie beobachteten sich von weitem.

osservatóre, (-trice) **A** agg {SPIRITO} beobachtend **B** m (f) anche dir mil polit {+ONU} Beobachter(in) m(f).

osservatòrio <-ri> m **1** Observatorium n: ~ **astronomico**, Sternwarte f; ~ **meteorologico**, Wetterwarte f, meteorologische Station **2** mil {+ARTIGLIERIA} Beobachtungsstand m.

osservatrìce f → **osservatore**.

osservazióne f **1** (studio) {+FENOMENO NATURALE} Beobachtung f, Observierung f scient: **essere tenuto in ~**, unter Beobachtung sein/stehen **2** (riflessione) Betrachtung f: **fare delle osservazioni su un testo**, Betrachtungen f pl zu einem Text anstellen **3** (rimprovero) Vorwurf m, Vorhaltung f: **non sopportare le osservazioni di qu**, jds Vorwürfe nicht ertragen können.

ossèssa f → **ossesso**.

ossessionànte agg bedrängend, quälend; {IDEA} fix, Zwangs-.

ossessionàre tr ~ **qu** **1** (tormentare) {RICORDO} jdn bedrängen, jdn quälen, jdn verfolgen: **essere ossessionato dall'idea della morte**, von der Vorstellung des Todes verfolgt werden **2** fig (infastidire) {LAMENTELE} jdn bedrängen, jdn plagen.

ossessióne f **1** (incubo) {+MORTE} Zwangsvorstellung f, Wahn m: **quel debito è la mia ~**, der Gedanke an diese Schuld(en) verfolgt mich **2** psic Zwangsvorstellungen f pl, Obsession f **3** relig (invasamento demoniaco) Besessenheit f.

ossessivo, (-a) agg **1** {INSISTENZA} quälend **2** psic {NEVROSI} Zwangs-, obsessiv.

ossèsso, (-a) **A** agg anche fig besessen **B** m (f) anche fig Besessene mf decl come agg ● **urlare come un ~**, wie ein Besessener schreien.

ossìa cong (cioè) das heißt (abbr d.h.), beziehungsweise, oder (auch), besser gesagt: **parto subito, ~ tra due ore**, ich fahre sofort ab, besser gesagt, in zwei Stunden; **avevo molte materie da studiare, ~ matematica, latino, ecc.**, ich musste viele Fächer lernen, d.h. Mathematik, Latein, usw.; **l'onomastica, ~ lo studio dell'origine dei nomi**, die Namenkunde, das heißt die Wissenschaft von den Eigennamen.

ossiàcido m chim Sauerstoffsäure f.

ossiànico, (-a) <-ci, -che> agg lett ossianisch.

ossibùchi pl di ossobuco.

ossidàbile agg chim oxydierbar.

ossidànte chim **A** agg oxydationsfähig **B** m Oxydationsmittel n.

ossidàre chim **A** tr ~ **qc** etw oxydieren **B** itr pron: **ossidarsi** {ARGENTO} oxydieren.

ossidazióne f chim Oxydation f.

ossidiàna f min Obsidian m.

òssido m chim Oxyd n, Oxid n: ~ **di azoto/carbonio/zinco**, Stick(stoff)-/Kohlen-/Zinkoxyd n.

ossìdrico, (-a) <-ci, -che> agg anche chim {CANNELLO, FIAMMA} Sauerstoff-.

ossificàre <ossifico, ossifichi> **A** tr ~ **qc** etw verknöchern **B** itr med verknöchern **C** itr pron: **ossificarsi** verknöchern, ossifizieren scient.

ossificazióne f biol Verknöcherung f, Ossifikation f scient.

ossigenàre **A** tr **1** chim ~ **qc** etw (dat) Sauerstoff zu|führen, etw mit Sauerstoff an|reichern **2** (decolorare) ~ **qc** {CAPELLI} etw bleichen **3** fig ~ **qu/qc** (con qc) {DITTA CON DEI PRESTITI A TASSO ZERO} jdm/etw (mit etw dat) unter die Arme greifen **B** rfl **1** indir (decolorarsi): **ossigenarsi** (qc) {I CAPELLI} sich (dat) etw blondieren, sich (dat) etw bleichen **2** (respirare aria pulita): **ossigenarsi + compl di luogo** {IN MONTAGNA} irgendwo frische Luft tanken; (indir) **ossigenarsi (qc)** (+ **compl di luogo**) {I POLMONI} sich (dat) etw (irgendwo) durch|pusten fam.

ossigenàto, (-a) agg **1** chim sauerstoffhaltig, mit Sauerstoff angereichert **2** (biondo artificiale) {CAPELLI} blondiert, gebleicht; {RAGAZZA} mit blondiertem Haar.

ossigenatùra f {+CAPELLI} Blondierung f.

ossigenazióne f chim med {+SANGUE} Sauerstoffzufuhr f, Sauerstoffanreicherung f.

ossìgeno m **1** chim Sauerstoff m **2** fig (sovvenzione) finanzielle Unterstützung, Geldspritze f fam: **avere bisogno di ~**, einen Geldzuschuss benötigen; **dare ~ a qu**, jdm finanziell unter die Arme greifen **3** fig (linfa rinnovatrice) Frischzellen f pl, frisches Blut.

ossimoro m ling Oxymoron n.

òsso m **1** <-a f> anat {CORTO, PIATTO} Knochen m: ~ **coronale**, Stirnbein n; ~ **innominato**, Darmbein n, Os Ilium n scient; ~ **piramidale**, Handwurzelknochen m; ~ **sacro/nasale**, Kreuz-/Nasenbein n **2** <-a f> pl fam (corpo) Knochen m pl fam: **le mie povere/stanche ossa devono riposare**, meine müden Knochen fam müssen ausruhen,/[brauchen Ruhe] **3** <-a f> pl lett (resti di cadavere) Gebeine n pl forb **4** <-i m> (~ di animale) Knochen m pl: **costoletta con l'~**, Kotelett n **5** region <-i m> (nocciolo) {+PESCA} Kern m, Stein m ● **ossi di balena**, Fischbein n; **giocarsi l'~ del collo** fig (rischiare molto), Kopf und Kragen riskieren fam; **per questo affare ci ho rimesso l'~ del collo** fig (mi sono rovinato), diese Geschichte hat mir das Genick gebrochen fam; **rompersi l'~ del collo** (avere gravi danni fisici), sich schwer verletzen, schwere Verletzungen davontragen; **a qu si contano le ossa** (è molto magro), jd ist knochendürr fam/[nur noch Haut und Knochen fam]; **d'~**, {BOTTONE, PETTINE} Horn-; **un ~ duro** fig (difficoltà), eine harte Nuss fam; (persona), ein zäher Knochen fam; **essere (ridotto) all'~** (al minimo), {PREVENTIVO} auf ein Mindestmaß reduziert sein; (avere finito le risorse spec economiche), aus dem letzten Loch pfeifen fam; **farsi le ossa** fig (impraticchirsi), sich (dat) die Hörner abstoßen fam; **onesto/corrotto/... fino all'~** fig (del tutto), durch und durch ehrlich/korrupt sein; **essere bagnato fino nelle ossa** fig (molto), bis auf die Knochen nass sein; **molla/posa l'~!** fig (per far rimettere qc giù), heraus/her damit!; **avere le ossa peste/rotte** (dolenti), wie zerschlagen/[todmüde]/[wie gerädert fam] sein; **raddrizzare le ossa a qu** fig (picchiare), jdn verprügeln, jdm die Knochen (im Leibe) kaputt-/zusammenschlagen fam; (con la disciplina) jdn um|krempeln fam; **rompere/spaccare le ossa a qu** (picchiare), jdm die Knochen (im Leibe) zusammenschlagen fam, jdn grün und blau/gelb schlagen fam; ~ **di seppia**, Sepiaknochen m; **sputa l'~!** fam scherz (invito a parlare), spuck's aus! fam; **essere tutt'~** fam (molto magro), knochendürr sein fam.

ossobùco <ossibuchi> m gastr Ossobuco n (mit Weißwein, Tomaten und anderen Zutaten geschmorte Kalbshaxe).

ossùto, (-a) agg knochig, knöch(e)rig.

ostacolàre **A** tr (intralciare) ~ **qu** jdn behindern: **cercano di ostacolarmi in tutti i modi**, sie versuchen, mir alle möglichen Hindernisse in den Weg zu legen; ~ **qc** {MATRIMONIO, NAVIGAZIONE} etw behindern; {AVANZATA} anche etw auf|halten; {PROGETTO} etw hintertreiben, etw behindern; {VISTA} etw versperren, etw behindern, etw nehmen

ostacolista B rfl rec (*intralciarsi*): **ostacolarsi** sich gegenseitig behindern.

ostacolista <-*i m, -e f*> *sport* A *mf* (*atleta*) Hürdenläufer(in) *m(f)* B *m* (*cavallo*) Springpferd *n*.

ostàcolo *m* 1 *anche fig* (*impedimento, intralcio*) {INSORMONTABILE} Hindernis *n*: **essere d'~ alla vista**, eine Sichtbehinderung darstellen; **~ alla circolazione**, Verkehrshindernis *n*; **essere un ~** ˌ**per qu**₁/[**a qc**], jdm/etw ˌim Wege stehenˌ/[hinderlich sein]; **vi sono parecchi ostacoli alla realizzazione del progetto**, es gibt ziemlich viele Hindernisse, die der Realisierung des Projekts im Wege stehen 2 *sport* Hindernis *n*, Hürde *f*: **correre i 400 (metri) ostacoli**, die 400 Meter Hürden laufen; (*nell'equitazione*) Hindernis *n* ● **~ anticarro** *mil*, Panzersperre *f*; **fare ostacoli a qu** *fig* (*adducendo pretesti*), jdm Hindernisse/Steine *fam* in den Weg legen.

ostàggio <-*gi*> *m anche dir* Geisel *f*: **tenere qu in ~**, jdn als Geisel halten.

ostàre <*difet non usato al pass rem, part pass e tempi composti*> *itr amm* – ˌ**a qu**ˌ *etw* (*dat*) entgegen|stehen, *etw* (*dat*) im Wege stehen: **nulla osta** ˌ**all'accoglimento della domanda**ˌ/[**a che la domanda sia accolta**], der Genehmigung des Antrags steht nichts entgegen.

ostativo, (-*a*) *agg dir* {CAUSA} Hinderungs-.

òste, (-*essa*) *m* (*f*) (Gast)wirt(in) *m*(*f*) ● **domandare all'~ se il vino è buono** *fig* (*fare una domanda sciocca*), eine überflüssige Frage stellen.

osteggiàre <*osteggio, osteggi*> *tr rar* – **qu**/**qc** {GOVERNO, PROGETTO} *jdn/etw* bekämpfen, sich *jdm/etw* widersetzen.

ostèllo *m lett* Herberge *f* ● **~ della gioventù**, Jugendherberge *f*.

ostensióne *f forb* {+SACRA SINDONE} Ausstellung *f*.

ostensivo, (-*a*) *agg* 1 *forb* {LETTERA} offenkundig 2 *filos* offensichtlich.

ostensòrio <-*ri*> *m relig* Monstranz *f*.

ostentàre *tr* – **qc** {INDIFFERENZA, IL PROPRIO DISPREZZO} *etw* zur Schau stellen, sich *etw* heraushängen lassen *fam*; (*per vanto*) {I PROPRI GIOIELLI, LA PROPRIA RICCHEZZA} mit *etw* (*dat*) prahlen.

ostentàto, (-*a*) *agg* {SUPERIORITÀ} hervorgekehrt; {RICCHEZZA} zur Schau gestellt.

ostentazióne *f* {+DENARO} Zurschaustellung *f*; {+GENEROSITÀ} *anche* Unterstreichung *f*: **con ~**, ostentativ *forb*.

osteòpata <-*i m, -e f*> *mf med* Osteopath(in) *m*(*f*) *scient*.

osteopatìa <> *f med* Osteopathie *f scient*.

osteoporòsi <> *f med* Osteoporose *f scient*.

osterìa A *f* Gasthaus *n*, (kleine) Gaststätte B *inter impr fam* (*di stupore*): **~!**, Donnerwetter! *fam* ● **fermarsi alla prima ~** *fig* (*accontentarsi*), das Erstbeste nehmen, mit dem Erstbesten zufrieden sein.

ostéssa *f* → **oste**.

ostètrica → **ostetrico**.

ostetrìcia *f med* Geburtshilfe *f*.

ostètrico, (-*a*) <-*ci, -che*> A *agg* 1 {CLINICA} Entbindungs-, Geburts- 2 *zoo* {ROSPO} Geburtshelfer- B *m* (*f*) 1 (*infermiere*) Geburtshelfer(in) *m*(*f*), Hebamme *f* 2 (*medico*) Geburtshelfer(in) *m*(*f*).

òstia A *f* 1 *relig* Hostie *f* 2 (*cialda*) Oblate *f* B *inter impr volg* (*di stupore*): **~!**, Sakrament! *volg*.

òstico, (-*a*) <-*ci, -che*> *agg* 1 (*difficile*) {LATINO} schwierig; {LAVORO} *anche* hart, mühsam 2 *lett* (*nauseabondo*) {CIBO} ekelhaft, Ekel erregend.

ostìle *agg* {ATTEGGIAMENTO} feindselig, ablehnend: **essere ~ a qu/qc**, feindselig jdm/etw gegenüber sein; **mostrarsi ~ a qu/qc**, sich jdm/etw gegenüber ablehnend verhalten.

ostilità <> *f* 1 {+AMBIENTE} Feindseligkeit *f*; {+COMPAGNI} *anche* Feindschaft *f* 2 <*di solito al pl*> *mil* Feindseligkeiten *f pl*.

ostinàrsi *itr pron* (*intestardirsi*) – (**in qc**) {SFORZO} *auf etw* (*dat*) beharren, *auf etw* (*dat*) bestehen, sich *auf etw* (*acc*) versteifen: **~ nell'errore**, sich in einen Irrtum verrennen; **~ a tacere**, beharrlich schweigen.

ostinatézza *f* Hartnäckigkeit *f*, Beharrlichkeit *f*.

ostinàto, (-*a*) A *agg* 1 (*tenace*) {UOMO} zäh; {SFORZO} *anche* hartnäckig, beharrlich 2 (*persistente*) {SILENZIO, TOSSE} hartnäckig; {PIOGGIA} anhaltend, andauernd B *m* (*f*) Dickkopf *m fam*, Starrkopf *m spreg*.

ostinazióne *f* 1 (*tenacia*) {+RAGAZZO} Hartnäckigkeit *f*, Beharrlichkeit *f*, Dick-, Starrköpfigkeit *f spreg*, Halsstarrigkeit *f* 2 (*persistenza*) {+MALTEMPO} Andauern *n*, Anhalten *n*.

ostracìsmo *m* 1 *stor* Scherbengericht *n*, Ostrazismus *m* 2 *fig* Scherbengericht *n*, Verbannung *f*: **dare l'~ a qu/qc**, jdn verbannen, über jdn ein Scherbengericht veranstalten *forb*; **fare ~ a qu/qc**, jdn/etw behindern, sich jdm/etw widersetzen.

òstrega *inter region* (*di sorpresa o disappunto o conferma*) alter Schwede *fam*!

òstrica <-*che*> *f zoo* Auster *f* ● **essere chiuso come un'~** *fig* (*essere riservato*), zugeknöpft *fam*/verschlossen sein; (*non aprir bocca*), stumm wie ein Fisch sein *fam*; **star attaccato a qu come l'~ allo scoglio**, wie eine Klette an jdm hängen *fam*.

ostricoltóre, (-*trice*) *m* (*f*) Austernzüchter(in) *m* (*f*).

ostricoltùra *f* Austernzucht *f*.

ostrogòto, (-*a*) A *agg* ostgotisch B *m* (*f*) (*persona*) Ostgote *m*, (Ostgotin *f*) C *m* <*solo sing*> 1 Ostgotisch(e) *n* 2 *scherz* (*lingua sconosciuta*) Chinesisch *n*, Kauderwelsch *n*: **parlare (in) ~** *fig*, chinesisch sprechen.

ostruìre <*ostruisco*> A *tr* 1 – (**qc**) {CONDOTTO} *etw* verstopfen, *etw* verschließen; {PASSAGGIO} *etw* versperren 2 *med* – **qc** {COLESTEROLO VENA} *etw* verstopfen, *etw* obstruieren *scient* B *itr pron* (*chiudere*): **ostruirsi** 1 {STRADA, TUBAZIONE} sich verstopfen 2 *med* {ARTERIA} sich verschließen.

ostruttivo, (-*a*) *agg* verstopfend, hemmend.

ostruzióne *f* 1 {+CONDOTTO} Verschluss *m*; *anche mil* {+PASSAGGIO} Sperre *f*, (Ver)sperrung *f* 2 *med* {+CORONARIE} Verstopfung *f*, Obstruktion *f scient*.

ostruzionìsmo *m* 1 {+CONCORRENTI} Obstruktionshaltung *f*: **fare dell'~**, Obstruktion betreiben 2 *polit* {PARLAMENTARE} Obstruktion *f forb*, Verschleppungstaktik *f* 3 *sport* Sperre *f*.

ostruzionìsta <-*i m, -e f*> A *agg* Obstruktions- B *mf* Obstruktionist(in) *m*(*f*).

ostruzionìstico, (-*a*) <-*ci, -che*> *agg* Obstruktions-.

otalgìa *f med* Ohrenschmerzen *m pl*.

otària *f zoo* Ohrenrobbe *f*.

Otèllo *m* (*nome proprio*) Othello.

otìte *f med* Ohrenentzündung *f*, Otitis *f scient*.

otoiàtra <-*i m, -e f*> *mf med* Ohrenarzt *m*, Ohrenärztin *f*.

otoiatrìa *f med* Ohrenheilkunde *f*.

otoiàtrico, (-*a*) <-*ci, -che*> *agg med* {VISITA} Ohrenarzt-, ohrenärztlich.

otologìa *f med* Ohrenheilkunde *f*, Otologie *f scient*.

otorìno *m fam* Hals-Nasen-Ohren-Arzt *m*, HNO-Arzt *m*.

otorinolaringoiàtra <-*i m, -e f*> *mf med* Hals-Nasen-Ohren-Arzt *m*, Hals-Nasen-Ohren-Ärztin *f*.

otorinolaringoiatrìa *f med* Hals-Nasen-Ohren-Heilkunde *f*, HNO-Heilkunde *f*, Otorhinolaryngologie *f scient*.

otorinolaringoiàtrico, (-*a*) <-*ci, -che*> *agg med* {VISITA} Hals-Nasen-Ohren-, HNO-.

otoscòpio <-*pi*> *m med* Ohrenspiegel *m*, Otoskop *n scient*.

òtre *m* Schlauch *m* ● **essere un ~ gonfio di vento** *fig lett* (*borioso*), ein aufgeblasener Kerl sein *fam spreg*; **essere pieno come un ~** *fig* (*di cibo*), zum Platzen voll sein *fam*; (*di vino*), zu bis oben hin sein *fam*.

ott. *abbr di* ottobre: Okt. (*abbr di* Oktober).

ottaèdro *m mat* Achtflächner *m*, Oktaeder *n*.

ottagonàle *agg mat* achteckig, oktogonal.

ottàgono *m mat* Oktagon *n*, Achteck *n*.

ottàno *m chim* Oktan *n*.

ottànta A *agg num* achtzig B <> *m* (*numero*) Achtzig *f*; → *anche* **cinquanta**.

ottantènne A *agg* achtzigjährig B *mf* Achtzigjährige *mf decl come agg*.

ottantènnio <-*ni*> *m* Zeitraum *m* von achtzig Jahren, achtzig Jahre *n pl*.

ottantèsimo, (-*a*) A *agg num* achtzigste(r, s) B *m* (*f*) Achtzigste *mfn decl come agg* C *m* (*frazione*) Achtzigstel *n*, achtzigster Teil *m*; → *anche* **quinto**.

ottantìna *f*: **una ~ (di ...)**, (etwa/ungefähr) achtzig (...); **essere sulla ~**, um die Achtzig sein.

ottativo, (-*a*) *agg gramm* A *agg* optativ B *m* Optativ *m*.

ottàva① *f* 1 *ling* Oktave *f*, Stanze *f* 2 *mus* (*intervallo*) Oktave *f*; (*croma*) Achtelnote *f* 3 *relig* Oktav *f* 4 *econ* (*settimana*) Woche *f*.

ottàva② *f* → **ottavo**.

ottavìno *m mus* Pikkoloflöte *f*.

ottàvo, (-*a*) A *agg num* achte(r, s) B *m* (*f*) Achte *mfn decl come agg* C *m* (*frazione*) Achtel *n*, achter Teil *m*; → *anche* **quinto** ● **ottavi di finale** *sport*, Achtelfinale *n*; **in ~** *edit*, Oktavformat *n*.

ottemperànza *f amm* Beachtung *f*, Befolgung *f*: **in ~ alle norme di legge**, unter Beachtung der gesetzlichen Bestimmungen.

ottemperàre *itr amm* – **a qc** {A UNA DISPOSIZIONE, A UNA LEGGE} *etw* (*dat*) Folge leisten, *etw* befolgen.

ottenebraménto *m* 1 Verdunk(e)lung *f*, Verfinsterung *f* 2 *fig* {+COSCIENZA, MENTE} Umnachtung *f*.

ottenebràre A *tr lett* – **qc** 1 (*offuscare*) {GIORNO} *etw* verfinstern, *etw* verdunkeln 2 *fig* {VISTA} *etw* trüben B *itr pron* 1 (*offuscarsi*): **ottenebrarsi** {LUCE} sich verdunkeln; {CIELO} *anche* sich beziehen 2 *fig*: **ottenebrarsi: gli si ottenebrò la mente**, sein Verstand trübte sich.

ottenére <*coniug come* **tenere**> *tr* 1 (*conseguire*) – **qc** (**con qc**) {DIPLOMA CON MOLTI SACRIFICI} *etw* (*mit etw dat*) erlangen; {RISULTATO CON FATICA} *etw* (*mit etw dat*) erzielen, *etw* (*mit etw dat*) erreichen; {VITTORIA CON LA FORZA} *etw* (*mit etw dat*) erringen: **ottenne di essere ricevuto**, er erreichte es, empfangen zu werden; **~ che il prezzo sia equo**, einen angemessenen Preis erzielen 2 (*riuscire ad avere*) – **qc** {AUMENTO, PERMESSO, POSTO, PROMOZIONE} *etw* bekommen, *etw* erhalten: **finalmente ottenne giustizia**, man ließ ihm/

ihr endlich Gerechtigkeit widerfahren; **malgrado tutto ottenne il perdono**, trotz allem wurde ihm/ihr verziehen; **ha ottenuto ciò che voleva**, er/sie hat bekommen/erreicht, was er/sie wollte; ~ **qu in qc** {IN SPOSA} jdn zu etw (dat) bekommen; ~ **qc in qc** {IN PRESTITO, IN REGALO} etw als etw (acc) erhalten/bekommen **3** (*ricevere*) ~ **qc** (*da qu*) {RISPOSTA} etw (von jdm) erhalten, etw (von jdm) bekommen *fam* **4** (*raccogliere*) ~ **qc** {SUCCESSO} etw haben; {INGRATITUDINE} ~ ernten **5** (*ricavare*) ~ **qc da qc** {DAL PETROLIO} etw (aus etw dat) gewinnen; *fig* ~ **qc da qu** etw von jdm herausbekommen; **non riesco a ~ nulla da lui**, ich kann nichts aus ihm herausbekommen **6** (*raggiungere*) ~ **qc** etw erhalten: **addizionando dei numeri ottengo una somma**, wenn ich die Zahlen zusammenzähle, erhalte ich eine Summe.

ottenibile *agg* **1** {RISULTATO} erreichbar, erzielbar **2** {PRESTITO} erhältlich.

ottenimento *m* **1** (*il riuscire ad avere*) {+VISTO} Erhalten *n* **2** (*il conseguire*) {+DIPLOMA} Erlangung *f*; {+VITTORIA} Erringung *f*.

ottentotto, (-a) **A** *agg stor* {POPOLAZIONE} hottentottisch **B** *m* (*f*) **1** *stor* Hottentotte *m*, (Hottentottin *f*) **2** *fig spreg* (*selvaggio*) Wilde *mf decl come agg*.

ottetto *m mus chim* Oktett *n*.

ottica <-*che*> **A** *f* **1** *fis* {ELETTRONICA} Optik *f* **2** (*insieme di lenti, ecc.*) {+CINEPRESA} Optik *f* **3** *fig* (*punto di vista*) {DEFORMATA} Stand-, Gesichtspunkt *m*, Gesichtswinkel *m*: **questo problema va considerato in un'altra ~**, dieses Problem muss unter einem anderen Gesichtspunkt betrachtet werden **B** <*inv*> *loc agg*: **d'~**, {NEGOZIO} Optiker-.

ottico, (-a) <-*ci, -che*> **A** *agg* **1** (*della percezione visiva*) {EFFETTO, ILLUSIONE} optisch **2** *anat* {NERVO} Seh- **3** *fis* optisch **B** *m* (*f*) Optiker(in) *m(f)*.

ottimale *agg* optimal.

ottimalizzare *tr* ~ **qc** *etw* optimieren.

ottimamente <*superl di bene*①> *avv* hervorragend, ausgezeichnet: **come stai? – ~!**, wie geht es dir? – Ausgezeichnet!

ottimare → **ottimizzare**.

ottimismo → Optimismus *m*.

ottimista <-*i m, -e f*> **A** *agg* {RAGAZZO} optimistisch **B** *mf* Optimist(in) *m(f)*.

ottimistico, (-a) <-*ci, -che*> *agg* {PREVISIONE} optimistisch.

ottimizzare *tr industr* ~ **qc** {RESA DI UN MOTORE} *etw* optimieren.

ottimizzazione *f* Optimierung *f*.

ottimo, (-a) **A** <*superl di buono*> **A** *agg* **1** (*buonissimo*) {CARATTERE, LIVELLO, PERSONA, SALUTE} sehr gut, hervorragend; {IDEA, PREZZO, RISULTATO} ausgezeichnet; {UMORE} köstlich; {ARROSTO, SPUMANTE} *anche* vortrefflich, vorzüglich, ausgezeichnet: **è in ottimi rapporti con la suocera**, er/sie hat ein ausgezeichnetes/[sehr gutes] Verhältnis zu seiner/ihrer Schwiegermutter; **ha un aspetto ~**, er/sie sieht ₁sehr gut₁/[hervorragend] aus **2** (*esemplare*) {MADRE, MARITO} beispielhaft **3** (*bravissimo*) {CANTANTE} ausgezeichnet, hervorragend **4** (*apprezzato*) {FAMIGLIA} vortrefflich **5** *scuola* {VOTO} sehr gut, ausgezeichnet **B** *m* **1** (*l'ideale*) Optimum *n*, Beste *n decl come agg* **2** *scuola* ≈ sehr gut, Eins *f*, Einser *m fam*.

otto **A** *agg num* acht **B** <·> *m* **1** (*numero*) Acht *f* **2** (*nelle date*) Achte *m decl come agg* **3** (*voto scolastico*) ≈ gut, Zwei *f*, Zweier *m fam* **4** *sport* (*nel pattinaggio*) Acht *f*, Achter *m*; (*nel canottaggio*) Achter *m* **C** *f pl* acht Uhr; → *anche* **cinque** • ~ **volante**, Achterbahn *f*.

ottobre *m* (abbr ott.) Oktober *m*; → *anche*

---

settembre.

ottobrino, (-a) *agg* Oktober-.

ottocentesco, (-a) <-*schi, -sche*> *agg* {GUSTO, POESIA} des neunzehnten Jahrhunderts.

ottocentista <-*i m, -e f*> *mf* **1** (*artista*) Künstler(in) *m(f)* ₁aus dem neunzehnten Jahrhundert₁/[des neunzehnten Jahrhunderts]; (*scrittore*) Schriftsteller(in) *m(f)* ₁aus dem neunzehnten Jahrhundert₁/[des neunzehnten Jahrhunderts] **2** (*studioso*) Spezialist(in) *m(f)* des neunzehnten Jahrhunderts **3** *sport* Achthundertmeterläufer(in) *m(f)*.

ottocento **A** <*inv*> *agg num* achthundert: **viaggio di ~ kilometri**, eine achthundert Kilometer lange Reise **B** <·> *m* **1** (*numero*) Achthundert *f* **2** <*solo pl*> *sport* Achthundertmeterlauf *m* **3** *stor*: **l'Ottocento**, das neunzehnte Jahrhundert; (*nell'arte italiana*) das Ottocento.

ottomana *f* Ottomane *f*.

ottomano, (-a) **A** *agg* **1** (*turco*) {IMPERO} osmanisch, türkisch **2** *tess* ottomanisch **B** *m* (*f*) (*turco*) Osmane *m*, (Osmanin *f*), Türke *m*, (Türkin *f*) **C** *m tess* Ottoman *m*.

ottomila **A** *agg num* achttausend: **costa ~ euro**, das kostet achttausend Euro; **l'aeroplano ha raggiunto gli ~ metri di altezza**, das Flugzeug hat achttausend Meter Flughöhe erreicht **B** <·> *m* **1** (*numero*) Achttausend *f* **2** *alpin* Achttausender *m*.

ottonario, (-a) <-*ri m*> *ling* **A** *agg* achtsilbig **B** *m* Achtsilber *m*.

ottone *m* **1** (*lega*) Messing *n* **2** <*solo pl*> *mus* Blechblasinstrumente *n pl*.

Ottone *m* (*nome proprio*) Otto.

ottotipo *m med* Sehproben-, Sehtesttafel *f*.

ottovolante → **otto**.

ottuagenario, (-a) <-*ri m*> **A** *agg* achtzigjährig **B** *m* (*f*) Achtzigjährige *mf decl come agg*.

ottundere <*coniug come* contundere> **A** *tr anche fig* ~ **qc** {LE SENSAZIONI} *etw* ab|stumpfen **B** *itr pron anche fig*: **ottundersi** {MENTE} ab|stumpfen.

ottundimento *m anche fig* Abstumpfung *f*.

ottuplo, (-a) **A** *agg* achtfach **B** *m* Achtfache *n decl come agg*.

otturamento *m* Verstopfung *f*.

otturare **A** *tr* ~ **qc** **1** {GRONDAIA, TUBO} *etw* ab|dichten; {FALLA} *etw* (ver-, zu|)stopfen **2** *med* {DENTE} *etw* plombieren, *etw* füllen **B** *rfl*: **otturarsi** {CONDOTTO} verstopfen.

otturato, (-a) *agg* **1** {TUBO} verstopft **2** {DENTE} plombiert **3** {ORECCHIO} verstopft.

otturatore *m* **1** *mil* {+ARMA DA FUOCO} Schloss *n*, Verschluss *m* **2** *fot* {+OBIETTIVO} Verschluss *m*: ~ **a tendina**, Überblendeverschluss *m*.

otturazione *f* **1** (*atto, effetto*) {+BUCO, GRONDAIA} Abdichtung *f* **2** *med* (*azione*) {+DENTE} Plombieren *n* **3** *med* (*amalgama*) Füllung *f*, Plombe *f*.

ottusi 1ª *pers sing del pass rem di* ottundere.

ottusità <·> *f* {+GENTE} Stumpfsinnigkeit *f*.

ottuso, (-a) **A** *part pass di* ottundere **B** *agg* **1** (*sordo*) {SUONO} dumpf **2** *fig* (*AMBIENTE*) beschränkt; {RAGAZZO} *anche* stumpfsinnig, vernagelt *fam spreg*: **ma sei proprio ~!**, du bist aber wirklich beschränkt/vernagelt *fam spreg!* **3** *mat* {ANGOLO} stumpf.

Ötztal *f geog* Ötztal *n*.

out *ingl* **A** *agg fam* out *fam*: **questo colore è out**, diese Farbe ist out *fam* **B** *m sport* **1** (*nel tennis*) Aus *n* **2** (*nel pugilato*) Aus *n*.

outdoor <*inv*> *agg ingl sport* {INCONTRO} outdoor, im Freien.

---

outdoor advertising <·> *loc sost m ingl comm* Außenwerbung *f*.

outing <·> *m ingl* (*dichiarazione di omosessualità*) Outing *n*, Coming-out *n*, Comingout *n*.

outlet <·> *m ingl* (*nella moda*) {+AZIENDA DI ABBIGLIAMENTO SPORTIVO} Outlet *n*.

outline <·> *m ingl* (*abbozzo*) Entwurf *m*.

outplacement <·> *m ingl* (*nell'organizzazione aziendale*) Outplacement *n*.

output <·> *m ingl econ inform* Output *m* o *n*.

outsider <·> *mf ingl anche aero econ polit sport* Außenseiter(in) *m(f)*, Outsider(in) *m(f)*.

outsourcing <·> *m ingl* (*nell'organizzazione aziendale*) Outsourcing *n*, Auslagerung *f*.

ouverture <·> *f franc mus* Ouvertüre *f*.

ouzo <·, *ouza pl greco*> *m greco enol* Ouzo *m*.

ovaia, **ovaio** *f, m* <pl: -aia *f*> *anat* Eierstock *m*.

ovale **A** *agg* {VISO} oval **B** *m* Oval *n*.

ovaliforme *agg* oval, eiförmig.

ovalizzare *tecnol* **A** *tr* ~ **qc** *etw* oval machen **B** *itr pron*: **ovalizzarsi** oval werden.

ovalizzato, (-a) *agg tecnol* (*diventato ovale*) {CILINDRO} oval, unrund; {RUOTA} unrund geworden.

ovalizzazione *f tecnol* Unrundwerden *n*.

ovarico, (-a) <-*ci, -che*> *agg* **1** *anat* {CISTI} Eierstock- **2** *bot* Fruchtknoten-.

ovario <-*ri*> *m* **1** *anat* Eierstock *m* **2** *bot* Fruchtknoten *m*.

ovatta *f* Watte *f*.

ovattare *tr* ~ **qc** **1** (*imbottire di ovatta*) *etw* wattieren **2** *fig* {NEBBIA, RUMORI} *etw* dämpfen.

ovazione *f* Ovation *f forb*, stürmischer Beifall.

ove *poet* **A** *avv* **1** (*dove: stato*) wo; (*moto*) wohin **2** (*dovunque: stato*) wo auch immer; (*moto*) wohin auch immer **B** *cong* **1** (*qualora*) **ove ... congv**, sofern ... *ind*, falls ... *ind*: **ove fosse necessaria la mia presenza, chiamatemi**, ruft mich, falls meine Anwesenheit notwendig ist/[sein sollte] **2** (*e invece*) **ove ... ind**, während ... *ind*: **ti irriti ove dovresti calmarti**, du regst dich auf, während du dich eigentlich beruhigen solltest.

overbooking <·> *m ingl* Overbooking *n*.

overcoat <·> *m ingl* (*soprabito*) Überzieher *m*.

overdose *f ingl* **1** {+EROINA} Überdosis *f* **2** *fig fam* {+PUBBLICITÀ} Überdosis *f fam*.

overdrive <·> *m ingl mecc* Overdrive *m*, Schongang *m*.

overflow <·> *m ingl inform* {ARITMETICO} Overflow *m*, Überlauf *m*.

overheads *f pl ingl comm* (*spese generali*) allgemeine Unkosten, Allgemein(un)kosten *f pl*.

overlapping <·> *m ingl inform* Overlap *m*, Überlappen *n*.

overlay <·> *m ingl* **1** *inform* {+FINESTRE} Überlagerung *f*, Overlay *n* **2** (*in pubblicità*) {+FOTO E SCRITTE} Zurichtung *f*, Zurichtebogen *m*.

oversize <·> *m ingl* Übergröße *f*, Oversize *f*.

overtime <·> *m ingl* **1** (*lavoro straordinario*) Überstunden *f pl* **2** *sport* Verlängerung *f*.

ovest **A** *agg* <*inv*> westlich: **il lato ~ della casa**, die Westseite des Hauses **B** <·> *m* **1** (*abbr* O) Westen *m*: **a ~ di qc**, westlich von etw (dat); **stanza esposta a ~**, das nach Westen liegende Zimmer; **verso ~**, westwärts, nach Westen, gen Westen *obs*; **vento dell'~**, Westwind *m* **2** (*paesi dell'~*): **Ovest**, Westen *m*; (*dell'Europa*) Westeuropa *n* **3** (*nel bridge*) Westen *m*.

ovétto <dim di uovo> m **1** kleines Ei **2** (di cioccolato): ovetti di Pasqua, Ostereier n pl.

ovìle m Schafstall m • **ricondurre** qu all'~ fig (in famiglia), jdn in den Schoß der Familie zurückführen forb; **tornare all'~** fig (in famiglia), in den Schoß der Familie zurückkehren forb.

ovìno, (-a) A agg Schaf- B m Schaf n.

ovìparo, (-a) agg zoo eierlegend.

ovòide A agg eiförmig B m Eiform f.

òvolo m **1** {+MARMO} eiförmiger Gegenstand **2** arch Eierstab m **3** bot Kaiserling m: **~ malefico**, Fliegenpilz m.

ovovìa f Kleinkabinen-, Umlaufbahn f.

ovovivìparo, (-a) agg zoo Eier legend, ovipar.

ovulàre agg {PIETRA} oval, eiförmig.

ovulatòrio, (-a) <-ri> agg biol {CICLO} Eisprung-, Ovulations-.

ovulazióne f biol Eisprung m, Ovulation f scient.

òvulo m **1** biol Eizelle f, Ovum n scient, Ovulum n scient **2** bot Samenanlage f, Ovum n scient, Ovulum n scient **3** farm Ovulum n scient.

ovùnque avv lett **1** (dovunque: stato) wo (auch) immer: **~ tu sia**, wo (auch) immer du bist; (moto) wohin (auch) immer; **~ andrò, troverò amici**, wohin auch immer ich gehe,

dort werde ich Freunde finden **2** (dappertutto: stato) überall: **è un prodotto che si trova ~**, das ist ein Produkt, das es überall gibt; (moto) überallhin.

ovvéro cong **1** (cioè) das heißt: **sarò da te tra quattro giorni, ~ sabato**, ich bin in vier Tagen bei dir, das heißt am Samstag **2** (oppure) oder (auch).

ovvìa inter tosc (di esortazione) Schluss jetzt!: **~, andatevene!**, Schluss jetzt, haut ab! fam.

ovviàbile agg (che si può rimediare) {DANNO} wieder gutzumachen(d): **un errore non ~**, ein nicht wieder gutzumachender Fehler.

ovviàre <ovvio, ovvii> itr **~ a qc** {A UN INCONVENIENTE} etw (dat) entgegen|treten; {A UNA DIFFICOLTÀ} anche etw (dat) vor|beugen, etw (dat) zuvor|kommen; {A UN ERRORE} etw wieder gut|machen.

ovvietà <-> f {+AFFERMAZIONE} Offensichtlichkeit f.

òvvio, (-a) <ovvi m> agg **1** (naturale) {CONSIDERAZIONE} selbstverständlich: **(è) ~!**, (das ist doch) selbstverständlich! **2** (evidente) {FATTO} offensichtlich.

oxford <-> m ingl tess Oxford n.

oz. abbr dell'ingl ounce (oncia) oz. (Unze).

ozelòt m zoo Ozelot m.

oziàre <ozio, ozi> itr untätig/müßig forb sein, müßig|gehen forb, faulenzen fam.

òzio <ozi> m **1** (abituale inoperosità) Müßiggang m forb **2** (inattività temporanea) Untätigkeit f **3** (riposo) Muße f forb, Mußestunde f: **cosa fai nei momenti d'~?**, was machst du in deinen Mußestunden? **4** <solo pl> (vita lussuosa) luxuriöses Leben, Leben n im Überfluss • **stare in ~**, müßig sein forb; **l'~ è il padre dei vizi** prov, Müßiggang ist aller Laster Anfang prov.

oziósa f → ozioso.

oziosità <-> f **1** {+UOMO} Müßigkeit f forb **2** (futilità) {+DISCUSSIONE} Überflüssigkeit f, Zwecklosigkeit f, Müßigkeit f rar.

ozióso, (-a) A agg **1** (inoperoso) {RAGAZZO} untätig, müßiggängerisch forb **2** (inattivo) {VITA} müßig forb **3** (futile) {DISGRESSIONI} überflüssig, müßig forb B m (f) Müßiggänger(in) m(f) forb.

ozonizzàre tr chim **~ qc** etw ozonisieren.

ozonizzatóre m tecnol Ozonisator m.

ozonizzazióne f chim Ozonisieren n.

ozòno m chim Ozon m o n.

ozonometrìa f chim Ozonmessung f.

ozonosfèra f geog Ozonschicht f, Ozonsphäre f.

ozonoterapìa f med Ozontherapie f scient.

P, p

P, p <-> f o rar m (*sedicesima lettera dell'alfabeto italiano*) P, p n ● **p come Padova** (*nella compitazione delle parole*), P wie Paula; → *anche* **A, a**.

p. *abbr di* pagina: S. (*abbr di* Seite), p.

P. *abbr di* parcheggio: P (*abbr di* Parkplatz).

P.A. *abbr di* Pubblica Amministrazione: öffentliche Verwaltung **2** *post abbr di* Posta Aerea: Lp (*abbr di* Luftpost).

pàca <-> m *port zoo* Paka n.

pacatamènte *avv* (*con calma*) {DISCUTERE} ruhig, gelassen.

pacatézza f (*calma*) {+UOMO} (Gemüts)ruhe f, Gelassenheit f.

pacàto, (-a) *agg* **1** (*tranquillo*) {DISCUSSIONE} ruhig; {UOMO} *anche* friedlich, gelassen: **rispondere con tono/voce ~**, ⌐ganz ruhig¬/[in ruhigem Ton]/[mit ruhiger Stimme] antworten **2** (*acquietato*) {ANIMO} beruhigt, besänftigt **3** (*smorzato*) {LUCE} gedämpft.

pàcca <-*che*> f **1** *fam* (*manata affettuosa*) Klaps m *fam*: **dare una ~ sulla spalla a un amico**, einem Freund auf die Schulter klopfen **2** (*botta*) Schlag m.

pacchétto m **1** *anche post* (*piccolo pacco*) Päckchen n, kleines Paket: **fare un ~**, ein Päckchen packen **2** (*piccola scatola*) {+FIAMMIFERI} Schachtel f; {+SIGARETTE} *anche* Päckchen n, Packung f; {+CARAMELLE, CHEWING-GUM} Schachtel f, Päckchen n: **comprami un ~ di extra-light**, kauf mir eine Schachtel/ein Päckchen Extra Light **3** (*contenuto*) Schachtel f, Packung f: **mi sono mangiata un ~ di noccioline**, ich habe eine Packung Haselnüsse gegessen/aufgefuttert *fam scherz*; **fumo un ~ al giorno**, ich rauche die Schachtel/ein Päckchen/eine Packung am Tag **4** (*offerta*) {CONVENIENTE} Paket n, Angebot n; (*di viaggio*) Pauschalreise f **5** (*mazzetto*) {+DOCUMENTI, LETTERE} Stoß m, Packen m **6** *fig giorn polit* (*insieme*) {+LEGGI, MISURE, PROVVEDIMENTI} Paket n: **un ~ di proposte**, ein Paket von Vorschlägen **7** *inform* (*package*) Paket n **8** *sport* (*nel rugby*) (*gruppo di giocatori*) Paket n **9** *tip* (*colonna*) Paketsatz m ● **~ azionario** *econ*, Aktienpaket n; **~ di controllo** *econ*, Mehrheitspaket n; **~ di onde** *fis*, Wellensalat m *fam*.

pàcchia f *fig fam* (*cuccagna*) Schlaraffenleben n, Leben n wie im Schlaraffenland, herrliches Leben n: **questo lavoro è una vera ~!**, mit dieser Arbeit hat man ⌐ein schönes Leben¬/[einen schönen/ruhigen Lenz *fam* spreg]!; **tre mesi di vacanza sono una vera ~!**, drei Monate Urlaub sind einfach herrlich ~!; **è finita la ~!**, (jetzt ist) Schluss mit lustig!

pacchianàta f (*ciò che è di cattivo gusto*) Geschmacklosigkeit f, Plumpheit f *spreg*.

pacchianerìa f (*mancanza di gusto*) {+ARREDAMENTO, VESTITO} Geschmacklosigkeit f; (*vistosità e volgarità*) Protzigkeit f *fam spreg*.

pacchiàno, (-a) *agg* **1** (*privo di gusto*) {ARREDAMENTO} geschmacklos; (*vistoso e volgare*) protzig *fam spreg*; {ABBIGLIAMENTO} *anche* ordinär **2** (*grossolano*) {GUSTO} ordinär, billig *spreg*.

pacciamàre *tr agr* **~ qc** {TERRENO} etw mulchen.

pacciamatùra f *agr* (*copertura del terreno*) Mulchen n.

pacciàme m (*insieme di foglie*) Mulch m.

pàcco <-*chi*> m **1** *gener* Paket n: **~ aereo/postale/ferroviario**, Luftpost-/Post-/Bahnpaket n; **fare/disfare un ~**, ein Paket packen/auspacken; {+LETTERE, LIBRI} Packen m, Pack n; **un ~ di giornali**, ein Packen/Bündel Zeitungen **2** *fig fam* (*fregatura*) Mogelpackung f *fam*, Betrug m, Beschiss m *volg*: **questa offerta è stato un vero ~!**, dieses Angebot war eine glatte Mogelpackung! *fam* ● **~ bomba**, Briefbombe f; **~ dono/viveri**, Lebensmittel-, Ess-, Carepaket n; **~ di medicazione** *med*, Arztbesteck n; **~ ostetrico** *med*, Geburtshilfebesteck n; **~ regalo**, Geschenkpaket n; **tirare un ~ a qu** *fig* (*mancare a un appuntamento*), jdn versetzen *fam*, jdm einen Korb geben; (*bidonare*), jdn hereinlegen *fam*, jdn übers Ohr hauen *fam*, jdn anschmieren *fam*.

paccottìglia f **1** *fig spreg* (*cianfrusaglie*) Ramsch m *fam spreg*, Krimskrams m *fam*, Kruscht m *süddt*: **una soffitta piena di ~**, ein Dachboden ⌐voll wertlosem Zeug *fam*¬/[voller Plunder *fam spreg*] **2** *fig spreg* (*merce scadente*) Ramsch m *fam spreg*, Ausschussware f.

pàce f **1** *gener* {DURATURA, LUNGA, UNIVERSALE} Frieden m, Friede m *lett obs*: **difendere/volere la ~**, den Frieden verteidigen/wollen; **un periodo di ~**, eine Friedenszeit; **la ~ tra i popoli**, der Frieden zwischen den Völkern; **in tempo di ~**, in Friedenszeiten **2** (*armonia*) {DOMESTICA, FAMILIARE} Frieden m: **in quella casa regna la ~**, in diesem Haus herrscht Eintracht; **essere/stare/vivere in ~ con gli altri**, in Frieden (und Eintracht) mit den anderen leben; **essere in ~ con se stesso**, mit sich (dat) selbst im Einklang sein; **riportare la ~ in famiglia**, den häuslichen Frieden wiederherstellen **3** (*serenità dello spirito*) Seelenruhe f, innere Ruhe f: **ritrovare la ~**, seine (innere) Ruhe wiederfinden **4** (*tregua*) Ruhe f: **la malattia non le dà ~**, die Krankheit lässt ihr keine Ruhe; **non avere un minuto/momento di ~**, keine ruhige Minute haben; **finalmente un giorno di ~!**, endlich ein Tag Ruhe! **5** {+NOTTE} Ruhe f, Stille f: **che ~!**, was für eine Stille! **6** *polit* (*trattato*) Friede(n) m, Friedensvertrag m: **firmare/rispettare la ~**, den Frieden unterzeichnen/respektieren; **la ~ di Versailles**, der Friedensvertrag von Versailles **7** *relig* (Seelen)frieden m, Glückseligkeit f ● **andate in ~!** *relig* (*formula*), gehet hin in Frieden!; **~ all'anima sua** *scherz*, Friede seiner/ihrer Seele/Asche *scherz!*; **~ armata** (*intesa di breve durata*), bewaffneter Frieden; **con buona ~ di qu** (*con accettazione da parte di qu*), mit jds Erlaubnis; **la ~ eterna** *fig eufem* (*morte*), die ewige Ruhe *forb*; **non darsi ~** (*per qc*) (*non rassegnarsi*), nicht aufgeben/resignieren; **fare ~ con qu** (*riappacificarsi con qu*), sich mit jdm versöhnen; **lasciare in ~ qu** (*non infastidirlo*), jdn in Ruhe lassen; **mettere ~ tra due persone** (*riappacificarle*), Frieden zwischen zwei Menschen stiften, zwei Menschen miteinander versöhnen; **riposa in ~** *relig* (*rif. a chi è defunto*), ruhe in Frieden!; **santa ~!** (*esclamazione d'impazienza*), Herrgott noch mal *fam!*; **la ~ dei sensi** *iron* (*fine dei desideri sessuali*), das Ende aller Fleischeslust; **raggiungere la ~ dei sensi**, aller Fleischeslust entsagt haben; **~ separata**, Separatfrieden m; **la ~ sia con voi** *relig* (*formula*), Friede sei mit euch!; **starsene in ~** (*santa*) (*senza essere disturbati*), nicht aufgehellt/ungestört sein; **~ in terra agli uomini di buona volontà** *relig*, Frieden auf Erden den Menschen, die guten Willens sind; **non trovare (mai) ~** (*essere sempre irrequieto e insoddisfatto*), keine Ruhe finden.

pacemaker <-> m *ingl* **1** *anat* Pacemaker m **2** *med* (*generatore*) Herzschrittmacher m.

pachidèrma <-*i*> m **1** *zoo* Dickhäuter m **2** *fig* (*persona grossa e goffa*) schwerfälliger/traniger *fam spreg* Mensch, Nilpferd n, Bär m *fam* **3** *fig* (*persona priva di tatto*) taktloser Mensch, Elefant m *fam*.

pachino <- *o* -> m (*pomodoro*) "(hochwertige) Kirschtomate aus Pachino".

Pàchistan → **Pakistan**.

pachistàno, (-a) **A** *agg* pakistanisch **B** m (f) (*abitante*) Pakistaner(in) m(f), Pakistani m.

pacière, (-a) m (f) (*conciliatore*) Frieden(s)stifter(in) m(f), Versöhner(in) m(f): **fare da ~ tra due persone**, zwei Menschen miteinander versöhnen, Frieden zwischen zwei Menschen stiften.

pacifica f → **pacifico**.

pacificàbile *agg* (*che si può pacificare*) {CONTROVERSIA} lösbar, beilegbar; {NEMICI} versöhnbar.

pacificamènte *avv* (*in modo pacifico*) friedlich: **discutere ~**, friedlich miteinander diskutieren.

pacificàre <*pacifico, pacifichi*> **A** *tr* **1** (*riconciliare*) **~ qu/qc** (*con qu/qc*) {NEMICI, RIVALI, SQUADRE, SUOCERA CON LA NUORA} jdn/etw mit jdm/etw versöhnen **2** (*riportare la pace*) **~ qc** {PAESE, REGIONE} etw befrieden **3** (*placare*) **~ qc** {ANIMI} etw beruhigen, etw besänftigen; {LITE} etw schlichten, etw beilegen **B** itr pron **1** (fare la pace): **pacificarsi con qu** sich mit jdm versöhnen, seinen Frieden mit jdm machen **2** (calmarsi): **pacificarsi** {ANIMI, SITUAZIONE} sich beruhigen **C** rfl rec (riconciliarsi): **pacificarsi** {CONTENDENTI, FAZIONI} sich versöhnen.

pacificatóre, (-trice) **A** agg (di pace) {INTERVENTO, OPERA} Friedens- **B** m (f) (paciere) Frieden(s)stifter(in) m(f).

pacificatòrio, (-a) <-ri > agg (che tende a pacificare) {INTERVENTO} versöhnlich; {INCONTRO} anche Versöhnungs-.

pacificazióne f **1** (rappacificazione) {+CONIUGI} Versöhnung f **2** (tranquillizzazione) {+ANIMI} Beruhigung f.

pacìfico, (-a) <-ci, -che > **A** agg **1** (che ama la pace) {NAZIONE, POPOLO} friedliebend **2** (non violento) {MANIFESTAZIONE, PROTESTA} gewaltlos; {INTENZIONI} friedlich **3** (tranquillo) {UOMO} ruhig, friedlich; {VITA} anche beschaulich; {CARATTERE, INDOLE} friedfertig, friedvoll forb; {TEMPI} Friedens- **4** (mite) sanft: **avere un aspetto ~**, sanft aussehen **5** fig (incontestabile) {AFFERMAZIONE, INTERPRETAZIONE} klar, unbestritten, selbstverständlich **6** geog {COSTA} des Pazifischen Ozeans **B** m (f) (chi ama la pace) friedliebender Mensch **C** m geog: **Pacifico**, Pazifik m • **è ~ che ...** (è ovvio che ...), es ist selbstverständlich, dass ...

pacifìsmo m **1** (atteggiamento) Pazifismus m, pazifistische Haltung **2** polit Friedensbewegung f.

pacifìsta <-i m, -e f > anche polit **A** agg {MANIFESTAZIONE} pazifistisch; {MOVIMENTO} Friedens- **B** mf (fautore) Pazifist(in) m(f): **essere un ~ convinto**, ein überzeugter Pazifist sein.

pacifìstico, (-a) <-ci, -che > agg (del pacifismo) {CONCEZIONI} pazifistisch.

pacioccóne, (-a) fam **A** agg (bonario) gutmütig: **avere un'aria pacioccona**, gutmütig aussehen **B** m (f) (persona grassoccia e gioviale) gutmütiger Mensch, Seele f von einem Menschen, Teddybär m fam scherz.

paciosità <-> f (tranquillità) {+PADRE} Friedlichkeit f, Umgänglichkeit f.

pacióso, (-a) agg fam (pacifico) {TIPO} friedlich, umgänglich.

paciùgo <-ghi > m region fam (poltiglia) Brei m fam.

paciulì m → **patchouli**.

pack <-> m ingl geog Packeis n.

package <-> m ingl inform (insieme di programmi) Paket n.

packaging <-> m ingl comm (confezione) {+PRODOTTO} Verpackung f, Packaging n.

packfòng <-> m ingl chim (alpacca) Packfong n.

Padània f polit Padanien (immaginäres, von der Lega Nord als kulturelle Einheit propagiertes Land zwischen Alpenrand und der Linie Lucca-Rimini).

padàno, (-a) agg **1** (del Po) {PIANURA} Po-: **coltura padana del riso**, Reisanbau m in der Poebene **2** polit (della Padania) padanisch.

pàddock <-> m ingl sport (nell'equitazione) (recinto) Paddock m.

padèlla f **1** (utensile da cucina) {+ACCIAIO} (Brat)pfanne f, Stielpfanne f: **~ antiaderente**, Teflonpfanne f; **~ da caldarroste**, Kastanien(röst)pfanne f; **cuocere/fare qc in ~**, etw in der Pfanne braten **2** (contenuto) Bratpfanne f: **una ~ di patate fritte/[zucchine]**, eine Bratpfanne voll Pommes frites/[Zucchini] **3** (per malati) Bettpfanne f, Schieber m **4** region fam (macchia d'unto) Fettfleck m: **un grembiule pieno di padelle**, eine Schürze voller Fettflecken • **cadere dalla ~ nella brace** fig (passare da un guaio a un altro peggiore), vom Regen in die Traufe kommen fam.

padellàta f **1** (contenuto) Bratpfanne f: **una ~ di pesce**, eine Bratpfanne voll Fisch, eine Fischpfanne **2** (colpo) Schlag m mit einer Pfanne: **dare una ~ in testa a qu**, jdm eine Pfanne auf den Kopf hauen, jdm eins mit der Pfanne drüberziehen fam.

padellìna <dim di padella> f (piattello) {+CANDELIERE} Abtropfteller m.

padellìno <dim di padella> m (spec per cuocere le uova) kleine Pfanne.

padiglióne m **1** (edificio) {+FABBRICA, FIERA} Halle f: **~ di montaggio**, Montagehalle f; {+OSPEDALE} Gebäude n: **~ delle malattie mentali**, psychiatrische Abteilung, Psychiatrie f slang **2** (baldacchino) {+LETTO} Himmel m, Baldachin m **3** anat Muschel f: **~ auricolare**, Hörmuschel f **4** arch Pavillon m: **~ di caccia**, Jagdpavillon m **5** autom (tetto) Autodach n, Autodecke f **6** (in oreficeria) {+BRILLANTE} Pavillon m **7** mil stor (tenda da campo) Pavillon m • **tetto/volta a ~ arch**, Zelt-, Walmdach n⌋/[Haubengewölbe] n.

Pàdova f geog Padua n.

padovàno, (-a) **A** agg paduanisch **B** m (f) (abitante) Paduaner(in) m(f).

pàdre m **1** (papà) Vater m: **considerare qu un ~**, jdn als seinen Vater ansehen; **è stato un ~ per lui**, er war wie ein Vater für ihn; **essere/diventare un ~**, Vater sein/werden; **essere un buon/cattivo ~**, ein guter/schlechter Vater sein; **è tutto suo ~**, er ist ganz sein/der Vater; **fare da ~ a qu**, bei/an jdm Vaterstelle vertreten, wie ein Vater für jdn sorgen; **è ~ di due figli**, er ist Vater ⌊von zwei Kindern⌋/[zweier Kinder]; **la bambina ha preso tutto dal ~**, das Mädchen ist ⌊ganz der Vater⌋/[der ganze Vater fam]; **rendere ~ qu**, jdn zum Vater machen; **in lui ha trovato un ~**, er/sie hat in ihm einen Vater gefunden **2** fig (fondatore) Vater m, Gründer m: **Livio Andronico è il ~ della tragedia latina**, Livio Andronico ist der Vater der lateinischen Tragödie **3** fig (progenitore) (Stamm)vater m: **il ~ Romolo**, der Stammvater Romulus **4** fig (creatore) Vater m: **Giove è il ~ degli dei**, Jupiter ist der Göttervater **5** <solo pl> fig (antenati) Väter m pl per padri, Vorfahren m pl, Ahnen m pl: **seguire l'esempio dei padri**, dem Beispiel seiner Väter folgen forb obs; **al tempo dei nostri padri...**, zu Zeiten unserer Väter... forb obs **6** fig (origine) Ursprung m, Ursache f: **l'odio è il ~ della violenza**, Hass ist die Wurzel/der Ursprung der Gewalt **7** relig (Dio): **Padre**, (Gott)vater m, Gott (der) Vater m; **il Padre, il Figlio e lo Spirito Santo**, Gott Vater, Sohn und Heiliger Geist! **8** relig (titolo reverenziale) Vater m: **~ Cristoforo**, Vater Christoph; **~, vorrei confessarmi**, Vater, ich möchte beichten **9** relig (qualifica) Pater m: **i padri domenicani/gesuiti**, die Dominikaner-/Jesuitenpater; **~ priore/provinciale**, Prior m/Provinzial m **10** zoo Vater m: **il ~ di questo cucciolo è un pastore tedesco**, der Vater dieses Welpen ist ein Deutscher Schäferhund • **~ adottivo** m, Adoptivvater m; **Beatissimo/Santo Padre** (appellativi del papa), Heiliger Vater; **padri della chiesa** (scrittori cristiani dei primi secoli), Kirchenväter m pl; **Padre nostro → Padrenostro**; **Padre nostro che sei nei cieli** relig (parole iniziali della preghiera), Vater unser, der du bist im Himmel; **padri del deserto** relig (anacoreti e cenobiti), Anachoreten und Zönobiten m pl; **il Padre eterno** relig, der Ewige, Gottvater m, Gott (der) Vater; **~ di famiglia** (che ha a carico moglie e figli), Familienvater m; **di ~ in figlio** (di generazione in generazione), von Generation zu Generation; **onora il ~ e la madre** relig (quarto comandamento), du sollst deinen Vater und deine Mutter ehren; **i padri missionari** (quelli che predicano in terre lontane), Missionare m pl, Missionäre m pl, Missionsväter m pl; **~ padrone** (~ autoritario), autoritärer/despotischer Vater; fig (despota), Despot m; **per parte/via di ~** (seguendo la linea paterna), väterlicherseits; **essere cugini per parte di ~**, Cousins väterlicherseits sein; **~ della patria** (titolo d'onore), Vater des Vaterlandes; **il primo ~** (Adamo), Adam; **~ putativo**, vermeintlicher Vater; **~ spirituale** (sacerdote), geistiger Vater; **tale il ~ tale il figlio** prov, wie der Vater so der Sohn, der Apfel fällt nicht weit vom Stamm prov.

Padrenòstro, **Pàdre nòstro** <-> m loc sost m relig Vaterunser n, Paternoster n: **recitare il ~**, ein Vaterunser beten.

padretèrno m **1** relig der Ewige, Gottvater m, Gott (der) Vater m: **pregare il ~**, Gott(vater) bitten, zu Gott(vater) beten **2** fig (chi si dà molta importanza) Wichtigtuer m fam anche spreg: **credersi un ~**, sich für Gott weiß was halten fam, sich wichtig tun/vorkommen fam anche spreg, sich (dat) Wunder was einbilden fam.

padrìno m **1** relig (di battesimo) (Tauf)pate m; (di cresima) Firm)pate m: **fare da ~ a qu**, jds Pate sein, bei jdm Pate stehen **2** slang (boss) {+COSCA MAFIOSA} Pate m slang **3** stor (nei duelli) (testimone) Sekundant m.

padróna f → **padrone**.

padronàle agg **1** (del padrone) {CASA} Herren-; polit {ORGANIZZAZIONE, SINDACATO} Unternehmer-, Arbeitgeber- **2** (privato) {AUTOMOBILE, GIARDINO, PISCINA} eigene(r, s).

padronànza f **1** fig (conoscenza perfetta) Beherrschung f: **avere ~ dell'inglese**, Englisch beherrschen/[gut können]; **mostrare assoluta ~ di una materia**, absolute Beherrschung eines Faches unter Beweis stellen; zeigen, dass man ein Fach völlig beherrscht **2** fig (controllo) Beherrschung f, Kontrolle f: **avere una grande ~ di sé**, große Selbstbeherrschung haben/besitzen; **perdere la ~ della situazione**, die Kontrolle über eine Situation verlieren **3** rar (possesso) Eigentumsrecht n: **avere/perdere la ~ di un bene**, das Eigentumsrecht über ein Gut haben/verlieren.

padronàto m **1** polit (imprenditori) Arbeitgeberschaft f, Unternehmertum n **2** tosc (fondo agricolo) Gutsbesitz m.

padroncìno, (-a) <dim di padrone> m (f) **1** (figlio del padrone) Sohn m (Tochter f) des Besitzers, junger Herr obs, (junge Herrin obs) **2** region (piccolo imprenditore) Kleinunternehmer(in) m(f) **3** region (taxista) Taxiunternehmer(in) m(f) **4** region (autotrasportatore) Transportunternehmer(in) m(f).

padróne, (-a) m (f) **1** (proprietario) {+AUTOMOBILE, CAMPER, CAVALLO, MOTOSCAFO, NEGOZIO, RISTORANTE, VILLA} Besitzer(in) m(f); Besitzer(in) m(f): **chi è il ~ di quel locale?**, wer ist der Besitzer dieses Lokals?; **~ del podere**, Grundbesitzer m; **il cane ubbidisce al suo ~**, der Hund gehorcht seinem Besitzer/Herrchen fam **2** (datore di lavoro) Arbeitgeber(in) m(f), Unternehmer(in) m(f) **3** (dominatore) {+STATO} Herrscher(in) m(f), Gebieter(in) m(f) • **non avere/volere padroni** fig (essere libero/[voler essere] indipendente), niemand zum Herren haben/[haben wollen], sein eigener Herr sein/[sein wollen], unabhängig sein/[sein wollen]; **essere ~ delle proprie azioni**, wissen, was man tut; **cambiare ~** (lavoro), seinen Arbeitsplatz wech-

padroneggiàre <padroneggio, padroneggi> A tr ~ qc 1 (conoscere bene) {LINGUA, MATERIA} etw beherrschen; 2 fig (controllare) {NERVI, SENTIMENTI} etw beherrschen, etw kontrollieren B rfl (dominarsi): **padroneggiarsi** sich beherrschen, sich bezähmen.

padronìssimo, (-a) m (f) fam: **sei padronissima di andare dove vuoi**, dir steht es völlig frei zu gehen, wohin du willst; **vuoi accettare quella proposta? ~!**, willst du dieses Angebot annehmen? Das liegt ganz bei dir!

paella <-, -s pl spagn> f spagn gastr Paella f.

paeṣàggio <-gi> m 1 (panorama) {BELLISSIMO, INVERNALE, PITTORESCO, RIDENTE} Panorama n, Aussicht f: **vieni quassù a vedere il ~!**, komm hier (he)rauf und sieh dir die Aussicht an! Einfach himmlisch! **È un incanto!**, komm hier (he)rauf und sieh dir die Aussicht an! Einfach himmlisch! 2 geog Landschaft f: ~ **alpino/desertico/fluviale/lacustre/marino**, Alpen-/Wüsten-/Fluss-/See-/Meereslandschaft f; ~ **glaciale**, Gletscher-, Eislandschaft f 3 arte (nella pittura) Landschaftsbild n 4 fot Landschaftsaufnahme f ● **difesa/tutela del ~**, Landschaftspflege f, Landschaftsschutz m.

paeṣaggìṣmo m 1 arte (nella pittura) (genere) Landschaftsmalerei f 2 lett (descrizione di paesaggi) Landschaftsbeschreibung f.

paeṣaggìsta <-i m, -e f> mf 1 arte (nella pittura) Landschaftsmaler(in) m (f) 2 fot Landschaftsfotograf(in) m (f) 3 lett Landschaftsbeschreiber(in) m (f).

paeṣaggìstica <-che> f 1 arte (nella pittura) (insieme delle opere, tecnica) Landschaftsmalerei f 2 fot (insieme delle opere, tecnica) Landschaftsfotografie f.

paeṣaggìstico, (-a) <-ci, -che> agg 1 (del paesaggio) {PATRIMONIO, RICCHEZZE} landschaftlich, Landschafts- 2 arte (nella pittura) fot Landschafts-.

paeṣàno, (-a) A agg 1 (del paese) {BALLO, FESTA} Dorf-; {COSTUME, TRADIZIONE, USANZA} anche dörflich, ländlich; {CUCINA, FORMAGGIO} ländlich; {VINO} Land- 2 fig (semplice) {ABITUDINI} schlicht, einfach 3 fig spreg (provinciale) {MENTALITÀ, MODI} provinziell spreg B m (f) 1 (abitante) Dorfbewohner(in) m (f) 2 merid (compaesano) Landsmann m, (Landsmännin f) C loc avv: **alla paesana**, nach Bauernart.

paèṣe m 1 (piccolo centro) Dorf n: ~ **di campagna/mare**, Dorf n ⌊auf dem Land⌋/[am Meer]; **costumi/usi di ~**, Dorfsitten f pl; ~ **di montagna**, Berg-, Gebirgsdorf n; **un piccolo ~ sperduto tra i monti**, ein kleines abgelegenes Bergdorf n 2 (abitanti) Dorf n, Dorfbewohner m pl: **le campane svegliarono tutto il ~**, die Glocken weckten das ganze Dorf auf 3 (nazione) {COMUNISTA, DEMOCRATICO} Land n, Staat m: ~ **alleato/nemico**, alliierter/feindlicher Staat; **paesi non allineati**, blockfreie Staaten m pl; **i paesi asiatici/europei/extraeuropei**, die asiatischen/europäischen/außereuropäischen Länder; **i paesi dell'est**, die osteuropäischen Länder; ~ **importatore di caffè**, Kaffeeimportland n; ~ **industrializzato/sottosviluppato**, industrialisiertes/unterentwickeltes Land; **i paesi occidentali/orientali**, die westlichen/östlichen Länder; **i paesi in via di sviluppo**, die Entwicklungsländer; **i paesi del Terzo/Quarto Mondo**, die Länder der Dritten/Vierten Welt; **da quale ~ vieni?**, aus welchem Land kommst du? 4 (patria) Vaterland n, Heimat f: **amare il proprio ~**, seine Heimat lieben 5 (complesso di cittadini) Bevölkerung f: **il ~ si appresta a votare**, das Land steht vor den Wahlen, die Bevölkerung schickt sich an forb zu wählen; **lanciare un appello al ~**, einen Appell an die Bevölkerung richten 6 (regione) Gegend f, Landschaft f: **paesi caldi/freddi/tropicali**, warme/kalte/tropische Gegenden 7 (territorio) Land n: **le ricchezze/risorse del ~**, die Reichtümer/Ressourcen des Landes ● **andare a quel ~** fig fam (levarsi di torno), abhauen fam, Leine ziehen fam, dahin gehen, wo der Pfeffer wächst fam; **al mio/tuo ~**, bei mir/dir zu Hause; **il bel ~** (l'Italia), Italien n; **Bel Paese** gastr, Bel Paese m (italienische Käsesorte); **il ~** ⌊**di bengodi**⌋/[della cuccagna] fig spec iron (dell'abbondanza), das Schlaraffenland n; **legale giorn**, Politikerklasse f; **mandare qu a quel ~** fig fam (mandare al diavolo), jdn zum Teufel/Kuckuck jagen fam, jdn dahin schicken, wo der Pfeffer wächst fam; ~ **natale/natio**, Geburtsland n; ~ **d'origine**, Herkunfts-, Ursprungsland n; ~ **reale** giorn, die Bürger draußen/[im Land]; ~ **che vai, usanze che trovi** prov, andere Länder, andere Sitten prov.

paeṣèllo, **paeṣìno** <dim di paese> m kleines Dorf, Dörfchen n, Dörflein n: ~ **di campagna**, kleines Dorf auf dem Land.

Paèṣi Bàschi m pl geog Baskenland n.

Paèṣi Bàṣṣi m pl geog (Olanda) die Niederlande pl.

paf, **pàffete** inter 1 (di schiaffo) klatsch, paff, peng 2 (di oggetto che cade) krach, bums.

paffùto, (-a) agg (grassotello) {BAMBINO, VISO} pausbackig, pausbäckig.

pag. abbr di pagina: S. (abbr di Seite), p..

pàga <paghe> A f 1 (salario) (Arbeits)lohn m, Entlohnung f CH; {+SOLDATO} (Wehr)sold m: **avere una ~ alta/bassa**, einen hohen/geringen Lohn haben/bekommen; ~ **base**, Grundlohn m, Grundvergütung f; **dare la ~ a qu**, jdm seinen Lohn auszahlen; ~ **doppia**, doppelter Lohn; **fare le paghe**, die Lohnauszahlung vorbereiten; ~ **giornaliera/mensile/oraria/quindicinale/settimanale**, Tages-/Monats-/Stunden-/Halbmonats-/Wochenlohn m; **prendere/ricevere la ~**, den Lohn ausgezahlt bekommen; ~ **sindacale**, Tariflohn m 2 fig spec iron (ricompensa) Dank m, Lohn m: **bella ~ dopo tutto quello che ho fatto per voi!**, schöner Dank für all das, was ich für euch getan habe! iron; **e per ~ se n'è andato con tutti i miei gioielli!**, und zum Dank ist er mit meinem ganzen Schmuck abgehauen! fam iron B agg {BUSTA; LIBRO} Lohn-.

pagàbile agg (che si può pagare) (be)zahlbar: ~ **alla presentazione**, zahlbar bei Vorlage; ~ **anche a rate**, auch in Raten (be)zahlbar.

pagàia f anche sport Stechpaddel n, Pagaie f: ~ **doppia**, Paddel n.

pagaiàre <pagaio, pagai> itr anche sport paddeln.

pagaménto A m 1 (versamento) (Be)zahlung f: ~ **anticipato**/[a rate], Voraus-/Ratenzahlung f; ~ **a mezzo assegno**, Zahlung f per Scheck; **avvenuto ~**, erfolgte Zahlung; ~ **a mezzo bonifico**, Bezahlung f durch/per Überweisung; ~ **alla consegna**, Zahlung f bei (Ab)lieferung; ~ **in contanti**, Bar(aus)zahlung f, (Aus)zahlung f in bar; ~ **in contrassegno**, Zahlung f gegen Nachnahme; **dare in ~ 100 Euro**, 100 Euro in Zahlung geben; **ricevere in ~ 100 Euro**, 100 Euro in Zahlung nehmen, 100 Euro ausgezahlt bekommen; ~ **contro documenti**, Zahlung f gegen Dokumente; **dietro ~ di 1000 Euro**, gegen Zahlung von 1000 Euro; **fare un ~**, eine Zahlung leisten; ~ **forfettario**, Pauschalzahlung f; ~ **a 60 giorni**, Zahlung f innerhalb von 60 Tagen; **mora/pignoramento per mancato ~**, Verzugszinsen/Pfändung f wegen Nichtzahlung; ~ **in natura**, Bezahlung f in Naturalien; ~ **scaduto**, fällige Zahlung; ~ **a termine**, Terminzahlung f; ~ **a mezzo vaglia**, Bezahlung f durch/per Anweisung 2 (somma) Zahlung f, bezahlter Geldbetrag B <inv> loc agg avv: ~ **ENTRARE, INGRESSO, POSTI**} gegen Bezahlung ● **all'ordine banca** (trasferibile per girata), Überweisung f durch Giro; ~ **a vista banca**, (Aus)zahlung f auf Sicht.

pagàna f → pagano.

paganeggiànte agg (ispirato al paganesimo) {ASPETTO, SCRITTORE} heidnisch.

paganéṣimo m 1 (religione) Heidentum n 2 fig (atteggiamento) heidnische Haltung.

paganità <-> f 1 (l'essere pagano) {+SCRITTORE} Heidentum n 2 (mondo pagano) Heidentum n, heidnische Welt.

pagàno, (-a) A agg (CONCEZIONE, RELIGIONE) heidnisch B m (f) Heide m, (Heidin f).

pagànte A agg (che paga) {PUBBLICO, SOCIO} zahlend B mf (chi paga) Zahlende mf decl come agg.

pagàre <pago, paghi> A tr 1 (dare del denaro) ~ (qc) (a qu/qc) {AFFITTO AL PADRONE DI CASA, CONTO, MULTA, SERVIZIO A UNA SOCIETÀ STRANIERA} (jdm/etw) etw (be)zahlen; {STIPENDIO AI DIPENDENTI} jdm etw aus|zahlen; ~ (qc) {DEBITO} etw ab|zahlen: **ho dimenticato di ~ la bolletta del gas**, ich habe vergessen, die Gasrechnung zu bezahlen; **quanto hai pagato i pantaloni?**, wie viel hast du für die Hosen bezahlt?; ~ **un appartamento un milione di euro**, eine Million Euro für eine Wohnung bezahlen; ~ (qc) (a qu/qc) + **compl di modo** {SOMMA IN CONTANTI, ALL'IMPRESA, A RATE} (jdm/etw) (irgendwie) (be)zahlen; {IN DOLLARI, IN EURO} in/mit etw (dat) zahlen; **dal gioielliere ho pagato con un assegno**, bei dem Juwelier habe ich mit einem Scheck bezahlt; **quella ditta paga bene**, diese Firma zahlt gut; **l'ho pagato poco**, ich habe wenig dafür bezahlt, das hat mich wenig gekostet; ~ **qu (per qc)** {BABY-SITTER,

DENTISTA, MECCANICO} jdn (für etw acc) bezahlen 2 (versare) ~ qc {ACCONTO, IMPOSTE, TASSE} etw (be)zahlen, etw entrichten 3 fam (offrire) ~ (qc a qu) jdm etw spendieren fam, jdm etw aus|geben fam: **lascia stare, pago io!**, lass nur, ich zahle schon!; **vieni, ti pago un caffè al bar!**, komm, ich lade dich zu einem Kaffee ein!; ~ **da bere a qu**, jdm einen ausgeben fam ~ **la cena agli amici**, seinen Freunden ⌐das Abendessen zahlen⌐/(ein Abendessen ausgeben fam] 4 (corrompere) ~ **qu** {GIUDICE} jdn bestechen, ich schmieren fam spreg 5 fig (espiare) ~ **qc** {PENA, TORTO} etw verbüßen, etw ab|büßen; ~ (qc) con qc (etw) mit etw (dat) zahlen: **paga la sua indipendenza con la solitudine**, er/sie bezahlt seine/ihre Unabhängigkeit mit Einsamkeit 6 fig (ricompensare) ~ **qu con**/**di qc** jdn etw mit etw (dat) belohnen: **l'hanno pagato ⌐con la⌐/(della) più nera ingratitudine**, sie haben es ihm mit dem größten Undank gelohnt/vergolten 7 banca ~ **qc** (**a qu**) {INTERESSI ALLA BANCA} etw (an etw acc) zahlen, (etw dat) etw zahlen B itr 1 (dare in pagamento) bezahlen: ~ **100 euro per un paio di scarpe**, 100 Euro für ein Paar Schuhe bezahlen 2 (espiare) ~ (**per qu**/**qc**) für jdn/etw büßen: **non voglio ~ io per ⌐il tuo errore⌐/[la tua scelta]**, ich will für deinen Fehler/deine Entscheidung nicht büßen/zahlen 3 (essere vantaggioso) sich bezahlt machen, sich aus|zahlen: **è una politica/tattica che paga**, das ist eine Politik/Taktik, die sich ⌐bezahlt macht⌐/[auszahlt]; **il delitto/[la scarsa qualità] non paga**, das Verbrechen/[schlechte Qualität] zahlt sich nicht aus C rfl 1 indir (finanziarsi): **pagarsi qc** (**con qc**) {GLI STUDI CON DEI LAVORETTI} sich (dat) etw (mit etw dat) bezahlen, sich (dat) etw (mit etw dat) finanzieren, {VACANZA} anche sich (dat) etw leisten können 2 (trattenere per sé): **pagarsi** seinen Teil ein|behalten: **tenga, si paghi!**, hier, ziehen Sie ab, was Sie bekommen! ● **la pagherai cara!** fig (te ne pentirai), das wirst du noch büßen!/[teuer bezahlen]!, das wird dir noch teuer zu stehen kommen!; **potresti pagarla cara!** fig (potresti pentirtene), das könnte dir noch (einmal) leidtun!; ~ **caro qc**, {CAPPOTTO} etw teuer bezahlen, viel für etw (acc) ausgeben; fig (scontare) etw teuer bezahlen; **pagherai caro il tuo errore!** fig, deinen Fehler wirst du noch teuer bezahlen!, dein Fehler wird dir noch teuer zu stehen kommen!; **ha pagato cara la sua libertà**, er/sie hat seine/ihre Freiheit teuer bezahlt; **farla** ~ (**cara**) **a qu** fig (vendicarsi), es jdm heimzahlen; **te la farò** ~ **cara!** fig (mi vendicherò), das wird ⌐dich teuer zu stehen kommen⌐/[dir leidtun]!; **me/ce la pagherai** fig (mi vendicherò, ci vendicheremo), das wirst du mir/uns noch büßen!, das ⌐werde ich⌐/[werden wir] dir noch heimzahlen!; **cosa/quanto pagherei per rivederlo!** (farei qualsiasi cosa per), was würde ich (nicht alles) dafür geben, wenn ich ihn wieder sehen könnte!; **che cosa non pagherei per andare a quel concerto!**, was würde ich (nicht alles) tun, um in dieses Konzert zu kommen!; ~ **qc profumatamente**/**salato**, einen stolzen/gesalzenen/happigen Preis für etw (acc) bezahlen fam; ~ **per tutti** fig (scontare al posto di altri), für alle anderen büßen, den Kopf für alle hinhalten; **a** ~ **e morire c'è sempre tempo** prov, Zahlen und Sterben kann man immer noch, zum Zahlen und Sterben ist immer noch Zeit.

pagatore, (**-trice**) m (f) (chi paga) {CATTIVO, PUNTUALE} Zahler(in) m (f), Zahlende mf decl come agg.

pagèlla f 1 scuola (Schul)zeugnis n: **avere una bella**/**brutta** ~, ein gutes/schlechtes Zeugnis haben; **oggi mi hanno dato la** ~, heute habe ich mein/das Zeugnis bekommen 2 giorn (valutazione) Bewertung f: **la** ~ **delle auto/dei calciatori**, die Bewertung der Autos/Fußballer.

pagèllo m itt Meerbrasse f.

paggétto <dim di paggio> A m (bambino) {+SPOSA} Schleppenträger m B <inv> loc agg: **alla** ~ {TAGLIO DI CAPELLI} Pagen-.

pàggio <-gi> m stor (giovane nobile) Page m.

pagherò <-> m comm (cambiale) Wechsel m, Schuldschein m: **firmare un** ~, einen Wechsel unterschreiben.

paghétta <dim di paga> f fam (denaro per piccole spese) Taschengeld n: **papà, mi dai la** ~?, Papa, gibst du mir mein Taschengeld?

pàgina f 1 (facciata) {+GIORNALE, QUADERNO} Seite f: **aprire il libro a** ~ **dieci**, das Buch auf Seite zehn aufschlagen; **leggere da** ~ **due a** ~ **sei**, von Seite zwei bis Seite sechs lesen; **cercare qc** ~ **per** ~, etw Seite für Seite suchen; **un racconto di trenta pagine**, eine Erzählung von 30 Seiten, eine 30-seitige Erzählung; ~ **scritta**, beschriebene Seite; ~ **stampata**, Druckseite f; **vedi ⌐a** ~⌐/[alle pagine] ..., siehe Seite ... 2 (contenuto) Seite f: **studiare alcune pagine di geografia/storia**, einige Seiten Geografie/Geschichte lernen 3 fig (capitolo) Kapitel n, Abschnitt m, Episode f: **una** ~ **fondamentale della nostra storia**, ein grundlegendes Kapitel unserer Geschichte 4 <di solito al pl> fig (brano) Stelle f, Stück n: **le pagine più belle della letteratura tedesca**, die schönsten Stücke der deutschen Literatur; **una raccolta di pagine scelte**, eine Sammlung ausgewählter Stücke, eine Anthologie 5 bot {+FOGLIA} Spreite f: ~ **inferiore**/**superiore**, untere/obere Blattseite tip (Satz)spiegel m ● ~ **bianca** (non scritta), leere Seite, weißes Blatt; ~ **di cronaca** giorn, Nachrichtenteil m; ~ **culturale** giorn, Feuilleton n; ~ **di dati** inform, Datenseite f; **Pagine Gialle®** tel (elenco), Gelbe Seiten; ~ **di memoria** inform, (speicher)residente Seite; **mettere in** ~ tip (impaginare), umbrechen; **prima** ~ giorn, Titelseite f; **leggere qc dalla prima all'ultima** ~ (per intero), etw ⌐von der ersten bis zur letzten Seite⌐/[ganz] lesen; **quarta** ~ giorn (l'ultima), Anzeigenteil m; **scrivere una** ~ **immortale** fig (compiere un'azione gloriosa), eine glorreiche Tat vollbringen; ~ **sportiva** giorn, Sportteil m; **terza** ~ giorn, Feuilleton n; ~ **video** inform, Bildschirmseite f; **voltare** ~, umblättern; fig (cambiare vita), ⌐ein neues Kapitel⌐/[einen neuen Lebensabschnitt] an|fangen, (cambiare discorso), von etwas anderem reden; ~ **web** inform, Webseite f.

paginàta f (pagina intera) ganze Seite: **quel giornale gli ha dedicato una** ~, diese Zeitung widmet ihm eine ganze Seite; **paginate, ganze/viele Seiten: paginate di compiti**, seitenweise Hausaufgaben; **il loro divorzio si è guadagnato titoloni e paginate sui giornali**, ihre Scheidung hat Schlagzeilen gemacht und ganze Seiten gefüllt.

paginatùra f (numerazione delle pagine) Paginierung f.

paginazióne f 1 (numerazione) Paginierung f 2 rar (impaginazione) Umbruch m.

paginóne <accr di pagina> m giorn 1 (nei quotidiani) thematische (Doppel)seite 2 (nelle riviste) Fotodoppelseite f.

pàglia A f 1 gener Stroh n: **borsa**/**cannuccia**/**cappello di** ~, Strohtasche f/Strohhalm m/Strohhut m; ~ **intrecciata**, geflochtenes Stroh; **un mucchio di** ~, ein Strohhaufen 2 (fuscello) Strohhalm m B <inv> agg (giallo chiaro) stroh-: **capelli color** ~, strohgelbe Haare, strohgelbes Haar ● **bruciare come la** ~ (con gran facilità), wie Stroh brennen; ~ **di ferro** (paglietta), Stahlwolle f; ~ **e fieno** gastr (tagliatelle), "grüne und weiße Bandnudeln"; **le paglie di Firenze** (oggetti di ~ lavorata), Florentiner Stroharbeiten; **mettere la** ~ **vicino al fuoco** fig (esporre alle tentazioni o al pericolo), jdn in Versuchung bringen/führen, jdn/etw einer Gefahr aussetzen; **leggero come la** ~ fig (leggerissimo), federleicht; ~ **di legno** (trucioli da imballaggio), Holzspäne m pl; ~ **metallica** metall, Stahlwolle f; ~ **di Vienna**, Wiener Stroh n (diagonales Flechtwerk, das für verschiedene Möbelstücke verwendet wird).

pagliaccésco, (**-a**) <-schi, -sche> agg fig spreg (farsesco) {COMPORTAMENTO} grotesk, lächerlich, clownesk.

pagliaccétto m 1 (per bambini) Body m fam 2 (per donna) Bodysuit m fam, Body m fam.

pagliacciàta f fig spreg (buffonata) Blödsinn m fam spreg, Dummheit f spreg: **basta con queste pagliacciate!**, Schluss jetzt mit dem Blödsinn! fam spreg; **l'esame è stato una** ~, die Prüfung war ein einziger Witz! fam.

pagliàccio, (**-a**) <-ci, -ce> m 1 (clown) Clown(in) m (f), Spaßmacher(in) m (f) 2 fig spreg (buffone) Clown m spreg, Hanswurst m, Narr m, (Närrin f): **fare il** ~, den Clown spreg/Hanswurst/Narren spielen.

pagliàio <pagliai> m 1 (cumulo di paglia) Strohhaufen m 2 (locale) Scheune f.

pagliaròlo m ornit Binsenrohrsänger m.

pagliàta f 1 (per il bestiame) Stroh n 2 gastr (intestino del vitello cotto al sugo) "als Pastasoße verwendete Kalbsgedärme".

pagliericcio <-ci> m 1 (giaciglio) Strohlager n 2 (sacco di paglia) Strohsack m.

paglierino A <inv> agg strohgelb, strohfarben, strohfarbig B <-> m (colore) Strohgelb n.

pagliétta <dim di paglia> f 1 (cappello) Strohhut m 2 (per le stoviglie) Stahlwolle f 3 elettr (lamina metallica) Metallplatte f 4 <solo pl> rar (lustrini) {+ABITO} Paillette f.

pagliolàto m mar (fondo di una barca) Wegerung f.

pagliòlo m mar 1 (tavola) Weger m 2 (fondo di una barca) Wegerung f.

pagliùzza <dim di paglia> f 1 (fuscello di paglia) Strohhalm m 2 (scaglietta d'oro) Flitter m, Paillette f ● **vedere la** ~ **che c'è nell'occhio del fratello e non la trave che c'è nel proprio** bibl, den Splitter im fremden Auge, aber nicht den Balken im eigenen Auge sehen.

pagnòtta f (pane rotondo) Rundbrot m, (Brot)laib m ● **guadagnarsi la** ~ fig fam (vivere), seine Brötchen verdienen fam; **lavorare per la** ~ fig fam (per guadagnarsi da vivere), arbeiten, um sich (dat) ⌐sein tägliches Brot⌐/[seine Brötchen fam] zu verdienen.

pagnottèlla <dim di pagnotta> f 1 (piccola pagnotta) kleines Rundbrot 2 rom (panino) Brötchen n ~ **imbottita**, belegtes Brötchen.

pàgo, (**-a**) <**-ghi**, **paghe**> agg lett (soddisfatto) ~ **di qc** mit etw (dat) zufrieden: **essere** ~ **della propria vita**, mit seinem Leben zufrieden sein; **non** ~ **del rischio corso**, nicht ⌐ese ad un altro ben peggiore⌐, da ihm/ihr das eingegangene Risiko noch nicht reichte, setzte er/sie sich noch einem noch größeren aus.

pagòda A f arch Pagode f B <inv> loc agg: **a** ~, {TETTO} Pagoden-.

pagùro m zoo (Einsiedler)krebs m.

pàia① pl di paio②.

pàia② 1ª, 2ª e 3ª pers sing del cong pres di pa-

rere①.
paiàmo 1ª pers pl dell'ind pres *di parere*①.
paillard <-> *f franc gastr* (*fettina di vitello*) Filet n.
paillette <-> *f franc* (*lustrino*) Flitter m, Paillette f.
pàio① 1ª pers sing del pres *di parere*①.
pàio② <pl: *paia* f> m **1** (*coppia*) Paar n: **un ~ di calze/guanti/orecchini/scarpe**, ein Paar Strümpfe/Handschuhe/Ohrringe/ Schuhe **2** (*oggetto unico*): **un ~ di bretelle**, Hosenträger m pl; **un ~ di mutande**, eine Unterhose, Unterhosen f pl; **un ~ di pantaloni**, eine Hose, (ein Paar) Hosen; **un ~ di forbici/occhiali/pinzette/tenaglie**, eine Schere/Brille/Pinzette/Zange; **un bel ~ di gambe**, schöne Beine **3** (*circa due*) ein paar, einige (wenige): **ho invitato un ~ di amici a cena**, ich habe einige Freunde zum Abendessen eingeladen; **ha bevuto un ~ di bicchieri di vino**, er/sie hat einige Glas/Gläser Wein getrunken; **ci rivediamo tra un ~ di giorni**, wir sehen uns in ein paar Tagen wieder; **mancano ancora un ~ di kilometri**, es sind noch ein paar Kilometer; **solo un ~ di persone ne erano al corrente**, nur einige (wenige) wussten davon ● *fare il* **~ con qu** *spreg* (*somigliarsi*), nach jdm schlagen, jdm nachschlagen *forb*; aus dem gleichen Holz geschnitzt sein; **è un altro ~ di maniche** *fig* (*è tutta un'altra cosa*), das sind ⌈zwei Paar⌉/ [zwei verschiedene]/[zweierlei] Stiefel *fam*.
paiòlo m **1** (*recipiente*) (Koch)kessel m, (Koch)topf m **2** (*contenuto*) Kessel m: **un ~ di polenta**, ein Topf Polenta.
pàiono 3ª pers pl dell'ind pres *di parere*①.
paisà <-> *m merid* (*compaesano*) Landsmann m, Landsmännin f.
Pàkistan m *geog* Pakistan n.
pakistàno → **pachistano**.
pàla f **1** (*attrezzo*) Schaufel f, Schippe f: **prendi la ~ e togli un po' di neve**, schipp mal ein bisschen Schnee!; **~ da carbone**, Kohlenschaufel f; **~ da forno** (*per pizze ecc.*), Schieber m; **~ da muratore**, Maurerschaufel f **2** (*elemento piatto*) {+ELICA, MULINO, VENTILATORE} Flügel m; {+TURBINA} Schaufel f: **~ del mulino a vento**, Windmühlenflügel m; **~ del remo/timone**, Ruder-/Steuerblatt m **3** *zoo* {+CERVO} Schaufel f ● **~ d'altare** *arte* (*in pittura*), Altartafel f, Altarbild m; **~ meccanica/ caricatrice** *tecnol*, Schaufellader m, Ladeschaufel f.
paladìno, (-a) 🅰 m (f) *fig* (*strenuo difensore*) {+EMARGINATI, POVERI} Verteidiger(in) m(f); {+LIBERTÀ} Verfechter(in) m(f), Apostel m *forb iron*: **farsi ~ della democrazia**, die Demokratie verteidigen; **~ della giustizia/ pace**, Gerechtigkeits-/Friedensapostel m *forb iron* 🅱 *m stor* (*cavaliere*) {+RE} Paladin m.
palafìtta f **1** *edil* (*palificata*) Pfahlwerk n **2** (*abitazione primitiva*) Pfahlbau m: **un villaggio di palafitte**, ein Pfahldorf.
palafitticolo, (-a) *etnol* 🅰 *agg* {POPOLO} Pfahlbau- 🅱 m (f) (*abitante*) Pfahlbaubewohner(in) m(f).
palafrenière m **1** *mil* (*istruttore di equitazione*) Reitlehrer(in) m(f) **2** *stor* (*scudiero*) Reitknecht m.
palaghiàccio <-> *m* Eisstadion n, Eispalast m.
palamìta f *itt* Bonito m.
palàmito m (*nella pesca*) (*attrezzo*) Langleine f.
palànca① <-che> f **1** (*grossa trave*) Balken m, Planke f **2** *mar* (*passerella*) Laufplanke f **3** *arch* (*opera fortificata*) Palisadenwerk n.
palànca② <-che> f **1** (*solo pl*) *fig fam scherz* (*denaro*) Moneten f pl *fam*, Kies m *fam*, Zaster m *fam*: **fuori le palanche!**, her mit den Moneten! *fam* **2** *stor* (*moneta*) Soldo m.
palanchìno① m (*leva*) Hebebaum m.
palanchìno② m *stor* (*portantina*) Palankin m, Tragsessel m, Sänfte f.
palandràna f **1** *scherz* (*abito lungo e largo*) Kittel m *scherz* **2** *stor* (*veste per uomo*) langer Überrock.
palàre *tr agr* (*rafforzare con pali*) **~ qc** {VITI} etw ab|stützen.
palaspòrt <-> *m* (*palazzo dello sport*) Sporthalle f.
palàta 🅰 f **1** (*quantità*) Schaufel f: **una ~ di sabbia/terra**, eine Schaufel Sand/Erde **2** (*colpo di pala*) Hieb m mit der Schaufel: **ricevere una ~ in testa**, einen Hieb mit der Schaufel an den Kopf bekommen 🅱 *loc avv fig* (*in abbondanza*): **a palate**, haufenweise *fam*; **guadagnare soldi a palate**, Geld scheffeln *fam*, haufenweise Geld verdienen *fam*.
palatàle 🅰 *agg* **1** *anat* (*del palato*) {ASCESSO} Gaumen- **2** *ling* {VOCALE} palatal 🅱 *f ling* Palatal(laut) m, Gaumenlaut m.
palatalizzàre *ling* 🅰 *tr* (*rendere palatale*) **~ qc** {CONSONANTE} etw palatalisieren 🅱 *itr pron* (*diventare palatale*): **palatalizzarsi** palatalisiert werden.
palatalizzazióne f *ling* Palatisierung f.
palatinàto *m stor* (*giurisdizione*) Pfalz f ● **Magonza si trova nel Palatinato inferiore/ Renano**, Mainz liegt in Rheinland-Pfalz; **Palatinato superiore/Bavarese**, Oberpfalz f.
palatìno①, (-a) 🅰 *agg* **1** *relig* (*del pontefice*) {GUARDIA} päpstlich; {CARDINALE, PRELATO} palatinisch **2** *stor* (*del palazzo reale*) {BIBLIOTECA, CAPPELLA, GALLERIA, MUSEO} Hof-, des königlichen Hofes/Palastes **3** *stor* (*del Palatinato*) {ELETTORE} Pfalz- 🅱 *m stor* (*conte*) {+LORENA} Palatin m, Pfalzgraf m.
palatìno②, (-a) 🅰 *agg* (*del Palatino*) {EDIFICIO, PONTE} des Palatins 🅱 *m* (*colle di Roma*) Palatin m.
palatìno③, (-a) *agg anat* {GHIANDOLA, OSSO, REGIONE} Gaumen-.
palàto m **1** *anat* Gaumen m: **~ duro/molle**, ⌈harter/knöcherner⌉/[weicher] Gaumen **2** *bot* (*sporgenza*) Gaumen m ● **avere un ~ delicato/fine** *fig* (*amare la buona cucina*), einen feinen Gaumen haben; **essere un buon ~**/[**un ~ fine**] *fig* (*essere un buongustaio*), ein Feinschmecker sein; **~ ogivo** *med*, Steilgaumen m; **essere piacevole al ~** *fig* (*al gusto*), einen angenehmen Geschmack haben; **cibi che stuzzicano il ~** *fig* (*stimolano l'appetito*), Speisen, die den Gaumen kitzeln; appetitliche Speisen.
palatoschìsi <-> *f med* Gaumenspalte f, Palatoschisis f *scient*.
palatùra f *agr* (*il mettere i pali*) {+VITI} Abstützen n.
palazzétto <dim *di* palazzo> m: **~ dello sport**, Sporthalle f.
palazzìna <dim *di* palazzo> f (*casa signorile*) Villa f: **la ~ di caccia di Stupinigi**, das Jagdschloss Stupinigi.
palazzinàro, (-a) m (f) *spreg* (*costruttore edile*) Baulöwe m *spreg*, (Baulöwin f *spreg*).
palàzzo m **1** (*grande e ricco edificio*) {BAROCCO, RINASCIMENTALE} Palast m: **~ dei dogi**, Dogenpalast m; **~ ducale/imperiale/presidenziale** *reale*, Herzogs-/Kaiser-/Präsidenten-/Königspalast m; **~ d'inverno**, Winterpalast m; **un ~ ottocentesco**, ein Palast aus dem 19. Jahrhundert **2** (*caseggiato*) Wohnhaus m, Wohngebäude n: **~ di periferia**, ein Wohnhaus ⌈am Stadtrand⌉/[an der Peripherie]; **un ~ di sei piani**, ein sechsstöckiges Wohnhaus **3** (*edificio per usi speciali*) Gebäude n: **~ comunale/municipale**, Rathaus n; **~ dei congressi**, Kongresspalast m; **~ delle esposizioni**, Ausstellungsgebäude n; **~ del ghiaccio**, Eispalast m; **~ di giustizia**, Gerichtsgebäude n, Justizpalast m; **~ delle poste**, Hauptpostamt n; **~ pretorio**, (Stadt)vogtpalast m; **~ dello sport**, Sportpalast m **4** *fig* (*corte*) Hof m: **andare a ~**, an den königlichen/kaiserlichen Hof gehen; **congiure/intrighi di ~**, Palastrevolution f/Hofintrigen f pl **5** *fig giorn polit* (*centro del potere politico*) politisches Machtzentrum/Establishment; (*governo*): **~/Palazzo**, Regierung f, **accordi di Palazzo**, Regierungsabkommen n pl; **critiche al Palazzo**, Kritik ⌈an der Regierung⌉/[am politischen Establishment] ● **~ Chigi** (*sede della presidenza del Consiglio*), "Sitz des italienischen Ministerpräsidenten"; **~ di vetro** (*sede dell'ONU a New York*), Glaspalast m der UNO.
palazzòtto <dim *di* palazzo> m kleiner Palast.
palchettìsta① → **parchettista**.
palchettìsta② <-ci m, -e f> mf *teat* **1** (*abbonato*) Logenabonnent(in) m(f) **2** (*proprietario*) Logeninhaber(in) m(f).
palchétto① m → **parquet**.
palchétto② m **1** (*ripiano*) {+ARMADIO, LIBRERIA} Regalbrett n **2** *giorn* (*articolo*) "eingerahmter ein- oder zweispaltiger Artikel" **3** *teat* (*palco*) Loge f.
pàlco <-chi> m **1** (*tribuna*) {+COMIZIO} Tribüne f: **~ delle autorità/d'onore**, Prominententribüne f/Ehrentribüne f **2** *edil* (*ponteggio*) Gerüst n; (*soffitto*) Decke f **3** *teat* (*palcoscenico*) Bühne f: **salire sul ~**, die Bühne betreten; (*palchetto*) Loge f; **un ~ di primo/terz'ordine**, eine Loge im ersten/dritten Rang; **~ centrale/laterale**, Haupt-/Seitenloge f; **~ di platea/proscenio**, Proszeniumsloge f, Proszenium n **4** *zoo* Geweihschaufel f: **cervo con corna a sei palchi**, Sechsender m ● **~ di giustizia** *stor* (*patibolo*), Schafott n; **~ di salita** (*attrezzo ginnico*), Kletterwand f.
palcoscènico <-ci> m **1** {+TEATRO} Bühne f: **~ girevole**, Drehbühne f; **salire sul ~**, die Bühne betreten **2** *fig* (*teatro*) Bühne(nkunst) f: **avere una lunga esperienza di ~**, eine lange Bühnenerfahrung haben ● **calcare il ~** (*recitare in teatro*), auf der Bühne auftreten.
paleìno m *bot* (*graminacea*) Ruchgras n.
paleoantropologìa f (*disciplina*) Paläoanthropologie f.
paleobiologìa f *biol* (*disciplina*) Paläobiologie f.
paleobotànica <-che> f *bot* (*branca*) Paläobotanik f.
Paleocène m *geol* Paläozän n.
paleoclimatologìa f *geol* Paläoklimatologie f.
paleocristiàno, (-a) *agg* {ARCHITETTURA} frühchristlich, urchristlich.
paleoecologìa f *geol* Paläoökologie f.
paleoetnologìa f Paläoethnologie f.
paleogeografìa f *geog* Paläogeographie f.
paleografìa f (*disciplina grafologica*) Paläographie f, Handschriftenkunde f: **~ greca/latina**, Paläographie f des Griechischen/ Lateinischen.
paleogràfico, (-a) <-ci, -che> *agg* (*della paleografia*) paläographisch.
paleògrafo, (-a) m (f) (*studioso*) Paläograph(in) m(f).
paleoindustriàle *agg* {ARCHITETTURA} des frühen Industriezeitalters, frühindustriell.
paleolitico, (-a) <-ci, -che> 🅰 *agg* {CIVILTÀ}

paleontologa | palla

paläolithisch, altsteinzeitlich **B** m (*periodo*) Paläolithikum n, Altsteinzeit f: ~ **inferiore/superiore**, frühes/spätes Paläolithikum.

paleontòloga f → **paleontologo**.

paleontologìa f Paläontologie f: ~ **umana**, Paläoanthropologie f ● ~ **linguistica**, Paläolinguistik f.

paleontològico, (-a) <-ci, -che> agg paläontologisch.

paleontòlogo, (-a) <-gi, -ghe> m (f) (*studioso*) Paläontologe m, (Paläontologin f).

paleozòico, (-a) <-ci, -che> **A** agg {CIVILTÀ} paläozoisch **B** m (*era*) Paläozoikum n.

paleozoologìa f Paläozoologie f.

palermitàno, (-a) **A** agg palermitanisch **B** m (f) (*abitante*) Palermitaner(in) m(f), Palermer(in) m(f).

Palèrmo f geog Palermo n.

palesàre tr (*rivelare*) ~ **qc** {LE PROPRIE INTENZIONI, I PROPRI SENTIMENTI} etw kund|tun, etw kund|geben, etw offenbaren; {SEGRETO} etw enthüllen **B** rfl itr pron **1** (*manifestarsi*): palesarsi sich zeigen, zum Vorschein kommen, offenkundig/deutlich werden: **le sue intenzioni si palesarono ben presto**, seine/ihre Absichten wurden sehr bald deutlich **2** (*rivelarsi*): palesarsi + *compl di modo* sich (*irgendwie*) erweisen, sich (*irgendwie*) offenbaren: **la situazione si palesò grave**, die Situation erwies sich als ernst.

palèse agg forb (*evidente*) {CONTRADDIZIONE, ERRORE} offenkundig, deutlich: **è ~ che ...**, es ist offensichtlich dass ...; **rendere palesi le proprie intenzioni**, seine Absichten offenbaren/darlegen.

palesemènte avv (*in modo evidente*) sichtlich: **era ~ arrabbiato con noi**, er war sichtlich böse auf uns.

Palestina f geog Palästina n.

palestinése **A** agg palästinensisch, palästinisch **B** mf (*abitante*) Palästinenser(in) m(f).

palèstra f **1** (*locale*) Turnhalle f: ~ **scolastica**, Schulturnhalle f; (*privato*) Fitnesscenter n; **andare/iscriversi in ~**, ein Fitnesscenter besuchen/[sich bei einem Fitnesscenter einschreiben] **2** (*esercizio*) Turnübung f, Gymnastik f: **fare molta ~**, viel Gymnastik treiben; **faccio mezz'ora di ~ al giorno**, ich mache eine halbe Stunde Gymnastik am Tag **3** fig (*scuola*) Schule f, Schulung f: **i viaggi sono ~ di vita**, Reisen sind eine Schule des Lebens, auf Reisen lernt man fürs Leben ● ~ **di ghiaccio** alpin, Gletscherübungswand f; ~ **di roccia** alpin, Kletterwand f.

palestràto, (-a) agg (*allenato in palestra*) {FISICO, RAGAZZO} durchtrainiert, fit.

paletnologìa f Paläoethnologie f.

paletnològico, (-a) <-ci, -che> agg {MUSEO} paläoethnologisch.

paletnòlogo, (-a) <-gi, -ghe> m (f) Paläoethnologe m, (Paläoethnologin f).

paletot <-> m franc (*soprabito*) Mantel m, Paletot m; (*cappotto*) (Winter)mantel m.

palétta <dim di pala> f **1** kleine Schaufel f **2** (*per i rifiuti*) Kehr(icht)schaufel f; (*per il fuoco*) Kohlenschaufel f **3** (*da dolce*) Tortenheber m; (*per cucinare*) Bratenwender m **4** (*per giocare*) Sandschaufel f **5** (*disco*) {CARABINIERE, POLIZIA} Kelle f; {CAPOSTAZIONE} anche Signalstab m, Signalscheibe f: **alzare la ~**, die Kelle heben **6** mecc {TURBINA} Schaufel f ● ~ **di carico** (*pallet*), Palette f; ~ **da getto** etnol (*arma*), Wurfholz m.

palettàre tr (*munire di paletti*) ~ **qc** {VIGNETO} etw ab|stützen.

palettàta f **1** (*quantità*) Schaufel f: **una ~ di terra**, eine Schaufel Erde **2** (*colpo*) Schlag m mit einer Schaufel: **prendersi una ~ in testa**, eins/einen Schlag mit der Schaufel an den Kopf bekommen.

palettatùra f mecc (*insieme delle palette*) {+COMPRESSORE} Beschaufelung f.

palette <-> f ingl inform Palette f.

palettizzàre tr (*impilare su pallet*) ~ **qc** {MERCI} etw palettisieren, etw palettieren.

palettizzazióne f (*impilaggio*) Palettieren n.

palétto <dim di palo> m **1** Pflock m: **recintare un campo con dei paletti**, ein Feld mit Pflöcken umzäunen **2** (*picchetto da tenda*) Hering m: **piantare i paletti**, Heringe in die Erde treiben **3** (*chiavistello*) Riegel m: **chiudere con il ~**, den Riegel vorschieben **4** fig (*punto fermo*) Riegel m: **sarà necessario mettere dei paletti, se non vogliamo che i colleghi ci chiedano continuamente dei favori**, wir müssen den Kollegen einen Riegel vorschieben, sonst bitten sie uns weiter ständig um Gefälligkeiten **5** sport (*nello sci*) Torstange f.

pàli <-> m (*lingua*) Pali n.

palificazióne f **1** edil (*struttura di sostegno*) Pfahlwerk n **2** elettr tel (*insieme di pali*) Masten m pl.

palìna f **1** (*palo di sostegno*) {+FRECCIA DIREZIONALE} Pfahl m; elettr tel Isolatorenträger m **2** topogr (*asta di legno*) Bake f, Absteckstab m, Absteckpfahl m.

palìndromo, (-a) **A** agg ling (*bifronte*) {PAROLA, VERSO} von vorn und hinten gleich lesbar **B** m enigmistica (*gioco*) ling Palindrom n.

palingènesi f **1** fig (*rinnovamento*) {ARTISTICA, MORALE, POLITICA, SOCIALE} Erneuerung f **2** filos relig Palingenese f, Wiedergeburt f: ~ **dell'anima**, Wiedergeburt f der Seele (durch Seelenwanderung); ~ **cosmica**, kosmische Palingenese **3** geol (*formazione*) Palingenese f.

palinodìa f lett anche fig Palinodie f.

palinsèsto m **1** (*manoscritto*) Palimpsest m o n **2** radio TV (*programma*) Programmierung f.

pàlio <pali> m **1** anche stor (*gara ippica*) Pferderennen n: **correre il ~**, das Pferderennen bestreiten, am Pferderennen teilnehmen; **il ~ di Siena**, der Palio von Siena **2** stor (*drappo*) kostbares besticktes Tuch (*als Siegesprämie beim Pferderennen in Siena*) ● **essere/esserci in ~** fig (*essere offerto come premio*), als Preis ausgesetzt sein; **c'è una coppa in ~**, als Preis ist ein Pokal ausgesetzt; **è in ~ il titolo di campione del mondo**, es geht um den Titel des Weltmeisters; **mettere in ~ qc** fig (*offrire qc come premio*), etw als Preis aussetzen.

palissàndro m **1** bot Palisander m **2** (*legno*) Palisanderholz m.

palizzàta f (*steccato*) Palisadenwand f, Palisaden f pl.

pàlla f **1** (*da gioco*) Ball m: ~ **da biliardo**, Billardkugel f; ~ **da golf/tennis**, Golf-/Tennisball m; **giocare a/[con la] ~**, Ball spielen; **prendere la ~**, {PORTIERE} den Ball fangen; {GIOCATORE} den Ball an|nehmen; **entrare sulla ~** (*nel calcio*), in den Ball hineingehen; **tirare la ~** (*nel calcio*), den Ball schießen; (*nella pallacanestro*) den Ball werfen **2** (*oggetto sferico*) Kugel f; {+CAVOLFIORE} Kopf m: ~ **di cuoio/gomma**, Leder-/Gummikugel f; ~ **di gelato**, Eiskugel f; ~ **per i pesci rossi**, Glaskugel f für Goldfische **3** (*decorazione natalizia*) Weihnachtsbaumkugeln f pl **4** <solo pl> fam (*testicoli*) Eier n pl volg **5** <solo pl> fig fam (*frottola*) Märchen n pl, Lügengeschichten f pl: **dire delle palle**, Märchen erzählen; **questa è una ~!**, das ist erstunken und erlogen! fam **6** fig fam (*persona noiosa*) Langweiler m fam spreg: **oggi viene quella ~ di tuo cugino**, heute kommt dieser Langweiler von deinem Cousin fam spreg; (*cosa noiosa*) Nerverei f fam, langweilige Angelegenheit; **la conferenza è stata proprio una ~**, der Vortrag war wirklich stinklangweilig fam **7** arch (*di cupola, guglia*) Knauf m **8** artiglieria (*proiettile*) Kugel f, Geschoss n: ~ **di cannone**, Kanonenkugel f; **fu colpito da una ~ nemica**, er wurde von einer feindlichen Kugel getroffen ● **a ~** (*di forma tondeggiante*), kugelförmig; **arrivare/partire a ~** (*tutta velocità*), wie der Blitz ankommen/abfahren; **non avere le palle** fig (*mancare di determinazione*), keinen Mut haben, unentschlossen/ein Weichei slang sein; ~ **avvelenata/prigioniera** (*giochi infantili*), Völkerball m; **cogliere/prendere la ~ al balzo** fig (*sfruttare l'occasione favorevole*), die Gelegenheit beim Schopf(e) packen/ergreifen fam; ~ **basca** sport (*pelota*), Pelota f; ~ **bianca** polit, Ja-Stimme f; **essere/sembrare una ~ da biliardo** fig (*essere calvi*), kahl wie eine Billardkugel sein, kahl-/glatzköpfig sein; ~ **buona** sport (*colpo valido per il punteggio*), gültiger Ball; ~ **al centro** sport (*nel calcio*), Anstoß m; **che palle!** (*che noia!*), manno! fam, jetzt reicht's aber!; (*che fastidio!*), verfluchter/[so ein] Mist! fam spreg, verfluchte/verdammte/[so eine] Scheiß(e)! fam spreg; **una donna con le palle** fig fam (*molto determinata*), ⌈eine energische/resolute Frau⌉/[ein entschiedener/entschlossener/resoluter Manager]; **essere in ~** (*essere in forma*), (gut) in Form sein; **fare due palle (così) a qu** fig fam (*seccare*), jdn nerven fam, jdm auf die Eier volg/den Keks fam gehen; ~ **del forzato**, Eisenkugel f; ~ **fuori!** sport, Ausball!, Ball im Aus!; **avere le palle in giostra** fig fam (*essere arrabbiato*), auf 180 sein fam; **far girare le palle a qu** fig fam (*irritarlo*), jdm auf die Eier fam volg/den Sack fam volg/die Nerven fam gehen, jdn nerven fam; ~ **gol** sport (*nel calcio*), Torchance f; ~ **di grasso/lardo** fig fam (*persona molto grassa*), Fettkloß m fam spreg; **levarsi/togliersi dalle palle** qu fig fam (*andarsene*), sich aus dem Staub machen fam, Leine ziehen fam, die Kurve kratzen fam, ab|hauen fam, abschwirren fam; **levarsi/togliersi dalle palle** qu fig fam (*liberarsene*), sich (dat) jdn vom Hals(e) halten/schaffen fam; ~ **nera** polit, Neinstimme f; **guardami nelle palle degli occhi!** scherz, sieh ⌈mich mal an⌉/[mir mal in die Augen]!; ~ **di neve**, Schneeball m; bot (*viburno*), gemeiner Schneeball; **fare le palle di neve** (*appallottolare la neve*), Schneebälle machen/formen; **fare a palle di neve** (*tirarsi la neve*), eine Schneeballschlacht machen; ~ **ovale** sport (*rugby*), Rugby n; **passare la ~ a qu**, jdm den Ball zuwerfen/zuspielen; fig (*rinunciare a favore di qualcun altro*), jdm den Vorrang geben, jdm vor|lassen; **essere una ~ al piede di/per qu** fig (*essere di peso*), jdm ein Klotz am Bein sein fam; **mettere la ~ al piede a qu** fig (*ostacolarlo*), jdm (einen) Knüppel zwischen die Beine werfen fam; **averne le palle piene di qu/qc** fig fam (*non poterne più*), von jdm/etw die Schnauze voll haben fam; **rompere le palle a qu** fig fam (*seccarlo*), jdm auf die Eier fam volg/den Sack fam volg/die Nerven fam gehen, jdn nerven fam; **non mi rompere le palle!**, nerv mich nicht! fam; **rompersi le palle** fig fam (*annoiarsi*), sich zu Tode langweilen; **partire come una ~ di schioppo** fig fam (*a tutta velocità*), wie eine Rakete abzischen fam; **sentirsi in ~** fig (*in forma*), sich in Form fühlen; **sparare palle**

fig fam (*raccontare fandonie*), Märchen erzählen; **stare sulle palle a qu** *fig fam* (*essere antipatico*), jdm unsympathisch sein; **mi sta sulle palle** *fig fam*, der/die gibt mir auf die Nerven *fam*/die Eier *fam spreg*/den Sack *fam spreg*; **tagliare la ~** *sport* (*darle un effetto*), den Ball anschneiden, dem Ball einen Effet geben; **toccarsi le palle** (*gesto scaramantico*), auf Holz klopfen.

pallabàse <-> *f sport* (*baseball*) Baseball *m*.

pallacanèstro <-> *f sport* Basketball *m*: **giocare a ~**, Basketball spielen.

pallacòrda <-> *f stor* **1** (*gioco*) Paumespiel *n* **2** (*luogo*) Paumespielplatz *m*.

palladiàno, (-**a**) *agg arch* (*di A. Palladio*) {PALAZZO, VILLA} palladianisch, von Palladio.

pallàdio① *m chim* Palladium *n*.

Pallàdio②, (-**a**) <-*di m*> Ⓐ *agg mitol* (*di Pallade Atena*) von Pallas Athene Ⓑ *m* **1** *arte* (*nella pittura e scultura*) Palladium *n* **2** *fig lett* (*difesa*) Verteidigung *f*: **ergersi a ~ di qc**, sich zum Verteidiger von etw (dat) erheben.

pallamàno <-> *f sport* Handball *m*.

pallanuotìsta <-*i m, -e f*> *mf sport* Wasserballspieler(in) *m(f)*.

pallanuòto <-> *f sport* Wasserball *m*.

pallavolìsta <-*i m, -e f*> *mf sport* Volleyballspieler(in) *m(f)*.

pallavòlo <-> *f sport* Volleyball *m*.

palleggiaménto *m* **1** (*palleggio*) gegenseitiges Zuschießen/Zuwerfen des Balles **2** *fig* (*scambio reciproco*) {+RESPONSABILITÀ} Hin- und Herschieben *n*, gegenseitiges Zuschieben.

palleggiàre <*palleggio, palleggi*> Ⓐ *itr spec sport* (*fare palleggi*) {CALCIATORE} mit dem Ball üben, Ballübungen machen {CALCIATORE} *anche* sich (dat) den Ball gegenseitig zu/spielen/zu|werfen; **~ di piede/testa**, Ballübungen mit dem Fuß/Kopf machen; {PALLAVOLISTA} den Ball in der Luft halten; {TENNISTA} sich warm spielen Ⓑ *tr* **1** (*lanciare e riprendere*) ~ **qc** (*ARANCIA*) ⌊mit etw (dat)⌋/⌊etw⌋ jonglieren **2** (*sballottare*) ~ **qu** {BAMBINO} jdn in die Luft werfen und wieder auf|fangen **3** *sport* (*maneggiare*) ~ **qc** {ASTA, LANCIA, GIAVELLOTTO} etw hin|- und her|bewegen Ⓒ *rfl indir rec fig* (*addossarsi*): **palleggiarsi qc** {ACCUSE, COLPE, RESPONSABILITÀ} sich (dat) gegenseitig etw zu|schieben.

palleggiatóre, (**-trice**) *m* (*f*) *sport* **1** (*chi palleggia*) "wer Ballübungen macht" **2** (*nella pallavolo*) (*alzatore*) Steller(in) *m*.

pallèggio <-*gi*> *m* **1** *sport* Ballführung *f*, Ballwechsel *m*: **esercizi di ~**, Ballübungen *f pl*; **fare dei palleggi**, Ballübungen machen **2** *fig* (*scambio ripetuto*) {+ACCUSE} gegenseitiges Zuschieben.

pallet <-> *m ingl* (*piattaforma*) Palette *f*: **caricare delle merci su ~**, Waren auf Paletten laden.

pallettàta *f sport* (*nel tennis*) (*colpo violento*) Schmetterball *m*.

pallettizzàre *e deriv* → **palettizzare** *e deriv*.

pallettóne *m* <*di solito al pl*> (*pallino di cartuccia*) große Schrotkugel *f*: **sparare a pallettoni**, mit grobem Schrot schießen.

palliatìvo, (-**a**) Ⓐ *agg farm anche fig* {CURA, RIMEDIO} schmerzlindernd, palliativ *scient* Ⓑ *m* **1** *fig* (*rimedio apparente*) Trostpflaster *n*, Notbehelf *m* **2** *farm* (*farmaco*) Linderungsmittel *n*, Palliativum *n scient*: **prendere dei palliativi**, Schmerzmittel nehmen.

pàllido, (-**a**) *agg* **1** (*bianco*) {CARNAGIONE, FACCIA} blass, bleich: **diventare ~**, blass werden **2** (*tenue*) {TINTA} blass, matt: **azzurro/verde ~**, blassblau/blassgrün; {LUCE, LUNA} bleich *forb* **3** *fig* (*vago*) {IMMAGINE, RICORDO} schwach ● **essere ~ come un cadavere/morto** (*pallidissimo*), bleich sein wie der Tod.

pallidùccio, (-**a**) <-*ci, -ce*> *agg* blässlich.

pallìna <*dim di palla*> *f* **1** (*piccola sfera*) {+ACCIAIO, ROULETTE} Kugel *f*: **~ di gelato**, Eiskugel *f*; **~ di Natale**, Weihnachtsbaumkugel *f* **2** (*da gioco*) Ball *m*: **~ da ping-pong/tennis**, Tischtennis-/Tennisball *m* **3** (*pallottolina*) Kügelchen *n*, Murmel *f*, Klicker *m region*: **fare una ~ di carta**, ein Papierkügelchen machen **4** (*bilia di vetro*) Glaskugel *f*.

pallìno *m* **1** (*boccino*) {+BOCCE} Mal-, Zielkugel *f*, Pallino *m*; {+BILIARDO} Punktball *m* **2** *fig fam* (*passione*) Lieblingsbeschäftigung *f*, Steckenpferd *n*, Hobby *n*, Leidenschaft *f*: **ha il ~ del calcio/degli scacchi**, Fußball/Schach ist seine/ihre Lieblingsbeschäftigung/Leidenschaft **3** *fig fam* (*mania*) Fimmel *m fam spreg*, Tick *m fam*, Manie *f*: **avere il ~ della pulizia**, einen Putzfimmel haben *fam spreg* **4** <*solo pl*> (*munizione*) Schrot *m o n* **5** <*solo pl*> (*pois*) Tupfen *m*, Tupfer *m*: **un foulard a pallini**, ein getupftes Hals-/Kopftuch ● **andare a ~** *fig* (*saltare*), {PROGETTO} scheitern, platzen *fam*; **andare a ~ a qu** *fig* (*piacergli*), {SITUAZIONE} jdm passen, jdm Freude machen; {NUOVO VICINO} jdm sympathisch sein, jdm liegen.

pallonàta *f fam* (*colpo di pallone*) Schuss *m* mit dem Ball: **ricevere una ~ proprio sul naso**, einen Ball genau auf die Nase bekommen.

palloncìno <*dim di pallone*> Ⓐ *m* **1** (*con gas*) (*Luft*)ballon *m* **2** (*lampioncino*) Lampion *m* **3** *fam* (*etilometro*) Röhrchen *n*, Tüte *f slang*: **fare la prova del ~**, ⌊ins Röhrchen⌋/[in die Tüte *slang*] blasen **4** *aero* (*camera d'aria*) {+AEROSTATO} Luftkammer *f* Ⓑ <*inv*> *loc agg*: **a ~**, {ABITO, MANICA} Puff-.

pallóne <*accr di palla*> *m* **1** Ball *m*: **~ da calcio**, Fußball *m*; **~ di cuoio**, Lederball *m*; **giocare con il ~**, (mit dem) Ball spielen; **~ da pallacanestro**, Basketball *m*; **~ da pallamano**, Handball *m*; **~ da pallanuoto**, Wasserball *m*; **~ da pallavolo**, Volleyball *m*; **prendere il ~**, den Ball fangen/annehmen; **~ da rugby**, Rugbyball *m*; **tirare il ~**, den Ball werfen/schießen **2** (*calcio*) Fußball *m*: **giocare a/al ~**, Fußball spielen **3** (*copertura*) {+CAMPO DA TENNIS, PISCINA} "ballonartige Plane zur Abdeckung von Schwimmbädern oder Tennisplätzen im Freien" **4** *aero* (*aerostato*) ~ (*aerostatico*), Fesselballon *m*, (Heiß)luftballon *m* **5** *chim* (*recipiente di vetro*) Ballon *m*, Glaskolben *m* ● **andare nel ~** *fig* (*non capire più nulla*), die Übersicht verlieren, vollkommen durcheinanderkommen, in Tilt gehen *slang*; **~ ad aria calda** *aero* (*mongolfiera*), Heißluftballon *m*, Montgolfiere *f*; **~ elastico** (*gioco*), Faustball *m*; **essere nel ~** *fig* (*in uno stato di confusione*), ⌊durch den Wind *fam*⌋/[vollkommen durcheinander] sein; **avere la faccia/il viso come un ~** *fig fam scherz* (*molto paffuto*), ein Mondgesicht haben *fam scherz*; **~ frenato** *aero mil*, Fesselballon *m*; **essere un ~ gonfiato** *fig fam* (*persona boriosa*), ein ⌊aufgeblasener Kerl *fam spreg*⌋/[Angeber *fam*] sein; **essere gonfio come un ~** *fig fam scherz* (*per grassezza*), kugelrund sein *scherz*; (*per gonfiore*), ganz geschwollen sein; **~ di maggio/neve bot** (*viburno*), gemeiner Schneeball; **mandare qu nel ~** *fig* (*confonderlo*), jdn aus dem Text/Konzept bringen; **~ pilota** *aero*, Pilotballon *m*; **~ sonda meteo**, Versuchsballon *m*, Radiosonde *f*; **~ stratosferico** *aero scient*, Stratosphärenballon *m*.

pallonétto *m* **1** *aero* {+DIRIGIBILE} Hülle *f* **2** *sport* (*nel calcio*) Heber *m*, (*nel tennis*) Lob *m*: **fare un ~**, lobben.

pallóre *m* **1** (*biancezza*) {+VISO} Blässe *f* **2** *fig* (*colore tenue*) {+CIELO, LUNA} Bleiche *f poet* ● **un ~ cadaverico/mortale** (*simile a quello di un cadavere*), eine Leichen-/Totenblässe.

pallosità <-> *f fam slang* (*noiosità*) {+FESTA, INSEGNANTE, SPETTACOLO} Langweiligkeit *f*, {+LAVORO} Eintönigkeit *f*, Stumpfsinn *m*.

pallóso, (-**a**) *agg fam slang* (*noioso*) {AMICO, LEZIONE} stinklangweilig *fam*, {LAVORO} eintönig, stumpfsinnig.

pallòttola <*dim di palla*> *f* **1** (*piccola palla*) kleine Kugel, Kügelchen *n*: **fare una ~ di pane**, Brotkügelchen machen **2** (*proiettile*) {+FUCILE, PISTOLA} Kugel *f*, Geschoss *n*: **avere una ~ nella spalla**, eine Kugel in der Schulter haben; **~ dum dum**, Dumdumgeschoss *n*; **~ incendiaria**, Brandgeschoss *n*; **~ tracciante**, Leuchtpurgeschoss *n*; **~ vagante**, verirrte Kugel.

pallottolière *m* (*abaco*) Rechenbrett *n*.

pàlma① *f* **1** *anat* Handteller *m*, Handfläche *f* **2** *ornit* (*membrana*) Schwimmhaut *f* ● **portare/tenere qu in ~ di mano** *fig* (*stimarlo molto*), jdn hoch/sehr schätzen, jdn auf Händen tragen.

pàlma② *f* **1** *bot* Palme *f*: **~ da cocco**, Kokospalme *f*; **~ da datteri**, Dattelpalme *f*; **~ dum**, Dumpalme *f* **2** *fig* (*vittoria*) Palme *f*, Sieg *m*: **ottenere la ~**, den Sieg erringen **3** *relig* (*ramo di palma o d'ulivo*) Palm(en)zweig *m*: **~ benedetta**, gesegneter Palmzweig **4** *stor* (*ramo o corona*) {+VINCITORE DI UNA GARA} Palmzweig *m*, Siegerkranz *m*, Siegerlorbeer *m* ● **la ~ del martirio** *relig*, Märtyrerkrone *f*; **la ~ d'oro** *film*, die Goldene Palme; **conquistare la ~ della vittoria** *fig* (*vincere*), die Siegespalme davontragen *forb*.

palmàre Ⓐ *agg fig* (*lampante*) {CONTRADDIZIONE, ERRORE, PROVA} offensichtlich, eindeutig **2** *anat* {MUSCOLO} Hand- Ⓑ *m inform* Palmtop *m*.

palmarès <-> *m franc* **1** (*classifica*) Siegerliste *f* **2** *fig* (*elenco di successi*) {+TENNISTA} Erfolgsbilanz *f* **3** *fig* (*gotha*) Gotha *m*: **far parte del ~ dei cineasti**, zum Gotha der Cineasten gehören.

palmàto, (-**a**) *agg* **1** *bot* {FOGLIA} gefingert, handförmig **2** *med* {MANO} mit Schwimmhäuten **3** *ornit* {PIEDE} Schwimm-.

palménto *m* **1** (*macina*) {+MULINO} Mühlstein *m*, Mühle *f* **2** *merid* (*vasca per la pigiatura*) Kelterwanne *f* ● **mangiare a due/quattro palmenti** *fig* (*avidamente*), wie ein Scheunendrescher essen *fam*.

palméto *m* (*piantagione di palme*) Palmenhain *m*, Palmenpflanzung *f*.

palmìpede *ornit* Ⓐ *agg* {UCCELLO} Schwimm- Ⓑ *m* Schwimmvogel *m*: **i palmipedi**, die Schwimmvögel.

palmìzio <-*zi*> *m* **1** *bot* Palme *f* **2** *relig* (*ramo di palma o di olivo*) Palm-, Olivenzweig *m*.

pàlmo *m* **1** (*spanna*) {+ACQUA, SABBIA} Handbreit *f*: **largo/lungo un ~**, handbreit/handlang **2** *stor* (*misura*) Spanne *f* **3** *tosc* (*palma della mano*) Handfläche *f*, Handteller *m* Ⓑ *loc avv* **1** (*alla perfezione*): (**a**) **~ a ~**, Zoll für Zoll, in- und auswendig *fam*; **conoscere una zona** (**a**) **~ a ~**, ein Gebiet ⌊in- und auswendig⌋/[wie seine Westentasche] kennen *fam* **2** (*in ogni piccola parte*) bis ins kleinste Detail: **girare una città** (**a**) **~ a ~**, die ganze Stadt durchstreifen **3** (*poco alla volta*) nach und nach, Schritt für Schritt: **l'esercito avanzava** (**a**) **~ a ~**, das Heer rückte Schritt für Schritt weiter vor ● **alto un ~**, ein Spann hoch; *fig* (*assai piccolo*), ziemlich klein; **non cedere di un ~** (**di terreno**) *fig*, keinen Fußbreit abweichen; **arrivare con un ~ di** *lingua* **fuori** *fig* (*col fiato grosso*), ⌊mit heraushängender Zunge⌋/[atemlos] ankommen; **portare/tenere qu in ~ di** *mano fig* (*stimarlo molto*), jdn auf Händen tragen; **restare con un ~ di** *naso fig* (*restare deluso o ingannato*), ganz schön alt aussehen *fam*, ein langes Gesicht machen *fam*; **non vedere a un ~ di** *naso fig* (*vedere poco*), ⌊die Hand vor dem Gesicht nicht⌋/[nur wenig] sehen können.

pàlo m **1** (*asta*) {+RECINTO, STECCATO, VITE} Pfahl m; {+TENDA} Stange f **2** *mar* (*albero*) Mast m **3** *sport* (*nel calcio*) (Tor)pfosten m: **colpire il ~**, den Pfosten treffen; (*tiro*) Pfostenschuss m; **i tre pali della partita**, die drei Pfostenschüsse des Spiels ● **~ d'arrivo/di partenza** *sport* (*nell'equitazione*), Ziel-/Startpfosten m; **fare il/da ~** *slang* (*stare di guardia*), Schmiere stehen *slang*; **~ di fondazione** *edil*, Grundpfeiler m; **saltare di ~ in** *frasca fig* (*passare da un argomento all'altro senza nesso logico*), vom Hundertsten ins Tausendste kommen, vom Hölzchen aufs Stöckchen kommen; **sembra che abbia ingoiato un ~** *fig* (*rif. a persona rigida*), er/sie sieht aus, als hätte er/sie ein Lineal verschluckt *scherz*; **~ per** *linee* **aeree**, Freileitungsmast m; **~ della luce**, Lichtmast m; **~ restare/[rimanere fermo] al ~** *sport* (*nell'equitazione*) (*non partire*), am Startpfosten stehen bleiben; *fig* (*perdere un'occasione*), eine Gelegenheit verpassen; **sembrare un ~** *fig* (*rif. a persona magra*), wie eine Bohnen-/Hopfenstange aussehen *fam scherz*, eine richtige Bohnen-/Hopfenstange sein *fam scherz*; **stare dritto/ritto come un ~** *fig* (*rigido*), stocksteif dastehen *fam*; **~ del telegrafo** *tel*, Telegrafenmast m; **~ dell'alta tensione** *elettr*, Hochspannungsmast m; **~ totemico**, Totempfahl m; **~ a traliccio** *elettr*, Gittermast m.

palómba f *centr merid ornit* (*colombaccio*) Ringel-, Holztaube f.

palombàro, (-a) m (f) (*sommozzatore*) Taucher(in) m(f) mit Spezialanzug, Froschmann m.

palómbo m **1** *itt* Glatthai m **2** *ornit* (*colombo selvatico*) Wildtaube f.

palpàbile agg **1** (*che si può toccare*) greifbar, fühlbar **2** *fig* (*tangibile*) {ERRORE} deutlich, offensichtlich, klar; {ESEMPIO, PROVA} handfest, handgreiflich: **la tensione tra i due era ~**, die Spannung zwischen beiden war deutlich spürbar **3** *med* {ADDOME} abtastbar.

palpabilità <-> f **1** (*l'essere palpabile*) Greifbarkeit f, Fühlbarkeit f **2** *fig* (*evidenza*) {+VERITÀ} Offensichtlichkeit f, Deutlichkeit f.

palpàre tr **1** (*tastare*) ~ **qc** {TESSUTO} *etw* betasten, *etw* befühlen; {IL PELO DEL GATTO} *etw* ab|tasten **2** *med* (*eseguire una palpazione*) ~ **qu/qc** {PAZIENTE, FEGATO} *jdn/etw* ab|tasten, *jdn/etw* palpieren *scient*.

palpàta f Betasten n, Befummeln n *fam*, Herumfummeln n *fam*: **dare una ~ a qu**, jdn betasten *fam*, jdn begrapschen *spreg*, jdn befummeln, an jdm herumfummeln.

palpazióne f **1** (*il palpare*) Betasten n, Befühlen n **2** *med* Untersuchung f (*durch Abtasten*), Palpation f *scient*: **~ digitale/manuale**, Finger-/Handpalpation f *scient*.

pàlpebra f *anat* (*Augen*)lid n: **battere/sbattere le palpebre**, mit den Augenlidern flattern; **~ inferiore/superiore**, Unterlid n/ Oberlid n ● **sentirsi le palpebre pesanti** (*per sonno, stanchezza*), ⌊schwere Lider⌋/[Augendeckel] *fam* bekommen.

palpebràle agg *anat* (*della palpebra*) {MUSCOLI} Lid-.

palpeggiaménto m (*il toccare*) Befühlen n, Betasten n, Betatschen n *fam*, Begrapschen n *spreg*, Befummeln n *fam*, Herumfummeln n *fam*.

palpeggiàre <*palpeggio, palpeggi*> tr (*toccare più volte*) ~ **qu/qc** *jdn/etw* an|fassen, *jdn/etw* befühlen, *jdn/etw* betasten, *jdn/etw* betatschen *fam*, *an jdm/etw* herumfummeln *fam*.

palpitànte agg **1** (*che pulsa*) {CUORE} pulsierend, klopfend; *fig* pulsierend: **era ancora ~ per la corsa**, er/sie war ⌊durch das⌋/[vom] Laufen noch ganz außer Atem **2** (*che sussulta*) zuckend: **una trota ancora ~**, eine noch zuckende Forelle **3** *fig* (*grande*) {INTERESSE} brennend, pulsierend: **una notizia di ~ attualità**, eine Nachricht von brennender Aktualität **4** *fig* (*vivo*) {RICORDO} lebhaft **5** *fig* (*ardente*) **~ di qc** bebend *vor etw* (*dat*): **essere ~ d'amore/[di gioia]**, vor Liebe/Freude beben **6** *poet* {FRONDE} raschelnd: **un cielo ~ di stelle**, ein Himmel voller Sterne.

palpitàre itr **1** (*pulsare*) {CUORE} schlagen, klopfen; *fig*: **~ di qc** {STRADA DI VITA} *vor etw* (*dat*) pulsieren **2** (*sussultare*) {CARNI, VISCERE} zucken **3** *fig* (*ardere*) **~ di qc** {DI PASSIONE} (*vor etw dat*) beben, (*vor etw dat*) glühen.

palpitazióne f **1** *fig* (*forte emozione*) Erregung f **2** *med* (*tachicardia*) Herzklopfen n, Palpitation f *scient*, Herzjagen n, Tachykardie f *scient*: **avere le palpitazioni**, Herzklopfen haben; **soffrire di palpitazioni**, an Herzjagen leiden **3** *lett* (*ondeggiamento*) {+PIANTA, VELA} Wogen n; {+LUCE} Wellenbewegung f ● **mi fai venire le palpitazioni!** *fig* (*mi fai agitare*), du jagst mir vielleicht einen Schrecken ein.

pàlpito m **1** (*battito*) {ACCELERATO, FREQUENTE} Herzschlag m: **avere palpiti irregolari**, einen unregelmäßigen Herzschlag haben **2** *fig* (*sussulto*) Beben n: **~ d'amore**, glühende Liebe, Erregung f; **~ di odio/paura**, Hass-/Angstgefühl m **3** *fig* (*fremito*) Taumel m, Rausch m: **palpiti di libertà**, Freiheitsrausch m, Freiheitstaumel m.

paltò <-> m (*soprabito*) Mantel m; (*cappotto*) (Winter)mantel m.

paltoncìno <*dim di paltò*> m **1** (*cappotto da bambino*) Kindermantel m **2** (*soprabito leggero per donna*) leichter Damenmantel.

paludaménto m **1** (*manto sontuoso*) Überwurfmantel m **2** *spreg* (*abito di cattivo gusto*) unmöglicher Aufzug **3** <*di solito al pl*> *fig spreg* (*ornamenti stilistici*) Schwulst m *spreg* **4** *stor* (*mantello militare*) Paludamentum n (*roter, kurzer Soldatenmantel im alten Rom*).

paludàre A tr **1** (*coprire di vesti*) ~ **qu** {SOVRANO} jdn feierlich kleiden **2** *fig* (*ornare di fronzoli*) ~ **qc** {DISCORSO} *etw* (mit Schnörkeln) ausschmücken **3** *fig scherz o spreg* (*agghindare*) ~ **qu** jdn heraus|putzen *fam* B rfl: **paludarsi 1** (*abbigliarsi in modo solenne*) sich feierlich kleiden **2** *fig scherz* (*conciarsi*) sich zurecht|machen, sich heraus|putzen *fam*: **come ti sei paludata?**, wie siehst du denn aus?

paludàto, (-a) agg **1** (*vestito in modo solenne*) festlich, feierlich **2** *fig* (*ampolloso*) {PROSA} schwülstig *spreg* **3** *fig scherz o spreg* (*agghindato*) herausgeputzt *fam*.

palùde f **1** (*acquitrino*) Sumpf m, Moor n **2** *fig lett* (*condizione*) {+INDIFFERENZA} Sumpf m **3** <*di solito al pl*> (*regioni paludose*) {MAREMMANE} Sumpfgebiet m ● **la ~ Stigia** *mitol*, der Styx.

paludóso, (-a) agg **1** (*pieno di paludi*) {TERRENO, ZONA} sumpfig, moorig **2** *fig lett* (*stagnante*) {AMBIENTE} ohne Leben, leblos

3 *fig lett* (*abietto*) {VITA} heruntergekommen *fam*.

palùstre agg (*di palude*) {CLIMA, ERBA, UCCELLO, ZONA} Sumpf-: **fauna/flora ~**, Fauna f/Flora f eines Sumpfgebietes.

pam inter onomatopeica **1** (*di sparo*) peng **2** (*di oggetto che cade*) bum(s), bauz, plumps.

pàmfete inter onomatopeica (*di oggetto che cade*) bum(s), bauz, plumps.

pàmpa <-*e rar*, -*s pl spagn*> f *spagn* (*prateria*) {ARGENTINA} Pampa f.

pamphlet <-> m *franc* (*libello*) Pamphlet n, Streit-, Schmähschrift f.

pàmpino m (*foglia*) {+VITE} Blatt n/Spross m der Weinrebe.

pan- primo elemento (*tutto*) Pan-, All-: **panacea**, Allheilmittel; **panslavismo**, Panslawismus.

Pan m *mitol* Pan m.

panacèa f **1** (*pianta medicinale*) Heilpflanze f **2** *fig anche iron* (*rimedio*) Allheilmittel n, Wundermittel n, Panazee f *forb*: **la ~ di tutti i mali del mondo**, das Wundermittel gegen alle Übel dieser Welt, das Allheil-/Universalmittel.

panafricanìsmo m *polit* (*movimento*) Panafrikanismus m.

pànama <-> m (*cappello*) Panama(hut) m.

Pànama f *geog* Panama n.

panamènse A agg panamaisch B mf (*abitante*) Panamaer(in) m(f).

panamericanìsmo m *polit* (*movimento*) Panamerikanismus m.

panarabìsmo m *polit* (*movimento*) panarabische Bewegung.

panàre tr (*impanare*) ~ **qc** {COTOLETTA} *etw* panieren.

panàrio, (-a) <-*ri* m> agg (*del pane*) {INDUSTRIA} Brot-.

panasiatìsmo m *polit* (*movimento*) panasiatische Bewegung.

panàta f *gastr* (*minestra di pane*) Brotsuppe f.

panbiscòtto m (*pane simile a un biscotto*) Zwieback m.

pànca <-*che*> f **1** (*banco*) {+CHIESA} (Sitz)bank f **2** (*panchina*) {+PARCO} (Sitz)bank f.

pancàccio <-*ci*> m *pegg* (*giaciglio*) {+CARCERE, CASERMA} Pritsche f.

pancarré <-> m (*pane in cassetta*) Kasten-, Toastbrot n.

pancétta <*dim di pancia*> f **1** *fam scherz* (*adipe*) Bäuchlein n: **avere la/[un po' di] ~**, ein Bäuchlein/einen Bauchansatz haben **2** *gastr* durchwachsener Speck, Bauchspeck m: **~ affumicata**, geräucherter Speck ● **mettere su ~** (*ingrassare*), ⌊ein Bäuchlein⌋/[Speck] ansetzen *fam*.

panchétto <*dim di panca*> m **1** (*sgabello*) Schemel m, Hocker m **2** (*per piedi*) Fußbank f, Schemel m *süddt*.

panchìna <*dim di panca*> f **1** {+STAZIONE, VIALE} (Sitz)bank f: **~ da giardino**, Gartenbank f **2** *sport* Bank f; (*le riserve*) Reservespieler m pl, (Reserve-, Ersatz-, Auswechsel-)bank f; (*l'allenatore*) Trainer m, Trainerbank f: **ricevere ordini dalla ~**, Anordnungen ⌊von der Trainerbank⌋/[vom Trainer] erhalten ● **fare/[rimanere in] ~** *sport* (*fare la riserva*), auf der Reserve-/Ersatzbank sitzen, Reserve-/Ersatzspieler sein; **perdere la ~** *sport* (*essere esonerato dall'incarico di allenatore*), seines Trainerams enthoben werden, als Trainer entlassen werden; **sedere/stare in ~** *sport* (*guidare una squadra*), Trainer m einer Mannschaft sein.

panchinàro, (-a) m *sport slang* (*chi sta*

spesso in panchina) Reserve-, Ersatz-, Auswechselspieler m.

pància <-ce> f **1** fam (ventre) Bauch m: **avere la ~ in fuori**, den Bauch (he)raus-/vorgestreckt haben; ~ **grossa**, dicker Bauch; **avere mal di ~**, Bauchschmerzen haben; **tenere la ~ in dentro**, den Bauch eingezogen haben; **tenersi la ~ per il dolore**, sich vor Schmerzen krümmen **2** fig (parte tondeggiante) {+DAMIGIANA, FIASCO} Bauch m, Ausbauchung f: ~ **della bottiglia**, (Flaschen)bauch m; {+ANFORA, TEIERA} Bauch m; {+LETTERA "P"} Rundung f **3** gastr Bauchfleisch n ● **starsene a ~ all'aria** fam (non far nulla), auf der faulen Haut liegen fam, faulenzen; **avere la ~** (essere grasso), einen Schmerbauch fam spreg o scherz/Speckbauch fam scherz haben; (rif. a donna incinta), schwanger sein; ˌ**non avere** ˌ/[essere senza] ~ (essere magro), keinen Speck auf den Rippen haben fam; **buttare giù la ~** (dimagrire), abspecken; ~ **mia fatti capanna!** (detto da chi sta per fare un pasto lauto), lieber Bauch, lass es dir wohl gehen!; jetzt wird reingehauen, was geht/[der Teufel hält] fam; **dormire a ~ in sù/giù**, auf dem Rücken/Bauch schlafen; **far di ~** (deformarsi), {PIANO DEL TAVOLO, SOFFITTO} durchhängen; **grattarsi la ~** fig (stare in ozio), faulenzen, auf der faulen Haut liegen fam, Däumchen drehen fam; **metter su ~** fam, einen Bauch ansetzen; **pensare solo alla ~** (preoccuparsi solo di mangiare e bere), immer nur ans Essen (und Trinken) denken; ˌ**avere la** ˌ/[essere a] ~ **piena** (aver mangiato), einen vollen Bauch haben; **riempirsi la ~** (mangiare), sich (dat) den Bauch voll│schlagen fam; **tenersi la ~ dalle risate/dal ridere fam** (ridere di gusto), sich (dat) vor Lachen den Bauch halten fam; **correre a ~ a terra** (molto velocemente), blitzschnell rennen; **mettersi a ~ a terra** (prono), sich auf den Bauch legen; ˌ**avere la** ˌ/[essere a] ~ **vuota** (essere affamati), ˌeinen leerenˌ/[nichts im] Bauch haben.

panciàta f (colpo) Bauchklatscher m fam, Bauchplatscher m fam: **prendere una ~ in acqua**, einen Bauchklatscher fam machen.

pancièra f **1** (fascia elasticizzata) Bauch-, Leibbinde f **2** stor (parte dell'armatura) Bauchstück n (der Rüstung).

panciòlle solo nella loc verbale tosc (senza far nulla): **stare/starsene in ~**, auf der faulen Haut liegen fam, faulenzen.

panciòne, (-a) <accr di pancia> **A** m **1** fam (grossa pancia) dicker Bauch, Schmerbauch m fam spreg o scherz; {+PARTORIENTE} Bauch m **2** anat zoo (rumine) Pansen m **B** m (f) scherz o spreg (persona) Dickbauch m scherz, Dickwanst m fam spreg, Dicksack m fam spreg ● **avere il ~** (essere incinta), hochschwanger sein.

panciòtto m (gilet) Weste f.

panciùto, (-a) agg **1** (con una grossa pancia) {UOMO} dickbäuchig **2** fig (tondeggiante) {FIASCO, VASO} bauchig, bäuchig rar.

pancóne <accr di panca> m **1** (banco di lavoro) {+FALEGNAME} Werkbank f **2** edil (asse di legno) Bohle f.

pancòtto m gastr (minestra) Brotsuppe f.

pancràzio <-zi> m stor (gara di lotta e pugilato) Pankration n.

pàncreas <-> m anat Bauchspeicheldrüse f, Pankreas n scient.

pancreàtico, (-a) <-ci, -che> agg anat {ATTIVITÀ, SECREZIONE} Bauchspeicheldrüsen-, Pankreas- scient.

pancreatìna f med Pankreatine f scient.

pancreatìte f med Entzündung f der Bauchspeicheldrüse, Pankreatitis f scient.

pancristiàno, (-a) agg {MOVIMENTO} gesamtchristlich, ökumenisch.

pancromàtico, (-a) <-ci, -che> agg fot panchromatisch.

pànda <-> m zoo Panda m, Bambusbär m: ~ **gigante/maggiore**, Panda m, Bambusbär m; ~ **minore**, Panda m, Katzenbär m.

pandemìa f med (epidemia) Pandemie f scient.

pandèmico, (-a) <-ci, -che> agg med pandemisch scient.

pandemònio <-ni> m fig (putiferio) Höllenspektakel m fam, Höllenlärm m fam, Pandämonium n forb, Pandaimonion n forb: **è successo un ~**, die Hölle war los fam; **la notizia ha scatenato un vero ~**, die Nachricht hat ein fürchterliches Durcheinander ausgelöst, bei der Nachricht war die Hölle/der Teufel los fam.

pandètte f pl stor (compilazioni) Pandekten f pl.

pandispàgna, **pan di Spàgna** <-> m loc sost m gastr Biskuit m, Biskuitteig m.

pàndit <-> m (titolo indiano) Pandit m.

pandólce m gastr "Hefegebäck aus Genua".

pandòro m gastr "Veroneser Weihnachtskuchen".

pàne① m **1** gener Brot n: ~ **bianco/nero**, Weiß-/Schwarzbrot n; ~ **bigio** lett, Graubrot n; ~ **e burro**, Butterbrot n; ~ **casalingo**, selbst gebackenes Brot; Brot n nach Hausmacherart; ~ **casereccio**, Bauernbrot n; ~ **a cassetta**ˌ/[pan carré m], Kasten-, Toastbrot n; ~ **a ciambella**, Brot n in Kranzform; ~ **e companatico**, Brot m mit Aufstrich und/oder Beilagen; ~ **condito**, "mit Öl oder Milch angerührtes Brot"; ~ **duro/raffermo/secco**, altes Brot; **fare il ~**, Brot backen; **una fetta/un pezzo di ~**, eine Scheibe/ein Stück Brot; **mangiare ~ e formaggio**, Brot mit Käse essen; ~ **francese**, Baguette f o n; ~ **fresco**, frisches Brot; ~ **di glutine**, Glutenbrot n; ˌ**pan grattato**ˌ/(~ **grattugiato**), Semmelmehl n, Semmelbrösel m pl A; ~ **integrale**, Vollkornbrot n; ~ **di segala**, Roggenbrot n; ~ **stantio**, altbackenes/toskanisches Brot; ~ **toscano**, altbackenes/toskanisches Brot; ~ **tostato**, Toastbrot n; ~ **a treccia**, Brotzopf m **2** (forma) (Brot)laib m: **un ~ grosso**, ein großer Laib Brot **3** (panetto) {+BURRO} Päckchen n; {+CERA, SAPONE} Stück m: **paraffina in pani**, Paraffin n in Würfelform **4** <solo sing> fig (mezzo di sostentamento) tägliches Brot, Lebensunterhalt m: **guadagnarsi il ~**, sein täglich Brot verdienen, seine Brötchen verdienen fam; **far mancare il ~ a qu**, es jdm am Nötigsten fehlen lassen; **non far mancare il ~ alla famiglia**, es der Familie am Nötigsten nicht fehlen lassen **5** <solo sing> fig (nutrimento spirituale) {+ANIMA} Nahrung f **6** metall (lingotto) {+GHISA, PIOMBO} Block m, Massel f: ~ **di metallo**, Metallmassel f ● **mettere/tenere qu a ~ ed acqua** fig (per punizione), jdn auf Wasser und Brot setzen, jdn bei Wasser und Brot halten; **allevare/nutrire qu a ~ bianco** fig (far vivere qu negli agi), jdn mit Zuckerbrot großziehen, jdn auf Rosen betten, es jdm hinten und vorn reinstecken fam volg; ~ **degli angeli** relig, geweihte Hostie; **avere il ~ assicurato** fig (non avere problemi economici), ein gesichertes Auskommen haben; ~ **azzimo** (senza lievito né sale), ungesäuertes Brot, Matzen m; ~ **biscottato**, Zwieback m; **levarsi/togliersi il ~ di bocca per qu** fig (fare grandi sacrifici), sich (dat) für jdn ˌ**den Brot**ˌ/[das Brot] vom Munde absparen; **togliere il ~ di bocca a qu** fig (privarlo del necessario), jdm noch das Hemd ausziehen fam; ˌ**essere buono come il** ˌ/[essere un pezzo di ~] fig (persona mite), herzensgut sein; **essere ~ e cacio con qu** fig (andare molto d'accordo con qu), mit jdm ein Herz und eine Seele sein; ~ **caldo** (sfornato da poco), frisch gebackenes Brot; **mangiare ~ e cipolle** fig (sacrificarsi), sich (dat) jeden Bissenˌ/[das Brot] vom Mund(e) absparen; (accontentarsi), sich mit dem Allernötigsten begnügen, sehr genügsam sein, von Luft und Liebe leben fam scherz; (essere molto povero), am Hungertuch nagen fam scherz; **pan di cuculo bot** (orchidea), Kleines Knabenkraut; **la matematica è il mio ~** fig (la conosco molto bene), die Mathematik ˌkenne ich in- und auswendigˌ/[ist voll mein Ding slang]; ~ **eucaristico** relig (ostia consacrata), geweihte Hostie; **trovare ~ per i propri denti** fig (imbattersi in un degno antagonista), eine harte Nuss zu knacken haben/bekommen fam, etw (dat) zu kauen haben fam; **non è ~ per i suoi denti** fig (è al di sopra delle sue capacità), das ist ˌein zu harter Brockenˌ/[nichts] für ihn/sie zum Verzehr; **rendere a qu pan per focaccia** fig (ripagare un'offesa con un'altra), jdm Gleiches mit Gleichem vergelten; **mangiare ~ asciutto** (senza companatico), trockenes/trocken ~ Brot essen; ~ **misto** (di varie farine), Mischbrot n; **misurare il ~ a qu** fig (dar poco da mangiare), jdn kurzhalten; **pan pepato** gastr, Pfeffer-, Lebkuchen m; **pan porcino bot** (ciclamino), Alpenveilchen n, Zyklamen n; ~ **quotidiano** relig (cibo, anche spirituale), täglich(es) Brot; **dacci oggi il nostro ~ quotidiano** relig (nella preghiera del Padre Nostro), unser tägliches Brot gib uns heute; **spezzare il ~ della scienza** fig (insegnare), unterrichten; **pan di Spagna** gastr, Biskuitteig m; **mangiare il ~ a tradimento/ufo** fig (vivere alle spalle altrui), jdn ˌauf der Tascheˌ/[an/ in der Schüssel A] liegen, schmarotzen spreg, sich aushalten lassen, die Beine/Füße unter jds Tisch strecken fam; **gli ombrelli si vendono come il ~** (con grande facilità), die Schirme gehen weg wie warme Semmeln fam; **dire ~ al ~ e vino al vino** fig (essere molto schietti), die Dinge/das Kind beim Namen nennen; **non si vive di solo ~** (anche lo spirito deve essere nutrito), man lebt nicht nur von Brot allein; **mangiare ~ e volpe** fig (essere poco furbi), allzu gutgläubig sein, einfältig/ blauäugig sein, nicht besonders schlau/clever sein; **Pane di Zucchero** geog, Zuckerhut m; **non c'è ~ senza pena** prov, ohne Fleiß kein Preis prov.

pàne② m mecc (filetto) Gewinde n.

panegirico <-ci> m fig spec iron (lode eccessiva) Verherrlichung f, Lobpreisung f: **fare/tessere il ~ di qu**, ein Loblied auf jdn anstimmen **2** lett (elogio) Panegyrikus m, Lobrede f, Lobgedicht n **3** relig (lode) {+SAN PAOLO} Lobrede f.

panegirista <-i m, -e f> mf **1** fig (chi esalta eccessivamente) Lobredner(in) m(f) **2** lett (autore) Panegyriker(in) m(f).

panèlla f gastr Brot n: **la ~ siciliana di farina di ceci**, die sizilianische Kichererbsenflade.

panellènico, (-a) <-ci, -che> agg stor (di tutti i Greci) {COLONIE, GIOCHI} panhellenisch.

panellenìsmo m polit (movimento) Panhellenismus m.

panetterìa f (negozio) Bäckerei f, Bäcker(laden) m.

panettière, (-a) m (f) Bäcker(in) m(f): **andare dal ~**, ˌzum Bäckerˌ/[zur Bäckerei] gehen.

panétto <dim di pane①> m (confezione) {+BURRO, CIOCCOLATO, MARGARINA} Stück n.

panettóne m **1** gastr Panettone m (Weihnachtskuchen aus Mailand) **2** fam (paracarro) Leitplanke f.

paneuropèo, (-a) agg (*di tutta l'Europa*) paneuropäisch.

pànfilo m *mar* (*yacht*) Jacht f, Yacht f: **un ~ di 30 metri**, eine 30-Meter-Jacht.

panflettista <-*i* m, -*e*> mf (*autore*) Pamphletist(in) m(f) *forb spreg*.

panfòrte m *gastr* "Früchtebrot n aus Siena".

pangermanésimo, **pangermanismo** m *polit* (*movimento*) Pangermanismus m.

pangermanista <-*i* m, -*e*> *polit* A agg {ASPIRAZIONE, MITO} pangermanistisch, großdeutsch B mf (*fautore*) Pangermanist(in) m(f).

pangermanistico, (-a) <-*ci*, -*che*> agg *polit* pangermanistisch, all-/großdeutsch.

pangolino m *zoo* Schuppentier n.

pangrattàto *pan grattato* m loc sost m *gastr* (*pane secco grattugiato*) Semmelmehl n, Semmelbrösel m pl A, Paniermehl n.

pània f **1** (*nella caccia*) (*sostanza vischiosa*) Vogelleim m **2** *fig* (*trappola*) Falle f: **cadere nella ~**, in die Falle tappen.

panicatùra f *veter* (*malattia*) Finnenkrankheit f, Zystizerkose f *scient*.

pànico[1] <-*ci*, -*che*> A agg **1** (*improvviso e intenso*) {TERRORE, TIMORE} panisch **2** *lett* (*della natura*) {POESIA} Natur- B m **1** (*paura improvvisa*) Panik f: **essere assalito/colto/preso dal ~**, von Panik ergriffen/erfasst werden; **farsi/lasciarsi prendere dal ~**, in Panik geraten **2** (*psicosi collettiva*) Panik f, panischer Schrecken: **diffondere il ~ tra la folla**, in der Menge Panik verbreiten/machen *fam*.

pànico[2] <-*chi*> m *bot* Kolbenhirse f.

panièra f (*cesta di vimini*) Korb m: **~ da bucato**, Wäschekorb m; **~ da pane**, (Brot)korb m.

panière m **1** (*cesto*) Korb m: **un ~ pieno di fichi**, ein Korb voller Feigen **2** (*quantità*) Korb m: **un ~ di frutta/pane**, ein Korb Obst/Brot **3** *fam scherz* (*deretano*) Hintern m *fam* **4** *econ* (*insieme di prodotti e servizi*) Warenkorb m • **monetario** *econ*, Währungskorb m.

panierino <*dim di* paniere> m (*cestino*) Körbchen n.

panificàre (*panifico*, *panifichi*) A tr (*trasformare in pane*) **~ qc** {FARINA} etw (zu Brot) verarbeiten/verbacken B itr (*fare il pane*) Brot backen.

panificatóre, (-trice) m (f) (*fornaio*) (Brot)bäcker(in) m(f).

panificazióne f (*produzione del pane*) Brotbacken n, Brotherstellung f.

panifìcio <-*ci*> m **1** (*stabilimento*) Brotfabrik f **2** (*negozio*) Bäckerei f.

panifòrte m (*pannello*) Paneel-, Tischlerplatte f.

panineria f Paninoteca f (*auf belegte Brötchen spezialisierter Imbiss*).

panino <*dim di* pane[1]> m **1** {INTEGRALE} Brötchen n, Semmel f A *süddt*: **~ al latte**, Milchbrötchen n; **~ all'olio**, Brötchen n aus Ölteig **2** (*imbottito*) Brötchen n, Semmel f A *süddt*: **fare/preparare un ~**, ein Brötchen machen; **~ al formaggio**, Käsebrötchen n; **~ imbottito/ripieno**, belegtes Brötchen; **~ di/con pomodoro e mozzarella**, Brötchen n mit Tomaten und Mozzarella; **~ al/di prosciutto/salame**, Schinken-/Salamibrötchen n; **~ con tonno e carciofini**, Brötchen n mit Thunfisch und Artischocken.

paninotèca <-*che*> f (*locale*) Paninoteca f (*auf belegte Brötchen spezialisierter Imbiss*).

panióne <*accr di* pania> m (*nella caccia*) (*verga*) Leimrute f.

panislàmico, (-a) <-*ci*, -*che*> agg *anche polit* panislamisch.

panislamìsmo m *polit* (*movimento*) Panislamismus m.

panìsmo m *arte lett* (*sentimento panico*) Allgefühl m.

panlogìsmo m *filos* (*dottrina*) Panlogismus m.

pànna[1] A f **1** (*crema*) {+LATTE} Sahne f, Rahm m A *süddt*: **~ da cucina**, Sahne f zum Kochen; **~ liquida**, flüssige Sahne **2** (*crema frullata*): **~ (montata)**, Schlagsahne f, Schlagobers m A; **cioccolata con ~**, heiße Schokolade mit Schlagsahne **3** (*pellicola*) Haut f B loc avv: **alla ~** {+TORTELLINI} in Sahnesoße • **~ acida** *gastr*, saure Sahne; **~ cotta** *gastr* (*dolce*), Panna cotta f (*Art Sahnepudding*).

pànna[2] f *mar* (*manovra*) Aufschießen n • **essere in ~ *mar***, stillstehen; **mettere/mettersi in ~ *mar***, aufschießen.

pannacòtta → **panna**[1].

panne <-> f *franc autom mecc*: **essere/trovarsi in ~** (*avere un'avaria al motore*), eine Panne haben; **la mia macchina è in ~**, mein Auto hat eine Panne, ich habe eine Autopanne; **restare/rimanere in ~**, eine Panne haben.

panneggiaménto m (*drappeggio*) {+TENDAGGIO} Drapierung f.

panneggiàre <*panneggio*, *panneggi*> *arte* (*nella pittura*) (*nella scultura*) A tr **~ qc** {DRAPPO, FIGURA} etw drapieren B itr drapieren.

pannéggio <-*gi*> m **1** (*drappeggio*) Draperie f **2** *arte* (*nella pittura*) (*nella scultura*) Faltenwurf m.

pannellàre tr **~ qc** etw (ver)täfeln, etw mit Holz/Platten verkleiden.

pannellatùra f **1** (Ver)täfeln n, (*azione anche*) (Ver)täfelung f, Holzverkleidung f **2** (*serie di pannelli*) (Ver)täfelung f, Holzverkleidung f.

pannèllo m **1** (*riquadro*) {DIPINTO} Tafel f, Brett n, Platte f; {INTARSIATO; +ARMADIO, PORTA} Paneel n: **coprire una parete con dei pannelli**, eine Wand mit Platten verkleiden; **~ di legno/polistirolo**, Holzpaneel n/Polystyrolplatte f **2** *aero* (*rivestimento*) Platte f **3** *arte* (*nella pittura*) (*nella scultura*) Paneel n **4** *autom* {+CRUSCOTTO, PORTIERA} Armaturenbrett m **5** *edil* (*elemento murario*) vorgefertigtes Wandelement: **~ portante**, tragendes Wandelement • **~ di comando elettr**, Schaltbrett n, Schalttafel f; **~ di controllo elettr**, Kontroll-, Schalttafel f; *inform*, Steuerfeld f; **~ di fibra tecnol**, Faserplatte f; **~ isolante tecnol**, Isolierplatte f, Dämpf(stoff)platte f; **~ multistrato** (*in falegnameria*) Sperr(holz)platte f; **~ radiante tecnol**, Plattenheizkörper m, Heizplatte f; **~ solare**, Solarzelle f, Sonnenkollektor m; **~ tamburato/[truciolare/truciolato]** (*in falegnameria*), Furnier-/Spanplatte f.

pannicèllo <*dim di* panno> m (*piccolo pezzo di panno*) (Tuch)lappen m • **pannicelli caldi** (*impacchi*), warme Umschläge m; *fig* (*palliativo*), Trostpflaster n.

pannìcolo m *anat* Gewebe n: **~ adiposo**, Unterhautfettgewebe n.

pannilàni pl *di* pannolano.

pànno m **1** (*tessuto*) Wollstoff m: **una coperta/giacca di ~**, Wolldecke f/Wolljacke f **2** (*pezzo di stoffa*) Tuch n, Lappen m: **coprire il tavolo con un ~**, den Tisch mit einem Tuch bedecken; **~ per stirare**, Bügeltuch n; **spolverare con un ~ di lana**, mit einem Baumwolltuch abstauben **3** (*membrana*) {+UOVO} Haut f **4** <*solo pl*> (*biancheria*) Wäsche f **5** <*solo pl*> (*vestiti*) {ESTIVI, INVERNALI, LEGGERI, PESANTI} Kleider n pl, Kleidung f • **lavare/sciacquare i panni in** *Arno* *fig lett*, die Mundart von Florenz übernehmen; **essere bianco come un ~ lavato** *fig* (*essere pallidissimo*), leichen-/totenblass/kreideweiß sein; **lavare i panni sporchi in** *casa*/**famiglia** *fig* (*risolvere i propri problemi in via privata*), die schmutzige Wäsche nicht vor anderen Leuten waschen; **i panni sporchi si lavano in casa** *fig*, seine schmutzige Wäsche soll man nicht vor anderen Leuten waschen; **~ della** *cornea* *med*, Hornhauttrübung f, Pannus m *scient*; **essere/trovarsi nei panni di qu** *fig* (*nella sua situazione spec difficile*), in jds Haut stecken *fam*; **non voler essere nei panni di qu** *fig* (*non invidiare a qu la sua posizione*), nicht in jds Haut stecken wollen/mögen *fam*; **non vorrei essere nei tuoi panni!**, ich möchte nicht in deiner Haut stecken! *fam*; **~ *funebre*/*mortuario*** (*drappo sulla bara*), Leichentuch n; **mettersi nei panni di qu** *fig* (*nella sua situazione spec difficile*), sich ₁in jds Lage₁/[an jds Stelle] versetzen; **si metta nei miei panni!**, versetzen Sie sich (einmal) in meine Lage!; **non stare più nei propri panni** *fig* (*essere fuori di sé dalla gioia*), außer sich (dat) vor Freude sein, ganz aus dem Häuschen sein *fam*; **tagliare i panni addosso a qu** *fig* (*sparlare di qu*), jdm etwas am Zeug flicken *fam*, über jdn herziehen *fam*, jdn durchhecheln *fam spreg*; **~ verde** (*del biliardo*), grünes Tuch.

pannòcchia[1] f **1** *bot* Rispe f **2** *gastr* Maiskolben m.

pannòcchia[2] f *zoo* (*cicala di mare*) Heuschreckenkrebs m.

pannolàno, **pànno làno** <*pannilani*> m loc sost m *tosc* (*coperta di lana*) Wolldecke f.

Pannolènci®, **Pànno Lènci®** <- *o pannilenci*> m loc sost m (*tipo di panno*) Lenci-Filz m.

pannolino <*dim di* panno> m **1** (*per neonato*) Windel f: **cambiare il ~ al bambino**, dem Kind die Windel wechseln, das Kind frisch wickeln; **mettere il ~ al bambino**, das Kind wickeln **2** (*per donna*) (Damen)binde f.

pannolóne <*accr di* panno> m (*assorbente spec per anziani*) Inkontinenzeinlage f, Inkontinenzwindel f.

Pannònia f *geog stor* Pannonien n.

panoràma <-*i*> m **1** (*veduta*) {MARINO} Panorama n, Ausblick m, *fig* Überblick m *anche* Rundblick m: **~ della città**, Stadtpanorama n; **venite ad ammirare il ~!**, kommt mal her und bewundert diesen Ausblick!; **da quassù si gode un meraviglioso ~**, von hier oben ₁öffnet sich ein herrliches Panorama₁/[hat man eine fantastische Aussicht] **2** *fig* (*quadro*) {CINEMATOGRAFICO, CULTURALE, LETTERARIO, MUSICALE} Überblick m, Übersicht f: **descrivere il ~ politico italiano**, einen Überblick über die italienische Politik geben, die italienische politische Landschaft beschreiben **3** *arte* (*nella pittura*) Rundgemälde n, Panorama n **4** *fot* Rundaufnahme f, Panorama n **5** *teat* (*telone*) Rundhorizont m.

panoràmica <-*che*> f **1** (*strada con vista*) Panoramastraße f **2** *fig* (*quadro*) Überblick m, Übersicht f: **fare una ~ degli avvenimenti storici del Novecento**, einen Überblick über die historischen Ereignisse des 20. Jahrhunderts geben **3** *film TV* (*ripresa*) Panoramaschwenk m: **fare una ~ su qu/qc**, einen Panoramaschwenk auf jdn/etw machen **4** *fot* Panoramaaufnahme f **5** *med* (*in odontoiatria*) Röntgenaufnahme f des gesamten Gebisses.

panoràmico, (-a) <-*ci*, -*che*> agg **1** (*con*

panpepato | papera 2069

un'ampia veduta, {ALTURA, COLLE, PUNTO, ZONA} Aussichts-; {PERCORSO, STRADA} Panorama-, mit schöner Aussicht **2** *fig* (*generale*) {SGUARDO, VISIONE} Übersichts-, umfassend: **rassegna panoramica**, Querschnitt m **3** *autom* {CARROZZERIA} mit Panoramafenstern **4** *film TV* {INQUADRATURA, RIPRESA} Panorama-; {SCHERMO} Breitwand- **5** *fot* {OBIETTIVO} Weitwinkel-; {APPARECCHIO} Panorama-.

panpepàto m *gastr* Pfeffer-, Lebkuchen m.

panpsichismo m *filos* (*dottrina*) Panpsychismus m.

panromànzo, (-a) agg *ling* {TERMINE} gesamtromanisch.

pansé → **pensée**.

panslavismo m *polit* (*movimento*) Panslawismus m.

panslavista *polit* **A** agg {TENDENZA} panslawistisch **B** mf (*fautore*) Panslawist(in) m(f).

pansòtto m *gastr* Pansotti m pl (*gefüllte Teigtaschen*): **pansotti con salsa di noci**, Pansotti m pl mit Walnusssoße.

pantacollànt <-> m (*pantalone elasticizzato*) Leggings pl.

pantagónna f (*gonna pantaloni*) Hosenrock m.

pantagruèlico, (-a) <-ci, -che> agg **1** *fig* (*molto abbondante*) {PASTO} üppig **2** *fig* (*smisurato*) {APPETITO} unbändig.

pantalonàio, (-a) m (f) (*sarto*) Hosenschneider(in) m(f).

pantaloncìno <*dim di pantalone*> m <*di solito al pl*> (*calzoni corti*) kurze Höschen n pl, Shorts pl: ~ **da bagno**, Badehose f; ~ **da calcio/tennis**, Fußball-/Tennishose f.

pantalóne m <*di solito al pl*> Hose f, Hosen f pl: **pantaloni corti/lunghi**, kurze/lange Hose(n); **pantaloni da donna/uomo**, Damen-/Herrenhose f; **pantaloni da equitazione/sci**, Reit-/Skihose f; **mettersi/togliersi i pantaloni**, sich (dat) die Hose anziehen/ausziehen; **un paio di pantaloni di cotone/lana**, eine baumwollene/wollene Hose, eine Baumwoll-/Wollhose; **pantaloni con risvolto**, Hose f mit Umschlag; **pantaloni alla zuava**, (Knie)bundhosen f pl, Knickerbocker(s) pl ● **farsela nei pantaloni**, in die Hose(n) machen; *fig* (*avere molta paura*), sich (dat) (vor Angst) in die Hosen machen *fam*; **in pantaloni** (*che indossa i pantaloni*), {RAGAZZA} in Hosen; **portare i pantaloni**, Hosen tragen; *fig* (*dominare in casa*), {DONNA, MOGLIE} die Hosen an|haben *fam*; **pantaloni a zampa d'elefante** (*larghi al fondo*), Hose f mit Schlag.

Pantalóne m **1** (*maschera*) Pantalone m **2** *fig* (*persona ricca e avara*) reicher Knicker *fam* ● **tanto paga sempre Pantalone!** (*sono sempre gli altri a farne le spese*), und ich bin wieder der Dumme, an dem die Rechnung hängen bleibt! *fam*; **und wer muss wie immer blechen?** *fam*.

pantàno m **1** (*terreno stagnante*) Morast m **2** (*fanghiglia*) Matsch m, Schlamm m: **con la pioggia il cortile è diventato un** ~, durch den Regen ist der Hof matschig/[zu einem (einzigen) Sumpf] geworden **3** (*palude*) Sumpf m **4** *fig* (*situazione ingarbugliata*) Scheiße f *fam*: **essere/trovarsi in un** ~, im Dreck/[in der Scheiße/Tinte] sitzen/stecken *fam*; **finire in un** ~, im Sumpf enden.

pantanóso, (-a) agg **1** (*paludoso*) {LUOGO, TERRENO} morastig, sumpfig **2** {STRADA} schlammig.

pànta rèi loc sost m *greco filos* panta rhei *forb*.

pantedésco, (-a) <-schi, -sche> agg (*dei tedeschi*) {CULTURA} gesamtdeutsch.

pantegàna f *zoo* (*ratto di fogna*) Wasserratte f.

panteismo m *filos relig* Pantheismus m.

panteista <-i m, -e f> *filos relig* **A** agg (*panteistico*) {CONCEZIONE, TENDENZA} pantheistisch **B** mf (*seguace*) Pantheist(in) m(f).

panteistico, (-a) <-ci, -che> agg *filos relig* {RELIGIONE} pantheistisch.

pànteon → **pantheon**.

pantèra f **1** *zoo* Panther m: ~ **nera**, Schwarzer Panther **2** *fig scherz* (*donna provocante*) Wildkatze f, Femme fatale f *forb* **3** *fig slang* (*automobile*) {+POLIZIA} Funkstreifen-, Polizeistreifenwagen m ● **essere agile/veloce come una** ~, gewandt/[flink/schnell] wie ein Panther sein; **pantere nere stor** (*movimento politico americano*), Black Panthers pl, Black Panther-Bewegung f.

pàntheon <-> m *greco arte* Pantheon n.

pantòfola f <*di solito al pl*> (*ciabatta*) Pantoffel m, Hausschuh m: **mettersi le pantofole**, in die Pantoffeln schlüpfen, (sich dat) die Pantoffeln anziehen; **togliersi le pantofole**, sich (dat) die Pantoffeln ausziehen ● **mettersi/stare in pantofole** *fig* (*in tenuta di casa*), es sich (dat) zuhause gemütlich machen; **dopo la nascita del figlio si è messo in pantofole** *fig* (*fare una vita casalinga*), nach der Geburt seines Sohnes ist er ein Stubenhocker geworden *fam spreg*.

pantofolàio, (-a) <-lai m> **A** agg *fig* (*conservatore*) {POLITICA} konservativ, unbeweglich **B** m (f) **1** (*fabbricante*) Hausschuhfabrikant(in) m(f) **2** (*venditore*) Hausschuhverkäufer(in) m(f) **3** *fig spreg* (*persona che ama il quieto vivere*) Stubenhocker(in) m(f) *fam spreg*.

pantofoleria f **1** (*fabbrica*) Hausschuhfabrik f **2** (*negozio*) Geschäft n für Hausschuhe.

pantogràfico, (-a) <-ci, -che> agg {RIDUZIONE} Storchschnabel-, Pantograph-.

pantografista <-i m, -e f> mf (*operaio*) Pantographenarbeiter(in) m(f).

pantògrafo m **1** (*strumento*) Storchschnabel m, Pantograph m **2** *ferr* (*organo di presa*) {+TRENO} Stromabnehmer m.

pantomìma f **1** *fig* (*insieme di gesti*) Gebärden-, Zeichensprache f: **esprimersi con una** ~, sich mit einer Geste ausdrücken **2** *fig* (*messinscena*) Theater m, Inszenierung f *spreg*: **una ridicola** ~, eine lächerliche Inszenierung *spreg* **3** *teat* (*rappresentazione*) Pantomime f: **vedere una** ~, eine Pantomime sehen.

pantomìmico, (-a) agg *teat* (*della pantomima*) {ARTE, AZIONE} pantomimisch.

pantomìmo, (-a) *teat* **A** m (f) (*attore*) Pantomime mf **B** m (*pantomima*) Pantomime f.

panzàna f *fam* (*frottola*) Flunkerei f *fam*, Märchen n *fam*, Lügengeschichte f: **non crederci, è una grossa** ~!, glaub das nicht, das ist eine dicke Lüge!; **dice solo panzane**, er/sie erzählt nur Märchen *fam*.

panzanèlla f *gastr* "im Wasser eingeweichtes altbackenes Brot mit Tomaten, Basilikum, Salz, Essig und Öl".

panzaròtto → **panzerotto**.

panzer <-> m *ted* **1** *mil* (*carro armato*) Panzer m **2** *fig* (*persona dura e risoluta*): **(lui) è un** ~, er ist ein willensstarker Mensch, er ist ein richtiger Berserker; *spreg* er geht über Leichen *spreg*, ihm ist jedes Mittel recht.

panzeròtto m *gastr* "mit Käse, Schinken u. Ä. gefüllte Teigtasche".

Pàola f (*nome proprio*) Paula, Pauline.

paolinismo m *relig* (*studio*) Paulinismus m.

paolino, (-a) agg *relig* (*relativo a S. Paolo*) paulinisch.

Pàolo m (*nome proprio*) Paul, Paulus.

paonàzzo, (-a) **A** agg (*violaceo*) {MANI, VISO} violett **B** m (*colore*) Violett n ● **diventare/essere** ~ (*per la collera*), rot im Gesicht werden/sein, ₍rot anlaufen/[rot angelaufen sein]; (*per la vergogna*) anche, einen hochroten Kopf bekommen/haben.

pàpa <*papi*> m (*pontefice*) Papst m: **un discorso del** ~, eine Rede des Papstes; ~ ₍Giovanni Paolo II₎/[Leone XIII], Papst ₍Johannes Paul II.₎/[Leo XIII.]; **essere eletto** ~, zum Papst gewählt werden ● **neanche il** ~ **glielo può levare** (*rif. a ceffone o sim. che una volta dato non si può togliere*), passiert ist passiert; ~ **nero** *relig* (*generale dei Gesuiti*), Ordensgeneral m der Jesuiten; **stare/vivere** ₍**come un**₎/[**da**] ~ *fig* (*fare una vita agiata*), leben wie Gott in Frankreich *fam*; **morto un** ~ **se ne fa un altro** *prov*, niemand ist unersetzlich.

papà <-> m *fam* Papa m *fam*, Papi m *fam*, Vati m *fam*: **dov'è** ~?, wo ist denn Papa? *fam*; **il** ~ **di Maria è ingegnere**, der Vater/Papa von Maria ist Ingenieur; **fare da** ~ **a qu**, bei/an jdm Vaterstelle vertreten.

papàbile A agg **1** *fig spec scherz* (*favorito*) bevorzugt, in der engeren Wahl **2** *relig* (*eleggibile*) {CARDINALE} zum Papst wählbar **B** m (f) *fig spec scherz* "wer in der engeren Wahl steht" **C** m *relig* Papstkandidat m.

papàia f *bot* **1** (*albero*) Papayabaum m **2** (*frutto*) Papaya(frucht) f.

papàle A agg (*del papa*) {ASSOLUZIONE, BOLLA, ENCICLICA} päpstlich, papal **B** loc avv **1** (*in modo schietto*): **papale papale**, klipp und klar *fam*, klar und deutlich; **per dirla papale papale**, um es klipp und klar zu sagen *fam*, im Klartext heißt das **2** (*tale e quale*) genauso: **te lo riferisco papale papale**, ich berichte es dir (genau)so, wie ich es erfahren habe.

papalina f (*copricapo*) Käppchen n.

papalino, (-a) **A** agg *iron spreg* (*del papa*) {ESERCITO, GOVERNO, STATO} päpstlich; {GUARDIA} *anche* Papst- **B** m (f) **1** (*clericale*) Klerikale mf decl come agg **2** (*fautore*) Papstanhänger(in) m(f), Papist(in) m(f) *spreg* **C** m (*soldato del papa*) päpstlicher Soldat.

papamòbile f (*automobile speciale*) Papamobil n.

paparàzzo m *spreg* (*fotografo*) Skandalreporter m, Paparazzo m *scherz*.

papàto m **1** (*carica*) Papstwürde f, Papsttum n, Papat m o n **2** (*periodo*) Amtszeit f eines Papstes: **durante il** ~ **di Leone IX**, während der Amtszeit von Leo IX. **3** (*istituzione*) Papsttum n, Papat m o n: **i rapporti tra** ~ **e impero**, die Beziehungen zwischen dem Papsttum und dem Kaiserreich.

papaverina f *chim* Papaverin n.

papàvero m **1** *bot* Mohn m, Papaver m; (*selvatico*) Klatschmohn m: **un campo di papaveri**, ein Mohnfeld; **da oppio**, Schlafmohn m **2** *fig* (*pezzo grosso*) großes/hohes Tier *fam*: **i grossi/gli alti papaveri della televisione**, die hohen Tiere des Fernsehens *fam*.

papàya → **papaia**.

pàpera f **1** *zoo* (*junge*) Gans **2** *fig* (*sbaglio*) {+ATTORE, GIORNALISTA, PRESENTATORE} Versprecher m; {+PORTIERE} Patzer m, Fehler m, grober Schnitzer *fam*: **fare/pigliare/prendere una** ~, sich versprechen, einen Bock schießen *fam* **3** *fig fam spreg* (*oca*) dumme/blöde Gans *fam spreg*: **che** ~ **quella ragaz-**

za!, was ist das Mädchen nur für eine dumme Gans! *fam spreg* • **camminare a ~** (*con le punte dei piedi all'infuori*), watscheln.

paperback <-> *m ingl* **1** (*libro in brossura*) Paperback n **2** (*tascabile*) Paperback n, Taschenbuch n.

paperina <*dim di* papera> *f* <*di solito al pl*> (*scarpa*) "flache Schuhe mit weichem Absatz." • **Paperina** (*personaggio di Walt Disney*), Daisy Duck f.

Paperino *m* (*personaggio di Walt Disney*) Donald Duck m.

pàpero *m zoo* (juncker) Gänserich • **camminare a ~** (*con le punte dei piedi all'infuori*), watscheln.

Paperóne A *m* **1** (*personaggio di Walt Disney*) Dagobert Duck m **2** *fig* (*miliardario*) Dagobert Duck m, Onkel m Dagobert B *agg fig* (*ricchissimo*) {SCUDERIA} steinreich, reich wie Onkel Dagobert.

papéssa *f relig stor* Päpstin f: **la ~ Giovanna**, die Päpstin Johanna • **vivere come una ~** *fig scherz* (*nell'agiatezza*), auf Rosen gebettet sein *forb.*

pàpi *fam* Vati m *fam*, Papi m *fam*, Paps m *fam*.

papilla *f* **1** *anat* Papille f: **~ dentale**, Zahnpapille f; **~ mammaria**, Brustwarze f; **~ ottica**, blinder Fleck; **papille gustative**, Geschmackspapillen f pl; **~ renale**, Nierenpapille f **2** *bot* Härchen n.

papillàre *agg anat* {LINEA, STRATO} Papillar- *scient*, papillar *scient*; (*a forma di papilla*) warzenförmig.

papillòma <-i> *m med* Papillom n *scient*.

papillon <-> *m franc* (*cravatta a farfalla*) Fliege f, Papillon m.

papiràceo, (-a) *agg* (*fatto di papiro*) {CARTA} Papyrus-.

papiro *m* **1** (*foglio di ~*) Papyrus m, Papyrusrolle m, Papyrusblatt n **2** (*testo scritto*) {EGIZIANO} Papyrus(text) m **3** *scherz* (*foglio di carta*) Blatt n Papier: **una scrivania coperta di papiri**, ein mit Blättern bedeckter Schreibtisch **4** *spreg* (*documento*) Formular n, Papiere n pl: **compilare dei papiri**, Papiere/Formulare ausfüllen **5** *spreg* (*scritto prolisso*) weitschweifiges Schriftstück **6** *bot* Papyrus m, Papyrusstaude f.

papirologìa *f filol* (*disciplina*) Papyrologie f.

papiròlogo, (-a) <-gi, -ghe> *m* (f) *filol* (*studioso*) Papyrologe m, (Papyrologin f).

papismo *m anche spreg* **1** (*cattolicesimo*) Papismus m *spreg* **2** (*atteggiamento*) Papismus m *spreg*.

papista <-i *m*, -e f> *mf* **1** (*sostenitore*) Papist(in) m(f) *spreg* **2** *spreg* (*cattolico*) Katholel m *fam spreg* • **essere più ~ del papa** *fig* (*difendere qc con accanimento*), päpstlicher als der Papst sein.

papòcchio <-chi> *m region* **1** (*pasticcio*) Schlamassel m *fam*, (schöne) Bescherung *fam iron* **2** (*imbroglio*) Betrügerei f, Schwindel m *fam spreg*.

pàppa① *f* **1** *fam* (*minestra per bambini*) Brei m: **preparare la ~**, den Brei zubereiten **2** *fig* (*poltiglia*) Brei m, Pampe f: **diventare/sembrare una ~**, breiig/pampig werden,/[ein einziger Brei scheinen] • **essere ~ e ciccia (con qu)** *fig fam* (*essere molto amico*), eng/dick *fam* (mit jdm) befreundet sein; **fare la ~** (*nel linguaggio infantile*) (*mangiare*), essen; **essere una ~ molle** *fig spreg* (*persona fiacca*) ein Schwächling/Waschlappen sein *fam spreg*; **è ora della ~!** (*nel linguaggio infantile*) (*di mangiare*), es ist Essenszeit!; **~ col pomodoro** *gastr* (*minestra toscana*), "toskanische Brotsuppe mit Tomaten"; **~ reale** (*sostanza*

ricostituente), Gelee n royale; **mangiare la ~ in testa a qu** *fig* (*essere più alto di lui*), jdm auf den Kopf spucken können *fam*; *fig* (*essere più furbo*), cleverer sein als jd, früher/eher aufgestanden sein als jd; *fig* (*avere più potere*), jdm haushoch überlegen sein; **trovare la ~ fatta/pronta/scodellata** *fig* (*rif. a chi ha qc senza aver faticato*), sich an den gedeckten Tisch setzen, sich ins gemachte Nest setzen *fam*, alles auf dem Silbertablett serviert bekommen.

pàppa② <-> *m region slang* (*protettore*) Zuhälter m, Lude m *fam spreg*, Loddel m *fam*.

pappafico <-chi> *m mar* (*vela quadra*) Vorbramsegel n.

pappagallésco, (-a) <-schi, -sche> *agg fig* (*mnemonico e superficiale*) {STUDIO} papageienhaft.

pappagallismo *m* **1** (*ripetizione meccanica*) Nachplappern n **2** (*comportamento fastidioso*) {+UOMO} Anmache f *fam*, Baggern n *slang*.

pappagàllo *m* **1** *ornit* Papagei m: **~ cinerino**, Graupapagei m **2** (*recipiente per orinare*) Uringlas n, Urinal m **3** *fig spreg* (*chi ripete*) Papagei m *spreg* **4** *fig* (*uomo che molesta*) Anmacher m *fam*, Papagallo m, Baggerer m *slang* • **dire/ripetere qc a ~** *fig* (*meccanicamente*), etw wie ein Papagei wiederholen/nachplappern *fam*; **fare il ~** *fig* (*ripetere meccanicamente*), nachplappern *fam*; (*importunare le donne*) {UOMO} den Papagallo spielen, baggern *slang*, ein Schürzenjäger sein *fam spreg*.

pappagòrgia <-ge> *f* (*doppio mento*) Doppelkinn n: **avere la ~**, ein Doppelkinn haben.

pappamòlla <-> *mf region*, **pappamòlle**, **pàppa mòlle** <-> *mf loc sost mf spreg* (*smidollato*) Schlappschwanz m *fam spreg*, Waschlappen m *fam spreg*, Weichei n *slang*.

pappardèlla *f* **1** *fig scherz* (*tiritera*) Litanei f *spreg*, Geschwätz n *spreg*: **mi ha fatto tutta la ~**, er/sie hat mich ohne Ende zugelabert *fam spreg* **2** <*di solito al pl*> *gastr* "breite, gewellte Bandnudeln".

pappàre A *tr fam* **1** (*mangiare avidamente*) ~ (**qc**) {PIATTO DI SPAGHETTI} etw verschlingen, etw hinunterschlingen: **non pensa che a ~**, er/sie denkt nur ans Essen **2** *fig* (*consumare*) ~ **qc** {GUADAGNO, PROFITTO, UTILE} etw aufzehren, etw vergeuden, etw durchbringen **3** *fig* (*frodare*) (*uso assol*) {POLITICI} sich (dat) die Taschen füllen *fam*, in die eigene Tasche wirtschaften *fam* B *rfl indir intens* **papparsi qc 1** (*divorarsi*) etw verschlingen: **si è pappato tutto in pochi minuti**, er hat alles in wenigen Minuten verschlungen **2** *fig* (*consumare*) {PATRIMONIO} etw durchbringen **3** *fig* (*frodare*) {POLITICI TUTTO} etw ein|sacken *fam*, etw einsäckeln *fam*, in die eigene Tasche wirtschaften *fam*.

pappàta *f* **1** *fam* (*mangiata*) Gelage n, Mahlzeit f: **farsi una bella ~ di ravioli**, ein schönes Ravioli-Gelage machen, eine richtige Ravioli-Orgie veranstalten *fam scherz* **2** *fig* (*profitto illecito*) unredlicher Gewinn.

pappatàci <-> *m zoo* Pap(p)ataci-Mücke f.

pappatóre, (-trice) *m* (f) **1** *fam* (*mangione*) gute(r)/kräftige(r) Esser(in), Vielfraß m *fam* **2** *fig* (*scroccone*) Schmarotzer m *spreg*.

pappatòria *f* **1** *fig* (*mangeria*) Einsacken n *fam*, Einsäckeln n *fam* **2** *fig scherz* (*gran mangiata*) Gelage n, Fressgelage n *volg*, Fresserei f *volg*.

pappìna <*dim di* pappa①> *f* **1** *fam* (*per bambini*) Breichen n **2** *med* (*impiastro*) Leinsamenumschlag m.

pappóne, (-a) A *m region spreg* (*magnaccia*) Zuhälter m, Strizzi m *süddt A CH*, Louis m

fam B *m* (f) *fam* (*mangione*) Vielfraß m *fam*, Fresssack m *fam anche spreg*.

pàprica *f* **1** *bot* Paprika m **2** *gastr* Paprika(pulver) n.

pap-test <-, -s pl ingl> *m ingl med* Abstrich m: **fare/[sottoporsi a] un pap-test**, einen Abstrich machen (lassen).

pàpua A <*inv*> *agg* {DIALETTO} Papua- B <-> *mf* (*abitante*) Papua mf.

papuàno, (-a) A *agg* papuanisch B *m* (f) (*abitante*) Papua mf.

pàpula *f med* (*lesione*) Papula n, Papel n.

par. *abbr di* paragrafo: Par. (abbr di Paragraph).

pàra *f* (*gomma*) Paragummi m o n: **suola di ~**, Kreppsohle f.

parà <-> *mf mil* (*paracadutista*) Fallschirmspringer(in) m(f).

parabancàrio, (-a) <-ri m> *banca* A *agg* bankähnlich B *m* bankähnlicher Service.

parabasi <-> *f teat* (*intermezzo*) Parabase f.

parabèllum <-> *m* **1** (*pistola*) Parabellum-(pistole) f **2** (*fucile*) Parabellumgewehr n **3** (*cartuccia*) Parabellumpatrone f.

paràbile *agg sport* (*nel calcio*) (*che si può parare*) {RIGORE} haltbar.

paràbola① *f* **1** (*traiettoria*) {+PROIETTILE} Bahn f **2** *fig* (*ciclo*) {+ATTORE, CARRIERA} Entwicklungsstufen f pl: **compiere la propria ~**, seinen Entwicklungszyklus durchlaufen; **~ della vita**, Lebenslauf m, Lebensweg m **3** *mat* (*in geometria*) Parabel f • **~ ascendente/discendente** *fig* (*fase*), ansteigende/absteigende Phase, Phase f des Aufstiegs/Niedergangs.

paràbola② *f* **1** *relig* Gleichnis n, Parabel f: **la ~ dei talenti**, das Gleichnis von den Talenten **2** *lett* {+KAFKA} Parabel f • **parlare/ragionare per parabole** (*metaforicamente*), in Gleichnissen reden.

parabòlico, (-a) <-ci, -che> A *agg* **1** *mat* (*in geometria*) {CURVA, LINEA} parabolisch **2** *fis* {MOTO} parabolisch **3** *radio TV* {ANTENNA} Parabol- B *f radio TV* (*antenna*) Parabolantenne f.

paraboloìde *m* **1** *mat* (*in geometria*) (*superficie*) Paraboloid n **2** *radio TV* (*antenna*) Parabolantenne f.

paraboloìdico, (-a) <-ci, -che> *agg mat* (*in geometria*) {SUPERFICIE} Paraboloid-.

parabórdo <-> *m mar* (*riparo*) Fender m, Scheuerleiste f.

parabrézza <-> *m aero autom mar* Windschutzscheibe f.

paracadutàre A *tr* (*lanciare*) **~ qu/qc (da qc)** (+ *compl di luogo*) {SOLDATI DA UN AEREO, VIVERI} jdn/etw (*irgendwo*) (*von etw dat*) mit dem Fallschirm ab|werfen B *rfl* (*lanciarsi col paracadute*): **paracadutarsi (qc)** (+ *compl di luogo*) {SU UN ALTOPIANO} (*irgendwo*) (*von etw dat*) ab|springen.

paracadùte <-> *m* **1** (*dispositivo*) Fallschirm m: **~ ad apertura automatica/comandata**, Fallschirm m mit automatischer/handgesteuerter Öffnung; **~ di emergenza/riserva/soccorso**, Hilfs-/Reserve-/Sicherheitsfallschirm m; **~ freno/di coda**, Bremsschirm m; **lanciarsi col ~**, mit dem Fallschirm abspringen; **~ a strisce**, Sportfallschirm m **2** *tecnol* {+ASCENSORE} Fangvorrichtung f • **fare da ~ a qu** *fig* (*proteggerlo dalle conseguenze di un errore*), jdm Rückendeckung geben.

paracadutismo *m* **1** *mil* Fallschirmspringen n **2** *sport* Fallschirmsport m: **fare ~**, Fallschirmsport treiben, fallschirmspringen.

paracadutista <-i m, -e f> A *agg mil* {BRI-

GATA, TRUPPE} Fallschirm- **B** mf **1** mil Fallschirmjäger(in) m(f) **2** sport Fallschirmspringer(in) m(f).

paracadutistico, (-a) <-ci, -che> agg spec sport {ESIBIZIONE} Fallschirm-.

paracàlli <-> m (anello) Hühneraugenring m.

paracamìno m (pannello) Ofenschirm m.

paracàrro m Leitplanke f.

Paracèlso m stor Paracelsus m.

paracèntesi <-> f med (puntura) Punktion f.

paracetamòlo m farm Paracetamol(um) n scient.

paracólpi <-> m **1** (dischetto protettivo) {+FINESTRA, PORTA} Puffer m, Stoßdämpfer m, Stoßfänger m **2** (paraurti) Stoßstange f **3** (per bambini) {+LETTINO} Puffer m.

paracùlo <-> mf region **1** (opportunista) Schlauberger m fam scherz, Schlaumeier m fam, Schlaukopf m fam, Schlaufuchs m fam **2** (ruffiano) Speichellecker m spreg.

paradentàle agg anat med parodontal, paradental.

paradènti <-> m sport (nel pugilato) Zahnschutz m.

paradentologìa f med Parodontologie f scient, Paradentologie f scient.

paradentòsi <-> f med (in odontoiatria) (piorrea) Parodontose f scient, Paradentose f scient.

paradìgma <-i> m **1** (schema di riferimento) {+IDEOLOGIA} Paradigma n forb **2** filos (in Platone) (modello) Idee f; (in Aristotele) (archetipo) Urbild n **3** gramm {+VERBO} Paradigma n.

paradigmàtico, (-a) <-ci, -che> agg **1** (di esempio) {VALORE} paradigmatisch forb, beispielhaft **2** ling {RAPPORTO} paradigmatisch.

paradisìaco, (-a) <-ci, -che> agg **1** (del Paradiso) {BEATITUDINE} paradiesisch **2** fig (meraviglioso) {CALMA, VITA} himmlisch.

paradìso **A** m **1** relig Paradies n, Himmel m **2** fig (luogo meraviglioso) Paradies n: qui è un ~!, hier ist es himmlisch/[wie im Paradies]! **3** fig (massima felicità) Paradies n **4** lett (nella Divina Commedia di Dante Alighieri): il Paradiso, das Paradies **B** <inv> loc agg (bellissimo): di ~, paradiesisch, himmlisch; un'isola di ~, eine paradiesische/himmlische Insel ● andare in ~ eufem (morire), ins Paradies eingehen, in den Himmel kommen; i paradisi artificiali lett (opera di C. Baudelaire), die künstlichen Paradiese; fig (stati di ebrezza prodotti da droghe), Drogenparadies n; è andata in ~ in carrozza fig (ha ottenuto senza fatica), ihr ist alles in den Schoss gefallen, ihr fiel alles zu, sie hat sich nie ein Bein ausgerissen fam; questa scuola è un ~ in confronto ad altre fig (è molto migliore), diese Schule ist im Vergleich zu anderen ein Paradies; essere/sentirsi/stare in ~ fig (stare molto bene), sich (wie) im siebten Himmel fühlen fam; ~ fiscale fig giorn, Steueroase f fam; giocarsi/perdere il ~ fig (vivere nel peccato), in Sünde leben, seinen Platz im Paradies verspielen; guadagnarsi/meritarsi il ~ fig anche scherz, sich (dat) das Paradies verdienen; ~ di Maometto relig, "im Koran versprochenes Paradies"; il ~ perduto relig lett, das verlorene Paradies; stare in ~ a dispetto dei santi fig (in un luogo dove non si è graditi), sich aufdrängen, ein Eindringling sein; sich nicht darum scheren, dass man nicht willkommen ist fam; avere/trovare il ~ su questa terra fig (condurre una vita felice), seinen Himmel auf Erden haben forb/finden forb; ~ terrestre relig, irdisches Paradies, Paradies n auf Erden; fig (luogo incantevole), Paradies n (auf Erden); volare in ~ eufem (nel linguaggio infantile) (morire), in den Himmel kommen.

paradontàle → **paradentale**.

paradònto m anat Parodontium n, Parodontium n.

paradontologìa → **paradentologia**.

paradontòsi → **paradentosi**.

paradossàle agg **1** (assurdo) {OPINIONE, RISULTATO, SCELTA, SITUAZIONE} paradox forb, widersinnig **2** (che ama il paradosso) {REGISTA} paradox fam, bizarr, merkwürdig.

paradossalità <-> f **1** (assurdità) {+FATTO, OPINIONE, TESI} Paradoxie f forb **2** {+SCRITTORE} Bizarre n decl come agg.

paradossalménte avv (in modo paradossale) paradox, paradoxerweise: prima si opponeva, adesso ~ è lui a fare la richiesta, zuerst war er dagegen, jetzt fordert er es paradoxerweise selbst.

paradòsso, (-a) **A** m **1** filos fis mat Paradox(on) n forb **2** fig (controsenso) Widersinn m **B** agg med {DISFAGIA, STANCHEZZA} paradox scient.

parafàngo <-ghi> m {+MACCHINA} Kotflügel m; {+BICICLETTA, MOTOCICLETTA} Schutzblech n.

parafàre, paraffàre tr amm (siglare) ~ qc {ATTO, DOCUMENTO} etw paraphieren.

parafernàle agg dir {BENI} Vorbehalts-.

paràffa, paràfa f amm (sigla) Paraphe f forb, Namenszug m, Namensstempel m.

paraffìna f chim Paraffin n.

paraffinàre tr (impregnare di paraffina) ~ qc {CARTA, TESSUTO} etw paraffinieren.

paraffinatùra f (operazione) Paraffinierung f.

parafiàmma **A** <inv> agg {PARATIA} feuersicher, feuerfest **B** <-> m **1** (schermo) Feuer-, Flammenschutz m **2** artiglieria Flammendämpfer m.

parafrasàre tr (ripetere con parole proprie) ~ qu/qc {AUTORE, TESTO, VERSI} jdn/etw paraphrasieren, etw um|schreiben, jdn/etw frei wieder|geben: parafrasando il celebre poeta ..., frei nach dem berühmten Dichter ...

paràfrasi <-> f (esposizione con parole proprie) {+INNO, SONETTO} Paraphrase f, Umschreibung f, freie Wiedergabe: fare la ~ di una poesìa, ein Gedicht paraphrasieren/umschreiben.

parafràstico, (-a) <-ci, -che> agg {ESPOSIZIONE} paraphrastisch, umschreibend.

parafrenìa f psic (sindrome) Paraphrenie f.

parafùlmine m elettr (dispositivo) Blitzleiter m ● fare da ~ a qu fig (capro espiatorio), jdm als Blitzableiter dienen.

parafuòco <-chi> m (pannello) {+CAMINETTO, STUFA} Ofenschirm m.

paràggio m <di solito al pl> **1** (zona circostante) (nähere) Umgebung, Nähe f, Gegend f: abito nei paraggi, ich wohne in der Nähe; nei paraggi della stazione, in der Nähe des Bahnhofs, in Bahnhofsnähe; è molto tranquillo in questi paraggi, in dieser Gegend ist es sehr ruhig **2** mar (tratto di mare) {+ISOLA, PORTO} Küstengewässer n.

paragócce **A** <inv> agg {ANELLO} Tropfenfänger- **B** <-> m Tropfenfänger m.

paragonàbile agg (che si può confrontare) ~ a/con qu/qc (mit jdm/etw) vergleichbar: i due fatti non sono paragonabili, die beiden Ereignisse [sind nicht miteinander vergleichbar]/[kann man nicht vergleichen].

paragonàre **A** tr **1** (confrontare) ~ qu/qc a/con qu/qc {POETA A UN ALTRO, DATI, FILM} jdn/etw mit jdm/etw vergleichen: ~ un testo con un altro, einen Text mit einem anderen vergleichen; non si possono ~ musicisti così diversi, man kann derart unterschiedliche Musiker nicht miteinander vergleichen **2** (equiparare) ~ qu/qc a qu/qc {PERSONAGGIO A UNA FIGURA MITOLOGICA} jdn/etw/jdm/etw gleich|setzen **B** rfl (confrontarsi): paragonarsi a qu sich mit jdm vergleichen, sich mit jdm messen: non gli piace paragonarsi a suo padre, er vergleicht/misst sich nicht gern mit seinem Vater.

paragonàto, (-a) agg (confrontato) ~ (a/con qu/qc) verglichen (mit jdm/etw): questo fatto, ~ ai precedenti, è molto più grave, dieser Vorfall ist, verglichen mit den vorhergehenden, wesentlich schlimmer.

paragóne **A** m **1** (confronto) Vergleich m, Gegenüberstellung f: fare un ~ tra due attrici/canzoni, einen Vergleich zwischen zwei Schauspielerinnen/Liedern anstellen/ziehen; mettere a ~ qu/qc, jdn/etw vergleichen **2** (esempio) {AZZECCATO, CALZANTE, SBAGLIATO} Vergleich m: portare un ~, einen Vergleich anführen; questo ~ non regge, dieser Vergleich hinkt **B** loc prep (rispetto a): a ~ di qu/qc, in ~ a/di qu/qc, {DEL NUOVO DIRETTORE, DELLA SCORSA STAGIONE} im Vergleich zu jdm/etw; in ~ a lui mi sento un genio, neben/[im Vergleich zu] ihm finde ich mich genial ● non avere/trovare ~/paragoni (essere imparagonabile), unvergleichlich sein; non c'è ~ (è decisamente superiore), (das ist doch) kein Vergleich!; non c'è ~ tra i due hotel: questo è sicuramente migliore, die beiden Hotels kann man nicht vergleichen: dieses hier ist eindeutig das bessere; i paragoni sono sempre odiosi (non è piacevole venire paragonati), keiner lässt sich gern (mit anderen) vergleichen; reggere al/il ~ (essere alla pari), jedem Vergleich standhalten; senza ~ (unico), unvergleichlich, ohnegleichen, beispiellos.

paragrafàre tr (dividere in paragrafi) ~ qc {DOCUMENTO} etw in Paragraphen/Abschnitte ein|teilen, etw paragraphieren.

paràgrafo m **1** (suddivisione, abbr par.) {+LIBRO, SAGGIO, TRATTATO} Absatz m, Abschnitt m **2** (segno) Paragraph(enzeichen n) m **3** dir (abbr par.) {+LEGGE} Paragraph m, Absatz m.

paraguaiàno, (-a) **A** agg paraguayisch **B** m (f) (abitante) Paraguayer(in) m(f).

Paraguày m geog Paraguay n.

paraguayàno, (-a) → **paraguaiano**.

parainfluenzàle agg med Parainfluenza-.

paralalìa f med Paralalie f scient.

paralèssi <-> f ling Paralipse f, Präteritio(n) f, scheinbare Übergehung.

paralessìa f med Paralexie f scient.

Paralimpìade → **Paraolimpiade**.

paralipòmeni m pl lett relig Paralipomenon n.

paralìsi <-> f **1** med {+ARTO} Lähmung f, Paralyse f scient: avere una ~, gelähmt sein; le è presa una ~, sie hatte Lähmungserscheinungen **2** fig (blocco) {+TRAFFICO} Zusammenbruch m, Stillstand m, Kollaps m **3** fig (crisi) {+ECONOMIA} Lähmung f, Stillstand m; {+GOVERNO} Krise f **4** fig (torpore) {+PENSIERO, SPIRITO} Lähmung f, Trägheit f **5** veter Lähme f ● ~ agitante med (morbo di Parkinson), Schüttellähmung f, Parkinsonsche Krankheit; ~ infantile med (poliomielite), Kinderlähmung f; ~ progressiva med (forma di sifilide), progressive Paralyse.

paralìtico, (-a) <-ci, -che> **A** agg **1** (colpito da paralisi) {VECCHIO} gelähmt, paralytisch scient; {ARTO} gelähmt, lahm **2** (di paralisi) {STATO} Lähmungs- **B** m (f) (persona) Ge-

paralizzàre tr **1** med (rendere paralitico) ~ qu/qc jdn/etw lähmen, jdn/etw paralysieren scient: **l'incidente lo ha paralizzato**, durch den Unfall ist er gelähmt; **la lesione spinale le paralizzò gli arti inferiori**, durch die Rückenmarkverletzung sind ihre unteren Gliedmaßen gelähmt **2** fig (bloccare) ~ qc {TRAFFICO} etw zum Stillstand/Erliegen bringen, etw lahm|legen: **lo sciopero ha paralizzato la città**, der Streik hat die ganze Stadt lahmgelegt **3** fig (mettere in crisi) ~ qc {COMMERCIO} etw lähmen, etw lahm|legen **4** fig (impedire) ~ qc {MENTE, PENSIERO} etw lähmen **5** fig (gelare) ~ qu jdn lähmen, jdn erstarren lassen: **la notizia lo paralizzò**, die Nachricht ließ ihn erstarren.
paralizzàto, (-a) agg **1** (colpito da paralisi) gelähmt, paralysiert: **essere ~ a un braccio**, an einem Arm gelähmt sein; **ha una gamba paralizzata**, er/sie hat ein lahmes/gelähmtes Bein; **restare ~**, gelähmt bleiben **2** fig (bloccato) {TRAFFICO} zum Stillstand/Erliegen gebracht ● **essere ~ dallo spavento**, vor Schreck wie gelähmt sein.
paralizzazióne f spec fig {+SERVIZI, TRAFFICO} Paralysierung f, Lahmlegung f, (azione anche) Paralysieren n, Lahmlegen n.
parallàsse f astr fis {ANNUA, DIURNA} Parallaxe f.
parallàttico, (-a) <-ci, -che> agg astr fis {ANGOLO} parallaktisch.
parallèla f **1** mat (in geometria) (retta) Parallele f: **tirare due parallele**, zwei Parallelen ziehen **2** mil stor (trincea) {PRIMA, SECONDA, TERZA} Parallellinie f **3** <solo pl> sport (attrezzo) (Turn)barren m: **esercitarsi alle parallele**, am Barren üben; **parallele asimmetriche**, Stufenbarren m.
parallelaménte A avv **1** (in modo parallelo) parallel: **linee tracciate ~**, parallel gezogene Linien **2** fig (nel contempo) gleichzeitig: **lavora e ~ studia**, er/sie arbeitet und studiert gleichzeitig B loc prep: ~ **a qc 1** (in modo parallelo) parallel zu etw (dat): **disporre le sedie ~ al divano**, die Stühle parallel zum Sofa aufstellen **2** (nello stesso tempo) neben, zugleich mit: **è un'attività che svolge ~ al lavoro**, das erledigt er/sie neben seiner/ihrer Arbeit.
parallelepipedo m mat (in geometria) {OBLIQUO} Parallelepiped(on) n: ~ **rettangolo**, Rechtkant n, Rechteckprisma n.
parallelìsmo m **1** fig (corrispondenza) Parallelität f, Parallelismus m, Übereinstimmung f: **c'è un ~ tra i due fatti**, es ‚herrscht eine Parallelität‚/‚bestehen Parallelen zwischen den beiden Ereignissen **2** ling (forma stilistica) Parallelismus m **3** mat (in geometria) Parallelität f: ~ **di due rette**, die Parallelität zweier Geraden ● ~ **psicofisico** psic, psychophysischer Parallelismus.
parallèlo, (-a) A agg **1** (affiancato) {BINARI, RIGHE, VIE} parallel, Parallel-: anche mat (in geometria) ~ **a qc** parallel zu etw (dat): **una strada parallela alla ferrovia**, eine zur Eisenbahnlinie parallel verlaufende Straße **2** fig (contemporaneo) {EVENTI} gleichzeitig **3** fig (analogo) {CONCETTI} analog **4** mus {MOTO} parallel **5** sport (nello sci) {SLALOM} Parallel- B m **1** (confronto) Vergleich m, Parallele f: **fare un ~ tra qu/qc**, einen Vergleich zwischen jdm/etw anstellen **2** astr Parallele f: ~ **celeste**, Himmelsäquatorparallele f **3** geog Breiten-, Parallelkreis m: ~ **geografico/terrestre**, Breitenkreis m **4** mat (in geometria) (cerchio) Parallelprojektion f ● **in ~**, elettr {ACCOPPIAMENTO, COLLEGAMENTO} Parallel- inform {ELABORAZIONE, TRASMISSIONE} parallel.

parallelogràmma <-i>, **parallelogràmmo** m mat (in geometria) Parallelogramm n ● ~ **delle forze** fis, Kräfteparallelogramm n.
paralogìsmo m filos (ragionamento erroneo) Paralogismus m.
paralùce <-> m film fot (schermo) Gegenlichtblende f.
paralùme m Lampenschirm m.
paramagnetìsmo m fis Paramagnetismus m.
paramècio <-ci> m zoo Pantoffeltierchen n, Paramecium n scient.
paramèdico, (-a) <-ci, -che> A agg {ATTIVITÀ, PERSONALE} medizinische(r, s) Hilfs- B m (operatore sanitario) medizinische(r) Assistent(in).
paraménto m **1** edil Wandfläche f, Maueroberfläche f **2** <solo pl> relig {+ALTARE, SACERDOTE} Parament n: **paramenti sacri**, heilige/liturgische Paramente.
paramètrico, (-a) <-ci, -che> agg mat {EQUAZIONE} Parameter-; {TABELLA} anche parametrisch.
paràmetro m **1** fig (criterio) Kriterium n, Parameter m, Maßstab m: **giudicare qc secondo i parametri stabiliti**, etw nach den festgelegten Kriterien beurteilen **2** mat Parameter m.
paramilitàre agg {GRUPPO} paramilitärisch.
paramósche <-> m (copertura) Fliegennetz n.
parànco <-chi> m mecc {DOPPIO, ELETTRICO, PNEUMATICO} Flaschenzug m: ~ **differenziale**, Differenzialflaschenzug m.
paranéve <-> m **1** (dispositivo) Schneeschutz m **2** (ghetta) {+ALPINISTA, SCIATORE} Schneegamasche f.
paranòia f **1** fig slang giovanile (crisi) Panik f fam, Krise f: **andare in ~**, ausrasten slang, ausflippen fam, austickern slang, die Krise kriegen fam; **essere in ~**, ausgerastet sein slang, ausgeflippt sein fam **2** fig slang giovanile (noia) Öde f: **che ~ questo film!**, was für ein stinkfader fam/abgegessener slang Film!, ist der Film ödig/abgegessen! slang **3** psic Paranoia f ● **farsi delle paranoie** slang giovanile (crearsi dei problemi inutili), sich (dat) für nichts einen Kopf machen fam, gleich die Krise kriegen fam.
paranòico, (-a) <-ci, -che> A agg **1** slang giovanile (esageratamente ansioso) übertrieben ängstlich, phobisch slang: **smettila di essere ~!**, jetzt mach dir nicht so einen Kopf! fam, jetzt krieg mal nicht gleich die Krise! fam **2** psic {SINDROME} paranoisch B m (f) psic Paranoiker(in) m(f).
paranòide psic A agg {SCHIZOFRENIA} paranoid B mf Paranoide mf decl come agg.
paranormàle A agg **1** {CAPACITÀ, FENOMENO} paranormal, übersinnlich **2** psic {COMPORTAMENTO} nicht ganz normal B m Paranormale n decl come agg, Übersinnliche n decl come agg.
paranza f (nella pesca) **1** (barca) Fischerboot m (mit Lateinersegel) **2** (rete) Schleppnetz n.
paraòcchi <-> m {+CAVALLO} Scheuklappe f ● **avere/mettersi i paraocchi** fig (ignorare l'evidenza), Scheuklappen ‚haben/tragen‚/[aufsetzen]; **procedere con il ~** fig (ignorando il resto), sich nicht um die anderen scheren fam, unbeirrt seinen Weg gehen.
paraòcchio <-chi> m (accessorio) Augenmuschel f.
Paraolimpìade f <di solito al pl> sport (Olimpiade per disabili) Paraolympiade f, Behindertenolympiade f.

paraorécchie <-> m **1** (per le orecchie) Ohrenschützer m pl **2** sport (nel rugby) Rugbyhelm m.
parapà inter (di suono di tromba) tröt tröt.
parapàlle <-> m mil (terrapieno) Kugelfang m.
parapendìo <-dii> m sport **1** (paracadute) Paraglider m, Gleitschirm m **2** (disciplina) Paragliding n: **fare ~**, Paragliding treiben.
parapètto m **1** edil (struttura) {+PALCO, TERRAZZA, TRIBUNA} Geländer n; {+BALCONE, FINESTRA, PONTE} anche Brüstung f **2** mar {+NAVE} Reling f **3** mil {+TRINCEA} Brustwehr f.
parapìglia <-> m (trambusto) Durcheinander n, Getümmel n, Gemenge n: **nel ~ generale sono riusciti a fuggire**, es gelang ihnen, im allgemeinen Durcheinander zu flüchten.
parapiòggia <-> m (ombrello) Regenschirm m.
paraplegìa f med (paralisi) doppelseitige Lähmung, Querschnittslähmung f, Paraplegie f scient.
paraplègico, (-a) <-ci, -che> med A agg {RAGAZZO} querschnitt(s)gelähmt, paraplegisch scient B m (f) (persona) Querschnitt(s)gelähmte mf decl come agg, Paraplegiker(in) m(f) scient.
parapsìchico, (-a) <-ci, -che> agg psic {FENOMENO} parapsychisch.
parapsicologìa f psic Parapsychologie f.
parapsicològico, (-a) <-ci, -che> agg psic parapsychologisch.
parapsicòlogo, (-a) <-gi, -ghe> m (f) psic Parapsychologe m, (Parapsychologin f).
paràre A tr **1** (neutralizzare) ~ qc {GINOCCHIERA COLPI} etw parieren, etw ab|wehren **2** (riparare) ~ qc da qc {FERITA DALLA POLVERE} etw vor etw (dat) schützen; {OCCHI DALLA LUCE} anche etw gegen etw (acc) ab|schirmen **3** (celare) ~ qc a qu jdm etw verdecken: **spostati, che mi pari la luce!**, geh zur Seite, du stehst mir im Licht! **4** (ornare) ~ qc {CITTÀ} etw (aus|)schmücken, etw her|richten: ~ **la chiesa a lutto**, die Kirche mit Trauerflor versehen/[für eine Trauerfeier herrichten] **5** fig (difendersi da) ~ qc {ATTACCO, CRITICA} etw ab|wehren, sich gegen etw (acc) verteidigen, etw parieren **6** sport (nel calcio) ~ qc (nella pallanuoto) ~ qc (TIRO} etw parieren, etw halten: ~ **di piede/[con i pugni]**, mit den Füßen/den Fäusten halten; ~ **un rigore**, einen Strafstoß halten; ~ **nella scherma** ~ qc {STOCCATA} etw parieren, (nel pugilato) {DIRETTO} etw ab|wehren, etw auf|fangen B itr pron: **pararsi davanti/innanzi a qu 1** (comparire) sich jdm in den Weg stellen, vor jdm auf|tauchen: **d'un tratto mi si è parato davanti**, plötzlich stellte er sich mir in den Weg **2** fig (presentarsi all'improvviso) {DIFFICOLTÀ} sich jdm auf|tun, sich jdm dar|bieten, vor jdm auf|tauchen: **le si parò davanti uno spettacolo orribile**, vor ihr tat sich ein schreckliches Schauspiel auf C rfl **1** (ripararsi): **pararsi da qc** {DALLA PIOGGIA} sich vor etw (dat) schützen, vor etw (dat) Schutz suchen **2** relig (vestirsi con paramenti): **pararsi** {SACERDOTE} sich (dat) die Messgewänder an|legen ● **andare a ~ (con qc)** (mirare a un determinato scopo), (mit etw dat) auf etw (acc) hinauswollen, (mit etw dat) auf etw (acc) hinzielen, (mit etw dat) etw erreichen wollen; **dove vuoi andare a ~?**, worauf willst du hinaus?; **so dove vuole andare a ~ con quei discorsi**, ich weiß, worauf er mit diesen Reden hinzielt; Nachtigall, ich hör dir trapsen! fam; **dove andremo a ~?** (dove andremo a finire, cosa accadrà?), was wird aus uns werden?, wo werden wir noch enden?,

parasanitàrio, (-a) <-ri m> **A** agg medizinische Assistenten- **B** m (f) (paramedico) medizinische(r) Assistent(in) m(f).

parasàrtie <-> m mar Rüste f.

parascientìfico, (-a) <-ci, -che> agg (pseudoscientifico) {DISCIPLINA} para-, pseudowissenschaftlich.

parascolàstico, (-a) <-ci, -che> agg (integrativo) {ATTIVITÀ} außerschulisch, neben/außerhalb der Schule.

parasimpàtico <-ci> anat **A** agg {SISTEMA} parasympathisch scient **B** m Parasympathikus m scient.

paraski <-> m sport Paraski m, Paraschi m.

parasóle A <-> m 1 (ombrello) Sonnenschirm m 2 fot (paraluce) Sonnenblende f, Gegenlichtblende f **B** <inv> agg autom {ALETTA} Sonnen(schutz)-.

parasprùzzi <-> m autom Spritzschutz m.

parassìta <-i m, -e f> **A** agg 1 biol {INSETTO, PIANTA} Schmarotzer-, parasitär 2 fig spreg (improduttivo) {ENTE} unproduktiv 3 fig spreg (sfruttatore) {INDIVIDUO} schmarotzerhaft spreg, parasitär forb spreg 4 elettr {CORRENTE, RESISTENZA} parasitär **B** m biol Parasit m: ~ **del cane/delle rose**, Hunde-/Rosenparasit m **C** mf fig spreg (chi sfrutta gli altri) Schmarotzer(in) m(f) spreg, Parasit(in) m(f) forb spreg, Nassauer(in) m(f) fam: **è un ~ della società**, er lebt auf Kosten der Gesellschaft.

parassitàrio, (-a) <-ri m> agg 1 biol {SISTEMA DI VITA} parasitär 2 fig (da parassita) {VITA} schmarotzerhaft spreg, parasitär forb spreg, Parasiten- forb spreg 3 fig (improduttivo) {IMPRESA} unproduktiv 4 agr med veter {MALATTIA} Schädlings-.

parassitìsmo m 1 biol Parasitismus m 2 fig (il vivere da parassita) {+INDIVIDUO} Schmarotzertum n spreg, Parasitentum n forb spreg 3 fig (improduttività) {+ENTE} Unproduktivität f.

parassitòsi <-> f med Parasitose f scient.

parastatàle A agg {ENTE} halbstaatlich; {PERSONALE} halbstaatlichen Einrichtung **B** mf (dipendente) Angestellte mf decl come agg einer halbstaatlichen Einrichtung.

parastinchi <-> m sport (imbottitura) Schienbeinschützer m pl.

paràta① f sport (nel calcio) Abwehr f (durch den Torhüter): **fare una ~**, einen Ball parieren/abwehren; ~ **di pugno**, Faustabwehr f; ~ **in tuffo**, Abwehr f aus dem Sprung heraus; (nella scherma) Parade f; (nel pugilato) Parieren n.

paràta② f 1 fig (sfilata) {+CARRI, MASCHERE} Parade f 2 mil (rassegna) {AEREA, NAVALE, TERRESTRE} Truppenparade f, Truppenschau f: ~ **militare**, (Militär)parade f; **sfilare in ~**, paradieren, in einer Parade vorbeimarschieren ● **abito/carrozza da ~** (da cerimonia), Galauniform f/Prunkwagen m; ~ **nuziale** (in etologia), Balzgang m; **vista la mala ~**, da die Dinge eine schlechte Wendung genommen haben/hatten, da es brenzlig/gefährlich wird/wurde.

paratàssi <-> f ling (coordinazione) Parataxe f.

paratàttico, (-a) <-ci, -che> agg ling {COSTRUZIONE, STILE} parataktisch.

paratìa f 1 edil (parete) Spundwand f 2 mar (tramezzo) Schott n, Scheidewand f: ~ **di collisione**, Kollisionsschott n; ~ **stagna**, wasserdichtes Schotten.

paratìfo m med Paratyphus m scient.

paratiròide f <di solito al pl> anat Nebenschilddrüse f.

paràto m 1 (drappo) {+ALTARE, FINESTRA} Vorhang m 2 mar (trave) Planke f ● **carta/stoffa da parati**, Tapete f/Stofftapete f.

paratóia f {+FIUME} Schleuse f, (Stau)wehr n: **alzare le paratoie**, die Schleuse(n) öffnen.

parauniversitàrio, (-a) <-ri m> agg università {CORSO} auf Universitätsniveau.

paraùrti <-> m 1 autom {+VEICOLO} Stoßstange f 2 ferr {+BINARIO} Prellbock m; {+VAGONE} Puffer m.

paravalànghe <-> m (barriera) Lawinenschutz m.

paravènto <-> m 1 (divisorio) cinese Paravent m o n, spanische Wand 2 fig (copertura) Deckmantel m: **fare/servire da ~ a qu**, jdm als Deckmantel dienen, jdn decken.

parbòiled <inv> ingl agg {RISO} parboiled, vorbehandelt, vorgekocht.

pàrca <-che> f 1 mitol: **Parca**, Parze f; **le tre Parche**, die drei Parzen 2 fig lett (morte) Tod m.

parcaménte avv (con sobrietà) {VIVERE} maßvoll, genügsam.

parcèlla f 1 (onorario) {+AVVOCATO} Honorar(forderung) f n; ~ **del dentista**, Zahnarztrechnung f; **presentare la ~ al cliente**, dem Klienten die Rechnung präsentieren 2 dir (competenze) Gebühren pl 3 dir (particella) Parzelle f: ~ **catastale**, Katasterparzelle f, Flurstück n.

parcellàre agg 1 dir (diviso in parcelle) {TERRENO} parzelliert 2 med (circoscritto) {FRATTURA} partiell.

parcellazióne f dir (suddivisione) {+TERRENO} Parzellierung f.

parcellizzàre tr ~ **qc** 1 (dividere) {PAESE} etw auf(s)splittern, etw parzellieren 2 industr {LAVORO} etw in einzelne Arbeitsgänge/Schritte auf-/unterteilen.

parcellizzazióne f 1 (divisione) {+FONDI DI RICERCA} Aufteilung f 2 industr Aufteilung f in einzelne Arbeitsgänge/Schritte.

parchè → **parquet**.

parcheggiàre <parcheggio, parcheggi> tr 1 (posteggiare) ~ (**qc**) (+ **compl di luogo**) {MACCHINA DAVANTI ALLA BANCA} etw (irgendwo) parken: **non si può ~ nel centro storico**, man darf in der Altstadt nicht parken; **non so dove ~**, ich weiß nicht, wo ich parken soll; ~ **bene/male**, gut/schlecht (ein)parken 2 fig fam scherz (affidare) ~ **qu + compl di luogo** {ANZIANO IN UN OSPIZIO, FIGLIO DAI NONNI} jdn irgendwo parken fam scherz, jdn irgendwohin verfrachten fam scherz.

parcheggiatóre, (-trice) m (f) 1 (custode) Parkwächter(in) m(f): ~ **abusivo**, illegaler/[selbst ernannter] Parkwächter 2 (negli aeroporti) (addetto) Roll-, Towerlotse m.

parchéggio <-gi> m 1 (posteggio) {+ALBERGO, CONDOMINIO} Parkplatz m: **area/zona di ~**, Parkzone f; **cercare un ~**, einen Parkplatz suchen; ~ **custodito/incustodito**, bewachter/unbewachter Parkplatz; ~ **a disco orario**, Parkplatz mit Parkscheibe; ~ **libero**, kostenloser Parkplatz; ~ **di interscambio**, Park-and-ride-Platz m; ~ **a pagamento**, gebührenpflichtiger Parkplatz; ~ **a pettine**, Querparkplatz m; ~ **riservato ai condomini**, Parkplatz nur für Hausbewohner; ~ **a spina di pesce**, Schrägparkplatz m; ~ **sotterraneo**, Tiefgarage f 2 (manovra) (Ein)parken n: **fare un ~**, (ein)parken 3 (sosta) Parken n: ~ **in doppia fila**, Parken n in doppelter Reihe; ~ **in sosta vietata**, im Parkverbot parken; ~ **vietato**, Parken verboten 4 fig (sistemazione provvisoria) Übergangslösung f: **considerare l'università un ~**, die Universität als eine Übergangslösung/einen Parkplatz scherz betrachten.

parchettatùra f edil (copertura) {+PAVIMENTO} Parkettieren n.

parchettìsta <-i m, -e f> mf edil (operaio) Parkettleger(in) m(f).

parchìmetro m (apparecchio) Parkuhr f, Parkometer n o m.

pàrco① <-chi> m 1 {+CASTELLO, VILLA} Park m: **andare al ~**, in den Park gehen; **passeggiare nel ~**, im Park spazieren gehen; ~ **privato/pubblico**, privater/öffentlicher Park; **Londra è ricca di parchi**, London ist reich an₁/[hat viele] Parks 2 spec mil (deposito) Lager m, Depot n: ~ **d'artiglieria**, Artilleriedepot n ● ~ **acquatico** (per giochi acquatici), Wasserspielepark m; ~ **dei divertimenti** (luna park), Vergnügungspark m; ~ **giochi** (per bambini), (Kinder)spielpark m; ~ **macchine/vetture**, Fuhr-, Wagen-, Fahrzeugpark m; ~ **marino** (riserva marina naturale), Meeres-, Seereservat n; ~ **naturale**, Naturpark m; ~ **nazionale**, Naturschutzpark m; ~ **nazionale del Gran Paradiso**, Naturschutzpark m des Gran Paradiso; ~ **della rimembranza** (dedicato ai caduti di guerra), Park m zum Gedenken an die Gefallenen; ~ **rotabile** ferr, Fuhrpark m.

pàrco② , (-a) <-chi, -che> agg 1 (sobrio) mäßig, sehr genügsam: **essere ~ nel bere/mangiare**, mäßig beim Trinken/Essen sein 2 (parsimonioso) sparsam: **essere ~ nello spendere**, sparsam sein, sich beim Ausgeben zurückhalten 3 (frugale) {MENSA, PASTO} karg 4 (avaro) ~ **di qc** {DI COMPLIMENTI} geizig mit etw (dat): ~ **di parole**, wortkarg, geizig mit Worten; **essere ~ di consigli**, mit Ratschlägen geizen.

par condìcio <-, pares condiciones pl lat> loc sost f lat dir polit (parità di trattamento) Gleichbehandlung f, gleiche Wettbewerbsbedingungen: **par condicio creditorum** dir, "Grundsatz m, nach dem bei einem Konkursverfahren alle Gläubiger gleich behandelt werden", Grundsatz der Gleichberechtigung aller Gläubiger.

pardon inter franc 1 (di scusa) Entschuldigung, Verzeihung, Pardon: ~, **c'era prima Lei!**, Entschuldigung, Sie waren vor mir da! 2 (di permesso) gestatten Sie?, erlauben Sie?: ~, **posso passare?**, gestatten Sie?, Pardon, würden Sie mich bitte vorbeilassen?

parécchio, (-a) **A** agg indef 1 (in gran numero) {COMPAGNI, FILM, MILIONI, PESCI} (ziemlich) viel, zahlreich: **stasera ci sono parecchi spettatori**, heute Abend sind viele Zuschauer da; **ho letto parecchi libri sull'argomento**, ich habe ziemlich viele Bücher zu dem Thema gelesen 2 (in gran quantità) {CAFFÈ, DENARO} viel: **parecchia gente**, viele Leute, **parecchia neve**, reichlich Schnee 3 (intenso, grande) {TALENTO} groß 4 (lungo) lange: **è successo ~ tempo fa**, das ist lange her **B** avv 1 (quantità) viel: **ho speso ~**, ich habe ziemlich viel ausgegeben; **abbiamo mangiato ~**, wir haben viel gegessen 2 (intensità) sehr: **ti piace quel ragazzo? – ~!**, gefällt dir dieser Typ fam/Junge? – Sehr!; **ha sofferto ~**, er/sie hat sehr gelitten; **è indaffarato ~**, er ist sehr beschäftigt; **qui fa ~ freddo**, hier ist es sehr kalt 3 (a lungo) lange: **vi abbiamo aspettato ~**, wir haben lange auf euch gewartet 4 (spesso) oft, viel: **ascolta ~ la radio**, er/sie hört viel/oft Radio; **vado ~ al cinema**, ich gehe oft/viel ins Kino 5 (caro) viel: **costa ~**, das ist teuer 6 ~ + **compar** (di qu/qc) viel/wesentlich + compar (als jd/etw): **è ~ più vecchio di me**, er ist viel älter als ich **C** pron indef 1 viel: **se incomincio a mangiare cioccolato ne mangio ~**, wenn ich erst einmal anfange, Schokolade zu essen, höre ich nicht so schnell wieder auf; **hai ancora ~ da studiare?**, musst du noch viel lernen? **2** <*solo pl*> (*molte persone*) (ziemlich) viele *decl come agg*, etliche *decl come agg*: **parecchi di noi ci vanno**, etliche von uns gehen hin; **sono in parecchi a scioperare**, es streiken ziemlich viele; **parecchi erano assenti**, viele waren nicht da ● **da ~**, seit langem, seit langer/geraumer *forb* Zeit; **~ dopo/prima**, viel später/früher, lange danach/vorher; **c'è ~ da qui alla stazione?**, ist es weit von hier bis zum Bahnhof?; **è ~ (tempo) che studia all'università**, er/sie studiert schon ziemlich lange an der Universität; **per ~**, lange, für lange Zeit.

pareggiaménto *m* **1** (*livellamento*) {+TERRENO} Einebnung *f* **2** (*pareggio*) {+BILANCIO} Ausgleich *m*; {+CONTI} Begleichung *f*.

pareggiàre <*pareggio, pareggi*> **A** *tr* **1** (*livellare*) **~ qc** {TERRENO} etw ebnen; {CAPELLI} *etw* gerade schneiden; {ERBA} *etw* gleichmäßig schneiden **2** (*rendere pari*) **~ qc** *etw* (gleichmäßig) verteilen **3** *amm* (*concedere la parifica*) **~ qc** {ISTITUTO PRIVATO} *etw* staatlich an|erkennen **4** *econ* **~ qc** {BILANCIO} *etw* aus|gleichen; {CONTO} *etw* begleichen; **~ qc con qc** {LE USCITE CON LE ENTRATE} *etw* mit *etw* (*dat*) aus|gleichen **5** *lett* (*uguagliare*) **~ qu in qc** {POETA IN GRANDEZZA} *jdm* in *etw* (*dat*) gleich|kommen, *an jdn* (*in etw dat*) heran|reichen, es *in etw* (*dat*) *mit jdm* auf|nehmen **6** *sport* **~ qc** {INCONTRO, PARTITA} *etw* unentschieden beenden **B** *itr sport* **~ (con/contro qu)** gegen *jdn* unentschieden spielen: **le due squadre hanno pareggiato**, die beiden Mannschaften haben unentschieden gespielt; **~ su rigore**, durch einen Strafstoß gleichziehen/⌊den Ausgleich erzielen⌋ **C** *itr pron* (*essere pari*): **pareggiarsi** sich aus|gleichen: **le entrate e le uscite si pareggiano**, die Ein- und Ausgänge ⌊gleichen sich aus⌋/⌊sind gleich hoch⌋ **D** *rfl* (*rendersi simile*): **pareggiarsi a qu/qc** sich *jdm*/*etw* gleich|stellen, sich *mit jdm*/*etw* gleich|setzen.

pareggiàto, (-a) *agg amm* {ISTITUTO} staatlich anerkannt: **scuola pareggiata**, staatlich anerkannte Sekundarschule.

paréggio <*-gi*> *m* **1** *econ* (*uguaglianza*) Ausgleich *m*, Deckung *f*: **chiudere in ~ il bilancio**, die Bilanz ausgeglichen abschließen; **un ~ tra entrate e uscite**, ein Ausgleich zwischen Ein- und Ausgängen; **la Ford intende tornare al ~**, Ford will wieder schwarze Zahlen schreiben **2** *sport* Unentschieden *n*, Ausgleich *m*: **la partita è finita con un ~**, das Spiel hat unentschieden geendet; **a metà del secondo tempo è arrivato il ~**, in der Mitte der zweiten Halbzeit kam es zum Ausgleich; **le squadre hanno chiuso in ~**, die Mannschaften haben unentschieden gespielt.

parèlio <*-li*> *m astr* (*fenomeno*) Nebensonne *f*, Sonnenring *m*.

parènchima <*-i*> *m anat* {POLMONARE} Parenchym *n scient*.

parentàdo *m spec scherz* (*i parenti*) Sippe *f spec scherz o spreg*, Sippschaft *f spreg*, Verwandtschaft *f*: **avere un ~ numeroso**, eine zahlreiche/große Verwandtschaft haben; **alla cerimonia ci sarà tutto il ~**, bei der Feier wird die ganze Sippschaft *spreg* anwesend sein.

parentàle *agg* **1** *anche dir* {AUTORITÀ, CURE, POTESTÀ} elterlich; {VINCOLO} verwandtschaftlich **2** *med* (*ereditario*) {MALATTIA} erblich, Erb-.

parènte *mf* **1** (*congiunto*) Verwandte *mf decl come agg*: **~ acquisito/d'acquisto**, angeheirateter Verwandter; **non avere parenti**, keine Verwandten haben; **essere ~ di qu**, mit *jdm* verwandt sein; **~ di primo/secondo/terzo grado**, Verwandte *mf decl come agg* ersten/zweiten/dritten Grades; **~ lontano/[alla lontana]**, entfernter/weitläufiger Verwandter; **siamo mezzi parenti**, wir sind entfernt/weitläufig/⌊um mehrere Ecken⌋ verwandt, wir sind entfernte Verwandte; **un ~ di mia madre**, ein Verwandter meiner Mutter; **un mio ~**, ein Verwandter von mir; **un ~ da parte di mio padre**, ein Verwandter väterlicherseits; **~ prossimo/stretto/vicino**, enger/naher Verwandter; **siamo parenti**, wir sind (miteinander) verwandt **2** *fig* (*cosa affine*) Ähnliche *m decl come agg*, Verwandte *n decl come agg*: **la morte è ~ del sonno**, Schlaf und Tod sind verwandt/Verwandte ● **non sono neanche parenti** *fig* (*non hanno niente in comune*), sie haben nichts miteinander gemein; **parenti serpenti** *prov*, die lieben Verwandten … (bringen einen noch ins Grab).

parentèla *f* **1** *anche dir* (*vincolo*) Verwandtschaft *f*: **~ d'acquisto**, angeheiratete Verwandtschaft; **c'è una ~ tra di noi**, wir sind miteinander verwandt; **~ giuridica**, durch Adoption herbeigeführte Verwandtschaft; **~ naturale**, leibliche Verwandtschaft, Blutsverwandtschaft *f*; **~ lontana**, entfernte/weitläufige Verwandtschaft; **~ prossima/stretta**, engere/nähere Verwandtschaft **2** (*insieme dei parenti*) Verwandtschaft *f*, Verwandte(n) *m pl* **3** *fig* (*stretta affinità*) Verwandtschaft *f*, Ähnlichkeit *f*: **c'è una ~ fra le due culture**, zwischen den beiden Kulturen besteht eine Verwandtschaft ● **~ linguistica** *ling*, Sprachverwandtschaft *f*; **~ spirituale** *relig*, Geistesverwandtschaft *f*.

parenteràle *agg med* parenteral *scient*: **dare un farmaco per via ~**, ein Arzneimittel parenteral verabreichen *scient*.

parèntesi *f* **1** (*segno grafico*) Klammer *f*: **aperta/chiusa ~!**, Klammer auf/zu!; **aprire la ~**, die Klammer aufmachen; **chiudere la ~**, die Klammer zumachen/schließen; **~ graffa**, geschweifte/geschwungene Klammer; **~ quadra/tonda/uncinata**, eckige/runde/spitze Klammer; **mettere una frase tra ~**, einen Satz ⌊in Klammern setzen⌋/⌊einklammern⌋; **scrivere qc tra ~**, *etw* in Klammern schreiben **2** *fig* (*inciso*) Parenthese *f*, Einschub *m*; (*orale*) *anche* Zwischenbemerkung *f*: **aprire/chiudere una ~**, eine Zwischenbemerkung einschieben/beenden; **fare una breve ~**, eine kurze Zwischenbemerkung machen **3** *fig* (*periodo di tempo*) Pause *f*, Unterbrechung *f*: **dopo la ~ natalizia …**, nach der Weihnachtspause … ● **fra ~, mi deve ancora dei soldi** *fig* (*detto per inciso*), ⌊nebenbei bemerkt⌋/⌊ganz nebenbei⌋, ich bekomme noch Geld von ihm/ihr.

parentètico, (-a) <*-ci, -che*> *agg gramm* {PROPOSIZIONE} parenthetisch, eingeschoben.

parèo *m* (*indumento*) Pareo *m*.

parére① <*paio, parvi, parso*> **A** *itr* <*essere*> **1** (*sembrare*) **~ (a qu)** (*jdm*) scheinen, (*für jdn*) (so) aus|sehen: **così pare**, es sieht so aus, so scheint es; **pare di no/sì**, anscheinend nicht/⌊ja/schon⌋; **non è tedesca, vero? – Pare di sì**, sie ist keine Deutsche, oder? – Anscheinend doch; **pare che sia scomparso**, er scheint verschwunden zu sein; **~** *agg* {CONFUSO, ENTUSIASTA, FELICE, MERAVIGLIATO, STANCO} irgendwie scheinen, irgendwie aus|sehen; **la tua amica non mi pare tanto simpatica**, deine Freundin ⌊sieht mir nicht sehr sympathisch aus⌋/⌊macht keinen sehr netten Eindruck auf mich⌋; **il film pare interessante**, der Film scheint interessant zu sein **2** (*credere*) glauben: **mi pare giunto il momento di …**, mir scheint der Augenblick gekommen zu sein …; **mi pare la persona adatta per quel posto**, er/sie scheint mir der/die Richtige für diese Stelle zu sein; **mi pare che sia giusto dirglielo**, es scheint mir richtig, es ihm zu sagen; **ti pare di aver ragione?**, fühlst du dich im Recht?; **mi pare di averla conosciuta all'università**, ich glaube, ich habe sie an der Universität kennen gelernt **3** (*dare l'impressione*) den Eindruck machen: **pare un insegnante preparato**, er macht den Eindruck eines fähigen Lehrers, er scheint ein fähiger Lehrer zu sein **4** (*avere l'impressione*) **~ a qu** den Eindruck haben: **mi pare di averlo visto**, mir scheint, ich habe ihn gesehen; **è parso anche a noi che fosse preoccupato**, wir hatten auch den Eindruck, dass er besorgt sei; auch auf uns machte er einen besorgten Eindruck **5** (*pensare*): **che te ne pare?**, was hältst du davon?, wie gefällt dir das?; **che ve ne pare del nuovo arredamento?**, wie gefällt euch die neue Einrichtung?, was haltet ihr von der neuen Einrichtung? **6** (*sembrare giusto*): **questo non è bello, ti pare?**, das ist nicht schön, ⌊nicht wahr⌋/⌊oder⌋?; **bisogna fare qualcosa, ti pare?**, wir müssen (et)was tun, meinst du nicht auch? **7** (*assomigliare*) **~ +** *sost* wie *etw* (*nom*) aus|sehen: **pare una mummia**, er/sie sieht wie eine Mumie aus **8** *fam* (*andare bene*) **~ a qu** *jdm* gefallen, *jdm* passen *fam*: **fai come ti pare**, mach (das), was du willst/⌊für richtig hältst⌋; **come vi pare!**, wie ihr wollt!; **faccio quello che mi pare e piace!**, ich mache, ⌊wozu ich Lust und Laune habe⌋/⌊was mir passt *fam*⌋! **B** *itr* <*essere*> *impers* (*sembrare*) scheinen, den Anschein haben: **pare debba nevicare**, es sieht nach Schnee aus; es sieht so aus, als würde es schneien; **pare impossibile, ma è così**, man sollte es nicht für möglich halten, aber es ist nun mal so ● **non pare un gran che** (*è piuttosto mediocre*), er/sie/es scheint nichts Besonderes zu sein; **pare ieri** (*sembra sia passato poco tempo*), es kommt mir vor⌊, als sei es gestern gewesen⌋/⌊wie gestern⌋; **disturbo? – Ma Le pare!** (*affatto!*), stört ich? – (Aber) ⌊wo denken Sie hin⌋/⌊ich bitte Sie⌋/⌊nicht im Geringsten⌋!; **se potete servirvi? Ma ti/Le/vi pare!** (*certamente!*), ⌊ihr euch bedienen könnt⌋/⌊Sie sich bedienen können⌋? Aber natürlich/⌊ja/sicher doch⌋; **lui una spia? Ma ti/Le/vi pare!** (*impossibile!*), er (soll) ein Spion (sein)? Unmöglich!/⌊Das gibt's doch nicht!⌋; **mi pareva!** (*lo supponevo!*), das habe ich mir doch gleich gedacht!, das wollte ich doch meinen!, ich habe es ja/doch geahnt!; **pare e non pare** (*esprime dubbio circa qc*), es kann sein, ⌊kann aber auch nicht sein⌋/⌊muss aber nicht *fam*⌋; **è meglio tacere, a quanto pare** (*evidentemente*), ⌊allem Anschein nach⌋/⌊offensichtlich⌋ ist es besser zu schweigen; **mi pare un secolo che non ci vediamo!** (*sembra sia passato tanto tempo*), es kommt mir so vor, als hätten wir uns ewig nicht gesehen!; **mi pare di sognare** (*stento a credere*), ich kann es noch nicht glauben, mir kommt das wie ein Traum vor; ich glaub, ich träume; **non mi pare vero che sia estate!** (*stento a credere*), ich kann's noch gar nicht glauben/fassen, dass es Sommer ist!

parére② *m* **1** (*opinione*) Meinung *f*, Ansicht *f*: **cambiare ~**, seine Meinung ändern; **essere del ~ che …**, der Ansicht/Meinung sein, dass …; **essere de ~ di qu**, *jds* Meinung sein; **essere di ~ diverso**, anderer Meinung sein; **dire il proprio ~ su qu/qc**, seine Meinung ⌊über *jdn*/*etw*⌋/⌊zu *etw* (*dat*)⌋ sagen; **restare/rimanere del proprio ~**, bei

pàresi <-> f med (paralisi) Lähmung f, Parese f scient: **avere una ~ facciale**, eine Gesichtslähmung haben.

paréte f 1 (muro) {+GROTTA, STANZA} Wand f: **il quadro è appeso alla ~**, das Bild hängt an der Wand; **~ attrezzata**, Regalwand f; **~ divisoria/interna**, Scheide-, Trennwand f; **~ esterna**, Außenwand f 2 (superficie) {+AUTOVETTURA, CABINA, CASSA, SCATOLA} Seite f; {+TUBO} Wand f, Wandung f 3 anat {+INTESTINALE; +STOMACO} Wand f, Wandung f 4 alpin (fianco) (Berg)wand f: **~ di ghiaccio**, Eiswand f; **la ~ nord del Cervino**, die Nordwand des Matterhorn; **~ rocciosa**, Felswand f ● **~ cellulare** bot, Zellwand f; **da ~ (che viene accostato o messo alla ~)**, {MOBILE, OROLOGIO} Wand-; **tra le pareti domestiche** fig (in famiglia), in den eigenen vier Wänden fam.

parfait <-> m franc gastr Parfait n, Halbgefrorene n.

pàrgolo, (-a) A agg lett (piccino) {FIGLIO} klein B m fam scherz anche lett (fanciullo) Kind n: **come stanno i pargoli?**, was macht der Nachwuchs?, wie geht's den Kids? slang.

pàri① A <inv> agg 1 anche mat {BINARIO, NUMERO, PAGINE} gerade: **divieto di sosta nei giorni ~**, Halteverbot an geraden Tagen 2 (uguale) gleich: **avere ~ diritti**, gleiche Rechte haben; **due terreni di ~ valore**, zwei Grundstücke von gleichem Wert; **colleghi di ~ grado**, gleichgestellte Kollegen 3 (equivalente) **~ a qc** etw (dat) entsprechend: **un kilometro è ~ a 1000 metri**, ein Kilometer ist ₍sind 1000 Meter₎/[entspricht 1000 Metern] 4 (allo stesso livello) {GAMBE DELLA SEDIA} gleich, gleich lang; {SUPERFICIE} gleichmäßig: **la siepe del giardino è ~**, die Gartenhecke ist gleichmäßig (geschnitten) 5 fig (all'altezza) **~ a qc** etw (dat) gewachsen, auf der Höhe von etw (dat): **essere ~ al proprio ruolo**, seiner Rolle gewachsen sein; **non si è mostrato ~ alla sua fama**, er konnte seinem Ruf nicht gerecht werden; **~ a qu (in/per qc)** {IN CORTESIA, PER INTELLIGENZA} jdm (in/an etw dat) gleich, jdm (in/an etw dat) ebenbürtig, jdm (in/an etw dat) gewachsen: **solo tu gli sei ~**, nur du ₍bist ihm gewachsen/ebenbürtig₎/[kannst ihm das Wasser reichen] 6 anat {OSSA} paarig, paarweise vorhanden 7 econ (pareggiato) {CONTI} ausgeglichen: **le entrate e le uscite sono ~**, Ein- und Ausgänge ₍sind ausgeglichen₎/[halten sich die Waage] 8 fis {FUNZIONE} mit Parität B <-> mf (chi è della stessa condizione) Gleichgestellte mf decl come agg, Ebenbürtige mf decl come agg: **trattare qu da ~ (a ~)**, jdn als seinesgleichen behandeln; **trattare con i propri ~**, mit seinesgleichen verkehren C <-> m (nella roulette) gerade Zahlen: **puntare sul ~**, auf Pair setzen D avv 1 (allo stesso livello) gleichmäßig: **capelli tagliati ~**, gleichmäßig geschnittene Haare 2 sport unentschieden: **finire ~**, unentschieden enden; **tre ~**, drei zu drei (unentschieden); (nel tennis): **trenta ~!**, dreißig beide! E loc avv 1 (senza variazioni): **pari pari**, haargenau, wortwörtlich; **copiare/ripetere qc pari pari**, etw Wort für Wort abschreiben/wiederholen 2 (senza stipendio): **alla ~**, au pair; **lavorare alla ~**, als Au-pair-Mädchen arbeiten; **stare alla ~ presso qu**, bei jdm als Au-pair-Mädchen arbeiten 3 (alle stesse condizioni): **alla ~**, {COMPETERE} mit gleichen Waffen, unter den gleichen Bedingungen/Voraussetzungen 4 banca econ: **alla ~**, {CAMBIARE, VENDERE} al pari 5 (sulla stessa linea): **in ~**, gleich; **mettere in ~ due quadri**, zwei Bilder gleich ausrichten 6 fig (in regola): **in ~**, in der vorgesehenen Zeit; **essere in ~ con gli esami**, mit den Prüfungen gut in der Zeit liegen 7 econ: **in ~**, ausgeglichen; **chiudere il bilancio in ~**, die Bilanz ausgeglichen abschließen F <inv> loc agg: **alla ~** 1 {RAGAZZA, TRATTAMENTO} Au-pair- 2 banca econ {CAMBIO} al pari G loc prep (contro): **al ~ di/qu/qc**, (genauso) **~ gli** wie jd/etw; **sono intelligente al ~ di lui**, ich bin genauso intelligent wie er ● **non avere₁/[essere senza] ~** (senza eguali), nicht seinesgleichen haben, einzigartig sein; **da par mio/tuo/...** (come si addice a una persona del mio/tuo/... rango), mir/dir/... gemäß ...; **~ e dispari** (gioco), "italienisches Knobelfingerspiel"; **fare/giocare a ~ e dispari**, knobeln; **essere ~** sport (avere lo stesso punteggio), die gleiche Punktzahl haben; **per ora le squadre sono uno ~**, bis jetzt steht es zwischen den Mannschaften eins zu eins; **essere ~** anche fig (non avere né debito né credito), quitt sein: **mi ha dato un calcio e io gli ho dato uno schiaffo, così siamo ~**, er hat mir einen Fußtritt und ich ihm eine Ohrfeige gegeben, somit sind wir quitt; **far ~** econ (pareggiare un bilancio), ausgleichen; sport (pareggiare), unentschieden spielen, ein Unentschieden erzielen; **mettersi in ~ con qc** (recuperare), {CON I PROGRAMMI SCOLASTICI} etw nachholen; **mettersi in ~ con il lavoro**, (etwas) nacharbeiten; **far ~ e patta** (terminare in parità), ein Spiel unentschieden beenden; fig (pareggiare una situazione), (miteinander) quitt sein; **senza ~** (senza eguali), einzigartig.

pàri② <-> m 1 polit (membro) {+CAMERA DEI LORD} britisches Oberhausmitglied, Lord m 2 stor Pair m.

pària <-> mf anche fig Paria m forb: **i ~ della società**, die Paria der Gesellschaft forb.

Pàride m mitol Paris m.

parietàle A agg 1 (su parete) {GRAFFITO, MOSAICO, PITTURA} Wand- 2 anat {PERITONEO, PLEURA} parietal scient B m anat (osso) Scheitelbein n.

parietària f bot Glaskraut n.

parìfica <-che> f amm (riconoscimento legale) {+ISTITUTO PRIVATO} Gleichstellung f, staatliche Anerkennung.

parificàre <parifico, parifichi> tr **~ qc** 1 (rendere pari) {TRATTAMENTO ECONOMICO} etw gleich₍stellen, etw auf das gleiche Niveau an₎/gleichen/bringen 2 amm (concedere la parifica) {DIPLOMA, SCUOLA PRIVATA} etw staatlich an₍er₎kennen.

parificàto, (-a) agg amm {ISTITUTO} staatlich anerkannt: **scuola parificata**, staatlich anerkannte Primarschule.

parificazióne f amm (+ISTITUTO) (staatliche) Anerkennung.

Parìgi f geog Paris n ● **val bene una messa** (per ottenere il proprio scopo si possono accettare dei compromessi), Paris ist eine Messe wert.

parigìno, (-a) A agg {ATMOSFERA, QUARTIERE} Pariser; {ACCENTO} anche pariserisch B m (f) (abitante) Pariser(in) m(f).

parìglia f 1 (coppia) {+CAVALLI} Gespann n: **~ di pistole**, Duellpistolen f pl 2 (nei giochi di carte) Paar n, Pärchen n (beim Pokern) 3 (nei giochi di dadi) Zweierpasch m ● **rendere la ~ a qu** fig (fargliela pagare), jdm Gleiches mit Gleichem vergelten, es jdm heimzahlen.

parigràdo A <inv> agg (di grado uguale) {FUNZIONARIO, MILITARE} gleichen Grades, gleichgradig, gleichgestellt B <-> mf Gleichgestellte mf decl come agg.

pariménti avv lett (allo stesso modo) gleichfalls, ebenfalls: **Le faccio ~ notare che ...**, ich mache Sie ebenfalls darauf aufmerksam, dass ...

pàrio, (-a) <pari m> agg (di Paro) {MARMO} parisch.

parisìllabo, (-a) A agg 1 gramm {AGGETTIVO, SOSTANTIVO} parisyllabisch 2 ling {VERSO} gleichsilbig B m 1 gramm Parisyllabum n 2 ling Gleichsilber m.

parità <-> f 1 (uguaglianza) Gleichheit f, Gleichberechtigung f: **la ~ di tutti i cittadini**, die Gleichheit aller Bürger; **~ dei diritti**, Gleichberechtigung f; **~ tra i sessi**, die Gleichheit zwischen den Geschlechtern 2 (l'essere pari) Gleichheit f: **~ di grado**, Gleichrangigkeit f 3 fis Parität f: **~ dispari/negativa**, ungerade/negative Parität; **~ pari/positiva**, gerade/positive Parität 4 mat (proprietà) "Gerade- oder Ungeradesein n" 5 sport (punteggio uguale) Unentschieden n: **l'incontro ₍è finito₎/[si è concluso] in ~**, das Spiel ₍ging unentschieden aus₎/[endete mit einem Unentschieden]; (nel tennis) Einstand m ● **a ~ di condizioni** (in condizioni uguali), bei gleichen Bedingungen; **a ~ di voti** (con gli stessi voti), bei Stimmengleichheit; **a ~ di merito** (a pari merito), bei gleichem Verdienst, ebenbürtig; **~ aurea** econ, Goldparität f; **~ di cambio** econ, Währungs-, Wechselkursparität f; **~ monetaria** econ, Währungsparität f; **~ dei poteri d'acquisto** econ, Kaufkraftparität f; **~ salariale** dir, Lohngleichheit f; **~ di trattamento** dir, Gleichbehandlung f.

paritàrio, (-a) <-ri m> agg (basato su criteri di parità) {RAPPORTO} gleichberechtigt; {TRATTAMENTO} Gleich-.

parìtetico, (-a) <-ci, -che> agg 1 (paritario) {CONDIZIONI DI LAVORO} gleich; {RAPPORTO} gleichberechtigt 2 (con lo stesso numero di rappresentanti) {COMMISSIONE} paritätisch forb.

pàrka <-> m (giaccone con cappuccio) Parka m o f.

Pàrkinson <-> m med Parkinson(ismus) m scient, parkinsonsche/Parkinson'sche Krankheit, Schüttellähmung f.

parkinsoniàno, (-a) agg med {SINDROME} Parkinson-.

parkinsonìsmo m med (malattia) Parkinsonkrankheit f, parkinsonsche Krankheit.

parkour <-> m sport Parkour m.

parlamentàre① A agg 1 polit (del Parlamento) {ATTIVITÀ, DIBATTITO, INTERPELLANZA} parlamentarisch, Parlaments- 2 fig anche scherz (diplomatico) {CONTEGNO} diplomatisch B mf 1 dir Unterhändler(in) m(f) 2 polit Parlamentarier(in) m(f), Abgeordnete mf decl come agg: **~ europeo**, Euro(pa)parlamentarier(in) m(f).

parlamentàre② itr fig scherz anche mil **~ (con qu)/(per qc)** {CON IL NEMICO PER UN ARMISTIZIO} (mit jdm) (über etw acc) verhandeln.

parlamentarìsmo m polit (sistema) Parlamentarismus m.

parlamentarista <-i m, -e f> polit A agg (*parlamentaristico*) parlamentarisch B mf (*sostenitore*) Vertreter(in) m(f) des Parlamentarismus.

parlamentaristico, (-a) <-ci, -che> agg polit {SISTEMA} parlamentarisch.

parlamentino m polit Führungsgruppe f.

parlaménto m polit 1 (*organo*): **Parlamento, ~**, Parlament n; **Parlamento bicamerale**, Zweikammernparlament n; **Parlamento europeo**, Europaparlament n 2 (*sede*) Parlament(sgebäude) n: **andare/recarsi al/in ~**, zum Parlament gehen • **sedere in ~** (*farne parte*), einen Sitz im Parlament haben, Parlamentarier sein.

parlànte A agg 1 (*che parla*) {ROBOT} sprechend 2 fig (*di grande espressività*) {RITRATTO, SCULTURA} ausdrucksvoll; {SGUARDO} anche viel sagend 3 fig (*evidente*) {PROVA} sprechend, deutlich, überzeugend, schlagend B mf spec ling Sprecher(in) m(f): **il ~ di madrelingua**, der Muttersprachler.

parlantìna f fam (*facilità di parola*) Zungenfertigkeit f, Rede-, Wortgewandtheit f: **che ~!**, der/sie kann reden!; **mi ha convinto con la sua ~**, er/sie hat mich durch seine/ihre Wortgewandtheit überzeugt; **non gli manca certo la ~!**, er ist sicher nicht auf den Mund gefallen! fam • **avere la ~ sciolta** (*avere grande facilità di parola*), ein flinkes/flottes Mundwerk haben fam.

parlàre① A itr 1 (*articolare dei suoni*) ~ (+ *compl di modo*) (*irgendwie*) sprechen: **il bambino non ha ancora imparato a ~**, das Kind hat noch nicht sprechen gelernt; ~ **adagio/veloce**, langsam/schnell sprechen 2 (*esprimersi*) sprechen, reden: **è una persona che parla poco**, er/sie ist ein wortkarger Mensch; **non poteva ~ per lo spavento**, er/sie konnte vor Schreck nicht reden↓/[bekam/brachte vor Schreck kein Wort heraus] 3 (*discutere*) ~ (**con qu**) (**di qu/qc**) {CON UN AMICO DI CINEMA} mit jdm (über jdn/etw) sprechen, sich mit jdm (über jdn/etw) unterhalten: **parlano delle ore seduti al caffè**, sie sitzen stundenlang im Café und unterhalten sich; **abbiamo appena parlato di te**, wir haben gerade über dich gesprochen; **è meglio parlarne! – E parliamone!**, wir sollten darüber reden! – Dann tun wir's doch! 4 (*avere un colloquio*) ~ **con qu/qc** (**di qu/qc**) {CON UN AVVOCATO} mit jdm/etw (über jdn/etw) sprechen, etw mit jdm besprechen: **vorrei ~ con l'ufficio acquisti**, ich möchte mit der Einkaufsabteilung sprechen; **chiamami, devo parlarti di una faccenda**, ruf mich an, ich muss etwas mit dir besprechen; **Le vorrei ~ di Suo figlio**, ich möchte mit Ihnen über Ihren Sohn sprechen 5 (*raccontare*) ~ (**a qu**) (**di qu/qc**) jdm (von jdm/etw) erzählen: **avanti, parla!**, los, erzähl(e) schon!; **lasciami ~!**, lass mich doch ↑mal weitererzählen↓/[erzählen]! 6 (*trattare*) ~ **di qc** {DI GIARDINAGGIO, DI LETTERATURA, DI TEATRO} von etw (dat) handeln, über etw (acc) sprechen: **questo saggio parla del Rinascimento**, in diesem Aufsatz geht es um die Renaissance, dieser Aufsatz handelt von der Renaissance 7 (*farne cenno*) ~ **di qc** etw an|sprechen, (kurz) über etw (acc) sprechen: **di questo ne abbiamo già parlato**, darüber haben wir schon (kurz) gesprochen 8 (*esporre*) ~ **di qc** jdm etw dar|legen, jdm etw dar|stellen: **mi parli della rivoluzione francese**, erzählen Sie mir etwas über die Französische Revolution 9 (*manifestare l'intenzione*) ~ **di qc** {DI NUOVE ELEZIONI} von etw (dat) sprechen: **parla spesso di cambiare lavoro**, er/sie spricht oft davon, seine/ihre Arbeit zu wechseln 10 (*alludere*) ~ **di qu/qc** auf jdn/ etw an|spielen, von jdm/etw sprechen: **di chi parlavi prima?**, von wem hast du vorher gesprochen? 11 (*tenere un discorso*) ~ (**a qu/qc**) (+ **compl di luogo**) (**di qc**) {PRESIDENTE DELLA REPUBBLICA AGLI ITALIANI} (zu jdm/etw) (irgendwo) (über etw acc) sprechen, (irgendwo) (über etw acc) eine Rede (an jdm/etw) halten: ~ **in un comizio↓/[alla televisione]**, ↓auf einer Versammlung↓/[im Fernsehen] sprechen/[eine Rede halten]; **il Papa ha parlato dell'aborto**, der Papst hat über Abtreibung gesprochen; **al convegno si parlerà di malattie della pelle**, auf der Tagung geht es um Hautkrankheiten 12 (*esprimersi come*) ~ (**a qu**) **da qc** {DA ESPERTO, DA INTENDITORE} zu jdm (als etw nom) sprechen: **ti parlo da amico**, ich spreche als Freund zu dir, ich sage dir das als Freund 13 (*confessare*) {COLPEVOLE} gestehen, ein Geständnis ab|legen 14 (*fare la spia*) singen fam, aus|packen fam: **qualcuno della banda ha parlato**, einer aus der Bande hat gesungen fam 15 (*riferire*) berichten, erzählen: **stai tranquilla che io non parlerò**, sei unbesorgt, ich ↑erzähl nichts davon↓/[sag davon nichts weiter] 16 (*comunicare*) ~ (**con qu**) {COI MORTI, CON GLI SPIRITI} (mit jdm) kommunizieren, (mit jdm) sprechen 17 (*riportare*) ~ **di qc** von etw (dat) sprechen, über etw (acc) berichten: **tutti i giornali parlano dell'avvenimento**, alle Zeitungen sprechen von dem Ereignis 18 (*fare pettegolezzi*) reden, tratschen fam spreg, klatschen spreg: **la gente parla**, die Leute reden/klatschen spreg 19 fig (*esprimere*): ~ **a gesti**, sich mit Zeichen verständlich machen; ~ **con le mani**, mit Händen und Füßen reden, mit den Händen sprechen; ~ **con gli occhi**, sprechende Augen haben 20 fig (*testimoniare*) ~ **di qc** von etw (dat) zeugen: **resti che parlano di un'antica civiltà**, Reste, die von einer antiken Zivilisation zeugen/[Zeugnis ablegen] 21 fig (*toccare*) ~ **a qc** {MUSICA, POESIA ALL'ANIMO, AL CUORE} etw an|sprechen 22 fig (*ricordare*) ~ **di qc** an jdn/etw erinnern: **tutto in questo paese mi parla della mia infanzia**, alles in diesem Dorf erinnert mich an meine Kindheit 23 fig (*essere molto espressivo*) ausdrucksvoll/ausdrucksstark/ expressiv forb sein: **occhi che parlano**, ausdrucksvolle/sprechende Augen 24 region (*avere una relazione d'amore*) ~ **a qu** mit jdm eine Beziehung/ein Verhältnis haben, etwas mit jdm haben fam 25 tel (*essere in comunicazione*) ~ **con qu/qc** mit jdm/etw sprechen: **chi parla?**, wer ist (dort) am Apparat?; **pronto, con chi parlo?**, (hallo), mit wem spreche ich?; **buongiorno, parlo con la segreteria del preside?**, guten Tag, spreche ich mit dem Sekretariat der Schulleitung? B tr (*conoscere e/o usare una lingua*) ~ **qc** etw sprechen, etw reden: ~ **dialetto**, Dialekt/Mundart sprechen; ~ **francese/inglese**, Französisch/Englisch sprechen; **parla un tedesco perfetto**, er/sie spricht ein perfektes/einwandfreies Deutsch; ~ **un linguaggio ermetico**, sich kryptisch/sibyllinisch ausdrücken forb o scherz; **non so ~ russo**, ich kann kein Russisch (sprechen) C impers (*vociferare*) sprechen, munkeln fam: **si parla di licenziare del personale**, ↑es ist die Rede↓/[man spricht] von Entlassungen; **in giro se ne parla**, das macht überall die Runde fam, man munkelt darüber fam, die Leute reden darüber D rfl rec: **parlarsi** 1 (*rivolgersi la parola*) miteinander reden: **non si parlano da giorni**, sie reden seit Tagen nicht miteinander 2 region fam (*amoreggiare*) zusammen gehen fam, etwas miteinander haben fam • **parlarsi addosso** fig (*parlare troppo e con compiacimento*), sich gerne reden hören; **parliamo d'altro** (*cambiamo argomento*), sprechen wir von (et)was anderem; ~ **apertamente** (*con sincerità*), offen reden; ~ **arabo/cinese/ostrogoto/turco** fig (*in modo incomprensibile*), chinesisch sprechen; **badi a come parla!** (*stia attento a quel che dice!*), ↓passen Sie auf↓/[geben Sie acht], was Sie sagen!, achten Sie auf Ihre Worte!; ~ **bene/male** (*pronunciando bene/male le parole*), eine gute/schlechte Aussprache haben; ~ **bene/male qc** (*conoscere bene/male*), {L'ITALIANO, IL TEDESCO} etw gut/schlecht können; ~ **bene/male di qu** (*dirne bene o criticarlo*), gut/schlecht ↑von jdm↓/[über jdn] sprechen; **prima di ~ conta fino a cento!** fig (*rifletti prima di dire qc*), denk zuerst mal nach, bevor du den Mund aufmachst!; erst denken, dann reden!; **questo si chiama ~!** (*si dice approvando un discorso*), das ist mir ein Wort!, das ist das rechte Wort zur rechten Zeit!; ~ **chiaro** (*senza reticenze*), offen/freiheraus reden; **i fatti parlano chiaro** fig (*mostrano l'evidenza*), die Tatsachen sprechen für sich; **non parlo↓/[sto parlando] con te/voi** (*a chi si intromette in un discorso senza essere stato interpellato*), ich spreche nicht mit dir/euch, wer redet denn mit dir/euch?; **con chi credi di ~?** (*rivolgendosi a chi usa un tono arrogante*), was glaubst du eigentlich, ↑mit wem du sprichst↓/[wen du vor dir hast]?; ~ **difficile** (*usare termini ricercati*), sich kompliziert ausdrücken; **far ~ di sé** (*dare adito a pettegolezzi*), {PERSONA} von sich (dat) reden machen, ins Gerede kommen/geraten; (*suscitare interesse*), {LIBRO} von sich (dat) reden machen; **far ~ qu senza che se ne accorga** (*carpire informazioni*), jdn zum Reden bringen, ohne dass er es merkt; jdm Informationen entlocken; **far ~ il cuore/la ragione** fig (*seguire*), sein Herz/die Vernunft sprechen lassen, seinem Herzen/der Vernunft Gehör schenken; **non farmi↓/[mi faccia] ~!** (*per te/Lei è meglio che non dica ciò che penso*), ich sag' besser nichts (dazu)!; ~ **↓a favore↓/[in difesa] di qu** (*difenderlo*), für jdn verteidigen, für jdn eintreten, sich für jdn aussprechen; **non finirla più di ~ di qu/qc** (*parlare troppo*), nicht mehr aufhören, über jdn/etw zu sprechen; ~ **forte/piano** (*ad alta/bassa voce*), laut/leise sprechen; **generalmente parlando** (*parlando in generale*), im Allgemeinen, generell, ganz allgemein gesagt; ~ **grasso** fig (*senza decenza*), anstößige/unanständige/schlüpfrige spreg Reden führen; **lasciar ~ i fatti/risultati** fig (*attenersi a quanto essi dimostrano*), die Tatsachen (für sich) sprechen lassen; ~ **liberamente** (*senza vincoli*), frei sprechen; **parla come mangi!** fig (*in modo semplice*), drück dich einfach/verständlich aus!; **di aiuti/proposte nemmeno a parlarne!** (*nessuno*), von Hilfe/Vorschlägen ↑nicht die↓/[keine] Spur! fam; **non se ne parla nemmeno/neppure** (*assolutamente no*), das kommt überhaupt nicht in Frage!, das ist absolut nicht drin! fam; **non ~ con qu↓/[parlarsi]** fig (*essere in cattivi rapporti*), nicht ↑mit jdm↓/[miteinander] reden; **non parlarmene/[me ne parli]!** (*rif. ad argomenti che si vogliono evitare*), reden wir nicht davon, lassen wir das (außen vor norddt)!; **per ora non se ne parla**, im Moment ↑kommt das nicht in Frage↓/[ist das kein Thema]; **parla per te!** (*non generalizzare*), das ist vielleicht deine Meinung(, aber deswegen noch lange nicht meine); das gilt vielleicht für dich(, aber noch lange nicht für mich), schließ nicht von dir auf andere!; **per non ~ di qu/qc** (*fare riferimento a qu/qc*), ganz zu schweigen von jdm/etw; **non ↓se ne parli↓/[parliamone] più** (*rif. a questione conclusa*), Schwamm drüber fam, reden wir nicht mehr darüber; ~ **del più e del meno** (*conversare di cose banali*), über dieses und jenes/[alles Mögliche] reden *fam*; ~ **senza riflettere** (*a vanvera*), (unüberlegt) drauflosreden *fam*; ~ **tra sé e sé** (*discorrere con sé stessi*), Selbstgespräche führen; **i fatti/le cifre parlano da sé** *fig* (*sono eloquenti*), die Tatsachen/Zahlen sprechen für sich (selbst); **senti chi parla!** (*dici queste cose proprio tu!*), du bist der/die Richtige/Rechte(, das Maul aufzureißen *fam*); und das aus deinem Mund!, du hast es gerade nötig! *fam*; ~ **da solo**, (*rivolgendosi a se stesso ad alta voce*) mit sich (dat) selbst sprechen, Selbstgespräche führen; *fig* (*essere eloquente*) {CIFRE, RISULTATO} für sich (selbst) sprechen; **parli** *tanto* **per ~** (*senza pensare*), du redest doch nur, um irgend(et)was zu sagen; ~ **un po' di tutto** (*in modo superficiale*), über alles Mögliche reden/quatschen *fam*; **così parlò** *Zaratustra filos* (*opera di F.W. Nietzsche*), also sprach Zarathustra.

parlàre[2] m **1** (*atto*) Reden n, Sprechen n, Gerede n *fam*: **si fa un gran ~ di giustizia**, es wird viel über Gerechtigkeit geredet, es wird ein großes Gerede um Gerechtigkeit gemacht *fam* **2** (*parlata*) {ROMANO, TOSCANO} Sprech-, Redeweise f **3** (*modo di parlare*) {ELEGANTE, VOLGARE} Ausdrucksweise f.

parlàta f (*modo di parlare*) Sprech-, Redeweise f: **ha una ~ inconfondibile**, er/sie hat eine unverwechselbare Art zu sprechen **2** (*dialetto*) {LIGURE, VENETA} Dialekt m **3** (*gergo*) {+MALAVITA} Slang m.

parlàto, (-a) **A** *agg* **1** (*orale*) {USO} Sprach-; (LINGUA) Umgangs- **2** *film* (*non muto*) {CINEMA} Ton- **B** m **1** (*lingua parlata*) Umgangssprache f **2** *film fam* (*cinema ~*) Tonfilm m **3** *mus* Rezitativ m.

parlatóre, (-trice) m (f) (*oratore*) gute(r) Redner(in), redegewandter Mensch: **essere un buon/gran ~**, eine guter Redner sein.

parlatòrio <-ri> m (*locale*) {+COLLEGIO, CONVENTO, PRIGIONE} Besuchszimmer n.

parlatrice f → **parlatore**.

parlottàre *itr* (*parlare a voce bassa*) ~ (**con qu**) (*mit jdm*) flüstern, (*mit jdm*) tuscheln *spreg*: **parlottavano fra loro**, sie flüsterten miteinander.

parlottìo <-tii> m (*chiacchierio*) Geflüster n, Getuschel n *fam spreg*.

parlucchiàre <*parlucchio, parlucchi*> *tr* (*parlare alla meglio*) ~ **qc** (L'ITALIANO) *etw* radebrechen.

pàrma <-> m *fam* (*prosciutto*) Parmaschinken m: **due etti di ~**, zweihundert Gramm Parmaschinken.

parmigiàna *gastr* **A** f "Gericht mit Parmesan(käse) und Tomatensoße": ~ **di melanzane**, "Auberginenauflauf mit Parmesan(käse) und Tomatensoße" **B** <inv> *loc agg*: **alla ~**, {ZUCCHINE} "mit Parmesan(käse) und Tomatensoße".

parmigiàno, (-a) **A** *agg* (*di Parma*) aus Parma, Parmesan- **B** m (f) (*abitante*) Einwohner(in) m(f) von Parma **C** m *gastr* (*formaggio*) Parmesan(käse) m: ~ **reggiano**, Parmesan(käse) m.

parnàso m **1** *fig lett* (*poesia*) Dichtung f; (*insieme dei poeti*) Dichter m pl **2** *geog*: **Parnaso**, Parnass m.

parnassianésimo, parnassianìsmo m *lett* (*corrente*) Parnasse-Bewegung f (*französische Literaturströmung in der zweiten Hälfte des 19. Jahrhunderts*).

parnassiàno, (-a) *lett* **A** *agg* {POESIA, SCUOLA, STILE} der Parnassiens **B** m (f) (*seguace*) Parnassien(ne) m (f).

pàro → **pari**①.

parodìa f **1** (*imitazione grottesca*) {+CANZONE, OPERA} Parodie f: **fare la ~ di un'attrice**, eine Schauspielerin parodieren; **fare la ~ di un romanzo**, die Parodie auf einen Roman schreiben **2** *fig* (*caricatura*) Karikatur f, Farce f: **questo processo è una ~!**, dieser Prozess ist eine Farce! ● **mettere qu in ~** (*scimmiottarlo*), jdn parodieren.

parodiàre <*parodio, parodi*> *tr* (*fare la parodia*) ~ **qu/qc** {CANTANTE, SONETTO} jdn/*etw* parodieren.

paròdico, (-a) <-ci, -che> *agg* (*della parodia*) {GENERE} Parodien-.

parodìsta <-i m, -e f> mf (*autore, attore*) Parodist(in) m(f).

parodìstico, (-a) <-ci, -che> *agg* (*parodico*) {INTENZIONE, STILE} parodistisch.

parodontàle → **paradentale**.

parodónto → **paradonto**.

parodontologìa → **paradentologia**.

parodontòsi → **paradentosi**.

paròla f **1** *anche ling* (*vocabolo*) Wort n: **l'origine di una ~**, der Ursprung/die Herkunft eines Wortes; **parole brevi/lunghe**, kurze/lange Wörter; ~ **derivata**, abgeleitetes Wort; **in tedesco ci sono molte parole composte**, im Deutschen gibt es viele zusammengesetzte Wörter; **una ~ francese/tedesca**, ein französisches/deutsches Wort; **una ~ di otto lettere**, ein Wort mit acht Buchstaben **2** <*di solito al pl*> (*discorso*) Worte n pl: **parole di affetto/odio/rabbia**, Worte n pl der Zuneigung/des Hasses/des Zornes; **le sue parole non mi hanno convinto**, seine/ihre Worte haben mich nicht überzeugt; **le sue parole erano sincere**, seine/ihre Worte waren aufrichtig, er/sie war ehrlich/aufrichtig **3** <*di solito al pl*> (*consiglio*) Worte n pl, Rat(schlag) m: **ascoltare le parole di un amico**, auf die Worte eines Freundes hören **4** <*di solito al pl*> (*chiacchiere*) Gerede n *fam*, Geschwätz n *fam spreg*: **basta con le parole, passiamo ai fatti!**, genug der Worte/[geredet], kommen wir zur Sache! *fam*; **passare dalle parole ai fatti**, den Worten Taten folgen lassen; **quante parole!**, wie viel leere Worte!, wie viel hohles Gerede! *fam*, wie viel unnützes Geschwätz! *fam spreg*; **parole, parole, parole!**, Worte, Worte, Worte!, nichts als Worte! **5** (*frase*) Wort n: **non mi dice mai una ~ affettuosa**, nie höre ich ein liebevolles Wort von ihm/ihr **6** (*facoltà di parlare*) Sprache f: **il dono della ~**, Sprachvermögen n, Sprachfähigkeit f; **avere/usare la ~**, sprechen können, die Sprache einsetzen; **perdere la ~**, die Sprache verlieren **7** (*diritto di parlare*) Wort n, Rederecht n: **la ~ all'accusa!**, die Anklage hat das Wort; **chiedere la ~**, sich zu Wort melden; **dare/togliere la ~ a qu**, jdm das Wort geben/erteilen; (*atto del parlare*) Reden n, Sprechen n: **libertà di ~**, Redefreiheit f **9** (*promessa*) Wort n: **ti do/[hai] la mia ~ che non succederà più**, ich gebe dir/[du hast] mein Wort, dass das nicht mehr passieren wird; **ti fidi della mia ~?**, vertraust du mir aufs Wort?; **non ha mantenuto la ~**, er/sie hat sich/ihr Wort gebrochen; **rimangiarsi la ~**, ein Wort/Versprechen zurücknehmen **10** (*modo di parlare*) {DOTTA, VOLGARE} Ausdrucksweise f **11** <*solo pl*> *mus* Text m: **parole e musica di ~**, Text und Musik von ... ● **a parole** (*in teoria*), theoretisch: **essere bravo/coraggioso solo a parole** (*rif. a chi parla molto e agisce poco*), ein Maulheld sein *fam spreg*; **aggiungere due parole** *fig* (*dire ancora qc*), noch kurz etwas hinzufügen; **in** *altre* **parole** (*esprimendosi diversamente*), mit anderen Worten; **non** *avere/trovare* **le parole per qc** (*non riuscire a esprimere a parole*), nicht die richtigen Worte für etw (acc) finden; **basta la ~** (*un solo nome basta a richiamare alla mente un concetto*), ein Wort genügt; **belle parole!** (*promesse che non verranno mantenute*), das sind nur leere Versprechungen!; **bere le parole di qu** *fig* (*credervi ciecamente*), an jds Lippen hängen; **levare/togliere la ~ di bocca a qu** *fig* (*dire quello che un altro stava per dire*), jdm das Wort aus dem Munde nehmen; **mettere le parole in bocca a qu** *fig* (*attribuire a qu una cosa detta*), jdm die Worte in den Mund legen; **cavare le parole di bocca a qu** *fig* (*far parlare con molta fatica*), jdm jedes Wort (einzeln) aus der Nase ziehen *fam*; **non capire una (sola) ~ fig** (*nulla*), kein (einziges) Wort verstehen, nur Bahnhof verstehen *fam*, null checken *slang*; ~ **chiave** (*molto importante*), Schlüsselwort n; **dire quattro parole in croce** *fig* (*rif. a discorso molto succinto*), eine kurze Rede halten; **fare le parole crociate** *enigmistica*, Kreuzworträtsel n lösen; **descrivere qc in/con una ~** (*brevemente*), etw mit einem Wort beschreiben; ~ **di Dio** *relig* (*la Sacra Scrittura*), Gottes Wort; **non dire una mezza ~** (*tacere*), kein Wort sagen; **dire due parole a qu** *fig* (*parlare brevemente*), kurz mit jdm sprechen; *iron* (*rimprovare*), ein Wörtchen mit jdm reden *fam*, jdm Bescheid stoßen *fam*; **dire qc a mezze parole** *fig* (*con reticenza*), etw unklar/gewunden ausdrücken; **non dire una ~ tutta la sera** (*tacere*), den ganzen Abend schweigen/[kein Wort sagen]; **senza dire una ~** (*in silenzio*), wortlos; **non è ancora detta l'ultima ~** *fig* (*la questione non è ancora conclusa*), das letzte Wort ist noch nicht gesprochen, es ist noch nicht aller Tage Abend; **esprimersi a mezze parole** *fig* (*con reticenza*), sich gewunden/unklar/verschwommen ausdrücken; **essere di ~** (*chi mantiene impegni o promesse*), zuverlässig/verlässlich sein; **è un uomo di ~**, er ist ein zuverlässiger/verlässlicher Mensch, auf den Mann kann man sich verlassen; **non essere/[mancare] di ~** (*non mantenere ciò che è promesso*), sein Wort nicht halten/[brechen]; **è una ~!** (*non è facile a dirsi ma non a farsi*), (das ist) leichter gesagt als getan!; **essere in ~ con qu** (*in trattativa*), mit jdm in Verhandlungen stehen; **avere la ~** *facile* (*essere eloquente*), wort-/redegewandt sein; **non farne ~ con nessuno** (*accennarne*), es niemand(em) sagen, niemand(em) etwas davon erzählen; **parole di fuoco** *fig* (*discorsi accesi*), scharfe Worte, hitzige/feurige Rede; (*insulti*), wüste Beschimpfungen *spreg*, Schimpfkanonade f *spreg*; **sì, una vanitosa, è la ~ giusta!** (*che più la caratterizza*), ja, eitel ist sie, das ist genau das richtige Wort!; **parole grosse/pesanti** *fig* (*ingiurie*), Beleidigungen f pl, Beschimpfungen f pl; **non ho parole!** (*escl, spec di ringraziamento o di stupore*), mir fehlen die Worte, ich bin sprachlos; **l'oggetto in ~** (*di cui si tratta*), der fragliche Gegenstand; die Sache, um die es geht; **in una ~** (*in breve*), kurz gesagt, mit einem Wort; **parole incrociate** *enigmistica*, Kreuzworträtsel n; **lasciare qu senza parole** *fig* (*farlo stupire*), jdn sprachlos machen, jdm die Sprache verschlagen; ~ **magica** (*del prestigiatore*), Zauberwort n; **a quel cane manca solo la ~** (*è molto intelligente*), wenn dieser Hund sprechen könnte, wäre er vollkommen; **a quella statua manca solo la ~** (*è molto espressiva*), diese Statue ist sehr ausdrucksvoll; **metterci una buona ~** *fig* (*intervenire in favore di qu*), ein gutes Wort einlegen; **mezza ~** *fig* (*promessa vaga*), vage Versprechung, halbes Versprechen; **misurare/pesare le parole** *fig* (*parlare con prudenza*), seine Worte genau abwägen/[sorgsam wählen]; **non essere di** *molte* **parole** (*parlare poco*), ein Mensch von wenigen Worten/[wortkarg] sein; **parole nuove ling** (*neologismi*), Neologismen m pl, Neuwörter n pl; **~ d'ordine** *fig* (*d'intesa*), Kennwort n; *mil*, Parole f, Losung f; **~ d'onore/mia/[di gentiluomo]!** (*detto per garantire sul proprio onore*), mein Ehrenwort!; **parole ˌd'oroˌ/[sante!]** *fig* (*ben detto*), wahre/weise Worte!, wie wahr!; *passare* **~** (*trasmettere un'informazione*), es weitersagen; **~ per ~** (*letteralmente*), Wort für Wort; **tradurre qc ~ per ~**, Wort für Wort übersetzen; **di** *poche* **parole** (*laconico*), wortkarg; **in poche parole** (*per farla breve*), kurz (und bündig); **in parole povere** *fig fam* (*in termini chiari*), in einfachen Worten; *prendere* **in ~** *qu* (*contarci*), jdn beim Wort nehmen; *prendere* **la ~** (*cominciare a parlare spec in pubblico*), das Wort ergreifen; **prendere qu a male parole** *fig* (*insultarlo*), jdn beleidigen, jdn beschimpfen; *restare senza* **parole** *fig* (*rimanere esterrefatti*), keine Worte finden, sprachlos sein; *rivolgere* **la ~ a** *qu* (*parlargli*), jdn ansprechen; **non si rivolgono più la ~** (*non si parlano più*), sie sprechen nicht mehr miteinander; **non** *sapere* **una ~** *fig* (*niente*), nichts wissen, keine Ahnung haben; *scambiare* **due parole con** *qu fig* (*parlare un po'*), ein paar Worte mit jdm wechseln; *avere* **una** *sola* **~ fig** (*tenere fede agli impegni presi*), sein Wort halten; **non ci** *sono* **parole** (*la realtà è superiore ai mezzi espressivi*), da fehlen einem die Worte; *spendere* **una ~ per qu/qc** *fig* (*parlare in suo favore*), für jdn/etw ein (gutes) Wort einlegen, sich für jdn/etw aussprechen; *sprecare* **le parole con qu** *fig* (*parlare inutilmente*), sich bei jdm eigentlich die Worte sparen können, bei jdm wie gegen eine Wand reden *fam*; **ti credo sulla ~** (*fidandosi della promessa orale*), ich glaube dir aufs Wort; *avere* **l'*ultima* ~ fig** (*avere la meglio in una discussione*), das letzte Wort haben; *venir meno alla* **~ data** (*non mantenere un impegno*), sein Wort brechen; [nicht einhalten]; **parole al** *vento* **fig** (*sprecate*), in den Wind geredete/gesprochene Worte; **non mi** *viene* **la ~** (*non trovo il termine adatto*), mir fällt das (passende) Wort nicht ein; **la ~ è d'argento, il silenzio è d'oro** *prov*, Reden ist Silber, Schweigen ist Gold *prov*.

parolàccia <-ce, *pegg di* parola> f (*parola volgare*) Schimpfwort n; **dire parolacce**, Schimpfwörter gebrauchen.

parolàio, (-a) <-*lai m* -*spreg* **A** agg **1** (*che si limita alle parole*) [POLITICA] der leeren Worte *spreg* **2** (*verboso*) [GIORNALISTA] wortreich, weitschweifig, geschwätzig *spreg*, schwatzhaft *spreg* **B** m (f) (*chiacchierone*) Schwätzer(in) m(f) *spreg*, Schwafler(in) m(f) *fam spreg*, Wortemacher(in) m(f) *spreg*.

parole <-> f *franc ling* Parole f.

parolière, (-a) <-*lai m* (f) *mus* Texter(in) m(f), Textdichter(in) m(f).

parolina <dim *di* parola> f **1** (*parola breve*) Wörtchen n **2** (*parola benevola*) freundliches/liebes Wort; **~ d'amore**, Liebeswort n; **scambiarsi paroline affettuose**, liebevolle Worte wechseln ● **devo dirti due paroline** (*devo parlarti brevemente*), ich muss ˌdich kurz sprechenˌ/[kurz mit dir sprechen]; (*devo rimproverarti*), ich habe noch ein Wörtchen mit dir zu reden *fam*.

paolóna f, **parolóne** <accr *di* parola> m **1** (*parola lunga*) langes Wort **2** (*termine ricercato*) schwieriges Wort, gewählter Ausdruck; **un'arringa piena di paroloni**, ein Plädoyer voller gewählter Ausdrücke.

paronimìa f *ling* Paronymie f.

paronimo m *ling* Paronymon n.

paronomàsia f *ling* Paronomasie f.

parossìsmo m **1** *fig* (*culmine*) Höhepunkt m: **era nel ~ dell'ira**, sein Zorn hatte den Höhepunkt erreicht; **odiare qu fino al ~**, jdn tödlich/[bis auf den Tod] hassen; **portare qc al ~**, etw auf die Spitze treiben **2** *med* (*accesso*) {+FEBBRE} Paroxysmus m *scient* ● **~ tettonico/vulcanico** *geol*, Paroxysmus m.

parossìstico, (-a) <-*ci, -che*> agg **1** *fig* (*esasperato*) {GRIDA} aufgebracht; {IRA} übersteigert; {STATO} erregt **2** *geol* {FASE} paroxystisch **3** *med* {STADIO} paroxysmal *scient*, anfallsweise auftretend.

parossìtono, (-a) agg *ling*: **parola parossitona**, Paroxytonon n.

paròtide *anat* **A** agg {GHIANDOLA} Parotis-*scient* **B** f Ohrspeicheldrüse f, Parotis f *scient*.

parotite f *med* Mumps m, Ziegenpeter m *fam*, Parotitis f *scient*.

parquet <-> m *franc* **1** (*pavimento di legno*) Parkett n, Parkettboden m: **mettere/posare il ~**, das Parkett verlegen; **~ a spina di pesce**, Fischgräten(muster)parkett m **2** *econ* Parkett n.

parricìda <-*i m, -e f*> **A** agg vatermörderisch: **arma ~**, Vatermordwaffe f; **il suo odio ~**, sein/ihr mörderischer Vaterhass **B** mf **1** (*reo di parricidio*) Vatermörder(in) m(f) **2** *fig* (*traditore della patria*) Vaterlandsverräter(in) m(f).

parricìdio <-*di*> m **1** (*delitto*) Vatermord m **2** *fig* (*tradimento della patria*) Vaterlandsverrat m.

parrocchétto m **1** *ornit* (*pappagallo*) Sittich m **2** *mar* (*vela*) {FISSO, VOLANTE} Fockmastsegel n.

parròcchia f **1** (*chiesa*) (Pfarr)kirche f: **andare a messa in ~**, zur Messe in die Kirche gehen **2** (*insieme di fedeli*) Pfarrgemeinde f, Pfarrei f: **frequentare la ~**, am Gemeindeleben teilnehmen **3** (*circoscrizione*) Pfarrei f, Pfarrbezirk m, Pfarre f *region*: **una ~ di campagna**, eine Landpfarrei **4** (*canonica*) Pfarrhaus n: **stasera c'è una riunione in ~**, heute Abend ist eine Versammlung im Pfarrhaus **5** (*ufficio*) Pfarramt n **6** *fig spreg* (*cricca*) Clique f *spreg*: **non faccio parte della loro ~**, ich gehöre nicht zu ihrer Clique *spreg* ● **essere di un'altra ~** (*essere omosessuale*), ˌvom anderen Uferˌ/[von der anderen Fakultät] sein *fam obs*.

parrocchiàle agg **1** (*del parroco*) {CASA} Pfarr-- f (*della parrocchia*) {ARCHIVIO, CHIESA, SALA} Pfarrgemeinde-.

parrocchiàno, (-a) m (f) (*fedele*) Mitglied n einer Pfarrgemeinde.

pàrroco <-*ci*> m (*sacerdote*) Pfarrer m: **un ~ di campagna**, ein Landpfarrer.

Parròzzo® m *gastr* Schokoladenkuchen m (aus den Abruzzen).

parrùcca <-*che*> f **1** (*acconciatura posticcia*) Perücke f: **mettersi una ~ bionda**, sich (dat) eine blonde Perücke aufsetzen; **portare la ~** ((eine) Perücke tragen **2** *scherz* (*lunga chioma*) Mähne f *scherz*, Haarpracht f *scherz* **3** <*di solito al pl*> *fig spreg* (*reazionario*) Reaktionär(in) m(f) *spreg*, rückschrittlicher Mensch.

parrucchièra f Friseuse f, Frisöse f, Coiffeuse f *A o forb*.

parrucchière m Friseur m, Frisör m, Coiffeur m *A o forb*: **andare dal ~**, zum Frisör gehen; **~ per signora**, (Damen)friseur m; **~ per uomo**, Herrenfriseur m.

parrucchino <dim *di* parrucca> m (*parrucca da uomo*) Herrenperücke f: **portare il ~**, eine Herrenperücke tragen.

parruccóne, (-a) m (f) *fig spreg* (*retrogrado*) Reaktionär(in) m(f) *spreg*, altmodischer Mensch, rückschrittlicher Mensch.

pàrsec <-> m *astr* Parsec n.

parsimònia f **1** (*moderazione*) Zurückhaltung f, Sparsamkeit f: **spendere con ~**, beim Geldausgeben zurückhaltend sein, den Pfennig sehen *fam*, mit dem Pfennig rechnen *fam*; **usare qc con ~**, etw sparsam einsetzen **2** (*frugalità*) Anspruchslosigkeit f, Enthaltsamkeit f: **vivere senza ~**, verschwenderisch leben **3** *fig* (*economia*) Sparsamkeit f: **spiegare qc con ~ di parole**, etw mit knappen/wenigen/kurzen Worten erklären.

parsimonióso, (-a) agg **1** (*risparmiatore*) {UOMO} sparsam **2** (*moderato*) **~** (**in qc**) {PERSONA NEL BERE} zurückhaltend (*mit etw* dat) **3** (*frugale*) {VITA} anspruchslos, enthaltsam, genügsam, frugal **4** *fig* (*parco*) **~ di qc** {SCRITTORE DI AGGETTIVI} sparsam (*mit etw* dat), zurückhaltend (*mit etw* dat).

parsismo m *relig* induista Parsismus m.

pàrso part pass *di* parere①.

partàccia <-*ce, pegg di* parte> f **1** (*rimprovero*) Verweis m: **fare una ~ a qu**, jdm einen Verweis erteilen **2** (*figuraccia*) schlechte Figur: **fare una ~**, eine schlechte Figur machen/abgeben, sich blamieren **3** *film teat* (*brutto ruolo*) miserable Rolle: **mi hanno dato una vera ~**, sie haben mir eine miserable Rolle gegeben.

pàrte A f **1** (*pezzo*) Teil m: **tagliare il pane in parti uguali**, Brot in gleiche Teile schneiden; **fare più parti di una torta**, die Torte/den Kuchen in mehrere Stücke schneiden **2** (*singolo elemento*) {+CONGEGNO, MACCHINA} (Einzel)teil n **3** (*punto*) Stelle f: **pulire la ~ infetta**, die infizierte Stelle säubern **4** (*suddivisione*) {+COMMEDIA, FILM, LIBRO} Teil m: **prima/seconda ~**, erster/zweiter Teil **5** (*frazione*) (An)teil m, Abschnitt m: **la terza/quarta ~ di una quantità**, das Drittel/Viertel einer Menge; **due parti d'acqua e una d'aceto**, zwei Anteile/Drittel Wasser und ein Anteil/Drittel Essig; **l'ultima ~ del percorso è in salita**, der letzte Streckenabschnitt geht bergauf **6** (*lato*) Seite f: **dall'altra ~ della strada**, von der anderen Straßenseite; **~ alta/bassa**, Ober-/Unterseite f; **~ centrale/laterale**, Mittel/Seitenteil m; **~ davanti/[di dietro]**, Vorder-/Hinterseite f; **la ~ di dentro/fuori**, die Innen-/Außenseite **7** (*zona*) Gegend f, Teil m, Stelle f: **le parti del corpo**, die Körperteile; **la ~ colpita dal male**, der kranke Körperteil, die von der Krankheit befallene Stelle; **le parti occidentali/settentrionali**, die Gegend im Westen/Norden; **turisti da ogni ~ del mondo**, Touristen aus aller Welt; **da quelle parti fa molto freddo**, in der Gegend ist es sehr kalt; **cosa fate da queste parti?**, was macht ihr denn hier (in dieser Gegend)?; **da queste parti si mangia molto pesce**, in dieser Gegend isst man viel Fisch; **vai da un'altra ~ a giocare!**, geh und spiel woanders!; **stare dalle parti di Fiesole**, in der Gegend/Nähe von Fiesole wohnen **8** (*età, a tempo*) Teil m: **una ~ dell'estate la passiamo in Toscana**, einen Teil des Sommers verbringen wir in der Toskana; **passa gran ~ del suo tempo in ufficio**, er/sie verbringt einen Großteil seiner/ihrer Zeit im Büro; **per buona ~ dell'anno**, den größten Teil des Jahres **9** (*certa quantità*) {+SOMMA, STIPENDIO, STUDENTI} Teil m: **una ~ del ricavato andrà in beneficenza**, ein Teil des Ertrags ist für einen wohltätigen Zweck bestimmt; **una ~ degli operai ha scioperato**, ein Teil der Arbeiter hat gestreikt **10** (*quota*) {+EREDITÀ, UTILI} (An)teil m: **ognuno ha avuto la sua ~**, jeder hat ˌden ihm zustehendenˌ/[seinen] Teil bekommen **11** (*direzione*) Richtung f: **da che ~ vai?**, in welche Richtung gehst du?; **proseguite da questa ~!**, gehen/fahren Sie in dieser Richtung weiter!; **l'entrata è da quella ~**, der Eingang ist in dieser Richtung **12** (*fazione*) {AVVERSARIA, GHIBELLINA} Seite f, Flügel m, Richtung f **13** (*in correlazione*) **~, ... ~**, teils..., ... teils; teilweise, ... teilweise; zum Teil, ... zum Teil: **gli scolari furono ~ promossi, ~ bocciati**, die Schüler wurden teils versetzt, teils sind sie durchgefallen **14** *fig* (*fetta*) (An)teil m: **la propria ~ di colpa/responsabilità**, seinen eigenen Schuldanteil/[Teil Verantwortung] **15** *fig* (*aspetto*) Aspekt m: **analizzare una questione in ogni sua ~**, alle Aspekte eines Problems analysieren/abwägen **16** *fig* (*compito*) Aufgabe f: **assumersi la ~ più difficile**, den schwierigsten Teil übernehmen **17** *dir* (*nel processo civile*) Partei f; (*nel processo penale*) Beteiligte mf decl come agg: **~ civile** (*nel processo penale*), Nebenkläger m; **~ lesa**, Geschädigte mf decl come agg, Verletzte mf decl come agg; **le parti contraenti**, die Vertragspartner, die Vertragsparteien; **il giudice ha convocato le parti**, der Richter hat die Parteien geladen; **sentire le parti**, die Parteien anhören; **venire a un accordo tra le parti**, zu einer Einigung zwischen den Parteien kommen **18** *film teat TV* (*ruolo*) Rolle f: **avere una ~ in un film**, eine Rolle in einem Film haben; **parti comiche/tragiche**, komische/tragische Rollen; **dare a qu una piccola ~ in un musical**, jdm eine kleine Rolle in einem Musical geben; **entrare nella ~**, sich in die/seine Rolle einfühlen, mit der/seiner Rolle eins werden; **l'attrice che fa la ~ di Medea**, die Schauspielerin, die die Medea spielt; **~ principale/secondaria**, Haupt-/Nebenrolle f (*copione*) Rolle f; **saper bene la ~**, seine Rolle gut können; **non ricordare la ~**, sich nicht an seinen (Rollen)text erinnern **19** *spec mil* (*schieramento*) Partei f: **le due parti hanno firmato l'armistizio**, die zwei Parteien haben einen Waffenstillstand unterschrieben **20** *mus* Part m, Stimme f: **la ~ di soprano**, die Sopranstimme; (*nel contrappunto*: *voce*) Stimme f; (*partitura*) Partitur f **B** <inv> *loc agg* **1** (*separato, a sé*): **~ in un ambiente/mondo a ~**, das ist eine Welt für sich **2** (*fazioso*): **di ~**, {COMMENTO, GIORNALE, GIUDICE} parteiisch **C** *loc avv* **1** (*separatamente*): **a ~**, getrennt, separat, extra; **le bevande si pagano a ~**, die Getränke werden getrennt bezahlt/[gehen extra *fam*] **2** (*parzialmente*): **in ~**, zum Teil, teilweise; **quello che dici è vero solo in ~**, was du sagst, ist nur zum Teil richtig; **in ~ hai ragione**, teilweise hast du Recht **D** *loc prep* (*eccettuato*): **a ~ qu/qc**, außer jdm/etw, bis auf jdn/etw, mit Ausnahme von jdm/etw/(+ *gen*), abgesehen von jdm/etw; **a ~ il mal di gola sto bene**, bis auf das Halsweh geht es mir gut; **a ~ me/lui/noi...**, von mir/ihm/uns ... einmal abgesehen; **a ~ te non conosco nessuno qui**, außer dir kenne ich hier keinen **E** *loc cong* (*escludendo*): **a ~ ● da una ~ ... dall'altra** (*per un verso ... per l'altro*), einerseits... and(e)rerseits; **d'altra ~ cosa avrei potuto fare?** (*del resto*), and(e)rerseits, was hätte ich tun können?; **avere ~ in qc** (*parteciparvi*), {IN UN AFFARE, IN UN'IMPRESA} sich an etw (*dat*) beteiligen, an etw (*dat*) teilnehmen; **avere una ~ notevole nel successo di qu**, an jds Erfolg maßgeblich beteiligt sein; **avere/tenere qualcosa da ~** *fam* (*custodiri dei soldi*), etwas beiseite/[auf die hohe Kante *fam*] gelegt haben; **essere dall'altra ~ della barricata** *fig* (*dissentire sul piano politico o religioso*), von der Gegenpartei sein, auf der anderen Seite stehen; **le parti basse** *fam eufem scherz* (*i ge-*

nitali), die Geschlechtsorgane, der Genitalbereich, die Genitalien, der Unterleib; **essere ~ in** *causa dir* (*in un processo*), Verfahrensbeteiligter sein; *fig* (*essere interessato a/in qc*), betroffen/beteiligt sein; **costituirsi ~ civile** *dir*, als Nebenkläger auftreten, sich als Nebenkläger anschließen; **molto gentile da ~ Sua**, sehr nett von Ihnen; **vieni qui, non startene lì da una ~** (*in disparte*), komm her, steh nicht so abseits!; **da una ~ sono contenta di lavorare part-time** (*da un certo punto di vista*), im gewissen Sinne bin ich froh, halbtags zu arbeiten; **da ~ di qu/qc** (*per conto di*), von jdm/etw, von Seiten jds/etw, seitens jds/etw; **dagli questo pacco da ~ mia**, gib ihm dieses Paket meinerseits; **la saluti da ~ nostra**, grüßen Sie sie von mir; **da ~ di qu/qc** (*per ciò che dipende da me/te/noi ...*), was jdn/etw betrifft; **da ~ nostra non ti ostacoleremo**, was uns betrifft, werden wir dich nicht (be)hindern; **da ~ mia**, was mich betrifft, meinerseits; **cugino da/per ~ di madre** (*di parentela*), Cousin mütterlicherseits; **fare la ~ del** *diavolo fig* (*tentare qu*), jdn in Versuchung führen; **le parti del discorso** *gramm* (*categorie*), die Satzglieder, die Satzteile; **essere ~ di qc** (*esserne un elemento costitutivo*), {DELLA SOCIETÀ} Grundbestandteil/[konstitutiver Bestandteil] von etw (*dat*) sein; **essere di ~** (*non essere obiettivi*), parteiisch sein; **essere a ~ di qc** (*conoscere*), {DI UN SEGRETO} von etw (*dat*) Kenntnis haben; *far ~ di qc* (*appartenere*), {DI UNA GIURIA} zu etw (*dat*) gehören, (Bestand)teil von etw (*dat*) sein; **questo fa ~ del lavoro di medico**, das gehört zur Arbeit eines Arztes; **fare una ~ a qu** (*scenata*), jdm eine Szene machen; **fare ~ per sé stesso** *fig* (*seguire le proprie idee*), Einzelgänger sein; **fare le parti** (*dividere qc e distribuirlo*), etw verteilen; **fare le parti giuste** (*dividere in fette/porzioni uguali*), etw in gleiche Teile teilen; **ognuno faccia la sua ~** *fig* (*svolga il suo compito*), jeder soll seinen Teil beitragen/[sein Soll erfüllen] *fig* (*dia il suo contributo*), jeder soll seinen Teil bei|tragen/bei|steuern; **fare la ~ dell'ingenuo** *fig* (*fingere*), den Naiven spielen; **fare la ~ della vittima** *fig* (*atteggiarsi a vittima*), das Opfer spielen; **non mi piace fare la ~ dello stupido** *fig* (*essere considerato tale*), ich lasse mich nicht gern für dumm verkaufen *fam*; **farsi da ~** *fam* (*spostarsi*), zur Seite treten; *fig* (*ritirarsi*), sich zurück|ziehen; *fig* (*rinunciare alla lotta*), auf|geben; **fatti da ~!** *fam* (*spostati*), geh zur Seite!, geh weg da!; *fig* (*ritirati*), zieh dich zurück!, verzieh dich! *fam*; **la ~ *fisica***, der körperliche Teil; **in buona/gran ~** (*in misura notevole*), zum großen Teil; **in minima/piccola ~** (*in misura minore*), zum kleineren Teil, in geringerem Maße; **essere ~ integrante di qc**, integrierender/wesentlicher Bestandteil von etw (*dat*) sein; **parti intime** *eufem* (*i genitali*), Intimbereich m; **fare la ~ del** *leone fig* (*prendere la parte migliore o tutto*), sich (*dat*) den Löwenanteil sichern; **la maggior ~ della gente** (*la maggiore quantità*), der Großteil der Leute/Zeit; **nella maggior ~ dei casi** (*il maggior numero*), in den meisten Fällen; **in massima ~**, größtenteils; **mettere qc da ~** (*accantonare*), {SOLDI} etw auf die Seite/[hohe Kante] legen *fam*; *fig* (*I VECCHI RANCORI*) etw vergessen, etw begraben; **mettere qu da ~** *fig* (*isolarlo*), jdn ausschließen; **mettere qu a ~ di qc** (*dividere con lui*), {DEGLI UTILI} etw mit jdm teilen; *fig* (*fargli sapere qc*), jdn von etw (*dat*) in Kenntnis setzen, jdn etw wissen lassen; **mettersi dalla ~ di qu** (*appoggiarlo*), für jdn Partei ergreifen, sich für jdn einsetzen, jdn unterstützen; **le cinque parti del mondo** (*le terre emerse*), die fünf Kontinente; **da nessu-**

na ~ (*in nessun posto*: *stato*), nirgendwo; **non lo trovo da nessuna ~**, ich habe ihn/es nirgendwo gefunden; (*moto a luogo*) nirgendwohin; **ad agosto non vado da nessuna ~**, im August fahre ich nirgendwohin; **in ogni ~** (*dappertutto*), überall; **passare da ~ a ~ qu/qc** (*trafiggere*), jdn/etw durchbohren; **prendere le parti di qu** (*difenderlo*), für jdn Partei ergreifen, jdn verteidigen; **prendere ~ a qc** (*parteciparvi*), {A UN CONVEGNO, A UN DIBATTITO} an etw (*dat*) teilnehmen; **la ~** (*condividerlo*), {A UN DOLORE, A UNA GIOIA} an etw (*dat*) Anteil nehmen, an etw (*dat*) teil|haben; **non si sa da che ~ prenderlo** *fig* (*come trattarlo*), man weiß nicht so recht, wie man ihn anpacken soll *fam*; **da qualche ~** (*in qualche luogo*: *stato*), irgendwo; **è successo da qualche ~ negli Stati Uniti**, es ist irgendwo in den Vereinigten Staaten passiert; (*moto a luogo*) irgendwohin; **mettilo da qualche ~**, stell/leg es irgendwohin!; **da qualche altra ~**, irgendwo anders; **da un anno/mese a questa ~** (*in qua*), seit einem Jahr/Monat; **da un po' di tempo a questa ~**, seit einiger Zeit; **essere dalla ~ della ragione** *fig* (*avere ragione*), Recht haben; **parti di ricambio** *mecc*, {+MOTORE} Ersatzteile n pl; **non sapere da che/quale ~ voltarsi** *fig* (*che cosa fare*), weder ein noch aus wissen *fam*; **non sapere da che ~ cominciare** *fig* (*da dove*), nicht wissen, wo anfangen/[man beginnen soll]; **parti sociali** *giorn polit* (*lavoratori e imprenditori*), Sozialpartner m pl, Tarifparteien f pl; **essere al di sopra delle parti** (*essere imparziale*), über den Parteien stehen; **la ~ spirituale**, der geistige Teil; **stare/essere dalla ~ di qu** (*parteggiare*), auf jds Seite stehen; **sto/sono dalla vostra ~**, ich bin auf eurer Seite; **tenere le parti di qu** (*sostenerlo*), für jdn Partei ergreifen, jdn unterstützen; **tirare qu dalla propria ~** *fig* (*convincerlo*), jdn für sich gewinnen; **essere/passare dalla ~ del** *torto fig*, im Unrecht sein/[sich ins Unrecht setzen]; **parti vergognose** *fam eufem* (*i genitali*), Schamteile n o m pl *rar*/Geschlechtsteile n o m pl.

partecipànte **A** mf (*chi partecipa*) **~** (**a qc**) {A UNA RIUNIONE} Teilnehmer(in) m(f) (*an etw dat*): **i partecipanti a un/[al] concorso**, die Wettbewerbsteilnehmer; **i partecipanti a un/[al] corso di specializzazione**, die Teilnehmer an einem Fortbildungskurs; **i partecipanti a una/[alla] gara**, die Wettkampfteilnehmer, die Wettkämpfer; **i partecipanti a una/[alla] gita**, die Ausflügler **B** *agg* **~** (**a qc**) {ATLETA ALLA CORSA, AZIONISTI ALL'ASSEMBLEA} (*an etw dat*) teilnehmend.

partecipàre **A** *itr* **1** (*prendere parte*) **~** (**a qc**) {A UNA DISCUSSIONE} sich *an etw* (*dat*) beteiligen; {A UNA RAPINA} *anche bei etw* (*dat*) mit|machen *fam*; {A UN CONVEGNO} *an etw* (*dat*) teil|nehmen: **hanno partecipato al dibattito televisivo lo scrittore e il suo editore**, an der Fernsehdebatte haben der Schriftsteller und sein Verleger teilgenommen; **~ attivamente alla lezione**, sich aktiv am Unterricht beteiligen **2** (*contribuire*) **~ a qc** (**con qc**) {A UNA SPESA CON UNA QUOTA} (*mit etw dat*) zu etw (*dat*) bei|tragen **3** (*condividere*) **~ a qc** {ALLA GIOIA, AL DOLORE DI QU} *an etw* (*dat*) Anteil nehmen, an etw (*dat*) teil|haben **4** (*essere partecipe*) **~ di qc** {CRISTO DELLA NATURA UMANA} *an etw* (*dat*) teil|haben, etwas *von etw* (*dat*) haben **5** *comm* (*beneficiare*) **~ a qc** {AGLI UTILI} an etw (*dat*) beteiligt sein, an etw (*dat*) partizipieren **B** *tr* (*annunciare*) **~ qc** (**a qu**) {MATRIMONIO DI QU, NASCITA DI QU} (*jdm*) etw (durch Anzeige) bekannt geben, *jdm* etw mit|teilen, *etw* an|zeigen ● **l'importante è ~**, die Hauptsache ist teilzunehmen/mitzumachen *fam*.

partecipativo, (-a) agg 1 econ {IMPRESA} Beteiligungs- 2 polit {DEMOCRAZIA} direkt.
partecipazione f 1 (il prendere parte) ~ (a qc) {A UN DIBATTITO} Beteiligung f (an etw dat); {A UNA GARA, A UNA RIUNIONE, A UN SIMPOSIO} Teilnahme f (an etw dat): **la ~ di un cantante a uno spettacolo**, die Teilnahme eines Sängers an einer Veranstaltung; **la ~ attiva dei cittadini alla vita politica**, die aktive Beteiligung der Bürger am politischen Leben 2 (affluenza) Zustrom m, Zulauf m: **c'è stata una grande ~ di pubblico**, es kam zu einem großen Zustrom von Menschen, es war ein großes Publikum da 3 (annuncio) Anzeige f: **~ di matrimonio/morte/nascita**, Heirats-/Todes-/Geburtsanzeige f 4 (biglietto) Mitteilung f, Anzeige f: **spedire le partecipazioni di nozze**, die Heiratsanzeigen abschicken 5 (condivisione) **~ a qc** {AL LUTTO DI QU} Anteilnahme f an etw (dat): **seguire con viva ~ l'evolversi di una vicenda**, mit reger/aufrichtiger Anteilnahme die Entwicklung einer Angelegenheit verfolgen 6 econ Beteiligung f: **avere una ~ del 20% in una società**, mit 20% an einer Gesellschaft beteiligt sein, einen 20%igen Anteil an einer Gesellschaft haben; **~ maggioritaria/minoritaria**, Mehrheits-/Minderheitsbeteiligung f 7 polit {DEMOCRATICA, POPOLARE} Partizipation f forb • **~ statale** econ, staatliche Beteiligung; **con la partecipazione straordinaria di ... film** (con la presenza di un celebre attore), unter der außerordentlichen Mitwirkung von ...; **~ agli utili** econ, Gewinnbeteiligung f.
partécipe agg (che prende parte) **~ di qc** an etw (dat) (an)teilnehmend: **essere ~ del dolore/della gioia di qu**, an jds Schmerz/Freude teilnehmen; **farsi ~ di qc** an etw (dat) teilnehmen • **rendere ~ qu di qc** (informare), {DI UN SEGRETO} jdn über etw (acc) informieren, jdn etw (acc) einweihen; (far partecipare), {DELLA PROPRIA GIOIA} jdn an etw (dat) teilhaben lassen.
partenariàto m (collaborazione) Partnerschaft f, Teilhaberschaft f.
partenogènesi f biol Parthenogenese f, Jungfernzeugung f.
partenogenètico, (-a) <-ci, -che> agg biol {FENOMENO} parthenogenetisch.
Partenóne m arch (tempio) Parthenon n.
partenopèo, (-a) Ⓐ agg (napoletano) parthenopeisch, neapolitanisch Ⓑ m (f) (abitante) Parthenopeier(in) m(f), Neapolitaner(in) m(f).
partènza Ⓐ f 1 (il partire) {+AMICO} Abreise f, Aufbruch m: **prepararsi alla ~**, sich auf die Abreise vorbereiten; **la ~ per le vacanze è sempre molto attesa**, der Urlaubsbeginn wird/ist immer heiß ersehnt, auf die Abfahrt in die Ferien freut man sich immer sehr 2 (momento) {+AUTOBUS, NAVE} Abfahrt f: **alla ~ del battello**, bei Abfahrt des Dampfboots; **la ~ è alle ore 9**, (die) Abfahrt ist um 9 Uhr; {+AEREO} Abflug m 3 (migrazione) {+CICOGNE} Abzug m 4 fig (avvio) Beginn m, Anfang m: **la trattativa ha avuto una ~ difficile**, der Beginn der Verhandlung war schwierig, die Verhandlung hatte einen schwierigen Start 5 film Aufnahmebeginn m 6 sport (via) Start m: **dare il segnale di ~**, das Startzeichen geben; (luogo) Start m; **i concorrenti si portano alla ~**, die Wettkämpfer begeben sich an den Start 7 <di solito al pl> ferr (tabellone) "Anzeigetafel f mit den Abfahrzeiten"; aero "Anzeigetafel f mit den Abflugzeiten"; aero (settore): partenze, Abflug m Ⓑ <inv> loc agg (iniziale): **di ~**, {CAPITALE} Anfangs- • **essere in ~**, ˌzur Abfahrt bereit˩/[abfahrtsbereit] sein; **il treno è in ~ sul treno binario**, der Zug fährt vom Gleis drei ab; **essere di/in ~** (stare per partire), im Begriff sein, abzufahren; **sono in ~ per la montagna**, ich bin im Begriff, in die Berge zu fahren; ich bin auf dem Sprung in die Berge fam; **falsa ~ sport** (non valida), Früh-, Fehlstart m; **~ da fermo** sport, stehender Start; **lo si sapeva già in ~** (dall'inizio), das wusste man schon von Anfang/Beginn an, das war schon von Anfang an klar.
parterre <-> m franc 1 (insieme di aiuole) Blumenbeet n: **un giardino a ~**, ein Garten mit Blumenbeeten 2 film teat (platea) Parkett n, Parterre n obs.
particèlla <dim di parte> f 1 (parte minuscola) {+ARGENTO, GESSO, POLVERE DA SPARO, VERNICE} Teilchen n, Partikel n: **una ~ di polvere**, ein Staubteilchen 2 dir (appezzamento) {+TERRENO} Parzelle f: **~ catastale**, Katasterparzelle f, Flurstück n 3 fis Partikel n, Teilchen n: **~ alfa/beta/gamma**, Alpha-/Beta-/Gammateilchen n; **~ carica**, geladenes Teilchen; **~ elementare/fondamentale**, Elementarteilchen n; **~ instabile**, instabiles Teilchen 4 ling Partikel f: **~ avverbiale/pronominale**, Adverbial-/Pronominalpartikel f; **~ enclitica/proclitica**, enklitische/proklitische Partikel.
particellàre agg 1 dir {MAPPA} Flur-; {BOSCO, TERRENO} parzelliert 2 fis (a particelle) {SISTEMA} Teilchen-.
particìna <dim di parte> f film teat (parte breve) kleine Rolle: **avere una ~ in una commedia**, eine kleine Rolle in einer Komödie haben.
participiàle agg gramm {FUNZIONE, VALORE} Partizipial-, partizipial.
particìpio <-pi> m gramm Partizip n, Mittelwort n: **~ presente/passato**, Partizip Präsens n/Partizip Perfekt n, Partizip I/II n.
particola f relig (ostia) Hostie f.
particolàre Ⓐ agg 1 (fuori dal comune) {BELLEZZA, PERSONALITÀ} besonder(r, s), außergewöhnlich, außerordentlich: **mostrare ~ interesse per la musica**, (ein) besonderes Interesse an der Musik zeigen 2 (speciale) {TRATTAMENTO} Sonder-; {SITUAZIONE} besonder(r, s), eigen; {SIGNIFICATO} anche spezifisch: **questo è un caso ~**, das ist ein Sonderfall 3 (grande) {AFFETTO, AMORE} besonder(r, s), außergewöhnlich: **con ~ incisività**, mit großer Wirksamkeit 4 (specifico) {SEGNI} besonder(r, s), bestimmt, spezifisch: **per lavorare il legno ci vogliono degli utensili particolari**, um Holz zu bearbeiten, braucht man besonderes Werkzeug; **questo vino si trova solo in una ~ zona**, diesen Wein findet man nur in einem bestimmten Gebiet 5 (caratteristico) {TRADIZIONE, USANZA} charakteristisch, eigentümlich, typisch; {STILE} besonder(r, s): **ha un modo ~ di vestirsi**, er/sie hat eine besondere Art, sich zu kleiden 6 (singolo) {INTERESSI} einzeln, Einzel- 7 (stravagante) {GUSTI} seltsam, sonderbar, bizarr; {ABITUDINI} anche eigen(r, s), besonder(r, s): **è un tipo un po' ~**, er ist ein etwas sonderbarer Typ 8 (ambiguo) {AMICIZIA, RELAZIONE} zwielichtig 9 (personale) {SEGRETARIO} Privat- Ⓑ m 1 (dettaglio) {IMPORTANTE, TRASCURABILE} +FILM, FOTOGRAFIA, QUADRO, RACCONTO} Detail n, Einzelheit f: **curare molto i particolari**, sehr auf (die) Details achten; **descrivere qc nei minimi particolari**, etw bis in die letzten Einzelheiten beschreiben; **entrare in/nei particolari**, ins Detail gehen; **senza scendere in/nei particolari**, ohne ˌauf Einzelheiten einzugehen˩/[ins Detail zu gehen] 2 filos Besondere n decl come agg: **il ~ e l'universale**, das Besondere und das Allgemeine Ⓒ loc avv: **in ~** 1 (più di ogni altra cosa) vor allem, vor allen Dingen: **memorabile fu, in ~, la vittoria alle Olimpiadi**, denkwürdig war in erster Linie der Sieg bei der Olympiade 2 (specialmente) besonders, hauptsächlich: **il fenomeno riguarda tutti, ma in ~ i giovani**, das Phänomen betrifft alle, hauptsächlich aber die Jugendlichen • **non avere niente/nulla di ~ da dire** (di speciale), nichts Besonderes zu sagen haben; **non è successo niente/nulla di ~** (di speciale), es ist nichts Besonderes passiert.
particolareggiàre <particolareggio, particolareggi> Ⓐ tr (descrivere nei dettagli) **~ qc** {AVVENIMENTO} etw ausführlich erzählen, etw eingehend schildern Ⓑ itr (scendere nei particolari) auf die Einzelheiten ein|gehen.
particolareggiàto, (-a) agg (ricco di dettagli) {DESCRIZIONE, DOCUMENTAZIONE, RACCONTO} ausführlich, detailliert.
particolarìsmo m 1 (favoritismo) Begünstigung f, Bevorzugung f 2 polit (tendenza) {+MINORANZA ETNICA} Partikularismus m spreg: **particolarismi regionali**, Regionalismen m pl forb.
particolarìstico, (-a) <-ci, -che> agg spec polit (del particolarismo) {TENDENZA} partikularistisch spreg.
particolarità <-> f 1 (carattere particolare) {+CASO, SITUAZIONE} Besonderheit f, Eigenheit f 2 (caratteristica) {+LINGUA, STILE} Charakteristik f, Besonderheit f 3 (dettaglio) Einzelheit f, Detail n.
particolarménte avv 1 (soprattutto) besonders, vor allem, hauptsächlich: **il corso è rivolto ~ ai principianti**, der Kurs ist vor allem für Anfänger gedacht 2 (molto) besonders: **una poesia ~ bella**, ein besonders schönes Gedicht; **essere ~ portato per la musica**, besonders begabt für Musik sein, eine besondere Begabung für Musik haben.
partigiàna f → **partigiano**.
partigianerìa f (parzialità) Parteilichkeit f.
partigiàno, (-a) Ⓐ agg 1 (di parte) {GIUDIZIO, SPIRITO} parteiisch 2 polit stor (dei partigiani) {BRIGATA, GUERRA, RESISTENZA} Partisanen- Ⓑ m (f) 1 (sostenitore) {+RIFORMISMO} Verfechter(in) m(f), Parteigänger(in) m(f) 2 polit stor Partisan(in) m(f), Widerstandskämpfer(in) m(f).
partire Ⓐ itr <essere> 1 gener **~ (da qc)** (+ **compl di luogo**) {DA AMBURGO PER LA NORVEGIA, PER LA MONTAGNA, VERSO NUOVE METE, ALLA VOLTA DI LONDRA} (von etw dat) (ir)gendwohin) fahren, (von etw dat) (irgendwohin) (ab|)reisen; {LA POSTA PER ROMA} (von etw dat) (irgendwohin) ab|gehen; {AEREO} (von etw dat) (irgendwohin) ab|fliegen; {NAVE} aus|laufen; {AIRONI} (aus etw dat) (irgendwohin) ab|ziehen: **~ per affari/lavoro**, aus geschäftlichen Gründen (ab)reisen, auf Dienstreise gehen; **~ all'alba/[di notte]**, ˌbeim Morgengrauen˩/[in der Nacht] abreisen; **a che ora parti da casa al mattino?**, um wie viel Uhr gehst/fährst du morgens von zu Hause weg?; **~ di corsa**, (schnell) losfahren/losrennen; **~ al galoppo**, losgaloppieren; **è ora di ~**, es ist Zeit loszufahren/[zu gehen]; **il traghetto parte alle 8 dal molo 14**, die Fähre fährt um 8 (Uhr) von Mole 14 ab; **~ dalla stazione**, vom Bahnhof abfahren; **domani mattina partiamo per le vacanze/il mare**, morgen früh fahren wir ˌin

die Ferien⌋/[ans Meer]; ~ **per un viaggio in Kenya**, eine Kenia-Reise antreten **2** (*in macchina, treno, ecc.*) ~ (**da qc**) (+ **compl di luogo**) {DA MONACO PER PRAGA, PER IL DESERTO, VERSO LUOGHI SCONOSCIUTI, ALLA VOLTA DI BERLINO} (*von etw dat*) (*irgendwohin*) ab|-, los|-, weg|fahren: ~ **con il rapido delle dieci**, mit dem Schnellzug um 10 (UHR) losfahren; (*in aereo*) (*von etw dat*) (*irgendwohin*) ab|fliegen; (*in nave*) (*von etw dat*) (*irgendwohin*) ab|fahren; (*a piedi*) (*von etw dat*) (*irgendwohin*) los|gehen; (*a cavallo*) (*von etw dat*) (*irgendwohin*) los|reiten **3** (*avviarsi*) {MOTORE} an|springen: **stamattina l'auto non è partita**, heute Morgen ist das Auto nicht angesprungen **4** (*diramarsi*) ~ **da qc** {ARTERIA DAL CUORE; RAGGI DAL SOLE} *von etw* (*dat*) aus|gehen: **da qui parte il muro di cinta del parco**, die Umfassungsmauer des Parks beginnt hier; **un dolore che parte dalla spalla**, ein Schmerz, der von der Schulter ausgeht/ausstrahlt **5** *fig* (*prendere le mosse*) ~ **da qc** {PROGETTO DA UNA REALE NECESSITÀ} seinen Ausgang *von etw* (*dat*) nehmen **6** *fig* (*basarsi*) ~ **da qc** {DA UN'IPOTESI, DA UN PRESUPPOSTO} *von etw* (*dat*) aus|gehen: **partiamo dall'idea che...**, wir gehen⌋/[gehen wir] davon aus, dass ... **7** *fig* (*provenire*) ~ **da qu/qc** {ORDINE DAL MARESCIALLO, DALLA SEDE CENTRALE; PROPOSTA DALL'OPPOSIZIONE} *von jdm/etw* stammen: **da chi è partita l'iniziativa?**, von wem geht die Initiative aus?; ~ (*fischi dalla folla*) {FISCHI DALLA FOLLA} von etw kommen **8** *fig* (*esplodere*) ~ **da qc**) {COLPO} (*von etw dat*) los|gehen: **dalla pistola partirono due colpi**, von der Pistole gingen zwei Schüsse aus, aus der Pistole lösten sich zwei Schüsse; **gli è partito un colpo**, ihm ging ein Schuss los **9** *fig* (*cominciare*) ~ **con qc** {DITTA CON POCHI MEZZI; PRODUZIONE CON 10 000 PEZZI} *mit etw* (*dat*) beginnen, *mit etw* (*dat*) an|fangen **10** *fig fam* (*rompersi*) kaputt|gehen *fam*: **è partita la lavatrice**, die Waschmaschine ist kaputtgegangen/hinüber *fam*; **il coperchio della zuccheriera è partito**, der Deckel der Zuckerdose ist kaputtgegangen *fam* **11** *fig fam* (*staccarsi*) ab|-, los|gehen: **ti è partito un bottone**, dir ist ein Knopf abgegangen **12** *fig fam eufem* (*morire*) den Abgang machen *fam eufem*, ab|kratzen *volg* **13** *fig fam* (*ubriacarsi*) sich besäuseln *fam*, sich (*dat*) einen an|trinken **14** *fig fam eufem* (*andare*) verschwinden: **sono partiti un mucchio di soldi**, es ist ein Haufen Geld verschwunden **15** *fam* (*fig fam*) (*innamorarsi*) ~ (**per qu**) sich (*in jdn*) verknallen *fam* **16** *sport* ~ (+ **compl di modo**) {CICLISTA, CORRIDORE; CON UN BUON VANTAGGIO} (*irgendwie*) starten: ~ **bene**, einen guten Start haben; *fig* ~ + **compl di modo** {PROGETTO MALE} *irgendwie* an|laufen; ~ **avvantaggiato**, mit (einem) Vorsprung starten **B** *itr pron*: **partirsene** weg|gehen, (fort)|gehen ● **a ~ da oggi** (*a cominciare da*), von heute an, ab heute; **a ~ dal prossimo anno/mese**, vom nächsten Jahr/Monat an; *far* ~ **qc** (*avviarlo*) {MACCHINA, MOTORINO} etw anlassen; {IMPIANTO} etw anstellen, etw in Gang setzen; *fig* {PROGETTO} etw anlaufen lassen; ~ **militare** (*andare sotto le armi*), einrücken; ~ **dal nulla/da zero** *fig* (*che da povero è diventato ricco*), ⌊bei null⌋/[von klein auf] anfangen; **un uomo partito dal nulla**, ein Selfmademan, ein Mann, der bei null angefangen hat *fam*; ~ **in quarta** *fig* (*con grande entusiasmo*), begeistert loslegen *fam*, mit ⌊viel Begeisterung⌋/[Feuereifer] beginnen; ~ **è un po' morire** *prov*, Scheiden tut weh *prov*.

partita **A** *f* **1** (*quantità*) {+DROGA, PANTALONI, RISO, SETA, ZUCCHERO} Partie f, Posten m: **una ~ di caffè/orologi**, ein Posten Kaffee/

Uhren **2** (*gioco*) Spiel n, Partie f: **facciamo una ~ a biliardo?**, spielen wir eine Partie Billard?; **una ~ a bocce/carte/dama/scacchi**, eine Partie Bocce/Karten/Dame/ Schach **3** *amm comm* Buchführung f, Buchhaltung f: **la ~ dell'avere/del dare**, der Haben-/Sollposten; ~ **doppia/semplice**, doppelte/einfache Buchführung; ~ **di giro**, durchlaufender Posten; **partite invisibili**, unsichtbare Leistungen/Posten **4** *sport* (*competizione*) Match n, Spiel n, Wettkampf m: ~ **di andata/ritorno**, Hin-/Rückspiel n; ~ **in/fuori casa**, Heim-/Auswärtsspiel n; **una ~ di pallacanestro/pallavolo**, ein Basket-/ Volleyballmatch; ~ **di tennis**, Tennismatch n; ~ **a reti inviolate**, torloses Spiel, Null-zu-null-Spiel; (*di calcio*) Fußballspiel n; ~ **amichevole**, Freundschaftsspiel n; **andare alla ~**, zum Fußballspiel gehen; ~ **di campionato**, Meisterschaftsspiel n **5** *mus* Partita f **B** *loc avv comm* (*all'ingrosso*): **in ~**, {ACQUISTARE} im Großhandel, en gros ● ⌊**abbandonare la**⌋/[**ritirarsi dalla**] ~ *fig* (*rinunciare alla lotta*), aufgeben; ~ **di caccia**, Jagdpartie f; ~ **di campanile** *sport*, Lokalderby n; ~ **catastale** *amm*, Buchungsnummer f im Katasteramt; **chiudere/saldare la ~** *fig* (*sistemare una questione*), eine Angelegenheit klären, etwas ins Reine bringen; **considerare chiusa una ~** *fig* (*non voler continuare una discussione*), eine Angelegenheit als erledigt/abgeschlossen betrachten; *dare* ~ **vinta a qu** *fig* (*cedere*), jdm gegenüber nachgeben, jdm das Feld überlassen; **essere della ~** *fig* (*partecipare*), mit von der Partie sein *fam*; ~ **IVA** *comm*, Mehrwertsteuernummer f; **avere ~ vinta** *fig* (*avere la meglio*), die Oberhand haben/behalten, das Feld behaupten.

partitàrio <-ri> *m comm* Kontenbuch n.

partitico, (-a) <-ci, -che> *agg polit* (*dei partiti*) {SISTEMA} Parteien-.

partitismo *m polit* (*tendenza*) Parteienherrschaft f.

partitissima *f sport* (*incontro di calcio*) "wichtigstes oder spannendstes Spiel eines Spieltages/Turniers".

partitivo, (-a) *gramm* **A** *agg* {COMPLEMENTO, GENITIVO} partitiv **B** *m* Partitiv m.

partito① *m* **1** *polit* Partei f: ~ **di centro/ destra/sinistra**, Zentrums-/Rechts-/Linkspartei f; ~ **comunista/liberale/socialista**, kommunistische/ liberale/ sozialistische Partei; ~ **conservatore/moderato/radicale**, konservative/gemäßigte/radikale Partei; ~ **democratico della sinistra** (*abbr* PDS), "demokratische Partei der Linken" (*reformistische Nachfolgepartei der ehemaligen kommunistischen Partei Italiens*); ~ **di governo/opposizione**, Regierungs-/Oppositionspartei f; ~ **di maggioranza/minoranza**, Mehrheits-/Minderheitspartei f; **i partiti di massa**, die Volksparteien; ~ **monarchico**, monarchistische Partei; ~ **popolare italiano** (*abbr* PPI), "italienische Volkspartei" **2** (*schieramento*) {+PACE} Partei f **3** (*persona da sposare*) Partie f: **è il miglior ~ della città**, er/sie ist die beste Partie der Stadt **4** (*decisione*) Entschluss m, Entscheidung f: **non sapere che ~ prendere**, nicht wissen, welche Entscheidung man treffen soll ● **essere/trovarsi a mal ~** (*in cattive condizioni*), in einem schlimmen Zustand sein, übel dran sein *fam*; **ridursi a mal ~** (*in cattive condizioni*), sich in eine schwierige Lage manövrieren/bringen; **prendere ~ contro/per qu** (*schierarsi contro/con qu*), gegen/für jdn Partei ergreifen; **fare qc per ~ preso** (*in base a decisioni predeterminate*), etw ⌊aus Prinzip⌋/[automatisch] tun; **trarre ~ da qc** (*trarne vantaggio*), {DA UNA SITUAZIONE} von etw (*dat*) profitieren.

partito② (-a) **A** *part pass di* **partire** **B** *agg* **1** *gener* ~ (**da qc**) (+ **compl di luogo**) {AMICI DA DOVER PER LA FRANCIA, PER IL MARE} (*von etw dat*) (*irgendwohin*) gefahren, (*von etw dat*) (*irgendwohin*) (ab)gereist; {AEREO} (*von etw dat*) (*irgendwohin*) abgeflogen; {NAVE} (*von etw dat*) (*irgendwohin*) ausgelaufen; {RONDINI} abgezogen **2** (*in macchina, treno, ecc.*) ~ (**da qc**) (+ **compl di luogo**) {PASSEGGERI DA FRANCOFORTE PER ZURIGO, PER LA MONTAGNA} (*von etw dat*) (*irgendwohin*) ab-, los-, weg|gefahren; (*in aereo*) (*von etw dat*) (*irgendwohin*) abgeflogen; (*in nave*) (*von etw dat*) (*irgendwohin*) abgefahren; (*a piedi*) (*von etw dat*) (*irgendwohin*) losgegangen; (*a cavallo*) (*von etw dat*) (*irgendwohin*) losgeritten **3** *fig* (*mosso*) ~ **da qc** {IDEA DA UN BISOGNO} *von etw* (*dat*) ausgegangen **4** *fig* (*venuto*) ~ **da qu/qc** {ORDINE DAL COLONNELLO, DALLA SEDE CENTRALE, PROPOSTA DALLA MAGGIORANZA} *von jdm/etw* ausgegangen, *von jdm/etw* stammend **5** *fig* (*esploso*) ~ (**da qc**) {COLPO DALLA PISTOLA} (*aus etw dat*) losgegangen **6** *fig* (*che ha cominciato*) ~ **con qc** {ATTIVITÀ CON POCHI FINANZIAMENTI} *mit etw* (*dat*) begonnen, *mit etw* (*dat*) angefangen **7** *fig fam* (*rotto*) {TAZZA, VASO} kaputt(gegangen) *fam* **8** *fig fam* (*staccato*) {BOTTONE} ab-, losgegangen **9** *fig fam eufem* (*morto*) den Abgang gemacht *eufem*: **questo è ~!**, der hat den Abgang gemacht! *fam eufem* **10** *fig fam eufem* (*ubriaco*) angesäuselt *fam*, angetrunken **11** *fig fam eufem* (*andato*) {SOLDI} verschwunden **12** *fig fam* (*molto innamorato*) ~ (**per qu**) (*in jdn*) verknallt *fam*: **è completamente ~ per quella ragazza**, er ist total ⌊in dieses Mädchen verknallt⌋/[weg von diesem Mädchen]! *fam* **13** *sport* (*che ha preso il via*) ~ (+ **compl di modo**) {MARATONETA CON UN BUON VANTAGGIO} (*irgendwie*) gestartet: ~ **bene**, gut gestartet; *fig* ~ + **compl di modo** (*irgendwie*) angelaufen; **un progetto ~ male**, ein schlecht angelaufenes Projekt.

partitocràtico, (-a) <-ci, -che> *agg polit* {REGIME, STATO} Parteien-.

partitocrazia *f polit* Parteienherrschaft f, Parteienstaat m.

partitóre *m* **1** *elettr* (*impianto*) Teiler m: ~ **di tensione**, Spannungsteiler m **2** *idraul* (*opera*) Teiler m.

partitùra *f mus* (*spartito*) Partitur f, Notentext m, Notenbuch n: **dirigere senza ~**, ohne Noten dirigieren; **leggere la ~**, die Partitur lesen.

partizióne *f* **1** (*spartizione*) {+BENI, PATRIMONIO} (Auf)teilung f **2** *anche mat* (*divisione*) Unterteilung f: ~ **della tesi in capitoli**, Unterteilung f der Diplomarbeit in Kapitel **3** (*parte*) {+TESTO} Teil m.

partner <-> *mf ingl* **1** (*di lavoro*) Partner(in) m(f): ~ **in un balletto/film**, Ballett-/Filmpartner(in) m(f); ~ **a teatro**, Bühnenpartner(in) m(f) **2** (*amoroso*) {FISSO, OCCASIONALE} Partner(in) m(f) **3** *comm econ* Geschäftspartner(in) m(f).

pàrtnership <-> *f ingl econ mil polit* (*accordo*) (Bündnis)partnerschaft f.

pàrto *m* **1** (*il partorire*) Geburt f, Entbindung f: ~ **cefalico/podalico**, Kopf-/Steißgeburt f; ~ **cesareo**, Kaiserschnittgeburt f; ~ **naturale**, natürliche Geburt; **avere un ~ difficile/facile**, eine schwere/leichte Geburt haben; ~ **gemellare/trigemino**, Zwillings-/Drillingsgeburt f; ~ **pilotato**, künstlich eingeleitete Geburt; ~ **prematuro/tardivo**, Früh-/Spätgeburt f; ~ **a rischio**, Risikogeburt f **2** *fig* (*creazione*) {ARTISTICO, POETICO} Produkt n **3** *fig poet* (*neonato*) Neugeborene n *decl come agg* ● **qc è stato un ~ difficile** *fig* (*rif. a risultato che è stato difficile raggiungere*), etw war eine schwere Geburt *fam*; ~ **della fanta-**

sia fig (finzione), Fantasieprodukt n; è un ~ della sua immaginazione, das ist eine Ausgeburt forb spreg seiner/ihrer Fantasie; ~ di una mente malata fig (fatto inesistente), Ausgeburt(en) f (pl) forb spreg eines kranken Geistes; morire di ~ (nel dare alla luce un figlio), bei der Geburt/[im Wochenbett] sterben.

partoriènte A agg (che partorisce) gebärend B f (donna che partorisce) Gebärende f, Wöchnerin f.

partorire <partorisco> tr 1 (dare alla luce) ~ qu {FEMMINA, GEMELLI} jdn zur Welt bringen, jdn gebären: **ha partorito un bel bambino di tre kili**, sie hat ein schönes Kind von drei Kilo auf die Welt gebracht; (uso assol) entbinden, nieder|kommen forb obs; ~ **in acqua**, im Wasser entbinden; **ha appena partorito**, sie hat gerade entbunden, sie ist gerade niedergekommen forb obs; **far ~ una donna**, eine Frau entbinden 2 fig scherz (escogitare) ~ qc {MENTE DIABOLICA PIANO} sich (dat) etw aus|denken, etw aus|kochen fam, etw aus|hecken fam spreg, etw ersinnen forb 3 fig iron o scherz (creare) ~ qc {FILM, POESIA} etw hervor| bringen 4 fig (generare) ~ qc {ODIO INGIUSTIZIA} etw hervor|rufen, etw erzeugen 5 veter ~ (qc) {CAVALLA PULEDRO} (etw) werfen.

part-time ingl A <inv> agg (a orario ridotto) {OCCUPAZIONE} Teilzeit-; (COMMESSA) halbtags beschäftigt B avv loc avv: (a) part-time, halbtags; **lavorare (a) part-time**, halbtags arbeiten C <-> m (lavoro) Teilzeitarbeit f, Teilzeitbeschäftigung f: **chiedere il part-time**, Anfrage auf reduzierte Arbeitszeit stellen.

part-timer <-> loc sost mf ingl (lavoratore a part-time) Teilzeitarbeiter(in) m(f).

party <-, -ties pl ingl> m ingl (festa) Party f: **andare a un ~**, auf eine/[zu einer] Party gehen; **dare/organizzare un ~**, eine Party geben/organisieren.

parure <-> f franc 1 (completo di gioielli) Set n, Garnitur f: **una ~ di smeraldi**, ein Smaragdset 2 (di biancheria intima) (Wäsche)garnitur f 3 (di lenzuola) (Bett)garnitur f.

parvenu <-> mf franc (nuovo ricco) Emporkömmling m spreg, Neureiche mf decl come agg spreg, Parvenü m A.

parvènza f 1 (apparenza) Anschein m, Schein m: **dare una ~ di legalità a qc**, etw (dat) den Anschein der Legalität geben 2 (traccia) Spur f: **una ~ di altruismo**, eine Spur von Altruismus 3 lett (aspetto esteriore) (An)schein m.

pàrvi 1ª pers sing del pass rem di parere①.

parziàle A agg 1 (di una parte) {DATO, MODIFICA} partiell; {ECLISSI} Teil- 2 (limitato) {SUCCESSO} Teil- 3 fig (di parte) {ARBITRO, ESAMINATORE, GIUDIZIO} parteiisch B m sport (risultato) Zwischenergebnis n.

parzialità <-> f 1 (incompletezza) {+RISULTATO} Unvollständigkeit f 2 (faziosità) {+RAGIONAMENTO} Parteilichkeit f 3 (favoritismo) {+PROFESSORE} Bevorzugung f: **dimostrare ~ verso qu**, jdn bevorzugen.

parzializzàre A tr idraul (sottoporre a parzializzazione) ~ qc {TURBINA} etw drosseln B itr pron edil: **parzializzarsi** {SEZIONE DI UNA TRAVE} schrumpfen.

parzializzatore m idraul (dispositivo) Drosselvorrichtung f.

parzializzazione f idraul (regolazione) {+FLUIDO} Drosselung f • ~ **della sezione** edil, Schnittschrumpfung f.

parzialménte avv 1 (in parte) {ROVINARE QC} teilweise: **latte ~ scremato**, fettarme Milch; **è ~ vero**, da ist was dran fam 2 (con spirito di parte) {GIUDICARE} parteiisch.

parziàrio, (-a) <-ri m> agg dir (diviso in più parti) {OBBLIGAZIONE} Teil-.

pascàl <-> m fis (abbr Pa) Pascal n.

Pascàl m filos stor Pascal n.

pascaliàno, (-a) agg filos {PENSIERO} pascalsche(r, s), von Pascal, Pascals.

pàscere <irr pasco, pasci, pascetti, pasciuto> A tr 1 (portare al pascolo) ~ qc {GREGGE} etw auf die/[zur] Weide treiben 2 (brucare) ~ (qc) {MUCCA ERBA} etw ab|weiden, etw ab|grasen 3 fig (nutrire) ~ qc (di qc) {LA MENTE DI LETTURE} etw (mit etw dat) nähren forb 4 fig (appagare) ~ qc {LA VISTA} etw erfreuen, sich weiden forb B itr (pascolare) weiden C rfl: **pascersi di qc** 1 (cibarsi) {CAVALLO DI BIADA} sich von etw (dat) ernähren 2 fig (nutrirsi) {DI SPERANZE} sich von etw (dat) nähren forb.

pascià <-> m stor (titolo) Pascha m • **fare una vita**/[vivere] **da ~ fig** (nel lusso), wie die Made im Speck/[Gott in Frankreich] leben fam.

pasciùto, (-a) agg 1 (florido) gut genährt, wohlgenährt spec. scherz: **un bambino ben ~**, ein gut genährtes Kind; **un bebè ~**, ein Wonneproppen fam scherz 2 (nutrito) {VITELLO} gut gefüttert.

pascolàre A tr (portare in pastura) ~ qc {MUCCHE, PECORE} etw hüten, etw weiden B itr (brucare) {GREGGE} weiden.

pàscolo m 1 (terreno) Weide f, Weideland n: ~ **alpino/montano**, Alpenweide f/[Alm f/ Hochweide f]; **i verdi pascoli della Svizzera**, die grünen Weiden in der Schweiz 2 (erba) {ABBONDANTE, SCARSO} Weide f 3 (il pascolare) Weiden n: **portare le capre al ~**, die Ziegen zum Weiden/[auf die Weide] treiben.

pashmina <-> f 1 (lana) Pashmina f 2 (scialle) Pashmina(-Schal) m.

pasionària f 1 (rivoluzionaria) Pasionaria f 2 fig Pasionaria f, leidenschaftlich engagierte Frau.

Pàsqua f 1 (festa cristiana): **Pasqua**, Ostern n, Osterfest n; **a Pasqua**, (an/zu) Ostern; **buona Pasqua!**, frohe Ostern!; **Pasqua di Resurrezione**, Osterfest n 2 (festa ebraica) Passah(fest) n • **Pasqua alta/bassa** (quando cade tardi/presto), frühes/spätes Ostern; **essere contento/felice come una ~** fig (contentissimo), sich freuen wie ein Schneekönig fam.

pasquàle agg 1 (relativo alla Pasqua) {PRECETTO} österlich, Oster- 2 (di pasqua) {CERO, VACANZE} Oster-; {PULIZIE} Frühjahrs-.

Pasquàle m (nome proprio) Pasquale.

pasqualìna f gastr Genueser Blätterteigkuchen (aus Mangold oder Spinat).

pasquétta f <dim di pasqua> f (lunedì dopo Pasqua) Ostermontag m.

pass <-, -es pl ingl> m ingl (tesserino) Passierschein m.

pàssa loc avv (e oltre): e ~, und mehr, gut; **ho speso due milioni e ~**, ich habe zwei Millionen und mehr ausgegeben; **avrà sessant'anni e ~**, er/sie wird gut/über sechzig sein.

passàbile agg fam (accettabile) {CENA, LIBRO} annehmbar, leidlich, passabel.

passacàvo m 1 (fasciatura a spirale) Kabeldurchgang m 2 mar (elemento) Lippklampe f.

passàggio <-gi> m 1 (il passare) {+PEDONI} Vorbei-, Vorübergehen n; {+PROCESSIONE} Vorbeiziehen n: **al ~ del presidente la folla applaudì**, als der Präsident vorbeiging/vorbeifuhr/vorüberkam, applaudierte die Menge; {+TRUPPE} Vorbeimarsch m; {+AUTOBUS, TRENO} Vorbeifahrt f; {+AEREO, COMETA} Vorbeifliegen n, Vorbeiflug m; {+TORDI} Vorüberfliegen n; {+BUFALI} Vorbeiziehen n 2 (l'attraversare) Durchgehen n; (con veicolo) Durchfahren n, Durchfahrt f: **il ~ attraverso una galleria/un tunnel**, die Fahrt durch den Tunnel 3 (circolazione) Durchströmen n, Durchfluss m: **il ~ del gas nelle condutture**, der Durchfluss des Gases durch die Leitungen 4 (spazio) {IMPERVIO, LARGO, STRETTO} Durchgang m: **trovare un ~ bloccato**, einen Durchgang gesperrt vorfinden 5 (varco) Weg m: **aprirsi un ~ tra la folla**, sich (dat) einen Weg durch die Menge bahnen 6 (transito) Verkehr m, Zug m: **un ~ continuo di camion**/[carri], ein ununterbrochener Zug von Lastwagen/Leuten 7 (strappo) Mitfahrt f, Mitfahrgelegenheit f, Mfg f fam: **vuoi un ~?**, willst du mitfahren?; **chiedere/offrire un ~ a qu**, jdn um eine Mitfahrgelegenheit bitten/[jdm eine Mitfahrgelegenheit/einen Lift slang anbieten]; **mi date un ~ fino a scuola?**, könnt ihr mich bis zur Schule mitnehmen? 8 (trasferimento) Wechsel m, Versetzung f: **il ~ di un calciatore da una squadra a un'altra**, der Wechsel eines Fußballspielers von einer Mannschaft zur anderen; **chiedere il ~ in un altro reparto**, die Versetzung in eine andere Abteilung beantragen 9 (traversata in nave) Überfahrt f 10 fig (mutamento) Übergang m, Wechsel m: **il ~ dalla scuola al mondo del lavoro**, der Übergang von der Schule zur Arbeitswelt; **il ~ dalla società rurale a quella industriale**, der Übergang von der Agrar- zur Industriegesellschaft 11 fig (trapasso) Übergang m: **il ~ alla vita ultraterrena**, der Übergang zum überirdischen Leben 12 fig (brano) {+RACCONTO, ROMANZO} Passage f, Stelle f, Auszug m 13 alpin (tratto) Strecke f 14 dir (trasferimento) Übertragung f, Übergabe f: ~ **di poteri**, Amtsübergabe f; ~ **di proprietà**, Eigentumsübertragung f 15 elettr {+CORRENTE} Durchfluss m 16 mat Schritt m: ~ **di una dimostrazione**, Beweisschritt m 17 mus (passo) {DIFFICILE, FACILE} Passage f 18 sport (nel calcio, nella pallacanestro) (tiro) Pass m, Zuspiel(en) n (des Balles): ~ **all'indietro**, Rückpass m; ~ **di testa**, Zuspiel n mit dem Kopf; (nell'automobilismo) Überholen n B <inv> loc agg: **di ~** 1 (che si ferma poco) auf der Durchreise: **sono turisti di ~**, das sind Touristen auf der Durchreise 2 (che mette in comunicazione) Verbindungs-: **stanza di ~**, Verbindungszimmer n C loc avv: **di ~** 1 (provvisorio) vorübergehend: **siamo solo di ~ su questa terra**, wir sind nur vorübergehend auf dieser Welt 2 (di sfuggita) flüchtig: **vedere qu/qc di ~**, jdn/etw flüchtig sehen • ~ **aereo**, Flugschneise f; ~ **chiave** fig (punto cruciale), entscheidender Punkt; **alpin** (di una salita), Schlüsselstelle f; ~ **di consegne** (trasferimento), Übergabe f; **lasciare libero il ~** (transito a persone), den Ausgang frei lassen; (a veicoli), die Ausfahrt frei halten; ~ **a livello** ferr, Bahnübergang m; ~ **a livello custodito/incustodito** ferr, bewachter/beschrankter/ gesicherter/ [unbewachter/ unbeschrankter/ungesicherter] Bahnübergang; **il ~ del Mar Rosso** relig, die Durchquerung des Roten Meeres; ~ **al meridiano** astr, Passage f, Überschreiten n des Meridians; ~ **obbligato** fig (azione necessaria), notwendiger Schritt, einzig möglicher Weg; ~ **pedonale** (per i pedoni), Zebrastreifen m, Fußgängerüberweg m, Fußgängerübergang m; **vietato il ~** (transito a persone), Durchgang verboten; (a veicoli), Durchfahrt verboten.

passamanerìa f tess 1 (guarnizioni) Posament n 2 (negozio) Posamenterie f 3 (fabbrica) Posamentenfabrik f.

passamàno① m 1 (passaggio di cose)

passamano Kette f (zum Weiterreichen von Gegenständen): **fare ~ con i mattoni**, eine Kette zum Weiterreichen von Backsteinen bilden **2** region (*mancorrente*) Handlauf m.

passamàno② m (*nastro*) Besatzborte f.

passamontàgna <-> m (*berretto*) Kopfschützer m.

passanàstro m (*guarnizione*) "Spitzeneinsatz m mit Schlaufen (zum Durchziehen eines Zierbandes)".

passànte **A** agg sport (*nel tennis*) {COLPO, TIRO} Passier- **B** mf (*pedone*) Passant(in) m(f), Fußgänger(in) m(f): **chiedere informazioni a un ~**, einen Passanten um eine Auskunft bitten **C** m **1** (*striscia*) {+CINTURA} Lasche f, Schlaufe f **2** sport (*nel tennis*) Passierschlag m: ~ **incrociato**, diagonaler Passierschlag; ~ **lungolinea**, Passierschlag m entlang der Linie ● ~ **ferroviario** (*collegamento sotterraneo*) ~, "(meist unterirdische) Verbindung zwischen mehreren Bahnhöfen einer Stadt".

passapòrto m (*documento*) (Reise)pass m: ~ **collettivo/diplomatico**, Sammel-/Diplomatenpass m; **avere un ~ falso**, einen falschen Pass haben; **mostrare il ~ a qu**, jdm den Pass vorzeigen; **richiedere il ~**, den Pass beantragen; ~ **scaduto/valido**, abgelaufener/gültiger Pass.

passàre **A** itr *<essere>* **1** (*transitare*) ~ (+ *compl di luogo*) {PEDONE PER LA STRADA} (*irgendwo*) vorüber|gehen, (*irgendwo*) vorbei| gehen: **in questa zona passa molta gente**, in dieser Gegend kommen viele Menschen vorbei; **l'ho visto ~ di corsa**, ich habe ihn vorbeilaufen sehen; **di qui non si passa**, hier ˌgeht es nicht weiterˌ/[kommt man nicht durch]; {PROCESSIONE} (*irgendwo*) vorbei|ziehen, {CAMION PER LA CIRCONVALLAZIONE} (*irgendwo*) vorbei|fahren, {AEREO} (*irgendwo*) vorbei|fliegen **2** (*attraversare*) ~ + *compl di luogo* {ESCURSIONISTA SOPRA UN PONTE} **über** *etw* (acc) **gehen**, **über** *etw* (acc) **kommen**, *etw* **passieren**; {MACCHINA SOTTO UNA GALLERIA} **durch** *etw* (acc) **fahren**, *etw* **passieren 3** (*entrare*) ~ + *compl di luogo* {SCASSINATORE PER LA FINESTRA} **durch** *etw* (acc) **herein|kommen**, **durch** *etw* (acc) **ein|steigen**: **il pianoforte non passa dalla/[attraverso la] porta**, das Klavier geht nicht durch die Tür **4** (*uscire*) ~ + *compl di luogo* {DAL RETROBOTTEGA} *irgendwo* **heraus|kommen 5** (*andare*) ~ + *compl di luogo* {IN CHIESA, ALLA POSTA} *irgendwohin* **gehen**: **a prendere qu**, jdn abholen; **ti passo a salutare**, ich komme auf einen Sprung bei dir vorbei; fam **passa a vedere come sta la zia**, er/sie ˌkommt vorbei, um zu sehen, wie es der Tante gehtˌ/ [schaut nach der Tante]; ~ **da qu** {DAL COMMERCIALISTA, DAL DENTISTA} **zu** jdm **gehen 6** (*venire*) ~ (+ *compl di luogo*) (*irgendwo*) **vorbei|kommen**: **è appena passato il tuo amico**, gerade ist dein Freund vorbeigekommen; **quando mi passi a prendere?**, wann holst du mich ab?; ~ **da qu** bei jdm **vorbei|kommen**; **prima di andare via passa da me!**, komm noch bei mir vorbei, bevor du weggehst! **7** (*spostarsi*) ~ (+ *compl di luogo*) (*irgendwohin*) **gehen**, (*irgendwohin*) **über|wechseln**: **vogliamo ~ in sala da pranzo?**, wollen wir ins Esszimmer gehen/überwechseln? **8** (*essere spostato*) ~ + *compl di luogo* {RAGIONIERE ALL'UFFICIO ACQUISTI} (*irgendwohin*) **versetzt werden 9** (*toccare*) ~ + *compl di luogo etw* auf (dat) **gehen**: **al ritorno siamo passati per Siena**, auf dem Rückweg sind wir über Siena gefahren; **il treno passa anche per Como**, der Zug fährt auch über Como **10** (*scorrere*) ~ + *compl di luogo* {ACQUA PER UN TUBO; IL DANUBIO ATTRAVERSO LA PIANURA, PER VIENNA} **durch** *etw* (acc) **fließen 11** (*circolare*) ~ + *compl di luogo* {L'ARIA PER I BRONCHI} **durch** *etw* (acc) **strömen**; {IL SANGUE NELLE VENE} **in** *etw* (dat) **zirkulieren 12** (*filtrare*) ~ (*da qc*) {ARIA, LUCE DA UNA FESSURA} **durch** *etw* (acc) (ein|)**dringen 13** (*venire ereditato*) ~ **a qu** {AZIENDA, PATRIMONIO AL FIGLIO} **auf** jdn **über|gehen**; ~ **di qu in qu** {ATTIVITÀ, USANZE DI PADRE IN FIGLIO} **von** jdm **auf** jdn **über|gehen 14** (*venire acquisito*) ~ **a qu/qc** {AZIENDA A UNA MULTINAZIONALE} **von** jdm/*etw* **übernommen werden 15** (*trasferirsi*) ~ **da qc a qc** {DALLA PROVINCIA ALLA GRANDE CITTÀ} **von/aus** *etw* (dat) **in** *etw* (acc) **um|ziehen 16** (*trascorrere*) **vergehen**, **vorüber|gehen**: **come passa in fretta il tempo!**, wie schnell die Zeit vergeht!; **da allora sono passati molti anni**, seitdem sind viele Jahre vergangen; **l'estate è passata**, der Sommer ist vorüber(gegangen)/vorbei(gegangen) **17** (*affrontare*) ~ **a qc** *zu etw* (dat) **über|gehen**, *zu etw* (dat) **kommen**: **passiamo ora a un'altra questione**, gehen wir nun zu einer anderen Frage über, kommen wir nun zu einer anderen Frage **18** (*cambiare portata*) ~ **a qc** {AL DOLCE} *zu etw* (dat) **über|gehen 19** (*finire*) {GIOVENTÙ} **vergehen**, **da|hin|gehen**; {BELLEZZA} *anche* **verblühen**; {GLORIA, SUCCESSO} **vergänglich sein**; {TEMPESTA} **vorbei sein 20** (*andare via*) {APPETITO, DOLORE} **vergehen**: **ti è passato il mal di testa?**, sind deine Kopfschmerzen weg? fam **21** (*essere trasferito*) ~ **da qu a qu** {DAL PRODUTTORE AL CONSUMATORE} **von** jdm **zu** jdm **über|gehen 22** fig (*cambiare stato*) ~ **da qc a qc** {DALL'INFANZIA ALL'ADOLESCENZA, DALLA VITA ALLA MORTE} **von** *etw* (dat) **zu** *etw* (dat) **über|gehen 23** fig (*essere accettabile*) **passabel sein**: **non è un gran caffè, ma può ~**, das ist zwar kein großartiger Kaffee, aber er ist ganz passabel **24** fig (*lasciar correre*) **durch|gehen**: **per questa volta passi ...**, diesmal ˌkann du noch durch ...ˌ/[mag es noch durchgehen ...] **25** fig (*girare*) ~ **a qu** (+ *compl di luogo*): **che idee ti passano per la mente?**, ˌwas für Gedanken gehen dirˌ/ [was geht dir] so durch den Kopf?; ~ **per la mente/testa a qu**, jdm ˌin den Sinn kommenˌ/[einfallen] **26** fig (*cambiare schieramento*) ~ **a qu/qc** {AL NEMICO, AL PARTITO AVVERSARIO} *zu* jdm/*etw* **über|wechseln 27** fig (*essere promosso*) ~ (**in qc**) {SCOLARO IN SECONDA CLASSE} **in** *etw* (acc) **versetzt werden**; ~ **a qc** {CANDIDATO ALL'ESAME, ALLA MATURITÀ} *etw* **bestehen**: **è passato con una buona media**, er hat mit einer guten Durchschnittsnote bestanden **28** fig (*avanzare di grado*) ~ **da qc a qc** {DA COLONNELLO A GENERALE} **von** *etw* (dat) **zu** *etw* (dat) **befördert werden**: ~ **di categoria**, befördert werden, aufsteigen; ~ **a qc** {A DIRETTORE} **zu** *etw* (dat) **auf|steigen**; **è passato a dirigente d'azienda**, er ist zum Betriebsleiter aufgestiegen **29** fig (*essere approvato*) {MOZIONE} **durch|gehen**; {PROPOSTA DI LEGGE} *anche* **verabschiedet/angenommen werden 30** fig (*essere sottoposto*) ~ **a qc** {DECRETO AL SENATO} *etw* (dat) **vor|liegen**, *etw* (dat) **vorgelegt werden**: ~ **all'esame/al vaglio di qu**, jdm zur Prüfung vorliegen **31** fig (*essere considerato*) ~ **da/per qc** {DA BUGIARDO, PER MALEDUCATO} **als** *etw* (nom) **gelten**, **als** *etw* (dat) **angesehen werden**: ~ **per bello**, als schön gelten; **passa per un uomo molto colto**, er gilt als sehr gebildet; **mi vuoi far ~ da stupido?**, willst du mich für dumm verkaufen? fam **32** fig (*intercorrere*) **bestehen**, **herrschen**: **tra i due casi passa una bella differenza**, zwischen den beiden Fällen besteht ein großer Unterschied; **di lì a sostenere il contrario ce n'è passa!**, da gehört schon einiges dazu, das Gegenteil davon zu behaupten! **33** ~ **accanto a qu/qc** {ACCANTO ALLA COLONNA} **an** jdm/*etw* **vorbei|-**, **vorüber|gehen**: **l'ho potuto vedere bene in faccia perché mi è passato proprio accanto**, ich habe sein Gesicht gut erkennen können, weil er genau an mir vorüberging; (*con veicolo*) **an** jdm/*etw* **vorbei|-**, **vorüberfahren 34** (*portarsi da un punto all'altro*) ~ **attraverso qc** {ATTRAVERSO UN TUNNEL} **durch** *etw* (acc) **gehen**; (*con veicolo*) **durch** *etw* (acc) **fahren**; (*correre*) {SENTIERO ATTRAVERSO IL BOSCO} **durch** *etw* (acc) **gehen**, **durch** *etw* (acc) **verlaufen 35** ~ **davanti a qu/qc** {DAVANTI A UNA CHIESA} **an** *etw* (dat) **vorbei|gehen**, **an** *etw* (dat) **vorbei|kommen**; (*con veicolo*) **an** *etw* (dat) **vorbei|fahren**, **an** *etw* (dat) **vorbei|kommen 36** fig (*ottenere risultati migliori*): ~ **davanti a** jdn **übertreffen**, jdn **überholen 37** ~ **dietro a qu/qc** hinter jdm/*etw* **vorbei|gehen**; (*con veicolo*) hinter jdm/*etw* **vorbei|fahren 38** ~ **di fronte a qu/qc** **an** jdm/*etw* **vorbei|gehen**, jdm/*etw* **überholen**; (*con veicolo*) **an** jdm/*etw* **vorbei|fahren**, jdm/*etw* **überholen 39** (*tirare diritto*): ~ **oltre**, weiter|gehen; **è passato oltre senza voltarsi**, er ist weitergegangen, ohne sich umzudrehen; (*con veicolo*) weiter|fahren **40** fig (*andare avanti*): ~ **oltre**, weiter|gehen, weiter|machen; **lasciamo questo argomento e passiamo oltre**, lassen wir dieses Thema und machen wir weiter **41** ~ ˌ**sopra (a)**ˌ/[**su**] **qu/qc** {SU UN PONTE} **über** *etw* (acc) **gehen**, *etw* **passieren**; (*con veicolo*) **über** *etw* (acc) **fahren**, *etw* **passieren**; (*senza contatto*) {RONDINI SOPRA DI NOI} **über** *etw* (acc) **hinweg|fliegen**; {AEREO SOPRA PARIGI} *etw* **überfliegen 42** fig (*non dare importanza*): ~ **sopra qc** {SOPRA LE CRITICHE, SOPRA UNA SCAPPATELLA} **über** *etw* (acc) **hinweg|gehen**, **über** *etw* (acc) **hinweg|sehen**: **passiamoci sopra!**, Schwamm darüber! fam **43** ~ **sotto (a) qc** {SOTTO AL/IL TAVOLO} **unter** *etw* (dat) **hindurch|gehen**; (*con veicolo*) {SOTTO (AL)LA MONTAGNA} **durch** *etw* (acc) **hindurch|fahren 44** mat (*in geometria*) ~ **per qc** {RETTA PER UN PUNTO} **durch** *etw* (acc) **gehen 45** sport *etw* **erreichen**: **il tennista è passato agli ottavi di finale**, der Tennisspieler hat das Achtelfinale erreicht; (*tagliare*): ~ **per primo il traguardo**, als Erster ˌdas Ziel erreichen,ˌ/[ins Ziel kommen]/[durchs Ziel gehen] **B** tr *<avere>* **1** (*attraversare*) ~ (**qc**) {CLANDESTINO CONFINE} *etw* **überschreiten**, **über** *etw* (acc) **gehen**, *etw* **passieren**; {TRENO FRONTIERA} **über** *etw* (acc) **fahren**, *etw* **passieren**; {NAVE CANALE} *etw* **durchqueren**, *etw* **passieren**; {AEREO LE ALPI} *etw* **überfliegen 2** (*dare*) ~ **qc a qu** {CHIAVI} jdm *etw* **reichen**, jdm *etw* **geben**: **mi passi l'insalata?**, kannst du mir den Salat reichen?; **dopo aver letto il giornale, passalo ai nonni!**, wenn du die Zeitung fertig gelesen hast, gib sie den Großeltern!; fig {NOTIZIA} jdm *etw* **weiter|geben**, jdm *etw* **weiter|sagen**; ~ **la soluzione di un problema a un compagno di classe**, die Lösung einer Aufgabe einem Klassenkameraden **weitergeben/weitersagen 3** (*pulire con*) ~ **qc** (+ *compl di luogo*) {ASPIRAPOLVERE IN SOGGIORNO} mit *etw* (dat) (*irgendwo*) **sauber machen**: **passa lo straccio in terra!**, wisch den Boden (auf)! **4** (*applicare*) ~ **qc** (+ *compl di luogo*) {CREMA SUL VISO} *etw* (*irgendwo*) **auf|tragen 5** (*trafiggere*) ~ **qc a qu** *etw* **durchbohren**: **la pallottola gli passò la gamba**, die Kugel durchbohrte sein Bein **6** (*pagare*) ~ **qc a qu** {ALIMENTI ALLA FAMIGLIA} ˌjdm *etw*ˌ/[*etw* an jdn] **bezahlen**, jdm *etw* **zukommen lassen 7** (*superare*): **ha passato i settanta (anni)**, er/sie hat die Siebzig überschritten; **questo pesce passa i due kili/metri**, dieser Fisch ˌwiegt gut zwei Kiloˌ/

[ist mehr als zwei Meter lang]; **il bimbo passa ormai il metro**, der Junge ist bereits über einen Meter groß **8** (*mettere in comunicazione*) ~ **qu**/**qc a qu** jdn mit jdm/etw verbinden, jdm jdn/etw geben: **può passarmi il signor Verdi?**, können Sie mich mit Herrn Verdi verbinden?; **mi passi Torino!**, geben Sie mir Turin!, verbinden Sie mich mit Turin! **9** (*trascorrere*) ~ **qc** + **compl di luogo** {VACANZE AL MARE} (*irgendwo*) verbringen: **come passi il tuo tempo libero?**, wie verbringst du deine Freizeit?; **ho passato la notte insonne**, ich habe die ganze Nacht nicht geschlafen; **la vecchiaia al mare**, sein Alter am Meer verbringen **10** (*far filtrare*) ~ **qc** etw durch|lassen: **scarpe che lasciano** ~ **l'acqua**, wasserdurchlässige Schuhe **11** (*infilare*) ~ **qc** + **compl di luogo** {NASTRO IN UN TESSUTO} etw in etw (acc) stecken; {BRACCIO ATTRAVERSO UNA RETE} etw durch etw (acc) stecken **12** (*superare*) ~ **qc** {ESAME, PROVA} etw bestehen: **il malato non passerà la notte**, der Kranke wird die Nacht nicht überstehen **13** (*promuovere*) ~ **qu** {STUDENTE} jdn versetzen **14** (*sottoporsi*) ~ **qc** {VISITA MEDICA} sich etw (dat) unterziehen **15** (*sorpassare*) ~ **qu**/**qc** jdn/etw überholen: **l'ho passato in curva**, ich habe ihn in der Kurve überholt **16** (*trasferire*) ~ **qu** + **compl di luogo** {IMPIEGATO IN UN ALTRO UFFICIO} jdn irgendwohin versetzen **17** *fig* (*approvare*) ~ **qc** {LEGGE} etw verabschieden; {PROVVEDIMENTO} etw billigen **18** *fig* (*vivere*) ~ **qc** {MOMENTI DIFFICILI, MOLTE VICISSITUDINI} etw durch|machen, etw erleben; {DISPIACERE} etw erleiden **19** *fig* (*oltrepassare*) ~ **qc** {IL LIMITE, LA MISURA} etw überschreiten **20** *gastr* (*schiacciare*) ~ **qc** {PATATE, VERDURA} etw passieren; (*rigirare*) ~ **qc in qc** {SOGLIOLA NELLA FARINA} etw in etw (dat) wälzen, etw in etw (dat) wenden; (*far rosolare*) {CARNE} etw leicht an|braten; ~ **i fagiolini con un po' di burro**, die Böhnchen in ein wenig Butter anbraten **21** *sport* (*lanciare*) ~ (**qc**) **a qu** jdm etw zu|spielen, etw zu jdm passen: ~ **all'attaccante**, dem Stürmer den Ball zuspielen; (*arrivare a*) ~ **qc** {IL QUARTI DI FINALE} etw erreichen, in etw (acc) kommen C m <solo sing> (*decorso*) Lauf m, Ablauf m: **il ~ delle stagioni**, der Ablauf der Jahreszeiten ● **passo! radio**, Ende!; (*nei giochi di carte*) ich passe!; **gli passerà!** *fam* (*prima o poi si calmerà*), er wird sich (schon) beruhigen!; **non gli è ancora passata (la rabbia)**, er ist immer noch wütend, sein Zorn ist noch nicht verraucht; **non gli è ancora passata (la cotta)**, er ist immer noch verknallt *fam*; **quante ne ha passate, poveraccio!** (*quanti problemi ha avuto!*), was hat der arme Teufel schon alles durchgemacht! *fam*; **l'ha passata bella** *fig fam* (*l'ha scampata*), er/sie ist noch gut/[mit einem blauen Auge] davongekommen *fam*; **passarsela bene**/**male** *fam* (*stare bene*/*male*), gute/schlechte Zeiten durchmachen; **ci siamo passati tutti!** *fam* (*abbiamo vissuto le stesse esperienze*), das haben wir alle durchgemacht/erlebt!, da mussten wir alle durch! *fam*; **passo e chiudo radio**, Ende der Durchsage; **come ti la passi?** (*come stai?*), wie geht's dir?; **e passa → passa**; **far** ~ **qc** (*far andare via*), {MAL DI TESTA} etw zum Verschwinden bringen; **fare** ~ **qu** (*lasciar* ~), jdn vorbei|lassen; **mi faccia** ~ **per cortesia!**, lassen Sie mich bitte vorbei!; (*fare accomodare*), jdn hineinbitten; **fallo** ~ **in ufficio!**, bitte ihn ins Büro hinein!; **farsi** ~ **per avvocato**/**medico** (*spacciarsi per*), sich für einen Anwalt/Arzt ausgeben; ~ **inosservato** (*non essere notato*), {ERRORE, RAGAZZO} unbemerkt bleiben; **passarla liscia** *fig fam* (*scamparla*), mit heiler Haut davonkommen *fam*; ~ **prima di qu** (*precederlo*), vor jdm dran sein *fam*; **non gliene passa una** *fam* (*non gliene perdona una*), er/sie lässt ihm/ihr nichts durchgehen; **passa via!** (*rif. a cane: fila via*), husch, weg hier!

passàta A f **1** (*nella caccia*) (*passaggio*) {+SELVAGGINA} (Wild)wechsel m; (*luogo*) (Wild)wechsel m **2** *gastr* Püree m: ~ **di pomodoro**/**verdura**, Tomaten-/Gemüsepüree n **3** (*nei giochi di carte*) (*mano*) Runde f: **fare un'altra** ~, eine neue Runde spielen B loc avv (*di sfuggita*): **di** ~, flüchtig ● **dare una** ~ **ai capelli** (*rimettere a posto*), die Haare in Ordnung bringen; **dare una** ~ **alla gonna** (*stirarla*), den Rock kurz bügeln; **dare una** ~ **ai giornali** (*una scorsa*), einen Blick in die Zeitungen werfen, die Zeitungen überfliegen; **dare una** ~ **al lavandino** (*pulirlo*), das Waschbecken putzen; **dare una** ~ **ai mobili** (*spolverarli*), die Möbel abstauben; **dare una** ~ **alla verdura in padella** (*rosolare*), das Gemüse leicht anbraten; **dare una** ~ (**di vernice**) **alla porta** (*verniciare*), die Tür anstreichen; ~ **di pioggia** (*breve scroscio*), Regenschauer m.

passatèmpo A m (*occupazione*) Zeitvertreib m, Hobby n: **il mio** ~ **preferito è il giardinaggio**, mein Lieblingshobby/[bevorzugter Zeitvertreib] ist die Gärtnerei B loc avv (*per hobby*): **per** ~, zum Zeitvertreib; **fa del bricolage per** ~, zum Zeitvertreib macht er/sie Heimwerkerarbeiten.

passatìsmo m *lett* (*conservatorismo*) Konservativismus m, Traditionalismus m *forb*.

passatìsta <-i m, -e f> *lett* A agg (*proprio del passato*) {MUSICA, POESIA} der Vergangenheit B mf (*tradizionalista*) Traditionalist(in) m(f) *forb*.

passàto, (-a) A agg **1** (*trascorso*) {EPOCHE, SECOLI, TEMPI} vergangen: **sono le tre passate**, es ist kurz nach drei **2** (*scorso*) {ANNO, MESE, SETTIMANA} vorige(r, s), letzte(r, s), vergangen: **l'estate passata siamo andati in Spagna**, letztes Jahr waren wir in Spanien **3** (*precedente*) {AMORI} alt; {GENERAZIONI} früher, vorige(r, s) **4** (*superato*) {IDEE, METODO} überholt, veraltet; {MODA} *anche* passee *fam* **5** (*avariato*) {CARNE, FRUTTA} verdorben, faul **6** *gramm*: **participio** ~, Partizip Perfekt n B m **1** <solo sing> (*tempo trascorso*) Vergangenheit f: **i grandi romanzieri del** ~, die bedeutenden Romanschriftsteller der Vergangenheit; **vivere nel** ~, in der Vergangenheit leben **2** *gastr* (*minestra*) Püree m: ~ **di verdura**, Gemüsepüree m ● **un uomo dal** ~ **burrascoso** *fig* (*tormentato*), ein Mann mit einer bewegten Vergangenheit; **è una donna con un** ~ *fig*, sie ist eine Frau mit Vergangenheit; ~ **prossimo** *gramm*, Perfekt n; ~ **remoto** *gramm*, historisches Perfekt n, Passato remoto n (*italienische Form des Präteritums*).

passatóia f (*guida*) {+CORRIDOIO, SCALA} Läufer m.

passatóre, (-trice) m (f) Schlepper(in) m(f) *fam spreg*, Fluchthelfer(in) m(f).

passatùtto <-> m (*arnese da cucina*) Passiermaschine f.

passaverdùra, passavèrdure <-> m (*arnese da cucina*) Passiergerät n.

passeggèro, (-a) A agg **1** (*di breve durata*) {MALESSERE, TEMPORALE} vorübergehend **2** (*effimero*) {GIOIA, PIACERE} flüchtig B m (f) (*chi viaggia*) {+AUTOBUS, TRENO} Fahrgast m, Reisende mf decl come agg; {+AEREO, NAVE} Passagier(in) m(f): **un'auto con quattro passeggeri**, ein Auto mit vier Insassen ● ~ **clandestino** (*imbarcato di nascosto su aereo*/*nave*), blinder Passagier.

passeggiàre <*passeggio, passeggi*> *itr* **1** (*camminare*) ~ (+ **compl di luogo**) {LUNGO IL FIUME, NEL CENTRO STORICO, PER UN VIALE, SULLA SPIAGGIA} (*irgendwo*) spazieren gehen: ~ **nel parco**, im Park spazieren gehen; ~ **per le strade**, durch die Straßen spazieren **2** (*andare su e giù*) ~ + **compl di luogo** {DAVANTI ALL'ENTRATA, PER LA STANZA} (*irgendwo*) auf und ab gehen.

passeggiàta f **1** (*camminata*) (*BREVE, LUNGA*) Spaziergang m: **andare a fare una** ~, spazieren gehen, einen Spaziergang machen; **fare una** ~ **nel bosco**/[**per le vie del centro**], einen Spaziergang [im Wald_]/[durch das Zentrum] machen, einen Waldspaziergang/Stadtbummel *fam* machen **2** (*breve gita in auto, in bicicletta*) Spazierfahrt f; (*a cavallo*) Spazierritt m **3** (*strada*) Promenade f, Spazierweg m: ~ **a mare**, Strandpromenade f **4** *fig* (*impresa facile*) Kinderspiel n: **l'esame è stato una vera** ~, die Prüfung war ein echtes Kinderspiel.

passeggiatrìce f *eufem* (*prostituta*) Strichmädchen n *fam*.

passeggìno m (*seggiolino su ruote*) Kinder-, Sportwagen m: ~ **pieghevole**, Buggy m.

passéggio <-gi> A m **1** (*atto*) Spazierengehen n, Spaziergang m: **l'ora del** ~, Ausgehstunde f **2** (*luogo*) {ELEGANTE, TRANQUILLO} Promenade f, Spazierweg m **3** (*persone*) Spaziergänger m pl B <inv> loc agg (*per passeggiare*): **da** ~, {BASTONE} Spazier- ● **andare a** ~ (*passeggiare*), spazieren gehen; **portare a** ~ **un bambino**/**il cane** (*far fare una passeggiata*), [mit dem Kind spazieren gehen_]/[den Hund ausführen].

passe-partout <-> m *franc* **1** (*chiave*) Hauptschlüssel m **2** (*bordo di cartone*) {+QUADRO} Passepartout n **3** *fig* (*soluzione*) Allheilmittel n.

pàssera f **1** *ornit* (*femmina del passero*) Sperling(sweibchen n) m **2** *fig volg* (*vulva*) Möse f *volg*, Fotze f *volg* ● ~ **di mare** *itt*, Flunder f.

passeràceo → **passeriforme**.

passeràio <-rai> m **1** (*cinguettio*) Gezwitscher n **2** *fig* (*chiacchierio*) {+DONNE, RAGAZZI} Schnattern n *fam*.

passerèlla f **1** (*ponticello*) Steg m, (kleine) Brücke; *aero* Flugsteig m: ~ **telescopica**, Fluggastbrücke f; *ferr* Gleisübergang m, Steg m; *mar* Bootssteg m, Gangway f, Laufgang m; ~ **d'imbarco**, Gangway f, Laufgang m **2** (*pedana*) {+INDOSSATRICI} Laufsteg m: **sfilare in** ~, auf dem Laufsteg Mode vorstellen **3** *fig* (*esibizione*) {+VIP} Auftritt m **4** *teat* (*ballatoio*) (Bühnen)rampe f ● **fare la** ~ *fig* (*mettersi in mostra*), sich in Szene setzen, sich produzieren *fam spreg*, einen auf Schau machen *fam spreg*.

passeriforme m *ornit* Sperlingsvogel m.

passerìna <*dim di passera*> f *fig volg* (*vulva*) Möse f *volg*, Fotze f *volg*.

pàssero m *ornit* Sperling m, Spatz m: ~ **domestico**, Haussperling m; ~ **solitario**, Blaudrossel f.

passeròtto <*dim di passero*> m **1** *ornit* (*passero giovane*) (junger) Sperling m **2** *fig vezz* Spätzchen n *fam*, Häschen n *fam* **3** *fig* (*refuso*) Druckfehler m.

passétto <*dim di passo①*> m (*breve passo*) Trippelschritt m, kleiner Schritt m: **camminare a piccoli passetti**, trippeln, mit kleinen Schritten gehen.

passeur, (passeuse) <-, -s m *franc*, -s f pl *franc*> m (f) *franc* Schlepper(in) m(f) *fam spreg*, Fluchthelfer(in) m(f).

pàssi <-> m *amm* Passierschein m.

passìbile agg **1** (*suscettibile*) unterworfen: **ritenuta d'imposta** ~ **di aumento**, Steuerabzug m, der erhöht werden kann **2** *dir* ~ **di**

qc {IMPUTATO DI ERGASTOLO, REATO DI RECLUSIONE} mit etw (dat) bestrafbar: **il conducente è passibile di arresto**, der Fahrzeugführer kann vorläufig festgenommen werden; **essere ~ di sanzioni disciplinari**, von Disziplinarmaßnahmen betroffen sein können.

passiflòra f bot Passionsblume f.

pàssim avv lat (in vari punti) an verschiedenen Stellen, passim.

passino① m (colino) Sieb n.

passino② <dim di passo①> m (passo breve) Trippelschritt m, kleiner Schritt.

Pàssio m <solo sing> lat relig (parte dei Vangeli) Passion f, Leidensgeschichte f Christi.

passionàle A agg 1 (pieno di passione) {ANIMO, UOMO, VITA} leidenschaftlich 2 (commesso per passione) {DELITTO} Eifersuchts- B m (f) (chi è dominato da passioni) leidenschaftlicher Mensch.

passionalità <-> f (carattere passionale) Leidenschaftlichkeit f.

passionàrio <-ri m> m relig (libro) Passional n, Passionar n.

passióne f 1 (sentimento forte) Leidenschaft f, Gefühlsregung f: **la gelosia è una ~ violenta**, die Eifersucht ist eine heftige Gefühlsregung; **dominare le proprie passioni**, seine Leidenschaften beherrsche(e)n/zügeln 2 (amore sfrenato) ~ **per qu** {PER UNA DONNA} leidenschaftliche/ungezügelte Liebe (zu jdm): **avere una ~ per qu**, jdn leidenschaftlich lieben; **una ~ giovanile**, eine große Jugendliebe 3 (predilezione) ~ **per qc** {PER LO SPORT} Leidenschaft f (für etw acc), Passion f (für etw acc): **avere la ~ del gioco**, ein leidenschaftlicher Spieler sein; **ha la ~ della lettura**, Lesen ist seine/ihre Leidenschaft/Passion 4 (persona) (große) Liebe, (große) Leidenschaft: **Paola è stata la sola ~ della mia vita**, Paola war die einzige große Liebe meines Lebens 5 (cosa preferita): **la pizza è la mia ~**, Pizza ist mein Leibgericht 6 (amore) Hingabe f: **fare qc con ~**, etw leidenschaftlich gerne/[mit Hingabe] tun; **fa l'insegnante per ~**, er/sie ist Lehrer/in aus Leidenschaft 7 mus (composizione) Passion f: **le Passioni di Bach**, die Bach-Passionen 8 relig Passion f, Leiden n: **la ~ di Cristo**, die Leidensgeschichte Christi • **la ~ secondo Giovanni/Matteo** relig (narrazione degli evangelisti), die Johannes-/Matthäuspassion.

passista <-i m, -e f> mf sport (nel ciclismo) (ciclista) "auf Flachstrecken und Zeitfahren spezialisierte(r) Radrennfahrer(in)".

passìto enol A agg Likör- B m (vino) Likörwein m.

passivaménte avv {ACCETTARE QC} passiv, teilnahmslos.

passivànte agg 1 chim {AGENTE} passivierend 2 gramm {PARTICELLA PRONOMINALE, SI} passivisch.

passivàre tr chim (sottoporre a passivazione) ~ **qc** {METALLO} etw passivieren.

passivazióne f chim (processo) Passivierung f.

passività <-> f 1 (indifferenza) {+GIOVANI} Passivität f, Teilnahmslosigkeit f: **mostrare ~ verso qc**, keine Teilnahme an etw (dat) zeigen 2 (inerzia) {+MATERIA} Trägheit f 3 chim {+METALLO} Passivität f 4 econ {+BILANCIO} Passiva pl, Schulden f pl, Verbindlichkeiten f pl: **una ~ di 100 milioni**, Schulden/Verbindlichkeiten in Höhe von 100 Millionen.

passìvo, (-a) A agg 1 (indifferente) {ATTEGGIAMENTO, CARATTERE, INDIVIDUO} passiv, gleichgültig: **essere/rimanere ~ di fronte a qc**, etw (dat) gegenüber passiv/gleichgültig sein/bleiben 2 (privo di azione) {RESISTENZA, RIVOLUZIONE} passiv 3 (inerte) {MATERIA} träge 4 chim {STATO} passiv 5 econ {BILANCIO} passiv; {INTERESSI} Passiv- 6 gramm {FORMA, VERBO} passiv(isch) B m 1 econ (perdita) Verlust m, Defizit n: **chiudere in ~**, mit Verlust/Defizit abschließen; (disavanzo) Passiva pl, Defizit n: **il ~ è di oltre un miliardo**, ein Defizit von über einer Milliarde; (sezione) Passivseite f 2 gramm Passiv n: **volgere una frase al ~**, einen Satz ins Passiv umwandeln 3 sport Verlust-, Minuspunkte m pl; "Anzahl f der erhaltene Tore": **un ~ di sei reti**, sechs erhaltene Tore • **registrare/segnare al ~ qc** econ, etw als Verlust verbuchen; fig (ammettere di non aver avuto successo), einen Misserfolg verzeichnen/erleben.

pàsso① m 1 {BREVE, LUNGO} Schritt m: **fare un ~**, einen Schritt machen; **con dei passi rapidi**, mit schnellen Schritten, schnellen Schrittes; **ho sentito dei passi in cortile**, ich habe Schritte im Hof gehört 2 <solo sing> (andatura) Gang(art f) m, Schritt m: **andare con ~ spedito**, zügig gehen; **il ladro entrò con ~ felpato**, der Dieb trat auf leisen Sohlen/[mit Samtpfötchen scherz] ein; **la riconosco dal ~**, ich erkenne sie am Schritt/Gang 3 (orma) Spur f: **passi nella neve**, Spuren f pl im Schnee 4 fig (azione) {DOLOROSO, RISCHIOSO} Schritt m: **compiere un ~ importante**, einen wichtigen Schritt unternehmen; **prima di fare qualunque ~, pensaci bene!**, bevor du irgendetwas unternimmst, überlege es dir gut! 5 fig (avanzamento) (Fort)schritt m: **è un primo ~ verso l'indipendenza**, das ist ein erster Schritt in Richtung Unabhängigkeit 6 fig (brano) {+LEOPARDI, PIRANDELLO} (Text)stelle f, Auszug m, Passus m forb: **una raccolta di passi scelti**, eine Sammlung ausgesuchter Stellen 7 (nel ballo) (Tanz)schritt m: **~ di tango/valzer**, Tango-/Walzerschritt m 8 fig {+PELLICOLA} Perforationsabstand m: **~ normale**, Normalfilm m; **cinepresa a ~ ridotto**, Schmalfilmkamera f 9 mecc Radstand m, Achs(ab)stand m 10 mil Gleichschritt m: **~ di corsa/marcia/parata**, Lauf-/Marsch-/Paradeschritt m 11 mus Passage f, Stelle f 12 sport Schritt m; (nell'equitazione) {ACCELERATO, ACCORCIATO} Gangart f 13 tecnol Steigung f: **~ della vite**, Schraubensteigung f • **~!** spec mil (ordine), im Gleichschritt, Marsch!; **passo passo** (molto lentamente), langsam, allmählich, Schritt für Schritt; (a poco a poco), schrittweise, nach und nach; **(punto per punto)**, Schritt für Schritt; **accelerare/affrettare/allungare il ~** (camminare più in fretta), seinen Schritt beschleunigen, schneller gehen, einen Zahn zulegen fam; **essere un ~ avanti fig** (essere all'avanguardia), einen Schritt voraus sein; **avere un ~ da bersagliere** (veloce e deciso), im Laufschritt gehen; **un ~ dopo l'altro fig** (gradualmente), Schritt um Schritt; **andare al ~** spec mil (tenere tutti lo stesso ritmo), im Gleichschritt gehen, im Schritttempo fahren; **procedere di buon ~** (con andatura sostenuta), gut/zügig vorankommen; **a ~ di carica** mil, anche fig (con grande energia), im Sturmschritt; **cedere il ~ a qu** (lasciarlo passare per primo), jdm den Vortritt lassen, jdn vor(bei)lassen; fig (non ostacolarlo), jdn nicht behindern; **a due/pochi/quattro passi** (vicino), wenige Schritte entfernt: **la banca è a due passi da qui**, die Bank ist nur wenige Schritte von hier entfernt; **abitare a quattro passi**, nur einen Steinwurf entfernt wohnen; **~ doppio** (danza sudamericana), Paso doble m; **essere a un ~ da qc** spec fig (essere vicinissimi), {DALLA VITTORIA} kurz vor etw (dat) stehen; **fare un ~ falso fig** (una mossa sbagliata), einen falschen Schritt/Zug machen; **fare due/quattro passi fig** (fare una breve passeggiata), sich (dat) die Beine vertreten; **fare un ~ avanti** (avanzare), einen Schritt vortreten/[nach vorn machen]; fig (migliorare), Fortschritte machen; **fare un ~ indietro** (indietreggiare), einen Schritt zurücktreten/[zurück machen]; fig (regredire), Rückschritte machen; fig (rif. a discorso ecc. riprenderlo), auf etw (acc) zurück|kommen; **fare un ~ avanti e due indietro** fig (alternare progressi e regressi), einen Schritt nach vorn und zwei zurück machen; **a ~ di formica** fig (poco per volta), Schritt für Schritt; **fare il ~ più lungo della gamba** fig (fare qc di sproporzionato rispetto alle proprie possibilità), sich überfordern, sich übernehmen; **fare passi da gigante** fig (fare grandi progressi), ₉große Fortschritte₁/[Riesenfortschritte] machen; **fare il gran ~** fig (prendere una decisione importante), den entscheidenden Schritt tun; scherz (sposarsi), die große Entscheidung treffen; **guidare i passi di qu** (aiutarlo a camminare), {DI UN INFERMO} jdm beim Gehen helfen, jdn führen; fig (dare un aiuto), jdm behilflich sein; **andare/camminare a ~ di lumaca** fig (molto lentamente), im Schneckentempo gehen/fahren; **mettere qu al ~** fig (riportare qu all'obbedienza), jdm den Kopf zurechtsetzen/zurechtrücken, jdn zurechtweisen; **senza muovere un ~** (stando fermi), ohne sich von der Stelle zu rühren; fig (senza far nulla), ohne einen Finger ₉zu rühren₁/[krumm zu machen fam]; **muovere i primi passi**, {BAMBINO} die ersten Schritte tun; (iniziare un'attività), noch in den Kinderschuhen stecken; **non saper muovere un ~** fig (non saper prendere iniziative), handlungsunfähig sein; **dell'oca** mil, Gänsemarsch m, Gänseschritt m; **ad ogni ~** (dovunque), auf Schritt und Tritt; (spessissimo), in einer Tour fam, alle Nase lang fam; **(andare/procedere) di pari ~ fig** (parallelamente), Hand in Hand (gehen), im Einklang handeln; **andare di pari ~** (con uguale andatura), im Gleichschritt gehen; **perdere il ~ fig** (non riuscire a seguire il ritmo degli altri), den Anschluss verlieren; **fare il primo ~ fig** (prendere l'iniziativa), den ersten Schritt tun; **di questo ~ fig** (se si continua così), wenn das so weitergeht; **rallentare il ~** (andare più adagio), langsamer gehen; **segnare il ~** mil (battere il piede a terra), auf der Stelle treten; fig (avere una battuta d'arresto) anche, nicht von der Stelle kommen; **seguire i passi di qu** (andargli dietro), jds Spuren folgen, jdn verfolgen; fig (seguirne l'esempio), in jds Fußstapfen treten; **mettersi al ~ con i tempi fig** (aggiornarsi), sich auf den Laufenden halten; **stare al ~ con i tempi fig** (adeguarsi), mit der Zeit gehen; **tenere/mantenere il ~** (conservare un certo ritmo nel camminare), Schritt halten; **tornare sui propri passi** (ripercorrere il cammino già fatto), (denselben Weg) zurückgehen; fig (ricominciare da capo), von vorn an|fangen; **procedere a ~ d'uomo** (lentamente), im Schritttempo fahren/vorankommen; **e via di questo ~** (e così di seguito), und so weiter und so fort fam; **un ~ alla volta!** (invito a procedere con calma), ein Schritt/eins nach dem anderen!

pàsso② m 1 (valico) Pass m: **il ~ del Brennero**, der Brennerpass; **il ~ del Sempione**, der Simplon-Pass 2 (il passare) Durchgang m; {+TORDI} Zug m; (con veicolo) Durchfahrt f 3 (luogo) {AMPIO, PERICOLOSO, STRETTO} Durchgang m, Durchfahrt f 4 (varco) Weg m: **aprirsi il ~ tra la folla**, sich (dat) einen Weg durch die Menge bahnen 5 (braccio di mare) {+CALAIS} Meerenge f • **carrabile/carraio**, Einfahrt f, Ausfahrt f; **~ d'ordito tess**, Kettensprung m.

password <-> f ingl inform Passwort n.

pàsta f **1** *gastr* Teig m: **fare la ~ per la pizza**, den Pizzateig zubereiten; **lavorare la ~**, den Teig kneten; (*alimento*) Nudeln f pl, Teigwaren f pl; ~ **in brodo**, Nudelsuppe f; ~ **al burro/pomodoro/ragù/sugo**, Nudeln f pl mit Butter/Tomatensoße/Hackfleischsoße/Tomatensoße; ~ **fatta in casa**, selbst gemachte Nudeln; ~ **fresca**, frische Nudeln; ~ **grossa**, "großformatige Pastasorten"; ~ **integrale**, Vollkornnudeln f pl; ~ **da minestra**, Suppennudeln f pl, Suppeneinlage f; ~ **all'uovo**, Eiernudeln f pl **2** *gastr* (*pasticcino*) (Fein)gebäck n: ~ **alla crema/panna**, (Fein)gebäck n mit Creme-/Sahnefüllung; **paste secche**, Plätzchen n pl, Backwerk n **3** (*impasto*) Masse f, Brei m: ~ **d'argilla**, Tonmasse f; ~ **cemento/vetro**, Zement-/Glasmasse f; ~ **ceramica**, Keramikmasse f; ~ **legno**, Holzschliff m **4** (*polpa*) Fruchtfleisch n: **pesca a ~ gialla**, Pfirsich m mit gelbem Fruchtfleisch, gelber Pfirsich **5** *fig* (*indole*) Wesen n, Charakter m: **essere d'un'altra ~**, aus anderem ˌStoff (gemacht)ˌ/[Holz (geschnitzt)] sein, anders sein; **essere di buona ~**, einen guten Charakter haben; **essere della stessa ~**, aus dem gleichen ˌStoff (gemacht)ˌ/[Holz (geschnitzt)] sein ● ~ **d'acciughe**, Sardellenpaste f; ~ **asciutta** → **pastasciutta**; ~ **brisée** *gastr*, Pâte brisée f, Bröselteig m, salziger Mürbeteig; ~ **dentifricia**, Zahnpasta f; **fare la ~** *fam*, Nudeln machen (*farla cuocere*), die Nudeln ins Wasser tun, Nudeln kochen; ~ **frolla** → **pastafrolla**; **essere di ~ grossa** *fig* (*grossolano*), grobschlächtig/grobklotzig sein; ~ **di mandorle** *gastr*, Marzipanpaste f, "Marzipangebäck n in Obstform"; ~ **sfoglia** *gastr*, Blätterteig m; **essere una ~ d'uomo** *fig fam* (*essere una persona buona*), eine Seele von Mensch/einem Menschen sein.

pastafròlla f *gastr* (*impasto*) Mürb(e)teig m ● **essere fatto di ~ fig fam** (*essere privo di carattere*), kein Rückgrat haben, ein Waschlappen sein *fam spreg*.

pastàio, (-a) <-ai m> m (f) **1** (*fabbricante*) Teigwarenfabrikant(in) m(f) **2** (*venditore*) Teigwarenhändler(in) m(f).

pastasciùtta <pasciutte o paste asciutte> f *gastr* (*pasta*) Nudelgericht n, Pasta f: ~ **con le vongole**, Nudelgericht n mit Venusmuscheln ● **fare la ~** *fam* (*farla cuocere*), die Nudeln ins Wasser tun, Nudeln kochen.

pastasciuttàio, (-a) <-tai> m (f) *fam scherz* (*chi è ghiotto di pastasciutta*) Nudelfan m *fam*.

pasteggiàre <pasteggio, pasteggi> *itr* (*mangiare e/o bere*) ~ **a/con qc** {A CAVIALE, CON ANATRA E CHAMPAGNE} *etw* speisen, *etw* zu essen pflegen, *mit etw* (dat) tafeln: ~ **a/con vino bianco**, Weißwein zum Essen trinken.

pastèlla <dim di pasta> f *gastr* Teig m (*aus Mehl, Wasser, Hefe*).

pastèllo A m **1** ~ (**a cera**): Pastellstift m, Wachsmalstift m, Wachsmalkreide f **2** (*tecnica*) Pastell n: **dipingere a ~**, in Pastell malen **3** (*dipinto*) Pastell(bild) n B <inv> *agg* (*chiaro*) {VERDE} pastellfarben, pastell-: {TINTA} Pastell-.

pastétta <dim di pasta> f **1** *fig fam* (*broglio elettorale*) Mauschelei m **2** *napol* (*pastella*) Teig m (*aus Mehl, Wasser, Hefe*).

pasticca <-che> f (*pastiglia*) Tablette f, Pastille f: ~ **di menta**, Pfefferminzbonbon m o n.

pasticcère → **pasticciere**.

pasticceria f **1** (*arte*) Konditoreigewerbe n **2** (*laboratorio*) Konditorei f **3** (*negozio*) Konditorei f: **andare in ~**, in eine/die Konditorei gehen **4** (*assortimento*) (Fein)gebäck n: ~ **fresca**, frisches Gebäck (mit Cremefüllung oder Fruchtbelag); ~ **secca**, Plätzchen n pl, Backwerk n; ~ **da tè**, Teegebäck n.

pasticciàccio <pegg di pasticcio> m **1** (*grosso guaio*) Riesenschlamassel m *fam* **2** (*fatto di cronaca*) Riesenskandal m *fam*, Kriminalaffäre f: **il ~ dell'assassinio della contessa**, der Riesenskandal um die Ermordung der Gräfin *fam*.

pasticciàre <pasticcio, pasticci> A *tr* **1** (*eseguire male*) ~ **qc** {LAVORO} *etw* verpfuschen *fam* **2** (*sporcare*) ~ **qc** {LIBRO, QUADERNO} *etw* beklecksen, *etw* beschmieren *spreg* B *itr* (*fare pasticci*) ~ (**in qc**) {NELL'ESPOSIZIONE DI UN CONCETTO} bei *etw* (dat) völlig durcheinander kommen: **non fa altro che ~**, er/sie ˌstiftet nur Verwirrungˌ/[richtet nur Schlamassel an *fam*]; **i bambini amano molto ~ con l'acqua e la farina**, Kinder lieben es, mit Wasser und Mehl herumzupan(t)schen.

pasticciàto, (-a) *agg gastr* {POLENTA} "mit Tomaten, Fleischsoße und Käse überbackenˌ".

pasticcière, (-a) m (f) (*artigiano, negoziante*) Konditor(in) m(f), Feinbäcker(in) m(f), Zuckerbäcker(in) m(f) *obs o süddt A*.

pasticcìno m *gastr* (*piccola pasta*) Klein-, Feingebäck n: **pasticcini assortiti**, "gemischtes Gebäck/Backwerk n mit Cremefüllung oder Fruchtbelag".

pasticcio <-ci> m **1** *fig* (*lavoro mal fatto*) Pfuscherei f *fam spreg*, Pfusch(arbeit) f m *fam spreg*, Stümperei f *spreg*, Hudelei f *region fam*: **questa ricerca è un vero ~!**, diese Forschungsarbeit ist echt eine Pfuscherei! *fam spreg* **2** *fig* (*guaio*) Schlamassel m *fam*, (schöne) Bescherung *fam iron*: **cacciarsi/mettersi nei pasticci**, sich in die Nesseln setzen *fam*, ins Fettnäpfchen treten *fam*, in die Patsche geraten *fam*; **che bel ~!**, da haben wir den Schlamassel/Salat! *fam*; **combinare/fare pasticci**, etwas anstellen *fam*; **essere/trovarsi nei pasticci**, in der Klemme stecken *fam*, ˌin der Patsche/Tinteˌ/[im Schlamassel] sitzen *fam*; **togliere/[tirare fuori] qu dai pasticci**, jdm aus der Patsche helfen *fam* **3** *gastr* (*pietanza*) Pastete f: ~ **di fegato d'oca**, Gänseleberpastete f; ~ **di maccheroni**, Makkaroniauflauf m **4** *mus* (*opera*) Pasticcio n, Potpourri n.

pasticcióne, (-a) A m (f) Chaot(in) m(f) *fam*, Wirrkopf m *spreg* B *agg* {SCOLARO} konfus, chaotisch *fam*, wirrköpfig *spreg*.

pastiche <-> m *franc* **1** *lett* (*componimento*) Pastiche n **2** *mus* Pasticcio n.

pastièra f *gastr* "neapolitanischer Osterkuchen aus Mürbeteig, gefüllt mit Quark, Vanillecreme und kandierten Früchten".

pastificàre <pastifico, pastifichi> A *tr* (*trasformare in pasta*) ~ **qc** {FARINA} *etw* herˌstellen B *itr* (*produrre pasta*) Teigwaren herˌstellen.

pastificazióne f (*procedimento*) Teigwarenherstellung f.

pastificio <-ci> m **1** (*fabbrica*) Teigwaren-, Nudelfabrik f **2** (*negozio*) Teigwarengeschäft n.

pastìglia f **1** *farm* Tablette f, Bonbon m o n: ~ **per dormire**/[**la gola**]/[**il mal di testa**], Schlaf-/Halsschmerz-/Kopfschmerztablette f; ~ **per la tosse**, Hustenbonbon m o n; **prendere una ~ dopo i pasti**, eine Tablette nach den Mahlzeiten einnehmen **2** (*pasticca*) Pastille f, Tablette f: ~ **alla menta**, Pfefferminzbonbon m o n; ~ **di liquirizia**, Lakritzpastille f **3** *autom* (*dei freni*) Bremsbelag m.

pastìna <dim di pasta> f *gastr* **1** (*pasta per brodo*) Suppennudeln f pl, Suppeneinlage f **2** (*pasticcino*) Feingebäck n.

pàsto m **1** (*assunzione di cibo*) Essen n, Mahlzeit f: ~ **completo**, vollständiges Menü, komplette Mahlzeit; **fare due pasti al giorno**, zwei Mahlzeiten am Tag zu sich nehmen, zweimal täglich essen; **non bevo mai fuori ~**/[**dei pasti**], ich trinke nie zwischen den Mahlzeiten; **prendere una medicina ˌprima deiˌ**/[**dopo i**]/[**durante i**] **pasti**, eine Medizin vor/nach/während den Mahlzeiten einnehmen; **prendere una medicina lontano dai pasti**, eine Medizin auf möglichst nüchternen Magen einnehmen **2** (*cibo*) Essen n, Kost f, Speise f: ~ **abbondante/frugale/leggero**, reichliches/karges/leichtes Essen ● **a ~** (*per ogni pranzo e/o cena*), zum (Mittag-/Abend)essen; **dare qc/qu in ~ al pubblico/alla stampa** *fig* (*rendere di pubblico dominio*), jdn/etw der Öffentlichkeit/Presse preisgeben, jdn/etw zum Fraß vorwerfen; **prendere i pasti** (*pranzare o cenare*), zu Mittag/Abend essen; **i tre pasti principali** (*prima colazione, pranzo e cena*), die drei Hauptmahlzeiten f pl; **saltare il ~** (*non mangiare il pranzo o la cena*), eine Mahlzeit auslassen.

pastóia f **1** (*fune per i cavalli*) Fessel f **2** *fig* (*impedimento*) Behinderung f, Fessel f: **liberarsi dalle pastoie burocratiche**, sich von den bürokratischen Fesseln befreien.

pastóne <accr di pasta> m **1** (*cibo per animali*) Kleinfutter n: **fare il ~ per le galline**, das Futter für die Hühner zubereiten **2** (*minestra o pasta troppo cotta*) verkochtes Essen, verkochte Speise **3** *fig spreg* (*ammasso*) {+IDEE} Mischmasch m *fam* **4** *slang giorn* (*servizio*) Presseschau f.

pastóra f → **pastore**.

pastoràle A *agg* **1** (*dei pastori*) {CANTO, ZAMPOGNA} Hirten-, Schäfer- **2** *lett* (*bucolico*) {POESIA} Hirten- **3** *relig* (*del sacerdote*) {MINISTERO, UFFICIO} pastoral, Pastoral-; (*di sacerdoti*) {CONSIGLIO} seelsorgerisch; (*del vescovo*) {ANELLO} Bischofs-: **visita ~**, Visitation f B **1** *mus* (*composizione*) Pastorale f **2** *relig* (*lettera*) Hirtenbrief m C m *relig* (*bastone*) {+VESCOVO} Hirtenstab m, Pastorale n.

pastóre, (-a) A m (f) (*chi pascola*) Hirt(in) m(f); (*di pecore*) Schäfer(in) m(f) B m **1** *relig* Pastor(in) m(f), Pfarrer(in) m(f): ~ **anglicano/protestante**, anglikanischer/protestantischer Pfarrer; ~ **battista/metodista**, Baptisten-/Methodistenpfarrer m **2** *zoo* Schäfer-, Hirtenhund m: ~ **belga**, belgischer Schäferhund; ~ **maremmano**, Maremmen-Schäferhund m; ~ **scozzese**, Collie m; ~ **tedesco**, Deutscher Schäferhund ● ~ **di anime** *fig relig*, Seelsorger m, Seelenhirt m *obs*; **il buon Pastore** *relig*, der Gute Hirt; **il sommo ~** *relig* (*il papa*), der Papst, der oberste Hirte *obs*.

pastorèlla[①] <dim di pastora> f (*giovane pastora*) Hirtenmädchen n; (*di pecore*) anche kleine Schäferin.

pastorèlla[②] f *lett* (*componimento*) Pastorelle f.

pastorèllo <dim di pastore> m (*giovane pastore*) Hirtenjunge m, Hirtenknabe m *poet*; (*di pecore*) anche kleiner Schäfer.

pastorìzia f (*allevamento*) Viehzucht f; (*di ovini*) Schafzucht f; (*di caprini*) Ziegenzucht f.

pastorìzio, (-a) <-zi m> *agg* (*relativo a pastorizia*) {ATTIVITÀ} Viehzucht-.

pastorizzàre *tr* (*sottoporre a pastorizzazione*) ~ **qc** {BIRRA, LATTE} *etw* pasteurisieren.

pastorizzazióne f (*trattamento*) {+LATTE} Pasteurisation f, Pasteurisierung f.

pastosità <-> f **1** (*consistenza pastosa*) {+COMPOSTO} Dickflüssigkeit f, Breiigkeit f **2** *fig* (*morbidezza*) {+COLORE, TINTA} Zartheit f **3** *fig* (*l'essere carezzevole*) {+VOCE} Zartheit f, Sanftheit f, Weichheit f **4** *fig* (*densità*) {+STI-

LE} Dichte f **5** enol {+VINO} Vollmundigkeit f.
pastóso, (-a) agg **1** (simile alla pasta) {CRETA} teigig, knetbar; {CIBO} weich, dickflüssig, breiig **2** fig (morbido) {COLORE, DIPINTO} zart, pastos **3** fig (carezzevole) {VOCE} zart, sanft, weich **4** fig (denso) {STILE} dicht **5** enol {VINO} vollmundig, samtig.
pastràno m (cappotto) schwerer (Winter)mantel.
pastròcchio <-chi> m region anche fig (pasticcio) Schlamassel m fam, Kuddelmuddel m o n am: **hai fatto proprio un bel ~!**, da hast du (ja) einen schönen Schlamassel angerichtet! fam.
pastùra f **1** (il pascolare) Weiden n **2** (pascolo) Weide f; **portare le capre in ~**, die Ziegen ˻auf die˼/[zur] Weide führen **3** (mangime) (Vieh)futter n: **~ per polli**, Hühnerfutter n **4** (nella pesca) (insieme di esche) Köder(masse f) m.
pasturàre tr ~ qc **1** (far pascolare) {GREGGE} etw ˻auf die˼/[zur] Weide treiben, etw hüten **2** (nella pesca) {PESCI} etw ködern.
patàcca <-che> f **1** (moneta) (große) wertlose Münze **2** (oggetto di nessun valore) Schrott m fam spreg, Kram m fam: **gli hanno rifilato una ~**, sie haben ihm Schrott angedreht fam spreg **3** fig fam (macchia) (Fett-, Schmutz)fleck m: **una maglia piena di patacche**, ein Pullover voller (Fett)flecken, ein fleckiger Pullover **4** fig scherz o spreg (medaglia) Blech n fam spreg, Plakette f, billiger Orden.
pataccóne[1] <accr di patacca> m **1** fig fam (orologio da tasca) Zwiebel f fam scherz, Kartoffel f fam scherz **2** fig scherz o spreg (medaglia) Blech n fam spreg, Plakette f, billiger Orden.
pataccóne[2], (-a) m (f) fam **1** (persona piena di macchie) Schmutzfink m fam, Dreckspatz m fam **2** (persona goffa) Tollpatsch m.
patagóne A agg patagonisch B mf (abitante) Patagonier(in) m.
Patagònia f geog Patagonien f.
patagònico, (-a) <-ci, -che> agg (della Patagonia) {CORDIGLIERA} patagonisch, Patagoniens.
patapàm inter (di scoppio o di tonfo) plumps, bauz, bums.
patapùm, **patapùnfete** inter onomatopeica **1** (di scoppio) plumps, bauz, bums **2** (di scoppio) wumms, rums, bums.
patarìa f polit relig stor (movimento) Pataria f.
patarìno, (-a) polit relig stor A agg {MOVIMENTO} patarenisch B m (f) (seguace) Anhänger(in) m(f) der Pataria.
patàta f **1** (pianta) Kartoffel f **2** anche gastr (tubero) Kartoffel f: **patate arrosto/(al forno**), Brat-/Backkartoffeln f pl; **patate al cartoccio**, Kartoffeln f pl in Folie; **patate fritte**, Pommes frites pl; **patate lesse**, Salzkartoffeln f pl, gekochte Kartoffeln f pl (con la buccia) Pellkartoffeln f pl; **patate in insalata/umido**, Kartoffelsalat m/Schmorkartoffeln pl; **patate novelle**, Frühkartoffeln pl ● **americana/dolce** bot gastr (batata), Batate f, Süßkartoffel f; **~ bollente** fig (questione delicata), heißes Eisen, heikle Sache; **passare a qu la ~ bollente** fig (affidare ad altri un problema difficile), jdm den schwarzen Peter zuspielen/zuschieben; **essere/sembrare una ~ fig** (persona goffa o sciocca), ˻ein Tollpatsch sein˼/[tollpatschig wirken].
pataticoltóre, (-trice) m (f) (coltivatore) Kartoffelbauer m, Kartoffelbäuerin f.
pataticoltùra f (coltivazione) Kartoffelanbau m.
patatìna <dim di patata> f **1** Kartöffelchen n

2 (patata novella) Frühkartoffel f **3** fig fam (bambina paffuta) Pummelchen n fam **4** <di solito al pl> gastr (fettine di patata fritte) Pommes frites f pl, Kartoffelchip m: **patatine fritte**, Pommes frites f pl, Kartoffelchips m pl.
patatóne, (-a) <accr di patata> m (f) fam spreg (imbranato) Tollpatsch m, Tölpel m spreg.
patatóso, (-a) agg (goffo) {FISICO, RAGAZZO} tollpatschig, tapsig.
pataptràc A <-> m **1** (rumore di qc che cade e si rompe) (Nieder)krachen n **2** fig (guaio) Schlamassel m fam, (schöne) Bescherung fam iron: **combinare un ~**, eine schöne Bescherung anrichten fam iron **3** fig (fallimento) Pleite f fam, Ruin m fam: **fare ~**, Pleite gehen/machen fam, Bankrott machen fam B inter onomatopeica (di caduta e rottura) krach, plumps.
patavìno, (-a) lett A agg (di Padova) {UNIVERSITÀ} von Padua, paduanisch B m (f) (abitante) Paduaner(in) m(f).
patchouli <-> m franc **1** bot (pianta) Patschuli m **2** (essenza) Patschuliöl m.
patchwork ingl A <inv> agg {COPERTA} Patchwork- B <-> m (stoffa) Patchworkarbeit f.
pâté m franc gastr **1** (mousse) Pastete f, Mousse f: **~ di fegato/prosciutto**, Leber-/Schinkenpastete f **2** (pasticcio) Pastete f.
patèlla f **1** anat (rotula) Kniescheibe f, Patella f scient **2** zoo (mollusco) Napfschnecke f.
patèma <-i> m (angoscia) Kummer m, Sorge f, seelischer Schmerz, Seelenschmerz m: **quando i miei figli sono fuori in macchina ho sempre il ~**, wenn meine Kinder mit dem Auto unterwegs sind, ˻hab ich immer Angst˼/[mach ich mir immer Sorgen]; **~ d'animo**, Beklemmung f, Beklommenheit f; **fare venire i patemi (d'animo) a qu**, jdm ein beklemmendes Gefühl geben; **vivere con il ~ (d'animo)**, mit einem ˻Gefühl der Beklemmung˼/[beklemmenden Gefühl] leben.
patentàto, (-a) agg **1** (munito di patente) staatlich geprüft, zugelassen **2** fig scherz o spreg (autentico) ausgemacht spreg, (wasch)echt fam: **un cretino ~**, ein ausgemachter Trottel fam spreg.
patènte[1] f **1** (di guida) Führerschein m, Fahrerlaubnis f amm: **avere la ~**, den Führerschein haben; **~ di guida**/[automobilistica], Führerschein m, Fahrerlaubnis f amm; **guidare senza ~**, ohne Führerschein fahren; **prendere la ~**, den Führerschein machen **2** (documento) Führerschein m **3** fig scherz (qualifica) Stempel m: **dare a qu la ~ di bugiardo**, jdn zum Lügner abstempeln **4** amm (licenza) Lizenz f, Schein m ● **~ nautica** mar, Kapitänspatent n; (per barche) Bootsführerschein m, Motorbootschein m; **~ sanitaria** mar (certificato), Gesundheitszeugnis n, gesundheitliches Unbedenklichkeitszeugnis.
patènte[2] agg **1** fig lett (evidente) {INTENZIONE} offenkundig, klar **2** (in araldica): **croce ~**, Tatzenkreuz n **3** bot {FOGLIA} abstehend.
patentino <dim di patente[1]> m **1** (di guida) provisorischer Führerschein m **2** (autorizzazione) Lizenz f, Schein m, Genehmigung f: **~ di istruttore di surf**, Lizenz f als Surflehrer, Surflehrerlizenz f.
pàter <-> m lat fam (paternoster) Vaterunser n, Paternoster m: **dire un ~**, ein Vaterunser beten.
pateréccio <-ci> m med (infiammazione) Fingerentzündung f, Umlauf m, Panaritium n scient.
pater famìlias <-> m lat **1** fig iron (padre

autoritario) Paterfamilias m forb scherz, Familienoberhaupt n, Patriarch m **2** stor (capofamiglia) Familienoberhaupt n.
paternàle f (predica) Strafpredigt f, Standpauke f fam: **fare la ~ a qu**, jdm eine Strafpredigt halten fam, jdm die Leviten lesen fam.
paternalìsmo m **1** fig (atteggiamento) {+DATORE DI LAVORO} väterlich-gönnerhafte/bevormundende Art **2** polit Paternalismus m.
paternalìsta <-i m, -e f> A agg **1** fig (paternalistico) {DATORE DI LAVORO} väterlich-gönnerhaft/bevormundend, paternalistisch obs **2** polit {STATO} paternalistisch B m (f) **1** fig (persona paternalistica) väterlich-gönnerhafter/bevormundender Mensch, paternalistischer obs Mensch **2** polit Paternalist(in) m(f).
paternalìstico, (-a) <-ci, -che> agg **1** fig (protettivo) {ATTEGGIAMENTO} väterlich-gönnerhaft, bevormundend, paternalistisch obs **2** polit {REGIME} paternalistisch.
paternaménte avv (in modo paterno) {TRATTARE QU} väterlich-gönnerhaft/bevormundend, paternalistisch obs.
paternità <-> f anche dir (condizione di padre) Vaterschaft f: **le gioie della ~**, die Vaterfreuden scherz; **~ legittima/putativa**, eheliche/vermeintliche Vaterschaft; **~ naturale**, nicht-, außereheliche Vaterschaft; **~ responsabile**, gewollte Vaterschaft **2** fig (appartenenza) Urheberschaft f: **vantare la ~ di un'opera**, die Urheberschaft eines Werkes (für sich) ˻in Anspruch nehmen˼/[beanspruchen] **3** amm (nome e cognome del padre) Name(n) m des Vaters: **nome, cognome, ~, Name, Zuname, Name des Vaters **4** relig (titolo) ehrwürdiger Vater.
patèrno, (-a) agg **1** (del padre) {AMORE, EDUCAZIONE} väterlich; {CASA, CITTÀ} Vater- **2** (da padre) {RIMPROVERO} väterlich, wohlwollend: **parlare con un tono ~**, in einem väterlichen Ton reden **3** (da parte di padre) {NONNO} väterlicherseits: **una zia paterna**, eine Tante väterlicherseits ● **essere/mostrarsi ~ con/verso qu** (come un padre), jdm gegenüber väterlich sein, sich jdm gegenüber wohlwollend zeigen.
paternòster, **pàter nòster** <-> m loc sost m lat relig (preghiera) Vaterunser n, Paternoster n.
paternòstro m **1** relig (preghiera) Vaterunser n: **dire cinque paternostri**, fünf Vaterunser beten **2** (grano del rosario) Rosenkranzperle f ● **sapere qc come il ~ fig** (sapere a memoria), etw aus dem Effeff können fam.
pateticità <-> f **1** (tono commovente) {+CANZONE, FILM} Pathetik f, Pathetische n decl come agg, Ergreifende n decl come agg **2** anche iron (languidezza) {+ATTEGGIAMENTO, TONO} Pathos n forb spreg, Rührselige n decl come agg **3** (penosità) {+SITUAZIONE} Klägliche n decl come agg spreg, Peinliche n decl come agg **4** (malinconia) {+VOLTO} Wehmütigkeit f.
patètico, (-a) <-ci, -che> A agg **1** (commovente) {DISCORSO, ROMANZO, SCENA} pathetisch, ergreifend, bewegend **2** anche iron (languido) {ATTEGGIAMENTO, TONO} pathetisch spreg, rührselig, sentimental spreg **3** (penoso) kläglich spreg, jämmerlich spreg, peinlich: **sei proprio ~!**, du gibst eine wirklich/echt klägliche/jämmerliche Figur ab! spreg **4** (malinconico) {ESPRESSIONE, SGUARDO} wehmütig **5** anat nervo ~, vierter Hirnnerv B m <solo sing> anche iron (sentimentalismo) Pathetische n decl come agg spreg: **cadere nel ~**, pathetisch werden spreg C m (f) (chi cerca di farsi commiserare) wehleidiger/selbstmitlei-

diger Mensch: **non fare il ~!**, stell dich nicht so an! *fam*, sei nicht so wehleidig!

pàthos <-> m *greco* **1** (*drammaticità*) Pathos n *forb*: **un dramma ricco di ~**, ein Drama voller Pathos *forb* **2** *fig* (*carica emotiva*) Pathos n *forb*, Inbrunst f *forb*: **una richiesta densa di ~**, eine inbrünstige Bitte *forb*.

patibolàre *agg* (*da patibolo*) Galgen-.

patìbolo m (*forca*) Schafott n: **mandare qu al ~**, jdn aufs Schafott bringen; **salire sul ~**, das Schafott besteigen ● **andare al ~**, auf dem Schafott enden; *fig* (*fare qc contro voglia*), etwas wider Willen tun; **pare/sembra che vada al ~**, er/sie schaut drein, als ginge er auf eine Beerdigung.

patiménto m *<di solito al pl>* (*sofferenza*) Leiden n, Schmerz m: **patimenti fisici**, körperliche Schmerzen/Leiden; **patimenti morali**, seelische Schmerzen, Seelenschmerzen m pl, seelisches Leid; **soffrire terribili patimenti**, schrecklich leiden, unter schrecklichen Schmerzen leiden, schreckliche Schmerzen haben.

pàtina f **1** (*strato sottile*) {+SPORCO} dünne Schicht; {+VERNICE} Patina f **2** (*sulla carta*) Satiniersuspension f **3** (*sui denti*) Belag m **4** *fig* (*velo*) {+MISTERO, RISPETTABILITÀ} Schleier m **5** *arte* (*velatura*) {+DIPINTO, SCULTURA} (dünne) Schicht ● **~ linguale** *med*, (Zungen)belag m; **la ~ del tempo** (*segno*), die Spuren/der Zahn der Zeit.

patinàre *tr* (*dare la patina*) **~ qc** {ARGENTO, BRONZO} *etw* patinieren; {CARTA} *etw* satinieren.

patinàto, (-a) *agg* **1** {PIATTO D'ARGENTO} patiniert; {CARTA} Kunstdruck-, Glanz- **2** *fig* (*lezioso*) {BELLEZZA} erkünstelt *spreg*, gesucht, gemacht.

patinatùra f (*trattamento*) {+CARTA} Satinage f, Satinieren n; {+RAME} Patinierung f.

patino → **pattino**®.

patinóso, (-a) *agg* **1** (*simile a patina*) patinaähnlich **2** (*coperto da patina*) {LINGUA} belegt.

patio <-, -s pl *spagn*> m *spagn arch* (*cortile*) Patio m.

patire *<patisco>* A *tr* **1** (*soffrire*) **~ qc** {LA FAME, LA SETE} *etw* haben, *etw* leiden; {LA CAMPAGNA LA SICCITÀ, IL CALDO, IL FREDDO} *durch etw* (*acc*)/*unter etw* (*dat*) leiden; **~ una situazione**, unter einem Zustand leiden; **~ il mal di mare**, leicht seekrank werden; **in autobus patisco sempre**, ich kann Busfahren nicht vertragen **2** (*temere*) **~ qc** {PIANTA IL FREDDO} gegen *etw* (*acc*) empfindlich sein, *etw* nicht vertragen **3** (*subire*) **~ qc** {PREPOTENZA} *etw* ertragen; **l'edificio ha patito dei danni**, das Gebäude ist beschädigt worden; **~ un'ingiustizia/un torto/un'offesa**, ungerecht behandelt/{beleidigt} werden B *itr* **1** (*soffrire*) **~ (per qc)** {PER UN'INGIUSTIZIA} (*unter etw dat*) leiden, (*wegen etw gen/+ dat fam*) leiden: **ha patito molto nella vita**, er/sie hat in seinem/ihrem Leben sehr gelitten|/[viel durchgemacht]/[allerlei mitgemacht]; **le piante hanno patito per il gelo**, die Pflanzen haben unter dem Frost gelitten **2** (*essere affetto*) **~ di qc** {D'INSONNIA} *unter an etw* (*dat*) leiden: **~ di cuore/fegato**, herz-/leberkrank sein, ein Herz-/Leberleiden haben; **~ ai polmoni**, lungenkrank sein, ein Lungenleiden haben; *fig* {DI UNA CARENZA, DI UN PROBLEMA} *unter etw* (*dat*) leiden; **~ di gelosia/invidia**, eifersüchtig/neidisch sein, anfällig für Eifersucht/Neid sein **3** (*deteriorarsi*) **~ (per qc)** {MERCE PER IL CALDO} *unter etw* (*dat*) leiden, *durch etw* (*acc*) Schaden erleiden, *durch etw* (*acc*) verderben **4** *fig* (*risentire*) **~ (di qc)** *etw* (*dat*) leiden: **la sua fama ne patirebbe**, sein/ihr Ruf würde darunter leiden ● **ha finito di ~** *eufem* (è morto), er/sie {hat aufgehört zu leiden}/[wurde von seinem/ihrem Leiden erlöst]/[ist tot].

patito, (-a) A *agg* **1** (*deperito*) {UOMO} abgemagert, ausgezehrt **2** (*smunto*) {FACCIA} eingefallen, ausgezehrt B m (f) (*fanatico*) {+MUSICA ROCK} Fan m: **un ~ del tennis**, ein Tennisfan.

patogènesi <-> f *med* Pathogenese f *scient*.

patògeno, (-a) *agg med* {AGENTE} krankheitserregend, pathogen *scient*.

patois <-> m *franc* (*idioma*) Patois n *forb spreg*.

patòloga f → **patologo**.

patologìa f *biol med veter* Pathologie f: **~ animale**, Tierpathologie f; **~ generale**, allgemeine Pathologie; **~ genetica/mentale**, genetische/geistige Pathologie; **~ neonatale**, Säuglingspathologie f; **~ vegetale**, Pflanzen-, Phytopathologie f.

patològico, (-a) *<-ci, -che>* *agg* **1** *med* {ANATOMIA, STATO} pathologisch, krankhaft **2** *fig* (*anomalo*) {COMPORTAMENTO, FENOMENO, TIMIDEZZA, TIRCHIERIA} krankhaft, pathologisch *forb*; *scherz* {CASO} pathologisch *scherz*.

patòlogo, (-a) *<-gi, -ghe>* m (f) *med* (*studioso*) Pathologe m, (Pathologin f).

pàtos → **pathos**.

Patràsso f *geog* Patras n ● **andare a ~** *fig eufem lett* (*morire*), {die letzte Fahrt/Reise antreten}/[auf die große Reise gehen] *eufem*; **mandare a ~** qu *fig eufem lett* (*uccidere*), jdn ins Jenseits befördern *fam*, jdn unter die Erde bringen.

pàtria f **1** (*nazione*) Vaterland n: **amare la ~**, sein Vaterland lieben; **rientrare in ~**, heimkehren **2** (*città, paese natale*) Heimatstadt f, Geburtsstadt f, Geburtsort m: **Treviri è la ~ di Marx**, Trier ist die Geburtsstadt von Marx **3** (*luogo d'origine*) Heimat f, Herkunftsort m, Herkunftsland n: **l'Inghilterra è stata la ~ della rivoluzione industriale**, England ist die Wiege der industriellen Revolution ● **~ adottiva/[d'elezione]** (*quella in cui si emigra*), Wahlheimat f; **~ celeste** (*paradiso*), Paradies n, Himmel m; **la seconda ~ di qu**, die zweite Heimat; **senza ~**, heimatlos; **i senza ~**, die Heimatlosen mf pl; **la ~ è dove si sta bene** *prov*, man ist dort zu Hause, wo man sich wohl fühlt.

patriàrca *<-chi>* m **1** *fig* (*vecchio capofamiglia*) (*altes*) Familienoberhaupt **2** *bibl* (*capostipite*) Erzvater m, Patriarch m **3** *etnol* (*capo*) Oberhaupt n **4** *relig* (*titolo*) {+GERUSALEMME} Patriarch m.

patriarcàle *agg* **1** (*che fa capo al padre di famiglia*) {FAMIGLIA} patriarchalisch, Patriarchen- **2** *etnol* {SOCIETÀ} patriarchalisch **3** *relig* (*del patriarca*) {CHIESA} patriarchalisch; {SEDE} Patriarchal-.

patriarcàto m *anche relig* Patriarchat n.

patricida *lett* → **parricida**.

patrigno m (*secondo marito*) Stiefvater m.

patrilineàre *agg etnol* {SOCIETÀ} patrilinear.

patrimoniàle A *agg* (*del patrimonio*) {SITUAZIONE, STATO} Vermögens-; {BENI} anche Erb- B f (*imposta*) Vermögenssteuer f.

patrimonializzàre *tr econ* **~ qc** das Vermögen von *etw* (*dat*)/+ *gen* steigern.

patrimonializzazióne f *econ* Vermögenssteigerung f: **indice di ~**, Vermögenssteigerungsindex m.

patrimònio <-ni> m **1** *anche dir econ* {+SOCIETÀ, STATO} Eigentum n, Vermögen n: **~ familiare**, Familienvermögen n; **~ immobiliare**, Grundstückseigentum n, Immobilienvermögen n; **~ mobiliare**, Eigentum n an beweglichen Sachen/Mobiliarvermögen n; **ha lasciato un ~ enorme**, er/sie hat ein {immenses Vermögen}/[Riesenvermögen *fam*] hinterlassen; **~ privato**, Privatvermögen n; **~ pubblico**, Staatseigentum n **2** *fig* (*ricchezza*) Reichtum m, Schätze m pl: **~ artistico/culturale**, Kunstschätze m pl/Kulturgut n; **~ musicale/letterario**, musikalische/literarische Schätze; **~ linguistico**, Sprachgut n; **~ spirituale**, geistiges Erbe; **un ~ di nozioni/sapere**, umfassende Kenntnisse f pl, ein Wissensschatz **3** *fig* (*insieme di risorse*) Bestand m: **~ faunistico/ forestale/ ittico/ zootecnico**, Tier-/Wald-/Fisch-/Viehbestand m; **~ idrico**, Wasserressourcen f pl **4** *fig* (*capitale*) Vermögen n: **ho speso un ~!**, ich habe ein Vermögen ausgegeben!; **vale un ~!**, das/er/sie/es ist ein Vermögen wert! **5** *biol* (*ereditario*) Erbgut n: **~ cromosomico**, Chromosomensatz m ● **~ ecclesiastico** *dir*, Kirchengut n; **~ finanziario** *dir econ*, Finanzvermögen n; **mangiarsi un ~** *fig* (*dilapidarlo*), ein Vermögen vergeuden/durchbringen/verschleudern *spreg*; **~ dell'umanità**, Weltkulturerbe n.

pàtrio, (-a) *<patri m>* *agg* **1** (*della patria*) {STORIA} des Vaterlandes; {LEGGI} *anche* vaterländisch, Vaterlands- **2** (*per la patria*) {AMORE} Vaterlands-, vaterländisch; {SENTIMENTO} *anche* heimatlich **3** *fig* (*degli avi*) {VIRTÙ} der Ahnen **4** *lett* (*paterno*) {TETTO} väterlich **5** *dir* {POTESTÀ} elterlich.

patriòta *<-i m, -e f>* mf **1** (*chi ama la patria*) Patriot(in) m(f) **2** *<di solito al pl>* *stor* (*partigiani*) Partisan(in) m(f).

patriottàrdo, (-a) *spreg* A *agg* (*che ostenta un patriottismo esagerato*) {ATTEGGIAMENTO} chauvinistisch *spreg*, übertrieben patriotisch B m (f) (*nazionalista fanatico*) Chauvinist(in) m(f) *spreg*, fanatische(r) Patriot(in) m(f).

patriòttico, (-a) *<-ci, -che>* *agg* (*ispirato a patriottismo*) {AZIONE, DISCORSO, INNO, SPIRITO} patriotisch, vaterländisch.

patriottìsmo m (*amore per la patria*) Patriotismus m.

patrìstica *<-che>* f *relig* (*studio*) Patristik f.

patrìstico, (-a) *<-ci, -che>* *agg relig* (*della patristica*) {EPOCA, FILOSOFIA, TEOLOGIA} patristisch.

patrìzia f → **patrizio**.

Patrìzia f (*nome proprio*) Patrizia, Patricia.

patriziàto m **1** *stor romana* (*i patrizi*) Patriziat n **2** *fig* (*aristocrazia*) Adel m, Aristokratie f.

patrìzio, (-a) *<-zi m>* A *agg* **1** *stor romana* (*dei patrizi*) {GENTE} patrizisch, Patrizier- **2** *fig* (*nobile*) {FAMIGLIA} ad(e)lig, Adels-, aristokratisch B m (f) **1** *stor romana* (*membro*) Patrizier(in) m (f) **2** *fig* (*aristocratico*) Adlige mf decl come agg, Aristokrat(in) m (f).

Patrìzio m (*nome proprio*) Patrick, Patrizius.

patrocinànte mf *dir* (*difensore*) Verteidiger(in) m(f).

patrocinàre A *tr* **1** *fig* (*promuovere*) **~ qc** {INIZIATIVA} *etw* unterstützen: **la mostra è stata patrocinata dalla regione Lombardia**, die Ausstellung wurde von der Region Lombardei unterstützt **2** *fig* (*sostenere*) **~ qu/qc** {CANDIDATO, CAUSA POLITICA} jdn/etw unterstützen, *etw* befürworten, für jdn/etw eintreten **3** *dir* (*difendere*) **~ qu/qc** {CAUSA, CLIENTE} jdn/etw (vor Gericht) verteidigen B (*svolgere la professione*) den Anwaltsberuf aus|üben, als Anwalt tätig sein.

patrocinatóre, (-trice) m (f) **1** *fig* (*promotore*) {+ARTI, MANIFESTAZIONE} Förderer m, (Förderin f), Befürworter(in) m(f) **2** *fig* (*sostenitore*) {+DEBOLI} Fürsprecher(in) m(f),

Verteidiger(in) m(f), Sachwalter(in) m(f) forb **3** dir (difensore) Verteidiger(in) m(f): **~ legale**, Rechtsbeistand m.

patrocìnio <-ni> m **1** fig (patronato) Schirmherrschaft f, Patronat n forb: **il festival si svolge sotto il ~ del comune**, das Festival findet unter der Schirmherrschaft/dem Patronat forb der Gemeinde statt **2** dir (difesa) Verteidigung f: **~ gratuito**, Prozesskostenhilfe f, Verfahrenskostenhilfe f, Armenrecht n **3** relig (protezione) Schutz(herrschaft) m eines Heiligen: **mettersi sotto il ~ di san Gennaro**, sich dem Schutz von San Gennaro anvertrauen **4** stor romana Patrozinium n.

Pàtroclo m mitol Patroklos m.

patrologìa f lett relig **1** (studio) Patrologie f, Patristik f **2** (raccolta di opere) {GRECA, LATINA} Werke n pl der Kirchenväter.

patròlogo, (-a) <-gi, -ghe> m (f) (studioso) Patrologe m, (Patrologin f), Patristiker(in) m(f).

patron <-> m franc anche sport (organizzatore) {+FESTIVAL} Organisator m.

patròna f → **patrono**①.

patronàle agg (del patrono) {FESTA} Patronats-.

patronàto m **1** (patrocinio) Schirmherrschaft f, Patronat n forb: **una mostra allestita sotto il ~ della provincia**, eine Ausstellung, die unter der Schirmherrschaft/dem Patronat forb der Provinz steht; **sotto l'alto ~ della Croce Rossa**, unter der Schirmherrschaft des Roten Kreuzes **2** (ente assistenziale) {+INVALIDI, LAVORATORI} Fürsorgeeinrichtung f, Hilfswerk n: **~ scolastico**, Schulfürsorgewerk n **3** dir (istituti di ~) "Arbeitnehmerorganisationen f pl, die Arbeitnehmern kostenlos in Sozialversicherungsangelegenheiten bei|stehen" **4** dir (canonico) Patronat n **5** stor Patronat n.

patronìmia f (usanza) Patronymie f.

patronìmico, (-a) <-ci, -che> **A** agg {NOME} patronymisch **B** m Patronymikon n, Patronymikum n.

patròno①, (-a) **A** m (f) **1** dir (difensore) (Rechts)beistand m, Verteidiger m **2** relig (santo) Schutzheilige mf decl come agg, (Schutz)patron(in) m(f): **san Marco è il ~ di Venezia**, der heilige Markus ist der Schutzheilige/Schutzpatron von Venedig **B** m **1** dir (canonico) (titolare) Patron m stor (patrizio) Patron m.

patròno②, (-essa) m (f) **1** (chi promuove iniziative) {+MANIFESTAZIONE} Schirmherr m, Patron m obs **2** (benefattore) Förderer m, (Förderin f), Mitglied n eines Hilfswerks.

pàtta① f **1** (risvolto) {+TASCA} Klappe f, Patte f **2** (striscia) {+PANTALONI} Knopf(leisten)verdeckung f; (apertura) verdeckte Knopfleiste.

pàtta② f (nei giochi di carte) (pareggio) Patt n; (negli scacchi, nello sport) anche Remis n, Unentschieden n: **far ~**, unentschieden spielen; (negli scacchi) remis/patt sein.

patteggiaménto m **1** (negoziato) Verhandlung f, Unterhandlung f **2** dir (giustizia contrattata) (Urteils)absprache f, Abrede f (über die zu verhängende Strafe), Aushandeln n (der Strafe) • **~ fiscale/tributario** econ (conciliazione) f, Steuervergleich m, Steuerschlichtung f.

patteggiàre <patteggio, patteggi> **A** tr **~ qc 1** (negoziare) {+ARMISTIZIO, RESA, TREGUA} etw aus|handeln, über etw (acc) verhandeln **2** dir {PENA} etw aus|handeln **B** itr **1** (trattare) **~ (con qu)** (**per qc**) {CON IL NEMICO} (mit jdm) (über acc) verhandeln, (mit jdm) (über acc) Unterhandlungen/Verhandlungen führen **2** (scendere a compromessi) **~ con qu/qc** {CON I RICATTATORI, CON LA PROPRIA COSCIENZA} sich mit jdm/etw auf einen Kompromiss ein|lassen, mit jdm/etw einen Kompromiss schließen.

patteggiatóre, (-trice) m (f) rar (chi patteggia) Unterhändler(in) m(f).

pattern <-> m ingl **1** (modello) Pattern n **2** (sistema) Pattern n, Muster n.

pattìna <dim di patta①> f **1** (patta) {+TASCA} Klappe f, Patte f **2** (finta) {+PANTALONI} Knopf(leisten)verdeckung f **3** <di solito al pl> (soletta) (Filz)unterlage f (zur Schonung gebohnerter Fußböden).

pattinàggio <-gi> m sport (a rotelle) Rollschuhlauf(en) n m; (su ghiaccio) Schlittschuh-, Eislauf(en) n m: **~ artistico/di figura**, (su ghiaccio), Eiskunstlauf(en) n m; (a rotelle) Rollkunstlauf(en) n m; **~ di velocità** (su ghiaccio), Eisschnelllauf(en) n m; (a rotelle) Rollschnelllauf(en) n m.

pattinaménto m mecc {+RUOTE} Durchdrehen n.

pattinàre itr **1** sport (su rotelle) Rollschuh laufen: **imparare a ~**, Rollschuhlaufen lernen; (su ghiaccio) Schlittschuh laufen, eis|laufen; (nello sci) sich im Schlittschuhschritt vorwärts|bewegen **2** autom (slittare) **~** (+ compl di luogo) {GOMME SUL FANGO} (irgendwo) ins Schleudern geraten, (irgendwo) rutschen.

pattinatóre, (-trice) m (f) sport (su rotelle) Rollschuhläufer(in) m(f); (su ghiaccio) Schlittschuhläufer(in) m(f), Eisläufer(in) m(f).

pàttino① m **1** <di solito al pl> sport (scarponcino a rotelle) Rollschuh m: **un paio di pattini**, ein Paar Rollschuhe; **pattini in linea**, Inliners m pl; **pattini a rotelle**, Rollschuhe m pl; (rollerblade) Rollerblades m pl; (da ghiaccio) Schlittschuh m; (da hockey) Eishockeyschuh m **2** <di solito al pl> sport {+BOB, SLITTA} Kufe f **3** aero (Lande)kufe f: **~ centrale**, Landekufe f unter dem Rumpf; **~ di coda**, (Schwanz)sporn m **4** mecc (parte mobile) Gleitschuh m, Gleitbacke f.

pàttino② m mar (pedalò) Tretboot n.

pattìsta <-i m, -e f> mf polit Anhänger(in) m(f) des Pakts für Italien.

pàtto A m **1** (accordo) Vereinbarung f, Abmachung f, Übereinkunft f: **fare un ~ con qu**, eine Vereinbarung/Abmachung mit jdm treffen **2** (condizione) Bedingung f: **a un ~**, unter einer Bedingung/Voraussetzung; **a nessun ~**, unter keiner Bedingung, in keinem Fall; **mettere/stabilire qc come ~**, etw zur Bedingung machen; **i patti sono questi**, das sind die Bedingungen **3** polit Pakt m, Abkommen n, Vertrag m: **~ di non aggressione**, Nichtangriffspakt m; **~ di alleanza**, Bündnis n; **~ di coalizione**, Koalitionsabkommen n; **~ difensivo**, Verteidigungspakt m, Verteidigungsbündnis n **B** loc cong: **a ~ che/di … congv** unter der Bedingung, dass …; ind: **ti aiuto nel lavoro a ~ che tu mi paghi**, ich helfe dir nur bei der Arbeit, wenn du mich bezahlst • **~ d'acciaio** stor, Stahlpakt m; **~ d'amicizia** (promessa), Freundschaftsvertrag m; **~ antico/nuovo** bibl, Alter/Neuer Bund, Altes/Neues Testament; **~ Atlantico**, Nordatlantikpakt m; **~ coniugale/nuziale** (vincolo del matrimonio), Eheverstrag m; **venire a patti con la propria coscienza** fig (venir meno ai propri principi), seine Prinzipien vergessen, nicht auf sein Gewissen hören; **~ in deroga** dir, "Mietvertrag m, der keiner gesetzlichen Mietpreisbindung unterliegt"; **fare il/un ~ col diavolo** fig scherz (fare compromessi pur di ottenere qc), einen Pakt mit dem Teufel schließen, sich dem Teufel verschreiben; **patti lateranensi** polit, Lateranverträge m pl; **~ leonino** fig, leoninischer Vertrag; **mancare ai patti accordi** (venir meno agli accordi), sich nicht an die Vereinbarungen/Abmachungen halten, die Vereinbarungen/Abmachungen nicht einhalten; **ad ogni ~** (in ogni modo), unter allen Umständen, unbedingt, auf jeden Fall; **~ di riscatto** dir, Wiederkaufsvereinbarung f, Wiederkaufsvorbehalt f; **rompere il ~** (non tenervi fede), den Vertrag brechen; **~ di sangue**, Blutspakt m, Blutsvertrag m; **scendere/venire a patti con qu** (accettare di venire a un accordo), mit jdm übereinkommen forb, sich mit jdm einigen, sich mit jdm auf einen Kompromiss einlassen; **sciogliere il ~** (annullarlo), den Vertrag lösen, von einem Vertrag zurücktreten; **~ sociale filos** polit (contratto), Gesellschaftsvertrag m; **giorn** (accordo tra sindacati e datori di lavoro), Sozialpakt m; **stare ai patti** (rispettare un accordo), sich an die Vereinbarung halten, die Vereinbarung einhalten; **~ di Varsavia** stor, Warschauer Pakt m; **patti chiari, amicizia lunga** prov, klare Abmachungen erhalten die Freundschaft.

pattùglia f anche mil (nucleo) {+AGENTI, CARABINIERI} Patrouille f, Streife f: **una ~ di polizia**, eine Polizeistreife • **~ acrobatica** aero, Kunstfliegerstaffel f; **~ aerea**, Fliegerstaffel f; **~ di combattimento** mil, Kampftruppe f; **~ di esplorazione** mil, Spähtrupp m; **essere di (di servizio in una ~)**, auf Patrouille sein, auf Streife gehen; **~ di ricognizione** mil, Spähtrupp m; **~ stradale**, Polizei-, Verkehrsstreife f.

pattugliaménto m (perlustrazione) anche mil Patrouillieren n: **~ notturno della città**, nächtliches Streifefahren in der/durch die Stadt; **~ aereo**, Patrouillenflug m; **~ navale**, Patrouillenfahrt f mit dem Schiff.

pattugliàre <pattuglio, pattugli> **A** tr (perlustrare) **~ qc** {ZONA} etw ab|suchen; {CITTÀ, STRADE} anche durch etw (acc) patrouillieren **B** itr (andare in pattuglia) patrouillieren, auf Patrouille/Streife gehen/fahren.

pattuìre <pattuisco> tr **~ qc 1** (accordarsi) {PREZZO, SALARIO} etw ab|machen, etw vereinbaren **2** (trattare) {LA RESA} etw aus|handeln.

pattuìto, (-a) **A** agg (stabilito) {SOMMA} vereinbart, ausgehandelt **B** m (prezzo fissato) vereinbarte Summe.

pattuizióne f **1** (negoziazione) Aushandlung f, Aushandeln n **2** (accordo) Abmachung f, Vereinbarung f.

pattùme m (immondizia) Müll m, Abfall m.

pattumièra f (contenitore) Müll-, Abfalleimer m.

patùrnie f pl (cattivo umore) schlechte Laune: **avere le ~**, schlecht gelaunt sein, schlechte Laune haben; **far venire le ~ a qu**, jdm die Laune verderben.

pauperìsmo m **1** (povertà) Massenarmut f, Pauperismus m forb **2** relig (dottrina) Armut f, Besitzlosigkeit f.

pauperìstico, (-a) <-ci, -che> agg **1** (di povertà) {FENOMENO} Verarmungs-, Armuts- **2** relig Armuts-.

pauperizzazióne f (impoverimento di una società) Pauperisierung f, Pauperismus m, Massenarmut f; (di una classe sociale) Pauperisierung f.

paùra f Angst f, Furcht f: **avere ~ di qu/qc**, {DELLA GUERRA, DELLA SOLITUDINE} Angst vor jdm/etw haben; **ha ~ del buio**, er/sie hat Angst vor der Dunkelheit/dem Dunkel forb; **ho ~ che la fabbrica chiuda**, ich fürchte, dass die Fabrik schließt; **ho ~ di uscire sola la sera**, ich habe Angst, abends allein auszugehen ● **avere una bella/gran ~** (*molta ~*), große Angst haben, sich sehr fürchten; *che* **~!** (*che spavento!*), das war vielleicht ein Schreck!; **ho ~ di no/sì** (*temo di no/sì*), ich fürchte nein/ja; **avere una ~ del** *diavolo* (*moltissima ~*), eine Höllen-/Heidenangst haben *fam*; **da far ~** (*da incutere timore*), erschreckend, schrecklich, Furcht erregend, zum Fürchten; **ha una faccia da far ~!**, er/sie sieht ja schrecklich/[Furcht erregend] aus!; **ha una forza da far ~!**, seine/ihre Kraft macht einem richtig Angst!; **è gentile da far ~!** *iron* (*non è affatto gentile*), er ist unglaublich/wahnsinnig unfreundlich; **fare/mettere ~ a qu** (*spaventare qu*), jdm Angst machen/einjagen; **che ~ mi hai fatto!**, du hast mir vielleicht einen Schreck(en) eingejagt!; **farsela addosso dalla ~** *fam*, sich (dat) vor Angst in die Hose machen *fam*/pissen *volg*; *fig fam* (*essere spaventatissimo*), sich (dat) vor Angst noch in die Hose machen *fam*/pissen *volg*; **avere una ~ matta** (*moltissima ~*), eine Wahnsinnsangst/[irre Angst] haben *fam*; **avere una ~ da morire** (*moltissima ~*), (eine) Todes-/Sterbensangst haben; **essere (mezzo) morto di ~** *fig* (*essere spaventatissimo*), halb tot vor Angst sein; **niente/[non avere] ~!** (*escl di incoraggiamento*), (nur) keine Angst!; **non aver ~, ci sono qua io!**, nur keine Angst, ich bin ja hier!; **non aver ~ di niente e di nessuno** (*avere molto coraggio*), vor nichts und niemandem Angst haben; **avere ~ anche della propria** *ombra* (*avere ~ di tutto*), sich vor ˌseinem eigenen Schattenˌ/[jeder Kleinigkeit] fürchten; **per ~ che ...** (*temendo che*), aus Angst, dass ...; **sono scappata via per ~ che mi vedesse**, ich bin weggelaufen aus Angst, er/sie könnte mich sehen; **per ~ di ...** (*nel timore di*), aus Furcht/Angst vor ...; **non ho suonato per ~ di disturbare**, ich habe nicht geläutet, weil ich fürchtete zu stören; *prendersi ~* (*essere assalito dal panico*), von Angst gepackt werden, Angst/Panik bekommen; **all'improvviso gli prese ~ e scappò via**, plötzlich bekam er Angst und lief davon; *essere preso/[lasciarsi prendere] dalla ~*, ˌvon Angst gepackt werdenˌ/[sich von Panik erfassen lassen]; *vivere nella ~* (*in uno stato di preoccupazione*), in Angst und Schrecken leben, sehr besorgt sein; **vive nella ~ di ammalarsi**, er/sie hat große Angst ˌzu erkrankenˌ/[, krank zu werden]; **la ~ fa novanta** *prov*, Angst ˌmacht Beineˌ/[lässt Flügel wachsen].

pauroṣaménte avv **1** (*spaventosamente*) {GUARDARE} Furcht erregend **2** *fam* (*molto*) schrecklich *fam*, furchtbar *fam*: **essere ~ in ritardo**, furchtbar spät dran sein *fam*.

pauróṣo, (-a) agg **1** (*fifone*) {BAMBINO} ängstlich, furchtsam: **essere molto ~**, sehr ängstlich sein **2** (*che incute paura*) {SCANTINATO} unheimlich; {SCENA} *anche* fürchterlich, furchtbar, erschreckend, entsetzlich **3** (*spaventoso*) {INCIDENTE} fürchterlich, furchtbar, entsetzlich **4** *fig fam* (*molto grande*) {IGNORANZA, INTELLIGENZA} unglaublich, unsagbar, sagenhaft *fam*: **è di un'ignoranza/intelligenza paurosa!**, er/sie ist ungebildet/intelligent!

pàuṣa f **1** (*intervallo*) Pause f: **~ estiva/natalizia**, Sommer-/Weihnachtspause f; **~ di mezzogiorno**, Mittagspause f; (*breve*) (kurze) Pause, Unterbrechung f; **fare una ~ di dieci minuti**, zehn Minuten Pause machen, eine kurze Pause von zehn Minuten machen; **nella ~ fumo una sigaretta**, in der Pause rauche ich eine Zigarette; **ha bisogno di una ~**, er/sie braucht einen Moment Ruhe **2** (*sospensione*) Pause f: **le pause rendevano incisiva la recitazione**, die Pausen verliehen dem Vortrag seine Wirksamkeit; **la virgola indica una breve ~**, das Komma weist auf eine kurze Pause hin **3** *med* {+CUORE} Pause f **4** *mus* Pause f ● ~ *caffè* (*per bere il caffè*), Kaffeepause f; **~** *mensa* (*dei lavoratori*), Essenspause f; **ho bisogno di una ~ di** *riflessione* (*interruzione per riordinare le idee*), ich muss eine Denkpause einlegen.

pavàna f *mus* Pavane f.

pavé <-> m *franc* (*selciato*) (Straßen)pflaster n.

paventàre *lett* **A** tr (*temere*) **~ qc** {LA MORTE} etw fürchten **B** itr (*avere paura*) sich fürchten, sich ängstigen.

paveṣàre tr **~ qc 1** *fig* (*addobbare*) {PIAZZA} etw schmücken **2** *mar* (*imbandierare*) {NAVE} etw beflaggen.

pavéṣe① m **1** *mar* (*gala di bandierine*) Flaggengala f **2** *stor medievale* (*scudo*) Paveṣe f.

paveṣe② **A** agg {UNIVERSITÀ} von Pavia **B** mf (*abitante*) Einwohner(in) m(f) von Pavia ● **zuppa alla ~** *gastr*, "Fleischbrühe mit geschlagenem Ei, gerösteten Brotscheiben und Käse".

pàvido, (-a) agg *lett* (*vile*) {UOMO} ängstlich, furchtsam.

pavimentàle agg (*del pavimento*) {MOSAICO} Fußboden-.

pavimentàre tr **~ qc (con qc) 1** (*fornire di pavimento*) {STANZA} etw irgendwie aus|-, belegen, (*irgendwo*) etw (ver)legen: **~ con parquet la sala**, das Wohnzimmer parkettieren/[mit Parkettboden belegen]; **~ con marmo/legno**, einen Marmor-/Holzfußboden (ver)legen; **~ con piastrelle il bagno**, das Bad mit Fliesen aus-/belegen, im Bad Fliesen (ver)legen **2** (*lastricare*) {STRADA} etw pflastern: **~ una piazza con ciottoli**, einen Platz mit Schottersteinen pflastern.

pavimentatóre, (-trice) A agg (*che esegue la pavimentazione*) {DITTA; +LOCALE} (Fuß)bodenleger-; {+STRADA} Pflasterungs- **B** m (f) (*operaio*) {+LOCALE} (Fuß)bodenverleger(in) m(f); {+STRADA} Pflasterer(in) m(f).

pavimentazióne f **1** (*il pavimentare*) {+LOCALE} Fußbodenverlegen n, Fußbodenverlegung f; {+STRADA} Pflasterung f, Befestigung f **2** (*pavimento*) (Fuß)boden m, (Fuß)boden)belag m; (*manto stradale*) Straßendecke f, Straßenpflaster n: **~ di gomma**, Gummifußboden m, Gummibelag m; **~ in liste di legno**, Riemenboden m **3** (*selciato*) Straßenpflaster n, Straßenbelag m, Straßendecke f: **~ in asfalto**, Asphaltdecke f; **~ del marciapiede**, Gehwegpflaster n; **~ di mattoni**, Ziegelpflaster(decke f) n; **~ in pietra**, Steinpflaster(decke f) n; **(ri)fare la ~ di una piazza**, einen Platz neu pflastern.

paviménto m **1** (*copertura*) {+CORRIDOIO, SALA} (Fuß)boden m, (Fußboden)belag m: **~ di cemento**, Zementboden m, Estrich m; **~ di cotto**, Boden m aus Terrakottafliesen; **(ri)fare il ~**, den Fußboden neu machen; **~ di legno**, Holzfußboden m; **~ di marmo/mattoni**, Marmor-/Backsteinfußboden m; **~ di mattonelle/piastrelle**, Fliesen-, Platten- boden m, Plattenbelag m; **~ a mosaico**, Mosaik(fuß)boden m **2** *anat* {+BOCCA} Boden m: **~ pelvico**, Beckenboden m ● **~ abissale** *geog* (*fondale*), Tiefseetafel f.

pavimentóṣo, (-a) agg **1** *anat* {EPITELIO} Platten- **2** *geol* {ROCCIA} Fliesenstruktur-.

pavóna f *ornit* Pfauenhenne f.

pavoncèlla f *ornit* Kiebitz m.

pavóne A m **1** *ornit* Pfau m **2** *fig* (*persona vanitosa*) eitler Pfau *forb spreg*, Geck m *spreg*, Stutzer m *spreg obs* **B** <inv> agg {BLU, VERDE} pfauen-, blaugrün ● **fare il ~** *fig* (*pavoneggiarsi*), sich aufplustern *fam spreg*, sich brüsten *spreg*, sich spreizen wie ein Pfau *forb spreg*.

pavoneggiàrsi itr pron (*esibirsi*) sich auf plustern *fam spreg*, sich brüsten *spreg*, sich spreizen wie ein Pfau *forb spreg*: **la diva si pavoneggiava davanti ai fotografi**, der Star setzte sich vor den Fotografen in Pose.

pavonéssa → **pavona**.

pavònia f *zoo* Nachtpfauenauge n.

pavor nocturnus <-> loc sost m *lat med* Pavor nocturnus m *scient*, Aufschrecken n aus dem Schlaf.

pay-out <-> m *ingl econ* Payout n, Gewinnausschüttung f, Dividende f.

pay per use <-> loc sost m *ingl* (*pagamento in base all'utilizzo*) Pay-per-Use n.

pay per view <-> loc sost f *ingl TV* Pay-per-View n.

pay tv <-, -s pl *ingl*> loc sost f *ingl TV* Pay-TV f o n, Bezahl-Fernsehen n.

pazientàre itr (*portare pazienza*) Geduld haben, sich gedulden: **cerca di ~ ancora un po'!**, gedulde dich noch etwas!, hab noch ein wenig Geduld!; **bisogna saper ~**, man muss ˌGeduld habenˌ/[sich in Geduld fassen]/[abwarten können].

paziènte A agg **1** (*che ha pazienza*) **~ (con qu)** {MADRE, MARITO} geduldig (*mit jdm*): **una maestra ~ con gli alunni**, eine Grundschullehrerin, die Geduld mit ihren Schülern hat **2** (*che lavora con cura*) {RICERCATORE} sorgfältig **3** (*fatto con pazienza*) {RICERCA} mühselig; {LAVORO} *anche* Pussel- **B** mf (*ammalato*) Patient(in) m(f): **~ diabetico**, Diabetiker m; **~ a rischio**, Risikopatient(in) m(f).

pazienteménte avv (*con pazienza*) {ASPETTARE} geduldig, mit Geduld.

paziènza f **1** (*qualità*) Geduld f: **non avere ~**, keine Geduld haben; **con te ci vuole tanta ~!**, mit dir muss man viel Geduld haben!; **ha una ~ infinita**, er/sie hat eine unendliche Geduld; **perdo/[mi scappa] la ~**, ich verliere die Geduld, mir reißt der Geduldsfaden *fam*/die Geduld, meine Geduld ist am Ende; **far perdere la ~ a qu**, jdn auf die Palme bringen *fam* **2** (*meticolosità*) Sorgfalt f, Gewissenhaftigkeit f: **il lavoro di orafo richiede ~**, die Arbeit eines Goldschmieds erfordert Sorgfalt **3** (*in frasi di cortesia*) **abbia ~, ma il direttore non può riceverLa**, Sie müssen entschuldigen, aber der Direktor kann Sie nicht empfangen; **se ha la ~ di aspettare un minuto ...**, wenn Sie so freundlich/nett wären und einen Moment warten würden ..., wenn Sie sich einen Moment gedulden können... **4** *relig* Skapulier n ● **è brutto come il peccato, fosse intelligente, ~, ma è anche stupido!**, er ist hässlich wie die Nacht, wenn er wenigstens intelligent wäre, dann ginge es ja noch, aber er ist auch noch dumm!; **~, sarà per un'altra volta!** *fam* (*escl di rassegnazione*), tja *fam*, ˌda kann man nichts machenˌ/[ein andermal]!; **avere una ~ da certosino/santo** (*infinita*), eine Engelsgeduld haben; **la ~ di Giobbe/un certosino/un santo** (*infinita*), eine Engelsgeduld, eine engelhafte Geduld; **anche la ~ ha un** *limite!* (*escl di chi sta per perderla*), auch meine Geduld hat Grenzen/[einmal ein Ende]!; **portare ~** (*avere ~*), Geduld haben, sich gedulden; **santa ~!** (*escl di chi sta per perderla*), Himmelherrgott noch (ein)mal!, jetzt reicht's aber! *fam*; **ci vuol ~!** (*bisogna sopportare*), man muss Geduld haben!, da muss man durch! *fam*; **la ~ è la virtù dei forti** *prov*, Geduld ist die Tugend der Starken, mit Geduld und Spucke fängt man eine Mucke *fam*.

pàzza f → **pazzo**.

pazzaménte avv (*immensamente*) {DIVERTIRSI, INNAMORARSI} wahnsinnig *fam*, unheim-

pazzerèllo, (-a) **A** agg **1** (*un po' pazzo*) {RAGAZZO} ein wenig verrückt *fam* **2** *fig scherz* (*variabile*) {PRIMAVERA} launisch, launenhaft, unbeständig: **tempo ~**, Aprilwetter n **B** m (f) (*persona bizzarra*) verrückter Typ/Mensch *fam*.

pazzerellóne, (-a) **A** agg (*bizzarro*) {TIPO} verrückt *fam*, närrisch *fam* **B** m (f) (*mattacchione*) lustiger/ulkiger Kauz.

pazzésco, (-a) <-schi, -sche> agg **1** (*assurdo*) {PRETESA} absurd, verrückt *fam*: **ma è ~!**, das ist doch absurd!; **le tue affermazioni sono pazzesche!**, was du sagst, ist absurd!; **è una storia pazzesca!**, das ist ja eine verrückte Geschichte! *fam* **2** *fam* (*esagerato*) {PAURA} unglaublich *fam*, wahnsinnig *fam*, irrsinnig *fam*: **velocità pazzesca**, Affenzahn m *fam*, Affengeschwindigkeit f *fam*; **ho una sete pazzesca!**, ich habe wahnsinnigen/irrsinnigen Durst *fam*; **fa un freddo ~**, es ist wahnsinnig/irrsinnig kalt *fam*/arschkalt *volg*; **qui fa un caldo ~**, hier herrscht eine Affen-/Wahnsinnshitze *fam*; **c'era un traffico ~!**, es herrschte ein Wahnsinnsverkehr! *fam* **3** *fam* (*eccezionale*) ungemein, unglaublich *fam*: **ha una cultura pazzesca**, er/sie ist ungemein gebildet.

pazzìa f **1** (*follia*) {+NIETZSCHE} Wahn-, Irrsinn m, Verrücktheit f *fam* **2** *fig* (*comportamento da pazzo*) Verrücktheit f *fam*, Überspanntheit f, verrückter Einfall *fam*: **non supporto più le sue pazzie**, ich ertrage seine/ihre Verrücktheiten nicht mehr *fam* **3** *fig* (*mancanza di buon senso*) Wahnsinn m *fam*: **è una ~!**, das ist Wahnsinn! *fam*; **sarebbe una ~ partire con questa nebbia!**, es wäre Wahnsinn, bei diesem Nebel loszufahren! *fam* **4** *fig* <di solito al pl> (*stravaganza*) {+INNAMORATO} Verrücktheit f *fam*, Torheit f *forb*: **fare pazzie per qu**, die irrsten Sachen für jdn tun *fam* **5** *fig* <di solito al pl> (*parole insensate*) Unsinn m, Schwachsinn m *fam spreg*: **non dire pazzie!**, red ⌊keinen Blödsinn⌋/[nicht so blödsinniges Zeug!]/[nicht so blöd daher!] *fam spreg*.

pàzzo, (-a) **A** agg **1** (*folle*) wahnsinnig, verrückt *fam* **2** *fig* (*fuori di sé*) ~ (**di**/**per qc**) {DI GELOSIA} rasend (*vor etw dat*): **diventare ~ per la rabbia**, rasend vor Wut werden; **ma cosa fai, sei ~?**, was machst du denn da, ⌊bist du verrückt geworden⌋/[hast du sie nicht mehr alle *fam*]/[du bist wohl nicht ganz richtig im Kopf *fam*]/[du tickst wohl nicht richtig *slang*]? **3** *fig* (*irresponsabile*) verrückt *fam*, töricht *spreg*, übergeschnappt *fam*, hirnverbrannt *spreg*: **non sono ~ fino a questo punto**, so übergeschnappt bin ich noch nicht *fam* **4** *fig anche scherz* (*pazzesco*) {DISCORSO, IDEA} unsinnig, verrückt *fam*, hirnverbrannt *spreg*: **è un tipo proprio ~!**, das ist vielleicht ein verrückter *fam*/spleeniger Typ! **5** *fig* (*stravagante*) verrückt *fam*, extravagant, sonderbar, seltsam: **si veste sempre in modo un po' ~**, er/sie kleidet sich immer ein wenig extravagant/sonderbar **6** *fig* (*eccessivo*) {SPESA} irrsinnig *fam*, wahnsinnig *fam* **7** *fig* (*mutevole*) {TEMPO} verrückt *fam*, unbeständig **B** m (f) **1** (*folle*) Irr-, Wahnsinnige mf decl come agg, Irre mf decl come agg, Verrückte mf decl come agg *fam* **2** *fam* (*dissennato*) Verrückte mf decl come agg, Wahnsinnige mf decl come agg *fam*: **guida come un ~**, er fährt wie ein Verrückter *fam*; **urlava come una pazza**, sie schrie wie eine Wahnsinnige *fam* • **andare ~ per qc** (*amare molto*), {PER IL CALCIO, PER IL GELATO} verrückt nach etw (*dat*)/auf etw (*acc*) sein *fam*; **andare ~** (*adorare*), {PER LE RAGAZZE} verrückt auf jdn/nach jdm sein *fam*; **lavora** ⌊**come un ~**⌋/[**da pazzi**] (*moltissimo*), er arbeitet wie ⌊ein Wahnsinniger⌋/[verrückt] *fam*; **cose da pazzi!** (*incredibili*), (das ist ja) Wahnsinn! *fam*; **essere ~ di felicità**/**gioia** *fig* (*molto felice*), außer sich (*dat*) vor Glück/Freude sein; **essere ~ di**/**per qu** *fig* (*esserne molto innamorato*), verrückt auf jdn/nach jdm sein *fam*; **~ furioso** (*malato di mente*), tobsüchtig; *fig scherz* (*scriteriato*), vollkommen übergeschnappt *fam*; **essere innamorato ~ di qu** *fig* (*follemente*), wahnsinnig in jdn verliebt/verknallt sein *fam*; **essere ~ da legare** *fig* (*completamente ~*), vollkommen verrückt sein *fam*; **~ scatenato** *fig scherz* (*scriteriato*), vollkommen übergeschnappt *fam*.

pazzòide A agg exzentrisch, leicht verrückt, extravagant **B** mf Exzentriker(in) m(f), Spinner(in) m(f) *fam*.

p/c abbr *di* per conto di:

p.c. m *amm abbr di* per conoscenza: z.K., z.Kts. (abbr *di* zur Kenntnisnahme).

PC m *inform abbr dell'ingl* Personal Computer: PC m.

p.c.c. *amm abbr di* per copia conforme: f.d.R.d.A. (abbr *di* für die Richtigkeit der Abschrift).

PCI m *polit stor abbr di* Partito Comunista Italiano: "kommunistische Partei Italiens".

PCUS m *polit stor abbr di* Partito Comunista dell'Unione Sovietica: KPdSU (abbr *di* Kommunistische Partei der Sowjetunion).

PDS m *polit abbr di* Partito Democratico della Sinistra: "demokratische Partei der Linken" (*reformistische Nachfolgepartei der ehemaligen kommunistischen Partei Italiens*).

peace keeping <-> loc sost m *ingl* (*intervento di truppe per evitare guerre*) Peacekeeping n, Friedenserhalt m, Friedenssicherung f.

peàna <-i> m **1** *fig anche iron* (*panegirico*) Lobrede f **2** *lett greca* (*canto lirico*) Päan m.

pecàn <-> m *bot* **1** (*frutto*) Pecannuss f **2** (*pianta*) Hickorywalnussbaum m.

pècari <-> m **1** *zoo* Nabelschwein n, Pekari n **2** (*pelle*) Peccary-Leder n.

pècca <*pecche*> f **1** (*difetto*) Fehler m, Mangel m, Macke f *fam*, Makel m *forb*: **ognuno ha le sue pecche**, jeder hat seine Fehler/Macken *fam* **2** (*errore*) Fehler m: **un lavoro privo di pecche**, eine fehlerlose/makellose *forb* Arbeit.

peccaminóso, (-a) agg **1** (*pieno di peccati*) {PASSATO, VITA} sündig, sündhaft *forb* **2** (*licenzioso*) {FILM, LETTURA} freizügig; (*pensiero*) *anche* sündhaft *forb*, liederlich *spreg* **3** (*extraconiugale*) {RELAZIONE} außerehelich.

peccàre <*pecco, pecchi*> itr **1** (*commettere peccato*) ~ (**contro qu**/**qc**) {CONTRO DIO, CONTRO NATURA} (*an jdm*/*etw*/*gegen jdn*/*etw*) sündigen, sich (*an jdm*/*etw*) versündigen: **~ mortalmente**, eine Todsünde begehen; **~ di avarizia**/**gola**/**invidia**, geizig/naschsüchtig/neidisch sein; **~ in qc** {IN PAROLE} mit etw (*dat*) sündigen; {IN PENSIERI} *in etw* (*dat*) sündigen **2** *fig* (*sbagliare*) ~ (**di qc**) Fehler begehen: **~ di leggerezza**/**presunzione**, leichtsinnig/überheblich sein; **~ per (la) troppa bontà**, (zu) gutmütig sein; **~ in durezza**/**severità**, übertrieben hart/streng sein **3** *fig* (*essere difettoso*) ~ **in qc** {RACCONTO NELLA FORMA} *in etw* (*dat*) Mängel aufweisen, *in etw* (*dat*) zu wünschen übrig lassen.

peccàto A m **1** *relig* Sünde f: **~ attuale**, tätige Sünde f; **i sette peccati capitali**, die sieben Hauptsünden; **~ carnale**, Fleischessünde f gegen das 6. Gebot; **commettere**/**fare ~**, eine Sünde begehen; **~ mortale**, Todsünde f; **~ di omissione**, Unterlassungssünde f; **~ di superbia**, Stolz m; **~ originale**, Erbsünde f, Sündenfall m; **rimettere i peccati a qu**, jdm seine Sünden vergeben; **~ veniale**, lässliche Sünde **2** (*dispiacere*): **è un vero ~ che tu non venga alla festa!**, es ist wirklich schade, dass du nicht zur Party kommst!; **sarebbe un ~ rinunciare a quel lavoro**, es wäre schade/ein Jammer *fam*, auf diese Arbeit zu verzichten; **~ che abbia smesso di studiare**, schade, dass er aufgehört hat zu studieren **3** (*difetto*) Fehler m, Mangel m: **~ di stile**, Stilfehler m **B** *inter impr*: **~!**, (o wie) schade!, welch ein Jammer! *fam*; **(che) ~, è tutto esaurito!**, schade, es ist alles ausverkauft!; **le vacanze sono finite, (che) ~!**, die Ferien sind zu Ende, wie schade! • **brutto come il ~** *fig* (*bruttissimo*), hässlich wie die Sünde/Nacht; **cadere in ~** *relig* (*peccare*), in Sünde geraten; **~ di gioventù** *fig scherz* (*errore commesso da giovani*), Jugendsünde f; **~ di gola** *fig*, Naschsucht f, Naschhaftigkeit f; *relig*, Völlerei f *spreg*; **~ contro natura** *relig* (*sodomia*), widernatürliche Sünde, Analverkehr m; **vivere nel ~** *fig* (*fare una vita peccaminosa*), ein sündhaftes Leben führen, in Sünde leben *obs*; **chi è senza ~ scagli la prima pietra** *bibl prov*, wer ohne Sünde ist, der werfe den ersten Stein *prov*; **~ confessato, è mezzo perdonato** *prov*, wer seine Schuld bekennt, dem ist schon halb vergeben *prov*; **dire il ~ e non il peccatore** *prov*, die Sünde, nicht (aber) den Sünder nennen.

peccatóre, (-trice) **A** agg {ANIMA, DONNA} sündig **B** m (f) (*chi pecca*) Sünder(in) m(f) • **un ~ impenitente** *scherz* (*chi è dedito ai piaceri amorosi*), ein unverbesserlicher Sünder *scherz*.

péce f (*sostanza*) Pech n • **~ greca** (*colofonia*), Kolofonium n, Geigenharz n; **~ liquida** (*catrame*), Teer m; **~ navale**/**nera** *mar*, Schiffspech n, schwarzes Pech; **nero come la ~** (*nerissimo*), pechschwarz.

pechblènda f *min* Pechblende f.

pechinése A agg {ABITANTE, CUCINA} Pekinger, aus/von Peking **B** mf (*abitante*) Pekinger(in) m(f), Einwohner(in) Pekings **C** m *zoo* Pekinese m.

Pechìno f *geog* Peking n.

pècora f **1** *zoo* Schaf n **2** *fig spreg* (*persona passiva e servile*) Herdentier n *spreg*, Herdenmensch m *spreg*, Duckmäuser m *spreg*, Mitläufer(in) m(f) *spreg*: **una massa di pecore**, eine Herde *spreg* • **contare le pecore** *fig* (*cercare di addormentarsi*), Schäfchen zählen *fam*; **di ~**, {FORMAGGIO, LATTE} Schafs-; **la ~ nera della famiglia**/**classe**/... *fig* (*elemento negativo*), das schwarze Schaf in der Familie/Klasse/....; **tosare qu come una ~**, jdn völlig kahl scheren; **chi ~ si fa, il lupo se la mangia** *prov*, wer Schwäche zeigt, wird getreten.

pecoràggine f *fig spreg* (*passività e ottusità*) Herdentrieb m *spreg*, Duckmäuserei f *spreg*, Mitläufertum n *spreg*.

pecoràio, (-a) <-rai> m (f) **1** (*guardiano*) Schäfer(in) m(f), Schafhirte m, (Schafhirtin f) **2** *fig* (*persona rozza*) ungehobelter Kerl/Klotz *spreg*, Rüpel m *spreg*.

pecorèlla <dim *di* pecora> f **1** *zoo* Schäfchen n, Schäflein n **2** <di solito al pl> *fig relig* (*fedeli*) Gläubige mf decl come agg: **il parroco e le sue pecorelle**, der Pfarrer und seine Herde *forb* • **a pecorelle** (*con nuvole bianche a fiocchi*), {CIELO} Schäfchen(wolken)-; **la ~ smarrita** *fig relig* (*il peccatore*), das verlorene Schaf.

pecorìno, (-a) **A** agg **1** (*di pecora*) {LANA} Schaf-; {PELLE} *anche* Schafs- **2** *gastr* (*di latte* *di pecora*} {FORMAGGIO} Schaf(s)- **B** m *gastr* Schaf(s)käse m.

pecoróne ‹accr *di* pecora› m **1** (*grossa pecora*) großes Schaf **2** *fig spreg* (*persona passiva e servile*) Herdentier n *spreg*, Herdenmensch m *spreg*, Duckmäuser m *spreg*, Mitläufer(in) m(f) *spreg*: **siete solo una massa di pecoroni!**, ihr seid nur ein Haufen Duckmäuser! *spreg*.

pectína f *chim* Pektin n.

péctore, in → in péctore.

peculàto m *dir* (*reato di* ~) {+COSE, DENARO} Veruntreuung f/Unterschlagung f (durch eine Amtsperson).

peculiàre *agg* (*caratteristico*) charakteristisch, besondere(r, s), eigentümlich: **un aspetto ~ del Romanticismo tedesco**, ein charakteristisches/typisches Element der deutschen Romantik.

peculiarità ‹-› f (*particolarità*) {+STILE} Besonderheit f, Eigentümlichkeit f.

pecùlio ‹-li› m **1** *fig scherz* (*gruzzolo*) Spargroschen m *fam*, Sparpfennig m *fam* **2** *dir* (*romano*) Peculium n, Sondervermögen n.

pecùnia f *lat spec scherz* (*denaro*) Geld n.

pecuniàrio, (-a) ‹-ri› m *agg* **1** (*relativo al denaro*) {QUESTIONE} Geld-, pekuniär **2** (*valutabile in denaro*) {DANNO} Sach- **3** *dir* {PENA} Geld-.

pedàggio ‹-gi› m **1** (*somma di denaro*) Straßenbenutzungsgebühr f, Straßenzoll m, Maut(gebühr) f **A** ~ **autostradale**, Autobahngebühr f, Autobahnmaut f **A 2** *stor* (*tassa*) Straßenzoll m, Weg(e)geld n ● **a ~** (*a pagamento*), {AUTOSTRADA} gebührenpflichtig, mautpflichtig *A*.

pedagogía f (*disciplina*) Pädagogik f, Erziehungswissenschaft f.

pedagògico, (-a) ‹-ci, -che› *agg* (*della pedagogia*) {RAGIONI} erzieherisch; {PENSIERO} pädagogisch; {METODO, PROBLEMA, SISTEMA} *anche* Erziehungs-.

pedagogísmo m (*tendenza*) "übertriebene Pädagogisierung".

pedagogísta ‹-i m, -e f› mf (*studioso*) Pädagoge m, Pädagogin f, Erziehungswissenschaftler(in) m(f).

pedagògo, (-a) ‹-ghi, -ghe› m (f) *lett* (*precettore*) Pädagoge m, (Pädagogin) f, Erzieher(in) m(f), Lehrer(in) m(f).

pedalàre *itr* **1** (*muovere i pedali*) in die Pedale treten **2** (*andare in bicicletta*) Fahrrad fahren, Rad fahren, in die Pedale treten, radeln *fam spec süddt A*, pedalen *spec CH*: **ho pedalato per un'ora sul lungomare!**, ich bin eine Stunde auf der Strandpromenade Rad gefahren! **3** *fig fam* (*andare di fretta*): **oggi ho pedalato tutto il giorno**, heute habe ich den ganzen Tag hin und her gehetzt ● **pedala/pedalate!** *fig fam* (*sbrigati/sbrigatevi!*), schneller!, los (los)!, auf (auf)!, schwing(t) die Hufe! *fam scherz*.

pedalàta f **1** (*colpo di pedale*) Pedaltritt m, Treten n in die Pedale **2** (*modo di pedalare*) {REGOLARE, VIGOROSA} Pedaltritt m.

pedàle A m **1** *anche autom* (*organo*) {+BICICLETTA, PIANOFORTE} Pedal m: ~ **dell'acceleratore/del freno/della frizione**, Gas-/Brems-/Kupplungspedal n; ~ **d'avviamento**, {+MOTORINO} Startpedal n, Tretantrieb m, Tretkurbel f; ~ {+MOTO} Kickstarter m; ~ **poggiapiedi**, Fußraste f **2** (*di macchina da cucire*) Tretgestell n **3** (*del calzolaio*) Knieriemen m **B** ‹inv› *loc agg* **1** (*che funziona agendo sul* ~) **a ~**, {COMANDO} Tret-, Pedal-; {FRENO} Fuß- **2** (*che funziona a pedali*) **a pedali**, {AUTO} Tret- ● ~ **di liberazione/sicurezza** *ferr* (*dispositivo*) Freigabe-/Sicherheitsvorrichtung f.

pedalièra f **1** (*di bicicletta*) Tretlagerzahnkranz m; (*di automobile*) Pedalerie f **2** *aero* (*leva*) Steuerpedal n **3** *mus* {+ORGANO} Pedalklaviatur f; {+PIANOFORTE} Pedale n pl.

pedalíno m *region* (*calzino da uomo*) Socke f, Socken m *süddt A CH*.

Pedalò® ‹-› m (*moscone*) Tretboot n, Pedalo n.

pedàna f **1** (*predella*) {+CATTEDRA} Podest n **2** (*poggiapiedi*) {+SCRIVANIA} Fußbrett n **3** *sport* (*nella ginnastica*) Sprungbein n; (*nel salto triplo, in alto, in lungo, nel lancio del giavellotto*) Anlaufbahn f: ~ **di stacco**, (Ab-)Sprungbalken m; (*nel lancio del disco, del martello, del peso*) Wurfring m, Wurfkreis m; (*nella scherma*) Fechtbahn f, Planche f; (*nel baseball*) Werferplatter f, Wurfmal n.

pedànte A *agg spreg* (*pignolo*) {IMPIEGATO, PROFESSORE} pedantisch *spreg*, kleinlich *spreg* **B** m (f) *spreg* Pedant(in) m *spreg*, Kleinigkeitskrämer(in) m(f) *spreg*, Korinthenkacker(in) m(f) *volg spreg*: **non fare il ~!**, sei nicht pedantisch! *spreg*.

pedantería f *spreg* (*pignoleria*) Pedanterie f *spreg*, Kleinigkeitskrämerei f *spreg*, Korinthenkackerei f *volg spreg*.

pedantésco, (-a) ‹-schi, -sche› *agg spreg* (*da pedante*) {RICERCA} kleinlich *spreg*; {METODO DI INSEGNAMENTO, OSSERVAZIONE} *anche* pedantisch *spreg*, schulmeisterlich *spreg*.

pedàta f (*calcio*) Fußtritt m: **dare una ~ a qu**, jdm einen Fußtritt geben/versetzen; **prendere qu/qc a pedate nel sedere** *fam*, jdm/etw Fußtritte in den Hintern/Arsch *volg* geben; **se non ti sbrighi ad andare a scuola, ti ce mando a pedate!**, wenn du dich nicht schleunigst auf den Schulweg machst, jage ich dich mit Fußtritten hin! *fam* **2** (*impronta*) Fußabdruck m, Fußspur f: **lasciare delle pedate sul pavimento**, Fußabdrücke auf dem Boden hinterlassen **3** *edil* (*superficie*) {+GRADINO} Trittstufe f.

pedecollinàre *agg* (*ai piedi di una collina*) {STRADA, TERRENO} am Fuß eines Hügels.

pedemontàno, (-a) *agg* **1** (*ai piedi dei monti*) {PIANURA} am Fuße einer Bergkette liegend **2** *geog* {GHIACCIAIO} Tal- **3** *lett anche scherz* (*piemontese*) piemontesisch.

pederàsta ‹-i› m (*omosessuale*) Päderast m.

pederastía f (*omosessualità*) Päderastie f.

pedèstre *agg* **1** *fig* (*mediocre*) {DISCORSO, STILE} banal *forb spreg*, trivial *forb*, gewöhnlich, platt *spreg* **2** *fig* (*banale*) {LINGUAGGIO} trivial *forb*, banal *forb spreg* **3** *rar* (*a piedi*) {MILIZIA} Fuß-.

pedestreménte *avv* (*senza originalità*) {COPIARE, IMITARE QU} banal *forb spreg*, fantasielos, einfallslos.

pediàtra ‹-i m, -e f› mf *med* Kinderarzt m, Kinderärztin m, Pädiater m, Pädiatrin f.

pediatría f *med* **1** Kinderheilkunde f, Pädiatrie f *scient* **2** (*reparto*) Kinderstation f.

pediàtrico, (-a) ‹-ci, -che› *agg med* {DOSE} Kinder-; {CLINICA, REPARTO} *anche* pädiatrisch *scient*.

pedicèllo m *bot* (*peduncolo*) Blütenstängel m, Blütenstiel m ● ~ **ambulacrale** *zoo*, Pedizellarie f.

pediculòsi ‹-› f *med* Pedikulose f *scient*.

pedicúre ‹-› *franc* **A** mf (*estetista*) Pediküre f, Fußpfleger(in) m(f) **B** m (*trattamento*) Pediküre f, Fußpflege f: **farsi il ~**, sich pediküren lassen, zur Pediküre gehen; (*da soli*) Pediküre machen, seine Füße pflegen.

pedièra f {+LETTO} Fußende n.

pedigree ‹-› m *ingl* **1** *bot zoo* (*genealogia*) Stammbaum m **2** *zoo* (*certificato*) Pedigree m, Stammbaum m.

pedilùvio ‹-vi› m (*bagno dei piedi*) Fußbad n: **fare un ~**, ein Fußbad nehmen.

pedína f 1 (*nella dama*) Spielstein m; (*negli scacchi*) Figur f: **mangiare/soffiare una ~**, einen Stein/eine Figur schlagen **2** *fig* (*strumento*) Werkzeug n, Marionette f: **essere una ~ nelle mani di qu**, ein (willenloses) Werkzeug in jds Händen sein ● **muovere una ~** (*nella dama*) (*negli scacchi*), ziehen, einen Zug machen; *fig* (*ricorrere a una persona influente per ottenere qc*), ein hohes Tier *fam* mobilisieren, ⌊alle Hebel *fam*⌋/[jdn] in Bewegung setzen.

pedinaménto m (*il pedinare*) Beschattung f.

pedinàre A *tr* (*seguire*) ~ **qu** {POLIZIA LADRO} jdn beschatten: **far ~ qu**, jdn beschatten lassen **B** *itr* (*nella caccia*) {FAGIANO} forttrippeln.

pedissequaménte *avv* (*senza originalità*) sklavisch *forb spreg*: **imitare ~ lo stile di qu**, jds Stil sklavisch nachahmen *forb spreg*.

pedissèquo, (-a) *agg fig* (*privo di originalità*) {IMITATORE, SEGUACE} fantasielos, einfallslos; {TRADUZIONE} wortgetreu, wörtlich.

pedivèlla f (*braccio di leva*) {+BICICLETTA} Tretkurbel f.

pedofilía f (*perversione sessuale*) Pädophilie f.

pedòfilo, (-a) **A** *agg* {TENDENZE} pädophil **B** m (f) (*persona*) Pädophile mf *decl come agg*.

pedología f *agr* Bodenkunde f, Pedologie f.

pedonàle *agg* (*per pedoni*) {PASSAGGIO, STRADA} Fußgänger-: **isola/zona ~**, Fußgängerzone f.

pedonalità ‹-› f {+CENTRO STORICO, PIAZZA DEL DUOMO} Verkehrsberuhigung f, Nutzungsmöglichkeit f für Fußgänger.

pedonalizzàre *tr* (*rendere pedonale*) ~ **qc** {STRADA} *etw* zur Fußgängerzone machen.

pedóne m **1** (*chi va a piedi*) Fußgänger m: **zona riservata ai pedoni**, Fußgängerzone f **2** (*negli scacchi*) Bauer m.

pedúccio ‹-ci, *dim di* piede› m **1** *arch* Kragstein m **2** *gastr* Hachse f, Haxe f.

pèdula f *alpin* (*calzatura per escursioni*) Berg-, Wanderschuh m; (*per arrampicata*) Kletterschuh m.

pedùle m (*parte della calza*) Strumpfsohle f.

peduncolàre *agg anat bot* Stiel-.

pedùncolo m **1** *anat* Fortsatz m, Stiel m **2** *bot* Stiel m, Stängel m **3** *zoo* Stiel m, Träger m.

peeling ‹-› m *ingl* (*nella cosmesi*) *med* Peeling n.

peep-show, peep show ‹-, -s pl *ingl*› m *loc sost* m *ingl* **1** (*spettacolo*) Peep-show f **2** (*specchio-vetro*) Guckfenster n einer Peep-show **3** (*esibizione*) Peep-show f **4** (*locale*) Peep-Show(-Lokal n) f.

peer to peer ‹inv› *loc agg ingl inform* Peer-to-Peer, Peer-to-Peer.

pèggio A ‹compar *di* male①› ‹inv› *agg* **1** (*peggiore*) schlechter, schlimmer: **essere/sembrare ~ di qu/qc**, schlechter/schlimmer als jd/etw sein/scheinen; **la situazione è ~ di prima**, die Situation ist schlimmer als vorher; **questo materiale mi sembra ~ dell'altro**, dieses Material scheint mir schlechter als das andere zu sein **2** (*meno opportuno*) schlimmer, ärger: **sgridarlo in questo caso è ~**, ihn auszuschimpfen macht die Sache in diesem Fall noch schlimmer **3** *fam* (*con valore di superl*) schlechteste(r, s), schlimmste(r, s): **si è messa il vestito ~ che aveva**, sie hat sich ihr hässlichstes Kleid angezogen **B** ‹compar *di* male①› *avv* **1** (*in modo* *peggiore*) schlechter, schlimmer: **lo tratta ~ di una bestia**, er/sie behandelt ihn schlechter als ein Tier **2** (*meno*) schlechter: **pagare ~ qu**, jdn schlechter/weniger bezahlen **3** (*addirittura*) **o ~**, oder schlimmer (noch); **potrebbe essere sospeso, o ~**, espulso dalla scuola, er könnte vom Unterricht ausgeschlossen, oder schlimmer noch, von der Schule verwiesen werden **4** (*meno facilmente, meno chiaramente*) schlechter, weniger gut: **in questa stanza la musica si sente ~**, in diesem Zimmer hört man die Musik weniger gut **5** (*con valore compar*) **~ + part pass** schlechter + *part pass*: **è ~ allenato di me**, er ist schlechter trainiert als ich **6** (*con valore di superl*) **~ + part pass** am schlechtesten + *part pass*: **è la ragazza ~ vestita della festa**, das schlechtgekleidetste Mädchen auf der Feier; **il suo ultimo romanzo è il ~ riuscito**, sein/ihr letzter Roman ist am schlechtesten/wenigsten gelungen **C** <-> m **1** (*la cosa peggiore*) Schlimmste n decl come agg, Schlechteste n decl come agg: **evitare il ~**, das Schlimmste vermeiden; **il ~ è passato**, das Schlimmste ist vorüber; **pensa sempre al ~**, er/sie rechnet immer mit dem Schlimmsten; **temere il ~**, das Schlimmste fürchten **2** (*la parte peggiore*) Schlimmste n, schlimmster Teil: **in quell'occasione ha dato il ~ di sé**, bei dieser Gelegenheit hat er/sie sich von seiner/ihrer schlimmsten Seite gezeigt **D** <-> f (*la cosa peggiore*) Schlimmste n decl come agg **E** loc inter impr (*di condanna*): **(tanto) ~ per qu!**, umso schlimmer für jdn!; **non vuoi prendere la medicina? ~ per te!**, du willst also die Medizin nicht nehmen? Selber schuld!; **(tanto) ~ per lui!**, umso schlimmer für ihn! • **alla ~** (*nella peggiore delle ipotesi*), schlimmstenfalls, im schlimmsten Fall; **alla (meno) ~** (*malamente*), schlecht und recht, hudelig *fam region*; **andare ~** (*riuscire meno*), schlechter werden, sich verschlechtern; **a scuola vado ~ dell'anno scorso**, in der Schule ⌊bin ich schlechter⌋/[bringe ich weniger *fam*] als letztes Jahr; (*procedere in modo meno soddisfacente*), sich verschlechtern, weniger/[nicht so] gut gehen; **la produzione va ~ degli anni passati**, die Produktion ⌊hat sich im Vergleich zu den Vorjahren verschlechtert⌋/[läuft schlechter als in den Vorjahren]; **poteva andare ~** (*in modo meno soddisfacente*), es hätte schlimmer kommen können; **mi aspettavo di ~**, ich befürchtete Schlimmeres; **avere la ~** (*avere la sorte peggiore*), den Kürzeren ziehen *fam*; **cambiare in ~** (*peggiorare*), sich verschlechtern, sich zu seinem Nachteil verändern; **c'è di ~** (*ci sono cose peggiori*), es gibt Schlimmeres; **quando si ha freddo non c'è niente di ~ del vento**, wenn man friert, gibt es nichts Schlimmeres als Wind; ⌊**~ che** ⌋/[**~ che mai**] (*meno che mai opportuno*), schlimmer als je; **~ di così si crepa/muore!** *fam* (*non potrebbe andare in modo peggiore*), schlimmer hätte es nicht kommen können!; **~ di così non potrebbe andare/essere**, schlechter (als so) könnte es nicht kommen/sein; **ciò che è ~ è che ...**, was schlimmer ist, ist dass...; **mettersi al ~** (*peggiorare*), ⌊IL TEMPO⌋ schlechter werden, sich verschlechtern; **le cose ora vanno per il ~** (*nel modo peggiore*), schlechter als jetzt kann es nicht gehen/laufen; **il ~ possibile**, das Schlimmstmögliche (**nel peggior modo possibile**), auf die schlechteste Weise; **stare ~** (*in condizioni di salute peggiori*), schlechter gehen; **l'ammalato oggi sta ~**, dem Kranken geht es heute schlechter; (*economicamente*), schlechter gehen/da|stehen; **quella gente sta ~ di noi**, diesen Leuten geht es schlechter als uns, die Leute stehen noch schlechter da als wir.

peggiorameńto m {+RAPPORTI, SITUAZIONE ECONOMICA, TEMPO} Verschlechterung f; {+SALUTE} *anche* Verschlimmerung f: **il paziente ha avuto un leggero ~**, dem Patienten geht es ein wenig schlechter, der Gesundheitszustand des Patienten hat sich etwas verschlechtert.
peggioràre **A** tr *<avere>* (*rendere peggiore*) **~ qc** {CRISI ECONOMICA RELAZIONI CON UN PAESE; NEVE, PIOGGIA FONDO STRADALE} etw verschlechtern; {SITUAZIONE} *anche* etw verschlimmern, etw (noch) schlechter/schlimmer machen; {FEBBRE CONDIZIONI DI SALUTE DI QU} etw verschlimmern, etw verschlechtern **B** itr *<essere>* (*diventare peggiore*) {RAPPORTI, TEMPO} sich verschlechtern, schlechter werden; {CARATTERE} sich verschlimmern, schlimmer werden; {SALUTE} sich verschlimmern, sich verschlechtern: **l'ammalato è peggiorato dopo l'intervento**, dem Kranken geht es nach der Operation schlechter, der Gesundheitszustand des Kranken hat sich nach der Operation verschlechtert/verschlimmert; **~** (**in qc**) {ALUNNO IN LATINO} sich in etw (dat) verschlechtern, in etw (dat) schlechter/schwächer werden.
peggiorativo, (**-a**) **A** agg **1** gener {SIGNIFICATO, TONO} abwertend **2** gramm {AGGETTIVO, SOSTANTIVO} pejorativ, abwertend **B** m gramm Pejorativum n, Deteriorativum n.
peggióre *<compar di cattivo>* **A** agg **1** (*gener*) schlechter, schlimmer: **il raccolto è ~ dell'anno passato**, die Ernte ist schlechter als die im vorigen Jahr **2** (*meno capace*) unfähiger, schlechter: **chi è ~ tra i due?**, wer ist der unfähigere von beiden?; **non potevi trovare un apprendista ~**, einen unfähigeren Lehrling konntest du nicht finden **3** (*più scadente*) {MERCE, QUALITÀ} schlechter **4** (*più difficile*) {CARATTERE} schlimmer; {TEMPI} anche **ho conosciuto momenti peggiori**, ich habe schlechtere/schlimmere Zeiten erlebt **5** (*meno opportuno*) unpassender, ungünstiger: **sei arrivato nel momento ~**, du bist im unpassendsten Moment gekommen **6** (*meno vantaggioso*) {CONDIZIONI, SOLUZIONE} nachteiliger, ungünstiger **7** (*più terribile*) schlimmer: **la cosa ~ è l'odio**, Hass ist das Schlimmste **8** (*superl rel*): **il/la ~**, schlechteste(r, s), schlimmste(r, s): **è il peggior film della stagione**, das ist der schlechteste Film der Saison; **è il peggior modo di punire quel ragazzo**, schlimmer kann man den Jungen nicht bestrafen, das ist die schlimmste Strafe für den Jungen; **è il suo peggior nemico**, er ist sein/ihr ärgster/schlimmster Feind; **fu il peggior Natale che trascorsi in famiglia**, das war das schlimmste Weihnachtsfest, das ich mit meiner Familie verbrachte **B** mf (*persona ~*) Schlechteste mf decl come agg: **è senz'altro il ~ del gruppo**, er ist ohne Zweifel der Schlechteste der Gruppe; (*più cattivo*) Übelste mf decl come agg, Schlimmste mf decl come agg • **rendere ~ qc** (*peggiorare*), etw verschlimmern, etw schlimmer machen; **è il ~ di tutti**, er ist der Schlimmste von allen.
pégno m **1** *anche dir* Pfand n, Pfandrecht n, Verpfändung f: **costituire un ~**, ein Pfandrecht bestellen; **dare qc in ~**, etw verpfänden; **lasciare a qu qc in ~**, jdm etw als Pfand lassen/geben; **prendere qc in ~**, etw als/zum Pfand nehmen, etw als Pfand behalten; **prestare su ~**, auf Pfand leihen; **riscattare un ~**, ein Pfand einlösen **2** fig (*prova*) Unterpfand n: **~ d'amicizia/amore**, Freundschafts-/Liebespfand n; **~ di fedeltà**, Pfand n der Treue **3** (*nei giochi*) Pfand n: **chi perde paga ~**, der Verlierer muss ein Pfand bezahlen.

pelàgia f zoo (*medusa*) Leuchtqualle f, Pelagia f.
pelagianìsmo m *relig stor* (*dottrina eretica*) Pelagianismus m.
pelàgico, (**-a**) *<-ci, -che>* agg (*dell'alto mare*) {FAUNA, FLORA} pelagisch, pelagial.
pèlago *<-ghi>* m lett (*mare*) hohe See.
pelàme m (*manto*) {FULVO, PEZZATO} Fell n.
pelandróne, (**-a**) *fam* **A** agg (*pigro*) {RAGAZZO} faul **B** m (f) (*fannullone*) Faulenzer(in) m(f) *spreg*, Nichtstuer(in) m(f) *spreg*, Faulpelz m *fam spreg*, Taugenichts m *obs*.
pelapatàte <-> m (*utensile*) Kartoffelschäler m, Kartoffelschälmesser n.
pelàre **A** tr **1** (*sbucciare*) **~ qc** {CASTAGNA, MELA, PATATA CRUDA, PERA} etw schälen; {CIPOLLA} *anche* etw enthäuten; {PATATA BOLLITA} etw pellen **2** (*spennare*) **~ qc** {GALLINA, POLLO} etw rupfen **3** (*privare della pelle*) **~ qc** {LEPRE} etw häuten, etw die Haut ab|ziehen **4** (*privare dei peli*) **~ qc** {COTENNA DEL MAIALE} etw von Borsten befreien **5** (*spogliare*) **~ qc** {IL GELO ALBERI} etw entlauben, etw entblättern **6** fig fam (*levare quasi la pelle*) **~ qc** {VENTO GELIDO FACCIA} etw (dat) beinahe die Haut ab|pellen **7** fig fam (*spillare denaro*) **~ qu** {VILLEGGIANTI} jdn rupfen fam, jdm das Fell über die Ohren ziehen fam, jdn aus|nehmen fam, jdn bis aufs Hemd aus|ziehen fam: **lo hanno pelato al gioco**, sie haben ihn beim Spiel ausgenommen fam; **in quel ristorante ti pelano**, in dem Restaurant wirst du geneppt fam spreg **8** fig scherz (*rasare*) **~ qu** jdn kahl scheren **B** itr pron fam: **pelarsi 1** (*perdere i capelli*) das Haar verlieren, kahl(köpfig)/glatzköpfig werden **2** (*perdere i peli*) {CANE} (sich) haaren, Haare verlieren.
pelargònio *<-ni>* m bot Pelargonie f.
pelàta f (*calvizie*) Glatzkopf m, Glatze f, Platte f *fam*: **ha la ~**, er hat eine Glatze • **dare una ~ al pollo** (*spennarlo*), ein Huhn rupfen; **farsi dare una ~ dal barbiere** fig fam (*farsi rasare*), sich vom Frisör kahl scheren lassen; **al gioco gli hanno dato una bella ~!** fig scherz (*gli hanno spillato molto denaro*), beim Spiel haben sie ihm ganz schön das Fell über die Ohren gezogen! fam.
pelàto, (**-a**) **A** agg **1** (*privo di capelli*) {VECCHIO} kahl(köpfig), glatzköpfig; {TESTA} Glatz- **2** (*spelacchiato*) {CANE} halbkahl **3** (*spennato*) {CAPPONE} gerupft **4** (*sbucciato*) {CASTAGNA, PATATA CRUDA, CIPOLLA} *anche* enthäutet; {PATATA BOLLITA} gepellt **5** fig (*brullo*) {CAMPO} kahl **6** gastr {POMODORO} geschält, Schäl- **B** m **1** (*uomo calvo*) Glatzkopf m *fam* **2** *<di solito al pl>* gastr geschälte Tomate: **una scatola di pelati**, eine Dose Schältomaten/[geschälte Tomaten].
pelatrice f tecnol Schälmaschine f.
pelatùra f **1** (*sbucciatura*) {+FRUTTA, VERDURA} Schälen n; {+PATATA BOLLITA} Pellen n **2** (*lo spiumare*) {+POLLO} Rupfen n **3** (*spellatura*) {+CONIGLIO} Häuten n.
pellàccia *<-ce, pegg di pelle>* f **1** fig fam (*vita*) Haut f *fam*, Leben n: **se ci tieni alla ~, scappa!**, wenn du ⌊mit heiler Haut davonkommen willst⌋/[Wert auf dein Leben legst], (dann) lauf weg! fam **2** fig (*persona forte, robusta*) zähe Natur fam **3** fig (*persona disonesta*) Gauner m *spreg*, Schwindler(in) m(f) *spreg* **4** fig *spreg* (*persona infida*) Gauner m *fam spreg*, durchtriebener Mensch *spreg* **5** fig *spreg* (*persona rozza*) Grobian m *spreg*, grober/ungehobelter Kerl/Klotz *spreg* **6** fig *spreg* (*scavezzacollo*) Draufgänger m, Teufelskerl m *fam*, Teufelsbraten m *fam scherz*: **quel bambino è proprio una ~**, dieses Kind ist ein richtiger Tausendsassa • **avere la ~ dura** fig scherz (*essere forte, robusto*), ein dickes

Fell haben *fam*.

pellàgra f *med* Pellagra n *scient*.

pellàio, (-a) ‹-*lai* m› m (f) **1** (*conciatore*) Gerber(in) m(f) **2** (*venditore*) Fellhändler(in) m(f), Fellverkäufer(in) m(f).

pellàme m (*pelle conciata*) Lederwaren f pl, Leder n.

pèlle f **1** (*cute*) {DELICATA, LISCIA; +MANI, VISO} Haut f: **avere la ~ chiara/scura**, helle/dunkle Haut haben; **curare la ~**, seine Haut pflegen; **~ grassa/secca**, fette/trockene Haut **2** (*di animale*) Fell n, Haut f: **mutare ~**, sich häuten **3** (*buccia*) {+MELA, PERA} Schale f; {+PESCA, POMODORO} Haut f; {+SALAME} anche Pelle f *norddt* **4** (*pellame*) Leder n: **borsa/guanti di/in ~**, Lederhandtasche f/Lederhandschuhe f pl; **~ di camoscio/daino/vitello**, Wild-/Hirsch-/Kalbsleder n **5** *fig fam* (*vita*) Haut f *fam*, Leben n: **ho cara la ~**, mein Leben ist mir lieb; **lasciarci/rimetterci la ~**, sein Leben dabei einbüßen, dabei draufgehen *fam*; **rischiare la ~**, sein Leben aufs Spiel setzen; **salvare la ~**, seine Haut retten *fam*, mit ₍heiler Haut *fam*₎/[dem Leben] davonkommen; **salvare la ~ a qu**, jds Leben retten, jdm das Leben retten • **una scena da far** *accapponare* **la ~** *fig* (*da far rabbrividire*), eine schau(d)ererregende Szene; **avere la ~ delicata/tenera** *fig* (*essere sensibile alle fatiche*), zart besaitet sein; **riportare la ~ a casa** *fig* (*salvarsi*), seine Haut retten *fam*; **avere la ~ dura** *fig* (*essere forte, robusto*), widerstandsfähig/abgehärtet sein; *fig fam* (*essere poco sensibile*), ein dickes Fell haben *fam*, dickfellig sein *fam spreg*: **fare la ~ a qu** *fig fam* (*ucciderlo*), jdm um die Ecke bringen *fam*, jdn kaltmachen *fam*; **finta ~** (*di materiale sintetico*), Kunstleder n; **pelli di foca** (*nello sci*), Skifelle n pl; **giocare ₍con la ~₎/[sulla] ~ di qu** *fig fam* (*far rischiare la vita a qu*), mit jds Leben spielen, jds Leben ₍aufs Spiel setzen₎/[gefährden]; **imparare sulla propria ~** *fig fam* (*a proprie spese*), durch Schaden klug werden, etwas an eigenem Leib erfahren; **aveva una ~ bianca come il latte**, er/sie hatte eine Haut, so weiß wie Schnee; **avere la ~ d'oca** *fig* (*rabbrividire*), eine Gänsehaut bekommen; **mi viene la pelle d'oca solo a pensarci!** *fig* (*rabbrividisco*), ich bekomme/kriege *fam* schon allein bei dem Gedanken (daran) eine Gänsehaut!; **vendere la ~ dell'*orso* prima d'averlo ucciso/preso** *fig* (*decidere cosa fare di un bene prima di esserne entrati in possesso*), über ungelegte Eier gackern *fam*; **esser (ridotto) ~ ed ossa** *fig* (*essere molto magro*), nur noch ₍Haut und Knochen sein₎/[aus Haut und Knochen bestehen] *fam*; **ridursi ~ e ossa**, vom Fleisch fallen; **per la ~** *fig* (*molto stretti*), {AMICI} unzertrennlich, durch dick und dünn; **~ di pesca** *fig* (*vellutata*), Pfirsichhaut f; **la muta deve essere come una seconda ~**, der Taucheranzug muss wie eine zweite Haut passen; **~ di seta** *fig* (*molto morbida*), seidene Haut; *tess*, Rohseide f; **non stare più nella ~** *fig* (*attendere qc con gioia e impazienza*), es nicht mehr abwarten können, vor Ungeduld platzen *fam*; **~ d'*uovo*** *tess* (*mussola*), feinstes Musselin; **~ dell'*uovo*** (*membrana*), Eierschale f; **vendere cara la ~** *fig* (*difendersi accanitamente*), seine Haut so teuer wie möglich verkaufen *fam*, sich seiner Haut wehren *fam*; **non voler essere nella ~ di qu** *fig* (*nella sua situazione*), in jds Haut stecken mögen *fam*.

pellegrina f → **pellegrino**.

pellegrinàggio ‹-*gi*› m **1** (*viaggio*) Wallfahrt f: **andare/recarsi in ~ a Lourdes**, eine Wallfahrt nach Lourdes machen, auf Wallfahrt nach Lourdes gehen, nach Lourdes pilgern; **un luogo di ~**, ein Wallfahrtsort **2** (*visita*) Besuch m: **fare un ~ alla tomba di Goethe**, das Grab Goethes besuchen, zu Goethes Grab pilgern **3** (*comitiva*) Pilger m pl, Wallfahrer m pl, Pilgerschar f.

pellegrino, (-a) **A** agg **1** (*che viaggia*) reisend **2** *fig* (*bislacco*) {IDEA} seltsam, sonderbar, verschroben *spreg* **3** *lett* (*straniero*) {USANZA} fremd **4** *ornit* {FALCONE} Wander- **B** m (f) **1** (*che va in pellegrinaggio*) Pilger(in) m(f), Wallfahrer(in) m(f) **2** *forb* (*viandante*) Umherirrende mf *decl come agg*, Umherziehende mf *decl come agg* • **l'uomo è un ~ sulla terra**, der Mensch ist₍/[wir sind] nur ein Gast auf Erden *forb*.

pelleróssa ‹- *o pellirosse*› mf (*indiano*) Rothaut f.

pellet ‹-› m *ingl tecnol* (*prodotto*) Pellet n.

pelletteria f **1** (*assortimento*) Lederwaren f pl **2** (*industria*) Leder(waren)industrie f; (*laboratorio*) Lederwarenwerkstatt f **3** (*negozio*) Lederwarengeschäft n.

pellettière, (-a) m (f) **1** (*chi produce*) Lederwarenfabrikant(in) m(f) **2** (*chi vende*) Lederwarenhändler(in) m(f).

pellicàno m *ornit* Pelikan m.

pelliccerìa f **1** (*lavorazione*) Kürschnerei f **2** (*assortimento*) Pelzwaren f pl, Pelze m pl **3** (*laboratorio*) Kürschnerei f **4** (*negozio*) Pelz(waren)geschäft n.

pellìccia ‹-ce-› f **1** (*manto*) {ESTIVA, INVERNALE; +ORSO} Fell n **2** (*pelle conciata*) Pelz m: **~ di astracan/castoro**, Astrachan-/Biberpelz m; **un collo/una giacca di ~**, ein Pelzkragen/eine Pelzjacke **3** (*indumento*) Pelz(mantel) m: **~ di visone/volpe/zibellino**, Nerz(mantel) m/Fuchs(pelz) m/Zobel(pelz) m • **~ ecologica**, Webpelz m, Pelzimitation f.

pellicciàio, (-a) ‹-*ciai*› **A** m (f) **1** (*conciatore*) Gerber(in) m(f) **2** (*artigiano*) Kürschner(in) m(f) **3** (*negoziante*) Pelzhändler(in) m(f) **B** m *zoo* (*insetto*) Pelzkäfer m.

pellicciòtto ‹*dim di* pelliccia› m (*giaccone*) Pelzjäckchen n.

pellicìna ‹*dim di* pelle› f (*cuticola*) Nagelhäutchen n.

pellìcola f **1** (*velo*) {PROTETTIVA; +PLASTICA, VERNICE} Schicht f, Belag m, Folie f **2** (*per alimenti*) Frischhaltefolie f: **avvolgere la carne nella ~**, das Fleisch in Frischhaltefolie einpacken; **~ trasparente**, Klarsichtfolie f **3** (*film fot*) Film m: **~ in bianco e nero**, Schwarzweißfilm m; **cambiare la ~**, einen neuen Film einlegen; **~ cinematografica**, Film(streifen) m; **~ a colori**, Farbfilm m; **per diapositiva**, Diafilm m; **~ fotografica**, fotografischer Film; **~ negativa**, Negativfilm m; **~ radiografica**, Röntgenfilm m **4** *film* Film m, Streifen m *fam*: **una vecchia ~ degli anni Trenta**, ein alter Streifen aus den Dreißigerjahren *fam*.

pellirossa → **pellerossa**.

pellirosse pl → **pellerossa**, **pellirossa**.

pélo m **1** *gener* {+BARBA, BRACCIO, GAMBA} Härchen n, (Körper)haar n: **avere il petto coperto di peli**, eine behaarte Brust haben; **eliminare i peli superflui**, enthaaren, die unerwünschten Haare entfernen **2** (*di animale*) (Tier)haar n **3** (*manto*) {BIANCO, MORBIDO, PULITO} Fell n: **un cane a ~ corto/lungo**, ein kurz-/langhaariger Hund; **un gatto dal ~ folto**, eine Katze mit dichtem Fell; **perdere/rinnovare il ~**, (sich) haaren, Haare verlieren **4** (*pelliccia*) Pelz m: **una giacca foderata di ~**, eine mit Pelz (aus)gefütterte Jacke, eine Jacke mit Pelzfutter **5** *bot* (*formazione*) Härchen n pl, Flaum m: **peli radicali**, secretori/urticanti, Wurzel-/Sekretions-/Nesselfasern f pl **6** *tess* (*insieme di filamenti*) Pol m: **spazzolare nel verso del ~**, mit dem Strich bürsten • **cavalcare/montare a ~** (*senza sella*), ohne Sattel reiten; **a ~ d'*acqua*** (*rasente la superficie*), auf der Wasseroberfläche, dicht über dem Wasser; **pel di *carota*** *scherz o spreg* (*rif. a chi ha i capelli rossi*), Rotkopf m *fam*; **contro ~** → **contropelo**; **essere a un ~ da qu/qc** *fig* (*molto vicino*), {VIPERA DAL BAMBINO, DAL PIEDE DI QU} knapp/[ganz nahe] bei jdm/etw sein; {DALLA CONCLUSIONE DI UN AFFARE} kurz vor etw (dat) sein/stehen; **non avere peli sulla *lingua*** *fig* (*essere schietto nel parlare*), kein Blatt vor den Mund nehmen; **lisciare il ~ a qu** *fig* (*adularlo*), jdm um den Bart gehen/streichen, jdm Honig um den Bart schmieren *fam*; *fig scherz* (*picchiarlo*), jdm das Fell gerben/versohlen *fam*; **c'è mancato un ~ che mi investisse!** *fig* (*pochissimo*), ₍um ein Haar *fam*₎/[Haaresbreite] hätte er/sie mich überfahren; **se l'è cavata per un ~** *fig* (*per pochissimo*), sie ist ₍um ein Haar *fam*₎/[gerade noch] davongekommen; **essere di primo ~** (*avere la prima barba*), Flaum/[den ersten Bartwuchs] haben; *fig fam* (*essere giovane e inesperto*), noch unbeleckt *fam*/unerfahren/grün *spreg* sein, ein Grünschnabel/Milchbart sein *fam*; **non essere più di primo ~** *fig* (*ha già una certa età*), nicht mehr der Jüngste sein, schon ein gewisses Alter haben; **avere il ~ sullo *stomaco*** *fig* (*non avere scrupoli*), skrupellos sein, keine Skrupel haben/kennen; **cercare il ~ nell'*uovo*** *fig* (*essere esageratamente pignoli*), ein Haar in der Suppe finden, ein Haarspalter sein *spreg*; **il lupo/la volpe perde il ~, ma non il vizio** *prov*, die Katze lässt das Mausen nicht *prov*.

peloponesìaco, (-a) ‹-*ci*, -*che*› **A** agg (*del Peloponneso*) peloponnesisch **B** m (f) (*abitante*) Peloponnesier(in) m(f).

Peloponnèso m *geog* Peloponnes m.

pelosità ‹-› f (*villosità*) {+PETTO} Behaarung f.

pelóso, (-a) agg **1** (*irsuto*) {SPALLE, TORACE, UOMO} behaart, haarig **2** (*ricoperto di lanugine*) {TESSUTO} flaumig **3** *fig* (*interessato*) {CARITÀ} eigennützig **4** *fig* (*poco pulito*) {COSCIENZA} schlecht **5** *bot* {BUCCIA, FOGLIA} flaumig.

pelóta ‹-, -s *o* pelote pl *spagn*› f *sport* (*gioco*) Pelota f: **~ basca**, baskisches Pelotaspiel.

péltro m (*lega*) Hartzinn f, Zinn n: **un vaso di ~**, eine Zinnvase.

pelùcco ‹-*chi*› m (*peluzzo*) Fussel f.

peluche ‹-› m *franc* **1** (*tessuto*) Plüsch m: **animaletto di ~**, Plüschtier n **2** (*giocattolo*) Plüschtier n.

pelùria f *anche bot zoo* Flaum m.

pèlvi ‹-› f *anat* (*bacino*) Becken n, Pelvis f *scient*.

pèlvico, (-a) ‹-*ci*, -*che*› agg *anat* (*del bacino*) {NERVO, PAVIMENTO} Becken-.

pelvimetrìa f *med* (*misurazione*) Beckenmessung f.

péna f **1** (*dispiacere*) Leid(en) n, Qual f, Kummer m: **pene d'amore**, Liebeskummer m, Liebesqual f; **raccontare a qu le proprie pene**, jdm sein Leid klagen, jdm seinen Kummer erzählen **2** (*compassione*) Mitleid n: **tutti quei barboni mi fanno ~**, mir tun all diese Penner leid *fam* **3** (*sofferenza*) Leid n, Qual f, Schmerz m: **è una ~ vederla soffrire così**, es ₍tut richtig weh₎/[ist schrecklich], sie so leiden zu sehen **4** (*ansia*) Sorge f: **essere/stare in ~ per qu**, in Sorge um jdn sein, sich (dat) Sorgen um jdn machen; **sono in ~ per lui**, ich sorge mich um ihn, ich mache mir Sorgen um ihn 5 (*disturbo*) Mühe f, Umstand m: **darsi la ~ di fare qc**, sich (dat) den Umstand machen, etw zu tun; **potevi prenderti la ~ di avvisarmi**, du hättest dir schon die Mühe machen und mich benachrichtigen können 6 *spreg* (*pietà*) Mitleid n: **suona il pianoforte da far ~**, er/sie spielt jämmerlich *spreg*/erbärmlich Klavier 7 (*punizione*) {CORPORALE} Strafe f: **non deve più picchiare i compagni, ~ l'espulsione da scuola**, er/sie darf seine/ihre Mitschüler nicht mehr schlagen, sonst wird er/sie von der Schule verwiesen 8 *dir* Strafe f, Bestrafung f: ~ **accessoria**, Nebenstrafe f; ~ **capitale/[di morte]**, Todesstrafe f; **condannare qu alla ~ capitale**, jdn zum Tode verurteilen; **condannare qu al massimo/minimo della ~**, jdn zur Höchst-/Mindeststrafe verurteilen; **dare/infliggere una ~ a qu di cinque anni di reclusione**, jdn zu einer Freiheitsstrafe von fünf Jahren verurteilen; ~ **detentiva/disciplinare/pecuniaria/principale**, Freiheits-/Disziplinar-/Geld-/Hauptstrafe f 9 *relig* (*castigo divino*) {+PURGATORIO} Strafe f ● *a* ~ → **appena**; **a/sotto ~ di qc** *dir*, {DI UNA MULTA} bei (einer) Strafe von etw (dat); **a/sotto pena di una multa di un milione**, bei einer Geldstrafe von einer Million Lire; ~ **eterna** *relig*, ewige Verdammnis; **a gran ~** (*a stento*), kaum, mit Müh und Not, mit Ach und Krach *fam*; **patire/soffrire le pene dell'*inferno* fig fam** (*soffrire atrocemente*), Höllenqualen ausstehen/erleiden *fam*, tausend Tode sterben; **a mala ~ → malapena**; *valere* **la ~** (*essere utile*), die Mühe lohnen, der/die *rar* Mühe wert sein; **un film che vale la ~ di vedere**, ein sehenswerter Film; **non vale la ~ di discutere con lui!**, es ⌊ist sinnlos⌋/[bringt gar nichts *fam*], mit ihm zu diskutieren!; **ne valeva la ~?**, hat sich das gelohnt?, war das der/die *rar* Mühe wert?; **i sequestratori chiedono un forte riscatto, ~ la *vita* del bambino**, die Kidnapper verlangen ein hohes Lösegeld, andernfalls steht das Leben des Kindes auf dem Spiel.

penàle *dir* **A** *agg* {CLAUSOLA, CODICE, DIRITTO, PROCEDIMENTO} Straf-: *azione* ~, öffentliche Klage; **causa** ~, Strafprozess m, Strafverfahren n, Strafsache f, Sache f; *amm* {FEDINA} Führungs- **B** f (*sanzione*) Vertragsstrafe f: **pagare la ~ di qc**, die Vertragsstrafe bezahlen.

penalista <-*i m, -e f*> *mf dir* **1** (*studioso*) Strafrechtler(in) m(f) **2** (*avvocato*) Strafverteidiger(in) m(f).

penalistico, (-a) <-*ci, -che*> *agg dir* strafrechtlich.

penalità <-> f **1** (*sanzione*) Strafe f: ~ **contrattuale**, Konventional-, Vertragsstrafe f **2** (*somma*) Straf-, Reugeld n **3** *sport* (*punizione*) Strafe f: **minuto di** ~, Strafminute f; **punto di ~**, Strafpunkt m; (*nell'equitazione*) Strafzeit f; (*infrazione*) Verstoß m; **commettere una ~**, einen Regelverstoß begehen.

penalizzànte *agg* **1** (*che danneggia*) {PROVVEDIMENTO} ungünstig, benachteiligend **2** (*non costruttivo*) {CRITICA} destruktiv *forb*.

penalizzàre *tr* **1** (*danneggiare*) ~ **qu/qc** {CATEGORIA, SETTORE} jdn/etw benachteiligen; {LEGGE PICCOLE IMPRESE} *anche* zulasten von jdm/etw gehen; ~ **qu/qc rispetto a qc** {FAMIGLIA RISPETTO AL LAVORO} jdn/etw gegenüber *etw* (dat) vernachlässigen **2** *sport* ~ **qu/qc** (*per qc*) {ATLETA, CORRIDORE PER UNA PARTENZA IRREGOLARE, GIOCATORE} eine Strafe über jdn/etw (*wegen etw* gen) verhängen; ~ **qu/qc di qc** jdn/etw mit etw (dat) bestrafen: **la squadra è stata penalizzata di tre punti**, die Mannschaft ist mit drei Strafpunkten belegt worden.

penalizzazióne f *sport* **1** (*il penalizzare*) Bestrafung f **2** (*penalità*) Strafe f.

penalménte *avv dir* (*secondo le norme penali*) strafrechtlich: **perseguibile ~**, strafrechtlich verfolgbar.

penalty <-, -ties pl *ingl*> m o f *ingl sport* (*punizione*) Strafstoß m; (*nel calcio*) (*rigore*) anche Elfmeter m.

penàre *itr* **1** (*soffrire*) ~ (**per/[a causa di] qu/qc**) {PER/[A CAUSA DI] UN DIVORZIO} (⌊*an etw* dat⌋/[*unter jdm/etw*]) leiden: **è terribile vederlo ~ così**, es ist schrecklich, ihn so leiden zu sehen; **quanto ha penato nella sua vita!**, wie viel er/sie im Leben durchgemacht hat! **2** (*faticare*) sich ab|mühen, sich ab|quälen, Schwierigkeiten/Mühe haben, sich (dat) Mühe geben: **i giocatori hanno dovuto ~ con gli avversari**, der Gegner machte den Spielern ⌊zu schaffen⌋/[Schwierigkeiten]; **ha penato molto prima di trovare quel lavoro**, er/sie hatte große Mühe, diese Arbeit zu finden ● **far ~ qu** (*farlo tribolare*), jdn quälen; **una malattia che l'ha fatta ~ per anni**, eine Krankheit, die sie jahrelang gequält hat; **m'ha fatto ~ prima di darmi una risposta**, er/sie hat mich zappeln *fam* lassen, bevor er/sie mir eine Antwort gab; **ha finito di ~** *eufem* (è *mancato*), er/sie wurde von seinen/ihren Leiden erlöst *eufem*.

penàti m pl *mitol* (*divinità*) Penaten m.

pencolàre *itr* **1** (*barcollare*) {UBRIACO} wanken, schwanken **2** *fig* (*tentennare*) ~ **tra qc** {TRA DUE SOLUZIONI} zwischen etw (dat) schwanken.

pen computer <-, -, - -s pl *ingl*> loc sost m *ingl inform* Pen-Computer m, Pen Computer m, Pencomputer m.

pendàglio <-*gli*> m **1** (*ciondolo*) {+BRACCIALETTO} Anhängsel n, Anhänger m **2** (*cinghia*) {+SCIABOLA, SPADA} Wehrgehänge n ● ~ **da forca** *fig scherz* (*canaglia*), Gauner m *spreg*, Schuft m *spreg*, Schurke m *spreg*, Galgenstrick m *fam spreg obs*.

pendant <-> m *franc* Pendant n *forb*, Gegenstück n: **questo vaso è il ~ dell'altro**, diese Vase ist das Pendant der anderen *forb* ● **fare ~ (con qc)** (*essere ben abbinato*), gut zueinander passen, sich ergänzen; **il cappello fa ~ con la giacca**, der Hut passt gut zur Jacke.

pendènte A *agg* **1** (*penzolante*) ~ **da qc** {FRUTTI DALL'ALBERO, SALAME DAL SOFFITTO} von etw (dat) herabhängend, *an etw* (dat) hängend **2** (*inclinato*) {TORRE DI PISA} schief **3** *dir* (*in sospeso*) anhängig, rechtshängig: **la causa pendente davanti ai giudici (del Tribunale) di Torino**, der ⌊in Turin⌋/[beim Landgericht Turin] anhängige/rechtshängige Sache; {RAPPORTO GIURIDICO} in der Schwebe **B** m **1** (*pendaglio*) Anhängsel n, Anhänger m **2** (*orecchino*) Ohrgehänge n.

pendènza f **1** (*inclinazione*) {+LINEA FERROVIARIA, TETTO, TORRE} Neigung f: **un terreno a forte/lieve ~**, ein stark/[schwach sanft] abfallendes Gelände, ein Gelände mit starker/[leichter/sanfter] Neigung; **una strada con una ~ del 20%**, eine Straße mit einem ⌊20%igen Gefälle⌋/[Gefälle von 20%], die Neigung der Straße beträgt 20% **2** *comm* (*conto in sospeso*) Schuld f, offene Rechnung f: **avere/sistemare una ~**, eine Rechnung ⌊offen haben⌋/[begleichen] **3** *dir* {+CAUSA, LITE, GIUDIZIO} Anhängigkeit f, Rechtshängigkeit f: ~ **di un rapporto giuridico**, schwebende Unwirksamkeit eines Rechtsverhältnisses **4** *dir* {+RETTA} Neigung f ● **in** ~ (*inclinato*), geneigt; **una strada in forte ~**, ein steil ansteigende Straße; *dir* (*in sospeso*) {CAUSA} schwebend.

pèndere *itr* **1** (*essere inclinato*) ~ (+ **compl di luogo**) {ANTENNA IN AVANTI, A DESTRA} (*ir-gendwohin*) hängen, sich (*irgendwohin*) neigen, schief stehen: **l'edificio pende dal lato destro**, das Gebäude neigt sich ⌊nach links⌋/[zur linken Seite] **2** (*essere in pendenza*) {STRADA} ein Gefälle auf|weisen; {TERRENO} abschüssig sein; {NAVE} Schlagseite haben **3** (*penzolare*) ~ + **compl di luogo** {PERE DAI RAMI} *an etw* (dat) hängen; {LAMPADARIO DAL SOFFITTO} *anche* von *etw* (dat) herab|hängen **4** (*essere attaccato*) ~ + **compl di luogo** {QUADRO ALLA PARETE} *an etw* (dat) hängen **5** *fig* (*incombere*) ~ **su qu/qc** {CONDANNA SU UN IMPUTATO; MINACCIA, PERICOLO SU UN UOMO} über jdm/etw schweben, jdm/etw drohen: **su di lui pende una grossa taglia**, auf seinen Kopf ist eine hohe Belohnung ausgesetzt **6** *fig* (*propendere*) ~ ⌊**dalla parte di**⌋/[**per**]/[**verso**] **qu/qc** {IDEA POLITICA VERSO SINISTRA} ⌊zu jdm/etw⌋/[nach etw (dat)] neigen, *irgendwohin* tendieren *forb*: ~ **per il sì**, zum Ja tendieren *forb*; {SOCIETÀ DALLA PARTE DEL CONSUMO} Wert *auf etw* (acc) legen **7** *dir* ~ ⌊**davanti a**⌋/[**innanzi a**]/[**presso**] **qu/qc** {GIUDIZIO, LITE} anhängig/rechtshängig sein; {CAUSA DAVANTI AI GIUDICI} *bei etw* anhängig/rechtshängig sein ● ~ **dalle labbra/parole di qu** *fig* (*ascoltare con interesse*), an jds Lippen hängen.

pendìce f <*di solito al pl*> (*declivio*) {+COLLE, MONTE} (Ab)hang m: **sulle pendici del Cervino**, auf den Abhängen des Matterhorn.

pendìo <-*dii*> m **1** (*declivio*) {DOLCE, RIPIDO, SCOSCESO} (Ab)hang m: **scesero lungo il ~ del monte**, sie stiegen den Berghang hinab **2** (*pendenza*) Gefälle n: **un terreno in ~**, ein abschüssiges Gelände.

pèndola f (*orologio*) Penduhr f.

pendolàre① **A** *agg anche fis* {MOTO} Pendel-, pendelnd **B** *mf* (*lavoratore che viaggia*) Pendler(in) m(f): **fare il ~ tra Firenze e Bologna**, zwischen Florenz und Bologna pendeln; **un treno di pendolari**, ein Pendelzug.

pendolàre② *itr anche fis* {LAMPADARIO} hin und her schwingen, schaukeln; {CORDA} pendeln.

pendolarìsmo m **1** *sociol* Pendeln n: **il ~ riguarda molti lavoratori**, viele Berufstätige müssen pendeln **2** *fig* (*atteggiamento*) Wankelmut m, Wankelmütigkeit f, Sprunghaftigkeit f.

pendolìno <*dim di pendolo*> m **1** (*nell'occultismo*) (*kleines*) Pendel **2** *ferr* Pendolino®, Pendolino® m, Neigezug m (*italienischer Hochgeschwindigkeitszug mit aktiver Kurvenneigung*) **3** *ornit* Beutelmeise f ● ~ **elettrico** *fis*, Holundermark-, Korkpendel n.

pèndolo m (*pendola*) Penduhr f; (*peso*) Pendelmasse f: **fermare il ~**, das Pendel anhalten **2** *alpin* (*manovra*) Pendeln n **3** *edil* Senkblei n, Senklot n; (*peso*) Lot n **4** *fis* {FISICO, MATEMATICO, SISMICO} Pendel n: ~ **cicloidale/compensato**, Zykloiden-/Kompensationspendel n; ~ **di Foucault**, Foucault'sches Pendel.

pen drive <-, - -s pl *ingl*> loc sost f *inform* Pen Drive m, USB-Stick(er) m.

pèndulo, (-a) *agg* **1** (*penzolante*) {ORECCHIE DEL CANE} hängend, Hänge- **2** *anat* (*palatino*) {VELO} Gaumen-; (*sporgente*) {ADDOME, VENTRE} Hänge-.

pène m *anat* Penis m, (männliches) Glied.

Penèlope f *mitol* Penelope f.

penepiàno m *geog* (*regione pianeggiante*) Fastebene f, Peneplain f.

penetràbile *agg* **1** (*permeabile*): **terreno ~ (d)all'acqua**, wasserdurchlässiger Boden **2** *fig* (*comprensibile*) ~ **da qu/qc** von jdm/etw ergründbar, von jdm/etw durchschaubar: **un mistero non ~ dall'uomo/intellet-

penetrabilità <-> f **1** (*permeabilità*) {+TERRENO} Durchlässigkeit f **2** *fig* (*comprensibilità*) {+MISTERO} Ergründbarkeit f, Durchschaubarkeit f.

penetràli m pl *fig* (*recessi*) {+ANIMO, COSCIENZA} Innerste n decl come agg, geheimste Tiefen f pl.

penetrànte agg **1** (*appuntito*) {LAMA} spitz **2** *fig* (*intenso*) {ODORE} penetrant, durchdringend, scharf; {SGUARDO} durchdringend, bohrend; {DOLORE} *anche* schneidend, heftig **3** *fig* (*pungente*) {FREDDO, GELO} schneidend, durchdringend, beißend **4** *fig* (*suadente*) {VOCE} eindringlich **5** *fig* (*stridulo*) {SUONO} schrill **6** *fig* (*acuto*) {INGEGNO, MENTE} durchdringend, scharf **7** *fis* {RADIAZIONE} hart **8** *med* {FERITA} tief.

penetrànza f **1** *biol* Penetranz f **2** *fis* Durchdringungsfähigkeit f.

penetràre A *itr* <*essere*> **1** (*filtrare*) ~ (*da qc*) (*in qc*) {ACQUA DA UNA FESSURA NEL MURO} (*durch etw acc*) (*in etw acc*) ein|dringen; {LUCE DA UNO SPIRAGLIO IN UNA STANZA} *durch etw* (acc) *in etw* (acc) dringen; {ARIA} *durch etw* (acc) *in etw* (acc) ein|dringen **2** (*conficcarsi*) ~ *in qc* {PROIETTILE NELLA GAMBA} *in etw* (acc) ein|dringen **3** (*introdursi di nascosto*) ~ *in qc* {LADRO IN UNA VILLA} *in etw* (acc) ein|dringen; *in etw* (acc) ein|brechen, sich *in etw* (acc) (ein|)schleichen **4** (*spingersi*) ~ *in qc* {SOLDATI IN UN TERRITORIO} *in etw* (acc) ein|dringen; *in etw* (acc) ein|fallen **5** *fig* (*entrare*) ~ *in qc* *in etw* (acc) ein|dringen, bis zu *etw* (dat) durch|dringen: **un freddo che penetra nelle ossa**, eine Kälte, die in die Knochen geht/ eindringt **6** *fig* (*addentrarsi*) ~ *in qc* {MITO NELL'ANIMO DI QU} *in etw* (acc) ein|dringen, *in etw* (acc) vor|dringen; {NEI SEGRETI DELLA NATURA} *etw* ergründen, *etw* durchschauen **7** *fig* (*diffondersi*) ~ *in qc* {IDEE NUOVE NELLA SOCIETÀ} sich *in etw* (dat) verbreiten, sich *in etw* (dat) breit|machen; {NEOLOGISMO NELLA LINGUA} *in etw* (acc) ein|gehen; ~ *su qc* {PRODOTTO SUL MERCATO AMERICANO} *auf etw* (dat) Fuß fassen, sich *auf etw* (dat) *irgendwo* durch|setzen B *tr* <*avere*> **1** (*passare attraverso*) ~ *qc* {UMIDITÀ LE OSSA} *etw* durchdringen **2** (*possedere sessualmente*) ~ (*qu*) {DONNA} *in jdn* ein|dringen, *jdn* penetrieren *forb* **3** *fig* (*comprendere*) ~ *qc* {MISTERO, SEGRETO} *etw* ergründen, *etw* aus|leuchten, *in etw* (acc) ein|dringen **4** *fig* (*trapassare*) ~ *qu con qc* {CON LO SGUARDO} *jdn mit etw* (dat) durchbohren.

penetrazióne f **1** (*infiltrazione*) ~ *in qc* {+ACQUA NEL TERRENO} Eindringen n *in etw* (acc): **la ~ del gas nella stanza**, das Eindringen von Gas in das Zimmer **2** (*sessuale*) Eindringen n, Penetration f *forb* **3** (*addentramento*) ~ *in qc* {+TRUPPE NEL TERRITORIO} Einmarsch m *in etw* (acc), Einfall m *in etw* (acc), Eindringen n *in etw* (acc) **4** *fig* (*acutezza*) Scharfsinn m, geistige Schärfe, Durchdringung f **5** *fig* (*diffusione*) {+MODA, USANZE STRANIERE} Durchdringung f, Verbreitung f; {+NUOVO PRODOTTO} Durchsetzung f, Verbreitung f **6** *sport* Vorstoß m.

penicillìna f *farm* Penizillin n, Penicillin n.

peninsulàre agg *geog* **1** (*di penisola*) {POPOLAZIONE} der Halbinsel, Halbinsel-: **l'Italia ~**, die italienische Halbinsel, das italienische Festland **2** (*a penisola*) {REGIONE} Halbinsel-.

penìsola f **1** *geog* Halbinsel f: ~ **balcànica**, Balkanhalbinsel f; ~ **ibèrica/italiana**, iberische/italienische Halbinsel f (*Italia*) Italien n: **nel resto della ~ persiste il maltempo**, im übrigen Italien dauert das Schlechtwetter an.

penitènte A agg (*che si pente*) {PECCATORE} reuig, reuevoll *forb* B mf (*chi fa penitenza*) Büßer(in) m(f).

penitènza f **1** (*punizione*) Strafe f: **oggi per ~ non andrai in piscina**, zur/als Strafe gehst du heute nicht ins Schwimmbad **2** (*pentimento*) Reue f **3** (*mortificazione*) Buße f, Bußübung f: **vivere in continua ~**, in ständiger Buße leben; **imporsi dure penitenze**, sich *dat* harte Bußen auferlegen **4** (*in giochi infantili*) Strafe f: **per ~ devi fare ...**, zur Strafe musst du ... **5** *relig* (*pena, sacramento*) Buße f: **recitare dieci avemaria per ~**, als Buße zehn Ave-Maria beten • **fare ~** *relig* (*espiare i propri peccati*), Buße tun, büßen.

penitenziàle agg *relig* (*di penitenza*) {ATTO, SALMI} Buß-.

penitenziàrio, (-a) <-*ri* m> A agg (*carcerario*) {REGIME} Strafvollzugs-: **polizia penitenziaria**, Gefängniswärter m pl B m (*carcere*) Straf(vollzugs)anstalt f, Gefängnis n.

pénna f **1** (*piuma*) {+UCCELLO} Feder f: ~ **di oca/pavone/struzzo**, Gänse-/Pfauen-/Straußenfeder f **2** (*solo pl*) (*piumaggio*) Federkleid n *forb*, Gefieder n: **mutare le penne**, sich mausern, das Federkleid wechseln **3** (*per scrivere*) (Schreib)feder f, Federhalter m: ~ **biro/a sfera**, Kugelschreiber m, Kuli m *fam*; ~ **stilografica**, Füllfederhalter m, Füller m *fam* **4** (*di cappello*) Hutfeder f **5** (*del martello*) Pinne f, Finne f **6** (*della freccia*) Fiederung f **7** *fig* (*giornalista*) {IRONICA, TAGLIENTE} Feder f; (*scrittore*) Schriftsteller m: **essere una buona ~**, ein guter Schriftsteller sein **8** <*di solito al pl*> *gastr* Penne pl (*kurze, an Federkiele erinnernde Nudeln*) **9** *mar* (*estremità*) Nock n **10** *mus* (*plettro*) Plektrum n, Plektron n, Blättchen n • **a ~** (*fatto con la ~*) {SCHIZZO} Feder-; **penne copritrici** *ornit* (*penne corte*), Deckfedern f pl; **a feltro** (*pennarello*), Filzstift m; **intingeva la ~ nel fiele** *fig* (*scriveva con ira*), die Wut führte ihm/ihr die Feder; **lasciare nella ~ qc** *fig* (*dimenticare di scrivere qc*), *etw* auslassen/ [ungeschrieben lassen], *etw* nicht zu Papier bringen; **lasciarci/rimetterci le penne** *fig* (*morire*), ins Gras beißen *fam*, seinen/den Geist aufgeben *fam*, das Zeitliche segnen *fam*, d(a)ran glauben müssen *fam*, geliefert sein *fam*; *fig* (*riportare un insuccesso*), Federn lassen (müssen) *fam*; ~ **luminosa/ottica** *inform*, Lichtstift m; **prendere la ~ in mano** (*cominciare a scrivere*), die Feder zur/[in die] Hand nehmen, zur Feder greifen, zu schreiben beginnen; **non saper tenere la ~ in mano** *fig* (*non saper scrivere*), nicht (gut) schreiben können; **le penne nere** *mil* (*gli alpini*), Alpenjäger m pl; **farsi bello con le penne del pavone** (*vantarsi di meriti altrui*), sich mit fremden Federn schmücken; **penne remiganti** *ornit* (*delle ali*), Schwungfedern f pl; **restare/rimanere nella ~** (*non essere scritto*), ungeschrieben bleiben; **penne timoniere** *ornit* (*della coda*), Steuerfedern f pl.

pennàcchio <-*chi*> m **1** (*ornamento*) {+BERSAGLIERE} Federbusch m, Panasch m **2** *fig* (*nuvola di fumo*) Rauchfahne f **3** *arch* {+CUPOLA} Pendentif n.

pennaiòlo, (-a) m (f) *fig spreg* (*scrittore mediocre*) Schreiberling m *spreg*, Federfuchser m *spreg*.

pennarèllo m *comm* {BLU, NERO, ROSSO, VIOLA} Filzstift m.

pennàto, (-a) agg **1** (*a penna*) Feder-, federförmig **2** *bot* {FOGLIA} gefiedert f.

pennellàre *tr* (*verniciare*) ~ *qc* {PORTA} *etw* (an)streichen, *etw* pinseln *fam*; ~ *qc di qc* {CANCELLO DI ANTIRUGGINE} *etw auf etw*

(acc) auf|tragen: ~ **una sedia di verde**, einen Stuhl grün streichen/pinseln *fam* **2** *fig* (*descrivere*) ~ *qu/qc* {AMBIENTE, PERSONAGGIO} *jdn/etw* skizzieren **3** *gastr* ~ *qc* (*di qc*) {ARROSTO DI BURRO FUSO} *etw mit etw* (dat) bepinseln **4** *med* ~ *qc* (*con qc*) {TONSILLE CON UNA SOLUZIONE} *etw mit etw* (dat) ein|pinseln **5** *sport* ~ *qc* {CROSS, PASSAGGIO} *etw* elegant aus|führen.

pennellàta f **1** (*passata di vernice*) Anstrich m, Pinselstrich m: **una ~ di blu/giallo**, ein blauer/gelber Anstrich; **dare le ultime pennellate a una tela**, an einem Gemälde die letzten Pinselstriche tun **2** *fig* (*tratto*) Strich m, Zug m: **descrivere qu/qc a pennellate vivaci**, *jdn/etw* in lebhaften Zügen beschreiben **3** *arte* (*nella pittura*) {LEGGERA} Pinselführung f: **una ~ decisa**, eine sichere Pinselführung **4** *gastr* (+UOVO) Bepinseln n, Bepinselung f **5** *med* (Ein)pinseln n, Einpinselung f: **una ~ alla gola**, den Hals (ein)pinseln.

pennellatùra f *med* (Ein)pinseln n, Einpinselung f.

pennellèssa f (*grosso pennello*) Flachpinsel m, Flächenstreicher m.

pennellifìcio <-*ci*> m (*fabbrica*) Pinselfabrik f.

pennèllo① A m **1** (*attrezzo*) {FINE, GROSSO} Pinsel m: ~ **da barba/cucina**, Rasier-/Küchenpinsel m; ~ **da colla**, Kleisterbürste f; ~ **da imbianchino**, Streich-, Malerbürste f; ~ **per le labbra/gli occhi**, Schminkpinsel m für die Lippen/Augen; ~ **di martora/setola/tasso**, Marderhaar-/Haar-/Dachshaarpinsel m; ~ **di setole di cinghiale**, Stachelschweinhaarpinsel m; ~ **piatto/rotondo/strozzato**, Flach-/Rund-/Kluppenpinsel m; ~ **da pittore**, Malerpinsel m; ~ **per radiatori/termosifoni**, Heizkörperpinsel m **2** *fig* (*arte di un pittore*) Malstil m, Pinsel m: **un quadro uscito dal ~ di Picasso**, ein Picasso, ein von Picasso stammendes Gemälde **3** *fis* Bündel n: ~ **elettronico/[di luce]**, Elektronen-/Lichtbündel n **4** *edil* (*opera di difesa*) Buhne f B *loc avv fig* (*perfettamente*): **a ~**, haargenau; **andare/calzare/stare a ~**, {ABITO, SCARPA} wie angegossen sitzen/passen *fam*; **l'esempio calza a ~**, das Beispiel [passt haargenau *fam*]/[trifft genau zu]; **un soprannome che gli va a ~**, ein Spitzname, der perfekt/genau zu ihm passt; **la giacca ti sta a ~**, die Jacke steht dir wie angegossen *fam*.

pennèllo② m (*bandiera*) Wimpel m.

pennétta <*dim di penna*> f **1** <*di solito al pl*> *gastr* Pennette pl (*kurze Hohlnudeln*): ~ **al sugo/salmone**, Pennette pl mit (Tomaten)soße/Lachs **2** *inform* Pen Drive m, USB-Stick (er) m.

pènnica → **pennichella**.

pennichèlla <*dim di pennica*> f *centr* (*sonnellino*) Nickerchen n *fam*, (Mittags)schläfchen n: **fare/farsi una ~ dopo mangiato**, nach dem Essen ein (Mittags)schläfchen machen, sich nach dem Essen kurz hinlegen.

pennìno <*dim di penna*> m (*piccola lamina*) (Schreib)feder f: ~ **d'oro**, Goldfeder f.

pennóne m **1** (*asta di bandiera*) Fahnenstange f **2** *mar* (*antenna*) Rah(e) f: ~ **di maestra**, Großmastrah(e) f **3** *stor* (*stendardo*) Standarte f.

pennùto, (-a) A agg (*ricoperto di penne*) gefiedert B m (*uccello*) Vogel m.

penny <~, *pence* pl *ingl*> m *ingl* (*moneta*) Penny m.

penómbra f **1** (*semioscurità*) Halbschatten m, Halbdunkel n: **una stanza in ~**, ein

Zimmer im Halbschatten **2** *astr fis* (*in ottica*) Halbschatten *m* • **restare/rimanere nella** ~ *fig* (*non mettersi in evidenza*), sich im Hintergrund halten, im Hintergrund bleiben.

penosità <-> *f* **1** (*l'essere pietoso*) {+SITUAZIONE} Erbärmlichkeit *f* **2** (*dolore*) {+ADDIO} Schmerzlichkeit *f* **3** (*imbarazzo*) {+PAUSA} Peinlichkeit *f* **4** (*infimo livello*) {+ESAME} erbärmliches Niveau *spreg*; {+ATTORE, RECITAZIONE} *anche* Kläglichkeit *f spreg*, Jämmerlichkeit *f spreg* **5** (*fatica*) {+LAVORO} Mühseligkeit *f*, Beschwerlichkeit *f* **6** (*tormento*) {+VITA} Mühsal *f*, Mühseligkeit *f*.

penóso, (-a) *agg* **1** (*pietoso*) {SCENA} Mitleid erregend, erbärmlich **2** (*doloroso*) {RICORDO} leidvoll, schmerzlich **3** (*imbarazzante*) {INCARICO} unangenehm; {SILENZIO} peinlich **4** (*di infimo livello*) {ESAME} miserabel, grottenschlecht *fam*; {RECITAZIONE, SPETTACOLO} kläglich *spreg*, jämmerlich *spreg* **5** (*faticoso*) {ATTIVITÀ, TENTATIVO, VIAGGIO} mühsam, beschwerlich **6** (*tormentato*) {VITA} mühselig.

pensàbile *agg* (*immaginabile*) denkbar: **questo non è neppure ~**, das ist absolut undenkbar.

pensànte *agg* (*che pensa*) denkend: **un essere ~**, ein denkendes Wesen.

pensàre Ⓐ *itr* **1** (*esercitare la facoltà di pensiero*) denken: **l'uomo è un essere che pensa**, der Mensch ist ein denkendes Wesen **2** (*riflettere*) ~ (**a qc**) über etw (*acc*) nach|denken, (*etw*/*sich* (*dat*) *etw*) überlegen: **bisogna ~ prima di agire**, man muss zuerst überlegen, dann handeln; **pensa a quello che ti ho detto!** denk einmal darüber nach, was ich dir gesagt habe!; **ora che ci penso ...**, jetzt, wenn/wo ich es mir überlege ...; **più ci penso e più capisco di aver sbagliato**, je mehr ich darüber nachdenke, umso mehr sehe ich ein, dass ich einen Fehler gemacht habe; ~ **tra sé e sé**, seinen Gedanken nachhängen, sinnieren, grübeln, hin und her überlegen *fam* **3** (*ricordare*) ~ **a qu/qc** {ALLE VACANZE TRASCORSE} *an jdn/etw* zurück|denken: **penso spesso alla mia infanzia**, ich denke oft an meine Kindheit zurück **4** (*volgere il pensiero*) ~ **a qu/qc** {ALLA FAMIGLIA LONTANA} *an jdn/etw* denken: **a cosa stai pensando?**, woran denkst du gerade?; **pensi ancora a quell'uomo?**, denkst du immer noch an diesen Mann?; **si pensi a ...**, man denke an ... **5** (*valutare*) ~ (**a qc**) über etw (*acc*) nach|denken, sich (*dat*) *etw* überlegen: **pensa alla proposta che ti ho fatto**, denke einmal über meinen Vorschlag nach|/[den Vorschlag nach], den ich dir gemacht habe; **sto pensando di riprendere gli studi**, ich überlege, ob ich das Studium wieder aufnehmen soll|/[wieder zu studieren beginnen soll] **6** (*provvedere*) ~ **a qu/qc** {ALLA FAMIGLIA} sich *um jdn/etw* kümmern, *für jdn/etw* sorgen: **chi penserà alla casa mentre voi siete via?**, wer kümmert sich um eure Wohnung/euer Haus, während ihr fort seid?; **allora, ci pensi tu?** – **State tranquilli, ci penso io!**, kümmerst du dich darum? – (Habt) keine Sorge, ich mach' das schon! *fam* **7** (*preoccuparsi*) ~ **a qc** {AL PROPRIO AVVENIRE, AL LAVORO} sich (*dat*) *etw acc* sorgen, sich *um etw* (*acc*) Sorgen machen: ~ **alla vecchiaia**, für das Alter vorsorgen; ~ **a/per qu/qc** *an jdn/etw* denken; **pensa solo a far carriera**, er/sie denkt nur daran, Karriere zu machen; **pensa solo a sé stessa**, sie denkt nur an sich; **ognuno pensi per sé**, jeder kümmere sich um sich selbst; **pensa tu ad avvisare i colleghi!**, kümmere du dich darum/[übernimm du es], die Kollegen zu benachrichtigen! **8** (*aspirare*) ~ **a qc** {ALLA DIREZIONE DI QC, ALLA PRESIDENZA} *etw* an|streben **9** (*immaginare*) ~ **a qc** (*dat*) *etw* vor|stellen: **pensa alla sua faccia quando lo verrà a sapere!**, stell dir nur sein/ihr Gesicht vor, wenn er/sie es erfahren wird! **10** (*avere in mente*) ~ **a qc** an etw (*acc*) denken, sich (*dat*) über etw (*acc*) Gedanken machen: **pensa già al suo prossimo libro**, er/sie denkt schon an sein/ihr nächstes Buch; ~ **a come ristrutturare un'azienda**, sich (*dat*) Gedanken darüber machen, wie der Betrieb umstrukturiert werden soll Ⓑ *tr* **1** *gener* ~ **qc** *etw* denken, an *etw* (*acc*) denken, sich (*dat*) *etw* überlegen: **ho pensato una cosa**, ich habe mir etwas überlegt; **dimmi ciò che pensi!**, sag mir, ˌwas du denkstˌ/[woran du denkst] **2** (*ritenere*) ~ **qu/qc** jdn/etw für etw (*acc*) halten, jdn/etw für etw (*acc*) an|sehen: **lo pensavo più onesto**, ich hielt ihn für ehrlicher; **non l'avrei mai pensato capace di tanto**, ich hätte nie geglaubt/[für möglich gehalten], dass er zu Derartigem fähig ist **3** (*immaginare*) ~ **qu + compl di luogo** *jdn irgendwo* glauben: **ti pensavo all'estero**, ich glaubte ˌdich im Auslandˌ/[, du seiest im Ausland]; ~ **qc** *etw* vor|stellen, *etw* glauben, sich (*dat*) *etw* vor|stellen: **chi l'avrebbe mai pensato?**, wer hätte das je gedacht?; **pensa il mio imbarazzo!**, du kannst dir meine Verlegenheit vorstellen!; **pensa se fosse rincasato in quel momento**, stell dir einmal vor, er wäre in dem Augenblick nach Hause gekommen; **è proprio quello che pensavo**, genau das/daran dachte ich einmal **4** (*considerare*) ~ **qc** an *etw* (*acc*) denken, *etw* bedenken, *etw* erwägen *forb*: **pensa quanti sacrifici fanno i tuoi genitori!**, denk einmal an all die Opfer, die deine Eltern bringen! **5** (*inventare*) ~ **qc** (*per qu/qc*) {GIOCO PER BAMBINI, SOLUZIONE PER PICCOLI APPARTAMENTI} sich (*dat*) *etw* (*für jdn/etw*) aus|denken: **ne pensa sempre una nuova**, er/sie denkt sich (*dat*) immer etwas Neues aus **6** (*giudicare*) ~ **qc di qu/qc** {DI UN FATTO, DI UNA SITUAZIONE} *etw* von *jdm*/*etw* halten, *etw* über *jdn*/*etw* denken, *etw zu etw* (*dat*) meinen: **che (cosa) pensi di questo progetto?**, was hältst du von diesem Plan?, was meinst du zu diesem Plan? **7** (*credere*) ~ (**qc**) *etw* denken, *etw* glauben, *etw* an|nehmen, *etw* schätzen *fam*: **penso che non l'abbia fatto apposta**, ich glaube, er/sie hat es nicht absichtlich gemacht; **si pensa che ...** *congv*, man glaubt/[geht davon aus], dass ... *ind*; **penso che il pacco arrivi domani**, ich schätze *fam*/denke, dass das Paket morgen ankommt; **ho pensato fosse opportuno dirglielo**, ich dachte, es sei angebracht, es ihm zu sagen; **penso di sì**, ich glaube ja/schon; **verrai alla festa? – Penso di no**, kommst du zur Party? – Ich glaube nicht; **pensavo di non rivederlo più**, ich dachte, ich würde ihn nie wieder sehen **8** (*proporsi*) ~ **qc** *etw* vor|haben, gedenken, *etw zu tun*: **cosa pensate di fare?**, was gedenkt ihr zu tun?, was habt ihr vor? **9** (*all'imperativo come rafforzativo*) bedenken, sich (*dat*) vor|stellen: **e ~ che ...**, und wenn man bedenkt, dass ...; **pensa/pensate, ho atteso il tram più di mezz'ora!**, ˌstell dirˌ/[stellt euch] vor, eine halbe Stunde habe ich auf die Straßenbahn gewartet! Ⓒ *m filos* (*facoltà*) Denken *n* • **ho ben altro a cui ~!** (*ho altri pensieri per la testa*), mir gehen ganz andere Dinge durch den Kopf!; **basti ~ a ...**, man denke nur an ...; **a pensarci bene ...** (*riflettendo attentamente*), wenn man es sich genau überlegt, ...; ~ **bene di qu** (*averne una buona opinione*), gut über jdn denken, eine hohe Meinung von jdm haben; **e** ~ **che lo aveva**-**mo avvertito** (*e dire che ...*), und wenn man bedenkt, dass wir ihn benachrichtigt hatten; **cosa vai mai a ~?** (*cosa ti viene in mente?*), was fällt dir (nur) ein?; **dare da ~ a qu** (*dare preoccupazioni*), {FIGLIO HANDICAPPATO, SITUAZIONE} *jdm* Sorgen machen; **una ne** *fa* **e cento ne pensa** *fam* (*ne inventa sempre una*), er/sie heckt immer wieder was Neues aus *fam*; **è una notizia che fa ~** (*fa riflettere*), die Nachricht gibt einem zu denken; **così conciato fa ~ a un barbone** (*assomiglia*), so zugerichtet sieht er wie ein Penner aus *fam*; **come la pensi?** (*qual è il tuo punto di vista?*), was meinst/denkst du?; ~ **male di qu** (*averne una cattiva opinione*), schlecht über jdn denken; **io, salire lassù? Non ci penso neanche!** (*non ho nessuna intenzione di farlo*), ich und dort hinaufsteigen? Ich denke nicht daran!; **non pensa che a divertirsi** (*non fa altro che ...*), er/sie denkt nur ans Vergnügen; **non pensiamoci più** (*lasciamo da parte questo problema*), Schwamm drüber *fam*, vergessen wir's *fam*; **non posso pensarci** (*mi rifiuto di pensarci*), das kann ich mir nicht vorstellen, das halte ich für undenkbar; **pensa e ripensa gli venne in mente una soluzione** (*dopo una lunga riflessione*), nach ˌlanger Überlegungˌ/[langem Überlegen] fand er eine Lösung; **penso, dunque sono** *filos* (*principio cartesiano*), ich denke, also bin ich; **pensarci su** (*riflettere attentamente su qc*), über etw (*acc*) nachdenken, etwas überdenken; **bisogna pensarci prima per non pentirsi poi** *prov*, erst wägen, dann wagen *prov*.

pensàta *f anche iron* ○ *scherz* (*idea*) Einfall *m*, Idee *f*: **hai avuto proprio una bella ~!**, da hattest du ja wirklich eine Glanzidee *iron*/Schnapsidee *fam*!

pensàto, (-a) *agg* (*ideato*) ~ **per qu/qc** {INIZIATIVA PER REGIONI AUTONOME, PROGRAMMA PER I PIÙ PICCOLI} *für jdn/etw* gedacht.

pensatóio <-toi> *m fig scherz* (*luogo appartato*) (stilles) Örtchen *nt*.

pensatóre, (-trice) *m* (*f*) *anche filos* Denker(in) *m(f)* • **libero ~** (*indipendente*), Freidenker *m*.

pensée <-> *f franc bot* Stiefmütterchen *n*.

pensierino *<dim di pensiero> m* **1** *fam* (*piccolo dono*) Kleinigkeit *f*, kleine Aufmerksamkeit: **ti ho portato un ~**, ich habe dir eine Kleinigkeit mitgebracht **2** *fam* (*gesto gentile*) nette Geste: **ha sempre un ~ affettuoso per me**, er/sie ist mir gegenüber immer aufmerksam/liebevoll **3** *scuola* (*frase*) (Übungs)sätzchen *n*: **scrivere dei pensierini sul Natale**, einen kurzen Aufsatz über Weihnachten schreiben • **fare un ~ su qc** (*pensarci*), mit etw (*dat*) liebäugeln; **ho fatto un ~ su quell'anello di rubini**, ich habe mit dem Rubinring geliebäugelt; **farci un ~** (*prendere in considerazione*), etw in Erwägung ziehen.

pensièro *m* **1** (*riflessione*) Gedanke *m*: **lo vidi assorto nei suoi pensieri**, ich sah ihn ganz in Gedanken versunken **2** (*idea*) Vorstellung *f*, Gedanke *m*, Idee *f*: **mi spaventa il ~ di perdere il lavoro**, die Vorstellung, die Arbeit zu verlieren, erschreckt mich; **tremo al ~ di doverlo affrontare**, ich zittere bei dem Gedanken, ihm gegenübertreten zu müssen **3** (*mente*) Gedanken *m pl*, Geist *m*: **il mio ~ è sempre rivolto a te**, in/[mit meinen] Gedanken bin ich stets bei dir, ich denke die ganze Zeit an dich; **essere altrove con il ~**, mit seinen Gedanken woanders sein; **tradire qu col ~**, jdn in Gedanken/im Geiste betrügen **4** (*attenzione affettuosa*) nette Aufmerksamkeit: **avere un ~ carino/affettuoso per qu**, eine liebevolle Aufmerksamkeit für jdn bereithalten **5** (*regalino*) Kleinigkeit f, kleine Aufmerksamkeit: **ci ha portato un ~ da Parigi**, er/sie hat uns eine kleine Aufmerksamkeit aus Paris mitgebracht; **è solo un ~**, es ist nur eine Kleinigkeit; **grazie del ~**, danke für das Geschenk **6** (*ansia*) Sorge f, Angst f: **essere/stare in ~ per qu**, in Sorge um jdn sein, sich (dat) um jdn Sorgen machen, Angst um jdn haben; **non farmi stare in ~, telefonami appena arrivi**, ruf mich sofort an, damit ich mir nicht erst Sorgen mache **7** (*preoccupazione*) Sorge f, Kummer m: **avere molti pensieri per la testa**, viele Sorgen haben; **quel ragazzo mi dà molti pensieri**, der Junge macht mir viel Kummer; **vivere senza pensieri**, sorglos/sorgenfrei leben **8** (*opinione*) Meinung f, Ansicht f: **condividere il ~ di qu**, jds Ansicht teilen, derselben Meinung wie jd sein; **esprimere il proprio ~**, seine Meinung äußern/[zum Ausdruck bringen] **9** (*facoltà*) Denken n, Denkvermögen n: **il ~ differenzia l'uomo dagli altri esseri viventi**, der Mensch unterscheidet sich durch sein Denkvermögen; **un uomo di ~**, ein Denker/Philosoph **10** (*concetto*) {COMPLESSO, CONFUSO, INTERESSANTE} Gedanke m **11** (*punto di vista*) Standpunkt m, Gedanke m **12** (*dottrina*) {+KANT, NIETZSCHE} Lehre f: **il ~ politico di Thomas Mann**, das politische Denken von Thomas Mann; **il ~ della Chiesa rispetto all'aborto**, die Doktrin der katholischen Kirche zum Thema Abtreibung **13** <solo pl> *lett* (*massime*) Reflexionen f pl, Überlegungen f pl, Betrachtungen f pl: **i pensieri di Leopardi/Pascal**, Leopardis/Pascals 'Gedanken' **14** *psic* Denken n: **~ creativo/intuitivo/razionale**, kreatives/intuitives/rationales Denken ● **~ e azione** *polit stor* (*binomio mazziniano*), Denken und Handeln; ⌊**basta il ~**⌋/[**è il ~ che conta**] (*l'importante è ricordarsi della persona*), was zählt, ist die Aufmerksamkeit; es kommt auf die Aufmerksamkeit an; **darsi ~ per qu/qc** (*preoccuparsene*), sich um jdn/etw Sorgen machen, sich um jdn/etw sorgen; **fermare il ~ su qc** (*concentrarsi su qc*), sich (in Gedanken) auf etw (acc) konzentrieren; **leggere nel ~ di qu** *fig* (*saper interpretare ciò che l'altro sta pensando*), jds Gedanken lesen; **libero ~** (*indipendente*), Freidenkertum n; **rapido/veloce come il ~** (*rapidissimo/velocissimo*), (schnell) wie ⌊ein geölter⌋/[der] Blitz *fam*, blitzschnell *fam*; **riandare col ~ a qu/qc** (*ricordare*), sich an jdn/etw erinnern; **sopra~ →** **soprappensiero**; **togliersi il ~** *fig* (*facendo qc che deve essere fatto*), etwas erledigen, etwas vom Tisch schaffen *fam*.

pensieróso, (-a) *agg* **1** (*assorto in pensieri*) nachdenklich, gedankenverloren, gedankenvoll, in Gedanken versunken/vertieft: **diventare/farsi ~**, nachdenklich werden; **starsene ~**, in Gedanken versunken/vertieft sein **2** (*preoccupato*) {ARIA} besorgt: **mi sembri ~**, du scheinst mir besorgt zu sein, du siehst besorgt aus.

pènsile A *agg* **1** (*appeso*) {MOBILETTO} Hänge- **2** (*su una terrazza*) {GIARDINO} Dach- **3** *arch* (*CAPITELLO*) Schwebe- B *m* (*mobiletto*) Hängeschrank m: **~ da bagno/cucina**, Hängeschrank m für das Bad/die Küche.

pensilina f (*tettoia*) {+FERMATA DELL'AUTOBUS} Überdachung f, Überdach n; (*di stazione*) Bahnsteigdach n, (Bahnsteig)überdachung f; (*di stadio, di tribuna*) Wetter-, Schutzdach n.

pensionàbile *agg amm* **1** (*che dà diritto alla pensione*) {ETÀ} Renten-; (*per impiegati statali*) Pensions- **2** (*che può andare in pensione*) {LAVORATORE} pensionsberechtigt, pensionierbar **3** (*computabile ai fini della pensione*) {ANNI DI LAVORO} ruhegehaltsfähig.

pensionabilità <-> f Pensionsberechtigung f.

pensionaménto m (*messa a riposo*) Versetzung f in den Ruhestand; (*di impiegati statali*) anche Pensionierung f: **chiedere il ~ anticipato**, die Frühpensionierung/den Vorruhestand beantragen; **fare domanda di ~**, Antrag auf Pensionierung stellen; **~ posticipato**, verspäteter Ruhestand.

pensionànte *mf* **1** (*chi vive in una pensione*) Pensionsgast m, Pensionär(in) m(f) *obs o CH* **2** (*chi vive presso una famiglia*) Kostgänger(in) m(f) *obs*.

pensionàre *tr* (*mettere in pensione*) **~ qu** jdn in den Ruhestand versetzen; {IMPIEGATO STATALE} anche jdn pensionieren.

pensionàto, (-a) A *agg* (*in pensione*) {LAVORATORE} im Ruhestand, {UFFICIALE} anche pensioniert B *m* (f) (*chi è in pensione*) Rentner(in) m(f), Rentenempfänger(in) m(f); (*dello stato*) Pensionär(in) m(f) C *m* **1** (*casa di riposo*) Senioren-, Altenheim n **2** (*collegio per studenti*) Studentenheim n ● **baby ~** (*chi ha una baby pensione*), Jungpensionär m (*wer nach wenigen Dienstjahren in Pension geht*).

pensióne f **1** (*rendita*) Rente f, Ruhegeld n; (*di statali*) Pension f: **una ~ di mille euro al mese**, eine Rente von Tausend Euro pro Monat; **~ di anzianità/guerra/invalidità/reversibilità**, Alters-/Kriegsopfer-/Invaliden-/Hinterbliebenenrente f; **~ integrativa/minima/sociale/vitalizia**, Zusatz-/Mindest-/Sozial-/Leibrente f; **pagare la ~ a qu**, jdm die Rente auszahlen; **ricevere/ritirare la ~**, Rente bekommen/beziehen; **~ di vecchiaia**, Altersruhegeld n, (Alters)rente f; **~ volontaria**, Freiwilligenrente f **2** (*condizione*) Ruhestand m; (*di statali*) Pension f: **andare/mettersi in ~**, in Pension/[in den Ruhestand]/[auf in Rente *fam*] gehen; **chiedere la ~ anticipata**, die Frühpensionierung/den Vorruhestand beantragen; **essere in ~**, in Pension/im Ruhestand/[auf fam Rente]/[in Rente] sein; **un giudice in ~**, ein Richter im Ruhestand; **mandare/mettere qu in ~**, jdn in den Ruhestand versetzen **3** (*fornitura di vitto e alloggio*) Pension f: **questo albergo fa ~**, dieses Hotel hat auch Pension; **essere stare a ~ da/presso qu**, bei jdm in Pension sein; **tenere a ~ qu**, jdn in Pension haben **4** (*retta*) Kostgeld n, Pension f: **la ~ è di 40 euro al giorno**, das Tagesgeld beträgt 40 Euro pro Tag **5** (*albergheto*) {+RIVIERA ADRIATICA} Pension f: **~ a gestione familiare**, familiär geführte Pension, Pension f mit Familienbetrieb ● **baby ~** (*data a persona giovane*) "Pension, die nach nur wenigen Jahren ausgezahlt wird"; **~ per cani**, Hundepension f; **~ completa** (*con alloggio e tutti i pasti*), Vollpension f; **mezza ~** (*con alloggio e un solo pasto*), Halbpension f.

pensionìstico, (-a) *agg* <-ci, -che> *amm* (*delle pensioni*) {SISTEMA, TRATTAMENTO} Renten-.

pènso m *scuola* (*compito dato come punizione*) Strafarbeit f.

pensosità <-> f (*atteggiamento pensoso*) Nachdenklichkeit f.

pensóso, (-a) *agg* **1** (*assorto in pensieri*) gedankenverloren, gedankenvoll, in Gedanken versunken/vertieft: **rimanere/starsene ~ in un angolo**, gedankenverloren in einer Ecke sitzen/hocken *fam süddt A CH* (bleiben) **2** (*meditativo*) {CARATTERE} nachdenklich **3** (*preoccupato*) {VOLTO} besorgt.

pentaèdro m *mat* (*in geometria*) Pentaeder m, Fünfflächner m.

pentafonìa f *mus* (*sistema*) Pentatonik f.

pentagonàle *agg mat* (*in geometria*) {FIGURA} fünfeckig, pentagonal, fünfkantig.

pentàgono m *mat* (*in geometria*) Fünfeck n: **~ regolare**, gleichseitiges Fünfeck ● **il Pentagono** *giorn mil polit* (*sede del Dipartimento di Difesa statunitense*), das Pentagon.

pentagràmma <-i> m *mus* Notenliniensystem n.

pentagrammàto, (-a) *agg mus* {FOGLIO} Noten-.

pentàmetro m *ling* Pentameter m.

pentàno m *chim* Pentan n.

pentapartìtico, (-a) *agg* <-ci, -che> *polit* (*di cinque partiti*) {ALLEANZA, COALIZIONE} Fünfparteien-.

pentapartìto m *polit* Fünfparteienregierung f.

pentapodìa f *ling* (*serie di cinque piedi*) Reihe f von fünf Füßen: **~ giambica**, fünffüßiger Jambus.

pentarchìa f *stor anche polit* Pentarchie f.

pentasillàbico, (-a) *agg* <-ci, -che> *agg ling* {VERSO} fünfsilbig.

Pentatèuco m <solo sing> *relig* Pentateuch m.

pentathlèta <-i m, -e f> *mf sport* Fünfkämpfer(in) m(f).

pèntathlon <-> m *sport* Fünfkampf m.

pèntatlon e deriv → **pentathlon** e deriv.

pentavalènte *agg chim* {ATOMO} fünfwertig.

pentecostàle *agg relig* (*della Pentecoste*) {FESTIVITÀ} Pfingst-.

Pentecòste f *relig* **1** (*solennità cristiana*) Pfingsten n, Pfingstfest n, Pentekoste f **2** (*festa ebraica*) Pfingsten n, Pfingstfest n, Wochenfest n, Schawuot <ohne art>.

Pentesilèa f *mitol* Penthesilea.

pentiménto m **1** (*rimorso*) {PROFONDO, SINCERO} Reue f: **mostrare ~**, Reue zeigen; **provare/sentire ~ per qc** (acc) empfinden/fühlen **2** (*cambiamento di parere*) Meinungsänderung f **3** (*correzione*) {+AUTORE} Korrektur f, Verbesserung f ● **~ operoso** *dir* (*recesso attivo*), Rücktritt m vom beendeten Versuch; **senza pentimenti** (*senza rimpianti*), reuelos, ohne Bedauern.

pentìrsi *itr pron* **1** *anche relig* (*provare rimorso*) **~ (di qc)** {DEL PROPRIO COMPORTAMENTO, DEI PROPRI PECCATI} *etw* bereuen: **si è pentito e ha cambiato vita**, er hat Reue empfunden und sein Leben geändert; **mi pento di averlo calunniato**, ich bereue es, ihn verleumdet zu haben **2** (*rimpiangere*) **~ (di qc)** *etw* bereuen, *etw* bedauern: **lo compri, non se ne pentirà**, kaufen Sie es, Sie werden es nicht (zu) bereuen (haben); **se n'è pentito amaramente**, er hat es bitter bereut; **non me ne sono mai pentita**, ich habe das nie bereut; **te ne pentirai per il resto della tua vita**, das wirst du (noch) dein ganzes Leben lang bereuen; **mi pento di non aver avuto figli**, ich bedaure es, keine Kinder bekommen zu haben; **un giorno ti pentirai di non avermi dato retta**, eines Tages wird es dir noch leidtun, nicht auf mich gehört zu haben **3** (*cambiare idea*) seine Ansicht/Meinung ändern, es sich (dat) anders überlegen: **aveva detto di sì al viaggio ma poi s'è pentito**, er hatte zu der Reise sein Okay gegeben, aber dann hat er sich's anders überlegt **4** *dir* mit der Justiz zusammen⌊arbeiten⌋, als Kronzeuge auf⌈treten ● **te ne pentirai!** (*di minaccia*), das wird dir noch leidtun!, das wirst du noch bereuen!

pentitìsmo m *giorn* (*fenomeno dei pentiti*) Kronzeugen-Phänomen n.

pentìto, (-a) A *agg* **1** *spec relig* (*ravveduto*)

reuevoll **2** *giorn* (*che collabora con la giustizia*) {MAFIOSO, TERRORISTA} Kronzeugen- **B** m (f) *spec relig* reuiger Mensch **C** m *giorn* (*collaboratore*) {+CAMORRA} Kronzeuge m.

péntola f **1** (*recipiente*) (Koch)topf m: ~ **di acciaio inossidabile**, Edelstahltopf m; **mettere la** ~ **sul fuoco**, den Topf auf das Feuer stellen/setzen; ~ **a pressione**, Schnellkochtopf m, Dampfkochtopf m **2** (*pentolata*) Topf m (voll): **una** ~ **di fagioli**, ein Topf (voll/mit) Bohnen ● **qualcosa bolle** in ~ *fig* (*si sta segretamente preparando*), hier wird etwas ausgekocht/ausgeheckt *fam*, da/es ist (et)was im Busch *fam*; **bollire come una** ~ **di** *fagioli fig* (*parlare continuamente*), ununterbrochen reden, reden wie ein Wasserfall *fam*; **in** ~ (*bollito*), {CONIGLIO, PATATE} gekocht; **mettere qc in** ~ (*metterlo a cuocere*), etw in den (Koch)topf geben; *sapere* **cosa bolle in** ~ *fig* (*essere ben informati*), wissen, ⌊wie der Hase läuft *fam*⌋/[was die Glocke geschlagen hat *fam*], im Bilde sein; **ogni** ~ **ha il suo coperchio** *prov*, jeder Topf findet seinen Deckel.

pentolàccia <-ce, pegg *di pentola*> f **1** (*pentola deteriorata*) hässlicher Topf **2** (*gioco popolare*) "eine Art Topfschlagen".

pentolàme m (*insieme di pentole*) Topf-, Kochset n.

pentolàta f **1** (*quantità di cibo*) Topf m: **una** ~ **di patate**, ein Topf (voll) Kartoffeln **2** (*colpo di pentola*) Schlag m mit einem Topf: **dare una** ~ **in testa a qu**, jdm mit einem Topf auf den Kopf schlagen.

pentolìno <*dim di pentola*> m **1** (*piccolo recipiente*) Töpfchen n, kleiner Topf **2** (*contenuto*) Töpfchen (voll) n: **un** ~ **di latte**, ein Töpfchen (voll) Milch.

pentolóne <*accr di pentola*> m **1** (*grosso recipiente*) großer Topf **2** (*contenuto*) großer Topf (voll): **un** ~ **di minestra**, ein großer Topf (voll/mit) Gemüsesuppe.

penùltimo, (-a) **A** agg (*che precede l'ultimo*) vorletzt(r, s), zweitletzt(r, s); {SILLABA} vorletzt(r, s): **la penultima fila**, die vorletzte Reihe; **il** ~ **giorno/mese**, der vorletzte Tag/Monat; (*per età*): **la penultima figlia**, die Zweitjüngste **B** m (f) (*chi precede l'ultimo*) Vorletzte mf decl come agg, Zweitletzte mf decl come agg; (*in gara*), der vorletzte Wettbewerbskonkurrent; (*per età*) Zweitjüngste mf decl come agg; **il** ~ **dei loro figli vive all'estero**, ihr Zweitjüngster lebt im Ausland.

penùria f (*scarsità*) ~ (**di** *qc*) {+CIBO, DENARO, MANODOPERA} Mangel m (*an etw dat*): **c'è** ~ **d'acqua**, es herrscht Wassermangel.

penzolànte agg **1** (*che pende giù*) {LABBRO} herabhängend; {CORDA} *anche* baumelnd **2** (*piegato*) {TESTA} gebeugt **3** (*penzoloni*) {GAMBE} baumelnd.

penzolàre itr (*pendere dall'alto*) ~ (**da** *qc*) {RAGNATELA DAL SOFFITTO, UVA DAI TRALCI} (*von etw dat*) herab|hängen, (*oscillando*) (hin|- und her|)baumeln: **lasciare** ~ **le gambe/la testa**, ⌊die Beine baumeln⌋/[den Kopf hängen] lassen.

penzolóni avv loc avv (*ciondolante*): (**a**) ~, (herab|)hängend, baumelnd; **un cane con la lingua** (**a**) ~, ein Hund mit heraushängender Zunge; **se ne stava seduto sullo sgabello con le gambe** (**a**) ~, er saß auf dem Hocker und baumelte mit den Beinen.

peón <-*es*> m *spagn* (*bracciante*) Peon m.

peònia f *bot* Pfingstrose f, Päonie f.

pepaiòla f **1** (*vasetto del pepe*) Pfefferstreuer m **2** (*macinapepe*) Pfeffermühle f.

pepàre tr (*condire con pepe*) ~ *qc* {CARNE, PESCE} *etw* pfeffern, *etw* mit Pfeffer würzen.

pepàto, (-a) agg **1** (*condito col pepe*) {INTINGOLO} gepfeffert, pfeffrig, Pfeffer- **2** *fig* (*pungente*) {RISPOSTA} bissig **3** *fig* (*caro*) {CONTO} gepfeffert *fam*, gesalzen *fam*.

pépe m **1** *bot* (*pianta*) Pfefferstrauch m **2** *gastr* Pfeffer m: ~ **bianco/nero/verde**, weißer/schwarzer/grüner Pfeffer; ~ **in grani**, Pfefferkörner n pl; ~ **macinato**, gemahlener Pfeffer **3** *fig* (*brio*) Schwung m, Verve f *forb*, Pep *fam*: **a questo racconto manca un po' di** ~, dieser Erzählung fehlt es ein wenig an Verve *forb*; ~ **al** ~ *gastr* (*condito col pepe*), {BISTECCA} Pfeffer-; ~ **di** *Caienna* (*paprica*), {BAMBINO} Pfeffer/Hummeln/Quecksilber im Hintern *fam*/Arsch *volg* haben; {RAGAZZA} peppig sein *fam*; **una risposta tutto** ~ (*pungente*), eine gepfefferte Antwort *fam*.

peperìno① m *geol* (*roccia*) Peperin m.

peperìno②, (-a) m (f) *fam* (*persona molto vivace*) lebhafter/temperamentvoller Mensch: **che** ~!, was für ein temperamentvoller Mensch!; (*bambino*) Wildfang m, Wirbelwind m.

peperonàta f *gastr* "Gericht aus gedünsteten Paprikaschoten".

peperoncìno <*dim di peperone*> m **1** *bot* (*pianta*) Paprika m; (*frutto*) Paprika-, Chilischote f **2** *gastr* scharfer Paprika, Chili m: ~ **rosso**, roter Paprika.

peperóne m *bot* **1** (*pianta*) Paprika m **2** *anche gastr* (*frutto*) Paprika m, Paprikaschote f: **peperoni al forno**, im Ofen gebratene Paprika; **peperoni sott'aceto/sott'olio**, in Essig/Öl eingelegte Paprika ● **ha un naso che sembra un** ~ *scherz* (*grosso e rosso*), der/die hat vielleicht einen roten Zinken! *fam scherz*; **diventare rosso come un** ~ *fig* (*arrossire molto*), bis über die/beide Ohren rot werden, rot werden wie eine Tomate *fam scherz*.

pepièra f (*vasetto per il pepe*) Pfefferstreuer m.

pepita f (*piccola massa di metallo*) Klumpen m: **una** ~ **d'oro**, ein Goldklumpen.

pèpsi <-> f *med* Verdauung f.

pepsìna f *biol* Pepsin n.

pèptico, (-a) <-*ci*, -*che*> agg *med* **1** (*della digestione*) Verdauungs-, peptisch *scient* **2** (*della pepsina*) {SECREZIONE} peptisch.

peptìde m *chim* Peptid n.

peptìdico, (-a) <-*ci*, -*che*> agg *chim* {LEGAME} Peptid-.

peptóne m *biol chim* Pepton n.

per A prep **1** *anche fig* (*moto attraverso luogo*) **per** *qc* durch *etw* (acc), über *etw* (acc): **il ladro è passato per la finestra**, der Einbrecher ist durch das Fenster eingestiegen; **passare per Milano**, über Mailand fahren; **passare per il cortile**, über den Hof gehen; **viaggiare per mare/terra**, auf dem See-/Landweg reisen; **cosa ti passa per la mente?**, was geht dir durch den Kopf? **2** (*moto entro luogo circoscritto*) **per** *qc* in *etw* (acc), durch *etw* (acc): **camminava su e giù per la stanza**, er/sie ging im Zimmer auf und ab; **passeggiare per il giardino/**[*centro storico*], durch den Garten/die Altstadt spazieren; **viaggiare per tutta l'America**, durch ganz Amerika reisen **3** (*moto a luogo*) **per** *qc* in *etw* (dat), an/in *etw* (acc): **partire per il mare**, ans Meer fahren; **partire per la montagna**, ⌊in die Berge⌋/[ins Gebirge] fahren; (*con nomi di paesi, regioni, ecc.*) **per** *qc* in *etw* (acc): **partire per l'Austria**, nach Österreich fahren; **domani parto per Londra**, morgen reise ich nach London (ab); **questa carrozza prosegue per Zurigo**, dieser Wagen fährt bis nach Zürich weiter; (*con nomi di paesi, regioni, ecc. che in ted hanno l'articolo*) in *etw* (acc); **partire per la Svizzera/Turchia/Toscana**, in die Schweiz/Türkei/Toskana fahren **4** (*stato in luogo*) **per** *qc* auf *etw* (dat), an *etw* (dat): **avere delle macchie per tutto il corpo**, Flecken ⌊auf dem⌋/[am] ganzen Körper haben; **essere sdraiato per terra**, auf dem Boden liegen **5** (*tra*) **per** *qc* durch *etw* (acc): **passare per i banchi a chiedere un'offerta**, durch die Bänke gehen und um eine Spende bitten **6** (*lungo*) **per** *qc*: **andare giù per la discesa**, die Abfahrt hinunterfahren/hinabfahren *forb*; **cadere per le scale**, die Treppe hinunterfallen **7** (*tempo continuato, spesso non tradotto*): **ha nevicato per tutto il pomeriggio**, es hat den ganzen Nachmittag geschneit; **ho aspettato per due ore**, ich habe zwei Stunden (lang) gewartet; **per quanto tempo?**, wie lange?; **non lo scorderò per tutta la vita**, das werde ich ⌊mein Leben lang⌋/[meinen Lebtag *fam*] nicht vergessen **8** (*tempo determinato*) **per** *qc* an *etw* (dat): **devi consegnare la lettera per giovedì**, du musst den Brief am Donnerstag abgeben; **hai già degli impegni per questa sera?**, hast du heute Abend schon etwas vor?; **la traduzione sarà pronta per la fine del mese**, die Übersetzung wird Ende des Monats fertig sein; (*con le feste*) zu *etw* (dat); **le scrivo per Natale/Pasqua**, ich schreibe ihr zu Weihnachten/Ostern; **ti telefono per il tuo compleanno**, ich rufe dich zu deinem Geburtstag an; (*con le ore*) gegen *etw* (acc); **per le quattro sarò libero**, gegen vier habe ich frei **9** (*mezzo*) **per** *qc* mit *etw* (dat), per *etw* (acc), in *etw* (dat): **inviare un messaggio per fax**, eine Nachricht faxen/[per Fax schicken]; **mandare un pacco per ferrovia/**[*via aerea*], ein Paket per Bahn/Luftpost senden; **spedire qc per posta**, etw ⌊mit der⌋/[per] Post schicken; **l'ho sentito per radio**, ich habe es im Radio gehört; **gli ho parlato per telefono**, ich habe mit ihm am Telefon gesprochen; **per via diplomatica/legale**, auf diplomatischem/rechtlichem Weg **10** (*causa*) **per** *qu* wegen *jdm*: **un'attrice famosa per i numerosi mariti**, eine wegen ihrer zahlreichen Ehemänner berühmte Schauspielerin; **ha rinunciato al trasferimento per il figlio**, er/sie hat wegen seines/ihres Sohnes auf die Versetzung verzichtet; **per** *qc* vor *etw* (dat), aus *etw* (dat), wegen *etw* (gen/dat *fam*), infolge *etw* (gen); **è stato premiato per il suo coraggio**, er ist für seinen Mut belohnt worden; **l'ho fatto per gelosia**, ich habe es aus Eifersucht getan; **piangere per la gioia**, vor Freude weinen, Freudentränen vergießen; **lamentarsi per** *qc*, sich über *etw* (acc) beklagen; **per quale motivo/ragione ti sei licenziato?**, aus welchem Grund/[weshalb] hast du gekündigt?; **soffrì molto per la morte del padre**, er/sie litt sehr unter dem Tod seines/ihres Vaters; **ero assente per motivi di salute**, mir fehlte aus gesundheitlichen Gründen; **il negozio è chiuso per lutto**, das Geschäft ist wegen eines Trauerfalls geschlossen; **la pianta è morta per il gelo**, die Pflanze ist erfroren; **una regione rinomata per i vini**, ein wegen seiner Weine berühmtes Gebiet **11** (*fine o scopo*) **per** *qc* für *etw* (acc): **equipaggiarsi per il campeggio**, sich fürs ⌊Camping⌋/[zum Campen/Zelten] ausrüsten; **sto studiando per l'esame**, ich lerne gerade für die Prüfung; **un regalo per il suo compleanno**, ein Geschenk zu seinem/ihrem Geburtstag; **preparare le valigie per il viaggio**, die Koffer für die Reise packen; (*tra due sostantivi si traduce a volte con una parola composta*) **comprare un cappotto per l'inverno**, einen Wintermantel kaufen; **pasti-**

glie per la tosse, Hustenbonbons m o n pl 12 (prezzo, stima) per qc für etw (acc): l'ho comprato per 300 euro, ich habe ihn/es für 300 Euro(s) gekauft; te lo vendo per poco, ich verkaufe es dir [für wenig Geld]/[billig] 13 (colpa) per qc wegen etw (gen): processare qu per rapina, gegen jdn wegen Raubüberfalls gerichtlich vorgehen 14 (predicativo) per qc zu etw (dat), für etw (acc), als etw (acc): li hanno dati per dispersi, sie haben sie als vermisst gemeldet; ha preso per moglie una tedesca, er hat eine Deutsche [zur Frau genommen]/[geheiratet] 15 (scambio o sostituzione) per qu/qc für jdn/etw: l'ho scambiato per un altro, ich habe ihn [für einen anderen gehalten]/[mit jemand anders verwechselt]; spacciarsi per un medico, sich für einen Arzt ausgeben; (seguito da pron) per qu für jdn, an jds Stelle; parla tu per me, sprich du [an meiner Stelle]/[für mich] 16 (verso) per qu/qc für jdn/etw: non sono portato per le lingue, ich bin [für Sprachen nicht begabt]/[nicht sprachbegabt]; provo simpatia per quel collega, ich finde den Kollegen sympathisch/[empfinde Sympathie für den Kollegen] 17 (svantaggio o vantaggio) per qu/qc für jdn/etw, etw (dat): lo faccio per il tuo bene, ich tue es zu deinem Besten; sacrificarsi per i figli, sich für die Kinder aufopfern; pregare per qu, für jdn beten; tifare per una squadra, Fan einer Mannschaft sein; la partita è finita quattro a due per noi, das Spiel ist vier zu zwei für uns ausgegangen; (a volte si traduce con un composto) gli anticrittogamici sono nocivi per l'ambiente, die Pflanzenschutzmittel sind umweltschädlich 18 (modo, maniera) per qc an etw (dat), in etw (dat): prendere qu per un braccio, jdn am/beim Arm nehmen; afferrare qu per i capelli, jdn an den Haaren packen; chiamare qu per cognome, jdn beim Nachnamen rufen; interrogare la classe per ordine alfabetico, die Klasse in alphabetischer Reihenfolge abfragen; l'ho detto per scherzo, ich habe das aus/im/zum Spaß gesagt; (a volte si traduce con un avv) mettere qc per iscritto, etw schriftlich festhalten 19 (misura o estensione): l'autostrada è interrotta per cinque kilometri, die Autobahn ist für fünf Kilometer unterbrochen; il campanile si innalza per 60 metri, der Kirchturm ist 60 Meter hoch; correre per 30 kilometri, 30 Kilometer (weit) laufen; i suoi terreni si estendono per molti ettari, seine/ihre Grundstücke erstrecken sich über viele Hektar 20 (limitazione) per qu/qc für jdn/etw: un film per un pubblico adulto, ein Film für Erwachsene; per essere un bambino, è molto giudizioso, für ein Kind ist er sehr vernünftig; piccolo per la sua età, klein für sein Alter; per la prima volta in vita mia ..., zum ersten Mal in meinem Leben ...; per questa volta ti perdono, (für) dieses (eine) Mal verzeihe ich dir 21 (distributivo) per qc für etw (acc): anno per anno, Jahr für Jahr, Jahr um Jahr; disporsi in fila per due, sich in Zweierreihen aufstellen; giorno per giorno, Tag für Tag; distribuisci i volantini uno per persona, gib jeweils einer Person ein Flugblatt; entrare uno per uno, einer nach dem anderen eintreten 22 (secondo la propria opinione): per me, meiner Meinung/Ansicht nach, nach meiner Meinung 23 (indica la percentuale): il tre per cento, drei Prozent 24 mat (nella moltiplicazione) mal: cinque per otto, fünf mal acht; moltiplicare per sette, mit sieben multiplizieren; (nella divisione) durch; dividere per sette, durch sieben teilen B cong 1 (finale) per ... inf; um zu ... inf:

l'ho fatto per aiutarlo, ich habe das getan, um ihn zu helfen; esco per fare una passeggiata, ich gehe hinaus und mache einen Spaziergang 2 (concessiva) per ... congv; so sehr/viel ... (auch) ... ind: per quanto mi sforzi non riesco a capirti, so sehr ich mich auch anstrenge, ich verstehe dich (einfach) nicht; per quanto grande sia, so groß er/sie/es auch sein mag 3 (causale) per ... inf: da ... ind, weil ... ind: è stato assolto per non aver commesso il fatto, er wurde freigesprochen, da er die Straftat nicht begangen hat 4 (consecutiva) per ... inf; um zu ... inf: è troppo giovane per andare in vacanza da solo, er ist zu jung, um allein in Urlaub zu fahren 5 (limitativa) per ... ind: per quel che ne so io, hanno già divorziato, so viel ich weiß, sind sie schon geschieden; per quanto mi riguarda, rimandare la cena non è un problema, was mich betrifft, können wir das Abendessen ruhig verschieben ● per di più (per giunta), außerdem, überdies, darüber hinaus, obendrein, noch dazu; e per di più non voleva pagare, und überdies wollte er/sie nicht bezahlen; per lo più → perlopiù; per traverso → traverso.

péra A f 1 (frutto) Birne f: ~ abate/kaiser/ruggine, Abate-/Kaiser-/Pfalzgrafenbirne f; pere cotte, gekochte Birnen; ~ William, Williams Christbirne 2 (per clistere) Klistierspritze f 3 fig scherz (testa) Birne f fam: grattarsi la ~, sich an der Birne kratzen fam 4 fig slang (iniezione di eroina) Schuss m slang: farsi una ~, sich (dat) einen Schuss setzen/drücken/machen slang B <inv> loc agg: a ~ 1 (a forma di ~) {TESTA} birn(en)förmig 2 fig fam (sconclusionato) {DISCORSO} zusammenhanglos ● cadere/cascare come una ~ cotta fig (innamorarsi subito), sich Hals über Kopf verlieben; fig (addormentarsi di colpo), vor Müdigkeit umfallen; caderci/cascarci come una ~ cotta fig (cadere in un inganno), hereinfallen, sich einwickeln lassen, sich übers Ohr hauen lassen fam; sembrare una ~ cotta fig (essere debole), ein Schwächling zu sein scheinen; quando la ~ è matura casca da sé prov, wenn der Apfel reif ist, fällt er von selbst vom Baum prov.

peràltro, per àltro avv loc avv 1 (del resto) übrigens, im Übrigen: ~ noi l'avevamo previsto, das hatten wir im Übrigen vorgesehen 2 (ma) aber, jedoch: il mio invito inatteso, ~ molto gradito, li stupì, meine unerwartete, aber durchaus willkommene Einladung verwunderte sie 3 (d'altra parte) allerdings: non vorrei ~ dirti una cosa sbagliata, ich möchte dir allerdings nichts Falsches sagen.

perbàcco inter fam (di meraviglia) (zum) Donnerwetter fam!: ~, che tempismo!, Donnerwetter, das ging aber schnell! fam.

perbène A <inv> agg 1 (onesto) {FAMIGLIA, RAGAZZA} rechtschaffen, anständig: sono persone ~, das sind anständige Leute B avv (con cura) ordentlich, sorgfältig, genau: fare le cose ~, die Dinge ordentlich machen, Nägel mit Köpfen machen fam.

perbenìsmo m spreg (conformismo) Kleinbürgerlich-, Spießbürgerlichkeit f spreg.

perbenìsta <-i m, -e f> spreg A agg (perbenistico) {SOCIETÀ, UOMO} klein-, spießbürgerlich spreg B mf (conformista) Klein-, Spießbürger(in) m(f) spreg.

perbenìstico, (-a) <-ci, -che> agg spreg (di perbenismo) {ATTEGGIAMENTO} klein-, spießbürgerlich spreg.

perboràto m chim Perborat n: ~ di sodio, Natriumperborat n.

percàlle m tess Perkal m.

percentìle m stat Perzentil m.

percènto, per cènto avv loc avv Prozent n: il 10 ~/10% di sconto sulla merce, 10 Prozent/10% Skonto auf die Ware; interesse del 6 ~/6%, 6 Prozent/6% Zinsen.

percentuàle A agg {INTERESSE} prozentual; {GUADAGNO, TASSO} anche Prozent- B f 1 (quota) {+ASTENSIONISTI, IMMIGRATI, INCIDENTI} Quote f; {+POPOLAZIONE} Anteil m; {+ABORTI, GUARIGIONI} Rate f 2 (contenuto) Gehalt m: birra a bassa ~ di alcol, Bier n mit geringem Alkoholgehalt: ~ di zucchero, Zuckergehalt m 3 (provvigione) Provision f: prendere una ~ sulle vendite, eine Provision auf den Verkauf nehmen 4 mat Prozentsatz m, Anteil m: una ~ del 20%, ein Anteil von 20%; calcolo in ~, Prozentrechnung f; fare una ~, eine Prozentrechnung ausführen.

percentualizzàre tr comm stat ~ qc etw prozentuieren.

percepìbile agg 1 (che si può sentire) {ODORE} wahrnehmbar; {SUONO} anche vernehmbar 2 (che si può cogliere) {DIFFERENZA} merklich, merkbar, wahrnehmbar, erkennbar 3 amm {INTERESSE, SOMMA} beziehbar.

percepìre <percepisco> tr 1 (sentire) ~ qc {ODORE} etw wahr|nehmen; {SUONO} anche etw vernehmen; {MOVIMENTO} etw wahr|nehmen, etw spüren 2 (accorgersi) ~ qc {DIFFERENZA} etw bemerken, etw wahr|nehmen, etw erkennen; {MINACCIA, PERICOLO, STIMOLO} etw erkennen, etw bemerken, etw (gen) gewahr werden forb; {CLIMA DI OSTILITÀ} etw spüren 3 amm (ricevere) ~ qc {ASSEGNO FAMILIARE, STIPENDIO} etw bekommen, etw beziehen 4 econ ~ qc {SOCIETÀ DIVIDENDI} etw erhalten 5 filos psic ~ qc etw wahr|nehmen, etw perzipieren, etw (gen) bewusst werden.

percettìbile agg 1 (che può essere sentito) {ODORE} wahrnehmbar; {VOCE} anche vernehmbar 2 (che si può cogliere) {DIFFERENZA} merklich, merkbar, wahrnehmbar, erkennbar.

percettibilità <-> f 1 (il poter essere sentito) {+ODORE} Wahrnehmbarkeit f; {+SUONO} anche Vernehmbarkeit f 2 (il poter essere colto) {+DIFFERENZA} Wahrnehmbarkeit f, Erkennbarkeit f.

percettività <-> f Wahrnehmungsvermögen n; (capacità di percepire odori) Geruchssinn m; (suoni) Gehör(sinn) m.

percettìvo, (-a) agg 1 (della percezione) {PROCESSO} Wahrnehmungs-, Perzeptions- 2 (atto a percepire odori e suoni) {FACOLTÀ} Wahrnehmungs-.

percezióne f 1 (il percepire) {+ODORE, SUONO} Wahrnehmung f; {+COLORE} anche Erkennen n 2 (facoltà di percepire odori e suoni) Wahrnehmungsfähigkeit f, Wahrnehmungsvermögen n 3 fig (sensazione) Wahrnehmung f, Gefühl n: ebbe la ~ di un imminente pericolo, er/sie spürte, dass Gefahr im Verzug war; la ~ del tempo, das Zeitgefühl 4 amm (riscossione) {+IMPOSTA} Beziehen n, Bezug m 5 filos psic Wahrnehmung f, Perzeption f.

perché A avv 1 (per quale motivo) warum, wieso, weshalb, weswegen: ~ non mangi? - Non ho fame, warum isst du nicht? - Ich habe keinen Hunger; non è venuto - ~?, er ist nicht gekommen - Warum (nicht)?; mi chiedo ~ tu gli abbia risposto male, ich frage mich, weshalb du ihm so unfreundlich geantwortet hast; è arrivato in ritardo ma non so ~, er hat sich verspätet, aber ich weiß nicht warum; ~ andare a piedi quando c'è la macchina?, wozu denn zu Fuß gehen, wenn ein Auto da ist?; ~ mai?, wieso (auch)? 2 (per quale scopo) wozu, wofür: ~ vuoi invitarlo?, wozu willst du ihn einladen?; mi serve subito - ~?, ich brauche das sofort – Wofür/Wozu? **B** *cong* **1** (*causale*) weil, denn, da: **non l'ho comprato ~ era troppo caro**, ich habe es/ihn nicht gekauft, denn es/er war zu teuer; **siamo rimasti a casa ~ pioveva**, wir sind zu Hause geblieben, weil es regnete; **non glielo vuole dire ~ tanto sarebbe inutile**, er/sie will es ihm nicht sagen, weil es sowieso sinnlos wäre; (*nelle risposte*) weil; **~ non fai più sport? ~ ~ non ho tempo**, warum treibst du keinen Sport mehr? – Weil ich keine Zeit habe **2** (*finale*) **~ ... congv**, damit ... ind: **facciamo molti sacrifici ~ tu possa studiare**, wir bringen viele Opfer, damit du studieren kannst **3** (*consecutiva*) **~ ... congv**, als dass ... congv: **è troppo orgoglioso ~ possa accettare il mio aiuto**, er ist zu stolz, als dass er meine Hilfe akzeptieren könnte **C** <-> **m 1** (*motivo*) Grund m, Warum n: **chiedere il ~ di una cosa**, nach dem Grund einer Sache fragen; **l'ha fatto senza un ~**, er/sie hat es einfach so getan **2** (*interrogativo*) Frage f: **i ~ della vita**, die Lebensfragen; **l'età dei ~**, das Warum-Alter ● **chissà ~**, wer weiß warum; **~ no/ sì!**, darum (nicht)₁/[darum]!; **~ non lo chiami? ~ ~ no!**, warum rufst du ihn nicht an? – Darum/[Weil ich ihn eben nicht anrufe]!; **potresti telefonargli e, ~ no, invitarlo a cena!**, du könntest ihn anrufen und, warum nicht?, zum Abendessen einladen; **~ non ti fermi a dormire da noi?** (*che ne dici di ...*), warum bleibst du nicht über Nacht bei uns?; **il ~ e il percome** *fam* (*i minimi dettagli*), das Warum und Weshalb; **chiedere il ~ e il percome**, nach dem Warum und Weshalb fragen; **voglio sapere il ~ e il percome**, ich will alles ₁bis ins kleinste Detail₁/[ganz genau]/ [haargenau] wissen.

perciò *cong* (*per questo motivo*) deshalb, darum, deswegen, daher: **faceva freddo e ~ non sono uscita**, es war kalt, deshalb bin ich nicht ausgegangen; **ho bisogno di un consiglio, ~ mi rivolgo a Lei**, ich brauche einen Rat, daher wende ich mich an Sie.

perclorato *m chim* Perchlorat n.

percòca *f bot merid* gelber Frühpfirsich.

percòco <-chi> *m* **1** *bot merid* Frühpfirsichbaum m **2** (*percòca*) gelber Frühpfirsich.

percóme *m* Weshalb n.

percorrènza *f spec ferr* {+TRENO} Strecke f: **a lunga ~**, Fern-.

percórrere <coniug *come* correre> *tr* **1** (*attraversare*) **~ qc** {LUCE SPAZIO} sich *durch etw* (acc) bewegen, *etw* durchziehen, {+AUTOSTRADA PAESE} *etw* durchziehen, durch *etw* (acc) führen; {FIUME PIANURA} *durch etw* (acc) fließen, *etw* durchfließen; *fig ~* **qc a qu** {BRIVIDO SCHIENA} *jdm über etw* (acc) laufen **2** (*a piedi*) **~ qc** {SENTIERO, STRADA} *etw* zu Fuß zurückℓlegen, *etw* zu Fuß gehen: **cinque kilometri**, fünf Kilometer zu Fuß gehen; **~ in corteo le vie del centro**, durch die Straßen der Stadtmitte ziehen, die Straßen des Zentrums durchlaufen **3** (*in macchina, in pullman*) **~ qc** {VIA} *etw* abℓfahren, *etw* zurückℓlegen: **una distanza/un tragitto**, eine Entfernung/ Strecke zurücklegen; **il treno percorre quel tratto in un'ora**, der Zug legt diese Strecke in einer Stunde zurück; **~ un paese in lungo e in largo**, kreuz und quer durch ein Land fahren/reisen, ein Land ₁kreuz und quer durchfahren₁/[durchkreuzen]; (*in aereo*) *etw* befliegen; (*in nave*) {CANALE} *etw* befahren; (*a nuoto*) *etw* durchschwimmen **4** (*seguire*) **~ qc** {PROIETTILE TRAIETTORIA} {+TU} zurückℓlegen, {TRANSATLANTICO ROTTA} befahren, *etw* halten **5** *fig* (*fare*) **~ qc** {TAPPE DI UNA CARRIERA} *etw* durchlaufen.

percorribile *agg* (*che può essere percorso*) {SENTIERO} begehbar; {PISTA DI ATTERRAGGIO,

STRADA} befahrbar: **questo tratto è ~ in un'ora**, diese Strecke lässt sich in einer Stunde zurücklegen.

percorribilità <-> *f* **1** (*praticabilità*) {+SENTIERO} Begehbarkeit f; {+PISTA DI ATTERRAGGIO, VALICO} Befahrbarkeit f: **~ delle strade**, Straßenzustand m **2** *fig* (*possibilità di riuscita*) {+STRATEGIA ELETTORALE} Erfolgsaussicht(en) f (pl).

percórso, (-a) **A** *part pass di* percorrere **B m 1** (*itinerario a piedi*) {ACCIDENTATO, AGEVOLE} Fußweg m, Fußstrecke f; (*con veicolo*) {BREVE, LUNGO} Strecke f, Route f; {+AUTOMOBILE} Strecke f; {+AEREO, NAVE} Route f; {+AUTOBUS} Streckenverlauf m; {+TRAM} Linie f: **compiere un ~ in due ore**, eine Strecke in zwei Stunden zurücklegen; **~ ferroviario/ tranviario**, Eisenbahn-/Straßenbahnlinie f; **seguire un ~**, einer Route folgen **2** (*viaggio*) Fahrt f: **durante il ~**, auf/während der Fahrt, unterwegs; **la comitiva ha cantato durante tutto il ~**, die Reisegruppe hat während der ganzen Fahrt gesungen **3** *aero*: **~ di atterramento/decollo**, Ausroll-/Rollweg m **4** *sport* (*tracciato*) Strecke f: **studiare il ~ di una gara**, die Rennstrecke studieren; (*nell'atletica*) Lauf m; **~ a ostacoli**, Hindernislauf m; (*nell'automobilismo, nel ciclismo*) Rennstrecke f; **~ di prova**, Probestrecke f; (*nell'equitazione*) Parcours m; **~ netto**, fehlerfreier Ritt; (*nel golf*) Platz m; (*nello sci*) {+SLALOM} Strecke f ● **~ attrezzato/ginnico/ vita**, Trimm-dich-Pfad m; **~ di guerra** mil, Kriegspfad m; **~ di lettura** *fig* (*guida alla lettura di un libro*), Interpretationsansatz m.

percòssa *f* (*colpo*) Schlag m, Hieb m: **si fece medicare per le percosse subite**, er/sie ließ sich wegen der erhaltenen Schläge verarzten.

percuòtere <*percuoto, percussi, percosso*> *tr* **1** (*colpire*) **~ qu/qc** (**con qc**) {DONNA, CANE CON UN BASTONE} *jdn/etw* (*mit etw* (dat)) schlagen, *jdn/etw* (*mit etw* (dat)) (ver)prügeln: **~ qu/qc con dei calci**, *etw* Fußtritte geben/versetzen **2** *fig lett* (*far vibrare*) **~ qc** {SUONO L'ARIA} *etw* durchdringen.

percussióne **A** *f* **1** (*colpo*) Schlag m, Stoß m **2** *med* Abklopfen n, Perkussion f *scient* **B** <inv> *loc agg*: **~ artiglieria** mil, {ARMA, FUCILE} Perkussions-; *mecc* {PERFORATRICE} Stoß-; *mus* {STRUMENTI} Schlag-, Perkussions- ● **le percussioni** mus, die Schlag-, Perkussionsinstrumente; **~ dell'imposta** *dir*, Steuerbelastung f.

percussionista <-i m, -e f> *mf mus* (*musicista*) Perkussionist(in) m(f).

percussóre *m artiglieria* (*congegno*) Schlagbolzen m.

percutàneo, (-a) *agg med* perkutan *scient*.

perdéi 1a pers sg del pass rem *di* perdere.

perdènte **A** *agg* **1** (*che perde*) {CAVALLO, FAZIONE, SQUADRA} unterliegend **2** *fig* {UOMO} verlierend, unterliegend: **essere nato ~**, der geborene Verlierer sein **B** *mf* **1** (*chi perde*) Verlierer(in) m(f), Unterlegene mf *decl come agg* **2** *fig* Verlierer(in) m(f), Versager(in) m(f): **nella vita è un ~**, im Leben ist er ein Versager.

pèrdere <irr *perdo, persi o perdei o perdetti, perso o perduto*> **A** *tr* **1** (*non avere più*) **~ qu/qc** {AMICI, L'APPETITO, LA MEMORIA, LA VISTA} *jdn/ etw* verlieren, {ACCENTO STRANIERO} *etw* anℓℓegen, {FIORE PROFUMO} *an etw* (dat) verlieren: **perdo i capelli/le forze**, mir gehen die Haare/Kräfte aus; **ha perso un dente**, ihm/ihr ist ein Zahn ausgefallen; **il sonno**, nicht mehr schlafen können; **l'anno scorso ha perso il padre**, letztes Jahr hat er/sie seinen/ihren Vater verloren; **la ditta ha perso molti clienti**, die Firma hat viele Kunden

verloren; **~ qc** {IMPIEGO, PATRIMONIO FAMILIARE, POSTO DI LAVORO} *etw* verlieren; *fig* {LO SCETTRO} *etw* verlieren; (*SOSPETTO CONSISTENZA*) *an etw* (dat) verlieren; {L'ONORE, LA REPUTAZIONE, IL SENNO, LA TESTA} *etw* verlieren; {ABITUDINE, VIZIO} *etw* abℓlegen; **~ i contatti con qu**, den Kontakt zu jdm verlieren; **ha perso il controllo** (*di sé*), er/sie hat die Beherrschung verloren, er/sie ist außer sich geraten **2** (*rimettere*) **~ qc** (**+ compl di luogo**) {OCCHIO IN UN INCIDENTE} *etw* (*bei etw* dat) verlieren: **~ soldi al gioco**, Geld beim Spiel verlieren **3** (*smarrire*) **~ qc** {ANELLO, PORTAFOGLIO} *etw* verlieren: **hai perso un bottone della camicia**, du hast einen Hemdknopf verloren **4** (*lasciar fuoriuscire*) **~ (qc)** {GAS} *etw* ausströmen lassen; {MACCHINA OLIO; SERBATOIO BENZINA} *etw* verlieren; {TUBO ACQUA} *anche etw* auslaufen (lassen): **la mia penna perde inchiostro**, mein Füller läuft aus; **la caldaia perde**, der Heizkessel ist undicht; **ha perso molto sangue dal naso**, er/sie hat ₁viel Blut aus der Nase verloren₁/[stark aus der Nase geblutet], er/sie hatte starkes Nasenbluten **5** (*lasciarsi sfuggire*) **~ qc** {COINCIDENZA, TRAM, TRENO} *etw* verpassen, *etw* versäumen; {FILM, OCCASIONE, SPETTACOLO, TRASMISSIONE} *etw* verpassen, *etw* (dat) entgehen lassen; {FRASE, PAROLA} *etw* fallen lassen **6** (*venire sconfitti*) **~ (qc)** {BATTAGLIA, GUERRA, INCONTRO, PARTITA} (*etw*) verlieren: **nelle ultime elezioni politiche hanno perso i partiti di sinistra**, bei den letzten Parlamentswahlen haben die Linksparteien verloren; **hai perso la scommessa**, du hast die Wette verloren; **chi perde ha sempre torto**, der Verlierer ist immer im Unrecht **7** *fig* (*sprecare*) **~ qc** {MATTINATA, ORE PREZIOSE, QUARTO D'ORA} *etw* vergeuden: **mi ha fatto ~ un sacco di tempo**, durch ihn/sie habe ich einen Haufen Zeit verloren *fam*; **~ qc in qc** {TEMPO IN CHIACCHIERE} *etw* durch *etw* (acc)/ *mit etw* (dat) verlieren **8** *fig* (*esaurire*) **~ qc** {LA CALMA, LA PAZIENZA} *etw* verlieren; {LA SPERANZA} *anche etw* aufℓgeben **9** *fig* (*non godere più*) **~ qc** {LA FIDUCIA, LA STIMA DI QU} *etw* verlieren **10** *econ* **~ qc** (+ compl di luogo) {AZIENDA MILIONI, RISPARMI IN UNA SPECULAZIONE SBAGLIATA} *etw* (*bei etw* dat) verlieren; (*uso assol*) Verluste machen **B** *itr* **1** (*diminuire*) **~ di qc** {MACCHINA DI VELOCITÀ} *an etw* (dat) verlieren; **~ (di qc)** {VINO DI SAPORE} *etw* verlieren, *an etw* (dat) verlieren **2** *fig* (*avere meno*) **~ di qc** {D'AUTORITÀ, DI PRESTIGIO, DI VALORE} *an etw* (dat) verlieren: **una città che ha perso di importanza**, eine Stadt, die an Bedeutung verloren hat; **~ in qc** {IN EFFICIENZA} *an etw* (dat) verlieren **C** *itr pron* **1** (*smarrirsi*): **perdersi** (**+ compl di luogo**) {IN UN BOSCO, A MONACO, PER TORINO} sich (*irgendwo*) verirren, sich (*irgendwo*) verlaufen; (*con un mezzo di trasporto*) sich (*irgendwo*) verfahren; *fig*: **perdersi** (*in qc*) {LA MENTE IN UN RAGIONAMENTO INTRICATO} sich *in etw* (dat) verlieren; {IN UN PROBLEMA} sich *in etw* (dat) verstricken **2** (*sparire*): **perdersi + compl di luogo** {TRA LA FOLLA} *in etw* (dat) unterℓgehen, *in etw* (dat) verloren gehen **3** (*svanire*): **perdersi in qc** {LUCI NELLA NEBBIA, MUSICA NELL'ARIA; STRADINA NEL BOSCO} sich *in etw* (dat) verlieren; {SUONO IN LONTANANZA} *in etw* (dat) verklingen **4** (*abbandonarsi*): **perdersi in qc** {NELLA CONTEMPLAZIONE, IN FANTASTICHERIE} sich *in etw* (dat) verlieren, sich *etw* (dat) hinℓgeben; **perdersi dietro a qc** {DIETRO A DEI SOGNI} sich *etw* (dat) verlieren **5** (*non avere più*): **perdersi di qc** {D'ANIMO, DI CORAGGIO} *etw* verlieren **6** (*gingillarsi*): **perdersi in qc** {IN CHIACCHIERE, IN FUTILITÀ, IN POLEMICHE} sich *mit etw* (dat) aufℓhalten **7** (*andare perso*): **perdersi** verloren gehen: **il documento si è**

perso, das Dokument ist verloren gegangen **8** (*scomparire*): **perdersi** verschwinden, ab|kommen: **sono usanze che vanno perdendosi**, diese Bräuche verschwinden/[verlieren sich] immer mehr **9** (*essere molto innamorato*): **perdersi *dietro a qu*** {DIETRO A UNA RAGAZZA} *für jdn* den Kopf verlieren **10** *fig lett* (*rovinarsi*): **perdersi** sich zu Grunde richten, sich ruinieren, sich ins Verderben stürzen, auf Abwege geraten: **finirà col perdersi**, er/sie wird sich noch zu Grunde richten; **perdersi *per qu*** {PER UN UOMO} sich *für jdn* ins Verderben stürzen ● **perderci (*in qc*)** (*rimetterci*), (etw) verlieren, etw einbüßen, draufzahlen *fam*; **è lui che ci perde**, er verliert dabei; er ist es, der dabei verliert; er zahlt dabei drauf *fam*; **perderci nel cambio**, durch den Umtausch verlieren/[Einbußen erleiden]; *a ~* (*che si può buttare via*), Einweg-; **imballaggio/vuoto a ~**, Einwegpackung f/Einwegflasche f; **non *avere* niente/nulla da ~** (*non rischiare nulla*), nichts zu verlieren haben; **ha tutto da ~ e niente da guadagnare**, er/sie kann nur verlieren; **lasciar ~ qu** (*ignorare*), jdn ignorieren, jdn vergessen, jdn nicht beachten, jdn links liegen lassen *fam*; **lascialo ~!**, ignoriere ihn einfach!, vergiss ihn!; **lasciar ~ qc**, etw bleiben/sein lassen, etw vergessen; **lascia ~ i pettegolezzi della gente!**, vergiss/[achte nicht auf] das Geschwätz der Leute! *fam*; **lasciamo ~!** (*non parliamone più*), lassen wir das!; **non l'hai visto? Non hai perso *niente/nulla!*** (*non era affatto interessante*), du hast ihn/es nicht gesehen? Da hast du absolut nichts verpasst!; **chi perde paga da bere** (*in una scommessa ecc.*), wer verliert, gibt einen aus *fam*; **non ~ una sola *parola/sillaba di qc*** (*stare attentissimi*), {DI UN DISCORSO} kein Wort von etw (dat) versäumen; **non *saper ~*** (*non accettare una sconfitta*), nicht verlieren können, ein schlechter Verlierer sein.

perdiàna *inter eufem* **1** (*di meraviglia*) Donnerwetter!, potztausend! *fam obs*, potz Blitz! *obs* **2** (*di disappunto*) na!, Herrschaft (nochmal)! *fam*; **~! se ne pentirà**, na/[Herrschaft (nochmal)] *fam*], das wird er/sie noch bereuen!

perdifiàto *solo nella* loc *avv*: **a ~**, {GRIDARE} aus vollem Hals, lauthals; **correre a ~**, bis zum Umfallen laufen; laufen, bis einem der Atem ausgeht.

perdigiórno <-> *mf* (*scansafatiche*) Taugenichts *m spreg obs*, Tagedieb *m spreg obs*.

perdìnci, *inter eufem* **1** (*di meraviglia*) herrje(mine)!, mein Gott!, Herrgott!: **~ che villa!**, herrjemine, was für eine Villa! **2** (*di impazienza*) Herrgott noch mal!: **sbrigati, ~!**, beeile dich, Herrgott noch mal! **3** (*di disappunto*) Herrgott noch mal!, Herrschaft (noch mal)! *fam*.

perdindirindìna *inter eufem* → **perdinci.**

perdìo, per Dio *inter* loc *inter fam* → **perdinci.**

pèrdita ▣ *f* **1** (*il rimanere privo*) {+AMICO, APPETITO, MADRE} Verlust *m*; {+FORZE, MEMORIA} *anche* Schwund *m*; {+CONCENTRAZIONE, INTERESSE} Nachlassen *n*; {+CAPELLI} Ausfall *m*: **~ dei beni/del patrimonio**, Vermögensverlust *m*, Vermögensverluste *f pl*; **di posto di lavoro**, Verlust *m* des Arbeitsplatzes; **~ di peso**, Gewichtsverlust *m*; **~ dell'udito/della vista**, Verlust *m* des Gehörs/Augenlichts; *fig* {+SCETTRO, TRONO} Verlust *m*; {+ABITUDINE, VIZIO} Ablegen *n* **2** (*diminuzione*) {+VELOCITÀ} Verlust *m*, Abnahme *f* **3** (*smarrimento*) {+PASSAPORTO, PORTAFOGLIO} Verlust *m* **4** (*fuoriuscita*) {+GAS} Ausströmen *n*; **le tubature hanno una ~ d'acqua**, die Wasserleitungen lecken, aus den Leitungen tropft Wasser; **il serbatoio ha una ~**, der Benzintank leckt; **~ di sangue dal naso**, Nasenbluten *n* **5** (*sconfitta*) Verlust *m*: **la ~ della battaglia**, die Niederlage, das Verlieren des Kampfes; **~ al gioco**, Verlust *m* beim Spiel; **subire una grave ~**, einen schweren Verlust erleiden **6** *fig* (*esaurimento*) {+SPERANZA} Verlust *m*, Aufgeben *n* **7** *fig* (*vuoto*) Verlust *m*: **la sua morte fu una terribile ~ per tutti noi**, sein/ihr Tod war ein schrecklicher Verlust für uns alle **8** *econ* {+CAPITALI, INTERESSI} Verlust *m*: **chiudere in ~ un bilancio**, eine Bilanz mit Verlust/einem Fehlbetrag/einem Defizit abschließen; **essere/trovarsi in ~**, Verluste verzeichnen, im Minus sein, in den Roten stecken *fam*; **lavorare in ~**, mit Verlust arbeiten; **perdite e profitti**, Gewinn-und-Verlust-Rechnung *f* **9** *mil* Verlust *m*: **l'esercito subì perdite ingenti**, das Heer erlitt schwere Verluste ▣ *loc avv fig* (*fin dove la vista può arrivare*): **a ~ d'occhio**, so weit das Auge reicht ● **perdite *bianche*** *med* (*leucorrea*), Weißfluss *m*, Leukorrhö(e) *f scient*; **~ di carico idraul**, Druckverlust *m*; **~ di coscienza** (*svenimento*), Ohnmacht *f*; **~ di identità** *psic*, Identitätsverlust *m*; **~ di quota** *aero*, Höhenverlust *m*; **perdite *rosse*** *med*, Menstruationsabgänge *m pl*; **~ secca** *econ*, effektiver Verlust; **~ di tempo** (*spreco*), Zeitverlust *m*, Zeitvergeudung *f*.

perditèmpo <-> ▣ *m* (*cosa inutile*) Zeitverschwendung *f* ▣ *mf* (*fannullone*) Nichtstuer(in) *m(f) spreg*, Nichtsnutz *m spreg obs*, Taugenichts *m spreg obs*.

perdizióne *f* (*rovina morale*) Verderben *n*: **condurre/portare qu alla ~**, jdn ins Verderben stürzen ● **la ~ eterna** *relig*, die ewige Verdammnis.

perdonàbile *agg* (*che si può perdonare*) {ERRORE} entschuldbar, verzeihlich.

perdonàre ▣ *tr* **1** (*assolvere*) **~ *qu/qc*** {NEMICO, TORTO} jdm/etw (acc) verzeihen, jdm/etw (acc) vergeben: **bisogna saper ~**, man muss vergeben können; **che Dio mi perdoni!**, Gott möge mir vergeben!, Gott sei mir gnädig!; **~ qc a qu** {SCAPPATELLA AL MARITO} jdm etw verzeihen; **questa non gliela perdono!**, das verzeihe ich ihm/ihr nicht!; **~ qu di qc** {DI UNA COLPA} jdm etw vergeben **2** (*scusare*) **~ *qu/qc*** jdn/etw entschuldigen, jdm verzeihen: **mi perdoni, dov'è il municipio?**, entschuldigen Sie, wo ist das Rathaus?; **perdona il ritardo/il disturbo/l'indiscrezione**, entschuldige die Verspätung/Störung/Indiskretion **3** (*risparmiare*) **~ (qu)** {MORTE NESSUNO} jdn verschonen: **un critico che non perdona**, ein unerbittlicher Kritiker; **è una malattia che non perdona**, es ist eine tödliche/unheilbare Krankheit ▣ *itr* (*concedere il perdono*) **~ a qu** jdm verzeihen ▣ *rfl rec* (*assolversi a vicenda*): **perdonarsi** einander verzeihen *forb* ▣ *rfl indir*: **perdonarsi qc** {GESTO} sich (dat) etw verzeihen.

perdóno *m* **1** (*atto*) {+OFFESA} Verzeihung *f*, Vergebung *f*: **non avrai mai il mio ~**, ich werde dir nie(mals) verzeihen; **chiedere/domandare ~ a qu**, jdn um Verzeihung bitten; **concedere/dare il ~ a qu**, jdm verzeihen; **il ~ dei peccati**, die Vergebung der Sünden **2** (*scusa*) Entschuldigung *f*, Verzeihung *f*: **ti chiedo ~ per il ritardo**, ich bitte dich um Entschuldigung für die Verspätung; **chiedo ~ La disturbo**, ich bitte um Entschuldigung/Verzeihung, wenn ich Sie störe ● **~ giudiziale (per i minori)** *dir*, "Absehen *n* von Strafe bei Jugendlichen unter bestimmten Voraussetzungen".

perduràre ▣ *itr* **1** <*essere o avere*> (*durare*) {SITUAZIONE} an|-, fort|dauern; {MALTEMPO, SICCITÀ} *anche* an|halten; {TOSSE} an|dauern, hartnäckig sein: **se la febbre perdura chiamo il medico**, wenn das Fieber andauert, rufe ich den Arzt **2** <*avere*> (*persistere*) **~ in qc** {IN UN PROPOSITO} *auf etw* (dat) beharren, *bei etw* (dat) bleiben; {NELL'ERRORE} *etw* bei|behalten, *etw* nicht ab|legen; {NEL VIZIO} *anche* sich nicht *von etw* (dat) abbringen lassen ▣ *m* (*il protrarsi*) {+ASSEDIO} Andauern *n*: **il ~ della malattia**, das Andauern der Krankheit.

perdutaménte *avv* (*follemente*) leidenschaftlich: **era ~ innamorata di lui**, sie war unsterblich/leidenschaftlich in ihn verliebt.

perdùto, (-a) *agg* **1** *fig* (*spacciato*) verloren: **essere ~**, verloren sein; **sentirsi ~**, sich verloren fühlen, sich (dat) verloren vorkommen **2** *fig relig* (*dissoluto*) {UOMO} verdorben, verkommen *spreg*, liederlich *spreg* **3** *fig relig* (*dannato*) {ANIMA} verdammt ● **andare ~** (*essere smarrito*), {DIPINTO} verloren gehen.

peregrinàre *itr* (*vagare*) **~ (+ compl di luogo)** {IN FRANCIA} (*irgendwo*) (umher|)ziehen, (*irgendwo*) (umher|)irren: **~ da una città all'altra**, von einer Stadt zur anderen ziehen/irren.

peregrinazióne *f* (*vagabondaggio*) Umherziehen *n*, Umherirren *n*, Vagabundieren *n*.

peregrìno, (-a) *agg iron* (*bislacco*) {IDEA} originell, ausgefallen.

perènne *agg* **1** (*continuo*) {MOTO} fortwährend, ständig, andauernd **2** (*che non si sciolglie mai*) {NEVI} ewig **3** (*imperituro*) {CELEBRITÀ, FAMA, GLORIA} ewig **4** *bot* {PIANTA} mehrjährig, Dauer- **5** *geog* {FONTE, SORGENTE} nie versiegend.

perenneménte *avv* (*sempre*) ständig, immer-, fortwährend: **è ~ a corto di quattrini**, ihm/ihr fehlt es ständig an dem nötigen Kleingeld *fam*.

perennità <-> *f* (*durata illimitata*) unbegrenzte Dauer.

perentoriaménte *avv* **1** (*in tono perentorio*) entschieden **2** *amm dir* endgültig, perem(p)torisch, zwingend.

perentorietà <-> *f* **1** (*categoricità*) {+ORDINE, RISPOSTA} Entschiedenheit *f* **2** *amm dir* {+SCADENZA} Endgültigkeit *f*; {+ECCEZIONE} perem(p)torischer Charakter, rechtszerstörender Charakter; {+NORMA} zwingender Charakter.

perentòrio, (-a) <-*ri* *m*> *agg* **1** (*che non mette replica*) {AFFERMAZIONE, RISPOSTA, TONO} entschieden, deutlich **2** *amm dir* {ECCEZIONE} peremptorisch, rechtszerstörend; {SCADENZA} endgültig; **termine ~** (*di decadenza*), Ausschlussfrist *f*, Verfallfrist *f*, Verwirkungsfrist *f*.

perepè, perepepè → parapà.

perequàre *tr* **~ qc** **1** *amm* (*ripartire equamente*) {PENSIONI, STIPENDI} *etw* an|-, aus|gleichen, *etw* gerecht verteilen **2** *econ* {CAMBI} *etw* aus|gleichen, *etw* stabilisieren **3** *stat etw* aus|gleichen.

perequazióne *f* **1** *amm* Ausgleich *m*, An-, Ausgleichen *n*: **~ fiscale/tributaria**, Steuerausgleich *m*; **~ degli oneri/stipendi**, Lasten-/Gehaltsausgleich *m* **2** *econ* Ausgleich *m*: **~ dei cambi**, Ausgleich *m* des Wechselkurses **3** *stat* {+DATI} Ausgleich *m*.

perestròica, perestròika → perestrojka.

perestròjka <-> *f russo* **1** *giorn polit* Perestroika *f* **2** *fig* (*rinnovamento*) radikale Erneuerung/Umstrukturierung.

perétta <*dim di pera*> *f* **1** *elettr* (*interruttore*) {+LUCE} Schnurschalter *m* **2** *med* (*recipiente*)

Klistierspritze f scient; (clistere) Einlauf m, Klistier n scient: **fare una ~**, einen Einlauf machen.

perfettaménte avv **1** (benissimo) perfekt, ausgezeichnet, sehr gut: **parla ~ il russo**, er/sie spricht perfekt Russisch; **suona ~ il pianoforte**, er/sie spielt sehr gut Klavier; **l'intervento è ~ riuscito**, der Eingriff ist einwandfrei gelungen **2** (completamente) völlig, ganz und gar: **è una cosa ~ inutile**, die Sache ist völlig nutzlos; **allora, ci siamo intesi? – ~!**, Also, ist das klar? – Absolut!

perfettìbile agg (migliorabile) {LAVORO, LEGGE} verbesserungs-, vervollkommnungsfähig, perfektibel forb.

perfettibilità <-> f lett (perfezionabilità) {+NATURA UMANA} Fähigkeit f zur Vervollkommnung, Perfektibilität f forb.

perfettìvo, (-a) agg gramm {ASPETTO} perfektiv.

perfètto, (-a) A agg **1** (eccellente) {CONOSCENZA DI UNA LINGUA} perfekt, ausgezeichnet, hervorragend: **è un ~ conoscitore della cultura araba**, er/sie ist ein hervorragender Kenner der arabischen Kultur **2** (completo) {OPERA} vollkommen, vollendet, perfekt: **è un lavoro ~**, das ist eine perfekte Arbeit **3** (ottimo) ausgezeichnet, sehr gut: **è in perfette condizioni di salute**, er/sie ist in ausgezeichneter gesundheitlicher Verfassung, sein/ihr Gesundheitszustand ist ausgezeichnet, er/sie erfreut sich bester Gesundheit; **l'auto è vecchia, ma è ancora in ~ stato**, das Auto ist zwar schon alt, aber noch in einem sehr guten Zustand **4** (totale) {SOMIGLIANZA} total, vollkommen: **la nostra intesa è perfetta**, wir sind uns vollkommen einig, zwischen uns herrscht voll(st)es/völliges Einverständnis **5** (privo di difetti) {COPIA} einwandfrei, tadellos, perfekt: **la torta è perfetta**, der Kuchen/die Torte ist tadellos {INSEGNANTE, MARITO} perfekt; **non puoi pretendere che io sia perfetta!**, du kannst nicht verlangen, dass ich perfekt bin! **6** (eseguito perfettamente) {DELITTO} perfekt **7** fig iron (vero) echt, absolut: **è un ~ cretino!**, er ist ein absoluter Schwachkopf spreg/[vollkommener Trottel fam spreg]/[Vollidiot fam spreg]! **8** chim fis {GAS} ideal **9** mat {NUMERO} perfekt **10** mus {ACCORDO} vollkommen **11** zoo {INSETTO} fertig B m gramm Perfekt n, Vergangenheit f C inter (di consenso) einverstanden: **ci incontriamo davanti al cinema? – ~!**, treffen wir uns vor dem Kino? – Einverstanden! • **nessuno è ~** (tutti possono sbagliare), niemand ist vollkommen.

perfezionàbile agg (migliorabile) {PROGETTO, RISULTATO} verbesserungs-, vervollkommnungsfähig.

perfezionaménto A m **1** (azione) {+METODO, TECNICA} Vervollkommnung f **2** (modifica) Verbesserung f, (Ab)änderung f: **apportare dei perfezionamenti a un progetto**, an einem Projekt Verbesserungen vornehmen **3** dir {+CONTRATTO} Abschluss m, Zustandekommen n B loc agg (di specializzazione): **di ~**, {CORSO, SCUOLA} Fortbildungs-.

perfezionàre A tr ~ **qc 1** (affinare) {METODO, STILE, TECNICA} etw perfektionieren, etw verfeinern **2** (rifinire) {CONGEGNO, MACCHINA, MOTORE} etw perfektionieren, {LAVORO} etw vollenden **3** (far progredire) {L'INGLESE, LO SPAGNOLO} etw verbessern, **4** dir {CONTRATTO} etw abschließen B itr pron **1** (progredire): **perfezionarsi** {TECNICA} sich weiter|entwickeln, fort| schreiten: **l'informatica si perfeziona ogni giorno**, die Informatik entwickelt sich stän-

dig/[jeden Tag] weiter **2** (approfondire la conoscenza): **perfezionarsi in qc** {STUDENTE NEL RUSSO} sich in etw (dat) fort|-, weiter|bilden: **andrò a Berlino per perfezionarmi nel tedesco**, ich werde nach Berlin gehen, um mein Deutsch zu verbessern/[meine Deutschkenntnisse zu vertiefen] **3** dir: **perfezionarsi** zustande kommen.

perfezióne A f **1** (compiutezza) {STILISTICA; +DIPINTO, OPERA, SCULTURA} Perfektion f, Vollkommenheit f: **aspirare/tendere alla ~**, nach Perfektion streben; **~ assoluta**, absolute Perfektion; **cercare/raggiungere la ~**, die Perfektion suchen/erreichen **2** dir (perfezionamento) Abschluss m, Zustandekommen n **3** relig {CRISTIANA, DIVINA} Vollkommenheit f B loc avv (benissimo): **a/alla ~**, perfekt; **conosce quest'autore alla ~**, er/sie ist ein perfekter Kenner dieses Autors; **la tua penna scrive alla ~**, dein Füllfederhalter schreibt sehr gut • **la ~ non è di questo mondo** prov, auf dieser Welt ist nichts vollkommen.

perfezionìsmo m anche psic (tendenza alla perfezione) Perfektionismus m.

perfezionìsta <-i m, -e f> anche psic A agg {SEGRETARIA} perfektionistisch B mf (chi tende al perfezionismo) Perfektionist(in) m(f).

perfidaménte avv (con malvagità) {AGIRE, COMPORTARSI, RISPONDERE} böswillig, (heim) tückisch.

perfìdia f **1** (malvagità) (Heim)tücke f, Bösartigkeit f, Perfidie f forb: **agire con ~**, mit Heimtücke/[Heimtückisch] handeln **2** (azione malvagia) Gemeinheit f, Perfidie f forb: **è un uomo capace di ogni ~**, dieser Mensch ist zu jeder Gemeinheit fähig.

pèrfido, (-a) agg **1** (malvagio) {AZIONE, GENTE} heimtückisch, bösartig, hinterlistig, perfid(e) forb **2** fig fam scherz (pessimo) {TEMPO} miserabel, ausgesprochen schlecht; {VINO} anche ungenießbar.

perfino avv **1** (addirittura) sogar, selbst: **è stata ~ in Nuova Zelanda**, sie war sogar in Neuseeland; **parla ~ l'ungherese**, er/sie spricht sogar Ungarisch; **~ i suoi genitori non l'hanno perdonata**, nicht einmal ihre Eltern haben ihr verziehen, selbst ihre Eltern haben ihr nicht verziehen **2** (soltanto) allein, nur: **mi viene male ~ a pensarci**, mir wird allein schon schlecht, wenn ich daran denke/[bei dem Gedanken schlecht].

perforàbile agg **1** (che si può trapanare, trivellare) {PARETE, ROCCIA} durchbohrbar **2** med {INTESTINO} durchbohrbar, perforierbar forb.

perforànte agg **1** (che perfora) {PROIETTILE} durchbohrend **2** fig (acuto) {VOCE} schrill, durchdringend, bohrend **3** anat {ARTERIA} durchströmend **4** med {ULCERA} durchbrechend, perforierend scient.

perforàre A tr **1** (trapanare) **~ qc** (con qc) {LAMIERA, PARETE} etw (mit etw dat) durch|bohren, etw (mit etw dat) durchlöchern **2** (trivellare) **~ qc** (con qc) {MONTAGNA, ROCCIA, SUOLO} etw (mit etw dat) durch| bohren **3** inform **~ qc** {SCHEDA} etw lochen, etw perforieren **4** med **~ qc** {PARETE DELLO STOMACO} etw perforieren scient B itr pron: **perforarsi 1** (subire una perforazione) {LASTRA} perforieren **2** med {INTESTINO} durch| brechen, perforieren scient.

perforàto, (-a) agg **1** inform {NASTRO, SCHEDA} Loch- **2** med {ULCERA} durchgebrochen, perforiert scient.

perforatóre, (-trice) A agg {MARTELLO} Bohr- B m **1** inform Locher m, Stanzer m **2** min Perforiergerät n C m (f) **1** inform Locher(in) m(f) **2** min Bohrer(in) m(f).

perforatrìce f **1** inform Perforier-, Lochmaschine f, Locher m **2** min Bohrhammer m, Bohrmaschine f, Bohrer m.

perforazióne f **1** (trivellazione) {+TERRENO} Bohrung f: **fare una ~**, eine Bohrung vornehmen; {+MONTAGNA, ROCCIA} Durchbohrung f **2** film fot {+PELLICOLA} Perforation f **3** inform {+NASTRO, SCHEDA} Lochung f, Stanzung f **4** med {+INTESTINO, STOMACO} Durchbruch m, Perforation f scient **5** min {+POZZO} Bohrung f.

performance <-> f ingl **1** (esecuzione) {+CANTANTE ROCK, TENORE} Darbietung f, Aufführung f: **una ~ di alto livello**, eine Darbietung von hohem Niveau **2** arte Performance f **3** econ {+PRODOTTO} Erfolg m; {+TITOLO} Ertrag m: **la Novartis ha registrato una ~ piuttosto mediocre**, die Novartis hat einen recht mäßigen Börsengang hingelegt **4** ling Performanz f **5** spec sport {DELUDENTE; +ATLETA, SQUADRA} Leistung f **6** tecnol {+MACCHINA} Leistung(skraft) f.

performànte agg (che ha buone prestazioni) {COMPUTER} leistungsstark.

performàre itr Erfolg haben, leistungsstark sein: **un fondo monetario che promette di ~**, ein erfolgsversprechender Währungsfond.

performatìvo, (-a) agg gramm {VERBO} performativ, performatorisch.

perfosfàto m chim Superphosphat n.

pergamèna f (cartapecora, documento) Pergament n.

pergamenàceo, (-a) agg (di pergamena) {MANOSCRITTO} Pergament-.

pèrgola f (tettoia) Laube f, Pergola f: **una ~ di vite**, eine Weinlaube/Weinpergola.

pergolàto m **1** (lunga pergola) Laube f, Pergola f: **sediamoci sotto il ~!**, setzen wir uns in die Laube/Pergola! **2** agr Weinlauben f pl.

peri|arterite f med Periartheritis f scient.

peri|artrite f med Periarthritis f scient.

pericàrdio <-di> m anat Herzbeutel m, Perikard(ium) n scient.

pericardìte f med Perikarditis f scient.

pericàrpo, pericàrpio <-pi> m bot Perikarp n.

Pèricle m stor Perikles m.

pericolànte agg **1** (che rischia di crollare) {EDIFICIO, MURO} einsturzgefährdet, baufällig **2** fig (instabile) {ECONOMIA} (krisen)gefährdet; {GOVERNO} anche unstabil, unsicher.

perìcolo m **1** (rischio) {GRAVE, IMMINENTE, SERIO} Gefahr f: **affrontare il ~**, einer Gefahr entgegentreten/[die Stirn bieten]; **in caso di ~**, bei Gefahr; **correre un ~**, Gefahr laufen; **essere in ~**, in Gefahr sein; **trovarsi in ~**, sich in Gefahr befinden, in Gefahr sein; **c'è il ~ di un'epidemia**, es besteht die Gefahr einer Epidemie; **c'è ~ che la fabbrica chiuda**, es besteht die Gefahr, dass die Fabrik stillgelegt wird **2** (persona o cosa pericolosa) Gefahr f: **le grandi città sono piene di pericoli**, die Großstädte sind voller Gefahren/[bergen viele Gefahren in sich forb]; **quell'uomo è un ~ per la società**, dieser Mann ist eine Gefahr für die Gesellschaft • **~!** (avvertimento), Achtung!; **amare il ~** fig (le situazioni pericolose), die Gefahr lieben; **non c'è ~** (non c'è nulla da temere), keine Angst/Sorge, es droht keine Gefahr, es gibt nichts zu befürchten; fig fam iron o scherz (non si corre il rischio), keine Sorge; **non c'è ~ ch'io vinca**, keine Sorge, ich gewinne ganz bestimmt nicht; **fuori ~**, außer Gefahr; **il malato è stato dichiarato fuori ~**, laut ärztlichem Befund ist der Kranke außer Lebensgefahr/[über dem Berg fam]; **il ~ è il mio mestiere** (sono abituato a ~), das Risiko gehört zu meinem Beruf; *mettere* in ~ *la vita di qu* (*far rischiare*), jds Leben aufs Spiel setzen; ~ *di morte*, Lebensgefahr f, Todesgefahr f *rar*; ~ *pubblico* (*persona pericolosa*), öffentliche Gefahr, gemeingefährlicher Mensch; ~ *di vita*, Lebensgefahr f.

pericolosaménte avv (*in modo rischioso*) {VIVERE} gefährlich.

pericolosità <-> f (*rischiosità*) {+SITUAZIONE} Gefährlichkeit f ● ~ **sociale** *dir*, Gemeingefährlichkeit f.

pericolóso, (-a) agg **1** (*rischioso*) {AMICIZIA} gefährlich; {CURVA, STRADA} anche unsicher; {IMPRESA, INTERVENTO} gefährlich, riskant, risikoreich; {ARGOMENTO, DISCORSO} heikel: **è** ~ **sporgersi dal finestrino**, es ist gefährlich, sich aus dem Fenster zu lehnen, (*nei treni*) nicht hinauslehnen! **2** (*dannoso*) {FUMO} schädlich; **il frullatore può essere** ~ **per un bambino piccolo**, der Mixer kann für ein Kleinkind gefährlich sein **3** (*che può far del male*) {CANE, UOMO} gefährlich **4** *sport* (*nel calcio*) {GIOCO} gefährlich.

pericòndrio <-*dri*> m *anat* Knorpelhaut f, Perichondrium n.

pericondrite f *med* Perichondritis f *scient*.

peridotite f *geol* Peridotit m, dunkles Tiefengestein.

peridurále agg *med* {ANESTESIA} Peridural-, Epidural-.

perièlio <-*li*> m *astr* Perihel n, Perihelium n.

periferìa A f **1** (*zona*) {+FRANCOFORTE, MILANO} Stadtrand m, Peripherie f (der Stadt): **abitare in** ~, am Stadtrand/[an der Peripherie der Stadt] wohnen **2** *anat* äußere/periphere Körperzonen f pl: **il sangue va dal cuore alla** ~, das Blut fließt vom Herzen zu den äußeren Körperzonen B <inv> loc agg (*situato in periferia*): **di** ~, {CASA, NEGOZIO} an der Peripherie; **cinema di** ~, Vorortkino n; **quartiere/zona di** ~, Stadtrandviertel n/Stadtrandgebiet n.

perifèrica <-*che*> f *inform* Peripheriegerät n.

perifèrico, (-a) <-*ci*, -*che*> A agg **1** (*di periferia*) {QUARTIERE, ZONA} peripher, (Stadt)rand-; {STRADA} Vorort- **2** *amm* {ENTE, UFFICIO} lokal **3** *anat* {CIRCOLAZIONE, SISTEMA NERVOSO} peripher **4** *inform* peripher, Peripherie-: **unità periferica**, periphere Einheit, Peripheriegerät n B *inform* Peripheriegerät n.

perifràsi <-> f *ling* (*giro di parole*) Umschreibung f, Periphrase f ● **parlare per** ~ (*in modo poco chiaro*), (um etwas) herumreden *fam*, drum rumreden *fam*; *senza tante* ~ (*in modo schietto*), unverblümt, ohne Umschweife, geradeheraus *fam*, klipp und klar *fam*.

perifràstico, (-a) <-*ci*, -*che*> agg *ling* {ESPRESSIONE} periphrastisch, umschreibend.

perigastrite f *med* Perigastritis f *scient*.

perigèo m *astr* {SOLARE} Perigäum n.

periménto m *dir* Untergang m.

perimetrále agg **1** (*esterno*) {STRISCIA D'ERBA} äußere(r, s); *edil* {MURO} Außen- **2** *mat* (*in geometria*) {MISURA} Außen-, äußere(r, s).

perimetro m **1** (*confine*) {+CAMPO} Begrenzungslinie f: **segnare il** ~ **di un terreno**, die Begrenzung(slinie) eines Grundstücks markieren **2** (*spazio*) Gebiet n: **fuori del** ~ **della città**, außerhalb des Stadtgebietes **3** *mat* (*in geometria*) {+RETTANGOLO} Umfang m: **calcolare il** ~ **di un quadrato**, den Umfang eines Quadrats berechnen **4** *med* (*in oculistica*) Perimeter m *scient*.

perinatále agg *med* {PATOLOGIA} perinatal *scient*.

perinatalità <-> f *med* (*periodo*) perinataler Zeitraum *scient*, Zeitraum m kurz vor der Entbindung.

perinatologìa f *med* Perinatologie f *scient*.

perineále agg *anat* (*del perineo*) {REGIONE} Perineal- *scient*, perineal *scient*.

perinèo m *anat* Damm m, Perineum n *scient*.

perioculáre agg *anat* periokulär, im Augenbereich.

periodáre A itr (*costruire le frasi*) Perioden bilden/bauen B m (*modo di scrivere*) {+T. MANN} Satzbau m: **avere un** ~ **pesante**, kompliziert/schwerfällig schreiben.

periodicaménte avv (*ciclicamente*) periodisch *forb*, regelmäßig: **sottoporsi** ~ **a controlli medici**, sich periodisch ärztlichen Kontrollen unterziehen *forb*, sich regelmäßig vom Arzt durchchecken lassen *fam*.

periodicità <-> f **1** (*ciclicità*) {+ATTACCHI FEBBRILI, VISITE} regelmäßige/periodische Wiederkehr, Periodizität f *forb* **2** (*intervallo di tempo*) (Zeit)abstand m: ~ **mensile/settimanale**, monatlicher/wöchentlicher Abstand.

periòdico, (-a) <-*ci*, -*che*> A agg **1** (*ciclico*) {VISITE} periodisch *forb*, regelmäßig (wiederkehrend); {PIOGGE, VENTI} zyklisch **2** (*che esce con regolarità*) {PUBBLICAZIONE} periodisch erscheinend *forb* **3** *chim* {SISTEMA DEGLI ELEMENTI} Perioden-, periodisch **4** *fis* {FENOMENO, MOTO} periodisch **5** *mat* {FUNZIONE, NUMERO} periodisch **6** *med* {MALATTIA} periodisch auftretend B m (*giornale*) Zeitschrift f, Periodikum n: ~ **mensile/settimanale**, Monats-/Wochenzeitschrift f.

periodizzáre tr (*dividere in periodi*) ~ *qc* {LA STORIA} etw periodisieren *forb*.

periodizzazióne f (*suddivisione*) {+STORIA LETTERARIA} Periodisierung f *forb*.

perìodo m **1** *gener* Periode f, Zeit f: ~ **delle feste/vacanze**, Feiertage m pl/Ferienzeit f; **il** ~ **delle piogge**, die Regenzeit; ~ **della semina**, Saatzeit f; **per un certo** ~ **di tempo**, für eine gewisse Zeit; **nell'ultimo** ~ **della sua vita si dedicò alla poesia**, in seinem/ihrem letzten Lebensabschnitt widmete er/sie sich der Poesie **2** (*momento*) {CRITICO, DIFFICILE, FELICE} Zeit(abschnitt m) f, Periode f: **sta attraversando un** ~ **di crisi**, er/sie macht gerade eine Krisenzeit durch; **passare un brutto** ~, eine schlimme Zeit durchmachen; **è solo un** ~ **transitorio**, es ist nur eine Übergangszeit **3** (*epoca*) {NAPOLEONICO; +CROCIATE, RESISTENZA} Zeit(alter n) f: ~ **di decadenza**, Zeit f des Niedergangs; ~ **di rinascita**, Zeit f der Renaissance/[des Wiederaufblühens]; ~ **di sviluppo**, Entwicklungsperiode f; **il** ~ **dell'Illuminismo**, die Zeit der Aufklärung; ~ **di transizione**, Übergangszeit f **4** *astr* Umlaufzeit f: ~ **di rivoluzione**, Umlaufzeit f, Periode f; ~ **di rotazione**, Umdrehungs-, Rotationszeit f **5** *chim* Periode f **6** *fis* Periode f, Schwingungsdauer f: ~ **di oscillazione**, Schwingungsperiode f, Schwingungsdauer f **7** *geol* Periode f, Formation f: ~ **devoniano**, Devon n; ~ **terziario**, Tertiär n **8** *gramm* Periode f, Satzgefüge n: ~ **breve/lungo/pesante**, kurze/lange/komplizierte Periode; ~ **ipotetico**, hypothetischer Satz, Satz m im Irrealis **9** *mat* {+FUNZIONE} Periode f **10** *med* Zeit f, Phase f: ~ **dilatante/espulsivo del parto**, Dehnungs-/Austobungsphase f bei der Geburt; ~ **fecondo**, Tage m pl/Zeit f mit der höchsten Fruchtbarkeit, die fruchtbaren Tage; ~ **finestra**/[di incubazione], Inkubationszeit f **11** *mus* Periode f: ~ **binario/ternario**, zwei-/dreiteilige Periode ● **andare a periodi** (*essere incostante*), unbeständig/launisch/wechselhaft sein; ~ **di aspettativa** *amm*, (unbezahlter) Sonderurlaub; **breve** ~ *econ*, kurze Periode; ~ **della doppia circolazione** *econ* (*monetaria europea*), Doppelwährungsphase f; ~ **elettorale** (*di elezioni*), Wahlperiode f; ~ **di garanzia** *comm*, Garantiefrist f; **lungo** ~ *econ*, lange Periode; ~ **di prova** (*per verificare le capacità di qu*), Probezeit f; ~ **di rodaggio** *autom* (*di assestamento*), Einfahrzeit f; *fig* (*di adattamento*), Eingewöhnungs-, Anpassungszeit f, Schonfrist f.

periodontite f *med* Periodontitis f *scient*.

periodònto m *anat* Zahnwurzelhaut f.

periòstio <-*sti*> m *anat* Knochenhaut f, Periost n *scient*.

periostite f *med* Knochenhautentzündung f, Periostitis f *scient*.

peripatètica <-*che*> f *eufem* (*prostituta*) Straßenmädchen n, Strichmädchen n *fam*.

peripatètico, (-a) <-*ci*, -*che*> *filos* A agg {DOTTRINA} peripatetisch B m (*filosofo*) Peripatetiker m.

peripezìa f **1** <*di solito al pl*> (*vicissitudine*) Schicksalsschläge m pl, Wechselfälle m pl (des Lebens), Widrigkeiten f pl: **dopo molte peripezie fece ritorno in patria**, nach vielen Widrigkeiten kehrte er/sie in die Heimat zurück **2** *lett* (*nella tragedia*) Peripetie f.

pèriplo m **1** (*circumnavigazione*) {+AFRICA} Umschiffung f: **compiere il** ~ **dell'Australia**, Australien umschiffen **2** *lett* (*narrazione*) Periplus m.

perìre <*perisco*> itr (*essere*) **1** *forb* (*morire*) ~ **in qc** {IN UN NAUFRAGIO} bei etw (dat) ums Leben kommen, *bei etw* (dat) um|kommen: **perirono in un disastro aereo**, sie kamen bei einem Flugzeugunglück ums Leben **2** *fig poet* (*andare distrutto*) {MONUMENTO, OPERA D'ARTE} verfallen; {ISTITUZIONE, STATO} zu Grunde gehen, unter|gehen **3** *fig poet* (*estinguersi*) {FAMA, GLORIA} vergehen, vergänglich sein.

periscòpico, (-a) <-*ci*, -*che*> agg **1** (*a periscopio*) {ANTENNA} Periskop-, periskopisch **2** *mar mil* {QUOTA} Periskop- **3** *ott* {LENTE} Periskop-.

periscòpio <-*pi*> m *mar mil ott* {+SOMMERGIBILE} Periskop n.

peristàlsi <-> f *anat* Peristaltik f.

peristàltico, (-a) <-*ci*, -*che*> agg *anat* {MOVIMENTO} peristaltisch.

peristìlio <-*li*> m *arch greca e romana* Peristyl(ium) n.

peritále agg *dir* {ACCERTAMENTO, INDAGINE, RELAZIONE} gutachterlich, gutachtlich.

peritársi itr pron *lett* (*non osare*) ~ **a/di fare qc** (*sich scheuen*)/[sich nicht trauen], etw zu tun: **non** ~ **a/di fare qc** (*osare*), sich nicht scheuen/[keine Bedenken haben], etw zu tun.

perìto[1] m **1** (*esperto*) Sachverständige mf decl come agg: ~ **dell'assicurazione**, Versicherungsgutachter m; **un** ~ **calligrafo**, ein Schriftsachverständiger; **chiedere il parere di un** ~, die Meinung eines Sachverständigen einholen, einen Sachverständigen um seine Meinung bitten; *dir* Gerichtssachverständige mf decl come agg: ~ **di parte**, Begutachter m; ~ **nominato dal tribunale**, gerichtlich bestellter Sachverständiger; ~ **settore**, Gerichtsprosektor m, amtlicher Leichenöffner m **2** *scuola*: **avere un diploma di** ~ **agrario**, diplomierter Landwirt sein; ~ **aziendale/industriale**, Industriekaufmann m; ~ **chimico/elettrotecnico**, Chemo-/Elektrotechniker m; ~ **informatico**, Informatiker m mit Fachoberschulreife.

perìto[2], (-a) A part pass di perire B agg (*deceduto*) ~ **in qc** {IN UN INCIDENTE} bei etw (dat) ums Leben gekommen, *bei etw* (dat)

umgekommen.
peritoneàle agg anat {CAVITÀ} peritoneal.
peritonèo m anat Bauchfell n.
peritonìte f med Bauchfellentzündung f, Peritonitis f scient.
peritùro, (-a) agg lett **1** (mortale) {CREATURA} sterblich, vergänglich **2** (effimero) {FAMA} vergänglich.
perìzia f **1** (maestria) Gewandtheit f, Fertigkeit f: **è un falegname di grande ~**, er ist ein sehr gewandter Tischler; **un lavoro fatto con ~**, eine meisterlich ausgeführte Arbeit; **un restauro che richiede grande ~**, eine Restaurierung, die große Meisterschaft erfordert **2** dir (consulenza tecnica) (Gerichts)sachverständigengutachten n: **~ balìstica**, ballistisches Gutachten; **~ calligràfica**, Schriftgutachten n; **chiedere una ~**, ein Gutachten anfordern; **eseguire/fare una ~**, ein Gutachten erstellen; **~ mèdico-legale**, gerichtsmedizinisches Gutachten; **~ di parte**, (Sachverständigen)gutachten n eines von einer Partei/einem Beteiligten bestimmten Gutachters; **~ psichiàtrica**, psychiatrisches Gutachten; (relazione) Gutachten n; **redigere/ stendere la ~**, das Gutachten abfassen.
periziàre <perizio, perizi> tr (fare la perizia di qc) **~ qc** {TERRENO} etw begutachten.
perizòma <-i> m **1** (tanga) Tanga m **2** etnol Lendenschurz m.
pèrla A f **1** Perle f: **~ artificiàle/naturàle/vera**, künstliche/natürliche/echte Perle; **una collana di perle**, eine Perlenkette; **~ coltivàta**, Zuchtperle f **2** fig (gioiello) Juwel n, Perle f: **il Duomo di Strasburgo è una ~ dell'arte gòtica**, der Straßburger Dom ist ein Juwel gotischer Baukunst **3** fig (persona rara) Juwel n, Perle f: **tua moglie è una vera ~**, deine Frau ist eine echte Perle **4** fig (oggetto a forma di ~) Perle f: **perle da bagno**, Badeperlen f pl; **~ di rugiàda**, Tautropfen m **5** fig iron (strafalcione) grober Schnitzer fam, Klops m fam, dicker Fehler fam **6** arch (elemento decorativo) "kreis-, eiförmiges Dekorationselement" **7** farm Kapsel f B <inv> agg perlfarben: **una giacca grigio ~**, eine perlgraue Jacke • **una ~ d'uomo** fig (uomo eccezionale), ein außergewöhnlicher Mann; **quella ragazza è una ~ di saggezza/ virtù** fig iron, dieses Mädchen ist ein wahrer Ausbund an Weisheit/Tugend iron; **infilare una ~**, eine Perle aufreihen; fig (fare uno strafalcione), einen groben Schnitzer machen fam, sich (dat) einen (dicken) Klops erlauben fam; **dare/[gettare le] perle ai pòrci** fig (dare a chi non apprezza), Perlen vor die Säue werfen fam.
perlàceo, (-a) agg lett (color perla) {CIELO, VETRO} perlfarben.
perlage <-> m franc enol Perlen f pl (im Champagner/Sekt).
perlaquàle, per la quàle fam A <inv> agg loc agg (perbene) anständig, sauber: **un giovane ~**, ein anständiger junger Mann; **non è un tipo tanto ~**, der Typ ist nicht ganz sauber iron B avv loc avv (bene) besonders (gut): **la cosa non è andata tanto ~**, die Angelegenheit ist leider nicht besonders gut gelaufen.
perlàto, (-a) agg **1** (con perle) {DIADEMA} Perlen- **2** (luminoso) {BIANCO, ROSA} perl-, Perl-: **colore ~**, perlfarben **3** (mondato) {ORZO, RISO} perlig, perlförmig **4** tess (perlé): **cotone ~**, Perlgarn n.
perlé <inv> agg franc tess (per ricamo): **cotone ~**, Perlgarn n.
perlìfero, (-a) agg (che produce perle) {OSTRICA} Perl(en)-.

perlìna <dim di perla> f **1** kleine Perle, Perlchen n **2** (per collane ecc.) (Glas)perle f: **un braccialetto di perline**, ein Perlenarmband **3** edil Spundbrett n: **rivestire di perline il muro**, die Wand verschalen/verkleiden **4** numism: **cerchio di perline**, Perlrand m.
perlinàto A agg film {SCHERMO} perlenbeschichtet B m **1** edil Spundbelag m **2** numism Perlrand m.
perlinatùra f **1** edil Verschalung f, Verkleidung f **2** film {+SCHERMO} Perlenbeschichtung f.
perlinguàle agg farm {USO} perlingual, durch die Zunge.
perlìte f **1** metall Perlit m **2** min Perlit(stein) m.
perlomèno, per lo mèno avv loc avv (almeno) wenigstens, mindestens: **dovrà aspettare ~ un'ora**, er/sie wird [Sie werden] mindestens eine Stunde warten müssen; **potevi ~ avvisarci**, du hättest uns zumindest/wenigstens benachrichtigen können; **costerà ~ due milioni**, das wird mindestens/wenigstens zwei Millionen kosten.
Pèrlon® <-> m ingl chim Perlon n.
perlopiù, per lo più avv loc avv **1** (quasi sempre) meistens, fast immer: **vive ~ a Milano**, er/sie lebt hauptsächlich/meistens in Mailand; **d'estate andiamo ~ al mare**, im Sommer fahren wir meistens/[fast immer] ans Meer **2** (specialmente) insbesondere, im Besonderen, hauptsächlich: **i nostri clienti sono ~ giovani**, unsere Kundschaft besteht hauptsächlich aus jungen Leuten.
perlustràre tr **~ qc 1** (ispezionare) {POLIZIA ZONA} etw durch|kämmen, etw durchsuchen **2** fig fam (frugare dappertutto) etw durchsuchen: **ho perlustrato tutta la casa, ma non l'ho trovato**, ich habe das ganze Haus von oben bis unten durchsucht/[auf den Kopf gestellt fam], es/ihn aber nicht gefunden **3** mil etw erkunden.
perlustrazióne f **1** (ispezione) {+QUARTIERE} Durchsuchung f **2** mil Erkundung f: **andare in ~**, auf Erkundung gehen; **fare una/[un giro di] ~**, einen Erkundungsgang/eine Erkundungsfahrt machen; **mandare qu in ~**, jdn auf Erkundung schicken.
permafrost <-> m ingl geol Permafrost(boden) m, Dauerfrostboden m.
permagèlo <-> m geol Permafrost(boden) m, Dauerfrostboden m.
permalósa f → **permaloso**.
permalosità <-> f (suscettibilità) Überempfindlichkeit f, Reizbarkeit f.
permalóso, (-a) A agg (suscettibile) {CARATTERE, RAGAZZO} überempfindlich, übelnehmerisch, nachtragend, mimosenhaft spreg: **ma come sei ~!**, du bist aber/vielleicht empfindlich! B m (f) (persona) Mimose f spreg, überempfindlicher/nachtragender Mensch.
permanènte A agg **1** (che non chiude mai) {ESPOSIZIONE, MOSTRA} Dauer- **2** (stabile) {COMITATO, COMMISSIONE} ständig **3** (continuo) {CRISI} anhaltend, andauernd, permanent: **essere in un stato d'ansia ~**, in einem permanenten Angstzustand sein **4** (a oltranza) unbegrenzt: **stato di agitazione ~**, unbegrenzter Agitationszustand **5** (che non si altera) {COLORE} bleibend, echt **6** chim fis {GAS} permanent **7** dir econ {REATO, CREDITO} Dauer- **8** elettr {MAGNETE} Dauer- **9** mil {ESERCITO} stehend B f (arricciatura dei capelli) Dauerwelle f: **fare la ~**, eine Dauerwelle legen; **farsi la ~**, sich (dat) eine Dauerwelle legen lassen; **~ leggera**, leicht gelockte Dauerwelle.

permanenteménte avv (costantemente) ständig, permanent, ständig.
permanènza A f **1** (soggiorno) Aufenthalt m: **buona ~!**, angenehmen Aufenthalt!; **la mia ~ qui da voi sarà breve**, ich werde mich nur kurz bei euch aufhalten; **è tornato dopo una lunga ~ a Berlino**, er ist nach einem langen Aufenthalt in Berlin/[Berlinaufenthalt] heimgekehrt **2** (il perdurare) {+CRISI, FENOMENO} Fortdauer f, Anhalten n, Andauern n; {+FEBBRE, SINTOMO} Andauern n; {+NUVOLOSITÀ} anche Anhalten n B loc avv (di continuo): **in ~**, {FUNZIONARE} ständig.
permanére <irr permango, permasi, permaso> itr <essere> **1** (rimanere) + agg {LE CONDIZIONI DEL FERITO GRAVI} weiterhin + agg sein, (weiterhin) + agg bleiben: **il tasso d'inquinamento permane alto**, der Schadstoffanteil ist weiterhin hoch; **il tempo permane nuvoloso**, es bleibt bewölkt **2** (perdurare) {STATO DI CRISI} an|dauern.
permanganàto m chim Permanganat n: **~ di potassio**, Kaliumpermanganat n.
permangànico, (-a) <-ci, -che> agg chim {ACIDO, ANIDRIDE} Permangan-.
permàngo 1ª pers sing dell'ind pres di permanere.
permàsi 1ª pers sing del pass rem di permanere.
permàso part pass di permanere.
permeàbile agg **1** (penetrabile) {CORPO, MEMBRANA} durchlässig, undicht, permeabel scient: **~ all'acqua**, wasserdurchlässig **2** agr {TERRENO} durchlässig.
permeabilità <-> f **1** (penetrabilità) Durchlässigkeit f, Permeabilität f scient: **~ all'acqua**, Wasserdurchlässigkeit f **2** agr {+TERRENO} Durchlässigkeit f • **~ cellulàre** biol, Zellpermeabilität f; **~ magnètica** fis, magnetische Permeabilität f.
permeànza f fis Permeanz f, magnetische Leitfähigkeit, magnetischer Leitwert.
permeàre tr **~ qc 1** (penetrare) {ACQUA TERRENO} etw durchdringen, in etw (acc) ein|dringen **2** fig (pervadere) etw prägen, etw durchdringen: **un racconto permeato di mitologia nordica**, eine von nordischer Mythologie durchdrungene Erzählung.
permésso① m **1** (consenso) Erlaubnis f: **avere il ~ di fare qc**, die Erlaubnis haben, etw zu tun; **chiedere a qu il ~ di fare qc**, jdn um (die) Erlaubnis bitten, etw zu tun; **dare a qu il ~ di fare qc**, jdm die Erlaubnis geben, etw zu tun; **farsi dare da qu il ~ di fare qc**, sich (dat) von jdm die Erlaubnis geben lassen, etw zu tun; **è uscito senza il ~ dei genitori**, er ist ohne Erlaubnis seiner Eltern aus dem Haus gegangen **2** (foglio scritto) Genehmigung f, Erlaubnis(schein m) f **3** amm Beurlaubung f, Urlaub m: **avere un giorno di ~**, einen Tag Urlaub haben; **chiedere un ~ di due ore**, zwei Stunden Urlaub beantragen; **dare a qu un ~**, jdm Urlaub geben; **essere in ~**, beurlaubt sein, dienstfrei haben; **prendere un ~**, sich (dat) dienstfrei nehmen; **ho preso un ~ di una settimana**, ich habe mir eine Woche frei genommen **4** mil Urlaub m: **essere in ~**, im Urlaub sein • **~ di càccia/pésca** (licenza), Jagd-/Angelschein m; **~ di circolazióne** amm autom, Fahrerlaubnis f; **con ~** (formula di cortesia), erlauben Sie?, Sie gestatten?; **con il tuo ~**, mit deiner Erlaubnis, wenn du gestattest; **con il Suo ~**, wenn Sie gestatten, mit Ihrer Erlaubnis; **~ di costruzióne/fabbricazióne** amm edil, Bauerlaubnis f; **~ di lavóro** amm, Arbeitserlaubnis f, Arbeitsgenehmigung f; **~ di soggiórno** amm, Aufenthaltserlaubnis f, Aufenthaltsgenehmigung f.

permésso② , (-a) agg (*consentito*) {PAUSA, RIPENSAMENTO} erlaubt: **qui non è ~ sostare**, hier ist Halten verboten; **crede che tutto gli sia ~**, er/sie glaubt, dass er/sie alles machen darf • **(è) ~?** (*per chiedere di entrare o passare*), gestatten Sie?, darf ich?

perméttere <irr *permetto, permisi, peremesso*> A tr 1 (*dare il permesso*) **~ qc** (**a qu**) (*jdm*) *etw* erlauben; {MANIFESTAZIONE AGLI STUDENTI} *anche etw* genehmigen, *etw* zu|lassen: **verrò se i miei genitori me lo permettono**, ich komme mit, wenn es mir meine Eltern erlauben; **il preside non permette che si fumi a scuola**, der Direktor erlaubt das Rauchen in der Schule nicht; **il medico mi ha permesso di uscire**, der Arzt hat mir erlaubt, (hin)auszugehen 2 (*consentire*) **~ qc** (**a qu**) (*jdm*) *etw* erlauben, (*jdm*) *etw* ermöglichen: **le nostre finanze non ci permettono di comprare una casa**, unsere finanzielle Situation erlaubt/[Finanzen *fam* erlauben] es uns nicht, ein Haus zu kaufen; **l'incontro ha permesso di chiarire alcuni problemi**, das Treffen hat es ermöglicht, einige Probleme zu klären 3 (*offrire la possibilità*) {STAGIONE} *etw* zu|lassen, *etw* erlauben: **se il tempo permetterà, faremo un barbecue**, wenn das Wetter es zulässt/erlaubt, machen wir eine Grillparty; **bambini/lavoro permettendo ...**, wenn es die Kinder zulassen/[Arbeit ermöglicht] ... 4 (*tollerare*) **~ qc** *etw* dulden, *etw* zu|lassen: **e tu permetti un atteggiamento del genere?**, und du duldest ein solches Verhalten?/[lässt ein derartiges Verhalten zu]?; **non permetto, che mi manchiate di rispetto**, ich dulde nicht, dass ihr es mir gegenüber an Respekt fehlen lasst 5 (*in formule di cortesia*) **~** (**qc**) (**a qu**) (*jdm*) *etw* gestatten: **permette una domanda?**, gestatten Sie mir eine Frage?; **permette questo ballo?**, darf ich Sie um diesen Tanz bitten?; **permette che mi sieda?**, gestatten Sie, dass ich mich setze? B *rfl indir* 1 (*avere la possibilità spec economica*): **permettersi qc** {UN VIAGGIO ALLE HAWAII} sich (*dat*) *etw* erlauben, sich (*dat*) *etw* leisten: **questa spesa non possiamo permettercela**, diese Ausgaben können wir uns nicht leisten; **non possiamo permetterci di sbagliare**, wir können uns keinen Fehler erlauben 2 (*prendersi la libertà*): **permettersi** (**qc**) {CRITICA, GIUDIZIO} sich (*dat*) *etw* erlauben, sich (*dat*) *etw* heraus|nehmen: **non permetterti mai più di trattarmi così!**, untersteh dich nicht noch einmal, mich so zu behandeln!; **mi permetto/[posso permettermi] di farLe notare che ...**, ich erlaube mir, Sie darauf aufmerksam zu machen, dass ...; **come si permette?**, was fällt Ihnen (eigentlich) ein?, erlauben Sie mal! *fam*; **come ti permetti di leggere la mia posta?**, was fällt dir ein/[wie kommst du dazu], meine Post zu lesen?; **non mi permetterei mai!**, das würde ich mir erlauben!

permiàno, (-a), **pèrmico**, (-a) <-ci, -che> *geol* A agg permisch B m Perm n.

per mille *loc avv* promille: **salinità del 43 per mille**/[‰], 43 promille/‰ Salzgehalt.

permissivìsmo m *pedag psic* Permissivität f.

permissività <-> f (*l'essere permissivo*) {+GENITORE} Freizügigkeit f, Permissivität f.

permissivo, (-a) agg 1 (*indulgente*) {EDUCAZIONE, GENITORE, SCUOLA, SOCIETÀ} freizügig, permissiv 2 *dir* {+NORMA} Erlaubnis-.

pèrmuta f *dir* Tauschvertrag m, Tauschgeschäft n, Tausch m: **avere/dare in ~**, etwas zum Tausch haben/[in Tausch geben]; **fare una ~**, ein Tauschgeschäft tätigen.

permutàbile agg 1 (*che si può scambiare*) {BENE, VALORE} permutabel, ein-, umtauschbar 2 *mat* permutabel, aus-, vertauschbar.

permutabilità <-> f 1 (*possibilità di scambio*) {+ALLOGGIO} Eintauschbarkeit f 2 *mat* Permutabilität f, Aus-, Vertauschbarkeit f.

permutàre tr 1 (*scambiare*) **~ qc** (**con qc**) {MERCE} *etw* (*gegen/für etw* acc) ein|tauschen, *etw* (*gegen etw* acc) um|tauschen 2 *mat* **~ qc** {FATTORI DI UN PRODOTTO} *etw* permutieren.

permutatóre m *tel* (*dispositivo*) {TELEFONICO} (Haupt)verteiler m.

permutazióne f 1 *mat* Permutation f 2 *tel* (Haupt)verteilung f.

pernàcchia f (*suono volgare*) "Nachahmen des Furzgeräusches, um jdn zu verspotten": **fare una ~** (**a qu**) jdn mit einem Furzgeräusch verhöhnen.

pernìce f *ornit* Rebhuhn n: **~ bianca/rossa**, Schnee-/Rothuhn n.

pernicióso, (-a) agg 1 (*dannoso*) {CONSIGLIO, DECISIONE} gefährlich, folgenschwer; {EFFETTO} schädlich 2 *med* {ANEMIA, FEBBRE} bösartig, gefährlich, perniziös *scient*.

pèrno m 1 *fig* (*punto di riferimento*) {+FAMIGLIA} Stütze f 2 *fig* (*fulcro*) {+DISCORSO} Kern m 3 *mecc* Bolzen m, Stift m, Zapfen m: **~ portante**, Tragzapfen m; **~ di rotazione**, Drehzapfen m; **~ di serraggio**, Sperrbolzen m; **~ di spinta**, Spur-, Stützzapfen m; **~ a vite**, Gewindestift m • **fare ~ su qu/qc** *fig* (*farvi leva*), sich auf jdn/etw stützen; **~ sferico** *med* (*in odontoiatria*), Kugelzapfen m.

Pernod® <-> m *franc enol* (*liquore*) Pernod® m.

pernottaménto m Übernachtung f.

pernottàre *itr* (*passare la notte*) **~ + compl di luogo** {A NAPOLI} irgendwo übernachten: **~ in hotel**, in einem Hotel übernachten.

pernòtto m 1 *amm* Übernachtung f 2 *mil* Befreiung f von der Kasernenpflicht.

péro m *bot* Birnbaum m, Birne f.

però A *cong* 1 (*ma*) aber, jedoch: **te lo compro, ~ mi prometti che farai il bravo**, ich kaufe es dir, aber du versprichst mir, artig zu sein; **sono stanco, ~ non al punto di non poter terminare il lavoro**, ich bin zwar müde, aber ganz so schlimm, dass ich die Arbeit nicht beenden könnte, ist es nicht 2 (*tuttavia, nondimeno*) dennoch, trotzdem, doch: **era un esame difficile, ~ l'ho superato**, die Prüfung war schwierig, dennoch habe ich sie bestanden; **è sfacciata, ~ mi piace**, sie ist frech, doch ich mag sie 3 *fam*: **ma ~, ater: va bene, vieni, ma ~ sbrigati!**, in Ordnung, komm mit, aber beeil dich! B *inter impr* 1 (*di ammirazione o sorpresa*) wow *slang*, na **~ fam**, schau schau *süddt A CH*: **~, mica scema quella ragazza!**, wow *slang*/he, gar nicht so doof das Mädchen! *fam* 2 (*di disappunto*) na: **~, che sfacciataggine!**, na so eine Frechheit!, so eine Frechheit aber auch!

peróne m *anat* Wadenbein n.

peronìsmo m *polit* (*movimento*) Peronismus m.

peronìsta <-*i* m, -*e* f> *polit* A agg {PARTITO, POLITICA} peronistisch B *mf* (*seguace*) Peronist(in) m(f).

peronòspora f *bot* Peronospora f.

perorare A *tr* (*sostenere*) **~ qc** {CAUSA} *etw* befürworten, *für etw* (acc) ein|treten B *itr* (*parlare*) **~ in difesa di** [*per*] **qu** {IN DIFESA DI UN AMICO} *für jdn* sprechen; **~ presso qu per qu/qc** sich *bei jdm für jdn/etw* ein|setzen/*verwenden forb*.

perorazióne f 1 (*discorso*) Plädoyer n, Rede f: **una ~ appassionata in favore di qu**, eine leidenschaftliche Rede zu jds Gunsten, ein leidenschaftliches Plädoyer für jdn 2 (*in retorica*) Redeschluss m.

peròssido m *chim* Peroxid n: **~ d'idrogeno**, Wasserstoffsuperoxid n, Wasserstoffperoxid n.

perpendicolàre A agg **~** (**a qc**) 1 (*verticale rispetto a*) {MURO AL PAVIMENTO} lotrecht (*zu etw* dat), senkrecht (*zu etw* dat) 2 (*che incrocia ad angolo retto*) rechtwink(e)lig, quer verlaufend: **è una via ~ a questa**, die Straße verläuft quer zu dieser (hier) 3 *mat* (*in geometria*) {PIANO} senkrecht, lotrecht: **una retta ~ a un piano**, eine Gerade, die senkrecht/[im rechten Winkel] zu einer Ebene steht B f *mat* (*in geometria*) (*retta*) Senkrechte f: **tracciare una ~**, eine Senkrechte ziehen.

perpendicolarità <-> f 1 (*l'essere perpendicolare*) {+MURO} senkrechte Lage 2 *mat* (*in geometria*) {+DUE RETTE} senkrechte/rechtwink(e)lige Lage.

perpendicolarménte avv (*ad angolo retto*) senkrecht: **la pista ciclabile è disposta ~ rispetto a questa strada**, der Fahrradweg verläuft quer zu dieser Straße.

perpendìcolo *loc avv* (*perpendicolarmente*): **a ~**, senkrecht, lotrecht; **rocce che si ergono a ~ sul mare**, Felsen, die sich senkrecht aus dem Meer erheben.

perpetràre *tr forb* (*commettere*) **~ qc** {CRIMINE, DELITTO} *etw* begehen, *etw* verüben.

perpetrazióne f {+CRIMINE, DELITTO} Verübung f.

perpètua f (*domestica di un sacerdote*) Haushälterin f eines Geistlichen, Pfarrhaushälterin f.

perpetuaménte avv (*per l'eternità*) ewig.

perpetuàre A *tr* **~ qc** 1 (*far durare a lungo*) {LA GLORIA, LA MEMORIA DI QU/QC, RICORDO} *etw* verewigen, *etw* wach halten; {ABUSO, IL MALCOSTUME} *etw* zur Gewohnheit werden lassen; {INGIUSTIZIA} *etw* andauern lassen 2 (*continuare*) {SPECIE, STIRPE} *etw* erhalten; {L'OPERA DI QU} *etw* fort|führen B *itr pron*: **perpetuarsi** 1 (*durare in eterno*) {RICORDO} weiter|leben 2 (*continuare*) {TRADIZIONE} fortgeführt werden; {STIRPE} fort|bestehen; {SOPRUSO} an|dauern.

perpetuazióne <-> f (*continuazione*) {+SPECIE} Fortbestand m.

perpetuità <-> f (*eternità*) {+AMORE} Beständigkeit f, Unvergänglichkeit f, Fortbestand m.

perpètuo, (-a) agg 1 (*perenne*) {PACE, RICORDO} ewig, immer während: **calendario ~**, Dauerkalender m, ewiger Kalender 2 (*a vita*) {CARCERE, ESILIO} lebenslänglich 3 (*continuo*) {INCERTEZZA} fortwährend, fortdauernd, ständig, andauernd: **uno stato di perpetua ansia/euforia**, ein andauernder Zustand der Angst/[euphorischer Zustand] 4 *dir* {RENDITA} Dauer- 5 *mecc*: **vite perpetua**, Schnecke f, endlose Schraube f.

perplessità <-> f 1 (*incertezza*) Unschlüssigkeit f, Unentschlossenheit f: **avere un attimo/momento di ~**, einen Augenblick unschlüssig sein; **non ebbe ~ nel rispondere**, er/sie antwortete ohne zu zögern 2 <*di solito al pl*> (*dubbio*) Zweifel m: **mostrò qualche ~ al riguardo**, er/sie gab diesbezüglich Zweifel zu erkennen.

perplèsso, (-a) agg (*incerto*) unschlüssig, unentschlossen: **essere ~ sul da farsi**, unschlüssig sein, was zu machen ist; **la cosa mi lascia ~**, die Sache überzeugt mich nicht.

perquisìre <*perquisisco*> *tr* (*sottoporre a perquisizione*) **~ qu/qc** {POLIZIA PASSEGGERO, APPARTAMENTO} *jdn/etw* durchsuchen.

perquisizióne f {MINUZIOSA} Durchsuchung f: **~ domiciliare/personale**, Haus(durch)suchung f/Leibesvisitation f; **esegui-**

re/fare una ~, eine Durchsuchung vornehmen; **mandato/ordine di** ~, Durchsuchungsbefehl m.

persecutivo, (-a) agg psic {MANIA} Verfolgungs-.

persecutóre, (-trice) **A** agg (che perseguita): **una politica persecutrice del crimine**, eine Politik der Verbrechensbekämpfung **B** m (f) (chi perseguita) {+EBREI} Verfolger(in) m(f).

persecutòrio, (-a) <-ri m> agg **1** (vessatorio) {ATTEGGIAMENTO, MISURE} Verfolgungs- **2** psic (persecutivo) {DELIRIO} Verfolgungs-.

persecutrice f → **persecutore**.

persecuzióne f **1** {+CHIESA, ZINGARI} Verfolgung f: **la ~ degli ebrei**, die Judenverfolgung; **~ etnica**, Verfolgung f von Volksgruppen; **~ razziale/religiosa**, Rassen-/Glaubensverfolgung f; **~ politica**, politische Verfolgung; **essere vittima di una ~**, Opfer einer Verfolgung sein **2** fig (molestia) Störung f, Belästigung f, Plage f, Qual f: **mi telefona continuamente, è una vera ~!**, er/sie ruft mich ständig an, das ist eine echte Belästigung! **3** psic Verfolgung f: **delirio/mania di ~**, Verfolgungswahn m.

perseguibile agg **1** (raggiungibile) {FINE, SCOPO} erreichbar **2** dir verfolgbar: **è ~ penalmente**, das ist strafrechtlich verfolgbar; **un reato ~ d'ufficio**, ein Offizialdelikt.

perseguiménto m (raggiungimento) {+RISULTATO} Verfolgung f; (azione) anche Verfolgen n.

perseguire <coniug come seguire> tr **1** (cercare di raggiungere) ~ **qc** {FINE, OBIETTIVO, I PROPRI INTERESSI} etw verfolgen; {POLITICA ECONOMICA LIBERISTA} etw betreiben **2** dir ~ **qu/qc** {CRIMINALE, REATO} jdn/etw verfolgen: **~ qu in giudizio**, jdn gerichtlich belangen.

perseguitàre tr **1** (attuare una persecuzione) ~ **qu/qc** {CRISTIANI, MINORANZA ETNICA, CHIESA} jdn/etw verfolgen **2** fig (non concedere tregua) ~ **qu** {DESTINO AVVERSO, SFORTUNA} jdn verfolgen; {CREDITORI, RIMORSO} jdm keine Ruhe lassen: **le disgrazie mi perseguitano**, ich bin vom Unglück verfolgt; **sono perseguitato dai ricordi**, meine Erinnerungen ⌊verfolgen mich⌋/[lassen mir keine Ruhe] **3** fig (infastidire) ~ **qu** (**con qc**) {CONTINUE RICHIESTE, CON MONTAGNE DI LETTERE, CON VISITE INOPPORTUNE} jdn mit etw (dat) belästigen, jdn mit etw (dat) behelligen, jdm mit etw (dat) lästig fallen.

perseguitàto, (-a) **A** agg (vittima di persecuzione) {EBREI} verfolgt: **sentirsi ~**, sich verfolgt fühlen **B** m (f) Verfolgte mf decl come agg: **i perseguitati politici**, die politisch Verfolgten.

Persèo m mitol Perseus m.

perseveràntе agg (tenace) {CARATTERE, DONNA} beharrlich, ausdauernd: **essere ~ nel lavoro**, Ausdauer bei der Arbeit haben.

perseverànza f (tenacia) {+INVESTIGATORE, PROFESSORE} Hartnäckigkeit f, Beharrlichkeit f, Ausdauer f.

perseveràre itr (persistere) ~ (**in qc**) {IN UN'IMPRESA, NELLO STUDIO} auf etw (dat) beharren; {NELL'ERRORE} an etw (dat) festhalten.

pèrsi 1 pers sing del pass rem di perdere.

Pèrsia f geog Persien n.

persiàna f (imposta) Fensterladen m: **~ avvolgibile**, Rollladen m; **chiudere le persiane**, die Fensterläden schließen.

persiàno, (-a) **A** agg **1** {ARTE} persisch; {IMPERO, TAPPETO} anche Perser- **2** zoo {GATTO} Perser- **B** m (f) (abitante) Perser(in) m(f) **C** m **1** <solo sing> (lingua) Persisch(e) n **2** (pelliccia) Persianer m **3** zoo Perserkat-

ze f.

pèrsico <-ci> m itt (Fluss)barsch m.

Pèrsico agg geog persisch: **Golfo ~**, Persischer Golf.

persino → **perfino**.

persistènte agg **1** (che permane) {DOLORE, PROFUMO, TOSSE} anhaltend, andauernd **2** bot {FOGLIA} immergrün **3** fis {ONDA, OSCILLAZIONE} ungedämpft.

persistènza f **1** (il protrarsi) {+CATTIVO TEMPO} Anhalten n, Andauern n, Fortdauer f **2** ott Nachleuchten n: **~ dell'immagine sulla retina**, Augenträgheit f.

persistere <coniug come esistere> **A** itr **1** (perseverare) ~ **in qc** {IN UN PROPOSITO} bei etw (dat) bleiben, an etw (dat) fest|halten: **~ nel lavoro**, weiterarbeiten; **~ nella lotta**, weiterkämpfen **2** (ostinarsi) ~ (**in qc**) {NELL'ERRORE} auf etw (dat) beharren; {NEL RIFIUTO} anche bei etw (dat) bleiben: **persiste a negare le accuse**, er/sie weist die Anklagen beharrlich zurück **3** (permanere) {FEBBRE, PERTURBAZIONE, SITUAZIONE} an|halten, an|dauern: **l'afa persiste**, die Schwüle hält an; {DIFFICOLTÀ, DISAGI, DUBBI, TENSIONI} (bestehen) bleiben, weiter|bestehen **B** m {+CRISI ECONOMICA} Anhalten n, Andauern n, Fortdauer f.

pèrso, (-a) **A** part pass di perdere **B** agg **1** (smarrito) {ANIMA} verloren: **se ne stava seduta nell'angolo lo sguardo ~ nel vuoto**, sie saß mit leerem Blick in der Ecke **2** (sprecato) {OCCASIONE} verpasst; {TEMPO} verloren ● **dare qc per ~** (considerare perduto), etw als verloren betrachten; **darsi per ~** (darsi per vinto), sich geschlagen geben; **innamorato ~** (molto innamorato), hoffnungslos/unsterblich/[bis über beide Ohren] verliebt; **~ per ~ fam** (quando tutto è perduto, tanto vale rischiare), da jetzt sowieso ⌊nichts mehr zu verlieren⌋/[schon alles egal] ist; **ubriaco ~** (molto ubriaco), stockbetrunken fam, stockbesoffen fam, knallvoll fam.

persóna f **1** (individuo) Person f, Mensch m: **una ~ educata/onesta/simpatica**, ein wohlerzogener/ehrlicher/sympathischer Mensch; **una ~ importante**, ein wichtiger Mensch; **è proprio una ~ ignorante!**, er/sie ist wirklich ein(e) Ignorant(in)! forb spreg; **una ~ magra/robusta/slanciata**, ein magerer/kräftiger/schlanker Mensch; **una ~ di sesso femminile/maschile**, eine Person weiblichen/männlichen Geschlechts; **una famiglia di sei persone**, eine sechsköpfige Familie; **ho prenotato un tavolo per quattro persone**, ich habe einen Tisch für vier Personen vorbestellt **2** (qualcuno) **c'è una ~ che desidera parlarLe**, da ist jemand, der mit Ihnen sprechen möchte; **me l'ha raccontato una ~ del posto**, das hat mir ein Einheimischer erzählt **3** (nessuno): **non c'è ~ al mondo che mi crederebbe**, das würde mir ⌊kein Mensch⌋/[absolut niemand] glauben **4** (aspetto esteriore) Äußere n decl come agg: **avere poca cura della propria ~**, sein Äußeres wenig pflegen **5** (figura) Person f, Figur f, Gestalt f Typ m: **il nero non si addice alla mia ~**, Schwarz passt nicht zu ⌊meiner Figur⌋/[meinem Typ] **6** (solo pl) (gente) Leute pl: **c'erano molte persone in sala d'attesa**, es waren viele Leute im Wartesaal; **non ho niente a che fare con quelle persone**, mit diesen Leuten habe ich nichts zu tun **7** dir (soggetto di diritto) Person f: **diritti della ~**, Personenrechte n pl; **~ fisica/giuridica**, natürliche/juristische Person **8** anche filos Mensch m: **la dignità/il valore della ~ umana**, die Würde/der Wert des Menschen **9** gramm Person f: **la prima ~ dell'indicativo presente del verbo avere**, die erste Person Indikativ Präsens des Verbs haben

10 relig Person f: **le tre persone della Ss. Trinità**, die drei Personen der Heiligen Dreifaltigkeit **11** teat {+DRAMMA, TRAGEDIA} Person f, Figur f ● **a ~** (per ciascuno), pro Person; **abbiamo pagato 500 Euro a ~**, wir haben 500 Euro pro Person/Kopf bezahlt; **una brava ~** (per bene), ein anständiger Mensch; **una gran brava ~** (molto per bene), ein hochanständiger Mensch; **una certa ~** (che non si vuole nominare), ein gewisser Jemand; **ho parlato con quella certa ~**, ich habe mit diesem Jemand gesprochen; **di ~** (personalmente), persönlich; **ci andrò di ~**, ich werde persönlich hingehen; **conosco quel medico di ~**, ich kenne diesen Arzt persönlich/[aus eigener Erfahrung]; **pagare di ~ per un errore commesso** fig, für einen begangenen Fehler persönlich einstehen; **~ di famiglia** (familiare), Familienangehörige mf decl come agg; **~ di fatica** (chi fa lavori pesanti), Schwer(st)arbeiter m; **~ di fiducia** (di cui ci si può fidare), Vertrauensperson f; **in ~** (personalmente), (höchst)persönlich, in höchsteigener Person; **ho parlato con il direttore in ~**, ich habe mit dem Direktor höchstpersönlich gesprochen; (fatta ~), (in der Eigenschaft) als; **è la bruttezza in ~** fig fam, er/sie ist die Hässlichkeit in Person; **in ~ di qu** (in vece di qu), in jds Person, an jds Stelle; **la società, nella ~ del presidente …**, die Gesellschaft in der Person des Präsidenten …, der Präsident im Namen der Gesellschaft …; **per interposta ~** (per mezzo di un intermediario), durch Mittelsperson, durch jds Vermittlung; **in prima ~** (direttamente), in eigener Person, selbst, persönlich; **un'esperienza vissuta in prima ~**, eine persönlich gemachte Erfahrung; **esporsi alle critiche in prima ~**, sich selbst der Kritik aussetzen; **parlare in prima ~**, in eigener Person sprechen; **nutrire verso la propria ~ un odio profondo** (se stesso), sich (dat) selbst gegenüber einen tiefen Hass hegen forb; **~ di servizio** (domestico/domestica), Hausangestellte mf decl come agg; **scrivere un romanzo in terza ~**, einen Roman in der dritten Person schreiben; **essere una ~ in vista** (importante), zur Prominenz gehören; **non dirlo a ~ viva** (a nessuno), es niemandem/[keiner Menschenseele] sagen.

personàggio <-gi> m **1** (persona importante) {AUTOREVOLE +POLITICA} Persönlichkeit f: **un ~ dell'economia**, eine Persönlichkeit aus der Welt der Wirtschaft; **personaggi noti**, prominente Persönlichkeiten; **un ~ pubblico**, eine Persönlichkeit des öffentlichen Lebens; **un ~ storico**, eine historische Persönlichkeit **2** fig fam (tipo) Figur f fam, Individuum n: **uno strano ~**, ein seltsamer Typ fam, ein komischer Kerl fam; **un ~ originale**, ein ⌊origineller Typ⌋/[Original fam] **3** film lett teat TV {+COMMEDIA, FILM, ROMANZO} Figur f, Gestalt f: **i personaggi di H. Böll**, die Figuren von H. Böll; **~ centrale**, Zentral-, Hauptfigur f; **entrare nel ~**, sich in die/seine Rolle/Figur einfühlen, mit der/seiner Rolle/Figur eins werden; **~ principale**, Hauptfigur f, Hauptperson f; **~ secondario**, Nebenfigur f ● **~ chiave** (determinante nella vicenda), Schlüsselfigur f; **~ scomodo** (piantagrane ad alto livello), unbequeme Person.

pérsonal <-> m ingl inform Personal Computer m.

personal computer <-, - -s pl ingl> loc sost m ingl inform (abbr PC) Personal Computer m.

personàle A agg **1** (della persona) {DOTI, QUALITÀ} persönlich: **libertà/opinione ~**, persönliche Freiheit/Meinung **2** (riservato all'intestatario) {BIGLIETTO, INVITO} reserviert; {LETTERA} persönlich **3** (privato) {MOTIVI} persönlich, privat: **è una questione strettamente ~**, das ist eine streng persönliche Angelegenheit **4** (*originale*) {LAVORO} originell; {PENSIERO, STILE} *anche* unkonventionell **5** (*di riconoscimento*) {DOCUMENTO, TESSERA} Personal- **6** (*fatto a una persona*) {FAVORE, PIACERE} persönlich **7** (*individuale*) {MOSTRA} Einzel-; {RECORD} persönlich **8** (*del corpo*) {IGIENE, PULIZIA} Körper- **9** *dir* {DIRITTI} persönlich; {GARANZIA} Personal- **10** *gramm* {PRONOME} Personal- **B** **m** **1** *<solo sing>* (*organico*) {+AZIENDA, MINISTERO, UFFICIO} Personal n: **~ alberghiero/amministrativo/ospedaliero**, Hotel-/Verwaltungs-/Krankenhauspersonal n; **~ di bordo**, Bordpersonal n; **~ direttivo**, Leitungspersonal n; **~ docente/insegnante**, Lehrkräfte f pl *amm*, Lehrpersonal n; **~ effettivo**, Personalbestand m; **~ ferroviario**, Eisenbahnpersonal n; **~ marittimo**, Hafenpersonal n; **~ qualificato**, Fachpersonal n, Fachkräfte f pl; **non qualificato**, ungeschultes Personal; **~ di servizio/volo**, Dienst-/Flugpersonal n **2** (*corpo*) Figur f, Gestalt f: **lei ha un bel ~!**, sie hat eine gute Figur! **C** f (*esposizione*) Einzelausstellung f: **una ~ di Andy Warhol**, eine (Einzel)ausstellung von Andy Warhol ● **~ di coperta** *mar*, Deckpersonal n; **~ di macchina** *mar*, Maschinenpersonal n; **~ di terra aero**, Bodenpersonal n; **~ viaggiante** *ferr*, Zugpersonal n.

personalismo m **1** (*atteggiamento*) Personalismus m, Egoismus m **2** (*favoritismo*) Günstlingswirtschaft f *spreg*: **basta con i personalismi!**, Schluss jetzt mit der Günstlingswirtschaft! *spreg*.

personalistico, (-a) *<-ci, -che>* agg (*che mira all'interesse personale*) {COMPORTAMENTO} personalistisch, egoistisch.

personalità *<->* f **1** (*carattere*) {DEBOLE, FORTE} Persönlichkeit f, Charakter m, Individualität f: **avere ~**, eine Persönlichkeit sein, Charakter haben; **la tua bimba di tre anni ha ~**, deine dreijährige Tochter ist eine (ausgeprägte) Persönlichkeit; **ha una ~ spiccata**, er/sie hat/ist eine ausgeprägte Persönlichkeit/Individualität; **è una ragazza senza ~**, sie ist ein Mädchen ohne Persönlichkeit **2** (*persona di rilievo*) Persönlichkeit f: **una ~ del mondo politico**, eine Persönlichkeit aus der Welt der Politik; **sono presenti qui molte ~ della cultura**, es sind viele Persönlichkeiten aus der Kultur da **3** *dir* Rechtsfähigkeit f: **~ giuridica**, Rechtsfähigkeit f; **~ privata/pubblica**, Rechtsfähigkeit f als Person des Privatrechts/[öffentlichen Rechts]; **~ dello Stato**, Staatspersönlichkeit f **4** *psic* {MULTIPLA, NORMALE, PSICOPATICA} Persönlichkeit f: **~ dissociata**, gespaltene Persönlichkeit f; **formazione della ~**, Persönlichkeits-, Charakterbildung f; **sviluppo della ~**, Persönlichkeitsentfaltung f.

personalizzare *tr* (*adattare a sé*) **~ qc** {ARREDAMENTO} *etw* (dat) eine persönliche Note verleihen; {GIOIELLO, BORSETTA, ZAINO} *etw* persönlich gestalten; {COMPUTER, HARDWARE} *etw* individuell/[den individuellen Bedürfnissen (entsprechend)] an|passen; {CURA DIMAGRANTE} *etw* individuell aus|richten.

personalizzato, (-a) agg {RATE} individuell; {AUTOMOBILE} auf persönliche Bedürfnisse zugeschnitten.

personalizzazione f (*impronta personale*) {+AUTO} Zuschnitt m auf die persönlichen Bedürfnisse ● **dell'orario di lavoro**, individuelle Gestaltung der Arbeitszeit.

personalmente avv **1** (*di persona*) persönlich, selbst: **si è interessato ~ al mio caso**, er hat sich persönlich für meinen Fall interessiert; **gliene parlerò ~**, ich werde selbst/persönlich mit ihm darüber sprechen **2** (*dal mio punto di vista*) persönlich: **~, lo trovo un ragazzo simpatico**, ich persönlich finde den Jungen sympathisch.

personal trainer *<->* loc sost m *ingl sport* Personal Trainer m.

personificare *<personifico, personifichi>* tr **~ qc 1** (*raffigurare*) {BEBÈ ANNO NUOVO} *etw* personifizieren *forb*, *etw* verkörpern, *etw* symbolisieren **2** (*impersonare*) *etw* verkörpern, *etw* versinnbildlichen: **Luigi XIV personificava lo stato**, Ludwig XIV. verkörperte den Staat/[war das Sinnbild des Staates].

personificato, (-a) agg (*in persona*) in Person, personifiziert *forb*, selbst: **quella donna è la bontà personificata**, diese Frau ist die Güte in Person/[personifizierte Güte *forb*].

personificazione f **1** (*rappresentazione*) {+AMORE, VIRTÙ} Personifizierung f *forb*, Personifikation f *forb*: **Nettuno è la ~ del mare**, Neptun ist die Personifikation des Meeres *forb* **2** (*quintessenza*) Inbegriff m: **mio cugino è la ~ dell'avarizia**, mein Cousin ist der Inbegriff des Geizes/[Geiz in Person].

perspicace agg **1** *fig* (*intuitivo*) {INTELLIGENZA} scharfsinnig; {DONNA} *anche* weitblickend **2** *fig* (*lungimirante*) {POLITICA, PROVVEDIMENTO} umsichtig, weitblickend, vorausschend.

perspicacia f (*intuito*) Scharfsinn m, Weitblick m: **è un ragazzo dotato di notevole ~**, der Junge hat einen bemerkenswerten Scharfblick.

perspicuità *<->* f *lett* (*chiarezza*) {+RAGIONAMENTO, STILE} Klarheit f, Anschaulichkeit f.

perspicuo, (-a) agg *lett* (*chiaro*) {CONCETTO, DISCORSO} klar, anschaulich.

persuadere *<irr persuaso, persuasi, persuaso>* **A** tr **1** (*convincere*) **~ qu** (**di qc**) *jdn* (*von etw* dat) überzeugen: **la persuase delle sue intenzioni oneste**, er/sie überzeugte sie von seinen/ihren ehrlichen Absichten; **cercate di persuaderlo voi**, versucht ihr einmal, ihn zu überzeugen; **i suoi discorsi non mi persuadono**, was er/sie sagt, überzeugt mich nicht; **~ qu a fare qc**, *jdn* (dazu) überreden, *etw* zu tun; **persuadilo a restare a cena**, überrede du ihn doch, zum Abendessen zu bleiben **2** (*piacere*) **~ qu** *jdm* gefallen, *jdn* überzeugen: **un romanzo che non ha persuaso la critica**, ein Roman, der die Kritiker nicht überzeugt hat; **ha un modo di fare che non mi persuade**, er/sie hat eine Art, die mir nicht gefällt **B** rfl **1** (*convincersi*): **persuadersi** sich *von etw* (dat) überzeugen: **si è persuasa a cambiare lavoro**, er ist zur Überzeugung gelangt, die Arbeit zu wechseln **2** (*capacitarsi*): **persuadersi** (*di qc*) sich *mit etw* (dat) ab|finden: **non riesco a persuadermene**, ich kann mich damit nicht abfinden.

persuaditrice f → **persuasore**.

persuasi 1ª pers sing del pass rem *di* persuadere.

persuasibile agg (*che si lascia convincere*) {UOMO} überzeugbar.

persuasione f **1** (*convincimento*) Überzeugung f: **ottenere qc con la ~**, *etw* durch Überzeugung erreichen; **un uomo dotato di forza di ~**, ein Mensch mit Überzeugungskraft **2** (*certezza*) Überzeugung f, feste Meinung: **è mia ferma ~ che ...**, es ist meine (feste) Überzeugung/[ich bin der festen Meinung], dass ... **3** *psic* Persuasionstherapie f: **~ occulta**, versteckte Überredung ● **di facile/difficile ~** (*che si persuade facilmente/difficilmente*), leicht/schwer zu überzeugen.

persuasivo, (-a) agg **1** (*convincente*) {ARGOMENTAZIONE, RAGIONAMENTO} überzeugend, persuasorisch *forb*, persuasiv *obs* **2** (*di persuasione*) {FORZA} Überzeugungs- **3** *iron* (*efficace*) {METODI} wirksam.

persuaso, (-a) **A** part pass di persuadere **B** agg (*convinto*) **~ di qc** *von etw* (dat) überzeugt sein: **sono persuasa di aver agito correttamente**, ich bin überzeugt, richtig gehandelt zu haben.

persuasore, (rar **persuaditrice**) m (f) (*chi persuade*) Überredungskünstler(in) m(f) ● **i persuasori occulti** (*nella tecnica pubblicitaria*), die geheimen Verführer m pl.

pertanto cong (*perciò*) deshalb, daher, deswegen: **è un edificio pericolante, ~ verrà abbattuto**, es ist ein baufälliges Gebäude, daher wird es abgerissen; **il biglietto non è timbrato, ~ non è valido**, die Fahrkarte ist nicht entwertet, deshalb ist sie nicht gültig; **ti sarei ~ grato se ...**, ich wäre dir deshalb dankbar, wenn ...

pertica *<-che>* f **1** (*asta*) Stange f **2** *fig fam* (*spilungone*) Bohnenstange f *fam*, lange Latte *fam* **3** *sport* (*Kletter*)stange f.

pertinace agg **1** (*perseverante*) **~ (in qc)** {IN UN PROPOSITO} beharrlich (*hinsichtlich etw* gen) **2** (*cocciuto*) {RIFIUTO} starrsinnig *spreg*, starrköpfig *spreg* **3** (*persistente*) {FEBBRE} anhaltend, andauernd.

pertinacia f **1** (*perseveranza*) Hartnäckigkeit f, Beharrlichkeit f: **sostenere le proprie idee con ~**, seine Vorstellungen hartnäckig vertreten **2** (*cocciutaggine*) Starrsinn m *spreg*, Starrköpfigkeit f *spreg*.

pertinente agg (*appropriato*) **~ (a qc)** {RISPOSTA} (*zu etw* dat) dazugehörend, (*zu etw* dat) passend: **un intervento ~ al tema della discussione**, ein Beitrag, der zum Diskussionsthema passt; **la tua osservazione è poco ~**, deine Bemerkung ist wenig angemessen.

pertinenza f **1** (*attinenza*) **~ (con qc)** {+QUESITO, RISPOSTA} Zugehörigkeit f (*zu etw* dat): **la tua domanda non ha ~ con l'argomento**, deine Frage gehört nicht zum Thema/[hat nichts mit dem Thema zu tun] **2** *amm dir* Zuständigkeit f: **essere di ~ di qu/qc**, in *jds*/*etw* Zuständigkeit fallen; **non è di ~ di questo ufficio**, das fällt nicht in die Zuständigkeit dieses Amtes **3** *<di solito al pl>* dir Zubehör n.

pertosse f *med* Keuchhusten m.

pertugio *<-gi>* m **1** (*buco*) {+SERRATURA} Loch n **2** (*passaggio stretto*) Spalt m.

perturbamento m *fig* (*turbamento d'animo*) seelische Störung.

perturbare A tr **~ qc 1** (*scompigliare*) {FATTO L'INTERO PAESE} *etw* in Verwirrung/Unruhe versetzen; {L'ORDINE PUBBLICO} *etw* stören **2** *fig* (*turbare*) {L'ANIMO, LA COSCIENZA, LA MENTE DI QU} *etw* verwirren **3** *astr* {MOTO DELLA TERRA} *etw* stören **B** itr pron *meteo*: **perturbarsi** {TEMPO} sich verschlechtern.

perturbato, (-a) agg **1** *fig* (*turbato*) {ANIMO, MENTE} gestört, verwirrt **2** *astr* gestört **3** *meteo* {TEMPO} verschlechtert; {MARE} aufgewühlt.

perturbazione f **1** (*scompiglio*) {SOCIALE} Unruhe f, Wirre f **2** *fig* (*turbamento*) {+ANIMO} Störung f, Verwirrung f **3** *astr* {+PIANETA} Störung f, Perturbation f **4** *fis* Störung f: **perturbazioni magnetiche**, magnetische Störungen **5** *meteo* Tiefdruckgebiet n, Schlechtwetterfront f: **~ atmosferica**, atmosphärische Störung.

Perù m *geog* Peru n ● **vale un ~** (*vale moltissimo*), das ist Gold wert, das ist nicht mit Gold zu bezahlen.

Perugia f *geog* Perugia n.

perugìno, (-a) Ⓐ agg von/aus Perugia Ⓑ m (f) (*abitante*) Einwohner(in) m(f) von Perugia.

peruviàno, (-a) Ⓐ agg peruanisch Ⓑ m (f) (*abitante*) Peruaner(in) m(f).

pervàdere <coniug *come* invadere> tr **1** (*diffondersi*) ~ *qc* {PROFUMO DI CAFFÈ CUCINA} etw erfüllen **2** fig (*permeare*) ~ *qu/qc* jdn/etw durchdringen.

pervasìvo agg pervasiv.

pervàso, (-a) agg **1** (*riempito*) ~ *da qc* {GIARDINO DAL PROFUMO DI ZAGARE} von etw (dat) erfüllt **2** fig (*permeato*) ~ *da/di qc* {ARTE DI ERUDIZIONE} von etw (dat) durchdrungen: **versi pervasi di malinconia**, ˌmelancholisch angehauchteˌ/[von Melancholie durchdrungene] Verse.

pervenìre <coniug *come* venire> itr <essere> **1** (*giungere*) ~ *a qu/qc* {NOTIZIA AI GIORNALI} (bei jdm/etw) ein|gehen; {RISULTATI ELETTORALI} (bei jdm/etw) ein|treffen: **alla redazione sono pervenute molte lettere di protesta**, es sind viele Protestbriefe bei der Redaktion eingetroffen, die Redaktion hat viele Protestbriefe erhalten; **far ~ *qc* a *qu***, jdm etw zukommen lassen **2** (*raggiungere*) ~ *a qc* {ALLA CIMA DI UN MONTE, A UNA LOCALITÀ} etw erreichen; {A UN'INSENATURA, A UNA RADURA} anche zu etw (dat) gelangen **3** fig (*arrivare*) ~ *a qc* {A UNA CONCLUSIONE} zu etw (dat) gelangen, zu etw (dat) kommen; {A UNO SCOPO} etw erreichen; {ALLA META} anche zu etw (dat) kommen; {A UNA CARICA} etw erlangen **4** *amm* ~ *a qu/qc* {DOMANDA AL MINISTERO; RECLAMO ALL'UFFICIO} bei jdm/etw ein|gehen; {INGIUNZIONE DI PAGAMENTO} bei jdm ein|treffen: **~ a destinazione**, dem Empfänger zugestellt werden **5** *econ* ~ *a qc* {AZIONI A 500 EURO} auf etw (acc) steigen.

perversióne *f psic* Perversion *f forb*, Perversität *f forb*: **~ sessuale**, sexuelle Perversion.

perversità <-> *f* **1** (*cattiveria*) {+UOMINI} Verderbtheit f, Niedertracht f **2** (*azione crudele*) Niederträchtigkeit f, Grausamkeit f.

pervèrso, (-a) Ⓐ agg **1** (*malvagio*) {DONNA, UOMO} niederträchtig, verdorben; {INDOLE, NATURA, TENDENZA} bösartig, gemein **2** (*morboso*) {AMORE} pervers, abartig, krankhaft **3** (*aberrante*) {GIOCO, LOGICA} pervers; {MECCANISMO} fehlerhaft **4** (*negativo*) {EFFETTO} unangenehm, misslich, negativ **5** fig *lett* (*avverso*) {DESTINO} widrig Ⓑ m (f) (*malvagio*) niederträchtiger Mensch.

pervertiménto *m* (*capovolgimento*) {+GUSTO ESTETICO, SENSO MORALE} Entartung f, Verfall m.

pervertìre <perverto> Ⓐ tr (*corrompere*) ~ *qc* {GLI ANIMI} etw verderben Ⓑ itr pron (*degenerare*): **pervertirsi** entarten, verkommen.

pervertìto, (-a) Ⓐ agg **1** (*corrotto*) {COSTUMI} pervers, entartet **2** (*depravato*) {UOMO} verkommen Ⓑ m (f) (*persona*) Perverse mf decl come agg.

pervertitóre, (-trice) Ⓐ agg (*che corrompe*) {INFLUSSO, MORALE} verderblich Ⓑ m (f) (*corruttore*) (Sitten)verderber(in) m(f), Verführer(in) m(f).

pervicàce agg *lett* (*cocciuto*) hartnäckig, starrköpfig *spreg*, halsstarrig *spreg*.

pervicàcia *f lett* (*cocciutaggine*) Hartnäckigkeit f, Starrköpfigkeit *f spreg*, Halsstarrigkeit *f spreg*.

pervìnca Ⓐ <-che> *f bot* Immergrün n Ⓑ <inv> agg blauviolett: **occhi color ~**, blauviolette Augen Ⓒ <-> m (*colore*) Blauviolett n.

pèrvio, (-a) <-vi m> agg *lett* (*accessibile*) leicht zugänglich.

p. es. abbr di per esempio: z. B. (abbr di zum Beispiel).

pésa *f* **1** (*pesatura*) {+MERCI} (Ab)wiegen n: **fare la ~**, (ab)wiegen n **2** (*bilancia*) Waage f: **~ pubblica**, öffentliche Waage; (*luogo*) Waageamt n.

Pesah, Pesach <-> *f ebraico* (*pasqua ebraica*) Pessach(-Fest) n, Passah(-Fest) n.

pesalèttere <-> *m post* Briefwaage f.

pesànte Ⓐ agg **1** (*che pesa*) {BAULE, CASSA, ZAINO} schwer: **non riesco ad alzarlo, è troppo ~**, ich kann ihn/es nicht anheben, er/es ist zu schwer **2** (*spesso*) {ABITO, COPERTA} warm; {CALZE} anche dick; {STOFFA} dick; {GIACCA} anche schwer; {SCARPE} fest **3** (*indigesto*) {CIBO} schwer (verdaulich) **4** (*profondo*) {SONNO} tief, fest **5** (*che dà una sensazione di peso*) {TESTA} schwer; {STOMACO} anche voll: **mi sento le gambe pesanti**, ich fühle meine Beine (so) schwer wie Blei **6** (*appesantito dal sonno*) {OCCHI} schläfrig **7** (*poco agile*) {CORPORATURA} schwer, plump: **essere ~ nei movimenti**, sich plump bewegen, (in seinen Bewegungen) schwerfällig sein **8** (*lento*) {ANDATURA, PASSO} schwerfällig, plump **9** fig (*maleodorante*) **avere l'alito ~**, Mundgeruch haben **10** fig (*opprimente*) {ATMOSFERA, CLIMA, SITUAZIONE} bedrückend **11** fig (*viziato*) {ARIA} schlecht, verbraucht, stickig **12** fig (*faticoso*) {LAVORO, STUDIO} anstrengend, mühsam, beschwerlich **13** fig (*sovraccarico*) {STILE} schwerfällig, überladen **14** fig (*offensivo*) {BATTUTA} beleidigend, verletzend: **un complimento ~**, ein anzügliches Kompliment **15** fig (*duro*) {GIUDIZIO, PAROLE} hart; {ACCUSA} schwer **16** fig (*noioso*) {FILM, LEZIONE, RAGAZZA} langweilig, fad(e) *spreg*, penetrant *spreg*/anstrengend: **quanto è ~ Giovanni!**, Giovanni ist vielleicht penetrant *spreg*/anstrengend! **17** fig (*difficile*) {EREDITÀ} schwer **18** fig (*grave*) {DANNO, RESPONSABILITÀ, SCONFITTA} schwer **19** fig (*più dannoso*) {DROGA} hart **20** *agr* (*argilloso*) {TERRENO} schwer **21** *autom* {AUTOMEZZO, TRASPORTO} Schwer- **22** *industr* {INDUSTRIA} Schwer- **23** *meteo* {CLIMA} drückend **24** *sport* (*nel calcio*) {GIOCO} unfair, Foul- Ⓑ avv **1** (*in modo caldo*) {VESTIRSI} warm **2** (*in modo*): **mangiare ~**, schwer (verdaulich)e Speisen essen ● **andarci ~** (*esagerare*), übertreiben, auf den Putz hauen *fam*; **anche se avevi ragione, potevi andarci un po' meno ~!**, auch wenn du Recht hattest, hättest du nicht so auf den Putz (zu) hauen brauchen *fam*; (*dire in modo brutale*), knallhart seine Meinung äußern *fam*; **nel suo articolo sulle tangenti c'è andato proprio ~**, in seinem/ihrem Artikel über die Schmiergelder hat er/sie wirklich kein Blatt vor den Mund genommen; **andarci ~ con *qc*** (*esagerare*), {CON IL WHISKY} es mit etw (dat) übertreiben.

pesanteménte avv **1** (*con tutto il peso del corpo*) {CADERE} schwer **2** (*senza agilità*) {MUOVERSI} schwerfällig, plump **3** (*profondamente*) {DORMIRE} tief **4** fig (*molto*) {OFFENDERE} schwer.

pesantézza *f* **1** (*peso*) {+BAGAGLIO} Schwere f **2** fig (*goffaggine*) {+MOVIMENTO} Schwerfälligkeit f, Plumpheit f **3** fig (*faticosità*) {+LAVORO} Mühsamkeit f **4** fig (*ampollosità*) {+STILE} Überladenheit f, Schwerfälligkeit f **5** fig (*noiosità*) {+DRAMMA, PERSONA} Langweiligkeit f, Fadheit f *spreg*, Penetranz f *spreg* **6** *arte* (*in pittura*) {+TRATTO} Schwerfälligkeit f ● **~ di stomaco** (*cattiva digestione*), Völlegefühl n; **~ di testa** (*emicrania*), schwerer Kopf.

pesapersóne <-> *f* (*bilancia*) Personenwaage f.

pesàre Ⓐ tr **1** (*stabilire il peso*) ~ *qu* {OSTETRICA NEONATO} jdn wiegen; ~ *qc* (*a qu*) {PACCO, VERDURA} (jdm) etw (ab|)wiegen; {VALIGIA} etw wiegen: **mi pesi un kilo di pane, per favore!**, wiegen Sie mir bitte ein Kilo Brot ab! **~ *qc* sulla bilancia**, etw (auf der Waage) wiegen **2** fig (*ponderare*) ~ *qc* {LE PAROLE} etw ab|wägen; {I PRO E I CONTRO} etw gegeneinander ab|wägen Ⓑ itr **1** (*avere un certo peso*) wiegen: **molto/poco**, viel/wenig wiegen; **quanto pesi? – Peso 60 kili**, wie viel wiegst du? – Ich wiege 60 Kilo **2** (*essere pesante*) (zu) schwer sein: **quanto pesa questo pacco!**, dieses Paket ˌist vielleicht schwerˌ/[hat vielleicht ein Gewicht]!; **ti pesa lo zaino?**, ist dir der Rucksack zu schwer?; **non puoi sollevarlo da solo, pesa troppo!**, du kannst ihn/es nicht allein hochheben, er/es ist zu schwer! **3** (*appoggiare*) ~ *su qc* {VOLTA SUL PILASTRO} auf etw (dat) ruhen **4** fig (*essere difficile da digerire*) ~ *su qc* {CIBO SULLO STOMACO} jdm (schwer) in etw (dat) liegen *fam* **5** fig (*costituire un fastidio*) ~ *a qu* für jdn eine Last sein, jdn an|strengen: **gli pesano gli anni**, das Alter macht sich bei ihm bemerkbar, er spürt die Last der Jahre; **l'ambiente di lavoro mi pesa**, das Arbeitsklima strengt mich an **6** fig (*dispiacere*) ~ *a qu* jdm leid|tun, jdm schwer|fallen: **mi pesa molto doverLa licenziare**, ˌich bedaure es sehrˌ/[es tut mir sehr leid], Ihnen kündigen zu müssen **7** fig (*influire*) ~ (*su qc*) {CIRCOSTANZA, FATTO, PARERE SULL'OPINIONE PUBBLICA} Einfluss *m* auf etw (acc) haben, Gewicht haben, ins Gewicht fallen: **il suo giudizio pesa molto**, sein/ihr Urteil fällt stark ins Gewicht; **una decisione che peserà sul tuo futuro**, eine Entscheidung, die Konsequenzen für deine Zukunft haben wird **8** fig (*gravare*) ~ *su qu/qc* {DELITTO SULLA COSCIENZA DI QU; RESPONSABILITÀ SU DI NOI; SOSPETTI SULL'ACCUSATO} auf jdm/etw lasten **9** fig (*incombere*) ~ *su qu/qc* {MINACCIA SUL FUTURO DI QU} auf jdm/etw lasten **10** *econ* ~ **per *qc* su *qc*** {AGRICOLTURA PER IL 40% SULL'ECONOMIA DEL PAESE} etw von etw (dat) aus|machen Ⓒ rfl: **pesarsi** sich wiegen: **non mi peso quasi mai**, ich wiege mich fast nie ● **far ~ *qc* a *qu*** fig (*far notare in modo eccessivo*), jdm etw auf übertriebene Weise zu verstehen geben; **far ~ la propria intelligenza/ricchezza agli altri**, den anderen gegenüber seine Intelligenz/seinen Reichtum herausdkehren; **mi fa sempre ~ il mio errore**, er/sie reibt mir immer meinen Fehler unter die Nase *fam*.

pesarése Ⓐ agg von/aus Pesaro Ⓑ mf (*abitante*) Einwohner(in) m(f) von Pesaro.

pesàta *f* **1** (*atto*) (Ab)wiegen n: **dare una ~ a *qc***, etw schnell wiegen **2** (*quantità*) Gewogene n decl come agg, Gewicht n ● **doppia ~** *med* (*in pediatria*), zweimaliges Wiegen, "Wiegen n des Säuglings vor und nach dem Stillen, um festzustellen, wie viel Milch er aufgenommen hat".

pesatùra *f* **1** (*il pesare*) {+PATATE} (Ab)wiegen n **2** *sport* (*nell'equitazione*) (*nel pugilato*) {+CAVALLO, PUGILE} Wiegen n.

PESC *f abbr di* Politica Estera e di Sicurezza Comune: GASP *f* (*abbr di* Gemeinsame Außen- und Sicherheitspolitik).

pèsca[1] <-pesche> Ⓐ *f* **1** (*frutto*) Pfirsich *m*: **~ noce**, Nektarine *f*; **pesche sciroppate**, in Sirup eingelegte Pfirsiche **2** (*di solito al pl*) fig tosc (*occhiaie*) (schwarze) Ringe *m* pl (unter den Augen) Ⓑ <inv> agg Pfirsich-, pfirsichfarben: **gote color ~**, pfirsichfarbene Wangen Ⓒ <inv> loc agg fig (*vellutato*): **di ~**, {CARNAGIONE, PELLE} Pfirsich-.

pèsca[2] <-che> *f* **1** (*il pescare*) Fischfang *m*, Fischerei *f*: **~ con la canna/lenza**, Angeln n, Angelfischerei *f*; **la ~ dei coralli/delle perle**, Korallen-/Perlenfischerei *f*; **~ costiera/marittima/oceanica, Küsten-/See-/Hochseefischerei f; ~ ˌcol cucchiainoˌ/[con la mosca], Blinker-/Fliegenfischen n; ~ fluviale/lacustre, Fluss-/Seefischerei f; ~ con la lampara, Nachtfischfang m; ~ del merluzzo/del salmone/delle sardine, Kabeljau-/Lachs-/Sardinenfang m; ~ con le reti, Fischzug m; ~ del tonno, Thunfischfang m; il villaggio vive essenzialmente di ~, das Dorf lebt hauptsächlich von der Fischerei **2** (*pesce pescato*) {ABBONDANTE, SCARSA} Fang m **3** (*hobby*) Hobbyangeln n: essere appassionato di ~, ein leidenschaftlicher Angler sein **4** *fig* (*lotteria*) Lotterie f, Glückstopf m: ~ di beneficenza, Wohltätigkeitslotterie f ● ~ d'altura (*lontano dalle coste*), Hochseefischfang m, Hochseefischerei f; andare a ~ (*a pescare*), fischen/angeln gehen, auf Fischfang gehen; andare a ~ di qu/qc *fig* (*andare in cerca*), auf die Suche nach jdm/etw gehen; da ~ (*per pescare*), {BATTELLO} Fischer-; fare buona/cattiva ~ (*pescare molto/poco*), einen guten/schlechten Fang machen; ~ di *frodo* (*abusiva*), Fischwilderei f; ~ sportiva *sport*, Sportfischen n, Sportangeln n; ~ subacquea (*sott'acqua*), Unterwasserjagd f.

pescàggio <-*gi*> m *mar* (*profondità*) {+NAVE} Tiefgang m: il battello ha un ~ di un metro, das Boot hat einen Meter Tiefgang.

pescàia f **1** (*sbarramento per pesci*) Fischzaun m, Fischwehr f **2** (*chiusa*) Schleuse f.

pescanóce <*peschenoci*> → **pesca**①.

Pescàra f *geog* Pescara n.

pescàre <*pesco, peschi*> A *tr* **1** ~ (*qc*) (+ *compl di luogo*) {TONNO NEL MEDITERRANEO} (*etw*) (*irgendwo*) fischen; {TROTA NEL FIUME} (*etw*) (*irgendwo*) angeln; {ANGUILLE, POLPI} *etw* fangen: ~ con l'amo, angeln; andare a ~, fischen/[auf Fischfang] gehen; ~ ostriche/perle, Austern/Perlen fischen; ~ un pesce, einen Fisch fangen; ~ con le reti, mit Netzen fischen **2** (*recuperare*) ~ qu/qc {ANNEGATO} jdn/*etw* auf|-, herauslfischen; ~ l'ancora, den Anker lichten **3** *fig fam* (*venire in possesso*) ~ qc {NOTIZIA} etw auflgabeln *fam, etw* auflfischen *fam*: ho pescato queste informazioni su Internet, ich habe diese Information ˌim Internet gefischtˌ/[aus dem Internet gefischt] *fam* **4** *fig fam* (*riuscire a trovare*) ~ qu + *compl di luogo* jdn (*irgendwo*) auf|treiben *fam*: a quest'ora, non so dove ~ un medico, ich weiß nicht, um diese Uhrzeit einen Arzt auftreiben kann *fam*; ~ qc + *compl di luogo* {LIBRO SU UNA BANCARELLA} *etw* (*irgendwo*) zufällig finden **5** *fig fam* (*sorprendere*) ~ qu jdn erwischen *fam, jdn* ertappen: ~ qu con le mani nel sacco, jdn auf frischer Tat ertappen; ~ un passeggero senza biglietto, einen Fahrgast ohne Fahrschein erwischen *fam*; l'ha pescato a origliare, er/sie hat ihn beim Lauschen ertappt **6** *fig fam* (*estrarre*) ~ qc (*da qc*) {CARTA DAL MAZZO, NUMERO DALL'URNA} *etw aus etw* (*dat*) fischen *fam*, *etw aus etw* (*dat*) ziehen B *itr mar* (*essere immerso*) Tiefgang haben: la nave pesca quattro metri, das Schiff hat vier Meter Tiefgang.

pescàta f **1** (*il pescare*) Fischen n **2** (*pescato*) (Fisch)fang m.

pescàto m (*quantità di pesce*) (Fisch)fang m.

pescatóra <*inv*> *loc agg*: alla ~ **1** (*alla maniera dei pescatori*) {CALZONI} Fischer- **2** *gastr* {RISOTTO} Fisch-.

pescatóre, (-**trice**) m (f) (*chi pesca*) Fischer(in) m(f); (*con l'amo*) Angler(in) m(f): ~ di coralli/perle, Korallen-/Perlenfischer m, Korallen-/Perlentaucher m ● ~ di *anime fig* (*chi converte a Dio*), Seelenfischer m, Seelenfänger m; ~ di *frodo* (*abusivo*), Fisch-

wilderer m; ~ subacqueo (*chi pesca sott'acqua*), Unterwasserjäger m.

pescatrice f *itt* Seeteufel m, Anglerfisch m.

pésce m **1** *gener* Fisch m: ~ ˌd'acqua dolceˌ/[di fiume]/[di lago], Süßwasser-/Fluss-/Seefisch m; ~ d'acquario, Aquarienfisch m; ~ angelo, Engelfisch m, Meerengel m; ~ cappone, Knurrhahn m; ~ cartilagineo, Knorpelfisch m; ~ farfalla/gatto/istrice/luna, Schmetterlings-/Katzen-/Igel-/Mondfisch m; ~ di mare, Meeres-, Seefisch m; ~ martello, Hammerhai m; ~ palla/pavone, Kugel-/Pfauenfisch m; ~ persico, (Fluss)barsch m; ~ pilota/ragno/rondine/rosso, Pilot-/Drachen-/Schwalben-/Goldfisch m; ~ sega, Sägefisch m; ~ siluro, Wels m, Waller m *region*; ~ spada/trombetta, Schwert-/Schnepfenfisch m; ~ vela/ventaglio, Blattfisch m; ~ volante, Fliegender Fisch, Flugfisch m **2** *gastr* (*la carne del ~*) Fisch m: ~ affumicato, Räucherfisch m; ~ marinato/surgelato, eingelegter/tiefgefrorener Fisch; ~ fresco, frischer Fisch, Frischfisch m; ~ fritto/lesso, Back-/Kochfisch m; una cena a base di ~, ein Abendessen mit Fischgerichten; ~ in scatola, Dosenfisch m **3** *tip* (*errore*) Leiche f **4** (*solo pl*) *astrol astr*: Pesci, Fische m pl; sono (dei) Pesci, ich bin (ein) Fisch, mein Sternzeichen ist Fische ● essere/sentirsi come un ~ fuor d'acqua *fig* (*a disagio*), sich wie ein Fisch auf dem Trock(e)nen fühlen; ~ d'aprile *fig fam* (*scherzo*) Aprilscherz m; fare un ~ d'aprile a qu *fig fam*, jdn in den April schicken; ~ azzurro (*acciughe, sgombri, sardine*), Sardellen f pl, Makrelen f pl, Sardinen f pl; buttarsi a ~ su qc *fig fam* (*con avidità*), {SUL CIBO} sich auf etw (acc) werfen/stürzen; ~ *cane* → *pescecane*; espressivo come un ~ *fig* (*assai inespressivo*), {VOLTO} ausdruckslos; {SGUARDO} *anche* leer; prendere/trattare qu a pesci in *faccia fig* (*trattare malissimo*), jdn wie den letzten Dreck behandeln *fam*; ~ grosso *fig* (*persona influente*), hohes/großes Tier *fam*, einflussreiche Person; essere muto come un ~ *fig* (*tacere ostinatamente*), stumm wie ein Fisch sein; nuotare come un ~ *fig* (*molto bene*), wie ein Fisch schwimmen; ~ piccolo *fig* (*piccolo delinquente*), kleiner Fisch *fam*; essere sano come un ~ (*sanissimo*), kerngesund sein; non sapere che pesci prendere/pigliare *fig fam* (*non sapere che cosa fare*), mit seinem Latein am Ende sein; nicht mehr weiterwissen; nicht wissen, was man tun soll; chi dorme non piglia pesci *prov*, die gebratenen Tauben fliegen einem nicht ins Maul *fam*, von nichts kommt nichts; i pesci grossi mangiano quelli piccoli *prov*, die großen Fische fressen die kleinen.

pescecàne <*pescicani o pescecani*> m **1** *itt* Hai(fisch) m **2** *fig* (*persona priva di scrupoli*) Hai m *fam spreg*, skrupelloser Mensch: il mondo della finanza è pieno di pescecani, die Bankwelt ist voller Finanzhaie *fam spreg*.

pescèra → **pesciera**.

peschERéccio, (-a) <-*ci*, -*ce*> A *agg* (*della pesca*) {PORTO} Fischerei-; {INDUSTRIA} *anche* Fisch- B m (*imbarcazione*) Fischkutter m, Fischerboot m.

pescheria f (*negozio*) Fischgeschäft n, Fischhandlung f.

peschéto m (*piantagione di peschi*) Pfirsichpflanzung f.

peschièra f (*vivaio per pesci*) Fischteich m.

pesciaiòlo, (-a) A m (f) (*venditore ambulante*) Fischverkäufer(in) m(f), Fischhändler(in) m(f) B f (*pentola*) Fisch(koch)topf m.

pesciàni pl *di pescecane*.

pescicoltóre e *deriv* → **piscicoltore** e

deriv.

pescièra f (*pentola*) Fisch(koch)topf m.

pesciolìno <*dim di pesce*> m (*piccolo pesce*) Fischchen m: ~ pesciolini rossi, Goldfisch m ● ~ d'argento *zoo*, Silberfischchen n.

pescivéndolo, (-a) m (f) (*venditore*) Fischverkäufer(in) m(f), Fischhändler(in) m(f).

pèsco <*peschi*> m *bot* Pfirsichbaum m.

pesconóce → **nocepesco**.

pescosità <-> f (*abbondanza di pesce*) {+FIUME, MARE} Fischreichtum m.

pescóso, (-a) agg (*ricco di pesce*) {MARE} fischreich.

peséta <*pesetas, -s pl spagn*> f *spagn* Peseta f, Pesete f.

pesièra f **1** (*serie di pesi*) Gewichtsatz m **2** (*cassetta che li contiene*) Gewichtekästchen n.

pesìsta <-*i* m, -*e* f> mf *sport* (*nell'atletica*) **1** (*nel sollevamento pesi*) Gewichtheber(in) m(f) **2** (*nel lancio del peso*) Kugelstoßer(in) m(f).

pesìstica <-*che*> f *sport* (*nell'atletica*) Gewichtheben n.

pesìstico, (-a) <-*ci*, -*che*> agg *sport* (*nell'atletica*) {GARA} Gewichthebe(r)-.

péso① m **1** *gener* Gewicht n: aumentare/diminuire di ~, an Gewicht zunehmen/abnehmen; il mio ~ è di 70 kg, ich wiege 70 kg; ~ corporeo, Körpergewicht n; una valigia del ~ di 20 kili, ein 20 Kilo schwerer Koffer **2** (*carico*) Gewicht n, Last f: la scala non regge tutto quel ~, die Leiter/Treppe trägt die ganze Last nicht; il ~ della neve fece crollare il tetto, der Schnee brachte das Dach zum Einstürzen **3** (*di solito al pl*) (*oggetto*) Gewicht n: i pesi della bilancia/dell'orologio, die Gewichte der Waage/Uhr **4** (*pesa*) Waage f: ~ pubblico, öffentliche Waage **5** *fig* (*il gravare*) Last f: sentire il ~ degli anni/della famiglia, die Last der Jahre/Familie spüren; ~ del lavoro, Arbeitslast f **6** *fig* (*importanza*) Gewicht n, Bedeutung f, Wichtigkeit f: argomenti di ˌun certoˌ/[poco] ~, gewichtige/[nicht sonderlich ins Gewicht fallende] Argumente; non dar ~ alle chiacchiere della gente, dem Gerede der Leute keine Bedeutung beimessen, nicht auf das Gerede der Leute achten; il ~ di una decisione, das Gewicht einer Entscheidung; dare il giusto ~ a qc, etw (dat) die richtige Bedeutung beimessen **7** *fig* (*onere*) Last f, Belastung f: questo è un ~ superiore alle mie forze, diese Belastung geht über meine Kräfte **8** *chim* Gewicht m: ~ atomico/molecolare, Atom-/Molekulargewicht n **9** *comm* {+MERCE} Gewicht n: ~ lordo/netto, Brutto-/Nettogewicht n **10** *fis* Gewicht n: ~ specifico, spezifisches Gewicht; ~ specifico assoluto/relativo, absolutes/relatives spezifisches Gewicht, absolute/relative Wichte **11** *sport* (*nell'atletica*) (*attrezzo*) Kugel f: ~ (*solo pl-* ma *nubrio*) Hantel f **12** *sport* (*nell'atletica*) (*nel pugilato*) Gewichtsklasse f: ~ gallo/massimo/medio/mosca/piuma, Bantam-/Schwer-/Mittel-/Fliegen-/Federgewicht n; ~ leggero/medioleggero/mediomassimo/welter, Leicht-/Halbmittel-/Halbschwer-/Weltergewicht n ● comprare/vendere a ~ (*pesando la merce*), nach Gewicht kaufen/verkaufen; buon ~ (*a vantaggio del cliente*), gut gewogen; ~ campione *fis*, geeichtes Wägestück; avere un ~ sulla coscienza *fig* (*sentirsi in colpa*), etwas auf dem Gewissen haben; alzare qc di ~ (*sollevarlo completamente dal suolo*), *etw* hochheben; cadere di ~ (*cadere pesantemente*), schwer stürzen; essere di ~ a qu *fig* (*costituire un fastidio*), jdm zur

Last fallen; ~ *forma* anche *sport* (*ideale*), Idealgewicht n; *liberarsi* di un ~ *fig* (*togliersi un fastidio, un cruccio*), etw abschütteln, sich von etw (dat) befreien; *avere/usare due pesi e due misure fig* (*essere parziale*), mit zweierlei Maß messen; ~ *morto* (*corpo inerte*), totes Gewicht, Eigengewicht n; *fig* (*ciò che è inutile*), Ballast m, unnötige Last; *fig* (*chi è d'intralcio ad altri*), Klotz m am Bein *fam*; **pagare qc a ~ d'oro** *fig* (*a prezzo molto alto*), sehr viel Geld für etw (acc) bezahlen, einen gepfefferten Preis für etw (acc) zahlen *fam*; **vendere qc a ~ d'oro** *fig* (*a prezzo molto alto*), etw ⌊für teures Geld⌋/[sehr teuer]/[zu einem gepfefferten Preis]/[für ein Heidengeld] verkaufen *fam*; **passare il ~** (*eccederlo*), {BAGAGLIO} das Gewicht überschreiten; **prendere qu/qc di ~** (*di forza*), jdn/etw einfach hochheben; **prendere/copiare qc di ~ da qc** (*pedestremente*), {RICERCA DALL'ENCICLOPEDIA} etw einfach abschreiben; **farlo sul ~** (*farlo risultare maggiore*), beim Wiegen schwindeln *fam*; **avere un ~ sullo stomaco** (*sensazione di pesantezza*), ein Schweregefühl im Magen haben; *fig* (*avere un cruccio*), etw (schwer) im/[auf dem] Magen liegen haben *fam*; **mi sono tolta un ~ dallo stomaco/dal cuore** *fig* (*liberarsi da una preoccupazione*), sie hat mir einen Stein vom Herzen gefallen; **~ a vuoto** (*di un veicolo senza carico*), Leergewicht n.

péso② <-> m *spagn* (*moneta*) Peso m.

pessàrio <-ri> m *med* **1** (*protesi*) "meist ringförmige Prothese zur Verhinderung eines Prolapses" **2** (*diaframma*) Pessar n *scient*.

pessimaménte avv (*molto male*) {MANGIARE} sehr schlecht, miserabel.

pessimìsmo m Pessimismus m.

pessimìsta <-i m, -e f> **A** agg {ATTEGGIAMENTO, RAGAZZO, VISIONE} pessimistisch, schwarzseherisch: **essere ~ sulla riuscita di un progetto**, pessimistisch sein, was das Gelingen eines Projekts betrifft; für ein Projekt schwarzIsehen **B** mf Pessimist(in) m(f).

pessimìstico, (-a) <-ci, -che> agg (*da pessimista*) {CONCEZIONE DELLA VITA, PREVISIONE} pessimistisch, schwarzseherisch.

pèssimo, (-a) <superl *di cattivo*> agg **1** (*molto brutto*) {CARATTERE} (sehr) schlecht, übel, mies *fam*; {ASPETTO, STAGIONE} miserabel, (sehr) schlecht; {FILM, TEMPO} anche hässlich, abscheulich, erbärmlich: **ha la pessima abitudine di fumare a tavola**, er/sie hat die hässliche/üble Angewohnheit, bei Tisch zu rauchen; **hai una pessima cera**, du siehst erbärmlich/miserabel aus **2** (*incapace*) {CANTANTE, IMPIEGATO, INSEGNANTE, MEDICO} völlig unfähig, miserabel **3** (*non buono*) {MADRE} sehr schlecht, Raben- *spreg* **4** (*molto scadente*) {ORGANIZZAZIONE} sehr schlecht, miserabel; {ALBERGO, CIBO, LAVORO, MATERIALE, VINO} anche erbärmlich, lausig *spreg*: **l'auto è in pessime condizioni**, das Auto ist in einem miserablen Zustand **5** (*svantaggioso*) {AFFARE} sehr schlecht, ungünstig, nachteilig **6** (*scorretto*) {TRADUZIONE} miserabel, lausig *spreg*: **parlare un ~ tedesco**, ⌊ein miserables⌋/⌊sehr schlecht⌋ Deutsch sprechen **7** (*molto cattivo*) {IDEA, REPUTAZIONE} sehr schlecht: **è in pessimi rapporti con il padre**, er/sie hat ein sehr schlechtes Verhältnis zu seinem/ihrem Vater.

pèsta f **1** <di solito al pl> (*tracce*) Spuren f pl, Fußstapfen f pl; (*di animali*) Fährte f **2** <solo pl> *fig* (*pasticci*) Klemme f, Patsche f *fam*: **essere/trovarsi nelle peste**, in der Klemme/Patsche sein/sitzen/stecken *fam*; **lasciare/mettere qu nelle peste**, jdn in der Klemme sitzen lassen *fam*, ⌊im Stich lassen⌋/[in Schwierigkeiten bringen].

pestàggio <-gi> m **1** (*serie di percosse*) Zusammenschlagen n: **subire un violento ~**, brutal zusammengeschlagen werden **2** (*rissa violenta*) Schlägerei f: **un ~ tra tifosi di calcio**, eine Schlägerei zwischen Fußballfans.

pestàre **A** tr **1** (*sminuzzare*) ~ qc {AMARETTO, SALE} etw zerstoßen: **~ il basilico nel mortaio**, Basilikum im Mörser zerstoßen **2** (*assottigliare*) ~ qc {CARNE} etw flach klopfen **3** (*schiacciare col piede*) ~ qc {FIORE, FORMICA} etw zertreten; {MOZZICONE} etw auslItreten; {GIACCA} auf etw (acc) treten; {CACCA DI MUCCA} in etw (acc) treten; **~ qc a qu** {PIEDE} jdm auf etw (acc) treten **4** *fig* (*picchiare*) **~ qu** jdn (ver)prügeln, jdn (zusammen|)schlagen: **l'hanno pestato a sangue**, sie haben ihn blutig geschlagen **B** rfl rec (*prendersi a botte*): **pestarsi** sich (ver)prügeln.

pestàta f **1** (*il battere col pestello*) Zerstoßen n, Zerstampfen n: **dare una ~ al sale**, das Salz zerstoßen **2** (*pestone*) Fußtritt m: **sull'autobus ho preso tante di quelle pestate!**, was hat man mir im Bus vielleicht auf die Füße getreten! **3** *fam* (*botte*) Zusammenschlagen n: **gli hanno dato una bella ~**, sie haben ihn ganz schön zusammengeschlagen.

pèste f **1** *med* Pest f: **~ bubbonica**, Beulenpest f **2** *veter* Pest f: **~ dell'ape**, Faulbrut f der Bienen; **~ aviaria/bovina/equina/suina**, Hühner-/Rinder-/Pferde-/Schweinepest f **3** *fig scherz* (*bambino vivace*) Teufel m *fam*: **Marco è diventato una vera ~!**, Marco ist ein richtiger Teufel geworden! *fam* **4** *fig* (*male*) Übel n: **la corruzione è la ~ della società**, die Korruption ist das Übel der Gesellschaft **5** *fig* (*fetore*) Gestank m: **che ~ quel tabacco!**, dieser Tabak stinkt vielleicht! ● **La ~** *lett* (*romanzo di A. Camus*), Die Pest; **d'acqua** *bot*, Wasserpest f; **dire ~ e corna di qu** *fig fam* (*dirne tutto il male possibile*), kein gutes Haar an jdm lassen *fam*, unersetzlich über jdn herziehen *fam*; **tutti lo evitano come se avesse la ~** (*non vogliono averci niente a che fare*), alle meiden ihn, als ob er die Pest hätte; **~ nera** *stor*, Schwarze Pest; **sfuggire qu/qc come la ~** (*evitarlo in ogni modo*), jdn/etw wie die Pest meiden.

pestèllo m (*utensile*) Stößel m; *farm* Pistill m.

pesticciàre <*pesticcio, pesticci*> **A** tr (*calpestare*) **~ qc** {AIUOLA, SEMINATO} etw zertreten, etw zertrampeln, auf etw (dat) herumItrampeln *fam* **B** itr (*battere i piedi*) (+ *compl di luogo*) {IN UNA POZZANGHERA} (*irgendwo*) mit den Füßen stampfen.

pesticìda <-i> m *agr chim* Pestizid n, Pflanzenschutzmittel n.

pestìfero, (-a) agg **1** *fig scherz* (*esageratamente vivace*) {BAMBINA} wild **2** *fig* (*malsano*) {ARIA, CLIMA} schädlich **3** *fig* (*puzzolente*) {ALITO, TANFO} ekelhaft, widerwärtig, abscheulich **4** *fig* (*cattivo*) {UOMO} schlimm, ekelhaft, unausstehlich **5** *med* {FEBBRE, MORBO, PULCE} pestübertragend.

pestilènza f **1** *fig* (*fetore*) Gestank m **2** *fig* (*rovina*) Plage f, Unheil n **3** *med* Pest f, Pestilenz f *obs*.

pestilenziàle agg **1** *fig* (*nocivo*) {ARIA, MIASMA} schädlich, verderblich **2** *fig* (*fetente*) {SIGARO} stinkend **3** *fig* (*pestifero*) {RAGAZZO} wild **4** *med* (*contagio, epidemia*) Pest-, pestähnlich.

pésto, (-a) **A** agg **1** (*macinato*) {PAN} zerstoßen **2** *fig* (*ammaccato*) blau: **fare un occhio ~ a qu**, jdm ein ⌊Auge blau⌋/[blaues Auge] schlagen **3** *fig* (*cerchiato*) {OCCHI} mit Augenringen/ Augenrändern/ Augenschatten **4** *fig* (*indolenzito*) {OSSA} zerschlagen: **essere tutto ~ per le botte**, ⌊wegen der Schläge voller blauer Flecken⌋/[grün und blau von Schlägen] sein **B** m *gastr* Pesto m (*Soße aus Öl, feingehacktem Basilikum, Knoblauch, Käse und Pinienkernen*).

pestóne m *fam* (*pestata*) Fußtritt m: **dare un ~ a qu**, jdm auf die Füße treten; **prendere/ricevere un ~**, auf die Füße getreten werden.

pètalo m *bot* Blumen-, Blütenblatt n: **~ di margherita**, Margeritenblatt n.

petàrdo m (*mortaretto*) {+CAPODANNO} Knallfrosch m, Knallkörper m, Knaller m *fam*, Knallerbse f, Petarde f ● **~ da/di segnalazione** *ferr*, Petarde f.

petécchia f *med* Petechien pl *scient*.

petecchiàle agg *med* {TIFO} Fleck-.

petit-beurre <-> m *franc gastr* Butterkeks m.

petizióne f **1** (*domanda*) Petition f, Eingabe f, Gesuch n: **fare/presentare una ~ a qu**, eine Petition an jdn richten; **firmare una ~**, eine Petition unterschreiben **2** *dir* Eingabe f, Petition f: **diritto di ~**, Petitionsrecht n; **d'eredità** (*azione di ~*), Erbschaftsklage f ● **~ di principio** *filos*, Petitio principii f.

pèto m (*scoreggia*) Darmwind m, Furz m *volg*: **fare/tirare un ~**, einen fahren lassen *fam*, furzen *volg*, einen Furz lassen *volg*.

petrarcheggiànte agg *lett* (*simile al Petrarca*) {LIRICA} im Stil von Petrarca.

petrarchésco, (-a) <-schi, -sche> agg *lett* **1** (*del Petrarca*) {CANZONIERE} des Petrarca **2** (*simile al Petrarca*) {POESIA} im Stil von Petrarca.

petrarchìsmo m *lett* (*emulazione del Petrarca*) Petrarkismus m.

petrarchìsta <-i m, -e f> mf *lett* **1** (*studioso*) Petrarcaforscher(in) m(f) **2** (*emulo*) Petrarkist(in) m(f).

petrochìmico → **petrolchimico**

petrodòllaro m <di solito al pl> (*depositi in dollari*) Petrodollar m.

petrografìa f *geol* Petrographie f.

petrogràfico, (-a) <-ci, -che> agg *geol* {STUDIO} petrographisch.

petrògrafo, (-a) m (f) *geol* Petrograph(in) m(f).

petrolchìmica <-che> f *chim industr* Petro-, Erdölchemie f.

petrolchìmico, (-a) <-ci, -che> agg *chim industr* {INDUSTRIA, PRODOTTO} petrochemisch.

petroldòllaro → **petrodollaro**

petrolièra f (*nave*) (Öl)tanker m, Tankschiff n.

petrolière, (-a) m (f) **1** (*industriale*) Erdölindustrielle mf decl come agg **2** (*tecnico*) Erdöltechniker(in) m(f) **3** (*operaio*) Erdölarbeiter(in) m(f).

petrolièro, (-a) agg (*petrolifero*) {INDUSTRIA} (Erd)öl-.

petrolìfero, (-a) agg **1** (*del petrolio*) {CRISI, SETTORE} (Erd)öl- **2** (*di petrolio*) {GIACIMENTO, POZZO} Erdöl-, erdölhaltig **3** (*che utilizza il petrolio*) {COMPAGNIA, INDUSTRIA} (Erd)öl-.

petròlio **A** m **1** (*miscela oleosa*) Erdöl n: **giacimento/pozzo di ~**, Erdölvorkommen n/Ölquelle f; **~ grezzo/raffinato**, Rohöl n/ (Mineral)öl n **2** <inv> agg {BLU, VERDE} petrol: **una giacca color ~**, eine petrolfarbene Jacke **C** <inv> loc agg (*che funziona a ~*): **a ~**, {FORNELLO} Petroleum-.

petrologìa f *geol* Petrologie f.

pettégola f → **pettegolo**

pettegolàre itr (fare pettegolezzi) ~ (su qu) {SULLA RAGAZZA MADRE, SULLA VICINA} (über jdn) klatschen fam spreg, (über jdn) tratschen fam spreg, über jdn hecheln fam spreg; {SULL'INTERA CLASSE, SU TUTTI I COLLEGHI} jdn durch|hecheln fam spreg: **non fa altro che ~ tutto il giorno**, er/sie macht den ganzen Tag über nichts anderes als tratschen fam spreg.
pettegolézzo m (chiacchiera indiscreta) Klatsch m fam spreg, Tratsch m fam spreg, Geschwätz n fam spreg, Gerede n fam: **essere al centro dei pettegolezzi del paese**, im Mittelpunkt des Dorfklatsches stehen fam spreg; **fare dei pettegolezzi su/[sul conto di] qu**, über jdn klatschen/tratschen fam spreg.
pettegolìo <-*lii*> m 1 (un insistente pettegolare) Klatscherei f fam spreg, Tratscherei f fam spreg 2 (chiacchierio) Geschwätz n fam spreg, Gerede n fam.
pettégolo, (-a) A agg 1 (che riporta maldicenze) {DONNA, GENTE} klatschsüchtig fam spreg, klatschhaft fam spreg, geschwätzig fam spreg; {STAMPA} Klatsch- fam spreg, Regenbogen- slang 2 scherz (petulante) {BAMBINA} schwatzhaft scherz B m (f) (maldicente) Klatschbase f fam spreg, Klatschmaul n fam spreg, Klatschtante f fam spreg: **smettila di fare la pettegola!**, hör auf (damit), zu tratschen! fam spreg.
pet therapy <- -, - -ies pl ingl> loc sost f (terapia) Haustiertherapie f, Pet Therapy f.
pettinàre A tr 1 (ravviare i capelli) ~ qu {MAMMA BAMBINO} jdn kämmen 2 (acconciare) ~ (qu) {PETTINATRICE CLIENTE} jdn frisieren: **quel parrucchiere non pettina bene**, dieser Frisör kann nicht gut frisieren; ~ qc (a qu) {I CAPELLI ALLA SPOSA} jdm (etw) kämmen 3 fig fam scherz (conciare male) ~ qu jdn durchbläuen fam, jdm kräftig verprügeln, jdn übel zu|richten 4 fig fam (rimproverare duramente) ~ qu jdm heftige Vorwürfe machen, jdn scharf zurecht|weisen, jdm den Kopf waschen fam 5 tess ~ qc {LANA} etw kämmen, etw kämmeln; {CANAPA, LINO} anche etw hecheln B rfl 1 (ravviarsi i capelli): **pettinarsi** seine Haare in Ordnung bringen; *indir* **pettinarsi qc** {I CAPELLI} sich (dat) (etw) kämmen 2 (acconciarsi): **pettinarsi (+ compl di modo)** {CON LA RIGA A DESTRA, CON LA TRECCIA} sich (irgendwie) frisieren: **ti sei pettinata proprio male!**, du hast dich wirklich schlecht frisiert!; **pettinarsi qc (+ compl di modo)** {I CAPELLI} sich (dat) etw (+ *irgendwie*) frisieren.
pettinàta f 1 (ravviata ai capelli) schnelles Kämmen: **darsi una ~**, sich (schnell) überkämmen fam 2 fig fam (duro rimprovero) Rüffel m fam, heftiger Vorwurf: **dare una (bella) ~ a qu**, jdm einen Rüffel erteilen fam/[heftigen Vorwurf machen].
pettinàto, (-a) tess A agg {FILATO, LANA} Kamm- B m (tessuto) Kammgarn(gewebe) n.
pettinatrice f 1 (parrucchiera) Frisörin f, Friseuse f: **andare dalla ~**, zur Frisörin/Friseuse gehen 2 tess (per la lana) Kämmmaschine f; (per canapa, lino) Hechelmaschine f.
pettinatùra f 1 (acconciatura) {ORIGINALE} Frisur f: **cambiare ~**, seine/die Frisur ändern; **non ti sta bene questa ~**, diese Frisur steht dir nicht 2 tess (+ LANA) Kämmen n; {+ CANAPA} anche Hecheln n; **~ del cotone**, Baumwollkämmen n.
pèttine A m 1 Kamm m: **~ a coda**, Stielkamm m; **~ di plastica/tartaruga**, Plastik-/Schildpattkamm m; **tascabile**, Taschenkamm m 2 (nelle gondole) Gondelschnabel f 3 mus (plettro) Plektron n, Plektrum n 4 tecnol (per filettature) Gewindestrehler m 5 tess (dispositivo) {+ LANA} (Weber)kamm m

Webeblatt n; {+ CANAPA, LINO} anche Hechel f 6 zoo (mollusco) Kammmuschel f, Pektenmuschel f B <inv> loc agg (disposto in modo parallelo): **a ~**, parallel angeordnet; **parcheggio/sosta a ~**, Querparkplatz m ● **~ di Venere** bot, Venuskamm m.
petting <-> m ingl (serie di effusioni) Petting n: **fare il ~**, Petting machen.
pettinìno <dim di pettine> m 1 Kämmchen n 2 (tascabile) Taschenkamm m 3 (per tenere i capelli) (Einsteck)kamm m.
pettìno <dim di petto> m 1 (parte superiore) {+ GREMBIULE} Brustlatz m 2 (petto inamidato) {+ CAMICIA} Chemisette f, Hemdbrust f 3 (davantino) {+ ABITO FEMMINILE} Chemisette f, Miedereinsatz m.
pettirósso m ornit Rotkehlchen n.
pètto m 1 anat Brust f, Oberkörper m: **una fitta al ~**, ein Stechen in der Brust; **~ gracile/robusto**, schmächtige Brust f/[kräftiger Oberkörper]; **a ~ nudo**, mit nacktem Oberkörper; **gli sferrò un colpo in pieno ~**, er/sie versetzte ihm einen Schlag mitten auf die Brust; **~ villoso**, behaarte Brust 2 (seno) Busen m: **avere un ~ prosperoso**, einen üppigen Busen haben; **~ cascante**, Hängebusen m 3 (polmoni) Lungen f pl, Brust f: **essere debole di ~**, schwach auf der Brust sein fam; **malato di ~**, lungenkrank; **male di ~**, Lungenkrankheit f 4 fig (animo) Herz n: **tenere chiuso nel ~ un segreto**, ein Geheimnis im Herzen tragen 5 gastr Bruststück n: **~ di pollo/tacchino/vitello**, Hühner-/Puten-/Kalbsbrust f 6 zoo {+ GIRAFFA, SCIMMIA, ecc.} Brust f ● **avere al ~ un bambino (allattarlo)**, einem Kind die Brust geben, ein Kind stillen; **battersi il ~** (in segno di penitenza), sich an die Brust schlagen; fig (pentirsi) anche, sich bereuen, sich (dat) Vorwürfe machen; **~ della camicia** (il davanti), Hemdbrust f; **~ carenato** med (stretto e sporgente), Hühnerbrust f; **giacca a doppio/a ~**, Zwei-/Einreiher m; **~ in fuori!**, Brust heraus!; **prendere qu di ~** fig (affrontare con risolutezza), sich (dat) jdn vorknöpfen fam; **prendilo di ~ e digli quello che pensi di lui!**, knöpf ihn dir vor und sag ihm, was du von ihm denkst! fam; **prendere qc di ~** fig (affrontare con decisione), {DIFFICOLTÀ, PROBLEMA} etw energisch an|packen/[in Angriff nehmen]; **stringere qu al ~** fig (abbracciarlo forte), jdn an die Brust drücken.
pettoràle A agg anat (del petto) {MUSCOLI} Brust-; zoo {PINNE} Brust- B m 1 <di solito al pl> anat Brustmuskel m pl (pettino) {+ COSTUME STORICO} Chemisette f, Hemdbrust f 3 sport (ritaglio di stoffa) Startnummer f: **avere/indossare il ~ numero 3**, die Startnummer 3 haben/tragen 4 sport (nell'equitazione) (finimento) Siele f.
pettorìna f 1 (parte superiore) {+ GREMBIULE, SALOPETTE} Latz m 2 stor (lembo di tessuto) Bruststück n.
pettorùto, (-a) agg 1 (dal petto robusto) {UOMO} breitschult(e)rig; {DONNA} vollbusig, üppig 2 fig (impettito) aufgeblasen fam spreg.
petulànte A agg (fastidioso) {RAGAZZO} aufdringlich, lästig: **che bambino ~!**, was für ein lästiges Kind!; {ATTEGGIAMENTO, MODI} anmaßend, überheblich B mf (persona fastidiosa) aufdringlicher/lästiger Mensch: **non fa il ~!**, sei nicht so aufdringlich!
petulànza f (fastidiosità) {INSOPPORTABILE; + COLLEGA} Aufdringlichkeit f.
petùnia f bot Petunie f.
peyote <-, -s spagn> m spagn bot Peyote-, Peyotl-, Igelkaktus m.
pèzza f 1 (confezione di tessuto) (Stoff)ballen m, Stoffbahn f: **una ~ di cotone/lana/lino**, ein Ballen Baumwolle/Wolle/Leinen; **una ~ lunga 25 metri e alta 70 centimetri**, eine 25 Meter lange und 70 Zentimeter breite Stoffbahn 2 (pezzo di stoffa) Tuch n: **mettere una ~ bagnata sulla fronte**, ein feuchtes Tuch auf die Stirn legen 3 (toppa) Flicken m, Fleck(en) m: **avere una ~ sul gomito**, einen Flicken am Ellbogen haben 4 (stoffa) Stoff m: **pupazzetto di ~**, kleine Stoffpuppe 5 (straccio) Lappen m, Tuch n: **pulire l'auto con una ~**, das Auto mit einem Lappen sauber machen 6 (chiazza) Fleck m: **mucche con pezze nere**, schwarz gescheckte Kühe ● **d'appoggio/giustificativa** amm (per dimostrare una spesa sostenuta), Beleg(schein) m, Rechnungsbeleg m; **mettere una ~ a qc** (rattoppare), {A UNA GIACCA} einen Flicken auf etw (acc) (auf)nähen; fig (rimediare), eine Notlösung suchen; **essere una ~ da piedi** fig fam (nullità), eine Null fam/ein Nichts spreg sein; **trattare qu come una ~ da piedi** fig fam (malissimo), jdn wie (den letzten) Dreck behandeln fam; **avere le pezze sul sedere** fig (essere molto poveri), arm wie eine Kirchenmaus sein fam scherz.
pezzàto, (-a) zoo A agg (chiazzato) {CANE, CAVALLO} gescheckt, scheckig B m (cavallo) Schecke m.
pezzatùra① f zoo (insieme di chiazze) {FULVA} Scheckung f: **un cavallo nero con la ~ bianca**, ein schwarz-weiß gescheckter Pferd.
pezzatùra② f comm (dimensione) {GRANDE, PICCOLA} (Stück)größe f: **legna di media ~**, mittelgroße Holzstücke, Holz n mittlerer Größe.
pezzènte mf 1 (mendicante) Bettler(in) m(f) 2 fig spreg (straccione) zerlumpter Mensch, Penner(in) m(f) fam spreg, Hungerleider(in) m(f) fam spreg: **sei vestita come una ~!**, du kommst daher wie ein Penner! fam spreg 3 fig (persona meschina) Geizhals m spreg, Geizkragen m fam spreg: **comportarsi da ~**, sich knickerig fam spreg/knauserig fam spreg/kleinlich spreg benehmen.
pezzétto <dim di pezzo> m (piccolo pezzo) kleines Stück, Stückchen n: **un ~ di carne/pane**, ein Stückchen Fleisch/Brot; **un ~ di carta**, ein kleines Stück Papier, ein Papierschnitzel/Papierfetzen/Papierschnipsel; **un ~ di legno/ferro**, ein kleines Holz-/Eisenstück, ein kleines Stück Holz/Eisen; **un ~ di vetro**, ein kleines Stück Glas ● **a pezzetti** (a piccoli pezzi), stückchenweise; **tagliare qc a pezzetti**, etw in kleine Stücke schneiden; **fare qu a pezzetti** fig (picchiarlo duramente), Kleinholz aus jdm machen fam, jdn zu Kleinholz machen fam.
pèzzo m 1 (quantità limitata) {+ FERRO, GOMMA, LEGNO} Stück n: **dammi un ~ di cioccolata**, gib mir ein Stück Schokolade; **un ~ di dolce/pane**, ein Stück Kuchen/Brot; **comprare un ~ di stoffa**, ein Stück Stoff kaufen; **mi servono due pezzi di spago**, ich brauche zwei Stück Schnur 2 (parte) Stück n, Teil m: **dividere qc in quattro pezzi**, etw in vier Teile teilen; **fare due pezzi di qc**, etw zweiteilen 3 (scorcio) Stück n, Teil m: **si vede solo un ~ di cielo**, man sieht nur ein Stück Himmel 4 (frammento): **~ di vetro**, Glasscherbe f 5 (tassello) {+ PUZZLE} Teil m 6 (elemento) {+ CONGEGNO} Teil n: **un completo a due pezzi**, ein Zweiteiler fam/[zweiteiliger Anzug]; **il ~ inferiore/superiore della tuta da ginnastica**, das Unter-/Oberteil des Trainingsanzugs; **i pezzi del motore**, die Teile des Motors; **un servizio da tavola di 48 pezzi**, ein 48-teiliges Tafelservice; **smontare una bicicletta ~ per ~**, ein Fahrrad Stück für Stück auseinandernehmen; tecnol (Bau)teil m; **pez-**

zi di ricambio, Ersatzteile n o m pl 7 (oggetto lavorato) Stück n, Gegenstand m: pezzi d'antiquariato, Antiquitäten f pl; un ~ di ceramica/cristallo, ein Keramik-/Kristallgegenstand; ~ da collezione, Sammlerstück n; un ~ originale del Settecento, ein Original aus dem 18. Jahrhundert; ~ unico, Unikat n, Unikum n 8 (banconota) Geldschein m: mi cambia 100 euro in due pezzi da 50?, könnten Sie mir 100 Euro in zwei Fünfzigeuroscheine wechseln? 9 (moneta) Münze f: un ~ da un euro, ein Ein-Euro-Stück; un ~ da due euro, ein Zwei-Euro-Stück, ein Eiermann fam 10 fig (un po' di tempo) Weile f, Zeit lang f: è un ~ che non ci vediamo, es ist eine Weile her, dass wir uns nicht gesehen haben; wir haben uns eine ganze Zeit lang nicht gesehen; lo aspettiamo da un ~, warten schon eine ganze Weile auf ihn; averne per un ~, eine gute/ganze Weile beschäftigt sein; è un ~ che glielo dico!, ich sage ihm das schon seit geraumer Zeit! 11 fig (tratto) Stück n, Strecke f: ho fatto un bel ~ di strada a piedi, ich habe ein gutes Stück (Weg/Wegs forb) zu Fuß zurückgelegt 12 artiglieria (arma) Kanone f, Geschütz n 13 fam giorn (articolo) Artikel m: ho letto il tuo ~, ich habe deinen Artikel gelesen 14 lett {+DIVINA COMMEDIA} Stück n, Stelle f, Passage f: un ~ dei Buddenbrook, eine Stelle aus den Buddenbrooks 15 mus Stück n: suonare un ~ di Bach, ein Stück von Bach spielen; un ~ del Flauto magico, ein Stück aus der Zauberflöte; ~ per pianoforte e violino, Stück n für Klavier und Geige 16 (negli scacchi) (Schach)figur f: muovere un ~, ziehen, einen Zug machen ● costare/pagare un tanto al ~, soundsoviel pro Stück kosten/bezahlen; 10 euro al ~, 10 Euro pro Stück; andare in (cento/mille) pezzi (frantumarsi), in tausend Stücke zerbrechen/zerspringen; ~ d'asino/di cretino/d'idiota/d'imbecille fam (insulto), (dummer) Esel! fam/(Voll)idiot! fam spreg; un bel ~ di formaggio/torta (una grossa fetta), ein großes Stück Käse/[Kuchen/Torte]; un bel ~ di figliola/ragazza fig (ben fatta), ein knackiges fam /[gut gebautes] Mädchen; un bel ~ di ragazzo/d'uomo fig (aitante), ein gestandenes Mannsbild fam A süddt, ein stattlicher junger Mann/[Mann]; a pezzi e a bocconi fig (senza continuità), {STUDIARE} unregelmäßig; ~ di bravura, Kunststück n, Bravourstück n; fig, Glanz-, Meisterleistung f; cadere/cascare a pezzi (essere molto rovinato), {MOBILE} auseinanderfallen; {CASA, EDIFICIO} anche ganz verkommen, völlig verfallen; fig (per la stanchezza), sich nicht mehr /[kaum noch] auf den Beinen halten können; un ~ di carta, ein Stück Papier; fig spreg (titolo, documento di scarso valore), Wisch m fam, Fetzen m Papier; quella laurea è solo un pezzo di ~!, dieser Studienabschluss ist nur ein Fetzen Papier!; una confezione da cinque/dieci pezzi, eine Fünfer-/Zehnerpackung; un due pezzi (un bikini), ein Bikini/Zweiteiler fam; essere/sentirsi a pezzi fig (essere molto stanchi), kaputt/[fix und fertig] sein fam; fare a pezzi qc (rompere), {TAVOLO} in Stücke schlagen/hauen fam, etw kaputtmachen fam; {GIORNALE} etw in Stücke reißen, etw zerreißen; fare/ridurre a pezzi qu fig (ucciderlo), Hackfleisch aus jdm machen fam; fig (denigrarlo), jdn durch/in den Dreck/Schmutz ziehen fam; ~ forte (brano migliore del proprio repertorio), Glanz-, Bravour-, Paradestück n; essere un ~ di ghiaccio fig (essere molto freddo), ein Eisklumpen/durchgefroren sein; essere un ~ di ghiaccio/marmo fig (essere insensibile), Fischblut in den Adern haben, eiskalt sein; un ~

grosso fig (persona influente), ein hohes/großes Tier fam; un ~ grosso della finanza, ein großes Tier der Finanz fam; in pezzi, stückweise; essere un ~ di legno fig (essere rigido), wie ein Stück Holz sein; mandare/ridurre/rompere qc in (cento/mille) pezzi (frantumare), etw in tausend Teile zerschlagen, etw zerbrechen/zerhauen fam/zerstückeln; ~ di merda volg (insulto), Scheißkerl m volg; ~ da museo /(raro) (rarità), Museumsstück n, Rarität f; ~ da novanta fig (persona influente), hohes/großes Tier fam; fig (boss mafioso), Mafiaboss m; comprare/vendere qc per un ~ di pane fig (a prezzo bassissimo), etw für ein Butterbrot /[einen Apfel und ein Ei] kaufen/verkaufen fam; ~ di repertorio, teat Repertoirestück n; ~ teatrale teat, Theaterstück n; ~ di terra (appezzamento), Grundstück n; essere tutto d'un ~ fig (rif. a chi rifiuta compromessi), sich auf keine Kompromisse einlassen, von altem/echtem Schrot und Korn sein; un uomo tutto d'un ~ fig, ein ganzer Kerl fam, ein Mann (wie) aus einem Guss /[von altem/echtem Schrot und Korn].

pezzuòla <dim di pezza> f (pezzo di tessuto) Läppchen n.

PF abbr di per favore: bitte.

pfùi inter (di disprezzo) pah, bah, bäh: ~, io so fare di meglio!, pah, ich kann was Besseres! fam.

PG m abbr di Procuratore Generale: Generalstaatsanwalt m.

pH <-> m chim abbr del lat potentia Hydrogenii (potenziale idrogeno) pH (Wasserstoffionenkonzentration): pH acido/basico, stärker säurehaltiger/basischer pH-Wert; pH neutro, mittlerer pH-Wert; soluzione a pH fisiologico, natürlicher pH-Wert.

phishing <-> m inform Phishing n.

phon <-> m franc 1 (asciugacapelli) Föhn m 2 fis (unità di misura) Phon n, Fon n.

phone banking <-> loc sost m o f ingl banca (banca telefonica) Telefonbanking n.

photo CD <-> loc sost m ingl fot Foto-CD f.

photo finish <-> loc sost m ingl sport Zielfoto n.

physique du rôle <-, -s - - pl franc> loc sost m franc die richtige Physiognomie: per certi mestieri bisogna avere il physique du rôle, für bestimmte Berufe muss man die richtige Physiognomie.

pi <-> f o m (sedicesima lettera dell'alfabeto greco) Pi n ● pi greco mat, griechisches Pi.

PI abbr di Pubblica Istruzione: "italienisches Kultusministerium, öffentliches Schulwesen".

pìa fig → pìo②.

piaccàmetro, phmetro m chim PH-Messgerät n, PH-Messer m.

piàccio 1ª pers sing dell'ind pres di piacere①.

piacènte agg (attraente) {UOMO} anziehend, attraktiv: è ancora una donna ~, sie ist immer noch eine attraktive Frau.

piacentino, (-a) A agg von/aus Piacenza B m (f) (abitante) Einwohner(in) m(f) von Piacenza.

Piacènza f geog Piacenza n.

piacére① <irr piaccio, piaci, piacqui, piaciuto> A itr <essere> 1 gener: a qu piace qu/qc (AUTO, CIBO, MOBILE, VESTITO) gefällt jdm, jd mag jdn/etw: il concerto di ieri sera mi è piaciuto moltissimo, das Konzert gestern Abend hat mir sehr gut gefallen; gli piacciono le donne formose, er steht/fliegt auf Frauen mit üppigen Formen fam; non gli piacciono i film dell'orrore, er mag Horrorfilme nicht /[keine Horrorfilme]; i fiori le sono sempre piaciuti, Blumen hat sie

schon immer gemocht; è un tipo che piace, der Typ hat was fam, die Leute/Frauen fliegen auf diesen Typen fam; quella ragazza mi piace da morire, dieses Mädchen finde ich umwerfend fam; mi sa tanto che lui ti piace, ich habe den starken Verdacht, dass er dir gefällt /[du zu/auf ihn stehst fam]; ti piace Picasso?, gefällt dir /[magst du] Picasso?; ti piace qui?, gefällt es dir hier?; questo mi piace già di più, das gefällt mir schon besser, das lasse ich mir schon eher gefallen/eingehen; hai un colorito oggi che non mi piace, du gefällst mir heute aber gar nicht; a qu piace fare qc, jd tut etw gern; a Davide piace essere al centro dell'attenzione, Davide steht gern im Mittelpunkt (des Interesses); le piace molto andare in bicicletta, sie fährt sehr gern Rad; mi piace nuotare, ich schwimme gern 2 (al condiz: desiderare): a qu piacerebbe fare qc, jd möchte gern etw tun; mi piacerebbe visitare l'Austria, ich würde gern Österreich besichtigen; mi piacerebbe rivederti, es würde mich freuen, dich wieder zu sehen; ti piacerebbe conoscerlo?, möchtest du ihn kennen lernen? 3 (rif. a cibi) ~ a qu jdm schmecken: mi piace la cioccolata, ich mag Schokolade (gern); la bistecca mi piace al sangue, das Steak mag ich halb durch; non gli piacciono le melanzane, Auberginen mag er nicht; ti è piaciuta la cena?, hat dir das Abendessen geschmeckt? 4 (rif. a odori) ~ a qu gefallen: ti piace questo profumo?, findest du dieses Parfüm gut?, magst du dieses Parfüm? 5 (ammirare) ~ a qu jdm gefallen, jdm zu sagen: mi piace la tua coerenza, ich bewundere deine Konsequenz 6 (condividere) ~ a qu jdm gefallen: non mi piacciono i suoi metodi di lavoro, mir gefallen seine/ihre Arbeitsmethoden nicht 7 (suscitare l'approvazione) ~ a qu/qc {OPERA AL PUBBLICO} bei jdm/etw Anklang finden: la sua ultima commedia è piaciuta molto, seine/ihre letzte Komödie hat großen Anklang gefunden 8 (volere) ~ a qu jdm gefallen: fa solo quello che gli piace, er tut nur, was er will/[wozu er Lust hat]; gli piace farsi rispettare, er verschafft sich gern Respekt; piace ricordarlo per il suo coraggio, wir erinnern uns gern an seinen Mut B rfl rec (provare reciproca simpatia): piacersi mögen, sich leiden können, Gefallen aneinander finden forb: quei due non si sono mai piaciuti, die beiden konnten sich noch nie leiden ● così mi piaci! (di approvazione), so gefällst du mir!; che ti piaccia o no (che tu lo voglia o no), ob es dir passt/gefällt oder nicht, ob du willst oder nicht; piaccia o non piaccia (si voglia o no), ob es passt /[man will] oder nicht; ti piacerebbe! scherz (rif. a desiderio irrealizzabile), das hättest du wohl gern(e)!, das würde/könnte dir so passen/gefallen! fam; non è bello ciò che è bello, ma è bello ciò che piace prov, schön ist, was gefällt.

piacére② A m 1 (gioia) Gefallen n, Freude f, Vergnügen n: provare ~ nella lettura, Vergnügen/Freude/Gefallen am Lesen haben, gerne lesen; quale ~!, das ist aber eine Freude!; è un ~ sentirlo suonare, es ist ein Vergnügen, ihn spielen zu hören; che ~ averti rivista!, es hat mich sehr gefreut, dich wieder einmal gesehen zu haben! 2 (senso di appagamento) Genuss m: il ~ di una bibita rinfrescante, der Genuss eines erfrischenden Getränks; il ~ di una gita in campagna, das Vergnügen eines Ausflugs aufs Land 3 (fonte di appagamento) Freude f, Lust f: i piaceri della carne, die Sinnenlust, die Sinnenfreude, die fleischlichen/

sinnlichen Lüste, die Fleischeslust *forb obs*; **i piaceri della tavola**, die Tafelfreuden *forb*; **i piaceri della vita**, die Freuden des Lebens **4** (*favore*) Gefallen m, Gefälligkeit f: **chiedere un ~ a qu**, jdn um einen Gefallen bitten; **fare un ~ a qu**, jdm einen Gefallen tun/erweisen *forb*; **fammi il (santo) ~ di lasciarmi finalmente in pace!**, tu mir (bloß) den Gefallen und lass mich endlich in Ruhe! *fam* **5** (*divertimento*) Vergnügen n, Freude f: **un viaggio di ~**, eine Vergnügungsreise **6** (*nelle presentazioni*): **~ di conoscerLa!**, schön/[freut mich], Sie kennen zu lernen!; sehr erfreut! *obs*; **è un ~ conoscerLa**, ₍es freut mich₎/[sehr erfreut *obs*]/[es ist mir ein Vergnügen], Sie kennen zu lernen!; **il ~ è tutto mio!**, das Vergnügen ist ganz meinerseits!; **buongiorno, sono il signor Rossi – ~!**, guten Tag, ich bin Herr Rossi – Angenehm! **7** (*in frasi di cortesia: onore*) Ehre f: **ho il ~ di invitarLa ...**, ich habe die Ehre, Sie ... einzuladen; **abbiamo il ~ di annunciarLe che ...**, wir ₍erlauben uns₎/[geben uns die Ehre], Ihnen mitzuteilen, dass ...; **sarà un ~ per me accettare l'incarico**, es wird mir eine Ehre sein, das Amt anzunehmen **8** *filos* Genuss m **9** *psic* Lust f **B** *loc avv* (*per favore*): **per ~**, bitte; **prestamelo, per ~**, leih es/ihn mir bitte! **●** **a ~** (*nella quantità desiderata*), nach Wunsch, nach Belieben; **aggiungere sale e pepe a ~**, nach Belieben Salz und Pfeffer hinzugeben; **a mio/tuo/vostro ~** (*secondo la mia/tua/vostra volontà*), meinem/deinem/eurem Wunsch zufolge; wenn's nach mir/dir/uns geht/ginge ..., nach meinem/deinem/eurem Gutdünken *forb*; **nel pomeriggio potete visitare gli scavi oppure il giardino botanico a vostro ~** (*come preferite*), am Nachmittag könnt ihr die Ausgrabungen oder den botanischen Garten besichtigen, ₍ganz wie es euch beliebt₎/[je nachdem, was euch lieber ist]; **il buffet offre una gran varietà di cibi dolci o salati, serviti a tuo ~** (*come preferirai*), das Buffet bietet eine große Auswahl an Süßspeisen und Herzhaftem, ₍bediene dich nach Lust und Laune₎/[nimm dir, was du magst]; **avrei ~ che tu mi aiutassi** (*mi piacerebbe*), es würde mich freuen, wenn du mir helfen würdest; **canta che è un ~!** (*molto bene*), er/sie singt ₍wunderbar₎/[, dass es eine wahre Freude ist]!; **questa macchina va che è un ~!**, dieser Wagen fährt, dass es eine Freude ist!; es ist eine wahre Freude, wie dieser Wagen fährt!; **con ~** (*volentieri*), mit Vergnügen, gern(e); **accetto con ~ il tuo invito!**, ich nehme deine Einladung gern(e) an!; **con gran ~**, mit großem Vergnügen, sehr gern(e); (*con gioia*), mit Freuden; **ha appreso con ~ la notizia**, er/sie hat die Nachricht mit Freuden empfangen; **non è un ~!** (*non mi diverte affatto*), das ist alles andere als ein Vergnügen (für mich)!; **ma mi faccia il ~!** (*di disapprovazione*), aber ich bitte Sie!; **ma fammi il ~!** (*smettila*), jetzt hör aber auf damit!, lass das doch endlich (sein)!; **far ~ a qu** (*essere gradito*), jdn erfreuen; **la tua visita mi ha fatto proprio ~**, ich habe mich über deinen Besuch wirklich sehr gefreut; **i fiori le hanno fatto un immenso ~**, sie hat sich riesig *fam* über die Blumen gefreut; **se ti fa ~ ti accompagno io**, wenn ₍du willst₎/[es dir Freude macht], begleite ich dich; **rigirare qu a ~** (*fargli fare ciò che si vuole*), jdn nach ₍Belieben um den (kleinen) Finger wickeln *fam*₎/[seiner Pfeife tanzen lassen]; **piaceri di Venere** (*dell'amore*), Liebesfreuden f pl, aphrodisische Wonnen f pl *forb o iron*.

piacévole agg **1** (*gradevole*) {COMPAGNIA, SERATA} angenehm: **una sensazione ~**, ein angenehmes Gefühl; **non è ~ alzarsi alle** quattro del mattino, es ist nicht (gerade) angenehm, um vier Uhr morgens aufzustehen; **~ al tatto/alla vista**, angenehm anzufühlen/anzusehen **2** (*amabile*) {FILM, LETTURA, RACCONTO} unterhaltsam, nett **3** (*simpatico*) {RAGAZZA, UOMO} freundlich, sympathisch, angenehm, nett.

piacevolézza f **1** (*gradevolezza*) {+CONVERSAZIONE} Angenehme n decl come agg **2** (*simpatia*) {+COMPAGNO DI VIAGGIO} Liebenswürdigkeit f, Freundlichkeit f, Anmut f **3** (*battuta scherzosa*) witzige Bemerkung, Scherz m.

piacevolménte avv (*in modo piacevole*) angenehm, auf angenehme Weise: **chiacchierare ~ con gli amici**, mit Freunden angenehm plaudern; **sono rimasta ~ sorpresa**, ich war freudig überrascht.

piaciménto **A** m (*gradimento*) Freude f **B** *loc avv* (*a piacere*): **a ~**, nach Belieben.

piacióne **A** agg (*accattivante*) gefallsüchtig **B** m (f) gefallsüchtiger Mensch: **è proprio un ~**, er liebt es wirklich zu gefallen.

piaciùto part pass *di piacere*①.

piàcqui 1ᵃ pers sing del pass rem *di piacere*①.

piàda f *gastr* (*focaccia*) (Teig)fladen m.

piadina <dim di piada> f *gastr* (*focaccia*) (Teig)fladen m: **~ romagnola**, (Teig)fladen m aus der Romagna.

piàga <-ghe> f **1** *med* Wunde f: **avere una ~ sul braccio**, eine Wunde am Arm haben; **essere coperto di piaghe**, mit Wunden bedeckt sein **2** *fig* (*ferita*) Wunde f: **riaprire una vecchia ~**, eine alte Wunde wieder aufreißen **3** *fig* (*calamità*) {+ALLUVIONI, DISOCCUPAZIONE} Übel n: **la ~ della corruzione**, das Übel der Korruption **4** *fig fam* (*persona noiosa*) Quäl-, Plagegeist m *fam*: **che ~!**, was für eine Plage!; **sei proprio una ~!**, du bist ein richtiger Plagegeist *fam*!, du bist ₍eine echte Nervensäge *fam*₎/[wirklich unerträglich]!; **du gehst einem echt auf die Nerven!** *fam* **●** **da decubito** *med*, Wundliegen n, Dekubitus m *scient*; **le piaghe d'Egitto** *relig*, die ägyptischen/biblischen Plagen.

piagàre <piago, piaghi> **A** tr **~ qc 1** (*provocare piaghe*) {SCARPONI PIEDI} *etw* wundscheuern: **lo stivale mi ha piagato la caviglia**, ₍der Stiefel hat mir den Knöchel₎/[ich habe mir den Knöchel durch den Stiefel] wund gescheuert **2** *fig* (*tormentare*) {ANIMO} *etw* kränken, *etw* quälen **B** itr pron (*riempirsi di piaghe*): **piagarsi** {MANI} wund werden.

piagàto, (-a) agg **1** (*ricoperto di piaghe*) {CORPO} mit Wunden bedeckt **2** *fig* (*tormentato*) {CUORE} gekränkt, gequält.

piaggerìa f (*servilismo*) Schmeichelei f: **fare qc per ~**, etw aus Schmeichelei tun.

piagnistèo m **1** (*pianto insistente*) {+BAMBINO} Geheul(e) n *fam spreg*, Plärren n *spreg*, Geplärr(e) n *fam spreg* **2** (*lagna*) Jammern n, Klagen n, Gejammer n *fam spreg*, Quengeln n *fam*: **mi sono stufata dei suoi continui piagnistei**, ich habe sein/ihr ewiges Jammern satt *fam*.

piagnóne, (-a) m (f) **1** *fam* (*bambino che piange spesso*) Heulsuse f *fam spreg*, Heulliese f *fam spreg*, Heulpeter m *fam*, Quengler(in) m(f) *fam*: **non fare il ~!**, spiel nur nicht die Heulsuse! *fam spreg*, quengle nicht so! *fam* **2** <di solito al pl> *polit stor* Anhänger(in) m(f) Savonarolas.

piagnucolàre itr (*frignare*) {BIMBO} wimmern, quengeln *fam*.

piagnucolìo <-lii> m (*pianto lamentoso*) Gewimmer n, Geheul(e) n *fam spreg*, Plärren n *spreg*, Geplärr(e) n *fam spreg*.

piagnucolóne, (-a) *fam* **A** agg (*che piagnucola sempre*) {BAMBINO} quenglerisch *fam* **B** m (f) (*piagnone*) Heulsuse f *fam spreg*, Heulliese f *fam spreg*, Heulpeter m *fam*, Quengler(in) m(f) *fam*.

piagnucolóso, (-a) agg **1** (*che piagnucola*) {RAGAZZINA} weinerlich, quengelig *fam* **2** (*lamentoso*) {TONO, VOCE} weinerlich, klagend.

piàlla f (*utensile*) {+FALEGNAME} Hobel m: **~ a due ferri**, Doppelhobel m; **~ lunga**, Langhobel m, Raubank f; **~ per scanalature**, Grund-, Kehlhobel m; **~ per sgrossare**, Schrupphobel m **●** **è piatta come se ci fosse passata sopra la ~** *fig fam* (*rif. a donna che ha poco seno*), sie ist vorn platt wie ein Bügelbrett *fam*; **dove passa la ~ cadono i trucioli** *prov* (*qualsiasi scelta ha conseguenze inevitabili*), wo gehobelt wird, fallen Späne *prov*.

piallàccio <-ci> m (*sottile foglio di legno*) Furnier(platte f) n.

piallàre tr (*spianare con la pialla*) **~ qc** {PORTA} etw (ab|)hobeln.

piallàta f **1** (*il piallare*) (Ab)hobeln n: **dare ~ al tavolo**, einen Tisch abhobeln **2** (*passata di pialla*) Hobelstrich m.

piallatóre, (-trice) **A** agg (*che pialla*) Hobel- **B** m (f) (*operaio*) Hobler(in) m(f) **C** f (*macchina*) Hobelmaschine f.

piallatùra f **1** (*lavorazione*) (Ab)hobeln n **2** (*insieme di trucioli*) Hobelspäne m pl.

piallétto <dim di pialla> m **1** (*piccola pialla*) Schlichthobel m **2** (*del muratore*) Reibebrett n.

piallóne <accr di pialla> m (*pialla con ceppo lungo*) Langhobel m, Raubank f.

piàna f (*pianura*) {VERDEGGIANTE} Ebene f.

pianàle m **1** (*piano di carico*) {+AUTOCARRO, AUTOTRENO} (Lade)pritsche f; {+VAGONE FERROVIARIO} Plattform f **2** (*superficie piana*) {+PONTE} Rampe f **3** *ferr* (*carro*) Plattform-, Flachwagen m.

pianeggiànte agg (*piano*) {STRADA} eben; {TERRENO, ZONA} anche flach.

pianeggiàre <pianeggio, pianeggi> **A** tr (*spianare*) **~ qc** {SUOLO STRADALE} *etw* ebnen **B** itr (*essere in piano*) {STRADA} eben sein; {TERRENO} anche flach sein.

pianèlla f **1** (*pantofola*) Pantoffel m, Hausschuh m, Schlappen m *fam*: **pianelle da donna/uomo**, Frauen-/Männerhausschuhe m pl **2** (*piastrella*) Fliese f, Kachel f **3** (*tegola*) Ziegel m **●** **~ della Madonna** *bot*, Frauenschuh m.

pianeròttolo m **1** (*delle scale*) Treppenabsatz m: **fermarsi sul ~ a chiacchierare**, auf der Treppe einen Schwatz halten *fam* **2** *alpin* Felsabsatz m.

pianéta① m **1** *astr* {+SISTEMA SOLARE} Planet m: **pianeti esterni/superiori**, äußere obere Planeten; **il ~ Giove/Marte/Saturno**, der Planet Jupiter/Mars/Saturn; **pianeti interni/inferiori**, innere/untere Planeten; **il ~ Terra**, der Planet Erde **2** (*Terra*) Erde f: **l'uomo più ricco del ~**, der reichste Mann der Welt; **il nostro ~**, unsere Erde **3** *fig* (*mondo*) Welt f: **il ~ del cinema**, die Filmwelt, die Welt des Films; **il ~ donna**, die Welt der Frau **4** *fig* (*destino*) Schicksal n, Fügung f **●** **pianeti medicei** *astr* (*satelliti galileiani*), (von Galilei entdeckte) Jupitermonde; **il pianeta rosso** *astr* (*Marte*), der rote Planet; **vivere su un altro ~** *fig*, auf einem anderen Planeten/Stern leben.

pianéta② f *relig* Messgewand n, Kasel f.

piangènte agg **1** (*che piange*) {BAMBINO} weinerlich, weinend **2** (*dal pianto*) {VOCE} weinerlich **3** *bot* {SALICE} Trauer-.

piàngere <irr piango, piangi, piansi, pianto> **A** itr **1** (*versare lacrime*) weinen: **~ amaramente**/[**a dirotto**], bitterlich/heftig weinen;

mettersi a ~, zu weinen beginnen/anfangen; **perché piangi?**, warum weinst du?; **stavo per ~**, ich war dem Weinen nah; **quando ci penso mi viene da ~**, wenn ich daran denke, ⌊ist mir zum Weinen zu Mute⌋/ [könnte ich heulen *fam*]; {BAMBINO} heulen *fam*; **smettila di ~!**, hör auf zu heulen *fam*/ flennen *fam spreg*; ~ **di/da/per qc** {DI COMMOZIONE, DALLA DISPERAZIONE, DALLA RABBIA} vor etw (dat) weinen; ~ **per/**⌊**a causa di**⌋ *qc* wegen etw (gen) weinen; ~ **per il dolore**, vor Schmerz weinen; ~ **dalla felicità/gioia**, vor Freude weinen; ~ **per la morte di qu**, jdn beweinen, wegen jds Tod weinen **2** (*lacrimare*) ~ **per/**⌊**a causa di**⌋ *qc* wegen etw (gen) tränen: **mi piangono gli occhi per il fumo**, mir tränen die Augen wegen des Rauches **3** (*guaire*) {CUCCIOLO} heulen, jaulen, winseln; (*gemere*) {GATTINO} wimmern **4** *fig* (*lamentarsi*) ~ **su** *qc* {SULLE PROPRIE DISGRAZIE, SUI PROPRI MALI} über etw (acc) klagen **B** *tr* **1** (*emettere*) ~ *qc* {TUTTE LE PROPRIE LACRIME} *etw* vergießen **2** (*lamentare*) ~ *qc* {TORTO SUBITO} *etw* beklagen, *etw* beweinen **3** (*dolersi*) ~ *qu/qc* {LA MORTE DI UN AMICO} jdm nach|trauern, *um jdn/etw* trauern, *jdn* beweinen: ~ **una persona cara**, einen geliebten Menschen beweinen, um einen geliebten Menschen trauern **4** (*rimpiangere*) ~ *qc* {IL TEMPO PASSATO} *etw* (dat) nach|trauern **5** (*pentirsene*) ~ *qc* {I PROPRI ERRORI} *etw* bereuen ● **piangersi** *addosso* *fig* (*autocommiserarsi*), sich (selbst) bemitleiden; *far* ~ **qu**, jdn zum Weinen bringen; **hai fatto** ~ **tuo fratello**, du hast deinen Bruder zum Weinen gebracht; **le cipolle mi fanno** ~ **gli occhi** (*far lacrimare*), beim Zwiebelschneiden tränen mir die Augen; *far* ~ *fig* (*commuovere*), zum Weinen bringen, zu Tränen rühren; **una storia che fa** ~, eine herzerweichende/herzergreifende Geschichte; *da far* ~ *fig* (*penoso*), zum Heulen *fam*; **parla un inglese da far** ~, sein/ihr Englisch ist zum Heulen *fam*, er/sie spricht ein erbärmliches Englisch; **una recitazione da far** ~, ein jämmerlicher/kläglicher Vortrag; *scoppiare a* ~ (*prorompere in lacrime*), in Tränen ausbrechen.

piangiucchiàre <*piangiucchio, piangiucchi*> *itr fam* (*piangere sommessamente*) {BAMBINO} wimmern, quengeln *fam*.

pianificàbile *agg* (*che può essere programmato*) {ATTIVITÀ} planbar.

pianificàre <*pianifico, pianifichi*> *tr* (*programmare*) ~ *qc* (**per** *qc*) {INVESTIMENTI PER IL PROSSIMO QUINQUENNIO} *etw für etw* (acc) planen; (*PRODUZIONE*) *etw* voraus|planen; ~ **l'economia**, einen Wirtschaftsplan erstellen; ~ *qc* {IL FUTURO, LA PROPRIA VITA} *etw* planen.

pianificàto, (**-a**) *agg* (*programmato*) {INTERVENTO} geplant; {ECONOMIA} Plan-.

pianificatóre, (**-trice**) **A** *agg* (*che pianifica*) {RIFORMA} Planungs- **B** *m* (*f*) (*chi pianifica*) {+PRODUZIONE} Planer(in) *m*(*f*).

pianificazióne *f* {+INTERVENTO, RICERCA} Planung *f*: ~ **aziendale/economica**, Betriebs-/Wirtschaftsplanung *f* ● ~ **familiare** (*attraverso il controllo delle nascite*) Familienplanung *f*; ~ **territoriale** (*del patrimonio naturale, storico, artistico*), Raumplanung *f*; ~ **urbanistica**, Stadtplanung *f*.

pianìno <*dim di piano*> *avv fam* (*adagio*) {ANDARE} langsam ● **pianino pianino** (*un passo dopo l'altro*), auf Zehenspitzen/[leisen Sohlen].

pianìssimo *mus* **A** *avv* pianissimo **B** <-> *m* Pianissimo *n*.

pianìsta <*-i m, -e f*> *mf* Pianist(in) *m*(*f*), Klavierspieler(in) *m*(*f*).

pianìstico, (**-ci, -che**) *agg* (*di, da pianoforte*) {COMPOSIZIONE, CONCERTO, MUSICA} Kla-

vier-; {TECNICA} *anche* pianistisch.

piàno① *m* **1** (*superficie piana*) Fläche *f*: ~ **d'appoggio**, Auflage-, Stützfläche *f*; ~ **di lavoro**, Arbeitsfläche *f*, Arbeitsplatte *f*; **un tavolo col ~ di marmo**, ein Marmortisch **2** (*ripiano*) {+SCAFFALE} Brett *n* **3** (*di edificio*) Stockwerk *n*, Etage *f*, Geschoss *n*: **abitare al secondo/all'ultimo ~**, im zweiten/letzten Stock(werk) wohnen; **casa a due piani**, zweistöckiges Haus; ~ **interrato**, Souterrain *n*, Kellergeschoss *n*; ~ **seminterrato**, Souterrain *n* in Hanglage, halbes Souterrain *fam*; ~ **nobile**, ⌊Ober-, Hauptgeschoss *n*⌋/[Beletage *f*]; **primo ~**, erster Stock; **palazzo di sei piani**, Wohnhaus mit sechs Stockwerken, sechsstöckiges Wohnhaus; ~ **rialzato**, Hochparterre *n*; **al ~ di sopra/sotto**, im oberen/ unteren Stock(werk); ~ **terra/terreno**, Erdgeschoss *n*, Parterre *n* **4** (*pianura*) Ebene *f*: **scendere al ~**, in die Ebene hinabsteigen **5** (*livello*) Stufe *f*, Ebene *f*, Niveau *n*: **il ~ delle acque**, der Wasserstand **6** (*strato*) Ebene *f*: **disporre degli oggetti su piani diversi**, Gegenstände auf verschiedenen Ebenen aufstellen **7** *fig* (*settore*) Bereich *m*: **la crisi politica si riflette sul ~ economico**, die politische Krise wirkt sich auf den Bereich der Wirtschaft aus **8** *aero* Tragfläche *f*: ~ **alare**, Tragfläche *f*; ~ **di coda**, Leitwerk *n* **9** *film fot TV* (*inquadratura*) Einstellung *f*: ~ **americano/medio**, amerikanische/halbnahe Einstellung *f*; **essere in primo ~**, im Vordergrund stehen; **fare un primo ~**, eine Nahaufnahme machen; **primissimo ~**, Groß-/Detailaufnahme *f*; **secondo ~**, Hintergrund *m*; ~ **sequenza**, Kamerafahrt *f* **10** *fis* Ebene *f*: ~ **di incidenza/polarizzazione/riflessione/vibrazione**, Einfalls-/Polarisations-/Reflexions-/Schwingungsebene *f*; ~ **del moto**, Strömungsebene *f* **11** *geol min* Schicht *f*, Fläche *f*: ~ **di faglia**, Rutsch-, Gleitfläche *f*; ~ **di geminazione**, Zwillingsebene *f* **12** *mar* Ebene *f*: ~ **di galleggiamento**, Schwimmebene *f* **13** *mat* Ebene *f*: ~ **cartesiano**, kartesianische Ebene; (*in geometria*) ~ **di sezione**, Schnittfläche *f* ● ~ **armonico** *mus* (*nel violino*), Resonanzboden *m*; ~ **caricatore** *tecnol*, Laderampe *f*; ~ **di controllo** *tecnol* (*piattaforma*), Kontrolltafel *f*; ~ **di cottura** (*sul quale ci sono piastre e fornelli*), Kochplatte *f*, Kochfeld *n*; *essere in* ~ (*non avere dislivelli*), {TERRENO} kein Gefälle aufweisen, eben sein; ~ **inclinato** (*macchina per sollevare pesi*), Rutsche *f*; **mettere** *qc* **in** ~ (*orizzontalmente*), *etw* waagrecht hinlegen; **mettere qu/qc sullo stesso ~** *fig* (*giudicarli equivalenti*), jdn/etw ⌊nach denselben Kriterien⌋/[gleich] beurteilen; **non puoi mettere sullo stesso ~ questi due scrittori!**, du kannst diese beiden Schriftsteller doch nicht in einem Atemzug nennen!; *di primo ~* *fig* (*importante*), {PERSONAGGIO} von Rang; ~ **scenico** *teat*, Bühne *f*; *di secondo/terzo ~* *fig* (*minore*), zweit-/drittrangig; **una figura di secondo ~**, eine Nebenfigur; **una questione di secondo ~**, eine zweitrangige Frage; **passare in secondo ~** *fig* (*essere trascurabile*), in den Hintergrund treten; ~ **stradale/via** (*superficie stradale*), Straßendecke *f*.

piàno② *m* **1** (*programma*) Plan *m*, Programm *n*: **fare un ~ di lavoro**, einen Arbeitsplan aufstellen **2** *anche fig* (*progetto*) Plan *m*, Projekt *n*: **mandare a monte i piani di qu**, jds Pläne über den Haufen werfen *fam*; **i piani per le vacanze**, die Urlaubspläne **3** *econ* {ECONOMICO} Plan *m*: ~ **di produzione**, Produktionsplan *m*; ~ **quinquennale/triennale**, Fünfjahres-/Dreijahresplan *m* **4** *industr* (*disegno*) {+AEREO, AUTOMOBILE} Plan *m*, Entwurf(szeichnung) *f* *m*: **tracciare un ~**, einen Entwurf zeichnen **5** *mil* Plan *m*: ~ **d'attac-**

co/di guerra, Angriffs-/Schlachtplan *m*; ~ **di difesa**, Verteidigungsplan *m* ● ~ **di ammortamento** *econ mat*, Tilgungsplan *m*; ~ **contabile** contabilità, Kontenplan *m*; ~ **energetico**, Energieplan *m*; ~ **di lancio** (*nella pubblicità*), Lancierungsplan *m*; ~ **di lavorazione** *film*, Drehplan *m*; ~ **Marshall** *econ stor*, Marshallplan *m*; ~ **media** (*nella pubblicità*), Medien-, Werbeplan *m*; ~ **operativo** *mil*, Einsatzplan *m*; ~ **regolatore** *urban*, Bebauungsplan *m*; ~ **di rilevazione stat**, Datenerhebungsprogramm *n*; ~ **di studi università**, Studienplan *m*; ~ **viario**, Straßenkarte *f*; ~ **di volo aero**, Flugplan *m*.

piàno③ <-> *m* (*pianoforte*) Klavier *n*: **suonare il ~**, Klavier spielen.

piàno④, (**-a**) **A** *agg* **1** (*pianeggiante*) {REGIONE, SUPERFICIE, TERRENO} eben **2** (*piatto*) {LENTE, SPECCHIO} eben; {PIATTO} flach **3** *fig* (*chiaro*) {ESPOSIZIONE, SCRITTURA} einfach, leicht verständlich **4** *fig* (*privo di ostacoli*) {PERCORSO} leicht, einfach **5** *fig* (*scorrevole*) {STILE} flüssig **6** *fig poet* (*VOCE*) ruhig **7** *mat* (*in geometria*) {CURVA, FIGURA, GEOMETRIA} eben **8** *ling* {PAROLA} auf der vorletzten Silbe betont **9** *relig* (*senza parti cantate*) {MESSA} still, Still- **10** *sport* (*nell'atletica*): **corsa piana**, Lauf *m*; **100 metri piani**, 100-Meter-Lauf *m* **B** *avv* **1** (*adagio*) langsam, bedächtig: **camminare** ~, langsam gehen; **girarsi** ~, sich langsam umdrehen; **leggi più ~!**, lies langsamer!; **va' più ~!**, geh nicht so schnell! **2** (*a bassa voce*) leise: **parla** ~!, sprich leise! **3** (*con cautela*) vorsichtig, mit Bedacht: **posalo** ~, **è fragile!**, stell es/ ihn vorsichtig hin, es/er ist zerbrechlich! **4** (*per dare un avvertimento*) Moment (mal)!, mach mal langsam!: ~ ~, **non giudicare prima di conoscere i fatti!**, ⌊Moment (mal)⌋/[nur nicht so eilig/hastig], urteile nicht, bevor du die Geschichte kennst! **5** *mus* leise, piano **C** *loc avv*: **piano piano 1** (*lentamente*) langsam: **avanzava piano piano**, er/sie/es ging/[bewegte sich] langsam vorwärts **2** (*con calma*) allmählich, mit der Zeit: **piano piano supererai anche questo ostacolo**, mit der Zeit wirst du auch diese Hürde nehmen **3** (*in punta di piedi*) auf leisen Sohlen: **entrare piano piano in una stanza**, auf leisen Sohlen in ein Zimmer schleichen/eintreten ● **andarci** ~ **con** *qc* *fig* (*fare attenzione*), vorsichtig mit etw (dat) sein; *fare* ~ (*non fare rumore*), leise sein, keinen Lärm machen; **fai piano, sennò svegli i vicini!**, sei leise, sonst weckst du die Nachbarn auf!; **pian pianino** *fam* (*lentamente*), ganz allmählich, nach und nach; **chi va** ~, **va sano e va lontano** *prov*, eile mit Weile *prov*, gut Ding will Weile haben *prov*.

piàno-bar <-> *m loc sost m* (*locale notturno*) Nachtbar *f*.

pianoconcàvo, (**-a**) *agg fis* (*in ottica*) {LENTE} plankonkav.

pianoconvèsso, (**-a**) *agg fis* (*in ottica*) plankonvex.

pianofòrte *m mus* **1** (*strumento*) Klavier *n*, Piano *n* *obs*: ~ **a coda**, Flügel *m*; **a mezza coda**, Zimmer-, Stutzflügel *m*; ~ **verticale**, (Giraffen)klavier *n* **2** (*tecnica*) Klavier *n*: **andare a lezione di** ~, Klavierunterricht nehmen; **insegnare/studiare** ~, Klavier unterrichten/lernen; **suonare il** ~, Klavier spielen.

pianòla *f mus* Pianola *n*.

pianòro *m* (*altopiano*) Hochebene *f*, Plateau *n*.

pianoterrà <-> *m fam* (*pianterreno*) Erdgeschoss *n*, Parterre *n*: **i Rossi abitano al** ~, Rossis wohnen im Erdgeschoss.

piànsi 1ª *pers sing del pass rem di* piangere.

piànta *f* **1** *bot* Pflanze *f*, Gewächs *n*: ~ **ac-**

quatica, Wasserpflanze f, Wassergewächs n; ~ **annua/sempreverde**, einjährige/immergrüne Pflanze; ~ **perenne**, ausdauernde/perennierende Pflanze; ~ **da appartamento**, Zimmerpflanze f; **piante aromatiche**, Gewürzpflanzen f; ~ **bulbosa**, Zwiebelpflanze f, Zwiebelgewächs n; ~ **di camelia/gardenia**, Kamelie f/Gardenie f; ~ **carnivora/insettivora**, Fleisch fressende Pflanze, Karnivore f; ~ **da fiore/foraggio/giardino**, Blüten-/Futter-/Gartenpflanze f; ~ **grassa**, Fettpflanze f; ~ **medicinale/officinale**, Arznei-/Heilpflanze f; ~ **ornamentale/rampicante/tropicale**, Zier-/Kletter-/Tropenpflanze f; (*albero*) Baum m; ~ **di ciliegio**, Kirschbaum m; ~ **da frutto**, Obstbaum m; ~ **d'alto fusto**, hochstämmiger Baum **2** (*suola*) (Schuh)sohle f; **scarpa a ~ larga/stretta**, Schuh m mit breiter/enger Sohle **3** (*cartina*) {+CITTÀ} Karte f, Plan m: **consultare la ~ di Milano**, im Stadtplan von Mailand nachschlagen **4** *anche arch* {+CHIESA} Grundriss m, Plan m: **edificio a ~ poligonale**, Gebäude m mit einem polygonalen Grundriss; **fare la ~ della classe**, den Grundriss der Klasse anfertigen **5** *amm* Plan m: ~ **organica**, Stellenplan m **6** *anat*: ~ (**del piede**), Fußsohle f **7** *urban* Stadtgrundriss m: ~ **radiocentrica**, ringförmiger Stadtgrundriss; ~ **a scacchiera**, schachbrettartiger Stadtgrundriss ● *ripulire* **una** ~ (*asportarne i rami secchi*), einen Baum/ eine Pflanze ausästen; (*togliere le foglie secche*), die trockenen Blätter von einer Pflanze ab|zupfen; **di sana** ~ *fig* (*completamente*), {RIFARE QC} vollkommen, von Grund auf; **l'ha inventato di sana** ~, das hat er/sie völlig aus der Luft gegriffen/geholt *fam*/[von A bis Z] [frei] erfunden}; **ho rifatto il lavoro di sana** ~, ich habe die Arbeit noch einmal ganz von vorne angefangen/[von Grund auf neu gemacht]; **in ~ stabile** *fig* (*per sempre*), fest, für immer; **si è trasferito da noi in ~ stabile**, er ist fest/ganz zu uns umgezogen; **essere in ~ stabile** *amm*, fest angestellt sein.

piantàbile *agg* (*che si può coltivare con piante*) pflanzbar: **un terreno ~ a soia**, ein Boden, auf dem Soja angebaut werden kann; ein für Sojaanbau geeigneter Boden.

piantàggine f *bot* Wegerich m ● ~ **acquatica** *bot*, Froschlöffel m.

piantagióne f **1** (*area coltivata*) {+TABACCO} Pflanzung f, Plantage f: ~ **di canna da zucchero**/[**caffè**]/[**cotone**]/[**tè**], Zuckerrohr-/Kaffee-/Baumwoll-/Teeplantage f **2** (*insieme di alberi coltivati*) Obstpflanzung f: ~ **di peschi**, Pfirsichbaumpflanzung f.

piantagràne <-> mf *fam* (*attaccabrighe*) Stänkerer m *fam spreg*, Streithammel m *fam anche scherz*.

piantàna f **1** (*sostegno*) {+SCAFFALE} Ständer m **2** (*lampada*) Stehlampe f **3** *edil* {+IMPALCATURA} senkrechtes Stützelement.

piantàre A *tr* **1** (*seminare*) ~ *qc* (+ *compl di luogo*) {ALBERO, PIANTA} etw (*irgendwo*) pflanzen; {GRANO, PATATE, POMODORI} *anche etw* (*irgendwo*) an|bauen; ~ **dei fiori in giardino**, Blumen im Garten pflanzen; *agr*: ~ *qc a qc* {TERRENO A FRUTTETO, A VITI} etw mit etw (dat) bepflanzen, *etw* irgendwo an|bauen; ~ **un campo a grano**, auf einem Feld Weizen anbauen **2** (*conficcare*) ~ *qc* (+ *compl di luogo*) {CHIODO NELLA PARETE} etw in etw (acc) schlagen; {ASTA, PALO DEL TELEGRAFO} *etw* irgendwo auf|stellen; {PICCHETTO IN TERRA} *etw* in etw (acc) treiben, *etw* in etw (acc) ein|rammen; {BANDIERA} *etw* irgendwo auf|stellen **3** (*fissare al terreno*) ~ *qc* {TENDA} etw auf|bauen; {L'ACCAMPAMENTO} *etw* auf|schlagen **4** (*infilare*) ~ *qc a qu* (+ *compl di*

luogo) {COLTELLO NELLA SCHIENA} jdm etw in etw (acc) stoßen, jdm etw in etw (acc) stechen, jdm etw in etw (acc) jagen *fam*: **gli piantò un pugnale nel petto**, er/sie stieß/ jagte *fam* ihm einen Dolch in die Brust; {UNGHIE NELLA CARNE} jdm etw in etw (acc) graben **5** *fig* (*allontanarsi*) ~ *qu* jdn stehen lassen, *jdn* im Stich lassen: **ci ha piantato qui senza dirci nulla**, er/sie hat uns hier stehen gelassen/[zurückgelassen], ohne uns etwas zu sagen **6** *fig* (*troncare un rapporto*) ~ *qu* {LA MOGLIE} jdn sitzen lassen *fam*; {FIDANZATO, RAGAZZA} *anche* mit jdm Schluss machen, jdm den Laufpass geben *fam*: **ha piantato la famiglia e se n'è andato in Brasile**, er/sie hat seine Familie sitzen lassen und ist nach Brasilien gegangen **7** *fig* (*lasciare*) ~ *qc* {LAVORO, STUDI} etw auf|geben, *etw* hin|werfen *fam*, *etw* schmeißen *fam* **8** *fam* (*dare*) ~ *qc a qu* (+ *compl di luogo*) {CALCIO NEGLI STINCHI} jdm etw (*irgendwohin*) geben, *jdm etw* (*irgendwohin*) verpassen: **se non la smetti, ti pianto una sberla**, wenn du nicht damit aufhörst, verpasse ich dir eine (Ohrfeige) *fam*/[bekommst/kriegst du eine (Ohrfeige) von mir verpasst *fam*]/[fängst du eine (Ohrfeige) *süddt* A] B *rfl* **1** (*fermarsi*): **piantarsi** + *compl di luogo* {SULL'USCIO DI CASA} sich *vor etw* (dat) auf|pflanzen *fam*: **s'è piantato in mezzo alla strada**, er hat sich mitten auf der Straße aufgepflanzt *fam* **2** (*mettersi di fronte*): **piantarsi davanti**/[**di fronte**]/[**in faccia**] *a qu/qc* sich *vor jdn* hin|pflanzen *fam*, sich *vor jdm* auf|pflanzen *fam*: **mi si piantò davanti impedendomi di passare**, er/sie pflanzte sich vor mich hin und versperrte mir den Weg **3** (*accamparsi*): **piantarsi** + *compl di luogo* {IN CASA DI QU} sich *irgendwo* ein|nisten *spreg* **4** *anche fig* (*ficcarsi*): **piantarsi** *qc* + *compl di luogo* sich (dat) *etw* in etw (acc) stecken, sich (dat) *etw* in etw (acc) jagen *fam*: **mi si è piantata nell'unghia una scheggia di legno**, ich habe mir einen Holzsplitter unter den Nagel gejagt *fam*/[in den Nagel eingezogen]; {IDEA IN TESTA} sich (dat) *etw* in etw (acc) setzen C *rfl rec fam* (*lasciarsi*): **piantarsi** sich trennen, auseinander|gehen: **Maria e Paolo si sono piantati**, Maria und Paolo haben sich getrennt ● **piantarla con** *qc* *fam* (*smettere di fare qc*), aufhören; (*mit etw* dat) aufhören; **piantatela con quel baccano!**, hört mit diesem Lärm auf!; **piantala!**, hör auf (damit)!; **piantala di fare tante storie!**, hör auf, so viel Theater zu machen! *fam spreg*.

piantàto, (-a) *agg* **1** (*interrato*) {ALBERELLO} gepflanzt **2** (*conficcato*) ~ **in** *qc* {PICCHETTO} *in etw* (acc) eingeschlagen, *in etw* (acc) eingerammt **3** *agr*: ~ **a** *qc* (*mit etw* dat) bepflanzt: **terreno ~ a segale**, Roggenfeld n **4** *fig* (*immobile*) starr, angewurzelt: **perché stai lì ~ come un palo?**, warum bleibst du wie angewurzelt da stehen? ● **ben ~** *fig* (*robusto*), kräftig gebaut, stämmig, robust; **un uomo ben ~**, ein kräftig gebauter Mann.

piantatóio <-*toi*> m *agr* (*cavicchio*) Pflanz-, Setzholz n.

piantatóre, (-**trice**) A m (f) **1** (*coltivatore*) Pflanzer(in) m(f) **2** (*proprietario di piantagione*) Plantagenbesitzer(in) m(f): ~ **di tabacco**, Tabakplantagenbesitzer m B f *agr* Pflanz(ensetz)maschine f.

pianterréno, **pianoterréno** m (*pianoterra*) Erdgeschoss n, Parterre n: **abitare a**/**al** ~, im Erdgeschoss/[zu ebener Erde] wohnen; **un alloggio a** ~, eine Parterrewohnung.

piantina (*dim di pianta*) f **1** Pflänzchen n: **una ~ di pomodoro**, ein Tomatenpflänzchen **2** (*cartina*) {+CITTÀ, MUSEO} Plan m: **la ~ di Genova**, der Stadtplan von Genua.

piànto m **1** (*il piangere*) {DIROTTO, DISPERATO; +BAMBINO} Weinen n: **prorompere**/**scoppiare in** ~, in Tränen ausbrechen **2** (*lacrime*) Tränen f pl: ~ **di commozione**/**d'ira**, Tränen f pl der Rührung/des Zorns; ~ **di gioia**, Freudentränen f pl/[Tränen f pl der Freude] **3** (*verso*) {+CANE} Winseln n; {+VENTO} Säuseln n **4** *fig* (*lutto*) Trauer f: **tutto il paese è in** ~, das ganze Land/Dorf ist in Trauer **5** *fig* (*dolore*) Leid n, Schmerz m, Kummer m: **ho il ~ nel cuore**, mir blutet das Herz **6** *fig fam* (*strazio*) Qual f: **che ~ quel ragazzo!**, das ist ja zum Weinen mit dem Jungen! **7** *bot* {+VITE} Weinen n ● **avere il ~ facile** (*piangere facilmente per nulla*), nahe am/ans Wasser gebaut haben; ~ **funebre** (*lamento*), Totenklage f; **ricacciarsi il ~ in gola** *fig* (*soffocare il pianto*), das Weinen/die Tränen unterdrücken; ~ **greco** *fig* (*piagnisteo prolungato*), Wehklagen n *forb*; **sciogliersi in ~** (*versare abbondanti lacrime*), sich in Tränen auflösen.

piantonaménto m (*sorveglianza*) Be-, Überwachung f; (*azione*) *anche* Be-, Überwachen n.

piantonàre *tr anche mil* (*sorvegliare*) ~ *qu*/ *qc* {PRIGIONIERO, CASA; SOLDATI CASERMA} jdn/ *etw* streng be-, überwachen.

piantóne m **1** *agr* Setzling m; (*pollone*) Schössling m **2** *mil* (*soldato*) wachhabender Soldat, Wach(t)posten m: ~ **alle camerate**, Stubendienst m **3** *mecc* Säule f: ~ **di guida**/ **sterzo**/**del volante** *autom*, Lenk-/Steuersäule f ● **essere**/**stare di** ~ (*vigilare*) *anche scherz*, auf Wache sein, (auf) Wache stehen, Wache haben/halten/schieben *fam*; **fare il** ~ (*fare la guardia*), Wache schieben *fam*; **mettersi di ~** (*mettersi a vigilare*), wachen.

pianùra f *anche geog* Ebene f: ~ **alluvionale**, Schwemmlandebene f; **alta**/**bassa** ~, Hoch-/Tiefebene f; **un ~ campo in**/[**paese di**] ~, ein Feld/Dorf in der Ebene; ~ **litorale**, Litoral(e) n, Uferregion f; ~ **ondulata**, gewellte Ebene; ~ **Padana**, Poebene f; **a pendio**, (*leicht*) abfallende Ebene.

piàstra f **1** (*lastra*) Platte f **2** (*di cottura*) Kochplatte f **3** (*dell'orologio*) Gehäuse n **4** (*della serratura*) Schlossplatte f, Schlossblech n **5** *anche numism* Piaster m: ~ **egiziana**/**libanese**, ägyptischer/libanesischer Piaster **6** *edil* Platte f: ~ **di appoggio**/**carico**/**rivestimento**, (Auf)lager-/Stütz-/Verkleidungsplatte f; ~ **vibrante**, Schwingungsplatte f, Vibrator m **7** *elettr* {+ACCUMULATORE} Platte f: ~ **di terra**, Erdungsplatte f **8** *zoo* (*parte dell'unghia*) {+MAMMIFERI} Klauencken m ● ~ **laterale** *biol*, "Seitenteil m des Mesodermalepithels"; ~ **di registrazione** (*in un impianto stereo*), Aufnahmegerät n.

piastrèlla <*dim di piastra*> f **1** (*mattonella*) Fliese f, Kachel f: ~ **di ceramica**/**maiolica**, Keramik-/Majolikafliese f; **mettere le piastrelle**, (die) Fliesen verlegen; **parete rivestita di piastrelle**, mit Fliesen verkleidete Wand, verkachelte Wand **2** (*in giochi infantili*) flacher Stein: **gioco delle piastrelle**, "der Boccia ähnliches Spiel mit flachen Steinen".

piastrellàio, (-a) <-*ai*> m (f) (*operaio*) Fliesenleger(in) m(f).

piastrellaménto m **1** (*rivestimento*) {+CUCININO} Kacheln m, Fliesen(legen) n **2** *aero mar* {+MOTOSCAFO} hartes Aufsetzen.

piastrellàre A *tr* (*rivestire con piastrelle*) ~ *qc* {BAGNO} etw kacheln, *etw* fliesen B *itr* **1** *aero* (*rimbalzare*) hart auf|setzen **2** *mar* hart auf|setzen.

piastrellista <-*i* m, -*e* f> mf (*operaio*) Fliesenleger(in) m(f).

piastrìccio <-*ci*> m **1** *fig* (*pasticcio*) Schla-

piastrina ‹dim di piastra› f **1** Plättchen n **2** biol Blutplättchen n, Thrombozyt m **3** mecc (lamina metallica) Unterlegscheibe f • ~ **di riconoscimento** mil, Erkennungsmarke f, Plakette f.

piastrino ‹dim di piastra› m mil: ~ **di riconoscimento**, Erkennungsmarke f, Plakette f.

piastróne ‹accr di piastra› m **1** sport (nella scherma) (giubbotto) Brustschutz m, Brustleder n **2** zoo {+TARTARUGA} Bauchschild n, Bauchpanzer m.

piatìre ‹piatisco, piatisci› **A** itr **1** fig (litigare) streiten **2** fig fam (lamentarsi) ~ **su qc** etw beklagen, über etw (acc) klagen **3** lett (contendere in giudizio) prozessieren **B** tr (chiedere) ~ **qc** {FAVORI} um etw (acc) betteln.

piattabànda ‹piattebande› f arch (arco) Sturz m.

piattafórma ‹piattaforme, piatteforme› f **1** (superficie) Plattform f **2** fig giorn polit (programma) Basis f, Plattform f: ~ **elettorale**, Wahlprogramm n, Wahlplattform f; ~ **rivendicativa**, Forderungskatalog m **3** alpin (ripiano) Terrasse f **4** edil Plattform f **5** ferr {+TRAM} Plattform f **6** inform (sistema) System m **7** mecc (di tornio) Scheibe f **8** teat Bühnenrampe f; (girevole) Drehbühne f **9** sport (per i tuffi) Plattform f: ~ **dei cinque metri**, Fünfmeterplattform f • ~ **di battuta** sport (nel baseball), Homebase f, Schlagmal n; ~ **di caricamento/manovra** tecnol, Ladebühne f, Laderampe f; ~ **della coffa** mar, Mastkorb m; ~ **continentale** geog, (Kontinental)schelf m o n, Kontinentaltafel f; ~ **di estrazione** min, Förderplattform f; ~ **girevole** ferr, Drehscheibe f; ~ **di lancio** ast, Abschussrampe f; ~ **petrolifera** min, Bohrinsel f; ~ **stradale**, Straßendecke f; ~ **di tiro artiglieria** (piazzola di tiro), Bettung f.

piattàia f **1** (scaffalatura) {+CREDENZA} Geschirrschrank m, Anrichte f **2** (rastrelliera) Abtropfständer m.

piattaménte avv (in modo inespressivo) {ESPRIMERSI} flach spreg, banal spreg.

piattèllo ‹dim di piatto› m **1** sport (nel tiro a volo) (bersaglio) Ton-, Wurftaube f **2** (piattino) {+CANDELIERE} Teller m **3** (nei giochi di carte) "Glücksspiel" n • **fare** ~ aero mar (piastrellare), hart aufsetzen; ~ **labiale** etnol (ornamento), Lippenscheibe f.

piattézza f **1** fig (banalità) {+DISCORSO} Plattheit f spreg, Banalität f forb, Plattitüde f forb, Trivialität f forb **2** rar (assenza di rilievi) {+PAESAGGIO} Flachheit f.

piattìna f **1** (nastro metallico) Bandeisen n **2** edil min Plattformkarren m **3** elettr Flach-, Bandkabel n, Flach-, Bandleitung f.

piattìno ‹dim di piatto› m **1** (sottocoppa) {+TAZZINA DA CAFFÈ} Untertasse f **2** (per l'elemosina) Tellerchen n **3** fig (manicaretto) Leckerbissen m.

piàtto, (-a) **A** agg **1** (pianeggiante) {PAESAGGIO, REGIONE} flach, eben **2** (livellato) {RECIPIENTE, TEGAME} flach: **barca a fondo ~**, Schiff n mit flachem Boden **3** (lineare) {DIAGRAMMA} flach; (costa) gerade **4** (calmo) {MARE} ruhig **5** (schiacciato) {MUSO} platt gedrückt **6** (poco sviluppato) flach: **ha il seno completamente ~**, sie ist vorn platt wie ein Bügelbrett fam; **ventre ~**, Waschbrett fam scherz **7** (con poco seno) {MODELLA} flachbrüstig **8** fig (banale) {CONVERSAZIONE, DISCORSO} seicht spreg, platt spreg, banal forb, trivial forb **9** fig (monotono) {VITA} eintönig, monoton **10** fig (scialbo) {STILE} seicht spreg, platt spreg flach spreg, farblos {PERSONA} flach spreg, fad spreg **11** mat {ANGOLO} gestreckt **12** med {PIEDE} Platt- **13** med {ELETTROENCEFALOGRAMMA} flach **14** tecnol {MOTORE} Flach- **B** m **1** (recipiente) {+CERAMICA, PORCELLANA} Teller m: ~ **di carta/plastica**, Papp-/Plastikteller m; ~ **dipinto**, bemalter Teller; ~ **da dolce/frutta**, Dessert-/Obstteller m; ~ **fondo/piano**, tiefer/flacher Teller; ~ **da portata**, Servierplatte f; **riempire il ~**, den Teller voll laden **2** (contenuto) Teller m (voll): **un ~ di minestra/spaghetti/verdura**, ein Teller Suppe/Spaghetti/Gemüse **3** (vivanda) {+CASALINGO, ELABORATO} Gericht n, Speise f, Platte f: ~ **caldo/freddo**, kaltes/warmes Gericht, kalte/warme Speise; ~ **di carne**, Fleischgericht n; ~ **precotto**, Fertiggericht n; **qual è il tuo ~ preferito?**, was ist dein Leibgericht/deine Lieblingsspeise?; ~ **tipico di una regione**, regionale Spezialität, typisches Gericht einer Gegend **4** (portata) Gang m: **primo/secondo ~**, erster/zweiter Gang **5** (della bilancia) Waagschale f **6** (del giradischi) Plattenteller m **7** (parte piana) {+LAMA, SCIABOLA} Fläche f **8** edit (quadrante) Deckel m **9** (nei giochi di carte) (Spiel)einsatz m: **vincere un ricco ~**, einen hohen Topf/Pot gewinnen fam **10** (nella roulette) Roulettescheibe f **11** fis tecnol Scheibe f **12** ‹solo pl› (stoviglie) Geschirr n: **lavare i piatti**, (das) Geschirr spülen **13** ‹solo pl› mus Becken n pl **C** loc avv: **di ~ 1** (con la parte larga della lama) mit der Fläche: **colpire di ~**, mit der Fläche zuschlagen **2** (nel calcio) Innenrist m: **calciare/tirare di ~**, den Ball mit dem Innenrist spielen; (nel tennis) einen Topspin spielen • **offrire qc a qu su un ~ d'argento** fig (a condizioni molto vantaggiose), jdm etw auf dem silbernen Tablett servieren; **porre qc sul ~ della bilancia** fig (valutare), etw in die Waagschale werfen; {PAROLE} etw auf die Goldwaage legen; ~ **forte** (portata principale), Hauptgericht n; fig (l'elemento di maggior successo), Glanznummer f, Clou m fam; **il tango è il loro ~ forte**, der Tango ist ihre Glanznummer; ~ **del giorno** (al ristorante), Tagesgericht n; **dare via qc per un ~ di lenticchie** fig (in cambio di poco), etw für ⌈einen Linsengericht forb⌉/[einen Apfel und ein Ei fam] weggeben; **il ~ piange** (nei giochi di carte), (den) Einsatz (zahlen)!; fig (per invitare a trarre fuori soldi), der Einsatz ist gefragt, etw lechzt nach (d)einer Finanzspritze slang; **ripulire i piatti** fig fam (mangiare tutto ciò che è stato portato in tavola), alles wegputzen fam; **sputare nel ~ in cui si mangia** fig (essere irriconoscenti), die Hand beißen, die einen füttert; ~ **unico** (vivanda completa), Tellergericht n.

piàttola f **1** zoo Filzlaus f **2** fig fam (persona asfissiante) Nervensäge f fam, Klette f fam spreg.

piattùme m spreg (banalità) {+CERTI PROGRAMMI TELEVISIVI} Plattheit f spreg, Seichtheit f spreg, Banalität f.

piàzza f **1** (abbr P.za) Platz m, Piazza f: **abitare in ~ Castello**, in Piazza Castello wohnen; **attraversare una ~**, über einen Platz gehen; ~ **del Duomo**, Domplatz m; **ci incontriamo quindi in ~**, treffen wir uns also auf dem Platz; ~ **del mercato/municipio**, Markt-/Rathausplatz m; **la ~ principale del paese**, der Marktplatz des Ortes, der Dorfplatz **2** fig giorn (gente) Menge f, Masse f: **gli applausi/i fischi della ~**, der Beifall/die Pfiffe der Menge; **avere il consenso della ~**, die Zustimmung der breiten Masse haben **3** banca Platz m spreg, Fern-, Distanzscheck m; ~ **di pagamento**, Zahlungsort m **4** comm {BUONA, CATTIVA} Markt m **5** econ {+FRANCOFORTE, LONDRA} Börse(nplatz) m f **6** mil Festung f **7** teat Ort m, Bühne f: **la tournée toccherà diverse piazze italiane**, die Tournee macht in verschiedenen Orten Italiens Station • ~ **Affari** (la sede della borsa di Milano), Mailänder Börse f; **andare/essere in ~** fig scherz (diventare/essere calvo), eine Glatze bekommen/haben; ~ **d'armi** mil (per esercitazioni), Exerzier-, Übungsplatz m; **questa stanza sembra una ~ d'armi** fig (è molto ampia), dieses Zimmer hat ja die Ausmaße eines Fußballstadions!; **a due piazze** (matrimoniale), {LENZUOLO, LETTO} Doppel-; **far ~ pulita**, reinen Tisch machen fam; **far ~ pulita di qu/qc** fig (eliminare qu/qc), jdn etw aus dem Weg räumen fam; {DEI VECCHI MODULI} etw aus|misten fam, etw ab|schaffen; **il sindaco vuole fare ~ pulita degli spacciatori in paese**, der Bürgermeister will ⌈das Dorf von Dealern säubern⌉/[im Dorf unter den Dealern aufräumen fam]; **farsi una ~** (creare il proprio mercato), sich (dat) einen Markt erschließen; **mettere in ~** ⌈i propri affari⌉/[i fatti propri] fig (farli sapere a tutti), seine persönlichen Angelegenheiten ⌈an die große Glocke hängen⌉/[ausposaunen] fam; **il meglio che offre la ~** (il meglio che si può reperire), das Beste, was aufzufinden/aufzutreiben fam ist; ~ **San Pietro** (a Roma), Petersplatz m; **rovinare la ~ a qu** comm, {CENTRO COMMERCIALE AI PICCOLI NEGOZIANTI} jdm das Geschäft verderben, jdn ruinieren; fig (metterlo in cattiva luce), jdn in ein schlechtes Licht rücken/stellen, jdm den Ruf verderben; ~ **della Scala** (a Milano), Platz m (vor) der Scala; **scendere in ~** fig (fare una manifestazione), {LAVORATORI, STUDENTI} auf die Straße gehen, demonstrieren; ~ **della Signoria** (a Firenze), Platz m der Signoria; **ad una ~** (singolo), {LENZUOLO, LETTO} Einzel-.

piazzafòrte ‹piazzeforti› f **1** mil (città fortificata) befestigte Stadt, Festung f **2** rar fig (roccaforte) {+PARTITO} Hochburg f.

piazzaiòlo, (-a) **A** agg **1** (volgare) {MODI} roh spreg, ordinär spreg, pöbelhaft spreg, ausfallend **2** (demagogico) {DISCORSO} aufhetzerisch, demagogisch spreg **B** m (f) (persona grossolana) ordinärer Mensch spreg.

piazzàle m **1** (vasta piazza) Platz m: **il ~ davanti alla chiesa**, der Kirchplatz; ~ **Flaminio a Roma**, Piazzale m Flaminio in Rom **2** aero Vorfeld n **3** ferr Bahnanlage f.

piazzaménto m **1** (posizionamento) {+ARTIGLIERIA} Aufstellung f, Formierung f **2** comm (smercio) {+PRODOTTO} Verkauf f, Absatz m **3** sport (posizionamento) {+SQUADRA} Aufstellung f; (posizione in graduatoria) Platzierung f, Position, Platz m: **ottenere un buon ~**, sich gut platzieren, einen guten Platz erreichen.

piazzàre **A** tr **1** (mettere) ~ **qu** (+ **compl di luogo**) {POLIZIOTTI LUNGO IL PERCORSO} jdn (irgendwo) platzieren, jdn (irgendwo) auf|stellen: ~ **i propri uomini in posizioni-chiave del sistema**, seine Leute in Schlüsselstellungen des Systems platzieren; ~ **qc** (+ **compl di luogo**) {DIVANO IN MEZZO AL SALOTTO} etw (irgendwohin) stellen; {CANNONE, MITRAGLIATRICE LUNGO IL FIUME} anche etw (irgendwo) auf|stellen; {BOMBA, ESPLOSIVO IN UNA GROTTA} etw (irgendwohin) platzieren: **chi ha piazzato l'auto davanti al cancello?**, wer hat das Auto vor ⌈dem Tor geparkt⌉/[das Tor gestellt]? **2** comm (smerciare) ~ **qc** (**su qc**) {PRODOTTO SUL MERCATO} etw (auf etw dat) platzieren, etw (auf etw dat) verkaufen, etw (auf etw dat) ab|setzen **3** sport (nel calcio) (mandare a segno) ~ **qc** {PALLA, TIRO} etw irgendwohin platzieren; (nel pugilato) {COLPO, PUGNO} etw platzieren **B** rfl fig fam **1** (mettersi): **piazzarsi** + **compl di luogo** {DAVANTI AL TELEVISORE} sich (irgendwo) pflanzen *fam*, sich (*irgendwohin*) setzen; {NELL'AREA DI RIGORE, A CENTROCAMPO} sich *in etw* (dat) platzieren: **piazzarsi davanti a qu**, sich vor jdn pflanzen *fam*, sich vor jdm aufpflanzen *fam*; **il camion si è piazzato in mezzo alla strada**, der Lastwagen hat sich mitten auf die Straße gestellt **2** *fig fam* (*sistemarsi*): **piazzarsi + compl di luogo** sich *irgendwo* ein|nisten *spreg*: **si è piazzato in casa nostra e non se ne vuole più andare**, er hat sich bei uns eingenistet und will nicht mehr weggehen *spreg* **3** *sport* (*classificarsi*): **piazzarsi** (**+ compl di modo**) {BENE, MALE} sich (*irgendwie*) platzieren: **la squadra non è riuscita a piazzarsi**, die Mannschaft konnte sich nicht platzieren; {AL QUINTO POSTO} *etw* belegen; **l'atleta si è piazzato al primo posto**, der Athlet hat gewonnen/[den ersten Platz belegt]; **la nuotatrice italiana si è piazzata seconda**, die italienische Schwimmerin ist Zweite geworden.

piazzàta f (*scenata*) Szene f: **fare una ~ a qu davanti/[di fronte a tutti**), jdm vor allen (Leuten) eine Szene machen; **mi ha fatto una di quelle piazzate!**, er/sie hat mir vielleicht eine Szene gemacht!

piazzàto, (-a) A agg *sport* (*nel calcio*) {TIRO} platziert; (*nell'equitazione*) {CAVALLO} platziert; (*nel rugby*) {TIRO} platziert B m *sport* (*nell'equitazione* (*cavallo*) Platzierung f • **essere ben ~** (*robusto*), stämmig/korpulent/[gut beieinander *süddt*] sein; **un ragazzo ben ~**, ein kräftiger Junge; (*avere una posizione solida*), eine gute Stellung haben; **negli affari è ben ~**, geschäftlich steht er gut da.

piazzefòrti pl *di* piazzaforte.

piazzétta <dim *di* piazza> f (*piccola piazza*) kleiner Platz, Piazzetta f, kleine Piazza.

piazzìsta <-i m, -e f> mf comm **1** (*rappresentante*) Handelsvertreter(in) m(f) **2** (*commesso viaggiatore*) Handelsreisende mf decl come agg.

piazzòla, **piazzuòla** <dim *di* piazza> f **1** (*piccola piazza*) kleiner Platz **2** (*area*) Station f, Platz m: **~ di servizio/sosta/emergenza**, Servicestation f/Rastplatz m/Notparkplatz m **3** (*slargo*) Ausweichstelle f, Haltemöglichkeit f **4** *mil* (*postazione di tiro*) Geschützstand m **5** ~ **di partenza** *sport* (*nel golf*), Abschlag(platz) m.

pìca <piche> f **1** *med* (*picacismo*) Pikazismus m *scient*, Parorexie f *scient* **2** *ornit* (*gazza*) Elster f.

picacìsmo m *med* Pikazismus m *scient*, Parorexie f *scient*.

picarésco, (-a) <-schi, -sche> agg *lett* {LETTERATURA, NOVELLA} pikaresk, pikarisch; {ROMANZO} *anche* Schelmen-.

pìcaro m *lett* (*figura*) Pícaro m, Schelm m.

picassiàno, (-a) agg *arte* (*nella pittura*) (*di P. Picasso*) {STILE, TELA} Picasso-, von Picasso.

pìcca① <-che> f **1** <*solo pl*> (*nei giochi di carte*) (*seme*) Pik n: **giocare picche**, Pik spielen; **il sei di picche**, die Pik sechs **2** *artiglieria stor* (*arma*) Pike f; (*soldato*) Pikenier m • **contare come il due/fante/re di picche** *fig* (*contare poco*), wenig zählen/[wert sein], nichts/[nicht viel] zu melden/bestellen haben; **rispondere picche a qu** *fig fam* (*rifiutare*), jdm eine Abfuhr erteilen.

pìcca② f (*dispetto*) Groll m, Pik m, Trotz m.

piccànte agg **1** (*forte*) {CIBO, SALSA, SENAPE, SUGO} scharf, pikant: **un piatto dal sapore ~**, ein scharfes/[pikant gewürztes] Gericht **2** *fig* (*spinto*) {ANEDDOTO, BARZELLETTA, BATTUTA} pikant **3** *fig* (*mordace*) {MOTTO, PAROLE} bissig.

Piccardìa f *geog* Pikardie f.

piccàrdo, (-a) A agg aus der Pikardie B m (f) (*abitante*) Einwohner(in) m(f) der Pikardie.

piccàrsi <mi picco, ti picchi> itr pron **1** (*vantarsi*) sich (dat) *etw* ein|bilden, (*mit etw* dat) prahlen: **~ di sapere tutto**, sich (dat) einbilden, alles zu wissen **2** (*risentirsi*) **~ per qc** {PER UN IMPROVVERO} sich (*wegen etw* gen) gekränkt fühlen, (*wegen etw* gen) beleidigt sein.

piccàta f *gastr* "mit Zitrone zubereitetes Kalbsschnitzel".

piccàto, (-a) agg (*risentito*) beleidigt, gekränkt, pikiert *forb*.

picchè → piqué.

picchettàggio <-gi> m (*il presidiare*) Streikposten m: **fare ~ davanti alla scuola**, vor der Schule Streikposten aufstellen.

picchettàre tr **~ qc 1** (*piantare i picchetti*) {CAMPO} Pflöcke *in etw* (acc) auf|stellen **2** (*fissare al terreno*) {TENDA DA CAMPEGGIO} *etw* mit Pflöcken befestigen **3** (*presidiare*) {OPERAI FABBRICA} Streikposten *vor etw* (dat) auf|stellen **4** *topogr* {STRADA} *etw* ab|stecken.

picchettatùra, **picchettazióne** f *topogr* (*disposizione dei picchetti*) Absteckung f.

picchétto m **1** (*paletto*) Pflock m, Pfahl m **2** (*per campeggio*) Zeltpflock m, Hering m **3** (*gruppo di scioperanti*) Streikposten m pl **4** *mil* Einsatzkommando n: **~ armato**, bewaffnetes Einsatzkommando; **~ d'onore**, Ehrenkommando n • **essere/montare di ~ mil** (*di guardia*) **B** itr (*auf*) Wache stehen, Wache schieben *fam*.

picchiàre① <*picchio, picchi*> A tr **1** (*prendere a botte*) **~ qu** (**con qc**) {PADRE FIGLIO} jdn (*mit etw* dat) verhauen, jdn (*mit etw* dat) verprügeln, jdn (*mit etw* dat) schlagen: **due teppisti lo hanno picchiato con una sbarra di ferro**, zwei Rowdys haben mit einer Eisenstange auf ihn eingeschlagen; **~ ben bene qu**, jdn gehörig verprügeln **2** (*sculacciare*) **~ qu** jdm den Hintern verhauen/versohlen/voll|hauen,/[den Hosenboden stramm ziehen] *fam*: **se non fai il bravo, ti picchio**, wenn du nicht brav bist, kriegst du eine/[ein paar] runtergehauen *fam* **3** (*battere*) **~ qc + compl di luogo** {PUGNI SUL TAVOLO} *etw* (*mit etw* dat) *irgendwohin* schlagen: **~ un colpo alla porta**, an die Tür klopfen; **~ la testa nel/[contro il] muro**, mit dem Kopf gegen die Mauer schlagen **B** itr (*bussare*) **~ + compl di luogo** *irgendwo* klopfen, *irgendwo* pochen: **picchiano alla porta**, es klopft an der Tür **2** (*tamburellare*) **~ + compl di luogo** {LA PIOGGIA SUI TETTI, CONTRO I VETRI} *irgendwohin* trommeln **3** (*essere caldissimo*) {IL SOLE} stechen **4** *region* (*urtare*) **~ + compl di luogo** {AUTO CONTRO IL GUARDRAIL} *gegen etw* (acc) prallen, *gegen etw* (acc) knallen *fam* **C** rfl rec (*darsele a vicenda*): **picchiarsi** {RAGAZZI} sich prügeln, sich schlagen: **si sono picchiati a sangue**, sie haben sich blutig geschlagen • **picchia e ripicchia ...** *fig* (*a forza di insistere*), durch ständige Bemühungen ..., durch seine/ihre Beharrlichkeit ...

picchiàre② itr *aero* (*discendere in picchiata*) zum Sturzflug an|setzen.

picchiàta① f **1** (*colpo*) Schlag m **2** (*percossa*) Prügel m pl.

picchiàta② f *aero* Sturzflug m • **buttarsi/gettarsi in ~ a fare qc** *fig* (*iniziare a fare qc con entusiasmo*), sich mit Feuereifer in *etw* (acc) stürzen; **in ~ giorn econ** (*in rapida discesa*) {DOLLARO, EURO} im freien Fall; **scendere in ~ aero**, im Sturzflug herunterkommen; *sport* (*nel ciclismo*) (*molto velocemente*), einen Berg/Hügel/Hang herunterrasen; (*nello sci*), Schuss fahren.

picchiatèllo, (-a) *fam scherz* A agg (*pazzerello*) {RAGAZZO} überspannt, leicht verrückt B m (f) komischer Kauz.

picchiàto, (-a) agg *fig scherz* (*svitato*) bekloppt *fam*, bescheuert *fam*, behämmert *fam*: **essere ~**, bekloppt/bescheuert/behämmert sein *fam*, einen Schlag/Stich/Knall/Hau haben *fam*; **sei un po' ~ (nel cervello)!**, du hast wohl ⌐einen Dachschaden/Schlag/Knall/Hau¬/[nicht alle Tassen im Schrank!]/[einen Sprung in der Schüssel]! *fam*.

picchiatóre, (-trice) A m *sport* (*pugile*) Boxer m B m (f) (*teppista*) Schläger(in) m(f).

picchierellàre itr (*battere*) **~ (con qc) + compl di luogo** (*mit etw* dat) *irgendwohin* trommeln: **~ con i piedi sul pavimento**, mit den Füßen auf den Fußboden trommeln/stampfen; **~ su qc** {PIOGGIA SUI VETRI} *gegen etw* (acc) trommeln.

picchiettàre A itr (*battere*) **~ (con qc) + compl di luogo** {PER TERRA COL BASTONE} (*mit etw* dat) *irgendwohin* klopfen: **~ con le dita sul banco**, mit den Fingern auf die Theke klopfen; **~ su qc** {PIOGGIA SUI TETTI} *gegen etw* (acc) trommeln, *gegen etw* (acc) prasseln B tr **1** (*battere*) **~ qc** {TASTO DELLA MACCHINA DA SCRIVERE} *auf etw* (acc) klopfen **2** (*punteggiare*) **~ qc con/di qc** {STOFFA DI ROSSO} *etw* mit *etw* (dat) tupfen, *etw* mit *etw* (dat) sprenkeln **3** *mus* (*uso assol*) saltato/spiccato spielen.

picchiettàto, (-a) A agg (*punteggiato*) ~ **di qc** *mit etw* (dat) getupft, *mit etw* (dat) gesprenkelt: **manto nero ~ di bianco**, weißgetupfter/weißgesprenkelter schwarzer Mantel B m *mus* Saltato n.

picchiettatùra f Tüpfelung f, Sprenkelung f; (*azione*), Sprenkeln n, Sprenkeln n.

picchiettìo <-tìi> m (*successione di colpi*) {+MACCHINA DA SCRIVERE} Klopfen n; {+PIOGGIA} Prasseln n.

pìcchio <-chi> m *ornit* Specht m: **~ muratore**, Mauerläufer m, Kleiber m, Spechtmeise f; **~ nero/rosso/verde**, Schwarz-/Bunt-/Grünspecht m.

picchiòtto m (*batacchio*) Türklopfer m.

piccìna f → piccino.

piccinerìa f (*meschinità*) Kleinlichkeit f *spreg*, Engstirnigkeit f *spreg*.

piccìno, (-a) A agg **1** (*in tenera età*) {BAMBINO} klein: **è troppo ~ per andare all'asilo**, er ist noch zu klein, um in den Kindergarten zu gehen **2** (*minuto*) {MANI, NASO} winzig **3** (*basso*) {UOMO} klein **4** *fig spreg* (*meschino*) kleinlich *spreg*, engherzig *spreg*, engstirnig *spreg*: **essere ~ di mente**, geistig beschränkt sein B m (f) **1** (*bambino*) kleines Kind **2** (*cucciolo*) Junge n decl come agg • **piccino piccino** (*nelle favole*), winzig klein; **nel bosco c'era una capanna piccina piccina**, im Wald stand eine winzig kleine Hütte; **farsi ~** (*cercare di passare inosservato*), sich ganz klein machen; **piccino piccino picciò** (*nel linguaggio infantile*), klitzeklein *fam*; **sentirsi ~ di fronte a qu** (*riconoscerne la superiorità*), sich jdm gegenüber ⌐ganz klein¬/[wie ein Zwerg] fühlen.

picciòlo m *bot* {+FOGLIA} Stiel m; (*di frutto*) *anche* Fruchtstängel m: **il ~ della ciliegia**, der Kirschstängel; **togliere il ~ a qc**, *etw* entstielen.

piccionàia f **1** (*colombaia*) Taubenschlag m **2** (*soffitta*) Dachgeschoss n, Mansarde f **3** *teat scherz* (*loggione*) Olymp m *fam scherz*, Galerie f; (*pubblico*) Galeriebesucher m pl: **i fischi della ~**, die Pfiffe von der Galerie.

piccioncìno, (-a) <dim *di* piccione> m **1** (*piccolo piccione*) kleine Taube **2** <*solo pl*>

piccióne *m* (*colombo*) Taube *f* • **pigliare/prendere due piccioni con una fava** *fig* (*ottenere due vantaggi in un colpo solo*), zwei Fliegen mit einer Klappe/Klatsche schlagen; **~ viaggiatore** (*addestrato per portare messaggi*), Brieftaube *f*.

picciòtto *m sicil* **1** (*giovanotto*) junger Mann/Spund *fam* **2** (*nella gerarchia mafiosa*) Ehrenmann *m*, einfaches Mitglied der Mafia **3** *stor* sizilianischer Freiheitskämpfer.

piccirìllo, (-a) *m* (f) *napol* (*bambino*) Junge *m*, Bub *m süddt A CH*, Mädchen *n*, Deern *f norddt*.

picco <-chi> A *m* **1** (*vetta*) {INNEVATO; +CERVINO} Bergspitze *f*, Gipfel *m* **2** *fig* (*momento di maggiore intensità*) Höchst-, Spitzenwert *m*, Spitze *f*: **~ d'ascolto** Zuhörer-, Zuschauerspitzenwert *m*; **~ di corrente**, Stromspitze *f* **3** *mar* (*pennone*) Gaffel *f* B *loc prep* (*a perpendicolo*): **a ~ su qc**, {SUL FIUME, SULLA STRADA} senkrecht zu etw (dat); **villa a ~ sul mare**, eine steil über dem Meer liegende Villa • **andare/colare a ~** (*affondare*) *fam*, {NAVE} untergehen, sinken, versacken *fam*, absacken *fam*; *fig* (*fallire*), {IMPRESA, INIZIATIVA} scheitern; **fare colare a ~ qc** (*mandare a fondo*), {BURRASCA PESCHERECCIO} etw versenken; **~ di carico** *mar*, Ladebaum *m*.

piccola *f* → **piccolo**.

piccolézza *f* **1** (*l'essere piccolo*) {+INSETTO} Kleinheit *f* **2** (*esiguità*) {+DEBITO} Belanglosigkeit *f*, Geringfügigkeit *f* **3** *fig* (*cosa da nulla*) Kleinigkeit *f*, Lappalie *f*: **prendersela per una ~**, sich wegen nichts/[einer Lappalie] aufregen **4** *fig* (*meschinità*) Kleinlichkeit *f spreg*: **~ d'animo**, Engherzigkeit *f*.

piccolo, (-a) <*più piccolo o minore, piccolissimo o minimo*> A *agg* **1** (*di dimensioni modeste*) {AUTO, DITTA, STANZA} klein; {SPAZIO} gering: **un appartamento ~**, eine Kleinwohnung, ein (Mini-)Appartement/Apartment; **un ~ televisore**, ein kleiner Fernsehapparat; (*stretto*) {APERTURA, f} {FIUME} schmal; (*minuto*) {MANO, PIEDE} klein **2** (*esiguo*) {GUADAGNO, SOMMA, SPESA} unbeträchtlich; {GIRO D'AFFARI} unbedeutend: **una piccola rappresentanza del sindacato**, ein unbedeutender Gewerkschaftsvertreter **3** (*rif. a quantità*) {BIRRA} klein: **una porzione piccola di patatine fritte**, eine kleine Portion Pommes frites **4** (*basso di statura*) klein(gewachsen): **una ragazza molto piccola**, ein sehr kleines Mädchen **5** (*in tenera età*) jung, klein: **ho un bambino ~**, ich habe ein kleines Kind; **sei ancora ~, non puoi andare a scuola**, du bist noch zu klein, um zur Schule zu gehen **6** (*breve*) {INTERVALLO} kurz, klein: **facciamo una piccola sosta**, wir machen eine kurze Rast; (*rif. a distanza*) kurz; **percorrere un ~ tragitto**, eine kurze Strecke zurücklegen **7** (*di lieve intensità*) {RUMORE} leise, schwach **8** <*posposto*> (*più ~*) klein, kleinere(r, s): **dammi la bottiglia piccola**, gib mir die kleine Flasche; **mia sorella (più) piccola**, meine kleine/kleinere Schwester **9** (*di scarso rilievo*) {DISPIACERE, PROBLEMA} klein, unbedeutend; {ERRORE} *anche* unerheblich: **ho avuto un ~ incidente con la macchina**, ich hatte einen kleinen/leichten Unfall mit dem Wagen **10** (*in senso diminutivo*) klein: **ho un ~ favore da chiederti**, ich habe eine kleine Bitte an dich; **ti ho portato un ~ regalo**, ich habe dir eine Kleinigkeit mitgebracht **11** (*con nome proprio: simile in piccolo*) klein: **quel bambino è un ~ Mozart**, dieser Junge ist ein kleiner Mozart; **una piccola Venezia**, ein Kleinvenedig **12** *fig* (*limitato*) {CERVELLO} beschränkt; {GENTE} kleinlich *spreg*, engstirnig B *m* (f) (*bambino*) Kind *n*, Kleine *mfn decl come agg*: **la camera dei piccoli**, das Kinderzimmer; **un film per i piccoli**, ein Kinderfilm, ein Film für Kinder/[die Kleinen]; **il ~ ha gli orecchioni**, der Kleine hat Mumps; **povera piccola!** *anche iron*, arme Kleine! C *m* <*di solito al pl*> (*cucciolo*) Junge *m decl come agg*: **i piccoli seguono la madre**, die Jungen folgen der Mutter D *loc avv* **1** (*da bambino*): **da ~**, als Kind, in der Kindheit; **da ~ era grassottello**, als Kind war er dicklich; **fin da ~**, von klein auf, von Kindheit an **2** (*in dimensione ridotta*): **in ~**, verkleinert, in kleinerem/verkleinertem Maßstab; **riprodurre un disegno in ~**, eine Zeichnung verkleinern/[in verkleinertem Maßstab reproduzieren] • **piccola, usciamo stasera?** *vezz* (*rif. a donna*), na, Kleine, gehen wir heute Abend aus?; **farsi piccolo piccolo** *fig* (*cercare di passare inosservato*), sich (ganz) klein machen; **nel mio/tuo/suo ... ~** (*nei limiti delle mie/tue/sue ... modeste possibilità*), im Rahmen meiner/[seiner/ihrer] ... bescheidenen Möglichkeiten; **in ottavo/quarto ~ tip** (*rif. al formato di un libro*), im Kleinoktav-/Kleinquartformat.

picconàre A *tr* (*rompere con il piccone*) **~ qc** {ROCCIA} etw mit der Spitzhacke aufreißen B *itr* mit der Spitzhacke arbeiten.

picconàta *f* **1** (*colpo di piccone*) Schlag *m* mit der Spitzhacke **2** *giorn polit* (*critica spietata*) scharfe/erbarmungslose Kritik.

picconatóre, (-trice) A *m* (f) **1** Hackenarbeiter(in) *m*(f) **2** *giorn polit* (*critico spietato*) scharfe(r)/erbarmungslose(r) Kritiker(in) *m*(f) B *f min* Bohrhammer *m*.

piccóne *m* (*attrezzo*) (Spitz)hacke *f*: **lavorare con il/[di] ~**, hacken, mit der (Spitz)hacke arbeiten; **~ a zappa**, Spitzhacke *f* • **~ da minatore** *min*, Bergeisen *n*; **~ pneumatico** *min*, Bohrhammer *m*.

picconière *m min* (*operaio*) Bohrer *m*.

piccóso, (-a) *agg rar* **1** (*suscettibile*) empfindlich **2** (*caparbio*) störrisch, eigensinnig.

piccòzza *f alpin* (Eis)pickel *m*.

picèno, (-a) A *m* (f) **1** *stor* Pizener(in) *m*(f) **2** *lett* (*abitante*) Einwohner(in) *m*(f) von Ascoli Piceno B *agg* **1** *stor* Pizener **2** *lett* von/aus Ascoli Piceno.

pick-up <-, -s pl ingl> *m ingl* **1** (*testina del giradischi*) Tonabnehmer *m*, Pick-up *m* **2** *autom* Lieferwagen *m*.

picnic <-> *m ingl* (*pasto all'aperto*) Picknick *n*: **fare un ~ sui prati**, ein Picknick auf der Wiese machen, auf der Wiese picknicken.

picnòmetro *m fis* Pyknometer *n*.

picnòsi <-> *f biol* Pyknose *f scient*.

picnòtico, (-a) <-ci, -che> *agg biol* pyknotisch *scient*.

picofàrad <-> *m fis* Pikofarad *n*.

pidgin <-> *m ingl ling* Pidgin *n*.

pidgin-english <-> *m ingl ling* Pidginenglisch *n*, Pidgin-English *n*.

pidiessìno, (-a) *polit stor* A *agg* (*del PDS*) des PDS B *m* (f) Mitglied *n* des PDS; (*sostenitore*) Anhänger(in) *m*(f) des PDS.

pidocchierìa *f* **1** (*grettezza*) Knaus(e)rigkeit *f fam spreg*, Knickerigkeit *f fam spreg* **2** (*atto*) Knauserei *f fam spreg*, Knickerei *f fam spreg*.

pidòcchio <-chi> *m* **1** *zoo* Laus *f*; (*del capo*) Kopflaus *f*; (*dei vestiti*) Kleiderlaus *f*: **avere/prendersi i pidocchi**, Läuse haben/[sich (dat) Läuse holen]; {+MAIALI, POLLI} Laus *f*; {+OLIVO, ROSE} Blattlaus *f* **2** *fig* (*taccagno*) Geizkragen *m fam*, Geizhals *m spreg*, Knauser *m fam spreg*, Knicker *m fam spreg* • **~ del pube** (*piattola*), Filzlaus *f*; **~ rifatto** *fig* (*arricchito*), Emporkömmling *m spreg*, Neureiche *mf decl come agg*, Arrivierte *mf decl come agg*, Parvenü *m spreg*.

pidocchióso, (-a) A *agg* **1** (*pieno di pidocchi*) {CAPELLI, TESTA} verlaust, von Läusen befallen **2** *fig* (*taccagno*) {GENTE} geizig, knaus(e)rig *fam spreg*, knickerig *fam spreg* B *m* (f) (*spilorcio*) Geizkragen *m fam*, Geizhals *m spreg*, Knauser *m fam spreg*, Knicker *m fam spreg*.

piduìsta *stor* A *agg* (*della loggia massonica P2*) der P2-Loge B *m* (f) (*affiliato*) Angehörige *mf decl come agg* der P2-Loge.

piè A <-> *m lett* (*piede*) Fuß *m* B *loc prep* (*alle falde di*): **a piè di qc**, am Fuß(e) etw (gen); **a piè del monte**, am Fuß(e) des Berges • **aspettare/attendere a piè fermo** (*senza muoversi*), warten, ohne sich zu rühren; reglos warten; **a piè (di) pagina** (*in calce*), unten (auf der Seite); **annotazione/nota a piè (di) pagina**, Fußnote *f*; **saltare a piè pari** (*a piedi uniti*), einen Schlusssprung machen, mit geschlossenen Füßen springen; **saltare a piè pari qc** *fig* (*omettere*), {PARAGRAFO, PERIODO} etw überspringen, etw aus-/weglassen; **a ogni piè sospinto** *fig* (*continuamente*), auf Schritt und Tritt.

pièce <-> *f franc teat* (*opera*) Theaterstück *n*: **una ~ di Molière**, ein Molière-Stück.

piedàrm, **pied'arm** *inter mil* (*di comando*) Gewehr bei Fuß.

pied-à-terre <-> *m franc* (*piccolo appartamento*) Zweitwohnung *f*.

pied-de-poule <-, -s - - pl franc> *m tess* (*stoffa*) Hahnentrittmuster *n*.

piède A *m* **1** *gener* Fuß *m*: **alzarsi in piedi**, aufstehen; **andare a piedi**, zu Fuß gehen; **battere/pestare i piedi per la rabbia**, vor Wut mit den Füßen stampfen; **~ destro/sinistro**, rechter/linker Fuß; **~ grosso/piccolo**, großer/kleiner Fuß; **ho mal di piedi**, mir tun die Füße weh; **perché non guardi dove metti i piedi?**, pass doch auf, wo du hintrittst!; **a piedi nudi/scalzi**, barfuß, mit nackten Füßen; **saltare a piedi uniti**, einen Schlusssprung machen, mit geschlossenen Füßen springen; **trascinare i piedi** *fam*, schlurfen, die Füße ₁über den Boden schleifen lassen₁/[nachziehen] **2** (*sostegno*) {+COLONNA, LAMPADA} Fuß *m*; {+COMÒ, LETTO} *anche* Bein *n*: **i piedi della poltrona**, die Sesselbeine **3** *bot* {+PIANTA} Fuß *m* **4** *ling* Versfuß *m*, Versmaß *n*: **~ giambico/trocaico**, Jambus *m*/Trochäus *m*, jambischer/trochäischer Versfuß **5** *mat* (*in geometria*) {+PERPENDICOLARE} Fußpunkt *m* **6** *metrol* Fuß *m* **7** *tip* Fußsteg *m* **8** *zoo* {+CANE} Pfote *f*; (*zoccolo*) {+CAVALLO} Huf *m* B *loc prep*: **ai piedi di qc 1** (*alle falde di*) am Fuß(e) etw (gen): **ai piedi della montagna**, am Fuß(e) des Berg(e)s **2** (*in fondo a*) am Fußende etw (gen): **ai piedi del letto**, am Fußende des Bettes • **~ d'albero** *mar*, Mastfuß *m*; **alzarsi col ~ sinistro** *fig* (*avere una giornata no*), mit dem linken Fuß/Bein (zuerst) aufstehen; **~ d'atleta** *med*, Fußpilz *m*; **avere tutti ai propri piedi** *fig* (*rif. a persona molto corteggiata*), alle zu seinen Füßen liegen haben; **avere tra i piedi di qu** *fam* (*avere vicino qu che dà fastidio*), jdn am/[auf dem] Hals haben *fam*; **ce l'ho sempre tra i piedi!**, ich habe ihn immer am/[auf dem] Hals!; **~ di biella** *mecc*, Pleuelauge *n*; **cadere in piedi** *fig* (*cavarsela*), auf die Füße fallen *fam*, mit einem blauen Auge davonkommen *fam*; **mi è capitato tra i piedi uno scocciatore**, ich bin an eine Nervensäge geraten *fam*; **~ cavo** *med*, Hohlfuß *m*; **avere i piedi dolci** *fig fam* (*delicati*), empfindliche Füße haben; **dormire in piedi** *fig* (*avere molto sonno*), im Stehen schlafen; **su due piedi** *fig* (*li per lì, sul momento*), sogleich, sofort, augenblicklich, stehenden Fußes, locker vom Hocker *slang*; **ci preparò una cenetta su due piedi**, er/sie bereitete uns sogleich/[locker vom Hocker] *slang* ein Abendessen zu; *fig* (*senza indugio*), unverzüglich, auf der Stelle; **fu licenziato su due piedi**, er wurde auf der Stelle entlassen; **~ equino**, Pferdefuß m; **essere a piedi** (*appiedato*), zu Fuß sein; *fig* (*senza aiuti, mezzi, spec finanziari*), unbemittelt sein; **essere in piedi** (*essere alzato*), aufgestanden sein; *fig* (*essere attivo*), auf den Beinen sein; **alle sei sono già in piedi**, um sechs bin ich schon auf den Beinen; *fig* (*essersi rimesso*), wieder auf den Beinen sein; **essere (sempre) tra i piedi a qu** *fig fam* (*intralciare*), jdm (immer) im Weg sein; **mettere un ~ in** *fallo* (*inciampare*), stolpern, einen Fehltritt/[falschen Tritt] tun; *fig* (*fare un passo falso*), einen falschen Schritt tun; **fare un lavoro/tema/… coi piedi** *fig* (*farlo malissimo*), eine Arbeit/einen Aufsatz/… hinschludern *fam*/hinpfuschen *fam spreg*; **questo compito è fatto coi piedi**, diese Arbeit ist hingeschlampt *fam spreg*; **avere/[essere con] un ~ nella** *fossa*/tomba *fig* (*essere vicini a morire*), mit einem Fuß/Bein im Grab(e) stehen; **fuori dai piedi!** (*sparisci!*), hau ab! *fam*, verschwinde!, verzieh dich! *fam*, zisch ab! *fam*, mach die Fliege/Mücke! *fam*; **gettarsi ai piedi di qu** (*per implorarlo*), sich jdm zu Füßen werfen, sich vor jdm auf die Knie werfen; **essere sul ~ di guerra** *fig* (*accingersi ad attaccare un rivale*), mit jdm (dem) Kriegsfuß stehen; **essere/stare in piedi** (*in posizione eretta*), stehen; **mangiare un boccone in piedi** (*senza sedersi*), einen Happen im Stehen essen; **non reggersi in piedi** (*dalla stanchezza, dal sonno, ecc.*), sich nicht auf den Beinen halten können; **in piedi!** *mil* (*come comando ad alzarsi*), (Sprung) auf!; **leccare i piedi a qu** *fig* (*arruffianarsi qu*), jdm die Füße küssen, jdm schmeicheln, jdm um den Bart gehen/streichen, jdm in den Arsch kriechen *spreg*; **levarsi/togliersi dai piedi** (*andarsene*), sich davonmachen; **levati/togliti dai piedi!**, hau ab! *fam*, verschwinde! *fam*, zisch ab! *fam*, mach die Fliege/Mücke! *fam*; **levarsi/togliersi dai piedi qu** *fam* (*liberarsi di una persona fastidiosa*), sich (dat) jdn vom Hals(e) schaffen; **a ~ libero** (*in stato di libertà*), auf freiem Fuß; **mettere qc fra i piedi a qu** (*mettere degli ostacoli per terra*), jdm zwischen die Füße legen/stellen; *fig* (*ostacolarlo*) jdm (einen) Knüppel zwischen die Beine werfen *fam*, jdm Steine in den Weg legen/stellen, jdm in die Quere kommen; **essere/[lasciare qu] a ~ libero**, ˻auf freiem Fuß sein˼/[jdn auf freien Fuß setzen]; **mettere un ~ davanti all'altro** (*camminare con regolarità*), einen Fuß vor den anderen setzen; *fig* (*agire con prudenza*), vorsichtig handeln, schrittweise vor˻gehen; **mettere in piedi qc** *fig* (*avviare*), {ATTIVITÀ, AZIENDA} etw auf die Beine bringen/stellen; *fig* (*allestire*) {SPETTACOLO} etw auf die Beine bringen/stellen; **non metterò mai più ~ in quel ristorante!** (*non entrerò mai più*), in dieses Restaurant werde ich keinen Fuß mehr setzen!, dieses Restaurant werde ich nie mehr betreten!; **non ho ancora messo ~ in discoteca da quando sono in vacanza**, seit ich im Urlaub bin, war ich noch keinmal in der Diskothek; **mettersi in piedi** (*alzarsi*), aufstehen; **mettere qu sotto i piedi** *fig* (*calpestare*), jdm mit Füßen treten, jdn kleinmachen *fam*, jdn kleinkriegen *fam*; **non farsi mettere sotto i piedi da qu**, sich von niemand(em) kleinkriegen lassen *fam*; **~ di mosca** *tip*, Absatz(korrektur)zeichen n; es-

sere sul **~ di** *partenza* (*in procinto di partire*), auf dem Sprung sein *fam*; **partire col ~ giusto/sbagliato** *fig* (*cominciare bene/male*), gut/schlecht beginnen/anfangen; **pestare i piedi a qu** (*dargli un pestone*), jdm auf die Füße treten; *fig* (*interferire con l'attività di qu*), {A UN TRAFFICANTE DI DROGA} jdm in die Quere kommen; **non lasciarsi pestare i piedi da nessuno** *fig* (*non accettare prepotenze*), sich (dat) von niemand(em) auf die Zehen/den Schlips treten lassen *fam*; **~ piatto** *med*, Plattfuß m; **avere i piedi piatti**, Plattfüße haben; **andare/muoversi coi piedi di piombo** *fig* (*usare estrema prudenza*), mit äußerster Vorsicht vorgehen; **~ di porco** (*palo di ferro*), Brechstange f, Brecheisen n; **prender ~** *fig* (*diffondersi*), {MODA} Fuß fassen; *bot* (*attecchire*), Wurzeln schlagen; **puntare i piedi** *fig* (*ostinarsi*) sich auf die Hinterbeine stellen *fam*; **ragionare coi piedi** *fig* (*senza usare la testa*), Unsinn/[dummes Zeug] schwatzen *fam*; **restare/rimanere a piedi** (*appiedato*), zu Fuß gehen müssen; *fig* (*senza aiuti, mezzi, spec finanziari*), unbemittelt sein; *fig* (*essere escluso da qc*), ausgeschlossen/[außen vor] bleiben, in den Mund/die Röhre kucken *fam*; **rimettere in piedi qc** (*far rifiorire*), {AZIENDA} etw wieder in Gang bringen; **rimettere in piedi qu** *fig* (*farlo guarire*), {AMMALATO} jdm wieder auf die Beine helfen; **rimettersi in piedi** *fig* (*guarire*), wieder auf die Beine kommen; **non sapere dove mettere i piedi** (*per mancanza di spazio*), sich kaum umdrehen können *fam*; **tenere i piedi in due** *staffe*/scarpe *fig* (*tenere buone due alternative*), zwei Eisen im Feuer haben *fam*; **non stare in piedi** (*non stare dritto*), {BAMBOLA, CANDELA} nicht gerade stehen; (*dalla stanchezza, dal sonno, ecc.*), {BAMBINO} sich nicht auf den Beinen halten können; *fig* (*non avere una logica*), weder Hand noch Fuß haben; **un ragionamento che non sta in piedi**, ein Gedankengang, der weder Hand noch Fuß hat; **stare (sempre) tra i piedi a qu** *fig fam* (*intralciare*), jdm (immer) im Weg sein; **tenere in piedi qc** *fig* (*mantenere*), {ENTE, ISTITUZIONE} etw am Leben erhalten; *fig* (*salvare*) {MATRIMONIO, RAPPORTO} etw retten; **avere/[stare con] i piedi per** *terra* *fig* (*essere realisti*), mit beiden Beinen ˻im Leben˼/[(fest) auf der Erde] stehen; **mettere i piedi** ˻in *collo*˼/[sul collo] a qu *fig* (*dominarlo*), jdn in die Knie zwingen; **non farsi mettere i piedi in testa da nessuno**, sich von niemand(em) ˻bezwingen lassen˼/[den Nacken beugen lassen *forb*]; **~ valgo** *med*, Knickfuß m.

piedestàllo → **piedistallo**.

piedìno <dim *di* piede> m **1** (*piede piccolo*) Füßchen n **2** (*di macchina per cucire*) Nähmaschinenfuß m **3** *giorn* (*trafiletto*) Pressenotiz f; (*annuncio pubblicitario*) Werbeanzeige f • **fare ~ a qu** (*come approccio amoroso*), mit jdm füßeln *region*; **farsi ~**, {INNAMORATI} füßeln *region*.

piedipiàtti <-> m *spreg* (*poliziotto*) Bulle m *fam spreg*.

piedistàllo m (*basamento*) {+STATUA} Sockel m, Postament n *forb*, Piedestal n *forb* • **mettere/tenere qu sul ~** *fig* (*esaltare*), jdn in den Himmel heben *fam*; **scendere dal ~** *fig* (*smettere di darsi delle arie*), von seinem hohen Ross heruntersteigen/herunterkommen; **togliere qu dal ~** *fig* (*considerarlo realisticamente*), jdn realistisch einschätzen, jdn vom Sockel stürzen, an jds Glorienschein kratzen *scherz*.

piedrìtto m *arch* Widerlager n: **~ di un arco**, Bogenwiderlager n, Bogenpfeiler m.

pièga <-ghe> f **1** (*ondulazione*) {+TENDA} Fal-

te f: **gonna a pieghe**, Faltenrock m/Rock m mit Falten **2** (*segno*) Falte f: **~ dei pantaloni**, Bügelfalte f **3** (*grinza*) (Knitter)falte f: **c'è una ~ al colletto**, der Kragen hat eine Knitterfalte **4** (*messa in ~*) Welle f: **quando piove i capelli non tengono la ~**, wenn es regnet, hält die Frisur nicht **5** (*ruga*) {+VOLTO} Falte f, Runzel f **6** *anat* Beuge f, Kehle f: **~ del braccio/ginocchio**, Armbeuge f/Kniekehle f **7** *geol* Falte f • **le pieghe dell'**anima/della coscienza *fig* (*recessi*), die verborgenen/geheimen Winkel der Seele/des Gewissens; **non fare una ~** *fig fam* (*filare perfettamente*), {RAGIONAMENTO} einwandfrei sein; *fig fam* (*essere esatti*), {CALCOLO} haargenau stimmen; *fig fam* (*rimanere impassibile*), keine Miene verziehen; **quando ha saputo del furto non ha fatto una ~**, als er/sie von dem Diebstahl erfuhr, hat er/sie keine Miene verzogen; **trovare una soluzione tra le pieghe della** *legge* *fig* (*angoli nascosti*), in den Lücken des Gesetzes eine Lösung finden; **prendere una brutta/cattiva ~** *fig* (*prendere brutte abitudini*), auf die schiefe Bahn geraten; **quella ragazza ha preso una brutta/cattiva ~**, dieses Mädchen ist auf die schiefe Bahn geraten/gekommen; *fig* (*mettersi male*), eine schlimme Wendung nehmen; **la situazione sta prendendo una brutta/cattiva ~**, die Situation ist dabei, eine schlimme Wendung zu nehmen; **prendere una certa ~** *fig* (*avere un certo andamento*), {STORIA} eine bestimmte Richtung einschlagen.

piegaciglia <-> m (*arnese*) Wimpernzange f.

piegafèrro <-> m *edil* Eisenbieger m.

piegaménto m **1** (*il piegare*) {+FOGLIO} Falten n; {+TUBO} Biegen n **2** *sport* (Knie)beuge f: **fare dei piegamenti**, Beugen machen; **~ sulle gambe/ginocchia**, Kniebeuge f.

piegàre <piego, pieghi> A tr **1** (*curvare*) **~ qc** {FILO DI FERRO, LAMIERA} etw biegen **2** (*ripiegare*) **~ qc** {FAZZOLETTO, GIORNALE, TOVAGLIOLO} etw (zusammen)falten, etw zusammenlegen; {ANGOLO DELLA PAGINA} etw um˻knicken; **~ un foglio in due**, ein Blatt in der Mitte falten; {BIANCHERIA} etw zusammen˼legen; {BICICLETTA} etw zusammen˻klappen **3** (*far pendere*) **~ qc** {VENTO SALICE} etw biegen **4** (*flettere*) **~ qc** {BRACCIO, GINOCCHIO} etw krümmen, etw beugen: **le gambe ad angolo retto**, die Beine um 90 Grad abwinkeln; **~ qc** (+ *compl di luogo*) {BUSTO IN AVANTI} etw (*irgendwohin*) beugen, etw (*irgendwohin*) biegen; (*inclinare*) {COLLO, TESTA VERSO DESTRA} etw (*irgendwohin*) beugen, etw (*irgendwohin*) neigen **5** *fig* (*sottomettere*); **~ qu (a qc)** jdn (zu etw dat) zwingen; **~ qu ai propri voleri**, jdm seinen Willen aufzwingen **6** *fig* (*vincere*) **~ qu** {NEMICO} jdn besiegen; {CAMPIONE AVVERSARIO} anche jdn bezwingen; **~ qc** {RESISTENZA NEMICA} etw brechen **7** *fig* (*domare*) **~ qc** {CARATTERE RIBELLE} etw beugen **8** *tip* **~ qc** etw falzen B tr (*mutare direzione*) **~ +** *compl di luogo* irgendwohin biegen: **la strada piega** ˻a destra˼/[verso il fiume], die Straße biegt ˻nach rechts˼/[zum Fluss hin] ab; {FIUME A SINISTRA, VERSO IL MARE} eine Biegung irgendwohin machen C itr pron **1** (*incurvarsi*): **piegarsi sotto qc** {RAMI SOTTO IL PESO DELLA NEVE} sich unter etw (dat) beugen: **piegarsi sotto il peso degli anni**, sich unter der Last der Jahre beugen **2** (*inclinarsi*): **piegarsi** {BARCA} sich neigen D rfl **1** (*abbassarsi*): **piegarsi sotto**: **piegati sennò batti la testa!**, bück dich, sonst haust du dir den Kopf an! **2** (*flettersi*): **piegarsi sulle braccia/ginocchia**, Liegestützen/Kniebeugen machen **3** *fig* (*cedere*):

piegarsi (*a*/[*di fronte a*]/[*davanti a*] *qu*) {ALL'AVVERSARIO} sich *jdm* ergeben, aufgeben: **non si piega facilmente**, er/sie gibt nicht so leicht auf; **piegarsi** *a*/[*di fronte a*]/[*davanti a*] *qc* {ALLE INSISTENZE, A UNA RICHIESTA DI QU} etw (dat) nach|kommen; {DAVANTI ALL'ARROGANZA, ALLA PREPOTENZA DI QU} vor etw (dat) kapitulieren; {ALLA VIOLENZA} sich etw (dat) beugen; {AL VOLERE DI QU} anche sich etw (dat) unterwerfen ● **piegarsi in due per il male/dolore** fig (*avere molto male*), sich vor Schmerzen krümmen; **piegarsi in due dal ridere** fig (*ridere moltissimo*), sich vor Lachen biegen, sich (vor Lachen) nicht einkriegen können fam.

piegàta f (*piegatura*) Falten n, Faltung f: **dare una ~ agli asciugamani**, die Handtücher falten.

piegàto, (-a) agg 1 (*curvato*) {FILO D'ARGENTO, LAMIERA} gebogen 2 (*ripiegato*) {FAZZOLETTO, GIORNALE, TOVAGLIOLO} (zusammen)gefaltet, zusammengelegt; {ANGOLO DELLA PAGINA} umgeknickt; {BIANCHERIA} zusammengelegt; {BICICLETTA} zusammengeklappt 3 (*inclinato*) **~ da qc** {CANNE DAL VENTO} von etw (dat) gebogen 4 (*flesso*) {BRACCIO, GINOCCHIA} gebeugt; **~ (+ compl di luogo)** {BUSTO IN AVANTI} (*irgendwohin*) gebeugt, (*irgendwohin*) gebogen; (*inclinato*) {COLLO, TESTA VERSO DESTRA} (*irgendwohin*) gebeugt, (*irgendwohin*) geneigt 5 (*abbassato*) gebückt: **stai ~ sennò non ci passi!**, bleib gebückt, sonst kommst du nicht durch! 6 fig (*sottomesso*) **~ (a qc)** {AL VOLERE DI QU} etw (dat) unterworfen 7 fig (*vinto*) {NEMICO} besiegt; {AVVERSARIO} anche bezwungen; {RESISTENZA NEMICA} gebrochen 8 fig (*domato*) {CARATTERE RIBELLE} gebeugt.

piegatondino m edil Rundstabbiegemaschine f.

piegatóre, (-trice) A m (f) 1 mecc Bieger(in) m(f) 2 tip Falzer(in) m(f) B f 1 mecc Biege-, Abkantmaschine f: **~ per tubi**, Rohrbiegemaschine f 2 tip Falzmaschine f.

piegatùra f 1 (*segno*) Falte f: **tagliare la stoffa lungo la ~**, den Stoff entlang der Falte schneiden 2 (*punto in cui si piega*) {+ GINOCCHIO, GOMITO} Beuge f 3 mecc {+ LAMIERA} Biegen n: **eseguire la ~ di un profilato**, ein Profileisen biegen; {+ BARRA} Biegung f 4 tip {+ FOGLIO, STAMPATO} Falzung f; (*segno*) Falz m.

pieghétta <dim di piega> f (*piccola piega*) Fältchen n.

pieghettàre tr **~ qc** 1 (*increspare*) {FOGLIO DI CARTA} etw fälteln, etw in Falten legen 2 (*plissettare*) {GONNA} etw plissieren.

pieghettatrìce f tess Plissiermaschine f.

pieghettatùra f 1 (*il plissettare*) Plissieren n 2 (*insieme di pieghe*) {+ SOTTANA} Plissee n.

pieghévole A agg 1 (*ripiegabile su sé stesso*) {SEDIA, TAVOLO} (zusammen)klappbar, Klapp-; {CARTINA} Falt- 2 (*flessibile*) {MATERIALE, RAMO} biegsam 3 fig (*arrendevole*) {INDOLE} gefügig, nachgiebig B m (*dépliant*) Prospekt m.

pieghevolézza f 1 (*flessibilità*) {+ MATERIALE} Biegsamkeit f 2 fig (*arrendevolezza*) {+ CARATTERE} Gefügigkeit f, Nachgiebigkeit f.

piełite f med Nierenbeckenentzündung f, Pyelitis f scient.

piełografìa f med Pyelographie f scient.

piemìa f med Pyämie f scient.

Piemónte m geog Piemont n.

piemontése A agg {COLLINE} piemontesisch; {VINO} anche aus Piemont B mf (*abitante*) Piemontese m, Piemontesin f C m <solo sing> (*dialetto*) Piemontesisch(e) n.

piéna f 1 (*aumento della portata*) {+ TORRENTE} Hochwasser n: **il fiume è in ~**, der Fluss hat Hochwasser 2 (*massa d'acqua*) Hochwasser n: **la ~ ha allagato il raccolto**, das Hochwasser hat die Ernte überschwemmt 3 fig (*ressa*) {+ PUBBLICO} Gedränge n, Andrang m 4 fig lett (*il prorompere*) {+ PASSIONE} Stärke f, Kraft f.

pienaménte avv (*completamente*) vollkommen, völlig, ganz, gänzlich: **essere ~ integrato nella società**, vollkommen in die Gesellschaft integriert sein; **hai ~ ragione**, du hast völlig/vollkommen Recht; **si è ~ ristabilita**, sie hat sich völlig erholt, sie ist wieder vollkommen auf dem Damm fam.

pienézza f 1 (*rotondità spec rif. a donna*) {+ FORME} Fülle f 2 fig (*pieno vigore*) Gewalt f, Wucht f: **essere nella ~ delle proprie forze**, im Vollbesitz seiner Kräfte sein 3 (*intensità*) {+ SUONO} Fülle f, Stärke f; fig {+ SENTIMENTO} Intensität f, Stärke f 4 dir: **~ di competenza**, Allzuständigkeit f, umfassende Zuständigkeit ● **~ di diritti/potere**, Rechts-/Machtvollkommenheit f.

piéno, (-a) A agg 1 (*colmo*) **~ (di qc)** {VALIGIA, ZAINO} voll ((*von*) etw dat/+ gen forb); {STANZA DI SCATOLONI} voll (*von* etw dat/+ gen forb), voller etw (nom o gen): **un bicchiere ~ di vino**, ein Glas voll Wein/Weines forb, ein mit Wein vollgefülltes Glas; **un baule ~ di biancheria**, eine Truhe voll(er) Bettwäsche, eine mit Bettwäsche gefüllte Truhe; **un cassetto ~ di lettere**, eine Schublade voll(er) Briefe 2 (*gremito*) **~ (di qu)** {TEATRO DI GENTE} voll (*von*) etw (dat)/+ gen forb, voller etw (nom o gen): **spiaggia piena di bagnanti**, Strand voll(er) Badenden, mit Badenden überfüllter Strand; **pullman ~ di turisti**, Bus voll(er)/[voll von] Touristen 3 (*con un contenuto all'interno*) {NOCE, PNEUMATICO} voll; {MURO} massiv 4 (*inondato*) **~ di qc** *von* etw (dat) durchflutet: **stanza piena di luce**, lichtdurchflutetes Zimmer 5 (*costellato*) **~ di qc** mit etw (dat) gespickt fam: **una traduzione piena di errori**, eine Übersetzung voller Fehler, eine mit Fehlern gespickte Übersetzung fam 6 (*intero*) {LUNA} Voll-: **è una lettera di due pagine piene**, der Brief besteht aus zwei vollgeschriebenen Seiten 7 (*florido*) {GUANCE} voll, Paus-; {SENO} voll, üppig 8 fig (*pervaso*) **~ di qc** voll (*von*) etw (dat)/+ gen forb, erfüllt *von* etw (dat), durchdrungen *von* etw (dat): **essere ~ di invidia/stupore**, sehr neidisch/erstaunt sein; **essere ~ di diffidenza**, voller (tiefen) Misstrauen(s) sein; **aveva il cuore ~ di tristezza**, ihm/ihr war das Herz schwer; **parole piene di buon senso**, von gesundem Menschenverstand durchdrungene Worte 9 fig (*ricco*) **~ di qc** reich *an* etw (dat), voll (*von*) etw (dat)/+ gen forb, voller etw (nom o gen): **una ragazza piena di idee**, ein Mädchen voller Ideen; **essere ~ di difetti/pregi**, voller Mängel/Vorzüge sein, viele Mängel/Vorzüge haben 10 fig (*oberato*) **~ di qc** mit etw (dat) überlastet: **sono ~ di impegni**, ich bin mit Arbeit überlastet, ich bin bis oben hin beschäftigt fam; **essere ~ di debiti**, voller Schulden sein, bis über beide Ohren verschuldet sein fam 11 fig (*intenso*) {VITA} erfüllt 12 fig (*completo*) {GUARIGIONE} vollständig, vollkommen: **avere piena fiducia in qu**, vollkommenes Vertrauen in jdn haben 13 fig fam (*sazio*) {PANCIA, STOMACO} voll: **vuoi del gelato? – No, grazie sono ~**, möchtest du (ein) Eis? – Nein danke, ich bin satt 14 fig (*forte*) {VOCE} kräftig 15 fig (*stufo*) **~ (di qc)** (*etw* dat) überdrüssig fam: **sono ~ di questi discorsi**, ich bin diese Reden leid, ich habe ⌊diese Reden satt⌋/[die Nase voll von diesem Gerede] fam 16 enol {VINO} vollmundig 17 mus {ACCORDO, NOTA} voll B m 1 (*parte massiccia*) {+ COSTRUZIONE} voller Teil 2 (*pienezza*) Höhepunkt m, Blüte f, Fülle f: **essere nel ~ della giovinezza/del successo**, ⌊in der Blüte der Jugend sein⌋/[auf dem Höhepunkt/Gipfel des Erfolgs stehen] 3 fig (*calca*) Gedränge n, Gewühl n, Andrang m, große Menschenmenge 4 autom {+ GASOLIO, NAFTA} Volltanken n: **fare il ~ (di benzina)**, voll|tanken; **quanto costa un ~ di gasolio?**, wie viel kostet die Tankfüllung Diesel? C loc avv 1 (*completamente*): **in ~**, vollständig, vollkommen, gänzlich; **ci sei cascato in ~**, du bist voll darauf reingefallen fam; **sbagliare in ~**, (sich) gründlich irren, voll danebenhauen fam 2 (*esattamente*) genau: **azzeccare in ~ una risposta**, genau die richtige Antwort finden, mit einer Antwort den Nagel auf den Kopf treffen ● **essere ~ di sé** (*borioso*), ⌊von sich (dat) eingenommen⌋/[selbstgerecht/eingebildet spreg] sein; **fare il ~** fig scherz (*bere troppo*), sich vollsaufen fam/schütten fam, sich vollaufen lassen fam; **in ~ giorno/inverno** (*nel mezzo di*), ⌊am helllichten Tag⌋/[im tiefsten Winter]; **in piena notte/estate/guerra**, mitten in der Nacht/im Sommer/im Krieg; **sparare in piena fronte**, mitten in die Stirn schießen; **nel ~ dell'estate/dell'inverno/della notte** (*nella fase culminante*), mitten im Sommer/im Winter/in der Nacht; **prendere/colpire in ~ qu/qc** (*centrarlo*), jdn/etw voll treffen; **è stato preso in ~ da un'auto**, er ist von einem Auto voll erfasst worden; **il colpo l'ha preso in ~**, er hat den Schlag voll erwischt/abbekommen fam; **il pallone/l'auto ha preso in ~ la vetrata**, der Ball hat voll die Glasscheibe getroffen⌋/[das Auto ist frontal in die Glaswand hineingefahren]; **~ zeppo** (*affollatissimo*), gerammelt voll fam, knallvoll fam, proppenvoll fam; **la città era piena zeppa di turisti**, die Stadt war von Touristen überfüllt.

pienóne <accr di pieno> m (*grande folla*) Gedränge n, Gewühl n, Andrang m, große Menschenmenge: **alla prima del film c'era un ~**, bei der Erstaufführung des Films ⌊war es proppenvoll⌋/[gab es einen großen Menschenandrang] ● **fare/registrare un ~** (*il tutto esaurito*), {CONCERTO, PARTITA} ausverkauft sein.

pienòtto, (-a) agg (*bene in carne*) {BAMBINA, FACCIA} rundlich, voll.

piercing <-> m ingl Piercing n.

Pierìno m (*bambino vivace*) Frechdachs m fam, kleiner Fritz.

Pièro m (*nome proprio*) Peter.

pièrre <-> mf (*professionista*) PR-Mann m, PR-Frau f.

pierrot <-> m franc Pierrot m.

pietà <-> f 1 (*compassione*) Mitleid n, Erbarmen n: **avere ~ di qu**, Mitleid/Erbarmen mit jdm haben, sich jds erbarmen forb; **Dio, abbi ~ di me!**, Herr, erbarme dich meiner! forb; **un uomo che non ha ~**, ein Mensch, der kein Erbarmen/Mitleid kennt; **provare/sentire ~ per qu**, Mitleid mit jdm haben, Mitleid für jdn empfinden; **senza/[senz'alcuna] ~**, ohne Erbarmen, erbarmungslos 2 arte {+ MICHELANGELO} Pietà f 3 lett (*rispetto*) {FILIALE} Liebe f, Zuneigung f 4 relig (*devozione*) Andächtigkeit f, Frömmigkeit f ● **fare ~** (*suscitare compassione*), Mitleid erregen; **è ridotto da far ~**, er ist derart heruntergekommen, dass er einem leidtun kann; **fare ~** fig (*essere pessimo*), erbärmlich/[zum Erbarmen] sein; **questo disegno fa ~**, diese Zeichnung ist erbärmlich; **canta da far ~** fig (*malissimo*), er/sie singt erbärmlich/[zum Erbarmen]; **muovere qu a ~** (*impietosire*), jds Mitleid erregen; **muoversi a ~** (*impietosirsi*), Mitleid bekommen; *per* ~! *escl*, um (des) Himmels willen!

pietanza f **1** (*piatto*) Gericht n, Speise f: **~ di pesce**, Fischgericht n; **un'ottima ~**, ein vortreffliches Gericht **2** (*seconda portata*) zweiter Gang.

pietas <-> f *lat* **1** (*rispetto devoto*) Ergebenheit f, Achtung f **2** (*pietà*) Erbarmen n, Mitlied n: **un senso di umana ~**, ein Gefühl menschlichen Erbarmens.

pietire → **piatire**.

pietismo m **1** *relig* (*movimento*) Pietismus m **2** *fig* (*compassione eccessiva*) übertriebenes Mitleid **3** *fig spreg* (*patetismo*) Frömmelei f *spreg*.

pietista <-*i* m, -*e* f *relig* **A** *agg* {EDUCAZIONE} pietistisch **B** *mf* (*seguace*) Pietist(in) m(f).

pietistico, (-a) <-*ci*, -*che* *agg* **1** *relig* {PRATICA, TENDENZA} pietistisch **2** *fig spreg* (*patetico*) {ATTEGGIAMENTO} frömmelnd *spreg*, frömmlerisch *spreg*, bigott *forb spreg*.

pietosamente *avv* **1** (*con sentimento*) mitleid(s)voll **2** *fig* (*in modo penoso*) erbärmlich, unmöglich, kläglich: **la squadra ha giocato ~**, die Mannschaft hat erbärmlich gespielt.

pietoso, (-a) *agg* **1** (*caritatevole*) {ANIMO} barmherzig, mildtätig, erbarmungsvoll: **essere/mostrarsi ~ verso qu**, sich jdm gegenüber barmherzig zeigen **2** (*commovente*) {SCENA, VICENDA} rührend, Mitleid erregend, erbarmenswert, erbarmungswürdig *forb* **3** (*dettato da pietà*) {GESTO, PAROLE, SGUARDO} mitleidig **4** *fam* (*da far pietà*) {RECITAZIONE, SPETTACOLO} **che disegno ~!**, was für eine erbärmliche Zeichnung!; **ha ridotto la stanza in condizioni pietose**, er/sie hat das Zimmer in einen ⌐erbärmlichen/katastrophalen Zustand gebracht⌐/[Saustall verwandelt *fam spreg*] **5** *lett* (*rispettoso*) ergeben.

pietra f **1** (*sasso*) {+FIUME} Stein m: **lanciare/tirare una ~ contro qu/qc**, einen Stein nach jdm/etw werfen; **il traffico è interrotto per la caduta di pietre**, der Verkehr ist wegen Steinschlags gesperrt **2** (*roccia*) Stein m, Fels m: **cava/muro di ~**, Steinbruch m/Felswand f **3** *edil* Stein m **4** *min* Stein m: **~ argentina**, Glimmerschiefer m; **~ bronzina**, Bronzestein m; **~ spugna**, Schwamm-, Schwimmstein m; **~ calcarea/silicea**, Kalk-/Kieselstein m; **~ lavorata/rozza**, behauener/unbehauener Stein; **~ pomice**, Bimsstein m **5** (*in oreficeria*) Stein m: **~ dura/preziosa**, ⌐harter Stein⌐/[Edelstein m]; **pietre false/vere**, falscher/echter Stein; **pietre sintetiche**, künstlicher/synthetischer/unechter Stein **~ da** *affilare*/**costruzione**, Wetz-/Baustein m; **~ angolare** *edil anche fig* (*elemento portante di una situazione*), Eckstein m; **avere/sentirsi una ~ sul cuore** *fig* (*un rimorso che non dà tregua*), etw zentnerschwer/[wie einen Alpdruck] auf der Seele lasten/liegen haben; **un uomo di ~** *fig* (*crudele*), ein eiskalter/grausamer Mensch; **essere/restare di ~** *fig* (*incapace di reazione*), wie versteinert sein/(stehen)bleiben; **farsi di ~** *fig* (*restare immobile per stupore*), erstarren, zu Stein werden; **duro come ~** (*durissimo*), hart wie Stein; **~** *filosofale*/[**dei filosofi**] (*in alchimia*), Stein m der Weisen; **~** *focaia* (*per produrre scintille*), Feuer-, Zündstein m; **~** *infernale farm*, Höllenstein m; **~** *litografica arte*, Lithografiestein m; **metterci una ~ sopra** *fig* (*non pensare più a qc*), Gras über etw (acc) wachsen lassen *fam*; **~** *miliare anche fig*, Meilenstein m; **una ~ miliare nella storia**, ein Meilenstein in der Geschichte; **~** *molare* (*della mola*), Mühlstein m; **~** *ollare*, Topfstein

m; **far piangere anche le pietre** *fig* (*commuovere tutti*), sogar Steine zum Erweichen bringen; **~ di paragone** *fig* (*termine di confronto*), Maßstab m; (*in oreficeria*), Probierstein m; **porre/posare la prima ~** *anche fig*, den Grundstein legen; **scagliare la prima ~** *fig*, den ersten Stein werfen; **la ~ dello scandalo** *fig* (*persona che dà pessimo esempio*), der Stein des Anstoßes; **~ sepolcrale/tombale**, Grabstein m; **avere/sentirsi una ~ sullo stomaco** (*peso per cattiva digestione*) *anche fig*, etw schwer im Magen liegen haben.

pietraia f **1** (*mucchio di pietre*) Steinhaufen m **2** (*terreno pietroso*) steiniges Gelände.

pietrame m **1** (*cumulo di pietre*) Gesteinsmasse f **2** *edil* Bausteine m pl.

pietrificare <*pietrifico*, *pietrifichi*> **A** *tr* **1** (*trasformare in pietra*) **~ qu/qc** {SGUARDO DI MEDUSA} jdn/etw zu Stein werden lassen, jdn/etw erstarren lassen: **la strega pietrificò nel bosco la fanciulla**, die Hexe ließ das Mädchen im Wald zu Stein werden **2** *fig* (*agghiacciare*) **~ qu** jdn erstarren lassen: **quella scena lo pietrificò**, diese Szene ließ ihn erstarren; **rimasi pietrificato per lo spavento**, ich war vor Schreck wie versteinert **3** *scient* **~ qc** {ALBERO, ANIMALE} *etw* versteinern, etw petrifizieren **B** *rfl* **1** (*diventare di pietra*): **pietrificarsi** zu Stein werden, versteinern **2** *fig* (*irrigidirsi*): **pietrificarsi per qc** {PER LA PAURA} vor etw (dat) erstarren **3** *scient* (*fossilizzarsi*): **pietrificarsi** fossilisieren, versteinern.

pietrificato, (-a) *agg* **1** *scient* (*fossile*) {FORESTA} versteinert, petrifiziert **2** *fig* (*attonito*) versteinert, erstarrt.

pietrificazione f *anche fig scient* (*fossilizzazione*) Versteinerung f, Petrifikation f; (*azione*) *anche* Versteinern n, Petrifizieren n.

pietrina <*dim di pietra*> f **1** Steinchen n **2** (*cilindretto*) {+ACCENDINO} Feuer-, Zündstein m.

pietrisco <-*schi*> m *edil* Splitt m, Schotter m.

Pietro m (*nome proprio*) Peter, Petrus ● **si chiama ~ (e torna indietro)** *scherz* (*quando si presta qc*) Wiedersehen macht Freude! *scherz*, das möchte ich aber wieder sehen; **~ il Grande** *stor*, Peter der Große; **san ~** *relig*, heiliger Petrus; **san ~ e Paolo** *relig*, heiliger Petrus und Paulus.

pietroburghese **A** *agg* (*di San Pietroburgo*) (St.) Petersburger **B** *mf* (*abitante*) (St.) Petersburger(in) m(f).

Pietroburgo m *geog* Petersburg n.

pietroso, (-a) *agg* **1** (*pieno di pietre*) {TERRENO} steinig, Stein- **2** (*fatto di pietra*) {PARETE} steinern, aus Stein **3** (*simile a pietra*) {MATERIALE} steinähnlich **4** *fig* (*insensibile*) aus Stein.

pievania f *relig stor* **1** (*circoscrizione*) Pfarrei f, Pfarrbezirk m **2** (*casa*) Pfarrhaus n, Pfarrei f **3** (*dignità*) Pfarramt n.

pieve f *relig stor* **1** (*circoscrizione*) Pfarrbezirk m **2** (*chiesa*) Pfarrkirche f **3** (*comunità dei fedeli*) (Kirchen)gemeinde f.

piezoelettricità f *fis* Piezoelektrizität f.

piezoelettrico, (-a) <-*ci*, -*che*> *agg* *fis* {EFFETTO} piezoelektrisch.

piezometria f *fis* Piezometrie f.

piezometrico, (-a) <-*ci*, -*che*> *agg* **1** *fis* {CARICO} piezometrisch **2** *idraul* {POZZO, TORRE} piezometrisch.

piezometro m *fis* Piezometer n.

pifferaio <-*rai*> m (*suonatore*) Pfeifenbläser m, Pfeifenspieler m, Pfeifer m ● **il ~ magico** (*titolo di una fiaba*), der Rattenfänger von Hameln.

piffero m **1** (*strumento*) Pfeife f, Schalmei f, kleine Flöte f: **suonare il ~**, die Pfeife blasen

2 (*suonatore*) Pfeifenspieler m, Schalmeiser m ● **fare come i pifferi (di montagna) (che andarono per suonare e furono suonati)** *prov*, siegessicher ausziehen, um seine Rechte geltend zu machen, und mit eingezogenem Schwanz zurückkommen *fam*.

pigiama <*pigiama o pigiami*> m (*indumento da letto*) Pyjama m, Schlafanzug m ● **~ palazzo** *moda*, "Damen-Abendanzug" mit weiten Hosen"; **~ party**, Pyjamaparty f, Pyjama-Party f.

pigia pigia <-> m sost m (*calca*) (dichtes) Gedränge: **stavo per svenire in quel pigia pigia**, ich war in diesem Gedränge nahe dabei, ohnmächtig zu werden.

pigiare <*pigio*, *pigi*> **A** *tr* **1** (*premere*) **~ qc** (+ *compl di luogo*) {TABACCO NELLA PIPA} etw (*in etw* acc) drücken **2** (*pestare*) **~ qc** {UVA} etw keltern **3** (*schiacciare*) **~ qc** {ACCELERATORE} *auf etw* (acc) treten **4** (*spingere*) **~ qc** {INVITATI NEL SALONE} jdn in etw (acc) drängen; (*uso assol*) drängen, drängeln *fam*: **per favore, non pigiate!**, nicht drängeln bitte! **B** *rfl rec* (*accalcarsi*): **pigiarsi** (+ *compl di luogo*) {PASSEGGERI SULLA METROPOLITANA} sich (*irgendwo*) zusammen|drängen.

pigiata f **1** (*il pigiare*) Zusammendrücken n: **dare una ~ alla biancheria nel cassetto**, die Wäsche im Schubfach zusammendrücken **2** (*spinta*) Stoß m **3** *edil* Stampfmasse f.

pigiato, (-a) *agg* (*pressato da ogni parte*) (zusammen)gedrängt, zusammengequetscht: **al mattino si sta tutti pigiati sull'autobus**, morgens ist/steht man im Bus wie die Sardinen zusammengedrängt.

pigiatrice f *enol* (*macchina*) Traubenmühle f, Traubenpresse f.

pigiatura f *enol* {+UVA} Keltern n, Kelterung f.

pigionante *mf* (*inquilino*) Mieter(in) m(f).

pigione f *tosc* (*affitto*) Miete f: **dare/stare a ~**, vermieten/[zur Miete wohnen]; **pagare la ~**, die Miete bezahlen; **prendere a ~ una stanza**, ein Zimmer (an)mieten; **tenere qu a ~**, jdn zur Untermiete haben.

pigliainculo, **pigliainculo** <-> m *volg* **1** (*omosessuale passivo*) passiver Homosexueller, Gefickte m *volg*, Bottom m *slang* **2** *spreg* (*persona disposta a ogni compromesso*) wer alles einsteckt *fam*/[mit sich machen lässt] **3** (*fregato*) Be-, Angeschissene *mf decl come agg volg*.

pigliamosche <-> m **1** (*acchiappamosche*) Fliegenfänger m, Fliegenklappe f, Fliegenklatsche f **2** *bot* Fleisch fressende Pflanze **3** *ornit* Fliegenschnäpper m.

piglia piglia, **piglia-piglia** <-> m *loc sost m* (*arraffamento*) Hamsterkauf m: **ci fu un piglia piglia generale**, es kam zu einem allgemeinen Hamsterkauf.

pigliare <*piglio*, *pigli*> **A** *tr fam* **1** (*acciuffare*) **~ qu** jdn schnappen *fam*, jdn fassen, jdn ergreifen: **lo hanno pigliato con la refurtiva**, sie haben ihn mit der Diebesbeute geschnappt *fam* **2** (*prendere*) **~ qc** (+ *compl di luogo*) (*etw*) (*irgendwoher*) nehmen, etw (*irgendwoher*) holen: **pigliami i soldi nella borsa!**, hol mir das Geld aus meiner Tasche! **B** *itr* (*attecchire*) {PIANTA} Wurzeln schlagen **C** *rfl indir* (*buscarsi*): **pigliarsi qc** {RAFFREDDORE} sich (dat) etw holen, sich (dat) etw einziehen *fam* ● **pigliarle** (*ricevere botte*), Prügel kriegen *fam*/bekommen/beziehen; **pigliarsela con qu** (*prendersela*), auf jdn böse sein, sich über jdn aufregen, seinen Ärger an jdm auslassen; **che ti piglia?** (*che ti succede?*), was ist denn mit dir los?, was hast du denn?

piglincùlo → **pigliainculo**.

pìglio① m *solo nella loc verbale* (*afferrare con prontezza*): **dare di ~ a qc**, etw schnell packen.

pìglio② <-gli> m **1** (*aspetto del volto*) Blick m, Miene f: **mi guardò con ~ severo**, er/sie blickte mich streng/[mit strengem Blick] an **2** (*andatura*) Schritt m: **camminare con ~ lesto**, ˻schnellen Schrittes˼/[schnell] gehen **3** *fig* (*tono di voce*) Ton(fall) m: **parlare con ~ sicuro**, mit sicherem Ton sprechen **4** *fig* (*tono stilistico*) Ton m: **brano dal ~ solenne**, feierliches Stück.

pigmalióne m *lett* (*maestro*) Pygmalion m: **fare da ~ a qu**, jds Pygmalion sein.

pigmentàre **A** *tr chim* (*colorare con pigmenti*) **~ qc** {MATERIALE} etw pigmentieren, etw (ein|)färben **B** *itr pron biol* (*assumere una colorazione*) **pigmentarsi** (*di qc*) {DI ROSSO} *agg* + Pigmente bilden.

pigmentazióne f *biol* {CHIARA, SCURA} Pigmentierung f, Pigmentation f, Pigmentbildung f: **~ cutanea**, Pigmentbildung f der Haut.

pigménto m **1** *biol bot* Pigment(farbstoff m) n **2** *chim* Pigment n, Farbstoff m.

pigmèo, (-a) **A** *agg etnol* {POPOLAZIONE, RAZZA} Pygmäen- **B** m (f) **1** *etnol* Pygmäe m, (Pygmäin f) **2** *fig* (*nano*) Zwerg(in f) m (f).

pìgna f **1** *bot* (*frutto*) Pinienzapfen m **2** (*cumulo*) Menge f, Haufen m **3** *arch* zapfenartiges/zapfenförmiges Ornament **4** *mar* {+TUBO ASPIRANTE} Saugkopf m (mit Sieb) ● **avere le pigne in testa** *fig rom* (*avere idee balzane*), Flausen im Kopf haben *fam*; **~ verde** *fig* (*taccagno*), Geizhals m *fam*, Geizkragen m *fam spreg*, Knauser m *fam spreg*, Knicker m *fam spreg*.

pignàtta f **1** (*pentola grande*) (Koch)topf m **2** (*pentolata*) {+CIPOLLE, LENTICCHIE} Topf m **3** *edil* (*mattone forato*) Deckenziegel m.

pignòla f → **pignolo**.

pignoleria f (*pedanteria*) Kleinlichkeit f *spreg*, Pedanterie f *spreg*: **è di una ~ unica**, er/sie ist ˻von einer einmaligen Kleinlichkeit˼/[unglaublich pedantisch] *spreg*.

pignolésco, (-a) <-schi, -sche> *agg* (*pedantesco*) {PROFESSORE} kleinlich *spreg*, pedantisch *spreg*.

pignolo, (-a) **A** *agg* (*pedante*) {CAPUFFICIO, TIPO} kleinlich *spreg*, pedantisch *spreg* **B** m (f) (*persona*) Pedant(in) m (f) *spreg*, Kleinigkeitskrämer(in) m (f) *spreg*, Federfuchser(in) m (f) *spreg*: **non fare il ~!**, sei nicht so kleinlich *spreg*!, spiel nicht den Pedanten! *spreg* **C** f m → **pinolo**.

pignóne① m **1** *arch* Giebel m **2** *edil idraul* Buhne f.

pignóne② m *mecc* {+DIFFERENZIALE} Ritzel n, Triebrad n: **~ cilindrico/conico**, Stirnrad n/[konisches Ritzel].

pignoràbile *agg dir* {BENE} pfändbar.

pignorabilità <-> f *dir* Pfändbarkeit f.

pignoraménto m *dir* Pfändung f, Pfänden n: **~ immobiliare/mobiliare**, Pfändung f von Grundstücken/[beweglichen Sachen].

pignorànte *dir* **A** *agg* pfändend **B** mf (*creditore*) betreibender Gläubiger.

pignoràre *tr* **~ qc 1** (*dare in pegno*) {GIOIELLI} etw in Pfand geben, etw verpfänden.

pignoratàrio, (-a) <-ri m (f)> (*creditore*) Pfandgläubiger(in) m (f), Pfandgeber(in) m (f).

pignoratìzio, (-a) <-zi m> *agg dir* {CREDITO, CREDITORE} Pfand-.

pigolàre *itr* **1** (*emettere pigolii*) {PASSEROTTO, PULCINO} piep(s)en m **2** *fig* (*piagnucolare*) {BAMBINO} jammern, quengeln *fam*, greinen *fam spreg*.

pigolìo <-ìi> m **1** (*verso*) {+UCCELLINO} Piep(s)en n, Gepiep(s)e n **2** *fig* (*piagnucolio*) {+BIMBO} Jammern n, Quengeln n *fam*, Greinen n *fam spreg* **3** *fig* (*chiacchiericcio*) Gerede n *fam*, Geschwätz n *fam spreg*.

pigra f → **pigro**.

pigraménte *avv* (*in modo svogliato*) träge: **leggeva ~ sull'amaca**, er/sie lag auf der Hängematte und las träge vor sich hin.

pigrìzia f (*indolenza*) Faulheit, Trägheit f: **~ intellettuale/mentale**, Denkfaulheit f, geistige Trägheit; **Maria è di una ~ unica**, Maria ist ˻eine Meisterin im Faulenzen˼/[unglaublich faul]; **se vai male a scuola è solo per ~**, wenn du in der Schule schlecht bist, dann nur, weil du faul bist.

pigro, (-a) **A** *agg* **1** (*svogliato*) **~** (*in qc*) {RAGAZZO} (*bei/in etw dat*) faul, (*bei/in etw dat*) träge: **è ~ nel lavoro/nello studio**, er ist bei der Arbeit/beim Lernen faul **2** (*lento*) {MOVIMENTO, PASSO} langsam **3** (*che funziona con lentezza*) {INTESTINO} träge **4** *fig* (*che manca di vivacità*) {INTELLETTO, MENTE} träge; {INTELLIGENZA} beschränkt **B** m (f) (*persona indolente*) Faulenzer(in) m (f) *spreg*.

pigróne, (-a) <-accr di pigro> m (f) (*chi è molto pigro*) Faulpelz m *fam*, Faulenzer(in) m (f) *spreg*.

PIL <-> m *econ abbr di* Prodotto Interno Lordo: BIP n (*abbr di* Bruttoinlandsprodukt n).

pìla① **A** f **1** (*mucchio*) {+FOGLI, PIATTI, QUADERNI} Stapel m, Stoß m: **ho una ~ di camicie da stirare**, ich habe einen Stoß Hemden zu bügeln **2** *edil* {+PONTE} (Brücken)pfeiler m **3** *elettr fis* {ELETTRICA} Element n, Batterie f: **cambiare le pile**, die Batterien auswechseln; **~ al cadmio/mercurio/quarzo**, Weston-/Quecksilber-/Quarzelement n; **~ a combustibile**, Brennstoffelement n, Brennstoffzelle f; **la ~ dell'orologio è scarica**, die Batterie der Uhr ist leer; **~ ricaricabile**, aufladbare Batterie; **~ a secco**, Trockenbatterie f; **~ solare**, Solar-, Sonnenzelle f; **~ stilo**, Mignonbatterie f, Mignonzelle f; **~ voltaica**, Voltasäule f, voltaische Säule, galvanisches Element **4** (*torcia elettrica*) Taschenlampe f **B** *loc agg* (*che funziona con ~*): **a pile**, batteriebetrieben; **radio portatile a pile**, batteriebetriebenes Kofferradio ● **atomica/nucleare** *nucl* (*reattore*), Atom-, Kernreaktor m.

pìla② f (*vaschetta*) {+FONTANA} Wanne f, Becken n: **~ dell'acqua santa**, Weihwasserbecken n.

Pilade m *mitol* Pylades m.

pilàf <-> *gastr* **A** *agg* {RISO} Pilaw-, Pilau- **B** m Pilaw m, Pilau m.

pilàre *tr* (*sottoporre a pilatura*) **~ qc** {RISO} etw schälen.

pilastrino <*dim di* pilastro> m **1** *arch* {+BALAUSTRATA} Baluster m **2** *edil* (*piccolo pilastro*) kleiner Pfeiler.

pilàstro m **1** *arch* (Wand)pfeiler m, Pilaster m: **~ cerchiato/cruciforme**, stern-/kreuzförmiger Pfeiler; **~ a fascio/fungo**, Bündel-/Pilzpfeiler m **2** *edil* **~ in cemento armato**, Stahlbetonpfeiler m **3** *alpin* (*roccia isolata*) (Fels)nadel m **4** *anat*: **~ del diaframma**, Zwerchfellschenkel m; **~ del palato**, Gaumenbogen m **5** *fig* (*sostegno*) {+AZIENDA, PARTITO} Stütze f, Säule f, Pfeiler m: **essere il ~ della famiglia**, die Stütze der Familie sein **6** *fig* (*principio fondamentale*) {+SISTEMA, TEORIA} Pfeiler m ● **essere** *saldo* **come un ~** (*molto solido e forte*), ein Fels in der Brandung sein; *fig* (*fermo nelle proprie convinzioni*), feste Überzeugungen haben; **~ tettonico** *geol*, Horst m.

Pilates <-> m (*ginnastica*) Pilates(methode f) n.

pilatésco, (-a) <-schi, -sche> *agg spreg* (*da Ponzio Pilato*) {ATTEGGIAMENTO, COMPORTAMENTO} pilatisch, wie Pontius Pilatus.

Pilàto m *stor* Pilatus m ● **fare come Pilato** (*rifiutare di assumersi una responsabilità*), seine Hände in Unschuld waschen.

pilatùra f (*brillatura*) {+RISO} Schälen n, Schälung f.

pile <-> m *ingl tess* Fleece m: **giubbotto di ~**, Fleecejacke f.

pilìfero, (-a) *agg* **1** *anat* {APPARATO} behaart, Haar- **2** *bot* {ZONA} Haar- **3** *zoo* {MANTO} Haar-.

pìllola f *farm* (*compressa*) Pille f, Tablette f: **~ digestiva/lassativa**, Verdauungs-/Abführtablette f; **prendere una ~**, eine Tablette (ein)nehmen; **questa ~ va presa dopo i pasti**, die Pille soll nach den Mahlzeiten eingenommen werden; (*anticoncezionale*) Pille f *fam*, Antibabypille f; **prendere la ~**, die Pille nehmen *fam*; **interrompere l'uso della ~**, eine Pillenpause machen *fam* ● **~ amara** *fig* (*una cosa o situazione molto spiacevole*), eine bittere Pille *fam*; **in pillole** (*confezionato in forma di ~*), in Pillenform; **un farmaco in pillole**, ein Arzneimittel in Pillenform; *fig* (*a piccole dosi*), in kleinen Dosen; **indorare la ~ a qu** *fig* (*cercare di rendere un danno o un dispiacere meno sgradevole*), jdm die bittere Pille versüßen *fam*; **ingoiare/mandare giù la ~** *fig* (*subire qc spiacevole*), die bittere Pille schlucken *fam*.

pìllolo m *scherz* (*pillola per uomo*) Pille f für den Mann *scherz*.

pilóne <*accr di* pila> m **1** (*traliccio*) {+FUNIVIA} Stütze f **2** *arch edil* {+CUPOLA, VIADOTTO} (Stütz)pfeiler m: **~ del ponte**, Brückenpfeiler m, Pylon m, Pylone f **3** *sport* (*nel rugby*) Dränger m ● **~ d'ormeggio** *mar*, Poller m.

pilòrico, (-a) <-ci, -che> *agg anat* {ANTRO} Pförtner-, Pylorus- *scient*.

pilòro m *anat* Pförtner m, Pylorus m *scient*.

pilòta <-i m, -e f> **A** mf **1** *aero* (*Flugzeug*)pilot(in) m (f): **~ di linea**, Flugkapitän m **2** *autom* {+FERRARI} (Renn)fahrer(in) m (f), Pilot(in) m (f): **i piloti di Formula Uno**, die Formel-1-Piloten; **~ di rally**, Rallyefahrer(in) m (f) **3** *ferr* Lok(omotiv)führer(in) m (f) **4** *mar* Lotse m, Lotsin f: **~** ˻**d'altura**˼/[**costiero**], See-/Küstenlotse m, See-/Küstenlotsin f **B** <inv> *agg* **1** *fig* (*che costituisce un modello*) {INIZIATIVA, PROGETTO} Pilot-, Versuchs-, Modell-: **un'azienda ~**, ein Modellbetrieb **2** *mar* (*che fa da guida*) {BATTELLO, NAVE} Lotsen- ● **~ automatico** *aero mar*, Autopilot m; **~ collaudatore** *aero* (*addetto al collaudo*), Testpilot(in) m (f); *autom*, Testfahrer(in) m (f); **~ istruttore** *aero* (*addetto all'istruzione*), Fluglehrer(in) m (f); **~ militare** *aero mil*, Luftwaffenpilot(in) m (f); **primo ~** *aero* (*chi lo guida*), Chefpilot(in) m (f); **secondo ~** *aero* (*copilota*), Kopilot(in) m (f), Beiflieger(in) m (f); **~ spaziale** *astr*, Weltraumfahrer(in) m (f).

pilotàbile *agg* **1** (*che può essere pilotato*) {IMBARCAZIONE, VELIVOLO} steuerbar **2** *fig* (*che può essere manipolato*) {INCHIESTA, INDAGINE} manipulierbar.

pilotàggio <-gi> m **1** *aero* Steuern n, Steuerung f: **~ automatico/telecomandato**, Selbst-/Fernsteuerung f **2** *astr* {+NAVETTA SPAZIALE} Steuern n, Steuerung f **3** *elettr* {+TRASMETTITORE} Ansteuerung f **4** *mar* Lotsen n: **~ facoltativo**, fakultativer Lotseneinsatz; **~ obbligatorio**, Lotsenzwang m, Lotsenpflicht f.

pilotàre tr 1 aero ~ qc {AEREO, ELICOTTERO} etw fliegen, etw führen 2 autom ~ qc {MAC LAREN} etw fahren, etw steuern, etw lenken 3 mar ~ qc + compl di luogo {NAVE IN PORTO} etw irgendwohin lotsen 4 fig (condurre a un fine voluto) ~ qc {AZIONE SINDACALE} etw steuern; {COMMISSIONE, OPINIONE PUBBLICA} etw manipulieren 5 fig scherz (accompagnare) ~ qu + compl di luogo {TURISTA FINO ALL'ALBERGO} jdn irgendwohin führen, jdn irgendwohin begleiten, jdn irgendwohin geleiten forb 6 inform ~ qc {PERIFERICA} etw verwalten.

pilotàto, (-a) agg 1 fig (manovrato) {INDAGINE} manipuliert 2 med {PARTO} künstlich eingeleitet.

pilotìna f mar Lotsenboot m.

piluccàre <pilucco, pilucchi> tr 1 (staccare a uno a uno i chicchi) ~ qc {GRAPPOLO D'UVA} etw (ab)zupfen 2 (mangiucchiare) ~ qc {BISCOTTO} etw/[an etw (dat)] knabbern, von etw (dat) naschen 3 fig (estorcere) ~ qc a qu {DENARO, QUATTRINI} jdm etw nach und nach weg|nehmen, jdm etw langsam ab|knöpfen fam.

pim A inter onomatopeica (di sparo) peng! B <-> m (colpo) Schuss m • **pim pum pam** (di spari ripetuti), peng peng!

pimentàre tr gastr (condire con pimento) ~ qc {SPEZZATINO} etw mit Piment würzen.

piménto m gastr (spezia) Piment m o n.

pimpànte agg 1 fam (pieno di allegria) {RAGAZZA} lebhaft, fröhlich, keck, happy fam 2 fam (sgargiante) {CAMICIA} grell, auffallend.

pimpinèlla f bot Bibernelle f, Pimpinelle f, Pimpernell m.

pin <-> m ingl 1 (spilletta) Pin f, Plakette f, Anstecker m, Button m 2 elettr Kontaktstift m, Pin m.

PIN <-> m 1 econ abbr di Prodotto Interno Netto: Nettoinlandsprodukt n 2 banca inform abbr dell'ingl Personal Identification Number (numero di identificazione personale): PIN f (abbr di persönliche Identifikationsnummer).

pina f tosc (pigna) Pinienzapfen m.

Pinàcee f <pl> bot Kieferngewächse n pl.

pinacotèca <-che> f arte (galleria) Pinakothek f forb, Bildgalerie f, Gemäldegalerie f: **la Pinacoteca Vaticana**, die Vatikanische Pinakothek.

pinàstro m bot Strandkiefer f.

pince <-> f franc (piccola piega) Abnäher m: **pantaloni con le ~**, Bundfaltenhose f.

pince-nez <-> m franc (occhiali a molla) Kneifer m, Zwicker m südd A, Pincenez f obs.

pinco <-chi> m fig fam (sciocco) Dummkopf m spreg, Trottel m spreg • **Pinco Pallino** (un qualsiasi individuo), Herr/Frau Soundso.

pindàrico, (-a) <-ci, -che> agg lett 1 (di Pindaro) {PENSIERO, POESIA} von Pindar 2 (che si ispira a Pindaro) {ODE, VERSO} pindarisch.

pindarìsmo m lett 1 (imitazione di Pindaro) Nachahmung f Pindars 2 (insieme dei lirici) Pindaristen m pl.

Pìndaro m stor Pindar m.

pineàle agg anat {GHIANDOLA} Zirbel-.

pinèta f (bosco di pini) Pinienwald m.

pinéto m lett (pineta) Pinienwald m.

ping-pòng ingl sport A <-> m (tennis da tavolo) Tischtennis n, Pingpong n fam obs B <inv> loc agg: **da ping-pong**, {PALLINA, RACCHETTA} Tischtennis-.

pìngue agg 1 (molto grasso) {UOMO} dick, {AGNELLO, VITELLO} fett 2 (fertile) {TERRA} fruchtbar 3 fig (lauto) {GUADAGNO} reichlich, üppig, dick fam, fett fam.

pinguèdine f (grassezza) {+DONNA} Fettleibigkeit f, Leibes-, Körperfülle f: **la ~ del maiale**, der hohe Fettgehalt des Schweins.

pinguìno m 1 ornit Pinguin m 2 fig gastr (gelato) Pinguino-Eis (Eis am Stiel mit Schokoladenüberzug)

pìnna① f 1 itt zoo {+CETACEO, FOCA, PESCE} Flosse f: ~ **caudale/dorsale/toracica/ventrale**, Schwanz-/Rücken-/Brust-/Bauchflosse f 2 anat Nasenflügel m 3 aero Flossen-, Flügelstummel m 4 mar {+MOTOSCAFO, NAVE} Boots-, Schlingerkiel m: ~ **di deriva**, Schwert n, (Schwanz)flosse f; ~ **stabilizzatrice**, Stabilisierungsflosse f 5 sport {+SUBACQUEO} (Schwimm)flosse f: **nuotare con le pinne**, mit (den) Flossen schwimmen.

pìnna② f zoo Pinna f, Perlmuschel f.

pinnàcolo m arch (guglia) Fiale f 2 (roccia) Zinne f.

pinnàto, (-a) agg sport zoo mit Flossen.

pino m 1 bot Kiefer f: ~ **loricato**, Latsche f, Legföhre f, region: ~ **silvestre**, gemeine Kiefer, Waldkiefer f, Föhre f; ~ **marittimo/nero**, Strand-/Schwarzkiefer f 2 (legno) Kiefernholz n: **armadio di ~**, Schrank m aus Kiefernholz m • ~ **atomico/vulcanico** fig (nube di gas), Atom-/Rauchpilz m.

Pinòcchio m (nome proprio) Pinocchio m • **le avventure di ~** (titolo di un libro per ragazzi), Pinocchio m.

pinòlo m (seme) Pinienkern m.

pinot <-> m franc 1 (vitigno) Pinot m 2 enol Burgunder m, Pinot m: ~ **bianco**, weißer Spätburgunder, Pinot blanc m: ~ **nero**, blauer Spätburgunder, Pinot noir m; ~ **chardonnay**, Pinot Chardonnay m.

pinta f (unità di misura inglese) Pint n.

pin-up girl <-, pin-up girls pl> ingl loc sost f ingl (ragazza da copertina) Pin-up-Girl n.

pinza f 1 <di solito al pl> tecnol (utensile) Zange f: **pinze da elettricista/meccanico**, Elektriker-/Mechanikerzange f; **passami le pinze!**, reich mir die Zange!; **pinze regolabili**, verstellbare Zange 2 (da cucina) Zange f: ~ **del ghiaccio**, [per gli spaghetti], Eis-/Spaghettizange f 3 fam zoo (chela) {+ARAGOSTA} Schere f 4 med Operationszangen f pl; (in odontoiatria) Zahnarztzangen f pl: ~ **emostatica**, Arterienpinzette f; ~ **levapunti**, Klammerentferner m • ~ **da chimico** chim, Chemikerzange f; **prendere qu con le pinze** fig (trattarlo con grande cautela), jdn mit Samthandschuhen anfassen; ~ **termoelettrica** elettr, Thermoelement n.

pinzàre tr 1 (unire insieme) ~ **qc** {FOGLI DI CARTA} etw zusammen|heften 2 region fam (pungere) ~ (qu) (jdn) stechen, (jdn) beißen: **una zanzara mi ha pinzato**, eine Mücke hat mich gestochen.

pinzàta f region fam (puntura) {+APE} Stich m.

pinzatrìce f 1 (attrezzo) Heftmaschine f 2 tess Quetscherin f.

pinzatùra f 1 (puntura) {+INSETTO} Stich m, Biss m 2 (unione) {+FOGLI} Zusammenheften n.

pinzétta <dim di pinza> f <di solito al pl> 1 (nella cosmesi) Pinzette f 2 (del filatelico) Briefmarkenpinzette f 3 (dell'orologiaio) Uhrmacherzange f 4 (per lo zucchero) Zuckerzange f.

pinzimònio <-ni> m gastr "Salatsoße aus Öl, Pfeffer u. Salz".

pìo① → **pio pio**.

pìo② , (-a) <pii m> agg 1 (devoto) {FAMIGLIA, FANCIULLA} fromm, gottgläubig: **essere molto pio**, sehr fromm sein 2 (religioso) {CONSUETUDINE, TRADIZIONE} religiös 3 (a scopo di carità) {CONFRATERNITA, ISTITUTO, OPERA} wohltätig 4 (destinato al culto) {LUOGO} geweiht, heilig 5 (altruista) {ANIMA} barmherzig, wohltätig 6 (che fa del bene) {MANO} barmherzig 7 fig iron (vano) {DESIDERIO, ILLUSIONE} fromm, unbegründet, vergeblich, eitel forb obs 8 lett (rispettoso) ehrfürchtig: **il pio Enea**, der ehrfürchtige Äneas 9 lett (mansueto) sanft, zahm 10 anat {MADRE} weich • **Pio** relig (nome di molti papi), Pius m; **Pio X**, Pius der Zehnte.

pioggerèlla <dim di pioggia> f (pioggia fine) Niesel-, Sprühregen m.

piòggia <-ge> f 1 (precipitazione) Regen m: ~ **fine/fitta/rada/scrosciante**, leichter/heftiger/spärlicher/prasselnder Regen; ~ **mista a neve**, Schneeregen m; ~ **rovescio/scroscio di ~**, Platzregen m/Regenschauer m; ~ **torrenziale**, Wolkenbruch m 2 fig (grande quantità) Regen m, Flut f, Hagel m: **una ~ di auguri/fiori**, ein Regen/eine Flut von Glückwünschen/Blumen; **una ~ di bombe/spari**, ein Bombenhagel/Sperrfeuer; **una ~ di fango/pietre/sabbia**, eine Schlamm/ein Steinhagel/ein Sandregen 3 fig (rapida successione) Hagel m, Schwall m, Regen m: ~ **di fischi/insulti/rimproveri**, ein Pfeifkonzert/[ein Schwall von Beleidigungen]/[ein Hagel von Vorwürfen] • **a** ~, fig regenartig; **annaffiare a ~ qc** (con acqua che cade dall'alto), etw berieseln, etw beregnen; **unire la fecola/farina a ~ a gastr**, Stärkemehl/Mehl auf den Teig streuen; **a** ~ fig (in grande quantità), {FINANZIAMENTI} nach dem Gießkannenprinzip; **piogge acide** (ricche di acidi provenienti dall'inquinamento), saurer Regen; ~ **di ceneri e lapilli** (emessi da un vulcano), Aschen- und Lapilliregen m; ~ **radioattiva**, radioaktiver Regen; **sotto la ~**, im Regen; **camminare sotto la ~**, im Regen gehen; ~ **di stelle cadenti** astr (sciame meteorico), Meteorenschwarm m; **parlare della ~ e del bel tempo** fig (di cose generiche e vaghe), über das Wetter reden; **fare la ~ e il bel tempo** fig (dettar legge), den Ton angeben, das Zepter führen/schwingen scherz; **dopo la ~ viene il bel tempo**,/[sereno] prov, auf Regen folgt Sonnenschein prov.

piòlo m 1 (pezzo di legno) Holzpflock m: **fissare dei pioli nel muro**, Haken an der Wand anbringen 2 (di scala) (Holz-), (Leiter)sprosse f 3 (dell'attaccapanni) Kleiderhaken m 4 agr (piantatoio) Pflanz-, Setzholz n • **stare dritto/piantato come un** ~ **fig** (starsene ritto e immobile), wie angewurzelt dastehen.

piombàre① A itr <essere> 1 (cadere dall'alto) ~ + **compl di luogo** {TEGOLA SULLA TESTA DI QU} irgendwohin fallen; {SASSO DALLA PARETE ROCCIOSA} von etw (dat) herunter|-, herab|fallen, von etw (dat) herunter|-, herabstürzen; ~ **nel vuoto**, ins Leere stürzen/fallen 2 (cadere a piombo) {GIACCA BENE, MALE} fallen 3 fig (giungere inaspettato) ~ + **compl di luogo** in etw (acc) hinein|-, herein|platzen fam: **è piombato in casa nostra nel cuore della notte**, er platzte/schneite mitten in der Nacht bei uns (zu Hause) herein fam 4 fig (avventarsi) ~ **addosso a**,/[su qu/qc] {POLIZIOTTI SUI RAPINATORI} sich auf jdn/etw stürzen, über jdn/etw her|fallen; {FALCO SULLA PREDA} sich auf etw (acc) stürzen; {LEONE SULLA PREDA} anche über etw (acc) her|fallen 5 fig (assalire) ~ **su qu/qc** {SOLDATI SULLE TRUPPE NEMICHE} über jdn/etw her|fallen 6 fig (trovarsi all'improvviso) ~ **in qc** {NELLA MISERIA} in etw (acc) stürzen 7 fig (capitare) ~ **addosso** (a qu/qc) {SCIAGURA A UNA FAMIGLIA} über jdn herein|brechen 8 fig (sprofondare) ~ **in qc** {NELLA DISPERAZIONE, NEL DOLORE} in etw (acc) versinken; {PAESE IN UNA CRISI ECONOMICA} in etw (acc) stürzen, in etw (acc) geraten 9 fig (cascare) ~ **in**

qc {NEL SONNO} *in etw* (acc) *fallen, in etw* (acc) *versinken* B *tr <avere> fig (far cadere)* ~ **qu in qc** {MARITO IN UNO STATO DEPRESSIVO, NELLA DISPERAZIONE} *jdn in etw* (acc) *stürzen*.

piombàre[2] *tr* **1** (*otturare*) ~ **qc** (**a qu**) {DENTE} (*jdm*) *etw plombieren,* (*jdm*) *etw füllen* **2** (*rivestire*) ~ **qc** {LAMIERA} *etw mit Blei überziehen* **3** (*riempire di piombo*) ~ **qc** {FESSURA} *etw mit Blei füllen,* {TUBO} *etw mit Blei verschließen* **4** (*chiudere con piombo*) ~ **qc** {CONTATORE} *etw plombieren, etw verplomben* **5** *ferr* ~ **qc** {TRENO, VAGONE} *etw plombieren, etw versiegeln* **6** *post* ~ **qc** {PACCO} *etw versiegeln, etw plombieren.*

piombàto *m chim* Plumbat *n:* ~ **di sodio,** Natriumplumbat *n.*

piombatùra *f* **1** {+FERRO} Plombierung *f;* (*azione*) *anche* Plombieren *n;* (*strato di piombo*) Verbleiung *f* **2** (*otturazione*) {+DENTE} Füllung *f,* Plombierung *f,* Plombe *f obs* **3** *ferr* {+CARRO} Plombierung *f,* Versiegelung *f* **4** *post* (*chiusura*) {+CASSA, PACCO} Plombierung *f.*

piómbico, (-a) <-*ci, -che*> *agg chim* {ACIDO} Blei-.

piombìfero, (-a) *agg min* (*ricco di piombo*) {GIACIMENTO, MINERALE} bleihaltig, Blei-.

piombìno <*dim di piombo*> *m* **1** (*piccolo peso*) *kleines Bleigewicht:* **mettere i piombini a una tenda,** *Bleiplättchen an einer Gardine anbringen* **2** (*scandaglio*) Lot *n* **3** (*proiettile*) (Blei)kugel *f,* Geschoss *n* **4** *edil* Senkblei *n* **5** (*nella pesca*) (*di lenza*) Angelblei *n;* (*di rete*) Netzblei *n* **6** *ornit* (*martin pescatore*) Eisvogel *m* **7** *post* Plombe *f,* Verschlussblei *n:* **mettere i piombini a un pacco,** *ein Päckchen verplomben/versiegeln* • ~ **ottico** *topogr,* optisches Senklot.

piómbo A *m* **1** <*metallo*> Blei *n* **2** (*sigillo*) Plombe *f:* **togliere i piombi doganali a un pacco,** *die Zollplomben von einem Paket entfernen* **3** *fig fam* (*pietanza indigesta*): **la sera il formaggio è ~ per il mio stomaco,** *wenn ich abends Käse esse, liegt er mir wie Blei im Magen* **4** <*solo sing*> *fig lett* (*fuoco*) (Blei)kugel *f,* Geschoss *n,* Projektil *n:* **cadere sotto il ~ nemico,** *unter dem Feuerhagel des Feindes fallen* **5** (*nella caccia*) (*munizione*) Munition *f* **6** <*di solito al pl*> *edil* (*lamine*) Bleiplatten *f pl* **7** <*solo al pl*> (*nella pesca*) {+LENZA} Angelblei *n;* {+RETI} Netzblei *n* **8** *tip* Bleisatz *m,* Drucktypen *m pl,* Lettern *f pl* B <*inv*> *loc agg* **1** **di** ~ {LASTRA, TUBO} Blei-, bleiern **2** (*plumbeo*): **di** ~ {CIELO, MARE} bleigrau C *loc avv* **1** (*a perpendicolo*): **a** ~, senkrecht: **cadere/precipitare a** ~, *senkrecht fallen/abstürzen;* **un castello a** ~ **sul lago,** *ein senkrecht über dem See liegendes Schloss;* *edil* {PARETE} *lotrecht;* **un muro che non cade a** ~ **col pavimento,** *eine nicht senkrecht zum Fußboden stehende Wand;* **essere/tenere a** ~, *im Lot sein/stehen;* **mettere a** ~ (**qc**), (*etw*) *ins Lot bringen* **2** (*che non si allarga*): **a** ~, *fallend:* **una giacca che cade a** ~, *eine fallende/[eng sitzende] Jacke* **3** (*in verticale*): **in** ~, {ESSERE, TENERE} *senkrecht* • **i Piombi** (*carceri di Venezia*), *die Bleikammern* (*Gefängnis im Herzogenpalast von Venedig*); **cadere** (**a terra**) **di** ~ (*a corpo morto*), *plötzlich hinfallen;* **con/senza** ~ (*contenente o no* ~), {BENZINA} *verbleit/bleifrei;* **piombi di palombaro,** *Taucherbeschwerung f;* **parere/sembrare di** ~ *fig* (*essere pesantissimo*), *bleischwer sein;* ₋**essere pesante**₋/[pesare] **come il** ~, *schwer wie Blei sein;* **questa cassa** ₋**pesa come il**₋/[pare/sembra di] ~, *diese Kiste ist ₋schwer wie Blei₋/[bleischwer].*

piombóso, (-a) *agg gener chim* {OSSIDO} Blei-.

pióne *m fis nucl* Pion *n,* Pi-Meson *n.*

pionière, (-a) A *m* (*f*) **1** *anche stor* (*colonizzatore*) Pionier(in) *m(f):* **i pionieri del West,** *die Pioniere des Westens* **2** *fig* (*antesignano*) Pionier(in) *m(f),* Wegbereiter(in) *m(f),* Bahnbrecher(in) *m(f):* **un ~ dell'aviazione,** *ein Luftfahrtpionier* B *agg* (*che introduce innovazioni*) {INDUSTRIA} *wegbereitend, bahnbrechend.*

pionierìsmo *m* **1** (*attività*) {AVVENTUROSO} Pioniertätigkeit *f* **2** (*mentalità*) Pioniergeist *m* **3** *fig* (*spirito d'iniziativa*) Unternehmungsgeist *m.*

pionierìstico, (-a) <-*ci, -che*> *agg* **1** (*proprio del pioniere*) {IMPRESA} *bahnbrechend,* Pionier- **2** *fig* (*intraprendente*) {SPIRITO} Pionier-.

pìo pìo *onomatopeica* A *loc inter* piep(s) piep(s): **il pulcino fa pio pio,** *das Küken macht piep piep* B <-> *loc sost m* (*pigolìo*) Piep(s)en *n.*

pioppàia *f rar* (*pioppeto*) Pappelpflanzung *f,* Pappelwald *m.*

pioppéto *m* (*bosco*) Pappelwald *m.*

pioppicoltùra *f* (*coltivazione del pioppo*) Pappelpflanzung *f.*

piòppo *m* **1** *bot* Pappel *f:* ~ **bianco,** Silber-, Weißpappel *f;* ~ **italico/nero/tremulo,** Pyramiden-/Schwarz-/Zitterpappel *f* **2** (*legno*) Pappelholz *n.*

piorrèa *f med* Eiterfluss *m,* Pyorrhö(e) *f scient:* ~ **alveolare,** Alveolarpyorrhö(e) *f scient.*

piorròico, (-a) <-*ci, -che*> *agg med* eitrig, pyorrhöisch *scient.*

piòta *f* **1** (*zolla*) Rasenscholle *f* **2** *lett* (*pianta del piede*) Fußsohle *f* • **andare a piote** *region scherz* (*a piedi*), *per pedes gehen forb.*

piovàno, (-a) *agg* (*di pioggia*) {ACQUA} Regen-.

piovàsco <-*schi*> *m* (*acquazzone*) Regenschauer *m,* Platzregen *m.*

piòvere <*irr piove, piove, piovuto*> A *itr impers* <*essere o avere*> **1** *meteo* regnen: **piove a catinelle/dirotto,** *es regnet/gießt in Strömen fam,* *es schüttet (wie aus Eimern) fam;* **comincia a** ~, *es fängt zu regnen an;* **piove forte,** *es regnet stark/heftig;* **piove piano,** *es nieselt, es regnet leicht;* **sta piovendo,** *es regnet;* **è/ha piovuto tutto il giorno,** *es hat den ganzen Tag geregnet;* **se dovesse ~ ...,** *falls es regnen sollte ...* **2** (*penetrare acqua*): ~ **in qc** {IN CASA} *in etw* (acc) *hinein|regnen:* **in questa soffitta ci piove,** *in diese Dachwohnung regnet es hinein* **3** (*gocciolare*) • **da qc** {DAL LAVANDINO, DAL TUBO} *aus etw* (dat) *tropfen* B *itr* <*essere*> **1** (*venire giù*) *regnen, fallen:* **piovono pezzi sempre più fitte,** *es regnet immer heftiger, der Regen wird immer stärker* **2** *fig* (*cadere dall'alto*) ~ **+ compl di luogo** {BOMBE, SASSATE} (*irgendwoher*) *hageln:* **piovono proiettili,** *es hagelt Geschosse;* {CORIANDOLI} *niederflattern;* {FIORI, VOLANTINI} *regnen* **3** *fig* (*giungere*) ~ (**a qu**) **+ compl di luogo** {AUGURI, RICORSI, TELEFONATE, TELEGRAMMI} (*irgendwo*) *regnen;* {ACCUSE, PROTESTE} *hageln, nieder|prasseln:* **le piovono inviti da tutte le parti,** *sie wird von allen Seiten mit Einladungen überschüttet;* **piovono insulti/denunce,** *es hagelt Flüche/Anklagen;* **le critiche piovono sul governo,** *die Regierung wird mit Kritiken überschüttet,* *es hagelt Vorwürfe gegen die Regierung;* **nel teatro piovevano applausi,** *im Theater hagelte es Beifallsbekundungen, tosender/stürmischer Beifall erklang im Theater;* {NOTIZIE IN REDAZIONE} (*irgendwo*) *zahlreich eingehen* **4** *fig fam* (*arrivare inaspettato*) ~ (**a qu**) (**+ compl di luogo**) (*jdm*) *in etw* (acc) *schneien/[hereinkommen] fam:* **ci è piovuto in casa un amico,** *ein Freund ist uns ins Haus geschneit fam* **5** *fig* (*capitare*) ~ **addosso** (**a qu**) *über jdn herein|brechen:* **gli son piovute addosso tante di quelle disgrazie!,** *so viel Unglück ist über ihn hereingebrochen!* **6** *fig* (*affluire in gran numero*) ~ (**+ compl di luogo**) {FINANZIAMENTI} (*irgendwohin*) *fließen* • **piove sempre sul bagnato** *fig fam* (*la fortuna capita sempre agli stessi*), *wer hat, dem wird gegeben; das Glück trifft immer dieselben; der Teufel scheißt immer auf den größeren Haufen prov;* (*la sfortuna capita sempre agli stessi*), *ein Unglück kommt selten allein prov;* **(su questo) non ci piove!** *fam* (*non ci sono dubbi*), *das ist so sicher wie das Amen in der Kirche fam,* *daran wird nicht gerüttelt;* **piove che Dio la manda** (*a dirotto*), *es gießt in Strömen fam;* **far ~ fig iron** (*fare qc d'insolito*), *den Regenmacher spielen iron; lasciarsi ~ addosso fig* (*non fare nulla per evitare i colpi della sfortuna*), *die Wechselfälle des Lebens (gottergeben/klaglos) sich ergehen lassen, dem Schicksal nicht die Stirn bieten;* **oggi vuol/[sembra che voglia] ~** (*ha intenzione di* ~), *es/der Himmel sieht heute (ganz) nach Regen aus.*

piovigginàre *itr impers* <*essere o avere*> (*piovere leggermente*) *nieseln, tröpfeln:* **ha/(è) piovigginato,** *es hat genieselt.*

piovigginóso, (-a) *agg* (*piovoso*) {CIELO} *regnerisch;* {GIORNATA, TEMPO} *anche* Regen-.

pioviscolàre *itr impers* <*essere o avere*> (*piovigginare*) *nieseln.*

piovosità <-> *f* **1** (*carattere piovoso*) {+STAGIONE} Niederschlag *m,* Regenfall *m:* **regione ad alta** ~, *regenreiches Gebiet* **2** (*quantità*) {ELEVATA} Regen-, Niederschlagsmenge *f.*

piovóso, (-a) *agg* (*caratterizzato da pioggia*) {CIELO, CLIMA, GIORNATA, STAGIONE} *regnerisch.*

piòvra *f* **1** *zoo* Krake *f* **2** *fig* (*sanguisuga*) Blutsauger *m spreg,* Schmarotzer *m spreg:* ₋**essere una**₋/[fare la] ~, *ein Blutsauger sein spreg* **3** *fig* (*mafia*) Mafia *f.*

piovùto *part pass di piovere.*

piòvve 1ª *pers sing del pass rem di piovere.*

pìpa[1] *f* **1** Pfeife *f:* **accendere/spegnere la** ~, *die Pfeife* ₋*an|zünden*₋/*aus|stecken*/[*aus|machen*]; **caricare la** ~, *die Pfeife stopfen;* **fumare la** ~, *Pfeife rauchen;* **pulire la** ~, *die Pfeife reinigen;* ~ **di radica,** Bruyèrepfeife *f* **2** (*quantità di tabacco*) Pfeife *f* (*voll*) **3** (*cannello*) Glasmacherpfeife *f* **4** *fig* (*naso*) Zinken *m fam scherz* **5** *bot* Osterluzei *f* **6** <*solo pl*> *gastr* Pasta-, Nudelsorte *f* **7** *ling* {+CROATO} Háček *n,* Hatschek *n,* Häkchen *n* **8** *mecc* Fitting *n.*

pìpa[2] *f zoo* Wabenkröte *f.*

pipàre *itr* (*fumare la pipa*) Pfeife rauchen.

pipàta *f* **1** (*fumata*) Pfeifenrauchen *n:* **fare/farsi una** (**bella**) ~, *eine (schöne) Pfeife rauchen* **2** (*tirata*) (*Pfeifen*)*zug m* **3** (*quantità di tabacco*) Pfeife *f* (*voll*).

pipeline <-> *m ingl* (*oleodotto*) Pipeline *f,* Erdölleitung *f.*

pipèrno *m min* Eruptivgestein *n.*

pipétta <*dim di pipa*[1]> *f* **1** (*piccola pipa*) Pfeifchen *n* **2** *chim* (*tubo di vetro*) Pipette *f* **3** *ling* Háček *n,* Hatschek *n,* Häkchen *n.*

pipettàre *tr chim* ~ **qc** {LIQUIDO} *etw pipettieren.*

pipì ~ *fam* (*nel linguaggio infantile*) *eufem* A *f* (*urina*) Pipi *n:* **fare** (**la**) ~, *Pipi machen;* **mamma, mi scappa la** ~, *Mama, ich muss mal fam* B *m* (*pene*) *Pimmelchen n fam.*

Pipìno *m stor* Pippin *m:* **Pipino re d'Italia,** Pippin *m,* König von Italien.

pipistrèllo A *m* **1** *zoo* Fledermaus *f* **2** *stor* (*mantello*) Umhang *m mit Pelerine* B <*inv*> *loc agg* (*ampio*): **a** ~, Fledermaus-;

maniche a ~, Fledermausärmel m pl.
pipita f **1** *veter zoo* (*malattia*) Pips m **2** *anat* (*pellicina*) Nagelhaut f.
pippa① → **pipa**①.
pippa② f *fig* (*incapace*) Nichtskönner m, Pfeife f *fam spreg* ● **farsi una** ~ *volg* (*sega*), sich (dat) einen runterholen *volg*; **farsi le pippe** *fig* (*perdere tempo*), Zeit vergeuden, Däumchen drehen *fam*.
pippàre *itr slang* (*aspirare cocaina*) koksen.
pippiolino m *lavori femminili* Picot m.
piqué <-> m *franc tess* Pikee m: **una camicetta di ~**, eine Pikeebluse.
pira f *lett* (*rogo*) Scheiterhaufen m.
piràgna → **piranha**.
piràlide f *zoo* Zünsler m.
piramidàle agg **1** (*a forma di piramide*) {COSTRUZIONE, SOLIDO} pyramidenförmig, Pyramiden- **2** *fig* {GERARCHIA} pyramidenförmig, hierarchisch **3** *fig* (*madornale*) {ERRORE, SPROPOSITO} gewaltig, kolossal, riesig **4** *anat* {CELLULA, MUSCOLO, SISTEMA} Pyramiden-.
piràmide A f **1** *mat* (*in geometria*) (*poliedro*) Pyramide f: **~ esagonale/retta**, sechseckige/gerade Pyramide **2** *archeol* Pyramide f: **le piramidi dei faraoni**, die Pyramiden der Pharaonen; **~ a gradini**, Stufenpyramide f **3** (*mucchio*) Haufen m, Berg m *fam*: **una ~ di libri**, ein Haufen Bücher, ein Berg von Büchern *fam* **4** *sport* Pyramide f B loc av: **a ~ 1** pyramidenförmig: **scatole disposte a ~**, pyramidenförmig aufgestellte Dosen **2** *fig* (*gerarchico*) hierarchisch: **organizzazione a ~**, hierarchische Organisation(sform) ● **~ alimentare** *ecol*, Nahrungsmittelpyramide f; **~ ecologica**, "grafische Darstellung der Nahrungsstruktur eines Ökosystems"; **~ di erosione** *geol*, Erdpyramide f; **~ delle età** *stat*, Alterspyramide f; **piramidi di** *Malpighi anat*, Nierenpyramiden f pl; **~ sociale** *stat*, Gesellschaftspyramide f; **~ umana alpin sport**, Menschenpyramide f.
pirandelliàno, (-a) agg **1** *lett* (*di L. Pirandello*) {NOVELLA, TEATRO} von Pirandello **2** *fig* (*paradossale*) {ATMOSFERA, SITUAZIONE} paradox.
piranha <-> m *port itt* Piranha m.
piràta <-i> A m **1** (*predone del mare*) Pirat m, Seeräuber m **2** *fig* (*ladro*) Betrüger m, Gauner m *spreg*: **quel commerciante è un ~**, dieser Händler ist ein Gauner *spreg* B <inv> agg **1** (*di pirati*) {NAVE} Piraten- **2** *fig* (*guidato da un ~ della strada*) {AUTO} fahrerflüchtig, eines unfallflüchtigen Fahrers **3** *fig* (*non autorizzato*) Piraten-, Raub-: **audiocassetta/edizione ~**, Raubkassette f/Raubdruck m; **emittente/trasmissione ~**, ⌊Piratensender m *slang*⌋/illegale Übertragung f C <inv> loc agg (*alla maniera dei pirati*): **alla ~**, {PANTALONI} Piraten- ● **~ dell'aria/cielo** *fig* (*dirottatore*), Flugzeugführer m, Luftpirat m; **~ della finanza** *fig*, Finanzhai m; **~ del computer/informatico** *fig inform giorn*, Hacker m; **~ della strada** *fig* (*chi investe qu e non lo soccorre*), Fahrer-, Unfallflüchtige mf decl come agg; *fig chi guida pericolosamente*, Verkehrsrowdy m *spreg*.
pirataggio <-gi> m Piraterie f: **~ informatico**, Computerpiraterie f.
piratàre tr **~ qc** {FILM} etw piratieren, etw mißbräuchlich nutzen.
pirateggiàre <*pirateggio, pirateggi*> itr **1** (*depredare*) Seeräuberei treiben **2** *fig* (*agire senza scrupoli*) (skrupellos) betrügen, gaunern.
pirateria f **1** (*brigantaggio marittimo*) Piraterie f, Seeräuberei f: **esercitare la ~**, Seeräuberei treiben **2** *fig* (*ruberia*) {+IMPRENDI-

TORE} Betrügerei f, Gaunerei f *spreg* **3** *fig* (*attività abusiva*) {DISCOGRAFICA, LIBRARIA} Piraterie f: **~ di software**, Softwarepiraterie f; **radio TV** Piratensenderaktivität f *slang* ● **~ aerea** *fig* (*dirottamento*), Luftpiraterie f; **~ informatica** *fig inform giorn*, Hackertätigkeit f; **~ letteraria** *fig* (*plagio*), literarisches Plagiat; **~ della strada** *fig* (*omissione di soccorso*), Fahrer-, Unfallflucht f.
piratésco, (-a) <-schi, -sche> agg **1** (*dei pirati*) {SCORRERIE} seeräuberisch, Piraten- **2** *fig* (*privo di scrupoli*) {COMPORTAMENTO} betrügerisch, gaunerhaft, skrupellos.
pirenàico, (-a) <-ci, -che> agg *geog* (*dei Pirenei*) {ALTOPIANO} pyrenäisch.
Pirenèi m pl *geog* Pyrenäen pl.
piressìa f *med* Fieber(anfall m) n, Pyrexie f *scient*.
pirex <-> m *comm* Pyrexglas n.
pìrico, (-a) <-ci, -che> agg **1** (*che produce fuoco*) pyritisch, Pyrit- **2** (*da sparo*) {POLVERE} Schieß-.
pirite f *min* Pyrit m, Schwefel-, Eisenkies m.
piritico, (-a) <-ci, -che> agg *min* {MINERALE} Pyrit-, pyrithaltig.
pirla <-> m *sett* **1** *fig fam* (*persona stupida*) Armleuchter m *fam spreg*, Trottel m *fam spreg*, Blödian m *fam spreg*, Doofkopp m *fam spreg norddt*: **si è comportato da ~**, er hat sich saudumm benommen *fam spreg* **2** *volg* (*pene*) Riemen m *volg*, Schwengel m *volg*, Rute f *volg*.
pirobazìa f (*il camminare sulle braci ardenti*) Feuerlaufen n, Pyrobatik f.
piroelettricità <-> f *fis* Pyroelektrizität f.
piroelèttrico, (-a) <-ci, -che> agg *fis* {EFFETTO} pyroelektrisch.
piroètta f **1** *sport* (*nella danza, nel pattinaggio*) Pirouette f: **eseguire una ~**, eine Pirouette ausführen; (*nell'equitazione*) Pirouette f **2** (*capriola*) Purzelbaum m, Dreh-, Luftsprung m: **faceva delle piroette dalla gioia**, er/sie machte Luftsprünge vor Freude.
piroettàre itr (*fare piroette*) {ACROBATA} Pirouetten drehen, pirouettieren.
piròfila f (*tegame*) feuerfeste Form/Schüssel.
piròfilo, (-a) agg (*resistente al fuoco*) {VETRO} feuerfest, hitzebeständig.
pirofobia f *psic* Pyrophobie f.
piròfobo, (-a) *psic* A agg {SOGGETTO} pyrophob B m (f) Pyrophobe mf decl come agg.
pirofòrico, (-a) <-ci, -che> agg *chim* {FERRO, LEGA} pyrophor, selbstentzündlich.
piròga <-ghe> f (*imbarcazione a remi*) Einbaum m.
pirògeno, (-a) A agg **1** *geol* {COMPOSTO} pyrogen, magmatisch entstanden **2** *med* {AGENTE} fiebererzeugend, pyrogen *scient* B m *med* fiebererzeugendes Mittel, Pyrogen n *scient*.
pirografàre tr (*incidere*) **~ qc** {CUOIO} etw ein|brennen.
pirografia f (*tecnica di incisione*) Brandmalerei f.
pirogràfico, (-a) <-ci, -che> agg **1** (*della pirografia*) {TECNICA} Brandmal-, der Brandmalerei **2** (*fatto mediante pirografia*) {DISEGNO} Brandmaler-.
pirografista <-i m, -e f> mf (*incisore*) Künstler m/Künstlerin f der Brandmalerei.
pirògrafo m (*apparecchio per incidere*) Stift m für Brandmalerei.
pirolegnóso, (-a) agg *chim* {ACIDO} Holz-.
pirolìsi <-> f *chim* Pyrolyse f.
piròlo m *mus* Wirbel m.
piròmane *psic* A agg {SOGGETTO} pyroma-

nisch B mf Pyromane m, Pyromanin f, Brandstifter(in) m(f): **l'incendio è opera di un ~**, das Feuer ist das Werk eines Brandstifters.
piromania f *psic* Pyromanie f.
pirometria f *fis* Pyrometrie f.
piromètrico, (-a) <-ci, -che> agg *fis* {MISURAZIONE} pyrometrisch.
piròmetro m *fis* (*strumento*) Pyrometer n: **~ elettrico/ottico**, elektrisches/optisches Pyrometer.
piromorfite f *min* Pyromorphit m.
piro piro <-> m *ornit* Wasserläufer m.
piròscafo m (*nave mercantile*) Dampfer m, Dampfschiff n: **~ da carico/passeggeri**, Fracht-/Passagierdampfer m; **~ a elica/turbina**, Schrauben-/Turbinendampfer m; **~ a carbone/nafta**, Kohledampfer m/Dieselmotordampfer m.
piroscissióne f *chim* Krackverfahren n, Kracken n, Krackung f.
piròsi <-> f *med* Sodbrennen n, Pyrosis f *scient*.
pirossèno m *min* Pyroxen n.
pirotècnica <-che> f **1** (*tecnica*) Pyrotechnik f, Feuerwerkerei f, Feuerwerkskunst f **2** (*fuochi d'artificio*) Feuerwerk n: **uno spettacolo di ~**, ein Feuerwerk.
pirotècnico, (-a) <-ci, -che> A agg **1** (*relativo alla pirotecnica*) {ARTE, MATERIALE} pyrotechnisch **2** *fig* (*di grande effetto*) {DISCORSO} brillant, spritzig, glänzend B m *mil* (*stabilimento*) Rüstungsfabrik f C m (f) (*operaio*) Feuerwerker(in) m(f), Pyrotechniker(in) m(f).
pirrìchio <-*chi*> m *ling* Pyrrhichius m, Dibrachys m.
Pirro m *stor* Pyrrhus m.
pirròlo m *chim* Pyrrol n.
Pisa f *geog* Pisa n.
pisàno, (-a) A agg {UNIVERSITÀ} pisanisch, von Pisa B m (f) (*abitante*) Pisaner(in) m(f).
piscia <-sce> f *volg* (*urina*) Pisse f *volg*: **fare la ~**, pissen *volg*, schiffen *volg*, seichen *volg*, pinkeln *fam*.
piscialètto <-> mf *fam* (*bambino che fa pipì a letto*) Bettnässer(in) m(f).
pisciàre <*piscio, pisci*> A itr *volg* (*urinare*) pissen *volg*, schiffen *volg*, seichen *volg*, pinkeln *fam*: **andare a ~**, pissen *volg*/pinkeln *fam* gehen; **~ a letto**, ins Bett pinkeln *fam*/pissen *volg*, das Bett nässen B tr *fig* (*perdere*) **~ qc** {BOTTE VINO} etw verlieren ● **pisciarsi addosso** (*urinare*), sich bepissen *volg*, sich nass machen *fam*; **pisciarsi addosso/sotto** *fig* (*avere una gran paura*), sich (dat) in die Hose(n) machen, die Hose(n) (gestrichen) voll haben *fam*; **~ sopra a qc** *fig* (*disprezzarla*), auf etw (acc) scheißen *volg*; **pisciarsi sotto dal ridere** *fig* (*ridere in maniera irrefrenabile*), sich (dat) vor Lachen in die Hose machen *fam*.
pisciàta f *volg* **1** (*atto*) Pissen n *volg*, Pinkeln n *fam*: **fare una ~**, pissen *volg*/pinkeln *fam* gehen **2** (*quantità*) Pisse f *volg*.
pisciatóio <-*toi*> m *volg* (*vespasiano*) Pissoir n.
piscicoltóre, (-trice) m (f) (*allevatore di pesci*) Fischzüchter(in) m(f).
piscicoltùra f (*allevamento*) Fischzucht f.
pisciforme agg (*a forma di pesce*) {FIGURA} fischartig.
piscina f **1** (*vasca*) Schwimmbecken n, Schwimmbassin n: **~ d'acqua di mare**, Meerwasserbecken n; **~ per bambini**, Kinderbecken n; **~ a otto corsie**, Schwimmbecken n mit acht Bahnen; **~ olimpionica**, Schwimmbecken n (für offizielle Schwimm-

piscio | pittura

wettkämpfe); ~ **termale**, Thermal(schwimm)bad n; ~ **per i tuffi**, Sprungbecken n **2** (*stabilimento*) Schwimmbad n, Badeanstalt f: **andare in** ~, ins Schwimmbad gehen; ~ **comunale/privata**, städtisches/privates Schwimmbad; ~ **coperta/scoperta**, Hallenbad n/Freibad n; **preferisco nuotare in** ~, ich schwimme lieber im Schwimmbad ● ~ **probatica** *relig*, Teich m Bethesda (, in dem die Opfertiere abgewaschen wurden).

piscio <-sci> m *volg* (*urina*) Pisse f *volg*: ~ **di cane**, Hundepisse f *volg*.

pisciòne, (-**a**) m (f) *fam scherz* (*bambino che urina spesso*) Pisser(in) m(f) *volg*.

pisèllo ⒶA m **1** *bot* (*pianta*) Erbse f: ~ **comune/[da orto]**, Speise-/Gartenerbse f **2** <*di solito al pl*> *gastr* (*legume*) Erbsen f pl: **crema di piselli**, Erbsencremesuppe f; ~ **freschi/lessati/secchi/[in umido]**, frische/gekochte/getrocknete/geschmorte Erbsen; **sgranare i piselli**, die Erbsen enthülsen **3** (*nel linguaggio infantile*) (*pene*) Pimmelchen n *fam* Ⓑ <*inv*> agg {COLORE, VERDE} erbsen-: **una macchina** ~, ein erbsenfarbiger Wagen ● ~ **odoroso** *bot*, Wicke f.

pisolàre *itr fam* (*sonnecchiare*) dösen *fam*, ein Nickerchen machen *fam*.

pisolino m (*sonnellino*) Nickerchen n *fam*, Schläfchen n *fam*: **fare un** ~, ein Nickerchen machen *fam*, ein Schläfchen halten *fam*.

pisolite f *min* Pisolith m, Erbsenstein m.

pispola f *ornit* Wiesenpieper m **2** (*nella caccia*) (*fischietto*) Lockpfeife f.

pisquàno, (-**a**) m (*sett spreg*) (*sciocco*) Versager(in) m(f), Loser(in) m(f) *fam*.

pisside f **1** *archeol* {ETRUSCA, GRECA} Pyxis f **2** *bot* Kelchkapsel f **3** *relig* Pyxis f, Hostienkelch m.

pissi pissi Ⓐ *loc inter* psch(t), psch(t): **fare pissi pissi**, wispern, zischeln Ⓑ <*->* *loc sost* m (*bisbiglio*) Wispern n, Zischeln n.

pista f **1** *anche fig* (*traccia*) Spur f: **essere sulle piste di qu**, auf jds Spur sein; **essere sulla** ~ **buona/sbagliata**, auf der richtigen/falschen Spur sein; **seguire una** ~, eine Spur verfolgen; **la polizia non tralascia nessuna** ~, die Polizei vernachlässigt keine Spur; ~ **rossa/nera**, "Spur, die in Richtung links-/rechtsextremer Gruppen weist" **2** (*percorso nel deserto, nella neve ecc.*) Weg m, Pfad m, Piste f, Straße f: ~ **carovaniera**, Karawanenstraße f **3** *slang* (*striscia*) {+COCAINA} Bahn f **4** *sport* (*nell'atletica*) Laufbahn f: ~ **di allenamento**, Übungs-, Trainings(lauf)bahn f; ˪**all'aperto**ˌ/˪**coperta**ˌ, ˪Laufbahn f im Freien˩/˪überdachte Laufbahn˩; **correre in/su** ~, auf der Bahn laufen; (*nell'automobilismo*) (Renn)piste f, Rennbahn f; **correre in** ~, auf der Piste fahren; **fare un giro di/in** ~, eine Runde auf der Piste/Rennbahn drehen; **provare la** ~, die Rennbahn testen/ausprobieren; **scendere in** ~, zum Rennen antreten; (*nel ciclismo*) Radrennbahn f; (*nell'equitazione*) Pferderennbahn f; (*per go-kart*) Gokartbahn f; (*nel motociclismo*) Motorradrennbahn f; (*nel pattinaggio a rotelle*) Rollschuhbahn f; (*su ghiaccio*) Eisbahn f; (*nello sci*) (Ski)piste f; ~ **di atterraggio/lancio** (*nel salto con gli sci*), Lande-/Anlaufpiste f; ~ **baby** (*per bambini*), Kinderskipiste f, Übungsbahn m; ~ **battuta/[non battuta]** (*di neve spianata/fresca*), ˪präparierte Piste˩/[Tiefschneepiste f]; ~ **per discesa libera**, Abfahrtspiste f; ~ **verde/blu/rossa/nera**, grüne/blaue/rote/schwarze Piste (*konventionelle Kennzeichnung des zunehmenden Schwierigkeitsgrades einer Skipiste*); (*nello sci di fondo*) Loipe f; (*per slitte*) Schlittenbahn f, Rodelbahn f; (*per bob*) Bobbahn f **5** *aero* Bahn f: ~ **di decollo/decollo/volo**, Lande-/Start-/Flugbahn f; ~ **di rullaggio**, Rollbahn f, Rollfeld n **6** *autom* Strecke f: ~ **di collaudo/prova**, Test-/Versuchsstrecke f **7** (*nella caccia*) (*tracce*) {+CINGHIALE} Fährte f: **i cacciatori seguono la** ~ **del cervo**, die Jäger verfolgen die Fährte des Hirsches **8** *elettr film* (*di registrazione*) Spur f: ~ **magnetica**, (Magnet)spur f; ~ **nastro a due/quattro piste**, zwei-/vierspuriges Band; ~ **sonora** *film*, Tonspur f ● ~**!** (*fate largo!*), Bahn frei!; ~ **da ballo** (*per ballare*), Tanzfläche f; **battere tutte le piste** *fig* (*esaminare tutte le soluzioni possibili*), alle Lösungsmöglichkeiten prüfen, jeder Spur nachgehen, nichts unversucht lassen; ~ **ciclabile** (*parte della strada riservata alle biciclette*), Rad(fahr)weg m; ~ **del circo** (*arena*), Manege f; **essere di nuovo in** ~ *fig region*, wieder am Ball sein *fam*.

pistàcchio Ⓐ <*-chi*> m *bot* (*pianta*) Pistazie f, Pistazienbaum m **2** <*di solito al pl*> (*frutto*) Pistazie(nnuss) f Ⓑ <*inv*> agg {TINTA} pistaziengrün: **una stoffa** ~, ein pistazienfarbener Stoff.

pistàgna f **1** (*striscia di stoffa*) {+CAPPOTTO} Vorstoß m, Paspel f **2** *mil* (*filetto*) {+DIVISA} (Besatz)borte f.

pistillo m *bot* (Blüten)stempel m.

pistoièse Ⓐ agg *von/aus* Pistoia Ⓑ mf (*abitante*) Einwohner(in) m(f) von Pistoia.

pistòla f **1** (*arma da fuoco*) Pistole f: ~ **automatica/semiautomatica**, automatische/halbautomatische Pistole; **estrarre una** ~ **(di) calibro 9**, eine 9-mm-Pistole herausziehen; ~ **a una canna**, Pistole f mit einfachem Lauf; ~ **Flobert**, Flobert(-Pistole) f; **gli puntò la** ~ **addosso**, er/sie richtete die Pistole auf/gegen ihn; ~ **a tamburo (rotante)**, Trommelrevolver m Ⓑ <*->* m *sett fam* (*persona sciocca*) Dummerjan m *fam*, Dummkopf m *spreg*, Blödian m *fam spreg*, Doofkopp m *fam spreg* *nordd* ● ~ **ad acqua** (*giocattolo*), Wasserpistole f; ~ **ad aria compressa**, Luftpistole f; ~ **giocattolo**, Spielzeugpistole f; **stare con la** ~ **alla gola di qu** *fig* (*pretendere molto da qu*), jdm die Pistole auf die Brust setzen *fam*; ~ **lanciarazzi/[da segnalazione]** *alpin mar*, Leuchtpistole f; ~ **mitragliatrice** *mil*, Maschinenpistole f; **stare con la** ~ **puntata** *fig* (*stare in guardia*), auf der Hut sein; ~ **saldatrice** *tecnol*, Schweißpistole f; ~ **scacciacani** (*a salve*), Schreckschusspistole f; ~ **sparachiodi** *edil mar* (*attrezzo*), Bolzenschießgerät n; ~ **a spruzzo** (*spruzzatore di vernici*), Spritzpistole f; ~ **per starter sport**, Startpistole f; ~ **per vaccinazioni** *med*, Impfpistole f.

pistolèro m (*fuorilegge*) {+FILM WESTERN} Revolverheld m, Pistolenheld m.

pistolettàta f (*colpo di pistola*) Pistolenschuss m: **sparare una** ~, einen Pistolenschuss abfeuern.

pistolino <*dim di pistola*> m (*nel linguaggio infantile*) (*pene*) Piephahn m.

pistolòtto m **1** (*rimprovero*) Vorwurf m, Vorhaltung f, Anpfiff m *fam* **2** *scherz* (*discorso retorico*) Predigt f *fam* **3** *teat* (*pezzo declamatorio*) Tirade f.

pistóne m **1** *autom mecc* (Motor)kolben m **2** *mus* {+TROMBA} Ventil n, Piston n.

pita f *gastr* Pita n o f.

Pitàgora m *stor* Pythagoras m.

pitagòrico, (-**a**) <*-ci*, *-che*> Ⓐ agg **1** *filos* (*di Pitagora*) {FILOSOFIA, SCUOLA} pythagoreisch **2** *mat* {EQUAZIONE, NUMERO} pythagoreisch Ⓑ m *filos* (*seguace*) Pythagoreer(in) m(f).

pitagorìsmo m *filos* pythagoreische Lehre.

pitàle m *fam* (*orinale*) Nachttopf m.

pit bull <-, -- -s *pl ingl*> m *ingl zoo* (Pit)bullterrier m.

pit bull terrier <- -, - - -s *pl ingl*> → **pit bull**.

pitcher <*->* m *ingl sport* (*nel baseball*) Pitcher m, Werfer m.

pitecàntropo m *paleont* Pithekanthropus m.

pitoccàre <*pitocco*, *pitocchi*> Ⓐ *itr* (*elemosinare*) betteln Ⓑ *tr* (*chiedere con insistenza*) ~ *qc* {FAVORE} inständig *um etw* (acc) betteln.

pitoccherìa f **1** (*avarizia*) Geiz m, Knaus(e)rigkeit f *fam spreg*, Knick(e)rigkeit f *fam spreg*: **è noto per la sua** ~, er ist für seinen Geiz bekannt **2** (*azione di pitocco*) Knauserei f *fam spreg*, Knickerei f *fam spreg*.

pitòcco, (-**a**) <*-chi*, *-che*> Ⓐ m (f) **1** (*tirchio*) Geizhals m *spreg*, Geizkragen m *fam spreg*, Knauser m *fam spreg*, Knicker m *fam spreg* **2** *spreg* (*accattone*) Bettler(in) m(f): **fare il** ~, betteln Ⓑ agg (*avaro*) {GENTE, VECCHIO} geizig, knaus(e)rig *fam spreg*, knick(e)rig *fam spreg*.

pitóne m **1** *zoo* Python m: ~ **reale/reticolato**, Königs-/Netzpython n **2** (*pelle*) Pythonleder n: **le scarpe sono in/di (pelle di)** ~, die Schuhe sind aus Pythonleder.

pitonéssa f **1** (*pizia*) Pythia f *or b* **2** *scherz* (*cartomante*) Wahrsagerin f.

pit stop <- -, - -s *pl ingl*> *loc sost* m *ingl sport* Pit Stop m.

pittima① f *ornit* Uferschnepfe f.

pittima② f (*persona fastidiosa*) Nervensäge f *fam*, Quälgeist m *fam*: **che** ~, **quella ragazza!**, das Mädchen ˪ist vielleicht eine Nervensäge˩/[geht einem vielleicht auf die Nerven]! *fam*.

pittografìa f (*scrittura primitiva*) Piktographie f, Symbol-, Bilderschrift f.

pittogràfico, (-**a**) <*-ci*, *-che*> agg (*espresso mediante pittografia*) {SIMBOLO} piktographisch; {SCRITTURA} *anche* Symbol-, Bilder-.

pittogràmma <-*i*> m **1** (*segno*) Piktogramm n **2** (*simbolo*) Bildsymbol n.

pittóre, (-**trice**) m (f) **1** (*artista*) (Kunst)maler(in) m(f): ~ **barocco**, Barockmaler m; ~ **cubista/impressionista**, kubistischer/impressionistischer Maler; ~ **fiammingo**, flämischer Maler; ~ **dilettante/professionista**, Hobby-/Berufsmaler m; **fare il** ~ (*di mestiere*), Maler sein; ~ **di natura morte**, Stilllebenmaler m; ~ **di nudi/paesaggi/ritratti**, Akt-/Landschafts-/Porträtmaler m **2** (*decoratore*) Maler(in) m(f), Anstreicher(in) m(f) **3** *fig lett* (*scrittore*) {+SOCIETÀ TEDESCA} genialer Schilderer, geniale Schilderin ● ~ **della domenica** (*che dipinge nel tempo libero per puro svago*), Sonntagsmaler m.

pittorésco, (-**a**) <*-schi*, *-sche*> Ⓐ agg **1** (*suggestivo*) {LUOGO, PAESAGGIO, VEDUTA} pittoresk *forb*, malerisch **2** *fig* (*colorito*) {DESCRIZIONE} farbig, lebhaft; {LOCUZIONE, STILE} malerisch, ausdrucksvoll Ⓑ m <*solo sing*> (*qualità*) Pittoreske n *decl come agg forb*: **amare/ricercare il** ~, das Pittoreske lieben/suchen *forb*.

pittoricìsmo m *arte film lett mus* (*ricerca di effetti pittorici*) Bravourmalerei f, koloristische Malerei: **il** ~ **veneziano del cinquecento**, die Venezianische Mal(er)schule des 16. Jahrhunderts.

pittòrico, (-**a**) <*-ci*, *-che*> agg **1** (*di pittura*) {CORRENTE, SCUOLA, STILE} Mal-; {TALENTO} *anche* malerisch **2** *fig arte film lett mus* {EFFETTO} malerisch.

pittrice f → **pittore**.

pittùra f **1** (*arte*) {ASTRATTA, POMPEIANA} Malerei f: ~ **metafisica**, Pittura metafisica f **2** (*tecnica*) Malerei f, Maltechnik f: ~ **ad acquarello**, Aquarellmalerei f; ~ **a encausto/fresco/olio/tempera**, Wachs-/Fresko-/Öl-

/Temperamalerei f; **~ su ceramica/legno/ vetro/tavola/tela**, Keramik-/Holz-/Glas-/Tafel-/Leinwandmalerei f; **~ a chiaroscuro**, Helldunkelmalerei f, Chiaroscuro n; **~ di genere**, Genremalerei f; **~ murale**, Wandmalerei f; **~ rupestre**, Höhlen-, Felsmalerei f **3** (*attività*) Malerei f: **dedicarsi alla ~**, sich der Malerei widmen; **insegnare/studiare ~**, Malerei ⌊unterrichten/lehren⌋/[studieren] **4** (*dipinto*) Bild n, Gemälde n: **una ~ cinquecentesca**, ein Gemälde aus dem sechzehnten Jahrhundert **5** (*insieme di opere*) malerisches Gesamtwerk: **la ~ del Tintoretto**, das Gesamtwerk Tintorettos **6** (*scuola*) Mal(er)schule f: **la ~ senese del Duecento**, die Mal(er)schule von Siena des dreizehnten Jahrhunderts **7** *fig lett* (*rappresentazione*) Schilderung f, Darstellung f: **~ di ambiente/carattere**, Milieuschilderung f/Charakterstellung f **8** *fam* (*vernice*) Farbe f: **~** ⌊**ad acqua**⌋/[**antiruggine**], Wasser-/Rostschutzfarbe f; **~ antivegetativa**, fäulnis-, anwuchsverhindernde Anstrichfarbe, Fäulnisschutzanstrich m; **dare una mano di ~ opaca/lucida al portone**, das Tor mit Matt-/Glanzlack anstreichen **9** fam (*pittura*) {+CANCELLO, IMBARCAZIONE} Anstrich m: **fare/rifare la ~ di una stanza**, ein Zimmer anstreichen/[neu (an)streichen] **10** *fam* (*belletto*) Schminke f • **~ corporale**/[**del corpo**] *etnol*, Körperbemalung f; **~ fresca!**, frisch gestrichen!; *sembrare* **una ~** (*rif. a cosa particolarmente bella*), wie gemalt sein; **questo paesaggio sembra una ~**, diese Landschaft sieht aus wie gemalt.

pitturàre **A** tr **1** (*verniciare*) **~ qc** {MURO} etw (an)|streichen; **~ qc di qc** {CANCELLO DI NERO} etw mit etw (dat) streichen **2** (*decorare*) **~ qc** {SOFFITTO} etw bemalen **3** *rar* (*dipingere*) **~ qc** {QUADRO} etw malen **4** *fam* (*truccare*) **~ qc** {OCCHI} etw schminken **B** rfl ind intr *fam*: **pitturarsi** (*qc*) {LABBRA} sich (dat) etw schminken, sich (dat) etw an|malen *fam*.

pituitàrio, (-a) <-ri m> agg *anat* {MEMBRANA} Schleim-.

più <compar *di molto*> **A** avv **1** (*in maggior quantità, misura, grado*) mehr: **guadagna più di me**, er/sie verdient mehr als ich; **mi piacerebbe viaggiare di più**, ich würde gern mehr/öfter reisen **2** (*più a lungo*) länger: **dormi di più**, du schläfst länger/mehr; **si è fermato più del solito**, er ist länger als gewöhnlich geblieben **3** (*maggiormente*) mehr denn je, am meisten: **li ha lasciati quando più avevano bisogno del padre**, der Vater hat sie verlassen, als sie ihn mehr denn je brauchten; **è il genere di musica che più ascolto**, diese Art Musik höre ich am meisten **4** (*in frasi comparative*) **più ... di**: **Maria è più alta di sua sorella**, Maria ist größer als ihre Schwester; **Luisa guida più piano di me**, Luisa fährt langsamer als ich; (*con il secondo termine sottinteso*): **quest'anno l'inverno è più freddo**, der Winter ist dieses Jahr kälter als der vorige; **negli ultimi tempi vado più spesso al cinema**, in letzter Zeit gehe ich häufiger ins Kino **5** (*in frasi superlative*): **la camicia bianca mi piace più di tutte**, das weiße Hemd gefällt mir am besten (von allen); **è il libro più bello che abbia mai letto**, das ist das schönste Buch, das ich je gelesen habe; **è il più vecchio**, er ist der älteste/[am ältesten] **6** (*piuttosto*) **più ... che**..., eher ... als, mehr ... als: **è più affascinante che bello**, er ist nicht eigentlich schön, aber er hat was *fam*; **più che coraggio è incoscienza**, das ist nicht mutig, sondern vielmehr leichtsinnig **7** (*in correlazione*) **più ... più/meno** ..., je ..., desto/umso ...: **più lo conosco, più lo trovo simpatico**, je besser ich ihn kennen lerne, desto sympathischer finde ich ihn; **più bevi, più hai sete**, je mehr du trinkst, umso durstiger wirst du; **più lo sgridi, meno ti ascolta**, je mehr du ihn ausschimpfst, desto weniger hört er auf dich **8** (*in frasi negative*) (*oltre*) mehr, wieder: **non farlo mai più!**, tu das nie wieder!; **non ne posso più**, ich kann nicht mehr; **non lo posso più sopportare**, ich kann ihn/es nicht mehr ertragen; **non voglio più parlargli**, ich will nicht mehr mit ihm sprechen **9** (*in espressioni assertive*): **più che giusto!**, absolut richtig!; **ti sei comportato più che correttamente!**, du hast dich vollkommen korrekt verhalten! **10** (*indica aggiunta*) und: **pesa tre kili più due etti**, er/sie/es wiegt drei Kilo und 200 Gramm **11** *chim fis* plus **12** *mat* plus, und: **sei più due fa otto**, sechs plus/und zwei ist acht **13** *meteo* plus, über null: **più tre**, 3 Grad über null, plus 3 Grad **14** *scuola* plus: **ho preso sei più nel compito di latino**, ich habe eine Vier plus in der Lateinarbeit bekommen **B** <inv> agg **1** (*maggiore*) mehr: **devi fare più esercizio se vuoi migliorare**, du musst mehr üben, wenn du dich verbessern willst **2** (*in maggiore quantità*) mehr: **più persone vengono e meglio è**, je mehr Leute kommen, umso besser (ist es) **3** <solo pl> (*parecchi*) einige, mehrere: **ho lavorato più mesi in quella ditta**, ich habe mehrere Monate bei dieser Firma gearbeitet **C** <-> m **1** (*massimo*) Höchste n decl come agg, Maximum n: **questo è il più che si possa fare**, mehr als das ⌊geht nicht⌋/[lässt sich nicht machen]/[ist nicht drin *fam*] **2** (*maggior parte*) größter Teil, Großteil m: **esce con gli amici il più delle sere**, ⌊den Großteil der Abende⌋/[an den meisten Abenden] geht er/sie mit Freunden aus; **il più delle volte arriva in ritardo**, meistens kommt er/sie zu spät **3** (*cosa più importante*) Hauptsache f, Wichtigste n decl come agg: **il più è aiutarlo a superare la malattia**, Hauptsache ist jetzt, ihm dabei zu helfen, mit der Krankheit fertig zu werden **4** <solo pl> (*la maggioranza*) Mehrheit f: **i più hanno votato a favore della legge**, die Mehrheit hat für das Gesetz gestimmt **5** *mat* Pluszeichen n **D** prep (*oltre a*) und außerdem (noch): **inviteremo tutti i parenti più alcuni amici**, wir laden alle Verwandten und außerdem einige Freunde ein • **al più** (*al massimo*), höchstens; **al più perderai la coincidenza**, du verpasst höchstens den Anschluss; **più che altro** (*soprattutto*), vor allem; **più che altro è distratta**, sie ist vor allem zerstreut; **più avanti/indietro**, weiter vorne/hinten; **chi più ne ha più ne metta**, und so weiter und so fort; **che più?** *lett* (*non occorre aggiungere altro*), was noch/weiter/[sonst noch]?; **più di così**, mehr als das; **di più**, mehr; **di più non si può**, mehr als das ⌊geht nicht⌋/[ist nicht drin *fam*]; **di/in più** (*in eccesso*), zu viel; **mi ha dato due dépliant in più**, er/sie hat mir zwei Prospekte zu viel gegeben; **il di più** (*il superfluo*), das Überflüssige; **e più**, und mehr; **ho aspettato un mese e più**, ich habe ⌊einen Monat und mehr⌋/[über einen Monat] gewartet; **non è più** (*è morto*), er ist nicht mehr *eufem obs*; **essere da più** (*essere superiore*), überlegen sein; **più giù/su**, weiter unten/oben; **in più** (*inoltre*), darüber hinaus, außerdem; **più che mai**, mehr denn je; **è un tema più che mai attuale**, das Thema ist aktueller denn je; **più o meno** (*all'incirca*), mehr oder weniger, ungefähr; **starò via più o meno due settimane**, ich werde ungefähr zwei Wochen weg sein; **chi più chi meno** (*tutti ma in misura diversa*), der eine mehr, der andere weniger; **né più né meno** (*proprio*), nicht mehr und nicht weniger, genau; **parlare del più e del meno** *fig* (*di argomenti poco importanti*), über ⌊dieses und jenes⌋/[alles Mögliche] reden; **molto più** (*rafforzativo*), viel, wesentlich; **la conferenza era molto più interessante della precedente**, der Vortrag war wesentlich interessanter als der vorhergehende; **Paola è molto più che un'amica**, Paola ist viel mehr als eine Freundin; **niente di più**, nichts (weiter); **non c'è niente di più noioso che sentirlo parlare**, es gibt nichts Langweiligeres, als ihm zuzuhören; **non ... più** (*non oltre*), nicht mehr; **tra non più di un mese**, in spätestens einem Monat, in nicht mehr als einem Monat; **se non (di) più**, wenn nicht (noch) mehr; **o più**, oder mehr; **c'erano mille o più persone allo spettacolo**, es waren tausend oder mehr Leute in der Vorstellung; **per di più** (*per giunta*), obendrein, darüber hinaus; **per lo più** (*di solito*), meistens, normalerweise, gewöhnlich; **poco più**, etwas mehr; **poco più, poco meno**, mehr oder weniger; **il più possibile**, so viel wie möglich; **a più non posso** *fam* (*quanto più è possibile*), mit aller Kraft, was das Zeug hält *fam*, wie verrückt *fam*; **beve a più non posso**, er/sie trinkt, was das Zeug hält *fam*; **al più presto**, so schnell/bald wie möglich; **tuo figlio si fa sempre più alto**, dein Sohn wird immer größer; **tanto più** (*a maggior ragione*), umso mehr; **al più tardi**, spätestens; **tutt'al più** (*al massimo*), allerhöchstens, maximal; **più di tutto** (*soprattutto*), vor allem; **uno più uno meno** (*circa*), ungefähr, plus/minus eins, einer mehr, einer weniger; **alla festa ci saranno 40 invitati, uno più uno meno**, bei der Feier werden ⌊plus/minus *fam*⌋/[ungefähr] 40 geladene Gäste sein; **chi più ha più vuole** *prov*, wer viel hat, will noch mehr *prov*.

piuccheperfètto m *gramm* Plusquamperfekt n, Vorvergangenheit f.

piùma A f **1** (*penna*) (Flaum)feder f: **~ d'oca/di struzzo**, Gänse-/Straußenfeder f **2** (*per imbottiture*) Feder f, Daune f: **cuscino di piume**, Feder-/Daunenkissen n **3** (*piumaggio*) Gefieder n, Federn f pl **4** (*ornamento*) (Schmuck)feder f: **un cappellino ornato di ~**, ein mit Federn geschmückter Hut, ein Federhut **5** *poet* (*peluria*) Flaum m **B** <-> m *sport* (*nel pugilato*) Federgewicht n • **essere leggero come una**⌋/[**essere una**] **~** (*leggerissimo*), federleicht sein.

piumàggio <-gi> m (*insieme di penne*) {+TORDO} Gefieder n, Federkleid n *forb*: **~ adulto/giovanile**, Gefieder n von alten/jungen Vögeln.

piumàto, (-a) agg (*adorno di piume*) {CAPPELLO} gefedert, Feder-.

piumétta <dim *di* piuma> f **1** (*piccola piuma*) kleine Feder, Federchen n **2** *bot* Plumula f, Sprossknospe f.

piumìno m **1** *zoo* Flaumfeder f, Flaum m **2** (*nella moda*) Daunenjacke f: **~ da sci**, Daunenskijacke f **3** (*per la cipria*) Puderquaste f **4** (*coperta*) Federbett n, Daunendecke f **5** (*per spolverare*) Staubwedel m **6** (*proiettile*) Schießbolzen m **7** *bot* Hasenschwanzgras n, Lagurus n.

piumóne m **1** (*coperta*): Piumone®, (Daunen)steppdecke f, Federbett n **2** (*nella moda*) (*giaccone*) Daunenjacke f.

piumóso, (-a) agg **1** (*coperto di piume*) gefiedert, Feder- **2** *fig* (*soffice*) {NUVOLA} weich, leicht **3** *bot* {FIORE} flaumig.

piumòtto m (*giaccone*) Daunenjacke f.

piuttòsto A avv **1** (*preferibilmente*) eher, lieber: **telefoni ~ di sera**, rufen Sie lieber/besser abends an; **vorrei bere ~ qualcosa di fresco**, ich möchte lieber etwas Frisches trinken **2** (*abbastanza*) ziemlich, relativ: **fa

~ freddo, es ist ziemlich kalt; **sono ~ preoccupata per la sua salute**, ich mache mir ziemliche Sorgen um seine/ihre Gesundheit; **è un ragazzo ~ pigro**, der Junge ist ziemlich faul; **un testo ~ difficile**, ein relativ schwieriger Text **3** (*più*) eher, vielmehr: **è ~ una questione di principio**, das/es ist eher eine Prinzipienfrage/Grundsatzfrage/[Frage des Prinzips] **4** (*maggiormente*) lieber: **ama ~ il tennis che il calcio**, er/sie mag Tennis lieber als Fußball **5** (*più esattamente*): **o ~**, besser, vielmehr; **ti telefono domani mattina o ~ a mezzogiorno**, ich rufe dich morgen früh an, oder besser mittags **6** (*invece*) anstatt, vielmehr: **non stare lì a perdere tempo, ~ aiutami a preparare la cena!**, steh nicht so rum, hilf mir lieber/vielmehr, das Abendessen vorzubereiten; hilf mir, das Abendessen vorzubereiten, statt nur so rumzustehen! **7** (*indica un cambiamento di discorso*) übrigens, im Übrigen: **~, dove trascorrerete le vacanze?**, übrigens, wo verbringt ihr die Ferien? **8** (*con ellissi del verbo*) lieber: **~ la morte!**, dann lieber den Tod! **B** *nella loc cong* **1** (*anziché*): **~ che ... inf**, (an)statt zu ... *inf*; (an)statt dass ... *ind*; lieber ... als (dass) ... *ind*: **preferisco andare a lavorare ~ che continuare gli studi**, lieber gehe ich arbeiten, (an)statt weiterzustudieren; **preferisco morire ~ che ...**, lieber sterbe ich, als dass ich ... **2** (*pur di non*): **~ che/di ... inf**, lieber ... *ind*, als (dass) ... *ind*: **tutto, ~ che dargli ragione!**, ich würde mir eher/lieber die Zunge abbeißen, als ihm Recht zu geben!; **~ di arrivare in ritardo prendi un taxi**, nimm lieber ein Taxi, als dass du zu spät kommst.

piva *f mus* Dudelsack m ● **avere la ~** (*essere imbronciati*), schmollen; **tornare con le pive nel sacco** *fig fam* (*riportare un insuccesso*), ₁unverrichteter Dinge₁/[mit eingezogenem Schwanz] zurückkehren.

pivèllo, (-a) m (f) *fam* (*giovane inesperto*) Neuling m, Grünschnabel m *fam*: **ma cosa vuoi saperne tu? Sei ancora un ~!**, was willst du schon wissen, du Grünschnabel! *fam*.

piviale *m relig* Pluviale n, Chormantel m.
pivière f *ornit* Regenpfeifer m.
pivot <-> m *franc sport* (*nella pallacanestro*) Pivot(spieler) m.
pixel <-> m *ingl inform* Pixel n.
pizia f *mitol* Pythia f.
pizza f **1** *gastr* Pizza f: **andiamo a mangiare la ~**, gehen wir Pizza essen; **~ capricciosa**, Pizza capricciosa f (*mit verschiedenen Zutaten*); **~ ai funghi**, Pizza f mit Pilzen; **~ margherita**, Pizza Margherita f (*mit Mozzarella und Tomaten*); **~ quattro stagioni**, Pizza f vier Jahreszeiten (*mit gekochtem Schinken, Sardellen, Käse und Pilzen*); *region* (*focaccia*) {DOLCE, SALATA} (Brot)fladen m, Pizza f; **~ bianca**, (Öl)focaccia f, Hefeteigfladen m; **~ rossa**, Pizza f mit Tomatensoße/Tomatenbelag **2** *fig* (*persona noiosa*) Langweiler(in) m(f) *fam spreg*, Tranfunzel f *fam spreg*: **che ~, questo professore!**, dieser Lehrer/Professor ist vielleicht ein Langweiler! *fam spreg*; (*cosa noiosa*) langweilige Sache; **il film era una vera ~!**, der Film war ₁stinklangweilig *fam*₁/[total öde *slang*] **3** *film slang* (*scatola*) Filmdose f; (*pellicola*) Film m ● **da asporto** (*da portare via*), Pizza f zum Mitnehmen; **~ connection** (*organizzazione mafiosa*), Pizza Connection f (*Mafiaorganisation*); **~ al metro/taglio** (*venduta in porzioni rettangolari*), Pizza f am Stück.

pizzaiòlo, (-a) **A** m (f) **1** (*chi fa le pizze*) Pizzabäcker(in) m(f) **2** (*gestore di pizzeria*) Inhaber(in) m(f) einer Pizzeria **B** *loc avv gastr*: **alla pizzaiola**, {CARNE} "mit Tomaten,

Knoblauch und Oregano".
pizzàrda f *region ornit* **1** (*beccaccia*) Waldschnepfe f **2** (*frullino*) Zwergschnepfe f.
pizzardóne m *rom scherz* (*vigile*) Schutzmann m.
pizzerìa f (*locale*) Pizzeria f, Pizzabäckerei f: **andare in ~**, in eine Pizzeria gehen.
pizzétta <dim di pizza> f *gastr* Pizza-Snack m, Pizza-Stück n.
pizzétto <dim di pizzo> m (*barba appuntita*) Spitz-, Kinnbart m: **portare il ~**, einen Spitzbart tragen.
pizzicàgnolo, (-a) m (f) (*negoziante*) Wurst- und Käsehändler(in) m(f).
pizzicaménto m **1** (*in massoterapia*) (*tecnica*) Massagebehandlung f, Massagetechnik f **2** *mus* Zupfen n.
pizzicàre <*pizzico, pizzichi*> **A** *tr* **1** (*dare pizzicotti*) **~ qu** jdn kneifen, jdn zwicken: **smettila di ~ tuo fratello, gli fai male!**, hör auf, deinen Bruder zu zwicken, du tust ihm weh!; **~ qc a qu** *jdn/jdm in etw* (*acc*) kneifen, *jdn/jdm in etw* (*acc*) zwicken: **mi ha pizzicato il braccio**, er/sie hat mich/mir in den Arm gekniffen **2** (*pungere*) **~ (qu)** {RAGNO, VESPA} jdn stechen; das sticht **3** (*bruciare*) (*qc*) {SALSA LA LINGUA} (*auf etw dat*) brennen **4** (*far prudere*) **~** (*qc*) {STOFFA LA PELLE} (*auf etw dat*) jucken **5** *fig* (*punzecchiare*) **~ qu** (*gegen jdn*) sticheln *spreg*: **lo pizzicò tutta la sera con battute sarcastiche**, er/sie stichelte den ganzen Abend mit sarkastischen Bemerkungen gegen ihn *spreg* **6** *fig fam* (*cogliere in fallo*) **~ qu** jdn (auf frischer Tat) ertappen: **l'hanno pizzicato mentre svaligiava un appartamento**, sie haben ihn ertappt, während er eine Wohnung ausraubte **7** *fig fam* (*arrestare*) **~ qu** {POLIZIA LADRO} jdn fest|nehmen, jdn verhaften **8** *mus* **~ qc** {CHITARRA, VIOLINO} *etw* zupfen **B** *itr* **1** (*prudere*) {OCCHI} jucken, kribbeln, prickeln: **mi pizzica la pelle**, meine Haut juckt; **mi pizzicano le orecchie per il freddo**, meine Ohren prickeln vor Kälte **2** (*essere piccante*) {FORMAGGIO} scharf (gewürzt) sein **C** *rfl rec*: **pizzicarsi 1** (*darsi dei pizzicotti*) {BAMBINI} sich kneifen **2** *fig* (*battibeccarsi*) sich zanken ● **sentirsi ~ le mani** *fig* (*aver voglia di picchiare qu*), es in den Fingern jucken fühlen.
pizzicàta f **1** (*pizzico*) Bisschen n, ein bisschen/wenig, etwas: **dare una ~ a qu**, jdm ein bisschen abgeben **2** *mus* (*tocco*) Zupfen n.
pizzicàto, (-a) *mus* **A** *agg* {CHITARRA} gezupft, pizzicato: **strumenti a corde pizzicate**, Zupfinstrumente n pl **B** m (*tecnica*) Pizzikato n.
pizzicherìa f (*negozio di alimentari*) Wurst- und Käsegeschäft n.
pizzichìno, (-a) agg *fam* **1** (*piccante*) {FORMAGGIO} scharf (gewürzt) **2** (*frizzante*) {ACQUA} prickelnd.
pizzico <-chi> m **1** (*pizzicotto*) Kniff m: **gli ho dato un ~ sul braccio**, ich habe ihn/ihm in den Arm gekniffen; (*segno lasciato*) Mal n (*eines Kniffes*) **2** (*presa*) Prise f: **un ~ di origano/tabacco**, eine Prise Origano/Tabak **3** (*un poco*) Bisschen n, ein bisschen/wenig, etwas: **un ~ di farina/parmigiano**, ein bisschen Mehl/Parmesan **4** *fig fam* (*briciolo*) Schuss m, Funke m, Spur f: **un ~ di buon senso/fortuna/ironia**, ₁ein Schuss gesunden Menschenverstands₁/[ein klein wenig Glück]/[ein Schuss Ironie] **5** *fam* (*puntura*) {+VESPA, ZANZARA} (Insekten)stich m ● **non avere un ~ di sale in zucca** *fig* (*essere privo di intelligenza*), ₁keinen Funken₁/[nicht für fünf Pfennig] Verstand haben *fam*.

pizzicóre m **1** (*prurito*) Jucken n, Kribbeln n, Juckreiz m: **che ~!**, was juckt das!; **sento un ~ alle gambe**, ich spüre ein Kribbeln in den Beinen, mir/mich kribbelt es in den Beinen **2** (*bruciore*) Brennen n: **avere un ~ in gola**, ein Brennen im Hals haben; **quella salsa mi ha lasciato un ~ sulla lingua**, diese Soße hat mir auf der Zunge gebrannt **3** *fig fam* (*smania*) Lust f, Laune f, Bock m *slang*: **gli è venuto il ~ di viaggiare**, er hat Lust/Bock *slang* zum Reisen bekommen ● **avere/sentire il ~ alle mani** *fig* (*aver voglia di dare botte a qu*), es in den Fingern jucken fühlen.
pizzicorìno <dim di pizzicore> m **1** leichtes Jucken/Kribbeln, leichter Juckreiz **2** *fig fam* (*smania*) Lust f, Laune f.
pizzicottàre *tr fam* (*dare pizzicotti*) **~ qu** jdn kneifen, jdn zwicken; **~ qc a qu** *jdn/jdm in etw* (*acc*) kneifen, *jdn/jdm in etw* (*acc*) zwicken: **gli pizzicotta sempre le guance**, er/sie kneift ihn/ihm immer in die Backen.
pizzicòtto m Kneifen n, Kniff m, Zwicken n: **dare un ~ a qu sul braccio**, jdn/jdm in den Arm kneifen/zwicken.
pizzìno m (*nel gergo della mafia*) "Mitteilung f an Mafiosi auf einem Zettel".
pìzzo m **1** (*merletto*) Spitze f: **abito da sposa di/in ~**, Spitzenbrautkleid **2** (*barba*) Spitz-, Kinnbart m: **portare il ~**, einen Spitzbart tragen; **si è lasciato crescere il ~**, er hat sich (*dat*) einen Spitzbart wachsen lassen **3** *region* (*punta*) {+FAZZOLETTO, TOVAGLIA} Zipfel m **4** *region* (*picco*) Bergspitze f **5** *merid slang* (*tangente*) Schutzgeld m: **chiedere/pagare il ~**, Schutzgeld verlangen/bezahlen.
pizzóso, (-a) agg *fam* (*noioso*) {FILM, LIBRO, PERSONA} unerträglich, todlangweilig.
placàre <*placo, plachi*> *forb* **A** *tr* **1** (*calmare*) **~ qu** jdn beruhigen: **non riuscivamo a placarlo**, es gelang uns nicht, ihn zu beruhigen **2** (*mitigare*) **~ qc** {FURORE, IRA, SDEGNO} *etw* besänftigen **3** (*saziare*) **~ qc** {FAME, SETE} *etw* stillen **B** *itr pron*: **placarsi 1** (*tornare calmo*) {MARE} sich beruhigen; {TEMPESTA, VENTO} sich legen **2** *fig* (*estinguersi*) {PASSIONE} vergehen, erlöschen *forb* **3** *fig* (*mitigarsi*) {DOLORE} nach|lassen **C** *rfl* (*tranquillizzarsi*): **placarsi** {PERSONA} sich beruhigen: **la sua collera si è placata**, sein/ihr Zorn hat sich gelegt.
plàcca <-che> f **1** (*lamina*) Platte f: **coprire qc con una ~**, etw mit einer Platte ab-/bedecken **2** (*targa*) Plakette f, Schild n, Marke f: **il nome dell'ufficio è inciso sulla ~**, der Name des Büros steht auf dem Schild **3** *alpin* Platte f: **parete a placche**, Felswand f mit Platten **4** *biol* Platte f: **~ motrice/striata**, Nervenendplatte f **5** *elettr* Platte f, Anode f: **~ di accumulatore/condensatore**, Akkumulator(en)-/Kondensator(en)platte f; **~ di deflessione**, Ablenkplatte f **6** *geol* Platte f, Sockel m: **~ litosferica**, Lithosphäre f; **tettonica a placche**, Plattentektonik f **7** *med* Fleck m, Belag m: **avere le placche in gola**, einen belegten Hals haben ● **~ batterica/dentaria** *med*, Zahnbelag m, Plaque f *scient*.
placcàggio <-gi> m *sport* (*nel rugby*) (*bloccaggio*) Festhalte-, Stoppgriff m.
placcàre <*placco, placchi*> *tr* **1** (*rivestire in oro*) **~ qc** {OROLOGIO, POSATE, VASSOIO} *etw* vergolden; (*in argento*) **~ qc** *etw* versilbern; **~ qc** (*di qc*) {TUBO DI METALLO DI RAME} *etw* (*mit etw dat*) überziehen, *etw* plattieren, *etw* dublieren **2** *sport* (*nel rugby*) (*bloccare*) **~ qu** {AVVERSARIO} jdn fassen, jdn fest|halten, jdn stoppen.
placcatùra f **1** (*operazione*) {+METALLO} Plattierung f, Dublierung f; {+LEGNAME} Fur-

nierung f 2 (*rivestimento*) Überzug m: ~ **in argento/oro**, Silber-/Goldplattierung f.

placchètta <dim *di* placca> f 1 {+OCCHIALI} Pad(steg) m 2 *arte* (*bassorilievo*) Plakette f 3 *tip* Broschüre f.

placèbo *farm* A <-> m Placebo n B <inv> agg {EFFETTO} Placebo-.

placènta f 1 *anat* Mutterkuchen m, Plazenta f *scient*; (*nel parto*) Nachgeburt f: ~ **previa**, vorliegende Plazenta *scient* 2 *bot* (*parete*) {+OVARIO} Plazenta f.

placentàre agg *anat bot* (*della placenta*) plazentar *scient*, Plazenta- *scient*.

Placentàti m pl *zoo* (*mammiferi*) Plazentatiere n pl, Plazentalier m pl.

placentazióne f *anat bot* Plazentation f *scient*.

plàcet <-> m *lat anche dir* (*consenso*) Plazet n *forb*, Zustimmung f: **chiedere il ~**, jds Plazet einholen, um jds Plazet bitten *forb*; **ottenere il ~**, jds Plazet erhalten *forb*; **dare il ~ a qu**, sein Plazet *zu etw* (dat)/*für etw* (acc) geben *forb*.

placidaménte *avv* (*tranquillamente*) ruhig: **se ne stava ~ sdraiata sull'erba**, sie lag ruhig auf der Wiese.

placidità <-> f 1 (*tranquillità*) Ruhe f, Stille f: ~ **d'animo/di carattere**, Seelenruhe f/[ruhiges Wesen] 2 (*quiete*) {+FIUME, LAGO} Stille f.

plàcido, (-a) agg 1 (*calmo*) {INDOLE} ruhig, still: **un bambino ~**, ein ruhiges Kind 2 (*non turbato*) {ESPRESSIONE} ruhig 3 (*non tempestoso*) {MARE, NOTTE} ruhig.

plàcito m *stor* (*sentenza*) Urteil n.

plaf, plaff, plàffete A inter *onomatopeica* krach!, bum(s)!, plumps! B <-> m (*tonfo*) Plumps m.

plafond <-> m *franc* 1 *fig* (*limite massimo*) {+ATLETA} Gipfelpunkt m, Höchstgrenze f: ~ **della forma**, Höchstform f 2 *fig* (*livello di valutazione*) {+QUADRO} Obergrenze f des Verhandlungsspielraums 3 *aero* Gipfelhöhe f 4 *banca econ* Plafond(höhe f) m.

plafonièra f (*lampadario*) Deckenlampe f, Deckenleuchte f.

plàga <-ghe> f *lett* (*territorio*) Gebiet n, Territorium n.

plagiàre <*plagio, plagi*> tr 1 (*copiare*) ~ **qu/qc** {ARTISTA, QUADRO DI PICASSO, TEORIA} *etw* plagiieren *forb* 2 (*assoggettare*) ~ **qu/qc** {MASSA} jdn/*etw* gefügig/hörig machen; {VECCHIO} jdn ein|wickeln *fam*; ~ **qu con qc** {TELESPETTATORE CON LA PUBBLICITÀ} jdn durch *etw* (acc) ein|wickeln *fam*, jdn durch *etw* (acc) beeinflussen.

plagiàrio, (-a) <-ri m> A agg (*che compie plagio*) {PITTORE} plagiatorisch *forb*, Plagiat begehend *forb* B m (f) (*reo di plagio*) Plagiator(in) m(f) *forb*.

plagiatóre, (-trice) A agg Plagiats- B m (f) Plagiator(in) m(f).

plàgio <-gi> m 1 (*imitazione*) {ARTISTICO, LETTERARIO} Plagiat n *forb*; (*scritto*) Plagiat n *forb*: **questa poesia è un ~**, dieses Gedicht ist ein Plagiat *forb* 2 (*assoggettamento*) Gefügig-, Hörigmachen n.

plaid <-> m *ingl* (*coperta*) Plaid n *o* m, Reisedecke f.

planàre[①] agg *scient tecnol* (*di forma piana*) eben, flach.

planàre[②] itr ~ (+ **compl di luogo**) 1 (*volare*) {GABBIANO SULL'ACQUA} (*irgendwo*) gleiten 2 (*cadere dall'alto*) {FOGLIA} (*irgendwoher*) fallen 3 *aero* (*irgendwo*) nieder|gehen, (*irgendwohin*) gleiten: **il velivolo sta planando sul mare**, das Flugzeug geht gerade auf dem Meer nieder 4 *mar* {IMBARCAZIONE}

über etw (acc) gleiten.

planàta f 1 *aero* Gleitflug m 2 *mar* Gleiten n.

plància <-ce> f 1 *mar* (*ponte di comando*) (Kommando)brücke f: **stare in ~**, auf der Kommandobrücke sein; (*passerella*) (Lauf)steg m 2 *autom* Armaturenbrett n ● ~ **strumenti** *mar*, Armaturen-, Instrumentenbrett n.

plàncton <-> m *biol* Plankton n.

planctònico, (-a) <-ci, -che> agg *biol* {ORGANISMO, VITA} planktonisch.

planetàrio, (-a) <-ri m> A agg 1 *astr* {MOTO, SISTEMA} planetar(isch), Planeten- 2 *fis mecc* {ROTISMO} Planeten-, Umlauf- 3 *fig* (*mondiale*) {INVENZIONE, POLITICA} planetarisch, die ganze Welt betreffend B m 1 *astr* Planetarium n 2 *autom mecc* Planetengetriebe n.

planetologìa f *astr* Planetologie f.

planimetrìa f 1 *topogr* Flächenmessung f; (*pianta*) {+TERRENO} (Lage)plan m; {+EDIFICIO} Grundriss m, Plan m 2 *mat* (*in geometria*) Planimetrie f, ebene Geometrie f.

planimètrico, (-a) <-ci, -che> agg *topogr* {DISEGNO, RILIEVO} planimetrisch.

planimetro m *topogr* (*strumento*) Planimeter n, Flächenmesser m.

planisfèro m 1 *astr*: ~ **celeste**, Himmels-, Sternkarte f 2 *geog*: ~ **terrestre**, Planisphäre f, Erdflächenkarte f.

plànkton → **plancton**.

planning <-> m *ingl anche econ* (*pianificazione*) Planung f: ~ **familiare**, Familienplanung f.

plantàre A agg *anat* {ARCATA, ARTERIA} Fußsohlen-, plantar *scient* B m *med* (*protesi*) orthopädische (Schuh)einlage, Fußstütze f: **portare/usare il ~**, (orthopädische) Einlagen tragen.

plantìgrado, (-a) *zoo* A agg: **animale ~**, Sohlengänger m B m 1 Sohlengänger m: **i plantigradi**, die Sohlengänger 2 *fig spreg* (*chi è lento*) träger Mensch.

plàntula f *bot* Keimling m, Sämling m.

plàsma <-i> m 1 *anat biol* Plasma n; Protoplasma n 2 *fis* (*gas ionizzato*) Plasma n 3 *min* Plasma n, lauchgrüne Chalzedonvarietät.

plasmàbile agg 1 (*modellabile*) {MATERIA} formbar, gestaltbar 2 *fig* (*malleabile*) {INDOLE} präg-, formbar, bildsam *forb*.

plasmabilità <-> f 1 (*malleabilità*) {+CRETA} Formbarkeit f, Gestaltbarkeit f 2 *fig* {+CARATTERE} Präg-, Formbarkeit f, Bildsamkeit f *forb*.

plasmàre tr 1 (*modellare*) ~ **qc** {ARGILLA, CERA} *etw* modellieren, *etw* formen 2 *fig* (*formare*) ~ **qu/qc** {GIOVANE, CARATTERE} jdn/*etw* prägen, jdn/*etw* formen, jdn/*etw* bilden 3 *relig* ~ **qu** {DIO L'UOMO} jdn erschaffen.

plasmàtico, (-a) <-ci, -che> agg *biol* {VOLUME} plasmatisch.

plasmòdio <-di> m 1 *biol bot* Plasmodium n 2 *zoo* Plasmodium n, Sporentierchen n: ~ **della malaria**, Malariaerreger m, Plasmodium n.

plàstica <-che> f 1 (*materiale*) Plastik n, Kunststoff m: **sacchetto di ~**, Plastiktüte f, Plastikbeutel m; **sedia di ~**, Plastikstuhl m 2 *arte* Plastik f, Bildhauerkunst f 3 *geog* Relief n 4 *med* Plastik f: ~ **del naso/seno**, Nasenplastik f *scient*/Mammoplastik f *scient*, Nasen-/Busenkorrektur f; **si è fatta fare una ~ facciale**, sie hat sich (dat) eine Gesichtsplastik *scient* machen lassen.

plasticìsmo m 1 *arte* Plastizität f 2 *fig lett* (*espressività*) {+PERSONAGGIO} Ausdrucks-

stärke f, Expressivität f *forb*.

plasticità <-> f 1 (*duttilità*) {+ARGILLA} Plastizität f, Formbarkeit f 2 *fig lett* (*espressività*) {+TESTO} Anschaulichkeit f, Plastizität f, Expressivität f *forb* 3 *arte* {+SCULTURA} Plastizität f 4 *psic* Anpassungsfähigkeit f ● ~ **del terreno** *agr*, Bodenplastizität f.

plàstico, (-a) <-ci, -che> A agg 1 (*malleabile*) {ARGILLA} plastisch, formbar, modellierfähig 2 (*di plastica*) {RIVESTIMENTO} Plastik-, aus Plastik 3 {ESPLOSIVO} Plastik- 4 *fig lett* (*icastico*) {DESCRIZIONE, VERSO} anschaulich, plastisch 5 *fig arte* {EFFETTO, VALORE} darstellend, bildend: **arti plastiche**, die darstellenden/bildenden Künste 6 *fig arte* (*in rilievo*) {RAPPRESENTAZIONE} plastisch, reliefartig, Relief- 7 *arte* (*figurativo*) gegenständlich 8 *chim fis* {COMPOSTO, MATERIA, MASSA} plastisch 9 *med* {CHIRURGIA} plastisch 10 *metall tecnol* {LAVORAZIONE} geschmeidig B m 1 (*esplosivo*) Plastiksprengstoff m 2 *arch* Modell n: **fare il ~ di un edificio**, ein Gebäude maßstabsgetreu reproduzieren, das Modell eines Gebäudes anfertigen.

plastìdio <-di> m *bot* Plastide f.

plastificànte *chim* A agg {SOSTANZA} plastifizierend, Plastifizier(ungs)- B m Plastifizier(ungs)mittel n, Plastifikator m.

plastificàre <*plastifico, plastifichi*> tr ~ **qc** 1 (*rivestire di plastica*) {CARTA DA GIOCO, TESSERA} *etw* (mit Kunststoff) beschichten/überziehen 2 *chim* (*rendere plastico*) {VERNICE} *etw* plasti(fi)zieren, *etw* plastisch machen.

plastificàto, (-a) agg (*ricoperto di plastica*) {COPERTINA} Plastik-.

plastificazióne f 1 (*il ricoprire di plastica*) {+CARTA, LEGNO} Plastikbeschichtung f 2 *chim* {+SOSTANZA} Plastifizierung f, Plastifizieren n.

plastilìna f (*prodotto*) Plastilin® n, Knetgummi m *o* n.

plàtano m *bot* Platane f.

platèa f 1 *film teat* (*sala*) Parkett n, Parterre n *obs*: **avere/prenotare un posto in ~**, einen Parkettsitz haben/reservieren; (*pubblico*) Zuschauer m pl, Publikum n; **la ~ applaudì a lungo**, das Publikum applaudierte lange; **cercare l'applauso della ~**, auf Teufel komm raus beim Publikum (gut) ankommen wollen *fam*; versuchen, beim Publikum (gut) anzukommen *fam*; ~ **televisiva**, Fernsehpublikum n 2 *geol* Tafel f, Plateau n: ~ **continentale**, Kontinentaltafel f 3 *mar* Docksohle f ● ~ **di fondazione** *edil*, Grundplatte f, Fundament n.

plateàle agg 1 (*volgare*) {GESTO, MODI, RISSA} übertrieben, demonstrativ; {INSULTO, SCENATA} grob *spreg* 2 (*palese*) {ERRORE, FALLO} klar, offensichtlich.

platealménte *avv* 1 (*volgarmente*) {INSULTARE} grob *spreg* 2 (*in modo ostentato*) {INTERVENIRE} demonstrativ.

plateau <-, *plateaux* pl *franc*> m *franc* 1 (*vassoio*) {+GIOIELLI} Tablett f: **un ~ di bignè**, eine Beignetplatte 2 (*cassetta*) Kiste f, Kasten m, Kästchen n: **un ~ di mele/pomodori**, eine Kiste Äpfel/Tomaten 3 *geog* Plateau n, Tafel f; (*massiccio*) Massiv n: **Plateau Central**, Zentralmassiv n; (*altopiano*) Plateau n, Hochebene f.

platerésco, (-a) <-schi, -sche> agg *arch* {STILE} Plateresken-.

platéssa f *itt* Flunder f.

plàtina f *tip* 1 (*macchina*) Tiegeldruckpresse f 2 (*piano*) (Druck)tiegel m.

platinàre A tr ~ **qc** 1 (*rivestire di platino*) {RAME} *etw* platinieren 2 (*schiarire*) {CAPELLI} *etw* platinblond färben B rfl indir: **platinarsi qc** {CAPELLI} sich (dat) *etw* platinblond färben.

platinàto, (-a) agg 1 (placcato di platino) {GIOIELLO} platinüberzogen, platiniert 2 (schiarito) {CAPELLI} platinblond: **una bionda platinata**, eine Platinblonde.

platinatùra f (operazione) Platinierung f.

platinìfero, (-a) agg (contenente platino) {MINIERA} platinhaltig.

plàtino <-> m chim Platin n.

Platóne m stor Plato(n) m.

platònico, (-a) <-ci, -che> A agg 1 filos {DIALOGHI, IDEE, REPUBBLICA} platonisch 2 fig anche scherz iron (spirituale) {AMORE} platonisch 3 fig (irraggiungibile) {DESIDERIO} unerfüllbar, unerreichbar B m filos (seguace) Platoniker m.

platonìsmo m filos Platonismus m.

plaudènte agg (che applaude) {FOLLA} zujubelnd, applaudierend.

plausìbile agg (accettabile) {OPINIONE} plausibel, stichhaltig; {SPIEGAZIONE} anche triftig, glaubwürdig.

plausibilità <-> f (ragionevolezza) {+TEORIA} Plausibilität f, Stichhaltigkeit f.

plàuso m 1 fig (consenso) Beifall m, Zustimmung f: **il discorso del presidente ottenne il ~ generale**, die Rede des Präsidenten fand allgemeinen Beifall 2 lett (applauso) {+FOLLA} Beifall m, Applaus m.

plautìno, (-a) agg lett {COMICITÀ, TEATRO} plautinisch.

Plàuto m stor Plautus m.

play <-> m ingl radio TV Play n.

playback <-> m ingl film TV Play-back n: **la rockstar cantava in ~**, der Rockstar sang [zu einem_]/[im fam] Play-back.

playboy <-> m ingl (dongiovanni) Playboy m.

playgirl, play girl, play-girl <-> f loc sost m ingl Playgirl n.

playmaker <-> m ingl sport (nella pallacanestro, nell'hockey, ecc.) Spielmacher m, Playmaker m slang.

play off <-> m ingl sport (nella pallacanestro, nella pallavolo) Play-off-Runde f.

play-out <-> m ingl sport Play-out n.

Playstation® <-> f ingl (console) Playstation f.

plebàglia f spreg (gentaglia) Pöbel m spreg, Gesindel n spreg, Mob m spreg.

plèbe f 1 spreg (volgo) Pöbel m spreg, Gesindel n spreg, Mob m spreg, Plebs m o A n forb spreg: **sobillare la ~**, den Pöbel aufhetzen spreg 2 stor Plebs f.

plebèo, (-a) A agg 1 (che appartiene al ceto povero) {GENTE} pöbelhaft spreg 2 spreg (volgare) {LINGUAGGIO, MODI} pöbelhaft spreg, ordinär spreg, plebejisch forb spreg 3 stor {CLASSE} plebejisch B m (f) 1 (popolano) Plebejer(in) m(f) forb spreg 2 stor Plebejer(in) m(f).

plebiscitàrio, (-a) <-ri m> agg 1 fig (unanime) {CONSENSO} einstimmig, einhellig 2 polit {ELEZIONI, SISTEMA} plebiszitär.

plebiscìto m 1 fig (consenso unanime) Einstimmigkeit f 2 polit Plebiszit n, Volksabstimmung f, Volksentscheid m 3 stor (deliberazione) Volksbeschluss m.

plèiade f 1 fig (gruppo) {+ARTISTI, POETI} auserwählte Gruppe 2 <solo pl> astr: **Pleiade**, Plejaden pl, Siebengestirn n 3 chim (insieme di isotopi) Plejaden pl • **~ gangliare** med, Lymphdrüsen f pl.

Pleistocène, **Plistocène** m geol Pleistozän n, Eiszeit f.

pleistocènico, (-a) <-ci, -che> agg geol {FOSSILE, PERIODO} pleistozän.

plenàrio, (-a) <-ri m> agg 1 (generale) {SE-DUTA} Plenar-; {ADUNANZA} anche Voll- 2 (collegiale) {CONSENSO} gemeinschaftlich 3 relig {INDULGENZA} Sünden-.

plenilunàre agg lett (del plenilunio) {LUCE, NOTTE} Vollmond-.

plenilùnio <-ni> m (luna piena) Vollmond m.

plenipotenziàrio, (-a) <-ri m> diplomazia dir A agg {NEGOZIATORE} bevollmächtigt B m (f) (rappresentante) Bevollmächtigte mf decl come agg.

plenitùdine f lett 1 (pienezza) Vollkommenheit f: **~ di gioia**, vollkommene Freude 2 (moltitudine) Vielzahl f, Menge f.

plènum <-> m lat polit Plenum n, Vollversammlung f.

pleonàsmo m ling Pleonasmus m.

pleonàstico, (-a) <-ci, -che> agg 1 ling {LOCUZIONE} pleonastisch 2 fig (superfluo) überflüssig, unnötig.

plèsso m 1 anat Plexus m: **~ celìaco/solare**, Sonnengeflecht n, Solarplexus m; **plessi nervosi**, Nervengeflecht n, Nervenplexus m; **plessi venosi**, Venengeflecht n 2 fig amm (complesso) {+LEGGI} Sammlung f.

plètora f fig (sovrabbondanza) {+DISOCCUPATI} Überschuss m, Überfülle f 2 med Plethora f scient, Blutfülle f, Blutandrang m: **~ arteriosa/venosa**, Arterien-/Venenplethora f scient.

pletòrico, (-a) <-ci, -che> agg 1 fig (sovrabbondante) {BUROCRAZIA} aufgebläht; {ORGANICO} zu groß; {CLASSI} anche überfüllt 2 fig (prolisso) {DISCORSO} weitschweifig, langatmig 3 med {COSTITUZIONE, SOGGETTO} vollblütig, plethorisch forb.

plèttro m mus Plektron n, Plektrum n.

plèura f anat Brust-, Rippenfell n, Pleura f scient: **~ parietale/viscerale**, Rippen-/Lungenfell n.

plèurico, (-a) <-ci, -che> agg anat {CAVITÀ, LESIONE} Brustfell-, Rippenfell-, pleural scient.

pleurìte f med Brust-, Rippenfellentzündung f, Pleuritis f scient: **~ secca/sierosa**, fibrinöse/seröse Pleuritis scient.

pleurìtico, (-a) <-ci, -che> med A agg {LIQUIDO} Pleuritis- scient B m (f) (malato) an Brustfellentzündung Erkrankte mf decl come agg.

pleuronettifórme m itt Plattfisch m.

pleuropolmonìte f med Rippenfell- und Lungenentzündung f, Pleuropneumonie f scient.

plexiglàs® m comm Plexiglas n.

PLI m polit abbr di Partito Liberale Italiano: "liberale Partei Italiens".

plica <-che> f anat Falte f: **~ ascellare**, Achselfalte f; **~ mongòlica**, Mongolenfalte f.

plico <-chi> m 1 (di documenti) Aktenbündel n 2 (busta) Umschlag m 3 post (pacco) Postsendung f: **ricevere/spedìre un ~**, eine Postsendung erhalten/abschicken.

pliniàno, (-a) <-a> agg 1 lett {EPISTOLARIO} von Plinius 2 geol {FASE} Ausstoßungs-.

Plinio m stor Plinius m • **Plinio il Giovane**, Plinius der Jüngere; **Plinio il Vecchio**, Plinius der Ältere.

plinto m 1 arch Plinthe f, Säulensockel m 2 edil Boden-, Fundamentplatte f 3 sport (attrezzo) Sprungkasten m.

Pliocène m geol Pliozän n.

pliocènico, (-a) <-ci, -che> agg geol {FAUNA} pliozän.

plissé franc (nella moda) A <inv> agg (pieghettato) {GONNA} plissiert, Plissee- B <-> m (tessuto) Plissee(stoff) m n.

plissettàre tr (nella moda) (pieghettare) ~

qc {CAMICETTA} etw plissieren.

plissettàto, (-a) agg (nella moda) (pieghettato) Plissee-.

plissettatrìce f (nella moda) tess Plissiermaschine f.

plissettatùra f (nella moda) (pieghettatura) Plissieren n.

plot <-> m ingl film lett (trama) Plot m o n, Handlung f.

plotóne m 1 mil Zug m, Abteilung f: **~ fucilieri/mitraglieri**, Schützenzug m/MG-Schützenzug m 2 sport (nel ciclismo) Gruppe f: **~ di coda/testa**, Spitzengruppe f/Nachzügler m pl • **~ d'esecuzione** mil (quello che ha il compito di fucilare), Exekutions-, Hinrichtungs-, Erschießungskommando n.

plotter <-> m ingl inform Plotter m.

plug-in <-> m ingl inform Plug-in n.

plùgo <-ghi> m (nella pesca) Fliege f.

plùmbeo, (-a) agg 1 (scuro) {CIELO, NUVOLE} bleiern; {MARE} bleifarben 2 (afoso) {GIORNATA} schwül, drückend 3 (pesante) {ARIA} drückend 4 rar (di piombo) {VASO} bleiern, Blei- 5 fig (opprimente) {AMBIENTE, ATMOSFERA} drückend.

plurale gramm A agg {ARTICOLO, SOSTANTIVO} Plural-, Mehrzahl-, pluralisch B m Plural m, Mehrzahl f: **mettere al ~ un pronome**, ein Pronomen in den Plural setzen • **parlare al ~** (usando la forma del ~), im Plural reden; **~ maiestàtico**, Pluralis Majestatis m.

pluràlis maiéstatis <-> loc sost m lat Pluralis Majestatis m.

pluralìsmo m filos polit sociol Pluralismus m.

pluràlis modèstiae <-> loc sost m lat Pluralis Modestiae m.

pluralìsta <-i m, -e f> mf filos polit sociol Pluralist(in) m(f).

pluralìstico, (-a) <-ci, -che> agg filos polit sociol {SOCIETÀ} pluralistisch.

pluralità <-> f 1 filos polit sociol (molteplicità) {+IDEE} Pluralität f, Vielfalt f 2 rar (maggioranza) {+VOTI} Mehrheit f, Mehrzahl f.

plùri- primo elemento mehr(fach)-, Mehr-(fach)-, viel-, Viel-, Multi-: **plurilìngue**, mehr-, vielsprachig; **plurimiliardàrio**, mehrfacher Milliardär, Multimilliardär; **plurimilionàrio**, mehrfacher Millionär, Multimillionär; **pluripartitìsmo**, Mehrparteiensystem.

pluriaggravàto, (-a) agg dir {REATO} qualifiziert.

pluriarticolàto, (-a) agg bot zoo mehrglied(e)rig.

pluricellulàre agg biol {ORGANISMO} mehr-, vielzellig.

pluricèntrico, (-a) <-ci, -che> agg (con, di più centri) multi-, pluurizentrisch.

pluricoltùra f agr Mehrfachanbau m.

pluridecennàle agg (di più decenni) {PIANO} Jahrzehnte-.

pluridecoràto, (-a) A agg (insignito di più decorazioni) {SOLDATO} mehrfach ausgezeichnet B m (f) (persona) mehrfach ausgezeichnete Person.

pluridimensionàle agg mat {SPAZIO} mehrdimensional.

pluridimensionalità <-> f mat Mehrdimensionalität f.

pluridisciplinàre agg (che riguarda più discipline) {INSEGNAMENTO} multidisziplinär.

pluriennàle agg (che dura più anni) {CORSO} mehrjährig.

plurifamiliàre agg edil urban {CASA} Mehrfamilien-.

plurigemellàre agg med {GRAVIDANZA}

plurigèmino, (-a) → **plurigemellare**.
plurilateràle agg (che ha più contraenti) {ACCORDO, TRATTATO} mehr-, vielseitig.
plurilìngue agg (multilingue) {REGIONE} mehr-, vielsprachig.
plurilinguìsmo m 1 {+PARLANTE} Mehr-, Vielsprachigkeit f 2 {ALTOATESINO, SVIZZERO} Multi-, Plurilinguismus m.
plurilinguìstico, (-a) <-ci, -che> agg (del plurilinguismo) mehr-, vielsprachig.
plurimandatàrio, (-a) <-ri m> m (f) comm Plurimandatar m, Mehrfunktionär m.
plurimiliardàrio, (-a) <-ri m> Ⓐ agg (che ha molti miliardi) milliardenschwer fam Ⓑ m (f) (persona) Multimilliardär(in) m(f).
plurimilionàrio, (-a) <-ri m> Ⓐ agg (che ha molti milioni) millionenschwer fam Ⓑ m (f) (persona) Multimillionär(in) m(f).
plurimillenàrio, (-a) <-ri m> agg (che dura da più millenni) {CIVILTÀ} jahrtausendealt.
plùrimo, (-a) agg 1 anche dir polit {VOTO} Mehrstimmen- 2 med {PARTO} Mehrlings-.
plurimotóre aero Ⓐ agg mehrmotorig Ⓑ m (aereo) Mehrmotorenflugzeug n.
plurinazionàle agg (che comprende più nazioni) {IMPERO} Mehrvölker-.
plurinominàle agg polit {LISTA, SCRUTINIO} Mehrstimmen-.
pluriomicìda mf (reo di più omicidi) mehrfache(r) Mörder(in).
pluripara med zoo Ⓐ agg mehrmals entbunden Ⓑ f Pluri-, Multipara f.
pluripartìtico, (-a) <-ci, -che> agg polit {SISTEMA} Mehrparteien-.
pluripartitìsmo m polit Mehrparteiensystem n.
plurirèddito <inv> agg (con più di un reddito) {FAMIGLIA} mit ₁mehreren Einkommen₁/[Mehreinkommen].
plurisecolàre agg (che esiste da più secoli) {MONUMENTO} jahrhundertealt.
plurisettimanàle agg (che avviene più volte alla settimana) {PARTENZA, PUBBLICAZIONE} mehrwöchentlich, mehrfach wöchentlich.
plurisìllabo, (-a) agg ling {PAROLA} mehrsilbig.
pluristàdio, (-a) <-di m> agg aero astr tecnol {MISSILE, COMPRESSORE, TURBINA} Mehrstufen-.
plurititolàto, (-a) agg (che ha più titoli) {COLLABORATORE} mit mehreren Titeln.
pluriùso <inv> agg (adatto a diversi usi) {ELETTRODOMESTICO} Mehrzweck-, Allzweck-.
plurivalènte agg 1 (che ammette più interpretazioni) mehr-, vieldeutig 2 chim (polivalente) mehrwertig, polyvalent.
plurìvoco, (-a) <-ci, -che> agg mat {FUNZIONE} mehrdeutig.
plus <-> m ingl anche (nella pubblicità) Plus n, Pluspunkt m.
plusvalènza f econ Wertzuwachs m.
plusvalóre m econ filos Mehrwert m: **teoria marxiana del ~**, Marx'sche Mehrwerttheorie.
Plutàrco m stor Plutarch m.
plùteo m 1 (armadio-leggio) {+BIBLIOTECA} Bücherregell m 2 arch Chorschranke f.
plutòcrate mf (capitalista) Plutokrat(in) m(f) forb.
plutocràtico, (-a) <-ci, -che> agg (basato sulla plutocrazia) {REGIME} plutokratisch forb.
plutocrazìa f polit spreg Plutokratie f.
plutóne m 1 geol Pluton m 2 astrol astr mitol: **Plutone**, Pluto m.
plutoniàno, (-a) agg 1 astr Pluto- 2 geol plutonisch.
plutònio <-> m chim Plutonium n.
pluviàle Ⓐ agg 1 (piovano) {ACQUA} Regen-: **regime ~**, einfaches/pluviales (Ab-)flussregime 2 geog {FORESTA} Regen- Ⓑ m edil (canale) Regenrohr n.
pluviògrafo m meteo (apparecchio) Pluviograph m, Niederschlagsmesser m.
pluviometrìa f meteo (misurazione) Pluviometrie f, Niederschlags-, Regenmessung f.
pluviomètrico, (-a) <-ci, -che> agg meteo {RILEVAZIONE} pluviometrisch, Niederschlags-, Regenmessungs-.
pluviòmetro m meteo Pluviometer n, Niederschlagsmesser m.
p.m. abbr del lat post meridiem (usato nei paesi anglofoni per l'indicazione dell'ora: pomeridiano, di pomeriggio) p.m. (nachmittags, Nachmittags-).
PM Ⓐ m dir abbr di Pubblico Ministero: ≈ StA (abbr di Staatsanwalt) Ⓑ di Polizia Militare: ≈ MP (abbr di Militärpolizei).
pnèuma <-i> m filos Pneuma n, Seele f, Lebenskraft f.
pneumàtico, (-a) <-ci, -che> Ⓐ agg 1 (gonfiabile) {MATERASSINO} Luft-; {CANOTTO} Schlauch- 2 edil {FONDAZIONE} Luftdruck- 3 tecnol pneumatisch, Luft-, Luftdruck-, Druckluft-; {MARTELLO} Pressluft-; {MACCHINA} Vakuum-; {POMPA} anche Luft-; {CIRCUITO} Druckluft-; {FRENO} anche pneumatisch Ⓑ m aero autom (Luft)reifen m: **~ per aeroplano/automobile/bicicletta**, Flugzeug-/Auto-/Fahrradreifen m; **cambiare i pneumatici**, die Reifen wechseln; **~ chiodato**, Spikesreifen m; **~ da corsa/da neve**, Renn-/Schneereifen m; **~ per fuoristrada**, Geländereifen m; **~ radiale**, Gürtel-, Radialreifen m; **~ di scorta**, Ersatz-/Reservereifen m.
pneumoallergène m med Pneumoallergen n scient.
pneumocòcco <-chi> m med Pneumokokke f scient, Pneumokokkus m scient.
pneumoconiòsi <-> f med Staublunge(nerkrankung) f, Pneumokoniose f scient.
pneumografìa f med Pneumographie f scient.
pneumologìa f med Lungenfachmedizin f, Pneumologie f scient.
pneumòlogo, (-a) <-gi, -ghe> m (f) med Pneumologe m, (Pneumologin f).
pneumopatìa f med Lungenkrankheit f, Pneumopathie f scient.
pneumotoràce m med Luft-, Gasbrust f, Pneumothorax m scient.
PNL <-> m econ abbr di Prodotto Nazionale Lordo: BSP n (abbr di Bruttonationaleinkommen).
po' loc avv 1 (abbastanza): **un po' + agg/avv** etwas + agg/avv, ein bisschen + agg/avv: **sono un po' arrabbiata con lui**, ich bin ein paar₁/[einige] wütend/böse/sauer fam auf ihn; **oggi sta un po' meglio**, heute geht es ihm/ihr etwas besser; **arriva un po' prima!**, komm etwas früher!; **sei un po' in ritardo**, du hast ein bisschen Verspätung, du bist etwas spät dran fam 2 (preceduto dal verbo): **un po' mal**, doch mal: **dimmi un po'**, sag mal!; **guarda un po'!**, schau mal!; **senti un po'!**, hör mal (her/zu)!; **stai un po' fermo!**, steh/sitz mal still! 3 (temporale): **un po' in wenig/bissen, etwas: fermati un po' qui!**, bleib doch ein bisschen hier!; **abbiamo chiacchierato un po'**, wir haben ein wenig geschwatzt 4 (discreta quantità): **un po' di qc** ein wenig/bisschen/doch etw (dat)/+ sost, etwas von etw (dat)/+ sost: **un po' di latte/frutta**, ₁ein wenig₁/[ein bisschen]/[etwas] Milch/Obst; **dammi un po' della tua torta!**,
gib mir etwas/ein bisschen von deinem Kuchen (ab)!; (con sost pl) ein paar, einige, manche; **ho comprato un po' di mele**, ich habe ₁ein paar₁/[einige] Äpfel gekauft; **ho da raccontarti un po' di cose**, ich muss dir einiges/manches erzählen; (senza sost) welche; **visto che ho comprato un quintale di patate, ne puoi prendere un po'**, da ich ein Doppelzentner Kartoffeln gekauft habe, kannst du dir welche nehmen 5 (temporale): **un po' di qc** ein wenig + sost, ein paar + sost: **è successo un po' di anni/giorni/mesi fa**, das war vor ein paar Jahren/Tagen/Monaten; **per un po' di tempo ci siamo scritti**, wir haben uns eine Zeit lang geschrieben 6 (parecchio): **un bel po' (di qc)** ganz schön viel + sost: **è un bel po' che ti aspetto**, ich warte schon ganz schön lange auf dich; **ho speso un bel po' (di soldi)**, ich habe ganz schön viel (Geld) ausgegeben; **da qui alla piscina c'è un bel po' (di strada)**, von hier bis zum Schwimmbad ist es ein schönes Stück fam ● **po' po'** (notevole), was für ...; **che po' po' di ragazza!**, was für ein Mädchen!; **che po' po' di insolenza!**, das ist vielleicht eine Frechheit!; **un po' ... e un po' ...**, ein wenig ... und ein wenig ...; teils ..., teils ...; **un'espressione del volto un po' seria e un po' scherzosa**, ein Gesichtsausdruck zwischen Spaß und Ernst; **quel po'**, das Wenige; **un po' per ..., un po' per ...**, teils (aus) ..., teils (aus) ...; **ha rinunciato al viaggio un po' per pigrizia, un po' per motivi familiari**, er/sie hat auf die Reise teils aus Faulheit, teils aus familiären Gründen verzichtet; → anche **poco**.
Po m geog Po m.
PO Ⓐ m polit abbr di Potere Operaio: "linke Arbeiterbewegung Italiens" Ⓑ f post abbr di Posta Ordinaria: Normalpost f.
poc'ànzi avv lett (poco fa) vor kurzem, eben erst: **ci siamo sentiti poc'anzi**, wir haben uns erst vor kurzem gehört.
pochade <-> f franc 1 fig (farsa) Farce f 2 arte (nella pittura) skizzenhaftes Gemälde 3 teat (commedia) Lustspiel n, Komödie f.
pocherino → **pokerino**.
pochette <-> f franc 1 (borsetta) kleine Handtasche 2 mus (violino) Pochette f, Taschengeige f.
pochettino, (-a) <dim di pochetto> Ⓐ agg wenige(r,s), einzelne(r,s) Ⓑ nella loc avv: **un ~**, ein wenig, leicht: **me ne andai un ~ stupito**, ich ging ₁ein wenig₁/[leicht] erstaunt fort.
pochétto, (-a) Ⓐ agg wenige(r,s), einzelne(r,s) Ⓑ nella loc avv: **un ~**, ein wenig, leicht.
pochézza f 1 (carenza) {+AIUTI, MEZZI} Spärlichkeit f, Knappheit f 2 fig {+DOTI, TALENTO} Beschränktheit f 3 fig (meschinità) Kleinlichkeit f spreg: **~ d'animo/di cuore**, Eng-, Kleinherzigkeit f ● **nella mia/sua ...** (nel mio/suo piccolo), im Rahmen meiner/seiner/ihrer ... bescheidenen Möglichkeiten.
pochino <dim di poco> Ⓐ pron indef <solo sing> ein bisschen, ein wenig: **me ne basta un ~**, ₁mir reicht₁/[ich brauche] nur ein bisschen; **bevi un ~ d'acqua!**, trink einen Schluck Wasser! Ⓑ avv wenig: **dorme ~**, er/sie schläft wenig Ⓒ loc avv: **un ~**, ein bisschen/wenig, etwas; **rimani ancora un ~**, bleib (doch) noch ein bisschen/wenig; **è un ~ stanca**, sie ist ein bisschen/wenig müde; **hai fame? – Un ~**, hast du Hunger? – Ein bisschen; **legge un po' ~**, er/sie liest etwas zu wenig.
pocket ingl edit Ⓐ <inv> agg (tascabile) {EDIZIONE} Taschenbuch-, Pocket- Ⓑ <-> f Taschen-, Pocketausgabe f.

pòco, (-a) <-chi, -che; meno, pochissimo> A agg indef 1 (di quantità) {LIBRI, SPETTATORI} wenig: **hanno pochi amici**, sie haben wenige Freunde; **va d'accordo con pochi colleghi**, er/sie versteht sich nur mit wenigen Kollegen; **ho speso pochi soldi**, ich habe wenig (Geld) ausgegeben; **abbiamo ~ tempo**, wir haben wenig Zeit; **oggi c'è ~ traffico**, heute ist wenig Verkehr; **mangio poca verdura**, ich esse wenig Gemüse; (di intensità) {ENTUSIASMO, INTERESSE} wenig, gering; **dà poca confidenza**, er/sie ist recht verschlossen,/[hält sich recht bedeckt]; **studia con poca voglia**, er/sie lernt lustlos 2 (insufficiente) {ENERGIE, FORZA} wenig, nicht genug: **avere poca memoria**, ein schlechtes Gedächtnis haben 3 (cagionevole) schwach, anfällig: **un bambino che ha poca salute**, ein Kind mit einer anfälligen/zarten Gesundheit 4 (tenue) {VOCE} schwach, dünn, zart 5 (ridotto) {SPAZIO} wenig, begrenzt 6 (inadeguato) {COMODITÀ} (zu) gering; {ASSISTENZA, FONDI, MEZZI} anche unzureichend 7 (esiguo) gering, niedrig, karg, klein: **il compenso è ~**, der Lohn ist niedrig/karg 8 (corto) kurz: **ci rimane poca strada da fare**, es ist nicht mehr weit, wir müssen nur noch eine kurze Strecke zurücklegen 9 (raro) selten, wenig: **le poche volte che l'ho incontrato ...**, die wenigen Male, die wir uns getroffen haben ... B pron indef 1 (quantità minima) wenig, nicht viel: **è rimasto ancora del caffè? - Sì, ma ~**, ist noch Kaffee übrig? – Ja, aber ⌐nicht viel,/[nur wenig]; (anche ripetuto) (pazi) ganz wenig, ein (ganz) klein wenig: **vuoi assaggiare del vino? - Versamene poco poco!**, möchtest du von dem Wein probieren? – Schenk mir ein ⌐ganz klein wenig,/[Schlückchen] ein 2 (intensità) wenig, gering: **hai voglia di studiare? - Poca**, hast du Lust zum Lernen? – Wenig 3 <solo pl> (poche persone) wenige: **essere in pochi**, wenige sein; **pochi di noi**, wenige von uns C avv 1 (con verbi) (non troppo) wenig: **il biglietto costa ~**, die Fahrkarte ist billig,/[kostet wenig]; **guadagna ~**, er/sie verdient wenig; **lavora/legge/viaggia ~**, er/sie arbeitet/liest/reist wenig; (male) schlecht, wenig; **ci sente ~**, er hört schlecht; (saltuariamente) wenig, gelegentlich; **andiamo ~ a teatro**, wir gehen wenig ins Theater 2 (con agg) nicht sehr, nicht gerade: **la tua analisi è ~ critica**, deine Interpretation ist ⌐nicht gerade kritisch,/[zu unkritisch]; **una donna ~ attraente**, eine ⌐nicht gerade sehr attraktive,/[recht unattraktive] Frau; **è una località ~ conosciuta**, der Ort ist kaum bekannt; **una pietanza ~ gustosa**, ein fades Gericht 3 (con avv) nicht (ganz): **si è comportato ~ correttamente**, er hat sich nicht besonders/gerade korrekt benommen; **oggi** ⌐**mi sento,/[sto]** ~ **bene**, heute ⌐fühle ich mich nicht ganz wohl,/[geht es mir nicht sehr/besonders gut] 4 (con la negazione) (molto) sehr: **ci siamo spaventati non ~**, wir haben einen großen Schrecken bekommen, wir haben uns sehr erschrocken fam; **ho dovuto penare non ~ per farmi ricevere dal direttore**, es war nicht leicht für mich, vom Direktor empfangen zu werden 5 (breve tempo) kurz, nicht lange: **si è fermato ~ da noi**, er hat sich bei uns nicht lange aufgehalten; **la riunione è durata ~**, die Sitzung hat nicht lange gedauert; **manca ~ a mezzanotte**, es ist fast Mitternacht; **è ~ che si sono sposati**, sie haben vor kurzem geheiratet 6 ~+compar (di qu/qc): **è ~ più vecchio di me**, er ist etwas älter als ich; **ha uno stipendio ~ più alto del mio**, er/sie verdient etwas mehr als ich D m <solo sing> 1 (poche cose) Wenige n decl come agg: **accontentarsi di ~**, sich mit Wenigem zufriedengeben; **il ~ che** so te l'ho raccontato, das Wenige, was ich weiß, habe ich dir erzählt 2 (pochi soldi): **ha perso al gioco quel ~ che aveva**, er/sie hat beim Spiel sein/ihr bisschen Geld verloren; **riesce a vivere con ~**, er/sie kommt mit wenig aus 3 (piccola quantità): **un ~ di formaggio/sapone**, ein wenig/etwas Käse/Seife E <inv> loc agg: **da ~** 1 (di scarsa importanza) unbedeutend, geringfügig: **non è cosa da ~!**, das ist keine Kleinigkeit! fam 2 (di scarso impegno) wenig aufwändig, leicht: **è una cosa da ~ per te**, das ist eine Kleinigkeit für dich, das machst du mit links fam 3 (che vale ~): **un uomo da ~**, ein Mensch, der wenig taugt 4 (assai grave) groß, schwer: **hai detto una cosa da ~!**, da hast du aber ein dickes Ei gelegt! fam; **hai fatto un danno da ~!**, da hast du einen ganz schön großen Schaden angerichtet! F loc avv 1 (gradatamente): **a ~ a ~**, nach und nach, allmählich 2 (da ~ tempo): **da ~**, seit kurzem; **si conoscono da ~**, sie kennen sich (erst) seit kurzem 3 (qualche momento prima d'ora): ~ **fa**, vor kurzem, eben, gerade; **mi ha telefonato ~ fa**, er/sie hat mich gerade/[vor kurzem] angerufen 4 (presto): **fra/tra ~**, in Kürze, bald; **tra ~ è Natale**, bald ist Weihnachten 5 (per ~ tempo): **per ~**, kurz; **rimango qui per ~**, ich bleibe nur kurz hier 6 (a buon mercato): **per ~**, billig, preiswert; **l'ho comprato per ~**, ich habe es preiswert gekauft, ich habe nicht viel dafür bezahlt 7 (quasi): **per ~**, beinahe, fast; **per ~ non perdevo l'aereo**, beinahe hätte ich den Maschine verpasst 8 (un po' di tempo): **un ~/po'**, ein wenig/bisschen, kurze Zeit, eine Weile; **aspettare/dormire un ~**, ein bisschen warten/schlafen; **ritorno dopo un ~/po'**, er/sie kehrte nach einer Weile zurück 9 (leggermente): **un ~/po'** (+ compl di luogo) ein wenig/bisschen (irgendwohin): **spostarsi un ~ in avanti/a destra**, ein wenig nach vorn/rechts rücken ● **poco poco** (appena), ein bisschen; **se poco poco ti impegni**, wenn du dich nur ein bisschen anstrengst/[anstrengen würdest], mit nur ein bisschen Engagement; ⌐**assai/molto,/[troppo] ~**, sehr/zu wenig; **essere un ~ di buono** fam (tipo poco raccomandabile), ein Nichtsnutz/Taugenichts sein spreg obs; **essere una ~ di buono** fam (donnaccia), eine Schlampe sein spreg; **pochi ma buoni** scherz, es kommt auf die Qualität an, nicht auf die Quantität; (rif. agli amici) anche, (besser) wenige, aber gute Freunde; **è poca cosa** (è cosa da nulla), es ist ⌐nicht der Rede wert,/[eine Kleinigkeit]; **per così ~** (per un nonnulla), wegen so einer Kleinigkeit; **non è il caso di prendersela per così ~**, wegen so einer Kleinigkeit brauchst du dich doch nicht aufzuregen; **non lavorerei mai per così ~**, ich würde nie für ⌐so wenig,/[einen Apfel und ein Ei fam] arbeiten; **essere ~ distante/lontano da ... (non molto)**, nicht (sehr) weit (entfernt) von ... sein; ~ **dopo**, kurz darauf, wenig später; **il municipio è ~ distante da qui**, das Rathaus ist nicht (sehr) weit von hier; **esserci ~** (rif. a distanza non essere lontano), nicht weit sein, ganz in der Nähe sein; **di qui alla posta c'è ~**, von hier bis zur Post ist es nicht weit; **c'è ~ da ridere/scherzare**, ⌐da gibt es gar nichts zu lachen,/[das ist überhaupt nicht lustig]; **c'è ~ da fare** (non c'è più nulla), da ⌐ist nichts zu,/[kann man nichts mehr] machen; **a fra/tra ~** (a presto), bis bald; ~ **importa**, das macht nichts; **di lì a ~**, kurz darauf; ~ **lontano**, ganz nah/[in der Nähe]; **pochi,** ⌐**maledetti e,/[ma] subito** (rif. ai soldi), besser den Spatz in der Hand als die Taube auf dem Dach; man gibt sich besser mit den wenigen, was man kriegen kann, zufrieden, wenn man in Geldnot ist, sollte man besser zugreifen; ~ **male**, auch nicht so schlimm, das macht nichts, auch gut; ~ **men che**, fast, beinahe; ~ **meno di ...**, etwas weniger als; **e non è ~!** (per sottolineare l'importanza di ciò che si sta dicendo), und das will schon etwas heißen!, und das ist nicht gerade wenig!; ~ **o nulla** (pochissimo), so gut wie nichts; **ogni ~** (a intervalli regolari), ab und zu, von Zeit zu Zeit; **ti pare (cosa da) ~?** (ti sembra una cosa poco importante?), ⌐scheint dir das,/[ist das deiner Meinung nach] nichts?, und das lässt dich kalt? fam; ~ **più di**, etwas mehr als; **più ~ meno**, mehr oder weniger, ungefähr, rund; **press'a ~** (all'incirca), ungefähr, rund; ~ **prima**, kurz zuvor, kurz vorher; **ha detto che si accontenterebbe di 100 milioni, scusa/scusate se è ~!** iron (a me sembra molto), er/sie sagte, er/sie würde sich mit 100 Millionen zufriedengeben und das ⌐ist natürlich ganz bescheiden,/[sind ja nur Peanuts] iron; **è ~ ma sicuro** (è certo), das steht auf jeden Fall fest, das ist gewiss/bombensicher fam; **in ~ tempo** (breve), in kurzer Zeit; ~ **tempo fa**, vor kurzem; **troppo ~**, zu wenig; **ci vuol ~ a criticare** (è facile), meckern kann jeder! fam spreg; **meglio ~ che niente** prov, besser wenig als gar nichts.

podàgra f med (Fuß)gicht f, Podagra f scient.

podagróso, (-a) med A agg {VECCHIO} gichtkrank, podagrisch scient B (malato) Gichtkranke mf decl come agg.

podalgia f med Fußleiden n, Fußschmerz m, Podalgie f scient.

podàlico, (-a) <-ci, -che> agg med {PARTO, PRESENTAZIONE} Steiß-.

pòdcast <-> m inform radio TV Podcast m.

podcàsting <-> m inform radio TV Podcasting n.

poderàle agg (del podere) {CASA, STRADA} Guts-.

podère m agr (Land)gut n, Gutshof m: ~ **piantato/tenuto a vigna**, mit Weinstöcken bepflanztes Landgut ● **essere a ~** agr, einen Gutshof als Halbpächter bewirtschaften.

poderóso, (-a) agg 1 (forte) {BRACCIA, MUSCOLI} kräftig, stark 2 (violento) {CALCIO, PUGNO} hart, kräftig 3 (potente) {ESERCITO} mächtig 4 fig (formidabile) {INTELLIGENZA, MENTE} groß, gewaltig fam 5 fig (possente) {STILE} kräftig; {VOCE} anche mächtig, gewaltig.

podestà <-> m stor (nel medioevo) Podestà m, (mittelalterlicher) Stadtvogt; (nel periodo fascista) Podestà m (von den Faschisten eingesetzter Bürgermeister).

podestarile agg (del podestà) {AUTORITÀ, DIGNITÀ, RESIDENZA} des Podestà.

pòdice m anat Steiß m, Gesäß n, Podex m scherz.

pòdio <-di> m 1 (palco) {+ORATORE} Podium n, Podest n; {+AUTORITÀ} Tribüne f 2 arch Podium n, Sockel m 3 mus Dirigentenpult n 4 sport Siegerpodest n ● **salire sul ~**, auf das Podium treten; fig (assumere un'aria d'importanza), sich wichtig tun.

podismo m sport (nell'atletica) Gehen n.

podista <-i m, -e f> mf sport (nell'atletica) Geher(in) m(f).

podìstico, (-a) <-ci, -che> agg sport (nell'atletica) {COMPETIZIONE, CORSA} Geh-.

podologia f med veter Fußpflege f.

podòlogo, (-a) <-gi, -ghe> m (f) med Fußpfleger(in) m(f), Podologe m obs, (Podologin f obs).

podòmetro m 1 (del maniscalco) Podometer n, Hufmesser m 2 (contapassi) Schrittzähler m, Podometer n.

poèma <-i> m **1** lett (*composizione*) Gedicht n, Dichtung f; (*genere*) Epos n, Epopöe f obs: ~ **cavalleresco**, Ritterepos n; ~ **didascalico**, Lehrgedicht n; ~ **epico/eroico**, Epos n, episches Gedicht, Heldenepos n; ~ **eroicomico/storico**, ⌊komisches Heldenepos⌋/[Geschichtsepos n]; ~ **omerico/virgiliano**, Epos n Homers/Virgils; ~ **in prosa**, Prosadichtung f **2** fig (*meraviglia*) Gedicht n: **questo budino è un ~!**, dieser Pudding ist ein Gedicht! **3** fig scherz (*prodigio*) Wunderknabe m anche iron, Wunderkind n: **quei gemelli sono un ~!**, diese Zwillinge sind wunderbar/phänomenal! **4** fig scherz (*scritto lungo e noioso*) (ganzer) Roman scherz: **devi fare un riassunto, non un ~!**, du sollst eine Zusammenfassung machen, keinen (ganzen) Roman erzählen! scherz **5** fig iron (*avventura*) Gedicht n iron, Roman m iron: **la vita di mio fratello è tutta un ~**, das Leben meines Bruders ist ein einziger Roman iron **6** mus: ~ **sinfonico**, Tondichtung f.

poemétto <dim di poema> m lett Kurzepos n.

poesìa f **1** (*arte*) Dichtkunst f, Poesie f, Dichtung f **2** (*genere*) Dichtung f, Poesie f: ~ **d'amore**, Liebesdichtung f; ~ **bucolica**, bukolische Dichtung/Poesie, Bukolik f; ~ **burlesca/giocosa**, Scherzdichtung f; ~ **dialettale**, Dialekt-, Mundartdichtung f; ~ **didascalica**, Lehrdichtung f; ~ **drammatica/epica/ermetica**, dramatische/epische/hermetische Dichtung; ~ **lirica**, lyrische Dichtung, Lyrik f; ~ **d'occasione**, Gelegenheitsgedicht n; ~ **pastorale**, Hirten-, Schäferdichtung f; ~ **popolare**, Volksdichtung f; ~ **satirica/tragica**, satirische/tragische Dichtung; ~ **sepolcrale**, Grabgedicht n **3** (*singolo componimento*) Gedicht n: ⌊**imparare a memoria**⌋/[**leggere**]/[**scrivere**] **una ~**, ein Gedicht ⌊auswendig lernen⌋/[lesen]/[schreiben]; **raccolta di poesie**, Gedichtsammlung f **4** (*complesso di opere*) {CLASSICA, FRANCESE, ITALIANA, TEDESCA} Dichtung f, Gedichte m pl: ~ **espressionista**, expressionistische Dichtung **5** (*produzione di un autore*) dichterisches Werk, Dichtung f: **la ~ di Hölderlin/Leopardi/Montale**, das dichterische Werk Hölderlins/Leopardis/Montales **6** (*versi*) Versform f: **si esprime meglio in ~ che in prosa**, er/sie drückt sich besser in Versen als in Prosa aus; **mettere/volgere in ~ qc**, etw in Verse setzen/übertragen, etw in Gedichtform bringen/umwandeln; **scrivere in ~**, in Gedichtform schreiben **7** fig (*liricità*) Poesie f: **in questo film c'è molta ~**, dieser Film ist ⌊voller Poesie⌋/[sehr poetisch] **8** fig (*bellezza*) Zauber m: **la ~ del mare**, der Zauber des Meeres **9** fig (*sentimento*) Poesie f: **non c'è ~ nel suo animo**, er/sie ist ⌊die verkörperte Prosa⌋/[völlig poesielos] **10** fig (*illusione*) Träumerei f, Illusion f, Selbsttäuschung f: **non si può vivere di sola ~**, man kann ⌊nicht nur von Träumen leben⌋/[nicht ständig in Illusionen wiegen].

poèta <-i> m **1** (*autore*) Dichter m, Poet m: ~ **dialettale/volgare**, Mundartdichter m/ volkstümlicher Dichter; ~ **epico/lirico/tragico**, Epiker m/Lyriker m/Tragiker m; ~ **barocco/decadente/satirico**, Barock-/Dekadenz-/Satirendichter m; ~ **ermetico/romantico/simbolista**, hermetischer/romantischer/symbolistischer Dichter **2** (*chi crea opere di valore poetico*) Künstler m: **quel pittore/regista è un vero ~**, dieser Maler/Regisseur ist ein echter Künstler **3** fig (*chi è dotato di sensibilità*) empfindsamer/feinfühliger Mensch: **avere un animo da ~**, eine empfindsame Seele haben **4** fig iron o spreg (*sognatore*) Schwärmer m, Träumer m: **vivere da ~**, vor sich hin träumen ● ~ **cesareo**/[di corte]**, Hofdichter m; **il Divino**/**Sommo Poeta** (*D. Alighieri*), Dante Alighieri; ~ **laureato** (*cinto d'alloro*), lorbeergekrönter Dichter, Poeta laureatus m; fig (~ **al servizio del potere**), Poeta laureatus m, Poet Laureate m; **i poeti maledetti** (*i poeti decadenti francesi*), die verdammten Dichter, die 'poètes maudits'; ~ **vate lett**, Prophet m, Seher m; (*chi scrive su temi patriottici, civili*), engagierter Dichter; **a tutti i poeti manca un verso** (*nessuno è perfetto*), niemand ist perfekt.

poetàre **A** itr (*comporre versi*) dichten, Gedichte schreiben **B** m (*attività*) Dichten n: **il ~ del Petrarca**, das Dichten Petrarcas.

poetàstro, (-a) m (f) spreg (*poeta di scarso valore*) Dichterling m spreg.

poetéssa f (*autrice*) Dichterin f, Poetin f.

poètica <-che> f (*insieme di norme, trattato*) {+ARISTOTELE, ROMANTICISMO} Poetik f.

poeticaménte avv **1** (*dal punto di vista poetico*) dichterisch: **verso** ~ **suggestivo**, poetisch faszinierender Vers **2** (*in maniera poetica*) poetisch: **si esprime** ~, er/sie drückt sich wie ein Dichter aus.

poeticità f **1** (*carattere poetico*) poetischer Charakter **2** (*capacità evocativa*) {+IMMAGINE} poetische Kraft.

poeticizzàre tr (*rendere poetico*) ~ **qc** {QUOTIDIANO} etw poetisch gestalten, etw poetisieren forb.

poètico, (-a) <-ci, -che> **A** agg **1** (*in versi*) {OPERA, PRODUZIONE} dichterisch, Gedicht- **2** (*che riguarda la poesia*) {ATTIVITÀ} dichterisch; {ARTE} anche Dicht-, Vers- **3** (*proprio della poesia*) {REGOLA} dichterisch; {STILE} anche poetisch; {LINGUAGGIO} anche Dichter- **4** (*peculiare del poeta*) {CREAZIONE, ISPIRAZIONE, VENA} dichterisch **5** (*che ha i caratteri della poesia*) {ESPRESSIONE} dichterisch, poetisch **6** fig (*suggestivo*) {PAESAGGIO} zauberhaft, faszinierend **7** fig (*sensibile*) {ANIMO} poetisch, empfindsam, feinfühlig **8** fig (*utopistico*) {VISIONE DELLA VITA} utopisch **9** fig (*troppo sentimentale*) schwärmerisch, sentimental **B** m Poetische n decl come agg: **c'è qualcosa di ~ nelle sue parole**, er/sie drückt sich irgendwie poetisch aus, seine/ihre Worte haben etwas Poetisches.

poetizzàre tr (*rendere poetico*) ~ **qc** {LUOGO} etw poetisieren forb.

pòggia <-ge> f mar **1** (*lato di sottovento*) Lee(seite) f **2** (*paranco*) Flaschenzug m ● **a ~!** mar, leewärts!; **andare**/**venire a ~ mar**, leewärts segeln.

poggiafèrro <-> m Bügeleisenablage f.

poggiapièdi <-> m (*sgabello*) Fußbank f, Fußschemel m.

poggiàre① <poggio, poggi> **A** tr **1** (*posare*) ~ **qc** (**su qc**) {VASO SUL DAVANZALE} etw auf etw (acc) stellen; {GIORNALE SUL TAVOLO} etw auf etw (acc) legen; {IRGENDWO} ablegen; {BICCHIERE SUL COMODINO} etw irgendwohin stellen; {PIEDI PER TERRA} etw auf etw (acc) setzen, etw (auf etw acc) auf|setzen; {GOMITI SUL TAVOLO} etw auf etw (acc) stützen, etw (auf etw acc) auf|stützen; {TESTA SUL CUSCINO} etw auf etw (acc) legen; {SIGARETTA SUL POSACENERE} etw auf etw (acc) ab|legen; **poggia l'impermeabile!**, leg doch den Regenmantel ab! **2** (*accostare*) ~ **qc** (**a qc**) {PALA AL MURO} etw an etw (acc) lehnen **B** itr ~ **su qc 1** (*basarsi*) {STATUA SUL PIEDISTALLO} auf etw (dat) stehen; {ARCATA SU DEI PILONI} auf etw (dat) ruhen **2** fig {DEDUZIONE, TEORIA} sich auf etw (acc) stützen, auf etw (dat) basieren; {RAGIONAMENTO, SOSPETTO} ⌊sich auf etw (acc)⌋/[auf etw (dat)] gründen, sich auf etw (acc) stützen **C** itr pron: **poggiarsi su qc 1** (*reggersi*) {CASA SU UN TERRENO FRANOSO} auf etw (dat) gebaut sein **2** fig {ACCUSA SU PROVE} sich auf etw (acc) stützen **D** rfl (*appoggiarsi*): **poggiarsi a qc** {ALLA RINGHIERA} sich an etw (acc) (an|)lehnen; {AL MURO} sich an etw (dat) an|stützen.

poggiàre② <poggio, poggi> itr mar **1** ab|fallen **2** (*rifugiarsi in porto*) in einen Hafen ein|laufen.

poggiàta f mar Abfallmanöver n.

poggiatèsta f **1** (*appoggiatesta*) Kopf-, Nackenstütze f **2** etnol Kopfstütze f.

pòggio <-gi> m (*colle*) Anhöhe f, Hügel m.

poggiòlo m region (*balcone*) Balkon m.

pògrom <-> m stor (*persecuzione*) Pogrom n o m.

poh inter fam (*di disapprovazione, disprezzo, disgusto*) pfui!, bah!

pòi A avv **1** (*successivamente*) dann: **ci salutò, poi partì**, er/sie grüßte uns, dann fuhr er/sie los; **volevo andarci, ma poi ho cambiato idea**, ich wollte hingehen, aber dann habe ich es mir anders überlegt; **prima studi, poi esci!**, zuerst wird gelernt, dann darfst du rausgehen! **2** (*più tardi*) später, nachher: **ne discuteremo poi**, darüber reden wir nachher; **queste lettere le imbucherò poi**, ich werfe diese Briefe später ein **3** (*più in là*) dann: **prima c'è la posta, poi la banca**, zuerst kommt die Post, dann die Bank **4** (*in un elenco*) dann: **prima c'è la j poi la k**, zuerst kommt das J, dann das K **5** (*per di più*) außerdem: **si dà troppe arie e poi non è neanche spiritoso**, er tut sich wichtig und außerdem ist er nicht einmal geistreich **6** (*tutto sommato*): **non credo che siano poi così felici**, alles in allem glaube ich nicht, dass sie so glücklich sind **7** (*infine*) schließlich, endlich: **vi siete poi rappacificati?**, habt ihr euch schließlich versöhnt?; **hai poi preso una decisione?**, hast du endlich eine Entscheidung getroffen?; **che cosa ho fatto poi di male?**, was habe ich denn so Schlimmes getan? **8** (*serve a riprendere il discorso*) übrigens: **quanto poi a dare le dimissioni, io ci penserei due volte**, was übrigens die Kündigung betrifft, würde ich mir das zweimal überlegen **9** (*però*) aber: **me l'hanno riferito, poi se è vero o no, non lo so**, so haben sie es mir erzählt, aber ob es stimmt oder nicht, weiß ich nicht **10** enf dann (noch), und: **questa poi non l'lo mai sentita!**, so was habe ich ja noch nie gehört!; **e poi dicono che le donne sono pettegole!**, und dann heißt es, dass die Frauen Klatschtanten fam spreg sind!; **perché poi non dovevo farlo?**, und warum hätte ich das nicht tun sollen? **11** (*ancora*) nochmals: **bisogna lavorare e poi lavorare**, man muss arbeiten und nochmals arbeiten **B** <-> m (*l'avvenire*) Nachher n: **pensare al poi**, an später denken ● **poi poi** (*usato per rinviare o eludere un impegno*), (das mache ich) später; **a poi** (*a più tardi*), bis später, bis nachher, bis gleich; **poi dopo** (*in seguito*), dann, danach, daraufhin, später; **e poi dopo che cosa ti ha detto?**, und was hat er dir dann noch gesagt?; **e poi?** (*allora?*), und dann?; **da domani/oggi in poi** (*in avanti*), von morgen/heute an, ab morgen/heute; **da quel giorno in poi**, von jenem Tag an; **no e poi no!** fam, nein und nochmals nein!; **questo poi no!**, das darf doch nicht wahr sein!, das gibt's doch nicht!

poiàna f ornit Mäusebussard m.

poiché cong (*dal momento che*) ~ ... ind, da ... ind, weil ... ind: ~ **pioveva a dirotto, rimandammo la gita**, da es in Strömen regnete, verschoben wir den Ausflug.

poièsi <-> f filos (*geistiges*) Schaffen n.

poiètico, (-a) <-ci, -che> agg filos {ATTIVITÀ} schöpferisch, poietisch.

pointer <-> m ingl (cane da caccia) Pointer m.

pois <-> m franc (nella moda) (pallino) Tupfen m: **a ~**, getüpfelt, getupft; **camicia nera a ~ bianchi**, ein weiß getupftes schwarzes Hemd.

pòker <-> m **1** (nei giochi di carte) Poker-(spiel) n: **giocare a ~**, pokern, Poker spielen; **fare (un) ~ d'assi**, vier Asse haben **2** fig sport giorn Serie f, Reihe f: **dopo il ~ di vittorie, la squadra perse in casa**, nach einer Reihe von Siegen verlor die Mannschaft ein Heimspiel.

pokerino m <dim di poker> (partita a poker in famiglia o tra amici) Familienpoker m, Poker m unter Freunden.

pokerista <-i m, -e f> mf (nei giochi di carte) Pokerspieler(in) m(f).

polàcca <-che> f **1** mus Polonäse f, Polonaise f **2** (nella moda) Damenschnürstiefel m.

polacchìna, polacchìno <dim di polacca> f <di solito al pl> (nella moda) Damenschnürstiefel m.

polàcco, (-a) <-chi, -che> **A** agg polnisch **B** m (f) (abitante) Pole m, (Polin f) **C** m <solo sing> (lingua) Polnisch(e) n.

polàre A agg **1** astr {STELLA} Polar-, Nord- **2** chim {LEGAME, MOLECOLA} polar **3** fis mat {ASSE, EQUAZIONE, PIANO} polar, Pol-, Polar- **4** geog {CIRCOLO, LATITUDINE, TERRE} Polar-; {GIORNO, NOTTE} Polar-: **calotta** f, Eiskappe m **5** fig lett (antitetico) {CONCETTI} gegensätzlich, antithetisch **6** fig (glaciale) {CLIMA, FREDDO, TEMPERATURA} eisig **B** f mat {+PUNTO} Polare f.

polària, Polària <-> f aero Flughafenpolizei f.

polarimetrìa f fis Polarimetrie f.

polarìmetro m fis Polarimeter n.

polarità <-> f **1** biol fis geol mat Polarität f **2** fig lett (contrapposizione) {+TEORIE} Polarität f, Gegensätzlichkeit f.

polarizzàbile agg **1** fis {PILA} polarisierbar **2** fig (influenzabile) {SCELTA} beeinflussbar, lenkbar, manipulierbar forb.

polarizzabilità <-> f **1** fis {+ATOMO} Polarisierbarkeit f **2** fig (influenzabilità) {+OPINIONE PUBBLICA} Beeinflussbarkeit f, Lenkbarkeit f, Manipulierbarkeit f forb.

polarizzàre A tr **1** fis: **~ qc** {RAGGIO LUMINOSO} etw polarisieren **2** fig (attirare) **~ qc su/qc** {ATTENZIONE} etw auf jdn/etw lenken, etw auf jdn/etw ziehen: **è riuscito a ~ su di sé l'interesse del pubblico**, ihm ist es gelungen, das öffentliche Interesse auf sich zu ziehen **B** itr pron **1** fis: **polarizzarsi** sich polarisieren **2** fig (orientarsi): **polarizzarsi su/verso qu/qc** sich an jdm/etw orientieren, sich nach jdm/etw richten.

polarizzatóre, (-trice) fis **A** agg {PRISMA} Polarisations- **B** m (dispositivo) Polarisator m.

polarizzazióne f **1** fis Polarisation f, Polarisierung f: **~ dielettrica/magnetica/ottica**, dielektrische/magnetische/optische Polarisation **2** fig (attrazione) **~ su/verso qu/qc** Konzentration f auf jdn/etw , Lenken n auf jdn/etw , Ziehen n auf jdn/etw **3** fig (antitesi) {+IDEE} Polarisierung f forb.

Polaròid® fot **A** <inv> in funzione di agg {FOTO, PELLICOLA} Polaroid- **B** <-> f **1** (macchina) Polaroidkamera f **2** (foto) Polaroidfoto n.

pòlca <-che> f (danza) Polka f.

pòlder <-> m olandese geog Polder m.

polèmica <-che> f **1** (controversia) {ASPRA, LETTERARIA, LUNGA, POLITICA} Polemik f, Auseinandersetzung f, Kontroverse f: **aprire/chiudere una ~**, eine Polemik entfachen/beenden; **entrare in ~ con qu su qc**, sich mit jdm auf eine Polemik einlassen; **essere in ~ con qu**, mit jdm eine Polemik/Kontroverse austragen **2** (discussione) Streiterei f: **evitiamo le polemiche!**, vermeiden wir Streitereien! ● **fare della ~** (polemizzare), polemisieren.

polemicità <-> f **1** (inclinazione polemica) {+PERSONA} polemischer Charakter **2** (tono) {+SCRITTO} polemischer Ton, polemische Haltung.

polèmico, (-a) <-ci, -che> agg **1** (che ama polemizzare) {SCRITTORE} polemisch: **uno spirito ~**, ein polemischer Geist **2** (improntato a polemica) {ATTEGGIAMENTO, BATTUTA, TONO} polemisch.

polemìsmo m **1** (atteggiamento) polemische Haltung **2** (tendenza) Neigung f zur Polemik.

polemìsta <-i m, -e f> mf **1** (autore) Verfasser(in) m(f) von Streitschriften **2** (persona polemica) Polemiker(in) m(f).

polemizzàre itr **1** (condurre una polemica) **~ con qu su qc**, **~ contro qc** {SUI RISULTATI ELETTORALI, CONTRO UNA SENTENZA} (mit jdm) (gegen etw acc) polemisieren **2** (discutere) **~ con qu su qc** {mit jdm} (über etw acc) (lebhaft) diskutieren: **polemizza su tutto**, er/sie hat an allem etwas auszusetzen.

polèna f mar Galionsfigur f.

polènta f gastr Polenta f: **~ e baccalà**, Polenta f und Klippfisch.

polentóne, (-a) <accr di polenta> **A** m große Polenta **B** m (f) **1** fam (persona lenta) lahme Ente fam, Lahmarsch m volg **2** scherz (epiteto rivolto ai settentrionali) Polentafresser(in) m(f) scherz (Schimpfwort der Süditaliener für die Norditaliener).

pole position <-, con positions pl ingl> loc sost f ingl **1** sport (nell'automobilismo, nel motociclismo) Poleposition f: **la Ferrari parte in pole position**, der Ferrari startet in Poleposition **2** fig (posizione di vantaggio) günstigere Position: **questo film è in pole position per l'assegnazione del premio**, dieser Film hat die besten Chancen, den Preis zu gewinnen / [ist der Favorit bei der Preisverteilung].

polesàno, (-a) **A** agg von/aus Pola **B** m (f) (abitante) Polesaner(in) m(f).

polesìne m geog Flussinsel f; (del Po): **Polesine**, Podelta m.

POLFER, polfèr, Polfèr f ferr abbr di Polizia Ferroviaria: Bahnpolizei f.

pòli- primo elemento Mehr-, Viel-, mehr-, viel: **polifonìa**, Polyfonie, Mehrstimmigkeit f; **polisillabico**, mehrsilbig; **polimorfo**, polymorph.

-poli suff giorn (rif. a fenomeni di corruzione): **cattedropoli**, Bestechungsskandal m bei der Vergebung von Lehrstühlen/Planstellen; **concorsopoli**, Bestechungsskandal m bei Bewerbungsverfahren; **tangentopoli**, Schmiergeldskandal m.

poliacrilàto m chim Polyacrylat n.

poliacrìlico, (-a) <-ci, -che> agg chim {FIBRA, RESINA} Polyacryl-.

poliambulatòrio <-ri> m (ambulatorio) Gemeinschaftspraxis f.

poliammìde f chim Polyamid n.

poliammìdico, (-a) <-ci, -che> agg chim {FIBRA} Polyamid-.

poliandrìa f etnol Vielmännerei f, Polyandrie f.

poliarchìa f polit Polyarchie f.

poliartrìte f med Polyarthritis f scient.

poliatòmico, (-a) agg chim fis {MOLECOLA} polyatomar.

polibàsico, (-a) <-ci, -che> agg chim {ACIDO} mehrbasig.

policarbonàto m chim Polykarbonat n, Polycarbonat n.

policèntrico, (-a) <-ci, -che> agg **1** mat (in geometria) {LINEA} polyzentrisch **2** urban {CITTÀ} polyzentrisch.

policentrìsmo m polit Polyzentrismus m.

policìclico, (-a) <-ci, -che> agg chim med polyzyklisch.

policlìnico <-ci> m (ospedale) Klinikum n, Krankenanstalten f.

policlonàle agg biol polyklonal.

policondensazióne f chim Polykondensation f.

policromàre tr (decorare in policromia) **~ qc** {SCULTURA, VETRO} etw polychrom aus|statten, etw polychromieren rar.

policromàtico, (-a) <-ci, -che> agg anche fis {EFFETTO, LUCE SOLARE} polychrom, viel-, mehrfarbig.

policromìa f **1** (varietà di colori) Viel-, Mehrfarbigkeit f **2** arch arte (nella scultura) Polychromie f.

policromo, (-a) agg **1** (di più colori) {CERAMICA, STATUA} polychrom, viel-, mehrfarbig, bunt **2** fig lett (eterogeneo) bunt zusammengesetzt, heterogen.

poliedricità <-> f fig (molteplicità, versatilità) {+ATTIVITÀ, INTERESSI} Vielseitigkeit f: **~ d'ingegno di Goethe**, geistige Vielseitigkeit Goethes **2** geom Polyedrie f.

polièdrico, (-a) <-ci, -che> agg **1** fig (versatile) {ARTISTA, INGEGNO, MENTE} vielseitig **2** mat {FIGURA, SUPERFICIE} vielflächig, polyedrisch.

polièdro m mat Vielflächner m, Polyeder n: **~ regolare**, reguläres Polyeder.

poliennàle agg anche econ {ESPERIENZA, TITOLO} mehrjährig.

poliestere chim **A** m Polyester m **B** in funzione di agg {FIBRA, RESINA} Polyester-, aus Polyester.

poliestesìa f med Polyästhesie f.

polietilène m chim Polyäthylen n.

polietilènico, (-a) agg chim {COMPOSTO} Polyäthylen-.

polifagìa f **1** biol Polyphagie f **2** med Gefräßigkeit f, Bulimie f scient.

polìfago, (-a) <-gi, -ghe> biol **A** agg {ORGANISMO} polyphag **B** m Polyphage m.

polifàse <inv> agg elettr fis {SISTEMA} mehrphasig, Mehrphasen-.

Polifèmo m mitol Polyphem(os) m.

polifenòlo m chim Polyphenol n.

polifonìa f lett mus Polyfonie f.

polifònico, (-a) <-ci, -che> agg lett mus {COMPOSIZIONE} polyfon.

polifosfàto m chim Polyphosphat n.

polifunzionàle agg **1** (che offre più servizi) {CENTRO} Mehrzweck- **2** chim {COMPOSTO} polyvalent.

poligala f bot Kreuzblume f.

poligamìa f → **poligamo**.

poligamìa f **1** etnol Polygamie f, Vielehe f **2** bot zoo Polygamie f.

poligàmico, (-a) <-ci, -che> agg etnol zoo {ISTINTO, SOCIETÀ} polygam.

polìgamo, (-a) **A** agg **1** etnol polygam: **essere ~**, polygam sein, in Polygamie leben **2** bot zoo polygam **B** m (f) **1** etnol Polygamist(in) m(f) **2** bot polygame Pflanze **3** zoo polygames Tier.

poligènesi <-> f **1** (origine molteplice) {+LINGUAGGIO} mehrfacher Ursprung **2** biol Polygenese f, Polygenesis f.

poligenètico, (-a) <-ci, -che> agg **1** (della poligenesi) {TEORIA} des mehrfachen Ursprungs **2** biol polygen **3** chim {COLORANTE} Mehrfach-.

poliginìa f **1** etnol Polygynie, Vielweiberei f **2** zoo Polygynie f.

poliglòtta <-i m, -e f> **A** mf (chi parla molte lingue) Polyglotte mf forb decl come agg, Mehr-, Vielsprachige mf decl come agg **B** agg {STUDIOSO} polyglott forb, mehr-, vielsprachig.

poliglottìsmo m (conoscenza di più lingue) Mehr-, Vielsprachigkeit f; (uso e coesistenza di più lingue) Mehrsprachigkeit f.

poligonàle A agg **1** (a forma di poligono) {FIGURA, PIANTA} vieleckig **2** mat (in geometria) polygonal, vieleckig **B** f mat (in geometria) Polygonzug m.

polìgono m (in geometria) Polygon n, Vieleck n: ~ **regolare/stellato**, Isogon n/Sternpolygon n ● ~ **astronautico/spaziale/[di lancio]** astr, Weltraumraketenabschussrampe f; ~ **di tiro** sport mil, Schießplatz m, Schießbahn f.

poligrafìa f tip (riproduzione) {+DISEGNO, SCRITTO} Vervielfältigung f; (ciascuna copia) Abzug m, Kopie f.

poligràfico, (-a) <-ci, -che> tip **A** agg (eseguito con il poligrafo) {COPIA, RIPRODUZIONE} hektographiert **B** m (f) (operaio) Arbeiter(in) m(f) in der Druckindustrie ● **Istituto Poligrafico dello Stato** tip (a Roma), "staatliche Druckanstalt"; **officina poligrafica/stabilimento ~** tip, Druckerei f.

polìgrafo m tip (apparecchio) Hektograph m, Vervielfältigungsapparat m.

polimerìa f biol Polymerie f.

polimèrico, (-a) <-ci, -che> agg biol chim polymer.

polimerìsmo m chim Polymerie f.

polimerizzàre chim **A** tr ~ **qc** {OLIO} etw polymerisieren **B** itr pron: **polimerizzarsi** {COMPOSTO} polymerisiert werden.

polimerizzazióne f chim Polymerisation f.

polìmero, (-a) **A** agg **1** biol {GENE} viel-, mehrgliedrig **2** chim polymer **B** m chim Polymer(e) n.

polimetacrilàto m chim Polymethacrylat n: ~ **di metile**, Polymethylmethacrylat n, Plexiglas n.

polimetrìa f ling Polymetrie f.

polìmetro, (-a) ling **A** agg **B** m Polymetrie f.

polimorfìsmo m biol min Polymorphismus m, Polymorphie f.

polimòrfo, (-a) agg lett biol bot min polymorph.

Polinèsia f geog Polynesien f.

polinesiàno, (-a) **A** agg {ISOLA} polynesisch **B** m (f) (abitante) Polynesier(in) m(f) **C** m <solo sing> (lingua) Polinesisch(e) n.

polinomiàle agg mat polynomisch, vielgliedrig.

polinòmio <-mi> m mat Polynom n.

polinsàturo, (-a) agg chim mehrfach ungesättigt, polyungesättigt.

polinucleàto, (-a) agg biol {CELLULA} polynukleär, vielkernig.

pòlio① <-lii> m bot Bergpolei m.

pòlio② <-> f fam med abbr di poliomielite: Kinderlähmung f, Polio f.

poliomielìte f med Kinderlähmung f, Poliomyelitis f scient.

poliomielìtico, (-a) <-ci, -che> med **A** agg **1** (di poliomielite) {EPIDEMIA} Polio- **2** (causato da poliomielite) {ATROFIA} Polio- **3** (affetto da poliomielite) {RAGAZZO} an Kinderlähmung leidend **B** m (f) (malato) Poliokranke mf decl come agg.

poliovìrus m biol Poliovirus n o m.

polipeptìde m biol chim Polypeptid n.

polipeptìdico, (-a) <-ci, -che> agg biol chim {CELLULA, NUCLEO} Polypeptid-.

polipétto <-dim di polipo> m **1** kleiner Polyp **2** zoo (moscardino) Moschuskrake f, Moschuspolyp m.

poliplòide agg biol {CELLULA, NUCLEO} polyploid.

poliploidìa f biol Polyploidie f.

pòlipo m **1** zoo Polyp m, Krake f o m **2** med Polyp m scient: ~ **intestinale/nasale/uterino**, Darm-/Nasen-/Gebärmutterpolyp m scient.

polipòide agg biol med {NEOPLASIA} polypenartig, polypoid scient.

polipòsi <-> f med {NASALE} Polypenbildung f, Polypose f scient, Polyposis f scient.

polipropilène m chim Polypropylen n.

poliptòto m ling Polyptoton n.

poliremàtica f ling lexikalisierte Einheit, feste Wendung.

poliremàtico, (-a) <-ci, -che> agg ling {ESPRESSIONE} lexikalisiert, fest: **unità polirematiche**, lexikalisierte Einheiten, feste Wendungen.

poliritmìa f mus Polyrhythmik f.

polis <-, poleis pl greco> f greco stor Polis f, Stadtstaat m.

polisaccàride m chim Polysaccharid n.

polisemàntico, (-a) <-ci, -che> agg ling polysemantisch.

polisemìa f ling Polysemie f.

polisèmico, (-a) <-ci, -che> agg ling {ESPRESSIONE} polysem.

polisènso A <inv> in funzione di agg {VOCABOLO} mehrdeutig **B** m (varietà di significati) Mehrdeutigkeit f.

polisillàbico, (-a) <-ci, -che> agg ling {PAROLA} mehrsilbig.

polisìllabo, (-a) ling **A** agg mehrsilbig **B** m (parola) mehrsilbiges Wort.

polisìndeto m ling Polysyndeton n.

polisìntesi <-> f ling Polysynthese f.

polisintètico, (-a) <-ci, -che> agg ling {LINGUA} polysynthetisch.

polisolfùro m chim Polysulfid n.

polispecialìstico, (-a) <-ci, -che> agg med {STUDIO MEDICO} vielfach spezialisiert.

polisportìva f (società sportiva) Polysport m.

polisportìvo, (-a) **A** agg (per la pratica di più sport) {CAMPO, CLUB, SOCIETÀ} Sport- **B** f (associazione) Sportverein m.

polìsta <-i m, -e f> **A** agg polit (del Polo delle Libertà) {CANDIDATO} des Pols der Freiheit **B** mf **1** polit Kandidat(in) m(f)/Anhänger(in) m(f) des Pols der Freiheit **2** sport (nel polo) Polospieler(in) m(f).

polìstilo agg arch {PILASTRO} Bündel-.

polistirène m chim Polystyren n, Polystyrol n, Styropor® n.

polistìrolo m chim Polystyren n, Polystyrol n, Styropor® n: ~ **espanso**, Styropor® n.

politècnico, (-a) <-ci, -che> università **A** agg {ISTITUTO, STUDI} polytechnisch **B** m Polytechnikum n, Technische Hochschule, Technische Universität: **Davide studia al ~**, Davide studiert an der Technischen Hochschule.

politeìsmo m relig Polytheismus m, Vielgötterei f.

politeìsta <-i m, -e f> relig **A** agg {RELIGIONE} polytheistisch **B** mf (seguace) Polytheist(in) m(f).

politeìstico, (-a) <-ci, -che> agg relig polytheistisch.

polìtica① <-che> f **1** gener Politik f: ~ **agricola comune**, Europäische Agrarpolitik; ~ **agraria/ ambientale/ industriale/ sanitaria/scolastica**, Agrar-/Umwelt-/Industrie-/Gesundheits-/Schulpolitik f; ~ **di bilancio**, Haushaltspolitik f; ~ **coloniale/espansionistica**, Kolonial-/Expansionspolitik f; ~ **commerciale/economica**, Handels-/Wirtschaftspolitik f; **politiche comunitarie**, EG-Politik f; ~ **conservatrice/progressista/reazionaria**, konservative/fortschrittliche/reaktionäre Politik; ~ **criminale/demografica/riformistica**, Kriminal-/Bevölkerungs-/Reformpolitik f; ~ **estera/interna**, Außen-/Innenpolitik f; ~ **internazionale**, internationale Politik; **la ~ di Federico II di Prussia**, die Politik Friedrichs II. von Preußen; ~ **finanziaria/sociale/salariale/[dei prezzi]**, Finanz-/Sozial-/Lohn-/Preispolitik f; ~ **fiscale/liberista**, Steuer-/Freihandelspolitik f; ~ **protezionista**, protektionistische Politik, Protektionismus m; ~ **monetaria**, Währungspolitik f; **i principi/le regole della ~**, die Grundsätze/die Regeln der Politik; ~ **dei redditi**, Einkommenspolitik f; ~ **sindacale**, Gewerkschaftspolitik f; **teorico della ~**, Politikwissenschaftler; ~ **urbanistica**, Städtebaupolitik f **2** (attività) Politik f: ˹**darsi alla**˺/**[entrare in]** ~, in die Politik gehen; **fare (della)** ~, Politik betreiben; **militante**, militante Politik; **occuparsi di** ~, sich mit Politik befassen; **ritirarsi dalla** ~, sich von der Politik zurückziehen **3** (modo di gestire) {+AZIENDA} Politik f, Strategie f: **la ~ d'investimenti di una società**, die Investitionspolitik einer Gesellschaft **4** fig (linea di condotta) Politik f, Linie f: **adottare una ~ sbagliata**, eine falsche Linie einschlagen ● **da caffè** (trattata in modo superficiale), Stammtischpolitik f spreg; ~ **della distensione**, Entspannungspolitik f; ~ **del non intervento**, Politik f der Nichteinmischung; ~ **-spettacolo** (che privilegia la spettacolarità della comunicazione), Politik f auf Talkshow-Niveau; ~ **sporca** fig fam, Politik f ˹mit Mafiamethoden˺/[als dreckiges Geschäft fam spreg]; ~ **dello struzzo** fig (di chi preferisce ignorare un problema), Vogel-Strauß-Politik f.

polìtica② f → **politico**.

political correctness <-> loc sost f giorn politische Korrektheit, Political Correctness f.

politically correct ingl giorn **A** <inv> loc agg politisch korrekt, politically correct, pc: **un dibattito politically correct**, eine politisch korrekte Diskussion **B** <-> loc sost m politische Korrektheit, Political Correctness f.

politicaménte avv **1** (sotto l'aspetto politico) politisch: **essere ~ impegnato**, politisch engagiert sein; **un programma ~ valido**, ein politisch überzeugendes Programm **2** fig (con astuzia) klug, schlau: **agire ~**, geschickt/diplomatisch vorgehen.

politicànte mf spreg **1** (chi fa politica con poca competenza) Stammtischpolitiker(in) m(f) spreg **2** fig (intrallazzatore) Kungler(in) m(f) fam spreg, Intrigant(in) m(f) forb.

politicàstro, (-a) m (f) spreg (politico da strapazzo) Politikaster m spreg.

politichése spreg **A** agg {LINGUAGGIO} Politiker- **B** m (gergo dei politici) Politikersprache f, Politikerchinesisch n fam.

politicizzàre A tr **1** (dare un carattere politico) ~ **qc** {SCUOLA} etw politisieren **2** (sensibilizzare) ~ **qu** {LAVORATORI, MASSA} jdn poli-

politicizzato | polmone

tisieren **B** *itr pron* (*assumere carattere politico*): **politicizzarsi** {FATTO} politischen Charakter an|nehmen, zu einem Politikum werden **C** *rfl* (*sensibilizzarsi*): **politicizzarsi** {GIOVANI} sich politisieren, politisch sensibler werden.

politicizzàto, (-a) **A** *part pass di* politicizzare **B** *agg* {GIOVANI, UNIVERSITÀ} politisiert.

politicizzazióne f **1** (*il politicizzare*) {+ARTE} Politisierung f **2** (*partecipazione*) {+INTELLETTUALE} Politisierung f.

político, (-a) <-ci, -che> **A** *agg* **1** (*della politica*) {ASSETTO, CRISI, DIBATTITO, FORZA, ORDINAMENTO, PARTITO, PENSIERO, POTERE, TEORIA, VITA} politisch; {STORIA} Politik- **2** (*accusato per reati politici*) {PRIGIONIERO} politisch **3** (*che svolge attività politica*) {CLASSE} Politiker- **4** (*non civili*) {DIRITTI} politisch **5** (*commesso contro lo Stato*) {DELITTO, REATO} Staats- **6** (*non amministrative*) {ELEZIONI} Parlaments- **7** (*fissato dallo Stato*) {PREZZO} staatlich festgesetzt **8** *fig* (*verso l'arte di governare*) {ACUME, PERSPICACIA} politisch **9** *fig* (*astuto*) {MOSSA} klug, geschickt **10** *fig* (*accorto*) {UOMO} geschickt, schlau, diplomatisch: **devi essere più ~, se vuoi ottenerlo**, du musst ₁dich schon schlauer/geschickter anstellen₁/ [schon diplomatischer vorgehen], wenn du das erreichen willst **11** *econ* {ECONOMIA} Volks-, National- **12** *fig lett* (*sociale*) sozial: **l'uomo è un animale ~**, der Mensch ist ein soziales Wesen **13** *geog* {CARTA, GEOGRAFIA} politisch **14** *polit* {SCIENZE} Politik- **B** m (f) **1** (*chi fa politica*) Politiker(in) m(f): **un abile/grande ~**, ein fähiger/großer Politiker; **un ~ di professione**, ein Berufspolitiker **2** *fig* (*persona scaltra*) raffinierter Mensch, Fuchs m *fam* **C** m <*solo sing*> (*sfera sociale, pubblica*) Politische n *decl come agg* **D** f <pl> (*elezioni*) Parlamentswahlen f pl.

politicóne, (-a) <*accr di politico*> m (f) *fam* (*persona scaltra*) raffinierter/gerissener *fam* Mensch.

políto, (-a) *agg lett* (*levigato*) {PIETRA} glatt, geschliffen; *fig* {VERSO} geschliffen.

politòloga f → **politologo**.

politología f *sociol* Politologie f, Politikwissenschaft f.

politològico, (-a) <-ci, -che> *agg* (*della politologia*) {STUDIO} politologisch, politikwissenschaftlich.

politòlogo, (-a) <-gi, -ghe> m (f) (*studioso*) Politologe m, (Politologin f), Politikwissenschaftler(in) m(f).

politonàle *agg* **1** *ling mus* {LINGUA, TECNICA} polytonal **2** *fig lett* {OPERA} vielschichtig.

politonalità <-> f **1** *ling mus* Polytonalität f **2** *fig lett* Vielschichtigkeit f, Stilreichtum m.

politrasfùso, (-a) *med* **A** *agg* (*sottoposto a più trasfusioni*) {PAZIENTE} "der mehrere Bluttransfusionen erhalten hat" **B** m (f) (*paziente*) "wer mehrere Bluttransfusionen erhalten hat".

políttico <-ci> m **1** *arte* (*in pittura*) Flügelaltar m, Polyptychon n **2** *fig lett mus teat* (*opera*) Zyklus m.

politùra f **1** (*levigatura*) {+MARMO} Glätten n, Polieren n; {+MOBILE} Abschleifen n **2** *fig lett* (*rifinitura*) {+OPERA} Ausfeilen n.

poliuretàno n *chim* Polyurethan n: **~ espanso**, Styropor® n.

poliùria f *med* Harnflut f, Polyurie f *scient*.

polivalènte *agg* **1** *chim* {ALCOL} polyvalent, mehrwertig **2** *fig* (*che serve a usi diversi*) {EDIFICIO} Mehrzweck- **3** *fig* (*che offre servizi diversi*) {CENTRO SPORTIVO} Mehrzweck- **4** *fig* (*plurivalente*) {LEGGE} polyvalent **5** *fig* (*polisemico*) {ESPRESSIONE} mehr-, vieldeutig

6 *med* {ANTIBIOTICO} Breitband-; {VACCINO} Mehrfach-, polyvalent.

polivalènza f **1** *chim* Polyvalenz f, Mehrwertigkeit f **2** *fig* (*plurivalenza*) {+PROVVEDIMENTO} Polyvalenz f **3** *fig* (*polisemia*) {+DISCORSO} Mehr-, Vieldeutigkeit f **4** *med* {+FARMACO} Polyvalenz f, mehrfache Verwendungsmöglichkeit.

polivinilclorùro m *chim* (*abbr* PVC f) Polyvinylchlorid n, PVC n.

polivinìle m *chim* Polyvinyl n.

polivinílico, (-a) <-ci, -che> *agg chim* {RESINA} Polyvinyl-.

polizìa f **1** Polizei f: ₁**chiamare la**₁/[**telefonare alla**] **~**, ₁die Polizei rufen₁/[bei der Polizei anrufen]; **sono ricercati dalla ~**, sie werden von der Polizei gesucht; **~ amministrativa/giudiziaria/sanitaria**, Verwaltungs-/Gerichts-/Gesundheitspolizei f; **~ ferroviaria/marittima/stradale**, Bahn-/Wasserschutz-/Verkehrspolizei f; **~ di frontiera**, Grenzpolizei f; **~ militare/penitenziaria**, Militärpolizei f/Gefängnisaufseher m pl; **~ municipale**, städtische Polizei, Ortspolizei f; **~ scientifica**, Erkennungsdienst m; **~ segreta**, Geheimpolizei f; **~ tributaria**, Steuerfahndungsdienst m **2** (*commissariato*) Polizeiwache f: **andare alla ~**, auf die Polizeiwache gehen; **è stato portato alla ~**, er ist auf die (Polizei)wache gebracht worden **3** (*auto della ~*) Polizeiwagen m, Polizeiauto n: **la ~ è arrivata a sirene spiegate**, die Polizei kam mit heulenden Sirenen an.

poliziésco, (-a) <-schi, -sche> **A** *agg* **1** (*della polizia*) {INDAGINE} polizeilich, Polizei- **2** *fig* (*che ricorre a metodi antidemocratici*) {REGIME, STATO} Polizei- **3** *fig spreg* (*violento*) {MODI, SISTEMI} Polizei- *spreg* **4** *film lett* {LETTERATURA, ROMANZO, TELEFILM} Kriminal- **B** m *film lett* Krimi m *fam*.

poliziòtto, (-a) **A** m (f) **1** (*agente*) Polizist(in) m(f): **fare il ~**, Polizist/[bei der Polizei] sein **2** *fig spreg* (*sbirro*) Spitzel m, Schnüffler(in) m(f) *fam*: **modi/faccia da ~**, Bullenmethoden f pl *fam spreg*/Bullenfresse f *fam spreg* **B** <inv> *in funzione de agg* {CANE} Polizei-: **donna ~**, Polizistin f ● **~ in borghese** (*senza uniforme*), Zivile m *decl come agg*; **~ privato**, Privatdetektiv m.

pòlizza f **1** (*documento*) Schein m **2** (*nelle assicurazioni*) Police f, Polizze f **A**: **~ (di assicurazione)**, Versicherungspolice f, Versicherungsschein m, Versicherungsurkunde f, Versicherungspolizze f **A**; **fare una ~ sulla vita**, eine Lebensversicherung abschließen; **~ contro il furto/l'incendio**, Versicherung f gegen Diebstahl/Brand **3** *banca comm* Schein m ● **~ di carico** *aero mar*, Frachtbrief m; **~ di pegno/[del Monte di Pietà]**, Pfandschein m, Versatzzettel m **A**, Versatzschein m **A CH**.

pòlka f → **polca**.

pólla f (*sorgente*) Quelle f.

pollàio <-lai> m **1** Hühnerstall m **2** *fig fam* (*luogo sporco*) Schweine-, Saustall m *volg*: **mi hanno ridotto la casa un ~!**, sie haben aus meiner Wohnung einen Schweinestall gemacht *volg* **3** *fig fam* (*chiasso*) Heidenlärm m *fam*.

pollaiòlo, (-a) m (f) (*pollivendolo*) Geflügelhändler(in) m(f).

pollàme m (*insieme di gallinacei*) Geflügel n.

pollànca <-che> f **1** *region zoo* (*gallina giovane*) junge Henne; (*tacchina giovane*) Truthenne f **2** *fig scherz* (*donna piacente*) scharfer Hase *fam scherz*.

pollàstra f **1** *zoo* (*gallina giovane*) junge Henne **2** *fig scherz* (*ragazza attraente*) Mädchen n zum Anbeißen *fam*.

pollastrèllo, (-a) <dim di pollastro> m (f) **1** *zoo* (*pollo giovane*) junges Huhn **2** *fig scherz* (*giovane ingenuo*) junger Spund *fam*, Einfaltspinsel m *fam spreg*.

pollastrìno, (-a) → **pollastrello**.

pollàstro m **1** *zoo* (*pollo giovane*) junges Huhn **2** *fig scherz* (*giovane ingenuo*) junger Spund *fam*, Einfaltspinsel m *fam spreg*.

pollería f (*negozio*) Geflügelhandlung f.

pòllice m **1** *anat* Daumen m **2** *fam* (*alluce*) großer Zeh **3** *metrol* Zoll m: **uno schermo da 15 pollici**, ein Bildschirm von 15 Zoll, ein 15-Zoll-Bildschirm; **~ quadrato**, Quadratzoll m ● **non cedere/mollare di un ~** *fig* (*non cedere su nulla*), keinen Zoll(breit) zurückweichen; **girarsi i pollici** *fig* (*non far niente*), Däumchen drehen *fam*; **avere il ~ verde** *fig* (*essere abile nel giardinaggio*), einen grünen Daumen haben *fam*; **~ verso** *fig* (*esprime condanna, riprovazione, rifiuto*), Daumen nach unten.

Pollicìno m (*titolo e personaggio di una fiaba*) Däumling m.

pollicoltóre, (-trice) m (f) (*allevatore*) Geflügelzüchter(in) m(f).

pollicoltùra f (*allevamento di pollame*) Geflügel-, Hühnerzucht f.

pòlline m *bot* Pollen m, Blütenstaub m.

polling <-> m *ingl inform* Polling n, Sendeaufruf m.

pollínico, (-a) <-ci, -che> *agg bot* {SACCO} Pollen-.

pollinòsi <-> f *med* Pollenallergie f.

pollivéndolo, (-a) m (f) (*venditore di pollame*) Geflügelhändler(in) m(f).

póllo m **1** Huhn n: **~ da cortile/ruspante**, freilaufendes Huhn, Freilandhuhn n **2** *gastr* Hähnchen n, Hühnchen n, Huhn n, Gockel m *süddt*: **~ arrosto/fritto**, Brathähnchen n/[gebackenes Huhn]; **cuocere/spennare/strinare un ~**, ein Huhn braten/rupfen/absengen; **~ lesso/ripieno/[allo spiedo]**, Suppenhuhn n/[gefülltes Huhn]/[Huhn n am Spieß]; **~ alla diavola**, "pikant gewürztes Hähnchen vom Rost" **3** *fig fam* (*credulone*) dummes Huhn *fam*, Einfaltspinsel m *fam spreg*, Naivling m *fam spreg*: **che ~!**, das ist vielleicht ein Naivling! m *fam spreg* ● **~ di batteria** (*allevato industrialmente*), Batteriehuhn n; **conoscere i propri polli** *fig fam* (*sapere con chi si ha a che fare*), seine Pappenheimer kennen *fam*; **andare a letto con i polli** *fig* (*coricarsi prestissimo*), mit den Hühnern schlafen/[zu Bett] gehen; **far ridere i polli** *fig fam* (*comportarsi in modo ridicolo*), lächerlich sein; **è una cosa da far** ₁/[**questo fa**] **ridere i polli** *fig fam* (*è una cosa assurda*), da lachen ja die Hühner! *fam*; **farsi spennare come un ~** *fig* (*farsi truffare rimettendoci tutto quello che si ha*), sich ausnehmen *spreg*/rupfen lassen *fam*.

pollóne m **1** *bot* Schössling m, Sproß m **2** *fig lett* (*discendente*) Nachfahre m, Nachkomme m.

polluzióne[1] f *med* Pollution f *scient*.

polluzióne[2] m (*inquinamento*) Verschmutzung f, Verunreinigung f: **~ dell'acqua/aria**, Wasser-/Luftverschmutzung f; **~ radioattivo**, radioaktive Verseuchung.

polmonàre *agg med* {ARTERIA, EMBOLIA, TUMORE} Lungen-: **malattie polmonari**, Lungenkrankheiten f pl.

polmonària f *bot* Lungenkraut n.

Polmonàti m <pl> *zoo* Lungenschnecken f pl, Pulmonaten f pl.

polmóne m **1** *anat* Lunge f: **essere malato ai/di polmoni**, lungenkrank sein, es auf der Lunge haben *fam* **2** (*frattaglia*) Lunge f: **~ di vitello**, Kalbslunge f **3** *fig* (*risorsa*) Antrieb m, Motor m: **il turismo è il ~ di quella regione**, der Fremdenverkehr ist der Motor dieser Region **4** *mecc tecnol* (*serbatoio*) Kessel m: ~ **idropneumatico**, hydropneumatischer Kessel • ~ **d'acciaio** *med* (*artificiale*) eiserne Lunge; **sentirsi** *allargare* **i polmoni** (*respirare meglio*), wieder (tief) durchatmen können; *fig* (*liberarsi da uno stato d'ansia*), freier atmen können, wieder (tief) durchatmen können; **avere buoni polmoni**, *anche fig*, eine gute Lunge haben *anche scherz*; **gridare a pieni polmoni** (*con tutto il fiato*), aus voller Kehle schreien *fam*; **respirare a pieni polmoni** (*profondamente*), tief ein-/durchatmen; **rimetterci i polmoni** *fig* (*sgolarsi inutilmente*), sich (dat) die Lunge aus dem Hals/der Kehle schreien *fam*; **sputare i polmoni** *fig fam* (*parlare ad alta voce e a lungo*), sich (dat) die Lunge aus dem Leibe/Halse reden *fam*; ~ **verde** *fig* (*zona verde*), grüne Lunge f, Grünzone f; **Central Park è il ~ verde di New York**, der Central Park ist die grüne Lunge von New York.

polmonite f *med* Lungenentzündung f, Pneumonie f *scient*: ~ **lobare**, Lobärpneumonie f *scient*.

pòlo① m **1** *astr* Pol m: **poli celesti/terrestri**, Himmels-/Erdpole m pl; **poli geografici**, geografische Pole m pl; ~ **nord/sud**, Nord-/Südpol m **2** (*regione*) Pol m: **esplorare il ~ artico**, den Nordpol erkunden **3** *fig* (*centro*) Zentrum n: ~ **industriale**, Industriezentrum n; **Parigi è il ~ della moda francese**, Paris ist das Modezentrum Frankreichs **4** *fig giorn polit* (*coalizione*) Koalition f: ~ **conservatore/progressista**, konservative/fortschrittliche Koalition; (*in Italia*) **il Polo (delle Libertà)**, Pol m der Freiheit (*in den 90er Jahren entstandene Mitte-Rechts-Koalition*) **5** *biol* {+CELLULA} Pol m **6** *fis* Pol m: ~ **di una calamita/pila**, Magnet-/Batteriepol m; ~ **elettrico/magnetico**, elektrischer/magnetischer Pol; ~ **induttore**, Induktionspol m; ~ **negativo/positivo**, Minus-/Pluspol m, negativer/positiver Pol **7** *mat* (*punto*) {+RETTA} Pol m • **abitare/stare al ~ nord** *fig* (*in luogo lontanissimo*), wohnen, wo sich die Füchse/[Fuchs und Hase] gute Nacht sagen *scherz*; am Ende der Welt wohnen; **da un ~ all'altro** *fig* (*in ogni parte della terra*), überall auf der Welt; **essere ai poli opposti** *fig* (*avere idee, gusti, interessi diversi*), diametral entgegengesetzt sein *forb*; ~ **di sviluppo** *econ*, Entwicklungszentrum n.

pòlo② *ingl sport* ⟨~⟩ m Polo(spiel) n: **giocare a** ~, Polo spielen B ⟨inv⟩ *loc agg*: **da** ~, Polo-; **campo/mazza/palla da** ~, Polofeld n/Poloschläger m/Poloball m.

pòlo③ ⟨~⟩ (*nella moda*) A *agg* Polo- B f (*maglietta*) Polohemd n.

pololiberista ⟨-i m, -e f⟩ *polit* A *agg* (*del Polo delle Libertà*) {CANDIDATO} des Pols der Freiheit B mf Kandidat(in) m(f)/Anhänger(in) m(f) des Pols der Freiheit.

polonaise ⟨~⟩ f *franc mus* Polonäse f, Polonaise f.

Polònia f *geog* Polen n.

polònio ⟨~⟩ m *chim* Polonium n.

pólpa f **1** (*parte succosa*) {+ALBICOCCA, PESCA, POMODORO} (Frucht)fleisch n **2** (*magro*) {+VITELLO} (mageres, knochenloses) Fleisch **3** *fig* (*contenuto*) {+DISCORSO} Kern m • ~ **bianca e rossa** *anat* (*della milza*), (Milz)pulpa f *scient*; ~ **dentaria** *anat*, Zahnmark n, Pulpa f *scient*; **essere** (**bene**) **in ~** *fig lett* (*bene in carne*), gut im Fleisch/Futter sein/stehen *fam*.

polpàccio ⟨-ci⟩ m *anat* Wade f: **avere i polpacci grossi**, stramme/muskulöse Waden haben, Fußballerwaden haben *scherz*; **gon-**na **che arriva** (fino) **al ~**, wadenlanger Rock.

polpacciùto, (-a) *agg* (*che ha polpacci grossi*) {GAMBE} mit strammen/muskulösen Waden, mit Fußballerwaden.

polpastrèllo m *anat* (*della mano*) Fingerkuppe f; (*del piede*) Zehenkuppe f.

polpétta f **1** *gastr* Fleischklößchen n, Frikadelle f, Bulette f **2** (*boccone avvelenato*) (vergiftetes) Köderfleisch • **far polpette di qu** / **ridurre qu in polpette** *fig scherz* (*malmenarlo*), Hackfleisch aus jdm machen *fam*; (*sconfiggerlo*), jdn in die Pfanne hauen *fam*, jdn haushoch besiegen.

polpettóne ⟨*accr di* polpetta⟩ m **1** *gastr* Hackbraten m, falscher Hase: ~ **al sugo**, Hackbraten m mit Soße **2** *fig* (*rif. a libro, film, spettacolo noioso*) Schinken m *fam scherz*: **quel romanzo è davvero un ~**, dieser Roman ist ein echter Schinken *fam scherz* o *spreg* (*discorso confuso*) Gefasel n *fam spreg*.

pólpo m *zoo* Krake f o m, Oktopus m.

polpóso, (-a) *agg* **1** (*ricco di polpa*) {PRUGNA} (*simile alla polpa*) {SOSTANZA} fleischähnlich **3** (*ben tornito*) {GAMBE} wohlgestaltet, wohlgeformt **4** *enol* {VINO} kräftig, stark.

polsino ⟨*dim di* polso⟩ m **1** kleines Handgelenk **2** (*nella moda*) {+CAMICIA} Manschette f: **abbottonarsi i polsini**, sich (dat) die Manschetten zuknöpfen; (*gemello*) Manschettenknopf m.

pólso A m **1** *anat* Handgelenk n: ~ **fragile/grosso/sottile**, zartes/schwaches/[starkes/kräftiges]/[dünnes/schmales] Handgelenk; **prendere qu per i polsi**, jdn bei/an den Handgelenken packen **2** *med* Puls(schlag) m: ~ **arterioso/venoso**, Arterien-/Venenpuls m; **cercare il ~**, den Puls suchen; ~ **debole/frequente/lento**, schwacher/beschleunigter/langsamer Puls; **avere un ~ irregolare/regolare**, einen unregelmäßigen/regelmäßigen Puls haben; **misurare/prendere** /[sentire/tastare] **il ~ a qu**, jdm den Puls messen/fühlen; **non riuscire a trovare il ~**, den Puls nicht finden **3** (*nella moda*) Manschette f: **cappotto con polsi di visone**, Mantel mit Nerzmanschetten B ⟨inv⟩ *loc agg* **1** (*allacciato*): **da** ~, {CRONOMETRO, OROLOGIO} Armband- **2** *fig* (*energico*): **di** ~, energisch, tatkräftig; **un'insegnante di** ~, ein energischer Lehrer; **una donna di** ~, eine energische/tatkräftige Frau **3** *fig* (*impegnativo*): **di** ~, {LAVORO} anstrengend • **aver** ~ *fig* (*essere energici*), energisch sein; **avere un bel** ~ *fig* (*avere forza espressiva*), {PITTORE, SCRITTORE} Ausdruckskraft besitzen; ~ **di ferro** /**fermo** *fig* (*grande fermezza e risolutezza*), eiserne/feste Entschlossenheit, eiserner/fester Wille; **un uomo privo di/senza ~** *fig* (*smidollato*), ein (willens)schwacher Mensch, ein Mensch ohne Rückgrat; **sentire il ~ di qc** *fig* (*verificarne l'andamento*), die Entwicklung von etw (dat) feststellen; **sentire il ~ del mercato**, die Marktlage erkunden; **tagliarsi i polsi** (*le vene dei polsi*), sich (dat) die Pulsadern aufschneiden; **tastare il ~ a qu** *fig* (*cercare di scoprirne le intenzioni*), {ALL'ELETTORATO} jdm auf den Zahn fühlen *fam*.

polsonétto m (*pentolino di rame*) kleiner Kupferkessel.

polstràda, **Polstràda** ⟨~⟩ f (*polizia stradale*) Verkehrspolizei f.

poltìglia f **1** (*miscuglio*) Brei m: **una ~ di avena e latte**, ein Haferbrei mit Milch **2** (*cibo scotto*) verkochte Mahlzeit: **gli spaghetti sono una ~**, die Spaghetti sind verkocht **3** (*fango*) Schlamm m, Matsch m: **una strada piena di ~**, eine matschige Straße, eine Straße voller Matsch • ~ **bordolese** *agr*, Bordelaiser Brühe; **ridurre qu in ~** *fig* (*conciarlo per le feste*), jdn zu Brei schlagen *fam*.

poltrire ⟨*poltrisco*⟩ *itr* **1** (*starsene a letto*) sich im Bett rekeln/räkeln *fam* **2** *fig* (*impigrire*) faulenzen, auf der faulen Haut liegen *fam*: ~ **nell'ozio**, müßig|gehen, dem Müßiggang frönen *forb*.

poltróna① f **1** (*sedia imbottita*) {+SALOTTO} Sessel m: ~ **da dentista**, Zahnarztstuhl m; ~ **girevole/letto**, Dreh-/Bettsessel m; **mettersi/sedersi in** ~, sich in den Sessel setzen; ~ **di pelle/velluto**, Leder-/Samtsessel m; ~ **da ufficio**, Bürosessel m **2** *fig* (*carica*) (hoher) Posten, (gute) Stellung: **ambisce/aspira alla ~ di ministro**, er/sie strebt einen Ministersessel an *fam*; **ha rinunciato alla ~ di direttore**, er/sie hat auf den Direktorenposten verzichtet **3** *teat* (*posto di platea*) Parkettplatz m: **una ~ di prima fila**, ein Platz in der ersten Reihe • **starsene in ~** (*poltrire*), faulenzen, auf der faulen Haut liegen *fam*.

poltróna② f ~ poltrone.

poltronàggine f (*pigrizia*) Faulheit f, Trägheit f, Faulenzerei f *spreg*.

poltroncina ⟨*dim di* poltrona⟩ f **1** Armstuhl m **2** *teat* Parkettplatz m.

poltróne, (-a) A *agg* (*pigro*) {RAGAZZO} faul, träge B m (f) (*persona pigra*) Faulenzer(in) m(f) *spreg*, Faulpelz m *fam spreg*.

poltronerìa f (*tendenza all'ozio*) Faulenzerei f *spreg*.

poltronissima f *teat* (*posto in prima fila*) Platz m in der ersten Reihe.

pólvere A f **1** Staub m: **levare/togliere la ~ dai mobili**, Staub von den Möbeln wischen, die Möbel abstauben; **sollevare una nuvola di ~**, Staub aufwirbeln; **mi è entrata della ~ nell'occhio**, mir ist Staub ins Auge gekommen; **scarpe piene di ~**, staubige/staubbedeckte Schuhe; **un tavolo coperto di ~**, ein mit Staub bedeckter Tisch **2** (*sostanza*) Staub m, Pulver n: ~ **di carbone/di ferro/d'oro/di vetro**, Kohlen-/Eisen-/Gold-/Glasstaub m; ~ **cosmetica/farmaceutica/insetticida**, Kosmetik-/Arzneimittel-/Insektenpulver n **3** *artigliana* (*sostanza esplosiva*) Schießpulver n: ~ **nera**, Schwarzpulver n, rauchstarkes Sprengstoffpulver; ~ **pirica** /[**da sparo**], Schießpulver n; ~ **senza fumo**, rauchloses/rauchschwaches Sprengstoffpulver **4** *relig* Staub m, Asche f: **siamo soltanto ~**, wir sind nur Staub; **tornare in ~**, (wieder) zu Staub/Asche werden B ⟨inv⟩ *loc agg* (*ridotto in minuscole particelle*): **in ~**, in Pulverform, Pulver-; **cacao/latte in ~**, Kakao-/Milchpulver n; **caffè in ~**, Pulverkaffee m; **talco in ~**, Talkpuder m, Talkum n; **zucchero in ~**, Puderzucker m • alzare la ~/[far] ~ (*sollevarla*), Staub aufwirbeln; **ho le polveri bagnate** *fig* (*non poter usare le proprie risorse*), mir sind die Hände gebunden; ~ **di Cipro** (*cipria*), Puder m; **dissotterrare/trarre qc dalla ~** *fig* (*dall'oblio*), etw der Vergessenheit entreißen; **scuotere la ~ di dosso a qu** *fig iron* (*malmenarlo*), jdm die Hucke/Jacke vollhauen *fam*, jdn durchprügeln *fam*, jdn zu Brei schlagen *fam*; **mangiare la ~** (*respirare aria che ha contenga*), Staub schlucken *fam*; *fig* (*essere superati da qu*), von jdm überholt werden, unterliegen; **far mangiare la ~ a qu** *fig*; *anche sport* (*superarlo in velocità*), jdn überholen; **mordere la ~** (*stramazzare*), zu Boden stürzen; *fig* (*morire*), ins Gras beißen *fam*; *fig* (*essere sconfitto*), eine Niederlage ein|stecken müssen, eine Niederlage/Schlappe *fam* erleiden, in die Knie gehen; **dare/gettare la ~ negli occhi a qu** *fig* (*illuderlo*), jdm Sand in die Augen streuen; **ricordati che sei ~ e ritornerai** *bibl*, bedenke

Mensch, dass du Staub bist und wieder zu Staub werden wirst; **ridurre in** ~ qc (*triturare*), {SOSTANZA} etw zermahlen, etw zerkleinern; (*distruggere*) {EDIFICIO} etw dem Erdboden gleichmachen, etw atomisieren; *sport* (*battere*) {PRIMATO} etw brechen; **ridurre qu in** ~ fig (*riempirlo di botte*), jdn durchprügeln, jdn zu Brei schlagen *fam*; **ridursi in** ~ (*sgretolarsi, distruggersi*), zu Staub zerfallen; **tenere asciutte le polveri** fig (*tenersi pronti alla lotta*), sein Pulver trocken halten, sich zum Kampf bereithalten.

polveriera f **1** mil (*deposito*) Munitionsdepot n, Pulverkammer f, Pulvermagazin n: **colpire/far saltare in aria una ~ nemica**, ein feindliches Munitionsdepot in die Luft jagen **2** fig (*paese, zona*) Pulverfass n ● **stare seduti su una ~** (*trovarsi in una situazione di imminente pericolo*), auf einem Pulverfass sitzen.

polverificio <-ci> m mil (*fabbrica*) Pulverfabrik f.

polverina <dim di polvere> f **1** chim med Pulver n, Pülverchen n *fam* **2** gastr (*per fare i dolci*) Backpulver n **3** slang (*cocaina*) Koks m slang.

polverino <dim di polvere> m artiglieria stor (*polvere da sparo*) Schießpulver n.

polverio <-rii> m (*nube di polvere*) Staubwolke f.

polverizzabile agg (*che si può polverizzare*) pulverisierbar, zermahlbar.

polverizzare A tr **1** (*ridurre in polvere*) ~ **qc** {FERRO, MARMO} etw pulverisieren; {CAFFÈ, SALE} etw zu Pulver zermahlen **2** (*nebulizzare*) ~ **qc** {COMBUSTIBILE, LIQUIDO} etw zerstäuben **3** (*radere al suolo*) ~ **qc** {ESPLOSIONE EDIFICIO} etw dem Erdboden gleich|machen, etw atomisieren **4** fig (*annientare*) ~ **qu/qc** {NEMICO, FLOTTA} jdn/etw vernichten, jdn/etw nieder|machen *fam* **5** fig (*suddividere*) ~ **qc** {TERRENO} etw zerstückeln **6** fig econ ~ **qc** {OFFERTA, PRODUZIONE} etw zersplittern **7** fig sport (*battere*) ~ **qu/qc** {RECORD} etw brechen; {AVVERSARIO} jdn schlagen **8** gastr ~ **qc con qc** {DOLCE CON ZUCCHERO A VELO} etw mit etw (dat) bestreuen, etw mit etw (dat) bestäuben B itr pron: **polverizzarsi 1** (*ridursi in polvere*) zu Staub zerfallen **2** fig (*sparire*) {RISPARMI} sich in Nichts auf|lösen.

polverizzatore, (-trice) A agg **1** (*che polverizza*) {DISPOSITIVO, MACCHINA} Pulverisierungs- **2** (*che nebulizza*) Zerstäubungs- B m **1** (*nebulizzatore*) Zerstäuber m **2** (*per sostanze solide*) Pulverisator m **3** agr (*atomizzatore*) Sprühgerät n, Zerstäuber m, Atomiseur m **4** autom (*iniettore*) Einspritzdüse f **5** industr tecnol (*mulino*) Mühle f.

polverizzazione f **1** (*il polverizzare*) {+PIETRA} Pulverisieren n, Pulverisierung f **2** (*nebulizzazione*) Zerstäubung f **3** (*frazionamento*) {+PROPRIETÀ TERRIERA} Zerstückelung f **4** agr (*trattamento*) Zerstäubung f, Spritzen n, Sprühen n **5** farm (*operazione*) Pulverisierung f.

polverone <accr di polvere> m (*nube di polvere*) Staubwolke f ● **alzare/fare/sollevare un (gran)** ~, anche fig (*creare confusione, suscitare polemiche*), (viel) Staub auf|wirbeln.

polveroso, (-a) agg **1** (*pieno di polvere*) {MOBILE, STRADA} staubig, staubbedeckt **2** (*farinoso*) {NEVE} Pulver-.

pomata f **1** farm Salbe f: ~ **balsamica**, Balsam m, Heilsalbe f; ~ **al cortisone/alla penicillina**, ˌKortison-/Cortisonsalbeˌ f ˌPenizillinsalbeˌ f; ~ **per punture d'insetto**, Salbe f gegen Insektenstiche; ~ **spalmare la ~ sull'ustione**, die Salbe auf die Verbrennung streichen **2** (*nella cosmesi*) Creme f: ~ **per le mani/la pelle/il viso**, Hand-/Haut-/Gesichts-

creme f; ~ **per le scottature/il sole**, Sonnenbrand-/Sonnen(schutz)creme f; (*per capelli*) Pomade f.

pomellato, (-a) agg (*chiazzato*) {CAVALLO, MANTELLO} scheckig, gescheckt.

pomello <dim di pomo> m **1** (*maniglia*) {+CASSETTO, MOBILE} Knauf m, Griff m; {+PORTA} anche Klinke f **2** (*impugnatura*) {+BASTONE} Knopf m, Knauf m **3** (*zigomo*) Jochbogen m, Zygoma n: **avere i pomelli rossi per il freddo**, vor Kälte rote Backen haben **4** autom {+CAMBIO} Knauf m.

Pomerania f geog stor Pommern n.

pomeridiano, (-a) agg (abbr p.m., *del pomeriggio*) {LEZIONE, ORE, RIPOSO} Nachmittags-; {RIUNIONE, TRAFFICO} anche nachmittäglich.

pomeriggio <-gi> m Nachmittag m: **al** ~, am Nachmittag, nachmittags; **al ~ faccio un sonnellino**, ˌam Nachmittagˌ/ˌnachmittagsˌ halte ich ein Nickerchen *fam*; ~ **caldo/freddo/piovoso**, heißer/kalter/regnerischer Nachmittag; **di** ~, nachmittags; **la banca è aperta nel pomeriggio**, die Bank ist auch nachmittags geöffnet; **il ~ del 26 novembre**, am Nachmittag des 26. Novembers; **domani/ieri/oggi** ~, morgen/gestern/heute Nachmittag; **domani ho il ~ libero**, morgen Nachmittag habe ich frei; **legge tutto il pomeriggio**, er/sie liest den ganzen Nachmittag; **nel** (*primo/tardo*) ~, am (frühen/späten) Nachmittag; **sabato** ~, Samstagnachmittag; **vado tutti i pomeriggi in piscina**, ich gehe jeden Nachmittag ins Schwimmbad.

pomfo m med Blase f, Quaddel f: ~ **da orticaria**, Nesselsuchtblase f.

pomice <-ci> f min Bims(stein) m ● **dare la ~ a qc** (*pulirlo con la* ~), {AL MARMO, A UN METALLO} etw mit Bimsstein abreiben/schleifen, etw ponceiren.

pomiciare <pomicio, pomici> itr fig slang scherz (*scambiarsi effusioni*) {INNAMORATI} (miteinander) schmusen/knutschen *fam*.

pomiciata f slang scherz (*scambio di effusioni*) Schmuserei f *fam*, Knutscherei f *fam*.

pomiciatura f (*levigatura*) {+MARMO, PIETRA} Ponceiren n.

pomicione, (-a) m (f) slang scherz (*chi ama pomiciare*) Schmuser(in) m(f) *fam*; (*chi allunga le mani*) Fummler m *fam*, Grapscher m *fam* spreg.

pomidoro → **pomodoro**.

pomo m **1** region (*mela*) Apfel m **2** lett (*frutto*) Frucht f; (*melo*) Apfelbaum m; bot Apfelfrucht f **3** (*maniglia*) {+PORTA} Knauf m **4** (*impugnatura*) {+SELLA} Knopf m; {+BASTONE} anche Knauf m, **5** (*sfera*) {+FIORETTO, LETTO, SPADA} Knauf m ● ~ **d'Adamo** anat, Adamsapfel m; ~ **della discordia** mitol, Zankapfel m, Erisapfel m forb; **costituire/essere/rappresentare il ~ della discordia** fig (*la causa di una lite*), der Zankapfel sein, den Zankapfel darstellen; **il ~ vietato fig** (*il frutto proibito*), die verbotene Frucht, der Paradiesapfel.

pomodorata f fam (*lancio di pomodoro*) Bewerfen n mit Tomaten: **prendere un attore/un cantante a pomodorate**, einen Schauspieler/Sänger mit Tomaten bewerfen.

pomodoro A m bot **1** (*pianta*) Tomatenpflanze f **2** anche gastr (*frutto*) Tomate f: **concentrato/salsa/sugo di pomodori**, Tomatenmark n/Tomatensoße f; **insalata di pomodori**, Tomatensalat m; **pomodori ripieni**, gefüllte Tomaten; **succo di** ~, Tomatensaft m B <inv> loc agg gastr: **al** ~, mit Tomatensoße; **maccheroni/spaghetti al** ~, Makkaroni/Spaghetti mit Tomatensoße ●

diventare/essere rosso come un ~ (*arrossire*), rot wie eine Tomate werden; ~ **di mare** zoo, Purpurrose f; ~ **pelati** (*conservati in scatola*), geschälte Tomaten; **tirare i pomodori a qu** fig (*non apprezzare la sua performance*), jdn mit faulen Tomaten bewerfen; **pomodori verdi** (*non maturi, spec per insalata*), grüne Tomaten.

pompa① f idraul mecc tecnol Pumpe f: ~ **di alimentazione**, Förder-, Speisepumpe f; ~ **aspirante/premente**, Saug-/Druckpumpe f; ~ **di calore**, Wärmepumpe f; ~ **centrifuga**, Schleuder-, Zentrifugalpumpe f; ~ **di circolazione**, Umwälz-, Zirkulationspumpe f; ~ **di compressione/ estrazione/ svuotamento**, Kompressions-/Förder-/Evakuierungspumpe f; ~ **elettrica/[a mano]**, Elektro-/Handpumpe f; ~ **a elica**, Flügelradpumpe f; ~ **rotativa**, Rotations-, Umlaufkolben-, Kreiselpumpe f; ~ **idraulica/pneumatica**, Hydraulik-/Luftpumpe f; ~ **a stantuffo**, (Hub)kolbenpumpe f; ~ **volumetrica**, Verdrängerpumpe f; ~ **a vuoto**, Vakuumpumpe f **2** *fam* (*tubo*) Schlauch m **3** *fam* (*distributore di benzina*) Tank-, Zapfsäule f **4** fig *fam* (*persona noiosa*) Langweiler m *fam* spreg, Tranfunzel f *fam* spreg, Transuse f *fam* spreg ● ~ **dell'acqua** autom, Wasserpumpe f; ~ **antincendio**, Feuerlöschpumpe f, Feuerspritze f; ~ **da bicicletta**, Fahrradpumpe f; ~ **dei freni** autom, Bremszylinder m; ~ **a iniezione** autom, Einspritzpumpe f; ~ **ionica** biol, Ionenpumpe f; ~ **dell'olio** autom, Ölpumpe f; ~ **di sentina** mar, Kielraum-, Leckwasser-, Lenzpumpe f.

pompa② f (*sfarzo*) {+ANNIVERSARIO, RICEVIMENTO} Pomp m, Prunk m, Pracht f: **il banchetto di nozze fu allestito con grande** ~, das Hochzeitsbankett wurde sehr prunkvoll gestaltet ● **far ~ di qc** fig (*fare sfoggio*), {DELLA PROPRIA CULTURA} etw zur Schau stellen, mit etw (dat) prunken, mit etw (dat) prahlen; ~ **funebre** forb lett (*accompagnamento del defunto*), Leichenbestattung f, Leichenzug m; **pompe funebri** (*impresa funebre*), Bestattungs-, Beerdigungsinstitut n; **in** ~ **magna** scherz (*con grande sontuosità*), in voller Pracht; **mettersi in ~ magna** fig scherz (*vestirsi con lusso*), sich in Schale werfen/ schmeißen *fam*.

pompaggio <-gi> m anche tecnol (*aspirazione*) {+ACQUA, PETROLIO} Pumpen n: **impianto di** ~, Pumpanlage f, Pumpwerk n.

pompare tr **1** (*aspirare*) ~ **(qc) (da qc)** {ACQUA DA UNA CANTINA} etw (aus etw dat) pumpen; (*uso assol*) (*azionare una pompa*) pumpen, die Pumpe bedienen; ~ **forte/piano**, kräftig/schwach pumpen **2** (*gonfiare*) ~ **qc** {CANOTTO, PALLONE, PNEUMATICO} etw auf|pumpen **3** (*immettere*) ~ **qc** (**in qc**) {BENZINA NEL SERBATOIO, GAS IN UNA TUBATURA; IL CUORE IL SANGUE NELLE ARTERIE} etw (in etw acc) pumpen **4** (*estrarre*) ~ **(qc)** {PETROLIO} etw fördern **5** fig *fam* giorn (*esagerare*) ~ **qc** {FATTO, INCIDENTE, NOTIZIA} etw auf|bauschen **6** fig *fam* (*decantare*) ~ **qu/qc** jdn/etw überschwänglich loben: **uno scrittore pompato dalla critica**, ein von der Kritik überschwänglich gelobter Schriftsteller **7** fig *fam* (*assorbire*) ~ **qc** {IL FISCO GUADAGNI, RISPARMI DEI CITTADINI} etw auf|zehren, etw ab|schöpfen **8** fig *fam* (*spillare*) ~ **qc a qu** {QUATTRINI AI GENITORI} jdn (um etw acc) an|pumpen *fam*.

pompata f **1** (*operazione*) Pumpen n: **dare una ~ alle ruote della bici**, die Fahrradreifen auf|pumpen **2** (*quantità*) Pumpmenge f.

Pompei f geog Pompe(j)i n.

pompeiano① (-a) A agg (*di Pompei*) {AFFRESCO, SCAVI} pompejisch, pompejanisch; {ROSSO} Pompe(j)i- B m (f) (*abitante*) Einwohner(in) m(f) Pompe(j)is ● **stile** ~ arch

(*del periodo neoclassico*), Pompe(j)i-Stil m.
pompeiàno②, (-a) *stor* Ⓐ *agg* (*di Pompeo*) {ESERCITO} pompejanisch Ⓑ m (*soldato*) Pompejaner m.
pompèlmo m *bot* **1** (*frutto*) Pampelmuse f, Grapefruit f **2** (*pianta*) Pampelmuse f, Grapefruitbaum m.
Pompèo m *stor* Pompejus m.
pompétta <*dim di pompa*①> f **1** kleine Pumpe **2** (*oliatore*) Ölkännchen n **3** (*spruzzatore*) Spritzkännchen n ● ~ **tira latte** *med*, Milchpumpe f.
pompière m (*vigile del fuoco*) Feuerwehrmann m: **chiamare i pompieri**, die Feuerwehr rufen.
pompino m *slang volg* (*coito orale*) Mundfick m *volg*, Blasen n *fam*.
pompista <-i m, -e f> m (f) (*benzinaio*) Tankwart(in) m(f).
pompòn <-> m *franc* **1** (*fiocco*) {+BERRETTO} Bommel f o m, Troddel f; {+ABITO} Pompon m **2** (*nell'arredamento*) Bommel f o m, Fransen f pl.
pomposaménte *avv* **1** (*con sfarzo*) prunkhaft, pompös: **vestirsi** ~, sich pompös kleiden **2** (*in modo altisonante*) hochtrabend *spreg*, schwülstig *spreg*: **parlare** ~, hochtrabend/schwülstig reden *spreg*.
pomposità <-> f (*sfarzosità*) {+ARREDAMENTO} Pomp m, Prunk m, Pracht f **2** *fig* (*ampollosità*) {+STILE} Schwülstigkeit f *spreg*, Geschwollenheit f *spreg*.
pompóso, (-a) *agg* **1** (*sfarzoso*) {FESTA DI BALLO} pompös, prunkvoll, prächtig **2** *fig* (*altisonante*) {DISCORSO} hochtrabend *spreg*, schwülstig *spreg* **3** *fig* (*altezzoso*) {MODI, PERSONA} hochmütig **4** *mus* feierlich, pomposo.
poncho, **pòncio** <-> m *spagn* (*mantello*) Poncho m.
ponderàbile *agg* **1** (*che può essere pesato*) {CORPO, MATERIA} wägbar **2** *fig* (*da valutare*) {DECISIONE} erwägenswert.
ponderàle *agg* (*relativo al peso*) {UNITÀ} Gewichts-; *med* {AUMENTO, CALO} Gewichts-.
ponderàre *tr* **1** *fig* (*valutare*) ~ (*qc*) {VANTAGGI E SVANTAGGI} *etw* erwägen, *etw* ab|wägen, *etw* in Erwägung ziehen: **pondera bene prima di decidere!**, überlege gut, bevor du dich entscheidest! **2** *fig* (*soppesare*) ~ *qc* {PAROLE} *etw* ab|wägen **3** *stat* ~ *qc etw* gewichten.
ponderataménte *avv* (*in modo meditato*) überlegt, besonnen.
ponderatézza f (*assennatezza*) Überlegtheit f, Besonnenheit f, Abgewogenheit f: **la sua ~ nell'agire/nel parlare**, sein/ihr überlegtes Handeln/Sprechen.
ponderàto, (-a) *agg* **1** (*meditato*) {DECISIONE, DISCORSO} (wohl-, gut)überlegt **2** (*riflessivo*) {UOMO} besonnen.
ponderazióne f **1** (*attenta riflessione*) Erwägung f, Überlegung f: **dobbiamo agire con ~**, wir müssen besonnen handeln **2** *stat* Gewichtung.
ponderóso, (-a) *agg fig lett* (*impegnativo*) {COMPITO, INCARICO} schwierig, mühselig, aufwändig.
póne 3ª *pers sing dell'ind pres di porre*.
ponènte m **1** (*ovest*) Westen m: **a ~**, im Westen; **a ~ dell'isola**, im Westen der Insel; **andare verso ~**, westwärts gehen; **l'Iraq è a ~ dell'Iran**, der Irak liegt westlich vom Iran; **Riviera/vento di ~**, Westküste f Liguriens/ [Westwind m] **2** (*vento*) Westwind m: **soffia il ~**, der Westwind weht **3** (*paesi del Mediterraneo occidentale*): **il Ponente**, Küstenländer n pl des westlichen Mittelmeers.
ponentino m (*brezza di mare*) Meeres-

wind m.
ponèsti 2ª *pers sing del pass rem di porre*.
pònfo → **pomfo**.
póngo 1ª *pers sing dell'ind pres di porre*.
Póngo®, **pòngo** <-> m (*materiale*) (Pongo® n-)Knetmasse m.
póni 2ª *pers sing dell'ind pres di porre*.
pónte Ⓐ m **1** *anche arch* Brücke f: ~ **in acciaio**, Stahlbrücke f; ~ **a due arcate**, zweibogige Brücke; ~ **ad arco/a travata**, Bogen-/Trägerbrücke f; **un ~ di assi/tronchi**, eine Brücke aus Brettern/Baumstämmen; **attraversare un ~**, eine Brücke überqueren; ~ **autostradale/ferroviario/stradale**, Autobahn-/Eisenbahn-/Straßenbrücke f; ~ **in cemento armato**/[in ferro]/[in muratura], Eisenbeton-/Eisen-/Steinbrücke f; **fare/gettare un ~ sopra/su un fiume**, eine Brücke über einen Fluss schlagen; ~ **girevole/mobile**, Drehbrücke f/[bewegliche Brücke]; ~ **in legno**, Holzbrücke f; ~ **pedonale**, Fußgängersteg m; ~ **a sbalzo**, Auslegerbrücke f; **i ponti sulla Senna**, die Seine-Brücken; **far saltare un ~**, eine Brücke in die Luft jagen *fam*/sprengen; ~ **sospeso**, Hängebrücke f **2** *fig* (*periodo di vacanza*) verlängertes/langes Wochenende: **fare il ~**, ein verlängertes/langes Wochenende machen, an einem Tag zwischen zwei Feiertagen nicht arbeiten; **fare/trascorrere il ~ al mare**, das verlängerte Wochenende am Meer verbringen; **il ~ ai/**[per i] **Santi**, das verlängerte Wochenende zu Allerheiligen **3** *autom mecc* Achse f: ~ **anteriore/posteriore**, Vorder-/Hinterachse f **4** *edil* (*ponte*) n: ~ **di cavalletti**, "Gerüst n mit Böcken und daraufliegenden Bohlen" **5** *elettr* Brücke f, Schaltdraht m **6** *mar* Deck n: ~ **di batteria/coperta/passeggiata**, Zwischen-/Ober-/Promenadendeck n; ~ **di comando/manovra**, Kommando-/Manöverbrücke f; ~ **di poppa/prua**, Achter-/Vorderdeck n; **salire sul ~**, auf/an Deck gehen; ~ **scoperto**, Sonnendeck n **7** *med* (Zahn)brücke f **8** *mus* Übergang m **9** *sport* (*nella ginnastica, nella lotta libera*) Brücke f; (*nel calcio*) Foul n: **far ~**, ein Bein stehen lassen, foulen Ⓑ <*inv*> *agg giorn polit* {GOVERNO, LEGGE} Übergangs- Ⓒ <*inv*> *loc agg* (*sospeso*): **a ~**, {ARMADIO} Hänge- ● ~ **aereo** *aero*, Luftbrücke f; ~ **di atterraggio** *mar mil*, Landedeck n; ~ **di barche** (*galleggiante*), Schiffs-, Pontonbrücke f; ~ **a bilico** *mecc tecnol* Brückenwaage f; **bruciarsi/tagliare i ponti** *dietro di sé*/[alle spalle] *fig* (*precludersi ogni possibilità di tornare indietro*), die/ alle Brücken hinter sich (dat) abbrechen; ~ **canale**, Brückenkanal m; **fare da ~ tra qu/qc** *fig* (*fungere da tramite*), {TRA DUE PERSONE, TRA DUE AZIENDE} als Vermittler zwischen jdm/etw fungieren, zwischen jdm/etw vermitteln; **gettare un ~ verso qu** *fig* (*tentare un approccio verso qu*), eine Brücke zu jdm schlagen; ~ **di imbarco** *aero*, Fluggastbrücke f; ~ **di lancio** *aero mil*, Start-, Flugdeck n; ~ **militare** *mil*, "militärische Vorrichtung zur Überwindung von Hindernissen"; ~ **naturale** *geol*, natürliche Felsbrücke f; ~ **di neve**, Schneebrücke f; ~ **levatoio**, Zug-, Fallbrücke f; *stor* (*nei castelli medievali*), Zugbrücke f; **fare a qu (i) ponti d'oro** *fig* (*promettergli grandi vantaggi*), jdm eine goldene Brücke/[goldene Brücken] bauen; ~ **di protezione** *aero mil* (*corazzato*), gepanzerte Brücke; ~ **radio** (*sistema di collegamento*), (Rund)funkverbindung f; **rompere/tagliare i ponti con qu** *fig* (*interrompere i rapporti con qu*), die Beziehungen zu jdm abbrechen; ~ **sollevatore** *mecc*, Hebebühne f; ~ **telefonico/telegrafico/televisivo** *tel TV*, Telefon-/Telegrafen-/Fernsehverbindung f; ~ **di volo** *aero mar*, Flug-

deck n.
pontéfice <-ci> m **1** *relig* Papst m: **Sommo ~**, Papst m **2** *stor* Pontifex m: **il ~ massimo**, der Pontifex maximus.
ponteggiatóre m *edil* (*operaio*) Gerüstbauer m.
pontéggio <-gi> m *edil* {MOBILE} (Bau)gerüst n: **montare/smontare il ~**, das Gerüst auf-/abbauen; **ponteggi tubolari**, Rohrgerüst n.
ponticèllo <*dim di ponte*> m **1** Steg m, kleine Brücke: **un ~ sul fiume**, ein Steg über den Fluss; ~ **ferroviario**, Bahnsteigbrücke f **2** (*degli occhiali*) (Brillen)bügel m **3** (*parte curva*) {+SCIABOLA, SPADA} Bügel m **4** *artiglieria* Bügel m **5** *elettr* Verteilerdraht m **6** *mus* {+VIOLINO} Ponticello m, Steg m ● **sul ~** *mus* (*didascalia*), auf dem Steg/Ponticello.
pontière m **1** *mil* Brückenbaupionier m **2** *radio TV* Funkverbindungstechniker m.
pontificàle Ⓐ *agg* **1** *relig* {PARAMENTI} päpstlich, Papst- **2** *fig scherz* (*solenne*) feierlich: **assumere un tono ~**, einen feierlichen Ton annehmen **3** *stor* {COLLEGIO} Pontifikal-, pontifikal Ⓑ m *relig* (*messa*) Pontifikalmesse f; (*libro*) Pontifikale n.
pontificàre <*pontifico, pontifichi*> *itr* **1** *relig* {PAPA, VESCOVO} das Pontifikalamt zelebrieren **2** *fig scherz* (*parlare con tono di superiorità*) dozieren.
pontificàto m **1** *relig* (*titolo*) Papst m; (*carica*) Pontifikat n o m, Papsttum n: **assumere il ~**, Papst werden; (*dignità*) Papstwürde f; (*periodo*) Amtszeit f eines Papstes, Pontifikat n; **sotto il ~ di Leone XIII ...**, unter dem Pontifikat Leo XIII. ... **2** *stor* (*titolo, carica*) Amt n des Pontifex.
pontifício, (-a) <-ci m> *agg* **1** *relig* {AUTORITÀ, DIGNITÀ, SEDE} päpstlich, Papst- **2** *stor* {ESERCITO, GOVERNO} kirchenstaatlich.
pontile m *mar* Landungssteg m, Landungsbrücke f.
pontino, (-a) *agg* **1** (*della regione Pontina*) {AGRO} paludi pontine, Pontinische Sümpfe **2** (*di Ponza*) {ARCIPELAGO, ISOLE} Ponza-, Pontinisch.
pontóne m *mar* Ponton m, Brückenschiff n: ~ **armato**, bewaffneter Ponton; ~ **a biga**/[gru], Ponton m mit Hebekran.
pony <-, **ponies** *pl ingl*> m *ingl* **1** *zoo* Pony n **2** *abbr di Pony Express*®: städtischer Kurierdienst.
Pony Express® <-> *ingl* Ⓐ *loc sost f* (*agenzia*) städtischer Kurierdienst Ⓑ *loc sost mf* (*fattorino*) Ausfahrer(in) m(f) (*, der/die für den Pony Express-Kurierdienst arbeitet*).
ponzàre Ⓐ *itr* **1** *fig scherz* (*spremersi le meningi*) sich (dat) den Kopf zerbrechen: **da due ore sto ponzando su quel problema**, seit zwei Stunden zerbreche ich mir den Kopf über diese Frage **2** *tosc* (*sforzarsi*) sich an|strengen Ⓑ *tr fig scherz* (*elucubrare*) ~ *qc etw* aus|hecken *fam*, *etw* aus|brüten *fam*: **cosa stai ponzando?**, was brütest du denn gerade aus? *fam*.
ponzése Ⓐ *agg* pontinisch, von/aus Ponza Ⓑ mf (*abitante*) Einwohner(in) m(f) von Ponza.
ponziàno, (-a) *agg* (*dell'isola di Ponza*) {ARCIPELAGO} pontinisch.
Pònzio m *stor* Pontius m: **Ponzio Pilato**, Pontius Pilatus.
pool <-> m *ingl* **1** *econ* Pool m, Kartell n: ~ **petrolifero/siderurgico**, Pool m erdöl-/stahlproduzierender Unternehmen **2** (*gruppo di persone*) Team n, Gruppe f: ~ **antimafia**, Antimafia-Gruppe f; ~ **di giudici**, Team n von Richtern; ~ **Mani pulite**, "[Pool m von Mailänder Staatsanwälten, der]/[Ermitt-

lungsteam den Mailänder Staatsanwaltschaft, das] Anfang der 90er Jahre die Operation "Saubere Hände" zur Aufklärung einer riesigen Korruptionsaffäre leitete" ● **~ genico/genetico** biol, Genpool m, gemeinsames Erbgut; **~ metabolico** biol, "Gesamtmenge f einer gegebenen Substanz in einem Organismus".

pop① ingl arte (nella pittura) mus **A** <inv> agg {CULTURA, GRUPPO, MUSICA} Pop- **B** <-> m (genere) Pop m.

pop② m inform abbr dell'ingl Post Office Protocol (protocollo di ufficio postale): Pop n.

pop art <-> loc sost f ingl arte (nella pittura) {AMERICANA} Pop-Art f.

popcorn <-> m ingl gastr Popcorn n.

pòpe <- o popi> m relig Pope m.

pòpelin → **popeline**.

popeline <-> f franc tess Popelin m, Popeline m o f.

pòplite m anat Kniekehle f.

pop music <-> loc sost f ingl mus Popmusik f.

popò <-> (nel linguaggio infantile) eufem **A** f (feci) Aa n fam: **fare la ~**, groß machen, Aa machen fam **B** m eufem (sedere) Po(po) m fam.

popolamento m 1 (aumento di popolazione) Besiedlung f: **il ~ di una zona**, die Besiedlung eines Gebietes 2 (di flora e fauna) Bestand m.

popolàno, (-a) **A** agg (tipico del popolo) {COSTUME, TRADIZIONI} volkstümlich, Volks- **B** m (f) (persona del popolo) Mann m (Frau f) aus dem Volk.

popolàre① **A** tr 1 (rendere abitato) **~ qc** {EMIGRANTI REGIONE} etw besiedeln, etw bevölkern; **~ qc di qc** {RISERVA DI SELVAGGINA} etw mit etw (dat) bevölkern, etw mit etw (dat) besetzen 2 (abitare) **~ qc** etw bewohnen, irgendwo leben: **le genti che popolavano queste zone**, die ehemaligen Bewohner dieses Gebietes; (rif. a flora) etw besetzen; (rif. a fauna) etw bewachsen: **il parco è popolato da molti animali**, im Park leben viele Tiere 3 (affollare) **~ qc** {TURISTI CITTÀ ITALIANE} etw bevölkern 4 fig (riempire) **~ qc** (di qu/qc) {FILM DI STRANI PERSONAGGI} etw (mit jdm/etw) bevölkern, {ROMANZO DI OSCENITÀ} etw (mit etw dat) spicken **B** itr pron: **popolarsi** (di qu/qc) 1 (diventare popolato) {QUARTIERE DI EXTRACOMUNITARI} (von jdm/etw) bevölkert werden; {TERRE} anche (von jdm/etw) besiedelt werden; (rif. a fauna) (von etw dat) bevölkert werden 2 (affollarsi) {GRANDE MAGAZZINO DI GENTE} sich (mit jdm/etw) bevölkern: **d'estate le spiagge si popolano**, im Sommer bevölkern/füllen sich die Strände.

popolàre② agg 1 (del popolo) {CONSENSO, SOVRANITÀ} Volks- 2 (meno elevato): **ceto/classe ~**, (untere) Volksschicht 3 (destinato ai meno abbienti) {QUARTIERE, RIONE, ZONA} Arbeiter- 4 (a favore del popolo) {FESTA, MANIFESTAZIONE} Volks- 5 (che proviene dal popolo) {BALLO, CREDENZE, LEGGENDA, TEATRO} Volks-, volkstümlich: **canzone/musica/poesia ~**, Volkslied n/Volksmusik f/Volksdichtung f 6 (divulgativo) {LETTERATURA, ROMANZO} populär, allgemein verständlich 7 (a basso costo) {CASA} Siedlungs-: **appartamento ~**, Sozialwohnung f 8 (modico) {PREZZI} niedrig 9 (non dotto) {PAROLA} Volks-; {LINGUA} Umgangs- 10 (noto) {CALCIATORE, CANTANTE} populär, beliebt: **un attore molto ~ all'estero**, ein im Ausland sehr populärer Schauspieler: **il rap è diventato molto ~ negli anni ottanta**, der Rap wurde in den Achtzigerjahren sehr beliebt 11 dir: **giudice ~**, Schöffe m 12 polit (democratico) {GOVERNO} demokra-

tisch; {PARTITO, REPUBBLICA} Volks-.

popolareggiànte agg lett mus (popolare) {COMPONIMENTO} volkstümlich.

popolarésco, (-a) <-schi, -sche> agg 1 (proprio del popolo) {ESPRESSIONE, LINGUAGGIO} volkstümlich 2 fig (spontaneo) {CORDIALITÀ, SEMPLICITÀ} natürlich.

popolarismo m 1 Popularismus m 2 polit (von der italienischen Volkspartei inspirierter) Popularismus.

popolarità <-> f (successo) {+ATTORE, PROGRAMMA TELEVISIVO, SPORT} Popularität f, Beliebtheit f: **acquistare/perdere ~**, an Popularität gewinnen/verlieren.

popolàto, (-a) agg 1 (abitato) bevölkert, bewohnt, besiedelt: **un quartiere molto ~**, ein dicht besiedeltes Stadtviertel; (rif. ad animali) bevölkert, besetzt 2 (affollato) {LOCALE, PIAZZA, STADIO} bevölkert 3 fig (pieno): **un cielo ~ di stelle**, ein mit Sternen übersäter Himmel.

popolazióne f 1 (insieme di persone) Bevölkerung f: **la ~ del Canada**, die Bevölkerung Kanadas; **la ~ mondiale**, {DELLA TERRA} die Weltbevölkerung, die Bevölkerung der Erde; **~ rurale/urbana**, Land-/Stadtbevölkerung f 2 (popolo) Volk n: **le popolazioni nordiche/slave**, die nordischen/slawischen Völker 3 bot Population f: **~ boschiva**, Waldpopulation f 4 itt zoo Bewohner m pl: **~ della giungla**, {MARINA} Dschungel-/Meeresbewohner m pl 5 stat Bevölkerung f: **~ assoluta**, Gesamtbevölkerung f; **~ attiva/inattiva**, (arbeits)/werktätige/[inaktive] Bevölkerung; **~ fluttuante/stabile**, schwankende/ansässige Bevölkerung; **~ femminile/maschile**, weibliche/männliche Bevölkerung; **~ residente**, Wohnbevölkerung f; **la ~ scolastica**, die Schülerschaft ● **~ civile** (quella che, in caso di guerra, non fa parte delle forze armate), Zivilbevölkerung f; **~ stellare** astr, Sternpopulation f.

popolino <dim di popolo> m spreg (volgo) niederes/gemeines Volk, Pöbel m spreg.

pòpolo m 1 (nazione) Volk n: **i popoli dell'America**, die Völker Amerikas; **i popoli arabi**, die arabischen Völker; **il ~ francese/spagnolo**, das französische/spanische Volk; **un ~ grande/potente**, ein großes/mächtiges Volk; **le tradizioni/i costumi di un ~**, die Traditionen/Bräuche eines Volkes 2 (insieme di abitanti) Bevölkerung f, Einwohnerschaft f, Einwohner m pl: **~ londinese/toscano**, Einwohner m pl Londons/[toskanische Bevölkerung] 3 (sudditi) Volk n, Untertanen m pl: **una regina amata dal ~**, eine von ihrem Volk geliebte Königin, eine Königin der Herzen 4 (comunità religiosa) Gemeinde f, Gläubigen m pl decl come agg: **il ~ cristiano**, die Christen m pl, die Christenheit; **il ~ musulmano**, die Moslems m pl, die Muselmanen m pl obs 5 (ceto meno abbiente) untere Volksschicht: **una donna del ~**, eine Frau aus dem Volk; **gente del ~**, Menschen aus dem Volk, einfache/kleine Leute 6 (folla) Volksmenge f, Volksmasse f: **piazza gremita di ~**, von Menschen wimmelnder Platz 7 fig (grande quantità) {+FORMICHE} Schar f, Haufen m ● **~ bue** spreg (ottuso), Rindviecher n pl spreg, (Hammel)herde f spreg; **il ~ eletto** relig (gli Ebrei), das auserwählte Volk; **~ sovrano** polit, souveränes Volk.

popolóso, (-a) agg (densamente popolato) {CITTÀ, PAESE} dicht bevölkert, dicht besiedelt.

popóne m tosc bot (melone) Melone f.

pòppa① f 1 mar Heck n, Hinterschiff n: **mettersi/portarsi a ~**, sich zum/ans Heck begeben; **da ~ a prua**, von Heck bis Bug; **~ quadra/tonda**, Spiegel-/Rundgatheck n;

stare a ~, achtern sein 2 poet (nave) Schiff n.

pòppa② f 1 fam (mammella) Brust f 2 zoo {+MUCCA} Euter n ● **dare la ~** (allattare al seno), die Brust geben, stillen; **volere la ~** fig (rif. a neonato), die Brust wollen.

poppànte A agg (che succhia il latte) {BAMBINO} saugend **B** mf 1 (lattante) Säugling m 2 fig scherz (giovane inesperto) Grünling m fam, Grünschnabel m: **è ancora un ~!**, er ist noch feucht/[nicht trocken] hinter den Ohren! fam.

poppàre tr (succhiare) **~ qc** {NEONATO LATTE} (etw) trinken; {BIBERON} (an etw dat) saugen: **il bambino ha poppato molto**, das Kind hat viel getrunken ● **popparsi il dito** fig (succhiarselo), am Daumen lutschen; **popparsi una bottiglia di vino** fig (bere di gusto e avidamente), eine Flasche Wein (leer) süffeln fam.

poppàta f 1 (il succhiare il latte) Stillen n 2 (pasto) Milchmahlzeit f: **dare la ~ al neonato**, den Säugling stillen; **fare una ~ ogni tre ore**, alle drei Stunden gestillt werden; **saltare una ~**, eine Milchmahlzeit überspringen.

poppatóio <-toi> m (biberon) Fläschchen n, Saug-, Milchflasche f.

poppavia loc avv mar: **a ~**, achtern, achteraus.

poppière m mar (marinaio) Bootsachtermann m; (capovoga) Steuermann m.

poppièro, (-a) agg mar {ALBERO, NAVE} Heck-.

poppùto, (-a) agg lett o scherz (che ha grosse poppe) {DONNA} (voll)busig, mit Vorbau/[(viel) Holz vor der Hütte/Tür/dem Bauch] fam scherz.

pop star <- -, pop stars pl ingl> loc sost f ingl mus (cantante) Popstar m.

populazionismo m econ polit expansive Bevölkerungspolitik.

populazionista <-i m, -e f> econ polit **A** agg {TEORIA} expansive Bevölkerungspolitik **B** mf (sostenitore) Vertreter(in) m(f) einer expansiven Bevölkerungspolitik.

populismo m polit Populismus m.

populista <-i m, -e f> polit **A** agg {CORRENTE, IDEOLOGIA} populistisch **B** mf (sostenitore) Populist(in) m(f).

populìstico, (-a) <-ci, -che> agg polit {TENDENZE} populistisch.

popup, pop-up ingl **A** <inv> agg edit {LIBRO} Popup- **B** <-> m 1 edit Popup-Buch 2 inform: **un ~ pubblicitario**, ein Werbe--Pop-Up.

por → **porre**.

pòrca① <-che> f agr Balken m.

pòrca② <-che> f 1 zoo Sau f 2 fig spreg volg (donna dissoluta) liederliches Weibsstück fam spreg, Miststück n volg, Luder n fam.

porcaccióne, (-a) m fig spreg 1 (persona triviale) Drecksack m volg spreg, (Dreck)schwein n volg spreg 2 (persona libidinosa) geiler Mensch/Bock spreg.

porcàio① <-cai> m 1 (luogo sudicio) Sau-, Schweinestall m volg: **questa stanza è un ~**, dieses Zimmer ist ein Saustall volg 2 fig (ambiente equivoco) zwielichtiges Milieu.

porcàio② , (-a) <-cai m, porcàro, (-a) m (f) (guardiano di porci) Schweinehirt(in) m(f): **fare il ~**, Schweine hüten.

porcàta f 1 (atto osceno) Sauerei f volg spreg, Schweinerei f volg spreg 2 (mascalzonata) Sauerei f volg, Gemeinheit f: **questa ~ non gliela perdono**, diese Sauerei verzeihe ich ihm/ihr nicht volg 3 fam (sconcezza) Schweinerei f volg spreg, Unflätigkeit f: **dire**

porcate, Schweinereien erzählen *volg spreg*; **non fare porcate!**, macht keine Schweinereien! *volg spreg* **4** *fam* (*schifezza*) Schund m *spreg*, Dreck m *fam spreg*, Mist m *fam*: **che ~ quello spettacolo!**, diese Veranstaltung ist der letzte Dreck! *fam spreg*.

porcèddu *sardo* → **porchetto**.

porcellàna① f **1** (*materiale*) Porzellan n: **~ dura/tenera**, Hart-/Weichporzellan n; **statuina/zuppiera di ~**, Porzellanfigur f/ Porzellansuppenschüssel f **2** (*oggetto*) Porzellan n: **una ~ di Meißen**, ein Stück Meiß(e)ner Porzellans **3** *chim* Porzellan n: **~ elettrotecnica**, Isolatorporzellan n ● **~ dentaria** *med*, Zahnporzellan n; **~ sanitaria** (*per lavabi ecc.*), Sanitärporzellan n.

porcellàna② f **1** *bot* Portulak m, Burzelkraut n **2** *zoo* Porzellankrabbe f.

porcellanàre tr (*rivestire di porcellana*) : **~ qc** {METALLO, PIASTRELLA} etw emaillieren.

porcellanàto, (-a) agg (*rivestito di porcellana*) {PENTOLA} Email-.

porcellìno, (-a) <*dim di porcello*> A m (f) **1** Ferkel n: **~ da/di latte**, Spanferkel n **2** *fig fam scherz* (*bambino sporco*) Schweinchen n *fam*, Ferkel n *fam*, Dreckspatz m *fam* B m (*stufa*) tragbares (Elektro)öfchen ● **~ d'India** *zoo* (*cavia*), Meerschweinchen n; **~ di terra** *zoo*, Assel f; **I tre porcellini** (*titolo di una favola*), Die drei kleinen Schweinchen.

porcèllo, (-a) m (f) **1** (*maialino*) Schweinchen n **2** *fig fam scherz* (*persona sudicia*) Dreck-, Schmutzfink m *fam*, Ferkel n *volg*, Schwein n *volg spreg* **3** *fig fam scherz* (*persona scurrile*) ordinärer Mensch ● **essere grasso come un ~** *fig fam*, dick und fett sein *fam*, aus allen Nähten platzen *fam*, ein Fettsack sein *volg spreg*.

porcellóne, (-a) <*accr di porcello*> m (f) **1** *fig scherz* (*persona sporca*) Riesenferkel n *volg*, Schwein n *volg spreg* **2** *fig scherz* (*scostumato*) Schweinehund m *volg spreg*, Schwein n *volg spreg*.

porcétto → **porchetto**.

porcheria f **1** (*sporcizia*) Dreck m, Schmutz m: **la cucina è piena di ~**, die Küche ist ⌊total verdreckt⌋/[versaut *fam spreg*]/ [ein Schweinestall *volg spreg*] **2** (*escrementi*) {+CANE} Dreck m, Kot m, Scheiße f *volg* **3** *fig* (*cibo pessimo*) Schweinefraß m *fam volg*: **non mangiare quella ~!**, iss nicht diesen Schweinefraß! *fam volg* **4** *fig* (*bevanda cattiva*) Gesöff n *fam spreg*, Brühe f *fam spreg*: **questo caffè è una ~**, dieser Kaffee schmeckt wie Spülwasser *fam spreg* **5** *fig* (*frase sconcia*) Zote f *spreg*, Schweinerei f *volg spreg*, Schweinigelei f *fam spreg*: **dire delle porcherie**, Zoten reißen *fam spreg*, Schweinereien erzählen *volg spreg* **6** *fig* (*atto osceno*) Schweinerei f *volg spreg*, Sauerei f *volg spreg*: **fare delle porcherie**, Schweinereien/ Sauereien machen *volg spreg* **7** *fig* (*azione sleale*) Gemeinheit f, Schweinerei f *volg spreg*: **questa ~ me la pagherà**, diese Schweinerei wird er/sie mir heimzahlen *volg spreg* **8** *fig fam* (*cosa che indigna*) Schweinerei f *volg spreg*: **è una vera ~ questo sciopero**, dieser Streik ist eine echte Schweinerei *volg spreg* **9** *fig fam* (*lavoro malfatto*) Pfusch(arbeit f) m *fam spreg*, Schund m *spreg*: **che ~ quel libro**, dieses Buch ist echter Schund *spreg*; **il tuo compito in classe è una ~**, deine Klassenarbeit ist reinster Pfusch *fam spreg*.

porchétta f *gastr* "gebratenes Spanferkel".

porchétto <*dim di porco*> m *gastr* (*allo spiedo*) sardisches Schwein am Spieß; (*sulla brace*) sardisches gegrilltes Spanferkel.

porcilàia f (*porcile*) Schweinestall m.

porcìle m **1** (*stalla per maiali*) Schweinestall m **2** *fig spreg* (*luogo sudicio*) Schweine-, Saustall m *volg spreg*: **i bambini hanno ridotto la stanza a un ~**, die Kinder haben aus dem Zimmer einen Schweinestall gemacht *volg spreg*.

porcinèllo <*dim di porcino*> m *bot* Kapuzinerpilz m.

porcìno, (-a) A agg **1** (*di maiale*) {RAZZA} Schweine-, Schweins- **2** (*simile a quello del maiale*) {OCCHI} Schweins-, schweinsartig; *fig* {ESPRESSIONE} schweinsartig; {SGUARDO} anche schweinsäugig B m *bot* Steinpilz m: **~ malefico**, Schuster-, Satanspilz m; **~ nero**, Bronzepilz m, Bronzeröhrling m.

pòrco, (-a) <*ci, -che*> A m **1** *fam* (*maiale*) Schwein n: **~ cinghiale/selvatico**, Wildschwein n; (*carne*) Schwein n, Schweinefleisch m; **~ salato**, gepökeltes Schweinefleisch **2** *fig spreg* (*persona depravata*) Schwein n *volg spreg*, Schweinehund m *volg spreg*, Drecks-/Saukerl m *volg spreg*: **brutto ~!**, dreckiges/elendes Schwein! *volg spreg*, du Dreckschwein! *volg spreg*; **è un ~!**, er ist ein Schweinehund! *volg spreg*; **fare il ~**, sich wie ein Schwein benehmen *volg spreg* **3** *fig spreg* (*persona sleale*) (gemeiner) Hund *spreg*, Schwein n *volg spreg*: **quel ~ ci ha fregato!**, dieser Hund hat uns reingelegt! *fam spreg* B agg **1** *fig fam* (*schifoso*) {LAVORO} widerlich, ekelhaft; {TEMPO} abscheulich: **fare una fatica porca**, sich fürchterlich anstrengen **2** *fam* (*in esclamazioni o imprecazioni*) verdammt *fam*, beschissen *volg*, Sau- *volg*, Scheiß- *fam*: **~ cane!**, verdammt noch mal! *fam*; **porca l'oca!**, verdammter Mist *fam*!, Scheiße! *volg*; **~ diavolo!**, Teufel noch mal! *fam*; **~ Giuda!** *volg*, zum Teufel nochmal! *fam*; **porca miseria!**, verfluchte Schweinerei! *volg*; **~ mondo!**, verdammt noch mal! *fam* ● **fare il proprio ~ comodo**⌋/[**i propri porci comodi**] *fig* (*fregarsene degli altri*), sich einen Dreck um die anderen scheren/kümmern *fam spreg*; **essere grasso come un ~** *fig* (*essere molto grasso*), fett wie ein Schwein sein *spreg*; **mangiare come un ~** *fig* (*molto e con avidità*), wie ein Schwein fressen *volg*; ⌊**puzzare**⌋/[**essere sudicio**] **come un ~** *fig* (*essere sporchissimo*), ⌊stinken wie die Pest⌋/[dreckig sein wie ein Schwein] *volg*.

porcospìno <*porcospini*> m **1** *fam zoo* (*istrice*) Stachelschwein n; (*riccio*) Igel m **2** *fig* (*persona scontrosa*) Ruppsack m *fam scherz*, Kratzbürste f *fam scherz*, Igel m *fam* **3** *slang mar* Igel m **4** *tess* Reißwolf m, Öffner m.

pordenonése A agg von/aus Pordenone B mf (*abitante*) Einwohner(in f) m von Pordenone.

pòrfido m *geol* Porphyr m.

porfiria f *med* Porphyrie f.

porfìrico, (-a) <*ci, -che*> agg *geol* {STRUTTURA} porphyrisch.

porfirite f *geol* Porphyrit m.

porfirizzàre tr *farm* **~ qc** {SOSTANZA} etw pulverisieren.

porfirizzazióne f *farm* Pulverisierung f.

pòrgere <*irr porgo, porgi, porsi, porto*> A tr **1** (*allungare*) **~ qc a qu** {POSACENERE A UN OSPITE} jdm etw reichen: **mi porgi il pane?**, kannst du mir das Brot reichen?; {LA BOCCA} jdm etw hin|halten; {LA GUANCIA} anche jdm etw reichen; {LA MANO} jdm etw reichen, jdm etw geben **2** *fig* (*dare*): **~ il benvenuto agli ospiti**, die Gäste willkommen heißen **3** *fig* (*portare*): **~ qc a qu (da parte) di qu** {VON JDM} aus|richten, jdm etw (*von jdm*) überbringen: **ti porgo i saluti di mio padre**, ich soll dir Grüße von meinem Vater ausrichten **4** *fig* (*fare*): **~ qc a qu** {AUGURI} jdm etw dar|bringen; {CONDOGLIANZE} jdm aus|sprechen, jdm etw bekunden *forb*; {RINGRAZIAMENTI} jdm etw sagen: **~ le proprie scuse a qu**, jdn um Entschuldigung bitten, sich bei jdm entschuldigen **5** *fig* (*offrire*) **~ qc a qu** {OCCASIONE} jdm etw (an|)bieten; {CONFORTO, CONSOLAZIONE} jdm etw spenden **6** *forb* (*prestare*) **~ qc a qu** {ASCOLTO, ATTENZIONE} jdm etw schenken **7** *arte* **~ qc** {MOSTRA DISEGNI DI LEONARDO} etw präsentieren, etw vor|stellen B itr **1** (*recitare*) vor|tragen: **un attore che sa ~**, ein guter Schauspieler **2** (*esprimersi*) {CONFERENZIERE} vor|tragen C rfl **~ forb** (*mostrarsi*): **porgersi + compl di modo** {PIENO DI AMORE} sich *irgendwie* zeigen D <> m (*abilità oratoria*) Rede-, Vortragskunst f: **l'arte del ~**, die Rede-, Vortragskunst.

Porìferi m pl *zoo* Schwämme m pl.

pòrno A <*inv*> agg (*pornografico*) Porno-, pornografisch: **una rivista ~**, ein Pornoheft, eine Pornozeitschrift, eine pornografische Zeitschrift B <> m (*pornografia*) Pornografie f.

pòrno- *primo elemento* Porno-: **pornografo**, Pornograf; **pornostar**, Pornostar.

pornoattóre, (-trice) m (f) *film* Pornoschauspieler(in f) m (f).

pornocassétta f *film TV* (*videocassetta*) Pornovideo(kassette f) n, Porno m *fam*.

pornodìvo, (-a) m (f) (*star del porno*) Pornostar m.

pornofilm <> m *film* Pornofilm m, Porno m *fam*.

pornofumétto m Pornocomic m.

pornografia f Pornografie f: **fare della ~**, Pornografie herstellen/machen.

pornogràfico, (-a) <*ci, -che*> agg (*di pornografia*) {FOTOGRAFIA, MATERIALE} pornografisch, Porno-.

pornògrafo, (-a) m (f) (*autore*) Pornograf(in f) m (f) *forb*.

pornolocàle m (*sala*) Nachtclub m mit Peepshow.

pornorivista f *giorn* Pornoheft n, Pornozeitschrift f.

pornoshop <> m (*negozio*) Pornoshop m.

pornoshow <> m (*spettacolo*) Pornoshow f.

pornosòft, **pòrno soft** <*inv*> agg loc agg (*non troppo spinto*): **film ~**, Softporno m.

pornostar <> f (*attore o attrice*) Pornostar m.

pornoturìsmo, **pòrno-turìsmo** m (*turismo sessuale*) Sextourismus m.

pornovideo <> m *film TV* (*videoclip*) Pornovideo n; (*settore*) Pornovideo-Sektor m.

pòro m **1** *anat* Pore f: **avere i pori della pelle dilatati**, eine großporige Haut haben; **pori acustici**, Öffnung f des Gehörgangs, Porus acusticus m; **pori gustativi/sudoriferi**, Geschmacks-/Schweißporen f pl **2** (*piccolo foro*) {+LEGNO, PIETRA} Pore f **3** *astr* (*macchia solare*) Sonnenfleck m **4** *zoo* Pore f: **~ inalante**, Schwammpore f ● **~ germinativo** *bot*, Keimpore f; ⌊**grondare sudore**⌋/[**sudare da tutti i pori**] (*essere bagnato fradicio di sudore*), ⌊in Schweiß gebadet sein⌋/[aus allen Poren schwitzen]; **schizzare/sprizzare veleno da tutti i pori** *fig* (*essere molto cattivo*), Gift und Galle speien/spucken; **schizzare/sprizzare invidia/rabbia da** ⌊**tutti i pori**⌋/ [**ogni ~**] *fig* (*essere molto arrabbiato*), vor Neid/Wut schäumen; **sprizzare energia/ salute da tutti i pori** *fig* (*essere sanissimo*), von/vor Energie/Gesundheit strotzen; **sprizzare felicità/gioia da tutti i pori** *fig* (*essere felicissimo*), außer sich (dat) vor Freude sein, vor Freude überschäumen.

porosità <> f **1** *agr* {+TERRENO} Porosität f, Porigkeit f **2** *fis* {+MATERIALE} Porosität f

3 geol {+ROCCIA} Porosität f, Porenanteil m **4** metall {+ACCIAIO} Porosität f.

poróso, (-a) agg **1** (che presenta dei pori) {CARTA, LEGNO, TESSUTO} porös, porig; {PELLE} (groß)porig **2** agr {TERRENO} porös **3** geol {ROCCIA} porös.

pórpora **A** f **1** (sostanza) Purpur m **2** (colore) Purpurrot n, Purpur m **3** (stoffa) purpurrotes Tuch n, Purpur m forb **4** (veste) Purpurgewand n; ~ **cardinalizia/regia**, purpurfarbener Kardinals-/Königsmantel **5** fig (carica di cardinale) Kardinalswürde f: **aspirare alla** ~, die Kardinalswürde anstreben **6** med Purpura f, Blutfleckenkrankheit f **B** <inv> agg (rosso violaceo) {CAMICIA, TRAMONTO} purpurrot, purpurfarben, purpurfarbig, purpurn **C** <-> m o f (colore) Purpurrot n, Purpur m • **diventare/farsi di** ~ fig (arrossire violentemente), purpurrot werden; **indossare la** ~ fig (essere eletto cardinale), zum Kardinal gewählt werden.

porporàto, (-a) **A** agg (vestito di porpora) {RE} purpurgekleidet, in Purpur gekleidet **B** m (cardinale) Kardinal m.

porporìna f **1** (colorante) Purpurin n **2** (polvere metallica) Bronzefarbe f, Goldbronze f, Goldschaummetall n.

porporìno, (-a) agg (rosso vivo) {LABBRA} purpurrot, purpurfarben.

pórre <irr pongo, posi, posto> **A** tr forb **1** (mettere orizzontalmente) ~ **qu/qc + compl di luogo** {BAMBINO NELLA CULLA, GIORNALE SUL TAVOLO} jdn/etw irgendwohin legen; (verticalmente) {VASO DI FIORI SUL DAVANZALE} jdn/etw irgendwohin stellen **2** (posare) ~ qc + compl di luogo {MANI SUL TAVOLO} etw irgendwohin legen **3** (appendere) ~ qc + compl di luogo {CAPPOTTO NELL'ARMADIO} etw irgendwohin hängen **4** (infilare) ~ qc + compl di luogo {BIANCHERIA IN UN CASSETTO} etw irgendwohin tun; {FIORE TRA I CAPELLI} etw irgendwohin stecken **5** (apporre) ~ auf etw su qc {FIRMA SU UN DOCUMENTO} etw auf etw (acc) setzen **6** ~ **via qc** {LIBRO} etw weg|räumen, etw beiseite legen **7** fig (supporre) ~ (qc) (etw) an|nehmen: **poni il caso che ..., poniamo che stia dicendo la verità**, nehmen wir mal an, dass er/sie die Wahrheit sagt **8** fig (stabilire) ~ qc {CONDIZIONI, SCADENZA} etw fest|legen, etw fest|setzen; {BASI, PREMESSA, PRESUPPOSTO} etw schaffen; ~ qc (a qc) {FRENO, LIMITI} (etw dat) etw setzen; ~ **qc a qc**: ~ **fine/termine a una discussione**, eine Diskussion beenden, einer Diskussion ein Ende setzen **9** fig (rivolgere) ~ **qc su qc** {L'ACCENTO, L'ATTENZIONE SU UN PROBLEMA} etw auf etw (acc) lenken; ~ **qc (a qu)** {DOMANDA, QUESITO, QUESTIONE} etw an jdn richten, jdm etw stellen; {INTERROGATIVI} etw auf|werfen **10** fig (presentare): ~ **la propria candidatura**, seine Kandidatur anmelden, kandidieren **11** fig (dedicare) ~ (qc) {LAPIDE} etw an|bringen; {MONUMENTO} etw auf|stellen **12** fig (tendere) ~ **qc** {AGGUATO, INSIDIA} etw legen **13** fig (fissare) ~ **qc su qc** {GLI OCCHI, LO SGUARDO} etw auf etw (acc) heften **14** fig (riporre) ~ **qc in qu** {FIDUCIA} etw in jdn setzen, jdm etw schenken **15** fig (gettare) ~ qc {BASI, FONDAMENTA DI UN PENSIERO} etw schaffen **16** fig (tradurre) ~ (qc) **in qc** {IN MUSICA} etw vertonen, (etw) in etw (acc) setzen; {IN VERSI} (etw) in etw (acc) bringen **17** filos ~ qc/etw setzen: **in Fichte l'io pone il non-io**, bei Fichte setzt das Ich das Nicht-Ich **18** mat ~ **qc** {x = y} (eguale)|setzen, etw an|nehmen: **ponendo X = 3 ...**, nehmen wir an, X = 3 ... **B** rfl **1** indir (mettersi): **porsi qc su qc** {MANO SULLA GUANCIA} sich etw auf etw (acc) legen **2** indir fig (farsi): **porsi qc** {DO- MANDA} sich (dat) etw stellen **3** indir fig (darsi): **porsi qc** {LIMITI, OBIETTIVO} sich (dat) etw setzen **4** forb (mettersi): **porsi + compl di luogo** {A TAVOLA} sich irgendwohin setzen: **si posero a sedere**, sie setzten sich (hin); **porsi in cammino/marcia**, sich auf den Weg machen, sich in Bewegung setzen, sich aufmachen; **porsi + compl di modo: porsi in ginocchio**, sich (hin|)knien; **porsi in piedi**, sich (hin|)stellen; **porsi sdraiato**, sich (hin|)legen • ~ **in essere qc** (realizzare), etw verwirklichen, etw in die Tat umsetzen, etw ausführen.

porridge <-> m ingl gastr Porridge m o n, (dicker) Haferbrei.

pòrro m **1** bot anche gastr Lauch m, Porree m **2** med fam Warze f: **avere un** ~ **su un piede**, eine Warze am Bein haben.

pòrsi① 1ª pers sing del pass rem di porgere.

pòrsi② → **porre**.

pòrta f **1** (uscio, serramento) {+APPARTAMENTO, BAGNO, CANTINA, CUCINA} Tür f: ~ **antincendio**, feuersichere Tür; **aprire/chiudere la** ~, die Tür öffnen/schließen; ~ **a basculante/girevole/scorrevole**, Schwing-/Dreh-/Schiebetür f; ~ **a uno/due battenti**, ein-/zweiflügelige Tür; ~ **blindata**, Panzertür f; ~ **a carraia**, Einfahrtstor n; ~ **a carrello**, Schiebetür f; **la** ~ **di casa**, die Haustür; **entrare/passare/uscire per la** ~, durch die Tür eintreten/hinausgehen; ~ **d'entrata/ingresso**, Eingangstür f; ~ **esterna/interna/posteriore**, Außen-/Innen-/Hintertür f; ~ **a fisarmonica/soffietto**, Falttür f; ~ **di legno**, Holztür f; ~ **a saracinesca**, Rolltür f; ~ **di servizio** (in alberghi e palazzi), Dienstboten-, Lieferanteneingang m; ~ **di sicurezza**, Notausgang m; ~ **a vento/vetri**, Pendel-/Glastür f **2** (portone) {+CASERMA, PALAZZO, SCUOLA} Tor n, Pforte f **3** (portale) {+CHIESA} Portal n: ~ **gotica**, gotisches Portal **4** (pannello) {+ARMADIO, CASSAFORTE, FRIGORIFERO} Tür f **5** (sportello) {+AUTO, TRENO} Tür f: **macchina a due/quattro porte**, zwei-/viertüriger Wagen **6** fig (accesso) {+INFERNO} Tor n **7** anat Pforte f **8** elettr {+GATE-STROM m|[Gate-Spannung f]} ~ **corrente/tensione di** ~, |Gate-Strom m|/[Gate-Spannung f] **9** geog {+GHIACCIAIO} Tor n; (varco montano) Pforte f **10** inform Schnittstelle f, Gatter n, Gate n: ~ **logica**, Logikgatter n, Logic Gate n; ~ **parallela/seriale**, parallele/serielle Schnittstelle **11** lett (valico) Pass m **12** sport (nel calcio, nella pallanuoto, nel rugby) Tor n: **difendere la** ~, das Tor verteidigen; **tirare in** ~, aufs/ins Tor schießen; (nello sci) {+SLALOM} Tor n; **inforcare/saltare una** ~, |an einer Tor einfädeln|/[ein Tor auslassen] **13** (nella toponomastica) Pforte f, Tor n: **Porta Pia/Venezia**, Porta Pia/Venezia • **abitare** ~ **a** ~ (in appartamenti uno dirimpetto all'altro), Tür an Tür wohnen, direkt nebeneinander wohnen; **essere alle porte** fig (essere imminente), vor der Tür stehen; **l'esame è alle porte**, die Prüfung steht vor der Tür; **avevano il nemico alle porte** fig (vicino), der Feind stand vor den Toren der Stadt; **andare di** ~ **in** ~ (di casa in casa), von Tür zu Tür gehen; die Häuser abklappern fam; **aprire la** ~ **a qu** fig (riceverlo in casa), jdm die Tür öffnen; **aprire le porte a qu** fig (ammettere qu in un ambiente, in un gruppo), jdn (hin)einlassen, jdm Zugang gewähren; **il denaro apre tutte le porte** fig (fa ottenere tutto ciò che si vuole), Geld öffnet einem alle Türen; **per voi la nostra** ~ **è sempre aperta** (siete sempre i benvenuti in casa nostra), bei uns findet ihr immer offene Türen; **ha tutte le porte aperte** fig (è accolto bene ovunque), ihm/ihr stehen alle Türen offen; ~ **automatica** (telecomandata), |automatisch betätig- te|/[ferngesteuerte] Tür; **battere/bussare/picchiare alla** ~ **di qu** fig (chiedere aiuto a qu), an jds Tür klopfen; **Porta di Brandeburgo** (a Berlino), Brandenburger Tor n; **chiudere la** ~ **in faccia**/[le porte] **a qu** fig (respingerlo con durezza), jdm die Tür vor der Nase zuschlagen fam; **non chiudere le porte alla fortuna** fig (non perdere un'occasione favorevole), sich (dat) eine günstige Gelegenheit nicht entgehen lassen; **a porte chiuse** dir (non pubblico), nichtöffentlich, hinter verschlossenen Türen; **un processo a porte chiuse**, ein Prozess/Verfahren unter Ausschluss der Öffentlichkeit; ~ **a chiusura pneumatica** (nei tram, negli autobus ecc.), selbstschließende/[selbsttätig schließende] Tür; **entrare per la** ~ fig (seguire la procedura normale), den normalen Amts-/Dienst-/Instanzenweg gehen; **sbattere la** ~ **in faccia**/[sul naso] **a qu** fig (rifiutargli ogni aiuto), jdm die Tür vor der Nase zuschlagen fam; ~ **falsa** (segreta), Geheimtür f; **uscire dalla** ~ **e rientrare dalla finestra** fig (rif. a chi ritorna, per vie secondarie, in un luogo da cui era stato escluso), durch die Hintertür wieder hereinkommen; ~ **finestra** → **portafinestra**; **fuori** ~ (in periferia), außerhalb der Stadt; **abitare fuori** ~, |außerhalb der Stadt|/[am Stadtrand] wohnen; **fare un picnic fuori** ~ (in campagna), ein Picknick auf dem Land machen; **indicare/mostrare la** ~ **a qu** fig (chiedergli di andarsene), jdm die Tür weisen forb; **infilare/prendere la** ~ fig (andarsene infuriati dopo una lite), auf und davon gehen; ~ **maestra**, Haupttor n; **mettere qu alla** ~ fig (scacciarlo), jdn vor die Tür setzen fam; (licenziarlo), jdn vor die Tür setzen fam, jdn hinaus|werfen fam, jdm kündigen, jdn entlassen; **stare dietro la** ~ **a origliare** fig (ascoltare di nascosto), an/hinter der Tür lauschen; **la** ~ **le porte del paradiso** fig, das Paradiestor, die Paradiestore, die Paradiespforte(n); fig (l'ammissione alla vita eterna), das Tor zum Paradies; ~ **pretoria** stor rom, "Hauptor n des römischen Heerlagers"; **sfondare una** ~ **aperta** fig (dire cose incontestabili), offene Türen einrennen fam; ~ **stagna** mar, Luke f; **trovare tutte le porte aperte** fig (non incontrare difficoltà), überall offene Türen finden; **trovare tutte le porte chiuse**, vor verschlossenen Türen stehen; anche fig (vedersi negare un aiuto), nur vor verschlossenen Türen finden.

portaàghi <-> m **1** (astuccio) Nadelkissen n **2** med Nadelhalter m.

pòrta a pòrta comm **A** <inv> loc agg {CAMPAGNA PUBBLICITARIA} Tür-zu-Tür- **B** loc avv: **vendere porta a porta**, Klinken putzen fam spreg **C** <-> loc sost m Haustürgeschäft n spreg.

portaattrézzi → **portattrezzi**.

portabagàgli **A** <-> m **1** (facchino) Gepäckträger m **2** autom (sul tetto) (Dach)gepäckträger m: **fissare/montare il** ~, den Gepäckträger montieren **3** autom fam (bagagliaio) Kofferraum m: **aprire/chiudere il** ~, den Kofferraum öffnen/schließen **4** (portapacchi) {+BICICLETTA, MOTOCICLETTA} Gepäckträger m; {+TRENO} Gepäckablage f **B** <inv> agg **1** autom {RIPIANO, VANO} Gepäck- **2** ferr **carrello** ~, Kofferkuli m.

portabandièra <-> mf **1** anche mil Fahnen-, Bannerträger(in) m(f) **2** fig (esponente principale) {+PARTITO} Hauptvertreter(in) m(f).

portabiancheria **A** <inv> agg {MOBILETTO} Wäsche- **B** <-> m (contenitore) Wäschekorb m.

portabigliétti <-> m (custodia) "Etui n für Visitenkarten".

portàbile agg (che si può portare o indossare) {CARICO} tragbar; {VESTITO} anche bequem (zu tragen(d)).

portabilità <-> f 1 (nella moda) {+CAPO D'ABBIGLIAMENTO} Tragbarkeit f 2 inform {+SISTEMA OPERATIVO} Portabilität f, Übertragbarkeit f.

portàbiti <-> m (attaccapanni) Kleiderständer m.

portabòllo <-> m (custodia) {+AUTO, MOTORINO} "Schutzhülle f für die Kfz-Steuermarke".

portabòrse <-> mf fig spreg (collaboratore) {+MINISTRO, PROFESSORE} Wasserträger(in) m(f) fam spreg.

portabottìglie A <-> m 1 (scaffale) Flaschengestell n 2 (cesto) Flaschenkorb m B <inv> agg {CESTELLO, SCAFFALE} Flaschen-.

portabùrro <-> m (burriera) Butterdose f.

portacandéla <- o -e> m (candeliere) Kerzenständer m (für nur eine Kerze).

portacàrta <-> m (per carta igienica) Toilettenpapierhalter m; {+FOTOCOPIATRICE, STAMPANTE} Papierfach n.

portacàrte <-> m 1 (da scrivania) Ablage f 2 (custodia) Mappe f, Ordner m.

portacàsco <-schi> A <inv> agg {BAULE} Helm- B m (vano) Helmfach n.

portacassétte <-> m (contenitore) Kassettenständer m.

portacénere <-> m (piattino) Aschenbecher m.

portacéste <-> mf slang teat Kofferträger(in) m(f) obs.

portachiàvi <-> m Schüsselanhänger m; (anello) Schlüsselring m; (custodia) Schlüsseletui m.

portacìpria <-> m (astuccio) Puderdose f.

portacontainer A <inv> agg (che trasporta container) Container- B <-> f (nave) Containerschiff n.

portacravàtte <-> m (arnese) Krawattenstange f.

portadìschi A <inv> agg {PIATTO} Platten- B <-> m 1 (mobiletto) (Schall)plattenständer m 2 (album) (Schall)plattenalbum n.

portadocuménti <-> m (custodia) Brieftasche f B <inv> agg Akten-, Dokumenten-: **cartella ~**, Akten-, Dokumentenmappe f.

portadòlci <-> m (vassoio) Kuchenteller m, Kuchenplatte f.

portaelicòtteri mar mil A <inv> in funzione di agg Hubschrauberträger- B <-> f (nave) Hubschrauberträger m.

portaèrei A <inv> in funzione di agg aero mar Flugzeugträger- B <-> m aero mil Känguruflugzeug n C <-> f mar mil Flugzeugträger m: **~ d'attacco/da combattimento**, Kampfflugzeugträger m; **~ di scorta**, Geleitflugzeugträger m.

portaferiti <-> m mil Sanitäter m.

portafiammìferi <-> m (da cucina) Streich-/Zündholzgefäß n; (da tasca) Streich-/Zündholzschachtel f.

portafinèstra <portefinestre> f (finestra da balcone) Balkontür f.

portafióri A <inv> agg Blumen- B <-> m 1 (vaso) Blumenvase f 2 (fioriera) Blumenkasten m.

portafògli <->, **portafòglio** <-gli> m 1 (custodia) Portmonee n, Geldbeutel m, Geldbörse f forb, Brieftasche f: **aprire/chiudere il ~**, das Portmonee auf-/zumachen; **~ di pelle**, Portmonee n aus Leder, Lederbrieftasche f; **ho perso il ~**, ich habe mein Portmonee verloren; **tenere il ~ in borsa/tasca**, sein Portmonee in der Tasche haben; **tirare fuori il ~**, den Geldbeutel zücken 2 (busta per documenti) Aktentasche f 3 fig polit Portefeuille n, Geschäftsbereich m: **il ~ del ministero degli Affari Esteri**, das Portefeuille des Ministeriums für auswärtige Angelegenheiten 4 banca econ Wertpapierbestand m: **~ cambiali**, Wechselbestand m, Wechselportefeuille n; **~ titoli**, Wertpapierbestand m, Wertpapier-, Effektenportefeuille n; **~ estero**, Devisenbestand m ● **alleggerire qu del ~** fig scherz (derubarlo), jdn um seine Brieftasche erleichtern fam scherz; **avere il ~ ben fornito/imbottito₁/[gonfio]/[pieno]** fig (avere molti soldi), eine dicke Brieftasche haben fam; **se non andiamo in vacanza quest'anno farà solo bene al ~** fig (risparmieremo), wenn wir dieses Jahr nicht in Urlaub fahren, wird das unseren Finanzen nur guttun; **quello è certamente un ottimo ristorante ma non fa propriamente bene al ~** fig (è piuttosto costoso), natürlich ist dieses Restaurant sehr gut, aber die Brieftasche freut sich nicht gerade; **~ clienti**, Kundenstamm m, fester Kundenkreis; **pensare solo a imbottirsi il ~** fig (ad arricchirsi), nur ans Geld scheffeln fam spreg denken; **senza ~** polit, ohne Portefeuille/Geschäftsbereich; **ministro senza ~**, Minister ohne Portefeuille/Geschäftsbereich; **tirar fuori il ~** fig (accingersi a sborsare soldi), Geld locker machen fam, in die Tasche greifen fam.

portafortùna A <-> m (amuleto) Glücksbringer m, Talisman m: **porta sempre con sé un ~**, er/sie hat immer einen Talisman bei sich (dat) B <inv> in funzione di agg {CIONDOLO} Glücks-.

portafòto → **portafotografie**.

portafotografìe <-> m 1 (cornice) Rahmen m 2 (album) Fotoalbum n.

portafrùtta A <-> m (fruttiera) Obstteller m, Obstschale f B <inv> in funzione di agg {VASSOIO} Obst-.

portafusìbili <-> m elettr Sicherungshalter m.

portaghiàccio A <-> m (contenitore) Eiskübel m B <inv> in funzione di agg {SECCHIELLO} Eis-.

portagiòie, **portagioièlli** A <-> m (cofanetto) Schmuckkästchen n, Schmuckschatulle f B <inv> in funzione di agg {SCRIGNO} Schmuck-.

portaimmondìzie <-> m (pattumiera) Abfall-, Mülleimer m.

portaimprónta <-> m med (in odontoiatria) Abdruckhalter m.

portaincènso <-> m Weihrauchschiffchen n.

portainnèsto m agr Unterlage f.

portainségna <-> m 1 mil Fahnen-, Bannerträger m 2 fig (esponente principale) Hauptvertreter(in) m(f).

portalàmpada <-> m elettr (Lampen)fassung f: **~ a vite**, Edisonfassung f.

portàle① m 1 arch Portal n: **~ romanico**, romanisches Portal 2 edil Portal n.

portàle② m inform Portal n.

portàle③ agg anat med portal, Pfortader-scient.

portalèttere <-> mf (postino) Briefträger(in) m(f), Postbote m, (Postbotin f).

portamatìte <-> m 1 (barattolo) Bleistifthalter m 2 (astuccio) Bleistiftmäppchen n, Bleistiftetui n.

portaménto m 1 (modo di muoversi) {DIMESSO, ELEGANTE} Haltung f: **avere un bel ~**, eine gute Haltung haben 2 (rif. ad animali) Haltung f, Verhalten n: **un cavallo dal ~ maestoso**, ein Pferd von majestätischer Haltung 3 fig (modo di comportarsi) Verhaltens-weise f, Benehmen n: **essere goffo nel ~**, sich ungeschickt benehmen 4 mus Portament(o) n.

portamìna, **portamìne** <-> m (matita) Druckbleistift m.

portamissìli A <inv> in funzione di agg aero mar mil Raketenträger- B <-> m aero mil Raketenträger m C <-> f mar mil Raketenträger m.

portamonéte <-> m (borsellino) Portmonee n, Geldbeutel m ● **vuotare il ~** fig (spendere tutto quello che si ha), alles ausgeben.

portamunizióni <-> m mil Munitionsträger m.

portànte A agg 1 (che sostiene) {FUNE} tragend, Trag-, Last- 2 fig (principale) {PENSIERO, TEMA} tragend, zentral 3 aero Trag-: **piano/superficie ~**, Tragfläche f 4 autom {ASSE} Trag- 5 edil {ARMATURA, MURO} tragend; {STRUTTURA} anche Trag- 6 elettr fis {CORRENTE, EFFETTO, FREQUENZA, ONDA} Träger- 7 mar {ANDATURA} vor dem Wind B m (nell'equitazione) Passgang m.

portantìna f 1 (sedia portatile) Sänfte f, Tragsessel m 2 (barella) (Trag)bahre f, Trage f.

portantìno, (-a) A m stor (chi reggeva la portantina) Sänftenträger m B m (f) (barelliere) Krankenträger(in) m(f).

portànza f 1 aero Auftrieb m 2 edil {+STRUTTURA DI FONDAZIONE} Tragfähigkeit f: **~ limite/massima**, maximale Tragfähigkeit 3 fis Auftrieb m.

portaobiettivi <-> m film fot 1 (sostegno) Objektivträger m 2 (custodia) Kasten m.

portaocchiàli A <inv> agg {CATENELLA, CORDINO} Brillen- B <-> m (custodia) Etui n, Futteral n.

portaoggètti A <inv> agg 1 {VANO} Handschuh- 2 ott {VETRINO} Objekt- B <-> m 1 (mobile) Regal n 2 autom (nel cruscotto) Handschuhfach n 3 ott Objekttisch m, Objektträger m.

portaombrèlli A <inv> in funzione di agg {VASO} Schirm- B <-> m (contenitore) Schirmständer m.

portaórdini <-> m mil Meldegänger m, Melder m.

portapàcchi <-> A m (attrezzo) {+AUTO, BICICLETTA, MOTORINO} Gepäckträger m B mf (fattorino) Paketzusteller(in) m(f).

portapàne A <-> m Brotkasten m; (cestino) Brotkorb m B <inv> agg Brot-: **piattino ~**, Brotteller m.

portapénne A <-> m 1 (astuccio) Federmäppchen n, Federetui n, Federkasten m 2 (cannello) Federhalter m B <inv> in funzione di agg {ASTUCCIO} Feder-.

portapennóni <-> m mar Tonnenrack n.

portapépe <-> m Pfefferstreuer m.

portapiàtti <-> m 1 (scolapiatti) Abtropfständer m 2 (grande vassoio) großes Tablett.

portapìllole <-> m (scatolina) Pillendöschen n.

portapipe <-> m (arnese) Pfeifenständer m.

portaposàte <-> m (contenitore) Besteckkasten m.

portaprànzi <-> m (vassoio) Speisebehälter m, Warmhaltebehälter m.

portaràzzi → **portamissili**.

portàre A tr 1 (trasportare) **~ qu/qc** {CARICO, VALIGIA} jdn/etw tragen; **~ qu/qc compl di modo** jdn/etw irgendwie tragen; **~ un bimbo a cavalluccio**, jdn huckepack tragen fam; **~ una borsa a tracolla**, eine Schulter-/Umhängetasche tragen; **~ dei libri sotto il braccio**, Bücher unter dem Arm tragen; **~ un vassoio in mano**, ein Tablett in der Hand halten; **~ uno zainetto sulle spal-**

le, einen Rucksack auf dem Rücken tragen; ~ *qc* + *compl di luogo* {CAPPOTTO IN TINTORIA, PACCO ALLA POSTA} *etw irgendwohin* tragen, *etw irgendwohin* bringen; **hai portato la macchina dal meccanico?**, hast du den Wagen in die Werkstatt gebracht? **2** (*prendere con sé*) ~ *qc* {ARMA} *etw mit sich* (dat) *tragen*, *etw mit sich* (dat) *bringen*, *etw bei sich* (dat) *haben*; **porta sempre con sé una ventiquattr'ore**, er/sie hat immer einen kleinen Reisekoffer bei sich; ~ *qu* {jdn} mit|bringen; **ho portato con me i bambini**, ich habe die Kinder mitgebracht; ~ *qc da qc* {COLAZIONE DA CASA} *etw irgendwoher* mit|bringen, *etw irgendwohin* mit|nehmen **3** (*consegnare*) ~ *qc* (*a qu*) {POSTINO TELEGRAMMA} {*jdm*} *etw* bringen **4** (*accompagnare*) ~ *qu/qc* + *compl di luogo* {BAMBINO DAL DENTISTA, A SCUOLA} *jdn/etw irgendwohin* bringen; ~ **qu a casa**, jdn nach Hause bringen; **i feriti sono stati portati all'ospedale**, die Verletzten sind ins Krankenhaus gebracht worden; **oggi non ti posso ~ in ufficio**, ich kann dich heute nicht ins Büro bringen; {FIDANZATO AL CINEMA} *jdn irgendwohin* aus|führen; ~ **qu fuori a cena**, jdn zum Abendessen ausführen; ~ **qu a fare qc**, jdn mitnehmen, etw zu tun; **stasera ti porto a ballare**, heute Abend führe ich dich zum Tanzen aus; **l'ho portata a fare un giro con la vespa**, ich habe sie eine Runde auf der Vespa mitgenommen **5** (*andare a prendere*) ~ *qc a qu* {PANTOFOLE AL BABBO} *jdm etw* holen; **mi porti il giornale, per favore?**, holst du mir bitte die Zeitung?; ~ *qc per qu* {SEDIA PER L'OSPITE} *etw für jdn* holen **6** (~ *in regalo*) ~ *qc a qu* {ROSE ALLA FIDANZATA} *jdm etw* mit|bringen, *jdm etw* schenken; **cosa ci hai portato dalla Tunisia?**, was hast du uns aus Tunesien mitgebracht? **7** (*trasportare*) ~ *qc* {TIR MERCE} *etw* transportieren **8** (*reggere*) ~ *qc* {PIEDISTALLO SCULTURA, TRAVI TETTO} *etw* tragen **9** (*contenere*) ~ *qu/qc etw* fassen: **l'ascensore porta fino a un massimo di 500 kg**, die Höchstlast des Aufzugs beträgt 500 kg; **un autobus che porta 80 passeggeri**, ein Bus, mit dem bis zu 80 Passagiere befördert werden können; **un autocarro che porta quattro tonnellate**, ein Viertonner; **questa bilancia pesapersone porta fino a 130 kili**, diese Personenwaage erlaubt ein Höchstgewicht von 130 Kilo; **la macchina porta sei persone**, in das Auto passen/gehen/[das Auto fasst] sechs Personen **10** (*condurre*) ~ *qc* + *compl di luogo* {MUCCHE AL PASCOLO} *etw irgendwohin* treiben **11** (*far arrivare*) ~ *qc* (+ *compl di luogo*) {ACQUA, ELETTRICITÀ, GAS METANO IN UNA ZONA DELLA CITTÀ} *etw irgendwohin* bringen; {FERROVIA IN UN PAESE MONTANO} *etw irgendwohin* führen **12** (*trascinare con sé*) ~ *qu/qc* (+ *compl di luogo*) {CORRENTE TRONCHI D'ALBERO A RIVA} *jdn/etw* (*irgendwohin*) mit|reißen, *jdn/etw irgendwohin* treiben **13** (*accostare*) ~ *qc a qc* {LA MANO ALLA FRONTE} *etw zu etw* (dat) führen; {BICCHIERE ALLE LABBRA} *anche etw an etw* (acc) führen **14** (*scortare*) ~ *qu* + *compl di luogo* {LADRO IN PRIGIONE} *jdn* (*irgendwohin*) ab|führen **15** (*servire*) ~ *qc a qu* {CAFFÈ AGLI INVITATI} *jdm etw* bringen: **cosa Le porto?**, was darf ich Ihnen bringen?; **ci porti una bottiglia di champagne!**, bringen Sie uns eine Flasche Champagner! **16** (*dare*) ~ *qc* {MENU} *jdm etw* bringen: **cameriere, mi porti il conto!**, Herr Ober, bitte zahlen! **17** (*indossare*) ~ *qc* {PELLICCIA} *etw* tragen, *etw* an|haben; **le piace ~ abiti firmati**, sie trägt gern Markenkleider; **porta i jeans strappati**, er/sie trägt zerrissene Jeans; {CAPPELLO, ORECCHINI, PARRUCCA} *etw* tragen; **porto gli occhiali**, ich trage eine Brille; **porto la taglia 42**, ich habe Größe 38 **18** (*avere*) ~ *qc* {BAFFI, BARBA, FRANGIA} *etw* tragen, *etw* haben: **porto i capelli corti**, ich trage kurze Haare; **porti le lenti a contatto?**, trägst du Kontaktlinsen?; **da piccola portava le trecce**, als sie klein war, trug sie Zöpfe **19** (*guidare*) ~ *qc* {IL MOTORINO} *etw* fahren: **porta bene la macchina**, er/sie fährt gut Auto **20** *fig* ~ *qc* {IL COGNOME DEL PADRE, NOME ILLUSTRE} *etw* tragen, *etw* haben: **un abito che porta il marchio Chanel**, ein Kleid von Chanel; **l'assegno non porta la firma**, der Scheck ist nicht unterschrieben; **il ciondolo porta inciso il nome del suo fidanzato**, auf dem Anhänger ist der Name ihres Verlobten eingraviert; **la lettera porta la data del 20 ottobre**, auf dem Brief steht das Datum vom 20. Oktober **21** *fig* (*mandare*) ~ *qc a qu* {jdm} *etw* richten: **porti i miei saluti a Sua moglie!**, grüßen Sie Ihre Frau von mir!; **ti porto i saluti di Maria**, Maria lässt dich grüßen, ich soll dir von Maria Grüße ausrichten **22** *fig* ~ *qc a qu* {FORTUNA, IELLA, SFORTUNA} (*jdm*) *etw* bringen; {SVANTAGGI, VANTAGGI} (*für jdn*) *von etw* (dat) sein **23** *fig* (*recare*) ~ *qc* (*a qu*) {INFORMAZIONE, MESSAGGIO, NOTIZIA} (*jdm*) *etw* (*über*|)bringen; {AIUTO, SOCCORSO} (*jdm*) *etw* leisten, (*jdm*) *etw* bringen, *jdm etw* zukommen lassen **24** *fig* (*far arrivare*) ~ *qc* {VENTO NEVE, PIOGGIA} *etw* bringen **25** *fig* (*provare*) ~ *qc a qu* {AFFETTO} *etw für jdn* empfinden: **l'amore che ti porto**, die Liebe, die ich für dich empfinde; **porta rispetto a tuoi genitori!**, bringe deinen Eltern Achtung entgegen!, respektiere deine Eltern!; **lo faccio solo per la stima che vi porto**, das tue ich nur aus Achtung vor euch; {ODIO} *etw gegen jdn* hegen; {RANCORE} *anche etw auf jdn* haben **26** *fig* (*mostrare*) ~ *qc* *etw* auf|weisen, *etw* tragen: **porta i segni delle percosse ricevute**, er/sie trägt die Zeichen der erhaltenen Schläge **27** *fig* (*tenere*) ~ *qc* {SPALLE CURVE} *etw* haben **28** *fig* (*sopportare*) ~ *qc* {CONSEGUENZE DI UN GESTO} *etw* ertragen **29** *fig* (*custodire*) ~ *qc* {SEGRETO} *etw* hüten, *etw* bewahren **30** *fig* (*addurre*) ~ *qc* {PROVA, TESTIMONIANZA} *etw* erbringen, *etw* an|führen, *etw* liefern; ~ *qc in qc* {ARGOMENTI IN UNA DISCUSSIONE} *etw in etw* (dat) an|bringen, *etw in etw* (dat) an|führen **31** *fig* (*fare*) ~ *qc* (*a qu*) {ESEMPIO} *etw an|führen*; {PARAGONE} *etw* an|stellen **32** *fig* (*presentare*) ~ *qc a qu*: **ti porto le mie scuse**, ich bitte dich um Verzeihung/Entschuldigung **33** *fig* (*indurre*) ~ (*qu/qc*) *a fare qc jdn/etw* dazu veranlassen/bringen, *etw zu tun*: **le prove raccolte portano a un unico colpevole**, die zusammengetragenen Beweise lassen einen einzigen Schuldigen zu; **tutto porta a credere che...**, alles veranlasst zur Überzeugung, dass ... **34** *fig* (*spingere*) ~ *qu a qc* {ALLA DISPERAZIONE, ALLA ROVINA} *jdn zu etw* (dat)/*in etw* (acc) führen, *jdn zu etw* (dat)/*in etw* (acc) treiben, *jdn zu etw* (dat)/*in etw* (acc) bringen: **la depressione lo ha portato al suicidio**, die Depression hat ihn in den/zum Selbstmord getrieben **35** *fig* (*causare*) ~ *qc etw* verursachen; **un gesto che può ~ gravi conseguenze**, eine Tat, die schwere Folgen haben/[nach sich ziehen] kann **36** *fig* (*prorogare*) ~ *qc a qc* {SCADENZA AL 20 GIUGNO} *etw auf etw* (acc) verschieben, *etw bis zu etw* (dat) verlängern **37** *fig* (*produrre*) ~ *qc* {INIZIATIVA RISULTATI; SACRIFICI FRUTTI} *etw* hervor|bringen, *etw mit sich* (dat) bringen **38** *fig* (*preannunciare*) ~ *qc etw* mit sich (dat) führen, *etw* bringen: **questo freddo porta la neve**, diese Kälte bringt Schnee **39** (*sollevare*) ~ **in alto qc** {LE BRACCIA} *etw* hoch|heben **40** *fig* (*fare carriera*) ~ **in alto qu**: **le sue conoscenze lo hanno portato in alto**, durch seine Beziehungen hat er Karriere gemacht **41** *fig* (*far progredire*) ~ **avanti qc** {INIZIATIVA} *etw* voran|treiben; {DISCORSO, DISCUSSIONE} *etw* fort|führen; {PRATICA} *etw* bearbeiten **42** *fig* (*sottoporre*) ~ *qc* **davanti a qc** {PROPOSTA DI LEGGE DAVANTI AL PARLAMENTO} (*dat*) *etw* vor|legen, (*dat*) *etw* unterbreiten **43** (*mettere in luogo chiuso*) ~ **dentro qc** {STENDIBIANCHERIA} *etw* hinein|legen, *etw* hinein|stellen **44** (*mettere all'aperto*) ~ **fuori qu/qc** {SDRAIO, TAVOLINO} *jdn/etw* hinaus|bringen, *jdn/etw* hinaus|tragen, *jdn/etw* hinaus|stellen **45** (~ *a spasso*) ~ **fuori qu/qc** {IL CANE} *jdn/etw* aus|führen; {IL BAMBINO} *anche jdn/etw* spazieren führen **46** (*spostare ai piani inferiori*) ~ **giù qu/qc** {BAMBINO, CHIAVI} *jdn/etw* hin|-, herunter| bringen, *jdn/etw* hin|-, herunter|holen **47** (*restituire*) ~ **indietro qc** {MERCE} *etw* zurück|geben **48** (*indossare*) ~ **indosso qc** {CAPPOTTO} *etw* tragen, *etw* an|haben **49** (*spostare ai piani superiori*) ~ **su qu/qc** *jdn/etw* hin|-, herauf|bringen, *jdn/etw* hin|-, herauf|holen: **portami su la valigia, per favore**, bring mir bitte den Koffer herauf/hinauf! **50** *fig* (*aumentare*) ~ **su qc** {PREZZI} *etw* erhöhen **51** (*togliere da un luogo*) ~ **via qc** (*da qc*) {MOBILI DAL SALOTTO} *etw* (*aus etw* dat) entfernen; {AUTO SFASCIATA} *etw* ab|schleppen **52** (*allontanare*) ~ **via qu/qc** {CANE} *jdn/etw* weg|bringen; **portate via quell'uomo!**, schafft diesen Menschen weg! *fam* **53** (*far volare via*) ~ **via qc a qu** {FOLATA DI VENTO CAPPELLINO ALLA SIGNORA} *jdm etw* weg|tragen **54** (*catturare*) ~ **via qu** {POLIZIA RAPINATORE} *jdn* ab|führen **55** (*asportare*) ~ **via qc a qu** {INGRANAGGIO MANO ALL'OPERAIO} *jdm etw* ab|trennen **56** (*rubare*) ~ **via qc a qu** *jdm etw* stehlen: **mi hanno portato via la borsetta**, man hat mir meine Handtasche gestohlen **57** *fig* (*far morire*) ~ **via qu** (*a qu*) *jdn* dahin|-, hinweg|raffen *forb eufem*, *jdm etw* (*durch den Tod*) entreißen: **la leucemia lo portò via in poco tempo**, die Leukämie hat ihn in kurzer Zeit dahingerafft *forb eufem* **58** (*nel ballo*) (*uso assol*) führen: **quel ballerino sa ~ bene**, dieser Tänzer führt gut **59** *mar* (*uso assol*) {VELE} sich blähen: **far le vele**, die Segel nach dem Wind ausrichten **60** *mat* (*riportare*) ~ *qc* *etw* übertragen: **scrivo 3 e porto 1**, schreibe 3, 1 gemerkt **B** *itr* (*avere come sbocco*) ~ **a qc** {SENTIERO AL MARE} *irgendwohin* führen, *irgendwohin* gehen: **dove porta questa strada?**, wohin führt/geht diese Straße? **C** *itr pron* **1** (*spostarsi*): portarsi + *compl di luogo irgendwohin* fahren, *irgendwohin* rücken: **l'auto si porta ₍a destra₎/[sulla sinistra]**, das Auto fährt nach rechts/links; **portarsi verso il ciglio della strada**, näher an den Straßenrand heranfahren; **ti potresti ~ un po' in avanti?**, könntest du ein Stück vorrücken/[nach vorne rücken]? **2** (*recarsi*): portarsi + *compl di luogo* {SUL LUOGO DEL DISASTRO, DELL'INCIDENTE} *sich irgendwohin* begeben **3** (*trascinarsi*): portarsi + *compl di luogo* {FINO ALLA CASA PIÙ VICINA} *sich irgendwohin* schleppen **4** (*prendere*): portarsi **dietro qc** {OMBRELLO} *etw* mit|nehmen **5** (*sottrarre*): portarsi **via qc** {LADRO GIOIELLI} *etw* mit|nehmen, *etw* entwenden *forb eufem* **6** (*conquistarsi*): portarsi **via qc** {PREMIO} *etw* gewinnen **7** (*acquistare*): portarsi **via qc** {PEZZO D'ANTIQUARIATO} *etw* erwerben **8** *econ*: portarsi **a/[fino a]/[intorno a]/[sopra]/[verso] qc** {INFLAZIONE AL 5%} *etw* erreichen, *auf etw* (acc) an|steigen: **l'inflazione si è portata sopra il 4%**, die Inflation hat die 4%-Marke überschritten **9** *mar* (*manovrare*): portarsi **di qc** {DI TRAVERSO} sich *irgendwie* legen: **portarsi di prua/poppa**, beidrehen/anluven **10** sport (raggiungere): **portarsi in qc** {SQUADRA IN TESTA ALLA CLASSIFICA} etw übernehmen, etw erreichen **D** rfl indir (~ con sé): **portarsi qc** (+ compl di luogo) {CINEPRESA IN VACANZA, SPUNTINO IN UFFICIO} etw (irgendwohin) mit|nehmen: **portarsi da mangiare**, sich (dat) (etwas) zu essen mitnehmen ● ~ **bene/male gli anni/l'età** (sembrare più giovane/vecchio), für sein Alter gut/schlecht|/[jung/alt] aussehen; ~ **bene/male a qu** (essere di buon/cattivo auspicio), jdm Glück/Unglück bringen; **portarsi bene** (mantenersi bene), sich gut/wohl fühlen, sich gut befinden forb.

portarifiùti **A** <inv> agg Abfall-: **secchio ~**, Abfalleimer m **B** <-> m (recipiente) Abfalleimer m, Abfallkübel m.

portaritràtti <-> m (cornice) Bilderrahmen m.

portarivìste <-> m (mobiletto) Zeitungsständer m.

portarocchétto <-> m (perno) {+MACCHINA DA CUCIRE} Spulenhalter m.

portarossétto **A** <-> m (custodia) Lippenstifthalter m **B** <inv> in funzione di agg {ASTUCCIO} Lippenstift-.

portaròtolo <-> m (accessorio da bagno) Toilettenpapierhalter m; (da cucina) Küchenrollen-, Folienhalter m.

portasapóne <-> m **1** (accessorio da bagno) Seifenhalter m **2** (astuccio da viaggio) Seifendose f, Seifenschale f.

portascì <-> m **1** (portabagagli) Skiträger m **2** (fodero) Skihülle f.

portasciugamàno m (accessorio da bagno) Handtuchhalter m.

portascopìno m (per il WC) Klobürstenständer m.

portasigarétte <-> m (astuccio) Zigarettenetui n.

portasigàri <-> m (astuccio) Zigarrenetui n.

portaspazzolìni, **portaspazzolìno** <-> m **1** (astuccio) Zahnbürstenetui n **2** (da bagno) Zahnbürstenhalter m.

portaspìlli <-> m (cuscinetto) Stecknadelkissen n.

portastecchìni <-> m (vasetto) Zahnstocherbehälter m.

portastendàrdo <-> **A** mf (persona) Standarten-, Fahnenträger(in) m(f) **B** m (supporto) Standarten-, Fahnenschuh m.

portastuzzicadènti → **portastecchini**.

portàta f **1** (vivanda) Gang m, Gericht n: **un pranzo di cinque portate**, ein Mittagessen mit fünf Gängen; **una ~ di carne**, ein Fleischgericht **2** (capacità di carico) {+CAMION, FURGONE} Trag-, Ladefähigkeit f, Nutzlast f: **il camion ha una ~ di 30 quintali**, der Lastwagen hat eine Nutzlast von 30 Doppelzentnern; **la ~ massima di un montacarichi**, die |maximale Tragfähigkeit|/[Höchstbelastung] eines Lastenaufzug **3** fig (importanza) Tragweite f, Bedeutung f: **un avvenimento di ~ storica**, ein Ereignis von historischer Tragweite; **un'invenzione di ~ eccezionale**, eine Erfindung von außergewöhnlicher Tragweite/Bedeutung; **di vasta ~**, weit reichend, von großer Tragweite **4** fig (prestigio) Einfluss m, Stellung f, Rang m: **uno statista di ~ mondiale**, ein Staatsmann von Weltrang **5** aero {+AEREO} Reichweite f **6** arch {+ARCO} Spannweite f **7** artiglieria (gittata) {+PISTOLA} Reich-, Schussweite f: **cannone di lunga ~**, Kanone von großer Reichweite **8** edil {+PONTE} Tragfähigkeit f, Belastbarkeit f **9** geog (massa d'acqua) {+FIUME} Wasserdurchfluss m, Wasserführung f **10** idraul (+POMPA) (Förder)leistung f **11** mar Tragfähigkeit f, Zuladung f: **~ lorda/netta**, |Bruttotragfähigkeit f/Deadweight n|/[Nettotragfähigkeit f]; **la nave ha una ~ di 20 000 tonnellate**, das Schiff hat eine Tragfähigkeit von 20 000 Tonnen; **nave di media ~**, Schiff mittlerer Tragfähigkeit **12** med {CARDIACA} Volumen n **13** metrol (+AMPEROMETRO, BILANCIA) (Mess)bereich m **14** ott {+CANNOCCHIALE} Sehweite f ● **prezzi alla ~ di tutti** (economicamente accessibili), für jeden erschwingliche Preise; **il golf non è uno sport alla ~ di tutti**, Golf ist kein Sport, den |alle ausüben,|/[sich (dat) alle leisten] können; **questo viaggio non è alla ~ delle nostre tasche**, diese Reise können wir uns nicht leisten; **un libro alla ~ di tutti** fig (comprensibile), ein allgemein verständliches Buch; **a ~ di mano** (vicino), bei der Hand, griffbereit; **tenere sempre il portafoglio a ~ di mano**, die Brieftasche immer griffbereit haben; **una vittoria a ~ di mano** (molto vicina), ein zum Greifen naher Sieg; **a ~ di voce** (fin dove si può essere uditi), in Ruf-/Hörweite.

portatèssera <-> m (piccola custodia) Ausweishülle f, Schutzhülle f für Ausweise.

portàtile **A** agg (che si porta con sé): televisore ~, tragbarer Fernseher, Portable m; {MACCHINA DA SCRIVERE} Reise-; {RADIO} Koffer-, tragbar **B** m inform (computer) Laptop m, Portable m **C** f (macchina per scrivere) Reise-, Kofferschreibmaschine f.

portàto, (-a) **A** agg **1** (usato) {ABITO} getragen, gebraucht **2** fig (incline) **~ a fare qc** zu etw (dat) geneigt, zu etw (dat) bereit: **sei sempre ~ a polemizzare**, du neigst immer zum Polemisieren **3** fig (predisposto) **~ per qc** für etw (acc) begabt: **essere ~ per il disegno/la matematica**, |eine zeichnerische Begabung|/[eine Begabung für Mathematik] haben; **non è ~ per le lingue**, er ist nicht sprachbegabt, er hat keine Sprachbegabung **B** m **1** (prodotto) Ergebnis n, Resultat n, Produkt n: **il ~ della società industriale**, das Produkt der Industriegesellschaft **2** (conseguenza) Folge f.

portatóre, (-trice) **A** m (f) **1** (chi porta) Träger(in) m(f) **2** (chi trasporta bagagli) {+BATTUTA DI CACCIA} (Last)träger(in) m(f): **~ di una spedizione**, Träger m bei einer Spedition **3** fig (latore) Überbringer(in) m(f) **4** banca econ (latore) Inhaber(in) m(f), Überbringer(in) m(f) **5** med (Über)träger(in) m(f): **~ di germi/virus**, Keim-/Virusträger(in) m(f); **~ sano**, gesunder Überträger, Konduktor m scient **B** <inv> loc agg banca econ: **al ~**, Inhaber-, Überbringer-, auf den Inhaber lautend; **assegno/libretto al ~**, gebündelte Inhaberschecks, Heft/Buch n mit Inhaberschecks; **pagabile al ~**, an den Überbringer zahlbar; **titolo al ~**, Inhaberpapier n, Inhaberaktie f ● **~ di carica** fis, Ladungsträger m; **~ di handicap** (disabile), Körperbehinderte m decl come agg.

portatovagliòlo m (busta) Serviettentasche f; (anello) Serviettenring m.

portatrice f → **portatore**.

portattrézzi **A** <-> m **1** (cassetta) Werkzeugkasten m **2** agr Traktor m **B** <inv> in funzione di agg {CARRELLO} Werkzeug-.

portauòva <-> m (contenitore) Eierschachtel f; (accessorio) {+FRIGO} Eierfach n.

portauòvo <-> m (vasetto) Eierbecher m.

portautensìli **A** <-> m **1** (portattrezzi) Werkzeugkasten m **2** (supporto) Werkzeughalter m, Werkzeugträger m **B** <inv> agg {CASSETTA} Werkzeug-.

portavalóri **A** <-> mf (agente) {+BANCA} Geldtransporteur(in) m(f) **B** <inv> in funzione di agg (che trasporta valori) {BORSA, FURGONE} Geld-.

portavàsi **A** <-> m **1** (sostegno) Blumenständer m **2** (vaso elegante) Übertopf m **B** <inv> in funzione di agg {CASSETTA, TRESPOLO} Blumen-.

portavivànde **A** <-> m (portapranzi) Speisebehälter m, Warmhaltebehälter m; (carrello) Servierwagen m **B** <inv> in funzione di agg {CARRELLO} Servier-.

portavóce <-> **A** mf **1** fig (incaricato) Sprecher(in) m(f), Wortführer(in) m(f): **è** **~ dell'azienda**, er ist der Firmensprecher; **il ~ del governo**, der Regierungssprecher; **farsi ~ di una notizia presso qu/qc**, jdm/etw eine Nachricht weitergeben **2** fig (organo d'informazione) Informationsorgan n, Sprachrohr n: **quella radio è la ~ del partito radicale**, dieser Radiosender ist das Sprachrohr der radikalen Partei **B** m mar (tubo metallico) Sprachrohr n.

porte-enfant <-> m franc (sacchetto) Steckkissen n.

portefinèstre pl di portafinestra.

portèlla f **1** (anta) {+ARMADIO} Tür f **2** geog (porta) Tor n.

portellìno <dim di portello> m mar Bullauge n.

portèllo <dim di porta> m **1** aero {+FUSOLIERA} Klappe f **2** mar Luke f: **~ di murata**, Bullauge n **3** tecnol {+CALDAIA, FORNO} Klappe f **4** (sportello) {+MOBILE} Tür f **5** (porticina) {+CASTELLO} kleine Tür, Türchen n.

portellóne <accr di portello> m **1** aero Klappe f **2** autom (posteriore) {+STATION WAGON} Heckklappe f, Heckschwingtür f **3** mar Luke f: **~ di carico**, Ladeluke f; **~ d'imbarco**, Verladungsklappe f.

portènto m **1** fig (prodigio) außergewöhnlicher Mensch, Genie n: **che ~ quell'attore!**, was für ein fantastischer Schauspieler! fam; **quel ragazzo è un vero ~**, dieser Junge ist ein wahres Genie; **un ~ di cultura**, ein Ausbund an/von Kultur sein; **essere un ~ di memoria**, ein außerordentliches/unwahrscheinliches fam Gedächtnis haben **2** fig (prelibatezza) Köstlichkeit f: **quel gelato è un vero ~**, dieses Eis ist einfach köstlich **3** fig (gioiello) Juwel n: **una moto che è un ~**, ein |Juwel von|/[fantastisches fam] Motorrad **4** fig (toccasana) Wundermittel n: **questo sciroppo è un ~**, dieser Saft ist ein fantastisches Heilmittel fam.

portentóso, (-a) **A** agg **1** fig enf (eccezionale) {INTELLIGENZA, MEMORIA} außergewöhnlich, wunderbar, fantastisch fam, sagenhaft fam; {ARCHITETTO, CHIRURGO PLASTICO} hervorragend; {RISULTATO} anche außerordentlich **2** fig enf (molto valido) {FARMACO, MEDICINA} fantastisch fam, Wunder- **B** m (carattere straordinario) Außergewöhnliche n decl come agg, Wunderbare n decl come agg: **avere del ~**, ans Wunderbare grenzen; **una scoperta che ha del ~**, eine ans Wunderbare grenzende Entdeckung.

portfolio <-, -s> m pl ingl **1** comm Portfolio n **2** (curriculum) {+INDOSSATRICE} Portfolio n **3** scuola univ: **~ europeo delle lingue**, europäisches Sprachenportfolio.

porticàto, (-a) **A** agg **1** (munito di portico) {EDIFICIO} Lauben- **2** (circondato da portici) {CORTILE, PIAZZA} von Bogen-/Laubengängen umgeben **3** (fiancheggiato da portici) {STRADA} Arkaden- **B** m (portico ampio) {+CHIOSTRO} Bogen-, Laubengang m, Vorhalle f, Portikus m o f; {+PIAZZA} Arkaden f pl.

porticciòlo <dim di porto> m (piccolo porto) kleiner Hafen.

porticina <dim di porta> f (piccola porta) Türchen n.

pòrtico <-ci> m **1** arch {+ABBAZIA, MARIA DELLE GRAZIE} Lauben-, Säulen-, Bogengang m; {+PIAZZA, VIA} Arkade f: **i portici di Piazza S. Carlo a Torino**, die Arkaden von Piazza S. Carlo in Turin; **passeggiare sotto i portici**, unter den Arkaden spazieren **2** (rimessa agricola) (Geräte)schuppen m ● **Portico filos** (scuola greca), Stoa f.

portièra① f **1** autom (Wagen)tür f: **~ anteriore/posteriore**, Vorder-/Hecktür f; **aprire/chiudere la ~**, die Wagentür öffnen/schließen **2** (sportello) {+PULLMAN, TRENO} Tür f **3** (tenda pesante) {+CHIESA} schwerer Türvorhang, Portiere f: **~ drappeggiata**, drapierte Portiere.

portièra② f **1** (portinaia) Pförtnerin f, Hausmeisterin f **2** (moglie del portiere) Hausmeistersfrau f, Portiersfrau f.

portieràto m (servizio di portineria) Hausmeisterdienst m: **spese di ~**, Hausmeisterkosten f pl.

portière m **1** (d'albergo) Portier m: **~ di notte/notturno**, Nachtportier m **2** (portinaio) {+CONDOMINIO} Pförtner m, Hausmeister m, Portier m obs **3** (custode) {+UFFICIO} Pförtner m **4** sport Torwart m, Tormann m, Torhüter m, Goalkeeper m.

portinàia f **1** (custode) {+PALAZZO} Pförtnerin f, Hausmeisterin f **2** (moglie del portinaio) Portiersfrau f ● **monaca/suora ~** relig, Klosterpförtnerin f.

portinàio <-nai> m (portiere) Pförtner m, Hausmeister m ● **frate ~** relig, Klosterpförtner m.

portineria f **1** (stanza) Pförtner-, Portier(s)loge f **2** (appartamento) Pförtnerwohnung f, Pförtnerhaus n **3** (servizio) Pförtnerstelle f.

portinnèsto → portainnesto.

portinségna → portainsegna.

portland <-> m ingl edil Portlandzement m.

pòrto① part pass di porgere.

pòrto② **A** m comm (spesa di trasporto) Porto n, Frachtkosten pl: **~ assegnato**, Porto-, Frachtnachnahme f, Kosten pl zu Lasten des Empfängers; **~ a carico del mittente**, Kosten pl zu Lasten des Absenders; **franco di ~**/**~ franco** porto-, frachtfrei; **franco di ~ e d'imballaggio**, porto- und verpackungsfrei; **pagare il ~**, das Porto bezahlen **B** sost m (licenza): **~ d'armi**, Waffenschein m: **avere il ~ d'armi**, einen Waffenschein haben; **chiedere/ottenere il ~ d'armi**, einen Waffenschein beantragen/bekommen; **togliere il ~ d'armi a qu**, jdm den Waffenschein entziehen ● **~ abusivo d'armi** (reato), unerlaubtes Führen von Waffen.

pòrto③ **A** m **1** Hafen m: **~ d'armamento**, Ausrüstungshafen m; **~ artificiale/naturale**, künstlicher/natürlicher Hafen; **~-canale**, Kanalhafen m; **~ commerciale/industriale**, Handelsschiffahrts-/Industriehafen m; **~ fluviale/marittimo**, Binnen-/Seehafen m; **~ d'imbarco**, Einschiffungs-, Verschiffungshafen m; **~ militare/petrolifero**, Kriegs-/Erdölhafen m; **le navi entrano in**/**escono dal ~**, die Schiffe laufen in den Hafen ein/verlassen den Hafen; **~ di sbarco/scalo/transito**, Ausschiffungs-/Anlauf-/Transithafen m; **essere ancorato nel ~ turistico**, im Passagierhafen vor Anker liegen **2** (città portuale) Hafenstadt f: **Amburgo è un grande ~**, Hamburg ist eine große Hafenstadt **3** fig (punto d'arrivo) Ziel n, Ende n **4** fig poet (rifugio) Zuflucht(sort) m **B** <inv> loc agg: **di ~**, {CAPITANERIA} Hafen- ● **andare in ~** fig (concludersi felicemente), unter Dach und Fach/[glücklich abgeschlossen] sein; **arrivare/giungere in ~** fig (alla fine di un lavoro), am Ziel ankommen, das Ziel erreichen; **condurre in ~ un affare** fig (concludere felicemente), ein Geschäft unter Dach und Fach bringen/[abschließen]; **essere in ~** fig (essere al termine di un lavoro), am Ziel sein, sein Ziel erreicht haben; fig (essere al sicuro), in Sicherheit sein; **~ franco** (che gode della franchigia doganale), Freihafen m; **~ di mare**, Seehafen m; fig (luogo movimentato), Rummelplatz m fam, Durcheinander n; **questa casa è un ~ di mare**, in diesem Haus geht es zu wie in einem Taubenschlag fam/[herrscht ein einziges Durcheinander]; **~ sicuro** fig (rifugio tranquillo), sicherer Zufluchtsort; **toccare un ~** (farvi scalo), einen Hafen anlaufen.

pòrto④ <-> m enol Portwein m.

Portogàllo m geog Portugal n.

portoghése **A** agg portugiesisch **B** mf **1** (abitante) Portugiese m, Portugiesin f **2** fig scherz (chi entra senza pagare) Zaungast m **C** m <solo sing> (lingua) Portugiesisch(e) n ● **fare il ~** fig (non pagare il biglietto), sich ohne Eintrittskarte einschmuggeln.

portolàno m **1** aero aeronautische Karte **2** mar Schifferhandbuch n.

portoncìno <dim di portone> m **1** kleine Tür **2** (porta secondaria) Seitentür f, Nebeneingang m.

portóne <accr di porta> m **1** (porta principale) {+CASERMA, SCUOLA} Tor n, Haupteingang m; {+PALAZZO SETTECENTESCO} Portal n: **~ di casa**, Haustor n **2** (per veicoli) Einfahrt f, Tor n.

portoricàno, (-a) **A** agg puerto-ricanisch **B** m (f) (abitante) Puerto-Ricaner(in) m(f).

Portorico m geog Puerto Rico n.

portuàle **A** agg (del porto) {IMPIANTO, POLIZIA, ZONA} Hafen- **B** m (lavoratore) Hafenarbeiter m.

portuàrio, (-a) <-ri> m agg (portuale) {IMPIANTO} Hafen-.

portuóso, (-a) agg (ricco di porti) {COSTA} hafenreich.

porzionàto, (-a) agg (in porzioni singole) {FORMAGGIO} portioniert.

porzióne f **1** (parte) {+EREDITÀ, PATRIMONIO} (An)teil m **2** (quantità di cibo) Portion f: **~ abbondante/piccola/scarsa**, reichliche/kleine/knappe Portion; **~ intera/supplementare**, ganze Portion/[Nachschlag m]; **ho ordinato mezza ~ di arrosto di maiale**, ich habe eine halbe Portion Schweinebraten bestellt; **una ~ di pesce**, eine Portion Fisch; **ho preso una doppia ~ di patatine**, ich habe eine doppelte Portion Pommes frites genommen **3** anat Teil m ● **fare le porzioni** (dividere una vivanda in più parti), in Portionen teilen, portionieren; **fare le porzioni giuste** (dividere una vivanda in parti uguali), in gleiche Teile teilen, gleichmäßig aufteilen.

POS <-> m abbr dell'ingl Point of Sale (punto di vendita) **1** (terminale) POS(-Kasse f), elektronische Kasse **2** (sistema di pagamento) POS(-Banking n), elektronisches Zahlen.

pòsa f **1** fig (atteggiamento) {BUFFA, DISINVOLTA} Haltung f, Pose f: **assumere una ~ affettata**, eine gekünstelte Haltung einnehmen; **hai una ~ poco naturale in questa foto**, auf diesem Foto hast du eine ziemlich unnatürliche Haltung **2** fig (comportamento innaturale) unnatürliches Verhalten: **è ridicola con quelle sue pose da donna fatale**, mit den Posen der Femme fatale sieht sie lächerlich aus **3** fig (posizione) Modellstehen n, Positur f: **mettersi in ~ davanti al fotografo**, vor dem Fotografen posieren, sich vor dem Fotografen in Positur setzen/stellen/legen; **stare in ~**, Modell stehen; (tempo di esecuzione) Sitzung f; **~ breve/lunga**, kurze/lange Sitzung **4** fot (esposizione) {BREVE, LUNGA} Belichtung f: **tempo di ~**, Belichtungszeit f; (ripresa) Zeitaufnahme f; (fotografia) Bild n, Aufnahme f: **un rullino da 12 pose**, ein Film für 12 Bilder/Aufnahmen, ein Film mit 12 Bildern/Aufnahmen, ein 12er-Film fam **5** tecnol {+CAVO, TUBATURA} Legen n, Verlegung f ● **~ gladiatoria**, Siegerpose f; **la ~ della prima pietra**, die Grundsteinlegung f; **senza ~** (ininterrottamente), ohne Unterbrechung, ununterbrochen, ohne Pause, pausenlos; **lavorare senza ~**, ohne Unterbrechung/[ununterbrochen] arbeiten.

posacàvi <-> f mar Kabelleger m.

posacénere <-> m (portacenere) Aschenbecher m.

posamìne mar **A** <inv> agg {NAVE} Minen- **B** <-> f Minenleger m.

posapiàno <-> mf scherz (indolente) träger Mensch, Tranfunzel f fam.

posàre **A** tr **1** (metter giù) **~ qc** (+ compl di luogo) etw irgendwohin stellen, etw irgendwohin legen, etw hin|legen: **posa subito quelle forbici!**, leg sofort die Schere hin!; **posò gli occhiali e chiuse il libro**, er/sie setzte die Brille ab und machte das Buch zu; (in posizione verticale) {VASO SUL DAVANZALE} etw irgendwohin stellen, etw irgendwohin ab|stellen; **posate pure lì gli zaini!**, stellt die Rucksäcke ruhig dort ab!; **posa qui le tazze di caffè!**, stell die Tassen Kaffee hierher!; (in posizione orizzontale) {GIACCA SULLA SEDIA, GIORNALE SUL TAVOLO} etw irgendwohin legen; {CAPPELLO} etw irgendwo ab|legen; {CORNETTA, RICEVITORE} etw auf|legen **2** (appoggiare) **~ qc su qc** {LA MANO SULLA SPALLA DI QU, LA TESTA SUL CUSCINO} etw auf etw (acc) legen **3** (collocare a terra) **~ qc** {TUBAZIONE} etw (ver)legen **4** fot (fermare) **~ qc su qc** {LO SGUARDO, GLI OCCHI} etw auf jdn/etw heften; **l'ATTENZIONE** etw auf jdn/etw richten **B** itr **1** (poggiare) **~ su qc** {SOFFITTO SU TRAVI} auf etw (dat) ruhen; {CASA SULLA ROCCIA} auf etw (dat) stehen **2** (depositare) {CAFFÈ} sich setzen: **far/lasciare ~ il vino**, den Wein einlagern **3** fig (fondarsi) **~ su qc** {ACCUSA SU INDIZI SICURI} etw stützen, auf etw (dat) beruhen **4** fig (stare in posa) **~ (per qu/qc)** {PER UN PITTORE} (für jdn/etw) Modell stehen/sitzen, (für jdn/etw) posieren: **le modelle posano davanti ai fotografi**, die Models posieren vor dem Fotografen; **~ per una foto**, sich für ein Foto in Positur bringen; **~ nudo**, nackt stehen **5** fig (comportarsi senza naturalezza) (a qc) {A VITTIMA} sich als etw (nom) auf|spielen, etw spielen; {A DONNA FATALE} etw auf (acc) machen fam spreg ● **~ a intellettuale**, den Intellektuellen spielen, einen auf intellektuell machen fam spreg; **quanto posa quell'uomo!**, was spielt sich der Mensch auf! fam, was ist das für ein affektierter Typ! forb; **posa troppo**, bei ihm/ihr ist alles nur Pose **C** itr pron **1** (fermarsi): **posarsi su qc** {FARFALLA SUI FIORI} sich auf etw (dat) nieder|lassen **2** (depositarsi): **posarsi su qc** {POLVERE SUI MOBILI} sich auf etw (dat) ab|setzen **3** (cadere e adagiarsi): **posarsi su qc** {NEVE SUI CAMPI} auf etw (acc) fallen forb, sich irgendwohin legen **4** (appoggiarsi): **posarsi su qu/qc** sich an jdn/etw (an|)lehnen: **la sua testa si posò sulle mie spalle**, er/sie legte seinen/ihren Kopf auf meine Schultern **5** fig (cadere): **posarsi su qc** {ACCENTO SULLA TERZ'ULTIMA SILLABA} auf etw (acc) fallen **6** fig (fermarsi): **posarsi su qu/qc** {SGUARDO} sich auf jdn/etw heften.

posàta① f (utensile da cucina) Besteck n:

posate d'argento, Silberbesteck n; **cambiare le posate**, ein neues Besteck auflegen; **posate da dolce/frutta**, Dessert-/Obstbesteck n; **mettere le posate a tavola**, das Besteck auflegen; **posate da portata/tavola**, Vorlege-/Essbesteck n.

poṣàta[2] f 1 (*sedimento*) (Boden)satz m: **c'è della ~ nella bottiglia di vino**, in der Weinflasche ist Satz 2 (*nell'equitazione*) (*maneggio*) Pesade f.

poṣatería f (*servizio di posate*) Tafelbesteck n: **un negozio di ~**, Besteckgeschäft n.

poṣatézza f (*calma*) Bedächtigkeit f, Gesetztheit f, Ruhe f: **discutere/parlare con ~**, ⌐ruhig diskutieren⌐/[bedächtig sprechen].

poṣàto[1], (-a) agg 1 (*calmo*) {RAGAZZA} bedächtig, gesetzt, ruhig 2 (*equilibrato*) {CARATTERE} ausgeglichen 3 (*che denota ponderazione*) {PAROLE} überlegt, abgewogen.

poṣàto[2], (-a) agg fot gestellte(r,s): **un book di foto posate**, ein Album mit gestellten Fotos.

poṣatùbi mar tecnol **A** <inv> agg {MACCHINA, NAVE} Rohr(ver)legungs- **B** <-> f Rohr(ver)legungsmaschine f.

pòscia A avv lett (*dopo*) danach, hierauf, daraufhin **B** loc cong 1 (*dopo che*): **~ che ...**, *congv*, nachdem ... **ind** 2 (*poiché*): **~ che ...** *ind*, da ... *ind*, weil ... *ind*.

poscritto m (*abbr* P.S.) Postskriptum n, Nachschrift f.

poṣdomàni avv lett (*dopodomani*) übermorgen.

pòṣi 1ª pers sing del pass rem *di* porre.

poṣidònia f bot Seegras n.

poṣitiva f fot Positiv n.

poṣitivaménte avv 1 (*favorevolmente*) positiv: **un cantante giudicato ~ dalla critica**, von der Kritik gelobter Sänger 2 (*in modo esauriente*) erschöpfend, befriedigend: **ha risposto ~ a tutte le domande**, er/sie hat auf alle Fragen erschöpfende Antworten gegeben.

poṣitivìṣmo m 1 filos {+COMTE} Positivismus m: **~ logico**, Neopositivismus m, logischer Empirismus 2 rar (*concretezza*) Pragmatismus m.

poṣitivìsta <-i m, -e f> **A** agg 1 filos {PENSIERO} positivistisch 2 rar (*realista*) pragmatisch **B** mf 1 filos Positivist(in) m(f) 2 rar (*chi è realista*) Pragmatiker(in) m(f).

poṣitivìstico, (-a) <-ci, -che> agg filos {CORRENTE, TEORIA} positivistisch.

poṣitività <-> f 1 (*validità*) {+RISPOSTA} positiver Charakter 2 (*risultato positivo*) {+ANALISI, TEST DI GRAVIDANZA} positives Ergebnis.

poṣitiviẓẓàrsi itr pron biol positiv werden.

poṣitiviẓẓazióne f med Positiv-Werden n, Positivierung f.

poṣitivo, (-a) **A** agg 1 (*reale*) {CONOSCENZA} positiv; {DATO} konkret 2 (*certo*) {NOTIZIA} sicher, gewiss 3 (*pratico*) {MENTE, SPIRITO} praktisch: **un uomo ~**, ein praktischer Mensch 4 (*affermativo*) {RISPOSTA} positiv, bejahend, bestätigend 5 (*costruttivo*) {CRITICA, GIUDIZIO} konstruktiv 6 (*favorevole*) günstig: **gli aspetti positivi e negativi di una questione/questo lavoro**, ⌐die positiven und negativen Aspekte eines Problems⌐/[die Licht- und Schattenseiten dieser Arbeit]; **l'unico fatto ~ è che non ha riportato fratture**, das einzig Positive ist, dass er/sie sich nichts gebrochen hat 7 (*vantaggioso*) vorteilhaft, gut: **guarda il lato ~ della cosa!**, sieh doch ⌐das Gute an der Sache⌐/[die positive Seite der Angelegenheit]! 8 (*apprezzabile*) {ATTITUDINE, QUALITÀ} schätzenswert 9 (*valido*) {ESAME, PROVA SCRITTA} gut 10 (*basato sull'esperienza*) {SCIENZE} empirisch, Natur-

11 chim {CATALIZZATORE} positiv 12 dir {DIRITTO} positiv 13 elettr fis {CARICA} positiv; {POLO} anche Plus- 14 filos {FILOSOFIA} positivistisch 15 fot positiv 16 gramm {GRADO} im Positiv 17 mat {NUMERO} positiv 18 med {RISULTATO} positiv: **l'esito del test è ~**, das Testergebnis ist positiv 19 relig {RELIGIONE, TEOLOGIA} positiv **B** m <solo sing> 1 (*ciò che è favorevole*) Positive n decl come agg: **finalmente qualcosa di ~!**, endlich einmal etwas Positives!; **è ~ che ...**, positiv ist, dass ... 2 (*ciò che è sicuro*) Sichere n decl come agg; Gewisse n decl come agg: **non so ancora nulla di ~**, ich weiß noch nichts Sicheres/Genaues mehr 3 lett (*ciò che esiste*) Wirkliche n decl come agg, Konkrete n decl come agg **C** m o f fot (*immagine*) Positiv n.

poṣitróne m fis Positron n.

poṣitrònio <-ni> m fis Positronium n.

poṣizionàle agg 1 astr: **astronomia ~**, Astrometrie f, Positionsastrometrie f 2 ling {VALORE} Stellen- 3 fis {CAMPO DI FORZA} Positions-, Lagen- 4 mat {NUMERAZIONE} Stellen-.

poṣizionaménto m 1 anche tecnol (*collocazione*) {+STRUMENTO} Positionierung f 2 (*nella pubblicità*) Positionierung f.

poṣizionàre tr 1 anche tecnol (*collocare*) **qc (su qc)** {PEZZO} etw (an etw dat) an|bringen, etw (an etw dat) positionieren 2 (*nella pubblicità*) **~ qc** {PRODOTTO} etw positionieren.

poṣizionàto, (-a) **A** part pass *di* posizionare **B** agg 1 (*situato*) gelegen: **un alloggio ben ~**, eine schön gelegene Wohnung; **attico (ben) ~ vendesi**, Dachwohnung in guter Lage zu verkaufen 2 (*nelle inserzioni*) gut gestellt/dastehend.

poṣizionatóre m tecnol Positionseinrichtung f, Positionierer m ● **~ automatico di lancio** aero, automatische Startvorrichtung.

poṣizióne A f 1 gener {+ISOLA} Lage f, Position f; {+PIANETA} anche Stand m: **~ geografica**, geografische Lage; **la ~ della Tunisia nell'Africa settentrionale**, die Lage Tunesiens in Nordafrika 2 (*collocazione*) {+AEREO} Position f: **determinare la ~ di una nave**, die Position eines Schiffes bestimmen 3 (*ubicazione*) {+EDIFICIO} Lage f, Standort m: **l'alloggio si trova in una ~ centrale**, die Wohnung liegt zentral; **~ esposta/isolata/soleggiata**, ungeschützte/isolierte/sonnige Lage; **~ panoramica**, Lage f mit ⌐schöner Aussicht⌐/[Panoramablick] 4 (*il modo di stare*) Stellung f, Lage f: **~ obliqua/orizzontale**, schräge/horizontale Stellung; **un oggetto in ~ verticale**, ein aufrecht stehender Gegenstand 5 (*positura*) {+ARTO, PERSONA} Haltung f, Stellung f: **cambiare ~**, die/seine Stellung ändern; **~ china/eretta**, gebückte/aufrechte Haltung; **~ prona/supina**, Bauch-/Rückenlage f; **~ comoda/rilassata**, bequeme/entspannte Haltung; **~ della schiena**, Rückenstellung f 6 (*posto*) {+GRADUATORIA, LISTA} Platz m, Stelle f: **essere nelle prime posizioni**, auf einem der ersten Plätze liegen, einen der ersten Plätze belegen; **in ultima ~**, an letzter Stelle, auf dem letzten Platz, als Schlusslicht fam 7 fig (*stato sociale*) Position f, Rang m: **avere una buona ~ economica**, finanziell gut ⌐gestellt sein⌐/[dastehen]; **essere in una ~ di comando**, eine leitende Position innehaben/bekleiden; **migliorare la propria ~**, seine Stellung verbessern 8 fig (*condizione*) Lage f, Stellung f, Status m: **~ amministrativa**, verwaltungsrechtlicher Status; **~ finanziaria**, finanzielle Lage; **~ giuridica**, Rechtslage f; **~ scolastica**, schulischer Status; **~ sociale**, gesellschaftliche/soziale Stellung, gesellschaftlicher/sozialer Status 9 fig (*convinzione*) Standpunkt m,

Überzeugung f, Position f: **~ ideologica/politica**, ideologischer/politischer Standpunkt; **hanno posizioni molto diverse a riguardo**, sie vertreten diesbezüglich sehr unterschiedliche Standpunkte 10 fig (*orientamento*) {+GOVERNO, PARTITO, SINDACATO} Position f, Stellung f 11 fig (*situazione*) Situation f, Umstand m, Stand m: **trovarsi in una ~ difficile**, sich in einer schwierigen Lage befinden 12 banca (*situazione di dare e avere*) {+CLIENTE} Position f: **~ corta/lunga**, Haben-/Sollsaldo n, Aktiv-/Passivsaldo n 13 ling {+CONSONANTE, VOCALE} Position f 14 med Lage f, Stellung f: **~ podalica**, Steißlage f 15 mil Stellung f: **in ~ d'attacco/di combattimento**, in Angriffs-/Kampfstellung; **difendere/tenere la ~**, die Stellung halten; **occupare/perdere una ~**, eine Stellung ⌐einnehmen/besetzen⌐/[verlieren/einbüßen]; **le posizioni nemiche**, die feindlichen Stellungen; **~ strategica**, strategische Stellung 16 sport (*collocazione*) {+GIOCATORE} Stellung f, Position f: **il pilota si è portato in seconda ~**, der Rennfahrer ⌐ist momentan Zweiter⌐/[hat momentan den zweiten Platz erreicht]; **~ di partenza**, Ausgangs-, Grundstellung f; (*in classifica*) Platz m, Stelle f; **la squadra è in terza ~**, die Mannschaft ist ⌐auf dem dritten Platz⌐/[an dritter Stelle] **B** <inv> loc agg autom: **di ~**, {LUCI} Stand- ● **d'attenti/di riposo** mil sport, Habacht-/Ruhestellung f; **~ chiave** fig anche mil, Schlüsselposition f, Schlüsselstellung f; **essere nella ~ di fare qc** fig (*avere la possibilità di farla*), die Möglichkeit haben, etw zu tun; **farsi una ~** fig (*fare una brillante carriera*), Karriere machen, es zu etwas bringen; **~ fetale** (*rannicchiata*), zusammengekauerte Stellung, Embryonalstellung f; med, Kindslage f, Embryonalstellung f; **~ di forza**, Machtposition f; **~ di guardia** sport, Ausgangsposition f; **~ di memoria** inform, Speicherposition f; **prendere ~ contro qu/qc** fig (*definire il proprio punto di vista*), gegen jdn/etw Stellung beziehen, Partei gegen jdn/etw ergreifen, Flagge zeigen; **restare sulle proprie posizioni** fig (*essere intransigenti*), auf seiner Meinung beharren.

poṣologìa f farm med Dosierung(sanweisung) f, Posologie f scient obs.

pospórre <coniug come porre> tr 1 anche gramm **~ qc (a qc)** {IL SOGGETTO AL VERBO} etw (etw dat) nach|stellen 2 fig **~ qc a qc** {IL PIACERE AL DOVERE} etw etw (dat) unter|ordnen 3 fig (*rimandare*) **~ qc** {PARTENZA, VIAGGIO} etw verschieben, etw auf|schieben.

pospoṣitivo, (-a) agg gramm {PRONOME} nachgestellt, postpositiv.

pospoṣizióne f gramm Nachstellung f, Postposition f ● **~ del pronome al sostantivo**, Nachstellung f des Pronomens im Verhältnis zum Substantiv.

pòssa[1] 1ª, 2ª e 3ª pers sing del congv pres e 3ª pers sing dell'imperat pres *di* potere[1].

pòssa[2] **A** f lett (*forza*) Kraft f **B** loc avv: **a tutta ~** 1 (*con tutte le forze*) mit voller Kraft, wie verrückt fam: **correre a tutta ~**, rennen ⌐wie verrückt⌐/[, was das Zeug hält] fam 2 (*con molto impegno*) mit großem Eifer: **studiare a tutta ~**, ⌐mit großem Eifer⌐/[wie verrückt] lernen.

possedére <coniug come sedere> tr 1 (*avere*) **~ qc** {APPARTAMENTO, TERRENO, VILLA} etw besitzen, etw haben; {CAPITALE, PATRIMONIO, REDDITO} über etw (acc) verfügen: **non possiedono più nulla**, sie besitzen nichts mehr 2 (*conoscere a fondo*) **~ qc** {LINGUA, MESTIERE, NOZIONI} etw beherrschen; {ARGOMENTO} sich sehr gut mit/in etw (dat) aus|kennen 3 fig (*essere dotato*) **~ qc** {CARATTERE MITE, INTUITO,

BUONA MEMORIA, BELLA VOCE} *etw* haben; {INTELLIGENZA, VOLONTÀ} *über etw* (acc) verfügen: ~ **talento artistico**, künstlerisch begabt sein, künstlerisches Talent besitzen; ~ **ingegno/virtù**, geistreich/tugendhaft sein **4** *fig* (*avere rapporti intimi*) ~ **qu** {DONNA} *jdn* besitzen **forb** *eufem* **5** *anche dir* (*uso assol*) Besitztümer haben: **è uno che possiede**, er ist ein vermögender Mann **6** *polit* ~ **qc** {COLONIA, REGNO, TERRITORIO} *etw* besetzen.

possedimento m **1** (*proprietà terriera*) Besitztum n, Besitzung f: **ha ipotecato tutti i suoi possedimenti**, er/sie hat seine/ihre ganzen Besitztümer hypothekarisch belastet **2** *polit* Hoheitsgebiet n: **i possedimenti tedeschi nell'Africa di un tempo**, die ehemaligen deutschen Hoheitsgebiete in Afrika.

posseditrice f → **possessore**.

posseduto, (-a) A agg *fig* ~ **da qc 1** (*dominato*) {DALLA GELOSIA, DA UNA PASSIONE} *von etw* (dat) beherrscht: **essere** ~ **dall'odio**, vom Hass beherrscht sein **2** (*invasato*) *von etw* (dat) besessen: **è** ~ **dal demonio**, er ist vom Teufel besessen B m (f) (*indemoniato*) Besessene mf decl come agg.

possènte agg **1** (*muscoloso*) {FISICO} stark, kräftig gebaut, muskulös **2** (*imbattibile*) {ESERCITO, FLOTTA} mächtig **3** (*imponente*) {EDIFICIO} stattlich **4** *fig* (*forte*) {VOCE} kräftig, markig **5** *fig* (*molto vivo*) {FANTASIA} lebhaft, glühend **6** *fig* (*vigoroso*) {STILE} kraftvoll.

possessióne f **1** *fig* (*demoniaca*) Besessenheit f **2** *psic* Besessenheit f.

possessività <-> f (*comportamento possessivo*) {+CONIUGE} possessives Verhalten *forb*.

possessivo, (-a) A agg **1** (*che tende a dominare*) {GENITORE, MADRE} possessiv *forb*, dominant, dominierend, besitzergreifend: **ha un carattere** ~, er/sie hat einen possessiven Charakter *forb*; **è molto possessiva** ₗnei confronti delⱼ/[verso il] **marito**, sie ist ihrem Ehemann gegenüber sehr besitzergreifend **2** *gramm* Possessiv-, besitzanzeigend B m *gramm* (*pronome*) Possessiv(pronomen) n, Possessivum n, besitzanzeigendes Fürwort; (*aggettivo*) Possessivartikel m.

possèsso m **1** *anche dir* (*disponibilità*) {+CASA, SOMMA} Besitz m: **avere/ottenere/perdere il** ~ **di un bene**, ein Gut besitzen/erhalten/verlieren; **togliere a qu il** ~ **di qc**, jdn seines Besitzes berauben; (*detenzione illegale*) unerlaubter Besitz; **lo hanno arrestato per** ~ **di armi/droga**, sie haben ihn wegen unerlaubten Waffen-/Drogenbesitzes verhaftet **2** (*padronanza*) Beherrschung f: **ha il perfetto** ~ **della lingua tedesca**, er/sie beherrscht die deutsche Sprache perfekt **3** (*unione sessuale*) {+DONNA} Besitz m *forb eufem* **4** <*solo pl*> (*possedimento*) Ländereien f pl, Besitztum n, Besitzung f **5** *dir* (*possesso improprio*) Eigenbesitz m ● **entrare/venire in** ~ **di qc** (*diventarne proprietario*), in den Besitz *von etw* (dat) kommen/gelangen; **essere in** ~ **di qc** (*possedere*), im Besitz *von etw* (dat) sein, *etw* besitzen; **essere nel pieno** ~ **delle proprie facoltà mentali** (*essere sano di mente*), im Vollbesitz seiner geistigen Kräfte sein; **prendere** ~ **di qc** (*entrarvi come possessore*), {DI UN APPARTAMENTO} *von etw* (dat) Besitz ergreifen; *fig* (*assumerla*), {DI UNA CARICA, DI UNA DIOCESI} *etw* übernehmen; **rientrare/tornare in** ~ **di qc** (*riaverla*), {DI UNA MACCHINA RUBATA} wieder in den Besitz *von etw* (dat) kommen/gelangen; **rivendicare un** ~, Besitzanspruch geltend machen; **venire in** ~ **di qc** *fig* (*venirne a conoscenza*), {DI NOTIZIE RISERVATE} *etw* erfahren.

possessóre, (**posseditrice**) m (f) (*proprietario*) Besitzer(in) m(f), Inhaber(in) m(f).

possessòrio, (-a) <-*ri* m> agg *dir* {GIUDIZIO, PROCESSO} Besitzschutz-: **azione possessoria**, Klage f auf Wiederherstellung ₗder Besitzlageⱼ/[des Besitzstandes], Klage f auf Wiedereinräumung des Besitzes, Besitzschutzklage f.

possiàmo 1a pers pl dell'ind pres *di* potere①.

possibile A agg **1** (*che può avvenire*) {FATTO} möglich: **pensa alle possibili prospettive di lavoro**, er/sie denkt an die möglichen Arbeitsperspektiven; **nella vita tutto è** ~, im Leben ist alles möglich **2** (*fattibile*) möglich, durchführbar, machbar: **se non è** ~, **lasciamo stare**, wenn das nicht machbar ist, lassen wir es eben (sein/bleiben); **non è** ~ **ripristinare la linea**, es ist nicht möglich, die Leitung wieder einzurichten; **è** ~ **trovare una via d'uscita al problema**, man kann eine Lösung für das Problem finden **3** (*probabile*) wahrscheinlich: **è** ~ **che nevichi**, es wird wahrscheinlich schneien; **avrà ricevuto il pacco? – È** ~, ob er/sie das Paket bekommen hat? – Wahrscheinlich **4** (*pensabile*) möglich, denkbar: **non è** ~ **che si sia licenziata**, das ist nicht möglich, dass sie gekündigt hat **5** (*esprime disappunto*) möglich: **è mai** ~ **che tu arrivi sempre in ritardo?**, ist es denn möglich, dass du immer zu spät kommst?; **è** ~ **essere così bugiardi?**, wie kann man nur so verlogen sein? **6** (*esprime stupore*) möglich: **non ci credo, non è** ~!, das glaube ich nicht, das ist einfach nicht möglich!; das gibt es doch nicht!; **ci ha imbrogliati tutti quanti!** ~?, es ist denn möglich, dass er/sie uns alle übers Ohr gehauen hat? *fam* **7** (*con avverbi, superlativi e comparativi*) möglichst: **con tutta la cura** ~, mit der größtmöglichen Sorgfalt; **ha studiato con il maggior impegno** ~, er/sie hat mit dem größtmöglichen Eifer gelernt; **non appena** ~ **La informeremo**, wir werden Sie sobald wie möglich informieren; **scrivimi il più presto** ~!, schreib mir so bald wie möglich!; **fammelo sapere prima** ~!, lass es mich schnellstmöglich/[so schnell wie möglich] wissen!; **il più tardi** ~, so spät wie möglich; **vorrei vederlo il meno** ~, ich möchte ihn so wenig wie möglich sehen **8** *fam* (*passabile*) {FILM, SISTEMAZIONE} annehmbar, akzeptabel, passabel **9** *filos* {MONDO} möglich B m <*solo sing*> **1** (*ciò che può accadere*) Mögliche n decl come agg **2** (*ciò che può essere fatto*) Mögliche n decl come agg: **abbiamo fatto il** ~ **per salvarlo**, wir haben unser Möglichstes getan, um ihn zu retten; **nei limiti del** ~, im Rahmen des Möglichen C loc avv (*possibilmente*): **se** ~, wenn möglich; **vorrei parlarle, se** ~, ich möchte mit ihr sprechen, wenn das möglich ist; **ce lo comunichi, se** ~, **entro domani**, teilen Sie uns das, wenn möglich, bis morgen mit ● ~ **a farsi** (*fattibile*), machbar, realisierbar; **è molto possibilissimo che** ... (*è molto probabile che* ...), es ist sehr wahrscheinlich/[gut möglich], dass ...; **per quanto** ~, nach Möglichkeit, wenn möglich; **per quanto sia** ~, insofern das möglich ist; **rendere** ~ **qc** (*fare in modo che si verifichi*), *etw* ermöglichen; ~ **a vedersi** (*vedibile*), sichtbar.

possibilismo m *anche polit* (*atteggiamento*) Kompromissbereitschaft f, Possibilismus m.

possibilista <-*i* m, -*e* f> *anche polit* A agg {POSIZIONE} possibilistisch B mf Possibilist(in) m(f).

possibilità <-> f **1** (*eventualità*) Möglichkeit f: **c'è la** ~ **che mi trasferiscano**, es besteht die Möglichkeit, dass sie mich versetzen; **discutere sulla** ~ **di qc**, über die Möglichkeit von *etw* (dat)/+ *gen* diskutieren **2** (*probabilità*) Wahrscheinlichkeit f, Möglichkeit f, Chance f: **non ha nessuna** ~ **di superare l'esame**, er/sie hat keine Möglichkeit, die Prüfung zu bestehen; **c'è qualche** ~ **che sopravviva all'operazione?**, besteht denn eine Chance, dass er/sie die Operation überlebt?; ~ **di riuscita**, Erfolgschancen f pl, Erfolgsaussichten f pl **3** (*opportunità*) Möglichkeit f: **ho molte** ~ **di scelta**, ich habe ₗviele Wahlmöglichkeitenⱼ/[eine große Auswahl]; **un corso cha dà la** ~ **di fare stage all'estero**, ein Studiengang mit der Möglichkeit, ein Auslandspraktikum zu machen; **ho la** ~ **di conoscerlo**, ich habe die Möglichkeit, ihn kennen zu lernen; ~ **di guadagno/investimento/lavoro**, Verdienst-/Anlage-/Arbeitsmöglichkeit f **4** <*solo pl*> (*potenzialità*) Fähigkeit f: **un giovane pianista di grandi** ~, ein junger Pianist von großem Talent **5** <*solo pl*> (*forze*) Kräfte f pl: **un'impresa superiore alle sue** ~, ein Unternehmen, das seine/ihre Kräfte übersteigt **6** <*solo pl*> (*mezzi economici*) (finanzielle) Möglichkeiten f pl, (finanzielle) Mittel n pl: **avere grandi/modeste** ~, große/begrenzte finanzielle Möglichkeiten haben; **non ha le** ~ **di proseguire gli studi**, er/sie verfügt nicht über die finanziellen Mittel, sein/ihr Studium fortzusetzen **7** *filos* Möglichkeit f.

possibilménte avv (*se è possibile*) möglichst, wenn möglich: **comunicamelo,** ~ **per fax**, gib mir wenn möglich per Fax Bescheid.

possidènte mf (*proprietario*) Besitzer(in) m(f); (*di immobili*) Grundbesitzer(in) m(f).

pòsso 1a pers sing dell'ind pres *di* potere①.

post① prep (*dopo*) post, nach, hinter: ~ **guerra fredda**, nach dem Kalten Krieg, **postimpressionismo**, Postimpressionismus m; ~ **mortem**, post mortem, nach dem Tode.

post② <-> m *inform* Post n.

pòsta A f **1** (*servizio*) Post f: ~ **aerea/celere/raccomandata**, Luft-/Eil-/Einschreibepost f; **a mezzo** ~, per/[mit der] Post; ~ **ordinaria**, gewöhnliche Post; ~ **prioritaria**, Prioritätspost f, (*bevorzugt behandelte und schneller beförderte Post*); **spedire un pacchetto per** ~, ein Päckchen ₗmit derⱼ/[per] Post schicken; **spese di** ~, Postgebühren f pl **2** (*ufficio*) Post f, Postamt n: **andare alla** ~, zur/[auf die] Hauptpost gehen; ₗessere impiegatoⱼ/[lavorare] **alle Poste**, Postbeamter/Postangestellter sein, bei der Post arbeiten; **ritirare un telegramma alla** ~, ein Telegramm bei der Post abholen **3** <*di solito al pl*> (*amministrazione*) Post f: **Ministero delle Poste e Telecomunicazioni**, Ministerium für Post und Telekommunikation **4** (*corrispondenza*) Post f, Korrespondenz f: **oggi non c'è** ~, heute ist keine Post da; ~ **in arrivo/partenza**, eingehende/ausgehende Post; **evadere/leggere la** ~, die Post ₗerledigen/bearbeitenⱼ/[durchlesen]; **levare/prendere la** ~ **dalle cassette**, die Post aus dem Briefkasten nehmen; **distribuire/recapitare la** ~, die Post austragen/zustellen *amm*; **ricevere** ~, Post bekommen **5** *fig* (*rubrica di giornale*) Leserbriefrubrik f: **la** ~ **del cuore**, die Rubrik/Spalte für Rat Suchende, der Kummerkasten *fam*; **la** ~ **dei lettori**, die Leserbriefe **6** (*nei giochi*) (Spiel)einsatz m: **una** ~ **alta/bassa**, ein hoher/niedriger Einsatz; **fare/stabilire la** ~, den Spieleinsatz festlegen; **la** ~ **minima è di cinquanta euro**, der Mindesteinsatz beträgt fünfzig Euro; **qual è la** ~ **in gioco?**, was steht auf dem Spiel?; **raddoppiare la** ~, den Einsatz verdoppeln; ~ **di una scommessa**, Wetteinsatz m **7** *stor* (*stazione di sosta*) Posthalterei f: **cambiare i cavalli alla** ~, an der Posthalterei die Pferde wechseln; (*vettura*) Post(kut-

postacelere | post mortem

sche) f; (*servizio di corriera*) Post f **8** (*nella caccia*) Hochsitz m, Anstand m, Ansitz m: ~ **fissa**, fester Hochsitz **9** *relig* Kreuzwegstation f **B** *loc avv* (*apposta*): **a bella ~**, absichtlich, mit Absicht • **~ elettronica** *inform*, elektronische Post, E-Mail f; *fare* **la ~ a qc** (*nella caccia*, {A UN CINGHIALE}) vom Hochsitz aus nach etw (dat) Ausschau halten; **fare la ~ a qu** *fig* (*attenderlo con intenti ostili*), jdm auflauern; **la ~ in** *gioco* **è alta** *fig* (*ciò che si può vincere o perdere*), es steht viel auf dem Spiel; **mettersi/stare alla ~** (*nella caccia*), auf den Anstand/Ansitz gehen /[dem Anstand/Ansitz stehen]; *fig* (*spiare qu*), sich auf die Lauer legen /[auf der Lauer liegen] *fam*; **~ pneumatica**, Rohrpost f.

postacèlere <-> f *post* Eilpost f.

postagìro <- *o* -> m *post* Postschecküberweisung f.

postàle **A** *agg* (*della posta*) {CASELLA, SERVIZIO, TARIFFA} Post-: **andare all'ufficio ~**, auf das Postamt/die Post gehen; **avere un conto corrente ~**, ein Postgiro-/Postscheckkonto haben; (*inviato per posta*) {ASSEGNO, PACCO, VAGLIA} Post- **B** m **1** (*corriera*) Postbus m, Postauto n, Post f **2** *aero* Postflugzeug n **3** *ferr* (*treno*) Postzug m **4** *mar* Postschiff n.

postatòmico, (-a) <-ci, -che> *agg* **1** (*successivo alla scoperta dell'energia nucleare*) {ERA} nach der Entdeckung der Kernenergie **2** (*successivo a una catastrofe atomica*) nach einer Kernenergiekatastrophe **3** *fig* (*desolato*) trostlos, desolat, irreal.

postavanguàrdia f *arte lett* (*corrente*) Postavantgarde f.

postazióne f **1** *mil* (*installazione*) {+MITRAGLIATRICI} Stellung f, Posten m; (*area*) Standort m, Gebiet n: **~ di lancio**, Abschussgebiet n; **~ nemica**, feindliche Stellung **2** *film radio TV* Übertragungsstelle f: **~ televisiva**, Fernsehübertragungsstelle f.

postbèllico, (-a) <-ci, -che> *agg* (*successivo alla guerra*) {CRISI, PERIODO} Nachkriegs-.

Postcard® <-> f (*tessera magnetica*) Postcard f.

postcomunìsmo m *polit* Postkommunismus m.

postcomunìsta <-*i* m, -*e* f> *polit* **A** *agg* postkommunistisch **B** mf (*sostenitore*) Postkommunist(in) m(f).

postconsonàntico, (-a) <-ci, -che> *agg ling* {POSIZIONE} postkonsonantisch, nach Konsonant.

postdatàre *tr* **1** (*apporre una data posteriore*) **~ qc** {ASSEGNO, DOCUMENTO} etw vor-(aus)datieren **2** *lett* (*assegnare una data posteriore*) **~ qc (di qc)** *etw* (um *etw* acc) vor-(aus)datieren; **il romanzo va postdatato di cinque anni**, der Roman muss mindestens um fünf Jahre vordatiert werden.

postdatàto, (-a) *agg anche lett* {ASSEGNO, DOCUMENTO, MANOSCRITTO} vor(aus)datiert.

postdatazióne f *anche lett* {+LETTERA, MANOSCRITTO} Vor(aus)datieren n, Vor(aus)datierung f.

postdibattimentàle *agg dir* nach der Hauptverhandlung.

postdibattiménto m *dir* Verfahrensabschnitt m nach der Hauptverhandlung.

post-dottoràto *univ* **A** <inv> *agg* {BORSA DI STUDIO} Postdoc- **B** m: **concorrere a un post-dottorato**, sich um eine Postdoc-Stelle bewerben.

posteggiàre <*posteggio, posteggi*> **A** *tr* (*lasciare in sosta*) **~ qc** (+ *compl di luogo*) {FURGONE, MOTORINO SULLA PIAZZA} *etw* (*irgendwo*) parken: **ho posteggiato l'auto davanti alla banca**, ich habe das Auto vor der Bank geparkt **B** *itr* (*parcheggiare*) **~** (+ *compl di luogo*) (*irgendwo*) parken: **non trovo da ~**, ich finde keinen Parkplatz; **non si può ~ nel centro storico**, in der Altstadt darf man nicht parken.

posteggiatóre, (-trice) m (f) (*custode*) Parkwächter(in) m(f): **~ autorizzato/abusivo**, zugelassener/autorisierter /[illegaler/unbefugter] Parkwächter.

postéggio <-gi> m **1** (*parcheggio*) Parkplatz m: **~ di auto**, Autoparkplatz m; **~ di biciclette**, Fahrradabstellplatz m; **~ custodito/incustodito**, bewachter/unbewachter Parkplatz; **~ gratuito/libero**, gebührenfreier Parkplatz; **~ a pagamento**, gebührenpflichtiger Parkplatz; **~ di taxi**, Taxistand m; **(non) trovare un ~**, (k)einen Parkplatz finden; **qui è vietato il ~**, hier darf man nicht parken /[ist Parken verboten]/[ist herrscht Parkverbot] **2** (*operazione*) {+MACCHINA} Parken n **3** *comm* {+VENDITORE AMBULANTE} Stellplatz m.

Postèl <-> m *post* "italienische(r Anbieter elektronischer) Hybrid-Post(dienste)".

postelegràfico, (-a) <-ci, -che> *post tel* **A** *agg* Post- und Telegrafen- **B** m (f) (*impiegato*) Post- und Telegrafenangestellte mf decl come agg.

postelegrafònico, (-a) <-ci, -che> *post tel* **A** *agg* {SERVIZIO} Post-, Telegrafen- und Telefon- **B** m (f) (*impiegato*) Post-, Telegrafen- und Telefonangestellte mf decl come agg.

post-elettoràle, **postelettoràle** *agg* (*dopo le elezioni*) {SCENARIO} nach der Wahl, Nachwahl-, {DIBATTITO} nach der Wahl.

póster <-> m *ingl* (*manifesto*) Poster n o m: **in camera ho appeso un ~ dei Beatles**, in meinem Zimmer habe ich ein Poster der Beatles an die Wand gehängt.

postergàre <*postergo, posterghi*> *tr* **~ qc** **1** *fig lett* (*trascurare*) {OGNI PRINCIPIO MORALE} *etw* vernachlässigen, *etw* missachten; {L'INVIDIA} *etw* von sich (dat) ab schütteln, *etw* hinter sich (dat) lassen **2** *amm* (*annotare sul retro*) {DOCUMENTO} *bei etw* (dat) auf der Rückseite Anmerkungen machen **3** *dir* {IPOTECA} den Rang *von etw* (dat) nachträglich ändern.

posterióre **A** *agg* **1** (*che sta dietro*) hintere(r, s), Hinter-, rückwärtig, Rück-: **la parte ~ di un negozio**, die Rückseite /[der hintere Teil] eines Geschäfts; **sedili ~ del pullman**, Rück-/Hintersitze des Reisebusses; **uscita di sicurezza ~**, hinterer Notausgang **2** (*che viene dopo*) ~ (a qc) {SCRITTO} (*auf etw* acc) folgend, nach *etw* (dat): **un romanzo ~ al regime franchista**, ein Roman aus der Zeit nach Franco **3** (*che vive in epoca successiva*) ~ (a qu/qc) {POETA} (*auf jdn/etw*) folgend, nach *jdm/etw*: **i filosofi posteriori a Kant**, die Philosophen nach Kant **4** *anat zoo* {ARTO} Hinter- **5** *autom* {GOMMA, RUOTA} Hinter-, {MOTORE} Heck-; {TRAZIONE} *anche* Hinterrad- **6** *ling* {VOCALE} dunkel **B** m *fam eufem scherz* (*sedere*) Hintern m *fam*.

posteriorità <-> f (*l'essere posteriore*) {+FATTO} Späterkommen n, Spätersein n.

posterità <-> f **1** (*i posteri*) Nachwelt f: **lavorare per la ~**, für die Nachwelt arbeiten **2** (*i discendenti*) Nachkommenschaft f • **passare alla ~** (*acquistare una fama duratura*), in die Geschichte eingehen.

pòstero m <di solito al pl> (*generazioni future*) Nachkommen m pl: **giudicheranno/vedranno i posteri**, die Nachwelt wird urteilen • **passare ai posteri** (*acquistare una fama duratura*), in die Geschichte eingehen; **tramandare qu/qc ai posteri** (*perpetuare la memoria*), etw der Nachwelt hinterlassen/überliefern, jdn (für die Nachwelt) unsterblich machen.

post fàctum *lat* **A** *loc avv* (*a fatto avvenuto*) nach getaner Tat, post factum **B** <-> *loc sost* m straflose/mitbestrafte Nachtat.

postfascìsmo m post-, nachfaschistische Zeit.

postfascìsta <-*i* m, -*e* f> **A** *agg* (*successivo al fascismo*) {PERIODO} post-, nachfaschistisch **B** m (f) (*sostenitore*) Neofaschist(in) m(f).

postfazióne f *lett* Nachwort n.

postglaciàle *geol* **A** *agg* postglazial, nacheiszeitlich **B** m Postglazialzeit f.

postìccio, (-a) <-ci, -ce> **A** *agg* **1** (*finto*) {BARBA, CAPELLI} falsch, künstlich **2** *fig* (*falso*) {SENTIMENTO} gekünstelt **B** m **1** (*toupet*) Toupet n: **mettersi un ~**, sich (dat) ein Toupet aufsetzen **2** *agr* (*terra*) Baumschule f.

postìcino <*dim di* posto*>* m **1** *fam* (*luogo tranquillo*) Plätzchen n, Örtchen n *fam*: **un bel ~ di mare**, ein schönes Plätzchen am Meer **2** *fam* (*trattoria*) (nette) Gaststätte: **un ~ niente male**, eine wirklich nette Gaststätte; **un ~ dove si mangia del buon pesce**, ein Platz, wo man sehr gut Fisch isst **3** *fam* (*spazio ristretto*) Plätzchen n **4** *fam* (*impiego modesto*) bescheidene Stelle **5** *fam scherz* (*gabinetto*) Örtchen n *fam eufem*: **andare in quel ~**, auf ein gewisses Örtchen gehen *fam eufem*.

posticipàre *tr* **1** (*rimandare*) ~ **qc** (*di qc*) *etw* (*um etw* acc) verschieben, *etw* auf schieben: **l'esame è stato posticipato di una settimana**, die Prüfung ist um eine Woche verschoben worden; {RIUNIONE, SEDUTA} *etw* vertagen; ~ **qc (a qc)** {IL RICEVIMENTO AL 30 OTTOBRE} *etw* (*auf etw* acc) verschieben **2** (*dilazionare*) {+PAGAMENTO} *etw* auf schieben.

posticipàto, (-a) *agg* **1** (*rimandato*) {IMPEGNO} verschoben **2** (*dilazionato*) {PAGAMENTO} nachträglich.

posticipazióne f (*rinvio*) {+PARTENZA} Verschiebung f; {+CONFERENZA} Vertagung f.

postìcipo m **1** (*posticipazione*) {+SCADENZA} Verschiebung f **2** *sport* (*osservazione*) (*nel calcio*) (*partita*) zeitversbobenes Spiel.

postiglióne m **1** (*conducente*) {+DILIGENZA} Postillion m **2** (*cocchiere*) {+CARROZZA SIGNORILE} Kutscher m.

postìlla f **1** (*nota*) Anmerkung f, Randbemerkung f: **aggiungere una ~ in un documento**, einem Dokument eine Anmerkung beifügen, ein Dokument mit einer Anmerkung versehen **2** *fig* (*osservazione*) Bemerkung f: **voglio fare una piccola ~ a quanto è stato detto finora**, ich möchte eine kurze Bemerkung zu dem machen, was bisher gesagt worden ist **3** *dir* Nachtrag m.

postillàre *tr* (*apporre delle note*) ~ **qc** {TESTO} *etw* mit Anmerkungen versehen.

postindustriàle *agg econ sociol* {ERA, FASE} postindustriell.

postinfartuàle *agg med* {DECORSO} Postinfarkt-.

postinfluenzàle *agg med* {SINTOMO} postgrippal.

postìno, (-a) m (f) (*portalettere*) Briefträger(in) m(f), Postbote m, (Postbotin f).

Post-it® <-> m *ingl* (*foglietto autoadesivo*) Post-it m, Haftzettel m.

postmaster <-> mf *ingl inform* Postmaster(in) m(f).

postmatùro, (-a) *agg med*: **neonato ~**, übertragenes/überreifes Kind.

postmodernìsmo m *arch arte lett* Postmoderne f decl come agg.

postmodèrno, (-a) *agg arch arte lett* postmodern.

post mòrtem *lat* **A** <inv> *loc agg* **1** (*successiva alla morte*) {FAMA} nach dem Tod, post mortem *forb* **2** *med* {IRRIGIDIMENTO} postmortal *scient* B *loc avv* (*dopo la morte*) {CELEBRARE} nach dem Tod.

postnatàle *agg med* {ITTERO} postnatal.

pósto① A m 1 (*luogo stabilito*) Platz m, Stelle f: **cambiare ~ al letto**, das Bett umstellen; **metti quel vaso al suo ~**, stell diese Vase auf ihren Platz 2 *anche fig* (*spazio*) Platz m: **un armadio che occupa/tiene molto ~**, ein platzraubender Schrank; **ho poco ~ per tenere i libri**, ich habe nur wenig Platz für Bücher; **nel suo cuore non c'è ~ per il rancore**, in seinem/ihrem Herzen ist kein Platz für Groll; **lui occupa il ~ più importante nella mia vita**, er nimmt den wichtigsten Platz in meinem Leben ein 3 (*posto a sedere*) (Sitz)platz m: **è libero questo ~?**, ist dieser Platz frei?; **c'è ~ per tutti**, es ist Platz für alle da!; **cambiare** (**di**) **~**, den Platz wechseln; **cedere il proprio ~ a qu**, jdm seinen Platz abtreten; **posti esauriti**, ausverkaufte Plätze; **~ di galleria/platea**, Rangplatz m/Parkettsitz m; **~ occupato/vuoto**, besetzter/freier Platz; **~ riservato**, reservierter/belegter Platz; **la sala ha 300 posti**, der Saal fasst 300 Plätze; **scambiarsi il ~**, den Platz tauschen; **un ~ in seconda/terza fila**, ein(en) Platz in der zweiten/dritten Reihe 4 (*tavolo disponibile*) Tisch m: **in pizzeria non c'è più ~**, in der Pizzeria ist kein Tisch mehr frei 5 (*impiego*) Stelle f, (An)stellung f: **cercare un ~ in banca**, eine Stelle bei einer Bank suchen; **un concorso per dieci posti di geologo**, eine Ausschreibung von zehn Arbeitsstellen für Geologen; **conservare/perdere il ~**, seine/die Stelle behalten/verlieren; **un ~ di geometra**, eine Stelle als Vermessungstechniker; **trovare un buon ~**, eine gute Stelle finden; **trovarsi un ~ di segretaria in una ditta**, eine Stelle als Sekretärin bei einer Firma finden; **~ vacante**, freie/offene Stelle 6 (*carica*) Stellung f, Posten m: **ottenere il ~ di dirigente**, den Posten als leitender Angestellter bekommen; **assumere un ~ di responsabilità**, eine verantwortungsvolle Stellung einnehmen 7 (*luogo*) Ort m, Platz m: **che ~ meraviglioso!**, was für ein wunderschöner Ort!; **~ orribile/pittoresco/ridente**, grauenhafter/malerischer/lieblicher Ort; **un ~ pieno di turisti**, ein von Touristen überlaufener Ort, ein Ort voller Touristen; **~ di villeggiatura**, Ferienort m; **è il ~ ideale per costruire una villetta**, das ist der ideale Platz, um ein Haus zu bauen 8 (*zona*) Gebiet n, Gegend f: **abito in un ~ tranquillo**, ich wohne in einer ruhigen Gegend 9 (*paese*) Land n: **è un ~ che non conosco**, das Land kenne ich nicht; **sei già stata in questo ~?**, warst du schon dort/[in diesem Land]?; **veniamo dallo stesso ~**, wir kommen aus demselben Land 10 (*posizione rif. a serie o graduatoria*) Stelle f, Platz m: **essere al quinto/decimo ~**, an fünfter/zehnter Stelle sein; *sport* (*rif. a classifica*) (Tabellen)platz m; **occupare l'ultimo ~ della classifica**, Tabellenletzter sein, den letzten Platz belegen; **la squadra è al primo ~ con 37 punti**, die Mannschaft ⌊ist mit 37 Punkten Tabellenführer⌋/[führt mit 37 Punkten die Tabelle an] 11 (*luogo attrezzato*) Platz m: **~ di medicazione**, Verband(s)platz m; **~ di pronto soccorso**, Ambulanz f, Notaufnahme f; (**~** *mobile*) Erste-Hilfe-Station f; **~ di ristoro**, Raststätte f 12 (*locale*) Lokal n: **un ~ dove si mangiano piatti tipici**, ein Lokal, wo es typische Gerichte gibt; **non è un ~ adatto ai giovani**, das ist kein Lokal für Jugendliche 13 (*banco di scuola*) Platz m: **assegnare i posti**, die Plätze zuweisen; **interrogare un allievo dal ~**, einen Schüler auf seinem Platz abfragen; **rimandare al ~**, zum Platz zurückschicken; **rispondere dal ~**, vom Platz aus antworten; **tornare al proprio ~**, zu seinem Platz zurückgehen 14 *fig eufem* (*sedere*) Hintern m *fam*: **dare una pedata in quel ~ a qu**, jdm einen Tritt in den Hintern geben *fam* 15 *fig eufem* (*gabinetto*) Örtchen n *fam eufem*: **andare in quel ~**, auf ein gewisses Örtchen gehen *fam eufem* 16 *autom* Sitz m: **macchina a due/cinque posti**, zwei-/fünfsitziges Auto; **~ di guida**, Fahrer-/Führersitz m 17 *mil* Posten m, Stelle f, Stand m: **~ di comando**, Kommandostand m, Kommandostelle f; **~ di combattimento/manovra**, Gefecht-/Manövrierstand m; **~ di guardia/osservazione**, Wach-/Beobachtungsposten m B ‹inv› *loc agg* (*locale*): **del ~**, lokal, örtlich, aus der Gegend; **costumi/gente del ~**, ⌊lokale Trachten⌋/[Einheimische m pl]; **vini del ~**, Weine aus der Gegend C *loc prep* 1 (*invece di*): **al ~ di qc**, (an)statt etw (gen), anstelle von etw (dat)/+ gen; **al ~ del gelato prendo un pezzo di torta**, statt des Eises nehme ich ein Stück Torte 2 (*in sostituzione*): **al ~ di qu**, an jds Stelle; **c'è andato lui al mio ~**, er ist an meiner Stelle hingegangen 3 *fig* (*nei panni di altro*): **al ~ di qu**, an jds Stelle; (**se fossi**) **al ~ tuo gli parlerei a quattr'occhi**, an deiner Stelle würde ich mit ihm unter vier Augen sprechen; **mettiti al mio ~!**, versetz dich einmal ⌊an meine Stelle⌋/[in meine Lage]! ● **avere i capelli a ~** (*in ordine*), ordentlich frisiert sein; **essere a ~** (*essere ben ordinato*), {CUCINA} in Ordnung sein; *fig* (*essere soddisfatto*), zufrieden sein; *fig* (*avere un lavoro stabile spec nell'ambito pubblico*), eine feste Stelle haben, ausgesorgt haben *fam*; *amm* (*essere regolare*), {PRATICA} in Ordnung sein; (*rif. a lavoratori immigrati*) (*essere in regola*), seine Papiere in Ordnung haben; **essere una persona a ~** *fig* (*essere affidabile*), in Ordnung sein *fam*; **non essere a ~** *fig* (*non stare tanto bene*), nicht ganz auf dem Posten sein *fam*; **siamo a ~!** *iron* (*rif. a situazione critica*), das ist ja eine schöne Bescherung! *fam iron*; na, prima! *fam iron*; **vedrai che tutto andrà/tornerà a ~** *fig* (*si sistemerà*), du wirst schon sehen, das kommt alles wieder in Ordnung *fam*; **~ auto/macchina** (*zona per la sosta*), Parkplatz m; **~ barca** (*nei porti turistici*), Anlegeplatz m; **~ di blocco** *amm*, (Polizei)sperre f, Absperrung f; *ferr*, Blockstelle f; **~ di controllo** *sport*, Kontrollstelle f, Kontrollpunkt m; **essere a ~ con la coscienza** (*avere la coscienza tranquilla*), ein reines/gutes Gewissen haben; **far ~ a qc** (*creare ulteriore spazio*), {AL COMPUTER} etw (dat) Platz machen, Platz für etw (acc) schaffen; **far ~ a qu** (*stringersi per permettere a qu di sedersi*), jdm/[für jdn] Platz machen, zusammenrücken; **~ di frontiera**, Grenzposten m; **essere fuori ~ in una situazione** (*a disagio*), in einer Situation fehl am Platz(e) sein; **sentirsi fuori ~ in una situazione** (*a disagio*), sich ⌊fehl am Platz(e)⌋/[deplatziert]/[unwohl] fühlen; **avere un ~ importante** (*nella vita di qu*), einen wichtigen Platz einnehmen; (*un lavoro importante*), eine wichtige Position haben, ein großes/hohes Tier sein *fam*; **~ di lavoro**, Arbeitsplatz m; **tagliare posti di lavoro**, Arbeitsplätze streichen; **~ letto**, Bett n; **un ospedale con mille posti letto**, ein Krankenhaus mit tausend Betten; **~ da lupi** *fig* (*luogo desolato, inospitale*), unwirtlicher Ort; **mandare qu in quel ~** *fig fam* (*al diavolo*), jdn zum Teufel jagen *fam*; **mettere a ~ qc** (*riordinare*), {GIOCATTOLI} etw in Ordnung bringen, etw zusammenräumen; (*aggiustare*), {LAVATRICE} etw reparieren; *fig* {UNA QUESTIONE} etw in Ordnung bringen; **mettere a ~ qu** *fig* (*richiamarlo ai suoi doveri*), jdn zur Pflicht/Ordnung rufen; *fig* (*rimproverarlo duramente*), jdn zurechtweisen, jdm den Kopf zurechtsetzen/zurecht⌊rücken; *fig* (*procurargli un impiego*), jdm eine Stelle verschaffen; **mettere qc fuori ~** (*metterlo in disordine*), etw in Unordnung bringen; **mettersi a ~** (*rassettarsi*), sich zurechtmachen; (*trovare un buon impiego*), sich (dat) eine gute Stelle verschaffen; (*formare una famiglia*), eine Familie gründen; **in nessun ~** (*da nessuna parte*), nirgends, nirgendwo; **~ d'onore** (*a tavola*), Ehrenplatz m; **sedersi al ~ d'onore** (*a tavola*), sich auf den Ehrenplatz setzen; **in piedi**, Stehplatz m; **~ di pilotaggio** *aero*, Pilotensitz m; **~ di polizia**, Polizeiwache f, Polizeirevier n; **prender ~** (*mettersi a sedere*), Platz nehmen; **l'ho preso/pigliato in quel ~** *fig fam* (*sono stato ingannato*), man hat mich angeschmiert *fam*/hereingelegt *fam*/beschissen *volg*; **in qualche ~**, irgendwo; **in qualche altro ~**, irgendwo anders; **~ ricevente/trasmittente** *tel*, Empfangs-/Sendegerät n, Empfänger m/Sender m; **conquistare un ~ al sole** *fig* (*raggiungere una buona posizione sociale*), einen Platz an der Sonne erobern *fam*; *fig polit* (*conquistare nuovi territori*), neue Gebiete erobern; **stare al proprio ~** *fig* (*comportarsi come si conviene*), sich zu benehmen wissen, nicht aus der Rolle fallen, Lebensart haben, sich nicht zu weit hinauslehnen *fam*; **non sa stare al suo ~**, er/sie ⌊fällt ständig aus der Rolle⌋/[benimmt sich ständig daneben *fam*]; **sul ~** (*sul luogo stesso di produzione*), an Ort und Stelle; **dove l'hai comprato? – Sul ~**, wo hast du das gekauft? – Vor Ort; **recarsi/trovarsi sul ~** (*sul luogo dove è avvenuto qualcosa*), sich vor Ort begeben/befinden; **mi trovavo sul ~ quando hanno sparato**, ich war ⌊vor Ort⌋/[dort], als sie geschossen haben; **~ a tavola**, Platz m am Tisch, Gedeck n; **aggiungere un ~ a tavola**, ein Gedeck mehr auflegen; **prendere ~ a tavola**, am Tisch Platz nehmen; **~ telefonico** (**pubblico**) (*apparecchio*), öffentliches Telefon; (*cabina*), öffentliche Telefonzelle; **tenere il ~ a qu** (*tenerglielo occupato*), jdm den Platz frei halten.

pósto② A *part pass di porre* B *agg* (*situato*) **~ + compl di luogo** (*irgendwo*) gelegen: **una fabbrica posta in una zona periferica**, eine in einem Randgebiet gelegene Fabrik C *loc cong* 1 (*ammesso che*): **~ che... congv**; angenommen, dass... *ind*: **che** (**tu**) **accetti l'incarico...**, (einmal) angenommen, du übernimmst den Auftrag... 2 (*visto che*): **~ che... ind**; da... *ind*; in Anbetracht [der Tatsache] dessen, dass... *ind* ● **ciò ~** (*premesso questo*), davon ausgehend...

postoperatòrio, (**-a**) ‹-ri m› *agg med* {SHOCK, TRATTAMENTO} postoperativ.

post pàrtum *lat med* A ‹inv› *loc agg* {DEPRESSIONE} post partum B ‹› *loc sost* "Zeitraum m unmittelbar nach der Geburt".

postprandiàle *agg lett* 1 (*che segue al pranzo*) {RIPOSO} nach dem Essen 2 *med* nach dem Essen, postprandial *scient*.

postproduzióne f *film TV* Postproduktion f.

postraumàtico, (**-a**) ‹-ci, -che› *agg med* {INFEZIONE} posttraumatisch.

postrìbolo m *lett* (*bordello*) Bordell n *fam*, Freudenhaus n.

postrivoluzionàrio, (**-a**) ‹-ri m› *agg* (*dopo una rivoluzione*) {PROSPETTIVE} postrevolutionär.

postscript® m *ingl inform* Postscript n.

post scriptum ‹-, -, -a pl *lat*› *loc sost m lat* (abbr P.S.) Postskriptum n, Nachschrift f.

postulàre *tr* **~ qc** 1 (*chiedere con insistenza*) {FAVORE, IMPIEGO} etw fordern, etw verlangen 2 *filos* {L'ESISTENZA DI DIO} etw postulieren 3 *fis mat* (*enunciare un postulato*) etw postulieren, ein Postulat auf|stellen **4** *ling* (*ricostruire*) {FORMA, PAROLA} *etw* rekonstruieren **5** *relig* {AMMISSIONE A UN ORDINE} sich um Aufnahme *bei etw* (dat) bewerben; {BEATIFICAZIONE} *etw* unterstützen.

postulàto[①] *m filos fis mat* Postulat *n*: **ammettere/respingere un ~**, ein Postulat zulassen/[ablehnen/zurückweisen]; **enunciare un ~**, ein Postulat aufstellen.

postulàto[②] *m relig* Postulat *n*.

Postùmia *f geog* Adelsberg *m*, Postojna *n*: **le grotte di ~**, die Adelsberger Grotten.

pòstumo, (-a) **A** *agg* **1** (*nato dopo la morte del padre*) {FIGLIO} nachgeboren **2** (*successivo alla morte dell'autore*) {SCRITTO} post-(h)um, nachgelassen, hinterlassen: **un epistolario pubblicato ~**, ein postum veröffentlichter Briefwechsel **3** (*tardivo*) {CELEBRITÀ} nachträglich; {FAMA} Nach-; {PENTIMENTO} verspätet: **gloria ~**, Nachruhm *m* **B** *m* <*di solito al pl*> **1** *fig* (*conseguenze*) {+RIVOLUZIONE} Folgen *f pl*, Nachwirkungen *f pl* **2** *fig scherz* {+UBRIACATURA} Nachwirkungen *f pl*, Kater *m fam* **3** *med* Nachwirkungen *f pl*: **i postumi di un'influenza**, die Nachwirkungen einer Grippe.

postunitàrio, (-a), **post-unitàrio**, (-a) <-*ri* *m*> *agg* (*del dopo unità politica*) {GOVERNI} seit Staatsgründung.

postuniversitàrio, (-a), **post-universitàrio**, (-a) <-*ri* *m*> *agg univ* {CORSO DI PERFEZIONAMENTO} postuniversitär.

postùra *f* **1** *med* Haltung *f*, Körperhaltung *f* **2** *zoo* Pos(i)tur *f*.

posturàle *agg med* {TONO} lagebedingt, postural *scient*.

postvocàlico, (-a) <-*ci, -che*> *agg ling* {POSIZIONE} postvokalisch, nach Vokal.

potàbile *agg* **1** (*che si può bere*) {ACQUA} Trink-, trinkbar **2** *fam* (*accettabile*) {FILM} akzeptabel, passabel, annehmbar.

potabilità <-> *f* (*l'essere potabile*) Trinkbarkeit *f*.

potabilizzàre *tr* (*rendere potabile*) ~ **qc** {ACQUA} *etw* trinkbar machen.

potabilizzatóre, (-*trice*) **A** *agg* (*che rende potabili le acque*) Trinkwasseraufbereitungs- **B** *m* (*impianto*) Trinkwasseraufbereitungsanlage *f*.

potabilizzazióne *f* Trinkwasseraufbereitung *f*.

potage <-> *m franc gastr* Suppe *f*.

potàre *tr* **1** *agr* ~ (**qc**) {ALBERO, RAMO, VITE} *etw* (be)schneiden, *etw* stutzen; {SIEPE} (*etw*) schneiden: ~ **a corona**, kronenförmig stutzen; ~ **corto/lungo**, kurz/lang stutzen **2** *fig* (*abbreviare*) ~ **qc** {TESTO} *etw* kürzen.

potàssa *f chim* Pottasche *f*, Kaliumkarbonat *n*: ~ **caustica**, Ätzkali *n*, Kaliumhydroxid *n*.

potàssico, (-a) <-*ci, -che*> *agg chim* {FERTILIZZANTE} Kali-.

potassiemìa *f med* Potassiumgehalt *m*.

potàssio <-> *m chim* Kalium *n*.

potatóio <-*toi*> *m agr* Hippe *f*, Astschneider *m*, Gartenschere *f*.

potatóre, (-*trice*) **A** *m* (*f*) (*chi pota*) Baumstutzer(in) *m*(*f*), Heckenschneider(in) *m*(*f*) **B** *f agr* Baum-, Heckenschneidegerät *n*, Baum-, Heckenschneider *m*.

potatrice *f agr* Stutzmaschine *f*.

potatùra *f agr* {+MELO, SUSINO} Beschneiden *n*, Beschneidung *f*, Stutzen *n*: ~ **estiva/invernale**, Sommer-/Winterbeschneidung *f*; ~ **a piramide**, Pyramidenschnitt *m*.

potéi 1ᵃ *pers sing del pass rem di potere*[①].

potentàto *m* **1** *lett polit* (*stato potente*) {EUROPEO} Staatsmacht *f*; (*sovrano*) Herrscher *m*, Machthaber *m*, Potentat *m forb spreg* **2** (*gruppo di potere*) {ECONOMICO} Machtzentrum *n*.

potènte A *agg* **1** (*che ha grande potere*) {REGNO} mächtig **2** (*autorevole*) {CAPO DI STATO} maßgebend, einflussreich **3** (*influente*) einflussreich, potent *forb rar*: **avere potenti amicizie**, einflussreiche Freunde haben **4** (*poderoso*) {ESERCITO, FLOTTA} stark **5** (*che dispone di mezzi*) {BANCA, INDUSTRIA} einflussreich, mächtig, potent *forb rar* **6** (*possente*) {MUSCOLATURA, UOMO} kräftig, stark **7** (*dato con forza*) {COLPO, PUGNO} stark, energisch, heftig **8** (*squillante*) {VOCE} kräftig **9** (*acuto*) {INTELLETTO, INTELLIGENZA} scharf(sinnig) **10** (*ferreo*) {MEMORIA} ausgezeichnet **11** (*irrefrenabile*) {IMPULSO, SENTIMENTO} unbezähmbar, stürmisch **12** (*espressivo*) {STILE} ausdrucksvoll **13** (*impetuoso*) {URAGANO, VENTO} stark, heftig **14** (*molto efficace*) {FARMACO, RIMEDIO} wirksam, stark **15** (*mortale*) {INSETTICIDA, VELENO} tödlich **16** *fam* (*forte*) {CAFFÈ, VINO} stark: **un cocktail ~**, ein starker Cocktail **17** *fam* (*intenso*) {ODORE, SAPORE} intensiv **18** *autom tecnol* (*ad alta prestazione*) {AUTO SPORTIVA, MOTORE} leistungsfähig **19** *med* potent, zeugungsfähig **20** *sport* {TIRO} scharf **B** *m* <*pl*> (*persona di grande autorità*) Mächtige *m decl come agg*, Machthaber *m*: **adulare i potenti**, den Mächtigen schmeicheln; **i potenti della terra**, die Mächtigen der Erde.

potènza A *f* **1** (*potere*) Macht *f*, Gewalt *f*: ~ **economica/politica**, wirtschaftliche Macht/Potenz *forb*/[politische Macht]; ~ **finanziaria**, Finanzmacht *f*, Kapitalkraft *f*; ~ **industriale**, Industriemacht *f* **2** (*influenza*) {+STAMPA, TELEVISIONE} Einfluss *m*, Macht *f* **3** (*chi è potente*) Mächtige *mf decl come agg*, Einflussreiche *mf decl come agg*: **non metterti contro di lui, è una ~!**, lege dich nicht mit ihm an, er ist sehr einflussreich/[hat großen Einfluss]! **4** (*forza fisica*) {+ATLETA, CAVALLO, PUGILE, TORO} Kraft *f*, Stärke *f*; {+COLPO, PUGNO} Wucht *f* **5** (*timbro forte*) {+VOCE} Kraft *f*, Macht *f* **6** (*furia*) {+MARE, ONDE, TEMPESTA} Gewalt *f*, Heftigkeit *f* **7** (*violenza*) {+ESPLOSIONE} Heftigkeit *f* **8** (*efficacia*) {+ANTIPARASSITARIO, FARMACO} Wirksamkeit *f*; {+ESPLOSIVO} Kraft *f*, Stärke *f* **9** (*di solito al pl*) *anche polit* (*stato*) Großmächte *f pl*: **le potenze belligeranti/avversarie/neutrali/occidentali**, die kriegsführenden/feindlichen/neutralen/westlichen Staaten; **le grandi potenze si riunirono a Berlino**, die Großmächte versammelten sich in Berlin **10** *fig* (*entità soprannaturale*) Macht *f*: **le potenze della natura**, die Naturmächte **11** *fig* (*forza*) {+INCONSCIO} Macht *f*: **la ~ dell'amore/della fede**, die Macht der Liebe/des Glaubens **12** *fig* (*ricchezza*) {+FANTASIA, IMMAGINAZIONE} Macht *f*, Kraft *f* **13** *fig* (*profondità*) {+RAGIONAMENTO} Tiefe *f* **14** *fig* (*ardore*) {+PASSIONE, SENTIMENTO} Intensität *f*, Heftigkeit *f* **15** *fig* (*espressività*) {+STILE} Ausdrucksvermögen *n*, Ausdrucksstärke *f* **16** *autom tecnol* {+MOTORE} Leistung (*svermögen n*) *f* **17** *filos* Potenzialität *f*, Vermögen *n*: ~ **attiva/passiva**, aktive/passive Potenzialität *f*; (*facoltà della mente*) geistiges Vermögen, geistige Kraft, Potenz *f forb*; ~ **conoscitiva/intellettiva/razionale**, Erkenntnis-/Verstandes-/Vernunftvermögen *n* **18** *fis* {+MACCHINA, TRASFORMATORE} Kraft *f*, Leistung *f*: ~ **acustica/luminosa/ottica**, Schallleistung *f*/Lichtstärke *f*/[optische Stärke]; ~ **elettrica**, Stromstärke *f*, elektrische Leistung *f*; ~ **meccanica**, mechanische Leistung; ~ **continua/istantanea/reattiva**, Dauer-/Augenblicks-/Blindleistung *f*; **unità di ~**, Krafteinheit *f* **19** *geol* (*spessore*) {+STRATO} Mächtigkeit *f*, Dicke *f* **20** *mat* Potenz *f*: **elevare un numero alla seconda/terza**, eine Zahl in die zweite/dritte Potenz erheben; ~ **di un insieme**, Mächtigkeit *f*/Kardinalzahl *f* einer Menge **21** *med* (*sessuale*) Potenz *f*: ~ **virile**, Potenz *f* **22** *mil* {+ARMATA} Stärke *f*, Schlagkraft *f* **B** *loc avv* (*virtualmente*): **in ~**, potenziell; **qualità esistenti solo in ~**, (noch) schlummernde Qualitäten ● ~ **al banco mecc**, Leistung *f* auf dem Prüfstand; ~ **coloniale** *polit*, Kolonialmacht *f*; **divina/somma ~** *relig* (*Dio*), göttliche Macht, Gott *m*; **all'ennesima ~** *mat*, zur n-ten Potenz; *fig* (*al massimo livello*), in höchster Potenz *fam*; **è un ignorante all'ennesima ~**, er ist ein absoluter Ignorant, er hat von Tuten und Blasen keine Ahnung *fam*; **essere una (vera) ~ in qc** *fig* (*avere grande intelligenza*), {IN MATEMATICA} ein (echtes) Ass in etw (dat) sein *fam*; ~ **fiscale** *autom*, Steuererklasse *f*; ~ **mondiale** *polit*, Weltmacht *f*; ~ **motrice** *mecc*, Antriebskraft *f*; ~ **navale** *mar*, Seemacht *f*; **una politica di ~** *polit* (*imperialistica*), eine imperialistische Machtpolitik; ~ **specifica** *autom*, Antriebskraft *f*.

potenziàle A *agg* **1** (*che può svilupparsi*) {CAPACITÀ} potenziell **2** (*possibile*) {ALLEATO, ASSASSINO} möglich **3** *filos gramm* {CONGIUNTIVO} potenziell **4** *fis* {ENERGIA} potenziell **B** *m* **1** *fig* (*risorsa*) Potenzial *n*: ~ **bellico/economico/nucleare**, militärisches/wirtschaftliches/nukleares Potenzial; ~ **di guerra/di lavoro/di Kernwaffenpotenzial** *n* **2** *elettr fis* Potenzial *n*: **differenza di ~**, Potenzialdifferenz *f*; ~ **della forza di gravità**, Gravitations-/Schwerkraftpotenzial *n*; ~ **elettrico/intermolecolare/magnetico**, elektrisches/intermolekulares/magnetisches Potenzial; **linea ad alto ~**, Hochspannungsleitung *f* **3** *gramm* Potenzialis *m*, Möglichkeitsform *f* ● ~ **di lavoro** (*individui in grado di svolgere attività lavorativa*), Arbeitskräftepotenzial *n*.

potenzialità <-> *f* **1** (*qualità*) {+NAZIONE, POPOLO} Qualität *f*: **è un ragazzo che ha molte ~**, ein Junge mit vielen guten Eigenschaften **2** *fig* (*risorsa*) Leistungsfähigkeit *f*, Ressource *f forb*: ~ **economiche**, wirtschaftlichen Ressourcen *forb* **3** *ferr* {+LINEA} Durchlassfähigkeit *f* **4** *filos* Potenzialität *f* **5** *mecc* {+IMPIANTO} Leistungsfähigkeit *f* **6** *min* {+GIACIMENTO} förderbares Vorkommen.

potenziaménto *m* **1** (*rafforzamento*) {+RICERCA SCIENTIFICA} Steigerung *f*, Erweiterung *f*, Potenzierung *f* {+INDUSTRIA} Ausbau *m*: ~ **del settore agricolo**, Ausbau *m* des Landwirtschaftsbereichs **2** *farm* Potenzierung *f* **3** *mil* {+APPARATO MISSILISTICO} Nachrüstung *f*.

potenziàre <*potenzio, potenzi*> **A** *tr* ~ **qc** **1** (*incrementare*) {IL TURISMO} *etw* verstärken, *etw* erweitern; {RETE FERROVIARIA} *etw* aus|bauen **2** (*rinforzare*) {LA MEMORIA} *etw* stärken **3** (*sviluppare*) {MUSCOLI} *etw* entwickeln **4** (*accrescere*) {LE PROPRIE ENERGIE} *etw* steigern, *etw* potenzieren **5** *farm* {EFFETTI DI UN FARMACO} *etw* verstärken **6** *mil* {ARMAMENTI, DIFESA} *etw* verstärken **B** *itr pron* (*rafforzarsi*): **potenziarsi** {PRODUZIONE DI UN'AZIENDA} gesteigert/erhöht werden.

potenziòmetro *m elettr* Potentiometer *n*.

potére[①] <*irr posso, potei, potuto*> **A** *modale* <*essere o avere, spesso prende l'ausiliare del verbo che segue*> **1** (*avere la capacità, i mezzi, la possibilità ecc.*) ~ **fare qc** *etw* tun können: **non ho potuto andarci perché lavoravo**, ich konnte nicht hingehen, weil ich gearbeitet habe; **può comprarsi tutto ciò che desidera**, er/sie kann sich alles kaufen, was er/sie sich wünscht; **puoi insegnarmi a giocare a scacchi?**, kannst du mir Schach beibringen? **2** (*chiedere un permesso*) ~ **fare qc** *etw tun* dürfen, *etw tun* können: **posso?**, darf ich?; **potrei chiederti un favore?**, könnte ich dich um einen Gefallen bitten?; **posso disturbarla un attimo?**, darf ich Sie kurz/[einen Augenblick] stören? **3** (*essere permesso*) ~ **fare qc** *etw tun* dürfen, *etw tun* können: **sull'autostrada si può sostare solo nelle corsie d'emergenza**, auf der Autobahn darf man nur auf der Standspur halten **4** (*concedere un permesso*) ~ **fare qc** *etw tun* dürfen, *etw tun* können: **potete andare ora**, ihr dürft/könnt jetzt gehen **5** (*avere motivo di*) ~ **fare qc** einen Grund haben, *etw zu tun*: **non posso criticare il suo operato**, ich habe keinen Grund, seine Arbeit zu kritisieren **6** (*volere*) ~ **fare qc** *etw tun* können: **puoi aiutarmi a fare i compiti?**, kannst du mir bei den Hausaufgaben helfen? **7** (*essere possibile*) ~ **fare qc** *etw tun* können: **non è/ha potuto venire all'appuntamento**, er konnte nicht zu der Verabredung kommen; es war ihm unmöglich, zu der Verabredung zu kommen; **non puoi discutere senza arrabbiarti?**, kannst du nicht diskutieren, ohne wütend zu werden? **8** (*con valore concessivo*) ~ **fare qc** *etw tun* können: **puoi protestare quanto vuoi, tanto nessuno ti darà retta**, du kannst so viel protestieren, wie du willst, es hört sowieso niemand auf dich **9** (*non riuscire*) **non** ~ **fare qc** es nicht vermögen, *etw zu tun*; nicht imstande sein, *etw zu tun*; nicht in der Lage sein, *etw zu tun*; **non potei trattenermi dal fatto suo**, ich konnte mich nicht zurückhalten, ihm die Meinung zu sagen **10** (*dovere*) **non** ~ **fare qc** *etw* nicht *tun* müssen/sollen: **la mamma ha detto che non puoi ancora alzarti dal letto**, Mutti hat gesagt, du sollst noch im Bett bleiben **11** (*seguito da un'altra frase negativa*): **non puoi non averlo notato**, du musst es bemerkt haben **12** (*essere probabile*) ~ **fare qc** *etw tun* können; es mögen, *etw zu tun*: **il dibattito potrebbe durare ancora un'ora**, die Diskussion könnte noch eine Stunde so weitergehen; **potranno essere le nove**, es mag/wird neun (Uhr) sein; **potrebbe succedere ancora**, es könnte noch einmal passieren **13** (*di incredulità*) ~ **fare qc** *etw tun* können: **ma come può essere arrivato in ritardo?**, aber wie kann er nur zu spät gekommen sein? **14** (*di auguro, desiderio*) ~ **fare qc** *etw tun* mögen, *etw tun* können, *etw tun* sollen: **potessi andare in vacanza ora!**, wenn ich jetzt nur in Urlaub gehen könnte!; **possa tu superare ogni difficoltà!**, mögest du jede Schwierigkeit bewältigen!, auf dass du alle Schwierigkeiten überwindest! **15** (*osare*) ~ **fare qc** *etw tun* können; es wagen, *etw zu tun*: **come puoi dire una cosa simile?**, wie kannst du nur so etwas sagen?; **come si può fare una cosa del genere?**, wie kann man nur so etwas tun? **16** (*essere influente*) Macht/Einfluss haben; mächtig, einflussreich/vermögend sein: **gente che può molto**, einflussreiche/vermögende Leute; **Leute, die** ˌMacht haben⌋/[einflussreich sind]/[das Sagen haben]; **è uno che può**, er ist vermögend; **si sono comprati una villa. – Beati loro che possono!**, sie haben sich eine Villa gekauft. – Die Glücklichen, die können sich das leisten! **17** (*avere influenza*) ~ + **avv presso/su qu** auf jdn Einfluss aus|üben| haben: **parlale per favore, tu puoi molto su di lei**, sprich bitte mit ihr, du hast einen großen Einfluss auf sie **18** (*avere una grande forza*) ~ + **avv** vermögen + *avv/agg*: **l'amore può tanto**, Liebe vermag viel; **Dio può tutto**, Gott ist allmächtig **19** *iron* (*essere lecito*) ~ **fare qc** *etw tun* dürfen: **si può sapere dove è sparito Marco?**, ˌdarf man fragen⌋/[kann man vielleicht mal erfahren], wo(hin) Marco verschwunden ist? **20** *lett* (*essere efficace*) ~ + **avv** *etw* bewirken, *etw* vermögen: **l'esempio può più della parola**, ein Beispiel vermag mehr als Worte **B** *itr impers* <*essere*> können: **non si è potuto intervenire**, man konnte nicht eingreifen **C** *rfl* **1** <*essere*>: **potersi fare qc**: **non ha potuto salvarsi nell'incidente**, er ist bei dem Unfall mit dem Leben davongekommen **2** <*avere*>: **potersi fare qc**: **non ha potuto assentarsi dal lavoro**, er/sie hat sich nicht von der Arbeit freimachen können *fam* • **non può che averlo detto lei** (*è certo*), das kann nur sie gesagt haben; **può darsi/essere che ... congv** (*è possibile*), es könnte/kann sein, dass ... *ind*; **può darsi che non abbia ricevuto il messaggio**, es ˌkönnte sein⌋/[ist möglich], dass er/sie die Nachricht nicht erhalten hat; **verrai? – Può darsi** (*forse*), Kommst du? – Vielleicht; **chi può essere?** (*chi sarà*), wer kann/mag/wird das sein?; **si può fare** (*esprime consenso*), das lässt sich machen; **si fa quel che si può** (*non si riesce a fare di più di ciò che si sta già facendo*), man tut, was man kann; **fa quel che può**, er/sie tut, was er/sie kann; **farò più presto che posso** (*il prima possibile*), ich werde mich möglichst beeilen; **gli/ti/vi possa (venire un accidente)!**, der Schlag soll ihn/dich/euch treffen! *fam*; **non si può, non si può essere così ottusi!**, man kann doch nicht so borniert sein!; **non potercela con qu** (*essergli inferiore*), es nicht mit jdm aufnehmen können, jdm nicht gewachsen sein; **non poter sopportare/vedere qu/qc**, jdn/etw nicht ertragen/sehen können; **a più non posso** *fam* (*con tutte le forze*), mit aller Kraft, was das Zeug hält *fam*; **correre a più non posso**, rennen, ˌso schnell es geht⌋/[was das Zeug hält *fam*]/[wie verrückt *fam*]; **non poterne più** (*non farcela più*), nicht mehr können; **non ne posso più**, ich kann nicht mehr; **non ne può più dal sonno**, er/sie ˌkann nicht mehr vor Müdigkeit⌋/[ist todmüde]; **non poterne più di qu/qc** (*non sopportare più*), jdn/etw nicht mehr ertragen können; **non ne può più di quell'ufficio**, er/sie hat von diesem Büro die Nase/Schnauze voll *fam*; **si può?** (*è permesso entrare*), ist es gestattet?, darf man eintreten?

potére² *m* **1** (*facoltà*) Macht f, Möglichkeit f, Fähigkeit f: **avere il ~ di decidere autonomamente**, die Macht haben, selbstständig zu entscheiden; **non ho il ~ di farlo**, ich habe nicht die Möglichkeit, es zu tun **2** (*autorità*) {+MAGISTRATO} Macht f: **avere molto/poco ~**, viel/wenig Macht haben; **avere pieno ~ di fare qc**, die Vollmacht haben, etw zu tun; **dare il ~ a qu**, jdm die Macht übergeben **3** (*influenza*) ~ **su qu/qc** Einfluss m *auf jdn/etw*, Macht f *über jdn/etw*: **non ho alcun ~ di lui**, ich habe keinerlei Einfluss auf ihn **4** (*capacità*) Fähigkeit f: **questa musica ha il ~ di farmi dimenticare tutto attorno a me**, diese Musik hat die Fähigkeit, mich alles um mich herum vergessen zu lassen; **~ di persuasione**, Überzeugungskraft f **5** (*fascino*) {+MUSICA, POESIA, PUBBLICITÀ} Anziehungskraft f: **il ~ del suo sguardo**, der Magnetismus/[die magnetische Anziehungskraft] seines/ihres Blicks **6** (*virtù*) Kraft f, Macht f: **avere poteri paranormali**, übersinnliche Kräfte haben; **è dotato di poteri magici**, er verfügt über Zauberkräfte **7** (*proprietà*) Kraft f, Eigenschaft f, Fähigkeit f: **~ diuretico/energetico**, ˌdiuretische Kraft⌋/[energetische Eigenschaft]; **~ nutritivo**, Nährwert m **8** Macht f, Gewalt f, Befugnis f: **~ amministrativo**, Verwaltungsbefugnis f; **~ ecclesiastico/spirituale/temporale**, kirchliche/geistliche/weltliche Macht; **~ economico/finanziario**, ˌwirtschaftliche Macht⌋/[Finanzgewalt f]; **~ militare**, Militärmacht f **9** *dir polit* Gewalt f, Macht f, Befugnis f; **~ assoluto**, absolute/uneingeschränkte Gewalt; **avere pieni poteri**, Vollmacht/[alle Machtbefugnisse] haben; **dare pieni poteri al governo**, die Regierung mit allen Machtbefugnissen ausstatten; **~ disciplinare/discrezionale**, Disziplinargewalt f/Ermessen n; **~ esecutivo/legislativo**, vollziehende/gesetzgebende Gewalt; **~ giudiziario**, richterliche/rechtsprechende Gewalt; **i poteri dello stato**, die Staatsgewalt **10** *polit* Macht f: **essere al ~**, an der Macht sein; **il partito al ~**, die regierende Partei; **ˌraggiungere il ~⌋/[salire al ~]**, zur/[an die] Macht gelangen/kommen; (*organi*) Gewalt f; **~ centrale/periferico**, Zentral-/Lokalgewalt f; **~ costituito**, gesetzliche Gewalt **11** *chim* Kraft f, Vermögen n: **~ colorante**, Färbekraft f, Färbevermögen n; **~ ricoprente di una pittura**, Deckkraft f/Deckvermögen n einer Farbe **12** *fis* Kraft f: **~ assorbente di un materiale**, Saugfähigkeit f/Absorptionsvermögen n eines Materials; **~ calorifico di un combustibile**, Heiz-, Wärmewert m eines Brennstoffes; **~ detergente**, Wasch-, Reinigungskraft f; **~ isolante**, Isolations-, Isoliervermögen n; **~ riflettente**, Reflexionsvermögen n; **~ d'acquisto** *econ*, Kaufkraft f; **~ contrattuale** (*in una trattativa*), Verhandlungsstärke f; **essere in ~ di qu** (*dipendere dalla sua volontà*), von jds Willen abhängen; **farò quanto è in mio ~** (*tutto ciò che mi è consentito*), ich werde (alles) tun, was in meiner Macht steht; **~ inibitorio** *psic*, Hemmungsvermögen n, Inhibitionsvermögen n *scient*; **~ di mercato** *econ*, marktbeeinflussende Stellung; **Potere nero** (*movimento*), Black Power f; **poteri occulti**, geheime Machtzentren n pl; **~ operaio** *polit* (*movimento degli anni Sessanta*), "linksextreme Bewegung"; **quarto ~** *fig giorn*, Presse f, vierte Gewalt; **quinto ~** *fig giorn*, Massenmedien pl, fünfte Gewalt; **ridurre il nemico in proprio ~** (*sottometterlo*), sich (dat) den Feind gefügig machen.

potestà <-> f **1** (*potere*) Gewalt f **2** *dir* Gewalt f, Befugnis f: **~ genitoriale**, elterliche Sorge/Gewalt *stor*; **~ giurisdizionale/legislativa**, Rechtsprechungs-/Gesetzgebungsbefugnis f; **~ maritale** *stor*, väterliche Gewalt; **ˌ~ paterna⌋/[patria ~]** *stor*, elterliche Sorge/Gewalt *stor*; **~ tributaria**, Steuerhoheit f • **la divina ~** *relig*, die göttliche Gewalt; **~ regolamentare** *amm*, Verordnungsgewalt f, Verordnungsrecht n; **~ di sciogliere e di legare** *relig*, Befugnis f, Sünden zu erlassen.

potestativo, (-a) *agg dir* {DIRITTO} Gestaltungs-.

pot-pourri <-, -s-s pl franc> *m franc* **1** (*fiori secchi*) Potpourri n: **pot-pourri di rose**, Rosen-Potpourri **2** *gastr* Potpourri n, Fleisch- und Gemüseeintopf *m* **3** *fig* (*mescolanza*) {+CITAZIONI, OGGETTI} buntes Potpourri n, Gemisch, Kunterbunt n **4** *mus* Potpourri n.

potùto *part pass di* potere¹.

pouf <-> *m franc* (*sgabello*) Puff m.

pourparler <-> *m franc* (*abboccamento*) Unterredung f, Gespräch n, Unterhandlungen pl.

pòvera f → povero.

poveràccio, (-a) <-ci, -ce, *pegg di* povero> *m* (*f*) *fam* (*sfortunato*) armer Teufel/Kerl *fam*, armes Schwein *fam*: **~, capitano tutte a lui!**, armes Schwein, immer trifft es ihn! *fam*; **un ~ che vive di carità**, ein armer Teufel, der von Almosen lebt *fam*; **~, si è messo in un**

brutto guaio, armer Teufel, da hat er sich ja was eingebrockt *fam*.

poveraménte avv **1** (*in povertà*) in Armut: **vivere ~**, in Armut leben **2** (*miseramente*) ärmlich, armselig: **una stanza arredata ~**, ein ärmlich eingerichtetes Zimmer **3** *fig* (*con povertà lessicale*) wortarm, ausdrucksschwach: **esprimersi ~**, ausdrucksschwach sein.

poverèllo, (-a) <*dim di povero*> m (f) (*chi vive in povertà*) Arme mf decl come agg, armer Kerl ● **i poverelli** (*i frati francescani*), die Franziskanerbrüder; **il ~ d'Assisi** (*San Francesco*), der heilige Franz von Assisi.

poverétto, (-a) <*dim di povero*> m (f) **1** (*persona indigente*) Arme mf decl come agg **2** *fig* (*sfortunato*) Arme mf decl come agg, Unglückliche mf decl come agg: **quel ~ ha perso il lavoro**, der Arme hat seine Arbeit verloren.

poverino, (-a) <*dim di povero*> m (f) *anche fig iron* (*poveretto*) Ärmste mf decl come agg, Arme mf decl come agg, armer Kerl: **~, i ladri gli hanno ripulito la casa**, der Ärmste, die Diebe haben ihm sein Haus/seine Wohnung leer geräumt.

pòvero, (-a) A agg **1** (*privo di mezzi economici*) {FAMIGLIA} arm, elend: **diventare ~**, arm werden; **essere molto ~**, sehr arm sein; **è morto ~**, er ist arm gestorben **2** (*umile*) {VITA} ärmlich, armselig, bescheiden **3** (*disadorno*) {ABITO, CASA, STANZA} schlicht, schmucklos, einfach **4** (*abitato da gente povera*) {QUARTIERE, VILLAGGIO} Armen- **5** (*poco fertile*) {TERRENO} karg **6** (*frugale*) {CENA} bescheiden, einfach **7** *anche fig* (*carente*): **~ di qc**) (*an etw dat*): **un cibo ~ di grassi**, ein fettarmes Essen; **un paese ~ di materie prime**, ein rohstoffarmes Land; **un regista ~ di fantasia/idee**, ein fantasie-/ideenarmer Regisseur **8** (*vuoto*) ~ (**di qc**) (*acc*): **un discorso ~ di contenuti**, eine inhaltsleere Rede **9** *fig* (*semplice*) {MODA} einfach, schlicht **10** *fig* (*non raffinato*) {CUCINA} einfach, frugal **11** *fig* (*scialbo*) {LINGUA, STILE} farblos, flach **12** *fig* (*mediocre*) {INGEGNO, INTELLETTO} mittelmäßig **13** *fig* (*sfortunato*) arm, unglückselig: **quella povera ragazza è senza genitori**, dieses arme Mädchen hat keine Eltern mehr; **poveri bambini!**, arme Kinder! **14** *fig* (*che desta compassione*) arm: **è un ~ illuso**, er ist ein armer Träumer!; **~ cane, è proprio malconcio!**, armes Schwein, der ist ja arg zugerichtet! *fam* **15** *fig iron* arm: **un ~ deficiente**, ein armer Irrer *fam*; **povera vittima!**, armes Opfer! *iron* **16** *fig fam* (*defunto*) selig: **il mio ~ nonno**, mein seliger Opa B m (f) **1** (*persona indigente*) Arme mf decl come agg: **aiutare i poveri**, den Armen helfen **2** (*mendicante*) Bettler(in) m(f) ● **me/te ...**, ich/du Ärmster!; **poveri noi!**, wir Ärmsten!; **~ me/te ...** *fam* (*guai a me/te ...*), wehe mir/dir; **nuovi poveri** (*disoccupati, anziani, ecc.*), neue Arme am pl; **~ te, se ti pesco!**, wehe dir, wenn ich dich erwische!

povertà <-> f **1** (*indigenza*) {+PAESE} Armut f, Elend n; {+GUARDAROBA} Dürftigkeit f: **vivere in ~**, in Armut leben **2** (*scarsa fertilità*) {+TERRENO} geringe Fruchtbarkeit **3** *fig* (*scarsezza*) ~ **di qc** Mangel m *an etw* (*dat*): **~ di risorse**, Mittellosigkeit f **4** *fig* (*limitatezza*) ~ **di qc** Armut f *an etw* (*dat*), Mangel m *an etw* (*dat*): **~ espressiva**, Ausdrucksschwäche f, Mangel m an Ausdruckskraft; **~ d'ingegno**, Mangel m an Verstand, geistige Armut **5** *fig* (*aridità*) **~ di qc** Armut f *an etw* (*dat*), Mangel m *an etw* (*dat*): **~ di sentimenti**, Gefühlsarmut f, Mangel m an Gefühl ● **cadere in ~** (*diventare povero*), in Armut geraten; **~ evangelica** *relig*, evangelische/christliche Armut; **uscire dalla ~** (*non essere più povero*), sich aus dem Elend befreien; **la ~ non è un delitto** *prov*, Armut ist keine Schande *prov*.

poveruòmo, pover'uòmo <*rar poveruomini*> m **1** (*uomo degno di compassione*) armer Schlucker *fam*/Mensch **2** *spreg* (*persona meschina*) armseliger Mensch *spreg*.

pozióne f **1** (*bevanda medicinale*) Heiltrank m **2** *lett* (*filtro magico*) Zaubertrank m.

pózza f **1** (*conca d'acqua*) Pfütze f: **un sentiero cosparso di pozze**, ein mit Pfützen bedeckter Weg **2** (*liquido versato*) Lache f: **fu trovato in una ~ di sangue**, er wurde in einer Blutlache aufgefunden.

pozzànghera f (*pozza d'acqua*) (Wasser)pfütze f.

pozzétta <*dim di pozza*> f **1** (*piccola pozza*) Pfützchen n, kleine Pfütze **2** (*piccola cavità*) Grübchen n, kleine Vertiefung: **fare la ~ nella farina**, eine kleine Vertiefung ins Mehl machen.

pozzétto <*dim di pozzo*> m **1** (*cavità*) Wassergrube f **2** (*nelle fognature*) Gully m o n, Abfluss m **3** *fot* Schachtsucher m **4** *mar* Plicht f, Cockpit n; (*nel kayak*) (*apertura*) Luke f.

pózzo m **1** Brunnen m: **~ artesiano**, artesischer Brunnen; **~ freatico**, Grundwasserbrunnen m; **il ~ è asciutto**, der Brunnen ist versiegt; **~ a carrucola**, Ziehbrunnen m; **nel cortile del castello c'è un ~**, im Schlosshof ist ein Brunnen; **pompare l'acqua dal ~**, Wasser aus dem Brunnen pumpen; **scavare un ~**, einen Brunnen graben **2** *fig* (*grande quantità*) Unmenge f: **avere un ~ di soldi**, eine Unmenge Geld haben **3** *geog* Höhle f: **~ carsico/glaciale**, Karst-/Eishöhle f **4** *mar* Plicht f, Cockpit n: **~ delle catene**, (Anker)klüse f; **~ della deriva**, Schwertkasten m **5** *min* Schacht m, Grube f: **~ di estrazione, Förderschacht m; **~ da miniera**, Grubenschacht m; **~ di petrolio/[petrolifero]**, (Erd)ölförderschacht m; **~ trivellato**, Bohrstelle f ● **~ dell'ascensore**, Fahrstuhl-, Aufzugschacht m; **~ di assorbimento** (*che assorbe acqua di scarico*), Sickerschacht m; **~ biologico**, Klärgrube f, Kläranlage f; **~ di caduta** (*nelle centrali idroelettriche*), Fallschacht m; **~ di calore** *fis*, Hitzeschild n; **~ di drenaggio** *idraul*, Dränage-, Entwässerungsschacht m; **essere un ~ senza fondo** (*essere insaziabile*), ein Fass ohne Boden sein; **~ di fondazione** *edil*, Fundamentaushub m; **~ nero** (*che raccoglie acqua di scarico*), Senkgrube f, Kloake f; **essere il ~ di San Patrizio** *fig* (*ricchezza senza fine*), eine nie versiegende Quelle sein; **essere un ~ di scienza** *fig* (*essere molto colto*), ein wandelndes Lexikon sein *fam scherz*, hochgebildet sein.

pozzolàna f *geol* (*tufo*) Puzzolan(erde f) n.

p.p. 1 *dir abbr di* per procura: pp., ppa. (*abbr di* per procura) **2** *post abbr di* pacco postale: Postpaket n.

PP.TT. *post abbr di* (Ministero delle) Poste e Telegrafi: "italienisches Postministerium".

PR 1 *abbr dell'ingl* Public Relations (*pubbliche relazioni*) Public Relations pl, Öffentlichkeitsarbeit f **2** *dir abbr di* Procuratore della Repubblica: ≈ OStA m (*abbr di* Oberstaatsanwalt) **3** *edil abbr di* Piano Regolatore: Bebauungsplan m **4** *polit abbr di* Partito Radicale: "radikale Partei".

PRA *autom abbr di* Pubblico Registro Automobilistico: Kraftfahrzeugzulassungsregister n.

Pràga f *geog* Prag n.

praghése A agg Prager B mf (*abitante*) Prager(in) m(f).

pragmàtica <-che> f *filos* Pragmatik f.

pragmàtico, (-a) <-ci, -che> A agg **1** (*concreto*) pragmatisch: **ha una visione pragmatica della vita**, er/sie sieht das Leben pragmatisch **2** *filos ling* pragmatisch B m (f) (*chi bada alla concretezza*) Pragmatiker(in) m(f).

pragmatismo m **1** *filos* Pragmatismus m **2** (*concretezza*) Pragmatismus m.

pragmatista <-i m, -e f> *filos* A agg (*pragmatistico*) {TEORIA} pragmatisch B mf (*seguace*) Pragmatist(in) m(f).

pragmatistico, (-a) <-ci, -che> agg *filos anche fig* {CORRENTE} des Pragmatismus.

pralina f *gastr* Praline f: **~ al liquore**, Likörpraline f.

pralinàre tr *gastr* (*rivestire di cioccolata*) **~ qc** etw mit Schokolade überziehen; (*di caramello*) etw karamellisieren.

prammàtica *solo nella* **di ~** A <inv> loc agg {DISCORSO, FRASE} üblich B loc avv obligat, üblich: **come di ~**, wie üblich/gewöhnlich; **a quel ricevimento è di ~ l'abito da sera**, bei diesem Empfang trägt man gewöhnlich Abendkleid bzw. Abendanzug.

prammàtico, (-a) <-ci, -che> agg *stor* {SANZIONE} pragmatisch.

pranoterapèuta <-i m, -e f> mf (*chi pratica la pranoterapia*) Pranotherapeut(in) m(f), Handaufleger(in) m(f).

pranoterapèutico, (-a) <-ci, -che> agg (*pranoterapia*) {SEDUTA} pranotherapeutisch.

pranoterapìa f (*trattamento*) Pranotherapie f, Handauflegen n.

pranoteràpico, (-a) <-ci, -che> agg (*di pranoterapia*) {CURA} pranotherapeutisch.

pranoterapista <-i m, -e f> mf (*pranoterapeuta*) Pranotherapeut(in) m(f), Handaufleger(in) m(f).

pranzàre intr (*consumare il pranzo*) zu Mittag essen: **~ a base di verdura**, zu Mittag ein Gemüsegericht essen; **~ da qu**, bei jdm zu Mittag essen; **in quella trattoria si pranza benissimo**, in dieser Trattoria isst man ausgezeichnet; **~ al ristorante**, im Restaurant zu Mittag essen.

prànzo m **1** (*pasto*) (Mittag)essen n: **andare a ~**, essen gehen; **che c'è per ~?**, was gibt es zu essen/Mittag?; **durante il ~ non disse una parola**, während des Essens/[bei Tisch] sagte er/sie kein einziges Wort; **ho invitato un amico a pranzo**, ich habe einen Freund zum Essen eingeladen; *region* (*serale*) Abendessen n **2** (*insieme dei cibi*) {FRUGALE, OTTIMO} Essen n: **vado a casa a preparare il ~**, ich gehe nach Hause, um das Essen zuzubereiten **3** (*banchetto*) (Gast)mahl n: **~ di cerimonia**, Festessen n; **dare un ~ importante**, ein wichtiges Gastmahl geben; **~ di gala**, Galadiner n, Festessen n; **~ di nozze**, Hochzeitsmahl n; **~ ufficiale**, offizielles Essen **4** (*mezzogiorno*) Mittag m: **dopo ~ faccio sempre un riposino**, nach dem Mittagessen mache ich immer ein Schläfchen; **all'ora di ~**, zur Mittagszeit; **vediamoci prima di ~**, treffen wir uns vor Mittag ● **~ d'affari** (*organizzato per motivi di lavoro*), Geschäftsessen n.

pràssi <-> f **1** (*attività pratica*) Praxis f: **non è in uso nella ~ attuale**, so wird gegenwärtig nicht verfahren **2** (*procedura*) Gepflogenheit f, Praxis f: **~ amministrativa/giudiziaria/parlamentare**, Verwaltungs-/Gerichts-/Parlamentspraxis f; **cosa prevede la ~ in questo caso?**, was sieht die Praxis in diesem Fall vor?; **(conformarsi alla)/[seguire la] ~**, sich an die Praxis halten; **è ~ corrente ...**, es ist gängige Praxis ...; **secondo la ~**, üblicherweise **3** *filos* Praxis f.

prataiòlo, (-a) **A** agg (*dei prati*) Feld-, Wiesen- **B** m bot (*fungo*) Wiesenchampignon m.

pratería f (*terreno erboso*) Prärie f.

pratése A agg Prateser, von/aus Prato **B** mf (*abitante*) Einwohner(in) m(f) von Prato.

pràtica <-che> **A** f **1** gener Praxis f: **la teoria e la ~**, (die) Theorie und (die) Praxis **2** (*esercizio*) Übung f: **solo con la ~ si impara a guidare**, nur durch die Praxis lernt man fahren; **devi fare ancora un po' di ~**, du musst noch ein wenig üben, dir fehlt noch etwas Praxis; **perdere la ~**, aus der Übung kommen **3** (*abilità*) {+ARTE, MESTIERE} Ausübung f **4** (*esperienza*) ~ (*in qc*) Erfahrung f (*mit/in etw dat*): **avere molta/poca ~ in qc**, viel/wenig Erfahrung mit/in etw (dat) haben; **ha una lunga ~ nel campo della moda**, er/sie hat viel Erfahrung im Bereich der Mode **5** (*tirocinio*) Praktikum n, Lehre f: **sto facendo ~ presso un architetto**, ich mache gerade ein Praktikum bei einem Architekten; **fare ~ in una falegnameria**, eine Lehre in einer Schreinerei/Tischlerei machen **6** (*familiarità*) Vertrautheit f: **non ho ~ di questo computer**, ich kenne mich mit diesem Computer nicht aus, ich bin mit diesem Computer nicht vertraut **7** (*consuetudine*) Praxis f, Gewohnheit f: **la ~ abituale è questa**, das ist die normale Praxis **8** <*di solito al pl*> (*rito*) Übung f, Handlung f: **pratiche religiose** f pl, Andachtsübungen f pl **9** <*di solito al pl*> (*rituale*) Praktik f: **pratiche magiche/occulte**, magische/okkulte Praktiken f pl **10** <*di solito al pl*> (*atto illecito*) Praktik f: **pratiche abortiste**, Abtreibungspraktiken f pl **11** amm (*atto*) Akte f, Vorgang m amm: **mandare avanti una ~**, eine Akte vorantreiben; **hai già sbrigato la ~?**, hast du den Vorgang schon erledigt?; **pratiche d'ufficio**, Dienstakten f pl; (*fascicolo*) Akte f, Dossier n; **dove hai messo la ~?**, wo hast du die Akte hingetan?; **la scrivania è coperta di pratiche**, der Schreibtisch ist voller Akten **12** <*di solito al pl*> amm (*documenti*) Unterlagen f pl, Dokumente n pl: **fare le pratiche per il passaporto**, die Unterlagen für den Reisepass zusammenstellen **13** filos Praxis f: **filosofia della ~**, Praxisphilosophie f **14** mar Hafenpapiere n pl **B** loc avv (*in sostanza*): **in ~**, praktisch; **in ~ non ho concluso nulla**, ich habe praktisch nichts erreicht • **acquistare/prendere ~** (*impratichirsi*), Praxis erwerben, Übung bekommen; **avere ~ di qc** (*conoscerla bene*), etw gut kennen; **hai ~ di Roma?**, kennst du Rom gut?, kennst du dich in Rom gut aus?; **mettere in ~ qc** (*attuare*), {INSEGNAMENTO, METODO} etw in die Praxis umsetzen; **val più la ~ che la grammatica** prov, Probieren geht über Studieren prov.

praticàbile A agg **1** (*che si può praticare*) {SPORT} ausübbar **2** (*agibile*) {TERRENO} begeh-, gangbar; {GALLERIA, PONTE} nutzbar; {SOFFITTA} bewohnbar **3** (*percorribile*) {STRADA} befahrbar **4** (*realizzabile*) {ATTIVITÀ} realisierbar, praktikabel **5** (*utilizzabile*) {TERAPIA} anwendbar **B** m film teat Praktikabel m.

praticabilità <-> f **1** (*agibilità*) {+CAMPO DI GIOCO, TERRENO} Begehbarkeit f; {+STRADA} Befahrbarkeit f; {+SOLAIO} Bewohnbarkeit f **2** (*fattibilità*) {+PROGETTO} Ausführbarkeit f.

praticaménte avv **1** (*in sostanza*) praktisch, im Grunde: **ci ha detto di cavarcela da soli**, er/sie hat uns praktisch gesagt, wir sollen allein zurechtkommen **2** (*pressoché*) praktisch, so gut wie: **la traduzione è ~ finita**, die Übersetzung ist so gut wie fertig **3** (*dal lato pratico*) praktisch: **affrontare ~ i problemi**, die Probleme praktisch angehen.

praticantàto m rar (*tirocinio*) Praktikum n: **fare un ~**, ein Praktikum machen.

praticànte A agg relig {EBREO, MUSULMANO} praktizierend **B** mf **1** (*tirocinante*) Praktikant(in) m(f), Volontär(in) m(f): **~ giornalista/notaio**, Volontär m in einer Redaktion/[bei einem Notar] **2** relig praktizierende(r) Gläubige(r) mf decl come agg **3** spreg (*praticone*) bloße(r) Praktiker(in) mf.

praticàre <*pratico, pratichi*> **A** tr **1** (*esercitare*) ~ (*qc*) {MESTIERE} etw aus|üben, etw betreiben; {COMMERCIO} etw treiben: **è un giudice, ma non pratica più**, er ist Richter, aber er ist nicht mehr in seinem Beruf tätig **2** (*fare*) ~ *qc* {SPORT} etw treiben, etw aus|üben **3** (*professare*) ~ (*qc*) {IL BUDDISMO} etw praktizieren: **sono cattolico, ma non pratico**, ich bin zwar Katholik, aber kein praktizierender **4** (*seguire un'usanza*) ~ *qc* {IL CANNIBALISMO, LA CIRCONCISIONE} etw praktizieren: **~ la poligamia**, in Polygamie leben **5** (*mettere in pratica*) ~ *qc* {L'EUTANASIA} etw betreiben: **~ il bene**, Gutes tun **6** (*attuare*) ~ *qc* {LA GIUSTIZIA, LA LEGGE} etw an|wenden **7** (*eseguire*) ~ *qc* (+ *compl di luogo*) {FORO NELLA PARETE} etw irgendwohin machen **8** (*concedere*) ~ *qc* (*a qu*) {SCONTO} jdm etw gewähren, jdm etw machen fam **9** (*effettuare*) ~ *qc* (*a qu*) {CURA, TERAPIA, TRAPIANTO} etw (*an jdm*) praktizieren; {INCISIONE} etw (*bei jdm*) machen; {INIEZIONE} jdm etw geben, jdm etw verabreichen **10** (*frequentare*) ~ *qu/qc* {GENTE, AMBIENTE} jdn/etw frequentieren for b, mit jdm/in etw (dat) verkehren **B** itr **1** (*bazzicare*) ~ + *compl di luogo* {IN UN LOCALE} irgendwo verkehren **2** (*essere in buoni rapporti*) ~ **con qu** mit/zu jdm gute Beziehungen haben, mit jdm Umgang haben, mit jdm um|gehen obs • **dimmi con chi pratichi e ti dirò chi sei** prov, sage mir, mit wem du umgehst, und ich sage dir, wer du bist prov.

praticità <-> f **1** (*comodità*) {+ABBIGLIAMENTO, ARREDAMENTO} Bequemlichkeit f **2** (*facilità d'uso*) {+UTENSILE} Zweckmäßigkeit f, Handlichkeit f: **un elettrodomestico di grande ~**, ein besonders praktisches/zweckmäßiges Haushaltsgerät **3** (*senso pratico*) praktische Veranlagung, praktischer Sinn • **per ~** (*per motivi pratici*), aus praktischen Gründen/[Gründen der Zweckmäßigkeit].

pràtico, (-a) <-ci, -che> **A** agg **1** (*fondato sulla pratica*) {ESERCITAZIONE, INSEGNAMENTO, METODO} praxisbezogen, praktisch ausgerichtet **2** (*quotidiano*) {PROBLEMA} praktisch: **nella vita pratica**, im praktischen Leben **3** (*rivolto alle cose concrete*) {ATTITUDINI, CAPACITÀ} praktisch, geschickt: **è una persona pratica**, er/sie ist ein praktischer Mensch; **avere senso ~**, praktisch veranlagt sein **4** (*esperto*) ~ **di/in qc** in etw (dat) erfahren: **non sono ~ di cucina**, ich habe keine Erfahrungen im Kochen; **un operaio ~ nella fresatura**, ein Arbeiter, der sich mit dem Fräsen auskennt **5** (*rif. a città, conoscitore*) ~ **di qc** {DI UNA ZONA} mit etw (dat) vertraut: **sei ~ di Milano?**, kennst du dich in Mailand aus?; **non sono pratica del posto**, ich kenne mich hier nicht aus **6** (*comodo*) {BORSA, SCARPE} praktisch, bequem: **la gonna è bella ma non è pratica**, der Rock ist zwar schön, aber unpraktisch **7** (*facile ad usarsi*) {DISPOSITIVO, UTENSILE} handlich **8** (*funzionale*) {ARREDAMENTO} praktisch, zweckmäßig **9** filos praktisch: **critica della ragion pratica**, Kritik der praktischen Vernunft **B** m (f) (*persona concreta*) praktischer Mensch, Praktiker(in) m(f).

pratìcolo, (-a) agg zoo (*che vive in praterie*) {ANIMALE} Wiesen-.

praticoltùra f (*coltivazione dei prati*) Grünlandbewirtschaftung f.

praticóne, (-a) m (f) spreg (*chi manca di preparazione teorica*) bloße(r) Praktiker(in) f.

prativo, (-a) agg (*tenuto a prato*) {TERRENO} Wiesen-.

pràto m **1** (*terreno erboso*) Wiese f **2** (*di giardino, parco*) Rasen m **3** (*campo messo/tenuto a ~*) in Weide verwandeltes/[als Weide belassenes] Feld **4** sport (*nel calcio, nell'hockey, nel rugby*) Feld n; (*nell'equitazione*) Rasen(fläche f) m • **~ all'inglese**, englischer Rasen.

pratolìna f bot Gänseblümchen n.

pre prep (*precedente*) prä, vor, Prä-, Vor-: **fase pre parto**, Vorgeburtsphase f.

pre- pref temporale Vor-, Prä-, prä-: **pregiudizio**, Vorurteil; **preistoria**, Prähistorie, Urgeschichte; **prevedere**, voraussehen.

preaccòrdo m (*accordo preliminare*) Vorabkommen m.

preadamìtico, (-a) <-ci, -che> agg fig scherz (*superato*) {IDEE} veraltet, überholt.

preadolescènte mf psic Jugendliche mf decl come agg in der Prä-/Voradoleszenz.

preadolescènza f psic Prä-, Voradoleszenz f.

preadolescenziàle agg {SVILUPPO} voradoleszent, vorpubertär.

preaffrancàto, (-a) agg vorfrankiert: **busta preaffrancata**, vorfrankierter Umschlag.

preallàrme m **1** fig (*avvertimento*) Warnung f: **l'improvviso malessere è stato un ~**, das plötzliche Unwohlsein war eine Warnung **2** aero mar mil Voralarm m: **dare il ~**, Voralarm geben; **stato di ~**, Voralarmstufe f.

Preàlpi f pl geog Voralpen f.

prealpino, (-a) agg geog {VALLI} Voralpen-.

preàmbolo m **1** (*introduzione a un discorso*) Einleitungsrede f: **fare un breve/lungo ~**, eine kurze/lange Einleitungsrede halten; (*a un'opera*) Vorwort n, Einleitung f, Einführung f **2** <*di solito al pl*> (*giri di parole*) Umschweife pl, Umständlichkeit f: **non fare tanti preamboli!**, spar dir deine langen Vorreden!; **lasciamo stare i preamboli**, kommen wir gleich zur Sache; **senza tanti preamboli** fam, ohne Umschweife • **~ di un trattato** diplomazia, Präambel f eines Abkommens.

preamplificatóre m elettr Vorverstärker m.

preanestesìa f med Basis-, Vornarkose f.

preanestetizzàre tr med **~ qu** {PAZIENTE} bei jdm die Basisnarkose ein|leiten, jdm die Basisnarkose geben.

preannunciàre <*preannuncio, preannunci*> **A** tr **1** (*far sapere prima*) ~ *qc* (*a qu*) {IL PROPRIO ARRIVO} (jdm) etw an|kündigen; ~ *qc* **con qc** {VISITA CON UNA TELEFONATA} etw durch etw (acc) an|kündigen **2** (*far prevedere*) ~ *qc* {SINDACATI SCONTRO CON IL GOVERNO} etw zu erkennen geben; {NUVOLE TEMPORALE} etw an|kündigen, auf etw (acc) hin|deuten: **non ~ niente di buono**, nichts Gutes verheißen **B** rfl (*essere prevedibile*): **preannunciarsi** sich an|kündigen: **si preannuncia un'estate calda**, ein warmer Sommer kündigt sich an/[zeichnet sich ab], es verspricht ein heißer Sommer zu werden; **si preannunciano scioperi nei trasporti**, voraussichtlich wird es zu Streiks im Transportwesen kommen.

preannùncio <-ci> m (*preavviso*) Vorankündigung f.

preannunziàre e deriv → **preannunciare** e deriv.

preappèllo m univ verfrühter Prüfungstermin.

preappenninico, (-a) <-ci, -che> agg geog {DORSALE} Vorapenninen-.

preatlètica <-che> f (ginnastica) Aufwärmgymnastik f.

preatlètico, (-a) <-ci, -che> agg (di riscaldamento) {GINNASTICA} Aufwärm-.

preavvertìre tr (informare in anticipo) ~ **qu di qc** jdn im Voraus von etw (dat) benachrichtigen.

preavvisàre tr **1** (informare anticipatamente) ~ **qu** (**di qc**) jdn von etw (dat) im Voraus benachrichtigen, jdm etw (vor)an|kündigen: **sei stato preavvisato del cambiamento d'orario?**, bist du über die Fahrplanänderung im Voraus benachrichtigt worden?; comm ~ **qu/qc** (**di qc**) {CLIENTE, DITTA DELLA SPEDIZIONE} jdm/etw etw (vor)an|kündigen, jdn/etw von etw (dat) im Voraus benachrichtigen **2** (ammonire) ~ **qu** (**di qc**) {DELLE CONSEGUENZE} jdn vor etw (dat) im Voraus warnen.

preavvìso m **1** (avviso preventivo) Vorankündigung f, vorherige Benachrichtigung: **è partito senza ~**, er ist losgefahren, ohne vorher etwas gesagt zu haben **2** (foglio) Bescheid m: **mandare il ~ di pagamento**, den Zahlungsbescheid abschicken **3** dir (dichiarazione di recesso da un contratto) Kündigung f: **dare/ricevere il ~**, die Kündigung mitteilen/erhalten; (termine) (Kündigungs)frist f; **~ di un mese**, (Kündigungs)frist f von einem Monat, einmonatige (Kündigungs)frist.

prebàrba Ⓐ <-> m (lozione) Preshave-Lotion f Ⓑ <inv> agg {CREMA} Preshave-, Rasier-.

prebèllico, (-a) <-ci, -che> agg (di prima della guerra) {ECONOMIA} Vorkriegs-.

prebènda f **1** relig Präbende f, Pfründe f **2** fig (guadagno poco sudato) leichter Verdienst, leicht verdientes Geld, Pfründe f.

Precambriàno m geol Präkambrium n.

precampionàto sport Ⓐ <inv> agg (che precede il campionato) {PARTITA} Freundschaft(s)- Ⓑ <-> m (serie di incontri) {+CALCIO} Freundschaftsspiele n pl (vor dem Beginn der Meisterschaft).

precanceròso, (-a) agg med {LESIONE, PIAGA} präkanzerös scient, präkarzinomatös scient.

precapitalìstico, (-a) <-ci, -che> agg polit sociol {SOCIETÀ} vorkapitalistisch.

precària f → precario.

precariaménte avv {VIVERE} im Ungewissen.

precariàto m **1** anche scuola (condizione) "befristetes Arbeitsverhältnis im öffentlichen Schuldienst" **2** (categoria) "Angestellte pl decl come agg mit befristetem Arbeitsvertrag"; scuola "Lehrkräfte f pl mit befristetem Arbeitsvertrag".

precaricàto, (-a) agg inform {SOFTWARE} vorinstalliert; (per pagamenti) **scheda precaricata**, Zahlkarte f; {SCHEDA TELEFONICA} vorbezahlt, Zahl-.

precarietà <-> f **1** (incertezza) {+IMPIEGO, SITUAZIONE POLITICA} Unsicherheit f; {+EQUILIBRIO} Unstabilität f **2** (cagionevolezza) {+SALUTE} Bedenklichkeit f **3** dir {+POSSESSO} zeitweiliger Charakter.

precàrio, (-a) <-ri m> Ⓐ agg **1** (incerto) {SITUAZIONE FINANZIARIA} prekär forb; {EQUILIBRIO} unstabil; {ESISTENZA, VITA} unsicher **2** (cagionevole) {SALUTE} prekär forb, bedenklich **3** (temporaneo) {LAVORO} {PERSONALE} Zeit-; {INSEGNANTE} mit befristetem Arbeitsverhältnis **4** dir {COMODATO} "mit dem Recht, die Rückgabe zu jeder Zeit zu verlangen" Ⓑ m (pl -ri) **1** (lavoratore pubblico) "Angestellte mf decl come agg (im öffentlichen Dienst) mit befristetem Arbeitsvertrag" **2** scuola (insegnante) "Schullehrer(in) m(f) mit befristetem Arbeitsvertrag".

precarizzàre Ⓐ tr ~ **qc** etw prekarisieren, etw unsicher/prekär werden lassen; ~ **qu** jdn prekarisieren Ⓑ itr pron: **precarizzarsi** (diventare precario) prekarisiert/unsicher werden.

precarizzazióne f Prekarisierung f, Zunahme f befristeter Arbeit.

precauzionàle agg (cautelare) {MISURA, PROVVEDIMENTO} vorbeugend, Vorsichts-.

precauzióne f **1** (cautela) Vorsicht f: **agire/muoversi con ~**, mit Vorsicht handeln/vorgehen; **per ~**, zur Vorsicht **2** (misura preventiva) Vorsichts-, Vorsorgemaßnahme f, Vorkehrung f: **con le dovute precauzioni**, mit der nötigen Vorsicht; **prendere ogni ~/tutte le precauzioni**, alle Vorkehrungen treffen; **prendere le proprie precauzioni**, seine (eigenen) Vorkehrungen treffen; **precauzioni igieniche/sanitarie**, Hygiene-/Gesundheitsvorkehrungen f pl.

prèce f lett (preghiera) Gebet n.

precedènte Ⓐ agg **1** (prima nel tempo) vorige(r, s), vorherige(r, s), vorhergehend, letzte(r, s); {ANNO, SERA} Vor-: **la settimana ~**, in der vorigen Woche, letzte Woche; **l'era neozoica è ~ a quella mesozoica**, das Neozoikum geht dem Mesozoikum voraus; **nella ~ riunione abbiamo discusso di ....**, in der vor(her)igen/letzten Sitzung haben wir über .... diskutiert **2** (prima nello spazio) {FERMATA, STAZIONE} vorhergehend: **leggi il verso ~**, lies den vorhergehenden Vers Ⓑ m **1** Präzedenzfall m forb: **creare un ~**, einen Präzedenzfall schaffen forb; **un fatto che non ha precedenti**, ein noch nie vorgekommenes/[da gewesenes] Faktum **2** <solo pl> (condotta anteriore) Führung f: **avere buoni/cattivi precedenti**, sich gut/schlecht führen **3** <solo pl> dir Vorstrafe f: **con i suoi precedenti difficilmente troverà lavoro**, mit seinen/ihren Vorstrafen wird er/sie schwerlich eine Arbeit finden; **precedenti giudiziari/penali**, Vorstrafen f pl; **avere precedenti penali**, vorbestraft sein Ⓒ loc agg enf (eccezionale): **senza precedenti**, {INONDAZIONE} noch nie vorgekommen, nie da gewesen, beispiellos; **un successo senza precedenti**, ein beispielloser Erfolg.

precedenteménte avv (in precedenza) vorher, im Voraus, zuvor: **concordo con quanto ~ detto**, ich stimme mit dem überein, was zuvor gesagt wurde.

precedènza Ⓐ f **1** (diritto di precedere) Vortritt m, Vor(tritts)recht n: **i portatori di handicap hanno la ~ su tutti**, Körperbehinderte haben den Vortritt vor allen anderen **2** (priorità) {ASSOLUTA} Priorität f, Vorrang m: **dare la ~ a un problema**, einem Problem den Vorrang geben; **una questione che ha la ~ sulle altre**, eine Angelegenheit, die Vorrang vor allen anderen hat **3** (in cerimonie diplomatiche) Vorrang m: **ordine delle precedenze**, Rangordnung f **4** spec autom Vorfahrt f: **avere la ~ (su qu)**, (die) Vorfahrt (vor jdm) haben; **dare la ~ (a qu)**, (die) Vorfahrt lassen; **il tram ha sempre la ~**, die Straßenbahn hat immer Vorfahrt Ⓑ loc avv (prima): **in ~**, vorher, zuvor; **come spiegato in ~**, wie zuvor erklärt.

precèdere <coniug come cedere> tr **1** (andare innanzi) ~ **qu/qc** jdm/etw voran|gehen, jdm/etw voraus|gehen: **ti precedo per farti strada**, ich gehe vor(an), um dir den Weg zu zeigen; (con un veicolo) {POLIZIA MAGISTRATO} jdm/etw voraus|fahren **2** (venire prima) ~ **qc** {PREFAZIONE TESTO} etw (dat) voraus|gehen: **l'autunno precede l'inverno**, der Herbst geht dem Winter voraus/[kommt vor dem Winter] **3** fig (anticipare) ~ **qu** jdm zuvor|kommen: **volevo pagare il conto, ma mi ha preceduto**, ich wollte die Rechnung bezahlen, aber er/sie war schneller/[kam mir zuvor] **4** sport ~ **qu/qc** {GRUPPO} jdm/etw voraus|eilen: **il ciclista ha preceduto tutti sul traguardo**, der Radrennfahrer hat als Erster das Ziel erreicht ● **farsi ~ da qu/qc** (mandare prima di sé qu o qc), jdn/etw vor-(aus)schicken.

precessióne f astr fis Präzession f.

precettàre tr **1** (richiamare in servizio) ~ **qu** {MINISTRO SCIOPERANTI} jdn zur Arbeit verpflichten **2** mil ~ **qu** {MILITARI IN CONGEDO} jdn ein|berufen; ~ **qc** {MEZZI DI TRASPORTO} etw requirieren, etw beschlagnahmen.

precettazióne f **1** (richiamo in servizio) {+CONTROLLORI DI VOLO} zwangsweise Arbeitsverpflichtung von Streikenden **2** mil Einberufung f.

precettìstica <-che> f **1** (insieme di regole) {MORALE, RELIGIOSA} Regelsystem n **2** (insegnamento) regelgeleitete Erziehung.

precettìstico, (-a) <-ci, -che> agg (fondato su norme rigide) {INSEGNAMENTO} auf strengen Regeln beruhend.

precettìvo, (-a) agg dir {NORMA} Gebots-.

precètto m **1** (norma) {CIVILE, MORALE} Vorschrift f, Regel f **2** amm dir Gebot n, Aufforderung f, Befehl m: **~ a comparire in giudizio**, Vorladung f; **~ di pagamento**, Aufforderung f zur Zahlung, Zahlungsbefehl m **3** mil Einberufung f **4** relig Gebot n: **di ~**, geboten; **~ festivo**, gebotener Feiertag; **~ pasquale**, Gebot n der Osterkommunion.

precettóre, (-trice) m (f) stor (istitutore) Erzieher/in m(f), Privat-, Hauslehrer/in m(f): **Lenz fu ~ a Strasburgo**, Lenz war Hauslehrer in Straßburg.

precipitàndo <-> m mus Precipitando n.

precipitànte m chim (Aus)fällungs-, Präzipitiermittel n.

precipitàre Ⓐ itr <essere> **1** (cadere giù) ~ (**da qc**) (+ compl di luogo) {IN UN BURRONE, DA UNA ROCCIA, DAL TETTO} von/aus etw (dat) (irgendwohin) (hinab|)stürzen, von/aus etw (dat) (irgendwohin) (hinab|)fallen, von/aus etw (dat) (irgendwohin) ab|stürzen: **è precipitato dal quinto piano**, er ist vom/[aus dem] fünften Stock gestürzt/gefallen; **l'elicottero precipitò in mare**, der Hubschrauber stürzte ins Meer (ab) **2** fig (piombare) ~ **in qc** {NELLA DEPRESSIONE} in etw (acc) versinken; {IN MISERIA, IN ROVINA} in etw (acc) geraten, in etw (acc) stürzen: **~ in disgrazia**, plötzlich in Ungnade fallen; **precipitò in un mare di guai**, er/sie geriet in große Schwierigkeiten **3** fig (aggravarsi) {SITUAZIONE} schlimmer werden, sich zu|spitzen **4** chim {SOSTANZA} (aus|)fällen, präzipitieren Ⓑ tr (avere) **1** (gettare) ~ **qu/qc** (**da qc**) {MASSO DA UNA RUPE} jdn/etw (von etw dat) hinunter|stürzen **2** (affrettare) ~ (**qc**) {DECISIONE, RISOLUZIONE} etw übereilen, {CONCLUSIONI} etw ziehen: **non ~ le cose!**, nur nichts überstürzen! **3** chim ~ **qc** etw (aus|)fällen, etw präzipitieren Ⓒ itr pron **1** (recarsi in fretta): **precipitarsi** + compl di luogo {A CASA, SULLA STRADA, IN UFFICIO} irgendwohin stürzen, irgendwohin rennen: **mi precipitai alla stazione**, ich rannte zum Bahnhof; **si precipitò giù dalle scale**, er/sie stürzte die Treppe hinunter; **precipitarsi a fare qc** sich beeilen, etw zu tun; **si precipitò a rispondere al telefono**, er/sie beeilte sich, ans Telefon zu gehen/[stürzte zum Telefon] **2** (avventarsi): **precipitarsi contro/[addosso a] qu** {CONTRO IL NEMICO} sich auf jdn stürzen Ⓓ rfl (buttarsi giù): **precipitarsi da qc** (+

precipitàto, (-a) **A** agg **1** (*caduto giù*) {AEREO} abgestürzt **2** *fig* (*affrettato*) {GIUDIZIO} übereilt **B** *m chim* Präzipitat *n*.

precipitazióne *f* **1** *meteo* Niederschlag *m*: **precipitazioni atmosferiche**, Niederschläge *m pl* **2** *chim* Präzipitation *f*, (Aus)fällung *f* **3** *fig* (*frettolosità*) Überstürzung *f*, Übereilung *f*: **giudicare con ~**, überstürzt urteilen ● **~ liquida** *meteo* (*pioggia*), Regen *m*; **~ solida** *meteo* (*neve, grandine*), fester Niederschlag.

precipitevolissimevolménte *avv scherz* (*con precipitazione*) Hals über Kopf.

precipitosaménte *avv* (*con troppa fretta*) voreilig, übereilt, überstürzt: **agire ~**, überstürzt handeln.

precipitosità <-> *f* Überstürztheit *f*, Übereiltheit *f*.

precipitóso, (-a) agg **1** (*velocissimo*) {FUGA} überstürzt; {CORSA} rasend **2** (*impetuoso*) {TORRENTE} reißend **3** *fig* (*avventato*) {RAGAZZA} unüberlegt: **essere ~ nel giudicare**, unüberlegt urteilen, **4** *fig* (*abborracciato*) {LAVORO} übereilt, voreilig **4** *fig* (*abborracciato*) {LAVORO} übereilt, überstürzt, verpfuscht *fam*.

precipìzio A <-*zi*> *m* (*burrone*) Abgrund *m* **B** *loc avv*: **a ~ 1** (*a strapiombo*) steil, abschüssig: **rocce che scendono a ~ sul mare**, Felsen, die steil ins Meer fallen **2** *fig* (*con gran fretta*) sehr schnell: **correre a ~**, rasen; laufen, als ob der Teufel hinter einem her sei *fam* **3** *fig* (*con foga*) ungestüm, unbändig, heftig: **parlare a ~**, wie ein Wasserfall reden *fam*.

precìpuo, (-a) agg **1** (*fondamentale*) {SCOPO} Haupt-, hauptsächlich **2** (*caratteristico*) {LETTERATURA} wesentlich, charakteristisch: **i caratteri precipui di una corrente letteraria**, die Wesensmerkmale einer literarischen Strömung.

precisàbile agg (*che può essere definito*) {CARATTERISTICHE} klar definierbar/präzisierbar.

precisaménte *avv* **1** (*esattamente*) präzise, genau, exakt: **dimmi ~ cosa hai visto**, sag mir genau, was du gesehen hast **2** (*proprio*) gerade: **non è ~ quello che mi aspettavo!**, das/er entspricht nicht gerade/wirklich meinen Erwartungen! **3** (*come risposta affermativa*) (ganz) genau, jawohl: **hai dunque deciso di fargli causa? – ~!**, du hast also beschlossen, gegen ihn zu klagen? – Genau!

precisàre tr **1** (*specificare*) **~ qc** {DATA, GIORNO DELLA PARTENZA} etw genau/präzise an|geben/bestimmen **2** (*puntualizzare*) **~ (qc)** etw klar|stellen, etw präzisieren: **nel documento si precisa che ...**, in dem Dokument wird präzisiert, dass ...; **noi, tanto per ~, non ci conoscevamo ancora**, nur um dies klarzustellen, wir kannten uns noch nicht; **questa storia, precisa l'autore, non è autobiografica**, diese Geschichte, so präzisiert der Autor, ist nicht autobiografisch **3** (*spiegare con chiarezza*) **~ (qc)** {LA PROPRIA POSIZIONE} etw detailliert erläutern, etw genau erklären: **precisi come è avvenuto l'incidente!**, erklären Sie genau, wie es zu dem Unfall gekommen ist!

precisàto, (-a) agg (*definito*) bestimmt: **in un luogo non ben ~**, an einem nicht näher bestimmten Ort.

precisazióne f **1** (*puntualizzazione*) Präzisierung *f forb*, Klarstellung *f*: **fare una ~ ⌊riguardo a⌋/[su] qc**, etw präzisieren *forb*, etw klarstellen **2** (*chiarimento*) Erläuterung *f*, Erklärung *f*, Aufklärung *f*: **vorrei delle precisazioni su quella legge**, ich möchte einige Erklärungen zu diesem Gesetz.

precisìno, (-a) <*dim di preciso*> **A** agg (*ordinato*) ordentlich, ordnungsliebend: **è un bambino ~**, er ist ein ordentliches Kind **B** *m* (*f*) (*persona metodica e pignola*) pedantischer *spreg*/pingeliger *fam* Mensch.

precisióne A *f* **1** (*meticolosità*) Präzision *f forb*, Genauigkeit *f*: **lavoro di grande ~**, Arbeit *f* von großer Präzision *forb*, sehr präzise Arbeit *forb* **2** (*esattezza*) {+CONGEGNO, STRUMENTO} Präzision *f forb*: **essere amante della ~**, genauigkeitsliebend sein; **20, anzi per maggior ~, 20,001**, 20, um genau zu sein, 20,001 **3** *artiglieria* {+FUCILE} Präzision *f forb*: **~ del tiro**, Zielgenauigkeit *f* **B** <inv> *loc agg*: **di ~**, {MECCANICA, OROLOGIO, STRUMENTO} Präzisions- ● **non so con ~ quando arriva** (*esattamente*), ich weiß nicht genau, wann er/sie ankommt; **esprimersi/parlare con ~** (*con proprietà lessicale*), sich präzise *forb*/genau ausdrücken; **per la ~** (*per essere precisi*), genauer gesagt.

precìso, (-a) **A** agg **1** (*meticoloso*) {BIBLIOTECARIO, IMPIEGATO} gewissenhaft **2** (*ordinato*) {BAMBINA, RAGAZZA} ordentlich, ordnungsliebend **3** (*accurato*) {LAVORO} sorgfältig **4** (*esatto*) {DATA, INDIRIZZO} genau; {CALCOLO} *anche* präzis(e) *forb*, exakt: **sono le dieci precise**, es ist Punkt/genau 10 (Uhr); **dimmi l'ora precisa**, sag mir die genaue Uhrzeit; **peso 50 kili precisi**, ich wiege genau 50 Kilo; **queste sono le sue precise parole**, das sind genau seine/ihre Worte **5** (*appropriato*) {PAROLA, TERMINE} passend **6** (*nitido*) {IMMAGINE, RICORDO} scharf **7** (*di grande precisione*) {BILANCIA, TIRO} genau; {OROLOGIO} *anche* genau gehend: **aver la mira precisa**, treffsicher sein **8** (*puntuale*) pünktlich: **oh, eccola, precisa come al solito!**, ah, da ist sie, pünktlich wie immer! **9** (*chiaro*) {IDEA, OPINIONE} klar; {RISPOSTA} *anche* deutlich **10** (*determinato*) {MANSIONE, ORDINE, REGOLA, SCOPO} bestimmt: **è mia precisa intenzione denunciarli**, ich bin fest entschlossen, sie anzuzeigen; **lo faccio con un motivo ben ~**, ich mache das aus einem ganz bestimmten Grund **11** *fam* (*perfettamente uguale*) **~ (a qu/qc)** jdm/etw aufs Haar gleichen *fam*: **è precisa a suo padre**, sie ist ⌊ganz ihr Vater⌋/[der ganze Vater *fam*]; **quelle scarpe col tacco sono precise alle mie**, diese Schuhe mit Absätzen sehen genauso aus wie meine **B** *avv* (*esatto*) (ganz) genau, ebenso.

precitàto, (-a) agg (*citato prima*) {PASSO} oben zitiert, oben erwähnt.

preclàro, (-a) agg *fig lett* (*famoso*) {OPERA, SCIENZIATO, VIRTÙ} vortrefflich.

preclùdere <*precludo, preclusi, precluso*> **A** tr *fig* (*impedire*) **~ qc (a qu)** {POSSIBILITÀ DI RIUSCITA} (jdm) etw versperren **B** *rfl indir fig* (*rendersi impossibile*): **precludersi qc** {OGNI VIA D'USCITA} sich (dat) etw verbauen.

preclusióne f **1** (*esclusione*) Ausschließung *f* **2** *fig* (*impedimento*) {MENTALE} Verhinderung *f*: **non ci sono preclusioni da parte mia**, ich habe meinerseits nichts dagegen (einzuwenden) **3** *dir* Ausschluss *m*.

preclusìvo, (-a) agg (*che preclude*) (ver)hindernd, präklusiv, präklusivisch.

preclùso part pass *di* precludere.

precòce agg **1** (*anticipato*) {INVERNO, STAGIONE} vorzeitig, frühzeitig **2** (*prematuro*) {MORTE} vorzeitig, allzu früh **3** *fig* (*sviluppato anzitempo*) **~ (in qc)** {RAGAZZA NELL'APPRENDIMENTO} frühreif (*in etw* dat): **un bambino ~ nel camminare**, ein Kind, das früh laufen lernt; **ingegno ~**, frühreifer Geist/Verstand **4** *agr bot* {FIORITURA} Früh- **5** *med* {DIAGNOSI, PARTO} Früh-; {EIACULAZIONE} vorzeitig; {PUBERTÀ, VECCHIAIA} frühzeitig **6** *zoo* {PROLE} frühzeitig flügge, nestflüchtend.

precoceménte *avv anche fig* (*in anticipo*) vorzeitig, frühzeitig: **un inverno arrivato ~**, ein frühzeitig gekommener Winter; **una ragazza sviluppata ~**, ein frühreifes Mädchen; **diagnosticare ~ un tumore**, einen Tumor frühzeitig diagnostizieren.

precocità <-> *f fig* {+ARTISTA, SVILUPPO FISICO} Frühreife *f*: **mostrare notevole ~ in qc**, eine bemerkenswerte Frühreife in etw (dat) aufweisen.

precognizióne f (*conoscenza anticipata*) Präkognition *f*.

precolombiàno, (-a) agg (*anteriore a C. Colombo*) {ARTE, CIVILTÀ} präkolumbisch.

precombustióne f *autom* Vorverbrennung *f*.

precompressióne f *edil* Vorspannung *f*.

precompresso, (-a) agg *edil* **A** agg {CALCESTRUZZO} vorgespannt **B** *m* (*cemento*) Spannbewehrung *f*.

precomprìmere <*coniug come* comprimere> tr *edil* **~ qc** *etw* vor|spannen.

preconcètto, (-a) **A** agg (*privo di fondamento*) {ANTIPATIA, GIUDIZIO, OPINIONE} vorgefasst **B** *m* (*pregiudizio*) Vorurteil *n*, vorgefasste Meinung: **avere/nutrire dei preconcetti nei confronti di qu**, Vorurteile gegen jdn haben/hegen; **essere pieno di preconcetti**, voller Vorurteile sein.

preconciliàre agg *relig* (*anteriore a un concilio*) vorkonziliar.

preconfezionaménto *m* {+PANE, VERDURA} Konfektionierung *f*.

preconfezionàre tr (*confezionare*) **~ qc** {CARNE, FRUTTA} *etw* konfektionieren.

preconfezionàto, (-a) **A** agg **1** (*in taglie standard*) {VESTITO} Konfektions- **2** *fig* (*commerciale*) {FILM, PROGRAMMA} kommerziell **B** *m* **1** (*settore industriale*) Konfektionswarenindustrie *f* **2** (*insieme di prodotti*) Konfektionswaren *f pl*.

precongressuàle agg (*che precede un congresso*) {ACCORDO, CLIMA} dem Kongress vorausgehend.

preconizzàre tr **1** *forb* (*predire*) **~ qc a qu** {UNA CARRIERA BRILLANTE} jdm *etw* voraus|sagen, jdm *etw* weissagen **2** *relig* **~ qu** {VESCOVO} jdn präkonisieren.

preconizzazióne *f relig* {+CARDINALE} Präkonisation *f*.

precònscio, (-a) <-*sci, -sce*> *psic* **A** agg vorbewusst **B** *m* Vorbewusste *n decl come agg*.

preconsonàntico, (-a) <-*ci, -che*> agg *ling* {FONEMA} präkonsonantisch.

precontrattuàle agg **1** (*di precontratto*) {TRATTATIVA} vorvertraglich **2** *dir*: **responsabilità ~**, Haftung/Verschulden bei Vertragsschluss.

precordiàle agg *anat med* {DOLORE, REGIONE} präkordial *scient*, präkardial *scient*.

precòrdio <-*di*> *m anat* Herzgegend *f*.

precórrere <*precorro, precorsi, precorso*> tr **~ qc 1** (*anticipare*) {I TEMPI} *etw* (dat) voraus sein; {GLI EVENTI} *etw* (dat) zuvor|kommen **2** (*soddisfare in anticipo*) {DESIDERI DI QU} *etw* (dat) zuvor|kommen.

precorriménto *m* **1** (*atto*) Zuvorkommen *n* **2** Vorläufer *m*: **i precorrimenti della pittura moderna nel barocco**, die Vorläufer der modernen Malerei im Barock.

precorritóre, (*-trice*) **A** agg (*che anticipa*) **~ di qc** {IDEA DEL DADAISMO, MUSICISTA DEL ROCK, PITTORE DELL'IMPRESSIONISMO} *etw* vorwegnehmend, *etw* antizipierend *forb*: **un poeta ~ del simbolismo**, ein Vorläufer/Wegbereiter/Vorreiter *fam* des Symbolismus

precostituire B m (f) (*precursore*) {+MARXISMO} Vorläufer(in) m(f), Wegbereiter(in) m(f), Vorreiter(in) m(f) *fam*.
precostitùire <*precostituisco*> A tr *polit* ~ **qc** {MAGGIORANZA} *etw* vorher bilden B *rfl indir* (*procurarsi*): **precostituirsi qc** {ALIBI} sich (dat) im Voraus *etw* verschaffen.
precostitùito, (-a) *agg polit* {MAGGIORANZA} im Voraus gebildet.
precòtto *gastr* A *agg* (*precucinato*) {RISO} Fertig-, vorgekocht B m (*cibo*) Fertiggericht n.
precottùra f *gastr* Vorkochen n.
precristiàno, (-a) *agg* (*prima del cristianesimo*) {CONCEZIONE, USANZA} vorchristlich.
precucinàto, (-a) A *agg* (*PASTA, VERDURA*) Fertig-, vorgekocht B m (*precotto*) Fertiggericht n.
precursóre, (*precorritrice*) A m (f) (*antesignano*) {+MOVIMENTO, TEORIA} Vorläufer(in) m(f), Wegbereiter(in) m(f), Vorreiter(in) m(f) *fam*: **un ~ dell'espressionismo tedesco**, ein Vorläufer des deutschen Expressionismus B *agg* (*anticipatore*) ~ **di qc** *etw* (dat) vorausgehend, *etw* (dat) vorhergehend: **i segni precursori della tragedia/malattia**, die Vorboten der Tragödie,/[die ersten Anzeichen der Krankheit] • **il Precursore** *relig* (*San Giovanni Battista*), Johannes der Täufer.
prèda f 1 (*vittima*) {+LEONE, VOLPE} Fang m; {+CACCIATORE} Beute f; *fig* Opfer n, Beute f: **cadere ~ di qu/qc**, jdm/etw zum Opfer fallen; **essere facile ~ di qu**, eine leichte Beute für jdn sein; **essere ~ di ₁attacchi isterici₁/[crisi di astinenza]**, Opfer von ₁hysterischen Anfällen₁/[Entzugserscheinungen] sein, von ₁hysterischen Anfällen₁/[Entzugserscheinungen] gepackt werden; **essere in ~ alle fiamme/alla mareggiata**, Beute f der Flammen/Sturmflut sein; **essere in ~ all'ira/al panico/allo sconforto**, von Zorn/Panik/Mutlosigkeit ₁erfüllt sein₁/[gepackt/übermannt/überwältigt werden] 2 (*bottino*) {+BRIGANTI} Beute f; *dir* {BELLICA} Beute f; {MARITTIMA} Prise f • **da ~** (*rapace*), {UCCELLO} Raub-; **fare ~ ~ saccheggiare**}, plündern.
predàre tr 1 (*saccheggiare*) ~ (**qc**) {PIRATI NAVE} *etw* plündern, *etw* aus|rauben 2 (*rubare*) ~ **qc** {BESTIAME} *etw* rauben 3 (*derubare*) ~ **qu** {VIAGGIATORI} jdn berauben, jdn aus|rauben 4 ~ (**qc**) {FAINA, FALCO TALPA} (*etw*) erjagen.
predatóre, (-trice) A *agg* 1 (*che ruba*) {BANDA, TRIBÙ} Raub-, räuberisch 2 *ornit zoo* {ANIMALE} Raub- B m (f) 1 (*predone*) Räuber(in) m(f): **~ del deserto/mare**, Wüsten-/Seeräuber m 2 *ornit* Raubvogel m 3 *zoo* Raubtier n.
predatòrio, (-a) <-ri m *agg* (*del predare*) {ISTINTO} Raub-.
predecessóre, (*rar* -a) m (f) 1 (*chi ha preceduto*) Vorgänger(in) m(f): **sarà all'altezza del suo ~?**, wird er/sie ₁so gut sein wie sein/ihr Vorgänger₁/[seinem/ihrem Vorgänger gewachsen sein]?; (*in una carica, in un ufficio*) Amtsvorgänger(in) m(f) 2 <*solo pl*> (*antenati*) Vorfahren m pl, Ahnen m pl *forb*.
predefinìto, (-a) *agg* {SCADENZA, TEMPO} vorherbestimmt.
predèlla f 1 (*pedana*) {+CATTEDRA} Podest n; (*dell'altare*) Altarsockel m 2 (*predellino*) {+TRAM, TRENO} Trittbrett n 3 *arte* (*nella pittura*) {+PALA D'ALTARE, POLITTICO} Predella f, Predelle f.
predellìno <*dim di* predella> m (*montatoio*) {+TRAM, TRENO} Trittbrett n.
predestinàre tr ~ **qu a qc** {ALLA SALVEZZA} jdn zu etw (dat) vorher|bestimmen, jdn zu etw (dat) prädestinieren *forb*.
predestinàto, (-a) *agg* 1 (*destinato*) ~ **a qc** {AL FALLIMENTO, ALL'IMMORTALITÀ, AL SUCCESSO} zu etw (dat) bestimmt, zu etw (dat) auserwählt: **quel giovane era ~ al sacerdozio**, dieser junge Mann war zum Priesteramt bestimmt; **un tentativo ~ all'insuccesso**, ein zum Scheitern verurteilter Versuch 2 (*prestabilito*) {BERSAGLIO, VITTIMA} prädestiniert *forb*: **era ~ che mi innamorassi di quell'uomo**, es ₁war vorherbestimmt₁/[stand irgendwo geschrieben], dass ich mich in diesen Mann verlieben sollte; **si vede che era ~!**, es musste offensichtlich so kommen!
predestinazióne f 1 (*destino*) Vorherbestimmung f, Vorbestimmung f, Prädestination f *forb*: **la ~ di Torino a diventare capitale d'Italia**, die Prädestination *forb* Turins, Hauptstadt Italiens zu werden 2 *relig* Prädestination f.
predestinazionìsmo m *relig* {+LUTERO} Prädestinationslehre f.
predetermìnare tr (*prestabilire*) ~ **qc** {CARATTERISTICHE DI UNA NUOVA SPECIE} *etw* vorher|bestimmen, *etw* vorher fest|legen.
predeterminàto, (-a) *agg* (*prestabilito*) {PIANO} vorherbestimmt, vorher festgelegt: **peso meccanicamente ~**, mechanisch abgewogenes Füllgewicht.
predeterminazióne f (*determinazione anticipata*) Vorherbestimmung f.
predeterminìsmo m *relig* (*dottrina*) Prädeterminismus m.
predétto, (-a) *agg* (*citato prima*) {MOTIVO} oben genannt, oben erwähnt, oben zitiert.
prediabète m *med* Prädiabetes m, Diabetes m mellitus.
predibattimentàle *agg dir* der Hauptverhandlung vorausgehend, vor der Hauptverhandlung.
predibattiménto m *dir* Vorverhandlungsphase f.
prèdica <-*che*> f 1 *relig* Predigt f: **i fedeli ascoltano la ~**, die Gläubigen hören den Predigt (an); **fare/tenere una ~**, eine Predigt halten 2 *fig fam* (*paternale*) Strafpredigt f *fam*, Standpauke f *fam*: **fare una ~ a qu**, jdm eine Strafpredigt halten *fam*; **non voglio farti la solita ~!**, ich will dir nicht die übliche Strafpredigt halten! *fam*; **mi ha stufato con le sue prediche!**, ich habe von seinen/ihren Predigten die Nase voll! *fam*.
predicàre <*predico, predichi*> A tr 1 *relig* ~ **qc (a qu)** {IL VANGELO; CRISTO LA BUONA NOVELLA AI POVERI} (*jdm*) *etw* predigen: **~ il buddismo**, den Buddhismus predigen 2 (*raccomandare*) ~ **qc (a qu)** {LA NON VIOLENZA, IL PERDONO, LA TOLLERANZA} jdn zu etw (dat) ermahnen, jdm etw lehren; {L'ASTINENZA, IL DIGIUNO} zu etw (dat) ermahnen 3 *lett* (*lodare*) ~ **qc** {INTELLIGENZA DEL FIGLIO, VIRTÙ DELLA MOGLIE} *etw* preisen 4 *gramm filos* ~ **qc di qc** {QUALITÀ DEL SOGGETTO} *etw* von *etw* (dat) prädizieren B *itr* 1 *relig* (*tenere una predica*) ~ (**a qu**) {SACERDOTE AI FEDELI} (*jdm*) eine Predigt halten 2 (*fare raccomandazioni*) Ratschläge o. Empfehlungen geben: **smettila di ~!**, hör auf damit, ständig Ratschläge zu geben!; **gli ho tanto predicato di non frequentare quella gente!**, ich habe ihm so sehr geraten, sich nicht mit diesen Leuten einzulassen! 3 (*propagandare*) ~ **contro/per qc** {CONTRO LA GUERRA} gegen *etw* (acc) predigen, *etw* verdammen; {PER LA PACE} für *etw* (acc) ein|treten, für *etw* (acc) predigen • **~ bene e razzolare male** *fig iron* (*comportarsi diversamente da come si consiglia*), Wasser predigen und Wein trinken; **~ al *vento*/*deserto*** *fig* (*parlare inutilmente*), ₁in den Wind reden₁/[ein Prediger in der Wüste sein].
predicatìvo, (-a) *agg gramm* {AGGETTIVO} prädikativ; {FRASE} Prädikativ-; {COMPLEMENTO} Gleichsetzungs-: **verbo ~**, Prädikat n.
predicàto m 1 *filos* Prädikat n 2 *gramm* Prädikat n, Satzaussage f: **~ nominale**, Prädikatsnomen n; **~ verbale**, Prädikat n, Aussage f • **essere in ~ di ...** (*avere ottime possibilità di ottenere una carica*), Aussicht haben auf ..., Anwärter(in) sein auf/für ...; **è in ~ di essere nominato ministro**, er/sie hat Aussicht(en), ₁zum Minister₁/[zur Ministerin] ernannt zu werden; **~ nobiliare** (*nome di luogo preceduto dal titolo*), Adelsprädikat n; **~ d'onore** (*titolo onorifico*), Ehrentitel m.
predicatóre, (-trice) A m (f) 1 *relig* Prediger(in) m(f) 2 *fig* (*sostenitore*) {+LIBERTÀ} Verfechter(in) m(f), Prediger(in) m(f) 3 *fig scherz* (*saccente*) Besserwisser(in) m(f) *spreg*: **ha un'aria/un tono da ~**, er/sie gibt sich so besserwisserisch *spreg*; **non lo sopporto quando fa il ~**, ich ertrage ihn nicht, wenn er den Besserwisser spielt *spreg* B *agg relig* {FRATE} Dominikaner-, Prediger-.
predicatòrio, (-a) <-*ri* m *agg* (*da predicatore*) {ENFASI, TONO} predigend, Prediger-.
predicatrice f → **predicatore**.
predicazióne f 1 *relig* {+VANGELO} Predigen n: **la ~ di Gesù**, die Predigten von Jesus 2 *filos* Prädikation f.
predicòzzo m *fam scherz* (*ramanzina*) Strafpredigt f *fam*, Standpauke f *fam*: **fare un ~ a qu**, jdm eine Standpauke halten *fam*.
predigerìto, (-a) *agg* (*sottoposto a predigestione*) {CIBO} vorverdaut.
predigestióne f (*trattamento*) {+CIBO} Vorverdauung f.
predilèssi 1ª pers sing del pass rem di **prediligere**.
predilètto, (-a) A *part pass di* prediligere B *agg* (*preferito*) {AMICO, GIOCO, POETA} Lieblings-, bevorzugt: **Bach è il mio compositore ~**, Bach ist mein Lieblingskomponist C m (f) (*beniamino*) {+MAESTRO} Liebling m: **è il ~ della madre**, er ist ₁der Liebling seiner Mutter₁/[Mutters Liebling].
predilezióne f 1 (*preferenza*) ~ **per qu/qc** Vorliebe f *für jdn/etw*: **ho una vera ~ per il jazz**, ich habe eine echte Vorliebe für Jazz; **ha una certa ~ per il suo maestro di musica**, er/sie hat eine gewisse Vorliebe für seinen/ihren Musiklehrer 2 (*oggetto prediletto*) bevorzugter Gegenstand, Lieblingssache f: **la mia ~ è lo sci**, am liebsten fahre ich Ski.
predilìgere <*irr predìligo, predìligi, predilèssi, predilètto*> tr (*preferire*) ~ **qu/qc** (**tra qu/qc**) *jdn/etw* (*unter jdm/etw*) vor|ziehen, *jdn/etw* (*unter jdm/etw*) bevorzugen: **tra i registi, ho sempre prediletto Visconti**, Visconti war schon immer mein Lieblingsregisseur; **sono i fiori che lei predilige**, (diese) Blumen hat sie am liebsten; **~ la montagna sopra ogni altra cosa**, die Berge ₁über alles lieben₁/[allem anderen vorziehen]; **molti prediligono investire in azioni**, viele ziehen es vor, in Aktien zu investieren; viele investieren lieber in Aktien; **~ qc a qc** {UN LAVORO A UN ALTRO} *etw etw* (dat) vor|ziehen.
predìre <*coniug come* dire> tr (*profetizzare*) ~ **qc (a qu)** {IL FUTURO} *jdm/etw* vorher|-, voraus|sagen, *jdm/etw* prophezeien: **gli hanno predetto che farà carriera**, man hat ihm prophezeit, dass er Karriere machen wird; sie haben ihm eine Karriere vorausgesagt; **avevano predetto che l'inflazione sarebbe aumentata**, sie hatten ₁vorhergesagt, dass die Inflation steigen würde₁/[eine Steigerung

der Inflation prognostiziert].
predisponènte agg med {FATTORE} prädisponierend scient.
predispórre <coniug come porre> **A** tr **1** (preparare in anticipo) ~ qc (per qc) {PIANO D'AZIONE, PROGETTO, PROVVEDIMENTO} etw (für etw acc) vor|bereiten; {INTERVENTI PER LA RACCOLTA DEI RIFIUTI} anche etw (für etw acc) veranlassen; {DOCUMENTAZIONE, DOSSIER PER LA RIUNIONE} etw (für etw acc) an|legen **2** (preparare psicologicamente) ~ qu a qc {GENITORE A UNA BRUTTA NOTIZIA} jdn auf etw (acc) vor|bereiten **3** (disporre) ~ qc a qc {MEDITAZIONE L'ANIMO ALLA SERENITÀ} etw auf etw (acc) ein|stimmen, etw auf etw (acc) vor|bereiten **4** med (favorire) ~ (qu/qc) a qc {AFFATICAMENTO, STRESS ORGANISMO ALLE MALATTIE} jdn/etw für etw (acc) prädisponieren scient, jdn/etw für etw (acc) empfänglich/anfällig machen **5** inform ~ qc (per qc) {COMPUTER PER UNA FUNZIONE} etw (für etw acc) ein|richten, etw (für etw acc) ein|stellen **B** rfl (prepararsi psicologicamente): **predisporsi a qc** {A UN LIETO EVENTO} sich auf etw (acc) vor|bereiten, sich auf etw (acc) ein|stimmen; {ALLA MORTE} anche sich auf etw (acc) ein|stellen, sich auf etw (acc) gefasst machen.
predisposizióne f **1** (preparazione) {+NORME ANTINFORTUNISTICHE} Vorbereitung f **2** (inclinazione) ~ a/per {AL CANTO, PER IL DISEGNO} Neigung f für etw (acc), Veranlagung f für etw (acc), Begabung f für etw (acc): **avere molta/poca ~ per la danza**, eine große/geringe Begabung für den Tanz haben **3** med ~ **a qc** Anfälligkeit f für etw (acc), Prädisposition f scient für etw (acc): **avere all'anemia**, eine Prädisposition für Anämie haben scient; **~ a contrarre una malattia**, Anfälligkeit f für eine Krankheit.
predispósto, (-a) agg **1** (incline) ~ **a qc** {ANIMO ALLA MALINCONIA} zu etw (dat) neigend **2** med ~ **a qc** {AL DIABETE} für etw (dat) anfällig, für etw (acc) prädisponiert scient **3** tecnol ~ **per qc** für etw (acc) vorgesehen: **oggi ogni televisore è ~ per il videoregistratore**, heute kann man an jeden Fernseher einen Videorekorder anschließen.
predizióne f (profezia) Wahrsagung f, Voraussage f, Voraussschau f: **fare una ~**, eine Voraussage machen.
predominànte agg (che prevale sugli altri) {PENSIERO} vorherrschend; {INTERESSE, TIPOLOGIA} anche überwiegend, prädominierend forb: **il gruppo etnico ~ nella regione**, die prädominierende Volksgruppe in der Region forb.
predominànza f (il prevalere) {+COLORE} Vorherrschen n, Überwiegen n; {+COLTIVAZIONE, SPECIE} anche Prädomination f forb.
predomináre itr **1** (essere più frequente) vor|herrschen, überwiegen: **in questa zona predominano le risaie**, in diesem Gebiet überwiegen die Reisfelder **2** (avere la supremazia) ~ **in/su qu/qc** {NEL MEDITERRANEO, SUI MARI} etw (dat)/über etw (acc) die Vorherrschaft besitzen **3** (prevalere) ~ **su qu/qc** über jdn/etw herrschen, über jdn/etw walten: **vuol ~ sulle amiche**, er/sie will über seine/ihre Freundinnen bestimmen; {PASSIONE SULLA RAGIONE} stärker als etw (acc) sein, über etw (acc) prädominieren forb; **~ in qu** bei jdm überwiegen: **in lei ~ l'impulsività**, die Impulsivität überwiegt bei ihr.
predominio <-ni> m **1** (maggiore frequenza) {ASSOLUTO, +ALGHE, COLORE, ROCCIA} Vorherrschaft f, Prädomination f forb {supremazia} ~ (**in/su qu/qc**) {CULTURALE, ECONOMICO, POLITICO, TECNOLOGICO} Vorherrschaft f (über jdm/etw), Prädomination f forb (über jdm/etw): **avere/mantenere/perdere il ~**

su qu/qc, die Vorherrschaft über jdn/etw haben/aufrechterhalten/verlieren; **~ navale**, Seeherrschaft f; **~ militare**, militärische Vorherrschaft **3** (prevalenza) ~ (**su qu/qc**) {SUI COMPAGNI DI CLASSE} Vorherrschaft f (über jdn/etw); {+FANTASIA, ODIO SULLA RAGIONE} Übermacht f (gegenüber etw dat).
predóne m (saccheggiatore) Räuber m: **i predoni del deserto/mare**, die Wüsten-/Seeräuber.
preelettoràle agg (che precede le elezioni) {CLIMA, TENSIONE} Vorwahl-, vor den Wahlen.
preesàme m università Vorprüfung f.
preesistènte agg (che c'era prima) {CHIESA, SITUAZIONE, VINCOLO} vorher/zuvor bestehend.
preesistènza f (il preesistere) {+ANIMA} Präexistenz f; {+ACCORDO} anche vorheriges Bestehen.
preesistere <coniug come esistere> itr <essere> (esistere da prima) {CONDIZIONI} vorher bestehen; ~ **a qc** {ANIMA AL CORPO} vor etw (dat) existieren, präexistieren.
prefabbricàre <prefabbrico, prefabbrichi> tr ~ **qc 1** edil {CASA, SCUOLA} etw mit Fertigbauteilen bauen; {PANNELLO} etw vor|fertigen **2** fig (preparare in anticipo) {PROVA, TESTIMONIANZA} etw vor|fertigen.
prefabbricàto, (-a) **A** agg **1** edil {CASA} Fertig-, vorgefertigt; {ELEMENTO} Fertig(bau)- **2** fig (preparato in anticipo) {ALIBI} vorgefertigt, im Voraus beschafft **B** m edil Fertig-, Montagebau m.
prefabbricazióne f edil Fertigbauweise f, Systembauweise f, Fertigung f.
prefascìsta <-i m, -e f> agg anche fig stor {GOVERNI, SITUAZIONE} präfaschistisch.
prefatóre, (-trice) m (f) (autore di una prefazione) Verfasser(in) m(f) des Vorworts.
prefàzio <-zi> m relig Präfation f.
prefazióne f (introduzione) Vorwort n: **ha scritto la ~ di questo libro**, er/sie hat das Vorwort zu diesem Buch geschrieben.
preferènza **A** f **1** (predilezione) Vorzug m, Vorliebe f: **avere una ~ per qu/qc**, für jdn/etw eine Vorliebe haben; **decidi tu dove andare a cena, io non ho preferenze!**, bestimm du, wohin wir zum Abendessen gehen, mir das gleich! **2** polit Vorzugsstimme f: **dare la (propria) ~ a un candidato**, einem Wahlkandidaten die Vorzugsstimme geben **3** <solo pl> (favoritismi) Unterschiede m pl: **fare (delle) preferenze**, Unterschiede machen; **è una maestra che non fa preferenze**, sie ist eine Grundschullehrerin, die keine Unterschiede macht / [Lieblings hat] **B** loc avv (più volentieri): **a/con/di ~**, vorzugsweise, am liebsten; **di ~ faccio una passeggiata**, am liebsten mache ich einen Spaziergang • **titolo di ~** amm (nei concorsi pubblici), Vorzug m.
preferenziàle agg **1** (di preferenza) {TRATTAMENTO} Sonder-; {TITOLO} Vorzugs- **2** (per i mezzi pubblici): **corsia ~**, "für Linienverkehr und Taxis reservierte Fahrspur" **3** polit {VOTO} Vorzugs-.
preferìbile agg **1** (meglio) besser: **è ~ rimandare il viaggio**, es ist besser, die Reise zu verschieben **2** (da preferirsi) vorzuziehen(d), vorteilhafter: **questa è la scelta ~**, diese Wahl ist vorzuziehen.
preferibilménte avv **1** (di preferenza) vorzugsweise, am besten: **telefonare ~ ore pasti**, am besten zu den Essenszeiten anrufen **2** (meglio se) vorzugsweise, wenn möglich: **utilizzare alcol, ~ ininfiammabile**, Alkohol benutzen, wenn möglich einen nicht entzündbaren.
preferìre <preferisco, preferii, preferito> tr

1 (prediligere) ~ **qu/qc (tra qu/qc)** jdn/etw (unter jdm/etw) vor|ziehen, jdn/etw (unter jdm/etw) bevorzugen, jdn/etw lieber mögen/haben: **Paolo preferisce le ragazze bionde**, Paolo bevorzugt blonde Mädchen / [steht mehr auf Blonde fam]; **fra tutti i tipi di musica preferisco il jazz**, unter allen Sorten Musik höre ich Jazz am liebsten; **cosa preferisci: cioccolatini o caramelle?**, was hast/isst du lieber, Pralinen oder Bonbons?; **preferì tacere**, er/sie zog (es) vor, zu schweigen; **preferisci andare al cinema o a teatro?**, gehst du lieber ins Kino oder ins Theater?; **preferisco scrivergli che telefonargli**, ich schreibe ihm lieber als ihn anzurufen; **preferirei morire piuttosto che cedere**, ich würde eher sterben als nachgeben; **preferirei che lo facessi tu**, mir wäre es lieber, wenn du das tätest; ~ **qu/qc a qu/qc** {LA POESIA ALLA PROSA, IL MARE ALLA MONTAGNA} jdn/etw jdm/etw vor|ziehen; **il nuoto allo sci**, lieber schwimmen als Ski laufen; **preferisco il vino alla birra**, ich trinke lieber Wein als Bier **2** (ritenere più opportuno) etw für richtig halten: **fate come preferite!**, macht, wie/was ihr wollt!
preferìto, (-a) **A** agg {ATTORE, CANZONE, PASSATEMPO, RISTORANTE} Lieblings-: **il mio scrittore ~ è Tolstoj**, mein Lieblingsschriftsteller ist Tolstoj **B** m (f) (prediletto) {+ZIO} Liebling m: **il ~ tra i suoi figli**, sein/ihr Lieblingskind **C** m gastr (cioccolatino) Praline f (mit Amarenakirsche).
prefestìvo, (-a) agg (che precede una festa) {ORARIO} vor einem Feiertag; {MESSA} Vorabend-.
prefettìzio, (-a) <-zi m> agg amm {DECRETO, NOMINA} Präfektur-.
prefètto m **1** amm {+NAPOLI, PALERMO} Präfekt m **2** relig Kardinal m • **~ apostolico** relig, apostolischer Präfekt.
prefettùra f **1** (carica) Präfektur f **2** (circoscrizione) {+MILANO} Präfektur f **3** (palazzo) Präfektur f: **andare in ~**, auf die Präfektur gehen • **~ apostolica** relig (carica), apostolische Präfektur; (territorio), apostolische Präfektur.
prèfica <-che> f **1** fig scherz (piagnone) Heulsuse f fam spreg **2** stor (donna) Klageweib n.
prefiggere <coniug come affiggere> **A** itr pron (proporsi): **prefiggersi qc** {LIMITE DI TEMPO, META, PUNTO D'ARRIVO, SCOPO} sich (dat) etw setzen: **si è prefissa questo obiettivo**, sie hat sich dieses Ziel gesetzt / [das vorgenommen]; **prefiggersi di fare qc**, sich (dat) vornehmen, etw zu tun; beabsichtigen, etw zu tun; **si è prefissa di aprire un negozio**, sie beabsichtigt, ein Geschäft zu eröffnen **B** tr rar (fissare) ~ **qc** {DATA, LIMITE, TERMINE} etw fest|legen, etw (fest) setzen.
prefiguràre tr lett ~ **qc 1** (preannunciare) etw an|kündigen, auf etw (acc) voraus|weisen, etw verheißen forb: **si prefigura un anno difficile per l'economia**, es kündigt sich ein schwieriges Jahr für die Wirtschaft an **2** spec arte lett (precorrere) ~ **qc** {DIPINTO L'IMPRESSIONISMO; ROMANZO TEMI NATURALISTICI} etw vorweg|nehmen.
prefigurazióne f **1** (preannuncio) Präfiguration f **2** spec arte lett (anticipazione) Vorwegnahme f.
prefinanziaménto m econ {+IMPRESA} Vorfinanzierung f.
prefinanziàre tr econ ~ **qc** {INDUSTRIA} etw vor|finanzieren.
prefinìto, (-a) agg tecnol {PAVIMENTO} vorbehandelt.
prefissàle agg ling Präfix-.

prefissàre A itr pron (*proporsi*): **prefissarsi qc** {META, OBIETTIVO, SCOPO} sich (dat) etw setzen: **prefissarsi di fare qc**, sich (dat) vornehmen, etw zu tun; **si è prefissato di scrivere una biografia**, er hat sich vorgenommen, eine Biografie zu schreiben B tr ~ **qc 1** (*fissare in anticipo*) {DATA, INCONTRO} etw vorher|bestimmen, etw im Voraus fest|legen **2** gramm {AGGETTIVO, VERBO} etw mit Präfix versehen, etw präfigieren.

prefissàto, (-a) A agg (*stabilito*) {DATA, INCONTRO, SCOPO} vorherbestimmt, festgesetzt: **nel giorno ~**, an dem vorherbestimmten Tag B m gramm (*nelle lettere*) präfigiertes Element.

prefissazióne f ling Präfigierung f.

prefìssi 1ª pers sing del pass rem di prefiggere.

prefìsso① m **1** gramm Präfix n **2** tel Vorwahl(nummer) f: **fare il ~**, die Vorwahl(nummer) wählen; **il ~ per la Germania è 0049**, die Vorwahl für Deutschland ist 0049; **~ interurbano**, Ortsnetzkennzahl f; **~ di teleselezione**/[teleselettivo], Vorwahl(nummer) f.

prefìsso②, (-a) A part pass di prefiggere B agg (*fissato in precedenza*) {META, ORA, SCOPO} festgesetzt, festgelegt.

prefissòide m gramm Präfixoid n.

pregàre <prego, preghi> tr **1** relig ~ (**qu**) (*zu jdm*) beten, *jdn* an|beten: **~ Dio**, zu Gott beten; **~ la Madonna**/[**i Santi**], ⌊die Madonna⌋/[die Heiligen] anbeten; **~ (per qu/qc)** {PER UN DEFUNTO, PER LA PACE} (*für jdn/etw*) beten; **prego per la sua anima**, ich bete für seine/ihre Seele; **andare in chiesa a ~**, zum Beten in die Kirche gehen; **preghiamo!**, lasst uns beten! **2** (*chiedere con fervore*) ~ (**qu**) *jdn* bitten: **ti prego, ascoltami**, ich bitte dich, hör mir mal zu!; hör mir bitte zu!; **è inutile che preghi, non ti lascio uscire da sola**, du brauchst mich erst gar nicht zu bitten, allein lasse ich dich nicht aus dem Haus; **~ qu di fare qc**, *jdn* bitten, etw zu tun; **mi pregò di aiutarlo**, er bat mich um Hilfe **3** (*in frasi di cortesia*) **~ qu** *jdn* bitten: **entri, La prego!**, ⌊ich bitte Sie⌋/[bitte sehr], treten Sie ein!; treten Sie bitte ein!; **~ qu di qc** {AMICO DI UNA CORTESIA, DI UN FAVORE} *jdn* um etw (acc) bitten; **vi prego di scusarmi**, ich bitte euch, mich zu entschuldigen; **Paola mi ha pregato di darti questo libro**, Paola hat mich gebeten, dir dieses Buch zu geben; **La preghiamo di attendere**, bitte warten Sie!; **si prega di non disturbare**, bitte nicht stören ● **farsi ~** (*essere restio a fare qc*), sich bitten lassen; **non farsi ~** (*acconsentire facilmente*), sich nicht groß bitten lassen fam.

pregévole agg **1** (*di valore*) {DIPINTO, MANOSCRITTO, SCULTURA} wertvoll, kostbar; {SAGGIO, TRADUZIONE} vorzüglich, ausgezeichnet **2** (*degno di stima*) {PERSONA} ehrwürdig, achtenswert.

pregevolézza f (*valore*) {+FINITURE, PEZZO, QUADRO} Kostbarkeit f.

preghièra A f **1** relig Gebet n: **dire una ~**, ein Gebet sprechen; **dire le preghiere**, seine Andacht/sein Gebet verrichten; **~ eucaristica**, Eucharistiegebet n; **~ liturgica**, Andacht f, Gebetsgottesdienst m; **le preghiere del mattino**/**della sera**, Morgen-/Abendgebete n pl **2** (*richiesta*) Bitte f: **esaudire una ~**, eine Bitte erfüllen; **rivolgere una ~ a qu**, eine Bitte an *jdn* richten B m relig (*tappeto*) Gebetsteppich m C loc prep **1** (*istanza*): **a**/**dietro**/**su ~ di qu**, auf *jds* Bitte (hin) **2** (*richiesta*): **con ~ di qc**, mit der Bitte um etw (acc); **con ~ di inoltro immediato**, mit der Bitte um sofortige Weiterleitung; **con ~ di restituzione** (abbr C.p.r.), mit der Bitte um Rückerstattung.

pregiàrsi <mi pregio, ti pregi> rfl forb comm (*nelle lettere: essere onorato*): **~ (di) fare qc** die Ehre haben, etw zu tun; sich beehren, etw zu tun: **mi pregio (di) comunicarLe che ...**, ich habe die Ehre, Ihnen mitzuteilen, dass ...

pregiatìssimo, (-a) <superl di pregiato> agg forb comm (*nelle lettere*, abbr Preg.mo) sehr geehrte(r), (hoch)verehrte(r): **~ signor Bianchi**/[**professore**], sehr geehrter ⌊Herr Bianchi⌋/[Herr Professor/Lehrer]; **pregiatissima ditta**, verehrte Firma; (*nel parlato*) **~ professor Bianchi**, verehrter Professor Bianchi.

pregiàto, (-a) agg **1** (*di buona qualità*) {LANA, SETA} Qualitäts-; {VINO} anche hochwertig **2** (*di valore*) {MAIOLICA, MOBILE} wertvoll, kostbar **3** comm (*nelle lettere*) geschätzt obs: **in risposta alla Vostra pregiata lettera del ...**, in Beantwortung Ihres geschätzten Schreibens vom ... obs **4** econ {VALUTA} hart.

prègio <-gi> m **1** (*valore*) Wert m: **di gran ~**, von großem Wert; **un oggetto di ~**, ein wertvoller/kostbarer Gegenstand; **un quadro di nessun ~**, ein wertloses Bild **2** (*dote*) Vorzug m: **avere molti pregi**, viele Vorzüge haben; **il suo maggior ~ è la lealtà**, sein/ihr größter Vorzug ist seine/ihre Loyalität; **i pregi e i difetti di un'opera**, Vorzüge m pl und Mängel m pl eines Werkes **3** (*stima*) Wert(schätzung f) m: **tenere qu/qc in gran ~**, *jdn*/etw hoch schätzen, große Stücke auf *jdn* halten fam; **essere tenuto in gran ~ da qu**, von *jdm* hoch geschätzt werden ● **farsi ~ di qc** (*sentirsi onorato*), ⌊die Ehre haben⌋/[sich beehren], etw zu tun.

pregiudicàre <pregiudico, pregiudichi> tr **1** (*compromettere*) **~ qc** {AFFARE, RISULTATO DI UN ESAME, SITUAZIONE} etw beeinträchtigen, sich negativ auf etw (acc) aus|wirken: **questo potrebbe ~ l'esito delle trattative**, das könnte den Ausgang der Verhandlungen beeinträchtigen; {SCANDALO REPUTAZIONE DI QU} etw (dat) schaden **2** (*danneggiare*) **~ qu** {LA SALUTE} etw (dat) schaden; **~ qu (in qc)** {VICENDA DOCENTE NELLA CARRIERA} *jdm* (bei etw dat) schaden **3** dir **~ qu** {SENTENZA IMPUTATO} *jdn* benachteiligen.

pregiudicàto, (-a) A agg **1** (*compromesso*) {CARRIERA} beeinträchtigt **2** (*danneggiato*) {SALUTE} angegriffen **3** dir vorbestraft B m/f dir vorbestrafte mf decl come agg.

pregiudiziàle A agg spec dir {CONDIZIONE, PUNTO, QUESTIONE} präjudiziell, Vor-: **in via ~**, im Wege der Vorabentscheidung B f dir Präjudiz n, präjudizielle Frage.

pregiudizialità <-> f dir präjudizieller Charakter, Vorgreiflichkeit f.

pregiudiziévole agg **1** (*compromettente*) {POSIZIONE} nachteilig, kompromittierend **2** (*dannoso*) **~ a**/**per qc** {FUMO ALLA SALUTE} schädlich *für* etw (acc).

pregiudìzio m **1** (*preconcetto*) Vorurteil n: **avere dei pregiudizi** ⌊**nei confronti di**⌋/[**nei riguardi di**]/[**su**]/[**verso**] **qu**/**qc**, gegen *jdn*/etw Vorurteile haben; **non avere pregiudizi**, keine Vorurteile haben; **decidere in base a dei pregiudizi**, sich bei einer Entscheidung von Vorurteilen leiten lassen; **pregiudizi morali**/**razziali**/**religiosi**, moralische/rassistische/religiöse Vorurteile; **una persona piena di pregiudizi**, ein Mensch voller Vorurteile; **senza pregiudizi**, vorurteilsfrei, vorurteilslos, unvoreingenommen **2** (*credenza*) {POPOLARE} Aberglaube(n rar) m **3** (*danno*) Schaden m *für* etw (acc), Beeinträchtigung f etw (gen): **con grave ~ della pace**, mit großem Schaden für den Frieden; **recar ~ alla salute**, der Gesundheit ⌊abträglich sein⌋/[schaden] ● **senza ~ dei diritti**, unbeschadet der Rechte; **senza ~ degli interessi**, ohne Beeinträchtigung der Interessen; **senza ~ di terzi**, ohne Nachteil für Dritte, ohne Benachteiligung Dritter.

Preg.mo abbr di pregiatissimo: sehr geehrter; (*nell'indirizzo non si traduce*): **Preg.mo prof. Ugo Bianchi**, Herrn Prof. Ugo Bianchi.

pregnànte agg **1** fig (*ricco di significato*) {DISCORSO, ESPRESSIONE, VOCABOLO} bedeutungsvoll, bedeutungsschwer, bedeutungsträchtig **2** fig (*specifico*) {SENSO, SIGNIFICATO} spezifisch **3** lett poet (*incinta*) {DONNA} schwanger; {GATTA} trächtig.

pregnànza f fig (*ricchezza di significato*) {+FRASE} Bedeutungsfülle f, Bedeutungsreichtum m.

prégno, (-a) agg **1** fig forb (*pieno*) **~ di qc** {ANIMO DI RANCORE} von etw (dat) erfüllt, voll von etw (dat)/+ gen forb **2** fig forb (*impregnato*) **~ di qc** {MURO DI UMIDITÀ} von etw (dat) durchtränkt, mit etw (dat) getränkt **3** fam zoo {CAGNA} trächtig.

prègo inter (*di cortesia*) bitte: **~, accomodatevi!**, bitte, nehmt Platz!; **grazie! – ~!**, Danke! – Bitte (sehr/schön)!; **un momento, ~!**, einen Augenblick, bitte!; **~, passi Lei!**, bitte, gehen Sie ruhig vor!; **posso? – ~!**, darf ich? – Bitte!; **~!, ne prenda ancora!**, bitte, nehmen Sie doch noch!; **scusi tanto! – ~!**, entschuldigen Sie vielmals! – ⌊Bitte sehr⌋/[Macht nichts]!; **signori, non spingete, ~!**, meine Herren, bitte nicht drängeln!; (*scusi*): **~?**, wie bitte?; **come ha detto, ~?**, wie bitte?, bitte was?

pregrèsso, (-a) agg **1** forb (*precedente*) {EPOCHE, STORIA} vorherig, früher **2** amm {ANZIANITÀ, SERVIZIO} vorausgegangen, vorherig, früher **3** dir {CONDOTTA} einstig, früher, vorherig **4** med {TRAUMA} früher, alt.

pregustàre tr fig (*assaporare col pensiero*) **~ qc** {IL MERITATO RIPOSO} sich (schon) auf etw (acc) freuen; {CENA CON GLI AMICI} anche etw im Voraus genießen; {LA VENDETTA} etw im Voraus aus|kosten.

preimballàggio <-gi> m Vorverpackung f.

preimpiànto <inv> agg med Vorimplantations-.

preincaricàre <preincarico, preincarichi> tr polit (*dare il preincarico*) **~ qu** {CAPO DELLO STATO LEADER DELLA MAGGIORANZA} *jdm* während einer Regierungskrise das Amt des Ministerpräsidenten übertragen".

preincàrico <-chi> m polit "Übertragung f des Amtes des Ministerpräsidenten durch den Staatspräsidenten während einer Regierungskrise".

preindoeuropèo, preindeuropèo, (-a) A agg anche ling {ORIGINE, PAROLA, POPOLAZIONE} vorindoeuropäisch B m (f) (*persona*) Vorindoeuropäer(in) m(f).

preindustriàle agg (*precedente all'industrializzazione*) {CIVILTÀ, ECONOMIA} vorindustriell.

preiscrizióne f spec scuola (**a qc**) {ALL'ASILO} Voreinschreibung f in etw (acc).

preistòria f **1** anche fig scherz Urgeschichte f, Prähistorie f: **quella tribù vive ancora nella ~**, dieser Stamm lebt noch in einem prähistorischen Zustand **2** fig (*origini*) {+DISCIPLINA, FENOMENO} Ursprung m.

preistòrico, (-a) <-ci, -che> agg **1** (*della preistoria*) {ANIMALE, REPERTO, UOMO} prähistorisch, vorgeschichtlich **2** fig scherz (*sorpassato*) {MENTALITÀ, USANZA} uralt.

prelatino, (-a) agg anche ling {CIVILTÀ, VOCABOLO} vorlateinisch.

prelatìzio, (-a) <-zi m> agg **1** dir {ACQUIRENTE} "der ein/das Vorrecht hat" **2** relig {ABITO, DIGNITÀ} Prälaten-.

prelàto m *relig* Prälat m.
prelatùra f *relig* (*dignità*) Prälatur f; (*territorio*) Prälatur f; (*insieme dei prelati*) Prälaten m pl.
prelavàggio <-gi> m (*lavaggio preliminare*) Vorwaschgang m, Vorwäsche f.
prelazióne f *dir* (*diritto di* ...) Recht n auf vorzugsweise Befriedigung, Vorrecht n, Vorkaufsrecht n; **avere/esercitare la ~ su/[in ordine a]** *qc*, in Bezug auf etw (acc) ein Recht auf vorzugsweise Befriedigung/[Vorrecht]/[Vorkaufsrecht] haben/ausüben.
prelèggi f pl *dir* einleitende Gesetzesbestimmungen.
prelevaménto m **1** *banca* Abhebung f: **~ in contanti**, Barabhebung f, Abhebung f in bar; **fare/effettuare un ~**, Geld abheben **2** *comm* {+MERCE} Entnahme f.
prelevàre tr **1** (*ritirare*) ~ **qc** (**da qc**) {MERCE DAL MAGAZZINO} etw aus etw (dat) abholen, etw ˌaus etw (dat)ˌ/[etw von etw (dat)] entnehmen **2** (*per analisi*) ~ **qc** {CAMPIONE DI OLIO, DI VINO} etw ziehen **3** (*portare via con la forza*) ~ **qu/qc** (**da qc**) {SPIA DA UN COVO} jdn/etw aus etw (dat) ab|führen: **è stato prelevato dalla polizia**, er ist von der Polizei abgeführt worden **4** *fig scherz* (*prendere*) **~ qu** jdn abholen (kommen): **la mamma passa a prelevarti alle cinque**, Mutti holt dich um fünf ab **5** *banca* ~ (**qc**) (**da qc**) {100 EURO DAL CONTO, VALUTA ESTERA} etw (von etw dat) ab|heben: ~ **col/mediante Bancomat**, am Bankautomaten Geld abheben **6** *med* ~ **qc** (**a qu**) {ORGANO} (jdm) etw entnehmen; {SANGUE AL PAZIENTE} *anche* (jdm) etw ab|nehmen, (jdm) etw ab|zapfen *fam*.
prelibatézza f **1** (*squisitezza*) {+MANICARETTO} Köstlichkeit f **2** (*cibo squisito*) Köstlichkeit f, Leckerbissen m: **questo risotto è una ~!**, dieser Risotto ist köstlich!
prelibàto, (-a) agg (*squisito*) {PIATTO, VINO} köstlich, exquisit, vorzüglich.
preliévo m **1** (*il prelevare*) {+CAMPIONE DI ROCCIA} Entnahme f **2** (*riscossione*) {+IMPOSTA} Erhebung f: ~ **fiscale**, Steuererhebung f **3** *banca* Abhebung f: **fare un ~ in banca**, Geld auf der Bank abheben **4** *med* {+MIDOLLO SPINALE} Entnahme f: **fare un ~ di sangue a qu**, Blut entnehmen/abnehmen; **devo andare a fare un ~ di sangue per verificare gli ormoni tiroidei**, ich muss mir zur Messung meiner Schilddrüsenhormone Blut abnehmen lassen.
preliminàre Ⓐ agg **1** (*introduttivo*) {DISCORSO, LEZIONE} einleitend **2** (*preparatorio*) {ACCORDO, INCONTRO, RIUNIONE} Vorbereitungs-, vorbereitend: **fase ~**, Vorstufe f **3** *dir* {CONTRATTO, INDAGINI, QUESTIONI} Vor-; {ATTI, DISPOSIZIONI} vorbereitend, einleitend Ⓑ m **1** (*premessa*) Vorbemerkung f: **omettere un ~ importante**, eine wichtige Vorbemerkung auslassen **2** <*di solito al pl*> (*trattative*) {+ACCORDO} Vorverhandlungen f pl, Präliminarien pl: **preliminari di pace**, Friedensvorverhandlungen f pl **3** <*di solito al pl*> (*erotici*) Vorspiel n ● **essere ancora ai preliminari** (*nella fase iniziale*), noch in der Anfangsphase stecken.
prelùdere <*coniug come* alludere> itr *fig* (*preannunciare*) ~ **a qc** {IDEE A UNA RIVOLUZIONE; TENSIONI A UNA CRISI DI GOVERNO} auf etw (acc) hin|deuten.
prelùdio <-di> m **1** *mus* Präludium n; (*componimento autonomo*) Prélude n: **i preludi di Debussy**, die Préludes von Debussy **2** *fig* (*segno*) {+CRISI, RIVOLTA} Vor-, Anzeichen n **3** *fig* (*premessa*) Beginn m, Auftakt m: **quel litigio costituì il ~ di una insanabile rottura**, dieser Streit war der Anfang vom Ende **4** *fig lett* (*proemio*) {+POEMA} Vorrede f, Einleitung f.

prelùsi 1ª pers sing del pass rem *di* preludere.
prelùso part pass *di* preludere.
premamàn *franc* Ⓐ <> m (*abito*) Umstandskleid n Ⓑ <inv> agg (*per le gestanti*) {SALOPETTE} Umstands-.
premarcàto, (-a) agg *amm* {MODULO} vorgedruckt.
prematrimoniàle agg (*che precede il matrimonio*) {CONTRATTO, RAPPORTI} vorehelich.
prematuraménte avv (*troppo presto*) voreilig, vorzeitig: **un artista ~ scomparso**, ein vorzeitig verstorbener Künstler.
prematùro, (-a) Ⓐ agg **1** (*precoce*) {FINE, MORTE, SCOMPARSA} vorzeitig, früh; {NEONATO, PARTO} Früh-; {AZIONE, DECISIONE} voreilig: **è ~ trarre delle conclusioni**, es ist noch zu früh, um Schlüsse zu ziehen Ⓑ m (f) (*neonato*) Frühgeburt f.
premeditàre tr (*architettare*) ~ **qc** {LA VENDETTA} etw planen, etw aus|hecken *fam*; *dir* {ASSASSINIO, RAPINA} etw mit Vorbedacht begehen.
premeditàto, (-a) agg (*azione*) geplant; *dir* {OMICIDIO} mit Vorbedacht (begangen); vorsätzlich.
premeditazióne f **1** (*ponderazione*) {+GESTO} Vorsatz m, Planung f, Vorbedacht m **2** *dir* (*maturata riflessione*) {+DELITTO} Vorbedacht m (bei der Begehung): **senza ~**, ohne Vorbedacht ● **agire con fredda ~**, kalt planend handeln; *dir*, mit Vorbedacht handeln.
premenopàusa f (*in fisiologia*) Prämenopause f.
prèmere Ⓐ tr **1** (*schiacciare*) ~ (**qc**) {BOTTONE, IL GRILLETTO DI UN'ARMA, PULSANTE, TASTO} etw/auf etw (acc) drücken; {PEDALE DEL FRENO} auf etw (acc) treten; ~ **qc con qc** {UVA COI PIEDI} etw mit etw (dat) stampfen; {CRETA CON LE MANI} etw mit etw (dat) kneten; ~ **qc compl di luogo** {COTONE EMOSTATICO SU UNA FERITA} etw irgendwo auf|drücken; {SUGHERO NELLA BOTTIGLIA} etw irgendwohin drücken **2** *fig* (*incalzare*) ~ **qu** {ESERCITO IL NEMICO} jdn bedrängen Ⓑ itr **1** (*esercitare una pressione*) ~ (**su qc**) {ARCHITRAVE SULLE COLONNE} auf etw (dat) lasten; {SCARPA SUL COLLO DEL PIEDE} an etw (dat) drücken; ~ (**con qc**) (**su qc**) {LA MANO SULLA SCHIENA} mit etw (dat) auf etw (acc) drücken; {COL PIEDE SULL'ACCELERATORE} auf etw (acc) treten; ~ **contro qc** {TIFOSI CONTRO I CANCELLI DELLO STADIO} gegen etw (acc) drücken; {FIUME CONTRO L'ARGINE} auf etw (acc) Druck aus|üben; ~ (**da qc**) {MASSE DI IMMIGRATI DAI CONFINI} (von etw dat) hereindrängen, (von etw dat) heran|rücken **2** *fig* (*fare pressione*) ~ (**su qu/qc**) **per qc** {PARTITI SUL GOVERNO PER UNA RIFORMA DEL SISTEMA ELETTORALE} auf jdn/etw ein|dringen, auf jdn/etw ein|wirken; {SU UN MAGISTRATO PER L'ASSOLUZIONE DI QU} auf jdn/etw Druck aus|üben: **gli operai premono per essere pagati**, die Arbeiter drängen darauf, bezahlt zu werden **3** *fig* (*stare a cuore*) ~ **a qu** jdm am Herzen liegen, jdm wichtig sein: **mi preme parlare con lui**, es ist mir wichtig, mit ihm zu sprechen; **è una questione che gli preme molto**, es handelt sich um ein Problem, das ihm sehr am Herzen liegt **4** *fig* (*essere urgente*) drängen, eilig sein, eilen: **una pratica che preme**, eine dringende Angelegenheit, ein Eilverfahren n.
preméssa f **1** (*chiarimento preliminare*) Vorbemerkung f: **fare una ~**, eine Vorbemerkung machen, etw vorausschicken **2** (*presupposto*) Voraussetzung f, Vorbedingung f: ~ **necessaria/indispensabile per un accordo di pace**, notwendige/unabdingbare Voraussetzung für ein Friedensabkom-

men; **mancano le premesse per ...**, es fehlen die Voraussetzungen für ...; **porre le premesse per un'intesa tra i due paesi**, die Voraussetzungen für eine Einigung zwischen den beiden Staaten schaffen **3** (*prefazione*) {+LIBRO} Vorwort n **4** *filos* {+SILLOGISMO} Prämisse f, Vordersatz m: ~ **maggiore/minore**, Ober-/Untersatz m **5** *gramm* Protasis f.
premestruàle agg *med* {SINDROME} prämenstruell *scient*.
preméttere <*coniug come* mettere> Ⓐ tr **1** (*dire prima*) ~ **qc** {CONSIDERAZIONE} etw voraus|schicken, etw voraus|setzen: **ciò premesso ...**, dies vorausgeschickt ...; **occorre ~ qualche informazione**, es müssen zuvor ein paar Informationen vorausgeschickt werden, zunächst sind ein paar Hintergrundinformationen notwendig; **premetto di aver agito secondo coscienza**, ich schicke voraus, dass ich mit bestem Gewissen gehandelt habe; **premise che non era in casa quando il fatto avvenne**, er/sie schickte voraus, dass er/sie zum Zeitpunkt des Ereignisses nicht zu Hause war **2** (*far precedere*) ~ **qc** (**a qc**) {INTRODUZIONE, PREFAZIONE A UN SAGGIO} etw etw (dat) voran|stellen; {AGGETTIVO} etw voran|stellen Ⓑ loc coniug: **premesso che ...**, wenn man berücksichtigt, dass ..., vorausgesetzt dass ...; **premesso che ci conosciamo ormai da anni ...**, wenn man berücksichtigt, dass wir uns schon jahrelang kennen ...; **premesso che tu abbia ragione ...**, vorausgesetzt, ˌdu hast Rechtˌ/[dass du Recht hast] ...
premiàre <*premio, premi*> tr **1** (*dare un premio*) ~ **qu/qc** (**con qc**) (**per qc**) {ATTORE CON UN OSCAR, TENNISTA CON LA MEDAGLIA D'ORO, ROMANZO} jdn/etw mit etw (dat) /für etw (acc) aus|zeichnen, jdn/etw mit etw (dat) (für etw acc) prämieren; {SCRITTORE PER I SUOI RACCONTI GIOVANILI} jdn/etw (für etw acc) aus|zeichnen, jdn/etw (für etw acc) entschädigen: **lo studente è stato premiato con una borsa di studio**, der Student wurde mit einem Stipendium belohnt; ~ **un film**, einen Film prämieren **2** (*ricompensare*) ~ **qu per qc** {MADRE PER IL SUO CORAGGIO} jdn für etw (acc) aus|zeichnen, jdn für etw (acc) entschädigen; ~ **qc** {LA FEDELTÀ, IL VALORE DI QU} etw belohnen: **la sua perseveranza è stata premiata**, seine/ihre Beharrlichkeit ist belohnt worden.
premiàto, (-a) Ⓐ agg **1** (*insignito di un premio*) {ATLETA, PROGETTO} prämiert **2** (*ricompensato*) {ATTESA} belohnt Ⓑ m (f) Preisträger(in) m(f).
premiazióne f (*consegna dei premi*) {+VINCITORE DI UN CONCORSO, DI UN TORNEO} Preisverleihung f, Prämierung f: **la cerimonia della ~**, die Preisverleihung(sfeier).
premier <> m *ingl polit* (*primo ministro*) Premier m, Premierminister(in) m(f).
premieràto m *polit* "System n der Direktwahl des Premierministers".
première <> f *franc teat* (*prima rappresentazione*) {+GIULIETTA E ROMEO} Premiere f.
premiership <> f *ingl polit* Amt n des Premierministers.
preminènte agg **1** (*prioritario*) {ASPETTO} vorrangig, größte(r, s): **una questione di ~ interesse**, ein Problem von größtem Interesse **2** (*di prestigio*) {POSIZIONE} Vorrang-.
preminènza f **1** (*priorità*) Überlegenheit f: **avere la ~ in campo economico/politico**, im wirtschaftlichen/politischen Bereich überlegen sein; {+PROBLEMA} Vorrangigkeit f **2** (*maggiore prestigio*) Vorrang m: **occupare una posizione di ~**, eine Vorrangstellung innehaben.
prèmio <-*mi*> Ⓐ m **1** *anche sport* {+GARA DI

SCI, TORNEO DI TENNIS} Preis m: **dare un ~ a qu**, jdm einen Preis überreichen/verleihen; **hanno messo come ~ una coppa d'oro**, erster Preis ist ein Goldpokal; **ricevere in ~ una medaglia**, als Preis eine Medaille erhalten; (*nelle lotterie, nei giochi*) Gewinn m, Prämie f; **~ in denaro**/[**buoni acquisto**], Geldprämie f/[Prämie f in Gutscheinen]; **il secondo ~ è di 100 euro**, der zweite Preis sind 100 Euro; **vincere il primo ~ della lotteria di Merano**, den ersten Preis der Lotterie von Meran gewinnen **2** (*competizione*) Preis m: **~ cinematografico/letterario**, Film-/Literaturpreis m; **~ di pittura/poesia**, Preis m für ⌊bildende Kunst⌋/[Dichtung] **3** (*ricompensa*) Belohnung f: **l'onestà merita un ~**, Ehrlichkeit verdient eine Belohnung **4** econ Agio n, Aufgeld n; (*in Borsa*) Optionsumme f **B** <inv> agg {VACANZA, VIAGGIO} Gewinn-, Preis- **C** loc agg: **a premi**, Preis-; **concorso/gioco a premi**, Preisausschreiben n ● **~ annuale/semestrale** (*nelle assicurazioni*), Jahres-/Halbjahresprämie f; **~ d'anzianità** (*dato ai lavoratori dipendenti*), Alterszulage f; **~ di consolazione**, Versicherungsprämie f; **~ di consolazione**, Trostpreis m; **~ di/all'esportazione** (*somma data a imprese*), Ausfuhrprämie f; **~ di fedeltà** (*dato ai lavoratori dipendenti*), Treueprämie f; **Gran ~ di Formula 1** sport, ⌊Großer Preis⌋/[Grand Prix] der Formel 1; **Gran ~ automobilistico** sport, Großer Preis, Grand Prix m; **Gran ~ di Imola** sport, Großer Preis von Imola; **~ d'ingaggio** sport, Gage f; **~ Nobel**, Nobelpreis m; (*persona premiata*) Nobelpreisträger m; **~ Nobel per la fisica/letteratura**, Nobelpreis m für Physik/Literatur; (*persona premiata*), Nobelpreisträger m für Physik/Literatur; **~ (di) partita** sport, Spielprämie f; **~ di produzione** (*somma pagata ai dipendenti di un'azienda*), Leistungszulage f, Leistungsprämie f; **~ risparmio**, Sparprämie f.

premodèrno, (-a), **pre-modèrno** agg *anche* arch vormodern.

premolàre anat **A** agg {DENTE} Prämolarscient **B** m Prämolar m scient, vorderer Backenzahn, Vormahlzahn f.

premonitóre, (-trice) agg (*che fa presagire*) {SEGNO, SOGNO, VISIONE} warnend, Warn-.

premonitòrio, (-a) <-ri m> agg (*che consente di prevedere*) {INDIZIO} warnend.

premonitrìce f → **premonitore**.

premonizióne f (*presentimento*) Weissagung f: **avere una ~**, eine Vorahnung haben.

premunìre <*premunisco*> **A** tr **1** (*proteggere*) **~ qu/qc contro/da qc** {ORGANISMO DA MALATTIE INFETTIVE} jdn/etw vor etw (dat)/gegen etw (acc) schützen **2** fig (*salvaguardare*) **~ qu contro/da qc** {RAGAZZO ⌊CONTRO I⌋/[DAI] RISCHI DEL FUMO} jdn vor etw (dat) schützen; {CONTRO LE DIFFICOLTÀ DELLA VITA} jdn gegen etw (acc) wappnen **B** rfl **1** (*cautelarsi*): **premunirsi contro/da qc** {⌊CONTRO IL⌋/[DAL] FREDDO, CONTRO/DALL'INFLUENZA} sich vor etw (dat)/gegen etw (acc) schützen; fig {CONTRO LE DELUSIONI} sich gegen etw (acc) wappnen **2** (*armarsi*): **premunirsi di qc** {DI UNA RIVOLTELLA} sich mit etw (dat) bewaffnen; {DEL NECESSARIO} sich mit etw (dat) wappnen.

premunizióne f med **~ contro qc** {CONTRO LA TUBERCOLOSI} Schutz m vor etw (dat)/gegen etw (acc).

premùra f **1** <*di solito al pl*> (*attenzioni*) Sorge f, Aufmerksamkeit f: **circondare qu di premure**, jdn mit Aufmerksamkeiten überschütten, jdn aufmerksam umhegen forb; **è un uomo pieno di premure**, er ist ein äußerst zuvorkommender Mensch **2** (*fretta*) Eile f, Drängen n: **aver ~**, in Eile sein, es ei-

lig haben; **ho ~ di finire questo lavoro**, ich habe es eilig, mit dieser Arbeit fertig zu werden; **non c'è ~**, es besteht/hat keine Eile (damit); **fare/mettere ~ a qu**, jdn drängen, jdn hetzen **3** (*cura*) Sorge f: **mi farò ~ di scrivergli**, ich werde mich darum kümmern, ihm zu schreiben; **sarà nostra ~ avvisarLa**, wir werden dafür Sorge tragen, Sie zu benachrichtigen.

premuràrsi itr pron (*preoccuparsi*): **~ di fare qc** sich darum kümmern, *etw zu tun*; daran denken, *etw zu tun*: **si è premurato di informarla subito**, er hat sich darum gekümmert, sie sofort zu informieren.

premurosità <-> f (*affettuosa attenzione*) {+GENITORE} Aufmerksamkeit f, Zuvorkommenheit f.

premuróso, (-a) agg **1** (*pieno d'attenzioni*) **~ (con/verso qu)** {AMICO, MADRE VERSO I FIGLI} um jdn bemüht, jdm gegenüber zuvorkommend, jdm gegenüber aufmerksam **2** (*sollecito*) {CURE} fürsorglich, {INTERESSAMENTO} eifrig.

premùto part pass *di* premere.

prenatàle agg med {CHIRURGIA, DIAGNOSI, PERIODO, VITA} vorgeburtlich, pränatal scient.

prenatalìzio, (-a) <-zi m> agg (*che precede il Natale*) {PERIODO} Weihnachts-, vorweihnachtlich.

prèndere <irr *prendo, presi, preso*> **A** tr **1** (*afferrare*) **~ qc** (**con qc**) {SIGARETTA CON LA MANO SINISTRA} etw (mit etw dat) nehmen, etw (mit etw dat) (an|)fassen; {AQUILA PREDA CON GLI ARTIGLI} etw (mit etw dat) packen, etw (mit etw dat) nehmen: **il facchino prese i bagagli**, der Gepäckträger nahm das Gepäck; **prendi il pacco e aprilo**, nimm das Paket und mach es auf; (*con uno strumento*) {FERRO ROVENTE CON LE TENAGLIE} etw mit etw (dat) fassen; **~ qu/qc per qc** {AMICO PER LA MANICA DELLA GIACCA, GALLINA PER LE ZAMPE} jdn/etw an/bei etw (dat) ergreifen, jdn/etw an/bei etw (dat) fassen, jdn/etw an/bei etw (dat) packen; **lo prese per il braccio e lo minacciò**, er/sie packte ihn am Arm und drohte ihm **2** (*sollevare*) **~ qu/qc + compl di luogo** {BAMBINO IN BRACCIO, SULLE GINOCCHIA} jdn/etw in/auf etw (acc) nehmen **3** (*tirare fuori*) **~ qc da qc** {DIZIONARIO DALLA LIBRERIA, FOTO DALL'ALBUM} etw aus etw (dat) nehmen **4** (*acciuffare al volo*) **~ qc** etw fangen: **prese il pallone che gli lanciai**, er fing den Ball, den ich ihm zuspielte **5** (*ritirare*) **~ qc** (**+ compl di luogo**) {CERTIFICATO IN COMUNE} etw (*irgendwo*) ab|holen; {POSTA NELLA CASSETTA} etw (*irgendwo*) heraus|nehmen; {SOLDI IN BANCA} etw (*irgendwo*) ab|heben; {PAGELLA} etw bekommen **6** (*prelevare*) **~ qu/qc** (**+ compl di luogo**) {MARITO IN UFFICIO, DA ALLA STAZIONE} jdn (*irgendwo*) ab|holen, etw (aus etw dat) holen: **andare a ~ i bambini**, die Kinder abholen; **~ la scala nel ripostiglio**, die Leiter aus der Abstellkammer holen **7** (*portare con sé*) **~ qc** {OMBRELLO, PROVVISTE, SOLDI} etw mit|nehmen **8** (*usare un mezzo di trasporto*) **~ qc** {ASCENSORE, AUTOBUS, METROPOLITANA, NAVE, TRENO} etw nehmen: **non prendo mai l'aereo**, ich fliege nie/nicht **9** (*conseguire*) **~ qc** {DIPLOMA, LAUREA} etw erreichen, etw machen; {PATENTE DI GUIDA} etw machen; {VINCITORE PREMIO} etw bekommen **11** (*farsi impartire*) **~ qc** (**da qu**) {LEZIONI DI MATEMATICA DA UN GIOVANE LAUREATO} etw (bei jdm) nehmen **12** (*imboccare*) **~ qc** {DIREZIONE, SCORCIATOIA} etw nehmen, etw ein|schlagen: **prenda la prima a destra e prosegua fino all'incrocio**, biegen Sie die Erste rechts ab und fahren Sie bis zur Kreuzung **13** (*mangiare, bere*) **~ qc (con qc)** {IL

tè COL LIMONE, CON I PASTICCINI} etw (mit etw dat) nehmen; {DIGESTIVO} etw (ein|)nehmen: **prendi un caffè con noi?**, trinkst du einen Kaffee mit uns?; **prendete ancora un po' di torta!**, nehmt ruhig/doch noch von dem Kuchen!; **i signori hanno preso due menu da 45 euro**, die Herrschaften haben zwei Menüs zu 45 Euros genommen **14** (*ingerire*) **~ qc (per/contro qc)** {ANALGESICO, PILLOLA, RICOSTITUENTE, SCIROPPO PER LA TOSSE, SEDATIVO} etw (gegen etw acc) ein|nehmen **15** (*rubare*) **~ qc (a qu)** (*jdm*) etw (weg|)nehmen, (*jdm*) etw stehlen, (*jdm*) etw klauen fam: **sul treno mi hanno preso la borsa**, im Zug haben sie mir die Tasche gestohlen/geklaut fam **16** (*arrestare*) **~ qu/qc** {LADRO, BANDA} jdn/etw fest|nehmen, jdn/etw verhaften, jdn/etw gefangen nehmen: **hanno preso l'assassino**, der Mörder ist verhaftet worden **17** (*cogliere*) **~ qu** jdn ertappen, jdn erwischen fam: **l'hanno preso in flagrante**, sie haben ihn ⌊in flagranti⌋/[auf frischer Tat] ertappt **18** (*guadagnare*) **~ qc** {PERCENTUALE} etw bekommen, etw verdienen: **quanto prendi al mese?**, wie viel verdienst du im Monat? **19** (*chiedere*) **~ qc (a qu) (di/per qc)** {TECNICO PER LA RIPARAZIONE DEL TELEVISORE} (*jdm*) etw (für etw acc) nehmen: **quanto ti ha preso la sarta di fattura?**, was hat dir die Schneiderin für die Fasson in Rechnung gestellt? **20** (*buscarsi*) **~ qc** {RAFFREDDORE} etw bekommen, sich (dat) etw holen fam **21** (*subire*) **~ qc** {PAURA, SCOSSA} etw bekommen: **ho preso uno spavento!**, ich habe vielleicht einen Schreck bekommen!; {COLPO D'ARIA, DI FREDDO} etw ab|bekommen; **prendo caldo**, mir ist heiß; **il sale ha preso umidità**, das Salz ist feucht geworden; **~ qc (da qu)** {RIMPROVERO DAL CAPUFFICIO} etw (von jdm) bekommen; **~ una fregatura da un socio**, von einem Teilhaber hereingelegt werden fam; **~ una sgridata dai genitori**, von den Eltern ausgeschimpft werden **22** (*acquistare*) **~ qc** {LATTE, PANE, VERDURA} etw kaufen, etw holen: **non dimenticarti di ~ il giornale**, vergiss nicht, die Zeitung zu kaufen/holen **23** (*colpire*) **~ qu + compl di luogo** {PALLOTTOLA POLIZIOTTO ALLA NUCA, IN UN OCCHIO} jdn (*irgendwohin*) treffen **24** (*impiegare*) **~ qu** {COMMESSA, SEGRETARIA} jdn ein|stellen; **~ qu come qc** {COME COLLABORATORE} jdn als etw (acc) ein|setzen **25** (*accogliere*) **~ qu** (**+ compl di luogo**) {IL NONNO IN CASA} jdn (*irgendwo*) auf|nehmen; **~ qc** (**+ compl di luogo**) {CANE} etw (*irgendwo*) auf|nehmen **26** (*impegnare*) **~ qu** jdn beschäftigen: **l'attività con gli scout la prende parecchio**, die Pfadfinderaktivitäten nehmen sie ziemlich in Anspruch; **sono molto preso**, ich bin sehr beschäftigt **27** (*accettare*) **~ qc** {PARCHIMETRO MONETE DA UN EURO} etw an|nehmen; **~ qc + compl di modo** {NOTIZIA CON SODDISFAZIONE} etw irgendwie auf|nehmen: **prenderla bene/male**, es gut/schlecht aufnehmen; **non so come la prenderà**, ich weiß nicht, wie er/sie ⌊es aufnehmen wird⌋/[darauf reagieren wird]; **~ la vita come viene**, das Leben nehmen, wie es kommt; **~ qu + compl di modo** jdn irgendwie nehmen; **~ qu per ciò che è**, jdn als das nehmen, was ist; **jdn so nehmen, wie er ist 28** (*annotare*) **~ qc** {APPUNTI} etw machen; {NUMERO DI TELEFONO} (sich dat) etw auf|schreiben, (sich dat) etw notieren **29** (*occupare*) **~ qc** {ARMADIO MOLTO SPAZIO} etw ein|nehmen, etw beanspruchen, etw brauchen: **la danza prende la maggior parte del mio tempo libero**, den größten Teil meiner Freizeit verbringe ich mit Tanzen **30** (*investire*) **~ qu/qc** {VECCHIETTO, BICICLETTA} jdn/etw an|fahren: **l'ho preso in pieno**, ich habe ihn überfahren/[voll erwischt *fam*] **31** (*ricevere*) ~ *qc* {BOTTE, CALCIO, GOMITATA, STIPENDIO, VOTO} *etw* bekommen: **all'esame ha preso 30**, bei der Prüfung hat er/sie die Bestnote bekommen; ~ *qc* (*da qu*) {SOFFITTA LUCE DA UN LUCERNARIO} *etw* von *etw* (dat) bekommen **32** (*trattare*) ~ *qu* + *compl di modo* {A CALCI, A PUGNI, A SCHIAFFI} *jdm etw* versetzen: **bisogna prenderlo con le buone**, man muss ihm gut zureden **33** (*avere*) ~ *qc* {ABITUDINE, VIZIO} *etw* an|nehmen; ~ *qu* + *compl di modo* {MAESTRA ALLIEVO IN ANTIPATIA} *jdm irgendwie* gesinnt sein **34** (*assorbire*) ~ *qc* {IL SAPORE DI *etw*} an|nehmen: **il cappotto ha preso odore di fumo**, der Mantel stinkt nach Rauch **35** (*acquisire*) ~ *qc* {ACCENTO STRANIERO, CONSISTENZA} *etw* an|nehmen **36** (*fissare*) ~ *qc* (*con qu*) {APPUNTAMENTO} *etw* (*bei/mit jdm*) vereinbaren, *etw* (*bei/mit jdm*) aus|machen **37** (*assumere*) ~ *qc* {ASPETTO, FORMA, LE SEMBIANZE DI QC} *etw* an|nehmen **38** (*rilevare*) ~ *qc* {L'ALTEZZA, LA LARGHEZZA DI UNA FINESTRA} *etw* fest|stellen; {LE IMPRONTE DIGITALI} *etw* ab|nehmen; {TEMPERATURA} *etw* ab|lesen **39** (*scambiare*) ~ *qu/qc per qu* jdn/etw mit jdm/etw verwechseln: **scusi, l'ho presa per un altro**, entschuldigen Sie, ich habe Sie mit jemand anderem verwechselt **40** (*ritenere*) ~ *qu/qc per qu/qc* jdn/etw für jdn/etw halten: **l'avevo preso per un ragazzo onesto**, ich hatte ihn für einen ehrlichen Jungen gehalten; **ho preso il suo "no" per definitivo**, ich hielt sein/ihr "nein" für sein/ihr letztes Wort; **ha preso per vero ciò che gli hai detto**, er hat deine Worte für bare Münze genommen; **er hat ⌊für wahr gehalten⌋/[geglaubt]**, was du ihm gesagt hast; **ma per chi mi prendi/[hai preso]?**, für wen ⌊hältst du mich eigentlich⌋/[hast du mich eigentlich gehalten]? **41** (*stabilire*) ~ *qc* {DECISIONE} *etw* treffen, *etw* fällen **42** (*adottare*) ~ *qc* {CONTROMISURA, PRECAUZIONE, PROVVEDIMENTO} *etw* treffen **43** (*attingere*) ~ *qc* (*da qc*) {CORRENTE ELETTRICA DA UN CAVO} *etw* von *etw* (dat) beziehen **44** (*interpretare*) ~ *qc* + *compl di modo* {DISCORSO, PAROLA IN SENSO BUONO} *etw irgendwie* auf|fassen, *etw irgendwie* interpretieren **45** (*fare*) ~ *qc* {DUE ORE DI PERMESSO, GIORNO DI FERIE} *etw* (frei|)nehmen **46** *fig* (*impadronirsi di*) ~ *qu* {ANSIA, ODIO} *jdn* befallen, *jdn* überfallen, *jdn* packen: **fu preso dal panico**, die Panik erfasste/ergriff ihn **47** *fig* (*derivare*) ~ *qc da qu* {USANZA DAI GRECI} *etw* von *jdm*/*etw* übernehmen **48** *fig fam* (*ereditare*) ~ *qc da qu* {IL CARATTERE DAL PADRE} *etw* von *jdm* haben: **il figlio ha preso gli occhi dalla madre**, der Sohn hat die ⌊gleichen Augen wie seine⌋/[Augen seiner] Mutter **49** (*catturare*) ~ *qc* {MOSCHE} *etw* fangen; (*nella caccia*) {CINGHIALE, FAGIANO} *etw* erlegen; (*nella pesca*) {TROTA} *etw* fangen, *etw* fischen **50** (*negli scacchi*) ~ *qc* (*a qu*) {PEDINA ALL'AVVERSARIO} (*jdm*) *etw* weg|nehmen **51** *gastr* ~ *qc* {CIPOLLA} *etw* nehmen: **prendete una cipolla e tritatela**, nehmt eine Zwiebel und hackt sie klein **52** *film fot* ~ *qu/qc* (+ *compl di modo*) {PANORAMA} *jdn/etw irgendwie* auf|nehmen, *jdn etw irgendwie* fotografieren: **ti hanno preso in una posa non naturale**, sie haben dich in einer unnatürlichen Pose aufgenommen/fotografiert **53** *fot* ~ *qc* {FOTOGRAFIA} *etw* auf|nehmen **54** *mil* ~ *qc* {CITTÀ, FORTEZZA} *etw* ein|nehmen **55** *radio TV* ~ *qc* {RADIO STAZIONI; TELEVISORE MOLTI CANALI} *etw* empfangen **B** *itr* **1** (*attecchire*) {PIANTA} Wurzeln schlagen/treiben/fassen **2** (*bruciare*) {FUOCO, LEGNA} brennen **3** (*rapprendersi*) {COLLA} fest werden, kleben, {CEMENTO} ab|binden **4** (*dirigersi*) ~ + *compl di luogo* {A DESTRA, A SINISTRA, DI LÀ, DI QUA} sich *irgendwohin* begeben, *irgendwohin* gehen; (*con veicolo*) *irgendwohin* fahren **5** (*incominciare*) ~ *a fare qc* an|fangen, *etw* zu tun, beginnen, *etw* zu tun: **ha preso a insultarmi**, er/sie hat angefangen, mich zu beleidigen **6** *lett* (*incamminarsi*) ~ *per qc* {PER UN SENTIERO DI MONTAGNA} *etw* ein|schlagen **7** *mar* (*fare presa*) {ANCORA} Grund fassen **C** *itr pron* (*afferrarsi*): **prendersi *a qc*** {AL BRACCIO DI QU} sich *an etw* (dat) fest|halten, *etw* packen, *nach etw* (dat) greifen **D** *rfl indir* **1** (*mangiarsi o bersi*): **prendersi *qc*** {GELATO, PANINO} *etw* essen, {TÈ} *etw* trinken **2** (*buscarsi*): **prendersi *qc*** {BRONCHITE, DIARREA} sich (dat) *etw* holen *fam* **3** (*beccarsi*): **prendersi *qc*** {CALCIO} *etw* bekommen, *etw* kriegen *fam*; {SCHIAFFO} *anche etw* fangen *südtd A* **4** (*subire*): **prendersi *qc*** {PAURA} *etw* bekommen; {COLPO D'ARIA} *etw* ab|bekommen: ~ **un colpo di freddo**, sich verkühlen; **prendersi *qc* (*da qu*)** {RIMPROVERO DAL CAPUFFICIO} *etw* (*von jdm*) bekommen; **prendersi una sgridata dai genitori**, von den Eltern ausgeschimpft werden **5** (*fare*): **prendersi *qc*** {VACANZA} *etw* machen; {GIORNO DI FERIE} *etw* (frei|)nehmen; {PERMESSO} *etw* ein|holen **6** (*assumersi*): **prendersi *qc*** {IMPEGNO, LA RESPONSABILITÀ DI QC} *etw* übernehmen; {LA COLPA DI QC} *etw auf sich* (dat) nehmen **7** (*concedersi*): **prendersi *qc*** {IL GUSTO, IL PIACERE DI FARE QC} sich (dat) *etw* gönnen **E** *rfl rec* **1** (*tenersi*): **prendersi + *compl di modo*** {PER MANO} sich *irgendwie* halten: **prendersi a braccetto**, sich einhaken **2** (*trattarsi*): **prendersi + *compl di modo*** {A CALCI, A PUGNI, A SCHIAFFI} sich (dat) *etw* versetzen **3** (*nutrire*): **prendersi + *compl di modo*** {IN ANTIPATIA, IN SIMPATIA, A BEN VOLERE} *jdm irgendwie* gesinnt sein ● **non te la ~!** *fam* (*non ti arrabbiare*), reg dich nicht auf!, ärgere dich nicht!, nimm es dir nicht so zu Herzen!; **se l'è presa per quello che hai detto fam** (*si è arrabbiata*), sie ärgert sich über das, was du gesagt hast!; **se la prende troppo per il lavoro** *fam* (*si preoccupa*), sie macht sich zu viele Sorgen/Gedanken um ihre Arbeit; **prendersela con qu** (*irritarsi con qu*), {CON IL MARITO} auf jdn böse sein, sich über jdn aufregen, seinen Ärger an jdm auslassen; **prenderle fig fam** (*essere picchiato*), Prügel bekommen/kriegen *fam*; **prenderne (tante)** *fig fam* (*essere picchiato*), den Frack vollkriegen *fam*; **prenda pure!** (*si serva pure!*), bedienen Sie sich ruhig!; **che ti prende?** (*cosa ti succede?*), was ist (denn) mit dir los?, was hast du?; **prendersela ⌊con calma⌋/[comoda]** *fam* (*non affannarsi*), es ruhig angehen lassen; **farsi/lasciarsi ~ da qc** (*farsi sopraffare*), {DALLA PAURA, DAL RIMORSO, DALLO SCONFORTO} sich *von etw* (dat) übermannen lassen; **prenderla ⌊alla lontana⌋/[da lontano]** (*parlare di qc, cominciando dagli elementi più generici*), um ⌊die Sache⌋/[den heißen Brei *fam*] herumreden; ~ **o lasciare!** (*le condizioni non possono essere cambiate*), entweder oder!, ja oder nein!; **saper ~ qu** (*sapere come trattarlo*), jdn zu nehmen wissen, mit jdm umzugehen wissen; **bisogna saperla ~**, man muss sie zu nehmen wissen; **cercare di ~ tempo** (*guadagnare tempo*), versuchen, Zeit zu gewinnen/herauszuschlagen *fam*; **prendersi tempo**, sich Zeit lassen.

prendìbile agg **1** (*che è facile prendere*) {PALLONE} erreichbar **2** *mil* (*espugnabile*) {FORTEZZA} einnehmbar.

prendisóle A <inv> agg {ABITO} Strand-, Träger- **B** <- *o prendisoli*> m (*indumento*) Strand-, Trägerkleid n.

prenditóre, (-trice) m (f) **1** *banca* (*di cambiale*) Wechselnehmer(in) m(f), Remittent(in) m(f): ~ **a riporto**, Herein-, Kostnehmer m; ~ **di titoli di credito**, Wertpapiernehmer(in) m(f) **2** *sport* (*nel baseball*) (*catcher*) Fänger(in) m(f).

prenegoziàto m (*fase preliminare*) Vorverhandlung f.

prenóme m **1** (*nome di battesimo*) Vorname m **2** *stor* Pränomen n.

prenotàbile agg (*che si può prenotare*) {POSTO, TAVOLO} reservierbar; {AGNELLO, FILETTO, SALMONE} bestellbar.

prenotàre A tr **1** (*fissare in anticipo*) ~ (*qc*) (*a qu*) (+ *compl di luogo*) {TAXI} *etw* (*für jdn*) (*irgendwo*) (vor|)bestellen; {POLTRONA A TEATRO, POSTO IN TRENO, STANZA IN PIZZERIA} *etw* (*für jdn*) (*irgendwo*) reservieren: ~ **una camera in albergo**, ein Hotelzimmer reservieren; {ALBERGO, VIAGGIO} *etw* (*für jdn*) (*irgendwo*) buchen; **avete già prenotato?**, habt ihr schon gebucht?; **prenotami una cuccetta sull'intercity Monaco-Venezia!**, reserviere einen Liegewagenplatz im Intercity München-Venedig für mich!; {DIZIONARIO, LIBRO} *etw* (*für jdn*) (*irgendwo*) bestellen; {AUTOMOBILE, PESCE SPADA} *etw* (*für jdn*) (*irgendwo*) vor|bestellen; {VISITA MEDICA} *etw* (*für jdn*) (*irgendwo*) vereinbaren, {VISITA GUIDATA IN UN MUSEO} *etw* (*für jdn*) (*irgendwo*) voran|melden **2** (*fissare un appuntamento*) ~ *qu* (*per qu*) vor|merken, *jdn* ein|tragen: **la dottoressa oggi non riceve, posso prenotarLa per domani?**, die Frau Doktor hält heute keine Sprechstunde, kann ich Sie für morgen vormerken? **3** *scherz* (*impegnare in anticipo*): ~ **qu**: **ti prenoto per una partita di tennis lunedì pomeriggio**, halte dir doch den Montagnachmittag für den Tennismatch frei **4** *scherz* (*invitare*) ~ *qu* jdn ein|laden: **ti prenoto per una cena a casa mia**, ich lade dich schon einmal zum Abendessen bei mir ein **B** rfl (*mettersi in lista*): **prenotarsi (per qc)** {PER UN CONCERTO, PER UN VIAGGIO} sich (*für etw* acc) vormerken lassen, sich (*für etw* acc) an|melden; {PER UNA CROCIERA NEL MEDITERRANEO} *etw* buchen; {PER UN PALCO A TEATRO} *etw* zurück|legen lassen, *etw* reservieren; *scherz* sich *für etw* (acc) vor|merken, sich *für etw* (acc) an|melden: **andiamo al cinema? Mi prenoto per sabato**, lass uns ins Kino gehen! Machen wir doch fest den Samstag aus.

prenotàto, (-a) agg **1** (*fissato in anticipo*) {POSTO, TAVOLO} reserviert; {TAXI} (vor)bestellt; {ALBERGO, VIAGGIO} gebucht; {FILETTO, RIVISTA} bestellt; {VISITA MEDICA} vereinbart; {VISITA GUIDATA} vorangemeldet **2** *scherz* (*impegnato in anticipo*) vorgemerkt, festgenagelt *fam*: **sei ~ per la lezione di sci**, du bist für den Skiunterricht (schon) vorgemerkt/festgenagelt *fam* **3** *scherz* (*invitato*) eingeladen: **ci consideriamo prenotati per la grigliata**, für den Grillabend sind wir doch sicher eingeladen, oder? *scherz*.

prenotazióne f **1** (*il prenotare*) {+AGNELLO, TAXI} (Vor)bestellung f; {+POSTO} Reservierung f; {+VIAGGIO, VOLO} Buchung f; {+RIVISTA} Bestellung f; {+VISITA SPECIALISTICA} Vereinbarung f; {+VISITA GUIDATA} Voranmeldung f: **fare/prendere una ~**, etw reservieren lassen, etw vereinbaren; ~ **telefonica**, telefonische Reservierung **2** *ferr* Platzkarte f: **treno con ~ obbligatoria**, platzkartenpflichtiger Zug **3** (*ricevuta*) Vorbestellschein m, Reservierungsbestätigung f.

prènsile agg *zoo* {CODA} Greif-.

prensilità <-> f {+CODA, PIEDE} Greiffähigkeit f.

preoccupànte agg (*allarmante*) {SITUAZIONE} Besorgnis erregend; {NOTIZIA} alarmierend.

preoccupàre A tr (*impensierire*) ~ (*qu/qc*) {CRIMINALITÀ CITTADINI, IL PAESE} jdn/etw beunruhigen, jdm/etw Sorgen machen/bereiten: **cos'è che ti preoccupa?**, was macht/bereitet dir Sorgen?; **mi preoccupa il suo stato depressivo**, sein/ihr depressiver Zustand macht mir Sorgen; **la situazione economica preoccupa**, die wirtschaftliche Situation ist Besorgnis erregend B itr pron **1** (*impensierirsi*): **preoccuparsi** (*di qc, per qu/qc*) sich (dat) Sorgen/Gedanken (*um jdn/etw*)/(*wegen etw* gen) machen, sich (*um jdn/etw*) sorgen: **mi preoccupo per le sue condizioni di salute**, sein/ihr Gesundheitszustand macht mir Sorgen; **si preoccupa di tutto**, er/sie macht sich wegen allem Gedanken; **non si ~!**, mach dir keine Sorgen!, (nur) keine Sorge! *fam*; **non c'è da preoccuparsi**, es besteht kein Anlass zur Sorge **2** (*interessarsi*): **preoccuparsi di qu/qc** {DELL'AFFITTO} jdn/etw kümmern: **chi si preoccupa di comunicarglielo?**, wer kümmert sich darum, es ihm/ihr mitzuteilen?; wer gibt ihm/ihr Bescheid?; **si preoccupava che tutto andasse a buon fine**, er/sie kümmerte sich darum, dass alles glattlief; **si preoccupa solo di se stessa**, sie denkt nur an sich **3** (*darsi pensiero*): **preoccuparsi** sich (dat) Gedanken machen, sich (dat) den Kopf zerbrechen: **preoccuparsi su come riformare il sistema scolastico**, sich (dat) Gedanken machen, wie das Schulsystem reformiert werden soll.

preoccupàto, (-a) agg **1** (*impensierito*) ~ (*per qu*) (*um jdn*) besorgt, (*um jdn*) bekümmert; ~ (*per qc*) (*wegen etw* gen)/(*über etw* acc) besorgt, (*wegen etw* gen)/(*über etw* acc) bekümmert: **sono preoccupata per ˌmio figlioˌ/[la sua salute]**, ich bin um ˌmeinen Sohnˌ/[seine/ihre Gesundheit] besorgt, ich mache mir Sorgen um ˌmeinen Sohnˌ/[seine/ihre Gesundheit]; **mi sembri ~**, du siehst besorgt aus **2** (*che rivela preoccupazione*) {ESPRESSIONE, VISO} sorgenvoll.

preoccupazióne f **1** (*cruccio*) Sorge f, Kummer m, Problem n: **avere delle preoccupazioni**, Sorgen haben; **quel ragazzo dà molte preoccupazioni ai genitori**, dieser Junge macht/bereitet seinen Eltern große Sorgen; **quell'esame è una vera ~ per lui**, diese Prüfung ist ein echtes Problem für ihn; **la sua unica ~ è di indossare abiti firmati**, seine/ihre einzige Sorge ist die, Markenkleidung zu tragen **2** (*apprensione*) Besorgnis f: **un fatto che desta ~**, ein Besorgnis erregendes Ereignis.

preolìmpico, (-a) <-ci, che-> agg (*che precede un'olimpiade*) {GARA, TORNEO} vorolympisch.

preolimpiònico agg → **preolimpico**.

preoperatòrio, (-a) <-ri m> agg med {ESAME} präoperativ *scient*.

preordinaménto m *lett* (*il prestabilire*) {+LEGGE, VOLONTÀ} Vorher-, Vorausbestimmung f.

preordinàre tr *lett* (*ordinare a un fine*) ~ *qc etw* vorher|bestimmen: **un evento preordinato da Dio**, ein von Gott vorherbestimmtes Ereignis.

prepagaménto m (*pagamento anticipato*) Vorausbezahlung f.

prepagàto, (-a) agg (*pagato anticipatamente*) {ABBONAMENTO} vorausbezahlt.

prepalatàle ling A agg {ARTICOLAZIONE} präpalatal B f (*suono*) präpalataler Laut.

preparàre A tr **1** (*procurare*) ~ *qc* (*per qc*) {L'OCCORRENTE PER IL BARBECUE} *etw* (*für etw* acc) besorgen, *etw* (*für etw* acc) beschaffen; {DOCUMENTI PER IL PERMESSO DI SOGGIORNO} *etw* (*für etw* acc) bereit|legen; {I SOLDI PER L'ANTICIPO} *etw* (*für etw* acc) bereit|halten **2** (*predisporre*) ~ *qu per qc* {PAZIENTE PER UN INTERVENTO} *jdn für/auf etw* (*acc*) vor|bereiten; {BAMBINI PER IL PROSSIMO NUMERO DI BALLO} *jdn für etw* (acc) fertig machen; ~ *qc* (*a qc*) {TRUPPE ALLA BATTAGLIA} *etw* (*auf etw* acc) vor|bereiten; ~ *qc* (*per qc*) {LETTO, STANZA PER GLI OSPITI} *etw für jdn* her|richten; ~ *qc* (*per qc*) {TERRENO PER LA SEMINA} *etw* (*für etw* acc) gar machen **3** ~ *qc* (*a qu*) {CAFFÈ, TÈ} *jdm etw* machen, *jdm etw* kochen; {TORTA} *jdm etw* backen; **stasera vi preparo gli spaghetti con le vongole**, heute Abend koche ich euch Spaghetti mit Venusmuscheln **4** (*apparecchiare*) ~ *qc* {LA TAVOLA} *etw* decken **5** (*organizzare*) ~ *qc* {GITA, VIAGGIO} *etw* vor|bereiten, *etw* organisieren; {SPEDIZIONE} *etw* aus|rüsten; {DOCENTE CORSO, LEZIONE} *etw* vor|bereiten; ~ *qc* (*a qu*) {SORPRESA AL FESTEGGIATO} *jdm etw* bereiten **6** (*fare*) ~ *qc* {BAGAGLI, VALIGIA} *etw* packen **7** (*allestire*) ~ *qc* {MOSTRA} *etw* veranstalten; {FIERA} *etw* auf|bauen; {FILM, SPETTACOLO TEATRALE} *etw* inszenieren **8** (*scrivere*) ~ *qc* {ARTICOLO, TESI} *etw* schreiben **9** (*organizzare mentalmente*) ~ *qc* {PIANO DI RIFORMA} *etw* aus|arbeiten; {PROGETTO} *anche etw* vor|bereiten **10** (*formare*) ~ *qu a qc* {STUDENTI AL MONDO DEL LAVORO} *jdn auf etw* (acc) vor|bereiten **11** (*istruire*) ~ *qu* (*in qc*) {INFERMIERE, MANAGER, PERSONALE IN UNA MATERIA} *jdn für etw* (acc)/*in etw* (dat) aus|bilden; ~ *qu* (*a/per qc*) {ALLIEVI ALL'ESAME DI MATURITÀ} *jdn auf/für etw* (acc) vor|bereiten **12** (*studiare*) ~ *qc* {CONCORSO, ESAME} *sich auf/für etw* (acc) vor|bereiten **13** (*disporre*) ~ *qu a qc* {PERSONA A UNA BRUTTA NOTIZIA} *jdn auf etw* (acc) vor|bereiten **14** (*riservare*) ~ *qc a qu jdm etw* bringen, *jdm etw* bereit|halten: **non so che cosa mi preparerà l'avvenire**, ich weiß nicht, was mir die Zukunft bringen wird **15** *arte* (*in pittura*) ~ *qc* {TELA} *etw* präparieren, *etw* vor|bereiten **16** *chim farm* ~ *qc* {MEDICINA, SOLUZIONE} *etw* präparieren, *etw* her|stellen **17** *sport* ~ *qu/qc* (*a/per qc*) {ATLETA A UNA GARA, SQUADRA PER UN TORNEO DI BASKET} *jdn/etw* (*auf/für etw* acc) vor|bereiten, *jdn/etw* (*auf/für etw* acc) trainieren B itr pron (*preannunciarsi*): **prepararsi** {TEMPESTA, TEMPORALE} sich zusammen|brauen; {PERIODO DI AUSTERITY} bevor|stehen C rfl **1** indir: **prepararsi qc** {CAFFÈ, TISANA} sich (dat) *etw* machen, sich (dat) *etw* kochen; {COCKTAIL} sich (dat) *etw* mixen; {cucinarsi} {CENA} sich (dat) *etw* zu|bereiten, sich (dat) *etw* kochen **2** indir (*organizzare*): **prepararsi qc** {INSEGNANTE LEZIONE} *etw* vor|bereiten **3** (*studiare*): **prepararsi per qc** {PER UN CONCORSO} sich *auf/für etw* (acc) vor|bereiten **4** indir (*fare*): **prepararsi qc** {BAGAGLI, VALIGIA} *etw* packen **5** (*mettersi in ordine*): **prepararsi** (*per qc*) sich *für etw* (acc) fertig machen: **su, preparati, sennò arriviamo tardi**, los, mach dich fertig, sonst kommen wir zu spät! **6** (*fare preparativi*): **prepararsi per qc** {PER IL VIAGGIO} sich *auf/für etw* (acc) vor|bereiten: **prepararsi a/per fare qc**, sich anschicken, *etw* zu tun; sich fertig machen, *etw* zu tun **7** *fig* (*disporsi a cose spiacevoli*): **prepararsi a qc** {A UNA BRUTTA NOTIZIA, A UNA VITA DI SACRIFICI} sich *auf etw* (acc) ein|stellen, sich (innerlich) *auf etw* (acc) vor|bereiten: **prepararsi psicologicamente a un evento**, sich psychologisch auf ein Ereignis einstellen/ vorbereiten **8** *sport* ~ (*a/per qc*) {A UNA COMPETIZIONE, PER UN CAMPIONATO} *jdn/etw* (*auf/für etw* acc) vor|bereiten, *jdn/etw* (*auf/für etw* acc) trainieren.

preparatìvo m <*di solito al pl*> {+GUERRA} Vorbereitung(en pl) f: **fare i ~ per le nozze**, Hochzeitsvorbereitungen treffen; **fervono i preparativi per la festa di Capodanno**, die Vorbereitungen für die Silvesterfeier sind voll im Gang(e).

preparàto, (-a) A agg **1** (*che conosce bene la materia*) {INGEGNERE, TECNICO} qualifiziert; {ATLETA} gut vorbereitet; {STUDENTE} anche sattelfest: **andare ~ ad un esame**, gut vorbereitet in eine Prüfung gehen; **~ in qc in etw** (dat) beschlagen *fam*; **un medico ben ~ nel suo campo**, ein auf seinem Gebiet beschlagener Arzt *fam*; **essere ben/mal/poco ~ in latino**, in Latein gut/schlecht/wenig beschlagen sein *fam* **2** (*pronto*) bereit: **avere tutto ~ per partire**, alles zur Abfahrt bereithaben; **a qc** *auf etw* (acc) gefasst; **essere ~ a tutto**, auf alles gefasst sein; **è ~ ad affrontare il peggio**, er ist auf das Schlimmste gefasst **3** (*apparecchiato*) ~ (*per qu/qc*) {PER IL RICEVIMENTO} (*für jdn/etw*) gedeckt: **un tavolo ~ per due**, ein für zwei Personen gedeckter Tisch B m *anche farm* {ANTINFIAMMATORIO, CHIMICO, TONIFICANTE} Präparat n: **~ in polvere**, Präparat n in Pulverform ● **~ anatomico/fisiologico** *med*, anatomisches/physiologisches Präparat; **~ microscopico istologico** *med*, mikroskopisches/histologisches Präparat.

preparatóre, (-trice) m (f) **1** *chim industr* Hersteller(in) m(f) chemischer Präparate **2** *med* Präparator m ● **~ atletico** *sport*, Fitnesstrainer m.

preparatòrio, (-a) <-ri m> agg (*di preparazione*) {ATTIVITÀ, CORSO, FASE, RIUNIONE} Vorbereitungs-, vorbereitend; {ESERCIZIO} Vor-.

preparatrice f → **preparatore**.

preparazióne f **1** *gener* Vorbereitung f: **un esame che richiede una lunga ~**, eine Prüfung, ˌdie eine lange Vorbereitung erfordertˌ/[für die man lange lernen muss]; **~ a un concorso**, Vorbereitung f auf/für einen Wettbewerb **2** (*insieme di conoscenze*) {+CANDIDATO} Wissen n, (Aus)bildung f: **avere un'ottima ~ linguistica**, eine sehr gute Sprachausbildung haben; **ha una buona ~ di base**, er/sie hat ˌgute Grundkenntnisseˌ/[ein gutes Grundwissen]; **~ generale**, Allgemeinwissen n **3** (*competenza*) {+MEDICO} Qualifikation f: **un ingegnere senza ~**, ein unvorbereiteter Ingenieur **4** (*organizzazione*) {+DOCUMENTARIO, FILM, GUERRA, LEZIONE, LIBRO} Vorbereitung f; {+VIAGGIO} *anche* Organisation f; {+SPEDIZIONE} Ausrüstung f **5** (*il fare*) {+BAGAGLI, VALIGIA} Packen n; {+ALBERO DI NATALE} Schmücken n **6** (*allestimento*) {+MOSTRA} Ausstattung f, Gestaltung f; {+FIERA} Aufbau m; {+SPETTACOLO} Inszenierung f **7** (*attività spirituale*) {MENTALE, PSICOLOGICA} Vorbereitung f: **gli hanno dato la brutta notizia senza la necessaria ~**, sie haben ihm die schlechte Nachricht mitgeteilt, ohne ihn genügend vorzubereiten **8** {+CAFFÈ, TÈ} Zubereitung f; {+COCKTAIL} Mixen n; (*elaborazione*) Ausarbeitung f, Vorbereitung f: **un piatto di facile ~**, ein leicht zuzubereitendes Gericht; (*il cucinare*) {+ARROSTO, CENA, PRANZO} Zubereitung f; {+TORTA} Backen n **9** *anat chim farm med* Präparieren n, Präparierung f **10** *mus* Vorbereitung f **11** *sport* {+PUGILE, SQUADRA} Fitnesstraining n: **quel tennista ha una scarsa ~ atletica**, der Tennisspieler ist nicht gut trainiert; (*nell'equitazione*) {+CAVALLO} Zureiten n ● **in ~**, (*in via di realizzazione*), in Vorbereitung; **è in ~ una storia della letteratura tedesca**, eine deutsche Literaturgeschichte ist in Vorbereitung.

prepàrto <inv> agg {GINNASTICA} Schwangerschafts-; {CORSO} Geburtsvorbereitungs-.

prepensionàbile agg vorzeitig pensionierbar.

prepensionaménto m (*pensionamento anticipato*) Frühpensionierung f, Vorruhestand m: **sono stato messo in ~**, ich bin vorzeitig pensioniert/[in den Ruhestand versetzt] worden.

prepensionàto, (-a) **A** agg {DIRIGENTE} früh pensioniert **B** m (f) Frührentner(in) m(f).

prepolìtico, (-a) <-ci, -che> agg vor-, präpolitisch.

preponderànte agg **1** (*prevalente*) {OPINIONE, TENDENZA} vorherrschend, überwiegend **2** (*superiore*) {FORZE NEMICHE} überlegen.

preponderànza f **1** (*prevalenza*) {+ANGLICISMI} Vorherrschaft f **2** (*superiorità*) {+NEMICO} Übermacht f; (*numerica*) {+GRUPPO ETNICO} Überzahl f.

prepórre <coniug *come* porre> **A** tr **1** (*far precedere*) **~ qc (a qc)** {AGGETTIVO A UN SOSTANTIVO, DEDICA A UN LIBRO} *etw* (dat) *etw* voran|stellen **2** (*mettere a capo*) **~ qu a qc** {DIRETTORE AD UN UFFICIO} jdn an die Spitze *von etw* (dat)/+ *gen* stellen, jdm die Leitung *etw* (gen) übertragen: **è stato preposto alla guida della ditta**, ihm ist die Leitung der Firma übertragen worden **3** *fig* (*anteporre*) **~ qu/qc a qu/qc** {STUDIO ALLO SVAGO} jdn/*etw* jdm/*etw* vor|ziehen, jdm/*etw* den Vorrang vor jdm/*etw* geben **B** rfl indir (*prefissarsi*): **preporsi qc** {COMPITO} sich (dat) *etw* vor|nehmen; {META, OBIETTIVO} sich (dat) *etw* setzen.

prepositivo, (-a) agg *gramm* {LOCUZIONE} präpositional, Präpositions-.

prepòsito m *relig* Propst m.

prepositùra f *relig* Propstei f.

preposizionàle agg *gramm ling* {NESSO} präpositional, Präpositional-.

preposizióne f *gramm* Präposition f, Verhältniswort n: **~ articolata**, Präposition f mit Artikel, **~ semplice**, einfache Präposition

prepòsto, (-a) agg (*messo a capo*) **~ (a qc)** {AUTORITÀ} *etw* (dat) übergeordnet: **manager ~ alla direzione di un'azienda**, der Direktion einer Firma übergeordneter Manager.

prepotènte **A** agg **1** (*prevaricatore*) {CARATTERE, MODI} arrogant *spreg*, überheblich *spreg*; {UOMO} arrogant *spreg*, anmaßend, präpotent *spreg* **A 2** *fig* (*irrefrenabile*) {BISOGNO} dringend, dringlich; {SENTIMENTO} heftig, unbändig **B** mf (*persona*) arroganter *spreg*/anmaßender/überheblicher Mensch/Typ *spreg*: **non fare il ~!**, sei nicht so arrogant! *spreg*; **non sopporto i prepotenti**, ich kann überhebliche Leute nicht ausstehen.

prepotènza **A** f **1** Arroganz f *spreg*, Anmaßung f *spreg*, Überheblichkeit f, Präpotenz f *spreg* **A**: **agire con ~**, sich arrogant verhalten *spreg*; **tratta tutti con ~**, er/sie behandelt alle von oben herab **2** (*angheria*) Übergriff m, Schikane f: **subire una ~**, schikaniert werden **B** loc avv **1** (*con forza*): **di ~**, mit Gewalt; **ottenere qc di ~**, etw mit Gewalt erreichen **2** *fig* (*con sicurezza e decisione*): **con ~**, mit Entschiedenheit, selbstbewusst; **la band si è imposta con ~ al pubblico**, die Band hat sich selbstbewusst beim Publikum durchgesetzt.

prepotére m (*potere eccessivo*) {+ARISTOCRAZIA, CLERO} Übermächtigkeit f, Präpotenz f *forb*.

preppy *ingl* **A** agg {MODA} adrett, Schickimicki- *fam* **B** <-, -ies pl *ingl*> mf **1** (*studente*) Preppy m **2** *fig* (*giovane perbene*) Schickimicki m *fam*.

prepùbere agg *med* {ETÀ, PERIODO} vorpubertär.

prepubertà <-> f *med* Vorpubertät f.

prepuziàle agg *anat* {GHIANDOLA, ORIFIZIO} Vorhaut-.

prepùzio <-zi> m *anat* Vorhaut f, Präputium n *scient*.

preraffaellìsmo m *arte* (*in pittura*) *lett* Präraffaelismus m.

preraffaellìta *arte* (*in pittura*) *lett* **A** agg {MOVIMENTO, PITTORE, POESIA} präraffaelitisch **B** mf (*esponente*) Präraffaelit(in) m(f).

preraffreddaménto m *tecnol* Vorkühlung f.

preregistràre tr *radio TV* **~ qc** *etw* vorher aufzeichnen.

preregistràto, (-a) **A** part pass *di* preregistrare **B** agg {PROGRAMMA} vorher aufgezeichnet.

prerequisìto m *scuola* Voraussetzung f, Vorbedingung f.

prerinascimentàle agg (*che precede il Rinascimento*) {PALAZZO} Vorrenaissance-.

preriscaldaménto m *tecnol* Vorheizung f.

prerivoluzionàrio, (-a) <-ri m> agg (*che precede una rivoluzione*) {FERMENTI} vorrevolutionär.

prerogatìva f **1** (*qualità*) {+PRODOTTO} besondere Eigenschaft: **la sincerità è una sua ~**, sein/ihre Ehrlichkeit ist ⌐etwas Besonderes⌐/[das Besondere an ihm/ihr] **2** *dir* (*privilegio*) {+CAPO DELLO STATO, PARLAMENTARE} Vorrecht n, Privileg n, Sonderrecht n.

preromànico, (-a) <-ci, -che> *arte* **A** agg {PITTURA, SCULTURA} vorromanisch **B** m vorromanische Kunst.

preromàno, (-a) agg (*prelatino*) {CIVILTÀ} vorrömisch.

preromanticìsmo m *arte filos lett* Vorromantik f.

preromàntico, (-a) <-ci, -che> *arte filos lett* **A** agg {CORRENTE, EPOCA} der Vorromantik, vorromantisch **B** m (f) (*esponente*) Vorläufer(in) m(f) der Romantik.

prèsa f **1** gener Griff m: **~ debole/forte/salda**, lockerer/kräftiger/fester Griff; **lasciare/mollare la ~**, loslassen, den Griff lockern; **stringere la ~**, fester zufassen/zugreifen; {+PINZE, TENAGLIE} Greifen m **2** (*pizzico*) {+ORIGANO, PEPE, SALE, TABACCO} Prise f **3** (*presina*) Topflappen m **4** (*manico*) {+COPERCHIO, TEGAME} Griff m, Henkel m **5** (*punto d'appiglio*) Griff m, Haltepunkt m: **gli è mancata la ~ ed è caduto nel vuoto**, er verlor den Halt und so fiel er ins Leere **6** *edil* {+CALCE, GESSO} Abbinden n, Abbindung f, Festwerden n: **cemento a ~ lenta/rapida**, langsam/schnell bindender Zement **7** *elettr* Steckdose f: **~ ⌐a ciabatta⌐/[multipla]**, Mehrfachsteckdose f; **~ di corrente**, Steckdose f; **~ di terra**, Erdung f **8** (*nei giochi di carte*) Stich m; (*nella dama, negli scacchi*) {+PEDINA} Nehmen m **9** *mil* {+SEBASTOPOLI} Einnahme f: **la ~ della Bastiglia**, der Sturm auf die Bastille **10** *sport* Griff m; (*nel calcio*) Parade f: **~ alta/[a terra]**, Parade f eines hohen/flachen Balles; **~ alle gambe**, Griff m nach den Beinen **11** *tecnol* {+ACQUA} Anschluss m: **~ d'aria**, Lüftungs-, Luftklappe f; **aprire/chiudere la ~ del gas**, den Gashahn auf-/zudrehen ● **~ d'atto** *dir*, Kenntnisnahme f; **~ in consegna**, Entgegennahme f; **~ in considerazione** *fig*, Berücksichtigung f; **~ di coscienza** (*consapevolezza*), Bewusstwerdung f; **~ per il culo** *fig volg* (*imbroglio*), Beschiss m *volg*; (*sfottitura*), Verarschung f *volg*; **~ diretta** *autom*, direkter Gang; *film*, direkte Tonaufnahme f; *mecc*, Direktkupplung f; **~ in esame** *fig*, Prüfung f; **essere alle prese con qc** *fig* (*cimentarsi*), sich mit etw (dat) abmühen, sich mit etw (dat) herumschlagen *fam*, mit etw (dat) beschäftigt sein; **l'ispettore era alle prese con un caso difficile**, der Inspektor war mit einem schwierigen Fall beschäftigt; **essere alle prese con qu** *fig* (*essere impegnato*), sich mit jdm herumschlagen *fam*; **fare ~** (*aderire*), {GESSO, MASTICE} abbinden, hart werden, erhärten *forb*; {VERNICE} trocknen, trocken werden; (*attecchire*) {INNESTO, RADICI} an|wachsen; **fare ~ qc** (*attaccarsi*), {ANCORA SUL FONDO} in etw (acc) greifen, in etw (acc) fassen; (*aderire*) {COLLA SUL LEGNO} auf etw (dat) gut haften; **un pneumatico che fa buona ~ sulla strada**, ein Reifen, der eine gute Straßenhaftung hat; **far ~ (molta/poca) su qu** *fig* (*suscitare simpatia*), jdn (sehr/wenig) beeindrucken, jdm (viel/wenig) Eindruck machen; *fig* (*esercitare un influsso*), {ARGOMENTO, DISCORSO SUL PUBBLICO} *anche* jdn (sehr/wenig) beeinflussen; **~ per i fondelli** *fig volg* (*imbroglio*), Beschiss m *volg*; (*sfottitura*), Verarschung f *volg*; **~ in giro** (*imbroglio*), Betrug m, Schwindel m *fam spreg*; (*sfottitura*), Fopperei f *fam*; **~ di posizione** *fig* (*dichiarazione di intenzioni*), Stellungnahme f; **~ di possesso di qc** *dir*, {DI UN BENE} Inbesitznahme f von etw (dat); **~ di potere** *polit*, Machtübernahme f; **~ di servizio** *amm* (*inizio di attività di lavoro*), Dienstantritt m; **venire alle prese con qu** *fig* (*litigare*), sich mit jdm in die Wolle kriegen *fam*.

preṣàgio <-gi> m **1** (*presentimento*) (Vor)ahnung f: **avere nel cuore un triste ~**, ein schlechtes Gefühl haben **2** (*segno premonitore*) Vorzeichen n, Anzeichen n, Vorbedeutung f: **presagi di una sommossa**, Anzeichen n pl eines Aufstandes **3** *lett* (*profezia*) {AVVERSO, LIETO} Prophezeiung f, Weissagung f: **trarre presagi da qc**, aus etw (dat) weissagen/[Weissagungen machen].

preṣagìre <presagisco> tr **1** (*prevedere*) **~ qc** *etw* vorher|sehen, *etw* voraus|sehen: **nulla lasciava ~ una catastrofe**, nichts deutete auf eine Katastrophe hin **2** (*presentire*) **~ qc** {DISGRAZIA} *etw* (voraus|)ahnen **3** (*predire*) **~ qc a qu** {BRILLANTE FUTURO} jdm *etw* voraus|-, vorher|-, weissagen.

preṣàgo, (-a) <-ghi, -ghe> agg *lett* (*che presagisce eventi futuri*) **~ (di qc)** {SOGNO} *etw* (voraus|)ahnend, zukunftsweisend.

presagomatùra f *tecnol* Eisengerüstproduktion f, Eisengerüstfertigung f.

preṣalàrio <-ri> m *università* (*sussidio per studenti*) staatlicher Zuschuss für Studenten mit einkommensschwachen Eltern.

preṣbiopìa f *med* Weitsichtigkeit f.

prèṣbite *med* **A** agg weitsichtig **B** mf (*persona*) Weitsichtige mf decl come agg.

preṣbiteràle agg *relig* presbyterial.

preṣbiteràto m *relig* Presbyter(i)at n.

preṣbiterianéṣimo, **preṣbiterianìṣmo** m *relig* Presbyterianismus m.

preṣbiteriàno, (-a) *relig* **A** agg {CHIESA, PROTESTANTI} presbyterianisch **B** m (f) (*seguace*) Presbyterianer(in) m(f).

preṣbitèrio <-ri> m **1** *arch* Presbyterium n, Chor(raum) m **2** *region relig* (*casa del parroco*) Pfarrhaus m **3** *relig* (*nella Chiesa presbiteriana: organo di governo*) Presbyterium n.

preṣbìtero m **1** *relig* (*sacerdote*) Priester m **2** *relig stor* (*anziano*) Älteste m decl come agg.

preṣbitìṣmo m *med* Weitsichtigkeit f.

prescégliere <coniug *come* scegliere> tr (*scegliere*) **~ qu/qc tra qu/qc** jdn/*etw* unter jdm/*etw* (aus|)wählen: **fu prescelto tra i tanti aspiranti**, er wurde unter den vielen

prescélto, (-a) **A** agg (che è stato scelto) {CANDIDATO, OPERA} ausgewählt **B** m (f) (chi è stato scelto) Ausgewählte mf decl come agg.
presciènte agg lett (che conosce il futuro) {DIO} vorauswissend.
presciènza f **1** relig {DIVINA} Vor(her)wissen n, Kenntnis f der Zukunft **2** (preveggenza) Voraussicht f.
presciìstica <-che> f sport (ginnastica) Skigymnastik f.
presciìstico, (-a) <-ci, -che> agg sport {ESERCIZIO} Skigymnastik-; {GINNASTICA} Ski-.
prescìndere <irr prescindo, prescindei, rar prescisso> itr (lasciare da parte) ~ **da qc** {DA OPINIONI PERSONALI} von etw (dat) ab|sehen; ˌa ~ˌ/[**prescindendo**] **da qc** ..., abgesehen von etw (dat) ...; **prescindendo da convinzioni religiose**, abgesehen von religiösen Überzeugungen; **a ~ dal fatto che ...**, abgesehen ˌvon der Tatsacheˌ/[davon], dass ...
prescolàre agg (anteriore alla scuola dell'obbligo) {ETÀ} Vorschul-.
prescolàstico, (-a) <-ci, -che> agg (prescolare) {EDUCAZIONE} Vorschul-, vorschulisch.
prescrittìbile agg dir {REATO} verjährbar.
prescrittibilità <-> f dir {+PENA} Verjährbarkeit f.
prescrittìvo, (-a) agg **1** (che prescrive): **regolamento ~**, Vorschriften f pl **2** ling (normativo) {GRAMMATICA} normativ.
prescrìtto, (-a) agg **1** amm ~ (**da qc**) {LIMITE DI VELOCITÀ} (von etw dat) vorgeschrieben: **termini prescritti dalla legge**, vom Gesetz vorgeschriebene Fristen **2** dir {DIRITTO} verjährt **3** med {CURA, TERAPIA} verschrieben, verordnet.
prescrìvere <coniug come scrivere> **A** tr **1** amm ~ **qc** (**a qu**) {CODICE DELLA STRADA USO DELLE CINTURE DI SICUREZZA} (jdm) etw vor|schreiben: **il regolamento della biblioteca prescrive che ...**, die Bibliotheksordnung schreibt vor, dass ... **2** dir ~ **qc** {REATO} etw für verjährt erklären **3** med ~ **qc** (**a qu**) {ANALISI AL PAZIENTE} jdm etw verschreiben, jdm etw verordnen **B** itr pron dir: **prescriversi** verjähren.
prescrivìbile agg med (che può essere prescritto) {FARMACO} verschreibbar.
prescrizionàle agg dir {TERMINE} Verjährungs-.
prescrizióne f **1** amm (norma) Vorschrift f: **attenersi alle prescrizioni**, sich an die Vorschriften halten; **prescrizioni di legge**, Gesetzesvorschriften f pl **2** dir {+DIRITTO, PENA, REATO} Verjährung f: **~ acquisitiva** (usucapione), Ersitzung f; **andare/cadere in ~**, verjähren; ˌfar cadereˌ/[mandare] **in ~ qc**, etw verjähren lassen **3** med Verschreibung f, Verordnung f: **dietro/su ~ medica**, nach ärztlicher Verordnung.
prescuòla f scuola Vorschule f.
presegnalàre tr (segnalare con anticipo) ~ **qc** {INCIDENTE STRADALE} etw vorher an|zeigen/signalisieren.
presegnalazióne f Vorwarnung f.
presegnàle m (segnale collocato prima) Vorsignal n: **~ di curva pericolosa**, Vorsignal n einer gefährlichen Kurve.
preselettóre m tel Vorwähler m.
preselezionàre tr anche sport (selezionare in precedenza) ~ **qu/qc** (**per qc**) {CALCIATORI PER UNA PARTITA, CANDIDATI} jdn (für etw acc) aus|wählen.
preselezióne f **1** (incanalamento) {+TRAFFICO} Kanalisierung f **2** anche sport {+ATLETI, CANDIDATI} Vorauswahl f **3** tel Vorwahl f.
presémina f agr Vorsaat f.

presentàbile agg **1** (decente) anständig, salonfähig, vorzeigbar, präsentabel: **con questo grembiule non sono ~**, mit dieser Schürze bin ich nicht präsentabel/salonfähig **2** (proponibile) {PROGETTO, RICERCA} vorschlagbar.
presentabilità <-> f **1** (decenza) Anständigkeit f, Vorzeigbarkeit f **2** (proponibilità) {+PROGETTO, RICERCA} Vorschlagbarkeit f.
presentàre A tr **1** (inoltrare) ~ **qc** (**a qu/qc**) (**per qc**) (+ **compl di luogo**) {DOMANDA DI ASSUNZIONE PRESSO UN'AZIENDA} etw (um etw acc) (bei etw dat) ein|reichen; {DOCUMENTI PER UNA PRATICA} etw (für etw acc) vor|zeigen, etw (für etw acc) vor|legen; {RECLAMO A UNA DITTA} etw (bei etw dat) vor|bringen; {DENUNCIA IN QUESTURA} etw (bei jdm/etw) (wegen etw gen) erstatten; {ISTANZA AL GIUDICE, AL SINDACO} etw (bei jdm/etw) (wegen etw gen) ein|reichen **2** (far conoscere) ~ **qu a qu** jdm jdn vor|stellen: **ti presento mia moglie Laura**, das ist meine Frau Laura, ich stelle dir meine Frau Laura vor; **posso presentarle la mia famiglia?**, darf ich Ihnen meine Familie vorstellen?; **presentala ai tuoi genitori!**, stell sie doch deinen Eltern vor!; **fummo presentati al console**, wir wurden dem Konsul vorgestellt **3** (introdurre) ~ **qu in qc** {PERSONA IN CASA DI QU, IN FAMIGLIA, IN SOCIETÀ} jdn in etw (acc) ein|führen **4** (proporre) ~ **qu/qc** {CANDIDATO, CANDIDATURA} jdn/etw auf|stellen; ~ **qu per qc** {GIOVANE DIPLOMATO PER UN IMPIEGO} jdn für etw (acc) vor|schlagen **5** (far vedere) ~ **qc** (**a qu/qc**) (+ **compl di luogo**) {MACCHINA AL SALONE DELL'AUTO, PRODOTTO IN UN'ESPOSIZIONE} jdm/etw etw (irgendwo) vor|führen, jdm/etw etw (irgendwo) präsentieren, jdm/etw etw (irgendwo) vor|stellen; {STILISTA COLLEZIONE A PARIGI} jdm/etw etw (irgendwo) vor|führen, jdm/etw etw (irgendwo) zeigen; {LIBRO ALLA STAMPA, PRESSO UNA LIBRERIA} jdm/etw etw (irgendwo) präsentieren, jdm/etw etw (irgendwo) vor|stellen; {CORTOMETRAGGIO AL PUBBLICO, AL FESTIVAL DI CANNES} jdm/etw etw (irgendwo) vor|führen **6** (mostrare) ~ **qc** {PAZIENTE SINTOMI D'INTOSSICAZIONE; EDIFICIO, FACCIATA CREPE} etw auf|weisen; {ECONOMIA SEGNI DI RIPRESA} etw zeigen **7** (illustrare) ~ **qc** (**a qu/qc**) (+ **compl di luogo**) {ARGOMENTO, QUESTIONE} (jdm/etw) erläutern; {PROGETTO ALLA COMMISSIONE} (jdm/etw) unterbreiten; {BILANCIO, DISEGNO DI LEGGE} (jdm/etw) etw vor|legen **8** (offrire) ~ **qc** {AFFARE VANTAGGI} etw (dar)|bieten, etw an|bieten **9** (comportare) ~ **qc** {OPERAZIONE AL CUORE RISCHI} etw mit sich bringen, etw ein|schließen **10** (servire) ~ **qc** (+ **compl di modo**) {ARROSTO IN UN LETTO D'INSALATA} etw (irgendwie) servieren: **~ in tavola una meravigliosa torta**, einen wunderbaren Kuchen servieren/auftragen **11** (descrivere) ~ **qc** {SCRITTORE PERSONAGGIO STORICO, SCENA DI CACCIA} etw beschreiben **12** (esibire) ~ **qc a qu/qc** {BIGLIETTO AL CONTROLLORE, PASSAPORTO ALLA POLIZIA} jdm (jdm) etw (vor|)zeigen, jdm/etw etw vor|legen **13** (porgere) ~ **qc a qu** {SALUTI} jdm etw aus|richten, jdm etw übermitteln; {OSSEQUI} jdm etw aus|sprechen; {OMAGGI, RISPETTI} jdm etw erweisen; {SCUSE} jdm etw vor|bringen **14** (rivolgere) ~ **qc a qc** {CASA FACCIATA A NORD} nach etw (dat) liegen, nach etw (dat) zeigen **15** banca ~ **qc a qc** {ASSEGNO ALL'INCASSO} etw (irgendwo) vor|legen **16** mar ~ **qc a qc** {LA PRUA ALLE ONDE, AL VENTO} etw irgendwohin richten **17** radio teat TV ~ **qu** (**a qu**) {ATTORE, CANTANTE, BAND AL PUBBLICO} jdn (jdm) vor|stellen; {PIANISTA} jdn (jdm) präsentieren; {conduRRE} ~ **qc** (**a qc**) {TRASMISSIONE ALLA RADIO} etw (irgendwo) leiten; {VARIETÀ ALLA TELEVISIONE} etw (irgend-

wo) präsentieren; {DIBATTITO} etw (irgendwo) moderieren **B** itr pron **1** (offrirsi): **presentarsi** (**a qu**) sich jdm bieten: **gli si è presentata un'ottima occasione**, ihm bot sich eine ausgezeichnete Gelegenheit; **caso mai si presentasse l'opportunità**, falls sich die Gelegenheit bieten sollte **2** (mostrarsi): **presentarsi** {SCENARIO STRAORDINARIO} sich dar|bieten: **si presentò ai nostri occhi uno spettacolo magnifico**, unseren Augen bot sich ein großartiges Schauspiel **3** (insorgere): **presentarsi** {COMPLICANZE} auf|treten: **se dovesse presentarsi qualche problema**, falls Probleme auftreten sollten **4** (sembrare): **presentarsi** + **compl di modo** sich als etw (nom) erweisen, irgendwie sein, irgendwie scheinen: **la questione si presenta alquanto delicata**, das Problem erweist sich als ziemlich delikat **5** (succedere): **presentarsi** {CASO STRANO} ein|treten; {FATTO NUOVO} sich ereignen **6** med: **presentarsi** + **compl di modo** {FETO DI SPALLA, DI TESTA} mit etw (dat) nach unten liegen **C** rfl **1** (andare): **presentarsi** (+ **compl di luogo**) {IN DIREZIONE, IN TRIBUNALE} irgendwo erscheinen; {AL COMMISSARIATO, AL DISTRETTO MILITARE} sich irgendwo melden: **presentarsi all'appuntamento con un forte ritardo**, zum Treffen mit großer Verspätung kommen/erscheinen; **presentarsi a qu** {AL DIRETTORE, AL MAGISTRATO} vor jdm erscheinen **2** (proporsi): **presentarsi** (**come qc**) (**a qc**) {COME CANDIDATO ALLE ELEZIONI AMMINISTRATIVE} bei etw (dat) kandidieren; {PARTITO ALLE ELEZIONI} zu etw (dat) an|treten: **si presentò come volontario**, er trat als Freiwilliger an, er meldete sich als Freiwilliger **3** (apparire): **presentarsi** erscheinen: **si presentò alla cerimonia con i jeans strappati**, er erschien mit zerrissenen Jeans zur Feier **4** (dire il proprio nome): **presentarsi** (**a qu**) {AL DIRETTORE} sich (jdm) vor|stellen: **non mi sono ancora presentata**, ich habe mich noch nicht vorgestellt • **presenterò!** (riferirò i saluti), ich werde die Grüße ausrichten/bestellen; **presentarsi bene/male** (fare una buona/cattiva impressione), {PIATTO} gut/schlecht aussehen; {RAGAZZA} einen guten/schlechten Eindruck machen.

presentat'arm, presentat'arm <-> m loc sost **m** mil präsentiert das Gewehr!
presentatóre, (-trice) m (f) **1** radio TV Ansager(in) m(f), Präsentator(in) m(f); (di spettacolo) Showmaster(in) m(f); (di quiz) Quizmaster(in) m(f); (di conferenza, dibattito) Moderator(in) m(f); (di concerto, di sfilata di moda, di un festival) Präsentator(in) m(f); (di varietà) Conférencier m, (Conférencière f) **2** (chi presenta) {+NUOVO LIBRO} Präsentator(in) m(f), Vorsteller(in) m(f) **3** amm {+DOMANDA} Antragsteller(in) m(f).
presentazióne f **1** {+CERTIFICATO, RICORSO} Einreichung f: **la ~ delle domande deve essere fatta entro il ...**, die Anträge/Bewerbungen müssen bis zum ... eingereicht werden; **su ~ di un documento**, gegen Vorlage eines Ausweises **2** (atto) {+FIDANZATO} Vorstellung f; (in pubblico) {+CANDIDATO} Auftritt m; {+LIBRO} Vorstellung f: **fare la ~ di un romanzo**, einen Roman vorstellen; {+COLLEZIONE DI MODA, FILM} Vorführung f; {+CONFERENZA} Leitung f; {+CANTANTE, COMICO} Vorstellung f; {+AUTOVETTURA, MERCE, PRODOTTO} anche Einführung f, Vorführung f; {+CONCERTO, SPETTACOLO, VARIETÀ} Präsentation f **3** (introduzione) Einführung f: **chi ha curato la ~ del saggio?**, wer hat die Einführung zu dem Essay besorgt?; **il dibattito verrà preceduto da una breve ~**, der Debatte wird eine kurze Einführung vorausgehen **4** (l'illustrare) {+PROGETTO, PROPOSTA} Unterbreitung f; {+DISEGNO DI LEGGE} Einbringung f **5** (modo in cui

si presenta) Präsentierung f: **la ~ di un piatto è molto importante**, sehr wichtig ist, wie ein Gericht serviert wird **6** (*l'esibire*) {+PASSAPORTO} Vorlage f **7** *banca* Vorlage f: **~ di un assegno all'incasso**, Scheckvorlegung f zum Inkasso **8** *film* (*trailer*) Trailer m; (*critica*) Vorstellung f **9** *med* {+FETO} Lage f: **~ cefalica/podalica**, Kopf-/Steißlage f **10** *radio TV* {+PROGRAMMA} Ansage f • *fare* **le presentazioni** (*il far conoscere due o più persone*), jdn vorstellen; **dopo le presentazioni di** *rito* ... (*usuali*), nach dem üblichen Vorstellungsritual ...

preṣènte① **A** *agg* **1** (*astante*) **~ (a qc)** {INVITATI ALL'INAUGURAZIONE} (*bei etw dat*) anwesend, (*bei etw dat*) dabei, (*bei etw dat*) zugegen *forb*: **erano presenti le autorità cittadine**, die städtischen Behörden waren anwesend; **i colleghi presenti alla riunione**, die bei der Sitzung anwesenden Kollegen **2** (*questo*) vorliegend, diese(r, s): **il ~ volume di poesie**, der vorliegende Band Gedichte; *amm comm* vorliegend; **la ~ lettera**, der vorliegende Brief **3** (*contemporaneo*) {GENERAZIONE, TEMPO} heutig, jetzig; {EPOCA, ETÀ} gegenwärtig **4** (*corrente*) {ANNO} diese(r, s) **5** (*attuale*) {AVVENIMENTO, CONDIZIONI, SITUAZIONE} jetzig, gegenwärtig **6** (*vivo*) {RICORDO} lebendig: **lui è sempre ~ nei miei pensieri**, in meinen Gedanken ist er stets lebendig/präsent *forb* **7** (*alla presenza di*): **presenti i genitori, il ragazzo confessò**, in Gegenwart/Anwesenheit der Eltern gestand der Junge; **le ha chiesto scusa me ~**, er/sie hat sie in meiner Gegenwart um Entschuldigung gebeten **8** *gramm*: **participio ~**, Partizip n Präsens **B** *mf* (*astante*) Anwesende mf decl come agg: **tutti i presenti**, alle Anwesenden **C** *m* **1** (*tempo attuale*) Gegenwart f: **il ~ e il passato**, die Gegenwart und die Vergangenheit; **vivere nel ~**, in der Gegenwart leben **2** (*l'oggi*) Jetzt n **3** *gramm* Präsens m, Gegenwart f: **~ indicativo**, Indikativ m Präsens **D** f *amm comm* (*vorliegendes*) Schreiben: **con la ~ Le comunichiamo ...**, hiermit teilen wir Ihnen mit ... **E** *inter impr scuola* (*negli appelli*) hier!, anwesend!: **Rossi – ~!**, Rossi – Hier! • **aver ~ qu/qc** (*avere in mente*), jdn/etw präsent haben *forb*, sich an jdn/etw erinnern; **hai ~ l'edicola vicino alla farmacia?**, hast du den Zeitungskiosk bei der Apotheke präsent? *forb*; **ti ricordi la mia amica tedesca? – No, non ce l'ho ~**, erinnerst du dich an meine deutsche Freundin? – Nein, ich erinnere mich nicht an sie; **essere ~ a se stesso** (*essere cosciente di sé*), sich (dat) seiner selbst bewusst sein; *far* **~ qc a qu** (*far notare*), jdn auf etw (acc) hinweisen, jdn auf etw (acc) aufmerksam machen; **ti faccio ~ che sei di nuovo in ritardo**, ich mache dich darauf aufmerksam, dass du dich wieder verspätet hast; **~ *narrativo*/*storico** *lett*, historisches Präsens n; **tenere ~ (qu/qc)** (*considerare*), jdn/etw berücksichtigen, an jdn/etw denken, etw bedenken; **tieni ~ il fuso orario**, du musst die Zeitverschiebung berücksichtigen; **tenendo ~ che ...**, unter Berücksichtigung der Tatsache, dass ...; **rengegenwärtigt man sich, dass ...**; **tenere ~ qu** (*ricordarsene al momento opportuno*), jdn berücksichtigen, an jdn denken; **mi tenga ~, se si libera un appartamento!**, denken Sie an mich, wenn eine Wohnung frei wird!

preṣènte② *m forb* (*regalo*) Geschenk n, Präsent n *forb*: **fare un ~ a qu**, jdm ein Geschenk machen.

presentimento m (*presagio*) {BRUTTO, TRISTE, VAGO} Vorgefühl n, (Vor)ahnung f: **aveva il ~ di questa sciagura**, er/sie hat dieses Unglück vorgeahnt; **ho il ~ che stia per accadere qualcosa**, ich habe die Vorah-

nung,/[mir schwant *fam*,] dass etwas passieren wird; **~ di morte**, Todesahnung f; **pieno di presentimenti**, ahnungsvoll.

presentire tr (*presagire*) **~ qc** {DISGRAZIA} *etw* (voraus|)ahnen.

preṣènza f **1** (*l'essere presente*) Anwesenheit f, Gegenwart f: **la tua ~ mi rassicura**, deine Gegenwart beruhigt mich **2** (*partecipazione*) Teilnahme f: **la ~ al seminario è obbligatoria**, die Teilnahme am Seminar ist obligatorisch **3** (*esistenza*) Vorhandensein n, Existenz f: **un bosco pericoloso per la ~ di cinghiali**, ein gefährlicher Wald, da es dort Wildschweine gibt **4** (*turisti presenti*) Zahl f der Touristen: **le presenze nelle località sciistiche piemontesi sono aumentate**, die Zahl der Touristen in den piemontesischen Skigebieten hat zugenommen **5** (*aspetto*) Aussehen n, Äußere n decl come agg: **un uomo di bella ~**, ein gut aussehender Mann *m sport* Einsatz m: **un calciatore che può vantare molte presenze in nazionale**, ein Fußballspieler, der sich vieler Einsätze in der Nationalelf rühmen kann • **alla/in ~ di qu** (*davanti a*), in jds Anwesenheit; **la cerimonia si svolse alla ~ del capo dello stato**, die Feierlichkeit fand in Anwesenheit des Staatspräsidenten statt; **non avere ~** (*essere di aspetto insignificante*), unscheinbar sein; *in mia/tua/sua ... ~ (davanti a*), in meiner/deiner/[seiner/ihrer] ... Anwesenheit; **essere/trovarsi in ~ di qc** (*assistere*), es mit etw (dat) zu tun haben, etw (dat) beiwohnen *forb*; **siamo/[ci troviamo] in ~ di un omicidio efferato**, wir haben es mit einem grausamen Mord zu tun; **~ di *spirito*** (*prontezza*), Geistesgegenwart f.

preṣenzialismo m (*assidua partecipazione*) {+POLITICI} Adabei-Haltung f **A** *fam* (*Neigung*, *überall dabei sein zu wollen*).

preṣenzialista <-i m, -e f> mf (*chi pecca di presenzialismo*) Adabei m **A** *fam* (*wer immer und überall dabei sein will*).

preṣenziàre <*presenzio, presenzi*> **A** tr (*partecipare*) **~ (qc)** {ADUNANZA, CERIMONIA} *etw* (dat) bei|wohnen, *an etw* (dat) teil|nehmen, *bei etw* (dat) anwesend sein: **presenzierà il ministro**, der Minister wird anwesend/zugegen *forb* sein **B** *itr* (*intervenire*) **~ a qc** {A UNA MANIFESTAZIONE} *an etw* (dat) teil|nehmen.

preṣèpe, **preṣèpio** <-pi> m {NAPOLETANO} Krippe f: **fare il ~**, die Krippe aufstellen • **~ vivente** (*con persone e animali veri*), Krippenspiel n.

preseràle A *agg* {QUIZ} Vorabend- **B** m *TV* Vorabendprogramm n: **gli alti ascolti del ~**, die hohen Einschaltquoten des Vorabendprogramms.

preservàre A tr **1** (*proteggere*) **~ qc (da qc)** {AMBIENTE DALL'INQUINAMENTO, BISCOTTI DALL'UMIDITÀ, RISERVA NATURALE} *etw* (*vor etw dat*) schützen; {ORGANISMO DA MALATTIE, PATRIMONIO ARTISTICO DAL DEGRADO, PIANETA DALL'EFFETTO SERRA, SALUTE} *anche etw* (*vor etw dat*) bewahren; **~ qu da qc** {GIOVANI DALLE DELUSIONI} *jdn vor etw* (dat) schützen, *jdm etw* ersparen **2** (*mantenere*) **~ qc** {PACE} *etw* erhalten; {STATUS QUO} *etw* aufrecht|erhalten, *etw* bei|behalten; {STATO SOCIALE} *etw* wahren **B** (*difendersi*): **preservarsi da qc** {DA CONTAGI} sich *vor etw* (dat) schützen.

preservativo m (*profilattico*) Präservativ n, Kondom n, Präser m *fam*: **mettere il ~**, das Präservativ überziehen; **usare il ~**, das Kondom benutzen.

preservazióne f **1** (*tutela*) {+AMBIENTE} Schutz m; {+TRADIZIONI} Bewahrung f; {+PATRIMONIO ARTISTICO} *anche* Konservierung f **2** (*mantenimento*) {+PACE} Erhaltung f; {+STA-

TO SOCIALE} Wahrung f.

prèṣi 1ª pers sing del pass rem *di* prendere.

prèṣide mf **1** *scuola* {+LICEO} Schulleiter(in) m(f), Direktor(in) m(f); {+MEDIA, SCUOLA ELEMENTARE} Rektor(in) m(f) **2** *università* {+FACOLTÀ DI INGEGNERIA} Dekan(in) m(f).

preṣidènte, (**-essa**) m (f) **1** {+ASSOCIAZIONE, COMITATO, COMMISSIONE ESAMINATRICE, LEGA} Vorsitzende mf decl come agg; {+BANCA, ENTE, ISTITUTO} *anche* Leiter(in) m(f), Präsident(in) m(f): **~ effettivo**, Vorsitzende m decl come agg; **~ onorario**, Ehrenvorsitzende m decl come agg; **è stato eletto/nominato ~ della società**, er ist zum Vorsitzenden/Präsidenten der Gesellschaft gewählt/ernannt worden **2** *dir polit* Präsident(in) m(f), Vorsitzende mf decl come agg: **~ ,della camera dei deputati,** {+DEL SENATO}, Parlaments-/Senatspräsident(in) m(f); **~ del consiglio dei ministri**, Ministerpräsident(in) m(f); **~ della corte dei conti**, Präsident(in) m(f) des Rechnungshofs; **~ di partito**, Parteivorsitzende mf decl come agg; **~ della repubblica/[repubblica federale]**, Staats-/Bundespräsident(in) m(f); **~ del seggio elettorale**, Wahlleiter(in) m(f); **~ del tribunale**, Gerichtspräsident(in) m(f) **3** *sport* {+GIURIA} Präsident(in) m(f).

preṣidènza f **1** (*carica*) Vorsitz m, Leitung f, Präsidium n: **avere/assumere la ~ di una società**, den Vorsitz einer Gesellschaft ,haben/führen,/[übernehmen], **sotto la ~ di ...**, unter dem Vorsitz von ...; (*durata*) {BREVE, LUNGA, QUADRIENNALE} Vorsitz m; (*luogo*) Präsidium n **2** *polit* (*carica e durata*) Präsidentschaft f: **durante la ~ di Eisenhower**, während der Präsidentschaft Eisenhowers; (*organo collegiale*) Präsidium n; **~ del consiglio dei ministri**, Vorsitz m des Ministerrats; (*luogo*) Sitz m des Ministerrats **3** *scuola* (*carica di preside*) Direktorat n, Schulleitung f; (*durata*) Direktorat n; (*gruppo di collaboratori*) Präsidium n; **~ di consiglio di ~**, Präsidiumsrat m; (*luogo*) Schulleitung f: **essere chiamato in ~**, ,in die Direktion,/[zur Schulleitung] gerufen werden **4** *università* (*carica e luogo*) {+FACOLTÀ DI MEDICINA} Dekanat n; (*durata*) Dekanatszeit f.

preṣidenziàle agg *polit* {CARICA, ELEZIONI} Präsidenten-; {DECRETO, REPUBBLICA} Präsidial-.

preṣidenzialismo m *polit* Präsidialsystem n.

preṣidenzialista <-i m, -e f> mf *polit* Verfechter(in) m(f) des Präsidialsystems.

preṣidenzialistico, (**-a**) <-ci, -che> agg (*del presidenzialismo*) {SIMPATIE} präsidential.

preṣidiàre <*presidio, presidi*> tr **~ qc 1** *mil* {TRUPPE CITTÀ} *etw* besetzen, *etw* unter Besatzung nehmen, *etw* mit einer Garnison belegen **2** (*occupare e controllare*) {AGENTI PALAZZO DI GIUSTIZIA} *etw* überwachen, *etw* kontrollieren; {OPERAI CANCELLI DELLA FABBRICA} *etw* besetzen.

preṣidio <-di> m **1** (*distretto*) Bezirk m, Kreis m: **~ di polizia**, Polizeirevier n **2** (*occupazione*) {SINDACALE} Besetzung f **3** <*di solito al pl*> *med* (*mezzi*) Einrichtungen f pl: **presidi diagnostici/terapeutici**, diagnostische/therapeutische Einrichtungen **4** *mil* Garnison f, Besatzung f; (*luogo*) Garnison f, Standort m • **essere/stare di ~** *mil* (*di guardia*), in Garnison liegen; **~ ospedaliero** *amm* (*insieme di strutture*), Krankenhauseinrichtungen f pl.

preṣidium <-> m *polit stor* Präsidium n.

preṣièdere <*irr presiedo, presiedei, presieduto*> **A** tr **1** (*coordinare*) **~ qc** {DIBATTITO, GIURIA, SEDUTA} *etw* (dat) vor|sitzen, *etw* (dat) präsidieren; (*uso assol*) den Vorsitz haben: **si**

apre la riunione: presiede la segretaria Bianchi, die Sitzung ist eröffnet, den Vorsitz hat die Schriftführerin Frau Bianchi 2 (*dirigere*) ~ qc {ISTITUTO} etw leiten 3 *scuola* ~ qc {LICEO} etw leiten 4 *università* ~ qc {FACOLTÀ DI ARCHITETTURA} etw leiten B itr (*sovrintendere*) ~ a qc {AI LAVORI DI UNA COMMISSIONE} etw (dat) vor|stehen, die Leitung von etw (dat)/+ gen haben, etw (dat) vor|sitzen; {A UN MINISTERO} anche etw (dat) präsidieren; *scient tecnol* {POLMONI ALLA RESPIRAZIONE} etw regeln.

presina <dim *di* presa> f 1 Topflappen m 2 *farm* (Apotheker)tütchen n.

presistole f *med* Präsystole f *scient*.

presistolico, (-a) <-ci, -che> agg *med* {TONO} präsystolisch *scient*.

préso *part pass di* prendere.

presocratico, (-a) <-ci, -che> *filos* A agg vorsokratisch B m (*filosofo*) Vorsokratiker m.

pressa f *mecc* Presse f: ~ **per bulloni/cavo**, Bolzen-/Kabelpresse f; ~ **per coniare**, Pressstempel m, Prägewerk n; ~ **per estrusione di metalli**, Metallstrangpresse f; ~ **fucinatrice/goffratrice**, Schmiede-/Prägepresse f; ~ **idraulica**, hydraulische Presse, Wasserdruckpresse f; ~ **meccanica**, mechanische Presse, Schnellpresse f; ~ **perforatrice/tranciatrice**, Perforier-/Schneidpresse f; ~ **da litografo/stampa**, Steindruck-/Druckpresse f.

pressaforaggio <-> m *agr* (*per fieno*) Heupresse f; (*per paglia*) Strohpresse f.

press agent <-, -, -s pl *ingl*> loc sost mf *ingl* (*addetto stampa*) Pressesprecher(in) m(f).

pressante agg 1 (*urgente*) {AFFARE, IMPEGNO} dringend 2 (*insistente*) eindringlich, beharrlich, nachdrücklich: **le sue richieste si fanno sempre più pressanti**, seine/ihre Forderungen werden immer nachdrücklicher.

pressapòco, **press'a pòco** avv loc avv → **pressappoco**.

pressappocaggine f → **pressappochismo**.

pressappochismo m (*superficialità*) Oberflächlichkeit f, Vagheit f, Unbestimmtheit f.

pressappochista <-i m, -e f> mf (*persona superficiale*) oberflächlicher Mensch, Luftikus m *fam spreg*, Leichtfuß m *fam scherz*.

pressappochistico, (-a) <-ci, -che> agg (*superficiale*) {OPINIONE} vage, unbestimmt.

pressappòco avv (*all'incirca*) ungefähr, etwa, zirka: **pesa** ~ **trenta kili**, er/sie/es wiegt etwa dreißig Kilo; **sarà** ~ **mezzogiorno**, es wird ungefähr Mittag sein; **un monte alto** ~ **mille metri**, ein etwa tausend Meter hoher Berg; **ci impiego** ~ **due ore**, ich brauche dafür ungefähr zwei Stunden.

pressare tr 1 (*sottoporre a pressione*) ~ qc {CARTA, CARTONE} etw gautschen; {LAMIERE, ROTTAMI} etw zusammen|pressen; {PAGLIA} etw pressen; {UVA} etw keltern 2 *fig* (*assillare*) ~ qu (con qc) {CON RICHIESTE DI DENARO} jdn (mit etw dat) bedrängen: **è pressato dagli impegni di lavoro**, seine Arbeitsverpflichtungen setzen ihn unter Druck.

pressàto, (-a) agg (*sottoposto a pressatura*) {CARTONE} gegautscht; {LAMIERE} zusammengepresst; {FIENO, PAGLIA} Press-.

pressatura f {+CARTONE} Gautschen n; {+LAMIERE} Zusammenpressen n; {+PAGLIA} Pressung f; (*azione*) anche Pressen n.

prèssing <-> m *ingl* 1 *sport* Pressing n 2 *fig* (*forte pressione*) Powerplay n.

pressióne f 1 (*compressione*) {FORTE} Druck m: **esercitare una leggera** ~ **su qc**, einen leichten Druck auf etw (acc) ausüben 2 *fig* (*spinta*) {+MASSE} Druck m: **cedere alla** ~ **delle truppe nemiche**, dem Druck der feindlichen Truppen nachgeben 3 *fis* Druck m: ~ **dell'acqua/dell'aria/del gas/dell'olio/del vapore**, Wasser-/Luft-/Gas-/Öl-/Dampfdruck m; ~ **acustica/sonora**, Schalldruck m; ~ **elettrostatica/idrodinamica/idrostatica/osmotica**, elektrostatischer/hydrodynamischer/hydrostatischer/osmotischer Druck 4 *med* Blutdruck m: ~ **alta/bassa**, hoher/niedriger Blutdruck; Bluthochdruck m/Unterdruck m; **avere la** ~ **alta/bassa/normale**, (einen) hohen/niedrigen/normalen Blutdruck haben; ~ **arteriosa**, arterieller Druck; ~ **capillare/venosa**, Kapillar-/Venendruck m; **aumento/abbassamento di** ~, Ansteigen/Absinken des Blutdrucks; ~ **massima/minima**, höchster/niedrigster Blutdruckwert; **misurare la** ~ **a qu**, jdm den Blutdruck messen; ~ **sanguigna**, Blutdruck m 5 *meteo* Luftdruck m: ~ **alta/bassa** ~, Hoch-/Tiefdruck m • **fare** ~ [**delle pressioni**] **su qu/qc per ottenere qc** *fig* (*sollecitare*), {SULLA COMMISSIONE, SUL PARLAMENTO} ↓Druck auf jdn/etw ausüben↑/[jdn/etw unter Druck setzen], um etw zu erreichen; ~ **fiscale/tributaria** *econ*, Steuerlast f; ~ **dei pneumatici**, Reifendruck m; **ricevere delle pressioni da qu/qc** *fig* (*essere sollecitato*), von jdm/etw ↓unter Druck gesetzt werden↓/[Druck bekommen *fam*]; **essere sotto** ~ *tecnol*, {MACCHINA} unter Druck stehen; **essere sotto** ~ (**per qc**) *fig* (*avere dei problemi*), (wegen etw gen) unter Druck stehen; **mettere/tenere qu sotto** ~ *fig* (*pressarlo*), jdn unter Druck setzen/halten; **subire pressioni da parte di qu** *fig* (*essere pressato*), von jdm unter Druck gesetzt werden, jds Druck ausgesetzt sein.

prèsso A prep 1 (*stato in luogo: vicino a*) ~ qc nahe an/bei etw (dat), in der Nähe von etw (dat)/+ gen, neben etw (dat): **l'hotel** ~ **la stazione**, das Hotel neben dem Bahnhof; **abito in un paesino** ~ **Firenze**, ich wohne in einem kleinen Dorf in der Nähe von Florenz; **la tabaccheria si trova** ~ **la posta**, der Tabakladen liegt nahe bei der Post (*moto a luogo*); in die Nähe von etw (dat)/+ gen, an etw (acc); **giunsero** ~ **la città**, sie kamen in die Nähe der Stadt; **sedersi** ~ **il caminetto/la finestra**, sich ↓an den Kamin↓/[ans Fenster] setzen 2 (*stato in luogo: in*) ~ qc in etw (dat), an etw (dat), bei etw (dat): **fa un tirocinio** ~ **un istituto di ricerca**, er/sie macht ein Praktikum in einem Forschungsinstitut; **studio** ~ **l'università di Trieste**, ich studiere an der Universität Triest; **lavora** ~ **un'azienda**, er/sie arbeitet bei einer Firma; **addetto culturale** ~ **l'ambasciata americana**, Kulturattaché der amerikanischen Botschaft (*moto a luogo*); in etw (acc); **recarsi** ~ **uno studio notarile**, sich an ein Notariat wenden, zu einem Notar gehen 3 (*da*) ~ qu, (*con i pron pers*) ~ **di qu** zu jdm, bei jdm: **informati** ~ **il padrone di casa**, informiere dich beim Hausbesitzer; **si rifugiò** ~ **un amico**, er/sie fand bei einem Freund Zuflucht 4 (*tra*) ~ qu, (*con i pron pers*) ~ **di qu** bei jdm, unter jdm: **gode di grande popolarità** ~ **il pubblico**, er/sie erfreut sich beim Publikum großer Beliebtheit 5 (*in casa di*) ~ qu, (*con i pron pers*) ~ **di qu** bei jdm: **Laura abita** ~ **di noi**, Laura wohnt bei uns; **stare** ~ **dei parenti**, bei Verwandten wohnen 6 (*nella tradizione di*) ~ qu bei jdm: ~ **gli Aztechi**, bei den Azteken 7 (*nella cerchia di*) ~ qu unter jdm: **un genere di musica che si è diffuso** ~ **i giovani**, eine Musikrichtung, die unter Jugendlichen verbreitet ist 8 (*nelle lettere*) ~ **qu/qc** bei jdm: **Egregio Signor Verdi, ~ la ditta ...**, Fa. ..., z.H. Herrn Verdi 9 (*nel pensiero di*) ~ **qu** bei jdm: ~ **alcuni filosofi/scrittori**, bei einigen Philosophen/Schriftstellern B avv (*vicino*) nahe, in der Nähe: **l'edificio lì** ~, das Gebäude in der Nähe C loc avv 1 (*da vicino*): **da** ~, aus der Nähe 2 **lett** (*all'incirca*): **a un di** ~, ungefähr, zirka • **nei pressi di qc**, in der Nähe von etw (dat)/+ gen; **nei pressi del municipio**, in der Nähe vom Rathaus/des Rathauses.

pressoché avv (*quasi*) fast, beinahe: **i palchi erano** ~ **vuoti**, die Logen waren fast leer.

pressofusióne f *metall* Spritz-, Pressguss m.

pressòrio, (-a) <-ri m> agg *med* {VALORI, VARIAZIONE} Blutdruck-.

pressòstato m *tecnol* Druckwächter m.

pressurizzàre tr *aero tecnol* ~ qc {CABINA} etw unter Überdruck setzen, etw druckfest machen.

pressurizzàto, (-a) agg *aero tecnol* {REATTORE} (Über)druck-.

pressurizzatóre m *aero tecnol* Luftverdichter m.

pressurizzazióne f *aero tecnol* {+CABINA} Überdruck m.

prestabilire <prestabilisco> tr (*stabilire prima*) ~ qc {DATA, INCONTRO, ORA} etw vorher fest|setzen/bestimmen; {PROGRAMMA DI LAVORO} etw im Voraus fest|legen.

prestabilito, (-a) agg (*stabilito prima*) {DATA, ORA} vorher festgesetzt/bestimmt; {PERCORSO, SEGNALE} im Voraus festgelegt; {REGOLA} vorgegeben.

prestampàto, (-a) A agg (*stampato in precedenza*) {MODULO} vorgedruckt B m 1 (*bollettino*) Vordruck m 2 (*modulo*) vorgedrucktes Formular.

prestanóme <-> mf Strohmann m *spreg*: **fare da** ~, den Strohmann machen/abgeben *spreg*.

prestànte agg (*aitante*) {FISICO, UOMO} stattlich, kräftig.

prestànza f (*vigoria*) Stattlichkeit f, Kraft f: **un giovane di notevole** ~ **fisica**, ein junger, bemerkenswert stattlicher Mann.

prestàre A tr 1 (*dare in prestito*) ~ qc (a qu) {DEI SOLDI A UN AMICO} jdm etw leihen, jdm etw borgen, (jdm) etw aus|leihen, etw an jdn verleihen: **prestami quel libro!**, leih mir dieses Buch!; **mi ha prestato il suo motorino**, er/sie hat mir sein/ihr Moped ausgeliehen; **non presto volentieri le mie cose**, ich verleihe meine Sachen nicht gern; **puoi prestarmi 50 euro?**, kannst du mir 50 Euro borgen?; **farsi** ~ qc, sich (dat) etw (aus)leihen 2 (*concedere del denaro*) ~ qc + compl di modo {DENARO A INTERESSE, A USURA} etw irgendwie verleihen 3 *fig* (*offrire*) ~ qc (a qu) {AIUTO, ASSISTENZA, GIURAMENTO, SERVIZIO, SOCCORSO} (jdm) etw leisten; ~ qc (a qu/qc) {ASCOLTO, ATTENZIONE} (jdm/etw) etw schenken: **le prestarono le prime cure sul luogo dell'incidente**, sie leisteten ihr am Unfallort erste Hilfe B itr pron 1 (*essere adatto*): **prestarsi a/per qc** {FISICO AGLI SFORZI; SETA PER UNA CAMICETTA} sich *für* etw (acc) eignen, *für* etw (acc) geeignet sein: **una zona che si presta a diventare oasi faunistica**, ein Gebiet, das sich als Tierreservat eignet 2 (*dare spunto*): **prestarsi a** ~ {COMPORTAMENTO A CRITICHE} Anlass *zu* etw (dat) geben: **un film che si presta a molte chiavi di lettura**, ein Film, der viele Interpretationen zulässt C rfl 1 (*prodigarsi*): **prestarsi** (per qu/qc) {PER UN AMICO, PER UN LAVORETTO} sich (jdm/etw) zur Verfügung stellen, sich *für* jdn/etw ein|setzen: **se glielo chiedi, si presta volentieri**, wenn du ihn darum bittest, hilft er dir gern; **prestarsi per fare qc**, sich bemühen,

etw zu tun 2 *spreg* (*farsi coinvolgere*): **prestarsi a qc** sich *auf etw* (acc) ein|lassen, sich *für etw* (acc) her|geben: **non mi presterei mai a fare una cosa simile**, ich würde mich nie ₍auf etwas Derartiges einlassen₎/[für etwas Derartiges hergeben].
prestasòldi <-> mf **1** Casino-Wucherer m, (Casino-Wucherin f) **2** *fig* (*usuraio*) Wucherer m, (Wucherin f) *spreg*.
prestatóre, (**-trice**) m (f) (*lavoratore subordinato*): **~ di lavoro/d'opera**, Arbeitnehmer(in) m(f).
prestavóce <-> mf *film TV* (*doppiatore*) Synchronsprecher(in) m(f).
prestazionàle agg **1** (*della prestazione*) {LIVELLO} Leistungs- **2** *med* {DEFICIT} Leistungs-.
prestazióne f **1** (*attività*) Leistung f: **~ di lavoro/d'opera**, Arbeitsleistung f; **~ professionale**, berufliche Leistung; **~ specialistica**, fachärztliche Leistung, Facharztleistung f **2** (*performance*) {GRANDE, NOTEVOLE; +ATTORE, CANTANTE} Darbietung f, Leistung f: **dare/richiedere una ~ di alto livello**, eine Darbietung von hohem Niveau bieten/fordern; *anche iron scherz* (*sessuale*) Leistung f; **le mie prestazioni ultimamente sono un po' scarse**, ich bringe es im Bett in letzter Zeit nicht so sehr *fam*, als Lover bin ich in letzter Zeit nicht so der Hit *slang*; *sport* (*squadra*; +SQUADRA) Leistung f; **l'atleta ha fornito un'ottima ~**, der Athlet hat eine sehr gute Leistung erbracht **3** *dir* Leistung f: **~ in denaro/natura**, Geld-/Sachleistung f **4** *tecnol* {+MOTORE} Leistung f: **una macchina di elevate prestazioni**, ein leistungsfähiger Wagen.
prestidigitazióne f (*arte del prestigiatore*) Zauberkunst f, Taschenspielerkunst f.
prestigiatóre, (**-trice**) m (f) (*illusionista*) Zauberer m, (Zauberin f), Zauberkünstler(in) m(f), Illusionist(in) m(f), Taschenspieler(in) m(f).
prestìgio <-gi> m (*reputazione*) {+DITTA, NAZIONE, PREMIO, SCIENZIATO} Ansehen n, Prestige n *forb*: **avere molto ~**, großes Ansehen genießen; **~ economico/politico/sociale**, wirtschaftliches/politisches/soziales Prestige *forb*; **gode di un certo ~**, er/sie genießt ein gewisses Ansehen; **è una questione di ~**, das ist eine Prestigefrage *forb*.
prestigióso, (**-a**) agg (*rinomato*) {NOME} bedeutend; {PREMIO, TEATRO} *anche* renommiert; {SCIENZIATO} *anche* namhaft.
prèstito m **1** (*il prestare*) Ausleihe f, Ausleihen n, Borgen n: **avere qc in ~**, etw leihen; **chiedere in ~ qc a qu**, sich etw von jdm ausleihen/borgen; **dare in ~ qc**, etw (ver)leihen, etw ausleihen; **prendere in ~ qc**, sich (dat) etw leihen, etw leihen/borgen; (*nelle biblioteche*) Ausleihe f; **il volume è in ~**, der Band ist verliehen; **~ esterno**, Fernleihe f **2** (*somma di denaro*): **chiedere/fare un ~ a qu**, ₍jdn um Geld bitten₎/[jdm Geld leihen] **3** (*oggetto prestato*) Leihgabe f: **il quadro è un ~ del Louvre**, das Bild ist eine Leihgabe des Louvre **4** *econ* Darlehen n, Anleihe f: **concedere un ~**, eine Anleihe gewähren; (*mutuo*) Anleihe f, Darlehen n; **~ bancario**, Bankanleihe f, Bankdarlehen n; **~ cambiario/ipotecario**, Wechsellombard m/Hypothekenanleihe f; **~ estero**, Auslandsanleihe f; **~ a garanzia**, gesicherte Anleihe f; **~ a/senza interesse**, ₍Darlehen n auf Zinsen₎/[unverzinsliches Darlehen]; **~ monetario/[in natura]**, Geld-/Naturaldarlehen n; **ottenere un ~ di dieci milioni**, ein Darlehen über zehn Millionen erhalten; **~ su pegno**, Pfandanleihe f, Pfanddarlehen n, Darlehen n gegen Pfandbestellung; **~ pubblico**, öffentliches

Anleihe, Staatsanleihe f; **~ a usura**, Wucherdarlehen n *spreg*; **~ a breve/lungo termine**, kurz-/langfristiges Darlehen **5** *ling* Lehnwort n: **~ fonetico/lessicale**, phonetisches/lexikalisches Lehnwort; **la parola "performance" è un ~ dall'inglese**, das Wort "Performance" ist ein Lehnwort aus dem Englischen ● **preso a ~** *fig* (*non originale*), {IDEE} übernommen, geklaut *fam*.
prèsto avv **1** (*tra poco*) bald: **~ andremo al mare**, bald fahren wir ans Meer **2** (*in fretta*) schnell, rasch: **fai ~!**, mach schnell!, beeile dich!; **~, muoviti!**, schnell, beeil dich! **3** (*facilmente*) leicht, schnell: **faccio ~ a disdire**, absagen kann ich ja immer noch, das geht schnell **4** (*prima del tempo*) zu früh: **è ~, il negozio è ancora chiuso**, es ist zu früh, das Geschäft ist noch zu **5** (*in anticipo*) vorzeitig: **arrivò ~ per prendere i posti**, er kam vorzeitig (an), um (die) Plätze zu besetzen **6** (*prematuro*) verfrüht: **è troppo ~ per decidere**, es ist zu früh, um eine Entscheidung zu treffen **7** (*di buon'ora*) früh(zeitig): **alzarsi/svegliarsi ~**, früh(zeitig) aufstehen/aufwachen **8** *ma* presto, schnell ● **a ~** (*fra breve*), bis gleich, bis bald; **arrivederci a ~**, auf Wiedersehen und bis bald; **al più ~** (*prima possibile*), so schnell wie möglich, schnellstens; **ti scriverò al più ~**, ich schreibe dir so bald wie möglich; **non prima di**, frühestens; **ti spedirò il pacco al più ~ fra una settimana**, ich schicke dir das Paket frühestens in einer Woche; **ben ~**, recht bald; **è ~ detto/fatto** (*è subito detto/fatto*), das ist leicht gesagt/getan; **si fa ~ a controllare/verificare/...** (*non ci vuole molto tempo per controllare/verificare/...*), das ist schnell/gleich kontrolliert/...; **ha fatto ~ a dimenticare il marito** (*non ci ha messo molto*), sie hat ihren Ehemann schnell vergessen; **si fa ~ a dire/criticare/...** (*è facile dire/criticare/...*), es ist einfach zu sagen/kritisieren/ ...; **telefonami più ~ che puoi!** (*prima possibile*), ruf mich so bald/schnell wie möglich an!; **~ o tardi** (*prima o poi*), früher oder später; **~ e bene raro avviene** *prov*, gut' Ding will Weile haben *prov*.
prèsule m *relig* (*vescovo*) Bischof m.
presùmere <*coniug come* assumere> **A** tr **1** (*supporre*) **~ qc** (*etw*) an|nehmen, (*etw*) vermuten, *von etw* (dat) aus|gehen: **presumo che verrà con noi**, ich vermute, dass er/sie mit uns kommen wird; **si presume che sia un attentato**, man ₍nimmt an₎/[geht davon aus], dass es sich um ein Attentat handelt; **presumo dalle sue parole che il film non lo interessa**, ich entnehme seinen Worten, dass ihn der Film nicht interessiert **2** (*avere la pretesa*) **~ di fare qc** verlangen, *etw zu tun*; sich (dat) an|maßen, *etw zu tun*; sich (dat) ein|bilden, *etw zu tun*: **presume di essere sempre invitato**, er bildet sich ein, dass er immer eingeladen ist; **presume di giudicarci**, er/sie maßt sich ₍an, über uns zu urteilen₎/[ein Urteil über uns an] **3** (*ritenere*) **~ qu/qc + agg** {IMPUTATO COLPEVOLE, DICHIARAZIONI DI QU FALSE} *jdn/etw für etw* (acc) halten **B** itr (*avere eccessiva fiducia*): **~ di qc** {DELLE PROPRIE DOTI} sich zu viel *auf etw* (acc) ein|bilden: **~ troppo delle proprie forze**, seine Kräfte überschätzen; **presume troppo di sé**, er/sie ist zu sehr von sich eingenommen.
presumìbile agg (*che si può supporre*) {CAUSA} vermutlich, voraussichtlich ● **è ~ che l'affare andrà in porto** (*probabile*), vermutlich wird das Geschäft zustande kommen.
presumibilménte avv (*con ogni probabilità*) wahrscheinlich.
presùnsi 1ª pers sing del pass rem *di* presumere.

presuntìvo, (**-a**) agg (*previsto*) {SOMMA} veranschlagt; {BILANCIO} Haushalts-; {CALCOLO DELLE SPESE} Voraus-.
presùnto, (**-a**) **A** part pass *di* presumere **B** agg **1** (*che si suppone essere tale*) {AMANTE, DOTE, MERITO} vermutlich **2** (*previsto*) {ENTRATE, SPESE} vorgesehen **3** *dir* {COLPEVOLE, OMICIDA} mutmaßlich; {MORTE} vermutet.
presuntuosità <-> f (*presunzione*) Anmaßung f.
presuntuóso, (**-a**) **A** agg **1** (*borioso*) {UOMO} anmaßend, überheblich, eingebildet *spreg*, hochmütig **2** (*pieno di presunzione*) {ATTEGGIAMENTO, RISPOSTA} anmaßend **B** m (f) (*persona*) eingebildeter Mensch *spreg*: **Giovanni è un gran ~**, Giovanni ist wahnsinnig eingebildet *fam spreg*; **fare il ~**, eingebildet sein *spreg*.
presunzióne f **1** (*boria*) Überheblichkeit f, Anmaßung f: **avere la ~ di fare qc**, sich anmaßen, etw zu tun; **peccare di ~**, überheblich/hochmütig sein; **questa è ~ bella e buona!**, das ist ausgemachte Anmaßung!; **è una ragazza piena di ~**, sie ist ein maßlos eingebildetes Mädchen **2** *dir* Vermutung f: **~ d'innocenza/[di non colpevolezza]**, Unschuldsvermutung f; **~ legale**, gesetzliche Vermutung; **~ di paternità**, Vermutung f der Vaterschaft, Vaterschaftsvermutung f.
presuppórre <*coniug come* porre> tr **~ qc 1** (*implicare*) {EFFETTO CAUSA, LAVORO CONOSCENZE TECNICHE} *etw* voraus|setzen, *etw* implizieren *forb* **2** (*supporre*) (*etw*) vermuten, (*etw*) an|nehmen, (*von etw* dat) aus|gehen, (*etw*) supponieren *forb*: **si presuppone che tu conosca il regolamento**, man nimmt an, dass du die Vorschriften kennst; **lasciar/far ~ qc**, auf etw (acc) hindeuten, auf etw (acc) hinweisen, etw vermuten lassen **3** *dir* {L'INNOCENZA DI QU} *etw* (dat) aus|gehen, *etw* voraus|setzen, *etw* vermuten ● **~ di sì/no**, etw vermuten/etw nicht vermuten.
presupposizióne f **1** (*ipotesi*) Annahme f, Vermutung f: **fare delle presupposizioni**, Vermutungen anstellen **2** *dir* (*istituto giuridico*) Voraussetzung f **3** *ling* Voraussetzung f, Präsupposition f.
presuppósto, (**-a**) m **1** (*premessa*) Voraussetzung f: **partire da un ~**, von einer Sache ausgehen, etwas voraussetzen; **la teoria si basa sul ~ che ...**, die Theorie geht davon aus₍/[setzt voraus], dass ... **2** (*condizione*) Bedingung f: ₍**ci sono₎/[esistono] i presupposti per ...**, die Bedingungen für ... sind gegeben; **mancano i presupposti per ...**, es fehlen die Bedingungen für ... **3** *dir* Voraussetzung f: **presupposti processuali**, Prozessvoraussetzungen f pl.
pretàglia f *spreg* (*insieme di preti*) Pfaffentum n *spreg*.
prêt-à-porter *franc* (*nella moda*) **A** <inv> agg {ABITO} Konfektions- **B** <-> m Prêt-à-porter m.
pretàttica <-che> f *giorn sport spec* (*nel calcio*) taktisches Stillschweigen.
prète m **1** (*sacerdote*) Priester m, Geistliche m *decl come agg*, Pfarrer m: **~ di campagna**, Landpfarrer m; **farsi ~**, Priester werden; **~ operaio**, Arbeiterpriester m; **~ protestante**, protestantischer Pfarrer **2** <solo pl> (*clero*) Geistlichen m pl, Pfaffen m pl *spreg*: **non poter vedere i preti**, die Pfaffen nicht riechen können *fam spreg* **3** *fam* (*scaldino*) Bettwärmer m ● **chiamare il ~** (*per un moribondo*), einen Geistlichen für die Letzte Ölung rufen; **sbaglia anche il ~ a dir messa** *prov*, jeder macht mal einen Fehler, niemand ist vollkommen.
pretendènte mf **1** (*aspirante*) Anwärter(in) m(f), Prätendent(in) m(f) *forb*: **~ alla**

carica di primo ministro, Anwärter(in) m(f) auf das Amt des Ministerpräsidenten; ~ alla presidenza, Präsidentschaftsanwärter(in) m(f); ~ al trono, Thronanwärter(in) m(f), Thronprätendent(in) m(f) *forb* **2** (*corteggiatore*) Verehrer m *obs o scherz*, Freier m *obs*: avere un sacco di pretendenti, viele Verehrer haben *obs o scherz*.

pretèndere <coniug *come* tendere> **A** tr **1** (*esigere*) ~ **qc** (**da qu**) {ATTENZIONE, RISPETTO, SILENZIO, UBBIDIENZA} *etw* (*von jdm*) verlangen, *etw* (*von jdm*) fordern: non pretenderei mai questo da te, das würde ich nie von dir verlangen; pretendo solo ciò che mi spetta, ich fordere nur, was mir zusteht; sarebbe ~ troppo se ti chiedessi di aiutarmi?, wäre es zu viel verlangt, wenn ich dich um Hilfe bitte?; (*uso assol*) *etw* verlangen; è una professoressa che pretende molto, diese Professorin/Lehrerin verlangt viel/[ist anspruchsvoll] **2** (*avere la pretesa*) ~ **qc** {PRIVILEGI} *etw* fordern, *etw* verlangen, *etw* erwarten, sich (dat) *etw* ein|bilden: non puoi ~ che tutti siano a tua disposizione, du kannst nicht erwarten, dass alle zu deiner Verfügung stehen; ~ di vincere una gara senza allenarsi, sich (dat) einbilden, einen Wettkampf zu gewinnen, ohne zu trainieren; pretende di avere sempre ragione, er bildet sich ein, immer recht zu haben **3** (*domandare come prezzo*) ~ **qc** (**per qc**) {CIFRA ESORBITANTE PER UN ANELLO} *etw* (*für etw acc*) fordern, *etw* (*für etw acc*) verlangen **B** itr (*aspirare*) ~ **a qc** {ALLA CARICA DI PRESIDENTE, AL TRONO} *etw* an|streben, Ansprüche *auf etw* (acc) geltend machen.

pretensionatóre m *autom* Gurtstraffer m.

pretensióne f **1** (*stima eccessiva di sé*) Hochmut m **2** (*ricercatezza ostentata*) (übertriebene) Gewähltheit: casa arredata con ~, geschmacklos eingerichtete/[überladene]/[überfrachtete] Wohnung **3** *tecnol* Vorspannung f.

pretenziosità <-> f **1** (*presunzione*) Überheblichkeit f, Anmaßung f **2** (*pacchianeria*) Geschmacklosigkeit f.

pretenzióso, (-a) **A** agg **1** (*borioso*) {UOMO} anspruchsvoll, anmaßend, eingebildet *spreg*, prätentiös *forb* **2** (*pacchiano*) {ABBIGLIAMENTO, ARREDAMENTO} geschmacklos **3** (*affettato*) {STILE} gekünstelt *spreg*, geziert *spreg* **B** m (f) (*persona boriosa*) eingebildeter *spreg*/überheblicher Mensch.

preterintenzionàle agg *dir* {DELITTO} erfolgsqualifiziert.

preterintenzionalità <-> f *dir* {+DELITTO} erfolgsqualifizierter Charakter.

pretèrito m *gramm* Präteritum n.

pretésa **A** f **1** (*richiesta*) {ASSURDA} Anspruch m, Forderung f: avanzare delle pretese, Forderungen stellen; le sue pretese sono spropositate, seine/ihre Forderungen sind übertrieben **2** (*esigenza eccessiva*) (übertriebener) Anspruch: avere molte pretese, große Ansprüche stellen, anspruchsvoll sein; ha di quelle pretese!, er/sie hat vielleicht Ansprüche!; essere pieno di pretese, hohe Ansprüche stellen **3** *iron* (*presunzione*) Einbildung f, Anmaßung f: ha la ~ di saper suonare il pianoforte!, er bildet sich ein, Klavier spielen zu können! **4** (*aspirazione*) ~ **su qc** {SU UN'EREDITÀ} Anspruch m *auf etw* (acc) **B** loc agg (alla buona): di poche/senza pretese, {CENA, RISTORANTE} anspruchslos; {UOMO} *anche* bescheiden.

pretèsto m **1** (*scusa*) Vorwand m, Ausrede f: lasciai l'ufficio con un ~, ich ließ unter einem Vorwand das Büro; uscì con il ~ di comprare le sigarette, er/sie ging unter dem Vorwand, Zigaretten zu kaufen, hinaus **2** (*occasione*) Gelegenheit f, Vorwand m: il congresso è solo il ~ per fare qualche giorno di vacanza, der Kongress ist nur ein Vorwand, um ein paar Tage Urlaub zu machen.

pretestuosità <-> f (*carattere pretestuoso*) {+GIUSTIFICAZIONE} Scheincharakter m.

pretestuóso, (-a) agg (*che si basa su scuse*) {MOTIVO, SPIEGAZIONE} als Vorwand/Ausrede dienend.

pretíno <dim *di* prete> m **1** (*giovane prete*) junger Priester/Geistlicher/Pfarrer; *spreg* junger Pfaffe *spreg* **2** (*seminarista*) Seminarist m.

pretònico, (-a) <-ci, -che> agg *ling* {SILLABA} vor dem betonten Laut.

pretóre m **1** *dir stor* Amtsrichter m, Bezirksrichter m *A CH DDR* **2** *stor* Prätor m.

pretoriàno m <di solito al pl> **1** *fig spreg* (*giannizzero*) Leibwächter m, Gorilla m *fam spreg* **2** *stor* (*soldato*) Prätorianer m.

pretòrio, (-a) <-ri m> **A** agg **1** *amm* (*del municipio*) {ALBO} Gemeinde- **2** *dir* (*di pretore*) {SENTENZA} amtsrichterlich, bezirksrichterlich *A CH DDR* **3** *stor* {AUTORITÀ, EDITTO, MILIZIA} Prätoren- **B** m *stor* (*residenza del pretore*) Prätorium n; (*nell'accampamento*) Hauptquartier n.

pretrattàre tr ~ **qc** {BIANCHERIA} *etw* vor|behandeln.

prettaménte avv **1** (*tipicamente*) typisch, echt: uno stile ~ neoclassico, ein typisch neoklassischer Stil **2** (*puramente*) rein: un'ipotesi ~ personale, eine rein/ganz persönliche Vermutung.

prètto, (-a) agg *lett* **1** (*tipico*) typisch: ~ accento emiliano, typisch emilianischer Akzent **2** (*genuino*) {VINO} rein **3** (*puro*) {ORO} echt.

pretúra f **1** *dir* (*anche sede*) Amtsgericht n, Bezirksgericht n *A CH DDR*: andare in ~, auf das Amtsgericht gehen **2** *stor* Prätur f.

pretzel → **Bretzel**.

prevalènte agg **1** (*dominante*) {INTERESSE, MOTIVO, OPINIONE} vorherrschend; {CARATTERISTICA, QUALITÀ} überwiegend, vorwiegend **2** (*numericamente superiore*) {SPECIE} vorwiegend **3** *psic* {IDEA} vorherrschend, dominierend.

prevalenteménte avv (*soprattutto*) überwiegend, vorwiegend: un clima ~ temperato, ein überwiegend gemäßigtes Klima.

prevalènza **A** f **1** (*predominio*) {ECONOMICA, MILITARE, POLITICA} Überlegenheit f, Vorherrschaft f: il diritto deve avere la ~ sulla forza, Recht muss stärker sein als Gewalt **2** (*maggioranza*) Mehrheit f **3** (*priorità*) Vorrang m, Priorität f *forb*: dare la ~ a qc, etw (dat) den Vorrang geben/[Priorität einräumen *forb*] **4** *idraul* Förderhöhe f **B** loc avv (*per la maggior parte*): in ~, in der Mehrzahl, vorwiegend, überwiegend; gli iscritti a ingegneria sono in ~ uomini, in Ingenieurwesen sind überwiegend Männer eingeschrieben; un paese in ~ cattolico, ein vorwiegend katholisches Land/Dorf.

prevalére <coniug *come* valere> itr (*essere o avere*) **1** (*predominare*) ~ **su qc** (*über qc*) *etw* überwiegen, (*über etw acc*) vor|herrschen; {OPINIONE} sich durch|setzen, herrschen: una corrente politica che prevale sulle altre, eine politische Richtung, die sich anderen gegenüber durchsetzt; in lei prevale l'istinto, bei ihr überwiegt der Instinkt; è prevalsa/[ha prevalso] la ragion di stato, die Staatsräson hat gesiegt; far ~ il buon senso, den gesunden Menschenverstand siegen lassen **2** (*vincere*) ~ **su qu/qc** {SUGLI AVVERSARI} über jdn/etw siegen, jdm/etw überlegen sein **3** (*essere superiore numericamente*) ~ (**su qu/qc**) überwiegen, (jdm/etw gegenüber) in der Mehrzahl sein: nei paesi mediterranei prevalgono i tipi scuri, in den Mittelmeerländern überwiegt der dunkle Hauttyp.

prevaricànte **A** part pres *di* prevaricare **B** agg Amtsmissbrauchs-.

prevaricàre <prevarico, prevarichi> itr **1** (*abusare del potere*) seine Macht missbrauchen **2** (*agire disonestamente*) unehrenhaft handeln **3** *amm* sein Amt missbrauchen.

prevaricatóre, (-trice) **A** agg (*che abusa del potere*) {AUTORITÀ, POTERE} amts-, machtmissbrauchend **B** m (f) **1** (*chi abusa del potere*) Amts-, Machtmissbraucher(in) m(f) **2** (*chi agisce disonestamente*) Veruntreuer(in) m(f) **3** *amm* Amtsmissbraucher(in) m(f).

prevaricazióne f **1** (*abuso di potere*) Amts-, Machtmissbrauch m, Übergriff m **2** (*atto disonesto*) unehrenhafte Handlung **3** *amm* Amtsmissbrauch m, Amtsuntreue f.

prevedére <coniug *come* vedere> tr ~ **qc** **1** (*conoscere in anticipo*) {IL FUTURO, SCOSSA DI TERREMOTO, STRARIPAMENTO DI UN FIUME} *etw* voraus|sehen **2** (*immaginare*) *etw* voraus|sehen: non si può ~ tutto, man kann nicht alles voraussehen; non potevo ~ che sarebbe accaduto, ich konnte nicht voraussehen, dass es geschehen würde **3** (*ritenere probabile*) {RIPRESA ECONOMICA} *etw* voraus|sehen, *etw* voraus|-, vorher|sagen: si prevede un raccolto magro, die Ernte wird voraussichtlich mager ausfallen; l'azienda prevede di aumentare le vendite, der Betrieb geht davon aus, dass der Absatz steigen wird **4** (*avere in programma*) *etw* vor|sehen, *etw* planen, *mit etw* (dat) rechnen: il piano prevede tre fasi, der Plan sieht drei Phasen vor; l'arrivo della squadra è previsto in mattinata, die Ankunft der Mannschaft ist für den Vormittag vorgesehen, man rechnet am Vormittag mit der Ankunft der Mannschaft **5** (*comprendere*) *etw* ein|schließen, *etw* umfassen: la quota non prevede i trasferimenti da e per l'aeroporto, bei dem Betrag ist der Transport vom und zum Flughafen nicht inbegriffen **6** *amm* *dir* (*contemplare*) {TRATTATO CLAUSOLA} *etw* vor|sehen: che cosa prevede la legge in questi casi?, was ist in diesen Fällen im Gesetz/[gesetzlich] vorgesehen? **7** *meteo* {L'ARRIVO DELLA PIOGGIA} *etw* vorher|sagen: si prevedono nevicate sull'arco alpino, im Alpenraum soll es zu Schneefällen kommen/[sind Schneefälle vorausgesagt] ● era da ~! (*era facile immaginarlo*), das war vorauszusehen/abzusehen!

prevedíbile agg **1** (*conoscibile in anticipo*) {FUTURO} voraussehbar **2** (*immaginabile*) {ESITO, REAZIONE, RISULTATO} voraussehbar, vorauszusehen, vorhersehbar: è ~ un miglioramento del tempo in serata, gegen Abend müsste das Wetter besser werden; com'era ~, wie voraus-/abzusehen war **3** (*scontato*) {FINALE, STORIA} absehbar.

prevedibilità <-> f **1** (*conoscibilità in anticipo*) {+FUTURO} Voraussehbarkeit f **2** (*possibilità di essere immaginato*) {+AVVENIMENTO, FATTO} Voraussehbarkeit f **3** (*scontatezza*) {+AMORE, FINALE} Absehbarkeit f.

prevedibilménte avv (*per quanto si può prevedere*) voraussichtlich.

preveggènte agg *lett* (*lungimirante*) {UOMO} vorausschauend.

preveggènza f *lett* (*lungimiranza*) Voraussicht f.

prevéndita f (*vendita anticipata*) {+BIGLIETTI} Vorverkauf m.

prevenibile agg {INFORTUNIO} verhütbar, zu verhüten(d).

prevenire <coniug *come* venire> tr **1** (*anticipare*) ~ *qu/qc* {DOMANDA, OBIEZIONE} etw vorweg|nehmen; {DESIDERI DI QU} jdm/etw zuvor|kommen: **volevo telefonarti: mi hai prevenuto**, ich wollte dich anrufen, aber du bist mir zuvorgekommen **2** (*impedire*) ~ *qc* {DELITTO, INCENDI} etw verhindern; {ABUSO, TRUFFA} etw verhüten **3** (*predisporre negativamente*) ~ *qu contro qu/qc* jdn gegen jdn/etw ein|nehmen: **mi ha prevenuto contro la sua famiglia**, er/sie hat mich gegen seine/ihre Familie eingenommen **4** (*avvertire prima*) ~ *qu/qc* (*con qc*) {DITTA CON UN TELEGRAMMA} jdn (*durch etw* acc) (vorher/[im Voraus]) benachrichtigen, jdm/etw (*mit etw* dat) Bescheid geben; ~ *qu di qc* {DI UN PERICOLO} jdn vor etw (dat) warnen, *jdn* (*vor etw* dat) vor|warnen, *jdn* (*auf etw* acc) aufmerksam machen **5** *med* ~ (*qc*) {CONTAGIO, EPIDEMIA, MALATTIA} (etw inf) vor|beugen • **è meglio che curare**, Vorbeugen ist besser als Heilen *prov.*

preventivàbile *agg* (*che si può preventivare*) {COSTO, SPESA} veranschlagbar; *fig* {BOCCIATURA} vorhersehbar, absehbar.

preventivaménte *avv* (*precedentemente*) im Voraus, im Vorhinein: **si è stabilito ~ di ...**, es wurde im Voraus festgelegt, dass ...

preventivàre *tr* **1** (*calcolare in anticipo*) ~ *qc* {SPESA DI DIECI MILIONI} etw veranschlagen **2** *fig* (*mettere in conto*) etw (mit) ein|beziehen, *etw* in Rechnung stellen/ziehen, *mit etw* (dat) rechnen: **un suo rifiuto è da ~**, seine/ihre Weigerung muss mit einbezogen werden, mit seiner/ihrer Weigerung muss gerechnet werden.

preventivazióne *f* *amm* Kostenvoranschlag m.

preventivo, (-a) A *agg* **1** (*che serve a prevenire*) {CENSURA} Präventiv- *forb*; {MISURE, PROVVEDIMENTO, SISTEMA} *anche* vorbeugend, präventiv *forb* **2** *dir* {CARCERE, CUSTODIA} Untersuchungs- **3** *econ* {BILANCIO} Vor- **4** *med* {CURA, TERAPIA} vorbeugend, verhütend, präventiv *forb*, Präventiv- *forb* B *m* **1** (*calcolo di previsione*) Kostenvoranschlag m: **chiedere/fare un ~**, einen Kostenvoranschlag verlangen/aufstellen; **ti sei fatto fare un ~ dal meccanico?**, hast du dir einen Kostenvoranschlag vom Mechaniker machen lassen? **2** *econ* {FINANZIARIO} Voranschlag m: ~ **di cassa**, Kassenvorschau f; ~ **di esercizio di un'impresa**, Unternehmensbudget n.

prevenùto, (-a) A *agg* (*influenzato negativamente*) ~ (*contro*/[*nei confronti di*]/ [*nei riguardi di*]) *qu/qc*) (gegen jdn/etw)/ [jdm/etw gegenüber] voreingenommen: **è ~ nei miei confronti**, er ist mir gegenüber voreingenommen B *m* (f) *dir rar* (*imputato*) Angeklagte mf decl come agg.

prevenzióne *f* **1** (*il prevenire*) Vorbeugung f, Verhütung f, Prävention f *forb*, Schutz m; {+REATO} Verhütung f, Prävention f *forb*: **l'aspetto della ~ è molto importante**, der Aspekt der Prävention ist sehr wichtig; **effettuare una campagna di ~**, eine Vorbeugungskampagne durchführen; ~ **della criminalità/tossicodipendenza**, Verbrechensvorbeugung f/[Schutz m vor Drogenabhängigkeit]; ~ **degli infortuni sul lavoro**, Unfallverhütung f am Arbeitsplatz; **misure di ~**, Vorbeugungsmaßnahmen f pl **2** (*preconcetto*) Voreingenommenheit f, Vorurteil n: **avere delle prevenzioni** [*nei confronti di*]/ [*nei riguardi di*]/[*contro*]/[*verso*] *qu/qc*, gegen jdn/etw Vorurteile haben; **giudicare senza prevenzioni**, unvoreingenommen urteilen **3** *med* {+ALCOLISMO} Verhüten n: ~ **della tubercolosi**, Vorbeugung f/Vorsorge f gegen Tuberkulose; ~ **del contagio**, Schutz m vor Ansteckung.

prevenzionìstico, (-a) <-ci, -che> *agg* (*della prevenzione*) verhütend.

preverniciàto, (-a) *agg* (*verniciato prima*) {PAVIMENTO DI LEGNO} vorlackiert.

previdènte *agg* (*lungimirante*) {PADRE} weitsichtig, weit blickend: **sei stata ~ a portarti l'ombrello**, es war weitsichtig von dir, den Regenschirm mitzunehmen.

previdènza *f* **1** (*lungimiranza*) {+POPOLO} Voraussicht f, Weitblick m **2** (*ente*) Fürsorge f: ~ **sociale**, Sozialversicherung f, gesetzliche Sozialfürsorge • *cassa*/**ente di ~**, Versorgungskasse f/Sozialversicherungsträger m; ~ **integrativa** (*in aggiunta a quella statale*), Zusatzrentenversicherung f.

previdenziàle *agg* (*della previdenza sociale*) {ENTE, ISTITUTO, SISTEMA} Sozialversicherungs-, Fürsorge-; {CONTRIBUTI} Sozial-.

previgènte *agg* {LEGGE} gültig bis auf Widerruf.

prèvio, (-a) <-*vi* m> *agg* *amm* (*facendo precedere*) nach vorherigem, nach vorheriger: ~ **avviso/accordo/assenso**, nach vorheriger Benachrichtigung/ Vereinbarung/ Zustimmung; ~ **esame**, nach vorheriger Prüfung; ~ **pagamento**, [nach vorheriger]/[gegen] Bezahlung.

previsionàle *agg* *econ* {BILANCIO} voraussichtlich.

previsióne A *f* **1** (*pronostico*) {GIUSTA, OTTIMISTICA, SBAGLIATA} Vorhersage f, Prognose f, Voraussicht f: **è stato un successo al di là di ogni ~**, es war ein Erfolg, der alle Vorhersagen übertraf; **contro ogni ~**, entgegen aller Voraussicht; **fare una ~**, eine Prognose stellen; **tutto è avvenuto secondo le previsioni**, alles lief [so wie vorhergesagt]/[nach Plan *fam*] **2** *comm econ* Planung f: ~ **di cassa**, Kassenvorschau f; ~ **economica**/[**di mercato**], Wirtschaftsprognose f; ~ **finanziaria**, Finanzplanung f; ~ **dei redditi/delle spese**, Einnahmen-/Ausgabenvoranschlag m B *loc prep* (*prevedendo*): **in ~ di qc** in Voraussicht *etw* (gen), mit Rücksicht *auf etw* (acc): **ho comprato una torta in ~ della loro visita**, ich habe in (weiser *scherz*) Voraussicht ihres Besuches einen Kuchen gekauft; **in ~ del fatto che ...**, angesichts der Tatsache, dass ... • **previsioni meteorologiche**/[**del tempo**], Wettervorhersage f; **le più *rosee* previsioni** (*le più ottimistiche*), die optimistischsten Prognosen.

previsóre, (*prevedìtrice* o, *rar* -a) A *m* (f) {+CONSUMI, TEMPO} Vorhersager(in) m(f) B *agg* (*posposto a un sost*) vorhersagend: **meteorologo ~**, Wettervorhersager m.

previsto, (-a) A *agg* **1** (*immaginato*) {RISULTATO} erwartet **2** (*ritenuto probabile*) {AUMENTO} vorausgesagt, vorausgesehen **3** (*in programma*) {INCONTRO, ORARIO} vorgesehen, geplant **4** (*compreso*) ~ **in qc** in etw (dat) in|begriffen, in etw (dat) vorgesehen: **i servizi previsti nella quota di associazione**, die im Vereinsbeitrag inbegriffenen Leistungen **5** *amm dir* (*contemplato*) ~ (**da *qc***) {CASO DALLA LEGGE} (*in etw* dat) vorgesehen B *m* (*ciò che si è supposto*) Vorgesehene n decl come agg: **arrivò prima del ~**, er/sie kam früher als vorgesehen; **abbiamo incassato meno del ~**, wir haben weniger eingenommen als erwartet; **è più alto del ~**, er/es ist größer/höher als erwartet; **la riunione si è protratta oltre il ~**, die Tagung hat sich länger hingezogen als erwartet.

prevocàlico, (-a) <-ci, -che> *agg* *ling* {FONEMA} vor Vokal.

prevòsto *m* **1** *relig* Propst m **2** *stor* Gerichtsherr m.

preziósa *f* → **prezioso**.

preziosìsmo *m* **1** *arte* (*nella pittura*) *lett* (*gusto della ricercatezza*) Preziosität f *forb*, Manierismus m; (*raffinato artificio*) {PITTORICO, STILISTICO} Manierismus m **2** *stor* (*fenomeno di costume*) {FRANCESE} Preziösentum n *forb*.

preziosità <-> *f* **1** (*valore*) {+GIOIELLO, STOFFA, VASO CINESE} Kostbarkeit f, Wert m **2** *fig* (*ricercatezza*) Geziertheit f spreg, Preziosität f: ~ **di stile**, Geziertheit f spreg des Stils.

prezióso, (-a) A *agg* **1** (*di grande pregio*) {METALLO, PIETRA} Edel-; {MANOSCRITTO, QUADRO, VASO} wertvoll, kostbar **2** *fig* (*molto importante*) {AIUTO, CONSIGLIO, OCCASIONE} wertvoll; {L'ACQUA, LA LUCE, IL SONNO} kostbar: **l'amicizia è un bene ~**, (die) Freundschaft ist ein kostbares Gut; **mi ha fatto perdere del tempo ~**, durch ihn/sie habe ich kostbare Zeit verloren **3** *fig* (*ricercato*) {ELEGANZA, PITTURA, STILE} geziert *spreg*, affektiert *spreg*, preziös *forb* B *m pl* (*gioielli*) Juwelen n o m pl, Schmuck m, Pretiosen pl, Preziosen pl: **un furto di preziosi**, ein Juwelendiebstahl • **fare il ~** *fig fam* (*farsi desiderare*), sich bitten lassen, sich rarmachen *fam*, sich zieren *spreg*; **non fare tanto il ~!**, lass dich doch nicht so (lange) bitten!, zier dich doch nicht so! *spreg*.

prezzàre *tr* *comm* (*segnare il prezzo*) ~ *qc* {ARTICOLO} etw aus|zeichnen, etw mit einem Preisschild versehen.

prezzàrio <-ri> *m* *comm* (*listino di prezzi*) Preisliste f, Preiskatalog m.

prezzatrice *f* (*arnese*) Auszeichnungsmaschine f.

prezzatùra *f* (*applicazione di prezzi*) Preisauszeichnung f.

prezzemolìno *m* (f) (*chi è onnipresente*) Allgegenwärtige mf decl come agg, Adabei m *scherz*: **è una prezzemolina delle trasmissioni televisive**, sie ist ein Dauer-, Stammgast [im Fernsehen]/[von Talkshows].

prezzémolo *m* *bot* Petersilie f • **essere come il ~** *fig* (*essere dappertutto*), überall die Finger/Hände im Spiel haben *fam*, überall mitmischen *fam*, auf allen Hochzeiten tanzen *fam*.

prèzzo *m* **1** *anche comm econ* {+BIGLIETTO, LIBRO, MACCHINA, VESTITO} Preis m: ~ **d'acquisto**, Kauf-, Einkaufspreis m; **al ~ di 1000 euro**, zum Preis von 1000 Euro; ~ **alto/basso/ conveniente/modico/proibitivo/ragionevole**, hoher/niedriger/günstiger/mäßiger/ unerschwinglicher/angemessener Preis; **a basso/poco ~**, billig; **a buon ~**, preiswert; ~ **irrisorio**, Spottpreis m *fam*; ~ **al kilo/litro/metro**, Preis m pro Kilo/Liter/Meter, Kilo-/ Liter-/Meterpreis m; **a metà ~**, zum halben Preis; ~ **ridotto**, herabgesetzter Preis; ~ **di vendita**, Verkaufspreis m **2** (*cartellino*) Preisschild n: **la giacca è nuova: c'è ancora il ~ attaccato**, die Jacke ist neu, es hängt ja noch das Preisschild dran **3** *fig* Preis m: **il ~ della libertà**, der Preis der Freiheit; **l'hanno allevato a ~ di grandi/grossi sacrifici**, sie haben ihn unter großen Opfern aufgezogen • ~ [**di *affezione*]/**[**da *amatore*]**, Liebberpreis m; **prezzi d'*apertura*/**[**di *chiusura*]** *econ* (*in Borsa*), [Anfangs-, Eröffnungskurs m]/[Schlusskurs] m; **non *avere* ~ *fig*** (*avere un valore inestimabile*) {QUADRO} unbezahlbar sein; ~ **base** *comm econ*, Grundpreis m; ~ **bloccato** *comm econ*, Stoppreis m; ~ **di calmiere** *comm econ*, amtlich festgesetzter Höchstpreis; **a caro ~** *fig* (*con grandi sacrifici*), teuer, zu einem hohen Preis, unter großen Opfern; **ottenere qc a caro ~**, etw teuer bezahlen müssen; **pagare a caro ~ qc** *fig* (*pagarne le* conseguenze), {LA PROPRIA IMPRUDENZA, LA LIBERTÀ} etw teuer bezahlen; ~ **chiavi in mano** (*di un'auto*), schlüsselfertiger Preis; ~ **di concorrenza** *comm econ*, Wettbewerbs-, Konkurrenzpreis m, konkurrenzfähiger Preis; ~ **al consumo** *comm econ*, Verbraucherpreis m; ~ **controllato** *comm econ*, gebundener Preis; ~ **di copertina** (*di un libro*), Laden-, Ordinärpreis m; ~ **corrente** *comm econ*, Marktpreis m; ~ **di costo** *comm econ*, Kostenpreis m; **a** ~ **di costo** *comm econ*, zum Selbstkostenpreis; ~ **al dettaglio** *comm*, Einzelhandelspreis m; *discutere il/sul* ~ (*contrattare*), über den Preis streiten, handeln; ~ **di fabbrica** *comm econ*, Erzeuger-, Herstellerpreis m; **a** ~ **di fabbrica** *comm econ*, zum Erzeugerpreis; **fare i prezzi** (*decidere*), die Preise festlegen; **fare un buon** ~ **a qu** (*vendere a un prezzo conveniente*), jdm einen guten Preis machen; ~ **di favore** (*basso, per favorire qu*), Vorzugs-, Sonderpreis m; ~ **fisso** *comm econ*, fester Preis, Fixer Preis, Festpreis m; **a** ~ **fisso** (*secondo una tariffa prestabilita*), {MENU, PRANZO} zum festen Preis; ~ **forfettario** *comm*, Pauschalpreis m; ~ **imposto**, vorgeschriebener Preis; ~ **all'ingrosso/al minuto** *comm*, Großhandels-/Einzelhandelspreis m; ~ **intero** *comm econ*, voller Preis; ~ **libero** *comm econ*, ungebundener/freier Preis; ~ **di listino** *comm*, Listen-, Katalogpreis m; ~ **di mercato** *comm econ*, Marktpreis m; ~ **minimo** *comm econ*, Mindestpreis m; **a** ~ **all'origine** *comm econ*, Originalpreis m; *pagare il giusto* ~ (*corrispondente al valore della merce*), einen angemessenen Preis zahlen; *fig* (*lo scotto*), seine (verdiente) Strafe bekommen/[weg haben *fam*]; ~ **politico** (*inferiore al costo del prodotto*), politischer Preis; *primo* ~ *econ comm*, Erzeuger-, Herstellerpreis m; ~ **promozionale** *comm*, Werbepreis m; **a qualunque/qualsiasi** ~ *fig* (*a qualunque condizione*), um jeden Preis, unbedingt, auf Biegen oder Brechen *fam*; ~ **di realizzo** *comm econ*, Einkaufspreis m; ~ **sorvegliato** *amm*, gebundener Preis; ~ **speciale** *comm*, Sonderpreis m; **i prezzi sono andati alle stelle** *fig* (*sono saliti molto*), die Preise sind in die Höhe geschnellt; **vendere/comprare qc a un** ~ **stracciato** (*sotto costo*), etw zu einem Schleuderpreis *fam* verkaufen/kaufen; *tirare sul* ~ (*mercanteggiare*), den Preis drücken/herunterhandeln; **ultimo** ~ *comm* (*scontato al massimo*), letzter Preis, letztes Preisangebot; **fare l'ultimo prezzo a qu** *fig* (*esprimere su di lui un giudizio impietoso*), kein gutes Haar an jdm lassen *fam*, erbarmungslos über jdn herziehen *fam*; **vendere a caro** ~ **la vita** *fig* (*lottare strenuamente per non morire*), seine Haut so teuer wie möglich verkaufen *fam*.

prezzolàre *tr* **1** (*assoldare*) ~ **qu** {SICARIO} jdn an|heuern *fam*, jdn an|werben, *jdn* dingen *forb* **2** (*comprare*) ~ **qu/qc** {GIORNALISTA, LA STAMPA} jdn/etw kaufen *fam*.

prezzolàto *agg* **1** (*assoldato*) {KILLER} angeworben, gedungen **2** (*comprato*) {GIUDICE} gekauft.

PRI *m polit abbr di* Partito Repubblicano Italiano: "Republikanische Partei Italiens".

pria *agg lett* → **prima**①.

Priamo *m mitol* Priamos m.

priapìsmo *m med* Priapismus *m scient*.

Priapo *m mitol* Priapus m.

prigióne *f* **1** (*carcere*) Gefängnis n: **andare/finire in** ~, ins Gefängnis kommen/[im Gefängnis enden]; **essere/stare in** ~, im Gefängnis sitzen/sein; **mettere/sbattere qu in** ~, jdn ins Gefängnis einliefern/stecken; **uscire di** ~, aus dem Gefängnis entlassen werden; **far uscire qu di** ~, jdn aus dem Gefängnis entlassen (*su cauzione*) jdn gegen Kaution frei bekommen **2** (*pena*) Gefängnis n, Gefängnisstrafe f, Haft f: **l'hanno condannato a cinque anni di** ~, sie haben ihn zu fünf Jahren Gefängnis verurteilt **3** *fig* (*luogo buio*) Loch n *fam* **4** *fig* (*ambiente soffocante*) Gefängnis n, Käfig m: **il collegio/matrimonio per lei era una** ~, das Internat/die Ehe war für sie ein Käfig **5** <solo pl> (*complesso di edifici*) Gefängnis n • **marcire in** ~ *fig* (*restarvi a lungo*), im Gefängnis verschmachten *forb*/verfaulen/verschimmeln.

prigionìa *f* **1** (*detenzione di guerra*) Gefangenschaft f: **fare tre anni di** ~, drei Jahre in Gefangenschaft sein; **tornare dalla** ~, aus der Gefangenschaft heimkehren **2** *fig* (*asservimento*) {+PASSIONE, VIZIO} Sklaverei f.

prigionièro, (-a) Ⓐ *agg* **1** *mil* {SOLDATO} gefangen: **cadere/essere** ~ **di qu**, in Gefangenschaft geraten/sein; **fare/prendere** ~ **qu**, jdn zum Gefangenen machen/[jdn gefangen nehmen] **2** (*rinchiuso*) gefangen, eingeschlossen: **una tigre prigioniera nella gabbia**, ein in seinem Käfig gefangener Tiger; **rimanere** ~ **nell'ascensore**, im Aufzug eingeschlossen bleiben **3** *fig* (*schiavo*) ~ **di qc** {DEL FUMO} abhängig *von etw* (dat): ~ **della droga**, drogenabhängig **4** *fig* (*succube*) ~ **di qc** {DEL PASSATO} *von etw* (dat) beherrscht, *von etw* (dat) bestimmt, *in etw* (dat) befangen *forb*: **essere** ~ **dei pregiudizi**, in Vorurteilen befangen sein *forb* Ⓑ m (f) *mil* (*detenuto*) Gefangene *mf decl come agg*: ~ **di guerra**, Kriegsgefangene m *decl come agg*; ~ **politico**, politischer Gefangene Ⓒ m *mecc* (*vite*) Stiftschraube f.

prima① Ⓐ *avv* **1** (*in precedenza*) früher, vorher, eher, davor: ⌊**un anno**⌋/[**qualche mese**] ~, ein Jahr/einige Monate zuvor; **se me l'avessi detto** ~!, wenn du mir das früher gesagt hättest!; **dovevamo avvisarlo** ~, wir hätten ihn früher benachrichtigen sollen; **non ti ho chiamato** ~ **perché ero occupato**, ich habe dich nicht vorher angerufen, weil ich zu tun hatte; **tre giorni**⌋/[**un'ora**] ~, drei Tage/eine Stunde vorher; **molto/tanto (tempo)** ~, viel früher; **poco (tempo)** ~, kurz vorher/zuvor; **ne so meno di** ~, jetzt weiß ich noch weniger als vorher; **ne so quanto** ~, jetzt bin ich genauso schlau wie vorher *fam*; **finisci di mangiare poi vai a giocare**, erst musst du zu Ende, dann gehst du spielen **2** (*più presto*) früher, eher: **devi alzarti** ~ **se vuoi essere puntuale**, du musst früher aufstehen, wenn du pünktlich sein willst **3** (*una volta*) früher, ehemals, einst: **gli amici di** ~, die Freunde von früher; ~ **il centro della città non era ancora zona pedonale**, früher war die Stadtmitte noch keine Fußgängerzone; **nulla è più come** ~, nichts ist mehr (so) wie früher; **non sembra più la ragazza di** ~, sie ist nicht mehr das Mädchen von früher **4** (*per primo*) zuerst, als Erste(r, s): **chi arriva** ~ **a teatro, prenda i biglietti**, wer zuerst im Theater ist, kauft die Eintrittskarten; **chi finisce** ~ **vince un premio**, wer Erster ist, bekommt einen Preis; **fare a chi arriva** ~, um die Wette laufen **5** (*in anticipo*) im Voraus, vorher: **la merce va pagata** ~, die Ware muss im Voraus bezahlt werden **6** (*in un luogo precedente*) zuerst, zunächst: **troverai** ~ **un supermercato e poi l'incrocio**, zuerst fährst du an einem Supermarkt vorbei und dann kommst du an die Kreuzung **7** (*in primo luogo*) zuerst, zunächst: ~ **pensa alla salute e poi al lavoro!**, denke zuerst an die Gesundheit und dann an die Arbeit! **8** (*in un punto precedente*) oben, früher, vorig, vorhergehend: **quanto detto** ~, wie oben gesagt; **nel capitolo/nella pagina** ~, im vorigen Kapitel/[auf der vorhergehenden Seite] **9** (*più rapidamente*) früher: **credevo di finire** ~, ich glaubte, früher fertig zu werden Ⓑ <inv> *loc agg*: **di** ~, früher, ehemalig; **ha chiamato la signora di** ~, die Frau von vorhin hat angerufen; **i tempi di** ~, die früheren/alten Zeiten Ⓒ *loc prep*: ~ **di qc** (*di tempo*) vor *etw* (dat), früher als *etw* (nom): **non** ~ **di un mese**, nicht vor einem Monat; **è arrivato** ~ **del previsto**, er ist früher angekommen als vorgesehen; **ti telefonerò** ~ **di sera**, ich werde dich vor heute Abend anrufen; **arriva sempre in ufficio** ~ **di me**, er/sie ist immer vor mir im Büro; **d'ora non l'avevo mai visto** ~ **all'università**, zuvor hatte ich ihn noch nie an der Universität gesehen **2** (*di luogo*) vor *etw* (dat): ~ **della piazza devi svoltare a sinistra**, vor dem Platz musst du nach links abbiegen Ⓓ *loc cong* **1** ~ **che... congv**, bevor... *ind*: **corriamo a casa** ~ **che scoppi un temporale**, laufen wir schnell nach Haus, bevor das Gewitter losbricht **2** ~ **di...** *inf*, bevor... *ind*: ~ **di agire, rifletti!**, zuerst (nach)denken, dann handeln! **3** *lett* (*piuttosto che*): ~ **di...** *inf*, eher... als... • **fare** ~ (*impiegare meno tempo*), weniger Zeit brauchen, schneller fertig sein; **passando di qua, farai** ~, wenn du hier vorbeigehst/vorbeifährst, sparst du Zeit; **con il forno a microonde fai** ~, mit der Mikrowelle *fam* bist du schneller fertig; ~ **o poi si farà vivo** (*una volta o l'altra*), früher oder später wird er sich melden; (il) ~ **possibile** (*al più presto*), so früh/schnell wie möglich, frühestmöglich; ~ **che posso/potrò/ho potuto** (*appena è/sarà/è stato possibile*), sobald ich kann/kann/konnte; **quanto** ~ (*il più presto possibile*), so bald/schnell wie möglich; ~ **di tutto** (*in primo luogo*), vor allem, zuallererst; ~ **di tutto bisogna risolvere questo problema**, zuallererst muss dieses Problem gelöst werden.

prima② *f* **1** *aero ferr mar* erste Klasse: **viaggiare in** ~, erster Klasse reisen **2** *alpin* (*prima scalata*) Erstbesteigung f **3** *autom* erster Gang: **mettere in** ~, in den ersten Gang einlegen, in den ersten Gang schalten; **partire in** ~, im ersten Gang starten **4** (*nella danza classica*) erste Position: **mettersi in** ~, die erste Position einnehmen **5** *film teat* Premiere f, Erst-, Uraufführung f: **andare alla** ~, die Premiere besuchen; **la** ~ **del Faust ha avuto grande successo**, die Erstaufführung des Faust hatte großen Erfolg; ~ **mondiale**, Weltpremiere f, Welturaufführung f **6** *mus* Premiere f: **la** ~ **del Nabucco alla Scala di Milano**, die Premiere von Nabucco an der Mailänder Scala **7** *scuola* erste Klasse: **Paolo fa/frequenta la** ~, Paolo besucht/[geht in] die erste Klasse **8** *TV* Erstausstrahlung f **9** *relig* Prim f **10** *sport* (*nel calcio*): **colpire/giocare di** ~, den Ball direkt treffen/[zuspielen/abgeben]; (*nella ginnastica*) Grundstellung f; (*nella scherma*) Prim f • ~ **di cambio banca**, Primawechsel m.

prima③ *f* → **primo**.

primadònna, prima dònna <primedonne, prime donne> *f loc sost* **1** *film mus teat TV* anche *fig* Primadonna f *anche spreg*: **fare la** ~, die Primadonna spielen *spreg*.

primanòta, prima nòta <primenote> *f loc sost f econ* **1** (*registrazione*) Eintragen in ⌊**eine Kladde**⌋/[**ein Journal**] **2** (*registro*) Kladde f, Journal n.

primariaménte *avv* **1** (*in primo luogo*) in erster Linie **2** (*principalmente*) hauptsächlich.

primariàto *m* (*incarico di primario*) {+ORTOPEDIA} Amt n eines Chefarztes.

primàrio, (-a) <-ri> Ⓐ *agg* **1** (*fondamentale*) {RAGIONE} wesentlich, primär *forb*; {IMPORTANZA, INTERESSE, VALORE} *anche* grundlegend, vorrangig 2 *biol chim elettr* {CARATTERI SESSUALI, CIRCUITO} primär 3 *bot* {ORGANO, STRUTTURA, TESSUTO} Primär 4 *econ* {ATTIVITÀ, PRODUZIONE} Primär- 5 *filos* {QUALITÀ} Primär- 6 *geol* {ERA} paläozoisch 7 *mecc* {ALBERO} Haupt-, Antriebs- 8 *med* {LESIONE, SIFILIDE} Primär- 9 *scuola* {ISTRUZIONE, SCUOLA} Grund- **B** m (f) *(medico che dirige)* Chefarzt m, (Chefarztärztin f) Primararzt m *A*, (Primarärztin f *A*), Primarius m *C*, ~ **chirurgo**, Chefarzt m in Chirurgie • **le primarie** *polit (elezioni negli USA)*, die Primaries, die Vorwahlen.

primàte[1] m *relig* Primas m.
primàte[2] m *zoo* Primaten m pl: **i primati**, die Primaten.
primatìccio, (-a) <-ci, -ce> *agg (che matura prima)* {CILIEGIA, PATATA} Früh-.
primatìsta <-i *m*, -e f> mf *sport* Rekordhalter(in) m(f), Rekordhaberin(in) m(f): ~ **europeo**, Europarekordhalter m; ~ **italiano di lancio del disco**, italienischer Rekordhalter im Diskuswerfen; ~ **mondiale**, Weltrekordhalter(in) m(f); ~ **nazionale**, Landesrekordhalter(in) m(f).
primàto m 1 *(superiorità)* {ARTISTICO, LETTERARIO, SCIENTIFICO} Überlegenheit f, Primat n o m *forb*, Vorrang m, Spitzenstellung f: **avere il ~ in campo tecnologico**, eine Spitzenstellung im technologischen Bereich innehaben 2 *sport (record)* Rekord m: **battere un ~**, einen Rekord brechen/schlagen; **detiene il ~ europeo di salto in lungo**, er/sie hält den Europarekord im Weitsprung; ~ **mondiale**, Weltrekord m, Weltbestleistung f; ~ **nazionale**, Landesrekord m; ~ **olimpionico**, olympischer Rekord; **stabilire un ~**, einen Rekord aufstellen.
primatologìa f *biol* Primatologie f.
primatòlogo, (-a) <-gi, -ghe> m (f) *biol* Primatologe m, (Primatologin f).
primattóre, (-trice) m (f) 1 *film teat* Hauptdarsteller(in) m(f) 2 *fig*: **gli piace fare il ~**, er steht gern im Mittelpunkt, er spielt gern die erste Geige *fam*.
primavèra **A** f 1 {CALDA, PIOVOSA, VENTOSA} Frühling m, Frühjahr n: **in ~**, im Frühling; **la ~ scorsa**, letzten/vorigen Frühling 2 *fig (clima temperato)* Frühling m, mildes Klima: **in questa regione c'è una continua ~**, in diesem Gebiet herrscht ewiger Frühling 3 *bot* Schlüsselblume f 4 *solo al pl> fig scherz (anni di vita)* Lenz m *scherz*, Jahr n: **avere molte primavere**, viele/etliche Lenze zählen *scherz* **B** <inv> *agg* 1 *gastr (con verdure primaverili)* {RISOTTO} Frühlings- 2 *sport (giovanile)* {CAMPIONATO, SQUADRA} Jugend- • **la ~ di Praga** *stor*, der Prager Frühling; **la ~ della vita** *fig (la giovinezza)*, Frühling m/Lenz m *poet* des Lebens.
primaverile *agg* 1 *(di primavera)* {STAGIONE} frühlingshaft; {ARIA, CIELO, GIORNATA} *anche* Frühlings-; {FIORE, FRUTTO, TEMPO} Frühlings- 2 *(per la primavera)* {GIACCA, VESTITO} Frühlings-.
primeggiàre <primeggio, primeggi> *itr* 1 *(eccellere)* ~ **su qu/qc**|**in/per qc** {PER CULTURA, PER ELEGANZA, PER INTELLIGENZA, IN MATEMATICA, NELLO SPORT} (*unter jdm*) (*in etw dat*) die erste Stelle ein|nehmen, (*unter jdm*) (*in etw dat*) führend sein, (*unter jdm*) (*in etw dat*) hervor|ragen; ~ **su tutti**, unter allen hervorragen, alle überragen; **gli piace ~**, er ist gern Erster, er glänzt gerne; ~ **nelle arti**, in den Künsten führend sein 2 *(spiccare)* ~ **(tra qc)** *(aus etw dat)* heraus|-, hervor|ragen, *(aus etw dat)* hervor|stechen: **tra i suoi dipinti primeggiano i paesaggi marini**, unter seinen/ihren Gemälden ragen/stechen die Meereslandschaften hervor.

prime rate <-, --s *pl ingl*> loc sost m *ingl banca* Prime rate f.
prime time <-> loc sost m *ingl TV* Prime Time f, beste Sendezeit.
primigènio, (-a) <-ni *m*> *agg lett* 1 *(originario)* {LINGUA, UMANITÀ, UOMO} Ur- 2 *(potente)* {FORZE NATURALI, ISTINTO} Ur-.
primìna f *fam scuola* "an einer Privatschule besuchte erste Grundschulklasse für Kinder unter sechs Jahren".
primìno, (-a) *scuola slang* **A** *agg* Erstklass- **B** m (f) Erstklässler(in) m(f).
primìpara f 1 *med* Erstgebärende f *decl come agg*, Primipara f *scient* 2 *zoo* Primipara f *scient*.
primìssimo, (-a) <superl *di* primo> **A** *agg* 1 allerersten(r,s): **i miei primissimi anni**, meine allerersten Jahre 2 *(fondamentale)*: **un autore di ~ piano**, ein Autor allerersten Ranges **B** m (f) Allererste mf *decl come agg*: **un ciclista che è sempre tra i primissimi**, ein Fahrradfahrer, der immer unter den allerersten ist.
primitìva f → primitivo.
primitivìsmo m *(carattere, tendenza)* Primitivismus m.
primitività <-> f *(l'essere primitivo)* Primitivität f, Ursprünglichkeit f.
primitìvo, (-a) **A** *agg* 1 *(della preistoria)* {ARTE, COSTUME, DIMORA} Ur-; {CIVILTÀ} primitiv; {POPOLO} Natur-, primitiv: **l'uomo ~**, der Urmensch 2 *(originario)* {ASPETTO, COLORE, FORMA, SIGNIFICATO} Ur-, ursprünglich, urtümlich 3 *fig (semplice)* {SISTEMA, STRUMENTO} einfach 4 *fig (vecchissimo)* {METODO, TECNICA} primitiv 5 *fig spreg (rozzo)* {RAGAZZO} primitiv *spreg* 6 *biol med* {ORGANO, TUMORE} primär, Primär- 7 *etnol* {TRIBÙ} primitiv 8 *geol* {ERA} Ur- 9 *gramm* {NOME} Stamm- 10 *mat* {CONCETTO, FUNZIONE} primitiv **B** m (f) *<di solito al pl>* 1 *(uomo preistorico)* Urmensch m 2 *fig spreg (persona rozza)* primitiver Mensch *spreg*, Primitivling m *fam spreg* 3 *etnol* {ETNIA} Ureinwohner(in) m(f), Eingeborene mf *decl come agg*: **i primitivi della Nuova Zelanda**, die Ureinwohner Neuseelands.
primìzia f 1 *(frutta)* Frühobst n, Rarität f: **le fragole, a gennaio, sono una ~**, Erdbeeren im Januar sind etwas Besonderes 2 *(verdura)* Frühgemüse n, Rarität f: **le primizie dell'orto**, das Frühgemüse aus dem Garten 3 *fig (notizia fresca)* Neuigkeit f.
prìmo, (-a) **A** *agg* 1 *numer* erste(r, s): **il ~ capitolo di un libro**, das erste Kapitel eines Buches; **la prima edizione**, die Erstausgabe; **al ~ incrocio**, an der ersten Kreuzung; **nelle prime ore del mattino**, in den ersten Morgenstunden; **un posto in prima fila**, ein Platz in der ersten Reihe; **il ~ premio**, der erste Preis; **nel ~ secolo d. C.**, im ersten Jahrhundert n. Chr.; **la prima volta**, das erste Mal 2 *(iniziale)* früh, erste(r, s); {IMPULSO, ISPIRAZIONE} erste(r, s): **i primi amori**, die ersten Liebschaften; {SINTOMI} erste(r, s); **un Botticelli prima maniera**, ein früher Botticelli 3 *(superficiale)* erste(r, s): **dare una prima lettura a qc**, etw überfliegen 4 *(prossimo)* nächste(r, s): **fermarsi alla prima stazione di servizio**, an der nächsten Raststätte Halt machen; **prendere il ~ treno**, den nächsten Zug nehmen 5 *(presto)* früh: **di prima mattina**, frühmorgens, am frühen Morgen 6 *(più importante)* Haupt-: **prima attrice**, Hauptdarstellerin f; **prima ballerina**, Primaballerina f, Solotänzerin f; ~ **ministro**, Premierminister m, Ministerpräsident m 7 *(provvisorio)* {ABBOZZO, STESURA} erste(r, s) 8 *(greggio)* {MATERIA} Roh- 9 *(nella successione di regnanti e pontefici)* der Erste: **Alessandro ~**, Alexander der Erste 10 *(in una gerarchia)* erste(r, s): ~ **macchinista/pilota**, erster Maschinist/Pilot 11 *(nelle date)* erste(r, s): **Bologna, ~ gennaio**, Bologna, den ersten Januar 12 *(migliore)* erste(r, s), beste(r, s): **il ~ albergo/parrucchiere**, das erste Hotel/[der erste Frisör] am Platz 13 *fig (basilare)* {NOZIONI, RUDIMENTI} Grund-, Anfangs- 14 *fig (principale)* {CAUSA, SCOPO} Haupt-, hauptsächlich: **la sua prima occupazione è lo studio**, seine/ihre Hauptbeschäftigung ist Lernen 15 *ferr* {CLASSE} erste(r, s) 16 *gramm* erste(r, s): **la prima persona singolare**, die erste Person Singular; **narrazione in prima persona**, Ich-Erzählung f, Erzählung f in der ersten Person 17 *mat* {NUMERO} Prim- **B** m (f) 1 *(chi precede)* Erste mf *decl come agg*: **il ~ della fila**, der Erste der Reihe; **essere il ~ in qc**, bei etw *(dat)* Erster sein; **essere il ~ in graduatoria**, der Erste in der Rangordnung sein; **piazzarsi tra i primi**, sich unter den Ersten klassifizieren; **il ~ che darà la risposta esatta …**, der Erste, der die richtige Antwort gibt … 2 *scuola (ragazzo più bravo)* Beste mf *decl come agg*, Tüchtigste mf *decl come agg*: **essere il ~ della classe**, der Klassenbeste/Klassenbester sein **C** m 1 *(primo giorno)* Erste mf *decl come agg*: **il ~ del mese**, der Monatserste; **domani è il ~**, morgen ist der Erste, morgen haben wir den Ersten; **il ~ maggio**, der Erste Mai; **il negozio riapre il ~ di settembre**, das Geschäft macht am ersten September wieder auf; **partiremo il ~**, wir fahren am Ersten ab 2 *gastr* erster Gang: **che cosa c'è di ~?**, was gibt es als ersten Gang?; **mangio solo il ~**, ich esse nur den ersten Gang; **per ~ prenderò il risotto**, als ersten Gang nehme ich Risotto 3 *(unità di misura del tempo)* Minute f: **due primi e otto secondi**, zwei Minuten und acht Sekunden 4 *mat (misura di angolo)* Minute f **D** *avv (innanzitutto)* zuerst, erstens: ~ **non devi urlare, secondo aspetta il tuo turno per parlare**, erstens sollst du nicht schreien und zweitens warte ab, bis du das Wort hast! • **ai primi del Novecento** *(agli inizi)*, am Anfang des 20. Jahrhunderts, im frühen 20. Jahrhundert; **ai primi di maggio**, Anfang Mai, in den ersten Maitagen; **alla prima** *(al primo tentativo)*, beim ersten Mal/Versuch; **indovinare alla prima**, etwas beim ersten Versuch erraten, beim ersten Versuch draufkommen *fam*; **il ~ dell'anno**, der Neujahrstag; **il ~ arrivato** *(in una gara)*, der Erste, der Sieger; *fig (uno qualsiasi)*, der Erstbeste, ein x-Beliebiger; **il ~ che capita** *(uno qualsiasi)*, der Erstbeste, wer immer gerade über den Weg läuft; *fig*, der Erstbeste, irgendein Dahergelaufener *spreg*; ~ **classificato**, Erstplatzierte m *decl come agg*; **il ~ che passa** *(per strada)*, der Erstbeste, wer immer gerade über den Weg läuft; *fig (uno qualsiasi)*, der Erstbeste, ein x-Beliebiger *fam*, irgendein Dahergelaufener *spreg*; ~ **(prima di tutto)**, zuerst; **per ~ compili quel modulo!**, füllen Sie zuerst einmal dieses Formular aus!; **(come prima persona)**, als Erster; **passare per ~ in un esame**, bei einer Prüfung als Erster drankommen; **passi la prima (volta), ma la *seconda* no!**, ein Mal mag's ja noch durchgehen, aber ⌊wehe, es passiert ein zweites Mal⌋/[beim Zweiten setzt's was *fam*]!; **sulle prime** *(in un primo momento)*, am Anfang, anfangs, zuerst, zunächst; **sulle prime pensavo che mentisse**, anfangs dachte ich, dass er/sie lügt; **non sono mica il ~ *venuto* io!** *fig (una persona qualunque)*, ich bin doch nicht irgendwer/ [irgendein Dahergelaufener *spreg*]!

primogenito, (-a) **A** *agg* 1 *(che è nato per primo)* {FIGLIO} erstgeboren 2 *(di famiglia nobile)* {RAMO} des Erstgeborenen **B** m (f)

primogenitore (*primo figlio*) Erstgeborene mf decl come agg.

primogenitóre, (**-trice**) m (f) *relig* Stammvater m, (Stammmutter f).

primogenitùra f (*condizione*) Erstgeburt f, Primogenitur f.

primòrdi m pl (*inizi*) (erste) Anfänge m pl: **fin dai ~ della civiltà**, seit Beginn/[den ersten Anfängen] der Zivilisation; **i ~ della lingua italiana**, die Anfänge der italienischen Sprache; **ai ~ del XVIII secolo**, zu Beginn des 18. Jahrhunderts.

primordiàle agg **1** (*primitivo*) {FORME DI CIVILTÀ} Ur-, urweltlich **2** (*primigenio*) {FORZA, IMPULSO, ISTINTO} Ur- **3** fig (*iniziale*) {FASE, STADIO} Anfangs- **4** fig (*arretrato*) {STRUMENTO, TECNICA} primitiv.

primula f *bot* Primel f ● **~ rossa** fig (*persona che non si trova mai*), "die scharlachrote Blume, das scharlachrote Siegel".

principàle A agg **1** (*più importante*) {CITTÀ, ENTRATA, PASTO, PORTA, PORTO, STAZIONE, STRADA} Haupt-; {ASPETTO, CAUSA, FATTO, PUNTI} *anche* wichtigste(r, s); {CORRENTE, OPERA, SCIENZIATO, SCRITTORE} wichtigste(r, s), bedeutendste(r, s); {ALBERGO, CAFFÈ, HOTEL} erste(r, s); {PEZZO DI UNA COLLEZIONE} wertvollste(r, s); {PIAZZA} zentral: **l'argomento ~**, das Hauptthema, das zentrale Thema; **la sua qualità ~ è la bontà**, seine/ihre Haupteigenschaft/ [schönste Eigenschaft] ist seine/ihre Güte **2** *film teat TV* {PARTE} Haupt- **3** *gramm* {PROPOSIZIONE} Haupt- **4** *mat* {ASSE, RAGGIO, RETTA} Haupt-; {PUNTO} Fuß- B m f *fam* (*datore di lavoro*) Chef(in) m(f), Boss m fam: **oggi il ~ non c'è**, heute ist der Chef nicht da C m *mus* Prinzipal n D f *gramm* Hauptsatz m.

principalménte avv (*in prevalenza*) hauptsächlich, vor allem: **l'economia del paese è basata ~ sulla pesca**, die Wirtschaft des Landes gründet hauptsächlich auf der Fischerei.

principàto m **1** (*stato*) Fürstentum n: **il ~ del Liechtenstein**, das Fürstentum Liechtenstein **2** (*dignità*) Fürstenrang m, Fürstenstand m **3** (*titolo*) Fürstentitel m **4** (*governo, periodo*) Herrschaft f, Regierung f: **il ~ degli Orsini**, die Herrschaft der Fürsten Orsini **5** <solo pl> *relig* (*cori angelici*) "vierter der neun Engelschöre".

princìpe A m **1** (*sovrano*) Herrscher m; (*di un principato*) Prinz m: **il ~ Ranieri di Monaco**, Prinz m Rainer von Monaco **2** (*figlio di sovrano*) (Kron)prinz m **3** (*membro di famiglia regnante*) Prinz m: **il ~ Filippo d'Inghilterra**, Prinz m Philipp von England **4** (*titolo*) Fürst m **5** fig (*chi eccelle*) König m, Meister m, Star m: **il ~ dei giornalisti/poeti**, der Starjournalist/der Dichterfürst *obs*; **il ~ dei truffatori**, der König der Betrüger B <inv> agg fig (*principale*) {ARGOMENTO} Haupt- ● **il Principe** *lett* (*opera di Machiavelli*), der Fürst; **il ~ degli Apostoli** (*s. Pietro*), der Apostelfürst; **~ azzurro** fig (*nelle fiabe*), Traum-, Märchenprinz m; **sognare il ~ azzurro**/ **sognare lo sposo ideale**, von einem Traum-/ Märchenprinzen träumen; **principi della Chiesa** (*i cardinali*), die Kirchenfürsten m pl; **~ consorte** (*marito di una sovrana regnante*), Prinzgemahl m; **~ elettore** *stor*, Kurfürst m; **~ ereditario** (*destinato alla successione al trono*), Erb-, Kronprinz m; **~ del foro** (*avvocato famoso*), Staranwalt m; **~ di Galles**, Prince of Wales m; **tess** Glencheck m; **~ reggente** (*chi governa provvisoriamente*), Prinzregent m; **il ~ delle tenebre** (*Lucifero*), der Fürst der Hölle/Finsternis; **vivere come un ~**/[**fare una vita da ~**] fig (*vivere negli agi*), fürstlich leben.

principescaménte avv (*sontuosamente*) {VIVERE} fürstlich.

principésco, (**-a**) <-schi, -sche> agg **1** (*di principe*) {CARICA, DIGNITÀ, SANGUE} Fürsten-; {FAMIGLIA, TITOLO} *anche* fürstlich **2** fig (*da gran signore*) {VITA} fürstlich **3** fig (*sfarzoso*) {BANCHETTO, CASA} fürstlich.

principéssa f **1** (*sovrana*) Herrscherin f; (*di un principato*) Prinzessin f, Fürstin f **2** (*moglie del principe*) Fürstin f **3** (*figlia del principe*) Fürstentochter f **4** (*figlia del sovrano regnante*) Prinzessin f ● **non fare tanto la ~!** fig (*la difficile*), stell dich nicht so an!, jetzt spiel nicht die Prinzessin (auf der Erbse)!; **la trattano come una ~** fig (*molto bene*), sie wird wie eine Prinzessin behandelt; **vivere come una ~** fig (*nel lusso*), wie eine Prinzessin /[Gott in Frankreich fam] leben.

principiànte A agg (*esordiente*) {PIANISTA} angehend B m f (*novellino*) Anfänger(in) m(f), Neuling m: **negli scacchi è un ~**, im Schach ist er (ein) Anfänger; (*in una professione*) Berufsanfänger(in) m(f).

principiàre <principio, principi> forb A tr <avere> (*cominciare*) **~ qc** {LAVORO, RICERCA, ROMANZO} etw beginnen, etw an|fangen B itr (*iniziare*) **1** <essere> {AUTUNNO} beginnen, an|fangen: **~ a leggere/scrivere**, zu lesen/schreiben beginnen **2** <avere> beginnen, an|fangen: **ha principiato col dire che ...**, zu Beginn hat er/sie gesagt, dass ... C itr *impers* <essere o avere> beginnen, an|fangen: **è/ha principiato a nevicare**, es hat zu schneien begonnen.

princìpio <-pi> A m **1** (*inizio*) {+AUTUNNO, IMPRESA, VIAGGIO} Beginn m, Anfang m: **il ~ dell'anno**, der Jahresanfang, der Jahresbeginn; **il ~ e la fine di una guerra**, (der) Anfang und (das) Ende des Krieges; **un ~ di influenza**, eine beginnende Grippe; **il ~ di un racconto**, der Beginn/Anfang einer Erzählung; **ricominciare dal ~**, wieder neu/[von vorne] anfangen **2** (*origine*) Ursprung m, Anfang m, Ursache f: **il ~ dell'universo**, der Ursprung des Universums; **quell'eredità fu il ~ di tutti i suoi guai**, diese Erbschaft war die Ursache all seiner/ihrer Schwierigkeiten **3** (*fondamento*) {SCIENTIFICO; +BUDDISMO, CRISTIANESIMO, EBRAISMO} Prinzip n, Grundsatz m: **una dottrina che si basa su certi princìpi**, eine Lehre, die auf bestimmten Prinzipien/Grundsätzen basiert; **i princìpi della Rivoluzione francese**, die Grundsätze der Französischen Revolution; **princìpi fondamentali**, Grundprinzipien n pl; **i princìpi della matematica**, die Grundlagen der Mathematik **4** (*valore*) Prinzip n: **princìpi morali**, sittliche/moralische Prinzipien; **un uomo privo di princìpi**, ein prinzipienloser Mensch, ein Mensch ohne Prinzipien; **non essere fedele ai propri princìpi**, seinen Prinzipien untreu sein; **una persona di saldi/sani princìpi**, eine Person mit/von festen/gesunden Prinzipien **5** (*norma*) Regel f, Norm f **6** *chim* Stoff m: **~ attivo**, Wirkstoff m **7** *dir* Grundsatz m, Prinzip n: **~ costituzionale dell'uguaglianza di tutti i cittadini**, verfassungsrechtlicher/[in der Verfassung verankerter] Grundsatz der Gleichheit aller Bürger **8** *fis* Prinzip n, Ursache f, Grund m: **per Talete l'acqua è il ~ generatore di ogni cosa**, nach Thales ist das Wasser der Urstoff aller Dinge **9** *fis mat* Prinzip n, Gesetz n: **il ~ di Pascal**, das Pascal'sche Prinzip **10** *psic* {+PIACERE, REALTÀ} Prinzip n **11** <solo pl> *tip* (*prime pagine di un'opera*) Beginn m B loc prep (*all'inizio: tempo*): **al ~ di qc**, am Anfang/[zu Beginn] von etw (dat)/+ gen; **al ~ del mese**, am Anfang des Monats/[Monatsanfang]; (*spazio*) am Anfang von etw (dat)/+ gen; **al ~ di corso Vittorio**, am Anfang von Corso Vittorio C loc avv **1** (*all'inizio: tempo*): **al/in ~**, am Anfang, anfangs, zu Beginn; **al/in ~ non me ne sono accorto**, anfangs habe ich es nicht bemerkt; (*spazio*) am Anfang; **al/in ~ c'è una dedica**, vorn/[am Anfang] steht eine Widmung **2** (*sulle prime*): **da ~**, am Anfang, anfangs, zu Beginn; **da ~ non gli abbiamo creduto**, anfangs haben wir ihm nicht geglaubt **3** (*dall'inizio*): (sin) **dal ~**, von Anfang/Anbeginn an ● **è il ~ della fine**, das ist der Anfang vom Ende; **dal ~ alla fine**, {VEDERE UNO SPETTACOLO} von Anfang bis Ende; {LEGGERE UN LIBRO} *anche*, von A bis Z *fam*; **non fare qc per ~** (*come norma generale*), etw prinzipiell nicht tun; **per ~ non presto libri a nessuno**, prinzipiell leihe ich niemandem meine Bücher (aus); **e questo è solo il ~!** (*il meglio deve ancora venire*), und das ist erst der Anfang!

princisbécco <-chi> m *metall* Tombak m ● **di ~** fig (*falso*), unecht; **restare**/**rimanere di ~** fig *scherz* (*di stucco*), wie vom Schlag/Donner gerührt/getroffen sein *fam*, verblüfft sein.

print on demand <-> loc sost m *ingl edit* Book/Print-on-Demand n.

prióne m *biol* Prion n.

priorale agg (*di priore*) {CHIESA, TITOLO} Priorats-, Prioren-.

prioràto m (*ufficio, dignità, durata*) Priorat n.

prióre, (**-a**) A m (f) *relig* {+MONASTERO} Prior(in) m(f) B m *stor* Zunftvorsteher m.

priori, a → **a priori**

prioritá <-> f **1** (*precedenza*) Vorrang m, Priorität f forb: **con ~ assoluta**, absolut vorrangig, vordringlich forb; **avere la ~ su qc**, den Vorrang vor etw (dat) haben; **dare la ~ a qu/qc**, jdm/etw den Vorrang geben **2** (*preminenza*) {+INTERESSI, SPESA, VALORI} Priorität f forb, Vorrang m: **stabilire delle ~**, Prioritäten setzen **3** (*anteriorità*) {+DOMANDA, INVENZIONE} Priorität f forb **4** *dir* Vor(zugs)recht n, Vorzug m, Vorrang m: **diritto di ~**, Vorzugsrecht n.

prioritàrio, (**-a**) <-ri m agg (*più importante*) {INTERESSE, SCELTA} vorrangig; {IMPEGNO} vordringlich.

prìsma <-i> m **1** *mat* (*in geometria*) Prisma n: **~ esagonale/pentagonale/quadrangolare/triangolare**, Hexagonal-/Pentagonal-/Viertkant-/Dreikantprisma n; **~ regolare/retto**, regelmäßiges/gerades Prisma **2** *fis ott* optisches Prisma: **~ dispersivo**, Dispersionsprisma n **3** fig *lett* (*ciò che altera*) {+PASSIONI} Zerrbild n ● **~ di deiezione** *geol*, Schuttkegel m.

prismàtico, (**-a**) <-ci, -che> agg **1** *mat* (*in geometria*) {SUPERFICIE} Prisma-, prismatisch **2** (*a forma di prisma*) {CRISTALLO} prismenförmig **3** *fis ott* {DISPERSIONE} prismatisch.

prismatòide m *mat* (*in geometria*) Prismatoid n.

prìstino, (**-a**) agg *lett* (*anteriore*) {CONDIZIONE, STATO} vorhergehend, vorig: **restituire**/**rimettere in ~**, die Ausgangslage/[den ursprünglichen Zustand] wiederherstellen.

privacy <-, -cies pl *ingl*> f *ingl* Privatsphäre f: **difendere la propria ~**, seine Privatsphäre verteidigen; **rispettare la ~ di qu**, jds Privatsphäre respektieren; **tenere molto alla propria ~**, großen Wert auf seine Privatsphäre legen.

privàre A tr **1** (*rendere privo*) **~ qu di qc** {INDIVIDUO DELLA LIBERTÀ PERSONALE, PERSONA DI UN PIACERE} jdn um etw (gen) berauben, jdm um etw (acc) bringen; {DEI PROPRI BENI} jdm etw entziehen; {GOVERNO, PARLAMENTO DELLA SUA AUTORITÀ, DEL SUO POTERE} jdn/etw (gen) entheben: **l'incidente ha privato l'uomo dell'uso delle gambe**, der Mann ist seit dem Unfall gelähmt; **è un peccato che Lei ci privi della sua presenza!** *anche iron*, es ist ein Jammer, dass Sie uns Ihre Anwesenheit vorenthalten! *iron*: **~ qc di qc** {ORGANISMO DI CERTE SOSTANZE} etw (**dat**) etw entziehen **2** *dir* **~ qu di qc** {CITTADINO DEI DIRITTI POLITICI} jdm etw ab|erkennen; {DELLA CITTADINANZA ITALIANA} *anche* jdm etw entziehen **B** *rfl* (*rinunciare*): **privarsi di qc** {DI UN CIBO, DI UN'OPPORTUNITÀ, DI UNO SVAGO} auf etw (**acc**) verzichten, sich (**dat**) etw versagen, sich um etw (**acc**) bringen: **privarsi del necessario**, auf das Notwendige verzichten; **non privarsi di nulla**, sich (**dat**) nichts entgehen lassen; **privarsi di tutto**, sich (**dat**) nichts gönnen.

privàta f → **privato**.

privataménte *avv* **1** (*da privatista*) {STUDIARE} privat **2** (*in forma privata*) privat: **una cerimonia svoltasi ~**, eine private/intime Feier.

privatista <-*i* m, -*e* f> **A** mf **1** (*studente*) Privatschüler(in) m(f): **dare un esame come/da ~**, eine Prüfung als Privatschüler ablegen **2** *dir* (*studioso*) Zivilrechtler(in) m(f) **B** *agg* {CANDIDATO} Privat-.

privatìstico, (-a) <-*ci, -che*> *agg* **1** *dir* zivil-, privatrechtlich **2** *econ* {METODO} privatwirtschaftlich: **economia privatistica**, Privatwirtschaft f.

privatìva f (*monopolio*) Monopol n: **~ del sale/dei tabacchi**, Salz-/Tabakmonopol n, Monopol n auf Salz/Tabak ● **~ industriale** *dir*, Alleinrecht n des Erfinders, Patentschutz m.

privatìvo, (-a) *agg ling* {PREFISSO, SUFFISSO} privativ; {ALFA} privativum.

privatizzàbile *agg* {AZIENDA, ENTE, SERVIZIO} privatisierbar.

privatizzàre *tr econ* (*rendere privato*) **~ qc** {ENTE, SERVIZIO} etw privatisieren.

privatizzazióne f *econ* {+AZIENDA, BANCA, TERRENO} Privatisierung f.

privàto, (-a) **A** *agg* **1** (*non pubblico*) {CLUB, INIZIATIVA, INSEGNANTE, LEZIONI, RADIO, SETTORE, STRADA, TELEVISIONE} Privat-; {AZIENDA, ENTE, ISTITUTO, PROPRIETÀ, SCUOLA, UNIVERSITÀ} *anche* privat **2** (*ingaggiato da privati*) {INVESTIGATORE} Privat- **3** (*riservato*) {COLLOQUIO, UDIENZA} Privat-: **cerimonia in forma privata**, eine private/intime Feier; **informare qu in via privata**, jdn privat informieren **4** (*personale*) {FACCENDA, MOTIVI} Privat-; {QUESTIONE} persönlich: **non immischiarti nella mia vita privata!**, misch dich nicht in mein Privatleben ein! **5** (*che non ha un ruolo pubblico*) {CITTADINO} privat **6** *dir* {DIRITTO} Privat- **B** m **1** (*cittadino*) Privatperson f, Privatmensch m: **un servizio gestito da privati**, ein privat geführter Service **2** (*sfera della vita privata*) Privatsphäre f, Privatleben n: **nel ~ è tutta un'altra persona**, im Privatleben ist er/sie ein ganz anderer Mensch, privat ist er/sie ganz anders; **parlare a qu in ~**, jdn privat sprechen **3** (*settore*) der private Bereich **C** f *radio TV* (*emittente*) Privatsender m.

privazióne f **1** <*di solito al pl*> (*sacrificio*) Entbehrung f: **a forza di privazioni è riuscito a comprarsi una casa**, durch viele Entbehrungen ist ihm gelungen, sich ein Haus zu kaufen; **una vita di privazioni**, ein Leben voller Entbehrungen, ein entbehrungsvolles Leben **2** (*perdita*) {+MANO} Verlust m **3** *dir* {+LIBERTÀ PERSONALE} Entziehung f, Entzug m; {+DIRITTI CIVILI} Aberkennung f.

privé <-> m *franc* (*in un locale pubblico*) Privatraum m, (Salon) Privé m.

privilegiàre <*privilegi, privilegi*> *tr* **1** (*concedere privilegi*) **~ qu/qc** (**rispetto a qu/qc**) {SISTEMA UNA CLASSE SOCIALE RISPETTO A UN'ALTRA} jdn/etw (jdm/etw gegenüber) privilegieren, jdn/etw (jdm/etw gegenüber) begünstigen **2** (*lasciare maggior spazio*) **~ qc** (**rispetto a qc**) {IL LAVORO RISPETTO ALLA SCUOLA} etw (gegenüer vor etw **dat**) bevorzugen, etw (etw **dat**) vor|ziehen: **un programma che privilegia le materie scientifiche**, ein Lehrplan, der den Schwerpunkt auf naturwissenschaftliche Fächer legt **3** *stor* (*concedere un privilegio*) **~ qu/qc** (**con/di qc**) {CITTÀ DELLA CITTADINANZA ROMANA} jdm/etw das Vorrecht (etw gen) ein|räumen; {NOBILTÀ CON DONAZIONI} jdm/etw mit etw (**dat**) aus|statten.

privilegiàto, (-a) **A** *agg* **1** (*che gode di privilegi*) {CATEGORIA, CETO} privilegiert **2** (*di privilegio*) {CONDIZIONE} bevorzugt; {POSIZIONE, TRATTAMENTO} *anche* Vorzugs-; {RAPPORTO} privilegiert **3** *fig* (*fortunato*) {UOMO} begünstigt **4** *dir* {CREDITO, CREDITORE} Vorzugs- **5** *econ* {AZIONE} Vorzugs-, Prioritäts- **B** m (f) (*chi gode di privilegi*) Privilegierte mf *decl come agg*.

privilègio <-*gi*> m **1** (*favoritismo*) Privileg n *forb*, Vorrecht n: **privilegi diplomatici**, diplomatische Immunität; **privilegi economici/politici/sociali**, wirtschaftliche/politische/soziale Privilegien *forb*; **godere di un ~**, ein Privileg *forb*/Vorrecht genießen **2** (*onore*) Ehre f, Privileg n *forb*: **ho avuto il ~ di fare la sua conoscenza**, ich hatte die Ehre, seine/ihre Bekanntschaft zu machen **3** (*vantaggio*) Vorzug m, Vorteil m, Privileg n *forb*: **essere/trovarsi in una posizione di ~**, in einer privilegierten Lage sein/[sich in einer privilegierten Lage befinden] **4** *dir* (*uno dei diritti di prelazione*) gesetzliches Vorzugsrecht: **~ generale**, allgemeines Vorzugsrecht; **~ speciale**, Sonderrecht n auf vorzugsweise Befriedigung **5** *stor* (*atto ufficiale*) {PONTIFICIO, REALE} Privileg n *forb*, Freibrief m.

prìvo, (-a) *agg* (*senza*): **~ di qu/qc** ohne jdn/etw: **un palazzo ~ di ascensore**, ein Wohnhaus ohne Aufzug; **un ragionamento ~ di chiarezza**, eine wirrer Gedankengang; **essere ~ di documenti**, keine Papiere haben; **una ragazza priva di fantasia**, ein fantasieloses Mädchen; **un bambino ~ di genitori/nonni**, ein Kind ohne Eltern/Großeltern; **~ di ruggine**, fleckenlos/rostfrei; **~ di mezzi**, mittellos; **rimanere ~ di provviste**, ohne Vorräte bleiben, auf dem trock(e)nen sitzen/sein *fam*; **uno scrittore ~ di talento**, ein talentloser Schriftsteller; **~ di tutto**, ohne alles, mit nichts.

pro① **A** *prep* (*in favore di*) pro (**qu/qc**) zugunsten von jdm/etw/+ gen, für jdn/etw: **deliberare pro o contro un provvedimento**, für oder gegen eine Maßnahme abstimmen; **spettacolo pro terremotati**, eine Veranstaltung zugunsten der Erdbebenopfer; **devi deciderti: o pro o contro**, du musst dich entscheiden: entweder ₁dafür oder dagegen₁/[pro oder contra] **B** <-> m (*ragione favorevole*) Für n, Pro n: **valutare il pro ed il contro**, das ₁Für und Wider₁/[Pro und Kontra] abwägen.

pro②, **prò** <-> m **1** (*scopo*) Nutzen m: **a che pro lavorare tanto?**, wozu (soll man) so viel arbeiten?; **was bringt es fam**, so viel zu arbeiten? **2** (*vantaggio*) Vorteil m: **è tutto a mio/... pro**, das ist alles zu meinem/... Vorteil ● **buon pro ti faccia!** *fam scherz* (*ti giovi*), wohl bekomm's!; **senza pro** (*invano*), vergebens, vergeblich.

pro- *pref* **1** (*avanti*) voran-, weiter-, vorwärts-, fort-, vor-, hinaus-: **procedere**, voran-, weitergehen, weiterfahren, Fortschritte machen; **progredire**, fortschreiten, Fortschritte machen; **protrarre**, hinausziehen **2** (*in nomi di parentela*) Ur-, Groß-, Vor-: **progenitore**, Vorfahr(e); **pronipote**, Urenkel; (*di prozio*) Großneffe; **prozio**, Großonkel **3** (*che fa le veci di*) Pro-: **proconsole**, Prokonsul; **prosindaco**, stellvertretender Bürgermeister.

proàvo, (-a) m (f) *lett* (*bisavolo*) Urgroßvater m, (Urgroßmutter f) ● **i proavi** (*gli antenati*), die Vorfahren.

probàbile A *agg* (*possibile*) {ASSENZA, CONGETTURA, IPOTESI} wahrscheinlich: **altamente ~**, höchstwahrscheinlich; **è molto ~**, es/das ist sehr wahrscheinlich; **è ~ che nevichi**, wahrscheinlich schneit es, es wird wahrscheinlich schneien; **mi pare poco ~ che telefoni**, ich halte es für ₁wenig wahrscheinlich₁/[unwahrscheinlich], dass er/sie anruft; **è ~ che abbia traslocato**, ₁kann gut sein₁/[ist gut möglich], dass er/sie umgezogen ist; **pensi che se la sia presa?** – È ~!, glaubst du, dass sie sich's zu Herzen genommen hat? – ₁(Das ist) wahrscheinlich₁/[Gut möglich]! **B** m Wahrscheinliche n *decl come agg*.

probabilìsmo m *filos relig* Probabilismus m.

probabilìsta <-*i* m, -*e* f> mf *filos relig* Probabilist(in) m(f).

probabilìstico, (-a) <-*ci, -che*> *agg* **1** *filos relig* {DOTTRINA} probabilistisch **2** *mat* {LEGGE} Wahrscheinlichkeits-.

probabilità <-> f **1** (*possibilità*) Wahrscheinlichkeit f, Chance f, Möglichkeit f, Aussicht f: **alta ~**, hohe Wahrscheinlichkeit; **avere una ~ su cento**, eine Wahrscheinlichkeit von eins zu hundert haben; **non ha nessuna ~ di passare l'esame**, er/sie hat keine Chance, die Prüfung zu bestehen; **ci sono molte ~ che la squadra vinca il torneo**, es ist sehr wahrscheinlich, dass die Mannschaft das Turnier gewinnt; **c'è una ~ su mille che ...**, die Wahrscheinlichkeit, dass ..., ist eins zu tausend; **con ogni/molta/tutta ~**, aller Wahrscheinlichkeit nach, höchstwahrscheinlich; **quali ~ ci sono?**, welche Möglichkeiten bestehen?; **le ~ di salvarlo sono minime**, die Aussichten ₁auf seine Rettung₁/[, ihn zu retten,] sind gering **2** *mat* Wahrscheinlichkeit f.

probabilménte *avv* (*con buona probabilità*) wahrscheinlich: **molto ~**, höchstwahrscheinlich; **~ hai già ricevuto la notizia**, wahrscheinlich hast du schon die Nachricht bekommen; **partiremo ~ lunedì sera**, wir fahren wahrscheinlich Montagabend ab.

probànte *agg* (*che costituisce una prova*) {ARGOMENTO, ELEMENTO} Beweis-, beweisend.

probatìvo, (-a) *agg lett* (*convincente*) {TESTIMONIANZA} beweiskräftig.

probatòrio, (-a) <-*ri*> *agg dir* {DOCUMENTO, INCIDENTE, ISTRUZIONE, MEZZO} Beweis-.

probiòtico, (-a) <-*ci, -che*> *agg* probiotisch.

probità <-> f (*onestà*) {+MAGISTRATO} Redlichkeit f, Rechtschaffenheit f: **un uomo di grande ~**, ein Mensch von großer Redlichkeit/Rechtschaffenheit.

probiviri → **proboviro**.

problèma <-*i*> m **1** (*questione*) Problem n: **~ attuale/scottante**, aktuelles/brisantes *forb* Problem; **~ centrale**, Kernproblem n, Kernfrage f, zentrales Problem, zentrale Frage f; **affrontare il ~ della disoccupazione giovanile**, das Problem der Jugendarbeitslosigkeit angehen; **~ di fondo**, Grundproblem n; **porre un ~**, ein Problem anschneiden/aufwerfen **2** (*quesito*) Problem n, Frage f: **~ filosofico/storico/linguistico**, philosophisches/historisches/linguistisches Problem **3** *fam* (*difficoltà*) Schwierigkeit f, Problem n:

avere problemi esistenziali, Existenzprobleme haben; existenzielle Probleme haben; ~ **principale**, Hauptproblem n; **il vero ~ sta nella disinformazione**, das eigentliche Problem liegt im Mangel an Information; **il ~ è che mancano i fondi**, das Problem sind die fehlenden Gelder; **ha problemi a vedere da lontano**, er/sie ⌊hat Schwierigkeiten, etwas von weitem zu erkennen⌉/[ist ziemlich kurzsichtig]; **parcheggiare in centro è diventato un ~**, das Parken in der Stadtmitte ist ⌊zum Problem⌉/[schwierig] geworden; ~ **pratico**, praktisches Problem; **qual è il ~?**, wo liegt das Problem?; **c'è qualche ~?**, gibt's Probleme?, stimmt was nicht?; **senza problemi**, problemlos **4** <di solito al pl> *fam* (*guaio*) Probleme n pl: **problemi economici/ finanziari/politici/sociali**, wirtschaftliche/ finanzielle/politische/soziale Probleme n pl; **problemi personali/psicologici/sessuali**, persönliche/psychologische/sexuelle Probleme; **problemi con la famiglia/il lavoro**, Probleme n pl ⌊mit der Familie⌉/[am Arbeitsplatz]; **essere pieno di problemi**, voller Probleme sein, viele Probleme haben; **ognuno ha i suoi problemi**, jeder hat seine Probleme; **avere dei problemi con la giustizia**, Probleme mit der Justiz haben **5** (*caso difficile*) Problem(fall m) n: **quella ragazza è un ~ per i genitori**, dieses Mädchen ist ein Problem für seine Eltern **6** *mat* Problem n, (Rechen)aufgabe f: ~ **di algebra/aritmetica/ geometria/trigonometria**, algebraisches/ arithmetisches/ geometrisches/ trigonometrisches Problem; **un ~ di facile soluzione**, ein leicht lösbares Problem ● **è un** *bel* **~!**, das ist eine harte Nuss! *fam*; **essere o non essere: questo è il ~** *lett* (*verso dell'Amleto di Shakespeare*), Sein oder Nichtsein, das ist hier die Frage; **non c'è ~**, kein Problem *fam*, no problem *slang*; *falso* **~**, Scheinproblem n; **non** *farsene* **un ~** (*non preoccuparsene*), sich (*dat*) deswegen keine Sorgen machen; **farsi dei ~** (*preoccuparsi*), sich (*dat*) Probleme *fam*/Sorgen machen; **ti fai troppi problemi**, du machst dir zu viele Probleme *fam*; **è un** *vero* **~!**, das ist ein echtes Problem!

problemàtica <-*che*> *f* **1** (*insieme dei problemi*) Problematik f, Problemkomplex m, Problemkreis m: **la ~ collegata all'adozione**, die mit der Adoption verknüpfte Problematik **2** (*complesso di tematiche*) {+NIETZSCHE, ROMANTICISMO} Problematik f.

problematicità <-> *f* **1** {+AFFERMAZIONE, TEORIA} Problematik f **2** (*incertezza*) {+SITUAZIONE} Ungewissheit f.

problemàtico, (-**a**) <-*ci, -che*> *agg* **1** (*che comporta dei problemi*) {IPOTESI, TEORIA} problematisch; {CASO} Problem- **2** (*incerto*) {ESITO, RIUSCITA} fraglich, ungewiss.

problematizzàre *tr* (*far diventare un problema*) ~ **qc** {SITUAZIONE} *etw* problematisieren *forb*.

pròbo, (-**a**) *agg lett* (*onesto*) {CITTADINO} redlich, rechtschaffen *obs*.

pro bòno pàcis *loc avv lat* (*per amor di pace*) {ACCETTARE QC, TACERE} um des lieben Friedens willen.

proboscidàto, (-**a**) *zoo* A *agg* (*con proboscide*) Rüssel-, mit Rüssel versehen B *m* Rüsseltier n.

probòscide *f* **1** *zoo* {+ELEFANTE, FARFALLA} Rüssel m **2** *fig scherz* (*naso lungo*) Zinken m *fam scherz*, Rüssel m *fam*.

proboviro <*proboviri*> *m* <*di solito al pl*> *lat* Schiedsrichter m.

procàccia <-> *mf stor* (*corriere*) Zusteller(in) m(f), Bote m, (Botin f).

procacciamento *m* (*acquisizione*) {+FAVORI} Verschaffung f, Beschaffung f, Besorgung f.

procacciàre <*procaccio, procacci*> A *tr* (*procurare*) ~ **qu** (**a qu**) {CLIENTI} *jdn* (*für jdn*) beschaffen, *jdn* (*für jdn*) werben; ~ **qc** (**a qu**) {IL NECESSARIO ALLA FAMIGLIA} *für etw* (*acc*) (*von jdm/+ gen*) sorgen B *rfl* (*procurarsi*): **procacciarsi qu** {CLIENTI} sich (*dat*) *jdn* beschaffen; **procacciarsi qc** *anche fig* {ONORI, VOTI} sich (*dat*) *etw* verschaffen; {DENARO} sich (*dat*) *etw* beschaffen.

procacciatóre, (-**trice**) *m* (*f*) (*chi procura*) {+VOTI} Werber(in) m(f); {+CLIENTI} anche Vermittler(in) m(f): ~ **d'affari**, Geschäftemacher m *spreg*.

procàce *agg* **1** (*provocante*) {ATTRICE} aufreizend; {BOCCA, FORME, SENO} *anche* provozierend *forb* **2** *lett* (*sfacciato*) frech, dreist, unverschämt.

procacità <-> *f* **1** (*sensualità provocante*) {+FORME} Anstößigkeit f; {+RAGAZZA} provozierendes Wesen *forb* **2** *lett* (*sfacciataggine*) Frechheit f, Dreistigkeit f.

procànico <-*ci*> *m enol* **1** (*vitigno*) Procanico-Rebe/Rebsorte f **2** Procanico m (*Weißwein von der Insel Elba*).

pro càpite *lat* A <*inv*> *loc agg* (*a testa*) pro Kopf, Pro-Kopf-: **consumo/spesa pro capite**, ⌊Pro-Kopf-Verbrauch m⌉/[Pro-Kopf-Ausgaben f pl] B *avv* pro Kopf.

procèdere <*coniug come* cedere> A *itr* **1** <*essere*> (*andare avanti*) ~ (+ **compl di luogo**) (+ **compl di modo**) {UOMO NELLA BOSCAGLIA, A CAPO CHINO} (*irgendwo*) (*irgendwie*) vorangehen; {SOLDATI DI BUON PASSO, LUNGO IL FIUME} (*irgendwo*) (*irgendwie*) voranschreiten; {MACCHINE IN COLONNA} (*irgendwo*) (*irgendwie*) weiter|fahren **2** <*essere*> *fig* (*proseguire*) ~ (+ **compl di modo**) {PRATICA LENTAMENTE} (*irgendwie*) voran|gehen, (*irgendwie*) voran|kommen, (*irgendwie*) voran| schreiten *forb*, (*irgendwie*) laufen: **il lavoro non procede**, die Arbeit geht/kommt nicht voran; **come procedono le indagini?**, wie laufen die Ermittlungen?; **tutto procede per il meglio**, alles läuft bestens **3** <*avere*> *fig* (*continuare*) ~ (**in qc**) {NELLA RICERCA, NEGLI STUDI} *mit etw* (*dat*) fort|fahren, *mit etw* (*dat*) weiter|machen: ~ **nel discorso**, im Gespräch fortfahren **4** <*avere*> *fig* (*andare*) ~ + **compl di modo** {PER DEDUZIONE, SPERIMENTALMENTE} *irgendwie* vor|gehen: ~ **con calma**, mit Ruhe weitermachen; **non è questo il modo di ~**, das ist nicht die richtige Vorgehensweise, so geht das nicht; **procediamo con ordine!**, gehen wir der Reihe nach vor(an)! **5** <*avere*> *fig* (*agire*) ~ + **compl di modo** {CON CAUTELA, CON DETERMINAZIONE} *irgendwie* handeln, *irgendwie* vor|gehen, *irgendwie* agieren: ~ **autonomamente**, selbstständig agieren **6** <*avere*> (*dare inizio*) ~ (**a qc**) {ALL'APPELLO} *mit etw* (*dat*) beginnen; {ALLA RACCOLTA DI FIRME} *anche etw* in die Wege leiten; {ALL'ARRESTO DI UN MALVIVENTE, AL SEQUESTRO DEI BENI} *etw* vor|nehmen; {ALLA VOTAZIONE} *zu etw* (*dat*) schreiten: **si proceda!**, es kann losgehen!; fangen wir an!; machen wir weiter!; **su, procediamo!**, auf, beginnen wir!; los geht's!; ~ **con qc** {CON I LICENZIAMENTI} *etw* vor|nehmen **7** <*avere*> *dir* (*citare in giudizio*) ~ (**nei confronti di qu**) gerichtlich *gegen jdn* vor|gehen, *jdn* gerichtlich belangen **8** <*avere*> *dir* (*mettere sotto processo*) ~ (**contro qu**) {CONTRO I TRASGRESSORI} ein Verfahren *gegen jdn* ein|leiten, gerichtlich *gegen jdn* vor|gehen: ~ **per vie legali**, den Rechtsweg gehen/einschlagen/beschreiten, gerichtliche Schritte ergreifen/unternehmen, gerichtlich vorgehen **9** <*essere*> *lett* ~ **da qu/qc** {FIUME DAL LAGO} *aus etw* (*dat*) fließen, *aus etw* (*dat*) entfließen *relig*: ~ **da qu** {LO SPIRITO SANTO DAL PADRE E DAL FIGLIO} *aus jdm* hervor|gehen B *m* (*l'avanzare*) Lauf m: **con il ~ degli anni**, im Lauf(e) der Jahre ● **oltre** (*a piedi*), weiter|gehen; (*con veicolo*), weiter|fahren; *fig* (*in una discussione, in una relazione, ecc.*), weiter|gehen, weiter|machen.

procedibile *agg dir* {APPELLO} aufgrund des Vorliegens der Verfahrensvoraussetzungen möglich; {DELITTO, REATO} strafrechtlich verfolgbar.

procedibilità <-> *f dir* (*condizioni di ~*) {+APPELLO} Verfahrensvoraussetzungen f pl.

procedimentàle *agg* (*del procedimento*) {ATTO} Verfahrens-.

procediménto *m* **1** (*metodo*) {CORRETTO, DEDUTTIVO, LOGICO, SBAGLIATO} Vorgehensweise f, Verfahren n, Methode f: **seguire un certo ~**, nach einem bestimmten Verfahren vorgehen; *scient tecnol* {COMPLESSO, SEMPLICE} Verfahren n; ~ **di fabbricazione/lavorazione**, Herstellungs-/Bearbeitungsverfahren n **2** *dir* Verfahren n: ~ **amministrativo/giurisdizionale/legislativo**, Verwaltungs-/Rechts-/Gesetzgebungsverfahren n; **aprire un ~ disciplinare**, ein Disziplinarverfahren eröffnen; ~ **civile/giudiziario/penale**, Zivil-/Gerichts-/Strafverfahren n; **promuovere un ~ contro qu**, ein Verfahren gegen jdn einleiten; ~ **di revisione**, Wiederaufnahmeverfahren n; ~ **sommario**, Schnellverfahren n **3** *mat* {ALGEBRICO, GEOMETRICO} Vorgehensweise f.

procedùra *f* **1** *amm* Prozedur f, Vorgang m: ~ **burocratica**, bürokratische Prozedur; **seguire la normale ~**, der normalen Prozedur folgen; ~ **d'urgenza**, Eil-, Dringlichkeitsverfahren n **2** *fig iron o scherz* (*prassi*) Prozedur f, Operation f; **la ~ per parlargli è complicatissima**, mit ihm zu sprechen ist ⌊vielleicht eine komplizierte Prozedur⌉/[äußerst kompliziert] *iron* **3** *dir* Verfahren n, Prozess m: ~ **civile/giudiziaria/penale**, Zivil-/Gerichts-/Strafverfahren n; ~ **fallimentare**, Konkurs-, Insolvenzverfahren n; ~ **legislativa**, Gesetzgebungsverfahren n; ~ **parlamentare**, parlamentarisches Verfahren **4** *inform* (*insieme di elaborazioni*) Prozedur f.

proceduràle *agg dir* {ERRORE, INCIDENTE, VIZIO} Verfahrens-; {NORME} verfahrensrechtlich, Prozess-; {ECCEZIONE} zur Prozessführung.

procèlla *f lett* (*burrasca*) Sturm m; *fig* {+GUERRA, VITA} Unheil n, Unglück n.

procellària *f ornit* Sturmvogel m.

procellóso, (-**a**) *agg lett* (*burrascoso*) {MARE, VENTO} stürmisch; *fig* {EPOCA, TEMPI} bewegt.

processàbile *agg* (*che si può processare*) prozessierbar.

processàre[①] *tr* (*sottoporre a processo*) ~ **qu** (**per qc**) {BANDA PER FURTO, LADRO PER OMICIDIO COLPOSO} *gegen jdn* (*wegen etw gen*) prozessieren, *gegen jdn* (*wegen etw gen*) gerichtlich vor|gehen, *jdm* (*wegen etw gen*) den Prozess machen; {DISERTORE} *jdn* (*wegen etw gen*) vor ein Militärgericht stellen: ~ **qu per abuso di potere**, wegen Machtmissbrauch gerichtlich gegen jdn vorgehen; ~ **qu per direttissima**, jdn im Schnellverfahren prozessieren; ~ **qu con giudizio immediato**, gegen jdn ein beschleunigtes Verfahren anstrengen; (*spec in frasi passive*) *jdn* (*wegen*) *etw* (*gen*) an|klagen, *jdn* (*wegen*) *etw* (*gen*) vor Gericht stellen: **sono stati processati per corruzione**, sie sind wegen der Korruption angeklagt worden.

processàre[②] *tr inform* ~ **qc** {DATI} *etw* verarbeiten.

processionària *f zoo* Prozessionsspinner m.

processióne f **1** *relig* (*rito, corteo*) {+VENERDÌ SANTO} Prozession f: **andare in ~**, an einer Prozession teilnehmen; **seguire la ~**, der Prozession folgen **2** *fig* (*lunga fila*) {+FORMICHE} Kolonne f; {+GENTE, TIFOSI, TURISTI} Schlange f; {+AUTOMOBILI, CAMION} *anche* Kolonne f.

procèsso m **1** *dir* Prozess m, Verfahren n: **~ amministrativo**, Verwaltungsverfahren n; **~ di cognizione**, Erkenntnisverfahren n; **~ di esecuzione**, Vollstreckungsverfahren n, Zwangsvollstreckung f; **~ per direttissima** (*direttissimo*), Schnellverfahren n, beschleunigtes Verfahren; **~ di primo grado**, erstinstanzliches Verfahren, Verfahren n in erster Instanz; **~ di secondo grado**, zweitinstanzliches Verfahren, Verfahren n in zweiter Instanz, Berufungsverfahren n; **andare/essere sotto ~**, in einen Prozess verwickelt werden/sein, unter Anklage ⌊gestellt werden⌋/[stehen]; **mandare/mettere qu sotto ~**, einen Prozess/ein Verfahren gegen jdn einleiten; (*nel processo civile*) einen Prozess gegen jdn anstrengen; (*nel processo penale*) jdn unter Anklage stellen; (*incartamento processuale*) Prozessakten f pl; **studiare il ~**, die Prozessakten durchgehen; (*udienza*) Prozess m; **assistere a un ~**, einem Prozess beiwohnen **2** (*sviluppo*) {FATICOSO, GRADUALE, LENTO, LINEARE} Prozess m, Entwicklung f, Vorgang m: **~ di apprendimento**, Lernprozess m; **~ conoscitivo**, Erkenntnisprozess m; **~ evolutivo**, Evolutionsprozess m; **~ involutivo**, rückläufige Entwicklung; **~ d'invecchiamento/di maturazione**, Alterungs-/Reifungsprozess m; **~ di regressione**, Regressionsprozess m **3** (*successione di fatti*) Prozess m, Ablauf m: **~ politico**, politischer Prozess; **~ storico**, geschichtlicher Prozess/Ablauf **4** (*serie di connessioni*) Vorgang m, Prozess m: **~ mentale**, Denkprozess m, Denkvorgang m; **~ psichico**, psychischer Prozess, seelischer Vorgang **5** (*procedimento*) Prozess m, Verfahren n: **~ chimico**, chemischer Prozess; **~ d'estrazione**, Förderungsverfahren n; **~ di fabbricazione**, Fabrikations-, Herstellungsverfahren n; **~ industriale**, Fabrikverfahren n; **~ di produzione**, Fertigungsprozess m; **~ di raffinamento**, Verfeinerungsverfahren n; **~ siderurgico**, Eisen verarbeitendes Verfahren **6** *anat* (*protuberanza*): **~ osseo**, Knochenvorsprung m, Protuberanz f *scient* **7** *med* Prozess m, Vorgang m: **~ degenerativo/infettivo/infiammatorio**, degenerativer Prozess⌊/Infektionsprozess m⌋/[Entzündungsvorgang m] **8** *psic* Prozess m, Vorgang m: **~ primario**, Primärprozess m, Primärvorgang m; **~ secondario**, Sekundärprozess m, Sekundärvorgang m ● **~ di beatificazione** *relig*, Seligsprechungsprozess m; **fare un ~ a qu** *dir*, jdm den Prozess machen; (*nel processo civile*), jdn verklagen; *fig* (*criticarlo aspramente*), mit jdm hart ins Gericht gehen, jdm den Prozess machen *fam*; **non vorrai farmi un ~ perché sono rientrata tardi!**, du wirst mir ja wohl keinen Prozess machen *fam*, weil ich zu spät nach Hause gekommen bin!; **fare il ~ alle intenzioni** *fig* (*giudicare qu dalle intenzioni*), jds Absichten verurteilen, mit jds Absichten hart ins Gericht gehen; **~ di Norimberga** *stor*, Nürnberger Prozesse; **~ a porte chiuse** *dir*, Prozess m unter Ausschluss der Öffentlichkeit; **~ verbale** *amm*, Protokoll n.

processóre m *inform* Prozessor m.

processuàle agg *dir* {ATTI, DIRITTO, PRESUPPOSTI, RAPPORTO} Prozess-; {NORME} verfahrensrechtlich, Prozess-; {SPESE} *anche* Verfahrens-; {ECCEZIONE} zur Prozessführung.

processualista <-i m, -e f> mf *dir* Prozessrechtler(in) m(f).

procìnto *solo nella loc cong* (*sul punto di*): **in ~ di ... inf** im Begriff, zu ... *inf*: **essere in ~ di uscire**, im Begriff sein auszugehen.

procióne m *zoo* Waschbär m.

proclàma <-i> m (*discorso solenne*) Aufruf m, Appell m: **fare un ~**, einen Appell an jdn richten, an jdn appellieren; **ha rivolto un ~ alla nazione**, er/sie hat einen Appell an die Nation gerichtet.

proclamàre A tr **1** (*dichiarare*) **~ qc** {L'INDIPENDENZA DI UNO STATO} *etw* erklären; {LA REPUBBLICA, STATO DI EMERGENZA} *etw* ausǀrufen; {LA FINE DI UN REGIME} *etw* proklamieren **2** (*affermare con energia*) **~ qc** {LA PROPRIA INNOCENZA} *etw* beteuern **3** (*indire*) **~ qc** {GIORNATA DI PROTESTA} *etw* anǀkündigen, *etw* ausǀrufen: **è stato proclamato uno sciopero generale**, ein Generalstreik ist ausgerufen worden **4** (*nominare*) **~ qu** (**qc**) {IL VINCITORE DI UNA GARA} jdn zu *etw* (dat) erklären; {IL CAPO DI UNO STATO} *anche* jdn zu *etw* (dat) ausǀrufen: **~ qu re**, jdn zum König ausrufen B rfl (*dichiararsi*): **proclamarsi + agg** sich *für* + *agg* erklären: **proclamarsi estraneo ad un fatto**, erklären, dass man mit einer Sache nichts zu tun hat; **proclamarsi innocente**, sich für unschuldig erklären.

proclamazióne f **1** (*annuncio ufficiale*) {+REPUBBLICA, STATO DI GUERRA} Ausrufung f; {+DIRITTI DELL'UOMO} Proklamation f; {+RISULTATI DI UN REFERENDUM} Bekanntgabe f **2** (*il nominare*) {+VINCITORE DI UNA GARA} Erklärung f.

pròclisi <-> f *ling* Proklise f.

proclìtico, (-a) <-ci, -che> agg *ling* {PARTICELLA} proklitisch.

proconsolàto m *stor* {+CESARE} Prokonsulat n.

procònsole m *stor* Prokonsul m.

procrastinàbile agg (*rimandabile*) aufschiebbar.

procrastinàre tr (*rimandare*) **~ qc** {IMPEGNO, PAGAMENTO} *etw* aufǀ-, hinausǀschieben, *etw* hinausǀzögern.

procreàre tr *biol dir* **~ (qu)** {FIGLI} (*jdn*) zeugen: **atto a ~**, zeugungsfähig; **incapace di ~**, zeugungsunfähig.

procreatóre, (-trice) agg *biol dir* (*che dà la vita*) {FORZA} Zeugungs-.

procreazióne f *biol dir* (*il generare*) {+FIGLI} Zeugung f.

proctìte f *med* Mastdarmentzündung f, Proktitis f *scient*.

proctologìa f *med* Proktologie f *scient*.

proctòlogo, (-a) <-gi, -ghe> m (f) *med* Proktologe m, Proktologin f.

procùra A f **1** *dir* (*delega*) Vollmacht f; (*nel commerciale*) Prokura f: **avere la ~**, eine Vollmacht/(eine) Prokura haben/besitzen; **conferire la ~ a qu**, jdm eine/die Vollmacht/Prokura erteilen; **dare la ~ a qu**, jdn bevollmächtigen; **fare la ~ a qu**, jdm eine Vollmacht ausstellen; **generale/speciale**, General-/Spezialvollmacht f; **alle liti**, Prozessvollmacht f; (*documento*) Vollmacht(surkunde) f; **~ notarile**, notariell beglaubigte Vollmacht; **presentare la ~**, die Vollmacht vorlegen; **stendere una procura**, eine Vollmacht ausstellen **2** *dir* (*organo*) Staatsanwaltschaft f: **~ federale** (*della RFT*), deutsche Staatsanwaltschaft f; (*presso la Corte Suprema federale*) Bundesanwaltschaft f; **~ della Repubblica** (*italiana*), italienische Staatsanwaltschaft; (*sede*) Staatsanwaltschaft f: **andare in ~**, zur Staatsanwaltschaft gehen **3** *comm* Prokura f B <inv> *loc agg*: **per ~**, per Prokura, vertretungsweise; **matrimonio per ~**, Ferntrauung f C *loc avv*: **per ~**, {COMPERARE} per Prokura, vertretungsweise: **fare un contratto per ~**, einen Vertrag per Prokura abschließen; **sposarsi per ~**, sich ferntrauen lassen.

procuràre A tr **1** (*trovare*) **~ qc** (**a qu**) {BIGLIETTO D'INVITO A UN COLLEGA} (*jdm*) *etw* besorgen, (*jdm*) *etw* beschaffen; {IMPIEGO A UN AMICO} (*jdm*) *etw* verschaffen; **~ qu** (**a qu**) {CLIENTI} (*jdm*) *etw* werben **2** *fig* (*causare*) **~ qc a qu/qc** {GUAI, NOIE, PREOCCUPAZIONI ALLA FAMIGLIA} *jdm/etw etw* machen, *jdm/etw etw* bereiten: **non fa che procurarmi fastidi!**, er/sie macht mir nichts als Ärger!; {DANNI} *etw* anǀrichten **3** *fig* (*far avere*) **~ qc a qu** {OPERA LA FAMA A UNO SCRITTORE} *jdm etw* einǀbringen **4** (*fare in modo*) **~ di fare qc** zuǀsehen, *etw* zu tun; versuchen, *etw* zu tun; sich bemühen, *etw* zu tun: **procura di arrivare puntuale!**, sieh zu, dass du pünktlich bist!; **~ che ... congv**, zuǀsehen, dass ... *ind*, dafür sorgen, dass ... *ind*, aufǀpassen, dass ... *ind*: **procura che tutto sia pronto per stasera!**, sorge dafür, dass heute Abend alles fertig ist! **5** *econ* **~ qc** {FONDI} *etw* aufǀbringen B rfl indir **1** (*trovare*): **procurarsi qc** {ALIBI} sich (dat) *etw* verschaffen; {IL NECESSARIO PER VIVERE} sich (dat) *etw* beschaffen; {ATTREZZI, DENARO, MEDICINA} *anche* sich (dat) *etw* besorgen; **procurarsi qu** {AVVOCATO} sich *jdn* beschaffen **2** (*causarsi*): **procurarsi qc** {FERITA} sich (dat) *etw* zuǀziehen.

procuràto, (-a) agg *dir* {ABORTO} "selbst oder durch andere widerrechtlich herbeigeführt"; {ALLARME} ausgelöst.

procuratóre, (-trice) A m (f) **1** *dir* Staatsanwalt m, (Staatsanwältin f): **~ distrettuale**, Bezirksstaatsanwalt m; **Procuratore Generale** (*della Repubblica*) (*abbr* PG), ≈ Generalstaatsanwalt m; **~ della Repubblica**, ≈ Oberstaatsanwalt m **2** *comm* {+AZIENDA, DITTA} Prokurist(in) m(f) **3** *relig* (*rappresentante di un ordine presso la Santa Sede*) Prokurator m **4** *sport* (*nel pugilato*) (*manager*) Manager m B m *stor* Prokurator m ● **~ di banca**, Bankprokurist m; **~ alle grida** *econ* (*in Borsa*), Vertreter m des Kursmaklers; **~** (*legale*) *stor dir* (*laureato abilitato*), Rechtsanwalt m; **~ del registro** (*funzionario del Ministero delle Finanze*), Finanzbeamte m.

pròda f *lett* (*sponda*) Ufer n, Gestaden n pl *poet*.

pròde *lett* A agg (*valoroso*) {GUERRIERO} tapfer, kühn B m (*eroe*) Held m, tapferer Recke forb: **avanti, miei prodi!**, vorwärts, meine tapferen Recken! forb.

prodézza f **1** *fig iron* (*bravata*) Bravour-, Heldenstück n, Glanzleistung f: **bella ~!**, na, bravo! *iron*; was für eine Glanzleistung! *iron*; **compiere delle prodezze**, Heldenstücke/Heldentaten vollbringen iron **2** *fig* (*grande impresa*) {+CAMPIONE} Meister-, Glanz-, Bravourleistung f **3** <*di solito al pl*> *lett* (*gesta*) {+RE ARTÙ} Heldentat f **4** *lett* (*coraggio*) Kühnheit f, Tapferkeit f.

pro die *loc avv lat farm med* (*al giorno*) pro Tag: **prendere una compressa pro die**, eine Tablette pro Tag einnehmen.

prodière m *mar sport* Bugmann m.

pròdiga f → **prodigo**.

prodigalità <-> f **1** (*eccessiva generosità*) Verschwendung f, Vergeudung f: **donare con ~**, übertrieben freigiebig sein, allzu großzügige Geschenke machen; **spendere con ~**, verschwenderisch mit Geld umgehen, sein Geld zum Fenster hinauswerfen *fam* **2** (*sperpero di denaro*) Verschwendung f, Vergeudung f.

prodigàre <prodigo, prodighi> A tr **1** (*scialacquare*) **~ qc** {PATRIMONIO} *etw* verschwenden, *etw* verprassen *fam* **2** *fig* (*dispensare*) **~ qc** (**a qu**) {CONSIGLI} (*jdm*) *etw* erteilen; {SOR-

RISI) (*jdm*) *etw* schenken ▶B▶ rfl **1** (*elargire con generosità*): **prodigarsi in qc** {IN AIUTI, IN ELOGI} *sich in etw* (dat) *ergehen* **2** (*dedicarsi con impegno*): **prodigarsi per qu/qc** {PER LA FAMIGLIA} *sich für jdn/etw aufopfern*: **prodigarsi per riuscire in un'impresa**, *sich für das Gelingen eines Unternehmens aufopfern* • **~ tutto se stesso** *fig* (*impegnarsi molto*), *sein Letztes geben*.

prodìgio ▶A▶ <-gi> m **1** (*evento eccezionale*) *außergewöhnliches Ereignis* **2** *fig* (*miracolo*) {+SCIENZA, TECNICA} *Wunder* n: **un trattamento anticellulite che fa prodigi**, *eine Zellulitisbehandlung, die Wunder wirkt*; *diese Behandlung ist ein Wundermittel gegen Zellulitis* **3** *fig* (*fenomeno*) *Wunder* n: **essere un ~ di cultura/d'intelligenza**, *erstaunlich gebildet/intelligent sein*; **quest'orologio è un ~ di precisione**, *diese Uhr ist ein Wunder an Präzision* ▶B▶ <inv> *agg* (*precocemente dotato*) {BAMBINO} *Wunder-*.

prodigiosità <-> f (*carattere straordinario*) {+EVENTO, FATTO} *Wunderbare* n *decl come agg*, *Außergewöhnlichkeit* f.

prodigióso, (-a) ▶A▶ *agg* **1** (*straordinario*) {AVVENIMENTO} *wunderbar*, *Wunder-*, *außergewöhnlich* **2** *fig* (*portentoso*) {CURA, FARMACO, RIMEDIO} *Wunder-* **3** *fig* (*eccezionale*) {ABILITÀ, CULTURA, MEMORIA} *außerordentlich*, *phänomenal*, *erstaunlich*: **un massaggiatore ~**, *ein Masseur mit Zauberhänden* ▶B▶ m (*carattere di prodigio*) *Wunderbare* n *decl come agg*: **questo fatto ha del ~**, *dieses Ereignis grenzt ans Wunderbare*.

pròdigo, (-a) <-ghi, -ghe> *agg* **1** *spreg* (*scialacquatore*) {UOMO} *verschwenderisch* **2** (*generoso*) ~ **di qc** *freigebig mit etw* (dat): **essere ~ di aiuti**, *sehr hilfsbereit sein*.

proditoriaménte *avv* (*a tradimento*) *verräterisch*, *hinterrücks*, *meuchlerisch spreg*.

proditòrio, (-a) <-ri m> *agg* (*a tradimento*) {AGGRESSIONE} *verräterisch*, *heimtückisch*, *meuchlerisch spreg* {OMICIDIO} *Meuchel- spreg*.

prodótto① m **1** *gener* Erzeugnis n, Produkt n: ~ **agricolo**, *landwirtschaftliches Erzeugnis/Produkt* n; ~ **alimentare**, *Nahrungsmittel* n; ~ **dell'artigianato**, *Handwerksprodukt* n; ~ **chimico**, *chemisches Erzeugnis*, *Chemikalie* f; ~ **dietetico**, *Diätprodukt* n; ~ **estero/nazionale**, *Auslands-/Inlandserzeugnis* n; ~ **locale**, *einheimisches Erzeugnis*; ~ **farmaceutico**, *Arzneimittel* n; ~ **finale**, *Endprodukt* n; ~ **finito/lavorato**, *Fertigerzeugnis* n, *Fertigprodukt* n, *Fertigware* f; ~ **grezzo**, *Roherzeugnis* n, *Rohprodukt* n; ~ **industriale**, *Industrieerzeugnis* n, *Industrieprodukt* n; ~ **naturale/sintetico**, *Natur-/Kunststoffprodukt* n; **i prodotti della pesca**, *die Fischereierzeugnisse*; ~ **petrolifero**, *Erdölprodukt* n; ~ **di alta qualità**, *Spitzen-*, *Qualitätserzeugnis* n; ~ **del sottosuolo**, *Rohstoff* m; ~ **della terra**, *Bodenerzeugnis* n; ~ **tessile**, *Textilware* f **2** *fig* (*frutto*) *Ergebnis* n: **questa ricerca è il ~ di un lungo lavoro d'équipe**, *diese Forschungsarbeit ist das Ergebnis einer langjährigen Teamarbeit*; {+CONCEPIMENTO} *Frucht* f **3** *fig* (*creazione*) {+FANTASIA, IMMAGINAZIONE} *Ergebnis* n, *Frucht* f, *Gebilde* n: ~ **dell'ingegno**, *geistige Frucht* **4** *econ* Produkt n: ~ **interno lordo** (abbr PIL), *Bruttoinlandsprodukt* n; ~ **nazionale lordo** (abbr PNL), *Bruttonationaleinkommen* n **5** *mat* Produkt n, Ergebnis n: **il ~ di 5 per 2 è 10**, *das Produkt von 5 mal 2 ist 10*; **fare il ~ di due numeri/fattori**, *die Summe zweier Zahlen/Faktoren bilden* • **prodotti di bellezza** (*cosmetici*), *Kosmetikartikel* m pl, Kosmetika n pl; ~ **di marca** (*di alta qualità*), *Markenzeichnis* n, *Markenzeugnis* n; ~ **di**

massa (*di largo consumo*), Massenartikel m; ~ **di nicchia**, Nischenprodukt n.

prodótto② *part pass di* produrre.

prodròmico, (-a) <-ci, -che> *agg med* {SINTOMO} Prodromal- *scient*.

pròdromo m **1** <*di solito al pl*> (*segno*) {+CRISI, GUERRA, RIVOLUZIONE} Vorzeichen n **2** *med* {+MALATTIA} Frühsymptom n, Prodrom n *scient*.

producìbile *agg* (*che può essere prodotto*) erzeugbar, herstellbar, produzierbar.

producibilità <-> f (*l'essere producibile*) Erzeugbarkeit f.

product placement <- -, - -s pl *ingl*> loc sost m *ingl* (*pubblicità occulta*) Product-Placement n, Schleichwerbung f.

prodùrre <*irr* produco, produssi, prodotto> ▶A▶ tr **1** *gener* ~ (**qc**) {GRANO, OLIO} *etw* erzeugen, *etw* produzieren; {ALBERO FRUTTI} *etw* hervor|bringen; {PAESE METANO, PETROLIO} *etw* produzieren; {REGIONE CAVALLI, VITELLI} *etw* züchten: **un vigneto che produce un ottimo vino**, *eine Rebsorte, aus der ein ausgezeichneter Wein gewonnen wird*; *uso assol* fruchtbar sein; **una terra che produce molto**, *eine sehr fruchtbare/ertragreiche Erde* **2** (*fabbricare*) ~ (**qc**) {INDUSTRIA AUTOMOBILI} *etw* produzieren, *etw* her|stellen: ~ **in serie**, *in Serie produzieren* **3** (*dare origine*) ~ **qc** {FUOCO CALORE} *etw* erzeugen **4** (*creare*) ~ (**qc**) {DRAMMATURGO OPERA} *etw* schaffen: **uno scrittore che non produce da molto tempo**, *ein Schriftsteller, der seit langem nicht schöpferisch tätig ist*; {INGEGNO, SECOLO CAPOLAVORO} ~ **l'ITALIA OPERE D'ARTE** *etw* hervor|bringen **5** (*generare*) ~ **qu** {UNIVERSITÀ LAUREATI} *jdn* hervor|bringen **6** (*causare*) ~ **qc** {CRISI DISOCCUPAZIONE} *etw* verursachen; ~ **qc (a qu)** {ALLUVIONE DANNI INGENTI} *etw* verursachen, {GUERRA DISTRUZIONE, MISERIA} *etw* bringen; {SOSTANZE STUPEFACENTI GRAVI DANNI CEREBRALI} *zu etw* (dat) führen; {INCIDENTE FERITA} *etw* zur Folge haben **7** (*suscitare*) ~ **qc** (**in/tra qu**) {AVVENIMENTO SDEGNO, STUPORE} *etw* (*in jdm*) erwecken, *etw* (*von jdm/+ gen*) erregen **8** (*emettere*) ~ **qc** {PORTA CIGOLIO} *etw* von sich (dat) geben **9** *amm* ~ **qc** {DOCUMENTO} *etw* vor|legen; {DOMANDA} *etw* stellen; {DOSSIER} *etw* an|legen **10** *dir* ~ **qc** {PROVA, TESTIMONIANZA} *etw* vor|legen; ~ **qu** {TESTIMONE} *jdn* stellen, *jdn* bei|bringen **11** *econ* ~ **qc** {REDDITO} *etw* erzielen; {UTILE} *anche etw* erwirtschaften; {BILANCIO} *etw* erstellen, *etw* vor|legen **12** *film mus* ~ **qc** {CORTOMETRAGGIO, DISCO} *etw* produzieren **13** *med* ~ **qc** {FEGATO BILE; PANCREAS INSULINA} *etw* bilden **14** *teat* {SPETTACOLO} *etw* inszenieren ▶B▶ *itr pron* (*generarsi*): **prodursi** *sich bilden*: **per l'umidità si produce una muffa sul muro**, *durch die Feuchtigkeit bildet sich Schimmel an der Wand* ▶C▶ rfl **1** (*esibirsi*) **prodursi + compl di luogo/in qc** {IN PUBBLICO, IN UNO SPETTACOLO DI CABARET, SULLE SCENE} *irgendwo/in etw* (dat) *auf|treten*; **prodursi in una patetica sceneggiata**, *eine lächerliche Szene machen* **2** *indir* (*causarsi*): **prodursi qc** {CONTUSIONE} *sich* (dat) *etw* zu|ziehen.

produttivìstico, (-a) <-ci, -che> *agg econ* **1** (*della produzione*) Produktions-, Herstellungs- **2** (*volto alla produttività*) {POTENZIAMENTO} produktivitätsfördernd.

produttività <-> f **1** *agr* {+TERRENO} Ertragfähigkeit f, Fruchtbarkeit f; {+PIANTA} *anche* Ergiebigkeit f **2** *econ* {+FABBRICA, IMPRESA} Produktivität f, Produktionskapazität f, Leistungsfähigkeit f: **alta/bassa ~**, *hohe/niedrige Produktivität*; **incremento della ~**, Produktivitätssteigerung f; ~ **del lavoro**, Arbeitsproduktivität f **3** *ling* {+PREFISSO, SUFFISSO} Produktivität f.

produttìvo, (-a) *agg* **1** *econ* {CICLO, METODO, PROCESSO, SISTEMA} Herstellungs-, Fertigungs-, Produktions-; (*che produce*) {CLASSE SOCIALE, INDUSTRIA} produktiv; {ATTIVITÀ, INVESTIMENTO} *anche* Produktions- **2** *fig* (*fecondo*) {ARTISTA, INGEGNO} fruchtbar **3** *agr* {TERRENO} fruchtbar, ertragreich; {+PIANTA} *anche* ergiebig **4** *ling* {PREFISSO, SUFFISSO} produktiv.

produttóre, (-trice) ▶A▶ *agg* (*che produce*) {SOCIETÀ} Hersteller-: **i paesi produttori di cacao**, *die kakaoproduzierenden Länder*; **casa/ditta produttrice**, Herstellerfirma f ▶B▶ m (f) **1** (*chi produce*) {GRANDE, PICCOLO} Hersteller(in) m(f), Erzeuger(in) m(f), Produzent(in) m(f): **dal ~ al consumatore**, *vom Produzenten zum Konsumenten* **2** *agr* Erzeuger(in) m(f): ~ **di vini**, Winzer m **3** *film* Filmproduzent(in) m(f); (*composer*) **cinematografico**, Filmproduzent m **4** *mus* Schallplattenproduzent(in) m(f).

produzióne f **1** *gener* {+BENE, MERCE} Produktion f, Herstellung f; {+SCARPE} *anche* Fertigung f; {+APPARECCHIO} Fabrikation f, Herstellung f; {+ENERGIA ELETTRICA} Erzeugung f; {+OVINI, SUINI} Züchtung f: ~ **agricola**, landwirtschaftliche Produktion; ~ **artigianale**, handwerkliche Herstellung; ~ **a catena**, Fließbandfertigung f; ~ **industriale**, Industrieproduktion f; ~ **di massa**, Massenproduktion f; **mettere in ~ un nuovo modello**, *ein neues Modell in Produktion geben/[gehen lassen]*; ~ **in serie**, Serienherstellung f, Serienfabrikation f, Serienfertigung f; **uscire di ~**, *auslaufen* **2** (*quantità prodotta*) Ausstoß m: **una ~ annua di 1 milione di pezzi**, *ein jährlicher Ausstoß von 1 Million Stück*; ~ **giornaliera/mondiale**, Tages-/Weltproduktion f; ~ **nazionale**, inländische Produktion **3** (*secrezione*) {+SOSTANZA} Herausbildung f; *med* {+SALIVA} Bildung f; {+ORMONI} Produktion f: ~ **di pus**, Eiterbildung f **4** *agr* {+CANNA DA ZUCCHERO, GRANOTURCO, OLIVE} Produktion f, Erzeugung f: ~ **di frumento**, Weizenproduktion f; ~ **d'olio**, Ölgewinnung f; ~ **di vini**, Weinbau m; ~ **locale/estera**, Weine lokaler/ausländischer Produktion **5** *amm* {+DOCUMENTO} Vorlage f, Vorlegen n **6** *arte lett mus* Schaffen n: ~ **artistica/letteraria/musicale/pittorica/poetica**, künstlerisches/literarisches/musikalisches/malerisches/poetisches Schaffen; ~ **scientifica**, wissenschaftliche Produktion; (*insieme di opere*) Gesamtwerk n: **la ~ goethiana**, *das Gesamtwerk/[gesamte Werk] Goethes* **7** *dir* {+PROVA, TESTIMONIANZA} Vorlegung f; {+TESTIMONE} Beibringung f **8** *film* Produktion f: **essere in ~**, *in Produktion sein* **9** *film radio teat TV* (*opera*) Produktion f: **una ~ francese/tedesca**, *eine französische/deutsche Produktion* **10** *fis* {+CALORE} Erzeugung f • ~ **propria** (*rif. a dolci, pane, pasta, ecc.*), Eigenproduktion f; (*rif. a frutta e verdura*) *anche*, Eigenbau m *fam*.

proèmio <-mi> m **1** (*introduzione*) Einleitung f, Vorwort n, Vorrede f: **far da ~ a qc**, *etw* einleiten **2** *lett* (*prologo*) {+FAUST} Prolog m; {+ORLANDO FURIOSO} Proömium n.

prof mf *fam scuola scherz abbr di* professore/professoressa: Lehrer(in) m(f), Professor(in) m(f) *A o obs*: **il ~ di matematica**, *der Mathelehrer fam*; **la ~ di latino**, *die Lateinlehrerin*.

prof. *abbr di* professore: Prof. m (abbr *di* Professor).

profàna f → **profano**.

profanàre tr ~ **qc 1** (*violare*) {TOMBA} *etw* schänden, *etw* profanieren *forb* **2** *fig* (*mancare di rispetto*) {MEMORIA DI UN DEFUNTO} *etw* entwürdigen, *etw* schänden **3** *relig* {CHIESA} *etw* entweihen.

profanatóre, (-trice) ▶A▶ *agg* **1** (*che viola*) {GESTO} schändend **2** *fig* (*che manca di rispet-*

to) {PAROLE} entwürdigend **B** m (f) **1** (*chi viola*) {+TOMBA} Schänder(in) m(f) **2** *fig* (*chi manca di rispetto*) Schänder(in) m(f) **3** *relig* Entweiher(in) m(f): **i profanatori del tempio**, die Entweiher m pl des Tempels.

profanazióne f **1** (*violazione*) {+CIMITERO, TOMBA} Schändung f; (*azione*) *anche* Schänden n **2** *fig* {+ARTE} Profanierung f **3** *relig* {+CHIESA} Entweihung f; (*azione*) *anche* Entweihen n

profanità <-> f *lett* (*carattere profano*) {+LUOGO} Unheiligkeit f.

profàno, (-a) **A** *agg* **1** (*non religioso*) {LETTERATURA, MUSICA} profan *forb*, weltlich: **amore ~**, weltliche Liebe **2** (*sacrilego*) {GESTO, PAROLE} frevlerisch *forb*, frevelhaft *forb*, gotteslästerlich **3** (*indegno*) {MANI, OCCHI} unwürdig **4** (*inesperto*) laienhaft **B** m <*solo sing*> (*ciò che non è sacro*) Weltliche n decl come agg, Profane n decl come agg **C** m (f) (*incompetente*) Laie m: **essere un ~ (in fatto) di arte/computer**, er/sie ist Laie, was Kunst/Computer betrifft⌋/[in Sachen Kunst/Computer sein], nichts von Kunst/Computern verstehen.

profàse f *biol* Prophase f.

proferìbile *agg* (*che può essere detto*) aussprechbar: **parole non proferibili**, unaussprechbare Worte.

proferìre <*proferisco*> *tr forb* (*pronunciare*) ~ **qc** *etw* aus⌋sprechen: **non riuscire a ~ parola**, kein Wort heraus-, hervorbringen; {GIURAMENTO} *etw* leisten; {BESTEMMIA, MINACCIA} *etw* aus⌋stoßen.

professàre A *tr* **1** (*dichiarare*) ~ **qc** {LA FEDE CATTOLICA, MUSULMANA} sich *zu etw* (dat) bekennen; {DOTTRINA, IDEA POLITICA, OPINIONE} *etw* bekennen **2** (*manifestare*) ~ **qc a qu** {LA PROPRIA GRATITUDINE} *jdm etw* zum Ausdruck bringen, *jdm etw* bekunden *forb*, *jdm etw* bezeigen *forb* **3** (*esercitare*) ~ **qc** *etw* aus⌋üben, *etw* praktizieren: **~ la medicina**, den Arztberuf ausüben **B** *rfl* (*dichiararsi*): **professarsi + agg/qu** {ATEO, CREDENTE} sich ⌊als/für + agg⌋/[als *jd*] bekennen: **professarsi innocente**, sich (als/für) unschuldig bekennen/erklären; **si professa mio amico**, er bezeichnet sich als mein Freund.

professionàle *agg* **1** *gener* {ATTIVITÀ, OPINIONE, PREPARAZIONE} beruflich; {ALBO, CATEGORIA, ESPERIENZA, ETICA, MALATTIA, ORDINE, SEGRETO} Berufs- **2** (*da professionista*) {REGISTRATORE} professionell, für Profis; {COMPORTAMENTO} professionell: **è molto ~ nel suo lavoro**, er/sie arbeitet sehr professionell **3** *dir* {DELINQUENTE} Berufs- **4** *scuola* {ISTITUTO, SCUOLA} Berufs-.

professionalità <-> f **1** (*serietà*) Professionalität f: **lavora con grande ~**, er/sie arbeitet sehr professionell **2** *dir* Gewerbsmäßigkeit f: **~ nel reato**, berufsmäßige Ausübung von strafbaren Handlungen.

professionalizzàre A *tr* (*rendere professionale*) ~ **qu/qc** {IMPIEGATO, POLITICA} *jdn*/*etw* professionalisieren *forb* **B** *itr pron* (*acquisire professionalità*): **professionalizzarsi** {TRADUTTORE} Professionalität erwerben.

professionalizzazióne f (*specializzazione*) {+CATEGORIA DI LAVORATORI} Professionalisierung f; (*azione*) *anche* Professionalisieren n.

professióne A f **1** (*attività*) {+MEDICO, NOTAIO} Beruf m, Berufstätigkeit f; {+FORNAIO} Gewerbe n: **che ~ esercita?**, was ⌊sind Sie⌋/ [ist er/sie] von Beruf?; **esercitare la libera ~**, freiberuflich tätig sein, eine Profession ausüben; **libera ~**, freier Beruf **2** (*dichiarazione*) Bekenntnis n: **far ~ di lealtà**, sich zur Loyalität bekennen; *relig* Bekenntnis n: **far ~ di fede**, sich zum Glauben bekennen; (*dei voti*) {PAROLE} Gelübde n **B** <*inv*> *loc agg avv*: **di ~ 1** beruflich, von Beruf: **essere interprete di ~**, von Beruf Dolmetscher sein **2** *iron* {IMBROGLIONE, LADRO} professionell ● **la ~ più antica del mondo** *iron eufem* (*la prostituzione*), das älteste Gewerbe der Welt *eufem scherz*.

professionìsmo m **1** (*l'essere professionista*) berufsmäßige Ausübung einer Tätigkeit **2** *sport* Professionalismus m, Berufssport m, Berufssportlertum n: **passare al ~**, zum Profi(sportler) werden, ins Profilager überwechseln.

professionìsta <*-i m, -e f*> **A** in funzione di *agg* (*di professione*) {DANZATORE} Berufs-, berufsmäßig; *sport* {MARATONETA, PUGILE} Berufs-, Profi- **B** *mf* **1** (*chi esercita una professione*) Berufstätige mf decl come agg: **libero/libera ~**, Freiberufler(in) m(f); **fare il libero ~**, freiberuflich tätig sein **2** *anche iron* (*grande esperto*) Meister(in) m(f) *iron*, Profi m *fam*: **è un ~ dell'evasione fiscale**, er ist ein Meister im Steuerhinterziehen *iron*; **è un ~ del grimaldello**, er ist ein Spezialist im Knacken *fam* **3** *sport* Berufssportler(in) m(f), Profi m **C** <*inv*> *loc agg* (*ben fatto*): **da ~**, {INTERVENTO, LAVORO} profihaft.

professionìstico, (-a) <*-ci, -che*> *agg* **1** (*del professionista*) {ATTIVITÀ} berufsmäßig, Berufs- **2** *sport* {ALLENAMENTO, SCI} Profi-, Berufs-.

professoràle *agg* **1** *scuola* {DIGNITÀ} Lehrer-; *università* professoral *forb*, Professoren- **2** *fig spreg* (*pedantesco*) {TONO} schulmeisterlich *spreg*.

professoràto m *rar* **1** (*incarico*) Professur f, Lehrstuhl m, Lehramt n **2** (*periodo*) Dauer f der Lehrstuhltätigkeit, Lehramtszeit f.

professóre, (-essa) m (f) **1** *scuola* (*insegnante*, abbr *prof.*, *prof.ssa*) Lehrer(in) m(f), Professor(in) m(f) *A*: **~ di filosofia/matematica**, Philosophie-/Mathematiklehrer m; **~ di ruolo**, verbeamteter Lehrer; *università* Professor(in) m(f); *amm* (Ober)studienrat m ((Ober)studienrätin f), Studiendirektor(in) m(f); **~ associato/ordinario/straordinario**, C 2-/ordentlicher/außerordentlicher Professor; **~ a contratto**, Professor m auf Zeit; **~ di filologia romanza all'università di Monaco**, Romanistikprofessor m/[Professor m für Romanistik] an der Universität München **2** *med* Professor(in) m(f), Chefarzt m, (Chefärztin f): **oggi il professor Gaidano visita dalle 15 alle 19**, heute hat Professor Gaidano von 15 bis 19 Uhr Sprechstunde **3** *mus* Lehrer(in) m(f): **~ d'orchestra**, Orchestermusiker m **4** (*persona molto colta*) hochgebildeter Mensch **5** *spreg* (*saccente*) Schulmeister(in) m(f) *spreg*: **fare il ~**, schulmeistern *spreg*, den Schulmeister spielen *spreg*.

professoróne, (-a) m (f) *accr di* professore > m (f) (*professore noto ed esperto*) bedeutende(r) Professor(in) m(f), Kapazität f, Starprofessor(in) m (f); *anche iron* großes Licht *iron*, Leuchte f *fam iron*.

profèta, (-tessa) <*-i m, -e f*> m (f) **1** *relig* {+ANTICO TESTAMENTO} Prophet(in) m(f): **i (santi) Profeti**, die Propheten **2** (*veggente*) Prophet(in) m(f), Seher(in) m(f) ● **essere cattivo ~** (*sbagliare previsione*), falsche Prophezeiungen machen; **il Profeta (di Allah)** *relig islamica* (*Maometto*), der Prophet (Allahs), Mohammed; **essere ~ di sventura** (*prevedere catastrofi*), eine Unke *fam*/ein Unheilsverkünder sein; **nessuno è ~ in patria** *prov*, der Prophet gilt nichts ⌊in seinem Vaterland(e)⌋/[im eigenen Land] *prov*.

profetàre → **profetizzare**.

profètico, (-a) <*-ci, -che*> *agg* **1** (*da profeta*) {MESSAGGIO} prophetisch **2** (*da indovino*) Se-her-, seherisch.

profetìsmo m (*carattere profetico*) {+MOVIMENTO RELIGIOSO} Prophetentum n.

profetizzàre A *tr* (*predire*) ~ **qc (a qu)** {BOCCIATURA AL CANDIDATO} (*jdm*) *etw* prophezeien, (*jdm*) *etw* voraus⌋sagen; {GUERRA} *anche* (*jdm*) *etw* voraussagen **B** *itr* (*fare una profezia*) ~ **di qc** {INDOVINO DEL TERREMOTO} *etw* prophezeien, *etw* voraus⌋-, weissagen.

profezìa f **1** (*predizione*) {+SIBILLA} Prophezeiung f, Weissagung f, Wahrsagung f; {+MAGO} Vorhersage f, Voraussage f: **una inquietante ~**, eine Besorgnis erregende Voraussage **2** *relig* (*rivelazione*) {+ANTICO TESTAMENTO} Prophetie f *forb*, Prophezeiung f.

proffèrta f (*proposta*) Angebot n, Anerbieten n *rar*: **profferte amorose**, Liebesangebote n pl.

proficuaménte *avv* (*con vantaggio*) {MEDITARE, STUDIARE} erfolgreich; {LAVORARE} *anche* gewinn-, nutzbringend.

profìcuo, (-a) *agg* (*vantaggioso*) {LEZIONE, SPECULAZIONE} gewinn-, nutzbringend, nützlich.

profilàre A *tr* **1** (*delineare i contorni*) ~ **qc** (*+ compl di luogo*) (*con qc*) {UNA CASA SU UN FOGLIO CON UNA MATITA} *etw* (*irgendwo*) (*mit etw dat*) konturieren, *etw* (*irgendwo*) (*mit etw dat*) umreißen, die Umrisse *von etw* (dat) (*irgendwo*) (*mit etw dat*) zeichnen; {VOLTO DI UNA DONNA} *etw* im Profil zeichnen **2** (*orlare*) ~ **qc** {ASOLA, BORDO CON UN CORDONCINO DI SETA} *etw* besetzen, *etw* verbrämen **3** *fig* (*delineare*) ~ **qc** {CARATTERI DI UN PERSONAGGIO, TRATTI SALIENTI DI UN'OPERA} *etw* skizzieren, *etw* umreißen, *etw* zeichnen **4** *tecnol* ~ **qc** {LAMIERA} *etw* formen, *etw* fassonieren; (*cesellare*) *etw* ziselieren **B** *rfl*: **profilarsi** (*+ compl di luogo*) **1** (*stagliarsi*) {OMBRA SUL MURO} sich (*irgendwo*) ab⌋heben, sich (*irgendwo*) ab⌋zeichnen; {ISOLA ALL'ORIZZONTE} (*irgendwo*) sichtbar werden, (*irgendwo*) auf⌋tauchen **2** *fig* (*essere imminente*) {CRISI POLITICA IN ITALIA} sich (*irgendwo*) ab⌋zeichnen, sich (*irgendwo*) an⌋kündigen.

profilàssi <-> f *med* Krankheitsvorbeugung f, Prophylaxe f *scient*.

profilàto, (-a) **A** *agg* **1** (*ben delineato*) {CONTORNO DELLE MONTAGNE} scharf umrissen/konturiert **2** (*affilato*) {VOLTO} scharf, markant **3** (*nella moda*) {ABITO, GONNA} besetzt, verbrämt; {UNIFORME} *anche* betresst **B** m *edil* Profil(eisen *obs*) n: **~ a (doppia) T**, Doppel-⌋T-Profil n.

profilatrìce f **1** (*in falegnameria*) Abkantpresse f **2** *mecc* (*macchina per profilati*) Profil(ier)maschine f.

profilàttico, (-a) <*-ci, -che*> **A** *agg med* (*preventivo*) {MISURA} krankheitsvorbeugend, prophylaktisch *scient* **B** m (*preservativo*) Präservativ n, Kondom n o m, Präser m *fam*.

profilatùra f **1** (*nella moda*) Besatz m **2** *tecnol* Profilierung f, Formung f, Fassonierung f; (*azione*) *anche* Profilieren n, Fassonieren n.

profìlo A m **1** (*contorno*) {+ALBERI, APPENNINO} Umriss m, Kontur f; {+COLONNA} *anche* Profil n; {+DENTE DI UN INGRANAGGIO, PNEUMATICO} Profil n **2** (*linea del volto*) Profil n: **avere un ~ greco**, ein griechisches Profil haben **3** (*disegno*) Profil n: **disegnare/tracciare il ~ di una ragazza a matita**, mit dem Bleistift ein Mädchen im Profil zeichnen **4** *fig* (*descrizione*) {+DIPENDENTE} Profil n **5** *fig* (*punto di vista*) {SCIENTIFICO} Gesichtspunkt m: **sotto un certo ~**, unter einem bestimmten Gesichtspunkt **6** *fig lett* (*studio critico*) {STORICO-POLITICO; +AUTORE, EPOCA, MOVIMENTO LETTERARIO} Abriss m, Charakterisierung f,

Kurzbeschreibung f **7** *geog geol* {FLUVIALE, GEOLOGICO} Profil n **8** *(nella moda)* {+INDUMENTO} Besatz m: ~ **di seta/velluto**, Seiden-/Samtbesatz m **B** *loc avv (di fianco)*: **di ~**, {GUARDARE QU} im Profil, von der Seite, seitlich • **~ alare** *aero*, Flügel-, Tragflächenprofil n; **di alto/basso** ~ *fig (di grande/scarso valore)*, von hohem/geringem Wert.
profiterole <-> m *gastr franc* "Eclair n mit Sahnefüllung und Schokoladensoße".
profittàre *itr* **1** *(giovarsi)* ~ **di qc** {DI UN'OCCASIONE} *von etw* (dat) profitieren, *etw* aus|nutzen, *aus etw* (dat) Nutzen/Gewinn ziehen **2** *spreg (approfittare)* ~ **di qc** {DELL'AMICIZIA DI QU} *etw* aus|nutzen **3** *(progredire)* ~ **(in qc)** {NELLO STUDIO} *in etw* (dat) voran|kommen, *in etw* (dat) Fortschritte machen.
profittatóre, (**-trice**) m (f) *(sfruttatore)* Nutznießer(in) m(f), Profiteur m *spreg*, Profitmacher(in) m(f): ~ **di guerra**, Kriegsgewinnler m *spreg*.
profittévole *agg (fruttuoso)* {INCONTRO} lohnend, nützlich, Gewinn bringend.
profìtto m **1** *(vantaggio)* Profit m, Nutzen m, Vorteil m, Gewinn m: **a** ~ **di qu**, zu jds Nutzen/Vorteil; **trarre** ~ **da qc**, aus etw (dat) Profit/Nutzen ziehen **2** *(successo)* Erfolg m: **studiare con** ~, mit Erfolg lernen/studieren **3** *<di solito al pl> econ (reddito)* Ertrag m, Einkommen n **4** *econ (utile)* Profit m, Gewinn m • **mettere a** ~ **qc** *fig (valersene)*, etw (vorteilhaft) nutzen, etw ausnutzen; **~ scolastico** *scuola*, schulische Leistung.
proflùvio <-vi> m **1** *lett (flusso)* {+ACQUA} Schwall m **2** *fig (grande quantità)* {+AMMIRATORI} Flut f *fam*; {+LAMENTELE} *anche* Schwall m, Regen m.
profondaménte *avv* **1** *(in profondità)* {INCIDERE} tief **2** *(molto)* {ADDOLORATO, GRATO, INFELICE, TRAUMATIZZATO, UMILIATO} tief: **~ deluso/sentito**, tief enttäuscht/empfunden **3** *(a fondo)* {DORMIRE, INSPIRARE} tief.
profóndere *<coniug come fondere>* **A** tr ~ **qc** **1** *(spargere)* {COMPLIMENTI, LODI} *etw* aus|teilen **2** *(scialacquare)* {DENARO} *etw* vergeuden, *etw* verschwenden **B** *itr pron (esprimersi)*: **profondersi in qc** {INSEGNANTE IN ELOGI} sich *in etw* (dat) ergehen.
profondìmetro m Tiefenmesser m.
profondità **A** f **1** *(altezza)* {+FERITA, POZZO} Tiefe f: **la** ~ **dell'acqua qui è 50 metri**, das Wasser ist hier 50 Meter tief; **a grande/[30 metri di]** ~, in großer/[30 Meter] Tiefe; **la ~ della voragine è di 13 metri**, der Schlund ist 13 Meter tief **2** *<di solito al pl> (luogo profondo)* {MARINE} Tiefe f, Grund m: **le ~ della terra**, die Tiefen der Erde **3** *<di solito al pl> fig (recessi)* {+CUORE} Tiefen f pl, Abgründe m pl, geheime Winkel **4** *fig (intensità)* {+SGUARDO} Tiefe f, Schärfe f **5** *fig (grandezza)* {+SENTIMENTO} Tiefe f **6** *fig (acutezza)* {+ANALISI, PENSIERO} Schärfe f **7** *arte film fot ott* Tiefe f: **~ di campo**, Fokus-, Schärfentiefe f, Tiefenschärfe f **B** *<inv> loc agg sport (nel calcio)*: **in** ~, {LANCIO} Steil- **C** *loc avv anche fig (nel profondo)*: **in** ~, {ANDARE} tief, gründlich; **il medicamento/la pomata penetra in** ~, das Medikament/die Salbe hat Tiefenwirkung.
profóndo, (**-a**) **A** *agg* **1** *gener* {FERITA, POZZO, RADICI, SCOLLATURA} tief: **un buco ~ 50 cm**, ein 50 Zentimeter tiefes Loch; {ARMADIO} tief **2** *(che proviene dall'intimo)* {RESPIRO, SOSPIRO} tief **3** *(che va verso il basso)* {INCHINO} tief **4** *anche mus (grave)* {VOCE} tief **5** *(pesante)* {SONNO} tief, Tief- *fig (meridionale)* {AFRICA} tief, tiefste(r, s): **il ~ Sud**, der tief(st)e Süden **7** *fig (intenso)* {SGUARDO} tief(gehend) **8** *fig (acuto)* {PENSATORE} tief(gehend), gründlich, tief-, scharfsinnig; {CONCETTO}

tiefgehend, tiefgründig, fundiert: **un ~ conoscitore dell'animo umano**, ein gründlicher Kenner der menschlichen Seele **9** *fig (approfondito)* {STUDI} gründlich, umfassend, profund *forb* **10** *fig (grande)* {AMMIRAZIONE, DEPRESSIONE, DISPIACERE, RAMMARICO, SDEGNO, TRISTEZZA} *tief*; {FEDE, PENTIMENTO, RACCOGLIMENTO, SENTIMENTO} *anche* stark, groß; {RISPETTO, STIMA} hoch; {INCOMPETENZA} völlig, gänzlich: **è necessario un ~ cambiamento dell'insegnamento**, es sind ganz andere/neue Unterrichtsmethoden nötig **B** *in funzione di avv lett (profondamente)* {DORMIRE, SCAVARE} tief **C** m **1** *(profondità)* {+FORESTA} Tiefe f; {+MARE} *anche* Grund m **2** *fig (mezzo)* {+INVERNO, NOTTE} Mitte f **3** *fig (intimo)* Tiefe f, Innerste n *decl come agg*: **nel ~ del tuo cuore**, im Innersten deines Herzens **4** *psic* Tiefe f.
Prof.ord. *università abbr di* Professore ordinario: o. Prof. *(abbr di* ordentlicher Professor).
profórma, **pro fórma** *lat* **A** *<inv> agg loc agg* {CONTROLLO, DOMANDA, FATTURA} Pro-forma- **B** *avv loc avv* {CHIEDERE QC} pro forma, der Form wegen **C** <-> *m loc sost m (formalità)* Formalität f.
Prof.ssa *abbr di* Professoressa: Prof. f *(abbr di* Professorin), Lehrerin f; *amm* (Ober)studienrätin f, Studiendirektorin f.
pròfugo, (**-a**) <-ghi, -ghe> **A** *agg (fuoriuscito)* {POPOLAZIONE} *(heimat)vertrieben* **B** m (f) Flüchtling m, (Heimat)vertriebene mf *decl come agg*.
profumàre **A** tr *<avere> (dare profumo)* ~ **qc (di qc)** {BUCATO DI LAVANDA} *etw (mit etw* dat) (ein|)parfümieren **B** *itr <essere> (avere profumo)* ~ **(di qc)** {CASA DI PULITO} nach etw (dat) riechen; {ARIA DI FIORI} *anche* nach etw (dat) duften **C** *rfl (darsi il profumo)*: **profumarsi** sich parfümieren.
profumataménte *avv (lautamente)* teuer, hoch: **pagare qc** ~, für etw (acc) einen saftigen/gepfefferten/gesalzenen Preis zahlen *fam*.
profumàto, (**-a**) *agg* **1** *(che profuma)* ~ *(di qc)* {BIANCHERIA DI LAVANDA} *(nach etw* dat) duftend, *(nach etw* dat) riechend, wohlriechend, (ein)parfümiert **2** *fig (lauto)* {MANCIA} hoch; {COMPENSO} *anche* gepfeffert *fam*, gesalzen *fam*.
profumazióne f **1** *(il profumare)* (Ein)parfümieren n **2** *(essenza)* Duftstoff m: **è disponibile in tre profumazioni**, es ist in drei Duftsoften erhältlich.
profumerìa f **1** *(negozio)* Parfümerie f **2** *(produzione)* Parfümherstellung f **3** *<di solito al pl> (assortimento)* Parfüms m pl.
profumière, (**-a**) m (f) **1** *(produttore)* Parfümhersteller(in) m(f) **2** *(rivenditore)* Parfümhändler(in) m(f).
profumièro, (**-a**) *agg (dei profumi)* {MERCATO} Parfüm-.
profumìno *<dim di profumo>* m **1** *(buon odore)* Düftchen n: **dalla cucina viene un** ~ ..., aus der Küche duftet es aber ... **2** *(antifrastico: cattivo odore)* Duft m: **che ~ di letame!**, hm, lecker Landduft! *iron*.
profùmo m **1** *(fragranza)* {+CAFFÈ, LEGNO, VIOLETTA} Duft m, Wohlgeruch m: **c'è ~ di arrosto**, es duftet nach Braten; **avere ~ di pulito**, sauber riechen **2** *(insieme di essenze)* {FRANCESE, ORIENTALE, PERSISTENTE} Parfüm n: **~ femminile/maschile**, Damen-/Herrenparfüm n; **mettersi il** ~, Parfüm nehmen/auftragen; **riempirsi di** ~, sich mit Parfüm überschütten *fam*, in Parfüm baden *iron* **3** *(antifrastico: cattivo odore)* {+FOGNA, STERCO} Duft m *iron* **4** *fig* {+INNOCENZA} Ahnung f, Hauch m: **il ~ dei soldi/del successo**, der

ˌDuft des Geldesˌ/[Geruch der Macht].
profusióne **A** f **1** *(spargimento)* {+LACRIME} reichliches Vergießen **2** *(abbondanza)* {+PARTICOLARI, RINGRAZIAMENTI} Fülle f, Flut f **3** *(scialacquamento)* {+DENARO} Verschwendung f, Vergeudung f **B** *loc avv (in abbondanza)*: **a** ~, im Überfluss, in Fülle, reichlich; **versare lacrime a** ~, Tränenbäche vergießen, in Tränen zerfließen.
profùso, (**-a**) **A** *part pass di* profondere **B** *agg* **1** *(distribuito)* {LODI} ausgeteilt **2** *(scialacquato)* {TESORI} verschwendet, vergeudet.
progènie <-> f **1** *lett (stirpe)* Geschlecht n, Nachkommen m pl **2** *scherz (figlio)* Sohn m; Kinder n pl, Brut f *fam* **3** *spreg (genia)* Gesindel n *spreg*, Pack n *spreg*.
progenitóre, (**-trice**) m (f) **1** *(capostipite)* Stammvater m, (Stammmutter f) **2** *<di solito al pl> (antenati)* Vorfahren m pl, Ahnen m pl.
progesteróne m *biol* Progesteron n, Gelbkörperhormon n.
progestìna f *farm* Progestin n.
progestìnico, (**-a**) <-ci, -che> **A** *agg* **1** *farm* Progestin- **2** *biol*: **fase progestinica**, Progestin-Phase f **B** m *farm* Progestin n.
progettàre tr ~ **qc (con qu)** **1** *(programmare)* {FUGA CON UN COMPAGNO DI CELLA, SPEDIZIONE CON DEGLI ARCHEOLOGI, VIAGGIO CON DEGLI AMICI} *etw (mit jdm)* planen; {ATTENTATO} *etw* planen, *etw* vor|haben; **di partire**, vorhaben abzureisen **2** *arch* {DIGA, PONTE} *etw* planen, *etw* entwerfen, *etw* projektieren *forb* **3** *tecnol* {ELICOTTERO, MOTORE} *etw* entwickeln, *etw* projektieren *forb*.
progettatóre, (**-trice**) **A** *agg (nell'industria)* Projektleitungs-, Projektmanagement-, Entwicklungsmanagement- **B** m (f) Plänemacher(in) m(f), Plänschmieder(in) m(f); *(nell'industria)* Projektleiter(in) m(f), Projektmanager(in) m(f), Entwicklungsmanager(in) m(f).
progettazióne f **1** *(programmazione)* {+DIROTTAMENTO, FUGA, FURTO, VIAGGIO} Planung f **2** *arch* {+GALLERIA, VIADOTTO} Planung f, Entwurf m, Projektierung f *forb* **3** *tecnol* {+NAVE} Entwicklung f, Projektierung f *forb*.
progettìsta <-i m, -e f> mf *arch tecnol* Planer(in) m(f), Konstrukteur(in) m(f).
progettìstica <-che> f *arch tecnol* Planung f, Projektierung f *forb*.
progettìstico, (**-a**) <-ci, -che> *agg arch tecnol* Planungs-, Entwurf-, Projektierungs- *forb*.
progètto m **1** *(ideazione)* {+ENCICLOPEDIA, FILM} Planung f, Projekt n: **avere in ~ di ristrutturare il supermercato**, vorhaben, den Supermarkt zu renovieren; **la modifica della viabilità è in ~**, eine Änderung des Straßennetzes ist in Planung **2** *(proposito)* Plan m, Vorhaben n: **hai qualche ~ per Pasqua?**, hast du ˌOstern schon etwas vorˌ/[schon Pläne für Ostern]?; **avere progetti per il futuro**, Zukunftspläne haben; **fare progetti**, Pläne machen/schmieden; **progetti matrimoniali**, Heiratspläne m pl **3** *arch* {+METROPOLITANA} Entwurf m, Projekt n: **~ esecutivo/[di massima]**, ˌendgültiger Entwurfˌ/[Rohentwurf m] **4** *comm* Projekt n: **~ di sviluppo**, Entwicklungsprojekt n **5** *dir* Entwurf m: **~ di legge**, Gesetzentwurf m **6** *tecnol* {+COMPUTER, ELETTRODOMESTICO} Entwurf m **~ di ricerca**, Forschungsprojekt n, Forschungsvorhaben n.
progettuàle *agg* **1** *(di progettazione)* {ERRORE, FASE} Projekt-, Planungs- **2** *(operativo)* {MENTALITÀ} schaffens-, taten-, unternehmungslustig, rührig, initiativ *forb*: **intento ~**,

Plan m.
progettualità f (*volontà di elaborare progetti*) {+COPPIA, GIOVANI} Schaffens-, Tatenlust f, Unternehmungsgeist m, Rührigkeit f.
prognatismo m *antrop* Prognathie f, Vorstehen n des Oberkiefers.
prognàto, (-a) *agg antrop* {VISO} prognathisch, mit vorstehendem Oberkiefer.
pròg̣nosi <-> f *med* (*previsione*) Prognose f: ~ **di 15 giorni**, prognostizierte Krankheitsdauer von 15 Tagen; ~ **riservata**, Prognose f mit Vorbehalt; **sciogliere la** ~, eine Prognose stellen (wenn keine Lebensgefahr mehr besteht); *fig* Prognose f; **fare una ~ politica**, eine Politikprognose/[politische Prognose] stellen.
programma <-i> m 1 *gener* {+LAVORO, RICERCA, SVILUPPO} Programm n: ~ **economico/editoriale/elettorale**, Wirtschafts-/Verlags-/Wahlprogramm n; ~ **di governo**, Regierungsprogramm n 2 (*proposito*) Plan m, Vorhaben n, Programm n: **avere in** ~ **qc**, etw vorhaben; **avevo in ~ di andare al cinema oggi**, ich hatte vor, heute ins Kino zu gehen; **fare programmi**, Pläne machen/schmieden; **questo è nei miei programmi**, das steht auf meinem Programm 3 (*serie di eventi*) {+CAMPIONATO, CONVEGNO} Programm n: **un ~ molto fitto**, ein sehr ₍dichtes₎/[dicht gedrängtes] Programm; *teat* {+STAGIONE} Programm n, Spielplan m; (*singolo spettacolo*) {INTERESSANTE} Vorstellung f; (*opuscolo*) {+CONCERTO} Programmheft n 4 *inform* Programm n: ~ **applicativo**, Anwendungsprogramm n; ~ **assemblatore**, Assembler m; ~ **di caricamento**, Ladeprogramm n, L(o)ader m; ~ **residente**, residentes Programm n; **scaricare un ~ da internet**, ein Programm vom Internet herunterladen; ~ **di scrittura**, Textverarbeitungsprogramm n; ~ **sorgente**, Quell(en)-, Primärprogramm n 5 *radio TV* Programm n, Sendung f: ~ **per bambini**, Kinderprogramm n, Kindersendung f; ~ **radiofonico/televisivo in diretta**, Live-Radio-/Fernsehsendung f 6 *scuola* {DIDATTICO} Plan m, Programm n; (*materie*) (Lehr)stoff m: ~ **d'esame**, Prüfungsstoff m; **svolgere il ~ ministeriale**, den vom Ministerium vorgegebenen Lehrplan abwickeln 7 *tecnol* {+LAVASTOVIGLIE, LAVATRICE} Programm n: ~ **per la lana**, Waschprogramm n für Wolle, Schonwaschgang m; ~ **di lavaggio/risciacquo**, Wasch-/Spülgang m ● **come da ~** (*come previsto*), nach Programm, programmgemäß, programmmäßig *fam*; **la cena/l'abito è tutto un ~** *fig* (*bizzarro*), das Abendessen/Kleid ist ein Kapitel für sich; **essere in ~** (*previsto*), auf dem Programm stehen, geplant/vorgesehen sein; **fuori ~** (*imprevisto*), nicht programmgemäß, außerplanmäßig.
programmàbile *agg* 1 (*che si può programmare*) {RITORNO DALLE VACANZE} programmierbar, planbar, absehbar 2 *inform tecnol* {CALCOLATRICE, LAVASTOVIGLIE} programmierbar.
programmàre *tr* 1 (*pianificare*) ~ **qc** {FUTURO, STAGIONE LIRICA, VIAGGIO} *etw* planen 2 (*stabilire*) ~ **qc** {DATA DEGLI INTERVENTI} *etw* fest|legen 3 *econ* ~ **qc** {PRODUZIONE} *etw* planen 4 *inform* (*uso assol*) ~ **in qc** {IN BASIC, IN LISP} *in etw* (dat) programmieren 5 *film radio teat TV* (*mettere in programma*) ~ **qc** aufs Programm setzen, *etw* ins Programm nehmen 6 *tecnol* (*impostare*) ~ **qc** {REGISTRAZIONE} *etw* programmieren.
programmàtico, (-a) <-ci, -che> *agg* 1 (*del programma*) {CAMBIO} programmatisch 2 (*rigido*) {SCHEMATISMO} programmatisch, starr, unbeweglich 3 *dir* Programm-, programmatisch, Rahmen-.

programmàto, (-a) *agg* 1 (*prestabilito*) {TEMPI} festgelegt 2 *econ* {SVILUPPO} programmiert, geplant 3 *scuola*: **istruzione programmata**, programmierter Unterricht.
programmatóre, (-trice) m (f) 1 *inform* Programmierer(in) m(f) 2 *econ* Wirtschaftsplaner(in) m(f).
programmatòrio, (-a) <-ri m> *agg* (*di programmazione*) {CAPACITÀ} Programmierungs-.
programmazióne f 1 {+INTERVENTO} Programmierung f, Planung f 2 *econ* (Wirtschafts)planung f; {+PRODUZIONE, TEMPI DI ESECUZIONE, VENDITE} Programmierung f, Planung f 3 *film teat* {ESTIVA; +SPETTACOLI} Programmierung f, Programmierung f 4 *inform* Programmierung f 5 *scuola* Lehrplan m ● **di prossima ~** *film teat*, demnächst in diesem Kino/Theater.
programmista <-i m, -e f> *mf radio TV* Programmgestalter(in) m(f).
progredìre <*progredisco*> *itr* <*essere o avere*> 1 (*avanzare*) {LAVORO} voran|gehen, voran|kommen, voran|schreiten *forb* 2 *fig* (*fare progressi*) {CIVILTÀ, TECNICA, UOMO} Fortschritte machen, sich weiter|entwickeln; ~ **in qc** {ALUNNO IN MATEMATICA} *in etw* (dat) Fortschritte machen; {NELLE RICERCHE} *anche in etw* (dat) gut voran|kommen; **far ~ qc**, *etw* voran|treiben 3 *fig* (*peggiorare*) {INFEZIONE, TUMORE} sich verschlimmern 4 *banca* ~ (**su qc**) {EURO SUL DOLLARO} gegenüber *etw* (dat) stärker werden 5 *econ* {UTILE} an|steigen.
progredìto, (-a) *agg* 1 (*evoluto*) {POPOLO, SOCIETÀ} hoch-, höherentwickelt; {TECNICA} fortschrittlich, fortgeschritten 2 (*emancipato*) {IDEE} emanzipiert.
progressióne f 1 (*aumento*) Steigerung f, Zunahme f, Progression f, Fortschreiten n: **essere in (costante)** ~, (konstant) (an)steigen 2 *ling* {RETORICA} Steigerung f 3 *mat* Reihe f: ~ **aritmetica/geometrica**, arithmetische/geometrische Reihe 4 *mus* {ASCENDENTE, DISCENDENTE} Sequenz f 5 *sport* Spurt m ● **aumentare in ~ geometrica** *fig* (*rapidamente*), auf Schwindel erregende Weise zu|nehmen.
progressismo m *polit* Progressivität f, Fortschrittlichkeit f, Progress(iv)ismus m *forb*.
progressìsta <-i m, -e f> A *agg* (*a favore del progressismo*) {IDEE, MENTALITÀ} fortschrittlich B *mf* (*seguace*) Fortschrittsgläubige *mf decl come agg*, Progressist(in) m(f) *forb*.
progressivaménte *avv* 1 (*in progressione*) fortlaufend: **ordinare i fascicoli ~ dal più vecchio al più recente**, die Akten nach Datum sortieren/ordnen 2 (*gradatamente*) {MIGLIORARE} stufenweise, fortlaufend, progressiv.
progressività <-> f (*gradualità*) {+TASSA} stufenweise Erhöhung, Progressivität f.
progressìvo, (-a) *agg* 1 (*in progressione*) {NUMERAZIONE} progressiv; {ORDINE DI DIFFICOLTÀ} zunehmend 2 (*graduale*) {AUMENTO DELLA TEMPERATURA, MIGLIORAMENTO} zunehmend, allmählich, fortschreitend, fortlaufend 3 *dir* {IMPOSTA} Progressiv-; {REATO} Durchgangs- 4 *ling* {FORMA VERBALE} Verlaufs- 5 *mus*: **jazz** ~, Progressive Jazz m, experimenteller Jazz.
progrèsso m 1 (*avanzamento*) Fortschritt m, Weiter-, Fortentwicklung f, Fortschreiten n: **fare progressi/[qualche ~] in qc**, in etw (dat) Fortschritte machen, in etw (dat) vor|ankommen; **i progressi della ricerca**, die Fortschritte der Forschung 2 (*sviluppo*) Fortschritt m: ~ **sociale/tecnico**, sozialer/technischer Fortschritt 3 (*evoluzione*) {+ATTIVITÀ, MALATTIA} Fortschritt m, Entwicklung f,

Fortschreiten n ● **facciamo progressi!**, es geht voran!, wir machen Fortschritte!; *iron*, wenn das keine Fortschritte sind! *iron*, das wird ja immer besser! *iron*.
proibìre <*proibisco*> *tr* ~ **qc** (**a qu/qc**) 1 (*vietare*) {CODICE STRADALE TRANSITO AI TIR; GOVERNO ESPORTAZIONE DI OPERE D'ARTE AI TURISTI} *jdm/etw* verbieten, *jdm/etw* untersagen: ~ **a qu di fare qc**, jdm verbieten, etw zu tun; **nulla ti proibisce di ritentare**, nichts hindert dich daran, es wieder zu versuchen; **il medico le ha proibito di mangiare dolci**, der Arzt hat ihr ₍Süßigkeiten verboten₎/[verboten, Süßigkeiten zu essen]; **questo andrebbe proibito**, das müsste verboten werden; **tu non mi proibisci proprio niente!**, du hast mir gar nichts zu verbieten!; **è proibito calpestare le aiuole**, ₍Rasen betreten₎/[Betreten des Rasens] verboten; **è severamente proibito fumare in ospedale**, es ist streng(stens) verboten, im Krankenhaus zu rauchen 2 (*impedire*) {VENTO NAVIGAZIONE REGOLARE} *etw* verhindern.
proibitìvo, (-a) *agg* 1 *dir* {DECRETO, PROVVEDIMENTO} verbietend, prohibitiv, prohibitorisch 2 *fig* (*molto alto*) {COSTO, PREZZO} unerschwinglich 3 *fig* (*molto brutto*) {TEMPO} scheußlich.
proibìto, (-a) A *agg* 1 (*vietato*) ~ (**a qu/qc**) {ARMI, GIOCO AI RAGAZZI} (*jdm/etw*) verboten, (*jdm/etw*) untersagt: **amore** ~, verbotene Liebe; ~ **dalla legge**, gesetzlich verboten 2 (*irraggiungibile*) {SOGNO} unerfüllbar B m <*solo sing*> Verbotene n *decl come agg*.
proibitòrio, (-a) <-ri m> *agg dir* {ATTO} prohibitiv, prohibitorisch.
proibizióne f 1 (*divieto*) Verbot n; (*azione*) *anche* Verbieten n: **avere la ~ di fare qc**, etw nicht tun dürfen; **ha la ~ di uscire dopo le undici di sera**, er/sie darf nach elf Uhr abends nicht mehr ausgehen 2 *dir* {+PORTO D'ARMI} Verbot n.
proibizionismo m *polit stor* 1 Prohibition f 2 (*periodo*) Zeit f der Prohibition.
proibizionìsta <-i m, -e f> *polit anche stor* A *agg* {POLITICA} prohibitionistisch B *mf* (*sostenitore*) Prohibitionist(in) m(f).
proibizionìstico, (-a) <-ci, -che> *agg polit stor* {REGIME} prohibitionistisch.
proiettàre A *tr* 1 (*gettare*) ~ **qc** (+ *compl di luogo*) {LUCE CONTRO LA CASA, OMBRA SUL PRATO} *etw* (*irgendwohin*) werfen; *fig* {LUCE NUOVA, OMBRA SUL PASSATO} *etw* (*auf etw* acc) werfen 2 (*scaraventare*) ~ **qu/qc** + *compl di luogo* {URTO AUTISTA SULLA STRADA} *jdn/etw irgendwohin* werfen, *jdn/etw irgendwohin* schleudern, *jdn/etw irgendwohin* ₍wegschleudern₎; {VULCANO LAVA SULLA VALLE} *anche etw* aus|stoßen; {FORZA CENTRIFUGA CORPI VERSO L'ESTERNO} *jdn/etw irgendwohin* drücken 3 *fig* (*trasferire*) ~ **qc in qc** {LE PROPRIE SPERANZE NEL FUTURO} *etw auf etw* (acc) richten 4 *fig* (*far balzare*) ~ **qu/qc** + *compl di luogo* {CANTANTE, DISCO IN TESTA ALLA CLASSIFICA} *jdn/etw irgendwohin* katapultieren 5 *film* ~ **qc** (+ *compl di luogo*) {FILM} *etw* (*irgendwo*) vor|führen, *etw* (*irgendwo*) zeigen; *fot* {DIAPOSITIVE} *anche etw* (*irgendwo*/*irgendwohin*) projizieren 6 *mat* (*in geometria*) ~ **qc** (+ *compl di luogo*) {FIGURA GEOMETRICA SU UN PIANO} *etw irgendwohin* projizieren 7 *psic* ~ **qc su qu** {ANGOSCE, PAURE SUL FIGLIO} *etw auf jdn* projizieren B *itr pron*: **proiettarsi** (+ *compl di luogo*) 1 (*gettarsi*) {BAGLIORE, OMBRA SUL MURO} *irgendwohin* fallen 2 *fig* (*riflettersi*) {RISULTATO SUL SEMESTRE SUCCESSIVO} sich *auf etw* (acc) aus|wirken 3 *fig* (*protendersi*) {PROGETTO NEL FUTURO} *in etw* (acc) hinein|reichen C *rfl* (*gettarsi*): **proiettarsi** (+ *compl di luogo*) {ACROBATA NEL VUOTO} sich

irgendwohin werfen; {*PILOTA* FUORI DALL'ABITACOLO} sich *aus etw* (dat) katapultieren.

proiettile m 1 (*ciò che può essere scagliato*) Geschoss n, Projektil n 2 *artiglieria* {+REVOLVER} Kugel f: **avere/tenere il ~ in canna**, eine Kugel im Lauf haben; **~ dirompente/esplosivo/illuminante/tracciante**, Spreng-/Explosiv-/Leucht-/Leuchtspurgeschoss n; **~ inesploso**, Blindgänger m; **il ~ è partito accidentalmente**, der Schuss ist zufällig losgegangen ● *partire/schizzare come un ~ fig* (*a grande velocità*), wie der Blitz losgehen/wegspritzen *fam*; **essere colpito da un ~ vagante**, von einer verirrten Kugel getroffen werden; **essere un ~ vagante** *fig* (*essere pericoloso*), eine wandelnde Gefahr sein.

proiettivo, (-a) *agg* 1 *mat* (*in geometria*) {GEOMETRIA, TRASFORMAZIONE} projektiv 2 *psic* {TEST} Projektions-.

proietto m 1 *geol* {+ETNA} Auswürfling m 2 *mil* {+ARTIGLIERIA} Geschoss n, Projektil n.

proiettore m 1 (*riflettore*) {+TEATRO} Scheinwerfer m 2 *autom* Licht n, Scheinwerfer m: **proiettori abbaglianti/anabbaglianti/fendinebbia**, Fernlicht n/Abblendlicht n/Nebelscheinwerfer m pl 3 *film fot* Projektor m: **~ cinematografico/per diapositive**, Film-/Diaprojektor m; **~ per lucidi**, Overhead-, Tageslichtprojektor m.

proiezione f 1 *gener* {+FASCIO DI LUCE} Projektion f; {+OMBRA} Werfen m 2 (*lancio*) {+PROIETTILE} Schuss m 3 *film fot* Vorführung f; (*sullo schermo*) Projektion f: **~ di diapositive**, Diaprojektion f 4 *geog mat* (*in geometria*) {+PIANO, PUNTO} Projektion f, Abbildung f: **~ cartografica/prospettica**, kartografische/perspektivische Projektion; **~ cilindrica**, Zylinderprojektion f; **~ ortogonale**, orthogonale Projektion f 5 *stat* Projektion f, Hochrechnung f: **~ demografica**, demographische Projektion; **proiezioni elettorali**, Hochrechnungen f pl der Wahlergebnisse 6 *psic* Projektion f.

proiezionista <-*i m, -e f*> *mf film* Filmvorführer(in) m(f).

proinsulina f *chim* Proinsulin n.

project manager <-, -, -s pl *ingl*> *loc sost mf ingl industr* Projektmanager(in) m(f).

prolassato, (-a) *agg med* vorgefallen, prolabiert *scient*.

prolasso m *med* Vorfall m, Prolaps(us) m *scient*: **~ rettale**, Mastdarmvorfall m, Mastdarmprolaps m *scient*; **~ dell'utero**, Gebärmuttervorfall m.

prolattina f *biol* Prolaktin n.

prole f 1 (*figli*) Kinder n pl, Nachkommen m pl, Nachkommenschaft f: **avere una ~ numerosa**, eine große Nachkommenschaft haben 2 (*discendenza*) Nachkommenschaft f 3 (*stirpe*) Geschlecht n 4 *zoo* Jungen n pl.

prolegomeni m pl *lett* 1 (*trattato*) Prolegomena n pl 2 (*introduzione*) Vorwort n, Einleitung f.

prolessi <-> f *ling* Prolepsis f, Prolepse f.

proletaria f → **proletario**.

proletariato m (*classe operaia*) Proletariat n: **~ industriale**, Industrieproletariat n; **~ urbano**, städtisches Proletariat.

proletario, (-a) <-*ri m*> A *agg* (*dei lavoratori*) {RIVOLUZIONE} proletarisch, Proletarier- B m (f) (*lavoratore*) Proletarier(in) m(f), Prolet m *fam obs* ● **proletari di tutto il mondo unitevi!**, Proletarier aller Länder, vereinigt euch!

proletarizzare A *tr* (*rendere proletario*) **~ qu/qc** {CULTURA, POLITICA} *jdn/etw* proletarisieren *forb* B *itr pron* (*diventare proletario*): **proletarizzarsi** Proletarier werden.

prolettico, (-a) <-*ci, -che*> *agg ling* {PRONO-ME} proleptisch.

proliferare *itr* 1 *biol* **~** (+ **compl di luogo**) {*ANIMALE* IN UN AMBIENTE FAVOREVOLE} sich (*irgendwo*) vermehren; {*CELLULE*} sich (*irgendwo*) wuchern; {*PIANTA* IN UN AMBIENTE FAVOREVOLE} (*irgendwo*) wachsen; *med* {*SARCOMA*} (*irgendwo*) wuchern, (*irgendwo*) proliferieren *scient* 2 *fig* (*diffondersi*) **~** (+ **compl di luogo**) {*MODA* IN ITALIA} sich (*irgendwo*) ver-, aus|breiten; {*INIZIATIVA CULTURALE*} (*irgendwo*) um sich greifen 3 *fig* (*aumentare*) **~** (+ **compl di luogo**) {*IMPRESE COMMERCIALI* IN CINA} sich (*irgendwo*) vermehren 4 *fig* (*essere ricco*) **~ di qc** {*ORIENTE* DI RELIGIONI} an *etw* (dat) reich sein.

proliferazione f 1 *biol* {+ORGANISMI CELLULARI} Wucherung f 2 *fig* (*diffusione*) {+ESPERIMENTI GENETICI} Verbreitung f, Ausbreitung f: **non ~ nucleare**, Nonproliferation f, Nichtweitergabe f von Atomwaffen 3 *fig* (*aumento*) {+ASSOCIAZIONI RELIGIOSE} Vermehrung f.

prolifero, (-a) *agg biol bot* {FRUTTO} wachsend; {CELLULA} wuchernd.

prolificare <*prolifico, prolifichi*> *itr* 1 *biol* (*riprodursi*) {CELLULE, ORGANISMI} sich fort|pflanzen, sich vermehren; {ANIMALI} anche zeugen; {PIANTE} keimen, sprießen, treiben 2 *fig* (*diffondersi*) **~** (+ **compl di luogo**) {IDEA ALL'UNIVERSITÀ} sich (*irgendwo*) ver-, aus|breiten.

prolificazione f 1 *biol* {+CELLULA} Fortpflanzung f, Vermehrung f; {+ANIMALE} anche Zeugung f; {+PIANTA} Keimung f, Sprossung f, Treiben m 2 *fig* (*diffusione*) {+MODA} Ver-, Ausbreitung f, Sichausbreiten m.

prolificità <-> f 1 *biol* {+ANIMALE} Fruchtbarkeit f; {+UOMO} Zeugungsfähigkeit f, Zeugungsfreudigkeit f 2 *fig* (*fecondità*) {+MENTE} Fruchtbarkeit f, Schaffensfreude f, Schaffenskraft f.

prolifico, (-a) <-*ci, -che*> *agg* 1 *biol* {ANIMALE} fruchtbar; {DONNA} gebärfreudig, gebärfähig; {FAMIGLIA} kinderreich 2 *fig* (*fecondo*) {SCRITTORE} fruchtbar, schaffensfreudig, schaffenskräftig.

prolissità <-> f (*verbosità*) {+DISCORSO} Weitschweifigkeit f, Langatmigkeit f.

prolisso, (-a) *agg* (*verboso*) {RACCONTO, SCRITTORE} weitschweifig, langatmig.

pro loco <-> *loc sost f lat* (*associazione*) {+ALBENGA} gemeinnütziger Verein (zur Förderung von Kultur und Unterhaltung).

Prolog <-> m *ingl inform* Programmiersprache f, Prolog m.

prologo <-*ghi*> m 1 (*introduzione*) {+ROMANZO} Einleitung f, Vorrede f, Vorwort n 2 *fig* (*preambolo*) Auftakt m, Einleitung f, Prolog m 3 *teat* (*monologo, scena*) {+COMMEDIA} Prolog m, Vorrede f; (*personaggio*) Sprecher(in) m(f) des Prolog(e)s 4 *sport* (*nel ciclismo*) (*prima tappa*) Prolog m.

prolunga <-*ghe*> f 1 (*estensione*) {+TAVOLO} Verlängerung f, Fortsatz m 2 *elettr tel* Verlängerungsschnur f, Verlängerungskabel n, Verlängerung f *fam*: **~ per il ferro da stiro/[telefono]**, eine Verlängerungsschnur für das Bügeleisen/Telefon.

prolungabile *agg* (*che si può prolungare*) {TAVOLO} ausziehbar, verlängerbar; *fig* (*PERIODO DI TEMPO*) verlängerbar.

prolungamento m 1 (*allungamento in lunghezza, durata*) {+SCIOPERO, STRADA, TREGUA} Verlängerung f 2 (*aggiunta*) {+AUTOSTRADA} Verlängerung f, Fortsatz m.

prolungare <*prolungo, prolunghi*> A *tr* **~ qc** 1 (*allungare*) {AUTOSTRADA, CANALE} *etw* verlängern 2 (*protrarre*) {COLLOQUIO, CONFERENZA, SEDUTA} *etw* in die Länge ziehen, *etw* hin|ausziehen 3 (*prorogare*) {TERMINE PER LA CONSEGNA, VALIDITÀ DI UN DOCUMENTO} *etw* verlängern B *itr pron* 1 (*proseguire nello spazio*): **prolungarsi** (+ **compl di luogo**): **il tracciato si prolunga per kilometri**, die Trasse erstreckt sich über Kilometer; **la strada si prolunga in un sentiero**, die Straße wird zu einem Weg; **la via si prolunga fino al fiume**, der Weg zieht sich bis zum Fluss hin; (*nel tempo*): **prolungarsi** (+ **compl di tempo**) {CONFERENZA DI DUE ORE, FINO A SERA} sich (*über etw* acc/*bis irgendwann*) hin|ziehen, sich in die Länge ziehen 2 (*indugiare*): **prolungarsi su qc** {ORATORE SU PARTICOLARI INSIGNIFICANTI} sich *über etw* (acc) aus|lassen.

prolungato, (-a) *agg* 1 (*allungato*) {PERCORSO} verlängert; (*nel tempo*) {ORARIO, TEMPO} verlängert 2 (*protratto*) {ATTESA} lang, sich hinziehend; {APPLAUSO} anhaltend.

prolusione f 1 *lett* (*discorso introduttivo*) Einleitungsrede f 2 *università* {+PROFESSORE} Antrittsvorlesung f.

promemoria <-> m (*appunto*) Notiz f, Merkzettel m: **fare un ~**, sich (dat) eine Notiz|/[Notizen] machen.

promessa f 1 (*impegno*) Versprechen n, Versprechung f, Zusage f: **fare una ~ a qu**, jdm ein Versprechen geben; **mantenere/ricevere una ~**, ein Versprechen (ein)halten|/[etwas versprochen bekommen]; **questa è una ~**, das ist ein Versprechen; **strappare una ~ a qu**, jdm ein Versprechen entlocken 2 *fig* (*speranza*) {+CALCIO, CINEMA} Hoffnung f: **è una ~ della lirica**, er/sie ist eine Hoffnung für die Oper 3 *dir* Versprechen n, Zusage f: **~ di matrimonio/pagamento**, Ehe-/Zahlungsversprechen n; **~ unilaterale**, einseitiges Versprechen ● **una ~ è una ~** (*deve essere mantenuta*), versprochen ist versprochen, ein Versprechen muss man halten; **fare grandi promesse** (*promettere grandi cose*), große Versprechungen machen; **~ da marinaio** *fig* (*che viene subito dimenticata*), leere Versprechung; **ogni ~ è debito** *prov*, was man verspricht, muss man halten.

promesso, (-a) A *part pass di* promettere B *agg* 1 (*che è stato*) ~ {AUMENTO DI STIPENDIO} zugesagt 2 (*che si è impegnato*) {SPOSO} versprochen C m (f) (*fidanzato*) Verlobte mf decl come agg, Bräutigam m, (Braut f) D m <*solo sing*> Versprochene n decl come agg.

Promèteo m *mitol* Prometheus m.

promettente *agg* (*che promette bene*) {RAGAZZO} viel versprechend; {DEBUTTO} *anche* verheißungsvoll.

promettere <*coniug come* mettere> A *tr* 1 (*assicurare*) **~ qc** (**a qu**) {INVITO A CENA, REGALO} (*jdm*) *etw* versprechen, (*jdm*) *etw* zu|sagen; {AVANZAMENTO DI CARRIERA} (*jdm*) *etw* versichern; {AIUTI, ASSISTENZA AI PROFUGHI} (*jdm*) *etw* zu|sichern: **farò tutto il possibile, ma non vi prometto niente**, ich werde alles nur Mögliche tun, aber versprechen kann ich nichts; **promise che avrebbe studiato**, er/sie versprach zu lernen/studieren; **prometto di venire a trovarti presto**, ich verspreche dir, dass ich dich bald besuchen komme; (*fare promesse*) (*uso assol*) Versprechungen machen; **promette con facilità, ma non c'è da fidarsi**, er/sie macht schnell Versprechungen, aber man kann sich nicht darauf verlassen 2 *fig* (*far sperare*) **~ qc** *etw* versprechen, *etw* an|kündigen, *etw* erwarten lassen: **quelle nuvole non promettono nulla di buono**, diese Wolken versprechen nichts Gutes; **l'uva di quest'anno promette un vino eccezionale**, die diesjährigen Trauben lassen einen ausgezeichneten Wein erwarten; (*uso assol*) viel versprechend sein, sich gut an|lassen *fam*; **un attore che promette (bene)**, ein viel versprechender

Schauspieler; **~ male/poco**, nichts/wenig Gutes versprechen **B** *rfl* (*offrirsi*): **promettersi a qu** {A DIO} sich *jdm* weihen: **promettersi in matrimonio/sposa a qu**, jdm sein Eheversprechen/Ehegelöbnis geben ● **promette bene!** *iron*, das kann ja heiter werden! *iron*.

prominènte agg 1 (*sporgente*) {NASO, ZIGOMI} vorspringend, vorstehend; {ROCCIA, TERRAZZA} hervorstehend, hervorspringend; {BOCCA} ausgeprägt; {LABBRA} wulstig 2 (*preminente*) {SCELTA} vorrangig 3 (*rilevante*) {RUOLO} bedeutend, relevant 4 *lett* (*eminente*) {POLITICO} prominent.

prominènza f 1 (*l'essere prominente*) {+NASO} Vorspringen n, Vorstehen n, {+FREGIO} Hervorstehen n 2 (*sporgenza*) {MARMOREA, OSSEA} Vorsprung m.

promiscuità <-> f (*mescolanza*) {+CULTURE, LINGUE} Vermischung f; ~ (**sessuale**), Promiskuität f *forb*.

promìscuo, (-a) **A** agg 1 (*misto*) {CLASSE, CULTURA} gemischt: **coltura promiscua**, Mischkultur f, gemischter Anbau; **matrimonio ~**, Mischehe f; {SCUOLA} Gemeinschafts-; (*sessualmente*) {VITA} promiskuitiv *forb* 2 *gramm* {NOME} beidgeschlechtig **B** m *autom slang* Kombiwagen m.

promìsi 1ª pers sing del pass rem di promettere.

promo <-> **A** m *film TV* (Film)vorschau f; *mus* Videoclip m **B** <inv> agg {FILMATO} Promo(tions)-.

promontòrio <-ri> m *geog* Kap n, Vorgebirge n.

promòsso, (-a) **A** part pass di promuovere **B** agg 1 *amm* {IMPIEGATO} befördert 2 *scuola* {STUDENTE} versetzt: **gli allievi promossi all'esame**, die Schüler, die die Prüfung bestanden haben 3 *sport* **~ in qc** {SQUADRA IN SERIE A} in etw (acc) aufgestiegen **C** m (f) 1 *amm* Beförderte mf decl come agg 2 *scuola* Versetzte mf decl come agg 3 *sport* Aufsteiger(in) m(f).

promoter <-> mf *ingl* 1 (*agente*) {+CANTANTE} Promotor(in) m(f), Manager(in) m(f), Agent(in) m(f) 2 (*organizzatore*) {+MANIFESTAZIONE SPORTIVA} Promoter(in) m(f), Veranstalter(in) m(f) 3 *comm* (Sales-)Promoter(in) m(f), (Verkaufs-)Förderer m, (Verkaufs-)Förderin f.

promótion <-> f *ingl* 1 *comm* Werbung f, Promotion f, Verkaufs-, Absatzförderung f 2 (*nella pubblicità*) Promotionsabteilung f.

promotóre, (-trice) **A** agg (*organizzatore*) {COMITATO, SOCIETÀ} Förder-, Organisations-, Veranstaltungs- **B** m (f) 1 (*organizzatore*) {+INIZIATIVA CULTURALE} Initiator(in) m(f) *forb*; {+AVVENIMENTO SPORTIVO} Promoter(in) m(f) 2 (*agente*) {+CANTANTE} Promoter(in) m(f), Agent(in) m(f) 3 *comm* (Verkaufs-)Förderer m, ((Verkaufs-)Förderin f ● **farsi ~ di qc** (*promuovere qc*), etw fördern; ~ **della fede** *relig*, Advocatus Diaboli m; ~ **finanziario** *banca*, Anlage-, Finanzberater m; ~ **della giustizia** *dir*, "Vertreter des Gesetzes in kirchlichen Prozessen".

promozionàle agg *comm* {ATTIVITÀ, CAMPAGNA, OFFERTA} Werbe-, Promotions-, verkaufsfördernd.

promozionàre tr *comm* **~ qc** 1 (*lanciare un prodotto*) etw lancieren 2 (*gestire la campagna promozionale*) die Werbekampagne von etw (dat) führen, etw lancieren.

promozióne f 1 (*avanzamento*) {+IMPIEGATO} Beförderung f: **~ a capoufficio**, Beförderung f zum Büroleiter; **ottenere la ~**, befördert werden 2 (*avvio*) Start m: **~ di una campagna contro i prodotti transgenici**, Start m einer Kampagne gegen Genprodukte 3 *scuola* {+ALUNNO} Versetzung f: **~ alla/in seconda**, Versetzung f in die zweite Klasse 4 *comm* {+DETERSIVO, FILM, LIBRO} Werbung f, Promotion f, Verkaufsförderung f: **~ delle vendite**, Verkaufsförderung f 5 *sport* (Tabellen)aufstieg m: **~ di una squadra in serie A**, Aufstieg m einer Mannschaft in die erste Liga.

prompt <-> m *ingl inform* Eingabeaufforderung f, Prompt.

promulgàre <promulgo, promulghi> tr **~ qc** 1 *dir* {LEGGE} etw erlassen, etw verkünden 2 (*divulgare*) {FILOSOFIA DI VITA, TEORIA} etw verbreiten.

promulgatóre, (-trice) **A** agg 1 *dir* {ATTO} Erlassungs-, Verkündungs- 2 (*divulgatore*): **studioso ~ di una dottrina**, eine Theorie verbreitender Gelehrter **B** m (f) 1 *dir* {+LEGGE} Erlasser(in) m(f) 2 (*divulgatore*) {+TEORIA} Verbreiter(in) m(f).

promulgazióne f 1 *dir* {+LEGGE} Erlass m, Verkündung f 2 (*divulgazione*) {+TESI} Verbreitung f.

promuòvere <coniug come muovere> tr 1 (*favorire*) **~ qc** {ARTI, CULTURA, PACE, RICERCA} etw fördern 2 (*organizzare*) **~ qc** {DIBATTITO, FESTEGGIAMENTI, FONDAZIONE DI UNA COMMISSIONE} etw an|regen 3 (*indire*) **~ qc** {UNA NUOVA POLITICA} etw initiieren, etw in Gang setzen 4 (*far avanzare*) **~ qc (da qc)** (a **qc**) {DIPENDENTE A UNA CARICA DI ALTA RESPONSABILITÀ, DA OPERAIO A CAPOREPARTO} jdn/etw (von etw dat) (zu etw dat) befördern; **~ qu qc** {COLONNELLO GENERALE, REDATTORE CAPOREDATTORE} jdn zu etw (dat) befördern 5 *comm* **~ qc** {DISCO, FILM} etw promoten, {VENDITA DI UN PRODOTTO} etw fördern 6 *dir* **~ qc (contro/[nei confronti di] qu/qc)** {CAUSA CONTRO UN DEBITORE, NEI CONFRONTI DI UN'AZIENDA} etw (gegen jdn/etw) erheben; {RICORSO} etw (gegen jdn/etw) ein|legen/erheben/stellen 7 *med* **~ qc** {SUDORAZIONE} etw an|regen, etw fördern, {VOMITO} etw hervor|rufen, etw erzeugen, etw bewirken, {PROLIFERAZIONE CELLULARE} etw aus|lösen 8 *scuola università* **~ qu (a/in qc)** {ALUNNO ALLA TERZA CLASSE, IN QUARTA} jdn (in etw acc) versetzen: **sono stato promosso all'esame di guida**, ich habe die Fahrprüfung bestanden.

prònao m *arch* Pronaos m, Vorhalle f.

pronazióne f *med* Einwärtsdrehung f, Pronation f *scient*.

pronipóte mf 1 (*figlio del nipote*) {+NONNO} Urenkel(in) m(f); {+ZIO} Großneffe m, Großnichte f 2 <di solito al pl> (*posteri*) Nachkommen m pl, Nachkommenschaft f.

pròno, (-a) agg 1 (*verso terra*) bäuchlings, auf dem Bauch: **mettersi ~**, sich auf den Bauch legen; **dormire/stare ~**, auf dem Bauch schlafen/liegen 2 *fig forb* (*facile*) **~ a qc** {AL PECCATO} etw (dat) zugeneigt.

pronóme m *gramm* Pronomen n, Fürwort n: **~ dimostrativo/indefinito/interrogativo/personale/possessivo/relativo/riflessivo**, Demonstrativ-/Indefinit-/Interrogativ-/Personal-/Possessiv-/Relativ-/Reflexivpronomen n.

pronominàle agg *gramm* {FORMA, PARTICELLA, VERBO} pronominal, Pronominal-.

pronosticàbile agg vorhersehbar: **un risultato difficilmente ~**, ein schwer vorhersehbares Ergebnis.

pronosticabilità <-> f Vorhersehbarkeit f.

pronosticàre <pronostico, pronostichi> tr **~ qc** 1 (*predire*) {AVVENIRE} etw voraus|-, vorher|sagen 2 (*prevedere*) {VITTORIA DI UNA SQUADRA} etw voraus|sehen 3 (*annunciare*) {VENTO TEMPORALE} etw an|kündigen, etw an|zeigen.

pronòstico <-ci> m 1 (*previsione*) Prophezeiung f, Voraussage f, Vermutung f: **fare un ~ sull'andamento del campionato**, eine Voraussage über den Verlauf der Meisterschaft machen 2 (*presagio*) Voraussage f, Vorhersage f: **il ~ che mi è stato fatto non si è avverato**, die Voraussage, die man mir machte, hat sich nicht erfüllt.

prontézza f (*rapidità*) Promptheit f, Schnelligkeit f: **~ di riflessi**, Reaktionsschnelligkeit f ● **~ di parola**, Schlagfertigkeit f; **~ di spirito**, Geistesgegenwart f.

prónto, (-a) **A** agg 1 (*preparato*) **~ (per qu/qc)** {CENA PER GLI OSPITI} fertig (*für jdn/etw*); {ATLETA PER LA GARA} bereit (*für etw acc*): **avere/tenere ~ qc**, etw bereithalten; **essere ~ per cominciare**, bereit sein zu beginnen; **merce pronta per la consegna**, abrufbereite/lieferbare Ware; **~ per essere cotto**, kochfertig; **essere ~ per gli esami**, auf die Prüfungen vorbereitet sein; **~ per il lancio sul mercato**, marktreif; **sei pronta?**, bist du fertig/bereit?; **tenetevi pronti per le sei**, haltet euch für sechs (Uhr) bereit; **~ a intervenire**, einsatzbereit; **venite a tavola: è ~**, kommt zu Tisch, das Essen ist fertig! 2 (*finito*) {LAVORO, MAGLIONE} fertig 3 (*disposto*) **~ a qc** zu etw (dat) bereit, zu etw (dat) aufgelegt: **essere sempre ~ ₋a scherzare₋/[allo scherzo]**, immer zu(m) Scherzen aufgelegt sein; **è sempre ~ a ficcare il naso negli affari degli altri**, er neigt immer dazu, die Nase in die Angelegenheiten anderer zu stecken; **sono ~ a scommettere che è andata così**, ich könnte wetten, dass die Sache so gelaufen ist; **essere ~ a tutto**, zu allem bereit sein; **~ a fare sacrifici**, opferbereit 4 (*rapido*) {INTERVENTO} schnell, rasch; {GUARIGIONE} sofortig, baldig; {RISPOSTA} prompt 5 (*facile*): **essere ~ all'ira**, schnell/leicht zornig werden, jähzornig sein; **essere ~ al perdono**, schnell/leicht verzeihen 6 (*brillante*) {MEMORIA} hervorragend; {INGEGNO} anche lebhaft, wach, aufgeweckt 7 *banca* {DENARO} Bar-, bar 8 *gastr* {ARROSTO} gar, gekocht **B** inter 1 *tel* hallo, (hier spricht) ...: **~, sono io!**, hallo, ich bin's! 2 <di solito al pl> *sport* fertig: **pronti? Via!**, fertig? Los! ● **a pronti (contanti)** *banca*, in bar; **essere ~ per partire/la partenza**, {TURISTA} reisefertig sein; {TRAGHETTO, TRENO} abfahr(t)bereit sein; {AEREO} startbereit/startklar sein; **pronti contro termine** *banca* Swap-, Repo-.

prontuàrio <-ri> m 1 (*vademecum*) {+DIRITTO CIVILE} Hand-, Regelbuch n 2 *post* {+TARIFFE POSTALI} Tabelle f ● **~ (medico)** *farm* (*dei farmaci mutuabili*), (medizinisches) Handbuch.

pronùncia <-ce> f 1 *ling* {APERTA, CHIUSA +VOCALE} Aussprache f 2 (*modo di parlare*) {FIORENTINA, MILANESE} Akzent m 3 *dir* {+CORTE D'APPELLO} Urteilsspruch m, Urteilsverkündung f, Entscheidung f.

pronunciàbile agg (*che si può pronunciare*) aussprechbar: **nome difficilmente ~**, (nur) schwer aussprechbarer Name.

pronunciaménto m (*golpe*) Militärputsch m.

pronunciàre <pronuncio, pronunci> **A** tr 1 *ling* **~ qc** {CONSONANTE, PAROLA} etw aus|sprechen: **~ bene un nome straniero**, einen ausländischen Namen richtig/gut aussprechen 2 (*tenere*) **~ qc (su qu/qc)** {DISCORSO} etw (über jdn/etw) halten, über jdn/etw sprechen 3 *dir* **~ qc** {SENTENZA} etw verkünden; {SEPARAZIONE} etw aus|sprechen; **~ qu + agg** {CONTUMACE, SCOMUNICATO} jdn für + agg erklären 4 *relig* **~ qc** {I VOTI} etw ab|legen

pronunciato B itr pron **1** (*esprimere giudizio*): **pronunciarsi** (͵**riguardo** (**a**)͵/[**su**] **qu/qc**) {DIRETTORE RIGUARDO AL TRASFERIMENTO} sich (*über jdn/etw*)/(*zu etw* dat) äußern, (*über jdn/etw*)/(*zu etw* dat) seine Meinung sagen; {ASSEMBLEA SU UNA PROPOSTA} (*zu etw* dat) Stellung nehmen: **non mi pronuncio**, kein Kommentar **2** *dir*: **pronunciarsi** (**contro**/[**a favore di**] **qu/qc**) sich *gegen/für jdn/etw* aus|sprechen, ein Urteil ͵*zugunsten jds/ etw*͵/[*zu jds/etw Ungunsten*] fällen.

pronunciàto, (-a) A agg **1** (*marcato*) {NASO, ZIGOMI} ausgeprägt, vorspringend, vorstehend **2** *fig* (*spiccato*) {TALENTO, TENDENZA} ausgeprägt, {GUSTO DI LIMONE} *anche* stark **3** *dir* {SENTENZA} verkündet B m *dir* Urteil(s‑ spruch m) n, Entscheidung f.

pronùnzia *e deriv* → **pronuncia** *e deriv*.
pronunziàre → **pronunciare**.
propagàbile agg (*che si può propagare*) {INFEZIONE} verbreitbar.
propagaménto m *lett* (*diffusione*) {+MALATTIA} Verbreitung f.

propagànda f **1** (*pubblicità*) Propaganda f, Werbung f, Reklame f: **~ commerciale**, Handelswerbung f, kommerzielle Werbung **2** (*attività di persuasione*) Propaganda f, Werbung f: **~ elettorale**, Wahlpropaganda f; **fare ~ per qu/qc**, für jdn/etw Propaganda machen; **~ politica**, politische Propaganda; **~ radiofonica/televisiva**, Rundfunk-/Fernsehwerbung f; **~ religiosa**, religiöse Werbung **3** *fam* (*informazioni poco attendibili*) Propaganda f *fam*: **non crederci, è solo ~!**, glaub das nicht, das ist doch nur Propaganda! *fam*.

propagandàre tr **~ qc 1** (*diffondere*) {DOTTRINA, IDEA} *etw* verbreiten, *etw* propagieren *forb* **2** (*pubblicizzare*) {PRODOTTO NUOVO} *für etw* (acc) Werbung machen, *für etw* (acc) werben.

propagandìsta <-*i m, -e f*> mf **1** (*attivista*) {+PARTITO POLITICO} Propagandist(in) m(f) **2** (*piazzista*) {+ASPIRAPOLVERI} (Handels)vertreter(in) m(f), Werbefachmann m, Werbefachfrau f.

propagandìstico, (-a) <-*ci, -che*> agg **1** (*di propaganda*) {FILMATO, GIORNALE, SCOPO} propagandistisch, Propaganda- **2** *comm* {LANCIO, SLOGAN} Werbe-.

propagàre <*propago, propaghi*> A tr **~ qc** (+ **compl di luogo**) **1** *fig* (*diffondere*) {DOTTRINA, FEDE NEL MONDO} *etw* (*irgendwo*) verbreiten, *etw* (*irgendwo*) propagieren *forb* **2** *biol* (ORGANISMO, PIANTA IN UN AMBIENTE UMIDO} *etw* (*irgendwo*) vermehren B rfl: **propagarsi** (+ **compl di luogo**) **1** (*trasmettersi*) {CONTAGIO} sich (*irgendwo*) aus|breiten; {INCENDIO AI FABBRICATI VICINI} sich (*auf etw* acc) aus|dehnen **2** (*diffondersi*) {PROFUMO DEL CAFFÈ NELL'ARIA} sich (*irgendwo*) aus|breiten; *fig* {CULTURA, IDEA NELLA SOCIETÀ MODERNA} (*irgendwo*) um sich greifen **3** *biol* {SPECIE IN LABORATORIO} sich (*irgendwo*) fort|pflanzen, sich (*irgendwo*) vermehren **4** *fis* {CALORE NELL'ARIA} sich (*irgendwo*) aus|breiten; {LUCE, SUONO NELL'ARIA} *anche* sich (*irgendwo*) fort|pflanzen.

propagatóre, (-trice) A agg *fig* (*che propaga*) ver-, ausbreitend B m (f) *fig* (*che propaga*) {+PETTEGOLEZZI, NUOVA TEORIA} Verbreiter(in) m (f), Verkünder(in) m (f), Propagator(in) m (f) *forb*.

propagazióne f **1** (*trasmissione*) {+MALATTIA} Ver-, Ausbreitung f **2** *fig* (*diffusione*) {+NOTIZIA} Verbreitung f, Verkündung f, Propagierung f *forb* **3** *biol* {+SPECIE} Fortpflanzung f, Vermehrung f **4** *fis* Verbreitung f; {+SUONO} Ausbreitung f; {+CALORE} *anche* Übertragung f; {+LUCE} Fortpflanzung f.

propagginàre tr *agr* **~ qc** {VITE} *etw* ab|senken, *etw* ab|legen.
propagginazióne f *agr* {+FICO} Absenken n, Ablegen n.
propàggine f **1** *anche fig* (*diramazione*) {+ILLUMINISMO} Ausläufer m; {+VASO LINFATICO} Verzweigung f, Verästelung f **2** *fig lett* (*prole*) {+STIRPE} Nachkommen m pl, Nachkommenschaft f **3** *agr* Absenker m, Ableger m **4** *geog* {+MONTE} Ausläufer m: **le ultime propaggini dell'Appennino**, die letzten Ausläufer des Apennins.

propalàre tr *lett* (*diffondere*) **~ qc** {NOTIZIA} *etw* verbreiten, *etw* in Umlauf bringen/setzen, *etw* weiter|erzählen; {SEGRETO} *anche etw* aus|plaudern.

propàno m *chim* Propan(gas) n.
proparossìtono, (-a) agg *ling*: **parola proparossitona**, Proparoxytonon n.
propedèutica <-*che*> f (*avviamento*) {FILOSOFICA, LETTERARIA} Propädeutik f, Vorübung f: **corso di ~ alla danza jazz**, Einführungskurs m in den Jazztanz.

propedèutico, (-a) <-*ci, -che*> agg *anche scuola università* (*preparatorio*) **~** (**a qc**) {LEZIONI ALLA GINNASTICA ARTISTICA} (*in etw* acc) einführend: **corso ~ alla chimica**, propädeutischer Chemiekurs m, Vorbereitungs-, Einführungskurs m in die Chemie.

propellènte A agg {FORZA} vorwärtstreibend; {MATERIALE} Treib- B m {+MISSILE} Treibstoff m, Treibmittel n: **~ liquido**, Flüssigtreibstoff m.

propèndere <*coniug come pendere*> itr (*essere favorevole*) **~ per qu/qc** {GIOVANI PER UN POLITICO, PER LA PACE} *für jdn/etw* sein; {PER L'INDULGENZA} *zu etw* (dat) neigen: **propendiamo a credere che non sia vero**, wir neigen *zu* der Ansicht, dass es nicht wahr ist.

propensióne f **1** (*inclinazione*) **~ per qc** {PER LA FILOSOFIA, PER LA MUSICA} Neigung f *zu etw* (dat), Hang m *zu etw* (dat); (*preferenza*) **~ a qc** {AL METODO TRADUTTIVO-GRAMMATICALE} Neigung f *zu etw* (dat), Vorliebe f *für etw* (acc) **2** (*tendenza*): **avere ~ a fare qc**, dazu neigen, *etw zu tun*; **ho ~ a credere/pensare che ...**, ich neige zu der Annahme/dem Gedanken, dass ... **3** (*favore*) **~ per qu** {PER UN COLLABORATORE} Vorliebe f *für jdn*, Schwäche f *für jdn* **4** *stat* **~ a qc** Neigung f *zu etw* (dat): **~ al consumo/risparmio**, Hang m zum ͵Konsum/Verbrauch͵/[Sparen].

propènso, (-a) agg **~ a qc 1** (*incline*) {ALLA COMPRENSIONE} *zu etw* (dat) geneigt, *zu etw* (dat) bereit: **essere/sentirsi ~ a fare qc**, geneigt sein, *etw zu tun* **2** (*favorevole*) {ALL'ABOLIZIONE DI QC} *für etw* (acc) sein: **essere/sentirsi ~ verso qu**, ͵jdm zugeneigt sein͵/[sich *jdm* zugeneigt fühlen], eine Vorliebe/Schwäche für jdn haben.

propilène m *chim* Propylen n, Propen n.
propilèo m <*di solito al pl*> *archeol* {+TEMPIO} Propyläen pl.
propìlico, (-a) <-*ci, -che*> agg *chim* {ALCOL} Propyl-.

propinàre tr **~ qc a qu 1** (*far bere*) {MEDICINALE, VELENO} *jdm etw* ein|flößen, *jdm etw* verabreichen; {VINO IMBEVIBILE} *jdm etw* auf|tischen, *jdm etw* vor|setzen, *jdm etw* unter|jubeln *fam* **2** *fig* (*rifilare*) {RACCOMANDAZIONI} *jdn mit etw* überschütten: **ci hanno propinato l'intera storia della loro vita**, sie haben uns ihre ganze Lebensgeschichte erzählt/aufgetischt *fam spreg*.

propinquità <-> f *lett* (*vicinanza*) Nähe f.
propìnquo, (-a) agg *lett* (*vicino*) {STANZA} nahe.
propiònico, (-a) <-*ci, -che*> agg *chim* {ACIDO} Propion-.

propiziàre <*propizio, propizi*> A tr **1** (*ingraziare*) **~ qu/qc** (**con qc**) {STREGONE GLI DEI CON UN'OFFERTA DI CIBO} *jdn/etw durch etw* (acc) günstig stimmen **2** (*facilitare*) **~ qc** (**con qc**) {SONNO CON UN SONNIFERO} *etw* (*durch etw* acc) erleichtern B rfl indir (*ingraziarsi*): **propiziarsi qu/qc** (**con qc**) {GIUDICI CON UNA DICHIARAZIONE, PUBBLICO} sich *jds/etw* Gunst (*durch etw* acc) erwerben, sich *bei jdm/etw* (*durch etw* acc) beliebt machen.

propiziatóre, (-trice) A agg (*che propizia*) **~ (di qc)** {DIVINITÀ DELLA VITTORIA} *etw* begünstigend B m (f) (*chi propizia*) Fürsprecher(in) m (f), Versöhner(in) m (f), Vermittler(in) m (f).

propiziatòrio, (-a) <-*ri m*> agg (*che propizia*) {ATTO} günstigstimmend, versöhnend, Versöhnungs-.

propiziatrìce f → **propiziatore**.
propiziazióne f (*il propiziarsi*) {+DIVINITÀ} Versöhnung f.

propìzio, (-a) <-*zi m*> agg **1** (*adatto*) **~ (a/per qc)** {STAGIONE PER LA CACCIA} *für etw* (acc) geeignet; {MOMENTO} *anche* (*zu etw* dat) passend: **ha colto l'occasione propizia per intervenire**, er/sie ergriff die günstige Gelegenheit, um einzugreifen **2** (*benigno*) **~ (a qu/qc)** {VENTO ALLA TRAVERSATA} günstig (*für jdn/etw*); {ESAMINATORE, MAGISTRATO ALLA PARTE} (*jdm/etw gegenüber*) wohlwollend, (*jdm/etw gegenüber*) wohlgesinnt, (*jdm/etw gegenüber*) günstig gestimmt/gesonnen.

pròpoli <-> m o f *bot* Propolis f, Vorwachs n, Kittharz n.
proponènte A agg (*che propone*) {COMITATO, PARTE} vorschlagend B mf Antragsteller(in) m (f).

proponìbile agg **1** (*che si può proporre*) vorschlagbar **2** *dir* {APPELLO} einlegbar.

proponiménto m (*proposito*) {ONESTO} Vorsatz m, Absicht f: **fare (il) ~ di fare qc**, sich (dat) vornehmen, etw zu tun; **accettò l'incarico col fermo ~ di fare del suo meglio**, er/sie nahm den Auftrag mit der festen Absicht an, sein/ihr Bestes zu geben.

propórre <*coniug come porre*> A tr **1** (*fare come proposta*) **~ qc (a qu)** {VIAGGIO A UN AMICO} (*jdm*) *etw* vor|schlagen: **proporrei questo come alternativa**, ich würde folgende Alternative vorschlagen; **~ di fare qc**, vor|schlagen, etw zu tun; **propongo un brindisi per la padrona di casa**, ich schlage vor, auf die Gastgeberin anzustoßen **2** (*sottoporre all'attenzione*) **~ qc (a qu)** {PROBLEMA} *etw* auf|werfen; {TESI} *etw* auf|stellen; {BRANO MUSICALE AL PUBBLICO} (*jdm*) *etw* dar|bieten; {MOZIONE} *etw* stellen **3** (*offrire*) **~ qc (a qu)** {COLLABORAZIONE} *etw* an|bieten: **~ a qu di entrare in un progetto**, jdm anbieten, bei einem Projekt mitzuarbeiten/mitzumachen **4** (*candidare*) **~ qu (a/per/come qc)** {FIGLIO A DIRETTORE, COME PRESIDENTE, STUDENTE COME MODELLO, COME RAPPRESENTANTE} *jdn* (*als etw* acc) vor|schlagen; {PER LA NUOVA CARICA DI SINDACO} *jdn* (*für etw* acc) nominieren **5** (*stabilire*) **~ qc (per qc)** {TERMINE PER LA CONSEGNA} *etw* (*für etw* acc) fest|setzen, *etw* (*für etw* acc) fest|legen B rfl indir (*prefiggersi*): **proporsi qc** sich (dat) *etw* vor|nehmen, *etw* vor|haben, *etw* beabsichtigen: **proporsi un fine/una meta**, sich (dat) ein Ziel setzen/stecken; **proporsi di cambiare vita**, sich (dat) vornehmen, sein Leben zu ändern; **proporsi di finanziare un progetto**, sich (dat) vornehmen, ein Projekt zu finanzieren; **proporsi di rimanere**, beabsichtigen zu bleiben **2** (*candidarsi*): **proporsi a qc** {ALLA CARICA DI DEPUTATO} *für etw* (acc) kandidieren; **proporsi come qc** {COME SINDACO} sich *als etw* (nom) aufstellen lassen.

proporzionàle A agg 1 (*in proporzione*) ~ (**a** *qc*) {PENSIONE AGLI ANNI DI SERVIZIO} proportional (*zu etw dat*), im Verhältnis (*zu etw dat*); {USCITE ALLE ENTRATE} *etw* (dat) entsprechend, (*etw dat*) angemessen 2 *dir* {IMPOSTA} Proportional- 3 *mat* proportional, verhältnisgleich: **inversamente/direttamente** ~, umgekehrt/direkt proportional 4 *polit* {ELEZIONE, RAPPRESENTANZA, SISTEMA} Verhältnis-, Proportional- B m *polit* Verhältniswahl f C f *polit* Proporz m.

proporzionalìsmo m *polit* 1 (*concezione*) Befürwortung f der Verhältniswahl; (*sistema*) Verhältnis-, Proportionalwahlsystem n 2 *mus* Mensuralnotationskunde f.

proporzionalità <-> f 1 (*relazione*) {+FORME} Verhältnismäßigkeit f, Proportionalität f 2 *mat* {DIRETTA, INVERSA} Proportionalität f.

proporzionalménte avv {AUMENTARE} proportional, verhältnismäßig, im Verhältnis: **rischiare** ~ **al guadagno sperato**, ein Risiko eingehen, das im Verhältnis zum erhofften Gewinn steht.

proporzionàre tr (*adattare*) ~ *qc* **a** *qc* {SPESE ALLE ENTRATE} *etw etw* (dat) an|passen, *etw nach etw* (dat) bemessen, *etw zu etw* (dat) ins richtige Verhältnis setzen.

proporzionàto, (-**a**) agg 1 (*armonico*) wohlproportioniert: **ha un corpo ben** ~, er/sie hat einen wohlproportionierten Körper; ~ (**a** *qc*) {GAMBE ALLA STATURA} im richtigen Verhältnis (*zu etw dat*) stehend, (*zu etw dat*) passend 2 (*adeguato*) ~ (**a** *qc*) {OFFERTA ALLA RICHIESTA, RETRIBUZIONE AL LAVORO} (*etw dat*) angemessen, (*etw dat*) entsprechend.

proporzióne A f 1 (*rapporto*) Verhältnis n, Proportion f: **non c'è** ~ **tra il suo lavoro e il suo stipendio**, sein/ihr Verdienst steht in keinem Verhältnis zu seiner/ihrer Arbeit; ~ **tra il fine e i mezzi**, Verhältnis n zwischen Zweck und Mitteln, Zweck-Mittel-Verhältnis n; **nella giusta** ~, im richtigen Verhältnis 2 (*simmetria*) {+CORPO UMANO, FACCIATA DI UN EDIFICIO} Eben-, Gleichmaß n 3 (*solo pl*) *fig* (*dimensioni*) Ausmaße m pl: **danni di medie proporzioni**, Schäden mittleren Ausmaßes; **assumere proporzioni preoccupanti**, Besorgnis erregende Ausmaße annehmen; **di vaste proporzioni**, umfangreich, von großem Ausmaß 4 *med* Dosierung f 5 *mat* {DIRETTA, INVERSA} Proportion f, Verhältnisgleichung f 6 *mus* Proportion f B *loc avv* (*proporzionalmente*): **in** ~ {CRESCERE, PAGARE LE TASSE} im Verhältnis, proportional C *loc prep* (*in rapporto a*): **in** ~ **a/con qc** {ALL'ETÀ} im Verhältnis zu etw (dat); **la ricompensa è in** ~ **al merito**, der Lohn hängt direkt von der Leistung ab; **si riceve in** ~ **a quanto si dà**, die Einnahmen hängen vom Einsatz ab • **senza proporzioni** (*sproporzionato*), unproportioniert; *fig* (*senza confronto*), ohnegleichen, beispiellos.

propòsi 1ª *pers sing del pass rem di proporre*.

proposìtivo, (-**a**) agg 1 (*costruttivo*) {ATTEGGIAMENTO} konstruktiv 2 *dir*: **referendum** ~, konstruktives Referendum, Referendum mit Gegenvorschlag.

propòsito A m 1 (*proponimento*) {SEGRETO; +VENDETTA} Vorsatz m, Vorhaben n, Absicht f: **essere/mostrarsi fermo/saldo in un** ~, fest an seinem Vorsatz festhalten; **fece il** ~ **di smettere di fumare**, er/sie nahm sich vor, mit dem Rauchen aufzuhören; **perseverare nel** ~ **di fare qc**, an der Absicht festhalten, etw zu tun; **smuovere qu dal suo eroico** ~, jdn von seinem heldenhaften Vorhaben abbringen 2 (*scopo*) {+CRITICA} Ziel n, Zweck m 3 (*progetto*) {+RINNOVAMENTO} Plan m, Vorhaben n 4 (*argomento*) Thema n, Gegenstand m, Sache f B *loc agg fig* (*risoluto*): **di** ~, {DONNA} resolut, entschlossen, charakterfest C *loc avv* 1 (*appropriatamente*): **a** ~, {RISPONDERE} passend, angemessen 2 (*opportunamente*): **a** ~, {INTERVENIRE} im richtigen/passenden Moment 3 (*apposta*): **di** ~, {RITARDARE} mit Absicht, absichtlich 4 (*seriamente*): **di** ~, {STUDIARE} ernsthaft D *loc prep* (*riguardo*): **a** ~ **di qu/qc**, in Bezug auf jdn/etw, was jdn/etw betrifft; **a** ~ **di colleghi**, was die Kollegen betrifft; **a** ~ **di che?**, in Bezug worauf?; **che ne dici? – A** ~ **di che?**, was sagst du dazu? – Wozu?; **a** ~ **del libro che mi hai chiesto**, was das Buch betrifft, um das du mich gebeten hast • **a** ~!, übrigens!, apropos!; **arrivare/cadere/capitare/tornare/venire a** ~ (*fare comodo*), gelegen kommen, wie gerufen kommen, genau richtig kommen; **capiti proprio a** ~!, du kommst gerade recht!; **a che/quale** ~ **dici questo?** (*a che riguardo*), was meinst du damit?, was willst du damit sagen?; *fuori* ~ (*inopportuno*), unpassend, ungelegen, im unpassenden Moment; **avere un'osservazione da fare in** ~ (*a riguardo*), diesbezüglich etwas sagen/anmerken wollen; **a questo** ~ (*a questo riguardo*), hierzu, dazu.

propositóre, (-**trice**) A agg {COMITATO} Promotions- B m (f) {+SOLUZIONI INNOVATIVE} Promoter(in) m(f).

proposizionàle agg *filos mat* {CALCOLO, LOGICA} Aussage-.

proposizióne f 1 *gramm* Satz m: ~ **causale/consecutiva/concessiva/condizionale**, Kausal-/Konsekutiv-/Konzessiv-/Konditionalsatz m; ~ **finale/incidentale/infinitiva**, Final-/Schalt-/Infinitivsatz m; ~ **interrogativa**, Frage-, Interrogativsatz m; ~ **relativa/temporale**, Relativ-/Temporalsatz m; ~ **ipotetica**, hypothetischer Satz, Satz m im Irrealis; ~ **oggettiva/soggettiva**, Objekt-/Subjektsatz m; ~ **principale/reggente**, Hauptsatz m; ~ **subordinata/secondaria**, Nebensatz m 2 *dir* Vorschlag m, Vorlage f 3 *filos* Satz m, These f, Urteil n.

propósta f 1 *gener* {INACCETTABILE, VANTAGGIOSA} Vorschlag m, Angebot n: **accettare/respingere una** ~, ein Angebot annehmen/ablehnen; ~ **di lavoro**, Arbeitsangebot n; ~ **di matrimonio**, Heiratsantrag m; ~ **di pace**, Friedensangebot n; **su** ~ **di qu**, auf jds Vorschlag (hin) 2 *amm* Antrag m 3 *comm* {INTERESSANTE} Angebot n 4 *dir* Vorschlag m, Vorlage f: ~ **di legge**, Gesetzesvorlage f, Gesetzesentwurf m; ~ **d'arbitrato** (*lodo*), Schiedsspruch m, schiedsgerichtliche/schiedsrichterliche Entscheidung; **avanzare/fare una** ~ (*proporre*), einen Vorschlag machen/vorbringen; *amm*, einen Antrag stellen; **fare (delle) proposte a qu** (*fare delle avances*), jdn Avancen machen *forb*; **fare (delle) proposte oscene a qu**, jdn massiv anbaggern *slang*; **imbiancare una** ~ *fig* (*respingerla*), einen Vorschlag ablehnen, einen Korb geben.

propósto, (-**a**) A *part pass* di *proporre* B agg 1 (*fatto come proposta*) ~ (**a** *qu*) {SCAMBIO DI TURNO A UN COLLEGA} (*jdm*) vorgeschlagen 2 (*sottoposto all'attenzione*) ~ (**a** *qu*) {TESI} *jdm* aufgestellt, {COMMEDIA AL PUBBLICO} *jdm* dargeboten, {MOZIONE} gestellt 3 (*candidato*) ~ (**a/per/come qc**) {UOMO A DIRETTORE, COME PRESIDENTE} *für etw* (acc) vorgeschlagen, {ALLA CARICA DI DEPUTATO} als *etw* (nom) kandidiert 4 (*stabilito*) ~ (**per qc**) {TERMINE PER LA CONSEGNA} *für etw* (acc) festgesetzt.

propriaménte avv 1 (*veramente*) wirklich, eigentlich: **i fatti non si sono svolti** ~ **in questo modo**, die Ereignisse haben sich nicht wirklich so abgespielt 2 (*in senso stretto*) eigentlich: **non è** ~ **un libro di storia**, es ist eigentlich kein Geschichtsbuch; **la pittura** ~ **detta non lo interessa**, die eigentliche Malerei/[Malerei im engeren Sinn] interessiert ihn nicht 3 (*in modo appropriato*) {SCRIVERE} richtig, genau: **il sale, più** ~ **detto cloruro di sodio**, Salz, genauer gesagt Natriumchlorid.

proprietà A <-> f 1 (*caratteristica*) {CHIMICA +MATERIA; MEDICINALI +ERBE; MORALI +UOMO} Eigenschaft f; (*peculiarità*) Besonderheit f, Eigentümlichkeit f 2 (*precisione*) Richtigkeit f: ~ **di linguaggio**, Sprachbeherrschung f 3 (*pulizia, ordine*) Sauberkeit f, Anstand m 4 (*possesso*) Eigentum n, Besitz m: ~ **artistica**, künstlerisches Eigentum; **essere di** ~ **di qu**, jds Eigentum sein, jdm gehören; (*bene*) Gut n, Besitz m; **di famiglia**, Familienbesitz m; (*terreno*) Besitz m, Besitzung f; ~ **fondiaria**, Grundeigentum n, Grund-, Landbesitz m, Grund und Boden m 5 *dir* Eigentum n: **nuda** ~, nacktes Eigentum, nuda proprietas f; ~ **privata**, Privateigentum n; ~ **pubblica**, öffentliches Eigentum B *loc avv* (*propriamente*): **con** ~, {ESPRIMERSI} richtig, genau • ~ **industriale**, gewerblicher Rechtsschutz; ~ **letteraria riservata**, Urheberrecht n.

proprietàrio, (-**a**) <-*ri* m (f) {LEGITTIMO} Eigentümer(in) m(f), Besitzer(in) m(f), Inhaber(in) m(f): **il** ~ **del cane/della barca dovrà risarcirla**, der Hunde-/Bootsbesitzer wird ihr den Schaden ersetzen müssen; **essere** ~ **di una casa al mare**, ein Haus am Meer besitzen, Besitzer m eines Hauses am Meer sein; **grande** ~ **terriero**, Großgrundbesitzer m; *dir* Eigentümer(in) m(f) • **nudo** ~ *dir*, Eigentümer m einer nuda proprietas f.

pròprio, (-**a**) <-*ri* m> A agg 1 (*tipico*) ~ **di qu/qc** jdm/etw eigen, typisch *für jdn/etw*: **la curiosità è propria dell'uomo**, Neugierde ist typisch für den Menschen n/[eine typisch menschliche Eigenschaft]; **con la franchezza che le è propria**, mit der ihr eigenen Offenheit 2 (*letterale*) {SENSO, SIGNIFICATO} eigentlich, konkret, wörtlich 3 (*appropriato*) {USO} richtig; {LINGUAGGIO, MOMENTO} *anche* passend, geeignet 4 *mat* {FRAZIONE, NUMERO} echt B agg poss *di 3ª pers sing e pl* 1 (*di lui*) sein; (*di lei, loro*) ihr; (*rif. a cose*) sein, ihr: **ogni serratura ha la propria chiave**, jedes Schloss hat seinen (passenden) Schlüssel 2 (*in frasi impers o con soggetto indef*) sein: **non sempre si è consapevoli della propria fortuna**, nicht immer ist man sich seines Glücks bewusst; **ognuno vada al** ~ **posto**, jeder gehe an seinen Platz 3 (*rafforzativo dell'agg poss*) eigen: **l'ho visto con i miei propri occhi**, ich habe ihn/es mit eigenen Augen gesehen 4 (*in contrapposizione a altrui, d'altri*) eigen: **a casa propria può fare quello che vuole, a casa d'altri no**, zu Hause kann er/sie machen, was er/sie will, bei anderen nicht C *pron poss di 3ª pers sing (di lui)*: **il** ~, **la propria**, seiner, seine, sein(e)s; (*di lei, loro*) ihrer, ihre, ihr(e)s; (*rif. a cose*) seiner, seine, sein(e)s, ihrer, ihre, ihr(e)s; *pron poss di 3ª pers pl (di lui)*: **i propri, le proprie**, seine; (*di lei, loro*) ihre; (*rif. a cose*) seine, ihre; **è più facile vedere i difetti degli altri che i propri**, es ist einfacher, die Fehler der anderen zu sehen als die/seine eigenen; **le cose altrui e le proprie**, die Sachen anderer und die eigenen D avv 1 (*precisamente*) (ganz) genau, gerade, eben: **i fatti si sono svolti** ~ **in questo modo**, die Ereignisse haben sich genau so abgespielt; **non è** ~ **così**, ganz so ist es nicht 2 (*davvero*) wirklich, richtig, echt *fam*: **è** ~ **simpatico**, er ist wirklich sympathisch 3 (*rafforzativo*) ausgerechnet: ~ **io/lui**, ausgerechnet ich/er/

4 (*assolutamente*) unbedingt, absolut: **deve ~ essere vero che ha un'amante**, dann muss es wohl stimmen/[wahr sein], dass er eine Geliebte hat; **non ci credo ~**, das glaube ich einfach/absolut nicht **5** (*con negazione*) kein, überhaupt nicht, ganz und gar nicht **6** (*di affermazione*) ja(wohl): **non mi dire che ha ragione lui – ~!**, erzähl mir nur nicht, dass er Recht hat! – Doch!/[Genau so ist es!] **E** loc avv **in ~ 1** (*per ~ conto*): selbstständig; **lavorare in ~**, selbstständig sein, freiberuflich arbeiten **2** *fig* (*di persona, con i propri beni*) persönlich: **rispondere di un danno in ~**, für einen Schaden persönlich verantwortlich sein **F** m **1** <*solo sing*> (*ciò che si possiede*) Eigene n decl come agg, Hab und Gut n, Eigentum n: **perdere il ~**, sein (ganzes) Hab und Gut verlieren; **rimetterci del ~**, (selbst) draufzahlen *fam* **2** <*solo sing*> (*particolare*) {+TEORIA} Besondere n decl come agg, Besonderheit f, Eigentümlichkeit f.

propugnàre tr *fig* (*sostenere*) **~ qc** {ABOLIZIONE DELLA DISCRIMINAZIONE} für etw (acc) ein|treten; {I DIRITTI DELL'UOMO} etw verfechten, etw verteidigen; {I PROPRI IDEALI} anche etw vertreten.

propugnatóre, (-trice) **A** agg (*che sostiene*) **~ di qc** {COMITATO DELL'ABOLIZIONE DELLE BARRIERE ARCHITETTONICHE} etw verfechtend, etw verteidigend, etw befürwortend **B** m (f) (*sostenitore*) Verfechter(in) m(f), Verteidiger(in) m(f), Befürworter(in) m(f).

propulsióne f **1** *fig* (*spinta*) Antrieb m, Aufschwung m: **dare ~ al commercio**, dem Handel Impulse geben, den Handel in Schwung bringen *fam* **2** *tecnol* {AEREA, NAVALE} Antrieb m: **~ (ad energia) atomica/nucleare**, Atomantrieb m; **a ~ atomica/nucleare**, atomgetrieben; **~ a elica**, Propellerantrieb m; **~ a getto**, Düsen-, Strahlantrieb m; **~ a reazione**, Rückstoß-, Reaktionsantrieb m; **~ a razzo/turbina**, Raketen-/Turbinenantrieb m.

propulsivo, (-a) agg (*di propulsione*) {+FORZA, SISTEMA, SPINTA} Antriebs-, treibend.

propulsóre **A** agg (*che determina una propulsione*) {ORGANO, STRUMENTO} treibend, Antriebs-, Schub- **B** m *tecnol* Triebwerk n: **~ a elica**, Propellertriebwerk n; **~ a reazione**, Düsen-, Strahltriebwerk n.

pròra f **1** *mar* Bug m: **a ~**, voraus **2** *fig lett* (*nave*) Schiff n.

pro ràta *lat* **A** <*inv*> loc agg *econ* anteilig, verhältnismäßig; *banca* {TITOLO} zeitenteilig **B** <-> loc sost f *comm* Pro-rata-Satz m.

pròroga <-ghe> f **1** (*dilazione*) Aufschub m, Verlängerung f: **chiedere a qu una ~**, jdn um Aufschub bitten; **concedere/negare a qu una ~**, jdm Aufschub gewähren/verweigern; **ottenere una ~ di qualche giorno**, eine Verlängerung von einigen Tagen erhalten; **~ del soggiorno**, Aufenthaltsverlängerung f **2** *amm* Verlängerung f: **~ del termine di consegna**, Verlängerung f/Aufschub m der Lieferfrist **3** *banca* Aufschub m, Stundung f: **~ di una cambiale**, Wechselprolongation f, Wechselverlängerung f, Stundung f eines Wechsels; **~ di un pagamento**, Stundung f, Zahlungsaufschub m ● **~ della citazione a comparire** *dir*, Aufschub m der (Vor)ladung (vor Gericht).

prorogàbile agg (*che può essere prorogato*) {SCADENZA} aufschiebbar, verlängerbar, verlängerungsfähig: **non ulteriormente ~**, nicht weiter aufschiebbar/verlängerbar f.

prorogàre <*prorogo, proroghi*> tr **~ qc 1** (*rinviare*) {TERMINE DI CONSEGNA} etw verschieben; {PAGAMENTO} etw stunden, etw prolongieren **2** (*prolungare*) {CONTRATTO} etw verlängern; {CAMBIALE} etw prolongieren.

prorompènte agg (*incontenibile*) {ENERGIA, VITALITÀ} ungestüm; {AMORE, GIOIA, *ecc.*} unbändig.

prorómpere <*coniug come* rompere> itr **1** (*traboccare*) **~ + compl di luogo** {TORRENTE DAGLI ARGINI} über etw (acc) treten; (*sprizzare*) {SORGENTE DAL TERRENO} aus etw (dat) heraus|-, hervor|sprudeln **2** *fig* (*scoppiare*) (**in qc**) {RAGAZZO IN LACRIME, IN UNA RISATA FRAGOROSA} in etw (acc) aus|brechen: **la sua collera proruppe all'improvviso**, seine/ihre Wut brach plötzlich aus **3** *fig* (*esclamare*) **~ in qc** {IN INSULTI} etw aus|rufen, etw hervor|stoßen.

prorótto, (-a) part pass *di* prorompere.

prorùppi 1ª pers sing del pass rem *di* prorompere.

pròsa f **1** *lett* Prosa f: **~ epistolare/letteraria**, Briefprosa f/literarische Prosa; **~ poetica**, Prosadichtung f; **scrivere in ~**, in Prosa schreiben; (*scritto*) {+LEVI} Prosatext m, Prosaschrift f, Prosawerk n; **~ d'arte**, Kunstprosa f **2** *fig* (*vita pratica*) Prosa f, Nüchternheit f; (*monotonia*) Eintönigkeit f **3** *teat*: **teatro di ~**, (Prosa)theater n.

prosaicaménte avv (*in modo concreto*) nüchtern: **nonostante volesse diventare un cantante, scelse più ~ di fare l'impiegato**, obwohl er Sänger werden wollte, entschied er sich ganz nüchtern für den Angestelltenberuf.

prosaicìsmo m (*banalità*) {+QUOTIDIANO} Prosaische n decl come agg.

prosaicità <-> f **1** (*banalità*) {+VITA} Prosaische n decl come agg, Nüchternheit f **2** (*piattezza*) {+SCRITTO} Prosaische n decl come agg, Poesielosigkeit f.

prosàico, (-a) <-ci, -che> agg **1** (*in prosa*) {TESTO} Prosa- **2** *fig spreg* (*privo di poesia*) {DISCORSO, UOMO} nüchtern, prosaisch, ohne Poesie.

prosàpia f *lett* (*stirpe*) {NOBILE} Geschlecht n, Sippe f.

prosasticità <-> f (*carattere prosastico*) {+COMPONIMENTO} Prosastil m.

prosàstico, (-a) <-ci, -che> agg **1** (*di, in prosa*) {SCRITTORE} Prosa-; {TESTO} anche prosaisch **2** (*semplice*) {TONO} einfach, schlicht.

prosatóre, (-trice) m (f) (*scrittore*) {ECCELLENTE, MODESTO} Prosaschriftsteller(in) m(f), Prosaist(in) m(f).

proscènio <-ni> m *arch teat* Proszenium n, Vorbühne f.

prosciògliere <*coniug come* sciogliere> tr **~ qu** (**da qc**) **1** (*liberare*) {AMICO DA UNA PROMESSA} jdn von etw (dat) befreien, jdn von etw (dat) los|-, frei|sprechen **2** *dir* {IMPUTATO DA UN'ACCUSA} jdn von etw (dat) frei|sprechen **3** *rel* {NOVIZIA DAI VOTI} jdn von etw (dat) ent|binden.

proscioglimènto m **1** (*liberazione*) **~ da qc** {DA UN OBBLIGO} Befreiung f von etw (dat), Lossprechung f von etw (dat) **2** *dir* (**~ da qc**) {DA UN'ACCUSA} Freisprechung f von etw (dat), Freispruch m von etw (dat).

prosciòlto, (-a) part pass *di* prosciogliere.

prosciugaménto m (*il prosciugare*) {+LAGO, POZZO} Trockenlegung f, Entwässerung f **2** (*inaridimento*) {+TERRENO} Austrocknung f.

prosciugàre <*prosciugo, prosciughi*> **A** tr **1** (*asciugare*) **~ qc** {PALUDE} etw trocken|legen, etw entwässern **2** (*inaridire*) **~ qc** {SICCITÀ CAMPO} *per* etw aus|trocknen, etw aus|dörren **3** *fig* (*consumare*) **~ qu/qc** {GRAVIDANZA MADRE} jdn/etw auf|zehren, jdn/etw verbrauchen; {SPESE CASSE DELLO STATO} etw leeren **B** rfl: **prosciugarsi 1** (*asciugarsi*) {POZZO} aus|trocknen **2** (*inaridirsi*) {TERRA} aus|

trocknen, aus|dörren, trocken werden.

prosciùtto m *gastr* Schinken m: **~ affumicato**, Räucherschinken m, geräucherter Schinken; **~ crudo/cotto**, roher/gekochter Schinken; **~ e melone**, Schinken m und Melone; **~ di spalla**, Vorderschinken m.

proscritto, (-a) **A** part pass *di* proscrivere **B** agg **1** (*esiliato*) {DISSIDENTE} geächtet, verbannt **2** *fig* (*bandito*) {LIBRO} verboten **C** m (f) (*esule*) Verbannte mf decl come agg, Geächtete mf decl come agg.

proscrìvere <*coniug come* scrivere> tr *forb* **1** (*esiliare*) **~ qu** {RIBELLI} jdn verbannen, jdn ächten; *stor* jdn ächten, jdn proskribieren *forb* **2** *fig* (*bandire*) {IDEOLOGIA} etw verbieten; {USANZA} anche etw ab|schaffen.

proscrizióne f **1** (*esilio*) {+POLITICO} Verbannung f; *stor* Ächtung f, Proskription f *forb* **2** *fig* (*messa al bando*) {+IDEA} Verbot n; {+COSTUME} Abschaffung f.

prosécco <-chi> m *enol* Prosecco m (*trockener Weißwein aus Venetien*).

prosecutóre, (-trice) m (f) (*continuatore*) {+INIZIATIVA} Fortsetzer m(f).

prosecuzióne f (*continuazione*) {+RICERCA, STRADA} Fortsetzung f, Weiterführung f; (*azione*) anche Fortsetzen n, Fort-, Weiterführen n.

proseguiménto m **1** (*continuazione*) {+STUDI} Fortsetzung f, Weiterführung f, Fortgang m: **buon ~!**, weiterhin alles Gute!; (*di festa*) weiterhin viel Spaß!; (*di viaggio*) gute Weiterreise! **2** (*seguito*) {+RACCONTO} Fortsetzung f.

proseguìre <*proseguo, prosegui*> **A** tr <*avere*> (*continuare*) **~ qc** {RICERCA, VIAGGIO} etw fort|setzen, etw weiter|führen: **dopo qualche istante di pausa proseguì il suo discorso**, nach einer kurzen Pause ¿nahm er/sie seine/ihre Rede wieder auf¿/[fuhr er/sie fort]; **ha proseguito i suoi studi a Vienna**, er/sie hat sein/ihr Studium in Wien fortgesetzt/weitergeführt **B** itr <*essere o avere*> **1** (*continuare*) {STRADA} weiter|gehen: **il sentiero prosegue in salita per altri due kilometri**, der Weg steigt für weitere zwei Kilometer an; (*nel tempo*) **~ + compl di tempo** {OPERAI} (*irgendwann*) weiter|machen; {CALURA} an|dauern (+ *Zeitangabe*), an|halten (+ *Zeitangabe*); **la pioggia proseguiva**, es regnete weiter; **il terremoto proseguì per tutta la notte**, das Erdbeben dauerte die ganze Nacht an; **~ a piangere/ridere**, weiterweinen/weiterlachen **2** (*andare avanti a piedi*) (**+ compl di luogo**) {VERSO L'ASCENSORE} (*irgendwohin*) (weiter|)gehen: **non poterono più ~ a causa della neve**, sie konnten wegen des Schnees ¿nicht mehr weitergehen¿/[ihren Weg nicht mehr fortsetzen]; (*con veicolo*) {VERSO IL DUOMO} (*irgendwohin*) weiter|fahren; **il treno prosegue per Milano**, der Zug fährt nach Mailand weiter **3** (*procedere*) {INDAGINI} weiter|laufen; **~ in qc** etw fort|setzen: **~ nel lavoro**, weiterarbeiten, mit seiner Arbeit weitermachen; **~ negli studi**, das Studium fortsetzen, weiterstudieren ● **prosegue**, Fortsetzung folgt.

proselitìsmo m (*ricerca di nuovi adepti*) Proselytenmacherei f *forb spreg*.

prosèlito, (-a) m (f) anche *fig* (*seguace*) {+CATTOLICESIMO} Proselyt m *forb spreg*: **fare proseliti**, Proselyten machen *forb spreg*.

prosettóre, (-trice) m (f) Prosektor(in) m(f) *scient*.

prosièguo m *amm* Fortsetzung f, Folge f: **in ~ di tempo**, in der Folgezeit.

prosindaco <-ci> m (f) *amm* stellvertretende(r) Bürgermeister(in) m(f).

pròsit inter *lat* (*di augurio*) prosit, zum

Wohl.
prosodìa f *ling* {GRECA} Prosodie f.
prosòdico, (-a) <-ci, -che> agg *ling* {ANALISI, REGOLE} prosodisch.
pro solùto <inv> loc agg *lat dir* {CESSIONE} an Zahlungs statt.
pro solvèndo <inv> loc agg *lat dir* {CESSIONE} zahlungshalber.
prosopopèa f **1** (*boria*) {+STUDIOSO} Aufgeblasenheit f *fam spreg*, Dünkelhaftigkeit f *fam spreg*, Wichtigtuerei f *fam spreg*: **avere una gran ~**, sich mächtig aufblasen/wichtig tun *fam spreg*; **parlare con ~**, wichtigtuerisch daherreden *fam spreg* **2** *ling* Prosopopöie f, Vermenschlichung f, Personifikation f.
prosperàre itr **1** (*crescere bene*) ~ (+ *compl di luogo*) {ORGANISMO, PIANTA NELL'ACQUA} (*irgendwo*) gedeihen **2** *fig* (*svilupparsi*) ~ (+ *compl di luogo*) {COMMERCIO, DELINQUENZA IN CITTÀ} (*irgendwo*) blühen, (*irgendwo*) gedeihen, florieren.
prosperità <-> f **1** (*floridezza*) {+COMMERCIO, INDUSTRIA, PAESE} Aufschwung m, Blüte f, Gedeihen n, Prosperität f *forb* **2** (*benessere*) Wohlstand m: **vivere in ~**, im Wohlstand leben.
pròspero, (-a) agg **1** (*florido*) {AZIENDA} gut gehend, prosperierend *forb*; {COMMERCIO} blühend, prosperierend *forb*; {PAESE} wohlhabend, blühend **2** (*propizio*) {SORTE} günstig, gut, glücklich; {ANNATA} ertragreich, fruchtbar, gut.
prosperosità <-> f **1** (*floridezza*) {+AZIENDA, COMMERCIO, PAESE} Blüte f, Gedeihen n, Prosperität f *forb* **2** (*formosità*) {+RAGAZZA} Üppigkeit f.
prosperóso, (-a) agg **1** (*prospero*) {COMMERCIO, REGIONE} blühend **2** (*pieno di salute*) {RAGAZZA} blühend, von/vor Gesundheit strotzend **3** (*giunonico*) {DONNA} üppig.
prospettàre tr *<avere>* *fig* (*presentare*) ~ **qc a qu** {IPOTESI, SITUAZIONE ALL'INSEGNANTE} jdm etw dar|stellen, jdm etw dar|legen, jdm etw vor Augen führen B itr *<essere>* (*affacciarsi*) ~ **su/verso qc** {PALAZZO SU UN PARCO} nach etw (dat) liegen, nach etw (dat) blicken, *auf* etw (acc) gehen, nach etw (dat) sehen C itr *pron* (*presentarsi*): **prospettarsi + compl di modo** {PROBLEMA IN MODO CONTROVERSO} sich *irgendwie* dar|stellen: **la situazione si prospetta difficile**, es sieht schlecht aus.
prospèttico, (-a) <-ci, -che> agg **1** (*di prospettiva*) {EFFETTO} perspektivisch **2** (*in prospettiva*) {RAPPRESENTAZIONE} perspektivisch, in der Perspektive.
prospettìva f **1** (*rappresentazione*) Perspektive f: **~ aerea/centrale/lineare**, Luft-/Zentral-/Linearperspektive f; **~ dall'alto/dal basso**, Vogel-/Froschperspektive f; **~ a volo d'uccello**, Vogelperspektive f **2** (*disegno*) {+PIERO DELLA FRANCESCA} perspektivische Zeichnung **3** (*veduta*) Ausblick m, Sicht f: **di qui si ha una bella ~ del viale**, von hier aus hat man eine schöne Aussicht auf die Allee **4** *fig* (*punto di vista*) {ECOLOGISTA, IDEALISTA; +AUTORE} Sicht(weise) f, Perspektive f: **vedere la vita in una ~ religiosa**, das Leben aus einem religiösen Blickwinkel betrachten **5** *fig* (*eventualità*) {+MIGLIORAMENTO} Aussicht f (*auf* etw acc), Chance f, Aussicht f: **essere di fronte alla ~ di fare qc**, die Aussicht haben, etw zu tun **6** *<di solito al pl>* *fig* (*possibilità di sviluppo*) Chance f, Aussicht f: **non avere prospettive**, keine Entwicklungschancen/Perspektiven haben; **quali sono le tue prospettive per il futuro?**, was sind deine Zukunftsperspektiven?; **è un'impresa priva/ricca di prospettive**, das ist ein Unternehmen ohne/[mit zahlreichen] Perspektiven, das ist ein aussichtsloses/aussichtsreiches Unternehmen; **senza prospettive**, aussichtslos ● **guardare qc in ~** *fig* (*proiettandolo nel futuro*), etw in die Zukunft projizieren; **in ~** (*secondo le regole prospettiche*), perspektivisch, in der Perspektive; *fig* (*guardando al futuro*), in Voraussicht.
prospettivìsta <-i m, -e f> mf *arte* (*nella pittura*) Perspektivenmaler(in) m(f).
prospètto A m **1** (*tabella*) {+CONIUGAZIONI} Tabelle f; {+LEZIONI} Plan m: **~ riassuntivo**, Übersicht f, Aufstellung f **2** (*dépliant*) Prospekt m: **~ illustrativo di un elettrodomestico**, Bildprospekt m eines Haushaltsgeräts **3** (*veduta*) {MONTANO} Ausblick m, Aussicht f **4** (*proiezione*) {ORTOGONALE} Aufriss m **5** (*facciata*) {+VILLA} Fassade f, Vorder-, Stirn-, Frontseite f, (Vorder)ansicht f **6** (*lineamenti*) {+LETTERATURA TEDESCA} Abriss m B loc avv (*di fronte*): **di ~**, {GUARDARE} von vorn(e); {METTERSI} gegenüber ● **~ informativo banca**, (Informations)prospekt m.
prospezióne f **1** *archeol geol min* {GEOFISICA, GEOLOGICA, PETROLIFERA, SISMICA} Prospektion f, Schürfung f *rar*; (*rappresentazione grafica*) Aufschlussübersicht f: **fare la ~ di un sito archeologico**, eine Ausgrabungsstelle prospektieren **2** *polit* {ELETTORALE} Projektion f.
prospiciènte agg (*rivolto verso*) ~ (**su**) **qc** {GIARDINO SUL/IL MARE, TERRAZZO LA PIAZZA} mit Aussicht/Blick *auf* etw (acc), nach etw (dat) liegend.
prossèmica <-che> f *lett sociol* {+GRUPPO SOCIALE} Proxemik f.
prossenèta <-i> m **1** *lett* (*mediatore*) Makler m, Vermittler m **2** *spreg* (*mezzano*) Kuppler m *spreg*.
prossimàle agg *anat* proximal.
prossimaménte A avv (*fra breve*) in Kürze, demnächst: **~ su questo schermo**, demnächst in diesem Theater/Kino B <-> m *film* Filmvorschau f.
prossimità A <-> f **1** (*vicinanza nello spazio*) Nähe f, Nachbarschaft f: **la ~ della Terra alla Luna**, die Nähe der Erde zum Mond **2** (*nel tempo*) Nähe f, Bevorstehen n B loc prep (*di luogo*): **in ~ di qc**, {CASA DEL PAESE} in der Nähe von etw (dat)/+ gen, nahe bei etw (dat); {DEL PAESE} kurz vor etw (dat), unmittelbar vor etw (dat); (*di tempo*) {DELLA SCADENZA} kurz vor etw (dat), unmittelbar vor etw (dat).
pròssimo, (-a) A agg **1** (*molto vicino nello spazio*) {FERMATA, INCROCIO} nächste(r, s): **~ a qc** {POSTA AL MUNICIPIO} in der Nähe von etw (dat)/+ gen, [nahe bei etw (dat)] liegend **2** (*nel tempo*) {APPUNTAMENTO, OCCASIONE, VOLTA} nächste(r, s); {ANNO, INVERNO, MESE} anche kommend: **ci vediamo venerdì ~**, wir sehen uns nächsten Freitag; **il futuro ~ venturo**, die nahe Zukunft; **~ a qc** {SPETTACOLO ALLA FINE} unmittelbar vor etw (dat), kurz vor etw (dat); **un ragazzo ormai ~ alle nozze**, ein junger Mann kurz vor der Hochzeit; **essere ~ alla sessantina**, an die Sechzig sein **3** (*stretto*) {PARENTE} nah(e), eng **4** (*diretto*) {CAUSA} unmittelbar, direkt B m (*gli altri*) Nächste mf decl come agg, Mitmensch m: **criticare il ~**, seinen Nächsten kritisieren ● **ama il ~ tuo come te stesso** *bibl*, liebe deinen Nächsten wie dich selbst; **essere ~ a fare qc** (*stare per fare qc*), kurz davor sein, etw zu tun.
prostaglandìna f *biol* Prostaglandin n.
pròstata f *anat* Vorsteherdrüse f, Prostata f *scient*.
prostatectomìa f *med* Prostatektomie f *scient*.
prostàtico, (-a) <-ci, -che> *med* A agg **1** (*della prostata*) {LIQUIDO} Vorsteher-; {DISTURBO, GHIANDOLA} anche Prostata- *scient* **2** (*con ipertrofia della prostata*) {SOGGETTO} mit Prostatahypertrophie *scient* B m Prostatiker m.
prostatìte f *med* Vorsteherdrüsenentzündung f, Prostatitis f *scient*.
prosternàre A tr *lett* (*atterrare*) ~ **qu** {NEMICO} jdn nieder|werfen, jdn zu Boden werfen, jdn nieder|strecken B rfl (*prostrarsi*): **prosternarsi (+ compl di luogo) (a qc)** {DAVANTI A UN'IMMAGINE SACRA, AL PASSAGGIO DEL RE} sich (*vor* etw dat)/(*irgendwo*) nieder|werfen, sich (*vor* etw dat)/(*irgendwo*) zu Boden/[auf die Knie] werfen.
prostituìre <*prostituisco*> A tr **1** (*vendere*) ~ **qc** {IL PROPRIO CORPO} *lett* prostituieren, etw verkaufen; {GIORNALISTA LA PROPRIA PENNA; RICERCATORE IL PROPRIO INGEGNO} anche etw her|geben **2** (*indurre alla prostituzione*) ~ **qu** {PADRE FIGLIO} jdn prostituieren, jdn zur Prostitution zwingen, jdn auf den Strich schicken *fam* B rfl: **prostituirsi (per qc) 1** (*darsi alla prostituzione*) sich (*für* etw acc) prostituieren: **si prostituisce per quattro soldi**, er/sie prostituiert sich für einen Apfel und ein Ei **2** (*vendersi*) {SCIENZIATO PER DENARO} sich *für* etw (acc) prostituieren *forb*, sich *für* etw (acc) her|geben, sich *für* etw (acc) verkaufen, alles *für* etw (acc) machen: **prostituirsi per fare carriera**, sich [für seine Karriere]/[der Karriere wegen *forb*] verkaufen, für seine Karriere alles machen.
prostituta f (*meretrice*) Prostituierte f, Dirne f: **fare la ~**, sich prostituieren, auf den Strich gehen *fam*.
prostituzióne f **1** {FEMMINILE, MASCHILE} Prostitution f: **darsi alla ~**, sich prostituieren, Prostitution betreiben, der Prostitution nachgehen, auf den Strich gehen; **~ minorile**, Prostitution f Minderjähriger, Babystrich m *fam* **2** (*vendita*) {+INGEGNO} Prostitution f *forb*, Verkaufen n, Hergeben n **3** (*corruzione*) {+CULTURA} Prostitution f *forb*, Verfall m.
prostràre A tr **1** (*atterrare*) ~ **qu** jdn nieder|werfen, jdn nieder|schlagen, jdn hin|strecken **2** *fig* (*indebolire*) ~ **qu** etw schwächen, etw entkräften: **la malattia l'ha prostrato**, die Krankheit hat ihn entkräftet **3** *fig* (*umiliare*) ~ **qu** {NEMICO} jdn erniedrigen, jdn entwürdigen, jdn kränken B rfl: **prostrarsi (+ compl di luogo) 1** (*prosternarsi*) {DAVANTI ALL'ALTARE} sich (*irgendwo*) nieder|werfen, sich (*irgendwo*) zu Boden/[auf die Knie] werfen: **prostrarsi ai piedi di qu**, sich vor jdm auf die Knie werfen **2** *fig* (*umiliarsi*) {DI FRONTE AI POTENTI} sich (*vor* jdm) erniedrigen, sich (*vor* jdm) demütigen.
prostràto, (-a) agg **1** (*inginocchiato*) ~ (+ *compl di luogo*) {DAVANTI ALL'ALTARE} (*irgendwo*) kniend: **ai piedi del sovrano**, zu Füßen des Herrschers kniend **2** *fig* (*indebolito*) ~ (**da qc**) {PAESE DALLA GUERRA} (*von* etw dat) geschwächt, (*von* etw dat) erschöpft; {ANIMO DALLA SOFFERENZA} anche (*von* etw dat) niedergeschlagen, (*von* etw dat) entkräftet **3** *fig* (*umiliato*) (*durch* etw acc) erniedrigt, (*durch* etw acc) entwürdigt.
prostrazióne f **1** (*spossatezza*) {FISICA} Erschöpfung f, Ermattung f: **~ dovuta a una malattia**, krankheitsbedingte Erschöpfung **2** (*depressione*) {MORALE} Niedergeschlagenheit f.
prosuòcero, (-a) m (f) (*padre del suocero o della suocera*) "Vater m des Schwiegervaters/der Schwiegermutter".
Prot. *amm* abbr *di* Protocollo: Prot. (abbr *di* Protokoll).

protagonìsmo m 1 (*posizione di spicco*) bedeutende/herausragende Rolle f: **con il suo forte ~ ha messo tutti in difficoltà**, mit seiner/ihrer herausragenden Rolle hat er/sie alle in Schwierigkeiten gebracht 2 *spreg* (*il voler essere protagonisti*) {+POLITICO} Geltungsdrang m, Geltungssucht f, übersteigertes Geltungsbedürfnis: ⌜essere **malato**⌝/[**peccare**] **di ~**, ⌜an Geltungssucht leiden⌝/[ein übersteigertes Geltungsbedürfnis haben].

protagonìsta <-*i m, -e f*> **A** in funzione di agg *film teat TV* Haupt-: **attore ~/[non ~]**, Haupt-/Nebendarsteller m, **B** mf 1 *film teat TV* (*interprete*) {+SCENEGGIATO, TRAGEDIA} Hauptdarsteller(in) m(f), Protagonist(in) m(f) 2 *lett* (*eroe*) {+ROMANZO} Protagonist(in) m(f), Hauptfigur f, Held(in) m(f) 3 (*chi ha un ruolo primario*) Protagonist(in) m(f) *forb*: **essere ~ di un momento determinante della vita politica**, eine bedeutende Rolle in einem entscheidenden Moment des politischen Lebens spielen.

protagonìstico, (-a) <-*ci, -che*> agg (*di protagonismo*) {VELLEITÀ} geltungsbedürftig, geltungssüchtig.

Protàgora m *stor* Protagoras m.

pròtasi <-> f 1 *gramm filos* Vordersatz m, Protasis f 2 *lett* (*proemio*) Vorspann m, Protasis f.

proteàsi <-> f *chim* Protease f.

protèggere <*coniug come* leggere> **A** tr 1 (*difendere*) **~ qu/qc (contro/da qu/qc)** {DEBOLI DAI SOPRUSI, INDIGENTI; GUARDIA DEL CORPO ATTORE DAI GIORNALISTI; TENDA TERRAZZO DALLE INTEMPERIE} jdn/etw (⌜gegen jdn/etw⌝/[vor jdm/etw]) (be)schützen; {FORZA D'ANIMO RAGAZZO CONTRO/DALLE DELUSIONI} *anche* jdn/etw vor jdm/etw bewahren; **è cresciuta protetta da genitori e nonni**, sie wuchs behütet von Eltern und Großeltern auf; **la cera serve a ~ il legno dall'umidità**, das Wachs dient dazu, das Holz ⌜vor (der)⌝/[gegen die] Feuchtigkeit zu schützen; **la fasciatura protegge la ferita**, der Verband schützt die Wunde; **questo giaccone mi protegge bene dal freddo**, diese Jacke schützt mich gut vor der Kälte; **che Dio ti protegga!**, Gott behüte/beschütze dich! 2 (*tutelare*) **~ qc** {DIRITTI DEI BAMBINI} etw wahren, etw schützen, etw verteidigen 3 (*sostenere*) **~ qu** {GIOVANI ARTISTI} jdn unterstützen; **~ qc** {RICERCA SCIENTIFICA} etw unterstützen, etw fördern, etw begünstigen; *arte comm* {RESTAURO DEI MONUMENTI, PRODUZIONE NAZIONALE DI VINO} etw unterstützen, etw fördern 4 (*coprire*) **~ qu** {IMPIEGATO INCOMPETENTE} jdn decken, jdn beschützen, jdn protegieren *forb* 5 *fam* (*scusare*) **~ qu/etw** jdn/etw in Schutz nehmen, jdn/etw entschuldigen, jdn/etw verteidigen: **quando lui lo sgrida lei lo protegge**, wenn er ihn schimpft, nimmt sie ihn in Schutz 6 *inform* **~ qc** {FILE} etw sichern 7 *mil* **~ qc** {ACCAMPAMENTO} etw decken, etw sichern **B** rfl (*difendersi*): **proteggersi (contro/da qc) (con qc)** {BAMBINO DAL FREDDO, DAL SOLE CON UNA CREMA} sich (⌜vor etw dat⌝/[gegen etw acc]) (⌜mit etw dat⌝) schützen; {BANCA CONTRO IL RISCHIO DI UN INCIDENTE FINANZIARIO} *anche* sich (gegen etw acc) (durch etw acc) ab|sichern; (indir) **proteggersi qc (contro/da qc) (con qc)** {MANI DAL FREDDO COI GUANTI} etw (⌜vor etw dat⌝/[gegen etw acc]) (⌜mit etw dat⌝) schützen.

protèggi-slip <-> m (*assorbente*) Slipeinlage f.

protèico, (-a) <-*ci, -che*> agg *biol chim* 1 (*di proteine*) {CONTENUTO} Protein-, Eiweiß- 2 (*ricco di proteine*) {ALIMENTAZIONE} protein-, eiweißhaltig, proteinreich.

proteifórme agg 1 *lett* (*multiforme*) {NATURA} proteisch *forb*, wandlungsfähig, vielseitig 2 (*versatile*) {INGEGNO, SCRITTORE} vielseitig, wandelbar, vielgestaltig.

proteìna f *biol chim* {CONIUGATA} Protein n, Eiweiß n: **~ nobile**, Qualitätsprotein n; **povero di proteine**, protein-, eiweißarm; **ricco di proteine**, protein-, eiweißreich.

proteinàsi f → **proteasi**.

proteìnico, (-a) <-*ci, -che*> → **proteico**.

proteinùria f *med* Eiweißharnen n, Proteinurie f *scient*, Albuminurie f *scient*.

pròtele m *zoo* Erdwolf m, Zibethyäne f.

pro tèmpore <inv> loc agg avv *lat* (*temporaneamente*) {RETTORE} vorläufig, pro tempore.

protèndere <*coniug come* tendere> **A** tr (*tendere in avanti*) **~ qc** (+ *compl di luogo*) {ALBERO RAMI VERSO IL CIELO; BAMBINO BRACCIA ALLA MAMMA} etw (*irgendwohin*) (aus|)strecken: **il pino protende un ramo sul terreno del vicino**, ein Kiefernzweig ragt in das Nachbargrundstück hinein **B** rfl 1 (*stendersi*): **protendersi (da qu/qc) (a/verso qu/qc)** {BIMBO DAL PAPÀ VERSO LA MAMMA} sich (*von jdm/etw*) zu jdm/etw (hin|-, vor|)beugen 2 *fig*: **protendersi (a/verso qu/qc)** {VERSO L'EUROPA} hin zu jdm/etw streben, den Anschluss an jdn/etw suchen.

protervìa f *lett* (*arroganza ostinata*) {+UOMO} Vermessenheit f, Anmaßung f, Überheblichkeit f.

protèrvo, (-a) agg *lett* (*arrogante*) {OCCHIATA} überheblich, hochmütig; {DONNA} *anche* anmaßend; (AFFERMAZIONE) vermessen.

pròtesi <-> f 1 *med* Prothese f: **~ acustica/oculare**, Hörgerät n/Sehhilfe f; **~ in legno/plastica**, Holz-/Kunststoffprothese f; **~ ortopedica di un arto**, orthopädischer Gliedersatz; **~ al silicone**, Silikonprothese f; (in odontoiatria) Zahnprothese f, Zahnersatz m; **applicare una ~ dentaria fissa in porcellana/resina**, einen festen Zahnersatz aus Porzellan/Harz anbringen 2 *arch* {+BASILICA} kleiner Spendenaltar 3 *ling* Prothese f.

protesìsta <-*i m, -e f*> mf (*chi fa protesi*) Orthopädist(in) m(f); (*in odontoiatria*) Zahntechniker(in) m(f).

protèso, (-a) part pass di protendere.

protèssi 1ª pers sing del pass rem di proteggere.

protèsta f 1 (*disapprovazione*) {SCRITTA, VERBALE} Protest m, Einspruch m: **è uscito per/[in segno di] ~**, er ist ⌜aus Protest⌝/[zum Zeichen des Protestes] (hinaus)gegangen; **organizzare una ~ contro qu/qc**, eine Protestaktion gegen jdn/etw organisieren 2 *forb* (*dichiarazione pubblica*) {+AMICIZIA, AMORE} Bezeugung f, Beteuerung f Versicherung f 3 *dir* Protest m ● **cavalcare la ~** (*approfittarne*), sich (dat) aus dem Protest zunutze machen, Profit aus dem Protest schlagen/ziehen; **~ di scrittura artistica** *dir*, Aufkündigung f eines Engagements (von Seiten des Agenten).

protestànte *relig* **A** agg {CHIESA, PASTORE} protestantisch, evangelisch **B** mf Protestant(in) m(f), Evangelische mf decl come agg.

protestantèsimo m *relig* Protestantismus m.

protestàre **A** itr 1 (*rimostrare*) **~ contro qu/qc** {STUDENTI CONTRO IL MINISTRO, CONTRO I TAGLI ALLE PENSIONI} gegen jdn/etw protestieren, gegen jdn/etw Einspruch/Protest erheben; **~ presso qu/qc) (contro qc)** {PRESSO L'AUTORITÀ, CONTRO LA RIFORMA SCOLASTICA} (bei jdm/etw) (gegen etw acc) protestieren, (bei jdm/etw) (gegen etw acc) intervenieren *forb*, sich (bei jdm/etw) (über etw acc) beschweren; **~ (per/[a causa di] qc)** {PER IL MANCATO PAGAMENTO, A CAUSA DEI RINCARI DELLE TARIFFE} (wegen etw gen) protestieren 2 *fam* (*ridire*) (auf|)mucken *fam*, meckern *fam spreg*, protestieren: **cos'hai da ~?**, was hast du denn da zu meckern *fam spreg*/protestieren? **B** tr 1 (*dichiarare pubblicamente*) **~ qc (verso qu/qc)** {DISAPPUNTO VERSO IL GOVERNO} etw jdm/etw gegenüber zeigen, etw jdm/etw gegenüber zum Ausdruck bringen; {STIMA VERSO IL COMPAGNO} etw jdm/etw gegenüber bezeugen, etw jdm/etw gegenüber versichern: **~ la propria innocenza**, seine Unschuld beteuern; **protesta di essere estraneo ai fatti**, er schwört/versichert, dass er nichts mit der Angelegenheit zu tun hat; **protestò che non sapeva nulla**, er/sie schwor, dass er/sie nichts davon wusste 2 *comm* **~ qc** {MERCE} etw beanstanden, etw reklamieren 3 *dir* **~ qu** {ARTISTA} jds Engagement auf|kündigen 4 *dir econ* **~ qc** {ASSEGNO, CAMBIALE} etw zu Protest gehen lassen, etw protestieren **C** rfl (*dichiararsi*): **protestarsi qc** {INNOCENTE} sich *für* + agg erklären.

protestatàrio, (-a) <-*ri, -rie*> **A** agg (*di protesta*) {ATTO} Protest- **B** m (f) (*chi protesta*) Protestierende mf decl come agg, Protestler m *spreg*.

protèsto m *dir* Protest m: **la cambiale è andata in ~**, der Wechsel ist zu Protest gegangen; **mandare in ~ qc**, etw zu Protest gehen lassen.

protettìvo, (-a) agg 1 (*di protezione*) {BARRIERA, STRATO} Schutz-, schützend 2 *fig* (*che protegge*) {ATTEGGIAMENTO, GENITORE} schützend.

protètto, (-a) **A** part pass *di* proteggere **B** agg 1 (*tutelato*) {AREA, SPECIE} geschützt 2 (*che gode di protezione*) protegiert *forb*: **un ragazzo ~ dall'alto**, ein junger Mann, der Protektion von oben genießt **C** m (f) (*chi gode di protezione*) Schützling m, Protegé m *forb*, Schutzbefohlene mf decl come agg *obs forb*.

protettoràto m *polit stor* 1 (*tutela*) {COLONIALE} Protektorat n, Schutzherrschaft f 2 (*territorio*) {INGLESE} Protektorat n, Schutzgebiet n.

protettóre, (-**trice**) **A** agg (*che protegge*) {SANTO} Schutz-: **~ di qc** {FARMACO DELLE MUCOSE} etw (be)schützend **B** m 1 *eufem* (*magnaccia*) Zuhälter m 2 (*chi mantiene*) {+DONNA} Scheich m *fam spreg* Aushälter m **C** m (f) 1 (*difensore*) {+DERELITTI} Beschützer(in) m(f), Verteidiger(in) m(f), Protektor m *forb*: **ergersi a ~ dei deboli**, sich zum Beschützer der Schwachen aufwerfen 2 (*patrono*) {+CITTÀ, INNAMORATI} (Schutz)patron(in) m(f), Schutzheilige mf decl come agg 3 (*chi favorisce*) {+ARTISTA} Förderer m, (Förd(r)erin f): **~ delle arti**, Förderer m der Künste, Kunstmäzen m *forb* 4 (*ciò che protegge*) {+FEGATO} (Be)schützer(in) m(f).

protezióne f 1 (*difesa*) {~} Schutz m, (Be)schützung f: ⌜**dell'ambiente**⌝/[**del paesaggio**], Umwelt-/Landschaftsschutz m; **~** ⌜**degli animali**⌝/[**della fauna**], Tierschutz m; **il bimbo va dalla mamma in cerca di ~**, das Kind sucht Schutz bei der Mutter; **essere sotto la ~ di qu**, unter jds Schutz stehen; **porsi sotto la ~ delle forze dell'ordine**, sich unter Polizeischutz stellen; **prendere qu sotto la propria ~**, jdn unter ⌜seine Fittiche *fam*⌝/[seinen Schutz] nehmen 2 (*barriera protettiva*) **~ (contro/da qc)** {CONTRO LE MALATTIE} Schutz m (vor etw dat): **cercare ~** ⌜**contro il**⌝/[**dal**] **freddo**, Schutz vor der Kälte suchen; **costruire una ~ contro il vento**, einen ⌜Schutz gegen den Wind⌝/[Windschutz] bauen; **privo di**⌜/[**senza**] **~**, schutzlos; (*strato*) {ANTICORROSIONE, ANTIRUGGINE} Schutzschicht f 3 (*rifugio*) Zuflucht f, Unterschlupf m: **i profughi cercavano ~ in un paese straniero**, die Flüchtlinge suchten im Ausland Zuflucht 4 (*il favorire*) {+ARTE} Förderung f 5 (*favore*) {+MECENATE} Gönnerschaft f, Mäzenatentum n *for* 6 *spreg* (*favoritismo*) Begünstigung f, Protektion f *obs*: **godere della ~ di qu**, jds Schutz genießen 7 (*garanzia mafiosa*) Schutzgeld n: **pagare la ~**, Schutzgeld bezahlen 8 *inform* Sicherung f: **~ dei dati**, Datenschutz m ● **~ civile** *dir*, Zivilschutz m; **~ dell'*infanzia* *dir*, Kinderschutz m; **~ selettiva** *elettr*, Selektivschutz m.

protezionismo m *econ* Protektionismus m, Schutzzollpolitik f.

protezionista <-i m, -e f> *econ* **A** agg {POLITICA, STATO} protektionistisch **B** mf Protektionist(in) m(f).

protezionistico, (-a) <-ci, -che> agg *econ* {DAZIO} protektionistisch.

protide m *biol* Protein n.

protidico, (-a) <-ci, -che> agg *biol* {APPORTO} Protein-.

pròto m *tip* Faktor m.

pròto- primo elemento 1 (*primo*) ur-, Ur-, früh-, Früh-: **protocristiano**, ur-, frühchristlich; **protovangelo**, Protoevangelium n 2 *ling* ur-, Ur-: **protogermanico**, urgermanisch; **protolingua**, Ursprache 3 *paleont* (*della preistoria*) Proto-: **protoantropo**, Protoanthropus 4 *scient* (*a struttura semplice*) ur-, Ur-, proto-, Proto-: **protoplasma**, (Proto)plasma n, **protozoi**, Protozoen, Urtierchen.

protoàntropo m *paleont* Protoanthropus m.

protocollàre① tr *amm* (*registrare*) **~ qc** {LETTERA} etw protokollieren, etw ins Protokollbuch ein|tragen.

protocollàre② agg 1 *amm* (*di protocollo*) {NUMERO} Protokoll-, protokollarisch 2 *fig anche scherz* (*conforme all'uso*) {RISPOSTA, SALUTI} protokollarisch, steif, förmlich.

protocòllo **A** m 1 (*registro*) {+ATTI, CORRISPONDENZA} Protokoll n, Register n; *stor* Titelblatt n 2 (*accordo*) Erklärung f, Abkommen n: **firmare il ~ d'intesa**, die Einverständniserklärung unterschreiben 3 (*etichetta*) Protokoll n 4 *diplomazia* (*cerimoniale*) Protokoll n: **contravvenire al ~**, dem Protokoll zuwiderhandeln, gegen das Protokoll verstoßen; **rispettare il ~**, das Protokoll einhalten, sich an das Protokoll halten 5 *filos* Protokollsatz m 6 *inform* Protokoll n **B** in funzione di agg {CARTA, FOGLIO, FORMATO} Kanzlei-: **mettere a ~ qc** *amm* (*registrare*), etw protokollieren, etw zu Protokoll nehmen; **~ terapeutico** *med*, Therapieprotokoll n.

protocristiàno, (-a) *relig* **A** agg {CULTO} ur-, frühchristlich **B** m (f) Ur-, Frühchrist(in) m(f).

protogermànico, (-a) <-ci, -che> *ling* **A** agg {DIALETTO} urgermanisch **B** m <solo sing> (*lingua*) Urgermanisch(e) n.

protoindoeuropèo, (-a) *ling* **A** agg {LINGUA} frühindoeuropäisch **B** m <solo sing> (*lingua*) Frühindoeuropäisch(e) n.

protolingua f *ling* Ursprache f.

protomàrtire mf *relig* erste(r) Märtyrer(in).

protomatèria f *astr* Urmaterie f.

protomòrfo, (-a) *antrop* **A** agg {POPOLAZIONE} Ur- **B** m Urmensch m.

protòne m *fis* Proton n.

protònico, (-a) <-ci, -che> agg *fis* {MASSA} Protonen-.

protoplàsma m *biol* (Proto)plasma n.

protoràce m *zoo* {+APE} Halsschild m,

Prothorax m.

protoromanticìsmo m *lett* Frühromantik f.

protoromàntico, (-a) <-ci, -che> *lett* **A** agg {SCRITTORE} frühromantisch **B** m (f) Frühromantiker m(f).

protoromànzo, (-a) *ling* **A** agg {LINGUA} frühromanisch **B** m <solo sing> (*lingua*) Frühromanisch(e) n.

protosemìtico, (-a) <-ci, -che> *ling* **A** agg {DIALETTO} frühsemitisch **B** m <solo sing> (*lingua*) Frühsemitisch(e) n.

protosincrotròne m *fis* Protonenbeschleuniger m, Protonensynchrotron n.

protoslàvo, (-a) *ling* **A** agg {SCRITTURA} frühslawisch **B** m <solo sing> (*lingua*) Frühslawisch(e) n.

protostèlla f *astr fis* Protostern m.

protostòria f Frühgeschichte f.

protostòrico, (-a) <-ci, -che> agg {EVENTO} frühgeschichtlich.

protòtipo **A** agg (*di prima ideazione*) {MOTORE} prototypisch; *fig* {MODELLO} Anfangs-, Ausgangs-, Ur- **B** m 1 *autom tecnol* Prototyp m: **collaudare il ~ di una nuova auto**, den Prototyp eines neuen Autos testen 2 (*archetipo*) {+POEMA CAVALLERESCO} Urbild n 3 *scherz* (*perfetto esemplare*) Prototyp m, Muster(stück) n, Inbegriff m: **è il ~ dei fannulloni/degli imbroglioni**, er ist ein Faulpelz/Schwindler, wie er im Buche steht.

protovangèlo m *relig* Protoevangelium n.

Protozòi m <pl> *zoo* Protozoen n pl, Urtierchen n pl.

protozòico, (-a) <-ci, -che> *geol* **A** agg {ERA, PERIODO} archäozoisch **B** m Archäozoikum n.

protràrre <coniug come trarre> **A** tr **~ qc** (+ *compl di tempo*) 1 (*prolungare*) {RIUNIONE, SEDUTA DI DUE ORE} etw (*um etw acc*) hinaus|ziehen, etw (*um etw acc*) in die Länge ziehen, etw (*um etw acc*) verlängern 2 (*far durare*) {TRATTATIVE PER UN MESE} etw (*über etw acc*) in die Länge ziehen, etw (*über etw acc*) hin|ziehen 3 *rar* (*posticipare*) {ESAME A FINE MESE} etw (*auf etw acc*) verschieben **B** itr *pron* (*durare*): **protrarsi** (+ *compl di tempo*) {SICCITÀ PER TUTTA L'ESTATE} (*Zeitangabe*) dauern, (*Zeitangabe*) an|halten; {INCONTRO FINO ALLE TRE} sich (*bis etw acc*) hin(aus)ziehen, sich (*bis etw acc*) in die Länge ziehen.

protràttile agg *anat zoo* {UNGHIA} hervorziehbar.

protràtto, (-a) *part pass di* protrarre.

protrazióne f 1 (*proroga*) {+SCADENZA} Hinausschieben n 2 (*prolungamento*) {+SEDUTA} Verlängerung f, Aufschub m.

protrombìna f *biol* Prothrombin n *scient*.

protrusióne f 1 *geol*: **~ solida**, Heraustreten n fester Lavamasse 2 *med* krankhaftes Vortreten, Protrusion f *scient* ● **labiale** *ling*, Vorwölbung f der Lippen.

protuberànza f (*rigonfiamento*) Auswuchs m, Vorsprung m; (*sul naso*) Höcker m, Protuberanz f ● **~ solare** *astr*, (Sonnen)protuberanz f.

protutèla f *dir* Gegen-, Mitvormundschaft f: **esercitare la ~**, die Gegen-/Mitvormundschaft ausüben.

protutóre, (-trice) m (f) *dir* {+MINORE} Gegen-, Mitvormund m, stellvertretender Vormund.

proustiàno, (-a) *lett* **A** agg *lett* {DI M. Proust} {RICERCA} von Proust, Prousts {STUDIOSO} Proust- **B** m (f) (*studioso*) Proust-Forscher(in) m(f).

Prov. *amm abbr di* provincia: Prov. (*abbr di* Provinz).

pròva f 1 (*test*) {+BONTÀ, QUALITÀ DI QC} Test m, Probe f: **facciamo una ~ in un angolo per vedere come reagisce il legno alla vernice**, machen wir eine Probe in einer Ecke, um zu sehen, wie das Holz auf den Lack reagiert; **prove di funzionalità epatica**, Lebertest m, Leberfunktionsprüfung f; **~ al mare**, Meerestest m 2 (*verifica*) Probe f: **se non ci credi facciamo la ~**, wenn du es nicht glaubst, können wir ˌja eine Probe machenˌ/[es ja ausprobieren] 3 (*esami*) Prüfung f, Untersuchung f: **sottoporre qu a una ~**, jdn einer Prüfung unterziehen 4 (*esperienza*) {AMARA, DIFFICILE, DOLOROSA} Erfahrung f: **non ha sopportato le prove della vita**, er/sie war all den Schicksalsschlägen nicht gewachsen; **quante prove si superano nella vita!**, was muss man im Leben nicht alles überstehen! 5 (*tentativo*) Versuch m, Probe f: **riuscire alla prima ~**, beim ersten Versuch Erfolg haben 6 (*dimostrazione*) {IRREFUTABILE, SCHIACCIANTE} Beweis m, Nachweis m, Probe f: **addurre delle prove certe/decisive**, sichere/entscheidende Beweise vorbringen; **dare una ~ lampante di qc**, einen offensichtlichen Beweis für etw (acc) geben; **ciò è ~ della sua incapacità**, das ist ein Beweis seiner/ihrer Unfähigkeit; **non mi ero sbagliato, eccone la ~!**, ich hatte mich nicht geirrt, hier der Beweis!; **~ tangibile**, konkreter Beweis 7 (*testimonianza*) {+AMICIZIA, GRATITUDINE, RICONOSCENZA} Beweis m, Zeugnis n: **~ di fiducia**, Vertrauensbeweis m 8 *aero* Probe-, Testflug m: **~ in caduta libera**, Probeflug m in freiem Fall; **~ nella camera del vento**, Probe-, Testflug m im Windkanal; **~ di pressurizzazione**, Überdrucktest m; **~ di volo**, Probe-, Testflug m 9 *autom* Probefahrt f, Testfahrt f: **~ su strada**, Probefahrt f 10 *dir* {+COLPEVOLEZZA, INNOCENZA} Beweis m; (*mezzo di ~*) Beweismittel n: **~ a carico/discarico**, Belastungs-/Entlastungsbeweis m; **~ costituenda**, "nicht durch Vorlegung angetretener Beweis"; **~ documentale/indiziaria/testimoniale**, Urkunden-/Indizien-/Zeugenbeweis m; **~ legale/materiale**, gesetzliches/gegenständliches Beweismittel; **assolvere qu per insufficienza di prove**, jdn ˌaus Mangel anˌ/[mangels] Beweisen freisprechen 11 *film mus teat TV* Probe f: **assistere alla ~ della sfilata**, den Proben der Modenschau beiwohnen; **in costume**, Kostümprobe f; **~ d'orchestra**, Orchesterprobe f 12 *med* Probe f: **fare la ~ di una divisione**, die Gegenprobe einer Division machen, auf eine Division die (Gegen)probe machen 13 (*nella moda*) Anprobe f, Anprobieren n: **mettere un taillieur in ~**, ein Kostüm anprobieren; **può venire domani per la ~?**, können Sie bitte morgen zur Anprobe kommen? 14 *scuola* Prüfung f: **sostenere le prove orali/scritte di italiano**, die mündliche/schriftliche Italienischprüfung ablegen 15 *sport* Wettkampf m: **~ a cronometro**, Zeitrennen n, Zeitfahren n; **~ di fondo**, Langstrecken-, Langlauftest m; **~ di resistenza/velocità**, Widerstands-/Schnelligkeitstest m; (*prestazione*) {DELUDENTE} Leistung f 16 *tecnol* Test m, (*TECNICA, STATICA*) Prüfung f: **~ di affidabilità**, Zuverlässigkeitstest m; **~ al banco**, Prüfstanderprobung f, (Prüf)standversuch m; **~ di carico**, Belastungsprobe f, Belastungsprüfung f; **~ di collaudo**, Abnahmeprüfung f, Abnahmetest m; **~ di consumo**, Verbrauchstest m; **~ di durata**, Haltbarkeits-, Dauertest m; **~ di durezza**, Härteprüfung f; **~ di flessione/piegatura**, Biegeprüfung f; **~ di resistenza**, Festigkeits-, Dauerlastprüfung f; **~ a freddo**, Kaltversuch m; **~ di laboratorio**, Laborversuch m, Labortest m, Laborprobe f; **prove sui mate-**

riali, Material-, Werkstoffprüfung f; **prove meccaniche**, mechanische Prüfungen; ~ **di rottura**, Bruch-, Zerreißversuch m; ~ **di scorrimento**, Zeitstandversuch m; ~ **di stabilità**, Stabilitätsprüfung f, Standsicherheitsprüfung f; ~ **di torsione/trazione**, Torsions-/Zugversuch m; **d'urto**, Stoßversuch m, Aufprall-, Crash-Test m ● **a ~ d'acqua** (*impermeabile*), wasserfest; ~ **d'acquisto comm**, Abschnitt m, Punkt m; ~ **d'amore**, Liebesbeweis m; ~ **attitudinale industr**, Eignungstest m, Befähigungsprüfung f; **a ~ di bomba fig** (*resistente a tutto*), bombensicher **fam**, bombenfest **fam** (*solido*), {AMICIZIA} krisenfest; ~ **di colore edil**, Farbenprobe f; **fino a ~ contraria** (*finché non viene dimostrato il contrario*), bis zum Beweis des Gegenteils; ~ **di coraggio**, Mutprobe f; **dare buona/cattiva ~ di sé** (*mostrare di valere o no*), sich gut/schlecht bewähren; **dare ~ di qc** (*dimostrare di saperla fare*), etw unter Beweis stellen; **a ~ di errore anche elettr tecnol** (*sicuro*), {DISPOSITIVO DI ALLARME} mit eingebauter Sicherung; ~ **dell'esistenza di Dio relig**, Gottesbeweis m; **alla ~ dei fatti** (*i fatti dimostrano che*), da ₀es drauf ankommt₁/[sich jd/etw bewähren muss]; **alla ~ dei fatti è una madre migliore di quanto si potesse supporre**, jetzt, da ₀es drauf ankommt₁/[sie sich bewähren muss], zeigt sich, dass sie eine bessere Mutter ist als man hätte denken können; ~ **di forza fig**, Kraftprobe f; ~ **del fuoco anche fig** (*molto dura*), Feuerprobe f; ~ **generale teat anche fig**, Generalprobe f; **fare le prove generali**, die Generalprobe abhalten; **essere un mese in ~ industr**, einen Monat auf Probe sein; **prendere/tenere qu un mese in ~ industr**, jdn einen Monat auf Probe einstellen; **a ~ di intercettazione**, abhörsicher; **prove alla mano fig** (*in modo certo*), sichere Beweise; **mi ha dimostrato, prove alla mano, che (lei) sottraeva denaro all'azienda**, er/sie hat eindeutig Beweise auf den Tisch gelegt, dass sie die Firma Geld unterzog; **mettere qu alla ~** (*fargli affrontare una difficoltà*), jdn auf die Probe stellen; **mettere qc alla ~** (*testarlo*), etw testen/prüfen; **mettere a dura ~ qu/qc** (*far affrontare grosse difficoltà*), jdn/etw auf eine harte Probe stellen; **le recenti traversie mi hanno messo a dura ~**, die jüngsten Widrigkeiten haben mich auf eine harte Probe gestellt; **ha messo a dura ~ la mia pazienza**, er/sie hat meine Geduld auf eine harte Probe gestellt; **questa traduzione mette a dura ~ le mie conoscenze linguistiche**, diese Übersetzung ₀verlangt eine Probe meines ganzen Könnens₁/[hohe Anforderungen an meine Sprachkenntnisse]; ~ **del nove mat**, Gegenprobe f; **fig** (*verifica*), Gegenbeweis m; **essere/fare la ~ del nove fig**, id[den Gegenbeweis sein₁/[den Gegenbeweis antreten]; ~ **della paraffina** (*accertamento usato dalla polizia*), Paraffinprobe f; **conoscere/sapere qc per ~** (*per aver provato*), etw aus Erfahrung wissen/kennen; ~ **di stampa tip** (*bozza*), Korrektur-, Probeabzug m, Fahne f; **fare una ~ di stampa**, etw abdrucken; **a tutta ~** (*provato, sicuro*), {ONESTÀ, UOMO} bewährt, vortrefflich; **bisognare vederlo alla ~** (*quando affronta delle prove*), er muss sich erst einmal bewähren.

provàbile agg (*che si può provare*) {COLPEVOLEZZA} beweisbar, nachweisbar.

provapìle <-> m elettr Batteriemessgerät n.

provàre **A** tr **1** gener ~ **qc** {PRODOTTO NUOVO} etw (aus)|probieren **2** (*verificare*) ~ **qc** {SOLIDITÀ DI UN RIVESTIMENTO} etw testen **3** (*indossare per prova*) ~ **qc** {ABITO, BERRETTO, SCARPE} etw an|probieren; {OCCHIALI} anche etw aus|probieren **4** (*sperimentare in prima persona*) ~ **(qc)** {DIETA, METODO DI RILASSAMENTO, NUOVA RICETTA} etw versuchen, etw aus|probieren: **non si può mai dire: prova!**, man weiß ja nie: ₀versuch's₁/[probier] mal! **5** (*conoscere per esperienza*) ~ **qc** {SOLITUDINE} etw erfahren, etw kennen lernen: ~ **che cosa sia la paura**, erfahren, was es heißt, Angst zu haben, Angst am eigenen Leib erfahren **6** (*tentare*) ~ **(qc) (con qc)** {DISCESA DIFFICILE CON GLI SCI} etw (mit etw dat) versuchen: **provaci anche tu!**, versuch du's auch mal!; ~ **a scappare**, versuchen wegzulaufen; (*fare un tentativo*: uso perifrastico): **e se provassi a cambiare dentista?**, und wenn du mal den Zahnarzt wechseln würdest? **7** (*sentire*) ~ **qc (per/verso qu/qc)** {AMICIZIA} etw (jdm/etw gegenüber) empfinden, etw (jdm/etw gegenüber) fühlen, etw (jdm/etw gegenüber) (ver)spüren; {PIETÀ} etw (mit jdm/etw) haben: ~ **un desiderio**, einen Wunsch haben; ~ **un desiderio per/verso qu**, jdn begehren; ~ **simpatia/antipatia per/verso qu**, ₀Sympathie für₁/[Antipathie gegen] jdn haben, jdn sympathisch/unsympathisch finden; ~ **avversione verso qu**, eine Abneigung gegen jdn haben; **provò dispiacere nell'allontanarsi**, es tat ihm/ihr leid, wegzugehen; ~ **ripugnanza per qc**, Abscheu vor etw (dat) haben, vor etw (dat) ekeln; ~ **piacere a leggere**, Spaß/Freude am Lesen haben **8** (*patire*) ~ **qc** {DOLORE, FAME} etw haben, etw leiden; {CALDO} durch etw (acc)/unter etw (dat) leiden **9** (*dimostrare*) ~ **qc** {TEORIA} etw beweisen, etw nach|weisen: **questo prova che il torto non sta mai da una parte sola**, das zeigt dass die Schuld nie nur auf einer Seite liegt **10** (*indebolire*) ~ **qu/qc** {VIAGGIO ANIMALE} jdn/etw schwächen, jdn/etw mit|nehmen: **la lunga malattia l'ha duramente provato**, die lange Krankheit hat ihn sehr geschwächt **11** (*mettere alla prova*) ~ **qu/qc** {AVVERSITÀ UOMO} jdn/etw auf die Probe stellen, jdn/etw prüfen: **la disgrazia l'ha duramente provato**, das Unglück hat ihn auf eine harte Probe gestellt **12** fam (*tentare approcci*): **provarci con qu** jdn an|machen fam, jdn an|baggern slang: **provarci con tutte**, es bei allen probieren/versuchen; **alles anbaggern, was Busen und zwei Beine hat** slang scherz **13** (*tenere in prova*) ~ **qu** {DOMESTICA, GIARDINIERE} jdn auf Probe ein|stellen **14** (*assaggiare*) ~ **qc** {ARROSTO, GELATO} etw probieren, etw kosten, etw versuchen **15** aero ~ **qc** {VELIVOLO} etw testen, etw Probe fliegen, einen Probeflug mit etw (dat) machen **16** artiglieria ~ **qc** {FUCILE} etw testen, (*etw*) Probe schießen **17** autom ~ **qc** {MACCHINA} etw Probe fahren, etw aus|probieren **18** anche dir ~ **qc** {ALIBI} etw nach|weisen; {COLPEVOLEZZA, BUONA FEDE DI QU} anche etw beweisen; (*con documenti*) etw belegen: **dove, quando e con chi si fosse incontrato**, beweisen, wo, wann und mit wem er sich getroffen hat **19** film mus teat TV ~ **(qc)** {ATTORE PARTE; BALLERINO COREOGRAFIA, PASSO} etw proben, etw üben, etw probieren fam; (*uso assol*) {CANTANTE, COMICO, MUSICISTA} proben **20** tecnol ~ **qc** {RESISTENZA DI UN MATERIALE} etw prüfen; {PRESSIONE} etw messen **B** rfl **1** (*cimentarsi*): **provarsi in qc contro qu** {NELL'USO DELLE ARMI} sich in etw (dat) mit jdm messen; {NELLA SCHERMA, CONTRO IL NEMICO} anche in etw (dat) gegen jdn an|treten; **provarsi in qc come qc** {NEL CAMPO DELLA LETTERATURA COME AUTORE TRAGICO} sich in etw (dat) als etw (nom) versuchen **2** indir (*indossare per prova*) **provarsi qc** {GONNA, VESTITO} etw an|probieren ● **provarci con le buone**, es ₀auf gütlichem Wege₁/[im Guten] versuchen; **(bisogna)** ~ **per credere**, da muss man selber durch, um mitreden zu können! fam; **andare in vacanza con i miei suoceri non è una tragedia? ~ per credere!**, mit meinen Schwiegereltern in Urlaub zu fahren, ist kein Drama, meinst du? ₀Da muss man selber durch, um mitreden zu können! fam₁/[du hast ja keine Ahnung(, was das heißt)! fam]; ~ **non costa niente!**, probieren kostet nichts!; **non provarci nemmeno! fam** (*di minaccia*: *non osare*), untersteh' dich!; **prova e riprova, c'è riuscito! fam** (*a forza di tentarci*), nach wiederholten Versuchen ₀hat es endlich geklappt₁/[ist es ihm endlich gelungen]!; **prova tu a farlo! fam** (*di sfida*), versuch du es doch!; **provaci (e vedrai)! fam** (*di minaccia*), versuch's mal, du wirst schon sehen!; **provarci ancora una volta**, es noch einmal versuchen, einen neuen Anlauf nehmen/machen.

provàto, (-a) agg **1** (*dimostrato*) {METODO} be-, erwiesen, nachgewiesen; {RIMEDIO, ecc.} bewährt, erprobt, probat: ~ **da tempo**, altbewährt; tecnol erprobt **2** (*sicuro*) {FEDELTÀ} erprobt, bewährt; {AMICO} treu, bewährt, zuverlässig **3** (*estenuato*) ~ **(da qc)** {ATLETA DALLA FATICA} (*von etw dat*) mitgenommen; {DALLA MALATTIA} anche (*von etw dat*) gezeichnet **4** (*stanco*) {STUDENTE} erschöpft, ermüdet: **avere un'aria provata**, angeschlagen aussehen; ~ **psicologicamente**, psychisch angegriffen.

proveniènza f **1** (*origine*) {+CLANDESTINO; ORIENTALE +MOBILE} Herkunft f, Provenienz f forb: **di dubbia ~**, von zweifelhafter Provenienz forb/Herkunft **2** fig (*fonte*) {+DENUNCIA, NOTIZIA} Herkunft f, Quelle f.

provenìre <coniug come venire①> itr <essere> **1** (*arrivare*) ~ **da qc** {MUSICA DAL SALONE} aus etw (dat) kommen; {MERCE DALL'AMERICA} aus/von etw (dat) stammen; ~ **da qu** {LETTERA DAL MINISTRO} von jdm stammen **2** (*avere origine*) ~ **da qc** {PAROLA DAL GRECO} aus/von etw (dat) (ab|)stammen, aus/von etw (dat) kommen; {USANZA DA UN'ANTICA CIVILTÀ} auf etw (acc) zurück|gehen; {FURTO DALLA POVERTÀ} in etw (dat) seinen Grund haben **3** fig (*discendere*) ~ **da qc** {RAGAZZO DA NOBILE FAMIGLIA} aus etw (dat) (ab|-, her|)stammen.

provènto m (*introito*) {+ERARIO} Ertrag m, Gewinn m, Einkünfte pl: **i proventi del proprio lavoro**, die Einkünfte seiner Arbeit.

proventrìglio <-gli> m ornit Drüsenmagen m.

provenùto, (-a) m part pass di provenire.

Provènza f geog Provence f.

provenzàle **A** agg {ERBE, TESSUTO} provenzalisch **B** mf (*abitante*) Provenzale mf decl come agg **C** m <solo sing> (*dialetto*) Provenzalisch(e) n.

proverbiàle agg **1** (*con caratteristiche di proverbio*) {LOCUZIONE} sprichwörtlich **2** fig (*ben noto*) sprichwörtlich: **la sua pazienza è ~**, seine/ihre Geduld ist sprichwörtlich/[allseits bekannt].

proverbialménte avv **1** (*in forma di proverbio*) sprichwörtlich **2** (*notoriamente*): **è ~ golosa**, ihre Naschsucht ist sprichwörtlich/[allseits bekannt].

provèrbio <-bi> m (*adagio*) {ANTICO} Sprichwort n, Spruch m: **passare in ~**, sprichwörtlich werden.

provètta f **1** (*recipiente*) Reagenz-, Probierglas n **2** (*contenuto*) {+SANGUE} Probe f **3** metall tecnol Probe(stück) n f.

provètto, (-a) agg **1** (*esperto*) {BALLERINO, NUOTATORE} erfahren **2** lett (*avanti negli anni*) {ETÀ} fortgeschritten; {AMORE} alt; {UOMO} anche betagt.

provider <-> m ingl inform Provider m, Anbieter m.

provìncia <-ce> **A** f **1** (*circoscrizione territoriale*) Provinz f: **è un comune della ~ di Bologna**, das ist eine Gemeinde in der Provinz (von) Bologna; **abito in ~ di Bolzano**, ich wohne in der Provinz (von) Bozen; (*in Germania*) {BERLINESE} Landkreis m **2** *amm* (*ente*, abbr Prov.): **~/Provincia** {+LECCE, TRENTO} Provinz f; {+FRANCOFORTE, LIPSIA} Landratsamt n; (*sede*) Provinzialverwaltung f; **andare/recarsi in Provincia**, zur Provinzialverwaltung gehen *forb*; {+MONACO DI BAVIERA} Landratsamt n **3** *spreg* Provinz f *spreg*: **si vede che viene dalla ~**, man merkt, dass er/sie aus der Provinz kommt *spreg* **4** *biol* (*Verbreitungs*)gebiet n **5** *min* Gebiet n **6** *relig*: **~/Provincia**, {ECCLESIASTICA} Provinz f **7** *stor rom*: **~/Provincia**, Provinz f; **Province imperiali/senatorie**, kaiserliche Provinzen/[Senatsprovinzen f pl] **B** <inv> *loc agg* (*provinciale*): **di ~**, {ABITUDINI, MENTALITÀ} provinziell *spreg*, Provinz- *spreg* ● **Biella fa ~ amm** (*è capoluogo di ~*), Biella ist Provinzhauptstadt.

provinciàle A *agg* **1** *amm* {CONSIGLIO, GIUNTA} Provinz(ial)-; (*in Germania*) des Landkreises **2** (*della provincia*) {STRADA} Provinz-; (*in Germania*) Land- **3** *fig spreg* (*arretrato*) {ABITUDINE, GUSTO, MENTALITÀ} provinziell *spreg*, provinzlerisch *spreg*, kleinstädtisch *spreg* **B** *mf* (*abitante*) Provinzbewohner(in) m(f); (*in Germania*) Bewohner(in) m(f) eines Landkreises **2** *fig spreg* (*chi è arretrato*) Provinzler(in) m(f) *spreg*, Kleinstädter(in) m(f) *spreg*, Landei n *slang* **C** f *autom* Landstraße f ● (*padre*) ~ *relig*, Provinzial m.

provincialìsmo m **1** (*arretratezza*) {+MODA, SPETTACOLO} Provinzialität f *spreg*, Provinzialismus m *spreg* **2** *ling* Provinzialismus m.

provincialità <-> f (*l'essere provinciale*) {+MENTALITÀ} Provinzialität f *spreg*, Provinzlertum n *fam spreg*.

provincializzàre A *tr amm* **~ qc** (OSPEDALE, TERRITORIO) *etw* einer Provinzverwaltung übertragen **B** *rfl spreg* (*diventare provinciale*): **provincializzarsi** {GIORNALE} provinziell/provinzlerisch *fam* werden *spreg*.

provìno <dim *di* prova> m **1** *film radio TV* {+ATTORE} Probeaufnahme f; *teat* Vorsprechen n **2** *fot* Probefoto n. **~ di stampa**, Probeabzug m **3** *tecnol* (*strumento*) Prüfgerät n; (*campione*) {+VERNICE} Muster n, Probe f ● **fare un ~** *film radio TV*, eine Probeaufnahme machen; *teat*, vor|sprechen.

provìrus <-> m *biol* Provirus m.

provitamìna f *biol chim* Provitamin n.

provocànte *agg* (*eccitante*) {SGUARDO} herausfordernd, provozierend; {POSA} *anche* aufreizend.

provocàre <provoco, provochi> *tr* **1** (*causare*) **~ qc** {INCIDENTE DIPLOMATICO, CRISI POLITICA} *etw* verursachen, *etw* provozieren; {BEVANDA DISTURBI, PERDITA D'ACQUA ALLAGAMENTO} *anche etw* hervor|rufen, *etw* bewirken; {SCIOPERO PROBLEMI} *etw* bereiten, *etw* machen; {SCANDALO, SCONTRO, SCONTENTO GENERALE} *etw* aus|lösen, *etw* provozieren; *econ* {FLESSIONE DI LISTINO, RIDUZIONE DI PRODUZIONE} *zu etw* (dat) führen, *etw* verursachen **2** (*irritare*) **~ qu/qc (con qc)** {SPETTATORE CON GESTI, CON PAROLE} *jdn/etw durch etw* (acc) reizen, *jdn/etw durch etw* (acc) auf|stacheln, *jdn/etw durch etw* (acc) provozieren: **non sono cattivo però se mi provocano...**, ich bin nicht boshaft, aber wenn man mich reizt ... **3** (*eccitare*) **~ qu** {DONNA, SGUARDO UOMINI} *jdn* auf|reizen, *jdn* an|machen *fam* **4** (*spingere*) **~ qu a qc** {GENTE ALLO SCIOPERO} *jdn zu etw* (dat) bewegen, *jdn zu etw* (dat) provozieren; {POPOLO ALLA RIVOLTA} *jdn zu etw* (dat) auf|wiegeln: **provocò l'avversario a battersi**, er/sie forderte den Gegner zum Kampf heraus **5** (*stimolare*) **~ qc** {SPETTACOLO RISO} *zu etw* (dat) reizen, *zu etw* (dat) an|regen **6** *amm* {INCHIESTA, NOMINA, PROVVEDIMENTO} *etw* veranlassen; {DECRETO, ORDINE} *etw* erlassen; {PROCEDIMENTO PENALE} *etw* ein|leiten.

provocatóre, (-trice) **A** *agg* (*che provoca*) {ATTEGGIAMENTO, PUBBLICAZIONE} herausfordernd, provozierend, provokatorisch *forb* **B** m (f) (*chi provoca*) Provokateur(in) m(f) *forb spreg*, Aufwiegler(in) m(f), Aufrührer(in) m(f), Anstifter(in) m(f), Hetzer(in) m(f).

provocatòrio, (-a) <-ri m> *agg* (*irritante*) {CARTELLO, TONO} herausfordernd, provokativ *forb*, provokant *forb*, provozierend; {DOMANDA} provokatorisch *forb*.

provocatrìce f → **provocatore**.

provocazióne f **1** (*sfida*) Herausforderung f, Provokation f: **quell'articolo è solo una ~**, dieser Artikel ist nur eine Provokation; **raccogliere una ~**, auf eine Provokation eingehen; **reagire/rispondere alle provocazioni**, auf die Provokationen reagieren/antworten **2** (*stimolo*) {+GIORNALISTA, STUDIOSO} Anreiz m **3** *dir* Provokation f.

pròvola f *gastr* Provola m (*Käsesorte, vorwiegend aus Büffelmilch*).

provolóne m *gastr* Provolone m (*Käsesorte, vorwiegend aus Kuhmilch*).

provvedére <coniug *come* vedere> **A** *itr* **1** (*occuparsi*) **~ a qu/qc** {AL CONTROLLO DEL TRAFFICO} sich *um jdn/etw* kümmern, *für jdn/etw* sorgen; {AL MANTENIMENTO DELLA FAMIGLIA, AI POVERI} *für jdn/etw* Vorsorge treffen, *für jdn/etw* auf|kommen: **provvedi perché si possa partire subito**, sorge dafür,/[kümmere dich darum], dass wir gleich abfahren können; **provvederò io a fare la spesa prima di partire**, ich werde alles Nötige für die Reise besorgen **2** (*prendere provvedimenti*) *etw* unternehmen, Maßnahmen treffen/ergreifen: **vedi di ~ subito!**, unternimm sofort etwas! **3** *dir* **~ a qc (con qc)** {CON UNA LEGGE} (*mit etw* (dat)) *für etw* (acc) sorgen; {ALL'AFFIDAMENTO} *für etw* (acc) Sorge tragen **B** *tr* (*fornire*) **~ qu di qc/[qc a qu]** {ESERCITO DI VETTOVAGLIE, NECESSARIO ALLA FAMIGLIA} *jdn mit etw* (dat) versehen, *jdn mit etw* (dat) versorgen, *jdn mit etw* (dat) aus|statten, *jdn mit etw* (dat) aus|rüsten; **~ qc** {RISCALDAMENTO} *etw* besorgen, *etw* be-, verschaffen **C** *rfl* (*munirsi*): **provvedersi di qc** {DI UN VISTO} sich (dat) *etw* besorgen, sich (dat) *etw* beschaffen; {DI LIBRI} *anche* sich *mit etw* (dat) versorgen; *fig* {DI PAZIENZA} sich *mit etw* (dat) wappnen.

provvediménto m **1** (*rimedio*) Maßnahme f, Vorkehrung f: **adottare un ~**, eine Maßnahme treffen; **chiedere/invocare un ~**, eine Maßnahme fordern; **qui bisogna prendere qualche ~**, hier muss etwas unternommen werden **2** <di solito al pl> (*misura disciplinare*) Maßnahmen f pl: **prendere provvedimenti contro qu/qc**, Maßnahmen gegen jdn/etw ergreifen/treffen **3** *amm dir* {GIUDIZIARIO, LEGISLATIVO} Maßnahme f: **~ amministrativo/disciplinare**, Verwaltungs-/Disziplinarmaßnahme f; **~ d'urgenza**, einstweilige Maßnahme zum Rechtsschutz.

provveditoràto m *amm* **1** (*organo*): **~/Provveditorato**, Verwaltungsamt n: **~ alle opere pubbliche**, Verwaltungsamt n für öffentliche Bauten; **~ agli studi**, (Provinzial-)schulamt n **2** (*carica*) Verwaltungsbehörde f, Verwaltungsinspektion f **3** (*sede*) Verwaltungsinspektorat n: **devo andare/recarmi in ~**, ich muss zum/aufs Verwaltungsinspektorat gehen.

provveditóre, (-trice) m (f) *amm* Amtsleiter(in) m(f), Inspektor(in) m(f): **~ agli studi**, Provinzialschulrat m; **~ alle opere pubbliche**, Verwaltungsinspektor m für öffentliche Bauten.

provvedùto, (-a) **A** *part pass di* provvedere **B** *agg* **1** (*provvisto*) **~ di qc** {SPORTIVO DELL'ATTREZZATURA IDONEA} *mit etw* (dat) versehen, *mit etw* (dat) ausgerüstet, *mit etw* (dat) ausgestattet **2** *rar* (*accorto*) klug, erfahren.

provvidènza f **1** *relig*: **~/Provvidenza**, Vorsehung f: **ringraziare la divina ~**, der (göttlichen) Vorsehung danken; **sperare nella ~**, Hoffnung in die (göttliche) Vorsehung setzen **2** *fig* (*manna*) Segen m: **questa donazione è una vera ~ per l'ospedale**, diese Schenkung ist ein wahrer Segen für das Krankenhaus **3** *fig* (*fortuna*) Glück n, Segen m: **sei stato una ~ per me**, du warst mein Glück **4** <di solito al pl> (*provvedimenti*) {+STATO} Maßnahmen f pl, Vorkehrungen f pl: **in favore dei terremotati**, Maßnahmen f pl zugunsten der Erdbebengeschädigten ● **aspettare la ~** *fig* (*aspettare senza far nulla*), die Hände in den Schoss legen *fam*.

provvidenziàle *agg* **1** (*giunto a proposito*) {PIOGGIA} willkommen; {AIUTO} *anche* gelegen: **il tuo cellulare è stato ~**, dein Handy kam gelegen/[gerade richtig] **2** (*della divina provvidenza*) {PIANO} gottgewollt, von der Vorsehung bestimmt.

provvidenzialìsmo m *filos stor* Lehre f von der göttlichen Vorsehung.

provvidenzialità <-> f (*carattere provvidenziale*) {+TEMPORALE ESTIVO} Willkommensein n, Nützlichkeit f, glückliche Fügung.

pròvvido, (-a) *agg* **1** *lett* (*previdente*) {FORMICA, NATURA} vorsorglich, klug, weise **2** (*prudente*) {DECISIONE} weitsichtig **3** (*utile*) {INTERVENTO, RIFORMA} nützlich.

provvigióne f *dir comm* {+AGENTE} Provision f, Makler-, Vermittlungsgebühr f: **avere il 5% di ~** sul fatturato/[sulla vendita di un immobile], 5% Umsatzprovision/[Provision für den Verkauf einer Immobilie] erhalten; **~ bancaria**, Bankprovision f; **lavorare a ~**, auf/gegen Provision/[auf Provisionsbasis] arbeiten; **pagare a ~**, durch Provision bezahlen.

provvisionàle f *dir* "(vom Richter) als Vorauszahlung festgesetzter Betrag".

provvisoriaménte *avv* (*temporaneamente*) vorübergehend: **ci sistemeremo ~ in albergo, poi cercheremo una casa**, wir werden vorübergehend in einem Hotel unterkommen und dann eine Wohnung suchen.

provvisorietà <-> f (*temporaneità*) {+CARTELLO, LAVORO} zeitliche Begrenztheit; {+CARICA} Vorläufigkeit f.

provvisòrio, (-a) <-ri m> *agg* **1** (*temporaneo*) {INSEGNA, LAVORO, TETTOIA} vorläufig, provisorisch, vorübergehend; {PONTE, SISTEMAZIONE} *anche* behelfsmäßig, Behelfs-, Übergangs-; (*precario*) {IMPALCATURA} unsicher; *amm* {GOVERNO, INCARICO, *ecc.*} provisorisch, Übergangs- **2** *dir* {COPERTURA, ESECUZIONE, LIBERTÀ} vorläufig.

provvìsta f **1** (*scorta*) Vorrat m, Proviant m: **avere una buona ~ di qc**, mit *etw* (dat) gut versorgt sein; **le provviste sono esaurite**, die Vorräte sind aufgebraucht; **fare ~ di qc**, sich mit *etw* (dat) versorgen, sich mit *etw* (dat) eindecken **2** *fig* (*quantità*) {+BARZELLETTE, PAZIENZA} Menge f **3** *banca* {+FONDI} Deckung f, Anschaffung f **4** *dir* Deckung f.

provvìsto, (-a) **A** *part pass di* provvedere **B** *agg* (*fornito*) **~ di qc** {BIBLIOTECA DI LIBRI} *mit etw* (dat) ausgestattet; {DI TUTTO L'OCCORRENTE} *anche mit etw* (dat) versehen, *mit etw* (dat) ausgerüstet: **un ragazzo ~ di sensibi-**

lità/[**grandi capacità**], ein sensibler/[sehr tüchtiger] Junge; **una libreria ben provvista**, eine reich sortierte Buchhandlung • **essere ben ~** *fig* (*essere benestante*), wohlhabend sein; **essere ben provvista** *fig* (*prosperosa*), {RAGAZZA} blühend/üppig sein.

proxy <-, -s *pl ingl*> *m ingl inform* Proxy(server) m.

Pròzac® <-> *m med* Prozac® n.

pròzio, (-a) *m* (f) (*zio del padre o della madre*) Großonkel m, (Großtante f).

prùa f 1 *mar* Bug m, Vorschiff n: **a ~**, am Bug 2 *aero* Bug m • **mettere la ~ addosso a qu** *fig fam* (*tormentarlo*), jdn plagen, jdm zusetzen, jdn verrückt machen; **mettere la ~ a terra**/**al vento** *mar* (*girarsi verso terra/il vento*), land-/seewärts wenden.

prude <inv> *agg franc* (*pudico*) {RAGAZZO} prüde.

prudènte *agg* 1 (*cauto*) {AUTISTA, ESCURSIONISTA, SCIATORE} vorsichtig, umsichtig; {AZIONE, COMPORTAMENTO, DISCORSO} umsichtig, besonnen, überlegt: **giudicai più ~ andarmene**, ich hielt es für vernünftiger zu gehen 2 *eufem* (*timoroso*) übervorsichtig, ängstlich: **come sei ~!**, was bist du ängstlich!

prudenteménte *avv* (*cautamente*) {COMPORTARSI} vorsichtig, überlegt, umsichtig, behutsam: **preferisce ~ aspettare**, er/sie wartet vorsichtshalber.

prudènza f 1 (*cautela*) Vorsicht f, Umsicht f, Besonnenheit f, Behutsamkeit f: **guidare con ~**, vorsichtig fahren; **nel parlare**, besonnen/umsichtig sprechen; **per ~ non sono uscito**, vorsichtshalber bin ich nicht aus dem Haus gegangen; **rivolgiti a lui con ~**, wende dich behutsam an ihn; **usare ~ nel fare qc**, Vorsicht bei etw (**dat**) walten lassen 2 *eufem* (*timore*) übertriebene Vorsicht, Ängstlichkeit f 3 *relig* Besonnenheit f • **la ~ non è mai troppa** *prov*, Vorsicht ist besser als Nachsicht *fam scherz* /[die Mutter der Porzellankiste *fam*] *prov*, sicher ist sicher.

prudenziàle *agg* (*dettato dalla prudenza*) {MISURA} Vorsichts-; {VELOCITÀ} Sicherheits-.

prudenzialménte *avv* (*cautamente*): **preferisco ~ restare a casa**, ich bleibe vorsichtshalber lieber zu Hause.

prùdere <irr *prudo, rar prudei o prudetti*, difet *del part pres e dei tempi composti*> *itr* (*dare prurito*) **~ a qu** jdn jucken: **mi prude la schiena**/**il naso**, mir/mich juckt der Rücken/die Nase, mir/mich juckt es ˌam Rückenˌ/[an der Nase]; **si sente ~ le spalle**, er/sie spürt einen Juckreiz an den Schultern.

pruderie <-> f *franc* (*pudore*) {+ANZIANA SIGNORA} Prüderie f.

prùgna A f (*susina*) Pflaume f, Zwetsche f, Zwetschge f *süddt CH*: **~ cinese**, Litschi(pflaume) f; **~ secca**, Dörr-, Backpflaume f B <inv> *agg* {ABITO} pflaumenfarben C <-> *m* (*colore*) Pflaumenfarbe m.

prùgno *m* (*susino*) Pflaumen-, Zwetschenbaum m.

prùgnola f *bot* Schlehe f.

prùgnolo *m bot* Schlehe f, Schwarzdorn m.

pruìna f *bot* Reif m.

prunàio <-nai> *m* 1 (*roveto*) Dornengestrüpp n 2 *fig* (*ginepraio*) verzwickte/heikle Angelegenheit, Wespennest n *fam*.

prunàlbo *m bot* Hage-, Weißdorn m.

prunéto → **prunaio**.

prùno *m* 1 *bot* Dornbusch m, Dornenstrauch m 2 *region* (*susino*) Pflaumen-, Zwetschenbaum m 3 *forb* (*spina*) Dorn m • **essere come un ~ nell'occhio per qu** *fig* (*dare fastidio*), jdm ein Dorn im Auge sein; **levare**/**levarsi un ~ dall'occhio**/**dagli occhi** *fig* (*levarsi un fastidio*), sich (**dat**) jdn/etw vom Hals schaffen *fam*.

prurìgine f 1 *anche med* (*prurito*) Jucken n, Juckreiz m 2 *fig* (*capriccio*) Lust f, Kitzel m.

pruriginosità <-> f Aufgeilende n *slang*, Erregende n.

pruriginóso, (-a) *agg* 1 *med* {PIAGA} juckend 2 *fig* (*stuzzicante*) {FILM, LETTURE} aufgeilend *slang*, auf-, anreizend, (sexuell) erregend.

prurìto *m* 1 (*pizzicore*) Jucken n, Juckreiz m: **avere ~ alla schiena**, einen Juckreiz am Rücken haben/verspüren; **dare**/**provocare ~**, Jucken verursachen; **sente ~**, es juckt ihn/sie, er/sie spürt einen Juckreiz 2 *fig* (*voglia*) Lust f, Kitzel m, Reiz m: **è uno dei suoi soliti pruriti**, das ist wieder einer von seinen/ihren Launen • **sentire ~ alle mani** *fig* (*sentire il desiderio di picchiare qu*), es in den Fingern jucken spüren.

Prùssia f *geog* Preußen n.

prussiàno, (-a) A *agg* 1 (*della Prussia*) {ARISTOCRAZIA, CONFINI} preußisch 2 *fig* (*rigoroso*) {SPIRITO} preußisch B *m* (f) (*abitante*) Preuße m, (Preußin f).

prùssico, (-a) <-ci, -che> *agg chim*: **acido ~**, Blausäure f.

P.S. 1 *lat abbr di* Post Scriptum: PS (*abbr di* Postskriptum), NS (*abbr di* Nachschrift) 2 *comm abbr di* partita semplice: einfache Buchführung 3 *med abbr di* Pronto Soccorso: Notaufnahme f 4 *mil abbr di* Pubblica Sicurezza: "unbewaffnete Sicherheitspolizei".

psàmmon <-> *m zoo* Psamm(i)on n.

PSDI *m polit stor abbr di* Partito Socialista Democratico Italiano: "sozialdemokratische Partei Italiens".

psefologìa <-> f *polit* Wahlstatistik f, Psephologie f.

psèudo- <pseud- davanti a vocale> primo elemento *forb scient anche spreg* (*falso*) Halb-, Pseudo-, Schein-: **pseudocultura**, Halbbildung; **pseudonimo**, Pseudonym, Deckname f; **pseudofrutto**, Scheinfrucht.

pseudoartròsi <-> f *med* Falsch-, Scheingelenk n, Pseud(o)arthrose f *scient*.

pseudoconcètto *m filos* Scheinbegriff m.

pseudocultùra f *spreg* 1 *sociol* Pseudokultur f 2 (*cultura superficiale*) Halbbildung f *spreg*.

pseudofrùtto *m bot* Scheinfrucht f.

pseudogravidànza f *med* Scheinschwangerschaft f.

pseudointellettuàle mf *spreg* (*falso intellettuale*) Pseudointellektuelle mf *decl come agg spreg*.

pseudoletteràrio, (-a) <-ri m> *agg spreg* (*apparentemente letterario*) {INTERESSE} pseudoliterarisch *spreg*.

pseudoletteràto, (-a) *m* (f) *spreg* (*chi si atteggia a letterato*) (Pseudo)literat m *spreg*.

pseudomòrfo, (-a) *agg min* pseudomorph.

pseudomorfòsi <-> f *min* Pseudomorphose f.

pseudònimo *m lett* (*falso nome*) Pseudonym n, Deckname m.

pseudoprofèta, (-essa) <-i> *m* (f) (*finto profeta*) falsche(r) Prophet(in).

pseudoscarlattìna f *med* Pseudoscharlach m, Vierte Krankheit, Pseudoscarlatina f *scient*.

pseudoscientìfico, (-a) <-ci, -che> *agg* (*apparentemente scientifico*) {RISULTATO} pseudowissenschaftlich.

pseudosciènza f Pseudowissenschaft f.

pseudosoluzióne f *chim* Pseudolösung f.

pseudozàmpa f *zoo* Scheinfüßchen n, Pseudopodium n.

PSI *m polit stor abbr di* Partito Socialista Italiano: "sozialistische Partei Italiens".

psicanàlisi e deriv → **psicoanalisi** e deriv.

psicastenìa f *psic* Psychasthenie f, psychovegetatives/neurasthenisches Syndrom.

psicastènico, (-a) <-ci, -che> *psic* A *agg* psychastenisch, neurasthenisch B *m* (f) (*malato*) Psychastheniker(in) m(f).

psìche f *filos psic* Psyche f, Seele f.

Psìche f *mitol* Psyche f.

psichedèlico, (-a) <-ci, -che> *agg* 1 (*allucinogeno*) {SOSTANZA} psychedelisch, psychodelisch 2 *lett* (*ispirato dagli allucinogeni*) {LETTERATURA} psychedelisch, psychodelisch 3 *elettr* {LUCE} psychedelisch, psychodelisch.

psichiàtra <-i m, -e f> mf *med* Psychiater(in) m(f).

psichiatrìa f *med* Psychiatrie f.

psichiàtrico, (-a) <-ci, -che> *agg med* {REPARTO} psychiatrisch.

psichiatrizzàre tr *med*: **~ qu** {TOSSICOMANI} jdn psychiatrisch behandeln.

psichiatrizzazióne f *med* psychiatrische Behandlung.

psichicaménte *avv* {NORMALE} psychisch, seelisch.

psìchico, (-a) <-ci, -che> *agg* (*relativo alla psiche*) {DISAGIO, FENOMENO, TRAUMA} psychisch, seelisch, Seelen-.

psichìsmo *m psic* seelischer Mechanismus, psychische Aktivität, Psychismus m.

psico- <psic- davanti a vocale> primo elemento *filos med psic* Psycho-: **psicoanalisi**, Psychoanalyse; **psicofarmaco**, Psychopharmakon; **psicolabile**, psychisch Labile(r).

psicoanàlisi <-> f *gener* {FREUDIANA, JUNGHIANA, TRANSAZIONALE} Psychoanalyse f: **fare la ~**, eine (Psycho)analyse machen.

psicoanalista <-i m, -e f> mf (*analista*) Psychoanalytiker(in) m(f): **andare dallo ~**, zum Psychoanalytiker gehen.

psicoanalìtico, (-a) <-ci, -che> *agg* 1 (*di psicoanalisi*) {TEORIA} psychoanalytisch 2 (*basato sulla psicoanalisi*) {TERAPIA} psychoanalytisch.

psicoanalizzàre tr (*sottoporre a psicoanalisi*): **~ qu**/**qc** {UOMO, IMPULSO} jdn/etw psychoanalytisch behandeln, jdn/etw psychoanalysieren: **mi sono fatto ~ per due anni**, ich habe zwei Jahre lang eine Psychoanalyse gemacht.

psicoastenìa e deriv → **psicastenia** e deriv.

psicoastènico → **psicastenico**.

psicoattitudinàle *agg* (*per valutare le attitudini psicologiche*): **test ~**, psychologischer Eignungstest.

psicoattìvo, (-a) *agg farm* psychisch aktiv.

psicobiologìa f *biol* Psychobiologie f.

psicochìmica <-che> f *chim* Psychochemie f.

psicocinèsi <-> f (*nell'occultismo*) Psychokinese f.

psicodiagnòstica <-che> f *psic* Psychodiagnostik f.

psicodiagnòstico, (-a) <-ci, -che> *agg psic* {METODO} psychodiagnostisch.

psicodinàmica <-che> f *psic* Psychodynamik f.

psicodislèttico, (-a) <-ci, -che> *farm* A *agg* psychodysleptisch B *m* Psychodysleptika n pl, Halluzinogene n pl.

psicodràmma <-i> *m* 1 *psic* Psychodrama n 2 *fig* (*conflitto*) {CONIUGALE} (Psycho)drama n.

psicofàrmaco <-ci> m farm Psychopharmakon n.
psicofìṣica <-che> f psic Psychophysik f.
psicofìṣico, (-a) <-ci, -che> agg psic psychophysisch.
psicofiṣiologìa f psic Psychophysiologie f.
psicofiṣiològico, (-a) <-ci, -che> agg psic psychophysiologisch.
psicogèneṣi <-> f psic Psychogenese f, Psychogenesis f.
psicogenètico, (-a) <-ci, -che> agg psic {ALTERAZIONE} psychogenetisch.
psicògeno, (-a) agg psic {FENOMENO, REAZIONE} psychogen.
psicogràmma <-i> m psic Psychogramm n.
psicolàbile psic **A** agg {SOGGETTO} psychisch labil **B** mf psychisch Labile mf decl come agg.
psicolinguìsta <-i m, -e f> mf (studioso) Psycholinguist(in) m(f).
psicolinguìstica <-che> f ling psic Psycholinguistik f.
psicolinguìstico, (-a) <-ci, -che> agg psic {ANALISI} psycholinguistisch.
psicòloga f → **psicologo**.
psicologìa f **1** (studio della psiche) {SPERIMENTALE} Psychologie f: ~ **analìtica/applicata**, analytische/angewandte Psychologie; ~ **dell'età evolutiva**, Entwicklungspsychologie f; ~ **della forma**, Gestaltpsychologie f; ~ **del profondo**, Tiefenpsychologie f; ~ **sociale**, Sozialpsychologie f **2** (struttura psicologica) {+COMPRATORE, MASSA, SINGOLO} Psychologie f **3** (sensibilità) Psychologie f, Einfühlungsvermögen n: **mancare di ~**, es an Psychologie/Sensibilität fehlen lassen; **usare un po' di ~**, ein bisschen Psychologie anwenden.
psicologicaménte avv {INSTABILE} psychisch; {ANALIZZARE} psychologisch.
psicològico, (-a) <-ci, -che> agg **1** (della psiche) {BLOCCO} psychisch; {MONDO, STATO} anche seelisch **2** (della psicologia) {ANALISI, TEORIA} psychologisch.
psicologìṣmo m filos lett psic Psychologismus m.
psicologiżżàre tr ~ **qc** {ESPERIENZA, RISPOSTA} etw psychologisieren.
psicòlogo, (-a) <-gi, -ghe> m (f) **1** (studioso) Psychologe m, (Psychologin) f **2** (conoscitore dell'animo umano) Psychologe m, (Psychologin f); Menschenkenner(in) m(f): **essere un buon/fine ~**, ein guter/hervorragender Psychologe/Menschenkenner sein.
psicometrìa f psic Psychometrie f.
psicomètrico, (-a) <-ci, -che> agg psic {TEST} psychometrisch.
psicomotòrio, (-a) <-ri m> agg psic {AGITAZIONE, ALTERAZIONE} psychomotorisch.
psicomotricità <-> f psic Psychomotorik f.
psiconevròṣi <-> f psic Psychoneurose f.
psiconevròtico, (-a) <-ci, -che> psic **A** agg {SINTOMO} psychoneurotisch **B** m (f) Psychoneurotiker(in) m(f).
psicopatìa f **1** (pazzia) Geisteskrankheit f **2** psic Psychopathie f.
psicopàtico, (-a) <-ci, -che> psic **A** agg {COMPORTAMENTO} psychopathisch: **soggetti psicopatici**, Psychopathen m pl **B** m (f) Psychopath(in) m(f).
psicopatologìa f psic Psychopathologie f.
psicopatològico, (-a) <-ci, -che> agg psic {ASPETTO} psychopathologisch.
psicopedagogìa f psic Psychagogik f, Psychopädie f.

psicopedagògico, (-a) <-ci, -che> agg psic {METODO} psychagogisch, psychopädisch.
psicoplegìa f med Psycholepsie f scient, psycholeptische Krise.
psicoplègico, (-a) <-ci, -che> agg **1** farm: **farmaco ~**, Psychoplegikum n **2** med {STATO} psycholeptisch.
psicopómpo, (-a) mitol **A** agg {DIVINITÀ} "die Seelen der Verstorbenen geleitend" **B** m (Ermes) "der die Seelen ins Reich der Toten geleitet".
psicoprofilàssi <-> f psic Psychoprophylaxe f.
psicoprofilàttico, (-a) <-ci, -che> agg psic {INFORMAZIONE} psychoprophylaktisch.
psicosensoriàle agg psic {ALLUCINAZIONE, PERCEZIONE} psychosensorisch.
psicosessuàle agg psic {ECCITAZIONE} sexualpsychologisch.
psicòṣi <-> f **1** psic Psychose f: ~ **alcolica**, Alkoholpsychose f; ~ **maniaco-depressiva**, manisch-depressive Psychose; ~ **puerperale**, Generations-, Puerperalpsychose f scient **2** (panico) Psychose f, Angst f: ~ **collettiva**, Massenpsychose f; ~ **degli esami**, Prüfungsangst f.
psicosociàle agg psic psychosozial.
psicosociologìa f psic Psychosoziologie f.
psicosociològico, (-a) <-ci, -che> agg {RICERCA} psychosoziologisch.
psicosociòlogo, (-a) <-gi, -ghe> m (f) psic sociol Psychosoziologe m, (Psychosoziologin f).
psicosomàtica <-che> f med Psychosomatik f scient.
psicosomàtico, (-a) <-ci, -che> agg med {MALATTIA} psychosomatisch.
psicostimolànte farm **A** agg {SOSTANZA} das Zentralnervensystem anregend, psychotonisch scient **B** m Psychotonikum n scient, Psychostimulanzium n scient.
psicotècnica <-che> f psic {AZIENDALE} Psychotechnik f.
psicotècnico, (-a) <-ci, -che> psic **A** agg psychotechnisch **B** m (f) Psychotechniker(in) m(f).
psicoterapèuta <-i m, -e f> mf psic Psychotherapeut(in) m(f).
psicoterapèutico, (-a) <-ci, -che> agg psic {TRATTAMENTO} psychotherapeutisch.
psicoterapìa f psic Psychotherapie f: ~ **di gruppo**, Gruppentherapie f; ~ **individuale**, Einzeltherapie f.
psicoterapìco, (-a) <-ci, -che> agg psic {INTERVENTO} psychotherapeutisch.
psicoterapìsta <-i m, -e f> mf psic Psychotherapeut(in) m(f).
psicòtico, (-a) <-ci, -che> **A** agg (di psicosi) {FENOMENO} psychotisch **B** m (f) Psychotiker(in) m(f).
psicotònico, (-a) <-ci, -che> farm **A** agg {FARMACO} psychotonisch **B** m Psychotonikum n.
psicòtropo, (-a) agg farm {FARMACO} psychotrop.
psicròmetro m fis meteo Psychrometer n, Luftfeuchtigkeitsmesser m.
psìlla f zoo Blattfloh m.
psittacòṣi <-> f med veter Papageienkrankheit f, Psittakose f scient.
psòas <-> m anat Lendenmuskel m, Psoas m scient.
psoriàṣi <-> f med Schuppenflechte f, Psoriasis f scient.
pss, ps, pst inter fam onomatopeica **1** (per richiamare l'attenzione) he!, hallo! **2** (per imporre silenzio) pst!, pscht!, pss!, st!

PT 1 post abbr di Poste e Telecomunicazioni: "Italienisches Post- und Fernmeldewesen", ≈ DBP (abbr di Deutsche Bundespost) **2** abbr di Polizia Tributaria: Steuerfahndungsdienst m **3** abbr di Polizia del Traffico: Verkehrspolizei f.
ptèride f bot Adlerfarn m.
pterìgio <-gi> m **1** med Flügelfell n, Pterygium n scient **2** zoo Pterygium n.
pterodàttilo m paleont Pterodaktylus m.
pteròpode m <di solito al pl> zoo Ruderschnecken f pl, Pteropoden m pl.
pteroṣàuro m <di solito al pl> paleont Ptero-, Flugsaurier m pl.
ptialìna f med Speicheldiastase f, Ptyalin n scient.
ptialìṣmo m med Speichelfluss m, Ptyalismus m scient.
ptilòṣi <-> f med Wimpernverlust m, Madarose f scient, Ptilose f scient.
ptomaìna f biol Leichengift n, Ptomain n.
ptòṣi <-> f med Fall m, Senkung f, Ptose f scient, Ptosis f forb: ~ **renale/palpebrale**, Nieren-/Augenlidsenkung f.
PTP tel abbr di Posto Telefonico Pubblico: Münzsprecher m, öffentliches Telefon.
PTT abbr di Poste, Telecomunicazioni e Teledifusione: "Italienisches Post- und Fernmelde- und Fernsehübertragungswesen", ≈ DBP (abbr di Deutsche Bundespost), ≈ PTT stor CH (abbr di Post, Telefon, Telegraf).
puàh inter (di disgusto) pfui!, bäh!, ih!: ~ **che schifo!**, pfui, wie ekelhaft!
pub <-> m ingl (locale) Pub n o m.
pubalgìa f med Pudendusneuralgie f scient.
pubblicàbile agg {LIBRO} veröffentlichbar.
pubblicaménte avv {AMMETTERE QC} öffentlich.
pubblicàno m stor rom Zöllner m.
pubblicàre <pubblico, pubblichi> tr ~ **qc 1** edit giorn {ENCICLOPEDIA, LIBRO} etw veröffentlichen, etw publizieren, etw heraus|geben: ~ **una raccolta di poesie a proprie spese**, eine Gedichtsammlung auf eigene Kosten veröffentlichen; {GIORNALE, RIVISTA} etw heraus|geben; {NUOVA EDIZIONE} etw heraus|bringen; {ARTICOLO, FOTO} etw veröffentlichen, etw publizieren; {NOTIZIA} anche etw verbreiten, etw an die Öffentlichkeit bringen, etw publik machen **2** (rendere pubblico) {ORDINANZA, RISULTATI ELETTORALI} etw veröffentlichen, etw bekannt geben, etw bekannt machen.
pubblicazióne f **1** edit giorn {+LIBRO, NOTIZIA} Veröffentlichung f, Publikation f, Herausgabe f: **essere di imminente ~**, kurz vor der Veröffentlichung stehen **2** (opera) {BIMESTRALE, SETTIMANALE} Publikation f, Veröffentlichung f, Ausgabe f **3** (il nepote noto) {+RISULTATO DEGLI ESAMI} Bekanntmachung f, Veröffentlichung f **4** <di solito al pl> amm Aufgebot n: **fare le pubblicazioni (matrimoniali)**, das Aufgebot bestellen.
pubblicìsta <-i m, -e f> mf **1** giorn freie(r) Journalist(in) m(f) **2** dir Staatsrechtler(in) m(f).
pubblicìstica <-che> f **1** giorn "Tätigkeit f als freier Mitarbeiter bei Zeitungen und Zeitschriften"; (insieme di pubblicazioni) Zeitungs- und Zeitschriftenwesen n **2** dir Staatsrechtslehre f.
pubblicìstico, (-a) <-ci, -che> agg **1** giorn {LAVORO} publizistisch **2** dir staatsrechtlich, des öffentlichen Rechts.
pubblicità <-> f **1** (diffusione) Verbreitung f: **la notizia ha avuto grande ~**, die Nachricht fand große Verbreitung **2** (propaganda) {+DETERSIVO} Werbung f, Reklame f, Publicity f, Propaganda f: ~ **affissionale/mu-**

rale, Plakatwerbung f; **~ comparativa/diretta**, ⌊vergleichende Werbung⌋/[Direktwerbung f]; **fare ~ a qc**, für etw (acc) ⌊Werbung machen⌋/[werben]; **~ luminosa**, Leucht-, Lichtreklame f; **~ occulta**, Schleichwerbung f; **piccola ~**, Kleinanzeige f; **~ radiofonica/televisiva**, Rundfunk-/Fernsehwerbung f; **~ visiva**, Sichtwerbung f; *giorn* Anzeigen-, Inseratenteil m **3** (*settore*) Werbebranche f: **lavorare nella ~**, in der Werbebranche arbeiten **4** (*l'essere pubblico*) {+DIBATTITO, SERVIZIO} Öffentlichkeit f, Publizität f; *amm* {+ATTO GIUDIZIARIO} Veröffentlichung f **5** *dir* Publizität f ● **la ~ è l'*anima del commercio***, ohne Werbung läuft im Handel nichts *fam*; **dare ~ a qc** *fig* (*renderla nota*), etw öffentlich bekannt machen/geben, etw verbreiten; **non** *far* **~ a qc** *fig fam* (*non divulgare una notizia*), etw nicht verbreiten; **fare (grande) ~ a qu/qc** *fig* (*attirare l'attenzione di tutti*), für jdn/etw (groß) Werbung/Reklame machen, für jdn/etw (groß) werben/[die Werbetrommel rühren]; **farsi ~** *fig* (*farsi conoscere*), Werbung für sich machen, Aufmerksamkeit erregen; **~ progresso**, Sensibilisierungskampagne f.

pubblicitàrio, (-a) <-ri m> **A** agg (*promozionale*) {CAMPAGNA, LANCIO, SPOT} Werbe- **B** m (f) (*agente*) Werbefachmann m, (Werbefachfrau f).

pubblicizzàre tr **~ qc** (*in/su qc*) **1** (*promuovere*) {LIBRO, PROFUMO, VOLONTARIATO SULLA STAMPA NAZIONALE} (*für etw* acc) Werbung machen, *für etw* (acc) werben **2** (*rendere pubblico*) {CONVERSAZIONE TELEFONICA} *etw* bekannt machen, *etw* publik machen; {RISULTATO DI UN CONCORSO SULLA GAZZETTA UFFICIALE} *etw* bekannt geben, *etw* veröffentlichen.

pùbblico, (-a) <-ci, -che> **A** agg **1** *gener* {BENE, UTILITÀ} Gemein-; {ORDINE, PERICOLO, QUIETE, SALUTE} öffentlich; {OPINIONE, VOCE} *anche* Volks- **2** (*dello Stato*) {MEZZO, SCUOLA} öffentlich, staatlich; {AMMINISTRAZIONE, AUTORITÀ, DEBITO, DEFICIT, IMPIEGO, SERVIZI, SUOLO} *anche* Staats- **3** (*accessibile a tutti*) {GIARDINO, LOCALE} öffentlich **4** (*che avviene davanti a tutti*) {AMMISSIONE, CERIMONIA} öffentlich **5** (*generale*) {DISAPPUNTO} allgemein **6** (*noto*) allgemein bekannt **7** *dir* {DIRITTO} öffentlich; {MINISTERO, UFFICIALE} Staats-; {IMPRESA} öffentlich-rechtlich **B** m **1** (*gente*) Öffentlichkeit f, Allgemeinheit f, Publikum n: **aprire qc al ~**, etw der Allgemeinheit zugänglich machen; **è faticoso avere a che fare col ~ tutto il giorno**, es ist anstrengend, den ganzen Tag im Publikumsverkehr zu arbeiten **2** (*chi assiste a qc*) Publikum n: **il ~ degli ascoltatori**, die Zuhörer(schaft); **il ~ dei lettori**, die Leser(schaft); **il ~ degli spettatori**, die Zuschauer **3** (*clienti*) {+AZIENDA} Kunden pl; {+NEGOZIO} *anche* Kundschaft f: **cerchiamo di offrire il meglio al nostro ~**, wir versuchen, unseren Kunden das Beste zu bieten **4** (*ciò che è ~*) öffentliches Leben: **il ~ e il privato**, das Öffentliche und das Private **C** loc avv (*pubblicamente*): **in ~**, in der Öffentlichkeit, öffentlich; **apparire/mostrarsi in ~**, vor die Öffentlichkeit treten, öffentlich auftreten, sich in der Öffentlichkeit zeigen ● **il grande ~** (*la maggior parte delle persone*), das große Publikum; **rendere/[mettere in] ~ qc** *fig* (*divulgare*), etw an die Öffentlichkeit bringen, etw publik machen, etw öffentlich kundtun.

pùbe m *anat* (*osso*) Schambein n; (*zona del ~*) Scham(gegend) f.

puberàle agg (*della pubertà*) {CRISI} pubertär, Pubertäts-.

pùbere **A** agg {RAGAZZA} geschlechtsreif **B** mf "wer geschlechtsreif ist".

pubertà <-> f Geschlechtsreife f, Pubertät(szeit) f.

pubescènte agg *bot* {STELO} haarig.

pubescènza f *bot* Haarigkeit f.

pùbico, (-a) <-ci, -che> agg *anat* {OSSO, SINFISI} Scham-.

public company <- -, *- companies* pl *ingl* loc sost f *ingl econ* Börsenaktiengesellschaft f.

pùblico e deriv → **pubblico** e deriv.

public relations loc sost f <pl> *ingl* (*pubbliche relazioni*, abbr PR) Public Relations pl, Öffentlichkeitsarbeit f.

publishing <-> m *ingl edit* Publishing n.

pucciniàno, (-a) *mus* **A** agg (*di G. Puccini*) {OPERA} Puccini-, von Puccini **B** m (f) Bewunderer(in) m (f) von Puccini, Puccini-Fan m *fam*.

pudding <-> m *ingl gastr* Pudding m.

puddìnga f *geol* Nagelfluh f.

pudènda, **pudènde** f <solo pl> *lat lett* (*genitali esterni*) Scham(gegend) f.

pudibóndo, (-a) agg *lett* (*vergognoso*) {DISCORSO, RAGAZZA, SGUARDO} schamhaft, sittsam.

pudicìzia f *lett* (*pudore*) Schamhaftigkeit f.

pudìco, (-a) <-chi, -che> agg **1** (*casto*) {DONNA} schamhaft, sittsam, züchtig; {SGUARDO} verschämt **2** *lett* (*riservato*) {CONTEGNO} zurückhaltend.

pudóre m **1** (*vergogna*) Scham(haftigkeit) f: **avere/provare ~ a mostrarsi nudo**, Scham empfinden, sich nackt zu zeigen; *fig* {+PROPRI SENTIMENTI} Scham f; **per ~ non le ha confessato il suo amore**, aus/vor Scham gestand er ihr seine Liebe nicht **2** (*senso del ~*) Scham f, Schamgefühl n: **falso ~**, falsche Scham; **offendere il ~ altrui**, das Schamgefühl des anderen verletzen **3** (*discrezione*) Zurückhaltung f, Anstand m: **non avere neanche il ~ di tacere**, nicht einmal den Anstand haben zu schweigen **4** (*ritegno*) Verschämtheit f, Anstand m, Zurückhaltung f: **avere il ~ di fare qc**, sich genieren, etw zu tun; **mentire senza ~**, schamlos lügen.

pueblo <-, -os pl *spagn*> m *spagn etnol* Pueblo m.

puericultóre, (-trice) **A** m (f) *med* Kinder-, Säuglingsarzt m, (Kinder-, Säuglings-ärztin f) **B** f (*infermiera specializzata*) Säuglingspflegerin f, Säuglingsschwester f.

puericultùra f *med* Säuglingspflege f.

puerìle agg **1** (*infantile*) {ETÀ} Kindes-, kindlich **2** *spreg* {RAGIONAMENTO, REAZIONE} kindisch *spreg*, albern *spreg*, läppisch *spreg*.

puerilìsmo m *med* Puerilismus m *scient*.

puerilità <-> f *spreg* **1** (*immaturità*) {+DISCORSO} Albernheit f *spreg* **2** (*atto*) Kinderei f.

puèrpera f *med* Wöchnerin f.

puerperàle agg *med* {FEBBRE} Kindbett-, Wochenbett-.

puerpèrio <-ri> m *med* Kind-, Wochenbett n.

puf → **pouf**.

puff, **puf** inter onomatopeica (*riproduce uno sbuffo*) puff!

puffìno m *ornit* Sturmtaucher m.

pugilàto m **1** *sport* Boxsport m, Boxen n **2** *fig* (*rissa*) Schlägerei f.

pùgile mf *sport* {DILETTANTE, PROFESSIONISTA} Boxer(in) m (f): **fare il ~**, (von Beruf) Boxer sein.

pugilìstico, (-a) <-ci, -che> agg *sport* {ATTIVITÀ, INCONTRO, REGOLAMENTO} Box-.

Pùglia, f, **Pùglie** <solo pl> *geog* Apulien n.

pugliése **A** agg {CUCINA} apulisch **B** mf (*abitante*) Apulier(in) m (f) **C** m <solo sing> (*dialetto*) apulischer Dialekt.

pùgna f *lett* (*battaglia*) Schlacht f; *fig* Streit m, Konflikt m.

pugnàce agg *lett* **1** (*combattivo*) {DONNA} kämpferisch, angriffslustig **2** (*che incita alla battaglia*) Kampf-.

pugnalàre tr (*ferire*) **~ qu** (+ *compl di luogo*) {RIVALE ALLE SPALLE} jdm einen Dolchstoß (*irgendwohin*) versetzen; (*a morte*) {GIOIELLIERE NEL SUO NEGOZIO} jdn (*irgendwo*) erstechen, jdn (*irgendwo*) erdolchen.

pugnalàta f **1** (*colpo di pugnale*) Dolchstoß m, Dolchstich m: **dare una ~ a qu**, jdm einen Dolchstoß versetzen; **ricevere una ~ al braccio**, mit einem Dolch am Arm verletzt werden **2** *fig* (*duro colpo*) Stich m, Schlag m: **la notizia è stata per me una ~**, die Nachricht war ein Schlag für mich.

pugnalatóre, (-trice) m (f) (*chi pugnala*) Erdolcher(in) m (f).

pugnàle m (*arma*) Dolch m, Messer n: **affondare il ~ nel petto del rivale**, dem Gegner das Messer in die Brust bohren.

pugnàre itr *lett* **~ (contro qu) 1** (*lottare*) {CONTRO IL NEMICO} (*gegen jdn*) kämpfen **2** *fig* (*essere in contrasto con*) {CONTRO LA SINISTRA} jdm widersprechen, *mit jdm* polemisieren, *mit jdm* streiten.

pugnétta f *volg region* (*masturbazione maschile*) Wichsen m *volg*.

pugnétto <dim *di* pugno> m (*piccolo pugno*) Fäustchen n, kleine Faust.

pùgno m **1** (*mano chiusa*) Faust f: **allargare/stringere il ~**, die Faust öffnen/ballen **2** (*colpo*) Faustschlag m, Fausthieb m: **dare/sferrare/tirare un ~ a qu**, jdm einen Faustschlag versetzen **3** (*manciata*) {+RISO, SALE} Hand voll f; *anche fig* {+TERRA} Fleckchen n **4** (*gruppetto*) {+SEGUACI} Hand voll f ● **avere qc in ~** *fig* (*essere sicuro di ottenerla*), {PROMOZIONE, VITTORIA} etw schon in der Tasche haben *fam*; **avere/tenere qu/qc in ~** *fig* (*controllarlo*), {AVVERSARIO, SITUAZIONE} jdn/etw ⌊in der Hand⌋/[im Griff] haben *fam*; **avere il ~ facile** *fig* (*essere rissoso*), ein rauflustiger Mensch sein; **fare a pugni** *fig* (*lottare*), (sich) raufen, kämpfen; *fig* (*non armonizzare*), {COLORI} sich beißen; **~ di ferro** (*tirapugni*), Schlagring m; *fig anche polit* (*intransigenza*), eiserne Faust; **usare il ~ di ferro** *fig* (*la forza*), die eiserne Faust gebrauchen, Gewalt anwenden; **usare un ~ di ferro in guanto di velluto** *fig* (*grande forza mascherata da apparente dolcezza*), hart, aber herzlich sein; **restare/rimanere/trovarsi con un ~ di mosche (in mano)** *fig* (*senza niente*), das Nachsehen haben, leer ausgehen; **mostrare il ~/i pugni** *fig* (*minacciare*), mit der Faust / den Fäusten drohen; **essere (come) un ~ in un occhio** (*essere stonato*), wie die Faust aufs Auge passen *fam*; **prendere qu a pugni** (*picchiarlo*), jdn verprügeln, mit Fäusten auf jdn einschlagen; **avere il ~ proibito** *fam* (*essere molto forte*), einen mörderischen Schlag haben *fam*; **di proprio ~** (*personalmente*), {CORREZIONE, FIRMARE, SCRIVERE} eigenhändig; **salutare a ~ chiuso** (*secondo la tradizione comunista*), mit geschlossener Faust grüßen; **stringere i pugni** *fig* (*reprimere la rabbia*), die Fäuste (zusammen)ballen; **battere il ~/i pugni sul tavolo** *fig* (*imporsi*), mit der Faust auf den Tisch schlagen/hauen *fam*; **venire a pugni** (*combattere*), heftig aneinandergeraten, handgreiflich werden.

puh inter onomatopeica (*di fastidio*) bäh!, pfui!

pùla① f *agr* {+CEREALI} Spreu f.

pùla② f *slang* (*polizia*) Bullen m pl *slang*, Polente f *fam*.

pùlce f **1** *zoo* Floh m: **~ d'acqua**, Wasserfloh m; **avere le pulci**, Flöhe haben; **~ di mare**, Flohkrebs m; **~ dell'uomo**, Menschenfloh m **2** *fig fam vezz* (*rif. a bambini piccoli*) Krümel m *fam scherz* ● **fare le pulci a qu/qc** *fig* (*cercare con accanimento un difetto*), {A UN ARTICOLO DI GIORNALE} etw auseinanderpflücken, jdn/etw auseinandernehmen, bei jdm/etw das Haar in der Suppe suchen *fam*; **essere** *noioso* **come una ~** *fig* (*molto noioso*), eine entsetzliche Nervensäge *fam* sein; **mettere una ~ nell'***orecchio* **a qu** *fig* (*instillare il dubbio*), jdm einen Floh ins Ohr setzen *fam*.

pulcèlla → **pulzella**.

pulciàio <-*ciai*> m **1** *spreg* (*luogo sudicio*) Schweine-, Saustall m *fam spreg* **3** *zoo* Flohnest n.

pulcinèlla <-> m **1** *teat* (*maschera napoletana*), Pulcinella, Pulcinell m **2** *fig* (*pagliaccio*) Hanswurst m, Clown m ● **essere/fare il Pulcinella** *fig* (*comportarsi in modo poco serio*), sich wie ein Clown aufführen; **~ di *mare*** *ornit*, Papageitaucher m.

pulcìno m **1** *ornit* {+ANATRA, GALLINA} Küken n; {+RONDINE} Junge n *decl come agg* **2** *fig fam vezz* (*bambino piccolo*) Küken n, Krümel m *fam scherz* **3** *sport* Nachwuchsspieler m, Junior m ● **essere *bagnato*/inzuppato come un ~** (*bagnato fradicio*), pudelnass sein; **sembrare un ~ bagnato** *fig* (*essere impacciato, timido*), dastehen wie ein begossener Pudel *fam*; **sembrare un ~ nella *stoppa*** *fig* (*non riuscire a cavarsela*), völlig unbeholfen sein, nicht (mehr) aus noch ein wissen.

pulciòso, (-a) *agg* (*pieno di pulci*) {CANE} voller Flöhe.

pulèdro, (-a) m (f) **1** (*giovane equino*) Fohlen n, Füllen n *forb* **2** *fig* (*individuo giovane*) junger lebhafter Mensch, Springinsfeld m *scherz* ● **correre/saltare come un ~** (*con vivacità*), rennen/springen wie ein Fohlen.

pulèggia <-*ge*> f *mecc* (*Riemen*)scheibe f, Rolle f: **~ a *cinghia*/gradini**, Riemen-/Stufenscheibe f; **~ *fissa*/folle**, Fest-/Losscheibe f.

pulèsco <-*schi*> m (*polvere di legno*) Holzstaub m.

pulicària f *bot* Flohkraut n.

pulìre <*pulisco*> A *tr* **1** *gener* **~ qc** (**con qc**) {LAVANDINO CON UNA SPUGNA, STRADA CON LA RAMAZZA} *etw* (*mit etw dat*) putzen, *etw* (*mit etw dat*) sauber machen, *etw* (*mit etw dat*) reinigen, *etw* (*mit etw dat*) säubern; {LAVAGNA CON IL CANCELLINO, MOBILE, PAVIMENTO, VETRO CON UN PANNO} *etw* (*mit etw dat*) (ab|)wischen; {CAMINETTO, CANNA FUMARIA} *etw* (*mit etw dat*) fegen; (*a secco*) {CAPPOTTO} *etw* reinigen; **~ qc** (**a qu**) (**con qc**) {NASO AL FIGLIO} *jdm etw* (*mit etw dat*) putzen; {PIAGA AL FERITO CON LA GARZA} *jdm etw* (*mit etw dat*) reinigen, *jdm etw* (*mit etw dat*) säubern; **~ qc** (**a qu**) (**da qc**) (**con qc**) {SCARPE AL FIGLIO, DAL FANGO, CON UN PANNO, VISO CON UN ASCIUGAMANO} *jdm etw*/[*jdn* (*von etw dat*)] (*mit etw dat*) säubern **2** (*liberare*) **~ qc** (**da qc**) {IL PARCO DALLE FOGLIE SECCHE} *etw von etw* (*dat*) befreien: **~ il prato dalle erbacce**, auf der Wiese Unkraut jäten, die Wiese von Unkraut befreien **3** *fig* (*limare*) **~ qc** {ARTICOLO} glätten, *etw* polieren **4** *gastr* (*eliminare le squame, le interiora, ecc.*): **~ il pesce**, den Fisch putzen **B** *rfl* **1** *indir gener*: **pulirsi** (**qc**) (**con qc**) {DENTI} sich (*dat*) *etw* (*mit etw dat*) putzen; {MANI, NASO COL FAZZOLETTO} sich (*dat*) *etw* (*mit etw dat*) ab|putzen; {BOCCA COL TOVAGLIOLO} sich (*dat*) *etw* (*mit etw dat*) ab|wischen ● (**le tasche a**) **qu** *fig* (*de-*

rubarlo), jdm die Taschen leeren *fam*, jdm sein ganzes Geld abnehmen.

pulisciorécchi <-> m *med* Ohrlöffel m.

pulisciopénne <-> m (*nettapenne*) Federwischer m.

pulisciopièdi <-> m (*zerbino*) Fußmatte f, Fußabtreter m *region*, Fußabstreifer m *region*.

pulisciscàrpe <-> m **1** (*attrezzo*) Schuhputzgerät n **2** (*zerbino*) Fußmatte f, Fußabtreter m.

pulìta f (*schnelle*) Reinigung: **dare una ~ a qc**, etw schnell reinigen.

pulìto, (-a) A *agg* **1** *gener* {MANI, PAVIMENTO, VESTITO, VETRO} sauber, rein: **devi tenere la casa più pulita**, du musst das Haus/die Wohnung sauberer halten; {BICCHIERE, TAZZA} sauber; {ASCIUGAMANO, LENZUOLA} *anche* frisch **2** *fig* (*amante della pulizia*) {ANIMALE} rein(lich), sauber; {RAGAZZO} sauber, rein(lich), gepflegt **3** *fig* (*onesto*) {UOMO, VISO} anständig, ehrlich; {OPERAZIONE FINANZIARIA} sauber; {SOLDI} ehrlich verdient: **è una faccenda poco pulita**, die Angelegenheit ist nicht ganz sauber **4** *fig* (*a posto*) {COSCIENZA} rein; {FEDINA PENALE} *anche* sauber; {ANIMO} anständig, ehrlich **5** *fig* (*corretto*) {PRONUNCIA} sauber, korrekt **6** *fig* (*non scurrile*) {BARZELLETTA} anständig, stubenrein *fam* **7** *fig* (*ordinato*) {PAGINA} ordentlich, sauber **8** *fig* (*non ancora iniziato*) {QUADERNO} neu; {FOGLIO} *anche* weiß **9** *fig* (*senza errori*) {COMPITO} fehlerfrei **10** *fig* (*chiaro*) {SUONO} sauber **11** *fig* (*che non inquina*) {ENERGIA} umweltfreundlich **12** *fig* (*sgombro*) {CIELO, ORIZZONTE} wolkenlos **13** *fig fam* (*privo di denaro*) blank *fam*, abgebrannt *fam*, ohne Geld: **essere/rimanere ~**, blank/abgebrannt sein *fam* **14** *fig fam* (*netto*) {COMPENSO} rein, Rein-, Netto- **15** *fig* (*liscio*) {RIPIANO MARMOREO} glatt, poliert, geglättet; (*senza ornamenti*) {MOBILE} schnörkellos **B** *avv fig* (*onestamente*) {PARLARE} anständig; {GIOCARE} fair **C** *m* **1** (*ciò che è ~*) Saubere n *decl come agg*, Reine n *decl come agg*: **sa di ~**, es riecht sauber; **mi piace vivere nel ~**, ich habe es gern, wenn alles sauber ist **2** *rar* (*bella copia*) Reinschrift f ● **essere ~** *fig slang* (*non avere addosso armi, droga, ecc.*), sauber/clean slang sein; **farla/passarla pulita** *fig fam* (*passarla liscia*), ungeschoren/[mit heiler Haut] davonkommen *fam*.

pulitóre, (-*trice*) A *agg* (*che pulisce*) Reinigungs- B m (f) (*chi pulisce*) Putzer(in) m(f), Reiniger(in) m(f).

pulitrìce f **1** *tecnol* Polier-, Schleifmaschine f: **~ a *disco*/nastro**, Scheiben-/Bandpoliermaschine f; **~ a getto di sabbia**, Sandstrahlschleifmaschine f **2** *agr* Dreschmaschine f.

pulitùra f **1** *gener* {+PAVIMENTI, VETRI} Reinigung f, Säuberung f: **~ a secco**, Trockenreinigung f **2** *fig* (*ritocco*) Schliff m: **dare l'ultima ~ ad un lavoro**, letzte Hand an eine Arbeit legen, einer Arbeit den letzten Schliff geben.

pulizìa f **1** (*nettezza*) Sauberkeit f, Reinlichkeit f: **laggiù la ~ non è certo di casa**, dort unten wird Sauberkeit nicht gerade großgeschrieben *fam*; **curare/trascurare la ~ personale**, die Toilette pflegen/vernachlässigen *forb*; **esigo la massima ~**, ich verlange äußerste Sauberkeit **2** <*di solito al pl*> (*azione*) Säuberung f, Reinigung f, Putzen n, Reinemachen n: **fare le pulizie (di casa)**, sauber machen, putzen; **fare le grandi pulizie**, großen Hausputz machen; **~ generale**, Großrein(e)machen n *fam*; **pulizie pasquali/[di primavera]**, Oster-/Frühjahrsputz m; **~ della strada**, Straßenreinigung f; **~ dei**

treni, Reinigung f der Züge **3** *forb* (*essenzialità*) {+ARTICOLO, DECORAZIONE, SCULTURA, TESTO} Schlichtheit f, Einfachheit f **4** *fig* ● *etnica giorn*, ethnische Säuberung; **fare (un po'/una bella) ~** (*pulire*), (ein bisschen/[ordentlich]) putzen/sauber machen]; (*sgombrare*), (ein bisschen/[ordentlich]) aufräumen/[Ordnung schaffen]; *fig* (*liberare da ciò che è inutile*), (etwas/radikal) aussortieren; *fig* (*rimuovere da un incarico*), "mit Missständen aufräumen, man unfähige Leute entlässt"; **fare ~ di qc** *fig anche scherz* (*mangiare tutto*), {DELLA PIZZA} etw wegputzen *fam*, etw ganz aufessen; *fig* (*portare via tutto*), {DEI GIOIELLI} etw verschwinden lassen; **~ del *viso*** (*nella cosmesi*), Gesichtsreinigung f.

pull <-> m *ingl fam* (*pullover*) Pulli m *fam*, Pullover m.

pullman <-> m *ingl* (*Auto-, Omni-, Reise-*)bus m.

pullmìno → **pulmino**.

pullòver <-> m *ingl* (*nella moda*) Pullover m, Pulli m *fam*.

pullulàre *itr* **1** *anche fig* (*moltiplicarsi*) {CASI} sich häufen; {INIZIATIVE} sprießen; {INSETTI, INTERESSATI} wimmeln **2** (*brulicare*) **~ di qu/qc** {ACQUA DI PESCI; CASA DI OSPITI; REGIONE DI SERPENTI} *von jdm/etw* wimmeln.

pulmìno <*dim di* pullman> m Kleinbus m.

pulp *ingl film lett* A <*inv*> *agg* {FILM, ROMANZO} Pulp- B <-> m Pulp-Roman m, Pulp-Film m.

pulpàre *agg anat* Zahnmark-, Pulpa-.

pulpìte f *med* (*in odontoiatria*) Zahnmarkentzündung f, Pulpitis f *scient*.

pùlpito m **1** *relig* Kanzel f **2** *alpin* Felsvorsprung m **3** *tecnol* Pult n ● **montare/salire sul ~** *fig* (*pontificare*), eine (Moral)predigt halten *fam*; **senti da che ~ viene la *predica*!** *fam iron* (*rif. a chi rimprovera ad altri dei difetti che ha lui stesso*), ausgerechnet er/sie will eine Moralpredigt halten! *fam*; der/die hat es gerade nötig, so etwas zu sagen/predigen *fam*!

pulsànte A *agg anche elettr* (*che pulsa*) {CORRENTE, CUORE} pulsierend B m **1** (*bottone*) (Druck)knopf m, (Druck)taste f: **~ del cronometro**, Zeitmesserdruckknopf m; (*sport*) Stoppuhrdruckknopf m **2** *elettr* (Schalt)knopf m, Drücker m: **~ del campanello**, Klingelknopf m **3** *inform* Taste f.

pulsantièra f (*pannello*) {+CONTROLLO} Schalttafel f.

pùlsar <-> *o m ingl astr* Pulsar m.

pulsàre *itr* **1** (*palpitare*) {CUORE, TEMPIE} klopfen, pochen, schlagen; {SANGUE} pulsen, pulsieren **2** *fig* (*essere pieno di vita*) {CITTÀ} pulsieren.

pulsatilla f *bot* Kuhschelle f.

pulsazióne f **1** *med* {ADDOMINALE, NEGATIVA, +CUORE} Puls(schlag) m, Pulsfrequenz f, Pulsation f *scient*: **pulsazioni accelerate/irregolari/rallentate**, beschleunigter/unregelmäßiger/verlangsamter Pulsschlag; **ottanta pulsazioni al minuto**, ein Puls/eine Pulsfrequenz von achtzig, achtzig Pulsschläge pro Minute/[Puls *fam*] **2** *mus* {+CORDA} Schwingung f **3** *fis* {+GRANDEZZA} Kreisfrequenz f, Pulsation f **4** *fig lett* (*palpitazione*) {+ANIMO} Erregung f.

pulsionàle *agg psic* {CARICA, SPINTA} triebhaft.

pulsióne f **1** (*impulso*) Impuls m **2** *psic* Trieb m: **~ di morte**, Todestrieb m; **~ sessuale**, Sexual-, Geschlechtstrieb m.

pulvìscolo m (*polvere finissima*) Staub m: **~ atmosferico**, atmosphärischer Staub.

pulzèlla f *lett* (*vergine*) Jungfrau f ● **la ~ (d'Orléans)** *relig* (*Giovanna D'Arco*), die Jung-

pum inter onomatopeica **1** (*rif. a sparo*) bum! **2** (*rif. a tonfo*) bum(s)!, plumps!
pùma <-> m *zoo* Puma m, Silberlöwe m.
pummaròla f *napol gastr* **1** (*pomodoro*) Tomate f **2** (*salsa*) Tomatensoße f.
punch① <-, -es pl *ingl*> m *ingl* (*bevanda*) Punsch m.
punch② <-, -es pl *ingl*> m *ingl sport* (*nel pugilato*) Punch m.
punching bag <- -, - -s pl *ingl*> loc sost m *ingl sport* (*nel pugilato*) Sandsack m.
punching ball <- -, - -s pl *ingl*> loc sost m *ingl sport* (*nel pugilato*) Punchingball m.
pungènte agg **1** (*intenso*) {ODORE} beißend, scharf; {FREDDO} schneidend, beißend, bissig **2** (*appuntito*) {INSETTO, SPINA} stechend **3** (*ruvido*) {LANA} rau, stachelig **4** *fig* (*caustico*) {CRITICA, RISPOSTA} bissig, scharf, beißend; (*fastidioso*) {ATTEGGIAMENTO} bissig: **perché sei stato così ~ con lei, ti ha fatto qualcosa?**, warum warst du so bissig zu ihr, hat sie dir etwas getan? **5** *fig* (*forte*) {DESIDERIO} brennend; {CURIOSITÀ} quälend **6** *fig* (*penetrante*) {SGUARDO} durchdringend **7** *fig* (*doloroso*) {NOSTALGIA} schmerzhaft.
pùngere <*irr* pungo, pungi, punsi, punto> **A** tr **1** (*forare*) ~ **qu/qc** (+ **compl di luogo con qc**) {INSETTO, SPINA BAMBINO SUL COLLO, PAZIENTE CON UN AGO} (*jdn/etw*) (*mit etw dat*) (*irgendwohin*) stechen; ~ **qc a qu** {RAMO GAMBA} *jdn irgendwo* stechen, *jdn irgendwo* kratzen **2** (*pizzicare*) ~ **qu/qc** {MEDUSA, ORTICA} (*jdn/etw*) brennen; {BARBA} (*jdn/etw*) kratzen; {PEPERONCINO LINGUA} (*irgendwo*) brennen; {LANA} kratzen; *fig* (*uso assol*) {FREDDO} beißen **3** *fig* (*punzecchiare*) ~ **qu/qc con qc** {AMICO CON UNA CRITICA; PAROLE AVVERSARIO, ORGOGLIO} *jdn/etw* (*mit etw dat*) reizen, *jdn/etw* (*mit etw dat*) treffen, (*gegen jdn*) sticheln *spreg*; (*ferire*) {SENSIBILITÀ} *etw* (*durch etw acc*) verletzen **4** *fig* (*stimolare*) ~ **qu/qc** {CURIOSITÀ, PENSIERO} *jdn/etw* quälen: **lo pungeva il desiderio di rivederla**, er brannte darauf, sie wieder zu sehen **B** *rfl* (*ferirsi*): **pungersi** (+ **compl di luogo**) (**con qc**) {NEL PIEDE CON UNA SIRINGA} sich (*an/mit etw dat*) (*irgendwo*) verletzen; **pungersi qc con qc** {GAMBA CON UN ROVO} sich (*dat*) *etw an etw* (*dat*) zerstechen, sich (*dat*) *etw an etw* (*dat*) zerkratzen: **ahi, mi sono punto il pollice!**, aua, ich habe mich in den Daumen gestochen! ● **~ qu sul vivo** *fig* (*urtarne la sensibilità*), *jdn* an seiner empfindlichsten Stelle treffen.
pungiglióne m *zoo* {+CALABRONE} Stachel m.
pungitòpo m *bot* Mäusedorn m.
pungolàre tr **1** (*incitare*) ~ **qc** (**con qc**) {PASTORE ASINO CON UN BASTONE} *etw* (*mit etw dat*) an|treiben **2** *fig* (*sollecitare*) ~ **qu/qc** (**con qc**) {APPETITO CON UN APERITIVO} ~ **qu** (*durch etw acc*) an|regen, {STUDENTE CON LE MINACCE} *jdn* (*mit etw dat*) an|spornen, *jdn* (*mit etw dat*) an|treiben, *jdn* (*mit etw dat*) an|spitzen *fam*: **è pungolato dall'ambizione**, er ist vom Ehrgeiz angetrieben.
pùngolo m **1** (*bastone*) Ochsenziemer m, Stachel m **2** *fig* (*sprone*) {+GLORIA} Stachel m, Ansporn m, Antrieb m **3** *fig* (*assillo*) {+FAME} Qual f.
punìbile agg ~ **con qc 1** (*che può essere punito*) {ATLETA, COMPORTAMENTO CON UNA PENALITÀ} strafbar (*mit etw dat*); (*che deve essere punito*) {REO} (*mit etw dat*) zu strafen(d) **2** *dir* {ATTO, REATO CON UNA MULTA, CON LA RECLUSIONE} *mit etw* (*dat*) strafbar, *mit etw* (*dat*) bedroht.
punibilità <-> f **1** (*l'essere punibile*) {+ATTO} Strafbarkeit f **2** *dir* {+FURTO} Strafbarkeit f.
pùnico, (-a) <-ci, -che> agg *stor* (*cartaginese*) {GUERRA} punisch.
punìre (*punisco*) **A** tr ~ **qu/qc** (**per qc**) (**con qc**) **1** (*castigare*) {MALATO PER LA SUA INGORDIGIA ARBITRO COMPORTAMENTO SCORRETTO CON UN'AMMONIZIONE, GIOCATORE PER UN FALLO} *jdn/etw* (*für etw acc*) (*mit etw dat*) (be)strafen: **gli autori dello scherzo sono stati puniti**, die Urheber des Scherzes bestraft worden **2** *dir* (*sottoporre a una pena*) *jdn* (*wegen etw gen*) (*mit etw dat*) bestrafen; {LEGGE DIFFAMAZIONE} *etw* unter Strafe stellen **B** *rfl*: **punirsi** (**per qc**) {PER IL TORTO FATTO} sich selbst (*für etw acc*) bestrafen.
punitìvo, (-a) agg (*che punisce*) {CARCERE, LEGGE, SENTENZA} Straf-, strafend.
punitóre, (-trice) **A** agg (*che punisce*) {CARCERE, SENTENZA} Straf-, strafend **B** m (f) Bestrafer(in) m (f).
punizióne f **1** anche *dir* (*castigo*) Strafe f, Bestrafung f: ~ **corporale**, körperliche Strafe/Züchtigung *forb*; **dare/ricevere una** ~, eine Strafe auferlegen/bekommen, bestrafen/[bestraft werden]; ~ **disciplinare**, Disziplinarstrafe f, disziplinarische Strafe/Bestrafung; **per** ~, zur Strafe; (*azione*) anche (Be)strafen m **2** *sport* (*nel calcio*): (**calcio/tiro di**) ~, Freistoß m; **battere la** ~, einen Freistoß treten; **dal limite**, Freistoß m in unmittelbarer Strafraumnähe.
punk *ingl* **A** <inv> agg {MOVIMENTO, PETTINATURA} Punk- **B** <-> m (f) Punker(in) m (f).
punkabbéstia, **punkabéstia** <-> mf (*giovane*) Straßenpunk m.
punk-rock <-> m *ingl mus* Punk-Rock m.
pùnsi 1ª pers sing del pass rem *di* pungere.
pùnta① **A** f **1** (*estremità*) Spitze f: ~ **dell'ago/del coltello/della freccia/della lancia**, Nadel-/Messer-/Pfeil-/Lanzenspitze f; **cappello a tre/cinque punte**, Dreispitz m/[fünfspitziger Hut]; ~ **della forchetta**, (Gabel)zinke f; ~ **del naso**, Nasenspitze f; **rizzarsi/stare sulla** ~ **dei piedi**, ⌊sich auf die Zehenspitzen stellen⌋/[auf den Zehenspitzen stehen]; ~ **della stella**, Zacke f **2** (*cima*) {+CAMPANILE, SCALA} Spitze f: ~ **degli asparagi**, Spargelspitze f; ~ **della vela**, Nock n o f **3** (*pizzico*) {+PEPERONCINO, SALE} Prise f, Messerspitze f, Idee f *fam*, Schuss m *fam*, {+GELOSIA, INVIDIA} Hauch m, {+IRONIA, SARCASMO} Schuss m *fam*: **questa insalata ha una ~ d'amaro**, dieser Salat ist ein klein wenig bitter **4** (*massima intensità*) Höhepunkt m, Höchststand m, Höchstwert m, Höchstmaß m, Maximum n: ~ **massima**, Höchststand m, Maximum n; ~ **minima**, Tiefststand m, Minimum n **5** *fig* (*fitta*) Stich m, Stechen n: **avvertire/sentire una** ~ **al petto**, einen Stich/ein Stechen in der Brust vernehmen/fühlen **6** *alpin* {+RAMPONE} Zacke f **7** <*di solito al pl*> (*nella danza*) {*scarpetta*} Spitzenschuh m: **le punte**, die Spitzenschuhe **8** *gastr* (*taglio*) {+VITELLO} Brust f: ~ **di petto**, Bruststück n vom Rindfleisch **9** *geog*: ~/**Punta**, {+MONTAGNA} Spitze f, Gipfel m; **salire in** ~, den Gipfel besteigen; (*di costa*) Landzunge f; **doppiare/superare una** ~, eine Landzunge umschiffen **10** *sport* (*nel calcio*) Spitze f **11** *tecnol* {+FRESATRICE} Spitze f: ~ **elicoidale**, Spiralbohrer m; ~ **per legno**, Holzbohrer m; ~ **da trapano**, Bohrer m **B** <inv> loc agg **1** (*acuminato*): **a** ~, {CAPPELLO, SCARPE} spitz (zulaufend) **2** (*di spicco*): **di** ~, {PERSONAGGIO} herausragend, bedeutend; {PRODOTTO} Spitzen- **3** *mil* (*avanguardia*): **di** ~, {PATTUGLIA} Stoß- ● **finire/terminare a** ~, spitz zulaufen; **ballare sulle punte** (*nella danza*), Spitze tanzen; **bagnato/innamorato/rosso fino alla** ~ **dei capelli** *fig* (*completamente*) ⌊pudelnass *fam*⌋/[bis über die/beide Ohren verliebt *fam*]/[rot bis über die Ohren]; ~ **di carico** *elettr*, Belastungsspitze f; **colpire/tirare di** ~ *sport* (*nella scherma*), auf Stoß fechten; (**bugnato a**) ~ **di diamante** *arch*, Diamantenquader m; **essere la** ~ **di diamante di qc** *fig* (*ciò su cui si conta*), {DEL GRUPPO} das Spitzenelement/die Spitzenkraft von *etw* (*dat*) sein; **lui è la** ~ **di diamante della squadra di calcio francese**, er ist der Spielmacher/Topspieler der französischen Fußballmannschaft *slang*; **avere qc sulla** ~ **delle dita** *fig* (*conoscerla bene*), *etw* aus dem Effeff beherrschen/können/verstehen *fam*; **si contano sulla** ~ **delle dita** *fig* (*sono scarsi*), man kann sie an den fünf/zehn Fingern abzählen *fam*; **doppie punte**, gespaltene Haarspitzen; ~ **d'ernia** *med*, Anfangsstadium n einer Hernie, Bruchbeginn m; **fare la** ~ **ad una matita** (*temperarla*), einen Bleistift (an)spitzen; **essere la** ~ **dell'iceberg** anche *fig* (*ciò che emerge di un fenomeno di vaste proporzioni*), die Spitze des Eisbergs sein; **avere qc sulla** ~ **della lingua/delle labbra** *fig* (*essere sul punto di ricordarsene*), *etw* auf der Zunge (liegen) haben; **a che età si possono ⌊mettere le punte?⌋** (*ballare sulle punte*), ab welchem Alter darf man Spitze tanzen?; **mettersi in** ~ *fig* (*fare qc con impegno*), sich ins Zeug legen *fam*; **mezza** ~ (*nella danza*), halbe Spitze; (*scarpetta*) Schläppchen n; *sport* (*nel calcio*) zweite Spitze; **non vedere più in là della** ~ **del naso** *fig* (*essere molto miope*), stark kurzsichtig sein; *fig* (*essere di vedute ristrette*), nicht weiter sehen, als die Nase reicht *fam*; nicht über den eigenen Tellerrand hinaus|sehen; **scrivere in** ~ **di penna** *fig* (*con ricercatezza*), gewählt schreiben; **camminare in** ~ **di piedi** (*per non fare rumore*), auf Zehenspitzen gehen; **andarsene in** ~ **di piedi** (*senza farsi notare*), sich auf Zehenspitzen/[leisen Sohlen] davonstehlen/hinausstehlen/davonschleichen; **prendere la** ~ *enol*, {VINO} sauer werden, umschlagen; **prendere qc di** ~ *fig* (*con puntiglio*), *etw* entschlossen anpacken/angehen; **prendere qu di** ~ *fig* (*contrastarlo decisamente*), *jdn* entschieden widersprechen/entgegentreten; ~ **secca** *arte* (*nell'incisione*), Trockenradiernadel f; **punte stagionali** *meteo*, jahreszeitliche Höchst-/Tiefstwerte; ~ **tacco** *autom*, "gleichzeitiges Bedienen des Brems- und Gaspedals mit dem rechten Fuß".
pùnta② f (*nella caccia*): **il cane è in** ~, der Hund verharrt in Wartehaltung.
puntàle m **1** (*rinforzo*) Zwinge f; {+OMBRELLO} Spitze f; {+STRINGA} Ende n **2** (*decorazione*) {+ALBERO DI NATALE} Spitze f **3** *mar* Stütze f.
puntaménto m **1** (*posizionamento*) Zielortung f; (*azione*) anche Zielen n **2** *inform*: **dispositivo di** ~, Zeigevorrichtung f **3** *mil* Richten n.
puntàre① **A** tr **1** (*appoggiare*) ~ **qc** (+ **compl di luogo**) {GOMITI SUL TAVOLO} *etw* auf *etw* (*acc*) stützen; {COLTELLO ALLA GOLA} *etw* (*an etw acc*) halten: **punta bene i piedi e spingi!**, ⌊stemm die Füße gegen den Boden⌋/[verschaffe dir einen guten Stand] und drücke! **2** (*conficcare*) ~ **qc** (+ **compl di luogo**) {RACCHETTE NELLA NEVE, SPILLO SUL CUSCINETTO} *etw irgendwohin* stecken **3** (*dirigere*) ~ **qc** (+ **compl di luogo**) {DITO VERSO L'ACCUSATORE} *mit etw* (*dat*) *irgendwohin* zeigen; {TORCIA SUL SENTIERO} *etw irgendwohin* richten; {CANNOCCHIALE ALL'ORIZZONTE} *etw* (*auf etw acc*) ein|stellen; {ARMA CONTRO IL BERSAGLIO, PISTOLA CONTRO IL NEMICO} *mit etw* (*dat*) auf *jdn/etw* zielen, *etw irgendwohin* richten; {NAVE PRUA VERSO LIVORNO} *mit etw* (*dat*) *etw* (*dat*) zu|steuern; {SGUARDO SU UN

PARTICOLARE} *etw* (*auf etw* acc) richten **4** (*scommettere*) ~ (*qc*) (*su qu/qc*) {SU UN CAVALLO, SU UN PUGILE} *etw auf jdn/etw* setzen, *auf jdn/etw* wetten; ~ **alto**, hoch wetten; ~ **sul nero/rosso**, auf Schwarz/Rot setzen; ~ **di nuovo**, erneut setzen/wetten; ~ **tutto su qc**, alles auf etw (acc) setzen **5 fam** (*appuntare*) ~ *qc* (*con qc*) (*su qc*) {FIORE CON UNA SPILLA SUL VESTITO} *etw* (*mit etw* dat) (*an etw* acc) (an|)stecken, *etw* (*mit etw* dat) (*an etw* acc) (an|)heften; {ORLO} *anche etw* (*mit etw* dat) um|stecken **6 fam** (*fissare*) ~ *qu* {DONNA} *jdn* an|starren, *jdn* fixieren *forb*; ~ *qu* (*con qc*) {RAGAZZA CON OCCHI MINACCIOSI} *jdn* (mit *etw* dat) fixieren *forb* **7 fig** (*investire*) ~ *qc* (*su qc*) {TUTTE LE PROPRIE ENERGIE SULLA RICERCA} *etw* (*in etw* acc) stecken, *etw* (*in etw* acc) investieren **8 fig** (*incentrare*): ~ **la campagna elettorale sulla riforma sanitaria**, die Gesundheitsreform in den Mittelpunkt der Wahlkampagne stellen **9** (*nella caccia*) ~ *qc*) {CANE LEPRE} *etw* auf|spüren, *etw* stellen **10 inform** ~ *etw* an|klicken **11 mus** ~ *qc* {NOTA} *etw* punktieren **B** *itr* **1** (*dirigersi*) ~ + *compl di luogo* {VERSO L'AUTOSTRADA, SU UNA CITTÀ} *etw* an|steuern, *auf etw* (acc) zu|steuern, *auf etw* (acc) zu|halten; {AEREO SULLA CAPITALE} *etw* an|fliegen **2 fig** (*mirare*) ~ **a/in qc** {IN ALTO, ALLA POLTRONA DIRIGENZIALE, AL SUCCESSO} *nach etw* an|streben, *nach etw* (dat) streben; ~ **a vincere un concorso a cattedra**, danach streben, einen Lehrstuhl zu bekommen **3 fig** (*fare assegnamento*) ~ **su qu/qc** (*per qc*) {AZIENDA SULLA PUBBLICITÀ PER AUMENTARE LE VENDITE} *auf etw* (acc) setzen, *um etw zu tun*; (*durch etw* acc) rechnen, *etw zu tun*; sich (dat) *etw* (dat) erwarten, *etw zu tun*; {SOLO SULLE PROPRIE FORZE} sich *auf etw* (acc) verlassen: **il partito punta su un uomo nuovo per vincere le elezioni**, die Partei setzt ₁für den Wahlsieg auf einen neuen Mann₁/[auf einen neuen Mann, um die Wahlen zu gewinnen] **C** rfl **1** (*appoggiarsi*): **puntarsi a qc** {AL MURO} sich *an etw* (acc) (an|)lehnen **2** *indir* (*appuntarsi*): **puntarsi qc in/su qc** {SPILLA SUL CAPPOTTO} sich (dat) *etw irgendwohin* stecken **3 fig** (*intestardirsi*): **puntarsi** (**su qc**) sich *auf etw* (acc) versteifen, sich (dat) *etw* in den Kopf setzen, *von etw* (dat) fest überzeugt sein: **s'è puntato di studiare medicina**, er hat sich (dat) in den Kopf gesetzt, Medizin zu studieren; **s'è puntata che il marito la tradisce**, sie ist fest davon überzeugt, dass ihr Mann sie betrügt • **puntate! mil**, anlegen!

puntàre② *tr* **1** (*marcare*) ~ *qc* {INIZIO DEL PARAGRAFO} *etw* punktieren, *etw* mit einem Punkt versehen; {ASSENZE} *etw* ein|tragen **2 mus** ~ *qc* {FA} *etw* punktieren.

puntarèlla <dim *di punta*①> *f rom* <di solito al pl> Chicorée-Art f.

puntasécca <puntesecche> *f arte* (*nell'incisione*) **1** (*attrezzo*) Kaltnadel f **2** (*tecnica, riproduzione*) Kaltnadelradierung f.

puntaspilli A <inv> *in funzione di agg* {CUSCINETTO} Nadel- **B** <-> m Nadelkissen n.

puntàta① *f* **1** (*gita*) Abstecher m: **fare una ~ all'Elba**, einen Abstecher nach Elba machen **2** (*scommessa*) {FORTE, RISCHIOSA} Einsatz m; (*azione*) *anche* Setzen n, Wetten n: **fare una ~ di 1000 euro**, 1000 Euro wetten; (*denaro*) Einsatz m, Wette f; **raddoppiare la ~**, den Einsatz verdoppeln **3** (*colpo di punta*) Stoß m, Stich m **4 mil** Vorstoß m, Einfall m **5 sport** (*nel calcio*) Schuss m mit der Fußspitze.

puntàta② *f* **1** *giorn lett radio TV* {+RACCONTO, SERVIZIO} Fortsetzung f, Folge f, Teil m: **a puntate**, in Fortsetzungen/Folgen/[mehreren Teilen], als Serie; **film in due puntate**, Film in zwei Folgen; **il seguito alla prossima ~**, Fortsetzung folgt; **pubblicare qc a puntate**, *etw* in Fortsetzungen veröffentlichen; **l'ultima ~ di un documentario**, der letzte Teil eines Dokumentarberichts **2** (*fascicolo*) Heft n.

puntàto, (-a) *agg anche mus* {A, DO} punktiert.

puntatóre, (-trice) **A** *m* (f) (*scommettitore*) Wetter(in) m(f) **B** *m* **1** *inform* (+COMPUTER) Zeiger m, Pointer m **2** *mil* Richtschütze m, Richtkanonier m **C** *t tecnol* {ELETTRICA} Punktschweißmaschine f.

punteggiàre <*punteggio, punteggi*> *tr* **1** (*tracciare con punti*) ~ *qc* {LINEA} *etw* punktieren **2** (*cospargere di punti*) ~ *qc*: **le stelle punteggiavano il cielo**, der Himmel war mit/von Sternen übersät; ~ *qc di qc* {STOFFA DI BLU} (*irgendwie*) punkten, *etw* (*irgendwie*) punkten, *etw* (*irgendwie*) tüpfeln, *etw* (*irgendwie*) tüpfeln *arte* (*nella pittura*) {FIGURA DI ROSSO} *etw* (*irgendwie*) tüpfeln **3** (*forare*) ~ *qc* {CARTONE, LAMIERA} *etw* lochen **4 fig** (*segnare*) ~ *qc* markieren, *etw* dar|stellen: **i dialoghi punteggiano i passi più significativi dell'opera**, die Dialoge stellen die bedeutendsten Stellen des Werkes dar **5 fig** (*intercalare*) ~ *qc di qc* {DISCORSO DI ESCLAMAZIONI} *etw* mit *etw* (dat) durchsetzen, *etw* in *etw* (acc) ein|streuen; {DI CITAZIONI} *anche etw* mit *etw* (dat) spicken **6 gramm** ~ *qc* {SCRITTO} *etw* interpunktieren, *etw* mit Satzzeichen versehen.

punteggiàto, (-a) *agg* **1** (*tracciato con punti*) {LINEA} punktiert **2** (*cosparso di punti*) ~ (*di qc*) {CIELO DI STELLE} mit/von etw (dat) übersät; {TESSUTO DI ROSSO} (*irgendwie*) punktiert, (*irgendwie*) gepunktet, (*irgendwie*) getüpfelt *arte* (*nella pittura*) {QUADRO DI BLU} (*irgendwie*) getüpfelt **3 fig** (*intercalato*) ~ (*di qc*) {FRASE DI SOSPIRI} mit *etw* (dat) durchsetzt; {DISCORSO DI PAROLE STRANIERE} *anche mit etw* (dat) gespickt **4 gramm** {COMPONIMENTO} interpunktiert.

punteggiatùra *f* **1 gramm** Interpunktion f, Zeichensetzung f: **mettere la ~**, Zeichen setzen **2** (*macchiettatura*) {+MURO} Punktierung f, Tüpfelung f; *arte* (*nella pittura*) {+QUADRO} Tüpfelung f.

puntéggio <-gi> *m* (*numero di punti*) {+CONCORSO} Punktzahl f, Wertung f: **avere un buon ~** {+GARA} Punktzahl f haben; *sport* ~ **finale**, Gesamtpunktzahl f; **pari ~**, gleiche Punktzahl; ~ **parziale**, Zwischenergebnis n, Spielstand m; **concludere il torneo a ~ pieno**, das Turnier mit der Höchstwertung/[höchstmöglichen Punktzahl] beenden; ~ **totale**, Gesamtpunktzahl f.

puntellaménto *m* **1** (*risultato*) {+MURO} (Ab)stützung f; (*azione*) *anche* (Ab)stützen n **2 fig** (*sostegno*) {+INIZIATIVA} Unterstützung f **3 min** {+GALLERIA} Auspfählung f.

puntellàre A *tr* **1** (*sorreggere*) ~ *qc* (**con qc**) {VOLTA CON UN PONTEGGIO} *etw* (*mit etw* dat) (ab|)stützen **2** (*premere*) ~ *qc a/contro qc* {PIEDI CONTRO IL MURO} *etw gegen etw* (acc) stemmen **3 fig** (*sostenere*) ~ *qc con qc* {TESI CON DOCUMENTI ATTENDIBILI} *etw mit etw* (dat) untermauern, *etw mit etw* (dat) ab|sichern, *etw mit etw* (dat) stützen **B** *rfl* (*sostenersi*): **puntellarsi a qu/qc** {A UN AMICO, A UN MURO} sich *auf jdn/etw* stützen.

puntellatùra *f* (*sostegno*) {+MURO} (Ab)stützung f; (*azione*) *anche* (Ab)stützen n.

puntèllo *m* **1** (*rinforzo*) Stütze f, Balken m, Strebe(balken m) f: **mettere dei puntelli a un muro**, eine Mauer mit Streben stützen **2 fig** (*appoggio*) {FILOLOGICO, STORICO; +TESI} Stütze f; {+AZIENDA, GRUPPO} *anche* Unterstützung f: **cercare un ~ per la vecchiaia**, eine Stütze für das Alter suchen • **andare avan-**ti a forza di puntelli *fig* (*andare avanti con l'aiuto degli altri*), mit Hilfe anderer weitermachen; **è più debole il ~ che la trave!** *fig* (*rif. a cosa che non arreca alcun beneficio*), ist den Aufwand/die Mühe nicht wert, das lohnt sich nicht!, das bringt nichts! *fam*.

punterìa *f* **1 mecc** Stößel m: ~ ₁**a piattello₁/[di valvola]**, Teller-/Ventilstößel m **2 mil** Richten n; (*stumento*) Zielvorrichtung f.

punteruòlo *m* **1** (*utensile*) {+CALZOLAIO} (Schuster)pfriem m, Ahle f, Durchschläger m; {+MECCANICO} Körner m **2 zoo** Kornkäfer m, Kornwurm m.

puntesécche *pl di puntasecca*.

puntifórme *agg* (*a forma di punto*) {MACCHIA} punktförmig.

puntìglio <-gli> *m* **1** (*ostinazione*) Eigensinn m, Starrsinn m *spreg*, Verbohrtheit f *fam spreg*: **fare qc (solo) per ~**, *etw* (nur) aus Starrsinn tun *spreg* **2** (*scrupolo*) Sorgfalt f, Gewissenhaftigkeit f: **lavorare con ~**, gewissenhaft arbeiten.

puntigliosità <-> *f* **1** (*l'essere ostinato*) Eigensinnigkeit f, Starrsinnigkeit f *spreg* **2** (*scrupolosità*) Sorgfalt f, Gewissenhaftigkeit f.

puntiglióso, (-a) *agg* **1** (*ostinato*) {RAGAZZO} eigensinnig, starrsinnig *spreg*, verbohrt *fam spreg* **2** (*scrupoloso*) {STUDENTE} gewissenhaft, sorgfältig.

puntina <*dim di punta*①> *f* **1** (*bulletta*): ~ (**da disegno**), Reiß-, Heftzwecke f, Reißnagel m **2** {+GIRADISCHI} Nadel f **3** (*chiodino*) {+CALZOLAIO} Stift m, Schuhnagel m, Zwecke f *obs* **4 mecc** Kontakt m.

puntinàto, (-a) *agg* (*a puntini*) {CHIAROSCURO, DISEGNO} punktiert, getüpfelt; *arte* pointillistisch.

puntinatùra *f* Punktierung f.

puntinìsmo *m arte* (*nella pittura*) Pointillismus m.

puntinìsta <-*i* m, -*e* f> *arte* (*nella pittura*) **A** *agg* {TECNICA} pointillistisch **B** *mf* Pointilist(in) m(f).

puntìno <*dim di punto*①> **A** *m* Pünktchen n **B** *loc agg*: **a puntini**, {TESSUTO} punktiert, gepunktet, getüpfelt **C** *loc avv* (*benissimo*): **a ~**, {CUOCERE} genau richtig; {FARE} wie es sich gehört; {SAPERE} haargenau, auf das i-Tüpfelchen genau; {CALZARE, INDOSSARE} elegant; {PROGETTARE} bis auf den i-Punkt • **capitare/venire a ~** *fig* (*venire bene*), gut gelingen; **mettere i puntini sulle i** *fig* (*precisare*), etwas klarstellen, etwas klären, Klartext reden; *fig* (*essere pedante*), pedantisch (genau) *spreg*/pingelig *fam* sein, es ganz genau nehmen; **puntini di sospensione** *gramm*, Auslassungspunkte m pl.

pùnto① *m* **1 gener** *anche chim fis mat mus* Punkt m: **ormai non era che un ~ nella campagna**, jetzt war er/sie/es nur noch ein winziger Punkt in der Landschaft; ~ **di cottura/infiammabilità**, Gar-/Flammpunkt m; ~ **culminante/decimale/focale**, Höhe-/Dezimal-/Brennpunkt m; ~ **di Curie**, Curie-Punkt m, Curie-Temperatur f; ~ ₁**di fuga₁/[limite]**, Fluchtpunkt m; ~ **di fusione/ebollizione/gelo**, Schmelz-/Siede-/Gefrierpunkt m; ~ **di intersezione/tangenza di una retta**, Schnitt-/Berührungspunkt m einer Geraden **2** (*segno grafico*) Punkt m: ~ **e a capo**, Punkt und neuer Absatz; Punkt und neue Zeile; ~ **esclamativo/interrogativo**, Ausrufe-/Fragezeichen n; **punti di sospensione**, Auslassungspunkte m pl; ~ **e virgola**, Strichpunkt m, Semikolon m; **due punti**, Doppelpunkt m **3** (*macchiolina*) {ROSSO} Pünktchen n, Tüpfelchen n: **sull'album c'e-**

rano dei punti di inchiostro, auf dem Album waren zwei kleine Tintenspritzer 4 (*luogo*) Punkt m, Stelle f: ~ **di ritrovo**, Treffpunkt m; ~ **(di) vendita**, Verkaufsstelle f; **da quel ~ si gode di una bella vista**, von diesem Punkt aus hat man eine schöne Aussicht; **scegliere il ~ giusto per fare l'iniezione**, die richtige Stelle für die Spritze auswählen 5 (*passo*) {+RACCONTO} Punkt m, Stelle f; (*paragrafo*) Paragraf m, Absatz m, Punkt m 6 (*argomento*) Frage f, Punkt m, Sache f: **abbiamo trovato un accordo su alcuni punti**, in einigen Punkten konnten wir uns einigen; **affrontare molti punti controversi**, viele strittige Fragen angehen; **cercare un ~ d'intesa**, eine Einigung suchen 7 (*suddivisione*) Punkt m, Abschnitt m: **articolare un intervento in tre punti**, einen Vortrag in drei Punkte unterteilen 8 (*momento*) (Zeit)punkt m, Augenblick m, Moment m: **a un certo ~ mi sono stufata**, irgendwann hatte ich genug; **a un dato ~**, zu einem bestimmten Zeitpunkt 9 (*fase di lavorazione*) Punkt m: **a che ~ sei con le ricerche?**, ⌊wie weit⌋/[an welchem Punkt] bist du mit der Forschung? 10 (*grado*) Grad m, Punkt m: **era deluso al/[a tal] ~ che scappò**, er war derart(ig)/so enttäuscht, dass er wegflief; **la sua intolleranza è arrivata fino a questo ~**, seine/ihre Intoleranz ging so weit 11 (*limite*) Punkt m, Grenze f: **hai ragione fino a un certo ~**, du hast bis zu einem gewissen Grade recht 12 (*sfumatura*) {+VERDE} (Farb)ton m: **mi piace questo ~ di rosa**, mir gefällt dieser Rosaton 13 (*nel linguaggio morse*) Punkt m 14 *banca econ* Punkt m: **la borsa ha guadagnato/perso un ~**, die Börsenkurse sind um einen Punkt/ein Prozent gestiegen/gefallen; **la contingenza scatta di tre punti**, die Teuerungszulage steigt um drei Punkte/Prozent 15 *comm* (*nelle raccolte*) Punkt m, Marke f: **con 100 punti si vince un tegame**, bei 100 Punkten gewinnt man einen Kochtopf 16 (*nei giochi di carte e dadi*) Punkt m: **fare due/tre/... punti**, zwei/drei/... Punkte machen 17 *lavori femminili* {CORTO, FITTI, LUNGO, RADI} Stich m: ~ **(a chicco di) riso**, Perlstich m; ~ **croce/erba/[a giorno]**, Kreuz-/Stiel-/Ajourstich m; ~ **inglese/ombra/pieno**, Loch-/Schatten-/Plattstich m; ~ **d'imbastitura**, Stepp-, Reih-, Heftstich m; **dare un ~ a qc**, etw schnell übernähen, etw rasch nähen; (*maglia*) Masche f, Stich m, f; **accavallare un ~**, eine Masche überschlagen/überholen; **aumentare/passare un ~**, eine Masche aufnehmen/auslassen; ~ **catenella**, Kettenstich m; **mettere su i punti**, Maschen aufnehmen; **perdere un ~**, eine Masche fallen lassen 18 *mar* {CORRETTO, RACCODATO, RAVVICINATO, RETTIFICATO} Besteck n, Position f, Standort m: **determinare/fare/prendere il ~ (nave/vero)**, das Besteck nehmen; **osservato/stimato**, beobachtete/geschätzte Position 19 *med* (*di metallo*) Klammer f; (*di filo*) Faden m; (*operazione*) Stich m: **dare/mettere dei punti di sutura**, etwas nähen; **togliere i punti**, Fäden ziehen, Klammern entfernen 20 *metrol* {+BILANCIA} Strich m 21 *scuola università* Punkt m, Note f, Zensur f: **promuovere qu con il massimo dei punti**, jdn mit der Höchstpunktzahl versetzen; **per la tesi ha preso 10 punti**, für die Abschlussarbeit hat er/sie 10 Punkte bekommen 22 *sport* Punkt m: **perdere/vincere ai punti**, nach Punkten verlieren/siegen 23 *tip* Punkt m: ~ **tipografico**, typografischer Punkt ● ~ **d'accensione** *tecnol*, Zündpunkt m, Zündmoment m; **andare a ~** (*nel gioco del biliardo*), auf Punkte spielen; (*nel gioco delle bocce*), "so spielen, dass die Boccia-Kugel den Boden angerollt"; ~

d'*appoggio*, Stütz-, Ansatzpunkt m; **datemi un ~ d'appoggio è solleverò il mondo/la terra**, gebt mir einen Ansatzpunkt und ich werde die Welt aus den Angeln heben; *fig* (*sostegno*), Stütze f, Halt m; **arrivare/venire al ~** (*all'argomento essenziale*), zur Sache/zum Thema kommen; **arrivare al ~ di fare qc** (*giungere a fare qc*), so weit gehen, etw zu tun; ~ **di arrivo** anche *fig*, Zielpunkt m; ~ **di articolazione** *ling*, Artikulationspunkt m; ~ ⌊**della bandiera**⌋/[di **prestigio**]/[della **staffa**] *sport* (*nel calcio*), Ehrentor n; ~ **e basta!** *fam* (*chiuso!*), basta! *fam*, Punktum!, Schluss jetzt/damit!; ~ **di ~ in bianco** *fig* (*improvvisamente*), auf einmal, ganz plötzlich, unversehens, unvermittelt; **essere/trovarsi a buon ~** (*abbastanza avanti*), gut vorangekommen sein; **punti caldi** *geog*, vulkanisch aktive Gebiete; *fig* (*regioni interessate da un conflitto*), Konfliktherd m, Krisengebiet n; **essere di nuovo ~ e a capo** *fig* (*all'inizio*), wieder am Ausgangspunkt sein, so weit sein wie zuvor; ~ **cardinale** *astr*, Himmelsrichtung f; ~ **chiave** *fig* (*determinante*), entscheidender Punkt, Knackpunkt m *fam*; ~ **cieco** *anat* anche *fig*, blinder Fleck; ~ **critico** *fis*, kritischer Punkt; *fig* (*situazione difficile*), kritischer Moment; **cogliere nel ~** *fig* (*cogliere nel segno*), ins Schwarze treffen; ~ **in cui stanno le cose**, ... (*essendo così la situazione*), so, wie die Dinge stehen/liegen, ...; ~ **di contatto** anche *fig mat*, Berührungspunkt m; **dare dei punti a qu** *sport*, jdm Punkte geben; *fig* (*essere superiore*), jdm überlegen sein; ~ **debole** *edil*, Schwachpunkt m; *fig* (*ciò che rende qu/qc vulnerabile*), schwache Seite, Schwachstelle f; ~ **dolente** *fig* (*aspetto doloroso*), wunder Punkt; **essere sul ~ di fare qc** (*stare per fare qc*), im Begriff sein, etw zu tun; ~ **equinoziale** *astr*, Äquinoktium n, Tagundnachtgleiche f; **fare il ~** (*fermarsi*), aufhören, Schluss machen; **fare il ~** *mar*, das Besteck nehmen; *fig* (*analizzare la situazione*), etwas prüfen, einen Überblick verschaffen; **facciamo il ~ della situazione/sulla questione** *fig* (*stabilirne i termini*), fassen wir ⌊den Stand der Dinge⌋/[die Angelegenheit] zusammen, rekapitulieren/umreißen wir die Situation/Angelegenheit; ~ **a favore** *fig* (*a vantaggio*), Pluspunkt m; ~ **fermo** (*indica una pausa lunga*), Punkt m; *fig* (*posizione acquisita*), (erreichter) Ausgangspunkt; ~ **fisso** (*di riferimento*), Fix-, Anhaltspunkt m, fester Bezugspunkt; ~ **di forza** *fig* (*elemento vincente*), entscheidendes Element, Stärke f; ~ **gamma** *fis*, Frühlingspunkt m; **mettere i punti sulle i** *fig* (*chiarire*), etwas klarstellen, etwas klären, Klartext reden; (*rif. a persona*), pedantisch (genau) *spreg*/pingelig *fam* sein; **alle tre/quattro in ~** (*precise*), (um) Punkt drei/vier (Uhr); ~ **di incolonnamento/riordinamento** *mil*, "Stelle f, an der die Kolonnen sich aufstellen/[Neu formieren]"; ~ **iniziale** (*di partenza*), Startpunkt m; *fig*, Ausgangspunkt m; **essere un ~ interrogativo** *fig* (*essere un enigma*), ein Rätsel sein; (*rif. a persona: non essere affidabile*), unzuverlässig sein; ~ **lacrimale** *anat*, Tränenpünktchen n; ~ **luce** *arch*, Lichtquelle f; **metterci un ~** *fam* (*mettere fine*), einen Punkt machen *fam*; **mettere un ~ fermo** *fig* (*mettere fine*), einen Schlussstrich ziehen; **mettere a ~ qc** *tecnol* {MOTORE} etw einstellen; *fig* (*precisare i termini di una questione*), {PROGRAMMA} etw ausarbeiten; **essere in ~ di morte** (*stare per morire*), im Sterben liegen, dem Tod nahe sein; ~ **morto artiglieria**, beschussfreies Gebiet; *mecc*, Totpunkt m; *fig* (*difficoltà insuperabile*), toter Punkt; **le trattative sono a un ~ morto**, die Verhandlungen sind an einem toten Punkt angekommen; ~ **nero** (*comedone*),

Mitesser m, Komedo m; *fig* (*azione riprovevole*), verwerfliche Tat; ~ **neuralgico** *fig* (*critico*), neuralgischer/kritischer Punkt; ~ **nodale** *fig* (*determinante*), entscheidender Punkt, Knackpunkt m *fam*, Kernpunkt m; ~ **d'onore** (*questione delicata*), delikate Angelegenheit; ~ (*puntiglio*), Ehrensache f; **qu si fa un ~ di onore di qc** (*für jdn ist es Ehrensache*)/[jd setzt seine Ehre daran *forb*], etw zu tun; ~ **oscuro** *fig* (*cosa poco chiara*), dunkler Punkt; ~ **di partenza** anche *fig* (*momento iniziale*), Ausgangspunkt m, Beginn m; **tornare al ~ di partenza** *fig*, wieder von vorne anfangen; ~ **per** ~ (*in dettaglio*), Punkt für Punkt; **essere al ~ di prima** *fig* (*non avere fatto progressi*), so weit sein wie zuvor, keinen Schritt weiter sein; ⌊**questo è**⌋/[qui sta] **il ~!** (*la questione importante*), das ist der springende Punkt!, hier/da liegt das Problem/die Schwierigkeit!, hier/da liegt der Hase im Pfeffer *fam*!, hier/da liegt der Hund begraben! *fam*; ~ **di raccordo**, Anschluss, Verbindungspunkt m, Anschluss-, Verbindungsstelle f; ~ **di riferimento** *topogr*, Bezugspunkt m; *fig* (*chi o ciò che è termine di confronto*), Vergleichsmaßstab m; ~ **di non ritorno** *aero mar fig* (*di irreversibilità*), Point m of no Return, "Punkt m, von dem an es kein Zurück mehr gibt"; ~ **di rottura** (*situazione di tensione*), Spannungssituation f; ~ **punti di saldatura** *tecnol*, Lötstelle f, Lötpunkt m; **segnare un** ~ *fig* (*avvantaggiarsi*), einen Pluspunkt vermerken; ~ **solstiziale/vernale** *astr*, Solstitial-/Widderpunkt m; **stare al ~** *fig* (*non divagare*), bei der Sache/beim Thema bleiben; **tornare al ~ fig**, (*tema*) wieder ⌊zur Sache⌋/[zum Thema] kommen; **di tutto ~** (*completamente*), ganz (und gar), vollends, völlig, vollständig; **essere vestito di tutto ~**, tadellos/tipptopp *fam* angezogen sein, geschniegelt und gebügelt/gestriegelt sein *fam scherz*; **essere/stare in ~ e virgola** *fig* (*essere ricercato*), gewissenhaft sein/[seine Pflicht(en) erfüllen]; **parlare in ~ e virgola**, sich gewählt ausdrücken; **essere fatto in ~ e virgola** *fig* (*in modo ineccepibile*), tadellos sein; ~ **di vista** *mat*, Gesichtspunkt m; *fig* (*valutazione*), Stand-, Gesichtspunkt m; **dal mio ~ di vista** (*secondo me*), aus meiner Sicht; ~ **(di) vita** (*nella moda*), Taille f; ~ **zero** *mat*, Nullpunkt m, Koordinatenanfangspunkt m; *nucl*, "Stelle f auf der Erdoberfläche, wo es zu einer Atombombenexplosion kommt/[kommen soll]"; **per un ~ Martin perse la cappa** *prov*, um ein Auge war der Kuh blind, beinahe wäre das ganze Unternehmen an einem einzigen Punkt gescheitert.

pùnto[2], (-a) **A** *agg indef tosc* (*nessuno*) überhaupt kein(e): **non ho punta voglia di studiare**, ich habe überhaupt keine Lust zu lernen **B** *avv tosc lett* rafforzativo *della negazione* (*affatto*): **non ... ~**, überhaupt nicht, (ganz und) gar nicht, durchaus nicht; **non sono ~ stanco**, ich bin überhaupt nicht müde ● **né ~ né poco** *lett* (*affatto*), überhaupt/gar nicht, nicht im Geringsten.

pùnto[3], (-a) *part pass di* pungere.

puntofrànco, **pùnto frànco** <*puntifranchi*, **punti franchi**> *m loc sost m* (*zona franca*) Freihafen m.

puntóne m **1** *arch* Strebe f, Stütze f: **falso ~**, (Dach)sparren m **2** (*appoggio*) Stütze f: **fare ~ su un palo**, sich an einem Pfosten abstützen, sich auf einen Pfosten stützen.

puntuàle agg **1** (*in orario*) {IMPIEGATO, NAVE} pünktlich: **arrivare ~**, pünktlich ankommen; **essere ~ in qc**, bei etw (*dat*) pünktlich sein; **non sei mai ~!**, du bist nie pünktlich! **2** (*esatto*) {ANALISI} genau, gewissenhaft; {INTERPRETAZIONE, OSSERVAZIONE} genau, treffend

3 (*circostanziato*) {PRECISAZIONE, RESOCONTO} eingehend, ausführlich **4 ling** {ASPETTO, AZIONE} punktuell **5 lett mus** {ESECUZIONE} akkurat.

puntualità <> f **1** (*l'essere in orario*) {+IMPIEGATO} Pünktlichkeit f: **raccomandare la massima ~**, zur äußersten Pünktlichkeit anhalten; **tenere alla ~** ₎sul lavoro₎/[nelle consegne], bei der Arbeit/den Lieferungen auf Pünktlichkeit Wert legen **2** (*esattezza*) {+ANALISI} Genauigkeit f.

puntualizzàre tr (*precisare*) **~** (*qc*) {TERMINI DI UNA QUESTIONE} *etw* präzisieren *forb, etw* genau umreißen, *etw* auf den Punkt bringen; {PROBLEMA METODOLOGICO} *etw* an|sprechen; {TAPPE DELL'EVOLUZIONE DI UN FENOMENO} *etw* veranschaulichen; **il console ha puntualizzato che non c'è ragione di allarmarsi**, der Konsul hat betont, dass es keinen Grund zur Sorge gibt; **vorrei ~ che le cose non stanno affatto così**, ich möchte unterstreichen, dass die Dinge ganz anders liegen; **puntualizzò: "Alle sei ero in casa"**, er/sie präzisierte: "Um sechs Uhr war ich zu Hause"; **il ministero degli interni puntualizza di aver fatto tutto il possibile**, der Innenminister weist darauf hin, alles getan zu haben, was in seiner Macht steht.

puntualizzazióne f (*precisazione*) Präzisierung f, genauere Erklärung f: **è necessaria una ~**, eine genauere Erklärung ist notwendig.

puntualménte avv **1** (*con puntualità*) {PAGARE} pünktlich **2** *anche iron* (*regolarmente*) {SBAGLIARSI} jedes Mal, regelmäßig **3** *rar* (*punto per punto*) {CONTESTARE UN'ACCUSA} Punkt für Punkt.

puntùra f **1** (*foro*) {+AGO, SPILLO} Stich m: **~ di zanzara**, Mückenstich m **2** *fam* (*iniezione*) Spritze f, Injektion f *scient*, Einspritzung f: **fare una ~ a qu**, jdm eine Spritze geben; **farsi fare una ~**, eine Spritze bekommen **3** (*dolore*) Stechen n, Stich m: **sentire una ~ intercostale**, eine Interkostalneuralgie verspüren **4** *fig* (*frecciata*) Seitenhieb m, Spitze f, spitze Bemerkung: **avere sempre una ~ per tutti**, ständig gegen alle sticheln **5** *fig lett* (*tormento*) {+AMBIZIONE} Stich m, Qual f **6** *med* Punktion f *scient*, Punktur f *scient rar*: **~ epidurale**, Epidural-, Peridurialpunktion f *scient*; **lombare**, Lumbalpunktion f *scient*.

puntùto, (-a) agg **1** (*aguzzo*) {ASTA} spitz **2** (*magro*) {GINOCCHIO} spitz.

punzecchiaménto m **1** (*il punzecchiare*) Stechen n **2** *fig* (*provocazione*) Sticheln n, Sticheleif *fam*.

punzecchiàre <punzecchio, punzecchi> **A** tr **1** (*pungere*) **~ qu/qc** {INSETTO} jdn/etw (zer)stechen **2** *fig* (*provocare*) **~ qu** (*per qc*) {FRATELLO CON BATTUTE PER LA SUA GRASSEZZA} jdn (*wegen etw gen*) (*mit etw dat*) provozieren, *gegen jdn* (*wegen etw gen*) (*mit etw dat*) sticheln **B** rfl rec *fig* (*infastidirsi*): **punzecchiarsi** sich (gegenseitig) provozieren, gegeneinander sticheln; **quei due si punzecchiano continuamente**, diese beiden provozieren sich unablässig.

punzecchiatùra f **1** (*puntura*) {+ZANZARA} Stich m **2** *fig* (*frecciata*) Spitze f, spitze Bemerkung, Sticheleif, Frotzeleif *fam*.

punzonàre tr **~ qc 1** *anche tecnol* {LINGOTTO} *etw* stanzen, *etw* punzen, *etw* punzieren; {ARGENTO, ORO} *anche etw* repunzieren **2** *sport* (*nell'automobilismo, nel ciclismo, nel motociclismo*) *etw* plombieren.

punzonatrìce f *tecnol* Stanzmaschine f, (Loch)stanze f: **~ per schede**, Kartenlochmaschine f.

punzonatùra f **1** *anche tecnol* {+MONETA} Stanzen n; {+ARGENTO, ORO} Punzen n **2** *sport* (*nell'automobilismo, nel ciclismo, nel motociclismo*) {+MOTORE} Plombierung f.

punzóne m **1** *anche tecnol* (Präge)stempel m, Punze f: **~ per monete**, Prägestempel für Münzen; (*per forare*) Locher m, Durchschlag m, Durchschläger m **2** (*punteruolo*) {+CALZOLAIO} Pfriem m, Ahle f, Durchschläger m.

può 3ª pers sing dell'ind pres *di* potere①.

puòi 2ª pers sing dell'ind pres *di* potere①.

pùpa① f **1** *fig fam* (*bambina*) kleines Mädchen **2** (*bella ragazza*) Puppe f *fam* **3** *fam* (*bambola*) Puppe f.

pùpa② f *zoo* Puppe f.

pupàro m *sicil teat* Puppen-, Marionettenspieler m.

pupàttola f **1** *fam* (*bambola*) Puppe f **2** *fig* (*ragazza bella e inespressiva*) Püppchen n.

pupazzétto <dim di pupazzo> m **1** Puppe f **2** (*disegno*) Karikatur f **3** (*figura umana ritagliata*) Männchen n: **~ di carta**, Papierfigur f.

pupàzzo m **1** (*fantoccio*) Puppe f: **~ di gomma/stoffa**, Gummi-/Stoffpuppe f; **fare un ~ di neve**, einen Schneemann bauen **2** *fig* (*burattino*) Kasperlefigur f, Hampelmann m *fam spreg*, Popanz m *spreg*.

pupìlla① f **1** (*occhio*) Auge n: **guardare qu fisso nelle pupille**, jdm fest in die Augen schauen; **che cosa vedono le mie pupille?**, was sehen meine Augen?; *lett* (*iride*) {AZZURRA} Auge n **2** *anat* Pupille f, Sehloch n **3** *ott* Pupille f **a/con le pupille asciutte** *fig* (*senza piangere*), trockenen Auges; **è la ~ dei miei occhi** *fig* (*rif. a chi si ama molto*), er/sie ist mein (ganzer) Augenstern *fam*; **amare qu come la ~ dei propri occhi** *fig* (*moltissimo*), jdn heiß und innig lieben, jdn wie seinen Augapfel hüten.

pupìlla② f **→ pupillo**.

pupillàre agg **1** *anat* {RIFLESSO} Pupillen-, pupillar **2** *dir* {BENE} des Mündels; des Pflege-, Schutzbefohlenen.

pupìllo, (-a) m (f) **1** *dir* Mündel n; Pflege-, Schutzbefohlene mfn decl come agg **2** *fam* (*beniamino*) {+DIRETTORE, PROFESSORE} Liebling m: **essere il ~ di qu**, jds Liebling sein.

pupinizzàre tr *tel* **~ qc** {ZONA} *etw* pupinisieren.

pùpo m **1** *fam* (*bambino piccolo*) kleiner Junge, Kindchen n **2** *sicil* (*burattino*) Marionette f, Puppe f.

pupù <> f (*nel linguaggio infantile*) *eufem* Aa n *fam*: **fare la ~**, groß machen, Aa machen *fam*.

pur → pure.

pùra f → **puro**.

puraménte avv **1** (*soltanto*) lediglich, bloß, rein, ganz (und gar): **la sua presenza è ~ casuale**, er/sie ist ganz zufällig hier; **il suo contributo è ~ scientifico**, sein/ihr Beitrag ist rein wissenschaftlicher Natur **2** (*in purezza*) {VIVERE} reinen Herzens, mit reinem Herzen.

purché cong **~ ... congv 1** (*a patto che*) wenn ... (nur) ... *ind*; vorausgesetzt, (dass) ... *ind*: **ti aspetterò ~ tu faccia presto**, ich warte auf dich, vorausgesetzt, ₎du beeilst dich₎/[dass du dich beeilst] **2** (*sperando che*) hoffentlich ... *ind*: **~ sia la volta buona!**, hoffentlich klappt es dieses Mal!

purchessìa <inv> agg indef (*qualsiasi*) irgendein, (x-)beliebig *fam*: **mi accontento di un posto ~**, ich gebe mich mit einem x-beliebigen Stelle zufrieden.

pùre <pur> **A** avv **1** (*anche*) auch, ebenfalls: **lui è avvocato e suo fratello ~**, er ist Anwalt und sein Bruder ebenfalls; **domani parto ~**

Pure io!, ich fahre morgen. – Ich auch! **2** (*inoltre*) dazu, außerdem, ferner, weiterhin: **c'è da considerare ~ il fatto che ...**, ₎außerdem ist zu beachten₎/[ferner ist zu berücksichtigen], dass ...; **è gentile e ~ intelligente**, er/sie ist nett und dazu noch klug **3** (*perfino*) sogar, sollte: **andrei ~ nel deserto a cercarla!**, ich würde ihr davor bis ans Ende der Welt folgen!; **ci mancava ~ questa!**, das hat uns gerade noch gefehlt!; (*seguito da comparativo*) noch, noch mehr; **è ~ più furbo di lui**, er ist noch schlauer als er **4** (*eppure*) dennoch, trotzdem, jedoch, obwohl: **non volete darmi retta, ~ sapete che ho ragione**, ihr wollt nicht auf mich hören, obwohl ihr wisst, dass ich Recht habe **5** rafforzativo (*di incoraggiamento*) ruhig, nur, bloß, doch: **entri ~!**, treten Sie ruhig ein!, kommen Sie ruhig herein!; **continua ~, se vuoi**, mach/sprich ruhig weiter, wenn du willst!; **faccia ~!**, nur zu!, bitte sehr!; **dovrai ~ aiutarlo!**, du wirst ihm doch helfen müssen!; (*di rimprovero*) wenigstens, zumindest; **potevi ~ dirmelo!**, du hättest es mir wenigstens sagen können! **6** *lett* (*proprio*): **è pur bello avere la coscienza tranquilla!**, es ist wirklich angenehm, ein ruhiges Gewissen zu haben!; **pur ieri/ora**, gerade gestern/jetzt **7** *lett* (*neppure*): **non/senza ~**, auch nicht, nicht einmal **B** cong **1** (*anche*) **~ ... congv/gerundio** selbst/auch wenn ... *ind/congv*, obwohl ... *ind*; obschon... *ind*, obgleich... *ind*: **fosse ~ la sua ultima offerta, la rifiuterei**, auch wenn es sein/ihr letztes Angebot wäre, würde ich es ablehnen; **pur volendo, non riuscirebbe a finire in tempo**, selbst wenn er/sie es wollte, würde er/sie nicht rechtzeitig fertig werden; (*ipotetico*) selbst angenommen, (dass)... *ind/congv*; **ammettiamo/ammesso ~ che tu abbia ragione, dopo che cosa facciamo?**, ₎nehmen wir einmal an₎/[angenommen], du hast/hättest recht, was machen wir dann? **2** (*tuttavia*) **~ ...** *ind* dennoch... *ind*, trotzdem... *ind*: **è assai giovane, ~ ha buon senso**, er/sie ist noch jung, hat aber dennoch einen gesunden Menschenverstand; **trovare una soluzione non è facile, ~ bisogna trovarla**, es ist nicht einfach, eine Lösung zu finden, trotzdem müssen wir es schaffen; rafforzativo: **benché/quantunque/sebbene io sia molto impegnata, ~ cercherò di venire**, ich habe zwar viel zu tun, werde aber dennoch versuchen zu kommen; **lavoro molto, ma ~ trovo anche il tempo di leggere**, ich arbeite viel, finde aber trotzdem die Zeit zum Lesen; (*con essere e i verbi modali*) ruhig; **potevate ~ telefonarmi!**, ihr hättet mich ruhig anrufen können! **C** loc cong **1** (*al fine di, introduce una proposizione finale*): **~ di ... inf** (nur) um ... *inf*: **farebbe qualsiasi cosa ~ di farsi notare**, er/sie tut alles, nur um aufzufallen **2** (*anche se, introduce una proposizione concessiva ipotetica*): **quando/se/sia ~ ... congv** selbst/auch wenn ... *congv*: **se ~ ti ascoltassi, non seguirei i tuoi consigli**, selbst wenn ich dir zuhören würde, würde ich deinen Ratschlägen nicht folgen; **sia ~ a malincuore, ci devo rinunciare**, ich muss, wenn auch schweren Herzens, darauf verzichten; **quando ~ lo volessi, non potrei fare quello che mi chiedi**, selbst wenn ich wollte, könnte ich nicht machen, worum du mich bittest **3** **~ se ... congv/ind** selbst/auch wenn ... *ind/congv*; **lo venderei ~ se dovessi rimetterci**, ich würde es verkaufen, auch wenn ich draufzahlen müsste *fam* **4** (*benché*): **~ se ... ind** obwohl .... *ind*: **~ se è di qui, conosce poco le strade**, obwohl er/sie von hier ist, kennt er/sie die Straßen nicht gut **5** (*anche senza*): **pur senza ... inf/... congv**

auch ohne ... *inf*: **pur senza volerlo la offese**, auch ohne es zu wollen, beleidigte er/sie sie • *e* ~ → **eppure**; *né* ~ → **neppure**; *o* ~ → **oppure**; *se* ~ → **seppure**; **pur troppo** → **purtroppo**; *sia* ~! (*di concessione*), meinetwegen!; ~ *che* → **purché**; ~ *che sia* → **purchessia**.

purè <-> *m franc gastr* Püree n, Brei m: ~ **di fagioli**, Bohnenpüree n; ~ **di mele**, Apfelmus n; ~ **di patate**, Kartoffelpüree n, Kartoffelbrei m.

purèa *f* → **purè**.

purézza *f* **1** (*incontaminatezza*) {+ACQUA, AMBIENTE, ARIA} Reinheit f, Sauberkeit f **2** (*l'essere privo di incroci*) {+ESEMPLARE, RAZZA} Reinheit f **3** (*limpidezza*) {+CRISTALLO, DIAMANTE} Reinheit f; {+SUONO} *anche* Klarheit f **4** (*definizione*) {+CONTORNO, IMMAGINE} Klarheit f **5** (*essenzialità*) {+STILE} Reinheit f **6** *fig* (*ingenuità*) {+BAMBINO} Reinheit f **7** *fig* (*onestà*) {+INTENZIONE, UOMO} Lauterkeit f; {+CUORE} Reinheit f **8** *fig* (*castità*) {+RAGAZZA} Reinheit f, Keuschheit f, Unberührtheit f, Unschuld f.

pùrga <-ghe> *f* **1** (*il purgare*) {+LUMACHE} Säubern n, Reinigen n **2** (*di solito al pl*) *fig polit* Säuberung(saktion) f **3** *farm* Abführ-, Purgiermittel n: **prendere una ~**, ein Abführmittel nehmen **4** *tecnol tess* {+SETA} Reinigung f, Säuberung f.

purgànte **A** *m farm* Abführ-, Purgiermittel n: ~ **drastico**, Drastikum m **B** *agg* **1** (*depurativo*) {EFFETTO, SOSTANZA} Abführ-, abführend **2** *relig* {ANIMA} Büßer-, büßend.

purgàre <*purgo, purghi*> **A** *tr* **1** *med* ~ **qu** {PAZIENTE} jdm ein Abführmittel geben/verabreichen, jdn purgieren **2** (*liberare*) ~ **qc** (**da qc**) {ARIA DALL'INQUINAMENTO} *etw* (*von etw dat*) reinigen, *etw* (*von etw dat*) säubern: ~ **il corpo dalle tossine**, den Körper entgiften/purgieren; *etw* {ANIMO DAI PREGIUDIZI} *etw* (*von etw dat*) befreien, *etw* läutern **3** *fig lett* (*emendare*) ~ **qc** (**da/di qc**) *etw* (*von etw dat*) reinigen: ~ **un'opera delle oscenità**, die Obszönitäten aus einem Werk ausmerzen *forb*; (*censurare*) {LINGUAGGIO} *etw* entschärfen **4** *fig* (*espiare*) ~ **qc** {PECCATO} *etw* büßen **5** *polit* ~ **qc** {AMMINISTRAZIONE} *etw* säubern **6** *tecnol tess* (*pulire*) ~ **qc** {FILATO, PELLE} *etw* beizen; {SETA} *etw* entbasten, *etw* aus|kochen, *etw* degummieren **B** *rfl* **1** *med*: **purgarsi** {PAZIENTE} ein Abführmittel (ein)nehmen **2** *fig* (*purificarsi*): **purgarsi** (**da qc**) (**con qc**) {DAI PECCATI CON LA CONFESSIONE} (*durch etw acc*) rein(gewaschen) werden, sich (*durch etw dat*) (*von etw dat*) rein|waschen, sich (*durch etw dat*) läutern.

purgativo, (**-a**) *agg farm* {OLIO} Abführ- {EFFETTO} *anche* abführend.

purgàto, (**-a**) *agg* ~ (**da/di qc**) **1** (*emendato*) {LINGUA DAI FORESTIERISMI} (*von etw dat*) bereinigt; (*censurato*) {EDIZIONE DALLE OSCENITÀ} (*von etw dat*) gesäubert **2** *tecnol tess* {PRODOTTO DALLE SCORIE} *von etw* (*dat*) gereinigt, *von etw* (*dat*) befreit, {METALLO} gebeizt.

purgatòrio <-ri> *m* **1** *relig*: ~/**Purgatòrio**, Feg(e)feuer n; **andare in ~**, durchs Feg(e)feuer gehen **2** *fig* (*situazione difficile*) Feg(e)feuer n • **Purgatòrio** *lett* (*seconda cantica della Divina Commedia di Dante Alighieri*), Purgatorium n *forb*; **fare due/tre anni di ~** *fig* (*attraversare un periodo difficile*), zwei/drei Jahre durch ein wahres Fegefeuer gehen.

purificàre <*purifico, purifichi*> **A** *tr* **1** (*depurare*) ~ **qc** {ARIA, SANGUE} *etw* reinigen **2** (*mondare*) ~ **qu/qc** {PREGHIERA UOMO, MENTE} *jdn/etw* läutern, *jdn/etw* rein waschen, *jdn/etw* reinigen **3** *relig* ~ **qu/qc** {VASI SACRI} *jdn/etw* liturgisch reinigen **4** *metall* ~ **qc**

{ORO} *etw* waschen **B** *itr pron* **1** (*diventare puro*): **purificarsi** {MARE} sauber werden, gereinigt werden **2** *fig*: **purificarsi** (**con/in qc**) {ANIMA NEL DOLORE} (*durch etw acc*) geläutert werden, sich (*durch etw acc*) läutern.

purificatóio <-toi> *m relig* Purifikatorium n, Kelchtüchlein n.

purificatóre, (**-trice**) **A** *agg* (*che purifica*) {ACQUA} reinigend, *fig* {ATTO} läuternd, rein waschend **B** *m* (*f*) (*chi purifica*) Reiniger(in) m (*f*).

purificatòrio, (**-a**) <-ri> *m agg fig* (*che purifica*) {RITO} läuternd.

purificazióne *f* **1** (*depurazione*) {+OLIO} Reinigung f; {+ACQUA} *anche* Klärung f; (*azione*) *anche* Reinigen n, Klären n **2** *fig* (*liberazione*) {+COSCIENZA} Reinwaschung f, Läuterung f **3** *relig* {+VASI SACRI} Purifikation f • **Purificazióne della Madonna** *relig*, Mariä Lichtmess f.

purina *f chim* Purin n.

purismo *m ling* Purismus m.

purista <-*i m, -e f*> *mf ling* Purist(in) m (*f*).

puristico, (**-a**) <-*ci, -che*> *agg ling* {ATTEGGIAMENTO, SCELTA} puristisch.

purità <-> *f anche fig forb* (*purezza*) {+COSCIENZA} Reinheit f, Lauterkeit f.

puritàna *f* → **puritano**.

puritanésimo *m* **1** *relig stor* Puritanismus m **2** (*austerità morale*) {+FAMIGLIA} Sittenstrenge f.

puritàno, (**-a**) **A** *agg* **1** (*del puritanesimo*) {EDUCAZIONE} puritanisch **2** *fig* (*moralmente austero*) {ABITUDINE} sittenstreng, puritanisch **B** *m* (*f*) **1** (*seguace*) Puritaner(in) m (*f*) **2** *fig* (*moralista*) Puritaner(in) m (*f*), sittenstrenger Mensch.

pùro, (**-a**) **A** *agg* **1** (*non mischiato*) {ALCOL, OSSIGENO, SETA, VINO} rein; {CAFFÈ} schwarz; {GIN} pur, unvermischt; {LINO} Ganz-; {LATTE} naturrein; {ARGENTO, ORO} Echt-, Fein-; **di pura lana**, reinwollen, aus reiner Wolle **2** (*incontaminato*) {ACQUA, AMBIENTE, ARIA} rein, sauber **3** (*non incrociato*) {ANIMALE} reinrassig, {RAZZA} rein **4** (*limpido*) {CIELO, LUCE} klar; {SUONO} *anche* rein **5** (*semplice*) {COMBINAZIONE, VERITÀ} pur, rein, bloß, schlicht: **te lo chiedo per pura e semplice curiosità**, ich frage Sie dies, weil ich schlicht und einfach neugierig bin; **me ne sono accorto per ~ caso**, ich habe das rein zufällig bemerkt; **la sua è pura invidia**, er/sie ist bloß neidisch **6** (*definito*) klar: **i contorni dei monumenti erano puri, lineari**, die Denkmäler hatten klare, lineare Konturen **7** (*essenziale*) {POESIA, STILE} rein, sauber **8** (*autentico*) {STILE GOTICO} echt; {DIALETTO} rein; {TEDESCO} *anche* korrekt, sauber *fam*: **una cena in ~ stile maldiviano**, ein maledivisches Abendessen **9** *fig* (*ingenuo*) {BAMBINO} unschuldig **10** *fig* (*onesto*) {INTENZIONE} lauter; {CUORE} rein; {UOMO} ehrlich, unschuldig **11** *fig* (*casto*) {PENSIERO} unschuldig, unverdorben; {RAGAZZA} *anche* sünd(en)los, keusch *forb obs* **12** *fig* (*teorico*) {FILOSOFIA, FISICA} theoretisch; {MATEMATICA, RICERCATORE} rein **13** *fig* {ATTO, RAGIONE} rein **B** *m* (*f*) (*idealista*) unbeirrbarer/unbestechlicher Mensch: **non è un politicante, è un ~**, er ist kein Stammtischpolitiker *spreg*, sondern jemand mit festen Überzeugungen.

purosàngue **A** <inv> *agg* **1** (*di pura razza*) {CAVALLO, LEVRIERO} reinrassig, vollblütig **2** *fig scherz* (*rif. a persona, autentico*) {ROMANO} echt, reinrassig *scherz*: **è un politico ~**, er ist ein Vollblutpolitiker *fam* **B** <-> *mf* (*cavallo*) Vollblut(pferd) n, Vollblüter m: ~ **inglese**, Englischer Vollblüter.

purpùreo, (**-a**) *agg lett* (*color porpora*) {ABITO, TENDA} Purpur-, purpurn, purpurfarben; (*rosso*) ~, purpurrot.

purpùrico, (**-a**) <-*ci, -che*> *agg chim* {ACIDO} Purpur-.

purtròppo *avv* (*sfortunatamente*) leider, bedauerlicherweise: **hai finito? – Purtroppo no!**, bist du fertig? – Leider nein!; ~ **dobbiamo salutarvi**, wir müssen uns leider (von euch) verabschieden; **devo ~ comunicarLe una cosa spiacevole**, ich muss Ihnen leider etwas Bedauerliches mitteilen.

purtuttavia, **pur tuttavia** *avv loc avv* (*malgrado ciò*) trotz alledem, trotzdem: **ero insicuro, ~ ci provai**, ich war unsicher, wagte es aber trotzdem.

purulènto, (**-a**) *agg med* {PIAGA} eit(e)rig, eiternd.

purulènza *f rar med* **1** (*formazione*) (Ver-)eiterung f, Eiterabsonderung f, Purul(esz)enz f *scient obs* **2** (*pus*) Eiter m.

pus <-> *m med* Eiter m: **fare pus**, eitern.

pusher <-> *m o f ingl slang* (*spacciatore*) Pusher m *slang*, Dealer m *slang*.

push up *ingl* **A** <-> *loc sost m* **1** (*reggiseno*) Push-up-BH m **2** (*collant*) Push-up-Strumpfhose f **B** <inv> *loc agg* {REGGISENO} Push-up-.

pusillànime **A** *agg* (*vile*) {REAZIONE} feig(e) *spreg*, zaghaft, kleinmütig *forb*; {RAGAZZO} *anche* duckmäuserisch *spreg* **B** *mf* Feigling m *spreg*, Duckmäuser m *spreg*, Kleinmütige *mf decl come agg forb*.

pusillanimità <-> *f* **1** (*viltà*) Feigheit f *spreg*, Duckmäuserei f *spreg*, Kleinmut m *forb* **2** (*atto*) Feigheit f *spreg*.

pùssa via *loc inter centr fam* (*esortazione ad andarsene*) hau ab! *fam*, mach die Fliege! *fam*, verpiss dich! *fam*: **hai l'influenza? pussa via!**, hast du Grippe? (Dann)₁hau ab₁/[bleib mir vom Leibe]!

Pusteria *f geog*: **Val ~**, Pustertal n.

pùstola *f anche med* (*foruncolo*) Pickel m, Pustel f *scient*, Eiterbläschen n: **schiacciare una ~**, einen Pickel aufdrücken *fam*.

pustolóso, (**-a**) *agg* (*con pustole*) {PELLE, VISO} pick(e)lig, pustulös *scient*.

puszta <-> *f geog* Puszta f, Pusta f.

put <-> *f Borsa* Rückprämiengeschäft n.

putacàso, **pùta càso** **A** *avv loc avv* (*per ipotesi*) zufällig: **se, ~, passassi l'esame**, wenn ich die Prüfung zufällig bestehen sollte **B** *cong loc cong* (*mettiamo il caso che*): ~ (**che**) ... *congv*, gesetzt den Fall, dass ... *ind/congv*, angenommen, (dass)... *ind/congv*: ~ (**che**) **non arrivasse**, angenommen, er/sie kommt/käme nicht.

putativo, (**-a**) *agg* **1** *anche iron* (*ritenuto tale*) {FIGLIO, PADRE} vermeintlich **2** *dir* {PATERNITÀ} vermeintlich; {CONIUGI} in nichtiger Ehe; {REATO} Wahn-; {MATRIMONIO} Putativ-.

Putifàrre *m bibl* Potiphar m, Putiphar m.

putifèrio <-ri> *m* **1** (*finimondo*) (Heiden/Höllen)lärm m *fam*, (Mords)krawall m *fam*, Krach m *fam*, Radau m *fam*: **fare un ~**, Radau/einen Heidenlärm machen *fam*; **far scoppiare un ~ per nonnulla**, wegen einer Kleinigkeit Krach schlagen *fam*; **è nato un ~**, es entstand ein Mordskrawall *fam* **2** *fig* (*disordine*) Durcheinander n, Chaos n: **che ~ in questa stanza!**, in diesem Zimmer herrscht vielleicht ein Chaos!

putizza *f geol* schwefelsaure Ausdünstung.

putrèdine *f* **1** (*putrefazione*) {+CORPO} Verwesung f: **il cadavere dà i primi segni della ~**, die Leiche weist die ersten Zeichen der Verwesung auf **2** (*materia putrefatta*) Faule n *decl come agg* **3** *fig lett* (*depravazione*) {+AMBIENTE} Verkommenheit f,

Verderbtheit f *forb obs*.
putrefàre <coniug *come* fare> **A** itr <*essere*> itr pron (*decomporsi*): **putrefarsi** {CARNE} verfaulen, verderben; {CADAVERE} verwesen **B** tr (*far decomporre*) ~ **qc** {ACQUA VEGETAZIONE} *etw* zersetzen.
putrefattìvo, (-a) agg (*di putrefazione*) {PROCESSO} Verwesungs-, Fäulnis-.
putrefàtto, (-a) **A** part pass *di* putrefare **B** agg **1** (*decomposto*) {PESCE} verwest, verfault; {CADAVERE} verwest **2** fig (*depravato*) {SOCIETÀ} verrottet, verdorben *forb*, verderbt *forb obs*.
putrefazióne f **1** (*decomposizione*) Fäulnis f; {+CADAVERE} Verwesung f: **andare in ~**, in Verwesung/Fäulnis übergehen **2** fig (*depravazione*) {+AMBIENTE} Verkommenheit f, Verderbtheit f *forb obs*.
putrèlla f *edil* Doppel-T-Träger m, Doppel-T-Eisen n.
putrescènte agg *rar* **1** (*in via di decomposizione*) {TRONCO} faulend **2** fig (*che sta degenerando*) {SOCIETÀ} degenerierend, ausartend.
putrescènza f *lett* (*putrefazione*) Verwesung f, Fäulnis f.
pùtrido, (-a) **A** agg **1** (*marcio*) {ACQUA} faul, faulig, verfault; {LEGNO} verfault, moderig; {CORPO} verfault, verwest **2** (*di marcio*) {ODORE} faulig, moderig **3** fig (*depravato*) {MONDO} verrottet, verdorben *forb obs* **B** m fig (*corruzione*) Verkommenheit f, Verderbtheit f *forb obs*: **in questa faccenda c'è del ~**, bei dieser Sache ist etwas faul *fam*.
putridùme m **1** (*marciume*) Moder m **2** fig (*corruzione*) {+CLASSE POLITICA} Verkommenheit f, Verderbtheit f *forb obs*.
putsch <-, -e pl ted> m *ted polit* Putsch m: **fare/tentare un ~ militare**, ⌐einen Militärputsch machen⌐/⌐einen militärischen Putschversuch unternehmen⌐.
putschìsta **A** agg **1** (*di un putsch*) {STRATEGIA} Putsch- **2** (*che compie un putsch*) {GENERALE} putschend **B** <-*i* m, -*e* f> mf (*organizzatore o sostenitore*) Putschist(in) m(f).
puttàna **A** in funzione *di* agg *volg* (*maledetto*) {MISERIA} verdammt *fam spreg*, verflucht *fam*, Scheiß- *volg* **B** f **1** *volg* (*prostituta*) Nutte f *fam spreg*, Hure f *spreg*, Dirne f **2** fig *spreg* (*chi è facilmente corruttibile*) Hurensohn m, skrupelloser/prinzipienloser Mensch **3** fig *spreg* (*ruffiano*) Speichellecker(in) m(f) *spreg* ● **andare a puttane** (*frequentarle*), huren *spreg*; fig (*andare male*), {LAVORO} den Bach runtergehen *fam*, in die Hose gehen *fam*; **~ d'alto bordo** (*di lusso*), Edelnutte f *fam*; **vestirsi/truccarsi da ~** (*in modo volgare*), sich wie eine Nutte kleiden/schminken *fam spreg*, sich nuttig/nuttenhaft auftakeln *fam spreg*; **essere una ~**, eine Nutte sein *fam spreg*; fig (*un ruffiano*), ein Speichellecker/eine Speichelleckerin sein *spreg*; **fare la ~**, auf den Strich gehen *fam*; fig (*il ruffiano*), ein Speichellecker/eine Speichelleckerin sein *spreg*; **finire a ~/puttane** fig (*fallire*), {PROGETTO} scheitern, ins Wasser fallen, in die Hose gehen *fam*; **mandare a ~/puttane** fig (*far fallire*), {ANNI DI LAVORO} *etw* zunichtemachen; **porca ~!** *volg*, (so eine verdammte) Scheiße/Kacke! *volg*.
puttanàio <-nai> m **1** *volg* (*casino*) Bordell n, Puff m o n *fam spreg* **2** fig (*luogo rumoroso*): **il mio ufficio è proprio un ~**, in meinem Büro geht es zu wie im Taubenschlag/Zirkus *fam* **3** fig (*baccano*) Radau m *fam*, Lärm m: **ieri sera hanno fatto un gran ~ in strada**, gestern Abend haben sie einen Heidenlärm auf der Straße gemacht *fam* **4** fig (*situazione difficile*) Schlamassel m *fam*, Patsche f *fam*: **senza volerlo mi sono trovato in un ~**, ohne es zu wollen, steckte ich im Schlamassel *fam*.
puttanàta f **1** fig (*sciocchezza*) Mist m *fam spreg*, Scheiß(e) f *fam spreg*: **dire/fare (delle) puttanate**, Scheiß reden/machen *fam spreg*; **che ~ di film!**, was für ein Scheißfilm! *fam spreg* **2** fig (*azione cattiva*) Schweinerei f *fam spreg*.
puttanèlla <dim *di* puttana> f **1** *volg* Hürchen n *spreg* **2** *spreg* (*ragazza disinibita*) leichtes Mädchen.
puttanésco, (-a) <-*schi*, -*sche*> agg *volg* (*da puttana*) {MODO} Nutten- *fam spreg*, nuttig *fam spreg* ● **alla puttanesca** *gastr*, "mit Soße aus gewässerten Sardellenfilets, schwarzen Oliven, Kapern und Tomaten".
puttanière m **1** *volg* (*chi frequenta le puttane*) Hurenbock m *spreg*, Hurer m *spreg obs* **2** *scherz* (*dongiovanni*) Schürzenjäger m.
putter <-> m *ingl sport* (*nel golf, bastone*) Putter m; (*giocatore*) "wer zu putten beabsichtigt".
pùtto m (*amorino*) Putte f, Putto m.
pùzza f *region* (*puzzo*) Gestank m: **che ~ di chiuso/piedi!**, ⌐was für ein Mief! *fam spreg*⌐/⌐[was stinkt es hier nach Käs(e)füßen! *fam spreg*⌐; **l'acqua putrida manda una ~ insopportabile**, das faulige Wasser verbreitet einen unerträglichen Gestank ● **esserci ~ di qc** fig (*esserci qc nell'aria*), nach *etw* (dat) riechen *fam*; **qui c'è ~ di corruzione/imbroglio**, ⌐hier riecht es nach Korruption *fam*⌐/⌐hier ist etwas faul *fam*⌐; **avere la ~ al/[sotto il] naso** fig (*fare lo snob*), eingebildet *spreg*/hochnäsig *fam spreg* sein; **una ragazza con la ~ al/sotto il naso** fig (*snob*), ein hochnäsiges Mädchen *fam spreg*.
puzzàre itr **1** (*fare puzzo*) **~ (di qc)** {DI AGLIO, DI PESCE, DI SUDORE} (*nach etw* dat) stinken, übel/schlecht riechen, (*nach etw* dat) riechen; **~ a qu**: **gli puzza il fiato**, er riecht/stinkt *spreg* aus dem Mund; **gli puzza il fiato d'alcol**, er hat eine Fahne *fam* **2** fig (*sapere*) **~ di qc** {DISCORSO DI OPPORTUNISMO} *nach etw* (dat) aus|sehen, *nach etw* (dat) stinken *fam* **3** fig (*essere sospetto*) stinken *fam*: **la faccenda comincia a ~**, die Sache beginnt zu stinken *fam* **4** fig (*sembrare sospetto*) **~ a qu** jdm verdächtig scheinen: **quel licenziamento mi puzza**, an dieser Entlassung ⌐stinkt etwas⌐/⌐[ist etwas faul], denke ich *fam* **5** fig *fam* (*non interessare*) **~ a qu** jdn nicht interessieren: **gli puzza la ricchezza/salute/vita**, er spuckt *fam*/scheißt *volg* auf (seinen) Reichtum/(seine) Gesundheit/(sein) Leben.
puzzle <-> m *ingl* **1** (*gioco*) Puzzle n: **fare un ~ di 200/500 pezzi**, ein Puzzle mit 200/500 Teilen zusammensetzen **2** fig (*faccenda intricata*) Rätsel n ● **per completare questo ~ mancano ancora diversi pezzi**, um das Puzzle zu vervollständigen, fehlen noch verschiedene Teile; fig (*per completare il quadro mancano ancora diversi elementi*), um das Rätsel zu lösen, fehlen noch etliche Einzelheiten.
pùzzo m **1** (*cattivo odore*) {+DISCARICA, FOGNA, GAS} Gestank m: **c'è ~ di fritto**, es riecht nach Fett; **mandare ~ di qc**, nach *etw* (dat) stinken **2** fig (*sospetto*) Anzeichen n: **c'è ~ di inganno/imbroglio**, es riecht verdächtig nach Betrug, da ist was faul *fam*, das stinkt nach Betrug **~ sento ~ di bruciato/bruciaticcio**, ich finde, es riecht verbrannt; fig (*sospettare*), ich rieche den Braten *fam*.
pùzzola f *zoo* Stinktier n, Skunk m.
puzzolènte agg **1** (*maleodorante*) {MIASMA, PORTO} stinkend; {SCARPE, SIGARO} *anche* stinkig *fam spreg* **2** *rar* fig (*laido*) ekelhaft, widerlich.
puzzóne, (-a) m (f) *centr spreg* **1** *rar* (*chi puzza*) Stinker m *fam spreg*, Stinktier n *spreg* **2** fig (*mascalzone*) Widerling m *spreg*, Schwein n *spreg*.
pv, **p.v.** abbr *di* prossimo venturo: nächst: **il 30/lunedì pv/p.v.**, ⌐am 30. dieses Monats⌐/⌐[am kommenden Montag]⌐.
PVC m *chim* abbr *di* PoliVinilCloruro: PVC n (abbr *di* Polyvinylchlorid).
pỳrex® <-> m *comm* Jenaer Glas n.
P.za abbr *di* Piazza: Pl. (abbr *di* Platz).

Q, q

Q, q <-> f o rar m (*diciassettesima lettera dell'alfabeto italiano*) Q, q n • **q come Quarto** (*nella compitazione delle parole*), Q wie Quelle; → *anche* **A, a**.

q *abbr di* quintale: Dz (**abbr** *di* Doppelzentner).
Q *abbr dell'ingl* queen (*regina, nei giochi di carte*) Dame f.

qb *farm abbr di* quanto basta: q.s., qu. s., reichlich, genügend (**abbr** *di* quantum satis *o* quantum sufficit).

QI <-> m *psic abbr di* Quoziente d'Intelligenza: IQ m (**abbr** *di* Intelligenzquotient).

qu <-> f o m (*lettera*) Q n.

qua① Ⓐ *avv* **1** (*in questo luogo*) (*stato in luogo*) hier, da: **qua in Germania**, hier in Deutschland; **qua da noi c'è la nebbia**, hier bei uns ist es neblig; **vai a prendere i soldi, io ti aspetto qua!**, (geh und) hol das Geld, ich warte hier auf dich! **2** (*moto a luogo*) (hier)her: **mettiamoci qua al sole**, setzen/ legen wir uns hier in die Sonne; **portamelo qua!**, bring ihn/es mir her!; **venite qua!**, kommt hierher! **3** (*rafforzativo degli avv di luogo*) hier: **qua dentro**, (*stato*) hier drinnen; (*moto*) hier herein; **non entrare qua dentro!**, komm nicht hier herein!; **qua fuori**, (*stato, moto*) hier draußen; **vi aspettiamo qua fuori**, wir warten hier draußen auf euch; (*moto*) hier heraus; **qua intorno**, (*stato*) hierherum *fam*; **qua intorno non ci sono negozi**, ˻hierherum *fam*˼/[hier in der Gegend] gibt es keine Geschäfte; (*moto*) hierherum *fam*; **qua sopra**, (*stato*) hier oben, da oben; (*moto*) hierherauf; **mettilo qua sopra!**, stell ihn/es hierherauf!; **qua sotto**, (*stato*) hier unten; **abitano qua sotto**, sie wohnen hier unten; (*moto*) hier herunter; **qua vicino**, (*stato*) hier in der Nähe; **qua vicino c'è una farmacia**, hier in der Nähe ist eine Apotheke; (*moto*) hier in die Nähe **4** (*contrapposto a là*) (*stato in luogo*) hier: **qua non c'è**, **può darsi che sia là**, hier ist er/es nicht, vielleicht ist er da/dort; (*moto a luogo*): **girare un po' qua un po' là**, ein bisschen in der Gegend herumlaufen/herumfahren; **notizie che corrono qua e là**, Nachrichten, die hier und da/dort kursieren/umlaufen **5** (*correlato con là*): **e Paola qua, e Paola là ...**, Paola hin und Paola her ... **6** (*rafforzativo con pron pers e ecco*) da: **eccoci qua!**, da sind wir!; **eccoti qua, finalmente!**, da bist du ja endlich!; **ci sono qua io!**, ich bin doch da! **7** (*preceduto da questo*) hier, da: **questi fogli qua vanno buttati via**, diese Blätter hier müssen weggeworfen werden; **prenda questo qua!**, nehmen Sie das hier!; **ma cosa vuole questo qua?**, was will der denn hier? **8** *fig* (*a questo punto*) hier: **qua volevo arrivare!**, darauf wollte ich hinaus, das wollte ich damit sagen; **qua ti volevo!**, hier/da liegt der ˻Hund begraben˼/[Hase im Pfeffer]! *fam*; (*rafforzativo da fin*) bis hierher; **ho letto fin qua**, ich habe bis hierher gelesen **9** (*con valore enf*) hier, her: **eccolo qua di nuovo!**, hier ist er wieder!; **dai qua il giornale!**, gib die Zeitung her!; **guarda qua che disordine!**, guarda mal die Unordnung hier an! Ⓑ *loc avv* **1** (*da questa parte*): **al di qua**, hier, diesseits; **al di qua c'è la ferrovia**, **al di là c'è la strada**, hier sind die Gleise, dort die Straße **2** (*da questo luogo*) (*stato*): **di qua**, von hier; (*moto*) von hier (aus); **di qua non me ne vado**, von hier gehe ich nicht weg **3** (*per questo luogo*): (**per**) **di qua**, hier durch, in dieser Richtung; **passate di qua, farete prima!**, geht hier durch, das geht schneller! **4** *fam* (*in questa stanza*) (*stato*): **di qua**, hier (drinnen); (*moto*) hier herein; **vieni di qua!**, komm herein! **5** *fig* (*in questo mondo*) (*stato*): **di qua**, hier unten, auf dieser Welt; (*moto*) hier herunter, auf diese Welt **6** (*verso questa parte*): **in qua**, hierher, näher, herbei; **fatti più in qua!**, komm/rück näher!, rück heran!; **guarda in qua!**, schau hierher!; **venite tutti in qua!**, venite tutti in qua!, ˻alle Mann *fam*˼/[kommt alle] hierher! **7** (*temporale*) (*a questa parte*): **in qua**, seit; **da un po' di tempo in qua soffro di emicrania**, seit einiger Zeit leide ich an Migräne Ⓒ *loc agg* (*di questo luogo*): **di qua**, ₍ABITUDINI₎ hiesig, von hier; **è gente di qua**, das sind Leute von hier, das sind Einheimische Ⓓ *loc prep* (*da questa parte rispetto a*) (*stato*): (**al**) **di qua da qc**, diesseits *von etw* (dat)/+ *gen*; **stare di qua dal ponte**, diesseits der Brücke sein/bleiben; (*moto*) hierherauf sein (*dat*)/+ *gen*; (**al**) **di qua di qc**, diesseits *etw* (*gen*); **abitare al di qua dell'Arno**, diesseits des Arno wohnen • **e qua e là** e **su e giù**, überall, hin und her, allerorts; **di qua e di là** (*da un luogo all'altro*), hin und her; **andare/correre di qua e di là**, hin und her gehen/ laufen; **da qua a là**, von hier bis dort; **da quando in qua usi quel tono con me?** (*di risentimento*), seit wann sprichst du denn in diesem Ton zu mir?; **via di qua!** (*vattene!*), hau ab hier!! *fam*.

qua② onomatopeica Ⓐ *inter* quak quak: **l'anatra fa qua qua**, die Ente macht quak quak Ⓑ <-> m (*verso*) Quaken n.

quaccherismo m *relig* (*movimento*) Quäkertum n.

quàcchero, (-a) Ⓐ *agg relig* ₍COMUNITÀ₎ Quäker- Ⓑ m (f) **1** *relig* (*seguace*) Quäker(in) m(f) **2** *fig* (*rigoroso moralista*) Puritaner(in) m(f) • **alla quacchera** *fig* (*alla buona*), schlicht, einfach, zwanglos, formlos.

quad <-> m *ingl* (*veicolo*) Quad n.

quaderno m **1** ₍SOTTILE, SPESSO₎ Heft n: **ad anelli**, Ringheft n; **annotare qc in un ~**, etw in ein Heft notieren; **~ d'appunti**, Notiz-, Merkheft n; **~ di bella**, Schönschreib-, Reinschriftheft n; **~ di brutta**, Schmierheft n; **~ degli esercizi**, Übungsheft n; **~ di matematica/musica**, Mathematik-/Notenheft n; **~ a quadretti**, Rechenheft n, Heft mit ˻kariertem Papier˼/[Kästchen]; **~ a righe**, Schreibheft n, Heft mit ˻lini(i)ertem Papier˼/[Linien]; **~ di scuola**, Schulheft n; **~ a spirale**, Spiralheft n **2** <*solo pl*> (*titolo di pubblicazione*) Heft n, Nummer f: **quaderni di retorica e poetica**, Hefte n pl zur Rhetorik und Poetik **3** *edit* (*fascicolo*) Heft n • **~ di cassa** *contabilità*, Kassenbuch n.

quadrangolàre Ⓐ *agg* **1** *mat* (*in geometria*) ₍FIGURA₎ viereckig, vierkantig **2** *sport* ₍INCONTRO, TORNEO₎ Vier(er)- Ⓑ m *sport* Viermannschaftsturnier n.

quadràngolo, (-a) Ⓐ *agg* (*che ha quattro angoli*) ₍SUPERFICIE₎ viereckig Ⓑ m *mat* (*in geometria*) (*poligono*) Viereck n.

quadrànte m **1** *mat* (*in geometria*) Quadrant m, Viertelkreis m **2** (*superficie*) ₍+BAROMETRO, OROLOGIO₎ Zifferblatt n: **~ luminoso**, Leuchtziffernblatt n **3** (*della bussola*) Kompassquadrant m: **primo ~**, erster Quadrant **4** *astr* (*della carta topografica*) Quadrant m **5** *edit* Buch-, Einbanddeckel m • **~ di riduzione** *mar*, Reduktionsquadrant m; **~ solare** (*meridiana*), Sonnenuhr f.

quadràre Ⓐ *itr* <*essere o avere*> **1** *anche contabilità* (*essere esatto*) **~** (**con qc**) ₍CALCOLO, OPERAZIONE₎ ₍USCITE CON ENTRATE₎ mit etw (dat) überein|stimmen; ₍USCITE E ENTRATE₎ aufgehen: **i conti non quadrano**, die Rechnung ˻stimmt nicht˼/[geht nicht auf]; **il bilancio quadra**, die Bilanz stimmt; **far ~ il bilancio**, die Bilanz ausgleichen **2** *fig fam* (*corrispondere*) **~** (**con qc**) ₍DESCRIZIONE CON LA REALTÀ₎ (*mit etw* dat) überein|stimmen **3** *fig fam* (*convincere*) **~** (**a qu**) *jdn* überzeugen: **la sua versione dei fatti non mi quadra**, seine/ihre Version der Dinge überzeugt mich nicht; (*uso assol*) nicht stimmig sein; **il tuo ragionamento non quadra**, in deiner Argumentation stimmt etwas nicht, deine Argumentation ist in sich nicht stimmig **4** *fig fam* (*adattarsi*) **~ a qu** zu *jdm* passen: **quel nomignolo le quadra proprio!**, dieser Spitzname passt genau zu ihr! **5** *fig fam* (*andare a genio*) **~ a qu** ₍DISCORSO, PROPOSTA₎ *jdm* gefallen, *jdm* zu|sagen Ⓑ *tr* <*avere*> **mat ~ qc** ₍BINOMIO₎ etw quadrieren; (*in geometria*) ₍TRAPEZIO₎ etw in eine quadratische Form bringen; den Flächeninhalt *von etw* (dat) berechnen.

quadràtico, (-ci, -che) *agg mat* ₍FORMA₎ quadratisch; ₍EQUAZIONE₎ *anche* Quadrat-.

quadratino <*dim di* quadrato> m **1** kleines Quadrat **2** *mar mil* kleine Messe **3** *tip* Halbgeviert n, halbes Quadrat.

quadràto① m **1** *mat* (*in geometria*) Quadrat n: **disegnare un ~**, ein Quadrat zeichnen **2** *mat* Quadrat n, zweite Potenz: **il ~ di otto è 64**, acht ˻im/zum Quadrat˼/[hoch zwei] ist 64 **3** (*oggetto di forma quadrata*)

{+CARTONE, STOFFA, TERRENO} quadratisches/viereckiges Stück **4** (*disposizione di persone*) (Personen)aufstellung f im Karree, Karreebildung f: **formare un ~**, ein Karree bilden; **mettersi in ~**, sich im Karree aufstellen **5** *mar mil* (*locale*) Messe f **6** *mil stor* {+VILLAFRANCA} Karree n, Aufstellung f in Viereck: **fare ~ contro il nemico**, ein Karree gegen den Feind bilden **7** *sport* (*nel pugilato*) Ring m: **salire sul ~**, in den Ring steigen **8** *tip* Geviert n ● *al ~ mat*, im Quadrat; **elevare/innalzare un numero al ~**, eine Zahl ins Quadrat erheben; **cinque al ~ fa 25**, fünf im Quadrat macht 25; **sette al ~**, sieben hoch zwei; *fig fam* (*esageratamente*), übertrieben; **sei disordinata al ~!**, deine Unordnung geht entschieden zu weit!; *far* ~ **con/contro qu** *fig* (*essere solidali*), ⌊solidarisch mit jdm sein⌋/[solidarisch gegen jdn vorgehen], sich ⌊mit jdm⌋/[gegen jdn] zusammenschließen.

quadràto[2], (-a) agg **1** (*a forma di ~*) {CAMPO, PIAZZA, STANZA} quadratisch, viereckig **2** (*largo*) {FACCIA, MASCELLA} eckig **3** *fig* (*robusto*) {CORPORATURA} kräftig, stämmig; {SPALLE} breit **4** *fig* (*logico*) {MENTE} logisch, klar **5** *fig* (*assennato*) {UOMO} ausgeglichen, ausgewogen, besonnen, vernünftig **6** *anat* {MUSCOLO} viereckig, quadratus *scient*: **osso ~**, Quadratbein n, Quadratum n *scient* **7** *mat metrol* {NUMERO, RADICE} Quadrat-: **centimetro ~** (abbr cm²), Quadratzentimeter m ○ n.

quadratóne <accr *di* quadrato> m **1** großes Quadrat **2** *tip* Quadrat n, Geviert n.

quadratùra f **1** (*riduzione a forma quadra*): **la ~ di un foglio di carta**, das quadratische Zuschneiden eines Blattes Papier **2** (*quadro*) Viereck n **3** *fig* (*affidabilità*): ~ **mentale**, geistiges Format; **un uomo di grande ~ morale**, ein durch und durch moralischer Mensch **4** *mat* {+NUMERO} Erheben n ins Quadrat **5** *mat* (*in geometria*) Quadratur f: ~ **di una figura piana**, Quadratur f einer ebenen Figur **6** *arte* (*nella pittura*) (*tecnica*) Quadratur(malerei) f **7** *astr* Quadratur f **8** *comm* {+BILANCIO} Ausgleich m: **eseguire la ~ dei conti**, abrechnen ● **la ~ del cerchio** *mat* (*in geometria*), die Quadratur des Kreises; *fig* (*questione impossibile da risolvere*), die Quadratur des Kreises/Zirkels *forb*.

quadrèllo m **1** (*piastrella*) Fliese f, Kachel f **2** (*righello*) Lineal n **3** (*ago*) {+MATERASSAIO} Riemnadel f **4** *gastr* (*lombata*) Lendenstück n.

quadrettàre *tr* (*dividere in quadretti*) ~ **qc** {FOGLIO} *etw* in Quadrate ein|teilen, *etw* kästeln, *etw* karieren *rar*.

quadrettàto, (-a) agg (*a quadretti*) {CARTA, TESSUTO} kariert.

quadrettatùra f **1** (*suddivisione*) Einteilung f in Quadrate, Kästeln n, Karieren n *rar*: **fare la ~ di un foglio**, ein Blatt in Quadrate einteilen **2** (*reticolato*) {FITTA} Karo-, Schachbrettmuster n, kariertes Muster.

quadrétto <dim *di* quadro> ⒶⒶ m **1** (*piccolo riquadro*) Kästchen n **2** (*pezzetto quadrato*) {+CARTONE, TESSUTO} viereckiges Stück; {+CIOCCOLATA} Stückchen n **3** (*piccolo dipinto*) kleines Bild, Bildchen n **4** *fig iron* (*situazione quotidiana*) nette/lebhafte/heitere Szene: **che bel ~ familiare!**, was für eine nette Familienszene! *iron* **5** <solo pl> *gastr* "kleine quadratförmige Suppennudeln" ⒷⒷ *loc agg*: **a quadretti** {CARTA, MAGLIA, QUADERNO} kariert; **gonna a quadretti grandi/piccoli**, groß/klein karierter Rock.

quàdri- *primo elemento* vier-, Vier-: **quadricipite**, vierköpfiger Schenkelstrecker, Quadrizeps m; **quadricromia**, Vierfarbendruck m; **quadrifoglio**, vierblättriges Kleeblatt, Glückklee m.

quadribànda ⒶⒶ <inv> agg {CELLULARE} Dualband- ⒷⒷ <-> m *radio tel* Dualbandsystem n.

quadriciclo m *autom* Quad n: ~ **leggero**, Kinderquad n.

quadricipite m *anat* vierköpfiger Schenkelstrecker, Quadrizeps m *scient*.

quadricromìa f *tip* **1** (*procedimento*) Vierfarbendruckverfahren n **2** (*stampa*) Vierfarbendruck m.

quadridimensionàle agg (*a quattro dimensioni*) {FIGURA, SPAZIO} vierdimensional.

quadriennàle ⒶⒶ agg **1** (*che dura quattro anni*) {PIANO} vierjährig, Vierjahres- **2** (*che ricorre ogni quattro anni*) {MOSTRA D'ARTE} vierjährlich ⒷⒷ f (*esposizione*) Quadriennale f.

quadriènnio <-ni> m (*periodo di quattro anni*) Zeitraum m von vier Jahren, vier Jahre n pl, Quadriennium n *obs*.

quadrifòglio <-gli> m *bot* vierblättriges Kleeblatt: ~ **portafortuna**, Glücksklee m ● **(raccordo/svincolo stradale) a** ~, Kleeblatt n.

quadrìfora *arch* ⒶⒶ f Vierbogenfenster n ⒷⒷ *in funzione di agg* {FINESTRA} vierbogig, Vierbogen-.

quadrìga <-ghe> f *stor* (*cocchio*) Quadriga f.

quadrigèmino, (-a) agg (*quadrigemellare*) {PARTO} Vierlings-.

quadrìglia f (*danza*) Quadrille f: **ballare la ~**, eine Quadrille tanzen.

quadrilàtero, (-a) ⒶⒶ agg (*che ha quattro lati*) {FIGURA} viereckig, vierseitig, Vierseiten- ⒷⒷ m **1** (*in geometria*) Viereck n **2** *mil stor* Festungsviereck n: **il Quadrilatero di Verona, Mantova, Peschiera e Legnago**, das Festungsviereck von Verona, Mantua, Peschiera und Legnago **3** *sport* (*nel calcio*) (*blocco*) Abwehrblock m.

quadrilìngue agg **1** (*scritto in quattro lingue*) {TESTO} viersprachig **2** (*che parla quattro lingue*) {INTERPRETE, PAESE} viersprachig.

quadriliòne m **1** (*in ital, franc, ingl americano: milione di miliardi*) Billiarde f **2** (*in ital antico, ingl, ted: milione di trilioni*) Quadrillion f.

quadrilobàto, (-a) agg **1** *arch* {CIRCOLO} Vierpass- **2** *bot* {FOGLIA} vierlappig.

quadrilobo *arch* ⒶⒶ agg {MOTIVO} Vierpass- ⒷⒷ m Vierpass m.

quadrimensionàle agg vierdimensionale.

quadrimestràle ⒶⒶ agg **1** (*che dura un quadrimestre*) {CORSO} viermonatig **2** (*che si fa ogni quadrimestre*) {PUBBLICAZIONE} viermonatlich, Viermonats- **3** (*che scade ogni quadrimestre*) {BOLLETTA, PAGAMENTO} alle vier Monate fällig ⒷⒷ m (*periodico*) Viermonatszeitschrift f.

quadrimestralità <-> f **1** (*durata*) Quadrimester n **2** (*periodicità*) Quadrimester-System n.

quadrimèstre m **1** (*periodo*) Zeitraum m von vier Monaten **2** (*somma di denaro*) Viermonatsrate f **3** *scuola* "italienisches Schulhalbjahr (von viermonatiger Dauer)".

quadrimotóre *aero* ⒶⒶ m viermotoriges Flugzeug ⒷⒷ agg {AEREO} viermotorig.

quadrinòmio <-mi> m *mat* Quadrinom n.

quadripartìre <quadripartisco> *tr* (*dividere in quattro parti*) ~ **qc** {SOMMA DI DENARO} *etw* ⌊in vier Teile⌋/[durch vier] teilen, *etw* vierteln.

quadripartìtico, (-a) agg <-ci, -che> agg *polit* {COALIZIONE} Vierparteien-.

quadripartìto[1], (-a) agg ⒶⒶ <inv> agg {ALLEANZA, GOVERNO} Vierparteien- ⒷⒷ m Vierparteienregierung f, Viererkoalition f.

quadripartìto[2], (-a) agg **1** (*fra quattro contraenti*) Vierer-: **accordo/patto ~**, Viererabkommen n/Viermächtepakt m **2** (*di quattro gruppi, partiti ecc.*) {COMMISSIONE} Vierer- **3** (*diviso in quattro*) {SCUDO ARALDICO} viergeteilt.

quadriplegìa f *med* Tetraplegie f *scient*, Quadriplegie f *scient rar*.

quadripolàre agg *elettr* (*che ha quattro poli*) vierpolig.

quadripòlo m *elettr* (*circuito*) Vierpol m, Quadrupol m.

quadripòrtico <-ci> m *arch* (*portico*) vierseitiger Bogen-/Säulengang.

quadripósto *aero* ⒶⒶ <inv> agg {CABINA} Viermann-, viersitzig ⒷⒷ m Viersitzer m.

quadrireattóre *aero* ⒶⒶ agg {VELIVOLO} vierstrahlig ⒷⒷ m vierstrahliges (Düsen)flugzeug.

quadrirotóre agg *aero* (*con quattro motori*) {ELICOTTERO} mit vier Rotoren, vierrotorig.

quadrisillàbico, (-a) agg <-ci, -che> agg *ling* {PAROLA} viersilbig.

quadrisìllabo, (-a) agg *ling* ⒶⒶ agg viersilbig ⒷⒷ m **1** (*parola*) viersilbiges Wort **2** (*verso*) viersilbiger Vers, Viersilb(l)er m.

quadrìvio <-vi> m **1** (*punto d'incrocio*) (Straßen)kreuzung f **2** *lett stor* (*nel Medioevo*) Quadrivium n.

quàdro[1] ⒶⒶ m **1** (*dipinto*) {+CUBISMO, VAN GOGH} Bild n, Gemälde n: **appendere un ~ alla parete**, ein Bild an die Wand hängen; **dipingere un ~**, ein Bild malen; ~ **a olio**, Ölbild n, Ölgemälde n; ~ **a pastello/tempera**, Pastellbild n/[Bild n in Tempera]; ~ **su tela**, Gemälde n auf Leinwand **2** (*quadrato*) {+LEGNO, LUCE} Viereck n; **un ~ di stoffa**, ein Stoffviereck, ein viereckiges Stoffstück **3** *fig* (*descrizione*) Bild n, Beschreibung f: **fare/tracciare un ~ della situazione**, die Situation schildern/umreißen; **l'autore fa un ~ della Germania guglielmina**, der Autor liefert ein Bild des wilhelminischen Deutschlands; **un film che dà/offre un ~ dell'epoca napoleonica**, ein Film, der die napoleonische Epoche schildert **4** *fig* (*scena*) {COMMOVENTE} Szene f, Anblick m, Schauspiel n: **le apparve un ~ raccapricciante**, ihr bot sich ein entsetzlicher Anblick **5** *fig* (*situazione*) {ECONOMICO, GENERALE, POLITICO} Situation f **6** *fig* (*ambito*) Rahmen m: **analizziamo il problema in un ~ più ampio**, stellen wir das Problem in einen ⌊umfassenderen Kontext⌋/[größeren Zusammenhang]; **nel ~ delle nuove normative europee**, im Rahmen der neuen europäischen Vorschriften **7** *fig* (*tabella*) {+DATI, VOTAZIONI} Tabelle f, Übersicht f: **affiggere il ~ dei risultati dell'esame**, die Prüfungsergebnisse aushängen; ~ **riassuntivo/riepilogativo**, zusammenfassende Übersicht; ~ **sinottico**, Übersichtstabelle f **8** *fig* (*tabellone*) {+ARRIVI, PARTENZE} Anzeigetafel f **9** <di solito al pl> *amm* (*nell'organizzazione aziendale*) (*dirigenti*) {+AZIENDA}: **quadri (direttivi)**, leitende Angestellte m pl, Führungskräfte f pl; **quadri industriali**, Industriemanager m pl; **quadri intermedi**, mittlere Führungskräfte **10** *film* (*ripresa*) (Film)szene f, Einstellung f: ~ **fisso/mobile**, feste/bewegliche Einstellung; **mettere a fuoco il ~**, das Bild scharf einstellen; **l'immagine è fuori ~**, das Bild ist nicht richtig eingestellt; ~**!**, Bild einstellen! **11** <solo pl> (*nei giochi di carte*) Karo n **12** *ant info* Bild n **13** *mat* (*in geometria*) (*piano*) Ebene f **14** <solo pl> *mil* {+DIVISIONE} Führung f, Kader m pl: **radiare qu dai quadri**, jdn von der Führung ausschließen **15** <di solito al pl> *polit* {+PARTITO} Funktionäre m pl, Kader m pl **16** *teat* (*sce-*

na) Bild n: **dramma in tre atti e quattro quadri**, Drama in drei Akten und vier Bildern **17** *tecnol* Tafel f, Brett n: **~ di comando**, Steuer-, Schalttafel f, Schaltbrett n; **~ di distribuzione**, Verteilertafel f; **~ dei fusibili**, Sicherungstafel f, Sicherungsbrett n; **~ di manovra**, Bedienungsfeld n; **~ portastrumenti**, Armaturen-, Instrumentenbrett n **18** *TV* (*immagine*) (Fernseh)bild n **B** <inv> agg *dir* {ACCORDO, LEGGE} Rahmen- **C** loc prep (*nell'ambito*): **nel ~ di qc**, im Rahmen *von etw* (dat)/+ gen; **nel ~ dei provvedimenti governativi**, im Rahmen der Regierungsmaßnahmen ● *a quadri*, {CAMICIA, PAVIMENTO, PLAID} kariert; *~ clinico med*, Krankheitsbild n; *essere/parere/sembrare un ~ fig* (*essere così perfetto da sembrare dipinto*), wie ein Gemälde/gemalt aussehen; **pare un ~, questo panorama!**, dieser Ausblick sieht aus wie gemalt!; **mettere in ~ qc** (*incorniciare*), {FOTOGRAFIA} etw einrahmen; *fig scherz o iron* (*custodire*) {LAUREA, PAGELLA} sich (dat) etw einrahmen lassen *iron*; **~ murale** (*nella didattica*) (*cartellone*), Wandtafel f; **~ di poppa** *mar*, (Heck)spiegel m; **~ svedese** *sport*, Sprossenwand f.

quàdro② , (-a) agg **1** (*quadrato*) {SUPERFICIE} quadratisch, viereckig; {MASCELLA, PARENTESI} eckig **2** *fig* (*robusto*) {SPALLE} kräftig, stämmig **3** *mar* {VELA} Rah- **4** *mat metrol* {NUMERO, RADICE} Quadrat-: **centimetro ~** (abbr cm²), Quadratzentimeter m *o* n; **metro ~** (abbr m²), Quadratmeter m *o* n **5** (*nella pesca*) {RETE} Senk-.

quadrumviràto → **quadrunvirato**.

quadrùmviro → **quadrunviro**.

quadrunviràto m **1** *polit stor* {FASCISTA} Vierergremium n, Quadrumvirn pl **2** *stor* (*magistratura*) Quadrumvirat n.

quadrùnviro m *polit stor* {+FASCISMO} Mitglied n des Vierergremiums, einer der Quadrumvirn.

quadrùpede *zoo* **A** agg {ANIMALE} vierbeinig, vierfüßig **B** m Vierfüßer m, Quadrupede m.

quadruplicàre <*quadruplico, quadruplichi*> **A** tr ~ *qc* <*avere*> **1** (*moltiplicare per quattro*) {NUMERO} etw vervierfachen, *etw* mit vier multiplizieren **2** (*aumentare di molto*) {PRODUZIONE} *etw* vervielfachen **3** *fig* (*intensificare*) {SFORZI} *etw* verstärken, *etw* verdoppeln und verdreifachen *fam* **B** itr <*essere*> itr pron: **quadruplicarsi 1** {CAPITALE, COSTO} um das Vierfache/ein Vielfaches an|steigen **2** *fig* (*crescere*) {TENSIONE} stark zu|nehmen.

quadrùplice agg **1** (*che consta di quattro parti*) vierfach, Vierfach-: **certificato in ~ copia**, Bescheinigung in vierfacher Ausfertigung **2** (*che presenta quattro aspetti*) {PROBLEMA} *fig* mit vier verschiedenen Aspekten **3** *stor*: **la Quadruplice alleanza**, der Viererbund, die Quadrupelallianz *rar*.

quàdruplo, (-a) **A** agg **1** (*quattro volte maggiore*) {SOMMA, SPESA} vierfach, viermal so groß **2** (*formato da quattro parti*) {FILO} vierfach **B** m (*quantità*) Vierfache n decl come agg, Quadrupel n *o* m: **80 è il ~ di 20**, 80 ist das Vierfache von 20; **aumentare il costo del ~**, den Preis um das Vierfache/[400 Prozent] erhöhen; **azioni che rendono il ~**, Aktien, die das Vierfache einbringen.

quaestio <-, *quaestiónes* pl *lat*> f *lat* **1** *stor* Quaestio f **2** *fig* (*questione*) Quaestio f, Angelegenheit f, Problem n: **vexata ~**, Vexata Quaestio f, große Frage.

quaggiù A avv **1** (*qua in basso*) (*stato in luogo*) hier unten, da unten: **sono ~ in cantina**, ich bin hier unten im Keller; (*moto a luogo*) herunter; **correte ~ a vedere cos'è successo!**, kommt schnell herunter und seht, was passiert ist! **2** (*al sud*) hier unten (im Süden): **~ la vita è diversa**, hier unten ist das Leben anders **3** *fig* (*sulla terra*) auf Erden, hienieden *obs o poet*: **le cose di ~ sono effimere**, die irdischen Dinge sind vergänglich **B** loc avv (*stando qua in basso*): **da/di ~**, von hier unten; **da ~ non sento niente**, von hier unten höre ich nichts.

quàglia f *ornit* Wachtel f.

quagliàre itr <*essere*> **1** *region* {LATTE} gerinnen **2** *fig region* (*concludersi positivamente*) {AFFARE} gelingen, abgeschlossen werden, hin|hauen *fam*, klappen *fam*.

quai <-> m *franc* **1** (*banchina alla stazione*) Bahnsteig m **2** (*lungo il fiume*) Kai m, Quai m *o* n.

qual → **quale**.

quàlche <inv> agg indef **1** (*alcuni*) einige, ein paar: **hai comprato ~ banana?**, hast du Bananen gekauft?; **hai ancora ~ domanda da fare?**, hast du noch Fragen?, willst du noch ₁etwas fragen₁/[einige Fragen stellen]?; **ci ha dato ~ informazione**, er/sie hat uns einige Informationen/Auskünfte gegeben; **dovrai restare a letto per ~ giorno**, du wirst einige Tage das Bett hüten müssen; **ti posso prestare io ~ libro**, ich kann dir ein paar Bücher ausleihen; **era qui ~ minuto fa**, er/sie war vor einigen/wenigen Minuten noch hier; **arriverà tra ~ ora**, er/sie wird in ein paar Stunden (an)kommen; **fumi? – Qualche volta**, rauchst du? – Manchmal **2** (*un po' di*) etwas, einige: **mi fermerò ~ tempo in campagna**, ich werde einige Zeit auf dem Land bleiben; **l'ho incontrato ~ tempo fa**, ich habe ihn vor einiger Zeit getroffen; **~ tempo dopo/prima**, einige Zeit später/vorher **3** (*uno*) ein(e), irgendein(e): **deve essere ~ attore famoso**, er/es muss irgendein berühmter Schauspieler sein; **se hai ~ altro problema chiamami!**, wenn du noch (irgend)ein Problem hast, ruf mich an! **4** (*un certo*) ein(e) gewisse(r, s): **non nascondo ~ perplessità**, ich kann eine gewisse Unschlüssigkeit nicht verhehlen *forb*; **per ~ tempo ci siamo scritte**, wir haben uns eine gewisse Zeit geschrieben **5** *enf* (*preceduto dall'art indet*): **una ~ soluzione si dovrà pure trovare**, irgendeine Lösung wird sich doch finden lassen; **il discorso non era privo di una ~ retorica**, die Rede war nicht frei von Phrasen *spreg* ● **in ~ modo** (*in un modo o nell'altro*), irgendwie; **in ~ modo ci arrangeremo**, irgendwie werden wir schon zurechtkommen; **in ~ posto**, irgendwo; **in ~ altro posto**, irgendwo anders.

qualchedùno → **qualcuno**.

qualcòsa <inv> pron indef mf **1** (*irgend*)etwas, (irgend)was *fam*: **hai bisogno di ~?**, brauchst du irgend etwas?; **ti devo dire ~**, ich muss dir was sagen *fam*; **è successo ~?**, ist etwas passiert?; **~ non funziona nel loro rapporto**, irgendwas in ihrer Beziehung funktioniert nicht **2 ~ di + agg**: **~ di grande/bello/straordinario**, etwas Großes/Schönes/Außergewöhnliches; **c'è ~ di strano in questa faccenda**, bei dieser Angelegenheit stimmt irgendetwas nicht, an dieser Sache ist was faul *fam*; *fam enf* (*con valore di superl*): **il concerto è stato ~ di meraviglioso!**, das Konzert war einfach Spitze! *fam*; **ha un bambino che è ~ di bello!**, er hat ein dermaßen schönes Kind! **3 ~ da + inf**: **ho ~ da mostrarti**, ich muss dir etwas zeigen; **ha ~ da nascondere**, er/sie verbirgt etwas; **vorrei ~ da bere**, ich möchte etwas trinken **4** (*qualcuno*): **si crede ~**, er/sie hält sich für ₁was Besonderes₁/[wer weiß wen] **5** (*preceduto dall'art indet, un non so che*) (irgend)etwas: **c'è un ~ di nuovo**, irgendetwas ist da neu ● **qualcos'altro**, etwas anderes; **desidera qualcos'altro?**, wünschen Sie (sonst) noch etwas?; **vorrei leggere qualcos'altro**, ich möchte gern etwas anderes lesen; **avere ~ fam** (*non sentirsi bene*), irgendwas haben *fam*, sich nicht wohl fühlen; **~ come** (*nientemeno che*), ungefähr, um die; **ha perso ~ come venti kili**, er/sie hat ungefähr zwanzig Kilo abgenommen; **~ come 50 euro**, ungefähr 50 Euro; **ha speso ~ come 40 000 euro per una macchina**, er/sie hat so um die 40 000 Euro für einen Wagen ausgegeben; **contare ~** (*avere una certa importanza*), zählen, etwas bedeuten, eine gewisse Bedeutung haben; **mi dice che ...** (*ho un presentimento*), ₁irgendwas sagt mir₁/[ich habe irgendwie den Eindruck], dass ...; **~ mi dice che quel giovane farà carriera**, ich habe irgendwie den Eindruck, dass dieser junge Mann Karriere machen wird; **un milione/miliardo e ~** (*e rotti*), etwas ₁mehr als₁/[über] eine Million/Milliarde; **è già ~** (*è meglio di niente*), das ist doch (immerhin) schon etwas, besser als gar nichts; **è già ~ che si sia fatto vivo**, immerhin hat er etwas von sich hören lassen; **non hai ~ di meglio da fare?** *iron*, hast du nichts Besseres zu tun?; **~ (di) meno/più** (*un po' di meno/più*), etwas weniger/mehr; **provare ~ dentro** (*provare un sentimento*), etwas im Innersten verspüren; **ne so ~ io!** *fam* (*ne ho una personale esperienza*), das weiß ich aus eigener Erfahrung!, das kenne ich sehr gut!

qualcùno, (-a) **A** <inv> pron indef mf <*si può troncare davanti a consonante, si tronca sempre davanti a 'altro' e si elide davanti a 'altra'*> **1** (*alcuni*) einige: **presentami ~ dei tuoi amici!**, stell mir einige deiner Freunde vor!; **assaggi qualcuna delle nostre specialità!**, kosten Sie einige unserer Spezialitäten!; (*rafforzativo con altro*): **che belle ciliege! Raccogliamone qualcun'altra!**, was für schöne Kirschen! Pflücken wir doch noch welche! **2** (*una persona*) (irgend) jemand, (irgend)eine(r): **se ~ non è d'accordo, lo dica**, wenn jemand nicht einverstanden ist, soll er es sagen; **sto aspettando ~**, ich warte auf jemanden; **non posso aiutarla; si rivolga a qualcun'altro!**, ich kann Ihnen nicht helfen, wenden Sie sich an jemand anderen!; **l'ho sentito dire da ~**, das habe ich von jemand(em) gehört; **c'è ~ che ti vuole parlare**, da ist jemand, der dich sprechen will **3** (*poche persone*) (einige) wenige, ein paar: **solo ~ è sopravvissuto al disastro aereo**, nur wenige haben das Flugzeugunglück überlebt **B** <-> m (*persona importante*) jemand (Besonderes): **crederci ~**, sich für etwas Besonderes halten; **nel campo medico è ormai ~**, auf medizinischem Gebiet ist er/sie bereits jemand; **spera di diventare ~**, er/sie hofft, jemand/berühmt zu werden ● **c'è ~?** (*entrando in un luogo*), ist hier/da jemand?; **ne ha combinata/detta/fatta ~ delle sue** (*sottinteso una delle sue marachelle, sciocchezze ecc.*), er/sie hat wieder mal was angestellt *fam*.

quàle <*quali*> **A** <*al sing, sia m che f, può subire il troncamento in qual davanti a vocale e talora davanti a consonante*> agg interr welche(r, s): **in ~ città abiti?**, in welcher Stadt wohnst du?; **~ colore preferite?**, welche Farbe gefällt euch am besten?; **a ~ fermata devi scendere?**, an welcher Haltestelle musst du aussteigen?; **dimmi per ~ motivo ti sei licenziato!**, sag mir (mal), aus welchem Grund du gekündigt hast!; (*di che tipo*) was für ein(e?): **quali vini avete bevuto al ristorante?**, was für Weine habt ihr im Restaurant getrunken? **B** agg escl *enf* **1** (*che*) welch ein(e), was für ein(e): **~ coraggio!**, welch Mut!, das ist aber mutig!; **orrore!**, ach du Schreck!; **~ sorpresa riaverti qui tra noi!**, was für eine Überraschung, dass du wieder unter uns bist! **2** (*di disappunto*) **ma quali soldi! Non mi hanno ancora pagato!**, was für Geld denn! Sie haben mich noch gar nicht bezahlt! **C** agg rel **1** (*come quello che*) der, die, das: **da persona intelligente ~ sei**, intelligent wie du bist; (*in correlazione con tale, anche sottinteso*): **ho avuto un successo (tale), ~ non osavo sperare**, ich hatte einen Erfolg, wie ich ihn mir nie erträumt hätte **2** (*come per esempio*) wie (zum Beispiel): **erbe quali l'alloro e il basilico sono aromatiche**, Kräuter wie (zum Beispiel) Lorbeer und Basilikum sind Gewürzkräuter **3** (*della grandezza di*): **io, ~ consigliere delegato dell'azienda ...**, ich als geschäftsführendes Verwaltungsratsmitglied des Betriebs ... **D** agg indef **1** (*qualunque*) was/wie auch immer: **quali che siano le tue convinzioni politiche**, was für politische Überzeugungen du auch immer haben magst **2** (*rafforzativo di un certo*): **parla di lei con un certo qual rimpianto**, er/sie spricht von ihr mit einer gewissen Sehnsucht/Wehmut **E** pron inter mf welche(r, s): **sono tutti computer di alta qualità, ~ preferisce?**, es sind alles hochwertige Computer, welchen ziehen Sie vor?; **~ di questi libri è tuo?**, welches dieser Bücher gehört dir?; **non so ~ scegliere**, ich weiß nicht, welche(n, s) ich wählen soll; (*di che tipo*) was für einer, was für eine, was für eins; **vorrei un quaderno. – Quale?**, ich möchte ein Heft. – Was für eins? **F** pron rel mf <*preceduto dall'art det*> (*che*) der, die, das, welche(r, s) *forb*: **il medico, il ~ ha lo studio vicino a noi, è molto bravo**, der Arzt, der seine Praxis bei uns in der Nähe hat, ist sehr gut; (*cui*) der, die, das, welche(r, s) *forb*; (*con prep*) **ho solo un amico del ~ mi fido totalmente**, ich habe nur einen Freund, auf den ich mich vollkommen verlasse; **la città nella ~ abito**, die Stadt, in der ich wohne; **il conto dal ~ ho prelevato la somma è di mio padre**, das Konto, von dem ich die Summe abgehoben habe, gehört meinem Vater; **l'esame per il ~ mi sto preparando è difficile**, die Prüfung, auf die ich mich gerade vorbereite, ist schwer; **il paese qual ~ provengo**, das Land, aus dem ich komme; **la signora con la ~ ho parlato è giapponese**, die Frau, mit der ich gesprochen habe, ist Japanerin **G** <*inv*> loc agg *fam* (*per bene*): **tanto per la ~**, anständig, in Ordnung *fam*, sauber *fam*; **una persona non tanto per la ~**, ein Mensch, der nicht ganz sauber/astrein ist *fam* **H** loc avv *fam* (*bene*): **tanto per la ~**, gut, wohl; **stamattina non mi sento tanto per la ~**, heute früh fühle ich mich nicht besonders.

qualifica <*-che*> f **1** (*attributo*) Bezeichnung f, Benennung f **2** *amm* (*giudizio*) berufliche Beurteilung f: **riportare la ~ di buono**, als gut eingestuft werden **3** *amm dir* (*posizione*) Qualifikation f, Rang m: **è stato assunto con la ~ di operaio specializzato**, er wurde als Facharbeiter eingestellt; (*titolo*) Titel m, Grad m, Amts-, Berufsbezeichnung f; **ha ~ di direttore**, er ist Direktor; **non avere nessuna ~**, keinen Abschluss haben; **~ professionale**, Berufsbezeichnung f; **note di ~**, Arbeitszeugnis n.

qualificàbile agg (*che si può qualificare*) qualifizierbar; **un comportamento ~ vigliacco**/[come una vigliaccata], ein Verhalten, das man nur als feige bezeichnen kann; **il suo gesto non è ~**, seine/ihre Tat ist ...

unqualifiziert *spreg*/[unmöglich *fam*]/[unter aller Kritik *fam*].

qualificànte agg **1** (*che qualifica*) {TITOLO} qualifizierend **2** *fig* (*saliente*) {PUNTI DI UN ACCORDO} relevant, bedeutsam.

qualificàre <*qualifico, qualifichi*> **A** tr **1** (*definire*) ~ **qu/qc (qc)** *jdn/etw* (*als etw acc*) bezeichnen, *jdn/etw* (*irgendwie*) beurteilen: **~ qu un imbecille**, jdn als Dummkopf bezeichnen; **un comportamento che non si può ~**, ein unqualifiziertes *spreg*/unmögliches/unbeschreibliches Verhalten; **non saprei come ~ quel gesto**, ich wüsste nicht, was ich von dieser Aktion halten/[wie ich diese Aktion einstufen] sollte; **quel soprannome lo qualifica perfettamente**, der Spitzname passt genau zu ihm/[ist sehr treffend für ihn]; **~ + agg qc** etw als + agg beurteilen, etw als + agg bezeichnen; **non si può ~ interessante un simile film**, man kann einen derartigen Film unmöglich als interessant bezeichnen; **~ qc come qc** {FATTO COME REATO} etw als etw (acc) bezeichnen **2** (*classificare*) **~ qu/qc tra qc** *jdn/etw* unter etw (acc) ein|ordnen; **questo romanzo lo qualifica tra i più grandi scrittori del nostro secolo**, dieser Roman macht ihn zu einem der größten Schriftsteller unseres Jahrhunderts **3** (*caratterizzare*) **~ qu/qc** {LINGUAGGIO L'UOMO; LUCENTEZZA METALLI} *jdn/etw* kennzeichnen, *für jdn/etw* kennzeichnend sein **4** *amm* (*formare*) **~ (qu)** *jdn* aus|-, weiter|bilden; **il corso qualifica gli operai**, die Arbeiter qualifizieren sich durch den Kurs, der Kurs bildet die Arbeiter weiter; **~ qu come qc** {GIOVANE COME TECNICO} *jdn zu etw* (dat) aus|bilden; **~ qu a/per qc** {CORSO RAGAZZO A/PER UNA PROFESSIONE} *jdn für etw* (acc) qualifizieren, *jdn zu etw* (dat) befähigen **5** *amm* (*valutare*): **~ qu (come) + agg** {IMPIEGATO COME BUONO} *jdn als + agg* beurteilen, *jdn als + agg* ein|stufen **6** *gramm* **~ qc con qc** {NOME CON ATTRIBUTO} etw (dat) kennzeichnen **B** rfl **1** (*attribuirsi il titolo*): **qualificarsi come qc** sich *als etw* (nom) aus|weisen; **si qualificò come funzionario**, er wies sich als Beamter aus **2** (*presentarsi*): **qualificarsi come qu** sich *als jd* vor|stellen, sich *als jd* präsentieren *forb*; **si qualificò come signor Verdi**, er stellte sich als Herr Verdi vor **3** (*ottenere una qualifica*): **qualificarsi + compl di modo** {ABILITATO ALL'INSEGNAMENTO} sich *als + agg* erweisen, sich *als + agg* qualifizieren: **qualificarsi idoneo in un concorso**, sich bei einem Bewerbungsverfahren als geeignet erweisen **4** *sport*: **qualificarsi + compl di luogo** sich (*irgendwo*) qualifizieren: **qualificarsi al terzo posto**/[tra i primi dieci], sich als Dritter/ [unter die ersten zehn] qualifizieren; **la squadra tedesca si è qualificata seconda**, die deutsche Mannschaft hat bei der Qualifikation den zweiten Platz belegt; **qualificarsi (per qc)** sich (*für etw* acc) qualifizieren; **il tennista si è qualificato per le semifinali**, der Tennisspieler hat sich für das Halbfinale qualifiziert.

qualificàto, (*-a*) agg **1** (*provvisto di qualifica*) {OPERAIO} Fach-; {TECNICO} qualifiziert **2** (*che ha competenza professionale*) {MEDICO, PROFESSIONISTA, STUDIOSO} qualifiziert, kompetent; {PERSONALE} geschult, Fach-: **un operaio non ~**, ein ungeschulter/ungelernter Arbeiter **3** (*preparato*) (**per qc**) *für etw* (acc) geeignet: **non mi ritengo ~ per quel lavoro**, ich glaube nicht, dass ich für diese Arbeit geeignet bin; **sei la persona più qualificata per fare quella traduzione**, du hast

die besten Voraussetzungen, um diese Übersetzung zu machen **4** (*serio*) {DITTA, IMPRESA} seriös, zuverlässig **5** *fig* (*prestigioso*) {FAMIGLIA} angesehen, vornehm; {AMBIENTE} distinguiert *forb* **6** *fig giorn* (*autorevole*) {FONTE} zuverlässig **7** *dir* {ASSASSINIO, FURTO} qualifiziert.

qualificazióne f **1** (*preparazione*) Qualifikation f, Qualifizierung f: **corsi di ~**, Aus-, Weiter-, Fortbildungskurse m pl; **~ professionale**, berufliche Eignung/Befähigung/ Qualifikation; *dir* {+PERSONALE} Ausbildung f, Befähigung f, Qualifikation f **2** (*determinazione della qualità*) {+MERCE, TERRENO} Klassifizierung f **3** *dir* {+REATO} Qualifizierung f **4** *sport* {+SQUADRA DI CALCIO} Qualifikation f: **gara/incontro di ~**, Qualifikationswettbewerb m/Qualifikationsspiel n; **passare le qualificazioni**/[i turni di ~], die Qualifikation/Qualifikationsrunden überstehen.

qualità <-> **A** f **1** (*insieme di proprietà*) Qualität f, Eigenschaft f, Beschaffenheit f: **badare più alla ~ che alla quantità**, mehr auf die Qualität als auf die Quantität achten **2** <*di solito al pl*> (*rif. a persona, ~ positiva*) {QUALITÀ} Eigenschaft f: **è una persona piena di ~**, er/sie ist ein Mensch mit vielen Qualitäten/[guten Eigenschaften]; **non posso enumerare tutte le sue ~**, ich kann nicht alle seine Qualitäten aufzählen; **un uomo privo di ~**, ein Mann ohne Eigenschaften **3** <*di solito al pl*> (*dote*) Begabung f, Gabe f, Qualität f: **~ acquisite**, erworbene Qualitäten; **~ innate**, Begabungen f pl, Gaben f pl; **~ artistiche**, künstlerische Begabungen; **~ fisiche/intellettuali/morali**, körperliche/geistige/moralische Qualitäten **4** (*caratteristica*) Eigenschaft f, Charakteristik f, Merkmal n: **una delle ~ del cane è la fedeltà**, ein charakteristisches Merkmal des Hundes ist seine Treue **5** (*livello*) Qualität f: **merce di cattiva ~**, Ware (von) schlechter Qualität, billige Ware; **merce di buona ~**, Qualitätsware f, Ware (von) guter Qualität; **scarpe di ~ infima**, Schuhe (von) schlechtester Qualität; **un vino di ~ scadente**, ein Wein von schlechter Qualität, ein Fusel m *fam spreg* **6** (*specie*) Sorte f, Qualität f: **una ~ di mele del Trentino**, eine Apfelsorte aus dem Trentino; **ti piace questa ~ di uva?**, schmeckt dir diese Traubensorte/[Sorte Weintrauben]? **7** *aero autom mar* {+IMBARCAZIONE} Qualität f, Eigenschaft f: **~ di guida di un veicolo**, Fahreigenschaft f eines Fahrzeugs; **~ di volo**, Flugeigenschaft f **8** *comm* Qualität f, Güte f **9** *ling* (*timbro*) {+VOCALE} Timbre n **10** *mus* {+SUONO} Reinheit f **B** <*inv*> loc agg **1** (*di alto pregio*): **di ~**, {MUSICISTA, NARRATORE} vorzüglich; **di alta/ prima ~**, hochwertig, erstklassig, ersten Ranges, erster Qualität, von Spitzenqualität; **merce di ~**, Qualitätsware f; **un tessuto di ~**, ein qualitativ hochwertiger Stoff **2** *comm* (*qualitativo*): **di ~**, {CERTIFICATO, CONTROLLO, GARANZIA, GRADO, LIVELLO} Qualitäts-; **marchio di ~**, Gütezeichen n **C** loc prep (*in veste di*): **in ~ di qc**, (in der Eigenschaft) als etw (nom); **ti parlo in ~ di tuo avvocato difensore**, ich spreche in meiner Eigenschaft als dein Verteidiger ● **~ dell'*ambiente***, Umweltqualität f; **~ negativa** (*difetto*), Mangel m, Fehler m; **~ totale** (*nell'organizzazione aziendale*), Optimierung f der Produktqualität, Qualitätssicherungssystem n, Qualitätsmanagement n; **~ della vita** (*il livello di benessere dei cittadini*), Lebensqualität f.

qualitativaménte avv (*per quanto riguarda la qualità*) qualitativ: **è ~ scadente**, das/ er/sie/es ist von schlechter Qualität.

qualitativo, (*-a*) **A** agg **1** (*relativo alla qualità*) {DIFFERENZA, GIUDIZIO, VALUTAZIONE} qualitativ, Qualitäts- **2** *chim* {ANALISI} qualitativ **B** m comm {+MERCE} Qualität f, Güte f.

qualóra cong (nel caso in cui) ~ ... congv, falls ... ind o congv, wenn ... ind o congv, ⌊für den Fall⌋/[im Falle], dass ... ind o congv: ~ **arrivasse il direttore, avvisatemi!**, benachrichtigt mich, falls der Direktor kommen sollte!; ~ **nevichi, andrò in ufficio a piedi**, wenn es schneien sollte, gehe ich zu Fuß ins Büro.

qualsìasi <inv> **A** agg indef 1 (qualunque) jede(r, s), jede(r, s) beliebige(r, s): **farei ~ cosa per te**, ich würde alles für dich tun; **mangio ~ cosa**, ich esse alles (Mögliche); **devi farlo, a ~ costo!**, du musst es tun, ⌊um jeden Preis⌋/[koste es, was es wolle]!; **legge ~ libro**, er/sie liest jedes beliebige Buch; **chiamami** ⌊**in ~ momento**⌋/[**a ~ ora**], du kannst mich jederzeit/[zu jeder (Tages- und Nacht-)zeit/-stunde] anrufen; **pagherei ~ somma per quella spider rossa**, ich würde jeden beliebigen Preis für den roten Spider bezahlen; ~ **studente lo capirebbe**, jeder x-beliebige Schüler/Student würde das verstehen fam 2 (preceduto da art indet) irgendein(e): **prestami una biro, una ~!**, leih mir irgendeinen Kugelschreiber!; **fammi un esempio ~**, gib mir irgendein Beispiel; **un giorno ~ della prossima settimana**, irgendein Tag in der nächsten Woche 3 spreg (comune) irgendein(e), gewöhnlich, unbedeutend, nullachtfünfzehn fam spreg: **una cosa ~**, eine unbedeutende Sache; **non è un lavoro ~**, es ist nicht irgendeine Arbeit, das ist keine Nullachtfünfzehn-Arbeit fam spreg; **non è un orologio ~, è un orologio d'oro!**, das ist nicht irgendeine Uhr, das ist eine goldene Uhr!; **un ragazzo ~**, ein ganz gewöhnlicher Junge **B** agg indef rel welche(r, s) auch immer: **ti sosterrò, ~ decisione tu prenda**, ich werde hinter dir stehen, welche Entscheidung du auch immer triffst/[treffen magst].

qualsivòglia <inv o pl rar qualsivogliano> agg indef lett (qualsiasi) jede(r, s), jede(r, s) beliebige(r, s).

qualùnque <inv> **A** agg indef 1 (quale che sia) irgendein(e), irgendwelche(r, s), jegliche(r, s): **sono a tua disposizione in ~ momento**, ich stehe jederzeit zu deiner Verfügung; **accettiamo ~ offerta**, wir nehmen jegliches Angebot an 2 (preceduto da art indet) irgendein(e), ein(e) gewöhnliche(r, s): **mi dia una ~ bottiglia di vino!**, geben Sie mir irgendeine Flasche Wein!; **passami un ~ foglio!**, reich mir irgendein Blatt! 3 enf (ogni) jede(r, s), jegliche(r, s): **è capace di ~ cattiveria**, er/sie ist zu jeglicher Bosheit fähig; **devo riuscirci a ~ costo**, ich muss es um jeden Preis schaffen; ~ **altro avrebbe agito così al tuo posto**, jeder andere hätte an deiner Stelle genauso gehandelt; **farei ~ sacrificio per i figli**, ich würde jedes Opfer für meine Kinder bringen 4 (uguale a tanti altri) irgendein(e), gewöhnlich: **il mio non è un mestiere ~**, mein Beruf ist kein gewöhnlicher/x-beliebiger fam; **è una persona ~**, er/sie ist ein ⌊Mensch wie jeder andere⌋/[ganz normaler Mensch]/[Nullachtfünfzehn-Typ fam spreg] 5 (mediocre) {MEDICO} unbedeutend, mittelmäßig **B** agg indef rel welche(r, s)/was auch (immer): ~ **cosa io faccia, sbaglio sempre**, ⌊was ich auch (immer) tue⌋/[egal was ich tue fam], es ist falsch; ~ **sia il tuo parere, io lo rispetto**, was auch immer deine Meinung ist, ich respektiere sie; ~ **strada prenda, arriva in centro**, ⌊unabhängig davon⌋/[egal fam], welche Straße Sie nehmen, Sie kommen immer ins Zentrum.

qualunquismo m 1 polit stor Jedermann-Bewegung f (Sammlungsbewegung der italienischen Nachkriegszeit) 2 fig (disinteresse verso la politica) unpolitische Haltung, politisches Desinteresse, politische Gleichgültigkeit, politischer Indifferentismus forb.

qualunquìsta <-i m, -e f> **A** agg fig (qualunquistico) {ATTEGGIAMENTO} unpolitisch, politisch desinteressiert/gleichgültig: **discorsi qualunquisti**, unpolitisches Gerede fam **B** mf 1 polit stor Vertreter(in) m(f) des "qualunquismo" 2 fig (indifferente verso la politica) Unpolitische mf decl come agg.

qualunquìstico, (-a) <-ci, -che> agg 1 polit stor des "qualunquismo" 2 fig (da qualunquista) {IDEE} unpolitisch, politisch desinteressiert/gleichgültig.

qualvòlta, **qual vòlta** solo nella loc cong: **ogni ~ (che) ... ind/congv**, jedes Mal, wenn ... ind: **ogni ~ discutiamo, litighiamo**, jedes Mal, wenn wir diskutieren, kommt es zu einem Streit.

quandànche, **quand'ànche** cong loc cong (anche se) ~ ... congv, auch/sogar/selbst wenn ... congv: ~ **vincessi alla lotteria, non comprerei una casa**, selbst wenn ich im Lotto gewinnen würde, würde ich mir kein Haus kaufen.

quàndo A avv inter wann: **non so ~ è arrivata questa lettera**, ich weiß nicht, wann dieser Brief angekommen ist; **fammi sapere ~ tornerai a Milano!**, lass mich wissen, wann du nach Mailand zurückkommst/zurückfährst!; ~ **partite?**, wann fahrt ihr ab?; ~ **ti deciderai a sposarti?**, wann wirst du dich endlich entschließen zu heiraten?; ~ **la finirai con queste lagne?**, wann hörst du denn endlich mit dem Gejammer auf? **B** cong 1 (al passato, azione unica) ~ ... ind, als ... ind: ~ **compii 18 anni mi regalarono una macchina**, als ich achtzehn wurde, bekam ich ein Auto geschenkt; (azione ripetuta) wenn ... ind; ~ **andavo da mia zia, mi preparava sempre la torta di mele**, wenn ich meine Tante besuchte, machte sie mir immer einen Apfelkuchen 2 (al presente e al futuro) ~ ... ind, wenn ... ind: ~ **sarò grande, farò l'astronauta**, wenn ich groß bin, werde ich Astronaut; **scrivimi ~ hai tempo!**, schreib mir, wenn du Zeit hast! 3 (presente storico) ~ ... ind, als ... ind: **Goethe scrive "I dolori del giovane Werther", ha 25 anni**, als Goethe "Die Leiden des jungen Werther" schreibt, ist er 25 Jahre alt 4 (tutte le volte che) ~ ... ind, (jedes Mal/immer) wenn ... ind, sooft ... ind: ~ **mi alzo faccio prima il caffè**, wenn ich aufstehe, koche ich immer zuerst Kaffee; ~ **può va a teatro**, er/sie geht ins Theater, sooft er/sie kann 5 (non appena) ~ ... ind, sobald ... ind: **ti telefono ~ esco dall'ufficio**, ich rufe dich an, sobald ich aus dem Büro gehe; (al passato) als ... ind; ~ **gli diedero la notizia pianse di gioia**, als er die Nachricht bekam, weinte er vor Freude 6 (dopo che) ~ ... ind, als ... ind, nachdem ... ind: ~ **morirono i suoi genitori, vendette la casa**, nachdem seine/ihre Eltern gestorben waren, verkaufte er/sie das Haus 7 (mentre) ~ ... ind, während ... ind, obwohl ... ind: **è sempre agitato, ~ potrebbe starsene tranquillo**, er ist ständig unruhig, obwohl es gar keine Veranlassung dazu gibt 8 (poiché) ~ ... ind, da ... ind, weil ... ind, wenn ... ind: **è inutile giustificarti, ~ sai benissimo di aver sbagliato**, es ist zwecklos, dich zu rechtfertigen, weil du genau weißt, dass du einen Fehler gemacht hast 9 (se) ~ ... ind/congv, wenn ... ind, falls ... ind: ~ **avessi dei problemi, puoi venire da me**, falls du Probleme hast, kannst du zu mir kommen; **quand'è così non insisto oltre**, wenn es so ist, bestehe ich nicht weiter darauf 10 (esclamativo) ~ ... ind, wenn ... ind: ~ **si dice nascere con la camicia!**, das ⌊nenne ich mir einen⌋/[ist einmal/wirklich ein] Glückspilz!; ~ **si dice la sfortuna!**, wenn das kein Pech ist!, das ist wirklich Pech! 11 rel (in cui) ~ ... ind: **l'ho visto quel giorno ~ grandinava**, ich habe ihn an dem Tag gesehen, als es hagelte **C** m Wann n: **vorrei sapere di più sul come e sul ~ è successo**, ich möchte mehr darüber wissen, wie und wann es passiert ist ● **quando ... quando ...** lett (talora), bald ..., bald ...; einmal ..., ein andermal ...; **ci andava ~ da solo, ~ accompagnato**, bald ging er allein, bald in Begleitung hin; **a ~?** (in frasi ellittiche), wann?; **a ~ l'addio al celibato?**, (und) wann ist Schluss mit dem Junggesellenleben?; **da quale periodo**), aus welcher Zeit; **a ~ risale il "Dottor Faustus" di Thomas Mann?**, aus welcher Zeit stammt der "Doktor Faustus" von Thomas Mann?; **quand'anche** (anche se), auch wenn; **quand'anche tu glielo dicessi, non cambierebbe nulla**, auch wenn du es ihm sagen würdest, würde sich dich nichts ändern; **chissà**/[**chi sa**]/[**Dio solo sa**]/[**non si sa**] ~ (in espressioni dubitative), ⌊wer weiß⌋/[Gott (allein) weiß]/[man weiß nicht] wann; **chissà ~ troverà lavoro!**, wer weiß, wann er/sie Arbeit finden wird!; **come ~**, so ... wie/als; **mi trattano come ~ ero piccola**, sie behandeln mich (so), als wäre ich noch ein Baby; **da ~?** (da quanto tempo), seit wann?; **da ~ non bevi più caffè?**, seit wann trinkst du keinen Kaffee mehr?; **da ~ a ~?**, von wann bis wann?; **di ~?** (di quale periodo), von wann?, aus welcher Zeit?; **di ~ è l'affresco?**, aus welcher Zeit stammt dieses Fresko?; **di ~** (della volta che), von damals, als; **ti ho raccontato di ~ fui morso da una vipera?**, habe ich dir erzählt, wie dich einmal von einer Viper gebissen wurde?; **di ~ in ~** (di tanto in tanto), ab und zu, dann und wann, von Zeit zu Zeit; **di ~ in ~ vado a teatro**, ab und zu gehe ich ins Theater; **quand'ecco** (ed ecco all'improvviso), als plötzlich, da; **stavo per uscire quand'ecco arrivare la mia vicina**, ich war gerade dabei (hin)auszugehen, ⌊als plötzlich meine Nachbarin (an)kam⌋/[kam meine Nachbarin (an)]; **fino a ~?** (fino a che tempo), bis wann?, wie lange noch?; **fino a ~ dovrai tenere l'ingessatura?**, wie lange musst du den Gips noch tragen?; **mai sei puntuale?** (rafforzativo di mai), wann bist du schon pünktlich?, du bist doch sowieso nie pünktlich!; **io ti avrei mentito? Quando mai!** scherz (certamente no!), ich soll dich angelogen haben? Nie und nimmer!; **le disgrazie capitano ~ meno te l'aspetti** (proprio ~ non te lo aspetti), Unglücke passieren meist dann, wenn man sie am wenigsten erwartet; **a partire da ~?**, von wann an?, ab wann?; ~ **penso che l'ho trattato come un figlio** (in considerazioni amare), und wenn ich daran denke, dass ich ihn wie meinen (eigenen) Sohn behandelt habe; **per ~?**, (für) wann?, bis wann?; **per ~ sarà finito il romanzo?**, bis wann wird der Roman fertig sein?; **da ~ in qua lavori anche di sera in ufficio?**, seit wann arbeitest du denn auch abends im Büro?; ~ **si ~ no** (non sempre), nicht immer, dann und wann.

quàntico, (-a) <-ci, -che> agg fis {MECCANICA, NUMERO, ORBITA, SALTO, STATO} Quanten-.

quantificàre <quantifico, quantifichi> tr (tradurre in cifre) ~ qc {COSTI} etw bestimmen, etw fest|legen, {DANNI, VITTIME} etw ab|schätzen; {MATERIE PRIME} etw quantifizieren forb.

quantificatóre, (-trice) filos mat **A** m Operator m: ~ **esistenziale/universale**, Existenz-/Alloperator m **B** agg {SIMBOLO} Operator-.

quantificazióne f 1 (*il quantificare*) Bestimmung f, Festlegung f, Quantifizierung f *forb* 2 *filos mat* Quantifizierung f *forb*: ~ **del predicato**, Prädikatorenquantifizierung f *forb*.

quantìstico, (-a) <-ci, -che> agg *fis* {MECCANICA} Quanten-: **teoria quantistica**, Quantentheorie f.

quantità <~> f 1 *gener* {+DATI, INFORMAZIONI} Anzahl f, Menge f, Quantität f: **una certa ~ di libri**, eine bestimmte Menge von Büchern; **~ insufficiente/sufficiente di materie prime**, eine ungenügende/ausreichende Menge Rohstoffe; **una ~ di pane**, eine Quantität/ein Quantum Brot; **una grande ~ di persone**, eine große Zahl von Leuten, viele Leute; **una piccola ~ di soldi**, eine kleine Geldmenge; **la ~ giornaliera di zucchero**, das tägliche Quantum Zucker; (*contrapposto a qualità*) Quantität f; **la ~ non deve andare a scapito della qualità**, die Quantität darf nicht auf Kosten der Qualität gehen 2 (*mucchio*) {+DENARO, TURISTI} (große) Menge, Vielzahl f, Haufen m *fam*, Menge f *fam*: **una ~ enorme di appuntamenti**, eine Unmenge Termine *fam*; **oggi ho una ~ di lavoro da sbrigare**, heute habe ich einen Haufen Arbeit zu erledigen *fam* 3 *fis* {+CALORE, ELETTRICITÀ, ENERGIA, LUCE} Menge f: **~ di moto**, Bewegungsgröße f 4 *filos* Quantität f 5 *ling* {+VOCALE} Quantität f; {+SILLABA} Länge f 6 *mat* {ALGEBRICA, ARITMETICA} Größe f ● **in ~** (*in abbondanza*), in Hülle und Fülle *forb*; **in grandi/piccole ~**, in großen/kleinen Mengen.

quantitativo, (-a) **A** agg 1 (*riguardante la quantità*) {DATO, DIFFERENZA, VALORE} quantitativ, mengenmäßig 2 *chim* {ANALISI} quantitativ 3 *lett ling* {METRICA, POESIA, RITMO} quantierend **B** m (*quantità*) {+MERCE} Menge f, Anzahl f: **la polizia ha sequestrato un grosso ~ di droga**, die Polizei hat eine große Menge Rauschgift beschlagnahmt.

quantizzàre tr *fis* ~ **qc** etw quanteln.

quantizzàto, (-a) agg *fis* {GRANDEZZA} gequantelt; {TEORIA} Quanten-.

quantizzazióne f *fis* {+TEORIA DELLA LUCE} Quantelung f.

quànto①, (-a) **A** agg interr (*rif. a quantità*) wie viel, wie viele: **quanti biglietti dell'autobus hai comprato?**, wie viele Busfahrkarten hast du gekauft?; **~ caffè è rimasto?**, wie viel Kaffee ist noch übrig?; **quanti kilometri mancano?**, wie viele Kilometer sind es noch?; **vorrei sapere, quante persone inviterai**, ich möchte wissen, wie viele Leute du einladen wirst; **quanti soldi hai prelevato?**, wie viel Geld hast du abgehoben?; (*rif. a tempo*) wie lang(e); **da quanti anni non ci vediamo?**, seit wie vielen Jahren haben wir uns nicht gesehen?; **ogni quanti giorni?**, wie oft?; **~ tempo impieghi da casa a scuola?**, wie lange brauchst du für deinen Schulweg?; **da ~ tempo lo conosci?**, seit wann kennst du ihn?; **fra ~ tempo uscirà il nuovo dizionario?**, wann kommt das neue Wörterbuch heraus?; **(per) ~ tempo**, wie lange **B** agg escl enf wie viel, wie viele, wie viel(e): **quante arie si dà!**, wie der/die sich aufspielt!, was für ein(e) Wichtigtuer(in)! *spreg*; **quanta gente!**, so ein Gedränge!; **quante sciocchezze dice!**, wie viele Dummheiten der/die von sich gibt!; **~ traffico!**, was für/[so] ein Verkehr!; **quante volte te l'ho detto!**, wie oft habe ich dir das schon gesagt! **C** agg rel (*tutto quello che*) so viel(e) ..., wie: **compra quante cartoline vuoi!**, kauf so viele Postkarten, wie du willst!; **puoi portar via quanta insalata vuoi**, du kannst so viel Salat mitnehmen, wie du willst **D** pron interr (*rif. a quantità*) wie viel, wie viele: **quanti te ne servono?**, wie viele brauchst du?; (*rif. a denaro*) wie viel brauchst du?; **[~ costa/viene]/[quant'è]?**, was/wie viel kostet der/die/das?; **~ costano le banane?**, wie viel kosten die Bananen?; **fa?**, wie viel macht das?; (*rif. a distanza*) wie weit; **~ dista la stazione da qui?**, wie weit ist es von hier zum Bahnhof?; (*rif. a tempo*) wie lange; **~ manca all'inizio della proiezione?**, wie lange ist es noch bis zum Beginn der Vorführung?; **fra ~ ti passo a prendere?**, wann soll ich dich abholen?; **da ~ sei qui a Roma?**, seit wann bist du hier in Rom?; **~ dura lo spettacolo?**, wie lange dauert die Vorstellung?; **ogni ~ passa il treno?**, wie oft fährt der Zug?; **~ starete in vacanza?**, wie lange fahrt/seid ihr in Urlaub? **E** pron escl enf wie viele: **guarda quanti sono venuti al raduno!**, sieh nur, wie viele zu dem Treffen gekommen sind! **F** pron rel 1 (*quello che*) was: **ho ~ mi basta**, ich habe genug zum Leben/[, was ich brauche]; **da ~ ho capito**, soviel ich verstanden habe; **faremo ~ potremo per salvarlo**, wir werden alles tun, um ihn zu retten; **te lo giuro su ~ ho di più caro**, ich schwöre es dir, bei allem, was mir heilig ist 2 (*nella misura che, in correlazione con tanto*) so viel, wie: **c'erano tanti spettatori, quanti non se n'erano mai visti**, es waren so viele Zuschauer wie noch nie da 3 (*preceduto da tutto*) alles: **datemi tutto ~!**, gebt mir alles!; (*preceduto da tutti*): **sono venuti a trovarmi tutti quanti**, alle haben sie mich besucht! 4 <solo pl> (*tutti quelli che*) (alle) die: **ringrazio quanti mi hanno aiutato**, ich danke allen, die mir geholfen haben **G** avv 1 inter (*rif. a quantità*) wie viel, wie: **tu non sai ~ io sia felice di vederti!**, du weißt gar nicht, wie glücklich ich bin, dich zu sehen!; **~ pesa questa valigia?**, wie viel wiegt dieser Koffer?; (*rif. a tempo*) wie lange; **~ hai dormito?**, wie lange hast du geschlafen?; **non so ~ dobbiamo aspettare**, ich weiß nicht, wie lange wir warten müssen; (*rif. a distanza*) wie weit; **quant'è lungo il Reno?**, wie lang ist der Rhein?; **non so ~ sia lontana la stazione**, ich weiß nicht, wie weit es bis zum Bahnhof ist 2 (*nella misura in cui*) so viel ... als, so viel ...: **dass: aggiungi olio ~ basta!**, gib ausreichend Öl hinzu! 3 (*come*) wie: **è alto ~ il fratello**, er ist so groß wie sein Bruder; **ne so ~ te**, ich weiß davon so viel wie du/[auch nicht mehr als du darüber]; **sa il tedesco ~ un madrelingua**, er kann Deutsch wie ein Muttersprachler 4 (*in correlazione con tanto*) (genau)so/ebenso ... wie: **è tanto cattivo ~ stupido**, er ist genauso boshaft /[wie dumm]/[, wie er dumm ist]; **non è poi tanto scemo ~ sembra**, er ist gar nicht so blöd, wie er aussieht 5 escl enf wie (sehr), wie viel, was für ein(e): **oh, ~ mi dispiace!**, oh, /das tut mir wirklich leid/[wie leid mir das tut]!; **quant'è vero Iddio!**, so wahr mir Gott helfe!; **~ ho lavorato oggi!**, hab'ich heute viel gearbeitet!; **te lo prometto, quant'è vero che sono tua madre!**, ich verspreche es dir, so wahr ich deine Mutter bin!; **~ è simpatica quella ragazza!**, wie nett dieses Mädchen doch ist!; **quant'è bello quell'uomo!**, was für ein schöner Mann! **H** loc avv 1 (*come*): **in ~**, als, in seiner/ihrer Eigenschaft als; **in ~ direttore di questa banca ...**, in meiner Eigenschaft als Direktor dieser Bank ... 2 (*in correlazione con tanto*): **~ più/meno ..., tanto più/meno**, je mehr/weniger ..., desto mehr/weniger; **~ più mangi, tanto più ingrassi**, je mehr du isst, desto/[umso dicker wirst du]; **~ più sono stanca, tanto meno dormo**, je müder ich bin, desto/ umso weniger schlafe ich 3 (*seguito da agg o avv compar*): **ti darò mie notizie ~ prima**, ich lasse so bald wie möglich von mir hören; **potrebbe ~ meno scusarsi**, er/sie könnte sich zumindest entschuldigen **I** loc cong 1 (*perché*): **in ~ ... ind**; weil ... ind, da ... ind; **lascio il lavoro in ~ mi trasferisco**, ich gebe meine Arbeit auf, weil ich umziehe 2 (*per il fatto che*): **in ~ che ... ind**; insofern, als ... ind, auf Grund der Tatsache, dass ... ind, da ... ind, weil ... ind: **la gita è stata faticosa in ~ che abbiamo camminato (per) sei ore**, der Ausflug war insofern ermüdend, als wir sechs Stunden gewandert sind 3 (*anche se*): **per ~ ... congv**; wie (sehr) ... auch ind, so (sehr) ... auch ind, was ... auch ind: **per ~ faccia, non riesco ad accontentarlo**, was ich auch mache, er ist nicht zufrieden zu stellen 4 (*sebbene*): **per ~ ... congv**, wie (sehr) ... auch ... ind, so (sehr) auch... ind **J** m (*somma di denaro*) (Geld)summe f: **fissare/stabilire il ~**, die Summe festlegen ● **a ~ si dice ...**, nach dem, was man so hört ...; **a ~ pare si sono separati**, anscheinend haben sie sich getrennt; **~/[in ~] a qu/qc** (*per quel che riguarda*), was jdn/etw betrifft/angeht; **~ a me/te/lui/lei** (*per ciò che riguarda*), was mich/dich/ihn/sie betrifft/angeht; **quanti ne abbiamo oggi?** (*che giorno è del mese?*), den Wievielten haben wir heute?; **e quant'altro**, und anderes mehr, und so weiter; **~ basta** *gastr* (*abbr* q.b.), nach Geschmack, genügend, ausreichend; **~ Le devo?** (*quanti soldi*), was/wie viel bin ich Ihnen schuldig?; **è ~ di peggio ci possa immaginare**, das/es ist das Schlimmste, was man sich vorstellen kann; **~ c'è di vero e ~ di falso in tutta questa vicenda?**, wie viel an dieser Geschichte ist wahr und wie viel falsch?, was ist dran an dieser Geschichte (und was ist erfunden)? *fam*; **e ~ (eccome!)**, und wie!; **mi sono proprio divertita, ~ ~!**, ich habe mich /amüsiert und wie/[wahnsinnig amüsiert]!; **~ mai**, äußerst, höchst, sehr; **è ~ mai strano**, er/es ist äußerst merkwürdig; **quanto meno → quantomeno**; **quante ne combina!** (*sottinteso guai*), was der/die alles anstellt!; **quante ne ha prese!** (*sottinteso botte*), der ist vielleicht verprügelt/verdroschen *fam* worden!, dem haben sie's vielleicht gegeben! *fam*; **quante ne racconta!** (*sottinteso frottole*), der/die erzählt vielleicht Geschichten!; **per ~ ne so io**, soviel ich weiß; **per ~ mi riguarda**, was mich betrifft/anbelangt; **questo è ~ (questo è tutto)**, das ist alles; **tutti quanti**, alle (miteinander/zusammen), allesamt; **siete impazziti tutti quanti?**, seid ihr alle verrückt geworden?; **si è giocato tutto ~ il suo denaro al casinò**, er hat sein ganzes Geld im Spielkasino verspielt.

quànto② m *fis* {+ENERGIA} Quant n: **teoria dei quanti**, Quantentheorie f.

quantomài avv loc avv (*piuttosto*) {SEMPLICE} äußerst, höchst, sehr: **ho ~ riso**, ich habe sehr gelacht.

quantoméno avv 1 (*almeno*) wenigstens, mindestens, zumindest: **avrebbe potuto ~ avvisarci**, er/sie hätte uns wenigstens/zumindest benachrichtigen können 2 (*come minimo*) mindestens: **ci sono ancora ~ due ore di cammino**, es sind noch mindestens zwei Stunden Fußweg.

quantùnque cong 1 (*concessiva*) ~ ... *congv*, wenn ... auch ... ind, obwohl ... ind: **sia molto occupata, ti aiuterò**, obwohl ich zwar viel zu tun, aber ich helfe dir; obwohl ich viel zu tun habe, helfe ich dir; (*con ellissi del verbo*) ~ + **agg/avv** aber + agg/avv: **è un po' burbero ~ generoso d'animo**, er ist zwar etwas mürrisch, aber (dafür) großherzig **2** (*avversativa*) ~ ... ind, auch wenn ... ind, aber ... ind, doch ... ind: **continuerà a studiare**, ~ **non siamo sicuri che ne valga la pena**, er/sie wird weiterstudieren, auch wenn wir nicht sicher sind, ob es sich lohnt.

qua qua → **qua**②.

quaquaraquà <-> mf sicil **1** (*chiacchierone*) Schwätzer(in) m(f) spreg, Klatschbase f fam spreg **2** (*sbruffone*) Angeber(in) m(f) fam, Prahler(in) m(f) spreg **3** slang spreg (*spia*) Spitzel m spreg **4** spreg (*nullità*) Schwätzer(in) m(f) spreg, Null f fam spreg.

quarànta **A** agg num vierzig **B** <-> m (*numero*) Vierzig f; → anche **cinquanta**.

quarantèna f (*periodo di isolamento*) Quarantäne f: **essere in** ~, in Quarantäne sein; **fare la** ~, unter Quarantäne stehen/liegen; **tenere qu in** ~, jdn in Quarantäne halten; **mettere qu/qc in** ~, jdn/etw unter Quarantäne stellen ● **mettere qu in** ~ fig (*tenerlo in disparte*), jdn ins Abseits stellen/drängen, jdn ausgrenzen, jdn aufs Abstellgleis schieben fam, jdn kaltstellen fam.

quarantennàle **A** agg **1** (*che dura 40 anni*) {CICLO} vierzigjährig **2** (*che ricorre ogni 40 anni*) {CELEBRAZIONE} vierzigjährlich **B** m (*anniversario*) vierzigster Jahrestag.

quarantènne **A** agg vierzigjährig **B** mf Vierzigjährige mf decl come agg.

quarantènnio <-ni> m Zeitraum m von vierzig Jahren, vierzig Jahre n pl.

quarantèsimo, (-a) **A** agg vierzigste(r, s) **B** m (f) Vierzigste mfn decl come agg **C** m (*frazione*) Vierzigstel n, vierzigster Teil; → anche **quinto**.

quarantina f: **una** ~ (**di ...**), (etwa) vierzig; **essere sulla** ~ (*quarant'anni*), ˻an/um die˼/[ungefähr] vierzig sein.

quarantottésco, (-a) <-schi, -sche> agg stor (*del 1848*) {MOTI} der Märzrevolution, der 48er Revolution.

quarantòtto **A** agg num achtundvierzig **B** <-> m **1** (*numero*) Achtundvierzig f **2** stor: **il Quarantotto**, (das Jahr) 1848 **3** fig fam (*putiferio*) Durcheinander n, Wirrwarr m (Heiden)lärm m fam, (Mords)radau m fam: **che** ~ **in questa casa!**, was für ein Chaos in diesem Haus/dieser Wohnung!; **fare un** ~, Krach machen/schlagen fam; **è successo un** ~!, es gab eine Heidenlärm/Mordsradau! fam; → anche **cinque**.

quarantott'óre, **quarantottóre** <-> **A** f <solo pl> (*periodo*) achtundvierzig Stunden f pl: **per le prossime quarantott'ore si prevedono piogge**, für die nächsten achtundvierzig Stunden ist Regen vorausgesagt **B** f (*valigetta*) Handkoffer m, kleiner Reisekoffer.

quarésima f relig Fasten-, Passionszeit f, Fasten pl: **fare la** ~, sich an die Fastenzeit halten, die Fastenzeit einhalten; **rompere la** ~, die Fastenzeit nicht einhalten ● **essere lungo come la** ~ fig fam (*rif. a persona, essere lento*), (langsam wie) eine Schnecke sein fam; (*rif. a cosa, noioso, interminabile*), unendlich lang/öde sein.

quarésimàle **A** agg relig (*di quaresima*) {PERIODO} Fasten- **B** m **1** relig (*serie di prediche*) Fastenpredigten f pl **2** fig fam (*romanzina*) Standpauke f fam **3** gastr "römisches Fastenzeitgebäck".

quark <-> m ingl fis Quark n.

Quark <-> m ted gastr Quark m.

quàrta① f **1** mat (*potenza*) vierte Potenz f: **elevare un numero alla quarta**, eine Zahl in die vierte Potenz erheben; **due alla quarta**, zwei in der vierte Potenz **2** autom vierter Gang, Vierte m fam decl come agg: **mettere la** ~, den vierten Gang einlegen, in den vierten Gang schalten **3** mus Quart(e) f: ~ **aumentata/diminuita/giusta**, erhöhte/verminderte/reine Quart **4** mar (Kompass)strich m **5** scuola (*elementare*) vierte Klasse, viertes Schuljahr, Vierte f fam: ˻**andare in**˼/[**fare la**] ~, in die vierte Klasse gehen˼/[die vierte Klasse besuchen]; (*liceale*) zwölfte Klasse, Zwölfte f fam; (*nel ginnasio*) neunte Klasse, Neunte f fam **6** sport (*nella scherma*) Quart f **7** (*nella danza classica*) vierte Position ● ~ **di copertina** edit, vierte Seite des Schutzumschlags, Rückklappe f, hinterer Klappentext; **partire in** ~ fig fam (*iniziare qc con eccessiva foga*), ˻mit Volldampf˼/[begeistert] loslegen fam, mit ˻viel Begeisterung˼/[Feuereifer] beginnen.

quàrta② f → **quarto**.

quartabuòno **A** m (*squadra da falegname*) Schmiege f **B** <inv> loc agg (*che forma un angolo a 45°*): **a** ~, rechtwinklig **C** loc avv {TAGLIARE}: **a** ~, rechtwinklig.

quartàna f med (*febbre malarica*) Viertagefieber n, Quartana f scient, Quartanfieber n scient.

quartettista <-i m, -e f> mf mus **1** (*musicista*) Quartettspieler(in) m(f), Musiker(in) m(f) in einem Quartett **2** (*compositore*) {PRODUZIONE} Quartett-.

quartettístico, (-a) <-ci, -che> agg mus (*relativo a quartetto*) {PRODUZIONE} Quartett-.

quartétto m **1** mus (*composizione, esecutori*) Quartett n: ~ ˻**d'archi**˼/[**per fiati**] Streich-/Bläserquartett n; ~ **con pianoforte**, Klavierquartett n **2** spec spreg (*gruppo di quattro persone*) Vier pl, Quartett n: **formano proprio un bel** ~!, die bilden ja ein schönes Quartett! fam, das ist ja eine reizende Viererbande! iron.

quartière m **1** (*nucleo*) (Stadt)viertel n, Stadtteil m, Quartier m A CH: ~ **arabo/cinese/turco**, Araber-/Chinesen-/Türkenviertel n; ~ **commerciale/industriale**, Geschäfts-/Industrieviertel n; **a Parigi ho abitato nel** ~ **latino**, in Paris habe ich im Quartier Latin gewohnt; ~ **operaio/popolare**, Arbeiterviertel n; ~ **periferico**, Stadtrandviertel n, Vorstadt f, Vorort m; ~ **portuale**, Hafenviertel n; ~ **residenziale**, Villenviertel n, vornehmes Wohnviertel n; ~ **della stazione**, Bahnhofsviertel n **2** (*insieme di abitanti*) (Stadt)viertel n: **il** ~ **è insorto contro la malavita locale**, die Leute haben gegen die Kriminalität in ihrem Viertel Initiative ergriffen; **c'è stata una festa di** ~, es gab ein Stadtteilfest **3** tosc (*appartamento*) Wohnung f, Wohnhaus n: **un** ~ **di quattro stanze**, eine Vierzimmerwohnung **4** (*in araldica*) {+STEMMA} Geviert m **5** mil Quartier n **6** mar: ~ **poppiero/prodiero**, Hinter-/Vorschiff n ● **quartieri alti** (*zona signorile di una città*), schicke/vornehme Wohnviertel n pl/Wohngegenden f pl, Villenviertel n pl; fig, die höhere Gesellschaft; **quartieri bassi** (*zona popolare*), Armen-, Elendsviertel n pl; ~ **dormitorio** (*periferico povero di servizi, aree verdi ecc.*), Schlafstadt f; ~ **ebraico**, Judenviertel n, jüdisches Viertel; stor (*ghetto*), Judenghetto n; ~ **generale** mil, Hauptquartier n; fig (*centro direttivo*) {+AZIENDA, PARTITO} Hauptquartier n, Zentrale f; **la Pentax ha il suo** ~ **generale a Tokio**, Pentax hat seine Zentrale in Tokyo; ~ **a luci rosse** (*della prostituzione*), Rotlicht-, Hurenviertel n fam; ~ **malfamato** (*abitato o frequentato da criminali*), verrufenes Viertel; ~ **satellite**, Satellitenstadt f; **senza** ~ fig (*senza tregua*), auf Leben und Tod.

quartina f **1** ling {+SONETTO} Vierzeiler m, Quartett n **2** mus Quartole f **3** (*in filatelia*) Viererblock m **4** tip Quart(format) n.

quartino m **1** (*quarto di litro*) Viertel n, Viertelliter n o m **2** (*recipiente*) Viertelliter-gefäß n **3** fam (*quarto di litro di vino*) Viertele n region, Viertel(liter m) n Wein: **beviamoci un** ~!, trinken wir ein(en) Viertel (Wein)!

quàrto, (-a) **A** agg num vierte(r, s) **B** m **1** (*frazione*) Viertel n, vierter Teil: **un** ~ **di coniglio/pollo**, ein Viertel Kaninchen/Hähnchen; **due quarti** ~ **di kilo**, zwei Viertel n pl, ~ **di kilo**, halbes Pfund, Viertelkilo n; **un** ~ **di latte**, ein Viertelliter Milch; ~ **di litro**, Viertelliter m; (*di vino*) Viertele n region, Viertel(liter m) n Wein; **bersi**/**ordinare un** ~, ein Viertel Wein trinken/bestellen ● **quarti di** *finale* sport, Viertelfinale n; **in** ~ **tip**, Quart-; ~ **di luna** astr, Mondviertel n; **avere due/tre quarti di nobiltà**, fig (*discendenza nobile*) zu zwei/drei Viertel adlig/[adliger Abstammung] sein; ~ **d'ora**, Viertelstunde f; **ogni** ~ **d'ora**, viertelstündlich, alle Viertelstunde; **sono le due meno un** ~, es ist Viertel vor zwei; **sono le sei e un** ~, es ist Viertel nach sechs; **tre quarti d'ora**, Dreiviertelstunde f; **sono le undici e tre quarti**, es ist ˻(ein) Viertel vor zwölf˼/[drei viertel zwölf süddt A]; **passare un brutto** ~ **d'ora** fig (*vivere un momento di grande ansia*), ˻schwere Minuten˼/[schreckliche Augenblicke] durchmachen fam; **avere/vivere il proprio** ~ **d'ora di celebrità/notorietà** fig (*breve periodo di tempo*), seine große (Viertel)stunde erleben; ~ **d'ora accademico** università, akademische Viertelstunde; **primo/ultimo** ~ astr (*rif. alla luna*), erstes/letztes Viertel; ~ **dello scudo** (*in araldica*), Geviert n; ~ **di secolo**, Vierteljahrhundert n; **tempo in due/tre/quattro quarti** mus, Zwei-/Drei-/Vierviertel takt m; **un tre quarti** (*nella moda*) (*soprabito*), ein Dreiviertelüberzieher m; **giacca tre quarti**, Dreivierteljacke f; → anche **quinto**.

quartogènito, (-a) **A** agg {FIGLIO} viertgeboren **B** m (f) Viertgeborene mfn decl come agg.

quartúltimo, (-a) **A** agg viertletzte(r, s) **B** m (f) Viertletzte mfn decl come agg.

quarzífero, (-a) agg geol {ROCCIA} quarzhaltig.

quarzite f geol Quarzit m.

quàrzo **A** m min Quarz m: ~ **affumicato/rosa**, Rauch-/Rosenquarz m; ~ **ametista**, Amethyst m; ~ **ialino**, Bergkristall m **B** <inv> loc agg: **al** ~, {LAMPADA, OROLOGIO} Quarz-.

quarzóso, (-a) agg (*contenente quarzo*) {SABBIA} quarzhaltig, quarzig, Quarz-.

quàsar <-> m o f ingl astr Quasar m.

quàsi **A** avv **1** (*circa*) ungefähr, etwa, zirka: **ha** ~ **cinquant'anni**, er/sie ist etwa fünfzig; **c'erano** ~ **duecento invitati**, es waren etwa zweihundert Gäste da; **costa** ~ **un milione**, es kostet ungefähr/zirka eine Million; **aspetto** ~ **da un'ora**, ich warte seit ungefähr einer Stunde; **il viaggio dura** ~ **due ore**, die Fahrt dauert zirka zwei Stunden **2** (*pressoché*) fast, beinahe: **la benzina è** ~ **finita**, das Benzin ist fast alle; **siete pronti?** – **Quasi**, seid ihr fertig? – Fast/Gleich; **ho letto** ~ **tutto il romanzo**, ich habe fast den ganzen Roman gelesen; **lo stadio era** ~ **pieno**, das Stadion war fast voll; **ho speso** ~ **tutto lo stipendio**, ich habe beinahe mein ganzes Gehalt ausgegeben **3** (*con valore attenuativo*) fast, beinahe, nahezu: **si direbbe** ~ **che tu lo faccia apposta**, man könnte beinahe meinen, du tust das mit Absicht; **direi** ~ **che** ..., ich möchte beinahe behaupten, dass ... **4** (*a momenti*) beinahe, fast: ~ **ci cascavo**, beinahe wäre ich drauf reingefallen fam **5** (*come se fosse*) sembrava ~ **offeso**, es sah fast so aus, als wäre er beleidigt **6** (*in funzione di prefisso*) (*a metà*) Halb-: ~**verità**, Halbwahrheit f **7** *fam* (*iterato, esprime incertezza*): **un caffè? – Quasi quasi**, einen Kaffee? – Warum nicht?; **quasi quasi telefono a Paola**, vielleicht könnte ich Paola anrufen; **quasi quasi era meglio se tacevo**, vielleicht hätte ich besser meinen Mund halten sollen **B** *cong* (*come se*) – ... *congv*, als ... ob ... *congv*, als ... *congv*: **raccontava ~ l'avesse vissuto in prima persona**, er/sie erzählte es so, als ob er/sie es selbst erlebt hätte ● – **che ~ quasiché**; **~ mai** (*molto raramente*), fast nie, sehr/äußerst selten; **non vado ~ mai a teatro**, ich gehe fast nie ins Theater; **una parola che non si usa ~ più**, ein Wort, das fast nicht mehr benutzt wird; **questo bambino si direbbe ~ insolente! – Senza ~** (*assolutamente*), dieses Kind sollte man beinahe als frech bezeichnen! – Das ₁beinahe kannst du weglassen₁/[kannst du laut sagen]! *fam*.

quasiché *cong* (*come se*) ~ ... *congv*, als ... (ob) ..., *congv*: **reagì ~ fosse a conoscenza dei fatti**, er/sie reagierte so, als wüsste er/sie schon Bescheid.

quasiconduttóre, (**-trice**) *fis* **A** *agg* quasimetallisch **B** *m* Quasimetall n.

quasimetàllico, (**-a**) <-ci, -che> *agg* *fis* quasimetallisch.

quàssia f *bot* Quassie f: **~ della Giamaica**, Jamaika-Quassie f.

quassù A *avv* **1** (*qua in alto*) (*stato in luogo*) hier oben, da oben: **~ in cima**, hier/da oben auf dem Gipfel; **sono ~ sulla pianta**, ich bin hier oben auf dem Baum; (*moto a luogo*) (hier)herauf, (da)hinauf; **sono salita fin ~**, ich bin hierherauf gestiegen; **venite ~!**, kommt herauf! **2** (*al Nord*) hier oben (im Norden): **~ ho trovato molti amici**, hier oben im Norden habe ich viele Freunde gefunden; **quando vieni ~ a trovarci?**, wann kommst du rauf und besuchst uns? *fam* **3** (*in montagna*) hier oben (in den Bergen): **~ in Val d'Aosta l'aria è pulita**, hier oben im Aostatal ist die Luft sauber **B** *loc avv* (*stando qua in alto*): **da/di ~**, von hier oben (aus); **da/di ~ c'è un magnifico panorama!**, von hier oben hat man eine fantastische Aussicht!

quatèrna f **1** (*nella tombola e nel lotto*) Quaterne f *obs*, Vierer m *fam*: **fare ~**, einen Vierer machen *fam*; **giocare/vincere una ~**, einen Vierer spielen/gewinnen *fam* **2** (*insieme di quattro cose o persone*) Vierergruppe f.

quaternàrio, (**-a**) <-ri *m* > **A** *agg* **1** (*composto di quattro elementi*) {LEGA} vierteilig **2** *chim* {ATOMO, COMPOSTO} quaternär **3** *econ* {ATTIVITÀ} "mit hohem technologischen Innovationsniveau" **4** *geol* {ERA} Quartär **5** *ling* {VERSO} viersilbig **6** *mat* {SISTEMA} Vierer- **7** *mus* {BATTUTA, RITMO} Vierer- **B** *m* **1** *geol* Quartär n **2** *ling* Viersilb(l)er m, viersilbiger Vers **3** *econ* (*terziario avanzato*) Informations- und Kommunikationssektor m (*abbr* I&K-/IuK-Sektor m).

quàtto, (**-a**) *agg* (*rannicchiato*) geduckt/gebückt und mucksmäuschenstill *fam*: **il vecchio se ne stava quatto quatto in un cantuccio**, der Alte kauerte mucksmäuschenstill in einer Ecke *fam* ● **andare/avanzare quatto quatto** (*in silenzio*), lautlos gehen, auf leisen Sohlen schleichen.

quattordicènne A *agg* vierzehnjährig **B** *mf* Vierzehnjährige *mf decl come agg*.

quattordicèsima f (*retribuzione*) vierzehntes Monatsgehalt.

quattordicèsimo, (**-a**) **A** *agg num* vierzehnte(r, s) **B** *m* (f) Vierzehnte *mfn decl come agg* **C** *m* (*frazione*) Vierzehntel n, vierzehnter Teil; → *anche* **quinto**.

quattórdici A *agg num* vierzehn **B** <-> *m* **1** (*numero*) Vierzehn f **2** (*nelle date*) Vier-

zehnte *m decl come agg* **C** f *pl* vierzehn Uhr; → *anche* **cinque**.

quattrìno m **1** <*solo sing*> *fig* (*centesimo*) Heller m, Pfennig m, Groschen m: ₁**non avere neppure un**₁/[**restare senza un**] **~**, keinen (roten/lumpigen) Heller (mehr) haben/ besitzen *fam*; **pagare fino all'ultimo ~**, ₁bis auf den letzten Heller₁/[auf Heller und Pfennig] zahlen *fam*; **non avere un ~ in tasca**, keinen Pfennig in der Tasche haben *fam* **2** <*solo pl*> (*soldi*) Geld n, Kohle f *fam*: **guadagnare molti**/[**fior di**]/[**un bel po' di**] **quattrini**, haufenweise/einen Haufen/[ganz schön viel] Geld/Kohle verdienen *fam*; **avere un sacco**/[**essere pieno**] **di quattrini**, Geld ₁wie Heu₁/[in rauen Mengen] haben *fam* **3** *numism* Heller m ● **bussare a quattrini** (*chiedere denaro*), jdn anpumpen *fam*; **far(e) quattrini** *fig* (*arricchirsi*), Kohle/ Asche machen *fam*, viel Geld verdienen, Geld scheffeln *fam spreg*; **non pensa che a fare quattrini**, er/sie denkt nur ans Geldverdienen; **quattrini a palate** *fig* (*in grande quantità*), Geld wie Heu *fam*; **come stai a quattrini?** *fig* (*quanti soldi hai?*), wie bist du bei Kasse? *fam*; **non valere un ~ fig** (*non valere nulla*), keinen/[nicht einen] Pfifferling/[(roten/lumpigen) Heller] wert sein *fam*.

quattrinóso, (**-a**) *agg fam* (*danaroso*) reich, vermögend, zahlungskräftig.

quàttro A *agg num* vier **B** <-> *m* **1** (*numero*) Vier f **2** (*nelle date*) Vierte *m decl come agg* **3** (*voto scolastico in Italia*) ≈ mangelhaft, Fünf f, Fünfer m *fam* **4** *sport* (*nel canottaggio*) (*imbarcazione*) Vierer m: **~ con/senza**, Vierer m mit/ohne (Steuermann); **~ di coppia**, Doppelvierer m **C** f *pl* vier Uhr, vier Uhr ● **dirne ~ a qu** *fig* (*dirgli in faccia quel che si merita*), jdm (gehörig) seine Meinung sagen, jdm was erzählen *fam*; **farsi in ~ per qu** *fig* (*fare tutto il possibile per aiutarlo*), sich für jdn ₁in Stücke reißen lassen *fam*₁/[zerreißen] [vierteilen] *fam*; **in ~ e quattr'otto** *fig* (*in brevissimo tempo*), im Handumdrehen, im Nu *fam*, in null Komma nichts *fam*; **per ~** (*rif. a persone*), {SERVIZIO, TAVOLO} für vier; **per ~** (*moltissimo*), für zwei; **mangiare/lavorare per ~**, für zwei essen/arbeiten; **per ~** (*4×4*) *autom*, Fahrzeug n mit Vierrad-/Allradantrieb; **fare le scale a ~ a ~** (*salendo - gradini alla volta*), vier Stufen auf einmal nehmen; **fig** (*velocissimamente*), ₁wie der Blitz *fam*₁/[blitzschnell *fam*] die Treppe hoch₁laufen; **non dire ~ se non l'hai nel sacco** *prov*, man soll ₁den Tag nicht vor dem Abend loben *prov*₁/[nicht über ungelegte Eier gackern]; → *anche* **cinque**.

quattròcchi, **quattr'òcchi A** <-> *mf fig fam scherz* (*chi porta gli occhiali*) Brillenschlange f *fam scherz*, Brillenträger m **B** <-> *m ornit* Schellente f **C** *loc avv* (*in confidenza*): **a ~**, unter vier Augen; **parlare a qu a ~**, mit jdm unter vier Augen sprechen.

quattrocentésco, (**-a**) <-schi, -sche> *agg* (*del Quattrocento*) {LETTERATURA, PITTURA, POESIA} des Quattrocento, des fünfzehnten Jahrhunderts, das fünfzehnte Jahrhundert betreffend.

quattrocentìsta <-i *m*, -e *f*> **A** *agg* (*del Quattrocento*) {POESIA, POETA} des Quattrocento, des fünfzehnten Jahrhunderts, aus dem fünfzehnten Jahrhundert **B** *mf* **1** (*artista*) Quattrocentist(in) m(f), Künstler(in) m(f) des Quattrocento/[fünfzehnten Jahrhunderts] **2** (*studioso*) Quattrocento-Spezialist(in) m(f), Quattrocento-Experte m, Quattrocento-Expertin f **3** *sport* (*nell'atletica*) Vierhundertmeterläufer(in) m(f), (*nel nuoto*) Vierhundertmeter-Freistilschwimmer(in) m(f).

quattrocentìstico, (**-a**) <-ci, -che> *agg* **1** (*del Quattrocento*) des Quattrocento, des fünfzehnten Jahrhunderts **2** (*dei quattrocentisti*) {STILE} Vierhundertmeter-Frei-.

quattrocènto A <*inv*> *agg num* vierhundert **B** <-> *m* **1** (*numero*) Vierhundert f **2** <*solo pl*> *sport* (*nell'atletica, nel nuoto*) Vierhundertmeter *pl* **3** *stor*: **il Quattrocento**, das fünfzehnte Jahrhundert; (*nell'arte italiana*) das Quattrocento.

quattromìla A *agg num* viertausend: **costa ~ euro**, das kostet viertausend Euro; **siamo a ~ metri di altezza**, wir befinden uns in viertausend Meter Höhe; **c'erano ~ spettatori allo stadio**, viertausend Zuschauer waren im Stadion **B** <-> *m* **1** (*numero*) Viertausend f **2** *alpin* Viertausender m.

quattroruòte <-> f *o rar m fam* **1** (*veicolo*) Vierradfahrzeug n **2** (*auto*) Auto n, Wagen m.

quebecchése A *agg* (*del Québec*) Quebecer **B** *mf* (*abitante*) Quebecer(in) m(f).

queer *ingl* **A** <-> **1** *agg* (*diverso*) Queer mf **2** (*omosessuale*) Queer mf, Homosexuelle mf *decl come agg* **B** <*inv*> *agg* (*posposto a un sost*) {CINEMA, MOVIMENTO} Queer-.

quégli, **quéi** *pl* → **quello**.

quél, **quell'** *m* → **quello**.

quéllo, (**-a**) <*quegli davanti a vocale, s impura, gn, pn, ps, x, z; quell' davanti a vocale o h muta; quel, quei davanti a consonante che non sia s impura, gn, pn, ps, x, z*> **A** *agg dimostr* **1** (*indica pers o cosa lontana da chi parla e da chi ascolta*) der (da/dort), die (da/dort), das (da/dort), jene(r, s): **abito in quell'alloggio**, ich wohne in der Wohnung dort; **quel bambino è molto vivace**, das Kind da ist sehr lebhaft; **dammi quella cartina!**, gib mir die Landkarte da!; **guarda che bella quella ragazza!**, schau mal, ₁wie schön das Mädchen dort ist₁/[was für ein schönes Mädchen da]! **2** (*contrapposto a questo*) jener(r, s): **questo terreno è argilloso, ~ è sabbioso**, dieser Boden ist lehmig, jener sandig **3** (*seguito da avv di luogo*) der (da/dort), die (da/dort), das (da/dort): **di chi sono quelle chiavi lì?**, wem gehören die Schlüssel da?; **non voglio andare in quel locale là**, ich will nicht in das Lokal da (gehen); **vedi quel rifugio lassù?**, siehst du die Berghütte dort oben? **4** (*seguito da una proposizione rel*) der, die, das: **ti ricordi quella promessa che mi hai fatto?**, erinnerst du dich an das Versprechen, das du mir gegeben hast? **5** (*seguito da agg poss*): **ieri ho visto quel tuo amico**, gestern habe ich diesen Freund von dir gesehen **6** *enf*: **quel testardo di tuo figlio!**, dein Sohn, dieser Dickkopf! *fam*; dein Sohn ist vielleicht ein Dickkopf! *fam* **7** (*seguito da medesimo, stesso, tale*) der-, die-, dasselbe, genau/eben dese(r, s): **in quel medesimo istante**, in demselben Augenblick; **in ~ stesso momento**, in eben diesem Moment; **si tratta di quella tal persona**, es handelt sich um genau diese Person **8** (*esclamativo*): **non mangiare tutto quel gelato!**, iss nicht so viel Eis!; **c'era tanta di quella gente!**, es war(en) eine Unmenge Leute da! *fam* **9** (*persona, animale, cosa già nota*) diese(r, s), jene(r, s), der, die, das: **preferirei non parlare di quella persona**, ich möchte lieber nicht von diesem Menschen sprechen **10** (*con ellissi di una proposizione rel*) solche(r, s), derartige(r, s), so: **abbiamo preso uno di quegli acquazzoni!**, wir sind in einen derartigen Platzregen geraten!; **una di quelle bufere!**, ein furchtbarer Sturm!; **si è fatto uno di quei numeri!**, er hat eine seiner typischen Nummern abgezogen! *fam* **11** *lett* (*rif. a persona di cui non si conosca il nome*):

ehi, quell'uomo!, Sie, mein Herr! B pron dimostr 1 der (da/dort), die (da/dort), das (da/dort): quella è la mia università, das da ist meine Universität; ~ sì che è un uomo fortunato, dieser Mann ist wirklich ein Glückspilz! *fam*; sai chi sono quelli? I miei vicini di casa, weißt du, wer die dort sind? Meine Nachbarn 2 (*con gli avverbi* lì, là) der (da/dort), die (da/dort), das (da/dort): ~ lì è mio padre, das da ist mein Vater 3 (*contrapposto a questo*) jene(r, s): compro questo o ~?, kaufe ich diesen/dieses oder jenen/jenes? 4 (*colui, seguito da rel*) der, die, das, der-, die-, dasjenige: quelli che superano il limite di velocità verranno multati, wer die Geschwindigkeitsbegrenzung überschreitet, wird mit einem Bußgeld belegt 5 (*ciò, seguito da rel, può essere troncato in* quel) was, das, was: ~ di cui hai bisogno adesso è una vacanza, was du jetzt brauchst, sind Ferien; ho comprato ~/quel che era rimasto, ich habe gekauft, was noch da war; quel che è peggio/strano ..., was am schlimmsten/eigenartigsten ist ...; fa tutto ~/quel che gli dicono, er macht alles, was man ihm sagt 6 (*persona, cosa già nominata*) der (da), die (da), das (da), dieser (da), diese (da), dieses (da): è un lavoro, ~, molto impegnativo, das ist eine sehr anspruchsvolle Arbeit; vorrei un etto di prosciutto, di ~ meno grasso, ich möchte hundert Gramm Schinken, von dem weniger fetten 7 (*esclamativo*): ha avuto una sorpresa di quelle!, er/sie hat vielleicht eine Überraschung erlebt! C loc cong 1 (*di quanto*): di quel che (non) ... congv, als .... ind: ti stimo più di quel che tu non creda, ich schätze dich mehr, als du glaubst 2 (*per quanto*): a/da/per quel che ... ind, soviel ... ind, was .... ind, wie ... ind: a quel che pare, parte, so wie es aussieht, fährt er/sie ab; per quel che mi riguarda, va bene, was mich betrifft, ist das in Ordnung/[mir ist das recht], per quel che ne so io/[mi risulta], è vero, soviel ich (darüber) weiß, stimmt das ● un bicchiere di ~ buono *scherz* (*vino*), ein Glas von dem guten (Tropfen); buono ~! *iron* (*rif. a persona astuta*), um den (Typen) würde ich einen Bogen machen! *fam*, von dem (Typen) sollte man lieber die Finger lassen *fam*; halt dich von dem fern!; ha agito *da* quel furbone che è (*sottolinea una qualità*), dieses Schlitzohr hat so gehandelt, wie es zu erwarten war *fam*; quelli di Firenze/Genova/Milano (*abitanti*), die Leute/Einwohner von Florenz/Genua/Mailand; combinarne/dirne/farne/sentirne di quelle! (*cose straordinarie*), allerhand anstellen/sagen/machen/hören *fam*; arriva ~ dei tappeti! (*venditore*), der Teppichverkäufer kommt!; quelli del piano di sopra/sotto, die Nachbarn von oben/unten; ~ del telefono/della luce (*chi ripara*), Telefonmann m *fam*/Elektriker m; ~ del gas/della luce (*chi legge il contatore*), Gasmann m *fam*/Stromableser m; essere sempre ~ (*non cambiare*), immer derselbe bleiben, sich (dat) immer gleich bleiben, sich nicht verändern; il budget a nostra disposizione è quel che è (*è insufficiente*), unser Budget ist nun mal nicht größer; ~ di ieri è venuto a cercarti *fam* (*sottinteso persona*), der von gestern hat nach dir gefragt; in quella lett (*in quel preciso momento*), (genau) in diesem/dem Augenblick, da; in quella bussarono alla porta, genau in diesem Moment klopften sie an die Tür; in quel di ... (*nel territorio di*), in der Gegend von/um ...; vivono in quel di Ferrara, sie wohnen in der Gegend um Ferrara; gli è andata meglio di ~ che *pensassi* (*introduce una frase comparativa*), es ist besser für ihn gelaufen, als ich gedacht hätte; la sai quella

del ...? (*conosci la barzelletta del...?*), kennst du den mit/von ... schon?; non sono più quella di un tempo, ich bin nicht mehr die von früher/[, die ich früher einmal war]; una di quelle *eufem* (*prostituta*), eine von denen *eufem*, ein Straßen-, Strichmädchen *fam*.

querceto m (*bosco di querce*) Eichenwald m, Eichenhain m.

quercia f 1 *bot* (*albero*) Eiche f, Eichenbaum m: ~ da sughero, Korkeiche f (*legno*) Eiche f, Eichenholz n ● la Quercia *polit* (*simbolo del Partito Democratico della Sinistra in Italia*), die Eiche (*Symbol der Demokratischen Partei der Linken in Italien*); essere una ~ *fig* (*forte e robusto*), ein Baum sein; essere forte come una ~ *fig*, ₍stark wie eine Baum₎/[bärenstark] sein *fam*.

quercino, (-a) A m *zoo* Gartenschläfer m B agg (*di quercia*) {LEGNO} eichen, Eichen-.

quercitrone m *bot* Färbereiche f.

querela f 1 *dir* (*nel processo penale*) {+PERSONA OFFESA} Strafantrag m: ~ per diffamazione, Strafantrag m wegen ₍übler Nachrede₎/[Verleumdung]; presentare/sporgere ~ contro qu, Strafantrag gegen jdn stellen; ritirare la ~, den Strafantrag zurücknehmen/zurückziehen 2 *lett* (*rimostranza*) Wehklage f *forb*, Klage f ● ~ di falso *dir* (*nel processo civile*), Fälschungseinwand m, Fälschungsklage f, Einwendung f der Fälschung.

querelabile agg *dir* {GIORNALISTA} klagbar, gegen den Strafantrag gestellt werden kann.

querelante *dir* A agg (*PARTE*) Strafantrag stellend, klagend B mf Strafantragsteller(in) m(f), Kläger(in) m(f).

querelare A tr *dir* ~ qu (*per qc*) {PER CALUNNIA} gegen jdn (*wegen etw gen*) Strafantrag stellen: l'hanno querelato per diffamazione, man hat gegen ihn wegen ₍übler Nachrede₎/[Verleumdung] geklagt B itr pron 1 *dir*: querelarsi a qu contro qu per qc {AL GIUDICE CONTRO UNA PERSONA PER INGIURIE} *bei jdm gegen jdn* Strafantrag (*wegen etw gen*) stellen, *bei jdm gegen jdn* (*wegen etw gen*) klagen 2 *lett* (*lamentarsi*): querelarsi sich beklagen, wehklagen *forb*.

querelato, (-a) *dir* A agg {GIORNALISTA} gegen den/die Strafantrag gestellt wurde B m (f) Person f, gegen die Strafantrag gestellt wurde.

querelle <-> f *franc* (*disputa*) Querele f *forb*, Streiterei f.

querimonia <-> f *lett* (*lamentela*) Wehklage f *forb*, Klage f.

querulo, (-a) agg *lett* 1 (*di tono lamentoso*) {VOCE} jammerig *slang*, wehleidig *spreg* 2 (*lagnoso*) {VECCHIO} jammernd, wehleidig *spreg*.

query <-, queries pl *ingl*> f *ingl inform* Abfrage f.

quesito m 1 (*domanda*) {FILOSOFICO, LOGICO, MORALE} Problem n, Frage f: porre a qu un ~, jdm eine Frage stellen; porsi un ~, sich (dat) eine Frage stellen 2 (*problema*) {ALGEBRA, FISICA} Aufgabe f, Problem n: risolvere un ~ di matematica, ₍eine Rechenaufgabe₎/[ein mathematisches Problem] lösen 3 *dir* Anfrage f: quesiti proposti dalle parti all'autorità giudiziaria, Anfragen f pl, die die Parteien an das Gericht stellen.

questi <-> pron pers m *lett* (*costui*) dieser, der; (*la seconda persona nominata*): ieri sono arrivati Paolo e Carlo, ~ era atteso, quello no, gestern sind Paolo und Carlo angekommen, dieser/Letzterer wurde erwartet, jener/Ersterer nicht.

questionare itr 1 (*litigare*) ~ (con qu

di/per/su qc) (*mit jdm*) (*um/über etw acc*) streiten, sich (*mit jdm*) (*um/über etw acc*) zanken: non stare a ~ per ogni cosa!, streite nicht ₍wegen jeder₎/[um jede] Kleinigkeit!; smettetela di ~!, hört auf zu streiten! 2 *lett* (*discutere*) ~ *di qc* {DI PROBLEMI FILOSOFICI} über etw (*acc*) diskutieren, über etw (*acc*) disputieren *forb*.

questionario <-ri> m (*serie di domande*) Fragebogen m: compilare/riempire un ~, einen Fragebogen ausfüllen; preparare un ~, einen Fragebogen entwerfen; rispondere a un ~, auf eine Reihe von Fragen antworten.

questione f 1 (*problema*) Problem n, Frage f: affrontare una ~, ein Problem angehen; discutere/esaminare una ~, ein Problem diskutieren/untersuchen; ~ economica/giuridica, Wirtschafts-/Rechtsfrage f; ~ filosofica, philosophische Frage f; ~ formale, Formfrage f; ~ sostanziale, substanzielle Frage; ~ pratica/tecnica, praktisches/technisches Problem; risolvere una ~, ein Problem lösen; sottoporre una ~ a qu, jdm eine Frage vorlegen; si tratta di una ~ delicata/spinosa, es geht um eine heikle Frage 2 (*problema linguistico, sociale, storico-politico ecc.*) Frage f, Problem n: la ~ dei Balcani, die Balkanfrage; la ~ ebraica/femminile, die Juden-/Frauenfrage; la ~ della lingua, die Questione della lingua (*Auseinandersetzung über den Vorrang der romanischen Sprachen gegenüber dem Latein*); la ~ meridionale, die süditalienische Frage; ~ d'Oriente *stor*, orientalische Frage; la ~ palestinese, die Palästinenserfrage; la ~ romana, die Römische Frage; la ~ sociale, die soziale Frage; la ~ tedesca, die Deutschlandfrage 3 (*disputa*) Auseinandersetzung f, Diskussion f, Meinungsaustausch m: è sorta una ~ su questo argomento, es kam zu einer Diskussion über dieses Thema 4 (*controversia*) Streitfrage f: una vecchia ~ relativa a un'eredità, ein alter Erb(schafts)streit, eine alte Streitfrage bezüglich eines Erbes 5 (*litigio*) Streit m, Auseinandersetzung f: essere in ~ con qu per qc, mit jdm wegen etw (*gen*) in Streit liegen/[streiten]; venire a ~ per qc, wegen etw (*gen*) streiten/[in Streit geraten] 6 (*faccenda*) Angelegenheit f, Sache f: chiarire una ~, eine Angelegenheit klären; questioni di famiglia, Familienangelegenheiten f pl; la ~ non mi riguarda, die Sache ₍geht mich nichts an₎/[betrifft mich nicht]; questa è un'altra ~, das steht auf einem anderen Blatt, das ist eine andere Geschichte *fam*: lasciare aperta una ~, eine Frage offenlassen; ~ bizantina *fig* (*cavillo*), Spitzfindigkeit f *spreg*, Haarspalterei f *spreg*; comporre la ~ (*risolverla*), das Problem lösen, eine Angelegenheit regeln; è ~ di ... (*si tratta di*), es geht um ...; esaurire la ~ (*concluderla*), eine Sache ₍zum Abschluss bringen₎/[regeln], eine Frage erschöpfend behandeln; non far(e) tante questioni! *fam* (*non fare discussioni inutili!*), mach keine langen Geschichten! *fam*; ~ di fiducia *polit*, Vertrauensfrage f; porre la ~ di fiducia, die Vertrauensfrage stellen; è solo ~ di fortuna, das ist reine Glückssache; essere fuori ~ (*non essere messo in dubbio*), außer Frage stehen, nicht zur Diskussion stehen; la sua correttezza è fuori ~, seine/ihre Korrektheit steht außer Frage; portarti a ballare?! È fuori ~, dich zum Tanzen ausführen? Das kommt überhaupt nicht in Frage/[die Tüte *fam*]; è ~ di *giorni*/[un minuto]/[ore], es kann sich nur um Tage/eine Minute/Stunden handeln; è ~ di *gusti*, das ist Geschmackssache, das ist eine Frage des Geschmacks; ~ di vitale importanza, Frage f von ₍grundlegender Bedeutung₎/[höchster

Wichtigkeit]; **in** ~ (*quello di cui si tratta*), betreffend, fraglich; **la cosa/persona in** ~, die betreffende Sache/Person; **(qc è) una** ~ **di lana caprina** *fig* (*inutile*), (etw ist) ein Streit um des Kaisers Bart; **è** ~ **di** *metodo*, das ist eine Frage der Methode; **mettere/porre qc in** ~ (*in discussione*), etw in Frage stellen, etw bezweifeln; ~ *morale* *stor* (*rif. alla vita politica italiana*), moralische Frage; **non c'è** ~ (*siamo d'accordo*), wir sind uns einig; ~ **d'onore**, Ehrensache f; ~ **di** *opinioni*, Ansichtssache f; ~ ***pendente*** (*in atto*), schwebende Angelegenheit; **è** ~ **di** *pratica*, das ist Übungssache; ~ **pregiudiziale** *dir*, präjudizielle Frage; ~ **di** *principio* (*fondata su convinzioni morali*), Grundsatz-, Prinzipienfrage f; **l'ho fatto per una** ~ **di** *principio*, ich habe das aus Prinzip gemacht; **farne una** ~ **di** *principio*, daraus eine Grundsatzfrage machen; ~ *procedurale dir*, Verfahrensfrage f; **una** ~ **di** *protocollo*, eine protokollarische Frage, eine Frage der Etikette; **è solo** ~ **di** *tempo*, es ist nur eine Frage der Zeit; **è** ~ **di** *vita* o **di** *morte* *fig* (*molto importante*), es geht um Leben oder Tod.

question time <–> *loc sost m ingl* (*tempo dedicato alla risposta di domande*) Question Time f, Fragestunde f.

quèsto, (-a) **A** *agg dimostr* **1** (*indica pers o cosa vicina a chi parla*) diese(r, s), der (hier), die (hier), das (hier): **questi gatti sono siamesi**, das sind Siamkatzen; ~ **palazzo è in stile barocco**, dieser Palast hier ist im Barockstil **2** (*contrapposto a quello, altro*) diese(r, s): ~ **film è più valido di quello**, dieser Film ist künstlerisch wertvoller als jener; ~ **romanzo è interessante, l'altro è noioso**, dieser Roman ist interessant, der andere ist langweilig **3** (*seguito da avv di luogo*) der hier, die hier, das hier: **questa merce qui è da spedire**, die Ware hier muss abgeschickt werden **4** (*simile*) derartige(r, s), solche(r, s), so ein(e): **con -a nebbia non si vede niente**, bei so einem Nebel sieht man (fast) nichts; **non vorrei uscire con** ~ **vestito?**, du willst doch nicht etwa mit einem solchen Kleid ausgehen? **5** *enf* (*sostituisce l'agg poss*) eigene(r, s), meine(r, s), diese(r, s): **l'ho cucinato con queste mani**, das habe ich selbst gekocht; **l'ho sentito con queste orecchie**, ich habe es mit (meinen) eigenen Ohren gehört **6** (*persona, animale, cosa già nominata*) diese(r, s), der, die, das: **questi episodi di violenza devono far riflettere tutti**, diese/ derartige Gewalttaten müssen allen zu denken geben **7** (*di oggi*) heute: **questa mattina**, heute Morgen; **questa sera vado a teatro**, heute Abend gehe ich ins Theater **8** (*passato*) letzte(r, s): **i fatti di questi ultimi dieci/vent'anni**, die Ereignisse der letzten zehn/zwanzig Jahre; **questa notte non ho dormito**, letzte Nacht habe ich nicht geschlafen **9** (*in corso*) diese(r, s): **quest'anno/** ~ **mese**, dieses Jahr/dieser Monat; **ti telefono questa settimana**, ich rufe dich diese Woche an **10** (*prossimo*) nächste(r, s): **quest'altr'anno**, nächstes Jahr; **uno di questi giorni bisogna che gli scriva**, ich muss ihm in ˌden nächsten/ˌ[diesen] Tagen schreiben; **andremo al cinema** ~ **venerdì**, nächsten Freitag gehen wir ins Kino; **verrò a trovarti quest'estate**, ich besuche dich nächsten Sommer **11** (*seguente*) diese(r, s), folgende(r, s): **ti do** ~ **consiglio: non rifiutare mai un lavoro!**, ich gebe dir folgenden Rat: lehne nie eine Arbeit ab! **12** (*seguito da agg poss*): ~ **mio amico arriva dalla Polonia**, dieser Freund von mir kommt aus Polen **13** (*seguito da stesso*) eben, genau: **in** ~ **stesso momento**, in eben/genau diesem Moment **B** *pron dimostr* **1** diese(r, s), der (hier), die (hier), das (hier): ~ **è il mio piatto preferito**, das ist mein Leibgericht; **quale preferisci?** – Questo, welcher/welche/welches gefällt dir am besten? – Dieser/Diese/ Dieses hier **2** (*contrapposto o correlato a quello*) diese(r, s), der: **indosso** ~ **o quello?**, soll ich diesen/dieses hier oder jenen/jenes da anziehen?; **in ufficio non stai mai tranquillo:** ~ **telefona, quello ti chiama**, im Büro hast du nie deine Ruhe: der eine ruft dich an, der andere will etwas von dir **3** (*seguito da avv di luogo*) der da, die da, das da, diese(r, s) da: **scelgo** ~ **qui**, ich nehme den/das hier **4** (*persona, cosa già nominata*) diese(r, s), der, die, das: **chiedo informazioni a un passante e** ~ **mi dice che non è del posto**, ich bitte einen Passanten um Auskunft und der sagt mir, dass er nicht von hier ist **5** (*esclamativo*) dies, das: ~ **mai!**, niemals!; ~ **mai e poi mai!**, nie und nimmer!; ~ **sì che è un progetto interessante!**, das ist (wirklich/mal/ endlich) ein interessantes Projekt!; **queste sono sciocchezze!**, das sind Dummheiten!; **questa sì che è una vacanza!**, das sind echte Ferien! **6** (*con valore neutro al m*) das, dies: **ha** ~ **di bello**, che va d'accordo con tutti, das Schöne an ihm/ihr ist, dass er/sie mit allen auskommt; ~ **non mi è chiaro**, das ist mir nicht klar; **da** ~ **nasce la sua gelosia**, das ist der Grund seiner/ihrer Eifersucht; ~ **mi riempie di gioia**, das macht mich froh; **in** ~ **ti sbagli**, darin irrst du dich; ~ **sì/no**, das schon/nicht; ~ **non è vero**, das ist nicht wahr; **non volevo dire** ~, das wollte ich nicht sagen; **su** ~ **vorrei discutere ancora**, darüber möchte ich noch diskutieren **7** (*con valore neutro al f*) das: **questa sì che è bella!**, das ist ja allerhand!; **ci mancava anche questa!**, das fehlte gerade noch!; **questa me la paghi!**, das wirst/sollst du mir büßen!; **questa poi!**, das gibt's ja nicht!, das ist ja allerhand!; **senti questa!**, hör dir das an!; **questa proprio non ci voleva!**, das hat gerade noch gefehlt!, das hätte jetzt nicht auch noch sein müssen! **C** *loc cong* (*nonostante ciò*): **con tutto** ~ **... ind**; nichtsdestoweniger **... ind**, trotz alledem **... ind** ● **a** ~ **siamo arrivati!** *fam* (*a tale punto*), so weit ˌsind wirˌ/ [ist es mit uns] (also) gekommen!; ~ **e** *altro* (*altre cose ancora*), das ist noch lange nicht alles; ~ **e altro vedrete nella prossima puntata**, dies und noch viel mehr ˌseht ihrˌ/[sehen Sie] in der nächsten Folge; **con** ~ (*con queste parole*), damit, hiermit, mit diesen Worten; **che cosa intendi dire con** ~**?**, was willst du damit sagen?; **e con** ~ **concludo/** [ho finito], damit ˌkomme ich zum Abschlussˌ/[bin ich fertig]; **e con** ~ **vi saluto**, und damit verabschiede ich mich (von euch); **e con** ~**?** (*e allora?, cosa vorresti dire?*), na und?, und wenn schon?; **e** ~ **chi lo conosce?** *fam* (~ *tipo*), wer kennt den schon? *fam*; **in** ~**/questa** *lett* (*in quel mentre*), (genau) in diesem/dem Augenblick, da; *niente di tutto* ~, nichts von all(e)dem; **quest'*oggi*** (*oggi stesso*), heute (noch); **oltre a** ~ (*inoltre*), außerdem; **per** ~ (*per tale motivo*), deshalb, deswegen; **per** ~ **sono in ritardo**, deshalb habe ich mich verspätet; **non per** ~, nicht (schon) deshalb; **è un po' originale, ma non per** ~ **è matto!**, er ist zwar etwas wunderlich, aber deshalb ist er noch lange nicht verrückt; **e allora prendi queste!** (*botte*), ja, dir werd ich's zeigen! *fam*; **prendi ancora** ~**!** (~ *schiaffo*), und da fängst du dir noch eine! *fam*; ~ **è** *quanto*, das ist alles; ~ **è quanto ho saputo!**, das ist alles, was ich erfahren habe!; **vuoi sempre** ~ **e** *quello* (*tutto*), du willst immer alles (auf einmal); **l'ha detto a** ~ **e a** *quello* (*a tutti*), er/sie hat es allen/[Hinz und Kunz *fam spreg*] erzählt; ~ **è** *tutto*, das ist/wäre alles; **con tutto** ~ (*nonostante ciò*), nichtsdestoweniger, trotz alledem/allem.

questóre m **1** (*capo della polizia*) {+NAPOLI, TORINO} Polizeipräsident m, Polizeichef m **2** *stor romana* (*magistrato*) Quästor m ● ~ **della Camera e del Senato** *polit*, "Parlamentsmitglied n, das dem Präsidenten bei der Aufrechterhaltung der Ordnung während der Sitzungen behilflich ist".

quèstua f *relig* Almosensammeln n: **fare la** ~, um Almosen bitten, Almosen sammeln.

questuànte *relig* **A** *agg* {FRATE} Bettel- **B** *mf* (*mendicante*) Bettler(in) m(f).

questuàre <*questuo*> **A** *itr relig* um Almosen bitten **B** *tr spec fig* (*elemosinare*) ~ **qc** {APPOGGI} etw erbetteln.

questùra f **1** *amm* Amt n des Polizeipräsidenten; (*sede*) Polizeipräsidium n: **andare in** ~, zur Polizei gehen; **rivolgersi alla** ~, sich an das Polizeipräsidium wenden; **la** ~ **di Torino**, das Turiner Polizeipräsidium **2** *stor romana* Quästur f.

questurino m *fam* (*poliziotto*) Polizist m, Schutzmann m *fam*.

qui A *avv* **1** (*stato in luogo*) hier, da: **abiti qui?**, wohnst du da?; **vi aspetto qui**, ich warte hier auf euch; **è qui la toilette**, die Toilette ist hier; **ci troviamo qui da me**, wir treffen uns hier bei mir **2** (*moto a luogo*) hierher: **venite subito qui**, kommt sofort her **3** (*rafforzativo degli avv di luogo*) hier: **qui davanti**, (*stato*) hier vorn(e); (*moto*) nach hier vorn(e); **parcheggia qui davanti!**, parke hier vorn!; **qui dentro**, (*stato*) hier drinnen; **qui dentro c'è un tavolo da biliardo**, hier drinnen steht ein Billardtisch; (*moto*) (hier) herein; **non entrare qui dentro!**, komm nicht (hier) herein!; **qui dietro**, (*stato*) hier hinten; **dov'è il municipio? – Qui dietro**, wo liegt das Rathaus? – Hier hinten; (*moto*) hier hinter; **qui fuori**, (*stato*) hier draußen; **lascia il cane qui fuori!**, lass den Hund hier draußen!; (*moto*) hier heraus; **qui intorno**, (*stato*) hierherum *fam*; **qui intorno non ci sono negozi**, ˌhierherum *fam*ˌ/[hier in der Gegend] gibt es keine Geschäfte; (*moto*) hierherum; **qui sopra**, (*stato*) hier oben, da oben; (*moto*) hierherauf; **mettilo qui sopra**, stell es hierherauf; **qui sotto**, (*stato*) hier unten; **abitano qui sotto**, sie wohnen hier unten; (*moto*) hier herunter; **qui vicino**, (*stato*) hier in der Nähe; **qui vicino abitano dei tedeschi**, hier in der Nähe wohnen (einige) Deutsche; (*moto*) hier in die Nähe **4** (*contrapposto a* lì, là) (*stato in luogo*) hier: **lavora un po' qui un po' là**, er/sie arbeitet ein bisschen hier und ein bisschen da; **di qui a lì ci sarà mezz'ora in macchina**, von hier aus ist es bis dahin ungefähr eine halbe Stunde mit dem Wagen; (*moto a luogo*) hier **5** (*rafforzativo con pron pers e* ecco) da: **eccoci qui!**, da sind wir!; **eccoti qui, finalmente!**, da bist du ja endlich!; **ci sono qui io!**, ich bin doch da! **6** (*preceduto da questo*) hier, da: **questi alberi qui verranno abbattuti**, diese Bäume da werden gefällt; **questa qui è la casa natale di Goethe**, das da ist Goethes Geburtshaus; **chi sono questi qui?**, wer sind denn die hier? **7** *enf* hier, her, mal: **dà qui!**, gib her!; **guarda qui cosa ci ha cucinato la mamma!**, schau mal, was uns Mutti gekocht hat!; **senti qui che baccano!**, hör mal, was für ein Lärm!; **tieni qui!**, halt mal! **8** *fig* (*in questa cosa*) da, hier, nun: **il problema sta tutto qui**, das ist das ganze Problem **9** *fig* (*su questo punto*) hier, hierin: **qui ti dò ragione**, hierin gebe ich dir Recht **10** *fig* (*in questo momento*) hier, jetzt, nun: **qui comincia il bello!**, nun geht's erst richtig los *fam*!; **qui ci vorrebbe un medico**, jetzt bräuchte man einen Arzt; **qui occorre molta prudenza**, hier muss man sehr vorsichtig sein B *loc avv* **1** (*da questo luogo*) (*stato*): **da/di qui**, von hier; (*moto*) von hier (aus); **di qui non me ne vado**, von hier gehe ich nicht weg **2** (*per questo luogo*): **(per) di qui**, hier durch, in dieser Richtung, hier entlang; **passate di qui, farete prima!**, geht hier durch, das ist schneller! **3** *fam* (*in questa stanza*) (*stato*): **di qui**, hier (drinnen); (*moto*) (hier) herein; **vieni di qui!**, komm herein! C *loc agg* (*di questo luogo*): **di qui**, {ABITUDINI} von hier; **è gente di qui**, das sind Leute von hier, das sind Einheimische • **di qui in avanti** (*luogo*) (*da questo punto in poi*), von hier an, ab hier; **di qui in avanti la strada non è asfaltata**, von hier an ist die Straße nicht asphaltiert; (*tempo*) (*d'ora in poi*), von jetzt/nun an, ab jetzt; **di qui in avanti te la dovrai cavare da sola**, von jetzt an musst du allein zurechtkommen; *da* **qui**, von hier (aus); **da qui si vede il mare**, von hier aus sieht man das Meer; **di qui a una settimana/un mese** (*tra*), in einer Woche/einem Monat; **di qui la sua paura dell'acqua** (*da questo deriva*), daher kommt seine/ihre Angst vor dem Wasser; **qui lo dico e qui lo nego** (*rif. a un'affermazione di cui non ci si vuole prendere la responsabilità*), aber von mir hast du das nicht (gehört/erfahren)!; **fin qui** (*luogo*), bis hierher, bis hierhin; **siamo arrivati fin qui**, wir sind bis hierher gekommen; (*tempo*) bis jetzt; **fin qui ci siamo?**, ist bis hierhin alles klar?; **non** *finisce/*finirà qui!** (*di minaccia*), das hat noch ein Nachspiel!, damit ist die Sache noch nicht erledigt!; **fuori di qui!**, raus hier!; **qui e lì**, hier und dort; *fig*, hüben und/wie drüben, **ora qui, ora lì**, mal hier, mal dort; **per qui** (*qui intorno*), hier irgendwo; **dov'è Paolo? – È per qui**, wo ist Paolo? – Er ist hier irgendwo; **di qui a poco** (*presto*), bald, in kurzer Zeit; **tutto qui?**, ist das alles?; **tutto qui quello che volevi dirmi?**, ist das alles, was du mir sagen wolltest?; **via di qui!**, hau ab! *fam*; **qui ti voglio/volevo!** (*rif. a difficoltà*), hier/da liegt der ⌊Hund begraben⌋/[Hase im Pfeffer]! *fam*.

quiche <-> *f franc gastr* Quiche f.

quid <-> *m lat* **1** (*un certo che*) (irgend) etwas: **in quella donna c'è un ~ di misterioso**, diese Frau hat etwas Geheimnisvolles; **nelle sue parole c'è un ~ che non mi convince**, an seinen/ihren Worten überzeugt mich etwas nicht **2** *fam* (*somma di denaro*) Summe f.

quiddità <-> *f filos* Quiddität f.

quiescènte *agg* **1** *geol* {VULCANO} untätig **2** *biol bot* {CELLULA, PIANTA} ruhend.

quiescènza f **1** *geol* {+VULCANO} Untätigkeit f, Ruhephase f **2** *bot* Ruhe(phase) f, Schlummerzustand m, Quieszenz f **3** *amm dir* Ruhestand m: **essere in ~**, im Ruhestand sein; **mettere/porre in ~**, in den Ruhestand versetzen • **~ di un diritto** *dir* (*sospensione temporanea*), Aussetzung f eines Anspruchs.

quietànza f (*ricevuta*) Quittung f, Empfangsbestätigung f: **chiedere la ~ (di un pagamento)**, die Quittung verlangen; **firmare per ~**, quittieren; **per ~**, Betrag erhalten.

quietanzàre *tr* (*firmare per quietanza*) ~ **qc** (*CONTO, FATTURA*) *etw* quittieren, eine Quittung *für etw* (acc) aus|stellen.

quietàre A *tr* **1** (*calmare*) ~ **qu/qc** {BAMBINO, ANIMI} *jdn/etw* beruhigen; {LA COLLERA, L'IRA, LO SDEGNO} *etw* besänftigen, *etw* beschwichtigen **2** *fig* (*appagare*) ~ **qc** {L'APPETITO, LA SETE} *etw* stillen, {DESIDERIO} *etw* befriedigen, *etw* erfüllen B *itr pron*: **quietarsi 1** (*calmarsi*) sich beruhigen, ruhig werden: **su, quietati!**, sich beruhigen, ruhig werden: **su, quietati!**, sich beruhigen, ruhig werden: **su, quietati!**, sich beruhigen, ruhig werden, beruhige dich! **2** (*cessare*) {TEMPESTA, VENTO} sich legen, nach|lassen **3** *fig lett* (*appagarsi*) {DESIDERIO} befriedigt werden, erfüllt werden.

quiète f **1** *anche fis* (*mancanza di moto*) Ruhe f, Ruhezustand m: **essere in ~**, im Ruhezustand sein; **stato di ~ di un corpo**, Ruhezustand m/[Zustand m der Bewegungslosigkeit]/[bewegungsloser Zustand] eines Körpers **2** *fig* (*assenza di rumore*) {+MONASTERO, NOTTE} Stille f, Ruhe f **3** *fig* (*calma*) Ruhe f, Frieden m: **finalmente un po' di ~!**, endlich ein wenig Ruhe!; **non ha un momento di ~**, er/sie hat keinen Moment Ruhe **4** *fig* (*serenità*) Seelenfrieden m, innere Ruhe, Gemütsruhe f: **ritrovare la ~**, seinen Seelenfrieden finden • **la ~ eterna** *fig lett* (*la morte*), die ewige Ruhe *forb*; **la ~ pubblica** *fig* (*assenza di rumori*), die öffentliche Ruhe; **disturbo della ~ pubblica**, öffentliche Ruhestörung; **turbare la ~ pubblica**, die öffentliche Ruhe stören; **la ~ prima della tempesta** *fig*, die Ruhe vor dem Sturm.

quietismo m **1** *relig* Quietismus m **2** *fig* (*passività*) Passivität f.

quietista <-*i m, -e f*> A *agg relig* {ATTEGGIAMENTO} quietistisch B *mf* **1** *relig* Quietist(in) m(f) **2** *fig* (*persona apatica*) passiver Mensch.

quietistico, (-a) <-*ci, -che*> *agg relig* {DOTTRINA, MOVIMENTO} quietistisch.

quièto, (-a) *agg* **1** (*senza onde*) {LAGO, MARE} ruhig **2** (*senza vento*) {ARIA} (wind)still **3** (*privo di rumori*) {PAESINO DI MONTAGNA} ruhig, friedlich; {NOTTE} *anche* still **4** (*tranquillo*) {CARATTERE, RAGAZZO} ruhig, friedlich: **stai un po' ~, Carlo!**, jetzt sei doch mal friedlich, Carlo! **5** (*mansueto*) {CANE} friedlich, zahm **6** *fig* (*privo di preoccupazioni*) ruhig, sorglos: **fare una vita quieta**, ein ruhiges Leben führen; **amare il ~ vivere**, das ruhige Leben lieben.

quinàrio, (-a) <-*ri m*> A *agg* **1** *ling* (*VERSO*) fünfsilbig **2** *mat* Fünfer-: **sistema ~ di numerazione**, fünfgliedriges Zahlensystem B *m ling* fünfsilbiger Vers, Fünfsilb(l)er m.

quinci *avv lett* (*di qua*) von hier (aus), von da (aus); (*moto attraverso luogo*) hierdurch.

quindecenvirato m *stor romana* Fünfzehnmännerkollegium n f.

quindecènviro m *stor romana* Mitglied n des Fünfzehnmännerkollegiums, einer der Fünfzehnmänner.

quindi A *avv* (*poi*) dann, danach, darauf: **si vestì, fece colazione e ~ corse in ufficio**, er/sie zog sich an, frühstückte und eilte dann ins Büro; **vada sempre dritto, ~ giri a destra**, gehen Sie immer geradeaus und biegen dann rechts ab B *cong* **~ ... ind 1** (*di conseguenza*) folglich ... *ind*, also ... *ind*: **hai perso la scommessa, ~ devi pagare da bere a tutti**, du hast die Wette verloren, also musst du eine Runde ausgeben; **~, cosa hai intenzione di fare?**, was willst du also tun?; *also*, was hast du vor? **2** (*per tale motivo*) daher, aus diesem Grund, deswegen, deshalb: **non lo conosco, ~ non posso giudicarlo**, ich kenne ihn nicht, deswegen kann ich nicht über ihn urteilen.

quindicennàle A *agg* **1** (*che dura 15 anni*) {CONTRATTO, PIANO} fünfzehnjährig **2** (*che ricorre ogni 15 anni*) {CELEBRAZIONE} fünfzehnjährlich, Fünfzehnjahres- B *m* (*ricorrenza*) fünfzehnter Jahrestag.

quindicènne A *agg* fünfzehnjährig B *mf* Fünfzehnjährige *mf decl come agg*.

quindicènnio <-*ni*> m Zeitraum m von fünfzehn Jahren, fünfzehn Jahre n pl.

quindicèsimo, (-a) A *agg num* fünfzehnte(r, s) B *m* (f) Fünfzehnte *mfn decl come agg* C *m* (*frazione*) Fünfzehntel n, fünfzehnter Teil; → *anche* **quinto**.

quindici A *agg num* fünfzehn B <-> *m* **1** (*numero*) Fünfzehn f **2** (*nelle date*) Fünfzehnte *m decl come agg* **3** *sport* (*nel rugby*) (*squadra*) Fünfzehnmannschaft f C *f pl* fünfzehn Uhr; → *anche* **cinque**.

quindicina f **1** una ~ (di ...), (etwa) fünfzehn (...) **2** (*periodo*) zwei Wochen f pl: **sono stata al mare nella prima ~ di luglio**, ich war ⌊die ersten beiden Juliwochen⌋/[in der ersten Julihälfte] am Meer **3** *fig* (*paga*) Lohn m/Gehalt n für zwei Wochen, Halbmonatsgehalt n: **riscuotere la ~**, den Lohn für zwei Wochen kassieren.

quindicinàle A *agg* **1** (*di 15 giorni*) {PAGA, TURNO} vierzehntägig **2** (*che avviene ogni 15 giorni*) {PARTENZE} vierzehntäglich **3** (*che esce ogni 15 giorni*) {PERIODICO} Halbmonats- B *m* (*rivista*) Halbmonatszeitschrift f.

quinquagenàrio, (-a) <-*ri m lett*> A *agg* (*di cinquant'anni*) fünfzigjährig B *m* (f) (*cinquantenne*) Fünfzigjährige *mf decl come agg* C *m* (*ricorrenza*) fünfzigster Jahrestag.

quinquagèsima f *relig* Quinquagesima f.

quinquennàle A *agg* **1** (*che dura 5 anni*) {CARICA, CORSO} fünfjährig **2** (*che ricorre ogni 5 anni*) {CELEBRAZIONE, MOSTRA} fünfjährlich B *m* fünfter Jahrestag.

quinquènnio <-*ni*> m Zeitraum m von fünf Jahren, fünf Jahre n pl, Jahrfünft n, Quinquennium n *obs*.

quinta① f <*di solito al pl*> *teat* Kulisse f: **cambiare le quinte**, die Kulissen schieben *fam*/auswechseln; **montare le quinte**, die Kulissen aufbauen **2** *lett* (*delimitazione*) Begrenzung f **3** *autom* fünfter Gang, Fünfte m *fam decl come agg*: **mettere la ~**, den fünften Gang einlegen, in den ⌊fünften Gang⌋/[Fünften *fam*] schalten **4** (*nella danza classica*) fünfte Position **5** *mus* Quint(e) f: **aumentata/diminuita/giusta**, erhöhte/verminderte/reine Quint **6** *scuola* (*elementare*) fünfte Klasse, fünfte Schuljahr, Fünfte f *fam*: ⌊**andare in**⌋/[**fare la**] **~**, ⌊in die fünfte Klasse gehen⌋/[die fünfte Klasse besuchen]; (*liceale*) dreizehnte Klasse, Dreizehnte f *fam* (*nel ginnasio*) zehnte Klasse, Zehnte f *fam* **7** *sport* (*nella scherma*) Quint f • **agire/**⌊**rimanere/stare**⌋ **dietro le quinte** *fig* (*agire nascostamente*), hinter den Kulissen agieren/bleiben, im Verborgenen wirken/bleiben; **stare in ~** *teat* (*aspettare il segno per entrare in scena*), auf seinen Auftritt warten.

quinta② f → **quinto**.

quintàle m *metrol* (*abbr* q) Doppelzentner m, Dezitonne f, Zentner m *A CH*: **un ~ di grano**, ein Doppelzentner Getreide; **mezzo ~**, Zentner m • **a quintali**, zentnerweise.

quintàna① f *med* (*febbre*) Fünftagefieber n, Quintana f *scient*, Quintanfieber n *scient*, wolynisches Fieber *scient*.

quintàna② f *stor* (*gara medievale*) Quintana f, Zielreiten n.

quintèrno m (*insieme di cinque fogli di carta*) fünf Doppelblätter pl.

quintessènza f **1** *fig* (*intima natura*) Wesen n, Wesentliche n *decl come agg*, Quintessenz f *forb*: **scoprire la ~ dell'opera dantesca**, das Wesentliche in Dantes Werk entdecken **2** *fig* (*esempio perfetto*) Inbegriff m, Musterbeispiel n: **sei la ~ dell'ignoranza!**, du bist der Inbegriff der Ignoranz!; **quell'uomo è la ~ dell'idiozia**, dieser Mensch ist ein Idiot in ⌊höchster Vollendung *iron*⌋/[Reinkultur]!; **quella donna è la ~ della bontà**, diese Frau ist die Güte selbst! *fam* **3** *filos* Quintes-

senz f *forb*, Wesen n, Wesentliche n *decl come agg*.

quintessenziàle agg *spec fig* (*di quintessenza*) wesentlich.

quintétto m **1** *mus* Quintett n: **~ per fiati**, Bläserquintett n; **~ strumentale/vocale**, Instrumental-/Vokalquintett n **2** *spec spreg* (*gruppo di cinque persone*) Fünf pl, Quintett n: **è proprio un bel ~!**, die bilden ja ein schönes Quintett! *iron*, das ist ja eine reizende Fünferbande! *iron* ● **~ base** *sport* (*nella pallacanestro*), Grundformation f.

quintilióne m **1** (*in ital, franc, ingl americano: un miliardo di miliardi*) Trillion f **2** (*in ital antico, ingl, ted: un milione alla quinta*) Quintillion f.

quintìna f *mus* Quintole f.

Quintìno m (*nome proprio*) Quintinus.

quìnto, (**-a**) **A** agg num fünfte(r, s): **il ~ capitolo di un romanzo**, das fünfte Kapitel eines Romans; **sedersi in quinta fila**, sich in die fünfte Reihe setzen; **arrivare ~ in una gara**, als Fünfter bei einem Rennen ankommen, Fünfter bei einem Rennen sein; **in quinta pagina**, auf der fünften Seite, auf Seite fünf; **la quinta parte di un'eredità**, ein Fünftel eines Erbes; **abitare al ~ piano**, im fünften Stock wohnen; **essere al ~ posto in classifica**, auf dem fünften Platz in der Rangliste sein; **il ~ tomo di un'opera**, der fünfte Band eines Werkes; **la quinta volta**, das fünfte Mal, zum fünften Mal; (*in numero romano*) fünfte(r, s); **Alessandro V**, Alexander der Fünfte; **atto V**, fünfter Akt; **il V secolo**, das fünfte Jahrhundert **B** m (f) (*persona*) Fünfte mfn *decl come agg*: **ci serve un ~ per giocare a carte**, uns fehlt ein fünfter Mann zum Kartenspiel *fam*; **sei la quinta a cui lo chiedo**, du bist die Fünfte, die ich das frage; **essere il ~ in classifica**, Fünfter in der Rangliste sein, Ranglistenfünfter sein; **il ~ da destra**, der Fünfte von rechts **C** m (*frazione*) Fünftel n, fünfter Teil: **dividere in quinti**, in fünf Teile teilen; **due quinti**, zwei Fünftel n pl; **un ~ di litro**, 200 Gramm/Milliliter; **quattro quinti**, vier Fünftel n pl; **un ~ del ricavato**, ein Fünftel des Gewinns; **ridurre le spese di un ~**, die Kosten um ein Fünftel senken **D** f *mat* (*potenza*) fünfte Potenz: **elevare un numero alla quinta**, eine Zahl in die fünfte Potenz erheben **E** avv (*in un elenco*) fünfter(s): **quarto ..., ~ ...**, vierter(r, s) ..., fünfte(r, s).

quintogènito, (**-a**) **A** agg {FIGLIO} fünftgeboren **B** m (f) Fünftgeborene mf *decl come agg*.

quintùltimo, (**-a**) **A** agg {RIGA, SILLABA} fünftletzte(r, s) **B** m (f) Fünftletzte mfn *decl come agg*.

quintuplicàre <*quintuplico, quintuplichi*> **A** tr **~ qc 1** (*accrescere di cinque volte*) {GUADAGNI, VENDITE} etw verfünffachen, etw um ein Fünffaches erhöhen; {IMMAGINE} etw um das Fünffache vergrößern **2** fig (*aumentare di molto*) {SFORZI} etw verdoppeln und verdreifachen *fam* **B** itr pron (*aumentare di cinque volte*): **quintuplicarsi** {CAPITALE} sich verfünffachen, um das Fünffache an|steigen.

quintuplo, (**-a**) **A** agg (*cinque volte maggiore*) {CIFRA, SOMMA} fünffach, fünfmal so groß **B** m (*quantità*) Fünffache n *decl come agg*: **30 è il ~ di sei**, 30 ist das Fünffache von sechs; **aumentare il costo del ~**, den Preis um das Fünffache/[500 Prozent] erhöhen; **spendere il ~**, fünfmal so viel ausgeben.

qui pro quo <-> loc sost m *lat* (*equivoco*) Verwechslung f, Missverständnis n, Quiproquo n *forb*: **per un banale qui pro quo non ci siamo incontrati**, wegen eines dummen Missverständnisses haben wir uns verpasst.

Quirinàle m (*sede del Presidente della Repubblica Italiana*) Quirinal(spalast) m (*Amtssitz des italienischen Staatspräsidenten*).

quirinalìsta <-*i* m, -*e* f> mf *giorn* Quirinalsspezialist(in) m(f), auf das Quirinal spezialisierte(r) Journalist(in).

quirinalìzio, (**-a**) <-*zi* m> agg (*del Quirinale*) des Quirinals.

quisquìlia f *fig* (*cosa da niente*) Kleinigkeit f, Belanglosigkeit f, Lappalie f: **litigare per delle quisquilie**, wegen Kleinigkeiten streiten; **perdersi in quisquilie**, sich in Belanglosigkeiten verlieren.

quiz <-, *quizzes* pl ingl> m ingl **1** (*quesito*) Quiz(frage f) n: **concorsi/giochi a ~**, Quizspiele n pl; **fare un ~ (a qu)**, ein Quiz (mit jdm) machen, (jdm) eine Quizfrage stellen; **i ~ dell'esame di guida**, die Quizfragen der Fahrprüfung; **rispondere a un ~**, auf eine Quizfrage antworten **2** (*gioco*) Quiz n: **partecipare a un ~**, an einem Quiz teilnehmen; **~ a premi**, Quizveranstaltung f, Preisrätsel n; **~ radiofonico/televisivo**, Radio-/Fernsehquiz n.

quòrum <-> m *lat dir polit* Quorum n *forb*, Beschlussfähigkeit f: **~ costitutivo** (*~ dei presenti*), Mindestteilnehmerzahl f (für die Gültigkeit einer Versammlung); **~ deliberativo** (*~ dei voti*), Quorum n (für die Beschlussfassung erforderliche Mindestzahl von Votierenden); **raggiungere il ~**, das Quorum erreichen *forb*.

quòta f **1** (*somma da pagare*) Betrag m: **~ di abbonamento**, Abonnementbetrag m; **~ di sottoscrizione**, Subskriptionsanteil m; (*a circoli, ad associazioni*) (Mitglieds)beitrag m; **~ di iscrizione annua**, jährlicher (Mitglieds)beitrag m; **~ mensile/sindacale**, Monats-/Gewerkschaftsbeitrag m **2** *fig* (*popolarità*) Prestige n, Popularität f, Beliebtheit f: **un attore che sta perdendo/prendendo ~**, ein Schauspieler, der an Prestige verliert/gewinnt **3** *aero* (Flug)höhe f: **~ di crociera**, Reiseflughöhe f; **perdere/prendere ~**, an Höhe verlieren/gewinnen; **volare ad alta/a bassa ~**, hoch/tief fliegen; **in großer/niedriger Höhe fliegen; ~ minima di volo**, Mindestflughöhe f **4** *alpin* Höhe f: **gli alpinisti si accamparono a ~ 3000**, die Alpinisten schlugen ihr Lager in 3000 Meter Höhe auf; **raggiungere ~ 2500**, Höhe 2500 erreichen; **salire a ~ 2000**, auf 2000 Meter hoch steigen; **tenersi in ~**, auf der gleichen Höhe bleiben **5** *arch tecnol* (*nel disegno*) Maß(zahl) f n **6** *dir* (*parte*) Anteil m, Quote f: **avere una ~ in un alloggio in multiproprietà**, einen Wohnanteil an einer Immobilie haben **7** *anche econ* Anteil m, Quote f: **~ di esportazione/importazione**, Ausfuhr-/Einfuhrquote f; **~ di maggioranza**, Mehrheitsbeteiligung f; **~ di partecipazione**, Gesellschafts-, Kapitalanteil m, Stammeinlage f; **ricevere la propria ~**, seinen Anteil bekommen; **~ sociale/[di socio]**, Gesellschafts-, Geschäfts-, Gesellschafteranteil m; **~ spettante**, zustehender Anteil; **stabilire le quote**, die Kapitalanteil festlegen; (*rata*) Rate f, Teilzahlung f; **~ di ammortamento**, Tilgungsrate f, Abschreibungs-, Amortisationsquote f **8** *econ* (*quotazione*) Kurs(wert) m: **il dollaro rimane a ~ stabile**, der Dollarkurs bleibt stabil; **l'euro [ha raggiunto]/[è arrivato a] ~ 2000**, der Euro hat den Kurswert 2000 erreicht; **l'oro ha perso ~**, Gold hat an Wert verloren; **i titoli hanno ripreso ~**, die Wertpapiere sind im Wert gestiegen **9** *edil* Höhe f (über NN): **calcolare/prendere le quote**, die Höhen berechnen **10** *mar* Tiefe f: **il sommergibile scese fino a ~ 200**, das U-Boot erreichte eine Tiefe von bis zu 200 Metern; **~ periscopica**, Seerohrtiefe f **11** *mat* (*in geometria*) Abstand m **12** (*nell'ippica*) Gewinnquote f: **~ del totalizzatore**, Totalisatorquote f, Gewinnquote f (am Totalisator) **13** *sport* (*punteggio in classifica*) Punkt m: **la squadra juventina è a ~ 15**, Juventus hat 15 Punkte; **il Milan ha raggiunto ~ 30**, Milan hat 30 Punkte erreicht **14** (*nel totocalcio*) (*vincita*) {+TOTIP, TOTOCALCIO} Gewinn(summe f) m: **ai 13 spetta una ~ di...**, **ai 12 una ~ di...**, der 13 steht ein Gewinn von ... zu, der 12 von ... ● **~ capitaria** (*quota pro capite*), Pro-Kopf-Betrag m; **~ di cessione** *dir*, Rückversicherungsquote f; **~ composita** *dir*, Beteiligung f an einer (Rechts)gemeinschaft; **~ di conferimento** *dir*, Einlage f, Gesellschaftsanteil m; **~ ereditaria** *dir*, Erb(an)teil m; **~ di immigrazione** *dir*, Einwanderungsquote f; **~ esente da imposta** *fisco*, Steuerfreibetrag m; **~ indisponibile** *dir*, Pflichtteil m; **~ di mercato** *dir*, Marktanteil m; **~ parte** (*nelle assicurazioni*), Eigenanteil m, Eigenbeteiligung f; **~ di produzione** *dir*, Produktionsquote f; **~ di riserva** *dir*, vorbehaltener Teil; **~ di vendita** *dir*, Absatzquote f; **~ zero** *topogr*, Normalnull n; **essere a ~ zero** (*in classifica*), null Punkte haben; *fig*, wieder bei null anfangen müssen.

quotàbile agg *econ* {AZIONE, TITOLO} kursfähig.

quotàre **A** tr **1** *econ* **~ qc (a qc)** {EURO} etw (mit etw dat) notieren: **il dollaro fu quotato a 1850 lire**, der Dollar wurde mit 1850 Lire notiert; {OBBLIGAZIONE, TITOLO} *anche* etw (mit etw dat) quotieren: **l'oro a nove euro il grammo**, Gold mit neun Euro das Gramm notieren; **~ qc + compl di luogo** {AZIENDA, SOCIETÀ ALLA BORSA DI LONDRA} etw irgendwo zu|lassen; **in borsa**, an der Börse zulassen **2** (*tassare*) **~ qu per qc** {DIPENDENTI, SOCI PER 700 EURO} jds Anteil auf etw (acc) fest|setzen, jdn mit etw (dat) beteiligen **3** *fig* (*stimare*) **~ qu** {ARTISTA} jdn schätzen: **è molto quotato nel campo medico**, er ₁wird im Bereich der Medizin sehr geschätzt₁/[ist auf medizinischem Gebiet sehr angesehen]; **~ qc (a qc)** {DIPINTO A DIECI MILIONI} etw (auf etw acc) schätzen **4** *topogr* **~ qc** {TERRENO EDIFICABILE} die Höhe von etw (dat) bestimmen **B** rfl **1** *econ*: **quotarsi alla borsa di Hong Kong**, an der Börse von Hongkong zugelassen werden **2** (*impegnarsi*): **quotarsi per qc** {PER UN MILIONE} sich mit etw (dat) beteiligen, sich zu einem Anteil von etw (dat) verpflichten ● **~ un cavallo** (*nell'ippica*), die Gewinnquote eines Pferdes festsetzen.

quotàto, (**-a**) agg **1** *econ* {SOCIETÀ} notiert, quotiert: **~ in borsa**, börsennotiert, an der Börse notiert; **il franco svizzero è ~ 1300**, der Schweizer Franken steht bei 1300; **non ~**, unnotiert; **titolo azionario ~ in borsa**, Börsenpapier n, an der Börse notierte Aktie **2** *fig* (*apprezzato*) {ARTISTA, AVVOCATO, CHIRURGO} angesehen, geschätzt: **una scrittrice italiana molto quotata all'estero**, eine im Ausland sehr angesehene italienische Schriftstellerin **3** *arch tecnol* {DISEGNO} mit Maßen versehen **4** *topogr* {TERRENO} bestimmt ● **cavallo ben/male ~** (*nell'ippica*), Favorit m/Außenseiter m.

quotazióne f **1** *econ* Kurs m, Kursnotierung f, Quotation f: **~ di apertura**, Eröffnungsnotierung f, Eröffnungskurs m; **~ dell'argento/oro**, Silber-/Goldkurs m; **~ azionaria**, Aktiennotierung f, Aktienkurs m; **~ in borsa** (*di valuta*), Kursnotierung f, (*di titoli*) Börsennotierung f; **~ dei cambi**, Devisennotierung f; **~ di chiusura**, Schlussnotierung f, Schlusskurs m; **~ dell'euro**, Kurs m des Euro; **~ fissa**, fixe/feste Notierung f, (*di valuta*) fixer/fester Wechselkurs m; **~ del giorno**, Tageskurs m; **~ di un obbligazione/titolo**, Obligationen-/Effektenkurs m; **~ dei prezzi**, Preisnotierung f; **prima ~**, Einführungskurs m; **~ ufficiale**, amtliche Notierung **2** *fig* (*grado di consenso*) {+ATTORE, CANTANTE} Ansehen n, Wertschätzung f, Achtung f: **uno scrittore la cui ~ è in ribasso**, ein Schriftsteller, der an Ansehen verliert **3** *fig* (*valutazione di mercato*) {+DIPINTO} Marktwert m: **un pittore che ha un'alta ~**, ein Maler mit einem hohen Marktwert **4** (*nell'ippica*) {+CAVALLO} Festsetzung f der Gewinnquote ● **~ filatelica**, Tauschwert m einer Briefmarke.

quotidianaménte *avv* (*ogni giorno*) (all)täglich.

quotidianità <-> f **1** (*carattere quotidiano*) {+FURTI, INCIDENTI} Alltäglichkeit f **2** *fig* (*livello familiare*) {+DISCORSO} Vertrautheit f **3** *enf* (*tran tran quotidiano*) Alltag m, (Alltags)trott m *spreg*, Tretmühle f *fam spreg*.

quotidiàno, (-a) ▲ *agg* **1** (*giornaliero*) {LAVORO, PASTO, RIPOSO, VISITA} täglich **2** (*che esce ogni giorno*) {PERIODICO} Tages- **3** *fig* (*abituale*) {TRAN TRAN} alltäglich, Alltags- **4** *fig* (*di uso comune*) {LINGUA} Alltags- ᴮ m **1** (*giornale*) (Tages)zeitung f: **~ economico**, Wirtschaftszeitung f; **~ d'informazione**, Zeitung f; **~ locale/sportivo**, Lokal-/Sportzeitung f **2** (*quotidianità*) Alltag m, Alltäglichkeit f: **i problemi del ~**, die Probleme des Alltags.

quotìsta <-*i* m, -e f> mf *econ* **1** (*socio*) Gesellschafter(in) m(f) **2** (*titolare di una quota*) Teilhaber(in) m(f), Anteilseigner(in) m(f).

quotizzàre tr **1** (*dividere in lotti*) **~ qc** {TERRENO} etw parzellieren **2** (*fissare la quota*) **~ qu per qc** {SOCI PER UNA SOMMA} jdn für etw (acc) verpflichten; **~ qc** {SPESA} etw quotisieren.

quotizzazióne f **1** (*ripartizione*) {+TERRENO} Parzellierung f **2** (*assegnazione della quota*) Quotisieren n, Aufteilung f in Quoten.

quòto m *mat* (*quoziente esatto*) Quotient m.

quoziènte m **1** *mat* Quotient m **2** *stat* Ziffer f, Zahl f, Quotient m, Rate f: **~ di mortalità**, Sterblichkeitsrate f, Sterblichkeits-, Sterbeziffer f, Mortalität f; **~ di natalità**, Geburtenrate f, Geburtenziffer f, Geburtenzahl f, Natalität f ● **~ elettorale dir polit**, Wahlquotient m, Wahlzahl f; **~ d'intelligenza/intellettuale/intellettivo** *psic* (*abbr* QI), Intelligenzquotient m; **~ proteico** *biol*, Protein-, Eiweißgehalt m; **~ di purezza** *chim*, Reinheitsgrad m; **~ respiratorio** *med*, respiratorischer Quotient; **~ reti** *sport*, Trefferquotient m.

qwerty <inv> *agg inform* QWERTY-: **tastiera ~**, QWERTY-Tastatur f (*englischsprachige Standardtastatur*).

qzerty <inv> *agg inform* QZERTY-: **tastiera ~**, QZERTY-Tastatur f (*italienische Standardtastatur*).

R, r

R, r <-> f o rar m (*diciottesima lettera dell'alfabeto italiano*) R, r n ● **arrotare la r** fig (*pronunciarla in modo difettoso*), das R rollen; **r moscia**, weiches R, Zäpfchen-R n; **r come Roma** (*nella compitazione delle parole*), R wie Richard; → anche **A, a**.

r mat abbr *di* raggio: r, R (abbr *di* Radius m).

R **1** autom post abbr *di* Romania: R (abbr *di* Rumänien) **2** ferr abbr *di* treno regionale: Nahverkehrszug m **3** fis abbr *di* resistenza elettrica: elektrischer Widerstand.

R. **1** abbr *di* regio: kgl. (abbr *di* königlich) **2** stor ferr abbr *di* rapido: IC m (abbr *di* Intercity-Zug m) **3** post abbr *di* raccomandata: Einschr. (abbr *di* Einschreiben n) **4** (*negli scacchi*) abbr *di* re: K (abbr *di* König m).

r.a. tel abbr *di* ricerca automatica: "automatische Telefonvermittlung".

RA f abbr *di* Ritenuta d'Acconto: Steuervorauszahlung f, Steuereinbehalt m.

rabàrbaro m **1** bot Rhabarber m **2** enol Rhabarberlikör m.

rabberciàre <*rabbercio, rabberci*> tr ~ **qc** **1** (*riparare*) {VECCHIO PAIO DI SCARPE} etw aus|bessern, etw flicken **2** fig (*rimaneggiare*) {SCENEGGIATURA} etw um|modeln fam, etw zusammen|stoppeln fam spreg.

rabberciatùra f **1** (*riparazione sommaria*) {+PERSIANA} notdürftige Ausbesserung **2** fig (*aggiustamento*) {+DISCORSO, OPERA LETTERARIA} Ummod(e)lung f fam, Zusammenstoppeln n fam spreg.

ràbbi <-> m relig ebraica Rabbi m.

ràbbia f **1** (*collera*) Wut f, Zorn m: **essere fuori di sé dalla** ~, außer sich (dat) vor Wut sein; **lasciar sbollire la** ~, seinen Zorn verrauchen lassen; **sfogare la propria** ~ **su qu**, seine Wut an jdm auslassen **2** (*disappunto*) Verdruss m, Unmut m: **la sua testardaggine mi fa** ~, seine/ihre Dickköpfigkeit ärgert mich; **che** ~! fam, so ein (verdammter) Mist! fam **3** (*accanimento*) Verbissenheit f, Wut f: **lavorare con** ~, verbissen arbeiten **4** rar (*avidità*): ~ **di denaro**, Geldgier f **5** fig (*impeto violento*) {+MARE, VENTO} Toben n, Wüten n **6** med (*idrofobia*) Tollwut f: ~ (**canina**), Tollwut f.

ràbbico, (-a) <-ci, -che> agg med (*relativo alla rabbia*) {VIRUS} Tollwut-.

rabbìnico, (-a) <-ci, -che> agg relig ebraica {FILOSOFIA, LINGUA, TESTO} rabbinisch.

rabbìno m relig ebraica Rabbiner m: ~ **capo**, Großrabbiner m.

rabbióso, (-a) agg **1** (*pieno di rabbia*) {GRIDA} wütend, zornig: **essere** ~ **contro qu**, wütend/zornig auf jdn sein **2** fig (*furioso*) {AMORE} rasend; {ODIO} anche unbändig **3** fig (*smodato*) {FAME, SETE} unbändig **4** fig (*impetuoso*) {PIOGGIA, VENTO} heftig **5** med {CANE, UOMO} tollwütig.

rabboccàre <*rabbocco, rabbocchi*> tr ~ **qc** **1** (*riempire di nuovo fino all'orlo*) {BICCHIERE, BOTTIGLIA} etw nach|füllen, etw wieder auf|füllen, etw erneut bis zum Rande füllen **2** edil {MURO} etw nach|speisen, etw nach|füllen.

rabbócco <-*chi*> m **1** (*rabboccatura*) {+RECIPIENTE} Wiederauffüllen n, Nachfüllen n: **fare un** ~, etw wieder auffüllen **2** edil Nachspeisung f.

rabbonìre <*rabbonisco*> ▲ tr (*tranquillizzare*) ~ **qu** jdn besänftigen, jdn beruhigen ▐ itr pron: **rabbonirsi 1** (*placarsi*) {MARE} sich beruhigen; {VENTO} anche sich legen **2** (*calmarsi*) sich besänftigen, sich beruhigen: **il bambino si è rabbonito**, das Kind hat sich beruhigt.

rabbrividìre <*rabbrividisco*> itr <*essere o rar avere*> **1** (*sentire i brividi*) ~ (**per/[a causa di] qc**) {PER IL FREDDO, PER LA PAURA, PER UNO SPAVENTO} vor etw (dat) schaudern, vor etw (dat) (er)schauern; {A CAUSA DELLA FEBBRE} von etw (dat) geschüttelt werden: **a quella vista rabbrividì**, bei diesem Anblick überlief/ergriff ihn/sie ein Schauder **2** fig (*inorridire*) erschaudern: **rabbrividisco al pensiero di cosa avrebbe potuto accadermi**, ₋mir wird ganz anders₋ fam, wenn ich mir vorstelle₋/₋mich schaudert es bei dem Gedanken₋, was dir hätte passieren können.

rabbuffàre ▲ tr **1** (*scompigliare*) ~ **qc** {PELO} etw zerzausen, etw durcheinander bringen; ~ **qc (a qu)** {VENTO CAPELLI A UNA SIGNORA} jdm etw zerzausen **2** fig rar (*rimproverare*) ~ **qu** jdn schelten, jdn aus|schimpfen ▐ itr pron (*turbarsi all'improvviso*): **rabbuffarsi** {TEMPO} Sturm verheißen, um|schlagen.

rabbùffo m (*sgridata*) (strenger) Verweis, Tadel m, Rüffel m fam: **dare/fare un** ~, einen Verweis erteilen; **ricevere un** ~, einen Rüffel erhalten fam.

rabbuiàre <*rabbuio, rabbui*> ▲ itr impers <*essere*> (*diventare buio*) dunkel/finster werden: **d'inverno rabbuia presto**, im Winter wird es früh dunkel ▐ itr pron **1** (*oscurarsi*): **rabbuiarsi** {CIELO, NUVOLE} sich verdüstern, sich verfinstern **2** fig (*turbarsi*): **rabbuiarsi (per/[a causa di] qc)** {PER UN LITIGIO} wegen etw (gen) eine finstere Miene bekommen: **si rabbuiò in volto**, sein/ihr Gesicht verfinsterte sich.

rabdomànte mf Wünschelrutengänger(in) m(f), Rhabdomant(in) m(f).

rabdomanzìa f Wünschelrutenkunst f, Rhabdomantie f, Radiästhesie f obs.

ràbico → **rabbico**.

racc. post abbr *di* raccomandata: Einschr. (abbr *di* Einschreiben n).

raccapezzàre ▲ tr ~ **qc 1** (*ragranellare*) {DENARO} etw zusammen|bringen, etw zusammen|bekommen, etw zusammen|kratzen fam **2** (*raccogliere*) {NOTIZIE} etw sammeln **3** (*riuscire a capire*) {IL SENSO DI UN DISCORSO, DI UNA FRASE} etw begreifen, etw verstehen ▐ itr pron (*venirne a capo*): **raccapezzarsi** sich zurecht|finden, klar|kommen fam: **con tutta questa confusione non mi ci raccapezzo più**, aus all diesem Durcheinander werde ich nicht mehr schlau fam.

raccapricciànte agg (*spaventoso*) {GRIDO} entsetzlich; {AVVENIMENTO, SCENA, STORIA} anche schauderhaft, grauenhaft: **sono cose raccapriccianti!**, das ist ja entsetzlich/grauenhaft!

raccapricciàre <*raccapriccio, raccapricci*> ▲ itr <*essere*> (*inorridire*) ~ (**di qc**) {DI PAURA} (*vor etw dat*) {DI PAURA}: **è una scena che fa** ~, es ist eine ₋Schauder erregende₋/ ₋schauderhafte₋ Szene ▐ itr pron lett (*spaventarsi*): **raccapricciarsi** {BAMBINO} erschaudern, sich grausen.

raccapriccio <-*ci*> m (*orrore*) Schaudern n, Grauen n, Entsetzen n: **provare un senso di** ~, ein Gefühl des Grauens empfinden; **è uno spettacolo che desta** ~, es ist ein Schauder erregendes/ schauerliches/ grauenhaftes Schauspiel.

raccattafièno <-> m agr Heurechen m, Heuharke f.

raccattapàlle <-> mf sport (*nel calcio*) (*nel tennis*) Balljunge m, Ballmädchen n.

raccattàre tr **1** (*raccogliere da terra*) ~ **qc** {CICCA, MONETA CADUTA} etw auf|heben **2** fig (*mettere insieme a fatica*) ~ **qc** {FONDI, NOTIZIE} etw mühsam zusammen|tragen **3** fig fam (*trovare e portare con sé*) ~ **qu** jdn auf|gabeln fam: **chissà dove avrà raccattato quel tipo!**, wer weiß, wo er/sie den (Typ(en)) aufgegabelt hat! fam.

raccattàto, (-a) ▲ part pass *di* raccattare ▐ agg iron spreg (*rimediato*) aufgegabelt fam: **una fidanzata raccattata chissà dove**, eine weiß Gott wo aufgegabelte Freundin fam.

racchétta f sport **1** (*nel tennis*): ~ (**da tennis**), (Tennis)schläger m, Racket m; (*nel ping-pong*) ~ (**da ping-pong**), Tischtennisschläger m **2** (*tennista*) Tennisspieler(in) m(f): **è un'abile** ~, er/sie ist ein(e) geschickte(r) Tennisspieler(in) **3** (*nello sci*) Stockteller m; (*il bastone stesso*) (Ski)stock m **4** Schneeschuh m.

racchettòne <*accr di* racchetta> m sport (*nel tennis*) großer Tennisschläger.

ràcchio, (-a) <-*chi* -*chie*> fam ▲ agg (*sgraziato*) {RAGAZZA} hässlich, garstig: **è proprio una racchia**, sie ist wirklich potthässlich ▐ m (f) (*bruttone*) potthässlicher Mensch fam, Ausgeburt f forb spreg an Hässlichkeit.

racchiùdere <*coniug come* chiudere> tr ~ **qc 1** (*contenere*) {GUSCIO UOVO} etw enthalten; {PINACOTECA QUADRI DI CHAGALL} etw aus|stellen; fig {FAVOLA MORALE} LIBRO

SEGRETO} etw enthalten, etw bergen; {CASA MISTERI} etw in sich (dat) bergen.

raccoglibriciole <-> m (attrezzo) Krümelkehrer m, Tischstaubsauger m.

raccògliere <coniug come cogliere> **A** tr **1** {LA PALLA} etw an|nehmen (tirar su) ~ qc {ACCENDINO, BIGLIETTO, MATITA} etw auf|heben; {COCCI} etw auf|lesen; {CARTACCIA} etw auf sammeln: **raccogli la tua roba e mettila a posto!**, heb deine Sachen auf und räum sie auf! **2** (cogliere) ~ (qc) {GRANO, MELE, PATATE, POMODORI} (etw) ernten; {UVA} anche etw lesen; {FIORI} etw pflücken; {LAMPONI, MIRTILLI, MORE, RIBES} anche etw ab|pflücken; {FUNGHI} etw sammeln; {CASTAGNE, NOCI} anche etw auf-, zusammen|lesen **3** (rastrellare) ~ qc {FIENO} etw harken, etw zusammen|rechen **4** (mettere insieme) ~ qc {CARTA, PUNTI, ROTTAMI, STRACCI, VETRO} etw sammeln; ~ qc (per qc) {AIUTI PER LA PARROCCHIA, FIRME PER UN REFERENDUM, FONDI, OFFERTE} etw (für etw acc) sammeln; {MATERIALE PER LA TESI} anche etw (für etw acc) zusammen|suchen; {DOCUMENTI, INDIZI PER UN PROCESSO, NOTIZIE PER UN ARTICOLO, PROVE} etw (für etw acc) zusammen|tragen; ~ qc (in qc) {CAPELLI IN UNA TRECCIA} etw (zu etw dat) flechten; {BRANI LETTERARI IN UN'ANTOLOGIA} etw (in etw dat) auf|nehmen; ~ qc (su qu/qc) {INFORMAZIONI} (über jdn/etw) sammeln **5** (collezionare) ~ qc {CARTOLINE, CONCHIGLIE, FRANCOBOLLI, MONETE} etw sammeln **6** (ospitare) ~ qu/qc {CENTRO BAMBINI, CANI ABBANDONATI} jdn/etw auf|nehmen **7** (convogliare) ~ qc {FIUME AFFLUENTI} etw auf|nehmen **8** fig (radunare) ~ qc {ENERGIE, FORZE} etw sammeln **9** fig (prendere) ~ qu/qc (+ compl di luogo) {AUTOSTOPPISTA ALL'INIZIO DELL'AUTOSTRADA} jdn/etw (irgendwo) mit|nehmen, jdn/etw (irgendwo) ein|sammeln; {GATTINO PER STRADA} jdn/etw (irgendwo) auf|lesen: **l'hanno raccolto per strada ubriaco fradicio**, sie haben ihn stockbesoffen auf der Straße aufgelesen fam **10** fig (ottenere) ~ qc {SUCCESSI} etw haben, etw ernten; {APPROVAZIONE, CONSENSI} etw erhalten **11** fig (comprendere) ~ qc etw verstehen: **l'allusione era piuttosto esplicita, ma lui non ha raccolto**, die Anspielung war ausgesprochen deutlich, aber er verstand sie nicht **12** fig (accettare) ~ qc {SFIDA} etw an|nehmen; {PROVOCAZIONE} anche auf etw (acc) ein|gehen; {EREDITÀ SPIRITUALE} etw übernehmen **13** mar ~ qc {RETI, VELE} etw ein|holen, etw ein|ziehen **14** mil ~ qc {TRUPPE} jdn zusammen|ziehen; {VOLONTARI} jdn zusammen|trommeln fam **B** itr pron (radunarsi): **raccogliersi + compl di luogo** {MANIFESTANTI DAVANTI AL MUNICIPIO} sich irgendwo versammeln, irgendwo zusammen|kommen **C** rfl **1** (rannicchiarsi): **raccogliersi** sich (zusammen)|kauern: **l'atleta si raccoglie prima dello scatto**, der Athlet kauert sich vor dem Start zusammen / [begibt sich vor dem Start in eine kauernde Stellung] / [macht einen Kauerstart] **2** fig (concentrarsi): **raccogliersi** (in qc) {IN MEDITAZIONE, IN PREGHIERA} sich in etw (acc) versenken, sich in etw (acc) vertiefen: **raccogliersi in se stesso**, sich sammeln.

raccoglimènto m **1** (concentrazione interiore) (innere) Sammlung, Selbsteinkehr f, Selbstbesinnung f: **sostare in ~ sulla tomba di qu**, in Gedanken versunken an jds Grab stehen **2** relig Andacht f: **in devoto ~**, in frommer Andacht; **pregare con grande ~**, andächtig/andachtsvoll forb beten.

raccoglitìccio, (-a) <-ci, -ce> **A** agg **1** (radunato frettolosamente) {ESERCITO} zusammengewürfelt, eilig zusammengestellt **2** fig (scadente) {CULTURA} oberflächlich **B** m spreg (insieme disordinato) {+GENTE, IDEE} Durcheinander n, Mischmasch n fam, Sammelsurium n spreg.

raccoglitóre, (-trice) **A** m (f) **1** (chi raccoglie) Sammler(in) m(f): ~ **di offerte**, Spendensammler m **2** (collezionista) {+MONETE} Sammler(in) m(f); **3** agr region (operaio) {+PATATE, POMODORI} Erntearbeiter(in) m(f) **B** m **1** (cartella ad anelli) Sammelmappe f **2** (cofanetto di cartone) {+FASCICOLI} Ordner m **3** (album) Album m: ~ **di fotografie/francobolli**, Foto-/Briefmarkenalbum n **4** scuola (quaderno ad anelli) Ringheft n: **inserire dei fogli in un ~**, Blätter ins Ringheft geben/einheften **5** tecnol (vaschetta) Sammelbecken n.

raccoglitrìce f agr Erntemaschine f.

raccòlta f **1** (il raccogliere) {ABBONDANTE, MAGRA, +GRANO, PATATE} Ernte f; {+MELE, PESCHE, UVA} anche Lese f **2** (il mettere insieme) {+AIUTI FINANZIARI, INFORMAZIONI, MATERIALE} Sammeln m; {+VOLONTARI} Zusammentrommeln n fam; ~ **dei rifiuti**, Müllabfuhr f; ~ **differenziata dei rifiuti**, getrennte Abfallsammlung, Mülltrennung f; ~ **del vetro**, Altglassammlung f **3** (collezione) Sammlung f: ~ **di monete/farfalle**, Münz-/Schmetterlingssammlung f; **faccio la ~ di autografi**, ich sammle Autogramme; **organizzare una ~ di firme per un referendum**, eine Unterschriftensammlung für ein Referendum organisieren **4** lett (antologia) {+POESIE} Sammlung f, Anthologie f **5** spreg (riunione) {+GENTE} An-, Versammlung f **6** banca Einlagen f pl **7** dir {+DECRETI, LEGGI} Sammlung f **8** fis: ~ **elettronica**, Elektronenansammlung f **9** mil {+SOLDATI} Sammeln n, Zusammenrufen n **10** sport (nella ginnastica, nel nuoto, nei tuffi) Sammlung f • **chiamare a ~ gli amici** (riunirli), seine Freunde zusammenrufen/zusammentrommeln fam; **chiamare a ~ le forze** fig (concentrarle in vista di qc), seine Kräfte sammeln.

raccòlto, (-a) **A** agg **1** (tirato su) ~ (in qc) {CAPELLI IN UNA ELEGANTE ACCONCIATURA} (in etw dat) geflochten **2** (appartato e tranquillo) {STANZA} ruhig; {LUOGO} anche abgeschieden **3** (rannicchiato) {ANIMALE, PERSONA} zusammengekauert **4** fig (concentrato) gesammelt: **essere ~ in preghiera**, im Gebet versunken sein **5** fig (contenuto) {GIOIA} zurückhaltend **6** fig (dignitoso) {ATTEGGIAMENTO} würdevoll **B** m (messe) {BUONO, SCARSO} Ernte f.

raccomandàbile agg **1** (meritevole di fiducia) Vertrauen erweckend: **ha un'aria poco ~**, er/sie sieht nicht gerade Vertrauen erweckend aus; **è un uomo poco ~**, er ist nicht gerade ein Vertrauen erweckender Mensch **2** (consigliabile) {RISTORANTE} empfehlenswert.

raccomandàre A tr **1** (consigliare) ~ **qu/qc a qu** {DENTISTA, PRODOTTO, RISTORANTE} jdm etw empfehlen, jdm etw / [zu etw (dat)] raten: **il medico gli ha raccomandato il riposo**, der Arzt riet ihm Ruhe; **ah, quell'elettricista, te lo raccomando!** iron, diesen Elektriker kannst du vergessen! fam **2** (segnalare al fine di favorire) ~ **qu** {CANDIDATO} jdm empfehlen, jdn protegieren forb: **farsi ~**, seine Beziehungen spielen lassen; **si è fatta ~ da un amico**, sich hat sich von einem Freund empfehlen lassen **3** (pregare) ~ **qc (a qu)** {DISCREZIONE, MODERAZIONE} jdm etw nahe|legen, jdn um etw (acc) bitten; {CALMA, PRUDENZA} jdn (zu etw dat) ermahnen, jdm (zu etw dat) raten: **ti raccomando di arrivare puntuale!**, ich rate dir, pünktlich zu sein, sei ja pünktlich!; **si raccomanda di fare silenzio**, es wird um Ruhe gebeten **4** (affidare) ~ **qu/qc a qu** {ALLIEVO, PRATICA} jdn/etw jdm an|vertrauen: ~ **l'anima a Dio**, seine Seele Gott anvertrauen/empfehlen **5** lett (legare saldamente) ~ **qc a qc** {ANCORA A UNA CORDA} etw an etw (dat) fest|binden, etw an etw (dat) befestigen **6** fig lett (affidare) ~ **qc a qc** {ALLA MEMORIA} etw (dat) an|vertrauen **7** post ~ **qc** {LETTERA, PACCO} etw einschreiben lassen, etw eingeschrieben / [per Einschreiben] schicken **B** rfl **1** (affidarsi): **raccomandarsi a qu/qc** sich auf jdn/etw verlassen, sich jdm/etw an|vertrauen; {A DIO, ALLA MADONNA} jdn um Beistand anflehen, zu jdm beten: **mi raccomando al suo alto senso di responsabilità**, ich verlasse mich auf sein/ihr ausgeprägtes Verantwortungsgefühl **2** (pregare): **raccomandarsi bitten: si è raccomandato di non arrivare tardi**, er hat darum gebeten, nicht zu spät zu kommen; **fai il bravo, mi raccomando!**, sei ja artig!, benimm dich ja anständig!; **mi raccomando, portami un regalino dalla Germania!**, vergiss nicht, mir ein kleines Geschenk aus Deutschland mitzubringen!

raccomandàta[1] f post (abbr R., racc.) Einschreiben n, Einschreib(e)brief m, rekommandierter Brief A.

raccomandàta[2] f → raccomandato.

raccomandatàrio, (-a) <-ri m> m **1** (persona a cui qu viene raccomandato) Adressat(in) m(f) einer Empfehlung **2** dir mar (agente marittimo) Schiffsvertreter(in) m(f).

raccomandàto, (-a) **A** agg **1** (favorito) {LAUREATO, PARTECIPANTE A UN CONCORSO} begünstigt, empfohlen **2** post (spedito con raccomandata) {LETTERA, PACCO} Einschreib(e)- **B** m (f) (chi è appoggiato) Empfohlene mf decl come agg, Günstling m anche spreg, Protegé m forb: **un ~ di ferro** fam scherz, ein über solide Beziehungen verfügender Günstling spreg, ein Protegé mit reichlich Vitamin B fam scherz.

raccomandazióne f **1** (esortazione) {+MADRE} guter Ratschlag Empfehlung f, Ermahnung f: **fare mille raccomandazioni a qu**, jdn mit guten Ratschlägen überschütten **2** (consiglio) {+MEDICO} Rat(schlag) m **3** (appoggio) Empfehlung f, Beziehung f, Vitamin B n fam scherz: **riuscire a forza di raccomandazioni** fam, dank Erfolg haben, **il passato il concorso grazie a una ~**, er/sie war bei dem Bewerbungsverfahren dank seiner/ihrer Beziehungen/[Vitamin B fam] erfolgreich **4** post Einschreiben n.

raccomodàre → **riaccomodare**.

raccontàre tr **1** (narrare) ~ **(qc a qu)** {ANEDDOTO, AVVENTURE DI VIAGGIO, FIABA, SOGNO, TRAMA DI UN FILM} (jdm etw) erzählen: **raccontò come si erano conosciuti**, er/sie erzählte, wie sie sich kennen gelernt hatten; **è uno che ha sempre qualcosa da ~**, er hat immer etwas zu erzählen; ~ **qc di qu/qc** etw über jdn/etw / [von jdm/etw] erzählen; **di questo paese si raccontano cose meravigliose**, von diesem Land wurden Wunderdinge erzählt / [hörte man fantastische Dinge] fam; **raccontaci di tua sorella!**, erzähl(e) uns von deiner Schwester! **2** (riferire) ~ **(qc a qu)** {DINAMICA DI UN INCIDENTE, FATTO ACCADUTO} (jdm etw) berichten, jdm etw wieder|geben, jdm etw schildern **3** (dire) ~ **qc (a qu)** {BARZELLETTA, BUGIE, FROTTOLE} (jdm) etw erzählen **4** (spifferare) ~ **qc (a qu)** (jdm) etw weiter|erzählen, etw aus|plaudern: **è andato a ~ tutto a mia madre**, er hat meiner Mutter alles weitererzählt • **raccontarne delle belle** / [di cotte e di crude] / [di tutti i colori] (sul conto di qu) fam (dirne molte), alles Mögliche / [die irrsten Geschichten/Sachen] fam (über jdn) erzählen; **si racconta** / [**raccontano**] **che in un paese lontano...** (come incipit di racconto o favola), man erzählt sich / [es heißt] / [man sagt], dass in einem fernen Land...; **a raccontarla nessuno ci crederebbe** (*rif. a una cosa incredibile*), das würde uns keiner abnehmen/glauben; **che mi racconti (di bello)?** *fam* (*come esortazione a parlare*), und wie geht's dir so?, und was machst du so?; **poterla** ~ *fam* (*averla scampata bella*), glücklich/[gerade noch] davongekommen sein; **saperla** ~ *fam scherz o iron* (*mentire sfacciatamente*), schamlos/[wie gedruckt] lügen *fam*, das Blaue vom Himmel herunterlügen *fam*; **se ne raccontano tante!** (*non bisogna credere a tutto*), das sind doch alles nur Geschichten!; **la vadano a** ~ **a qualcun altro!** *fam* (*non ci credo*), das können sie ihrer Großmutter erzählen! *fam*; **che non me la vengano a** ~! *fam* (*non ci credo*), die sollen bloß nicht denken, dass ich ihnen das glaube/abnehme!, die sollen mich mit ihren Geschichten verschonen!; **a me la racconti/[vieni a** ~]? *fam* (*mi dici qc che conosco molto bene*), und das erzählst du mir?, wem sagst du das?

raccónto m 1 (*narrazione*) {DETTAGLIATO; +AVVENTURA, VICENDA FAMILIARE} Erzählung f, Geschichte f: **il** ~ **della sua vita in Africa era estremamente interessante**, der Bericht seines/ihres Lebens in Afrika war äußerst interessant 2 *lett* {LUNGO} Erzählung f, Geschichte f: ~ **breve**, Kurzgeschichte f; **i racconti di Kleist**, Kleists Erzählungen; ~ **dell'orrore**, Horrorgeschichte f.

raccorciàre <*raccorcio, raccorci*> A tr ~ **qc** {TESTO} *etw* kürzen; {GONNA} *anche etw* kürzer machen; {PERCORSO} *etw* verkürzen B itr *pron* (*diventare più corto*): **raccorciarsi** {GIORNATE} kürzer werden.

raccordàre① tr (*collegare*) ~ **qc** {AUTOSTRADE, LINEE FERROVIARIE} *etw* an|schließen, *etw* an|binden; {TUBATURE, TUBI} *etw* (miteinander) verbinden.

raccordàre② tr (*fare l'accordatura*) ~ **qc** {RACCHETTA} *etw* bespannen.

raccòrdo m 1 (*collegamento*) Anschluss m, Verbindung f 2 (*tronco di strada*) Verbindungsstraße f: ~ **ad anello**, Ringstraße f; ~ **autostradale**, Autobahnzubringer m; ~ **a quadrifoglio**, Kleeblatt n 3 *ferr*: ~ (*ferroviario*), (Gleis)anschluss m 4 *film* {+PIANI DI PELLICOLA} Verbindung f 5 *mecc* Anschlussstück n, Nippel m, Stutzen m: ~ **a gomito**, Winkelstück n, Winkelstutzen m; ~ **a manicotto**, Muffe f; ~ **a T**, T-Stück n, T-Muffe f; ~ **a Y**, Y-Rohr n ● ~ **anulare** (*circonvallazione*), Umgehungsstraße f, Ring m.

raccostàre *lett* A tr ~ **qc** 1 (*accostare*) {ANTE DI UN ARMADIO} *etw* an|lehnen 2 *fig* (*confrontare*) {COLORI} *etw* gegenüber|stellen, *etw* vergleichen B rfl (*avvicinarsi*): **raccostarsi** sich an|nähern.

Rachèle f (*nome proprio*) Rachel.

ràchide f 1 *anat* (*colonna vertebrale*) Rückgrat n, Wirbelsäule f 2 *bot* Hauptachse f, Rhachis f *scient* 3 *zoo* Schaft m, Rhachis f *scient*.

rachìtico, (-a) <-*ci*, -*che*> A *agg* 1 *fig* (*poco sviluppato*) {RAGAZZO} schwach entwickelt, rachitisch; {PIANTA} kümmerlich 2 *med* {GAMBE, TORACE} rachitisch B m (f) *med* (*affetto da rachitismo*) Rachitiker(in) m(f).

rachitìsmo m *med* Rachitis f.

racimolàre tr 1 *fig* (*mettere insieme*) ~ **qc** {LEGNA} *etw* zusammen|klauben; {CIBO} *etw* auf|treiben, *etw* zusammen|bekommen: ~ **un po' di soldi**, ein wenig Geld zusammenkratzen *fam* 2 *agr* (*uso assol*) nach|lesen, Nachlese halten.

ràcket <> m *ingl* (*organizzazione malavitosa*) Verbrechersyndikat n, Verbrecherring m: ~ **della droga**, Dealer-, Rauschgiftmalavitosa-

m; ~ **delle estorsioni**, Erpresserring m; ~ **della prostituzione**, Zuhälterring m.

rad *mat abbr di* radiante: rad (*abbr di* Radiant).

ràda f (*insenatura*) Bucht f: **entrare in** ~, in eine Bucht einfahren; **gettare l'ancora in** ~, in der Bucht vor Anker gehen.

ràdar <> A m *abbr dell'ingl* Radio Detecting And Ranging (*radio-rilevazione e misurazione di distanza*) Radar m o n: ~ **acustico/ottico**, akustisches/optisches Radar; ~ **televisivo**, Fernsehradar m o n B <inv> *agg* (*che avviene mediante* ~) {COLLEGAMENTO, SCHERMO, STAZIONE, VISORE} Radar-.

radarìsta <-*i* m, -*e* f> mf (*operatore del radar*) Radartechniker(in) m(f).

radarterapìa f *med* Radar(wellen)therapie f.

raddensàre A tr ~ **qc** 1 (*rendere più denso*) {COMPOSTO} *etw* verdichten 2 *fig* (*rendere più frequente*) {CONTROLLI} *etw* intensivieren B itr *pron* (*diventare più denso*): **raddensarsi** {NUVOLE} sich verdichten.

raddobbàre tr *mar etw* überholen, *etw* aus|bessern.

raddòbbo m *mar* Ausbesserung f, Schiffsüberholung f.

raddolcìre <*raddolcìsco*> A tr 1 (*far diventare più dolce*) ~ **qc** (**con qc**) {TISANA CON LO ZUCCHERO} *etw* (*mit etw dat*) süßen 2 ~ **qc** {SUONO} *etw* dämpfen 3 *fig* (*lenire*) ~ **qc** {DISPIACERE, DOLORE} *etw* mildern 4 *fig* (*rabbonire*) ~ **qu** *jdn* beruhigen, *jdn* besänftigen 5 *metall* ~ **qc** {METALLO} *etw* enthärten B itr *pron* **raddolcirsi** 1 (*mitigarsi*) {TEMPERATURA} angenehmer werden, {CLIMA} *anche* milder werden 2 *fig* (*diventare dolce*) {DONNA} sanfter werden.

raddoppiàbile *agg* (*che può essere raddoppiato*) verdoppelbar.

raddoppiabilità <> f Verdoppelbarkeit f.

raddoppiaménto m 1 (*aumento*) {+FORZE ARMATE, PERSONALE} Verdopp(e)lung f 2 *fig* (*accrescimento*) {+SFORZI} Verdopp(e)lung f 3 *ling* {+CONSONANTE} Reduplikation f.

raddoppiàre <*raddoppio, raddoppi*> A tr <*avere*> ~ **qc** 1 (*duplicare*) {FINANZIAMENTO, PAGA, PREZZO, VENDITE} *etw* verdoppeln 2 *fig* (*intensificare*) {SFORZI} *etw* verdoppeln; {IMPEGNO} *anche etw* verstärken; {ATTENZIONI, PREMURE} *etw* erhöhen, *etw* steigern 3 *ling mat* {CONSONANTE, NUMERO} *etw* verdoppeln 4 *sport* (*nel calcio*) (*nella pallacanestro*): **la marcatura**, *jdn* von zwei Spielern markieren/decken lassen; (*uso assol*) (*nel calcio*) {SQUADRA} ein zweites Tor erzielen B itr <*essere o avere*> 1 (*crescere del doppio*) {CAPITALE} sich verdoppeln, um das Doppelte an|steigen 2 *fig* (*aumentare*) {PROBLEMI} zu|nehmen, {SENSAZIONE, SENTIMENTO} *anche* wachsen, sich steigern C itr <*avere*> *sport* 1 (*nel biliardo*) dublieren 2 (*nell'equitazione*) im Redopp reiten 3 (*nella scherma*) einen Raddoppio durch|führen.

raddoppiàto, (-a) *agg* 1 (*aumentato del doppio*) {STIPENDIO} verdoppelt 2 (*piegato in due*) {TOVAGLIA} gefaltet 3 *fig* (*intensificato*) {FORZE} verstärkt 4 *mus* {INTERVALLO} verdoppelt.

raddòppio <-*pi*> m 1 (*raddoppiamento*) {+AUTOSTRADA, SOMMA} Verdopp(e)lung f, Verdoppeln n 2 *fig* (*aumento*) {+SFORZI} Verdopp(e)lung f 3 *ferr* {+BINARIO} Ausbau m auf Doppelspur 4 *mus* {+NOTA} Verdopplung f 5 *sport* (*nel biliardo*) Dublee n; (*nel calcio*) zweites Tor: **è l'autore del gol del** ~, er ist der Schütze des zweiten Tores; (*nell'equitazione*) Redopp m; (*nella scherma*) Raddoppio m, Doppelausfall m 6 *teat* Doppelrolle f.

raddrizzàbile *agg* {LAMA} geradebiegbar.

raddrizzaménto m 1 (*azione*) {+BUSTO} Geraderichten n; {+PALO} Aufrichten n, Aufstellen n; {+QUADRO} Geraderücken n 2 *fig* (*correzione*) {+IDEA, OPINIONE} Korrigieren n, Berichtigen n 3 *elettr* {+CORRENTE} Gleichrichtung f 4 *med* {+OSSO} Geraderichten n 5 *tecnol* {+LAMIERA, PEZZO METALLICO} Geradebiegen n.

raddrizzàre A tr 1 (*rimettere diritto*) ~ **qc** {QUADRO, SPECCHIO} *etw* gerade rücken, *etw* wieder gerade hängen 2 (*rendere diritto*) ~ **qc** {CHIODO, LAMA} *etw* gerade biegen, zurecht|biegen 3 *fig fam* (*rimettere in quadro*) ~ **qu** *jdn* krempeln *fam*, *aus jdm* einen neuen/anderen Menschen machen: **era un impiegato svogliato, ma il nuovo direttore l'ha subito raddrizzato**, der Angestellte arbeitete lustlos, aber der neue Direktor hat ihm sofort Beine gemacht *fam* 4 *fig* (*rimettere a posto*) ~ **qc** {SITUAZIONE} *etw* in Ordnung bringen, *etw* zurecht|biegen *fam* 5 *fig* (*correggere*) ~ **qc** {IDEA, OPINIONE} *etw* berichtigen, *etw* verbessern 6 *elettr* ~ **qc** {CORRENTE ALTERNATA} *etw* gleich|richten 7 *mar* ~ **qc** {TIMONE} *etw* gerade aus|richten B rfl (*rimettersi diritto*): **raddrizzarsi** sich auf|richten; (*indir*) **raddrizzarsi qc** {GLI OCCHIALI} sich (*dat*) *etw* zurecht|rücken.

raddrizzatóre m *elettr fis* Gleichrichter m: ~ **di corrente**, Stromgleichrichter m.

raddrizzatrìce f 1 *elettr* Gleichrichterröhre f 2 *tecnol* Richtmaschine f.

radènte *agg* 1 *aero* (*rasente*): **volo radente**, Tiefflug m 2 *fis*: **attrito radente**, Reibungswiderstand m 3 *mil* {TIRO} Streif-.

ràdere <*irr rado, rasi, raso*> A tr 1 (*tagliare col rasoio*) ~ **qc** (**a qu**) {BAFFI} *jdm etw* rasieren: **farsi** ~ **i capelli a zero**, sich (*dat*) die Haare kahl scheren lassen 2 (*abbattere*) ~ **qc** {BOSCO} *etw* ab|holzen, *etw* ab|hauen, *etw* fällen 3 (*rasentare*) ~ **qc** *etw* streifen: **l'aereo si abbassò fino a** ~ **terra**, das Flugzeug ging so tief hinunter, dass es fast den Boden streifte B rfl *fam* (*farsi la barba*): **radersi** sich rasieren; (*indir*) **radersi qc** {BARBA} sich (*dat*) *etw* ab|rasieren, sich (*dat*) *etw* ab|schneiden.

radézza f 1 (*l'essere rado*) {+CAPELLI, DENTI} Spärlichkeit f; {+STOFFA} Grobmaschigkeit f 2 *fig* {+VISITE} Seltenheit f.

radiàle① A *agg* 1 (*che va dal centro alla periferia*) {STRADA} Radial- 2 *autom* {PNEUMATICO} Gürtel-, Radial- 3 *astr* {VELOCITÀ} radial, Radial- 4 *biol* radial 5 *mat fis* {FORZA, MOTO} radial, Radial- B f 1 (*direzione del raggio*) Radial-, Strahlenlinie f 2 (*linea di trasporti pubblici*) "von der Stadtmitte zum Stadtrand führende Straßenbahnlinie", Radiallinie f *A*.

radiàle② *agg anat* {NERVO} Speichen-.

radiànte① *agg* 1 *fig lett* (*raggiante*) strahlend 2 *astr* {PUNTI} Strahlungs-, Strahlen- 3 *bot* {FIORE} Strahl(en)- 4 *med* {TERAPIA} Strahlen-.

radiànte② m *fis* Radiant m.

radiàre <*radio, radi*> tr 1 *amm* (*cancellare*) ~ **qu/qc** (**da qc**) {CANDIDATO, NOME DALLE LISTE ELETTORALI} *jdn/etw* (*von etw dat*) streichen, *jdn/etw* (*von etw dat*) löschen: ~ **qu dall'albo degli avvocati**, *jdn* aus der Mitgliederliste der Anwaltskammer streichen; ~ **dai ruoli un funzionario**, *jdn* seines Beamtenstatus entheben 2 *mar* ~ **qc** {NAVE} *etw* aus dem Schiffsregister streichen.

radiatóre m 1 (*termosifone*) Heizkörper m, Radiator m 2 *autom* {+AUTOMOBILE} Kühler m 3 *fis* {INTEGRALE, TERMICO} Strahler m.

radiazióne① f 1 *fis* Strahlung f: ~ **atomica/corpuscolare**, Atom-/Teilchenstrahlung f; ~ **cosmica**, kosmische Strahlung; **essere esposti alle radiazioni**, Strahlungen ausgesetzt sein; **radiazioni infrarosse/luminose/termiche**, Infrarot-/Licht-/Wärmestrahlung f; ~ **solare**, Sonnenstrahlung f **2** *anat* {OLFATTIVA} Ausstrahlung f.

radiazióne② f *amm* (*cancellazione*) ~ **da qc** {DA UNA LISTA} Streichung f aus etw (dat), Ausschluss m aus etw (dat): ~ **dall'albo dei medici**, Streichung f aus der (Mitgliederliste der) Ärztekammer.

ràdica <-*che*> f **1** (*legno pregiato*) Bruyèreholz n: ~ **di noce**, Nussbaum(wurzel)holz n **2** *region* (*radice*) {+PIANTA} Wurzel f: ~ **gialla**, Mohrrübe f, Karotte f; ~ **rossa**, Rote Rübe.

radical-chic *ingl scherz* **A** <*inv*> agg {INTELLETTUALE} pseudoradikal *spreg* **B** <-> m (f) Salonkommunist(in) m(f), Pseudoradikale mf decl come agg *spreg*, Radieschen n *scherz*, Radikalinski mf *spreg*.

radicàle A agg **1** *fig* (*totale*) {CAMBIAMENTO, RIFORMA} radikal, tiefgreifend; {INTERVENTO} radikal; {CURA} *anche* Radikal- **2** *bot* {+APPARATO, ASSORBIMENTO} Wurzel- **3** *ling* {CONSONANTE} Wurzel-, Stamm- **4** *mat* {INDICE} Wurzel- **5** *polit* {PARTITO} radikal **B** mf **1** *ling* {+VOCABOLO} Wurzel f, Stamm m **2** *polit* Radikale mf decl come agg **C** m **1** *chim* Radikal n: ~ **alchilico**, Alkylradikal n; **radicali liberi**, freie Radikale **2** *mat* Wurzel f.

radicalìsmo m **1** (*estremismo*) {+RAGIONAMENTO} Radikalismus m, Extremismus m **2** *filos* Radikalismus m **3** *polit* (*oltranzismo*) Radikalismus m.

radicalità <-> f **1** {+CURA, RIFORMA} Radikalität f **2** *fig* (*intransigenza*) {+SCONTRO POLITICO} Radikalismus m, Härte f, Schonungslosigkeit f, Brutalität f.

radicalizzàre A tr (*esasperare*) ~ **qc** {CONTRASTO, POSIZIONE, SITUAZIONE} etw radikalisieren **B** itr pron (*diventare radicale*): **radicalizzarsi** {DIVERGENZA TRA PARTITI} radikale Formen an|nehmen, radikaler werden.

radicalménte avv **1** *fig* (*dalla radice*) radikal, von Grund auf: **risolvere** ~ **un problema**, ein Problem von Grund auf lösen **2** *fig* (*completamente*) grundlegend, ganz, gänzlich: **personalità** ~ **diverse**, vollkommen verschiedene Persönlichkeiten.

radicàndo m *mat* Radikand m.

radicàre <*radico, radichi*> **A** itr <*essere*> *agr bot* (*attecchire*) {PIANTA} sich ein|wurzeln, Wurzeln schlagen **B** itr pron **1** *fig* (*fare presa*): **radicarsi in qu/qc** {PREGIUDIZIO NELLA GENTE, NELLA MENTE} sich *bei jdm/in etw* (dat) ein|wurzeln, sich *in jdm/in etw* (dat) ein|nisten *fam*, sich *in jdm/etw* fest|setzen **2** *fig* (*ambientarsi bene*): **radicarsi** + **compl di luogo** {IN UNA NUOVA CITTÀ} *irgendwo* Wurzeln schlagen, *irgendwo* Fuß fassen, sich *irgendwo* ein|leben.

radicàto, (-a) agg **1** (*che ha emesso radici*) ~ (**in qc**) {PIANTA} (*in etw* dat) verwurzelt **2** *fig* (*intimamente connaturato*) ~ (**in qu/qc**) {OPINIONE, SENTIMENTO NEI GIOVANI} *bei jdm/in etw* (dat) eingewurzelt.

radìcchio <-*chi*> m (*cicoria*) Radicchio m: ~ **rosso**, roter Radicchio.

radìce f **1** *bot* {+BETULLA, FAGGIO} Wurzel f: **radici aeree/avventizie**, Luft-/Stelzwurzeln f pl; ~ **fascicolata**, Faserwurzel f; ~ **a fittone**, Pfahlwurzel f **2** *fig* (*origine*) {+CONFLITTO, MALE} Quelle f, Ursprung m: **estirpare la corruzione dalle radici**, die Korruption mit der Wurzel ausrotten; **affrontare un problema alla** ~, ein Problem an der Wurzel packen **3** *fig* (*parte più bassa*) {+MONTAGNA} Fuß m **4** *anat* {+CAPELLO, NERVO, UNGHIA} Wurzel f: ~ **dentaria**, Zahnwurzel f **5** *ling* {+PAROLA} Wurzel f, Stamm m **6** *mat* Wurzel f: ~ **cubica**, Kubikwurzel f, dritte Wurzel f; **estrarre la** ~, Wurzel ziehen, radi-

zieren; ~ **quadrata**, Quadratwurzel f; **la** ~ **(quadrata) di 144 è 12**, die (Quadrat)wurzel aus 144 ist 12 ● **mettere le radici** (*attecchire*), {PIANTA} Wurzeln schlagen; *fig* (*radicarsi*), {IDEA, SENTIMENTO, USO} Wurzeln schlagen, sich ein|wurzeln; **mettere/piantare le radici in un luogo** *fig scherz* (*non andarsene più*), {PERSONA} an einem Ort (seine) Wurzeln schlagen, sich irgendwo einnisten.

ràdi e gétta A <*inv*> agg {RASOIO} Einweg-, Wegwerf- **B** <-> m Einwegrasierer m.

ràdio① <-> **A** f **1** (*apparecchio*) Radio(gerät) n: ~ **di bordo**, Bordfunk m; ~ **portatile**, Kofferradio n; ~ **ricevente**, Rundfunkempfänger m; ~ **trasmittente**, Rundfunksender m **2** (*organizzazione*) Rundfunk m, Radio n: **ascoltare la** ~, Radio hören; **cosa danno stasera alla** ~? *fam*, was gibt's (denn) heute Abend im Radio? *fam*; **lavorare alla** ~, beim Rundfunk arbeiten; **oggi trasmettono un messaggio del presidente alla/per** ~, heute wird eine Botschaft des Präsidenten im Radio übertragen **3** (*stazione*) (Rundfunk)sender m: ~ **clandestina**, Schwarzsender m, illegaler Rundfunksender; ~ **libera**, freier Rundfunksender; ~ **pirata**, Piratensender m; ~ **privata**, privater Rundfunksender, Privatsender m; ~ **vaticana**, Radio Vatikan **B** <*inv*> agg {COLLEGAMENTO, CONTATTO, GIORNALE, PONTE, TRASMISSIONE} (Rund)funk-, Radio-, Funk-; {IMPULSI, ONDE} Radio-.

ràdio② <-> m *anat* Speiche f.

ràdio③ <-> m *chim* Radium n.

ràdio-① *primo elemento* (*della radio*) Rundfunk-: **radioascoltatore**, Rundfunkhörer m; **radioabbonato**, Rundfunkteilnehmer m.

ràdio-② *primo elemento* *chim* Radio-: **radioattività**, Radioaktivität.

radioabbonàto, (-a) m (f) (*abbonato alla radio*) Rundfunkteilnehmer(in) m(f).

radioamatóre, (-*trice*) m (f) Amateurfunker(in) m(f).

radioamatoriàle agg (*di radioamatore*) {MESSAGGIO} Funkamateur-.

radioascoltatóre, (-*trice*) m (f) Rundfunkhörer(in) m(f).

radioascólto m (*ascolto di trasmissioni*) Rundfunk-, Radiohören n.

radioassistènza f *aero mar* Funknavigation f.

radioattività <-> f *fis* {+ARIA; INDOTTA, NATURALE} Radioaktivität f.

radioattìvo, (-a) agg *fis* {MATERIALE} radioaktiv.

radioaudizióne f (*ascolto di radiotrasmissioni*) Rundfunkempfang m.

radiobiologìa f (*studio delle radiazioni sugli esseri viventi*) Radio-, Strahlenbiologie f.

radiocèntro m (*centro di radiodiffusione*) Rundfunksendeanlage f.

radiocollàre m (*collare con radiotrasmettitore*) {+ANIMALE SELVATICO} Sendehalsband n.

radiocollegaménto m (*collegamento per mezzo di radioonde*) Funkverbindung f, Funkkontakt m.

radiocollegàre <*radiocollego, radiocolleghi*> **A** tr (*collegare per mezzo di radio*) ~ **qc** *etw* per Funk verbinden **B** rfl rec **radiocollegarsi** per Funk verbunden sein/werden.

radiocollegàto A part pass *di* radiocollegare **B** agg funkverbunden.

radiocomandàre tr (*telecomandare*) ~ **qc** {MISSILE} etw fern|steuern.

radiocomàndo m (*telecomando*) Fernsteuerung f.

radiocomunicazióne f Funkverkehr m.

radioconversazióne f (*conversazione trasmessa per radio*) Rundfunkgespräch n.

radiocrònaca <-*che*> f (*reportage*) Rundfunkreportage f: ~ **calcìstica**, Rundfunkübertragung f eines Fußballspiels.

radiocronìsta <-*i* m, -*e* f> mf (*giornalista*) Rundfunkreporter(in) m(f).

radiodiffóndere <*coniug come* fondere> tr (*radiotrasmettere*) ~ **qc** {NOTIZIARIO} etw senden, etw im Rundfunk übertragen.

radiodiffusióne f Rundfunk m.

radiodistùrbo m (*disturbo nella ricezione*) Funkstörung f.

radiodràmma <-*i*> m {+DÜRRENMATT} Hörspiel n.

radioelèttrico, (-a) <-*ci, -che*> agg *fis* {APPARECCHIATURA} Radio-, Funk-.

radioestesìa f Radiästhesie f.

radioestesìsta <-*i* m, -*e* f> mf (*chi pratica la radioestesia*) Wünschelrutengänger(in) m(f).

radiofonìa f (*radiotelefonia*) Funktelegrafie f, Radiophonie f *obs*.

radiofònico, (-a) <-*ci, -che*> agg **1** (*radiotelefonico*) {PROGRAMMA} (Rund)funk- **2** (*radioricevente*) {APPARECCHIO} Rundfunk-, Radio- **3** (*radiotrasmittente*) {STAZIONE} Rundfunk-.

radiofonìsta <-*i* m, -*e* f> m *mil* (*addetto ai collegamenti*) Funker m.

radiofrequènza f (*frequenza delle radioonde*) Radiofrequenz f.

radiogiornàle m (*giornale radio*) Radionachrichten f pl.

radiogoniòmetro m (*strumento radioricevente*) Funkpeilgerät n.

radiografàre tr **1** *med* ~ **qu/qc** {PAZIENTE} jdn/etw röntgen, jdn/etw durchleuchten **2** *fig* (*esaminare molto attentamente*) ~ **qc** {SITUAZIONE} etw durchleuchten, etw analysieren.

radiografìa f **1** *fig* (*analisi approfondita*) Analyse f: **fare una** ~ **dei principali problemi del paese**, die grundlegenden Probleme des Landes analysieren **2** *med* (*attività radiologica*) Radiographie f **3** *med* (*lastra*) Röntgenbild n, Röntgenaufnahme f: **fare una** ~, eine Röntgenaufnahme machen.

radiogràfico, (-a) <-*ci, -che*> agg *med* {ESAME} Röntgen-, radiographisch.

radiogràmma① <-*i*> m (*radiotelegramma*) Funktelegramm n.

radiogràmma② <-*i*> m *med fis* Radiogramm n.

radiointervìsta f (*intervista radiofonica*) Rundfunkinterview n.

radioisòtopo m *chim fis* Radioisotop n.

radiolàrio <-*ri*> m *zoo* Strahlentier n, Radiolarie f *scient*: **Radiolari**, Strahlentierchen n pl, Radiolarien pl *scient*.

radiolìna <*dim di* radio①> f (*radio a transistor*) Transistorradio n.

radiolocalizzàre tr ~ **qc 1** (*individuare mediante radioonde*) *etw* funkpeilen **2** *med etw* mittels Röntgenstrahlen lokalisieren.

radiolocalizzatóre m (*radar*) Funkpeilgerät n.

radiòloga f → **radiologo**.

radiologìa f *fis med* Radiologie f, Röntgenologie f.

radiològico, (-a) <-*ci, -che*> agg *med* {REPARTO} radiologisch, röntgenologisch.

radiòlogo, (-a) <-*gi, -ghe*> m (f) *med* Radiologe m, (Radiologin f), Röntgenologe m, (Röntgenologin f).

radiomessàggio <-*gi*> m (*messaggio radiotrasmesso*) {+PAPA} Rundfunkmitteilung f.

radiòmetro m *fis* (*strumento di misurazione*) Radiometer m.

radiomicròfono m Funkmikrofon n.

radiomòbile f **1** (*autoradio*) {+POLIZIA}

Funkstreifenwagen m 2 (*telefono cellulare*) Funktelefon n.
radiopilòta <-*i*> m *aero* (*dispositivo*) Autopilot m.
radioregistratóre m (*apparecchio con radio e registratore*) Radiorecorder m.
radioricevènte A agg (*atto a ricevere*) {ANTENNA} Rundfunkempfangs- B f 1 (*radioricevitore*) Rundfunkempfänger m 2 (*stazione radioricevente*) Rundfunkempfangsstation f.
radioricevitóre m (*apparecchio*) Rundfunkempfänger m.
radioricezióne f (*ricezione di radiotrasmissioni*) Rundfunkempfang m.
radiorilevaménto m (*rilevamento con radar o radiogoniometro*) Funkpeilung f.
radioriparatóre, (-*trice*) m (f) (*tecnico*) Rundfunktechniker(in) m(f).
radioscopìa f *med* (*esame radiologico*) Radioskopie f *scient*.
radioscòpico, (-a) <-*ci, -che*> agg *med* {ESAME} radioskopisch *scient*.
radiosegnàle m (*segnale mediante radioonde*) Sendezeichen n: ~ **orario**, Funkzeichen n.
radioservìzio <-*zi*> m 1 *giorn* Radioreportage f 2 *aero mar* Radioservice m.
radiosità <-> f 1 (*luminosità*) {+CIELO} Leuchten n, Glanz m 2 *fig* (*gioia*) {+VOLTO} Strahlen n, Leuchten n.
radióso, (-a) agg 1 (*splendente*) {SOLE} strahlend, leuchtend 2 *fig* (*raggiante*) {BELLEZZA, SORRISO} strahlend; {OCCHI} *anche* leuchtend, glänzend 3 *fig* (*splendido*) {FUTURO} glänzend.
radiostazióne f (*stazione radiotrasmittente*) Rundfunkstation f.
radiosvéglia f (*apparecchio*) Radiowecker m.
radiotàxi, **radiotassì** <-> m 1 (*servizio*) Taxi-Funk-Vermittlung f 2 (*autovettura*) Funktaxi m.
radiotècnica <-*che*> f (*tecnica*) Funk-, Radiotechnik f.
radiotècnico, (-a) <-*ci, -che*> A agg {ISTITUTO} funk-, radiotechnisch B m (f) (*tecnico*) Rundfunkmechaniker(in) m(f), Radiotechniker(in) m(f).
radiotelecomandàre tr *radio* ~ **qc** *etw* funk(fern)steuern.
radiotelèfono m (*apparecchio*) Funktelefon n, Funksprechgerät n.
radiotelegràfico, (-a) <-*ci, -che*> agg {ONDA} Funk-; {COMUNICAZIONE} funktelegrafisch.
radiotelegrafìsta <-*i* m, -*e* f> mf *aero mar* (*operatore*) Funker(in) m(f).
radiotelegràmma <-*i*> m Funktelegramm n.
radiotelescòpio <-*pi*> m (*strumento*) Radioteleskop n.
radiotelevisióne f 1 (*organizzazione*) {ITALIANA} Rundfunk- und Fernsehanstalt f 2 (*trasmissione di programmi radiotelevisivi*) Fernsehübertragung f.
radiotelevisìvo, (-a) agg (*della radiotelevisione*) {ENTE, SISTEMA} Rundfunk- und Fernseh-; {TRASMISSIONE} Fernseh-.
radioterapìa f *med* Radio-, Strahlentherapie f, Strahlenbehandlung f.
radiotrasméttere <*coniug come* mettere> tr (*radiodiffondere*) ~ **qc** {CERIMONIA, NOTIZIE} *etw* (im Radio/Rundfunk) senden, *etw* (im Radio/Rundfunk) übertragen.
radiotrasmettitóre m (*apparecchio*) Rundfunksender m.
radiotrasmissióne f (*trasmissione radiofonica*) Rundfunk-, Radiosendung f, Rund-

funk-, Radioübertragung f.
radiotrasmittènte A agg {ANTENNA, STAZIONE} Sende-, Funk- B f (*impianto*) Rundfunksender m.
radioutènte mf (*radioascoltatore*) Rundfunkteilnehmer(in) m(f).
ràdo, (-a) A agg 1 (*distanziato*) {DENTI} auseinanderliegend; {ALBERI} spärlich 2 (*scarso*) {PIOGGIA} spärlich, dünn: **capelli radi**, lichtes/schütteres Haar 3 (*diradato*) {MAGLIA, TESSUTO} grob-, weitmaschig; {NUVOLE} dünn; {NEBBIA} licht 4 (*non frequente*) {VISITE} selten, spärlich B *loc avv* (*raramente*): **di ~**, selten; **capita ben di che ~**, es kommt selten vor, dass ...; **non di ~**, nicht selten; **ci vediamo di ~**, wir sehen uns selten.
ràdon <-> m *chim* Radon n.
radunàre A tr 1 (*raccogliere*) ~ **qc** *etw* zusammen|tragen, *etw* zusammen|suchen, *etw* (an|)sammeln; {LIBRI} *etw* an|häufen: **radunò le sue cose prima di andarsene**, bevor er/sie wegging, suchte er/sie seine Sachen zusammen 2 (*mettere insieme*) ~ **qu** (+ **compl di luogo**) {PARENTI} *jdn* (*irgendwo*) versammeln, *jdn* (*irgendwo*) rufen, *jdn* (*irgendwo*) zusammen|trommeln *fam*, *jdn* (*irgendwo*) um sich scharen: **radunò un po' di amici a casa sua per festeggiare il compleanno**, er/sie versammelte ein paar Freunde bei sich (*dat*) zu Hause, um seinen/ihren Geburtstag zu feiern; ~ **qu/qc** {PASTORE GREGGE} *etw* zusammen|treiben; {SOLDATI} *anche jdn* zusammen|rufen, *jdn* (ver)sammeln; {ESERCITO, FLOTTA} *etw* zusammen|stellen 3 *fig lett* (*accumulare*) ~ **qc** {TESORI} *etw* an|häufen, *etw* an|sammeln 4 *mar* ~ **qc** {LE ROTTE} *etw* berechnen B *itr pron* (*riunirsi*): **radunarsi** (+ **compl di luogo**) {MANIFESTANTI DAVANTI AL MUNICIPIO} sich (*irgendwo*) versammeln, (*irgendwo*) zusammen|kommen, sich *um jdn/etw* scharen.
radunàta f 1 (*riunione*) {POLITICA} Versammlung f, Zusammenkunft f, Auflauf m: **fare una ~**, sich versammeln 2 *mil* {STRATEGICA} Sammeln n • ~ **sediziosa** *dir* (*reato di* ~), "aufrührerische Versammlung".
radùno m 1 (*incontro*) {+ALPINI} Zusammenkunft f, Treffen n; {+INDUSTRIALI, POLITICI} Versammlung f: **l'annuale ~ dei boy-scouts**, das jährliche Pfadfindertreffen 2 *sport* Treffen n, Meeting n: ~ **automobilistico/ciclistico**, Autorenn-/Radrenntreffen n.
radùra f 1 (*tratto di terreno*) Lichtung f 2 *rar* (*parte nuda*) {+STOFFA} dünne Stellen: ~ **di capelli**, lichte Haarstelle.
ràfano m *bot* Rettich m; (*barbaforte*) Meerrettich m.
Raffaèle m (*nome proprio*) Raphael, Rafael.
Raffaèlla f (*nome proprio*) Raphaela, Rafaela.
raffaellésco, (-a) <-*schi, -sche*> agg *arte* 1 (*di R. Sanzio*) {QUADRO} Raffael-, raffaelisch 2 (*puro*) {BELLEZZA} raffaelisch, eines Raffaels würdige(r, s).
raffazzonaménto m 1 (*atto del rimaneggiare*) Zusammenstückeln n, Zusammenflicken n 2 (*risultato*) Flickwerk n *spreg*.
raffazzonàre tr (*aggiustare alla meglio*) ~ **qc** {VESTITO} *etw* zusammen|flicken; {ARTICOLO} *etw* zusammen|hauen *fam*, *etw* zusammen|schustern *fam spreg*; {DISEGNO, QUADRO} *etw* notdürftig aus|bessern.
raffazzonàto, (-a) A *part pass di* raffazzonare B agg *fig* (*messo insieme alla meglio*) {CULTURA} zusammengeflickt, zusammengeschustert *fam*.
rafférma f 1 (*riconferma in un incarico*) Wiederbestätigung f 2 *mil* "freiwillige Verlängerung des Wehrdienstes".

raffermàre A tr *tosc* 1 (*riconfermare in una carica*) ~ **qu** *jdn* bestätigen 2 (*rinsaldare*) ~ **qc** {PATTO} *etw* festigen B *rfl mil*: **raffermarsi** (*in qc*) {NELL'AVIAZIONE} sich erneut zum Wehrdienst (*bei etw dat*) verpflichten.
raffèrmo, (-a) agg (*duro*) {FOCACCIA, PANE} altbacken, hart.
ràffica <-*che*> A f 1 (*scarica*) Garbe f, Salve f: ~ **di proiettili/colpi**, Geschossgarbe f 2 *fig* (*sequenza rapida*) Hagel m, Schwall m: ~ **di parolacce**, Schwall m von Schimpfwörtern 3 *meteo* Stoß m, Bö(e) f: ~ **di vento**, Windstoß m, Bö(e) f; {+NEVE} Bö f; {+GRANDINE} Schauer m: **raffiche di pioggia**, Regenböen f pl B *loc agg*: **a raffiche**, {VENTO} böig.
raffigurare tr 1 (*rappresentare*) ~ **qc** {DIPINTO LAGO} *etw* dar|stellen, *etw* ab|bilden 2 (*simboleggiare*) ~ **qc** {PERSONAGGIO DECADENZA DELL'ARTISTA} *etw* symbolisieren, *etw* verkörpern, *etw* versinnbildlichen 3 (*riconoscere all'aspetto*) ~ **qu** *jdn* (wieder) erkennen.
raffigurazióne f 1 (*rappresentazione figurativa*) {+CRISTO} Darstellung f 2 *fig* (*rappresentazione simbolica*) {+MALE, PACE} Symbol n, symbolische Darstellung f.
raffilàre tr ~ **qc** 1 (*affilare di nuovo*) {FORBICI, LAMA} *etw* wieder schärfen, *etw* neu schleifen 2 (*pareggiare*) {CAPELLI, PANNO} *etw* gerade schneiden 3 *edit* (*in legatoria*) {LIBRO} *etw* beschneiden.
raffilatùra f 1 (*atto del pareggiare*) {+LIBRO} Beschneidung f; {+TESSUTO} Geradeschneiden n 2 (*parte eliminata*) Abfall m 3 (*nuova affilatura*) {+COLTELLO} erneutes Schärfen/Schleifen.
raffinaménto m 1 *fig* (*perfezionamento*) Verfeinerung f, Vervollkommnung f: ~ **della cultura**, Vervollkommnung f der Bildung; ~ **del gusto**, Geschmacksverfeinerung f 2 *rar* (*raffinatura*) {+ZUCCHERO} Raffination f; (*azione*) *anche* Raffinieren n.
raffinàre A tr ~ **qc** 1 (*purificare*) {OLIO, SALE, ZUCCHERO} *etw* raffinieren; {ARGENTO, ORO} *etw* läutern *forb* 2 *fig* (*perfezionare*) {EDUCAZIONE, GUSTO, STILE} *etw* verfeinern: ~ **l'ingegno**, seinen Verstand schärfen B *itr pron fig* (*dirozzarsi*): **raffinarsi** {MANIERE} sich verfeinern, besser/feiner/kultivierter werden.
raffinàta f → raffinato.
raffinatézza f 1 (*finezza*) {+MODI} Vornehmheit f, Feinsinnigkeit f, Feinheit f: (*gusto*) Ausgesuchtheit f, Auserlesenheit f: **con ~**, mit Finesse *forb* 2 (*ricercatezza*) {+LINGUAGGIO, STILE} Ausgesuchtheit f, Raffinement n *forb* 3 (*prelibatezza*) {+VIVANDE} Köstlichkeit f 4 <*di solito al pl*> (*cosa raffinata*) {+MODA} Feinheit f.
raffinàto, (-a) A agg 1 (*lavorato*) {OLIO, PETROLIO, SALE, ZUCCHERO} raffiniert 2 *fig* (*ricercato*) {STILE} ausgesucht; {GUSTO} *anche* auserlesen; {ARTE, CUCINA} raffiniert, {MODI} fein; {DONNA} *anche* vornehm: **è un intellettuale ~**, er ist ein feinsinniger Intellektueller 3 *fig* (*sottile*) {ASTUZIA, TORTURA} raffiniert B m (f) (*chi ha gusti raffinati*) stilvoller/stilbewusster Mensch: **tua madre è proprio una raffinata**, deine Mutter hat wirklich Stil.
raffinazióne f 1 (*distillazione*) {+PETROLIO} Raffination f 2 (*purificazione*) {+GRASSI, SALE, ZUCCHERO} Raffination f.
raffinerìa f (*stabilimento*) Raffinerie f: ~ **di petrolio**, Erdölraffinerie f.
rafforzaménto m 1 (*irrobustimento*) {+MUSCOLI} Kräftigung f, Stärkung f 2 (*il rafforzarsi*) {+TRUPPE} Verstärkung f; *fig* {+IDEA} Bestärkung f; {+CARATTERE} Festigung f, Stärkung f 3 *edil* Verstärkung f 4 *ling* (*raddoppiamento*) Verdopp(e)lung f 5 *mil* {+DIFESA}

Verstärkung f.

rafforzàre A tr ~ **qc 1** (*irrobustire*) {IL FISICO} *etw* kräftigen, *etw* stärken **2** (*rinforzare*) {ESERCITO} *etw* verstärken, *fig* {SOSPETTO} *etw* verstärken, *etw* bekräftigen; {IDEA, OPINIONE} *etw* bestärken; {AMICIZIA, CARATTERE, LEGAME} *etw* festigen **3** *edil* {PARETE} *etw* verstärken **4** *ling* {CONSONANTE} *etw* verdoppeln **5** *mus* {SUONO} *etw* verstärken B *itr pron:* **rafforzarsi** {SQUADRA, TRUPPE} verstärkt werden; {STATO} sich festigen.

rafforzativo, (-a) *agg anche ling* (*che rafforza*) {FUNZIONE, PARTICELLA} verstärkend, Verstärkungs-.

raffreddaménto m **1** (*refrigeramento*) {+ACQUA, ARIA} Abkühlen n, Erkalten n **2** *fig* (*affievolimento*) {+RELAZIONI TRA DUE PAESI} Abkühlung f **3** *econ* {+SCALA MOBILE} Nachlassen n der Steigerungsrate **4** *med* Erkältung f **5** *tecnol* {+MOTORE} Abkühlung f: **~ ad acqua/aria**, Wasser-/Luftkühlung f.

raffreddàre A tr ~ **qc 1** (*far diventare freddo*) *etw* abkühlen (lassen), *etw* kalt werden lassen: **lascia ~ il latte!**, lass die Milch abkühlen! **2** (*rinfrescare*) {TEMPORALE ARIA} *etw* abkühlen (lassen) **3** *fig* (*intiepidire*) {ENTUSIASMO, INTERESSE} *etw* abkühlen/abflauen lassen **4** *econ* {INFLAZIONE} *etw* senken B *itr pron:* **raffreddarsi 1** (*diventar freddo*) {ARIA} ab|kühlen; {TERMOSIFONE} kühler werden; {CIBO} kalt werden **2** (*prendere il raffreddore*) sich erkälten, sich verkühlen *fam region:* **mi sono raffreddata**, ich habe mich erkältet **3** *fig* (*affievolirsi*) {RAPPORTO} (sich) ab|kühlen; {INTERESSE} ab|flauen, nach|lassen.

raffreddóre m *med* Schnupfen m, Erkältung f: **~ da fieno**, Heuschnupfen m; **mi sono presa/buscata un bel ~**, ich habe mir eine schöne Erkältung geholt; **~ di testa**, Schnupfen m; **mi sta venendo il ~**, ich bekomme einen Schnupfen.

raffrontàre tr **1** (*paragonare*) **~ qu/qc** {RAGAZZI, OGGETTI} *jdn jdm*₁/[*etw etw* (dat)] gegenüber|stellen, *jdn/etw* (miteinander) vergleichen **2** (*confrontare*) **~ qc** {TESTIMONIANZE} *etw* gegenüber|stellen **3** *filol* **~ qc** {TESTI} *etw* miteinander vergleichen.

raffrónto m **1** (*paragone*) Gegenüberstellung f, Vergleich m: **fare un ~ tra due scrittori/poesie**, einen Vergleich zwischen zwei Schriftstellern/Gedichten anstellen **2** *filol* Kollation f, Vergleich m.

ràfia f **1** *bot* Raffia f, Raphia f **2** *tess* Raffiabast m, Raphia-.

ràfting <-> *ingl sport* **1** (*discesa*) Rafting n **2** (*mezzo*) Raft m.

Rag. *abbr di* ragioniere: Buchhalter(in) m(f).

ràga <-> *mf slang giovanile* Typ(en) m (pl) *slang*, Tuss(en) f (pl) *slang*.

ràgade f *med* {+CAPEZZOLO} Schrunde f.

raganèlla f **1** *mus* Rätsche f **2** *zoo* Laubfrosch m.

ragàzza f **1** (*adolescente*) {ATTIVA, MODERNA, TIMIDA} Mädchen n: **una ~ di 15 anni**, ein fünfzehnjähriges Mädchen; **fin da ~**, von klein auf, von Kind an **2** (*donna giovane*) junge Frau: **è una bella ~**, sie ist ₁ein schönes Mädchen₁/[eine schöne Frau]; **una ~ per bene**, ein anständiges Mädchen; **una brava ~**, ein anständiges/tüchtiges/patentes Mädchen; **qual è il suo nome da ~?**, wie ist ihr Mädchen-/Geburtsname?; **è un bel pezzo di ~!**, die ist echt zum Reinbeißen! *fam*; **mandano avanti l'ufficio due ragazze**, dem Büro leiten zwei junge Frauen **3** *fam* (*fidanzata*) Freundin f: **avere la ~**, eine Freundin haben **4** <*di solito al pl*> (*figlia*) Tochter f: **delle mie tre ragazze Adriana è la più giovane**, Adriana ist die jüngste von meinen

drei Töchtern ● **~ copertina**, Covergirl n; **~ madre**, allein erziehende/ledige Mutter; **una ~ da marito**, ein heiratsfähiges Mädchen; **~ squillo**/[di vita], Callgirl n.

ragazzàccia <*pegg di* ragazza> f **1** *spreg* Göre f *region spreg* **2** (*briccona*) Luder n *spreg*.

ragazzàccio <*pegg di* ragazzo, *-ci*> m **1** *spreg* Gassenjunge m *spreg*, Gör n *region spreg* **2** (*briccone*) Lausebengel m, Lausejunge m, Lausekerl m, Schlawiner m, Früchtchen n *spreg*.

ragazzàta f (*bambinata*) Kinderei f, Lausbuben-, Dummejungenstreich m *fam:* **è stata una ~**, das war ein Dummejungenstreich *fam*.

ragazzìna <*dim di* ragazza> f **1** kleines/junges Mädchen, Teenie f *scherz* **2** (*ragazza giovane e inesperta*) (unreifes) Gör *fam spreg*, (unreife) Göre *fam spreg*.

ragazzìno <*dim di* ragazzo> m **1** kleiner Junge, Teenie m *scherz* **2** (*ragazzo giovane e inesperto*) Jüngelchen n *spreg*, Grünschnabel m *spreg*, Milchbart m *spreg* ● **non sono più un ~**, (*non sono più giovane e inesperto*) nicht mehr der Jüngste sein *fam*.

ragàzzo m **1** (*adolescente*) {DIFFICILE, INDISCIPLINATO, SOCIEVOLE, TRANQUILLO} Junge m, Bub m *süddt A CH*, Knabe m *forb obs:* **un ~ di 14 anni**, ein vierzehnjähriger Junge; **fin da ~**, von klein auf, von Kind an **2** (*giovanotto*) junger Mann: **~ di borgata**, Junge m aus einem Arbeiterviertel; **un bravo ~**, ein tüchtiger junger Mann; **un ~ serio**, ein seriöser/solider junger Mann **3** *fam* (*fidanzato*) Freund m: **mi ha presentato il suo ~**, sie hat mir ihren Freund vorgestellt **4** (*garzone*) {+LATTAIO, MACELLERIA} Laufbursche m; {+IDRAULICO} Lehrjunge m, Lehrling m **5** <*di solito al pl*> (*figlio*) Söhne m pl; Kinder n pl: **i miei ragazzi vivono all'estero**, meine Söhne/Kinder wohnen im Ausland **6** <*solo al pl*> (*giovani*) Jugendliche pl: **i ragazzi d'oggi sono meno idealisti di un tempo**, die ₁heutige Jugend ist₁/[Jugendlichen von heute sind] weniger idealistisch als früher **7** *scherz* (*bambino, se detto a un adulto*) Kind n: **ti comporti da ~**, du benimmst dich wie ein Kind ● **~ mio!**, mein lieber Junge!; *forza,* **ragazzi!**, los, Jungs!; **~ padre** *scherz*, allein erziehender Vater; **ragazzi di vita**, Strichjungen m pl *fam*.

ragazzòtta <*accr di* ragazza> f **1** (*unreifes*) Gör *fam spreg*, (unreife) Göre *fam spreg* **2** (*ragazza robusta e grossolana*) großes/stämmiges/kräftiges/dralles Mädchen **3** (*ragazzina*) kleines/junges Mädchen.

ragazzòtto <*accr di* ragazzo> m **1** Jüngelchen n *spreg*, Grünschnabel m *spreg*, Milchbart m *spreg* **2** (*ragazzo robusto e grossolano*) großer/stämmiger/kräftiger Junge **3** (*ragazzino*) kleiner Junge.

raggelàre A *itr* <*essere*> *itr pron fig* (*agghiacciare*): **raggelarsi** erstarren: **fa delle battute che raggelano**, er/sie macht eisige Bemerkungen; **sentirsi ~**, sich (wie) erstarrt fühlen; **a quella vista gli si raggelò il sangue nelle vene**, bei diesem Anblick gefror ihm das Blut in den Adern B *tr* <*avere*> **1** (*gelare*) **~ qc** *etw* ein|frieren **2** *fig* **~ qu/qc** (*con qc*) {PERSONA CON UNA RISPOSTA} *jdn*/*etw* (*durch etw* acc) erstarren lassen: **la notizia raggelò la cerchia d'amici**, die Nachricht ließ den Freundeskreis erstarren; **lo raggelò con uno sguardo**, sein/ihr Blick ließ ihn erstarren.

raggiànte *agg* **1** (*splendente*) {SOLE} leuchtend **2** *fig* (*tripudiante*) **~** (*di qc*) {DI FELICITÀ, DI GIOIA} (*vor etw* dat) strahlend: **hai un'aria raggiante!**, du strahlst so! **3** *fis* {ENERGIA}

ausstrahlend, Strahlungs-.

raggiàre <*raggio, raggi*> A *itr* **1** (*emanare raggi*) {STELLE} leuchten **2** *fig* (*risplendere*) **~ di qc** {VOLTO DI FELICITÀ} (*vor etw* dat) strahlen **3** *fis* {CALORE, LUCE} strahlen B *tr poet* (*illuminare*) **~ qc** aus|strahlen.

raggiàto, (-a) *agg* **1** (*disposto a raggiera*) {AUREOLA} strahlenförmig, strahlig, Strahlen- **2** *biol bot zoo* {SIMMETRIA} radiär, radial, Radiär- **3** *min* {STRUTTURA} strahlig.

raggièra A f **1** (*fascio di raggi*) Strahlenkranz m **2** (*ornamento per capelli*) strahlenförmiger Kopfschmuck **3** (*parte dell'ostensorio*) {+SPIRITO SANTO} Kranz m B <*inv*> *loc agg avv:* **a ~**, strahlenförmig, radial; **disporsi a ~**, sich strahlenförmig aufstellen.

ràggio <*-gi*> m **1** (*emanazione di luce*) {+STELLE} Strahl m; {+LUNA} Schein m: **~ di luce/sole**, Licht-/Sonnenstrahl m **2** (*asta*) {+RUOTA} Speiche f **3** *fig* (*barlume*) {+SPERANZA} Schimmer m **4** *fig* (*zona*) Umkreis m: **in/entro un ~ di 20 kilometri**, im Umkreis von 20 Kilometern; **ispezionare una zona per un vasto ~**, ein Gebiet von großem Durchmesser kontrollieren **5** *fis* {CONVERGENTE, DIVERGENTE, RIFRATTO} Strahl m: **raggi alfa**, Alphastrahlen m pl; **raggi anodici**, Anodenstrahlen m pl; **raggi beta**, Betastrahlen m pl; **raggi canale**, Kanalstrahlen m pl; **raggi catodici**, Kathodenstrahlen m pl; **raggi cosmici**, kosmische Strahlen m pl; **raggi delta**, Deltastrahlen m pl; **fare/farsi i raggi**, sich röntgen/durchleuchten lassen; **raggi gamma**, Gammastrahlen m pl; **~ incidente**, Einfallstrahl m, einfallender Strahl; **raggi infrarossi**, Infrarotstrahlen m pl; **raggi Röntgen**/**raggi X**, Röntgenstrahlen m pl; **raggi ultravioletti**, ultraviolette Strahlen; **il ~ verde**, das grüne Leuchten **6** *itt* Strahl m: **raggi branchiali**, Kiemenstrahlen m pl **7** *mat* (*in geometria*) Radius m: **~ del cerchio**, Kreisradius m ● **~ d'azione**, {+ARMA, PROIETTILE} Reichweite f; *fig* (*ambito d'influenza*) Aktionsradius m, Einflussbereich m, Wirkungskreis m.

raggiràre tr *fig* (*abbindolare*) **~ qu** *jdn* hintergehen, *jdn* hinters Licht führen *fam*: **si è lasciato ~ da alcuni sconosciuti**, er hat sich von einigen Unbekannten hintergehen lassen.

raggìro m (*inganno*) {IGNOBILE} Betrug m, Schwindel m *fam spreg:* **è stato ingannato con abili raggiri**, er ist durch geschickte Tricks hinters Licht geführt worden.

raggiùngere <*coniug come* giungere> tr **1** (*arrivare*) **~ qc** {LA CIMA DI UN MONTE, LA FRONTIERA, IL MARE, LA SPIAGGIA} *etw* erreichen; {AUTO UN'ALTA VELOCITÀ; TEMPERATURA I 30 GRADI} *etw* erreichen **2** (*arrivare da qu*) **~ qu** zu *jdm* kommen, *bei jdm* sein: **le sono corso dietro ma non sono riuscito a raggiungerla**, ich bin ihr noch nachgelaufen, aber ich konnte sie nicht mehr einholen; **La raggiungo fra un minuto!**, ich bin in einer Minute bei Ihnen!; **la polizia raggiunse i malviventi**, die Polizei fing/schnappte *fam* die Verbrecher; **quando posso raggiungerti?**, wann kann ich zu dir kommen? *fam*; **noi partiamo oggi, se volete potete raggiungerci domani**, wir fahren/reisen heute ab, wenn ihr wollt, (dann) könnt ihr (ja) morgen nachkommen **3** (*contattare*) **~ qu** (**+ compl di modo**) *jdn* (*irgendwie*) erreichen: **posso raggiungerti telefonicamente?**, kann ich dich telefonisch erreichen? **4** *fig* (*colpire*) **~ qc** {BERSAGLIO} *etw* treffen **5** *fig* (*conquistare*) **~ qc** {RISULTATO, SUCCESSO} *etw* erzielen; {OBIETTIVO, PERFEZIONE, POSIZIONE SOCIALE, SCOPO} *etw* erreichen; {IDEALE} *etw* verwirklichen: **ha raggiunto la meta che si era prefisso**, er hat das Ziel erreicht, das er sich ge-

setzt hatte 6 *fig* (*arrivare ad un livello più alto*) **~ qu** *jdn* ein|holen: **con molto impegno la nuova allieva ha raggiunto le compagne**, mit viel Fleiß hat die neue Schülerin ihre Klassenkameradinnen eingeholt **7** *sport* (*in classifica*) **~ qu/qc** *jdn/etw* ein|holen: **il Bayern è stato raggiunto dal Borussia Dortmund**, Bayern wurde von Borussia Dortmund eingeholt.

raggiungìbile *agg* **1** (*che si può raggiungere*) {RIFUGIO} erreichbar **2** *fig* (*che si può conseguire*) {SCOPO} erreichbar.

raggiungiménto *m* **1** (+META, TRAGUARDO) Erreichen n, Erreichung f **2** *fig* (*conseguimento*) {+ETÀ PENSIONABILE} Erreichung f; {+SCOPO} *anche* Erlangung f.

raggomitolàre **A** *tr* (*avvolgere di nuovo*) **~ qc** {FILO, LANA} *etw* wieder auf|wickeln **B** *rfl* (*rannicchiarsi*): **raggomitolarsi + compl di luogo** {GATTA SUL SOFÀ} sich *irgendwo* zusammen|rollen; {BAMBINO NEL LETTO} *anche* sich *in etw* (acc) kuscheln.

raggomitolàto, (-a) *agg* {BIMBO, CUCCIOLO} zusammengerollt: **dormire ~**, {BIMBO, CUCCIOLO} zusammengerollt schlafen; **starsene ~ in un angolo**, {BIMBO} sich in eine Ecke kuscheln; {CUCCIOLO} zusammengerollt in einer Ecke liegen.

raggranellàre *tr* (*racimolare*) **~ qc** *etw* zusammen|bringen, *etw* zusammen|kratzen *fam*; **~ un po' di soldi**, ein wenig Geld zusammen|kratzen *fam*; *fig* {NOTIZIE} *etw* zusammen|suchen.

raggrinzaménto *m* {+FRONTE, PELLE} Runz(e)lung f.

raggrinzàre <*raggrinzo*> *e deriv* → **raggrinzire** *e deriv*.

raggrinziménto *m* Runzelung n, Zerknittern n.

raggrinzìre <*raggrinzisco*> **A** *tr* <*avere*> (*rendere grinzoso*) **~ qc** {SOLE PELLE} *etw* runz(e)lig machen; {CLOWN FRONTE} *etw* runzeln **B** *itr* <*essere*> *itr pron* (*fare le grinze*): **raggrinzirsi** {PELLE} runz(e)lig werden; {STOFFA} (zer)knittern.

raggrinzìto, (-a) **A** *part pass di* raggrinzire **B** *agg* {PELLE, VISO} runz(e)lig; {PESCA} eingeschrumpft.

raggrumàre **A** *tr* (*condensare in grumi*) **~ qc** *etw* gerinnen lassen **B** *itr pron*: **raggrumarsi** {SANGUE} gerinnen; {BESCIAMELLA} klumpen; {INCHIOSTRO} ein|trocknen.

raggruppaménto *m* **1** (*azione*) Gruppierung f, Zusammenstellung f: **procedere al ~ dei candidati**, mit der Zusammenstellung der Kandidaten fortfahren **2** (*insieme*) {+MATERIE SCOLASTICHE} Gesamtheit f; {+TIFOSI} Gruppe f **3** *mil* {TATTICO} Einheit f.

raggruppàre **A** *tr* **1** (*radunare*) **~ qu/qc** {BOY-SCOUT, STUDENTI} *jdn/etw* versammeln; {GREGGE} *etw* zusammen|treiben **2** (*ordinare*) **~ qc** {SOLE PELLE} *etw* ordnen, *etw* gruppieren, *etw* auf|teilen: **~ gli appunti per argomento**, die Notizen nach Thema ordnen; **~ i documenti in una cartellina**, die Papiere in einer Mappe ordnen **B** *itr pron* (*raccogliersi*): **raggrupparsi + compl di luogo** {OPERAI DAVANTI ALLA FABBRICA} sich *irgendwo* versammeln, *irgendwo* zusammen|kommen.

raggruppàto, (-a) *agg* **1** (*radunato*) gruppiert, zusammengestellt: **bambini raggruppati secondo l'età**, nach dem Alter gruppierte Kinder **2** (*ordinato*) geordnet: **libri raggruppati per autore**, nach Autoren geordnete Bücher.

raggruzzolàre *tr* (*mettere insieme*) **~ qc** {QUATTRINI} *etw* zusammen|sparen: **ho raggruzzolato una bella sommetta**, ich habe ein schönes Sümmchen *fam* zusammengespart.

ragguagliàre <*ragguaglio, ragguagli*> *tr* **1** (*informare*) **~ qu su/di qc** {DELL'ACCADUTO} *jdn über etw* (acc) informieren, *jdn über etw* (acc) unterrichten: **ragguagliami sulla situazione attuale**, informiere mich über die aktuelle Situation **2** (*confrontare*) **~ qc** {IL RISULTATO DI DUE OPERAZIONI} *etw* {mit etw dat} vergleichen **3** *rar* (*livellare*) **~ qc** {SUPERFICIE} *etw* planieren.

ragguàglio <-gli> *m* **1** (*relazione precisa*) Information f: **fornire ampi ragguagli su qc**, ausführliche Informationen über etw (acc) liefern **2** (*confronto*) Vergleich m.

ragguardévole *agg* **1** (*cospicuo*) {SOMMA} beachtlich, ansehnlich **2** (*degno di considerazione*) {UOMO} angesehen.

ràgia <-gie o -ge> *f* (*resina*) Harz n.

ragià <-> *m* (*titolo indiano*) Radscha m.

ragionaménto *m* **1** (*atto del ragionare*) {CHIARO, INCONCLUDENTE, LUNGO, SCONCLUSIONATO} Gedankengang m, Überlegung f, Erwägung f: **che ~ contorto!**, was für ein verworrener Gedankengang!; **fare un ~**, eine Überlegung anstellen; **fare un ~ sbagliato**, eine falsche Überlegung anstellen; **seguire il ~ di qu**, jds Gedankengang folgen **2** (*argomentazione*) {CONVINCENTE} Argumentation f, Beweisführung f: **è un ~ logico**, das ist eine logische Argumentation; **perdersi in inutili ragionamenti**, sich in unnützen Beweisführungen verlieren **3** *filos* {DEDUTTIVO, INDUTTIVO} Schluss m • **che** ⌊**razza di**⌋ **~**⌊**/ragionamenti**⌋**!** *iron*, was für (verrückte) Ideen! *iron*, ⌊hat da/⌋⌊ihr habt⌋ sie wohl nicht mehr alle!? *fam*; **è un ~ che non fa una grinza** *fig* (*accettabile*), seine Argumentation ist absolut folgerichtig/logisch; **un ~ che non sta in piedi** *fig* (*inaccettabile*), eine Argumentation, die ⌊nicht stichhaltig ist⌋/[weder Hand noch Fuß hat].

ragionàre① *itr* **1** (*riflettere*) **~** (+ **compl di modo**) (**su qc**) {ATTENTAMENTE, MALE, IN MODO SUPERFICIALE, MOLTO} (*irgendwie*) (*über etw* acc) nach|denken, (*etw*) (*irgendwie*) überlegen: **ragiona prima di agire!**, denke nach, bevor du handelst!; **erst denken, dann handeln!**; **bisogna ~ sulle cose, prima di parlare**, erst denken, dann reden!; **cercate di ~ un po'!**, denkt doch mal ein bisschen nach!, überlegt doch mal!, seid doch mal vernünftig!; **parla senza ~**, er/sie redet ⌊ohne zu überlegen⌋/[drauflos *fam*]; **è una ragazza che ragiona**, sie ist ein überlegtes Mädchen; **non c'è verso di farlo ~!**, es ist unmöglich, ihn zur Vernunft zu bringen! **2** *fam* (*discutere*) **~** (**con qu**) (+ **compl di modo**) (*mit jdm*) (*irgendwie*) reden, (*mit jdm*) (*irgendwie*) diskutieren: **ragioniamo senza perdere la calma**, überlegen wir einmal in Ruhe; **con te non si può proprio ~**, mit dir kann man wirklich nicht vernünftig reden **3** *obs* (*trattare*) **~ di qc** {DI ARTE, DI POLITICA} *etw* behandeln, *von etw* (dat) handeln **4** *filos* **~** (+ **compl di modo**) (*irgendwie*) argumentieren: **~ per induzione/deduzione**, induktiv/deduktiv argumentieren • **ma che modo di ~ è il tuo?**, wie kommst du denn darauf?; **che modo di ~!**, ⌊du hast⌋/[ihr habt] sie wohl nicht mehr alle!? *fam*; **questo sì che** ⌊**si chiama**⌋/[è] **~!** (*rif. a un ragionamento giusto*), das nenne ich vernünftiges Argumentieren!

ragionàre② *m* (*ragionamento*) (Nach)denken n, Überlegen n, Gedanke m, Überlegung f.

ragionàto, (-a) *agg* **1** (*logico*) {DISCORSO} durchdacht, vernünftig **2** (*meditato*) {DECISIONE} überlegt, durchdacht **3** (*con commento*) {BIBLIOGRAFIA, GRAMMATICA} erläutert.

ragionatóre, (-trice) *m* (*chi sa ragio-*

-nare bene) {PROFONDO, SOTTILE} Denker(in) m(f).

ragióne **A** *f* **1** (*intelletto*) Verstand m, Vernunft f: **agire secondo ~**, vernunftmäßig handeln, der Vernunft gemäß handeln; **fare appello alla ~**, an die Vernunft appellieren; **l'opposizione tra ~ e fede**, der Gegensatz zwischen Vernunft und Glauben; **spiegare tutto con la ~**, alles mit der Vernunft erklären; **la fredda ~**, der kalte Verstand **2** (*causa*) Grund m, Ursache f: **le ragioni di un simile gesto sono da ricercarsi in ...**, die Ursachen einer derartigen Handlung sind in ... zu suchen; **non conosco le ragioni che lo hanno portato a ciò**, ich kenne die Gründe nicht, die ihn zu diesem Schritt veranlasst haben **3** (*motivo*) Grund m, Ursache f: **ho le mie buone ragioni per fare così**, ich habe meine guten Gründe, so zu handeln; **ho ~ di credere che mi abbia truffato**, ich habe Grund zu glauben, dass er/sie mich betrogen hat; **questa non è una buona ~ per non venire**, das ist noch (lange) kein Grund, nicht zu kommen; **non senza ~**, nicht ohne Grund; **è assente per ragioni di famiglia**, er/sie fehlt aus familiären Gründen; **per nessuna ~ al mondo**, ⌊um nichts⌋/[nicht um alles] in der Welt; **per quale ~ ti comporti così?**, warum verhältst du dich so?; **per la semplice ~ che ...**, aus dem einfachen Grund, weil ... *fam*; **senza ragioni apparenti**, ohne ersichtlichen Grund **4** (*diritto*) Recht n, Anspruch m: **far valere le proprie ragioni**, seine Rechte geltend machen **5** (*giustificazione*) Rechenschaft f: **chiedere ~ dell'operato di qu**, von jdm Rechenschaft über seine Handlungen verlangen **6** (*rapporto*) Verhältnis n: **in ~ dell'età**, dem Alter nach **7** (*misura*) Höhe f: **il risarcimento sarà in ~ di un milione di euro**, die Entschädigungssumme wird ⌊eine Million Euro betragen⌋/[sich auf eine Million Euro belaufen] **8** *dir* (Rechts)grund m **9** *econ* (*tasso*) Satz m: **~ di scambio**, Austauschrelation f im Außenhandel **10** *filos* Vernunft f: **la critica della ragion pratica**, die Kritik der praktischen Vernunft **11** *mat* Verhältnis n: **in ~ diretta/inversa**, in direkt/umgekehrt proportionalem Verhältnis **12** *avv* (*giustamente*): **a/con ~** {PROTESTARE} mit/zu Recht **C** *loc cong* (*perciò*): **ragion per cui**, weshalb, deshalb • **avere** (**pienamente**) **~**, (vollkommen) Recht haben; **avere ~ di qu** (*avere la meglio su qu*), mit jdm fertig werden; **per ragioni d'avvicendamento** *eufem*, aus Gründen der Personalablösung/Personaländerung; **a chi di ~ amm**, (*ufficio*) bei der zuständigen Stelle, (*persona*) bei der zuständigen Person; **informare chi di ~** (*autorità*), das zuständige Amt informieren; **dare ~ a qu**, {FATTI} jdm Recht geben; **darsi ~ di qc** (*convincersi*), sich von etw (dat) überzeugen; **ragion d'essere**, Daseinsberechtigung f; **farsi una ~ di qc** (*rassegnarsi*), sich mit etw (dat) abfinden; **non voler** *intendere/sentir* **~/ragioni** (*non lasciarsi convincere in alcun modo*), ⌊sich (dat) nichts sagen lassen⌋/[nichts hören] wollen, keine Vernunft annehmen wollen; **a maggior ~**, umso mehr; **perdere il lume/l'uso della ~** – *iron* (*sragionare*), sich ⌊vom Zorn hinreißen⌋/[gehen] lassen, ⌊die Fassung⌋/[den Verstand] verlieren, außer sich (dat) sein; **allora ho proprio perso il lume della ~ – e l'ho riempito di botte**, da ⌊ist bei mir wirklich eine Sicherung durchgebrannt⌋/[sind bei mir wirklich die Pferde durchgegangen] und ich habe auf ihn eingeprügelt *fam*; **rendere qc di pubblica ~** (*divulgarla*), etw öffentlich bekannt machen; **rendersi ~ di qc** (*capacitarsene*), sich (dat) etw erklären; *ricondurre/ridurre qu alla ~ fig*, jdn zur Vernunft bringen; **picchiare/**

menare qu di *santa* ~ *fam* (*con violenza*), jdn gehörig verprügeln, jdm eine gehörige Tracht Prügel versetzen *fam*; ~ *sociale comm dir*, Firmenname f; Firma f (von Personengesellschaften); **ragion di** *Stato*, Staatsraison f; **a** ~ *veduta* (*consapevolmente*), nach gründlicher/reiflicher Überlegung; **chi vince ha sempre** ~ *prov*, der Sieger hat immer Recht.

ragioneria f **1** (*disciplina*) Buchhaltung f, Buch-, Rechnungsführung f, Rechnungswesen n **2** (*ufficio*) Buchhaltung f, Rechnungsbüro n **3** *scuola* (*istituto tecnico commerciale*) kaufmännische Fachoberschule, Wirtschaftsgymnasium n.

ragionévole agg **1** (*dotato di ragione*) vernunftbegabt, vernünftig: **l'uomo è un essere** ~, der Mensch ist ein vernunftbegabtes Wesen **2** (*equilibrato*) vernünftig, ausgeglichen: **in questa faccenda non ti sei dimostrato molto** ~, in dieser Sache hast du dich nicht sehr vernünftig verhalten; **comportati da persona** ~!, benimm dich vernünftig/[wie ein vernünftiger Mensch]! **3** (*legittimo*) gerechtfertigt, berechtigt, legitim: **sono sospetti ragionevoli**, das sind gerechtfertigte Verdächtigungen; **è** ~ **pensare che...**, berechtigt ist der Gedanke, dass ... **4** (*accettabile*) {PREZZO, RICHIESTA, SOLUZIONE} annehmbar, akzeptabel.

ragionevolézza f **1** (*buon senso*) Vernunft f, Vernünftigkeit f: **essere pieno di** ~, durch und durch vernünftig sein **2** (*fondatezza*) {+PROPOSTA} Berechtigung f, Richtigkeit f, Vernünftigkeit f.

ragionevolménte avv **1** (*accettabilmente*) {SICURO} aus ⌊gutem Grund⌋/[guten Gründen] **2** (*seguendo la ragione*) {DISCUTERE} vernünftig, auf vernünftige Weise.

ragionière, (-a) m (f) (*contabile*, abbr rag.) Buchhalter(in) m(f) ● **essere pignolo come un** ~ *fig* (*eccedere in precisione*), pingelig sein *fam*, übertrieben genau sein.

raglàn <inv> agg {GIACCA} Raglan-: **cappotto con le maniche (alla)** ~, Mantel mit Raglanärmeln.

ragliàre <*raglio, ragli*> **A** itr **1** (*emettere vergli*) {ASINO} schreien, iahen **2** *fig spreg* (*cantar male*) kreischen *spreg*, krächzen *spreg* **B** tr *fig spreg* (*cantare o parlare male*) ~ *qc* {CANZONE} *etw* knödeln *fam*, *etw* krächzen: ~ **un discorso**, daherreden *spreg*, labern *fam spreg*.

ràglio <-*gli*> m **1** (*verso dell'asino*) Schrei m **2** *fig spreg* (*canto stonato*) Gekrächze n *spreg*, Geknödel n *fam* **3** *fig spreg* (*discorso sciocco*) dummes Geschwätz *fam spreg*, dummes Gelaber *spreg* ● ~ **d'asino non giunse mai in cielo** *prov*, was ein Esel spricht, darauf acht' ich nicht *prov*.

ragnatéla f **1** (*del ragno*) Spinn(en)gewebe n, Spinnennetz n: **una soffitta piena di ragnatele**, ein Speicher voller Spinnengewebe/Spinnennetze **2** *fig* (*rete*) {+INTRIGHI, SPIE} Netz n ● **avere le ragnatele al cervello** *fig* (*usarlo poco*), seinen Grips *fam* nur selten anstrengen, eingerostet sein *fam*.

ràgno m {CROCIATO, ROSSO} Spinne f: ~ **di Volterra**, Malmignatte f; ~ **palombaro**, Wasserspinne f ● **non** (⌊*riuscire a*⌋/[*saper*]) **cavare un** ~ **dal buco** *fig* (*non concludere nulla*), es zu nichts bringen, auf keinen grünen Zweig kommen *fam*.

ragtime, rag-time <-> m *ingl mus* Ragtime m.

ragù <-> m *gastr* (*sugo*) (Fleisch)soße f: ~ **alla bolognese**, Hackfleischsoße f, Bolognese f.

RAI f **1** abbr *di* Radio Audizioni Italiane: "italienische Rundfunkanstalt", "italienischer Rundfunk" **2** abbr *di* Registro Aeronautico Italiano: "italienisches Luftfahrtregister".

ràid <-> m *ingl* **1** (*azione improvvisa*) {+POLIZIA} Überraschungsangriff m **2** *mil* {AEREO} Raid m, Überraschungsangriff m **3** *sport* {AUTOMOBILISTICO} Rennen n.

ràider <-> m *ingl* (*in borsa*) Raider m, Börsenspekulant m.

ràion m *tess* Reyon m o n, Rayon m o n: ~ **viscosa**, Viskoserayon m o n.

rais <-> m *arabo* (*governante*) Rais m.

RAI-TV f abbr *di* Radio Audizioni Italiane Televisione: "italienische Rundfunk- und Fernsehanstalt".

rajah → **ragià**.

rallegraménto m <*di solito al pl*> (*congratulazioni*) Glückwünsche m pl: **fare i propri rallegramenti a qu (per qc)**, jdm seine Glückwunsche (zu etw dat) aussprechen; **falle tanti rallegramenti da parte mia!**, sag ihr alles, alles Gute von mir!; **i miei sinceri rallegramenti!**, meine herzlichsten Glückwünsche!

rallegràre **A** tr **1** (*allietare*) ~ *qu/qc* (*con qc*) {AMICI CON DELLE BARZELLETTE} jdn/*etw* (*mit etw dat*) erheitern, jdn/*etw* (*mit etw dat*) unterhalten: **la sua presenza ci ha rallegrato**, seine/ihre Anwesenheit hat uns Freude gemacht **2** *fig* (*rendere vivace*) ~ *qc* {FIORI STANZA} *etw* fröhlicher machen, *etw* beleben **B** itr pron **1** (*gioire*): **rallegrarsi per qc**) {PER LA GUARIGIONE DI QU} sich (*über etw acc*) freuen: **quando le diedero la notizia si rallegrò**, als sie ihr die Nachricht überbrachten, freute sie sich **2** (*congratularsi*) ~ (*con qu*) (*per qc*) jdm zu etw (dat) gratulieren, jdm seine Glückwünsche (zu etw dat) aussprechen: **mi rallegro con te per il brillante esame**, ich gratuliere dir zu deiner erfolgreichen Prüfung; **mi rallegro!**, (ich) gratuliere!

rallentaménto m **1** (*diminuzione di velocità*) {+CORSA} Verlangsamung f: **rallentamenti sull'autostrada**, stockender Verkehr auf der Autobahn **2** *fig* (*calo*) {LIEVE, NOTEVOLE; +PROPOSTA} Rückgang m, Nachlassen n: **c'è un** ~ **nel suo rendimento scolastico**, seine/ihre schulischen Leistungen haben nachgelassen **3** *film* Zeitlupe f.

rallentàre **A** tr **1** (*diminuire*) ~ (*qc*) {ANDATURA, CORSA, PASSO} *etw* verlangsamen; {VELOCITÀ} *etw* herab|setzen, *etw* drosseln, *etw* verringern: **rallenta all'incrocio!**, fahr an der Kreuzung langsamer!; ~! **lavori in corso!**, langsamer fahren! Baustelle! **2** *fig* (*allentare*) ~ *qc* {VIGILANZA} *etw* verringern, *etw* ein|schränken **3** *fig* (*diradare*) ~ *qc* {LE VISITE} *etw* ein|schränken **4** *mus* ~ *qc* {IL TEMPO} *etw* verlangsamen, *etw* mäßigen **B** itr (*diventare più lento*) {PASSO} langsamer werden, sich verlangsamen; {VELOCITÀ} ab|nehmen **C** itr pron *fig* (*attenuarsi*): **rallentarsi** {ENTUSIASMO} ab|nehmen, nach|lassen.

rallentatóre m *film* (*dispositivo*) Zeitlupe f: **proiettare un filmato al** ~, die Filmaufnahmen in Zeitlupe zeigen ● **lavorare/muoversi al** ~ *fig* (*con lentezza eccessiva*), ⌊im Zeitlupentempo arbeiten *scherz*⌋/[sich im Zeitlupentempo bewegen]; **fare qc al** ~ *fig* (*con lentezza eccessiva*), etw im Zeitlupentempo/Schneckentempo tun *fam*.

rallista <-*i* m, -*e* f> mf *sport* Rallyefahrer(in) m(f), Rallyepilot(in) m(f).

rallìstico, (-a) <-*ci, -che*> agg *sport* (*relativo al rally*) {PROVA} Rallye-.

rally <-, -*lies* pl *ingl*> m *ingl sport* (*gara automobilisca*) Rallye f: **il** ~ **di Montecarlo**, die Rallye von Monte Carlo.

RAM <-> f *inform* abbr *dell'ingl* Random Access Memory (*memoria ad accesso casuale*) RAM n (*Speicher mit wahlfreiem Zugriff*).

Ramadàn <-> m *arabo relig islamica* Ramadan m.

ramaiòlo m (*mestolo*) {+BRODO} Schöpflöffel m, Schöpfkelle f.

ramanzìna f *fam* (*sgridata*) {SEVERA} Standpauke f *fam*, Strafpredigt f *fam*: **fare una (bella)** ~ **a qu**, jdm eine Strafpredigt/Standpauke halten *fam*, jdm die Leviten lesen *fam*; **prenderesi una** ~, sich (dat) eine Strafpredigt anhören müssen *fam*, den Kopf gewaschen bekommen *fam*.

ramàre tr ~ *qc* **1** (*ricoprire di rame*) {UTENSILE} *etw* verkupfern **2** *agr* {LE VITI} *etw* mit Kupfervitriol spritzen.

ramàrro m *zoo* Smaragdeidechse f ● **diventar verde come un** ~ *fig* (*per la rabbia*), rot vor Wut werden, sich (vor Wut) verfärben.

ramàto, (-a) **A** agg **1** (*ricoperto di rame*) {FILO} Kupfer- **2** (*color rame*) {BARBA, CAPELLI} kupferrot **3** *agr* {ACQUA} kupferhaltig **B** m *agr* (*anticrittogamico*) Kupfervitriol n.

ramàzza f **1** (*scopa*) Reisigbesen m **2** *mil slang* (*soldato*) "zum (Aus)kehren eingeteilter Soldat" ● **essere di** ~ *mil slang* (*incaricato di ramazzare*), zum Stubendienst eingeteilt sein.

rambìsmo m (*atteggiamento*) Rambo-Mentalität f.

Ràmbo <-> m **1** (*giustiziere*) Einzelkämpfer m, brutaler Rächer **2** (*cultore del proprio fisico*) Rambo m, Kraftprotz m *fam spreg* **3** (*mercenario*) Rambo m *fam*, Söldner m.

ràme **A** m **1** <-> *anche chim* Kupfer n **2** (*incisione*) Kupferstich m **3** <*di solito al pl*> (*recipienti*) Kupfergefäße n pl, Kupferwaren f pl: **lucidare i rami**, das Kupfer putzen **B** <inv> loc agg: **di** ~, kupfern, Kupfer-; **casseruola di** ~, kupferne Kasserolle; **moneta di** ~, Kupfermünze f **C** <inv> agg (*colore*) kupferfarben, kupferrot: **capelli rosso** ~, kupferrote Haare; **biondo** ~, rotblond.

raméngo <-*ghi*> m *region* **1** (*bastone*) Stock m **2** (*rovina*) Ruin m: **andare a** ~, verkommen, vor die Hunde gehen *fam*; **mandare a** ~ *qu/qc*, {AZIENDA} *etw* ruinieren, jdn/*etw* zugrunde richten ● **va' a** ~! *fig* (*al diavolo*), zum Teufel mit dir! *fam*, geh zum Teufel *fam*.

ramerìno m *tosc* (*rosmarino*) Rosmarin m.

ramificàre <*ramifico, ramifichi*> **A** itr (*produrre rami*) {ALBERO} Zweige aus|treiben **B** itr pron: **ramificarsi** (+ *compl di luogo*) **1** (*dividersi in rami*) {ARTERIA; FIUME VERSO VALLE} sich (*irgendwo*) verzweigen, sich (*irgendwo*) verästeln **2** *fig* (*svilupparsi*) {PENSIERO IN VARIE DIREZIONI} (*in etw acc*) laufen; {INDUSTRIA} *anche* sich (*in etw acc*) verzweigen, sich (*in etw acc*) entwickeln.

ramificàto, (-a) agg **1** (*che ha rami*) {ALBERO} verzweigt, verästelt **2** *fig* (*diramato*) {INDUSTRIA} verzweigt **3** *chim* {CATENA} verzweigt.

ramificazióne f **1** (*suddivisione*) {+SOCIETÀ} (Auf)gliederung f, Unterteilung f **2** *anat bot geog* {+ARTERIA, VENE, CORSO D'ACQUA} Verzweigung f, Verästelung f.

ramingo, (-a) <-*ghi, -ghe*> agg *lett* (*errabondo*) umherirrend, ziellos: **andare** ~ **per il mondo**, ziellos durch die Welt irren.

ramìno m (*nei giochi di carte*) Rommee n.

rammaricàre <*rammarico, rammarichi*> **A** tr (*amareggiare*) ~ *qu* (*con qc*) jdn (*durch etw acc*) betrüben *forb*, jdn (*durch etw acc*) traurig stimmen: **il suo silenzio mi rammarica**, sein/ihr Schweigen macht/stimmt mich traurig; **lo rammarica il fatto di non aver più rivisto il figlio**, ihn betrübt es, dass er seinen Sohn nicht mehr wieder gesehen hat

B itr pron **1** (*dolersi*): **rammaricarsi di qc etw** bedauern, *über etw* (acc) betrübt sein: **rammaricarsi di non poter aiutare un amico**, es bedauern, einem Freund nicht helfen zu können **2** (*lamentarsi*): **rammaricarsi** (*di qc*) *sich über etw* (acc) beklagen: **non fa che rammaricarsi**, er/sie beklagt sich fortwährend, er/sie tut nichts als jammern.

rammàrico <-*chi*> m (*rincrescimento*) Bedauern n: **provare ~ per qc**, etw sehr bedauern; **esprimere il proprio ~ a qu** (**per qc**), jdm sein Bedauern über etw (acc) ausdrücken; **con mio grande ~ Le comunico che......**, zu meinem großen Bedauern muss ich Ihnen mitteilen, dass ...

rammendàre tr (*rattoppare*) ~ **qc** {MAGLIA, PAIO DI CALZINI} *etw* aus|bessern, *etw* flicken; {BUCO, STRAPPO} *etw* stopfen: **farsi ~ un vestito da qu**, sich (dat) ein Kleid von jdm ausbessern lassen.

rammendatrìce f Kunststopferin f.

rammendatùra f **1** (*lavoro*) Stopfen n, Flicken n; (*rammendo*) geflickte Stelle; Stopfstelle f **2** *tess* Zurichtung f.

rammèndo m **1** (*il rammendare*) Stopfen n, Flicken n **2** (*parte rammendata*) geflickte Stelle, Stopfstelle f: **fare un ~**, etw stopfen, etw flicken; **~ invisibile**, nicht sichtbare Stopfstelle; **una camicia piena di rammendi**, ein Hemd voller Stopfstellen.

rammentàre **A** tr **1** *forb* (*rievocare*) ~ **qu/qc** {PERSONA, CIRCOSTANZA, LUOGO} *an jdn/etw* erinnern, *jdn/etw* in Erinnerung bringen/rufen **2** (*richiamare alla coscienza altrui*) ~ **qc a qu** {AI FIGLI I LORO DOVERI} *jdn an etw* (acc) erinnern, *jdm etw* ins Gedächtnis zurück|rufen: **vi rammento le regole di buona creanza**, ich erinnere euch an die Anstandsregeln **3** (*ricordare*) ~ **qu/qc a qu** *jdn an jdn/etw* erinnern: **quando sorridi, mi rammenti molto tua madre**, wenn du lächelst, erinnerst du mich stark an deine Mutter **4** (*menzionare*) ~ **qu/qc** *jdn/etw* erwähnen **B** itr pron (*ricordarsi*): **rammentarsi di qu/qc** {DI UN COMPAGNO DI SCUOLA, DI UN VIAGGIO} sich *an jdn/etw* erinnern, *an jdn/etw* (zurück|)denken.

rammodernàre tr (*rendere moderno*) ~ **qc** *etw* modernisieren; ~ **la pellìccia**, einen Pelz der neuesten Mode entsprechend aufarbeiten/umarbeiten lassen; {L'ARREDAMENTO DELLA CASA, UFFICIO} *anche etw* erneuern.

rammolliménto m **1** (*il diventar molle*) {CERA} Weichwerden n, Erweichung f **2** *fig* (*infiacchimento*) {+CARATTERE} Verweichlichung f **3** *fig fam scherz* (*istupidimento*) Verblödung f *fam* **4** *med* Erweichung f: ~ **cerebrale**, Gehirnerweichung f.

rammollìre <*rammollisco*> **A** tr ~ **qc 1** (*rendere molle*) ~ **qc** {SOLE ASFALTO} *etw* erweichen; {CALDO CERA} *anche etw* weich machen **2** *fig* (*indebolire*) ~ **qu/qc** *jdn/etw* schwächen: **gli agi lo hanno rammollito**, der Wohlstand hat ihn verweichlicht **B** itr <*essere*> itr pron: **rammollirsi 1** (*diventar molle*) {BURRO} weich werden **2** *fig* (*diventare fiacco*) verweichlichen, schwach werden: **invecchiando si è rammollito**, mit dem Alter ist er verweichlicht.

rammollìto, (-a) **A** agg **1** (*diventato molle*) {COLLA DI PESCE} weich, erweicht **2** *fig* (*infiacchito*) verweichlicht, weichlich **B** m (f) *spreg* (*incapace*) Schwachkopf m *spreg*, Trottel m *fam spreg*, Flasche f *fam*: **è un ~!**, er ist ein Trottel! *fam spreg*; (*senza carattere*) Schlappschwanz m *spreg*, Weichling m *spreg*, Weichei n *slang*, Warmduscher *fam*.

rammorbidiménto m **1** (*ammorbidimento*) Erweichung f **2** *fig* {+CARATTERE} Milderung f.

rammorbidìre <*rammorbidisco*> **A** tr ~ **qc 1** (*ammorbidire*) {CERA, CUOIO} *etw* weich machen, *etw* erweichen **2** *fig* (*raddolcire*) {ASPREZZA DI UN DISCORSO} *etw* mildern **B** itr pron: **rammorbidirsi 1** {CONTORNI DI UN PAESAGGIO} weich werden **2** *fig* {CARATTERE} sich mildern.

ràmo m **1** *bot* {LISCIO, NODOSO; +PESCO} Zweig m, Ast m **2** (*diramazione*) {+FIUME, LAGO} Arm m; {+RETE FERROVIARIA, RETE STRADALE} Verzweigung f, Verästelung f **3** *fig* (*branca*) {+AMMINISTRAZIONE} Zweig m; {+DISCIPLINA, SCIENZA} *anche* Fach n: **i vari rami della medicina**, die verschiedenen Zweige der Medizin **4** *fig* (*campo*) Gebiet n: **nel suo ~ è il migliore**, auf seinem Gebiet ist er der Beste **5** *fig* (*suddivisione*) {+PARLAMENTO} Kammer f **6** *fig* (*discendenza*) {+FAMIGLIA} Linie f, Stamm m **7** *anat* {+ARTERIE, VENE} Ast m, Ramus m *scient* **8** (*nell'assicurazione*) Zweig m, Sparte f: ~ **infortuni/vita**, Unfall-/Lebensversicherungssparte f **9** *mat* {+CURVA} Ast m **10** *zoo* Sprosse f: **i rami dei Cervidi**, die Hirschsprossen • **a cadetto**, Seiten-, Nebenlinie f; **portare il ~ d'olivo** *fig* (*la pace*), Frieden bringen/stiften; **avere un ~ di pazzia** *fig fam*, nicht recht bei Verstand sein *fam*, nicht alle Tassen im Schrank haben *fam*, einen Vogel haben *fam*; ~ **secco**, verdorrter/dürrer Ast/Zweig; *fig* (*elemento inutile*), Ballast m; (*impresa improduttiva*), unrentable Firma; **tagliare i rami secchi** *fig* (*eliminare gli elementi inutili*), Ballast abwerfen; (*di un settore d'attività*), Stellen streichen/abbauen; (*delle ferrovie*), Nebenlinien still|legen; **tagliare il ~ su cui si è seduti** *fig* (*danneggiarsi*), den Ast absägen, auf dem man sitzt *fam*.

ramoscèllo m (*piccolo ramo*) (kleiner) Zweig m • **offrire un ~ d'olivo** *fig* (*offrire la pace*), ein Friedensangebot machen; **portare un ~ d'olivo** *fig* (*portare pace*), Frieden stiften.

ramosità <-> f (*ricchezza di rami*) Vielästigkeit f.

ramóso, (-a) agg (*ricco di rami*) {ALBERO} verästelt, verzweigt.

ràmpa f **1** (*piano inclinato*) {+GARAGE} Rampe f: ~ **di accesso**, Auffahrtsrampe f; ~ **delle scale**, Treppenlauf m **2** (*salita ripida*) Steigung f **3** *aero astr* Rampe f: ~ **di lancio**, Abschussrampe f **4** (*in araldica*) Klaue f, Pranke f.

rampànte **A** agg **1** *fig fam giorn* (*deciso a fare carriera*) {GIOVANE} ehrgeizig, karrierebewusst, karrieresüchtig *spreg* **2** (*in araldica*) {GRIFONE, LEONE} aufgerichtet **3** *arch* {ARCO} aufsteigend, Strebe- **B** m (*rampa di una scala*) Lauf m **C** m (f) *fig fam giorn* (*arrivista*) Karrieremacher(in) m(f) *spreg*, Karrierist(in) m(f) *spreg*, Emporkömmling m *spreg*.

rampicànte *bot* **A** agg {EDERA, GLICINE} kletternd, Kletter- **B** m (*pianta*) Kletterpflanze f.

rampìno <*dim* di *rampa*> m **1** (*uncino*) Haken m: **a ~**, hakenförmig **2** *fig fam* (*pretesto*) Vorwand m, Ausrede f: **attaccarsi a ogni ~**, alles zum Vorwand nehmen, niemals um eine Ausrede verlegen sein **3** *mar* Draggen m, Dregge f • **giocare di ~** *fig fam* (*rubare*), klauen *fam*.

rampógna f *lett* (*duro rimprovero*) ernster Vorwurf, Verweis m.

rampognàre tr *lett* (*rimproverare*) ~ **qu** *jdm* ernste Vorwürfe machen.

rampóllo m **1** *fig* (*discendente*) Abkömmling m, Nachkomme m, Spross m *forb*: **i rampolli di una famiglia nobile**, die Nachkommen einer adligen Familie; *scherz* Sprössling m *fam scherz*: **ecco il nostro ultimo ~**, und hier ist unser letzter Sprössling *fam scherz* **2** *lett* (*germoglio*) Ableger m **3** *lett* (*getto*): **d'acqua**, Wasserstrahl m.

rampóne m **1** (*grossa fiocina*) Harpune f **2** (*nel ferro di cavallo*) Stollen m **3** (*per scarpe*) Kletter-, Steigeisen n **4** <*di solito al pl*> *alpin* Steigeisen n **5** *edil* Krampe f.

ràna f Frosch m: ~ **alpina/rossa/toro**, Alpen-/Gras-/Ochsenfrosch m; ~ **verde**, Wasser-, Teichfrosch m • **cantare come una ~** *fig* (*essere stonato*), falsch singen; **gonfiarsi come una ~** *fig* (*pavoneggiarsi*), sich aufblasen wie ein Frosch *fam spreg*; **nuotare a ~ sport** (*nel nuoto*), Brust schwimmen; ~ **pescatrice** *itt*, Seeteufel m, Anglerfisch m.

ranch <-, -*s pl ingl*> m *ingl* (*fattoria*) Ranch f.

rancidézza f **1** {+OLIO} Ranzigkeit f **2** *fig* (*vecchiume*) {+IDEE} Überholtheit f, Vorgestrigkeit f *fam spreg*.

rancidìre <*rancidisco*> itr (*andare a male*) {BURRO} ranzig werden.

ràncido, (-a) **A** agg **1** {BURRO, LARDO, OLIO} ranzig **2** *fig spreg* (*vecchio*) {TEORIE, USANZE} verstaubt *spreg*, altmodisch, vorgestrig *fam spreg* **3** *fig spreg* (*acido*) {ZITELLA} alt **B** m (*sapore*) ranziger Geschmack; (*odore*) ranziger Geruch: **sapere di ~**, ranzig schmecken/riechen.

rancidùme m **1** (*cosa rancida*) ranziges Zeug **2** (*gusto*) ranziger Geschmack; (*odore*) ranziger Geruch **3** *fig spreg* (*vecchiume*) Plunder m *fam spreg*, Kram m *fam spreg*.

ràncio <-*ci*> m *mil slang* (*pasto*) Essen n: **distribuire il ~**, das Essen austeilen • **il ~ è pronto!** *mil slang anche fam scherz* (*è pronto da mangiare*), Essen fassen! *scherz*.

rancóre m (*risentimento*) Groll m *forb*: **nutrire ~ contro qu**, einen Groll gegen jdn hegen/[auf jdn haben] *forb*; **essere pieno di ~**, voller Groll sein *forb*; **senza ~!**, nichts für ungut!

rancoróso, (-a) agg (*pieno di rancore*) {CARATTERE, UOMO} nachtragend.

rànda f **1** (*compasso rudimentale*) "rudimentärer Zirkel, der aus einem Holzstäbchen und einem daran festgebundenen Faden besteht" **2** *mar* Besan m: ~ **aurica**, Gaffelsegel n; ~ **Marconi**, Spitzsegel n.

randàgio, (-a) <-*gi, -ge o -gie*> agg **1** (*senza padrone*) {CANE} herrenlos, streunend **2** *lett* (*ramingo*) {VITA} ziellos.

randagìsmo m **1** (*l'essere randagio*) {+CANI, GATTI} Herumstreunen m **2** *fig* (*fenomeno sociale*) {+BARBONI} zielloses Umherziehen, Vagabundieren n.

randellàre tr (*bastonare*) ~ **qu/qc** *jdn/etw* (ver)prügeln.

randellàta f (*bastonata*) Knüppel-, Stockschlag m.

randèllo m (*bastone*) Prügel m, Knüppel m, Knüttel m.

ràndom <*inv*> agg *ingl inform stat* {ACCESSO} Random-, Zufalls-.

randomizzàre tr *inform stat* ~ **qc** *etw* randomisieren.

randomizzazióne f *inform stat* Randomisierung f.

ranètta f → **renetta**.

range <-> m *ingl* **1** *fis* Reichweite f **2** *scient* Aktionsradius m, Spielraum m, Wertbereich m.

ranger <-> m *ingl* **1** (*custode di parchi*) {+YELLOWSTONE} Ranger m **2** *mil* Ranger m.

ràngo <-*ghi*> m **1** (*posizione sociale*) Rang m, Stand m: **una donna di alto/basso ~**, eine Frau von hohem/niedrigem Rang; **differenza di ~**, Rang-, Standesunterschied m; ~ **inferiore**, niedriger Stand; **frequentare persone del proprio ~**, standesgemäßen

Umgang haben **2** *mar* Klasse f **3** *mil* Reihe f **B** <inv> loc agg (*di alta levatura*): **di ~**, {ARTISTA} von Rang ● **restare nei ranghi** *mil*, in der Reihe bleiben, an/auf seinem Platz bleiben; *fig* (*rimanere nel gruppo*), seinen Platz beibehalten; **rientrare nei ranghi** *mil*, in die Reihe zurücktreten; *fig* (*tornare nel gruppo*), sich wieder ein|nehmen, seinen Platz wieder ein|nehmen; **serrare i ranghi** *mil*, sich in geschlossener Reihe aufstellen; *fig* (*impegnarsi a fondo in gruppo*), die Reihen schließen; **uscire dai ranghi** *mil*, aus der Reihe treten; *fig* (*opporsi al gruppo*), aus der Reihe tanzen *fam*.

ranìsta <-*i m*, -*e f*> mf *sport* (*nel nuoto*) Brustschwimmer(in) m(f).

rànking <-> m *ingl* **1** *Borsa* Ranking n **2** *econ* Gehaltsklasse f **3** *sport* (*classifica*) Rangliste f, Tabelle f.

rannerìre <*rannerisco*> **A** tr <*avere*> *lett* (*rendere nero*) ~ **qc** {FUMO AMBIENTE} etw schwärzen, etw schwarz machen **B** itr <*essere*> itr pron (*oscurarsi*): **rannerirsi** schwarz werden.

rannicchiàre <*rannicchio, rannicchi*> **A** tr (*contrarre*) ~ **qc** {LE GAMBE} etw an|ziehen; {LE SPALLE} etw hoch|ziehen **B** rfl (*raccogliersi*): **rannicchiarsi** (+ *compl di luogo*) {IN POLTRONA} sich (*irgendwo*) zusammen|kauern, sich (*irgendwohin*) kauern; {IN UN ANGOLO} *anche* sich (*irgendwohin*) ducken.

rannicchiàto, (-a) agg {GAMBE} angezogen: **dormire ~**, in kauernder Stellung schlafen.

rànno m (*miscuglio di cenere e acqua*) Lauge f ● **perdere il ~ ed il sapone** *fig* (*tempo e fatica*), Zeit und Mühe verschwenden; (*con qu*), bei jdm ist Hopfen und Malz verloren *fam*.

rannuvolaménto m **1** (*oscuramento*) {+CIELO} Bewölkung f **2** *fig forb* {+VOLTO} Verdüsterung f.

rannuvolàre **A** tr ~ **qc 1** (*oscurare*) {NUBI CIELO} etw bewölken **2** *fig* (*offuscare*) {RABBIA MENTE} etw trüben **B** itr pron: **rannuvolarsi 1** (*rabbuiarsi*) sich bewölken **2** *fig forb* (*corrucciarsi*) sich verdüstern *forb*, sich verfinstern: **il suo viso si è rannuvolato**, sein/ihr Gesicht hat sich verfinstert.

rannuvolàto, (-a) agg **1** (*oscurato*) {CIELO} bewölkt **2** *fig forb* (*corrucciato*) {VISO} düster, finster, verdüstert *forb*.

ranòcchia f Frosch m.

ranòcchio <-*chi*> m **1** *fam* (*rana*) Frosch m **2** *fig scherz* (*persona gracile e brutta*) Zwerg m, Gnom m *fam*, Knirps m *fam*, Kümmerling m *fam* **3** *fig fam scherz* (*bambino*) Kröte f *fam scherz*, Krabbe f *fam scherz*.

rantolàre itr **1** (*emettere rantoli*) röcheln **2** (*agonizzare*) in den letzten Zügen liegen *fam*, im Sterben liegen.

rantolìo <-*lii*> m Röcheln n, Geröchel n.

ràntolo m **1** (*respiro affannoso*) {+AGONIA} Röcheln n **2** *med* {CREPITANTE} Rasselgeräusch n *scient*.

ranùncolo m *bot* Ranunkel f, Hahnenfuß m: **~ dei ghiacciai**, Gletscherhahnenfuß m; **~ di montagna**, Trollblume f.

rap *ingl mus* **A** <inv> agg {RITMI} Rap- **B** <-> m Rap m.

ràpa f **1** Rübe f **2** *fig* (*sciocco*) Dummkopf m *spreg*, Idiot m *fam spreg*: **sei proprio una ~!**, du bist wirklich ein Idiot *fam spreg*/Dummkopf! *fam* **3** *fig scherz* (*testa rasata o pelata*) Glatz-, Kahlkopf m ● **valere una ~** (*non valere niente*), keinen Pfifferling wert sein *fam*.

rapàce **A** agg **1** (*predatore*) {LEONE} räuberisch; {UCCELLO} *anche* Raub- **2** *fig* (*avido*) {SGUARDO} gierig; {AMMINISTRATORE, USURAIO} *anche* räuberisch **B** m *ornit* {DIURNO, NOTTURNO} Raubvogel m.

rapacità <-> f **1** (*l'essere rapace*) {+FALCO} Raubgier f **2** *fig* (*cupidità*) {+FISCO} (Geld)gier f.

rapanèllo → **ravanello**.

rapàre **A** tr (*radere i capelli*) ~ **qu** jdn glatt scheren, jdn rasieren: **la mamma ha rapato il bambino (a zero)**, die Mutter hat das Kind (kahl) geschoren; **farsi ~ (a zero)**, sich (vollkommen glatt) scheren lassen **B** rfl: **raparsi** sich (dat) das Haar kahl scheren, sich scheren lassen.

rapè <-> agg *franc* {TAPPETO} abgenutzt, fadenscheinig.

raperónzolo m *bot* Rapunzel f.

ràpida f {+FIUME} Stromschnelle f.

rapidità <-> f **1** (*velocità*) {+CORRENTE} Geschwindigkeit f, Schnelligkeit f: **fare qc con ~**, etw schnell tun **2** (*prontezza*) {+GIUDIZIO} Schnelligkeit f: **nel prendere una decisione**, Entschlussfreudigkeit f **3** *fot* (*sensibilità*) Empfindlichkeit f ● **con la ~ di un fulmine**, blitzschnell, (schnell) wie der Blitz.

ràpido, (-a) **A** agg **1** (*veloce*) {MANOVRA, MEZZO, MOSSA, SERVIZIO} schnell: **persona rapida nell'agire**, tatkräftiger Mensch; {GUARIGIONE, OCCHIATA} rasch; **una rapida successione di pensieri**, eine rasche Gedankenfolge/[Aufeinanderfolgen von Gedanken] **2** (*pronto*) {INTERVENTO} schnell, rasch, prompt **3** (*breve*) {COTTURA} kurz **4** *fot* {PELLICOLA} besonders lichtempfindlich **5** *metall* {ACCIAIO} Schnell- **B** m *ferr* (abbr R.) Intercity(-Zug) m: **prendere il ~ delle 7.05**, den Intercity/IC um 7.05 nehmen ● **come il fulmine/vento** *fig* (*molto rapido*), blitzschnell, [in Windeseile].

Rapidograph® <-> m (*penna*) Tuschstift m.

rapiménto m **1** (*ratto*) {+PERSONA} Entführung f; {+BAMBINO} Kidnapping n, Kidnappen n: **fare un ~**, jdn kidnappen **2** *fig* (*emozione*) Entzücken n: **ascoltare una musica con ~**, eine Musik hingerissen/entzückt anhören **3** *relig* Verzückung f.

rapìna f **1** Raub(überfall) m: **fare una ~ in banca**, eine Bank überfallen/ausrauben; **progettare una ~ in banca**, einen Banküberfall planen; **~ a mano armata**, bewaffneter Raubüberfall; **~ violenta**, Raubüberfall m; *dir* (*reato di ~*) Raub m **2** (*bottino*) Diebes-beute f **3** *fig* (*ruberia*) Diebere f *fam spreg*: **con le sue rapine si è arricchito**, mit seinen Diebereien ist er reich geworden *fam spreg*.

rapinàre tr **1** (*commettere una rapina*) ~ **qc** {BANCA, UFFICIO POSTALE} etw aus|rauben, etw überfallen **2** (*derubare*) ~ **qu** (*di qc*) {VECCHIETTA} jdn (etw gen) berauben *forb*, jdm etw weg|nehmen, jdm etw stehlen: **l'hanno rapinata di tutti i suoi averi**, sie haben sie all ihres Hab und Guts beraubt *forb*/[ihr all ihr Hab und Gut weggenommen].

rapinatóre, (-trice) m (f) (*ladro*) {+GIOIELLERIA} Räuber(in) m(f), Dieb(in) m(f).

rapìre <*rapisco*> tr **1** (*sequestrare*) ~ **qu** {DONNA} jdn entführen; {BAMBINO} jdn kidnappen **2** (*portare via*) ~ **qc** {LUPO PECORE} etw reißen; **~ qc a qu** {IL CUCCIOLO ALLA BAMBINA} jdm etw weg|nehmen, jdm etw entreißen; *lett* {FIUME IN PIENA GLI ALBERI} etw mit sich (dat) reißen **3** *fig* (*estasiare*) ~ **(qu)** {CONCERTO SPETTATORI} jdn überwältigen, jdn hin|-, mit|reißen, jdn begeistern, jdn fesseln; ~ **(qu/qc)**: **è un paesaggio che rapisce**, das ist eine überwältigende/hinreißende Landschaft; **questa poesia rapisce l'anima/il cuore**, dieses Gedicht/diese Dichtung verzückt/begeistert/[reißt mit] **4** *fig* (*togliere*) **~ qu** jdn entreißen: **ci è stato rapito dalla morte**, der Tod hat ihn uns entrissen.

rapìto, (-a) **A** agg **1** (*sequestrato*) {UOMO} entführt; {BAMBINO} gekidnappt **2** *fig* (*incantato*) {ESPRESSIONE, SGUARDO} hingerissen, entzückt, verzückt: **guardare qu con aria rapita**, jdn entzückt anschauen **B** m (f) (*persona*) Entführte mf *decl come agg*; (*bambino*) Gekidnappte mf *decl come agg*.

rapitóre, (-trice) m (f) (*sequestratore*) Entführer(in) m(f); {+BAMBINO} Kidnapper(in) m(f).

rappacificàre <*rappacifico, rappacifichi*> **A** tr (*riconciliare*) ~ **qu/qc** {LITIGANTI, NAZIONI} jdn/etw ver-, aus|söhnen: **~ gli animi**, die Gemüter beruhigen **B** rfl: **rappacificarsi (con qu)** sich (*mit jdm*) ver-, aus|söhnen: **si è rappacificato con i genitori**, er hat sich mit seinen Eltern versöhnt.

rappacificazióne f (*riconciliazione*) Ver-, Aussöhnung f.

rappàre *mus* **A** itr rappen **B** tr ~ **qc** etw (ver)rappen: **~ 'Torna a Surriento'**, 'Torna a Surriento' verrappen.

ràpper <-> m (f) *ingl mus* **1** (*autore*) Rapper(in) m(f) **2** (*appassionato*) Rap-Fan m.

rappezzàre tr ~ **qc 1** (*accomodare*) {SCARPE, VESTITO} etw aus|bessern, etw flicken **2** *fig spreg* (*aggiustare*) {OPERA LETTERARIA} etw zusammen|schustern *fam spreg*.

rappezzatùra f **1** (*rattoppo*) {+GIACCA} Flicken m **2** *fig spreg* (*aggiunta*) {+OPERA MUSICALE} zusammengeschusterter Einschub *fam spreg*, zusammengeschusterte Ergänzung f *fam spreg*.

rappèzzo m **1** (*riparazione*) Flicken n: **fare un ~ a qc**, etw flicken, einen Flicken auf etw (acc) aufnähen **2** (*parte riparata*) Flickstelle f **3** *fig* (*rimedio inadeguato*) Notbehelf m **4** *fig* (*scusa poco convincente*) Notlüge f, lahme Entschuldigung, faule Ausrede *fam*.

rapportàre **A** tr **1** (*confrontare*) ~ **qc** (a qc) {UN SISTEMA POLITICO A UN ALTRO} etw (*mit etw dat*) vergleichen; {DUE PERSONE} etw miteinander vergleichen **2** (*ridurre*) ~ **qc su qc** {UN DISEGNO SU SCALA} etw auf etw (acc) übertragen **B** itr pron (*riferirsi*): **rapportarsi a qc** {RELAZIONE ALLA PRECEDENTE} sich auf etw (acc) beziehen.

rappòrto m **1** (*resoconto*) {BREVE, DETTAGLIATO, SCRITTO} Bericht m, Meldung f: **fare ~ (a qu) (su qc)**, (jdm) Bericht (über etw acc) erstatten **2** (*connessione*) Zusammenhang m, Verhältnis n: **~ di causalità/[causa ed effetto]**, Kausalzusammenhang m; **non c'è alcun ~ tra i due fatti**, es gibt keinen Zusammenhang zwischen den beiden Ereignissen **3** (*legame fra persone*) Verhältnis n, Beziehung f, Verbindung f: **rapporti d'affari**, geschäftliche Beziehungen; **~ di amicizia**, Freundschaft f, freundschaftliches Verhältnis; **~ amoroso**, Liebesbeziehung f; **tra di noi non corrono buoni rapporti**, wir haben kein gutes Verhältnis (zueinander); **mantenere rapporti di buon vicinato**, (eine) gute Nachbarschaft halten, ein gutes Verhältnis zur Nachbarschaft aufrechterhalten; **avere un buon ~ con qu**, gute Beziehungen/[ein gutes Verhältnis] zu jdm haben; **rapporti commerciali**, Geschäftsverbindungen f pl, Handelsbeziehungen f pl; **~ di coppia**, (Partner)beziehung f; **rapporti epistolari**, Briefwechsel m; **entrare in ~ con qu**, mit jdm Beziehungen/Verbindung aufnehmen; **essere in rapporti con qu**, mit jdm in Verbindung stehen; **essere in buoni rapporti con qu**, gute Beziehungen zu jdm haben; **~ di parentela**, Verwandt-

schaftsverhältnis n, verwandtschaftliche Beziehung; **rompere ogni ~ con qu**, jegliche Verbindung zu jdm abbrechen; **~ sociali**, soziale Beziehungen **4** (*rapporto sessuale*) (Geschlechts)verkehr *amm o obs m*: **~ anale**, Analverkehr *m*; **rapporti intimi/sessuali**, intime Beziehungen *f pl*; **avere rapporti omosessuali con qu**, homosexuelle Beziehungen zu jdm haben; **~ orale**, Oralverkehr *m*; **rapporti prematrimoniali**, voreheliche Geschlechtsverkehr; **avere rapporti intimi/sessuali con qu**, mit jdm ˌverkehren *eufem*ˌ/ [Geschlechtsverkehr/Sex *fam* haben] **5** *dir* {GIURIDICO} Verhältnis *n*; **~ di lavoro**, Arbeitsverhältnis *n*; **~ di servizio**, (öffentlich-rechtliches) Dienstverhältnis **6** *elettr* {+TRASFORMAZIONE} Verhältnis *n* **7** *mat* Verhältnis *n*: **nel ~ di uno a cento...**, im Verhältnis eins zu hundert...; **~ tra due grandezze**, Verhältnis *n* zwischen zwei Größen **8** *mecc* {+INGRANAGGI, TRASMISSIONE} Übersetzung *f*; {+BICICLETTA} Gang *m*: **cambiare ~**, in einen anderen Gang schalten, umschalten **9** *mil* {PERSONALE} Rapport *m*: **chiamare a ~**, zum Rapport rufen; **mettersi a ~**, sich zum Rapport melden **10** *tess* Rapport *m* • **~ di causalità** *dir* (*nesso causale*), kausaler Zusammenhang, Kausalzusammenhang *m*, Kausalität *f*; **in ~ a qu/qc**, im Verhältnis zu jdm/etw; **~ di mascolinità** *stat*, Männeranteil *m* an der Gesamtbevölkerung; **~ obbligatorio** *dir* (*obbligazione*), Schuldverhältnis *n*.
rapprèndere <coniug *come* prendere> **A** *tr* **~ qc 1** (*cagliare*) {LATTE} *etw* gerinnen lassen **2** (*condensare*) {SALSA} *etw* eindicken lassen **B** *itr* <*essere*> *itr pron*: **rapprendersi 1** (*coagularsi*) {SANGUE} gerinnen **2** (*solidificarsi*) {GELATINA} sich verfestigen.
rappreṣàglia *f* **1** (*rivalsa*) Rache *f*: **bocciare qu per ~**, jdn aus Rache durchfallen lassen *fam* **2** *dir* Repressalie *f*, Vergeltung(s)maßnahme *f*: **compiere una ~ contro qu**, eine Vergeltungsmaßnahme gegen jdn ergreifen **3** *mil* (*ritorsione violenta*) Repressalie *f forb*: **~ bellica**, Kriegsrepressalie *f forb*; **uccidere qu per ~**, jdn als Repressalie *forb* töten.
rappreṣentàbile *agg* **1** (*descrivibile*) darstellbar, beschreibbar: **un fenomeno ~ con grafici**, ein grafisch darstellbares Phänomen **2** *teat* (*allestibile*) inszenierbar: **commedia/scena difficilmente ~**, schwer inszenierbare Komödie/Szene.
rappreṣentànte *mf* **1** (*portavoce*) {+ASSOCIAZIONE, CATEGORIA, MINISTRO} Vertreter(in) *m*(*f*), Repräsentant(in) *m*(*f*): **~ diplomatico**, diplomatischer Vertreter; **~ di governo**, Regierungsvertreter(in) *m*(*f*); **~ del popolo**, Volksvertreter(in) *m*(*f*); **~ sindacale**, Vertrauensmann *m*, Vertrauensfrau *f* **2** *fig* (*esponente*) {+CORRENTE ARTISTICA, LETTERARIA} Vertreter(in) *m*(*f*), Exponent(in) *m*(*f*): **è il maggior ~ del Romanticismo**, er ist der wichtigste/bedeutendste Vertreter der Romantik **3** *comm* Vertreter(in) *m*(*f*): **~ (di commercio)**, Handelsvertreter(in) *m*(*f*); **~ di elettrodomestici**, Vertreter(in) *m*(*f*) für Haushaltsgeräte: **fare il ~**, als Vertreter arbeiten **4** *dir* Stellvertreter(in) *m*(*f*); Vertreter(in) *m*(*f*): **~ legale**, gesetzlicher Vertreter **5** *scuola* {+STUDENTI} Sprecher(in) *m*(*f*).
rappreṣentànza *f* **1** (*il rappresentare*) Vertretung *f*, Repräsentation *f forb*: **avere funzioni di ~**, repräsentative *forb* Funktionen innehaben; **spese di ~**, Repräsentationsaufwendungen *f pl*, Repräsentationsgelder *n pl* **2** (*delegazione*) {+GOVERNO, LAVORATORI, SINDACATO} Delegation *f* **3** *comm* Vertretung *f*, Niederlassung *f*: **avere la ~ di una ditta in una regione**, die Niederlassung einer Firma in einer Region haben **4** *dir* Stell-

vertretung *f*; Vertretung *f*: **~ attiva/passiva**, aktive/passive Stellvertretung; **~ diretta**, echte/offene/unmittelbare/direkte Stellvertretung; **~ indiretta**, unechte/verdeckte/mittelbare/indirekte Stellvertretung; **~ legale/volontaria**, gesetzliche/gewillkürte Stellvertretung **5** *polit* {+STATO} Vertretung *f*: **~ diplomatica**, diplomatische Vertretung; **~ proporzionale**, Verhältniswahlrecht *n* • **in giudizio di qu** (*civile*), Prozessvertretung *f*; **in ~ di qu** (*per conto, a nome di*), in Vertretung von jdm/+ *gen*; **il ministro è intervenuto in ~ del capo del governo**, der Minister ist/hat in Vertretung des Regierungsoberhauptes erschienen/teilgenommen; **~ processuale** *dir* (*civile*), Prozessvertretung *f* (von Personen, denen die Prozessfähigkeit mangelt).
rappreṣentàre *tr* **A** (*mostrare*) **~ qc** (+ *compl di modo*) {FILM REALTÀ DEL SECONDO DOPOGUERRA} *etw* (*irgendwie*) dar|stellen, *etw* (*irgendwie*) schildern, *etw* (*irgendwie*) beschreiben **2** (*raffigurare*) **~ qu/qc** {QUADRO REGINA, PAESAGGIO} jdn/*etw* dar|stellen: **~ qu di profilo/in primo piano**, jdn im Profil/Vordergrund darstellen **3** (*simboleggiare*) **~ qc** {COLOMBA PACE} *etw* symbolisieren, *etw* verkörpern **4** (*portare in scena*) **~ qc** {IL FAUST} *etw* auf|führen, *etw* inszenieren **5** (*interpretare*) **~ qc** {PARTE, RUOLO} *etw* spielen **6** (*agire per conto di*) **~ qc** {IMPRESA, SOCIETÀ} *etw* vertreten **7** (*fare le veci*) **~ qu** jdn vertreten: **il capo dello Stato si fatto ~ da un ministro**, das Staatsoberhaupt hat sich durch einen Minister vertreten lassen **8** (*significare*) **~ qc per qu** jdm *etw* bedeuten: **questa casa rappresenta tutto per noi**, dieses Haus bedeutet ˌuns allesˌ/[alles für uns] **9** *dir polit* **~ qu/qc** *etw* vertreten: **~ in giudizio la parte**, die Partei vor Gericht vertreten; **~ il popolo**, das Volk vertreten **10** *mat etw* dar|stellen, *für etw* (*acc*) stehen.
rappreṣentativa *f* **1** *amm polit* Vertretung *f* **2** *sport* Auswahlmannschaft *f*.
rappreṣentatività <-> *f* (*capacità rappresentativa*) {+CETO SOCIALE, MOVIMENTO SINDACALE} Repräsentativität *f forb*.
rappreṣentativo, (-a) *agg* **1** (*che serve a rappresentare*) {GESTO, IMMAGINE} darstellerisch; {FORZA, STILE} *anche* Darstellungs- **2** (*caratteristico*) **~ di qu/qc**) {SCRITTORE, LETTERATURA DEL DOPOGUERRA} typisch (*für jdn/etw*), charakteristisch (*für jdn/etw*), repräsentativ *forb* (*für jdn/etw*) **3** (*di rappresentanza*) vertretend **4** *dir polit* {SISTEMA} Repräsentativ- **5** *filos psic* {IDEA, PERCEZIONE} repräsentativ **6** *sport* Auswahl-: **squadra rappresentativa**, Auswahlmannschaft *f* **7** *stat* {CAMPIONE} repräsentativ.
rappreṣentazióne *f* **1** (*descrizione*) {ALLEGORICA, FANTASTICA, REALISTICA; +CARATTERE, EPOCA, SCENA} Darstellung *f*, Schilderung *f*, Beschreibung *f* **2** (*riproduzione grafica*) {+EDIFICIO} Darstellung *f*: **~ in sezione/vista**, Darstellung *f* ˌim Querschnittˌ/[Vorderansicht]; **~ per proiezione**, Darstellung *f* zur Projektion **3** *dir* Darstellung *f*, Vorführung *f*, Aufführung *f*: **diritto di ~** (*nelle successioni*), Eintrittsrecht *n* **4** *filos* (*operazione conoscitiva*) Darstellung *f*, Vorstellung *f* **5** *fis* {+ENERGIA} Darstellung *f* **6** *lett* Spiel *n*: **sacre rappresentazioni medievali**, mittelalterliche Passionsspiele, geistliche Spiele **7** *mat* {BINARIA, DECIMALE} Darstellung *f* (*equazione*) Gleichung *f* **8** *psic* (*percezione*) Vorstellung *f* **9** *teat* (*spettacolo*) {+BALLETTO, COMMEDIA} Aufführung *f*, Vorstellung *f*: **prima ~**, Ur-, Erstaufführung *f*, Premiere *f*; **~ serale/pomeridiana**, Abend-/Nachmittagsvorstellung *f*.
rapṣodìa *f anche mus* Rhapsodie *f*: **rapsodie ungheresi**, ungarische Rhapsodien.

rapṣòdico, (-a) <-*ci, -che*> *agg* **1** (*dei rapsodi*) {POEMA} rhapsodisch **2** *fig* (*per frammenti*) {LETTURA} bruchstückhaft, fragmentarisch.
rapṣòdo *m anche fig lett* Rhapsode *m*.
ràptus <-> *m lat* **1** *med psic* Tobsuchts-, Wutanfall *m*, Raptus *m scient*: **~ omicida**, mörderischer Raptus *scient*: Amoklauf *m*; **sembrava essere in preda a un ~**, er/sie schien von einem Raptus *scient* gepackt zu sein **2** *fig lett* (*momento di ispirazione*) Erleuchtung *f*.
ràra àvis <-, *rarae aves pl lat*> *loc sost f lat* (*persona o cosa rara*) Rara Avis *f forb*, seltener/seltsamer/schräger Vogel *fam scherz*.
rarefàre <*irr* rarefaccio, rarefici, rarefatto> **A** *tr* **~ qc 1** (*dilatare*) {GAS} *etw* verdünnen **2** (*diradare*) {LE VISITE} *etw* ein|schränken, *etw* verringern **B** *tr pron*: **rarefarsi 1** (*ARIA, NEBBIA*) dünner werden **2** (*diminuire*) {TRAFFICO} nach|lassen.
rarefàtto, (-a) *agg* **1** (*dilatata*) {ARIA} dünn **2** (*rado*) {CAPELLI} schütter.
rarefazióne *f* **1** (*il rarefarsi*) {+ARIA, GAS} Verdünnung *f* **2** *fig* (*diminuzione*) {+PUBBLICO} Abnehmen *n*.
rarità <-> *f* **1** (*scarsa frequenza*) {+FENOMENO, OPERA D'ARTE} Seltenheit *f* **2** (*pezzo fuori dal comune*) Rarität *f*, Seltenheit *f*: **questa tabacchiera è una vera ~**, diese Schnupftabaksdose ist eine ausgesprochene Rarität **3** (*evento o persona eccezionale*) Seltenheit *f*: **un amico leale è una ~**, ein aufrichtiger Freund ist eine Seltenheit; **il saper ascoltare è oggi una ~**, zuhören können ist heute eine Seltenheit.
ràro, (-a) *agg* **1** (*poco frequente*) {EVENTO, PATOLOGIA, SVAGHI, VISITE} selten: **è un caso più unico che ~**, das ist ein Einzelfall; **è ~ trovare qu così disponibile**, es ist selten, einen so hilfsbereiten Menschen zu treffen; **ci vediamo rare volte**, wir sehen uns selten; **qualche rara volta**, selten **2** (*poco comune*) {ANIMALE, ESEMPLARE, GIOIELLO, MERCE, MONETA} selten, *raro* **3** (*eccezionale*) {BONTÀ, GENEROSITÀ, INTELLETTO, UOMO} außergewöhnlich **4** *bot* {PIANTA} selten **5** *chim* {GAS} Edel-.
ras <-> *m aramaico* **1** (*in Etiopia: capo politico*) Ras *m* **2** *fig spreg* (*despota*) Despot *m spreg*.
raṣàre A *tr* **1** (*tagliare col rasoio*) **~ qu** {INFERMIERE PAZIENTE} jdn rasieren: **~ a zero**, jdn kahl scheren; **~ qc** {BARBA} *etw* (ab|)rasieren; {CAPELLI} *etw* scheren **2** (*pareggiare*) **~ qc** {PRATO} *etw* mähen; {SIEPE} *etw* stutzen **B** *rfl* **1** (*farsi la barba*) **rasarsi** sich rasieren: **rasarsi a zero**, sich glatt rasieren **2** *indir*: **rasarsi qc** {BARBA} sich (*dat*) *etw* ab|rasieren.
raṣatèllo *m tess* {+COTONE} Satinella *m*.
raṣàto, (-a) A *agg* **1** (*sbarbato*) {BARBA} abrasiert; {UOMO} rasiert; {CAPELLI} geschoren **2** *lavori femminili* {MAGLIA} satiniert; {PUNTO} glatt **B** *m tess* Satin *m*.
raṣatùra *f* **1** (*effetto*) {PERFETTA} Rasur *f* **2** (*azione*) {+BARBA} Rasieren *n* **3** (*taglio*) {+PRATO} Mähen *n*; {+SIEPE} Stutzen *n* 2 (*ciatura*) {+PELLI} Falzen *n* **5** *tess* {+VELLUTI} Satinieren *n*.
raschiaménto *m* **1** {+SUPERFICIE} Abkratzung *f*; (*azione*) *anche* Abschaben *n*, Abkratzen *n* **2** *med* {+OSSO, UTERINO} Ausschabung *f*.
raschiàre <*raschio, raschi*> *tr* **1** (*grattare*) **~ qc (di qc)** {INTONACO DA UN MURO, PAVIMENTO} *etw* (*von etw dat*) (ab|)schaben, *etw* (*von etw dat*) ab|kratzen **2** *med* **~ qc** {OSSO, UTERO} *etw* aus|schaben.
raschiàta *f* (*ripulita frettolosa*) schnelles/oberflächliches Abkratzen/Abschaben: **da-**

re una ~ alla vernice della porta, oberflächlich die Farbe von der Tür abkratzen.

raschiatùra f 1 (*operazione*) {+MURO} Abschaben n, Auskratzen n 2 (*segno che rimane*) Kratzer m 3 (*i resti*) Späne m pl.

raschiétto m 1 (*arnese per muri*) Schabmesser n 2 (*arnese per scrivania*) Radiermesser n 3 (*lama per le scarpe*) Kratzeisen n 4 tecnol (*per metalli*) Schaber m.

raschìno m (*raschietto*) Schaber m, Kratzer m.

ràschio[1] <-schi> m 1 (*rumore*) Räuspern n 2 (*irritazione in gola*) Kratzen n.

ràschio[2] m (*il raschiare*) {+CANCELLO} Knarren n, Quietschen n; {+ZOCCOLI DEI CAVALLI} Stampfen n.

rasentàre tr ~ qc 1 (*sfiorare*) {MOTOSCAFO RIVA} etw streifen: **camminare rasentando i muri**, die Mauern entlangstreifen 2 fig (*avvicinarsi*) {LA SCONFITTA, LA VITTORIA} sich etw (dat) nähern, an etw (acc) grenzen, etw (dat) nahe|kommen: ~ **l'assurdo/il ridicolo**, ans Absurde/Lächerliche grenzen; ~ **il disonore**, fast eine Schande sein; ~ **la follia/la galera**, dem Wahnsinn/Gefängnis nahekommen; ~ **la morte**, sich dem Tod nähern.

rasènte loc prep (*vicinissimo a*): ~ **a qu/qc**, dicht an jdm/etw, dicht neben jdm/etw: **camminare ~ il/al muro**, dicht an der Mauer entlang laufen/gehen; **volare ~ terra**, {AEREO} dicht über dem Boden fliegen; **volare ~ all'acqua**, {UCCELLO} dicht über dem Wasser fliegen; **il proiettile passò ~ al soldato**, die Kugel flog dicht an dem Soldaten vorbei.

rash <-> m ingl med {CUTANEO} Rash m scient, Vorexanthem n scient.

ràsi 1ª pers sing del pass rem di radere.

ràso, (-a) A part pass di radere B agg 1 (*pieno*) {BICCHIERE} randvoll; {CUCCHIAIO} gehäuft 2 (*rasato*) {VOLTO} rasiert; {TESTA} kahl, geschoren, Kahl- 3 (*spianato*) {CAMPAGNA} kahl 4 **lavori femminili** {PUNTO} glatt C m tess Atlas m, Satin m: ~ **di seta**, Seidenatlas m D loc avv: ~ **terra** 1 (*rasente*): **l'aereo volava ~ terra**, das Flugzeug flog dicht über dem Boden 2 fig (*mediocre*) mittelmäßig spreg, flach spreg, seicht spreg: **discorsi ~ terra**, seichtes Gerede spreg.

rasoiàta f (*colpo di rasoio*) Rasiermesserstich m.

rasóio <-soi> m (*utensile per radersi*) Rasierer m, Rasierapparat m, Rasiermesser n: ~ **elettrico**, elektrischer Rasierapparat; ~ **di sicurezza**, Sicherheitsrasierapparat m; ~ **radi e getta**, Einmal-, Einwegrasierer m • **attaccarsi ai rasoi** fig (*ricorrere ad aiuti pericolosi*), sich an jeden Strohhalm klammern.

rasóne m tess Satin m, Futterseide f.

rasotèrra A <inv> agg fig (*mediocre*) {DISCORSI} mittelmäßig spreg, flach spreg, seicht spreg B m sport (*nel calcio*) Flachball m C avv (*rasente la terra*) dicht/flach über den Boden: **volare ~**, dicht über dem Boden fliegen.

ràspa f 1 (*lima*) Raspel f, Holzfeile f 2 sport (*nello sci*) Abbremsen n mit den Skistöcken.

raspàre A tr 1 (*levigare*) ~ **qc** {LEGNO} etw schaben, etw (ab|)raspeln 2 (*irritare*) ~ (**qc**) {MAGLIONE PELLE} {irgendwo} kratzen: **questo vino raspa la gola**, der Wein kratzt im Hals 3 (*grattare*) ~ (**qc**) {CANE PORTA D'INGRESSO} an etw (dat) kratzen 4 fig fam (*sgraffignare*) ~ **qc** (**a qu**) {LA SCOLORINA A UN COMPAGNO} (jdm) mopsen fam B itr 1 (*raschiare*) {SCOPA, SPAZZOLA} kratzen 2 (*grattare*) ~ (+ **compl di luogo**) {CANE, CAVALLO} (irgendwo) kratzen, (irgendwo) scharren 3 fig (*frugare*) ~ **in qc** {NEL CASSETTO} in etw (dat) stöbern.

ràspo m (*grappolo senza acini*) {+UVA} Traubenkamm m.

rassègna f 1 (*mostra*) {+SCULTURA MODERNA} Ausstellung f, Schau f 2 (*festival*) {CINEMATOGRAFICA} Festival n 3 (*resoconto*) {+STAGIONE TEATRALE} Übersicht f, Querschnitt m 4 (*enumerazione*) {+PROBLEMI} Aufzählung f 5 (*recensione*) {+STUDI GOETHIANI} Bericht m, Rundschau f 6 fig (*esame accurato*) {+FATTI, NOTIZIE} Analyse f, (Über)prüfung f; {+DOCUMENTI DI UN ARCHIVIO} anche Untersuchung f: **fare la ~ di qc**, etw überprüfen 7 mil {+FORZE ARMATE} Parade f, Truppenschau f • ~ **di moda**, Mode(n)schau f; **passare in ~ qu/qc** (*esaminare a scopo di valutazione*), {CANDIDATI} jdn/etw prüfen, jdn/etw bewerten; fig scherz **i ragazzi passarono in ~ le ragazze presenti alla festa**, die Jungen begutachteten/[musterten kritisch/unverhohlen] das Angebot der Mädchen auf der Party iron; **passare in ~ le truppe** mil (*esaminare*), die Parade abnehmen, die Truppen paradieren lassen; ~ **stampa** giorn, Presseschau f.

rassegnàre A tr amm ~ **qc** (*consegnare*) {CARICA} etw nieder|legen; (*presentare*) {RECLAMO} etw vor|bringen: ~ **le proprie dimissioni**, zurücktreten, seinen Rücktritt/Abschied forb einreichen B itr pron (*arrendersi*): **rassegnarsi a qc** {ALLA VOLONTÀ DI DIO} sich in etw (acc) fügen; {A UNA DISGRAZIA} anche sich mit etw (dat) ab|finden: **si è rassegnato al suo destino**, er hat sich mit seinem Schicksal abgefunden; (*uso assol*) resignieren forb, sich ab|finden; **devi rassegnarti ormai**, dir bleibt jetzt nichts anderes übrig als dich damit abzufinden.

rassegnàto, (-a) agg 1 (*di accettazione*) {SGUARDO} resigniert forb 2 (*arreso*) ~ **a qc in etw** (acc) ergeben: **uomo ~ alla sua sorte**, ein schicksalsergebener Mann.

rassegnazióne f (*accettazione*) Resignation f forb.

rasserenaménto m 1 (*schiarimento*) {+CIELO} Aufhellung f, Aufheiterung f 2 fig {+ANIMO} Aufheiterung f.

rasserenànte agg (*confortante*) {EFFETTO, VISIONE} aufheiternd, tröstlich; {NOTIZIA} anche gut, erfreulich.

rasserenàre A tr ~ **avere** 1 ~ **qc** {CIELO} etw auf|heitern 2 fig (*tranquillizzare*) ~ **qu** jdn auf|heitern, jds Gemüt auf|hellen: **la tua presenza lo ha rasserenato**, deine Gegenwart hat ihn aufgeheitert B itr <essere> itr pron: **rasserenarsi 1** {CIELO} sich auf|heitern 2 fig (*calmarsi*) sich auf|heitern, sich auf|hellen: **quando apprese la notizia si rasserenò**, als er/sie die Nachricht bekam, heiterte er/sie sich/[hellte sich seine/ihre Miene] auf.

rasserenàto, (-a) agg 1 {CIELO} aufgeheitert 2 fig (*disteso*) {VOLTO} entspannt.

rassettàre tr ~ **qc** 1 (*mettere in ordine*) {CASA, STANZA} etw auf|räumen, etw in Ordnung bringen 2 (*aggiustare*) {PORTA} etw aus|bessern, etw reparieren; {CAMICIA, VESTITO} etw aus|bessern, etw flicken 3 fig (*rimediare*) {GUAIO} etw regeln, etw ordnen, etw in Ordnung bringen B rfl (*mettersi in ordine*): **rassettarsi** sich zurecht|machen, sich her|richten; **rassettarsi qc** {L'ABITO, I CAPELLI} sich (dat) etw zurecht|machen, sich (dat) etw richten.

rassicuraànte agg (*che dà fiducia*) {GESTO, IMMAGINE, PAROLE} beruhigend, ermutigend.

rassicuràre A tr (*tranquillizzare*) ~ **qu/qc** {MEDICO PAZIENTE; PADRONE CAGNOLINO} jdn/etw beruhigen: ~ **gli animi**, die Gemüter beruhigen B itr pron (*rincorarsi*): **rassicurarsi** sich beruhigen, wieder Mut fassen.

rassicurazióne f (*incoraggiamento*) Beruhigung f, Ermunterung f, Ermutigung f: **il bambino ha bisogno di ~ da parte dei genitori**, das Kind braucht Ermutigung von seinen Eltern.

rassodaménto m (*indurimento*) {+TERRENO} Befestigung f; {+NATICHE} Straffung f.

rassodànte agg (*tonificante*) {CREMA} straffend.

rassodàre A tr ~ **qc** 1 (*rendere sodo*) {MUSCOLI, SENO} etw straffen; {TERRENO} etw befestigen 2 fig (*consolidare*) {RAPPORTO} etw stärken, etw festigen B itr <essere> itr pron: **rassodarsi 1** (*diventare sodo*) {CREMA} dickflüssig werden 2 fig (*rafforzarsi*) {LEGAME} sich stärken, sich festigen.

rassomigliànte agg (*simile*) ~ (**a qu**) {BAMBINO A SUA MADRE} (jdm) ähnlich, (jdm) ähnelnd: **una caricatura molto ~**, eine wirklichkeitsgetreue/[sehr wirklichkeitsnahe] Karikatur.

rassomigliànza f (*somiglianza*) ~ (**tra qu**) {TRA FRATELLI} Ähnlichkeit f (*zwischen jdm*); ~ (**con qu**) {CON UN ANTENATO} Ähnlichkeit f (*mit jdm*).

rassomigliàre <rassomiglio, rassomigli> A itr (*somigliare*) ~ **a qu** {NIPOTE AL NONNO} jdm gleichen, jdm ähneln, jdm ähnlich sein/sehen B rfl rec (*essere simile*): **rassomigliarsi** sich (dat) gleichen, sich (dat) ähneln, ähnlich sein, sich (dat) ähnlich sehen: **le due case si rassomigliano molto**, die zwei Häuser sind sehr ähnlich.

ràsta n → **rastafariano**.

rastafariàno, (-a) A agg Rasta- B m (f) (*persona*) Rasta mf, Rastafari mf.

rastrellaménto m 1 (*raccolta*) {+FIENO, FOGLIE SECCHE} Harken n 2 fig {+POLIZIA} Durchkämmen n, Razzia f: **i rapitori vennero arrestati durante un ~**, die Entführer wurden während einer Razzia verhaftet 3 econ {+AZIONI, TITOLI} Aufkaufen n 4 mil {+POSIZIONI CONQUISTATE} Durchkämmen n, Säuberung f.

rastrellàre tr ~ **qc** 1 {FOGLIE, PRATO, SPIAGGIA} etw harken, etw rechen A CH süddt 2 (*perlustrare*) {POLIZIA RIONE} etw durchkämmen, etw ab|suchen 3 (*racimolare*) etw zusammen|bekommen, etw zusammen|bringen: **il governo dovrà ~ oltre tre milioni di euro**, die Regierung muss über drei Millionen Euro zusammenbekommen/auftreiben fam 4 econ {TITOLI} etw auf|kaufen 5 polit {VOTI} etw sammeln.

rastrellàta f 1 (*operazione*) Harken n: **il prato ha bisogno di una ~**, die Wiese muss geharkt werden 2 (*colpo*) Schlag m mit dem Harken/[A CH süddt dem Rechen].

rastrellièra f 1 (*greppia*) Futterraufe f 2 (*scolapiatti*) Abtropfkorb m, Abtropfbrett n 3 (*arnese da sostegno*) Ständer m, Halter m: ~ **per biciclette/fucili/[stecche da biliardo]**, Fahrrad-/Gewehr-/Billardstockständer m.

rastrèllo m 1 {+CONTADINO, GIARDINIERE} Harke f, Rechen f A CH süddt 2 {+CROUPIER} Geldharke f • ~ **meccanico** agr, Harkmaschine f.

rastremàre arch A tr ~ **qc** {COLONNA} etw verjüngen B itr pron: **rastremarsi** sich verjüngen: **la colonna si rastrema verso l'alto**, die Säule verjüngt sich nach oben.

ràta A f 1 (*quota*) {ANNUALE} Rate f: **una ~ di duecento euro**, eine Rate von 200 Euro; ~ **mensile/trimestrale**, Monats-/Vierteljahresrate f, monatliche/vierteljährliche Rate; **pagare la prima/l'ultima di qc**, die erste/letzte Rate von etw (dat) zahlen; ~ **del mutuo**, Darlehensrate f 2 mar Mindestmenge f: ~ **di caricazione/scarico**, Mindestmenge f beim Laden/Ausladen; ~ **di nolo** (*prezzo del trasporto*), Frachtrate f B loc agg: **a rate**,

{VENDITA} ratenweise **C** *loc avv*: **a rate**, auf Raten, in Raten, ratenweise; **comprare qc a rate**, etw auf Raten/Abzahlung kaufen; **pagare qc a rate**, *etw* in Raten (ab-/be)zahlen; **vendere qc a rate**, *etw* auf Raten verkaufen.

ratafià <-> *m franc* Ratafia *m*.

rataplàn *inter onomatopeica (di rullo di tamburo)* bum bum.

ratatouille <-> *f franc* **1** *gastr (piatto di verdure)* Ratatouille *n* **2** *fig (accozzaglia)* Mischmasch *m*, Pot-pourri *n*, Ragout *n* **3** *fig (confusione)* Gewirr *n*, Durcheinander *n*.

ratatùia *f* → **ratatouille**.

rateàle *agg (a rate)* {PAGAMENTO, VENDITA} Raten-: **acquisto ~**, Ratenkauf *m*, Kauf auf Raten.

rateàre *tr (dividere in rate)* ~ **qc** {PAGAMENTO} *etw* in Raten auf|teilen.

rateazióne *f (suddivisione in rate)* Rateneinteilung *f*.

rateizzàre *tr (rateare)* ~ **qc** {SOMMA} *etw* in Raten auf|teilen, *etw* in Raten leisten.

rateizzazióne *f (divisione in rate)* Ratenfestsetzung *f*, Rateneinteilung *f*: **~ mensile**, monatliche Rateneinteilung.

ràteo *m* **1** *(rateizzazione)* Rateneinteilung *f* **2** *(in ragioneria)* {ATTIVO, PASSIVO} Rechnungsabgrenzungsposten *m*, (zustehender) Anteil: **~ d'interesse**, Ausgleichszins *m*.

ratifica <-che> *f* **1** *(riconoscimento)* {+NOMINA} Bestätigung *f*, Anerkennung *f* **2** *dir (atto di conferma)* {+TRATTATO} Ratifikation *f*, Ratifizierung *f*.

ratificàre <*ratifico, ratifichi*> *tr* ~ **qc 1** *(riconoscere)* {NOMINA} *etw* bestätigen **2** *dir (emanare l'atto di ratifica)* {PRESIDENTE DELLA REPUBBLICA TRATTATO} *etw* ratifizieren.

ratificazióne *f dir (ratifica)* {+TRATTATO} Ratifikation *f*, Ratifizierung *f*.

rating <-> *m ingl* **1** *econ* Rating *n* **2** *radio* Rating *n* **3** *sport* Segel-, Rennklasse *f*.

ràtio <-, *-nes pl lat*> *f lat (ragione)* Ratio *f*, Motivation *f* ● **extrema/ultima ~** *(soluzione estrema)*, Ultima Ratio *f* oder, äußerstes Mittel; **vendere la casa è l'extrema ~ per scongiurare il fallimento**, der Verkauf des Hauses ist die Ultima Ratio, um den Bankrott abzuwenden *forb*; **~ legis iuris**, Ratio *f* Legis, Sinn *m* eines Gesetzes.

Ratisbóna *f geog* Regensburg *n*.

ràto, (-a) *agg dir (nel diritto canonico)* {MATRIMONIO} gültig geschlossen ● **con premessa di ~ e valido** *dir*, unter der Voraussetzung der Genehmigung und der Bestätigung.

rattan <-> *m ingl* **1** *bot (palma)* Rotangpalme *f* **2** *(legno)* Rattan *n*, Peddigrohr *n*.

ratticida <-i *m*, -*e f*> **A** *agg* {POLVERE} mäusevernichtend, mäusevertilgend **B** *m (topicida)* Rattengift *n*.

rattizzàre *tr* ~ **qc 1** *(attizzare di nuovo)* {FUOCO} *etw* wieder an|fachen **2** *fig (suscitare)* {INVIDIA, ODIO, PASSIONE} *etw* wieder aufleben lassen, *etw* neu entfachen.

ràtto① *m zoo* Ratte *f*: **~ delle chiaviche**, Wanderratte *f*; **~ comune**, Hausratte *f*.

ràtto② *m* **1** *(rapimento di donna)* Raub *m*: **~ delle Sabine/di Elena**, der Raub der Sabinerinnen/Helenas **2** *dir (sottrazione a scopo di libidine)* {+DONNA, MINORE} Entführung *f* ● **Il ~ dal serraglio** *(opera di W. A. Mozart)*, Die Entführung aus dem Serail.

rattoppàre *tr* ~ **qc 1** *(rammendare)* {PAIO DI PANTALONI} *etw* flicken **2** *(restaurare)* {MURO} *etw* aus|bessern **3** *(riparare)* {PAGINE DI UN VECCHIO LIBRO} *etw* restaurieren **4** *fig (aggiustare alla meglio)* {DISCORSO} *etw* zusammen|stoppeln *fam spreg*.

rattoppatùra *f*, **rattóppo** *m* **1** *(il rattoppare)* Flicken *n* **2** *(parte rattoppata)* geflickte Stelle, Flicken *m*: **fare un ~ a una camicia**, ein Hemd flicken **3** *fig (rimedio provvisorio)* Notlösung *f*: **questo è solo un ~**, das ist nur eine Notlösung.

rattrappiménto *m (il rattrappirsi)* {+MUSCOLI} Versteifung *f*.

rattrappire <*rattrappisco*> **A** *tr (intorpidire) etw* gefühllos machen, *etw* steif werden lassen: **quella posizione mi ha rattrappito le gambe**, meine Beine sind ganz steif durch diese Haltung **B** *itr pron (intorpidirsi)*: **rattrappirsi (per/[a causa di] qc)** *(vor etw dat/wegen etw gen)* gefühllos/steif werden; {PIEDI} *anche* ein|schlafen: **mani che si rattrappiscono per il freddo**, Hände, die vor Kälte gefühllos werden.

rattrappìto, (-a) *agg (intorpidito)* gefühllos/steif: **ero completamente ~**, ich war ganz steif.

rattristàre **A** *tr (addolorare)* ~ **qu (con qc)** {COL RACCONTO DELLE PROPRIE DISGRAZIE} *jdn (mit etw dat)* traurig stimmen/machen, *jdn (mit etw dat)* betrüben *forb obs*: **i problemi famigliari lo rattristano**, die familiären Probleme stimmen/machen ihn traurig **B** *itr pron*: **rattristarsi (per qc)** {PER LA PERDITA DI UN AMICO} *(wegen etw gen)* betrübt *forb*/traurig werden.

rattristìre <*rattristisco*> *tr (rendere triste)* ~ **(qu) (con qc)** *jdn (durch etw acc)* traurig stimmen/machen: **questo tempo grigio rattristisce**, dieses graue Wetter ˌstimmt/macht einen traurigˌ/[schlägt einem aufs Gemüt].

raucèdine *f med* Heiserkeit *f*: **avere la ~**, heiser sein; **curare la ~**, seine/die Heiserkeit kurieren.

ràuco, (-a) <-*chi*, *-che*> *agg* **1** *(per raucedine)* {DONNA} heiser; {VOCE} *anche* rau: **diventare ~ a furia di urlare**, ˌdurch ständigesˌ/[vor lauter] Schreien heiser werden **2** *mus* {SUONO, STRUMENTO} dumpf.

ravanàre *itr sett (rovistare)* ~ **+ compl di luogo** {NEL CASSETTO} irgendwo (herum|)kramen *fam*.

ravanèllo *m bot* Radieschen *n*.

rave *ingl mus* **A** <inv> *agg* {FESTA, MODA} Rave- **B** <-> *m* Rave *m* o *n*.

ravennàte **A** *agg* {STORIA} Ravenna, {CUCINA} von Ravenna, {PITTORE} aus Ravenna **B** *mf (abitante)* Einwohner(in) *m(f)* von Ravenna.

raviòlo *m* <*di solito al pl*> *gastr* Ravioli *m pl (Teigtaschen mit Fleischfüllung)*.

ravvaloràre *tr (rafforzare)* ~ **qc** *etw* bestärken, *etw* bekräftigen: **l'episodio accaduto ravvalora la mia tesi**, was passiert ist, bestätigt meine These.

ravvedérsi <*coniug come* vedersi> *itr pron forb (pentirsi)* bereuen, sein Unrecht ein|sehen, in sich gehen: **ravveduti!**, geh in dich!; **non si è ancora ravveduto**, er hat sein Unrecht noch nicht eingesehen.

ravvediménto *m* **1** *(pentimento)* Reue *f*, Einsicht *f* **2** *econ*: **~ operoso**, freiwilliger Rücktritt vom Versuch.

ravviàre <*ravvio*, *ravvii*> **A** *tr* ~ **qc 1** *(ordinare)* {STANZA} *etw* auf|räumen **2** *(avvolgere)* {MATASSA} *etw* an|weiten **3** *(rigettarsi)* {FUOCO} *etw* an|fachen **B** *rfl fig* **1** *(rimettersi in ordine)*: **ravviarsi sich zurecht|machen**: **ravviarsi prima di uscire**, sich vor dem Ausgehen zurechtmachen **2** *indir (rimettere in ordine)*: **ravviarsi qc** {I CAPELLI, VESTITO} sich (dat) *etw* richten.

ravviàta *f fam (riordinata)* Zurechtmachen *n*, Ordnen *n*: **dare una ~ a qc**, {AI CAPELLI, AL VESTITO} *jdm/sich etw* auf|räumen, *etw* in Ordnung bringen; **darsi una ~ (a qc)** *fam*, sich ein wenig zurechtmachen; {AI CAPELLI, AL VESTITO} sich (dat) *etw* richten.

ravvicinaménto *m* **1** *(avvicinamento)* ~ **(a qc)** {A UNA CITTÀ} Annäherung *f (an etw acc)*, Näherkommen *n (an etw acc)* **2** *fig (riconciliazione)* ~ **(a qu/qc)** {ALLA FAMIGLIA} Versöhnung *f (mit jdm/etw)*, Wiederannäherung *f (an jdn/etw)*: **un ~ tra due amici/paesi**, eine Versöhnung/Wiederannäherung zwischen zwei Freunden/Ländern.

ravvicinàre **A** *tr* **1** *(avvicinare di più)* ~ **qc (a qc)** {LA SEDIA ALLA STUFA} *etw* näher **an** *etw* (acc) stellen/rücken **2** *fig (confrontare)* {TEORIE} *etw* vergleichen **3** *fig (rappacificare)* ~ **qu** {PERSONE} *jdn* versöhnen **B** *rfl fig (rappacificarsi)*: **ravvicinarsi (a qu)** {AI GENITORI} sich *(mit jdm)* versöhnen, sich *(jdm)* wieder an|nähern **C** *rfl rec fig*: **ravvicinarsi** sich versöhnen, sich wieder an|nähern.

ravvicinàto, (-a) *agg* **1** *(molto vicino)* {OCCHI} eng zusammenstehend **2** *(accostato)* ~ **a qc** {SEDIA AL TAVOLO} näher **an** *etw* (acc) gestellt/gerückt **3** *(ridotto)*: **procedere a distanza ravvicinata**, {VEICOLO} dicht auffahren; **gli hanno sparato da una distanza molto ravvicinata**, er ist aus nächster Nähe erschossen worden.

ravviluppàre **A** *tr* **1** *(avvolgere)* ~ **qc (in qc)** {LE GAMBE IN UN PLAID} *etw (in etw acc)* ein|wickeln, *etw (in etw acc)* wickeln, {FILO, MATASSA} *etw* auf|wickeln **2** *(raggirare)* ~ **qu (con qc)** *jdn (mit etw dat)* betrügen **B** *itr pron (ingarbugliarsi)*: **ravvilupparsi** {GOMITOLO} sich verwickeln **C** *rfl (avvolgersi bene)*: **ravvilupparsi in qc** {IN UNO SCIALLE} sich *in etw (acc)* ein|wickeln, sich *in etw (acc)* ein|hüllen.

ravvisàre *tr* **1** *(riconoscere)* ~ **qu/qc** *jdn/etw* erkennen: **l'ho ravvisato subito**, ich habe ihn sofort erkannt **2** *(distinguere)* ~ **qc** *etw* erkennen: **in questo sonetto si ravvisa lo stile del poeta**, bei diesem Sonett erkennt man den Stil des Dichters.

ravvivàre **A** *tr* **1** *(rendere vivace)* ~ **qc (con qc)** {UN AMBIENTE CON LE PIANTE, UN COLORE} *etw mit etw (dat)* beleben **2** *(attizzare)* ~ **qc** {FUOCO} *etw* neu entfachen **3** *(rianimare)* ~ **qu/qc** {MALATO, ARTO, LE FORZE} *jdn/etw* wieder beleben **4** *fig (rendere più vivo)* ~ **qc** {RICORDI, SPERANZE} *etw* wieder aufleben lassen **5** *tecnol* ~ **qc** {MOLA} *etw* ab|richten **B** *itr pron*: **ravvivarsi 1** *(tornare in vita)* wiederaufleben **2** *fig (rafforzarsi)* {FEDE, INTERESSE} wieder erwachen.

ravvoltolàre **A** *tr (avvolgere in fretta)* ~ **qu/qc (in qc)** {IN UNA COPERTA} *jdn/etw (in etw acc)* ein|wickeln **B** *rfl*: **ravvoltolarsi in qc 1** *(avvilupparsi)* sich *in etw (acc)* ein|wickeln **2** *(rotolarsi)* {NELL'ERBA} sich *(in etw dat)* wälzen.

ràyon *m* → **raion**.

raziocinànte *agg (dotato di ragione)* {ESSERE} vernünftig, vernunftbegabt.

raziocìnio <-*ni*> *m* **1** *(facoltà di ragionare)* Vernunft *f*, Verstand *m* **2** *fam (buon senso)* gesunder Menschenverstand *m*: **agire con ~**, vernünftig handeln.

razionàle① **A** *agg* **1** *(provvisto di ragione)* {ESSERE} vernunftbegabt **2** *(che usa la ragione)* {UOMO} rational: **è una donna ~**, sie ist eine rationale Frau **3** *(fondato sul ragionamento)* {METODO, PENSIERO, PROCEDIMENTO} rational, {PRINCIPIO} vernunftgemäß: **un comportamento ~**, ein rationales Verhalten **4** *(funzionale)* {ARCHITETTURA} rationell, {ABBIGLIAMENTO, MOBILE} zweckmäßig, praktisch **5** *(equilibrato)* {ALIMENTAZIONE} ausgeglichen, vernünftig **6** *(basato su principi logico-dedut-*

tivi) {GEOMETRIA, MECCANICA} rational **7** *astr* {ORIZZONTE} wahr **8** *chim* {ANALISI} Elementar- **9** *filos* {ANIMA} Vernunft- **10** *mat* {NUMERO} rational **11** *mus* {INTERVALLO} auf mathematischen Beziehungen beruhend **B** m *filos* Rationale n *decl come agg.*

razionàle② m *relig ebraica* Rationale n.

razionàle③ m *stor* (*amministratore*) Kronbesitzverwalter m.

razionalismo m **1** *arch* (*movimento*) Rationalismus m **2** *filos* (*corrente*) {HEGELIANO, PLATONICO} Rationalismus m.

razionalista <-i m, -e f> **A** agg *arch filos* {ARCHITETTURA, FILOSOFO, METODO} rationalistisch **B** *mf anche arch filos* Rationalist(in) m(f).

razionalistico, (-a) <-ci, -che> agg (*da razionalista*) {IDEOLOGIA, MENTALITÀ} rationalistisch.

razionalità <-> f (*facoltà*) {+UOMO} Rationalität f, Vernünftigkeit f **2** (*funzionalità*) {+ARREDAMENTO} Zweckmäßigkeit f **3** (*criterio razionale*) {+METODO} Folgerichtigkeit f.

razionalizzàre tr **1** (*analizzare lucidamente*) ~ (**qc**) {FATTO, SITUAZIONE} (*etw*) rationalisieren, *etw* vernünftig betrachten: **razionalizza tutto**, er/sie rationalisiert alles **2** (*organizzare in modo razionale*) ~ *qc* {IMPRESA, ORGANIZZAZIONE DELLA CASA, PRODUZIONE} *etw* rationalisieren **3** *mat* ~ *qc* {UNA FRAZIONE} *etw* rationalisieren, *etw* vereinfachen **4** *psic* ~ *qc etw* rationalisieren.

razionalizzazióne f **1** (*il razionalizzare*) {+PIANO DI LAVORO} Rationalisierung f **2** (*organizzazione*) {+AZIENDA} Rationalisierung f **3** *mat* {+FRAZIONE} Rationalisierung f **4** *psic* Rationalisierung f.

razionaménto m (*limitazione*) {+GENERI ALIMENTARI} Rationierung f.

razionàre tr (*limitare*) ~ *qc* {BENZINA, VIVERI} *etw* rationieren.

razióne f **1** (*porzione*) {+CARNE, PANE} Portion f: **una ~ di formaggio**, eine Portion Käse **2** (*in periodi di emergenza*) {+OLIO} Ration f **3** *fig scherz* (*parte*) {+LEGNATE, RIMPROVERI} Anteil m: **prendersi una bella ~ di insulti**, seinen Anteil an Beschimpfungen abkriegen *fam* **4** *mil* Zuteilung f, Ration f: **viveri**, Lebensmittelration f.

ràzza① **A** f **1** (*insieme di animali*) {IMBASTARDITA, PURA} Rasse f: ~ **bovina/equina**, Rinder-/Pferderasse f; ~ **da carne/latte**, Fleisch-/Milchrasse f **2** (*insieme di piante*) Rasse f, Unterart f **3** (*popolazione*) Rasse f: ~ **australiana**, australische/australoide Rasse; ~ **gialla/bianca/nera**, gelbe/weiße/schwarze Rasse; ~ **mediterranea**, mediterrane Rasse **4** (*stirpe*) Familie f, Geschlecht n: **tutta la sua ~ è di costituzione robusta**, seine/ihre ganze Familie ist von kräftiger Konstitution **5** *fig spreg* (*specie*: **che ~ di cretino!**, was ist das denn für ein Idiot *fam spreg*!; **ma che ~ di discorsi sono questi!**, was sind das denn für Reden!; **che ~ di idea!**, was ist das denn für eine (absurde) Idee!; **che ~ di modi!**, was ist das denn für eine Art!, ist das vielleicht eine Art!; ~ **di stupido che non sei altro!**, du bist wirklich ein ausgemachter Dummkopf *spreg*! **B** <inv> loc agg: **di ~ 1** (*che ha particolare pregio*) rassig: ~ **di - (pura)**, reinrassig, rasserein; **è un cavallo di ~**, das ist ein Rassepferd **; allevamento di gatti di ~**, Züchtung f von reinrassigen Katzen **2** *fig* (*dotato*) begabt: **è un musicista di ~**, er ist ein begabter Musiker **• essere di (buona) ~** (*avere le stesse qualità della famiglia*), aus einem guten Stall kommen *fam scherz*; **far ~** (*riprodursi*) {ANIMALI} sich vermehren; **fare ~ a sé** (*essere diverso dagli altri*), eigen(brötlerisch) sein; *fig rifiu-* tare la compagnia altrui), zurückgezogen leben; **far ~ con qu** (*andarci d'accordo*), sich mit jdm gut verstehen, sich mit jdm zusammentun.

ràzza② f *itt* Rochen m.

razzia f **1** (*scorreria*) Raubüberfall m, Streifzug m **2** (*furto di animali*) {+GALLINE, POLLI} Erbeutung f, Diebstahl m: **fare ~ (di qc)**, (etw) stehlen, etw erbeuten.

razziàle agg (*relativo alla razza*) {ODIO, PREGIUDIZIO} Rassen-.

razziàre (*razzio, razzii*) tr (*saccheggiare*) ~ *qc* {DEPOSITO DI GRANO} *etw* plündern; {BESTIAME} *etw* erbeuten, *etw* stehlen.

razziatóre, (-trice) agg (*che fa razzia*) räuberisch **B** m (f) (*chi fa razzia*) Räuber(in) m(f).

razzismo m (*teoria o atteggiamento*) Rassismus m, Fremdenfeindlichkeit f.

razzista <-i m, -e f> **A** agg (*persona intollerante*) Rassist(in) m(f), Fremdenfeind(in) m(f) **B** agg {ATTEGGIAMENTO, COMMENTO} rassistisch, fremdenfeindlich.

razzistico, (-a) <-ci, -che> agg (*relativo al razzismo*) {SCELTA} rassistisch, fremdenfeindlich.

ràzzo m **1** (*fuoco artificiale*) Rakete f, Feuerwerkskörper m: ~ **da segnalazione**, Signalrakete f **2** (*veicolo propulso*) {CHIMICO, ELETTRICO, NUCLEARE} Rakete f: ~ **antigrandine/grandinifugo**, Rakete f zur Hagelbekämpfung; ~ **lanciatore**, Trägerrakete f; ~ **pluristadio**, Mehrstufenrakete f; ~ **sonda**, Raketensonde f, Höhenrakete f **3** (*proietto autopropulso*) Rakete f: ~ **terra-terra**, Boden-Boden-Rakete f **4** *aero* (*endoreattore*) Endoreaktor m **5** *aero* (*missile non guidato*) ungelenkte Rakete; (*missile guidato*) gelenkte Rakete • *a ~*, blitzschnell, wie eine Rakete; **partire a ~**, wie eine Rakete starten/abgehen *fam*; **che ~!**, was für eine Rakete! *fam*; **scappare/correre via come un ~** *fig* (*in modo fulmineo*), wie eine Rakete davonrasen/davonjagen/davonfegen *fam*.

razzolàre itr **1** (*raspare*) ~ (+ **compl di luogo**) {POLLI NELL'AIA} (*irgendwo*) scharren **2** *fig scherz* (*frugare*) ~ **in qc** {IN UN CASSETTO} irgendwo stöbern, irgendwo wühlen.

RC f **1** *abbr di* Responsabilità Civile: Haftpflichtversicherung f **2** *polit abbr di* Rifondazione Comunista: "Nachfolgepartei des linken Flügels der ehemaligen kommunistischen Partei Italiens".

RCA f *abbr di* Responsabilità Civile Autoveicoli: Haftpflichtversicherung f für Autos.

RDT f *stor abbr di* Repubblica Democratica Tedesca: DDR f (*abbr di* Deutsche Demokratische Republik).

re① <-> m **1** (*sovrano*) {CATTOLICO, ELETTIVO, EREDITARIO} König m: **re assoluto**, absoluter Herrscher; **re costituzionale**, König m einer konstitutionellen Monarchie **2** (*magnate*) {+ACCIAIO, PETROLIO} Magnat m **3** (*primo*) König m, King m *fam*: **è il re dei disc-jockey**, er ist der König/King m *fam* der Diskjockeys; **il re dei golosi**, der Oberschlemmer *fam*; **il re degli animali è il leone**, der König der Tiere ist der Löwe; *spreg iron*: **è il re dei farabutti**, er ist der Obergauner/Oberschurke *fam* **4** (*nei giochi di carte*) {SCALA} König m: **il re di cuori/quadri**, Herz-/Karokönig m **5** *mitol* König m: **il re dei venti**, der König der Winde **6** (*negli scacchi*) König m **7** *zoo*: **re delle aringhe**, Spöke f • **il Re dei Re** (*Dio*), der König der Könige; **Re da burla/operetta** *fig spreg* (*sovrano senza autorità*), Operettenkönig m; **il Re dei Cieli** *relig* (*Dio*), der Himmelsfürst; **il Re cristianissimo**, der Allerchristlichste König m; **il Re galantuomo** *stor*, der König Galantuomo (*Beiname von Vittorio Emanuele II.*); **i Re Magi**, die Heiligen Drei Könige; **Re dei menestrelli** *stor*, König m der Spielmänner; **stare come un re** (*comodo*), ein König sein; **vivere da re** (*felice e comodo*), wie ¡ein König¡/[Gott in Frankreich] leben *fam*; **spendere come un re** (*molto*), das Geld scheffelweise ausgeben *fam*.

re② <-> m *mus* d, D n.

rèa f → **reo**.

readership <-> f *ingl giorn* Leserkreis m.

ready made <-> loc sost m *ingl arte* (*corrente, oggetto*) Ready-made n.

reagènte *chim* **A** agg: **sostanza ~**, Reagenz n **B** m Reagenz n: ~ **chimico**, chemisches Reaktionsmittel; ~ **ossidante**, Oxidationsmittel n.

reagire <*reagisco*> itr **1** (*opporsi*) ~ (**a qc**) {A UN'INGIUSTIZIA, A UN'INSOLENZA, A UN SOPRUSO} reagieren, sich (*gegen etw* acc) wehren: **è rimasta lì senza ~**, ihr blieb die Spucke weg *fam* **2** *chim* reagieren: **far ~ un acido con una base**, eine Säure basisch reagieren lassen **3** *med* ~ **a qc** {A UNA TERAPIA} *auf etw* (acc) an|sprechen, *auf etw* (acc) reagieren.

reàl <-> m *econ port* Real m.

reàle① **A** agg **1** (*che esiste*) {OGGETTO} wirklich, real **2** (*autentico*) {BISOGNO, FATTO, INTENZIONE, PROVA} wirklich, tatsächlich **3** *dir* {DIRITTI} dinglich; {FAVOREGGIAMENTO} sachlich; {GARANZIA} Sach-; {OFFERTA} Real- **4** *econ* {IMPOSTA, SALARIO} Real- **5** *filos* {DEFINIZIONE} Real- **6** *fis* {GAS, IMMAGINE} wirklich **7** *mat* {NUMERI} reell **8** *relig* Real-: **presenza ~ di Cristo nell'eucaristia**, die leibliche Gegenwart Christi bei der Eucharistie **B** m *filos* Wirklichkeit f: **il ~ e l'ideale**, Ideal und Wirklichkeit.

reàle② **A** agg **1** (*del re*) {CORONA, FAMIGLIA, PALAZZO} königlich, Königs- **2** *zoo* {AQUILA} Königs- **B** m pl (*il re e la regina*) Königs-, Herrscherpaar n: **i reali d'Inghilterra**, das Königspaar Englands.

realismo m **1** (*concretezza*) Realismus m, Wirklichkeitssinn m: **guardare la vita con ~**, das Leben realistisch betrachten **2** *filos* {FENOMENOLOGICO, PLATONICO} Realismus m **3** *arte lett* {+FLAUBERT} Realismus m **4** *anche stor polit* Realpolitik f: **il ~ politico di Bismarck**, die Realpolitik Bismarcks.

realista① <-i m, -e f> **A** agg {RAGAZZO} realistisch; {DESCRIZIONE} *anche* lebensecht, wirklichkeitsnah: **cerca di essere un po' ~!**, versuch mal, ein bisschen realistisch zu sein! **B** m (f) (*persona concreta*) Realist(in) m(f) **2** *filos* Realist(in) m (f) **3** *arte lett film* {CINEMA, PITTORE, ROMANZIERE} Realist(in) m(f) **4** *polit* Realpolitiker(in) m(f).

realista② <-i m, -e f> *polit* **A** agg {FAZIONE} royalistisch **B** mf (*fautore*) Royalist(in) m(f) • **essere più ~ del re** *fig* (*difendere qc con accanimento*), päpstlicher als der Papst sein.

realistico, (-a) <-ci, -che> agg **1** (*obiettivo*) realistisch, objektiv: **descrizione realistica dei fatti**, objektive Beschreibung der Tatsachen **2** (*del realismo*) {ARTE, CINEMA, ROMANZO} realistisch.

reality show <-, - -s pl *ingl*> loc sost m *ingl TV* Realityshow f.

realizzàbile agg **1** (*attuabile*) {PROGETTO} realisierbar *forb*, verwirklichbar, machbar, umsetzbar **2** *econ* realisierbar.

realizzabilità f (*attuabilità*) {+IMPRESA, PIANO} Realisierbarkeit f *forb*, Ausführbarkeit f, Machbarkeit f.

realizzàre A tr **1** (*attuare*) ~ *qc* {PROGETTO, SOGNO, SPERANZA} *etw* realisieren *forb*, *etw* verwirklichen **2** *fig* (*comprendere*) ~ (*qc*) {L'IMPORTANZA DI UN AVVENIMENTO} *etw* begreifen, *etw* realisieren **3** *arte film lett TV* ~ *qc* {OPERA, TRASMISSIONE} *etw* realisieren *forb*, *etw* verwirklichen; {COMMEDIA} *etw* inszenieren **4** *comm econ* ~ (*qc*) {CREDITO} *etw* realisieren, (*qc*) {FONEMA} *etw* aus|sprechen, *etw* artikulieren **6** *sport* (*nel calcio*) ~ (*qc*) {GOL} *etw* schießen; {RIGORE} *etw* vollstrecken, *etw* verwandeln; (*nella pallacanestro*) {CANESTRO} *anche etw* erzielen; *etw* machen **B** *itr pron* (*diventare reale*): **realizzarsi** sich verwirklichen, Wirklichkeit/wahr werden: **i suoi sogni si sono realizzati**, seine/ihre Träume ₍sind Wirklichkeit geworden₎/[haben sich erfüllt] **C** *rfl* (*esprimere se stesso*): **realizzarsi** (*in qc*) {NELLA FAMIGLIA, NEL LAVORO} sich (*in etw* dat) verwirklichen, *in etw* (dat) Befriedigung finden, *in etw* (dat) auf|gehen.

realizzazióne f **1** (*attuazione*) {+PROGETTO, SOGNO} Realisierung f *forb*, Verwirklichung f: **le realizzazioni della tecnica**, die Realisierungen *forb* der Technik; **è un obiettivo di difficile ~**, das ist ein schwer zu verwirklichendes Ziel **2** (*il realizzarsi*) {+UOMO} Selbstverwirklichung f **3** *arte film lett TV* Realisierung f, Realisation f: ~ **cinematografica**, filmische Realisierung; ~ **radiofonica**, Realisierung f für den Rundfunk; ~ **scenica**, Inszenierung f **4** *mus* {+BASSO CIFRATO} Vervollständigung f **5** *sport* {+GOL} Schießen n; {+PUNTO} Erzielen n.

realízzo m **1** *comm* Zwangsverkauf m: **liquidazione a prezzi di ~**, Ausverkauf m zu Schleuderpreisen **2** *econ* Liquidation f.

realménte *avv* (*veramente*) tatsächlich, wirklich: **la situazione economica del paese è ~ preoccupante**, die wirtschaftliche Lage des Landes ist wirklich Besorgnis erregend.

Realpolitik <-> f *ted stor anche fig* {+BISMARCK} Realpolitik f.

realtà <-> **A** f **1** (*concretezza*) {+FATTO} Realität f; {+SOSPETTO} Konkretheit f **2** (*mondo reale*) {ECONOMICA, INDUSTRIALE, SOCIALE} Realität f, Wirklichkeit f: **essere fuori dalla ~**, wirklichkeitsfremd/wirklichkeitsfern sein; **la ~ è dura**, die Realität ist hart; **la ~ è tale che supera ogni immaginazione**, die Wirklichkeit übertrifft jede Vorstellung **3** *filos* {FENOMENICA, NOUMENICA, +MONDO SENSIBILE} Realität f **4** *inform* Realität f: ~ **virtuale**, virtuelle Realität f **5** *psic* {AFFETTIVA, INTERIORE, PSICHICA} Realität f **B** *loc avv* (*effettivamente*): **in ~**, tatsächlich, in Wirklichkeit, eigentlich; **in ~ avrei dovuto prendere provvedimenti**, tatsächlich hätte ich Vorkehrungen treffen sollen.

reàme m *lett* (*regno*) (König)reich n.

reatino → **rietino**.

reàto m **1** *fig scherz* (*colpa imperdonabile*) Vergehen n *scherz*, Verbrechen n *scherz*: **è un ~ arrivare una volta in ritardo al lavoro?**, ist es ein Vergehen *scherz*, einmal zu spät zur Arbeit zu kommen? **2** *dir* (*violazione di una norma penale*) Straftat f, strafbare Handlung f, Delikt n, Tat f, Verbrechen n, Vergehen n: **commettere un ~**, eine Straftat begehen; ~ **commissivo/omissivo**, Begehungs-/Unterlassungsdelikt n; ~ **comune**, Allgemeindelikt n; ~ **continuato**, "zeitlich fortdauerndes, mehrere Rechtsverletzungen und mehrere Handlungen umfassendes Delikt"; ~ **di danno/pericolo**, Verletzungs-/Gefährdungsdelikt n; ~ **fallimentare/tributario**, Konkurs-/ Steuerstraftat f; ~ **minore**, Straftat f von minderer Schwere; ~ **di opinione**, Rechtsstaatsgefährdung f; ~ **contro la persona**, Straftat f gegen Personen; ~ **proprio**, Sonder-, Amtsdelikt n; ~ **putativo**, Wahndelikt n.

reattività f **1** *biol* Erregbarkeit f **2** *chim* ~ **verso/con qc** Reaktionsfähigkeit f *auf etw* (acc), Reaktionsvermögen n *auf etw* (acc) **3** *med nucl* Reaktivität f.

reattívo, (-a) **A** *agg* **1** (*atto a reagire*) Reaktions-, reagierend **2** *chim* {SOSTANZA} Reagenz- **3** *elettr* {CIRCUITO} Reaktanz- **4** *mecc* {FORZA} Reaktions- **5** *psic* {FORMAZIONE} reaktiv **B** m **1** *chim* Reagenz n **2** *psic* Reaktionstest m.

reattóre m **1** *aero* (*aviogetto*) Düsenflugzeug n; (*motopropulsore*) Düsentriebwerk n **2** *chim* {CHIMICO} Reaktor m **3** *elettr* {+CIRCUITO} Drossel f; (*bobina*) Drosselspule f **4** *fis* Reaktor m: ~ **nucleare**, Kern-, Atomreaktor m.

Réaumur <-inv> *agg fis* {TERMOMETRO} Reaumur: **grado ~**, Reaumur Grad.

reazionàrio, (-a) <-ri m> *polit* **A** *agg* {SISTEMA, SOVRANO} reaktionär *spreg*, rückschrittlich **B** m (f) Reaktionär(in) m(f) *spreg*.

reazionarísmo m *polit* {+GOVERNO} Rückschrittlichkeit f.

reazióne **A** f **1** (*l'atto del reagire*) {BLANDA, ECCESSIVA, VIVA; +PUBBLICO} Reaktion f: **avere una ~ imprevedibile**, unberechenbar reagieren; **e quale è stata la sua ~?**, und wie hat er/sie reagiert? **2** *agr* ~ **del terreno**, Bodenreaktion f, Bodensäuren- und Bodenbasengehalt n **3** *chim fis* {ENDOTERMICA, ETEROGENEA, NUCLEARE, REVERSIBILE} Reaktion f: ~ **a catena**, Kettenreaktion f **4** *med* {ANAFILATTICA, FEBBRILE} Reaktion f: **avere una ~ allergica a qc**, allergisch auf etw (acc) reagieren; **reazioni sensoriali**, sensorielle/sensorische Reaktionen *scient* **5** *polit* Reaktion f *spreg* **6** *psic* {PSICOGENA} Reaktion f: **reazioni motorie**, motorische Reaktionen **B** <inv> *loc agg tecnol*: **a ~**, {AEREO, MOTORE} Düsen-.

rébbio <-bi> m (*punta*) {+FORCHETTA} Zinke f.

reboànte *agg* **1** (*rimbombante*) {SUONO, VOCE} dröhnend **2** *fig spreg* (*declamatorio*) {DISCORSO, STILE} schwülstig *spreg*, bombastisch *spreg*.

reboot <-> m *ingl inform* Neustart m.

rèbus <-> m *fig* (*enigma*) Rätsel n: **quell'uomo per me rimane un ~**, dieser Mann bleibt mir ein Rätsel; **le tue parole sono un ~**, deine Worte sind ₍mir/uns ein Rätsel₎/ [kryptisch *forb o scherz*] **2** *enigmistica* (*gioco*) {FACILE, INSOLUBILE} Rebus m o n, Rätsel n: **fare un ~**, ein Rätsel lösen; ~ **figurato**, Bilderrätsel n; ~ **letterale**, Buchstabenrätsel n.

recalcitràre → **ricalcitrare**.

recapitàre *tr* (*portare a destinazione*) ~ **qc** (**a qu**/**qc**) (**con qc**) {LETTERA, PACCO CON UN CORRIERE} (*jdm*/*etw*) *etw* (*mit etw* dat) zu|stellen, (*jdm*/*etw*) *etw* (*mit etw* dat) schicken, ₍(*jdm*/*etw*)₎/[(*bei jdm*/*etw*)] *etw* (*mit etw* dat) ab|liefern: **ho fatto ~ il catalogo a casa tua**, ich habe dir den Katalog nach Hause schicken lassen.

recàpito m **1** (*domicilio*) Adresse f: **avere il proprio ~ presso qu**, bei jdm wohnen; **dare il proprio ~**, seine Adresse angeben **2** (*consegna*) {+PACCO, TELEGRAMMA} Zustellung f **3** *mar*: ~ **marittimo**, Schiffspapiere n pl ● ~ **postale** *post* (*ufficio distaccato*), Poststelle f.

recàre <reco, rechi> **A** *tr* **1** (*arrecare*) ~ **qc a qu** {GIOIA A UNA PERSONA} jdm etw bereiten, *jdm etw* machen; ~ **sollievo a qu**, jdn erleichtern; ~ **dolore a qu**, jdn wehtun; ~ **disturbo/offesa a qu**, jdn stören/beleidigen **2** *lett* (*portare*) ~ **qc** (**a qu**) {DONO} (*jdm*) *etw* bringen; {NOTIZIA} (*jdm*) *etw* überbringen; ~ **qc in dono a qu**, jdm etw schenken **3** *forb*

(*avere su di sé*) ~ **qc** *etw* tragen, *mit etw* (dat) versehen sein: **la lettera non reca nessuna firma**, der Brief trägt keine Unterschrift **B** *itr pron* (*andare*): **recarsi** + *compl di luogo* {DA UN AMICO, IN CITTÀ, A SCUOLA, IN UFFICIO} sich *irgendwohin* begeben: **recarsi a far visita a qu**, jdm einen Besuch abstatten.

recchióne m *region spreg* (*omosessuale maschile*) Tunte f *fam spreg*, Schwuchtel f *fam spreg*.

recèdere <coniug come cedere> *itr* **1** (*indietreggiare*) ~ (**da qc**) {DA UNA DECISIONE, DA UN IMPEGNO} (*von etw* dat) zurück|weichen, *von etw* (dat) ab|kommen: **non ~ di un passo**, keinen Schritt zurückweichen **2** *dir* ~ **da qc** {DA UN CONTRATTO} (*nei contratti ad esecuzione istantanea*) *von etw* (dat) zurück|treten; (*nei contratti di durata*) *etw* kündigen **3** *med* (*regredire*) {FEBBRE} zurück|gehen.

recensióne f **1** *giorn* (*articolo*) {CINEMATOGRAFICA, TEATRALE; +LIBRO} Rezension f, Besprechung f **2** *filol* {+POEMA} Rezension f.

recensíre *tr* ~ **qc 1** *giorn* {UN SAGGIO} *etw* rezensieren, *etw* besprechen **2** *filol etw* rezensieren.

recensóre, (-a) m (f) *giorn* Rezensent(in) m(f).

recensòrio, (-a) <-ri m> *agg* (*della recensione, del recensore*) Rezensions-, Rezensent(in)en-.

recènte **A** *agg* **1** {AVVENIMENTO, FATTO, SUCCESSO} letzte(r, s), neuesten Datums, jüngste(r, s): **un ~ caso di cronaca**, ein Fall, der neulich/[vor kurzem] durch die Presse ging; {COSTRUZIONE} Neu-; **notizie recenti**, Neuigkeiten f pl; **questa è la traduzione più ~ che possiedo**, das ist die neueste Übersetzung, die ich besitze; {AMICIZIA} jung, neu; {PASSATO, SCOPERTA} kürzlich gemacht **2** (*tardo*) {CIVILTÀ} spät **B** *loc avv* (*da poco tempo*): **di ~**, neulich, kürzlich; **gli ho parlato di ~**, ich habe neulich mit ihm gesprochen; **la raccolta di poesie è uscita di ~**, die Gedichtsammlung ist kürzlich erschienen.

recenteménte *avv* (*poco tempo fa*) kürzlich, neulich: **sono stata all'opera ~**, ich war neulich in der Oper.

recentíssime f pl *giorn* allerneu(e)ste Nachrichten f pl, letzte Meldungen f pl.

recepiménto m {+NORMATIVA EUROPEA} Auf-, Annehmen n, Akzeptieren n, Übernehmen n.

recepíre <recepisco> *tr* ~ **qc 1** (*capire*) {CONCETTO} *etw* auf|-, an|nehmen; {IDEA} *anche etw* rezipieren, sich (dat) *etw* zu Eigen machen **2** (*accogliere*) {GOVERNO RIVENDICAZIONI SINDACALI} *etw* an|nehmen, *etw* akzeptieren **3** *dir* {NORME, PRINCIPI} *etw* auf|nehmen, *etw* rezipieren.

reception <-> f *ingl* (*ufficio*) {+HOTEL} Rezeption f, Empfang m.

recessióne f **1** (*flessione*) Rezession f, Rückgang m: ~ **economica**, wirtschaftliche Rezession; **economia in fase di ~**, Wirtschaft f ₍in der Rezessionsphase₎/[auf Talfahrt] **2** *astr* (*allontanamento*) {+GALASSIE} Rezession f **3** *biol* Rezessivität f: ~ **di caratteri**, Rezessivität f von Merkmalen.

recessionístico, (-a) <-ci, -che> *agg* (*di recessione economica*) {PERIODO} Rezessions-.

recessívo, (-a) *agg* **1** (*di recessione*) {CLAUSOLA} rezessiv, rückläufig **2** *astr* Rezessions- **3** *biol* {CARATTERE} rezessiv **4** *econ* {TENDENZA} rezessiv.

recèsso m **1** <di solito al pl> *fig* (*parte intima*) Abgrund m, geheimer Winkel: **nei recessi dell'anima**, in den Abgründen der Seele **2** <di solito al pl> *lett* (*luogo solitario*) Schlupfwinkel m, einsamer/abgelegener Ort: **penetrare nei recessi della giungla**, in den tiefen Dschungel eindringen **3** *anat* Rückgang *m* **4** *dir* (*scioglimento mediante dichiarazione unilaterale di volontà*) ~ (**da qc**) {DA UN CONTRATTO} (*nei contratti ad esecuzione istantanea*) Rücktritt *m von etw* (dat); (*nei contratti di durata*) Kündigung f *etw* (gen) **5** *dir* ~ (**da qc**) {+SOCIO DALLA SOCIETÀ} Austritt *m* ● ~ **attivo** *dir*, Rücktritt *m* vom beendeten Versuch.

recettività *e deriv* → **ricettività** *e deriv*.

recettìzio, (-a) <-zi> *agg dir* {DICHIARAZIONE} empfangsbedürftig.

recettóre, (-trice) Ⓐ *agg biol* (*che riceve*) {CELLULA, ORGANO} Sinnes- Ⓑ *m biol* **1** (*gruppo molecolare*) Rezeptor *m* **2** (*apparato nervoso*) {COLINERGICO} Rezeptor *m*: ~ **di pressione**, Druckrezeptor *m* ● ~ **di radioonde** *fis* (*radioricevitore*), Rundfunkempfänger *m*.

recìdere <recido, recisi, reciso> Ⓐ *tr* **1** (*tagliare*) ~ **qc** (**con qc**) {RAMO CON UNA SCURE} *etw* (*mit etw* dat) (ab|)schneiden; ~ **qc a qu** {ARTO} *jdm etw* amputieren: **il capo a qu**, jdn köpfen, jdm den Kopf abschlagen/abschneiden, jdn einen Kopf kürzer machen **2** *fig* (*interrompere*) ~ **qc** {DISCORSO, RAPPORTO} *etw* ab|brechen Ⓑ *itr pron rar* (*tagliarsi*): **recìdersi** {PELLE} auf|springen, rissig werden; {STOFFA} fadenscheinig werden, rissig werden.

recidìva f **1** *dir* (*circostanza aggravante per chi ricade in un reato*) Rückfall *m*: ~ **aggravata/reiterata/semplice**, besonderer/wiederholter/allgemeiner Rückfall **2** *med* Rückfall *m*, Rezidiv *n scient*.

recidìvo, (-a) Ⓐ *agg* **1** (*che ricade*) ~ (**in qc**) {RAGAZZO NELLE SUE MALEFATTE} rückfällig (*in etw* dat) **2** *dir* {CONDANNATO} rückfällig **3** *med* {MALATTIA, PAZIENTE} rückfällig, rezidiv *scient* Ⓑ *m* (f) **1** Rückfällige *mf decl come agg* **2** *dir* Rückfalltäter(in) *m*(f) **3** *med* rückfälliger Patient.

recìngere <coniug come cingere> *tr* (*cingere tutto intorno*) ~ **qc** (**con/di qc**) {GIARDINO CON UNO STECCATO} *etw* (*mit etw* dat) umschließen, *etw* (*mit etw* dat) umgeben: ~ **una città di fortificazioni**, eine Stadt mit Befestigungsanlagen umgeben.

recintàre *tr* (*chiudere con recinto*) ~ **qc** {CAMPO, PODERE} *etw* ein|frieden, *etw* umzäunen.

recìnto *m* **1** (*ciò che recinge*) {+PARCO, VILLA} Zaun *m*, Umzäunung f: ~ **di assi**, Bretterzaun *m*; ~ **in muratura**, (Einfriedungs)mauer f; ~ **in pietra**, Steinzaun *m* **2** (*spazio chiuso*) {+ANIMALI} Gehege *n*; {+CAVALLI} Koppel f **3** (*box per bambini*) Laufstall *m* ● ~ **del peso** (*nell'equitazione*), Wiegeplatz *m*; ~ **delle grida** (*in Borsa*), Maklerschranke f, Börsenring *m*, Parkett *n*.

recinzióne f **1** (*il recintare*) Einfrieden *n*: **fare la** ~ **di un campo**, ein Feld einfrieden **2** (*recinto*) {METALLICA} Einfriedung f, Umzäunung f; {+CANTIERE} Zaun *m*: **la** ~ **elettrica di un prato**, Elektrozaun *m*, elektrischer Weidezaun.

recipiènte *m* (*contenitore*) {PICCOLO} Behälter *m*, Gefäß *n*: ~ **di vetro**, Glasbehälter *m*; ~ **per gasolio**, Dieselölbehälter *m*; ~ **graduato**, Messgefäß *n*; ~ **a tenuta d'acqua**, wasserdichter Behälter.

reciprocità <-> f **1** (*il corrispondere*) {+AFFETTO, RAPPORTO, SENTIMENTO} Gegen-, Wechselseitigkeit f, Reziprozität f **2** *dir* Gegenseitigkeit f, Reziprozität f **3** *filos* (*influsso*) {+DUE ENTITÀ} Wechselwirkung f **4** *mat* Reziprozität f.

recìproco, (-a) <-ci, -che> Ⓐ *agg* **1** (*corrisposto*) {AMORE, FIDUCIA, RISPETTO, STIMA} gegenseitig **2** *comm econ* {CONCESSIONI, CONTI} gegen-, wechselseitig **3** *gramm* {VERBO RI-FLESSIVO} reziprok **4** *mat* {EQUAZIONE, FUNZIONE} reziprok Ⓑ *m mat* **1** (*numero*) Kehrwert *m*, reziproker Wert **2** (*enunciato*) Ansatz *m*.

recìsi 1ª *pers sing del pass rem di* recìdere.

recìso, (-a) Ⓐ *part pass di* recìdere Ⓑ *agg* **1** (*tagliato*) {RAMO} abgeschnitten; {FIORI} Schnitt- **2** *fig* (*deciso*) {RIFIUTO, RISPOSTA, TONO} entschieden.

rècita f **1** (*esposizione*) {+MONOLOGO, POESIA, TESTO} Vorlesen *n*, Vortrag *m* **2** *anche teat* (*rappresentazione*) {PRIMA, ULTIMA} Aufführung f: ~ **scolastica**, Schulaufführung f.

rècital <-> *m ingl* (*esibizione solistica*) {+DANZATRICE, MUSICISTA} Recital *n*.

recitàre *tr* **1** (*dire a voce alta*) ~ **qc** {CANTO DI DANTE, POESIA, VERSI} *etw* auf|sagen, *etw* vor|tragen, *etw* deklamieren *forb*, *etw* rezitieren; {ORAZIONI, PREGHIERE} *etw* sprechen **2** (*recare scritto*) ~ **qc** {LAPIDE} *etw* als Inschrift tragen **3** *fig* (*fingere*) ~ (**qc**) {LA PARTE DELLA VITTIMA} *etw* spielen, sich *als jd* aufführen: **smettila di ~!**, hör auf mit dem Theater! *fam*, führ dich nicht so auf! **4** *dir* ~ (**qc**) lauten: **l'articolo I della Costituzione tedesca recita...**, Artikel I des deutschen Grundgesetzes lautet... **5** *film teat TV* ~ (**qc**) (**in qc**) {PARTE IN UNA COMMEDIA, IN UN FILM, IN UN MUSICAL} (*etw*) (*in etw* dat) spielen: **recita con stupefacente naturalezza**, er/sie spielt mit verblüffender Natürlichkeit; **non sa** ~, er/sie ₁kann nicht (Theater) spielen₁/[ist kein(e) guter/gute Schauspieler(in)]; ~ **a soggetto/braccio** (*improvvisare*), aus dem Stegreif spielen, improvisieren.

recitatìvo, (-a) Ⓐ *agg* **1** (*atto a essere recitato*) {TESTO POETICO} vorzutragen(d), zu rezitieren **2** *mus* (*modo, stile*) rezitativisch, Rezitativ- Ⓑ *m mus* Rezitativ *n*: ~ **obbligato/accompagnato**, Accompagnato *n*; ~ **secco/semplice**, trockenes Rezitativ, Seccorezitativ *n*.

recitazióne f **1** (*interpretazione*) {EFFICACE, OTTIMA, TEATRALE; +DRAMMA, TRAGEDIA} Rezitation f, Vortrag *m*, Vortragsweise f: **avere una pessima** ~, sehr schlecht vortragen **2** (*disciplina*) Schauspielkunst f.

reclamànte *mf dir* Beschwerdeführer(in) *m*(f).

reclamàre Ⓐ *tr* ~ **qc** **1** (*chiedere con forza*) {GIUSTIZIA, LIBERTÀ} *etw* (ein|)fordern; {EREDITÀ, STIPENDIO ARRETRATO} *anche etw* geltend machen, *etw* beanspruchen **2** *fig* (*aver bisogno*) {CASTELLO INTERVENTO DI RESTAURO} *etw* benötigen, *etw* erfordern, *etw* verlangen, *etw* nötig haben **3** *sport* (*nel calcio*) {SQUADRA CALCIO DI RIGORE} *etw* reklamieren Ⓑ *itr* (*protestare*) ~ (**contro qc**) (**presso qu/qc**) {CONTRO UN'INGIUSTIZIA PRESSO L'AUTORITÀ} (*gegen etw* acc) (*bei jdm/etw*) reklamieren, (*gegen etw* acc) (*bei jdm/etw*) protestieren, sich (*über etw* acc) (*bei jdm/etw*) beschweren, (*CONTRO UNA TASSA ECCESSIVA*) (*gegen etw* acc) (*bei jdm/etw*) Widerspruch ein|legen.

reclamàto, (-a) *m* (f) *dir* Beschwerdegegner(in) *m*(f).

réclame <-> f *franc* **1** (*pubblicità*) {FITTA, INSISTENTE} Reklame f, Werbung f: **fare la** ~ **a qc**, für etw (acc) Reklame machen, für etw (acc) werben **2** (*cartellone, inserzione, ecc.*) {RADIOFONICA, TELEVISIVA; +PRODOTTO} Reklame f, Werbung f ● **fare la** ~ **a qu**; *fig* (*lodarlo eccessivamente*), jdn in den Himmel loben, jds Loblied an|stimmen; **farsi** ~ *fig* (*lodarsi*), für sich werben; ~ **luminosa** (*insegna al neon*), Neonreklame f.

reclamizzàre *tr* (*pubblicizzare*) ~ **qc** (+ **compl di luogo**) {SIGARETTE SUL GIORNALE, ALLA RADIO} (*irgendwo*) für etw (acc) Reklame/Werbung machen, (*irgendwo*) für etw

(acc) werben.

reclamizzazióne f (*il reclamizzare*) ~ **di qc** {DELLA MODA ITALIANA} Werben *n* für etw (acc), Reklamemachen *n* für etw (acc).

reclàmo *m* **1** (*lamentela*) Reklamation f, Beschwerde f: **fare un** ~, eine Reklamation erheben/vorbringen; **presentare un** ~ **a qu/qc**, eine Beschwerde bei jdm/etw einreichen/einlegen; **non si accettano reclami**, Reklamationen werden nicht angenommen **2** (*documento scritto*) Beschwerde(schrift) f **3** *dir* (*impugnazione*) Beschwerde f **4** *sport* (*ricorso*) Beschwerde f.

reclinàbile *agg* (*che si può reclinare*) {SEDILE} zurückklappbar.

reclinàre *tr lett* (*abbassare*) ~ **qc** {IL CAPO} *etw* neigen, *etw* senken; {GLI OCCHI} *etw* nieder|schlagen.

reclùsa f → **recluso**.

reclusióne f **1** *fig* (*segregazione*) Abgeschiedenheit f: **fa una vita di** ~, er/sie ₁lebt zurückgezogen₁/[führt ein Einsiedlerleben] **2** *dir* (*pena detentiva*) Freiheitsstrafe f: **lo condannarono a un anno di** ~, er wurde zu einem Jahr Freiheitsstrafe verurteilt.

reclùso, (-a) Ⓐ *agg* **1** *fig* (*rinchiuso*) {ANIMALI} eingesperrt **2** *dir* (*che sconta una reclusione*) {CONDANNATO} inhaftiert Ⓑ *m* (f) **1** *fig* Eingesperrte *mf decl come agg* **2** *dir* (*chi sconta una reclusione*) Häftling *m*, Inhaftierte *mf decl come agg*, Gefangene *decl come agg* ● **vivere da/[come un]** ~ *fig* (*isolato da tutto e tutti*), zurückgezogen leben.

reclùta f **1** *fig* (*neofita*) {+CINEMA, PARTITO} Neuling *m*, Nachwuchs *m* **2** *mil* Rekrut *m*.

reclutaménto *m* **1** (*assunzione*) {+PERSONALE} Rekrutierung f **2** *mil* Einberufung f: ~ **obbligatorio**, obligatorische/verbindliche Einberufung; ~ **volontario**, freiwillige Einberufung **3** *polit* {+ISCRITTI A UN PARTITO} Rekrutierung f, Anwerbung f **4** *sport* {+GIOCATORE} Anwerbung f.

reclutàre *tr* ~ **qu** **1** (*assumere*) {MANO D'OPERA, OPERAIO} jdn rekrutieren **2** *mil* (*arruolare*) jdn ein|berufen, jdn ein|ziehen **3** *polit* jdn rekrutieren, jdn an|werben **4** *sport* {GIOCATORE} jdn an|werben.

recòndito, (-a) Ⓐ *agg* **1** *fig* (*segreto*) {PENSIERO} verborgen, geheim: **i motivi reconditi di un gesto**, die verborgenen Beweggründe einer Tat **2** *lett* (*molto appartato*) {LUOGO} abgelegen, entlegen Ⓑ *m* (*parte più profonda*) {+DOTTRINA, SCIENZA} Kern *m*.

rècord Ⓐ <-> *m ingl* **1** *fig* (*risultato eccezionale*) {+ASCOLTO TELEVISIVO, VENDITE} Rekord *m*; *scherz iron* Rekord *m*: **detiene il** ~ **della stupidità**, (in) punkto Dummheit ist er/sie unschlagbar *scherz iron* **2** *inform* Datensatz *m* **3** *sport* {EUROPEO} Rekord *m*: **il** ~ **mondiale di salto in lungo**, der Weltrekord im Weitsprung Ⓑ <inv> *agg* (*CIFRA, PRODUZIONE*) Rekord-: **incasso** ~, Rekordeinnahmen *f pl*.

recovery <-> *m ingl inform* Dateirettung f, Recovery f.

recriminàre Ⓐ *tr* (*riconsiderare con rammarico*) ~ **qc** *etw* bedauern, *etw* beklagen, über *etw* (acc) jammern *spreg*: **quanto è accaduto**, das Vorgefallene bedauern; **non fa che** ~ **gli errori passati**, er/sie tut nichts anderes als über die Fehler der Vergangenheit zu jammern *spreg* Ⓑ *itr* (*ricominciare a lamentarsi*) ~ (**su qc**) {SUL PASSATO} sich (*über etw* acc) beklagen: **smetti di ~!**, hör auf zu jammern! *spreg*.

recriminazióne f (*lamentela*) Klage f, Jammern *n spreg*, Gejammer *n spreg*: **basta con le recriminazioni!**, Schluss mit dem Gejammer! *spreg*.

recrudescènza f **1** *fig* (*inasprimento*) {+CRIMINALITÀ} Verschlimmerung f, Zunahme f **2** *med* {+EPIDEMIA} Verschlimmerung f.

rècto <-> m (*parte anteriore*) {+MEDAGLIA, MONETA} Vorderseite f; {+FOGLIO} *anche* Rekto n.

recuperàbile agg (*che si può recuperare*) {MATERIALE} wiedergewinnbar, wiedererlangbar.

recuperàre tr **1** (*riacquisire*) ~ qc {BOTTINO, REFURTIVA} *etw* wieder|erhalten, *etw* zurück|bekommen: **finalmente ha potuto ~ il denaro rubato**, endlich konnte er/sie das gestohlene Geld zurückbekommen; ~ **le forze/la salute**, wieder ¡zu Kräften kommen¡/[gesund werden]; {LA PAROLA} *etw* zurück|gewinnen; {LA VISTA} *anche etw* wieder|erlangen **2** (*salvare*) ~ qc *etw* retten, *etw* sicher|stellen: **dopo l'incendio alcune merci furono recuperate**, nach dem Brand wurden einige Waren sichergestellt **3** (*riguadagnare*) ~ (qc) {UN'ORA DI RITARDO, TEMPO} *etw* auf|holen; {SVANTAGGIO} *anche etw* aus|gleichen: **il corridore è partito in ritardo ma ora sta recuperando**, der Läufer ist mit Verspätung gestartet, aber jetzt holt er auf **4** (*riciclare*) ~ qc {CARTA, METALLO, PLASTICA} *etw* wieder|verwerten, *etw* recyceln **5** *fig* (*aiutare a reinserirsi*) ~ qu {EX-CARCERATO, MINORATO} *jdn* wieder eingliedern; ~ **un drogato alla società**, einen Drogenabhängigen wieder in die Gesellschaft eingliedern **6** *fig* (*redimere*) ~ qc {ANIME} *etw* erlösen **7** *econ* ~ qc {CREDITO} *etw* ein|treiben **8** *edil* ~ qc {PALAZZO ANTICO} *etw* sanieren, *etw* wieder in|stand setzen, *etw* restaurieren **9** *mar* ~ qu/qc {NAVE AFFONDATA} *jdn/etw* bergen; {NAUFRAGHI} *jdn* retten **10** *sport* {PARTITA} *etw* nach|holen; ~ **dei punti in classifica**, Punkte in der Tabelle aufholen {MINUTI DI GIOCO} *etw* nach|spielen.

recùpero m **1** (*ritrovamento*) {+BOTTINO} Sicherstellung f; {+NAVE, SALMA DI UNO SCALATORE} Bergung f; {+UDITO, VISTA} Wiedererlangung f; {+RITARDO, TEMPO} Aufholen n **2** (*riutilizzo*) {+CARTA, VETRO} Wiederverwertung f, Recycling n **3** *fig* {+ENERGIE, FORZE} Wiedererlangung f, Zurückgewinnung f **4** *fig* (*reinserimento*) {+HANDICAPPATO, TOSSICODIPENDENTE} Wiedereingliederung f **5** *econ* {+CREDITO} Eintreiben n, Eintreibung f: **dell'euro sul dollaro**, das Aufholen dem Euro gegenüber dem Dollar **6** *edil* {+CASEGGIATO} Sanierung f, Wiederinstandsetzung f **7** *fig* (*riuso*) {+TERMINI DIALETTALI} Wiederverwendung f **8** *sport* {+PARTITA} Nachholen n; (*rimonta*) {+GIOCATORE, SQUADRA} Aufholen n.

recusàre → **ricusare**.

redarguìre <*redarguisco*> tr *forb* (*rimproverare in modo aspro*) ~ qu (*per/*[*a causa di*] qc) *jdn* (*wegen etw* gen) tadeln, *jdn* (*wegen etw* gen) rügen: **lo redarguirono per il suo comportamento scorretto**, sie tadelten ihn wegen seines unkorrekten Verhaltens.

redàrre <*coniug come* redigere> → **redigere**.

redàssi 1ª *pers sing del pass rem di* redigere, redarre.

redàtto *part pass di* redigere, redarre.

redattóre, (-trice) m (f) **1** (*giornalista*) {+GIORNALE, PERIODICO} Redakteur(in) m(f): ~ **capo**, Chefredakteur m **2** (*chi redige*) {+DOCUMENTO, RAPPORTO, VERBALE} Verfasser(in) m(f); ~ **pubblicitario**, Werbetexter m **3** *edit* (*curatore*) {+ENCICLOPEDIA, DIZIONARIO, LIBRO} Redakteur(in) m(f).

redazionàle agg **1** (*di redazione o di redattore*) {ARTICOLO, INCARICO, INTERVENTO, LAVORO} Redaktions-, redaktionell **2** *giorn* {ARTICOLO} der Redaktion.

redazióne f **1** (*stesura*) {+ARTICOLO, CONTRATTO} Redaktion f, Abfassung f **2** (*attività del redattore*) Redaktion f **3** (*ufficio*) Redak-

tion f **4** (*composizione del giornale*) Redaktion f **5** *dir* {+ATTO} Abfassung f (*rif. a atti notarili*); Errichtung f: ~ **di un verbale**, Fertigung f (einer Niederschrift), Aufnahme f (eines Protokolls) **6** *lett* (*testo*) Fassung f: **le diverse redazioni di un'opera letteraria**, die verschiedenen Fassungen eines literarischen Werkes.

redditività <-> f *econ* Ertrag(s)fähigkeit f, Rentabilität f.

redditìzio, (-a) <-*zi* m> agg (*che frutta molto*) {AFFARE, COMMERCIO, PROFESSIONE} Gewinn bringend, einträglich, rentabel.

rèddito m (*entrata*) {ELEVATO, MODESTO} Einkommen n: **è un lavoro che dà un buon ~**, diese Arbeit garantiert ein gutes Einkommen; ~ **disponibile**, verfügbares Einkommen; ~ **dominicale**, Boden-, Pachtertrag m; ~ **fisso**, festes/regelmäßiges Einkommen; ~ **fondiario**, Bodeneinnahme f; ~ **immobiliare**, Ertrag m aus Grundbesitz/Liegenschaften; ~ **da lavoro autonomo**, Einkommen n aus selbständiger Arbeit, Gewerbebetrieb; ~ **da lavoro dipendente**, Einkommen n aus unselbständiger Arbeit, Arbeitnehmereinkommen n, Lohneinkommen n; ~ **d'impresa**, Betriebseinkommen n; ~ **individuale/[pro capite]**, Pro-Kopf-Einkommen n; ~ **lordo**, Bruttoeinkommen n; ~ **nazionale**, Volkseinkommen n, Sozialprodukt n; ~ **netto**, Nettoeinkommen n.

redditòmetro m *fisco* (*steuerliche*) Schätztabelle f.

redènsi 1ª *pers sing del pass rem di* redimere.

redènto, (-a) **A** *part pass di* redimere **B** m (f) (*persona*) Erlöste mf *decl come agg* **C** agg (*riscattato*) {PECCATORE} erlöst.

redentóre, (-trice) **A** agg (*che redime*) {GRAZIA, SOFFERENZA} erlösend, befreiend **B** m (f) (*chi redime*) Erlöser(in) m(f), Befreier(in) m(f) • **il Redentore** *relig* (*Gesù Cristo*), der Heiland.

redenzióne f **1** (*liberazione*) {+SCHIAVI} Befreiung f: **lottare per la ~ del paese dal giogo straniero**, für die Befreiung des Landes vom fremden Joch kämpfen **2** *relig* {+PECCATORI} Erlösung f: ~ **dal peccato**, die Erlösung von den Sünden.

redibitòrio, (-a) <-*ri* m> agg *dir* {GIUDIZIO} Wandlungs-, redhibitorisch.

redìgere <*redigo, redigi, redassi, redatto*> tr ~ qc (*compilare*) {DOCUMENTO, LETTERA UFFICIALE} *etw* verfassen, *etw* ab|fassen; {VERBALE} *anche etw* auf|nehmen **2** (*scrivere o curare*) {+ARTICOLO} *etw* verfassen, *etw* redigieren; {DIZIONARIO, RIVISTA FILOSOFICA} *anche etw* bearbeiten.

redìmere <*redimo, redensi, redento*> **A** tr **1** *lett* (*liberare*) ~ qu/qc (*da qc*) {POPOLO DALLA SCHIAVITÙ, UOMO DAL VIZIO} *jdn/etw* (*von etw* dat) erlösen, *jdn/etw* (*von etw* dat) befreien **2** *rar* (*estinguere*) ~ qc {DEBITO} *etw* tilgen; {RENDITA} *etw* ab|lösen **3** *relig* {CRISTO L'UMANITÀ} *jdn* erlösen **B** rfl (*riscattarsi*): **redimersi da qc** sich von etw (dat) befreien.

redimìbile **A** agg **1** *fig lett* (*riscattabile*) {PECCATORE} erlösbar **2** *econ* {DEBITO, PRESTITO} kündbar, tilgbar, ablösbar **B** m *econ* kündbare Staatsschuld.

redingote <-> f *franc* (*giacca, cappotto*) Redingote f m.

rèdini f pl (*briglie*) Zügel m pl: **tenere le ~**, die Zügel halten • **allentare le ~** *fig* (*essere meno severi*), die Zügel lockern/[schleifen lassen]; **lasciare le ~ sul collo a qu** *fig* (*dare massima libertà*), jdm die Zügel schießen lassen; **lasciare a qu le ~ di qc** (*rinunciare alla guida*), jdm die Führung/Leitung/Zügel von etw (dat)/+gen überlassen; **prendere le ~ di**

qc *fig* (*dirigere*), {DELL'AZIENDA} die Leitung von etw (dat) übernehmen, die Zügel etw (gen) in die Hand nehmen; **tenere le ~ ¡di un'azienda¡/[del governo]** *fig* (*essere a capo*), ¡eine Firma leiten¡/[Regierungschef sein], die Zügel einer Firma/der Regierung (fest) in der Hand halten.

redistribuìre e *deriv* → **ridistribuire** e *deriv*.

redivìvo, (-a) **A** agg **1** (*resuscitato*) auferstanden, wiedererstanden **2** *fig scherz* (*che si rivede dopo lungo tempo*) {AMICO} aus der Versenkung aufgetaucht *fam* **B** m (f) **1** Auferstandene mf *decl come agg* **2** *fig scherz* verlorener Sohn *anche scherz*.

rèduce **A** agg **1** (*tornato*) ~ da qc {DA UNA TOURNÉE, DA UN VIAGGIO D'AFFARI} zurück *von etw* (dat); {SOLDATO DALLA PRIGIONIA} heimgekehrt *von etw* (dat), zurück *aus etw* (dat): **la squadra è ~ da una sconfitta**, die Mannschaft hat eine Niederlage erlitten/[hinter sich] **2** (*guarito*): **essere ~ da una malattia**, eine Krankheit überstanden haben **B** mf (*sopravvissuto*) Heimkehrer(in) m(f), Überlebende mf *decl come agg*: **i reduci dai campi di concentramento**, die Überlebenden aus den Konzentrationslagern; ~ **di guerra**, Kriegsheimkehrer(in) m(f) • **un ~ dalle patrie galere** *scherz* (*persona disonesta*), ein Knastologe m *fam scherz*.

reef <-> m *ingl geog* Riff n.

ref. *abbr di* referenze: Referenzen f pl.

réfe m (*filo da cucito*) Zwirn m • **a ~ doppio** *fig* (*a tutto andare*), {FARE QC} mit großem Einsatz/Eifer.

referàggio <-*gi*> m (*valutazione di un progetto o di un articolo*) wissenschaftliches Begutachtungsverfahren, Peer Review f.

referee <-> m *ingl* **1** *edit* Referee m, (End)gutachter m **2** *sport* Referee m, Kampf-, Schiedsrichter m.

referendàrio, (-a) <-*ri* m> *dir* **A** agg (*relativo a referendum*) Volks-: **consultazione/voto ~**, Volksbefragung/Volksabstimmung f (im Rahmen eines Referendums) **B** m (f) (*relatore*) Berichterstatter(in) m(f): ~ **alla Corte dei Conti**, Berichterstatter(in) m(f) am italienischen Rechnungshof.

referendarìsta <-*i* m, -e f> *polit* **A** agg Volksabstimmungen befürwortend **B** m (f) "wer Volksabstimmungen befürwortet".

referèndum <-> m *lat* **1** (*votazione*) Referendum n *spec CH*, Volksabstimmung f, Volksentscheid m: ~ **abrogativo/propositivo**, ¡Volksentscheid m über die Aufhebung von Gesetzen¡/[gesetzgebender Volksentscheid]; **il ~ sull'aborto**, das Referendum über die Abtreibung **2** (*indagine*) Umfrage f: ~ **per posta**, Umfrage f per Post.

referènte **A** agg (*che riferisce*) berichterstattend: **riunione in sede ~**, berichterstattende Versammlung **B** mf **1** (*persona*) Bezugsperson f **2** (*punto di riferimento*) Bezugspunkt m **3** *ling* (*funzione*) Referent m.

referènza f **1** (*di solito al pl*) (*informazioni*) Referenz f, Empfehlung f: **avere ottime referenze**, über erstklassige Referenzen verfügen; **chiedere referenze su qu**, Referenzen über jdn verlangen **2** *ling* (*funzione*) Referenz f.

referenziàle agg *ling* (*relativo al referente*) {ELEMENTO, FUNZIONE} referentiell.

referenziàto, (-a) agg (*munito di referenze*) {SEGRETARIA} mit Referenzen, über Referenzen verfügend: **governante referenziata offresi**, Gouvernante mit Referenzen sucht Stelle.

refèrto m **1** *dir* Anzeige f (einer Straftat durch Personen, die einen Heilberuf ausüben): **fare un ~**, eine Anzeige erstatten

2 med {RADIOLOGICO} Befund m, Gutachten n: ~ elettrocardiografico, elektrokardiographischer Befund.

refettòrio <-ri> m (*sala da pranzo*) {+CONVENTO, CONVITTO} Refektorium n, Speisesaal m.

refezióne f (*pasto*) Speisung f: ~ scolastica, Schulspeisung f.

refilàre tr *tip* ~ qc *etw* beschneiden.

réfill <-> m *ingl* (*ricambio*) {+PENNA A SFERA} Nachfüllmine f, Patrone f; {+DETERSIVO} Nachfüllbeutel m.

reflazióne f *econ* Reflation f.

reflessògeno → riflessogeno.

reflessologìa → riflessologia.

rèflex *ingl film fot* A agg {SISTEMA} Reflex- B f (*macchina*) Spiegelreflexkamera f.

refluìre → rifluire.

rèfluo, (-a) agg (*che rifluisce*) {SANGUE} zurückfließend.

reflùsso m *med* Rückfluss m, Reflux m *scient*: ~ esofageo, Ösophagusreflux m *scient*.

rèfolo m (*soffio di vento*) Bö(e) f.

refósco m **1** (*vitigno*) Refosco m (*Rotweinrebensorte aus dem Friaul*) **2** *enol* (*vino*) Refosco m (*Rotwein aus dem Friaul*).

refrain <-> m *franc mus* (*ritornello*) Refrain m.

refrattarietà <-> f **1** (*inalterabilità*) {+MATERIALE} Hitzebeständigkeit f, Feuerfestigkeit f **2** *fig* (*insensibilità*) ~ a qc {ALLE EMOZIONI} Unempfindlichkeit f gegen etw (acc) **3** *med* ~ (a qc) {CONGENITA} Immunität f gegen etw (acc), Unempfindlichkeit f gegen etw (acc).

refrattàrio, (-a) <-ri> m A agg **1** (*resistente al calore*) {MATERIALE} hitzebeständig, feuerfest **2** *fig* (*insensibile*) ~ a qc {AL DOLORE, ALLA PIETÀ} unempfindlich gegen etw (acc) **3** *med* ~ a qc immun gegen etw (acc), unempfindlich gegen etw (acc) B m *chim fis tecnol* feuerfester Baustein • essere ~ ad una materia scolastica *fig* (*non essere portato*), für ein Schulfach unbegabt sein.

refrigerànte A agg **1** (*rinfrescante*) {BEVANDA, DOCCIA} erfrischend **2** *fis tecnol* {FLUIDO} Kühl-, kühlend B m **1** (*apparecchio*) Kühlgerät n, Kühlanlage f **2** (*sostanza*) Kühlmittel n.

refrigeràre A tr ~ qc **1** (*sottoporre a refrigerazione*) {ALIMENTI} etw kalt stellen, etw kühlen *rar* **2** *lett* (*dare refrigerio*) {LA GOLA} etw erfrischen **3** *tecnol* {CORPO} etw ab|kühlen, etw kühlen B rfl (*rinfrescarsi*): refrigerarsi (con qc) {CON UN BAGNO} sich etw (dat) m Kühlung verschaffen, sich mit etw (dat) erfrischen ab|kühlen.

refrigeratóre, (-trice) A agg (*che refrigera*) kühlend, Kühl- B m **1** (*fluido*) Kühlflüssigkeit f **2** (*parte del frigorifero*) Kühlaggregat n.

refrigerazióne f (*raffreddamento*) Kühlung f.

refrigèrio <-ri> m **1** (*sensazione di fresco*) {+BIBITA FRESCA} Erfrischung f (*durch etw* acc); cercare un po' di ~ all'ombra, Kühlung im Schatten suchen **2** *fig* (*sollievo*) Erleichterung f.

refurtìva f (*bottino*) Beute f, Diebesgut n.

refùso m *tip* Druckfehler m.

reg. abbr *di* regolamento: Vorschriften f pl, Reglement n *forb*, Ordnung f.

regalàre A tr **1** (*donare*) ~ qc a qu {LIBRO AD UN AMICO} *jdm etw* schenken: cosa ti hanno regalato per il tuo compleanno?, was hast du zu deinem Geburtstag geschenkt bekommen?; non lo accetterei nemmeno se me lo regalassero!, das möchte ich nicht (einmal) geschenkt haben! *fam*, das wäre mir geschenkt zu teuer! *spreg* **2** *fig* (*svendere*) ~ qc *etw* verschenken, *etw* verschleudern: oggi non vendiamo la merce, la regaliamo!, heute gibt's die Ware fast geschenkt! *fam* **3** *fig* (*offrire*) ~ qc a qu {SORRISO AGLI ALTRI} *jdm etw* schenken B rfl *indir* (*concedersi*): regalarsi qc {SIGARETTA, VIAGGIO ALLE HAWAII} sich (dat) etw gönnen, sich (dat) etw genehmigen.

regalàto, (-a) agg **1** (*donato*) {CIOCCOLATINI, FIORI} verschenkt, geschenkt **2** (*svenduto*) geschenkt *fam*: questo maglione è veramente ~, der Pulli ist wirklich geschenkt *fam*.

regàle A agg **1** (*di re*) {VISITA} königlich; {CORONA, SCETTRO} *anche* Königs- **2** (*degno di un re*) {BELLEZZA, DONO, LUSSO} königlich, fürstlich B m *mus* Regal n.

regalìa f **1** (*dono in denaro*) Geldgeschenk n, Gratifikation f: regalie di fine d'anno, Jahresendegratifikationen f pl **2** <solo pl> *region* (*dono in natura*) Tribut m in Naturalien **3** *stor* Hoheitsrecht n, Regale n, Regalien pl.

regalìstica <-che> f **1** (*insieme di oggetti da regalo*) Geschenkartikel m pl **2** (*settore*) {INDUSTRIALE} Geschenkartikelsektor m.

regalità <-> f **1** (*l'essere regale*) {+STIRPE} Königtum n **2** (*maestosità*) {+ANIMO, ASPETTO, PORTAMENTO} Vornehmheit f, Noblesse f *forb* • ~ di Cristo *relig*, Christkönigtum n.

regàlo m **1** (*dono*) {GRADITO, MAGNIFICO, DI POCO VALORE, UTILE} Geschenk n: ~ per il battesimo, Taufgeschenk n; dare qc in ~, etw schenken; fare un ~ a qu, *jdm* ein Geschenk machen, *jdm* etwas schenken; ~ di fidanzamento/Natale/nozze, Verlobungs-/Weihnachts-/Hochzeitsgeschenk n; ti ho portato un ~, ich habe dir ein Geschenk mitgebracht; ricevere qc in ~, etw geschenkt bekommen **2** (*cosa gradita*) Geschenk n, Freude f: la tua visita è stata un vero ~, dein Besuch war ⌈eine wahre Freude⌋/[wirklich ein Geschenk]; non potevi farmi un ~ più bello di questo, du hättest mir kein schöneres Geschenk machen können; bel ~! *iron*, tolles Geschenk! *iron*.

regàta f *mar* {VELICA} Regatta f: fare delle regate, an Regatten teilnehmen; ~ d'altura, Hochseeregatta f; ~ di fuoribordo, Regatta f für Außenmotorboote/Außenborder *fam*; ~ di motoscafi, Motorbootregatta f.

regatànte *mar* A agg Regatta f B m (*chi fa una regata*) Teilnehmer(in) m(f) einer Regatta.

regatàre *itr mar* an einer Regatta teilnehmen.

règgae <-> *ingl mus* A agg {RITMI} Reggae- B m (*musica giamaicana*) Reggae m.

reggènte A agg **1** (*che ha una carica temporanea*) {SEGRETARIO COMUNALE} regierend, stellvertretend **2** (*che esercita il potere reale*): principe ~, Prinzregent m **3** *gramm* {PROPOSIZIONE, VERBO} Haupt- B mf (*chi governa*) Regent(in) m(f); nominare un ~, einen Regenten ernennen C f *gramm* Hauptsatz m.

reggènza f **1** (*carica e durata di reggente*) Regentschaft f: durante la lunga ~ della regina Vittoria, während der langen Regentschaft der Königin Viktoria; assumere/tenere la ~, die Regentschaft übernehmen/behalten **2** (*governo dei reggenti*) Regierung f: la ~ di San Marino, die Regierung von San Marino **3** *gramm* {+VERBO} Rektion f • la Reggenza *stor franc*, die Régence f.

règgere <irr *reggo*, *reggi*, *ressi*, *retto*> A tr **1** (*tenere sollevato*) ~ qu/qc *jdn/etw* (fest)halten, *jdn/etw* tragen: reggi la borsa mentre apro la macchina!, halt mal die Tasche, während ich das Auto aufmache!; ~ qu/qc sulle spalle, *jdn/etw* auf den Schultern tragen **2** (*tenere diritto*) ~ qu {UBRIACO} *jdn* stützen: le gambe non lo reggono più, er kann sich nicht mehr auf den Beinen halten; ~ un bambino che muove i primi passi, ein Kind stützen/halten, das seine ersten Schritte macht **3** (*tenere fermo*) ~ qc {SCALA} *etw* (fest|)halten **4** (*sorreggere*) ~ qc {MURI VOLTA A BOTTE} *etw* tragen **5** *fig* (*dirigere*) ~ qc {DITTA, IMPRESA, NEGOZIO} *etw* leiten, *etw* führen **6** *fig* (*governare*) ~ qc {STATO} *etw* regieren **7** *fig* (*sopportare*) ~ qc *etw* aus|halten: è una stoffa che regge l'acqua, das ist ein wasserfester Stoff; ~ il mare, seetüchtig sein; ~ il vino, trinkfest sein; ~ qu/qc *jdn/etw* ertragen, *jdn/etw* aus|halten; non reggo più i suoi isterismi, ich halte seine/ihre Hysterie(anfälle) nicht mehr aus; non lo reggo più, ich ertrage ihn nicht mehr **8** *fig* (*resistere*) ~ qc {PICCOLI NEGOZI CONCORRENZA DEI SUPERMERCATI} *etw* (dat) stand|halten **9** *gramm* ~ qc {PRINCIPALE SECONDARIA} *etw* regieren, *etw* erfordern: ~ il dativo, den Dativ regieren B itr <avere> **1** (*resistere*) ~ (a qc) {ALLA PRESSIONE, ALL'URTO} *etw* (dat) stand|halten, *etw* aus|halten; {ALLA FATICA, ALLA STANCHEZZA} *etw* aus|halten, *etw* durch|halten: il suo cuore non ha retto, sein/ihr Herz hat nicht durchgehalten; non potere più ~ dalla fame, es vor Hunger nicht mehr aushalten **2** *fig* (*durare*) (an|)halten, dauern: un rapporto che ha retto solo per pochi mesi, eine Beziehung, die nur wenige Monate gedauert/gehalten hat **3** *fig* (*essere coerente*) haltbar/stichhaltig sein: la sua argomentazione non regge, seine/ihre Argumentation ist nicht stichhaltig/haltbar **4** *meteo* (*tenere*) halten, stabil bleiben: se il tempo regge, facciamo una passeggiata, wenn das Wetter ⌈so bleibt⌋/[hält], machen wir einen Spaziergang C itr pron: reggersi su qc **1** (*poggiare*) {EDIFICIO SU FONDAMENTA} auf *etw* (dat) ruhen, sich auf *etw* (dat) stützen **2** *fig* (*fondarsi*) {RAGIONAMENTO SU BASI SOLIDE} auf *etw* (dat) gründen, auf *etw* (dat) beruhen, sich auf *etw* (acc) stützen D rfl: reggersi **1** (*tenersi ritto*) sich gerade halten, sich aufrecht halten: non riesce più a reggersi, er/sie schafft es nicht mehr, sich gerade zu halten; reggersi ⌈in piedi⌋/[sulle gambe], sich auf den Beinen halten **2** *fig* (*avere fondamento*) stichhaltig sein: è un ragionamento che non si regge, das ist eine Argumentation ⌈ohne Grundlage⌋/[, die nicht stichhaltig ist] E rfl rec (*aiutarsi l'un l'altro*): reggersi (gegenseitig) (unter)stützen, sich gegenseitig) fest|halten/[Halt geben] • non mi regge il *cuore*/l'animo di fare qc, ich bringe es nicht übers Herz, zu... *inf*; reggiti forte! (tienti ben stretto), halt dich gut fest!; *fig* (preparati a una notizia sorprendente), (jetzt) halt dich fest!; reggiti forte, il nostro fratellino si sposa, (jetzt) halt dich fest, unser kleiner Bruder heiratet; reggersi a monarchia/repubblica, eine monarchische/republikanische Regierung haben.

règgia <-ge> f **1** (*palazzo del re*) {SONTUOSA} Königshof m, Königspalast m **2** *fig* (*abitazione sfarzosa*) Palast m: la tua casa è una ~!, dein Haus ist ja ein Palast! • la ~ celeste *fig* (dimora di Dio), das Himmelreich; la ~ del Cielo *fig* (dimora degli dei), das Reich der Götter; la ~ di Giove *fig* (l'Olimpo), der Olymp.

reggiàno, (-a) A agg {PARMIGIANO} aus Reggio Emilia B m (f) (*abitante*) Einwohner(in) m(f) von Reggio Emilia C m (*formaggio*) Parmesankäse m.

reggibórsa <-> m (*portaborse*) Wasserträger m.

reggicàlze <-> m (*indumento*) Strumpfhaltergürtel m, Straps m.

reggilibro, reggilibri <-> m (*arnese*) Buchstütze f.

reggimentàle agg (*del reggimento*) {COMPAGNIA} Regiments-.

reggiménto m **1** (*atto del governare*) {+STATO} Regieren n **2** fig (*moltitudine*) {+DOMESTICI, FORMICHE} Heer n, Kompanie f: **c'è da mangiare per un intero ~!**, es ist genug Essen für eine ganze Kompanie da! **3** mil {+FANTERIA, CAVALLERIA} Regiment n.

reggipètto, reggiséno m (*indumento*) Büstenhalter m, BH m *fam*: **~ a balconcino**, Bügel-BH m.

reggitóre, (-trice) **A** agg lett (*che guida*) leitend **B** m (f) lett (*chi governa*) {+POPOLI} Leiter(in) m(f).

regìa f **1** fig (*organizzazione*) {+CERIMONIA, CORTEO, MANIFESTAZIONE} Organisation f **2** film teat TV Regie f, Spielleitung f **3** stor (*monopolio*) (Staats)monopol n.

regicida <-*i* m, -*e* f> **A** agg (*di regicidio*) {IDEA} des Königsmordes **B** mf (*uccisore di re*) Königsmörder(in) m(f).

regicìdio <-*di*> m (*uccisione di re*) Königsmord m.

regime m **1** (*insieme di norme alimentari*) Diät f: **~ alimentare**, Ernährungsweise f; **essere/stare a ~**, Diät leben, eine Diät (ein)halten; **mettersi a ~**, eine Diät machen **2** dir (*complesso di norme*) Regelung f, Ordnung f, System n: **~ vincolistico**, "gesetzliche Regelung eines zuvor der Privatinitiative überlassenen Bereichs" **3** econ Regelung f: **~ aureo**, Geldwährungssystem n; **essere in ~ d'autarchia**, wirtschaftlich autark sein, wirtschaftliche Autarkie besitzen; **~ fiscale/valutario**, Steuer-/Devisenregelung f **4** geog {+CORSO D'ACQUA} Wasserstandsverhältnisse n pl: **~ fluviale**, Wasserstandsverhältnisse eines Flusses f; **~ pluviometrico**, Niederschlagsmenge f; **~ torrentizio**, "Wasserstandsverhältnisse von Torrenten" **5** mecc tecnol {+CONTINUO, PERMANENTE, +MOTORE} Drehzahl f, Betrieb m, Touren pl: **andare a pieno ~**, ⌊auf vollen Touren⌋/[mit voller Kraft] laufen; **~ di arresto/avviamento**, Anhalt-/Anlassdrehzahl f; **~ di marcia**, Fahrbetrieb m **6** polit (*forma di governo*) Regime n, Regierungssystem n: **~ democratico/monarchico/parlamentare**, demokratisches/monarchisches/parlamentarisches Regierungssystem; **~ militare**, Militärregime n; **~ totalitario**, totalitäres Regime **7** polit (*governo autoritario*) Gewaltherrschaft f: **(fascista)**, (faschistisches) Regime • **andare a ~ rif. a riforme: divenire operante)**, rechtsgültig werden, in Kraft treten; **~ dei colonnelli** mil polit stor, griechisches Militärregime n; **patrimoniale della famiglia** dir, Güterstand m; **mettere a ~ qu** (*farlo rigare dritto*), jdn spuren lassen *fam*; **tener un buon ~ di vita**, eine gute Lebensführung haben.

regimentàl *ingl* **A** agg (*di stile militare inglese*) {PANTALONI} im "englischen Militärstil" **B** f (*cravatta*) "Krawatte f im englischen Militärstil".

regìna f **1** (*sovrana*) Königin f: **la ~ d'Inghilterra**, die Königin von England **2** (*donna che primeggia*) Königin f *forb*: **è lei la ~ della serata**, sie ist die Königin f des Abends **3** (*primo*) Königin f *forb*, Erste f: **questa è la ~ delle uve**, das ist die Königin *forb* unter den Trauben **4** *agr*: **~ dei vigneti**, Reginatraube f; **~ dei frutteti**, "beinahe kugelförmige Pfirsichsorte" **5** bot: **~ Claudia**, Reneklode f; **~ dei prati**, Mädesüß m **6** (*nei giochi di carte*) Dame f: **~ di fiori/picche**, Kreuz-/Pikdame f **7** zoo (*femmina*) Königin f: **~ delle api/formiche**, Bienen-/Ameisenkönigin f **8** (*negli scacchi*) Dame f: **muovere la ~**, die Dame bewegen • **la Regina dei cieli** relig (*la Madonna*), die Himmelskönigin, Regina Coeli f; **la ~ madre** (*madre del sovrano*), die Königinmutter; **sembrare/parere una ~** (*per ricchezza, bellezza degli abiti, ecc.*), wie eine Königin aussehen; **trattare qu come una ~** (*molto bene*), jdn ⌊wie eine Königin⌋/[fürstlich] behandeln; **vivere da ~** (*negli agi*), wie eine Königin leben.

reginétta f **1** (*vincitrice*) Schönheitskönigin f, Miss f **2** (*giovane regina*) junge Königin.

règio, (-a) <-*gi* m> **A** agg **1** (*del re*) {AUTORITÀ, DECRETO} königlich; {TITOLO} *anche* Königs- **2** fig (*importante*) {SCALA, TEATRO} königlich **3** chim {ACQUA} Königs- **B** m <pl> *stor* (*soldati del re*) Soldaten m pl des Königs.

regionàle agg **1** (*di una regione o delle regioni*) {TRADIZIONE, USANZA} regional, landschaftlich **2** amm der {ACCORDO, AUTONOMIA, CONVENZIONE, LEGGE} regional **3** ling {INFLESSIONE, LOCUZIONE, VARIANTE} regional.

regionalìsmo m **1** (*campanilismo*) Partikularismus m, Lokalpatriotismus m **2** polit ling Regionalismus m.

regionalìstico, (-a) <-*ci, -che*> agg (*del regionalismo*) {INTERESSE, TENDENZA} regionalistisch.

regionalizzàre tr (*decentrare*) **~ qc** {ISTRUZIONE, TRASPORTI} etw regionalisieren.

regionalizzazióne f (*il regionalizzare*) Regionalisierung f, Dezentralisierung f.

regióne f **1** (*unità territoriale*) {+ITALIA CENTRALE} Region f, Gebiet n **2** fig (*regno*) {+FANTASIA, MENTE} Reich n **3** amm (*ente pubblico territoriale*) Region f, Bezirk n: **la Regione Lombardia**, die Region Lombardei; **~ a statuto ordinario/speciale**, Region f mit Normal-/Sonderstatut; *(sede)* Sitz m der Regionalregierung **4** anat {CERVICALE, FEMORALE} Gegend f: **~ lombare**, Lendengegend f **5** geog {ALPINA, MARINA, TEMPERATA} Region f, Gebiet n, Gegend f: **~ balcanica**, Balkan m; **~ continentale**, kontinentales Gebiet; **~ desertica**, Wüstengebiet n; **~ montuosa**, Gebirgsgegend f **6** mil {FORTIFICATA} Gebiet n.

regìsta <-*i* m, -*e* f> mf **1** film radio teat TV Regisseur(in) m(f): **~ cinematografico/teatrale**, Film-/Theaterregisseur m; **fare il ~**, von Beruf Regisseur sein **2** fig (*organizzatore*) {+CERIMONIA, MANIFESTAZIONE} Leiter(in) m(f).

registràre tr **1** (*annotare*) **~ qc (in qc)** {ACQUISTI, SPESE IN UN TACCUINO} *etw (irgendwo)* ver-, auf|zeichnen, *etw in etw* (acc) ein|tragen; **~ qc in qc** {I PROPRI PENSIERI IN UN DIARIO} *etw in etw* (acc) schreiben, *etw in etw* (dat) fest|halten **2** (*rilevare*) **~ qc** {AUMENTO DEMOGRAFICO} *etw* registrieren, *etw* verzeichnen, *etw* fest|stellen; {EPISODI DI CRONACA} *anche über etw* (acc) berichten, *etw* fest|halten: **~ un aumento della criminalità**, eine Zunahme der Kriminalität verzeichnen/fest|stellen **3** (*incidere*) **~ (qc)** {CANZONE, CONFERENZA} *(etw)* auf|nehmen, *(etw)* auf|zeichnen, *(etw)* mit|schneiden: **~ qc dal vivo**, *etw* live mitschneiden; *(con videoregistratore)* {FILM} *(etw)* auf|nehmen, *(etw)* auf|zeichnen, *(etw)* mit|schneiden; **l'apparecchio non sta registrando**, das Gerät nimmt gerade nicht auf **4** *(mettere a punto)* **~ qc** {APPARECCHIO, FRIZIONE} *etw* ein|stellen, *etw* regulieren **5** amm **~ qc** {MORTE, NASCITA} *etw* registrieren; {ATTO, CONTRATTO, DECRETO} *etw* ein|tragen: **un marchio d'impresa**, ein Firmenzeichen registrieren **6** autom **~ qc** {CICLOMOTORE, VEICOLO} *etw* zu|lassen **7** comm **~ qc** {ENTRATE E USCITE} *etw* (ver)buchen: **~ in avere/dare**, *etw* im Haben/Soll verbuchen **8** ling **~ qc (in qc)** {NEOLOGISMI IN UN DIZIONA-RIO} *etw (in etw* dat*)* auf|führen **9** mus **~ qc** {ORGANO} *etw* registrieren **10** tecnol **~ qc** {SCOSSA DI TERREMOTO} *etw* registrieren: **il termometro registra 30 gradi**, das Thermometer zeigt 30 Grad an.

registràta f radio TV vorher aufgezeichnete Sendung.

registratóre, (-trice) **A** agg (*che registra*) {MACCHINA} Registrier-: **termometro ~**, Temperaturschreiber m, Thermograph m **B** m **1** (*apparecchio*) Aufnahmegerät n; (*magnetofono*) Tonbandgerät n: **~ a cassette**, Kassettenrekorder m; **~ a nastro magnetico**, Tonbandgerät n **2** elettr {ANALOGICO, DIGITALE} Schreiber m, Schreibautomat m: **~ elettronico**, elektronischer Schreibautomat • **~ di cassa** (*macchina calcolatrice*), Registrierkasse f; **~ di volo aero**, Flugschreiber m.

registrazióne f **1** (*il registrare*) {+PAGAMENTO} Registrierung f, Eintragung f **2** (*incisione*) **~ (su qc)** {SU DISCO, SU NASTRO} Aufnahme f (*auf etw* dat) **3** (*rilevamento*) Verzeichnung f **4** (*rappresentazione grafica*) {+FENOMENO} (grafische) Darstellung f **5** (*messa a punto*) {+FRENO} Einstellung f, Regulierung f **6** amm {+MATRIMONIO} Eintragung f **7** autom {+AUTOMEZZO} Zulassung f **8** comm {+INCASSO} (Ver)buchung f, Registrierung f, Eintragung f **9** dir {+ATTO, IMPRESA, PERSONA GIURIDICA, SOCIETÀ} (Register)eintragung f **10** fis {FOTOELETTRICA, MAGNETICA, OTTICA} Aufzeichnung f **11** mus Registrieren n **12** radio TV (*operazione*) {+TRASMISSIONE TELEVISIVA} Aufzeichnung f, Aufnahme f, Mitschnitt m; *(locale)* Aufnahmestudio n **13** tecnol {+SCOSSA SISMICA} Einstellen n, Regulierung f.

registro m **1** fig (*tono*) Ton m: **cambia ~!**, schlag einen anderen Ton an! **2** banca {+FIRME} Verzeichnis m **3** comm {+PAGAMENTI, VENDITE} Buch n, Register n: **~ contabile**, Handelsbuch n **4** amm dir Register n: **~ immobiliare**, Immobilienregister n, Grundbuch n; **~ delle imprese**, Unternehmensregister n, Handelsregister n; **~ degli indagati**, Register n der Beschuldigten; **Pubblico Registro Automobilistico** (abbr PRA), öffentliches Kraftfahrzeugregister n; **~ di stato civile**, Personenstands-, Standesregister n **5** inform Register m **6** ling Stilebene f, stilistische Ebene f **7** mar {NAVALE} Register n: **~ di bordo**, Schiffsmanifest n; **~ matricolare**, Schiffspapiere n pl **8** mus {ALTO, MEDIO +SOPRANO, TENORE} Register n, Tonlage f; (*nell'organo*) Register n **9** scuola (*giornale*) {+INSEGNANTE} Register n: **~ di classe**, Klassenbuch n **10** tecnol {+OROLOGIO} Regler m **11** tip Register n: **mettere a ~**, ein Register stufenweise übereinander ordnen.

regnànte **A** agg **1** (*che ha il potere sovrano*) {REGINA} herrschend; {CASA} Herrscher- **2** fig (*incontrastato*) {OPINIONE} herrschend **B** mf Herrscher(in) m(f).

regnàre itr **~ (+compl di luogo) 1** (*governare*) *(irgendwo)* regieren, *(irgendwo)* herrschen: **Federico II regnò in Prussia dal 1740 al 1786**, Friedrich II. herrschte in Preußen von 1740 bis 1786 **2** fig (*essere presente*) *(irgendwo)* herrschen, *(irgendwo)* regieren: **il caos regna ovunque**, das Chaos herrscht überall; **qui regna il più assoluto silenzio**, hier herrscht absolutes Schweigen **3** rar (*prosperare*) {PIANTA} *(irgendwo)* gedeihen: **in questa regione regna l'ulivo**, in dieser Gegend gedeiht der Olivenbaum **4** relig *(irgendwo)* herrschen: **Dio regna nei Cieli**, Gott herrscht im Himmel.

régno m **1** (*stato monarchico*) {+INGHILTERRA, SPAGNA} (König)reich n **2** (*dominio, durata*) Herrschaft f: **durante il ~ di Giorgio I**, während der Herrschaft von Georg I.; **aspirare**

al ~, die Herrschaft anstreben **3** *fig* (*mondo*) {+FANTASIA, IDEE} Reich *n*: **il gazebo era il ~ dei bambini**, der Gartenpavillon war das Reich der Kinder; **la cucina è il mio ~!**, die Küche ist mein Revier! • **~ animale** *zoo*, Tierreich *n*; **il mio ~ per un cavallo!** (*detto da chi è disposto a cedere tutto in cambio di una cosa*), ein Königreich für ein Pferd!; **nel ~ dei ciechi il monocolo è re**, ⌊unter den⌋/[im Land der] Blinden ist der Einäugige König; **il ~ dei cieli** (*il Paradiso*), das Himmelreich; **il ~ di Dio**, das Reich Gottes; **~ minerale** *min*, Mineralreich *n*; **il ~ della morte** (*l'aldilà*), das Totenreich; **il ~ delle ombre**, das Reich der Schatten *poet*, das Schatten-, Totenreich; **il ~ delle tenebre** (*l'inferno*), das Reich der Finsternis; **~ vegetale** *bot*, Pflanzenreich *n*.

règola Ⓐ *f* **1** (*norma*) Regel *f*: **seguire una ~**, eine Regel befolgen; **stare/attenersi alle regole**, sich an die Regeln halten **2** (*misura*) Maß *n*: **non avere regole nel bere/mangiare**, unmäßig trinken/essen, beim Trinken/ Essen nicht genug kriegen können; **fuma senza ~**, er/sie raucht maßlos **3** *gramm* {+SINTASSI} Regel *f*: **~ grammaticale**, Grammatikregel *f* **4** *mat* Regel *f*, Gesetz *n*, Prinzip *n*, Satz *m* **5** *relig* {+CONVENTO, S. FRANCESCO} Ordensregeln *f pl* **6** (*solo pl*) *fam* (*mestruazioni*) (Monats)regel *f* Ⓑ **loc avv 1** (*di solito*): **di ~**, in der Regel, gewöhnlich, normalerweise: **di ~ l'esame si svolge a giugno**, in der Regel findet die Prüfung im Juni statt **2** (*a posto*): **in ~**, vorschriftsmäßig, **essere in ~**, mit den Vorschriften übereinstimmen, in Ordnung sein; **non è in ~ col permesso di soggiorno**, mit seiner/ihrer Aufenthaltsgenehmigung ist etwas nicht in Ordnung; **tenere i conti in ~**, die Bücher in Ordnung halten, eine saubere Buchführung machen • **agire** ⌊**in piena ~**⌋/[**con tutte le regole**] (*con coscienza*), mit vollem Bewusstsein handeln; **a ~ d'arte** (*privo di difetti*), nach allen Regeln der Kunst; **è buona ~** (*è consuetudine*), es ist allgemein üblich, es gehört sich; **non c'è ~ senza eccezione**, (es gibt) keine Regel ohne Ausnahme; **fare ~** (*rappresentare la norma*), üblich sein; **senza ~ fissa**, ohne feste Regeln; **stare alle regole del gioco** *fig* (*conformarsi alle norme*), sich an die Spielregeln halten; **avere una buona ~ di vita**, eine gute Lebensregel/ Richtschnur haben; **fare di qc una ~ di vita**, sich (*dat*) etw zur Lebensregel/Richtschnur machen.

regolàbile *agg* (*che si può regolare*) {FLUSSO, VELOCITÀ} regulierbar; {ALTEZZA, SEDILE} *anche* verstellbar.

regolamentàre① *agg* **1** (*conforme a regolamento*) {DISPOSIZIONE, NORMA} vorschriftsmäßig; {INTERVENTO} *anche* reglementarisch *forb* **2** *mil* {DIVISA} vorschriftsmäßig, ordnungsgemäß **3** *sport* {TEMPI} regulär.

regolamentàre② *tr* **~ qc 1** (*regolare*) {TRAFFICO NAVALE} *etw* regeln **2** (*disciplinare*) {EMITTENTI TELEVISIVE COMMERCIALI} *etw* reglementieren *forb*, *etw* regeln.

regolamentazióne *f* (*applicazione di norme*) Reglementierung *f forb*, Regelung *f*: **~ del diritto di sciopero**, Regelung *f* des Streikrechts.

regolaménto *m* **1** (*insieme di norme*) {+AZIENDA, POLIZIA, UNIVERSITÀ} Vorschriften *f pl*, Reglement *n forb*, Ordnung *f*: **~ di condominio**, Hausordnung *f*; **~ edilizio/scolastico**, Bau-/Schulordnung *f*; **~ d'igiene**, Hygienevorschriften *f pl*; **~ interno**, interne Regelung *f*; **~ interno di un'azienda**, Betriebsordnung *f*; **~ del gioco**, Spielregeln *f pl*; **~ militare**, militärische Vorschriften *f* **2** (*sistemazione*) {+CORSO DI UN FIUME} Regulierung *f* **3** *comm* (*estinzione*) {+CONTO, DEBITO} Begleichung *f* **4** *dir* (*complesso di norme*) Verord-

nung *f*, Vorschriften *f pl* **5** *dir* (*atto normativo dell'esecutivo*) Rechtsverordnung *f* • **~ di competenza** *dir*, Anfechtung *f* der gerichtlichen Entscheidung über die Zuständigkeit; **~ di conti** *fig slang* (*eliminazione di componenti di bande rivali*), Abrechnung *f*; **~ di giurisdizione** *dir*, Antrag *m* auf Entscheidung über die Rechtsprechungskompetenz.

regolàre① Ⓐ *tr* **~ qc 1** (*disciplinare*) {AFFLUSSO DI TURISTI, EMIGRAZIONE, IMPORTAZIONI, TRAFFICO} *etw* regeln; {IL BERE, IL FUMO} *etw* einschränken, sich (*bei/in etw dat*) mäßigen; {IMPULSI} *etw* beherrschen, *etw* unter Kontrolle halten: **le leggi fisiche che regolano l'universo**, die physikalischen Gesetze, die das Universum regeln; **le norme giuridiche che regolano i rapporti tra Stato e Chiesa**, die Rechtsnormen, die die Beziehungen zwischen Staat und Kirche regeln **2** (*sistemare*) {QUESTIONE} *etw* regeln, *etw* in Ordnung bringen: **ho ancora molte cose da ~**, ich muss noch vieles regeln **3** (*pagare*) {CAMBIALE, DEBITO, FATTURA} *etw* begleichen **4** (*modificare*) {TEMPERATURA, VOLUME DELLA RADIO} *etw* einstellen, *etw* regulieren: **~ il forno a 150 gradi**, den Backofen auf 150 Grad einstellen **5** *autom* {IL MINIMO} *in etw* (*acc*) schalten, *etw* einlegen **6** *fot* {L'APERTURA DEL DIAFRAMMA} *etw* einstellen Ⓑ *rfl* **1** (*comportarsi*): **regolarsi** (*con qu*) sich (*jdm gegenüber*) irgendwie verhalten: **come devo regolarmi con voi?**, wie soll ich mich euch gegenüber verhalten? **2** (*controllarsi*): **regolarsi** (*in qc*) {NEL BERE, NEL FUMO, NELLE SPESE} sich (*bei etw dat*) beherrschen, sich (*bei etw dat*) mäßigen, sich (*mit etw dat*) zurückhalten: **quando è a tavola non sa regolarsi**, wenn er/sie bei Tisch ist, kann er/sie sich nicht beherrschen • **regolati tu!** (*fai come ritieni più opportuno*), tu, was du für richtig hältst!

regolàre② *agg* **1** (*costante*) {IMPEGNO, RENDIMENTO} regelmäßig; {ANDAMENTO, MOTO, PASSO} *anche* gleichmäßig **2** (*privo di asperità*) {SUPERFICIE} gleichmäßig **3** (*normale*) {STATURA} normal **4** (*proporzionato*) {LINEAMENTI DEL VISO} ebenmäßig **5** (*legale*) {PERMESSO DI SOGGIORNO} regulär **6** (*conforme alle norme*) regulär, vorschriftsmäßig: **quest'operazione è del tutto ~**, dieses Verfahren ist völlig regulär **7** (*puntuale*) **~** (*in qc*) {IN UN PAGAMENTO} pünktlich (*bei etw dat*) **8** *gramm* {VERBO} regelmäßig, schwach **9** *mat* (*in geometria*) {POLIEDRO, POLIGONO} regelmäßig **10** *med* {CICLO, POLSO, TONO CARDIACO} regelmäßig **11** *mil* {ESERCITO} regulär **12** *relig* {CLERO} Regular-, Ordens-.

regolarità <-> *f* **1** (*l'essere proporzionato*) {+LINEAMENTI DEL VOLTO} Ebenmäßigkeit *f* **2** (*uniformità*) {+ANDATURA, SUPERFICIE, VELOCITÀ} Gleichmäßigkeit *f* **3** (*l'essere regolare*) {+PAGAMENTO} Pünktlichkeit *f*, Regelmäßigkeit *f* **4** (*legalità*) {+DOCUMENTO, PROCEDURA} Vorschriftsmäßigkeit *f* **5** (*continuità*) {+RENDIMENTO} Regelmäßigkeit *f* **6** *med* {+BATTITO, POLSO} Regelmäßigkeit *f*.

regolarizzàre *tr* (*legalizzare*) **~ qc** (*con qc*) {CONVIVENZA COL MATRIMONIO} *etw* (*durch etw acc*) legalisieren *forb*; {LA PROPRIA POSIZIONE, RAPPORTO DI LAVORO, SOGGIORNO ALL'ESTERO} *etw* (*durch etw acc*) gesetzlich regeln.

regolarizzazióne *f* (*legalizzazione*) Legalisierung *f forb*, gesetzliche Regelung.

regolàta *f* (*messa a punto frettolosa*) (schnelle) Regelung • **dare una ~ a qc** *fam* (*regolarne il funzionamento*) *etw* schnell regeln; **darsi una ~** *fig fam* (*ridimensionarsi*), sich zusammenreißen *fam*, sich zusammennehmen; **è ora che tu ti dia una ~!**, es wird Zeit, dass du dich zusammenreißt! *fam*.

regolatézza *f* (*moderazione*) **~** (*in qc*) {NEL BERE} Mäßigkeit *f in etw* (*dat*): **vivere con grande ~**, sehr maßvoll leben.

regolàto, (-a) *agg* **1** (*moderato*) **~** (*in qc*) {VITA} maßvoll (*bei/in etw dat*): **è ~ nel fumare**, er ist beim Rauchen sehr maßvoll **2** (*sottoposto a regola*) {ECONOMIA} Zwangs-; {NASCITE} kontrolliert.

regolatóre, (-trice) Ⓐ *agg* **1** (*che regola*) {AZIONE, FUNZIONE} regelnd, regulierend **2** *biol* {GENI, ORMONI} regulierend **3** *urban* {PIANO} Bebauungs- Ⓑ *m* **1** *elettr* Regulator *m*, Regler *m*: **~ di corrente**, Stromregler *m*; **~ di tensione**, Spannungsregler *m* **2** *tecnol* {AUTOMATICO, MANUALE} Regulator *m*, Regler *m*: **~ di pressione**, Druckregler *m*; **~ di portata**, Durchflussregler *m*; **~ di temperatura**, Temperatur-, Wärmeregler *m* **3** *tel*: **~ di tono**, Tonblende *f*, Klangfarbenregler *m* • **~ cardiaco** *med*, Herzschrittmacher *m*.

regolazióne *f* **1** (*atto*) {+MECCANISMO, TRAFFICO} Regelung *f*; {+CORSO D'ACQUA} Begradigung *f*, Regulierung *f* **2** *elettr* {+CORRENTE} Regulierung *f* **3** *fot* {+DIAFRAMMA} Einstellung *f* **4** *nucl* {+REATTORE} Regulierung *f* **5** *tecnol* {AUTOMATICA, MANUALE} Regulierung *f*, Regelung *f*: **~ diretta/indiretta**, direkte/indirekte Regelung; **~ della pressione**, Druckregelung *f*.

règolo① *m* **1** (*righello*) Lineal *n* **2** *edil* (*attrezzo da muratori*) Richtscheit *n*, Richtholz *n* **3** (*negli scacchi*) Leiste *f* • **~ calcolatore** *mat*, Rechenschieber *m*, Rechenstab *m*.

règolo② *m* **1** *lett spreg* (*re*) kleiner König, Duodezfürst *m* **2** *ornit* (*piccolo uccello*) Wintergoldhähnchen *n*.

regredìre <*regredisco, regredii, regredito o regresso*> *itr* <*essere*> **1** (*diminuire*) {FEBBRE, EPIDEMIA} zurück|gehen **2** *fig* (*peggiorare*) {CIVILTÀ} sich zurück|entwickeln: **il paese è regredito socialmente**, das Land hat sich sozial zurückentwickelt; **~** (*in qc*) {NEL LAVORO, NELLO STUDIO} *in etw* (*dat*) nach|lassen **3** *psic* regredieren.

regredìto, (-a) *agg* **1** (*diminuito*) {FEBBRE} zurückgegangen **2** *fig* (*peggiorato*) {PAESE} zurückentwickelt; **~** (*in qc*) {NEL RENDIMENTO} (*in etw dat*) nachgelassen **3** *psic* regrediert.

regressióne *f* **1** *fig* (*decadenza*) Rückgang *m* **2** *astr* rückläufige Bewegung **3** *biol* Regression *f* **4** *econ* Regression *f*: **~ economica**, wirtschaftliche Regression; {+VENDITE} Rückgang *m* **5** *filos* Regress *m* **6** *geol stat* Regression *f*: **~ dei mari**, Regression *f* des Meeres **7** *psic* Regression *f*: **~ all'infanzia**, kindliche Regression.

regressìvo, (-a) *agg* **1** (*che regredisce*) {MOTO} rückläufig **2** *fig* (*involutivo*) {DOTTRINE, IDEE} rückschrittlich **3** *biol* {EVOLUZIONE} regressiv **4** *econ* {ALIQUOTA, IMPOSTA} regressiv **5** *filos* regressiv **6** *geol* {EROSIONE} regressiv **7** *mat* {NUMERAZIONE} rückläufig.

regrèsso Ⓐ *part pass di* regredire Ⓑ *m* **1** (*diminuzione*) {+PRODUZIONE ECONOMICA} Rückgang *m* **2** *fig* (*calo*) Nachlassen *n*: **~ nello studio**, Nachlassen *n* im Studium **3** *fig* (*decadenza*) {+ARTE, LETTERATURA} Rückschritt *m*, Verfall *m* **4** *aero* {+ELICA} Schlupf *m* **5** *dir* (*diritto di rivalsa*) Regressanspruch *m*, Regressrecht *n*, Rückgriffsanspruch *m*, Regressrecht *n*, Rückgriffsrecht *n* **6** *dir* (*azione di ~*) {+ASSEGNO, CAMBIALE} Regress *m*, Rückgriff *m* **7** *filos* Regress *m*: **~ all'infinito**, Regress *m* ins Unendliche **8** *med* {+TUMORE} Rückbildung *f*.

Reich <-, -*e pl ted*> *m ted stor* Reich *n*: **il terzo ~**, das Dritte Reich; **durante il terzo ~**, im Dritten Reich.

reidratànte Ⓐ *part pres di* reidratare Ⓑ *agg* Feuchtigkeits-, feuchtigkeitsspendend Ⓒ *m* (*cosmetico*) Feuchtigkeitscreme *f*, Feuchtigkeitslotion *f*, Feuchtigkeitsprodukt *n*.

reidratàre tr (*idratare di nuovo*) ~ **qc** {PELLE} *etw* (dat) wieder Feuchtigkeit zu|führen, *etw* rehydratieren.

reidratazióne f {+TESSUTO} Wiederbefeuchten n, Wiederbefeuchtung f, Rehydratation f.

reiètto, (-a) *lett* **A** agg (*rifiutato*) {UOMO} ausgestoßen, verstoßen **B** m (f) (*emarginato*) Ausgestoßene mf decl come agg, Verstoßene mf decl come agg: **è trattato da tutti come un ~**, er wird von allen wie ein Ausgestoßener behandelt.

reificàre <*reifico, reifichi*> tr **1** (*considerare concreto*) ~ **qc** {CULTURA} *etw* verdinglichen, *etw* vergegenständlichen, *etw* reifizieren *forb* **2** ~ **qu** {UOMO} *jdn* verdinglichen.

reificazióne f **1** {+ARTE, LETTERATURA} Verdinglichung f, Vergegenständlichung f, Reifikation f *forb* **2** *filos psic* Verdinglichung f.

Rèiki <-> m *giapponese* Reiki n.

reimpiegàre <*reimpiego, reimpieghi*> tr **1** (*utilizzare di nuovo*) ~ **qc** {PERSONALE} *jdn* wieder verwenden **2** (*assumere di nuovo*) ~ **qu** {IN UN SETTORE} *jdn* wieder *in* etw (dat) *investire*) ~ **qc** (*in qc*) {CAPITALE IN UN INVESTIMENTO} *etw* wieder (*in etw dat*) an|legen.

reimpièго <-ghi> m **1** (*nuovo utilizzo*) {+PERSONALE} Wiederverwendung f **2** (*nuovo investimento*) {+RISPARMI} Wiederanlegen n, Neuanlegen n.

reimpostàre tr ~ **qc 1** (*impostare di nuovo*) *etw* neu|legen **2** (*impostare in modo diverso*) *etw* anders an|legen.

reincarnàre **A** tr *fig* (*somigliare*) ~ **qu** {BAMBINA IL PADRE} *jdm* wie aus dem Gesicht geschnitten sein **B** itr pron *filos relig*: **reincarnarsi in qu/qc** {IN UN ANIMALE} als *jd/etw* wieder geboren werden.

reincarnazióne f **1** (*somiglianza*) Ebenbild n: **è la ~ di sua madre**, er/sie ist seiner/ihrer Mutter wie aus dem Gesicht geschnitten/[das Ebenbild seiner/ihrer Mutter] **2** *filos relig* {+ANIMA} Wiedergeburt f, Reinkarnation f: **credere nella ~**, an die Wiedergeburt glauben.

reinfettàre **A** tr (*infettare di nuovo*) ~ **qc** {PIAGA} *etw* reinfizieren *scient* **B** itr pron (*infettarsi di nuovo*): **reinfettarsi** {FERITA} sich reinfizieren *scient*.

reinfezióne f (*nuova infezione*) Reinfektion f *scient*.

reingàggio <-gi> m *sport* {+ATLETA, CALCIATORE} Wiederverpflichtung f, Neuverpflichtung f.

reingrèsso m (*rientro*) {+ATTORE} Wiederauftreten n, Come-back n: **il suo ~ nel cinema ha fatto scalpore**, sein/ihr Come-back auf der Leinwand/[im Kino] hat Aufsehen erregt.

reinseriménto m (*il reinserire*) ~ (*in qc*) {+TOSSICODIPENDENTE IN UNA COMUNITÀ} Wiedereingliederung f (*in etw* acc): **~ di un ex detenuto nella società**, Wiedereingliederung f eines ehemaligen Häftlings in die Gesellschaft.

reinserìre <*reinserisco*> **A** tr **1** (*inserire di nuovo*) ~ **qc** (*in qc*) {BRANO IN UN TESTO} *etw* (*in etw* acc) wieder ein|gliedern; {INDIRIZZI IN UN'AGENDA} *anche* wieder/erneut ein|tragen; {SPINA IN UNA PRESA DI CORRENTE} *etw* wieder (*in etw* acc) (ein|)stecken **2** (*ricollocare*) ~ **qu** {DISABILE NEL MONDO DEL LAVORO} *jdn* (*in etw* acc) wieder ein|gliedern **B** rfl (*rientrare a far parte*): **reinserirsi** (*in qc*) {NEL MONDO CIVILE} sich (*in etw* acc) wieder ein|gliedern.

reinstallàre tr **1** (*rimettere*) ~ **qc in qc** {IMPIANTO DI RISCALDAMENTO IN UNA CASA} *etw* wieder (*in etw* dat) installieren **2** (*insediare di nuovo*) ~ **qu in qc** {PERSONA IN UNA CARICA} *jdn* wieder *in* etw (acc) ein|setzen, *jdn* wieder *in* etw (acc) installieren *forb*.

reintegràbile agg (*che può essere reintegrato*) ~ (*in qc*) {PERSONALE IN UN SETTORE INDUSTRIALE} (*in etw* acc) wieder eingliederbar.

reintegràre **A** tr **1** (*ricostituire*) ~ **qc** {CAPITALE, DEFICIT DI BILANCIO} *etw* wieder|her|stellen **2** (*reinserire*) ~ **qu** (*in qc*) {EX CARCERATO NELLA SOCIETÀ} *jdn* (*in etw* acc) reintegrieren, *jdn* wieder (*in etw* acc) integrieren **3** (*recuperare*) ~ **qc** {FORZE} *etw* wieder|erlangen **4** *amm* ~ **qu in qc** {PERSONA NELLA SUA CARICA} *jdn* wieder (*in etw* acc) ein|setzen **B** rfl (*reinserirsi*): **reintegrarsi** (*in qc*) sich wieder (*in etw* acc) ein|fügen, sich (*in etw* acc) reintegrieren.

reintegratìvo, (-a) agg (*che reintegra*) {PROVVEDIMENTO} reintegrierend.

reintegrazióne f **1** (*reinsediamento*) Reintegration f: **~ di un impiegato in ufficio**, Reintegration f eines Angestellten in ein Büro **2** (*recupero*) Reintegration f, Wiedereingliederung f, Wiedereinfügung f: **~ di un emarginato nella società**, Reintegration f/Wiedereingliederung f eines Außenseiters in die Gesellschaft **3** *fig* (*riabilitazione*) {+FAMA, ONORE DI UN ACCUSATO} Rehabilitation f **4** *econ* {+CAPITALE SOCIALE} Wiederherstellung f **5** *psic* Reintegration f.

reinterpretàre tr (*dare una nuova interpretazione*) ~ **qc** {FATTO, TESTO LETTERARIO} *etw* neu interpretieren.

reinterpretazióne f (*nuova interpretazione*) {+MOVIMENTO ARTISTICO} Neu-, Reinterpretation f.

reintrodùrre **A** tr (*introdurre di nuovo*) ~ **qc** {DECRETO} *etw* wieder ein|führen; ~ **qc** (*in qc*) {ANIMALI IN UN'AREA GEOGRAFICA} *etw* wieder (*in etw* acc) ein|führen **B** itr pron rfl (*entrare di nuovo*): **reintrodursi in qc** {IN UN GRUPPO} sich wieder (*in etw* acc) ein|führen.

reinventàre tr (*ricreare*) ~ **qc** {PERSONAGGIO, SITUAZIONE, STORIA} *etw* neu erfinden.

reinvestiménto m *econ* {+CAPITALE} Neuanlage f, Reinvestition f.

reinvestìre <*reinvesto*> tr **1** (*urtare di nuovo*) ~ **qu** {PEDONE} *jdn* wieder an|-, überfahren **2** *econ* ~ **qc** (*in qc*) {SOMMA IN AZIONI} *etw* neu (*in etw* dat) an|legen, *etw* (*in etw* acc) reinvestieren, *etw* wieder (*in etw* acc) investieren/stecken *fam*: **~ il capitale**, das Kapital reinvestieren.

reità <-> f (*colpevolezza*) Schuldigkeit f, Schuld f: **assoluzione per non provata ~**, Freispruch wegen nicht erwiesener Schuld.

reiteràre tr **1** *lett* (*ripetere*) ~ **qc** {DOMANDA} *etw* wiederholen; {PROMESSA} *anche etw* erneuern **2** *amm* (*riconfermare*) ~ **qc** {DECRETO} *etw* neu bekräftigen.

reiterazióne f **1** *lett* (*il reiterare*) {+RICHIESTA, TERAPIA} Wiederholung f **2** *amm* {+DECRETO LEGGE} erneute Bekräftigung f **3** *ling* Wiederholung f.

relais <-> m *franc elettr* Relais n.

relatìva f *ling* Relativsatz m.

relativaménte **A** avv (*con valore attenuativo*) relativ, verhältnismäßig: **un ragazzo ~ tranquillo**, ein relativ ruhiger Junge **B** loc prep (*in rapporto*): **~ a qc** {ALLA DOMANDA DI QU} hinsichtlich *etw* (gen), bezüglich *etw* (gen), in Bezug auf *etw* (acc): **~ a quanto è accaduto**, in Bezug auf das Vorgefallene.

relativìsmo m *filos* Relativismus m.

relativìsta <-i m, -e f> *filos* **A** agg {CORRENTE} relativistisch **B** mf (*seguace del relativismo*) Relativist(in) m(f).

relativìstico, (-a) <-ci, -che> agg *filos fis* {EFFETTO, MASSA} relativistisch.

relativit à <-> f **1** (*soggettivismo*) {+GUSTO, OPINIONI} Relativität f **2** *filos* {+CONCETTI} Relativität f **3** *fis* {EINSTEINIANA, GALILEIANA} Relativität f: **teoria della ~ generale/ristretta**, allgemeine/spezielle Relativitätstheorie.

relativizzàre tr (*rendere relativo*) ~ **qc** {CONOSCENZA, VALORE} *etw* relativieren.

relativizzazióne f (*atto*) {+CONCETTO} Relativierung f.

relatìvo, (-a) agg **1** (*che riguarda*) ~ **a qc** bezüglich *etw* (gen), *etw* betreffend: **le spese relative alla ristrutturazione di una casa**, die Renovierungskosten eines Hauses; **difficoltà relative alla gestione dell'azienda**, Schwierigkeiten bezüglich der Geschäftsleitung **2** (*non assoluto*) {MAGGIORANZA, VALIDITÀ} relativ: **tutto è ~**, alles ist relativ; **tutto ciò ha solo un valore ~**, das alles hat nur einen relativen Wert **3** (*discreto*) {+BENESSERE} il paese sta attraversando un periodo di ~ benessere, das Land erlebt gerade eine Phase relativen Wohlstands **4** (*proporzionale*) ~ **a qc** proportional *forb zu etw* (dat), im Verhältnis *zu etw* (dat): **il prezzo è ~ al peso**, der Preis ist/[versteht sich] proportional *forb* zum Gewicht **5** (*scarso*) wenig, dürftig: **do un peso ~ alle critiche**, ich lege auf Kritik wenig Gewicht; **avere una conoscenza relativa di un argomento**, sich in einem Thema wenig auskennen, oberflächliche/dürftige Kenntnisse von einem Thema haben **6** (*corrispondente*) entsprechend: **lista delle vivande con relativi prezzi**, Speisekarte mit den entsprechenden Preisen **7** *fis* {ACCELERAZIONE, VELOCITÀ} relativ **8** *gramm* {PRONOME, PROPOSIZIONE} Relativ- **9** *mat* {NUMERI} relativ **10** *mus* {SCALA} verwandt.

relatóre, (-trice) **A** agg (*che riferisce*) {DEPUTATO, SEGRETARIO} berichterstattend **B** m (f) (*persona che riferisce*) {+CONFERENZA} Vortragende mf decl come agg, Berichterstatter(in) m(f) **2** *università* Referent(in) m(f).

relàx <-> m *ingl* (*riposo*) Entspannung f, Relaxing n: **ho bisogno di un po' di ~**, ich muss mich ein wenig relaxen, ich brauche ein bisschen Entspannung/Relaxing.

relazionàle agg **1** *filos* (*che riguarda una relazione*) {STRUTTURA} relational **2** *psic* {TERAPIA} Beziehungs-, Paar-.

relazionàre **A** itr *amm* ~ **su qc** {SULL'ACCADUTO} über *etw* (acc) berichten, über *etw* (acc) Bericht erstatten **B** rfl (*rapportarsi*): **relazionarsi con qu** {CON GLI ALTRI} eine Beziehung *mit jdm* ein|gehen.

relazióne **A** f **1** (*resoconto*) {AMPIA, BREVE, SCRITTA; +INCHIESTA, VIAGGIO} Bericht m, Referat n: **fare una ~ su qc**, einen Bericht über *etw* (acc) abfassen, Bericht über *etw* (acc) erstatten *forb* **2** (*connessione*) ~ (*tra qc*) {TRA DUE AVVENIMENTI, TRA DUE FATTI} Beziehung f (*zwischen etw* dat pl), Verhältnis n (*zwischen etw* dat pl): **~ di analogia**, Analogieverhältnis n; **~ di causa effetto**, Kausalzusammenhang m; **~ di opposizione**, oppositionelle *forb* Beziehung; **essere in ~ con qc**, mit *etw* (dat) in Zusammenhang stehen **3** (*rapporto*) Beziehung f, Verhältnis n; {COMMERCIALI, ECONOMICHE, SOCIALI} Beziehungen f pl, Verbindungen f pl: **essere in relazioni d'affari con qu**, geschäftliche Beziehungen zu jdm haben/unterhalten; **essere in buone relazioni con qu**, ein gutes Verhältnis zu jdm haben; **relazioni diplomatiche**, diplomatische Beziehungen; **~ di lavoro**, Arbeitsverhältnis n; **~ di parentela**, Verwandtschaftsverhältnis n; **pubbliche relazioni**, Public Relations pl, Öffentlichkeitsarbeit f **4** (*legame affettivo*) {AMOROSA} Verhältnis n, Beziehung f: **~ di amicizia**, freundschaftliches Verhältnis; **avere una ~ con qu**, mit jdm ein Verhältnis haben **5** *fis*: **~ di Einstein**, Einstein-Relation f **6** *mat* Relation f: **~ di proporzionalità**, Proporzionalität f; **~ di uguaglianza**, Äquivalenz-Relation f **7** *mus* Verwandtschaft f **8** *polit* **~ (su qc)** **(**SU UNA PROPOSTA DI LEGGE**)** Bericht m (*über etw* acc), Relation f *obs* (*über etw* acc). **B** *loc prep* (*in riferimento*): **in ~ a qc 1** {A QUESTO FENOMENO} im Verhältnis *zu etw* (dat), in Bezug *auf etw* (acc), mit Bezug *auf etw* (acc) **2** *amm* bezüglich *etw* (gen): **in ~ alla vostra richiesta del ...**, bezüglich eurer/Ihrer Anfrage vom ...; **~ di** *gestione dir*, Lagebericht m; **~ di** *notificazione dir*, Zustellungsurkunde f.

relè m <-> → **relais**.

relegàre <*relego, releghi*> tr **1** (*esiliare*): **~ qu + compl di luogo** {QU IN UN'ISOLA} jdn irgend*wohin* verbannen: **~ qu al confino**, jdn in die Verbannung schicken **2** *fig* (*mettere da parte*): **~ qc + compl di luogo** {VECCHIA BICI IN SOFFITTA} etw irgendwo ab|stellen **3** *fig* (*lasciare solo*): **~ qu + compl di luogo** {BAMBINO IN UN ANGOLO DELLA STANZA} jdn irgendwohin stellen, jdn irgendwo allein lassen.

relegazióne f **1** *fig* (*segregazione*) Absonderung f, Abgeschiedenheit f, Isolation f: **una lunga ~ in ospedale**, eine lange Isolation/Absonderung im Krankenhaus **2** *stor* (*esilio*) Verbannung f.

reliability <-> f *ingl inform* (*affidabilità*) {+CALCOLATORE ELETTRONICO} Reliabilität f.

religióne f **1** (*insieme di credenze*) Religion f: **~ naturale/rivelata**, Natur-/Offenbarungsreligion f **2** (*ciascuno dei culti*) Religion f: **~ cattolica/cristiana/giudaica**, katholische/christliche/jüdische Religion; **~ di Stato**, Staatsreligion f; **religioni monoteistiche/politeistiche**, monotheistische/polytheistische Religion **3** (*ordine*) Orden m: **la ~ di San Francesco**, der Franziskanerorden; **entrare in una ~**, einem Orden beitreten **4** *fig lett* (*venerazione*) {+ARTE, FAMIGLIA, SEPOLCRI} Verehrung f, Kult m: **la ~ del progresso**, die Religion des Fortschritts; **il guadagno è la sua unica ~**, der Verdienst/Profit ist seine einzige Religion **5** *scuola* (*materia*) Religion f ● **non c'è più ~!** *fig scherz*, heute hat man vor nichts mehr Respekt!, heute gibt's keine Moral mehr!, *anche scherz*: **un uomo senza ~!**, er ist ein gottloser Mensch!.

religiósa f → **religioso**.

religiosità <-> f **1** (*atteggiamento religioso*) {+ARTE, VITA} Religiosität f *forb*, Frömmigkeit f: **un uomo di grande ~**, ein Mann von großer Frömmigkeit **2** *fig* (*scrupolo*) Gewissenhaftigkeit f: **eseguire con ~ gli incarichi ricevuti**, die übernommenen Aufträge gewissenhaft ausführen.

religióso, (-a) **A** *agg* **1** (*della religione*) {CONVINZIONI, CREDO, RITO} religiös **2** (*conforme a norme religiose*) {MATRIMONIO} kirchlich **3** (*credente*) {POPOLO, UOMO} religiös, fromm **4** *fig* (*riverente*) ehrfürchtig: **lo ascoltò in ~ silenzio**, er/sie hörte ihm ehrfürchtig schweigend zu **5** *fig* (*scrupoloso*) sorgfältig, gewissenhaft: **fare un lavoro con ~ cura**, eine Arbeit gewissenhaft ausführen **B** m (f) (*appartene a un ordine*) Ordensbruder m (Ordensschwester f).

relìquia f **1** (*resti*) {SACRA; +SANTO} Reliquie f **2** *lett* <*di solito al pl*> (*vestigia*) {+ANTICHI MONUMENTI} Spur f, Zeichen n ● **tenere qc come una ~** *fam scherz* (*con estrema cura*), etw wie eine Reliquie hüten.

reliquiàrio <-ri> m (*urna*) {GOTICO, ROMANICO} Reliquienschrein m, Reliquiar n ● **sembrare un ~** *fig scherz* (*persona piena di fronzoli*), wie ein Christbaum behängt sein *scherz*.

relìtto, (-a) **A** *agg biol geog* (*residuo*) {FAUNA, FLORA} relikt, Relikten- **B** m **1** (*rottame*) {+AEREO, NAVE} Wrack n **2** *fig* (*derelitto*) Wrack n: **ormai è un ~ umano**, inzwischen ist er/sie ein menschliches Wrack; **è un ~ della società**, er/sie ist ein gesellschaftliches Wrack.

rem <-> m *fis* Rem n.

REM <inv> *agg abbr* dell'ingl Rapid Eye Movement (*movimento rapido dell'occhio*) {FASE, SONNO} Rem-.

remainder <-> m *ingl edit* **1** (*rimanenza di un libro*) Buch n im modernen Antiquariat/ [zum Ramschpreis] *fam spreg* **2** (*libreria*) modernes Antiquariat f.

remake <-> m *ingl film teat* (*rifacimento*) {+COMMEDIA, FILM} Remake n.

remàre *itr* rudern ● **~ contro (a qu)** *fig* (*ostacolare il lavoro di un gruppo*), mauern, jdm in den Arm fallen.

remàta f **1** (*il remare*) Rudern n: **fare una ~ sul lago**, auf dem See rudern **2** (*colpo di remo*) Ruderschlag m.

rematóre, (-trice) m (f) Rud(e)rer m, (Rud(r)erin f).

remigànte **A** *agg* **1** *poet* (*che rema*) rudernd **2** *ornit* (*PENNA*) Schwung- **B** *mf lett* (*rematore*) Rud(e)rer m, Rud(r)erin f **C** f *pl ornit* (*penne*) Schwungfedern f pl.

remigàre <*remigo, remighi*> *itr ornit* mit den Flügeln schlagen.

remigìno, (-a) m (f) (*bambino il primo giorno di scuola*) ABC-Schütze m *obs*, ABC-Schützin f *obs*, Schulanfänger(in) m (f).

reminiscènza f **1** (*ricordo vago*) **~ di qu/qc**; (*ricordo* f (*an jdn/etw*), Erinnerung f *forb* (*an jdn/etw*): **le mie reminiscenze di greco**, meine Erinnerungen an das Griechische; **avere una vaga ~ di un fatto**, sich vage an eine Tatsache erinnern **2** *fig lett* (*riecheggiamento*) Anklang m, Reminiszenz f *forb*: **opera piena di reminiscenze mitologiche**, Werk n mit mythologischer Reminiszenzen *forb* **3** *filos* (*anamnesi*) Wiedererinnerung f, Anamnese f.

remissióne f **1** (*perdono*) {+COLPE, MANCANZE} Erlass m, Vergebung f: **~ dei peccati**, Sündenerlass m **2** *fig* (*scampo*) Entrinnen n, Entkommen n: **non c'è ~**, es gibt kein Entrinnen; **senza ~**, ausweglos **3** *rar* (*assoggettamento*) Ergebenheit f, Unterwerfung f **4** *dir* {+DEBITO} Erlass m **5** *med* {+FEBBRE} Nachlassen n, Remission f *scient* ● **~ di querela** *dir*, Rücknahme f des Strafantrags.

remissività <-> f (*arrendevolezza*) {+CARATTERE, PERSONA} Gefügigkeit f, Nachgiebigkeit f, Fügsamkeit f.

remissìvo, (-a) *agg* (*docile*) gefügig, nachgiebig, fügsam: **è un tipo ~**, er/sie ist ein nachgiebiger Typ.

remix <-, -es pl ingl> m *ingl mus* Remix m, Neumischung f.

rèmo m Ruder n, Riemen m: **~ alla battana**, Doppelpaddel n; **~ da gondola**, Gondelriemen m; **~ di governo**, Steuerruder n; **~ a pagaia**, Stechpaddel n, Pagaie f ● **andare a remi**, rudern; **armare i remi** (*disporli per la voga*), die Riemen einlegen; **disarmare i remi** (*toglierli dagli scalmi*), die Riemen abnehmen; **tirare i remi in barca**, die Riemen ablegen; *fig* (*desistere*), die Segel streichen *forb*.

rèmora① f **1** (*indugio*) Zögern n: **non avere remore**, nicht zögern; **fare qc senza remore**, etw tun, ohne zu zögern **2** *lett* (*inibizione*) Bedenken n, Hemmung f, Halt m: **non avere remore morali**, keine moralischen Bedenken haben; **essere un uomo privo di remore**, ein haltloser Mensch sein **3** *lett* (*freno*) Einhalt m: **porre una ~ alla delinquenza**, der Kriminalität Einhalt gebieten **4** *mar* Kielwasser n.

rèmora② f *itt* Schiffshalter m.

remòto, (-a) *agg* **1** (*lontano nel tempo*) {EPOCA, FATTO} (längst) vergangen, weit zurückliegend: **cercare le cause remote di un avvenimento**, nach den weit zurückliegenden Ursachen eines Ereignisses suchen; **fin dai tempi più remoti**, seit Urzeiten **2** (*lontano nello spazio*) {LOCALITÀ, PAESE} abgelegen, weit entfernt **3** *inform* {COMPUTER} Fern-.

remuneràre → **rimunerare**.

réna f (*sabbia*) Sand m.

renàle *agg anat med* {ARTERIA, COLICA, TRAPIANTO} Nieren-.

Renània f Rheinland n: **~-Palatino**, Rheinland-Pfalz f; **~ Settentrionale-Vestfalia**, Nordrhein-Westfalen n.

renàno, (-a) **A** *agg* rheinisch, rheinländisch, Rheinländer- **B** m (f) (*abitante*) Rheinländer(in) m (f).

renard <-> m *franc* (*pelliccia di volpe*) Fuchspelz m.

Renàta f (*nome proprio*) Renate.

rèndere <*coniug come* prendere> **A** tr **1** (*dare indietro*): **~ qc (a qu)** jdm etw zurück|geben, jdm etw zurück|erstatten: **rendimi la penna che ti ho dato!**, gib mir den Stift zurück, den ich dir gegeben habe!; **non ho ancora reso i libri**, ich habe die Bücher noch nicht zurückgegeben **2** (*fruttare*): **(qc)** {CAPITALE IL 12%} etw ab|werfen; {ATTIVITÀ DENARO} etw ein|bringen: **la professione di avvocato rende molto**, der Beruf des Rechtsanwalts ist einträglich/lukrativ *forb* **3** (*dare risultati*): **~ (+ compl di modo)** etw leisten, irgendwie sein: **il ragazzo rende poco a scuola**, der Junge ist nicht gut in der Schule; **rende molto sul lavoro**, bei der Arbeit leistet er/sie viel; **questo è un piatto che rende**, dieses Gericht ist sehr ergiebig **4** (*raffigurare*): **~ qc (con qc)** {CON POCHI DETTAGLI} etw (*mit etw dat*) dar|stellen, etw (*mit etw dat*) wieder|geben, *etw* (*mit etw dat*) skizzieren, *etw* (*mit etw dat*) aus|drücken: **il regista ha reso bene l'atmosfera di quell'epoca**, der Regisseur hat die Atmosphäre jener Epoche gut wiedergegeben/eingefangen; **~ l'idea**, eine Vorstellung von etw (dat) geben, sich klar ausdrücken, etw deutlich machen; **non so se rendo l'idea ...**, ich weiß nicht, ob ich mich klar ausdrücke ... **5** (*tradurre*): **~ qc in qc** {VERSI ITALIANI IN TEDESCO} etw in etw (acc) übertragen; **~ qc con qc** etw mit etw (dat) wieder|geben: **~ una parola tedesca con una locuzione italiana**, ein deutsches Wort mit einer italienischen Wendung wiedergeben **6** (*far diventare*): **~ qu/qc + agg** jdn/etw + *agg* machen: **la tua promozione sul lavoro mi rende felice**, deine Beförderung macht mich glücklich; **lo hanno reso ridicolo agli occhi di tutti**, sie haben ihn vor aller Augen lächerlich gemacht; **~ vano ogni sforzo**, jede Anstrengung zunichte machen **7** (*fare*): **~ qc (a qu)** jdm etw erweisen: **~ giustizia a qu**, jdm Gerechtigkeit widerfahren lassen *forb*, jdm gerecht werden; **~ a qu un servizio**, jdm einen Dienst erweisen; **~ testimonianza di qc**, Zeugnis von etw (dat) ablegen **8** (*restituire*): **~ qc a qu** jdm etw zurück|geben, jdm etw (zu)rück|erstatten: **la cura disintossicante mi ha reso la fiducia in me stesso**, die Entziehungskur hat mir mein Selbstvertrauen zurückgegeben **9** (*ricambiare*): **~ qc (a qu)** {CORTESIA, FAVORE} (jdm) etw erwidern **B** *rfl* (*diventare*): **rendersi + agg** {INSOPPORTABILE, SIMPATICO} sich + *agg* machen: **non stare lì inattivo, renditi utile!**, steh nicht tatenlos herum, mach dich nützlich! ● **a buon ~!**, ich werde mich/[wir werden uns] erkenntlich zeigen; **~ lode/omaggio a qu**, jdm loben/jdm huldigen *forb obs*; **~ padre/madre** (*farlo/farla diventare*), jdn zum Vater/[zur Mutter] machen; **quel**

rendez-vous | reprimere

che è fatto è reso *prov*, wie du mir, so ich dir.
rendez-vous <-> *m franc* (*appuntamento*) Rendezvous n *scherz*.
rendicontazione f *amm* (Rechenschafts)berichterstattung f.
rendicónto m **1** (*resoconto scritto*) {DETTAGLIATO, ESATTO} (Rechenschafts)bericht m: **fare un ~ di qc**, Bericht über etw (acc) erstatten **2** (*racconto*) Bericht m **3** *amm comm* {ECONOMICO, FINANZIARIO} Rechnungslegung f: **~ di gestione**, Geschäftsbericht m; **~ patrimoniale**, Vermögenserklärung f **4** <*solo pl*> (*verbali*) {+ACCADEMIA} Akten f pl.
rendimento m **1** (*capacità di produrre*) {BUONO, SCARSO} +ATLETA, STUDENTE} Leistung(sfähigkeit) f **2** (*profitto*) {+AZIENDA} Ertrag m **3** *agr* {+COLTURA, TERRENO} Ertrag m **4** *chim* {+OPERAZIONE CHIMICA} Ausbringen n **5** *fis* {OTTICO} Wirkungsgrad m: ~ **quantico**, Quantenausbeute f **6** *econ* Rendite f **7** *tecnol* {+MACCHINA, MOTORE} Leistungskraft f.
rèndita f **1** *econ* (*reddito*) Ertrag m, Rendite f, Rente f: **godere della ~ di azioni**, den Ertrag von Aktien beziehen; ~ **annua**, Jahresrente f; ~ **catastale**, Katasterertrag m; ~ **edilizia**, Immobilienrente f; ~ **fondiaria**, Grundrente f; ~ **parassitaria**, parasitäre Rendite **2** *econ* (*titolo obbligazionario*) Rendite f: ~ **al 5%**, Rendite f von 5% **3** *dir* (*contratto di* ~) {+PERPETUA, LEIBRENTE} Leibrente f (mit der Möglichkeit der Ablösung); ~ **vitalizia**, Leibrente f auf Lebenszeit • **vivere di ~** (*senza lavorare*), von Zinsen leben; *fig* (*godere di una situazione di privilegio*), sich auf seinen Lorbeeren aus|ruhen.
rène m *anat med* Niere f: ~ **artificiale**, künstliche Niere; ~ **mobile**, Wanderniere f.
renétta A *agg*: **mela** ~, Renette f B f (*varietà di mela*) Renette f: **la ~ del Trentino** (*va, die Renette aus dem Trientiner Land*).
réni f pl **1** (*regione lombare*) Kreuz n: **avere mal di ~**, Schmerzen im Kreuz haben, es im Kreuz haben *fam* **2** *zoo* (*fianchi*) Lenden f pl • **rompere/spezzare le ~ a qu** *fig* (*sconfiggere duramente*), jdm das Kreuz brechen; **sentirsi le ~ rotte per la fatica** *fig* (*essere molto stanchi*), sich ganz kaputt/zerschlagen fühlen *fam*, auf dem Zahnfleisch gehen *fam*.
rènio m *chim* Rhenium n.
renitènte A *agg* (*riluttante*) ~ (**a qc**) {TESTIMONE ALLE LEGGI, AGLI OBBLIGHI} widersetzlich (*gegen etw* acc), renitent *forb* (*gegen etw* acc): **si mostra ~ ad ascoltare i miei consigli**, er/sie weigert sich, auf meine Ratschläge zu hören; *mil*: **essere ~ alla leva**, Totalverweigerer m sein B m (*chi è riluttante*) Renitente m *forb* 2 *mil* (*chi ~ alla leva*), Totalverweigerer m.
renitènza f **1** (*riluttanza*) Widerwillen m, Widersetzung f, Renitenz f *forb*: **mostrare ~ a seguire i consigli di un amico**, sich weigern, den Ratschlägen eines Freundes zu folgen **2** *mil* Verweigerung f: ~ **alla leva**, Totalverweigerung f.
rènna f **1** *zoo* Ren(tier) n **2** (*pelle*) Rentierleder n: **un cappotto di ~**, ein Mantel aus Rentierleder.
Rèno m *geog* Rhein m: **Basso/Alto ~**, Nieder-/Oberrhein m; **il Reno si getta nel Mare del Nord**, der Rhein mündet in die Nordsee.
rentrée <-> *f franc* **1** (*ricomparsa*) Wiedererscheinen n, Wiederauftreten n: **ha fatto la sua ~ in società**, er/sie hat wieder Einzug in die Gesellschaft gehalten **2** *teat* (*ritorno sulle scene*) Come-back n: **fare la propria ~**, sein Come-back feiern.
Rènzo → **Lorenzo**.
rèo, (-a) A *agg* **1** (*che è colpevole*) **reo di qc** {DI FURTO, DI TRADIMENTO} *etw* (*gen*) schuldig:

è reo di omicidio, er ist des Mordes schuldig **2** *lett* (*crudele*) niederträchtig: **gente rea e malvagia**, niederträchtige und gemeine Leute B m (f) **1** (*autore di un reato*) Schuldige mf decl come agg: **reo confesso/convinto/presunto**, geständiger/überführter/mutmaßlicher Täter **2** *dir* Täter m **3** *lett* (*persona malvagia*) Bösewicht m *obs*.
reoencefalografìa f *med* Rheoenzephalographie f *scient*.
reoencefalogràmma m *med* Rheoenzephalogramm n *scient*.
reòforo m *elettr* Leitung f.
reòmetro m **1** *elettr* Strommesser m **2** *idraul* Rheometer n.
reoscòpio <-pi> m *elettr* Stromzeiger m.
reòstato m *elettr* Rheostat m, Regler m.
Rep. *abbr di* Repubblica: Rep. (*abbr di* Republik).
repàrto m **1** (*settore*) {+GRANDE MAGAZZINO} Abteilung f: ~ **abbigliamento/giocattoli/vendite**, Konfektions-/Spielwaren-/Verkaufsabteilung f **2** *med* {+OSPEDALE} Station f: ~ **chirurgico/psichiatrico**, chirurgische/psychiatrische Abteilung, Chirurgie f/Psychiatrie f; ~ **dermatologico**, dermatologische *scient* Station; ~ **di isolamento**, Isolierstation f; ~ **paganti**, Privatstation f, Station f für Privatpatienten **3** *mil* {+FANTERIA} Abteilung f, Zug m: ~ **d'assalto**, Sturmabteilung f; ~ **di sbarco**, Landungstruppen f pl; **reparti speciali**, Sonderkommandos n pl **4** *sport*: ~ **difensivo**, Abwehr f; ~ **di attacco**, Sturm m.
repellènte A *agg* **1** *fig* (*ripugnante*) {UOMO} abstoßend, widerwärtig **2** *biol* {SOSTANZE} abstoßend **3** *chim* abstoßend **4** *idraul*: **opera ~**, (Ufer)leitwerk n B m **1** *chim* Repellent n **2** *idraul* (*pennello*) Buhne f.
repentàglio <-gli> m (*grave pericolo*) große Gefahr: **mettere a ~ la propria reputazione**, seinen guten Ruf gefährden; **mettere a ~ la propria vita**, sein Leben aufs Spiel setzen.
repentinità f (*l'essere repentino*) {+DECISIONE} Plötzlichkeit f, Unvermittelheit f, Jähheit f.
repentino, (-a) *agg* (*improvviso*) {PARTENZA} plötzlich; {CAMBIAMENTO} *anche* jäh, unvermittelt; {AIUTO} augenblicklich: **fu una morte ~**, es war ein jäher/plötzlicher Tod.
reperibile *agg* **1** (*ritrovabile*) {DOCUMENTO, LIBRO, MONETA} auffindbar, aufzutreiben: **questa edizione è difficilmente ~**, diese Ausgabe ist kaum auftreibbar/aufzutreiben *fam* **2** (*raggiungibile*) erreichbar, zu finden: **oggi il medico non è ~**, heute ist der Arzt nicht erreichbar; **essere ~ telefonicamente**, telefonisch erreichbar sein.
reperibilità <-> f **1** (*l'essere rintracciabile*) {+MANOSCRITTI, VERBALI} Auffindbarkeit f **2** (*l'essere raggiungibile*) {+INFERMIERE} Erreichbarkeit f: **dare la ~**, mitteilen, wo man erreichbar ist.
reperimento m *amm* {+DOCUMENTO, PRATICA} Auffinden n.
reperire <*reperisco*> tr **1** (*trovare*) ~ **qc** {INDIZIO, PROVE} *etw* finden, *etw* beschaffen; {FONDI} *etw* auf|bringen, *etw* sammeln, *etw* auf|treiben *fam* **2** (*rintracciare*) ~ **qu** jdn erreichen, jdn an|treffen.
reperito, (-a) *agg* **1** (*trovato*) {OGGETTO} (auf)gefunden **2** (*rintracciato*) {PERSONA} ausfindig gemacht.
repertàre tr **1** *dir* ~ **qc** {DOCUMENTO} *etw* (in das Verzeichnis) ein|führen **2** *med* ~ **qc** {IN QC} {TRACCE DI ALCOL NEL SANGUE} *etw* (*in etw* dat) fest|stellen.
repèrto m **1** *archeol* Fund m: ~ **fossile**, fossiler Fund **2** *dir* Beweisstück n **3** *med* {MEDICO} Befund m.

repertòrio <-ri> m **1** (*raccolta*) {+NOTIZIE STORICHE} Sammlung f; *iron anche* Ansammlung f: **questo libro è un ~ di luoghi comuni**, dieses Buch ist eine Ansammlung von Gemeinplätzen *spreg* **2** (*indice*) Verzeichnis n: ~ **bibliografico**, bibliografisches Verzeichnis **3** *scherz* (*gamma*) Repertoire n *forb*, Vorrat m: **ha sfoderato il suo vasto ~ di battute**, er/sie hat sein/ihr umfangreiches Witz(e)repertoire *forb* zum Besten gegeben; **esaurire il proprio ~**, sein Repertoire *forb* erschöpfen **4** *mus teat* {+ATTORE, TENORE} Repertoire n *forb*: **questo balletto fa parte del suo ~**, dieses Ballett gehört zu seinem/ihrem Repertoire *forb* • **~ doganale** *amm*, Zollregister n.
replay <-> m *ingl TV* Wiederholung f: **fare il ~ di qc**, *etw* wiederholen.
rèplica <-che> f **1** (*risposta*) {+GIORNALISTA} Entgegnung f, Erwiderung f, Replik f *forb* **2** (*obiezione*) Widerspruch m: **avete delle repliche da fare?**, habt ihr etwas (dagegen) einzuwenden?; **non ammettere repliche**, keine Widerrede dulden **3** (*ripetizione*) {+TENTATIVO FALLITO} Wiederholung f **4** *arte* {+QUADRO, SCULTURA} Nachbildung f, Replik f **5** *dir* Erwiderung f; Replik f **6** *teat* Wiederaufführung f **7** *radio TV* Wiederholung(ssendung) f.
replicànte A *agg biol chim* {DNA} replizierend B *mf* **1** (*nella fantascienza*) Androide m, Androidin f **2** *giorn* (*chi imita*) Nachahmer(in) m(f).
replicàre <*replico, replichi*> tr **1** (*ripetere*) ~ **qc** {ESPERIMENTO} *etw* wiederholen **2** (*rispondere*) ~ (**qc**) {POCHE PAROLE} *etw* erwidern, *etw* entgegnen: **non ho nulla da ~**, ich habe nichts [zu entgegnen]/[(dagegen) einzuwenden]; **ubbidire senza ~**, widerspruchslos/[ohne Widerrede] gehorchen **3** *arte* ~ **qc** {OPERA} *etw* nach|bilden, *etw* replizieren *forb* **4** *mus teat* ~ (**qc**) {COMMEDIA, CONCERTO, DRAMMA} *etw* wieder auf|führen, *etw* wiederholen: **domani si replica**, die Aufführung wird morgen wiederholt **5** *radio TV* ~ **qc** *etw* wieder senden.
replicàto, (-a) *agg* **1** (*ripetuto più volte*) {RICHIESTA} wiederholt **2** *mus teat* wieder aufgeführt, wiederholt **3** *radio TV* {TRASMISSIONE} wieder gesendet.
replicazióne f **1** *biol chim* Replikation f **2** *ling* Wiederholung f.
reply <-> m *ingl inform* Antwort f.
report <-> m *ingl inform* Liste f, Report m.
reportage <-> m *franc anche TV radio* Reportage f.
repòrter <-> *mf ingl* (*giornalista*) Reporter(in) m(f).
représsi 1[a] *pers sing del pass rem di* reprimere.
repressióne f **1** (*il soffocare*) {+IMPULSO, ISTINTO} Unterdrückung f, Beherrschung f **2** *mil* Repression f *forb*, gewaltsame Unterdrückung **3** *polit* {DURA, SANGUINOSA; +INSURREZIONE, RIVOLTA} Repression f *forb*, Unterdrückung f, Niederwerfung f, Niederschlagung f: **fare una politica di ~**, repressive Politik machen **4** *psic* Unterdrückung f, Verdrängung f.
repressìvo, (-a) *agg* (*atto a reprimere*) {EDUCAZIONE, METODI} repressiv *forb*.
represso, (-a) A *agg* (*soffocato*) {MOTO DI COLLERA} unterdrückt; {RIVOLTA} *anche* niedergeworfen, niedergeschlagen B m (f) *anche psic* Unterdrückte mf decl come agg.
repressóre, (repressìtrice) A *agg* (*che reprime*) repressiv *forb*, Repressions- *forb*, Unterdrückungs- B m (f) Unterdrücker(in) m(f) C m *biol chim* Repressor m.
reprìmere <*coniug come* comprimere> A tr ~

reprimibile | **resistenza**

qc 1 *fig* (*dominare*) {LACRIME, RABBIA, SDEGNO} *etw* unterdrücken, *etw* bezwingen; {PASSIONE} *anche etw* bezähmen: **~ i propri sentimenti**, seine Gefühle unterdrücken **2** *polit* {TUMULTO} *etw* nieder|werfen, *etw* nieder|schlagen **B** *rfl* (*controllarsi*): **reprimersi** sich beherrschen, sich bezwingen, sich zusammen|nehmen.

reprimibile *agg* (*che si può reprimere*) {SENTIMENTO} unterdrückbar; *polit* {RIVOLTA} unterdrückbar, niederschlagbar.

reprint <-> *m ingl edit* {+LIBRO, RIVISTA} Neudruck m, Reprint m.

rèprobo, (-a) **A** *agg* **1** (*che è malvagio*) verworfen *forb*, ruchlos *forb* **2** *relig* {ANIMA, SPIRITO} verdammt **B** *m* **1** (*scellerato*) Verworfene *mf decl come agg forb*, Ruchlose *mf decl come agg forb* **2** *relig* {+INFERNO} Verdammte *mf decl come agg*.

repùbblica <-che> *f* **1** (*forma di governo*) Republik f: **~ parlamentare**, parlamentarische Republik; **~ popolare/presidenziale**, Volks-/Präsidialrepublik f **2** *filos* {+ARISTOTELE} Politica f, Politik f; {+PLATONE} Politeia f, Staat m ● **Repubblica di** *Cromwell stor*, Republik f von Cromwell; **Repubblica Democratica Tedesca** (*abbr* RDT) *stor*, Deutsche Demokratische Republik f; **Repubblica Federale Tedesca** (*abbr* RFT), Bundesrepublik f Deutschland; **Repubblica** *letteraria*/[**delle lettere**] *fig* (*insieme dei letterati*), Gelehrtenrepublik f; **Repubbliche** *marinare* **italiane** *stor*, italienischen Seerepubliken f pl; *prima*/*seconda* **~** *giorn*, erste/zweite Republik; **~ dei** *ragazzi* (*comunità*), Kinderdorf n; **Repubblica Sociale Italiana** *stor*, italienische Sozialrepublik.

repubblicàno, (-a) **A** *agg* **1** (*della repubblica*) {COSTITUZIONE, GOVERNO, STATO} republikanisch **2** (*che è fautore della repubblica*) {IDEE} republikanisch **3** (*che fa parte del partito repubblicano*) {MEMBRO, PARLAMENTARE} republikanisch **B** *m* (f) **1** (*sostenitore*) Republikaner(in) m(f) **2** (*membro del partito*) Republikaner(in) m(f).

repubblichino, (-a) *stor spreg* **A** *agg* (*della Repubblica Sociale Italiana*) der italienischen Sozialrepublik **B** *m* (f) (*sostenitore*) Anhänger(in) m(f) der italienischen Sozialrepublik.

repugnàre *e deriv* → **ripugnare** *e deriv*.

repulìsti *m solo nella loc verbale fam scherz*: **far ~ (di qc)** (*portare via tutto*): **ieri notte i ladri hanno fatto ~ in casa nostra**, gestern Nacht haben ₁Diebe bei uns zuhause ratzekahl *fam spreg* aufgeräumt *scherz*₁/[uns Diebe die Wohnung/das Haus ausgeräumt] **2** (*mangiare tutto*) *etw* ratzekahl *fam spreg* auf|essen, *etw* weg|putzen *fam*.

repulsióne *f* **1** (*avversione*) Abneigung f: **avere ~ per qu/qc**, eine Abneigung gegen jdn/etw haben; **provare ~ per qu/qc**, ₁eine Abneigung gegen jdn/etw₁/[Ekel/Abscheu vor jdm/etw] empfinden **2** *elettr tecnol* Repulsion f, Abstoßung f: **~ fra cariche elettriche** *elettr*, Repulsion f zwischen elektrischen Ladungen.

reputàre A *tr* (*credere*) **~ qu/qc + compl di modo** jdn/etw für etw (acc) halten, jdn/etw als/für etw (acc) erachten *forb*: **lo reputo un uomo onesto**, ich halte ihn für einen ehrlichen Menschen; **possiamo comprarlo, se lo reputi utile**, wir können es kaufen, wenn du das für nützlich erachtest *forb* **B** *rfl* (*considerarsi*): **reputarsi + compl di modo** sich *für etw* (acc), halten: **si reputa un eccellente cuoco**, er hält sich für einen hervorragenden Koch; **mi reputo fortunato di averti conosciuta**, ich schätze mich glücklich, dich kennen gelernt zu haben.

reputazióne *f* (*stima*) {BUONA, PESSIMA} Ruf m, Reputation f *forb*: **avere cattiva ~**, einen schlechten Ruf haben; **come chirurgo gode di ottima ~**, als Chirurg genießt/hat er/sie einen sehr guten Ruf; **si è rovinato la ~**, er hat seinen Ruf ruiniert.

rèquie <-> **A** *f* (*calma*) Ruhe f: **non avere ~**, keine Ruhe haben; **dar ~**, Ruhe geben; **non lasciare ~**, keine Ruhe lassen; **è un dolore che non mi lascia ~**, der Schmerz lässt mich nicht zur Ruhe kommen; **senza ~**, ruhelos **B** *m* (*requiem*) Requiem n.

rèquiem <-> *m o f lat mus relig* Requiem n.

requisìre <*requisisco*> *tr* **1** (*sequestrare*) **~ qc** {AUTOMEZZI} *etw* in Beschlag nehmen, *etw* requirieren, *etw* beschlagnahmen; {CASA} *anche etw* mit Beschlag belegen **2** *fig scherz* (*tenere tutto per sé*) **~ qu** jdn in Beschlag nehmen, jdn mit Beschlag belegen: **chi è la biondina che ti ha requisito tutta la serata?**, wer ist die Blondine, die dich den ganzen Abend in Beschlag genommen hat?

requisìto *m* **1** (*qualità richiesta*) Voraussetzung f: **vuole fare la ballerina, ma le mancano i requisiti**, sie will Balletttänzerin werden, aber ihr fehlen die Voraussetzungen; **ha tutti i requisiti per diventare una brava pianista**, sie hat alle Voraussetzungen, um eine gute Pianistin zu werden **2** (*pregio*) Fähigkeit f, gute Eigenschaft: **un giovane con molti requisiti**, ein junger Mensch mit vielen Fähigkeiten.

requisitòria *f* **1** *fig* (*denuncia*) **~ contro qu/qc** Anklage f gegen jdn/etw, Standpauke f *fam* gegen jdn/etw **2** *dir* {+PUBBLICO MINISTERO} Plädoyer n, Schlussvortrag m.

requisizióne *f* (*confisca*) {+FABBRICA} Requisition f, Beschlagnahmung f: **~ in proprietà**, Eigentumsbeschlagnahmung f; **~ in uso**, Niesbrauchbeschlagnahmung f.

R&S *abbr di* Ricerca e Sviluppo: FE, F/E (*abbr di* Forschung und Entwicklung).

rèsa *f* **1** (*capitolazione*) Kapitulation f, Übergabe f: **accettare/firmare la ~**, die Kapitulation annehmen/unterschreiben; **~ condizionata**, bedingte Übergabe; **~ incondizionata**/[**a discrezione**], bedingungslose Kapitulation; **intimare la ~ al nemico**, den Feind zur Kapitulation auffordern **2** (*restituzione*) {+PRESTITO} Rückgabe f; {+VUOTI} *anche* Abgabe f **3** (*merce invenduta*) unverkaufte Ware: **~ alla casa editrice degli esemplari invenduti**, Rückgabe f der Remittenden an den Verlag **4** (*entità del rendimento*) {+COMMERCIO} Leistung f ● **~ dei conti** (*rendiconto delle spese fatte per altri*), Abrechnung f; *fig* (*quando si devono affrontare le proprie responsabilità*), Abrechnung f, Rechenschaft f: **siamo alla ~ dei conti**, wir müssen jetzt Rechenschaft ablegen.

rescìndere <*coniug come* scindere> *tr* **1** *fig* (*annullare*) **~ qc** *etw* auf|heben, *etw* annullieren, *etw* für ungültig erklären **2** *dir* **~ qc** {CONTRATTO} rückgängig machen.

rescindìbile *agg dir* {CONTRATTO} rückgängig machbar.

rescissióne *f dir* {+CONTRATTO} Rückgängigmachung f.

rescìsso, (-a) *agg dir* rückgängig gemacht.

reset <-> *m ingl inform* Reset m, Rücksetzen n.

resettàre *tr inform* **~** (**qc**) Reset vor|nehmen, *etw* rücksetzen.

resezióne *f med* {GASTRICA} Resektion f *scient*: **~ tiroidea**, Schilddrüsenresektion f *scient*.

rési 1ᵃ *pers sing del pass rem di* rendere.

Rèsia *f geog* Reschen n.

residence <-> *m ingl* **1** (*albergo*) Aparthotel n **2** (*complesso di abitazioni*) Wohn-, Miethaus n.

residènte A *agg* **1** (*che risiede*) **~** (+ *compl di luogo*) {BANCA A ROMA, LAVORATORE ITALIANO IN GERMANIA} (*irgendwo*) wohnhaft, (*irgendwo*) ansässig: **popolazione ~**, ansässige Bevölkerung **2** *inform* resident, intern **B** *mf* **1** (*chi risiede*) Ansässige mf decl come agg: **i residenti tedeschi in Italia**, die in Italien ansässigen Deutschen **2** *stor* (*diplomatico*) Geschäftsträger m, Resident m *obs*.

residènza *f* **1** (*domicilio*) Wohnsitz m: **avere la ~ all'estero**, seinen Wohnsitz im Ausland haben; **cambiare ~**, seinen Wohnsitz ändern; **fissare la ~**, seinen Wohnsitz festlegen; *dir* gewöhnlicher Aufenthalt: Wohnsitz m **2** (*edificio in cui si vive*) Wohnsitz m: **avere una ~ lussuosa**, einen luxuriösen Wohnsitz haben **3** (*soggiorno*) + *compl di luogo* {ESTIVA} Aufenthalt m (*irgendwo*): **la nostra ~ in montagna è stata piacevole**, unser Aufenthalt in den Bergen war angenehm **4** (*diplomazia*) Sitz m **5** (*città dove c'è il governo*) Residenz f, Sitz m **6** *ferr* Depot n der Zugwaggons.

residenziàle *agg* **1** *relig* {VESCOVO} residierend **2** *urban* (*AREA, COMPLESSO, ZONA*) Wohn-; {QUARTIERE} Villen-.

residenzialità <-> *f* **1** (*il risiedere*) Wohnen n, Residieren n **2** (*presenza di residenti*) Wohnbevölkerung f, Bevölkerungsdichte f: **diminuzione della ~ nei centri storici**, Bevölkerungsabnahme f in den historischen Altstädten.

residualità <-> *f* (*marginalità*) Nebensächlichkeit f.

residuàto, (-a) **A** *agg* (*rimanente*) {MATERIALE} übrig-, zurückgeblieben **B** *m* (*rimanenza*) Restbestand m: **~ bellico**, Restbestände m pl des Krieges.

resìduo, (-a) **A** *agg* (*rimanente*) {QUANTITÀ} restlich, Rest- **B** *m* **1** (*avanzo*) {+CENA} Reste m pl, Überbleibsel n pl *fam* **2** *fig* (*fondo*) {+GENEROSITÀ, SINCERITÀ} Rest m **3** *chim* {INORGANICO, INSOLUBILE} Rückstand m, Rest m **4** *econ* Überschuss m: **~ attivo/passivo**, Einnahme-/Ausgaberest m; **~ di bilancio**, Haushaltsrest m **5** *fis* {RADIOATTIVO} Abfall m **6** *mat* Rest m.

resìna *f bot chim* {+CONIFERE} Harz n: **~ naturale/sintetica/vinilica**, Natur-/Kunst-/Vinylharz n.

resinése A *agg* (*di Ercolano*) von Ercolano **B** *mf* (*abitante*) Einwohner(in) m(f) von Ercolano.

resistéi 1ᵃ *pers sing del pass rem di* resistere.

resistènte A *agg* **1** **~** (**a qc**) {ORGANISMO ALLA FATICA} widerstandsfähig (*gegen etw* acc); {TESSUTO} strapazierfähig: **~ all'acqua**, wasserfest, wasserbeständig; **~ al calore**, wärme-, hitzebeständig; **~ al freddo**, kältebeständig; **~ al fuoco**, feuerfest, feuerbeständig; **~ alle intemperie**, wetterfest, wetterbeständig; **~ al lavaggio**, waschecht; **questa tovaglia è di un colore ~ ai lavaggi**, diese Tischdecke ist farbecht; **~ alla ruggine**, rostbeständig; **~ all'usura**, verschleißfest **2** *agr* {MAIS ALLA SICCITÀ} widerstandsfähig *gegen etw* (acc), resistent *gegen etw* (acc) **3** *med* resistent *scient gegen etw* (acc) **B** *mf* (*chi ha fatto parte della Resistenza*) Widerstandskämpfer(in) m(f).

resistènza *f* **1** (*opposizione*) **~** (**a qu/qc**) {DEBOLE, FORTE; +NEMICO} Widerstand m (*gegen jdn/etw*): **~ armata**, bewaffneter Widerstand; **fare/opporre ~ a qu/qc**, jdm/etw Widerstand leisten; **incontrare la ~ di qu**, bei jdm auf Widerstand stoßen; **~ passiva**, passiver Widerstand; **hanno vinto la ~ dei genitori alla loro unione**, sie haben den Widerstand ihrer Eltern gegen ihre Verbindung überwunden; **sport** {+SQUADRA AVVERSARIA} Gegenwehr f **2** (*capacità di resistere*) ~ (*a qc*) {ALLA FATICA, ALLO SFORZO} Widerstandskraft f (*gegen etw* acc), Ausdauer f (*bei etw* dat), Durchhaltevermögen n (*bei etw* dat), Belastbarkeit f (*bei etw* dat): **è un uomo che ha poca ~**, er ist ein Mensch, der ₎wenig Ausdauer hat₎/[nicht sehr belastbar ist]; **ha una notevole ~**, er/sie hat ein bemerkenswertes Durchhaltevermögen; ~ **alla fame/al caldo/al freddo**, Widerstandskraft f gegen Hunger/Hitze/Kälte **3** (*il resistere all'usura*) ~ (*a qc*) {+MATERIALE} Haltbarkeit f, Festigkeit f, Widerstandsfähigkeit f (*gegen etw* acc): ~ **di un metallo al fuoco**, Feuerfestigkeit f eines Metalls; {+TESSUTO} Strapazierfähigkeit f, {+COLORE} Farb-, Waschechtheit f **4** *fam* (*resistore*) Widerstand m **5** *biol med* Widerstandsfähigkeit f, Widerstandskraft f, Resistenz f *scient*, Resistivität f *scient* **6** *dir* Notwehr f: ~ **a un pubblico ufficiale**, Widerstand m gegen einen Amtsträger **7** *fis* {ELETTRICA, MAGNETICA} Widerstand m: ~ **dell'acqua/al vento**, Wasser-/Luftwiderstand m **8** *mil* Widerstand m, Gegenwehr f **9** *psic* Widerstand m **10** *stor*: ~/**Resistenza** {SOVIETICA} Widerstandsbewegung f, Widerstand m; **essere nella Resistenza**, im Widerstand sein; **la Resistenza (italiana)**, die Resistenza, die italienische Widerstandsbewegung; **la Resistenza francese**, die Résistance, die französische Widerstandsbewegung.

resistere <coniug *come* esistere> itr **1** (*opporsi*) ~ **a qu/qc** {ALL'AGGRESSORE, AGLI ATTACCHI NEMICI} Widerstand leisten *gegen jdn/ etw*, sich *gegen jdn/etw* wehren, sich *gegen jdn/etw* zur Wehr setzen: ~ **alle forze dell'ordine**, Widerstand gegen die Staatsgewalt leisten; *fig* ~ **a qc** {A UN IMPULSO, A UN ISTINTO} *etw* (dat) widerstehen: **non seppe ~ alla tentazione di fumare**, er/sie konnte der Versuchung zu rauchen nicht widerstehen; **sport** ~ **a qc** {SQUADRA AI COLPI DEGLI AVVERSARI} *etw* ab₎wehren **2** (*sopportare*) ~ (*a qc*) {AL FREDDO} *etw* ertragen, *etw* aus₎halten, *etw* vertragen, *etw* durch₎-, überstehen; {ALLE FATICHE} *anche etw* durch₎halten: **resiste a tutte le avversità**, er/sie hält alle Widrigkeiten aus; **è una pianta che resiste bene ai climi caldi**, das ist eine Pflanze, die das heiße Klima gut verträgt; **dobbiamo ~ fino alla fine**, wir müssen bis zum Schluss durchhalten; **il tessuto resiste a numerosi lavaggi**, der Stoff hält häufiges Waschen aus₎/[ist waschfest]; **in questa casa umida non si resiste**, in diesem feuchten Haus ₎hält man es nicht aus₎/[ist es nicht zum Aushalten]; **opere d'arte che resistono al tempo**, Kunstwerke, die die Zeit überdauern; **in quest'ambiente pettegolo non resisto più**, ich ertrage diese klatschsüchtige Umgebung nicht mehr **3** (*fig trattenersi*) ~ **a qu/qc** *jdm/etw* widerstehen: **non ho potuto ~ e ho risposto male**, ich konnte mich nicht beherrschen/zurückhalten und bin frech geworden; **è un uomo di grande fascino e poche donne gli resistono**, er ist ein ausgesprochen faszinierender Mann und wenige Frauen können ihm widerstehen, wenige Frauen können sich der Faszination dieses Mannes entziehen.

resistività f *elettr* Leitungswiderstand m.

resistore m *elettr* Widerstand m: ~ **a filo**, drahtgewickelter Widerstand; ~ **a impasto**, spezifischer Massewiderstand; ~ **a strato metallico**, Metallwiderstand m.

reso part pass *di* rendere.

resoconto m **1** (*relazione scritta*) {DETTAGLIATO, GENERICO; +CONVEGNO, VIAGGIO} Bericht m, Zusammenfassung f: **fare il ~ di qc**, einen Bericht über etw (acc)/von etw (dat) geben **2** (*racconto*) Bericht m, Erzählung f **3** *amm* (*consuntivo*) {+ANNO FINANZIARIO} (Rechenschafts)bericht m, Rechnungslegung f: **resoconti parlamentari**, parlamentarische Verhandlungsberichte.

resort <-> m (*struttura alberghiera*) {SCIISTICO} Resort n.

respingente m *ferr* Puffer m.

respingere <coniug *come* spingere> **A** tr **1** (*mandare indietro*) ~ **qu** {AGGRESSORE, NEMICO} *jdn* zurück₎drängen, *jdn* ab₎wehren; ~ **qc** {REGALO} *etw* zurück₎weisen, *etw* nicht an₎nehmen; {LETTERA} die Annahme *etw* (gen) verweigern: ~ **un pacco al mittente**, ein Paket an den Absender zurückschicken **2** *fig* (*rifiutare*) ~ **qu** {PRETENDENTE} *jdn* ab₎weisen; ~ **qc** {PROPOSTA} *etw* ab₎lehnen; {ACCUSA DI QU} *etw* zurück₎weisen **3** *fig* (*allontanare da sé*) ~ **qc** {TENTAZIONE} *etw* von sich (dat) weisen; {PENSIERO} *anche etw* verdrängen; {TIMORI} *etw* zerstreuen **4** *amm* ~ **qc** {PROGETTO DI LEGGE, RICHIESTA DI TRASFERIMENTO} *etw* ab₎lehnen **5** *comm* ~ **qc** {MERCE ORDINATA} *etw* ab₎lehnen **6** *scuola* ~ **qu** {STUDENTE} *jdn* nicht versetzen: **è stato respinto due volte**, er ist zweimal sitzengeblieben *fam* **7** *sport* ~ **qc** + **compl di modo** {PALLONE DI TESTA} *etw* mit *etw* (dat) ab₎wehren **B** rfl rec (*opporsi l'un l'altro*): **respingersi** sich ab₎stoßen: **i poli magnetici di ugual segno si respingono**, Magnetpole mit gleichem Vorzeichen stoßen sich ab.

respinto, (-a) **A** agg **1** (*rimandato*) zurückgewiesen, nicht angenommen: ~ **al mittente**, an den Absender zurückgeschickt **2** *fig* (*rifiutato*) {SPASIMANTE} abgewiesen **3** *scuola* (*bocciato*) nicht versetzt, durchgefallen *fam* **B** m (f) *scuola* Nichtversetzte mf decl come agg, Sitzenbleiber(in) m(f) *fam spreg*.

respirabile agg **1** (*che si può respirare*) {ARIA} zu atmen **2** *fig* (*favorevole*) erträglich, bekömmlich: **qui c'è un'atmosfera poco ~**, hier ist dicke Luft *fam*.

respirare A itr **1** (*effettuare la respirazione*) ~ (**con qc**) {CON LA BOCCA, CON IL NASO} durch *etw* (acc) atmen; ~ (+ **compl di modo**) {BENE, MALE, CON FATICA} (*irgendwie*) atmen: **respira affannosamente**, er/sie atmet schwer/mühsam; ~ **a pieni polmoni**, tief durchatmen; **non si riesce a ~ dal caldo**, man kann vor Hitze kaum atmen₎/[kriegt vor Hitze kaum Luft] **2** (*vivere*) atmen, leben: **il ferito respira ancora**, der Verletzte atmet noch **3** (*prendere fiato*) Luft holen **4** *fig* (*avere un po' di pace*) auf₎atmen, Atem schöpfen, eine Atempause haben: **non ci lascia neanche il tempo di ~!**, er/sie/es lässt uns nicht einmal Zeit aufzuatmen/[, Luft zu holen]! **B** tr ~ **qc** {ATMOSFERA, GAS} *etw* (ein₎)atmen: **in campagna i bambini respirano aria pura**, auf dem Land atmen die Kinder saubere Luft.

respiratore m **1** (*tubo per immersioni*) Schnorchel m **2** *aero* Sauerstoff-, Atemschutzgerät n **3** *med* Sauerstoffgerät n: ~ **automatico**, automatisches Sauerstoffgerät.

respiratorio, (-a) <-ri m> agg (*della respirazione*) {APPARATO, VIE} Atem-; {ORGANI} Atmungs-.

respirazione f {AFFANNOSA, REGOLARE} Atmung f: ~ **artificiale**, künstliche Beatmung; ~ **bocca a bocca**, Mund-zu-Mund-Beatmung f; **avere difficoltà di ~**, Atembeschwerden haben.

respiro m **1** (*il respirare*) {AGITATO, CALMO} Atem m: **in ascensore mi manca il ~**, im Aufzug fehlt mir der Atem; **avere il ~ affannoso**, ₎mit Mühe₎/[schwer] atmen; **trattenere il ~**, den Atem anhalten **2** (*singolo atto*) Atemzug m: **fare/emettere un lungo ~**, tief durchatmen **3** *fig* (*tregua*) Atemzug m, Atempause f: **il lavoro non mi lascia un minuto di ~**, die Arbeit lässt mir keine Minute Atempause; **in questo periodo non ho un attimo di ~**, zurzeit komme ich nicht einmal zum ₎Atem holen₎/[Verschnaufen]; **concedersi un attimo di ~**, sich (dat) eine Atempause gönnen **4** *fig* (*dilazione*) Aufschub m, Galgenfrist f: **accordare un po' di ~ a qu**, jdm ₎einen kleinen Aufschub₎/[eine Galgenfrist] zugestehen **5** *mus* kurze Atempause ● **un'opera di ampio/largo ~** *fig* (*con ampiezza di vedute*), ein groß angelegtes Werk; **rendere l'ultimo ~** (*morire*), seine Seele aushauchen *forb eufem*, den/seinen Geist aushauchen *forb eufem*; **fare/tirare un ~ di sollievo**, erleichtert aufatmen; **una cosa da togliere il ~** *fig* (*eccezionale*), eine atemberaubende Sache; **fino all'ultimo ~** *fig*, bis zum letzten Atemzug.

responsabile A agg **1** (*investito di responsabilità*) ~ ₎**di fronte a**₎/[**davanti a**]/ [**nei confronti di**] **qu/qc** {DAVANTI ALLA LEGGE, NEI CONFRONTI DELLA SOCIETÀ, DI FRONTE ALLO STATO} verantwortlich ₎*vor jdm/etw*₎/ [*jdm/etw* (*gegenüber*)]; ~ **verso qu/qc** {VERSO LA FAMIGLIA} verantwortlich *für jdn/ etw*; ~ **di qc** verantwortlich *für etw* (acc): **essere ~ delle proprie azioni**, für die eigenen Taten verantwortlich sein **2** (*riflessivo e equilibrato*) verantwortungsbewusst: **il ragazzo si è dimostrato molto ~**, der Junge hat sich als sehr verantwortungsbewusst erwiesen; **agire in modo ~**, verantwortungsbewusst handeln **3** (*investito di un incarico*) ~ **di qc** verantwortlich *für etw* (acc), zuständig *für etw* (acc): **questa signora è ~ dei rapporti con l'estero**, diese Dame ist für die Beziehungen mit dem Ausland verantwortlich/zuständig **4** (*colpevole*) ~ (**di qc**) (*etw* gen) schuldig: **si è reso ~ di gravi misfatti**, er hat sich schwerer Untaten schuldig gemacht; *dir* haftend, haftbar; **essere civilmente ~ (di qc)**, haftbar für etw (acc) sein, haftpflichtig sein; **essere penalmente ~ di qc**, strafrechtlich verantwortlich für etw (acc) sein **B** mf **1** Verantwortliche mf decl come agg: **vorrei parlare col ~ del reparto**, ich möchte mit dem Verantwortlichen der Abteilung sprechen **2** (*colpevole*) Schuldige mf decl come agg, Verantwortliche mf decl come agg: **punire i responsabili dell'atroce delitto**, die Verantwortlichen des entsetzlichen Verbrechens bestrafen.

responsabilità <-> f **1** Verantwortung f: **quella ragazza ha scarso senso di ~**, das Mädchen hat ein geringes Verantwortungsgefühl/Verantwortungsbewusstsein; **la ~ dei figli è tutta sulle sue spalle**, die Verantwortung für seine/ihre Kinder ruht ganz auf seinen/ihren Schultern; **inchiodare qu alle proprie ~**, jdn auf seine Verantwortung festnageln; **assumersi le proprie ~**, seine Verantwortung wahrnehmen; **prendersi la ~ di qc**, die Verantwortung für etw (acc) übernehmen/[auf sich nehmen] **2** (*guida*) Verantwortung f: **ho affidato a mio figlio la ~ dell'azienda**, ich habe meinem Sohn die Verantwortung für die Firma anvertraut **3** *dir* Haftung f; Verantwortlichkeit f: ~ **amministrativa**, Verantwortlichkeit f für Verwaltungsunrecht; Amtshaftung f, Staatshaftung f; ~ **civile**, Haftung f; ~ **contrattuale**, vertragliche Haftung, Vertragshaftung f, Haftung f aus Vertrag; ~ **extracontrattuale**, deliktische Haftung, Deliktshaftung f; ~ **oggettiva** *dir*, Erfolgshaftung f; Gefährdungshaftung f; *dir* Verantwortlichkeit f für den Erfolg; ~ **penale**, strafrechtliche Verantwortlichkeit; ~ **precontrattuale**, vorvertragliche Haftung; ~ **del produttore**, Produzentenhaftung f, Produkthaftung f.

responsabilizzàre **A** tr (*rendere responsabile*) ~ **qu/qc** {RAGAZZO, CLASSE OPERAIA} *jdn/etw für etw* (acc) verantwortlich machen **B** *itr pron*: **responsabilizzarsi 1** (*assumersi la responsabilità*) (die) Verantwortung auf sich nehmen **2** (*diventare consapevole*) sich (dat) seiner Verantwortung bewusst werden.

responsabilizzazióne f **1** (*il responsabilizzare*) {+OPINIONE PUBBLICA} Verantwortlichmachen n; Wecken n des Verantwortungsbewusstseins **2** (*nell'organizzazione aziendale*) Aufgabenverteilung f.

respónso m **1** (*risposta decisiva*) {+COMMISSIONE, GIURIA} (Schieds)spruch m, Entscheidung f, Antwort f, Respons m *forb*: ~ **delle urne**, Wahlergebnis n; {+ÉQUIPE MEDICA} Bescheid m; **attendere il ~**, auf den Bescheid warten **2** *scherz* Antwort f: **aspettiamo il vostro ~**, wir warten auf euren Respons *forb o scherz* **3** *lett* (*risposta*) {+SIBILLA} (Orakel)spruch m.

rèssa f (*affollamento*) Gedränge n, Gedrängel n *fam*: **i tifosi fanno ~ per entrare allo stadio**, die Fans drängeln sich *fam*, um in das Stadion zu kommen; **non riesco a passare per la gran ~**, wegen des großen Gedränges komme ich nicht durch; **c'è ~!**, was für ein Gedrängel! *fam*.

rèssi 1ª *pers sing del pass rem di* reggere.

rèsta ① f *mil stor* (*ferro*) Rüsthaken m.

rèsta ② f **1** (*grossa fune*) dickes Seil **2** (*filza di cipolle*) Zwiebelzopf m.

rèsta ③ f *bot* Granne f.

restànte **A** *agg* (*che resta*) {DENARO, GIORNI, MERCE} übrig(bleibend), restlich **B** m (*parte rimanente*) {+GIORNATA, VIAGGIO} Rest m.

restàre *itr* <*essere*> **1** (*rimanere*) ~ (+ **compl di luogo**) (*irgendwo*) bleiben: **oggi resto in casa tutto il giorno**, heute bleibe ich den ganzen Tag zu Hause; **quanto resterai con noi in montagna?**, wie lange wirst du mit uns in den Bergen bleiben?; **resti ancora o vai via?**, bleibst du noch oder gehst du weg?; ~ **a cena/pranzo da qu**, zum Abend-/Mittagessen bei jdm bleiben **2** (*trovarsi*) ~ + **compl di luogo** *irgendwo* sein, sich *irgendwo* befinden, *irgendwo* liegen: **l'appartamento resta un po' lontano dal centro**, die Wohnung liegt ein bisschen weit vom Zentrum entfernt **3** (*avanzare*) übrig bleiben, verbleiben, übrig sein: **nella dispensa non restava più niente**, in der Speisekammer war nichts mehr übrig; **mi restano soltanto alcuni euro**, mir (ver)bleiben nur ein paar Euro, mir sind nur ein paar Euro übrig geblieben **4** (*esserci*) (noch) sein, (noch) bleiben: **ci resta ancora molto lavoro da fare**, wir haben noch viel zu tun; **restano solo pochi giorni alle vacanze di Natale**, es sind nur noch wenige Tage bis zu den Weihnachtsferien; **restano da percorrere una trentina di kilometri**, es sind noch ungefähr 30 Kilometer zurückzulegen **5** (*essere*) ~ + **compl di modo** {CONTENTO, DELUSO, PERSUASO, SODDISFATTO, SORPRESO} *irgendwie* sein: **la biblioteca resta chiusa ad agosto**, die Bibliothek ist/bleibt im August geschlossen; **restiamo d'accordo così**, bleiben wir so; ~ **fulminato/folgorato da qc**, von etw (dat) (wie) vom ₗBlitz getroffen/[Donner gerührt] sein; ~ **a galla**, sich über Wasser halten; ~ **orfano**, Waise werden; ~ **vedovo**, Witwer werden, verwitwen; ~ ₗ**in piedi**₎/[ₛseduto], stehen/sitzen bleiben; ~ **in rapporti cordiali con qu**, mit jdm herzlich verbunden bleiben; ~ **zoppo dopo un incidente**, nach einem Unfall humpeln/hinken ● ~ **alzato fino a notte fonda**, bis tief in die Nacht aufbleiben; ~ **amici**, Freunde bleiben; **non gli restò altro da fare che ...**, es blieb ihm nichts anderes übrig als ...; ~ **fuori da qc**, {DALLA PORTA} (draußen) vor etw (dat) bleiben; *fig* (*rimanere escluso*), {DAL GRUPPO, DALLA LISTA} von etw (dat) ausgeschlossen bleiben; ~ **indietro**, {CORRIDORE} zurückbleiben; {OROLOGIO} nach|gehen; ~ **indietro in qc** *fig*, {NEL LAVORO, NEGLI STUDI} mit etw (dat) zurückbleiben, mit etw (dat) hinterherhinken; ~ **intesi** (su qc), sich (dat) (über etw acc) einig sein; ~ **male di qc**, gekränkt/enttäuscht sein über etw (acc); ~ **di sasso/stucco** (*per lo stupore*), ₗbaff *fam*₎/[verblüfft]/[bass *obs* erstaunt] sein; ₗ**la cosa**₎/[**questo**] **resti tra noi** (*rimanga segreto*), das bleibt unter uns.

restauràbile *agg* (*che si può restaurare*) {CHIESA, FACCIATA DI UN PALAZZO} restaurierbar.

restaurant <-> m *franc* (*ristorante*) Restaurant n.

restauràre **A** tr ~ **qc 1** (*sottoporre a restauro*) {AFFRESCO, LIBRO, MOBILE} *etw* restaurieren; {TEATRO} *anche etw* renovieren, *etw* sanieren **2** *fig* (*ripristinare*) {LA MONARCHIA} *etw* wieder|errichten, *etw* wieder|her|stellen; {CONSUETUDINI, LA DISCIPLINA, LA MORALE, L'ORDINE, USANZE} *etw* wieder ein|führen **B** *rfl scherz* (*imbellettarsi*): **restaurarsi** sich schön machen, sich an|malen *fam*.

restaurativo, (-a) *agg* (*atto a restaurare*) {INTERVENTO} restaurativ *forb*, Restaurierungs-.

restauratóre, (-trice) **A** *agg* **1** (*che restaura*) {INTERVENTO} restaurierend *forb*, restaurativ *forb*, Restaurations- *forb* **2** *fig* {GOVERNO, POLITICA} restaurierend *forb*, Restaurativ *forb*, Restaurations- *forb* **B** m (f) **1** (*artigiano*) {+EDIFICIO, QUADRI} Restaurator(in) m(f) **2** *fig* (*ripristinatore*) {+LIBERTÀ POLITICHE} Wiederhersteller(in) m(f).

restaurazióne f (*ristabilimento*) {+MONARCHIA} Wiedereinführung f ● **la Restaurazione** *stor*, die Restauration.

restàuro m {+MAPPAMONDO, QUADRO} Restaurierung f *forb*, Restauration f *forb*; {+PALAZZO} *anche* Renovierung f: **la cappella è chiusa per restauri**, die Kapelle ist wegen Restaurierungsarbeiten geschlossen; ~ **archeologico/scultorio**, archäologische/bildhauerische Restaurierung; ~ **pittorico**, Gemälderestaurierung f.

restio, (-a) <-tii m> *agg* **1** (*riluttante*) ~ **a qc** {AI CONSIGLI DI QU} *etw* (dat) abgeneigt: **essere ~ a fare qc**, abgeneigt sein, etw zu tun; **è ~ a parlare di sé**, er spricht nur widerwillig von sich **2** (*recalcitrante*) {CAVALLO, MULO} störrisch.

restituìbile *agg* (*che si può o si deve rendere*) {DENARO} rückerstattbar; rückzuerstatten(d).

restituìre <*restituisco*> tr **1** (*ridare*) ~ **qc a qu/qc** {MERCE ALLA DITTA, PENNA A UN COMPAGNO} (*jdm/etw*) *etw* zurück|geben, {*jdm/etw*} *etw* zurück|erstatten; {DENARO A UN AMICO} *anche* (*jdm/etw*) *etw* zurück|zahlen; *fig* ~ **qc a qu/qc** {DIGNITÀ A QU} *jdm/etw* wieder|geben: **la cura gli ha restituito energia**, die Kur hat ₗihm wieder neue Energie gegeben₎/[ihn aufgetankt]; ~ **a qu la pace/serenità**, ₗjds Seelenfrieden wiederherstellen₎/[jdn wieder heiter stimmen]; ~ **a un paese la sua libertà**, einem Land die Freiheit wiedergeben **2** *fig* (*contraccambiare*) ~ **qc** (**a qu**) {VISITA} sich (*bei jdm*) für etw (acc) revanchieren; {SALUTO} *etw* (*von jdm* + *gen*) erwidern: ~ **l'insulto/schiaffo (a qu)**, (jdn) zurückschimpfen₎/[(jdm) eine Ohrfeige zurückgeben]; **appena potrò Le restituirò il favore**, sobald ich kann, werde ich mich ₗbei Ihnen für den Gefallen revanchieren₎/[Ihnen erkenntlich zeigen] **3** *lett* (*rimettere*) ~ **qu in qc** {QU NEL SUO GRADO} *jdn in etw* (acc) wieder ein|setzen: ~ **qu nei suoi diritti**, jdn wieder in seine Rechte einsetzen.

restituìto, (-a) *agg* **1** (*ridato*) {RIVISTA} zurückgegeben; {SOMMA} *anche* zurückgezahlt; *fig* {SALUTE, TRANQUILLITÀ} wiederhergestellt **2** *fig* (*ricambiato*) {CORTESIA} erwidert.

restituzióne f **1** (*riconsegna*) {+BICICLETTA} Rückgabe f; {+PRESTITO} *anche* Rückerstattung f, Rückzahlung f **2** (*contraccambio*) {+FAVORE} Erwiderung f **3** (*ritorno*) {+SOVRANO} Wiedereinsetzung f **4** *fig* {+BENE} Rückerstattung f **5** *filol* {+TESTO} Rekonstruktion f ● ~ **nel termine** *dir*, Wiedereinsetzung f in den vorigen Stand.

rèsto **A** m **1** (*parte rimanente*) {+GIORNATA} Rest m: **farò il ~ del viaggio in auto**, ich werde den letzten Teil der Strecke mit dem Auto zurücklegen; **arrederemo presto il ~ dell'appartamento**, wir werden bald den Rest der Wohnung einrichten; **ci racconti il ~ del film?**, erzählst du uns das Ende des Films?; **io traduco fino a pagina 20 e tu fai il ~**, ich übersetze bis Seite 20 und du machst den Rest; **tu porta le bevande, io penso al ~**, bring du die Getränke mit, ich kümmere mich um das Übrige; **passare il ~ dei propri giorni in galera**, seine restlichen Tage im Gefängnis verbringen **2** (*differenza di denaro*) Rest(betrag) m, Wechselgeld n: **mi sono sbagliata nel dargli il ~**, ich habe ₗmich beim Herausgeben geirrt₎/[ihm falsch herausgegeben]; **tenga il ~!**, stimmt so! *fam*; **non ho da darLe il ~**, ich kann Ihnen nicht herausgeben; **dare il ~ a qu**, jdm das Wechselgeld geben, jdm herausgeben; **lasciare il ~ di mancia**, den Rest als Trinkgeld lassen **3** <*solo pl*> (*testimonianze*) {+CIVILTÀ} (Über)reste m pl **4** <*solo pl*> (*avanzi*) {+PRANZO} Reste m pl **5** *mat* Rest m: **26 diviso 8 fa 3 col ~ di 2**, 26 durch 8 macht 3, Rest 2 **B** *loc avv* (*peraltro*): **del ~**, im Übrigen, übrigens; **del ~ non avremmo potuto agire diversamente**, im Übrigen hätten wir gar nicht anders handeln können ● ~ **di cassa**, Kassenrest m; **per il ~ decidi tu**, der Rest ₗliegt bei dir₎/[ist deine Sache]; **quanto al ~ va tutto bene**, sonst ist alles in Ordnung; **il ~ è mancia!** *fam*, stimmt so! *fam*; **i resti mortali eufem** (*il cadavere*), die sterblichen Überreste m pl.

restringènte *farm med* **A** *agg* adstringent *scient* **B** m (*astringente*) Adstringens n *scient*.

restringere <*coniug come stringere*> **A** *tr* **1** (*rimpicciolire*) ~ **qc** {MAGLIA, TESSUTO} *etw* eingehen/einlaufen lassen; {PUPILLA} *etw* verengen; **i continui lavaggi hanno ristretto i pantaloni**, durch das ständige Waschen sind die Hosen eingegangen **2** (*ridurre*) ~ **qc** *etw* enger machen: **ho fatto ~ la camicia dalla sarta**, ich habe die Bluse von der Schneiderin enger machen lassen; **mi restringi il cappotto?**, machst du mir den Mantel enger?; {APERTURA} *anche etw* verengen, *etw* schmaler machen **3** *fig* (*limitare*) ~ **qc** (**a qc**) {CAMPO DELLE RICERCHE, NUMERO DEGLI INDIZIATI, RELAZIONE AI PUNTI ESSENZIALI} *etw* (*auf etw* acc) ein|-, beschränken, *etw* (*auf etw* acc) begrenzen **4** *fig* (*contenere*) {SPESE} *etw* ein|schränken **5** (*nella cosmesi*) ~ **qc** {LOZIONE PORI DELLA PELLE} *etw* zusammen|ziehen **6** *gastr* ~ **qc** {BESCIAMELLA} *etw* ein|kochen, *etw* ein|dicken **B** *itr pron* **1** (*diventar stretto*): **restringersi** {PUPILLA} sich verengen; {STRADA} *anche* eng(er) werden; {STOFFA} ein|laufen, ein|gehen **2** (*condensarsi*): **restringersi** {BRODO} dickflüssig(er) werden **3** (*raccogliersi*): **restringersi** (+ **compl di luogo**) {PERSONE SUL DIVANO} (*ir-*

gendwo) zusammen|rücken, sich (*irgendwo*) zusammen|drängen: **restringiamoci, altrimenti non ci stiamo tutti**, rücken wir zusammen, sonst passen wir nicht alle her **4** *fig* (*fare economia*): **restringersi in qc** {NELLE SPESE} sich (*bei etw dat*) ein|schränken.

restringiménto m **1** {+STOFFA} Einlaufen n, Eingehen n; {+STRADA} Engerwerden n; {+PUPILLA} Verengung f **2** *med* (*riduzione di volume*) {ARTERIOSO} Stenose f *scient*.

restrittività <–> f (*ciò che è restrittivo*) {+ARTICOLO DELLA LEGGE} Restriktivität f *forb*.

restrittivo, (-a) *agg* (*limitativo*) {CONDIZIONE, MISURA} restriktiv *forb*, einschränkend; {INTERPRETAZIONE} beschränkend; {CLAUSOLA} einschränkend: **pena ~ della libertà**, Freiheitsstrafe f.

restrizióne f **1** (*atto*) {+CONSUMI, SPESE} Einschränkung f, Restriktion f *forb* **2** *fig* (*limitazione*) Beschränkung f: **imporre restrizioni alla libertà di qu**, jds Freiheit Beschränkungen auferlegen **3** *fig* (*riserva*) Vorbehalt m: **~ mentale**, stillschweigender Vorbehalt.

restyling <–> m *ingl* (*modifica del design*) {+AUTOMOBILE} Restyling n.

resurrezióne e *deriv* → **risurrezione** e *deriv*.

retàggio <-gi> m **1** *fig* (*patrimonio spirituale*) {+ESEMPI, MEMORIE} Vermächtnis n, Erbe n: **~ culturale**, Kulturerbe n **2** *lett* (*eredità*) Erbschaft f, Erbe n.

retàta f **1** {+PESCI, UCCELLI} (Netz)fang m **2** *fig* Fang m: **alla lotteria ha fatto una bella ~ di milioni**, bei der Lotterie hat er/sie einen tollen Millionenfang gemacht **3** *fig* (*cattura*) Razzia f: **una ~ effettuata dalla polizia**, eine von der Polizei durchgeführte Razzia.

réte f **1** (*da pesca*) Netz n: **gettare/tirare le reti**, die Netze auswerfen/einholen; **~ a strascico**, Schleppnetz n **2** (*da caccia*) Schlinge f **3** (*per farfalle*) Schmetterlingsnetz n **4** (*per recinzione*) Zaun m: **~ metallica**, Metallzaun m; **recingere un prato con una ~**, eine Wiese einzäunen **5** (*da circo*) Netz n **6** (*del letto*) Sprung(feder)rahmen m **7** (*per la spesa*) Einkaufsnetz n **8** (*per capelli*) Haarnetz n **9** *fig* (*insieme di linee*) Netz n, System n: **~ aerea**, Luftleitungsnetz n; **~ autostradale**, Autobahnnetz n; **~ di distribuzione**, Vertriebs-, Verteilernetz n; **~ ferroviaria**, (Eisen)bahnnetz n; **~ geodetica**, (geodätisches) Netz; **~ idrografica/topografica**, hydrografisches/topografisches Netz; **~ stradale/telefonica**, Straßen-Telefonnetz n; **~ urbana**, Stadt-, Nahverkehrsnetz n **10** *fig* (*intreccio*) Netz n, Geflecht n: **una fitta ~ di relazioni/amicizie**, ein dichtes Netz von Beziehungen/Freundschaften **11** *fig* (*organizzazione*) Netz n: **~ commerciale**, Handelsnetz n; **~ di spionaggio/di vendita**, Spionage-/Verkaufsnetz n **12** *anat* {VENOSA} Netz n **13** *inform* (Daten)netz n, Netzwerk n: **la Rete**, das Internet; **mettere in ~ qc**, etw im Internet veröffentlichen, etw ins Netz/Internet stellen; **navigare nella ~**, im Internet/Netz surfen **14** *mat* Netz n, Gitter n **15** *mil*: **~ mimetica**, Tarnnetz n **16** *sport* Tor n, Netz n: **andare in ~**, ins Tor gehen; **tirare il pallone in ~**, den Ball ins Tor/Netz schießen; (*nella pallavolo, nel tennis*) Netz n **17** *sport* (*punto*) Punkt m, Tor n, Netz n: **la squadra ha segnato tre reti**, die Mannschaft hat drei Tore geschossen/erzielt **18** *radio TV* Netz n, Network n: **~ radiofonica/televisiva**, Rundfunk-/Fernsehnetz n; **~ televisiva privata**, Privatfernsehnetz n; **la ~ 2 della RAI**, der zweite Sender der RAI ● *ca-*

dere/**incappare nella ~ di qu** *fig* (*in un agguato*), jdm ins Netz gehen; **~ elastica**, Sprungfederrahmen m; **la Rete** *polit stor*, "italienische politische Bewegung, die zu den traditionellen Parteien in starkem Kontrast steht"; **prendere qu nella ~** *fig* (*raggirarlo*), jdn betrügen, jdn hinters Licht führen; **senza ~** *fig* (*con gravi rischi*), ohne Netz und doppelten Boden; **tendere la ~ a qu** *fig* (*inganno*), jdm eine Falle stellen.

reticèlla <dim *di* rete> f **1** (*piccola rete*) kleines Netz **2** (*per capelli*) Haarnetz n **3** *chim* Asbestgitter n.

reticènte *agg* **1** (*restio a parlare*) zurückhaltend, verschwiegen: **mostrarsi ~ sui propri progetti**, sich bedeckt/zurückhaltend zeigen, was seine Pläne angeht **2** *dir* verschweigend: **un testimone ~**, ein Zeuge, der bedeutsame Umstände verschweigt; **testimonianza ~**, unvollständige Zeugenaussage.

reticènza f **1** (*atteggiamento*) Verschwiegenheit f, Zurückhaltung f **2** *dir* "Verschweigen n bedeutsamer Umstände im Rahmen der Zeugenvernehmung" **3** *ling* (*figura retorica*) Aposiopese f ● **senza reticenze** (*schiettamente*), offen, ohne Umschweife.

rètico, (-a) <-ci, -che> A *agg* (*della Rezia*) rätisch B m <solo sing> (*lingua*) Rätische n.

reticolàto, (-a) A *agg* **1** (*a forma di reticolo*) netzförmig, gitterartig **2** *anat* {TESSUTO} netzförmig, gitterartig, retikulär: *scient*, retikular *scient* **3** *archeol* {OPERA} Netz- **4** *bot* {NERVATURA} netzförmig, netzartig, retikulär *scient*, retikular *scient* **5** *chim* {MATERIA PLASTICA} gitterartig B m **1** (*intreccio*) Geflecht m, Netzwerk n **2** *chim* Gitter n **3** *enigmistica* ~ **delle parole incrociate**, Kreuzworträtselschema n **4** *mil* Drahtverhau m **5** *geog* Netz n: **~ geografico**, Grad-, Kartennetz n.

reticolo m **1** (*rete*) {+VIUZZE} Netz n, Gitter n: **~ geodetico**, (geodätisches) Netz; **~ geografico**, Grad-, Kartennetz n **2** *anat* {+NERVI, VASI SANGUIGNI} Netzwerk n **3** *chim min* {CRISTALLINO} Gitter n **4** *mat* Gitter n **5** *ott* Gitter n: **~ di diffrazione**, Beugungsgitter n **6** *zoo* {+RUMINANTI} Netzmagen m, Retikulum n *scient*.

retifórme *agg* (*a forma di rete*) {ORGANIZZAZIONE} netzförmig, netzartig.

rètina① f *anat* Netzhaut f, Retina f *scient*.

rètina② <dim *di* rete> f (*piccola rete*) Haarnetz n.

retinàto, (-a) *agg* *fot* {IMMAGINE} Raster-.

retinìte f *med* Netzhautentzündung f, Retinitis f *scient*.

retino <dim *di* rete> m **1** kleines Netz: **~ per farfalle**, Schmetterlingsnetz n **2** (*nella pesca*) Netz n **3** *tip* Raster m.

retinòide m *chim* Retinoide f.

retinòlo m (*nella cosmesi*) Retinol n.

retinopatìa f *med* {IPERTENSIVA} Retinopathie f *scient*.

retòre m **1** *stor* (*maestro di eloquenza*) Rhetor m, Redner m **2** *spreg* Phrasendrescher m *fam spreg*: **quell'avvocato è un ~**, dieser Rechtsanwalt ist ein Phrasendrescher *fam spreg*.

retòrica <-che> f **1** (*arte*) Rhetorik f, Redekunst f: **trattato di ~**, rhetorische Abhandlung **2** *fig spreg* (*ridondanza*) Phrasendrescherei f *fam spreg*: **fare della ~**, Phrasen dreschen *fam spreg*; **un articolo di giornale pieno di ~**, ein Zeitungsartikel voller leerer Phrasen *spreg*.

retòrico, (-a) <-ci, -che> *agg* **1** (*relativo alla retorica*) {SCUOLA, TRADIZIONE} rhetorisch **2** *fig spreg* (*ampolloso*) phrasenhaft *spreg*, bombastisch *spreg*, geschwollen *spreg*: **i suoi discorsi sono troppo retorici**, seine Reden

sind zu phrasenhaft *spreg*.

retràttile *agg* *aero tecnol zoo* {CARRELLO, UNGHIA} einziehbar.

retribuìre <*retribuisco*> tr (*pagare*) **~ qu/qc** {OPERAIO, LAVORO DI QU} jdn/*etw* entlohnen, jdn/*etw* bezahlen, (*jdm*) *etw* vergüten.

retribuìto *agg* (*pagato*) bezahlt, entlohnt: **è un lavoro mal/ben ~**, es ist eine schlecht/gut bezahlte Arbeit.

retributivo, (-a) *agg* **1** (*della retribuzione*) {SISTEMA} Vergütungs-, Entlohnungs-, Bezahlungs-: **aumento ~**, Gehaltserhöhung f **2** (*che dà retribuzione*) {LAVORO} Lohn-.

retribuzióne f **1** (*paga*) {+DIPENDENTE} Lohn m, Entlohnung f, Vergütung f, Gehalt n: **chiedere una migliore ~**, mehr Lohn/Gehalt verlangen; **~ in denaro**, Bar-, Geldlohn m; **~ lorda/netta**, Brutto-/Nettolohn m, Brutto-/Nettogehalt n; **~ minima**, Mindestlohn m, Mindestgehalt n; **~ in natura**, Sachbezüge m pl, Naturallohn m **2** *fig* (*premio*) Belohnung f **3** *dir* (Arbeits)vergütung f, (Arbeits)entgelt n, Arbeitslohn m.

retrivo, (-a) A *agg* (*retrogrado*) {GOVERNO} rückständig; {TENDENZE} rückschrittlich B m (f) (*reazionario*) rückständiger Mensch, Reaktionär(in) m(f) *spreg*.

rètro A *agg* m **1** (*parte posteriore*) {+CASA, FOGLIO, MONETA} Rückseite f: **sul ~**, auf der Rückseite; **sul ~ di un edificio**, auf der Rückseite eines Gebäudes **2** (*retrobottega*) Hinterzimmer n B *avv poet* (*dietro*) hinten ● **vedi ~**, siehe hinten, bitte wenden, siehe Rückseite.

rètro- primo elemento (*dietro, all'indietro*) rück-, Rück-, Hinter-, Nach-: **retromarcia**, Rückwärtsgang m; **retrobottega**, Hinterraum m; **retrogusto**, Nachgeschmack m.

rétro <inv> *agg franc* 1 (*che si rifà al passato*) {ARREDAMENTO} altertümlich, altmodisch 2 (*retrospettivo*) {RASSEGNA CINEMATOGRAFICA} retrospektiv *forb*, rückblickend.

retroattività <–> f *dir* {+LEGGE, REGOLAMENTO, RINUNCIA ALL'EREDITÀ, RISOLUZIONE DEL CONTRATTO} Rückwirkung f.

retroattivo, (-a) *agg dir* {ATTI AVENTI FORZA DI LEGGE, ATTI NEGOZIALI} rückwirkend: **una legge che ha effetto ~**, ein Gesetz, das rückwirkend in Kraft tritt.

retroazióne f **1** (*retroattività*) Rückwirkung f **2** *inform* Rückkopp(e)lung f, Feedback n **3** *psic* Rückkopp(e)lung f.

retrobottéga <–> m (*locale retrostante*) Hinterraum m, Nebenraum m (in einem Laden).

retrocèdere <*irr retrocedo, retrocessi, retrocesso*> A *itr* <*essere*> **1** (*farsi indietro*) zurück|weichen, zurück|gehen: **~ per non cadere**, zurückweichen, um nicht hinzufallen; **~ di fronte al nemico**, vor dem Feind zurückweichen **2** *fig* (*indietreggiare*) **~ (da qc)** {DA UNA DECISIONE} (*von etw dat*) zurück|weichen, (*von etw dat*) ab|kommen, (*von etw dat*) Abstand nehmen **3** *dir* zurück|erstatten B *tr* <*avere*> **1** *mil* **~ qu** {MILITARE} jdn degradieren: **~ qu al grado di sergente**, jdn zum Feldwebel degradieren **2** *sport* **~ qc** (*in qc*) {SQUADRA IN SERIE B} *etw* in *etw* (*acc*) zurück|stufen, *etw* in *etw* (*acc*) absteigen lassen.

retrocessióne f **1** (*degradamento*) {+UFFICIALE} Degradierung f **2** *dir amm* Rückübereignung f **3** *sport* Zurückstufung f, Abstieg m: **la squadra è in zona ~**, die Mannschaft befindet sich in der abstiegsgefährdeten Zone.

retrocèsso part pass *di* retrocedere.

retrocopertìna f (*quarta facciata*) {+LIBRO} vierte Umschlagseite, U 4 f *fam*.

retrocucìna <–> m *o* f (*stanzino*) Vorrats-,

Speise-, Abstellkammer f.

retrodatàre tr ~ qc **1** (*attribuire a data anteriore*) {OPERA} *etw* zurück|datieren **2** *amm* (*porre una data anteriore*) {DOCUMENTO, LETTERA} *etw* zurück|-, *etw* nach|datieren.

retrodatazióne f **1** {+TESTO LETTERARIO} Zurückdatierung f; (*azione*) *anche* Zurückdatieren n **2** *amm* {+ASSEGNO} Zurück-, Nachdatierung f.

rètrofit <-> m *autom* (*dispositivo*) Katalysator m.

retroflessióne f **1** (*flessione all'indietro*) Rückwärtsknickung f **2** *med* {UTERINA} Retroflexion f *scient*.

retroflèsso, (-a) *agg anche med* {UTERO} nach hinten abgeknickt.

retrògrado, (-a) A *agg* **1** {MOVIMENTO} rückläufig **2** *fig* (*ostile al progresso*) {IDEE, PERSONE, POLITICA} rückschrittlich, rückständig, reaktionär *spreg* **3** *astr* {MOTO} retrograd **4** *mus* krebsgängig **5** *psic* {AMNESIA} retrograd, rückwirkend B m (f) (*conservatore*) Reaktionär(in) m(f) *spreg*, rückständiger Mensch.

retroguàrdia f *mil* Nachhut f • *essere/stare alla ~ di qc fig* (*tenersi indietro per paura*), sich im Hintergrund von etw (dat)/+ gen halten.

retrogùsto m (*ultimo sapore*) {AMARO} Nachgeschmack m.

retroilluminàto, (-a) *agg* (*illuminato da dietro*) von hinten beleuchtet.

retromàrcia f *autom* Rückwärtsgang m • *fare ~ fig fam* (*tirarsi indietro*), den Rückzug antreten.

retronébbia <-> m *autom* Nebelschlussleuchte f.

retropensièro m (*pensiero nascosto*) Hintergedanke m.

retroscèna <-> A m *fig* (*manovre occulte*) {+AFFARE, DIVORZIO} Hintergründe m pl: *conoscere i ~ di una vicenda*, die Hintergründe einer Geschichte kennen; *svelare i ~ della politica*, die politischen Hintergründe enthüllen B f *teat* Hinterbühne f.

retrospettiva f (*mostra*) {CINEMATOGRAFICA, PITTORICA; +GUSTAV KLIMT} Retrospektive f *forb*, Rückblick m, Rückschau f.

retrospettivo, (-a) *agg* **1** *fig* retrospektiv *forb*, rückschauend, rückblickend: *una mostra retrospettiva del Bauhaus*, eine Retrospektive *forb* des Bauhauses **2** *lett* (*rivolto indietro*) {OCCHIATA, VISIONE} Rück-.

retrospezióne f **1** *filos* Retrospektion f **2** *psic* Retrospektion f, Vergangenheitsfixiertheit f.

retrostànte *agg* (*che sta dietro*) ~ (*a qc*) {COLLINE} hinter etw (dat) liegend: *una camera ~ l'/all'ingresso*, ein hinter dem Eingang liegendes Zimmer.

retroterra <-> m **1** (*entroterra*) Hinterland n: *il ~ di Genova*, das Hinterland von Genua **2** *fig* (*background*) {CULTURALE, IDEOLOGICO; +ARTISTA} Background m *forb*, Hintergrund m.

retrotrèno m **1** *autom* Hinterachse f **2** *zoo* {+CANE, CAVALLO} Hinterteil n.

retroversióne f *med* {+UTERO} Retroversion f *scient*.

retrovèrso, (-a) *agg med* {UTERO} retrovers *scient*.

retrovia f <*di solito al pl*> *mil* Etappe f, Nachschubgebiet n: *essere nelle retrovie*, in der Etappe liegen.

retrovirus m *biol med* Retrovirus m.

retrovisivo, (-a) *agg autom* {SPECCHIETTO} Rück-.

retrovisóre *autom* A *agg* {SPECCHIETTO} Rück- B m Rückspiegel m.

rètta① f *solo nella loc verb*: **dar ~ a qu/qc 1** (*dare ascolto*): **dar ~ a qu/qc**, auf jdn/etw hören; **non dar ~ ai colleghi!**, hör nicht auf die Kollegen!; **dar ~ ai consigli di qu**, auf jds Ratschläge hören; **dammi ~, lascia perdere**, hör auf mich, vergiss es; **se dovessimo darti ~ non andremmo mai in vacanza!**, wenn wir auf dich hören würden, würden wir nie in Urlaub fahren!; **se dovessi dar ~ a quello che dice la gente...**, wenn ich alles glaubte, was die Leute sagen... **2** (*assecondare*): **dar ~ a qc**, {ALLA MODA} etw (dat) folgen; **se dovessi dar ~ all'appetito, mangerei in continuazione**, wenn es nach meinem Appetit ginge, würde ich ständig essen; **se dessi ~ al cuore...**, wenn ich auf mein Herz hören würde...

rètta② f (*somma*) {+CONVITTO, PENSIONATO} Pension f, Kostgeld n: *~ giornaliera/scolastica*, Tages-/Schulgeld n; *non ho ancora versato la ~ del collegio*, ich habe dem Internat noch nicht das Schulgeld überwiesen.

rètta③ f *mat* (*in geometria*) Gerade f: *rette ortogonali/ parallele/ perpendicolari*, rechtwinklige/parallele/senkrechte Geraden.

rettàle *agg anat* (*del retto*) {ISPEZIONE, PROLASSO} rektal.

rettangolàre *agg* (*che ha forma di rettangolo*) {CORNICE, TAVOLO} rechteckig.

rettàngolo A *agg mat* (*in geometria*) rechteckig, Rechteck-; {TRIANGOLO} rechtwinklig B m **1** *mat* (*in geometria*) Rechteck n **2** *sport* (*campo di calcio*) Feld n: *~ di gioco*, Spielfeld n.

rettifica <-che> f **1** (*correzione*) {+DICHIARAZIONE, NOTIZIA} Richtigstellung f, Berichtigung f; (*+errore*) *anche* Berichtigung f, Korrigieren n: *apportare una ~ a un documento*, ein Dokument berichtigen **2** *chim* {+ALCOL} Rektifikation f **3** *mecc* {+PEZZO} Schliff m, Schleifen n.

rettificàre <*rettifico, rettifichi*> tr ~ qc **1** (*raddrizzare*) {ANSA DI UN FIUME, CURVA, STRADA} *etw* begradigen; *~ il tiro*, den Schuss korrigieren **2** (*correggere*) {DOCUMENTO, ERRORE} *etw* berichtigen, *etw* korrigieren; {AFFERMAZIONE, NOTIZIA FALSA} *anche etw* richtig|stellen **3** *chim etw* rektifizieren **4** *mecc etw* schleifen.

rettificàto, (-a) *agg* **1** (*raddrizzato*) {TRATTO DI STRADA} begradigt **2** (*corretto*) {DATA, DICHIARAZIONE} berichtigt, richtiggestellt **3** *chim* {OLIO DI OLIVA} rektifiziert **4** *mecc* {PEZZO MECCANICO} geschliffen, Schliff-.

rettificatrice f *mecc* (*macchina utensile*) Schleifapparat m, Schleifmaschine f.

rettificazióne f **1** (*modificazione*) {+SENTIERO, TUBATURA} Begradigung f **2** (*correzione*) {+CIFRA} Berichtigung f, Korrigieren n; {+DICHIARAZIONE} *anche* Richtigstellung f; **3** *chim* Rektifikation f **4** *elettr* (*raddrizzamento*) Gleichrichtung f.

rettifilo m (*rettilineo*) {+FERROVIA, STRADA} gerade Strecke f, Gerade f.

rettiliàrio m **1** (*in uno zoo*) Reptilarium n **2** (*mostra di rettili*) Reptilienausstellung f.

rèttile m **1** *zoo* Reptil n, Kriechtier n **2** *fig spreg* (*persona abbietta*) heimtückischer Mensch; (*di donna*) *anche* Schlange f *spreg*.

rettilineità <-> f G(e)radlinigkeit f **2** *fig* (*coerenza*) G(e)radlinigkeit f, Redlichkeit f, Aufrichtigkeit f.

rettilìneo, (-a) A *agg* **1** (*diritto*) {PERCORSO, STRADA, VIALE} g(e)radlinig **2** *fig* (*coerente*) {CONDOTTA} redlich, aufrichtig, g(e)radlinig B m (*tratto di strada*) gerade Strecke f, Gerade f: *entrò nel ~ d'arrivo a 200 all'ora*, er/sie bog/fuhr mit 200 km/h in die Zielgerade ein.

rettitùdine f (*onestà*) {+UOMO} Redlichkeit f, Rechtschaffenheit f, Aufrichtigkeit f: *agire con ~*, aufrichtig handeln.

rètto, (-a) A *part pass di* reggere B *agg* **1** (*diritto*) {STRADA} gerade **2** (*onesto*) {PERSONA} aufrichtig, redlich, rechtschaffen **3** (*corretto*) richtig, korrekt **4** *mat* {LINEA} gerade; {ANGOLO} recht C m **1** *anat* Mastdarm m, Rektum n *scient* **2** *tip* Rekto n.

rettoràto m **1** (*carica*) {+UNIVERSITÀ} Rektorat n **2** (*periodo*) Rektorat n **3** (*sede*) Rektorat n.

rettóre, (-trice) A m (f) **1** (*titolo*) {+UNIVERSITÀ} Rektor(in) m(f): *il magnifico Rettore*, der Rector magnificus, der Magnifikus; {+COLLEGIO} Leiter(in) m(f) **2** *relig* (*sacerdote*) Rektor m B *agg* {PADRE} leitend.

rettoscopia f *med* Rektoskopie f *scient*, Mastdarmspiegelung f.

rettoscòpio <-pi> m *med* Rektoskop n, Mastdarmspiegel m.

rettrice f → **rettore**.

return <-> m *ingl inform* Return-, Eingabetaste f, Zeilenschalter m.

reùccio <-ci, *dim di* re> m (*nelle favole*) Erbprinz m, junger Prinz, junger König.

rèuma <-i> m (*reumatismo*) Rheuma n *fam*, Rheumatismus m *scient*.

reumatèst <-> m *med* Rheuma-Test m.

reumàtico, (-a) <-ci, -che> *agg med* {DOLORE, MALATTIA} rheumatisch *scient*.

reumatìsmo m *med* {ARTICOLARE, CRONICO} Rheumatismus m *scient*: *avere i reumatismi alle ginocchia/ai gomiti*, Rheuma *fam*/Rheumatismus *scient* in den Knien/Ellbogen haben.

reumatoìde *agg med* {ARTRITE} rheumaähnlich *scient*, rheumatoid *scient*.

reumatologia *agg med* Rheumatologie f.

reumatològico, (-a) <-ci, -che> *agg med* rheumatologisch.

reumatòlogo, (-a) <-gi, -ghe> m (f) *med* Rheumatologe m, (Rheumatologin f).

Rev. *abbr di* Reverendo: Rev., R., Revd. (*abbr di* Reverend).

revanche <-, -s pl *franc*> f *franc* (*rivincita*) Revanche f: *spirito di ~*, Revanchismus m.

revanscìsmo m *polit* Revanchismus m.

reverendìssimo, (-a) *agg relig* {MONSIGNORE} hochwürdigster, ehrwürdigster.

reverèndo, (-a) *relig* A *agg* {MADRE, PADRE} hochwürdig, ehrwürdig B m (*sacerdote*) Hochwürden m, Reverend m.

reverenziàle *agg* (*che esprime rispetto*) {SALUTO} ehrfürchtig: *avere un timore ~ nei confronti di qu*, vor jdm Ehrfurcht haben.

revers <-> m *franc* (*nella moda*) {+GIACCA} Revers n.

reversìbile *agg* **1** (*che può essere invertito*) {MOVIMENTO} reversibel, umkehrbar **2** *chim* {REAZIONE} reversibel **3** *dir* {TERRE} reversibel, übertragbar, liquidierbar, anwartschaftlich; {PENSIONE} Hinterbliebenen-, übertragbar, vererblich **4** *fis* {PROCESSO} reversibel **5** *mat* {RELAZIONE} reversibel, umkehrbar **6** *med* {COMA} reversibel, heilbar.

reversibilità <-> f **1** (*l'essere invertibile*) Reversibilität f, Umkehrbarkeit f **2** *fis* {+MOTO} Reversibilität f **3** *med* {+COMA} Reversibilität f, Heilbarkeit f.

revisionàre tr (*sottoporre a revisione*) ~ qc {BILANCIO, CONTI} *etw* (über)prüfen, *etw* durch|sehen; {CONTRATTO} *etw* revidieren; {DIZIONARIO, OPERA LETTERARIA} *etw* einer Revision unterziehen; {MOTORE} *etw* überholen: *ho portato a far ~ la macchina*, ich habe das Auto ₍zur Überholung gebracht₎/[überholen lassen].

revisióne f 1 (*correzione*) {+TESTO} Revision f: **~ delle bozze**, Korrekturlesen n 2 *autom* {+MACCHINA, MOTORE} Überholung f, Inspektion f: **ieri ho portato la macchina alla ~**, ich habe gestern das Auto zur Inspektion gebracht 3 *dir* Antrag m auf Wiederaufnahme 4 *econ* {+CONTABILITÀ} Revision f, (Über)prüfung f: **~ del bilancio**, Bilanzprüfung f; **~ contabile**, Buch- und Bilanzprüfung f 5 *tecnol* Überholung f: **fare la ~ di un impianto**, eine Anlage überholen.

revisionísmo m *polit* Revisionismus m.

revisionísta <-*i* m, -*e* f> mf (*sostenitore*) Revisionist(in) m(f).

revisionístico, (-*a*) <-*ci*, -*che*> agg *polit* {TENDENZA} revisionistisch.

revisóre, (*rar scherz* -*a*) m (f) (*addetto alla revisione*) Prüfer(in) m(f): **~ di bilancio**, Wirtschaftsprüfer(in) m(f), Wirtschaftsrevisor(in) m(f); **~ di bozze**, Revisor(in) m(f); **~ dei conti**, Rechnungsprüfer(in) m(f).

revival <-> m *ingl* Revival n, Wiederaufleben n: **in questi ultimi anni si è assistito a un ~ della musica anni '60**, in diesen letzten Jahren hat man ein Revival der Musik der 60er Jahre erlebt.

reviviscènte agg 1 *fig lett* (*che riacquista vita*) {MITO} wieder erwachend, wieder auflebend 2 *biol* wieder belebend.

reviviscènza f 1 *fig lett* (*ritorno*) {+IDEE, TRADIZIONI} Wiederaufleben n, Wiedererwachen n 2 *biol* Wiederbelebung f 3 *dir* (*riacquisto di efficacia*) {+DISPOSIZIONI TESTAMENTARIE} Wiederaufleben n, Wiedererlangung f der Wirksamkeit 4 *med* (*rianimazione*) Reanimation f 5 *relig* Wiederaufleben n, Reviszenz f.

rèvoca <-*che*> f 1 (*annullamento*) {+ORDINE} Widerruf m 2 (*sospensione*) {+PERMESSO, SCIOPERO} Aufhebung f 3 (*rimozione*) {+FUNZIONARIO} Absetzen n 4 *dir* (**~ di qc**) {+ATTO AMMINISTRATIVO, CONTRATTO, TESTAMENTO} Widerruf m; {+PATENTE} Einziehung f; {+SEQUESTRO} Aufhebung f 5 *dir* (**~ di qu**) {+destituzione} {+AMMINISTRATORE DELLA S.R.L., SINDACO DELLA S.P.A.} Abberufung f 6 *polit* Aufhebung f, Revokation f, Ungültigkeitserklärung f, Widerruf m: **~ della fiducia**, Aufhebung f des Vertrauens ● **fino a ~ banca**, bis auf Widerruf.

revocàbile agg (*annullabile*) {INCARICO} widerrufbar, aufhebbar.

revocabilità <-> f (*annullabilità*) Widerrufbarkeit f, Aufhebbarkeit f.

revocàre <*revoco, revochi*> tr 1 (*annullare*) **~ qc** {PROVVEDIMENTO} etw widerrufen, etw aufheben 2 (*sospendere*) **~ qc** {SCIOPERO} etw aufheben, etw einstellen 3 (*privare di incarico*) **~ qu** {PUBBLICO DIPENDENTE} jdn ablsetzen 4 *dir* **~ qc** {ATTO AMMINISTRATIVO, CONTRATTO, TESTAMENTO} etw widerrufen; {PATENTE} etw aufheben; {SEQUESTRO} etw aufheben 5 *dir* (*destituire da un incarico, da una carica*) **~ qu** {AMMINISTRATORE DELLA S.R.L., SINDACO DELLA S.P.A.} jdn ablberufen.

revocàto, (-*a*) agg 1 (*annullato*) {PROVVEDIMENTO} widerrufen, aufgehoben 2 (*sospeso*) {PERMESSO, SCIOPERO} aufgehoben.

revocatòrio, (-*a*) <-*ri* m> agg (*di revoca*) {ORDINE} widerrufend B *dir* (*di revoca*) Konkursanfechtung f: **~ fallimentare**, Konkursanfechtung f, Insolvenzanfechtung f.

revocazióne f 1 (*il revocare*) {+SCIOPERO} Aufhebung n, Einstellen n 2 *dir* (*mezzo di impugnazione*) Widerspruch m.

revólver <-> m *ingl* Revolver m.

revolveràta f (*colpo di revolver*) Revolverschuss m.

REW m *radio abbr dell'ingl* Rewind: Schnell-

rücklauf m.

rewind <-> m *ingl* (*tasto o comando*) Rewind m.

RF f *fis abbr di* Radio Frequenza: RF (*abbr di* Radiofrequenz).

RFT f *abbr di* Repubblica Federale Tedesca: BRD f (*abbr di* Bundesrepublik Deutschland).

Rh, RH <-> m *biol abbr di* Rhesus: rh, Rh (*abbr di* Rhesusfaktor): **Rh negativo**, Rh-negativ; **Rh positivo**, Rh-positiv.

rhum → **rum**.

rhythm and blues <-> loc sost m *ingl mus* Rhythm and Blues m.

ri- pref 1 (*ripetizione*) wieder(-): **riaffittare**, wieder vermieten; **ributtare**, wieder werfen 2 (*ritorno*) zurück-: **ritornare**, zurückkommen.

RI f *abbr di* Repubblica Italiana: Italienische Republik.

rià 3ª pers sing dell'ind pres *di* riavere.

riabbandonàre A tr (*abbandonare di nuovo*) **~ qu/qc** {BAMBINO} jdn/etw wieder sich (dat) selbst überlassen; {GATTO} jdn/etw wieder auslsetzen B rfl (*abbandonarsi di nuovo*): **riabbandonarsi a qc** {AI PROPRI RICORDI} sich etw (dat) überlassen, sich etw (dat) hinlgeben.

riabbassàre A tr (*abbassare di nuovo*) **~ qc** {AVVOLGIBILE} etw wieder herunterllassen; {FINESTRINO} etw wieder herunterldrehen; (*non manuale*) etw wieder herunterllassen; {IL CAPO, PREZZI, LO SGUARDO, IL TONO DELLA VOCE} etw wieder senken; {VOLUME DELLA RADIO} etw wieder leiser stellen; {CALORIFERO} etw niedriger stellen B itr pron: **riabbassarsi** (*calare di nuovo*) {PREZZI} wieder sinken, wieder fallen C rfl: **riabbassarsi** (*chinarsi di nuovo*) sich wieder bücken.

riabbottonàre A tr (*abbottonare di nuovo*) **~ qc** {CAPPOTTO} etw wieder zulknöpfen B rfl indir: **riabbottonarsi** (**qc**) {I PANTALONI} sich (dat) etw wieder zulknöpfen.

riabbracciàre <*riabbraccio, riabbracci*> A tr 1 (*stringere nuovamente*) **~ qu/qc** {MADRE BAMBINO; PADRONE CANE} jdn/etw wieder umlarmen 2 *fig* (*praticare di nuovo*) **~ qc** {FEDE} sich wieder zu etw (dat) bekennen; {IDEOLOGIA} anche sich wieder etw (dat) anlschließen B rfl rec: **riabbracciarsi** sich wieder umarmen: **si riabbracciarono dopo molti anni**, nach vielen Jahren umarmten sie sich wieder.

riabilitàre A tr 1 *fig* (*ridare stima*) **~ qu** jdn rehabilitieren: **questo gesto ti riabiliterà agli occhi degli amici**, diese Tat wird dich in den Augen deiner Freunde rehabilitieren 2 (*ridare efficienza*) **~ qc** {IMPIANTO, INDUSTRIA} etw wieder auflbauen 3 *dir* **~ qu** {UN CONDANNATO} jdn rehabilitieren; {UN FALLITO} jdm seine bürgerlichen Ehrenrechte wiederlverleihen 4 *med* **~ qu** {HANDICAPPATO} jdn rehabilitieren; **~ qc** {ARTO} die Funktion *von etw* (dat) wiederlherlstellen B rfl (*riacquistare stima*): **riabilitarsi** sich wieder rehabilitieren.

riabilitazióne f 1 *fig* Rehabilitierung f 2 (*ripristino*) {+IMPIANTO} Wiederaufbau m 3 *dir* {+CONDANNATO} Rehabilitation f 4 *med* {ORTOPEDICA, PSICHIATRICA} Rehabilitation f ● **civile del fallito** *dir*, "Wiederverleihung f der (durch Konkurs verloren gegangenen) bürgerlichen Ehrenrechte des (Insolvenz)schuldners".

riabituàre A tr (*abituare di nuovo*) **~ qu/qc a qc** {BAMBINO ALLA VITA NORMALE, GATTO} jdn/etw wieder an etw (acc) gewöhnen B rfl: **riabituarsi a qc** sich wieder *mit etw* (dat) vertraut machen, sich wieder an etw (acc) gewöhnen: **mi sono riabituato al turno di notte**, ich habe mich wieder an den Nachtdienst gewöhnt.

riaccadére itr <*essere*> (*succedere di nuovo*) wieder geschehen/passieren/vorlkommen: **fatti del genere sono purtroppo riaccaduti**, Dinge dieser Art sind leider wieder vorgekommen.

riaccèndere <*coniug come* accendere> A tr **~ qc** 1 (*accendere di nuovo*) {FUOCO, PIPA} etw wieder anlzünden; {LAMPADA, LUCE} etw wieder einlschalten; {MOTORE} anche etw wieder anllassen 2 *fig* {ANIMO DI QU} etw wieder entlflammen; {INTERESSE} etw wieder wecken B itr pron: **riaccendersi** 1 {FIAMMA} sich wieder entzünden; {LUCE} wieder anlgehen 2 *fig* {PASSIONE} wieder auflleben, wieder entflammen.

riaccennàre A tr (*menzionare di nuovo*) **~ qc** {ARGOMENTO} etw wieder anldeuten B itr **~ a qc** {A UNA VECCHIA QUESTIONE} wieder *an etw* (acc) rühren.

riaccensióne f {+FIAMMA} Wiederanzünden n; {+MOTORE} Wiedereinschalten n, Wiederanlassen n.

riacciuffàre tr (*riacchiappare*) **~ qu** {EVASO, LADRO} jdn wieder schnappen *fam*/packen.

riaccomodàre A tr (*riparare di nuovo*) **~ qc** {SCARPE, SEDIA} etw wieder auslbessern/reparieren B rfl rec (*riconciliarsi*): **riaccomodarsi** sich wieder auslsöhnen.

riaccompagnàre tr (*accompagnare indietro*) **~ qu + compl di luogo** {AMICA A CASA} jdn irgendwohin zurücklbegleiten: **lo riaccompagnai alla stazione**, ich begleitete ihn zum Bahnhof zurück.

riaccorpaménto m {+DUE ISTITUTI SCOLASTICI} Wiederzusammenlegen n.

riaccorpàre tr (*accorpare di nuovo*) **~ qc** etw wieder zusammenllegen.

riaccostàre A tr (*accostare di nuovo*) **~ qc** {PERSIANE, PORTA} etw wieder anllehnen B rfl: **riaccostarsi a qu/qc** 1 (*riavvicinarsi*) {ALL'USCIO} sich jdm/etw wieder nähern 2 *fig* {ALLA FAMIGLIA, ALLA FEDE} sich jdm/etw wieder nähern.

riacquisìre <*acquisisco*> tr (*acquisire di nuovo*) **~ qc** etw wieder erwerben, sich (dat) etw wieder anleignen.

riacquistàre tr **~ qc** 1 (*ricomprare*) {BENI, PROPRIETÀ} etw zurücklkaufen, etw zurücklerwerben 2 *fig* (*ricuperare*) {LA LIBERTÀ} etw wiederlerlangen, etw zurücklerlangen; {FIDUCIA IN SE STESSO} etw wiederl-, zurücklgewinnen: **le forze**, wieder zu Kräften kommen.

riacquísto m (*il ricomprare*) {+TERRENO} Wiederkauf m.

riacutizzàre A tr (*acutizzare di nuovo*) **~ qc** 1 {FREDDO MAL DI DENTI} etw wieder verschlimmern 2 *fig* {DISCUSSIONE DIVERGENZA DI OPINIONE} etw wieder verschärfen B itr pron: **riacutizzarsi** 1 {DOLORE ALLA SCHIENA} sich wieder verschlimmern/verschlechtern 2 *fig* {CRISI POLITICA} sich wieder verschärfen.

riacutizzazióne f 1 {+MALATTIA} Verschlechterung f, Verschlimmerung f 2 *fig* {+CRISI POLITICA} erneute Verschärfung f.

riadattàre A tr (*ritoccare*) **~ qc** {ABITO, GONNA} etw wieder anlpassen B rfl (*adattarsi nuovamente*): **riadattarsi a qc** {ALLA VITA DI CITTÀ} sich *an etw* (acc) (dat) anlpassen.

riaddormentàre A tr (*addormentare di nuovo*) **~ qu** {NEONATO} jdn wieder zum Einschlafen bringen, jdn wieder einlschläfern B itr pron (*riprendere sonno*): **riaddormentarsi** wieder einlschlafen: **verso le due mi riaddormentai**, gegen zwei schlief ich wieder ein.

riadoperàre tr (*riciclare*) **~ qc** {CARTA, MATERIALE METALLICO, PLASTICA} etw wiederlverwerten, etw recyceln.

riaffacciàre <riaffaccio, riaffacci> **A** tr ~ **qc 1** (sporgere di nuovo) {TESTA ALLA FINESTRA} etw wieder zeigen **2** fig (ripresentare) {PROPOSTA} etw wieder vor|legen **B** rfl **1** (affacciarsi di nuovo): **riaffacciarsi** (+ **compl di luogo**) sich wieder (irgendwo) zeigen: **riaffacciarsi alla finestra**, sich wieder am Fenster zeigen, wieder ans Fenster treten **2** fig (ripresentarsi): **riaffacciarsi** wieder auf|tauchen, wieder gegenwärtig sein: **si è riaffacciato il problema dell'inquinamento**, das Problem der Umweltverschmutzung ist wieder gegenwärtig.

riaffermàre **A** tr (ribadire) ~ **qc** etw wiederholen; {LA PROPRIA INNOCENZA} etw beteuern; {IL PROPRIO SOSTEGNO} etw bekräftigen; {I PROPRI DIRITTI} etw erneut behaupten: **si limitò a ~ quanto detto prima**, er/sie beschränkte sich darauf, zu wiederholen, was er/sie vorher gesagt hatte **B** rfl (imporsi di nuovo): **riaffermarsi** {MODA DELLE GONNE LUNGHE} sich wieder durch|setzen; {ARTISTA, ATTORE} sich erneut behaupten: **si è riaffermato come campione del mondo**, er hat sich erneut als Weltmeister behauptet.

riaffermazióne f (conferma) {+SUPERIORITÀ DI UNA SQUADRA} erneute Bestätigung.

riafferràre tr **1** (riprendere) ~ **qc** {OGGETTO} etw wieder ergreifen, etw wieder fassen/packen **2** fig (riconquistare) ~ **qc** {POTERE} etw wieder ergreifen.

riaffiorare itr <essere> **1** (risalire a galla) wieder auf|tauchen: **i corpi dei naufraghi sono riaffiorati in superficie**, die Körper der Schiffbrüchigen sind wieder an der Oberfläche aufgetaucht **2** fig (ritornare) wieder auf|tauchen: **ricordi che riaffiorano alla mente**, Erinnerungen, die wieder im Gedächtnis auftauchen.

riaffittàre tr (affittare di nuovo) ~ **qc** {APPARTAMENTO, GARAGE} etw wieder vermieten; {TERRENO} etw wieder verpachten.

riaffondàre **A** tr <avere> lett ~ **qc in qc** {VISO NEL CUSCINO} etw wieder in etw (dat/acc) vergraben **B** itr <essere> fig ~ (**in qc**) {PAESE NEL DEBITO PUBBLICO} wieder in etw (dat) versinken.

riaffrontàre **A** tr **1** ~ **qu** {INSEGNANTE} jdm wieder entgegen|treten **2** ~ **qc** {PERICOLO} etw (dat) wieder entgegen|treten; {ARGOMENTO, TEMA} etw wieder an|gehen **B** rfl rec: **riaffrontarsi** {DUE NEMICI} wieder aneinander|geraten.

riagganciàre <riaggancio, riagganci> **A** tr **1** (riattaccare) ~ (**qc**) {CORNETTA DEL TELEFONO} (etw) auf|legen; (nel telefono a parete) (etw) ein|hängen; **ha riagganciato!**, er/sie hat aufgelegt! **2** (con gancio) ~ **qc** {CINTURA} etw wieder zu|schnallen; ~ **qc a qc** {ROULOTTE AL MACCHINA} etw wieder an etw (acc) an|hängen, etw wieder an etw (acc) an|kuppeln **B** itr pron (riallacciarsi): **riagganciarsi a qc** {OPERA ALLA TRAGEDIA CLASSICA} an etw (acc) an|knüpfen: **mi riaggancio all'intervento precedente...**, ich knüpfe an den vorhergehenden Beitrag an...

riaggàncio <-ci> m Wiederauflegen n.

riaggiustàre tr ~ **qc 1** (riparare di nuovo) {FERRO DA STIRO} etw wieder reparieren/[in Ordnung bringen]; {VESTITO} etw wieder aus|bessern **2** fig (accomodare) {CONTROVERSIA, FACCENDA} etw wieder bei|legen.

riài 2ª pers sing dell'ind pres di riavere.

riàl <-> m econ Rial m.

riallacciaménto m (riattivamento) {+IMPIANTO} Wiederbetätigung f, {+LINEA TELEFONICA} Reaktivierung f.

riallacciàre **A** tr ~ **qc 1** (riattivare) {LINEA TELEFONICA} etw wieder an|schließen **2** (legare di nuovo) {SCARPE} etw wieder zu|schnüren; {GIACCA} etw wieder zu|knöpfen; {CINTURA (DI SICUREZZA)} etw wieder an|legen **3** fig {AMICIZIA} etw wieder auf|nehmen: **hanno riallacciato i rapporti**, sie haben den Kontakt zueinander wieder aufgenommen/[wieder Beziehungen angeknüpft] **B** rfl **1** indir: **riallacciarsi qc** {SCARPONI} sich (dat) etw wieder zu|schnüren; {CAPPOTTO} sich (dat) etw wieder zu|knöpfen; {CINTURA (DI SICUREZZA)} sich (dat) etw wieder an|legen **2** fig (ricollegarsi): **riallacciarsi a qc** sich auf etw (acc) berufen: **l'opera wagneriana si riallaccia alle antiche epopee nordiche**, das Werk Wagners beruft sich auf die antiken Epen des Nordens.

riallineàre **A** tr econ (riportare in parità) ~ **qc** {PREZZI} etw neu an|gleichen **B** rfl (rimettersi in linea): **riallinearsi** {+POLIZIOTTI} sich wieder aufreihen.

riallungàre <riallungo, riallunghi> tr ~ **qc 1** (allungare di nuovo) {ORLO DI UN VESTITO} etw länger machen **2** (distendere di nuovo) {LE GAMBE} etw wieder aus|strecken.

rialzaménto m **1** (atto) {+STRADA, TERRENO} Erheben n **2** (rialzo) Erhebung f **3** fig (aumento) {+PREZZI, TEMPERATURA} Erhöhung f.

rialzàre **A** tr <avere> **1** (alzare di nuovo) ~ **qu/qc** {BICICLETTA} jdn/etw wieder auf|richten: **rialzai il bimbo da terra**, ich hab dem Kind wieder vom Boden auf; {FINESTRINO} etw wieder hoch|kurbeln; (non manuale) etw wieder hoch|lassen **2** (alzare) ~ **qc** {COLONNA, MURO} etw höher machen, etw erhöhen: **abbiamo fatto ~ la casa di un piano**, wir haben das Haus aufstocken lassen; {PREZZI, TASSO D'INTERESSE} etw wieder erhöhen **B** itr <essere> (aumentare) {PREZZI, TEMPERATURA} (an|)steigen **C** itr pron (salire): **rialzarsi** {TERMOMETRO} steigen **D** rfl **1** (rimettersi in piedi): **rialzarsi** wieder auf|stehen: **dopo la caduta mi rialzai con fatica**, nach dem Sturz stand ich nur mit Mühe wieder auf **2** fig (risollevarsi): **rialzarsi da qc** {DA UNA DELUSIONE, DA UNA SCONFITTA} sich wieder von etw (dat) erholen.

rialzàto, (-a) agg edil erhöht: **il piano ~ di una casa**, das Hochparterre eines Hauses.

rialzìsta <-i m, -e f> econ **A** agg (al rialzo) preistreibend **B** mf Haussier m.

riàlzo m **1** (sporgenza) {+TERRENO} Erhebung f, Anhöhe f **2** (aumento) {+COSTO DELLA VITA, PRESSIONE, PREZZI, TEMPERATURA} Erhöhung f **3** (pezzo atto a rialzare) {+MOBILE, SCARPA} Aufsatz m **4** econ {+AZIONI} Steigerung f, Anstieg m ● **essere in** ~ econ, {AZIONI} steigen; fig (acquistare credito), {MEDICO} Boden gewinnen; **giocare al** ~ econ, auf Hausse spekulieren; fig (avanzare pretese), Ansprüche erheben.

riamàre tr (corrispondere in amore) ~ **qu** {DONNA} jdn wieder|lieben; jds Liebe erwidern: **essere riamato da qu**, von jdm wiedergeliebt werden.

riammalàrsi itr pron (ammalarsi di nuovo): wieder krank werden: **curati bene per non riammalarti!**, pflege dich gut, damit du nicht wieder krank wirst!

riammissióne f (nuova ammissione) ~ **a qc** {A UN CONCORSO, A UN ESAME} Wiederzulassung f zu etw (dat).

riammucchiàre <riammucchio, riammucchi> tr (ammucchiare di nuovo) ~ **qc + compl di luogo** {BIANCHERIA IN UN CESTO} etw wieder in etw (dat) stapeln.

riandàre <coniug come andare> itr <essere> (andare di nuovo) ~ + **compl di luogo** {IN UNA CITTÀ} wieder irgendwohin gehen, {AL PAESE NATALE} irgendwohin zurück|kehren ● ~ col pensiero/[con la mente] **a qc** fig (tornare), an etw (acc) zurückdenken.

rianimàre **A** tr ~ **qu 1** (rimettere in forze) {VACANZE} jdn wieder beleben **2** fig (ridare fiducia) jdn ermutigen, jdn wiederaufrichten, jdm wieder Mut machen: **le tue parole mi rianimano**, deine Worte richten mich wieder auf/[machen mir wieder Mut] **3** med {MALATO} jdn reanimieren scient: ~ **una persona svenuta**, eine(n) Ohnmächtige(n) reanimieren scient **B** itr pron: **rianimarsi 1** (riprendere forza) wieder aufleben, wieder Kraft schöpfen: **il ferito si rianimò**, der Verletzte lebte wieder auf/[schöpfte wieder Kraft] **2** fig (riprender coraggio) wieder Mut schöpfen **3** fig (riprendere vita) {CASA, PIAZZA, STRADA} sich wieder beleben: **al suo arrivo la conversazione si rianimò**, bei seiner/ihrer Ankunft belebte sich das Gespräch wieder.

rianimàto, (-a) agg **1** (rinvigorito) wieder gestärkt **2** (fiducioso) wieder ermutigt, wiederaufgerichtet **3** med {PAZIENTE} reanimiert scient.

rianimatóre, (-trice) med **A** agg {APPARECCHIO} Reanimations- scient, Wiederbelebungs- **B** m (f) med Facharzt m, (Fachärztin f) für Intensivmedizin **C** m (apparecchio) Wiederbelebungsgerät n, Reanimator m.

rianimatòrio, (-a) <-ri m> agg med {INTERVENTO} Reanimations-.

rianimazióne f med Reanimation f scient: **ora il malato è in sala di ~**, der Kranke befindet sich jetzt auf der Intensivstation.

riannessióne f {+TERRITORIO} Wiederanschluss m, Wiederangliederung f.

riànno 3ª pers pl dell'ind pres di riavere.

riannuvolàre itr <essere> itr pron: **riannuvolarsi** {CIELO} sich wieder bewölken.

riapertùra f **1** (il riaprirsi) {+FERITA} Wiederaufgehen n **2** (l'aprire di nuovo) {+MUSEO, NEGOZIO, STRADA, TEATRO, VALICO} Wiedereröffnung f **3** (ripresa) {+ISCRIZIONI, STAGIONE LIRICA} (Wieder)beginn m; {+ANNO SCOLASTICO} anche Anfang m; {+TRATTATIVE} Wiederaufnahme f: ~ **delle scuole**, Schulanfang m.

riappacificàre (riappacifico, riappacifichi) e deriv → **rappacificare** e deriv.

riapparire itr <essere> **1** (apparire di nuovo) {LUCE} wieder erscheinen, wieder auf|leuchten, wieder sichtbar werden **2** (ricomparire) {SINTOMI} wieder auf|tauchen: **è riapparso sulla scena politica dopo molti anni**, nach vielen Jahren ist er wieder in der politischen Szene aufgetaucht.

riappisolàrsi itr pron (assopirsi di nuovo): ~ (+ **compl di luogo**) {SUL DIVANO, IN POLTRONA} wieder (irgendwo) ein|nicken.

riapplicàre <riapplico, riapplichi> **A** tr (attaccare di nuovo) ~ **qc** (**su/a qc**) {ETICHETTA A UN BARATTOLO} etw wieder (auf etw acc) kleben **B** itr pron (dedicarsi nuovamente): **riapplicarsi a qc** {ALLO STUDIO} sich wieder (dat) widmen.

riappoggiàre <riappoggio, riappoggi> **A** tr (appoggiare di nuovo) ~ **qc** (**a qc**) {SCI AL MURO} etw wieder (an etw acc) lehnen; ~ **qc** (**su qc**) {TESTA SUL CUSCINO} etw wieder (auf etw acc) legen; {VASO SUL TAVOLO} etw wieder (auf etw acc) stellen **B** rfl (sostenersi di nuovo): **riappoggiarsi a qu/qc** {A UNA PERSONA, AL MURO} sich wieder an jdn/etw lehnen.

riaprire <coniug come aprire> **A** tr ~ **qc 1** (aprire di nuovo) {CASSETTO, FINESTRA, PORTA, STRADA} etw wieder öffnen, etw wieder auf|machen fam; {GALLERIA, NEGOZIO, TEATRO} etw wieder eröffnen **2** (far riprendere) {SCUOLE} etw wieder beginnen lassen; {DIALOGO, NEGOZIATI} etw wieder auf|nehmen: **hanno riaperto le iscrizioni al corso di vela**, die Einschreibung für den Segelkurs hat wieder begonnen **B** *itr* (*riprendere*) wieder an|fangen/beginnen, wieder auf|machen/[in Betrieb sein]: **la scuola riapre a settembre**, die Schule fängt im September wieder an; **a che ora riapre il supermercato?**, um wie viel Uhr macht der Supermarkt wieder auf? **C** *itr pron*: **riaprirsi 1** (*aprirsi di nuovo*) {USCIO} sich wieder öffnen **2** *fig* sich wieder stellen, sich wieder zeigen: **si riapre un caso difficile**, wir stehen wieder vor einem schwierigen Fall ● ~ **una** *ferita*/**piaga** *fig* (*rinnovare un dolore*), eine Wunde wieder aufreißen.

riarmaménto *m* **1** (*il riarmare*) {+FABBRICA, NAVE} Ausbesserung f, Erneuerung f **2** *mil rar* (*riarmo*) Aufrüstung f.

riarmàre A *tr* ~ *qc* **1** (*armare di nuovo*) {PAESE} *etw* wieder auf|rüsten/bewaffnen **2** {FUCILE} *etw* wieder laden **3** (*attrezzare*) {NAVE, PONTE} *etw* aus|bessern, *etw* erneuern **4** *edil* {COSTRUZIONE} *etw* wieder richten **5** *mil* {REPARTO} *etw* auf|rüsten **B** *rfl*: **riarmarsi** sich wieder bewaffnen, wieder auf|rüsten.

riàrmo *m mil* {+PAESE} (Wieder)aufrüstung f.

riàrso, (-a) *agg* **1** (*arido*) {TERRENO} ausgedorrt, ausgedörrt **2** (*secco*) {GOLA} ausgetrocknet.

riascoltàre *tr* (*ascoltare di nuovo*) ~ *qc* {COMPACT DISC} *etw* wieder hören.

riasfaltàre *tr* (*asfaltare di nuovo*) ~ *qc* {CORTILE, STRADA} *etw* neu asphaltieren.

riasfaltatùra f **1** (*azione*) {+AUTOSTRADA} Neuasphaltieren n **2** (*nuovo asfalto*) neuer/frischer Asphalt.

riassaporàre *tr* ~ *qc* **1** (*gustare di nuovo*) {VINO} *etw* wieder kosten **2** *fig* (*riprovare una sensazione*) ~ *qc* {PIACERE, SUCCESSO} *etw* wieder genießen/aus|kosten: **la gioia di fare qc**, die Freude, etw zu tun, wieder genießen/auskosten.

riassestàre A *tr* ~ *qc* **1** (*rimettere in sesto*) {AMMINISTRAZIONE, AZIENDA, BILANCIO} *etw* wieder in Ordnung bringen **2** *tecnol* {FONDO STRADALE} *etw* aus|bessern **B** *itr pron* (*ristabilizzarsi*): **riassestarsi** {TERRENO} sich wieder setzen; {AFFARI} sich wieder stabilisieren.

riassettàre → rassettare.

riassètto m **1** (*il riordinare*) {+STANZA} Aufräumen n **2** (*nuovo ordinamento*) {+CARRIERE} (Neu)regelung f.

riassorbiménto m **1** (*nuovo assorbimento*) {+ACQUA, UMIDITÀ} Wiederaufsaugen n **2** *fig* (*riassunzione*) {+OPERAI SPECIALIZZATI} Wiederaufnehmen n, Wiedereinstellung f **3** *med* {+EMATOMA} Resorption f *scient*.

riassorbìre <*riassorbisco*> **A** *tr* **1** (*assorbire*) ~ *qc* {TERRENO ACQUA PIOVANA} *etw* wieder auf|saugen **2** *fig* (*riutilizzare*) ~ *qc* {CAPITALI} *etw* wieder investieren/benutzen/verwenden: **i guadagni saranno riassorbiti da altri investimenti**, der Verdienst wird von anderen Investitionen wieder aufgesaugt werden; ~ *qc* {MANO D'OPERA} *jdn* wieder ein|stellen **B** *itr pron*: **riassorbirsi 1** {ACQUA} wieder aufgesaugt werden **2** *med* {EMATOMA} resorbiert werden *scient*.

riassortiménto m *comm* (*nuovo assortimento*) {+MERCI} neue Auswahl, neues Sortiment.

riassùmere <*coniug come* assumere> *tr* **1** (*sintetizzare*) {+BRANO, NOVELLA, RACCONTO} *etw* nach|erzählen, *etw* zusammen|fassen: **riassumendo si può dire che …**, zusammenfassen kann man sagen, dass … **2** (*assumere di nuovo*) ~ *qu*/*qc* {OPERAIO LICENZIATO} *jdn*/*etw* wieder einstellen **3** (*riprendere*) ~ *qc* {CARICA, FUNZIONE} *etw* wieder übernehmen.

riassuntìvo, (-a) *agg* {CAPITOLO, RELAZIONE} zusammenfassend: **fare un quadro ~ di un periodo storico**, ein zusammenfassendes Bild einer geschichtlichen Epoche geben.

riassùnto① m {ORALE, SCRITTO; +ARTICOLO, TRAMA DI UN FILM} Nacherzählung f, Zusammenfassung f: **fare il ~ di un romanzo**, einen Roman nacherzählen; **fammi un breve ~ della relazione**, gib mir eine kurze Zusammenfassung des Berichts.

riassùnto②, (-a) *agg* {MANOVALE} wieder eingestellt.

riassunzióne f **1** (*nuova assunzione*) {+PERSONALE} Wiedereinstellung f **2** (*il riprendere*) {+CARICA} erneute Übernahme **3** *dir* {+PROCESSO} Antrag m auf Fortsetzung des Verfahrens.

riattaccàre <*riattacco, riattacchi*> **A** *tr* **1** (*ricucire*) ~ *qc* {BOTTONE} *etw* wieder an|nähen **2** (*riappendere*) ~ *qc* {QUADRO ALLA PARETE} *etw* wieder *an* (acc) hängen; {POSTER ALLA PARETE} anche *etw* wieder *an etw* (acc) kleben **3** (*rincollare*) ~ *qc* (*a qc*) {ETICHETTA ALLA BOTTIGLIA DI VINO} *etw* wieder *auf etw* (acc) (auf)kleben **4** (*aggiogare di nuovo*) ~ *qc a qc* {CAVALLI AL CARRO} *etw* wieder *vor etw* (acc) spannen **5** ~ (*qc*) {CORNETTA DEL TELEFONO} (*etw*) auf|legen: (*nel telefono a parete*) (*etw*) ein|hängen: **ti prego, non ~!**, ich bitte dich, leg nicht auf! **6** (*ricominciare*) ~ *qc* {DISCORSO} *etw* wieder auf|nehmen: **riattacca a ridere/piangere**, er/sie fängt wieder an zu lachen/weinen **7** (*riprendere a lavorare*) ~ (*+ compl di tempo*) (*irgendwann*) die Arbeit wieder auf|nehmen **8** *elettr* (*ricollegare*) ~ *qc* {LAVATRICE, STEREO} *etw* wieder an|schließen **9** *mus teat* {PIANISTA ADAGIO} wieder *mit etw* (dat) beginnen **B** *impers* (*ricominciare*): ~ *a fare qc* wieder an|fangen, etw zu tun: **riattacca a piovere**, es fängt wieder an zu regnen **C** *rfl* (*attaccarsi di nuovo*): **riattaccarsi** wieder kleben: **le due parti si sono riattaccate**, die beiden Teile kleben wieder fest zusammen.

riattaménto m (*risistemazione*) {+GALLERIA, STANZA} Wiederinstandsetzung f.

riattàre *tr* (*risistemare*) ~ *qc* {APPARTAMENTO} *etw* wieder her|richten.

riattingere <*riattingo, riattingi*> *tr* ~ *qc da qc* **1** (*attingere di nuovo*) {ACQUA DA UN POZZO} wieder *etw aus etw* (dat) schöpfen **2** *fig* {NUOVE FORZE DALLA VACANZA} wieder *etw aus etw* (dat) schöpfen.

riattivàre *tr* ~ *qc* **1** (*far funzionare di nuovo*) {FABBRICA, IMPIANTO, LINEA TELEFONICA, MACCHINA} *etw* wieder in Betrieb nehmen; {LINEA FERROVIARIA} anche *etw* wieder reaktivieren **2** (*rendere attivo*) {COMMERCIO} *etw* reaktivieren **3** (*reinserire*) {INSEGNAMENTO} *etw* wieder ein|führen **4** *med* {CIRCOLAZIONE SANGUIGNA} *etw* reaktivieren *scient*.

riattivazióne f **1** (*il riattivare*) {+CENTRALE ELETTRICA} Wiederinbetriebnahme f; {+COMUNICAZIONI} Wiederherstellung f **2** {+DISCIPLINA} Wiedereinführung f **3** *med* {+CIRCOLAZIONE} Reaktivierung f *scient*.

riattizzàre → rattizzare.

riattraversàre *tr* (*attraversare di nuovo a piedi*) ~ *qc* {PEDONE STRADA} *etw* wieder überqueren; {PEDONE CITTÀ} *etw* wieder durchqueren, (*in automobile*) {CITTÀ} *etw* wieder durchfahren, (*a cavallo*) {STRADA} *etw* wieder *über etw* (acc) fahren, (*a nuoto*) {LAGO} *etw* wieder durchqueren: (*di corsa*) wieder über *etw* (acc) laufen; (*in aereo*) *etw* wieder überfliegen; (*in nave*) {MARE} *etw* wieder *über etw* (acc) fahren, *etw* wieder überqueren.

riattualizzàre *tr* (*rendere attuale*) ~ *qc* {TEORIA FILOSOFICA} *etw* reaktualisieren.

riattualizzazióne f Reaktualisierung f.

riavére <*irr riò, riebbi, riavuto*> **A** *tr* **1** (*avere indietro*) ~ *qc* {LIBRI, SOLDI} *etw* zurück|-, wieder|bekommen **2** (*avere di nuovo*) ~ *qc* (*di fare qc*) wieder *etw zu etw* (dat) haben: **spero di riaverne presto l'occasione**, ich hoffe, bald wieder Gelegenheit dazu zu haben; **non ho più riavuto l'opportunità di parlargli**, ich hatte keine Gelegenheit mehr, mit ihm zu sprechen **3** (*riacquistare*) ~ *qc* {POSTO DI LAVORO} *etw* wieder|bekommen; {UDITO, VISTA} *etw* wieder|erlangen; {STIMA DI QU} anche *etw* zurück|-, wieder|gewinnen: **finalmente ha riavuto la libertà**, endlich ist er/sie wieder frei **4** (*avere un'altra volta*) ~ *qc* {MAL DI TESTA} *etw* wieder haben **B** *itr pron* (*riprendersi*): **riaversi** wieder zu sich (dat) kommen, sich wieder fangen/erholen: **riaversi dopo uno svenimento**, nach einer Ohnmacht wieder zu sich (dat) kommen; **non mi sono ancora riavuto dallo spavento!**, ich bin nach dem Schreck noch nicht zu mir gekommen!, ich habe mich noch nicht von dem Schrecken erholt!; **riaversi da una lunga malattia**, sich nach einer langen Krankheit wieder erholen; *fig* sich nach etw (dat) (wieder) erholen, nach etw (dat) wieder auf die Beine kommen; **dopo il fallimento dell'impresa non si è più riavuto**, nach dem Konkurs des Unternehmens ₁hat es sich nicht mehr erholt₁/[ist er nicht mehr auf die Beine gekommen].

riavviàre <*riavvio, riavvii*> *tr* (*avviare di nuovo*) ~ *qc* {COMPUTER} *etw* neu starten.

riavvicinaménto m **1** (*il riavvicinare*) ~ *a qc* {+IMPIEGATO A CASA, ALLA FAMIGLIA} Wiederannäherung f *an etw* (acc) **2** *fig* (*riconciliazione*) Aussöhnung f, Wiederannäherung f, Versöhnung f: **tentare un ~**, eine Aussöhnung versuchen.

riavvicinàre A *tr* **1** (*avvicinare di nuovo*) ~ *qc a qc* {SEDIA AL TAVOLO} *etw* wieder *an etw* (acc) heranstellen/heran|rücken; {COMODINO AL LETTO} *etw* wieder näher *an etw* (acc) stellen/(heran)rücken; *fig* ~ *qu a qc* {MALATTIA ALLA FEDE} *jdn* wieder *etw* (dat) an|nähern **2** *fig* (*rappacificare*) ~ *qu*/*qc* {LITIGANTI, PAESI} *jdn*/*etw* aus|söhnen **B** *rfl*: **riavvicinarsi a qu/qc** **1** (*riaccostarsi*) sich wieder *jdm*/*etw* nähern **2** *fig* {FIGLIO ALLA FAMIGLIA, AI GENITORI} sich wieder *jdm*/*etw* an|nähern **C** *rfl rec* (*riconciliarsi*): **riavvicinarsi** sich wieder an|nähern.

riavvìo <-*vii*> m (*nuovo avvio*) Neustart m, Neustarten n, Neubeginn m.

riavvistàre *tr* (*avvistare di nuovo*) ~ *qu*/*qc* {LUCE, NEMICO} *jdn*/*etw* neu sehen; {NAVE, RIVA} anche *jdn*/*etw* neu sichten.

riavvòlgere <*riavvolgo, riavvolgi*> **A** *tr* **1** (*arrotolare di nuovo*) ~ *qc intorno a qc* {FASCIATURA ATTORNO ALLA GAMBA} *etw* wieder *um etw* (acc) wickeln; ~ *qc* (*su qc*) {FILO SUL ROCCHETTO} *etw* wieder *auf etw* (acc) wickeln, *etw* wieder auf|wickeln; {BOBINA} *etw* zurück|-, um|spulen **2** (*avvolgere di nuovo*) ~ *qu*/*qc* (*in qc*) {BAMBINO NELLA COPERTA, REGALO NELLA CARTA} *jdn*/*etw* wieder ein|wickeln, *jdn*/*etw* wieder (*in etw* acc) hüllen **B** *itr pron tecnol*: **riavvolgersi** {BOBINA} zurück|spulen **C** *rfl* (*avvolgersi di nuovo*): **riavvolgersi in qc** {IN UNO SCIALLE} sich wieder *in etw* (acc) (ein)wickeln, sich wieder (*in etw* acc) (ein)hüllen.

riavvolgiménto m {+NASTRO MAGNETICO} Wiederaufwickeln n, Wiederaufrollen n.

riavvòlto, (-a) *agg* {BOBINA} umgespult; {MATASSA} aufgewickelt.

riazzuffàrsi *rfl rec* (*tornare ad azzuffarsi*) {BANDE DI RAGAZZI} sich wieder raufen/prügeln, wieder aneinander|geraten.

riba, RÌBA <-> f banca abbr di ricevuta bancaria: Bankbeleg m.

ribadìre <ribadisco> **A** tr **1** fig (rafforzare) ~ qc {CONCETTO, CONVINZIONE} etw bekräftigen, etw betonen, etw unterstreichen, (wieder) auf etw (acc) hin|weisen: ~ **l'accusa**, die Anklage bekräftigen; ~ **la superiorità di qu/qc**, die Überlegenheit von jdm/etw/+ gen betonen **2** tecnol (ribattere) ~ **qc** {BULLONE, CHIODO, PERNO} etw (ver)nieten, etw um|schlagen **B** itr pron (imprimersi nella mente): **ribadirsi in qu** sich in jdm verfestigen, sich in jdm bestärken, sich in jdm fest|setzen: **questa nuova idea si è ribadita in lui**, diese neue Idee hat sich in ihm festgesetzt.

ribadìto, (-a) agg {AFFERMAZIONE} bekräftigt, betont, unterstrichen; {SOSPETTO} verstärkt.

ribàldo, (-a) **A** m **1** (furfante) Schurke m spreg, Schuft m spreg, Gauner m fam: **una compagnia di ribaldi**, eine Gaunerbande fam **2** stor (soldato di umile condizione) Marodeur m **B** agg **1** (di, da ribaldo) {GESTO} schurkisch spreg **2** (mal fatto) {MUSICA} stümperhaft spreg.

ribàlta f **1** (+SCRITTOIO, SECRÉTAIRE) Klappe f **2** (sportello) {+BOTOLA} Klappe f **3** teat (proscenio) Rampe f: **chiamare un attore alla ~**, einen Schauspieler an die Rampe rufen; **presentarsi alla ~**, vor die Rampe treten • **a ~**, {MOBILE} Klapp-; **essere/salire/venire alla ~** fig (acquistare improvvisa notorietà), {ATTORE, CANTANTE, SCIENZIATO} (groß) herauskommen fam; **tornare alla ~** fig (ridiventare famoso), {ARTISTA, POLITICO} aus der Versenkung auftauchen fam, wieder ins Rampenlicht rücken.

ribaltàbile **A** agg (inclinabile) {PIANO} klappbar, ausklappbar, aufklappbar; {LETTO, SEDILE, TAVOLO} Klapp-: **macchina con sedili ribaltabili**, Wagen mit Klappsitzen; **autocarro con cassone ~**, Lastwagen mit Kippanhänger **B** m (automezzo) Kipper m.

ribaltaménto m **1** (rovesciamento) {+AUTO} Überschlagen n; {+TAVOLO} Umkippen n **2** fig (capovolgimento) {+SITUAZIONE} Umschlagen n; {+GOVERNO} Umsturz m; sport {+RISULTATO DI UN MATCH} Umkippen n, Umschlagen n.

ribaltàre **A** tr ~ **qc 1** (capovolgere verso l'alto) etw auf|-, um|-, hoch|klappen: ~ **un tavolo**, einen Tisch hochklappen; (verso il basso) {+SEDILE} etw herunter|klappen **2** (rovesciare gettando per terra) {VASO DI PORCELLANA} etw um|stoßen **3** fig {SITUAZIONE} etw um|kehren, etw auf den Kopf stellen: **tutti i pronostici sono stati ribaltati**, alle Vorhersagen sind auf den Kopf gestellt worden; {GOVERNO} etw stürzen **B** itr <essere> itr pron (rivoltarsi): **ribaltarsi** um|kippen, sich überschlagen: **l'autocarro (si) è ribaltato**, der Lastwagen ˻hat sich überschlagen˼/[ist umgekippt].

ribaltìna <dim di ribalta> f **1** (piccolo scrittoio) kleiner Klappschreibtisch **2** edit (aletta) Umschlagklappe f.

ribaltóne m **1** fam obs (scossone violento) Überschlagen n: **fare un ~**, sich überschlagen **2** fig (cambiamento radicale) {SOCIALE} Umschwung m, Wende f, Umbruch m **3** econ (crac) Rückschlag m **4** polit Frontwechsel m.

ribassaménto m **1** (diminuzione) {+PREZZI} Sinken m **2** arch Abflachung f.

ribassàre **A** tr <avere> ~ (ridurre) ~ **qc** {PREZZO DELLA BENZINA} etw senken, etw herab|setzen **B** itr <essere> ~ (diminuire) {COSTO DELLA VITA} sinken, fallen: **alcuni generi alimentari sono ribassati**, einige Lebensmittel sind billiger geworden.

ribassàto, (-a) agg **1** (ridotto nel prezzo) {ABBIGLIAMENTO} ermäßigt: **vendita a prezzi ribassati**, Verkauf zu ermäßigten Preisen **2** arch {ARCO} Stich-.

ribassìsta <-i m, -e f> econ **A** agg (al ribasso) {TENDENZA} fallend, sinkend **B** mf (operatore) Baissier m.

ribàsso m **1** (diminuzione) {FORTE, SENSIBILE +PREZZO DEL PETROLIO} Senkung f **2** fam (sconto) Rabatt m, Abschlag m, Preisnachlass m: **fare un ~**, Rabatt gewähren; **un ~ del 5% sul prezzo**, ein Rabatt von 5% **3** econ Baisse f, Abbau m, Herabsetzung f: **dei titoli/delle azioni**, Baisse f der Wertpapiere/Aktien; **giocare/speculare al ~**, auf Baisse spekulieren; **tendenza al ~**, rückläufige/sinkende Tendenz, Baissebewegung f • **essere in ~** (scemare di prezzo), sinken, fallen; fig (avere perduto stima, autorità), an Ansehen verlieren; (capacità), ab|nehmen; **il prezzo della carne è in ~**, die Fleischpreise sinken; **come tennista sono un po' in ~!**, als Tennisspieler(in) ˻bin ich ziemlich auf dem absteigenden Ast˼/[werde ich immer schlechter]; **vendere a ~ qc** (fare grossi sconti), etw zu Schleuderpreisen verkaufen.

ribàttere **A** tr **1** (battere di nuovo) ~ **qc** etw erneut klopfen: **battere ~ un chiodo col martello**, mehrmals mit dem Hammer auf den Nagel schlagen; {TASTO DEL COMPUTER} etw wieder drücken; {TASTO DEL PIANOFORTE} etw wieder an|schlagen **2** (riscrivere a macchina) ~ **qc** {RELAZIONE} etw wieder tippen **3** (respingere) ~ **qc** {COLPO} etw ab|wehren; {ACCUSA} etw zurück|weisen **4** fig (replicare) ~ **(qc a qu)** (jdm) etw erwidern, (jdm) widersprechen: **mi ha ribattuto che non gliene importava niente della scuola**, er/sie hat mir erwidert, dass ihm/ihr die Schule völlig gleichgültig sei; **è sempre pronto a ~**, er ˻ist immer bereit, zu widersprechen˼/[hat immer etwas einzuwenden] **5** sport ~ **qc** {PALLA} etw zurück|schlagen **B** itr (insistere) ~ **(su qc)** {SULLA STESSA AFFERMAZIONE, SU UN ARGOMENTO} auf etw (dat) bestehen, auf etw (acc) zurück|kommen: **batti e ribatti finalmente gli è entrato in testa!**, nach langem Insistieren ist ihm das endlich in den Kopf gegangen fam • **lo stesso chiodo/tasto** fig (insistere su qc), auf etw (acc) pochen, in dieselbe Kerbe hauen/schlagen fam.

ribattezzàre tr **1** fig (dare un nuovo nome) ~ **qc** {CITTÀ, PIAZZA, STRADA} etw um|taufen, etw um|benennen **2** relig ~ **qu** jdn wieder taufen.

ribattìno m tecnol Niet m, Niete f: **unire mediante ribattini**, vernieten.

ribattùta f **1** (azione) {+MATERASSO} Durchklopfen n: **dare una ~ a qc**, etw durchklopfen **2** sport {+PALLA} Rückschlag m.

ribellàrsi itr pron **1** (sollevarsi) ~ **a qu/qc** {A UN TIRANNO, A UN GOVERNO} gegen jdn/etw rebellieren, sich gegen jdn/etw erheben, sich gegen jdn/etw auf|lehnen, gegen jdn/etw auf|begehren **2** (disubbidire) ~ **a qu/qc** sich jdm/etw widersetzen: **i vescovi si ribellarono al papa**, die Bischöfe haben sich dem Papst widersetzt **3** fig (opporsi) ~ **a qc** {AI COMPROMESSI, ALLA CORRUZIONE, ALLE INGIUSTIZIE} sich gegen etw (acc) sträuben.

ribèlle **A** agg **1** (che insorge) {PAESE, POPOLAZIONE, SOLDATO} rebellisch, aufständisch **2** (indocile) {CARATTERE, RICCIOLO} widerspenstig; {CAVALLO, RAGAZZO} anche störrisch **3** (refrattario) ~ **a qc** {RAGAZZA ALL'AUTORITÀ PATERNA} gegen etw (acc) aufbegehrend **B** mf **1** (chi si ribella) Rebell(in) m(f), Aufständische mf decl come agg: **hanno catturato i ribelli**, sie haben die Rebellen/Aufständischen gefasst **2** (individuo insofferente) unduldsamer Mensch.

ribelliόne f ~ **(contro/a qu/qc) 1** (rivolta) {CONTRO LO STATO, AL SOVRANO} Rebellion f gegen jdn/etw, Aufstand m gegen jdn/etw, Aufruhr m gegen jdn/etw: **organizzare una ~**, einen Aufstand organisieren **2** fig (opposizione) {ALLE CONVENZIONI, ALLA FAMIGLIA, A UN GENITORE} Auflehnung f gegen jdn/etw, Protest m gegen jdn/etw: **è in aperta ~ contro tutta la sua famiglia**, er/sie ˻steht mit seiner/ihrer ganzen Familie auf Kriegsfuß scherz˼/[ist mit seiner/ihrer ganzen Familie im Clinch slang].

ribére <coniug come bere> tr (bere di nuovo) ~ **(qc)** (etw) wieder trinken: **bevi e ribevi, mi presi una bella sbornia**, hier ein Gläschen, dort ein Gläschen, so habe ich mir einen schönen Rausch angetrunken.

rìbes <-> m bot **1** (arbusto) Johannisbeerstrauch m **2** (frutto) Johannisbeere f: ~ **rosso**, Rote Johannisbeere.

ribobinàre tr (riavvolgere) ~ **qc** etw wieder auf|spulen.

riboflavìna f biol chim Riboflavin n.

ribolliménto m **1** (il ribollire) {+LIQUIDO} Kochen n, Aufwallen n **2** fig (agitazione) {+ANIMO} Aufwühlen n, Aufruhr m **3** metall {+LEGA} Kochen n.

ribollìre <ribollo> **A** itr <essere> **1** (bollire nuovamente) {MINESTRA} wieder kochen **2** fig (accendersi) ~ **di qc** {DI COLLERA, DI SDEGNO} vor etw (dat) kochen **3** fig (agitarsi) ~ **di qc + compl di luogo** jdm durch etw (acc) schwirren: **tanti pensieri mi ribollono in testa**, so viele Gedanken schwirren mir durch den Kopf **4** enol {VINO} gären **B** tr <avere> (far bollire di nuovo) ~ **qc** {LATTE} etw erneut/noch einmal (auf)kochen.

ribollìta f tosc gastr (zuppa) "toskanisches Eintopfgericht aus Brot, Bohnen und Kohl".

ribonucleìco, (-a) <-ci, -che> agg biol Ribonuklein-: **acido ~** (abbr RNA), Ribonukleinsäure f.

ribrézzo m (ripugnanza) Ekel m, Abscheu m: **avere ~ del sangue**, sich vor Blut ekeln; **che ~!**, ist das ek(e)lig!; **fare ~ a qu**, jds Abscheu erregen, jdn anwidern spreg, jdn ekeln; **il pipistrello mi fa ~**, ich ekle mich vor Fledermäusen; **provare ~ per qu/qc**, vor jdm/etw Abscheu empfinden.

ribucàre <ribuco, ribuchi> tr (bucare di nuovo) ~ **qc** {MURO} etw wieder durchlöchern.

ribussàre itr (bussare di nuovo) ~ **(a qc)** {ALLA PORTA} wieder an etw (acc) klopfen: **bussò e ribussò ma nessuno gli aprì**, er klopfte immer wieder an die Tür, aber niemand machte ihm auf.

ributtànte agg **1** (disgustoso) {ATTEGGIAMENTO, ESPRESSIONE, PERSONA} ekelhaft, abstoßend, widerlich spreg **2** (nauseante) {BEVANDA, CIBO} ekelhaft, widerlich spreg.

ributtàre **A** tr **1** (buttare di nuovo) ~ **qc + compl di luogo** {BAMBINA GIOCATTOLO A TERRA} etw wieder irgendwohin werfen; ~ **qc a qu** {PALLA AL COMPAGNO} jdm wieder etw zu|werfen **2** (buttare fuori) ~ **qc** {CANALE SCORIE} etw aus|werfen **3** (vomitare) ~ **qc** etw erbrechen **4** (respingere) ~ **qu** {NEMICI} jdn zurück|werfen, jdn zurück|schlagen **5** fig ~ **qc** {PROPOSTA} jdm ab|lehnen, etw zurück|weisen **B** itr **1** (ripugnare) {SPORCIZIA DI QU} abstoßend sein **2** (germogliare di nuovo) {MELO} aus|treiben, sprießen **C** rfl (buttarsi di nuovo): **ributtarsi + compl di luogo** {SUL SOFÀ} sich wieder irgendwohin werfen • **ributtarsi giù** fig (perdersi d'animo), wieder den Mut verlieren.

ric. abbr di ricevuta: Quittung f.

ricacciàre <ricaccio, ricacci> **A** tr **1** (mandar di nuovo via) ~ **qu da/di qc** {FIGLIO DI CASA, OPERAIO DALLA FABBRICA} jdn von etw (dat) verjagen, *jdn von etw* (dat) vertreiben 2 (*rimettere con forza*) ~ *qc in qc* {PALO NEL TERRENO} *etw in etw* (acc) (ein)rammen: **si ricacciò le mani in tasca**, er/sie steckte die Hände wieder in die Tasche; ~ **le lacrime in gola**, die Tränen herunter|schlucken *fam*, die Tränen hinunter|schlucken 3 (*mandar giù*) ~ *qu* + *compl di luogo* jdn wieder *irgendwohin* schlagen: **lo ricacciò a terra con un pugno**, er/sie schlug ihn mit einem Faustschlag wieder zu Boden 4 *fam* (*tirar fuori*) ~ *qc etw* heraus|rücken *fam*: **ricaccia i soldi che ti ho dato!**, rück das Geld wieder raus, das ich dir gegeben habe! *fam* 5 *mil* ~ *qu* {INVASORE, NEMICI} *jdn* zurück|schlagen ◼ *rfl* 1 (*entrare di nuovo dentro*): **ricacciarsi** + *compl di luogo* {BAMBINI IN UN NASCONDIGLIO} wieder *in etw* (acc) ein|dringen 2 *fig* (*rimettersi*): **ricacciarsi in qc** {NEI GUAI, NEI PASTICCI} sich wieder *in etw* (acc) bringen.

ricadére <*coniug come* cadere> *itr* <*essere*> 1 (*cadere di nuovo*) ~ + *compl di luogo* {IN TERRA} wieder *irgendwohin* fallen: **il sasso gli ricadde ai piedi**, der Stein fiel ihm wieder vor die Füße 2 (*pendere*) ~ + *compl di modo* {ABITO BENE} *irgendwie* fallen 3 (*chinarsi*) sich beugen: **le spighe mature ricadono per il peso**, das Gewicht der reifen Ähren zieht sie zu Boden 4 (*finire di nuovo*) ~ *in qc* {NELLE MANI DEI NEMICI} wieder *in etw* (acc) fallen, wieder *in etw* (acc) geraten; *fig* {NELL'ERRORE, NEL PECCATO} wieder *in etw* (dat) verfallen, *in etw* (acc) zurück|fallen: **è ricaduto nel vizio del bere**, er ist wieder dem Trinken verfallen; **una malattia**, wieder krank werden, einen Rückfall erleiden 5 *fig* (*riversarsi*) ~ *su qu* auf jdn zurück|fallen, *jdn* treffen: **l'odio della folla ricadde sul primo indiziato**, der Hass der Menge traf den ersten Verdächtigen; **quella donna fa** ~ **sul marito tutte le responsabilità**, diese Frau wälzt alle Verantwortung auf ihren Mann ab; **a volte le colpe dei padri ricadono sui figli**, manchmal fällt die Schuld der Väter auf die Söhne zurück.

ricadùta f 1 (*il ricadere*) erneutes Fallen 2 *fig* (Aus)wirkung f: **l'iniziativa ha avuto una ~ positiva**, die Initiative hat sich positiv ausgewirkt 3 *fis* {RADIOATTIVA} Niederschlag m 4 *med* Rückfall m: **il paziente ha avuto una ~**, der Patient hat einen Rückfall erlitten.

ricalcàre <*ricalco, ricalchi*> *tr* 1 (*copiare*) ~ *qc* (*con qc*) {CARTINA GEOGRAFICA CON UNA VELINA} *etw* (*mit etw* dat) durch|pausen, *etw* (*mit etw* dat) nach|zeichnen 2 *fig* (*imitare*) ~ *qc* {LO STILE DI UNO SCRITTORE} *etw* nach|zeichnen, *etw* nach|ahmen 3 *tecnol* ~ *qc* {ORO, RAME} *etw* stauchen.

ricalcitrànte agg 1 (*che tira calci*) {CAVALLO, MULO} störrisch, widerspenstig 2 *fig* (*indocile*) {CARATTERE} widerspenstig, ungebärdig, aufmüpfig *fam*: **essere ~ alla disciplina**, sich gegen Disziplin sträuben.

ricalcitràre *itr* 1 (*tirare calci*) {ASINO, MULO} aus|schlagen 2 *fig* (*opporsi*) ~ (**a**/[**di fronte a**]/[**davanti a**] *qc*) {A UN ORDINE} sich (*gegen etw* acc) auf|lehnen, sich (*gegen etw* dat) sträuben: **abbiamo cercato di convincerla, ma lei ricalcitra**, wir haben versucht, sie zu überzeugen, aber sie sträubt sich.

ricamàre ◼ *tr* 1 *lavori femminili* ~ (*qc*) {FAZZOLETTO, LENZUOLO} (*etw*) sticken; *etw* be|sticken; ~ *qc su qc* {FIORI SU UNA TOVAGLIA} *etw auf etw* (acc) sticken; ~ (*qc*) *in qc* {ORO/SETA} (*etw*) *in etw* (dat) sticken; ~ **in oro/seta**, in Gold/ Seide sticken 2 *fig* (*curare la forma*) ~ (*qc*) {DISCORSO, PERIODO} *etw* aus|feilen, *etw* aus| schmücken ◼ *itr fig spreg* (*aggiungere*) ~ *su*/

sopra qc {SUI DIFETTI ALTRUI} *bei etw* (dat) frei dazu erfinden: **mi ha raccontato i fatti ricamandoci su/sopra**, er/sie hat mir die Tatsachen erzählt und dabei frei dazu erfunden.

ricamàto, (-a) agg *lavori femminili* {CAMICETTA} gestickt, bestickt.

ricamatrìce f *lavori femminili* Stickerin f.

ricambiàre <*ricambio, ricambi*> ◼ *tr* <*avere*> 1 (*contraccambiare*) ~ *qc* (**a qu**) {AUGURI, FAVORE} (*jdm*) *etw* erwidern, (*jdm*) *etw* vergelten, sich (*bei jdm*) (*für etw* acc) revanchieren: ~ **una gentilezza**, eine Freundlichkeit erwidern, sich für eine Freundlichkeit revanchieren; **gli ho ricambiato la visita**, ich habe ihm einen Gegenbesuch abgestattet; **il suo amore non era ricambiato**, seine/ ihre Liebe wurde nicht erwidert 2 (*cambiare di nuovo*) ~ *qu* {NEONATO} *jdn* wieder trocken|legen/um|ziehen; ~ *qc* {LENZUOLA} *etw* wechseln; {MERCE} *etw* um|tauschen; {PEZZI DEL MOTORE} *etw* aus|tauschen, *etw* aus|wechseln ◼ *rfl indir* (*cambiarsi di nuovo abito*): **ricambiarsi**: sich wieder um|ziehen ◼ *rfl indir rec* (*scambiarsi*): **ricambiarsi qc** {AUGURI} *etw* aus|tauschen.

ricàmbio <-*bi*> ◼ *m* 1 (*cambio*) {+ARIA} Wechsel m, *fig* {+CLASSE DIRIGENTE} Austausch m 2 (*refill*) {+BIRO} Nachfüllmine f 3 (*nuovo pezzo*) {+AUTO} Ersatzteil n: **sei riuscito a trovare il ~?**, konntest du das Ersatzteil finden?; {+BOMBOLA} Ersatz m 4 (*contraccambio*) {+AUGURI, FAVORE} Erwiderung f 5 *med* Stoffwechsel m: **malattie del ~**, Stoffwechselkrankheiten f pl ◼ <*in*> *loc agg*: **di ~**, Ersatz-; **cartuccia di ~**, Ersatzpatrone f; **olio di ~**, Ersatzöl n.

ricambista <-*i* m, -*e* f> mf *autom* Autoersatzteilhändler(in) m(f).

ricàmo m 1 (*lavoro eseguito*) Stickerei f: **cuscino ornato di ricami**, mit Stickereien geschmücktes Kissen; **un ~ a [mezzo punto]/[punto croce]**, eine Perlstich-/Kreuzstich-Stickerei; ~ **in rilievo**, Reliefstickerei f; ~ **da riporto**, Applikationsstickerei f 2 (*operazione*) Sticken n: **imparare il ~**, Sticken lernen; **andare a scuola di ~**, einen Stickkurs besuchen 3 *fig* (*opera d'arte*) Filigran n: **le guglie del Duomo di Colonia sono un ~**, die Fialen des Kölner Doms sind Filigran 4 *fig* (*aggiunta*) Schnörkel m, Ausschmückung f: **nel suo discorso ci sono molti ricami**, seine/ihre Rede ist voller Schnörkel/ Ausschmückungen.

ricandidàre ◼ *tr* (*riproporre*) ~ *qu jdn* wieder als Kandidaten auf|stellen ◼ *rfl* (*ripresentarsi*): **ricandidarsi a/per qc** {ALLA LEADERSHIP DI UN PARTITO, PER IL PARTITO DEI VERDI} wieder *für etw* (acc) kandidieren.

ricapitalizzàre *tr banca* ~ (*qc*) {CAPITALE} *etw* auf|bessern, *etw* auf|stocken, *etw* vermehren.

ricapitolàre *tr* (*riassumere*) ~ *qc* {DISCORSO} *etw* rekapitulieren, *etw* zusammen|fassen ● **ricapitolando ...**, zusammen|fassend ...

ricapitolazióne f 1 (*riassunto*) {+LEZIONE, RAGIONAMENTO} Rekapitulation f, Zusammenfassung f 2 *biol* Rekapitulation f.

ricàrica <-*che*> f 1 (*il ricaricare*) {+ARMA} Nachfüllen n, Nachladen n 2 (*ricambio*) {+ACCENDINO, BOMBOLA, DETERSIVO} Nachfüllen n 3 (*congegno*) {+SVEGLIA} Aufziehen n 4 *tel*: ~ (**telefonica**), Auflagen n (des Handys).

ricaricàbile agg (*che può essere ricaricato*) {ACCENDINO} nachfüllbar; {BATTERIA} wiederaufladbar.

ricaricàre <*ricarico, ricarichi*> ◼ *tr* 1 (*caricare di nuovo*) ~ *qc* {FUCILE, PISTOLA} *etw* nach| laden, {BATTERIA} *etw* neu auf|laden, {OROLOGIO} *etw* auf|ziehen, {PENNA STILOGRAFICA} *etw*

nach|füllen 2 *fig* (*dare nuova energia*) ~ *qu jdm* neue Energie geben, *jds* Akku auf|laden *fam*: **le vacanze in montagna lo hanno ricaricato**, die Ferien in den Bergen haben ihm neue Energie gegeben/[seinen Akku aufgeladen *fam*] 3 *tel* ~ *qc* {CELLULARE} *etw* auf|laden ◼ *rfl* (*riprendere forza*): **ricaricarsi** neue Kräfte tanken, wieder fit werden.

ricàrico <-*chi*> m 1 (*materiale ricaricato*) neue Ladung 2 (*addebito*) Lastschrift f, Preisaufschlag m 3 *edil* {+STRADA} Befestigung f, Verstärkung f.

ricascàre <*ricasco, ricaschi*> *itr* <*essere*> 1 (*cascare di nuovo*) ~ (+ *compl di luogo*) {SUL LETTO} wieder (*irgendwohin*) fallen 2 *fig* (*ricadere*) ~ **in qc** {IN UN ERRORE} wieder *in etw* (acc) verfallen: **c'è ricascato!**, er ist wieder hereingefallen *fam*!

ricattàbile agg (*che può essere ricattato*) erpressbar.

ricattàre *tr* ~ *qu* 1 *jdn* erpressen, *jdn* unter Druck setzen 2 *fig scherz jdn* erpressen.

ricattàto, (-a) m (f) (*vittima di ricatto*) Erpresste mf decl come agg.

ricattatóre, (-*trice*) m (f) (*chi fa un ricatto*) Erpresser(in) m(f).

ricattatòrio, (-a) <-*ri*> agg (*che ha lo scopo di ricattare*) {MINACCIA} erpresserisch; {LETTERA} *anche* Erpresser-.

ricattatrìce f → ricattatore.

ricàtto m (*estorsione*) Erpressung f: **cedere a un ~**, auf eine Erpressung eingehen; **fare un ~**, erpressen ● **ma questo è un ~!** *scherz*, das ist ja pure/reine Erpressung!

ricavàre *tr* 1 (*estrarre*) ~ *qc da qc* {GRAPPA DALL'UVA} {+ARMA} *etw* gewinnen, *etw aus etw* (dat) machen: **dal cappotto ricaverò una giacca**, aus dem Mantel werde ich eine Jacke machen/schneidern; ~ **una statua da un blocco di marmo**, aus einem Marmorblock eine Statue machen/heraushauen 2 (*avere un profitto*) ~ *qc da qc etw bei/aus etw* (dat) heraus|holen, *etw aus etw* (dat) verdienen, (*mit/bei etw* dat) Gewinn machen: **dalla vendita dell'auto ha ricavato duemila euro**, beim Verkauf des Autos hat er/sie zweitausend Euro herausgeholt 3 *fig* (*trarre*) ~ *qc* (*da qu/qc*) {GIOVAMENTO DA UNA CURA, INSEGNAMENTO DA UN'ESPERIENZA} (*aus etw* dat) ziehen; {IDEA DA UN LIBRO} (*jdm/etw*) *etw* entnehmen.

ricavàto, (-a) ◼ agg {MATERIALE} gewonnen, herausgeholt ◼ m 1 *comm* {+LOTTERIA, VENDITA} Ertrag m: **il ~ sarà devoluto alla ricerca sul cancro**, der Ertrag wird der Krebsforschung zugutekommen 2 *fig* (*risultato*) {+FATICHE, SFORZI} Ergebnis n.

ricàvo m *comm econ* (*lordo*) Erlös m, Ertrag m, Gewinn m: ~ **netto**, Reinerlös m, Nettoertrag m.

ricca f → ricco.

Riccàrdo m (*nome proprio*) Richard.

ricchézza f 1 (*l'essere ricco*) Reichtum m: **sfoggiare la propria ~**, seinen Reichtum zur Schau stellen 2 (*beni*) Reichtum m, Vermögen n: **accumulare ricchezze**, Reichtümer anhäufen; **quella casa è la sua ~**, dieses Haus ist sein/ihr Vermögen 3 <*di solito al pl*> (*risorse ambientali*) **ricchezze del sottosuolo**, Bodenschätze m pl; **il carbone e il ferro sono le ricchezze del paese**, Kohle und Eisen machen den Reichtum des Landes aus 4 (*abbondanza*) {+INIZIATIVE} Fülle f *von etw* (dat); ~ **di idee/pensieri/vocaboli**, Ideen-/Gedanken-/Wortreichtum m; **mari noti per la ~ di pesce**, Meere, die für ihren Fischreichtum bekannt sind 5 *fig* {INTERIORE, SPIRITUALE} Größe f: ~ **d'animo**, Seelengröße f 6 *fig* (*sontuosità*) {+DECORI} Pracht f 7 *comm econ* {MOBILE} Vermögen n.

ricchióne → **recchione**.

ricciarèllo m gastr (pasta di mandorle) "Mandelgebäck aus Siena".

riccio① <-ci> m 1 zoo Igel m: ~ **di mare**, Seeigel m 2 bot {+CASTAGNA} Schale f, Hülle f • **chiudersi** a/[**come un**] ~ fig (trincerarsi nel silenzio), sich einigeln; **quel ragazzo è un ~ fig** (persona schiva), der Junge ist sehr scheu/zurückhaltend/verschlossen.

riccio②, (-a) <-ci, -ce> **A** agg 1 (a ricci) {BARBA, CAPELLI, CHIOMA} kraus, lockig: **un bambino dalla testa** ~, ein Lockiges Kind/[Lockenkopf] 2 (ondulato) {CAVOLO, INSALATA} kraus, gekräuselt **B** m 1 (rif. a capelli) Locke f: **ricci biondi/castani**, blonde/braune Locken; **una testa piena di ricci**, ein Lockenkopf 2 (truciolo) {+LEGNO} Span m 3 arch Schnecke f, Volute f 4 gastr {+BURRO} Flöckchen m 5 mus {+VIOLINO} Schnecke f • **ogni** ~ **un capriccio** prov krause Haare, krauser Sinn prov, kapriziös bis zum Anschlag fam.

ricciòla f itt Bernsteinmakrele f.

ricciolino, (-a) <dim di ricciolo> **A** agg (ricciuto) {BAMBINA} lockenköpfig **B** m 1 Löckchen n, Ringel m 2 fam (bambino dai capelli ricci) kleiner Lockenkopf, Lockenköpfchen n.

rìcciolo, (-a) **A** m Locke f: **riccioli biondi le cadevano sulle spalle**, blonde Locken fielen ihr auf die Schultern **B** agg rar (ricciuto) {BIMBO} lockenköpfig • ~ **di burro** gastr, Butterflöckchen n.

ricciùto, (-a) agg 1 (che ha capelli ricci) {RAGAZZO} lockenköpfig; {TESTA} Locken- 2 (ondulato) {BARBA} lockig; {FOGLIE, INDIVIA} kraus.

ricco, (-a) <-chi, -che> **A** agg 1 (che possiede denaro) {EREDITIERA, IMPRENDITORE} reich: **la Svizzera è un paese** ~, die Schweiz ist ein reiches Land; **essere di famiglia ricca**, aus reicher Familie sein 2 (abbondante) ~ (**di qc**) reich (an etw dat); {RACCOLTO, TERRA, VEGETAZIONE} reich, üppig; {BANCHETTO, CENA, PRANZO} anche reichlich: **alimentazione ricca di vitamine**, vitaminreiche Kost; **Firenze è una città ricca di opere d'arte**, Florenz ist eine an Kunstwerken reiche Stadt; **un paese** ~ **di** Lmaterie prime┘/[pascoli], ein rohstoff-/weidelandreiches Land; **una persona ricca di idee**, ein Leinfallsreicher Mensch┘/[Mensch voller Ideen] 3 (lucroso) {MESTIERE} einträglich: **la lotteria mette in palio ricchi premi**, die Lotterie setzt wertvolle Preise aus 4 (sfarzoso) {ARREDAMENTO, TAPPEZZERIA} prachtvoll; {COLLANA} wertvoll 5 (vivace) {FANTASIA} reich, lebhaft 6 chim {SOSTANZA} reich, reichhaltig **B** m (f) Reiche mf decl come agg: **i ricchi e i poveri**, die Armen und Reichen • ~ **sfondato/[a palate]** (ricchissimo), steinreich fam.

riccòmetro m giorn Bedürftigkeitsprüfung f, Bedürftigkeitskriterien n pl.

riccóne, (-a) <accr di ricco> m (f) fam Krösus m scherz.

ricérca <-che> f 1 anche fig (il ricercare) ~ **di qu/qc** {LUNGA, VANA; +OGGETTO SMARRITO, PERSONA SCOMPARSA} Suche f nach jdm/etw, (Nach)forschung f über jdn/etw: **dopo lunghe ricerche**, nach langer Suche; **andare alla** ~ **di qu/qc**, sich auf die Suche nach jdm/etw begeben; **essere alla** ~ **di qc**, auf der Suche nach etw (dat) sein; ~ **della verità**, Wahrheitssuche f; {+DROGA, RAPINATORI} Fahndung f nach jdm/etw 2 (indagine) Untersuchung f, Ermittlung f: **fare/condurre delle ricerche su qu/qc**, Untersuchungen über jdn/etw anstellen/durchführen 3 (insieme di studi) {FILOLOGICA, LINGUISTICA, STORICA} Forschung f, (lavoro) Forschungsarbeit f: **fare ricerche**, Forschungen betreiben, forschen; **ambientale**, Umweltforschung f; ~ **applicata**, angewandte Forschung; ~ **sul campo**, Feldforschung f; **campo di** ~, Forschungsgebiet n; ~ **operativa**, Operations-, Unternehmensforschung f; ~ **pura**, Grundlagenforschung f; ~ **scientifica/sperimentale**, wissenschaftliche/experimentelle Forschung; ~ **spaziale**, Weltraumforschung f 4 inform Suche f 5 scuola Referat n: **fare una** ~ **sulla civiltà egizia**, eine Hausarbeit über die ägyptische Kultur schreiben; ~ **di gruppo**/[**individuale**], Gruppen-/Einzelreferat n; ~ **di musica**, Musikforschung f • ~ **dell'effetto**, Effekthascherei f spreg; ~ **di marketing**/**mercato** econ, Marktforschung f; ~ **motivazionale** psic, Motivforschung f.

ricercàre① <ricerco, ricerchi> tr 1 (cercare di nuovo) ~ (**qc**) {DOCUMENTI} (etw) wieder suchen: **cerca e ricerca, alla fine gli occhiali sono saltati fuori**, nach mehrfachem Suchen ist die Brille endlich wieder aufgetaucht 2 (cercare a più riprese) ~ **qu/qc** {POLIZIA EVASO, BANDA DI LADRI} erneut nach jdm/etw fahnden 3 (indagare) ~ **qc** {I MOTIVI DI UN FATTO, IL MOVENTE DI UN CRIMINE, LA VERITÀ} nach etw (dat) forschen, nach etw (dat) suchen: ~ **dentro di sé qc**, in sich (dat) gehen und etw suchen; ~ **col pensiero/con la mente**, Lin Gedanken┘/[im Geist] nach etw (dat) suchen 4 fig (scegliere con cura) ~ **qc** {FRASI, PAROLE} etw (mit Bedacht) wählen; ~ **l'effetto**, übermäßig auf Effekt bedacht/aus sein.

ricercàre② m (ricerca) (Nach)forschen n, Untersuchung f.

ricercàta f → **ricercato**.

ricercatézza f 1 (cura eccessiva) Gewähltheit f, Gesuchtheit f: ~ **nel vestire**, Gewähltheit f der Kleidung; **senza** ~, schlicht 2 <di solito al pl> (atto troppo ricercato) {+STILE} Gewähltheit f.

ricercàto, (-a) **A** agg 1 (richiesto) gefragt, gesucht, begehrt: **prodotto molto** ~ **sul mercato**, auf dem Markt sehr gefragtes Produkt; **edizione molto ricercata**, sehr gefragte/begehrte Ausgabe 2 (affettato) {STILE} gekünstelt spreg, geziert spreg, gesucht spreg: **parlare in modo** ~, gekünstelt spreg/gestelzt spreg sprechen 3 (elegante) {MANIERE, MODI} gewählt 4 (braccato dalla polizia) {EVASO} gesucht **B** m (f) (chi è braccato) Gesuchte mf decl come agg.

ricercatóre, (-trice) **A** m (f) università {UNIVERSITARIO} Forscher(in) m(f): **lavorare come** ~ **presso l'Università di Vercelli**, als Forscher an der Universität Vercelli arbeiten **B** m (apparecchio) Suchgerät n: ~ **di mine**, Minensuchgerät n.

ricetrasmettitóre, (-trice) **A** agg {APPARECCHIO} Sprechfunk-, Sende- und Empfangs- **B** m (apparecchiatura) Sprechfunkgerät n, Sende- und Empfangsgerät n.

ricetrasmittènte **A** agg {APPARECCHIO} Sende- und Empfangs- **B** f (ricetrasmittitore) Sende- und Empfangsgerät n.

ricètta f 1 gastr {DIFFICILE, FACILE} (Koch)rezept n: ~ **della torta Sacher**, Rezept n der Sachertorte; **ho una raccolta di ricette di cucina francese**, ich habe eine Sammlung französischer Rezepte 2 med {MEDICA} Rezept n: **bisogna farsi fare la** ~ **dal medico curante**, man muss sich vom zuständigen Arzt ein Rezept ausstellen lassen 3 fig (rimedio) ~ **contro qc** Mittel n gegen etw (acc): **ho una** ~ **contro la raucedine**, ich habe ein Mittel gegen Heiserkeit; **è una** ~ **infallibile contro il mal di testa**, das ist ein unfehlbares Mittel gegen Kopfschmerzen; fig scherz Rezept n gegen etw (acc): **ti suggerisco una ricetta contro il mal d'amore**, ich empfehle dir ein Rezept gegen Liebeskummer ...

ricettàcolo m 1 lett (luogo di raccolta) Sammelstelle f, Sammelbecken n: **la valle è il** ~ **delle acque**, das Tal ist eine Wassersammelstelle/ein Wassersammelbecken 2 spreg (rifugio) Nest n, Schlupfwinkel m: **quella zona è il** ~ **degli spacciatori di droga**, diese Gegend ist das Nest der Dealer 3 bot Blütenboden m 4 zoo {SEMINALE} Rezeptakel m.

ricettàre tr dir (acquistare, ricevere o occultare oggetti di provenienza illecita) ~ **qc** {OGGETTI RUBATI} sich der Hehlerei von etw schuldig machen, Hehlerei von etw begehen.

ricettàrio <-ri> m 1 (raccolta di ricette) Rezeptsammlung f: ~ **chimico**, Rezeptformularium n, Rezeptformeln f pl; ~ **di cucina**, (Küchen)rezeptsammlung f, Kochbuch n 2 med (blocco di fogli) Rezeptblock m.

ricettatóre, (-trice) m (f) dir (colpevole di ricettazione) Hehler(in) m (f).

ricettazióne f 1 dir (reato di ~) Hehlerei f 2 med Rezeptausstellung f.

ricettività <-> f 1 (l'essere ricettivo) Aufnahmefähigkeit f 2 filos (facoltà) Rezeptivität f 3 med (sensibilità) {NORMALE, SCARSA} Empfänglichkeit f 4 radio TV Empfangsmöglichkeit f • **la** ~ **alberghiera della Liguria**, die Beherbergungs-/Hotelkapazität Liguriens.

ricettìvo, (-a) agg 1 (atto a ricevere) {CAPACITÀ, FACOLTÀ} Aufnahme-, rezeptiv 2 (pronto) {MENTE, PERSONA} aufnahmefähig 3 med ~ **a qc** {ORGANISMO A UN VIRUS} empfänglich für etw (acc), anfällig für etw (acc) 4 radio TV {APPARECCHIO} Empfangs- • **capacità ricettiva di un albergo**, Beherbergungs-/Hotelkapazität f.

ricevènte **A** agg (destinato alla ricezione) {APPARECCHIO, STAZIONE} Empfangs-: **antenna** ~, Empfangsantenne f **B** mf amm comm anche med Empfänger m.

ricévere tr 1 gener ~ **qc** (**da qu/qc**) {DÉPLIANT DALL'AGENZIA DI VIAGGIO, LETTERA DA UN PARENTE LONTANO, PACCO, TELEFONATA} etw von jdm/etw bekommen, etw von jdm/etw erhalten: **ho ricevuto molto affetto da quella famiglia**, diese Familie war sehr herzlich zu mir; **non amo** ~ **consigli**, ich lasse mir nicht gern Ratschläge geben; {AIUTO, INCARICO} etw bekommen; {INVITO, ONOREFICENZA, PRESTITO} anche etw erhalten; {PREMIO} etw entgegen|nehmen, etw bekommen; {SACRAMENTO} etw empfangen; ~ **un'eredità**, etw erben, ein Erbe übertragen bekommen; ~ **in dono/prestito qc**, etw geschenkt/geliehen bekommen 2 (accogliere) ~ **qu** {CLIENTI, TURISTI} jdn empfangen, jdn auf|nehmen: **il parco acquatico riceve ogni estate migliaia di persone**, den Wasserpark besuchen jeden Sommer tausende von Menschen; **la banda militare è stata ricevuta festosamente**, die Militärkapelle wurde festlich empfangen; **a** ~ **il presidente del governo c'erano le autorità cittadine**, der Regierungspräsident wurde von den städtischen Behörden empfangen 3 (avere) ~ **qc** (**da qc**) {ECONOMIA IMPULSO DALLE GUERRE} etw (von etw dat) bekommen: **la stanza riceve luce dal cortile**, das Zimmer bekommt Licht vom Hof 4 (subire) ~ **qc** {DANNO, TORTO} etw erleiden: ~ **un insulto/un'offesa**, beschimpft/beleidigt werden 5 (prendere) ~ **qc** {SCHIAFFO} etw bekommen 6 (ammettere alla propria presenza) ~ (**qu**) + compl di tempo/+ compl di luogo {MEDICO, PROFESSORE} irgendwann/irgendwo Sprechstunde (für jdn) haben: **l'insegnante di fisica riceve il lunedì dalle 9 alle 10**, der Physiklehrer hat montags von 9 bis 10 Uhr Sprechstunde; **oggi il ginecologo non riceve**, heute hat/hält der Gynäkologe keine Sprechstunde 7 (dare ricevimenti) (uso assol) Empfänge geben: **è gente che riceve molto**, das sind Leute, die viele Empfänge geben **8** (*contenere*) ~ **qu/qc** {SALA CONFERENZE 500 PERSONE; SERBATOIO 40 LITRI} jdn/etw fassen **9** (*percepire*) ~ **qc** {STIPENDIO} etw bekommen **10** (*raccogliere*) ~ **qc** {TESTIMONIANZA} etw auf|nehmen **11** radio tel ~ **qc** etw empfangen: **una radio che riceve le onde lunge**, ein Radio, das Langwelle empfängt.

ricevimento Ⓐ m **1** (*festa*) Empfang m: **dare un ~ in onore di qu**, jdm zu Ehren einen Empfang geben; ~ **di nozze**, Hochzeitsempfang m **2** (*accoglienza ufficiale*) {SOLENNE +AMBASCIATORE, SOCIO} Empfang m: ~ **a corte**, Empfang m bei Hof **3** (*il ricevere*) {+MERCE} Erhalt m; {+RACCOMANDATA, TELEGRAMMA} anche Empfang m: **pagamento a ~ della merce**, Zahlung bei Erhalt der Ware Ⓑ loc agg *scuola università:* **di ~**, {GIORNO, ORARIO} Sprech-.

ricevitore, (**-trice**) Ⓐ m (f) **1** amm (*persona che riscuote*) Empfänger(in) m(f): ~ **delle imposte**, Steuereinnehmer m; ~ **del lotto**, Lotterieeinnehmer m, Kollekteur m *obs* **2** elettr radio TV Empfänger m: ~ **radar**, Radarempfänger m; ~ **radio/radioelettrico**, Radio-, Rundfunkempfänger m; ~ **televisivo**, Fernsehempfänger m **3** tel Hörer m: ~ **telefonico**, Telefonhörer m; **alzare/**[**mettere giù**] **il ~**, den Hörer abnehmen/auflegen **4** sport (*nel baseball: catcher*) Fänger(in) m(f), Catcher(in) m(f) Ⓑ agg (*che riceve*) Empfangs-: **bobina ricevitrice**, Empfangs-, Aufnahmespule f.

ricevitoria f (*ufficio*) Annahmestelle f: ~ **delle imposte**, Finanzamt n; ~ **del lotto/totocalcio**, Lotto-/Totoannahmestelle f; ~ **postale**, Postannahmestelle f.

ricevitrice f → **ricevitore**.

ricevuta f **1** (*scontrino*) {+TASSE, TELEFONO} Quittung f, Empfangsbestätigung f: ~ **di cassa**, Kassenzettel m; ~ **fiscale**, Steuerbeleg m; ~ **del gas**, Gasquittung f; **fare/rilasciare la ~**, die Quittung ausstellen **2** post {+LETTERA RACCOMANDATA, PACCO, VAGLIA} Annahmebestätigung f: ~ **di ritorno** (abbr R.R.), Rückschein m; **raccomandata con ~ di ritorno** (abbr Rrr), Einschreiben n gegen Rückschein ● **accusare ~ comm**, den Empfang bestätigen; ~ **bancaria** (abbr RiBa) *banca*, Bankbeleg m.

ricezione f **1** (*il ricevere*) {+MERCE, MISSIVA} Empfang m, Erhalt m **2** radio TV {STEREOFONICA, TELEVISIVA} Empfang m: ~ **radio**, Funkempfang m; **radio con cattiva ~**, Radio mit schlechtem Empfang **3** lett {+OPERA} Rezeption f **4** sport (*nella pallavolo*) Annahme f.

richiamàre Ⓐ tr **1** (*chiamare di nuovo*) ~ **qu** jdn wieder rufen; (*al telefono*) ~ (**qu**) (*jdn*) noch einmal an|rufen; (*rispondendo a una precedente telefonata*) jdn zurück|rufen: **ti richiamerò appena potrò**, ich werde dich zurückrufen, sobald ich kann; **è occupato, richiamo più tardi**, es ist besetzt, ich rufe später noch einmal an **2** (*chiamare indietro*) ~ **qu** jdn zurück|rufen: **richiama il cliente che sta uscendo, ha dimenticato il resto!**, ruf den Kunden zurück, der gerade am Gehen ist *fam*[/hinausgeht], er hat sein Restgeld vergessen **3** (*obbligare a ritornare*) ~ **qu** (+ **compl di luogo**) {GOVERNO AMBASCIATORE IN PATRIA, DIPLOMATICO; REDAZIONE INVIATO SPECIALE} jdn (*irgendwohin*) zurück|beordern, jdn (*irgendwohin*) zurück|berufen, jdn (*irgendwohin*) zurück|rufen: **gli affari l'hanno richiamato a Milano**, die Geschäfte haben ihn nach Mailand zurückberufen; ~ **qu dall'esilio**, jdn aus dem Exil zurückrufen **4** (*attrarre*) ~ **qu** jdn an|locken: **la fiera del libro richiama ogni anno molti visitatori**, die Buchmesse lockt jedes Jahr viele Gäste an; ~ **qc** {LUCE ZANZARE} etw an|ziehen **5** (*redarguire*) ~ **qu** (**per**/[**a causa di**] **qc**) jdn (*wegen*

etw gen) kritisieren, jdn (*wegen etw* gen) tadeln, jdn (*wegen etw* gen) rügen, jdn (*wegen etw* gen) ermahnen: **i professori lo richiamano continuamente**, die Lehrer ermahnen ihn ständig; **il capoufficio l'ha richiamato a causa dello scarso impegno sul lavoro**, der Bürochef hat ihn wegen seines geringen Arbeitseifers gerügt **6** (*invitare*) ~ **qu a qc** jdn zu etw (dat) (auf)rufen, jdn zu etw (dat) auf|fordern: ~ **qu all'ordine**/[**al senso del dovere**]/[**all'obbedienza**], jdn zur Ordnung rufen/[an seine Pflicht erinnern]/[zum Gehorsam anhalten]; ~ **qu all'osservanza delle leggi**, jdn ans Beachten der Gesetze erinnern; ~ **qu alla realtà**, jdn in die Wirklichkeit zurückrufen/[auf den Boden der Tatsachen zurückholen] **7** (*riportare alla mente*) ~ **qc** {RACCONTO ATMOSFERE KAFKIANE} an etw (acc) erinnern, auf etw (acc) verweisen, etw evozieren *forb* **8** aero ~ **qc** etw ab|fangen: ~ **l'aereo**, das Flugzeug abfangen **9** mil ~ **qu** (**da qc**) {TRUPPE DAL FRONTE} jdn/etw von etw (dat) ab|-, zurück|ziehen Ⓑ itr pron **1** (*fare riferimento*): **richiamarsi a qc** (**a una NORMA**) *sich auf etw* (acc) *berufen*: **mi richiamo all'articolo di legge ...**, ich berufe mich auf den Gesetzesartikel ... **2** (*ispirarsi*): **richiamarsi a qu/qc** {ARCHITETTO AL PALLADIO} *sich* an *jdn/etw* an|lehnen, *sich auf jdn/etw* beziehen, *sich* von *jdm/etw* inspirieren lassen ● ~ **qc alla memoria/mente** fig (*rievocare*), sich (dat) etw in Erinnerung rufen/[ins Gedächtnis zurückrufen].

richiamàto, (**-a**) mil Ⓐ agg (*che viene richiamato*) {SOLDATO} einberufen Ⓑ m (*militare*) Einberufene m decl come agg.

richiàmo Ⓐ m **1** (*ordine di ritorno*) {+AMBASCIATORE} Abberufung f: **il ~ in servizio di un funzionario**, die Einberufung eines Beamten in den Dienst **2** (*rimprovero*) Rüge f, Tadel m: **avere un ~ dal direttore**, eine Rüge vom Direktor bekommen **3** (*invito*) ~ **a qc** {AL DOVERE, ALL'ORDINE} Aufruf m zu etw (dat): ~ **alla disciplina**, Aufruf m zur Disziplin; ~ **alla realtà**, Ernüchterung f **4** (*stimolo incoercibile*) {+MARE, NATURA} Ruf m; {+SANGUE} Stimme f **5** (*forza d'attrazione*) {+PUBBLICITÀ} Verlockung f: **fare da ~**, als Lockmittel dienen **6** (*invocazione d'aiuto*) Hilferuf m: **accorrere al ~ di qu**, auf jds Hilferuf herbeieilen **7** (*rinvio*) Hinweis m, Verweis m: **fare un ~ a piè di pagina**, eine Fußnote machen; **il segno convenzionale**) Korrektur-, Winkelzeichen n; **asterisco m**, Sternchen n, Hinweiszeichen n; **numero di ~**, Hinweiszahl f **8** med Auffrischungsimpfung f **9** mil {+FLOTTA} Rückzug m: ~ **alle armi**, Einberufung f **10** sport {+ARBITRO} Verweis m Ⓑ <inv> loc agg med: **vaccino di ~**, Auffrischungsimpfung ● ~ **di effetti banca**, Zurückrufen n *tecnico di J. London*), der Ruf der Wildnis; *fig* (*attrazione verso vecchie abitudini*), der Ruf der Natur.

richiedènte mf amm (*chi richiede*) Antragsteller(in) m(f).

richièdere <coniug come chiedere> tr **1** (*chiedere di nuovo*) ~ **qc a qu** jdn wieder nach etw (dat) fragen, sich wieder *bei jdm nach etw* (dat) erkundigen: **le ho richiesto l'indirizzo perché l'avevo perso**, ich habe sie wieder nach der Adresse gefragt, weil sie verloren hatte; **dopo qualche mese le richiesi notizie della bambina**, nach einigen Monaten erkundigte ich mich wieder bei ihr nach dem Mädchen **2** (*chiedere in restituzione*) ~ **qc a qu** {MACCHINA FOTOGRAFICA PRESTATA A UN AMICO} *etw von jdm* zurück|verlangen **3** (*chiedere*) ~ **qc** {L'ATTENZIONE DI QU, AIUTO, ASSISTENZA, SOCCORSO} erneut *um etw* (acc)

bitten; {GIUSTIZIA} anche etw fordern, etw verlangen; {UN FAVORE} *um etw* (acc) ersuchen **4** (*necessitare*) ~ **qc** etw erfordern, etw brauchen, etw erforderlich machen: **è un piatto che richiede una lunga preparazione**, das Gericht erfordert eine lange Vorbereitung; **questa pianta non richiede particolari cure**, diese Pflanze braucht keine besondere Pflege; **per quel posto di interprete si richiede la conoscenza di tre lingue**, für die/diese/jene *forb* Stelle als Dolmetscher ist die Kenntnis von drei Sprachen erforderlich/[muss man drei Sprachen beherrschen/können] **5** amm ~ **qc** {CARTA D'IDENTITÀ, CERTIFICATO, DOCUMENTO} etw beantragen: **il sussidio di disoccupazione**, Arbeitslosenunterstützung beantragen.

richièsta f **1** (*domanda*) {ECCESSIVA, ONESTA} (An)frage f, Bitte f, Wunsch m, Forderung f: ~ **di aiuto**, Bitte f um Hilfe; ~ **di denaro**, Geldforderung f; **dietro ~ di qu**, auf jds Verlangen; **fare una ~**, eine Anfrage stellen; **rifiutare una ~**, einen Wunsch abschlagen/verwehren; **richieste salariali**, Lohnforderungen f pl **2** amm (*domanda scritta*) Antrag m, Gesuch m: **accettare una ~**, einem Antrag stattgeben; **presentare/respingere una ~ di qc**, einen Antrag auf etw (acc) stellen/ablehnen; **si rilascia il presente documento a ~ dell'interessato**, auf Ersuchen des Antragstellers wird folgendes Dokument ausgestellt **3** comm Anfrage f: **in base alla Vs ~ del ...**, auf Ihre Anfrage vom ... **4** dir Antrag m: ~ **di autorizzazione a procedere**, Antrag m auf Genehmigung der weiteren Strafverfolgung; ~ **istruttoria**, Beweisantrag m; ~ **di rinvio a giudizio**, Antrag m auf Eröffnung des Hauptverfahrens; **su ~**, auf Antrag **5** econ (*domanda*) Nachfrage f *nach* etw (dat), Bedarf m *an etw* (dat): **aumento della ~**, Steigen n der Nachfrage, Nachfragenstieg m; ~ **di mercato**, Marktbedarf m.

richièsto, (**-a**) agg (*che è ricercato*) {ARTICOLO, LIBRO} gefragt, begehrt.

richiùdere <coniug come chiudere> Ⓐ tr (*chiudere di nuovo*) ~ **qc** {FINESTRA, OCCHI, PORTA} etw wieder schließen, etw wieder zu|machen *fam*; {TENDA} etw wieder zu|ziehen; {SDRAIO} etw wieder zusammen|klappen; {RUBINETTO} etw wieder zu|drehen; {BAGAGLIAIO} etw wieder zu|klappen; {ACQUA, GAS} etw wieder ab|stellen; (*a chiave*) {ARMADIO, CASSETTO, VALIGIA} etw wieder ab|-, zu|schließen; ~ **qc in qc** {SOLDI IN CASSAFORTE} etw wieder *in etw* (dat) verschließen Ⓑ itr pron: **richiudersi 1** (*tornarsi a chiudere*) {CANCELLO} sich wieder schließen, sich wieder zu|fallen **2** (*rimarginarsi*) {FERITA} sich schließen.

richiudibile agg (*che si può chiudere di nuovo*) {CONFEZIONE} wiederverschließbar.

riciclàbile agg (*che si può riciclare*) {MATERIALE, RIFIUTI} wiederverwertbar, recycelbar: **bottiglia ~**, Mehrwegflasche f; **carta ~**, Altpapier n; **vetro ~**, Altglas n.

riciclabilità <-> f {+VETRO} Wiederverwertbarkeit f, Recycelbarkeit f.

riciclàggio <-gi> m **1** (*operazione*) {+CARTA, VETRO} Wiederverwertung f, Recycling n: ~ **dei rifiuti**, Müll-, Abfallverwertung f **2** (*depurazione*) {+ARIA} Reinigung f; {+ACQUA} anche Aufbereitung f **3** fig (*reimmissione in circolazione*): ~ **di denaro sporco**, Geldwäsche f *slang*.

riciclàre Ⓐ tr **1** (*riutilizzare*) ~ **qc** {RIFIUTI} etw wieder verwerten, etw recyceln; {CARTA, PLASTICA, VETRO} anche etw wieder auf|bereiten **2** scherz o iron ~ **qc** {COMICO LE STESSE BATTUTE} etw auf|wärmen, etw weiter|verwenden: **ha l'abitudine di ~ i regali**, er/sie hat die Angewohnheit, Geschenke weiterzuverschenken **3** fig (*rimettere in circolazione*) ~

riciclato *qc* {DENARO SPORCO} *etw* wieder in Umlauf bringen; {MERCE RUBATA} *etw* weiter|verkaufen; *spreg etw* waschen *slang* **4** *fig* (*impiegare in mansioni diverse*) ~ *qu*/*qc* {MANO D'OPERA, OPERAI} *jdn*/*etw* variabel ein|setzen **B** *rfl*: (*avere una nuova vita*) **riciclarsi come qc** {COME ATTORE} ein neues Leben *als etw* (nom) beginnen, *als etw* (nom) einen Neuanfang wagen.

riciclàto, (**-a**) *agg* **1** (*utilizzato nuovamente*) {MATERIALE, RIFIUTI} wieder verwertet, recycelt: **carta riciclata**, Recyclingpapier n, Umwelt(schutz)papier n; **vetro ~**, recyceltes Glas **2** *fig* {DENARO} gewaschen *slang*.

riciclatóre, (**-trice**) **A** *agg* (*che ricicla*) {APPARECCHIO, MACCHINA} Recycle- **B** *m* (*f*) (*chi ricicla*) Wiederverwerter(in) m(f); {+DENARO SPORCO} Geldwäscher(in) m(f) *slang*.

riciclo *m chim* Recyceln n.

ricino *m bot* (*pianta*) Rizinus m, Wunderbaum m, Christpalme f: **olio di ~**, Rizinusöl n.

ricircolo *m autom* Umwälzanlage f.

riclassificàre <*riclassifico, riclassifichi*> *tr* (*classificare nuovamente*) ~ *qc etw* reklassifizieren.

riclassificazióne f (*nuova classificazione*) Neuklassifizierung f.

ricognitivo, (**-a**) *agg* (*di ricognizione*) Anerkennungs-.

ricognitóre *m* **1** *aero mil* Aufklärungsflugzeug n **2** *mar mil* Aufklärungsschiff n.

ricognizióne f **1** *fig anche scherz* (*missione informativa*) Auskundschaftung f, Erkundung f: **inviare qu in ~**, jdn auf Auskundschaftung schicken; **fare una ~**, auf Erkundung ausgehen **2** *aero mar mil* {AEREA, NAVALE, TERRESTRE} Aufklärung f, Erkundung f: **aerei in ~**, Flugzeuge auf Aufklärungsflug **3** *dir* (*accertamento*) Anerkennung f: **~ di debito**, Schuldanerkennung f **4** *dir* (*mezzo di prova*) {+SALMA} Identifizierung f (durch Zeugen) ● **~ del debito** *dir* (*dichiarazione di riconoscimento*), Schuldanerkenntnis f.

ricollegàbile *agg* (*che può essere ricollegato*) ~ (**a** *qc*) {FATTO A UN ALTRO} (*mit etw* dat) verbindbar, (*mit etw* dat) zusammenhängend.

ricollegàre <*ricollego, ricolleghi*> **A** *tr anche fig* (*collegare di nuovo*) ~ *qc* **a**/*con qc* {CAVO A/CON UN ALTRO, FILI, FRAZIONI ISOLATE DALLA NEVE, FATTI, INDIZI} *etw* wieder (*mit etw* dat) verbinden: **ricollegò subito il furto a quello avvenuto poco tempo prima**, er/sie brachte den Diebstahl sofort mit dem kurz zuvor begangenen in Verbindung **B** *rfl* **1** (*riferirsi*): **ricollegarsi a qc** *als fig* (acc) beziehen: **mi vorrei ~ all'intervento precedente...**, ich möchte mich auf den Beitrag von vorhin beziehen ... **2** *radio TV*: **ricollegarsi con qu/qc** sich wieder *mit jdm*/*etw* verbinden/[in Verbindung setzen]: **ci ricolleghiamo con l'inviato a Francoforte**, wir schalten zurück ⌊nach Frankfurt⌋/[zu unserem Frankfurter Korrespondenten] **C** *rfl rec* (*essere connessi*): **ricollegarsi** verbunden sein, miteinander in Verbindung stehen: **i due fenomeni si ricollegano**, die beiden Phänomene stehen miteinander in Verbindung.

ricollocazióne f Neuaufstellung f, Neuplatzieren n ● **~ professionale**, Outplacement n.

ricolmàre *tr* **1** (*riempire*) ~ **qu di qc** {BAMBINO DI REGALI, OSPITE DI GENTILEZZE} *jdn mit etw* (dat) überhäufen: **ricolma il marito di attenzioni**, sie überhäuft ihren Mann mit Aufmerksamkeiten; **non fa altro che ricolmarlo di lodi**, er/sie tut nichts anderes, als ihn mit Lob zu überschütten **2** (*colmare di*

nuovo) ~ **qc di qc** {BICCHIERE DI VINO} *etw* wieder *mit etw* (dat) füllen.

ricólmo, (**-a**) *agg* **1** (*pieno*) vollgefüllt, randvoll: **la coppa era ricolma di champagne**, die Schale war randvoll mit Champagner **2** *fig* **~ di qc** überströmend *vor*/*von etw* (dat): **ho il cuore ~ di gioia/speranza**, das Herz zerspringt mir fast vor Freude/Hoffnung *forb*.

ricominciàre <*ricomincio, ricominci*> **A** *tr* <*avere*> (*cominciare daccapo*) ~ *qc* {LAVORO, LETTERA} *etw* wieder an|fangen/auf|nehmen: **dopo esser stato interrotto, ricominciò il discorso**, nachdem er unterbrochen worden war, nahm er seine Rede wieder auf/[fuhr er fort] **B** *itr* <*essere*> (*riprendere*) ~ (**con** *qc*) wieder (*mit etw* dat) an|fangen: **lo spettacolo ricomincia tra 20 minuti**, die Vorstellung geht in 20 Minuten weiter; ~ **a fare qc**, wieder anfangen/beginnen, *etw* zu tun; **ho ricominciato a mangiare dolci**, ich habe wieder begonnen, Süßigkeiten zu essen; **non ~ con le solite lamentele!**, fang nicht wieder mit dem üblichen Gejammer an!; **non ~!**, fang nicht wieder damit an! **C** *impers* <*essere o avere*> wieder an|fangen/beginnen: **ricomincia a nevicare**, es fängt wieder ⌊zu schneien an⌋/[an zu schneien]; **è ricominciato a piovere**, es hat wieder ⌊zu regnen angefangen⌋/[angefangen zu regnen] ● **si ricomincia!** *fam* (*siamo daccapo*), nun geht das wieder los! *fam*.

ricomméttere <*coniug come mettere*> *tr* (*commettere di nuovo*) ~ *qc* {COLPA, ERRORE} *etw* wieder/erneut begehen.

ricomparìre <*coniug come apparire*> *itr* <*essere*> (*comparire di nuovo*) wieder erscheinen/auf|tauchen, wieder zum Vorschein kommen: **la tristezza ricomparve sul suo volto**, sein/ihr Gesicht bekam wieder diesen traurigen Ausdruck; **dopo tanta nebbia è ricomparso il sole**, nach so viel Nebel ist die Sonne wieder aufgetaucht.

ricompàrsa f (*ritorno*) {+FEBBRE} Wiederauftreten n; {+PERSONA} Wiederauftauchen n: **la ~ del cattivo tempo**, das erneute schlechte Wetter.

ricompàrso, (**-a**) *agg* (*comparso di nuovo*) {UOMO} wieder aufgetaucht; {SINTOMO} wieder aufgetreten; {NEBBIA} wiedergekommen; {SORRISO} wiedergefunden.

ricompattàre **A** *tr* (*ridare compattezza*) ~ *qc* {GRUPPO} *etw* wieder festigen **B** *rfl*: **ricompattarsi** sich wieder festigen.

ricompènsa f **1** (*compenso*) {GENEROSA, LAUTA, SCARSA} Belohnung f: **dare una ~ in denaro/natura**, einen (Geld-)/Naturallohn geben; **offrire una ~ per qc**, eine Belohnung für (acc) aussetzen **2** *anche iron* (*riconoscimento*) Lohn m, Belohnung f: **per ~ oggi non laverai i piatti**, zur Belohnung brauchst du heute nicht abzuwaschen; **ricevere qc come ~**, etw ⌊zur Belohnung⌋/[als Lohn] bekommen; **bella ~ per la fatica che ho fatto!**, schöner Lohn *iron* für all die Mühe, die ich mir gemacht habe!; **bella ~!**, toller Lohn! *iron*, schöner Dank! *iron*; **questa è la ~!**, das ist der Lohn! **3** *psic* (*rinforzo*) Belohnung f.

ricompensàre *tr* **1** (*ricambiare*) ~ **qu** (**per** *qc*) (**con** *qc*) jdn (*für etw* acc) (*mit etw* dat) belohnen: **ti ricompenserò per il favore che mi hai fatto**, ich werde dich für deinen Gefallen belohnen; **ci ha ricompensati con l'ingratitudine**, er/sie hat uns mit Undank belohnt **2** (*premiare*) ~ *qc* {BUONA AZIONE, LAVORO} *etw* belohnen: **Dio ricompenserà la tua generosità**, Gott wird (dich für) deine Großzügigkeit belohnen.

ricompensàto, (**-a**) *agg* (*ripagato*) {FATI-

CA} belohnt.

ricompilàre *tr* (*compilare di nuovo*) ~ *qc* {LISTA, PROGRAMMA} *etw* wieder zusammen|stellen.

ricompórre <*coniug come porre*> **A** *tr* ~ *qc* **1** (*comporre di nuovo*) {FRAMMENTI DI UNA ZUPPIERA} *etw* wieder zusammen|setzen/zusammen|fügen **2** *fig* (*sanare*) {CONTRASTO} *etw* bei|legen, *etw* beheben, *etw* lösen **3** *tip* {ARTICOLO} *etw* neu setzen **B** *rfl* (*riacquistare il controllo di sé*): **ricomporsi** sich wieder fassen: **dopo lo scatto d'ira si ricompose**, nach seinem/ihrem Wutausbruch fasste er/sie sich wieder.

ricomposizióne f **1** (*ricostituzione*) {+PUZZLE} Wiederzusammensetzung f **2** *fig* (*rappacificazione*) {+LITE} Beilegung f **3** *tip* {TIPOGRAFICA; +PAGINA} Neusetzen n.

ricompràre *tr* ~ *qc* **1** (*acquistare di nuovo*) {ELETTRODOMESTICO} *etw* wieder kaufen **2** (*comprare a sua volta*) *etw* zurück|kaufen: **gli ho ricomprato l'auto che gli vendetti due anni fa**, ich habe das Auto von ihm zurückgekauft, das ich ihm vor zwei Jahren verkauft hatte.

riconcentràre **A** *tr* **1** (*concentrare maggiormente*) ~ *qc* {MISCELA} *etw* verdichten; {SUGO} *etw* verdichten; *anche fig*: **riconcentrammo gli sforzi in vista di...**, wir konzentrierten unsere Anstrengungen im Hinblick auf... **2** *fig* ~ *qc* (*su qc*) {LA MENTE SU QC} *etw* auf *etw* (acc) konzentrieren **3** *mil* ~ *qc* + *compl di luogo* {TRUPPE AL FRONTE} *etw* wieder *irgendwo* zusammen|ziehen **B** *rfl*: **riconcentrarsi in qc** {NELLA LETTURA} sich wieder *auf etw* (acc) konzentrieren.

riconciliàbile *agg* (*che si può riconciliare*) ver-, aussöhnbar.

riconciliàre <*riconcilio, riconcili*> **A** *tr* **1** (*rappacificare*) ~ *qu*/*qc* {LITIGANTI, MADRE E FIGLIA, PAESI IN GUERRA} *jdn*/*etw* wieder aus|-, versöhnen; ~ **qu con qu/qc** {CON DIO, CON LA VITA} *jdn mit jdm*/*etw* versöhnen **2** (*far ritrovare*) ~ *qc* **a qu** {STIMA DI QU} *jdm* wieder *etw* ein|tragen **B** *rfl* (*rappacificarsi*): **riconciliarsi con qu** {CON I GENITORI} sich wieder *mit jdm* aus|-, versöhnen: **riconciliarsi con Dio**, sich wieder mit Gott versöhnen; **riconciliarsi con qu** sich wieder *mit etw* (dat) versöhnen; **si è riconciliato con il mondo**, er hat sich wieder mit Gott und der Welt versöhnt **C** *rfl rec*: **riconciliarsi** sich wieder ver-/aus|söhnen: **i due fratelli si sono riconciliati**, die beiden Brüder haben sich wieder ausgesöhnt.

riconciliatóre, (**-trice**) **A** *agg* (*che riconcilia*) versöhnend **B** *m* (*f*) Versöhner(in) m(f).

riconciliazióne f **1** (*rappacificazione*) {+AVVERSARI} (Wieder)versöhnung f, (Wieder)aussöhnung f: **è avvenuta una ~ tra i due stati nemici**, es kam zwischen den beiden verfeindeten Staaten zu einer Versöhnung; **fare opera di ~**, eine Versöhnung anbahnen; **tentare la ~ delle due parti**, die Versöhnung der beiden Streitparteien versuchen **2** *relig* Rekonziliation f: **~ con Dio**, Wiederversöhnung f mit Gott.

ricondannàre *tr* (*condannare di nuovo*) ~ **qu** (**a** *qc*) *jdn* wieder (*zu etw* dat) verurteilen.

riconducibile *agg* (*che si può ricondurre*) ~ **a** *qc* *auf etw* (acc) zurückführbar, *auf etw* (acc) zurückzuführen(d): **fenomeno ~ a una causa**, auf eine Ursache zurückführbares Phänomen.

ricondùrre <*coniug come condurre*> *tr* **1** (*condurre di nuovo*) ~ **qu/qc** + *compl di luogo* {GREGGE AL PASCOLO} *jdn*/*etw* wieder *irgendwohin* führen **2** (*condurre indietro*) ~

qu/qc + compl di luogo {PULLMAN GRUPPO DI TURISTI ALL'HOTEL} *jdn/etw irgendwohin* zurück|führen, *jdn/etw irgendwohin* zurück| bringen: **una nave in porto**, ein Schiff in den Hafen zurückbringen; **lo pregai di ricondurmi a casa**, ich bat ihn, mich nach Hause zurückzubegleiten **3** *fig* (*far risalire*) **~ qc a qc** *etw auf etw* (acc) *zurück|führen, etw etw* (dat) *zu|schreiben*: **la sua fuga da casa è da ~ al difficile rapporto col padre**, seine/ihre Flucht von zu Hause ist auf seine/ihre schwierige Beziehung zum Vater zurückzuführen **4** *fig* (*riportare*) **~ qu a qc** {PERSONA ALLA RAGIONE} *jdn wieder zu etw* (dat) *bringen.*
riconférma f **1** (*nuova conferma*) Wiederbestätigung f: **ottenere la ~ di un incarico**, in einem Amt wiederbestätigt werden **2** (*prova ulteriore*) {+INTENZIONE, PROPOSITO} Bekräftigung f; **a ~ di quanto precedentemente affermato …**, zur Bekräftigung des vorher Gesagten …; **il suo comportamento è la ~ dei miei sospetti**, sein/ihr Verhalten bestätigt meinen Verdacht **3** *sport* (*nel calcio*) {+CALCIATORE, INGAGGIO} Wiederbestätigung f.
riconfermàbile agg (*che si può riconfermare*) {CONTRATTO} verlängerbar, erneuerbar: **dirigente ~ nel suo incarico**, in ihrem Amt wiederbestätigbare Führungskraft.
riconfermàre A tr **1** (*riaffermare*) **~ qc** (*a qu*) {ESITO NEGATIVO DI UN ESAME, NOTIZIA} (*jdm*) *etw* (wieder) *bestätigen*: **gli riconfermai la mia stima**, ich bestätigte ihm erneut meine Achtung **2** (*confermare*) **~ qu in qc** *jdn in etw* (dat) (wieder) *bestätigen*: **è stata riconfermata nel suo incarico**, sie ist in ihrem Amt wieder bestätigt worden, ihre Amtszeit wurde verlängert B rfl (*dare conferma*): **riconfermarsi** sich wieder erweisen: **si è riconfermato l'artista più eclettico**, er hat sich wieder als der vielseitigste Künstler erwiesen.
riconfigurare tr ~ qc **1** (*presentare in forma nuova*) *etw neu gestalten/bestimmen* **2** *inform etw neu einrichten/konfigurieren.*
ricongelàre A tr (*congelare di nuovo*) **~ qc** *etw wieder ein|frieren* B itr pron (*congelarsi di nuovo*): **ricongelarsi** *wieder gefrieren.*
ricongiùngere <coniug *come* giungere> A tr **1** (*congiungere di nuovo*) **~ qc** {PEZZI DI OGGETTO ROTTO} *etw wieder verbinden* **2** (*riunire di nuovo*) **~ qu/qc** {CONIUGI} *jdn/ etw wieder zusammen|bringen* B rfl (*riunirsi*): **ricongiungersi** (*a qu/qc*) {ALLA FAMIGLIA} *sich wieder* (*mit jdm/qc*) *vereinigen* C rfl rec: **ricongiungersi** {CONIUGI} *wieder zueinander finden, sich wieder vereinigen.*
ricongiungiménto m **1** (*il ricongiungere*) {+CAVI} Wiederzusammenfügung f **2** *anche mil* (*il riunirsi*) {+REPARTI} Wiederzusammenführung f: **~ familiare**, familiäre Zusammenführung, Wiederzusammenführung f der Familie.
ricongiunzióne f (*ricongiungimento*) {+TRONCHI STRADALI} Wiederzusammenführung f.
riconoscènte agg (*grato*) {PAROLE} dankbar: **essere/mostrarsi ~ a qu per qc**, ⌊jdm für etw (acc) dankbar sein⌋/⌊sich jdm für etw (acc) erkenntlich/dankbar zeigen⌋.
riconoscènza f (*gratitudine*) Dankbarkeit f: **non aspettarti ~ da quella gente**, erwarte dir von diesen Leuten keine Dankbarkeit; **mostrare/esprimere ~ a qu per qc**, ⌊jdm seine Dankbarkeit für etw (acc) zeigen⌋/ [jdm seinen Dank für etw (acc) aussprechen/ausdrücken]; **sentire ~ verso qu**, sich jdm zu Dank verpflichtet fühlen; **bella ~!** *iron*, schöne/tolle Dankbarkeit! *iron.*

riconóscere <coniug *come* conoscere> A tr **1** (*identificare*) **~ qu/qc** (*da qc*) *jdn/etw* (*an etw* dat) (wieder|)erkennen: **con quel taglio di capelli non ti avevo riconosciuto!**, mit dem Haarschnitt hatte ich dich nicht wiedererkannt!; **mi riconosci?**, erkennst du mich?; **non ha documenti per farsi ~**, er/ sie hat nichts/[keine Papiere], um sich auszuweisen/[zu legitimieren]; **la riconobbi dall'andatura**, ich erkannte sie am Gang; **riconobbe il motorino rubato dalla targa**, er/sie erkannte das gestohlene Mofa am Nummernschild **2** (*distinguere*) **~ qc** (*da qc*) *etw* (*von etw* dat) *unterscheiden*: **non sai ~ il buon vino**, du bist kein(e) Weinkenner(in); **non saprebbe ~ un quadro autentico da uno falso**, er/sie könnte ein echtes Bild nicht von einer Fälschung unterscheiden **3** (*ammettere*) **~ qc** {I PROPRI ERRORI} *etw ein|sehen, etw zu|geben, sich zu etw* (dat) *bekennen*: **riconosco di essermi comportata male**, ich sehe/räume ein, dass ich mich schlecht benommen habe **4** (*dichiarare autentico*) **~ qc** {FIRMA, SCRITTO} *etw beglaubigen* **5** *dir* **~ qu/qc** {ATTI STRANIERI, FIGLIO NATURALE, NUOVO STATO, SENTENZE STRANIERE} *jdn/etw an|erkennen* B rfl **1** (*ammettere*): **riconoscersi + agg** {IMPUTATO COLPEVOLE} *sich + agg bekennen* **2** (*identificarsi*): **riconoscersi in qc** *sich mit etw* (dat) *identifizieren*: **non si riconosce più nel partito in cui milita**, er/sie identifiziert sich nicht mehr mit der Partei, in der er/sie aktiv ist C rfl rec (*ravvisarsi a vicenda*): **riconoscersi** sich erkennen ● **~ qu al un chilometro/miglio di distanza** *fam*, jdn auf einen Kilometer Entfernung erkennen *fam*; **lo riconoscerei tra mille!**, ich würde ihn unter Tausenden erkennen!; **non ti riconosco più!** (*non sei più lo stesso*), ich erkenne dich nicht wieder!
riconoscìbile agg (*che si può riconoscere*) erkennbar, zu erkennen(d): **era facilmente ~**, er/sie war leicht zu erkennen; **la trattoria è facilmente ~ dall'insegna**, das Wirtshaus ist am Schild leicht zu erkennen; **in questa descrizione è ~ lo stile del romanziere**, in dieser Beschreibung ist der Stil des Romanschriftstellers erkennbar.
riconoscibilità <-> f Kenntlichkeit f, Erkennbarkeit f.
riconosciménto m **1** (*identificazione*) {+SALMA} Identifizierung f: **ha con sé un documento di ~?**, haben Sie einen Ausweis bei sich? **2** (*ammissione*) {+COLPA, SBAGLIO} Anerkennen n **3** (*accettazione*) {+QUALIFICA, TITOLO} Annahme f **4** (*gratifica*) Anerkennung f, Würdigung f: **merita un ~ per le sue fatiche**, er/sie verdient Anerkennung für seine/ ihre Mühe; **~ in denaro**, (Geld)lohn m **5** *dir* {+ATTI STRANIERI, FIGLIO NATURALE, NUOVO STATO, SENTENZE STRANIERE} Anerkennung f **6** *teat* {+PERSONAGGIO} Wiedererkennung f ● **~ vocale** *inform tel*, Stimmerkennung f.
riconosciùto, (-a) agg **1** (*valido*) {TITOLO DI STUDIO} anerkannt: **il diploma non è ~ all'estero**, das Diplom wird im Ausland nicht anerkannt; **liceo privato legalmente ~**, staatlich anerkanntes Privatgymnasium **2** (*ufficiale*) {FESTE} offiziell, gesetzlich **3** *dir* {ATTI STRANIERI, FIGLIO NATURALE, NUOVO STATO, SENTENZE STRANIERE} (gesetzlich) anerkannt.
riconquista f **1** *fig* {+LIBERTÀ} Rückgewinnung f **2** *mil* {+TERRITORIO} Wiedereroberung f.
riconquistare tr **1** *fig* (*recuperare*) **~ qc** {FIDUCIA DI QU, LIBERTÀ} *etw wieder|erlangen* **2** (*riavere*) **~ qu** *jdn zurück|gewinnen, jdn zurück|erobern* **3** *mil* **~ qc** {SOLDATI TERRITORIO} *etw zurück|-, wieder|erobern.*
riconségna f (*restituzione*) {+CHIAVI, LIBRO} Rückgabe f, Rückerstattung f.

riconsegnàre tr (*restituire*) **~ qc (a qu)** {CHIAVI DI CASA AL PROPRIETARIO} (*jdm*) *etw zurück|geben*; **~ qu/qc (a qu)** {EVASO ALLA POLIZIA, PARCO ALLA CITTADINANZA} *jdn/etw wieder jdm übergeben.*
riconsideràre tr (*prendere nuovamente in considerazione*) **~ qc** {PROBLEMA, PROGETTO} *etw noch einmal durch-, bedenken, etw von neuem ab|wägen*: **bisogna ~ tutta la questione**, man muss die ganze Angelegenheit noch einmal durchdenken.
riconsiderazióne f (*riesame*) erneute Prüfung/Untersuchung, Neubedenken n.
riconsolidàre A tr (*rafforzare nuovamente*) **~ qc** {NUOVO GOVERNO FIDUCIA DI PT} *etw wieder festigen, etw vertiefen* B rfl (*convincersi sempre di più*): **riconsolidarsi in qc** {NELLA CERTEZZA, IN UN'OPINIONE, NEL POTERE} *etw wieder festigen.*
ricontàre tr (*contare nuovamente*) **~ qc** {DENARO, GIORNI, RESTO} (*etw*) ⌊*von neuem*⌋/ [*noch einmal*] *zählen*, (*etw*) *nach|-, durch| zählen*: **dobbiamo ~ da capo le uova**, wir müssen die Eier noch einmal durchzählen.
ricontattàre tr (*contattare nuovamente*) **~ qu** {CLIENTE} *jdn wieder kontaktieren forb*, *wieder Kontakt zu jdm auf|nehmen.*
ricontestualizzàre tr (*inserire in contesto diverso*) **~ qc** {AUTORE MODERNO OPERA LETTERARIA DEL PASSATO} *etw in einen neuen Kontext setzen.*
ricontrattàre tr (*contrattare di nuovo*) **~ qc** *etw neu verhandeln.*
ricontrollàre tr **~ (qc)** *etw noch einmal nach|prüfen/kontrollieren*: **~ i conti**, die Rechnungen noch einmal nachprüfen; **fammi ~ se ho preso le chiavi**, lass mich noch einmal kontrollieren/nachsehen, ob ich die Schlüssel eingesteckt habe.
riconversióne f *econ* {+INDUSTRIA MILITARE} Umstellung f.
riconvertire <coniug *come* convertire> A tr **1** (*convertire di nuovo*) **~ qu** (*a qc*) {GIOVANI AL BUDDISMO} *jdn wieder* (*zu etw* dat) *bekehren* **2** (*ritrasformare*) **~ qc** (*in qc*) {GAS IN LIQUIDO} *etw wieder in etw* (acc) *verwandeln* **3** *econ* **~ qc** (*a/in qc*) {IMPIANTI INDUSTRIALI MILITARI ALLA PRODUZIONE DI ELETTRODOMESTICI} *etw* (*auf etw* acc) *um|stellen* B rfl: **riconvertirsi** (*a qc*) **1** (*convertirsi di nuovo*) {GENTE AL CATTOLICESIMO} *sich wieder* (*zu etw* dat) *bekehren* **2** *econ* {INDUSTRIA MILITARE ALLA PRODUZIONE DI BENI DI CONSUMO} *auf etw* (acc) *um|stellen.*
riconvocàre tr (*convocare di nuovo*) **~ qc** {ASSEMBLEA} *etw wieder ein|berufen.*
ricopèrto, (-a) A part pass di ricoprire B agg (*coperto*) **~ di qc** {MURO DI MARMO} *mit etw* (dat) *bedeckt*; {POLTRONA DI STOFFA} *mit etw* (dat) *bezogen*; {CAMPO DI FIORI} *mit etw* (dat) *überwachsen, mit etw* (dat) *übersät*; *gastr* {DOLCE DI CIOCCOLATO} *mit etw* (dat) *überzogen*: **gelato ~ di cioccolato**, Eis mit Schokoladenüberzug C m *gastr* (*gelato*) Eis mit Schokoladenüberzug.
ricopertùra f **1** (*copertura*) {+POLTRONA} Überzug m **2** (*il ricoprire*) Beziehen n, Überziehen n **3** *autom* {+PNEUMATICO} Mantel m **4** *econ banca* Deckung f.
ricopiàre <*ricopio, ricopi*> tr **~ qc** **1** (*copiare*) {DISEGNO} *etw kopieren* **2** (*trascrivere*) *etw ab|schreiben, etw kopieren*: **~ (in bella) un tema**, einen Aufsatz ins Reine schreiben; **c'erano talmente tanti errori che ho dovuto ~ tutto**, da waren so viele Fehler drin, dass ich alles noch einmal abschreiben musste.
ricopiatùra f **1** (*copia*) {PUNTUALE} Abschrift f, Kopie f **2** (*il ricopiare*) Abschreiben n, Kopieren n.
ricoprire <coniug *come* coprire> A tr **1** (*co-*

prire di nuovo) ~ **qu/qc** {MALATO} jdn/etw wieder zu|decken; {AUTO} anche jdn/etw wieder bedecken: **quando il bimbo di notte si scopre devo alzarmi a ricoprirlo**, wenn sich das Kind im Schlaf aufdeckt, muss ich aufstehen und es wieder zudecken **2** (vestire) ~ **qu** überziehen: **ricopriti, così sei indecente!**, zieh dir etwas über, das ist ja unanständig, wie du aussiehst! **3** (coprire) ~ **qc** {SPECCHIO TUTTA LA PARETE} etw (aus|)füllen; {FOGLIE SECCHE VIALE} etw bedecken; {EDERA MURO} etw verdecken, etw überwuchern, etw bewachsen; ~ **qc (di/con qc)** {MOBILE CON UN TELO} etw (mit etw dat) überziehen, etw (mit etw dat) bedecken; {LIBRO CON DELLA CARTA COLORATA} etw (in etw acc) hüllen, etw (mit etw dat) ein|binden; {POLTRONA DI VELLUTO} etw (mit etw dat) verkleiden, etw (mit etw dat) überziehen, etw mit etw (dat) beziehen; {CAMPO DI SPIGHE, MURO D'EDERA} etw (mit etw dat) bedecken: ~ **di panna una coppa di gelato**, einen Eisbecher mit Sahne überziehen **4** anche fig (riempire) ~ **qu/qc di qc** {AUTOMOBILISTA DI INSULTI, BAMBINO DI BACI, DI CAREZZE} jdn (mit etw dat) überhäufen, jdn (mit etw dat) überschütten; {PAVIMENTO DI POLVERE} etw (mit etw dat) bedecken **5** fig amm ~ **qc** {CARICA} etw bekleiden forb, etw inne|haben, etw aus|üben **B** itr pron (ammantarsi): **ricoprirsi di qc** {CIME DI NEVE} sich mit etw (dat) bedecken; {CIELO DI NUVOLONI} sich mit etw (dat) überziehen.

ricordànza f poet (ricordo) Erinnerung f.
ricordàre A tr **1** (rammentare) ~ **(qu/qc)** sich (an jdn/etw) erinnern, sich (jds/etw) entsinnen forb, etw (im Gedächtnis) behalten: **se ben ricordo**, wenn ich mich recht erinnere/entsinne forb; **ricorderemo sempre i giorni passati con voi**, wir werden uns immer an die Tage erinnern, die wir mit euch verbracht haben; **ricordi ancora il suo indirizzo?**, erinnerst du dich noch an/weißt du noch] seine/ihre Adresse?; **è un nome facile da ricordare**, das ist ein Name, der leicht zu behalten ist/[an den man sich leicht erinnern kann] **2** (richiamare alla mente) ~ **qc (a qu)** {INTERROGAZIONE, PROMESSA AL FIGLIO} (jdn) an jdn/etw erinnern, jdm etw in Erinnerung bringen, jdm etw ins Gedächtnis rufen: **gli ho ricordato di andare dal dentista**, ich habe ihn daran erinnert, zum Zahnarzt zu gehen **3** (rassomigliare a) ~ **qu/qc** {PEZZO MUSICALE MARTELLO PNEUMATICO; RUMORE MIAGOLIO DI UN GATTO} jdm/etw ähneln, an jdn/etw erinnern, jdm/etw ähnlich sein/sehen: **il suo stile ricorda quello di Moravia**, sein/ihr Stil erinnert an Moravia/[ähnelt Moravia] **4** (tenere presente) ~ **qc an etw** (acc) denken: **ricorda che sono soldi miei!**, denk daran, dass das mein Geld ist! **5** (commemorare) ~ **qu/qc an jdn/etw** erinnern, jds/etw gedenken forb, jdn an jdn/etw gemahnen forb: **la lapide ricorda i caduti**, der Stein erinnert an die Gefallenen **6** (menzionare) ~ **qu/qc** jdn/etw erwähnen, jdn/etw nennen, jdn/etw berücksichtigen, jdn/etw an|führen forb: **vi ricordiamo spesso nelle nostre preghiere**, wir gedenken euer forb häufig in unseren Gebeten; **ricordati di me nel tuo testamento!**, berücksichtige mich in deinem Testament!, denk an mich, wenn du dein Testament machst! **7** (fare i saluti) ~ **qu a qu** jdn von jdm grüßen: **ricordami ai tuoi**, grüße mir deine Familie/die Deinen forb **8** (far notare) ~ **qc a qu** jdn (auf etw acc) hin|weisen: **ti ricordo che non sei tu a decidere**, ich mache dich darauf aufmerksam, dass die Entscheidung nicht bei dir liegt **9** (consigliare) ~ **a qu di fare qc** jdm empfehlen, etw zu tun: **si ricorda di allacciare la cintura di sicurezza**, es wird empfohlen, den Sicherheitsgurt anzulegen/[sich anzuschnallen] **B** itr pron **1** (rammentarsi): **ricordarsi (di qu/qc)** sich an jdn/etw erinnern, (noch) an jdn/etw denken, sich jds/etw entsinnen forb: **si è ricordato di telefonarmi**, er hat sich daran erinnert, mich anzurufen; **mi ricordo vagamente (de)i vostri amici**, ich erinnere mich vage an eure Freunde; **ricordarsi di fare qc**, sich daran erinnern,/[daran denken], etw zu tun; **ricordati di chiudere la porta quando esci**, denk daran, die Tür zuzumachen, wenn du gehst; **mi sono ricordato che devo partire oggi alle sei**, mir ist eingefallen, dass ich heute um sechs abfahren muss **2** (tener presente): **ricordarsi di qu/qc** {DI TUO FIGLIO, DEGLI IMPEGNI PRESI} an jdn/etw denken, jdn/etw nicht vergessen **3** (menzionare): **ricordarsi di qu** jdn/etw erwähnen, jdn/etw nennen, jdn/etw an|führen: **nel testamento si è ricordato di tutti**, in seinem Testament hat er alle bedacht/berücksichtigt • **me ne ricorderò!**, das werde ich mir merken/[nicht vergessen]!

ricordino <dim di ricordo> m **1** (souvenir) Andenken n, Mitbringsel n fam: **ti ho portato un ~ dall'Ungheria**, ich habe dir ein Andenken aus Ungarn mitgebracht **2** (piccolo regalo) kleines Geschenk, Kleinigkeit f: **le ho fatto un ~ per il suo compleanno**, ich habe ihr zum Geburtstag eine Kleinigkeit geschenkt **3** relig {+COMUNIONE} Heiligenbildchen n.

ricòrdo A <inv> in funzione di agg {FOTO} Erinnerungs- **B** m **1** ~ **(di qu/qc)** {+INSEGNANTE, PERIODO, SCUOLA} Erinnerung f (an jdn/etw): **tieni questa foto come mio ~**, behalte dieses Foto als Erinnerung an mich; **frugare fra i propri ricordi**, in seinen Erinnerungen kramen; **è un ~ d'infanzia**, das ist eine Kindheitserinnerung; **per ~**, zur Erinnerung, als/zum Andenken; **serbare un buon/pessimo ~ di qu/qc**, jdn/etw in guter/schlechter Erinnerung behalten; **vivere di ricordi**, von Erinnerungen leben **2** (memoria) An(ge)denken n forb, Erinnerung f: **a perenne ~ di qu/qc**, zum ewigen Angedenken von jdm/etw/+ gen; **in ~ di qu/qc**, in Erinnerung an jdn/etw **3** (souvenir) {+PARIGI} Andenken n, Mitbringsel n fam **4** (dono) {+NONNO} Andenken n **5** (vestigia) {+CIVILTÀ CRETESE} Spur f **6** (segno) Narbe f: **l'incidente le ha lasciato un brutto ~**, der Unfall hat ihr eine hässliche Narbe hinterlassen.

ricoricàre <ricorico, ricorichi> **A** tr (coricare di nuovo) ~ **qu + compl di luogo** jdn/etw wieder irgendwohin legen **B** tr (coricarsi di nuovo): **ricoricarsi** sich wieder hin|legen: **dopo una notte insonne decise di ricoricarsi**, nach einer schlaflosen Nacht beschloss er/sie, sich wieder hinzulegen.

ricorrèggere <coniug come leggere> tr (correggere di nuovo) ~ **qc** {GLI STESSI ERRORI} etw wieder verbessern/korrigieren.

ricorrènte A agg **1** (che si ripete nel tempo) {CRISI} (regelmäßig) wiederkehrend; (nello spazio) {FILA DI COLONNE} (regelmäßig) wiederkehrend; lett mus {MOTIVO, TEMA} Leit- **2** dir {PARTE} Berufungs- **3** med {FEBBRE} Rückfall-, Rekurrens- scient **B** mf dir (nel processo civile) Antragsteller(in) m(f); (nel processo amministrativo) (erstinstanzliche(r)) Kläger(in); (con riferimento al ricorso per cassazione) Beschwerdeführer(in) m(f); (con riferimento al ricorso amministrativo) anche Widerspruchsführer(in) m(f).

ricorrènza f **1** (ritorno) {+CRISI ECONOMICA, FATTO, FENOMENO} Wiederkehr f **2** (festività) Gedenk-, Jahrestag m: **festeggiamo tutte le ricorrenze civili e religiose**, wir feiern alle staatlichen und religiösen Gedenktage **3** (occasione) {INFELICE, LIETA} Anlass m: **per la ~ del suo compleanno ...**, aus Anlass seines/ihres Geburtstags ...

ricórrere <coniug come correre> **A** itr <essere> **1** (ritornare) ~ **(+ compl di luogo)** zu etw (dat) zurück|kehren, zu etw (dat) wieder|kehren, zu etw (dat) zurück|laufen: **abbiamo dovuto ~ a casa a prendere il biglietto del treno**, wir mussten nach Hause zurückkehren, um die Zugfahrkarte zu holen **2** (ripetersi) wieder|kehren, sich wiederholen, vor|kommen: **è un fenomeno che ricorre spesso**, das ist ein häufig wiederkehrendes/vorkommendes Phänomen; **il motivo ornamentale ricorre su tutta la facciata**, das Ornament wiederholt sich auf der ganzen Fassade **3** (rivolgersi) ~ **a qu/qc** {A UN AMICO, ALL'AVVOCATO, ALLA POLIZIA} sich an jdn/etw wenden; {AL MEDICO} anche jdn konsultieren **4** (servirsi) ~ **a qc** {ALLE MANIERE FORTI} zu etw (dat) greifen; {AL DIZIONARIO} anche etw benutzen, sich etw (gen) bedienen; {A UN RIMEDIO CASALINGO} auf etw (acc) zurück|greifen **5** (celebrarsi) sein, sich jähren, wieder|kehren: **ricorrerà presto l'anniversario della sua nascita**, bald jährt sich der Jahrestag seiner/ihrer Geburt; **oggi ricorre il compleanno di Elena**, heute [ist Elenas]/[hat Elena] Geburtstag; (cadere) fallen: **Natale ricorre di mercoledì**, Weihnachten fällt auf Mittwoch **6** dir ~ **a qu/qc** {AL GIUDICE, ALLA LEGGE, ALLA GIUSTIZIA} bei jdm/etw Berufung/Rekurs ein|legen: ~ **in appello/cassazione**, (Berufungs/Kassations)beschwerde einlegen **B** tr <avere> (riprendere a correre) ~ **(qc)** {ATLETA I 400 METRI PIANI} etw wieder/[noch einmal] laufen.

ricorsività <-> f **1** (frequenza) {+CRISI} Häufigkeit f **2** ling Rekursivität f **3** mat Rekursion f.

ricorsivo, (-a) agg inform ling mat {FUNZIONE} rekursiv.

ricórso A part pass di ricorrere **B** m **1** (il ricorrere) Anwendung f, Gebrauch m: **fare ~ a qu/qc**, {A UNO PSICANALISTA, ALL'ASSOCIAZIONE DEGLI INQUILINI} sich an jdn/etw wenden; {ALL'INGANNO} sich etw (gen) bedienen; {A UN INTEGRATORE DIETETICO} anche von etw (dat) Gebrauch machen, etw an|wenden; {ALL'OPINIONE PUBBLICA} an jdn/etw appellieren **2** (il ripresentarsi periodico) {+FATTO} Wiederkehr f **3** dir Berufung f, Rekurs m A obs: **accogliere un ~**, einer Beschwerde stattgeben; ~ **in appello**, Berufung f; ~ **in/per cassazione**, Kassationsbeschwerde f; **proporre ~ per cassazione**, Kassationsbeschwerde einlegen; **presentare un ~**, Beschwerde führen/einlegen, Berufung einlegen; **respingere un ~**, eine Beschwerde zurückweisen; **il ~ è stato redatto**, die Beschwerde ist bearbeitet worden; **fare ~ contro una sentenza**, Berufung gegen ein Urteil einlegen; (~ **amministrativo**) Verwaltungsbeschwerde f; Widerspruch m; **presentare un ~**, Verwaltungsbeschwerde einlegen, Widerspruch erheben; **respingere un ~**, eine Verwaltungsbeschwerde zurückweisen, einen Widerspruch ablehnen; (~ **giurisdizionale amministrativo**) Verwaltungsklage f; [**presentare un ~**]/[**proporre ~**], Verwaltungsklage erheben; **respingere/rigettare un ~**, eine Verwaltungsklage abweisen; (reclamo) Beschwerde f; **il suo ~ è fallito**, seine/ihre Beschwerde hatte keinen Erfolg; (testo) Beschwerdetext m.

ricostituènte farm **A** agg {CURA, FIALA} kräftigend, stärkend **B** m Kräftigungs-, Stärkungsmittel n.

ricostituìre <ricostituisco> **A** tr ~ **qc 1** (co-

stituire di nuovo} {GOVERNO} etw neu bilden; {AZIENDA, PARTITO, ecc.} anche etw wieder/neu gründen; fig {CONDIZIONI OTTIMALI} etw wieder|her|stellen **2** fig (dare nuovo vigore) {ORGANISMO} etw wieder aufleben lassen, etw stärken, etw kräftigen **B** itr pron: **ricostituirsi 1** (costituirsi nuovamente) sich wieder bilden, sich neu konstituieren, wieder gegründet/eingerichtet werden: **la società si è ricostituita su nuove basi**, die Gesellschaft ist auf neuen Grundlagen wiedererrichtet worden **2** med {PAZIENTE} gesund werden, wieder zu Kräften kommen, genesen forb.

ricostituito, (-a) agg **1** chim {LATTE, OLIO} regeneriert **2** tecnol {LEGNO} künstlich, Kunst-.

ricostituzióne f **1** {+PROPRIETÀ RURALE} Wiederherstellung f; {+PARTITO, ecc.} Neugründung f; {+GOVERNO} Neubildung f **2** chim Regeneration f.

ricostruíbile agg **1** (che si può ricostruire) {EDIFICIO} wiederaufbaufähig **2** fig {EVENTO} rekonstruierbar.

ricostruíre <ricostruisco> tr **1** (costruire di nuovo) {CASA, EDIFICIO} etw wieder auf|bauen **2** fig (farsi un'idea) {SEQUENZA} etw wieder|her|stellen, etw wieder in Ordnung bringen; {POLIZIA DELITTO, STUDENTE EVENTO STORICO} etw rekonstruieren **3** autom {PNEUMATICO} etw rund|erneuern **4** econ {ECONOMIA, INDUSTRIA} etw wieder auf|bauen **5** arch archeol filol {FORTIFICAZIONE, TESTO} etw rekonstruieren.

ricostruttívo, (-a) agg (della ricostruzione) {PIANO} Wiederaufbau-; {CHIRURGIA} Rekonstruktions-.

ricostruttóre, (-trice) A agg (che ricostruisce) {INTERVENTO} wiederaufbauend B m (f) (chi ricostruisce) {+SOCIETÀ} Wiederaufbauer(in) m(f).

ricostruzióne f **1** anche stor (risultato) {+CASA, MURO, PARTITO; ECONOMICA, POSTBELLICA} Wiederaufbau m; (azione) Wiederaufbauen n **2** fig (riordinamento) {+DELITTO, FATTI} Rekonstruktion f; (azione) Rekonstruieren n **3** autom {+PNEUMATICO} Runderneuerung f **4** filol {+TESTO} Rekonstruktion f ● **- della carriera** amm, Abrechnung f.

ricòtta f gastr "quarkähnlicher Frischkäse".

ricoveràre A tr <avere> **1** (internare) ~ **qu** (+ **compl di luogo**) {MALATO ALL'OSPEDALE} jdn (in etw acc) ein|liefern, jdn (in etw acc) ein|weisen; {ANZIANO ALL'OSPIZIO, IN MANICOMIO} jdn (in etw dat) unter|bringen **2** (ospitare) ~ **qu** (+ **compl di luogo**) {AMICI A CASA, IN SALOTTO} jdn (irgendwo) beherbergen, jdn (irgendwo) auf|nehmen; {FUGGIASCO IN SOFFITTA} anche jdm (irgendwo) Obdach/Unterschlupf gewähren **3** (mettere al riparo) ~ **qu/qc** (+ **compl di luogo**) {BAMBINI SOTTO LA PENSILINA, CAVALLI NELLA STALLA} jdn/etw (irgendwo) unter|stellen B rfl <essere> **1** (entrare in ospedale): **ricoverarsi** (+ **compl di luogo**) {IN OSPEDALE} (irgendwohin) gehen **2** forb (rifugiarsi): **ricoverarsi** + **compl di luogo** (irgendwo) Unterschlupf finden, (irgendwo) unter|schlüpfen fam.

ricoveràto, (-a) A agg ~ (+ **compl di luogo**) {FERITO, PAZIENTE IN CLINICA} (irgendwo) eingeliefert B m (f) **1** (in ospedale) (Krankenhaus)patient(in) m(f), Kranke mf decl come agg **2** (in ospizio) Insasse m, (Insassin f).

ricòvero m **1** (rifugio) Zuflucht f: **trovare ~**, Zuflucht finden; (luogo) Zufluchtsort m **2** (istituto) Asyl n, Heim n: **~ per anziani** Altersheim n; (**per i poveri**) Armenhaus n; (**per pellegrini**) Hospiz m obs **3** (trasferimento) Unterbringung f, Aufnahme f **4** aero mar Unterschlupf m **5** med {+FERITO} Einlieferung f; (degenza) Krankenhausaufenthalt m: **~ ur-gente/[d'urgenza]**, Notaufnahme f **6** mil alpin Unterstand m ● **essere da ~** fig (essere matto), reif für die Klapsmühle sein fam, spinnen fam spreg.

ricreàre A tr **1** (creare di nuovo) ~ **qc** {AZIENDA} etw neu gründen, etw wieder (er)schaffen **2** anche fig (ricostruire esattamente) ~ **qc** {ATMOSFERA, SPIRITO DI UN'EPOCA} etw wieder|her|stellen, etw rekonstruieren; {INTERNO DI UNA PIRAMIDE} etw nach|stellen **3** (ristorare) ~ **qu** {BEVANDA, SONNO RAGAZZINO STANCO} (jdn) erfrischen, jdn beleben, jdn stärken; {PANORAMA} (jdn) erquicken forb obs **4** lett (ritemprare) ~ **qu/qc** {MUSICA SPIRITO} (jdn/etw) erfreuen; {FIAMMA} auf|heitern B rfl: **ricrearsi 1** lett (ritemprarsi) sich erholen, aus|spannen, sich entspannen **2** (divertirsi) sich vergnügen.

ricreatívo, (-a) agg (che ricrea) {LETTURA} erholsam, entspannend, erholend; {VACANZA} anche Erholungs-.

ricreazióne f **1** (distrazione) Zeitvertreib m, Vergnügen n, Unterhaltung f: **la pesca è la sua ~**, Angeln ist sein/ihr Zeitvertreib **2** (ristoro) Erholung f **3** scuola (Ruhe)pause f: **gli scolari hanno mezz'ora di ~**, die Schüler haben eine halbe Stunde Pause.

ricrédersi <coniug come credere> itr pron (mutare opinione): ~ (su qu/qc) seine Meinung (über jdn/etw) ändern: **mi sono ricreduto sul suo conto**, ich habe meine Meinung über ihn/sie geändert; **pensa di essere il più forte, ma dovrà ricredersi**, er/sie denkt, er/sie sei der Stärkste, aber er/sie wird sich noch wundern; **questo fatto lo farà ricredere**, das wird ˌseine Meinung ändern˩/[ihn umstimmen].

ricréscere <coniug come crescere> itr <essere> (crescere di nuovo) wieder wachsen, nach|wachsen: **si è fatto ~ la barba**, er hat sich (dat) den Bart nachwachsen lassen.

ricréscita f {+CAPELLI} Nachwachsen n; {+PREZZI, TASSI D'INTERESSE} Zunahme f, Anstieg m, Steigerung f; (azione) anche Zunehmen n, Steigen n.

ricsciò m **riscià**.

ricucíre <coniug come cucire> tr ~ **qc 1** (cucire di nuovo) etw wieder (zu|-, zusammen|)nähen **2** (rammendare) {STRAPPO} etw vernähen, etw (zu|)nähen, etw flicken; {BUCO} anche etw stopfen **3** fig (risanare) {RAPPORTO FRA DUE PERSONE} etw wieder|her|stellen, etw kitten, etw wieder normalisieren **4** fig spreg (mettere insieme) {CITAZIONI} etw zusammen|flicken fam spreg, etw zusammen|stoppeln fam spreg, etw zusammen|schustern fam spreg, etw zusammen|basteln fam spreg **5** med {LABBRI DI UNA FERITA} etw (ver)nähen.

ricucitúra f **1** (riparazione) Flicknaht f; (azione) anche Nähen n **2** fig (risanamento) {+DISSIDIO} Kitten n.

ricuòcere <coniug come cuocere> A tr <avere> **1** (cuocere di nuovo) {CIBO} etw auf|kochen **2** anche metall (LASTRE DI VETRO, METALLO) etw (aus|)glühen B itr <essere> (cuocere di nuovo) {MINESTRA} wieder auf|kochen.

ricuperàre e deriv → **recuperare** e deriv.

ricurvàre A tr (incurvare) ~ **qc** etw krümmen B itr pron rfl (incurvarsi): **ricurvarsi** sich krümmen.

ricúrvo, (-a) agg **1** (curvo) {DORSO DEL DELFINO} gebogen **2** anche fig (molto curvo) {RAMO} krumm; {VECCHIO} anche gebeugt, gebückt, buck(e)lig.

ricusàre lett A tr **1** (rifiutare) ~ **qu/qc** {SACERDOTE} jdn/etw ab|lehnen; {CIBO} etw verweigern: ~ **di fare qc**, es ablehnen, etw zu tun **2** dir ~ **qu** {GIUDICE} jdn ab|lehnen B itr pron (rifiutarsi): **ricusarsi** sich weigern: **ricusarsi di fare qc**, sich weigern, etw zu tun.

ricusazióne f dir {+GIUDICE} Ablehnung f.

ridacchiàre <ridacchio, ridacchi> itr (ridere in modo sarcastico) (hämisch) kichern.

ridanciàno, (-a) agg **1** (portato al riso) {RAGAZZA, TEMPERAMENTO} lustig, vergnügt, fröhlich **2** (comico) {RACCONTO} komisch, lustig, spaßig.

ridàre <coniug come dare> A tr **1** (dare di nuovo) ~ **qc** etw wieder geben, etw wieder machen: **ho dovuto ~ l'esame**, ich musste die Prüfung noch einmal machen; **ho ridato una mano di vernice alla porta**, ich habe die Tür noch einmal gestrichen; ~ **qc a qu/qc** jdm/etw wieder geben; **ridammi il tuo indirizzo, perché l'ho perso**, gib mir noch einmal deine Adresse, ich habe sie nämlich verloren; **parlare con lui mi ha ridato fiducia**, mit ihm zu sprechen, hat mir wieder Vertrauen gegeben **2** (restituire) ~ (**indietro**) **qc a qu** jdm etw zurück|geben, jdm etw wieder|geben: **ridammi il libro che ti ho prestato**, gib mir das Buch zurück, das ich dir geliehen habe B rfl (tornare a darsi): **ridarsi a qc** {AGLI STUDI} sich wieder etw (dat) widmen, sich wieder etw (dat) zu|wenden.

ridarèlla f (riso irrefrenabile) Lachkrampf m: **mi prese la ~**, ich bekam einen Lachkrampf.

rìdda f **1** anche fig (massa confusa) {+AMMIRATORI} Schar f; {+PENSIERI} Durcheinander n; {+AUTOMOBILI} anche Haufen m fam **2** stor (ballo) Reigen m.

ridefiníre <ridefinisco> tr ~ **qc 1** (definire di nuovo) {CONFINE} etw neu fest|legen/fest|setzen **2** (modificare) {RAPPORTO DI LAVORO} etw neu bestimmen/fest|legen.

ridefinizióne f **1** (nuova definizione) {+CONTRATTO DI LAVORO} Neufestsetzung f **2** (il ridefinire) erneutes Festlegen/Festsetzen.

ridenominàre tr (dare un nuovo nome) ~ **qc** {FILE} etw neu benennen.

ridènte agg **1** (piacevole) {CITTADINA} heiter, fröhlich **2** (che ride) {OCCHI, SGUARDO} lachend.

rider <-> mf ingl sport Rider(in) m(f), Fahrer(in) m(f); (fantino) Rider(in) m(f), Jockey m, Jockei m.

rìdere <irr rido, risi, riso> A itr **1** ~ (**di qu/qc**) {DI SE STESSO, DELL'ACCADUTO} über jdn/etw lachen: **durante le lezioni non fa che ~ sguaiatamente**, während der Unterrichtsstunden macht er/sie nichts anderes, als ordinär zu lachen; **cosa c'è da ~ tanto?**, was gibt's (da) so (viel) zu lachen? **2** (essere allegro) lachen, heiter/fröhlich sein **3** (burlare) ~ **dietro a qu/qc** {DEL COMPAGNO DI BANCO, DELL'INGENUITÀ DI QU} sich über jdn/etw lustig machen: **farsi ~ dietro**, sich lächerlich machen **4** fam (sorridere) ~ (**a qu/qc**) {BAMBINO ALLA TATA} jdm zu|lächeln **5** fig lett (splendere) {SGUARDO, STELLE} strahlen; {OCCHI} anche lachen B itr pron **1** (burlarsi): **ridersela di qu/qc** {DEL COMPAGNO DI BANCO, DELL'INGENUITÀ DI QU} sich über jdn/etw lustig machen, jdn/etw verspotten, jdn/etw verlachen forb **2** fam (infischiarsene): **ridersela (di qu/qc)** {DELLE DIFFICOLTÀ, DEGLI INSULTI, DEI RIMPROVERI} auf jdn/etw pfeifen fam, sich nichts aus jdm/etw machen: **tutto gli va storto e lui se la ride**, alles geht ihm schief und er ˌpfeift drauf fam˩/[macht sich nichts daraus] C <inv> loc agg: **da ~ 1** (comico) {SPETTACOLO TEATRALE} lustig, heiter, komisch **2** (da poco) {DANNO, FERITA} lächerlich ● **qu/qc fa crepare/morire dal ~!**, {UOMO, FILM} jd/etw ist zum Tot-/Kaputtlachen! fam; **fare qc (tanto/così) per ~** fam (per scherzare), etw nur so zum Spaß tun; **ma non farmi ~!** fam, dass ich nicht lache! fam;

non c'è *niente/***nulla da** ~ *fig* (*è una cosa seria*), da gibt es (überhaupt) nichts zu lachen *fam*, das ist überhaupt nicht lustig; ~ **per non** *piangere fig* (*per non pensare a una brutta situazione*), lachen, um nicht zu weinen; **ridendo e** *scherzando* ..., ohne es zu merken; ₍**mi** *viene* **da**₎/[**scoppio dal**] ~, ich platze (fast) vor Lachen *fam*, ich muss lachen; **ride bene chi ride ultimo** *prov*, wer zuletzt lacht, lacht am besten *prov*.

ridestàre [A] *tr* **1** (*destare di nuovo*) ~ **qu/qc** {LEONE} *jdn/etw* wieder (auf|)wecken: **li ha ridestati il rumore del treno**, der Lärm des Zuges hat sie wieder aufgeweckt **2** *fig* (*ravvivare*) ~ **qc** {FIAMMA} *etw* wieder erwecken; {ODIO} *etw* wieder erwecken [B] *itr pron*: **ridestarsi 1** (*risvegliarsi*) {BELLA ADDORMENTATA} wieder auf|wachen/erwachen **2** *fig* (*rinascere*) {AMORE} wieder aufwachen, wieder aufleben.

rideterminàre *tr* (*determinare di nuovo*) ~ **qc** *etw* neu bestimmen.

ridicolàggine *f* **1** (*l'essere ridicolo*) Lächerlichkeit *f* **2** (*atto*) Albernheit *f*.

ridicolizzàre *tr* (*mettere in ridicolo*) ~ **qu/qc** {PERSONAGGIO POLITICO} *jdn/etw* lächerlich machen, *jdn* ins Lächerliche ziehen.

ridicolizzazióne *f* {+BORGHESIA} Lächerlichmachen *n*.

ridìcolo, (-a) [A] *agg* **1** (*che fa ridere*) {ASPETTO, FIGURA, PRETESA} lächerlich: **rendere** ~ **qu/qc**, *jdn/etw* lächerlich machen; **rendersi** ~, sich lächerlich machen **2** (*di scarsa importanza*) {FERITA} lachhaft, lächerlich **3** (*esiguo*) {CIFRA} lachhaft, mickrig *fam spreg*: **è un compenso ~ rispetto al nostro lavoro**, das ist eine lächerliche Vergütung für unsere Arbeit [B] *m* <*solo sing*> Lächerlichkeit *f*, Lächerliche *n decl come agg*, {+SPETTACOLO} *anche* Komische *n*, Komik *f*: **cadere nel** ~, sich lächerlich machen; **mettere qu/qc in** ~, *jdn/etw* lächerlich machen.

ridimensionaménto *m* **1** (*riduzione*) {+AZIENDA, INDUSTRIA} Verkleinerung *f*; {+ORGANICO} Abbau *m*; {+SPESE} Einschränkung *f* **2** *fig* {+PERSONA, SITUAZIONE} Neubeurteilung *f*; {+PRETESE} Zurückschrauben *n*.

ridimensionàre [A] *tr* **1** (*ridurre*) ~ **qc** {AZIENDA} *etw* um|strukturieren, *etw* verkleinern; {PREZZI} *etw* senken **2** *fig* (*riportare alla reale importanza*) ~ **qu/qc** {AUTORE, EVENTO POLITICO} *jdn/etw* wieder im rechten Licht sehen; {PRETESE} *etw* zurück|schrauben: **cerchiamo di ~ la situazione**, versuchen wir (einmal), die Situation im rechten Licht zu sehen; **il nuovo impiegato va un po' ridimensionato**, der neue Angestellte muss ein wenig in die Schranken verwiesen werden [B] *itr pron* (*ridursi*): **ridimensionarsi** sich normalisieren, sich wieder auf das rechte Maß beschränken: **le sue ambizioni politiche si sono ridimensionate**, sein/ihre politischen Ambitionen haben sich wieder normalisiert.

ridìre <*coniug come* dire> *tr* **1** (*dire di nuovo*) ~ **qc** *etw* wieder sagen, *etw* wiederholen; {LEZIONE, POESIA} *etw* auf|sagen: **ridimmelo se ne hai il coraggio!**, sag das noch einmal, wenn du dich traust!; **non si stanca mai di dire e ~ sempre le stesse cose**, er/sie wird nie müde, das Gleiche tausend Mal zu wiederholen **2** (*obiettare*) ~ **qc** *etw* ein|wenden, *etw* aus|setzen: **non ci trovo nulla da** ~, ich habe nichts dagegen einzuwenden; **trova da ~ su tutto**, er/sie hat bei allem etwas auszusetzen **3** (*riferire*) ~ **qc** (**a qu**) ({*jdm*}) *etw* weiter|erzählen, ({*jdm*}) *etw* weiter|sagen **4** (*descrivere*) ~ **qc** *etw* schildern, *etw* beschreiben: **non credo di riuscire a ~ tutto ciò che ho visto!**, ich glaube nicht, dass es

mir gelingen wird, alles Gesehene zu beschreiben.

ridiscéndere <*coniug come* scendere> [A] *tr* <*avere*> (*scendere di nuovo*) ~ **qc** {SCALA} *etw* wieder herunter|gehen [B] *itr* <*essere*> ~ (**da qc**) *von etw* (dat) herunter|steigen: **a ~ dalla vetta impiegò poche ore**, für den Abstieg vom Gipfel brauchte er/sie wenige Stunden.

ridiscùtere <*coniug come* discutere> *tr* (*discutere di nuovo*) ~ **qc** *etw* wieder/neu/[noch einmal] diskutieren: **il nuovo piano regolatore va ridiscusso**, der neue Bebauungsplan muss noch einmal diskutiert werden.

ridisegnàre *tr* ~ **qc 1** (*disegnare di nuovo*) {INTERNO DI UN'ABITAZIONE} *etw* wieder/[noch einmal] zeichnen **2** *fig* (*modificare*) {POLITICA} *etw* neu entwerfen/konzipieren.

ridispórre <*coniug come* porre> *tr* (*disporre di nuovo*) ~ **qc** *etw* wieder ordnen, (*modificando*) *etw* neu gestalten, *etw* um|gestalten: **bisogna ~ gli oggetti nella vetrina**, man muss die Gegenstände im Schaufenster neu ordnen.

ridistribuìre <*ridistribuìsco*> *tr* (*distribuire di nuovo*) ~ **qc** {CARTE} *etw* wieder verteilen; *etw* neu austeilen, {POSTI DI LAVORO} *etw* neu verteilen, *etw* neu vergeben.

ridistribuzióne *f* **1** {+COMPITI} Neu-, Wiederverteilung *f*; (*azione*) *anche* Neu-, Wiederverteilen *n* **2** *econ* {+SPESA PUBBLICA} Umverteilung *f*, Redistribution *f*.

ridivenìre <*coniug come* venire> *itr* <*essere*> (*ridiventare*) ~ + **compl di modo** {UN CONCORRENTE TEMIBILE, PADRE} wieder *irgendwie* werden.

ridiventàre *itr* <*essere*> (*diventare di nuovo*) ~ + **compl di modo** wieder *irgendwie* werden: **sentendo quelle parole ridivenne triste**, als er/sie diese Worte hörte, wurde er/sie wieder traurig.

ridivìdere <*coniug come* dividere> [A] *tr* (*dividere di nuovo*) ~ **qc** *etw* wieder (auf|)teilen [B] *itr pron* (*suddividere ulteriormente*): **ridividersi** {CELLULE} sich weiter|teilen.

ridomandàre *tr* ~ **qc** (**a qu**) **1** (*domandare di nuovo*) {LE STESSE COSE, NOME} *jdn* erneut nach *etw* (dat) fragen **2** (*chiedere in restituzione*) {CD AL COMPAGNO DI CLASSE} *etw* (*von jdm*) zurück|verlangen, *etw* (*von jdm*) zurück|fordern.

ridonàre *tr* ~ **qc a qu 1** *anche fig* (*ridare*) {FIDUCIA} *jdm etw* wieder|geben; {LIBERTÀ A UN DETENUTO} *anche etw* wieder|schenken **2** (*donare restituendo*) *jdm etw* zurück|schenken; (*donare qc che è stato regalato*) *jdm etw* weiter|schenken.

ridondànte *agg* (*sovrabbondante*) ~ (**di qc**) {STILE DI AVVERBI, TESTO DI INFORMAZIONI} (*mit etw* dat) überladen.

ridondànza *f* **1** (*sovrabbondanza*) {+PAROLE, STILE} Überfluss *m*, Übermaß *n*, Fülle *f* **2** *inform* Redundanz *f*.

ridòsso [A] *m* (*riparo*) {+MONTAGNA} Schutzwall *m*; {+COSTA} (wind)geschützte Stelle, Bucht *f* [B] *loc avv* **1** (*al riparo*): **a ~ di qc**, {DELLA MONTAGNA} durch *etw* (acc) geschützt, im Schutz *etw* (gen); **farsi/portarsi/mettersi a ~ di qc**, Schutz *vor etw* (dat) suchen **2** (*attaccato a*): **a ~ di qc**, dicht an *etw* (dat); **ho costruito la casa a ~ di un muro**, ich habe das Haus dicht an einer Mauer gebaut **3** *fig* (*vicino*): **a ~** (**di qu/qc**), unmittelbar *vor jdm/etw*/+ *gen*; **a ~ dell'inverno è facile ammalarsi**, kurz bevor der Winter anfängt, wird man leicht krank.

ridòtta *f* **1** *mat* Kürzen *n*, Gleichnamigmachen *n* **2** *mil* Schanze *f*, Redoute *f*.

ridótto, (-a) [A] *part pass di* ridurre [B] *agg* **1** (*conciato*) übel zugerichtet: **siamo ridotti**

nelle vostre stesse condizioni, wir sind genauso übel dran wie ihr *fam* **2** (*diminuito*) {CIRCOLO DI AMICI, PROPORZIONE} verkleinert, reduziert; {CALIBRO, FORMATO} Klein-; {PREZZO} herabgesetzt; {ITINERARIO} abgekürzt, verkürzt; {FORMA, VERSIONE} *anche* Kurz-; {INFLUSSO, PERICOLO} vermindert **3** *fig* (*costretto*) ~ **a qc** *zu etw* (dat) gezwungen: **essere ridotto a fare qc**, gezwungen sein, *etw* zu tun **4** *chim* {FERRO} reduziert **5** *mat* {FRAZIONE} gekürzt **6** *mus* {OTTAVA} vermindert [C] *m* **1** *mil* Schanze *f*, Redoute *f* **2** *teat* Foyer *n* • **mal** ~ *fig* (*in brutte condizioni fisiche e/o morali*), {LIBRO} in schlechtem/üblem *fam* Zustand; {MOGLIE} *anche*, heruntergekommen.

riducènte [A] *agg* **1** *chim* reduzierend, Reduktions- **2** (*nella cosmesi*) {TRATTAMENTO} Fettblocker- [B] *m chim* Reduktionsmittel *n*.

riducìbile *agg* **1** (*che si può ridurre*) {SFORZO, SPESA} herabsetzbar, verringerbar, reduzierbar **2** (*che si può ricondurre*) ~ (**a qc**) wieder *zu etw* (dat) zu bringen: **il bambino non è ~ all'obbedienza**, das Kind ₍ist aufsässig₎/[gehorcht um keinen Preis] **3** *chim* ~ **a qc** {A SALE} *auf etw* (acc) reduzierbar **4** *mat* {PROPORZIONE} reduzibel, zerlegbar **5** *med* {FRATTURA} behebbar.

riducibilità <-> *f* (*l'essere riducibile*) {+COSTI} Reduzierbarkeit *f*.

ridùrre <*coniug come* condurre> [A] *tr* **1** *anche fig* (*conciare*) ~ **qu/qc** (**a/in qc**) {CONVENTO A UN OSPEDALE} *jdn/etw in etw* (acc) verwandeln, *jdn/etw zu etw* (dat) machen: ~ **un ragazzo a uno straccio**, einen Jungen ₍übel zurichten₎/[kaputtmachen] *fam*; ~ **la cucina a un lago**, die Küche unter Wasser setzen; **hanno ridotto la casa in uno stato pietoso**, sie haben ₍das Haus sehr heruntergekommen lassen₎/[aus dem Haus einen Saustall gemacht *volg spreg*]; ~ **qc a pezzi/brandelli**, *etw* ₍in Stücke hauen/zerschlagen₎/[Fetzen reißen]; ~ **qc in polvere**, *etw* zu Staub zermahlen **2** (*diminuire*) ~ **qc** {ATTIVITÀ DI UN'AZIENDA, PORZIONE, USO DI UN PRODOTTO NOCIVO} *etw* verringern, *etw* vermindern; {DOSE, PRESSIONE, VELOCITÀ} *anche etw* herab|setzen; {TASSE, TENORE DI VITA} *etw* senken; {PREZZO} *anche etw* herab|setzen; {PERSONALE} *etw* ab|bauen; {GOVERNO STANZIAMENTI} *etw* kürzen; {GIUDICE PENA} *etw* (ver)kürzen; ~ **qc a qc** {INTERVENTO DEL RELATORE A DIECI MINUTI} *etw auf etw* (acc) kürzen; ~ **qc di qc** {EMATOMA DELLA METÀ} *etw um/auf etw* (acc) reduzieren **3** (*rimpicciolire*) ~ **qc** {FOTO, PIANTINA} *etw* verkleinern; (*nel disegno*) *etw* um|skalieren **4** *anche fig* (*ricondurre*) ~ **qu/qc** + **compl di luogo** {ANIMALI NELLA STALLA} *jdn/etw* (*irgendwohin*) (zurück|)führen, *jdn/etw* (*irgendwohin*) (zurück|)bringen: ~ **un sognatore alla realtà**, einen Träumer ₍in die Wirklichkeit₎/[auf den Boden der Tatsachen] zurückholen **5** *fig* (*costringere*) ~ **qu a qc** {POPOLO ALL'OBBEDIENZA} *jdn zu etw* (dat) zwingen; {AL SILENZIO} *jdn zu etw* (dat) bringen **6** *fig* (*portare*) ~ **qu a/in qc** {IN MISERIA} *jdn in etw* (acc) stürzen; ~ **qu alla disperazione/ragione**, *jdn* zur Verzweiflung/Vernunft bringen; ~ **qu in schiavitù**, *jdn* zum Sklaven machen **7** *fig* (*adattare*) ~ **qc** (**per qc**) {TESTO PER LA SCUOLA} *etw* (*für etw* acc) be-, um|arbeiten; {FILM PER LA TELEVISIONE} *etw* (*für etw* acc) adaptieren, *etw* (*für etw* acc) bearbeiten; (*tradurre*) ~ **qc in qc** {NOVELLA IN TEDESCO} *etw* übersetzen **8** *banca* ~ **qc** {TASSO D'INTERESSE} *etw* senken, *etw* herab|setzen, *etw* reduzieren **9** *chim* ~ **qc** {MINERALE, OSSIDO} *etw* reduzieren **10** *fis* ~ **qc da qc in qc** *etw von etw* (dat) *auf etw* (acc) reduzieren **11** *gastr* ~ **qc** {SALSA} *etw* einkochen lassen **12** *lavori femminili* ~ **qc** {PUNTO} *etw* ab|nehmen **13** *mar* ~ **qc** {VELA-

TURA} *etw* reduzieren, *etw* verringern **14** *mat* ~ *qc a/in qc* {KILI IN GRAMMI, NUMERI A UN DENOMINATORE COMUNE} *etw* auf *etw* (acc) reduzieren: ~ **una frazione ai minimi termini**, einen Bruch auf den kleinsten gemeinsamen Nenner kürzen **15** *med* ~ *qc* {FRATTURA} *etw* (ein|)richten, *etw* beheben, *etw* reponieren *scient* **16** *mus* ~ *qc* {SPARTITO} *etw* arrangieren, *etw* bearbeiten ▣ *itr pron* **1** (*ritrovarsi in cattive condizioni*): **ridursi + compl di modo** irgendwie werden, herunter|kommen: **ma come ti sei ridotto?**, was ist denn mit dir passiert?, wie siehst du denn aus?; **ridursi male**, herunterkommen **2** (*arrivare*): **ridursi a/in qc** *zu etw* (dat) kommen, *zu etw* (dat) gelangen: ~ **all'elemosina**, an den Bettelstab kommen; **ridursi in miseria**, in Not geraten; **si è ridotto (a vivere) in due locali**, er kann sich nur noch zwei Zimmer leisten **3** (*diminuire*): **ridursi** {MATRIMONI, NASCITE} zurück|gehen; {LAVORO} weniger werden; **ridursi a qc** {ESAME A UN BREVE COLLOQUIO} sich *auf etw* (acc) beschränken; **ridursi di qc** {DI UN TERZO} *um etw* (acc) zurück|gehen **4** *fig* (*limitarsi*): **ridursi (a qc)** sich *auf etw* (acc) beschränken: **si è ridotto a vegetare**, er vegetiert nur noch dahin *spreg* **5** (*rifugiarsi*): **ridursi + compl di luogo** sich *irgendwohin* zurück|ziehen **6** *gastr*: **ridursi** {MINESTRA} ein|kochen.

riduttivo, (-a) *agg* **1** (*che riduce*) ~ *di qc* *etw* reduzierend, *etw* (ver)mindernd, *etw* senkend: **misure riduttive dei costi**, kostensenkende Maßnahmen **2** *fig* (*che limita*) {VALUTAZIONE} oberflächlich, beschränkt, einschränkend: **è ~ in questo caso parlare di responsabilità dei genitori**, in diesem Fall macht man es sich etwas zu leicht, wenn man nur von der Verantwortung der Eltern spricht.

riduttóre, (-trice) ▣ *agg* *chim* reduzierend, Reduktions- ▣ *m (f) edit* {+ROMANZI} Bearbeiter(in) *m(f)* ▣ *m* **1** *chim* Reduktionsmittel *n* **2** *elettr* *fis* Vorschaltwiderstand *m*; ~ **di corrente**, Transformator *m*; ~ **di pressione**, Druckreduzierer *m*, Reduzierventil *n* **3** *mil*: ~ **di rinculo**, Rohrrücklaufbremse *f*; ~ **di vampa**, Mündungsfeuerdämpfer *m* **4** *tecnol* Untersetzungsgetriebe *n* **5** *topogr* Umskalierer *m*.

riduzióne *f* **1** (*il ridurre*) ~ *a qc* {+PROBLEMA AGLI ASPETTI ESSENZIALI} Zurückführung *f auf etw* (acc) **2** (*diminuzione*) {+PRODUZIONE} Senkung *f*, Herabsetzung *f*, Verminderung *f*: ~ **delle tasse**, Steuersenkung *f*; (*del prezzo*) Ermäßigung *f*, Nachlass *m*, Rabatt *m*; **forse chiedendo ci farà ancora una ~**, wenn wir fragen, gewährt er/sie uns vielleicht noch Rabatt; (+PENA) Herabsetzung *f*; ~ **del personale**, Personalabbau *m*; {+TEMPI} Verkürzung *f*; {+SPAZIO} Verkleinerung *f*; {+VELOCITÀ} Verringerung *f*, Senken *n* **3** (*rimpicciolimento*) {+CARTA GEOGRAFICA} Verkleinerung *f*; (*nel disegno*) {+VASO} Umskalierung *f* **4** *fig* (*assoggettamento*) ~ **a qc** Zwang *m zu etw* (dat), Zwingen *n zu etw* (dat): **la ~ all'obbedienza della popolazione sottomessa**, das Zwingen der unterworfenen Bevölkerung zum Gehorsam **5** *fig* (*il far finire*) ~ **a/in qc** {IN MISERIA, +POPOLAZIONE} Stürzen *n in etw* (acc) **6** *fig* (*adattamento*) {+TESTO} Bearbeitung *f*: ~ **per la scuola/il teatro**, Bearbeitung *f* für die Schule/das Theater; **televisiva**, Fernsehbearbeitung *f*; ~ **cinematografica**, Verfilmung *f* **7** *banca* {+TASSO D'INTERESSE} Senkung *f*, Herabsetzung *f*, Reduzierung *f* **8** *biol chim fis* {CROMATICA; +FORMULA, OSSIDO} Reduktion *f* **9** *lavori femminili* {+PUNTO} Abnehmen *n* **10** *ling* {+VOCALE} Schrumpfung *f*, Reduktion *f* **11** *mat* Kürzung *f*, Kürzen, Reduktion f: ~ **di frazioni al comun denomi-**

natore, Kürzen *n* von Brüchen auf den gemeinsamen Nenner **12** *med* {+FRATTURA} Einrenken *n*, Richten *n*, Einrichtung *f*, Behebung *f* **13** *mus* Arrangement *n*, Bearbeitung *f*: ~ **per violino**, Bearbeitung *f* für Violine.

riduzionìsmo *m biol filos* Reduktionismus *m*.

riduzionìsta <-i *m*, -e *f*> *biol filos* ▣ *agg* {SCIENZIATO, TENDENZA} reduktionistisch ▣ *mf* Reduktionist(in) *m(f)*.

riduzionìstico, (-a) <-ci, -che> *agg* (*del riduzionismo*) reduktionistisch.

riècco *avv fam* (*ecco di nuovo, il verbo, che spesso in ital è sottinteso, deve essere tradotto*) da ... wieder, hier ... wieder: ~ **la nebbia**, der Nebel ist wieder da; (*i pron pers diventano enclitici*) **rieccoti qui!**, da bist du ja wieder!; **rieccoti la tua giacca!**, hier hast du deine Jacke wieder!; **rieccoci da capo!**, geht das schon wieder los?! *fam*; nun sind wir genauso weit wie vorher!, jetzt können wir wieder von vorne anfangen!; **rieccola con le sue lamentele!**, geht das schon wieder los mit ihrem Gejammer! *fam*; (*con ne*) **rieccone tre**, da/hier sind wieder drei davon!

riecheggiàre <riecheggio, riecheggi> ▣ *itr* <*essere*> (*echeggiare di nuovo*) wider|hallen: **una fucilata è riecheggiata nel bosco**, ein Gewehrschuss hallte im Wald wider ▣ *tr* <*avere*> ~ *qc* **1** (*fare eco*) {TROMBA DELLE SCALE VOCI DEI PASSANTI} *etw* zurück|werfen **2** *fig* (*evocare*) *an etw* (acc) an|klingen, *etw* an|klingen lassen, *an etw* (acc) denken lassen: **pagine che riecheggiano la poesia ottocentesca**, Seiten, die die Poesie des 19. Jahrhunderts anklingen lassen.

riedificàre <riedifico, riedifichi> *tr anche fig* (*ricostruire*) ~ *qc* {CITTÀ, SOLIDITÀ ECONOMICA DI UN PAESE} *etw* wieder auf|bauen, *etw* neu errichten.

riedificazióne *f* Wiedererrichtung *f*, Wiederaufbau *m*; (*azione*) *anche* Wiedererrichten *n*, Wiederaufbauen *n*.

rièdito, (-a) *agg* (*ripubblicato*) ~ *da qu/qc* {ENCICLOPEDIA DA UNA NUOVA CASA EDITRICE} *von jdm/etw* neu verlegt,/[veröffentlicht].

riedizióne *f* **1** *edit lett* {+ROMANZO} Neuauflage *f*, Neuausgabe *f* **2** *film* {+COMMEDIA AMERICANA DEGLI ANNI '50} Remake *n* **3** *mus teat* {+DISCO, OPERA} Wiederaufnahme *f*, Reprise *f* **4** *fig* (*riproposta*) {+PROGRAMMA POLITICO} Wiederaufnahme *f*.

rieducàre <rieduco, rieduchi> *tr* **1** (*educare di nuovo*) ~ *qu* {RAGAZZO INDISCIPLINATO} *jdn* um|erziehen, {CATEGORIA DI LAVORATORI} *jdn* um|schulen **2** (*recuperare*) ~ *qu* {CIECO, MUTILATO, TOSSICODIPENDENTE} *jdn* rehabilitieren, {MINORENNE} *jdn* um|erziehen **3** *med* ~ *qc* {BRACCIO, GAMBA PARALIZZATA} *etw* rehabilitieren, *etw* wieder trainieren/[beweglich machen].

rieducatìvo, (-a) *agg* **1** *med* {TERAPIA} Rehabilitations-, mobilisierend **2** *psic* Umschulungs-, Umerziehungs-.

rieducazióne *f* **1** {+FIGLIO} Umerziehung *f*; (*azione*) *anche* Umerziehen *n*; {+IMPIEGATO} Umschulung *f*; {+SORDO, TOSSICODIPENDENTE} Rehabilitation *f* {+DELINQUENTE} Umerziehung *f* **2** *med* Rehabilitation *f*, Wiederherstellung *f*.

rielaboràre *tr* (*elaborare di nuovo*) ~ *qc* {DISEGNO, TESTO} *etw* überarbeiten, *etw* neu bearbeiten, *etw* wieder aus|arbeiten.

rielaborazióne *f* {+PROGETTO, RACCONTO} Neubearbeitung *f*, Überarbeitung *f*; (*azione*) *anche* Neubearbeiten *n*, Überarbeiten *n*.

rielèggere <*coniug come* leggere> *tr* (*eleggere di nuovo*) ~ *qu* (*a qc*) {POLITICO AL SENATO} *jdn* wieder (*in etw* acc) wählen; (*nominare di nuovo*) ~ *qu qc* {PRESIDENTE, SINDACO} *jdn* wieder (*zu etw* dat) wählen.

rieleggìbile *agg* (*che si può rieleggere*) {PRESIDENTE} wiederwählbar.

rieleggibilità <-> *f* (*l'essere rieleggibile*) {+GOVERNO} Wiederwählbarkeit *f*.

rielètto, (-a) ▣ *part pass di* rieleggere ▣ *agg* {POLITICO} wieder gewählt.

rielezióne *f* **1** (*risultato*) Wiederwahl *f* **2** (*il rieleggere*) Wiederwählen *n*.

riemèrgere <*coniug come* emergere> *itr* <*essere*> **1** (*tornare alla superficie*) {SOTTOMARINO} wieder auf|tauchen: **l'isolotto riemergerà con la bassa marea**, das Inselchen wird bei Ebbe wieder auftauchen **2** *fig* (*ripresentarsi*) {PROBLEMA} wieder auf|treten, sich wieder bemerkbar machen **3** *fig* (*ritornare in mente*) {IMMAGINE DI UNA PERSONA CARA} wieder auf|tauchen/[wach werden].

riempiménto *m* **1** Füllung *f*; (*azione*) *anche* (Auf)füllen *n* **2** {+MODULO} Ausfüllen *n*.

riempìre <*coniug come* empire> ▣ *tr* **1** (*rendere pieno*) ~ *qc* (*di qc*) {SCATOLA DI DOLCI} *etw* (*mit etw* dat) (an|)füllen; {BICCHIERE D'ACQUA FINO AL BORDO} *etw* (*mit etw* dat) (auf|)füllen: **le riempì ancora una volta il bicchiere di vino**, er/sie ₁füllte noch einmal ihr Glas mit Wein₁/[schenkte ihr noch einmal Wein nach]; {CASSETTO DI MAGLIE, SACCO DI STRACCI} *etw* (*mit etw* dat) füllen, *etw* (*mit etw* dat) (voll|)stopfen *fam*; {DIVANO DI PIUME} *etw* (*mit etw* dat) polstern; {CASA DI FIORI, TAVOLO DI REGALI} *etw* (*mit etw* dat) voll|laden, beladen; *fig* ~ *qu/qc* (*di qc*) {AMICO DI GIOIA} *jdn/etw mit etw* (dat) erfüllen; {FIGLIO DI REGALI} *jdn/etw mit etw* (dat) überschütten: ~ **di chiacchiere la testa di qu**, *jdn* voll|labern *fam spreg*, *jdm* voll anlabern, *jdm* ein Ohr abreden/abkauen *fam*; ~ **qu di insulti**, *jdn* ordentlich beleidigen, *jdn* mit Schimpfwörtern überschütten; **l'hanno riempito di botte in un vicolo**, sie haben ihn in einer Gasse zusammengeschlagen **2** (*colmare*) ~ *qc* {LACUNA, TEMPO LIBERO, VUOTO} *etw* (aus|)füllen, {CARICA VACANTE} *etw* besetzen **3** (*occupare*) ~ *qc* {ACQUA VASCA DEI PESCI; FOLLA CINEMA} *etw* füllen **4** (*saziare*) {LATTE, PANE} sättigen, stopfen **5** *fam* (*invadere*) ~ *qc* (*di qu/qc*) {CASA DI ESTRANEI, DI GATTI} *etw* (*mit jdm/etw*) bevölkern **6** *fam* (*cospargere*) ~ *qc* (*di qu/qc*) {CASA DI POLVERE} *etw* (*mit etw* dat) überziehen **7** *fig* (*impregnare*) ~ *qc* {PROFUMO DELLE ROSE ARIA} *etw* erfüllen **8** *amm* ~ *qc* {MODULO} *etw* aus|füllen **9** *gastr* ~ *qc* {TACCHINO DI CASTAGNE} *etw* (*mit etw* dat) füllen ▣ *itr pron* (*diventare pieno*): **riempirsi (di qc)** {CINEMA DI GENTE; OCCHI DI PIANTO; SCAFFALE DI LIBRI} sich *mit etw* (dat) füllen; *fig* {BAMBINO DI GIOIA} *von etw* (dat) erfüllt werden: **il collega si riempì d'orgoglio**, dem Kollegen schwellte *forb* die Brust ▣ *rfl fam* (*mangiare troppo*): **riempirsi** *mit etw* (dat) voll| stopfen *fam*, sich *mit etw* (dat) voll|essen *fam*, sich *mit etw* (dat) voll|schlagen *fam*: **l'altra sera al ristorante mi sono riempito troppo**, neulich abends im Restaurant habe ich mir den Bauch zu sehr voll geschlagen *fam*.

riempitìvo, (-a) ▣ *agg* (*che riempie*) {FRASE} füllend, Füll-; *edil* {MATERIALE} Füll- ▣ *m* **1** (*materiale*) Füllsel *n*, Füllmittel *n* **2** *fig* Lückenbüßer *m* **3** *ling* Füllwort *n*.

rientraménto *m* (*rientranza*) {COSTIERO} Einbuchtung *f*: ~ **nel muro**, Vertiefung *f* in der Mauer.

rientrànte ▣ *agg* **1** (*che rientra*) zurückspringend, zurücktretend: **le finestre sono rientranti rispetto alla facciata**, die Fenster springen gegenüber der Fassade zurück **2** *fam* (*incavato*) {GUANCE} hohl, eingefallen ▣ *m mil stor* einspringender Winkel *m*.

rientrànza f (concavità) {+CORRIDOIO, COSTA, MURO} Vertiefung f, Einbuchtung f.
rientràre A itr <essere> 1 (entrare di nuovo) ~ (+ compl di luogo) wieder (irgendwohin) hinein|gehen, wieder (irgendwohin) ein|treten, (irgendwohin) zurück|kehren: ~ a fare qc, zurückgehen, um etw zu tun; zurückkehren, um etw zu tun; {IN MACCHINA} wieder in etw (acc) (ein|)steigen; {IN ACQUA} wieder in etw (acc) (hinein|)gehen; {DALLA FINESTRA} wieder durch etw (acc) herein|kommen; {ATTRAVERSO L'ABBAINO, PER LA PORTA} wieder zu etw (dat) /durch etw (acc) herein|kommen; (con veicolo) {IN STAZIONE} wieder in etw (acc) ein|fahren; {IN CITTÀ, IN GARAGE} wieder in etw (acc) hinein|fahren; (a cavallo) wieder in etw (acc) ein|reiten; fig {IN UN'ASSOCIAZIONE PACIFISTA} wieder in etw (acc) ein|treten; (mar) {IN PORTO} wieder in etw (acc) ein|laufen; sport {IN CAMPO} wieder in etw (acc) ein|laufen, etw wieder betreten: ~ in gioco, das Spiel wieder aufnehmen; (nel calcio) {IN AREA DI RIGORE} wieder in etw (acc) ein|dringen 2 (tornare) ~ (+ compl di luogo) (irgendwohin) zurück|kommen, (irgendwohin) zurück|kehren: ~ (a casa), (wieder) heim|kommen, (wieder) nach Hause (zurück|)kommen; quando rientra tuo marito?, wann kommt dein Mann heim/[nach Hause]?; ~ in patria, heimkehren; è appena rientrato dalle vacanze, er ist eben aus den Ferien zurückgekommen 3 (presentare cavità) zurück|treten, ein|-, zurück|springen, eine Vertiefung auf|weisen: il cornicione rientra improvvisamente, das Sims weist eine plötzlich auftretende Vertiefung auf|/[springt plötzlich ein]/[ist plötzlich nach hinten versetzt]; il fiume rientrava per venti metri, der Fluss wies eine Einbuchtung von zwanzig Metern auf 4 essere (ritornare ad essere) ~ in qc {AMICO IN CARICA, NEL GIRO} wieder in etw (acc) gelangen; {MOGLIE IN FAMIGLIA} (wieder) zu etw (dat) zurück|kommen: ~ in sé, wieder zu sich (dat) /[zur Besinnung] kommen 5 anche fig (riassorbirsi) {POSSIBILITÀ DI ESPLOSIONE DI UNA CENTRALE NUCLEARE, RISCHIO DI SETTICEMIA} sich wieder legen 6 fig (annullarsi) {PROGETTO} nicht verwirklicht werden, unausgeführt bleiben 7 fig ~ in qc {IN CASSA} etw aus|gleichen: ~ nelle spese, die Kosten ausgleichen 8 fig (essere compreso) ~ in qc {UN CASO IN QUELLI NOTI} unter etw (acc) fallen; {IN UNA CLASSIFICAZIONE} zu etw (dat) gehören, in etw (acc) fallen; {BEVANDE NEL PREZZO} (in etw dat) inbegriffen sein: ciò non rientra assolutamente nelle mie intenzioni, das liegt absolut nicht in meiner Absicht 9 fig {RIGA} (essere) (ein)gezogen/eingerückt sein B tr <avere> ~ qc 1 fam (mettere dentro) {PANNI STESI} etw herein|holen 2 mar {PARABORDI} etw ein|ziehen, etw ein|holen.
rientràto, (-a) agg fig (non realizzato, non riuscito) {SPERANZE} enttäuscht; {AMBIZIONE, TENTATIVO} gescheitert; {SCANDALO} erstickt, unterdrückt.
rièntro m 1 (il rientrare) Rückkehr f: ~ a casa, Heimkehr f; al suo ~ nessuno lo riconobbe, als er zurückkehrte, erkannte ihn niemand; il ~ degli operai in fabbrica, die Rückkehr der Arbeiter in die Fabrik; è l'ora del ~, es ist Heimkehrzeit; mil es ist Zapfenstreich; ~ in patria, Wiedereinreise f 2 astr Wiedereintritt m: il ~ nell'atmosfera, der Wiedereintritt in die Atmosphäre 3 econ banca {+CAPITALE} Eingang m 4 tip Einzug m
● il grande ~ è previsto per la fine d'agosto (il ritorno in massa dalle vacanze estive), der große Rückreise-/Rückflussverkehr wird Ende August erwartet.
riepilogàre <riepilogo, riepiloghi> tr (riassumere) ~ (qc) {DISCORSO} etw zusammen|fassen, etw rekapitulieren forb: riepilogando, siete usciti di casa e poi ..., fassen wir zusammen, ihr seid aus dem Haus gegangen und dann ...
riepilogo <-ghi> m (riassunto) {+PRINCIPALI ARGOMENTI} Zusammenfassung f, Rekapitulation f forb: fare il ~ di qc, etw zusammenfassen.
riequilibràre A tr anche fig (rimettere in equilibrio) ~ qc {BILANCIA DEI PAGAMENTI} etw (wieder) aus|gleichen; {PESI} etw wieder gleichmäßig verteilen /[ins Gleichgewicht bringen] B rfl itr pron anche fig (ritrovare un equilibrio): riequilibrarsi {AMICO} sich wieder fangen, ein neues Gleichgewicht finden; {RESPONSABILITÀ} sich wieder ein|pendeln.
riequilibrio <-bri> m anche fig {+BILANCIO} Ausgleich m.
riesàme m (riconsiderazione) erneute (Über)prüfung: ad un attento ~ la situazione pareva immutata, bei aufmerksamer Überprüfung schien die Situation unverändert.
riesaminàre tr (esaminare di nuovo) ~ qc {BILANCIO, TRADUZIONE} etw wieder prüfen, etw nach|prüfen; {QUESTIONE} etw neu untersuchen/prüfen.
Riesling <-> m ted enol Riesling m.
riesplòdere <irr riesplodo, riesplodi, riesploso> A itr <essere> anche fig (esplodere di nuovo) {BOMBA} wieder explodieren, wieder los|gehen fam; {LITE} wieder aus|brechen, wieder los|platzen fam B tr <avere> ~ qc {GRANATA} etw wieder ab|feuern.
riesposizióne f {+QUADRO} erneute Ausstellung; (azione) anche erneutes Ausstellen.
rièssere <irr rifui> itr <essere> fam (essere di nuovo) wieder sein: dobbiamo ~ a casa prima delle sette, wir müssen vor sieben Uhr wieder zu Hause sein ● ci risiamo! fig fam (di dispappunto), schon wieder!, jetzt geht das schon wieder los!
riesumàre tr ~ qc 1 (disseppellire) {CADAVERE} etw exhumieren; {TESORO} etw aus|graben 2 fig (riscoprire) {VECCHIA MODA} etw wieder aus|graben; {VECCHIO MACININO} etw wieder ein|führen.
riesumazióne f 1 {+CADAVERE} Exhumierung f; (azione) anche Exhumieren n; {+CASSA} (Wieder)ausgrabung f; (azione) anche (Wieder)ausgraben n 2 fig (riscoperta) {+ANTICA COMMEDIA} Wiederausgrabung f; {+SCI DI LEGNO} Wiedereinführung f.
rietino, (-a) A agg von/aus Rieti B m (f) (abitante) Einwohner(in) m(f) von Rieti.
rievocàre <rievoco, rievochi> tr 1 (richiamare alla mente) ~ qu/qc (a qu) {AMICO COMUNE, ALCUNI AVVENIMENTI} jdn (an jdn/etw) erinnern, (jdm) jdn/etw ins Gedächtnis zurück|rufen: il profumo di zagara mi rievoca l'infanzia, der Duft der Zitronenblüte ruft mir meine Kindheit ins Gedächtnis zurück 2 (celebrare) ~ qu/qc jds/etw gedenken forb: hanno rievocato il presidente scomparso, sie haben des verstorbenen Präsidenten gedacht forb 3 (nell'occultismo) ~ qu {ANIME DEI MORTI} jdn beschwören.
rievocativo, (-a) agg (che rievoca) {ARTICOLO} Gedenk-, Erinnerungs-.
rievocazióne f 1 (commemorazione) {+EVENTO STORICO} Gedenkrede f, Gedenken n; {+NOTO PERSONAGGIO} Nachruf m (il rievocare) {+PASSATO} Wachrufen n; {+INFANZIA} Zurückrufen n.
rifaciménto m 1 {+SCULTURA, STRADA} Wiederaufbau m; (azione) anche Wiederaufbauen n; {+CASA} Umbau m; (azione) anche Umbauen n 2 film TV {+FILM DEGLI ANNI '50} Neubearbeitung f 3 lett {+OPERA} Neufas-sung f, Überarbeitung f.
rifacitùra f Neumachen n, Wiederholen n, Wiederaufbauen n.
rifàre <irr rifaccio> A tr 1 (fare di nuovo) ~ (qc) {COMPITO, ESAME, TENTATIVO} etw noch einmal machen, (modificando) etw neu machen: il lavoro deve essere rifatto in parte, die Arbeit muss zum Teil noch einmal gemacht werden; bisogna ~ tutto di sana pianta, man muss alles noch einmal von Grund auf neu machen; è tutto da ~!, es muss alles neu gemacht werden!; das ist alles noch einmal zu machen! 2 (ripetere) ~ qc {SEMPRE LO STESSO DISCORSO} etw wiederholen: non bisogna ~ gli stessi errori, man darf nie die gleichen Fehler nicht wiederholen; ci ha rifatto la stessa scena dell'anno scorso, er/sie hat uns wieder die gleiche Szene wie im letzten Jahr gemacht 3 (ripercorrere) ~ qc {CAMMINO} etw wieder gehen 4 (ripristinare) ~ qc {TINTEGGIATURA DI UNA CAMERA} etw erneuern, etw neu machen; {BAGNO, TETTO} anche etw renovieren 5 (riparare) ~ qc {POLSINI DELLA CAMICIA, SUOLE DELLE SCARPE, TACCHI} etw neu machen 6 (cambiare) ~ qc {ELETTRODOMESTICI DELLA CUCINA} etw neu kaufen, sich (dat) etw neu an|schaffen 7 (ricostruire) ~ qc {CASA, STAZIONE} etw neu/wieder auf|bauen 8 (rassettare) ~ qc {STANZA} etw in Ordnung bringen, etw auf|räumen; {LETTO} machen 9 ~ qc {COPIONE} etw neu bearbeiten; (modificando) etw um|arbeiten 10 (rileggere) ~ qu qc {ALUNNO CAPOCLASSE} jdn wieder zu etw (dat) wählen 11 (imitare) ~ qu/qc {ATTORE FAMOSO, RUMORE DEL TRENO, VERSO DEL GALLO} jdn/etw nach|machen, jdn/etw nach|ahmen, jdn/etw imitieren: rifare il verso a qu, jdn nachahmen, jdn nachäffen spreg 12 (compensare) ~qu di qc/[qc a qu] jdn für etw (acc) entschädigen: ~ i danni/le spese a qu, ~ qu dei danni/delle spese, jdn für den Schaden/die Ausgaben entschädigen, jdm den Schaden/die Ausgaben ersetzen 13 gastr ~ qc {BOLLITO} etw wieder zu|bereiten, etw auf|wärmen B itr pron 1 fam (prendersi la rivincita): rifarsi (di qc) {DELLA SCONFITTA} sich für etw (acc) revanchieren fam, jdm etw heim|zahlen; {DELL'INGIUSTIZIA} sich für etw (acc) rächen: mi sono rifatto! fam, ich habe mich schadlos gehalten /[revanchiert]! fam; nella speranza di rifarsi ha perduto di più, in der Hoffnung zu gewinnen, hat er noch mehr eingebüßt /[draufgezahlt fam]; rifarsi con/su qu/qc di qc sich mit jdm/etw wegen etw (gen) an|legen, den an jdm/etw aus|lassen; si rifaceva su di lei delle sue frustrazioni, er/sie ließ seinen/ihren Frust fam an ihr aus; è lui che ti ha offeso e te la rifai con me!, er hat dich beleidigt, und du lässt es an mir aus! 2 fam anche fig (recuperare): rifarsi (di qc) {DELLE SPESE VIVE} etw wett|machen, etw wieder herein|holen; {IL TEMPO SPESO MALE} etw auf|holen 3 (tornare): rifarsi a qu/qc {ALLA LETTERA DEL MESE SCORSO} sich auf etw (acc) beziehen; {A ESIODO, ALLE ORIGINI DELLA LETTERATURA GRECA} anche auf etw (acc) zurück|greifen 4 (ristabilirsi): rifarsi med {MALATO} sich wieder erholen, wieder gesund werden: dopo la malattia si è rifatto bene, nach der Krankheit hat er sich wieder gut erholt; {TEMPO} sich bessern, wieder schön werden C rfl 1 (ridiventare): rifarsi + compl di modo {BUDDISTA} wieder irgendwie werden: alle sue parole si rifece scuro in volto, bei seinen/ihren Worten verfinsterte sich seine Miene wieder 2 (farsi di nuovamente): rifarsi qc (dat) etw neu machen: rifarsi il trucco, sich neu schminken, sich das Make-up auffrischen 3 indir fig (ricreativo): rifarsi qc {GIRO DI AMICIZIE, VITA}

sich (dat) *etw* neu auf|bauen **4** *indir*: **rifarsi qc** {LABBRA} sich (dat) *etw* ⌊neu machen⌋/[liften] lassen • **rifare nuovo qu** *fig fam* (*dargliele di santa ragione*), jdn durchprügeln *fam*, jdm eine gehörige Tracht Prügel versetzen; **rifarsi vivo** *fig fam* (*rifarsi sentire*), sich wieder melden, wieder auftauchen.

rifàtto, (-a) **A** *part pass di* rifare **B** *agg* **1** (*rielaborato*) neu bearbeitet **2** (*con la chirurgia*) {NASO} (schönheits)operierte(r, s), korrigierte(r, s): **seno ~**, Silikonbusen m **3** *fig* (*arricchito*) neureich *spreg* **4** *gastr* {BOLLITO} aufgewärmt.

riferìbile *agg* **1** (*attribuibile*) **~ a qu/qc** *jdn/etw* betreffend, *auf etw* (acc) bezüglich: **le tue parole sono riferibili alla questione dibattuta**, deine Worte beziehen sich auf die strittige Angelegenheit **2** (*ripetibile*) {SEGRETO} erzählbar.

riferimènto *m* **1** (*relazione*) Bezug m: **fare ~ a qc**, Bezug auf etw (acc) nehmen; *amm comm anche* **Bezugnahme f**; **in/con ~ alla Vostra del ...**, ⌊Bezug nehmend⌋/[mit Bezug] auf Ihr Schreiben vom ..., unter Bezugnahme auf ihr Schreiben vom ... **2** (*richiamo*) {LETTERARIO, STORICO} Verweis m, Hinweis m **3** (*allusione*) Anspielung f, Andeutung f: **facciamo ~ a ciò che già sapete**, wir beziehen uns auf das, was ihr schon wisst **4** (*punto di ~*) Bezugspunkt m; *fig anche* Anhaltspunkt m: **per iniziare l'indagine ci vogliono alcuni riferimenti precisi**, um mit der Untersuchung zu beginnen, brauchen wir einige Anhaltspunkte **5** *fis mat* Bezug m: **sistema di ~**, Bezug(s)system n • **ogni ~ a fatti o persone realmente esistenti è puramente casuale**, alle Ähnlichkeiten mit wirklichen Personen oder Gegebenheiten sind rein zufällig.

riferìre <*riferisco*> **A** *tr* **1** ~ **qc (a qu)** {ULTIMI AVVENIMENTI, PAROLE ALTRUI} (*jdm*) *etw* berichten, (*jdm*) *etw* mit|teilen, (*jdm*) *etw* erzählen, (*jdm*) *etw* hinter|bringen, (*jdm*) *etw* zu|tragen: **è andato a ~ tutto quello che hai detto**, er hat alles weitererzählt, was du gesagt hast **2** (*mettere in relazione*) **~ qc a qc** {EFFETTO A UNA CAUSA} *etw* zu *etw* (dat) in Beziehung bringen, *etw auf etw* (acc) beziehen, *etw auf etw* (acc) zurück|führen **B** *itr* (*tenere una relazione*) **~ (a qu) (su qc)** (*jdm*) *etw* vor|tragen *forb*, (*jdm*) (von etw dat/*über etw* acc) berichten, (*jdm*) (über etw acc) referieren: **~ per iscritto all'autorità competente**, schriftlich bei der zuständigen Behörde Bericht erstatten; **riferirò!**, ich werde es ausrichten; **C** *itr pron*: **riferirsi a qu/qc 1** (*riguardare*) *auf jdn/etw* Bezug nehmen, *auf jdn/etw* beziehen: **questo fascicolo contiene i documenti che si riferiscono all'inchiesta**, diese Akte enthält die Dokumente, die sich auf die Umfrage beziehen; **le sue parole si riferiscono a una persona precisa**, seine/ihre Worte beziehen sich auf eine bestimmte Person **2** (*alludere*) *auf jdn/etw* an|spielen: **non capisco a chi/cosa vogliate riferirvi**, ich verstehe nicht, ⌊auf wen⌋/[worauf] ihr anspielen wollt; **mi riferisco alla questione a voi nota**, ich beziehe mich auf die euch bekannte Angelegenheit **3** (*concernere*) *jdn/etw* betreffen; **per quanto si riferisce ai genitori/alla famiglia**, was die Eltern/die Familie betrifft.

riff <-> *m ingl mus* Riff m.

rìffa① *f* (*lotteria*) Preisausschreiben n.

rìffa② *f tosc* Gewalt *f* • **o di ~ o di raffa** *fam* (*a tutti i costi*), auf Biegen und/oder Brechen, {FARE QC} *fam* auf Biegen und/oder Brechen, um jeden Preis.

rifiatàre *itr* **1** (*riprender fiato*) atmen; *fig* auf|atmen: **lavora tutto il giorno senza ~**, er/sie arbeitet den ganzen Tag ohne Atempause **2** *fig* (*replicare*) erwidern.

ricciàre <*rifìcco, rifìcchi*> *fam* **A** *tr anche fig* (*ficcare di nuovo*) **~ qc (a qu)** {MADRE PANTOFOLE AL BIMBO} *fam* wieder *etw* an|ziehen **B** *rfl anche fig* (*ficcarsi di nuovo*): **rificcarsi (qc)** {MAGLIONE} wieder *in etw* (acc) schlüpfen: **si è rificcato nello stesso guaio dello scorso anno**, er ist wieder in die gleiche Patsche *fam* geraten wie letztes Jahr.

rificolòna *f* (*palloncino con luce interna*) Lampion m, Laterne f.

rifilàre *tr* **1** *fam* **~ qc a qu** {UN PAIO DI SCHIAFFI, UNA SCARICA DI PUGNI AL FIDANZATO} jdm *etw* verpassen *fam*, jdm *etw* versetzen; {INCOMBENZA SGRADITA ALLA SORELLA} jdm *etw* unter|schieben, {QUADRO FALSO A UN CLIENTE} jdm *etw* an|drehen *fam* **2** *fam* (*spifferare*) **~ qc a qu** jdm *etw* weiter|sagen **3** {ORLO} **~ qc** nach|schneiden.

rifinanziamènto *m* Refinanzierung *f*, (*azione*) *anche* Refinanzieren n.

rifinanziàre <*rifinanzio, rifinanzi*> **A** *tr* (*finanziare di nuovo*) **~ qc** {AZIENDA PRIVATA SPEDIZIONE} *etw* refinanzieren **B** *rfl*: **rifinanziarsi** sich refinanzieren.

rifinìre <*rifinisco*> *tr* **~ qc 1** (*finire di nuovo*) *etw* wieder *etw* wieder beenden **2** (*ritoccare*) {FALEGNAME PORTA} *etw* fein bearbeiten, {GIORNALISTA ARTICOLO} *etw* überarbeiten, *tecnol* {PEZZO} *etw* zu|richten.

rifinitézza *f* (*perfezione*) {+OPERA D'ARTE} Vollendung f, Feinbearbeitung f.

rifinìto, (-a) *agg* (*perfezionato*) {LAVORO} vollendet, beendet; *tecnol* zugerichtet.

rifinitóre, (-trice) *m* (f) Feinbearbeiter(in) m(f); *tecnol* Zurichter(in) m(f).

rifinitùra *f* **1** {+LAVORO} Vollendung f, Vervollkommnung f; (*azione*) *anche* Vollenden n, Vervollkommnen n: **ho dato l'ultima ~ al mobile**, ich habe dem Möbel den letzten Schliff gegeben; *tecnol* {+PEZZO} Zurichtung f; (*azione*) *anche* Zurichten n **2** <*di solito al pl*> (*decorazione*) {+VESTITO} Garnitur f, Besatz m: **rifiniture ⌊in daino⌋/[di pizzo]** Damhirschleder-/Spitzenbesatz m; {+SERVIZIO DI PORCELLANA} Verzierung f, **rifiniture in argento**, Silberverzierungen f pl.

rifiorimènto *m spec fig* (*rifioritura*) {ARTISTICO; +SOCIETÀ} Wiederaufblühen n.

rifiorìre <*rifiorisco*> *itr* **~ (essere)** **1** (*tornare a fiorire*) wieder (er)blühen, remontieren: **il rosaio rifiorisce in ottobre**, die Rose blüht im Oktober noch einmal; *fig* {BAMBINO, SALUTE} wieder aufblühen **2** (*riapparire*) {MACCHIA DI UMIDITÀ} wieder auf|treten, wieder zum Vorschein kommen **3** *fig* (*rinascere*) {LE ARTI} wieder|aufblühen.

rifioritùra *f* **1** {+MANDORLO} Wiederblühen n, Remontieren n **2** (*ricomparsa*) {+ERITEMA, MUFFA} Wiederauftreten n **3** (*macchia*) Fleck m **4** *fig* (*rinascita*) {+LETTERE, ecc.} Wiederaufblühen n.

rifiutàre **A** *tr* **1** (*non accettare*) **~ qc** {CONSIGLIO, INVITO, PROPOSTA, REGALO} *etw* ab|lehnen, *etw* zurück|weisen, *etw* aus|schlagen; {PERMESSO} *etw* verweigern; **~ di fare qc** ⌊sich weigern⌋/[es ablehnen], *etw* zu tun; **~ di ricevere un premio**, ⌊sich weigern⌋/[es ablehnen], einen Preis anzunehmen; die Annahme eines Preises verweigern; **~ di obbedire**, den Gehorsam verweigern **2** (*non tollerare*) **~ qc** {BAMBINO ACQUA DI MARE, SOLE} *etw* nicht vertragen **3** (*negare*) **~ qc a qu** {AUMENTO, CONSENSO ALL'INSEGNANTE} jdm *etw* verweigern **4** *arte* **~ qc** {PITTORE QUADRO} *etw* nicht an|erkennen **5** {*all'equitazione*} **~ (qc)** {CAVALLO OSTACOLO} *etw* verweigern **B** *itr pron* (*non volere*): **rifiutarsi (di fare) qc** {DI INTERVENIRE, DI PARTIRE} sich weigern, *etw* zu tun; **si rifiutò di rispondere**, er/sie weigerte sich zu antworten; **se mi chiamano, non mi rifiuto di certo!**, wenn sie mich berufen, werde ich sicher annehmen/[nicht Nein sagen]! **C** *rfl* (*non concedersi*): **rifiutarsi a qu** sich *jdm* verweigern *forb*: **la donna continuava a rifiutarsi al marito**, die Frau verweigerte sich *forb* weiterhin ihrem Mann.

rifiùto A *m* **1** (*rinuncia*) {+INCARICO, INVITO} Ablehnung f: **~ del cibo**, Verweigerung f der Nahrungsaufnahme **2** (*negazione del consenso*) Absage f, (Ver)weigerung f: **rispose con un ~**, er/sie antwortete mit einer Absage; **si vide opporre un categorico/netto ~**, er/sie sah sich einem kategorischen/klaren Nein gegenüber **3** <*solo pl*> (*immondizie*) Abfall m, Müll m: **rifiuti nucleari**, Atommüll m; **rifiuti radioattivi**, radioaktiver Abfall; **rifiuti tossici**, Giftmüll m **4** *fig* (*feccia*) Abschaum m: **rifiuti della società**, Abschaum m *spreg* der Gesellschaft **5** *dir* Verweigerung f **6** (*nell'equitazione*) {+CAVALLO} Verweigern n **7** (*nei giochi di carte*) {+COMPAGNO} Abwerfen n **8** *psic* Abwehr(haltung) f: **il suo è solo un ~ psicologico**, seine/ihre Reaktion ist nur eine psychologische Abwehrhaltung **B** <*inv*> *loc agg* (*di scarto*): **ac- que di ~**, Abwässer n pl; **sostanza di ~** *biol*, Abfallprodukt n, Exkret n *scient* • **~ di accettazione** *amm*, Annahmeverweigerung f; **~ di assistenza** *amm*, verweigerte Hilfeleistung; **~ di obbedienza** *dir* (*reato di ~*), Gehorsamsverweigerung f.

riflessànte *agg* (*nella cosmesi*) {SHAMPOO} Reflex-.

riflèssi 1ª *pers sing del pass rem di* riflettere.

riflessiòne *f* **1** *fig* Überlegung f, Bedenken n: **questa proposta è degna di ~**, dieser Vorschlag ist eine Überlegung wert; **è incapace di ~**, er/sie ist unfähig zu überlegen; **senza ~**, unüberlegt **2** *fig* (*considerazione*) Betrachtung f, Beobachtung f, Gedanke m, Erwägung f: **ho scritto alcune riflessioni sull'argomento**, ich habe einige Gedanken ⌊über dieses Thema⌋/[zu diesem Thema] aufgeschrieben **3** *fis* {CRITICA, MORALE} Reflexion f **4** *fis* {+LUCE} Reflexion f, Rückstrahlung f.

riflessìvo, (-a) *agg* **1** (*di riflessione*) {ATTO, FACOLTÀ} Besinnungs- **2** (*che riflette*) {MENTE, PERSONA} nachdenklich, besinnlich **3** *econ* {ANDAMENTO} rückläufig **4** *gramm* {PRONOME, VERBO} reflexiv, Reflexiv-, rückbezüglich **5** *mat* {PROPRIETÀ} selbstbezüglich.

riflèsso① **A** *m* **1** (*riverbero*) {+SOLE} Widerschein m **2** (*luce*) {CANGIANTE; +STOFFA} Lichtreflex m; {ROSSO; +CAPELLI} Farbreflex m **3** (*rispecchiamento*) Spiegelung f, Lichtreflex m **4** *fig* (*influenza*) Einfluss m, Abglanz m: **il ~ della vita politica sulla cultura**, der Einfluss des politischen Lebens auf die Kultur **5** *fig* (*conseguenza*) Auswirkung f, Folge f: **i riflessi della crisi economica sulla società**, die Auswirkungen der Wirtschaftskrise auf die Gesellschaft **6** *biol med* Reflex m: **~ condizionato**, bedingter Reflex **B** *loc avv fig* (*indirettamente*): **di/per ~**, {SOFFRIRE} indirekt • **ha i riflessi lenti/pronti**, er/sie ⌊hat schlechte/gute Reflexe⌋/[ist (nicht) reaktionsschnell]; *fig* (*nel prendere le occasioni*), er/sie ist ⌊nicht sehr⌋/[sehr] geistesgegenwärtig, er/sie es versteht es nicht/[wohl], eine Gelegenheit beim Schopf zu ergreifen.

riflèsso②, (-a) **A** *part pass di* riflettere **B** *agg* **1** {LUCE, RAGGIO} reflektiert, widergespiegelt; (*rispecchiato*) {VOLTO} gespiegelt; {IMMAGINE} Spiegel- **2** *anat* {ATTO, MOTO} Reflex-, reflektorisch; {ARCO} zurückgebogen.

riflessògeno, (-a) *agg* (*in fisiologia*) reflexologisch.

riflessologìa *f* **1** Reflexzonenmassage f

2 *med* Reflexologie f, Reflextherapie f.
riflessoterapia f *med* Reflexologie f, Reflextherapie f.
riflettènte agg **1** (*che rifletta*) {RIVESTIMENTO} reflektierend, zurückstrahlend, Reflexions- **2** *fis* {POTERE} Reflexions-.
riflèttere <*irr riflettò, riflessi o riflettei, riflesso o riflettuto*> **A** tr ~ **qc 1** (*rimandare*) etw zurück|werfen, etw wider|spiegeln, etw reflektieren: **i muri riflettono i suoni**, die Mauern werfen die Töne zurück; **lo specchio riflette le immagini**, der Spiegel wirft die Bilder zurück **2** *fig* (*rispecchiare*) (*wider*|)spiegeln, etw wieder|geben, etw erkennen lassen: **le sue parole non riflettono il suo pensiero**, seine/ihre Worte spiegeln nicht seine/ihre Gedanken wider **3** *fis* {RAGGIO} etw reflektieren, etw zurück|strahlen, etw zurück|werfen **B** itr (*pensare*) ~ (*su qc*) (etw) überlegen, (*über etw* acc) nach|denken: **la proposta è allettante, ci rifletterò su!**, der Vorschlag ist verlockend, ich werde es mir überlegen!; **rifletti ...**, denk darüber nach ..., überleg's dir ...; **l'ho fatto senza ~**, ich habe ⌐es unüberlegt getan⌐/[unüberlegt gehandelt]; **avendo ben riflettuto ...**, nach langem Überlegen ...; **c'è poco da ~!**, da gibt es nicht viel zu überlegen!; **la sua decisione fa ~**, seine/ihre Entscheidung stimmt nachdenklich; **mi lasci il tempo di ~**, geben Sie mir ⌐Zeit zum Überlegen⌐/[Bedenkzeit]; **ha riflettuto su quanto Le ho detto?**, haben Sie über das, was ich Ihnen sagte, nachgedacht? **C** itr pron **1** (*specchiarsi*): **riflettersi** (+ **compl di luogo**) sich (*irgendwo*) (wider|)spiegeln: **l'immagine si rifletteva nello specchio**, das Bild wurde vom Spiegel zurückgeworfen; **le luci della città si riflettevano nel lago**, die Lichter der Stadt spiegelten sich im See (wider) **2** *fig* (*ripercuotersi*): **riflettersi** (*su qc*) sich (*in etw* dat) wider|spiegeln, sich (*in etw* dat) zeigen, sich (*in etw* dat) bemerkbar machen, sich (*in etw* dat) nieder|schlagen: **l'imposta sull'alcol si riflette sul costo di alcuni medicinali**, die Alkoholsteuer spiegelt sich im Preis einiger Medikamente wider **3** *fig* (*influire*): **riflettersi** (*su qc*) sich (*auf etw* acc) aus|wirken: **la tua scelta si riflette sul tuo rendimento scolastico**, deine Entscheidung wirkt sich auf deine schulischen Leistungen aus.
riflettóre m **1** *elettr* Scheinwerfer m **2** *film ott radio* Reflektor m • **essere sotto i riflettori, avere tutti i riflettori puntati addosso** *fig* (*essere al centro dell'attenzione*), im Scheinwerferlicht (der Öffentlichkeit) stehen, im Rampenlicht stehen.
riflettùto part pass *di* riflettere.
riflùire <*rifluisco*> itr <*essere*> **1** *anche fig* (*tornare a scorrere*) {ACQUA, TRAFFICO} wieder fließen **2** (*fluire indietro*) ~ (+ **compl di luogo**) (*irgendwohin*) zurück|fließen, (*irgendwohin*) zurück|strömen, (*irgendwoher*) her|aus|strömen: **durante la bassa marea l'acqua rifluisce**, während der Ebbe fließt das Wasser zurück; **il sangue rifluisce al cuore**, das Blut fließt zum Herzen zurück **3** *anche fig* (*tornare indietro*) ~ (+ **compl di luogo**) (*irgendwohin*) zurück|fließen: **le merci rifluivano sul mercato**, die Waren flossen auf den Markt zurück.
riflùsso m **1** (*flusso di ritorno*) Rückfluss m, Rücklauf m; (+ MAREA) Ebbe f; *fig* (+GENTE, ecc.) Zurückströmen n, Rückkehr f **2** *fig* (*diminuzione*) (+RICHIESTE) Rückgang m **3** *fig lett* (*controtendenza*) {CULTURALE} Rückschritt m, Gegenbewegung f: **il ~ della società degli anni '80**, der Rückzug der Gesellschaft der 80er Jahre ins Private.
rifocillàre A tr (*ristorare*) ~ **qu/qc** {BAMBINO, STOMACO} jdn/etw stärken **B** rfl: **rifocil**- **larsi** sich stärken.
rifoderàre tr (*foderare di nuovo*) ~ **qc** {GIACCA} etw wieder (aus|)füttern; {LIBRO} etw wieder ein|binden.
rifondàre tr (*fondare di nuovo*) ~ **qc** {ASSOCIAZIONE} etw neu gründen.
rifondatóre, (-trice) *polit* **A** m (f) Anhänger(in) m(f)/Mitglied n der Partei Rifondazione Comunista **B** agg der Partei Rifondazione Comunista anhängend(d).
rifondazióne f Neugründung f; (*azione*) *anche* Neugründen n • **Rifondazione Comunista** *polit*, "Nachfolgepartei f des linken Flügels der ehemaligen kommunistischen Partei Italiens".
rifóndere <*coniug come* fondere> tr **1** (*fondere di nuovo*) ~ **qc** {METALLO, STATUA} etw wieder ein|schmelzen **2** *fig* (*rimborsare*) ~ **qc a qu** {DENARO, SPESE DI TRASFERTA AL COLLABORATORE} jdm etw ersetzen, jdm etw vergüten; {DANNI} *anche* jdm etw wieder|gut|machen.
riforestazióne f (*rimboschimento*) {+APPENNINO} (Wieder)aufforstung f.
rifórma f **1** Reform f, Umgestaltung f: **~ burocratica**, Verwaltungsreform f; **~ del calendario/della scuola**, Kalender-, Schulreform f **2** *amm polit* {POLITICA} Reform f: **~ fiscale/tributaria**, Steuerreform f; **~ delle pensioni**, Rentenreform f **3** *dir* (+ SENTENZA) Abänderung f **4** *mil* Ausmusterung f **5** *relig stor* Reformation f.
riformàbile agg **1** (*che si può riformare*) {SQUADRA} reformierbar, erneuerbar **2** (*che si deve riformare*) {SISTEMA FISCALE} reformbedürftig **3** *mil* {MILITARE} untauglich, auszumustern d.
riformàre A tr **1** (*formare di nuovo*) ~ **qc** {ASSOCIAZIONE} etw neu bilden; {VECCHIO PARTITO} ~ **qc** {SOCIETÀ} etw um|gestalten, etw erneuern; *amm polit relig* {AMMINISTRAZIONE, ORDINE RELIGIOSO, PARTITO} etw reformieren **3** *dir* ~ **qc** {SENTENZA} etw ab|ändern **4** *mil* ~ **qu** {SOLDATO} jdn aus|mustern **B** itr pron (*formarsi di nuovo*): **riformarsi** sich wieder bilden: **il ghiaccio si è riformato**, das Eis hat sich wieder gebildet.
riformàto, (-a) **A** agg **1** (*sottoposto a riforma*) {PROGRAMMA} umgestaltet, erneuert **2** *mil* {SOLDATO} ausgemustert **3** *amm polit relig stor* {CHIESA} reformiert **B** m (f) *relig stor* Reformierte mf decl come agg **C** m *mil* Untaugliche m decl come agg.
riformatóre, (-trice) **A** agg (*che riforma*) {POLITICO} reformierend, Reform-; {PROVVEDIMENTO} reformerisch, Reform- **B** m (f) (+LEGGE FISCALE) Reformer(in) m(f).
riformatòrio <-ri> m *dir* (~ *giudiziario*) Erziehungsheim n/Erziehungsanstalt f (für Minderjährige).
riformatrìce f → **riformatore**.
riformattàre tr *inform* ~ **qc** etw neu formatieren.
riformazióne f (*nuova formazione*) {+STRATO DI MUFFA, TUMORE} Neubildung f.
riformìsmo m *polit* Reformismus m.
riformìsta <-i m, -e f> *polit* **A** agg {PARTITO, POLITICA} Reform-; {SCELTA} reformerisch **B** mf Reformist(in) m(f).
riformìstico, (-a) <-ci, -che> agg {APPROCCIO} reformistisch; {POLITICA} Reform-.
rifornimènto m **1** (*operazione*) Versorgung f: **~ in navigazione**, Versorgung f während der Schifffahrt; **~ in volo**, Lufttanken n; **fare ~ di acqua/viveri**, sich mit Wasser-/Lebensmitteln versorgen, einen Wasser-/Lebensmittelvorrat anlegen; **fare ~ di benzina**, tanken **2** <*solo pl*> (*viveri*) Vorräte m pl: **da tempo i rifornimenti erano finiti**, die Vor- räte waren schon lange zu Ende **3** *mil* {+MUNIZIONI} Nachschub m **4** *sport* (*nel ciclismo*) Proviantversorgung f: **~ volante**, fliegende Versorgung.
rifornìre <*rifornisco*> **A** tr (*far provvista*) ~ **qu/qc di qc** {CASA DEL NECESSARIO} jdn/etw mit etw (dat) aus|statten, jdn/etw mit etw (dat) versehen; {NEGOZIO DI PRODOTTI} jdn/etw mit etw (dat) versorgen, jdn/etw mit etw (dat) beliefern: **la sua dispensa viene rifornita settimanalmente**, seine/ihre Vorratskammer wird wöchentlich aufgefüllt; {GUARDAROBA DI BIANCHERIA} etw mit etw (dat) aus|statten; {AEREO DI COMBUSTIBILE} etw mit etw (dat) auf|tanken; **~ l'auto di benzina**, tanken; {NAVE DI NAFTA} etw mit etw (dat) betanken; {NAVE DI ACQUA} etw mit etw (dat) versorgen; *scherz* {RAGAZZO DI DENARO} jdm etw (dat) versorgen **B** rfl: **rifornirsi di qc** {DI VINO, DI VIVERI} sich mit etw (dat) versorgen, sich mit etw (dat) ein|decken.
rifornitóre, (-trice) **A** agg (*che rifornisce*) ~ (*di qc*): **ditta rifornitrice di caffè**, Kaffeelieferant m, Kaffee liefernde Firma; **paese ~ di materie prime**, Lieferland n für Rohstoffe; {NAVE} Versorgungs-; {AEREO} Tank- **B** m (f) (*chi rifornisce*) Versorger(in) m(f).
rifrangènte agg *fis* {EFFETTO} brechend, Brechungs-.
rifrangènza f *fis* Brechung f.
rifràngere[1] <*coniug come* frangere, part pass *rifratto*> *fis* **A** tr ~ **qc** {RAGGIO} etw brechen **B** itr pron: **rifrangersi + compl di luogo** sich *irgendwo* brechen: **i raggi del sole si rifrangono sui vetri**, die Sonnenstrahlen brechen sich auf den Glasscheiben.
rifràngere[2] <*coniug come* frangere, part pass *rifranto*> **A** itr pron (*infrangersi*): **rifrangersi + compl di luogo** sich *irgendwo* brechen: **la cascata si rifrange sulla roccia**, der Wasserfall bricht sich auf dem Felsen **B** tr (*frangere di nuovo*) ~ **qc** {NOCI} etw wieder brechen.
rifràtto A part pass *di* rifrangere[1] **B** agg **1** *fis* gebrochen **2** *farm* (*QUANTITÀ*) dosiert.
rifrattòmetro m *ott* Refraktometer m.
rifrattóre, (-trice) **A** agg brechend, Brech-, Brechungs- **B** m *astr* Refraktor m; *fis* Brechungskörper m.
rifrazióne f *fis* Brechung f, Refraktion f: **~ doppia**, Doppelbrechung f.
rifrequentàre tr (*frequentare di nuovo*) ~ **qu/qc** {AMICO} wieder ⌐Kontakt zu/mit jdm⌐/[Umgang mit jdm] haben; {CIRCOLO SPORTIVO} etw wieder besuchen, wieder zu etw (dat) gehen.
rifrìggere <*coniug come* friggere> **A** tr ~ **qc 1** *gastr* etw wieder (auf|)braten **2** *fig fam* (*ripetere*) etw wiederholen, etw auf|wärmen *fam spreg* **B** itr (*friggere a lungo*) zu lange braten.
rifrìtto, (-a) **A** part pass *di* rifriggere **B** agg **1** *gastr* wieder aufgebraten **2** *fig fam* (*ripetuto*) abgedroschen *fam spreg*, aufgewärmt *fam spreg*: **è un concetto fritto e ~**, das ist eine so abgedroschene Vorstellung *fam spreg* **C** m **1** *gastr* Wiederaufgebratene n decl come agg **2** *fig fam* (*ripetuto*) abgedroschenes Zeug *fam spreg*: **questo libro è un ~!**, dieses Buch ⌐ist aufgewärmter Kohl *fam*⌐/[enthält nur abgedroschenes Zeug *fam spreg*].
rifuggìre <*coniug come* fuggire> **A** tr <*avere*> (*aborrire*) ~ **qu/qc** {PARENTE, LAVORO} jdn/etw meiden, jdn/etw fliehen *forb* **B** itr <*essere*> **1** (*fuggire di nuovo*) {DETENUTO} wieder flüchten **2** *fig* (*evitare*) ~ **da qu/qc** {DALLE BASSEZZE} jdn/etw meiden, jdn/etw scheuen: **non rifugge da compromessi**, er/sie scheut keine Kompromisse; **rifuggo dal dire/fare/credere qc**, ich scheue mich, etw zu sagen/

machen/glauben.
rifugiàrsi <mi rifugio, ti rifugi> itr pron **1** (cercare rifugio): ~ + **compl di luogo** {PERNICI NEL BOSCO; RAGAZZI IN UNA CAPANNA, SOTTO UN ALBERO} (sich) irgendwohin flüchten, sich irgendwohin retten, irgendwo Unterschlupf suchen; ~ **presso un amico**, sich zu einem Freund flüchten; ~ **all'estero**, sich ins Ausland retten, ins Ausland flüchten **2** fig (cercare conforto): ~ **in qc** {NELLA LETTURA, NELLA PREGHIERA} in etw (dat) Trost/Zuflucht suchen, zu etw (dat) Zuflucht nehmen.

rifugiàto, (-a) m (f) (fuoriuscito) Flüchtling m: ~ **politico**, politischer Flüchtling.

rifùgio <-gi> **A** m **1** (riparo) Zuflucht f, Unterschlupf m: **quella capanna è un ottimo** ~, diese Hütte ist ein ausgezeichneter Unterschlupf; **dare** ~ **a qu**, jdm Unterschlupf gewähren **2** (in montagna): ~ (**alpino**), Schutz-, Berghütte f **3** (ritrovo) Treffpunkt m, Anlaufstelle f: **quel bar è il** ~ **degli sfaccendati**, diese Bar ist der Treffpunkt der Nichtstuer **4** fig (protezione) Schutz m: **cercare/trovare** ~, Schutz suchen/finden **5** fig (conforto) Trost m, Rettung f: **lo studio è il suo** ~, das Studium ist seine/ihre Rettung; anche relig (persona) Zufluchtsanker m; ~ **dei peccatori**, Zuflucht f der Sünder; **tu sei il mio unico** ~, du bist mein einziger Rettungsanker **6** biol Refugialgebiet n **7** mil Bunker m, Luftschutzraum m, Luftschutzkeller m: ~ **antiaereo**, Luftschutzbunker m; ~ **antiatomico**, Atom(schutz)bunker m **B** <inv> agg econ {BENI} wertbeständig.

rifugìsta <-i m, -e f> mf (proprietario o gestore) (Berg)hüttenbesitzer(in) m(f), (Berg)hüttenbetreiber(in) m(f).

rifùlgere <irr rifulgo, rifulgi, rifulsi, rifulso> itr <essere o avere> lett (risplendere) ~ (**di qc**) (vor etw dat) erstrahlen, (vor etw dat) leuchten, fig (DI BELLEZZA) (vor etw dat) glänzen, (vor etw dat) strahlen.

rifusióne f **1** (nuova fusione) {+METALLO} Wiedereinschmelzen n **2** fig (risarcimento) {+SPESA} Entschädigung f, Ausgleich m, Rückerstattung f: ~ **dei danni**, Schaden(s)ersatz m **3** fig (rielaborazione) {+ROMANZO} Umarbeitung f.

rìga <righe> **A** f **1** (linea) Linie f, Strich m: **tirare/tracciare una** ~ **col gesso**, einen Strich mit Kreide ziehen; (nel tessuto) Streifen m: {+ALBERI, ATLETI, SOLDATI} Reihe f: {+SOLDATI} anche Linie f, Zug m **2** anche tip {BIANCA, PIENA} Zeile f: **la divisione delle parole in fin di** ~, die Worttrennung am Zeilenende; ~ **di 60 battute**, Zeile f mit 60 Anschlägen; fig (parola) Wort n, Zeile f; **leggere un libro dalla prima all'ultima** ~, ein Buch von A bis Z lesen; **mi ha scritto due righe la settimana scorsa**, er/sie hat mir letzte Woche ein paar Zeilen geschrieben **3** (scriminatura) Scheitel m: **portare la** ~ **a sinistra**, ₁den Scheitel links₁/₁einen Linksscheitel₁ tragen; **pettinarsi con la** ~ **nel mezzo**, sich (dat) einen Mittelscheitel ziehen, sich (dat) das Haar in der Mitte scheiteln **4** (asticella) {GRADUATA, MILLIMETRATA} Lineal n: ~ **a T**, Reißschiene f, Anschlaglineal n **5** (incisione) Kratzer m: **mi ha fatto una** ~ **sulla macchina nuova**, er/sie hat mir einen Kratzer auf das neue Auto gemacht **6** <di solito al pl> artiglieria {+CANNA DI UN FUCILE} Zug m **7** (nella cosmesi) Strich m: **farsi la** ~ **degli occhi**, sich (dat) den Lidstrich ziehen; **farsi la** ~ **delle labbra**, sich (dat) die Lippen nachziehen **8** fis Maßstab m **9** elettr TV Zeile f **10** mat Strich m **11** mus Zeile f **B** loc agg (rigato): **a righe**, {CARTA, QUADERNO} liniert, Linien-, Zeilen-, {MAGLIA} gestreift, Streifen- • ~ **di comando** inform, Befehlsfolge f; **essere sopra le righe** fig (eccessivo), überschwänglich sein; **intendere**/**leggere fra le righe** fig (intuire il significato di un'allusione), zwischen den Zeilen lesen; **mettere in** ~ **qu** fig (farlo obbedire), jdm den Kopf zurechtrücken fam, (rimproverare), jdm den Kopf waschen fam; **mettersi in** ~ fig (adeguarsi), Vernunft annehmen, **mettersi in** ~ **coi tempi** fig (aggiornarsi), mit der Zeit gehen, sich (den Zeiten) anpassen; **mettersi in** ~ **con qu/qc**, sich mit jdm/etw in Reih und Glied aufstellen; fig (portarsi al suo livello), mit jdm/etw mithalten (wollen); **di prima** ~ fig (di primo ordine), erstklassig, erstrangig; **rimettersi in** ~ fig, sich wieder fügen; **rompere le righe** mil sport, die Reihen auflösen, wegtreten; fig (sciogliere una riunione), eine Versammlung auflösen.

rigàglie f pl **1** gastr Klein n: ~ ₁d'oca₁/₁di pollo₁, Gänse-/Hühnerklein n **2** tess Seidenabfälle m pl.

rigàgnolo m **1** Rinnsal n: **la pioggia forma dei rigagnoli al lato della strada**, durch den Regen bilden sich am Straßenrand Rinnsale **2** (ruscello) Bächlein n.

rigàre <rigo, righi> tr ~ **qc 1** (tracciare una riga) (irgendwo) eine Linie/einen Strich ziehen, etw ritzen, etw rillen; {FOGLIO} etw lini(i)eren **2** fig (solcare) über etw (acc) rinnen, über etw (acc) laufen: **le lacrime le rigavano il viso**, die Tränen liefen ihr übers Gesicht **3** (graffiare) {MACCHINA} etw zerkratzen: **chi ha rigato il pavimento?**, wer hat den Fußboden verkratzt? • **rigar diritto** fig (comportarsi bene), spuren fam.

rigàta f **1** (colpo di riga) Schlag m mit dem Lineal **2** mus Notenlinien f pl.

rigatìno m **1** <di solito al pl> gastr Rigatini pl, Röhrchennudeln pl **2** tess fein gestreifter Stoff.

rigàto, (-a) agg **1** (a righe) {CARTA} liniiert, Linien-, Zeilen-; {STOFFA} gestreift, Streifen- **2** artiglieria gezogen.

rigatóne m <di solito al pl> gastr Rigatoni pl (kurze, dicke Röhrennudeln).

rigattière m comm Altwarenhändler m, Trödler m fam.

rigatùra f **1** {+FOGLIO, PAGINA, QUADERNO} Lin(i)ierung f **2** artiglieria {+FUCILE} Drall m.

rigeneràbile agg (che si può rigenerare) {BATTERIA} regenerierbar, regenerationsfähig.

rigeneràtre agg (che rigenera) {BAGNO} regenerierend, Regenerations-.

rigeneràre **A** tr **1** (far ricrescere) ~ **qc** etw wieder hervor|bringen **2** (ridare) ~ **qc** etw regenerieren: **ha bisogno di una cura che rigeneri le forze**, er/sie braucht eine Regenerationskur **3** fig (far rinascere) ~ **qu/qc** {UOMO, CIVILTÀ IN DECADENZA} jdn/etw wieder|her|stellen **4** autom ~ **qc** {PNEUMATICO} etw rund|erneuern **5** biol ~ **qc** {PELLE, TESSUTI} etw regenerieren **6** chim ~ **qc** {CARBONE ATTIVO, CATALIZZATORE} etw wieder auf|bereiten **7** relig ~ **qu/qc** {BATTEZZATO} jdn/etw zu neuem Leben erwecken, jdn/etw wieder aufleben lassen: **la grazia rigenera l'uomo**, die Gnade erweckt den Menschen zu neuem Leben **8** tess ~ **qc** {CANAPA, TESSUTO} etw regenerieren **B** tr <essere> itr pron: **rigenerarsi 1** fig (rinascere) {SOCIETÀ} zu neuem Leben erwachen **2** biol {PELLE} sich regenerieren.

rigeneratìvo, (-a) agg (della rigenerazione) regenerativ, Regenerations-.

rigeneràto, (-a) **A** agg **1** fig regeneriert, neugeboren: **dopo una nuotata mi sento** ~, nach dem Schwimmen fühle ich mich wie neugeboren **2** biol {PELLE} regeneriert **3** chim regeneriert **4** tess {LANA} Reiß- **B** m chim Regenerat n.

rigeneratóre, (-trice) **A** agg anche fig {IDEALE, INTERVENTO} wiederherstellend, erneuernd; {LOZIONE, RIPOSO, TRATTAMENTO DI BELLEZZA} regenerierend **B** m (f) fig (chi rigenera) {+PRINCIPI MORALI, SOCIETÀ} Regenerator m, Wiederhersteller(in) m(f), Erneuerer m, (Erneuerin f) **C** m tecnol {TERMICO} Regenerator m, Wärmespeicher m.

rigenerazióne f **1** anche biol {+ORGANO} Regeneration f **2** fig (rinascita) {+CIVILTÀ} Regeneration f, Erneuerung f, Wiederherstellung f; relig Wiedergeburt f: **la** ~ **dell'uomo nel battesimo**, die Wiedergeburt des Menschen bei der Taufe **3** chim {+CATALIZZATORE} Regeneration f, Wiederherstellung f **4** tecnol {+ACQUE} Wiederaufbereitung f **5** tess {+LANA} Regeneration f.

rigettàbile agg dir {ISTANZA} "der/die/das abgelehnt/ abgewiesen/ zurückgewiesen werden muss".

rigettàre **A** tr **1** (gettare nuovamente) ~ **qc (a qu)** + **compl di luogo** {PALLA ALL'AMICO IN CORTILE} (jdm) etw wieder (irgendwohin) werfen **2** (gettare indietro) ~ **qc** (+ **compl di luogo**) {PESCE IN MARE} etw (irgendwohin) zurück|werfen, etw (irgendwohin) spülen, etw (irgendwohin) schwemmen **3** fam (vomitare) ~ **qc** {MINESTRA} etw (er)brechen, (uso assol) sich übergeben, sich erbrechen, brechen fam **4** (fondere) ~ **qc** {CAMPANA} etw ein|schmelzen **5** fig (respingere) ~ **qc** {DOMANDA} etw ab|lehnen; {PROPOSTA} an etw verwerfen **6** bot ~ **qc** etw aus|treiben, sprießen, aus|schlagen **7** med ~ **qc** {ORGANO TRAPIANTATO} etw ab|stoßen **B** rfl **1** (gettarsi di nuovo): **rigettarsi** (+ **compl di luogo**) {A LETTO} sich wieder (irgendwohin) werfen, sich wieder (irgendwohin) fallen lassen **2** fig: **rigettarsi in qc** {NEL VIZIO} sich wieder (etw dat) hin|geben, erneut etw (dat) verfallen.

rigètto m **1** fig anche dir {+ISTANZA} Ablehnung f, Abweisung f, Zurückweisung f; (azione) anche Ablehnen n, Abweisen n **2** bot Spross m, Schössling f **3** med {+ORGANO} Abstoßung f **4** psic Abwehr f.

righèllo <dim di riga> m (riga) Lineal n.

righìno <dim di riga> m **1** (riga sottile) enge Zeile **2** (righello) Lineal n **3** mar Scheuerleiste f **4** tip unvollkommene Zeile, Hurenkind n obs: ~ **ladro**, abgebrochene Zeile.

rigidézza f **1** (durezza) {+CLIMA} Rauheit f, Strenge f **2** fig (inflessibilità) {+GIUDIZIO, PRINCIPIO} Starrheit f **3** fig (severità) {+EDUCAZIONE, PENA} Strenge f, Härte f **4** edil Festigkeit f: ~ **a flessione/torsione/trazione**, Biege-/Dreh-/Zugfestigkeit f **5** fis {+TRAVE} Starrheit f, Festigkeit f, Steife f.

rigidità <-> f **1** (durezza) {+FERRO} Härte f; {+CLIMA} Rauheit f, Strenge f **2** fig (inflessibilità) {+NORMA} Starrheit f **3** fig (severità) {+LEGGE} Strenge f, Härte f **4** econ {+INVESTIMENTO} Starrheit f **5** fis {DIELETTRICA, MAGNETICA} Festigkeit f **6** med {+MUSCOLO} Steifheit f, Starre f: ~ **cadaverica**, Leichenstarre f.

rìgido, (-a) agg **1** (duro) {CAPPELLO, COLLETTO} steif; {LENTE A CONTATTO, PLASTICA} hart; (irrigidito) {BRACCIO, PERSONA} starr, unbeweglich, steif: **era** ~ **dalla paura**, er war starr vor Angst; **non stare così** ~!, steh nicht so steif herum! fam; med anche rigid(e) **2** (freddo) {CLIMA, STAGIONE} rau, kalt; {INVERNO} streng **3** fig (inflessibile) {ATTEGGIAMENTO} unflexibel, steif, starr, streng: **la rigida applicazione del regolamento**, die strenge Regelanwendung **4** fig (severo) {EDUCAZIONE, GIUDICE, PROFESSORE} streng; {MORALE, MORALISTA} anche rigid(e) **5** econ {DOMANDA, OFFERTA} starr **6** fis mat {CORPO, FIGURA} starr, steif.

rigiràre **A** tr **1** (girare più volte) ~ **qc** {BI-

STECCA} *etw* wieder wenden/(um|)drehen: **rigirava la chiave tra le mani**, er/sie spielte mit dem Schlüssel; {MINESTRONE} *etw* um|rühren **2** (*percorrere*) **~ qc** *etw* durchstreifen, *durch etw* (acc) laufen: **per cercarla rigirammo tutta la casa**, um sie zu suchen, durchstreiften wir das ganze Haus **3** (*girare intorno*) **~ qc** {RECINZIONE TUTTO IL PARCO} *etw* umgeben **4** *fig* (*modificare*) **~ qc** *etw* (anders) handhaben, *etw* (dat) eine andere Wendung geben: **rigira pure la cosa come preferisci, la sostanza non cambia**, du kannst die Sache drehen und wenden, wie du willst, das Wesentliche ändert sich nicht; **~ il discorso/una questione**, der Rede/einer Frage eine andere Wendung geben **5** *fig* (*manovrare*) **~ qu** *jdn* betrügen, *jdn* über den Tisch ziehen *fam*, *jdn* übers Ohr hauen *fam*: **mi sembra che l'abbia rigirata a suo piacimento**, mir scheint, er/sie hat sie nach Belieben über den Tisch gezogen *fam*; **lo rigira come vuole** *fam*, er/sie wickelt ihn um den (kleinen) Finger *fam* **6** *econ banca* **~ qc** {PROFITTO} *etw* wieder investieren, *etw* reinvestieren; {ASSEGNO} *etw* wieder indossieren, *etw* weiter|girieren **7** *film TV* **~ qc** {FILM} *etw* wieder drehen **B** *itr anche fig* (*andare in giro*) **~ compl di luogo** (*irgendwo*) *umher*|laufen, (*irgendwo*) *herum*|laufen: **rigirava sullo stesso argomento**, er/sie ritt auf demselben Thema herum *fam* **C** *itr pron*: **rigirarsi 1** (*voltarsi*) sich (wieder) um|drehen, sich (wieder) wenden: **ci rigirammo a guardarlo**, wir drehten uns um, um ihn anzuschauen **2** (*girare su se stesso*) sich um sich selbst drehen **D** *rfl intens fig* (*manovrare*): **rigirarsi qu/qc** {MARITO} *jdn* um den kleinen Finger wickeln *fam*; {SITUAZIONE} *etw* (schon) deichseln *fam*/arrangieren • **qui non ci si rigira** *fig* (*c'è poco spazio*), hier kann man sich kaum bewegen; **saperla ~** *fam*, es deichseln können *fam*.

rigiro m **1** (*giro contorto*) Umschweife m pl: **parlava con molti rigiri (di parole)**, er/sie redete mit vielen Umschweifen/[umständlich] **2** (*giro ripetuto*) Drehung f, Wendung f: **dopo molti giri e rigiri abbiamo trovato la strada giusta**, nach langem Hin und Her haben wir den richtigen Weg gefunden **3** <*di solito al pl*> (*imbroglio*) Machenschaften f pl, Ränkespiel n *forb obs*.

rigo <*righi*> m **1** (*riga fatta a mano*) Strich m: **ho sottolineato con un ~ quello che mi interessa**, was mich interessierte, habe ich unterstrichen **2** *mus* (Noten)linie f: **~ musicale**, Notenlinie f **3** *tip* {STAMPATO; +TESTO} Zeile f.

rigóglio <-*gli*> m **1** *anche fig* (*floridezza*) {+COMMERCIO, RAGAZZO} Blüte f: **era nel pieno ~ della giovinezza**, er/sie stand in der vollen Blüte der Jugend *forb* **2** *bot* {+PIANTA} Wuchern n, Üppigkeit f.

rigogliósо, (-*a*) agg **1** *anche fig* (*florido*) {IMMAGINAZIONE} blühend; {RAGAZZA} *anche* üppig; {INTELLIGENZA} wach **2** *bot* {VEGETAZIONE, MESSI} wuchernd, üppig.

rigonfiaménto m **1** (*parte rigonfia*) {+RADICE} (An)Schwellung f **2** (*l'essere rigonfio*) {+PORTA} Aufquellen n; (*azione*) *anche* {+PALLONE} erneutes Aufblasen.

rigonfiàre <*rigonfio, rigonfi*> **A** *tr* <*avere*> (*gonfiare di nuovo*) **~ qc** {PNEUMATICO} *etw* wieder auf|pumpen; {PALLONCINO} *etw* wieder auf|blasen; *mar* {VENTO, VELA} *etw* wieder blähen **B** *itr* <*essere*> *gastr* {IMPASTO DELLA PIZZA} auf|gehen **C** *itr pron* (*gonfiarsi di nuovo*): **rigonfiarsi** wieder (an)|schwellen: **mi si è rigonfiata la gamba**, mein Bein ist wieder angeschwollen.

rigónfio, (-*a*) <-*fi*> m **A** agg **1** (*gonfio*) {OC-CHIO} geschwollen; {GINOCCHIO} *anche* angeschwollen **2** (*imbottito*) **~ di qc** {CUSCINO DI PIUME} *etw* mit (dat) ausgestopft **3** *fig* (*pieno*) **~ di qc** voll (*von*) *etw* (dat)/+ *gen forb*, voller *etw* (nom o gen): **~ d'orgoglio**, stolzgeschwellt; **~ di boria**, aufgeblasen *fam spreg*, voller Hochmut **B** m (*rigonfiamento*) {+TRAVE} Schwellung f, Bausch m.

rigóre **A** m **1** (*durezza*) {+CLIMA, STAGIONE} Strenge f, Rauheit f **2** *fig* (*inflessibilità*) Starrheit f: **applicare una norma con ~**, eine Norm streng anwenden **3** *fig* (*severità*) {MORALE; +LEGGE} Strenge f, Härte f **4** *fig* (*austerità*) {+DISCIPLINA, VITA} Härte f **5** *fig* (*coerenza*) {+RAGIONAMENTO} Schärfe f, strenge Logik f **6** *med* Kontraktur f *scient* **7** *sport* Strafstoß m; (*nel calcio*) Elfmeter m, Elfer m *fam*: **l'arbitro fischia il (calcio di) ~**, der Schiedsrichter gibt/verhängt einen Elfmeter **B** <*inv*> *loc agg*: **di ~ 1** (*d'obbligo*) unerlässlich, vorgeschrieben: **è di ~ l'abito da sera**, Abendkleid/[große Robe] ist unerlässlich/vorgeschrieben **2** *mil* {ARRESTI} verschärft; {CELLA} Straf-, Arrest- • **a rigor di logica/termini**, logischerweise/[streng]/[wörtlich] genommen; **a stretto ~**, streng nach (den) Vorschrift(en).

rigorismo m (*rigore*) {INTELLETTUALE} Rigorismus m *forb*.

rigorista <-*i* m, -*e* f> mf **1** (*persona intransigente*) unerbittlicher Mensch, Rigorist(in) m(f) *forb* **2** *sport* Elfmeterschütze m, Elfmeterschützin f.

rigor mòrtis <-> *loc sost* m *lat med* Leichenstarre f.

rigorosità <-> f **1** (*l'essere rigoroso*) {+INDAGINE} Unerbittlichkeit f, Rigorosität f *forb* **2** (*severità*) {+PRINCIPIO} Strenge f, Härte f, Rigorosität f *forb*.

rigoróso, (-*a*) agg **1** (*severo*) {DISCIPLINA} streng, hart; {ESAMINATORE, GIUDICE} *anche* unerbittlich; {NORMA} *anche* rigoros **2** (*preciso*) {RESOCONTO} rigoros, genau **3** (*coerente*) {ANALISI} folgerichtig, konsequent.

rigovernàre tr **1** (*riordinare*) **~ qc** {PIATTI} *etw* (ab|)spülen, *etw* ab|waschen **2** (*curare*) **~ qc** {ANIMALI} *etw* versorgen.

rigovernàta f (*veloce rigovernare*) schnelles Abspülen: **ho dato una rigovernata e sono uscito di corsa**, ich habe schnell abgespült und bin eilig weggegangen.

riguadagnàre tr **~ qc 1** (*guadagnare di nuovo*) {SOMMA} *etw* wieder verdienen **2** *anche fig* (*ricuperare*) {FAVORE DI QU, FORZE, STIMA DI QU} *etw* wieder|-, *etw* zurück|gewinnen; {TEMPO} *etw* wieder auf|-, ein|holen **3** *fig* (*raggiungere*) {CAMPAGNA, CITTÀ} wieder irgendwohin zurück|kehren.

riguardànte agg (*che riguarda*) **~ qu/qc** {COMUNICATO GLI STUDENTI} *jdn/etw* betreffend, *jdn/etw* angehend: **notizie riguardanti lo sciopero**, den Streik betreffende Nachrichten.

riguardàre **A** tr **1** (*guardare di nuovo*) **~ qu/qc** *jdn/etw* wieder an|schauen/an|sehen: **si volse a ~ il paese per l'ultima volta**, er/sie drehte sich um und warf einen letzten Blick auf das Land/Dorf **2** (*esaminare*) **~ qc** {COMPITO IN CLASSE} *etw* durch|sehen **3** (*rivedere*) **~ qc** {PRATICA} *etw* durch|sehen, *etw* überprüfen; {CONTABILITÀ} *etw* durch|rechnen **4** (*concernere*) **~ qu/qc** {DIRITTI INTERESSATI, DIREZIONE DEL PARTITO} *jdn/etw* an|gehen, *jdn/etw* betreffen: **per quanto riguarda il futuro**, was die Zukunft angeht; **una legge che riguarda tutti**, ein Gesetz, das alle angeht; **per quanto mi riguarda ...**, was mich betrifft/angeht ...; **questo non la riguarda!**, das geht sie nichts an! **5** (*avere riguardo*) **~ qc** {PIANTICELLA DELICATA} *auf etw* (acc) Rücksicht nehmen, *auf etw* (acc) auf|passen **6** *rar* (*guardare indietro*) **~ qu/qc** *auf jdn/etw* zurück|schauen **B** *rfl* **1** (*aver cura della propria salute*): **riguardarsi** sich schonen: **durante la convalescenza si riguardi!**, schonen Sie sich während der Rekonvaleszenz! **2** (*aver riguardo di sé*): **riguardarsi da qc** {DALLE CORRENTI D'ARIA, DALLA FATICA} sich *vor etw* (dat) vor|sehen, *etw* vermeiden, sich *vor etw* (dat) hüten, sich *vor etw* (dat) in Acht nehmen.

riguardàta f (*occhiata*) Durchsicht f: **dare una ~ a qc**, {AI CALCOLI, ALLA LEZIONE} *etw* kurz durchsehen.

riguardévole agg (*notevole*) {CONTRIBUTO} beachtlich, bedeutend, ansehnlich.

riguàrdo **A** m **1** (*cura*) Rücksicht f, Aufmerksamkeit f, Vorsicht f: **maneggiare qc con ~**, *etw* vorsichtig handhaben; **avere ~ del vestito nuovo**, auf das neue Kleid aufpassen; **abbi ~ di te**, pass auf dich auf **2** (*rispetto*) Achtung f, Respekt m: **non ha riguardi nell'agire**, er/sie handelt rücksichtslos; **l'ho fatto per ~ tuo**, ich habe das aus Respekt vor dir getan; **mancare di ~ a qu**, es am nötigen Respekt für jdn fehlen lassen; **è senza ~ per nessuno**, er/sie ist allen gegenüber rücksichtslos, er/sie nimmt auf keinen Rücksicht; **essere pieno di riguardi per qu**, jdm gegenüber rücksichtsvoll sein; **senza tanti riguardi**, rücksichtslos, schonungslos **3** (*riferimento*) Bezug m, Zusammenhang m: **con particolare ~ alle spese fisse**, mit besonderem Bezug auf die festen Ausgaben; **a tale ~**, in diesem Zusammenhang; **(in/con) ~ a qu/qc**, in Zusammenhang mit jdm/etw, mit Bezug/[in Bezug] auf jdn/etw; **~ alla Vostra domanda di iscrizione ai corsi ...**, in Bezug auf Ihre Anfrage hinsichtlich der Einschreibung für die Kurse ..., was Ihre Anfrage hinsichtlich der Einschreibung für die Kurse betrifft ... **B** <*inv*> *loc agg* (*importante*): **di ~**, angesehen; **ospite di ~**, Ehrengast m; **persona di ~**, angesehene Person • **nei riguardi di qu/qc**, jdm/etw gegenüber; **non sei abbastanza comprensivo nei suoi riguardi**, du hast für ihn/sie nicht genug Verständnis, du bringst ihm/ihr nicht genug Verständnis entgegen.

riguardóso, (-*a*) agg (*rispettoso*) respektvoll, rücksichtsvoll: **è molto ~ verso tutti**, er ist allen gegenüber sehr rücksichtsvoll.

rigurgitàre **A** tr <*avere*> (*espellere dalla bocca*) **~ qc** {BAMBINO LATTE} *etw* erbrechen; {GATTO} *etw* heraus|würgen **B** *itr* <*essere o avere*> **1** (*venire fuori*) {LIQUIDO} über|quellen **2** (*tracimare*) {POZZO} über|fließen **3** *fig* (*essere pieno*) **~ di qc** {TEATRO DI GENTE} *vor etw* (dat) wimmeln, überfüllt sein.

rigùrgito m **1** (*risultato*) {+CANALE, FIUME, FOGNA} Überquellen n; *fig* Zurückströmen n, Rückfluss m: **~ di folla**, Zurückströmen n der Menge **2** *fig* (*manifestazione*) {+RABBIA} Anfall m, Ausbruch m, Aufwallung f *forb* **3** *fig* (*ritorno*) {+FASCISMO} Wiederaufkommen n, Wiederaufleben n, Rückkehr f **4** *med* Regurgitation f *scient*: **~ di latte**, Regurgitation f *scient* von Milch.

rilanciàre <*rilancio, rilanci*> **A** tr **1** (*lanciare di nuovo*) **~ qc** (*a qu*) {CHIAVI, SASSO} *jdm* (*etw*) wieder zu|werfen; {PALLA} *anche etw* zurück|spielen **2** (*lanciare indietro*) **~ qc** (*a qu*) (*jdm*) *etw* zurück|werfen **3** *fig* (*riproporre*) **~ qc** (*a qu/qc*) {IDEA, PROPOSTA ALLA CLASSE} (*jdm/etw*) *etw* wieder vor|schlagen **4** *fig* (*rendere attuale*) **~ qu/qc** {MODELLA, MODA} *jdn/etw* wieder lancieren, *etw* erneut auf den Markt bringen **5** *comm* **~ qc** {OFFERTA} *etw* überbieten: **~ a un'asta**, jdn bei einer Auktion überbieten **6** (*nei giochi di carte*) **~ (qc) (di qc)** {POSTA DI 200 EURO} (*etw*) (*um etw* acc) erhöhen **7** *inform* ~ **qc** {PROGRAMMA} *etw* wieder laden **8** *sport* (*nel calcio*) ~ **qc** (+ **compl di luogo**) {PALLONE NEL CENTRO} *etw* wieder irgendwohin schießen **B** rfl (*lanciarsi di nuovo*): **rilanciarsi** (**da qc**) {TUFFATORE DAL TRAMPOLINO} wieder *von etw* (dat) springen; *fig*: **rilanciarsi** (**in qc**) {IN UN'IMPRESA} sich wieder *in etw* (acc) werfen/stürzen.

rilàncio <-ci> m **1** {+PALLONE} erneuter Wurf; (*azione*) anche Wiederwerfen n; (*il lanciare indietro*) Rückwurf m; (*azione*) anche Zurückwerfen n **2** *fig* (*riscoperta*) {+CAPELLI CORTI} Wiederentdeckung f, Wiedereinführung f **3** *fig* anche *polit* (*riproposta*) {+IDEA, PROGRAMMA POLITICO} erneuter Vorschlag **4** *fig econ* (*ripresa*) Aufschwung m; ~ **economico**, Wirtschaftsaufschwung m **5** *comm* {+OFFERTA} Übergebot n, Überbieten n: **fare un** ~ **all'asta**, jdn bei einer Auktion überbieten **6** (*nei giochi di carte*) Erhöhung f.

rilasciaménto m **1** anche *med* Entspannung f; {+TESSUTI} Erschlaffung f; (*azione*) anche Entspannen n **2** *fig* (*rilassamento*) {MORALE} Lockerung f.

rilasciàre <rilascio, rilasci> **A** tr **1** (*lasciare di nuovo*) ~ **qu/qc** (+ **compl di luogo**) {FIDANZATA, PATENTE A CASA} jdn/etw wieder irgendwo lassen **2** (*lasciare libero*) ~ **qu** {PRIGIONIERO} jdn frei|lassen **3** (*rilassare*) ~ **qc** {NERVI} *etw* entspannen; {MUSCOLI} *etw* locker lassen **4** *amm* ~ **qc** {UFFICIO CERTIFICATO, PASSAPORTO, RICEVUTA} *etw* aus|stellen **5** *comm* ~ **qc** {MERCE} *etw* ab|liefern, *etw* ab|geben, *etw* aus|händigen **6** *dir* ~ **qc** {DICHIARAZIONE} ab|geben; {RICEVUTA} aus|stellen; {APPARTAMENTO} räumen **7** *giorn* ~ **qc** {POLITICO DICHIARAZIONE COMPROMETTENTE} *etw* (ab|)geben **B** rfl (*lasciarsi di nuovo*): **rilasciarsi** {CONIUGI} sich wieder trennen **C** itr pron (*rilassarsi*): **rilasciarsi** {PELLE} erschlaffen; *fig* {MADRE NELLE VACANZE} sich entspannen.

rilàscio <-sci> m **1** (*restituzione della libertà*) {+PRIGIONIERO} Freilassung f, Entlassung f **2** *amm* {+CERTIFICATO} Ausstellung f **3** *comm* {+MERCE} Ablieferung f **4** *dir* {+DICHIARAZIONE} Abgabe f; {+RICEVUTA} Ausstellung f; {+APPARTAMENTO} Räumung f **5** *giorn* {+INTERVISTA} Abgabe f, Abgeben n.

rilassaménto m **1** {+MUSCOLI, NERVI} Entspannung f; {+PELLE} Erschlaffung f: **il training autogeno è una tecnica di rilassamento**, das autogene Training ist eine Entspannungstechnik **2** *fig* {+COSTUMI} Lockerung f.

rilassànte agg (*che rilassa*) {LETTURA} beruhigend, entspannend.

rilassàre **A** tr **1** anche *fig* (*distendere*) ~ **qu/qc** {NERVI} jdn/etw entspannen; {MUSCOLI} anche jdn/etw lockern: **questa musica mi rilassa molto**, diese Musik entspannt mich sehr **2** (*allentare*) ~ **qc** {SORVEGLIANZA} *etw* lockern; {DISCIPLINA} anche *etw* untergraben **B** itr pron (*scadere*): {COSTUMI} sich lockern **C** rfl: **rilassarsi 1** (*cedere*) {PELLE} erschlaffen **2** *fig* (*distendersi*) sich entspannen: **ho bisogno di rilassarmi**, ich ₁brauche Entspannung₁/[muss mich entspannen].

rilassatézza f **1** (*rilassamento*) {+MUSCOLO} Entspannung f, Lockerung f; {+TENSIONE} Nachlassen n **2** (*rilassatezza*) {+TESSUTI} Nachlassen n, {+INTESTINO} Erschlaffung f **2** *fig* {+COSTUMI} Lockerung f.

rilassàto, (-a) agg **1** anche *fig* (*disteso*) {ATMOSFERA} entspannt; {MUSCOLO} anche locker, gelockert: **è disteso e** ~, er ist locker und entspannt; **oggi hai un bel viso** ~, heute siehst du richtig schön entspannt aus; {PELLE} erschlafft **2** *fig* {COSTUMI} gelockert.

rilavàre tr (*lavare di nuovo*) ~ **qc** {PAVIMENTO} *etw* wieder waschen.

rilavoràre tr (*lavorare di nuovo*) ~ **qc** {PEZZO} *etw* noch einmal bearbeiten; {CRETA} *etw* wieder kneten.

rileccàre <rilecco, rilecchi> tr ~ **qc 1** (*leccare di nuovo*) {GATTO CIOTOLA DEL LATTE} *etw* wieder aus|schlecken **2** *fig* (*rifinire*) {COMPOSIZIONE, PROSA} *etw* aus|feilen.

rilegàre <rilego, rileghi> tr ~ **qc 1** (*legare di nuovo*) {PACCO, SCARPA} *etw* wieder zu|binden **2** *edit* {LIBRO} *etw* (ein|)binden: ~ **in brossura**, broschieren **3** (*in oreficeria*) {DIAMANTE} *etw* fassen.

rilegatóre, (-trice) m (f) *edit* (Buch)binder(in) m(f).

rilegatrice f (*macchina*) Buchbindemaschine f.

rilegatùra f *edit* **1** (*copertura*) Einband m: ~ **in cartone**, Kartonage f; ~ **in pelle**, Ledereinband m; ~ **in tela**, Leineneinband m **2** (*operazione*) Binden n.

rilèggere <coniug come *leggere*> tr ~ **qc 1** (*leggere di nuovo*) {LIBRO} *etw* wieder/[noch einmal] lesen **2** (*rivedere*) *etw* durch|lesen, *etw* durch|sehen: **hai riletto il pezzo prima di consegnarlo?**, hast du das Stück durchgelesen, bevor du es abgegeben hast?

rilènto loc avv (*lentamente*): **a** ~, {ANDARE, AVANZARE, PROCEDERE} sehr langsam; **i lavori della nuova casa vanno molto a** ~, die Arbeiten am neuen Haus gehen sehr langsam voran.

rilettùra f **1** (*il rileggere*) {+TRADUZIONE} nochmalige Lektüre, nochmaliges Lesen **2** (*nuova lettura*) Neuauslegung f, Neuinterpretation f: **il critico suggerisce un'interessante rilettura del testo di Leopardi**, der Kritiker schlägt eine interessante Neuauslegung des Textes von Leopardi vor.

rilevàbile agg **1** (*che può essere rilevato*) {VALORE} entnehmbar, feststellbar **2** *comm* {ATTIVITÀ} käuflich.

rilevaménto m **1** anche *stat* (*determinazione sistematica*) Erhebung f, Vermessung f **2** (*sostituzione*) {+GUARDIA} Ablösung f **3** *aero mar* {MAGNETICO} Peilung f: ~ **radio**, Funkpeilung f; **fare un** ~, eine Peilung durchführen **4** *comm* {+NEGOZIO} Übernahme f **5** *edil* Erhöhung f, Anhebung f **6** *geog topogr* Aufnahme f, Vermessung f.

rilevànte agg **1** (*considerevole*) {AUMENTO, DANNI, SPESE} relevant, bedeutend, ansehnlich **2** (*importante*) {FATTO} wichtig, bedeutend, erheblich.

rilevànza f (*importanza*) Bedeutung f, Relevanz f: **la** ~ **di questo fatto non è secondaria**, diese Tatsache ist nicht irrelevant/nebensächlich.

rilevàre **A** tr **1** (*togliere di nuovo*) ~ **qc** {COPERTA} *etw* wieder weg|nehmen; {MAGLIONE} *etw* wieder aus|ziehen/ab|legen **2** *stat* ~ **qc** {DATI} *etw* erheben, *etw* fest|stellen, *etw* ermitteln: **le cifre sugli ultimi incrementi demografici**, die Zahlen über den jüngsten Bevölkerungszuwachs ermitteln **3** (*constatare*) ~ **qc** {DANNO, GRADO DI INQUINAMENTO} *etw* fest|stellen, *auf etw* (acc) hin|weisen, *etw* verzeichnen: **ti faccio** ~ **che hai fatto troppi errori**, ich mache dich darauf aufmerksam, dass du zu viele Fehler gemacht hast **4** (*ricavare*) ~ **qc da qc** {NOTIZIA DA UN GIORNALE} *etw* (aus) *etw* (dat) entnehmen; {DISEGNO DA UNO SCHIZZO} *etw* aus *etw* (dat) heraus|holen *fam* **5** (*mettere in evidenza*) ~ **qc** {DIFETTI, ERRORI, GROSSA MANCANZA} *etw* hervor|heben: **la polizia ha rilevato alcuni indizi**, die Polizei hat einige Indizien hervorgehoben **6** (*andare a prendere*) ~ **qu/qc** (+ **compl di luogo**) {AMICO ALLA STAZIONE} jdn/etw (irgendwo) ab|holen **7** (*sostituire*) ~ **qu da qc** {SENTINELLA DAL TURNO} jdn bei *etw* (dat) ab|

lösen **8** *aero geog mar* ~ **qc** {OGGETTO, PUNTO} *etw* peilen, *etw* orten: **ho rilevato il faro per 270°**, ich habe den Leuchtturm auf 270° gepeilt **9** *arte* (*formare in rilievo*) ~ **qc** *etw* reliefartig hervor|heben, *etw* heraus|arbeiten **10** *comm* ~ **qc** {AZIENDA, DITTA, NEGOZIO} *etw* übernehmen **11** *topogr* ~ **qc** *etw* auf|nehmen, *etw* vermessen **B** itr (*sporgere*) ~ (+ **compl di luogo**) {RICAMO SUL TESSUTO} (irgendwo) hervor|treten **C** itr pron (*alzarsi*): **rilevarsi** + **compl di luogo** {TAPPEZZERIA IN DIVERSI PUNTI} sich (irgendwo) lösen.

rilevàto, (-a) **A** agg **1** (*rialzato*) {MARCIAPIEDE, ZONA} erhöht **2** (*che spicca*) ~ (+ **compl di luogo**) {PERSONAGGIO SULLO SFONDO} (irgendwo) hervorstechend **B** m **1** (*rilievo del terreno*) Damm m **2** (*tratto di strada*) (Fahr)damm m.

rilevatóre, (-trice) **A** m (f) *amm stat* Datenerheber(in) m(f) **B** m (*apparecchio*) Vermessungsgerät n.

rilevazióne f **1** anche *stat* {ANTROPOMETRICA} Erhebung f; (*azione*) anche Erheben n **2** *geog topogr* Aufnahme f, Vermessung f.

rilièvo **A** m **1** (*sporgenza*) Vorsprung m: **sfiorando il muro si sentiva un leggero** ~, wenn man die Mauer streifte, spürte man einen leichten Vorsprung **2** *fig* (*importanza*) Bedeutung f, Gewicht n: **il suo discorso ha molto/poco** ~, seine/ihre Rede ₁hat großes/geringes Gewicht₁/[fällt durchaus/nicht ins Gewicht] **3** *fig* (*evidenza*) Hervorhebung f: ₁**mettere in** ~ **qc**₁/[**dar** ~ **a qc**], *etw* hervor|heben, *etw* heraus|streichen, *etw* betonen **4** <di solito al pl> *fig* (*osservazione*) Bemerkung f, Anmerkung f: **sull'argomento sono stati fatti degli interessanti rilievi**, zu diesem Thema wurden interessante Überlegungen angestellt **5** *arte* (*nella scultura*) {+MEDAGLIA, PORTALE} Relief n: **alto/basso** ~, Hoch-/Basrelief n; (*nel disegno, nella pittura*: *plasticità*) Tiefenwirkung f **6** *geog* {ACCIDENTATO, SOTTOMARINO} Relief n, Erhebung f, Erhöhung f; (*rif. a montagne*) Bergland n; (*catena*) Bergkette f **7** *industr* {+TEMPI} Festlegung f **8** *stat* (*rilevamento*) Erhebung f **9** *topogr* {FOTOGRAFICO; +NECROPOLI} Vermessung f **B** <inv> loc agg **1** (*rilevato*): **in** ~, {DISEGNO, FILM, FOTOGRAFIA} dreidimensional, 3-D- **2** *fig* (*rilevante*): **di** ~, {RISULTATO} ansehnlich, beachtlich.

rilòga <-ghe> f (*guida per le tende*) Vorhangschiene f.

rilucènte agg (*risplendente*) {OCCHI} glänzend, leuchtend.

rilùcere <irr *riluce*, *rilusse*, manca il part pass> itr *lett* ~ (**per qc**) **1** (*risplendere*) {OCCHI PER LA FELICITÀ; STELLE} (*vor etw* dat) glänzen, (*vor etw* dat) strahlen **2** *fig* (*distinguersi*) {POLITICO PER CORRETTEZZA} sich durch *etw* (acc) aus|zeichnen, durch *etw* (acc) heraus|ragen, durch *etw* (acc) glänzen.

riluttànte agg (*restio*) widerwillig: **essere** ~ **a fare qc**, *etw* widerwillig/ungern tun.

riluttànza f (*ritrosia*) Abneigung f, Widerwille m **2** *fis* magnetischer Widerstand, Reluktanz f.

riluttàre itr *lett* (*essere restio*): ~ **ai viaggi**, gegen Reisen sein, eine Abneigung gegen Reisen haben; ~ **a far qc**, *etw* ungern tun.

rima① f **1** Reim m: ~ **accoppiata/baciata**, Paarreim m; ~ **alternata**, Kreuzreim m; ~ **incrociata/chiusa**, umarmender Reim; ~ **interna**, Binnenreim m; **rime obbligate/replicate**, gebundene/wiederholte Reime: **far** ~ **con qc**, sich mit *etw* (acc)/mit *etw* (dat) reimen **2** <solo pl> (*versi*) Reime m pl; (*poesie*) {+DANTE} Verse m pl, Gedicht n • **dire/cantare qc in** ~ *fig* (*dire chiaramente*), Fraktur/Klartext *fam* reden; **rispondere/replicare per le rime** *fig* (*a tono*), um keine Antwort verlegen sein, die Antwort nicht schuldig bleiben.

rima[2] f **1** (*crepa*) Spalt m, Riss m **2** *anat* {PALPEBRALE} Spalt m.

rimagliàre <rimaglio, rimagli> tr (*riprendere una smagliatura*) ~ *qc* {CALZA} etw ketteln.

rimagliatrice <-ci> f tess Kettelmaschine f.

rimandàbile agg (*che si può rimandare*) {SCADENZA} verschiebbar, hinausschiebbar.

rimandàre tr **1** (*mandare di nuovo*) ~ *qu/qc* (*a qu/qc*) jdn/etw wieder zu jdm/etw schicken; {LA PALLA} (*jdm/etw*) an jdn/etw zurück|geben, (*jdm/etw*) an jdn/etw zurück|spielen **2** (*mandare indietro*) ~ *qc* (*a qu/qc*) an jdn/etw zurück|schicken, etw an jdn/etw zurück|senden: **ci ha rimandato il testo corretto**, er/sie hat uns den korrigierten Text zurückgeschickt; (*respingere*) etw zurück|weisen; **hanno rimandato la busta al mittente**, sie haben den Umschlag an den Absender zurückgeschickt **3** (*restituire*) ~ (*indietro*) *qc a qu* jdm etw zurück|geben: **ci ha rimandato (indietro) il nostro regalo**, er/sie hat uns unser Geschenk zurückgegeben **4** (*rinviare*) ~ *qc* etw ver-, hinaus|schieben, etw vertagen: **la gita è stata rimandata a lunedì prossimo**, der Ausflug wurde auf nächsten Montag verschoben; ~ *qu/qc a qc* jdn/etw auf etw (acc) verweisen; **si rimanda il lettore al capitolo seguente**, der Leser wird auf das nächste Kapitel verwiesen **5** (*far ritornare*) ~ *qu/qc* + *compl di luogo* {MILITARE A CASA} jdn/etw irgendwohin (zurück)schicken; ~ **un ragazzo in collegio**, einen Jungen ins Internat zurückschicken **6** *scuola università* ~ *qu* (*in qc*) jdm (*in etw* dat) eine Nachprüfung auf|erlegen/auf|brummen *fam*: **l'alunno è stato rimandato a settembre**, der Schüler muss im September eine Nachprüfung machen; {CANDIDATO} jdn nicht versetzen.

rimandàto, (-a) A agg **1** (*spostato*) verschoben: **un esame ~ non è poi un dramma!**, eine verschobene Prüfung ist schließlich kein Drama! **2** *scuola* {ALUNNO} "wer eine oder mehrere Nachprüfungen hat" B m (f) *scuola* Nachprüfling m.

rimàndo A m **1** (*riferimento*) Verweis m, Hinweis m: **troppi rimandi rendono difficile la lettura**, zu viele Verweise erschweren das Lesen; **in questo capitolo è evidente il ~ a Thomas Mann**, in diesem Kapitel ist der Verweis auf Thomas Mann offensichtlich **2** (*dilazione*) Aufschub m **3** *edit* (*segno*) Hinweiszeichen n **4** *sport* {+PALLA} Abstoß m, Abschlag m: **il portiere effettua il ~**, der Torwart macht einen Abstoß B *loc avv*: **di ~**, {RISPONDERE} darauf; **aggiungere un'osservazione di ~**, dazu eine Bemerkung hinzufügen.

rimaneggiaménto m **1** {+TESTO} Umarbeitung f, Umstellung f; (*azione*) anche Umarbeiten n, Umstellen n **2** *polit* Umbildung f; (*azione*) anche Umbilden n.

rimaneggiàre <rimaneggio, rimaneggi> tr ~ *qc* **1** (*modificare*) {LISTA} etw um|stellen; {ARTICOLO} etw um|arbeiten, etw um|schreiben **2** *polit* {GOVERNO} etw um|bilden **3** *tip* etw neu umbrechen.

rimanènte A agg (*che rimane*) {CIBO, SPAZIO, TEMPO, ecc.} verbleibend, restlich, übrig: **con il denaro ~ potrai comprarti qualcos'altro**, mit dem restlichen Geld kannst du dir etwas anderes kaufen B mf (*quelli che sono rimasti*) Verbleibende mf decl come agg: **i rimanenti non hanno votato**, die Übrigen haben nicht gewählt C m (*ciò che resta*) Rest m: **col ~ della stoffa potrai farti un foulard**, aus dem Stoffrest kannst du dir ein Kopftuch machen.

rimanènza f **1** (*avanzo*) Überschuss m **2** *comm* Restposten m: **dobbiamo liquidare le rimanenze**, wir müssen die Restposten loswerden **3** *fis* Remanenz f.

rimanére <irr rimango, rimasi, rimasto> itr <*essere*> **1** anche fig (*fermarsi*) ~ (+ *compl di luogo*) irgendwo bleiben: **rimani a casa oggi?**, bleibst du heute zu Hause?; **siamo rimasti qualche giorno in Sicilia**, wir sind einige Tage in Sizilien geblieben; **rimanga ancora un po'!**, bleiben Sie (doch) noch ein bisschen!; ~ **a cena/pranzo da qu**, zum Abend-/Mittagessen bei jdm bleiben; ~ **per delle ore davanti alla televisione**, stundenlang vor dem Fernseher sitzen/hängen *fam* **2** (*trovarsi*) ~ + *compl di luogo* irgendwo sein, sich irgendwo befinden, irgendwo liegen: **la mia casa rimane proprio dirimpetto alla chiesa**, mein Haus liegt genau gegenüber der Kirche **3** (*avanzare*) übrig bleiben: **non ne è rimasto nulla**, davon ist nichts übrig geblieben **4** (*sopravvivere*) übrig bleiben: **è tutto quello che rimane del teatro greco**, das ist alles, was vom griechischen Theater übrig bleibt **5** (*avere ancora*) ~ *a qu* jdm bleiben: **mi è rimasta la cena sullo stomaco**, das Abendessen liegt mir noch auf dem Magen; **gli è rimasta la voglia di viaggiare**, die Reiselust ist ihm geblieben; **mi è rimasto molto lavoro da fare**, mir ist viel Arbeit geblieben, ich habe noch viel zu tun; **non gli è rimasto un soldo**, er hat keinen Pfennig *fam* mehr; **è il solo amico che gli rimane**, er ist der einzige Freund, den er noch hat; **gli è rimasto un solo parente**, er hat nur noch einen einzigen Verwandten **6** (*esserci*) noch sein, bleiben: **rimangono ancora le Alpi da superare**, die Alpen sind noch zu überwinden; **rimangono ancora 50 Km da percorrere**, es sind noch 50 Kilometer (zurückzulegen); **rimangono ancora tre ore di luce**, es ist noch drei Stunden hell; **il pericolo rimane**, die Gefahr bleibt (bestehen) **7** (*essere*) ~ + *compl di modo* {INSODDISFATTO, SCONCERTATO, SOSPESO} irgendwie sein: **questo museo rimane chiuso il lunedì**, dieses Museum ist/bleibt montags geschlossen; **siamo rimasti d'accordo così**, wir sind so verblieben; **è rimasto molto bambino**, er ist sehr kindlich geblieben; **siamo rimasti (intesi) che passano loro a prenderci**, wir sind so verblieben, dass sie uns abholen (kommen); ~ **in carica pochi mesi**, wenige Monate im Amt bleiben; ~ **fedele a qu**, jdm treu sein; ~ **folgorato da qc**, von etw (dat) wie vom Donner gerührt sein; ~ **a galla**, sich oben-/[über Wasser] halten; **è rimasta incinta**, sie ist schwanger; ~ **male/confuso/meravigliato**, enttäuscht/verwirrt/erstaunt sein; ~ **orfano/vedovo**, Waise/Witwer werden; ~ **in piedi/seduto**, stehen/sitzen bleiben; **il progetto è rimasto tale**, das Projekt ist unverändert geblieben; ~ **zoppo dopo un incidente**, seit einem Unfall hinken **8** (*andare*) gehen: **rimarrà tutto al figlio**, es wird alles an den Sohn gehen **9** *fam* (*perdere la vita*): **rimanerci**, draufgehen *fam*, hopsgehen *fam* **10** *fam* (*essere stupiti*): **rimanerci**, erstaunt/sprachlos/baff *fam*/platt *fam* sein; **quando mi ha detto che si era separato da lei ci sono proprio rimasto**, als er mir sagte, dass er sich von ihr getrennt hat, war ich echt baff *fam* ● ~ **alzato fino a notte fonda**, bis ;spät in die Nacht; [in die Puppen *fam*] aufbleiben; ~ **amici**, Freunde bleiben; **rimaniamo in attesa di una Sua cortese risposta** *comm*, wir warten auf Ihre Antwort, wir verbleiben in Erwartung Ihrer Antwort *obs*; ~ **a corto di qc**, mit etw (dat) knapp sein, von etw (dat) nicht genug haben; **non gli rimase altro da fare che** ..., es blieb ihm nichts anderes übrig als ...; ~ **in forse** (*essere incerto*), {DATA DELLA PARTENZA} unsicher sein; ~ **indietro**, {CORRIDORE} zurückbleiben; {OROLOGIO} nach|gehen; ~ **indietro in qc** *fig*, {NEL LAVORO, NEGLI STUDI} in etw (dat) zurückbleiben; **non ti rimane che accettare**, es bleibt dir nichts anderes übrig als anzunehmen; ~ **di sasso/stucco** (*per lo stupore*), baff *fam*/platt *fam* sein; **è rimasto un po' sulle sue** (*non ha dato confidenza*), er blieb etwas zugeknöpft *fam*, er hielt sich etwas bedeckt; **la cosa/questo rimanga tra noi** (*rimanga segreto*), das muss unter uns bleiben; ~ **al verde**, blank sein *fam*, keinen Pfennig haben *fam*.

rimangiàre <rimangio, rimangi> A tr ~ *qc* **1** (*mangiare di nuovo*) etw wieder essen **2** (*mangiare ancora*) noch etw essen **3** *fig* (*ritrattare*) {PROPOSTA} etw zurück|nehmen: **gli farò ~ ciò che ha detto**, was er gesagt hat, wird er zurücknehmen, dafür werde ich sorgen! B *rfl indir* (*ritrattare*): **rimangiarsi** *qc* etw zurück|nehmen, etw zurück|ziehen: **rimangiarsi la parola/promessa**, ein Wort/Versprechen zurücknehmen.

rimàngo 1ª pers sing del pres di rimanere.

rimarcàre (*rimarco, rimarchi*) tr spec amm (*notare*) ~ *qc* etw bemerken, etw vermerken, etw hervor|heben.

rimarchévole agg (*notevole*) {IMPEGNO, MIGLIORAMENTO} bemerkenswert, beachtlich.

rimàrco <-chi> m amm Bemerkung f, Vermerk m.

rimàre A itr **1** (*fare rima*) ~ (*con qc*) sich (auf etw acc/mit etw dat) reimen: **due parole che rimano (tra loro)**, zwei Worte, die sich reimen **2** (*poetare*) dichten B tr (*mettere in rima*) ~ *qc* etw dichten.

rimarginàbile agg **1** (*guaribile*) {FERITA, PIAGA} heilbar **2** *fig* (*superabile*) {DOLORE} heilbar.

rimarginàre A tr <*avere*> anche fig (*cicatrizzare*): ~ *qc* {FERITA} etw heilen, vernarben lassen B itr pron (*guarire*): **rimarginarsi** {TAGLIO} verheilen, vernarben; *fig* (ab)heilen, verheilen: **la ferita si sta rimarginando**, die Wunde ist am Verheilen; **certe ferite non si rimarginano mai** *fig*, manche Wunden verheilen nie.

rimarginàto, (-a) agg anche fig {FERITA} verheilt.

rimàrio <-ri> m Reimbuch n, Reimlexikon n.

rimaritàre A tr ~ *qu* jdn wieder heiraten B *rfl*: **rimaritarsi** wieder heiraten.

rimàṣi 1ª pers sing del pass rem di rimanere.

rimasticàre <rimastico, rimastichi> tr ~ *qc* **1** (*masticare di nuovo*) {CIBO} etw wieder (durch|)kauen **2** *fig* {OFFESA, ecc.} an etw (dat) zu knabbern haben *fam* **3** *fig* (*ripetere*) {IL SOLITO DISCORSO} etw wieder|käuen spreg.

rimàsto part pass di rimanere.

rimaṣùglio <-gli> m {+CIBO, STOFFA} Rest m, Überbleibsel n *fam*.

rimatóre, (-trice) m (f) {FINE} Dichter(in) m(f), Poet(in) m(f).

rimbaldanzire <rimbaldanzisco> A itr <*essere*> itr *rfl pron*: **rimbaldanzirsi** {RAGAZZO} übermütig werden B tr ~ *qu* {SUCCESSO RAGAZZO} jdn übermütig werden lassen, jdm zu Kopf steigen.

rimbalzàre <~ *essere o avere*> **1** ~ (+ *compl di luogo* {PALLA SUL MURO, PROIETTILE SU UNA PIETRA} (*irgendwo*) ab|prallen, (*irgendwo*) zurück|prallen: **il sasso rimbalzò sull'acqua**, der Stein prallte auf dem Wasser ab **2** *fig* ~ + *compl di luogo* {NOTIZIA DAPPERTUTTO} sich schnell (*irgendwo*) verbreiten.

rimbalzèllo m: **giocare a ~**, ;flache Kiesel;/[Steine] übers Wasser flitzen lassen.

rimbalzino m "Geschicklichkeitsspiel mit

Münzen".

rimbalzo A m {+PALLA, PROIETTILE} Rückprall m, Abprallen n: **il sasso fece cinque rimbalzi sull'acqua**, der Stein prallte fünf Mal auf dem Wasser ab B *loc avv* **anche fig** (*indirettamente*): **di ~**, indirekt; **colpire qu/qc di ~ anche fig**, jdn/etw indirekt treffen.

rimbambiménto m {+VECCHIO} Verblödung f *fam*, Verkalkung f *fam spreg*.

rimbambire <rimbambisco> *itr* <essere> *itr pron spreg*: **rimbambirsi** {VECCHIO} vertrotteln *fam*, verblöden *fam*, verkalken *fam spreg*.

rimbambìto, (-a) A *agg* vertrottelt *fam*, verblödet *fam*, weggetreten *fam*: **un vecchio ~**, ein vertrotteter Alter *fam*; **quel tizio mi sembra un po' ~!**, der Typ scheint mir etwas weggetreten (zu sein)! *fam* B m (f) Kindskopf m: **sei il solito ~!**, du bist immer noch der alte Kindskopf!

rimbeccare <rimbecco, rimbecchi> A *tr* **~ qu** jdm widersprechen; **~ qc** {MALIGNITÀ} *etw* erwidern, *etw* entgegnen B *rfl rec*: **rimbeccarsi** aufeinander herum|hacken *fam*, sich (dat) Bissigkeiten sagen.

rimbécco <-chi> m schlagfertige Antwort.

rimbecillire <rimbecillisco> A *tr* <avere> **~ qu 1** (*rendere imbecille*) {ETÀ} jdn vertrotteln *fam*/verkalken *fam spreg* lassen, jdn trottelig/blöd *fam* machen **2** (*istupidire*) {MUSICA A TUTTO VOLUME} jdn verdummen, jdn betäuben B *itr* <essere> *itr pron*: **rimbecillirsi 1** (*diventare imbecille*) verdummen, verblöden *fam*, vertrotteln *fam*, trottelig werden *fam*: **da quando esce con quella ragazza (si) è completamente rimbecillito**, seit er mit diesem Mädchen geht, ist er völlig verblödet *fam*; **ma (ti) sei rimbecillito? Allontanati dal fuoco con la benzina!**, (ja) spinnst du *fam*/[hast du sie nicht mehr alle *fam*]? Geh mit dem Benzin vom Feuer weg! **2** (*istupidire*) {FEBBRE} betäuben, benommen machen.

rimbecillìto, (-a) A *agg* **1** (*imbecille*) verblödet *fam*, vertrottelt *fam*, verkalkt *fam spreg*: **un vecchio mezzo ~**, ein halb vertrotteter Alter *fam* **2** (*istupidito*) benommen, *fam*: **essere ~ dopo ore di lavoro**, nach vielen Stunden Arbeit ganz benommen sein B m (f) Blödian m *fam spreg*, Dummkopf m *spreg*.

rimbellire <rimbellisco> *fam* A *tr* <avere> {MATRIMONIO, TRUCCO} jdn schöner machen B *tr* <essere> schöner werden C *itr pron*: **rimbellirsi** {CITTÀ} schöner werden.

rimbiancàre <rimbianco, rimbianchi> *tr* **~ qc** {APPARTAMENTO, MURO} *etw* weißen, *etw* weißeln *südd A CH*.

rimboccàre <rimbocco, rimbocchi> A *tr* **~ qc** {COPERTE} *etw* um|schlagen; {MANICHE} *etw* auf|krempeln, *etw* hoch|krempeln *fam* B *rfl indir*: **rimboccarsi qc** {PANTALONI} sich (dat) *etw* auf|krempeln, sich (dat) *etw* hoch|krempeln *fam*.

rimboccatùra f **1** {+LENZUOLO} Umschlag m **2** (*operazione*) Umschlagen n.

rimbombànte *agg* **1** {SUONO, VOCE} dröhnend **2** *fig* {PREDICA} bombastisch *spreg*, hochtrabend *spreg*.

rimbombàre *itr* <essere o avere> **1 ~** (+ **compl di luogo**) {TUONO NELLA VALLE} (*irgendwo*) dröhnen, {CANNONATA SUL CAMPO DI BATTAGLIA} *anche* (*irgendwo*) wider|hallen **2** (*fare rimbombo*) {PALESTRA} wider|hallen: **la testa mi rimbombava**, mir dröhnte der Kopf.

rimbómbo m Dröhnen n.

rimborsàbile *agg* {SPESA} rückzahlbar.

rimborsàre *tr* **~ qu** {ASSICURAZIONE AUTOMOBILISTA} jdn aus|bezahlen; **~ qc (a qu)** {VIAGGIO DI LAVORO} (jdm) *etw* zurück|zahlen, (jdm) *etw* zurück|erstatten: **gli spettatori sono stati rimborsati**, die Zuschauer bekamen ihr Geld zurück, den Zuschauern wurde ihr Geld (zu)rückerstattet.

rimborsàto, (-a) *agg* {SPESA} (zu)rückerstattet.

rimbórso m Rückzahlung f, (Zu)rückerstattung f: **chiedere il ~ di qc**, die (Zu)rückerstattung von etw (dat) verlangen.

rimboscaménto m Aufforstung f.

rimboscàre <rimbosco, rimboschi> *tr* **~ qc** {ISOLA} *etw* auf|forsten.

rimboschiménto m {+VALLE} Aufforstung f.

rimboschìre <rimboschisco> A *tr* **~ qc** {VALLE} *etw* auf|forsten B *itr* <essere> **~ qc** (*ridiventare boscoso*): **rimboschirsi** {ISOLA} sich bewalden.

rimbrottàre A *tr* (*rimproverare*) **~ qu** {PERSONA} jdn tadeln, jdn scharf zurecht|weisen, jdn an|schnauzen *fam* B *rfl rec*: **rimbrottarsi** sich gegenseitig Vorhaltungen/Vorwürfe machen/[an|schnauzen], einander die Meinung sagen.

rimbròtto m (*rimprovero aspro*) Vorwurf m, scharfe Zurechtweisung f: **sopporta tutto il giorno i rimbrotti del figlio**, den ganzen Tag lässt er/sie sich von seinem/ihrem Sohn anschnauzen *fam*/[erträgt er/sie die Vorhaltungen/Vorwürfe seines/ihres Sohnes].

rimbruttire <rimbruttisco> A *tr* <avere> *fam* (*imbruttire*) **~ qu/qc** {RAGAZZA} jdn/etw hässlich machen; {CENTRO STORICO} *etw* verunstalten B *itr* <essere> (*diventare più brutto*) hässlich(er) werden.

rimediàbile *agg* (*che si può rimediare*) {DANNO} wieder gutzumachen(d), behebbar.

rimediàre <rimedio, rimedi> A *tr* **~ a qc (con qc) 1** (*porre rimedio*) {ALLA TOSSE CON UNO SCIROPPO} *etw* (*mit etw dat*) lindern **2** *fig* (*porre riparo*) {A DEGLI ABUSI, A UN ERRORE, A UNA GAFFE} *etw* (*mit etw dat*) wieder|gut| machen; {A UN INCONVENIENTE, A UN MALE} *etw* (*dat*) (*mit etw dat*) ab|helfen B *tr* **~ qc 1** (*riparare*) {ERRORE, GUAIO} *etw* beheben, *etw* wieder|gut|machen **2** *fam* (*procurarsi*) {ALIBI} (sich dat) *etw* besorgen, (sich dat) *etw* beschaffen; {SOLDI} *anche etw* auf|treiben: **lavorando qua e là rimedia qualche soldo per tirare avanti**, mit verschiedenen Jobs *fam* treibt er/sie ein bisschen Geld auf, um sich durchzuschlagen; **come ~ la cena?**, wie sollen wir das Abendessen zusammenbringen/[uns etwas zum Abendessen beschaffen]?; **finora abbiamo rimediato solo guai!**, bis jetzt haben wir nur Schaden angerichtet!

rimèdio <-di> m **1** (*provvedimento*) Abhilfe f, Gegenmittel n: **porre ~ a qc**, *etw* (dat) ab|helfen, *etw* beheben **2** *dir* Rechtsbehelf m **3** *med* **~ contro qc** {CONTRO L'INSONNIA} (Heil)mittel n *gegen etw* (*acc*): **è un ~ efficace contro l'influenza**, das ist ein wirksames Heilmittel gegen Grippe • **il ~ è peggiore del male**, die Arznei ist oft schlimmer als die Krankheit; das hieße, den Teufel mit Beelzebub austreiben; **è una situazione senza ~**, das ist eine ausweglose/hoffnungslose Situation; **a tutto c'è ~ fuorché alla morte** *prov*, nur gegen den Tod ist kein Kraut gewachsen *prov*.

rimeditàre A *tr* (*riflettere di nuovo su*) **~ qc** {QUESTIONE} sich (dat) *etw* durch den Kopf gehen lassen B *tr* (*meditare di nuovo*) **~ qc** {SULLE PAROLE DI QU} wieder *über etw* (*acc*) nach|denken.

rimembrànza f *lett* (*memoria*) {SACRA} Andenken n, Gedenken n, Erinnerung f.

rimembràre *poet* A *tr* **~ qc** *etw* erinnern B *itr pron* (*ricordarsi*): **rimembrarsi di qc** sich *an etw* (*acc*) erinnern.

rimescolaménto m **1** (*mescolamento*) {+TAROCCHI} erneutes Mischen **2** *fig* (*turbamento*) Verwirrung f, Aufruhr m, Wallung f: **ebbe un ~ del sangue**, sein/ihr Blut geriet in Wallung; **la paura gli provocò un grande ~**, die Angst versetzte ihn in helle Aufregung.

rimescolàre A *tr* **1** (*mescolare ripetutamente*) **~ qc** {IMPASTO PER IL DOLCE} *etw* (um)|rühren **2** (*mescolare di nuovo*) **~ qc** {CARTE} *etw* wieder mischen B *itr pron* **1** (*turbarsi*): **rimescolarsi** in Wallung geraten, kochen: **quando ci ripenso, mi si rimescola il sangue**, wenn ich daran (zurück)denke, gerät mein Blut erneut in Wallung **2** (*mischiarsi*): **rimescolarsi** + **compl di luogo** sich *unter etw* (*acc*) mischen: **si rimescolò tra la folla**, er mischte sich wieder unter die Menge **3** (*agitarsi*): **rimescolarsi** {MARE} in Aufruhr geraten, aufgewühlt werden.

rimescolàta f *fam* (*Durch*)mischen n: **dare una ~ alle carte**, die Spielkarten wieder mischen; **dare una ~ alla minestra**, die Suppe wieder umrühren.

rimescolàto, (-a) *agg* {MAZZO DI CARTE} wieder (durch)gemischt; {BESCIAMELLA} wieder umgerührt.

rimescolìo <-lii> m **1** (*trambusto*) {+GENTE} Aufruhr m **2** *fig* (*turbamento*) Verwirrung f.

rimèssa[1] f **1** (*locale*) {+ATTREZZI} Schuppen m, Remise f *obs*; (*per autoveicoli*) Garage f; (*per vetture tranviarie*) Depot n **2** (*magazzino*) {+PROVVISTE} Lager n, Speicher m **3** (*immagazzinamento*) {+DERRATE AGRICOLE} Einlagerung f.

rimèssa[2] f **1** (*il rimettere*): **~ in moto di un'auto**, erneutes Starten eines Autos; **~ in discussione della famiglia**, erneutes Infragestellen der (Institution) Familie; **~ in onda di una trasmissione**, wiederholte Übertragung einer Sendung; **~ in scena di uno spettacolo**, Wiederaufführung f einer Vorstellung **2** (*perdita*) Verlust m: **vendere a ~**, mit Verlust verkaufen **3** *bot* {+GERMOGLI} Spross m, Schössling m **4** *comm* (*spedizione*) {+MERCI} Lieferung f, Sendung f **5** *econ* {+VALUTA} Überweisung f **6** *sport* (*nel calcio e nella pallacanestro*) Einwurf m; **~ dal fondo**, Abstoß m; **~ laterale**, (Seiten)einwurf m; (*nella scherma*) Rimessa f.

rimessàggio <-gi> m (*per barche, roulotte, camper*) Unterstellung f.

rimessióne f *dir* Verweisung f: **~ del processo**, Verweisung f des Verfahrens; **~ in termini**, Wiedereinsetzung f in den vorherigen Stand.

rimèsso, (-a) A *agg* **1** (*ristabilito*) {RAGAZZO} wieder erholt, wiederhergestellt **2** (*perdonato*) {COLPA, PECCATO} vergeben **3** (*condonato*) {DEBITO} erlassen **4** (*inviato*) {ASSEGNO} überwiesen B m **1** (*parte di un tessuto*) Saum m, Stoffrand m **2** (*intarsio in legno*) Einlegearbeit f.

rimestàre *tr* **1** (*rimescolare*) **~ (qc)** {MINESTRA, SALSA} (*etw*) (wieder) um|rühren, *etw* durch|rühren **2** *fig* (*rivangare*) **~ qc** {VICENDE PASSATE} *etw* wieder auf|rühren, wieder *in etw* (*dat*) rühren.

rimestìo <-stii> m (*il rimestare continuo*) Umrühren n.

riméttere <coniug come **mettere**> A *tr* **1** (*mettere di nuovo*) **~ qc** (+ **compl di luogo**) (~ *in piedi*) {LAMPADA SUL TAVOLINO, VASO DI FIORI SUL DAVANZALE} *etw* wieder irgendwohin stellen; **rimetti il bollitore sul fuoco**, {AUTO IN GARAGE} *anche etw* wieder *irgendwohin* fahren; (~ *orizzontalmente*) {GIORNALE SUL TAVOLO, TAPPETO IN SALOTTO} *etw* wieder irgendwohin legen; (~ *appeso*) {CAPPOTTO NELL'ARMADIO} *etw* wieder *irgendwohin* hängen: ~ **le lenzuola ad asciugare**, die Laken wieder zum Trocknen aufhängen **2** (~ *a sedere*) ~ **qu** + ***compl di luogo*** {BAMBINO SUL SEDILE DELL'AUTO} jdn wieder *irgendwohin* setzen: ~ **qu a sedere**, jdn wieder hinsetzen **3** (*posare di nuovo*) ~ ***qc*** + ***compl di luogo*** {MANO SULLA SPALLA} *etw* wieder *irgendwohin* legen; {PIEDI SULLO SCENDILETTO} *etw* wieder *irgendwohin* stellen **4** (*aggiungere nuovamente*) ~ ***qc*** + ***compl di luogo*** {ACQUA NEL RADIATORE} *etw* wieder *irgendwohin* geben **5** (*infilare di nuovo*) ~ ***qc*** + ***compl di luogo*** {CAMICIA NEI PANTALONI, CARTUCCIA NELLA PENNA, CHIAVE NELLA SERRATURA, LETTERA NELLA BUSTA} *etw* wieder *in etw* (**acc**) stecken; {TOVAGLIA NEL CASSETTO} *etw* wieder *in etw* (**acc**) zurück|legen **6** (*applicare di nuovo*) ~ ***qc*** (+ ***compl di luogo***) {CEROTTO SULLA FERITA, ETICHETTA SUL BARATTOLO DI MARMELLATA} *etw* wieder *irgendwohin* kleben; {GARZA} *etw* wieder auf|legen; {FASCIATURA} *etw* wieder an|legen; {SHAMPOO SUI CAPELLI} *etw* wieder *in etw* (**acc**) ein|massieren; {CREMA SUL CORPO} *etw* wieder *auf etw* (**acc**) auf|tragen **7** (*ricucire*) ~ ***qc*** (+ ***compl di luogo***) {BOTTONE ALLA GIACCA} *etw* wieder *an etw* (**acc**) nähen **8** (*indossare di nuovo*) ~ ***qc*** {GIUBBOTTO, MAGLIONE} *etw* wieder an|ziehen; {CAPPELLO, OCCHIALI} *etw* wieder auf|setzen; {CATENINA} *etw* wieder um|hängen; {ANELLO} *etw* wieder an|stecken; {SCIARPA} *etw* wieder um|binden; {CINTURA} *etw* wieder um|schnallen/um|binden; {LENTI A CONTATTO} *etw* wieder ein|setzen **9** (*fare indossare di nuovo*) ~ ***qc a qu*** {GIACCA A VENTO A UN BAMBINO} jdm *etw* wieder an|ziehen; {CAPPELLO} *anche* jdm *etw* wieder auf|setzen; {BRETELLE} *anche* jdm *etw* wieder an|legen; {COLLANA} jdm *etw* wieder umhängen/an|legen *forb*; {ANELLO} jdm *etw* wieder an|stecken/an|legen *forb*; {SCIARPA} jdm *etw* wieder umlegen/um|binden; {CINTURA} jdm *etw* wieder um|schnallen/um|binden; {OCCHIALI} jdm *etw* wieder auf|setzen; {LENTI A CONTATTO} jdm *etw* wieder ein|setzen **10** (*reinserire*) ~ ***qc*** (***in qc***) {NOME IN UNA LISTA} *etw* wieder (*in etw* **acc**) ein|fügen **11** (*far andare di nuovo*) ~ ***qu*** + ***compl di luogo*** {I BAMBINI A LETTO} jdn wieder *irgendwohin* bringen; {LADRO IN PRIGIONE} *anche* jdn wieder *irgendwohin* stecken; {RE SUL TRONO} jdn wieder *auf etw* (**acc**) erheben **12** (*sostituire*) ~ ***qc*** {SERRATURA, VETRO} *etw* ersetzen **13** (*opporre di nuovo*) ~ ***qc*** (***a qu***) {OSTACOLO} jdm wieder *etw* in den Weg legen **14** *fam* (*accendere di nuovo*) ~ ***qc*** {CONDIZIONATORE, RISCALDAMENTO} *etw* wieder an|machen, *etw* wieder an|-, ein|schalten; (*far suonare di nuovo*) {CASSETTA} *etw* wieder auf|legen: **rimetti quel disco, vorrei riascoltarlo**, leg die Platte noch einmal auf, ich würde sie gern noch einmal hören **15** (*inserire di nuovo*) ~ ***qc*** {ALLARME} *etw* wieder ein|schalten **16** (*ripubblicare*) ~ ***qc*** + ***compl di luogo*** {ANNUNCIO SUL GIORNALE} *etw* wieder auf|geben **17** (*sistemare di nuovo*) ~ ***qu*** + ***compl di luogo*** {GLI OSPITI NELLA DÉPENDANCE} jdn wieder *irgendwo* unter|bringen **18** (*sottoporre*) ~ ***qu a qc*** {UOMO A DIETA} jdn wieder *auf etw* (**acc**) setzen **19** (*imporre nuovamente*) ~ ***qc*** (***a qu***) {IMPOSTA, TASSA} jdm *etw* wieder auf|erlegen **20** (*rimandare*) ~ ***qc a qc*** {DISCUSSIONE ALLA RIUNIONE SUCCESSIVA} *etw* *auf etw* (**acc**) verschieben **21** (*perdonare*) ~ ***qc a qu*** {COLPA, PECCATO} jdm *etw* wieder vergeben **22** (*condonare*) ~ ***qc a qu*** {DEBITO} *etw* erlassen **23** (*affidare*) ~ ***qc a qu*** jdm *etw* an|vertrauen: ~ **ad altri una decisione**, anderen eine Entscheidung anvertrauen **24** (*mettere di nuovo*) ~ ***qu/qc in qc*** jdn/*etw* wieder *in etw* (**acc**) bringen; ~ **in discussione qu/qc**, jdn/*etw* wieder zur Diskussi-

on/[in Frage] stellen; ~ **in fila qu/qc**, jdn/*etw* wieder in einer Reihe aufstellen; ~ **in forma qu**, jdn wieder in Form bringen/[fit machen]; **la palestra lo ha rimesso in forma**, durch das Training in der Sporthalle ist er wieder fit; ~ **in libertà un carcerato**, einen Gefangenen wieder freilassen; ~ **in moto il motore**, den Motor wieder anlassen; ~ **in moto un'impresa**, ein Unternehmen wieder in Gang bringen; ~ **in ordine qc**, *etw* wieder aufräumen; ~ **qu in salute/forze**, jdn wiederherstellen; ~ **in vendita un prodotto**, ein Produkt wieder zum Verkauf anbieten; ~ **in vigore qc**, *etw* wieder in Kraft setzen **25** (*perderci*): **rimetterci qc** *etw* verlieren, *etw* ein|büßen: **che ci rimetti?**, was hast du dabei zu verlieren?; **ci ho rimesso un patrimonio**, ich habe dabei ein Vermögen verloren, es hat mich ein Vermögen gekostet; **ci ha rimesso la salute/vista**, er/sie hat /seine/ihre Gesundheit/[sein/ihr Augenlicht] dabei eingebüßt; **non voglio rimetterci la reputazione**, ich möchte dadurch meinen guten Ruf nicht ruinieren **26** *fam* (*vomitare*) ~ (***qc***) {CENA, CIBO} *etw* erbrechen *fam*, *etw* aus|kotzen *volg*: **mi viene da ~**, ich muss brechen *fam*, mir wird schlecht *fam* **27** (*indossare di nuovo*) ~ **addosso qc** {MAGLIONE} *etw* wieder an|ziehen **28** (*risposare avanti*): ~ **avanti qc** {OROLOGIO} *etw* wieder vor|stellen **29** ~ **qc dentro** (**a**) **qc** {BOTTIGLIA DENTRO AL/IL FRIGO} *etw* wieder *in etw* (**acc**) stellen; (*infilare di nuovo*) {PENNA DENTRO (AL)L'ASTUCCIO} *etw* wieder *in etw* (**acc**) stecken **30** **fig fam** (*in prigione*): ~ **dentro qu** jdn wieder ein|lochen *fam* **31** (*sporgere di nuovo*): ~ **fuori qc** {TESTA} *etw* wieder hinausstecken **32** (*esporre di nuovo*): ~ **fuori qc** {BANDIERA} *etw* wieder aus|hängen, *etw* wieder draußen auf|hängen; {PANNI} *etw* wieder hinaus|hängen **33** *fig fam* (*dalla prigione*): ~ **fuori qu** jdn wieder frei|lassen **34** (*posare di nuovo*): ~ **giù qc** {COLTELLO} *etw* wieder hin|legen; {VASSOIO} *etw* wieder ab|-, hin|stellen; {BOTTIGLIA} *etw* wieder hin|stellen; {TELEFONO} *etw* wieder ab|legen **35** (*rispostare indietro*): ~ **indietro qc** {OROLOGIO} *etw* zurück|stellen **36** (*montare*): ~ **insieme qc** *etw* zusammen|setzen, *etw* zusammen|bauen **37** *fig* (*organizzare di nuovo*): ~ **insieme qu/qc** {SQUADRA} jdn/*etw* zusammen|stellen **38** (*sottoporre*): ~ **qu sotto qc** {SOTTO INCHIESTA} wieder *etw* gegen jdn ein|leiten; {SOTTO PROCESSO} wieder *etw* gegen jdn führen **39** (*fondare*): ~ **su qc** {FAMIGLIA} *etw* wieder gründen **40** *fam* (*indossare di nuovo*): ~ **su qc** {IMPERMEABILE} *etw* wieder an|ziehen **41** (*riporre*): ~ **via qc** *etw* wieder weg|stellen/[beiseite stellen] **42** *bot* ~ (**qc**) {GERMOGLI, RADICE} (*etw*) wieder treiben, wieder aus|schlagen **43** *post* ~ ***qc a qu/qc*** {LETTERA, PACCO AL DESTINATARIO, MERCE ORDINATA A UNA DITTA} jdm/*etw* senden; {ASSEGNO} jdm *etw* überweisen **44** *sport* ~ (**qc**) (*etw*) ab|schlagen: ~ **la palla in gioco**, den Ball einwerfen; ~ **da fondo campo**, Abstoß machen **B** *itr pron* (*riprendere*): **rimettersi a qc** {AL LAVORO} sich wieder *an etw* (**acc**) machen, *etw* wieder auf|nehmen/an|packen *fam*: **rimettiamoci a studiare**, machen wir uns wieder ans Lernen; **si rimette a nevicare**, es fängt wieder an zu schneien **2** (*riprendersi*): **rimettersi** (***da qc***) {DA UNA MALATTIA, DALLO SPAVENTO} sich *von etw* (**dat**) erholen: **il malato si è rimesso in poco tempo**, der Kranke hat sich in kurzer Zeit wieder erholt; **per rimettersi dovrebbe cambiare aria**, um /sich wieder zu Kräften/[wieder zu Kräften zu kommen]/, hätte er/sie eine Luftveränderung nötig; **si è completamente rimesso**, er ist wieder völlig auf dem Damm *fam* **3** *meteo*: **rimettersi** {TEMPO} sich bes-

sern, besser werden **C** *rfl* **1** (*affidarsi*): **rimettersi a qu/qc** {ALLE DECISIONI DELLA MAGGIORANZA} jdm/[auf jdn/*etw*] vertrauen, sich jdm/*etw* an|vertrauen, sich *auf jdn/etw* verlassen: **ci rimettiamo a te**, wir verlassen uns auf dich; **mi rimetto alla tua discrezione**, ich vertraue auf deine Diskretion **2** *indir* (*indossare nuovamente*): **rimettersi qc** {DELLE SCARPE NUOVE} sich (**dat**) *etw* wieder an|ziehen; {BERRETTO, OCCHIALI} sich (**dat**) wieder *etw* auf|setzen; {BRETELLE} sich (**dat**) wieder *etw* an|legen; {COLLANA DI PERLE} sich (**dat**) wieder *etw* um|hängen; {ANELLO} sich (**dat**) wieder *etw* an|stecken; {BRACCIALE} sich (**dat**) wieder *etw* an|legen *forb*; {SCIARPA} sich (**dat**) wieder *etw* um|binden; {CINTURA} sich (**dat**) wieder *etw* um|schnallen; {LENTI A CONTATTO} sich (**dat**) wieder *etw* ein|setzen **3** (*filare di nuovo*): **rimettersi** **insieme a**/[**con**] **qu** sich wieder *mit jdm* zusammen|tun: **si è rimessa col suo ex**, sie ist wieder mit ihrem Exmann/Exfreund zusammen **D** *rfl rec* (*filare di nuovo*): **si sono rimessi insieme**, sie sind wieder zusammen ● ~ **a nuovo una macchina**, ein Auto generalüberholen; ~ **in pari il bilancio**, eine Bilanz ausgleichen; **rimettersi in pari con qc**, *etw* aufarbeiten, *etw* nacharbeiten, *in etw* (**dat**) wieder auf|holen; **mi sono rimesso in pari con lo studio**, ich habe den Lehrstoff wieder aufgeholt; **rimetterci la *pelle*/le *penne* fig** (*morire*), sein Leben bei *etw* (**dat**) lassen, bei *etw* (**dat**) draufgehen *fam*; ~ **a posto lo stomaco**, den Magen /wieder in Ordnung bringen/[beruhigen]; ~ **a posto un osso**, einen Knochen wieder einrenken; ~ **in *sesto* un palazzo**, ein Haus sanieren.

riminése **A** *agg* von/aus Rimini **B** *mf* (*abitante*) Einwohner(in) m(f) von Rimini.

rimiràre **A** *tr* (*riguardare a lungo*) ~ **qc** {PAESAGGIO} *etw* lange betrachten **B** *itr* ~ **a qc 1** (*prendere di nuovo la mira*) {AL BERSAGLIO} *auf etw* (**acc**) zielen **2** *fig* (*tendere di nuovo*) {A UNO SCOPO} *auf etw* (**acc**) ab|zielen **C** *rfl* (*guardarsi con compiacimento*): **rimirarsi** + ***compl di luogo*** {RAGAZZA ALLO SPECCHIO} sich *irgendwo* an|sehen.

Rimmel® <-> m (*nella cosmesi*) Wimperntusche f.

rimodernaménto m (+TEATRO) Modernisierung f, Erneuerung f; (*azione*) *anche* Modernisieren n, Erneuern n.

rimodernàre **A** *tr* ~ **qc 1** (*rendere più moderno*) {ARREDAMENTO, CASA, IMPIANTO} *etw* modernisieren **2** *fig* (*rinnovare*) {IDEE} *etw* erneuern **B** *itr pron* (*diventare più moderno*): **rimodernarsi** sich modernisieren, modern werden: **quel negozio si sta rimodernando**, das Geschäft wird gerade modernisiert **C** *rfl* (*adeguarsi ai tempi moderni*): **rimodernarsi** {PERSONA} sich der Mode an|passen, moderner werden.

rimodernàta f *anche fig* Modernisierung f, Modernisieren n: **dare una ~ all'arredamento**, die Einrichtung modernisieren.

rimodernàto, (-a) *agg* (*rinnovato*) {MACCHINARIO, UFFICIO} modernisiert; {FACCIATA DI UN EDIFICIO, PALAZZO} *anche* renoviert, restauriert, saniert.

rimónta f **1** *sport* (+AVVERSARIO, SQUADRA) Aufholen n, Nachholen n: **fare una ~**, aufholen; **tentare la ~**, aufzuholen versuchen **2** (*il rimontare*) (+VETTA) Wiederbesteigung f **3** (*riparazione*) (+SCARPE) Erneuerung f des Oberleders **4** *mil* Remonte f, Remontierung f **5** *min* (*galleria*) Aufbau m **6** *ornit* (+UCCELLI MIGRATORI) Rückkehr f.

rimontàggio <-gi> m (*operazione*) Neumontierung f, Neuzusammensetzung f, Erneuerung f.

rimontàre A tr <avere> **1** (montare di nuovo) ~ **qc** {CONGEGNO} etw wieder montieren/zusammen|setzen; {TENDA} etw wieder auf|bauen **2** (risalire) ~ **qc** {SCALE} etw wieder hinauf|gehen; {VETTA} etw wieder|besteigen: **~ il fiume**, flussaufwärts gehen/fahren, aufwärts|gehen, aufwärts|fahren; **una corrente**, gegen einen Strom schwimmen **3** (riparare) ~ **qc** {SCARPE} das Oberleder etw (gen) erneuern **4** sport (ridurre) ~ (**qc**) {DISTACCO, SVANTAGGIO} (etw) auf|holen: **la squadra ha rimontato nel secondo tempo**, die Mannschaft hat in der zweiten Halbzeit aufgeholt B itr <essere> **1** (salire di nuovo) ~ **+ compl di luogo** {SULL'AUTOBUS, IN MACCHINA, IN TRENO} wieder in etw (acc) ein|steigen; {IN BICICLETTA, A CAVALLO} wieder auf etw (acc) auf|steigen **2** fig (risalire) **~ a + compl di tempo** {IL PALIO DI SIENA AL MEDIOEVO} bis in etw (acc) zurück|reichen, in etw (dat) seinen Ursprung haben; {FATTO DI CRONACA A DIECI ANNI FA} etw zurück|liegen.

rimorchiàre <rimorchio, rimorchi> tr **1** (tirare) ~ **qc** (+ **compl di luogo**) {AUTOMOBILE IN OFFICINA} etw (irgendwohin) (ab|)schleppen; {NAVE} anche etw (irgendwohin) bugsieren **2** fig scherz (condurre con sé contro voglia) ~ **qu** jdn mit|schleifen fam, jdn mit|schleppen fam: **sono riuscito a rimorchiarlo fin qui**, ich habe es geschafft, ihn bis hierher mitzuschleifen fam **3** fig slang giovanile (abbordare) ~ (**qu**) (+ **compl di luogo**) {RAGAZZA A UNA FESTA} jdn (irgendwo) an|machen fam, jdn (irgendwo) auf|reißen slang/an|baggern slang: **va a ~ in discoteca**, er/sie geht zum Aufreißen in die Disko slang.

rimorchiàto, (-a) agg **1** (tirato) {MACCHINA} (ab)geschleppt; {NAVE} anche bugsiert **2** fig slang (abbordato) {RAGAZZA} angemacht fam, aufgerissen slang.

rimorchiatóre, (-trìce) A agg (che rimorchia) Abschlepp- B m **1** aero Schleppflugzeug n **2** mar {PORTUALE} Schlepper m, Schleppboot n.

rimòrchio <-chi> m **1** (veicolo) Anhänger m: **~ agricolo**, landwirtschaftlicher Anhänger; **~ ferroviario/stradale**, Zug-/Straßenanhänger m; **attaccare il ~**, den Anhänger ankuppeln; **camion con ~**, Lastwagen mit Anhänger **2** (operazione) {+AUTOMOBILE} (Ab)schleppen n: **operazioni di ~ marittimo/fluviale**, Schleppmanöver n pl auf dem Meer/Fluss; **prendere a ~ un veicolo**, ein Fahrzeug abschleppen **3** (cavo per rimorchiare) (Ab)schleppseil n.

rimòrdere <coniug come **mordere**> tr **1** (mordere di nuovo) ~ **qu/qc** {CANE BAMBINO} jdn/etw wieder beißen **2** fig (tormentare) ~ **a qu** jdn plagen, jdn quälen, an jdm nagen: **non mi rimorde la coscienza per averla trattata così male?**, quält dich nicht das schlechte Gewissen, weil du sie so schlecht behandelt hast?

rimòrso m (tormento) Reue f, Gewissensbiss m: **spinta dal rimorso, confessò tutto alla polizia**, von Reue getrieben, gestand sie der Polizei alles; **essere preso dal ~**, von Reue gepackt sein; **provare/sentire ~ per qc**, wegen etw (gen) Gewissensbisse haben; **rimorsi di coscienza**, Gewissensbisse m pl.

rimòsso, (-a) A agg **1** (allontanato) **~ da qc** {IMPIEGATO DAL SUO INCARICO} von etw (dat) entfernt **2** psic {ESPERIENZA, FATTO} verdrängt B m psic (ciò che viene respinto) Verdrängte n decl come sgg.

rimostrànza f (protesta) Protest m, Einwand m, Beschwerde f: **fece le sue rimostranze al sindaco**, er/sie brachte seine/ihre Beschwerden beim Bürgermeister vor; **fare una ~ a qu**, sich bei jdm beschweren.

rimostràre A tr (mostrare di nuovo) **~ qc (a qu)** (jdm) etw wieder zeigen: **rimostrami le foto dell'incidente**, zeig mir die Fotos vom Unfall noch einmal B itr (fare rimostranze) **~ a qu** {ALLE AUTORITÀ COMPETENTI} bei jdm protestieren.

rimovìbile agg **1** (che si può rimuovere) {OSTACOLO} entfernbar, abnehmbar **2** fig {IMPEDIMENTO} beseitigbar.

rimozióne f **1** (il rimuovere) {+SIGILLI} Entfernung f; {+MACERIE, SEGNALE} anche Beseitigung f: **~ di un veicolo in sosta vietata**, Abschleppen n eines Fahrzeugs im Halteverbot; **~ forzata**, kostenpflichtiges Abschleppen **2** (destituzione) **~ da qc** {DA UNA CARICA, DA UN IMPIEGO} Entfernung f aus etw (dat); mil {+UFFICIALE} Absetzung f: **~ dal grado**, Degradierung f **3** fig (eliminazione) {+IMPEDIMENTO, OSTACOLO} Beseitigung f **4** psic Verdrängung f.

rimpaginàre tr edit **~ qc** {GIORNALE} etw neu umbrechen.

rimpaginatùra f (rimpaginazione) Neuumbruch m.

rimpaginazióne f (nuova impaginazione) Neuumbruch m.

rimpagliàre <rimpaglio, rimpagli> tr **~ qc 1** (impagliare di nuovo) {FIASCO, SEDIA} etw wieder mit einem Korbgeflecht versehen **2** (imballare di nuovo) {CRISTALLI} etw wieder mit/in Stroh verpacken.

rimpàllo m sport **1** (nel calcio) Zurückprallen n **2** (nel biliardo) Zugball m.

rimpastàre tr **~ qc 1** (impastare di nuovo) {PANE, SFOGLIA} etw wieder kneten **2** fig (modificare) {TESTO TEATRALE} etw um|gestalten **3** fig polit {GOVERNO, MINISTERO} etw um|bilden.

rimpàsto m **1** fig (rimaneggiamento) {+ARTICOLO} Umgestaltung f **2** fig polit {MINISTERIALE} Umbildung f: **~ governativo**, Regierungsumbildung f **3** rar (nuovo impasto) {+PANE} neuer Teig.

rimpatriàre <rimpatrio, rimpatri> A itr <essere> (tornare in patria) in die Heimat zurück|kehren, heim|kehren: **ha deciso di ~**, er/sie hat sich entschlossen, in die Heimat zurückzukehren B tr <avere> (rimandare in patria) ~ **qu** {PRIGIONIERI DI GUERRA} jdn in die Heimat zurück|schicken, jdn repatriieren.

rimpatriàta f fam Wiedersehen n, Treffen n: **~ di compagni di scuola**, Klassentreffen n; **fare una bella ~**, ein schönes Treffen veranstalten/[Wiedersehen feiern].

rimpàtrio <-tri> m amm (ritorno in patria) Rückkehr f in die Heimat, Heimkehr f: **provvedere a ~ di qu**, für jds Heimkehr sorgen.

rimpètto rar lett → **dirimpetto**.

rimpiàngere <coniug come **piangere**> tr **1** (pensare con nostalgia) ~ **qc** {GIOVINEZZA, PASSATO, VACANZE} etw (dat) nach|trauern, sich nach etw (dat) zurück|sehnen **2** (rammaricarsi) ~ **qc** {OCCASIONE PERDUTA} etw bereuen, etw bedauern: **un giorno rimpiangerai di avere lasciato il lavoro!**, eines Tages wirst du es bereuen, dass du die Arbeit/Stelle aufgegeben hast! **3** (ricordare con rammarico) ~ **qu** {FRATELLO SCOMPARSO} um jdn trauern, jdn beweinen, jdm nach|weinen: **quando me ne sarò andato mi rimpiangerai!**, wenn ich nicht mehr da bin, wirst du mir nachweinen!

rimpiànto, (-a) A agg (che è scomparso) verstorben: **il nostro ~ fratello**, unser verstorbener Bruder B m (ricordo nostalgico) Sehnsucht f, Wehmut f: **non ho rimpianti**, ich bereue nichts; **vivere di rimpianti**, Vergangenem nachweinen/nachhängen.

rimpiattìno m (nascondino) Versteckspiel n: **giocare a ~**, Versteck(en) spielen.

rimpiazzàre tr (sostituire) **~ qu (con qu)** {IMPIEGATO} jdn (mit jdm) ersetzen; **~ qc (con qc)** {INGRANAGGI DEL CAMBIO, LAMPADINA BRUCIATA} etw (durch etw acc) aus|tauschen, etw (durch etw acc) ersetzen.

rimpiàzzo m **1** (atto) {+GIOCATORE, IMPIEGATO} Ersetzen n, Austauschen n **2** (sostituto) Ersatz m: **fare da ~**, als Ersatz fungieren.

rimpicciolimènto m (il rimpicciolire) {+CISTI} Verkleinerung f.

rimpicciolìre <rimpicciolisco, rimpicciolisci> A tr (rendere più piccolo) **~ qc** {NERO FIGURA} etw verkleinern B itr <essere> itr pron (diventare più piccolo): **rimpiccolirsi** {CISTI} sich verkleinern, kleiner werden.

rimpiccolìre <rimpiccolisco> A tr <avere> (rendere più piccolo) **~ qc** {FOTOCOPIA} etw verkleinern; ~ **qu/qc** {MERITI LETTERARI DI QU} jdn/etw verkleinern, jdn/etw schmälern B itr <essere> itr pron: **rimpiccolirsi** (diventare più piccolo) {DANNO} kleiner/geringer werden; {LUNA} ab|nehmen.

rimpinguàre A tr **1** (far ingrassare) **~ qc** {MAIALE} etw mästen **2** fig (riempire) **~ qc (con qc)** {CASSA DI UNA DITTA CON UN VERSAMENTO} etw wieder (mit etw dat) bereichern/an|füllen; **~ il portafoglio/le tasche di qu**, jdn wieder bereichern, jdm wieder die Taschen füllen fam B itr pron **1** (ingrassare): **rimpinguarsi** wieder dick werden **2** fig (riempirsi): **rimpinguarsi** {CASSE DELLO STATO CON I SOLDI DEI CONTRIBUENTI} sich wieder füllen.

rimpinzàre fam A tr **1** (riempire troppo) ~ **qu/qc (di qc)** {BAMBINO DI DOLCI, OCA DI MANGIME} jdn/etw mit etw (dat) voll|stopfen fam **2** fig **~ qc di qc** {DISCORSO DI SCEMENZE} etw mit etw (dat) spicken fam B rfl (riempirsi di cibo): **rimpinzarsi (di qc)** {DI PASTICCINI, DI TAGLIATELLE} sich (mit etw dat) voll|stopfen fam, sich mit etw (dat) voll|schlagen fam.

rimpinzàta f (scorpacciata) Fresserei f fam, Schmaus m scherz.

rimpinzàto, (-a) agg **1** (imbottito di cibo) ~ (**di qc**) {DI SPAGHETTI} (mit etw dat) voll|gestopft fam **2** fig **~ di qc** {DISCORSO DI FANDONIE} mit etw (dat) gespickt fam.

rimpolpàre A tr **1** (rimettere in salute) **~ qu** {RIPOSO} jdn wieder Fett ansetzen lassen **2** fig (arricchire) **~ qc** {ARTICOLO, DISCORSO} etw aus|schmücken, etw an|reichern; {CONTO IN BANCA} etw auf|füllen B itr pron: **rimpolparsi 1** (rimettersi in carne) zu|nehmen, wieder Fett an|setzen **2** fig (aumentare) {CONTO IN BANCA} (an|)wachsen.

rimpossessàrsi itr pron (impossessarsi di nuovo): **~ di qc** {DI UNA CASA} etw wieder in Besitz nehmen.

rimpoverìre <rimpoverisco> A tr <avere> (rendere di nuovo povero) **~ qu/qc** {CLASSE SOCIALE} jdn/etw wieder arm werden lassen B itr <essere> itr pron: **rimpoverirsi** verarmen.

rimpratichìre <rimpratichisco> A tr (far riprendere pratica) **~ qu in qc** {APPRENDISTA IN UN MESTIERE} jdn wieder in etw (acc) ein|weisen B itr pron (impratichirsi di nuovo): **rimpratichirsi in qc** {NELLA GUIDA} etw wieder ein|üben, wieder mit etw (dat) vertraut werden.

rimproveràbile agg (degno di rimprovero) {NEGLIGENZA} tadelnswert.

rimproveràre A tr **1** (ammonire) **~ qu (per/di/[a causa di] qc)** {ALUNNO PER LA SUA PIGRIZIA, BAMBINO DELLA SUA SBADATAGGINE} jdm wegen etw (gen) Vorwürfe/Vorhaltungen machen, jdn wegen etw (gen) tadeln: **rimproverò duramente il coniuge**, sie machte ihrem Mann schwere/ernste Vorwürfe **2** (rinfacciare) **~ qc a qu** jdm etw vor|werfen:

gli rimpròveri di arrivare sempre in ritardo agli appuntamenti, er/sie warf ihm vor, immer zu spät zu den Verabredungen zu kommen B rfl (*pentirsi*): **rimproverarsi di qc** sich (dat) *etw* vor|werfen: **non ho proprio nulla da/[di cui] rimproverarmi**, ich habe mir wirklich nichts vorzuwerfen, ich bin mir wirklich keiner Schuld bewusst C rfl rec: **rimproverarsi (per/di/[a causa di] qc)** sich (dat) (*wegen etw* gen) gegenseitig Vorwürfe machen: **si rimproverano a vicenda**, sie machen sich (dat) gegenseitig Vorwürfe.

rimpròvero m (*ammonimento*) {GIUSTO} Tadel m, Vorwurf m: **non ce ne faccio un ~!**, ich mache dir daraus keinen Vorwurf!; **non lo prendere come un ~!**, sieh das nicht als Vorwurf!; **fare un ~ a qu**, jdm einen ₁Verweis erteilen₁/[Vorwurf machen].

rimuginàre A tr (*ripensare*) **~ qc** {IDEA, PENSIERO} über *etw* (dat) brüten, über *etw* (acc) nach|grübeln, *etw* aus|brüten *fam*: **che cosa stai rimuginando?**, worüber grübelst du gerade nach?, was brütest du gerade aus? *fam*; (*uso assol*) grübeln; **passa molto tempo a ~**, er/sie verbringt viel Zeit mit Grübeln; **rimuginava tra sé e sé**, er/sie brütete vor sich hin B itr (*riflettere*) **~ su qc** {SULL'ACCADUTO} über *etw* (dat) brüten, über *etw* (acc) nach|grübeln.

rimuneràre tr 1 (*ricompensare*) **~ qu** jdn belohnen 2 (*dare profitto*) (*uso assol*) lohnen: **una professione che rimunera bene**, ein einträglicher Beruf; **un'azienda che non rimunera**, eine Firma, die keinen Gewinn abwirft.

rimuneratività <-> f (*redditività*) {+PROFESSIONE} Einträglichkeit f.

rimuneratìvo, (-a) agg (*che rimunera*) {INDUSTRIA, INVESTIMENTO, LAVORO, OCCUPAZIONE} lohnend, einträglich, lukrativ *forb*.

rimuneratòrio, (-a) <-ri m> agg *dir* (*che rimunera*) {DONAZIONE} belohnend, remuneratorisch.

rimunerazióne f 1 (*il rimunerare*) Belohnung f 2 (*compenso*) Vergütung f, Lohn m: **ricevere una buona ~**, eine gute Vergütung bekommen.

rimuòvere <coniug *come* muovere> tr 1 (*togliere*) **~ qc (da qc)** {SASSI DALLA STRADA} *etw* von *etw* (dat) weg|räumen, *etw* von *etw* (dat) fort|schaffen, *etw* von *etw* (dat) entfernen; {QUADRO DALLA PARETE} *etw* von *etw* (dat) nehmen: **le macerie non sono ancora state rimosse**, die Trümmer sind noch nicht weggeräumt worden 2 (*muovere nuovamente*) **~ qc** {VENTO FOGLIE} *etw* wieder bewegen 3 (*destituire*) **~ qu da qc** {FUNZIONARIO DAL SUO UFFICIO} jdn aus *etw* (dat) entfernen, jdn aus *etw* (dat) entlassen, jdn *etw* (gen) entheben 4 *fig* (*allontanare*) **~ qc** {PERICOLO} beseitigen; {OSTACOLO} anche *etw* weg|räumen, *etw* aus dem Weg räumen 5 *psic* **~ qc** {RICORDO} *etw* verdrängen.

rimuràre tr (*chiudere murando*) **~ qc** {FINESTRA} *etw* zu|-, vermauern.

Rinàldo m (*nome proprio*) Reinhold, Reinald.

rinalgìa f *med* Nasenschmerzen m pl, Rhinalgie f *scient*.

rinàscere <coniug *come* nascere> itr <*essere*> 1 (*nascere di nuovo*) wieder geboren werden: **vorrei ~ tra cent'anni**, ich möchte in hundert Jahren wieder geboren werden; **se rinascessi, farei l'astronauta**, wenn ich noch einmal auf die Welt käme, würde ich Astronaut werden 2 (*spuntare di nuovo*) {BARBA, CAPELLI, UNGHIE} nach|wachsen; {GRANO} wieder sprießen 3 *fig* (*risorgere*) {VITA ECONOMICA} wieder auf|leben; {CULTURA, FIDUCIA} wie-

der erwachen: **è rinata la speranza**, die Hoffnung ist wieder aufgelebt; **~ alla gioia**, wieder Lebensfreude fassen; **~ a nuova vita**, zu neuem Leben erwachen ● **sentirsi ~** (*sentirsi rinvigoriti*), wieder aufleben, sich besser fühlen.

rinascimentàle agg (*del Rinascimento*) {ARCHITETTURA, CIVILTÀ, SCULTURA} Renaissance-, der Renaissance.

rinasciménto m 1 *stor* (*movimento*): **Rinascimento**, Renaissance f: **il ~ italiano**, die italienische Renaissance, das Rinascimento 2 *fig* (*risveglio*) {+ARTI, CULTURA} Wiederaufleben n, Renaissance f.

rinàscita f 1 (*ricrescita*) {+CAPELLI, UNGHIE} Nachwachsen n; {+FIORE} Wiederaufblühen n 2 *fig* (*il rinascere*) {+SPERANZA} Wiederaufleben n; {+ECONOMIA} Wiederaufblühen n.

rinàto, (-a) agg 1 (*ricresciuto*) {CAPELLI} nachgewachsen; {PIANTA} wieder gesprossen *forb*/gewachsen/gekeimt 2 *fig* {FIDUCIA} wieder aufgelebt; {FORZE} wiederhergestellt; {CIVILTÀ} wieder aufgeblüht.

rincagnàto, (-a) agg {NASO} platt: **viso ~**, Mopsgesicht n *fam spreg*.

rincalzàre tr 1 (*rimboccare*) **~ qc** {LETTO} *etw* um|schlagen 2 *agr* **~ qc** {PIANTA} *etw* häufeln 3 *edil* **~ qc (con qc)** {MURO CON PALI} *etw* mit *etw* (dat) ab|stützen.

rincàlzo A m 1 (*il rincalzare*) (Ab)stützen n 2 *anche fig* (*sostegno*) Stütze f, Abstützung f: **mettere un ~ sotto un mobile**, eine Stütze unter ein Möbel schieben; **a ~ della mia tesi aggiungerò…**, zur Abstützung meiner These füge ich hinzu… 3 *edil* Stütze f: **mettere un ~ al muro**, eine Mauer abstützen 4 *sport* (*giocatore di riserva*) {+SQUADRA} Reserve f, Reservespieler m B <inv> loc agg avv (*di rinforzo*): **di ~**, {RISPONDERE} bekräftigend; {ARGOMENTO} anche zusätzlich; *mil* {TRUPPE} Reserve-, Hilfs-.

rincantucciàre <*rincantuccio, rincantucci*> A tr **~ qu/qc + compl di luogo** jdn/*etw* in *etw* (acc) drängen: **~ qu in un angolo**, jdn in eine Ecke drängen B rfl (*ritirarsi in un cantuccio*): **rincantucciarsi + compl di luogo** sich (*irgendwohin*) verkriechen, sich (*irgendwohin*) hocken *fam*: **la gatta si è rincantucciata dietro la stufa**, die Katze hat sich hinter den Ofen verkrochen; **il bambino si rincantucciò in un angolo**, das Kind hockte sich in eine Ecke.

rincantucciàto, (-a) agg (*isolato in un cantuccio*) {CANE, RAGAZZO} versteckt, verborgen, verkrochen: **se ne sta tutto il giorno rincantucciato nella sua stanza**, er ₁hockt *fam*₁/[verkriecht sich] den ganzen Tag in seinem Zimmer.

rincaràre A tr <*avere*> (*aumentare*) **~ qc** (*di qc*) {ABBIGLIAMENTO, CARNE, LATTE} *etw* (um *etw* acc) verteuern, *etw* (um *etw* acc) teurer machen, den Preis von *etw* (dat) (um *etw* acc) erhöhen: **la padrona di casa vuole rincararmi l'affitto**, die Hausbesitzerin will mir die Miete erhöhen B itr <*essere*> **~ (di qc)** {VERDURA} (um *etw* acc) teurer werden, sich (um *etw* acc) verteuern: **la benzina è rincarata dell'1,5 %**, das Benzin ist um 1,5 % teurer geworden.

rincàro m (*aumento*) {+GENERI ALIMENTARI, MANO D'OPERA} (Ver)teuerung f: **c'è stato un ~ del tabacco**, Tabak ist teurer geworden.

rincartàre tr (*incartare di nuovo*) **~ qc** {LIBRO, SCATOLA DI CIOCCOLATINI} *etw* wieder ein|packen/ein|wickeln.

rincasàre itr <*essere*> (*rientrare a casa*) **~ (+ compl di tempo)** {ALLE NOVE} (*irgendwann*) nach Hause kommen: **siamo rincasati dopo la mezzanotte**, wir sind nach Mitternacht nach Hause gekommen.

rinchiùdere <coniug *come* chiudere> A tr 1 (*imprigionare*) **~ qu (in qc)** {LADRO IN PRIGIONE} jdn in *etw* (acc) sperren, jdn (in *etw* dat/acc) ein|sperren; {RAGAZZO IN RIFORMATORIO} anche jdn (in *etw* dat/acc) ein|weisen: **il giudice ha deciso di farlo ~**, der Richter hat entschieden, ihn einsperren zu lassen; **far ~ qu in manicomio**, jdn ins Irrenhaus einweisen 2 (*chiudere*) **~ qu/qc in qc** {PERSONA IN UNA STANZA, GIOIELLI IN CASSAFORTE} jdn/*etw* in *etw* (acc) sperren, jdn/*etw* (in *etw* dat/acc) ein|sperren, jdn/*etw* in *etw* (dat/acc) ein|schließen: **~ una tigre in gabbia**, einen Tiger in den Käfig sperren B rfl 1 (*asserragliarsi*): **rinchiudersi in qc** {IN UNA FORTEZZA} sich *irgendwo* verbarrikadieren 2 (*appartarsi*): **rinchiudersi in qc** sich in *etw* (acc) ein|schließen, sich in *etw* (acc) zurück|ziehen: **Paolo si è rinchiuso nella sua stanza a preparare l'esame**, Paolo hat sich in sein Zimmer eingeschlossen, um die Prüfung vorzubereiten; **i docenti si rinchiusero nell'aula a discutere**, die Dozenten diskutierten hinter verschlossenen Türen 3 (*segregarsi*): **rinchiudersi in qc** {IN UN CONVENTO, IN UN MONASTERO} in *etw* (acc) gehen, sich in *etw* (acc) zurück|ziehen 4 *fig* (*chiudersi in sé stesso*): **rinchiudersi** sich ab|kapseln: **rinchiudersi in sé stesso**, sich in sich selbst zurückziehen.

rinchiùso, (-a) A 1 agg (*chiuso dentro*) {ANIMALE, PRIGIONIERO} eingesperrt; {DOCUMENTI} eingeschlossen 2 (*viziato*) {ARIA} abgestanden, verbraucht B m 1 (*recinto*) {+TAVOLE} Umzäunung f, Einfriedung f 2 (*luogo chiuso*) Ort m mit stickiger/verbrauchter Luft: **la stanza sa di ~**, das Zimmer riecht nach stickiger/verbrauchter Luft.

rincitrullìre <*rincitrullisco*> A tr <*avere*> (*rincretinire*) **~ qu** (*ETÀ*) jdn dumm/blöd *fam* machen, jdn verblöden *fam*: **non fatemi ~!**, lasst mich nicht verblöden! *fam* B itr <*essere*> itr pron: **rincitrullirsi** verdummen: **è stare con quella ragazza (si) è rincitrullito**, seit er mit diesem Mädchen zusammen ist, ist er völlig weggetreten *fam*.

rincitrullìto, (-a) A part pass *di* rincitrullire B agg (*rincretinito*) *spec scherz* verblödet *fam*, verdattert *fam*.

rincoglionìre <*rincoglionisco*> *volg* A tr **~ qu** 1 (*rincretinire*) jdn verblöden *fam*: **la vita sedentaria lo ha rincoglionito**, das ständige Herumhocken hat ihn verblödet *fam* 2 *fig* (*intontire*) jdn verrotteln lassen *fam*, jdn betäuben, jdn benommen machen: **questa musica assordante mi ha rincoglionito**, diese ohrenbetäubende Musik hat mich ganz benommen gemacht B itr <*essere*> itr pron (*rincretinirsi*): **rincoglionirsi** verblöden *fam*, vertrotteln *fam*, verdummen: **con l'età (si) è rincoglionito**, mit dem Alter ist er vertrottelt *fam*.

rincoglionìto, (-a) *volg* A agg 1 (*rincretinito*) {VECCHIO} verblödet *fam*, vertrottelt *fam* 2 *fig* (*intontito*) betäubt, belämmert *fam*, verdattert *fam*: **sono mezzo ~ per il sonno**, ich bin vor Müdigkeit halb belämmert *fam* B m (f) (*rimbambito*) Trottel m *fam spreg*.

rincollàre tr (*attaccare di nuovo*) **~ qc + compl di luogo** {MANIFESTO AL MURO} *etw* wieder an *etw* (acc) kleben, *etw* wieder an *etw* dat/acc) an|kleben; {FRANCOBOLLO SU UNA CARTOLINA} *etw* wieder auf *etw* (acc) (auf)|kleben; (**~ parti insieme**) **~ qc** {COCCI DI UNA TAZZA} *etw* wieder zusammen|kleben.

rincominciàre <*rincomincio, rincominci*> → **ricominciare**.

rincontràre A tr (*incontrare di nuovo*) **~ qu/qc** {COMPAGNO DI LICEO, GRUPPO DI AMICI} jdm/*etw* wieder|begegnen, jdn/*etw* wieder treffen; (*con appuntamento*) sich wieder mit jdm/etw treffen **B** *itr pron* (*incontrarsi di nuovo*): **rincontrarsi con qu** *jdn* wieder treffen; (*con appuntamento*) sich wieder *mit jdm* treffen **C** *rfl rec* (*rivedersi con appuntamento*): **rincontrarsi** sich wieder treffen; (*per caso*) *anche* sich (dat) wieder begegnen: **ci siamo rincontrati di recente**, wir haben uns vor kurzem wieder getroffen.

rincoràre *poet* → **rincuorare**.

rincórrere <*coniug come* **correre**> **A** *tr* **1** (*inseguire*) ~ *qu/qc* (+ *compl di luogo*) {SCIPPATORE PER LA STRADA} *jdm/etw irgendwo* nach|laufen, *jdn/etw irgendwo* verfolgen: **lo rincorsi per dargli le chiavi di casa**, ich lief ihm nach, um ihm die Hausschlüssel zu geben; {CANE GATTO} *jdm/etw* nach|jagen **2** (*per salirci sopra*) ~ *qc* {AUTOBUS, TAXI} *etw* (dat) nach|laufen, *etw* (dat) hinterherrennen **3** *fig* ~ *qc* {SUCCESSO} *etw* (dat) nach|laufen, *etw* (dat) nach|jagen **B** *rfl rec* (*corrersi dietro*): **rincorrersi** sich (dat) nach|laufen, sich fangen: **giochiamo a rincorrerci?**, spielen wir Fangen?

rincórsa *f* (*breve corsa*) Anlauf *m*: **prendere la ~ prima di saltare**, vor dem Sprung Anlauf nehmen.

rincórso, (-a) *agg* **1** (*inseguito*) {LADRO} verfolgt **2** *fig* {SUCCESSO} ersehnt, erstrebt.

rincréscere <*coniug come* **crescere**> *itr* <*essere*> **1** (*dispiacere*) bedauerlich sein, leid|tun: **sono fatti che rincrescono**, das sind bedauerliche Tatsachen; **ci è molto rincresciuto che tu non sia venuto alla festa**, es tat uns sehr leid, dass du nicht zum Fest gekommen bist; **mi rincresce che tu abbia perso il lavoro**, ¿es tut mir leid₁/[ich bedauere es], dass deine Arbeit verloren hast; **ci rincresce per lui**, das tut uns leid für ihn **2** (*in formule di cortesia*): **mi rincresce contraddirti ...**, ich widerspreche dir ungern ...; **mi rincresce disturbarla ...**, entschuldigen Sie die Störung ...; **ti rincrescerebbe aspettarmi un momento?**, *anche iron* würde es dir etwas ausmachen, einen Moment auf mich zu warten?

rincresciménto *m* (*dispiacere*) Bedauern *n*: **esprimere a qu il proprio ~ per qc**, jdm sein Bedauern wegen *etw* (gen) ausdrücken; **con mio grande ~ Le devo comunicare che ...**, zu meinem großen Bedauern muss ich Ihnen mitteilen ...

rincresciùto, (-a) *agg* (*dispiaciuto*) bekümmert, traurig: **sono davvero ~ per questo contrattempo**, dieser Zwischenfall tut mir wirklich leid.

rincretinìre <*rincretinisco*> **A** *tr* <*avere*> ~ *qu* **1** (*rimbecillire*) *jdn* verblöden *fam*, *jdn* verdummen **2** *fig* (*frastornare*) *jdn* betäuben: **la cieca passione mi aveva rincretinito**, die blinde Leidenschaft hatte mich betäubt **B** *itr* <*essere*> *itr pron* (*rimbecillire*): **rincretinirsi** verblöden *fam*, verdummen: **non (ti) sarai per caso rincretinito?**, bist du etwa völlig weggetreten? *fam*.

rincretinìto, (-a) *agg* **1** (*imbecille*) {VECCHIO} verblödet *fam*, bescheuert *fam* **2** *fig* (*intontito*) betäubt, belämmert *fam*, verdattert *fam*: **sono mezzo ~ per la stanchezza**, ich bin halb belämmert vor Müdigkeit *fam*.

rinculàre *itr* (*arretrare*) {CAVALLO} zurück| weichen; {CANNONE} einen Rückstoß haben.

rincùlo *m* (*spostamento all'indietro*) {+CAVALLO} Zurückweichen *n*; {+ARMA DA FUOCO} Rückstoß *m*: **cannone senza ~**, rückstoßfreie Kanone.

rincuoràre **A** *tr* (*dare nuovo coraggio*) ~ *qu* *jdn* wieder ermutigen: **cercammo di rincuorarlo con parole affettuose**, wir versuchten, ihn mit herzlichen Worten wieder zu ermutigen **B** *itr pron* (*prendere nuovo coraggio*): **rincuorarsi** wieder Mut fassen: **nel sentire la sua voce si rincuorò**, als er/sie seine/ihre Stimme hörte, fasste er/sie wieder Mut.

rinegoziàre <*rinegozio, rinegozi*> *tr* ~ *qc* {ACCORDO, ALLEANZA} *etw* neu/[noch einmal] verhandeln.

rinfacciàre <*rinfaccio, rinfacci*> *tr* (*rimproverare*) ~ *qc a qu* *jdm etw* vor|werfen, *jdm etw* vor|halten: **le rinfacciò la cattiva gestione dell'azienda**, er/sie warf ihr die schlechte Leitung der Firma vor; **non voglio sentirmi ~ sempre le stesse cose**, ich will mir nicht immer das Gleiche vorwerfen lassen; **non fa che rinfacciarmelo**, er/sie tut nichts anderes, als mir das vorzuhalten; **mi rinfaccia sempre di non averlo aiutato**, er wirft mir immer vor, ihm nicht geholfen zu haben; **mi rinfacciava spesso la mia umile condizione**, er/sie warf mir häufig meine bescheidenen Verhältnisse vor.

rinfocolaménto *m fig* (*il riaccendersi*) {+ODIO, PASSIONE} Wiederanfachen *n*.

rinfocolàre **A** *tr* **1** (*riattizzare*) ~ *qc* {FUOCO} *etw* wieder anfachen **2** *fig* (*fomentare*) ~ *qc* {ODIO, RANCORE} *etw* wieder auf|leben lassen **B** *itr pron*: **rinfocolarsi 1** (*riaccendersi*) {BRACE} sich wieder entzünden **2** *fig* {COLLERA, PASSIONE} wieder auf|leben.

rinfoderàre *tr* ~ *qc* (*rimettere nel fodero*) {SPADA} *etw* wieder in die Scheide zurück|stecken.

rinforzàndo <-> *m mus* Rinforzando *n*.

rinforzàre **A** *tr* <*avere*> **1** (*rinvigorire*) ~ *qc* (*con qc*) {NUOTO MUSCOLI PETTORALI, MUSCOLI CON LA GINNASTICA} *etw mit etw* (dat) stärken, *etw mit etw* (dat) kräftigen **2** *fig* (*avvalorare*) ~ *qc* (*con qc*) *etw mit etw* (dat) stützen: **~ un'ipotesi con nuovi elementi**, eine Hypothese mit neuen Elementen stützen **3** *fig* (*rafforzare*) ~ *qc* (*con qc*) {LA FEDE, IL POTERE DELLA MAGISTRATURA CON NUOVE LEGGI} *etw* (*mit etw* dat) stärken: **il successo riportato alle elezioni ha rinforzato la sua posizione**, der Erfolg bei den Wahlen hat seine/ihre Position gestärkt **4** *edil* ~ *qc* (*con qc*) {EDIFICIO, MURO} *etw* (*mit etw* dat) befestigen, *etw* (*mit etw* dat) (ab)|stützen **5** *mil* ~ *qc* (*con qc*) {ESERCITO} *etw* verstärken **6** *sport* ~ *qc* (*con qu*) {SQUADRA CON NUOVI GIOCATORI} *etw* (*mit jdm*) verstärken **B** *itr* <*essere*> (*diventare più forte*) {CORRENTE, VENTO} stärker werden **C** *itr pron* (*irrobustirsi*): **rinforzarsi** (*con* sich (*durch etw* acc) verstärken, (*durch etw* acc) stärker/kräftiger werden: **con la pallavolo i miei muscoli delle braccia si sono rinforzati**, durch das Volleyballspielen sind meine Armmuskeln stärker/kräftiger geworden **D** *rfl* (*irrobustirsi*): **rinforzarsi** (*con qc*) {CON UNA CURA RICOSTITUENTE} sich (*durch etw* acc) stärken, (*durch etw* acc) stärker werden; (indir) **rinforzarsi qc** (*con qc*) {MUSCOLI DELLE GAMBE CON LO SCI} *etw* (*durch etw* acc) stärken.

rinforzàto, (-a) *agg* **1** (*con rinforzo*) {CALZE} mit verstärkter Ferse **2** (*accelerato*) {PASSO} beschleunigt **3** *edil* {MURO} befestigt **4** *gastr* {PIZZA} reich garniert.

rinfòrzo **A** *m* **1** Verstärkung *f*: **mettere un ~ ai manici di una borsa**, die Henkel einer Tasche verstärken, an den Taschenhenkeln eine Verstärkung anbringen **2** *edil* {+MURA ESTERNE} Befestigung *f* **3** *psic* {NEGATIVO, POSITIVO} Verstärker *m* **4** *mil* <*solo pl*> ~**i** Verstärkung *f*, Nachschub *m*: **chiedere rinforzi**, Verstärkung anfordern **B** <inv> *loc agg* (*di sostegno*): **di ~**, Verstärkungs-; **una trave di ~**, ein Verstärkungsbalken **C** *loc avv* (*in sostegno*): **di ~**, zur Verstärkung/Bekräftigung/Erhärtung; **di ~ alla mia teoria citerò ...**, zur Bekräftigung/Erhärtung meiner Theorie werde ich ... zitieren; **di ~ vennero due amici**, zur Verstärkung kamen zwei Freunde hinzu.

rinfrancàre <*rinfranco, rinfranchi*> **A** *tr* (*incoraggiare*) ~ *qu* *jdn* (wieder) ermutigen, *jdn* (wieder) auf|-, ermuntern: **le tue parole affettuose mi rinfrancarono**, deine herzlichen Worte munterten mich (wieder) auf **B** *itr pron* (*rassicurarsi*): **rinfrancarsi** (neuen) Mut fassen: **a quella notizia mi rinfrancai**, als ich diese Nachricht hörte, fasste ich wieder (neuen) Mut.

rinfrancàto, (-a) *agg* (*rassicurato*) ~ (*da qc*) ermutigt (*durch etw* acc), aufgemuntert (*durch etw* acc), ermuntert (*durch etw* acc): **mi sono sentito ~ dal suo discorso**, ich habe mich durch seine/ihre Rede ermutigt gefühlt.

rinfràngere <*rinfrango, rinfrangi*> **A** *tr* <*avere*> (*infrangere*) ~ *qc* + *compl di luogo* {MARE ONDE SUGLI SCOGLI} *etw irgendwo* brechen **B** *itr* <*essere*> *itr pron* (*infrangersi*): **rinfrangersi** + *compl di luogo* {MARE} sich *irgendwo* brechen.

rinfrescànte **A** *agg* (*dissetante*) {BEVANDA, DECOTTO} erfrischend **B** *m med* entzündungshemmendes Mittel.

rinfrescàre <*rinfresco, rinfreschi*> **A** *tr* <*avere*> **1** (*rendere fresco*) ~ *qc* {TEMPORALE L'ARIA} *etw* abkühlen (lassen); ~ *qc* (*con qc*) {L'AMBIENTE CON UN CLIMATIZZATORE} *etw* (*mit etw* dat) ab|kühlen **2** (*dissetare*) ~ (*qu*) *jdn* erfrischen, jds Durst löschen: **la menta è una bevanda che rinfresca**, Pfefferminz ist ein durstlöschendes/erfrischendes Getränk **3** (*ridipingere*) ~ *qc* {PARETE} *etw* wieder weißen/weißeln *süddt A CH* **4** (*restaurare*) ~ *qc* {QUADRO} *etw* erneuern, *etw* restaurieren **5** (*mettere a nuovo*) ~ *qc* {VESTITO} *etw* waschen und bügeln, *etw* gründlich reinigen **6** *fig scherz* (*richiamare*) ~ *qc* {LE PROPRIE CONOSCENZE DEL FRANCESE} *etw* auf|frischen: ~ **la memoria a qu**, jds Gedächtnis auffrischen **7** *med* ~ *qc* {MALVA INTESTINO} *etw* beruhigen **B** *itr impers* <*essere o avere*> *meteo* {STAGIONE} kühler werden: **stasera è rinfrescato**, heute Abend ist es kühler geworden **C** *rfl* **1** *indir* (*dissetarsi*): **rinfrescarsi qc** (*con qc*) {GOLA CON UN TÈ FREDDO} sich (dat) *etw* (*mit etw* dat) erfrischen **2** (*darsi una lavata*): **rinfrescarsi** (*con qc*) sich (*mit etw* dat) erfrischen: **posso rinfrescarmi?**, kann ich mich frisch machen?; **mi sono rinfrescata con un bel bagno**, ich habe mich mit einem schönen Bad frisch gemacht; **rinfrescarsi** (*qc*) (*con qc*) {IL VISO CON UN PO' D'ACQUA} sich (dat) *etw* (*mit etw* dat) erfrischen.

rinfrescàta *f* **1** (*lavata*) Erfrischung *f*: **ho proprio bisogno di una ~**, ich brauche wirklich eine Erfrischung; **mi sono dato una bella ~**, ich habe mich richtig schön frisch gemacht **2** (*verniciata*) {+PARETI DELLA CUCINA} Auffrischung *f* **3** *fig scherz* (*ripasso*) Auffrischung *f*: **dare una ~ alle proprie conoscenze di latino** *fig scherz*, seine Lateinkenntnisse auffrischen; **se non ti ricordi, ti darò io una ~**, wenn du dich nicht erinnerst, werde ich deinem Gedächtnis etwas nachhelfen **4** *meteo* Abkühlung *f*.

rinfrésco <-schi> *m* **1** (*ricevimento*) Empfang *m*: **dare un ~**, einen Empfang geben; **~ per il battesimo**, Empfang *m* für die Taufe **2** <*solo pl*> (*cibi e bevande*) Erfrischungen *f pl*.

rinfùsa *f loc avv* (*senza ordine*): **alla ~**, durcheinander, kunterbunt; **mettere qc nella borsa alla ~**, *etw* kunterbunt *fam* in die Tasche tun.

ring <-> *m ingl* **1** *sport* (*nel pugilato*) (Box)-

ring m: **salire sul ~**, in den Ring steigen/klettern; (*nell'equitazione*) (*recinto*) Koppel f **2** econ Ring m, Kartell n.

ringagliardire <*ringagliardisco*> **A** tr (*rendere vigoroso*) ~ **qu** jdn kräftigen, jdn stärken **B** itr <*essere*> itr pron (*rinvigorirsi*): **ringagliardirsi** sich stärken.

ringalluzzire <*ringalluzzisco*> *fam scherz iron* **A** tr <*avere*> (*inorgoglire*) ~ **qu** jdn stolz/eitel *spreg* machen, jdm zu Kopf steigen: **i complimenti lo ringalluzziscono**, Komplimente steigen ihm zu Kopf; wenn man ihm Komplimente macht, plustert er sich auf wie ein Gockel *fam spreg o scherz*/[schwillt ihm der Kamm *fam*] **B** itr <*essere*> itr pron (*imbaldanzirsi*): **ringalluzzirsi** übermütig werden, sich auf|plustern *fam spreg o scherz*: **dopo la vittoria era tutto ringalluzzito**, nach dem Sieg plusterte er sich auf wie ein Gockel *fam spreg o scherz*/[schwoll ihm der Kamm *fam*].

ringalluzzito, (-a) agg *fam scherz iron* **1** (*inorgoglito*) stolz/eitel *spreg* **2** (*ricaricato*) wie neugeboren, glückselig, high *slang*.

ringhiàre <*ringhio, ringhi*> **A** itr ~ (**contro qu**) **1** (*digrignare i denti*) {CANE CONTRO IL POSTINO} (*jdn* an)knurren **2** *fig* (*parlare in tono rabbioso*) {PERSONA} murren, (*jdn* an)knurren **B** tr (*dire in tono minaccioso*) ~ **qc** {PAROLE OSTILI} etw knurren.

ringhièra f (*parapetto*) {+BALCONE} Geländer n: ~ **in ferro battuto**, Schmiedeeisengeländer n; ~ **delle scale**, Treppengeländer n.

rìnghio <-*ghi*> m anche *fig* {+CANE} Knurren n.

ringhiòso, (-a) agg **1** (*che ringhia*) {CANE} knurrend **2** *fig* {VECCHIA} knurrig, brummig *fam*.

ringiovaniménto m Verjüngung f; (*azione*) *anche* Verjüngen n.

ringiovanìre <*ringiovanisco*> **A** tr <*avere*> **1** (*rendere più giovane*) ~ **qu** jdn jünger machen: **questo taglio di capelli ti ringiovanisce**, dieser (Haar)schnitt macht dich jünger; ~ **qc** (*TRATTAMENTO ESTETICO PELLE*) etw verjüngen **2** *fig* (*rendere più vivace*) ~ **qc** {LO SPIRITO} etw verjüngen **B** itr <*essere*> itr pron: **ringiovanirsi** sich verjüngen, jünger werden: **quando il nonno sta coi nipoti si sente ~**, wenn der Opa mit den Enkeln zusammen ist, fühlt er sich jünger.

ringiovanìto, (-a) agg (*che sembra più giovane*) {ASPETTO, FISICO, PERSONA} verjüngt.

ringoiàre <*ringoio, ringoi*> tr ~ **qc 1** (*ingoiare di nuovo*) {MEDICINA} etw wieder schlucken **2** *fig* (*rimangiare*) etw zurück|nehmen: **gli farò ~ questa offesa**, ich werde dafür sorgen, dass er die Beleidigung zurücknimmt **3** (*trattenersi dal dire*) {PAROLE} etw herunter|schlucken *fam*, etw hinunter|schlucken.

ringranàre **A** tr *autom* (*ingranare di nuovo*) ~ **qc** {LA SECONDA (MARCIA)} etw noch einmal ein|legen **B** itr **1** *mecc* (*ingranare di nuovo*) {RUOTE DENTATE} wieder ineinander|greifen **2** *fig fam* (*riprendere il ritmo normale*) ~ (**in qc**) {NEL LAVORO} etw wieder auf|nehmen, (*mit etw dat*) wieder in Gang kommen.

ringraziaménto m **1** (*grazie*) {CORDIALE, VIVO} Dank m, Danksagung f: **gli ho scritto un biglietto di ~**, ich habe ihm eine Dankeskarte geschrieben; **un ~ di cuore da parte di …**, ein herzliches Dankeschön von … **2** <*di solito al pl*> Dank m: **La prego di accettare i miei più vivi ringraziamenti!**, ich möchte Ihnen meinen herzlichsten Dank aussprechen!; **sinceri ringraziamenti!**, besten/herzlichsten Dank! ● **bel ~!** *iron*, und das ist nun der Dank! *iron*.

ringraziàre tr (*esprimere gratitudine*) ~ **qu** (**di/per qc**) jdm für (acc) danken, sich bei jdm für etw (acc) bedanken: **vi ringraziamo infinitamente/[di tutto cuore]**, wir danken euch Ltausend Mal/[von ganzem Herzen]; **ti ringrazio anticipatamente**, ich bedanke mich bei dir im Voraus; **~ qu per iscritto**, jdm schriftlich danken; **~ qu a voce**, jdm mündlich danken; **ti ringrazio della/[per la] telefonata**, (ich) danke (dir) für den Anruf; **La ringraziamo per/di quanto ha fatto**, wir danken Ihnen für alles, was Sie getan haben; **ringraziando Dio!**, Gott sei Dank! *fam*; **Dio ti ringrazio, è uscito illeso dall'incidente!**, Gott sei Dank *fam* hat er den Unfall unversehrt überstanden!; **sia ringraziato il Cielo!**, dem Himmel sei Dank!; **ringrazialo da parte mia**, richte ihm meinen herzlichen Dank aus; **non so davvero chi ~ iron**, ich weiß nicht, bei wem ich mich dafür bedanken soll *iron*; **ringranziando anticipatamente, rimaniamo in attesa di una Vostra risposta** *comm*, wir danken Ihnen (schon) im Voraus und Lwarten auf Ihre Antwort/[sehen Ihrer Antwort entgegen *forb*], mit bestem Dank im Voraus und in Erwartung Ihrer Antwort *obs*.

ringuainàre tr (*inguainare di nuovo*) ~ **qc** {LA SPADA} etw wieder in die Scheide zurück|stecken.

rinìte f *med* Schnupfen m, Nasenschleimhautentzündung f, Rhinitis f *scient*: **~ allergica**, allergischer Schnupfen.

rinnegaménto m {+PATRIA} Verleugnung f.

rinnegàre <*rinnego, rinneghi*> tr (*disconoscere*) ~ **qu** {FAMIGLIA, FIGLIO, PADRE} jdn verstoßen, jdn verleugnen; **~ qc** {IDEALE, PATRIA} etw verleugnen; {TRADIZIONE} etw ab|schwören, sich von etw (dat) los|sagen; {FEDE} an etw von etw (dat) ab|fallen: **rinnega le sue origini**, er/sie verleugnet seine/ihre Herkunft.

rinnegàto, (-a) **A** agg (*che rifiuta*) {CRISTIANO} abtrünnig **B** m (f) Abtrünnige mf *decl come agg*, Renegat m *forb*.

rinnovàbile agg **1** (*prolungabile*) {CAMBIALE, CONTRATTO} erneuerbar, verlängerbar **2** (*non esauribile*) {FONTI DI ENERGIA} regenerativ, erneuerbar.

rinnovaménto m {CULTURALE, ISTITUZIONALE, SOCIALE; +PAESE} Erneuerung f.

rinnovàre **A** tr ~ **qc 1** (*cambiare*) {ARREDAMENTO DI UNA CASA, CODICE, VERTICE AZIENDALE} etw erneuern; {METODI D'INSEGNAMENTO} anche etw modernisieren; {LEGGE} etw reformieren: **~ il guardaroba**, sich (dat) eine neue Garderobe zulegen; **~ l'aria in una stanza**, ein Zimmer lüften **2** (*estendere la validità*) {ABBONAMENTO, CONTRATTO} etw verlängern: **fare ~ il passaporto/[la carta d'identità]**, den (Reise)pass/Ausweis verlängern lassen **3** (*fare di nuovo*) {INVITO, OFFERTA, PETIZIONE, PROMESSA} etw wiederholen, etw erneuern; {DOMANDA} anche etw erneut stellen; {SALUTI} etw erneut aus|sprechen; {SUPPLICA} etw wieder erheben; **~ una cambiale**, einen Wechsel erneuern; **~ le proprie scuse**, sich noch einmal entschuldigen **4** (*restaurare*) {FACCIATA DI UN PALAZZO} etw renovieren, etw sanieren; (*pulire*) etw reinigen **5** *tosc* (*usare per la prima volta*) {MACCHINA, VESTITO} etw erstmals benutzen, etw ein|weihen *fam* **B** itr pron: **rinnovarsi 1** (*ripetersi*) {FENOMENO} sich wiederholen, wieder vor|kommen **2** *fig* (*subire un processo di rinnovamento*) sich erneuern, modernisiert werden, sich verändern: **una società che si rinnova di continuo**, eine Gesellschaft, die sich ständig modernisiert, eine sich ständig modernisierende/erneuernde Gesellschaft; **la moda si rinnova**, die Mode erneuert sich.

rinnovatóre, (-trice) **A** agg (*che rinnova*) {MOVIMENTO} erneuernd, Erneuerungs- **B** m (f) {+ARTE, POLITICA, SOCIETÀ} Erneuerer m, (Erneuerin f).

rinnòvo m **1** (*rinnovamento*) Verlängerung f; {+CAMBIALE} Erneuerung f: **~ del contratto di lavoro**, Verlängerung f des Arbeitsvertrags **2** (*estensione di validità*) Erneuerung f, Verlängerung f: **~ della patente/del passaporto**, Verlängerung f des Führerscheins/(Reise)passes **3** (*rimodernamento*) Umbau m: **~ dei locali**, Umbau m.

rino- primo elemento (*naso*) Nasen-, Rhino-: **rinolaringite**, Entzündung von Nasen- und Kehlkopfschleimhaut; **rinofaringe**, Nasen- und Rachenhöhle.

rinocerónte m *zoo* Nashorn n, Rhinozeros n: **~ africano/indiano**, LAfrikanisches Spitzmaulnashorn/[Indisches Panzernashorn]; **~ bianco**, Weißes/Stumpf(maul)nashorn n.

rinofarìnge m o f *anat* Nasen- und Rachenhöhle f.

rinofaringèo, (-a) agg *anat med* {INFIAMMAZIONE, MUCOSE} Nasen- und Rachen-.

rinofaringìte f *med* Entzündung f von Nasen- und Rachenschleimhaut, Rhinopharyngitis f *scient*.

rinolaringìte f *med* Entzündung f von Nasen- und Kehlkopfschleimhaut.

rinomànza f *lett* (*fama*) Berühmtheit f, Renommee n *forb*: **acquistare una certa ~**, großes Ansehen genießen, renommiert sein *forb*.

rinomàto, (-a) agg (*famoso*) {PEDIATRA, VINO} berühmt, renommiert *forb*; {SCULTORE} anche namhaft.

rinoplàstica <-*che*> f *med* Nasenplastik f, Rhinoplastik f *scient*.

rinorragìa f *med* heftiges Nasenbluten, Rhinorrhagie f *scient*.

rinoscopìa f *med* Rhinoskopie f *scient*.

rinovìrus <-> m *biol* Rhinovirus m.

rinsaccàre <*rinsacco, rinsacchi*> **A** tr (*scuotere*): **~ un sacco**, einen Sack mehrmals auf den Boden fallen lassen, um Platz zu schaffen **B** itr <*essere*> itr pron: **rinsaccarsi 1** (*affondare la testa nelle spalle*) die Schultern hoch|ziehen **2** (*cavalcare sobbalzando*) ein|sacken.

rinsaldàre **A** tr *fig* (*consolidare*) ~ **qc** {AMICIZIA} etw festigen, etw konsolidieren *forb* **B** itr pron (*diventare più sicuro*): **rinsaldarsi** {SICUREZZA} stärker werden, sich festigen: **si rinsaldò nella sua convinzione**, in ihm/ihr festigte sich die Überzeugung.

rinsanguàre **A** tr **1** (*rifornire di sangue*) ~ **qu** {ANEMICO} jdm mit Blut versorgen **2** *fig* (*rinvigorire*) ~ **qu** {PERSONA CONVALESCENTE} jdn wieder zu Kräften kommen lassen; ~ **qc** {CASSE DELLO STATO} etw wieder füllen, etw sanieren **B** itr pron (*rinvigorirsi*): **rinsanguarsi** wieder zu Kräften kommen; (*economicamente*) **rinsanguarsi** (**con qc**) sich (*durch etw acc*) erholen, sich (*durch etw acc*) sanieren.

rinsanìre <*rinsanisco*> itr <*essere*> (*ritornare sano di mente*) gesund werden, gesunden *forb*.

rinsavìre <*rinsavisco*> itr <*essere*> (*recuperare la ragione*) wieder Lvernünftig werden/[zu Verstand kommen]: **~ dopo un periodo di vita dissoluto**, nach einer ausschweifenden Lebensphase wieder Lvernünftig werden/[zu Verstand kommen].

rinsecchìre <*rinsecchisco*> itr <*essere*> itr pron: **rinsecchirsi 1** (*diventare secco*) {PANE} vertrocknen, alt/hart werden **2** *fig* (*diventare magro*) {PERSONA} ab|magern.

rinsecchito, (-a) **A** part pass di rinsecchire **B** agg **1** (seccato) {MELA} ausgetrocknet **2** fig (avvizzito) {FACCIA} abgemagert, eingefallen.

rinserràre A tr (chiudere dentro) ~ **qu/qc** + compl di luogo {CANE IN UN GARAGE, SOLDI IN CASSAFORTE} jdn/etw wieder (irgendwohin) (ein)sperren, jdn/etw wieder (irgendwo) ein|sperren **B** rfl (chiudersi dentro): rinserrarsi + compl di luogo {IN UNA STANZA} sich wieder (in etw dat/acc) ein|schließen.

rintanàrsi itr pron **1** (intanarsi di nuovo): ~ (+ compl di luogo) {LEPRE SOTTO LA QUERCIA} sich (irgendwo) verkriechen **2** fig (chiudersi): ~ + compl di luogo sich irgendwo(hin) verkriechen fam: **non lo vediamo da giorni, chissà dove si è rintanato?**, wir sehen ihn seit Tagen nicht, wer weiß, wo er sich verkrochen hat? fam; **d'inverno non c'è niente di meglio che ~ in un bel caffè!**, im Winter gibt es nichts Besseres, als sich in einem schönen Café zu verkriechen fam.

rintanàto, (-a) agg fig (chiuso) verkrochen fam: **starsene/vivere ~ in casa**, zuhause verkrochen sein/leben.

rintavolàre tr (intavolare di nuovo) ~ **qc** {DISCORSO, NEGOZIATO} etw wieder auf|nehmen.

rintelaiàre tr ~ **qc** {DIPINTO} etw neu ein|rahmen.

rintelaiatùra f {+DIPINTO} neuer Rahmen.

rinterràre A tr **1** (interrare di nuovo) ~ **qc** {PIANTA} etw wieder ein|graben/ein|pflanzen **2** (riempire di terra) {PALUDE} etw mit Erde auf|füllen **B** itr pron (colmarsi di terra): **rinterrarsi** sich mit Erde an|füllen.

rintoccàre <rintocco, rintocchi> itr <essere o avere> (suonare) {OROLOGIO} schlagen, {CAMPANA} läuten: **rintoccano le cinque**, es schlägt/läutet fünf Uhr.

rintòcco <-chi> m (tocco ripetuto) (della campana) (Glocken)schlag m; {+OROLOGIO} Schlagen n, Schlag m: **Cenerentola sentì i primi rintocchi della mezzanotte**, Aschenputtel hörte die ersten Glockenschläge von Mitternacht.

rintonacàre <rintonaco, rintonachi> tr (intonacare di nuovo) ~ **qc** {PARETE} etw wieder verputzen.

rintontimènto m (stordimento) Betäubtheit f, Benommenheit f, Benebelung f.

rintontìre <rintontisco> **A** tr (stordire) ~ (**qu**) jdn betäuben, jdn benommen machen, jdn benebeln: **la caduta lo ha rintontito**, der Sturz hat ihn betäubt; **questi rumori mi rintontiscono**, diese Geräusche betäuben mich **B** itr <essere> itr pron (inebetire): **rintontirsi (con qc)** {BAMBINO CON I VIDEOGAMES} (mit etw dat) verdummen, (mit etw dat) verblöden fam.

rintracciàbile agg (che si può ritrovare) {DOCUMENTO, LETTERA, PERSONA} auffindbar, aufspürbar: **non è ~ per telefono**, er/sie ist telefonisch nicht erreichbar.

rintracciàre <rintraccio, rintracci> tr (trovare) ~ **qu/qc** {PROFESSORE MANOSCRITTO} etw finden, etw ausfindig machen; {POLIZIA EVASO} anche jdn/etw auf|finden, jdn/etw auf|spüren: **dove posso rintracciarlo a quest'ora?**, wo kann ich ihn um diese Zeit erreichen?; ~ **qu per telefono**, jdn telefonisch erreichen.

rintronamènto m **1** (rimbombo) Dröhnen n, Gedröhne n **2** (stordimento) Betäubung f.

rintronàre A tr <avere> (stordire) ~ **qu** jdn betäuben: **questo rumore assordante mi rintrona le orecchie**, mir dröhnen von dem ohrenbetäubenden Lärm die Ohren; **i discorsi di quell'uomo mi hanno rintronato il cervello**, mein Hirn ist ganz benebelt von den Reden/[dem Gerede] dieses Mannes **B** itr <essere o avere> (risuonare fragorosamente) ~ (+ compl di luogo) {BOTTO, SPARO, TUONO} (irgendwo) dröhnen: **la sua voce rintronò nella stanza**, seine/ihre Stimme dröhnte im Zimmer.

rintronàto, (-a) agg (stordito) {TESTA} betäubt.

rintuzzàre tr ~ **qc 1** fig (ribattere) {ACCUSA, ATTACCO, INSINUAZIONE} etw zurück|schlagen, etw zurück|geben **2** fig (reprimere) {L'ORGOGLIO, LA SUPERBIA} etw dämpfen.

rinùncia <-ce> f **1** (il rinunciare) (a **qc**) {A UN INCARICO, A UNA NOMINA} Verzicht m auf etw (acc); {AL BENESSERE} anche Entsagung f forb: ~ **a una promozione**, Verzicht m auf Beförderung; ~ **al trono**, Thronverzicht m, in caso di ~, im Falle des Verzichts, bei Verzicht; ~ **ai piaceri terreni**, Verzicht m auf irdische Freuden **2** (dichiarazione) Verzicht(s)erklärung f **3** <di solito al pl> (sacrifici) Entbehrung f: **la sua è una vita di rinunce**, sein/ihr Leben ist voller Entbehrungen **4** dir ~ **a qc** {A UN DIRITTO} Verzicht (auf etw acc): ~ **all'eredità**, Erbverzicht m; ~ **tacita**, stillschweigender Rechtsverzicht; Verwirkung f • ~ **agli atti del giudizio** dir, Verzicht m auf die Weiterführung des Prozesses, Klagerücknahme f.

rinunciàbile agg dir verzichtbar: **diritto non ~**, unverzichtbares Recht.

rinunciàre <rinuncio, rinunci> itr (cedere) ~ **a qu/qc** {AL FIGLIO, A UNA CARICA} auf jdn/etw verzichten: ~ **ad ogni speranza**, jede Hoffnung aufgeben; **essere costretto a ~ a qc**, gezwungen sein, auf etw (acc) zu verzichten; ~ **a indovinare**, aufs Raten verzichten; **ci rinuncio!**, darauf kann ich verzichten!; **non voleva ~ a parlargli di persona**, er/sie wollte es sich (dat) nicht nehmen lassen, mit ihm persönlich zu reden.

rinunciatàrio, (-a) <-ri m> **A** agg (che rinuncia) {ATTEGGIAMENTO} verzichtend, entsagend forb **B** m (f) Verzichtende mf decl come agg.

rinùnzia e deriv → **rinuncia** e deriv.

rinvangàre <rinvango, rinvanghi> tr fig (riesumare) ~ **qc** {VECCHIE STORIE} etw wieder aus|graben, etw auf|wärmen fam spreg.

rinvasàre tr (trapiantare) ~ **qc** {PIANTA} etw um|topfen.

rinvasatùra f {+PIANTA} Umtopfen n.

rinvàso m {+BASILICO} Umtopfen n.

rinvenìbile agg (che si può trovare) {TRACCIA} entdeckbar, auffindbar.

rinvenimènto① m (ritrovamento) {+LETTERA, OGGETTI PREZIOSI} Auffinden n, Entdecken n: **rinvenimenti archeologi**, archäologische Funde/Entdeckungen.

rinvenimènto② m **1** (ripresa dei sensi) Wiederzusichkommen n, Wiedererlangung f des Bewusstseins **2** (restituzione di umidità) {+PANE} Einweichen n, {+FIORI, PIANTE} Wässern n **3** metall {+ACCIAIO} Anlassen n.

rinvenìre① <coniug come venire> tr ~ **qc 1** (ritrovare) {OGGETTO SMARRITO} etw wieder finden, etw auf|finden; {VASO ETRUSCO} etw entdecken: **è stata rinvenuta la scatola nera dell'aereo precipitato**, der Flugschreiber des abgestürzten Flugzeuges wurde wieder gefunden **2** (scoprire) {CAUSE DI UN FENOMENO} etw heraus|finden, etw entdecken.

rinvenìre② <coniug come venire> **A** itr <essere> **1** (rianimarsi) wieder zu sich (dat) kommen, aus der Ohnmacht erwachen, das Bewusstsein wieder|erlangen: **far ~ qu**, jdn aus der Ohnmacht erwecken **2** (riprendere freschezza) (in/con **qc**) {FUNGHI SECCHI CON L'ACQUA} (durch etw acc) quellen, (durch etw acc) auf|weichen; {FIORI NELL'ACQUA} sich (in etw dat) erholen: **mettere le rose nell'acqua per farle ~**, die Rosen ins Wasser stellen, damit sie sich wieder erholen **3** metall angelassen werden **B** tr <avere> metall ~ **qc** {ACCIAIO TEMPRATO} etw an|lassen.

rinverdìre <rinverdisco> **A** tr <avere> **1** (far tornar verde) ~ **qc** {PRIMAVERA ALBERI} etw wieder grün machen/[werden lassen] **2** fig (ravvivare) {SPERANZA} etw wieder aufleben lassen **B** itr <essere> itr pron: **rinverdirsi 1** (ritornare verde) {PRATO} wieder grün werden **2** fig (rinnovarsi) {AMORE} wieder erwachen.

rinvestìre <rinvesto> e deriv → **reinvestire** e deriv.

rinviàbile agg (che si può rinviare) {APPUNTAMENTO, DECISIONE} verschiebbar, aufschiebbar.

rinviàre <rinvio, rinvii> tr **1** (differire) ~ **qc** (a **qc**) {APPUNTAMENTO, DECISIONE, PARTENZA, UDIENZA ALLA SETTIMANA PROSSIMA} etw (auf etw acc) ver-, auf|schieben; {SEDUTA} anche etw (auf etw acc) vertagen; ~ **qc** (di **qc**) {INCONTRO DI DUE GIORNI} etw (um etw acc) auf|-, verschieben **2** (rimandare) (**qu**) **a qu/qc** jdn an jdn/etw verweisen, (jdn) auf etw (acc) verweisen: **nota che rinvia (il lettore) a un saggio storico**, Anmerkung, die (den Leser) auf einen historischen Aufsatz verweist; **ci hanno rinviato ad un altro ufficio**, sie haben uns an ein anderes Büro verwiesen **3** (far rimbalzare) ~ **qc** (a **qc**) {SATELLITE SEGNALE ALLA BASE} etw (an etw acc) weiter|geben; {SPECCHIO IMMAGINE} etw zurück|werfen, etw wider|spiegeln **4** post ~ **qc** (a **qu/qc**) {ACQUIRENTE MERCE AL VENDITORE, ALLA DITTA} jdm/etw zurück|schicken, jdm/etw etw zurück|senden; ~ **una lettera al mittente**, einen Brief an den Absender zurückschicken; ~ **una sollecita risposta**, prompt/postwendend/umgehend antworten **5** sport (ridare) ~ **qc** {PALLA} etw zurück|werfen, etw zurück|schlagen.

rinvigorimènto m (rafforzamento) {+FISICO} Stärkung f, Kräftigung f; fig {+AUTORITÀ, SPERANZA} (Ver)stärkung f.

rinvigorìre <rinvigorisco> **A** tr <avere> **1** (ridare vigore) ~ **qu/qc** {GINNASTICA MUSCOLI} jdn/etw stärken, jdn/etw wieder fit/stark machen: **il lungo riposo lo ha rinvigorì**, die lange Erholung hat ihm wieder Kraft verliehen **2** fig (rafforzare) ~ **qc** {L'ANIMO, FAZIONE POLITICA, SPERANZA} etw stärken **B** itr <essere> itr pron: **rinvigorirsi 1** (acquistare vigore) {MUSCOLI} wieder erstarken/[stark werden]: **con la cura (ti) rinvigorirai presto**, mit der Kur wirst du schnell wieder zu Kräften kommen **2** fig (rafforzarsi) {SPERANZE} sich verstärken.

rinvìo <-vii> m **1** (differimento) {+DISCUSSIONE, FESTA, PARTENZA} Verschiebung f; {+PROCESSO, SEDUTA} anche Vertagung f **2** (rimando) Verweis m: **capitolo con molti rinvii**, Kapitel mit vielen Verweisen; **fare un ~ a una nota precedente**, auf eine vorige Anmerkung verweisen **3** (l'essere rinviato) Verwiesenwerden n: **dopo molti rinvii da un ufficio all'altro ho trovato quello giusto**, nachdem ich von Pontius zu Pilatus geschickt worden war fam, habe ich endlich das richtige Büro gefunden **4** mecc Vorgelege n **5** post Rücksendung f, Zurücksenden n: ~ **di un pacco al mittente**, Zurückschicken n eines Pakets an den Absender **6** sport Abstoß m: **effettuare un ~**, einen Abstoß machen/ausführen • ~ **a giudizio di un imputato** dir, Eröffnung f des Hauptverfahrens; ~ **a tempo indeterminato/[sine die]**, Aufschub m für/auf unbestimmte Zeit.

rinzaffàre tr edil ~ (**qc**) {MURO} etw verputzen.

rinzeppàre *fam* **A** *tr* **1** (*riempire*) ~ *qu di qc* {DI CIBO} *jdn mit etw* (*dat*) voll|stopfen *fam* **2** *fig* (*farcire*) ~ *qc di qc* {DISCORSO DI STRAFALCIONI} *etw mit etw* (*dat*) spicken *fam* **B** *rfl* (*riempirsi molto*): **rinzepparsi di qc** {DI DOLCI} sich mit etw (dat) voll|stopfen *fam*.

rio <*rii*> *m* **1** *poet* (*ruscello*) Bach *m* **2** (*a Venezia*) Kanal *m* ● **Rio delle Amazzoni** *geog*, Amazonas *m*.

riò 1ª *pers sing del pres di* riavere.

rioccupàre **A** *tr mil* ~ *qc* {CITTÀ, TERRITORIO} *etw* wieder besetzen **B** *itr pron fig* (*interessarsi di nuovo*): **rioccuparsi di qc** {DEL CASO, DI POLITICA} sich wieder *mit etw* (*dat*) beschäftigen; **rioccuparsi di qu** {DEL BAMBINO} sich wieder *um jdn* kümmern.

rioccupazione *f mil* {+TERRITORIO} Wiederbesetzung *f*.

rioffrìre <*coniug come* offrire> **A** *tr* (*offrire di nuovo*) ~ *qc a qu* {CARICA DI SINDACO A UN POLITICO, TÈ AGLI INVITATI} *jdm* wieder *etw* an|bieten **B** *rfl*: **rioffrirsi (come qu/qc)** {COME TESTIMONE} sich wieder *als jd/etw* an|bieten/[zur Verfügung stellen], wieder (*als jd/etw*) zur Verfügung stehen: **rioffrirsi volontario**, sich wieder freiwillig/[als Freiwilliger] melden.

rioffuscàre <*rioffusco, rioffuschi*> **A** *tr* ~ *qc* **1** (*offuscare di nuovo*) {ECLISSI TERRA} *etw* wieder verdunkeln/verfinstern **2** *fig* (*rannebbiare*) {LACRIME VISTA} *etw* wieder trüben; {VINO MENTE} *anche etw* wieder benebeln **B** *itr pron*: **rioffuscarsi 1** {CIELO} sich wieder verfinstern/verdunkeln **2** *fig* {RICORDI} sich wieder trüben, wieder verschwimmen.

rionàle *agg* (*del rione*) {CINEMA, FESTA} des Stadtviertels, Stadtviertel-: **mercato ~**, Wochenmarkt *m*.

rióne *m* (*quartiere*) {POPOLARE} Stadtviertel *m*.

riordinaménto *m* (*riforma*) {+AMMINISTRAZIONE, ESERCITO, SCUOLA} Neuordnung *f*, Neuorganisierung *f*.

riordinàre **A** *tr* **1** (*rimettere in ordine*) ~ *qc* {CAMERIERA CASA, CASSETTI, STANZA} *etw* (wieder) auf|räumen/[in Ordnung bringen]; ~ *qc* (+ *compl di luogo*) {I LIBRI SULLO SCAFFALE, VESTITI NELL'ARMADIO} *etw irgendwohin* räumen **2** (*riorganizzare*) ~ *qc* {FINANZE DELLO STATO} *etw* neu regeln; {BIBLIOTECA, MUSEO} *etw* um|gestalten, *etw* neu strukturieren; {ESERCITO} *etw* neu organisieren, *etw* reorganisieren *forb*; {STUDENTE APPUNTI, IDEE} *etw* neu strukturieren **3** *comm* ~ *qc* {MERCE} *etw* nach|bestellen **B** *rfl* (*risistemarsi*): **riordinarsi** sich (wieder) zurecht|machen, sich frisch machen; **riordinarsi qc** {I CAPELLI} sich (*dat*) *etw* (wieder) richten/ordnen.

riórdino *m amm* (*riordinamento*) {+PRATICA} Neuordnung *f*.

riorganizzàre **A** *tr* ~ *qc* **1** (*ristrutturare*) {ESERCITO, FINANZE, SANITÀ} *etw* neu organisieren, *etw* reorganisieren *forb*; {MUSEO, PARTITO, SCUOLA} *anche etw* um|gestalten **2** (*organizzare di nuovo*) {CONFERENZA} *etw* wieder organisieren **B** *rfl* (*organizzarsi meglio*): **riorganizzarsi** sich neu organisieren; *indir* **riorganizzarsi qc** {LAVORO, TEMPO LIBERO} sich (*dat*) *etw* anders ein|teilen.

riorganizzazione *f* **1** (*riforma*) {ECONOMICA; +ESERCITO, STATO ASSISTENZIALE, UNIVERSITÀ} Reorganisation *f forb*; {+MUSEO} *anche* Umgestaltung *f*, Umstrukturierung *f*; (*ricostituzione*) {+PARTITO} Umgestaltung *f*, Reorganisation *f forb*: **attuare la ~ di qc**, die Umgestaltung *von etw* (*dat*)/+ *gen* durchführen **2** (*l'organizzare di nuovo*) {+CONGRESSO, MOSTRA} erneute Organisation *f*.

riottosità <-> *f* (*indocilità*) {+CARCERATI, POPOLO} Widerspenstigkeit *f*.

riottóso, (-a) *agg* **1** *fig* (*ribelle*) unfolgsam, widerspenstig: **è ~ alla disciplina**, er widersetzt sich der Disziplin **2** *lett* (*litigioso*) streitsüchtig.

rìpa *f lett* **1** (*sponda*) Ufer *n* **2** (*dirupo*) Abgrund *m*.

ripacificàre <*ripacifico, ripacifichi*> → **rappacificare**.

ripagàre <*ripago, ripaghi*> *tr* **1** (*pagare di nuovo*) ~ *qc* (*a qu*) {AL CONTROLLORE} *jdm etw* wieder/[noch einmal] (be)zahlen: **se perdi il biglietto, lo devi ~**, wenn du die Karte verlierst, musst du sie noch einmal bezahlen **2** (*risarcire*) ~ *qu* (*di qc*) (*con qc*) *jdn für etw* (*acc*) (*mit etw* dat) entschädigen: **ti ripagherò con il primo stipendio delle spese che hai sostenuto**, ich werde dich mit dem ersten Gehalt für deine Ausgaben entschädigen; ~ *qc* (*a qu/qc*) (*con qc*) (*jdm/etw*) *etw* (*mit etw* dat) zurück|zahlen, (*jdm/etw*) *etw* ersetzen: **ho dovuto ~ alla biblioteca il libro che ho perso**, ich musste der Bibliothek das Buch, das ich verloren habe, ersetzen **3** *fig* (*ricompensare*) ~ *qu* (*di qc*) (*con qc*) {CANE PADRONE DELLE CURE CON LA FEDELTÀ} *jdn für etw* (*acc*) (*mit etw* dat) belohnen, *jdm etw* (*mit etw* dat) vergelten: **Dio ti ripagherà del bene che hai fatto!**, Gott wird dir deine guten Taten vergelten!; *anche iron* **ci ha ripagati con l'ingratitudine**, Undank war sein/ihr Lohn für unsere Hilfe; ~ *qc con qc* {AMICIZIA COL TRADIMENTO} *etw mit etw* (*dat*) vergelten.

riparàbile *agg* **1** (*aggiustabile*) {GUASTO} behebbar **2** (*rimediabile*) {ERRORE} wieder gutzumachen(d): **un torto non ~**, ein nicht wieder gutzumachendes Unrecht.

riparàre① **A** *tr* **1** (*aggiustare*) ~ *qc* (*a qu*) {MOTORINO, OROLOGIO, RUBINETTO} *jdm etw* reparieren; ~ *qc* {FONDO STRADALE, TETTO} *etw* reparieren, *etw* aus|bessern: **non ho ancora fatto ~ la lavastoviglie**, ich habe die Spülmaschine noch nicht reparieren lassen; **la macchina è ancora a ~?**, ist das Auto noch in Reparatur?; **portare a ~ qc**, *etw* zur Reparatur bringen; **la radio è da ~**, das Radio ist reparaturbedürftig/[muss repariert werden]/[ist zu reparieren] **2** (*proteggere*) ~ *qu/qc* (*con qc*) (*da qc*) {DAL FREDDO, CON L'OMBRELLO DALLA PIOGGIA} *jdn* (*mit etw* dat) (*vor etw* dat) schützen: **mi infilai un berretto per ~ la testa dal sole**, ich setzte mir eine Mütze auf, um mich vor der Sonne zu schützen; **questi occhiali non riparano affatto dalla luce**, diese Brille schützt überhaupt nicht vor dem Licht **3** *fig* (*rimediare*) ~ *qc* {INGIUSTIZIA, TORTO} *etw* wieder|gut|machen; (*uso assol*) Abhilfe schaffen: **non so come ~**, ich weiß nicht, wie man da Abhilfe schaffen kann **4** *scuola stor* ~ *qc* {MATERIA} Nachprüfung *in etw* (*dat*) machen/ab|legen **B** *itr* (*ovviare*) ~ *a qc* {A UNA MANCANZA} *etw* ab|helfen: **come posso ~ a questo inconveniente?**, wie kann ich diesem Übel abhelfen? **C** *rfl* (*proteggersi*): **ripararsi da qc** {DAL FREDDO, DALLA PIOGGIA} sich *vor etw* (*dat*) schützen; (*indir*) **ripararsi qc da qc** {OCCHI DAL SOLE} *etw vor etw* (*dat*) schützen.

riparàre② **A** *itr* <*essere*> *anche polit* (*cercare asilo*) ~ + *compl di luogo* {IN FRANCIA} *irgendwohin* flüchten, sich *irgendwo* (*dat*) setzen: **dopo il fallimento riparammo all'estero**, nach dem Bankrott flüchteten wir ins Ausland/[setzten wir uns ins Ausland ab] **B** *rfl* (*trovare riparo*): **ripararsi + compl di luogo** {IN UNA BAITA, SOTTO UN ALBERO} sich *irgendwo* unter|stellen, *irgendwo* Zuflucht suchen: **ripararsi in un portone**, sich in einem Tor unterstellen.

riparàta *f fam* (*riparazione provvisoria*) notdürftige Reparatur: **dare una ~ a qc**, *etw* notdürftig reparieren.

riparàto, (-a) *agg* **1** (*aggiustato*) {RADIO} repariert; {PAIO DI SCARPE} *anche* ausgebessert **2** (*non esposto*) {LUOGO, POSTO} geschützt **3** (*risarcito*) {DANNO} wieder gutgemacht, behoben.

riparatóre, (-trice) **A** *agg* (*che ripara*) {GESTO} wieder gutmachend; {SENTENZA} ausgleichend: **matrimonio ~**, Mussehe *f fam* **B** *m* (*f*) (*chi ripara*) {+TELEVISORI} Reparateur(in) *m*(*f*).

riparatòrio, (-a) <-*ri m*> *agg* (*per riparare un danno*) {PAGAMENTO} Wiedergutmachungs-.

riparazióne *f* **1** (*aggiustatura*) {+AUTO, BICICLETTA, OROLOGIO, STEREO} Reparatur *f*: **fare una ~**, *etw* reparieren; {+ABITO} Ausbesserung *f*; **si eseguono riparazioni su misura**, es werden Ausbesserungen auf Maß vorgenommen **2** (*risarcimento materiale*) ~ *di qc* {+DANNO} Entschädigung *f für etw* (*acc*) **3** *fig* (*risarcimento morale*) {+OFFESA} Wiedergutmachung *f*: **ottenere la ~ di un torto**, die Wiedergutmachung eines Unrechts erlangen; **a/in ~ di un'ingiustizia**, um eine Ungerechtigkeit wiedergutzumachen **4** *dir* Wiedergutmachung *f*: **riparazioni di guerra**, Reparationszahlungen *f pl*, Reparationsleistungen *f pl*, Reparationen *f pl*.

ripàrio, (-a) <-*ri m*> *agg lett* (*delle rive*) {FAUNA, VEGETAZIONE} Ufer-.

riparlàre **A** *itr* (*parlare di nuovo*) ~ *di qc* (*con/a qu*) {DI UN PROBLEMA} (*mit jdm*) wieder *über etw* (*acc*) sprechen/reden, *etw* erneut (*mit jdm/etw*) besprechen/bereden: **ne riparlerò con/al il direttore**, ich werde mit dem Direktor noch einmal darüber reden; **ne riparleremo con più calma!**, wir werden das noch einmal in Ruhe besprechen! **B** *rfl rec* (*rivolgersi di nuovo la parola*): **riparlarsi** wieder miteinander reden.

ripàro *m* **1** (*protezione*) Schutz *m*: **cercare/trovare ~ dal temporale in un portone**, Schutz vor dem Gewitter suchen/finden; **mettere le sdraio al ~ dalla pioggia**, die Liegestühle gegen den Regen schützen; **offrire ~ a qu**, *jdm* Schutz bieten **2** (*oggetto che ripara*) Unterschlupf *m*, Schutzwand *f*: **costruire un ~**, einen Unterschlupf bauen; **un ~ di sassi**, eine Schutzwand aus Steinen; **~ di fortuna**, notdürftige Unterkunft; **cercare un ~ per la notte**, einen Unterschlupf für die Nacht suchen **3** (*rimedio*) Abhilfe *f*: **non c'è ~ a qc**, da ist nichts zu machen; **mettere ~ a qc**, *etw* (*dat*) abhelfen **4** *mil* Deckung *f* ● **al ~ dal freddo/dall'umidità**, vor der Kälte/der Feuchtigkeit geschützt; **al ~ dal vento**, windgeschützt, im Windschatten; **correre ai ripari**, für Abhilfe sorgen; **mettersi al ~ da qc** *fig* (*mettersi in salvo*), {DA UN PERICOLO} sich vor *etw* (*dat*) in Sicherheit bringen.

ripartìbile *agg* (*che si può ripartire*) {EREDITÀ} verteilbar.

ripartìre① <*ripartisco*> **A** *tr* **1** (*dividere*) ~ *qc* (*tra qu*) {EREDITÀ TRA I PARENTI, LAVORI DOMESTICI TRA I COMPONENTI DELLA FAMIGLIA} *etw* (*unter jdm*) (*auf*)teilen; ~ *qc* (*in qc*) {SPESE IN PARTI UGUALI} *etw in etw* acc) teilen; {DOCUMENTI IN CARTELLINE} *etw* (*in etw* acc) ein|ordnen: **ripartisci le lettere secondo la provenienza**, ordne/sortiere die Briefe nach ihrer Herkunft **2** (*distribuire*) ~ *qc* (*su qc*) {CARICO SULLE DUE SPALLE} *etw* (*auf etw* acc) verteilen **B** *rfl indir rec* (*dividersi*): **ripartirsi qc** {EREDITÀ} (*dat*) *etw* auf|teilen, *etw unter* sich (*dat*)/[untereinander] (auf)teilen.

ripartìre② <*riparto*> *itr* <*essere*> **1** (*partire di nuovo*) ~ (+ *compl di luogo*) wieder (*irgendwohin*) (ab)|fahren: **sei appena arrivato e già riparti?**, du bist doch gerade erst angekommen und fährst schon wieder ab?; (in auto, in treno) wieder ab|reisen/ab|fahren; ripartono per Amburgo oggi, sie reisen heute wieder nach Hamburg ab; (in aereo) wieder ab|fliegen; {AEREO} wieder starten; {NAVE} wieder ab|fahren; il treno riparte tra pochi minuti, der Zug fährt in wenigen Minuten weiter 2 (riaccendersi) {MOTORE} wieder an|springen/starten: la macchina non vuol ~, das Auto springt (wieder) nicht an 3 sport {ATLETA} neu starten.

ripartitóre, (-trice) **A** m (f) post Briefsortierer(in) m(f) **B** m elettr Verteiler m.

ripartizióne f 1 (divisione) {+SOMMA} (Auf)teilung f: ~ degli utili tra i vari soci, Aufteilung f des Gewinns unter den verschiedenen Mitgliedern; {+COMPITI, MANSIONI} Zuteilung f; ~ del lavoro tra i vari collaboratori, Aufteilung f der Arbeit unter den verschiedenen Mitarbeitern; ~ del personale in gruppi, Aufteilung f des Personals in Gruppen 2 (distribuzione) {+CARICO} Verteilung f 3 amm Ressort n, Abteilung f.

ripascimento m geog Verlandung f (natürliche Strandbildung durch Sandablagerungen) = **artificiale**, Landgewinnung f (künstliche Strandbildung).

ripassàre **A** tr <avere> 1 (attraversare di nuovo) ~ qc {ALPI, CONFINE, FIUME, VALICO} etw wieder überschreiten (passare di nuovo) ~ qc (su qc) {STRACCIO SUL MOBILE, SUL TAVOLO} wieder mit etw (dat) über etw (acc) fahren; {VERNICE SU UNA PANCHINA} etw wieder mit etw (dat) bestreichen: **la cera sul pavimento**, den Boden wieder wachsen 3 (dare di nuovo) ~ qc a qu jdm etw noch einmal reichen: **mi ripassi l'oliera, per favore?**, reichst du mir bitte noch einmal die Ölflasche? 4 (stirare) ~ qc (con qc) {BIANCHERIA COL FERRO} etw (mit etw dat) (auf|)bügeln 5 (calcare) ~ qc (con qc) {CONTORNI DI UN DISEGNO CON LA MATITA} etw (mit etw dat) nach|ziehen, etw (mit etw dat) nach|zeichnen 6 (revisionare) ~ qc {MOTORE} etw überprüfen; {CONTI} anche etw noch einmal durch|sehen 7 fam scherz (sgridare) ~ qu jdm den Kopf waschen fam: **l'ha ripassato ben bene**, ich habe ihm ordentlich den Kopf gewaschen fam 8 gastr ~ qc in qc {VERDURE IN PADELLA} etw noch einmal in etw (dat) auf|wärmen 9 scuola ~ qc {APPUNTI, POESIA} etw noch einmal durch|gehen: **stiamo ripassando la lezione**, wir ₁wiederholen gerade die Lektion₁/[gehen gerade die Lektion noch einmal durch] 10 teat film TV ~ qc {COPIONE, PARTE} etw noch einmal durch|gehen, etw wiederholen **B** itr <essere> 1 (passare di nuovo) ~ + compl di luogo {PER GENOVA} wieder irgendwo vorbei|kommen; {DAVANTI A CASA, SOTTO UN CAVALCAVIA} anche wieder irgendwo vorbei|gehen 2 (ritornare) noch einmal vorbei|kommen: **provi a ~ domani**, kommen Sie morgen noch einmal vorbei; **se ripasserete più tardi, potrete parlargli**, wenn ihr später noch einmal vorbeikommt, könnt ihr ihn sprechen.

ripassàta f 1 (ripulitura) schnelles Saubermachen: **dare una ~ alla stanza**, das Zimmer sauber machen 2 (col ferro da stiro) Bügeln n: **dare una ~ alla camicia**, das Hemd (auf)bügeln 3 (riverniciatura) Überstreichung f: **dare una ~ a un cancello**, etw überstreichen 4 (ulteriore perfezionamento) Überarbeitung f: **dare una ~ a una lettera**, einen Brief überarbeiten 5 fam (rimprovero) Anpfiff m fam: **prendersi una da qu**, einen Anpfiff von jdm kriegen fam 6 scuola Durchgehen n, Durchsehen n, Durchlesen n, Durchsicht f, Wiederholung f: **dare una ~ al programma d'esame**, das Prüfungsprogramm noch einmal durchgehen.

ripàsso m 1 scuola {+GEOGRAFIA, STORIA} Wiederholung f: **fare un ~ di biologia prima dell'esame**, vor der Prüfung Biologie wiederholen 2 zoo itt Rückwanderung f, Rückkehr f.

ripensaménto m 1 (il ripensare) Überdenken n, Überlegung f: **dopo lungo ~ ho deciso che ...**, nach langem Überlegen habe ich beschlossen, dass ... 2 (mutamento d'opinione) Meinungsänderung f: **questa decisione è frutto di un ~**, diese Entscheidung ist das Ergebnis einer Meinungsänderung; **avere un ~**, seine Meinung ändern.

ripensàre **A** itr 1 (riflettere) ~ a qc {A UN PROBLEMA} etw noch einmal überdenken/überlegen, noch einmal über etw (acc) nach|denken: **ho ripensato alle parole che mi hai detto**, ₁deine Worte noch einmal überdacht₁/[noch einmal über deine Worte nachgedacht]; **prima di decidere per il no ripensaci ancora**, überlege es dir noch einmal, bevor du ablehnst; **ripensandoci bene, non hai torto**, wenn ich mir das gut überlege, hast du nicht Unrecht 2 (cambiare decisione) es sich (dat) anders überlegen, seine Meinung ändern: **volevamo acquistare una casa al mare ma poi ci abbiamo ripensato**, wir wollten ein Haus am Meer kaufen, aber dann haben wir es uns anders überlegt 3 (riandare con la memoria) ~ a qu/qc {ALL'INFANZIA} an jdn/etw zurück|denken: **ripenso sovente a lei**, ich denke oft an sie (zurück) **B** tr (riconsiderare) ~ qc {PIANO DI LAVORO, QUESTIONE} etw (neu) überdenken, noch einmal über etw (acc) nach|denken.

ripercórrere <coniug come correre> tr ~ qc 1 (percorrere di nuovo a piedi) {ITINERARIO, TRAGITTO} etw noch einmal entlang|gehen/zurück|legen/entlanglaufen; (in macchina, in treno, in nave) etw noch einmal entlang|fahren; (in aereo) etw noch einmal entlang|fliegen; (a cavallo) etw noch einmal entlang|reiten; (a nuoto) etw noch einmal entlang|schwimmen 2 (percorrere nel verso contrario a piedi) {STRADA} etw zurück|gehen; (in macchina, in nave, in treno) etw zurück|fahren; (in aereo) etw zurück|fliegen; (a cavallo) etw zurück|reiten; (a nuoto) etw zurück|schwimmen 3 fig (ricordare) ~ con qc {GLI ANNI DELL'INFANZIA CON LA MENTE} sich etw in etw (acc) zurück|rufen: ~ ₁con la memoria₁/[col pensiero] un avvenimento, sich (dat) ein Ereignis ins Gedächtnis zurückrufen, ein Ereignis Revue passieren lassen.

ripercuòtere <coniug come percuotere> **A** itr pron 1 (diffondersi): **ripercuotersi** (+ compl di luogo) {URTO PER TUTTO IL TRENO} etw erschüttern; {SUONO NELLA VALLE} (irgendwo) wider|hallen 2 fig (influire): **ripercuotersi su qu/qc** {LITI TRA GENITORI SUI FIGLI} sich auf jdn/etw aus|wirken: **l'instabilità politica del paese si ripercuote sull'economia**, die politische Instabilität des Landes wirkt sich auf die Wirtschaft aus **B** tr (percuotere più volte) ~ qc (con qc) {L'ACQUA CON I REMI} etw wieder (mit etw dat) schlagen.

ripercussióne f 1 (propagazione) {+LUCE} Reflex m; {+SUONO} Widerhall m 2 fig (riflesso) ~ (su qc) {NEGATIVA} Auswirkung f auf etw (acc): **l'avvenimento ha avuto ripercussioni nel mondo politico**, das Ereignis hat sich auf die (Welt der) Politik ausgewirkt.

ripescàggio <-gi> m 1 (recupero) Wiederzulassung f 2 sport "Weiterkommen n über die Hoffnungsrunde".

ripescàre tr 1 (pescare di nuovo) ~ qc {SGOMBRI} etw wieder fischen 2 (recuperare in acqua) ~ qu/qc {RAGAZZO, SCATOLA NERA DI UN AEREO} jdn/etw auf|fischen fam, jdn/etw aus dem Wasser heraus|holen 3 fig (ritrova-re) ~ qc (+ compl di luogo) {ALBUM DI FOTOGRAFIE IN SOFFITTA} etw wieder (irgendwo) auf|finden/auf|stöbern fam 4 fig (riproporre all'attenzione) ~ qu/qc {VECCHIO CABARETTISTA, VECCHIA TEORIA} jdn/etw wieder aus|graben fam 5 fig fam (sorprendere) ~ qu jdn erwischen fam: **se vi ripesco a giocare nel fango sono guai!**, wenn ich euch noch einmal beim Spielen im Schlamm erwische, gibt's Ärger! fam.

ripetènte scuola **A** agg (che ripete) {RAGAZZO} eine Klasse wiederholend **B** mf (chi ripete un anno) Sitzenbleiber(in) m(f) fam, Repetent(in) m(f) forb.

ripètere **A** tr 1 (fare di nuovo) ~ qc {CURA, ESPERIMENTO, TENTATIVO} etw wiederholen; {ERRORE, SBAGLIO FATTO DAI PREDECESSORI} anche ~ qc 2 (dire di nuovo) ~ qc (a qu) etw wiederholen, (jdm) etw (nochmal) sagen: **ripetimi la domanda**, wiederhole die Frage; **non ho capito bene, puoi ~?**, ich habe nicht genau verstanden, kannst du das (noch einmal) wiederholen?; **ripetilo se hai il coraggio!**, sag das noch einmal, wenn du dich traust!; **ti dico e ti ripeto che non lo faccio!**, ich sage dir noch einmal, dass ich das nicht mache!; ~ **continuamente la stessa cosa a qu**, jdm ständig dasselbe sagen; ~ **sempre le stesse cose**, immer das Gleiche wiederholen; **quante volte te lo devo ~?**, wie oft muss ich dir das noch sagen?; **sentirsi ~ qc ogni giorno**, jeden Tag hören; **te lo ripeto per l'ultima volta**, ich sage dir das jetzt zum letzten Mal 3 (riferire) ~ qc (a qu) (jdm) etw berichten, (jdm) etw erzählen: **ripetimi esattamente quello che ti hanno detto**, erzähle mir genau, was sie dir gesagt haben; {LEZIONE ALLA MAMMA} (jdm) etw auf|sagen; ~ qc a memoria {CAPITOLO DI GEOGRAFIA, POESIA} etw auswendig aufsagen 4 (ottenere di nuovo) ~ qc {SUCCESSO, VITTORIA} etw noch einmal erringen 5 dir ~ qc {PAGAMENTO NON DOVUTO} etw zurück|fordern 6 scuola ~ qc {L'ANNO, LA (CLASSE) QUINTA} etw wiederholen; (uso assol) die Klasse wiederholen, eine Ehrenrunde drehen 7 sport (nel calcio) ~ qc {GIOCATORE CALCIO DI RIGORE} etw wiederholen 8 teat TV (replicare) ~ qc {SPETTACOLO, TRASMISSIONE} etw wiederholen **B** itr pron 1 (accadere di nuovo): **ripetersi** wieder vor|kommen/ein|treten: **e che ciò non si ripeta, hai capito?**, und dass das nicht noch einmal vorkommt, hast du verstanden?; **questi incidenti si ripetono purtroppo ogni anno**, diese Unfälle kommen leider jedes Jahr vor 2 (dire di nuovo): **ripetersi** sich wiederholen: **nell'esporre i fatti si è ripetuta molte volte**, bei der Darlegung der Tatsachen hat sie sich häufig wiederholt **C** rfl (riproporre le stesse cose): **ripetersi** sich wiederholen: **un regista che si ripete**, ein Regisseur, der sich wiederholt ● **ha un bel ripetersi che ciò non ha nessuna importanza ...**, er/sie hat leicht reden, dass das keine Bedeutung hat...; **Paganini non ripete!**, ein zweites Mal gibt es nicht!

ripetibile agg 1 (che si può ripetere) {CURA, SUCCESSO} wiederholbar 2 med {RICETTA} erneuerbar.

ripetibilità <-> f (ciò che è ripetibile) {+TRATTAMENTO} Wiederholbarkeit f.

ripetitività <-> f (l'essere ripetitivo) {+GESTO, LAVORO} Eintönigkeit f, Monotonie f.

ripetitivo, (-a) agg (che si ripete) {AZIONE} Wiederholungs-; {DISCORSO, GESTO, LAVORO, SCRITTORE} eintönig, monoton, repetitiv forb.

ripetitóre, (-trice) **A** agg 1 radio tel TV {STAZIONE} Relais- 2 tecnol {STRUMENTO} Repetier- **B** m (f) 1 (insegnante privato) {+LATINO} Nachhilfelehrer(in) m(f), Einpauker(in) m(f) fam, Repetitor m forb 2 (chi ripete) {+CONCETTI ALTRUI} Wiederholer(in) m(f) **3** *teat* Souffleur m, (Souffleuse f) **B** *tel* **1** *radio tel TV* Verstärker m, Relaisstation f, Sendemast m **2** *tecnol* {ELETTROMECCANICO} (Wechselstrom)drehmelder m.

ripetizióne **A** f **1** (*il ripetere*) {+FENOMENO, INQUADRATURA DI UN FILM, PROGRAMMA DI FISICA, SALTO} Wiederholung f **2** (*lezione privata*) Nachhilfeunterricht m, Nachhilfestunde f: **andare a ~ di inglese da qu**, zu jdm in die Englisch-Nachhilfestunde gehen; **dare/impartire ripetizioni di francese a qu**, jdm Französisch-Nachhilfe geben/erteilen; **prendere ripetizioni da qu**, bei jdm Nachhilfeunterricht nehmen **3** *spreg* (*cosa ripetuta*) Wiederholung f: **un libro pieno di ripetizioni**, ein Buch voller Wiederholungen **4** *ling* (*raddoppiamento*) Verdoppelung f, Reduplikation f; (*figura retorica*) Wiederholung f **B** <inv> *loc agg*: **a ~**, {FUCILE, OROLOGIO} Repetier- **C** *loc avv*: **a ~**, {PARLARE} ununterbrochen, wie ein Wasserfall • ~ **dell'indebito** *dir*, "Recht n auf Rückforderung geleisteter und nicht geschuldeter Zahlungen", Rückforderungsrecht n.

ripetùto, (-a) *agg* (*numeroso*) wiederholt: **glielʼho detto ripetute volte**, ich habe es ihm mehrmals/wiederholt *forb* gesagt.

ripianaménto m *econ* Begleichung f, Ausgleich m.

ripianàre *tr econ* ~ **qc** {BILANCIO} *etw* be-, aus|gleichen.

ripiàno m **1** (*asse*) Brett n: ~ **dello scaffale**, (Regal)brett n; **libreria a otto ripiani**, Bücherregal mit acht Brettern **2** (*zona pianeggiante*) Terrasse f, Ebene f **3** *econ* {+BILANCIO} Ausgleich m.

ripìcca <-*che*> f (*dispetto*) Trotz m, Rache f, Vergeltung f: **fare qc per ~ contro qu**, *etw* tun, um sich an jdm zu rächen; **lʼha detto solo per ~**, das hat er/sie nur aus Rache/Trotz gesagt.

ripicchiàre <*ripicchio*, *ripicchi*> **A** tr **1** (*picchiare di nuovo*) ~ **qu** jdn wieder schlagen **2** ~ **qc** (+ **compl di luogo**) {GOMITO SULLO SPIGOLO DELLA PORTA} sich (**dat**) wieder *etw* (*an etw dat*) an|hauen *fam* **B** *itr* (*bussare di nuovo*) ~ **a qc** {ALLA PORTA} wieder *an etw* (*acc*) klopfen.

ripìcco <-*chi*> → **ripicca**.

ripidézza f (*forte pendenza*) {+SALITA} Steilheit f.

ripidità <-> f **1** {+PENDIO} Steilheit f **2** *geog* Wellensteilheit f.

rìpido, (-a) *agg* (*che ha forte pendenza*) {SALITA, SENTIERO} steil: **una discesa ~**, ein steiler Abstieg.

ripiegaménto m **1** (*il ripiegare*) {+TELONE} Wiederfalten n **2** *fig* (*il ripiegarsi*) {+ANIMO} Nachgeben n **3** *fig* (*il recedere*) Rückzieher m *fam*: **come si spiega il suo improvviso ~?**, wie erklärt sich sein/ihr plötzlicher Rückzieher *fam*? **4** *geol* Überfaltung f **5** *mil* Rückzug m: **fare una manovra di ~**, ein Rückzugsmanöver machen • ~ **in se stessi** *fig* (*chiudersi*), Rückzug m in sich selbst.

ripiegàre <*ripiego*, *ripieghi*> **A** tr ~ **qc** **1** (*piegare di nuovo*) {CARTINA, FAZZOLETTO, FOGLIO, TOVAGLIOLO} *etw* zusammen|falten; {MAGLIONE} *etw* zusammen|legen: **ripiegò il giornale e lo mise in borsa**, er/sie faltete die Zeitung zusammen und steckte sie in die Tasche; ~ **le lenzuola**, die Laken zusammenlegen **2** (*piegare su se stesso*) {LE GINOCCHIA} *etw* beugen; {LE ALI} *etw* an|legen **3** *fig* (*scegliere come ripiego*) ~ **su qc** *auf etw* (*acc*) aus|weichen: **dovendo risparmiare, ripiegammo su unʼutilitaria**, da wir sparen mussten, wichen wir auf einen Kleinwagen aus **2** *mil* ~ + **compl di luogo** *irgendwohin* zurück|weichen: **le truppe ripiegarono dietro la collina**, die Truppen wichen hinter den Hügel zurück **B** *itr pron* (*incurvarsi*): **ripiegarsi** sich biegen, sich krümmen: **i rami si ripiegano sotto il peso della neve**, die Äste krümmen sich unter dem Gewicht des Schnees **D** *rfl fig rar* (*rinchiudersi*): **ripiegarsi in qc** {NELLʼISOLAMENTO} sich *irgendwohin* zurück|ziehen • ~ **in difesa**/**a fondo campo** *sport*, sich in die Abwehr/[das eigene Spielfeld] zurückziehen.

ripiegàta f (*il ripiegare alla svelta*) schnelles Zusammenfalten/Zusammenlegen: **dare una ~ ai panni**, die Stoffe schnell zusammenlegen.

ripiègo <-*ghi*> **A** m (*soluzione di emergenza*) Ausweg m, Notbehelf m, Notlösung f: **cercare un ~**, einen Ausweg suchen; **questo lavoro è solo un ~**, diese Arbeit ist nur eine Notlösung **B** <inv> *loc agg*: **di ~**, ersatzweise, Not-.

ripièno, (-a) **A** *agg* **1** (*molto pieno*) ~ **di qc** voll (*von*) *etw* (*dat*)/+ *gen forb*, voller *etw* (*nom o gen*): **secchio ~ di acqua**, Eimer voll(er) Wasser **2** *fig* (*ricolmo*) ~ **di qc** überströmend *vor*/*von etw* (*dat*): **ho il cuore ~ di gioia**, das Herz zerspringt mir fast vor Freude *forb* **3** *gastr* ~ (*di qc*) {CARAMELLA, PANINO, POMODORO, TORTA DI CREMA} (*mit etw dat*) gefüllt, (*mit etw dat*) farciert: **tacchino ~**, farcierter Truthahn **B** m **1** *gastr* {+TORTELLINI} Farce f, Füllung f: ~ **di funghi e besciamella**, Pilz- und Béchamelsoßen-Füllung f **2** (*materiale*) {+LANA} Füllung f **3** *mus* Tutti n.

ripigliàre <*ripiglio*, *ripigli*> *fam* **A** tr **1** (*riprendere*) ~ **qc** *etw* wieder nehmen: **ho ripigliato i libri in mano dopo le vacanze estive**, ich habe nach den Sommerferien die Bücher wieder in die Hand genommen; {FIATO} *etw* wieder holen; {ENERGIE, FORZA} *etw* wieder schöpfen; {SONNO} *etw* wieder|finden; {DISCORSO} *etw* wieder auf|nehmen **2** (*riacciuffare*) ~ **qu** {FUGGIASCO} jdn wieder fassen **3** (*riaccettare*) ~ **qu** {DIPENDENTE} jdn wieder (an|)nehmen **4** (*riavere*) ~ **qc** {TOSSE} *etw* wieder bekommen **B** *itr* **1** (*rinvenire*) {PIANTA} sich erholen **2** (*ricominciare*) ~ **a fare qc** {A DIRE, A FARE} wieder an|fangen, *etw zu tun* **C** *rfl indir intens* (*riavere*): **ripigliarsi qc** {RAFFREDDORE} *jdn etw* wieder bekommen/sich *fam*, sich (**dat**) *etw* wieder holen **D** *rfl* **1** *indir* (*riprendere*): **ripigliarsi qc** {GIACCA} sich (**dat**) *etw* wieder|nehmen **2** (*riprendersi*): **ripigliarsi** sich wieder fangen: **ha avuto un attimo di esitazione, ma si è subito ripigliato**, er hat einen Moment gezögert, aber er hat sich sofort wieder gefangen.

riplasmàre tr **1** (*plasmare di nuovo*) ~ **qc** {CRETA} *etw* wieder modellieren/formen **2** *fig* (*rinnovare*) ~ **qu** {ESPERIENZA RAGAZZO} *jdn* formen, *jdn* bilden.

ripopolaménto m (*il ripopolare*) {+CAMPAGNE} Wiederbevölkerung f, Wiederbesiedlung f; {FAUNISTICO; +CORSO DI ACQUA, PARCO NAZIONALE} Wiederbesetzen n.

ripopolàre **A** tr **1** (*popolare di nuovo*) ~ **qc** {PAESE} *etw* wieder bevölkern/besiedeln; ~ **qc di qc** {VIALE DI CIPRESSI} *etw* wieder *mit etw* (*dat*) bepflanzen **2** *fig* (*affollare di nuovo*) ~ **qc** {TURISTI TEDESCHI LE SPIAGGE DELLʼADRIATICO} *etw* wieder bevölkern/besiedeln **B** *itr pron* (*tornare a popolarsi*): **ripopolarsi** {CITTÀ} sich wieder bevölkern/besiedeln.

ripórre <*coniug come* **porre**> tr **1** (*mettere a posto*) ~ **qc** + **compl di luogo** {BICICLETTA IN GARAGE, SCI IN CANTINA} *etw* wieder *irgendwohin* stellen; {SPADA NEL FODERO} *etw* wieder *irgendwohin* stecken; (~ *orizzontalmente*) {RIVISTE SULLA SCRIVANIA} *etw* wieder *irgendwohin* legen; (~ *verticalmente*) {BOTTIGLIA NEL FRIGORIFERO, LIBRI SULLA MENSOLA} *etw* wieder *irgendwohin* stellen **2** (*ritirare per conservare*) ~ **qc** + **compl di luogo** {DOCUMENTI IN CASSAFORTE, VALORI} *etw* wieder *irgendwohin* sperren; (~ *orizzontalmente*) {LETTERE NEL CASSETTO} *etw* wieder *irgendwohin* legen; (~ *verticalmente*) {CAPPOTTI NELL'ARMADIO} *etw* wieder *irgendwohin* hängen: ~ **vecchi mobili in soffitta**, alte Möbel ˪auf den Speicher stellen˩/[auf dem Speicher abstellen] **3** *fig* (*dare*) ~ **qc in qu**/**qc** {FIDUCIA IN UN COLLEGA, SPERANZA IN UNA CURA} *etw in jdn*/*etw* setzen **4** *fig* (*porre di nuovo*) ~ **qc a qu** {QUESITO} *jdm* wieder *etw* stellen.

riportàre **A** tr **1** *anche fig* (*portare di nuovo*) ~ **qc** (+ **compl di luogo**) {BAULE IN SOFFITTA, LʼALLEGRIA IN CASA} *etw* wieder *irgendwohin* bringen: ~ **a posto qc**, *etw* wieder auf|räumen; ~ **fortuna a qu**, *jdm* wieder Glück bringen **2** (*restituire*) ~ **qc** (**a qu**, **a**/**in qc**) {CANE AL PADRONE} (*jdm*) *etw* zurück|bringen; {CHIAVI AL PADRONE DI CASA, LIBRO AL PROFESSORE, REGISTRATORE ALLʼAMICO} *anche* (*jdm*) *etw* zurück|geben **3** (*riaccompagnare*) ~ **qu** + **compl di luogo** *jdn irgendwohin* zurück| bringen, *jdn irgendwohin* begleiten: **mi riporti a casa?**, begleitest du mich nach Hause (zurück)?; (*con veicolo*) *jdn irgendwohin* zurück|fahren **4** (*rimettere*) ~ **qu** + **compl di luogo** {BAMBINO IN ISTITUTO, EVASO IN CARCERE} *jdn irgendwohin* zurück|bringen **5** (*riferire*) ~ **qc** (**a qu**) {GIORNALE NOTIZIE ALLARMANTI} *jdm etw* wieder|geben, *jdm etw* hinter|bringen: **ti riporto esattamente le sue parole**, ich gebe dir seine/ihre gesagten Worte wieder **6** (*citare*) ~ **qc** {AFORISMA DI CANETTI, VERSI DI RILKE} *etw* zitieren, *etw* wieder|geben: **la pianta della città non riporta tutte le strade**, der Stadtplan führt nicht alle Straßen auf **7** (*trasportare*) ~ **qc su**/**in qc** {DISEGNO SU/IN SCALA RIDOTTA} *etw auf etw* (*acc*) übertragen: ~ **il totale in unʼaltra pagina**, die Summe auf eine andere Seite übertragen **8** *fig* (*ottenere*) ~ **qc** {RISULTATO, SUCCESSO} *etw* erlangen, *etw* davon|tragen *forb*: **la squadra ha riportato una bella vittoria**, die Mannschaft hat einen schönen Sieg davongetragen *forb* **9** *fig* (*subire*) ~ **qc** {DANNI, FERITE} *etw* davon|tragen, *etw* erleiden: **nellʼincidente ho riportato diverse lesioni**, bei dem Unfall habe ich verschiedene Verletzungen davongetragen **10** *fig* (*avere*) ~ **qc** {BRUTTA IMPRESSIONE} *etw* gewinnen: ~ **una condanna**, verurteilt werden **11** *banca* ~ {TITOLI} *etw* übertragen **12** *mat* (*eseguire il riporto*) ~ **qc** *etw* übertragen, *etw* behalten: **quattro per nove trentasei, scrivo sei e riporto tre**, vier mal neun ist sechsunddreißig, ich schreibe sechs und übertrage/behalte drei **B** *rfl* **1** (*ritornare*): **riportarsi** + **compl di luogo** {POLIZIA SUL LUOGO DELLʼINCIDENTE} sich *irgendwohin* zurück|begeben, *irgendwohin* zurück|kehren **2** *fig* (*rifarsi*): **riportarsi a qc** sich *auf etw* (*acc*) beziehen, sich *auf etw* (*acc*) berufen: **ci riportiamo a ciò che è stato detto in precedenza**, wir beziehen uns auf das vorher Gesagte.

riportàto, (-a) **A** *agg* {TASCA} aufgesetzt **B** m (f) *banca* Terminverkäufer(in) m(f).

riportatóre, (-*trice*) m (f) *banca* Hereinnehmer(in) m(f), Kostabnehmer(in) m(f), Reporteur m.

ripòrto m **1** (*di tessuto, cuoio*) Besatz m **2** (*ciocca di capelli*) Toupet n **3** (*trasferimento*) Übertragung f: **fare il ~ di un disegno**, eine Zeichnung übertragen **4** (*nella caccia*) Apport m **5** *contabilità* Übertrag m, Vortrag m **6** *econ* Report-Geschäft n, Prolongationsgeschäft n **7** *edil* Aufschüttung f **8** *mat* Übertrag m: **con ~ di due**, mit Übertrag zwei **9** *metall* Auflage f.

riposànte agg 1 (*tranquillo*) {PERSONA} ruhig, gelassen 2 (*distensivo*) {LETTURA, PASSATEMPO} erholsam, entspannend.

riposàre① Ⓐ tr ~ qc 1 (*dare riposo*) {GLI OCCHI, VISTA} etw schonen, entspannend für etw (acc) sein: **far ~ il motore**, den Motor abkühlen lassen; **far ~ la pasta per la pizza**, den Teig für die Pizza ruhen lassen; **lasciare ~ il vino**, den Wein ausruhen lassen 2 (*rilassare*) {CORPO, MEMBRA} etw ausruhen (lassen) Ⓑ itr 1 (*ritemprarsi*) ~ **+ compl di luogo** {SUL DIVANO, IN POLTRONA} sich (*irgendwo*) ausruhen 2 (*dormire*) aus|ruhen, schlafen: **fate piano perché la mamma sta riposando**, macht keinen Lärm, weil die Mutter schläft/[sich hingelegt hat] 3 eufem (*giacere*) ruhen forb: **qui riposano...**, hier ruhen... forb, hier sind ... begraben 4 fig (*poggiare*) ~ **su qu/qc** {SPERANZE SU DI LORO} auf jdm/etw ruhen: **su che cosa riposa la sua teoria?**, worauf stützt sich seine/ihre Theorie? 5 agr (*non coltivare*) {TERRA} brach|liegen: **questo campo ha bisogno di ~**, dieses Feld muss eine Weile brachliegen Ⓒ itr pron: **riposarsi** 1 (*concedersi riposo*) sich aus|ruhen: **riposiamoci un po' e poi riprendiamo a studiare**, ruhen wir uns ein bisschen aus und fangen wir dann wieder an zu lernen 2 (*dormire*) ruhen, schlafen: **ho bisogno di ~ un'ora**, ich muss eine Stunde schlafen, ich muss mich eine Stunde schlafen legen/hinlegen/hinhauen fam.

riposàre② Ⓐ tr 1 (*posare di nuovo*) ~ **qc + compl di luogo** {DOCUMENTI SULLA SCRIVANIA} etw wieder irgendwohin legen 2 (*verticalmente*) {SOPRAMMOBILE SUL TAVOLO} etw wieder irgendwohin stellen: **~ in terra un baule**, einen Koffer wieder auf die Erde stellen Ⓑ rfl (*tornare a posarsi*): **riposarsi + compl di luogo** {CIVETTA SUL TETTO} sich wieder irgendwohin setzen; {POLVERE SUI MOBILI} sich wieder irgendwohin legen, sich wieder irgendwo setzen.

riposàto, (-a) agg 1 (*ritemprato*) ausgeruht: **mi sento ~**, ich fühle mich ausgeruht; **oggi mi sembri più ~ di ieri**, heute scheinst du mir ausgeruhter (zu sein) als gestern 2 (*disteso*) {VISO} entspannt.

riposìno <dim *di riposo*> m fam (*sonnellino*) Nickerchen n fam: **fare un ~**, ein Nickerchen machen fam.

riposizionàre tr ~ **qc** 1 (*ricollocare*) {SEDILE} etw wieder positionieren/[in die ursprüngliche Position bringen] 2 econ inform {PRODOTTO} etw neu positionieren 3 med {RENE} etw wiedereinrichten, etw reponieren scient.

ripòso Ⓐ m 1 (*sosta*) {BREVE, LUNGO} Ruhe f, Pause f: **mi concederò un giorno di ~**, ich werde mir einen Tag Ruhe gönnen; **prendetevi un periodo di ~**, gönnt euch ein wenig Erholung; **ho assoluto bisogno di ~**, ich bin absolut erholungs-/ruhebedürftig; **lavora senza ~**, er/sie arbeitet pausenlos; **~ festivo**, Sonntagsruhe f; **~ settimanale**, Wochenruhe f; 2 (*sonno*) Ruhe f, Schlaf m 3 lett (*tranquillità*) {+ANIMO} Ruhe f, Erholung f 4 agr {+TERRENO} Brachliegen n: **campo tenuto a ~**, brachliegendes Feld; **stare in ~**, brachliegen 5 amm Ruhestand m: **andare a ~**, in den Ruhestand treten; **collocamento a ~**, Versetzung f in den Ruhestand; **ufficiale a ~**, Offizier m im Ruhestand 6 arch {+PALAZZO} Stütze f 7 mil sport Ruhestellung f Ⓑ <inv> loc agg: **di tutto ~**, {ATTIVITÀ, LAVORO} erholsam, stressfrei; **le vacanze sono state di tutto ~**, die Ferien waren die reinste Erholung Ⓒ inter impr mil sport rührt euch!; **buon ~!**, angenehme Ruhe!; **l'eterno ~** eufem relig, die ewige Ruhe; **tenere a ~ qc** (*far riposare*) {BRACCIO} etw ruhig halten, etw in Ruhelage

stellen.

ripostìglio <-gli> m (*sgabuzzino*) Abstellraum m.

ripòsto, (-a) agg 1 (*appartato*) {LUOGO} abgelegen 2 (*nascosto*) {PENSIERO, SENSO} verborgen.

riprèndere <coniug *come* prendere> Ⓐ tr <avere> 1 (*prendere di nuovo*) ~ **qc** {AUTOBUS, TAXI} etw wieder nehmen; {POSTO} etw wieder ein|nehmen: **riprese l'ombrello e uscì**, er/sie nahm seinen/ihren Schirm an sich wieder und ging; {INFLUENZA, TOSSE} etw wieder bekommen 2 (*ritirare*) ~ **qc** {MERCE INVENDUTA} etw zurück|nehmen: **riprendiamo i cappotti al guardaroba**, holen wir die Mäntel an der Garderobe ab 3 (*ricominciare*) ~ **qc** {DISCORSO INTERROTTO, DISCUSSIONE} etw wieder auf|nehmen: **il cammino**, sich wieder auf den Weg machen; **il lavoro**, wieder anfangen zu arbeiten, die Arbeit wieder aufnehmen; (*uso assol*) fort|fahren; **ascoltò l'interlocutore, poi riprese: ...**, er/sie hörte dem Gesprächspartner zu, dann fuhr er/sie fort: ... 4 (*tornare a una situazione precedente*) ~ **qc** {SERVIZIO} etw wieder auf|nehmen: **~ sonno**, wieder einschlafen/[Schlaf finden]; **~ quota/velocità**, wieder an Höhe/Geschwindigkeit gewinnen; **~ i sensi/le forze**, wieder zu Bewusstsein/Kräften kommen 5 (*riammettere*) ~ **qu** (**con qu**) (**in qc**) {FIGLIO CON GLI ALTRI IN CASA} jdn wieder (*mit jdm*) (*in etw* acc) auf|nehmen: **la vecchia madre con sé**, die alte Mutter wieder zu sich (dat) nehmen 6 (*prelevare*) ~ **qu** jdn ab|holen: **~ il bambino all'asilo**, das Kind im Kindergarten abholen 7 (*riacciuffare*) ~ **qu** {EVASO} jdn wieder fassen/erwischen 8 (*rimproverare*) ~ **qu** {MAESTRA ALUNNO} jdn schelten, jdn tadeln, jdn zurecht|weisen: **mi ha ripreso molto duramente**, er/sie hat mich sehr scharf getadelt 9 (*tornare a colpire*) ~ **qu** jdn wieder befallen: **la febbre lo ha ripreso verso sera**, gegen Abend hatte er wieder Fieber 10 (*ritoccare*) ~ **qc + compl di luogo** {GONNA SUI FIANCHI} etw (*irgendwo*) ab|nähen, etw (*irgendwo*) enger machen 11 (*ripetere*) ~ **qc** {CONCETTO NOTO} etw wiederholen, etw wieder auf|nehmen, etw auf|greifen 12 film ~ **qu/qc** {SCENA} jdn/etw auf|nehmen, jdn/etw filmen; fot jdn/etw ab|lichten, jdn/etw fest|halten 13 lett femminili ~ **qc** etw auf|nehmen: **~ un punto**, eine Masche aufnehmen 14 mil ~ **qc** {TRUPPE FORTEZZA PERDUTA} etw zurück|erobern 15 sport ~ **qu/qc** {AVVERSARIO} jdn/etw ein|holen: **~ il gruppo**, die Gruppe einholen Ⓑ itr <essere> (*ricominciare*) wieder an|fangen: **la conferenza è ripresa**, die Konferenz hat wieder angefangen/[geht weiter]/[wird fortgesetzt]; **mi sono ripreso le nausee**, mir ist wieder oft schlecht Ⓒ itr <avere> 1 (*ricominciare*) ~ **a fare qc** {A PARLARE, A SCRIVERE} wieder an|fangen, etw zu tun: **ha ripreso a fumare**, er/sie hat wieder angefangen zu rauchen 2 (*riprendere vigore*) {PIANTA} sich erholen, wieder sprießen Ⓓ itr pron: **riprendersi** 1 (*recuperare forza*) sich erholen, wieder zu Kräften kommen: **il malato si è ripreso**, der Kranke hat sich erholt; **riprendersi dallo choc**, sich vom Schock erholen 2 (*superare la crisi*) sich erholen: **il paese si è ripreso dopo la crisi economica**, das Land hat sich nach der Wirtschaftskrise wieder erholt 3 (*dominarsi*) sich wieder fassen/fangen: **era sul punto di piangere, ma si riprese**, er/sie fing beinahe an zu weinen, aber er/sie fasste sich wieder Ⓔ rfl indir intens: **riprendersi qc** {BORSA} sich (dat) etw wieder|nehmen, etw wieder an sich (dat) nehmen: **mi sono ripreso l'influenza**, ich habe mir wieder eine/'ne fam Grippe ge-

holt/eingefangen fam • **~ moglie/marito** (*risposarsi*), wieder heiraten; **i pennelli/la penna in mano** fig (*rimettersi a dipingere, a scrivere*), wieder mit dem Malen anfangen/[zur Feder greifen].

riprensìbile agg lett (*riprovevole*) {CONDOTTA} tadelnswert.

riprésa Ⓐ f 1 (*nuovo inizio*) {+SCIOPERI, TRATTATIVE} Wiederbeginn m, Wiederaufnahme f: **~ dei lavori in Parlamento**, Wiederaufnahme f der parlamentarischen Arbeit 2 (*recupero fisico*) {+PAZIENTE} Erholung f, Besserung f; {+FORZE} Wiederschöpfen n 3 autom Beschleunigung f: **un'auto con buona ~**, ein Auto mit guter Beschleunigung 4 bot {+PIANTA} Erholung f 5 econ {+VENDITE} Wiederaufschwung m: **il settore dell'abbigliamento ha avuto una ~**, die Bekleidungsbranche hat wieder einen Aufschwung erlebt; **~ economica**, wirtschaftlicher Wiederaufschwung; Borsa {+QUOTAZIONI} Hausse f 6 film TV Aufnahme f: **fare una ~**, eine Aufnahme machen; **~ dal basso in alto**, Aufnahme f aus der Froschperspektive; **~ a tutto campo**, Ganzbildaufnahme f; **~ cinematografica/televisiva**, Film-/Fernsehaufnahme f; **in ~ diretta** TV, in Direktübertragung, live; **~ in esterni/interni**, Außen-/Innenaufnahme f; **iniziare le riprese di un film**, mit den Filmaufnahmen beginnen 7 mus teat Reprise f 8 sport (*nel calcio*) zweite Halbzeit; (*nel pugilato*) Runde f: **il pugile fu atterrato alla quarta ~**, der Boxer ging in der vierten Runde zu Boden/[k.o.] Ⓑ loc avv: **a/in più riprese** 1 (*in più volte*) {SCRIVERE UN LIBRO} in mehreren Ansätzen/Anläufen; {PAGARE} ratenweise 2 (*più volte*) {DIRE QC A QU} mehrmals, wiederholt • **essere in ~**, {SQUADRA} aufholen.

ripresentàre Ⓐ tr 1 (*riproporre*) ~ **qc** (**a qc**) {DISEGNO DI LEGGE AL PARLAMENTO} etw (dat) etw wieder vor|schlagen/vor|legen 2 (*tornare a presentare*) ~ **qu** (**a qu**) {OSPITE AI FAMILIARI} (*jdm*) jdn wieder vor|stellen; **~ qc a qu/qu** {DOMANDA DI LAVORO A UNA DITTA} etw wieder bei jdm/etw ein|reichen Ⓑ itr pron (*ritornare*): **ripresentarsi** {QUESTIONE} sich wieder ergeben, sich wiederholen; {PROBLEMA} sich wieder stellen: **quando si ripresenterà l'occasione...**, wenn sich wieder die Gelegenheit/[es sich wieder] ergibt... Ⓒ rfl 1 (*presentarsi di nuovo*): **ripresentarsi** (**a qu**) sich (*jdm*) wieder vor|stellen, sich wieder (*bei jdm*) blicken lassen 2 **ripresentarsi a qc** {ALL'ESAME DI GUIDA} wieder zu etw (dat) an|treten: **il politico si ripresenta alle elezioni europee**, der Politiker kandidiert bei den Europawahlen erneut.

riprèso, (-a) agg {GONNA} abgenäht: **pantaloni ripresi sui fianchi**, an den Hüften abgenähte Hosen.

ripristinaménto m (*ripristino*) {+ORDINE PUBBLICO} Wiederherstellung f; {+TRADIZIONE} Wiedereinführung f.

ripristinàre tr ~ **qc** 1 (*restaurare*) {EDIFICIO, FACCIATA} etw restaurieren forb, etw wieder instand setzen 2 (*rimettere in funzione*) {TRAFFICO} etw wieder zum Fließen bringen; {LINEA TELEFONICA} etw (wieder) richten 3 fig (*rimettere in vigore*) {ORDINE} etw wieder|her|stellen; {CONSUETUDINE, TRADIZIONE} etw wieder auf|leben lassen/[ein|führen]; {LEGGE} etw wieder in Kraft setzen/[ein|führen].

ripristìno m 1 (*restauro*) {+FACCIATA DI UNA CHIESA} Renovierung f 2 (*riattivazione*) {+TRATTO DELLA FERROVIA} Wiederinbetriebnahme f 3 fig (*rimessa in vigore*) {+TRADIZIONE} Wiedereinführung f, Wiederauflebenlassen n; {+LEGGE} Wiederinkraftsetzung f; {+ORDINE} Wiederherstellung f.

riprocessàre tr (*processare di nuovo*) ~ **qu**

gegen jdn neu prozessieren, *gegen jdn* wieder gerichtlich vor|gehen.

riprodótto, (-a) agg (*copiato*) {DOCUMENTO, ILLUSTRAZIONE} reproduziert, kopiert; {DIPINTO} *anche* nachgemalt; {STATUA} *anche* nachgebildet.

riprodùcibile agg 1 (*che si può copiare*) {DIPINTO, FIRMA} reproduzierbar 2 econ {BENE} reproduzierbar.

riproducibilità <-> f 1 (*l'essere riproducibile*) {+DISEGNO} Reproduzierbarkeit f 2 econ Reproduzierbarkeit f.

riprodùrre <coniug *come* produrre> A tr 1 (*eseguire la copia*) ~ *qc* {STATUA} *etw* reproduzieren, *etw* nach|bilden; ~ **un busto in marmo**, eine Büste in Marmor reproduzieren; {DIPINTO DI RENOIR} *etw* reproduzieren, *etw* nach|malen; {DISEGNO} *etw* nach|zeichnen 2 (*produrre di nuovo*) ~ *qc* {MODELLO DI MACCHINA} *etw* wieder produzieren/her|stellen 3 (*ristampare*) *etw* vervielfältigen, *etw* wieder drucken, *etw* kopieren: ~ **un volantino in 100 copie**, ein Flugblatt 100 Mal vervielfältigen/drucken/kopieren 4 *anche fig* (*ricreare*) 5 *fig* (*rappresentare*) ~ *qc etw* dar|stellen: **il romanzo naturalista riproduce la realtà sociale delle classi più umili**, der naturalistische Roman stellt die soziale Wirklichkeit der niedrigsten Klassen dar; **la scena riproduce la piazza di un villaggio**, das Bühnenbild stellt einen Dorfplatz dar 6 *fis tecnol* ~ *qc* {SUONO} *etw* wieder|geben, *etw* reproduzieren B itr pron: ripro**dursi** 1 biol (*moltiplicarsi*) {ANIMALE, PIANTA} sich vermehren, sich reproduzieren, sich fort|pflanzen: **riprodursi per spore**, sich durch Sporen fortpflanzen 2 (*riformarsi*): ri**prodursi** {INCROSTAZIONE} sich wieder bilden 3 *fig* (*ripetersi*) {FATTI, SITUAZIONI} sich wiederholen.

riproduttìvo, (-a) agg 1 (*atto a riprodurre*) {PROCEDIMENTO, SISTEMA} Reproduktions- 2 biol {CICLO} Fortpflanzungs-, Reproduktions-.

riproduttóre, (-trice) A agg biol (*che riproduce*) {APPARATO, ORGANO} Fortpflanzungs- B m (f) zoo Zuchttier n C m (*apparecchio*) Vervielfältiger m: ~ **acustico**, Wiedergabekopf m.

riproduzióne f 1 (*rifacimento*) {+QUADRO, SCULTURA} Reproduktion f, Nachbildung f; {+DISEGNO} *anche* Nachzeichnung f 2 (*copia riprodotta*) Reproduktion f: **esistono tre riproduzioni di questo dipinto**, es existieren drei Reproduktionen dieses Gemäldes 3 (*ristampa*) Nachdruck m, Reproduktion f: ~ **vietata**, Nachdruck verboten 4 *fig* (*rappresentazione*) {+AMBIENTE} Wiedergabe f 5 biol fig Fortpflanzung f, Reproduktion f: ~ **asessuata/sessuale**, ungeschlechtliche/geschlechtliche Fortpflanzung; ~ **per gemmazione**, Fortpflanzung f durch Knospung 6 *fis tecnol* {+SUONO} Wiedergabe f, Reproduktion f 7 *fot* {FOTOGRAFIA} Reproduktion f ● ~ **eliografica/litografica**, heliographische/lithografische Reproduktion.

riprogrammàre tr (*programmare nuovamente*) ~ *qc etw* neu planen/programmieren.

riprogrammazióne f Neuplanung f, Neuprogrammierung f.

riprométtere <coniug *come* mettere> A itr pron 1 (*prefiggersi*): **ripromettersi di fare qc** sich (dat) vor|nehmen, *etw zu tun*, (dat) versprechen, *etw zu tun*: **mi riprometto di leggere quel libro durante le vacan**ze, ich nehme mir vor, dieses Buch während der/[in den] Ferien zu lesen 2 (*sperare*): **ripromettersi qc** sich (dat) *etw* versprechen, sich (dat) *etw* erhoffen: **ci ripromettiamo un buon raccolto**, wir versprechen uns eine gute Ernte; **ripromettersi qc da qu** {PADRE MOLTO DAI FIGLI} sich *etw* von *jdm* versprechen B tr rar (*promettere di nuovo*) ~ *qc etw* wieder versprechen.

ripropórre <coniug *come* porre> A tr (*porre nuovamente*) ~ *qc* (*a qu/qc*) {FILM AL PUBBLICO} (*jdm/etw*) *etw* wieder vor|schlagen; {QUESTIONE ALL'ASSEMBLEA CONDOMINIALE} *jdm/etw* wieder vor|legen, *etw* wieder (*bei jdm/etw*) auf|werfen: **il partito ripropone la candidatura del suo segretario**, die Partei schlägt ihren Sekretär wieder als Kandidaten vor B itr pron 1 (*prefissarsi*): **riproporsi di fare qc** {DI DIMAGRIRE} sich wieder vor|nehmen, *etw zu tun* 2 (*ripresentarsi*): **riproporsi** {PROBLEMA} sich wieder stellen/ergeben, sich wiederholen C rfl: **riproporsi come qc** (*a qc*) {COME SINDACO} sich wieder als *qc* (nom) (*bei etw* dat) aufstellen lassen: **riproporsi come candidato alle elezioni**, sich wieder zur Wahl stellen, bei den Wahlen wieder kandidieren.

ripròva f 1 (*verifica*) {+ESPERIMENTO} Beweis m, Bestätigung f 2 *mat* Gegenprobe f ● **a ~ di qc** (*a conferma*), zur Bestätigung von *etw* (dat), zum Beweis von *etw* (dat); **a ~ di queste mie affermazioni...**, zur Bestätigung dieser meiner Behauptungen ...; **a ~ di ciò** ..., zum Beweis dessen ...

riprovàre① A tr 1 (*provare di nuovo*) ~ *qc* {CAPPELLO, VESTITO} *etw* wieder (an|)probieren 2 *fig* ~ *qc* (*per qu/qc*) {TRISTEZZA PER LA SITUAZIONE} wieder *etw* (*wegen jds/etw*) fühlen/empfinden B itr (*ritentare*) wieder versuchen: **provando e riprovando, siamo riusciti a trovare la soluzione**, nach zahlreichen Versuchen ist es uns gelungen, die Lösung zu finden; **a ~ pronunciare un suono**, wieder versuchen, einen Laut hervorzubringen; **riprovaci, sarai più fortunato!**, versuch es noch einmal, du wirst mehr Glück haben! C itr pron (*provare di nuovo*): **riprovarsi a fare qc** wieder versuchen, *etw zu tun*: **riprovati a dirlo se hai il coraggio!**, sag das noch einmal, wenn du ↓den Mut dazu hast↓!; **se ci riprovi dovrai fare i conti con me!**, wenn du das noch einmal versuchst, kriegst du's mit mir zu tun!

riprovàre② tr lett 1 (*disapprovare*) ~ *qc* {LA CONDOTTA DI QU} *etw* missbilligen 2 rar (*non riconoscere come proprio*) ~ *qc* {SCRITTO} *etw* verleugnen.

riprovatòrio, (-a) <-ri m> agg (*di biasimo*) {DISCORSO} tadelnd.

riprovazióne f lett (*biasimo*) Missbilligung f, Tadel m: **la dichiarazione ha suscitato ~ nell'opinione pubblica**, die Erklärung hat in der Öffentlichkeit Missbilligung erregt.

riprovévole agg (*deplorevole*) {GESTO} tadelnswert, verwerflich.

ripubblicàre <ripubblico, ripubblichi> tr (*pubblicare di nuovo*) ~ *qc* (*presso qu/qc*) {SAGGIO PRESSO UN EDITORE} *etw* wieder (*bei jdm/etw*) veröffentlichen/publizieren; ~ *qc* (*in qc*) {SERIE DI ARTICOLI IN UN VOLUME} *etw* wieder (*in etw* dat) veröffentlichen/publizieren.

ripubblicazióne f {+ROMANZO} Wiederveröffentlichung f; (*azione*) *anche* Wiederveröffentlichen n.

ripudiàre <ripudio, ripudi> tr 1 (*respingere*) ~ *qu* {MOGLIE} *jdn* verstoßen 2 (*rinnegare*) ~ *qc* {SCRITTO} *etw* verleugnen, *etw* zurück|weisen; {UOMO LE PROPRIE IDEE} *etw* verleugnen; {FEDE} *etw* (dat) ab|schwören, *von etw* (dat) ab|fallen.

ripudiàto, (-a) agg 1 (*respinto*) {DONNA} verstoßen 2 (*rinnegato*) {IDEOLOGIA} verleugnet; {FEDE} abgeschworen.

ripùdio <-di> m 1 (*rinnegamento*) {+FEDE} Abschwörung f; (*azione*) *anche* Abschwören n; {+IDEALE} Verleugnung f; (*azione*) *anche* Verleugnen n 2 {+CONIUGE} Verstoßung f; (*azione*) *anche* Verstoßen n.

ripugnànte agg (*disgustoso*) {ODORE, SCENA, SPORCIZIA, VIZIO} abstoßend, widerwärtig, widerlich *spreg*, abscheulich: **è un individuo ~**, er/sie ist eine abscheuliche Type *fam*.

ripugnànza f (*disgusto*) ~ **per qu/qc** {PER LA VIOLENZA} Abscheu m *vor jdm/etw*, Ekel m *vor jdm/etw*: **avere ~ per qu/qc**, vor *jdm*/*etw* Abscheu haben, sich vor *jdm*/*etw* ekeln.

ripugnàre itr 1 (*disgustare*) ~ **a qu** *jdn* ab|stoßen, *jdn* an|widern, *jdn* an|ekeln: **mi ripugna dover fare certe cose**, es widert mich an, gewisse Dinge tun zu müssen; **la sola idea mi ripugna**, schon die Idee stößt mich ab 2 *lett* (*essere contrario*) ~ **a qc** {SCELTA ALLA COSCIENZA} *etw* (dat) widerstreben.

ripulìre <ripulisco> A tr 1 (*pulire di nuovo*) ~ *qc* {TAVOLO, VETRI} *etw* wieder säubern/reinigen/sauber machen; {PAVIMENTO} *anche etw* wieder wischen: **bisogna ~ il bagno**, man muss das Bad wieder sauber machen/putzen, das Bad muss wieder mal ↓sauber gemacht↓/[geputzt] werden 2 (*pulire a fondo*) ~ *qc* (*da qc*) {MARE DAL PETROLIO, PIAZZA DEL MERCATO DALL'IMMONDIZIA} *etw* (*von etw* dat) sorgfältig säubern 3 (*sgombrare*) ~ *qc* (*da qc*) {STRADA DALLA NEVE} *etw* (*von etw* dat) frei räumen, *etw* (*von etw* dat) frei|schaufeln; {BOSCO DAI ROVI, CAMINO DALLA FULIGGINE, CONDUTTURA DALLE INCROSTAZIONI} *etw von etw* (dat) befreien 4 *fig* (*liberare*) ~ *qc* (*da qu*) {CITTÀ DAI DELINQUENTI} *etw* (*von jdm*) säubern 5 *fig fam* (*rubare tutto*) ~ *qc* (*a qu*) {LADRO APPARTAMENTO} (*jdm*) *etw* (total) leer räumen, *etw* aus|räumen *fam*: **gli hanno ripulito la casa**, sie haben ihm das Haus leer geräumt *fam* 6 *fig fam* (*anche al gioco*) ~ *qu* {AVVERSARIO} *jdn* (total) aus|nehmen *fam*: **farsi ~ al gioco**, sich beim Spiel ausnehmen lassen 7 *fig* (*rifinire*) ~ *qc* {SCRITTO} *etw* überarbeiten, *etw* aus|feilen B rfl: **ripulirsi** 1 (*rimettersi in ordine*) sich zurecht|machen, sich frisch machen 2 *fig* (*incivilirsi*) zivilisiert werden, seine Umgangsformen verfeinern.

ripulìsti → repulisti.

ripulìta f *anche fig* Säuberung f: **dare una ~ alle scale**, die Treppe rasch sauber machen; **darsi una ~**, sich zurechtmachen, sein Äußeres in Ordnung bringen.

ripulitùra f 1 (*operazione*) {+CANALE, FACCIATA, MOTORE} Säuberung f Reinigung f 2 (*materiale*) {+CAMINO} Kehricht m o n.

ripùlsa f lett (*netto rifiuto*) Abweisung f.

ripulsióne → repulsione.

riquadràre tr (*ridurre in forma quadrata*) ~ *qc* {BLOCCO DI MARMO} *etw* viereckig zu|schneiden/behauen; {LEGNA} *etw* abvieren ● ~ **la mente/la testa/il cervello a qu** *fig* (*abituarlo a ragionare*), *jdm* den Kopf zurechtrücken.

riquàdro m 1 (*superficie quadrata*) {+STOFFA} Rechteck m 2 (*anche*) {DIPINTO} Kassette f.

riqualificàre <riqualifico, riqualifichi> A tr 1 (*fornire una migliore qualifica*) ~ *qu* {OPERAIO} *jdn* wieder qualifizieren, *jdn* um|schulen 2 *amm* ~ *qc* {AREA URBANA} *etw* auf|werten B rfl: **riqualificarsi** 1 (*acquisire una migliore qualifica*) sich weiter|bilden, sich qualifizieren, um|schulen, um|lernen 2 *sport* {AUTOMOBILISTA, NUOTATORE} sich wieder qualifizieren.

riqualificazióne f 1 {+LAVORATORE} Weiterbildung f, Umschulung f: ~ **professionale**, berufliche Weiterbildung 2 *amm* {+AEREA DISMESSA} Aufwertung f.

risàcca <-*che*> f Brandung f.

risàia f *agr* Reisfeld n.

risaldàre tr 1 (*saldare meglio*) ~ **qc** (**con qc**) {PEZZI DI TUBO CON STAGNO} *etw* wieder (*mit etw* dat) zusammen|schweißen 2 (*rincollare*) ~ **qc** {PEZZI DI UN VASO} *etw* wieder zusammen|kleben.

risalènte A *part pres di* risalire B *agg* zurückgehen(d): **ricordi risalenti all'infanzia**, auf die Kindheit zurückgehende Erinnerungen.

risalìre <*coniug come* salire> A tr ~ **qc** <*avere*> 1 (*salire di nuovo*) {LE SCALE} *etw* wieder hinauf|gehen/hinauf|steigen 2 (*navigare verso la sorgente*) {FIUME} *etw* stromaufwärts fahren 3 (*percorrere salendo*) {COLLINA, MONTE} *etw* hinauf|steigen, *etw* ersteigen B *itr* <*essere*> 1 (*entrare di nuovo*) ~ (+ **compl di luogo**) {IN ASCENSORE, IN MACCHINA, SULL'AUTOBUS} wieder *in etw* (acc) (ein|)steigen 2 (*montare di nuovo*) ~ (+ **compl di luogo**) {IN BICICLETTA, A CAVALLO} wieder *auf etw* (acc) steigen; {IN BARCA} wieder *in/auf etw* (acc) steigen 3 (*salire di nuovo*) ~ (+ **compl di luogo**) {IN CASA, IN MANSARDA} wieder (*irgendwohin*) hinauf|steigen 4 (*montare*) {STRADA} steigen 5 *fig* (*aumentare*) {COSTO DELLA VITA, FEBBRE, PREZZI, TEMPERATURA} (an|)steigen 6 *fig* (*essere avvenuto*) ~ *a qc* zurück|liegen: **il fatto risale al mese scorso**, die Sache liegt einen Monat zurück 7 *fig* (*avere origine*) ~ **a qc** *auf etw* (acc) zurück|gehen, *aus etw* (dat) stammen: **far ~ una malattia alle condizioni ambientali**, eine Krankheit auf die Umweltbedingungen zurückführen 8 *fig* (*essere di*) ~ **a qc** *auf etw* (acc) zurück|gehen, *aus etw* (dat) stammen: **la chiesa risale all'epoca medievale**, die Kirche stammt aus dem Mittelalter 9 *fig* (*andare*) ~ **a qc** *auf etw* (acc) zurück|gehen; ~ **alle origini/cause di qc**, auf die Ursprünge/die Ursachen etw (gen) zurück|gehen 10 *fig* (*riacquistare*) ~ **in qc** {NELLA CONSIDERAZIONE DI QU} *in etw* (dat) (*von jdm/+ gen*) wieder steigen: ~ **in fama**, ein Come-back erleben 11 *fig* (*ritornare*) ~ **a qc** {COALIZIONE, PARTITO AL GOVERNO, AL POTERE} wieder *an etw* (acc) kommen.

risalìta f 1 {+SENTIERO} Wiederaufstieg m; {+CORSO D'ACQUA} Stromaufwärtsfahren n 2 (*viaggio di ritorno*) {+UCCELLI} Rückkehr f • **mezzi/impianti di risalita**, Seilbahnen und Skilifte.

risaltàre① A tr <*avere*> ~ (*saltare di nuovo*) ~ (**qc**) {CAVALLO OSTACOLO, SIEPE, STACCIONATA} *etw* wieder überspringen: **prova a ~**, versuche noch einmal, hinüberzuspringen B *itr* <*essere*> 1 (*risalire*) ~ (+ **compl di luogo** (**a CAVALLO, IN MOTO**) wieder *auf etw* (acc) steigen/springen, sich wieder *auf etw* (acc) schwingen 2 *fig* (*ricomparire*) ~ **fuori** wieder auf|tauchen, zum Vorschein kommen: **è risaltato fuori dopo lunghe ricerche**, nach langem Suchen ist er/es wieder aufgetaucht.

risaltàre② *itr* <*essere o avere*> 1 (*spiccare*) ~ (**su qc**) {COLORE} (*von etw* dat) ab|stechen, sich (*von etw* dat) ab|heben, zur Geltung kommen: **il giallo risalta sul nero**, Gelb sticht von Schwarz ab 2 *fig* (*eccellere*) ~ (**su qu**) **per qc** sich (*von jdm*) durch etw (acc) ab|heben, (*unter jdm*) durch etw (acc) auf|fallen, *jdn* (*an etw* dat) übertreffen: **risaltava su tutte per la sua eleganza**, sie hob sich von allen durch ihre Eleganz ab 3 *fig* (*emergere*) {CONTRADDIZIONI} auf|fallen, ins Auge fallen/springen/stechen 4 *arch* (*sporgere*) ~ **su qc** {FIGURA, FREGIO SULLA COLONNA} *an etw*

(dat) vor|springen • **far ~ qc** (*evidenziare*), {TRUCCO GLI OCCHI} *etw* hervorheben, *etw* betonen; {MOSTRA CREATIVITÀ DELL'ARTISTA} *etw* verdeutlichen, *etw* (deutlich) zeigen.

risàlto m 1 (*il risaltare*) Hervortreten n: **il ~ del rosso sul nero**, das Abstechen von Rot auf Schwarz 2 *fig* (*evidenza*) Hervorhebung f: **il bosco ha grande ~ nel quadro**, der Wald sticht auf diesem Bild sofort ins Auge; **dare ~ a qu**, jdn herausstreichen; **mettere/ porre in ~ qc**, *etw* hervorheben 3 *alpin* {+ROCCIA} Vorsprung m 4 *arch* {+BASSORILIEVO} Vorbau m, Risalit m 5 *tecnol* Ansatz m, Buckel m.

risanàbile *agg* 1 (*che si può risanare*) {TERRENO} meliorierbar, verbesserbar 2 *fig* {SITUAZIONE TRA I CONIUGI} kittbar: **il loro rapporto non è più ~ **, ihre Beziehung ist nicht mehr zu kitten 3 *econ* {BILANCIO} sanierbar.

risanaménto m 1 (*bonifica*) {+PALUDE} Trockenlegung f 2 *fig* (*miglioramento*) {MORALE} Heilung f 3 *econ urban* {+FINANZE, QUARTIERE} Sanierung f: ~ **edilizio**, Bausanierung f.

risanàre A tr <*avere*> 1 (*bonificare*) ~ **qc** {ZONA PALUDOSA} *etw* meliorieren, *etw* trocken|legen 2 *econ urban* ~ **qc** {AZIENDA, BILANCIO DELLO STATO, CENTRO STORICO} *etw* sanieren 3 *med* ~ **qu/qc** {TERAPIA PAZIENTE} *jdn/etw* heilen; *anche fig* {SITUAZIONE} *etw* (dat) ab|helfen, *etw* regeln B *itr* <*essere*> *med* (*ristabilirsi*) wieder genesen *forb*.

risanatóre, (-**trice**) *anche fig* A *agg* (*che risana*) {RIMEDIO} heilend B m (f) (*chi risana*) {+STATO} "wer saniert".

risapùto, (-**a**) *agg* (*noto*) bekannt: **è ~ che...**, es ist allseits/[weit und breit] bekannt, dass ...; **si tratta di cosa risaputa**, das ist ja bekannt, das sind alte/olle Kamellen *fam*.

risarcìbile *agg* (*rimborsabile*) ersetzbar: **il danno non è ~**, der Schaden kann nicht ersetzt werden.

risarcibilità <-> f Ersetzbarkeit f.

risarciménto m 1 (*indennizzo*) Entschädigung f: **chiedere un ~ per i danni subiti**, Schadensersatz verlangen; ~ **delle spese**, Aufwandsentschädigung f 2 (*somma di denaro*) Entschädigung(ssumme) f: **un ~ di 10 milioni**, eine Entschädigung von zehn Millionen • ~ **del danno** *dir*, Schaden(s)ersatz m.

risarcìre <*risarcisco*> tr 1 (*rimborsare*) ~ **qu** (**di qc**) (**con qc**) {AUTOMOBILISTA DELLE LESIONI SUBITE CON UNA GROSSA CIFRA} *jdn* (*für etw* acc) (*mit etw* dat) entschädigen: ~ **qu delle ferite riportate**, *jdm* für die erlittenen Verletzungen Schmerzensgeld bezahlen; ~ **qc** (**a qu**) {PERDITA, LE SPESE} (*jdm*) *etw* ersetzen, *für etw* (acc) auf|kommen: **l'automobilista è stato risarcito**, der Autofahrer bekam Schaden(s)ersatz; ~ **i danni a qu**, jdm Schadensersatz zahlen/leisten, jdm den Schaden ersetzen 2 *fig* (*riparare*) ~ **qc** {OFFESA} wieder|gut|machen.

risàta f (*riso*) {CONTAGIOSA} Gelächter n, Lachen n: **fare una ~**, lachen; **scoppiare in una fragorosa ~**, in schallendes Gelächter ausbrechen; **ci fu una ~ generale**, es gab allgemeines Gelächter • **che risate!**, zum Tot-/Schieflachen *fam*!; **che risate mi sono fatta!**, ich habe mich tot-/kaputt-/schiefgelacht! *fam*; **farsi delle belle/grandi/matte risate**, aus vollem Halse lachen, sich tot-, kranklachen *fam*; **e giù grandi/matte risate!**, und alle brachen in schallendes Gelächter aus; **farsi delle grasse risate**, sich vor Lachen biegen *fam*; ~ **omerica** (*ampia e rumorosa*), homerisches Gelächter.

risatìna <*dim di* risata> f Kichern n, {SARCA-

STICA} Lache f.

RISC <-> m *inform* RISC m.

riscaldaménto m 1 (*il riscaldare*) Erwärmung f, Heizen n 2 (*impianto*) Heizung f: **abbassare/alzare il ~**, die Heizung ₁niedriger/höher stellen₁/[hinunter-/aufdrehen]; **accendere il ~**, die Heizung anstellen; **da ottobre si accende il ~**, ab Oktober wird geheizt; ~ **autonomo**, wohnungseigene Heizung; ~ **a carbone/gas/gasolio/legna**, Kohlen-/Gas-/Öl-/Holzheizung f; ~ **centrale**, Zentralheizung f; ~ **elettrico**, elektrische Heizung; ~ **a metano/pannelli**, Erdgas-/(Fuß)bodenheizung f; **spegnere il ~**, die Heizung abstellen 3 (*aumento di temperatura*) {+ATMOSFERA} Erhitzung f 4 *autom* {+MOTORE} Warmlaufen n 5 *anche sport* Aufwärmung f, Aufwärmen n: **i ballerini iniziano la lezione con il ~**, die Tänzer beginnen ihre Stunde mit dem Aufwärmen.

riscaldàre A tr 1 (*rendere caldo*) ~ (**qu/ qc**) {SOLE TERRA} *jdn/etw* erwärmen; ~ (**qu**) {MINESTRA} (*jdn*) wärmen; ~ **qc** (**a qc**) {CASA, STANZA A GASOLIO, A LEGNA} *etw* mit *etw* (dat) (be)heizen; (*uso assol*) {STUFA} heizen: **quel camino li non ha mai riscaldato**, dieser Kamin da hat nie geheizt 2 (*scaldare di nuovo*) ~ **qc** {CAFFÈ, MINESTRA} *etw* auf|wärmen 3 (*fare un riscaldamento*) ~ **qc** {ATLETA MUSCOLI} *etw* auf|wärmen 4 *fam* (*infiammare*) ~ (**qc**) {CIBO PICCANTE INTESTINO} *etw* entzünden 5 *fig* (*accendere*) ~ **qc** {ANIMI} *etw* erhitzen, *etw* entflammen 6 *autom aero mar* ~ **qc** {MOTORE} *etw* warm laufen lassen B *itr pron*, *indir* **riscaldarsi** 1 (*diventare caldo*) {ACQUA} warm werden, sich erwärmen, sich erhitzen 2 *fig* (*infervorarsi*) sich erhitzen, sich ereifern: **è un tipo che si riscalda facilmente**, er ist ein Typ, der sich leicht ereifert C *rfl* 1 (*riprendere calore*) sich wieder auf|wärmen: **mi sono riscaldata facendo una camminata**, ich habe mich wieder aufgewärmt, indem ich spazieren gegangen bin; *indir* **riscaldarsi** (**qc**) {PIEDI} sich (dat) *etw* wieder (auf|)wärmen 2 (*fare un riscaldamento*): **riscaldarsi** sich auf|wärmen: **riscaldarsi prima di una partita**, sich vor einem Spiel aufwärmen; *indir* **riscaldarsi** (**qc**) {BALLERINA GAMBE} sich (dat) *etw* auf| wärmen.

riscaldàta f 1 (*il riscaldare cibi*) Aufwärmen n: **dare una ~ all'arrosto**, den Braten aufwärmen 2 (*il riscaldare un luogo*) Heizen n: **diamo una ~ alla stanza**, heizen wir das Zimmer schnell durch.

riscaldàto, (-**a**) *agg* 1 {STANZA} geheizt 2 (*scaldato di nuovo*) {PIETANZA} aufgewärmt 3 {MOTORE} warm gelaufen.

riscaldatóre m (*apparecchio*) Heizgerät n.

riscàldo m *fam* (*leggera infiammazione*) leichte Entzündung f.

riscattàbile *agg* 1 (*che si può riscattare*) {APPARTAMENTO} zurückkaufbar 2 *fig* (*redimibile*) {COLPA} tilgbar 3 *dir* (*nel contratto di rendita*) ablösbar; (*nel contratto di compravendita*) rückkaufbar.

riscattàre A tr 1 (*liberare*) ~ **qu** {BAMBINO SEQUESTRATO} *jdn* frei|kaufen; ~ **qc** {GIOIELLO, PEGNO} *etw* ein|lösen; *fig* ~ **qu/qc da qc** {POPOLO DALLA POVERTÀ} *jdn/etw von etw* (dat) befreien, *jdn/etw von etw* (dat) erlösen 2 *fig* (*redimere*) ~ **qu** {UOMINI} *jdn* erlösen, *jdn* befreien 3 *amm* (*ricuperare a fini pensionistici*) ~ **qc** {ANNI DI STUDI UNIVERSITARI} sich (dat) *etw* zu Pensionszwecken anrechnen lassen 4 *dir* (*sciogliere un contratto*) ~ **qc** {RENDITA} *etw* ab|lösen B *rfl* 1 (*liberarsi*): **riscattarsi** (**da qc**) {DALLA SCHIAVITÙ} sich (*von etw* dat) befreien 2 (*riabilitarsi*): **riscattarsi** (**da qc**) {DA UNA VITA DISSOLUTA} sich (*von etw* dat) ab|

kehren; {DA UNA COLPA, DA UN PASSATO INFAMANTE} sich (von etw dat) lösen; **riscattarsi (con qc)** {SQUADRA CON L'ULTIMA VITTORIA} sich durch etw (acc) rehabilitieren.

riscattàto, (-a) agg **1** {PRIGIONIERO} freigekauft **2** fig {UMANITÀ} erlöst, befreit **3** dir {RENDITA} abgelöst.

riscàtto m **1** (prezzo) Lösegeld n: **chiedere un ~**, ein Lösegeld fordern; **chiedere 100 milioni (di euro) di ~**, 100 Millionen (Euro) Lösegeld verlangen **2** (liberazione a pagamento) {+PRIGIONIERO} Los-, Freikaufen n **3** fig (liberazione) **~ (da qc)** {+POPOLO DAL DOMINIO STRANIERO} Befreiung f (von/aus etw dat) **4** fig (redenzione) {+UMANITÀ} Erlösung f, Befreiung f **5** dir (nel contratto di rendita) Ablösung f; (nel contratto di compravendita) Wiederkauf m, Rückkauf m: **contratto di compravendita con patto di ~**, Kaufvertrag mit Wiederkaufsvereinbarung/Wiederkaufsvorbehalt; **~ di una polizza di assicurazione**, Rückvergütung f der Versicherungsprämie.

rischiaraménto m meteo {+CIELO} Aufklaren n, Aufheiterung f ● **~ del vino** enol, Abziehen n/Vorklärung f von Wein.

rischiaràre A tr <avere> **1** (rendere chiaro) **~ qc (con qc)** {COLORE CON DEL BIANCO} etw (mit dat) aufhellen **2** (illuminare) **~ qc (con qc)** {STRADA CON DEI LAMPIONI} etw (mit etw dat) beleuchten **~ etw** (mit etw dat) aufhellen, {RAGGI DI LUNA CAMPAGNA} etw erleuchten **3** fig (rendere lucido) **~ qc** {LA MENTE} etw schärfen: **il riposo gli rischiarò la mente**, dank der Erholungspause war sein Kopf wieder frei **4** meteo {VENTO CIELO} etw frei fegen B itr <essere> itr pron meteo: **rischiararsi** {CIELO} sich aufklaren, sich aufhellen C itr impers <essere> meteo hell werden: **dopo l'acquazzone iniziò finalmente a ~**, nach dem Wolkenbruch wurde es endlich hell D itr pron fig (rasserenarsi) **rischiararsi** {VISO} sich aufhellen: **si rischiarò in volto**, sein/ihr Gesicht hellte/heiterte sich auf E rfl (rendere limpido): **rischiararsi la voce**, sich räuspern.

rischiàre <rischio, rischi> A tr **1** (mettere a repentaglio) **~ qc** {LA PELLE, IL POSTO DI LAVORO, LA VITA} etw riskieren, etw aufs Spiel setzen: **~ dei soldi in un affare**, bei einem Geschäft ₍ein finanzielles Risiko eingehen₎/[pokern] **2** (correre il rischio) **~ qc** {MULTA, LA PRIGIONE} etw riskieren; (uso assol) ein Risiko eingehen: **preferirei non ~**, ich würde lieber kein Risiko eingehen; **~ di fare qc**, riskieren, etw zu tun; das Risiko eingehen, etw zu tun; Gefahr laufen, etw zu tun; **rischiò di essere coinvolto nella sparatoria**, er lief Gefahr, in die Schießerei verwickelt zu werden; **ha rischiato di perdere il bambino**, sie hat riskiert, das Kind zu verlieren; sie hat beinahe ihr Kind verloren B itr impers <essere o avere>: **rischia di venir brutto**, es ₍besteht die Gefahr₎/[kann sein], dass das Wetter schlecht wird.

rischio <rischi> A m **1** Risiko n, Wagnis n; (pericolo) Gefahr f: **~ calcolato**, veranschlagtes Risiko; **c'è il ~ di slavine**, es besteht das Risiko von Staublawinen; **c'è il ~ per il paziente di contrarre il virus**, für den Patienten besteht die Gefahr, dass er sich mit dem Virus ansteckt/infiziert; **questa soluzione non comporta gravi rischi**, diese Lösung ist mit keinen schweren Risiken verbunden; **correre un ~**, ein Risiko eingehen, Gefahr laufen; **abbiamo corso il ~ di perdere tutto**, wir sind Gefahr gelaufen, alles zu verlieren; **~ di incendi/incidenti**, Brand-/Unfallgefahr f; **mettere a ~**, etw aufs Spiel setzen; **non voglio mettere a ~ la mia reputazione**, ich will meinen Ruf nicht aufs Spiel setzen; **senza rischi**, risikofrei **2** econ Risiko n B <inv> loc agg (in pericolo): **a ~**, {AZIENDA, CATEGORIA, INDIVIDUO} gefährdet; {FATTORE, GRAVIDANZA, PAZIENTE} anche Risiko-; **persona a ~**, Gefährdete mf decl come agg ● **a ~ di + inf** (a costo di), {BAGNARSI, TRASLOCARE} auf die Gefahr hin, dass .../+ inf; **a ~ della vita**, unter Lebensgefahr; **a ~ del destinatario**, auf (Rechnung und) Gefahr des Empfängers; **~ diretto/indiretto** banca, direktes/indirektes Risiko; **i rischi del mestiere**, die Berufsrisiken m pl; **a proprio ~ e pericolo**, auf eigene Gefahr; **primo ~** (nelle assicurazioni), Erstrisiko n.

rischiosità <-> f **1** (ciò che è rischioso) {+INTERVENTO} Gefährlichkeit f, Gewagtheit f **2** econ {+INVESTIMENTO} Gefährdung f, Gewagtheit f.

rischióso, (-a) agg (pericoloso) {GIOCO, IMPRESA, TRAVERSATA} riskant, gewagt, gefährlich: **è ~ andare in giro di notte in certi quartieri**, es ist gefährlich, nachts in gewissen Vierteln herumzulaufen.

risciacquàre A tr **~ qc 1** (sciacquare) {PANNI} etw spülen; {BOTTIGLIE} etw ausspülen; {STOVIGLIE} anche etw (ab|)spülen; {BOCCA} etw (aus|)spülen **2** (sciacquare di nuovo) {INSALATA} etw noch einmal waschen B rfl (sciacquarsi): **risciacquarsi** etw noch einmal waschen; indir **risciacquarsi qc** {LE MANI} sich (dat) etw noch einmal waschen.

risciacquàta f (risciacquatura veloce) kurzes Abspülen/Abwaschen: **dare una ~ al bucato**, die Wäsche kurz spülen; **darsi una ~**, sich schnell waschen.

risciacquatùra f **1** (il risciacquare) {+BUCATO} Spülen n **2** (acqua) Spülwasser n ● **~ di piatti**, Spülwasser n; fig scherz spreg (minestra allungata), Spülwasser n scherz.

risciàcquo m **1** (il risciacquare) Spülen n **2** (nella lavatrice o lavastoviglie) Spülgang m: **l'ammorbidente deve essere aggiunto nell'ultimo ~**, der Weichspüler muss beim letzten Spülgang hinzugefügt werden **3** (acqua) Spülwasser n **4** med Mundwasser n: **fare i risciacqui**, sich (dat) den Mund ausspülen, gurgeln.

risciò <-> m (carrozzella) Riksha f.

riscontàre tr banca **~ qc** {CAMBIALE} etw rediskontieren.

riscónto m **1** banca (operazione) Rediskontierung f, Rückdiskont m, Rediskont m: **~ di portafoglio**, Rediskont m des Wertbestandes **2** (nella contabilità) Rechnungsabgrenzungsposten m.

riscontràbile agg (accertabile) {DATI STATISTICI} feststellbar.

riscontràre A tr **1** (rilevare) **~ qc (in qc)** {ERRORI, INESATTEZZE NELLA CONTABILITÀ, IRREGOLARITÀ} etw (in etw dat) heraus|finden, etw (in etw dat) fest|stellen **2** (controllare) **~ qc** {CONTI, LAVORO, MECCANISMO} etw kontrollieren, etw überprüfen: **~ una citazione**, ein Zitat überprüfen **3** (confrontare) **~ qc (con qc)** {DOCUMENTO CON LA COPIA} etw (mit etw dat) vergleichen B itr pron (scontrarsi di nuovo): **riscontrarsi con qc** {AUTO CON UN TIR} wieder mit etw (dat) zusammen|stoßen C rfl rec (scontrarsi di nuovo): **riscontrarsi** {CAMION} wieder zusammen|stoßen.

riscóntro m **1** (conferma) Bestätigung f: **avere/trovare ~ in qc**, Bestätigung in etw (dat) finden; **quest'ipotesi trova ~ nella realtà**, die Wirklichkeit bestätigt diese Hypothese, es gibt in der Wirklichkeit Anhaltspunkte für diese Hypothese **2** (verifica) {+CONTI} Überprüfung f: **~ di cassa**, Kassenrevision f **3** (confronto) Vergleich m: **il ~ di due manoscritti**, der Vergleich zwischen zwei Manuskripten; **il ~ di un ritratto col modello**, der Vergleich eines Portraits mit seinem Modell; **mettere a ~ qc**, etw vergleichen **4** fig (corrente d'aria) Durchzug m, Luftzug m **5** amm comm post Antwort f: **in ~ alla Vostra del ...**, als Antwort auf Ihr Schreiben vom ..., in Beantwortung Ihres Schreibens vom ...; **in attesa di un Suo cortese ~**, in Erwartung Ihrer Antwort.

riscopèrta f **1** (il riscoprire) Wiederentdeckung f, Wiederentdecken n: **andare alla ~ delle proprie tradizioni**, sich an die Wiederentdeckung der eigenen Traditionen machen **2** (ritorno di interesse) {+FILONE LETTERARIO, GENERE MUSICALE, POETA} Wiederentdeckung f.

riscoprìre <coniug come aprire> A tr fig (rivalutare) **~ qu/qc** {PITTORE, CULTURA} jdn/etw wieder entdecken: **i sapori della cucina contadina**, den Geschmack der bäuerlichen Küche wieder entdecken B rfl: **riscoprirsi qc** {POETA} wieder etw in sich (dat) entdecken.

riscòssa f **1** (riconquista) {+PAESE} Rück-, Wiedereroberung f **2** (ribellione) {CIVILE, MORALE} Aufstand m: **incitare il popolo alla ~**, das Volk zum Aufstand aufwiegeln ● **alla ~!** (incitamento alla rivincita), auf zum Gegenangriff!, Revanche!

riscossióne f {+ASSEGNO} Einlösung f, {+STIPENDIO} Kassieren n, Einnahme f {+AFFITTO} Einkassierung f; {+IMPOSTE, TASSE} Einzug m; {+CREDITO} Eintreiben n; {+INTERESSI, UTILI} Einziehung f: **~ anticipata/posticipata**, Voraus-/Nacherhebung f; **~ dei dazi**, Zollerhebung f.

riscòtere e deriv → **riscuotere** e deriv.

riscrittùra f **1** (il riscrivere) {+VERBALE} Umschreibung f **2** ling (conversione) Konversion f, Umkehrung f.

riscrìvere <coniug come scrivere> A tr (scrivere di nuovo) **~ qc** {BIGLIETTO DI AUGURI, DOMANDA DI LAVORO, PAGINA DI DIARIO} etw erneut/neu schreiben B itr (scrivere di nuovo) **~ a qu** jdm wieder schreiben; (rispondendo) jdm zurück|schreiben: **voglio ~ alla mia amica tedesca**, ich will meiner deutschen Freundin zurückschreiben.

riscuòtere <coniug come scuotere> A tr **1** (ritirare) **~ (qc)** {PAGA, STIPENDIO} (etw) kassieren, etw ein|nehmen: **~ un assegno/una cambiale**, einen Scheck/einen Wechsel einlösen; **~ un credito**, eine Forderung/Schulden eintreiben; **~ i danni**, sich (dat) den Schaden ersetzen lassen; **~ gli interessi/le tasse**, die Zinsen/Steuern einziehen **2** (scuotere di nuovo) **~ qc** {TAPPETO} etw wieder schütteln **3** (svegliare) **~ qu da qc** {SVEGLIA UOMO DAL SONNO} jdn (aus etw dat) wach|rütteln, jdn (aus etw dat) auf|schrecken **4** fig (scuotere) **~ qu da qc** {DALLA DEPRESSIONE} jdn aus etw (dat) auf|rütteln **5** fig (raccogliere) **~ qc** {AMMIRAZIONE} etw ernten; {CONSENSI} etw finden; **applausi**, Applaus ernten; **ha riscosso un grande successo alla Philarmonie di Berlino**, er/sie hat bei der Berliner Philharmonie einen großen Erfolg erzielt B itr pron: **riscuotersi 1** (risvegliarsi) wieder ₍aufgerüttelt werden₎/[zu sich (dat) kommen]: **quando fu all'aria aperta si riscosse**, als er/sie an der frischen Luft war, kam er/sie wieder zu sich **2** fig (scuotersi) sich zusammen|nehmen, sich auf|raffen: **si riscosse dall'inerzia**, er/sie gab sich einen Ruck und überwand seine/ihre Trägheit.

riscuotìbile agg {ASSEGNO} einlösbar.

risèga <-ghe> f edil (rientranza) Absatz m.

risentiménto m **1** (rancore) {FORTE, VIOLENTO} Ressentiment n forb, Groll m forb: **avere/provare ~ verso/contro qu**, einen Groll forb auf/gegen jdn haben/hegen; **parole**

dettate dal ~, vom Groll *forb* eingegebene Worte; **il tuo ~ verso di lui è eccessivo**, dein Groll *forb* auf ihn ist übertrieben **2** *med* (*ripercussione dolorosa*) Auswirkung f; (*lieve sofferenza*) Nachwirkung f.

risentire <*risento*> **A** *tr* **1** (*sentire di nuovo*) ~ **qc** {RUMORE, SUONO} *etw* wieder hören; {PROFUMO} *etw* wieder riechen; {SAPORE} *etw* wieder schmecken/[auf der Zunge haben] **2** {CASSETTA, CD, DISCO} sich (dat) *etw* wieder an|hören **3** (*al telefono*) ~ **qu** jdn wieder hören: **avrei già voglia di risentirlo!**, ich würde jetzt schon gern seine Stimme wieder hören! **4** (*avvertire di nuovo*) ~ **qc** *etw* (noch) empfinden, *etw* (noch) (ver)spüren: **risento dolore al braccio**, mein Arm tut mir wieder weh **B** *itr* ~ **di qc 1** (*patire le conseguenze*) {DELLA PERDITA DI UN AMICO} (noch) *unter etw* (dat) leiden; {DI UNA BRUTTA CADUTA; REGIONE DEI DANNI DELL'ALLUVIONE} (noch) die Folgen/Nachwirkungen *von etw* (dat) (ver)spüren **2** (*sentire l'influenza*) {PROSA DELLO SCRITTORE DELLO STILE DI BÖLL} *von etw* (dat) beeinflusst sein, den Einfluss *von etw* (dat)/+ gen erkennen lassen **C** *itr pron* (*offendersi*): **risentirsi di/per qc (con qu)** {DI UNA CRITICA} wegen *etw* (gen) gekränkt/beleidigt sein *fam* **D** *rfl* (*sentirsi di nuovo*): **risentirsi + compl di modo** {BENE, MALE} sich wieder irgendwie fühlen **E** *rfl rec* (*ritelefonarsi*): **risentirsi** sich wieder hören, wieder telefonieren/[voneinander hören]; **ci risentiamo presto!**, wir hören bald wieder voneinander/[telefonieren bald wieder]! • **a risentirci!** *tel*, auf Wiederhören!

risentito, (-a) *agg* **1** (*ascoltato di nuovo*) wieder gehört: **discorsi sentiti e risentiti**, häufig gehörte Reden **2** (*offeso*) gekränkt, beleidigt: **essere ~ con qu per qc**, jdm wegen *etw* (gen) beleidigt sein **3** (*pieno di risentimento*) {PAROLE, TONO} entrüstet, empört.

riserbàre *e deriv* → **riservare** *e deriv*.

risèrbo *m* **1** (*discrezione*) Zurückhaltung f, Reserve f: **Le chiedo il massimo ~**, ich bitte Sie um höchste Zurückhaltung; **quella ragazza si distingue per il suo ~**, dieses Mädchen zeichnet sich durch ihre/diskrete Zurückhaltung aus **2** (*silenzio*) Verschwiegenheit f: **mantenere il più assoluto ~ sulle indagini**, absolute Verschwiegenheit über die Untersuchungen bewahren; **uscire dal ~**, aus der Reserve kommen.

risèrva A *f* **1** (*scorta*) {+GENERI ALIMENTARI, MEDICINALI} Reserve f, Vorrat *m*: **fare ~ di qc**, einen Vorrat von *etw* (dat)/[Vorrat] anlegen; ~ **di grassi nell'organismo**, Fettreserve *f pl* im Organismus **2** (*zona*) {NATURALE} Revier n, Reservat n, Gebiet n: ~ **di caccia/pesca**, Jagd-/Fischereirevier n; ~ **faunistica**, faunistisches Reservat; ~ **marina naturale**, Naturschutzgebiet n im Meer **3** *fig* (*restrizione*) Vorbehalt m, Einschränkung f: **accettare senza riserve**, [ohne Vorbehalt]/[rückhaltlos] akzeptieren; **accettare con ~**, mit Vorbehalt annehmen **4** *png* (*giudizio negativo*) Zweifel m, Vorbehalt *m*: **avanzare delle riserve su qc**, Vorbehalte gegen *etw* (acc) äußern **5** *autom* Reserve f: **essere/viaggiare in ~**, [in der Reserve sein]/[auf Reserve fahren *fam*]; (*segnale*) Tankuhr f; **si è accesa la ~**, die Tankuhr hat aufgeleuchtet **6** *banca* Reserve f, Rücklage f: ~ **aurea**, Goldreserve f, Goldbestand m; ~ **obbligatoria**, Pflichtreserve f; ~ **valutaria**, Devisenreserve f, Devisenbestand m **7** *dir* Vorbehalt m: ~ **di impugnazione**, Anfechtungsvorbehalt m; ~ **di legge**, Gesetzesvorbehalt m, Vorbehalt m des Gesetzes; ~ **mentale**, geheime Vorbehalt; ~ **di proprietà**, Eigentumsvorbehalt m **8** *dir econ* (*sociale*) Rücklage f: ~ **legale**, gesetzliche Rücklage f; ~ **statutaria**, auf Gesellschaftsvertrag/Satzung beruhende Rücklage **9** *econ* (*fondo*) Reserve f **10** *enol* {+VINO} Jahrgang m, Auslese f: **nebbiolo ~ 1993**, Nebbiolo-Auslese f 1993 **11** *etnol* Reservat n: ~ **indiana**, Indianerreservat n **12** *mil* Reserve f: **lanciare le riserve nel combattimento**, die Reserve in den Kampf schicken **13** *sport* Reservespieler(in) m(f) **14** *tess* Reservage f **B** <inv> *loc agg* (*che serve come ~*): **di ~**, {MAGLIONE, SALVAGENTE, SCARPE} Reserve-; *mil* {TRUPPE} Reserve- • ~ **matematica** (*nelle assicurazioni*), Deckungskapital n; ~ **occulta contabilità**, stille Reserve, stille Rücklage.

riservàre A *tr* **1** (*prenotare*) ~ **qc (a qu)** {TAVOLO A UN CLIENTE} *etw* (für jdn) reservieren, *etw* (für jdn) frei|halten; {POSTO} *anche etw* (für jdn) belegen: **ti abbiamo riservato una poltrona in platea**, wir haben einen Platz für dich im Parkett freigehalten **2** (*tenere in serbo*) ~ **qc (a qu)** {SORPRESA AI FIGLI} (jdm) *etw* bescheren, *etw* für jdn haben; ~ **qc per qc** {VINO PER UN'OCCASIONE SPECIALE} *etw* für *etw* (acc) auf|bewahren, *etw* für *etw* (acc) bereit|halten, *etw* für *etw* (acc) reservieren: **abbiamo riservato per ultimo questo tema**, wir haben dieses Thema für den Schluss aufgespart **3** (*offrire*) ~ **qc a qu** *etw* für jdn bereit|halten, *etw* für jdn reservieren: **che cosa ci riserverà l'anno futuro?**, was wird das neue Jahr für uns bereithalten?; **la vita ci ha riservato solo dispiaceri**, das Leben hat für uns nur Kummer bereitgehalten **B** *rfl indir*: **riservarsi qc** sich (dat) *etw* vorbehalten: **riservarsi la facoltà/possibilità di…**, sich (dat) die Möglichkeit vorbehalten, *etw* zu tun; **mi riservo (il diritto) di decidere dopo**, ich behalte mir das Recht vor, später zu entscheiden; ~ **di fare qc**, sich (dat) vorbehalten, *etw* zu tun.

riservatàrio, (-a) <-*ri*> *m* (f) *dir* Pflichtteilsberechtigte *mf decl come agg*.

riservatézza f **1** (*segretezza*) {+LETTERA, NOTIZIA} geheimer Charakter **2** (*discrezione*) {+PERSONA} Zurückhaltung f, Diskretion f: **agire con ~**, zurückhaltend/diskret vorgehen **3** *dir* Vertraulichkeit f: **diritto alla ~**, Recht n auf Vertraulichkeit • **massima ~** (*nelle inserzioni*), absolute/äußerste Diskretion.

riservàto, (-a) *agg* **1** (*prenotato*) ~ **per qu** für jdn reserviert: **c'è un posto ~ per te**, da ist ein Platz für dich reserviert **2** (*assegnato*) ~ **a qu/qc** {SALA AI CONGRESSISTI, ZONA AI PEDONI} jdm/*etw* vorbehalten: **palco ~ alle autorità**, den Behörden vorbehaltene Loge; **pista riservata alle biciclette**, Fahrradweg m **3** (*confidenziale*) {INFORMAZIONE, LETTERA, NOTIZIA} vertraulich, geheim **4** (*discreto*) {CARATTERE, CONTEGNO, RAGAZZO} zurückhaltend, diskret: **è un tipo molto ~**, er ist ein sehr zurückhaltender Typ **5** *med* {PROGNOSI} unsicher, ungewiss.

riservista <-*i*> *m mil* Reservist m.

risguàrdo *m edit* Vorsatzblatt n, Vorsatzpapier n.

risi 1ª *pers sing del pass rem di* ridere.

risibile *agg* **1** (*irrilevante*) {DANNO, DIFFICOLTÀ} irrelevant *forb*, unbedeutend, lächerlich **2** (*ridicolo*) {COMPORTAMENTO} lächerlich.

risicàre <*risico, risichi*> *tr tosc fam* (*rischiare*) ~ **(qc)** *etw* riskieren • **chi non risica non rosica** *prov*, wer (nicht) wagt, (der nicht) gewinnt *prov*, frisch gewagt ist halb gewonnen *prov*.

risicàto, (-a) *agg* **1** (*limitato*) {MARGINE DI TEMPO} begrenzt **2** (*ottenuto a stento*) {MAGGIORANZA, VITTORIA} knapp.

risicolo, (-a) *agg* **1** (*di riso*) {PRODUZIONE} Reis- **2** (*che riguarda la risicoltura*) Reisbau-.

risicoltóre, (-trice) m (f) Reisbauer m, (Reisbäuerin f).

risicoltùra f (*coltivazione del riso*) Reis(an)bau m.

risièdere *itr* **1** (*aver sede*) ~ + *compl di luogo* {SOCIETÀ A MILANO} *irgendwo* ansässig sein, irgendwo seinen Sitz haben: **risiedo in questo comune dalla nascita**, ich bin seit meiner Geburt in dieser Gemeinde ansässig, ich habe seit meiner Geburt meinen Wohnsitz in dieser Gemeinde **2** *fig* (*consistere*) ~ **in qc** {DIFFICOLTÀ IN QUESTO} in *etw* (dat) bestehen, in *etw* (dat) liegen.

risièro, (-a) *agg* (*del riso*) Reis-.

Risiko® <-> m **1** (*gioco da tavola*) Risiko n **2** *fig* (*complessa strategia*) komplexe Strategie.

risistemàre *tr* ~ **qc 1** (*rimettere a posto*) {STANZA DEI GIOCHI} *etw* wieder auf|räumen **2** *amm polit* {PARTITO} *etw* reorganisieren *forb*, *etw* um|gestalten.

risk management <-> *loc sost m ingl econ* Risikoanalyse f.

rìsma f **1** (*unità di conto*) {+CARTA} Ries n *obs* **2** (*pacco confezionato*) {+CARTA} Riespackung f **3** *fig spreg* (*qualità*) Schlag m, Art f, Spezies f: **è gente della stessa ~**, das sind Leute vom selben Schlag.

rìso¹ <*pl: -a*> *f*~ *m* **1** (*il ridere*) {RUMOROSO, SMODATO} Lachen n, Gelächter n: **un ~ amaro/beffardo/convulso/sguaiato**, ein bitteres/spöttisches/krampfhaftes/ordinäres Lachen; **un ~ di scherno**, ein höhnisches Lachen **2** *lett poet* (*sorriso*) {+PRIMAVERA} Lachen n, Strahlen n • **essere tra il ~ e il pianto** (*non sapere se ridere o piangere*), nicht wissen, ob man lachen oder weinen soll; ~ **sardonico** *med*, sardonisches Lachen *scient*; *fig* (*forzato*), krampfhaftes/fratzenhaftes/hämisches Lachen; **sbellicarsi/sganasciarsi/spanciarsi dalle risa** (*ridere a lungo e rumorosamente*), sich (dat) vor Lachen den Bauch halten *fam*; **il ~ abbonda sulla bocca degli stolti** *prov*, am unmäßigen Lachen erkennt man den Narren; **il ~ fa buon sangue** *prov*, Lachen ist gesund.

rìso² m **1** *bot* (*pianta*) Reispflanze f, Reis m **2** *gastr* Reis m, Reisgericht n: **vorrei un piatto di ~**, ich möchte einen Reisteller; ~ **in bianco**, gekochter Reis mit Öl oder Butter, Butterreis m; **risi e bisi**, Risi-Pisi pl (*Reis mit Erbsen, Butter und Parmesankäse*); ~ **brillato**, polierter Reis; ~ **in brodo**, Fleischbrühe mit Reis; ~ **fino/superfino**, feiner/superfeiner Reis; ~ **greggio**, ungeschälter Reis; ~ **all'inglese**, gekochter Reis mit Butter, Butterreis m; ~ **integrale**, Vollkornreis m; ~ **parboiled**, Parboiled-Reis m, halbgekochter Reis; ~ **pilaf**, Pilau m, Pilawreis m; ~ **soffiato**, Puffreis m.

rìso³ *part pass di* ridere.

risocializzàre *tr* (*reinserire in società*) ~ **qu** {EX DETENUTO} jdn neu/wieder sozialisieren.

risolàre → **risuolare**.

risolino <*dim di* riso¹> m (*riso breve e ironico*) Auflachen n.

risollevàre A *tr* **1** (*sollevare di nuovo*) ~ **qc** {RECIPIENTE} *etw* wieder hoch|heben **2** *fig* ~ **qc** {QUESTIONE} *etw* wieder auf|werfen **3** *fig* (*rinfrancare*) ~ **qu** {BUONA NOTIZIA} jdn (wieder) auf|richten/auf|bauen *fam*, jdn (wieder) auf|-, ermuntern; ~ **qc** {MORALE, SPIRITO} *etw* wieder heben **4** *fig* (*far andare di nuovo bene*) ~ **qc** {AZIENDA} *etw* wieder hoch|bringen; {LE SORTI DEL PAESE} *etw* wieder zum Guten wenden **B** *rfl*: **risollevarsi 1** (*rialzarsi*) {AEREO} wieder auf|steigen **2** *fig* (*confortarsi*) sich (dat) auf|richten.

risollevàto, (-a) agg fig (confortato) ermuntert, getröstet, aufgebaut fam: **mi sento molto ~**, ich fühle mich sehr ermuntert.

risòlsi 1ª pers sing del pass rem di risolvere.

risòlto, (-a) part pass di risolvere.

risolùbile agg (risolvibile) {PROBLEMA} (auf)lösbar.

risolubilità <-> f **1** Lösbarkeit f **2** dir Auflösbarkeit f.

risolutézza f (determinazione) Entschlossenheit f, Entschiedenheit f: **agire con ~**, entschlossen/[mit Entschiedenheit] handeln.

risolutivo, (-a) agg **1** (che risolve) aufhebend, (auf)lösend: **la fase risolutiva di un processo**, die entscheidende Phase eines Prozesses **2** (decisivo) {INTERVENTO} entscheidend **3** dir {CLAUSOLA, CONDIZIONE} auflösend **4** fis {POTERE} aufhebend.

risolùto, (-a) A part pass di risolvere B agg (deciso) {CARATTERE, DONNA, GESTO} resolut, entschieden, entschlossen: **sono risoluta a prendere provvedimenti**, ich bin entschlossen, Vorkehrungen zu treffen.

risoluzióne f **1** anche mat (soluzione) {+EQUAZIONE, PROBLEMA} Lösung f; {+ENIGMA, INDOVINELLO} Auflösung f **2** (decisione) {FERMA, PRONTA} Beschluss m, Resolution f: **ho preso la ~ di convocare i soci**, ich habe den Beschluss gefasst, die Mitglieder zusammenzurufen **3** dir **~ per qc** {+CONTRATTO PER ECCESSIVA ONEROSITÀ, PER IMPOSSIBILITÀ SOPRAVVENUTA, PER INADEMPIMENTO} Aufhebung f wegen etw (gen), Auflösung f wegen etw (gen); (con effetto ex nunc nei contratti ad esecuzione istantanea) Rücktritt m; (con effetto ex nunc nei contratti di durata) Kündigung f: **~ giudiziale**, Aufhebung f durch Gestaltungsurteil; **~ di diritto** (convenuta con clausola risolutiva espressa), vertraglich vereinbarte Aufhebung **4** chim {+COMPOSTO} Auflösung f, Zerlegung f **5** inform Auflösung f: **ad alta ~**, hochauflösend **6** med Resolution f, Rückbildung f **7** mus {+NOTA} Auflösung f **8** polit (deliberazione) {+ONU} Resolution f.

risolvènte A agg **1** fis {POTERE} Auflösungs- **2** mat: **equazione ~**, Resolvente f **3** med {FARMACO, POMATA} rückbildend, heilend B m med Heilmittel n.

risòlvere <coniug come assolvere> A tr **~ qc 1** anche mat (trovare una soluzione) **~ (qc)** {EQUAZIONE, INDOVINELLO} etw (auf)lösen; {PROBLEMA} etw beheben, etw lösen: **mi manca la stoffa uguale, ma risolvo con una simile**, mir fehlt der gleiche Stoff, aber ich behelfe mir mit einem ähnlichen Stoff **2** (dissolvere) **~ qc** {DUBBIO} etw zerstreuen, etw aus|räumen **3** (comporre) **~ qc** {CONTROVERSIA, LITE} etw lösen, etw bei|legen, etw schlichten **4** fam (concludere) **~ qc** etw zustande bringen: **in questo modo non risolverai molto!**, auf diese Art und Weise wirst du nicht viel zustande bringen! **5** (decidere) **~ (qc)** etw beschließen, etw entscheiden: **finora non hanno risolto nulla**, bis jetzt haben sie nichts beschlossen; **ha risolto di affrontare il problema**, er/sie hat beschlossen, das Problem anzugehen **6** chim **~ qc (in qc)** {COMPOSTO} etw (in etw acc) auflösen, etw (in etw acc) zerlegen: **~ l'acqua in ossigeno e idrogeno**, Wasser in Sauerstoff und Wasserstoff auflösen **7** dir (sciogliere) **~ qc** {CONTRATTO} etw aufheben, etw auflösen **8** med **~ qc** (con cure INTENSIVE) {MALATTIA CON CURE INTENSIVE} etw (mit etw dat) heilen, etw (mit etw dat) kurieren **9** mus {LA NOTA} etw auflösen B itr pron **1** (andare a finire): **risolversi + compl di modo** sich irgendwie (auf|)lösen, irgendwie ausgehen/[sich irgendwie lösen]: **la faccenda si è risolta a mio favore**, die Angelegenheit hat sich zu meinen Gunsten aufgelöst; **risolversi in nulla di fatto**, sich in nichts auflösen; **risolversi bene/male**, {QUESTIONE} gut/schlecht ausgehen/enden **2** (decidersi): **risolversi a fare qc** sich entscheiden, etw zu tun, sich entschließen, etw zu tun: **alla fine si risolse a sporgere denuncia**, schließlich entschloss er/sie sich, Anzeige zu erstatten **3** med (finire): **risolversi + compl di modo** {INFLUENZA RAPIDAMENTE} irgendwie zurück|-, weg|gehen C rfl (trovare soluzione): **risolversi** sich lösen, sich erledigen: **i problemi a non risolverli si risolvono metà da soli!**, wenn man Probleme auf sich beruhen lässt, lösen sie sich oft von selbst!

risolvìbile agg **1** (che si può risolvere) {SITUAZIONE} lösbar **2** dir {CONTRATTO} aufhebbar, auflösbar.

risonànte agg **1** lett (sonoro) {VOCE} sonor, wohlklingend, klangvoll **2** fis (dotato di risonanza) mitklingend, mitschwingend.

risonànza f **1** (rimbombo) Widerhall m: **in questa stanza c'è molta ~**, in diesem Zimmer hallt es sehr **2** fig (interesse) Widerhall m, Echo n, Anklang m, Resonanz f forb: **avere grande ~**, großen/starken Anklang finden **3** fig lett (influenza) Anklang m: **sonetto con risonanze rilkiane**, Sonett n mit rilkeschen Anklängen **4** fis Resonanz f: **~ acustica/ottica/magnetica**, (akustische)/optische/magnetische Resonanz • **~ magnetica nucleare** fis med, magnetische Kernresonanz.

risonàre → **risuonare**.

risonatóre m fis Resonator m.

risóne m (riso greggio) ungeschälter Reis.

risórgere <coniug come sorgere> itr <essere> **1** (sorgere di nuovo) {SOLE} wieder auf|gehen **2** fig (rinascere) **~ (da qc)** (aus etw dat) wieder|auf|erstehen: **la città è risorta dalle sue rovine**, die Stadt ist aus ihren Ruinen wiederauferstanden **3** fig (rifiorire) {POESIA, SCIENZE} wieder aufleben, wieder aufblühen, einen Aufschwung erfahren **4** fig (rinascere) {FIDUCIA, SPERANZA} wieder geboren werden, wieder auf|leben/[wach werden] **5** relig (wieder|)auf|erstehen: **Gesù Cristo è risorto**, Jesus Christus ist auferstanden.

risorgimentàle agg stor (del Risorgimento) {ETÀ, PERIODO} des Risorgimento.

risorgiménto m **1** rar {+ARTE} Wiederaufleben n, Wiederaufblühen n **2** stor: **Risorgimento**, Risorgimento n.

risorgiva f geol Grundwasser-, Karstquelle f.

risorgivo, (-a) agg geol {ACQUA} Oberflächen-, Karstquellen-.

risórsa f **1** (capacità) {INTELLETTUALI} Fähigkeit f, Talent n: **una persona di molte_/[piena di] risorse**, ein Mensch voller Talente **2** (fonte di ricchezza) Reserve f, Ressource f forb: **avere terreno è una grande ~**, dieses Grundstück ist ein großer Reichtum; **risorse naturali**, natürliche Ressourcen f pl forb **3** (mezzi finanziari) {ECONOMICHE} Ressourcen f pl forb, Geldmittel n pl: **ha dato fondo a tutte le sue risorse**, er/sie hat seine/ihre ganzen Geldmittel verschleudert spreg **4** inform grundlegendes Element.

risórsi 1ª pers sing del pass rem di risorgere.

risórto, (-a) agg relig (tornato alla vita) auferstanden • **il Risorto** (Gesù Cristo), der Auferstandene, Jesus Christus.

risòtto m gastr Risotto m: **~ con funghi**, Risotto m mit Pilzen; **~ alla milanese**, Mailänder Risotto, Safranrisotto m (in der Brühe gekochtes Reisgericht mit Zwiebeln, Safran u. Parmesankäse); **~ alla pescatora**, Fischrisotto m.

risp. 1 abbr di risparmio, risparmiatore: Sparen n, Sparer(in) m(f) **2** abbr di rispettivamente: resp. (abbr di respektive), bzw. (abbr di beziehungsweise).

risparmiàre <risparmio, risparmi> A tr **1** (non sprecare o non usare) **~ qc** {GAS, LUCE} etw sparen; {CAFFÈ, OLIO, PANE} anche mit etw (dat) haushalten, mit etw (dat) sparsam um|gehen; fig {ENERGIE, TEMPO} etw sparen; {FORZE} etw schonen: **questa soluzione ci fa ~ tempo/denaro**, durch diese Lösung sparen wir Zeit/Geld **2** (mettere da parte) **~ qc** {UN PO' DI SOLDI} etw (zusammen|)sparen, etw zurück|legen, beiseite|legen, etw auf die hohe Kante legen; (uso assol) sparen: **il prossimo mese iniziamo a ~**, nächsten Monat fangen wir an zu sparen; **~ per fare qc**, ⌊auf etw (acc)⌋/[für etw (acc)] sparen; **risparmio per comprarmi la casa**, ich spare für ⌊ein Haus⌋/[eine Wohnung] **3** (non utilizzare) **~ qu** {SOLDATI} jdn ein|sparen **4** fig (non stancare) **~ qc** {GLI OCCHI, LA VISTA, LA VOCE} etw schonen **5** fig (salvare) **~ qu/qc** jdn/etw (ver)schonen: **è un articolo che non risparmia proprio nessuno**, das ist ein Artikel, der wirklich niemanden verschont; **l'alluvione risparmiò solo una casa**, die Überschwemmung verschonte nur ein einziges Haus **6** fig (evitare) **~ qc** {FATICA} etw vermeiden; **~ qc a qu** {DISPIACERE A QU} jdn mit etw (dat) verschonen, anche iron jdm etw ersparen: **mi ha risparmiato la fatica di venire fino a qui**, er/sie hat mir die Mühe erspart, bis hierher zu kommen; **risparmiami le tue scenate di gelosia!**, erspare mir deine Eifersuchtsszenen!; **ti risparmio i particolari della vicenda!**, ich erspare dir die Einzelheiten der Angelegenheit! **7** fig (perdonare) **~ (qu/qc)** jdn/etw verschonen: **è una malattia che non risparmia**, das ist eine erbarmungslose Krankheit; **la morte non risparmia nessuno**, gegen den Tod ist kein Kraut gewachsen B itr (fare economia) **~ su qc** {SULL'ABBIGLIAMENTO, SUL TELEFONO} mit etw (dat) sparsam sein, mit etw (dat) sparsam um|gehen, an etw (dat) sparen C rfl (riguardarsi): **risparmiarsi** sich schonen: **quell'uomo non si risparmia certo nel lavoro!**, dieser Mann schont sich bei der Arbeit wirklich nicht!

risparmiatóre, (-trice) m (f) (chi risparmia denaro) Sparer(in) m(f): **piccolo ~**, Kleinsparer m; **medio ~**, mittlerer Sparer.

rispàrmio <-mi> A m **1** (economia) {+DENARO} Sparen n; {+FATICA, TEMPO} anche Ersparnis f, Einsparung f: **~ energetico**, Energiesparen n; **la nuova tecnologia consente un ~ di materie prime**, die neue Technologie ermöglicht eine Ersparnis von Rohstoffen **2** (denaro risparmiato) Ersparnis f: **avere qualche ~ in banca**, einige Ersparnisse auf der Bank haben; **investire i propri risparmi in qc**, die eigenen Ersparnisse in etw (acc) investieren; **vivere dei propri risparmi**, von seinen Ersparnissen leben **3** econ Ersparnis f: **~ forzato**, Zwangssparen n B loc avv (senza limitazioni): **senza ~**, {LAVORARE} ohne Ende; {PRODIGARSI} anche völlig, grenzenlos.

risparmióso, (-a) A agg fam scherz **1** {RAGAZZO} sparsam, knauserig **2** {AUTO} sparsam, Energiespar- B m (f) Sparsame mf decl come agg.

rispecchiaménto m filos Widerspiegelung f.

rispecchiàre <rispecchio, rispecchi> A tr **1** (riflettere) **~ qc** {SUPERFICIE DEL LAGO MONTAGNE} etw wider|spiegeln **2** fig (rivelare) **~ qc** etw wider|spiegeln, Ausdruck von etw (dat) sein, etw verraten: **la sua aggressività rispecchia una profonda insicurezza**, seine/

ihre Aggressivität verrät eine starke Unsicherheit B itr pron (riflettersi): **rispecchiarsi in qc** {CASTELLO NELLE ACQUE DEL PO} sich irgendwo wider|spiegeln C rfl (specchiarsi di nuovo): **rispecchiarsi** sich wieder spiegeln/[im Spiegel an|sehen].

rispedire <rispedisco> tr **1** (spedire di nuovo) ~ **qc (a qu/qc)** {MERCE A UNA DITTA} etw wieder an jdn/etw schicken/senden **2** (spedire indietro) ~ **qc a qu** {LETTERA AL MITTENTE} jdm etw zurück|schicken.

rispettàbile agg **1** (degno di rispetto) {OPINIONE} ehrenwert, respektabel; {FAMIGLIA, UOMO} anche **2** (notevole) {FORTUNA, PATRIMONIO, SOMMA} beachtlich, ansehnlich; scherz {NASO, PANCIA} beachtlich.

rispettabilità <-> f (buona reputazione) {+FAMIGLIA, PERSONA} Ehrbarkeit f, Achtbarkeit f.

rispettàre A tr **1** (avere rispetto) ~ **qu** {GLI ANZIANI, I GIOVANI, MADRE} jdn respektieren, jdn achten; ~ **qc** {DIRITTI, IDEE, OPINIONI, RELIGIONI ALTRUI} etw respektieren **2** (non maltrattare) ~ **qc** {AMBIENTE} etw schonen, etw respektieren; {ANIMALI} etw nicht quälen **3** (osservare) ~ **qc** {CODICE DELLA STRADA, LA LEGGE, ORDINI} etw befolgen; {IL GALATEO} anche sich an etw (acc) halten; {FESTE} etw beachten; {LA PAROLA DATA, PROMESSA} etw halten **4** (non alterare) ~ **qc** {EDIFICIO, OPERA LETTERARIA} etw unverändert lassen B rfl rec (avere rispetto reciproco): **rispettarsi** sich respektieren, sich achten ● **un avvocato/medico che si rispetti** (valido), ein Anwalt/Arzt, der etwas auf sich hält; **farsi** ~ (farsi valere), sich (dat) Achtung/Respekt verschaffen; **quell'insegnante non riesce a farsi** ~, diese Lehrkraft kann sich nicht durchsetzen.

rispettàto, (-a) agg ~ **da qu 1** (che gode rispetto) {UOMO DA TUTTI} von jdm respektiert, von jdm geachtet **2** (osservato) {REGOLAMENTO DAI CONDOMINI} von jdm respektiert, von jdm berücksichtigt.

rispettivaménte avv beziehungsweise: **Cristina e Carla sono ~ mia sorella e mia cognata**, Cristina und Carla sind meine Schwester beziehungsweise meine Schwägerin.

rispettivo, (-a) agg **1** (proprio) sein(e)/ihr(e) jeweilige(r): **alla recita c'erano i ragazzi con i rispettivi genitori**, bei der Aufführung waren die Jugendlichen mit ihren (jeweiligen) Eltern da **2** (corrispondente) entsprechende: **catalogo dei prodotti con i rispettivi prezzi**, Produktkatalog mit den entsprechenden Preisen.

rispètto A m **1** (stima) ~ (**per qu**) Respekt m (vor jdm), Achtung f (vor jdm): **avere ~ per qu/qc**, vor jdm/etw Respekt/Achtung haben; ~ **reciproco**, gegenseitiger Respekt **2** (riverenza) ~ (**per qu**) Ehrfurcht f (vor jdm/etw), Achtung f (vor jdm/etw): **avere ~ per la vita altrui**, das Leben anderer achten; **avere ~ per** le istituzioni /[la cosa pubblica], die Institutionen/den Staat achten; **tu mi devi portare ~!**, du musst mir Achtung erweisen! **3** (riguardo) ~ (**per qu**), (**per/di qc**) {PER IL DOLORE DI QU} Rücksicht f (auf jdn) (wegen etw gen): **mancare di ~ a/verso qu**, jdm gegenüber keinen Respekt zeigen, es jdm gegenüber an Respekt fehlen lassen; **trattare qu col dovuto** ~, jdn mit gegebenem Respekt/[rücksichtsvoll] behandeln; **persona/caso che merita** ~, Mensch/Fall, der Respekt verdient **4** (osservanza) {+LEGGE, REGOLAMENTO} Befolgung f, Beachtung f **5** (punto di vista) Aspekt m, Hinsicht f: **esaminare una questione sotto ogni** ~, eine Angelegenheit in jeder Hinsicht/[von allen Seiten] prüfen **6** lett (componimento poetico amoroso) Respekt m **7** <so-

lo pl> (ossequio) Ehrerbietung f forb, Empfehlungen f pl forb: **gradisca i miei rispetti**, ich empfehle mich forb, meine Ehrerbietung! forb; **presentare a qu i propri rispetti**, jdm seine Ehrerbietung erweisen forb, sich jdm empfehlen forb B loc prep (in confronto a): ~ **a qu/qc**, im Vergleich zu jdm/etw, hinsichtlich etw (gen); ~ **al mese scorso ci sono meno turisti**, im Vergleich zum letzten Monat gibt es weniger Touristen; ~ **a te sono un principiante**, im Vergleich zu dir bin ich ein Anfänger; ~ **a ciò**, im Vergleich dazu, hinsichtlich dessen; ~ **alle mie esigenze quest'auto è troppo grossa**, für meine Ansprüche ist dieses Auto zu groß C <inv> loc agg (che merita considerazione): **di tutto** ~, {UOMO} achtenswert, {LAVORO, SOMMA} beachtlich, respektabel ● **con ~ parlando** ... (formula di scusa), mit Verlaub gesagt ...; **con tutto il ~, credo che Lei si sbagli**, bei allem Respekt glaube ich, dass Sie sich irren; ~ **umano**, menschliche Achtung f.

rispettóso, (-a) agg **1** (pieno di rispetto) {RAGAZZO, PAROLE} respektvoll, ehrerbietig: **essere ~ delle usanze altrui**, die Gebräuche anderer respektieren; **essere ~ verso qu**, jdm gegenüber respektvoll sein **2** (ossequioso) {SALUTI} hochachtungsvoll, {INCHINO} respektvoll, ehrerbietig.

risplendènte agg **1** (splendente) {LUNA} glänzend **2** fig (luminoso) {OCCHI} strahlend.

risplèndere <coniug come splendere> itr <essere o avere> **1** (brillare) ~ (+ **compl di luogo**) {STELLE IN CIELO} (irgendwo) strahlen, (irgendwo) leuchten; ~ **di qc** {PIAZZA DI LUCI} vor etw (dat) strahlen **2** fig (irradiare) ~ **di qc** {VISO DI GIOIA} vor etw (dat) strahlen **3** fig (distinguersi) ~ **per qc** {MADRE PER BONTÀ} sich durch etw (acc) auszeichnen.

rispolveràre tr **1** (togliere di nuovo la polvere) ~ **qc** {COMÒ, TAVOLO} etw wieder ab|stauben **2** (cospargere di nuovo) ~ **qc (con qc)** {DOLCE CON ZUCCHERO A VELO} etw wieder (mit etw dat) bestäuben **3** fig (riutilizzare) ~ **qc** {PROGETTO} etw wieder verwerten: **devo ~ le mie conoscenze di spagnolo**, ich muss meine Spanischkenntnisse auffrischen.

rispolveràta f **1** Wiederabstauben n **2** fig (riscoperta) {+VECCHI PRINCIPI} Abstauben n, Auffrischen n.

rispondènte agg ~ **a qc 1** (corrispondente) etw (dat) entsprechend: **affermazioni non rispondenti al vero**, Aussagen, die nicht der Wahrheit entsprechen; **politica non ~ ai bisogni della gente**, den Bedürfnissen der Leute nicht entsprechende Politik **2** (adatto) {ALL'USO} für etw (acc) geeignet.

rispondènza f **1** (corrispondenza) Übereinstimmung f, Entsprechung f **2** (ripercussione) Auswirkung f, Folge f: **il fatto ha avuto immediata ~ sull'economia del paese**, die Tatsache hat sich unmittelbar auf die Wirtschaft des Landes ausgewirkt.

rispóndere <irr rispondo, risposi, risposto> A itr **1** (dare risposta) ~ (**a qu**) (**con qc**) (jdm) (mit etw dat) antworten, (jdm) (mit etw dat) reagieren, (jdm) etw erwidern, (mit etw dat) reagieren, (jdm) etw entgegen: ~ **con un fax**, mit einem Fax antworten, zurück|faxen; **gli rispose con un sorriso**, er/sie antwortete ihm mit einem Lächeln; ~ a voce /[per (i)scritto], mündlich/schriftlich antworten; ~ **per lettera**, brieflich antworten/reagieren; **mi rispose freddamente**, er/sie antwortete/entgegnete mir kalt; ~ **affermativamente/negativamente**, bejahen/zustimmen/[verneinen/ablehnen]; **risposero che non ne sapevano niente**, sie erwiderten, dass sie nichts davon wussten; ~ (**a qc**) {A UN INVITO, A UN TELEGRAMMA} auf etw (acc) antworten, etw beantworten; **ho risposto a un annuncio di lavoro**,

ich habe auf eine Stellenanzeige geantwortet; ~ **ad una domanda/lettera**, eine Frage/einen Brief antworten, eine Frage/einen Brief beantworten; **si prega di** ~, um Antwort wird gebeten **2** (ribattere) ~ (**a qu**) (+ **compl di modo**) {A UN SUPERIORE} (irgendwie) widersprechen, (jdm) (irgendwie) antworten: **non ~ ai tuoi genitori in quel modo!**, gib deinen Eltern nicht so freche Antworten!, komm deinen Eltern nicht so! fam; **non sopporto che mi si risponda!**, ich ertrage es nicht, wenn man mir widerspricht! **3** (replicare) ~ **a qc** {AL FUOCO} etw erwidern; {A UN'ACCUSA, A UNA CRITICA, A UNA PROVOCAZIONE} auf etw (acc) antworten; {ALL'ATTACCO NEMICO} auf etw (acc) reagieren; ~ **al saluto di qu**, jds Gruß erwidern **4** (render conto) ~ (**a qu**) **di qc** {DELLE PROPRIE AZIONI} (jdm) über etw (acc) Rechenschaft schulden, für etw (acc) haften, für etw (acc) ein|stehen, die Verantwortung für etw (acc) übernehmen: **non devo ~ a voi di quello che faccio**, ich schulde euch keine Rechenschaft über das, was ich tue; **la direzione non risponde dei furti in camera**, die Direktion haftet nicht für Zimmerdiebstähle; **se succede qualcosa ne rispondo io**, wenn etwas passiert, steh ich dafür ein; **ne rispondo in prima persona**, ich hafte persönlich dafür **5** (esaudire) ~ **a qc** {NUOVO PRODOTTO AI BISOGNI DELLA GENTE, ALLE ESIGENZE DEI CLIENTI} etw erfüllen, etw (dat) entsprechen **6** (reagire a uno stimolo) ~ (**a qc**) {GAMBE, PAZIENTE TERAPIA} (auf etw acc) reagieren, (auf etw acc) an|sprechen **7** (corrispondere) ~ **a qc** {ALLE ASPETTATIVE} etw (dat) entsprechen **8** dir ~ **di qc** für etw (acc) einstehen müssen, für etw (acc) haften, dir sich wegen etw (acc) verantworten müssen **9** (nei giochi di carte) ~ **a qc** {A UNA CARTA, A FIORI} etw bedienen **10** post ~ (**a qu**) (jdm) zurück|schreiben, jdm antworten **11** sport (nel tennis) ~ (**a qc**) (**con qc**) {CON UN ROVESCIO LUNGOLINEA} (auf etw acc) mit etw (dat) antworten **12** tecnol ~ (**a qc**) {MACCHINA AL FRENO} (auf etw acc) an|sprechen, (auf etw acc) reagieren **13** tel ~ (**a qc**) (**etw**) ab|heben: ~ **al telefono**, sich am Telefon melden, drangehen fam; **chi va a ~?**, wer geht dran? fam; **non risponde**, es meldet sich niemand B tr (replicare) ~ **qc** etw antworten, etw erwidern, etw als Antwort geben: **non ha risposto nulla**, er/sie hat gar keine Antwort ● ~ **di sì/no**, mit Ja/Nein antworten, bejahen/verneinen; ~ **di qc in giudizio/tribunale**, für etw (acc) gerichtlich einstehen, sich für etw (acc) vor Gericht verantworten; ~ **male a qu** (in modo maleducato), {STUDENTE AL PROFESSORE} jdm unverschämt/frech antworten/kommen fam; ~ **male a qc** (in modo sbagliato), {STUDENTE ALLA DOMANDA} etw falsch beantworten, falsch auf etw (acc) antworten.

risponditóre m tel (Telefon)anrufbeantworter m.

risposàre A tr ~ **qu** {LA PRIMA MOGLIE} jdn noch einmal heiraten B itr pron: **risposarsi (con qu)** (jdn) noch einmal heiraten C rfl rec: **risposarsi** noch einmal heiraten, sich wieder verheiraten.

rispósi 1ª pers sing del pass rem di rispondere.

rispósta f **1** (il rispondere, ciò che si risponde) {ESATTA, SGARBATA, SODDISFACENTE; +STUDENTE} Antwort f: **aspettare la ~ di qu**, auf jds Antwort warten; **dare una ~ (a qu)**, jdm eine Antwort geben; **la ~ a questo quesito non è semplice**, die Antwort auf diese Frage ist nicht einfach; ~ **per iscritto**, schriftliche Antwort; **lasciare una lettera senza** ~, einen Brief unbeantwortet lassen; **dà certe risposte ai suoi insegnanti!**, er/sie gibt seinen Lehrern dermaßen unverschämte Antworten! **2** (*replica*) **- a qc** {A UN'OFFESA} Reaktion f *auf etw* (acc), Entgegnung f *auf etw* (acc): **questa è la ~ alle loro provocazioni!**, das ist die Reaktion auf ihre Provokationen! **3** (*reazione*) **- a qc** {+TRAPIANTATO AI FARMACI} Reaktion f *auf etw* (acc) **4** *mus* (*nella fuga*) Risposta f **5** *sport* (*nella scherma: stoccata*) Riposte f, Gegenstoß m; (*nel tennis*) Rückschlag m, Return m **6** *tecnol* {+FRENO} Ansprechen n, Reagieren n ● **in attesa di una Vostra ~ ...** *comm*, in Erwartung Ihrer Antwort ...; *avere* **sempre la ~ pronta** (*saper controbattere*), schlagfertig sein; **~ di *frequenza*** *fis*, Frequenzwiedergabe f; *in* **~ a qc** *comm* (*come ~*), {ALLA VOSTRA RICHIESTA} in Beantwortung etw (gen); **infilare la ~ esatta**, die richtige Antwort treffen; *per tutta* **~** (*come reazione*), anstatt zu antworten, als einzige Reaktion; *per tutta* **~ fece le valigie e se ne andò**, als einzige Reaktion, packte er/sie seine/ihre Koffer und verschwand.

rispostàccia <*pegg di risposta, -ce*> f (*risposta sgarbata*) grobe/barsche Antwort: **meritarsi una ~**, eine grobe Antwort verdienen.

rispósto part pass *di* rispondere.

rispuntàre itr <*essere*> **1** (*spuntare di nuovo*) {CAPELLI, MARGHERITE, PELI} wieder wachsen/sprießen **2** *fig* (*ricomparire*) wieder auf|tauchen/erscheinen: **ad un tratto rispuntò dietro a un albero**, plötzlich tauchte er/sie hinter einem Baum wieder auf.

rissa f **1** (*lite violenta*) Rauferei f, Schlägerei f: **attaccare ~ con qu**, eine Schlägerei mit jdm anfangen; **la lite finì in una ~**, der Streit endete mit einer Schlägerei **2** *dir* (*reato di ~*) Beteiligung f an einer Schlägerei, Raufhandel m.

rissosità <-> f (*litigiosità*) Rauflust f, Rauflustigkeit f.

rissóso, (-a) agg (*attaccabrighe*) {CARATTERE} streitsüchtig; {RAGAZZO} *anche* rauflustig.

rist. *edit* abbr *di* ristampa: Nachdr., Ndr., ND. (abbr *di* Nachdruck).

ristabiliménto m **1** (*ripristino*) {+EQUILIBRIO ECONOMICO} Wiederherstellung f **2** (*guarigione*) Erholung f: **il lungo riposo ha contribuito al suo ~**, die lange Pause hat zu seiner/ihrer Erholung beigetragen.

ristabilìre <*ristabilisco*> Ⓐ tr **1** (*ripristinare*) **~ qc** {CIRCOLAZIONE A TARGHE ALTERNE} *etw* wieder ein|führen; {LA DISCIPLINA, L'ORDINE, LA PACE} *etw* wieder|her|stellen; **~ la verità su qc**, die Wahrheit über etw (acc) ans Licht bringen, Licht in etw (acc) bringen, etw wieder ins rechte Licht rücken **2** (*rimettere in salute*) **~ qu** {CURA MALATO} jdn wieder|her|stellen Ⓑ itr pron (*riacquistare le forze*): **ristabilirsi** sich wieder erholen: **non si è ancora completamente ristabilito**, er hat sich noch nicht wieder vollständig erholt.

ristagnàre① itr **1** (*stagnare*) {FIUME, SANGUE} sich stauen **2** *fig* (*essere in stasi*) {AFFARI} stagnieren.

ristagnàre② tr (*ricoprire con stagno*) **~ qc** {PENTOLA, TUBO} *etw* wieder verzinnen.

ristàgno m **1** (*il ristagnare*) {+FIUME, SANGUE} Stauung f **2** *fig* (*recessione*) {ECONOMICO} Stagnation f, Stagnieren n.

ristàmpa f *edit* (abbr rist.) **1** (*il ristampare*) Nachdruck m, Neudruck m: **il volume è in ~**, der Band wird nachgedruckt **2** (*libro stampato*) Neuauflage f, Neuausgabe f ● **~ *anastatica***, anastatischer Druck; *fare la* **~ di un libro**, ein Buch neu auflegen/neu auflegen; *terza* **~**, dritte Auflage.

ristampàre tr *edit* (*stampare di nuovo*) **~ qc** {BIOGRAFIA, RACCOLTA DI POESIE, RACCONTO} *etw* nach|drucken, *etw* neu drucken/auf|legen.

ristàre <*coniug come stare*> itr forb *lett* <*essere*> re> (*esitare*) zögern.

ristobàr Ⓐ <-> m (*locale*) Bistrobar f Ⓑ <inv> agg {CARROZZA FERROVIARIA, SERVIZIO} Bordbistro-.

ristorànte Ⓐ m {ACCOGLIENTE, ELEGANTE, RAFFINATO} Restaurant n, Gaststätte f: **andare al ~**, ins Restaurant gehen; **stasera ceniamo al ~**, heute Abend essen wir im Restaurant; **~ (con stanze)**, Gasthof m; **~ della stazione**, Bahnhofsrestaurant n Ⓑ in funzione di agg <inv> {CARROZZA, VAGONE} Speise-; {ALBERGO} mit Restaurantbetrieb.

ristoràre Ⓐ tr **1** (*ritemprare*) **~ (qc) (con qc)** {LE FORZE COL SONNO} *etw* (*mit etw* dat) stärken: **un bagno turco che ristora**, ein stärkendes türkisches Bad **2** (*rifocillare*) **~ qc (con qc)** {STOMACO CON UN BUON PRANZETTO} *etw* (*mit etw* dat) stärken **3** *fig* (*risollevare*) **~ qc (con qc)** {LO SPIRITO CON LA MEDITAZIONE} *etw* (*mit etw* dat) erbauen forb Ⓑ rfl: **ristorarsi 1** (*riposarsi*) sich erholen **2** (*rifocillarsi*) sich stärken, sich erquicken forb.

ristoratóre, (-trice) Ⓐ agg **1** (*che rinvigorisce*) {PASTO, SONNO} labend forb, erquickend forb **2** (*che ristora*) {PIOGGIA, VENTICELLO} erquickend forb, erfrischend forb Ⓑ m (f) (*gestore di ristorante*) Gastwirt(in) m(f).

ristorazióne f (*servizio di confezionamento pasti*) {COLLETTIVA} Gaststättengewerbe n, Gaststättenwesen n.

ristòro m **1** (*riposo*) Stärkung f, Erquickung f forb: **cercare ~ nel sonno**, Erquickung forb im Schlaf suchen **2** *fig* (*sollievo morale*) Erholung f, Labung f forb.

ristrettézza f **1** (*spazio insufficiente*) {+LOCALE} Enge f **2** (*scarsità*) {+MEZZI} Eingeschränktheit f, {+DENARO, TEMPO} Knappheit f **3** *fig* (*meschinità*) Beschränktheit f: **~ d'idee**, Beschränktheit f der Ideen **4** (*solo pl*) (*condizioni economiche precarie*) bescheidene Verhältnisse: **essere/trovarsi/vivere in ristrettezze**, in bescheidenen Verhältnissen leben.

ristrétto, (-a) Ⓐ agg **1** (*insufficiente*) knapp: **avere a disposizione uno spazio ~**, einen knappen Raum zur Verfügung haben **2** (*scarso*) {MEZZI} eingeschränkt; {TEMPO} knapp **3** (*piccolo*) eingeschränkt, beschränkt: **alla cerimonia era presente un ~ numero di invitati**, bei der Zeremonie war eine beschränkte Anzahl von Gästen anwesend **4** (*limitato*) **~ (a qc)** eingeschränkt *auf etw* (acc), beschränkt *auf etw* (acc) **5** *fig* (*meschino*) {IDEE} beschränkt, kleinlich; {MENTALITÀ} *anche* engstirnig **6** *gastr* (*condensato*) {CAFFÈ} stark; {BRODO} Kraft- Ⓑ m *econ* Freiverkehr m.

ristrutturàbile agg (*che si può ristrutturare*) {APPARTAMENTO} renovierbar.

ristrutturàre tr **~ qc 1** (*riorganizzare*) {AZIENDA} *etw* um|strukturieren; {CREDITI, MILIARDI} *etw* um|schichten **2** *edil* {PALAZZO} *etw* renovieren, *etw* um|bauen, *etw* sanieren.

ristrutturàto, (-a) agg **1** (*riorganizzato*) {SOCIETÀ} umstrukturiert **2** *edil* {CASA} renoviert, umgebaut, saniert.

ristrutturazióne f **1** (*riorganizzazione*) Umstrukturierung f, Umstrukturieren n **2** *edil* Renovierung f, Umbau m, Sanierung f.

ristudiàre <*ristudio, ristudi*> tr **1** (*studiare di nuovo*) **~ (qc)** {LEZIONE} *etw* wiederholen **2** (*riesaminare*) **~ qc** {CASO} *etw* noch einmal (über)prüfen.

risucchiàre <*risucchio, risucchi*> tr **1** (*succhiare di nuovo*) **~ qc** {LATTE} *etw* auf|saugen: **l'auto fu risucchiata da una tromba d'aria**, das Auto wurde in den Sog einer Windhose gezogen **2** *fig* (*assorbire*) **~ qc a qu** jdn/etw auf|saugen: **il lavoro mi risucchia tutte le** energie, die Arbeit saugt alle meine Energien auf.

risùcchio <-chi> m (*vortice*) {+ACQUA} Strudel m, Wirbel m: **~ d'aria**, Luftsog m.

risultànte Ⓐ agg (*derivante*) **~ (da qc)** {PROPOSTA DALLA DISCUSSIONE} (*aus etw* dat) resultierend, sich (*aus etw* dat) ergebend Ⓑ mf *fis mat* (*ciò che risulta*) {+EQUAZIONI ALGEBRICHE} Resultante f Ⓒ f *fig* (*frutto*) Ergebnis n, Frucht f: **la ~ di molti anni di lavoro**, das Ergebnis der Arbeit vieler Jahre,|[vieler Jahre Arbeit].

risultànza f <*di solito al pl*> *amm* Ergebnis n, Resultat n: **le risultanze di un'inchiesta**, die Ergebnisse einer Umfrage.

risultàre itr <*essere*> **1** (*emergere*) **~ da qc** sich *aus etw* (dat) ergeben, *aus etw* (dat) resultieren, *aus etw* (dat) hervor|gehen: **dagli atti dell'inchiesta risulta che ...**, aus den Ermittlungsakten geht hervor, dass ...; **a quanto risulta ...**, so wie es aussieht ... **2** (*dimostrarsi*) **~ agg** sich als + agg erweisen: **ogni tentativo di salvarlo è risultato inutile**, jeder Versuch, ihn zu retten, hat sich als vergeblich/erfolglos erwiesen; **~ qc** sich als *etw* (nom) heraus|stellen, sich als *etw* (nom) erweisen; **dal sondaggio è risultato l'opinionista più amato**, in der Umfrage hat er sich als der beliebteste Kolumnist erwiesen **3** (*essere noto*) **~ a qu** jdm bekannt sein: **mi risulta che abbia saldato il debito**, soviel/soweit ich weiß, /[meines Wissens] hat er/sie die Schulden beglichen; **non mi risulta**, das ist mir nicht bekannt **4** (*derivare*) **~ da qc** {MAGGIOR GUADAGNO DAL CONTENIMENTO DELLE SPESE} *aus etw* (dat) resultieren, *aus etw* (dat) entstehen, sich *aus etw* (dat) ergeben.

risultàto m **1** (*esito*) {+ELEZIONI POLITICHE, ESAME} Resultat n, Ergebnis n: **~ delle analisi**, Untersuchungsergebnis n **2** (*effetto*) Wirkung f, Ergebnis n: **questo nuovo prodotto dà ottimi risultati**, dieses neue Produkt ,zeigt hervorragende Ergebnisse,/ [wirkt hervorragend] **3** *mat* {+OPERAZIONE, PROBLEMA} Ergebnis n **4** *sport* {+GARA, PARTITA} Ergebnis n.

risuolàre tr (*rifare le suole*) **~ qc** {MOCASSINI, SANDALI, STIVALI} *etw* neu besohlen.

risuolatùra f (*riparazione*) {+SCARPE} Neubesohlung f.

risuonàre Ⓐ itr <*essere o avere*> **1** (*suonare di nuovo*) {CAMPANA} wieder läuten; {TELEFONO} wieder klingeln: **il campanello risuona**, es klingelt wieder **2** (*echeggiare*) **~ (+ compl di luogo)** {PASSI SUL SELCIATO} *irgendwo* dröhnen, *irgendwo* tönen; {GRIDO NELLA NOTTE} wieder *irgendwo* ertönen/erklingen; *fig* (*irgendwo*) (nach|)klingen: **mi risuonano alla mente le sue parole**, seine/ihre Worte klingen in mir nach **3** (*rimbombare*) {SALA} wider|hallen Ⓑ tr <*avere*> (*suonare di nuovo*) **~ qc** {CAMPANELLO} wieder an *etw* (dat) klingeln/schellen; {CANZONE, STRUMENTO} *etw* wieder spielen: **~ il clacson**, wieder hupen.

risurrezióne f **1** *relig* Auferstehung f: **la ~ di Cristo,|[della carne]**, die Auferstehung Christi/[des Fleisches] **2** *fig* (*rinascita*) {+CASA EDITRICE} Wiederaufleben n.

risuscitàre Ⓐ itr <*avere*> **1** *anche relig* (*far tornare in vita*) **~ qu** {CRISTO LAZZARO} jdn auf|erwecken, jdn wieder zum Leben erwecken **2** *fig scherz* (*rinvigorire*) **~ (qu)** jdn wieder aufleben lassen: **questo dessert fa ~**, dieses Dessert erweckt einen wieder zum Leben **3** *fig* (*rimettere in uso*) **~ qc** {CONSUETUDINE, MODA, MODO DI DIRE} *etw* wieder in Umlauf bringen **4** *fig* (*ridestare*) **~ qc** {INVIDIA, RANCORE} *etw* wieder erwecken Ⓑ itr <*essere*>

risvegliare | **ritirare** 2281

1 relig (risorgere) {CRISTO} auf|erstehen **2** fig anche scherz (riprendere le forze) wieder auf|leben, ~ a quella notizia mi sono sentita ~, bei dieser Nachricht fühlte ich mich wie neugeboren.

risvegliàre <risveglio, risvegli> **A** tr **1** (svegliare) ~ **qu**/**qc** jdn/etw wecken: ~ **qu dal sonno**, jdn aus dem Schlaf wecken **2** (svegliare di nuovo) ~ **qu** {CAMPANELLO} jdn wieder (auf)|wecken **3** fig (stimolare) ~ **qc** {APPETITO, DESIDERIO, SETE} etw wieder wecken **4** fig (ridestare) ~ **qc** {LA MEMORIA} etw wieder wach|rufen; {RIMORSO} etw wieder erwecken; {ODIO} anche etw wieder aufflammen lassen: **quello sguardo risvegliò in lui l'antica gelosia**, jener Blick erweckte in ihm von neuem die alte Eifersucht **5** fig (scuotere) ~ **qu** (**da qc**) {CITTADINI DALL'INDIFFERENZA} jdn (aus etw dat) auf|rütteln: ~ **qu dalle sue fantasticherie**, jdn aus seinen Träumereien reißen **B** itr pron **1** (svegliarsi): **risvegliarsi** wieder erwachen **2** (svegliarsi di nuovo): **risvegliarsi** wieder erwachen **3** fig (ridestarsi): **risvegliarsi** {NATURA, PASSIONE} wieder erwachen, zu neuem Leben erwachen; {DISCORDIA} wieder auf|flammen; {SETTORE INDUSTRIALE} wieder in Schwung kommen; {VULCANO} wieder aktiv werden/erwachen **4** fig (riscuotersi): **risvegliarsi da qc** {DALL'APATIA} wieder aus etw (dat) erwachen.

risvéglio <-gli> m **1** (dal sonno) Erwachen n, Aufwachen n: **al mio ~ c'era una sorpresa ad attendermi**, als ich aufwachte, wartete eine Überraschung auf mich **2** fig (ritorno alla realtà) Wiedererwachen n: **avere un brusco ~**, ein böses Erwachen haben **3** fig (il ridestarsi) {+GELOSIA, PASSIONE} Wiederaufleben n, Wiederaufflammen n; {+ARTI, COMMERCIO} Wiederbelebung f; {+NATURA, VULCANO} Erwachen n.

risvòlto m **1** (parte) {+GIACCA} Aufschlag m, Revers n o m: **pantaloni con ~**, Hosen mit Aufschlag; {+BUSTA} Lasche f **2** fig (conseguenza) {ECONOMICO, POLITICO +SITUAZIONE} Kehrseite f **3** edit: ~ (**di copertina**), (Umschlag)klappe f; {testo} Klappentext m.

Rita f (nome proprio) Rita.

ritagliàre <ritaglio, ritagli> **A** tr **1** (tagliare) ~ **qc** (**da qc**) {ARTICOLO DAL GIORNALE} etw aus etw (dat) aus|schneiden; {STOFFA} etw aus etw (dat) ab|, zu|schneiden **2** (tagliare di nuovo) ~ **qc** {CORDA} etw wieder schneiden **B** rfl (tagliarsi di nuovo): **ritagliarsi** (**con qc**) {CON UN COLTELLO} sich wieder mit etw (dat) schneiden.

ritàglio <-gli> m **1** (pezzo) Ausschnitt m: ~ **di giornale**, Zeitungsausschnitt m **2** (brandello) Schnipsel m o n: ~ **di carta**, Papierschnipsel m o n; ~ **di stoffa**, Stoffschnipsel m o n, Stoffrest m; **ritagli di carne**, Fleischreste m pl ● ~ **di tempo** fig (un po' di tempo), freier Augenblick, freie Zeit; **nei ritagli di tempo curo il giardino**, in meiner freien Zeit kümmere ich mich um den Garten.

ritardàbile agg (che si può ritardare) {+VERSAMENTO} verzögerbar.

ritardànte farm **A** agg (che ritarda) {EFFETTO} verzögernd, retardierend **B** m (sostanza) retardierender Stoff.

ritardàre A itr **1** (essere in ritardo) {POSTA} sich verspäten; {DIRETTORE} anche auf sich warten lassen: **ho ritardato un'ora**, ich habe mich (um) eine Stunde verspätet; {TRENO} Verspätung haben; **il diretto ha ritardato mezz'ora**, der D-Zug hatte eine halbe Stunde Verspätung; {SVEGLIA} nach|gehen; **il mio orologio ritarda di cinque minuti**, meine Uhr geht fünf Minuten nach **2** (indugiare) ~ **a fare qc** {AD ALZARSI} mit (dat) zögern etw zu tun **B** tr ~ **qc 1** (far tardare) {INTOPPO PARTENZA} etw ver-, hinaus|zögern **2** (differire) {CONSEGNA, PAGAMENTO} etw auf|schieben, etw hinaus|zögern **3** (rallentare) {IL MOTO} etw verlangsamen **4** autom: ~ **l'accensione**, die Zündung verzögert einstellen **5** chim {REAZIONE} etw verzögern **6** mus {NOTA} etw verzögern ● **far ~ qu**, jdn aufhalten: **il mio collega mi ha fatto ~** (far tardi), mein Kollege hat mich aufgehalten.

ritardàta f → **ritardato**.

ritardatàrio, (-a) <-ri m> **A** agg (che arriva in ritardo) {IMPIEGATO} zuspätkommend, verspätet **B** m (f) **1** (chi arriva in ritardo) Zuspätkommende mf decl come agg, Verspätete mf decl come agg **2** (chi tarda a fare qc) Nachzügler(in) m(f), Verspätete mf decl come agg.

ritardàto, (-a) **A** agg **1** (che subisce ritardo) {PARTENZA} verschoben **2** (differito) {SCOPPIO} zeitversetzt **3** (rallentato) {MOTO} verzögert **4** med psic {RAGAZZO, SOGGETTO} (geistig) zurückgeblieben, retardiert scient **B** m (f) med psic Zurückgebliebene mf decl come agg.

ritàrdo m **1** (non puntualità) {LEGGERO, NOTEVOLE; +AEREO, AUTOBUS} Verspätung f: **un ~ nei pagamenti**/[nella consegna di un lavoro], Zahlungsverzug m/[Verspätung f bei der Abgabe einer Arbeit]; **vorrei scusarmi del ~**, ich möchte mich für die Verspätung entschuldigen; **avere un ~ di due ore**, zwei Stunden Verspätung haben; **arrivare/giungere in ~**, sich verspätet haben, verspätet ankommen, mit Verspätung ankommen; **partire con un'ora di ~**, mit einer Stunde Verspätung losfahren; **essere in ~** a scuola/[in ufficio], zu spät in der Schule/[im Büro] verspäten, zu spät in die Schule/[ins Büro] kommen; **essere in ~ di un'ora**, eine Stunde zu spät dran sein **fam 2** (arretratezza) {TECNOLOGICO} Rückstand m: **il ~ nello sviluppo di alcuni paesi**, der Entwicklungsrückstand einiger Länder **3** autom: ~ **dell'accensione**, Spätzündung f **4** mus Vorhalt m **5** psic Zurückgebliebenheit f: ~ **mentale**, geistige Zurückgebliebenheit **6** tecnol {+CONGEGNO, MOTORE} Verlangsamung f.

ritégno m (misura) Einschränkung f, Maß n: **mangia senza ~**, beim Essen kennt er/sie kein Maß, er/sie isst ohne Maß **2** (pudore) Zurückhaltung f, Hemmung f: **non avere più alcun ~**, überhaupt keine Hemmungen mehr haben; **cerca di avere un po' di ~!**, versuch mal, etwas zurückhaltender zu sein!; **avere ~ a fare qc**, sich scheuen, etw zu tun.

ritelefonàre A tr (telefonare di nuovo) ~ **qc a qu** {DATA DELL'INTERVISTA} jdm etw (telefonisch) wieder durch|geben/durch|sagen/mit|teilen **B** itr **1** (rifare una telefonata) ~ **a qu** jdn wieder an|rufen, wieder mit jdm telefonieren; (uso assol) wieder telefonieren **2** (richiamare) ~ **a qu** jdn zurück|rufen: **ha lasciato detto che le devi ~**, sie hat ausrichten lassen, dass du sie zurückrufen sollst.

ritempràre A tr **1** fig (rinvigorire) ~ **qu**/**qc** {CURA FISICO} jdn/etw wieder kräftigen, stärken: **alcuni giorni di riposo ti ritempreranno**, einige Tage Ruhe werden dich wieder stärken/[dir wieder Kraft geben] **2** fig (rinfrancare) ~ **qc** {LE FORZE, LO SPIRITO} etw stärken **3** tecnol ~ **qc** {ACCIAIO} etw wieder härten **B** rfl (tornare in forma): **ritemprarsi** sich wieder kräftigen, wieder in Form kommen.

ritenére① <coniug come tenere> **A** tr (credere) ~ **qu**/**qc** jdn/etw für etw (acc) halten, jdn/etw als etw (acc) betrachten, jdn/etw für etw (acc) an|sehen: **lo ritengo un amico fidato**, ich halte ihn für einen zuverlässigen Freund; ~ **qu fortunato**, der Meinung sein, dass jd Glück hat; **jdn glücklich schätzen**; ~ **qc un successo**, etw als einen Erfolg betrachten; **lo riteniamo vantaggioso**, wir betrachten es als vorteilhaft; **la riteniamo la più bella vacanza trascorsa insieme**, das sind für uns die schönsten Ferien, die wir zusammen verbracht haben; ~ **qu capace di fare qc**, jdm zutrauen, etw zu tun; ~ **qc etw**, denken, etw glauben, etw schätzen: **ritengo che un'altra operazione sia rischiosa**, ich denke/glaube, dass eine weitere Operation riskant ist; meiner Ansicht nach ist eine weitere Operation riskant; **si ritiene che...**, man glaubt, dass ....; **ritengo che venga lunedì**, ich schätze, dass er am Montag/[Montag] kommt; **ho ritenuto fosse giusto parlargli**, ich dachte, es sei richtig, mit ihm zu sprechen; **ritengo di sì**, ich glaube ja/schon **B** rfl (considerarsi): **ritenersi qc** sich für etw (acc) halten, sich irgendwie fühlen: **si ritiene superiore agli altri**, er/sie fühlt sich den anderen überlegen; **ritenersi intelligente**, sich für intelligent halten; **ritenersi nel giusto**, sich im Recht fühlen; **si ritiene un eroe**, er betrachtet sich als Held.

ritenére② <coniug come tenere> tr **1** (trattenere) ~ **qc** {BAMBINA LE LACRIME} etw zurück|halten, etw unterdrücken; {ARGINI PIENA} etw ein|dämmen **2** (ricordare) ~ **qc** {DATE, LUOGHI} etw behalten, sich (dat) etw merken: ~ **a memoria qc**, etw im Gedächtnis behalten, sich (dat) etw merken **3** contabilità ~ **qc a qu** (**su qc**) jdm etw von etw (dat)/+ gen ein|behalten, jdm etw von etw (dat)/+ gen ab|ziehen: **mi hanno ritenuto il 10% sullo stipendio**, sie haben mir 10% meines Gehalts einbehalten **4** med ~ **qc** {ACQUA, URINA} etw halten.

ritentàre tr **1** (riprovare) ~ (**qc**) {IMPRESA, LA SORTE} etw noch einmal/[wieder] versuchen: **ritenta, la prossima volta sarai più fortunato!**, versuche es noch einmal, nächstes Mal wirst du mehr Glück haben!; **l'atleta ritenterà di stabilire il record mondiale**, der Athlet/die Athletin wird noch einmal/[wieder] versuchen, den Weltrekord aufzustellen **2** fig (indurre di nuovo in tentazione) ~ **qu** jdn wieder in Versuchung führen.

ritenùta f contabilità Abzug m: **fare una** sullo stipendio/[sul salario], einen Gehalts-/Lohnabzug tätigen; ~ **d'acconto**, Steuervorauszahlung f; ~ **diretta**, direkter Abzug; ~ **alla fonte**, Quellensteuer f; ~ **previdenziale**, Sozialversicherungsabzug m.

ritenzióne f **1** med {+URINE} Verhaltung f, Retention f scient: ~ **idrica**, Wasserretention f scient **2** dir Zurückbehaltungsrecht n.

ritèssere tr ~ **qc 1** (tessere di nuovo) etw noch einmal weben/spinnen **2** fig (ordire nuovamente) {INTRIGO} etw wieder spinnen.

ritìngere <coniug come tingere> tr (tingere di nuovo) ~ **qc** {STOFFA} etw wieder färben; (di un altro colore) etw um|färben.

ritiràre A tr **1** (tirare di nuovo) ~ **qc** (**a qu**) {IL PALLONE} jdm etw wieder zu|werfen, etw wieder (zu etw dat) werfen **2** (tirare indietro) ~ **qc** {IL BRACCIO} etw zurück|ziehen; {GATTO UNGHIE} etw ein|ziehen **3** (rimuovere) ~ **qc** (**da qc**) {LE SEDIE DAL GIARDINO} etw aus/von etw (dat) holen **4** (richiamare) ~ **qu**/**qc** (**da qc**) {CONTINGENTE, TRUPPE DA UNA ZONA OCCUPATA} jdn/etw (aus etw dat) zurück|ziehen; {DIPLOMATICO} jdn zurück|berufen, jdn ab|berufen **5** (farsi consegnare) ~ **qc** (+ **compl di luogo**) {PACCO ALLA POSTA, PASSAPORTO, PERMESSO, SOLDI IN BANCA} etw (irgendwo) ab|holen, sich (dat) etw (irgendwo) aus|händigen lassen; {STIPENDIO} etw (irgendwo) beziehen: ~ **un pegno dal Monte di Pietà**, ein Pfand aus dem Leihhaus einlösen **6** (togliere dalla circolazione) ~ **qc** {FILM} etw aus dem Verkehr ziehen; {BANCONOTA} anche etw ein|ziehen;

{PRODOTTO} *etw* zurück|ziehen: ~ **un farmaco dal mercato**, ein Medikament zurückziehen/[vom Markt nehmen] **7** (*allontanare*) ~ **qu/qc da qc** {FIGLIO DA SCUOLA, SQUADRA DI CALCIO DAL TORNEO} jdn/etw von etw (dat) ab|melden; {DAL LICEO} *anche* jdn/etw von etw (dat) aus|schulen **8** (*togliere*) ~ **qc a qu** {PATENTE A UN AUTOMOBILISTA, PERMESSO A QU} *jdm etw* entziehen **9** *fig* (*annullare*) ~ **qc** {CANDIDATURA, DECRETO, PROPOSTA DI LEGGE} *etw* zurück|ziehen **10** *fig* (*ritrattare*) ~ **qc** {ACCUSA, OFFESA, QUERELA} *etw* zurück|nehmen; {DIMISSIONI} *anche etw* widerrufen: **ritira subito quello che hai detto!**, nimm sofort zurück, was du (gerade) gesagt hast! **11** *fig* (*riesumare*) ~ **fuori qc** wieder *mit etw* (dat) an|fangen: ~ **fuori una vecchia storia**, wieder mit einer alten Geschichte anfangen, eine alte Geschichte wieder ausgraben **B** *itr pron*: **ritirarsi 1** (*restringersi*) {VESTITO} ein|laufen, ein|gehen **2** (*rifluire*) {FIUME, MARE} zurück|gehen, ab|fließen **C** *rfl* **1** (*indietreggiare*): **ritirarsi** {ESERCITO} sich zurück|ziehen **2** (*appartarsi*): **ritirarsi** (+ **compl di luogo**) {IN CAMPAGNA, NEL PROPRIO STUDIO} sich (*irgendwohin*) zurück|ziehen: **ritirarsi in convento**, sich ins Kloster zurückziehen; **la corte si ritira**, der Gerichtshof zieht sich (zur Beratung) zurück **3** (*abbandonare*): **ritirarsi** (**da qc**) {DALLA POLITICA} sich (*aus etw* dat) zurück|ziehen; {DAL COMMERCIO} *anche* (*aus etw* dat) aus|steigen; {DA UNA GARA, DA SCUOLA} sich *von etw* (dat) ab|melden; {DA UN ESAME} *anche etw* hin|schmeißen *fam*: **ritirarsi da un concorso**, eine Bewerbung zurückziehen; **ritirarsi a vita privata**, sich ins Privatleben zurückziehen; {SQUADRA} auf|geben **4** (*rientrare a casa*): **ritirarsi** nach Hause kommen/gehen, heim|kommen, heim|gehen: **ieri sera ci siamo ritirati all'una**, gestern Abend sind wir um eins heimgekommen **5** *fig* (*disdire un impegno*): **ritirarsi** einen Rückzieher machen: **non posso ritirarmi ora**, ich kann jetzt keinen Rückzieher machen *fam*.

ritirata *f* **1** *mil* (*arretramento*) Rückzug m: **ordinare la ~**, den Rückzug anordnen **2** *mil* (*rientro in caserma*): **(l'ora della) ~**, Zapfenstreich m **3** *obs* (*latrina*) Abort m *obs* ● **battere in ~** *mil*, sich zurückziehen, den Rückzug antreten; *fig* (*recedere da un'impresa*), einen Rückzieher machen *fam*; ~ **strategica** *mil*, strategischer Rückzug m; **fare una ~ strategica** *fig* (*abbandono per evitare un insuccesso*), sich aus der Affäre ziehen *fam*.

ritirato, (-a) *agg* (*appartato*) zurückgezogen: **fare vita ritirata**, zurückgezogen leben.

ritiro *m* **1** (*richiamo*) {+TRUPPE} Rückzug m, Abzug m; {+AMBASCIATORE} Abberufung f **2** (*il ritirare*) {+BAGAGLI, PACCO} Abholung f; {+PENSIONE, STIPENDIO} Bezug m **3** (*dalla circolazione*) {+BANCONOTE SCADUTE, FILM} Entziehen n; {+PRODOTTO SCADUTO} Zurücknehmen n **4** (*allontanamento*) Aufgeben n, Rückzug m: ~ **da un'attività**, Aufgeben n einer Tätigkeit; ~ **da scuola**, Abmeldung f von der Schule; ~ **dal calcio**, Rückzug m vom Fußball **5** (*rinuncia*) Rückzug m, Zurückziehen n: **il ~ da un concorso**, das Zurückziehen einer Bewerbung; **il ~ da una gara**, die Abmeldung von einem Wettbewerb **6** (*revoca*) {+PERMESSO} Entziehung f: ~ **della patente**, Führerscheinentzug m **7** (*il ritirarsi in luogo appartato*) Sichzurückziehen n **8** (*luogo isolato*) Zufluchtsort m **9** *fig* (*annullamento*) {+CANDIDATURA} Zurückziehen n **10** *fig* (*ritrattazione*) {+DENUNCIA} Zurücknehmen n; {+DIMISSIONI} Widerrufen n, Widerruf m **11** *tecnol* {+GETTO DI GHISA} Schrumpfung f, Schwindung f; {+LEGNO} Eingehen n **12** *sport* {+SQUADRA} Trainingslager n: **la nazionale italiana è in** ~ **a Coverciano**, die italienische Nationalmannschaft ist in Coverciano im Trainingslager ● ~ (**spirituale**) *relig* (*periodo di preghiera e raccoglimento*), Einkehr f, Selbstbesinnung f; **fare un ~ (spirituale) di cinque giorni**, fünf Tage der/zur Besinnung einlegen.

ritmare *tr* (*adattare a un ritmo*) ~ **qc** {IL PASSO} *etw* nach einem Rhythmus richten; {CANZONE} *etw* rhythmisieren.

ritmato, (-a) *agg* (*fornito di ritmo*) {PASSO} rhythmisch; {BRANO MUSICALE} *anche* rhythmisiert.

ritmica <-che> *f mus ling* (*disciplina*) Rhythmik f.

ritmicità <-> *f* (*caratteristica*) {+MOVIMENTI, SUONI} Rhythmik f.

ritmico, (-a) <-ci, -che> *agg ling mus sport* {ACCENTO, POESIA, MUSICA, GINNASTICA} rhythmisch.

ritmo **A** *m* **1** *anche mus* (*cadenza*) {COSTANTE, LENTO, REGOLARE; +DANZA, MUSICA} Rhythmus m, Takt m: **ballare a ~ di rap**, im Rap-Takt tanzen; **a ~ di valzer**, im Walzertakt; **muoversi a ~ di musica**, sich im Rhythmus der Musik bewegen; **il ~ del tam tam**, der Rhythmus des Tamtams **2** *fig* (*scansione*) {FRENETICO; +LAVORO, VENDITE} Rhythmus m, Tempo n: **un ~ di vita stressante/tranquillo**, ein stressiger/ruhiger *fam* Lebensrhythmus; **aumentare il ~ della produzione**, das Produktionstempo steigern; {+IMMAGINI DI UN FILM, RACCONTO} Tempo n, Ablauf m, Rhythmus m; **il ~ serrato della narrazione**, der dichte Erzählrhythmus **3** *fig* (*ciclo*) {BIOLOGICO; +STAGIONI} Rhythmus m, Wechsel m **4** *arch* (*+COLONNATO*) Rhythmus m **5** *med* {CARDIACO} Rhythmus m: **il ~ della respirazione**, der Atemrhythmus; ~ **sinusoide**, Sinusrhythmus m **6** *ling* {TROCAICO +VERSO} Rhythmus m **B** *loc avv*: **a pieno** ~ {RIPRENDERE} voll, ohne Einschränkung {LAVORARE} *anche* auf vollen Touren ● **tenere il** ~ *mus*, das Tempo halten; *fig* (*essere all'altezza*), auf der Höhe sein; **tenere il ~ di qc**, {DI PRODUZIONE} mit etw (dat) Schritt halten.

rito **A** *m* **1** *relig* (*insieme di norme*) Ritus m, Ritual n: ~ **cattolico/ortodosso/ebraico**, katholisches/orthodoxes/hebräisches Ritual **2** *anche relig* (*cerimonia*) {+BATTESIMO, MESSA} Ritus m: ~ **funebre**, Totenmesse f, Totenamt n; ~ **nuziale**, Trauungs-, Hochzeitszeremonie f; **magico**, magischer Ritus **3** *fig* (*consuetudine*) {+DISCUSSIONE DELLA TESI DI LAUREA} Brauch m; *scherz* Ritual n: **il ~ del tè**, das Teezeremoniell, das Ritual des Teetrinkens; **fumare una sigaretta dopo pranzo è per lui un ~**, nach dem Essen eine Zigarette zu rauchen, ist für ihn ein Ritual **4** *dir* {CIVILE, PENALE} Verfahren n: ~ **abbreviato**, abgekürztes Verfahren; **in** ~ (*contrapposto a "nel merito"*), zur Prozessführung **B** <*inv*> *loc agg* (*consueto*): **di** ~ {AUGURI, DOCUMENTI, PREPARAZIONE} üblich; {PROCEDIMENTO} *anche* gebräuchlich ● ~ **di passaggio** *etnol*, Übergangsritual n; **sposarsi con** ~ **civile/religioso**, standesamtlich/kirchlich heiraten.

ritoccare (*ritocco, ritocchi*) **A** *tr* **1** (*toccare di nuovo*) ~ **qc** *etw* wieder berühren/an|fassen: **se ritoccate ancora quel vaso ve le do!**, wenn ihr diese Vase noch einmal berührt, gibt's Schläge! **2** *fig* (*modificare*) ~ **qc** {COPIONE, NOVELLA} *etw* überarbeiten, *etw* nach|bessern; {CHIRURGO LABBRA} *etw* straffen, *etw* liften **3** *fig* (*aumentare*) ~ **qc** {+PREZZO} *etw* erhöhen, *etw* an|heben **4** *fig* (*ripassare migliorando*) ~ **qc** (**con qc**) {TRUCCO} *etw* (*mit etw* dat) auf|frischen; {LABBRA, OCCHI COL KAJAL} (*mit etw* dat) nach|ziehen **5** *arte* (*nella pittura*) ~ **qc** {RITRATTO} *etw* überarbeiten, *etw* aus|bessern **6** *fot* ~ **qc** {FOTO} *etw* retuschieren **B** *itr* <*essere*> **1** (*essere di nuovo il turno di qu*): **ritocca a me**, ich bin wieder dran *fam*/[an der Reihe] **2** (*essere di nuovo costretto*): **mi è ritoccato prestargli la macchina**, ich musste ihm wieder den Wagen leihen **C** *rfl anche* (*truccarsi*): **ritoccarsi qc** (**con qc**) {GUANCE CON IL FARD} sich (dat) *etw* (*mit etw* dat) (nach|)schminken.

ritoccata *f* **1** *fig* (*modifica*) Überarbeitung f, Nachbesserung f: **dare una ~ a un racconto**, eine Erzählung überarbeiten **2** *fig* (*rincaro*) Erhöhung f, Anhebung f, Steigerung f: **dare una ~ ai prezzi**, die Preise anheben **3** *fig* (*ritocco*) Auffrischen n: **darsi una ~ al trucco**, sein/das Make-up auffrischen; **dare una ~ alle labbra**, seine/die Lippen nachziehen **4** *arte* (*nella pittura*) Überarbeitung f: **dare una ~ a un quadro**, ein Bild überarbeiten **5** *fot* Retuschierung f.

ritoccatore, (-trice) *m* (f) *fot* (*chi ritocca*) {+LASTRE FOTOGRAFICHE} Retuscheur(in) m (f).

ritocco <-chi> *m* **1** *fig* (*modifica*) Überarbeitung f: **fare alcuni ritocchi a una commedia**, eine Komödie überarbeiten/nachbessern; **fare una ~ a una gonna**, einen Rock ausbessern **2** *fig* (*aumento*) {+PREZZO DELLA BENZINA} Erhöhung f, Anhebung f, Steigerung f **3** *fig* Auffrischen n: **fare un ~ al trucco**, sein/das Make-up auffrischen **4** *arte* (*nella pittura*) Überarbeitung f **5** *fot* Retusche f ● **dare gli ultimi ritocchi a qc** (*ultimare perfezionando*), (die) letzte Hand an etw (acc) legen.

ritogliere <*coniug come* cogliere> *tr* (*togliere di nuovo*) ~ **qc** {DIVIETO DI SOSTA} *etw* wieder zurück|nehmen; ~ **qc** (**a qu**) {PATENTE} *jdm etw* wieder entziehen/ab|nehmen.

ritorcere <*coniug come* torcere> **A** *tr* **1** (*torcere di nuovo o meglio*) ~ **qc** {TOVAGLIA LAVATA} *etw* wieder (aus|)wringen **2** *fig* (*rivolgere*) ~ **qc contro qu** {INSINUAZIONE} *jdm etw* zurück|geben, *etw* gegen *jdn* kehren **3** *tess* ~ **qc** {FILATO} *etw* zwirnen **B** *itr pron fig* (*rivolgersi*): **ritorcersi contro qu/qc** sich *gegen jdn/etw* wenden, *auf jdn/etw* zurück|fallen: **l'accusa si è ritorta contro di lui**, die Anklage wandte sich gegen ihn/[fiel auf ihn zurück].

ritornare **A** *itr* <*essere*> **1** (*tornare*) ~ (+ **compl di luogo**) {AL PAESE NATALE} (*irgendwohin*) zurück|kehren: **se me ne potessi ~ a casa!**, wenn ich nur heimgehen/heimkehren/[nach Hause gehen] könnte!; **dopo il divorzio ritornò dai genitori**, nach der Scheidung kehrte er/sie wieder zu seinen/ihren Eltern zurück; **dovrebbe ritornarsene da dove è venuto!**, er sollte dahin zurückkehren, wo er hergekommen ist!; (*allontanandosi da chi parla*) *anche* (*irgendwohin*) zurück|gehen; (*avvicinandosi a chi parla*) *anche* {DALL'AUSTRIA, DALLE VACANZE, DA UNA VISITA AGLI AMICI} (*irgendwoher*) zurück|kommen; {DA SCUOLA} *aus etw* (dat) kommen **2** (*in autobus, macchina, treno*) ~ (+ **compl di luogo**) (*irgendwohin*) zurück|fahren; (*in aereo*) (*irgendwohin*) zurück|fliegen: ~ **a cavallo/nuoto**, zurückreiten/zurückschwimmen; ~ **a piedi**, (zu Fuß) zurückgehen **3** (*venire di nuovo*) noch einmal kommen, wieder|kommen: **ritorno domani sera a prenderti**, ich komme dich morgen Abend wieder abholen **4** (*andare di nuovo*) (+ **compl di luogo**) noch einmal/wieder (*irgendwohin*) gehen: **devo ~ dal dentista**, ich muss noch einmal zum Zahnarzt (gehen) **5** (*ridiventare*) + **compl di modo** {POVERO, TRANQUILLO} wieder *irgendwie* werden: **dopo la cura è ritornato in forma**, seit der Kur ist er wieder in Form; **il cielo è ritornato nuvoloso**, der Himmel hat sich wieder bezogen/[ist wieder bewölkt]; **dopo il lavaggio la giacca è ritornata come nuova**, nach dem Waschen sieht die Jacke wieder wie neu; ~ **polvere**, wieder zu Staub werden **6** (*riprendere*) **~ a/su qc** {SU UNA QUESTIONE, AL TEMA CENTRALE} *auf etw* (acc) zurück|kommen, *zu etw* (dat) zurück|kehren **7** (*andare indietro*) : **~ con la memoria all'infanzia**, sich (dat) die Kindheit ins Gedächtnis zurückrufen; **~ su qc** {SU UNA DECISIONE} *auf etw* (acc) zurück|kommen **8** (*venir restituito*) **~ a qu/qc** {CHIAVI AL PROPRIETARIO DELL'ALLOGGIO} *jdm/etw* zurück|geben werden, *an jdn/etw* zurück|gehen **9** (*rivenire*) {FEBBRE} wieder|kommen: **gli è ritornata la tosse**, er hat wieder Husten bekommen; (*rif. al tempo, alle stagioni*) wieder (da) sein; **è ritornata la primavera**, es ist wieder Frühling, der Frühling ist wieder da; **ritorna il sereno**, es wird wieder schön **10** (*ripetersi*) wieder|kehren: **è un tema che ritorna in tutti i suoi film**, das ist ein Thema, das in allen seinen Filmen wiederkehrt **11** : **~ dentro**, wieder eintreten; (*allontanandosi da chi parla*) anche wieder hinein|gehen; (*avvicinandosi a chi parla*) anche wieder herein|kommen **12** : **~ fuori**, (*allontanandosi da chi parla*) hinausgehen; (*avvicinandosi a chi parla*) anche heraus|kommen **13** : **~ giù**, (*allontanandosi da chi parla*) wieder hinunter|gehen; (*avvicinandosi a chi parla*) anche wieder herunter|kommen **14** : **~ indietro**, zurückkehren; (*allontanandosi da chi parla*) anche zurück|gehen; (*avvicinandosi a chi parla*) anche zurück|kommen **15** : **~ su**, (*allontanandosi da chi parla*) wieder hinauf|gehen; (*avvicinandosi a chi parla*) anche wieder herauf|kommen **16** : **~ su**, {CENA} wieder hoch|kommen B *tr* <*avere*> *amm comm region* (*restituire*) **~ qc** (**a qu**) (*jdm*) *etw* zurück|geben|schicken: **Le ritorno il vaso difettoso**, ich gebe Ihnen die fehlerhafte Vase zurück ● **in sé** (*riacquistare i sensi*), wieder zu sich (dat) kommen.

ritornèllo m **1** *lett* Kehrreim m **2** *mus* {+CANZONE} Refrain m **3** *fig fam* (*discorso ripetuto*) (alte) Leier *fam* *spreg*: **è sempre lo stesso ~!**, es ist immer die alte Leier! *fam spreg*.

ritórno A m **1** (*rientro*) Rückkehr f: **~ a casa**, Heimkehr f, Rückkehr f nach Hause; **ne discutiamo al mio ~**, wir diskutieren darüber, wenn ich zurück bin; **~ dal lavoro**, Rückkehr f von der Arbeit; **~ in ufficio**, Rückkehr f ins Büro; **saremo di ~ domenica**, wir werden am Sonntag zurück sein; **fare ~ in patria**, in seine Heimat zurückkehren; **ero appena di ~ dal mio viaggio quando ...**, ich war eben von meiner Reise zurückgekommen, als ... **2** (*con mezzo di locomozione*) Rückfahrt f **3** *fig* (*il tornare*) {+ESTATE, MODA, PRIMAVERA, USANZA} Wieder-, Rückkehr f, Wiederkommen n : **~ del freddo**, Kälteeinbruch m; **~ alle origini**, Rückkehr f zu den Ursprüngen; **~ sulla scena/sul set**, Come-back n **4** *comm* (*rinvio*) {+MERCE DANNEGGIATA} Rücksendung f, Rückgabe f B <*inv*> *loc agg*: **di ~ 1** *anche sport* {GIRONE, PARTITA, VIAGGIO, VOLO} Rück- **2** *comm* (*a rendere*) {VUOTI} Pfand- ● **avere qc di ~** (*avere qc in restituzione*), etw zurückhaben; **di ~** *fig* (*nella combustione*), Flammenrückschlag m; (*nella scherz iron* (*rinascita di un sentimento*), Wiederaufflammen n, erneutes Funken *fam*: **tra i due c'è stato un ~ di fiamma**, zwischen den beiden hat es wieder gefunkt *fam*; **~ di immagine** *fig* (*vantaggio per la propria immagine*), Imageaufwertung f.

ritorsióne f **1** (*rappresaglia*) Vergeltung f, Rache f: **per ~ rifiuta di parlargli**, er/sie weigert sich aus Rache, mit ihm zu sprechen **2** (*il ritorcersi*) Zurückenden n, Sichwenden n: **la ~ di una bugia contro chi l'ha inventata**, das Zurückfallen einer Lüge auf ihren Erfinder **3** *dir* wechselseitig begangene Beleidigungen **4** *dir polit* Retorsion f.

ritòrto, (-a) A *agg* **1** (*attorcigliato*) {CORDA, FILO} gezwirnt, gedreht **2** (*storto*) {BASTONE, RAMO} gekrümmt, krumm B m *tess* (*filato*) Zwirn m.

ritradùrre <*coniug* come condurre> *tr* **~ qu/qc** (**da qc**) (**in qc**) **1** (*tradurre di nuovo*) {GOETHE, POESIA DALL'ITALIANO IN TEDESCO} *jdn/etw* (*aus/von etw* dat) wieder (*in etw* acc) übersetzen, *jdn/etw* (*aus/von etw* dat) wieder (*in etw* acc) übertragen *forb* **2** (*nella lingua originale*) *jdn/etw* (*aus/von etw* dat) (*in etw* acc) rückübersetzen: **~ in italiano un racconto di Calvino**, eine Erzählung von Calvino ins Italienische rückübersetzen **3** (*da un testo tradotto in una terza lingua*) *jdn/etw* aus einer Übersetzung (*in etw* acc) übersetzen.

ritraduzióne f **1** (*il ritradurre*) {+BRANO} erneute Übersetzung/Übertragung *forb* **2** (*nella lingua originale*) Rückübersetzung f: **~ dall'inglese di una poesia di Baudelaire**, Rückübersetzung f eines Gedichtes von Baudelaire aus dem Englischen **3** (*di un testo tradotto*) Übersetzung f einer Übersetzung.

ritràrre <*coniug* come trarre> A *tr* **1** (*trarre indietro*) **~ qc** {MANO, PIEDE} *etw* weg|-, *etw* zurück|ziehen; {GATTO ARTIGLI} *etw* ein|ziehen **2** (*distogliere*) **~ qc da qc** {LO SGUARDO DALL'ORRIBILE VISTA} *etw von etw* (dat) ab|wenden **3** *fig* (*rappresentare*) **~ qu/qc** *jdn/etw* wieder|geben, *jdn/etw* zeigen: **questa foto la ritrae agli inizi della carriera**, dieses Foto zeigt sie am Anfang ihrer Karriere **4** *fig* (*descrivere*) **~ qc** {AMBIENTE} *etw* schildern, *etw* beschreiben **5** *arte* **~ qc** {PAESAGGIO} *etw* ab|bilden, *etw* dar|stellen; **~ qu** *jdn* porträtieren: **farsi ~ qc dal vivo**, *jdn/etw* naturgetreu abbilden **6** *fot* **~ qu/qc** {HELMUT NEWTON FOTOMODELLA} *jdn/etw* auf|nehmen, *jdn/etw* fotografieren: **~ in bianco e nero**/[**a colori**], schwarz-weiß/[in Farbe] fotografieren B *rfl* **1** (*tirarsi indietro*): **ritrarsi** (+ *compl di luogo*) {SU UNA COLLINA} sich (*irgendwohin*) zurück|ziehen; {DAVANTI A UN PERICOLO} *etw* (dat) aus|weichen, sich *etw* (dat) entziehen **2** *fig* (*non voler più fare*): **ritrarsi da qc** {DA UN IMPEGNO} einen Rückzieher *von etw* (dat) machen *fam*, *etw* auf|geben; {DA UN PROPOSITO} *anche von etw* (dat) zurück|treten **3** *arte*: **ritrarsi** sich selbst porträtieren/dar|stellen.

ritrattàbile *agg* (*che si può ritrattare*) {DICHIARAZIONE} widerrufbar, widerruflich.

ritrattàre① *tr* **1** (*smentire*) **~ (qc)** {LA PROPRIA CONFESSIONE} (*etw*) widerrufen: **un teste che ritratta**, ein Zeuge, der seine Aussage widerruft **2** (*ritirare*) **~ qc** {ACCUSA} *etw* zurück|nehmen.

ritrattàre② *tr* **~ qc** **1** (*trattare di nuovo*) {ARGOMENTO} *etw* wieder dar|legen/behandeln **2** *chim tecnol* {COMPOSTO CHIMICO} *etw* wieder behandeln.

ritrattazióne f (*smentita*) {+TESTIMONIANZA} Widerruf m: **fare una ~**, Widerruf leisten.

ritrattìsta <-*i* m, -*e* f> mf **1** (*pittore*) Porträtist(in) m(f), Porträtmaler(in) m(f) **2** (*scrittore*) Milieuschriftsteller(in) m(f).

ritrattìstica <-*che*> f **1** (*arte del ritratto*) Porträtmalerei f **2** (*insieme di opere*) {+SETTECENTO} Porträtmalerei f.

ritrattìstico, (-a) <-*ci*, -*che*> *agg* (*della ritrattistica*) {CORRENTE} Porträt-.

ritràtto m **1** *arte* {+PRINCIPE} Porträt n: **fare il ~ a/di qu**, *jdn* porträtieren, ein Porträt von *jdm* machen/malen/zeichnen; **farsi fare il ~**, sich porträtieren lassen, ein Porträt von sich (dat) machen lassen **2** *fot*: **~ fotografico**, Fotoporträt n; **~ di famiglia**, Familienbild n **3** *fig* (*descrizione*) Schilderung f: **ha tracciato un fedele ~ del suo paese**, er/sie hat eine zuverlässige Schilderung seines/ihres Landes gegeben **4** *fig* (*immagine somigliante*) Abbild n, Ebenbild n: **sei il ~ di tuo nonno**, du bist das Ebenbild deines Großvaters ● **è il ~ della gioia/salute** *fig* (*la personificazione*), er/sie ist die Freude/Gesundheit ₁in Person/[selbst].

ritrazióne f **1** *aero* {+CARRELLO} Zurückziehen n, Einziehen n **2** *med* (*restringimento*) {+MUSCOLO} Schrumpfung f, Retraktion f *scient*.

ritrosìa f **1** (*riluttanza*) Widerspenstigkeit f: **riuscii a vincere la sua ~ a parlare del caso**, es gelang mir, seinen/ihren Widerwillen zu überwinden, über den Fall zu sprechen **2** (*timidezza*) {+RAGAZZA} Schüchternheit f, Sprödigkeit f, Sprödheit f.

ritróso, (-a) A *agg* **1** (*schivo*) {CARATTERE} spröd(e), zurückhaltend, ungesellig **2** (*restio*) widerwillig, widerspenstig: **è ~ ad accogliere l'idea**, er nimmt die Idee widerwillig auf B *loc avv anche fig* (*all'indietro*): **a ~**, {ANDARE} rückwärts C m (f) (*persona scontrosa*) zurückhaltender/scheuer Mensch.

ritrovàbile *agg* (*che si può ritrovare*) {NUMERO} wieder auffindbar.

ritrovaménto m **1** (*il ritrovare*) {+OGGETTO SMARRITO} Wiederfinden n, Auffindung f **2** (*scoperta*) {+CADAVERE, INDIZIO} Entdeckung f **3** (*oggetto della scoperta*) {ARCHEOLOGICO} Entdeckung f, Fund m.

ritrovàre A *tr* **1** (*rinvenire*) **~ qu/qc** {BAMBINO, BICICLETTA, BORSETTA, PORTAFOGLIO} *jdn/etw* wieder|finden **2** (*scoprire*) **~ qu/qc** {ARMA DEL DELITTO, CADAVERE, SITO ARCHEOLOGICO} *jdn/etw* auf|finden, *jdn/etw* entdecken **3** (*trovare di nuovo*) **~ qu/qc** *jdn/etw* wieder (vor|)finden: **se ti ritrovo a fumare in casa saranno guai!**, wenn ich dich wieder beim Rauchen im Haus erwische, passiert was! *fam*; **ho ritrovato tutto in disordine**, ich habe wieder alles in Unordnung vorgefunden **4** (*incontrare*) **~ qu** {VECCHIO COMPAGNO DI SCUOLA} *jdn* wieder treffen **5** *fig* (*riprendere*) **~ qc** {IL CAMMINO, IL FILO DEL DISCORSO} *etw* wieder auf|nehmen **6** *fig* (*riacquistare*) **~ qc** {LA PACE} *etw* wieder|erlangen; {LA CALMA} *etw* wieder|gewinnen; **~ le forze/la forma**, wieder ₁zu Kräften/[in Form] kommen; **~ la salute**, wieder gesund werden **7** *fig* (*rivedere*) **~ qu/qc in qu/qc** *jdn/etw in jdm/etw* sehen, *jdn/etw in jdm/etw* erkennen: **in ti ritrovo me da giovane**, in dir sehe ich mich als jungen Menschen wieder B *itr pron* **1** (*trovarsi di nuovo*): **ritrovarsi in qc** {NELLA STESSA SITUAZIONE} sich wieder *in etw* (dat) befinden **2** (*capitare*): **ritrovarsi** (+ *compl di luogo*) {IN UNA SITUAZIONE INGARBUGLIATA, SULL'ORLO DI UNA CRISI} (*irgendwohin*) geraten, (*irgendwo*) sein: **~ in miseria**, in Not geraten **3** *fig fam* (*trovarsi a proprio agio*): **ritrovarsi** sich wohl fühlen: **in questa scuola non si ritrova**, in dieser Schule fühlt er/sie sich nicht wohl **4** *fig fam* (*orientarsi*): **ritrovarsi in qc** sich irgendwo zurecht|finden: **in una città così grande non mi ritrovo**, in einer so großen Stadt finde ich mich nicht zurecht C *rfl rec* (*incontrarsi*): **ritrovarsi** (+ *compl di luogo*) {AL BAR, IN PIAZZA} sich (*irgendwo*) treffen D *rfl intens fam anche scherz* (*avere*): **ritrovarsi** haben: **con i debiti che ti ritrovi non puoi certo andare in vacanza!**, mit den Schulden, die du hast, kannst du sicher nicht in Urlaub fahren!; **con la faccia che ti ritrovi...**, und du ₁wagst es/[hast die Stirn]... *spreg*; **ritrovarsi qc** *etw* vor|finden: **si è ritrovato una bolletta del telefono esorbitante**, er hat eine wahnsinnig hohe

Telefonrechnung vorgefunden ● **~ se stesso**, sich selbst wieder|finden.

ritrovàto m **1** (*invenzione*) Erfindung f: **gli ultimi ritrovati della scienza**, die letzten Erfindungen der Wissenschaft **2** (*scoperta*) Entdeckung f.

ritròvo **A** m **1** (*il ritrovarsi*) Treffen n, Treff m *fam*: **organizzare un ~ di motociclisti**, ein Treffen von Motorradfahrern/[einen Motorradfahrertreff *fam*) organisieren **2** (*punto d'incontro*) Treffpunkt m: **il caffè Griensteidl era il ~ dei letterati viennesi**, das Café Griensteidl war der Treffpunkt der Wiener Literaten **3** (*locale pubblico*) Lokal n **B** <inv> loc agg (*di incontro*): **di ~**, {LUOGO, PUNTO} Treff-.

rìtto, (-a) **A** agg **1** (*diritto in piedi*) aufrecht: **mettersi ~ sulle zampe**, Männchen machen; **stare ~**, {PERSONA} aufrecht/gerade stehen **2** (*eretto*) {CODA} senkrecht; {LIBRI} hochkant: **piantare un palo ~ in terra**, einen Pflock senkrecht in die Erde rammen **B** m **1** (*diritto*) {+STOFFA} rechte Seite **2** *edil arch* (*sostegno*) Senkrechte f **3** *sport* (*nel salto con l'asta*) Sprungständer m ● **situazione senza ~ né rovescio fig** (*ingarbugliata*), verworrene/vertrackte *fam* Situation.

rituàle **A** agg **1** (*secondo il rito*) {INIZIAZIONE, ORAZIONE} rituell **2** *fig anche scherz* (*abituale*) {GESTO, LAVORO} üblich, gewöhnlich: **il ~ jogging mattutino**, das übliche Morgen-Jogging **B** m **1** (*insieme dei riti*) Ritual n pl **2** (*cerimoniale*) {+PASQUA} Ritual n, Zeremonie f **3** (*libro*) Ritualbuch n.

ritualìsmo m Ritualismus m.

ritualìsta <-i m, -e f> mf (*conoscitore*) Ritenforscher(in) m(f).

ritualìstico, (-a) <-ci, -che> agg (*relativo al rito e al rituale*) rituell.

ritualità <-> f (*carattere rituale*) {+GESTO} ritueller Charakter.

ritualizzàre tr *anche fig* **~ qc** {CERIMONIA, ATTO} *etw* ritualisieren.

ritualizzazióne f *anche fig* {+CERIMONIA, ATTO} Ritualisierung f.

ritualménte avv *dir* ordnungsgemäß, in der vorgeschriebenen Form: **costituirsi ~**, sich in der vorgeschriebenen Form einlassen.

rituffàre **A** tr (*immergere di nuovo*) **~ qu + compl di luogo** {AMICO IN PISCINA} jdn wieder in *etw* (acc) tauchen; **~ qc + compl di luogo** {BISCOTTO NEL LATTE} *etw* wieder in *etw* (acc) (ein|)tauchen **B** rfl **1** (*tuffarsi di nuovo*): **rituffarsi + compl di luogo** {IN MARE} wieder *irgendwohin* springen, {DAL TRAMPOLINO} wieder *von etw* (dat) springen **2** (*lanciarsi di nuovo*): **rituffarsi + compl di luogo** {NELLA MISCHIA} sich wieder in *etw* (acc) stürzen; {PORTIERE SUL PALLONE} sich wieder *auf etw* (acc) werfen **3** *fig* (*abbandonarsi*): **rituffarsi in qc** {NEI PIACERI} sich wieder *etw* (dat) hin|geben; {NELLA VITA NOTTURNA} sich wieder *in etw* (acc) stürzen **4** *fig* (*dedicarsi interamente*): **rituffarsi in qc** {NELLA LETTURA} sich wieder *in etw* (acc) vertiefen/versenken; {NEL LAVORO} sich wieder *in etw* (acc) stürzen.

riunificàre <riunifico, riunifichi> **A** tr (*riunire*) **~ qc** {PAESE DIVISO} *etw* wieder|vereinigen: **la Germania è stata riunificata il 3 ottobre 1990**, Deutschland wurde am 3. Oktober 1990 wiedervereinigt **B** rfl (*unificarsi di nuovo*): **riunificarsi** {SINISTRA} sich wieder vereinigen.

riunificazióne f (*riconquista dell'unità*) Wiedervereinigung f: **la ~ della Germania**, die Wiedervereinigung Deutschlands, die deutsche Wiedervereinigung.

riunióne f **1** (*assemblea*) {+CONSIGLIO DI ISTITUTO, MINISTRI, PARTITO} Versammlung f, Sitzung f; {+INSEGNANTI} *anche* Konferenz f; {+SOCI DI UN CLUB} Treffen n: **andare a una ~ degli scout**, an einem Pfadfindertreffen teilnehmen; **~ di condominio**, (Wohnungs)eigentümerversammlung f; **~ dei docenti con i genitori**, Elternabend m; **il direttore è in ~**, der Direktor ist in einer Konferenz/Sitzung; **~ di famiglia**, Familientreffen n; **fare una ~**, eine Versammlung machen, sich versammeln; **~ di lavoro**, Arbeitstagung f; **~ in sede referente**, berichterstattende Sitzung; **~ sindacale**, Gewerkschaftssitzung f, Gewerkschaftsversammlung f **2** (*il riunirsi*) {+CONIUGI} Wiederversöhnung f **3** *sport* (*manifestazione*) {+PUGILATO} Treffen n, Begegnung f.

riunìre <riunisco> **A** tr **1** (*unire*) **~ qc** {TESSERE DI UN PUZZLE} *etw* wieder zusammen|setzen **2** (*mettere insieme*) **~ qc** {GREGGE, LETTERE SPARSE} *etw* sammeln **3** (*radunare*) **~ qu (+ compl di luogo)** *jdn (irgendwo)* versammeln: **~ degli amici in giardino per un barbecue**, Freunde zu einem Gartengrillfest einladen **4** (*riconciliare*) **~ qu/qc** {DUE AMICI, FAMIGLIA} *jdn/etw* versöhnen, *jdn/etw* wieder zusammen|führen/vereinen **5** (*convocare*) **~ qu/qc** {DIRETTORE CONSIGLIO DI AMMINISTRAZIONE} *jdn/etw* ein|berufen; {CAPO DI GOVERNO MINISTRI, PRESIDE INSEGNANTI} *jdn/etw* zusammen|rufen **B** itr pron **1** (*fare una riunione*): **riunirsi (+ compl di luogo)** {CONSIGLIO COMUNALE} sich (*irgendwo*) versammeln, *irgendwo* zusammen|treten; **il parlamento si riunisce**, das Parlament tagt; {AMICHE A CASA DI QU} sich (*irgendwo*) treffen, *irgendwo* zusammen|kommen **2** (*ricongiungersi*): **riunirsi a qu/qc** {AL RESTO DEL GRUPPO} sich wieder *mit jdm/etw* vereinen, sich wieder *an jdn/etw* an|schließen.

riunìto, (-a) **A** agg **1** (*radunato*) **~ (+ compl di luogo)** {RAGAZZI AL BAR} (*irgendwo*) versammelt: **eccoci finalmente riuniti!**, endlich sind wir alle versammelt! **2** (*associato*) {SOCIETÀ} vereinigt **B** m *med* Gesamtgerüst n (*Zahnarztstuhl mit Artzgerät, Helferinelement und Spülbecken*).

riusàbile agg (*che si può riutilizzare*) {BATTERIA} wiederverwendbar.

riusàre tr (*riutilizzare*) **~ qc** {ATTREZZO, ESPRESSIONE, PROVERBIO} *etw* wieder benutzen/verwenden/gebrauchen; **~ qc come qc** {GARAGE COME MAGAZZINO} *etw* wieder *als etw* (acc) benutzen.

riuscìre <coniug *come* uscire> itr <essere> **1** (*essere capace*) es schaffen, *etw* können: **riesce a cavarsela in tutte le situazioni**, er/sie schafft es, in allen Situationen davonzukommen; **non riesco ad aprire questo barattolo**, ich schaffe es nicht, diese Dose aufzumachen; ich bekomme diese Dose nicht auf; **provaci ancora! – È inutile, non ci riesco!**, probier's noch einmal! – Es hat keinen Sinn, ich schaffe es nicht!; **è riuscito a diventare un bravo medico**, er hat es geschafft, ein guter Arzt zu werden **2** (*potere*) können: **non riesco proprio a capire perché si comporti così!**, ich kann wirklich nicht verstehen, warum er/sie sich so verhält! **3** (*essere in grado*) **~ a qu** *jdm* gelingen: **non mi riesce di prendere la linea**, es gelingt mir nicht/[ich schaffe es nicht] durchzukommen *fam* **4** (*avere esito*) **~ + compl di modo** *irgendwie* gehen, *irgendwie* aus|fallen: **l'intervento chirurgico è perfettamente riuscito**, der chirurgische Eingriff ist sehr gut gegangen; **~ bene**, gelingen, gut ausfallen, klappen *fam*; **~ male**, misslingen, schlecht ausfallen, danebengehen *fam* **5** (*avere esito positivo*) **~ (a qu)** (*jdm*) gelingen: **l'esperimento è riuscito**, das Experiment ist gelungen; **il soufflé non mi è riuscito**, der Auflauf ist mir misslungen **6** (*essere*) **~ a qu + agg** *irgendwie* erscheinen, *irgendwie* sein, *irgendwie* wirken, sich *als etw* (nom)/*irgendwie* erweisen: **riesce antipatica a tutti**, sie ist allen unsympathisch **7** (*risultare*) **~ + agg** sich *als etw* (nom)/*irgendwie* erweisen: **è riuscito primo nella gara di nuoto**, er ist Erster im Schwimmwettkampf geworden, er hat den Wettkampf im Schwimmen gewonnen; **~ utile/dannoso/vano**, sich als nützlich/schädlich/vergeblich erweisen; **~ difficile**, schwer|fallen **8** (*avere successo*) **~ in qc** {NELLA CARRIERA, NEGLI STUDI} *in etw* (dat) erfolgreich sein, *in etw* (dat) Erfolg haben: **riesce in tutto**, er/sie hat in allem Erfolg; **qual è il segreto per ~ nella vita?**, welches ist das Erfolgsgeheimnis im Leben? **9** (*essere dotato*) **~ in qc** {IN LATINO, IN MATEMATICA} *in etw* (dat) begabt sein, *in etw* (dat) gut sein **10** (*uscire di nuovo*) **~ (+ compl di luogo)** {DALLA BANCA, DI CASA, DAL CINEMA} wieder (*aus etw* dat) (hinaus|)gehen: **devo ~ più tardi**, ich muss später noch einmal rausgehen *fam*; {SCASSINATORE DALLA FINESTRA} wieder (*aus etw* dat) steigen; {ACQUA DAL CANALE} wieder (*aus etw* dat) (hinaus|)fließen **11** *rar* (*sboccare*) **~ + compl di luogo** {STRADA SULLA PIAZZA, IN VALLE} *irgendwohin* münden, *irgendwohin* führen.

riuscìta f **1** (*esito*) {FELICE, OTTIMA, PESSIMA; +IMPRESA} Ausgang m **2** (*buon esito*) {+ESPERIMENTO NUCLEARE, FESTA} Gelingen n **3** (*successo*) {+ATLETA, SCOLARO} Erfolg m **4** (*durata*) {+ABITO, LAVAPIATTI} Haltbarkeit f: **fare una buona/cattiva ~**, von guter/schlechter Qualität sein, lange/[nicht lange] halten.

riuscìto, (-a) agg **1** (*con un certo esito*) **~ + compl di modo** {MOSTRA, SPETTACOLO} (*irgendwie*) gelungen: **una cena ben/mal riuscita**, ein gelungenes/misslungenes Abendessen **2** (*che ha avuto successo*) {ALLEANZA POLITICA, INTERVENTO AL CUORE} erfolgreich; {MATRIMONIO} glücklich, gelungen.

riutilizzàbile agg (*che si può riutilizzare*) {CARTA, SACCHETTO} wiederverwendbar.

riutilizzàre tr (*utilizzare nuovamente*) **~ qc** {AVANZI, SCATOLA} *etw* wieder verwenden, *etw* wieder verwerten.

riutilizzazióne, **riutilìzzo** f (*reimpiego*) {+LOCALE} Wiederverwendung f; {+CARTA} Wiederverwertung f.

RIV m abbr *di* Regolamento Internazionale Veicoli: "Übereinkommen n über die gegenseitige Benutzung der Güterwagen im internationalen Verkehr".

rìva f **1** (*parte di terra*) {+FIUME, LAGO} Ufer n; {+MARE} Küste f: **camminare in ~ al mare**, an der Küste spazieren gehen; **passeggiare in ~ al fiume**, am Flussufer spazieren gehen; **le rive del Reno**, die Rheinufer **2** *mar* Bram f.

rivaccinàre tr *med* (*vaccinare di nuovo*) **~ qu/qc (contro qc)** {BAMBINO CONTRO IL TETANO, VITELLO CONTRO LA POLMONITE} *jdn/etw* wieder (*gegen etw* acc) impfen, *jdn/etw* (*gegen etw* acc) revakzinieren *scient*.

rivàle **A** agg (*in competizione*) {ECONOMIE} rivalisierend, gegnerisch: **essere rivali in amore**, Nebenbuhler sein; **essere rivali nel lavoro**, in der Arbeit Konkurrenten/Rivalen sein/[wetteifern] **B** mf (*antagonista*) Rivale m, Rivalin f, Konkurrent(in) m(f); (*in amore*) Nebenbuhler(in) m(f) ● **essere senza ~**/[**non avere**] **rivali** (*essere insuperabile*), {ATLETA, ATTORE, VINO} nicht seinesgleichen haben; **non temere rivali** (*ritenersi superiore ad altri*), {CANTANTE} sich allen überlegen fühlen; (*essere superiore ad altri*) {RISTORANTE} keinen Vergleich scheuen, alle anderen in den Schatten stellen, allen anderen den Rang ab|

laufen.

rivaleggiàre <rivaleggio, rivaleggi> itr 1 (competere) ~ (con qu) (per qc) (in qc) {CON I COLLEGHI PER UN POSTO DI CAPOREDATTORE} (mit jdm) (um etw acc) (in etw dat) rivalisieren, (mit jdm) (um etw acc) (in etw dat) wetteifern: ~ **in politica/amore**, in der Politik/Liebe rivalisieren 2 fig (essere all'altezza) ~ **con qu** jdm gewachsen sein, sich mit jdm messen können: **è uno chef che può ~ con chiunque**, er ist ein Chefkoch, der ˌsich mit jedem messen kannˌ/[alle anderen in den Schatten stellt].

rivalérsi <coniug come valere> itr pron 1 (rifarsi): ~ **di qc su qu** sich (dat) bei jdm wegen etw (gen) Genugtuung verschaffen 2 (servirsi di nuovo): ~ **di qc** {DELL'AEREO} etw wieder verwenden, {DELL'APPOGGIO DI QU} etw wieder in Anspruch nehmen.

rivalità <-> f {ARTISTICA, SPORTIVA} Rivalität f, Konkurrenz f, Wetteifern n: ~ **in amore**, Rivalität f forb in der Liebe; ~ **nel lavoro**, Arbeitskonkurrenz f; ~ **tra industrie**, Rivalität f zwischen Industriebetrieben.

rivalorizzàre A tr (valorizzare di nuovo) ~ **qc** {SETTORE INDUSTRIALE} etw wieder aufˌwerten B itr pron rfl (riacquistare valore): **rivalorizzarsi** {PATRIMONIO ARTISTICO} wieder an Wert gewinnen, sich wieder aufˌwerten.

rivàlsa f 1 (rivincita) Revanche f, Genugtuung f: **prendersi la ~ su qu**, sich bei jdm revanchieren, es jdm heimzahlen; **quella fu la sua ~**, das war seine/ihre Revanche; **l'ha fatto solo per ~**, er/sie hat es nur getan, um sich zu revanchieren/rächen 2 banca dir (diritto di ~) Regressanspruch m, Rückgriffsanspruch m, Regressrecht n, Rückgriffsrecht n: ~ **su una tratta insoluta** Rückgriff m mangels Zahlung der Tratte.

rivalutàre A tr 1 (valutare di nuovo) ~ **qc** {SITUAZIONE} etw neu bewerten/beurteilen 2 fig (riconoscere il valore) ~ **qu/qc** (per/[a causa di] qc) {ARTISTA, OPERA FILOSOFICA PER LA SUA MODERNITÀ} jdn/etw (wegen etw gen) aufˌwerten 3 comm ~ **qc** {ANELLO DI BRILLANTI, QUADRO} etw wieder/neu schätzen 4 econ ~ **qc** {MONETA} etw aufˌwerten, etw revalvieren B itr pron (aumentare di valore): **rivalutarsi** {IMMOBILE} an Wert zuˌnehmen, im Wert steigen.

rivalutazióne f 1 (nuova valutazione) {+SITUAZIONE} neue Beurteilung f 2 fig (riconoscimento del valore) {+MOVIMENTO ARTISTICO, PITTORE} Aufwertung f 3 comm {+GIOIELLO} Aufwertung f, Revalvation f 4 econ {+DOLLARO} Aufwertung f, Revalvation f; {+CONTO} Wertberichtigung f, Wertfortschreibung f.

rivangàre <rivango, rivanghi> tr ~ **qc** 1 fig (rievocare) {IL PASSATO, RICORDI, STORIE} etw wieder aufˌrühren, wieder an etw (acc) rühren 2 agr {TERRENO} etw wieder umˌgraben.

rivascolarizzazióne f med (ripristino dell'attività vascolare) Revaskularisation f scient.

rivedére <coniug come vedere> A tr 1 (vedere di nuovo) ~ **qu/qc** {FALCO} jdn/etw wieder sehen, etw wieder sehen: **vorrei rivedere volentieri quello spettacolo**, ich würde die Vorstellung gerne noch einmal sehen 2 (incontrare di nuovo) ~ **qu** {AMICO} jdn wieder sehen: **spero di rivederti presto!**, ich hoffe, dich bald wieder zu sehen!; **se lo rivedete, dategli il mio indirizzo!**, wenn ihr ihn wieder seht, gebt ihm meine Adresse!; **non lo rivedrò più**, ich werde ihn nicht mehr sehen 3 (cogliere di nuovo sul fatto) ~ **qu** jdn wieder ertappen/erwischen fam: **e che non ti riveda farlo!**, und dass ich dich nicht noch einmal dabei erwische fam!; non voglio rivederti con quel ragazzo!, ich möchte dich nicht noch einmal mit dem Jungen erwischen fam! 4 (visitare di nuovo) ~ **qu** {MEDICO PAZIENTE} jdn noch einmal untersuchen 5 (controllare) ~ **qc** {CONTRATTO} etw durchˌsehen; {CONTI} etw revidieren, etw überprüfen 6 (correggere) ~ **qc** {BOZZE, LAVORO DI QU} etw revidieren 7 (modificare) ~ **qc** {PREZZO} etw herunterˌsetzen: **questo articolo è da ~**, dieser Artikel ist umzuarbeiten; fig {LA PROPRIA POSIZIONE} etw revidieren 8 (revisionare) ~ **qc** {FRENI, MOTORE} etw nachˌprüfen, etw überholen 9 (ripassare) ~ **qc** {LEZIONE; ATTRICE PARTE} etw wiederholen 10 ~ **qc** {PROCESSO} etw wieder aufˌhören!
B rfl 1 (ricordarsi): **rivedersi** sich erinnern: **mi rivedo studentessa all'università**, ich erinnere mich daran, als ich Studentin war; ich sehe mich wieder als Studentin 2 (riconoscersi): **rivedersi in qu** sich in jdm wiederˌerkennen C rfl rec (incontrarsi di nuovo): **rivedersi** (+ compl di tempo) (+ compl di luogo) {AL MARE, A SCUOLA} sich (irgendwann) (irgendwo) wieder sehen, sich (irgendwann) (irgendwo) wieder treffen: **ci rivedremo la prossima estate**, wir sehen uns nächsten Sommer wieder ● **a rivederci!** (formula di saluto), auf Wiedersehen!; **ci rivedremo!** fig, du wirst noch von mir hören!; **non farti più ~!** (sparisci!), und lass dich hier nicht wieder blicken!; **ci rivedremo a Filippi!**, bei Philippi sehen wir uns wieder!, das wird ein Nachspiel haben!

rivedìbile mil A agg (temporaneamente inabile) vorübergehend nicht tauglich: **dichiarare qu ~**, jdn zurückstellen B m vorübergehend nicht Taugliche m decl come agg.

rivedùta f edit Durchsicht f: **dare una ~ alle bozze**, die Fahnen durchsehen.

rivedùto, (-a) agg edit {EDIZIONE} durchgesehen ● **e corretto** anche fig, durchgesehen und verbessert.

rivelàbile agg (che si può rivelare) {NOTIZIA SEGRETA} enthüllbar.

rivelàre A tr 1 (svelare) ~ **qc** (a qu) {NOTIZIA, PIANO DI UNA RAPINA, SEGRETO} (jdm) etw offenbaren, (jdm) etw enthüllen; {NASCONDIGLIO} anche (jdm) etw verraten: **ti rivelo un'indiscrezione**, ich verrate dir etwas 2 (manifestare) ~ **qc** {VOLTO DI QU GRANDE SERENITÀ} etw verraten, etw zeigen: **questo discorso rivela la sua cultura**, diese Rede offenbart seine/ihre Bildung; **i fatti recentemente accaduti rivelano che ...**, die jüngsten Tatsachen zeigen, dass ... 3 scient tecnol ~ **qc** etw zeigen, etw sichtbar machen: **il cannocchiale rivelò la presenza di macchie sul sole**, das Fernrohr machte das Vorhandensein von Sonnenflecken sichtbar B itr pron (mostrarsi): **rivelarsi** sich zeigen: **la sua preparazione si rivela nel suo ultimo romanzo**, sein/ihr Wissen zeigt sich in seinem/ihrem letzten Roman C rfl 1 (dimostrarsi): **rivelarsi + compl di modo** sich als etw (nom)/irgendwie erweisen, sich als jd/etw entpuppen: **si è rivelata estremamente disponibile**, sie hat sich als extrem hilfsbereit erwiesen; **si è rivelato un eccellente diagnosta**, er hat sich als hervorragender Diagnostiker erwiesen 2 relig (manifestarsi): **rivelarsi (a qu)** {DIO AGLI UOMINI} sich (jdm) offenbaren.

rivelàto, (-a) agg relig {RELIGIONE, VERITÀ} geoffenbart.

rivelatóre, (-trice) A agg (che rivela) {GESTO, INDIZIO} enthüllend, verräterisch, viel sagend B m 1 elettr {+TENSIONE} Anzeigevorrichtung f 2 fot Entwickler m 3 nucl {+PARTICELLE} Zähler m, Messer m: ~ **di elettroni**, Elektronenanzeigegerät n 4 tecnol radio Detektor m ● ~ **di gas**, Gasanzeiger m; ~ **d'incendio**, Feuermelder m; ~ **di mine**, Minensuchgerät n; ~ **di radioattività**, Geigerzähler m; ~ **sismico**, Erdbebenmelder m; ~ **di traffico stradale**, (Straßen)verkehrsanzeigegerät n.

rivelazióne f 1 (il rivelare) {+NOTIZIA, SEGRETO} Enthüllung f 2 (cosa rivelata) Offenbarung f. Enthüllung f: **l'articolo contiene clamorose rivelazioni**, der Artikel enthält Aufsehen erregende Enthüllungen 3 (sorprendente scoperta) Entdeckung f: **la giovane tennista è stata una vera ~**, die junge Tennisspielerin war eine echte fam Entdeckung 4 elettr Demodulation f 5 relig (manifestazione) {DIVINA} Offenbarung f ● **fare una ~ a qu**, jdm etw eröffnen.

rivèndere <coniug come vendere> tr anche comm (vendere a propria volta) ~ **(qu/qc a qu/qc)** {AUTO, CALCIATORE A UN'ALTRA SQUADRA, APPARTAMENTO A UNA SOCIETÀ IMMOBILIARE} jdn/etw jdm/etw weiterˌverkaufen: ~ **qc al minuto**, etw im Einzelhandel weiterverkaufen ● **te la rivendo come l'ho sentita** fam (riportare qc senza avvalorarne l'autenticità), ich weiß das nur ˌaus zweiter Handˌ/[vom Hörensagen].

rivendìbile agg (che si può rivendere) wiederverkäuflich.

rivendicàre <rivendico, rivendichi> A tr ~ **qc** 1 (lottare per) {LIBERTÀ POLITICA, RELIGIOSA} etw fordern, für etw (acc) einˌtreten 2 (affermare il riconoscimento) {FISICO LA PATERNITÀ DELLA SCOPERTA} etw beanspruchen 3 (attribuirsi la responsabilità) {TERRORISTI ATTENTATO} sich zu etw (dat) bekennen 4 dir (chiedere la restituzione) {BENE IMMOBILE} die Herausgabe von etw verlangen B rfl (vendicarsi di nuovo): **rivendicarsi (di qu/qc su qu/qc)** sich wieder (für jdn/etw an jdm/etw) rächen.

rivendicatìvo, (-a) agg (di rivendicazione) {AZIONE} fordernd.

rivendicazióne f 1 (richiesta) {SOCIALE} Forderung f: ~ **sindacale**, gewerkschaftliche Forderung 2 (riaffermazione) {+DIRITTO} Beanspruchung f 3 (il rivendicare) Sichbekennen n: ~ **di un attentato** (scritta), Bekennerbrief m; (telefonica) Bekenneranruf m 4 (riconoscimento) {+PATERNITÀ DI UN'OPERA} Anerkennung f ● **di brevetto**, Patentanspruch m; **rivendicazioni territoriali**, Gebietsansprüche m pl.

rivèndita f 1 (negozio) {+GENERI ALIMENTARI} Laden m, Geschäft n: ~ **di tabacchi**, Tabakladen m 2 (il rivendere) {+TERRENO EDIFICABILE} Wiederverkauf m; comm Weiterverkauf m.

rivenditóre, (-trice) m (f) 1 (venditore al minuto) (Einzel)händler(in) m(f): **lo troverete dal vostro ~ di fiducia**, das finden Sie bei dem Einzelhändler Ihres Vertrauens 2 (di seconda mano) {+LIBRI USATI} Verkäufer(in) m(f).

rivenìre <coniug come venire> itr (tornare) ~ + compl di luogo {A CASA, IN UFFICIO} (irgendwohin) zurückˌkehren.

riverberàre A tr (riflettere) ~ **qc** {SPECCHIO RAGGI DEL SOLE} etw widerˌspiegeln; {CALORE} etw zurückˌstrahlen; {SUONO} etw zurückˌwerfen B itr pron 1 (riflettersi): **riverberarsi** {LUCE} sich widerˌspiegeln; {CALORE} zurückˌstrahlen; {SUONO} zurückgeworfen werden 2 fig (estendersi): **riverberarsi su qu/qc** sich auf jdn/etw ausˌwirken, auf jdn/etw ausˌstrahlen: **la sua allegria si riverbera sugli amici**, seine/ihre Fröhlichkeit ˌsteckt seine/ihre Freunde anˌ/[überträgt sich auf seine/ihre Freunde].

riverberazióne f fis (riflesso) {+LUCE} Widerschein m; {+CALORE} Rückstrahlung f; {+SUONO} Nachhall m.

rivèrbero A m 1 (riflesso) {+LUCE} Wider-

schein m: **proteggersi dal ~ del sole**, sich vor dem Widerschein der Sonne schützen; {+CALORE} Rückstrahlung f; {+SUONO} Nachhall m **2** fig (effetto) Auswirkung f **B** loc avv **anche** fig (di riflesso): **di ~**, indirekt.

riverènte agg (rispettoso) {ATTEGGIAMENTO, PAROLE, PERSONA} ehrfürchtig, ehrerbietig.

riverènza f **1** (inchino) {PROFONDA, UMILE} Verneigung f, Reverenz f forb: **fare la ~ davanti a qu**, sich vor jdm verneigen **2** (rispetto) Ehrerbietung f, Hochachtung f.

riverìre <riverisco> tr **1** (rispettare) **~ qu/qc** {ANZIANI, GENITORI} jdn/etw verehren, jdn/etw achten: **~ la memoria dei caduti**, das Andenken der Gefallenen achten **2** scherz o iron (salutare) **~ qu** sich jdm empfehlen: **La riverisco!**, ich empfehle mich!

riverìto, (-a) agg **1** (rispettato) {NOME} verehrt **2** scherz o iron (saluto) verehrt anche scherz o iron **~ direttore/ministro!**, verehrter Direktor/Minister!

riverniciàre <rivernicio, rivernici> tr (verniciare di nuovo) **~ qc** (di qc) {PALIZZATA DI BIANCO} etw wieder (irgendwie) streichen.

riverniciàta f (il riverniciare): **dare una ~ alle persiane**, die Fensterläden neu streichen.

riverniciatùra f **1** neue Lackierung; (azione) anche neues Lackieren **2** fig (rinnovamento apparente) scheinbare Erneuerung.

riversàre **A** tr **1** (versare di nuovo) **~ qc** (**a qu**) {DELLA BIRRA IN UN BOCCALE} (jdm) etw wieder ein|gießen/ein|schenken: **riversami da bere per favore!**, schenk mir bitte noch einmal zu trinken ein **2** fig (scaricare) **~ qc su qu** {UOMO AGGRESSIVITÀ SUI FAMILIARI} etw an jdm aus|lassen; {RAGAZZINO COLPA SULLA SORELLA} etw auf jdn schieben, jdm etw in die Schuhe schieben: **riversa tutto il suo amore sul figlio**, er/sie überhäuft seinen/ihren Sohn mit seiner/ihrer ganzen Liebe; **~ su qu le proprie angosce**, die eigenen Ängste auf jdn übertragen; **~ qc in qc** etw für etw (acc) auf|wenden; **riversa nella ricerca medica tutte le sue energie**, er/sie wendet seine/ihre ganze Energie für die medizinische Forschung auf **3** inform **~ qc** (**da qc**) (**in qc**) {DATI NEL COMPUTER} etw (von etw dat) (auf etw acc) übertragen **4** tecnol **~ qc** (**da qc**) (**in/a qc**) {CANZONE DA UNA CASSETTA A UN'ALTRA, DAL CD IN CASSETTA} etw (von etw dat) (auf etw acc) überspielen **B** itr pron: **riversarsi + compl di luogo** **1** (fuoriuscire) {ACQUE DELLA VASCA IN CORRIDOIO} irgendwohin fließen, sich irgendwohin ergießen **2** fig (uscire in massa) {TIFOSI NELLE STRADE} etw überfluten.

rivèrso, (-a) agg (supino) rücklings, auf dem Rücken liegend: **la polizia trovò il ragazzo ~ sul marciapiede**, die Polizei fand den Jungen rücklings liegend auf dem Bürgersteig.

rivestiménto m **1** (il rivestire) {+PARETE} Verkleidung n, (rivestimento di f; {+SEDILE} Beziehen n; {+STRADA} Belegen n **2** (materiale) {IMPERMEABILE, METALLICO} Verkleidung f; (per poltrone) Bezug m, Überzug m: **~ interno**, Innenverkleidung f, Futter n; **~ esterno**, Außenverkleidung f, äußerer Überzug; **~ di/in legno**, Holzverkleidung f, Holzverschalung f, Holztäfelung f; **~ di/in mattonelle**, Kachel-, Fliesenbelag m; **~ di/in marmo**, Marmorverkleidung f; **~ di/in pelle**, Lederbezug m **3** tecnol {+TUBO} Mantel m, Überzug m.

rivestìre <rivesto> **A** tr **1** (ricoprire) **~ qc** (**di/con qc**) {MURO CON LASTRE DI PIETRA} etw (mit etw dat) verkleiden; {SEDIE DI PAGLIA} etw (mit etw dat) beziehen; {PARETE DI CARTA DA PARATI} etw (mit etw dat) bekleiden forb, etw (mit etw dat) bedecken **2** (vestire di nuovo) **~ qu** (**con qc**) {MAMMA BAMBINO CON ABITI PIÙ LEGGERI} jdm wieder etw an|ziehen, jdn wieder (mit etw dat) an|kleiden **3** (fornire di abiti nuovi) **~ qu** jdn neu ein|kleiden **4** fig (avere) **~ qc** etw inne|haben, etw bekleiden forb: **~ una carica**, ein Amt innehaben/bekleiden forb; **~ un grado**, einen Rang innehaben **5** fig (assumere) **~ qc** {ARGOMENTO IMPORTANZA} etw ein|nehmen **6** fig (mascherare) **~ qc di/con qc** {LA SUPERBIA DI MODESTIA} etw (mit etw dat) tarnen, etw mit etw (dat) maskieren, etw (hinter etw dat) verbergen **B** itr pron (ricoprirsi): **rivestirsi di qc** {PRATO DI FIORI} sich wieder mit etw (dat) bedecken **C** rfl (vestirsi di nuovo): **rivestirsi** sich wieder an|ziehen/an|kleiden: **dopo la doccia si rivestì**, nach der Dusche zog er/sie sich wieder an. **~ la divisa/toga/...** fig (essere militare, giudice, ecc.), Uniform/Talar/... tragen, Soldat/Richter/... sein.

rivestìto, (-a) agg **1** (ricoperto) **~ di/con qc** {PARETE DI AFFRESCHI} mit etw (dat) bedeckt; {MURO DI LEGNO} mit etw (dat) verschalt, mit etw (dat) verkleidet: **muro ~ di piastrelle**, gekachelte Wand **2** (foderato) **~ di/con qc** {BAULE DI STOFFA} mit etw (dat) über-, bezogen **3** (vestito di nuovo) {BAMBINO} wieder angezogen **4** (con abiti nuovi) neu eingekleidet, neugekleidet: **tutto ~ a nuovo**, {RAGAZZO} völlig neu eingekleidet.

rivestitùra f → rivestimento.

rivettàre tr tecnol **~ qc** etw nieten.

rivettatrìce f tecnol Nietmaschine f.

rivétto m tecnol Niet m o n, Niete f.

rivìdi 1ª pers sing del pass rem di rivedere.

rivièra f **1** geog Küste f **2** sport (nell'equitazione) Wassergraben m • **la Riviera adriatica**, die Adriatische Küste; **la Riviera dei fiori** (la costa di Sanremo), die Blumenriviera; **la Riviera (italiana)**, die (italienische) Riviera; **la Riviera (ligure)**, die ligurische Riviera; **la Riviera di Levante**, die Ostküste Liguriens; **la Riviera di Ponente**, die Westküste Liguriens.

rivieràsco, (-a) <-schi, -sche> **A** agg (della riviera) {LOCALITÀ, POPOLAZIONE} Küsten- **B** m (f) (abitante) Küstenbewohner(in) m(f).

rivìncere <coniug come vincere> tr (**qc**) **1** (vincere di nuovo) {IL CAMPIONATO, CONCORSO DI BELLEZZA, GROSSA SOMMA} (etw) wieder gewinnen: **~ al lotto**, wieder im Lotto gewinnen **2** (vincere quanto perduto) etw wieder gewinnen.

rivìncita f **1** (rivalsa) Revanche f: **prendersi la ~ su qu/qc**, sich bei jdm (für etw acc) revanchieren **2** sport Revanche f: **concedere la ~ a qu**, jdm Revanche geben; **volere la ~**, Revanche verlangen.

rivisitàre tr **1** (visitare di nuovo) **~ qc** {CITTÀ, MUSEO} etw wieder besichtigen **2** fig (reinterpretare) **~ qu/qc** {EPOCA STORICA, OPERA LETTERARIA, SCRITTORE} jdn/etw neu interpretieren, jdn/etw neu aus|legen: **~ Romeo e Giulietta in chiave moderna**, Romeo und Julia nach einem modernen Interpretationsschlüssel neu auslegen.

rivisitàto, (-a) **A** part pass di rivisitare **B** agg (reinterpretato) {TESTO} neu interpretiert, neu ausgelegt.

rivisitazióne f fig (riesame) {STORICA, +MOVIMENTO ARTISTICO, MUSICISTA} Neuauslegung f.

rivissùto, (-a) **A** part pass di rivivere **B** agg (che è stato ~) {ESPERIENZA} wieder gemacht; {VITA} wieder gelebt; {PERIODO} wieder verbracht.

rivìsta f **1** (pubblicazione specializzata di alto livello) {MEDICA} Zeitschrift f, Revue f: **~ letteraria**, Literaturzeitung f, Literaturblatt n; **~ ornitologica/scientifica**, ornithologische/wissenschaftliche Zeitschrift **2** (rotocalco) {+MODA} Zeitschrift f: **~ d'arredamento**, Zeitschrift f für Inneneinrichtung; **~ cinematografica**, Filmmagazin n; **~ femminile/maschile**, Frauen-/Männerzeitschrift f; **~ di fotografia**, Fotozeitschrift f; **~ illustrata**, Illustrierte f, Magazin n; **~ mensile**, Monatsschrift f; **~ trimestrale**, Vierteljahr(e)sschrift f **3** mil (parata) Truppenschau f, Parade f, Revue f obs: **la ~ per la festa della Repubblica**, die Parade für das Fest der Republik **4** mil (ispezione) Durchsicht f, Überprüfung f **5** teat (spettacolo di varietà) Revue f • **passare in ~ qc** (passare in rassegna) {TRUPPE} etw paradieren lassen; fig {VARI LOCALI} etw prüfen, etw begutachten.

rivìsto, (-a) **A** part pass di rivedere **B** agg **1** (visto di nuovo) {COMMEDIA} wieder gesehen **2** (incontrato di nuovo) {AMICO} wieder getroffen **3** (controllato) {TESTO} durchgesehen **4** (revisionato) {MOTORE} inspiziert.

rivitalizzàre **A** tr **~ qc** **1** (dar nuovo impulso) {ASSOCIAZIONE} etw neu beleben **2** (nella cosmesi) {CREMA LA PELLE} etw wieder beleben **B** itr pron: **rivitalizzarsi** **1** {GENERE LETTERARIO} zu neuem Leben erwachen **2** (nella cosmesi) {PELLE} sich neu beleben.

rivitalizzazióne f (atto, effetto) Neubelebung f, Wiederbelebung f.

rivìvere <coniug come vivere> **A** itr <essere> **1** (tornare a vivere) wieder lebendig werden, noch einmal leben **2** (continuare a vivere) **~ in qu** in jdm weiter|leben, in jdm wieder le|bendig werden: **nella figlia mi sembra di veder ~ la moglie morta**, ihm scheint es, als lebe seine verstorbene Frau in seiner Tochter weiter **3** fig (riacquistare forza) {PERSONA} wieder aufleben: **in questo posto mi sento ~**, an diesem Ort fühle ich mich wie neu geboren **4** fig (rifiorire) {CITTÀ, TRADIZIONE} wiederaufleben, zu neuem Leben erwachen; {CIVILTÀ} anche eine neue Blüte erleben **B** tr <avere> (tornare a vivere) **~ qc** {LA PROPRIA INFANZIA} etw wieder erleben/durchleben; {EMOZIONE} anche etw wieder spüren; {UN'ESPERIENZA NEGATIVA} etw noch einmal durch|machen • **far ~ qc**, {TRADIZIONE} etw wieder aufleben lassen.

rìvo m **1** (ruscello) Bach m, Fluss m **2** (flusso abbondante) Sturzbach m, Fluss m: **rivi di lacrime**, Sturzbäche m pl von Tränen; **rivi di parole**, Wort-, Redeschwall m spreg.

rivolére <coniug come volere> tr **1** (volere di nuovo, spesso il verbo sottinteso va esplicitato in tedesco) **~ qu/qc** jdn/etw wieder wollen/wünschen: **ti rivuole qui alle cinque**, er/sie will dich um fünf wieder hier sehen **2** (volere in restituzione) **~ (indietro) qu/qc** {LA PROPRIA FIGLIA, I PROPRI PATTINI} jdn/etw zurück|wollen, jdn/etw zurück|verlangen.

rivòlgere <coniug come volgere> **A** tr **1** (dirigere) **~ qc verso/a qu/qc** {GLI OCCHI VERSO IL FRATELLO, VERSO L'USCITA} etw (auf etw acc) (auf etw dat)] richten: **gli rivolse uno sguardo eloquente**, er/sie warf ihm einen beredten Blick zu **2** fig (indirizzare) **~ qc a qu/qc** etw auf jdn/etw richten; {PAROLA AL VICINO, PENSIERO ALLA FAMIGLIA, PREGHIERA A QU} etw an jdn richten; {GLI SFORZI A UN PROGETTO DI LAVORO} etw auf etw (acc) verwenden; {CRITICA A QU} etw an jdm üben: **un saluto a qu**, jdm grüßen **B** rfl **1** fig (indirizzarsi): **rivolgersi a qu** sich an jdn wenden, sich jdm zu|wenden: **mi rivolgo al pubblico qui presente**, ich wende mich an das hier anwesende Publikum **2** fig (ricorrere): **rivolgersi a qu** (**per qc**) {A UN VIGILE PER UN'INFORMAZIONE} sich wegen etw (gen) an jdn wenden: **non so proprio a chi rivolgermi**, ich weiß wirklich nicht, an wen ich mich wenden soll.

rivolgiménto m **1** (mutamento) {POLITICO, SOCIALE; +STATO} Umsturz m, Umbruch m

2 *astr* (*rivoluzione*) {+TERRA} Umkreisung f, Umlauf m **3** *med* (*versione*) {+FETO} Wendung f.

rìvolo m **1** (*rigagnolo*) Bach m, Rinnsal m **2** *fig* (*flusso*) Rinnsal n, Bach m: **un ~ di sangue gli uscì dalla bocca**, ein Rinnsal von Blut floss aus seinem Mund (heraus); **un ~ di sudore gli scendeva lungo la schiena**, Schweißbäche flossen seinen Rücken hinunter.

rivòlta f **1** (*insurrezione*) {POPOLARE; +CONTADINI, PROLETARI, SCHIAVI} Revolte f, Aufstand m: **il paese è in ~**, das Land ist in Aufruhr/[revoltiert]; **è scoppiata una violenta ~**, eine blutige Revolte ist ausgebrochen **2** *fig* (*ribellione*) Rebellion f, Auflehnung f, Aufbegehrung f, Aufsässigkeit f: **essere animato da uno spirito di ~**, von Aufsässigkeit beseelt sein.

rivoltànte *agg* (*ripugnante*) {SCENA, VISTA} abstoßend.

rivoltàre A *tr* **1** (*voltare dalla parte opposta*) **~ qc** {CARTA DA GIOCO, CUSCINO, MATERASSO, PIATTO, QUADRO} *etw* um|drehen, {ARROSTO} *anche etw* wenden **2** *fig* (*ripugnare*) **~ qu**, (**qc**) **a qu** *jdn* ab|stoßen, *jdn* an|ekeln, *jdn* an|widern: **l'arroganza di quell'uomo mi rivolta**, die Arroganz jenes Mannes stößt mich ab; **lo sciroppo per la tosse mi rivolta (lo stomaco)**, der Hustensaft dreht mir den Magen um **3** *agr* (*voltare più volte*) **~ qc** {FIENO} *etw* wenden; {TERRA} *etw* um|graben **4** *gastr* **~ qc** {BISTECCA, COTOLETTA} *etw* um|drehen, *etw* wenden, (*rimescolare*) {INSALATA, SPAGHETTI} *etw* mischen **5** **~ qc** {IMPERMEABILE, VESTITO} *etw* um|stülpen, *etw* um|drehen, *etw* um|schlagen B *itr pron* (*ribellarsi*): **rivoltarsi a/contro qu/qc** {FIGLIO AI GENITORI, CONTRO L'AUTORITÀ} sich *gegen jdn/etw* auf|lehnen, *gegen jdn/etw* rebellieren, sich *gegen jdn/etw* auf|lehnen: **il cane mi si è rivoltato contro**, der Hund hat mich angegriffen **2** *fig* (*rimescolarsi*): **rivoltarsi a qu** sich *jdm* um|drehen: **mi si rivolta lo stomaco solo a pensarci**, es dreht mir den Magen um, wenn ich nur daran denke C *rfl* (*rigirarsi*): **rivoltarsi + compl di luogo** {NEL LETTO} sich *irgendwo* hin und her wälzen.

rivoltàta f (*il rivoltare in fretta*) schnelles Wenden: **dare una ~ alla bistecca**, das Beefsteak schnell wenden.

rivoltèlla f (*pistola*) Revolver m.

rivoltellàta f (*colpo di revolver*) Revolverschuss m: **è stato ferito da una ~**, er wurde durch einen Revolverschuss verletzt.

rivòlto *agg* (*voltato*) **~ a/verso qu/qc a jdn/etw** gewandt: **con le spalle rivolte al/[verso il] pubblico**, mit den Schultern zum Publikum.

rivoltolàre A *tr* (*voltare più volte*) **~ qc** {FRITTELLE NELL'OLIO} *etw* hin|- und her|wälzen; (*di nuovo*) *etw* wieder wälzen B *rfl* (*voltarsi più volte*): **rivoltolarsi + compl di luogo** {ELEFANTE NEL FANGO; UOMO NEL LETTO} sich *irgendwo* hin und her wälzen; (*di nuovo*) sich wieder *irgendwo* wälzen.

rivoltóso, (-a) A *agg* {CONTADINI, OPERAI, MOTI} aufständisch, aufrührerisch B m (f) (*insorto*) Aufständische mf *decl come agg*, Aufrührer(in) m(f).

rivoluzionàre *tr* **~ qc** **1** (*mutare radicalmente*) {ROMANZO DEL NOVECENTO STRUTTURE NARRATIVE; SCOPERTA DELLA PENICILLINA MEDICINA} *etw* revolutionieren, *etw* völlig verändern; {SISTEMA PREVIDENZIALE, STRUTTURA DELLA SOCIETÀ} *anche etw* um|wälzen, {NASCITA DI UN FIGLIO VITA FAMILIARE} *etw* revolutionieren, *etw* radikal verändern, *etw* auf den Kopf stellen **2** (*mutare radicalmente l'ordine*) {ARMADIO} *etw* völlig neu ordnen.

rivoluzionàrio, (-a) <-ri m> A *agg* **1** (*di rivoluzione*) {IDEALE, MOVIMENTO} revolutionär: **lui è uno spirito ~**, er ist ein Revolutionär/[revolutionärer Geist] **2** *fig* (*innovatore*) {PITTORE, SCOPERTA SCIENTIFICA} revolutionär, innovativ B m (f) (*sovversivo*) Revolutionär(in) m(f), Umstürzler(in) m(f), Revoluzzer m *fam spreg*.

rivoluzióne f **1** (*insurrezione*) Revolution f, Umsturz m: **fare la ~**, die Revolution machen **2** (*rinnovamento radicale*) {INFORMATICA, TECNOLOGICA} Revolution f, Umwälzung f: **~ demografica**, demographische Revolution; **la ~ copernicana**, die kopernikanische Revolution; **~ culturale**, Kulturrevolution f **3** *fig fam* (*scompiglio*) Aufruhr m, Revolution f: **la sua presenza in casa ha scatenato una vera ~**, seine/ihre Anwesenheit im Haus/in der Wohnung hat alles auf den Kopf gestellt **4** *astr* Umlauf m: **la ~ della Terra intorno al Sole**, der Umlauf der Erde um die Sonne **5** *mat* (*in geometria*) Umdrehung f • **fare una ~** *fig* (*clamorosa protesta*), lautstark protestieren; **la ~ francese** *stor*, die Französische Revolution; **ho lo stomaco in ~** (*in subbuglio*), mein Magen ist ganz durcheinander; **la ~ industriale** *stor*, die industrielle Revolution; **la ~ d'ottobre** *stor*, die Oktoberrevolution.

riyàl <-> m *arabo econ* Riyal m, Rial m.

rizòma m *bot* Rhizom n, Wurzelstock m.

rizzàre A *tr* **1** (*alzare su dritto*) **~ qu/qc** {BAMBINA CADUTA} *jdn/etw* auf|richten, *jdn/etw* wieder auf die Füße stellen; {PALO, SEDIA, GATTO PELO} *etw* auf|stellen; {TENDA} *anche etw* auf|schlagen **2** (*costruire*) **~ qc** {EDIFICIO, MURO} *etw* errichten, *etw* bauen **3** (*issare*) {BANDIERA, VELE} *etw* hissen B *itr pron* (*diventare ritto*): **rizzarsi a qu** sich *jdm* auf|stellen, sich *jdm* sträuben: **gli si rizzarono i capelli dallo spavento**, ihm standen (vor Schreck) die Haare zu Berge, ihm sträubten sich vor Schreck die Haare C *rfl* (*alzarsi in piedi*): **rizzarsi** sich auf|richten, sich erheben, auf|stehen: **si rizzò di colpo**, er/sie richtete sich schlagartig auf.

RMN f *med abbr di* Risonanza Magnetica Nucleare: MKR (*abbr di* magnetische Kernresonanz), NMR (*abbr di* nuclear magnetic resonance).

RNA <-> m *biol abbr di* acido ribonucleico: RNS f (*abbr di* Ribonukleinsäure).

ro <-> m o f (*lettera greca*) Rho n.

RO f *inform abbr di* Ricerca Operativa: OF (*abbr di* Operations-/Unternehmensforschung), OR (*abbr di* operations research).

road map <-, - -s pl *ingl*> *loc sost f ingl* **1** *giorn* (*piano programmatico*) Roadmap f: **road map per la pace**, Roadmap f für den Frieden **2** *fig* (*tabella di marcia*) Roadmap f, Zeitplan m: **rispettare la road map**, den Zeitplan einhalten.

road show <-, - -s pl *ingl*> *loc sost m ingl econ* Roadshow f.

roadster <-> f *autom ingl* Roadster m, Cabriolet n.

roaming <-> m *ingl tel* Roaming n.

ròar *inter onomatopeica* **1** (*ruggito del leone*) rrooaa(rr) (*Löwengebrüll in der Comic-Sprache*) **2** (*di rumore di aeroplano*) vrrooowrowr (*Flugzeuggeräusch in der Comic-Sprache*) **3** (*rombo di motore*) brumm, brumm.

roast-beef <-> *loc sost m ingl* (*carne di manzo*) Roastbeef n.

ròba f **1** (*cosa*) Zeug n *fam*: **come puoi dire questa ~?**, wie kannst du so was sagen?; **non è ~ che ti riguardi**, das geht dich nichts an!; **è ~ risaputa**, das weiß doch jeder! **2** (*oggetto*) Sache f, Zeug n *fam*, Gerät n: **questo vaso di porcellana è ~ fine**, diese Porzellanvase ist Feinarbeit **3** (*insieme di oggetti*) Zeug n *fam*, Sachen f pl: **abbiamo troppa ~**; **dovremmo buttare via un po'!**, wir haben zu viel Zeug da!; wir müssten ein bisschen was (davon) wegwerfen!; **passami la mia ~ da ginnastica**, gib mir meine Turnsachen! **4** (*effetti personali*) Sachen f pl, Dinge n pl, Zeug n *fam*: **ho cura della mia ~**, ich passe auf meine Sachen auf; **non presta mai la sua ~**, er/sie leiht seine/ihre Sachen nie aus; **giù le mani dalla mia ~!**, Hände weg von meinen Sachen!; **lascia sempre in giro la sua ~**, er/sie lässt immer sein/ihr Zeug herumliegen *fam* **5** (*beni*) Sachen f pl, Eigentum n, Vermögen n: **lascerà tutta la sua ~ ai nipoti**, er/sie wird sein/ihr ganzes Vermögen seinen/ihren Enkeln/Neffen hinterlassen; **ha ereditato tutta quella ~ dal padre**, er/sie hat all diese Sachen von seinem/ihrem Vater geerbt **6** (*cibo*) Esswaren f pl, Zeug n *fam*: **non mangiare ~ grassa o fritta**, iss nichts Fettes oder Frittiertes!; **comprare ~ da mangiare**, etwas zu essen kaufen; **questa ~ non la mangio!**, dieses Zeug *fam* esse ich nicht! **7** (*bevanda*) Getränk n, Zeug n *fam*: **ho bevuto una ~ eccezionale**, ich habe ein hervorragendes Zeug *fam* getrunken; **c'è ancora ~ da bere?**, gibt's noch was zu trinken? **8** (*vestiario*) Sachen f pl: **dov'è la ~ da lavare?**, wo ist die schmutzige Wäsche? **9** (*merce*) Ware f, Zeug n *fam*: **~ a buon mercato**, billiges Zeug f, Billigware f *spreg*; **~ di seconda scelta**, Ware zweiter Wahl; **~ usata**, Gebrauchtwaren f pl **10** (*materiale*) Material n, Zeug n *fam*: **di che ~ è fatto questo pennello?**, aus welchem Material ist dieser Pinsel gemacht? **11** (*stoffa*) Stoff m, Tuch n, Zeug n *fam*: **è ~ di seta**, das ist ein Seidenstoff **12** (*affare, faccenda*) Sache f, Angelegenheit f: **è ~ di politica? È ~ di cui non mi interesso!**, Politik? Die Sache/[So was] interessiert mich nicht!; **potresti occuparti tu di questa ~?**, könntest du dich um diese Angelegenheit kümmern? **13** (*opera d'ingegno*) Werk n, Zeug n *fam*: **~ copiata**, abgeschriebenes Zeug *fam spreg* **14** *slang* (*droga*) Stoff m *slang* • **bella ~!** *spreg iron*, schöner Mist! *anche iron*; **che ~!** (*di cosa strana*), Wahnsinn *fam*!, unglaublich *fam*!; **~ da chiodi/[da non credere]/[dell'altro mondo]/[da matti]/[da pazzi]!** *fig* (*è incredibile!*), das gibt's ja nicht *fam*!, das ist ja unglaublich *fam*!, nicht zu fassen *fam*!; **non desiderare la ~ d'altri** *rif* (*comandamento*), begehre nicht deines Nächsten Hab und Gut; **~ da far risuscitare i morti** (*rif. a qc di molto buono*), das Zeug *fam* versetzt einen in den siebten Himmel; **non è ~ per te**, das ist nichts für dich; **~ da piangere!** *fig* (*ci sarebbe da piangere*), das ist ja zum Heulen!; **~ rubata**, Diebesgut n; **~ che scotta**, heiße Ware *fam*; **si chiama Roberto o ~ simile**, er heißt Roberto oder so ähnlich.

robàccia <-ce, *pegg di* roba> f Plunder m *fam spreg*, Kram m *fam spreg*, Zeugs n *fam spreg*, Krempel m *fam spreg*: **vendere della ~**, Krimskrams *fam*/Plunder *fam spreg* verkaufen; **questo libro è ~**, dieses/das Buch ist Mist *volg spreg*.

ròbbia f *bot* Krapp m, Färberröte f.

Robèrta f (*nome proprio*) Roberta.

Robèrto m (*nome proprio*) Robert.

robìnia f *bot* Robinie f.

robiòla f *gastr* "sahniger Frischkäse aus der Lombardei oder aus dem Piemont".

robivècchi <-> mf (*rigattiere*) Altwarenhändler(in) m(f), Trödler(in) m(f).

roboànte → **reboante**.

robot <-> m *ceco* **1** (*macchina*) Automat m, Roboter m: **~ da cucina/[industriale]**, Kü-

chen-/Industrieroboter m **2** *fig* (*automa*) Roboter m: **non sono un ~!**, ich bin kein Roboter!; **camminare come un ~**, einen Gang wie im Roboter haben.
robòtica <-che> f (*settore della cibernetica*) Robotertechnik f.
robòtico, (-a) <-ci, -che> **A** agg (*anche fig*) {INSENSIBILITÀ} roboterhaft **B** m (f) (*esperto*) Roboterexperte m, (Roboterexpertin f).
robotizzàre A tr (*fornire di robot*) ~ qc {FABBRICA} etw robotisieren, etw roboterisieren, etw voll automatisieren **B** itr pron: **robotizzarsi 1** (*automatizzarsi*) {SETTORE INDUSTRIALE} vollautomatisiert werden **2** *fig* (*disumanizzarsi*) zum Roboter werden.
robotizzàto, (-a) agg **1** (*automatizzato*) robotisiert, vollautomatisiert **2** *fig* (*simile a un robot*) roboterhaft.
robotizzazióne f Robot(er)isierung f, Vollautomatisierung f.
robustézza f **1** (*capacità di resistere*) {+MURO} Robustheit f; {+MATERIALE, PIANTA} anche Widerstandsfähigkeit f **2** *fig* (*solidità*) {MORALE, +INTELLETTO} Kraft f, Stärke f **3** *enol* {+VINO} kerniger Geschmack.
robùsto, (-a) agg **1** (*resistente*) {MOTORE, PIANTA} robust, widerstandsfähig; {TESSUTO} *anche* fest, strapazierfähig; {ANIMALE, MUSCOLATURA} stark, kräftig **2** (*abbondante*) {COSTITUZIONE, FISICO, UOMO} kräftig **3** (*solido*) {EDIFICIO} stabil gebaut, solide **4** *fig* (*notevole*) {APPETITO} bemerkenswert **5** *fig* (*efficace*) {STILE} ausdrucksvoll **6** *enol* {VINO} kernig.
rocaille <-> f *arch* Rocaille f o n, Muschelwerk n.
rocambolésco, (-a) <-schi, -sche> agg (*avventuroso*) {FUGA, IMPRESA} kühn, waghalsig.
ròcca① <-che> f **1** (*fortezza*) {MEDIEVALE} Festung f, (Hoch)burg f, Feste f **2** *alpin* (*cima isolata*) Felsen m ● **petrosa** *anat*, Pyramide f.
ròcca② <-che> f *tess* **1** (*arnese*) Spinnrocken m **2** (*rocchetto*) Zwirnspule f.
roccafòrte <*roccheforti*> f **1** (*città fortificata*) {INESPUGNABILE} Festung f **2** *fig* (*luogo sicuro*) Hochburg f: **questo partito ha la sua ~ in Emilia Romagna**, diese Partei hat ihre Hochburg in der Emilia-Romagna.
rocchétto① m **1** (*spoletta*) Garnspule f, Garnrolle f; {+SPAGO} Rolle f: **~ di filo da cucire**, Zwirnrolle f; **~ di cotone**, Baumwollrolle f; **~ di macchina per cucire**, Nähmaschinenspule f **2** *elettr* (*cilindro cavo*) Spule f: **~ di Ruhmkorff**, Ruhmkorff-, Funkeninduktor m; **~ d'induzione**, Induktionsspule f, Induktor m **3** *film fot* Spule f: **~ di trascinamento**, Transporttrommel f **4** *mecc tecnol* (*ruota dentata*) Zahnrad n.
rocchétto② m *relig* Rochett n, Chorhemd n.
ròcchio <-chi> m **1** (*pezzo cilindrico*) {+LEGNO} Walze f, Trommel f **2** *arch* Trommel f: **~ di colonna**, Säulentrommel f.
ròccia <-ce> f **1** *gener* Fels(en) m: **costruire sulla ~**, auf Felsen bauen; **case scavate nella ~**, in Fels gehauene Häuser **2** (*masso*) {APPUNTITA} Fels(block) m **3** *fig* (*persona resistente*) Fels m (in der Brandung) *forb*: **quell'uomo è una ~**, dieser Mann ist ein Fels in der Brandung *forb* **4** *alpin* Fels m: **fare ~**, klettern **5** *geol* Gestein n: **~ effusiva/vulcanica**, Vulkanit m, Ergussgestein n; **~ eruttiva**, Lava-, Eruptivgestein n; **~ metamorfica**, metamorph(isch)es Gestein; **~ sedimentaria/stratificata**, Sediment-/Schichtgestein n ● **essere forte come una ~**, stark wie eine Burg sein.
rocciatóre, (-trice) m (f) *alpin* Kletterer m, (Klett(r)erin f), Bergsteiger(in) m (f).

roccióso, (-a) agg (*di roccia*) {PARETE, TERRENO} felsig, Fels(en)-.
Ròcco m (*nome proprio*) Rochus.
rock *ingl mus* **A** <-> agg {CANTANTE, ORCHESTRA} Rock- **B** <-> m (*genere*) Rock m.
rockabilly <-, -ies pl ingl> m *ingl* **1** *mus* Rockabilly m **2** (*movimento giovanile*) Rockabilly m.
rock and roll <-> loc sost m *ingl* **1** (*danza*) Rock and Roll m **2** *mus* (*genere*) {+ELVIS PRESLEY} Rock and Roll m.
ròcker <-> m *mf* **1** (*autore*) Rockmusiker(in) m(f) **2** (*appassionato*) Rockfan m, Rockfreak m *slang* **3** (*seguace*) Rocker(in) m(f).
rockettàro, (-a) m (f) **1** (*musicista*) Rockmusiker(in) m(f) **2** (*fanatico*) Rockfan m.
rock-jazz <-> m *ingl mus* Rockjazz m.
rock'n'roll → **rock and roll**.
rockstar <-> f *ingl* (*stella del rock*) Rockstar m.
ròco, (-a) <-chi, -che> agg (*rauco*) {VOCE} rau: **essere ~**, heiser sein.
rococò <-> *arch* **A** <inv> agg **1** (*del ~*) {MOBILE, STILE} Rokoko- **2** *fig spreg* (*bizzarro*) {PETTINATURA} seltsam, extravagant, ausgefallen **B** m (*stile*) {FRANCESE} Rokoko n.
rodàggio <-gi> m **1** (*azione*) {+AUTOMOBILE} Einfahren n; {+MOTORE} Einlaufen n **2** (*periodo di tempo*) {+AUTOMOBILE} Einfahrzeit f; {+MOTORE} Einlaufzeit f **3** *fig* (*fase di adattamento*) Eingewöhnung(szeit) f: **ha bisogno di un po' di ~ per ambientarsi qui da noi**, er/sie braucht erst ein bisschen Zeit, um sich bei uns einzugewöhnen; {+IMPIEGATO} Einarbeitung f ● **il veicolo è in ~**, das Fahrzeug wird gerade eingefahren.
Ròdano m *geog* Rhone f.
rodàre tr **1** (*sottoporre a rodaggio*) ~ qc {AUTOMOBILE} etw ein|fahren; {MOTORE} etw einlaufen lassen **2** *fig* (*sottoporre a una fase di adattamento*) ~ qu/qc {SQUADRA} jdn/etw ein|gewöhnen, jdn/etw auf die Probe stellen.
rodèo <*rodei, -s pl spagn*> m *spagn* (*gara tra cowboy*) Rodeo m o n.
ródere <irr rodo, rosi, roso> **A** tr **1** (*rosicchiare*) ~ qc {CANE OSSO; CRICETO CAROTA} an etw (dat) nagen **2** *fig* (*corrodere*) ~ qc {RUGGINE FERRO} etw zerfressen **3** *fig* (*tormentare*) ~ qu jdn verzehren, an jdm nagen, jdm zu schaffen machen, jdn quälen: **lo rode la gelosia**, die Eifersucht verzehrt ihn **B** *rfl* **rodersi** (**per/di qc**) (*vor etw dat*) vergehen, sich (*vor etw dat*) verzehren: **mi rodo di rabbia**, ich vergehe vor Wut; **si rode per l'invidia**, er/sie platzt/vergeht vor Neid.
Rodèsia f *geog* Rhodesien n.
Ròdi f *geog* Rhodos n, Rhodus n.
rodigìno, (-a) *lett* **A** agg (*di Rovigo*) Rovigo- **B** m (f) (*abitante*) Einwohner(in) m (f) von Rovigo.
rodiménto m **1** (*erosione*) {+ACQUE} Erosion f **2** *fig* (*tormento*) Qual f, Kummer m, Sorge f: **quel figlio è il suo ~**, dieser Sohn ist sein/ihr Verderben *forb*.
roditóre, (-trice) **A** agg **1** (*che rode*) nagend: **verme ~**, Holzwurm m **2** *fig* (*che consuma*) {CANCRO, INVIDIA} nagend, verzehrend **B** m *zoo* (*mammifero*) Nagetier n, Nager m.
rododèndro m *bot* Rhododendron m o n.
Ròdolfo m (*nome proprio*) Rudolf.
rogànte agg *dir* {NOTAIO} "eine Urkunde errichtend".
rogàre <*rogo, roghi*> tr *dir* (*redigere*) ~ qc {NOTAIO ATTO} etw errichten.
rogatòria f *dir* (*commissione rogatoria*) Rechtshilfe f, Rechtshilfeersuchen n.
rogatòrio, (-a) <-ri> agg *dir* (*di rogatoria*)

{COMMISSIONE} Rechtshilfe-.
rogazióne f <*solo pl*> *relig* Bittprozessionen f pl, Bittgänge m pl.
rògito m *dir* notarielle Urkunde: **stipulare un ~**, eine notarielle Urkunde errichten.
rógna f **1** *fam* (*scabbia*) Krätze f **2** *fig fam* (*guaio*) Scherereien f *fam*, Ärger m, Unannehmlichkeit f: **andare in cerca di rogne**, sich in die Nesseln setzen *fam*; **che fai, cerchi rogne?**, was soll das, suchst du Streit? **3** *fig fam* (*fastidio*) Ärger m, Verdruss m: **m'è toccata una ~**, mir ist etwas Ärgerliches/Lästiges passiert; **avere delle rogne**, Ärger haben; **dar delle rogne a qu**, jdm Ärger machen, jdm Unannehmlichkeiten bereiten **4** *bot* {+OLIVO, VITE} Krätze f **5** *veter* {+CANE, CAVALLO} Räude f.
rognàre *itr fam* (*brontolare*) {BAMBINA} knurren, murren.
rognóne m **1** *gastr* Niere f **2** *alpin* Gletscherhöcker m.
rognóso, (-a) agg **1** *fam* (*con la scabbia*) {PAZIENTE} krätzig, räudig **2** *fig* (*noioso*) {PERSONA} lästig **3** *fig* (*esigente*) {INSEGNANTE} nie zufrieden, pingelig *fam* **4** *fig* (*che implica fastidi*) {INCARICO, QUESTIONE} lästig, unangenehm **5** *bot* {OLIVO} krätzig **6** *veter* {CAVALLO, GATTO} räudig.
rògo <-ghi> m **1** (*catasta di legna*) Scheiterhaufen m: **essere condannato al ~**, zum Scheiterhaufen/Feuertod verurteilt sein; **Giordano Bruno fu mandato al/sul ~**, Giordano Bruno wurde auf den Scheiterhaufen gebracht **2** (*falò, incendio*) Feuer n, Brand m: **~ di libri**, Bücherverbrennung f: **la foresta è ormai un ~**, inzwischen steht der Wald in Flammen.
rollàre① tr ~ qc **1** (*arrotolare*) {BRANDA} etw zusammen|rollen **2** *slang* {SIGARETTA} etw rollen.
rollàre② itr *aero mar* rollen, schlingern.
rollàta f *aero mar* Rollen n, Schlingern n.
roll-bar <-> m *ingl autom* Überrollbügel m.
rollè *gastr* **A** <inv> agg Rouladen- **B** <-> m Roulade f.
ròller <-> m *ingl* **1** (*penna a sfera*) Kugelschreiber m, Rollerball m, Tintenkuli m **2** (*rollerblade*) Rollerblades m pl.
Rollerblade® <-> m pl *ingl* (*pattini*) Rollerblades m pl.
rollìo <-lii> m *aero mar* Rollen n, Schlingern n.
ròllo m (*rotolo*) {+CARTA DA PARATI} Rolle f.
rom A <inv> Rom- **B** <-> mf (*zingaro*) Rom mf.
ROM *inform abbr dell'ingl* Read Only Memory (*memoria a sola lettura*) **A** <inv> agg: **CD ROM, CD-ROM** f **B** <-> f ROM m.
Róma f *geog* Rom n ● **~, la città eterna**, Rom, die Ewige Stadt; **di ~**, römisch, Römer-; **andare a ~ e non vedere il Papa** *fig* (*non cogliere l'aspetto più importante di qc*), in Rom gewesen sein und den Papst nicht gesehen haben; **capire ~ per toma** *fig* (*travisare*), sich völlig vertun *fam*, sich völlig täuschen, etw völlig missverstehen; **promettere ~ e toma** *fig* (*fare grandi promesse*), goldene Berge,/[das Blaue vom Himmel (herunter)] *fam* versprechen; **non fu fatta in un giorno** *prov*, Rom wurde nicht an einem Tag erbaut.
Romàgna f *geog* Romagna f.
romagnòlo, (-a) **A** agg {PIADINA} aus der Romagna **B** m (f) (*abitante*) Einwohner(in) m(f) der Romagna **C** m <*solo sing*> (*dialetto*) Romagnolisch(e) n.
romàico, (-a) <-ci, -che> **A** agg {ESPRESSIONE} neugriechisch **B** m <*solo sing*> (*lingua greca moderna*) Neugriechische n.
romàna f → **romano**.

romàncio, (-a) <-ci, -ce> ling **A** agg rätoromanisch **B** m <solo sing> (lingua) Rätoromanisch(e) n.
Romàndia f geog Französische Schweiz.
romàndo, (-a) **A** agg (della Romandia) {GENTE, TRADIZIONE} französisch-, welschschweizerisch **B** m <solo sing> (lingua) Französisch-, Welschschweizerisch(e) n.
romanésco, (-a) <-schi, -sche> **A** agg (di Roma) {CUCINA} römisch **B** m <solo sing> (dialetto) Römische n.
Romanìa f geog Rumänien n.
romànico, (-a) <-ci, -che> arch arte **A** agg {CHIESA} romanisch **B** m (stile) Romanik f.
romanìsta <-i m, -e f> **A** agg sport (nel calcio) {TIFOSO} der Fußballmannschaft AS Rom **B** mf **1** (studioso di antichità romane) Romforscher(in) m(f) **2** dir Gelehrte mf decl come agg des römischen Rechts **3** filol (studioso) Romanist(in) m(f) **4** sport (nel calcio) Fan m der Fußballmannschaft AS Rom.
romanìstica <-che> f **1** dir Wissenschaft des römischen Rechts **2** filol Romanistik f.
romanìstico, (-a) <-ci, -che> agg **1** dir des römischen Rechts **2** filol romanistisch.
romanità <-> f stor **1** (civiltà di Roma) Römertum n **2** (insieme dei popoli) (antike) römische Welt.
romanizzàre A tr stor (rendere romano) ~ **qc** {CESARE GALLIA} etw romanisieren obs **B** itr pron anche stor (assumere tratti romani): **romanizzarsi** römisch werden.
romanizzazióne f anche stor Romanisierung f obs.
romàno, (-a) **A** agg **1** anche stor {DIRITTO, IMPERO, NUMERO} römisch **2** relig {CHIESA} römisch-katholisch **B** m (f) anche stor (abitante) Römer(in) m(f): **gli antichi romani**, die alten Römer m pl <solo sing> (dialetto) Römisch(e) n ● **fare alla romana** (pagare ciascuno la sua parte), getrennt/[jeder für sich] zahlen; ~ **di Roma** (di famiglia romana), gebürtiger Römer.
romano-barbàrico, (-a) <-ci, -che> agg (dei romani dei barbari) der Römer und Barbaren.
romàntica f → **romantico**.
romanticherìa f spreg (sentimentalismo) Gefühlsduselei f fam spreg, Sentimentalität f spreg.
romanticìsmo m **1** (movimento) {INGLESE, TEDESCO; +COLERIDGE, NOVALIS} Romantik f: **primo/secondo** ~, Früh-/Spätromantik f **2** (atteggiamento) {+GIOVANI} Romantik f.
romàntico, (-a) <-ci, -che> **A** agg **1** (del romanticismo) {POESIA, SCRITTORE} romantisch **2** (incline al sentimentalismo) {GIOVANE} romantisch **3** (che evoca atmosfere) {LUOGO} romantisch **B** m (f) **1** (seguace) Romantiker(in) m(f) **2** (sentimentale) Romantiker(in) m(f).
romanticùme m spreg **1** {+INSIEME DI SCRITTI} Gefühlsduselei f fam spreg, Sentimentalität f spreg **2** (atteggiamento languido) Gefühlsduselei f fam spreg, Gefühlsseligkeit f, Schwärmerei f.
romànza f lett mus Romanze f.
romanzàre tr (narrare enfatizzando) ~ **qc** {VICENDA} etw romanhaft aus|schmücken: **la vita di un personaggio storico**, das Leben einer historischen Persönlichkeit romanhaft ausschmücken.
romanzàto, (-a) agg {STORIA} romanhaft.
romanzésco, (-a) <-schi, -sche> **A** agg **1** (di romanzo) {ELEMENTO, PERSONAGGIO} Ritter-, Helden- **3** fig (fantastico) {AMORE} romanhaft, fantastisch, abenteuerlich **B** m (fantastico) Romanhafte n, Fantastische n.

Abenteuerliche n: **una fuga che ha del** ~, eine Flucht, die etwas Romanhaftes hat/besitzt.
romanzétto <dim di romanzo> m **1** (romanzo breve) Kurzroman m **2** spreg (romanzo di poco valore) Dreigroschen-, Hinterstreppenroman m spreg **3** fig (relazione amorosa) Romanze f.
romanzière, (-a) m (f) (scrittore) Romanschriftsteller(in) m(f), Romancier m.
romànzo① m **1** lett (narrazione in prosa) Roman m: **i romanzi di Thomas Mann**, die Romane von Thomas Mann; ~ **d'amore**, Liebesroman m; ~ **d'avventure**, Abenteuerroman m; ~ **epistolare**, Briefroman m; ~ **erotico**, erotischer Roman m; ~ **di fantascienza**, Sciencefictionroman m; ~ **di formazione**, Bildungsroman m; ~ **naturalistico/psicologico**, naturalistischer/psychologischer Roman; ~ **poliziesco**, Kriminal-, Detektivroman m; ~ **storico**, historischer Roman, Geschichtsroman m **2** fig (racconto fantastico) Märchen n, Roman m: **la sua vita sembra (uscita da) un** ~, sein/ihr Leben scheint einem Roman entsprungen ● ~ **d'appendice**, Fortsetzungs-, Zeitungsroman m; fig spreg, Dreigroschen-, Hinterstreppenroman m spreg; ~ **di cappa e spada**, Mantel- und Degenroman m; ~ **a fumetti**, Bildergeschichte f; ~ **fiume** (molto lungo), dicker Roman, Wälzer m, Schinken m; ~ **giallo** (poliziesco), Kriminal-, Detektivroman m, Krimi m fam; ~ **gotico/nero** (macabro), Schauer-, Gruselroman m; ~ **rosa** (d'amore), Liebesroman m; ~ **sceneggiato** film TV, verfilmter/dramatisierter Roman.
romànzo②, (-a) agg ling (neolatino) {FILOLOGIA, LINGUA} romanisch.
rombàre itr (rimbombare) {CANNONE} donnern; {MOTORE} dröhnen, röhren; {TUONO} rollen, grollen.
rómbico, (-a) <-ci, -che> agg **1** mat (in geometria) {FORMA} rhombisch, rautenförmig **2** min rhombisch.
rómbo① m (rumore) {+MOTORE} Dröhnen m, Röhren n; {+TUONO} Rollen n, Grollen n; {+CANNONE} Donner m.
rómbo② m **1** mat (in geometria) Rhombus m, Raute f **2** itt Butt m.
romboidàle agg (a forma di rombo) Rhomboid-.
rombòide A agg **1** anat {MUSCOLO} Rauten- **2** mat (in geometria) Rhomboid- **B** m **1** anat (muscolo) Rautenmuskel m **2** mat (in geometria) Rhomboid n.
roméno → **rumeno**.
romìto, (-a) agg lett (solitario) {LUOGO} einsam.
rómpere <rompo, ruppi, rotto> **A** tr **1** (spaccare) ~ **qc** {BAMBINO BASTONE, BICCHIERE, GIOCATTOLO, PIATTO, VASO} etw zerbrechen, etw zerschlagen, etw kaputt|machen fam; {RAMO} etw ab|brechen, etw ab|knicken; {VENTO VETRO} etw ein|drücken **2** (strappare) ~ **qc** {CAMICIA, PANTALONI} etw zerreißen **3** (mettere fuori uso) ~ **qc** {STEREO, SVEGLIA, TELEVISORE, WALKMAN} etw kaputt|machen fam **4** (dividere in più parti) ~ **qc** {PANE} etw brechen **5** (aprire) ~ **qc** {UOVO} etw auf|machen, etw auf|schlagen **6** (far crollare) (qc) {FIUME IN PIENA ARGINI} etw sprengen, über etw (acc) treten **7** (fracassare) ~ **qc** (a qu) {TIMPANO} etw zerstören **8** fig (disfare) {LE FILE, LE RIGHE} etw auf|lösen **9** fig (violare) ~ **qc** {PATTO, PROMESSA} etw brechen **10** fig (troncare) ~ **qc** (con qu/qc) {RAPPORTI CON LA FAMIGLIA, TRATTATIVE} etw {mit jdm/etw} ab|brechen; {AMICIZIA} anche etw auf|kündigen; {CON IL PARTITO} mit jdm/etw brechen; {FIDANZAMENTO} anche etw (mit jdm) auf|lösen; {LE RE-

LAZIONI DIPLOMATICHE} etw ab|brechen: ~ **con il passato**, einen Schlussstrich unter die Vergangenheit ziehen; **ho rotto con Stefano**, ich habe mit Stefano Schluss gemacht/[gebrochen] **11** fig (far cessare) ~ **qc** {L'INCANTO, LA MAGIA, TRADIZIONE} etw brechen; {SILENZIO} etw durchbrechen; {DIGIUNO} mit etw (dat) auf|hören, etw nicht ein|halten; {EQUILIBRIO} etw (zer)stören; {MONOTONIA} etw unterbrechen, etw auf|lockern **12** fig (travolgere) ~ **qc** {LA CALCA} etw durchbrechen **B** itr **1** fig fam (infastidire) ~ (a qu) jdn nerven fam: **quanto rompi!**, du nervst vielleicht! fam; **non mi** ~!, lass mich in Ruhe!, nerv mich nicht! fam **2** lett (scoppiare) ~ **in qc** {IN LACRIME, IN (UN) PIANTO} in etw (acc) aus|brechen **3** sport (nell'equitazione) {CAVALLO} in Galopp fallen **C** itr pron: **rompersi 1** (spaccarsi) {RAMI DELL'ALBERO} (ab|)brechen; {BICCHIERE, OCCHIALI, VETRATA} zerbrechen **2** (andare fuori uso) {OROLOGIO DEL CAMPANILE} kaputt|gehen fam: **gli si è rotta la macchina**, ihm ist das Auto kaputtgegangen fam **3** (strapparsi) reißen, kaputt|gehen fam: **mi si è rotta una calza**, mir ist ein Strumpf kaputtgegangen fam/ gerissen **4** (aprirsi) {UOVO} kaputt|gehen fam **5** (crollare) {ARGINI} brechen **D** rfl indir (fratturarsi): **rompersi qc** {GAMBA, PIEDE} sich (dat) etw brechen fam: **mi sono rotto un timpano**, mir ist ein Trommelfell geplatzt ● ~ **le ossa/la faccia a qu** fig (picchiare qu), jdm die Knochen zusammenschlagen fam/[jdm die Fresse polieren fam, jdm eins vor die Fresse geben fam]; ~ **le palle/i coglioni a qu** volg (infastidire), jdm auf den Sack volg/die Eier volg/den Senkel volg gehen; ~ **le scatole/l'anima a qu** fam, jdm auf den Geist/Keks/Wecker gehen fam.
rómpi fam **A** <inv> agg {ZIA} nervig fam **B** <-> mf (seccatore) Nervensäge f fam, Plagegeist m fam.
rompibàlle → **rompipalle**.
rompicàpo m **1** (fastidio) Kopfzerbrechen n **2** (indovinello) Denkaufgabe f, Rätsel n **3** fig (problema difficile) Problem n.
rompicàzzo volg **A** <inv> agg {CLIENTE} nervtötend fam **B** <-> mf (seccatore) Nervensäge f fam, Nervtöter(in) m(f) fam.
rompicogliòni volg **A** <inv> agg {CAPOUFFICIO} nervtötend fam **B** <-> mf (seccatore) Nervensäge f fam, Nervtöter(in) m(f) fam.
rompicòllo A mf (persona scapestrata) Draufgänger m, fig loc avv (precipitosamente): **a** ~, {CORRERE, SCENDERE} Hals über Kopf.
rompifiàmma <-> m mil Mündungsfeuerdämpfer m.
rompigètto <-> m idraul Wasserstrahlregulierer m.
rompighiàccio <-> m **1** (nave) Eisbrecher m **2** (arnese) Eisbrecher m.
rompiménto m **1** fig fam (seccatura) Schererei f fam, Ärger m **2** rar (rottura) Zerbrechen n, Kaputtmachen n fam.
rompipàlle fam volg **A** <inv> agg {ZIA} nervtötend fam **B** <-> mf (seccatore) Nervensäge f fam, Nervtöter(in) m(f) fam.
rompiscàtole fam **A** <inv> agg {ZIA} nervtötend fam **B** <-> mf (seccatore) Nervensäge f fam, Nervtöter(in) m(f) fam.
rónca <-che> f agr Hippe f, Gartenmesser n.
róncola f agr Hippe f, Gartenmesser n.
rónda f mil **1** (giro di perlustrazione) Streife f, Wache f, Streifengang m, Rundgang m: **fare la** ~, auf Streife gehen, eine Streife machen **2** (pattuglia) Streife f ● **fare la** ~ **a una donna** fig scherz (corteggiare), einer Frau den Hof machen, eine Frau hofieren.
róndeau <-, -eaux pl franc> → **rondò**.
rondèlla f mecc (Unterleg)scheibe f: ~ **ela-**

stica, Federalscheibe f, Federring m; ~ di spinta, Druck-, Stoßscheibe f; ~ di tenuta, Halterung m.

róndine f ornit Schwalbe f • una ~ non fa primavera prov, eine Schwalbe macht noch keinen Sommer prov.

rondinèlla <dim di rondine> f 1 itt Seeschwalbe f 2 ornit Schwälbchen n.

rondinino, rondinòtto <dim di rondine> m ornit (il piccolo della rondine) Schwalbenjunge n.

rondò <-> m 1 (piazza circolare) Rondeau n 2 lett Ringelgedicht n, Rondeau n 3 mus Rondo n.

rondóne m ornit Mauersegler m.

ronfàre itr 1 fam (russare) schnarchen 2 (fare le fusa) {GATTO} schnurren.

ronfàta f fam (profonda dormita) langer Schlaf, tiefer Schlummer.

ron ron inter 1 (di chi fa le fusa) schnurr schnurr (Schnurren in der Comic-Sprache) 2 (di chi russa) krchchchch (Schnarchen in der Comic-Sprache).

röntgen fis A <inv> agg (RAGGI) Röntgen- B <-> m (unità) Röntgen n.

röntgenografia f fis Röntgenographie f.

röntgenstratigrafia f med Tomographie f scient.

ronzàre itr 1 (emettere un rumore sordo) {INSETTO} summen, {AEREO} brummen 2 fig (frullare) {PENSIERO} schwirren: tante idee mi ronzano in testa, viele Ideen schwirren mir ⌊im Kopf herum⌋/⌊durch den Kopf⌋ • ~ intorno a una donna fam (corteggiarla), um eine Frau herumschwänzeln fam, eine Frau umschwirren fam.

ronzino m spreg Gaul m spreg, Klepper m spreg.

ronzìo <-zii> m 1 (rumore sordo) {+INSETTO} Summen n; {+AEREO} Brummen n 2 fig (mormorio lontano) {+FOLLA} Murmeln n, Summen n.

roof garden <-, --s pl ingl> loc sost m ingl (grande terrazza) Dachgarten m.

root <-> f ingl inform Wurzel f.

roquefort <-, -s pl franc> m franc gastr Roquefort(-Käse) m.

ròrido, (-a) agg poet 1 fig (bagnato di sudore) schweißgebadet 2 (rugiadoso) tauig forb.

ROS m abbr di Raggruppamento Operativo Speciale: Sonder(einsatz)kommando n.

ròsa A f 1 bot (pianta) Rose f, Rosenstock m: ~ canina, Hecken-, Hundsrose f, wilde Rose; ~ tea, Teerose f; (fiore) {BIANCA, ROSSA} Rose f; le manderò delle rose, ich werde ihr Rosen schicken 2 (disposizione dei capelli) Haarwirbel m 3 fig (cerchia ristretta) {+CANDIDATI, NOMI} Kreis m 4 arch (rosone) Fensterrose f, Rosette f 5 mus (negli strumenti) Rose f, Schallloch n, Schallrose f B <inv> agg 1 {CAMICIA} rosa(farben), rosafarbig: un foulard ~, ein rosa(farbenes) Halstuch; ~ antico/confetto, alt-/bonbonrosa; ~ fragola, erdbeerfarben, erdbeerfarbig; ~ pallido/ carico, zartrosa/[tief-, knallrosa]; ~ shocking, pink 2 fig (sentimentale) {ROMANZO} Liebes-; {STAMPA} Regenbogen- C <-> m (colore) Rosa n: il ~ non mi piace, Rosa gefällt mir nicht, ich mag kein Rosa; ~ antico/confetto, Alt-/Bonbonrosa n; ~ pallido/carico, Zartrosa n, Tief-, Knallrosa n; ~ shocking, Pink n • ~ della bussola mar, Kompassrose f; ~ del deserto min, Sandrose f; essere (tutto) rose e fiori fig (essere privo di difficoltà), (alles) Friede, Freude, Eierkuchen sein fam; essere fresco come una ~ fig (molto riposato), taufrisch/⌊frisch wie der junge Morgen⌋ sein; ~ del Giappone bot, Kamelie f; ~ di mare zoo, Seeanemone f, Seerose f, Aktinie

f; ~ di Natale bot, Christrose f; ~ di tiro (balistica), Streuungsbereich m; vedere tutto ~ fig (con ottimismo), alles durch eine rosarote Brille sehen; ~ dei venti, Windrose f; se son rose, fioriranno prov, wenn die Sache Früchte tragen soll, wird sich das schon zeigen; abwarten und Tee trinken fam; non c'è ~ senza spine prov, keine Rose ohne Dornen prov.

Ròsa f (nome proprio) Rosa.

rosàio m 1 (pianta) Rosenstock m, Rosenstrauch m 2 (roseto) Rosengarten m.

Rosàlia f (nome proprio) Rosalie.

Rosamùnda f (nome proprio) Rosamunde.

rosàrio <-ri> m 1 (pratica devota) Rosenkranz m: recitare/dire il ~, den Rosenkranz beten 2 (corona di grani) Rosenkranz m 3 fig fam (sequela) {+INSULTI} Reihe f 4 med {RACHITICO} Rosenkranz m.

rosatèllo m enol Rosé(wein) m.

rosàto, (-a) A agg 1 (roseo) {COLORITO} rosa, rosafarben: labbra rosate, rosa(farbene) Lippen 2 (alle rose) {MIELE} Rosen- 3 enol {VINO} Rosé- B m enol Rosé(wein) m.

rosé <-> franc enol A agg {VINO} Rosé- B m Rosé m.

rosellìna <dim di rosa> f Röschen n.

ròseo, (-a) A agg 1 {LABBRA} rosig 2 fig (favorevole) {PROSPETTIVA} rosig • vedere tutto ~ fig (essere ottimisti), alles ⌊durch eine rosarote Brille⌋/⌊in rosigem Licht⌋ sehen.

roseòla f med {SIFILITICA} rotfleckiger Hautausschlag, Roseole f scient.

rosèto m Rosengarten m, Rosarium n.

rosètta <dim di rosa> f 1 (diamante) Rosette f 2 (pagnottina) Rosen-, Kaiserbrötchen n 3 bot Rosette f 4 mecc (Unterleg)scheibe f.

ròsi 1a pers sing del pass rem di rodere.

rosicàre <rosico, rosichi> tr ~ (qc) 1 (rodere) {TARLO LEGNO} an etw (dat) knabbern, an etw (dat) nagen 2 fig (guadagnare) {etw} gewinnen, Erfolg haben.

rosicchiàre <rosicchio, rosicchi> tr ~ qc 1 (rodere) {TOPO CORDA} etw an|nagen, etw an|knabbern 2 (smangiucchiare) {BAMBINO MELA} an etw (dat) knabbern, an etw (dat) nagen; {CANE OSSO} etw ab|nagen 3 fig (ricuperare) {PUNTO} etw auf|holen.

rosmarìno m bot Rosmarin m.

rosminiàno, (-a) agg filos (relativo a Rosmini) {MORALE, PENSIERO} von Rosmini-Serbati.

ròso part pass di rodere.

rosolàre gastr A tr (soffriggere) ~ qc etw (an)|schmoren, etw an|bräunen: far ~ via la carne a fuoco vivo, das Fleisch bei großer Hitze anbraten; ~ leggermente le cipolle, die Zwiebeln glasig braten B itr pron: rosolarsi 1 (cuocersi lentamente) {ARROSTO} schmoren, bräunen 2 fig scherz (abbronzarsi) sich rösten scherz/bräunen: rosolarsi al sole, in der Sonne schmoren fam/braten fam, sich in der Sonne rösten scherz.

rosolàta f gastr Anschmoren n, Anbräunen n: dare una ~ a qc, etw anschmoren, etw anbräunen.

rosolatùra f gastr {PERFETTA} Anschmoren n, Anbräunen m.

rosolìa f med Röteln pl.

rosòlio <-li> m enol Rosolio m (süßer Likör mit geringem Alkoholgehalt).

rosóne m arch 1 (finestra tonda) {+NOTREDAME} Fensterrose f, Rosette f 2 (ornamento) Rosette f.

ròspo m 1 zoo Kröte f 2 fig spreg (persona ripugnante) Kröte f fam spreg, Ekel n fam spreg • è brutto come un ~!, er ist hässlich wie die

Nacht!; ingoiare un ~ fig fam (sopportare qc di umiliante), ⌊eine Kröte⌋/⌊eine bittere Pille⌋ schlucken, in den sauren Apfel beißen fam; sputare il ~ fig fam (decidersi a parlare di qc), etw ausspucken fam, mit der Sprache rausrücken.

ròssa f → rosso.

Rossàna f (nome proprio) Roxane.

rossàstro, (-a) A agg (che tende al rosso) {CAPELLI, LUCE, TERRA} rötlich B m (colore) Rötliche n.

rosseggiànte agg (rosso vivo) {FIAMMA, FOGLIA, LAVA} rötlich (schimmernd).

rosseggiàre <rosseggio, rosseggi> itr (diventare rosso) {CIELO, NUVOLE} rötlich schimmern.

rossétto m (nella cosmesi) {ARANCIONE, ROSA} Lippenstift m: darsi/mettersi il ~, Lippenstift auftragen, sich (dat) die Lippen schminken; ~ a lunga tenuta, kussechter Lippenstift.

rossìccio, (-a) <-ci, -ce> A agg (rosso chiaro) {CAPELLI} rötlich B m (colore) Rötliche n: mèches che tendono al ~, rötliche Haarsträhnen.

rossiniàno, (-a) mus A agg (di e su Rossini) {MELODRAMMA, REPERTORIO} von Rossini B m (ammiratore) Anhänger(in) m(f) Rossinis.

ròsso, (-a) A agg 1 {FAZZOLETTO, GLOBULI, PENNARELLO, TAPPO} rot: essere ~ dalla rabbia/vergogna, ⌊rot vor Wut⌋/⌊schamrot⌋ sein; diventare tutto ~, ganz rot werden; ~ amaranto, amaranten, amarantrot; ~--arancio, orangerot; ~ ardente, feuerrot; ~ cardinale, scharlach-, purpurrot; ~ carminio/cremisi, karmin-, karmesinrot; ~ chiaro/scuro, hell-/dunkelrot; ~ ciliegia, kirschrot; ~ corallo, korallenrot; ~ fiammante/acceso/vivo, flammend rot, knallrot; ~ fragola, erdbeerfarben, erdbeerfarbig; ~ fuoco/geranio/lacca/lampone, feuer-/geranien-/lack-/himbeerrot; ~ magenta/mattone/minio, anilin-/ziegel-/mennigrot; ~ mogano, mahagonibraun; ~ porpora/rame, purpur-/kupferrot; ~ rubino, rubin(farben)rot; ~ sangue/scarlatto/tiziano, blut-/scharlach-/tizianrot; ~ vermiglio, vermeil, hellrot 2 (fulvo, rossiccio) {BAFFI, BARBA} rot, rötlich 3 comm {NUMERI} rot 4 polit {GIUNTA COMUNALE} rot B m 1 (colore) Rot n: ~ chiaro/scuro, Hell-/Dunkelrot n; ~ amaranto/ciliegia, Amarant-/Kirschrot n; ~ fiammante/acceso, flammendes Rot, Knallrot n; ~ lacca/mattone, Lack-/Ziegelrot n; ~ rubino, Rubin(farben)rot n 2 (rif. al semaforo) Rot n: passare col ~, bei Rot über die Ampel gehen/fahren 3 (vino) Rotwein m 4 (nella roulette) Rouge n, Rot n: puntare tutto sul ~, alles auf Rot setzen 5 chim Rot n: ~ di cromo, Bleichromat n; ~ di piombo, Chromrot n; ~ di Prussia, Ferrizyankalium m C m (f) 1 (persona rossa di capelli) Rothaarige mf decl come agg 2 fam polit Rote mf decl come agg D loc avv comm: essere in ~, in den roten Zahlen sein; il mio conto è in ~, mein Konto ist ⌊in den roten Zahlen⌋/⌊überzogen⌋ • diventare ~ come un gambero/peperone/pomodoro, krebs-/paprikarot/⌊rot wie eine Tomate⌋ werden; è ~, fermati! (rif. al semaforo), es ist Rot, bleib stehen!; segnare qc in ~ (evidenziare), etw rot anstreichen, fig (tenere presente), etw im Hinterkopf behalten; d'uovo (tuorlo), Eigelb n; vedere tutto ~ (essere furibondo), alles rotsehen; ~ di sera bel tempo si spera prov, Abendrot, Schönwetterbot prov.

rossoblù sport (nel calcio) A <inv> agg (del Bologna, Genoa o Cagliari) {CENTROCAMPISTA} rotblau (zur Fußballmannschaft von Bologna, Genua oder Cagliari gehörend) B <->

m **1** (*giocatore*) Rotblaue m (*Spieler der Fußballmannschaft von Bologna, Genua oder Cagliari*) **2** (*tifoso*) Fan m der Rotblauen (*Fußballmannschaft von Bologna, Genua oder Cagliari*).

rossocrociàto, (-a) **A** *agg* (*con croce bianca su sfondo rosso*) Rotkreuzer **B** m (f) (*svizzero*) Rotkreuzer(in) m(f), Schweizer(in) m(f).

rossonéro *sport* (*nel calcio*) **A** *agg* (*del Milan o del Foggia*) {TERZINO} rotschwarz (*zur Fußballmannschaft Milan oder Foggia gehörend*) **B** m **1** (*giocatore*) Rotschwarze m (*Spieler der Fußballmannschaft Milan oder Foggia*) **2** (*tifoso*) Fan m der Rotschwarzen (*Fußballmannschaft Milan oder Foggia*).

rossóre m (*colorito*) {+VISO} Röte f: **sentirsi salire il ~ alle guance**, spüren, wie man rot wird.

ròsta f **1** *arch* (*inferriata*) "strahlenkranzförmiges Eisengitter (über Haustüren)" **2** *fig* (*ruota*) {+PAVONE} Rad n.

rosticcerìa f (*negozio*) Rotisserie f.

rosticcière, (-a) m (f) (*gestore*) Inhaber(in) m(f) einer Rotisserie.

rostràto, (-a) *agg* **1** *mar stor* (*munito di rostro*) {NAVE} mit Rammsporn **2** *ornit* (*provvisto di rostro*) {UCCELLO} mit Schnabel.

ròstro m **1** *zoo* {+RAPACI} Schnabel m, Rostrum n; {+INSETTI} Rüssel m **2** *edil* (*elemento*) Brückenpfeilerkopf m **3** *mar stor* {+NAVE} Rammsporn m **4** *stor* (*tribuna*) {+FORO ROMANO} Rostra f, Rednerbühne f.

ròta f *relig*: **la Sacra Rota**, die Rota; **ottenere dalla Sacra Rota l'annullamento del matrimonio**, bei der Rota die Annullierung der Ehe erlangen.

rotàbile A *agg* **1** (*percorribile*) {STRADA} befahrbar **2** *ferr* {MATERIALE} rollend **B** f (*strada carrozzabile*) Fahrstraße f **C** m *ferr* Wagen m, Waggon m.

rotacìsmo m *ling* (*fenomeno*) Rhotazismus m.

rotàia A f **1** (*binario*) {+TRAM, TRENO} Schiene f, Gleis n **2** (*solco*) Radspur f, Bahn f: **le rotaie lasciate da un trattore**, die Radspuren eines Traktors **B** *loc agg*: **su rotaie**, {TRASPORTO, TURISMO} auf Schienen; {TRAFFICO} Schienen- **C** *loc avv*: **su rotaie** {VIAGGIARE} auf Schienen ● **uscire dalle rotaie** (*deragliare*) {TRENO} entgleisen; *fig* (*deviare dalla norma*) entgleisen.

rotànte *agg* (*che ruota*) {ALA} rotierend.

rotàre → **ruotare**.

rotariàno, (-a) **A** *agg* (*del Rotary Club*) des Rotary Clubs **B** m (f) (*socio*) Rotarier(in) m(f).

rotatìva f *tip* Rotationsmaschine f, Rotationspresse f.

rotatìvo, (-a) *agg* **1** (*che ha moto rotatorio*) {POMPA} Rotations- **2** *agr* {SISTEMA} Fruchtwechsel- **3** *banca* {CREDITO} Revolving-.

rotatòria f (*rotonda*) Kreisverkehr m.

rotatòrio, (-a) <-*ri* m> *agg anche fis* {MOVIMENTO DEL BRACCIO} Dreh-, Kreis-, Rotations-: **moto ~ della terra**, Rotationsbewegung der Erde.

rotazionàle *agg fis* {MOVIMENTO} Rotations-.

rotazióne A f **1** *agr* {+COLTURE} Rotation f, Fruchtfolge f **2** *stor* {+TERRA} Umdrehung f, Rotation f **3** *mat* {+SOLIDO} Rotation f **4** *ling* (*spostamento*): **~ consonàntica**, {+GRIMM} Lautverschiebung f **5** *sport* (*in ginnastica*) {+BRACCIA, GAMBE} Kreisen m: **fare una ~ del busto**, Rumpfkreisen machen; (*nella pallavolo*: *cambiamento di posto*) Rotation f, Positionswechsel m **6** *fig* (*alternanza*) {+PERSONALE, TURNI DI LAVORO} Wechsel m, Rotation f: **la**

~ delle cariche, das Rotationsprinzip **B** *loc avv* (*a turno*): **a ~**, {FARE LE VACANZE, OCCUPARSI DI UN MALATO} abwechselnd.

roteàre A *tr* (*girare rapidamente*) **~ qc** {IL LAZO, LO SGUARDO} etw kreisen lassen; {OCCHI} etw rollen **B** *itr* (*volteggiare*) **~ + compl di luogo** {AVVOLTOIO NEL CIELO} irgendwo kreisen, irgendwo seine Kreise ziehen.

rotèlla <*dim di* ruota> **A** f (*piccola ruota*) {+MECCANISMO, SPERONE} Rädchen n: **~ di caricamento dell'orologio**, Aufzugsrad n; **~ per decorazioni**, Pausrädchen n; **~ tagliapasta**, Teigrädchen n; {+CARRELLO, SEDIA} Rolle f **B** *loc agg* (*con rotelle*): **a rotelle**, {SEDIA} Roll- ● **avere qualche ~ fuori posto**, nicht mehr alle Tassen im Schrank haben *fam*; **gli manca una/qualche ~** *fam* (*essere una persona bizzarra*), bei ihm ist eine Schraube locker *fam*; **~ smerigliata** (*del dentista*), Schmirgelscheibe f.

rotìsmo m *mecc* {+OROLOGIO} Räderwerk n, (Räder)getriebe n.

rotocàlco <-*chi* m> **1** (*periodico*) Illustrierte f **2** *tip* Rotationsdruck m **3** *TV* "Fernsehsendung f mit aktuellen Reportagen".

rotolaménto m (*il rotolare*) {+MACIGNO} Rollen n.

rotolàre A *tr* <*avere*> (*far girare su sé stesso*) **~ qc** {GOMME PER AUTO} etw rollen, etw (fort)wälzen **B** *itr* <*essere*> (*ruzzolare*) **~ + compl di luogo** {MASSO GIÙ PER LA SCARPATA} etw hinunter|rollen: **~ dalle scale**, die Treppen hinunterrollen **C** *rfl* (*voltolarsi*): **rotolarsi + compl di luogo** {BAMBINO SUL TAPPETO} sich (*irgendwo*) rollen, sich (*irgendwo*) wälzen: **rotolarsi nel fango**, sich im Schlamm wälzen.

rotolóni *avv loc avv* (*rotolando*): (**a**) **~**, kopfüber; **cadere** (**a**) **~**, kopfüber hinunterfallen; **venir giù dalle scale** (**a**) **~**, die Treppe kopfüber hinunterfallen **B** *loc avv fig* (*in rovina*): **a ~**, den Bach runter *fam*; **i nostri progetti per le vacanze sono andati a ~**, unsere Ferienpläne sind den Bach runtergegangen *fam*/[ins Wasser gefallen].

rotóndo A f **1** (*rondò*) Rondeau n **2** (*terrazza*) runde Terrasse: **una ~ sul mare**, eine aufs Meer gehende runde Terrasse **3** (*rotatoria*) Kreisverkehr m **4** *arch* Rotunde f, Rundbau m.

rotondeggiàre <*rotondeggio, rotondeggi*> *itr* (*avere forma rotonda*) rund sein.

rotondétto, (-a) *agg* (*grassotello*) {RAGAZZO, VISO} rundlich, dicklich.

rotondità <-> f **1** (*ciò che è rotondo*) {+TERRA} Rundheit f **2** <*di solito al pl*> *scherz* (*forma rotonda*) Rundlichkeit f, Rundung f.

rotóndo, (-a) **A** *agg* **1** (*di forma circolare*) {TERRA} rund; {FACCIA} *anche* rundlich, dicklich **2** *fig* (*armonioso*) {+PERIODO, STILE} abgerundet **3** *anat*: **muscolo grande ~**, großer Rundmuskel **B** m (*elemento* ~) {+SCULTURA} runder Teil.

rotóre m **1** *aero* {+ELICOTTERO} Rotor m, Hubschraube f **2** *fis mat* Wirbelvektor m **3** *tecnol* {+COMPRESSORE, TURBINA} Rotor m.

ròtta[1] f *aero mar* {+AEREO, NAVE} Kurs m: **~ assistita**, durch Radar verfolgter und begleiteter Kurs; **correggere in ~**, den Kurs berichtigen; **dare la ~**, den Kurs angeben; **intercettare la ~ di una nave**, den Kurs eines Schiffes kreuzen; **~ magnetica/(alla) bussola**, magnetischer Kurs/[Kompasskurs m]; **~ per l'America**, Amerikakurs m ● **cambiare/mutare ~** *anche fig*, den Kurs ändern/wechseln; **essere in ~ di collisione** *aero mar* (*stare per scontrarsi*) *anche fig*, {PARTITI} auf Kollisionskurs sein; **fare ~ su/per/verso qc** *anche fig scherz* (*dirigersi*), {SU/PER/VERSO AMSTERDAM, SULLE/[PER LE]/[VERSO LE] DOLOMITI} Kurs auf etw (*acc*) nehmen.

ròtta[2] **A** f **1** (*rottura di un argine*) {+ARNO} Dammbruch m **2** *mil* {+CAPORETTO} Niederlage f **B** *loc avv* (*in gran fretta*): **a ~ di collo**, {CORRERE VIA} Hals über Kopf ● **essere in ~ con qu** *fig* (*aver troncato*), mit jdm gebrochen haben/[fertig sein *fam*]; **mettere in ~ qu** *mil*, {ESERCITO NEMICO} jdm eine Niederlage beibringen.

rottamàio, (-a) <-*mai* m> **A** m (f) (*chi recupera rottami*) Schrotthändler(in) m(f) **B** m (*deposito di rottami*) Schrottplatz m.

rottamàre *tr* **~ qc** {AUTO USATA} etw verschrotten.

rottamazióne f (*raccolta e demolizione*) {+MACCHINARIO} Verschrottung f.

rottàme m **1** <*di solito al pl*> (*pezzo*) {+FERRO} Bruchstück n; {+VETRO} Scherbe f **2** (*ammasso inservibile*) Schrott(haufen) m: **quest'aspirapolvere è ormai un ~**, dieser Staubsauger ist inzwischen Schrott *fam*; **dopo l'incidente l'auto è ridotta a un ~**, nach dem Unfall ist das Auto nur noch Schrott *fam* **3** *fig fam scherz* (*persona mal messa*) Wrack n: **sei proprio un ~!**, du bist wirklich ein Wrack/angeschlagen!; **sentirsi un vero ~**, sich wirklich wie ein Wrack/[kaputt *fam*] fühlen.

ròtto, (-a) **A** *part pass di* rompere **B** *agg* **1** (*spaccato*) {BICCHIERE, PIATTO, VASO} zerbrochen, kaputt *fam* **2** (*strappato*) {CALZE, CAMICIA, SCARPE} verschlissen, kaputt *fam* **3** (*fuori uso*) {ASPIRAPOLVERE} kaputt *fam* **4** (*fratturato*) {GAMBA} gebrochen **5** *fig* (*avvezzo a*): **a qc** {CONTADINO ALLA FATICA} vertraut mit etw (*dat*), etw/an etw (*acc*) gewöhnt: **è un uomo ~ a tutto**, der Mann ist an alles gewöhnt **6** *fig* (*impraticabile*) {STRADA} kaputt *fam*, unbefahrbar **7** *fig* (*soffocato*): **~ da qc** {VOCE DALL'EMOZIONE} von etw (*dat*) erstickt **C** m <*pl*> (*rif. a denaro*): **il biglietto d'ingresso costa 20 euro e rotti**, der Eintritt kostet 20 Euro und ein paar Zerquetschte *fam* ● **per il ~ della cuffia** *fig fam* (*a stento*), um Haaresbreite; **farcela/passare per il ~ della cuffia**, es um Haaresbreite schaffen/[um Haaresbreite durchkommen]; **sentirsi/essere tutto ~** *fig enf* (*rif. a dolori muscolari*), sich ganz kaputt fühlen *fam*, Muskelkater haben.

rottùra f **1** {+ARGINE, TUBO} Bruch m; (*azione*) *anche* Brechen n; {+VETRATA} Zerbrechen n **2** (*frattura*) {+ARTO} Bruch m; {+LEGAMENTI} Riss m **3** *fig* (*interruzione*) {+AMICIZIA, NEGOZIATI, TRATTATIVE} Abbruch m; {+FIDANZAMENTO} (Auf)lösung f: **~ con la famiglia/il passato**, Bruch m mit der Familie/Vergangenheit; **i problemi economici portarono ad una ~ tra i due**, die finanziellen Probleme führten zu einem Bruch zwischen den beiden **4** *fig* (*violazione*) {+TREGUA} Verletzung f, Bruch m **5** *fig fam* (*seccatura*) nervige Sache *fam*, Nerverei f *fam slang*: **che ~ di scatole/palle/coglioni!** *volg*, das geht mir auf den Sack *volg*/Zeiger *fam*/die Eier *volg* ● **~ delle acque** *med*, Blasensprung m, Platzen n der Fruchtblase.

Rottweiler <-> m *zoo* Rottweiler m.

ròtula f anat Kniescheibe f.
roulette <-> f franc (gioco d'azzardo e strumento) Roulett n, Roulette f: **giocare alla ~**, Roulett spielen; **perdere/vincere alla ~**, beim Roulett verlieren/gewinnen ● **~ russa** (prova di coraggio), russisches Roulett.
roulotte <-> f franc autom Wohnwagen m, Wohnanhänger m.
round <-> m ingl **1** sport (nel pugilato: ripresa) {PRIMO, SECONDO} Runde f: **andare al tappeto al sesto ~**, in der sechsten Runde zu Boden gehen **2** fig (fase) {+DIBATTITO, NEGOZIATO} Runde f.
rousseaniàno, (-a) agg filos (di Rousseau) {OPERA, PENSIERO} rousseausche(r, s).
routine A <-> f franc **1** (abitudine) Routine f: **è la solita ~**, es ist die übliche Routine; **evadere dalla ~ quotidiana**, dem Alltagstrott entfliehen **2** inform Routine f B <inv> loc agg (abituale): **di ~**, {CONTROLLO, DOMANDA} Routine-.
routinièro, (-a) <-ri m> agg **1** (di routine) Routine- **2** (che non prende iniziative) Gewohnheits-.
roux <-> m franc gastr Roux m, Mehlschwitze f.
rovèllo m lett (stizza rabbiosa) Ärgernis m.
rovènte agg **1** (incandescente) {FERRO} glühend **2** (caldissimo) {SOLE} glühend **3** fig (acceso) {DISCUSSIONE} heftig **4** fig (cocente) {LACRIME} heiß **5** fig (durissimo) {PAROLE} sehr hart.
róvere A m o f bot (albero) Stiel-, Sommereiche f B m (legno) Eichenholz n.
rovèscia f solo nella loc avv **alla ~ 1** (al contrario) verkehrt, umgekehrt: **indossare qc alla ~**, etw verkehrt herum anziehen **2** (storto) schief: **mi va tutto alla ~**, mir geht alles schief.
rovesciàbile agg (che si può rovesciare) umkehrbar.
rovesciaménto m **1** (il rovesciare) {+BOTTIGLIA} Umkippen n, Umfallen n; {+CANOTTO, NAVE} Kentern n **2** fig (ribaltamento) {+SITUAZIONE} Umschlagen n **3** fig polit {+DITTATURA, GOVERNO} (Um)sturz m **4** aero Rückenflug m.
rovesciàre <rovescio, rovesci> A tr **1** (versare) **~ qc** (+ compl di luogo) etw (irgendwo) verschütten, etw (irgendwo) vergießen, etw irgendwohin schütten: **ho rovesciato dell'acqua per terra**, ich habe Wasser auf dem Boden verschüttet; **rovesciò il contenuto del borsellino sul bancone**, er/sie schüttete den Inhalt der Geldbörse auf den Ladentisch **2** (ribaltare) **~ qc** (+ compl di luogo) {SEDIA SUL TAVOLO} etw (irgendwo) um|drehen, etw auf den Kopf stellen; (urtando) etw (irgendwo) um|stoßen; {TAZZA DI CAFFÈ SUL TAVOLINO DEL BAR} etw (irgendwo) um|schütten; **~ indietro la testa**, den Kopf zurückwerfen **3** (portare all'esterno la parte interna) **~ qc** {CALZINI, PANTALONI, PULLOVER} etw um|kehren, etw auf links wenden: **~ le tasche**, die Taschen ⌐nach außen stülpen/kehren⌐/[um|stülpen] **4** (voltare) **~ qc** {FOGLIO} etw wenden; {CARTA DA GIOCO} etw auf|decken **5** (capovolgere) **~ qc** {VIOLENTO TEMPORALE PESCHERECCIO} etw um|kippen, etw zum Kentern bringen; anche fig: **~ la situazione**, die Situation auf den Kopf stellen, eine völlig neue Situation schaffen **6** fig (riversare) **~ qc ⌐addosso a⌐/[su] qu** {CAPOUFFICIO INSULTI SULL'IMPIEGATO} jdn mit (dat) etw überschütten; **~ la colpa su/contro/[addosso a] qu**, die Schuld auf jdn schieben/wälzen **7** fig polit (far cadere) **~ qc** {GOVERNO, REGIME DITTATORIALE} etw (um)|stürzen B rfl **1** (versarsi): **rovesciarsi** {BOTTIGLIA DI VINO} um|fallen, um|kippen; **rovesciarsi addosso qc** {PENTOLA DI ACQUA BOLLENTE} (sich dat) etw über|schütten

fam **2** (capovolgersi): **rovesciarsi** {BARCA A VELA} sich um|kehren, um|kippen **3** (riversarsi): **rovesciarsi + compl di luogo** {CASCATA A VALLE} sich irgendwohin ergießen, irgendwohin strömen; fig {FOLLA NELLE STRADE} irgendwohin strömen **4** fig (abbattersi): **rovesciarsi su qc** {TEMPESTA SUI CAMPI} sich auf etw (acc) ergießen, über etw (dat) nieder|gehen **5** fig (ribaltarsi): **rovesciarsi (+ compl di modo)** {SITUAZIONE A FAVORE/SVANTAGGIO DI QU} (irgendwie) um|schlagen.
rovesciàta f sport (nel calcio) (Fall)rückzieher m; (nella ginnastica): **~ acrobatica**, Kehre f.
rovesciàto, (-a) agg **1** {FIGURA} umgefallen, umgekippt **2** aero {VOLO} Rücken- **3** sport (nel calcio) {PALLA} zurückgezogen; (nei tuffi) {TUFFO} Rückwärts-.
rovèscio, (-a) <-sci m> A agg **1** (riverso) rücklings **2** lavori femminili {PUNTO} linke(r, s) B m **1** (lato opposto) {+FOGLIO} Rückseite f; {+STOFFA} linke Seite **2** fig (difficoltà) Rückschlag m: **subire dei rovesci finanziari**, finanzielle Rückschläge erleiden **3** lavori femminili (punto) linke Masche **4** meteo (caduta di pioggia) Schauer m: **rovesci temporaleschi**, gewittrige Schauer **5** sport (nel tennis) Rückhand(schlag m) f: **colpire di ~**, Rückhand spielen **6** rar (manrovescio) Ohrfeige f C loc avv **1** (al contrario): **a ~**, {INFILARE IL PIGIAMA} verkehrt herum **2** fig: **a ~**, {CAPIRE} falsch; **fare tutte le cose a ~**, alles verkehrt machen **3** (dalla parte contraria): **da ~**, {CUCIRE QC} von ⌐der falschen Seite⌐/[links] **~ di fortuna** fig (difficoltà), finanzieller Zusammenbruch; **il ~ della medaglia**, die Rückseite der Medaille; fig (aspetto negativo di qc), die Kehrseite der Medaille.
rovighése A agg von/aus Rovigo B mf (abitante) Einwohner(in) m(f) von Rovigo.
Rovigo m geog Rovigo n.
rovigòtto, (-a) fam A agg von Rovigo B m (f) (abitante) Einwohner(in) m(f) von Rovigo.
rovìna f **1** (crollo) {+EDIFICIO} Einsturz m **2** fig (degradamento) {LENTA; +IMPERO} Ruin m, Verderben n **3** fig (disgrazia) Ruin m: **essere la ~ della propria famiglia**, der Ruin seiner Familie sein; **le donne furono la sua ~**, die Frauen waren sein Ruin **4** fig (perdizione) Ruin m, Verderben n: **il bere lo portò alla ~**, das Trinken hat ihn zugerichtet **5** solo pl (ruderi) {+FORO} Ruinen f pl; (macerie) {+GUERRA} Ruinen f pl, Trümmer pl ● **un paese in ~** (in sfacelo), ein Land in Trümmern; **andare/essere in ~** (in sfacelo), {CASA} verfallen/[verfallen sein]; **mandare qu in ~** (rovinare), jdn ruinieren; **risorgere dalle proprie rovine**, {CITTÀ} aus den Trümmern neu erstehen; fig (tirarsi fuori da una situazione disastrosa), sich nicht unterkriegen lassen, wieder auf die Beine kommen, nicht tot-/kleinzukriegen sein, ein Stehaufmännchen sein fam.
rovinafamiglie A <-> mf fam Ehebrecher(in) m(f) B <inv> agg {DONGIOVANNI} ehebrecherisch.
rovinàre A tr <avere> **1** (mandare in rovina) **~ qu** {CRISI ECONOMICA FINANZIERE} jdn ruinieren, jdn zugrunde richten, jdn in den Ruin treiben; **~ qc** {MOLTE SOCIETÀ} etw ruinieren **2** (danneggiare) **~ qu/qc** {ALCOL LA SALUTE} jdn/etw ruinieren, jdn/etw zugrunde richten: **la droga l'ha rovinata**, die Droge hat sie ruiniert/[zugrunde gerichtet]; **l'incidente l'ha mezzo rovinato**, der Unfall hat ihn halb ruiniert; {GRANDINE, SICCITÀ RACCOLTO} etw verderben, etw vernichten; {FREQUENTI TINTURE CAPELLI} etw ruinieren, etw kaputt machen fam; {SCOSSA DI TERREMOTO NUMEROSI

EDIFICI} etw ein|reißen; {AMICIZIA} etw kaputt| machen fam, etw zerstören; **l'incidente gli ha rovinato la vista**, der Unfall hat seine Augen ruiniert (deturpare) **~ qc** {GRATTA-CIELO PAESAGGIO} etw ruinieren, etw verschandeln fam **4** (guastare) **~ qc (a qu)** {AT-MOSFERA} (jdm) etw verderben: **quello scherzo gli ha rovinato la festa**, dieser Scherz hat ihm das Fest verdorben B itr <essere> (cadere giù) **~ + compl di luogo** {QUERCIA AL SUOLO} zu etw (dat) fallen, {VALANGA A VALLE} anche zu etw (dat) donnern C itr pron (deteriorarsi): **rovinarsi** {MATERIALE, STOFFA} kaputt|gehen fam, {AMICIZIA} anche ab|kühlen D rfl **1** (andare in rovina): **rovinarsi** sich ruinieren, sich zugrunde richten: **rovinarsi al/[con il] gioco**, sich durch das Spiel ruinieren; **si sono rovinati per il figlio**, sie haben sich für ihren Sohn zugrunde gerichtet **2** (danneggiarsi): **rovinarsi** sich kaputt|machen fam, sich ruinieren: **si è rovinata a forza di prendere psicofarmaci**, sie hat sich durch die dauernde Einnahme von Psychopharmaka kaputtgemacht fam; **rovinarsi qc (con qc)** {I DENTI, GLI OCCHI, LO STOMACO} sich (dat) etw (mit etw dat) verderben; {LA SALUTE} sich (dat) etw ruinieren **3** (peggiorare): **rovinarsi** schlimmer werden: **crescendo si è rovinata**, mit den Jahren ist es immer schlimmer mit ihr geworden.
rovinàto, (-a) agg **1** (diroccato) {CASTELLO} verfallen **2** (danneggiato) {FAMIGLIA, SALUTE} kaputt fam, ruiniert; {OGGETTO} anche beschädigt **3** (finito) {UOMO} ruiniert: **senza il tuo aiuto sono ~**, ohne deine Hilfe bin ich ruiniert **4** (finanziariamente) ruiniert.
rovinìo <-nii> m **1** (caduta) {+TERRICCIO} Herabstürzen n: **~ di massi**, Steinschlag m **2** (gran rumore) Getöse n, Heidenlärm m.
rovinosaménte avv {CADERE A TERRA} schwer.
rovinóso, (-a) agg (disastroso) {ALLUVIONE, INCENDIO} verheerend, katastrophal; {SPECULAZIONI, SPESE} ruinös.
rovistàre A itr (frugare ovunque) **~ (+ compl di luogo)** {NEI CASSETTI} (irgendwo) stöbern fam: **abbiamo rovistato ovunque**, wir haben überall gestöbert fam B tr (frugare) **~ qc** {CASA} etw durchsuchen, etw durchstöbern fam.
róvo m bot Brombeerstrauch m, Brombeere f.
royalty <-, -ties pl ingl> f ingl <di solito al pl> **1** econ Tantieme f **2** edit Tantiemen f pl.
rozzézza f **1** (fattura grossolana) {+CO-STRUZIONE} Rohheit f **2** (maleducazione) {+MA-NIERE, UOMO} Grobheit f.
rózzo, (-a) agg **1** (ruvido) {LANA, TELA} grob, rau **2** (rustico) {MOBILE, SCULTURA} roh, unbearbeitet **3** (grossolano) {PAROLE} grob, roh; {MANIERE, UOMO} anche ungehobelt.
RP A m relig abbr di Reverendo Padre: Rev., R., Revd. (abbr di Reverend) B f **1** (nella corrispondenza epistolare) abbr di Riservata Personale: persönlich **2** pl abbr di Relazioni Pubbliche: PR (abbr di public relations).
R.R. abbr di ricevuta di ritorno: Rückschein m.
rrr inter onomatopeica (di rumore di motore) rraaaara (Comic-Sprache für Motorengeräusch).
Rrr post abbr di raccomandata con ricevuta di ritorno: Einschreiben n gegen Rückschein.
RS f polit abbr di Rinascita Socialista: "neugegründete sozialistische Partei".
RSM autom abbr di Repubblica di San Marino: Republik f von San Marino.
RSVP abbr del franc Répondez s'il vous plait (si prega di rispondere, nella corrispondenza epistolare) u.A.w.g. (abbr di um Antwort wird gebeten).

Ruànda m geog Ruanda n.
ruandése A agg von/aus Ruanda B mf (abitante) Einwohner(in) m(f) von Ruanda.
rùba {solo nella loc. **andare a ~** fam, {DISCO, GIOCATTOLO, LIBRO} reißenden Absatz finden, weggehen wie warme Semmeln fam.
rubacchiàre <rubacchio, rubacchi> tr fam (rubare cose di poco valore) ~ **qc** etw mausen fam scherz, etw mopsen fam, etw klauen fam.
rubacuòri A <inv> agg {OCCHI} betörend, berückend B <~> mf (conquistatore) Herzensbrecher(in) m(f).
rubagalline <~> mf (ladruncolo) Hühnerdieb(in) m(f) fam scherz.
rubamàzzo, rubamazzétto m (nei giochi di carte) "ein Kartenspiel".
rubàre A tr 1 (sottrarre di nascosto) ~ (**qc**) (a qu) {LADRO DENARO, GIOIELLI, QUADRO} (jdm) etw stehlen, (jdm) etw rauben, (jdm) etw klauen fam: **gli hanno rubato il motorino**, sie haben ihm sein Mofa gestohlen/geklaut fam; **ruba per necessità**, er/sie stiehlt aus Not 2 fig (carpire) ~ **qc a qu** {SEGRETO} jdm etw entlocken, jdm etw ab|luchsen fam; {IDEA, INVENZIONE, PROGETTO} jdm etw stehlen, jdm etw klauen fam 3 fig (portar via) ~ **qu/qc a qu** {L'AFFETTO DEI GENITORI} jdm jdn/etw weg|nehmen, jdm jdn/etw abspenstig machen; {IL MARITO ALLA PROPRIA MIGLIOR AMICA} anche jdm jdn aus|spannen fam; {LA MORTE RAGAZZO ALLA SUA FAMIGLIA} jdm jdn entreißen; **qc a qu** {SPAZIO ALLA FAMIGLIA} jdm etw weg|nehmen; {POSTO (DI LAVORO)} anche jdm etw stehlen, jdm etw weg|schnappen fam; {TEMPO} anche jdm etw weg|nehmen 4 fig (occupare) ~ **qc** {POSTO DI QU} etw weg|nehmen, etw weg|schnappen fam B rfl rec fig (contendersi): **rubarsi qu** {FANS ROCKSTAR} sich um jdn reißen fam ● **~ a** {man salva}/[più non posso] (più che si può), wie ein Rabe stehlen spreg; **non ~** bibl, du sollst nicht stehlen; **~ sulla spesa**/**sul peso** (frodare), ,,bei den Ausgaben/[beim Gewicht] betrügen; **a ~ poco si va in galera, a ~ tanto ti fa carriera** prov, die Kleinen hängt man, die Großen lässt man laufen prov.
rubàto, (-a) agg 1 (sottratto) {MERCE} gestohlen 2 fig (carpito) {IDEA} geklaut fam 3 fig (portato via) gestohlen, abgezwackt fam: **minuti rubati al sonno**, dem Schlaf gestohlene/abgezwackte fam Minuten 4 sport (non meritato) {GOL, PUNTO} unverdient.
rubeòla f med Röteln pl.
rubería f (furto) Dieberei f fam spreg: **è una continua ~!**, das ist ein einziges Stehlen und Nehmen! fam spreg.
rubicóndo, (-a) agg {ROSSO VIVO} {GUANCE, VISO} hochrot.
Rubicóne m geog Rubikon m ● **passare il ~** anche fig (fare una scelta drastica), den Rubikon überschreiten forb, einen entscheidenden Schritt tun.
rubidio <~> m chim Rubidium n.
rubinetteria f (insieme di rubinetti) Absperrvorrichtungen f pl, Armaturen f pl.
rubinétto m 1 (dispositivo) Hahn m: **dell'acqua/del gas**, Wasser-/Gashahn m 2 fig giorn (fonte di erogazione) Einnahme-, Geldquelle f: **chiudere il ~ degli aiuti finanziari**, den Geldhahn ab-/zudrehen fam.
rubìno A m min Rubin m B <inv> agg {COLOR} rubinrot.
rubìzzo, (-a) agg (florido) {VECCHIO} rüstig.
rùblo m Rubel m.
rùbrica <-che> f 1 (libretto) Verzeichnis n: **~ telefonica**, Telefonverzeichnis n 2 contabilità Kontenrahmen m 3 giorn (sezione) {CINEMATOGRAFICA, ECONOMICA; +GIORNALE} Spalte f 4 radio TV {GASTRONOMIA} Rubrik f 5 solo pl> relig {+MESSALE} Vorschriften f pl, Regeln f pl.
rubricìsta <-i m, -e f> m (f) giorn Redakteur(in) m (f).
rùca <-che> f bot Rauke f.
ruche <~> f franc tess {+GONNA} Rüsche f.
ruchétta f bot Rauke f.
rùcola f bot region Rauke f.
rùde agg 1 (rozzo) {UOMO} rüde, grob 2 (aspro) {PAROLE, RISPOSTA} grob 3 (duro) {LAVORO} hart.
rùdere m 1 (persona malconcia) Wrack n: **si è ridotto a un ~**, er ist nur noch ein Wrack 2 <di solito al pl> (resti di costruzione) Ruinen f pl; {+ROMA IMPERIALE} Überreste m pl.
rudézza f 1 (rozzezza) {+UOMO} Rüdheit f, Grobheit f 2 (asprezza) {+DISCORSO} Rauheit f, Herbheit f.
rudimentàle agg 1 (iniziale) {NOZIONI} Grund-, elementar 2 (primitivo) {STRUMENTO} rudimentär forb, primitiv 3 biol bot {ORGANO} rudimentär.
rudimènto m 1 <di solito al pl> (principi elementari) Grundlagen f pl: **insegnare i primi rudimenti di informatica**, die ersten Informatikgrundlagen unterrichten 2 biol bot Rudiment n.
ruffiàna f → **ruffiano**.
ruffianàta f (atto) Schiebung f fam, Schweinerei f fam spreg.
ruffianeggiàre <ruffianeggio, ruffianeggi> itr 1 (fare il ruffiano) kuppeln obs 2 fig (accattivarsi in modo servile) ~ (**con qu**) jdm schmeicheln.
ruffianería f 1 fig (atto) Schmeicheln n, Speichellecken n spreg 2 fig (qualità) Schmeichelei f, Speichelleckerei f spreg.
ruffianésco, (-a) <-schi, -sche> agg 1 (da ruffiano) kupplerisch obs 2 fig (servile) {COMPORTAMENTO} speichelleckerisch spreg.
ruffiàno, (-a) m (f) 1 (protettore) Kuppler(in) m(f) spreg 2 fig (adulatore) Schmeichler(in) m(f), Speichellecker(in) m(f) spreg.
rufiya <~> f econ Rufiya m.
rùga <-ghe> f (grinza) {+PELLE} Falte f, Runzel f: **avere il viso pieno di rughe**, das Gesicht voller Falten haben; **rughe di espressione**, Lachfalten f pl.
rugàre <rugo, rughi> tr fam region (infastidire) ~ **qu** jdn belästigen.
rugbista <-i m> sport Rugbyspieler m.
rugby <~> m ingl sport Rugby n.
ruggènte agg {LEONE} brüllend.
Ruggèro m (nome proprio) Rüdiger.
rùggine A f 1 (sostanza) Rost m: **scala corrosa dalla ~**, rostzerfressene Treppe; **ringhiera coperta di ~**, rostiges Geländer, mit Rost überzogenes Geländer; **fare la ~**, rosten 2 fig (rancore) Groll m forb: **fra i due c'è ancora ruggine**, die beiden sind sich noch nicht grün forb 3 bot Rost m B <inv> agg (colore) {GIACCA} rostbraun, rostfarben.
rugginóso, (-a) agg 1 (arrugginito) {FERRO} rostig 2 (color ruggine) {PERA} rostfarben, rostfarbig.
ruggìre <ruggisco> itr 1 (emettere ruggiti) {LEONE} brüllen 2 fig (rumoreggiare) {MARE} brausen; {TEMPESTA, VENTO} heulen 3 fig (gridare) {PERSONA} brüllen.
ruggìto m 1 (verso) {+LEONE} Brüllen n 2 fig (fragore) {+MARE} Brausen n; {+VENTO} Heulen n 3 fig (urlo) {+UOMO} Brüllen n.
rughétta → **ruchetta**.
rugiàda f Tau m: **foglie bagnate di ~**, taunasse Blätter; **prato coperto di ~**, betaute forb Wiese.
rugiadóso, (-a) agg (cosparso di rugiada) {ERBA, FIORI} tauig forb, taubenetzt forb, betaut forb.
rugosità <~> f (l'essere rugoso) {+PELLE, VISO} Runz(e)ligkeit f.
rugóso, (-a) agg 1 (pieno di rughe) {MANI} runz(e)lig, faltig 2 fig (solcato) {SUPERFICIE} durchfurcht.
rullàggio <-gi> m 1 aero Rollen n, Schlingern n 2 sport (in atletica) Abrollen n.
rullàre A itr 1 (risuonare) {TAMBURO} wirbeln 2 aero {AEREO} rollen, schlingern 3 mar {NAVE} rollen, schlingern 4 sport (nell'atletica) {ATLETA} ab|rollen B tr (spianare) ~ **qc** {TERRENO} etw walzen.
rullàta f (il rullare) Wirbeln n: **~ di tamburi**, Trommelwirbel m.
rullìno <dim di rullo> m fot Film m, Filmrolle f: **portare un ~ a sviluppare**, einen Film zum Entwickeln bringen.
rullio <-lii> m (suono prolungato) {+TAMBURO} Wirbel m, Dröhnen n.
rùllo① m 1 (arnese cilindrico) Rolle f 2 film Film m, Filmrolle f 3 tip Walze f: **~ bagnatore**, Feuchtwalze f; **~ inchiostratore**, Farb-, Auftragwalze f; **~ macinatore**, Farbreiber m ● **~ compressore** (per livellare il terreno), Straßen-, Dampfwalze f; fig (persona che non si arresta di fronte a nulla), Dampfwalze f (wer sich durch nichts aufhalten lässt); **mio fratello è un vero ~ compressore, quando si è messo in testa qualcosa non lo ferma nessuno**, mein Bruder ist eine richtige Dampfwalze, den hält keiner auf, wenn er sich mal was in den Kopf gesetzt hat; **~ portacarta** (nella macchina da scrivere), Papierrollenträger m; **~ trasportatore**, Transportrolle f.
rùllo② m (suono) Trommelwirbel m: **~ di tamburo**, Trommelwirbel m.
rum <~> m enol (liquore) Rum m.
rùmba f (danza afrocubana) Rumba f.
rumèno, (-a) A agg rumänisch B m (f) (abitante) Rumäne m, (Rumänin f) C m <solo sing> (lingua) Rumänisch n.
rumuinànte m zoo Wiederkäuer m.
ruminàre tr 1 ~ (**qc**) {BUE, VITELLO FORAGGIO} (etw) wieder|käuen 2 fig (masticare a lungo) ~ (**qc**/etw) lange kauen 3 fig (rimuginare) ~ **qc** {FATTO, IDEA, PENSIERO} über (acc) (nach|)grübeln.
rùmine m anat zoo Pansen m.
rumóre m 1 (suono) {CONTINUO, IMPERCETTIBILE, LIEVE, SORDO} Geräusch n: **al minimo ~**, beim leisesten/kleinsten Geräusch; **il ~ di un motore/[del traffico]/[di una fabbrica]**, das Motorengeräusch/[der Verkehrslärm]/[der Fabriklärm]; **un ~ di passi**, das Geräusch von Schritten 2 (fracasso) {ASSORDANTE, INSISTENTE, INSOPPORTABILE} Lärm m, Krach m: **non far ~ mentre ascolto la radio**, mach keinen Lärm, während ich Radio höre 3 fig (risonanza) Aufsehen n, Aufheben n: **un avvenimento che ha fatto molto ~**, ein Ereignis, das viel Aufsehen erregt hat 4 elettr {ELETTRICO, TELEVISIVO} Störungsgeräusch n 5 med {CARDIACO} Geräusch n ● **senza far ~**, geräuschlos; **~ di fondo** elettr fis, Hintergrund-, Eigengeräusch n; **molto ~ per nulla**, viel Lärm um nichts.
rumoreggiànte agg (che produce rumore) {FOLLA} lärmend, laut; {MARE} brausend; {FIUME} anche rauschend.
rumoreggiàre <rumoreggio, rumoreggi> itr 1 (far rumore) {TEMPORALE} toben, lärmen; {TUONO} dröhnen; {MARE} brausen 2 fig (esprimere dissenso) {PERSONE} murren.
rumorìsta <-i m, -e f> mf film radio TV (tecnico) Geräuschmacher(in) m(f).
rumorosaménte avv (con rumore) {ARRI-

VARE, MUOVERSI} geräuschvoll.
rumorosità <-> f **1** (*frastuono*) {+MACCHINA} Lärm m **2** *elettr* Lautstärke f • **~ di fondo**, Hintergrundlärm m.
rumoróso, (-a) *agg* **1** (*che fa rumore*) {DISCUSSIONE} laut; {VICINI DI CASA} *anche* lärmend **2** (*pieno di rumore*) {CITTÀ, STRADA} laut **3** (*sonoro*) {RISATA} laut **4** *elettr* {APPARECCHIO} laut.
rùna f *ling* Rune f.
rùnico, (-a) <-ci, -che> *agg ling* {SCRITTURA} Runen-, runisch.
ruolino <*dim di* ruolo> m *mil* (Truppen-)stammrolle f: **~ di marcia**, Marschordnungsbuch n; **~ (programma di lavoro)** Arbeitsplan m.
ruòlo m **1** (*funzione*) {DECISIVO, MINORE} Rolle f, Funktion f: **quell'uomo ha avuto un ~ di primo piano nella vicenda**, der Mann hat eine führende Rolle in dieser Angelegenheit gespielt **2** *amm* {+CONTRIBUENTI} Stellenplan m, Liste f, Verzeichnis n, Register m **3** *comm* Plan m, Liste f **4** *dir* (*registro di pratiche giudiziarie*) Register n, Kalender m: **~ generale**, Generalregister n; **~ d'udienza**, Verhandlungskalender m **5** *dir* (*elenco dei contribuenti*) Verzeichnis n der Steuerpflichtigen **6** *film radio teat TV* Rolle f: **avere un ~ in un film**, eine Rolle in einem Film haben; **interpretare il ~ di Faust**, ⌊den Faust⌋/[die Rolle des Faust] spielen; **~ principale/secondario**, Haupt-/Nebenrolle f **7** *mil* {+ESERCITO} Stammrolle f **8** *sociol* Rolle f **9** *sport* Position f: **giocare nel ~ di difensore**, ⌊als Verteidiger⌋/[in der Abwehr] spielen • **~ d'equipaggio** *mar*, Musterrolle f; **essere di/in ~** *amm*, verbeamtet sein, im Beamtenverhältnis stehen; **insegnante di ~** *amm*, verbeamteter Lehrer; **diventare di ~** *amm*, ins Beamtenverhältnis übernommen werden; **essere fuori ~** *amm*, nicht verbeamtet sein; **~ di riscossione** *dir*, Einzugsregister n.
ruòta f **1** *gener* {+BICICLETTA, CARRO} Rad n, *autom* {+AUTOMOBILE, CAMION, MOTORINO} Reifen m: **~ direttrice**, Lenkungsrad n; **~ motrice**, Antriebsrad n **2** (*disco rotante*): **~ dell'arrotino**, Schleifrad n; **~ del vasaio**, Töpferscheibe f; **~ idraulica**, Wasserrad n; **~ del mulino**, Mühlrad n **3** (*di luna park*) {PANORAMICA} Riesenrad n **4** (*nel lotto: urna*) Ziehungsstelle f, (Lotto)glücksrad n: **giocare un numero sulla ~ di Roma**, auf eine Zahl beim Glücksrad von Rom setzen **5** *mar* (*elemento*): **~ di poppa/prua**, Hinter-/Vordersteven m; **~ del timone**, Steuerrad n **6** *stor* (*tortura*) Rad n • **a ~** (*a forma di ~*), Rad-; {GONNA} Glocken-; **sono l'ultima ~ del carro** *fig* (*conto poco o nulla*), ich bin ja hier das fünfte Rad am Wagen, mich nimmt ja keiner ernst/[für voll], nach mir kräht ja kein Hahn! *fam*, ich zähle ja weniger als nichts, mich fragt ja keiner!; **~ dentata** *mecc tecnol*, Zahnrad n; **~ degli esposti** (*per i bimbi abbandonati*), Drehbrett n für die Übernahme von Findelkindern; **fare la ~** *sport* (*in ginnastica*), ein Rad schlagen, *ornit* {PAVONE} ein Rad schlagen; *fig* (*essere molto vanitosi*), sich brüsten; **~ della fortuna** *fig* (*alternanza di*

buona e cattiva sorte), Glücksrad n; **~ libera** (*nelle biciclette*), Freilauf m; **a ~ libera** (*senza freni*), ohne zu bremsen; *fig* {PARLARE} frisch/frei von der Leber weg *fam*; **andava a ~ libera**, er/sie war nicht zu bremsen; **la ~ di ricambio/scorta** *autom*, das Ersatzrad; *fig* (*persona poco tenuta in considerazione*), das fünfte Rad am Wagen; **seguire a ~** *fig* (*venire subito dopo*), unmittelbar folgen; **ungere le ruote** *fig* (*corrompere*), jdn schmieren *fam spreg*.
ruotàre A *itr* **1** (*girare*) **~ (intorno a qc)** {INTORNO A UN CENTRO} (sich) (*um etw acc*) drehen, (*um etw acc*) rotieren: **la Terra ruota su se stessa**, die Erde dreht sich um ⌊sich selbst⌋/[die eigene Achse]; *fig* **~ intorno a qu** *um jdn* kreisen, sich *um jdn* drehen: **grossi interessi ruotano intorno a lui**, große Interessen drehen sich um ihn **2** (*volteggiare*) **~** + *compl di luogo* {FALCO NEL CIELO} *irgendwo* kreisen, *irgendwo* seine Kreise ziehen B *tr* **1** (*girare*) **~ qc** {BRACCIO} *etw* kreisen lassen **2** *agr* **~ qc** {COLTURE} *etw* ab|wechseln.
ruotino <*dim di* ruota> m **1** (*piccola ruota*) {+TRICICLO} kleines Rad **2** (*ruota di scorta*) Ersatz-, Reserverad n.
rùpe f (*roccia scoscesa*) Fels(en) m.
rupèstre *agg* **1** (*di roccia*) {PAESAGGIO} felsig **2** (*su roccia*) {PITTURA} Fels-, Höhlen- **3** *bot* (*che cresce sulle rocce*) {PIANTA} Felsen-.
rupìa f Rupie f.
rùppi 1a pers sing del pass rem *di* rompere.
ruràle A *agg* (*della campagna*) {POPOLAZIONE, VITA} Land-; {DIALETTO, USI} ländlich B *mf* (*contadino*) Landmann m, Landfrau f.
ruralità <-> f {+POPOLAZIONE, TRADIZIONE} Ländlichkeit f.
ruscellétto <*dim di* ruscello> m Bächlein n.
ruscèllo m Bach m: **~ di montagna**, Gebirgsbach m.
rush <-, -es pl *ingl*> m *ingl sport anche fig* Rush m, Spurt m • **finale** *sport anche fig*, Endspurt m.
rùspa f (*macchina escavatrice*) Bagger m.
ruspànte A *agg* **1** (*allevato all'aperto*) {TACCHINO} freilaufend **2** *fig scherz* (*genuino*) {PERSONA} unverbildet, natürlich, unverfälscht B *mf* (*pollo*) Freilandhuhn n.
ruspàre A *itr* (*razzolare*) {GALLINA} scharren, kratzen B *tr* (*spianare con la ruspa*) **~ qc** {TERRENO} *etw* (*dat*) scharren.
rùssa f → **russo**.
russàre *itr* {UOMO} schnarchen.
Rùssia f *geog* Russland n: **~ Bianca**, Weißrussland n.
russificàre <*russifico, russifichi*> *tr* (*assimilare alla cultura russa*) **~ qu** {POPOLO} jdn russifizieren.
russificazióne f Russifizierung f; (*azione*) *anche* Russifizieren n.
russìsmo m *ling* Russismus m.
rùsso, (-a) A *agg* russisch B m (f) (*abitante*) Russe m, (Russin f) C m <*solo sing*> (*lingua*) Russisch(e) n: **il ~ è una bella lingua**,

Russisch/das Russische ist eine schöne Sprache; **come si dice in ~?**, wie heißt das auf Russisch?; **parla ~?**, sprechen Sie Russisch?
russòfilo, (-a) A *agg* (*che simpatizza*) {PAESE} russophil B m (f) (*simpatizzante*) Russophile mf *decl come agg*.
russòfono, (-a) A *agg* (*che, chi parla russo*) russischsprachig B m (f) Russischsprachige mf *decl come agg*.
rusticàno, (-a) *agg* (*campagnolo*) {MODI} bäuerlich, ländlich.
rustichézza f (*qualità*) {+UOMO} Derbheit f.
rusticità <-> f (*qualità*) Rustikalität f.
rùstico, (-a) <-ci, -che> A *agg* **1** (*di campagna*) {BALLI} Bauern-; {COSTUMI, GENTE} ländlich, Land-, bäuerlich **2** (*semplice*) {CIBO, GUSTI} rustikal, einfach **3** (*rif. allo stile*) {MOBILE} rustikal **4** *fig spreg* (*rozzo*) {MANIERE, RAGAZZO} roh, grob, ungehobelt B m **1** (*edificio di campagna*) Bauernhaus n **2** <*solo sing*> (*stile*) Rustikale n **3** <*di solito al pl*> *gastr* Pastete f.
rùta f *bot* Raute f.
rutènio <-> m *chim* Ruthenium n.
rutherford <-> m *ingl fis* Rutherfordium n.
rutilànte *agg poet* (*splendente*) funkelnd, glänzend.
ruttàre *itr* (*fare rutti*) auf|stoßen, rülpsen *fam*.
ruttino <*dim di* rutto> m Bäuerchen n *fam*: **fare il ~** {BIMBO} ein Bäuerchen machen *fam*.
rùtto m (*emissione di aria*) Rülpser m *fam*: **fare un ~**, rülpsen *fam*.
ruttóre m *elettr* (*dispositivo*) Schalter m.
ruvidézza f **1** (*rugosità*) {+CORTECCIA DI ALBERO, PIETRA, STOFFA} Rauheit f **2** *fig* (*rozzezza*) {+MANIERE, PERSONA} Rohheit f, Grobheit f.
rùvido, (-a) *agg* **1** (*con asperità*) {MANI, STOFFA} rau **2** *fig* (*rozzo*) {UOMO} roh, grob **3** *fig* (*aspro*) {RISPOSTA} grob, spröde **4** *enol* {VINO} herb, sauer.
ruzzolàre A *itr* <*essere*> (*cadere*) **~** (+ *compl di luogo*) {GIÙ DAI GRADINI, DAL TERRAZZO} *etw* hinunterpurzeln, *etw* hinunterkugeln; {NEL FANGO} *in etw* (*acc*) purzeln, *in etw* (*acc*) fallen B *tr* <*avere*> (*voltolare*) **~ qc** {BOTTE} *etw* rollen.
ruzzolàta f (*caduta*) Purzeln n: **fare una bella ~ per terra**, (schön) auf den Boden purzeln.
ruzzolóne m (*capitombolo*) Sturz m, Fall m • **fare un ~**, hinpurzeln, hinfallen, stürzen; *fig* (*avere un tracollo finanziario*), auf die Schnauze fallen *fam*.
ruzzolóni *avv* (*ruzzolando*) {FARE LE SCALE, FINIRE PER TERRA} purzelnd.
RVM f *TV abbr di* Registrazione Video Magnetica: magnetische Videoaufnahme.
RW f *med abbr di* Reazione di Wassermann: WaR, WR (*abbr di* Wassermannsche/Wassermann-Reaktion, RW (*abbr di* Reaktion Wassermann).

S, s

S, s <-> f o rar m (*diciannovesima lettera dell'alfabeto italiano*) S, s n ● *a* s, s-förmig; **curva/gancio/tubo a** s, S-Kurve f/S-Haken m/S--Rohr m; **s** *aspra/[non-sonora] ling*, scharfes/stimmloses s; **s** *dolce/sonora ling*, weiches/stimmhaftes S; **s** *impura ling*, vorkonsonantisches S, S impurum m; **s come** *Savona* (*nella compitazione delle parole*), S wie Samuel; → *anche* **A, a**.

s *fis* abbr *di* secondo: s (abbr *di* Sekunde).

s. abbr *di* seguente: f. (abbr *di* folgend).

S **1** *autom post* abbr *di* Svezia: S (abbr *di* Schweden) **2** *fis* abbr *di* siemens: S (abbr *di* Siemens) **3** *geog* abbr *di* Sud: S (abbr *di* Süd(en)) **4** *mat* abbr *di* superficie: A (abbr *di* Flächeninhalt) **5** *mus* abbr *di* solo: S. (abbr *di* Solo), s. (abbr *di* solo) **6** (*nella moda*) abbr *dell'ingl* small (*piccolo*) S (abbr *dell'ingl* small).

S. **1** *geog* abbr *dello spagn* sierra: Sierra f **2** *relig* abbr *di* Santo: hl., St. (abbr *di* heilig, Sankt).

sa 3ª pers sing dell'ind pres di sapere①.

s. a. abbr *di* senza anno: o.J. (abbr *di* ohne Jahr).

S. A. **1** *forb* abbr *di* Sua Altezza: S.H. (abbr *di* Seine Hoheit/Hochwürden/Hochwohlgeboren), I.H. (abbr *di* Ihre Hoheit/Hochwohlgeboren) **2** *comm* abbr *di* Società Anonima: AG f (abbr *di* Aktiengesellschaft).

SAA *aero* abbr *dell'ingl* South African Airways (*linee aeree sudafricane*) SAA (südafrikanische Fluggesellschaft).

SAAB f *aero autom* abbr *dello svedese* Svenska Aeroplan Aktie-Bolaget (*società svedese per la costruzione di aeroplani e automobili*) SAAB (schwedischer Flugzeug-, Automobil- und Elektronikkonzern).

Saar f *geog* Saar f.

sàbato m **1** *gener* Samstag m, Sonnabend m *region*: **avere il ~ libero**, ⌊den Samstag⌋/[samstags] frei haben; **~ sera**, Samstagabend **2** *relig ebraica* Sabbat m ● **~ grasso** (*ultimo ~ di carnevale*), Faschingssamstag m; **~ inglese** (*pomeriggio festivo*), Samstag m mit arbeitsfreiem Nachmittag; **Sabato di Passione** *relig*, Samstag m ⌊vor dem Palmsonntag⌋/[nach dem Passionssonntag]; **Sabato Santo** *relig*, Karsamstag m; → *anche* **lunedì**.

sabàudo, (-a) *stor* A *agg* {STEMMA} savoyisch, der Savoyer B *m (f)* (*persona*) Savoyer(in) m(f).

sàbba <- o sabbati> m **1** (*convegno di streghe*) Hexensabbat m **2** (*rito orgiastico*) Hexensabbat m *forb*, Teufelsmesse f, schwarze Messe, wüstes Treiben.

sabbàtico, (-a) <-ci m> agg **1** (*festivo*) Sabbat- **2** *relig ebraica* {ANNO} Sabbat- **3** *università*: **anno ~**, Frei-, Forschungs(frei)semester n.

sàbbia A f **1** *anche min* (*arena*) Sand m: **~ alluvionale/morenica/silicea**, Schwemm-/Gletscher-/Kieselsand m; **~ aurifera/quarzifera**, gold-/quarzhaltiger Sand, Gold-/Quarzsand m; **coperto di ~**, mit Sand bedeckt; **~ di deserto/fiume/mare**, Wüsten-/Fluss-/Meersand m **2** <*di solito al pl*> *med* Grieß m, Sand m **3** *TV* Flimmern n B <inv agg {TESSUTO} sandfarben, sandfarbig C <-> m (*colore*) Sandfarbe f, Beige n ● **costruire/edificare/fabbricare sulla ~** *fig* (*fare un'opera destinata a non durare*), auf Sand bauen; **sabbie mobili** *geol*, Treib-, Flugsand m; *fig* (*situazione pericolosa*), Sumpf m, extrem schwierige Lage, Scheiße f *volg*; **essere/trovarsi nelle sabbie mobili** *fig*, sich in ⌊einer extrem schwierigen Lage⌋/[schwierigem Fahrwasser]/[der Scheiße *volg*] befinden; **finire nelle sabbie mobili** *fig*, ⌊in den Morast⌋/[in schwieriges Fahrwasser] geraten; **sprofondare nelle sabbie mobili** *fig*, ⌊im Morast⌋/[in schwierigem Fahrwasser] versinken; **buttare/gettare la ~ negli occhi a qu** *fig* (*ingannare*), jdm Sand in die Augen streuen; **scritto sulla ~** *fig* (*effimero*), in den Sand geschrieben; **seminare nella ~** *fig* (*dedicarsi ad attività improduttiva*), Sand pflügen/ackern.

sabbiàre <*sabbio*, *sabbi*> tr *tecnol* **~ qc** {METALLO, VETRO} *etw* sandstrahlen.

sabbiatrìce f *tecnol* Sandstrahlgebläse n.

sabbiatùra f **1** *med* Sandbad n: **fare le sabbiature**, Sandbäder nehmen **2** *tecnol* Sandstrahlen n, Sandstrahlreinigung f.

sabbièra f **1** (*spandisabbia*) Sandstreuer m **2** *ferr* Sandstreuer m, Sandkasten m.

sabbióne m **1** (*distesa di sabbia*) Sandboden m **2** (*sabbia e ghiaia*) Kiessand m.

sabbióso, (-a) agg **1** (*ricco di sabbia*) {TERRENO} sandig, sandreich; {RIVA} *anche* Sand- **2** (*simile a sabbia*) {SOSTANZA} sandartig **3** *med* {CALCOLO} sandkorngroß.

Sabìna f (*nome proprio*) Sabine, Sabina.

sabìno, (-a) *stor* A *agg* {TERRITORIO} sabinisch, Sabiner B *m (f)* (*abitante*) Sabiner(in) m(f).

sabot <-> m *franc* (*nella moda*) Sabot m.

sabotàggio <-gi> m *anche fig* (*danneggiamento*) {+CAMPAGNA PROMOZIONALE, PONTE, PROGETTO} Sabotage f: **essere vittima dei continui sabotaggi dei colleghi** *fig*, ständig Mobbingopfer der Kollegen sein.

sabotàre tr *anche fig* (*danneggiare*) **~ qc** {DIMOSTRANTI BINARI DEL TRENO; OPPOSIZIONE PROGETTO DI LEGGE} *etw* sabotieren.

sabotatóre, (-trìce), A *agg anche fig* (*che sabota*) {INTERVENTO} Sabotage- B *m (f) anche fig* Saboteur(in) m(f).

S.acc. *comm* abbr *di* Società in accomandita: KG f (abbr *di* Kommanditgesellschaft).

sàcca <-che> f **1** (*borsa*) {+PELLE, STOFFA} Sack m, (große) Tasche f: **aprire/chiudere la ~ da ginnastica/spiaggia/viaggio**, die Sport-/Strand-/Reisetasche auf-/zumachen **2** *fig* Teil-, Restgebiet n: **~ di analfabetismo/sottosviluppo**, analphabetisches/unterentwickeltes Restgebiet **3** *anat med* Beutel m, Sack m, Tasche f: **~ auricolare**, Aurikular-/Ohranhänge m pl *scient*; **~ di pus**, Eiterbeutel m **4** *geog* Bucht f, Einbuchtung f: **~ di un fiume/lago**, Flussbiegung f/Seebucht f **5** *geol* {+METANO} Sack m, Tasche f **6** *metall* {+ALTOFORNO} Rast f **7** *mil* Kessel m, Einkesselung f: **le ultime sacche di resistenza**, die letzten Widerstandsnester **8** *merid* Tasche f ● **~ d'aria** *fig anche aero*, Luftloch n; **sacche polliniche** *bot*, Pollensäcke m pl; **~ di sangue** *med*, Blutkonserve f.

saccaràsi <-> f *chim* Saccharase f.

saccàride m *chim* Kohle(n)hydrat n.

saccarìfero, (-a) agg **1** (*che contiene zucchero*) {PIANTA} zuckerhaltig **2** (*dello zucchero*) {INDUSTRIA} Zucker-.

saccarificàre <*saccarifico*, *saccarifichi*> tr *chim* **~ qc** *etw* verzuckern, *etw* saccharifizieren.

saccarificazióne f *chim* Zuckerbildung f, Verzuckerung f, Saccharifikation f.

saccarimetrìa f *chim* Saccharimetrie f.

saccarìna f *chim* Saccharin n, Süßstoff m.

saccaromicète m *biol* Hafe-, Sprosspilz m, Saccharomyces m.

saccaròsio m *chim* Saccharose f.

saccàta f **1** (*sacco*) {+GRANO} Sack m **2** *fig* (*grande quantità*) Menge f, Haufen m *fam*: **si è preso una ~ di bastonate**, er hat eine (gehörige) Tracht Prügel *fam* ● **a saccate** *fig* (*in grande quantità*), haufenweise *fam*.

saccènte A *agg* (*che presume di sapere*) {STUDENTE, TONO} besserwisserisch; {BAMBINO} *anche* naseweis, überklug *iron*, altklug B *mf* (*chi presume di sapere*) Besserwisser(in) m(f) *spreg*, Naseweis m *fam*, Klugschwätzer(in) m(f) *fam spreg*, Klugscheißer(in) m(f) *fam spreg*, Klugredner(in) m(f) *fam*.

saccenterìa f (*l'essere saccente*) Besserwisserei f *spreg*, Klugschwätzerei f *fam spreg*, Klugscheißerei f *fam spreg*, Klugrednerei f *fam*.

saccentóne, (-a) <-*accr di saccente*> m *spreg* (*che si dà arie di sapere*) Besserwisser(in) m(f) *spreg*, Naseweis m *fam*, Klugschwätzer(in) m(f) *fam spreg*, Klugscheißer(in) m(f) *fam spreg*, Klugredner(in) m(f) *fam*.

saccheggiàre <*saccheggio*, *saccheggi*> tr **1** (*depredare*) **~ qc** {CITTÀ} *etw* (aus)plündern **2** (*derubare*) **~ qc** {LADRI BANCA, CASA} *etw* aus|rauben, *etw* aus|plündern **3** *fig scherz* (*svuotare*) **~ qc** {AMICI DISPENSA, FRIGORIFERO}

saccheggiatóre, (**-trice**) **A** agg (*che saccheggia*) {AUTORE, IDEE, OPERA, TEORIA} *jdn*/ *etw* plagiieren *forb*, *jdn*/*etw* plündern *spreg*.

saccheggiatóre, (**-trice**) **A** agg (*che saccheggia*) *anche fig* {FOLLA} plündernd **B** m (f) *anche fig* (*chi saccheggia*) Räuber(in) m(f), Plünderer m, (Plünd(r)erin f).

sacchéggio <-gi> m 1 (*razzia*) {+CITTÀ} (Aus)plünderung f 2 *fig* (*appropriazione*) Plünderung f *spreg*; {+IDEE} Plagiat n *forb*.

sacchétta <dim *di* sacca> f {+MULO} Futterbeutel m.

sacchettatrice f *tecnol* Maschine f zur Herstellung von (Papier)tüten.

sacchettifìcio <-ci> m (*fabbrica di sacchetti*) Tütenfabrik f.

sacchétto <dim *di* sacco> **A** m 1 Tüte f, Beutel m, Säckchen n: ~ **della biancheria sporca**, Wäschebeutel m; ~ **di carta/plastica/stoffa**, Papier-/Plastik-/Stofftüte f; ~ **freezer per la congelazione domestica**, Gefrierbeutel m 2 (*quantità*) Säckchen n: ~ **di zucchero**, Säckchen n Zucker 3 (*pacco*) Päckchen n: ~ **sottovuoto**, Vakuumverpackung f **B** <inv> loc agg (*nella moda*): a ~, {+ABITO} Sack-, sackförmig • ~ **pollìnico** bot, Pollensack m; ~ **a/di terra** mil, Sandsack m.

saccifórme agg *anat med* {FORMAZIONE} sackförmig.

sàcco <-chi> **A** m 1 *gener* {+CEMENTO, CIPOLLE, GRANO, SABBIA} Sack m: ~ **dell'immondizia**/{della spazzatura}, Müllsack m; **mettere in un ~ qc**, etw einsacken, etw in einen Sack geben/tun; **togliere da un ~ qc**, etw aus einem Sack (heraus)nehmen 2 (*contenuto*) Sack m 3 (*pacco*) Päckchen n: ~ **di riso**, Päckchen n Reis 4 (*saccheggio*) {+TERRITORIO NEMICO} Plünderung f: **mettere a ~ un paese**, ein Land plündern 5 (*saio*) Kutte f, Sack m 6 *fig fam* (*mucchio*): ~ **di qc** Haufen m + nom/+ gen pl *fam*, Menge + nom/+ gen pl *fam*, Berg m *von etw* (dat)/+ gen pl/+ nom sing *fam*, Masse f *fam* + nom/+ gen pl; {+LETTERE, PROTESTE} Flut *von etw* (dat pl): **un ~ di botte**, eine Tracht Prügel *fam*; **ho un ~ di cose da dirti**, ich habe dir einen Haufen/eine Menge zu erzählen *fam*; **ha un ~ di dischi**, er/sie hat eine ganze Menge/Masse Schallplatten *fam*; **racconta un ~ di frottole**, er/sie tischt einen Haufen/[Sack (voll)] Lügen auf *fam spreg*, er/sie erzählt einen Haufen Märchen *fam*; **non lo vedo da un ~ di tempo**, ich habe ihn schon länger/[längere Zeit] nicht mehr gesehen; **volersi un ~ di bene**, sich unheimlich *fam*/[zum Fressen *fam* scherz] gern haben; **ci servono un ~ di soldi**, wir brauchen einen Haufen/eine Stange/einen Batzen Geld *fam* 7 *fig scherz* (*stomaco*) Wanst m *fam spreg*, Bauch m, Ranzen m *fam*, Magen m: **mettere qc nel ~**, sich (dat) den Bauch/Ranzen vollschlagen *fam* 8 *slang* (*mille lire*) Tausendlireschein m: **il biglietto costa dieci sacchi**, die Eintrittskarte kostet zehntausend Lire 9 *anat med zoo* Sack m, Beutel m: ~ **amniòtico**/[delle acque], Fruchtblase f; ~ **aneurismàtico**, Aneurysma n *scient*; ~ **embrionale**/lacrimale/scrotale, Embryo-/Tränen-/Hodensack m; ~ **urinario**, Harnblase f 10 *mus* {+FAGOTTO} Bauch m 11 *sport* Sandsack m: **fare un po' di ~**, ein bisschen am Sandsack trainieren 12 *tess* Sackleinen n, Sackleinwand f **B** <inv> loc agg (*nella moda*): a ~ {+ GIACCA} sackförmig, sackartig • **a sacchi**, sackweise; *fig fam* (*in grande quantità*), sack-, scheffelweise; **colmare il ~** *fig* (*superare la misura*), das Maß überschreiten; ~ **per la corrispondenza**/[postale] post, Postsack m; **essere/sembrare un ~** (*rif. a persona, avere un aspetto informe*), unförmig/[wie ein Mehlsack]/[wie eine Tonne] aussehen; **fare il ~** (al letto di qu) (*ripiegare il lenzuolo per scherzo*), jdm (als Streich) das Laken sackartig zubinden(, sodass man sich nicht ausstrecken kann); ~ **di lardo** *fig* (*rif. a persona molto grassa*), Fettsack m *volg spreg*; **mangiare al ~** (*fare un picnic*), picknicken, ein Picknick machen; **mettere qu nel ~** *fig* (*raggirarlo*), jdn in den Sack stecken *fam*, jdn reinlegen *fam*, jdn über den Tisch ziehen *fam*; ~ **da montagna**/alpinista/[alpino] (*zaino*), Rucksack m; **essere un ~ d'ossa** *fig* (*rif. a chi è molto magro*), klapper- *fam*/spindeldürr sein; **parare/reggere**/tenere il ~ a qu *fig* (*essere complice*), jdn decken, jdm die Stange halten; **parere**/**sembrare**/[stare a qu come un ~] (*essere malfatto*), {VESTITO} jdm schlecht stehen, (an jdm) wie ein Sack aussehen/herunterhängen; ~ **di patate**, Sack m Kartoffeln, Kartoffelsack m; *fig* (*persona goffa*), Mehlsack m, Tollpatsch m, Trampel m *fam spreg*: **cadere come un ~ di patate** *fig* (*pesantemente*), wie ein Sack Kartoffeln/[(nasser) Sack] umfallen; ~ **a pelo**, Schlafsack m; ~ **pollìnico** bot, Pollensack m; ~ **del prestigiatore** (*nei giochi di prestigio*), Zaubersack m, Zaubertüte f; ~ **di pulci** *fig spreg* (*rif. a cane*), verlauster/dreckiger Köter *spreg*; **il ~ di Roma** stor, die Plünderung Roms (1527); **darne a qu un ~ e una sporta** *fig fam* (*picchiare qu*), jdn gehörig/kräftig verprügeln/verkloppen *fam*, jdn durchprügeln; **di pane/libri ce n'è un ~ e una sporta** *fig fam* (*molto*), es gibt eine Unmenge/einen Haufen Brot/Bücher *fam*; ~ **di stracci** *fig spreg* (*rif. a chi si veste male*), zerlumpter/heruntergekommener Mensch, Vogelscheuche f; **ti sei divertito? – Un ~!** *fig* (*moltissimo*), hast du dich amüsiert? – Und wie/[Wahnsinnig *fam*]/[Unheimlich *fam*]!; **vuotare il ~** *fig* (*sfogarsi*), auspacken *fam*, sein Herz ausschütten; (*confessare*), auspacken *fam*, singen *fam*; **non dire quattro se non l'hai nel ~** *prov*, man soll den Tag nicht vor dem Abend loben *prov*/[nicht über ungelegte Eier gackern]; ~ **vuoto non sta in piedi** *prov*, mit leerem Bauch ist nicht gut arbeiten.

saccòccia <-ce> f *region* (*tasca*) (Hosen)tasche f, Beutel m, Sack m *region*, Säckel m *region*: **mettere qc in ~**, etw in die Tasche stecken, etw einstecken • **mettere qu in ~** *fig* (*imbrogliarlo*), jdn in den Sack stecken *fam*, jdn reinlegen *fam*.

saccóne <accr *di* sacco> m 1 großer Sack 2 (*pagliericcio*) Strohsack m.

saccopelìsta <-i m, -e f> mf (*chi dorme all'aperto*) Rucksacktourist(in) m(f).

S.acc.p.a. *comm* abbr *di* Società in accomandita per azioni: KGaA (abbr *di* Kommanditgesellschaft auf Aktien).

sacèllo m 1 (*piccola cappella*) kleine Gedächtniskapelle 2 *stor rom* Heiligtum n.

sacerdotàle agg 1 (*del sacerdote*) {ORDINE, UFFICIO, VOCAZIONE} Priester-, priesterlich, geistlich 2 *fig* (*solenne*) {TONO DI VOCE} feierlich.

sacerdòte, (**-essa**) m (f) 1 (*ministro del culto*) {BUDDISTA, CATTOLICO, ORTODOSSO, PAGANO; +APOLLO} Priester(in) m(f): **consacrare qu ~**, jdn zum Priester weihen; **farsi ~**, Priester werden; **sommo ~**, Hohenpriester m 2 *fig lett* (*cultore*) Diener(in) m(f), Apostel m: ~ **della giustizia**, Gerechtigkeitsapostel m; ~ **del vero**, Wahrheitssucher m *forb*.

sacerdòzio <-zi> m 1 *relig* Priestertum n, Priesterschaft f 2 *fig scherz* (*missione*) {+RICERCA SCIENTIFICA} Mission f.

Sacher® <-> → **Sachertorte®**.

Sachertorte® <-, -n pl ted> f *gastr* ted Sachertorte f.

sacràle agg 1 *anat* {REGIONE} Kreuzbein-, sakral *scient* 2 *relig* {CERIMONIA} sakral, heilig.

sacralgìa f *med* Kreuzbeinschmerz m, Sakralgie f *scient*.

sacralità <-> f (*l'essere sacro*) {+LUOGO} Heiligkeit f, Sakrale n *decl come agg*.

sacralizzàre tr (*attribuire valore sacro*) ~ **qc** {TEMPIO} etw weihen, etw heiligen.

sacralizzazióne① f (*il diventare sacro*) {+TEMPIO PAGANO} Weihen n, Heiligen n.

sacralizzazióne② f *med* {+VERTEBRA} Sakralisation f *scient*.

sacramentàle **A** agg 1 *relig* {FORMULA, GRAZIA} sakramental 2 *fig scherz* (*di prammatica*) {PARTENZA PER LE VACANZE} üblich, unvermeidlich, obligat *scherz* **B** <di solito al pl> m *relig* Sakramentalien m pl.

sacramentàre **A** tr 1 *relig* ~ **qu** {MORIBONDO} jdm ein Sakrament aus|teilen/spenden 2 *anche fig* (*giurare*) ~ **qc** etw (hoch und heilig)/[feierlich] schwören: **sacramentava che era innocente**, er/sie schwor feierlich, dass er/sie unschuldig war; ~ **di non sapere**, hoch und heilig schwören, nichts zu wissen 3 *fam* (*bestemmiare*) ~ (**qc**) (*etw*) fluchen **B** *rfl* *relig*: **sacramentarsi** ein Sakrament empfangen.

sacramentàrio <-a> <-ri> m *relig* **A** agg {TEORIA} Sakraments- **B** m (*formulario*) Sakramentar(ium) n.

sacraménto m *relig* 1 (*atto rituale*) Sakrament n: **accostarsi ai sacramenti**, die Sakramente empfangen; **amministrare**/ricevere un ~, ein Sakrament austeilen/empfangen; **il ~ del battesimo**/della cresima/del matrimonio/dell'unzione, das Sakrament der Taufe/Firmung/Ehe/Salbung; **i sette sacramenti**, die sieben Sakramente 2 (*l'Eucaristia*) ~, Sacramento m, Abendmahl n, Eucharistie f; **il Divino**/Santo/Santissimo Sacramento, das Allerheiligste *decl come agg* • **fare qc con tutti i sacramenti** *fig fam* (*con scrupolo*), etw nach allen Regeln der Kunst/[mit allem Drum und Dran *fam*] machen.

sacràrio <-ri> m 1 *relig* {+TEMPIO} Heiligtum n, Allerheiligste n 2 (*edificio*) Gedenkstätte f: ~ **dei caduti**, Gefallenen-, Kriegerdenkmal n 3 *fig forb* (*luogo sacro*) {+CUORE} verborgener Schrein: **il ~ delle pareti domestiche**, die unantastbare/heilige Privatsphäre.

sacràto → **sagrato**.

sacrestàno → **sagrestano**.

sacrestìa → **sagrestia**.

sacrificàbile agg *fig* (*eliminabile*) {PARTICOLARE} weglassbar.

sacrificàle agg (*del sacrificio*) {CERIMONIA} Opfer-: **vittima ~**, Opfer(tier) n.

sacrificàre <*sacrifico*, *sacrifichi*> **A** tr 1 *anche mitol relig* ~ (**qu**/qc) (a qu) {BUE, CAPRETTO A BACCO} (*jdm*) jdn/etw) opfern, (*jdm*) (jdn/etw) darbringen *forb*: ~ **una vergine alle divinità pagane**, den heidnischen Göttern eine Jungfrau darbringen *forb*; ~ **la vita alla patria**, sein Leben dem Vaterland opfern/weihen 2 *fig* (*rinunciare*) ~ **qc** (**per qc**) *etw* (*für etw* acc) opfern: **ha sacrificato tutto per la felicità di suo figlio**, er/sie hat alles für das Glück seines/ihres Sohnes geopfert/[auf alles verzichtet, um seinen/ihren Sohn glücklich zu machen]; ~ **tutti i pomeriggi per allenarsi**, alle Nachmittage für das Training opfern 3 *fig* (*subordinare*) ~ **qc (a qc)** *etw* (*etw* dat) unter|ordnen: **hanno dovuto ~ la qualità del prodotto ai tempi di produzione**, der Zeitdruck bei der Herstellung ging auf Kosten der Qualität 4 *fig* (*eliminare*) ~ **qu** {MANAGER} jdn ein|sparen: **un politico a favore di un altro**, einen Politiker zugunsten eines anderen fallen lassen; ~ **qc** {FORESTA, NATURA} etw vernichten **5** fig (mortificare) ~ **qu/qc in qc** {INTELLIGENZA IN UN LAVORO MEDIOCRE} jdn bei etw (dat) versauern lassen fam, etw bei etw (dat) vergeuden; {FIGLIA IN UN MATRIMONIO D'INTERESSE} jdn für etw (acc) opfern **6** fig (non valorizzare) ~ **qc in qc** {MOBILE IN UN ANGOLO} etw vergeuden verbannen, etw irgendwohin nicht zur Geltung kommen lassen; {INTERVISTA IN UNA COLONNA} etw irgendwohin verbannen, etw irgendwohin quetschen **7** relig: ~ **(il corpo e il sangue di Cristo)**, die heilige Eucharistie feiern **B** itr fig lett (fare atto di devozione) ~ **a qc** {ALLA BELLEZZA, ALLA MORALE} etw (dat) huldigen forb o iron **C** rfl **1** (offrirsi in sacrificio): **sacrificarsi (per qu/qc)** {MARTIRE PER LA FEDE; SOLDATO PER LA PATRIA} sich/[sein Leben] ([für] jdn/etw)/[jdm/etw]) (auf)opfern **2** fig (sopportare privazioni): **sacrificarsi (per qu/qc)** {GENITORE PER I FIGLI} sich (für jdn/etw) auf|opfern; {SCRITTORE PER LA CARRIERA, PER IL SUCCESSO} (für etw acc) Opfer auf sich nehmen **3** fig (essere disposto): **sacrificarsi a fare qc** {A FARE LA BABY-SITTER, A PREPARARE LA CENA, A STARE A CASA DA SOLO} bereit sein, etw zu tun.

sacrificàto, (-a) **A** agg **1** anche mitol relig {ANIMALE} geopfert **2** fig (mortificato) {INGEGNO} vergeudet, ungenutzt **3** fig (di rinunce) {VITA} entbehrungsreich, voller Opfer **4** fig (non valorizzato) {MOBILE} vergeudet, verschwendet: **in quella ditta è ~**, für diese Firma ist er überqualifiziert/[zu schade]; **su quel vestito quel gioiello è ~**, bei diesem Kleid kommt dieses Schmuckstück nicht zur Geltung **B** m (f) fig (chi sopporta privazioni) Opfer n.

sacrifìcio <-ci> m **1** mitol relig Opfer n: **offrì un ~ di cento buoi agli dei**, er/sie brachte den Göttern hundert Ochsen dar forb; ~ **cruento/espiatorio/propiziatorio/umano**, Blut-/Sühnen-/Versöhnungs-/Menschenopfer n; ~ **incruento**, unblutiges Opfer; **compiere/fare un ~ in onore di qu**, jdm zu Ehren ein Opfer bringen; **offrì un ~ a Dio le proprie sofferenze**, er/sie opferte Gott seine Leiden; (rito) Opfer n, Opferung f: **durante il ~ bruciarono dell'incenso**, während der Opferung verbrannte man Weihrauch **2** (offerta della vita) Opfer n, Opfertod m: **far ~ di sé**, sein Leben opfern **3** fig (privazione) {ECONOMICO} Opfer n, Verzicht m, Entbehrung f: **fare molti sacrifici per arrivare a concludere gli studi**, viele Opfer bringen, um das Studium abschließen zu können; **questa casa è costata molti sacrifici**, dieses Haus hat viele ˌOpfer gekostetˌ/[Entbehrungen mit sich gebracht] **4** relig Messopfer n: ~ ˌdell'altareˌ/[divino]/[santo], Messopfer n; ~ **della croce**, Opfertod m ˌam Kreuzˌ/[Christi]; ~ **della Messa**, Messopfer n ● **l'estremo ~** fig (la morte), der Opfertod.

sacrifìzio <-zi> m → **sacrificio**.

sacrilègio <-gi> m **1** (profanazione) Sakrileg n, Frevel m, Gotteslästerung f: **ha commesso/fatto un ~**, er/sie hat ein Sakrileg begangen; {+LUOGO SACRO} Schändung f **2** fig (irriverenza) Respektlosigkeit f: **è un ~ insultare i genitori**, es ˌist respektlosˌ/[gilt als Sakrileg], seine Eltern zu beleidigen **3** fig anche scherz (indecenza) {+CUCINA, MUSICA, CANTO} Frevel m forb o iron: **verniciare di rosso quell'armadio barocco è un ~!**, diesen Barockschrank rot anzustreichen, ist eine Schande!

sacrìlego, (-a) <-ghi, -ghe> agg **1** (profanatore) {GESTO, LADRO, MANI} frevelhaft, frevlerisch, gotteslästerlich, sakrilegisch **2** (empio) {DISCORSO, PAROLE} frevelhaft, lästernd, schändlich; {LINGUA} anche Läster-.

sacripànte **A** m fam scherz **1** (colosso) Riesenkerl m fam, Hüne m, Schrank m scherz: **è un ~ di due metri**, er ist ein Zwei-Meter-Kerl! fam **2** (furbone) Schlingel m scherz, Schelm m **B** in funzione di inter (di irritazione, di meraviglia): ~!, Teufel auch! fam, sapperlot! obs o region.

sacristìa ⇒ **sagrestia**.

sàcro① m anat Kreuzbein n.

sàcro②, (-a) **A** agg **1** (religioso) {ARTE, LETTERATURA, LUOGO} religiös, sakral; {INNO, RAPPRESENTAZIONE, UOMO} geistlich; {MUSICA} anche kirchlich, Kirchen-; {PARAMENTI} heilig, liturgisch; {CERIMONIA, LIBRO, RITO} heilig; {IMMAGINE} anche Kult- **2** (divino) {FAMIGLIA} heilig **3** (degno di venerazione) {VACCA} heilig, unantastbar; {MAESTÀ} allerheiligste(r, s) **4** (dedicato) ~ **a qu/qc** {TEMPIO A VENERE} jdm/etw geweiht, jdm/etw gewidmet **5** fig (intoccabile) {OSPITE} heilig; {DIRITTO, DOVERE, MEMORIA, PRINCIPIO} anche unantastbar **6** fig scherz (inviolabile) unverletzbar, heilig scherz: **la privacy per me è sacra**, meine Privatsphäre ist mir heilig **B** m ‹solo sing› relig Heilige n decl come agg ● **mescolare il ~ e il profano** fig (elementi eterogenei), das Heilige und das Profane mischen.

sacrosànto, (-a) agg **1** relig (hoch)heilig: **il nome ~ di Dio**, der heilige Name Gottes **2** (inviolabile) {ABITUDINE} unantastbar; {DIRITTO} anche unverletzbar, sakrosankt forb **3** (indubitabile) {VERITÀ} unbezweifelbar: **le tue sono parole sacrosante!**, oh wie wahr!, dein Wort in Gottes Ohr! **4** fam scherz (meritato) {RIPOSO} verdient.

sadicaménte avv sadistisch.

sàdico, (-a) <-ci, -che> **A** agg **1** psic {ISTINTO, PIACERE, SOGGETTO} sadistisch **2** (maligno) {GUSTO, SODDISFAZIONE} sadistisch spreg **B** m (f) **1** psic Sadist(in) m (f) **2** (chi prova gusto a tormentare) Sadist(in) m (f) spreg.

sadìsmo m **1** psic Sadismus m **2** (malignità) Grausamkeit f, Sadismus m spreg.

sadomasò fam **A** ‹inv› agg sadomasochistisch **B** ‹-› m (sadomasochista) Sadomasochist(in) m (f).

sadomasochìsmo m psic Sadomasochismus m.

sadomasochìsta <-i m, -e f> psic **A** agg {PRATICA} sadomasochistisch **B** mf Sadomasochist(in) m (f).

sadomasochìstico, (-a) <-ci, -che> agg psic {PIACERE} sadomasochistisch.

saétta f **1** anche fig (fulmine) Blitz(strahl) m: **correre/[scappare via] come una ~**, wie der Blitz rennen/weglaufen fam; **essere veloce come una ~**, schnell wie der/[ein geölter] Blitz sein fam; **essere una ~** fig, blitzschnell sein fam **2** obs {+OROLOGIO} Zeiger m **3** edil {+TETTO} Strebe f **4** lett (freccia) Pfeil m **5** tecnol Bohrer m.

saettànte agg **1** (guizzante) {RAGGIO DI SOLE} strahlend **2** lett (che scaglia saette) {GIOVE} blitzend.

saettàre **A** itr ‹essere› (sfrecciare) ~ (+ **compl di luogo**) irgendwohin schießen, irgendwohin sausen, irgendwohin flitzen fam, (irgendwo) dahin|schießen, (irgendwo) dahin|sausen, (irgendwo) dahin|flitzen fam: **lo sciatore saettava fra i pali dello slalom**, der Skifahrer flitzte pfeilschnell zwischen den Slalomstangen hindurch **B** tr ‹avere› **1** (scagliare) ~ **qc** {PIETRA} etw schleudern, etw schießen **2** fig (lanciare) ~ **qc** {SGUARDI INFEROCITI} etw um sich werfen; {PAROLE} mit etw (dat) um sich werfen **3** fig lett (emanare) ~ **qc** {SOLE RAGGI} etw (aus|)strahlen **4** sport (nel calcio) ~ (**qc**) (+ **compl di luogo**) (etw) (irgendwohin) schießen: ~ **in rete**, (eine Bombe slang) ins Tor/Netz schießen.

saettàto, (-a) agg bot {FOGLIA} pfeilförmig.

saettifórme → **saettato**.

safàri ‹-› m (spedizione di caccia) Safari f: **fare un ~**, auf Safari gehen ● ~ **fotografico** fot, Fotosafari f.

safarìsta <-i m, -e f> mf (chi partecipa a un safari) Safari-Fahrer(in) m (f).

safèno, (-a) anat **A** agg: **nervo ~**, Rosennerv m, Nervus m saphenus/femoralis scient **B** f (vena) Rosenader f, Rosenvene f: **grande/piccola ~**, große/kleine Rosenader/Rosenvene, Vena saphena magna/parva m scient.

safety car ‹-, - -s pl ingl› loc sost f ingl sport Safetycar m o n.

sàffica <-che> f ling sapphische Strophe.

sàffico, (-a) <-ci, -che> agg **1** (lesbico) {AMORE} lesbisch, sapphisch forb **2** ling {VERSO} sapphisch.

saffìsmo m (omossessualità femminile) Sapphismus m forb.

Sàffo f stor Sappho f.

sàga <-saghe› f lett **1** (racconto) {+TEODORICO} Sage f, Saga f **2** (epopea) {+FAMIGLIA, PERSONAGGIO} Epos m.

sagàce agg (acuto) {MENTE, RAGAZZO, RISPOSTA} scharfsinnig, klug, gewitzt.

sagàcia f (acume) Scharfsinn m, Klugheit f.

sagacità ‹-› rar → **sagacia**.

saggézza f (assennatezza) {+ANZIANI} Weisheit f: ~ **popolare**, Volksweisheit f.

sàggia f → **saggio**③.

saggiaménte avv {DECIDERE, SCEGLIERE} weise, klug: **preferì ~ aspettare**, er/sie zog es klugerweise vor abzuwarten.

saggiàre ‹saggio, saggi› tr **1** anche scient (verificare) ~ **qc** {RIFLESSI DI QU, SOSTANZA CANCEROGENA} etw untersuchen, etw überprüfen; {CAPACITÀ DIDATTICHE DI UN INSEGNANTE, PREPARAZIONE DI UN CANDIDATO} etw prüfen, etw testen: ~ **le conoscenze degli studenti in storia**, die Geschichtskenntnisse der Schüler/Studenten prüfen **2** fig (mettere alla prova) ~ **qu** {AVVERSARIO} sich an jdm messen, jdn auf die Probe stellen; ~ **qc** {DISPONIBILITÀ DI UN COLLABORATORE, FEDELTÀ DELLA MOGLIE} etw auf die Probe stellen; ~ **le forze di un atleta**, die Kraft eines Athleten auf die Probe stellen **3** fig (indagare) ~ **qc** {UMORE DELL'INSEGNANTE} etw sondieren forb, etw aus|testen, etw aus|loten; {OPINIONI} etw erforschen: ~ **i gusti del consumatore**, die Verbrauchergewohnheiten ausloten/sondieren forb/austesten **4** region (assaggiare) ~ **qc** {TORTA, VINO} etw probieren **5** metall tecnol ~ **qc** {ARGENTO, PLATINO} etw prüfen.

saggiatóre, (-trice) **A** m (f) metall Erzprüfer(in) m (f), (Erz)wardein m **1** (bilancia) Goldwaage f **2** (sgorbia) "eine Art Hohlmeißel zum Probieren von bestimmten Käsesorten".

saggiatùra f metall **1** (operazione) Probe f **2** (segno) Punze f.

saggìna f bot Hirse f.

sàggio① <-gi> m **1** anche scuola (esibizione) Vorführung f, Darbietung f: **fare il ~ di danza/[fine anno]**, eine Tanzvorführung/[Vorführung zum Jahresende] veranstalten; ~ **ginnico/musicale**, Gymnastik-/Musikdarbietung f **2** (prova) Probe f: **dare/offrire un ~ della propria pazienza**, eine Probe seiner Geduld liefern **3** (esame) {+ORO} Prüfung f, Probe f: **fare il ~ di un minerale argentifero**, ein Silbermineral prüfen **4** (campione) Probe f, Muster n: **un ~ di olio**, eine Probe Öl; {+FORMAGGIO} Probestück n **5** econ {MASSIMO, MINIMO} Satz m: **aumentare/abbassare il ~**

d'interesse/di sconto, den Zins-/Diskontsatz erhöhen/senken; **pagare un ~ del 20%**, einen Satz von 20% bezahlen ● **(copia di) ~ (omaggio)** edit, Freiexemplar n.

sàggio② <-gi> m lett **1** (scritto critico) {FILOSOFICO, STORICO} Essay m o n, Abhandlung f: **~ sul Leopardi**, Essay m o n über Leopardi **2** rar (tema) {+TEDESCO} Aufsatz m.

sàggio③, (-a) <-gi, -ge> **A** agg (assennato) {DECISIONE, DONNA, GIUDIZIO, RISPOSTA} weise, klug **B** m (f) (chi è assennato) Weise mf decl come agg, Gelehrte mf decl come agg.

saggista <-i m, -e f> mf lett (autore di saggi) Essayist(in) m(f).

saggìstica <-che> f lett (attività, genere) Essayistik f.

saggìstico, (-a) <-ci, -che> agg (di saggio) {PRODUZIONE} essayistisch.

sagittàle agg anat {SUTURA} sagittal, Sagittal-.

sagittàrio <-ri> m **1** stor (arciere) Bogenschütze m **2** ornit Sekretär m **3** astrol astr: **Sagittario**, Schütze m; **sono del/un ~**, ich bin (ein) Schütze.

sagittàto, (-a) agg bot {FOGLIA} pfeilförmig.

sàgola f mar {+BANDIERA} Leine f: **da fiocina/getto**, Harpunen-/Wurfleine f.

sàgoma f **1** (profilo) {+CAMPANILE} Profil n, Linie f, Silhouette f **2** (modello) Modell n, Form f, Schablone f, Lehre f: **~ di cartone/ferro/legno**, Modell n aus Karton/Eisen/Holz, Karton-/Eisen-/Holzmodell n; **~ forata**, Bohrschablone f **3** (bersaglio) {+TIRO A SEGNO} (Ziel)scheibe f: **~ mobile di coniglio**, ⌊bewegliche Zielscheibe⌋/[laufende Scheibe] in Kaninchenform **4** fig fam (tipo divertente) komischer Kauz, Nummer f fam, Marke f fam: **sei una bella ~!**, du bist vielleicht eine Nummer fam/lustig!

sagomàre tr anche tecnol (modellare) **~ qc** {CARROZZERIA, MOBILE, VASO} etw formen, etw modellieren, etw fassonieren: **~ alla fresa/al tornio**, ⌊kopier-/profilfräsen⌋/[formdrehen].

sagomatrìce f tecnol Kopierfräsmaschine f.

sagomatùra f **1** (modellatura) {+PEZZO} Formarbeit f, Formgebung f: **~** ⌊**a mano**⌋/[**meccanica**], ⌊Formgebung f per Hand⌋/[mechanische Formgebung]; **~ al tornio**, Formdrehen n **2** (sagoma) Profil n, Linienführung f.

sàgra f **1** (festa popolare) {+TARTUFO} (Volks)fest n, Feier f **2** relig {+S. ANTONIO} Kirchweih f, Kirchweihfest n, Kirmes f **3** forb (commemorazione) {+MILLE} Gedenk-, Gedächtnisfeier f.

sagràto m (spazio antistante la chiesa) Kirchplatz m: **sul ~ della chiesa/del duomo**, ⌊auf dem⌋/[am] Kirch-/Domplatz.

sagrestàna f **1** relig (monaca) Kirchendienerin f, Mes(s)nerin f region **2** fam (moglie del sagrestano) Küsterfrau.

sagrestàno m relig Küster m, Kirchendiener m, Mes(s)ner m region, Kirchner m obs.

sagrestìa f relig {+CHIESA} Sakristei f.

Sahàra m geog Sahara f.

saharàna f (nella moda) Tropen-, Safarijacke f.

sahariàno, (-a) **A** agg geog {SICCITÀ} Sahara-, extrem **B** m geol rar Quartär n.

Sahel m geog Sahel m, Sahelzone f.

sheliàno, (-a) agg geog {STEPPA} Sahel-.

sahìb <-> m stor (padrone) Sahib m.

sài 2ª pers sing dell'ind pres di sapere①.

saint-honoré <-> m o f franc gastr Saint--Honoré-Torte f (Blätterteigtorte mit Schlagsahne).

saintpaulia <-> f bot Usambaraveilchen n.

sàio <sai> m relig Kutte f ● **gettare il ~ alle ortiche** fig (spretarsi), die Kutte in die Nesseln werfen, aus der Kutte springen scherz; **prendere/vestire il ~** fig (abbracciare la vita religiosa), die Kutte anlegen.

sakè <-> m giapponese enol Sake m.

sàla① f **1** (stanza) {+MUSEO, PALAZZO} Saal m: **~ d'aspetto**, {+STAZIONE} Wartesaal m, Warteraum m, Wartehalle f; {+STUDIO MEDICO} Wartezimmer n; **~ da pranzo**, Speisesaal m; **~ per conferenze**, Vortragssaal m; **~ (per) riunioni**, Versammlungs-, Sitzungssaal m; **~ degli specchi/del trono**, Spiegel-/Thronsaal m; **~ del tesoro**, Schatzkammer f **2** (salotto) Wohnzimmer, Salon m **3** (pubblico) Saal m, Zuschauer m pl: **la ~ proruppe in applausi**, der ganze Saal brach in Beifall aus ● **~ d'armi**⌋/[**di scherma**] (nella scherma), Fechtsaal m; **~ da ballo** (locale pubblico), Tanzlokal n; **~ da biliardo**, Billardzimmer n; (locale pubblico), Billardsaal m; **~ capitolare** relig, Kapitelsaal m; **~ cinematografica film**, Kinosaal m; **~ comandi**, {+CENTRALE ELETTRICA} Schaltzentrale f, Bedienungsraum m; **~ del consiglio** amm, Beratungszimmer n; **~ di consultazione**, {+BIBLIOTECA} Lesesaal m; **~ di controllo film med radio**, Kontrollraum m; **elettr**, Schaltwarte f; **~ (delle) corse** (nell'equitazione), Wettbüro n; **~ doppiaggio/missaggio film**, Synchronisierungsatelier n/Mischraum m; **~ da gioco**, {+CASINÒ} Spielsaal m; **~ giochi** (locale pubblico), Spielhalle f, Spiel(o)thek f; **~ di lettura**, {+BIBLIOTECA} Lesesaal m; **~ macchine mar**, Maschinenraum m; **~ di montaggio film TV**, Schneide-, Cutterraum m; **industr**, Montagehalle f; **~ nautica mar**, Karten-, Navigationsraum m; **~ operativa**, {+QUESTURA} (Kommando)zentrale f; **~ operatoria med**, Operationssaal m; **~ parto med**, Kreißsaal m; **~ di proiezione film**, Filmvorführraum m; **~ professori scuola**, Lehrerzimmer n; **~ prove mecc** Probierstation f; **teat**, Probebühne f, Proberaum f; **~ regia TV**, Regieraum m; **~ di registrazione radio TV**, Aufnahmeraum m; **~ stampa giorn**, Pressezentrum n; **~ da tè** (locale pubblico), Teestube f.

sàla② f ferr tecnol (Lauf)achse f.

sàla③ f bot Riedgras n.

salàcca <-che> f **1** fam (aringa) "in Salz eingelegter oder geräucherter Hering"; itt Alse f **2** fig scherz (sciabola) Säbel m, Plempe f scherz obs **3** fig scherz (libro vecchio) alter Schmöker fam, Schwarte f fam spreg ● **mangiare salacche** fig (mangiare poveramente), nicht viel zu beißen (und zu brechen/reißen) haben; (sembra/[è magro come] una **~** fig (rif. a persona molto magra), er sieht aus wie ein Gerippe fam.

salàce agg **1** (sarcastico) {+EPIGRAMMA} bissig, scharf **2** (lascivo) {+DISCORSO} anstößig, lasziv forb **3** (scurrile) {+MODO DI DIRE} schlüpfrig, zweideutig.

salacità <-> f **1** (sarcasmo) {+BATTUTA} Schärfe f, Bissigkeit f **2** (lascivia) {+DISCORSO} Anstößigkeit f, Laszivität f **3** (scurrilità) {+RISPOSTA} Schlüpfrigkeit f.

Saladìno m stor (sultano d'Egitto) Saladin n.

salagióne f gastr {+PESCE} Einsalzen n, Pökeln n.

salàma f gastr Schweinswurst f.

salamàndra f zoo Salamander m: **~ acquaiola**, Teichmolch m; **~ maculata/nera**, Feuer-/Alpensalamander m ● **essere una ~** fig (resistere bene al sole), viel Sonne vertragen, eine Sonnenblume sein scherz; (al fuoco), eine feuerfeste Labor-/Hausfrauenhand haben scherz.

salàme m **1** gastr (insaccato) Wurst f, Salami(wurst) f: **~ all'aglio/al peperoncino**, Knoblauch-/Paprikawurst f; **~ cotto/crudo**, gekochte/rohe Salami; **mangiare pane e ~**, Brot mit Salami essen **2** (rotolo) Wurst f, Schlange f, Rolle f: **i salami di stoffa imbottiti riparano bene dagli spifferi**, die mit Stoff gepolsterten Tür-/Fensterschlangen schützen gut vor Zugluft; gastr (dolce) Dessert n in Salamiform **3** fig fam (mammalucco) Tollpatsch m, Tölpel m spreg, Trottel m fam spreg: **essere un ~**, ein Tollpatsch sein; **muoviti, ~!**, mach schon, du Trottel! fam spreg ● **legare qu come un ~** (immobilizzarlo), jdn wie ein Paket fest schnüren; **rimanere/[stare lì] come un ~** fig (sbalordito), verblüfft dastehen, dumm aus der Wäsche kucken fam, ⌊von den Socken⌋/[platt wie eine Flunder] sein fam; fig (scornato), blamiert da⌊stehen/sein, ein langes Gesicht machen.

salamelècco <-chi> m (cerimonie) Umständem pl, Förmlichkeit f: **fare (mille) salamelecchi**, (tausend) Umstände machen; **senza tanti salamelecchi**, ohne ⌊große Förmlichkeiten⌋/[viel Getue fam spreg].

Salamìna f geog Salamis m.

salamìno m <dim di salame> **1** gastr {+SUINO} Knackwurst f **2** tip Kurzartikel m, Kolumne f.

salamòia f **1** gastr (Salz)lake f, Pökel m rar: **acciughe in ~**, in Salz eingelegte Sardellen, Pökelsardellen; **mettere qc in ~**, etw (ein)pökeln **2** tecnol {+FRIGORIFERO} (Salz)sole f.

salàre tr **1** (mettere il sale) **~ (qc)** {MINESTRA} etw salzen: **~ poco/troppo**, wenig/stark salzen **2** (mettere sotto sale) **~ qc** {ACCIUGHE} etw ein⌊salzen **3** fig scherz slang (marinare) **~ qc** {LEZIONE DI LATINO} etw schwänzen fam, etw blau⌊machen fam.

salariàle agg (del salario) {ADEGUAMENTO, AUMENTO, POLITICA, RIVENDICAZIONE} Lohn-.

salariàre <salario, salari> tr (retribuire) **~ qu** {FRESATORE} jdn bezahlen, jdm einen Lohn bezahlen, jdn entlohnen; {FUNZIONARIO, SOLDATO} jdn entlohnen.

salariàto, (-a) **A** agg (che percepisce un salario) {LAVORATORE} Lohn- **B** m (f) (prestatore d'opera) Lohnempfänger(in) m(f): **~ agricolo/avventizio/fisso**, Tagelöhner m/Aushilfsarbeiter m/[zeitlich befristeter Landarbeiter].

salàrio <-ri> m (retribuzione) {+LAVORATORE DIPENDENTE} (Arbeits)lohn m, Entlohnung f, Vergütung f, Salär n CH: **~ base/contrattuale/fisso/lordo/netto/totale**, Grund-/Tarif-/Fest-/Brutto-/Netto-/Gesamtlohn m; **bloccare/congelare i salari**, die Gehälter einfrieren; **~ d'ingresso**, Einstiegs-, Anfangslohn m; **~ libero**, freier/wirtschaftlicher Lohn; **~ giornaliero/mensile/orario/settimanale**, Tages-/Monats-/Stunden-/Wochenlohn m; **~ massimo/medio/minimo**, Höchst-/Durchschnitts-/Mindestlohn m; **~ nominale**, Nominallohn m; **pagare il ~**, den Lohn zahlen; **percepire/riscuotere il ~**, den Lohn empfangen/einfordern; **~ reale**, Real-, Effektivlohn m ● **~ da fame** (irrisorio), Hungerlohn m.

salassàre A tr **~ qu 1** med {MALATO} jdn zur Ader lassen **2** fig scherz (spillare denaro) {CLIENTE, GIOCATORE} jdn zur Ader lassen fam scherz, jdn schröpfen fam, jdn aus⌊nehmen fam spreg, jdn ab⌊zocken fam **B** itr pron fig fam (dissanguarsi): **salassarsi** sich in Unkosten stürzen: **salassarsi per comprare un'auto nuova**, sich in Unkosten stürzen um ein neues Auto zu kaufen.

salassàta f fig scherz (spesa notevole) Aderlass m fam scherz.

salàsso m 1 *med* Aderlass m: **fare un ~ a qu**, bei jdm einen Aderlass vornehmen 2 *fig scherz* (*spesa notevole*) Aderlass m *fam scherz*: **ha subìto un bel ~**, er/sie hat ganz schön in die Tasche greifen müssen *fam*.

salàta f (*il salare*) Salzen n: **dare una ~ alla minestra**, die Suppe salzen.

salataménte *avv fig* (*a caro prezzo*) teuer, gesalzen *fam*, gepfeffert *fam*: **pagare ~ i propri errori**, seine Fehler teuer bezahlen.

salatìno, (-a) <*dim di salato*> A *agg* 1 (*abbastanza salato*) {ARROSTO} stark gesalzen, etwas versalzen 2 *fig* (*abbastanza caro*) {PARCELLA DELL'AVVOCATO} gesalzen *fam*, gepfeffert *fam*, ziemlich teuer B *m gastr* Salzgebäck n: **~ al prosciutto**, Salzgebäck n mit Schinken.

salàto, (-a) A *agg* 1 (*che contiene sale*) salzig; {ACQUA} Salz- 2 *gastr* (*insaporito con sale*) {BURRO, NOCCIOLINE} gesalzen, salzig; (*che contiene troppo sale*) {MINESTRA} versalzen; (*sotto sale*) {CARNE} eingesalzen, Salz-; (*in salamoia*) {OLIVE} gepökelt, Pökel- 3 *fig* (*caro*) {PREZZO} höhe(r, s), gesalzen *fam*, gepfeffert *fam* 4 *fig* (*salace*) {DISCORSO, RISPOSTA} scharf, bissig, gesalzen *fam*, gepfeffert *fam* B *m* 1 (*sapore*) {+ACCIUGHE} Salzige *m* *in decl* come *agg*: **preferire il dolce al ~**, Süßes Gesalzenem vorziehen; **sa di ~**, das/es schmeckt salzig 2 (*salume*) Wurstware f C *avv* 1 (*con sale*) gesalzen: **non mangiare troppo ~**, nicht zu gesalzen essen 2 *fig* (*salatamente*) teuer, gesalzen *fam*: **pagare ~ qc**, etw teuer/gesalzen *fam* bezahlen.

salatùra f (*il salare*) {+PESCE} Einsalzen n, Pökeln n.

salciaiòla f *ornit* (Weiden-, Schilf)rohrsänger m.

salcìccia <-*ce*> *fam* → **salsiccia**.

sàlda f *tess* Stärke f, Appretur f.

saldàbile *agg* 1 (*che si può saldare*) {PEZZO} schweißbar; (*brasabile*) lötbar 2 *comm* {CONTO} zahlbar, begleichbar 3 *med* {FRATTURA} wiederherstellbar.

saldacónti <-*>*, **saldacónto** m *amm* (*libro*) Saldokonto n; (*macchina*) Buchungsmaschine f; (*ufficio*) Kontenbuchbüro n.

saldaménte *avv* 1 (*con saldezza*) {REGGERSI, TENERSI} fest 2 *fig* (*tenacemente*) {RADICARSI} tief, fest: **rimanere attaccato ~ ai suoi principi**, unerschütterlich an seinen Prinzipien festhalten.

saldàre A *tr* 1 *anche fig* (*unire*) ~ **qc** (**con/a qc**) {COCCI CON LA COLLA} *etw* (*mit etw dat*) verbinden, *etw* (*mit etw dat*) vereinigen, *etw* (*mit etw dat*) zusammen|fügen 2 *fig* (*stringere*) ~ **qc** (**con/fra qu/qc**) {AMICIZIA FRA I POPOLI, RELAZIONI CON I COLLEGHI} *etw* (*mit jdm/etw*) festigen; {ACCORDO, INTESA CON I SINDACATI} *etw* (*mit jdm/etw*) ein|gehen 3 *biol* ~ **qc a qc** {GENOMA ALLA CELLULA OSPITE} *etw in etw* (*acc*) verpflanzen 4 *comm* ~ **qc** {PARTITA} *etw* saldieren, *etw* begleichen; (*pagare*) {CONTO, FATTURA} *etw* begleichen, *etw* bezahlen; {DEBITO} *anche etw* tilgen, *etw* zurück|zahlen; ~ **qu** {METALMECCANICI} *jdn* bezahlen 5 *comm* ~ **qc** {CAPI INVERNALI} die Preise *für etw* (*acc*) herab|setzen 6 *med* ~ **qc** {FRATTURA} *etw* wieder zusammen|fügen 7 (*nell'oreficeria*) ~ **qc** (**+ compl di modo**) (*irgendwie*) (*an*)|löten; ~ **ad argento/ a oro**, mit Silber-/Goldlot löten 8 *tecnol* ~ **qc** (**a qc**) (*compl di modo*) {MANICO ALLA PENTOLA, PEZZI DI FERRO} *etw* (*irgendwie*) *an etw* (*acc*) schweißen; {UN POMELLO A UNA PORTA} *etw* (*irgendwie*) an|schweißen: ~ **all'acetilene/a ossigeno**, acetylensauerstoffschweißen; ~ **ad arco**, lichtbogenschweißen; ~ **a discesa**, abwärts schweißen; ~ **in continuo/a cordone**, nahtschweißen; ~ **a fiamma/freddo/scintilla**, feuer-/kalt-/abbrennschweißen; ~ **qc a pacchetto**, *etw* gärben; (*brasare*) {METALLO} *etw* löten; ~ **a dolce/stagno**, weichlöten; ~ **la falla di un tubo**, einen Riss im Rohr zulöten; ~ **a forte/ottone**, hartlöten; ~ **un pezzo a un altro**, ein Stück an ein anderes anlöten B *itr pron* 1 (*collegarsi*): **saldarsi** (**a/con qc**) sich *mit etw* (*dat*) verbinden, *mit etw* (*dat*) verknüpft sein: **le due parti del romanzo si saldano perfettamente**, die beiden Teile des Romans lassen sich einwandfrei zusammenfügen 2 *fig* (*unirsi*): **saldarsi contro qu/qc** sich gegen jdn/etw zusammen|schließen, sich gegen jdn/etw vereinigen; {SINISTRE CONTRO L'OPPOSIZIONE} sich *gegen jdn/etw* verbünden 3 *comm*: **saldarsi + compl di modo** {TRIMESTRE CON UN UTILE DI UN MILIARDO} *mit etw* (*dat*) abgeschlossen werden 4 *med*: **saldarsi** zu|heilen, vernarben, verwachsen: **i due lembi della ferita non si sono saldati perfettamente**, die beiden Wundränder sind nicht völlig zusammengewachsen; {FRATTURA} zusammen|wachsen, aus|heilen.

saldatóre, (-*trice*) A *m* (*f*) (*operaio*) Schweißer(in) m(f) B *m tecnol* Lötkolben m C *f tecnol* Schweißapparat m: **~ ad arco/[a resistenza]**, Lichtbogen-/Widerstandsschweißmaschine f; **~ continua**, Naht-, Reihenschweißmaschine f.

saldatùra f 1 *anche fig* (*unione*) {+CONCETTI} Verbindung f, Vereinigung f, Verknüpfung f; (*congiunzione*) {+SEQUENZE} Verbindung f 2 *tecnol* Schweißung f; (*azione*) *anche* Schweißen n: **~ elettrica ad arco/a resistenza**, Lichtbogen-/Widerstandsschweißen n; **~ autogena**, Autogenschweißen n, autogenes Schweißen n, A-Schweißen n; **~ al cannello**, Schweiß-, Lötbrennen n; **~ a canale/colata/freddo/laser**, Kanal-/Gieß-/Kalt-/Laserschweißen n; **~ a filo** (**continuo**), Nahtschweißen n; **~ ossiacetilenica**, Acetylensauerstoffschweißen n; **~ ossidrica**, Wasserstoff-Sauerstoff-Schweißen n; **~ di testa**, Stumpfschweißen n; (*punto di ~*) Schweißstelle f, Schweißnaht f 3 *tecnol* (*brasatura*) Lötung f; (*azione*) *anche* Löten n: **~ dolce/[a stagno]**, Weichlöten n; **~ eterogenea**, Schmelzschweißen m mit Zusatzwerkstoff, Lötschweißen n, (Schweiß)löten n; **~ forte/[a ottone]**, Hartlöten n; (*punto di brasatura*) Lötstelle f; (*sostanza con cui si salda*) Lot n 4 *med* {+TAGLIO} Vernarbung f, Verwachsen n; {+FRATTURA} Verhärtung f, Zusammenwachsen n 5 *econ* {+BILANCI} Kontinuität f.

saldézza f 1 (*solidità*) {+SCALA} Festigkeit f 2 *fig* (*fermezza*) Stärke f, Festigkeit f, Unerschütterlichkeit f: **~ d'animo/[di carattere/propositi]**, Seelen-/Charakterstärke f.

sàldo[1] m 1 *econ* (*differenza fra il dare e l'avere*) Saldo m: **~ attivo/creditore/positivo**, Aktiv-, Gewinn-, (Gut)habensaldo m, Saldoguthaben m; **~ della bilancia commerciale**, Handels(bilanz)überschuss m; **~ debitore/negativo/passivo**, Passiv-, Minus-, Soll-, Debetsaldo m; **fare il ~ totale**, den Abschlusssaldo ermitteln; **pagare/riportare a ~**, den Restbetrag bezahlen/übertragen 2 *econ* (*pagamento*) {+CONTO} Bezahlung f, Begleichung f, Saldo m: **a ~ di una fattura**, zum (vollen) Ausgleich einer Rechnung; (*somma da pagare*) Rest(betrag) m 3 <*di solito al pl*> *comm* (*vendita*) Restposten m, Restbestände m pl: **saldi di fine stagione**, Ausverkaufsware f 4 *banca* Kontostand m: **~ del conto corrente**, Girokontostand m • **~ dividendo** *econ* (*utili*), (Ab)schluss-, Restdividende f; **~ migratorio** (*differenza fra immigrati ed emigrati*), Differenz f zwischen der Anzahl von Aus- und Einwanderern; **~ naturale** (*differenza fra nati e morti*), Geburten-/Sterbeüberschuss m.

sàldo[2], (-a) A *agg* 1 (*stabile*) ~ (**in/su qc**) {APPOGGIO, CASA SULLE FONDAMENTA, SCALA} fest (*auf/an etw dat*); (*ANZIANO SULLE GAMBE*) fest *auf etw* (*dat*), sicher *auf etw* (*dat*); {FANTINO IN SELLA} fest *in etw* (*dat*), sicher *in etw* (*dat*) 2 *fig* (*irremovibile*) {FEDE} fest, unerschütterlich; ~ **in qc** {UOMO NELLA PROPRIA FEDE} unerschütterlich *in etw* (*dat*): **restare ~ nelle proprie convinzioni**, unerschütterlich an seinen Überzeugungen festhalten 3 *fig* (*forte*) {CUORE} stark; {ALLEANZA, AMICIZIA} fest, eng 4 *fig* (*valido*) {TEORIA} triftig B *avv* (*saldamente*) fest: **reggiti ~ al mancorrente!**, halt dich am Handlauf fest!

sàle m 1 *gener anche chim gastr* {MACINATO, RAFFINATO} Salz n: **~ acido/basico/neutro**, saures/basisches/neutrales Salz n; **~ comune**, Kochsalz n; **conservare/mettere sotto ~ qc**, etw einsalzen; **~ da cucina/tavola**, Tafel-/Speisesalz n; **~ fino/grosso**, feines/grobes Salz n; **essere giusto di ~**, richtig gesalzen sein; **~ idrato/iodato**, Hydrat-/Jodsalz n; **manca il ~**, es fehlt Salz; **~ marino**, Meer-, Seesalz n; **mettere un pizzico/pugno di ~ nell'acqua**, eine Prise/Hand voll Salz ins Wasser geben; **aggiungere il ~ alla minestra**, Salz an/in die Suppe geben; **~ di potassio/sodio**, Kali(salz) n/Natriumsalz n; **senza ~**, salzlos, ohne Salz; **va bene di ~?**, ist es ausreichend gesalzen? 2 *fig* (*senno*) Verstand m, Geist m 3 *fig* (*salacità*) Witz m, Bissigkeit f: **le sue battute sono piene di ~**, seine/ihre Bemerkungen sind voller Witz 4 *agr* Stickstoffdünger m: **dare il ~**, düngen • **i sali** (**ammoniacali**), das Ammoniumchlorid, der Salmiak; **~ amaro/inglese** *farm*, Bittersalz n; **~ antigelo**, Streusalz n; **sali aromatici** *farm*, Riechsalz n; **sali da bagno** (**nella cosmesi**), Badesalz n; **mettere il ~ sulla coda a qu** *fig scherz* (*cercare di avvicinare chi scappa continuamente*), jdn mit allen Mitteln/Tricks halten/[an sich binden] wollen; **essere dolce di ~** (*contenere poco ~*), fad(e)/[nach nichts] schmecken; *fig lett* (*essere sciocco*), töricht sein *spreg*; **spargere ~ sulle ferite/piaghe** *fig* (*aumentare il dolore di qu*), Salz auf/in die Wunde streuen; **~ e pepe** *fig* (*grigiastro*), {CAPELLI, GIACCA} grau melliert; {STOFFA} Pfeffer-und-Salz-; **restare/rimanere di ~** *fig* (*attonito*), zur Salzsäule erstarren; **sapere di ~** (*essere salato*), salzig schmecken; *fig lett* (*essere difficile da sopportare*), {SCONFITTA} bitter sein; **~ e tabacchi** (*nelle insegne: tabaccaio*), Salz- und Tabakverkauf m, Tabakladen m; **ho scritto in fronte ~ e tabacchi?** *fig* (*non sono ingenuo*), bin ja nicht blöd! *fam*, seh ich denn aus wie der letzte Idiot? *fam*; **essere il ~ della terra** *bibl*, das Salz der Erde sein; *fig* (*rif. a chi è molto saggio*), das Salz der Weisheit haben *forb*; *fig spreg* (*rif. a chi è convinto di essere molto saggio*), die Weisheit mit Löffeln gefressen haben *fam*, glauben, die Weisheit für sich gepachtet zu haben; **sali di tintura** *tess*, Färbesalze n pl; **essere il ~ della vita** *fig* (*ciò che la rende interessante*), die Würze des Lebens sein; **avere poco ~ in zucca** *fig fam* (*giudizio*), wenig (Grips) im Kopf haben *fam*.

salentìno, (-a) A *agg* {REGIONE} des Salento, salentinisch B *m* (*f*) (*abitante*) Einwohner(in) m(f) des Salento.

salernitàno, (-a) A *agg* {TRADIZIONE} salernitanisch B *m* (*f*) (*abitante*) Salernitaner(in) m(f).

salesiàno, (-a) *relig* A *agg* (*di S. F. di Sales*) {ORDINE} salesianisch, Salesianer- B *m* Salesianer m C *f* Salesianerin f.

salesman <-, -*men pl ingl*> m *ingl* (*nell'organizzazione aziendale*) Handelsvertreter(in)

sales manager <-, - -s pl ingl> loc sost mf ingl (nell'organizzazione aziendale) Verkaufsleiter(in) m(f).

salétta <dim di sala①> f **1** kleiner Saal, Zimmer n; {+RISTORANTE} Gast-, Wirtsstube f; {+MUNICIPIO} Sitzungszimmer n **2** mar Offiziersmesse f.

salgèmma m min Steinsalz n.

sàlgo 1ª pers sing dell'ind pres di salire.

sàlice m **1** bot Weide f: ~ **bianco/piangente/rosso**, Silber-/Trauer-/Purpurweide f; ~ **da vimini**, Korbweide f **2** (legno) Weide f, Weidenholz n • **sembrare un ~ piangente** fig (piangere molto), in Tränen aufgelöst sein₁/[zerfließen].

salicéto m (bosco di salici) Weidenwäldchen n • **cacciarsi/entrare in un ~** fig (cacciarsi in un guaio), sich in die Nesseln setzen fam, in Schlamassel sitzen fam.

salicilàto m chim Salizylat n.

salicìlico, (-a) <-ci, -che> agg chim {ACIDO} Salizyl-, salizylhaltig.

sàlico, (-a) <-ci, -che> agg stor (dei Franchi Sali) {LEGGE} salisch.

saliènte Ⓐ agg **1** fig (principale) {FATTO, MOMENTO} bedeutend, wichtig, wesentlich **2** (che sale) {ACQUE, MAREA} (auf)steigend **3** (rialzato) {TERRENO} vorspringend Ⓑ m **1** (rialzo) {ROCCIOSO} Vorsprung m **2** arch {+FACCIATA} Vorsprung m, Kragstein m **3** mil {+FRONTE} Keil m; {+FORTIFICAZIONE} vorspringender Winkel.

salièra f (recipiente) Salzgefäß n, Salzfässchen n; (spargisale) Salzstreuer m.

salifero, (-a) agg **1** (con, di sale) {ACQUE, GIACIMENTO} Salz-, salzhaltig **2** (che produce sale) {INDUSTRIA} Salz-, salzerzeugend, salzgewinnend, salzabbauend.

salificàre <salifico, salifichi> tr chim ~ **qc** {ACIDO CON UNA BASE} etw (durch etw acc) zu Salz machen, etw (durch etw acc) in Salz verwandeln.

salificazióne f chim Salzbildung f, Umsetzung f in Salz.

saligno, (-a) agg **1** (di sale) {SOSTANZA} salzig, Salz- **2** (che trasuda sale) {MARMO} Salzbeschlag ansetzend.

salii 1ª pers sing del pass rem di salire.

salina f **1** (impianto) Saline f, Salzwerk n **2** min (miniera) Salzlagerstätte f, Salzgrube f; (deposito naturale) Salzlager n.

salinità <-> f (contenuto di sale) {+ACQUA MINERALE} Salzgehalt m, Salzhaltigkeit f.

salìno, (-a) Ⓐ agg **1** (di sale) {CONTENUTO} Salz- **2** (con sale) {SOLUZIONE} salzhaltig, salzig, Salz-; {SORGENTE} Sol- **3** (che sembra sale) {CONSISTENZA} salzartig Ⓑ m **1** (salsedine) Salzigkeit f, Salzhaltigkeit f **2** region → **saliera**.

salìre <irr salgo, salii, salito> Ⓐ itr {=essere} **1** gener (a piedi) ~ (+ **compl di luogo**) (irgendwohin) hinauf|gehen, (irgendwohin) hoch|gehen: **salgo un momento (in casa/ufficio) a prendere le chiavi**, ich gehe einen Augenblick hinauf (in die Wohnung/das Büro), um die Schlüssel zu holen; {IN CIMA ALLA VETTA} auf etw (acc) steigen, auf etw (acc) gehen **2** (andare verso l'alto) ~ (**su**) (+ **compl di luogo**) {TURISTA IN CIMA ALLA TORRE} auf etw (acc) steigen, auf etw (acc) gehen, etw hinauf|steigen, etw hinauf|gehen; {TURISTA AL RIFUGIO} irgendwohin hinauf|steigen, irgendwohin hinauf|gehen: **è salito di corsa su per le scale**, er ist schnell die Treppen hochgelaufen; **il montacarichi sta salendo**, der Lastenaufzug fährt jetzt hinauf/[nach oben]; (arrampicarsi) {SUL PARAPETTO} auf etw (acc) klettern; {RAGAZZO SULL'ALBERO}, ROCCIATORE SULLA VETTA} anche etw hinauf|klettern; (con un veicolo) {CORRIERA SULLA COLLINA} etw hinauf|fahren; (con l'ascensore) {OSPITE AL TERZO PIANO} irgendwohin fahren; ~ **con l'ascensore**, den Aufzug nehmen **3** (venire verso l'alto) ~ (**su**) (+ **compl di luogo**) {TURISTA IN CIMA ALLA TORRE} auf etw (acc) steigen, auf etw herauf|kommen, etw herauf|steigen, etw herauf|gehen; {ALPINISTA AL RIFUGIO A PIEDI} irgendwohin herauf|kommen, irgendwohin herauf|steigen, irgendwohin herauf|gehen; (arrampicarsi) {GATTO SUL TETTO} auf etw (acc) klettern; (con un veicolo) {MOTOCICLISTA SU PER IL SENTIERO} etw herauf|fahren, etw herauf|kommen; (con l'ascensore) {LADRO ALL'ULTIMO PIANO} irgendwohin fahren **4** (andare a trovare) ~ **da qu** zu jdm hinauf|gehen: **è salito adesso dalla nonna**, er ist jetzt zur Oma hinaufgegangen; (venire a trovare) zu jdm herauf|kommen; **perché non sali un po' da me?**, warum kommst du nicht ein bisschen zu mir (he)rauf? **5** (montare) ~ (**a/in/su qc**) {TURISTA SUL TRENO} in etw (acc) (ein|)steigen: **sono saliti in cinque sulla sua auto**, sie sind zu fünft in sein/ihr Auto gestiegen; {SULL'AEREO, SULLA NAVE} an Bord gehen; {IN BICI} auf etw (acc) (auf|)steigen; {A CAVALLO, IN GROPPA} auf etw (acc) steigen, auf sitzen **6** (levarsi) ~ (**da qc**) (+ **compl di luogo**) {AEREO A TREMILA METRI; FIAMME AL QUARTO PIANO; NUVOLE DI VAPORE DAL CRATERE; PALLONCINO IN CIELO} (von etw dat) (irgendwohin) (auf|)steigen; {AQUILA IN CIELO} anche sich (von etw dat) (irgendwohin) erheben: **il sub è salito ₁a galla₁/[in superficie]**, der Taucher ₁kam wieder an die Wasseroberfläche₁/[tauchte wieder auf]; {URLA FINO AL CIELO} bis irgendwohin hinauf|steigen **7** (aumentare) ~ **di qc** {LIVELLO, PREZZI} (um etw acc) steigen; {QUALITÀ} (um etw acc) zu|nehmen; {BENZINA} (um etw acc) teurer werden; {BAROMETRO, TEMPERATURA DI ALCUNI GRADI} (um etw acc) (an|)steigen; {VOCE DI UN TONO} (um etw acc) heller werden: **il numero delle vittime sale di ora in ora**, die Zahl der Opfer steigt von Stunde zu Stunde; fig (uso assol) {RISCHIO, TENSIONE} zu|nehmen, steigen **8** (inerpicarsi) {STRADA} (an|)steigen, bergan gehen: **il sentiero sale gradualmente**, der Weg steigt nach und nach an **9** (sorgere) {LUNA, SOLE} auf|gehen **10** (ergersi) ~ (+ **compl di luogo** {MONTAGNA FINO A 5000 METRI} sich bis zu etw (dat) erheben, bis zu etw (dat) hoch sein **11** fam (recarsi) ~ (+ **compl di luogo**) {A MILANO} sich irgendwohin begeben **12** fig (innalzarsi) ~ **a qc** {AGLI ALTI GRADI DELLA MAGISTRATURA} bis zu etw (dat) auf|steigen; {AL TRONO} etw besteigen; ~ **di/in qc** {DI PRESTIGIO, NELLA STIMA DI QU} etw (acc) gewinnen: **l'impiegato è salito di grado**, der Angestellte ist befördert worden **13** dir {PENA} sich erhöhen **14** econ {MERCATI} sich beleben; {SCAMBI} zu|nehmen; ~ (**a qc**) {FATTURATO, INTERESSI A UN TASSO INASPETTATO} (auf etw acc) an|steigen: **la spesa pubblica è salita notevolmente**, die öffentlichen Ausgaben sind erheblich gestiegen; {PARTECIPAZIONE DEI PRIVATI} zu|nehmen; {DOLLARO, EURO} steigen **15** med {COLESTEROLO, GLICEMIA} steigen Ⓑ tr {=avere} ~ **qc** (+ **compl di modo**) **1** (andare su per) {COLLE, SCALA DI CORSA} etw (irgendwie) hoch|-, empor|steigen, etw (irgendwie) hinauf|gehen; (venire su per) {SENTIERO} etw herauf|steigen, etw (irgendwie) herauf|kommen; {MONTAGNA IN BICI} etw herauf|fahren, etw (irgendwie) herauf|gehen: **i gradini a due a due**, beim Treppensteigen zwei Stufen auf einmal nehmen **2** merid (portare) ~ **qu** (+ **compl di luogo**) {BAMBINO A CASA} jdn/etw (irgendwohin) hoch|bringen • **mi aiuti a ~, per favore?**, hilfst du mir bitte beim Hinaufgehen?; ~ **in cielo/paradiso** fig eufem (morire), ₁in den Himmel₁/[zur ewigen Ruhe] ein|gehen eufem, sterben; **dovete ~** (di avvicinamento), ihr müsst heraufkommen; (di allontanamento), ihr müsst hinaufgehen; **mi fai/lasci ~?** (di avvicinamento), darf ich heraufkommen?; (di allontanamento), kann ich hinaufgehen?; **fallo ~!** (digli di salire), sag ihm, er soll heraufkommen!; **potete ~!** (di avvicinamento), ihr könnt heraufkommen!; (di allontanamento), ihr könnt hinaufgehen!

salisburghése Ⓐ agg (di Salisburgo) {FESTIVAL} salzburgisch, Salzburger Ⓑ mf (abitante) Salzburger(in) m(f).

Salisbùrgo f geog Salzburg n.

saliscéndi <-> m **1** (dispositivo) {+LAMPADARIO} Höhenverstellung f **2** (chiusura) {+PORTA} Riegel m, Klinke f **3** anche fig (su e giù) Auf und Ab n.

salita Ⓐ f **1** (il salire) Aufstieg m, Hinaufsteigen n; (con un veicolo) (Hin)auffahrt f: ~ **all'ultimo piano del grattacielo**, Aufstieg m zum letzten Stock des Wolkenkratzers; (su un veicolo) Einsteigen n, ~ **sull'autobus**, Einsteigen n in den Bus; ~ **sulla bici**, Aufsteigen n auf das Rad; ~ **a cavallo**, Aufsitzen n **2** (pendio) Steigung f: **affrontare una ripida ~ a piedi**, eine starke/steile Steigung zu Fuß angehen; **ho fatto la ~ di corsa**, ich bin die Steigung hochgelaufen **3** fig (ascesa) Aufstieg m: **la ~ al potere di un dittatore**, der Aufstieg zur Machtposition eines Diktators **4** alpin Aufstieg m: ~ **libera**, freier Aufstieg; ~ **in cordata/solitaria**, ₁Aufstieg m in Seilschaft₁/[Alleinaufstieg m] **5** sport Klettern n: ~ **alle funi**, Seilklettern n Ⓑ <inv> loc agg: **in ~ 1** (che sale) {PERCORSO, TERRENO} ansteigend **2** fig (difficile) {CARRIERA} mühsam Ⓒ loc avv (salendo): **in ~**, {CORRERE, PROCEDERE} bergan, bergauf • ~ **abbonati** (sui mezzi pubblici), Einstieg m für Abonnenten.

salito part pass di salire.

saliva f Speichel m, Spucke f • **essere attaccato con la ~ fam** fig (ciò che si stacca subito), ₁windig fam spreg₁/[auf Sand gebaut]/[behelfsmäßig] sein.

salivàre① agg anat {DOTTO, GHIANDOLA} Speichel-.

salivàre② itr (produrre saliva) Speichel ab|sondern.

salivazióne f (in fisiologia) Speichelabsonderung f, Speichelfluss m.

Sallùstio m stor Sallust m.

sàlma f (cadavere) Leiche f, Leichnam m forb: **comporre la ~**, den Leichnam zurechtmachen/aufbahren forb.

salmarino, sal marino <sali marini> m loc sost chim Meer-, Seesalz n.

salmàstro, (-a) Ⓐ agg **1** (con sale) {ESTUARIO} salzig, brackig; {ACQUA} Brack- **2** (che sa di salsedine) {ODORE} salzig Ⓑ m <solo sing> **1** (odore) Salzgeruch m **2** (sapore) Salzgeschmack m: **sapere di ~**, salzig schmecken.

salmeria f <di solito al pl> mil Tross m, Train m obs.

salmerino m itt Saibling m, Sälmling m region.

salmì <-> m gastr Salmi n, "scharfes Wildragout": **lepre in ~**, Hasensalmi n.

salmista <-i m, -e f> mf relig **1** (autore di salmi) Psalmist(in) m(f), Psalmendichter(in) m(f) **2** (cantore) Psalmensänger(in) m(f).

salmistràre tr gastr ~ **qc** {LINGUA} etw (ein|)pökeln.

salmistràto, (-a) agg gastr {LINGUA} gepökelt, Pökel-.

sàlmo m **1** relig {+SALOMONE} Psalm m: ~

responsoriale, Responsorium n, Responsorienpsalm m **2** mus Psalm(gesang) m ● **tutti i ~ finiscono in gloria** fig (nello stesso modo), letzten Endes läuft's doch immer auf dasselbe hinaus, das Ende vom Lied ist immer das Gleiche; am Ende kommt, was kommen muss.
salmodìa f **1** relig Psalmodie f **2** lett (litania) Litanei f spreg.
salmodiàre <salmodio, salmodì> itr relig psalmodieren, Psalmen singen.
salmonàto, (-a) agg gastr {TROTA} Lachs-.
salmóne A m itt Lachs m, Salm m B <inv> agg {COLORE, TESSUTO} lachsrot C <-> m (colore) Lachsfarbe f, Lachsrot n ● **affumicato** gastr, geräucherter Lachs.
salmonèlla f biol Salmonelle f.
salmonellòsi <-> f med Salmonelleninfektion f.
salnitro m chim Salpeter m.
Salomè[1] f stor Salome f.
Salomóne[1] m stor Salomon m.
Salomóne[2] m geog: **isole ~**, Salomonen pl, Salomoninseln f pl.
salomònico, (-a) <-ci, -che> agg **1** (di Salomone) {ETÀ, REGNO} salomonisch **2** fig (saggio) {GIUDIZIO} salomonisch forb, weise.
salóne <accr di sala[1]> m **1** {AFFRESCHI, DECORATO} Salon m, Gesellschafts-, Wohnzimmer n: **~ da ballo**, Ball-, Tanzsalon m; **~ delle feste**, Festsaal m; {+ALBERGO} Halle f **2** comm (fiera) Messe f, Ausstellung f: **~ dell'automobile**, Auto(mobil)ausstellung f; **~ del libro/della moda/della tecnica**, Buch-/Mode-/Technikmesse f; {edificio} Messehalle f, Ausstellungshalle f, Ausstellungsgebäude n **3** merid (negozio) Salon m, Geschäft n, Laden m: **~ del barbiere**, (Frisör)salon m **4** ferr (vettura) **~**, Salonwagen m ● **~ di bellezza**, Schönheitssalon m.
Salonicco m geog Thessaloniki n, Saloniki n.
saloon <-> m ingl (locale pubblico) {+FAR WEST} Saloon m.
salopette <-> f franc (nella moda) {+JEANS} Latzhose f.
salottièro, (-a) agg **1** (da salotto) {POETA} Salon- spreg **2** fig (frivolo) {DISCORSO, MODI} Salon- spreg, oberflächlich B m (f) (chi ama frequentare i salotti) Salonlöwe m spreg, (Salonlöwin f spreg).
salòtto A m **1** (stanza) Wohn-, Empfangszimmer n: **ci ha ricevuto nel ~**, er/sie hat uns im Wohnzimmer empfangen **2** (mobili) Wohnzimmer(einrichtung) f) n: **~ in stile**, antikes Wohnzimmer **3** (raduno) Salon m, Kreis m, Gesellschaft f: **il ~ letterario del sabato sera**, der literarische Samstagabendsalon; (gruppo di persone) Salon m, Kreis m, Gesellschaft f: **a casa sua si riunisce il miglior ~ della città**, bei ihm/ihr zu Hause versammelt/trifft sich die Crème der Stadt forb o iron B <inv> loc agg fig spreg (frivolo) **~ da ~**, {DISCORSO} Salon- spreg, oberflächlich f ● **~ buono** (per ospiti di riguardo), gute Stube; **far ~** fam (chiacchierare), plaudern, ein Plauderstündchen halten; **tenere ~** spreg (ricevere), einen Salon führen/unterhalten.
sàlpa f itt Salpe f.
salpàncora, **salpàncore** <-> m mar Gangspill n.
salpàre A tr <avere> mar **~ qc** {MINA} etw hieven; {ANCORA} anche etw lichten B itr <essere> **~** (+ **compl di luogo**) **1** mar {NAVE DAL PORTO DI AMBURGO, PER L'ATLANTICO} (irgendwo) in See stechen, (irgendwo) den Anker lichten, (irgendwo) aus|laufen, (irgendwo) ab|legen; {BARCA A VELA} (irgendwo) ab|segeln **2** fig scherz (andare via) {AMICO PER UNA DESTINAZIONE SCONOSCIUTA} die Flatter machen fam, verschwinden.
salpinge f **1** anat Salpinx f: **~ uditiva**, Ohrtrompete f, eustachische Röhre; **~ uterina**, Eileiter m **2** archeol Salpinx f.
salpingectomìa f med Eileiterentfernung f, Salpingektomie f scient.
salpingite f med Eileiterentzündung f, Salpingitis f scient.
sàlsa[1] f gastr Soße f, Sauce f, Tunke f: **~ agrodolce/piccante**, süßsaure/scharfe Soße; **~ aurora/besciamella/tartara**, Aurora-/Béchamel-/Tatarensauce f; **~ chili**, Chilisoße f; **~ maionese**, Mayonnaise f; **~ di pomodoro/soja**, Tomaten-/Sojasoße f ● **vale più la ~ dell'arrosto** fig, da ist der Verpackung mehr wert als der Inhalt; **~ di S. Bernardo** fig fam scherz (fame), Kohldampf m fam; **è sempre la stessa ~** fig (è sempre la stessa cosa), es ist immer das alte Lied fam/[dieselbe Leier fam spreg]; **dire qc a qu in tutte le salse** fig (in tutti i modi), jdm etw lang und breit/[auf jede nur erdenkliche Weise]/[in allen Variationen] sagen.
sàlsa[2] f geol Salse f.
salsa[3] <-> f spagn mus Salsa m.
salsèdine f **1** gener {+VENTO} Salzigkeit f: **infissi corrosi dalla ~**, vom Salz zerfressene (Tür- und Fenster)rahmen **2** (salinità) Salzgehalt m **3** anche chim (residuo) Salz n, Salzrückstände m pl, Salzkruste f.
salsése A agg von/aus Salsomaggiore B mf (abitante) Einwohner(in) m(f) von Salsomaggiore.
salsiccia <-ce> f gastr {+CINGHIALE, MAIALE} Wurst f ● **fare salsicce di qu** fig fam (malmenarlo), Hackfleisch aus jdm machen fam.
salsicciòtto <accr di salsiccia> m **1** gastr dicke Wurst **2** (rotolo contro gli spifferi) Türfensterschlange f ● **essere/sembrare un ~** fig fam (rif. a persona grassa), ein Fettkloß sein fam spreg; (rif. a oggetto tondeggiante), rundlich sein/aus|sehen.
salsièra f (recipiente) Sauciere f, Soßenschüssel f.
sàlso, (-a) A agg (con sale) {ACQUA} salzhaltig, salzig, Salz- B m **1** (salsedine) Salzigkeit f, Salzgehalt m **2** (sapore) Salzgeschmack m **3** (odore) Salzgeruch m.
salsobromoiòdico, (-a) <-ci, -che> agg chim farm {CURA, FANGO} Bromjodtinktur-.
salsoiòdico, (-a) <-ci, -che> agg chim farm {ACQUE TERMALI} jodsalzhaltig, {TERAPIA} Jodsalz-.
saltabeccàre <saltabecco, saltabecchi> itr (saltellare) {CAVALLETTA, VITELLO} hüpfen, springen.
saltamartino m fam **1** zoo Grille f, Heuschrecke f **2** (giocattolo) Stehaufmännchen n **3** fig (bambino vivace) Wildfang m, Zappelphilipp m fam spreg.
saltàre A itr **1** <avere> gener {CAMOSCIO} springen; {BAMBINO, GRILLO} anche hüpfen: **si divertivano a ~ alla corda nel parco**, sie hatten ihren Spaß beim Seilhüpfen/Seilspringen im Park; **~ col/sul piede destro/sinistro**, mit dem rechten/linken Fuß (ab)springen; **~ su un piede solo**, auf nur einem Bein springen/hüpfen **2** <avere> (muoversi) (+ **compl di luogo**) (irgendwo) herum|springen: **i bambini hanno saltato tutto il giorno in giardino**, die Kinder sind den ganzen Tag im Garten herumgesprungen; {SALTIMBANCO; SCIMMIA FRA LE SBARRE} (irgendwo) hin und her springen **3** <essere> (balzare) **~** (+ **compl di luogo**) {IN ACQUA, DALLA FINESTRA, OLTRE IL RUSCELLO, A TERRA, SUL TRAM} (aus etw dat/irgendwohin) springen, (aus etw dat/irgendwohin) einen Sprung tun: **far ~ qu dal balcone**, jdn vom Balcon springen lassen; **~ a cavallo/[in sella]**, auf das Pferd/[in den Sattel] springen; {SCHEGGIA IN UN OCCHIO} sich (irgendwohin) bohren; {TAPPO DELLO CHAMPAGNE} knallen; **~ via**, {GRILLO} weghüpfen **4** <essere> (esplodere) {NAVE, POLVERIERA} fam in die Luft gehen fam/fliegen fam: **far ~ un aereo**, ein Flugzeug in die Luft jagen fam; **far ~ un ponte**, eine Brücke sprengen **5** <essere> (scattare) {INTERRUTTORE} (plötzlich) um|schalten; {LUCE} (plötzlich) aus|fallen **6** <essere> (guastarsi) {LAMPADINA} durch|brennen **7** <essere> (rompersi) auf|springen, kaputt|gehen fam: **far ~ un lucchetto/una serratura**, ein Vorhängeschloss/Schloss aufbrechen/sprengen fam **8** <essere> (staccarsi) {INTONACO} ab|gehen **9** <essere> fig (passare) **~ a qc** {ALL'ARGOMENTO SUCCESSIVO} zu etw (dat) über|gehen; {A PAG. 6} anche zu etw (dat) kommen; **da qc a qc** {DA UN ARGOMENTO ALL'ALTRO} von etw (dat) zu etw (dat) springen, von etw (dat) zu etw (dat) über|gehen; {DA PAG. 22 A PAG. 36} von etw (dat) auf etw (dat) gehen; {DA UN PENSIERO ALL'ALTRO} zwischen etw (dat) und etw (dat) hin|- und her|springen: **dobbiamo ~ all'inizio del secolo per parlare dell'emigrazione**, wir müssen zum Beginn des Jahrhunderts zurückspringen/[den Bogen zum Jahrhundertbeginn zurückschlagen], wenn es um das Thema der Auswanderung geht **10** <essere> fig (manifestare un sentimento) **~ da qc** {DALLA CONTENTEZZA, DALLA GIOIA} vor etw (dat) hoch|springen, vor etw (dat) an die Decke springen **11** <essere> fig (non aver luogo) {CONCERTO, INCONTRO, VERTICE} platzen fam; {SEMINARIO} aus|fallen; {REFERENDUM} scheitern, abgeblasen werden fam: **far ~ un appuntamento**, eine Verabredung platzen lassen fam **12** <essere> fig (cadere) {GOVERNATORE} abgesetzt werden; {MAGGIORANZA} gestürzt werden: **far ~ il governo/ministro**, die Regierung/den Minister zum Rücktritt veranlassen/zwingen **13** <essere> fig (venire eliminato): **il suo posto di lavoro è saltato**, sein/ihr Arbeitsplatz ist gestrichen worden **14** <essere> fig (fallire) {IMPRESA} scheitern, platzen fam, das Geld runter|gehen fam **15** <avere> fig (crollare) {BARRIERE, CONFINI} fallen **16** <essere> fig fam (venire): **~ (in mente/testa) a qu**, jdm einfallen; **ma che ti salta?**, was fällt dir denn/eigentlich ein? **17** <essere> **~ addosso a qu** {CANE AL PADRONE} jdn an|springen; (aggredire) {AL LADRO} sich auf jdn stürzen, über jdn her|fallen; fig jdn an|fahren **18** <essere> (venir fuori) **~ fuori** (+ **compl di luogo**) (irgendwo) hervor|kommen, (irgendwo) hervor|springen: **da dove sete saltati fuori?**, wo kommt ihr denn (plötzlich) her? fam; {PASSAPORTO} sich (irgendwo) finden, (irgendwo) auf|tauchen; **prima o poi il documento dovrà ben ~ fuori**, früher oder später wird sich der Ausweis schon wiederfinden/[der Ausweis schon auftauchen]; fig **~ fuori** {FIGLIO ILLEGITTIMO} sich melden, auf|tauchen, auf der Bildfläche erscheinen fam; {SOLUZIONE} sich finden; **dobbiamo far ~ fuori i soldi per l'intervento**, wir müssen das Geld für den Eingriff auftreiben fam; **la verità salta sempre fuori**, die Wahrheit kommt immer ans Licht; **alla fine è saltato fuori che il ladro era proprio lui**, zum Schluss stellte sich heraus, dass gerade er der Dieb war **19** <essere> fig (tirare fuori) **~ fuori con qc** {CON UNA BATTUTA SPIRITOSA} mit etw (dat) heraus|platzen fam: **ogni tanto salta fuori con certi discorsi!**, ab und zu platzt er/sie vielleicht mit Sachen heraus! fam, manchmal redet er/sie vielleicht ein Zeug daher! fam **20** <essere> (scendere con un balzo) **~ giù da qc** {DAL TAVOLO} von etw (dat)

herunter|-, herab|springen; {DAL BALCONE} *von etw* (dat) hinunter|-, hinab|springen: **salta giù dal letto, sono le dieci!**, los,/[jetzt aber] (he)raus aus dem Bett, es ist schon zehn! **21** <*essere*> (*alzarsi di scatto*) ~ **su** hoch|-, auf|springen, hoch|fahren: **saltò su come una molla per la stizza**, er/sie fuhr hoch wie von der Tarantel gestochen *fam* **22** <*essere*> (*montare*) ~ **su** (+ ***compl di luogo***) {IN MACCHINA} (*irgendwohin*) (auf|)springen **23** <*essere*> *fig* (~ *fuori*): ~ **su: salta sempre su** ⌊**a protestare**⌋/[**protestando**] **quando è ora di andare a letto**, er/sie fängt immer an zu meckern, wenn es Zeit zum Schlafengehen ist *fam spreg* **24** <*essere*> (*staccarsi*) ~ (*via*) (+ ***compl di luogo*** <*VITE*>) sich (*von etw* dat) lösen; {BOTTONE DELLA GIACCA} *anche* (*von etw* dat) ab|gehen **25** <*avere*> *sport* (*nell'atletica*) (*nella ginnastica*) springen: ~ **in alto**, Hochsprung machen, hoch|springen; **con l'asta**, Stabhochsprung machen; ~ **in lungo**, Weitsprung machen, weit|springen **B** *tr* <*avere*> **1** (*oltrepassare*) ~ **qc** {MURICCIOLO, OSTACOLO} *etw* überspringen, *über etw* (acc) springen: **prese lo slancio e saltò il fosso**, er/sie nahm Anlauf und sprang über den Graben **2** *fig* (*superare*) ~ **qc** {DIFFICOLTÀ} *etw* überwinden **3** *fig* (*non fare*) ~ **qc** {RAGAZZO LA PRIMA, FASE DI PRODUZIONE} *etw* überspringen, *etw* aus|lassen; {PAGAMENTO} *etw* versäumen; (*nei giochi*) {GIRO, PARTITA} *etw* aus|setzen **4** *fig* (*non consumare*) ~ **qc** {CENA, PRANZO} *etw* überspringen, *etw* aus|lassen **5** *fig* (*tralasciare*) ~ **qc** {LETTORE BATTUTA, PAROLA, RIGA} *etw* überspringen, *etw* aus|lassen, *etw* übergehen; {PARTICOLARE IRRILEVANTE} *etw* beiseite|lassen: **nella lista ha saltato il mio nome**, er/sie hat auf der Liste meinen Namen übersprungen **6** *gastr* ~ **qc** (**con qc**) *etw* (*mit etw* dat) sautieren, *etw* (*mit etw* dat) kurz (an|)braten, *etw* (*mit etw* dat) rösten: **fare** ~ **il pollo con le patate**, das Hähnchen mit den Kartoffeln anbraten/sautieren **7** *sport* (*nell'atletica*) ~ **qc** {OSTACOLO} *etw* überspringen, *etw* nehmen *fam*; (*in alto*) {1 METRO} *etw* hoch springen; (*in lungo*) {3 METRI} *etw* weit springen **8** *zoo* ~ **qc** *etw* decken, *etw* bespringen.

saltarèllo → **salterello**.

saltàto, (-a) *agg gastr* {RISO, VERDURE} sautiert, angebraten.

saltatóre, (-trice) **A** *agg* **1** (*che salta*) {INSETTO} Spring-, springend, hüpfend **2** (*abile nel salto*) {CAVALLO} Sprung- **B** *m* (f) **1** (*acrobata*) Springer(in) m(f) **2** *sport* (*nell'atletica*) Springer(in) m(f): ~ **in alto/lungo**, Hoch-/Weitspringer m; ~ **con l'asta**, Stabhochspringer m; (*nell'equitazione*) Springer(in) m(f); (*nello sci*) Skispringer(in) m(f).

saltellàre *itr* ~ (+ ***compl di luogo***) **1** (*procedere a salti*) {RANA SUL PRATO} (*irgendwo*) hüpfen, (*irgendwo*) springen; {RAGAZZO FRA LE ROCCE} (*irgendwo*) herum|springen **2** *fig* (*palpitare*) {CUORE NEL PETTO} (*irgendwo*) klopfen, (*irgendwo*) schlagen, (*irgendwo*) einen Sprung machen.

saltèllio <*-lii*> *m rar* (*saltellare continuo*) Gehüpfe n *fam spreg*, Gehopse n *fam spreg*.

saltèllo <*dim di* salto①> *m* **1** Hüpfer m, Hopser m *fam* **2** *zoo* Heuschrecke f, Grashüpfer m.

saltellóni *avv loc avv* (*a saltelli*): (**a**) ~, {ANDARE AVANTI, PROCEDERE} hüpfend, hopsend *fam*.

salterellàre *itr* (*fare piccoli salti*) {BIMBA} hüpfen, hopsen *fam*.

salterèllo *m* **1** (*saltino*) Hüpfer m, Hopser m *fam* **2** (*danza*) Saltarello m **3** (*fuoco d'artificio*) (Knall)frosch m **4** *mecc* Klinke f **5** *mus* Springer m, Docke f.

saltèrio <*-ri*> *m* **1** *bibl* Psalter(ium n) m **2** *mus* ~ (**greco**), Psalterium n; ~ **tedesco**, Zimbal n, Hackbrett n.

saltimbànco, (-a) <*-chi, -che*> *m* (f) **1** (*acrobata*) Zirkusakrobat(in) m(f), Gaukler(in) m(f): **fare il** ~, Zirkusakrobat sein **2** *fig spreg* (*ciarlatano*) Gaukler(in) m(f) *obs o forb*; {+POLITICA} Schwindler(in) m(f) *spreg*, Scharlatan m *spreg*.

saltimbócca <~> *m gastr*: ~ **alla romana**, "kleine Kalbsroulade mit Schinken- und Salbeifüllung".

sàlto① **A** *m* **1** *gener* {+CAVALLETTA, GRILLO, PAGLIACCIO} Sprung m: ~ ⌊**in aria**⌋/[**in avanti**]/[(**all'**)**indietro**], Luft-/Vorwärts-/Rückwärtssprung m; **essere pronto per il** ~, sprungbereit sein; **fare un** ~, einen Sprung machen **2** (*rimbalzo*) Satz m: **la pallina da tennis ha fatto due salti**, der Tennisball ist zweimal aufgesprungen **3** (*dislivello*) Gefälle n, Fallhöhe f: **c'è un ~ di 20 metri da qui**, von hier sind es 20 Meter Gefälle **4** (*omissione*) {+PAGINA, TRE RIGHE} Überspringung f, Auslassung f **5** *fig fam* (*scappata*) Sprung m: **fece un ~ a casa prima di partire**, er/sie ging vor der Abfahrt kurz zu Hause vorbei; **faccio un ~ in città**, ich gehe auf einen Sprung in die Stadt *fam*; **faccio un ~ dalla mia amica**, ich schaue/komme auf einen Sprung bei meiner Freundin vorbei *fam*; **fare un ~ alla stazione**, kurz beim Bahnhof vorbeigehen **6** *fig* (*mancanza di un passaggio*) Sprung m: ~ **concettuale/logico**, Gedankensprung m **7** *fig* (*brusco cambiamento*) (plötzlicher) Wechsel m: ~ **di temperatura**, (plötzlicher) Temperatursprung/Temperaturwechsel m **8** *fig* (*rapido miglioramento*) Sprung m, Verbesserung f **9** *elettr* Sprung m: ~ **di frequenza/tensione**, Frequenz-/Spannungssprung m **10** *fis* Sprung m: ~ **di potenziale**, Potenzialsprung m; ~ **quantico**, Quantensprung m **11** *mus* (großes) Intervall **12** *sport* (*nell'atletica*) (*nella ginnastica*) (*nello sci*) Sprung m, Salto m: ~ ⌊**in alto**⌋/[**in lungo**]/[**con l'asta**], Hoch-/Weit-/Stabhochsprung m; ~ **con avvitamento**, Drehsprung m, Schraubensalto m; **Bocksprung** n, Bocksprung m; ~ **della cavallina**, Bockspringen n, Bocksprung m; ~ **del cavallo**, Sprung m am Pferd; ~ **della corda**, Seilspringen n; ~ **alla Fosbury**, Fosbury-Flop m; ~ **mortale**, Salto (mortale) m; **doppio** ~ **mortale**, doppelter/zweifacher Salto (mortale); ~ **dal trampolino**, Skispringen n; **triplo** ~, Dreisprung m; (*nell'equitazione*) Sprungreiten m **B** *loc avv* **1** (*senza continuità*): **a salti**, {LEGGERE, PROCEDERE} sprunghaft **2** <*inv*> *gastr*: **al** ~, {RISO} sautiert, angebraten • **fare un bel ~ in avanti** *fig* (*un notevole miglioramento*), einen großen Schritt nach vorne machen; **tra ieri e oggi c'è stato un bel ~ di temperatura** *fig* (*una bella differenza*), zwischen gestern und heute hat ein ganz schöner Temperatursprung stattgefunden; **andarsene via dal paesello per studiare a Milano è stato un bel ~ per mio figlio**, von unserem kleinen Dorf wegzuziehen, um in Mailand zu studieren, war für meinen Sohn ein ganz schöner Sprung; **fare un ~ nel buio/vuoto** *fig* (*lanciarsi in un'impresa rischiosa*), einen Sprung/Schritt ins Ungewisse tun; ~ **condizionato/incondizionato** *inform*, bedingter/unbedingter Sprung; ~ **di corsia** *autom*, Geraten n auf die Gegenfahrbahn; **fare due/quattro salti** ⌊**fra amici**⌋/[**in famiglia**] *fam* (*ballare*), im Freundes-/Familienkreis das Tanzbein schwingen *fam*; **far fare un ~ a qu** (*per lo spavento*), jdn erschrecken; **fare** ⌊**i salti dalla**⌋/[**salti di**] **gioia** *fig* (*essere molto felice*), Freudensprünge machen, vor Freude an die Decke springen *fam*; **fare i salti mortali** *fig* (*affrontare grandi difficoltà*), sein Möglichstes tun, sich förmlich zerreißen *fam*; ~ **di qualità** *fig* (*miglioramento*), qualitativer Sprung; **fare il** ~ **della quaglia** *fig polit* (*scavalcare una posizione ideologica*), (*rif. a persona*) ein Wendehals sein *fam*; (*rif. a partito*) eine Wendehals-Politik betreiben *fam spreg*; **in** ⌊**un** ~⌋/[**due salti**] *vado* **e torno** (*in un attimo*), ich bin sofort/gleich wieder zurück, ich geh' nur auf einen Sprung weg.

sàlto② *m lett* (*bosco*) Wald m; (*monte*) Berg m.

saltràto® *m* (*nella cosmesi*) Badesalz n.

saltuariaménte *avv* (*ogni tanto*) {INCONTRARE QU, LEGGERE, SPOSTARSI} gelegentlich.

saltuarietà <~> f (*discontinuità*) {+PIOGGIA, SOCCORSO} Unregelmäßigkeit f.

saltuàrio, (-a) <*-ri*> *m agg* (*discontinuo*) {ATTIVITÀ, LAVORO} Gelegenheits-, gelegentlich, unregelmäßig.

salùbre *agg* (*salutare*) {ARIA, CLIMA} gesund, heilsam, gesundheitsfördernd.

salubrità <~> f (*igienicità*) {+AMBIENTE} Gesundheit f, Heilsamkeit f.

salumàio, (-a) <*-ai* > *m* (f) *fam* (*salumiere*) Wursthändler(in) m(f).

salùme *m* <*di solito al pl*> *gastr* Wurst f: **salumi**, Wurstwaren f pl.

salumerìa f (*negozio*) Wurstwarengeschäft n.

salumière, (-a) *m* (f) (*venditore*) Wursthändler(in) m(f).

salumifìcio <*-ci*> *m* (*fabbrica*) Wurstwarenfabrik f.

salutàre① *agg* **1** (*che dà salute*) {ARIA} gesund; {ESERCIZIO} wohltuend: **medicina** ~, Heilmittel n **2** *fig* (*utile*) {ESPERIENZA, PROVVEDIMENTO} nützlich, heilsam, {DECISIONE, SCELTA} weise.

salutàre② **A** *tr* **1** (*rivolgere un saluto*) ~ (**qu/qc**) (+ ***compl di modo***) (*jdn/etw*) (*irgendwie*) grüßen: ~ **qu togliendosi il cappello**, vor jdm (zum Gruß) den Hut ziehen; ~ **qu con un cenno del capo**, jdn mit einem Kopfnicken grüßen; ~ (**qu**) **agitando/con il fazzoletto**, (jdm) mit dem Taschentuch (zu)winken; ~ **qu con un gesto della mano**, jdm zuwinken; ~ **qu con una stretta di mano**, jdm mit/per Handschlag begrüßen; **non si degna mai di salutarmi**, er/sie lässt sich nie dazu herab, mich zu grüßen *iron*; **guarda, c'è la signora Milani, saluta(la)!**, schau mal, da ist die Frau Milani, sag schön Guten Tag!; **è uscito senza** ~, er ist grußlos/[ohne zu grüßen] gegangen; (*per terzi*) jdn grüßen (lassen); **salutami tua moglie!**, grüß(e) deine Frau von mir!; **me li saluti tutti!**, grüßen Sie ⌊**mir alle**⌋/[**alle von mir**]!; **salutamela tanto!**, grüß' sie mir recht herzlich!; (*nelle lettere*) **La saluto cordialmente**, mit ⌊**besten Grüßen**⌋/[**vorzüglicher Hochachtung**]; **distintamente Vi salutiamo**, wir grüßen Sie freundlichst **2** (*accomiatarsi*) ~ **qu/qc** {AMICI, CASA NATALE, MARE, LA PROPRIA TERRA} sich *von jdm/etw* verabschieden, Abschied *von jdm/etw* nehmen **3** (*fare visita*) ~ **qu** jdn besuchen: ⌊**andare**⌋/**passare**⌋/[**venire**] **a** ~ **qu**, jdn besuchen gehen/kommen **4** (*accogliere*) ~ **qu/qc** (**con qc**) (*jdn/etw*) (*mit etw* dat) (be)grüßen, (*jdn/etw*) (*mit etw* dat) willkommen heißen: **il suo arrivo fu salutato da un'ovazione**, sein Ankommen wurde mit stürmischem Beifall begrüßt **5** (*guardare a*) ~ **qc compl di modo** {NUOVA ERA, SCELTA POLITICA IN MODO POSITIVO} *etw* (*irgendwie*) begrüßen; {ELEZIONE COME UN EVENTO RISOLUTIVO} *etw* ⌊**als etw** (acc) begrüßen **6** *lett* (*proclamare*) ~ **qu qc** jdn als etw (acc) aus|rufen, *jdn* zu *etw* (dat) erklären, *jdn* als etw (acc) begrüßen:

fu salutato presidente dell'assemblea, er wurde zum Versammlungspräsidenten erklärt; **salutiamo in lui un nuovo poeta**, begrüßen wir in ihm einen neuen Dichter **7** mil – (**qu**) (*vor jdm*) salutieren, (*jdn*) grüßen: ~ **mettendosi sull'attenti**, Habachtstellung einnehmen **B** rfl (*scambiarsi un saluto*): **salutarsi** (be)grüßen: **salutarsi per strada stringendosi la mano**, sich auf der Straße per Handschlag begrüßen/verabschieden; **mar mil**: **salutarsi con qc** {NAVI CON DUE FISCHI DI SIRENA} *mit etw* (dat) salutieren, {CON TRE SPARI} *mit etw* (dat) Salut schießen ● **sua madre ti manda a** ~ (*ti manda i suoi saluti*), seine/ihre Mutter lässt dich grüßen; **non salutarsi più** *fig* (*aver rotto i rapporti*), sich nicht mehr grüßen, jeden Kontakt abgebrochen haben; **ti/vi saluto!** *fam* (*per troncare una conversazione*), ich muss jetzt los/weg/[Schluss machen]! *fam*; *iron* (*di rammarico*), na, denn prost/[gute Nacht]!; ihr könnt mich mal!; **e ti saluto!** *iron*, und tschüs(s)!

salutazione f *lett* (*saluto solenne*) Gruß m; (*azione*) *anche* Begrüßung f, Grüßen n ● **Salutazione angelica** *bibl*, Englischer Gruß, Ave-Maria n.

salùte **A** f **1** *gener* (*l'essere sano*) Gesundheit f, Wohlbefinden n; (*benessere*) Wohlsein n; (*stato di* ~) Wohlbefinden n, Gesundheitszustand m: **essere in (buona)** ~, gesund sein, in guter Verfassung sein; **essere cagionevole/delicato di** ~, kränklich/anfällig/[von zarter Gesundheit] sein; **avere cura della propria** ~, auf seine Gesundheit achten; **essere dannoso/utile alla** ~, gesundheitsschädlich/gesund(heitsfördernd) sein; **far bene alla** ~, gesund sein, wohl|tun *forb obs*; **godere di ottima** ~, sich bester Gesundheit erfreuen, gesundheitlich topfit sein *fam*; [**far male**]/[**essere nocivo**] **alla** ~, ungesund/gesundheitsschädlich sein; ~ **fisica/mentale**, körperlicher/geistiger Gesundheitszustand; **dimettersi per motivi/ragioni di** ~, aus gesundheitlichen Gründen zurücktreten; **la sua** ~ **migliora/peggiora**, sein/ihr Gesundheitszustand verbessert/verschlechtert sich; [**chiedere notizie della**]/[**informarsi sulla**] ~ **di qu**, sich nach der Gesundheit *von jdm*/+ gen erkundigen; **può nuocere alla** ~, das/es kann [der Gesundheit schaden]/[gesundheitsschädlich sein]; **rimettersi in** ~, sich erholen, wieder gesund werden; **recuperare/riacquistare la** ~, wieder gesund werden; **rovinarsi la** ~, seine Gesundheit ruinieren; **essere pieno di** ~, völlig gesund sein, von/vor Gesundheit strotzen; **avere poca** ~, kränklich sein; **come va la** ~?, wie geht es?, was macht die Gesundheit? **2** (*ciò che fa bene*): **il moto è tutta** ~, Bewegung tut gut **3** *fig lett* (*prosperità*) {+MONDO, PATRIA} Wohl(ergehen) n, Wohlbefinden n, Wohlfahrt f *forb obs* **4** *fig lett* (*felicità*) Glück n: **quella donna è la sua** ~, diese Frau ist sein Glück **5** *relig* Heil n **B** *inter* **1** (*nei brindisi*) zum Wohl!, pros(i)t!: **alla tua/vostra** ~!, auf dein/euer Wohl! **2** (*di augurio*) alles Gute! – **e felicità!**, Gesundheit und Glück!; – **e figli maschi!**, Gesundheit und [langes Leben]/[viele Kinder]! **3** (*quando si sternutisce*) Gesundheit! **4** (*di stupore*) was?, du meine Güte: ~, **hai già finito di tradurre il libro!**, was, du bist mit der Übersetzung des Buches schon fertig? **5** *iron* (*rif. a chi ha esagerato nel bere o nel mangiare*) na denn prost! *fam*, prost Mahlzeit! *fam*: **ho mangiato cinque piatti di pasta** – ~!, ich habe fünf Teller Pasta gegessen – Prost Mahlzeit! *fam* ● **la** ~ [**dell'anima**]/[**eterna**] *relig*, das Seelenheil, die ewige Seligkeit; **bere/brindare alla** ~ **di qu** *fig* (*in suo onore*), auf jdn/[jds Gesundheit] anstoßen; **la** ~ **è la prima** *cosa* (*la più importante*), die Gesundheit [kommt an erster Stelle]/[ist das Wichtigste]; **avere una** ~ **di ferro** *fig* (*avere un'ottima* ~), eine [eiserne Gesundheit]/[Gesundheit aus Stahl] haben; **avere una** ~ **da far invidia** (*stare molto bene*), sich einer beneidenswerten Gesundheit erfreuen; **ti fa male alla** ~! *iron* (*per negare qc a qu*), das tut dir nicht gut! *iron*; **davvero vuoi mangiarti questo ultimo pezzo di torta? guarda che ti fa male alla** ~, **forse è meglio se lo mangio io!** *iron*, du willst wirklich das letzte Stück Kuchen essen? Das tut dir aber gar nicht gut, vielleicht esse besser ich es!; **pensa alla** ~! *fam* (*non te la prendere*), reg dich nicht unnötig auf!, lass dir keine grauen Haare wachsen! *fam*; **gli pesa/puzza la** ~ *fig fam* (*rif. a chi vuole cacciarsi nei guai*), dem geht's wohl zu gut *fam*; **schizzare/sprizzare** ~ **da tutti i pori** *fig* (*stare molto bene*), von/vor Gesundheit strotzen; ~ **pubblica**, öffentliches Wohlbefinden, Volksgesundheit f; **rimetterci la** ~ *fig fam* (*ammalarsi*), seine Gesundheit dabei ruinieren; **con la** ~ **non si scherza** *fig* (*bisogna fare attenzione alla* ~), mit der Gesundheit ist nicht zu spaßen!; **scoppiare di** ~ *fig* (*stare bene*), von/vor Gesundheit strotzen; (**beviti questa spremuta d'arance,**) **è tutta** ~! (*rif. a ciò che fa bene*), (trink diesen frisch gepressten Orangensaft,) das ist gesund/ein Jungbrunnen/eine Energiespritze, das tut gut!; **avere** ~ **da vendere** *fig* (*stare molto bene*), von/vor Gesundheit strotzen; **quando c'è la** ~ **c'è tutto** *prov*, Gesundheit ist der größte Reichtum *prov*; Hauptsache, man ist gesund *prov*.

salutino <*dim di* saluto> m **1** kleiner/schneller Gruß **2** *fam* (*breve visita*) Kurzbesuch m, Sprung m: **passeremo dopo cena per un** ~, wir kommen nach dem Abendessen auf einen Sprung vorbei.

salutismo m (*igienismo*) {+SPORTIVO} (übertriebenes) Gesundheitsbewusstsein, Gesundheitsfanatismus m.

salutista <*-i m, -e f*> mf **1** (*chi fa molta attenzione alla sua salute*) Gesundheitsapostel m *fam* **2** (*appartenente all'esercito della salvezza*) Mitglied n der Heilsarmee, Heilsarmist(in) m(f).

salutistico, (-a) <*-ci, -che*> agg {PRATICA, REGOLA} Hygiene-, Gesundheits-; {DIETA} gesundheitsbewusst.

salùto m **1** *gener* {AFFETTUOSO, FREDDO, GENTILE, OSSEQUIOSO} Gruß m: **mandare i saluti a qu**, jdm Grüße von jdm ausrichten, jdn grüßen lassen; **fare un** ~ **con la mano**, winken; **portare a qu i saluti di qu**, jdm Grüße von jdm ausrichten/übermitteln; **rendere/restituire/ricambiare il** ~/[**rispondere al**] ~, den Gruß erwidern, zurückgrüßen; **rivolgere un** ~ **a qu**, jdn grüßen **2** (*parole di* ~) Gruß m, Grußworte f pl, Begrüßung f **3** (*omaggio*) {+AUTORITÀ} Gedenken n, Ehrengruß m: **porgere l'estremo** ~ **ai caduti**, den Gefallenen die letzte Ehre erweisen **4** <*di solito al pl*> (*formula di cortesia, spec nelle lettere*) Grüße m pl: **affettuosi saluti**, herzliche Grüße; **saluti e baci**, Grüße und Küsse, Gruß und Kuss; (**i miei più**) **cordiali/distinti saluti**, mit (ganz herzlichen)/[freundlichen] Grüßen; **vogliate gradire i nostri più cordiali/distinti saluti**, mit vorzüglicher Hochachtung; **tanti cari saluti**, viele liebe Grüße ● ~ **alla bandiera** *mil*, Flaggengruß m; ~ **eschimese**, Nasengruß m; **fare un** ~ **a qu** *fig fam* (*passare a salutarlo*), (in einem (Begrüßungs)sprung) bei jdm vorbeigehen; **fare il** ~ **mil**, (militärisch) grüßen, salutieren; **levare/togliere il** ~ **a qu** (*troncare ogni rapporto*), jdn nicht mehr grüßen; ~ **militare**, militäri-scher Gruß, Salut m, militärische Ehrenbezeigung; ~ **nazista** *stor*, deutscher Gruß, Hitlergruß m; ~ **romano** *stor*, römischer Gruß; **tanti saluti!**, viele Grüße!; **fam iron** (*invito a sospendere il discorso*), also dann!; *fam iron* (*pazienza!*), tja, da kann man nichts machen! *iron*, und das war es dann wohl! *iron*; ~ **alla voce mar**, Hurraruf m, Hurra n.

sàlva **A** f **1** *artiglieria* Salve f, Salutschuss m **2** *fig* (*esplosione*) Salve f, Konzert n *fam*: **una** ~ **di applausi/fischi**, ein Beifallssturm m/Pfeifkonzert n **B** *loc agg artiglieria*: **a** ~/**salve**, {COLPO} blind: {CARTUCCIA} *anche* Platz- **C** *loc avv artiglieria*: **a** ~/**salve**, {CARICARE, SPARARE} blind.

salvàbile **A** agg (*che si può salvare*) {IMPRESA, MOBILE} zu retten(d), rettbar *rar* **B** m *fam* (*ciò che può essere salvato*): **salvare il** ~, retten, was (noch) zu retten ist.

salvacondótto m **1** *amm mil* Geleit-, Schutzbrief m, Passierschein m: **il** ~ **verrà rilasciato dall'autorità competente**, der Geleitbrief wird von der zuständigen Behörde ausgestellt werden **2** *stor* Geleitbrief m.

salvadanàio <*-nai*> m (*recipiente*) Sparbüchse f, Spardose f ● **rompere il** ~, das Sparschwein schlachten *fam*, die Sparbüchse kaputtschlagen; *fig* (*spendere i propri risparmi*) *anche*, [seine Ersparnisse]/[sein erspartes Geld] aus|geben/[auf den Kopf hauen *fam*].

salvadanàro → **salvadanaio**.

Salvador m *geog* El Salvador n.

salvadorégno, (-a) **A** agg {TURISMO} salvadorianisch **B** m (f) (*abitante*) Salvadorianer(in) m(f).

salvagènte **A** m **1** (*galleggiante*) Rettungsring m, Schwimmweste f: **nuotare con il** ~ **a ciambella/cintura/giubbotto**, mit dem Rettungsring/dem Rettungsgürtel/der Schwimmweste schwimmen; **indossare il** ~, die Schwimmweste/den Rettungsgürtel anziehen **2** <-> (*isola pedonale*) Verkehrsinsel f: **i pedoni aspettano il tram sul** ~, die Fußgänger warten auf der Verkehrsinsel auf die Straßenbahn **B** <*inv*> agg {CINTURA} Rettungs-; {GIUBBOTTO} Schwimm-.

salvagócce **A** <-> m {+BOTTIGLIA DELL'OLIO} Tropfenfänger m **B** <*inv*> agg {ANELLO} Tropfenfänger-.

salvaguardàre **A** *tr* (*tutelare*) ~ **qu**/**qc** (*da qc*) {AMICO, BENE, POSIZIONE} *jdn/etw* (*vor etw* dat) schützen, *jdn/etw* (*vor etw* dat) (be)hüten; {INTERESSE, PACE} *etw vor etw* (dat) wahren; {CREDIBILITÀ DI QU} *etw* bewahren; {GIOVANI DALLA DROGA, SPAZIO AEREO DALLE INVASIONI} *jdn/etw vor etw* (dat) bewahren; ~ **qc** {SALUTE} *auf etw* (acc) achten; {DIRITTO, ONORE} *etw* verteidigen; {PATRIMONIO CULTURALE} *etw* schützen, *etw* erhalten **B** *rfl* (*proteggersi*): **salvaguardarsi** (**da qc**) {DA UN'EPIDEMIA, DA UN PERICOLO} sich *vor etw* (dat) schützen, sich *vor etw* (dat) hüten, sich *vor etw* (dat) in Acht nehmen; {DA UN RISCHIO} sich *gegen etw* (acc) ab|sichern; **salvaguardarsi** (**da qu**) {DAI NEMICI} sich (*vor jdm*) hüten, sich (*vor jdm*) schützen.

salvaguàrdia f (*tutela*) {+LEGGE, LIBERTÀ, NATURA} Schutz m; {+DIRITTO, INTERESSE, PACE, REPUTAZIONE} Wahrung f: **un'azione a** ~ **del patrimonio artistico del paese**, eine Aktion zum Schutz der Kunstschätze des Landes.

salvamotóre <-> m *elettr mecc* Motorenschutzschalter m.

salvamùro <-> m (*battiscopa*) {+MARMO} Scheuer-, Fuß(boden)-, Sockelleiste f.

salvapùnte <-> m **1** (*cappuccio*) {+COMPASSO, PENNA} (Verschluss-, Schutz)kappe f: ~ **della matita**, Bleistiftkappe f, Bleistiftschützer m, Spitzenschoner m **2** {+SCARPA} metall-

salvàre Ⓐ tr **1** (*sottrarre*) ~ *qu/qc (da qc)* {FERITO DALLE FIAMME, NAUFRAGO DALLA TEMPESTA} *jdn/etw (aus etw dat)* retten, *jdn/etw (etw dat)* entreißen; {PROFESSORE CANDIDATO DALLA BOCCIATURA} *jdn vor etw (dat)* bewahren **2** (*evitare la morte*) ~ *qu (da qc) jdn* vor dem Tod retten/bewahren: **quel nuovo farmaco l'ha salvato**, das neue Medikament hat ihm das Leben gerettet; ~ *qc (a qu)*: ~ **la vita a un amico**, einem Freund das Leben retten **3** (*recuperare*) ~ *qu/qc (da qc)* {DISPERSI, FERITI} *jdn/etw* bergen, *jdn/etw* retten **4** (*mantenere*) ~ *qc (a qu)* {RENE A UN PAZIENTE} *etw* retten; {POSTO DI LAVORO A UN IMPIEGATO} *anche (jdm) etw* erhalten **5** (*proteggere*) ~ *qc (da qc)* {AUTONOMIA DI QU; NAFTALINA LANA DALLE TARME} *etw (vor etw dat)* schützen; {NOME DAL DISONORE, DA UNO SCANDALO} *etw vor etw (dat)* bewahren; {PATRIMONIO DALLE TASSE} *etw vor etw (dat)* retten; ~ *qu da qc* {UN AMICO DA UNA BRUTTA FIGURA} *jdn vor etw (dat)* bewahren: **Dio ci salvi dalle tentazioni**, Gott bewahre uns vor Versuchungen **6** (*salvaguardare*) ~ *qc (da qc)* {EREDITÀ} *etw (vor etw dat)* bewahren, *etw (vor etw dat)* retten: ~ **le apparenze**, den Schein wahren **7** *region* (*conservare*) ~ *qc (per qc)* {FRUTTA PER QUESTA SERA, LANA PER IL PROSSIMO MAGLIONE} *etw (für etw acc)* aufheben, *etw (für etw acc)* aufbewahren **8** *econ* ~ *qc (da qc)* {ECONOMIA NAZIONALE, IMPRESA DAL FALLIMENTO} *etw (vor etw dat)* retten; {BILANCIO} *etw* sanieren; {DEFICIT} *etw* aus|gleichen **9** *inform* ~ (*qc*) {FILE} *etw* (ab|)speichern, *etw* sichern: ~ **su dischetto/CD**, auf Diskette/CD speichern **10** *relig* ~ *qu/qc (da qc)* {PECCATORE, ANIMA DALLA DANNAZIONE} *jdn/etw (vor etw dat)* retten Ⓑ rfl **1** (*sottrarsi*): **salvarsi (da qc)** {BAMBINO DALLE ZANZARE} *vor etw (dat)* flüchten, sich *vor etw (dat)* retten; {PILOTA DALL'INCIDENTE} *etw (dat)* entrinnen: **salvarsi dalla morte**, dem Tod entrinnen, mit dem Leben davonkommen; {BIBLIOTECA, LIBRO DALL'INCENDIO} *aus/vor etw (dat)* gerettet werden; {TESTO DALLA CENSURA} *etw (dat)* entgehen; {DA UN PERICOLO, DALLA RECESSIONE} *anche etw (dat)* entrinnen *forb*: **lo studente si è salvato dalla bocciatura**, der Schüler/Student ist gerade noch/[um ein Haar nicht durchgefallen *fam*] **2** (*trovare scampo*): **salvarsi (+ compl di luogo)** sich (*irgendwohin*) retten, (sich) (*irgendwohin*) flüchten, (*irgendwo*) Zuflucht finden, (*irgendwohin*) entrinnen *forb*: **durante la guerra si è salvato sulle montagne**, während des Krieges rettete er sich in die Berge **3** (*rimanere*): **salvarsi** übrig bleiben: **della sua tesi si salva ben poco**, von seiner/ihrer These bleibt sehr wenig übrig **4** (*proteggersi*): **salvarsi da qc** {DAL GELO, DALL'UMIDITÀ} sich *vor etw (dat)* schützen **5** *fig* (*difendersi*): **salvarsi da qc** sich *vor etw (dat)* verteidigen, sich (*gegen etw acc*) zur Wehr setzen: **durante la trattativa si è salvato a stento**, bei der Verhandlung hat er sich mit Mühe (und Not) verteidigt **6** *relig*: **salvarsi** (*per qc*) {PER LA PROPRIA FEDE} (*durch etw acc*) erlöst werden **7** *sport* (*nel calcio*): **salvarsi** {SQUADRA} sich vor dem Abstieg retten • **salva** *inform* (*comando*), speichern, sichern; •/**salvarsi in extremis** *fig* (*all'ultimo minuto*), gerade noch/[in letzter Minute/Sekunde] davonkommen; **si salvi chi può!** (*di allarme*), rette sich, wer kann!

salvaschérmo m *inform* Screensaver m, Bildschirmschoner m.

salvaslip <-> m (*assorbente*) Slipeinlage f.

salvaspàzio <inv> agg (*che fa risparmiare spazio*) platz-, raumsparend.

salvatàggio <-gi> m **1** (*soccorso*) Rettung f, Bergung f: ~ **aereo/marittimo**, Luftrettung f/Seenotrettung f; **compiere/fare/operare un** ~, eine Rettungs-/Bergungsaktion durchführen; **il** ~ **è riuscito/fallito**, die Rettung/Bergung ist gelungen/gescheitert **2** *fig* (*aiuto*) {+AZIENDA} Rettung f **3** *inform* Speicherung f • ~ **in extremis** (*all'ultimo momento*), Rettung f .im letzten Moment./[in letzter Minute].

salvatóre, (-trice) Ⓐ agg *lett* (*che salva*) Retter(in) m(f): ~ **della patria**, Retter m des Vaterlandes Ⓒ m *relig*: **il Salvatore**, der Heiland, der Erlöser; **Cristo, il Salvatore**, Christ, der Retter.

Salvatóre m (*nome proprio*) Salvatore.

salvatùtto <inv> agg Allheil-: **espediente** ~, Allheilmittel n.

salvavìta Ⓐ <inv> agg (*che permette la sopravvivenza*) {CANE, DISPOSITIVO, FARMACO} lebensrettend Ⓑ <-> m *comm elettr*: ~®, Sicherung f.

salvazióne f *forb anche relig* (*salvezza*) Erlösung f, Heil n.

sàlve *inter lett anche fam scherz* (*di saluto*) grüß dich/euch, hallo: ~, **come state?**, hallo, wie geht's euch?

Sàlve Regìna, Salveregìna <- o -e> f loc sost f *relig* Salve Regina n.

salvézza f **1** (*scampo*) Rettung f, Heil n: **cercare/trovare** ~ **nella fuga**, sein Heil in der Flucht suchen/finden **2** (*chi o che salva*) Rettung f: **sei stato la mia** ~, du warst meine Rettung: **quel lavoro è la sua** ~, diese Arbeit ist seine/ihre Rettung **3** *relig* {+ANIMA} Heil n: **la** ~ **eterna**, das ewige Heil.

sàlvia f *bot* Salbei m o f: ~ **splendida**, Feuersalbei m o f.

salviétta f **1** (*tovagliolo*) Serviette f, Mundtuch n *obs*: ~ **di carta**, Papierserviette f **2** *region* (*asciugamano*) Handtuch n • **rinfrescante**, Erfrischungstuch n.

salvìfico, (-a) <-ci, -che> agg *lett* (*che salva*) {VERBO} rettend.

sàlvo, (-a) Ⓐ agg **1** (*indenne*) gerettet, wohlbehalten, unversehrt, heil: **ebbe salva la vita grazie alla cintura di sicurezza**, er/sie kam dank des Sicherheitsgurtes mit dem Leben davon; **sono arrivati sani e salvi**, sie sind gesund und wohlbehalten angekommen **2** (*fuori pericolo*) außer Gefahr: **i dottori dicono che è ~ per miracolo**, die Ärzte sagen, dass er nur durch ein Wunder noch am Leben ist **3** (*integro*) {CITTÀ} unbeschädigt, heil, unversehrt **4** (*non compromesso*) {PRINCIPIO, ANIMA} erlöst, gerettet Ⓑ prep (*eccetto*) ~ *qu/qc* außer *jdm/etw*, ausgenommen *jd/etw*, abgesehen von *jdm/etw*, mit Ausnahme von *jdm/etw*/+ *gen*, bis auf *jdn/etw*: **tutti** ~ **uno**, alle bis auf einen; **tutti i giorni** ~ **il lunedì**, jeden Tag außer Montag; **chiedimi quello che vuoi** ~ **la macchina**, du kannst bis auf den Wagen alles von mir verlangen Ⓒ loc avv (*al sicuro*): **in** ~, {CONDURRE, PORTARE, TRARRE} in Sicherheit; **mettere/mettersi in** ~, .*jdn/etw*./[sich] in Sicherheit bringen Ⓓ loc cong **1** (*eccetto che*): ~ **che** ... *congv*, außer dass/wenn ... *ind*: **sopporta tutto** ~ **che si rida di lui**, er/sie kann alles ertragen, außer [nur wohl, wenn/dass man über ihn lacht **2** (*a meno che*): ~ **che(se)** ... *ind/congv*, es sei denn(, dass) ... *ind* • **fatto** ~ **il diritto di scelta** ..., (*non compromesso*) solange das Entscheidungsrecht [nicht verletzt wird]/[gewährleistet bleibt]; **mettere in** ~ *qc* **per** *qu region* (*in serbo*), *etw* für *jdn* aufheben/aufbewahren.

sàmara f *bot* Flügelfrucht f.

samarcànda <-> m (*tappeto*) Samarkand m.

Samarcànda f *geog* Samarkand m.

samaritàno, (-a) Ⓐ agg (*della Samaria*) samaritanisch Ⓑ m (f) *anche relig* Samariter(in) m(f), Samaritaner(in) m(f) • **il buon** ~ *bibl*, der barmherzige Samariter; *fig* (*il buono*), der barmherzige Mensch; **fare .la parte del./[il] buon** ~, den barmherzigen Samariter spielen.

sàmba <-> f *mus* Samba m o f.

sambernàrdo → **San Bernardo**.

sambìsta <-i m, -e f> mf **1** (*ballerino*) Samba-Tänzer(in) m(f) **2** (*compositore*) Samba-Komponist(in) m(f) **3** (*cantante*) Samba-Sänger(in) m(f).

sambòdromo m (*stadio*) Sambodrom n.

sambùca <-che> f *enol* Sambuca m (*italienischer Anislikör*).

sambùco <-chi> m *bot* (Schwarzer) Holunder.

sammarinése Ⓐ agg (*di San Marino*) san-marinesisch, von/aus San Marino Ⓑ m (f) (*abitante*) San-Marinese m, (San-Marinesin f).

Sàmo f *geog* Samos n.

samoièdo, (-a) Ⓐ agg (*dei Samoiedi*) samojedisch Ⓑ m (f) (*abitante*) Samojede(r in) m(f) Ⓒ m **1** <*solo sing*> (*lingua*) Samojedisch(e) n **2** *zoo* Samojede m.

samovàr <-> m *russo* (*bollitore*) Samowar m.

sampdoriàno, (-a) *sport* (*nel calcio*) Ⓐ agg {CALCIATORE} von Sampdoria (*genuesischer Fußballclub*) Ⓑ m (f) (*tifoso*) Anhänger(in) m(f)/Fan m von Sampdoria Ⓒ m (*calciatore*) Spieler m von Sampdoria.

sampiètro m *itt* Petersfisch m, Heringskönig m.

Samuèle m (*nome proprio*) Samuel.

samurài <-> m (*nobile giapponese*) Samurai m.

san → **santo**.

sàna f → **sano**.

sanàbile agg **1** (*che si può sanare*) {FERITA, INFERMO} heilbar **2** *fig* (*rimediabile*) {LACUNA} behebbar **3** *econ* {IMPRESA} sanierbar.

sanabilità <-> f **1** (*curabilità*) {+FERITA} Heilbarkeit f **2** *fig anche econ* (*rimediabilità*) {+PERDITA} Sanierbarkeit f.

sanàre Ⓐ tr **1** (*guarire*) ~ *qu/qc* {AMMALATO, FERITA} *jdn/etw* heilen; {INFEZIONE} *etw* nieren **2** *fig* (*riparare*) ~ *qc* {DANNO DELL'ALLUVIONE} *etw* beseitigen **3** *fig* (*far passare*) ~ *qc* {TEMPO DOLORE} *etw* heilen **4** *fig* (*correggere*) ~ *qc* {PIAGA SOCIALE} *etw* beheben, *etw* beseitigen **5** *agr* ~ *qc* {TERRENO, ZONA PALUDOSA} *etw* sanieren, *etw* trocken|legen **6** *arch* ~ *qc* {PALAZZO, QUARTIERE} *etw* sanieren **7** *dir* ~ *qc* {ATTO GIURIDICO, CARENZA} *etw* heilen **8** *econ* ~ *qc* {DEFICIT, PASSIVO} *etw* sanieren; {BILANCIO PUBBLICO} *etw* aus|gleichen Ⓑ itr pron *anche fig* (*guarire*): **sanarsi** {MALATO} genesen, gesund werden: **la sua disperazione per la morte del figlio non si è mai sanata**, seine/ihre Verzweiflung über den Tod seines/ihres Sohnes hat nie nachgelassen; **è una situazione difficile a sanarsi**, diese Situation ist nur schwer zu bereinigen.

sanàto m *sett* **1** *zoo* Milchkalb n **2** *gastr* (*carne*) Fleisch n des Milchkalbs.

sanatòria f *dir* Straferlass m: **chiedere/concedere una** ~, eine nachträgliche Zustimmung beantragen/gewähren; ~ **edilizia**, nachträgliche Zustimmung zu einer Baumaßnahme, ~ **fiscale**, Steuerindemnität f.

sanatòrio, (-a) <-ri m> **A** agg dir {ATTO} Heil- **B** m med Sanatorium n, Kuranstalt f: ~ **climatico**, Sanatorium n in einem Luftkurort.

sanbernàrdo <-i o ->, **San Bernàrdo** <-> m zoo Bernhardiner(hund) m.

San Bernàrdo m geog Sankt Bernhard: **Gran/Piccolo San Bernardo**, Großer/Kleiner Sankt Bernhard.

sancire <sancisco> tr ~ qc **1** (sanzionare) {ALLEANZA, PATTO} etw bestätigen, etw in Kraft setzen, etw bekräftigen, etw sanktionieren **2** (dare carattere stabile) {TEMPO ABITUDINE} etw festigen **3** dir {LEGGE DIVIETO} etw bestätigen, etw sanktionieren.

sàncta sanctòrum <-> loc sost m lat **1** relig (tabernacolo) Allerheiligste n decl come agg, Sanktissimum n, Venerabile n decl come agg; (parte interna) {+TEMPIO} Heiligtum n; stor {+TEMPIO DI GERUSALEMME} Allerheiligste n decl come agg **2** (luogo riservato) Allerheiligste n decl come agg.

sànctus <-> m relig Sanktus n.

sanculòtto, (-a) **A** agg polit stor {FURIA} Sansculotten- **B** m {1} polit stor Sansculotte m decl come agg **2** spreg (rivoluzionario) Revoluzzer(in) m(f) spreg, Extremist(in) m(f).

sàndalo① m (calzatura) Sandale f: ~ **elegante da donna**, Sandalette f; ~ **francescano**, Franziskanersandale f, Jesuslatsche f scherz o spreg; ~ **alla schiava**, Dianasandale f (Sandalen mit Fesselriemen)

sàndalo② m **1** bot Sandelbaum m **2** (legno) Sandelholz n.

sàndalo③ m mar Kahn m, Sandal m.

sandinìsta <-i m, -e f> polit **A** agg {ESERCITO, GOVERNO} sandinistisch **B** mf Sandinist(in) m(f).

sandolino m mar Paddelboot n.

Sàndra f (nome proprio) Sandra.

Sàndro → **Alessandro**.

sandwich <-, -es pl ingl> ingl gastr **A** agg {STRUTTURA, UOMO} Sandwich- **B** m Sandwich m o n: **un ~ al formaggio/prosciutto**, ein Käse-/Schinkensandwich.

sanfedìsmo m polit stor Sanfedismus m.

sanfedìsta <-i m, -e f> mf **1** polit stor Sanfedist(in) m(f) **2** (reazionario) Reaktionär(in) m(f) spreg.

sanforizzàre tr tess ~ qc {TESSUTO} etw sanforisieren.

sanforizzazióne f tess {+COTONE} Sanforisierung f.

sangàllo m lavori femminili Sankt Gall(en)er Spitze f.

San Gàllo geog **A** m (cantone) Sankt Gallen n **B** f (città) Sankt Gallen n.

sangiovése m enol Sangiovese m (Rotwein aus der Emilia-Romagna).

San Gottàrdo m geog Sankt Gotthard m.

sangrìa <-> f spagn enol Sangria f.

sàngue A m **1** gener {COAGULATO, RAGGRUMATO} Blut n: ~ **arterioso/venoso**, arterielles/venöses Blut; **mi esce (il) ~ dal naso**, ich habe Nasenbluten, ich blute aus der Nase **2** fig (vita) Leben n, Blut n **3** fig (discendenza) Abstammung f, Blut n: ~ **latino**, südländisches Blut; ~ **nobile/reale**, adliges/königliches Blut; **è di ~ popolano**, er/sie stammt aus dem Volk **4** fig (averi) {+ LAVORO} Habe f, (lavoro) **arricchirsi col ~ dei poveri**, die Armen brutal/skrupellos ausbeuten, den Armen das Blut aussaugen spreg **5** fig (violenza) Gewalt f: **aborrire il ~**, Gewalt verabscheuen; **soffocare una rivolta nel ~**, einen Aufstand blutig niederschlagen **B** {inv} loc agg (sanguinoso): **di ~**, {FATTO} blutig **C** loc avv (facendo sanguinare): **a ~**, {GRAFFIARE} bis aufs Blut; fig (violentemente) {PICCHIARE} blutig • **si è sentito agghiacciare/gelare il ~ (nelle vene)** fig (ha provato un grande spavento), ihm erstarrte/gefror/gerann das Blut in den Adern; **al ~** gastr, {BISTECCA} blutig, englisch, halb durch; **farsi il ~ amaro/acido/cattivo/marcio per qc** fig (arrabbiarsi molto), sich über etw (acc) krank/maßlos ärgern, vor Wut über etw (acc) schäumen, sich (wegen etw gen) verrückt machen; **avere qc nel ~** fig (avere una forte predisposizione), etw im Blut haben, eine Ader für etw (acc) haben; **avere il ~ blu** fig anche scherz (essere nobile), blaublütig sein scherz o iron, blaues Blut (in den Adern) haben scherz o iron; **ha il ~ che bolle** fig (è irato), ihm/ihr kocht das Blut in den Adern forb; **avere il ~ bollente/caldo** fig (essere passionale), heißblütig/feurig sein; **~ di bue** agr, "Naturdünger m in Pulverform"; **fra loro non c'è/corre buon ~** fig (non vanno d'accordo), sie sind nicht gut aufeinander zu sprechen, sie haben keinen guten Draht zueinander fam; **a ~ caldo** biol, {ANIMALE} warmblütig; fig (in preda all'eccitazione), {REAGIRE} im Affekt, in der Aufregung, in der Hitze des Gefechts; **farsi il ~ cattivo/guasto/[guastarsi il ~] per qu/qc** fig (rodersi l'animo), sich über jdn/etw krank/maßlos ärgern, viel Mühe kosten; **il ~ di Cristo** relig, das Blut Christi; **dare/versare molto ~ per qc** fig (sacrificarsi per qc), {PER UN IDEALE} sein Leben für etw (acc) hingeben forb/opfern; **donare ~**, Blut spenden; **entrare nel ~** fig (dentro) {PAROLE} unter die Haut gehen, {RITMO} ins Blut gehen, {LUOGO} ans Herz wachsen; **a ~ freddo** biol, {ANIMALE} kaltblütig; ~ **freddo** fig (autocontrollo), Kaltblütigkeit f; **avere ~ freddo**, kaltblütig sein; **conservare/[non perdere] il proprio ~ freddo**, kaltes/ruhig Blut bewahren, kaltblütig bleiben, nicht die Nerven verlieren; **uccidere qu a ~ freddo** fig (senza coinvolgimento emotivo), jdn kaltblütig ermorden spreg; **lavare qc col ~** fig (con la morte dell'offensore), etw mit Blut sühnen; ~ **misto** (meticcio), Mischling m, Halbblut n; **è ~ del mio ~!** fig (è mio figlio), er/sie ist mein (eigen) Fleisch und Blut!; (parente), er/sie ist ein(e) Blutsverwandte(r) von mir; **pagare qc col ~** fig (rimetterci la vita), etw mit dem Leben bezahlen; **pisciare ~** (emettere urina e sangue), Blut im Urin haben; fam fig (costare fatica), Blut und Wasser schwitzen fam; **puro/mezzo ~** zoo, Voll-/Halbblut n; **voler cavar ~ da una rapa/[dalle pietre]/[da un sasso]** fig (volere l'impossibile), etwas Unmögliches/[einen Pudding an die Wand nageln fam scherz] wollen; **far ribollire il ~** fig (mandare in collera), das Blut in Wallung bringen; **si sente ribollire/rimescolare il ~** fig (è indignato), ihm/ihr kocht das Blut in den Adern forb; **scorrerà presto il ~** fig (ci sarà una lotta cruenta), es wird bald Blut fließen; **avere sete/[essere assetato] di ~** fig (volere vendetta), blutdurstig sein, nach Rache dürsten; **sporcarsi (le mani) di ~** fig (uccidere), sich (dat) die Hände mit Blut beflecken; **sputare ~**, Blut speien forb/spucken; **sputare/sudare ~** fig (costare fatica), Blut und Wasser schwitzen fam; **far sputare ~ a qu** fig (tormentarlo), jdn bis aufs Blut quälen/peinigen/reizen; **avere lo/[essere dello] stesso ~** fig (appartenere alla stessa famiglia), derselben Familie angehören, Blutsverwandte sein; **succhiare il ~ a qu** fig (spremere economicamente), jdn bis aufs Blut aussaugen; **gli monta/sale/va/viene/[si sente andare/montare/salire/venire] il ~ alla testa/al volto** fig (si arrabbia), das Blut steigt ihm den Kopf; **il ~ gli fece un tuffo** fig (ebbe una forte emozione), sein Herz machte einen Sprung; **all'ultimo ~** fig (fino alla morte), {DUELLO} auf Leben und Tod; **battersi all'ultimo ~**, bis zum letzten Blutstropfen kämpfen; **avere ~ siciliano/veneto nelle vene** fig (avere origini siciliane, ecc.), sizilianisches/venetisches Blut in den Adern haben, sizilianische/venetische Abstammung sein; **non avere ~ nelle vene** fig (essere smidollato), kein Rückgrat haben; **si sente bollire il ~ nelle vene** fig (è indignato), ihm/ihr kocht das Blut in den Adern forb; **è stato versato molto ~** fig (ci sono stati molti morti), viel Blut wurde vergossen forb; **volere ~ ~ di qu** fig (tutto il suo impegno), den vollen Einsatz von jdm fordern, jdm das Letzte abverlangen; **il ~ non è acqua** prov, Blut ist dicker als Wasser prov, Blut ist ein ganz besonderer Saft; **buon ~ non mente** prov, der Apfel fällt nicht weit vom Stamm prov.

sanguemìsto, **sàngue mìsto** <-i m, -e f> mf loc sost mf **1** (meticcio) Mischling m, Halbblut n **2** zoo (rif. a cavalli) Halbblüter m, Halbblut n.

sanguìfero, (-a) agg (che porta sangue) {VASO} Blut-, blutführend.

sanguìgna f arte (argilla) Rötel m; (matita) Rötel(stift) m; (disegno) {+LEONARDO DA VINCI} Rötelzeichnung f.

sanguìgno, (-a) agg **1** gener (GRUPPO, PRESSIONE, VASO) Blut-; (ricco di sangue) blutreich, Blut-; (misto a sangue) {MUCO} blutig, bluthaltig, Blut- **2** (pletorico) {COMPLESSIONE, COSTITUZIONE} sanguinisch **3** (rosso) {PASTELLO, TESSUTO} blutrot **4** fig (impetuoso) {CARATTERE} sanguinisch, leidenschaftlich, temperamentvoll.

sanguinàccio <-ci> m gastr **1** (frittella) Schweineblutpuffer m **2** (insaccato) Blutwurst f, Sanguinaccio m **3** (dolce) "Süßspeise f aus Schokolade, Schweineblut und kandierten Früchten".

sanguinaménto m (emorragia) {+FERITA} Bluten n.

sanguinàre itr **1** (versare sangue) {TAGLIO} bluten **2** fig enf (far male) {CUORE} bluten, schmerzen **3** gastr {ARROSTO} halb durch/[blutig] sein.

sanguinària f bot Blutkraut n.

sanguinàrio, (-a) <-ri m> **A** agg (crudele) {SIGNORE} blutrünstig, blutgierig, blutdurstig **B** m blutgieriger Mensch, Bluthund m.

sanguinèlla f bot Bluthirse f • (arancia) ~ **sanguinella**, Blutorange f.

sanguinèllo m bot Blutorange f.

sanguinolènto, (-a) agg **1** (che sanguina) {CARNE, MANO} blutig, blutend, bluttriefend **2** gastr {BISTECCA} blutig, englisch, halb durch.

sanguinóso, (-a) agg **1** (insanguinato) {MANI} blutig, blutbefleckt **2** (cruento) {BATTAGLIA} blutig **3** fig (offensivo) verletzend, beleidigend; {INGIURIA} tödlich **4** fig lett (crudele) grausam, blutrünstig.

sanguisùga <-ghe> f **1** zoo Blutegel m **2** fig spreg (avido) Blutsauger m spreg: **quella ~ di tuo fratello mi ha chiesto di nuovo dei soldi**, dein Bruder, dieser Blutsauger, wollte wieder Geld von mir spreg **3** fig spreg (seccatore) Klette f fam: **attaccarsi a qu come una ~** fig (essere un seccatore), sich wie eine Klette an jdn hängen fam.

sanicola f bot Sanikel f, Heildolde f.

sanificàre <sanifico, sanifichi> tr ~ qc **1** (sottoporre a igienizzazione) {LATTE} etw pasteurisieren **2** (sterilizzare) {ATTREZZATURA} etw sterilisieren, etw keimfrei/steril machen **3** (bonificare) {AMBIENTE} etw sanieren.

sanificazióne f (*igienizzazione*) {+LATTE} Pasteurisation f, Pasteurisierung f.

sanità <-> f **1** gener Gesundheit f **2** (*salubrità*) {+ACQUA, ARIA} Heilsamkeit f, Gesundheit f, Zuträglichkeit f **3** fig (*integrità*) {+COSTUMI, PRINCIPI} Anständigkeit f, Rechtschaffenheit f **4** amm Gesundheitswesen n **5** mar: **~ (di porto)**, Hafengesundheitsamt n, Hafengesundheitsbehörde f **6** mil Sanitätsdienst f, Sanitätswesen n.

sanitàrio, (-a) <-ri m> **A** agg **1** (*di salute*) {CONDIZIONI} gesundheitlich, Gesundheits-, sanitär, Sanitäts- **2** (*ospedaliero*) {PERSONALE, STAZIONE} Krankenhaus- **3** amm {ASSISTENZA, CONTROLLO, SERVIZIO} Gesundheits-: **ufficiale ~**, Amtsarzt m **4** idraul {IMPIANTI} sanitär, Sanitäts- **5** med {STRUMENTI} medizinisch **6** mil Sanitäts- **B** m (f) amm (*medico*) Arzt m, (Ärztin f) **C** m <*di solito al pl*> **1** (*impianti*) Sanitäreinrichtungen f pl, Sanitäranlagen f pl, sanitäre Anlagen pl **2** (*prodotti*) Hygieneartikel m.

San Marzàno, **sammarzàno** <-> m loc sost m bot San Marzano(-Tomate) f.

sànno 3ª pers pl dell'ind pres *di* sapere①.

sàno, (-a) **A** agg **1** gener anche med {FEGATO, UOMO} gesund: **è ~ di corpo e di mente**, er ist körperlich und geistig gesund **2** (*florido*) {COSTITUZIONE} gesund; {ASPETTO, COLORITO} anche blühend **3** (*salutare*) {ARIA, CLIMA} gesund, heilsam, zuträglich **4** (*incolume*) {PASSEGGERO} heil, unversehrt **5** {BICCHIERE, VASO} heil, ganz, unbeschädigt **6** (*non marcio*) {MELA} unverdorben **7** fig (*onesto*) {LETTURE} anständig; {PRINCIPI} anche gesund; {AMBIENTE, RAGAZZO} anständig, unverdorben, rechtschaffen **B** m (f) (*chi sta bene*) Gesunde mf decl come agg **C** in funzione di avv {MANGIARE} gesund • **e ~ salvo/vegeto**, gesund und wohlbehalten/munter.

sanremése A agg von/aus San Remo **B** mf (*abitante*) Einwohner(in) m(f) von San Remo.

sànsa f gastr {+OLIVE} Pressrückstände m pl.

sànscrito, (-a) ling **A** agg {LINGUA, SCRITTURA} sanskritisch **B** m <*solo sing*> Sanskrit n.

sanseviérìa f bot Bogenhanf m, Sansevieria f, Sansevierie f.

sansimoniàno, (-a) polit stor **A** agg {POLITICA} saint-simonistisch **B** m (f) (*seguace*) Saint-Simonist(in) m(f).

sansóne m **1** bibl: **Sansone**, Samson m, Simson m **2** fig (*uomo forte*) starker Mann, Simson m.

sans papiers <-> loc sost mf franc Sans-Papiers m, Migrant(in) m(f) ohne Aufenthaltsgenehmigung, illegaler Einwand(e)rer, (illegale Einwand(e)rerin) m(f).

sant' → santo.

sànta f → santo.

santaménte avv **1** (*con santità*) {VIVERE} als Heiliger **2** (*con religiosità*) {AMARE} mit religiöser Ehrfurcht.

santarellìno, (-a), **santerellìno**, (-a) <*dim di* santarello> m (f) iron (*chi si finge innocente*) Unschuldsengel m scherz o iron, Unschuldslamm n scherz o iron, Scheinheilige mf decl come agg fam spreg: **non fare tanto la santarellìna, so benissimo che hai sparlato di me**, spiel nur nicht den Unschuldsengel scherz o iron, ich weiß sehr gut, dass du über mich gelästert hast spreg.

santerèllo, (-a) <*dim di* santo> m (f) **1** kleine(r) Heilige(r) **2** (*ingenuo*) naiver Mensch, Naivling m fam spreg mf decl come agg **3** iron (*chi si finge innocente*) Unschuldsengel m scherz o iron, Unschuldslamm n scherz o iron, Scheinheilige mf decl come agg fam spreg.

santificàre <*santifico, santifichi*> **A** tr **1** (*canonizzare*) **~ qu** {MARTIRE} jdn heilig|sprechen, jdn kanonisieren **2** (*onorare*) **~ qc** {FESTA, NOME DI DIO} etw heiligen, etw (ver)ehren, etw heilig|halten **3** (*rendere santo*) (**qu/qc**) {MATRIMONIO AMORE} jdn/etw heilig machen, etw heiligen **B** rfl (*diventare santo*): **santificarsi** (**con qc**) {CRISTIANO COL MARTIRIO} (*durch etw* acc) zum Heiligen werden.

santificazióne f **1** (*canonizzazione*) {+BEATO} Heiligsprechung f, Kanonisierung f; (*azione*) anche Heiligsprechen n, Kanonisieren n **2** (*celebrazione*) {+FESTA} Heiligung f **3** (*il rendere santo*) {+LEGAME} Heiligung f.

santìno <*dim di* santo> m **1** (*immaginetta*) Heiligen-, Andachtsbild n **2** (*ricordo di un defunto*) Sterbebild n, Sterbebildchen n **3** (*ricordo di una cerimonia*): **~ della comunione/cresima**, Kommunions-/Firmungsbild n.

santìppe f **1** stor: **Santippe**, Xanthippe f **2** fig (*moglie brontolona*) Xanthippe f spreg, Hausdrachen m fam spreg, böse Sieben fam obs.

santìssimo, (-a) <superl *di* santo> **A** agg **1** relig (abbr SS./Ss.) {VERGINE} (aller)heiligste(r, s), hochheilig **2** rafforzativo: **fammi il ~ piacere di tacere!** fam, tu mir den einen Gefallen und schweige! **B** m relig: **Santissimo**, Hostie f, Allerheiligste f.

santità <-> f **1** relig {+CHIESA, PREGHIERA, SACRAMENTI, VITA DI S. FRANCESCO} Heiligkeit f **2** (*inviolabilità*) {+PROMESSA} Heiligkeit f, Unverletzlichkeit f **3** (*integrità*) {+COSTUMI, PROPOSITI} Rechtschaffenheit f • **Sua/Vostra ~** relig (*rif. al Papa*), Seine/Ihre Heiligkeit.

sànto, (-a) **A** agg **1** <*si tronca in* san *davanti a consonante e semiconsonante, rimane invariato davanti a* s *impura, si elide in* sant' *davanti a vocale*> relig (abbr S. *o* s. *al sing*, SS. *o* ss. *al pl*) heilig, Sankt: **sant'Irene**, heilige Irene; **san Francesco**, heiliger Franziskus; {ACQUA, APOSTOLO, CONFESSORE, CROCE, MARTIRE, RELIQUIA} heilig; {FEDE} göttlich; (*ellittico: rif. a giorno*) Sankt; **san Martino**, Martinstag m, Martinsfest n; {SABATO, SETTIMANA, VENERDÌ} Kar-; (*istituzione*): **la Santa Sede**, der Heilige Stuhl; (*seguito da alcune voci di una chiesa*): **abbiamo fatto una visita a Santa Maria Novella**, wir haben die (Sankt-)Maria-Novella-Kirche besichtigt **2** (*dettato da motivi religiosi*) {+GUERRA} heilig **3** (*pio*) {VITA} fromm, religiös: **fare una morte santa**, eines frommen Todes sterben **4** fig (*giusto*) {PAROLE} redlich, ehrlich **5** fig (*virtuoso*) {+PROMESSA} {DONNA} tugendhaft **6** fig (*inviolabile*) {GIURAMENTO} unverletzlich, heilig, unantastbar **7** fig fam (*salutare*) {RIMEDIO} nützlich, wirksam, gut **8** fam rafforzativo lieb, heilig: **tutto il ~ giorno non ha fatto che piovere** fam, es hat den lieben langen Tag lang nur geregnet; **fammi il ~ piacere di pensare agli affari tuoi** fam, tu mir den Gefallen und kümmere dich um deinen Kram fam **B** m (f) **1** relig Heilige mf decl come agg: **~ protettore**, Schutzheilige m decl come agg; **(tutti) i Santi**, Allerheiligen(fest) n; **il Santo ha fatto molti miracoli**, der Heilige hat viele Wunder vollbracht **2** (*persona virtuosa*) Heilige mf decl come agg fam, guter/tugendhafter Mensch: **tuo fratello è proprio un ~**, dein Bruder ist wirklich ein Heiliger fam **3** (*immagine*) Heiligenbild n **4** fam (*patrono*) Schutzheilige mf decl come agg, (Schutz)patron(in) m (f) **5** fam (*onomastico*) Namenstag m • **qualche ~ ci aiuterà**/**provvederà**] fig (*esprime ottimismo*), wir schaffen das schon]/[das wird schon wieder] (mit Gottes Hilfe); **deve avere qualche ~ dalla propria/sua** fig (*è fortunato*), er/sie muss einen (guten) Schutzengel haben; **tirare giù i santi del cielo/paradiso/calendario** fig (*imprecare*), entsetzlich fluchen (und dabei alle Heiligen bemühen); **dichiarare/fare ~ qu** relig, jdn heiligsprechen; fig scherz, jdn zum Heiligen erklären iron; **non** ₁**c'è ~ (che tenga)**/[**ci sono santi che tengano**] fig (*è inevitabile*), das ist unvermeidlich, daran führt kein Weg vorbei; **fare il ~** fig (*atteggiarsi a*), heucheln, den Unschuldsengel spielen scherz o iron; **la santa degli impossibili** fam (S. Rita), die heilige Rita; **il ~ dei miracoli** fam (S. Antonio), der heilige Antonius; **essere tutto santi e madonne** fig (*essere pio*), ₁ein Betbruder/Frömmler₁/[eine Betschwester] sein spreg; **non ci sono né santi né madonne** fig (*è inevitabile*), das ist unvermeidlich, daran führt kein Weg vorbei; **avere qualche ~ in paradiso** fig (*avere un protettore influente*), einen Schutzheiligen haben; **il ~ dei poverelli** fam (S. Francesco), der heilige Franz von Assisi; **raccomandarsi a tutti i santi (del paradiso)** fig (*a chi può aiutare*), alle Heiligen um ₁Fürsprache bitten₁/[Beistand anflehen]; **non sapere più a che/quale ~ votarsi** fig (*non sapere a chi rivolgersi*), sich nicht mehr zu helfen wissen, keinen Rat/Ausweg mehr wissen.

sàntolo, (-a) m (f) sett (*padrino*) {+CRESIMA} Pate m, (Patin f).

santóne, (-a) m (f) **1** relig "(als heilig geltender) Asket/Eremit" **2** fig anche iron (*capo carismatico*) {+PARTITO} Guru m, Sektenführer(in) m(f) **3** spreg (*bigotto*) Frömmler m spreg, Betbruder m spreg, (Betschwester f spreg).

santoréggia <-ge> f bot Bohnen-, Pfefferkraut n.

santuàrio <-ri> m **1** relig (*luogo sacro*) Heiligtum n; {+TEMPIO EBRAICO} Allerheiligste n decl come agg; (*chiesa*) Wallfahrtskirche f **2** fig (*luogo inaccessibile*) {+POTERE ECONOMICO, SCIENZA} Tempel m **3** fig (*luogo degli affetti più intimi*) {+COSCIENZA} verborgener Schrein: **il ~ domestico**, die unantastbare/heilige Privatsphäre • **essere un ~** fig (*un luogo sicuro*), ein sicherer Ort; **il ~ di Temi** fig (*il tribunale*), das Gericht.

sanzionàbile agg (*sottoponibile a sanzione*) {DECRETO} sanktionierbar.

sanzionàre tr **1** anche fig (*sancire*) **~ qc** {DECRETO} etw sanktionieren: **la nuova legge verrà sanzionata dal Capo dello Stato**, das neue Gesetz wird vom Staatspräsidenten sanktioniert werden **2** anche fig (*confermare*) **~ qc** {TRADIZIONE} etw bestätigen; {ACCORDO, FALLIMENTO} etw besiegeln **3** anche fig (*approvare*) **~ qc** {RIDUZIONE DELL'ORGANICO} etw beschließen, etw genehmigen; {PROPOSTA} etw billigen, etw (dat) zu|stimmen **4** dir **~ qu/qc (con qc)** {IMPRENDITORE CON LA RECLUSIONE} jdn/etw (*mit etw* dat) bestrafen; {PAESE} etw mit Sanktionen belegen.

sanzionatòrio, (-a) <-ri m> agg (*di sanzione*) Sanktions-, sanktionell; {PROCEDIMENTO, SISTEMA} Sanktions-.

sanzióne f **1** (*conferma*) Sanktion f, Bestätigung f **2** fig (*approvazione*) {+SOCI} Billigung f; amm dir {+PARLAMENTO} Sanktion f, Bestätigung f **3** dir (*pena*) Sanktion f: **~ amministrativa/civile**, verwaltungsrechtliche/zivilrechtliche Sanktion; **~ disciplinare**, Disziplinarmaßnahme f, Disziplinarstrafe f; **cadere sotto la ~ della legge**, aufgrund einer gesetzlichen Bestimmung von einer Sanktion betroffen sein; **sanzioni penali**, strafrechtliche Sanktionen, Strafen f pl **4** polit Sanktion f **~ collettive/individuali**, kollektive/individuelle Sanktionen; **le sanzioni dell'ONU**, die UNO-Sanktionen.

sanzionìsmo m econ polit Sanktionismus m.

sanzionista <-*i* m, -*e* f> *agg econ polit* {STATO} sanktionistisch.
sanzionìstico, (-a) <-*ci*, -*che*> *agg econ polit* {PROVVEDIMENTO} sanktionistisch.
sapére <irr *so*, *seppi*, *saputo*> **A** *tr* <*avere*> **1** *gener* ~ *qc etw* wissen, *etw* kennen: **è uno che non sa niente**, er hat überhaupt keine Ahnung *fam*, er weiß überhaupt nichts; **la strada la so**, ich weiß/kenne den Weg; **sa a memoria/mente la poesia**, er/sie kann das Gedicht auswendig; **sai che ore sono?**, weißt du, wie spät es ist?; **so che sei stanco**, ich weiß, dass du müde bist; **so perché hai agito così**, ich weiß, warum du so gehandelt hast; ~ (*qc*) *di qc* {UN PO' DI TUTTO, DI STORIA} *etw* von *etw* (*dat*) verstehen; **di musica ne sa almeno quanto te**, von Musik versteht er/sie mindestens so viel wie du **2** (*aver imparato*) ~ *qc* {LA LEZIONE, MATEMATICA, PARTE} *etw* können, *etw* beherrschen: **sa** (**parlare**) **diverse lingue**, er/sie kann mehrere Sprachen (sprechen); {MESTIERE} *etw* beherrschen, *etw* verstehen **3** (*apprendere*) ~ *qc* (*da qu/qc*) *etw* (*von jdm/aus etw dat*) erfahren: **l'ho saputo per puro caso** ⌊**da sua sorella**⌋/⌊**dai giornali**⌋, das habe ich ⌊durch Zufall⌋/⌊zufällig⌋ von seiner/ihrer Schwester⌋/⌊aus der Zeitung⌋ erfahren **4** (*avere notizia*) ~ *qu/qc* + *agg jdn/etw* + *agg* wissen *forb*: **lo so felice**, ich weiß ⌊ihn glücklich⌋/⌊, dass er glücklich ist⌋ **5** (*credere*, *pensare*) ~ *qu* (+ *compl di luogo*) *jdn* irgendwo vermuten: **ti sapevo in Danimarca/viaggio**, ich glaubte, du wärst ⌊in Dänemark⌋/⌊verreist⌋ **6** (*essere consapevole*) ~ *qc etw* wissen, sich (*dat*) *etw* (*gen*) bewusst sein: **sa di piacere alle donne**, er ist sich seiner Wirkung auf Frauen bewusst; **sai che è ora di andare?** – **Lo so**, weißt du, dass es Zeit ist zu gehen? – Ja/[Ich weiß] **7** (*presagire*) ~ *qc etw* ahnen, *etw* wissen: **sapevo che sarebbe finita così**, ich wusste, dass es so enden würde **8** (*aver provato*) ~ *qc etw* (aus eigener Erfahrung) kennen/wissen: **so che cos'è il dolore**, ich weiß, ⌊wie es ist⌋/⌊was es heißt⌋, zu leiden **9** (*con negazione esprime dubbio*): **non so se mi puoi capire**, ich weiß nicht, ob du mich verstehen kannst; **non saprei**, ich wüsste nicht, da wäre ich mir nicht so sicher **10** (*con i verbi servili*): **poter** ~ *qc*, *etw* wissen/erfahren dürfen: **posso** ~ **dove intendi andare?**, darf ich wissen/erfahren, wohin du gehen willst?; **voler** ~ *qc*, *etw* wissen wollen; **vorrei** ~ **se sei d'accordo o no**, ich möchte wissen, ob du einverstanden bist oder nicht **B** *modale* <*avere*, *spesso prende l'ausiliare del verbo che segue*> ~ **fare** *qc* (*essere in grado di*) *etw* tun können; imstande sein, *etw* zu tun; *etw* zu tun vermögen: **sa sciare/scrivere**, er/sie kann ⌊Ski fahren⌋/⌊schreiben⌋; **non so spiegarmi come sia successo**, ich kann mir nicht erklären, wie das passiert ist; **non ho saputo tirarmi indietro**, ich konnte mich nicht zurückziehen **C** *itr* **1** (*aver sapore*) ~ *di qc* {DI ACETO, DI BRUCIATO} *nach etw* (*dat*) schmecken **2** (*avere odore*) ~ *di qc* {DI VIOLETTA} *nach etw* (*dat*) riechen: ~ **di fumo**, nach Rauch riechen **3** (*pensare*) vermuten, ahnen, glauben, das Gefühl haben **4** (*essere colto*) gebildet sein: **l'uomo tanto può quanto sa**, der Mensch kann das, was er weiß; die Grenzen des menschlichen Wissens sind die Grenzen seiner Macht **5** (*avere esperienza*) sich aus⌊kennen, Erfahrung haben⌋ **6** *fig* (*puzzare*) ~ **di qc** {DI TRUFFA} *nach etw* (*dat*) riechen **7** *fig* (*avere consistenza*) ~ **di qc**: **una ragazza che** ⌊**non sa di nulla**⌋/⌊**sa di poco**⌋, ein ⌊nichts sagendes⌋/[fades] Mädchen **D** *itr pron* (*pensarsi*): **sapersi** (+ *compl di modo*) {AL SICURO} sich (*irgendwie*) wissen *forb* **E** *impers* (*sembrare*): **mi sa**, mir scheint, ich glaube; **mi sa che** ..., ⌊ich habe den Eindruck⌋/[mir scheint], dass ...; **mi sa che fra poco piove**, ich glaube/[habe das Gefühl], es regnet bald ■ *m* (*conoscenza*) Wissen *n*: **il** ~ **umano**, das menschliche Wissen; ● ⌊**a saperlo**⌋/[**ad averlo saputo**] (*di rammarico*), wenn ich/man das vorher gewusst hätte!; **averlo saputo!** (*di rammarico*), hätte ich/man das gewusst!; **la mamma ci ha proibito di toccare lo stereo! – Va bene, non urlare**, *basta* **saperlo!**, die Mama hat uns verboten, die Stereoanlage anzufassen! – Ist ja gut, du brauchst mich deswegen nicht gleich an⌊zuschreien, jetzt weiß ich's⌋; **non offrirgli assolutamente mai del vino, era un alcolizzato! – Certo**, *basta* **saperlo**, biete ihm unter keinen Umständen jemals Wein an, er war Alkoholiker! – Natürlich, ⌊jetzt wo ich Bescheid weiß⌋/[das musstest du mir nur sagen]; **(vi) basti** ~⌊/[**devi** ~]/[**sappiate/sappi**] **che** ... (*di ammonizione*), denkt/denk daran, dass ...; **(lo) sai bene/benissimo/[meglio di me] (che)** ... *enf*, du weißt ⌊sehr gut⌋/[besser als ich], dass ...; *buono* **a sapersi** (*meglio saperlo*), gut zu wissen; ~ *qc per certo* (*per sicuro*), *etw* sicher/[mit Sicherheit] wissen; **un certo non so che** (*qualcosa*), ein gewisses Etwas; *che io sappia* (*per quanto mi risulta*), soviel ich weiß; **non che io sappia** (*per quanto mi risulta no*), nicht dass ich wüsste, meines Wissens nicht; **che ne so io!**, woher soll ich das wissen!; **non so che** (*qualunque cosa*), irgendetwas; **non so che** (**cosa**) **darei per vederlo felice**, ich würde alles geben, um ihn glücklich zu sehen; **chi (lo) sa** (*di dubbio*), wer weiß (das schon); **non so chi** (*persona imprecisata o sconosciuta*), irgendjemand; **dice che l'ha mandato non so chi**, er sagt, dass ihn wer weiß wer geschickt hat; **per chi non lo sapesse, questa è la mia macchina** (*per richiamare l'attenzione*) wer es noch nicht wissen sollte, das ist mein Auto!; das ist übrigens mein Auto(, dass du/ihr's nur weißt/wisst)!; **non so come**, irgendwie; **si è salvato non so come**, irgendwie hat er sich gerettet; **non sa dire di no** (*non sa rifiutare*), er/sie kann nicht Nein sagen; **non sa quello che dice** (*dice sciocchezze*), er/sie weiß nicht, was er/sie redet, er/sie redet nur Unsinn; **sappiatemi**/[**me lo saprete**] **dire!** (*tenetemi informato*), haltet mich auf dem Laufenden!; **sappimi dire (qualcosa), appena puoi** (*fammi* ~), sag mir Bescheid, sobald du kannst; **non so proprio cosa dirti** (*di incertezza*), ich weiß wirklich nicht, was ich dir sagen soll; **non so dove** (*in luogo imprecisato o sconosciuto*), irgendwo; **le scarpe erano finite non so dove**, die Schuhe waren Gott weiß wo verschwunden *fam*; **sai/sapete com'è** (*sottolinea l'ovvietà di ciò che si sta dicendo*), ⌊du weißt⌋/[ihr wisst] ja, wie das ist; **non sa far altro che piangere/chiacchierare...** (*fa solo quello*), heulen/quasseln ... das ist alles, was er/sie kann!, er/sie heult/quasselt ohne Unterlass!; **io so quello che faccio** (*sono responsabile*), ich weiß (schon), was ich tue; **non so che farci** (*non dipende da me*), ich weiß nicht, was ich da machen soll; das hängt nicht von mir ab; **saperci fare** *fig fam* (*essere abili*), fähig/tüchtig sein; **saperci fare con qu** *fig fam* (*sapere come prenderlo*), mit jdm umzugehen verstehen, jdn zu nehmen wissen; **saperci fare con qc** *fig fam* (*sapere come gestirla*), {COL COMPUTER} mit *etw* (*dat*) umgehen können; **il saperci fare**, die Gewandtheit, das Savoir-faire *forb obs*, das Know-how; **fare** ~ **qc a qu** (*informarlo*), *jdn etw* wissen lassen, *jdm* über *etw* (*acc*) Bescheid geben; **non saprei fare senza** (*non posso farne a meno*), ich könnte darauf/[auf ihn/sie] nicht verzichten; ich komme ohne es/ihn/sie nicht aus; **farei non so che cosa per aiutarlo**, ich würde ⌊alles tun⌋/[wer weiß was dafür geben], um ihm zu helfen; **sai che facciamo? Andiamo fuori a cena**, weißt du was? Lass uns abends essen gehen; **come hai fatto a saperlo?**, wie hast du das herausgefunden?; **per non saper né leggere né scrivere** *fig* (*per non correre un rischio*), um keine Gefahr einzugehen; **saperla lunga/tutta** (*essere molto astuto*), schlau sein, mit allen Wassern gewaschen sein *fam*; **non si sa mai** (*esprime precauzione*), man kann nie wissen; ~ **è potere**, Wissen ist Macht; **non si può mai** ~, man kann nie wissen; **si può sapere cosa gli è venuto in mente?**, wie zum Teufel kam er denn darauf?; **ne so qualcosa** io, davon ⌊kann ich ein Lied⌋/[weiß ich ein Lied zu] singen; **non so quando**, irgendwann; **è partito non so quando**, er ist irgendwann abgefahren; **per quanto** ⌊**ne sappia io**⌋/[**io sappia**], **per quel che ne so** (*per quanto mi risulta*), soweit ich weiß; **la sa lunga, ma non la sa raccontare** (*non riesce a ingannare*), er/sie ist zwar gewieft, aber mir kann er/sie nichts vormachen *fam*; **perché tu ti sappia regolare** (*di avvertimento*), nur damit du (Bescheid) weißt, wie du dich zu verhalten hast; *se tu sapessi! enf*, wenn du wüsstest!; **se l'avessi saputo!** *enf*, wenn ich das gewusst hätte!; *si sa che ...* (*è noto*), es ist bekannt, dass ...; **non so come sia successo** (*non riesco a spiegarmelo*), ich weiß nicht, wie das passiert ist; **lo sanno tutti!**, das wissen doch alle!; **saperle tutte** (*essere furbo*), mit allen Wassern gewaschen sein *fam*; **la sapete l'ultima (novità)?**, wisst ihr schon das Neueste?; **sapersi far valere** (*riuscire a imporsi*), sich durchzusetzen wissen; **venire a** ~ *qc da qu*, *etw* von *jdm* erfahren/*etw* hören; **il** ~ **vivere**, die Lebenskunst, das Savoir-vivre *forb*; **non volerne** ~ **di qu/qc** (*disinteressarsene*), von *jdm*/*etw* nichts wissen wollen; **non volerne più** ~ **di qu/qc** (*essersene stancato*), von *jdm*/*etw* nichts mehr wissen wollen, von *jdm*/*etw* die Nase (gestrichen) voll haben *fam*, mit *jdm*/*etw* fertig sein *fam*; **se lo vuoi (proprio)** ~ (*di chiarimento*), wenn du es genau wissen willst.

sapidità <-> *f* **1** (*l'essere gustoso*) Schmackhaftigkeit *f*, Würzigkeit *f* **2** *fig* (*arguzia*) {+BATTUTA} Geist *m*, Witz *m*.

sàpido, (-a) *agg* **1** (*gustoso*) {MINESTRA} schmackhaft, wohlschmeckend, würzig **2** *fig* (*arguto*) {NARRATORE, NOVELLA} geistreich, geistvoll, witzig.

sapiènte **A** *agg* **1** (*saggio*) {MAESTRO} weise, klug, gelehrt **2** (*abile*) {MEDICO} fähig, tüchtig **3** (*esperto*) {MANO} gewandt, geschickt, erfahren **4** (*professionale*) {RESTAURO} fachmännisch, professionell **5** (*ammaestrato*) {CAVALLO} abgerichtet, dressiert **B** *mf* (*saggio*) Weise *mf decl come agg*, Gelehrte *mf decl come agg*: **i sette sapienti**, die sieben Weisen.

sapientóne, (-a) <*accr di sapiente*> *spreg* **A** *agg* (*saccente*) naseweis, neunmalklug, neunmalgescheit **B** *m* (*f*) Besserwisser(in) *m*(*f*) *spreg*, Naseweis *m fam*, Neunmalkluge *mf decl come agg*, Neunmalgescheite *mf decl come agg*.

sapiènza *f* **1** (*saggezza*) {+ANZIANI} Weisheit *f*: **avere la** ~ **di Salomone**, eine salomonische Weisheit besitzen *forb* **2** (*competenza*) {+ERUDITO} Gelehrsamkeit *f*, Gelehrtheit *f* **3** *relig* Weisheit *f* ● **La** ~/**Sapienza universitá**, La Sapienza (römische Universität).

sapienziàle *agg* (*di sapienza*) {LIBRO} der Weisheit.

saponàrio, (-a) <-ri m> **A** agg **1** (*saponiero*) {MERCATO} Seifen- **2** *bot* Seifenkraut- **B** f *bot* Seifenkraut n.

saponàta f **1** (*acqua e sapone*) Seifenlauge f; (*schiuma*) Seifenschaum m **2** *fig fam* (*adulazione*) Schmeichelei f.

sapóne m **1** *gener* Seife f: **~ da barba/bucato/toeletta**, Rasier-/Kern-/Körperseife f; **~ alla lavanda/rosa**, Lavendel-/Rosenseife f; **~ di Marsiglia**, Kernseife f; **~ in pasta**, Schmierseife f; **~ in polvere**, Seifenpulver n; **~ in scaglie**, Seifenflocken f pl **2** (*saponetta*) Seife f, Seifenstück n ● **dare del/il ~ a qu** *fig* (*adularlo*), jdm schmeicheln, jdm um den Bart gehen/streichen; **(roba che) non ci si fa nemmeno il ~** *fig* (*che non vale nulla*), das (Zeug) ist keinen/[nicht einen] Pfifferling wert *fam*; **~ dei** *vetrai chim*, Entfärbungs-, Bleichmittel n, Mangandioxid n.

saponerìa f (*saponificio*) Seifenfabrik f, Seifensiederei f.

saponétta f (*sapone profumato*) (feines) Seifenstück, Toilettenseife f.

saponièra f (*portasapone*) Seifenschale f.

saponière, (-a) m (f) **1** (*operaio*) Seifenarbeiter(in) m(f) **2** (*fabbricante*) Seifenhersteller(in) m(f), Seifenfabrikant(in) m(f) **3** (*commerciante*) Seifenhändler(in) m(f).

saponièro, (-a) agg (*del sapone*) {PRODUZIONE} Seifen-.

saponificàre <*saponifico, saponifichi*> tr (*sottoporre a saponificazione*) **~ qc** {OLI NATURALI} *etw* verseifen, *etw* zu Seife machen, Seife *aus etw* (dat) her|stellen.

saponificazióne f *anche chim* {+GRASSI} Verseifung f, Seifenherstellung f; (*azione*) *anche* Herstellen n in von Seife.

saponifìcio <-ci> m (*stabilimento*) Seifenfabrik f, Seifensiederei f.

saponóso, (-a) agg **1** (*di sapone*) {SOLUZIONE} Seifen- **2** (*simile al sapone*) {CONSISTENZA} seifig.

sapóre m **1** (*gusto*) {ACIDO, AMARO, DOLCE, SALATO} Geschmack m: **avere ~ di qc**, nach *etw* (dat) schmecken; **avere un buon/cattivo ~**, gut/schlecht schmecken; **che ~ ha la tua caramella?**, wonach schmeckt dein Bonbon?; **il ~ della mela**, der Apfelgeschmack; **senza ~**, geschmacksneutral; **prendere il ~ di qc**, den Geschmack *von etw* (dat)/+ gen annehmen **2** (*retrogusto*) Nachgeschmack m: **il caffè mi ha lasciato in bocca un buon ~**, der Kaffee hat bei mir einen guten Nachgeschmack hinterlassen **3** *fig* (*tono*) {AMARO, SARCASTICO; +OSSERVAZIONE} Ton m, Klang m **4** *fig* (*vivacità*) {+ROMANZO} Würze f **5** <*di solito al pl*> *gastr region* (*aromi*) Gewürz n **6** *gastr region* (*salsa*) Soße f, Sauce f **7** *fis* Quantenzahl f ● **dar ~ a qc** (*renderla più gustosa*), *etw* würzen, *etw* schmackhafter machen; *fig* (*renderla più attraente*), *etw* (dat) Würze/Pep *fam* geben; **far sentire a qu il ~ di qc** *fig* (*fargliela provare*), jdn *etw* (aus)probieren lassen; *fig* (*come minaccia*), es jdm zeigen, jdn *etw* am eigenen Leib erfahren lassen; **senza ~** *anche fig*, fad(e), geschmacklos.

saporitaménte avv **1** (*con sapore*) {CONDITO} würzig **2** *fig* (*caro*) {PAGARE} gesalzen *fam*, gepfeffert *fam* **3** *fig* (*con piacere*) {DORMIRE} selig; {MANGIARE} mit Appetit, genüsslich.

saporito, (-a) agg **1** *gastr* (*gustoso*) {CUCINA} schmackhaft, wohlschmeckend; {FRUTTO, MINESTRA, PIETANZA, SELVAGGINA} *anche* lecker; (*aromatizzato*) würzig, herzhaft; (*salato*) gesalzen **2** *fig* (*ristoratore*) {SONNO} tief **3** *fig* (*fragorosa*) {RISATA} herzlich, schallend **4** *fig* (*brillante*) {PROSA, STILE} brillant, geistreich

5 *fig* (*piccante*) {STORIELLA} pikant **6** *fig scherz* (*caro*) {CONTO, PREZZO} gesalzen *fam*, gepfeffert *fam*.

saporóso, (-a) agg **1** *gastr* {SALSA} schmackhaft, wohlschmeckend **2** *fig* (*vivace*) {BARZELLETTA, STILE} brillant, geistreich.

sàppi 2ª *pers sing dell'imperat pres di sapere*①.

apròfago, (-a) <-gi, -ghe> biol **A** agg {ANIMALE} saprophag **B** m Saprophage m *decl come agg*.

saprofitìsmo m *bot* Saprophytismus m.

apròfito, (-a) *bot* **A** agg {ORGANISMO} saprophytisch, Fäulnis-, Moder-, Humus- **B** m Saprophyt m, Fäulnis-, Moder-, Humuspflanze f.

saputèllo, (-a) <*dim di saputo*> *spreg* **A** agg (*petulante*) {RAGAZZA} naseweis, altklug, neunmalklug, neunmalgescheit **B** m (f) (*petulante*) Naseweis m *fam*, Altkluge mf *decl come agg*, Neunmalkluge mf *decl come agg*, Neunmalgescheite mf *decl come agg*.

sapùto, (-a) **A** part pass *di sapere* **B** agg **1** *fam* (*che ostenta le proprie conoscenze*) {TONO} altklug, neunmalklug **2** *lett* (*dotto*) gebildet, gelehrt **C** *spreg* m (f) (*Besserwisser*(in) m(f) *spreg*, Klugschwätzer(in) m(f) *spreg*, Klugscheißer(in) m(f) *spreg*, Klugredner(in) m(f) *fam*.

SAR abbr *di Sua Altezza Reale*: S. Kgl. H. (abbr *di Seine Königliche Hoheit*).

sarà 3ª *pers sing del fut semplice di essere*①,②.

Sàra f (*nome proprio*) Sara(h).

sarabànda f **1** (*danza*) Sarabande f **2** *fig* (*confusione*) Lärm m, Krach m, Durcheinander n.

saràcco <-chi> m (*sega corta*) Fuchsschwanz m: **~ a costola**, Rückensäge f.

saracèno, (-a) **A** agg (*dei saraceni*) {INVASIONI} sarazenisch *obs*, Sarazenen- *obs* **B** m (f) (*musulmano*) Moslem(e) m(f), Muslim(e) m(f), Sarazene m *obs*, (Sarazenin f *obs*) ● **essere armato come un ~** *fig* (*di tutto punto*), bis an die Zähne bewaffnet sein.

saracinésca <-sche> f **1** (*serranda*) Rollladen m, Rollo n; {+NEGOZIO} Rollgitter n: **alzare/abbassare/chiudere le saracinesche del negozio**, die Rollgitter des Geschäfts hochziehen/herunterlassen/zumachen; **~ automatica/[a comando elettrico]**, automatisches/[elektrisch gesteuertes] Rollgitter **2** (*valvola*) {+CHIUSA} (Absperr)schieber m, Schieberventil n **3** *stor* (*chiusura*) {+PONTE LEVATOIO} Fallgitter n ● **selvaggia ~** *fig* (*chiusura dei negozi per protesta*), Warnstreik m der Geschäftsleute.

saracino, (-a) m **1** → **saraceno 2** (*fantoccio girevole*) {+GIOSTRA} Sarazene m.

sàrago <-ghi> m *itt* Brasse f ● **essere sano come un ~** (*molto sano*), munter wie ein Fisch im Wasser sein, springlebendig sein.

sarcàsmo m **1** (*ironia amara*) {+SCRITTORE} Sarkasmus m *forb*, beißender Spott/Hohn **2** <*di solito al pl*> (*frecciata*) sarkastische Bemerkung *forb*, Spitze f, Stichelei f *fam spreg*.

sarcàstico, (-a) <-ci, -che> agg (*caustico*) {BATTUTA, TONO} sarkastisch *forb*, spöttisch, höhnisch.

sarchiàre <*sarchio, sarchi*> tr *agr* **~ (qc)** {CAMPO} *etw* eggen, *etw* auflockern, *etw* jäten; {CIPOLLE} *etw* hacken; {GRANO} *etw* brechen.

sarchiatóre, (-trice) m (f) (*chi sarchia*) Hacker(in) m(f), Jäter(in) m (f).

sarchiatrìce f *agr* Egge f, Hacke f.

sarchiatùra f *agr* {+TERRENO} Eggen n, Auflockern n, Jäten n.

sarchiellàre tr *agr* **~ (qc)** {ORTO} *etw* eggen, *etw* auflockern, *etw* jäten.

sarchièllo m *agr* Jäthäckchen n.

sàrchio <-chi> m *agr* Jäthacke f.

sarcòfago <-gi o -ghi> m *archeol* {+MARMO} Sarkophag m *forb*, Steinsarg m.

sarcòma <-i> m *med* Sarkom(a) n *scient*: **~ di Kaposi**, Kaposi-Krankheit f; **~ di Rous**, Rous-Sarkom n *scient*.

sarcomatòsi <-> f *med* Sarkomatose f *scient*.

sarcomatóso, (-a) agg *med* {TUMORE} sarkomatös *scient*.

sàrda① → **sardina**.

sàrda② f → **sardo**.

sardanapalésco, (-a) <-schi, -sche> agg *lett* **1** (*dedito alla crapula*) ausschweifend, schwelgerisch, wollüstig *forb* **2** (*sfarzoso*) prunkvoll, prachtvoll.

sardanàpalo m **1** *stor*: **Sardanapalo**, Sardanapal m, Assurbanipal m **2** *lett* (*chi è dedito alla crapula*) ausschweifend lebender Mensch, Schwelger m, Lüstling m *obs spreg*.

Sardégna f *geog* Sardinien n.

sardèlla <*dim di sarda*①> f *fam* (*sardina*) Sardelle f; *gastr* Sardine f.

sardìna <*dim di sarda*①> f *itt anche gastr* Sardine f, Pilchard m: **sardine sott'olio/[in salamoia]**, Ölsardinen f pl/[in Salzlake eingelegte Sardinen] ● **buttar sardine per prender lucci** *fig* (*sacrificare qc a favore di una cosa più importante*), Haare lassen müssen, um etwas zu erreichen; **pigiati come sardine** *fig* (*molto stretti*), dicht gedrängt/[zusammengedrängt] wie Ölsardinen.

sàrdo, (-a) **A** agg **1** (*COSTUME*) sardisch **2** *zoo* {RAZZA} sardisch, sardinisch **B** m (f) (*abitante*) Sarde m, (Sardin f) **C** m <*solo sing*> (*lingua*) Sardisch(e) n.

sardònico, (-a) <-ci, -che> agg **1** (*sprezzante*) {ESPRESSIONE, GHIGNO, RISO} sardonisch *forb*, boshaft, hämisch **2** *med* {FACIES} sardonisch *scient*.

sarèi 1ª *pers sing del condiz pres di essere*①.

sarèste 2ª *pers pl del condiz di essere*①,②.

sarèsti 2ª *pers sing del condiz di essere*①,②.

sargàsso m *bot* Beerentang m.

sàri <-> m (*veste indiana*) Sari m.

SARI m *post abbr di Sistema Automatico di Riconoscimento Indirizzi*: "automatisches Adressenerkennungssystem".

sarménto m *bot* Ranke f; {+VITE} Rebling m, Rebenschössling m.

sarò 1ª *pers sing del fut semplice di essere*①.

saròng <-> m (*veste*) Sarong m.

sàrta f **1** (*chi confeziona abiti*) Schneiderin f, Näherin f **2** *teat* Kostümbildnerin f.

sàrtia f *mar* Want f: **sartie alte/basse/medie**, Ober-, Unter-/Mittelwanten f pl; **sartie volanti**, Backstag n.

sartiàme m *mar* Tauwerk n, stehendes Gut.

sartina <*dim di sarta*①> f **1** (*aiuto*) Schneidergehilfin f, Näherin f **2** (*sarta di modeste capacità*) Näherin f.

sàrto, (-a) m (f) **1** (*chi confeziona abiti*) Schneider(in) m(f): **~ per donna/uomo**, Damen-/Herrenschneider m **2** (*stilista*) Couturier m, Modeschöpfer(in) m (f).

sartorìa f **1** (*laboratorio*) Schneiderei f, Schneideratelier n, Schneiderwerkstatt f: **~ ecclesiastica**, kirchliche Schneiderei; **lavorare in una ~ militare**, in einer Militärschneiderei arbeiten; **~ teatrale**, Kostümbildneratelier n; **vestire con abiti di ~**, maßgeschneiderte Kleider tragen **2** (*settore*) {FRANCESE, ITALIANA} Schneiderkunst f, (Haute) Couture f **3** (*tecnica*) (Haute) Couture f, Schneiderhandwerk n.

sartoriàle agg (*di sartoria*) {ATTIVITÀ}

Schneider-; {INDUSTRIA} Bekleidungs-.
sartorialità <-> f (arte) Schneiderkunst f.
sartòrio <-ri> m anat Schneidermuskel m.
sartriàno, (-a) agg filos lett (di J. P. Sartre) {FILOSOFIA} Sartres, von Sartre.
sartù m napol gastr "Reisauflauf m mit Frikadellen, Eiern, Mozzarella und Pilzen".
SAS **A** f **1** abbr di Sua Altezza Serenissima: S.D. (abbr di Seine(r) Durchlaucht), Serenissimus m **2** aero abbr di Scandinavian Airlines System (compagnia aerea scandinava) SAS f (skandinavische Fluggesellschaft) **3** econ abbr di Società in Accomandita Semplice: KG f (abbr di Kommanditgesellschaft) **B** m autom abbr di Servizio Assistenza Stradale: "Italienischer Straßenhilfsdienst". ≈ Pannendienst m.
sasànide agg archeol stor {ARTE} sassanidisch.
sashìmi <-> m giapponese gastr Sashimi n.
SASMI m scuola abbr di Sindacato Autonomo Scuola Media Italiana: "autonome Gewerkschaft der italienischen Mittelschule".
sassàia f **1** (luogo) Steinfeld n, Steinboden m **2** (riparo) Steindamm m, Steinwall m.
sassaiòla f (lancio) Steinhagel m: **fare la ~** (fare la battaglia coi sassi), sich mit Steinen bewerfen.
sassarése **A** agg (di Sassari) {REGIONE} von/um Sassari **B** mf (abitante) Einwohner(in) m(f) von Sassari **C** m <solo sing> (dialetto) Dialekt m von Sassari.
Sàssari f geog Sassari n.
sassàta f (colpo) Steinwurf m: **prendere a sassate qu**, jdn mit Steinen bewerfen; **tirare una ~**, einen Stein werfen.
sassìfraga <-ghe> f bot Steinbrech m.
sàsso m **1** (pietra) Stein m, Gestein n; (ciottolo) Kiesel(stein) m: **tirare sassi a qu**, jdn mit (Kiesel)steinen bewerfen **2** fig lett (pietra sepolcrale) Grabstein m **3** geog: **Sasso**, Sasso m **4** lett (parete rocciosa) Felsen m, Fels(en)wand f **5** min Gestein n: **~ arenoso/[da calce]**, sand-/kalkreiches Gestein, Sand-/Kalkgestein n ● **sotto il ~ sta l'anguilla** fig (è bene non fidarsi delle apparenze), unter dem Pflaster liegt der Strand; **gettare i sassi in aria per stare in ombra** fig (fare qc che si ritorce contro), ⌊den Ast absägen⌋/[am man sitzt fam; **~ in bocca** (simbolo dell'omertà mafiosa), Stein im Mund als Sinnbild der Omertà (da die Mafia die Leichen ermordeter Verräter entsprechend verunstaltet; **tirare sassi in colombaia/piccionaia** fig (nuocere a se stessi), sich (dat o acc) ins eigene Fleisch schneiden; **digerire anche i sassi** fig (digerire tutto), Steine/alles verdauen (können), einen unverwüstlichen Magen haben; **dormire come un ~** fig (profondamente), schlafen wie ein Stein/Murmeltier m; **essere duro come un ~** (molto duro), {CARNE} steinhart sein; fig (rif. a chi ha difficoltà a imparare), schwer/langsam von Begriff/Kapee sein fam, begriffsstutzig sein; fig (insensibile), {RAGAZZO} ein Herz aus Stein haben, herzlos sein; **non sono mica di/un ~**! fig (sono soggetto alle tentazioni), ich bin auch (nur) aus Fleisch und Blut!; **gettare/scagliare/tirare il ~ e nascondere la mano** fig (cercare di danneggiare qu senza esporsi), den Stein werfen und die Hand verbergen, aus dem Hinterhalt/hinterrücks spreg angreifen; **mettere un ~ sopra qc** fig (non parlarne più, dimenticare qc), Gras über etw (acc) wachsen lassen; **è una cosa da commuovere/[far pena]/[far piangere] i sassi** fig (è particolarmente penoso), es ist zum Steinerweichen; **restare/rimanere di ~ per qc** fig (pietrificato), wegen

etw (gen) wie ⌊vom Donner gerührt⌋/[versteinert]/[erstarrt] sein; **è una cosa da far ridere i sassi** fig (è ridicolo), da lachen ja die Hühner! fam; **~ gettato non torna indietro** fig (non si rimedia facilmente a un'offesa), eine Beleidigung lässt sich nicht so leicht rückgängig machen; was einmal ausgesprochen ist, lässt sich nicht mehr zurücknehmen; **lanciare/tirare un ~ in uno stagno** fig (provocare una polemica), den Stein ins Rollen bringen fam, einen Streit/eine Auseinandersetzung vom Zaun brechen; **lo sanno anche i sassi** fig (lo sanno tutti), das pfeifen die Spatzen von den/allen Dächern fam, das weiß doch ⌊Gott und die Welt fam⌋/[Hinz und Kunz fam spreg]; **quello deve mettersi i sassi in tasca per non volare**, den bläst der erste Windhauch um scherz.
sassofonìsta <-i m, -e f> mf mus Saxophonist(in) m(f), Saxophonspieler(in) m(f).
sassòfono m mus Saxophon n: **~ baritono/basso/contrabbasso/contralto**, Bariton-/Bass-/Kontrabass-/Altsaxophon n.
sassolìno <dim di sasso> m Steinchen n ● **mettere un ~ nella scarpa di qu** fig (creare un fastidio), jdm Steine in den Weg legen, jdm Unannehmlichkeiten bereiten; **togliersi il ~ dalla scarpa** fig (liberarsi di un affanno), eine Sorge loswerden fam/abstreifen; fig (togliersi una soddisfazione), kein Blatt vor den Mund nehmen, den Kropf leeren CH, aus seinem Herzen keine Mördergrube machen, frisch/frei von der Leber weg reden, etwas loswerden fam.
sàssone **A** agg (della sassonia) {TRADIZIONE} sächsisch **B** mf (abitante) Sachse m, Sächsin f **C** m <solo sing> (dialetto) Sächsisch(e) n; stor Altsächsisch(e) n.
Sassònia f geog Sachsen n: **Bassa ~**, Niedersachsen n.
sassòso, (-a) agg (pieno di sassi) {SPIAGGIA, TERRENO} steinig, Stein-.
Sàtana m bibl Satan m ● **vade retro Satana**! (rif. a tentazione a cui si cerca di resistere), weiche von mir, Satan!
satanàsso m **1** fam (demonio) Satan m, Teufel m **2** fig (invasato) Besessene mf decl come agg, Wahnsinnige mf decl come agg, Irre mf decl come agg: **gridava come un ~**, er/sie schrie wie ein/eine Wahnsinnige(r); **sembra un ~**, er/sie ist wie besessen **3** zoo Satansaffe m.
satànico, (-a) <-ci, -che> agg **1** (diabolico) {ARTI, CULTO} Teufels- **2** fig (perfido) {AZIONE} teuflisch, satanisch forb, boshaft, heimtückisch, hinterlistig **3** fig (perverso) {GHIGNO, RISO} teuflisch, bösartig.
satanìsmo m Satanismus m.
satanìsta <-i m, -e f> mf Anhänger(in) m(f) des Satanismus.
satellitàre agg astr TV {ANTENNA, LOCALIZZATORE, TRASMISSIONE} Satelliten-.
satellitàrio, (-a) <-ri m> agg astr einen Satellit betreffend.
satèllite **A** m **1** astr Satellit m, Trabant m, Mond m: **~ attivo**, aktiver Satellit, Kommunikationssatellit m; **~ passivo**, passiver Satellit; **hanno lanciato in orbita un ~ meteorologico/spia**, man hat einen Wetter-/Spionagesatelliten in (s)eine Umlaufbahn gebracht/geschossen; **~ scientifico**, Forschungssatellit m; **~ per telecomunicazioni**, Kommunikations-, Fernmeldesatellit m; **~ della Terra**, Erdsatellit m, Erdtrabant m; **via ~**, über Satellit **2** autom Planetenrad n, Ausgleichskegelrad n **3** biol Satellit m **4** mecc Umlauf-, Planetenrad n **5** fig spreg (opportunista) {+POLITICO} opportunistischer Gefolgsmann, Trabant m spreg,

Satellit m spreg **B** in funzione di agg **1** anche fig (che orbita) {STRUTTURA} Satelliten- **2** med {CELLULE, NERVO, VASO} Satelliten-; {VENE} Begleit- **3** polit {PARTITO, STATO} Satelliten- spreg **4** urban {CITTÀ, QUARTIERE} Satelliten-, Trabanten-; {EDIFICIO} Neben-.
satellitìsmo m polit {+STATO} Satellitenstatus m spreg.
sàtem <inv> agg ling {LINGUA} Satem-.
satin <-> m franc tess Satin m.
satinàre tr **~ qc 1** tess {STOFFA} etw satinieren, etw glätten, etw kalandern, etw kalandrieren **2** tecnol {METALLO} etw opak machen.
satinatùra f **1** tess {+SETA} Satinage f; (azione) anche Satinieren n, Glätten n, Kalandern n, Kalandrieren n **2** tecnol {+ORO} Opakmachen n.
sàtira f **1** lett (genere, produzione) {+GIOVENALE} Satire f **2** (critica) {PUNGENTE} Spott m, Satire f, Persiflage f forb: **essere portato alla ~**, eine satirische Begabung haben; **fare la ~ della società dei consumi**, eine Persiflage auf die Konsumgesellschaft machen forb, die Konsumgesellschaft karikieren/[aufs Korn nehmen fam]/[durch den Kakao ziehen fam].
satireggiàre <satireggio, satireggi> **A** tr (fare la caricatura) **~ qc** {ATTEGGIAMENTO DI UN POLITICO, VIZI DELLA BORGHESIA} etw karikieren, etw aufs Korn nehmen fam, etw satirisch überzeichnen, etw durch den Kakao ziehen fam **B** itr (scrivere satire) Satiren/Persiflagen forb schreiben.
satirésco, (-a) <-schi, -sche> agg lett (da satiro) {ASPETTO, FIGURA, ORECCHIE} Satyr-, satyrhaft forb, satyrartig forb.
satirìasi <-> f psic Satyriasis f scient.
satìrico, (-a) <-ci, -che> **A** agg **1** lett {DISCORSO} satirisch; {SCRITTORE} anche Satiren- **2** (burlesco) {ATTEGGIAMENTO} spöttisch, satirisch **B** m (f) (scrittore) Satiriker(in) m(f), Satirenschreiber(in) m(f).
sàtiro m **1** mitol Satyr m **2** fig spreg scherz (uomo morboso) Lustmolch m fam scherz, Lüstling m spreg obs, Satyr m rar: **essere un vecchio ~**, ein Lustgreis/[alter Lustmolch] sein fam scherz.
satisfattòrio, (-a) <-ri m> agg dir {PAGAMENTO} Erfüllung bewirkend.
satìvo, (-a) agg agr bot **1** (seminabile) {TERRENO} Sä-, Saat- **2** (coltivato) {PIANTA} angebaut, gesät **3** (coltivabile) {PIANTA} anbaubar.
satollàre **A** tr (rimpinzare) **~ qu/qc (con qc)** {MAMMA BAMBINO} jdn/etw (mit etw dat) vollstopfen fam, jdn/etw (mit etw dat) überfüttern, jdn/etw (mit etw dat) übersättigen forb **B** rfl (saziarsi): **satollarsi (di qc)** {DI DOLCI} sich (an etw dat) satt essen, sich (mit etw dat) vollstopfen fam, sich (dat den Bauch/Ranzen) (mit etw dat) vollschlagen fam.
satòllo, (-a) agg (sazio) satt, gesättigt forb: **dopo questa mangiata mi sento ~**, nach diesem Gelage/Schmaus fühle ich mich pappsatt fam.
satrapìa f polit stor **1** (ufficio di satrapo) {+ANTICA PERSIA} Satrapie f, Statthalterschaft f **2** (durata) Statthalterschaft f **3** (distretto) Satrapie f, Statthalterei f.
sàtrapo m **1** polit stor Satrap m, Statthalter m **2** fig (tiranno) Tyrann m, herrschsüchtiger Mensch: **fare il ~**, den Tyrannen spielen, sich als Tyrann aufspielen, willkürlich herrschen.
sàtura f lett teat {ETRUSCA} Satire f.
saturàre **A** tr **1** fig (riempire) **~ qc (di qc)** {CERVELLO DI NOZIONI} etw (mit etw dat) überladen; {MERCATO DI MERCE} etw (mit etw dat)

sättigen **2** *chim fis* **~ qc** (*di qc*) {ACQUA DI SALE, ARIA DI GAS, SOLUZIONE} *etw* (*mit etw* **dat**) sättigen, *etw* (*mit etw* **dat**) saturieren *obs* **3** *elettr* **~ qc** *etw* übersteuern **B** *rfl* **1** (*saziarsi*): **saturarsi di qc** {DI CIOCCOLATA} sich (*an etw* **dat**) satt essen, seinen Bedarf *an etw* (**dat**) decken/saturieren *forb*, sich *mit etw* (**dat**) sättigen *forb* **2** *indir fig* (*riempirsi*): **saturarsi** (**qc**) **di qc** {TESTA DI ROMANZI GIALLI} sich (**dat**) *etw mit etw* (**dat**) voll stopfen *fam*.

saturazióne f **1** *chim fis* {+SOLUZIONE, MASSA D'ARIA; MAGNETICA} Sättigung f, Saturation f: **portare a ~ qc**, *etw* sättigen, *etw* saturieren; (*azione*) *anche* Sättigen n, Saturierung f **2** *fig* {+MEMORIA} Überladen n **3** *fig* (*colmo*) Höhepunkt m, Gipfel(punkt) m: **giungere alla ~**, den Gipfelpunkt erreichen **4** *econ* **~ del mercato**, Marktsättigung f **5** *inform* {+SISTEMA DI REGOLAZIONE} Sättigung f **6** *psic* {CROMATICA, PSICHICA} (psychische) Sättigung.

saturnàle **A** *agg lett* (*del dio Saturno*) saturnisch **B** m pl **1** (*riti orgiastici*): **Saturnali**, Saturnalien pl *forb rar* **2** *fig* (*sfrenata baldoria*) Orgie f: **fare dei saturnali**, Orgien feiern.

saturniàno, (-a) **A** *agg* **1** (*di Saturno*) Saturn-, saturnisch **2** *fig lett* (*malinconico*) {TEMPERAMENTO} Saturn-, saturnisch, melancholisch, griesgrämig **B** m (f) (*abitante*) Saturnbewohner(in) m(f).

saturnìno, (-a) *agg* **1** *rar* (*di Saturno*) Saturn-, saturnisch **2** *fig lett* (*malinconico*) {TEMPERAMENTO} Saturn-, saturnisch, melancholisch, griesgrämig **3** *med* {COLICA} Blei-.

satùrnio, (-a) <-*ni* m> *agg* **1** *rar* (*di Saturno*) Saturn- saturnisch **2** *ling*: **verso ~**, Saturnier m.

saturnìsmo m *med* Bleivergiftung f, Saturnismus m *scient*.

Satùrno m *astrol astr mitol* Saturn m.

sàturo, (-a) *agg* **1** *chim fis* {IDROCARBURO, SOLUZIONE} gesättigt, saturiert **2** (*pieno*) **- di qc** {ARIA DI FUMO} gesättigt *mit etw* (**dat**), voller *etw* (*nom o gen*); *fig* {MENTE DI NOZIONI, SGUARDO D'ODIO} voller *etw* (*nom o gen*); {ATMOSFERA DI NERVOSISMO} *anche* erfüllt *mit etw* (**dat**); *econ* {MERCATO DI UN PRODOTTO} gesättigt *mit etw* (**dat**).

saudìta <-*i* m, -*e* f> **A** *agg* {REGNO, TERRITORIO} saudi-arabisch **B** *mf* (*abitante*) Saudi-Araber(in) m(f).

sàuna f **1** (*pratica*) Sauna f: **fare la ~**, in die Sauna gehen, saunen, saunieren **2** (*luogo*) Sauna(bad) n f: **questo posto è una ~!** *fig*, (*fa molto caldo*) hier herrscht eine Affenhitze! *fam*.

sàuro, (-a) **A** *agg* (*biondo-rossiccio*) {MANTELLO DI UN CAVALLO} rötlich braun, goldbraun **B** m **1** (*cavallo*) Fuchs m, Braune m *decl come agg* **2** *zoo* Echse f: **i sauri**, die Echsen **3** <*solo pl*> *paleont* Saurier m pl.

saussuriàno, (-a) *agg ling* (*di F. de Saussure*) {LINGUISTICA} Saussures, von Saussure.

Sauternes <-> m *franc enol* Sauternes m.

sauvignon <-> m *franc* **1** (*vitigno*) Sauvignon-Rebe f **2** *enol* (*vino, vitigno*) Sauvignon m (*Weißwein aus Westfrankreich*).

savàna f *geog* Savanne f.

savarin <-> m *franc gastr* Savarin m, Ringkuchen m.

Savèrio m (*nome proprio*) Xaver m.

saviézza f **1** (*saggezza*) {+ANZIANI} Weisheit f, Klugheit f **2** (*prudenza*) Besonnenheit f, Umsicht f: **agì con scarsa ~**, er/sie handelte ¡mit wenig Umsicht/¡recht unbesonnen].

sàvio, (-a) <-*vi* m> **A** *agg* **1** (*saggio*) {RAGAZZO} klug, verständig; {CONSIGLIO, RISPOSTA} weise **2** (*accorto*) {BAMBINO} vernünftig, verständig **3** (*prudente*) {COMPORTAMENTO} besonnen, umsichtig **4** (*sano di mente*) vernünftig: **non si comporta da persona savia**, er/sie verhält sich nicht wie ein vernünftiger Mensch, er/sie scheint von allen guten Geistern verlassen *fam* **B** m (*rar f*) **1** (*chi è saggio*) Weise mf *decl come agg* **2** (*chi è sano di mente*) vernünftiger Mensch **3** <*di solito al pl*> *stor* {+ANTICHITÀ} Weisen m pl *decl come agg* ● **il Savio** *bibl* (*Salomone*), der Weise, Salomon.

Savoia f *geog* Savoyen n.

savoiàrdo, (-a) **A** *agg* {CUCINA} savoyisch, savoyardisch **B** m (f) (*abitante*) Savoyer(in) m(f), Savoyarde m, (Savoyardin f) **C** m **1** <*solo* sing> (*dialetto*) Savoyisch(e) n **2** *gastr* Löffelbiskuit n o m.

savoir-faire <-> m *franc* (*tatto*) Savoir-faire n *forb obs*, Gewandtheit f.

savoir-vivre <-> m *franc* (*saper vivere*) Savoir-vivre n *forb*.

savonaròla f (*sedia*) Rippenstuhl m.

savonése **A** *agg* von/aus Savona **B** *mf* (*abitante*) Einwohner(in) m(f) von Savona.

savoréggia <-*ge*> f → **santoreggia**.

sax <-> m *mus abbr di* saxofono: Sax. (*abbr di* Saxophon).

saxhorn <-> m *ingl mus* Saxhorn n.

saxofonista → **sassofonista**.

saxòfono → **sassofono**.

saziàbile *agg* **1** (*che si può saziare*) {FAME} stillbar; {BAMBINO} sättigbar **2** *fig* (*appagabile*) {DESIDERIO} erfüllbar, befriedigbar.

saziàre <*sazio, sazi*> **A** *tr* **1** (*rendere sazio*) **~** (**qu/qc**) {PASTA FIGLIO, GATTO} *jdn/etw* sättigen, *jdn/etw* satt machen; {FAME} *etw* stillen; {STOMACO} *etw* füllen **2** (*nauseare*) **~** (**qu**) {PANNA INVITATI} *jdn* (über)sättigen **3** *fig* (*appagare*) **~ qu/qc** (**con qc**) {BAMBINO CURIOSO, DESIDERIO DI CONOSCERE, SETE DI GLORIA, VISTA CON UN'IMMAGINE} *jdn/etw* (*mit etw* **dat**) befriedigen, *etw* (*mit etw* **dat**) stillen **4** *fig* (*uso assol, stufare*) {PETTEGOLEZZI} langweilen, reichen **B** *itr pron* **1** (*riempirsi*): **saziarsi di qc** {BAMBINO DI DOLCI} sich (*an etw* **dat**) satt essen, sich (*mit etw* **dat**) voll|stopfen *fam* **2** *fig* (*stufarsi*): **saziarsi di qu/qc**) {RAGAZZO DI UN COMPAGNO, DISCO, DELLE LETTURE} (*von jdm/etw*) genug haben/bekommen, *jdn/etw* satt/müde sein, *jds/etw* überdrüssig sein: **saziarsi di fare qc**, es müde sein/werden, *etw* zu tun; **non si sazia di guardarla**, er/sie kann sich an ihr nicht sattsehen.

sazietà <-> **A** f **1** (*l'essere sazio*) Sattsein n, Sattheit f **2** (*nausea*) **~** (**di qc**) {+DOLCI} Überdruss m (*gegen etw* acc) **3** *fig* **~ di qc** {+RICCHEZZE} Saturiertsein n *an etw* (**dat**) **B** *loc avv*: **a ~ 1** (*fino ad essere pieno*): **mangiare a ~**, sich satt essen, essen bis zum Anschlag *slang* **2** (*in abbondanza*) {RICEVERE DONI} im Überfluss, reichlich, in Hülle und Fülle *forb*; {SFOGARSI} zur Genüge; {RIPETERE} *anche* bis zum Überdruss.

sàzio, (-a) <-*sazi* m> *agg* **1** (*pieno*) satt, gesättigt: **si sentì subito ~**, er war/[fühlte sich] sofort satt **2** *fig spreg* (*nauseato*) **~ di qc** {DI DIVERTIMENTI, DELL'OZIO} *etw* (gen) satt, (gen) überdrüssig m (*acc o rar* gen) leid **3** *fig* (*appagato*) **~ di qc** von *etw* (**dat**) befriedigt: **l'attore, ~ di applausi, uscì di scena**, der Schauspieler verließ, befriedigt vom Applaus, die Bühne; **non esser mai ~ di qc**, nie genug von *etw* (**dat**) haben/bekommen, unersättlich sein; **~ di successi tornò in patria**, zufrieden mit seinen Erfolgen kehrte er heim.

sbaccellàre *tr* (*sgranare*) **~ qc** {PISELLI} *etw* aus|hülsen, *etw* enthülsen.

sbaciucchiaménto m (*lo sbaciucchiarsi*) {+RAGAZZI} Küsserei f *fam*, Abküssen n, Geküsse n *fam*, Geknutsche n *fam*.

sbaciucchiàre <*sbaciucchio, sbaciucchi*> **A** *tr* (*baciare ripetutamente*) **~ qu** {MADRE FIGLIO} *jdn* ab|küssen, *jdn* ab|schmatzen *fam* **B** *rfl rec* (*baciarsi*): **sbaciucchiarsi** {FIDANZATI} sich (ab)|küssen, knutschen *fam*.

sbaciucchìo <-*chii*> m (*scambio insistente di baci*) {+COMPAGNI DI SCUOLA} Küsserei f *fam*, Abküssen n, Geküsse n *fam*, Geknutsche n *fam*.

sbadàta f → **sbadato**.

sbadatàggine f **1** (*l'essere sbadato*) Zerstreutheit f, Unaufmerksamkeit f, Unachtsamkeit f, Gedankenlosigkeit f **2** (*atto*) Unaufmerksamkeit f, Unachtsamkeit f, Gedankenlosigkeit f.

sbadàto, (-a) **A** *agg* (*distratto*) {CAMERIERE, GESTO, STUDENTE} zerstreut, unaufmerksam, unachtsam, gedankenlos **B** m (f) (*chi è distratto*) zerstreuter Mensch, Schussel m *fam*: **che ~, ho dimenticato il mio cellulare!**, ich bin so ein Schussel *fam*, ich habe mein Handy vergessen!

sbadigliàre <*sbadiglio, sbadigli*> *itr* (*fare sbadigli*) **~** (**di/per qc**) (*vor etw* **dat**) gähnen: **anche se ti stanco non è il caso di sbadigliarmi in faccia**, auch wenn du müde bist, ist das noch lange kein Grund, mich so anzugähnen.

sbadìglio <-*gli*> m (*atto*) Gähnen n: **lo ~ è contagioso**, Gähnen ist ansteckend; **per educazione soffocò lo ~**, aus Anstand unterdrückte er/sie das Gähnen; **per la noia fece un lungo ~**, vor Langeweile gähnte er/sie herzhaft.

sbafàre *tr fam* **1** (*mangiare avidamente*) **~ qc** {POLLO INTERO} *etw* verschlingen, *etw* verputzen *fam*, *etw* verdrücken *fam* **2** *spreg* (*scroccare*) **~ qc** {BIGLIETTO PER IL CINEMA, SIGARETTA} *etw* schnorren *fam*.

sbafàta f *fam spreg* (*mangiata*) Fresserei f *fam spreg* (*auf Kosten and(e)rer*): **fare/farsi una (bella) ~**, sich (**dat**) auf Kosten and(e)rer ordentlich den Bauch vollschlagen *fam*.

sbafatóre, (-trice) m (f) *fam spreg* (*scroccone*) Schnorrer(in) m(f), Schmarotzer(in) m(f).

sbàfo *solo nella loc avv* (*a spese di altri*): **a ~**, auf Kosten anderer; **vivere/mangiare a ~**, schmarotzen *spreg*, auf Kosten anderer leben/essen.

sbagliàre <*sbaglio, sbagli*> **A** *tr* **1** (*errare*) **~ qc** sich *in etw* (**dat**) irren, *bei etw* (**dat**) einen Fehler machen/begehen: **~ diagnosi/interpretazione**, einen Diagnose-/Interpretationsfehler machen; **~ indirizzo**, sich in der Adresse irren; **~ il passo**, aus dem Schritt/Takt kommen; **~ treno**, den falschen Zug nehmen; (*spesso si traduce con il verbo corrispondente al sostantivo o al verbo che segue*) **~ i calcoli/conti/[a contare]**, sich verrechnen, sich verkalkulieren; **~ a leggere/scrivere qc**, sich bei *etw* (**dat**) verlesen/verschreiben; **~ a tradurre qc**, *etw* falsch übersetzen; **~ la pronuncia di una parola**, ein Wort falsch aussprechen; **~ numero tel**, sich verwählen; **~ strada** (*a piedi*), sich verlaufen, falsch gehen; (*in macchina*) sich verfahren, falsch fahren **2** (*fallire*) **~ qc** {COLPO} *etw* verfehlen; **~ mira**, daneben|schießen **3** (*fare una scelta sbagliata*) **~ marito**, *jdn* (**dat**) den falschen Mann aussuchen; **~ mestiere**, den Beruf verfehlen **4** (*scambiare*) **~ qu/qc** {GIACCA, PERSONA} *jdn* verwechseln; **~ porta**, sich in der Tür irren **5** *sport* (*nel calcio*): **~ il pallone**, den Ball falsch/ungenau spielen; **~ un rigore**, einen Elfmeter verschießen; (*mancare la porta*) daneben|

schießen; (nel tennis): ~ **la palla**, den Ball falsch/ungenau spielen **B** itr **1** (commettere un errore) ~ (**in qc**) {NELLE PREVISIONI} sich (in/bei etw dat) irren, (bei etw dat) einen Fehler machen/begehen: **sbaglia chi pensa di avere sempre ragione**, wer glaubt, immer recht zu haben, irrt; **ha sbagliato nella scelta dei collaboratori**, er/sie hat sich (dat) die falschen Mitarbeiter ausgesucht; **tutti sbagliano**, jeder irrt sich mal, wir machen alle mal einen Fehler; ~ **nel fare qc**, {NEL COPIARE IL COMPITO} bei etw (dat) einen Fehler machen/begehen; ~ **nel prendere una misura**, sich vermessen; **ho sbagliato a giudicarlo così**, ich habe mich /in ihm getäuscht/[in meinem Urteil über ihn geirrt] **2** (comportarsi male) ~ (**con qu/qc**) (jdm/ etw gegenüber) einen Fehler begehen, sich (jdm/etw gegenüber) schlecht benehmen, sich (jdm/etw gegenüber) falsch verhalten: **con tuo padre hai proprio sbagliato**, deinem Vater gegenüber hast du dich wirklich falsch verhalten; **sbagli a parlare così**, du darfst/solltest nicht so reden **C** itr pron (ingannarsi): **sbagliarsi** (**a fare qc**) sich (bei etw dat) irren, sich (bei etw dat) täuschen: **credevo che fosse colpevole, ma mi sono sbagliato**, ich glaubte, er sei schuldig, aber ich habe mich geirrt; **ti sbagli a criticarlo così**, du solltest ihn nicht so kritisieren • *sbagliarla* fam (illudersi), sich täuschen, sich verrechnen fam, sich (dat) etwas vormachen, sich gründlich irren, **se non (mi) sbaglio ci siamo già incontrati** forb (forse, attenuativo), wenn mich nicht alles täuscht, ˌkennen wir uns irgendwoher,/[haben wir uns schon (irgendwo) getroffen]; **(mi) sbaglierò, ma ...** forb (forse, attenuativo), vielleicht irre ich mich, aber ...; ~/**sbagliarsi completamente**/[di grosso]/[di molto]/[in pieno]/[totalmente] (completamente), sich gewaltig irren, voll danebenhauen fam südd A CH; **sbagli di poco**, du liegst nur knapp daneben fam; **non vorrei ~, ma ...** forb (forse, attenuativo), ich will nichts Falsches sagen, aber ...; **sbagliando s'impara** prov, ˌaus Fehlern,/[durch Schaden] wird man klug prov.

sbagliàto, (-a) agg **1** (errato) {CALCOLO, MOSSA} falsch; {DECISIONE} anche irrtümlich; {LAVORO} fehlerhaft; {POLITICA} verfehlt: **completamente/totalmente ~**, vollkommen falsch/daneben fam **2** (sconveniente) {RISPOSTA} falsch, unpassend; {MOMENTO} anche ungelegen, ungeeignet **3** (avventato) {SCELTA} leichtsinnig, unbesonnen, voreilig, überstürzt **4** (non riuscito) {FILM, RACCONTO} missglückt, danebengegangen fam, {TRADUZIONE} falsch **5** (scambiato con un altro) {RAGAZZO} falsch: **ho preso l'ombrello ~**, ich habe den Schirm verwechselt.

sbàglio <-gli> **A** m **1** (errore) Fehler m, Irrtum m: **che ~ ho fatto a non ascoltarlo!**, ˌes war ein großer Fehler,/[wie dumm] von mir, nicht auf ihn zu hören!; **commettere/ fare uno ~ di distrazione**, einen Flüchtigkeits-/Leichtsinnsfehler machen **2** (equivoco) Missverständnis n, Irrtum m, Versehen n **3** eufem (mancanza) Fehler m, Schuld f, Sünde f, Vergehen n: **sbagli di gioventù**, Jugendsünden f pl **B** loc avv (erroneamente): **per ~**, irrtümlich, versehentlich, aus Versehen; **per ~ ho fatto il tuo numero**, ich habe aus Versehen deine Nummer gewählt.

sbalestraménto m (disorientamento) Desorientierung f.

sbalestràre A tr **1** (gettare) ~ **qc** (+ **compl di luogo**) {BARCA CONTRO GLI SCOGLI} etw irgendwohin schleudern, {DOCUMENTO DA UN UFFICIO ALL'ALTRO} etw von etw (dat) zu etw (dat) schieben **2** (trasferire) ~ **qu/qc** (+ **compl di luogo**) {IMPIEGATO IN UNA SUCCURSA-

LE, DIPARTIMENTO} jdn (irgendwohin) versetzen, jdn (irgendwohin) ab|schieben fam, etw irgendwohin verlegen **3** fig (disorientare) ~ **qu** jdn durcheinander|bringen, jdn aus dem Gleichgewicht bringen, jdn desorientieren **B** itr fig (divagare) ab|schweifen.

sbalestràto, (-a) agg **1** (disorientato) unausgeglichen, desorientiert: **si sente ancora ~ nella nuova città**, er fühlt sich in der neuen Stadt noch fremd/[nicht wohl] **2** (spostato) {MENTE} durcheinander, verwirrt, konfus; {VITA} regellos, ungeregelt, ungeordnet.

sballàre A tr ~ **qc 1** (disimballare) {MERCE} etw aus|packen **2** fig fam (tirare fuori) {FANDONIE} etw auf|tischen fam spreg, etw aus der Luft greifen: ~ **una cifra/un prezzo iperbolico** fam, ˌeine Wahnsinnssumme,/ [einen horrenden Preis] verlangen fam; **sballarle grosse**, dicke Lügen auftischen fam, dick auftragen fam **3** fig fam (sbagliare) {DIAGNOSI, PROGETTO} bei etw (dat) daneben| hauen fam, sich bei etw (dat) vergaloppieren fam **4** fig fam (mandare fuori fase) {DIETA CICLO} etw unregelmäßig werden lassen **5** autom fam: ~ **il motore**, einen Kolbenfresser haben slang, den Motor festfressen lassen **B** itr **1** fig fam (essere fuori di sé) sich flippen fam **2** fig fam (sbagliare) ~ (**nel fare qc**) (bei etw dat) daneben|hauen fam: ~ **nel fare i conti**, sich (bei etw dat) völlig verrechnen **3** (nei giochi di carte) (wegen Überschreitung der Punkthöchstzahl) aus|scheiden.

sballàto, (-a) agg **1** (senza imballaggio) {MERCE} ausgepackt **2** fig fam (sbagliato) {CONCLUSIONE, RAGIONAMENTO} absurd, hirnrissig fam, abwegig {AFFARE, PROGETTO} danebengehauen fam; {DIAGNOSI} anche schiefgelegen fam **3** fig fam (fuori fase): **un ciclo ~ segna spesso l'inizio della menopausa**, ein unregelmäßiger Zyklus signalisiert häufig den Beginn der Wechseljahre **4** fig fam (falso) {NOTIZIA} falsch, (frei) erfunden, aus der Luft gegriffen **5** slang (drogato) high slang eufem, stoned slang, breit slang, zugedröhnt slang **6** mecc {PEZZO} (zu viel) Spiel habend **B** m (f) slang **1** (sotto l'effetto della droga) Kiffer(in) m(f) slang, User(in) m(f) slang, Hascher(in) m(f) slang, **2** fig slang (sbandato) auf Abwege-/[die schiefe Bahn] geratener Typ, Gestrauchelte mf decl come agg.

sbàllo A m **1** (sballatura) (+MERCE} Auspacken n **2** fig fam (situazione o oggetto esaltante) Schau f slang giovanile, Wucht f fam: **che ~ questa casa/festa!**, dieses Haus/Fest ist die Schau! slang giovanile **3** slang (effetto della droga) Breitsein n slang, Ausflippen n fam **B** <inv> loc agg fig slang giovanile (fantastico): **da ~**, wahnsinnig toll fam, irre gut fam, echt geil fam.

sballottaménto m **1** (scuotimento) {+TRENO} Gerüttel n, Geschüttel n, (azione) anche Rütteln n, Schütteln n, Hin- und Herwerfen n **2** fig (trasferimento) Versetzung f: **il continuo ~ di un impiegato da una città all'altra**, die ständigen Versetzungen eines Angestellten von einer Stadt in die andere; (azione) anche Herumschieben n.

sballottàre tr **1** (scuotere) ~ **qu/qc** {AUTOBUS PASSEGGERI, VALIGE} jdn/etw hin|- und her|werfen, jdn/etw durch|schütteln, jdn/ etw durch|rütteln **2** (agitare) ~ **qu/qc** {BAMBINO, VINO} jdn/etw schütteln **3** fig (mandare) ~ **qu/qc** (+ **compl di luogo**) {INSEGNANTE DA UNA SEDE ALL'ALTRA} jdn von etw (dat) zu etw (dat) versetzen, jdn von etw (dat) nach etw (dat) verlegen: **mi hanno sballottato da un ufficio all'altro**, sie haben mich von Pontius zu Pilatus geschickt fam; **in caso di separazione i bambini vengono spesso sballotta-

ti da un genitore all'altro**, im Fall einer Trennung werden Kinder häufig von einem Elternteil zum anderen geschoben.

sballottìo <-tii> m (sballottare continuo) {+TRENO} Gerüttel n, Geschüttel n.

sbalordiménto m **1** (stupore) Verblüffung f, Fassungslosigkeit f **2** (turbamento) Verwirrung f, Bestürzung f.

sbalordìre <sbalordìsco> **A** tr **1** (impressionare) ~ **qu** (**con qc**) {INSEGNANTE CON UNA DOMANDA} jdn (durch etw acc/mit etw dat) verblüffen/beeindrucken/verwirren, ~ **qu** (durch etw acc/mit etw dat) aus der Fassung bringen: **sbalordì gli amici raccontando le sue avventure**, er/sie beeindruckte seine/ ihre Freunde durch die Erzählung seiner/ ihrer Abenteuer **2** (frastornare) ~ **qu** {CHIASSO} jdn betäuben **3** rar (stordire) ~ **qu/qc** (**con qc**) {LADRO CON UN PUGNO} jdn/etw (mit etw dat) bewusstlos machen, jdn/etw (mit etw dat) betäuben, jdn/etw (mit etw dat) außer Gefecht setzen **B** itr **1** (rimanere impressionato) ~ (**per qc**) (wegen etw gen) sprachlos/verblüfft/verwirrt sein: **a quella notizia sbalordì**, diese Nachricht verblüffte ihn/sie, bei dieser Nachricht blieb ihm/ihr die Spucke weg fam **2** rar (rimanere privo di sensi) das Bewusstsein verlieren.

sbalorditìvo, (-a) agg **1** (stupefacente) {ABILITÀ, CAPACITÀ} verblüffend, unglaublich, erstaunlich **2** (spropositato) {AFFITTO, PREZZO} übertrieben, unmöglich fam, unglaublich fam.

sbalordìto, (-a) agg **1** (stupefatto) ~ **da qc** {PUBBLICO DALLA BRAVURA DEL CANTANTE} durch etw (acc) verblüfft, über etw (acc) erstaunt **2** (inebetito) {RAGAZZO} stumpfsinnig **B** m (f) anche (ebete) stumpfsinniger Mensch, Schwachkopf m spreg.

sbalzàre[1] **A** tr <avere> **1** (far saltare) ~ **qu/qc** (+ **compl di luogo**) {FANTINO DA CAVALLO, TEMPESTA MARINAIO IN PORTO} jdn/etw (irgendwohin) schleudern, jdn/etw (irgendwohin) werfen **2** fig (allontanare) ~ **qu/qc da qc** {DIRETTORE DALL'INCARICO} jdn/etw von etw (dat)/+ gen entheben, jdn/etw von/aus etw (dat) verdrängen; ~ **qu da qc a qc** {DA UNA SEDE A UN'ALTRA} jdn von etw (dat) zu etw (dat) versetzen, jdn von etw (dat) nach etw (dat) (herum|)schieben **B** itr <essere> **1** (fare un balzo) ~ (**da qc**) {UOMO DALL'AUTO} aus etw (dat) geschleudert/geworfen werden; {RAGAZZO DALLA SEDIA} von etw (dat) fallen, von etw (dat) geschleudert/geworfen werden **2** (balzare) ~ **da qc a qc** (heftig) schwanken: **la temperatura è sbalzata da venti gradi sopra a dieci gradi sotto zero**, die Temperatur ist von zwanzig Grad plus auf zehn Grad minus gefallen **3** fig (passare) ~ **da qc a qc** {ATLETA DAL TERZO AL PRIMO POSTO} (von etw dat auf etw acc) (auf|)rücken.

sbalzàre[2] tr tecnol ~ **qc** {PIATTO DI RAME} etw treiben.

sbalzatóre, (-trice) m (f) tecnol Treib-, Reliefarbeiter(in) m(f).

sbàlzo[1] **A** m **1** (balzo) {+AUTO} Ruck m, Sprung m, Satz m fam: **dare/fare uno ~**, einen Ruck geben/machen **2** fig (oscillazione improvvisa) {+PREZZI, TEMPERATURA} Schwankung f; {+UMORE} anche Wechsel m **3** fig (progresso) Sprung m: **ha fatto uno ~ improvviso nella carriera**, er/sie hat einen plötzlichen Karrieresprung gemacht **B** loc avv **1** (improvvisamente): **di ~** {FARE CARRIERA, OCCUPARE UN TERRITORIO} plötzlich **2** (discontinuamente): **a sbalzi**, sprunghaft, unregelmäßig, stoßweise; **avanzare/procedere a sbalzi**, sprunghaft/stoßweise vorangehen.

sbàlzo[2] m **1** tecnol (lavorazione) Treibarbeit f: **lavorare a ~**, treiben **2** arch edil Aus-

kragung f, Ausladung f rar.
sbancaménto m edil Abtragen n (von Erde/Grund).
sbancàre[1] <sbanco, sbanchi> **A** tr **1** fig (mandare in rovina) ~ **qu/qc** {DEBITI FAMIGLIA} jdn/etw ruinieren, jdn/etw zugrunde richten **2** (nei giochi di carte) (nei giochi di dadi) ~ **qc** {BANCO} etw sprengen **B** itr pron (rovinarsi): **sbancarsi (per qc)** sich (wegen etw gen) ruinieren.
sbancàre[2] <sbanco, sbanchi> tr edil ~ **qc** {MONTAGNA, TERRENO} etw ab|tragen.
sbandaménto[1] m **1** {+AUTOBUS} Schleudern n, Ausbrechen n **2** aero Querneigung f **3** mar Krängung f, Schlagseite f: ~ **a dritta/sinistra**, rechtsseitige/linksseitige Krängung **4** fig (deviazione) ~ (+ **compl di luogo**) {+PARTITO VERSO DESTRA} Abdriften n (irgendwohin).
sbandaménto[2] m **1** mil (dispersione) {+TRUPPE} Auflösung f, Zersprengung f, anche fig {+PARTITO} Zersplitterung f **2** fig (disorientamento) {POLITICO; +DOPOGUERRA} Desorientierung f, Orientierungs-, Richtungslosigkeit f.
sbandàre[1] itr **1** {AUTO} schleudern, ins Schleudern geraten/kommen, aus|brechen **2** aero {AEREO} sich quer legen **3** ferr {TRAM, TRENO} entgleisen **4** mar {NAVE} krängen: ~ **sotto raffica**, bei Windböen krängen **5** fig (smarrirsi) ~ (+ **compl di luogo**) {INTELLETTUALE VERSO UN'IDEOLOGIA ESTREMISTA} (zu verso dat) (hin) ab|gleiten, (irgendwohin) ab|driften.
sbandàre[2] **A** tr (disperdere) ~ **qu/qc** {POLIZIA FOLLA} jdn/etw auseinander|treiben, jdn/etw zerstreuen, jdn/etw auseinander|sprengen **B** itr pron: **sbandarsi 1** (dispersi) {CORTEO} sich auflösen, sich verlaufen, sich zerstreuen **2** fig (disgregarsi) {FAMIGLIA} zerfallen **3** mil {TRUPPE} sich auflösen.
sbandàta f **1** (deviazione) {+AUTO} Schleudern n, Ausbrechen n; aero Querneigung f; mar Krängung f **2** fig (deviazione) Abgleiten n, Abdriften n **3** fig fam (innamoramento): **prendere una ~ per qu**, sich in jdn verknallen/verschießen fam.
sbandàto, (-a) **A** agg **1** fig {GIOVENTÙ} aus der Bahn geworfen, desorientiert, orientierungslos **2** mil {SOLDATI} zerstreut, versprengt; {TRUPPE} anche ausgelöst **B** m (f) spreg (asociale) Asoziale mf decl come agg, Gestrauchelte mf decl come agg.
sbandieraménto m **1** (sventolio di bandiere) Fahnenschwenken n, Fahnenschwingen n **2** fig (sfoggio) {+VIRTÙ} (Zur)schaustellung f, Zurschauestellen n.
sbandieràre tr **1** (sventolare) ~ (qc) {BANDIERA, INSEGNA} etw schwenken, etw schwingen **2** fig (sfoggiare) ~ **qc** {I PROPRI MERITI} etw zur Schau stellen • **e non andare a sbandierarlo a tutti!** fig (a dirlo in giro), und häng das nicht an die große Glocke! fam.
sbandieratóre, (-trice) m (f) (chi sbandiera) {+PALIO DI SIENA} Fahnenschwinger(in) m(f).
sbàndo **A** m (dispersione) {+TRUPPE} Auflösung f, Zerstreuung f, Versprengung f **B** loc avv fig (alla deriva): **allo ~**, {ESSERE} orientierungslos, krisengeschüttelt; **andare allo ~**, sich (richtungslos) treiben lassen.
sbaraccàre <sbaracco, sbaracchi> tr fam **1** (togliere di mezzo) ~ **qu/qc** {PERSONALE ANZIANO} jdn ab|ziehen, jdn entfernen; {VECCHI MOBILI} etw entfernen, etw weg|räumen, etw weg|schaffen, etw fort|schaffen **2** (uso assol. trasferirsi) (weg|)gehen, auf|brechen, seine Zelte ab|brechen scherz: **dobbiamo ~ al più presto**, wir müssen so schnell wie möglich aufbrechen; {TRUPPE} ab|ziehen.

sbaragliàre <sbaraglio, sbaragli> tr ~ **qu/qc 1** mil {ESERCITO NEMICO} jdn/etw zerschlagen, jdn/etw nieder|werfen, jdn/etw auseinander|treiben **2** polit sport {SQUADRA AVVERSARIA} jdn/etw besiegen, jdn/etw vernichtend schlagen.
sbaràglio <-gli> m (rovina) {+NEMICO} Zerschlagung f, Niederwerfung f • **andare/buttarsi/gettarsi allo ~** fig (andare incontro a una sconfitta), einer Niederlage entgegengehen; fig (andare incontro a un rischio), Kopf und Kragen riskieren, alles auf eine Karte / [aufs Spiel] setzen, va banque spielen forb; **mandare/mettere allo ~** qu fig (esporlo a un rischio), jdn einer (großen) Gefahr aussetzen, jdn auflaufen lassen; {SOLDATI, TRUPPE} jdn verheizen fam spreg.
sbarazzàre **A** tr **1** (liberare) ~ **qu/qc da qc** {BAMBINO DALLA SABBIA, PASSO, STRADA DALLA NEVE} jdn/etw von etw (dat) befreien, jdn/etw von etw (dat) frei machen, jdn/etw von etw (dat) säubern; fig ~ **qu da qu/qc** {SORELLA DA UNO SCOCCIATORE, DA UNA SECCATURA} jdm jdn/etw vom Hals(e) schaffen fam **2** (sgomberare) ~ **qc** {SOFFITTA} etw räumen **3** (sparecchiare) ~ **qc** {TAVOLA} etw ab|räumen, (etw) ab|decken **4** med ~ **qc** {INTESTINO} etw entleeren **B** rfl **1** (liberarsi): **sbarazzarsi di qc** {DI UN VECCHIO MOBILE} sich von etw (dat) befreien, etw los|werden fam, sich etw (gen) entledigen forb; fig: **sbarazzarsi di/da qu** {DI UN INTRUSO, DI UNO SCOCCIATORE} sich von jdm befreien, sich (dat) jdn vom Hals(e) schaffen fam **2** fig (svincolarsi): **sbarazzarsi da qc** {DA UN IMPEGNO} sich von etw (dat) befreien, sich von etw entziehen; {DA UN PENSIERO} etw ab|schütteln **3** indir med: **sbarazzarsi l'intestino**, den Darm entleeren.
sbarazzino, (-a) **A** m (f) (monello) Spitzbube m fam, (Spitzbübin f fam), Schelm(in) m(f) **B** agg (birichino) {GESTO, OCCHI} spitzbübisch, schelmisch, verschmitzt **C** loc avv: **alla sbarazzina 1** (storto) {PORTARE IL CAPPELLO} schief **2** (birichino) {COMPORTARSI} spitzbübisch, schelmisch.
sbarbàre **A** tr (radere) ~ **qu/qc** {UOMO, VISO} jdn/etw rasieren **2** fig (estirpare) ~ **qc** {ABUSO, VIZIO} etw aus|rotten, etw aus|merzen **3** agr ~ **qc** {CAVOLO, CIPOLLE} etw mit der Wurzel aus|reißen, etw entwurzeln **4** tecnol ~ **qc** {RUOTA DENTATA} etw ab|-, ent|graten **5** tess ~ **qc** {FELTRO} etw glätten **B** rfl (radersi): **sbarbarsi** sich rasieren.
sbarbatèllo <dim di sbarbato> m fam iron anche fig (ragazzo immaturo) Grünschnabel m, Milchbart m, junger Spund fam.
sbarbàto **A** agg (senza barba) {VISO} (glatt)rasiert **B** m **1** (chi è senza barba) (Glatt)rasierte m decl come agg **2** fig (ingenuo) naiver Mensch, Naive m decl come agg, Naivling m fam spreg.
sbarbicàre <sbarbico, sbarbichi> tr fam ~ **qc 1** agr {PIANTA} etw mit der Wurzel aus|reißen, etw entwurzeln **2** fig (estirpare) {CATTIVA ABITUDINE} etw aus|rotten, etw aus|merzen.
sbarbino, (-a) <dim di sbarbo> m (f) sett fam iron (sbarbatello) Grünschnabel m, Milchbart m, junger Spund fam.
sbàrbo, (-a) m (f) sett fam iron (ragazzo immaturo) Grünschnabel m, Milchbart m, junger Spund fam.
sbarcàre <sbarco, sbarchi> **A** tr <avere> **1** (far scendere) ~ **qu** (+ **compl di luogo**) {PASSEGGERI DALLA NAVE, A VENEZIA} (irgendwo) aus|schiffen, (irgendwo) an Land bringen/[gehen lassen]; {AUTOBUS TURISTI IN CENTRO} jdn (irgendwo) ab|setzen, jdn (irgendwo) aussteigen lassen: **l'aereo sbarcò il malato al più vicino aeroporto**, das Flugzeug setzte den Kranken am nächstgelegenen Flughafen ab; **fecero ~ la delegazione a Palermo**, sie ließen die Delegation in Palermo aussteigen; ~ **qc** (+ **compl di luogo**) {MERCE DAL TRENO} etw aus/von etw (dat) (aus|)laden; {MERCE SULLA BANCHINA} etw (irgendwo) löschen, etw (irgendwo) aus|laden **2** fig (allontanare) ~ **qu da qc** {PARTITO DAL GOVERNO} jdn aus etw (dat) aus|schließen **3** fig fam (trascorrere) ~ **qc** {L'INVERNO} etw überstehen **B** itr <essere> ~ (+ **compl di luogo**) **1** (scendere dalla nave) {A BRINDISI} (irgendwo) an Land gehen, (irgendwo) landen; {PASSEGGERO DAL TRAGHETTO} (irgendwo) etw verlassen; {lasciare l'equipaggio} {PRODIERE} (irgendwo) ab|mustern **2** (scendere dall'aereo) (irgendwo) aus etw (dat) steigen **3** (arrivare) {TURISTA IN GRECIA} (irgendwo) an|kommen; {AL GRAND HOTEL} (irgendwo) ab|steigen **4** econ {SUL MERCATO EUROPEO} irgendwo landen **5** mil {ALLEATI IN SICILIA} (irgendwo) landen • **sbarcarla/sbarcarsela** fig (cavarsela), zurechtkommen, klarkommen fam, durchkommen, sich über Wasser halten.
sbàrco <-chi> **A** m **1** (scarico) {+MERCI} Löschen n, Ausladen n, Löschung f; (da una nave) {+PASSEGGERI} Ausschiffung f, Landung f; (da un aereo) Aussteigen n **2** (luogo) Landeplatz m **3** mar (abbandono della nave) Abmusterung f **B** <inv> loc agg **1** fig (non delicato): **da ~** {VESTITI} grob; fig (spensierato) unbeschwert, unbekümmert **2** mil: **da/di ~** {FORZA, MEZZO, TRUPPE} Landungs- • **lo ~ in Normandia** stor, die Landung (der Alliierten) in der Normandie.
sbarellaménto m **1** (vacillamento) Wanken n, Schwanken n, fam slang (sballo) Breitsein n slang, Ausflippen n fam.
sbarellàre itr fam **1** (vacillare) {UBRIACO} wanken, schwanken **2** fig (sragionare) spinnen fam spreg, durch|drehen fam.
sbàrra f **1** (asta) {+DOGANA, ecc.} Schranke f, Barriere f: **abbassare/alzare le sbarre del passaggio a livello**, die Bahnschranken herunterlassen/hochziehen; {+FINESTRA} Gitter n **2** (transenna) Schranke f; (tribunale) (Gerichts)schranken f pl: **essere/[andare/presentarsi] alla ~**, vor die Schranke des Gerichts stehen/[die Schranke des Gerichts treten]; **chiamare qu alla ~**, jdn vor die Schranken des Gerichts/[Gericht] laden; **mettere alla ~ qu**, jdn in die Schranken fordern **3** (spranga) Stange f, Stab m: **lo colpì con una ~ di ferro**, er/sie schlug ihn mit einer Eisenstange **4** (per la danza) Stange f: **fare gli esercizi alla ~**, Tanzübungen an der Stange machen **5** (in araldica) Schrägbalken m **6** banca: **ha fatto una ~ sull'assegno**, er/sie hat zwei Querbalken auf den Verrechnungsscheck gemacht **7** elettr Schiene f: ~ **collettrice**, Sammelschiene f **8** mar {+TIMONE} Pinne f **9** mus Taktstrich m **10** <di solito al pl> nucl Regel-, Absorberstab m **11** sport (nella ginnastica) Reck n; (per il sollevamento pesi) Hantel f **12** tess Baum m **13** tip Schräg-, Querstrich m • **essere dietro le sbarre** fig (in prigione), hinter Gittern/[schwedischen Gardinen] sein/sitzen fam; **mettere alla ~ qu/qc** fig (giudicare severamente), jdn/etw streng beurteilen, jdn/etw einer harten Kritik/[einem strengen Urteil] aussetzen, streng über jdn richten, mit jdm (scharf) ins Gericht gehen.
sbarraménto m **1** (chiusura) (Ab-, Ver)sperrung f, (azione) anche (Ab-, Ver)sperren n **2** (ostruzione) {+FILO SPINATO, TRAVI} Sperre f, Absperrung f: ~ **idrico**, Stauwerk n; ~ **naturale**, natürliche Barriere f **3** mil Sperre f: ~

aereo/navale/terrestre, Luft-/Meeres-/Landessperre f; ~ di mine, Minensperre f; ~ radar, Radarsperre f • ~ galleggiante, Schwimmsperre f.

sbarràre tr 1 (chiudere) ~ qc {CANCELLO} etw (ver)sperren, etw ab|sperren, etw verrammeln fam 2 (sprangare) ~ qc (con qc) {PORTA CON UN BASTONE} etw (mit etw dat) ab|-, versperren, etw (mit etw dat) ab|riegeln, etw (mit etw dat) blockieren 3 (ostacolare) ~ qc {PASSAGGIO, VIA D'ACCESSO} etw versperren, etw (mit etw dat) {STRADA DELLA GIUSTIZIA} etw auf|halten, etw verhindern 4 (cancellare) ~ qc {NUMERO SBAGLIATO} etw durch|streichen 5 (tracciare una riga) ~ qc {CASELLA, SIMBOLO DI UN PARTITO} etw an|kreuzen; banca {ASSEGNO} etw kreuzen 6 (spalancare) ~ gli occhi, die Augen aufreißen.

sbarràto, (-a) A agg 1 (chiuso) {PORTONE} (ver)sperrt, abgesperrt, verrammelt fam; (sprangato) verriegelt 2 (spalancato): occhi sbarrati, aufgerissene Augen 3 (con una o più righe) {CASELLA} angekreuzt; banca: assegno ~, "gekreuzter Scheck" 4 (in araldica) {SCUDO} mit Schrägbalken B m (in araldica) Schrägbalken.

sbarratùra f 1 (chiusura) Absperrung f; (sprangatura) Verriegelung f 2 (segno) {+MODULO} Kreuz n, Ankreuzen n; banca {+ASSEGNO} Kreuzen n.

sbarrétta <dim di sbarra> f 1 (segno) Schräg-, Querstrich m 2 mus Taktstrich m.

sbassàre tr ~ qc 1 (abbassare) {LIVELLO DI UN FIUME} etw ab|senken; {PIEDI DEL TAVOLINO, TACCO DELLE SCARPE} etw niedriger machen 2 (spostare in basso) {BOTTONE, QUADRO} etw herab|setzen, etw weiter nach unten setzen 3 fig (diminuire) {ALTERIGIA} etw senken, etw herab|setzen.

sbastìre <sbastisco> tr lavori femminili ~ qc {ORLO} etw auf|trennen, die Heftnaht von etw (dat) entfernen.

sbatacchiaménto m {+PORTE} (Auf- und Zu)schlagen n, Geklapper n fam spreg.

sbatacchiàre① <sbatacchio, sbatacchi>
A tr 1 (sbattere più volte) ~ qc {CORRENTE PORTE E FINESTRE} etw auf|- und zu|schlagen; {TAPPETO} etw kräftig aus|schütteln; ~ qu/qc (+ compl di luogo) {AGGRESSORE RAGAZZO CONTRO IL MURO} jdn/etw (irgendwohin) schleudern 2 (agitare) ~ qc {ALI} mit etw (dat) schlagen 3 (battere) ~ qc {CAMPANA} etw an|schlagen, etw (mit etw dat) ziehen, etw läuten B itr (battere continuamente) {FINESTRA, USCIO} auf|- und zu|schlagen C rfl (agitarsi): si sbatacchia di qua e di là senza concludere nulla, er/sie läuft/rennt herum wie ein kopfloses/aufgescheuchtes Huhn, ohne etwas zustande zu bringen fam.

sbatacchiàre② <sbatacchio, sbatacchi> tr edil ~ qc {PARETI DI UNA GALLERIA} etw (ab|)-stützen.

sbatàcchio① <-chi> m edil {+GALLERIA} Stütze f, Stützbalken m.

sbatàcchio② <-chi> m (rumore) {+FINESTRE} Auf- und Zuschlagen n, Geklapper n fam spreg.

sbàttere A tr 1 (battere ripetutamente) ~ qc {TAPPETO} etw (aus|)klopfen; {PANNO} etw aus|schütteln 2 (chiudere violentemente) ~ qc {ANTA DELL'ARMADIO, FINESTRA} etw zu|schlagen, etw zu|knallen fam, etw zu|donnern fam: ~ la porta uscendo, aus dem Haus/der Wohnung gehen und dabei die Tür zuknallen fam/zudonnern fam 3 (agitare) ~ qc {GABBIANO ALI} mit etw (dat) schlagen 4 (muovere velocemente) ~ qc {PALPEBRE} mit etw (dat) flattern: ~ i denti, mit den Zähnen klappern; ~ gli occhi, blinzeln mit den Augen zwinkern; ~ i piedi, mit den Füßen

(auf)stampfen 5 (scagliare) ~ qu/qc (+ compl di luogo) {POLIZIA LADRO CONTRO IL MURO} jdn/etw (irgendwohin) schleudern; {MOGLIE VASO CONTRO LA PORTA} anche etw (irgendwohin) werfen: ~ qu/qc per terra, jdn/etw zu Boden werfen; {TEMPESTA BARCA CONTRO GLI SCOGLI} jdn/etw (irgendwohin) schleudern, jdn/etw (irgendwohin) schmettern; sport (nel calcio) ~ qc (+ compl di luogo) {PALLA IN RETE} etw irgendwohin knallen fam 6 (battere violentemente) ~ qc + compl di luogo {PUGNO SUL TAVOLO} mit etw (dat) auf etw (acc) schlagen, mit etw (dat) auf etw (acc) hauen fam 7 (buttare) ~ qc + compl di luogo {CAPPOTTO SUL DIVANO} etw irgendwohin werfen, etw irgendwohin knallen fam: ~ qc sul tavolo, etw auf den Tisch knallen fam/donnern fam 8 (urtare) ~ (qc) (+ compl di luogo) {BAMBINO TESTA CONTRO LO SPIGOLO} (mit etw dat) gegen etw (acc) stoßen, (mit etw dat) gegen etw (acc) schlagen: sono andato a ~ proprio contro quel chiodo, ich bin genau gegen diesen Nagel gestoßen 9 fig (trasferire) ~ qu (+ compl di luogo) {DIRETTORE ALL'ESTERO} jdn (irgendwohin) versetzen, jdn (irgendwohin) verbannen: non fanno altro che sbatterlo a destra e a sinistra, sie schieben ihn ständig überall herum 10 fig (mettere via) ~ qc (+ compl di luogo) {ARMADIO IN SOFFITTA} etw irgendwohin stellen, etw irgendwohin verbannen; {CARTELLA IN CAMERA} anche etw irgendwohin knallen fam 11 fig (mettere in prigione) ~ dentro qu jdn ein|buchten fam, jdn ein|lochen fam 12 anche fam (buttare fuori) ~ fuori qu/qc (+ compl di luogo) {FIGLIO DI CASA, VASO DALLA FINESTRA} jdn/etw aus etw (dat) werfen, jdn/etw (aus etw dat) hinaus|werfen, etw aus etw (dat) schleudern, jdn/etw (aus etw dat) raus|schmeißen fam 13 fig (mandare via) ~ fuori qu (da qc) {POLITICO DA UN PARTITO} jdn aus etw (dat) aus|schließen 14 fig (buttare via) ~ (via) qc (+ compl di luogo) {BARATTOLO NELLA SPAZZATURA} etw (irgendwohin) weg|werfen, etw irgendwohin werfen, etw (irgendwohin) weg|schmeißen fam, etw irgendwohin schmeißen fam: questo vestito è da ~ via, dieses Kleid gehört weggeschmissen fam/aussortiert 15 fig (indebolire) ~ qu {INTERVENTO CHIRURGICO} jdn schwächen; {NOTTE IN BIANCO, TRAVERSATA, VIAGGIO} jdn an|strengen, jdn zu|setzen; jdn strapazieren 16 fig fam (far apparire smorto) ~ (qu/qc) jdn/etw blass machen: quel colore ti sbatte (il viso), diese Farbe macht dich blass 17 volg (possedere brutalmente) ~ qu {DONNA} jdn vögeln volg, jdn ficken volg 18 gastr ~ qc {UOVA} etw schlagen, etw (ver)rühren; {PANNA} etw (steif) schlagen 19 giorn ~ qu/qc + compl di luogo {ATTRICE, NOTIZIA IN PRIMA PAGINA} jdn/etw irgendwohin bringen, etw irgendwohin knallen fam B itr 1 (battere ripetutamente) {IMPOSTA} (auf|- und zu|)schlagen 2 (scuotersi) {TENDA, VELA} flattern 3 fam (schiantarsi) ~ (+ compl di luogo) irgendwohin schlagen, irgendwohin knallen fam, irgendwohin donnern fam; {AEREO CONTRO LA MONTAGNA; AUTO CONTRO UN MURO; VESPA CONTRO IL MURO DELLA FINESTRA} gegen etw (acc) prallen, etw auf etw (acc) schlagen, auf etw (acc) auf|laufen: andare a ~ contro un passante/uno spigolo, ⌊mit einem Passanten zusammenstoßen⌋/[gegen eine Ecke prallen]; fig {CONTRO IL MURO DELL'INDIFFERENZA} auf etw (acc) stoßen C itr pron 1 (fare movimenti convulsi): sbattersi (+ compl di luogo) {EPILETTICO SUL PAVIMENTO} sich (irgendwo) zuckend wälzen 2 fam (impegnarsi): sbattersi (per qu/qc) {PER IL LAVORO} sich (dat) (für jdn/bei etw dat) große Mühe geben, sich (für jdn/bei etw dat) ab|mühen, sich (für jdn/etw/bei etw dat) ein|setzen, (für jdn/bei etw dat) alles d(a)ran|setzen: si sbatte dal mattino alla sera per mantenere la famiglia, er/sie müht sich von früh bis spät für den Unterhalt seiner/ihrer Familie ab 3 fig fam (andare): sbattersi (+ compl di luogo) (irgendwohin) gehen, sich (irgendwo) herum|treiben fam spreg: quando ha cominciato a grandinare mi sono sbattuto nel primo bar, als es zu hageln begann, bin ich in die erstbeste Bar geflüchtet; si sbatte in giro da mattino a sera, er/sie treibt sich von früh bis spät herum fam spreg 4 fig volg (infischiarsene): sbattersene (di qu/qc) {DELL'INSEGNANTE, DELL'OPINIONE DELLA GENTE} auf jdn/etw scheißen volg, auf jdn/etw pfeifen fam: me ne sbatto delle vostre proteste!, eure Proteste sind mir scheißegal! volg spreg 5 lett (agitarsi): sbattersi sein D loc agg fig fam (malridotto): da ~ via, {AUTOMOBILE} ruiniert, übel zugerichtet.

sbattezzàre A tr relig ~ qu jdn zum Abschwören des christlichen Glaubens zwingen B itr pron: sbattezzarsi 1 relig dem christlichen Glauben ab|schwören 2 (cambiare nome) sich umtaufen lassen 3 fig scherz (fare qualunque cosa) alles Menschenmögliche tun, keine Mühe scheuen 4 fig fam (arrabattarsi) sich ab|rackern fam.

sbattighiàccio <-> m (shaker) Shaker m, Mixbecher m.

sbattiménto m 1 {+ONDE} Schlagen n 2 fig fam (l'affannarsi) Strapaze f 3 fig fam (noia) Lang(e)weile f: che ~ quella festa!, zum Einschlafen, das Fest!; war das Fest öde! 4 arte (nella pittura) Schlagschatten m 5 tecnol Klappern n, Flattern n.

sbattitóre m (elettrodomestico) (Hand)-rührgerät n.

sbattiuòva <-> m (frullino) Schneebesen m, Schneeschläger m rar.

sbattùta f 1 (lo sbattere) (Aus)schütteln n, (Aus)klopfen n: ha dato una ~ al cappotto, er/sie hat den Mantel kurz ausgeschüttelt 2 (il mescolare) Schlagen n, Mischen n, Mixen n.

sbattùto, (-a) agg 1 (battuto) {TAPPETO} (aus)geklopft 2 fig (pallido) {OCCHI} müde; {VISO} anche blass, abgespannt 3 gastr {UOVO} geschlagen, gequirlt.

sbavàre① A itr 1 (emettere bava) {ANZIANO, NEONATO} geifern, sabbern fam 2 (spandersi) {COLORE} (über den Rand hinaus|)laufen, zerfließen, verwischen; {INCHIOSTRO} anche verschmieren; tip schmitzen, verwischen 3 fig fam (essere attratto) ~ ⌊dietro a⌋/[per] qu/qc {RAGAZZO DIETRO A UNA RAGAZZA, PER IL MOTORINO} wild/verrückt ⌊auf jdn/etw⌋/[nach jdn/etw] sein fam, hinter jdm/etw her sein fam B tr 1 (sporcare di bava) ~ qu/qc {BAMBINO BAVAGLINO} jdm/etw besabbern fam 2 (lasciare una sbavatura) ~ qc {INCHIOSTRO CONTORNI} über etw (acc) hinaus|laufen C rfl (sporcarsi): sbavarsi sich mit Geifer beschmutzen, sich besabbern fam, sich begeifern rar; sbavarsi qc sich (dat) etw mit Geifer beschmutzen, sich (dat) etw besabbern fam, sich (dat) etw begeifern rar.

sbavàre② tr tecnol ~ qc {PEZZO} etw putzen, etw ab-, entgraten.

sbavatùra① f 1 (lo sbavare) Geifern n, Sabbern n fam 2 (bava) {+NEONATO} Geifer m, Sabber m; {+LUMACA, ecc.} Schleim(spur f) m 3 (alone) {+COLORE, VERNICE} Verwischen n, Verschmieren n; tip Schmitz m 4 fig (divagazione) {+NARRAZIONE, SCRITTO} Abschweifung f, Weitschweifigkeit f 5 fig (imperfezione) {+RELAZIONE} kleiner Fehler, Schnitzer m fam: eseguire un brano senza sbavature, ein Stück ohne Patzer/Schnitzer spielen fam.

sbavatùra[2] f *tecnol* Putzen n, Ab-, Entgraten n; (*residuo*) Grat m: ~ **di fusione**, Grat m von Gussstücken.

sbavóne, (-a) *fam* **A** agg (*che sbava continuamente*) {BAMBINO} sabbernd *fam*, geifernd *fam* **B** m (f) Sabberer m *fam*, (Sabbrerin f *fam*), Geiferer(in) m(f).

SBB f pl *ferr abbr del ted* Schweizerische Bundesbahnen (*Ferrovie federali svizzere*) SBB f.

sbeccàre <*sbecco, sbecchi*> **A** tr (*rompere*) ~ **qc** {BECCUCCIO DELLA TEIERA} *etw* ab|-, an|schlagen, *etw* ab|stoßen **B** itr pron (*rompersi*): **sbeccarsi** {TEIERA} angeschlagen sein.

sbeffàre → **sbeffeggiare**.

sbeffeggiàre <*sbeffeggio, sbeffeggi*> tr (*deridere*) ~ **qu/qc** {AMICO, INIZIATIVA} jdn/etw verspotten, jdn/etw verhöhnen, jdn/etw verhohnepipeln *fam*.

sbellicàrsi <*mi sbellico, ti sbellichi*> itr pron *solo nella* loc verbale *fam* (*crepare dal ridere*): ~ **dalle risa**, ~ **dal ridere**, sich tot-, krummlachen *fam*, sich kranklachen *fam*.

sbendàre tr *anche med* (*togliere le bende*) ~ **qu** {PAZIENTE} jdm den Verband ab|nehmen; ~ **qc** (**a qu**) {GAMBA AL BAMBINO} (jdm) den Verband von *etw* (dat) ab|nehmen.

sbèrla f *fam* (*schiaffo*) Ohrfeige f, Backpfeife f *region*, Maulschelle f *obs o region*: **prendere a sberle qu**, jdn ohrfeigen.

sberlèffo m (*smorfia*) Grimasse f, Fratze f *fam*: **fare uno ~**, eine Grimasse schneiden/machen/ziehen, eine Fratze schneiden *fam*.

sbertucciàre <*sbertuccio, sbertucci*> tr **1** (*sgualcire*) ~ **qc** {LIBRO} *etw* ver-, zerknittern; {VESTITO} *anche etw* zerdrücken **2** *fig* (*schernire*) ~ **qu/qc** {RAGAZZA} jdn/etw verspotten, jdn/etw veralbern.

sbevazzàre itr *fam spreg* (*bere molto*) saufen *fam*, schlucken *fam*, picheln *fam*, sich besaufen *fam*.

sbf *abbr di* salvo buon fine: u. ü. V. (*abbr di* unter üblichem Vorbehalt).

SBG f *banca abbr del ted* Schweizerische Bankgesellschaft (*Unione delle banche svizzere*) SBG f.

SBI f *banca abbr di* Società Bancaria Italiana: "Italienische Bankgesellschaft".

sbiadìre <*sbiadisco*> **A** tr <*essere*> itr pron: **sbiadirsi 1** (*scolorire*) {TESSUTO} verschießen, aus|-, verbleichen; {COLORE} *anche* verblassen **2** *fig* (*affievolirsi*) {BELLEZZA} verblühen, verwelken; {RICORDO} verblassen *forb*, schwinden *forb*, blass werden **B** tr <*avere*> (*far perdere il colore*) ~ **qc** {SOLE TENDA} *etw* aus|bleichen.

sbiaditézza f *anche fig* {+IMMAGINE} Verblichenheit f, {+RICORDO} Blässe f.

sbiadìto, (-a) agg **1** (*scolorito*) {TESSUTO} verschossen, ausgeblichen, verblichen; {COLORE} *anche* verblasst **2** *fig* (*vago*) {RICORDO} verblasst *forb*, blass **3** *fig* (*scialbo*) {PERSONAGGIO, RACCONTO} fad(e), farblos **4** *fig* (*sfiorito*) {BELLEZZA} verblüht, verwelkt.

sbiànca <*-che*> f *chim tess* Bleiche f, Bleichmittel n.

sbiancànte **A** agg (*che candeggia*) {EFFETTO, LIQUIDO} bleichend, Bleich- **B** m (*prodotto*) Bleiche f, Bleichmittel n.

sbiancàre <*sbianco, sbianchi*> **A** tr <*avere*> ~ **qc 1** (*rendere bianco*) {BIANCHERIA} *etw* weiß machen, *etw* bleichen; {RISO} *anche* schleifen, *etw* polieren **2** (*stingere*) {STOFFA} *etw* aus|bleichen **B** itr <*essere*> (*impallidire*) ~ (**a/per qc**) {ALLA NOTIZIA, PER LA PAURA} bei/vor *etw* (dat) bleich werden, bei/vor *etw* (dat) er-bleichen, bei/vor *etw* (dat) erblassen **C** itr pron **1** (*diventare bianco*): **sbiancarsi** (**da/per qc**) {DONNA PER LO SPAVENTO} (bei/vor *etw* dat) bleich werden, (bei/vor *etw* dat) er-

bleichen **2** (*schiarirsi*): **sbiancarsi** {CIELO} sich auf|hellen, heller werden.

sbianchettàre tr *fam* (*cancellare*) ~ **qc** {FIRMA, CLAUSOLA} *etw* (mit Korrekturflüssigkeit) löschen.

sbianchìre <*sbianchisco*> **A** tr <*avere*> ~ **qc 1** (*sbiancare*) {LENZUOLO} *etw* bleichen **2** *gastr* (*carne, verdura*) *etw* blanchieren **B** itr <*essere*> (*schiarirsi*) {STOFFA} heller werden, aus|bleichen.

sbicchieràre itr (*brindare*) ~ (**con qu**) (+ *compl di luogo*) {CON GLI AMICI AL RISTORANTE} (mit jdm) (irgendwo) bechern *fam scherz*, (mit jdm) (irgendwo) zechen *obs o scherz*.

sbicchieràta f (*lo sbicchierare*) Bechern n *fam scherz*, Zechen n *obs o scherz*.

sbièco, (-a) <*-chi, -che*> agg (*obliquo*) {LINEA, MURO, PAVIMENTO} schräg, schief **B** m *tess* Quer-, Schrägband n, Querstreifen m **C** loc avv: **di/per ~ 1** (*obliquamente*) {SISTEMARE} schräg **2** *fig* (*con rancore*) {GUARDARE} schief *fam*.

sbiellàre itr <*essere o avere*> **1** *tecnol*: **il motore ha sbiellato**, die Pleuel(stangen) des Motors sind kaputtgegangen **2** *fig fam* (*sragionare*) {MADRE} aus|flippen *fam*, aus|rasten *fam*.

sbigottiménto m (*sbalordimento*) {+PUBBLICO} Bestürzung f, Entsetzen n, Verblüffung f: **nello ~ generale**, in der allgemeinen Bestürzung.

sbigottìre <*sbigottisco*> **A** tr <*avere*> (*sconcertare*) ~ **qu** {NOTIZIA CLASSE} jdn bestürzen, jdn entsetzen **B** itr <*essere*> ~ (**davanti a**/[**per**] **qc**) itr pron (*essere sconcertato*): **sbigottirsi** (**davanti a**/[**per**] **qc**) {DAVANTI AL PERICOLO} (*vor etw* dat)/[angesichts *etw* gen]) wie gelähmt sein: **sbigottì davanti alla sua audacia**, angesichts seines/ihres Muts blieb ihm/ihr die Spucke weg *fam* **C** rfl (*turbarsi*): **sbigottirsi** bestürzt/entsetzt sein.

sbilanciaménto m {+CARICO} Ungleichgewicht n: **lo scoppio della gomma ha causato lo ~ del camion**, der Lastwagen geriet aus dem Gleichgewicht, weil der Reifen platzte.

sbilanciàre <*sbilancio, sbilanci*> **A** tr **1** (*far perdere l'equilibrio*) ~ **qu/qc** {PACCO BICICLETTA; PESO MACCHINA; SPINTA COMPAGNO} jdn/etw aus dem Gleichgewicht bringen **2** *fig* (*alterare*) ~ **qc** {ACCORDO} *etw* über den Haufen werfen *fam*, *etw* um|werfen *fam*; {VIAGGIO PROGETTO} *anche etw* durcheinander|bringen **3** *fig* (*turbare*) ~ **qu** {EVENTO, SCONFITTA POLITICO} jdn verwirren, jdn aus dem Gleichgewicht bringen **4** *fig anche econ* (*dissestare*) ~ **qc** {SPESE AZIENDA} die Finanzen von *etw* (dat)/+ gen zerrütten; {PREVENTIVO} *etw* über den Haufen werfen *fam*, *etw* um|werfen *fam*; {MERCATO} *etw* aus dem Gleichgewicht bringen **B** itr (*pendere*) ~ (+ *compl di luogo*) (*irgendwohin*) neigen, (*irgendwohin*) hängen: ~ **a destra/sinistra**, nach rechts/links neigen, rechts-/linkslastig sein; ~ **da una parte**, nach einer Seite neigen **C** itr pron **1** (*perdere l'equilibrio*): **sbilanciarsi** (+ *compl di luogo*) {BAMBINO} das Gleichgewicht verlieren; {NAVE} (*irgendwohin*) neigen, aus dem Gleichgewicht geraten/kommen **2** *fig* (*compromettersi*): **sbilanciarsi a/in favore di qu/qc** {DI UN AMICO} sich für jdn/etw ein|setzen/[Partei für jdn/etw ergreifen] (und sich dadurch kompromittieren) **3** *fig* (*andare oltre i limiti*): **sbilanciarsi** (**con qc**) {CON DELLE SPESE} (mit *etw* dat) zu weit gehen, sich (mit *etw* dat) (finanziell) übernehmen, sich *auf etw* (acc) ein|lassen **4** *fig* (*rovinarsi*): **sbilanciarsi** {RAPPORTO FRA DUE CONIUGI} in die Brüche gehen **5** *fig* (*azzardare*): **sbilanciarsi** es wagen, Stellung/Position zu beziehen **6** *fig anche econ polit*

(*esporsi*): **sbilanciarsi** sich exponieren *forb*, sich zu weit hinaus|lehnen *fam*: **sbilanciarsi in previsioni**, sich zu Prognosen hinreißen lassen; **non ha voluto sbilanciarsi**, er/sie wollte sich nicht ₍exponieren *forb*₎/[zu weit hinauslehnen *fam*].

sbilàncio <*-ci*> m **1** (*squilibrio*) {+CARICO} Ungleichgewicht n **2** *econ* Defizit n, Unterbilanz f, Ungleichgewicht n: ~ **fra la domanda e l'offerta**, Ungleichgewicht n zwischen Angebot und Nachfrage.

sbilènco, (-a) <*-chi, -che*> agg **1** (*storto*) {VECCHIO} krumm, gekrümmt: **camminava tutto ~**, er ging in völlig gekrümmter Haltung; {PARETE, SEDIA} schief **2** *fig* (*balordo*) {DISCORSO} absonderlich, sonderbar, unzusammenhängend: **avere un'idea sbilenca della realtà**, ₍ein schiefes Bild₎/[sonderbare Vorstellungen] von der Wirklichkeit haben *fam*.

sbirciàre <*sbircio, sbirci*> tr **1** (*guardare di sfuggita*) ~ **qu/qc** {VETRINA} nach jdm/etw schielen *fam*; (*di nascosto*) ~ **qu/qc** (**da qc**) {RAGAZZA DALLA FINESTRA} jdn/etw (durch *etw* acc) verstohlen betrachten; {COMPITO DEL VICINO DI BANCO} einen heimlichen Blick *auf etw* (acc) werfen, einen Blick *auf etw* (acc) zu erhaschen (ver)suchen, *auf etw* (acc) schielen **2** (*squadrare*) ~ **qu/qc** jdn/etw mustern, jdn/etw messen: **mi sbirciò da capo a piedi**, er/sie musterte mich von Kopf bis Fuß.

sbirciàta f (*occhiata*) flüchtiger/verstohlener Blick: **dare una ~ al giornale**, die Zeitung kurz überfliegen, einen flüchtigen Blick in die Zeitung werfen.

sbirciatìna <*dim di* sbirciata> f *fam* (*rapida occhiata*) flüchtiger/verstohlener Blick: **dare una ~ al copione**, einen flüchtigen Blick in das Drehbuch werfen.

sbìrro m *fam spreg* (*poliziotto*) Bulle m *fam spreg*.

sbizzarrìrsi <*mi sbizzarrisco*> rfl (*sfogarsi*): ~ (**in qc**) {NELL'ESECUZIONE DI UN BRANO MUSICALE} sich (bei *etw* dat) aus|toben: **lascia che si sbizzarrisca ballando**, lass ihn/sie sich beim Tanzen austoben; ~ **a fare qc**, *etw* nach Lust und Laune tun.

sbloccaménto m *rar* (*sblocco*) {+FRENI} Lösen n; {+CONGEGNO} *anche* Freigabe f, Enthemmung f.

sbloccàre <*sblocco, sblocchi*> **A** tr **1** (*liberare da un blocco*) ~ **qc** {STRADA} *etw* frei|geben, *etw* räumen; {CENTRO, CIRCOLAZIONE DEL TRAFFICO} *etw* entlasten; {TUBO} *etw* reinigen; {TELEFONO} *etw* wieder frei|schalten; *mecc* {FRENI} *etw* lösen; {MECCANISMO} *anche etw* frei|geben, *etw* entblocken, *etw* enthemmen, *etw* wieder im Gang bringen **2** *fig* (*eliminare un ostacolo*) ~ **qc** {SITUAZIONE} *etw* entschärfen, *etw* bewältigen, *etw* entspannen **3** *econ* ~ **qc** {CONTRATTO, MERCATO} *etw* frei|geben: ~ **gli affitti**, die Mietpreise freigeben; ~ **le assunzioni/esportazioni**, den Einstellungs-/Exportstopp aufheben; ~ **i prezzi**, die Preisbindung aufheben; ~ **qc** (**a/in favore di qu/qc**) {CAPITALE, FONDO} *etw* (zu jds/etw Gunsten) frei|geben **4** *mil* ~ **qc** {CITTÀ, TERRITORIO} *etw* entsetzen, *etw* von der Belagerung befreien; {TOGLIERE L'ASSEDIO} die Blockade von *etw* (dat)/+ gen auf|heben **5** *psic* ~ **qu da qc** {PAZIENTE DALLE SUE PAURE} jdn von *etw* (dat) befreien **B** itr pron: **sbloccarsi 1** *anche fig* (*tornare normale*) {TRAFFICO} wieder flüssig werden; {TRATTATIVA} wieder in Gang kommen; {ELETTRODOMESTICO, MEMORIA} wieder funktionieren; {PROTESTA} sich auf|lösen; {LINEA TELEFONICA} wieder frei(geschaltet) sein **2** *anche psic* {RAGAZZO TIMIDO} sich öffnen, eine Hemmschwelle überwinden.

sblòcco <*-chi*> m **1** {+CANALE} Freigabe f;

sbobba | **sbraitare**

(*azione*) anche Freigeben n **2** *fig* {+SITUAZIONE} Entschärfung f, Bewältigung f, Entspannung f; {+AFFITTI, SOMMA} Freigabe f; (*azione*) anche Freigeben n **3** *elettr* Freigabe f **4** *mil* Entsatz m, Befreiung f von der Belagerung; {+ASSEDIO} Aufhebung f.

sbòbba f *fam spreg* anche *mil* (*minestra*) (dünne) Brühe *fam spreg*.

sbobinaménto m (*trascrizione*) Transkription f einer Kassettenaufnahme; (*azione*) anche Transkribieren n einer Kassettenaufnahme.

sbobinàre tr (*trascrivere*) ~ **qc** {REGISTRAZIONE DI UNA CONFERENZA} *etw* transkribieren.

sbobinatùra f → sbobinamento

sboccàre <*sbocco, sbocchi*> **A** *itr* <*essere*> **1** (*immettersi*) ~ + **compl di luogo** {FIUME IN MARE} irgendwohin münden, sich irgendwohin ergießen; {SENTIERO IN UNA VALLE} irgendwohin führen; {STRADA IN UNA PIAZZA} anche irgendwohin (ein)|münden **2** (*uscire*) ~ **da qc** {ACQUA DALLA SORGENTE} *etw* (dat) entspringen, aus *etw* (dat) hervor|sprudeln **3** (*arrivare*) ~ + **compl di luogo** {CORTEO NEL CENTRO DELLA CITTÀ} irgendwohin kommen, irgendwohin gelangen, irgendwo an|kommen, irgendwo an|langen: **girando a destra sboccherai in piazza Vittorio**, wenn du rechts abbiegst, kommst/stößt du (genau) auf Piazza Vittorio **4** *fig* (*sfociare*) ~ **in qc** {INSODDISFAZIONE GENERALE IN UNA RIVOLTA} zu *etw* (dat) führen, in *etw* (dat) enden, in *etw* (acc) aus|arten **5** *rar fig* (*scoppiare*) ~ **in qc** {IN UNA SEQUELA DI INSULTI} in *etw* (acc) aus|brechen **B** *tr* <*avere*> ~ **qc** **1** (*togliere un po' di liquido*) {DAMIGIANA} *etw* ab|gießen, ein wenig aus *etw* (dat) ab|gießen: ~ **un fiasco**, eine Korbflasche abgießen **2** *rar* (*scheggiare*) {VASO} die Öffnung von *etw* (dat)/+ gen ab|-/an|schlagen.

sboccàto, (-a) *agg* **1** (*scurrile*) {ESPRESSIONE} unanständig, schlüpfrig; {RAGAZZA} schamlos, ungeniert **2** (*sbeccato*) {FIASCO} mit ab-, angeschlagenem Hals **3** (*nell'equitazione*) {CAVALLO} hartmäulig.

sboccatùra f *enol* {+BOTTIGLIA} Abgießen n.

sbocciàre <*sboccio, sbocci*> *itr* <*essere*> **1** (*schiudersi*) {FIORE} auf|-, erblühen, auf|gehen, auf|brechen **2** *fig* (*nascere*) {POESIA} entstehen, sich entfalten.

sbòccio <-ci> **A** m {+FIORE} Auf-, Erblühen n, Aufgehen n, Aufbrechen n **B** <inv> loc agg: **di ~** {ROSA} blühend.

sbócco <-chi> m **1** (*sfocio*) {+FIUME, STRADA} Mündung f: **strada senza ~**, Sackgasse f **2** (*sbarco*) Zugang m, Öffnung f b: **la Svizzera non ha ~ al/sul mare**, die Schweiz hat keinen Zugang zum Meer **3** (*versamento*) Austritt m; *med* Verlust m: ~ **di sangue dalla bocca/dal naso**, Blutspucken n/Bluthusten m₁/[Nasenbluten n] **4** *fig* (*soluzione*) Ausgang m, Ausweg m: **la situazione è senza ~**, die Situation ist ausweglos **5** *fig* (*possibilità*) (Expansions-, Entwicklungs)möglichkeit f: ~ **occupazionale**, Berufsaussicht f **6** *comm* Absatzmarkt m, Absatzmöglichkeit f: ~ **commerciale)**, Absatzmarkt m: **cercare nuovi sbocchi per le proprie merci**, neue Absatzmärkte für seine Produkte suchen ● ~ **marittimo** (*porto*), Seehafen m.

sbocconcellàre *tr* ~ **qc 1** *fam* (*mangiucchiare*) {FOCACCIA, MELA} an *etw* (dat) knabbern **2** (*sbeccare*) {TAZZA} *etw* an|brechen, *etw* an|schlagen **3** *fig* (*dividere*) {EREDITÀ} *etw* ver-, auf|splittern.

sbocconcellatùra f **1** (*atto*) Knabbern n **2** (*pezzo*) Bissen m, Brocken m **3** (*segno*) Bissspur f.

sbollentàre *tr* *gastr* ~ **qc** {VERDURA} *etw* ab|brühen, *etw* blanchieren.

sbollentàta f *gastr* Abbrühen n: **dare una ~ alle verdure**, das Gemüse abbrühen.

sbollìre <*sbollisco o sbollo, sbollisci o sbolli*> *itr* **1** <*avere*> *gastr* {MINESTRA} nicht mehr kochen, zu kochen auf|hören **2** <*essere*> *fig* (*calmarsi*) {PASSIONE} nach|lassen, sich legen, sich beruhigen; {RABBIA} verrauchen.

sbolognàre *tr fam* **1** (*rifilare*) ~ **qc a qu** {FALSO A UN CLIENTE} *jdm etw* an|drehen *fam*, *jdm etw* unter|jubeln *fam* **2** *fig* (*togliersi di torno*) ~ **qu** {SCOCCIATORE} *jdn* los|werden *fam* ● **sbolognarsela** *fig* (*svignarsela*), sich davonmachen *fam*, sich aus dem Staube machen *fam*.

sboom <-> m (*improvviso calo*) {+NASCITE} starker Rückgang.

sbòrnia f **1** *fam* (*ubriacatura*) Rausch m, Affe m *fam*: **ha la ~ allegra/triste**, Saufen bringt ₁ihn/sie in Stimmung₁/[zieht ihn/sie (he)runter *fam*], vom Saufen wird er/sie lustig/trübselig *fam*; **smaltire la ~**, seinen Rausch ausschlafen; **s'è preso una bella ~**, er hat sich (dat) einen ordentlichen Rausch angetrunken, er hat sich (dat) ordentlich einen angesoffen *fam*, er hat zu tief ins Glas geschaut *fam scherz*, er ist stockbesoffen/sturzbetrunken *fam* **2** *fig fam* (*cotta*) Verliebtheit f, Verknalltsein n *fam*: **avere una ~ per una donna**, in eine Frau verliebt/verknallt *fam* sein.

sborniàrsi *rfl fam* (*ubriacarsi*) sich betrinken, sich (dat) einen Rausch an|trinken, sich besaufen *fam*, sich voll|laufen lassen *fam*: **si sbornia tutte le sere**, er/sie lässt sich jeden Abend volllaufen *fam*.

sborsaménto m (*pagamento*) {+SOMMA DI DENARO} Ausgeben n, Zahlen n, Locker|machen n *fam*.

sborsàre *tr* ~ **qc (per qu/qc) 1** (*pagare*) {SOMMA ELEVATA PER LA FAMIGLIA, PER UNA MACCHINA} *etw* (für *jdn/etw*) aus|geben, *etw* (für *jdn/etw*) zahlen, *etw* (für *jdn/etw*) locker|machen *fam*, *etw* (für *jdn/etw*) hin|blättern *fam*; *fam* {UN PATRIMONIO PER UN MOBILE ANTICO} anche *etw* (für *jdn/etw*) auf den Tisch legen **2** (*pagare in contanti*) {CAPARRA} *etw* bar (auf den Tisch) zahlen.

sbórso m **1** (*atto*) Ausgeben n **2** (*denaro*) Ausgabe f, Auslage f: **farsi rifondere lo ~**, sich (dat) seine Auslagen zurückerstatten lassen.

sboscaménto m *fam* (*disboscamento*) Abholzung f, Entwaldung f.

sboscàre <*sbosco, sboschi*> *tr fam* (*disboscare*) ~ **qc** {REGIONE} *etw* ab|holzen, *etw* entwalden.

sbottàre *itr* <*essere*> **1** *fig fam* (*scoppiare*) ~ (**in qc**) {IN UN PIANTO DIROTTO} in *etw* (acc) aus|brechen: ~ **a dire qc**, mit *etw* (dat) herausplatzen *fam*; ~ **a ridere/piangere** *fam*, in Lachen/Tränen ausbrechen; ~ **in un urlo**, einen Schrei ausstoßen **2** *fig fam* (*esplodere*) ~ (**da qc**) vor *etw* (dat) explodieren, vor *etw* (dat) platzen, los|platzen *fam*: **ho provato a tacere ma poi sono sbottato dalla rabbia**, ich habe versucht, meinen Mund zu halten *fam*, aber dann bin ich vor Wut explodiert **3** (*uscire violentemente*) ~ (**fuori**) (**da qc**) {ACQUA DALLA FESSURA} (aus *etw* dat) herausströmen.

sbòtto m *fam* (*scoppio*) Ausbrechen n, Ausbruch m, Platzen n: ~ **di risa**, Lachanfall m.

sbottonàre **A** *tr* (*aprire*) ~ **qc** {GIACCA} *etw* auf|knöpfen; {BOTTONE AUTOMATICO} *etw* knöpfen **B** *rfl* (*aprirsi*): **sbottonarsi: vuoi davvero tenere adosso il cappotto con questo caldo? Almeno sbottonati!**, willst du bei der Wärme wirklich den Mantel anbehalten? Knöpf ihn dir doch wenigstens auf!; *indir* **sbottonarsi qc** {COLLETTO DELLA CAMICIA} sich (dat) *etw* auf|knöpfen **2** *fig fam* (*confidarsi*): **sbottonarsi (con qu)** {CON UN'AMICA} sich *jdm* an|vertrauen, sich (mit *jdm*) gehen lassen, *jdm* sein Herz aus|schütten.

sbottonàto, (-a) *agg* (*aperto*) {CAPPOTTO} aufgeknöpft, offen.

sbottonatùra f **1** (*apertura*) {+ABITO} Öffnung f; (*azione*) anche Aufknöpfen n **2** *agr* {+CRISANTEMI} Entknospen n.

sbozzàre *tr* ~ **qc 1** anche *arte* (*sgrossare*) *etw* entwerfen, *etw* grob bearbeiten; {RITRATTO} *etw* skizzieren, *etw* entwerfen; {MARMO, ecc.} *etw* vor|arbeiten, *etw* zu|hauen **2** *fig lett* (*abbozzare*) {ROMANZO} *etw* entwerfen, *etw* skizzieren.

sbozzatóre, (-trice) **A** *agg mecc* {FRESA} Vor- **B** m (f) **1** (*marmoraio*) Vorrichter(in) m(f) **2** (*operaio*) Grobarbeiter(in) m(f) **C** f *mecc* Vorwalzer m.

sbozzatùra f **1** *tecnol* {+VASI, VETRI OTTICI} Grobbearbeitung f; (*in oreficeria*) Vorformung f **2** *fig* (*abbozzo*) {+TRADUZIONE} Entwurf m.

sbòzzo m **1** (*abbozzo*) {+SCULTURA} Vorarbeit f, Entwurf m **2** (*blocco di vetro*) grob bearbeitete Linse.

sbracaménto m *fig fam* **1** (*sciattezza*) Schludrigkeit f *fam spreg*, Schlampigkeit f *fam spreg* **2** (*cedimento*) {+AMMINISTRAZIONI LOCALI} Verfall m.

sbracàre <*sbraco, sbrachi*> *fam* **A** *tr* **1** (*togliere i pantaloni*) ~ **qu** *jdm* die Hosen aus|ziehen **2** *mar* ~ **qc** {CARICO} *etw* löschen **B** *itr fig* (*lasciarsi andare*) {PERSONA} sich gehen lassen, außer Kontrolle geraten, sich nicht unter Kontrolle haben **C** *rfl* **1** (*slacciarsi*): **sbracarsi** es sich (dat) bequem machen **2** *fig* (*lasciarsi andare*) ~: **sbracarsi dal ridere**, sich totlachen *fam* ● **sbracarsi per qu** *fig* (*farsi in quattro per lui*), sich für *jdn* ₁in Stücke reißen lassen *fam*₁/[krummlegen]/[zerreißen].

sbracàto, (-a) *agg fam* **1** (*senza calzoni*) {BAMBINO} ohne Hosen **2** (*vestito male*) nachlässig/schlampig *fam spreg* gekleidet: **è sempre ~**, er ist immer nachlässig gekleidet **3** *fig* (*sguaiato*) {MODO DI FARE, RISO} ordinär, unanständig.

sbracciàrsi <*mi sbraccio, ti sbracci*> *rfl itr pron* **1** (*agitare le braccia*): ~ (**a/per fare qc**) {A SALUTARE, PER FARSI NOTARE} die Arme schwenken(, um *etw* zu tun); mit den Armen fuchteln(, um *etw* zu tun) *fam* **2** (*denudarsi le braccia*); ~ (+ **compl di luogo**) {FINO AL GOMITO} sich (dat) die Ärmel (bis zu *etw* dat) auf|-, hoch|krempeln; (*portare abiti senza maniche*) ärmellos gekleidet sein **3** *fig* (*affannarsi*) sich (dat) große Mühe geben, sich ab|mühen, sich ab|strampeln *fam*.

sbracciàto, (-a) *agg* **1** (*a maniche corte*) {VESTITO} kurzärm(e)lig; (*senza maniche*) ärmellos **2** (*a braccia nude*) {RAGAZZA} mit nackten/bloßen Armen.

sbragàre e *deriv* → sbracare e *deriv*

sbràgo <-ghi> m **1** *region* (*strappo*) Riss m **2** *region fig* (*decadimento*) {+SOCIETÀ} Verfall m, Niedergang m: **in quel paese la classe politica è allo ~**, in diesem Land ₁verfällt die politische Klasse₁/[geht die politische Klasse vor die Hunde *fam*].

sbraitàre *itr fam* **1** (*strepitare*) ~ **contro qu** {CONTRO I GENITORI} (gegen *jdn*) wettern *fam*, *jdn* an|brüllen *fam*, an|schreien **2** (*protestare*) ~ **contro qc** {CONTRO LE TASSE} über *etw* (acc) wettern *fam*, (über *etw* acc) schimpfen, sich lautstark (über *etw* acc) auf|regen.

sbraitio <-tii> m (*lo sbraitare*) {+DIMOSTRANTE} Geschrei n *fam*, Gebrüll(e) n.

sbramàre tr *agr* ~ *qc* {RISO} etw entspelzen, *etw* schälen.

sbramatùra f *agr* {+CEREALI} Entspelzung f, Schälen n, Schälung f *rar*.

sbranaménto m (*dilaniamento*) {+ANTILOPE} Zerfleischung f.

sbranàre A tr 1 (*divorare*) ~ *qc* {TIGRE ZEBRA} etw zerfleischen, etw zerreißen 2 *fig* (*trattare male*) ~ *qu* {AVVERSARIO} jdn in Stücke reißen, jdn zerreißen 3 *fig* (*rodere*) ~ *qu*/*qc* {ANGOSCIA ANIMA, UOMO} jdn verzehren, jdn/etw quälen B rfl rec anche *fig* (*distruggersi*): **sbranarsi** {CONCORRENTI, LUPI} sich zerfleischen, sich zerreißen: **si fingono amici, ma si sbranerebbero**, sie machen einen auf Freundschaft, aber eigentlich würden sie sich (dat) am liebsten an die Gurgel springen *fam*.

sbrancàre <sbranco, sbranchi> A tr 1 (*fare uscire dal branco*) ~ *qc* {CAVALLO} etw (von der Herde) absondern 2 (*disperdere*) ~ *qu*/*qc* {GRUPPO DI PERSONE} jdn/etw zerstreuen, jdn/etw versprengen B itr pron: **sbrancarsi** (+ **compl di luogo**) 1 (*uscire dal branco*) {VITELLO} sich (*irgendwo*) von der Herde trennen 2 (*dispersi*) {SOLDATI} sich zerstreuen, sich versprengen.

sbreccàre <sbrecco, sbrecchi> A tr 1 (*rompere*) ~ *qc* {ORLO DI UN VASO} etw an|schlagen, etw an|stoßen B itr pron (*rompersi*): **sbreccarsi** {VASO} zerbrechen, angeschlagen sein.

sbrecciàre <sbreccio, sbrecci> tr ~ *qc* 1 (*fare una breccia*) {MURO} etw durchbrechen 2 (*rompere*) {PIATTO} etw zerbrechen, etw kaputt|machen *fam*.

sbrégo <-ghi> m *sett* (*squarcio*) Riss m.

sbrendolàre itr *tosc* (*cadere a brandelli*) {VESTITO} zerrissen sein, in Fetzen herunter|hängen *fam spreg*.

sbriciolaménto m (*lo sbriciolare*) Abbröck(e)lung f, Abbröckeln n, Zerbröck(e)lung f, Zerbröckeln n.

sbriciolàre A tr 1 (*ridurre in briciole*) ~ *qc* {GRISSINO} etw zerkrümeln, etw zerbröseln, etw zerbröckeln 2 *fig* (*annientare*) ~ *qu*/*qc* jdn/etw vernichten, jdn/etw zerstören, jdn fertig|machen *fam*, etw zerfetzen: **se non taci, ti sbriciolo!**, wenn du nicht still bist, mache ich dich fertig/[Hackfleisch aus dir]! *fam* 3 *fig fam* (*riempire di briciole*) ~ *qc* {DIVANO} etw voll|krümeln, etw voll|bröseln B rfl (*ridursi in briciole*): **sbriciolarsi** {BISCOTTO} krümeln, (zer)bröseln, zerbröckeln.

sbrigàre A tr 1 (*eseguire*) ~ *qc* {FACCENDA} etw erledigen, etw besorgen: **ho diverse cose da ~**, ich habe Verschiedenes zu erledigen 2 (*congedare*) ~ *qu* {CLIENTE} jdn ab|fertigen 3 *amm* ~ *qc* {POSTA} etw erledigen, etw ab|fertigen B rfl: **sbrigarsi** 1 (*affrettarsi*) sich beeilen, sich sputen *obs*: **sbrigati, siamo già in ritardo!**, beeil dich, wir sind (sowieso) schon zu spät dran! *fam* 2 (*liberarsi*) ~ *di qu*/*qc* {DI UNO SCOCCIATORE, DI UN IMPEGNO} jdn/etw los|werden *fam*, sich jds/etw entledigen ● **sbrigarsela** *fam* (*disimpegnarsi*), mit etw (dat) fertig werden, mit etw (dat) klar|kommen *fam*, mit etw (dat) zurecht|kommen: **ora me la sbrigo io con tuo padre**, jetzt nehme/knöpfe ich mir deinen Vater vor *fam*.

sbrigatività <-> f (*l'essere sbrigativo*) {+FUNZIONARIO} Schnelligkeit f, Promptheit f 2 *spreg* (*frettolosità*) {+ANALISI, GIUDIZIO} Oberflächlichkeit f, Flüchtigkeit f, Voreiligkeit f.

sbrigativo, (-a) agg 1 (*risoluto*) {UOMO} entschlossen, resolut 2 (*veloce*) {COLLOQUIO} kurz, schnell 3 *spreg* (*rude*) {MODI, SISTEMI} schroff, brüsk, barsch 4 *spreg* (*superficiale*)

{GIUDIZIO} oberflächlich, flüchtig, voreilig, vorschnell, übereilt.

sbrigliàre <sbriglio, sbrigli> A tr 1 *fig* (*liberare*) {FANTASIA, IMMAGINAZIONE} etw (dat) freien Lauf lassen 2 (*nell'equitazione*) ~ *qc* {CAVALLO} etw ab|zäumen 3 *med* ~ *qc* {ERNIA} etw bloß|legen; {ARTERIA} etw strippen, etw ausschälen B itr pron *fig* (*manifestarsi*): **sbrigliarsi: nell'ultimo tema la tua fantasia si è sbrigliata**, beim letzten Aufsatz ging deine Fantasie mit dir durch/[ist deine Fantasie ausgeschweift]/[hast du deiner Fantasie freien Lauf gelassen].

sbrigliàto, (-a) agg 1 (*disinvolto*) {RAGAZZO} locker, ungezwungen 2 (*sfrenato*) {BAMBINO} zügellos, wild; {FANTASIA} ausschweifend, blühend.

sbrinaménto m 1 (+FRIGORIFERO) Abtauen n 2 *autom* (+PARABREZZA) Entfrostung f, Entfrosten n.

sbrinàre A tr ~ *qc* 1 (*eliminare il ghiaccio*) {FRIGO} etw ab|tauen 2 *autom* {LUNOTTO} etw entfrosten, etw enteisen B itr pron: **sbrinarsi** {FRIGO} ab|tauen.

sbrinatóre m 1 Abtauautomatik f, Abtausystem n: ~ **automatico del frigorifero**, Abtauautomatik f des Kühlschranks 2 *autom* (+LUNOTTO POSTERIORE) Ent-, Defroster m.

sbrinatùra f Abtauen n, Enteisen n.

sbrindellàre A tr ~ *avere* (*ridurre in brandelli*) ~ *qc* {MANTELLO} etw zerfetzen, etw in Fetzen (zer)reißen B itr (*essere o avere* - *cadere in pezzi*) {TENDA} auseinander|fallen.

sbrindellàto, (-a) agg 1 (*a brandelli*) {TENDA, VESTITO} zerfetzt 2 (*malconcio*) {RAGAZZO} übel zugerichtet.

sbrindèllo m *fam* (*brandello*) Fetzen m.

sbrinz <-> m *gastr* Brienzer Käse m.

sbrisolóna f *gastr* Sbrisolona f, Krümelkuchen m (*Spezialität aus Mantua*).

sbroccàre① <sbrocco, sbrocchi> itr *lett* (*sbottare*) explodieren, los|platzen *fam*.

sbroccàre② <sbrocco, sbrocchi> itr *rom* (*perdere la testa*) aus|flippen *fam*, durch|drehen *fam*.

sbrodolàre A tr ~ *qc* 1 (*macchiare*) {CAMICIA, TOVAGLIA} etw beschmutzen, etw bekleckern *fam*, etw besudeln 2 *fig* (*tirare in lungo*) {CONFERENZA} etw hin(aus)ziehen, etw in die Länge ziehen B rfl (*macchiarsi*): (*indir*) **sbrodolarsi** (*qc*) {VESTITO} sich (dat) (*etw*) besudeln, sich (dat) (*etw*) bekleckern *fam*: **mangiando si sbrodolò tutto**, beim Essen bekleckerte er sich überall *fam*.

sbrodolàta f *fig* (*scritto prolisso*) langatmiger/weitschweifiger Text; (*discorso prolisso*) langatmiges/weitschweifiges Gerede *spreg*, Geschwafel n *fam spreg*.

sbrodolatùra f 1 (*macchia*) (+SUGO) Fleck m 2 *fig* (*lungaggine*) Langatmigkeit f, Weitschweifigkeit f.

sbrodolóne, (-a) m (f) 1 *fam* (*chi si sbrodola facilmente*) Kleckerfritze m *fam spreg*, Schmierfink m *fam* 2 *fig* (*prolisso*) langatmiger/weitschweifiger Mensch; (*nel parlare*) anche Schwaf(e)ler(in) m(f) *fam spreg*.

sbrogliàre <sbroglio, sbrogli> A tr 1 (*sciogliere*) ~ *qc* {MATASSA} etw entwirren *forb*; {VELE} etw von den Geitauen befreien 2 *rar* (*sgombrare*) ~ *qc* (*da qc*) {ARMADIO, STANZA} etw aus|räumen 3 *fig* (*risolvere*) ~ *qc* {CASO, QUESTIONE} etw lösen, etw klären, etw entwirren *forb* B rfl *fig* (*cavarsela*): **sbrogliarsi** sich aus der Affäre ziehen: **sa sbrogliarsela da solo** *fam*, er kommt allein zurecht/klar *fam*.

sbrónza f *fam* (*ubriacatura*) Rausch m: **ha la ~ allegra/triste**, Saufen bringt ihn/sie in Stimmung/[zieht ihn/sie (he)runter] *fam*, vom Saufen wird er/sie lustig/trübselig *fam*; **si è preso una (bella/solenne) ~**, er hat sich (dat) einen schönen Rausch angetrunken; **ha smaltito la ~**, er/sie hat seinen/ihren Rausch ausgeschlafen.

sbronzàrsi rfl *fam* (*ubriacarsi*): ~ sich betrinken, sich berauschen, sich (dat) einen Rausch an|trinken, sich besaufen *volg*: **si è sbronzato per la disperazione**, er ließ sich aus Verzweiflung vollaufen *fam*.

sbrónzo, (-a) agg *fam* (*ubriaco*) betrunken, besoffen *volg*, blau *fam*: **è** - **dal mattino alla sera**, er ist von morgens bis abends besoffen *volg*.

sbruffàre tr 1 (*spruzzare dalla bocca*) ~ *qc* (*addosso a qu*) {LATTE ADDOSSO ALLA MAMMA} jdn mit etw (dat) voll spritzen 2 (*aspergere*) ~ *qu*/*qc di qc* {GIACCA DI PROFUMO} jdn/etw mit etw (dat) besprengen 3 *fig* (*boriarsi*) ~ (*qc*) (*mit etw* (dat) an|geben *fam*, (*mit etw* (dat) auf|schneiden *fam spreg*: ~ **frottole**, Märchen erzählen.

sbrùffo m 1 (*spruzzo*) Spritzer m 2 *fig* (*bustarella*) Schmiergeld n *fam spreg*: **dare/pagare**/[**pigliare**] **lo ~**, Schmiergelder zahlen/einkassieren *fam spreg*.

sbruffonàta f *fam* (*vanteria*) Angeberei f *fam*, Prahlerei f *fam spreg*, Aufschneiderei f *fam spreg*: **dice un sacco di sbruffonate**, er/sie gibt furchtbar an *fam*/[schneidet fürchtlich auf *fam spreg*].

sbruffóne, (-a) m (f) *fam spreg* (*spaccone*) Angeber(in) m(f) *fam*, Prahler(in) m(f) *fam*, Aufschneider(in) m(f) *fam spreg*, Prahlhans m *fam*, Renommist m *forb spreg*: **fare lo ~**, an|geben *fam*, prahlen *fam*, auf|schneiden *fam spreg*.

sbruffonerìa f (*caratteristica, atto*) Angeberei f *spreg*, Prahlerei f *fam spreg*.

sbucàre <sbuco, sbuchi> A itr ~ <*essere*> ~ + **compl di luogo** 1 (*uscire fuori*) {TOPO DI SOTTO IL TAVOLO} (*irgendwoher*) heraus|schlüpfen, (*irgendwoher*) heraus|kriechen, {DALLA TANA} heraus|kommen, aus etw (dat) kriechen; {RAGAZZO DALL'OSCURITÀ} *irgendwoher* heraus|-, hervor|kommen 2 (*apparire all'improvviso*) plötzlich auf|tauchen: **da dove sei sbucato?**, woher kommst du denn plötzlich?, wo kommst du denn plötzlich her? *fam* 3 (*immettersi*) {STRADA IN UN CORSO; TORRENTE IN UN LAGO} *irgendwohin* (ein|)münden B tr (*nella caccia*) ~ *qc* {VOLPE} etw auf|stöbern, etw heraus|treiben.

sbucciapatàte <-> m (*pelapatate*) Kartoffelschäler m.

sbucciàre <sbuccio, sbucci> A tr ~ *qc* 1 (*pelare*) {CASTAGNE} etw (ab|)schälen; {PATATE} etw schälen, etw pellen; {PISELLI} etw aus|enthülsen 2 (*togliere la scorza*) {TRONCO} etw schälen, etw entrinden 3 (*lacerare*) {SPIGOLO, GINOCCHIO} etw ab|-, auf|schürfen 4 *sport* (*nel calcio*) {PALLA} etw verziehen B rfl 1 *indir* (*scorticarsi*): **sbucciarsi** (*qc*) {GINOCCHIO} sich (dat) etw auf|-, ab|schürfen, sich (dat) etw auf|-, ab|schürfen 2 (*cambiare pelle*): **sbucciarsi** {SERPENTE} sich häuten ● **sbucciarsela** *fig fam* (*scansare fatiche*), sich drücken *fam*.

sbucciatùra f 1 (*lo sbucciare*) Schälen n; {+LEGUMI} Enthülsung f, Enthülsen n 2 *fam* (*lacerazione*) Ab-, Aufschürfung f, Kratzer m *fam*, Schürfwunde f.

sbudellaménto m (*sventramento*) {+UOMO} Bauchaufschlitzen n; {+POLLO} Ausweiden n.

sbudellàre A tr 1 (*sventrare*) ~ *qc* {CONIGLIO} etw aus|nehmen, etw aus|weiden 2 (*ferire al ventre*) ~ *qu*/*qc* (*con qc*) {NEMICO CON LA BAIONETTA} jdm/etw (mit dat) den

Bauch auf|schlitzen **B** rfl rec (*sventrarsi*): **sbudellarsi** ˻sich gegenseitig˼/[einander forb] den Bauch auf|schlitzen: **per una cosa da nulla quasi si sbudellavano**, wegen einer Kleinigkeit hätten sie sich (dat) fast den Bauch aufgeschlitzt **C** rfl *fig fam* (*sbellicarsi*): **sbudellarsi dalle risate**, sich (dat) (vor Lachen) den Bauch halten/biegen *fam*, sich vor Lachen biegen *fam*, sich totlachen *fam*.

sbuffànte agg **1** (*che sbuffa*) {BAMBINO} schnaufend, schnaubend, prustend **2** (*nella moda*) {ABITO, MANICHE} bauschig.

sbuffàre A itr **1** (*soffiare*) ~ (*da/per qc*) {DONNA DAL CALDO, PER LA FATICA} (*vor etw* dat) schnaufen, (*vor etw* dat) keuchen, (*vor etw* dat) stöhnen; {CAVALLO PER LO SPAVENTO; PADRE DALLA RABBIA} (*vor etw* dat) schnauben: ~ **per la noia**, deutliche Zeichen der Ungeduld/des Unmuts von sich (dat) geben *scherz* **2** (*emettere fumo*) {LOCOMOTIVA} schnaufen, Rauch aus|stoßen **B** tr *rar*: ~ **il fumo di una sigaretta**, eine Zigarette paffen *fam*.

sbuffàta f (*lo sbuffare*) {+FOCA} Schnaufen n; {+BAMBINO} *anche* Schnauben n, Keuchen n.

sbùffo A m **1** (*lo sbuffare*) {+CAVALLO} Schnauben n; {+RAGAZZO} *anche* Schnaufen n, Keuchen n, **d'insofferenza**, Zeichen n des Unmuts; ~ **di fumo**, Paffen n **2** (*folata*) ~ **di vento**, Windstoß m; {+FUMO, VAPORE} Wolke f **3** (*nella moda*) Puff m, Bausch m **B** <inv> loc agg (*nella moda*): **a ~**, {MANICA} Puff-, bauschig.

sbugiardàre tr (*smascherare*) ~ *qu* jdn Lügen strafen, *jdn einer Lüge überführen, jdn als Lügner bloß|stellen.

sbullettàre A tr (*togliere le bullette*) ~ *qc* {CASSETTA} die Nägel *von etw* (dat) entfernen **B** itr edil (*INTONACO*) (ab|)bröckeln **C** itr pron (*perdere le bullette*): **sbullettarsi** {SEDIA} die Zwecken/Nägel verlieren.

sbullonàre tr *tecnol* ~ *qc* {PIASTRA} die Bolzen *aus/von etw* (dat) entfernen.

sburocratizzàre tr (*rendere meno burocratico*) ~ *qc* {AMMINISTRAZIONE} *etw* entbürokratisieren.

sburocratizzazióne f Entbürokratisierung f.

sburràre tr (*scremare*) ~ *qc* {LATTE} *etw* ab|-, entrahmen.

sbuzzàre tr **1** *tosc* (*sventrare*) ~ *qc* {POLLO} *etw* aus|nehmen, *etw* aus|weiden **2** (*ferire al ventre*) ~ *qu* (*con qc*) {NEMICO CON LA SCIABOLA} *jdm* (*mit etw* dat) den Bauch auf|schlitzen.

sc. *lett teat abbr di* scena: sc. (*abbr dell'ingl* scene), Szene f.

s.c. 1 *abbr di* secondo consumo: gemäß Gebrauch **2** *abbr di* salvo complicazioni: vorbehaltlich Komplikationen **3** *abbr di* sopra citato: oben erwähnt, oben genannt.

Sc *comm abbr di* sconto commerciale: Handelsrabatt m.

SC 1 *amm abbr di* Stato Civile: Familien-, Personenstand m **2** *dir abbr di* Suprema Corte (di Cassazione): oberster (italienischer) Gerichtshof, (italienisches) Kassationsgericht **3** *relig abbr di* Sacro Cuore: Heiliges Herz **4** *relig abbr di* Sacro Collegio: Kardinalskollegium n **5** *relig abbr di* Sacra Congregazione: Kardinalskongregation f, Heilige Kongregation f.

scàbbia f *agr med veter* Krätze f, Skabies f *scient*.

scabbiòso, (-a) *med veter* **A** agg {CANE, PAZIENTE} krätzig, skabiös *scient* **B** m f (*an* Krätze Leidende mf *decl come agg*.

scabrézza f **1** (*ruvidezza*) {+ARANCIA, MURO} Rauheit f **2** *fig* (*essenzialità*) {+STILE} Gedrängtheit f, Nüchternheit f, Wesentlich-keit f.

scàbro, (-a) agg **1** (*ruvido*) {PAVIMENTO} rau **2** *fig* (*essenziale*) {SCRITTURA} gedrängt, nüchtern, knapp.

scabrosità <-> f **1** (*ruvidezza*) {+SUPERFICIE} Rauheit f, Unebenheit f **2** (*parte ruvida*) Unebenheit f, unebene Stelle **3** *fig* (*spinosità*) {+ARGOMENTO} heikler Charakter.

scabróso, (-a) agg **1** (*ruvido*) {RAMO} rau, uneben **2** (*difficile*) {PERCORSO, STRADA} uneben, holprig **3** *fig* (*delicato*) {AFFARE} heikel, kitz(e)lig, haarig **4** *fig* (*difficile*) {POESIA} schwierig; {PROBLEMA} *anche* heikel **5** *fig* (*scandaloso*) {ARGOMENTO, SCENA} anstößig, anstoßerregend.

scacazzaménto m *volg* (*defecamento*) Kacken n *volg*, Scheißen n *volg*.

scacazzàre itr *volg* (*defecare*) {CANE} da und dort hinscheißen *volg*.

scaccàto, (-a) agg **A** (*a scacchi*) {SOFFITTO} mit Schachbrettmuster; {TESSUTO} kariert.

scacchièra f (*negli scacchi*) Schachbrett n; (*nella dama*) Damebrett n.

scacchière A m **1** *mil* (*EUROPEO, OPERATIVO, +MEDITERRANEO*) Kriegsschauplatz m, Kampfgebiet n **2** *polit* {INGLESE} Schatzamt n **B** <inv> loc agg *mil*: **a ~**, Schachbrett-, schachbrettartig.

scacchìsta <-i m, -e f> mf (*negli scacchi*) Schachspieler(in) m(f).

scacchìstico, (-a) <-ci, -che> agg (*negli scacchi*) {CIRCOLO, TORNEO} Schach-.

scacciacàni *artigliano* **A** <inv> agg {PISTOLA} Schreckschuss- **B** <-> m o f Schreckschusspistole f.

scacciaguài A <inv> agg {OGGETTO} Beschwörungs- **B** <-> m (*amuleto*) Amulett n, Talisman m.

scacciamósche <-> m Fliegenwedel m.

scacciapensièri <-> m *mus* Maultrommel f.

scacciàre <*scaccio, scacci*> tr **1** (*mandare via*) ~ *qu* (+ *compl di luogo*) {FIGLIA DI CASA} jdn aus etw (dat) schmeißen *fam*, jdn (irgendwo(her)) hinaus|schmeißen *fam*, jdn aus etw (dat) werfen *fam*, jdn (irgendwo(her)) hinaus|werfen *fam*; ~ *qc* (+ *compl di luogo*) {MOSCHE DAL FORMAGGIO, DALLA STANZA} etw irgendwo(her) verscheuchen, etw irgendwo(her) verjagen, etw (von irgendwo(her)) vertreiben **2** *anche fig* (*dissipare*) ~ *qc* {DUBBI, NEBBIA} etw zerstreuen **3** *fig* (*far passare*) ~ *qc* {MALINCONIA, TENEBRE} etw vertreiben, etw verscheuchen.

scacciaspìriti <-> m (*oggetto*) Windspiel n.

scaccìno m (*sagrestano*) Kirchendiener m, Küster m, Mes(s)ner m *region*.

scàcco <-chi> **A** m **1** <*solo pl*> (*gioco*) Schach(spiel) n: **giocare agli scacchi**, Schach spielen **2** (*singolo pezzo*) (Schach)figur f: ~ **di avorio/ebano**, Schachfigur f aus Elfenbein/Ebenholz **3** (*mossa*) Schach n: **dare ~ matto al re**, dem König Schach bieten; ~ **alla regina**, Schach n der Dame **4** (*quadratino*) (Schach)feld n **5** *fig* (*sconfitta*) Niederlage f, Schlappe f; **subire uno ~ fig** (*un insuccesso*), eine Niederlage erleiden **B** loc agg (*a riquadri*): **a scacchi**, {CAMICIA, STOFFA} kariert, im Schachbrettmuster ● **dare ~ matto a qu fig** (*riportare una vittoria*), jdn schachmatt setzen; **essere sotto ~ fig** (*essere bloccati*), blockiert sein; **tenere qu in ~ fig** (*controllarlo*), jdn in Schach halten; **scacchi viventi**, lebende Schachfiguren.

scaccolàre *fam* **A** tr (*togliere le caccole*) ~ *qc* {NASO} in etw (dat) bohren **B** rfl: **scaccolarsi** (*qc*) {BAMBINO NASO} (*in etw* dat) bohren, popeln *fam*.

scaccomàtto, **scàcco màtto** <-, - -> m loc sost m **1** (*mossa*) (Schach)matt n **2** *fig* (*sconfitta*) Niederlage f, Schlappe f ● **dare ~ a qu** *anche fig* (*sconfiggerlo*), jdn (schach)matt setzen, jdn mattsetzen.

scadènte agg **1** (*mediocre*) {IMPIEGATO} schlecht, mittelmäßig; {MERCE, PRODOTTO, STOFFA} minderwertig **2** (*insufficiente*) {PREPARAZIONE, RISULTATO} schlecht, ungenügend.

scadènza f **1** (*termine*) {+PAGAMENTO} Fälligkeit f; {+ABBONAMENTO, PRODOTTO, TRATTATO} Verfall m, (Frist)ablauf m **2** (*giorno*) Fälligkeits-, Verfallstag m **3** (*periodo*) Frist f: **fissare/prorogare la ~ di qc**, die Frist etw (gen) festlegen/verlängern **4** *fig* (*impegno*) {BANCARIA, CONTABILE} fällige Schuld/Verpflichtung **5** *banca econ* Fälligkeit f: **alla ~**, bei Verfall, bei Fälligkeit; **a breve/lunga/media ~**, kurz-/lang-/mittelfristig; **a ~ fissa**, befristet; **~ a due/tre mesi**, zwei-/dreimonatige Fälligkeit; **con ~ di sei mesi**, mit einer sechsmonatigen Fälligkeitsfrist; **in ~**, fällig; **~ semestrale/trimestrale**, halb-/vierteljährige Fälligkeit; **~ tecnica**, (technischer) Abrechnungstermin, Liquidationstermin m, Liquidationstag m; **~ a vista**, Fälligkeit f bei Sicht.

scadenzàre tr *amm* ~ *qc* {CONSEGNE} eine Frist *für etw* (acc) fest|setzen, *etw* terminieren.

scadenzàrio <-ri> m *amm* (*schedario*) Fälligkeitsplan m; Wechsel-, Verfallbuch n; (*successione dei tempi*) Zeitplan m.

scadére <*coniug come* cadere> itr <*essere*> **1** (*declinare*) ~ (*in qc*) {NELLA STIMA DI QU} (*in etw* dat) sinken, *an etw* (dat) verlieren; {DISCORSO NELLA RETORICA} *in etw* (acc) verfallen; ~ (*a qc*) {ISTITUZIONE CULTURALE A NORMALE IMPRESA COMMERCIALE} *zu etw* (dat) herab|sinken, *zu etw* (dat) verkommen **2** (*non essere più valido*) ~ (+ *compl di tempo*) {PASSAPORTO} (*irgendwann*) ab|laufen, (*irgendwann*) ungültig werden; {FARMACO, LATTE} (*irgendwann*) verfallen, (*irgendwann*) ab|laufen **3** *amm comm* ~ (+ *compl di tempo*) {CAMBIALE} (*irgendwann*) verfallen, (*irgendwann*) ab|laufen, (*irgendwann*) fällig sein; {INCARICO} (*irgendwann*) erlöschen **4** *mar* {GALLEGGIANTE} ab|fallen.

scadiménto m **1** (*declino*) {+ETICA PROFESSIONALE} Verfall m, Niedergang m **2** *mar* Abfallen n.

scadùto, (-a) A part pass *di* scadere **B** agg **1** (*non più valido*) {PATENTE} abgelaufen; {BIGLIETTO} verfallen **2** (*decaduto*) {LOCALE} heruntergekommen *fam* **3** *banca econ* {CAMBIALE} fällig.

scafàndro m (*tuta*) Anzug m; {+PALOMBARO} Taucheranzug m; *astr* Raumfahrer-, Astronautenanzug m.

scafàre *region* **A** tr (*scaltrire*) ~ *qu* {UNIVERSITÀ RAGAZZO} jdn lockerer/unbefangener/selbstsicherer machen **B** rfl: **scafarsi** {STUDENTE} lockerer/unbefangener/selbstsicherer werden, aus sich (dat) (he)rausgehen.

scafàto, (-a) agg *region* (*scaltro*) {RAGAZZO} locker, unbefangen, selbstsicher.

scaffalàre tr ~ *qc* **1** (*rivestire di scaffali*) {PARETE} etw mit Regalen versehen **2** (*ordinare*) {LIBRI} etw in Regale (ein)räumen/ordnen.

scaffalatùra f **1** (*mobile*) {+LEGNO} Regalwand f, Wandgestelle n pl **2** (*disposizione*) {+LIBRI} Einordnung f/Aufstellung f in Regale.

scaffàle m (*mobile*) {+BIBLIOTECA, MAGAZZINO} Regal n, (Wand)gestell n: **montare uno ~ a muro**, ein Wandregal aufstellen ● **essere dotto come uno ~ fig** (*molto dotto*), eine wandelnde Bibliothek sein *scherz.*

scàfo m **1** *aero* (Gleit)boot n **2** *mar* (Schiffs)rumpf m, Schiffskörper m **3** *mil* {+CARRO ARMATO} Panzerkörper m **4** *sport* (*nello sci*) "Kunststoffschale f des Ski-schuhs".

scagionàre **A** *tr* (*discolpare*) ~ *qu/qc jdn/etw* entlasten: **i testi lo hanno scagionato**, die Zeugen haben ihn entlastet; (*giustificare*) *jdn/etw* rechtfertigen, *jdn/etw* entschuldigen **B** *rfl* (*discolparsi*): **scagionarsi** (**da qc**) {DA UN'ACCUSA} sich (*von etw dat*) entlasten.

scàglia **A** f **1** (*scheggia*) Splitter m: **~ dell'intonaco**, Stück n Putz; **~ di legno**, Holzspan m; **~ di pietra/roccia**, Stein-/Felssplitter m **2** (*lamella*) Schuppe f, Platte f, Lamelle f: **~ di un'armatura**, Panzerschuppe f; **~ di lamé**, Lamefaden m **3** *bot zoo* {+PESCE, PIANTA, RETTILE} Schuppe f: **togliere le scaglie al pesce**, den Fisch entschuppen **4** *gastr* {+FORMAGGIO} Raspel m: **scaglie di cioccolato**, Schokoladenraspeln m pl, feingehobelte Schokolade **5** *med* (Haut)schuppe f: **~ di forfora**, (Haar)schuppe f **B** *loc agg edil*: **a scaglie**, {TETTO} Schuppen- • **scaglie di sapone**, Seifenflocken f pl; **~ tettonica** *geol*, Tektonit m, tektonisches Felsgestein.

scagliàre[1] <*scaglio, scagli*> **A** *tr* **1** (*scaraventare*) ~ *qc* (+ **compl di luogo**) {PALLONE CONTRO IL MURO} *etw* gegen *etw* (acc) werfen; {GIAVELLOTTO} *etw* (*irgendwohin*) schleudern; {OGGETTO DALLA FINESTRA} *etw aus etw* (dat) werfen, *etw aus etw* (dat) schleudern; {FRECCIA CONTRO IL NEMICO} *etw gegen etw* (acc) (ab)schießen: **la barca fu scagliata sugli scogli dalla tempesta**, das Boot wurde vom Sturm gegen die Klippen geschleudert **2** (*proferire con rabbia*) ~ *qc* {INSULTI, MALEDIZIONI} *etw* aus|stoßen, *jdm etw* ins Gesicht schleudern, *jdm etw* an den Kopf werfen *fam* **B** *rfl* **1** (*avventarsi*): **scagliarsi** (ˌ**addosso a**ˌ/[**control**]/[**su**]/[**verso**] **qu**) {LOTTATORE ADDOSSO ALL'AVVERSARIO} sich *auf jdn* stürzen, sich *auf jdn* werfen, *auf jdn* los|gehen *fam* **2** *fig* (*inveire*): **scagliarsi** (**con qc**) (**contro**/**su qu/qc**) {CONTRO UN POLITICO, CONTRO GLI ABUSI, CONTRO LA CORRUZIONE DELLA SOCIETÀ} *gegen/über jdn/etw* wettern *fam*, (*auf jdn/etw*) schimpfen *fam*: **si scagliò contro di noi con parole d'odio**, er/sie ließ Hasstiraden auf uns los *fam spreg*.

scagliàre[2] <*scaglio, scagli*> **A** *tr* ~ *qc* **1** (*rompere in scaglie*) {PARMIGIANO} *etw* raspeln **2** *gastr* {PESCE} *etw* entschuppen **B** *rfl*: **scagliarsi 1** (*rompersi in scaglie*) {ROCCIA} zersplittern, zerspringen **2** (*squamarsi*) {COLORE} ab|blättern; {PESCE} die Schuppen verlieren.

scagliòla f **1** *edil* Stuckgips m, Alabaster-(gips) m **2** *bot* Kanarienhirse f, Kanariengras n.

scaglionaménto m **1** (*distribuzione*) {+FERIE} Staffelung f, Abstufung f **2** *mil* {+NAVI} Staffelung f.

scaglionàre **A** *tr* **1** (*dilazionare*) ~ *qc* {PAGAMENTI} *etw* staffeln, *etw* ab|stufen **2** *mil* ~ *qu/qc*, *jdn/etw* staffeln **B** *rfl* (*distribuirsi*): **scaglionarsi** (+ **compl di luogo**) {PER TUTTO IL PERCORSO} sich (*irgendwo*) verteilen.

scagliòne **A** m **1** *anche mil* (*gruppo*) {+SOLDATI} Staffel f; {+TURISTI} Gruppe f: **~ di marcia**, Marschstaffel f **2** *anche econ* Stufe f: **~ d'età**, Altersstufe f; **~ di imponibile/reddito**, Einkommensstufe f **3** *fig* (*parte*) {+BOZZE, LAVORI} Teil m **4** (*in araldica*) Sparren m **5** *geog* Terrasse f **6** *zoo* Hakenzahn m bei Pferden **B** *loc avv*: **a scaglioni**, {PROCEDERE} abgestuft, staffelweise.

scagliòso, (-a) *agg* **1** (*squamoso*) {PELLE} schuppig, Schuppen- **2** (*scheggiabile*) {PIETRA} blättrig, splitt(e)rig.

scagnòzzo, (-a) m (f) *spreg* **1** *fam* (*tirapiedi*) Handlanger m *spreg*, Trabant m *spreg*, Wasserträger(in) m(f) *slang* **2** *relig* Bettelpriester m, hungerleidender Priester.

scàla **A** f **1** *gener anche edil* (*struttura fissa*) Treppe f: **andare su e giù per le scale**, treppauf treppab gehen; **~ antincendio**, Feuerleiter f; **cadere giù per le scale**, die Treppe hinunterfallen; **ruzzolare giù per le scale**, die Treppe hinunterstürzen/hinunterpurzeln *fam*; **la ~ che conduce/porta in cantina**, die Kellertreppe; **~ alla cappuccina**, Stiege f; **~ a chiocciola**, Wendeltreppe f; **in cima/fondo alla ~**, ˌoben auf|/[unten an] der Treppe; **~ di emergenza**, Nottreppe f; **~ esterna/interna**, Außen-/Innentreppe f; **l'ho incontrato** ˌ**per le**ˌ/[**sulle**] **scale**, ich habe ihn auf der Treppe getroffen; **~ alla marinara**, Steigleiter f; **~ di marmo/pietra**, Marmor-/Steintreppe f; **~ a rampe**, Podest-, Geschosstreppe f; **~ di regia**, Freitreppe f; **salire/scendere le scale**, die Treppe ˌhinauf/hinuntersteigenˌ/[hinauf-/hinuntergehen]; **~ di servizio**, Hinter-, Lieferantentreppe f; **~ di sicurezza**, Feuerleiter f, Feuertreppe f **2** (*struttura portatile*) Leiter f: **~ aerea/retrattile**, ausziehbare Leiter, Feuerwehr-, Klappleiter f; **~ di corda**, Strickleiter f; **~ a ganci**, Hakenleiter f; **~** ˌ**all'italiana**ˌ/[**romana**], mehrteilige Baumleiter f; **~ a libretto/libro**, Steh-, Bock-, Treppenleiter f, doppelseitige Stufenleiter; **~ pieghevole**, Klappleiter f; **~ a pioli**, Sprossenleiter f; **~ volante**, Strickleiter f **3** *fig* (*ordine*) (Rang)ordnung f, Skala f: **~ gerarchica**, hierarchische Ordnung; **~ sociale**, soziale Stufenleiter; **~ di valori**, Wert(e)skala f **4** *fig lett* (*modo per elevarsi*) Leiter f, Sprungbrett n **5** *alpin*: **~ delle difficoltà**, Schwierigkeitsskala f **6** *arte topogr* {+MODELLO, PLASTICO} Maßstab m, Skala f: **~ grafica/topografica**, topografischer Maßstab; **in/su ~ 1:100** (**uno a cento**), im Maßstab 1:100 (eins zu hundert); **~ di ingrandimento/riduzione di un disegno**, Vergrößerungs-/Verkleinerungsmaßstab m einer Zeichnung; **ridurre in ~**, maßstab(s)gerecht/maßstab(s)getreu verkleinern **7** *fis mat metrol tecnol* Skala f, Maßeinteilung f, Skale f: **~ barometrica**, Barometerskala f; **~ della bilancia**, Gewichtsskala f; **~ Celsius/centigrada**, Celsiusskala f; **~ centesimale**, Zentesimal-/Strichskale f; **~ delle durezze**, Härteskala f; **~ Fahrenheit**, Fahrenheitskala f; **~ ottantigrada/Réaumur**, Reaumurskala f; **~ del regolo calcolatore**, Rechenschieberskala f; **~ di riferimento**, Bezugsskala f; **~** ˌ**assoluta di temperatura**ˌ/[**Kelvin**], Kelvinskala f; **~** ˌ**termometrica**ˌ/[**della temperatura**], Thermometerskala f **8** (*nei giochi di carte*) Flush m, Sequenz f: **avere/fare ~**, einen Flush haben/machen; **~ quaranta**, "italienisches Rommee"; **~ reale**, Royal Flush m **9** *mus* Tonleiter f, Skala f: **~ armonica/cromatica/diatonica/naturale**, harmonische/chromatische/diatonische/natürliche Tonleiter; **~ maggiore/minore**, Dur-/Moll-Tonleiter f; **fare delle scale**, Tonleitern spielen/üben **B** *loc avv*: **a ~ 1** (*gradualmente*) {DISPORRE, METTERE} stufig, stufenweise, der Größe nach **2** (*in modo diseguale*) {TAGLIARE I CAPELLI} stufenförmig • **la Scala (di Milano)** *teat*, die (Mailänder) Scala; **~** ˌ**aritmetica**ˌ/[**graduata**]/[**logaritmica**]/[**metrica**] *mat*, ˌarithmetische Zahlentafelˌ/[Stricheinteilung f]/[Logarithmentafel f]/[metrische Skala]; **~ di barcarizzo** *mar*, Fallreep n; **bastonare la ~ musicale** *fig* (*stonare*), erbärmlich/[unter aller Kritik/Kanone *fam*] spielen/singen; **~ Beaufort** *meteo*,

Beaufort-, Wind(stärken)skala f; **~ di Caronte** *teat*, Versenkung f; **~ dei colori** *ott*, Farbskala f; **~** ˌ**di**ˌ **dritta**ˌ/[**reale**] *mar*, Steuerbord-Fallreep n; ˌ**fare qc**ˌ/[**operare**] **su** ˌ**~ ridotta**ˌ/[**vasta ~**] *fig* (*in piccole/grandi proporzioni*), etw in kleinerem/größerem Maßstab/Umfang machenˌ/[in kleinerem/größerem Maßstab/Umfang tätig sein]; **~ di Giobbe** *bibl*, Jakobs-, Himmelsleiter f; **~ dei grigi** *fot*, Grauskala f, Graustufung f; **su larga ~** *fig* (*in grande quantità*), in großem Maßstab/Umfang; **~ mentale** *psic*, "Serie f von Intelligenztests mit gestaffeltem Schwierigkeitsgrad"; **~ Mercalli** *geol*, Mercalliskala f; **~ mobile** *tecnol*, {+SUPERMERCATO} Rolltreppe f; *econ stor* {+SALARI} gleitende Lohnskala f; **(di) Mohs** *min*, Mohshärte f/[Mohssche Härteskala]; **su ~ mondiale/nazionale/regionale** *fig* (*in ambito mondiale/nazionale/regionale*), welt-/landesweit/[auf regionaler Ebene]; **~ di monta/risalita** *zoo*, Fischtreppe f, Fischleiter f, Fischpass m; **fare le scale a quattro a quattro** *fig* (*salirle/scenderle velocemente*), drei Stufen auf einmal nehmen; **~ parlante** *radio*, Display n, Einstell-, Großrichtskala f (*mit der Angabe der wichtigsten Rundfunksender*); **~ Richter** *geol*, Richterskala f; **~ di sintonia** *elettr*, Display n, Einstellskala f; **~ sismica** *geol*, Erdbebenskala f; **~ svedese** *sport*, Sprossenwand f; **~** ˌ**a tarozzi**ˌ/[**volante**] *mar*, Strickleiter f; **~ timpanica** *anat*, Paukentreppe f; **~** ˌ**dei venti**ˌ/[**del vento**] *meteo*, Windskala f; **~ vestibolare** *anat*, Vorhofstreppe f.

scalàndo m *banca* "Preisbedingung f, den Börsenmakler dazu verpflichtet, in zwei oder drei Tranchen bei zunehmend besserem Preis zu kaufen oder zu verkaufen".

scalandróne m *mar* (Boots)steg m, Gangway f, Laufgang m.

scalàre[1] **A** *agg* **1** (*a scala*) treppenartig, stufenförmig **2** *fig* (*graduale*) {IMPOSTA, INTERESSE, METODO, PROSPETTO, TASSA} abgestuft, gestaffelt **3** *banca* {CONTO CORRENTE} Staffel- **4** *mat fis* {FUNZIONE, GRANDEZZA} Skalen-, skalar **B** *m* **1** *banca* Staffelrechnung f **2** *mat* Skalar m, skalare Größe **C** *loc agg banca*: **a ~**, {CONTO} Staffel-, gestaffelt.

scalàre[2] *tr* **1** (*salire*) ~ *qc* {MURO} *auf etw* (acc) (hoch)klettern, *etw* ersteigen; *fig* {CLASSIFICA} in *etw* (dat) nach oben klettern, *etw* hinauf|klettern **2** (*graduare*) ~ *qc* {COLORI} *etw* ab|stufen; {DOSE DI MEDICINALE} *etw* stufenweise/[nach und nach] herab|setzen **3** (*disporre in ordine decrescente*) ~ *qu/qc* {STUDENTI, LIBRI} *jdn/etw* der Größe nach auf|stellen **4** (*tagliare*) ~ *qc* {CAPELLI} *etw* stufig schneiden **5** *alpin* {MONTE ROSA} *etw* be-, ersteigen, *etw* erklettern **6** *autom* ~ *qc* {MARCE} (*etw*) zurück|-, herunter|schalten **7** *comm* ~ *qc* (**a qu**) (**da qc**) {DEBITO, SPESA DALLE TASSE} (*jdm*) *etw* (*von etw dat*) ab|ziehen; {100 EURO DAL PREZZO DI LISTINO} (*jdm*) einen Rabatt *von etw* (dat) *auf etw* (acc) gewähren **8** *econ* {SOCIETÀ} die Kontrolle *von etw* (dat)/+ gen übernehmen.

scalàre[3] *itr rar* (*fare scalo*) ~ + **compl di luogo** {AEREO A GENOVA} *irgendwo* (zwischen|)landen; {NAVE} *irgendwo* vor Anker gehen, *irgendwo* an|legen.

scalàta f **1** (*lo scalare*) {+MURO} Ersteigung f **2** *fig* (*assalto*) Ansturm m, Angriff m **3** *alpin* {+MONTE BIANCO} Be-, Ersteigung f **4** *sport* (*nel ciclismo*) Aufstieg m • **tentare la ~ in borsa** *econ*, die feindliche Übernahme einer Firma versuchen; **dare la ~ al cielo** *fig* (*aspirare a ciò che è impossibile*), die Sterne vom Himmel holen wollen; **dare la ~ a qc**, {A UNA VETTA} *etw* be-, ersteigen; *fig* (*aspirare a una meta*) {A UN POSTO PRESTIGIOSO, AL POTERE} etw ergreifen, etw übernehmen, etw an sich reißen; **dare la ~ al** *titolo sport*, den Titel an sich reißen; **dare la ~ a un titolo** *econ*, eine Firma feindlich übernehmen.

scalatóre, (-trice) *m (f)* **1** *alpin* Kletterer m, (Kletterin f, Bergsteiger(in) *m(f)* **2** *sport* (*nel ciclismo*) Bergfahrer(in) *m(f)*, Kletterer m *slang*, (Kletterin f *slang*) **3** *econ* feindliche(r) Übernehmer(in) *m(f)*.

scalcagnàre *‹scalcagno, scalcagni›* **A** *tr* (*logorare*) **~ qc** {SCARPE, TACCO} *etw* aus|treten, *etw* schief treten **B** *itr* (*battere i calcagni*) die Hacken zusammen|schlagen.

scalcagnàto, (-a) *agg* **1** (*logoro*) {SCARPE} ausgetreten, schief getreten **2** (*malridotto*) {RAGAZZO} zerlumpt, heruntergekommen; {AUTO} abgenutzt, abgefahren, verschlissen.

scalciàre *‹scalcio, scalci›* *itr* (*tirare calci*) ~ {MULO} aus|schlagen; **il bambino scalciava nella pancia della madre**, das Kind ˻versetzte/gab seiner Mutter Tritte in den Bauch˼/[trat seiner Mutter in den Bauch].

scalciàta f (*effetto*) {+CAVALLO} Ausschlagen s; {+FETO} Treten n.

scalcinàre *edil* **A** *tr* ~ **qc** {MURO} *etw* ab|kratzen, den Mörtel *von etw* (dat) ab|kratzen **B** *itr pron*: **scalcinarsi** {INTONACO} ab|bröckeln.

scalcinàto, (-a) *agg* **1** (*scrostato*) {CASA, MURO} abgebröckelt, abgeblättert **2** *fig* (*logoro*) {MOTO} abgenutzt, abgefahren, verschlissen; {VESTITO} schäbig, abgenutzt, heruntergekommen **3** *fig* (*malridotto*) {PROFESSORE, VAGABONDO} heruntergekommen, verkommen.

scaldaàcqua ‹-› *m* (*boiler*) Boiler m, Heißwasserspeicher m, Warmwasserbereiter m; **~ ad accumulazione**, Warmwasserboiler m, Warmwasserbereiter m; **~ elettrico**/[**a gas**], Elektro-/Gasboiler m; **~ istantaneo**, Durchlauferhitzer m.

scaldabàgno ‹- o scaldabagni› → **scaldaacqua**.

scaldabànchi ‹-› *mf fam spreg* (*scolaro di sattento*) Faulpelz m *fam spreg*, faule(r) Schüler(in).

scaldabiberòn ‹-› *m* (*apparecchio*) Flaschen-, Fläschchenerhitzer m, Flaschen-, Fläschchenwärmer m.

scaldàcqua *m* → **scaldaacqua**.

scaldalètto *‹scaldaletti›* *m* (*apparecchio*) Bettwärmer m, **~ a brace**, Kohlenbettwärmer m, **~ elettrico**, elektrischer Bettwärmer m.

scaldamàno, scaldamàni ‹-, scaldamani› *m* (*scaldino*) Kohlen-, Glutbecken n, Kohlen-, Glutpfanne f (*für die Hände*).

scaldamùscoli ‹-› *m* (*indumento*) Legwarmer m.

scaldapiàtti ‹-› *m* (*scaldavivande*) Tellerwärmer m.

scaldapièdi ‹-› *m* (*apparecchio*) Kohlen-, Glutbecken n, Kohlen-, Glutpfanne f (*für die Füße*): **~** ˻**ad acqua bollente**˼/[**a brace**], Heißwasser-/Glutbecken n (*für die Füße*); **~ elettrico**, kleiner Elektroofen (*für die Füße*).

scaldàre **A** *tr* **1** *gener* **~ qc** {SOLE ARIA} *etw* erwärmen, *etw* warm machen; {ACQUA, MINESTRA} *etw* heizen; **~ qc a qu** {MANI A UN'AMICA} *jdm etw* wärmen **2** *autom mar* {MACCHINE, MOTORE} *etw* warm laufen lassen **3** *fig* (*entusiasmare*) **~ qu/qc** {DISCORSO ANIMI, COMPAGNO, UDITORIO} *jdn/etw* erwärmen, *jdn/etw* erhitzen, *jdn/etw* begeistern **B** *itr* **1** (*produrre calore*) {SOLE} wärmen; {CAMINO} warm heizen **2** *autom* {MOTORE} warm laufen, heiß laufen **3** *tecnol* {FERRO DA STIRO} heiß werden **C** *itr pron* **1** (*diventare caldo*) {APPARTAMENTO} warm werden **2** *fig* (*accalorarsi, irritarsi*)

scaldarsi (˻**a causa**˼/[**per**] **qc**) sich (*wegen etw gen*) auf|regen, sich (*wegen etw gen*) erhitzen: **si scalda per un nonnulla**, er/sie regt sich wegen jeder Kleinigkeit auf **3** *fig* (*ravvivarsi*): **scaldarsi** {DIBATTITO} sich erhitzen, sich beleben **D** *rfl* **1** (*riscaldarsi*): **scaldarsi** (**+ compl di luogo**) {GATTO AL SOLE, SULLA TERRAZZA} sich (*irgendwo*) auf|wärmen: **camminavo in fretta per scaldarmi**, ich ging schnell, um warm zu werden; *indir* **scaldarsi qc** {I PIEDI} sich (dat) *etw* auf|wärmen **2** *mus*: **scaldarsi** (**qc**): **il cantante si sta scaldando la voce**, der Sänger singt sich (gerade) ein **3** *sport*: **scaldarsi** (**qc**) {ATLETA MUSCOLI} sich auf|wärmen.

scaldasèggiole ‹-› *mf fam spreg* **1** (*chi partecipa passivamente*) Herumsitzer(in) *m(f) fam*, Herumhocker(in) *m(f)* **2** (*chi è pigro*) Ofenhocker(in) *m(f) fam*, Faulpelz m *fam spreg*.

scaldàta f (*veloce riscaldamento*) (Auf-/Er)wärmen n: **dare una ~ all'arrosto**, den Braten aufwärmen; **dare una ~ alla casa**, das Haus/die Wohnung aufwärmen; **darsi una ~ ai piedi davanti alla stufa**, sich (dat) seine Füße am Ofen aufwärmen.

scaldavivànde ‹-› *m* (*apparecchio*) Warmhalteplatte f.

scaldìno *m* (*contenitore, apparecchio*) Kohlen-, Glutbecken n, Kohlen-, Glutpfanne f: **~ a brace**, Glutpfanne f; **~ elettrico**, kleiner Elektroofen.

scalèa *f arch* Freitreppe f.

scalèno, (-a) *agg* **1** *anat* ungleichseitig-dreieckig, scalenus *scient*: **muscolo ~**, Rippenhalter m, Musculus m scalenus *scient* **2** *mat* {TRIANGOLO} ungleichseitig, ungleichschenk(e)lig.

scalèo *m* **1** (*scala a libretto*) Steh-, Bock-, Treppen-, Trittleiter f **2** (*mobile*) Tritt(leiter f) m.

scalétta *‹dim di scala›* f **1** (*piccola scala*) Treppchen n, kleine Treppe, kleine Leiter **2** *fig* (*abbozzo*) {+RELAZIONE} Gliederung f, Schema n, Skizze f **3** *fig* (*irregolarità*) Treppe f, Stufe f: **ha un taglio a ~**, er/sie hat einen Stufenschnitt **4** *film TV* Entwurf m, Exposee n **5** *sport* (*nello sci*) Treppenschritt m: **fare ~**, im Treppenschritt aufsteigen ● **~ d'imbarco** *aero*, Gangway f.

scalfìre *‹scalfisco›* **A** *tr* **1** (*intaccare*) **~ qc** {CHIODO MURO} *etw* ritzen, *etw* schürfen **2** (*ferire leggermente*) **~ qc** (**a qu**) {ROVO GAMBA} (*jdm*) *etw* (auf-, ab|)schürfen, *jdm* auf|kratzen, *jdn irgendwo* kratzen, (*jdm*) *etw* ritzen **3** *fig* (*danneggiare*): **le calunnie scalfiscono la reputazione del ministro**, die Verleumdungen kratzen am Ruf/Image des Ministers *fam* **B** *rfl indir* (*ferirsi*): **scalfirsi** (**qc**) {BAMBINO MANO} sich (dat) *etw* ab|-, auf|schürfen, sich (dat) *etw* auf|kratzen, sich (dat) *etw* ritzen.

scalfittùra f **1** (*graffio*) {+VERNICE} Ritze f, Schramme f, (*azione*) *anche* Ritzen n, Schrammen n **2** *fig* (*ferita lieve*) Abschürfung f, Schramme f, Kratzer m: **se l'è cavata con qualche ~**, sie ist mit einigen Schrammen davongekommen.

scàlfo *m* (*nella moda*) {+MANICA} Armausschnitt m.

scalìgero, (-a) *agg* **1** *stor* (*dei Della Scala*) {MECENATE} Scaliger- **2** (*di Verona*) {TRADIZIONE} veronesisch, Veroneser **3** (*della Scala di Milano*) {SERATA} der (Mailänder) Scala.

scalinàta f (*scalone*) {+CHIESA} Freitreppe f: **~ di marmo/pietra**, Freitreppe f aus Marmor/Stein.

scalìno *m* **1** *gener* Stufe f; (*di scala a pioli*) Sprosse f **2** *fig* (*grado*) Stufe f, Grad m: **scendere di uno ~ nella scala sociale**, eine Stu-

fe auf der sozialen Leiter absteigen **3** *alpin* Stufe f.

scalmàna f **1** *med fam* (*raffreddore*) Erkältung f; (*vampata*) Hitzewallung f, fliegende Hitze: **ha le scalmane**, er/sie hat Hitzewallungen; (*reumatismo*) Rheumatismus m **2** *fig scherz* (*infatuazione*) Begeisterung f, Feuer n, Schwärmerei f: **prendersi una ~ per qu/qc** *scherz*, Feuer und Flamme für jdn/etw sein *fam*.

scalmanàrsi *rfl* **1** (*affannarsi*): **~** sich erhitzen **2** *fig* (*agitarsi*): **~** ˻**nel**/[**per fare qc**]˼ {PER RIUSCIRE} sich ins Zeug legen (, *um etw zu tun*) *fam*; sich (dat) ein Bein aus|reißen (, *um etw zu tun*); {NEL PARLARE, ecc.} sich (*bei etw dat*) ereifern, (*bei etw dat*) in Hitze geraten.

scalmanàto, (-a) **A** *agg* **1** (*affannato*) {BAMBINO} erhitzt, wild **2** *fig* (*agitato*) {ORATORE} erregt **B** *m (f)* (*fanatico*) Hitzkopf m, Heißsporn m: **gli scalmanati al concerto del noto gruppo rock**, die wild gewordenen Fans beim Konzert der bekannten Rockband.

scalmièra *f mar* Dolle f.

scàlmo *m mar* Dolle f: **~ a forcella**, Ausleger m, Rudergabel f; **~ girevole**, Drehdolle f.

scàlo *m* **1** *aero* Anflughafen m, Zwischenlandeflughafen m: **~ intermedio**, Zwischenlandung f; **~ tecnico**, Zwischenlandung f aus technischen Gründen **2** *mar* Helling f; (*luogo*) Anlegestelle f, Anlegeplatz m, Anlege-, Anlaufhafen m: **~ di alaggio**, Slip m, Aufschleppe f; **~ coperto/scoperto**, überdachte/unbedachte Helling m, Gangway f, Laufgang m **3** *ferr* (Umsteige)bahnhof m, Abladeplatz m: **~ merci**, Güterbahnhof m ● **fare ~** *aero*, zwischenlanden; *mar* {NAVE} einen Hafen an|laufen, vor Anker gehen.

scalógna *f fam* (*sfortuna*) Pech n, Missgeschick n: **che ~!**, so ein Pech!; **avere una ~ nera**, eine Pechsträhne haben, von/vom Pech verfolgt sein; **portare ~**, Unglück bringen; **per pura ~**, aus reinem Pech.

scalognàto, (-a) *fam* **A** *agg* (*sfortunato*) {ANNO} Unglücks-: **essere ~**, Pech/[kein Glück] haben, vom Pech verfolgt sein **B** *m (f)* Pechvogel m *fam*, Unglücksrabe m *fam*.

scalógno *m bot* Schalotte f.

scalóne ‹accr di scala› *m* (*scala interna*) {+PALAZZO} Prunktreppe f; (*esterna*) Freitreppe f.

scalòppa, scaloppìna f *gastr* (*in Butter gebratenes*) Kalbsschnitzel n.

scalpàre *tr* **1** (*scotennare*) **~ qu** {NEMICO} *jdn* skalpieren **2** *med* **~ qc** {CUOIO CAPELLUTO} *etw* entfernen.

scalpellàre *tr* **1** (*intagliare*) **~ qc** (**+ compl di luogo**) {ISCRIZIONE SUL MARMO, PIETRA} *etw* (*irgendwohin*) gravieren, *etw* (*irgendwohin*) hauen, *etw* (*irgendwohin*) meißeln **2** *med* {CRANIO, MANDIBOLA} *etw* auf|meißeln.

scalpellìno *m* (*operaio*) Steinmetz m, Steinhauer m.

scalpèllo *m* **1** (*utensile*) Meißel m, Beitel m: **~ da carpentiere**, (Zimmermanns)beitel m, Stemmeisen n; **~ da ebanista/falegname**, Kunsttischler-/Tischlerbeitel m; **~ da magnano/muratore**, Schlosser-/Maurermeißel m; **~ per legno**, Stechbeitel m; **~ per metallo**, Metallmeißel m; **~ per trivellazioni**, Bohrmeißel m, Meißel-, Kronenbohrer m **2** (*strumento dello scultore*) Meißel m **3** *fig* (*scultore*) Bildhauer m, Steinmetz m **4** *med* Skalpell n, Knochenmeißel m.

scalpicciàre *‹scalpiccio, scalpicci›* *itr* (*camminare con passo rapido trascinando i piedi*) **~** (**+ compl di luogo**) {INFERMIERA NEL CORRIDOIO} über etw (acc) trampeln, über etw (acc) scharren/trippeln (und dabei die Füße nach|ziehen).

scalpiccio <-cii> m (trascinio) Schlurfen n.

scalpitàre itr **1** fig scherz (smaniare) ~ (**di qc**) vor etw (dat) fiebern: **la classe scalpita di impazienza**, die Klasse ist ganz ⌊außer Rand und Band fam⌋/[unruhig]/[nervös]/[aufgeregt] **2** zoo {BRANCO} stampfen, scharren, trampeln.

scalpitìo, <-tii> m (lo scalpitare, il rumore) Gestampfe n, Stampfen n, Scharren n, Getrappel n.

scàlpo m **1** (cuoio capelluto) Skalp m **2** med Kopfhaut f.

scalpóre m **1** (rumore) {+STADIO} Aufsehen n, Lärm m **2** fig (indignazione, scandalo) Aufsehen n, Eklat m, Skandal m: **con grande ~**, unter großem Aufsehen n; **la sua elezione ha destato/fatto/suscitato ~**, seine/ihre Wahl hat Aufsehen erregt.

scaltrézza f (furbizia) {+VENDITORE} Schläue f, Schlauheit f, Gerissenheit f fam, Verschlagenheit f spreg, Listigkeit f.

scaltrìre <scaltrisco> A tr **1** (smaliziare) ~ **qu** {ESPERIENZA IMPIEGATO} jdn klug/schlau machen, jdn klüger/schlauer/gewitzter machen/[werden lassen] **2** fig (raffinare) ~ **qc** {LINGUA, STILE} etw verfeinern B rfl: **scaltrirsi 1** (diventare furbo) {RAGAZZA} selbstsicher(er)/(lebens)erfahren(er)/ schlau(er)/ gewitzt(er)/[klug/klüger] werden **2** (diventare esperto) sich verfeinern: **si è scaltrito nell'arte del vendere**, inzwischen ist er ein erfahrener/gerissener fam spreg/durchtriebener spreg Verkäufer (geworden); **si è scaltrito nell'arte del mentire**, inzwischen kann er lügen ⌊wie gedruckt fam⌋/[, ohne mit der Wimper zu zucken].

scàltro, (-a) agg **1** (furbo) {IDEA, RISPOSTA} schlau, listig, gewitzt; {INDUSTRIALE} anche gerissen fam spreg, verschlagen spreg **2** (esperto) erfahren: **uno ~ commerciante**, ein erfahrener/durchtriebener spreg Geschäftsmann.

scalzacàne, **scalzacàni** <-> mf fam **1** (incapace) Nichtskönner(in) m(f) spreg, Stümper(in) m(f) spreg, Pfuscher(in) m(f) spreg **2** (disperato) armer Kerl/Schlucker fam/ Teufel.

scalzapèlli <-> m (nella cosmesi) Nagelhauthschieber m.

scalzàre A tr **1** (togliere scarpe e calze) ~ **qu/qc** {BAMBINO} jdm die Schuhe und Strümpfe aus|ziehen; {PIEDI} etw von Schuhen und Strümpfen befreien **2** fig (soppiantare) ~ **qu (da qc)** {DIRETTORE DAL SUO POSTO} jdn (von etw dat) verdrängen, jdn aus etw (dat) drängen **3** fig (compromettere) ~ **qc** {AUTORITÀ, REPUTAZIONE} etw untergraben, etw unterhöhlen **4** fig fam (far confessare) ~ **qu** jdn zum Reden bringen, jdm die Würmer aus der Nase ziehen fam: **non farti ~ dai giornalisti!**, lass dir von den Journalisten nicht die Würmer aus der Nase ziehen! fam **5** agr ~ **qc** (+ **compl di luogo**) {TERRENO INTORNO ALLE RADICI} etw (irgendwo) frei|legen, etw (irgendwo) frei|graben **6** arch ~ **qc** etw untergraben: **hanno scalzato il muro dalle fondamenta**, sie haben die Grundmauern untergraben; {ACQUA PONTE} etw unterspülen **7** med (in odontoiatria) ~ **qc** {DENTE} die Wurzel von etw (dat)/+ gen frei|legen B rfl (togliersi calze e scarpe): **scalzarsi** sich (dat) Schuhe und Strümpfe aus|ziehen.

scàlzo, (-a) agg **1** (a piedi nudi) barfuß, barfüßig: ⌊**andare/camminare**⌋/[**stare**] **~**, barfuß gehen/sein **2** relig {CARMELITANO} barfüßig.

scambiàre <scambio, scambi> A tr **1** (confondere) ~ **qu/qc per qu/qc** {MACCHIA DI COLORE PER UN FIORE, PASSANTE PER UN AMICO} jdn/etw mit jdm/etw verwechseln; fig {INFORMAZIONE SBAGLIATA PER CORRETTA, OPPORTUNISTA PER UN AMICO} jdn/etw (fälschlicherweise) für jdn/etw halten; ~ **qc con/per qc** {ACETO PER VINO, SATELLITE PER UNA STELLA} etw mit etw (dat) verwechseln, etw mit etw (dat) vertauschen **2** (cambiare) ~ **(qc in qc)** {100 EURO IN MONETE} (etw in etw acc) wechseln, (etw in etw acc) um|tauschen **3** anche fig (barattare) ~ **qu/qc con/contro qc** {DISCO CON UN LIBRO, PRIGIONIERI} jdn/etw gegen etw (acc) (aus/-, ein|)tauschen; {AUMENTI SALARIALI CON LICENZIAMENTI} etw gegen etw (acc) (aus|-, ein|)tauschen, etw mit etw (dat) aus|gleichen **4** (prendere) ~ **qc (con qc)** {CAPPELLO DI QU CON IL PROPRIO} etw (mit etw dat) vertauschen **5** (dire) ~ **qc con qu** {IMPRESSIONI, OPINIONI} etw mit jdm aus|tauschen; {PAROLE CON UN AMICO} etw mit jdm wechseln **6** banca ~ **qc (per qc)** {TITOLI PER CENTO MILIARDI} etw gegen etw (acc) um|-, aus|tauschen; ~ **qc (a qc)** {A 27 EURO} etw (zu etw dat) handeln B rfl rec **1** indir: **scambiarsi qc** {IMPRESSIONI, INFORMAZIONI, REGALI} etw aus|tauschen; {OCCHIATE D'INTESA} etw tauschen, etw wechseln forb; {RUOLI} etw (ver)tauschen; **scambiarsi convenevoli/[il saluto]**, ⌊Höflichkeiten austauschen⌋/[sich grüßen]; **scambiarsi baci**, sich küssen; **scambiarsi insulti/offese**, ⌊sich gegenseitig⌋/[einander forb] beschimpfen/beleidigen; **scambiarsi poche parole**, wenige Worte miteinander wechseln **2** (cambiare posto): **scambiarsi (di qc)** {BAMBINI DI POSIZIONE} etw wechseln; **scambiarsi (con qu)** {CAPOTAVOLA CON IL PROPRIO} (mit jdm) den Platz tauschen.

scambiatóre m chim elettr fis (Aus)tauscher m: **~ di calore**, Wärmeaustauscher m, Wärmeübertrager m.

scambiévole agg (reciproco) {AFFETTO, AIUTO} gegen-, wechselseitig.

scàmbio <-bi> m **1** gener Austausch m: **~ internazionale di accademici/studenti**, Akademikeraustausch m;/[Schüler-/Studentenaustausch m]; **incrementare gli scambi culturali fra due paesi**, den Kulturaustausch zweier Länder fördern; **~ epistolare**/[**di lettere**], Schrift-, Briefwechsel m; **~ di partner**, Partnertausch m, Partnerwechsel m; **~ dei ruoli**, Rollentausch m; (azione) Austauschen n **2** (per errore) {+GIACCA} Vertauschung f; (azione) anche Vertauschen n; {+POSTO} anche Verwechslung f; (azione) anche Verwechseln n **3** (sostituzione) {+DUE FUNZIONARI} Ersetzung f, Ersetzen n **4** (cambio) (Aus)tausch m: **fare ~ di francobolli**, Briefmarken tauschen; (baratto) Tausch m **5** (contraccambio) {+CORTESIE, DONI, FAVORI} Austausch m: **~ di idee/opinioni/vedute**, Meinungs-, Gedankenaustausch m; (azione) Austauschen n; **fra i due ci fu un breve ~ di parole**, zwischen den beiden ⌊gab es einen⌋/[kam es zu einem] kurzen Wortwechsel **6** (esternamento) {+CONVENEVOLI, SALUTI} Austausch m **7** biol Einkreuzung f, Crossing-over n **8** chim fis Austausch m: **~ di calore**, Wärmeaustausch m, Wärmeübergang m, Wärmeübertragung f; **~ gassoso/ionico**, Gas-/Ionenaustausch m **9** comm econ Handel(saustausch) m, Handelsverkehr m: **~ bilaterale/internazionale**, bilateraler/internationaler Handel; **~ mondiale**, Welthandel m; **scambi con l'estero**, Außenhandel m; **~ libero**, Freihandel m; **~ di merci**, Warenhandel m, Warenverkehr m, Güteraustausch m **10** ferr Weiche f: **~ automatico**, automatische Weiche; **~ doppio/semplice**, Doppel-/Einfachweiche f; **azionare/manovrare lo ~**, die Weichen stellen **11** sport (nel calcio) {+PALLA} (Ball)abgabe f; (nel tennis) Ballwechsel m ● **~ delle consegne** amm, Übergabe f/Übernahme f eines Amtes; **~ di coppia**, Partnertausch m; **in ~** (invece), anstatt, anstelle; **prendere/pigliare in ~ qc**, etw eintauschen; **~ di prigionieri** polit, Gefangenenaustausch m.

scambista <-i m, -e f> A agg {COPPIA} Swinger- B mf **1** comm econ Händler(in) m(f) **2** ferr Weichensteller(in) m(f), Weichenwärter(in) m(f) **3** (chi pratica lo scambio di coppia) Swinger(in) m(f).

scamiciàrsi <mi scamicio, ti scamici> rfl (restare in camicia) {IMPIEGATO} sich (dat) das Jackett/die Jacke/den Pullover ausziehen (und in Hemdsärmeln da|stehen fam).

scamiciàto, (-a) A agg **1** (in camicia) in Hemdsärmeln fam, im Hemd **2** (disordinato) {STUDENTE} schlampig, nachlässig B m (nella moda) Kleiderrock m.

scamóne m gastr {+VITELLO} oberes/hinteres Keulenstück.

scamòrza f **1** gastr "birnenförmiger Brüh-, Filatakäse" **2** fig scherz (schiappa) Flasche f fam, Niete f fam ● **essere una ~ fig** (non avere personalità), kein Rückgrat haben spreg, ein Weichei sein fam.

scamosciàre <scamoscio, scamosci> tr (conciare) ~ **qc** {PELLE} etw sämisch/fett gerben.

scamosciàto, (-a) A agg **1** (simile al camoscio) {PELLE} sämisch/fett gerbert **2** (nella moda) {GUANTI, PANTALONI, SCARPE} Wildleder-, Velours(leder)-, Sämischleder- B m (pellame) Wild-, Velours-, Sämischleder n.

scamosciatùra f (effetto) Sämisch-, Fettgerberei f; (azione) anche Sämisch-, Fettgerben n.

scampagnàta f fam (gita) Ausflug m, Landpartie f obs.

scampanàre A itr **1** (suonare a distesa) {CAMPANE} läuten **2** (nella moda) {ABITO} glockenförmig (aus)fallen B tr (allargare verso il fondo) ~ **qc** {VASO} etw glockenförmig modellieren; {GONNA} etw glockenförmig schneidern.

scampanàta f (suono) {+DOMENICA MATTINA} Geläut(e) n, (Glocken)läuten n.

scampanàto, (-a) agg (nella moda) {GONNA} glockenförmig (fallend), Glocken-.

scampanatùra f (nella moda) {+ABITO} Glockenform f.

scampanellàre itr (suonare con insistenza il campanello) {FIGLIO} anhaltend klingeln, Sturm klingeln fam.

scampanellàta f (suonata) (heftiges) Klingeln.

scampanellìo <-lii> m (continuo scampanellare) Klingeln n, Geklingel n.

scampanìo <-nii> m (suono forte e continuo) {+CAMPANE A FESTA} (Glocken)läuten n, Glockengeläut(e) n.

scampàre A tr <avere> **1** (evitare) ~ **qc** {MALATTIA, PRIGIONE} etw (dat) entgehen, etw vermeiden; {MORTE, PERICOLO} anche etw (dat) entrinnen forb **2** (salvare) ~ **qu da qc** {COMPAGNO DA UN PERICOLO} jdn vor etw (dat) retten, jdn vor etw (dat) bewahren B itr <essere> **1** (sfuggire) ~ **a qc** {A UN MASSACRO, A UN NAUFRAGIO} etw (dat) entrinnen, etw (dat) entrinnen forb, etw überleben **2** (trovare rifugio) ~ (+ **compl di luogo**) (irgendwohin) entkommen, (irgendwohin) flüchten ● **scamparla** fig fam (salvarsi), ⌊gerade noch⌋/[noch einmal] davon|kommen; **ieri all'interrogazione l'ho scampata bella** fam, beim Ausfragen gestern habe ich nochmal Schwein gehabt fam; **ha avuto un incidente**

di moto e l'ha scampata per un miracolo, er/sie hatte einen Motorradunfall und ist wie durch ein Wunder mit (dem Leben) davongekommen.

scampàto, (-a) **A** agg (sopravvissuto) ~ (a qc) {MARINAIO} überlebende(r, s), gerettet, davongekommen: **i viaggiatori scampati alla sciagura aerea**, die Überlebenden des Flugzeugunglücks **B** m (f) (superstite) Überlebende mf decl come agg: **soccorrere gli scampati all'alluvione**, den Überschwemmungsopfern Hilfe leisten.

scàmpo① m **1** (salvezza) Rettung f, Entkommen n, Entrinnen n: **cercare ~ nella fuga**, sein Heil in der Flucht suchen; **trovare ~ sui monti**, in die Berge entkommen **2** (via d'uscita) Ausweg m: **senza ~**, ausweg-, aussichtslos.

scàmpo② m **1** zoo Kaisergranat m, Kaiserhummer m **2** ‹solo pl› gastr Scampi pl.

scàmpolo m **1** tess (Stoff)rest m **2** fig (rimasuglio) {+CARTA, TERRENO} Rest m, Stück n • **negli scampoli di tempo** fig (nel tempo libero), in seiner/der (kärglichen) Freizeit, in seinen/den (wenigen) freien Augenblicken; **~ d'uomo** fig (persona mingherlina), Männchen n, Männeken n norddt; spreg (di basso profilo morale), Mann m ohne Format, Wicht m spreg.

scanalàre tr tecnol ~ qc {ASSE, SBARRA} etw (aus|)kehlen, etw nuten, etw rillen, etw riefen, etw riffeln; arch {COLONNA} etw kannelieren.

scanalatùra f **1** tecnol {+TAVOLA} Rille f, Hohlkehle f, Nut f: **~ a coda di rondine**, Schwalbenschwanznut f; ~ **semicircolare**, halbrunde Nut; (azione) anche Auskehlung f; **~ a mano**, Auskehlung f per Hand **2** arch Kannelierung f, Kannelur f, Kannelüre f.

scandagliaménto m (misurazione) {+FONDO MARINO} (Aus)lotung f; (azione) anche (Aus)loten n.

scandagliàre ‹scandaglio, scandagli› tr ~ qc **1** mar {FONDALE} etw (aus|)loten **2** fig (esplorare) {ANIMA, EMOZIONI, SENTIMENTI} etw erforschen, etw ergründen, etw (dat) auf den Grund zu gehen versuchen.

scandàglio ‹-gli› m **1** mar (strumento) Lot n: **~ acustico**, Echolot n; **gettare lo ~**, das Lot (aus)werfen; **~ a sagola**, Seillot n; **~ a ultrasuoni**, Ultraschallot n, Ultraschall-Echolot n; (impiego) Auslotung f **2** fig (esame) {+OPINIONI DELLA GENTE} Sondierung f, Sondieren n; {+POSSIBILITÀ DI RIUSCITA} (Nach)prüfung f.

scandalìsmo m (gusto dello scandalo) {+GIORNALI} Skandal-, Sensationssucht f spreg, Sensationslüsternheit f spreg.

scandalìsta ‹-i m, -e f› mf (chi promuove uno scandalo) Sensationslüstling m fam spreg.

scandalìstico, (-a) ‹-ci, -che› agg (che provoca scandali) {GIORNALE} Skandal- spreg, Sensations- spreg, Revolver- spreg, skandal-, sensationssüchtig spreg, sensationslüstern spreg.

scandalizzàre **A** tr **1** (offendere) ~ **qu** (con qc) {FAMIGLIA CON IL SUO CONTEGNO} jdn (durch etw acc) empören, jdn (durch etw acc) entrüsten, (durch etw acc) bei jdm Anstoß erregen; {NOTIZIA PRESENTI} jdn (durch etw acc/mit etw acc) schockieren: **la sua reazione li ha scandalizzati**, seine/ihre Reaktion hat ⌊sie schockiert⌋/[bei ihnen Anstoß erregt] **2** (turbare) ~ **qu** {FAMIGLIA CON LE BARZELLETTE OSCENE} jdn verwirren, jdn beunruhigen, jdn verstören: **non scandalizzare mia figlia con le tue barzellette oscene!**, verwirre meine Tochter nicht mit deinen dreckigen Witzen! **B** itr pron (turbarsi): **scandalizzarsi** (a/di/per qc) sich (über

etw acc) empören, sich (über etw acc) entrüsten, (an etw dat) Anstoß nehmen, sich (über etw acc) auf|regen: **si è scandalizzato per niente**, er hat sich wegen nichts aufgeregt; **si è scandalizzato (all'idea) che non avessi ancora letto il suo articolo**, er war empört/schockiert, dass ich seinen Artikel noch nicht gelesen hatte; **non scandalizzarti se gli telefono così tardi!**, reg dich nicht auf, wenn ich ihn so spät anrufe!

scàndalo m **1** Ärgernis n, Empörung f, Entrüstung f; (offesa) Skandal m, Anstoß m: **dare/fare ~**, Anstoß/Ärgernis erregen; **è uno ~!**, das ist ja ein Skandal!; **essere di ~**, skandalös sein; **gridare allo ~**, sich empören, sich aufregen; (ciò che offende) Skandal m, Schande f: **quel libro è un vero ~**, dieses Buch ist eine wahre Schande **3** (fatto immorale) Skandal m: **la stampa ha denunciato lo ~ delle tangenti**, die Presse hat den Bestechungsskandal öffentlich angeklagt **4** (scalpore) Skandal m, Aufsehen n: **cerchiamo di evitare lo ~**, versuchen wir, Aufsehen/einen Skandal zu vermeiden; **è scoppiato uno ~**, es ist ein Skandal ausgebrochen; **hanno minacciato uno ~**, sie haben mit einem Skandal gedroht; **soffocare/sopire lo ~**, einen Skandal vertuschen; **sollevare/suscitare uno ~**, Anstoß erregen.

scandalosaménte avv **1** {COMPORTARSI} skandalös, anstößig **2** fig fam (incredibilmente) {ARRICCHIRSI} unverschämt fam, unerhört, unglaublich.

scandalóso, (-a) agg **1** (che dà scandalo) {CONDOTTA, FILM, LIBRO} skandalös, anstößig, anstoßerregend **2** fig (smodato) unverschämt fam, unerhört, unglaublich: **che fortuna scandalosa!** scherz, was für ein unverschämtes Glück! fam **3** fig (vergognoso) {SPRECO} skandalös; {PREZZO} anche unverschämt, verboten fam.

Scandinàvia f geog Skandinavien n.

scandinàvo, (-a) **A** agg {CUCINA, LINGUA} skandinavisch **B** m (f) (abitante) Skandinavier(in) m(f), Skandinave m, (Skandinavin f).

scàndio ‹-› m chim Skandium n.

scandìre ‹scandisco› tr **1** (suddividere) ~ **qc** (in qc) {STAGIONI ANNO, GIORNATA IN INVERNO, ORE} etw (in etw acc) gliedern, etw (in etw acc) unterteilen: **le campane scandivano le giornate in campagna**, auf dem Land bestimmten die Glocken den Tagesrhythmus **2** (pronunciare chiaramente) ~ (**qc**) (+ compl di modo) {NOME, PAROLE AD ALTA VOCE} etw (irgendwie) (deutlich) aus|sprechen, etw (irgendwie) skandieren forb: **vuoi ~ meglio, non ho capito bene**, kannst du bitte deutlicher sprechen, ich habe dich nicht verstanden; **~ le sillabe di una parola**, jede Silbe eines Wortes ⌊deutlich aussprechen⌋/[einzeln betonen] **3** lett (dividere) ~ **qc** (in qc) {MATERIA IN MOMENTI DIVERSI} etw (in etw acc) unterteilen; {ESAMETRO IN PIEDI} anche etw (in etw acc) skandieren; {CONTENUTO IN ORDINE CRONOLOGICO} etw (irgendwie) gliedern **4** mus ~ **qc** {RITMO, TEMPO} etw vor|-, an|geben **5** inform ~ **qc** {DOCUMENTO} etw scannen, etw rastern, etw ab|tasten **6** TV ~ **qc** etw ab|tasten, etw zerlegen.

scàndola f edil Schindel f.

Scània f geog Schonen n.

scannaménto m (lo scannare) {+PRIGIONIERI} Niedermetzeln n fam, Massakrieren n, Niedermachen n fam, Hinschlachten n.

scannàre **A** tr **1** (sgozzare) ~ **qc** (con qc) {POLLO} etw (mit etw dat) schlachten, etw (mit etw dat) ab|stechen, etw (dat) (mit etw dat) die Kehle durch|schneiden **2** (uccidere brutalmente) ~ **qu** (con qc) {NEMICO CON LA

BAIONETTA} jdn (mit etw dat) nieder|metzeln, jdn (mit etw dat) massakrieren, jdn (mit etw dat) ab|stechen, jdm (mit etw dat) die Kehle durch|schneiden **3** fig (opprimere) ~ **qu con qc** {CONTRIBUENTI CON LE TASSE} jdn (mit etw dat) aus|nehmen fam, jdn (mit etw dat) aus|saugen, jdn (mit etw dat) schröpfen fam spreg **4** inform → **scannerizzare B** rfl rec **1** (litigare): **scannarsi** {FRATELLI} sich fetzen slang, sich in die Wolle Haare geraten fam **2** fig (darsi battaglia): **scannarsi per fare qc** {PER OTTENERE UN POSTO DI PRIMARIO} sich bis aufs Messer bekämpfen(, um etw zu tun) fam.

scannatóio ‹-toi› m **1** (mattatoio) Schlachthof m, Schlachthaus n **2** fig spreg (locale malfamato) Lasterhöhle f fam spreg; "Lokal n, in dem man abgezockt wird fam".

scannèllo m gastr {+MANZO} Kugel f, Nuss f.

scànner ‹-› m ingl inform Scanner m.

scannerizzàre tr inform ~ **qc** {IMMAGINE, TESTO} etw scannen, etw ab|tasten.

scannerizzazióne f inform {+IMMAGINE, TESTO} Scannen n.

scanning ‹-› f ingl elettr (scansione) Scanning, Zeichenabtastung f.

scànno m forb (sedile) {+TRIBUNALE} Sitz m; {+CORO} Bank f.

scansafatiche ‹-› mf fam (fannullone) Drückeberger(in) m(f) fam spreg, Nichtstuer(in) m(f) spreg, Faulpelz m fam spreg.

scansàre **A** tr **1** (schivare) ~ **qu/qc** {CICLISTA, COLPO, PUGNO} jdm/etw aus|weichen **2** (allontanare) ~ **qc** (da qc) {MOBILE, TAVOLO DALLA PARETE} etw von etw (dat) (weg|-, ab|)rücken **3** fig (evitare) ~ **qu/qc** {AMICO, COMPAGNIA, DIFFICOLTÀ, FATICA, INCONTRO, SITUAZIONE SPIACEVOLE} jdm/etw meiden, jdm/etw aus dem Wege gehen, jdn/etw vermeiden **B** rfl (farsi da parte): **scansarsi** (weg|)rücken, Platz machen, zur Seite treten: **scansati che devo passare!**, mach mal Platz, ich muss da durch!; **scansati dalla luce!**, geh aus dem Licht!

scansìa f (scaffale) Regal n.

scansióne f **1** (divisione) {+VERSO} Skandieren n, Skansion f obs **2** (pronuncia scandita) {+PAROLA, SILLABA} deutliche Aussprache f, Artikulation f **3** inform {+FOTO, TESTO} Scannen n, Abtasten n, Abtastung f **4** med Scannen n, Abtasten n **5** TV Abtastung f, Zerlegung f.

scànso m solo nella loc prep (per evitare): **a ~ di qc** {DI EQUIVOCI, DI ONERI} um etw zu vermeiden, zur Vermeidung von etw (dat)/+ gen.

scantinàto m Kellergeschoss n.

scantonàre **A** itr **1** (voltare all'angolo) um die Ecke biegen **2** (svignarsela) sich aus dem Staub machen fam, sich drücken fam, sich davon|machen fam **3** fig (essere evasivo) aus|weichen: **ogni volta che gli faccio questa domanda scantona**, jedes Mal, wenn ich ihm diese Frage stelle, weicht er aus **4** fig (andare fuori argomento) {TEMA} aus|weichen, um den heißen Brei herum|reden fam, herum|drucksen fam **B** tr **1** rar (smussare gli spigoli) ~ **qc** {TAVOLO} etw ab|runden, etw ab|stumpfen **2** fig (evitare) ~ **qu/qc** {COLLEGA, DIFFICOLTÀ} jdm/etw meiden, jdm/etw aus dem Weg gehen, etw vermeiden.

scanzonàto, (-a) agg (scherzoso, disinvolto) {RAGAZZO} unbekümmert, locker; {CRITICO, DESCRIZIONE, NARRATORE} anche schnoddrig fam, burschikos.

scapaccióne m (colpo) Klaps m fam (auf den Hinterkopf): **dare/prendere uno ~**, einen Klaps auf den Hinterkopf geben/bekommen fam; **prendere qu a scapaccioni**, jdm

ein paar auf den Hinterkopf geben *fam*.
scapàto, (-a) **A** agg (*sventato*) {GIOVANE} leichtsinnig, unbedacht, unbesonnen **B** m (f) *fam* leichtsinniger Mensch, Leichtfuß m *fam scherz*.

scapèce m *napol gastr* Seeräuberart f.

scapestràto, (-a) **A** agg (*dissoluto*) {STUDENTE} zügellos, liederlich *spreg*; {VITA} verlotter- *spreg* **B** m (f) *fam* liederliche Person *spreg*, Liederjan m *spreg*, liederliches Weibsstück *spreg*.

scapicollàrsi itr pron: ~ **1** *fam* (*precipitarsi*) sich Hals über Kopf hinunter|stürzen: ~ giù per un pendio, (sich) einen Hang hinunterstürzen, Hals über Kopf einen Hang hinabrennen; si è scapicollato per arrivare in tempo, er hat sich fast überschlagen, um pünktlich zu sein **2** *fig* (*affannarsi*) sich (dat) ein Bein aus|reißen *fam*.

scapicòllo <-> m *region solo nella* loc avv (*a rompicollo*): a ~, {CORRERE} Hals über Kopf.

scapigliàre <*scapiglio, scapigli*> **A** tr (*spettinare*) ~ qu, ~ qc a qu {VENTO BAMBINO, CAPELLI ALLA RAGAZZA} jdn/[jdm etw] zerzausen **B** itr pron rfl (*spettinarsi*): scapigliarsi sich (dat) die Haare raufen/zerzausen.

scapigliàto, (-a) **A** agg **1** (*arruffato*) zerzaust, zerrauft **2** *fig* (*dissoluto*) {RAGAZZO} liederlich, zügellos, {VITA} anche Lotter- *spreg* **3** *lett* (*della scapigliatura*) {SCRITTORE} der Scapigliatura (*in der Lombardei und dem Piemont entstandene literarische Bewegung in der zweiten Hälfte des 19. Jahrhunderts*), bohemienhaft **B** m (f) **1** *gener* liederlicher Mensch *spreg*, Liederjan m *spreg*, liederliches Weibsstück *spreg* **2** *lett* (*seguace*) Mitglied n der Scapigliatura, Scapigliato m, Bohemien m.

scapigliatùra f **1** *spreg* (*dissolutezza*) Lotterleben n *spreg* **2** *lett* (*movimento*) Scapigliatura f, Boheme f.

scapitàre itr **1** (*rimetterci*) drauf|zahlen *fam*, einen Verlust machen: con simili prezzi ci si scapita, bei solchen Preisen zahlt man drauf *fam* **2** *fig* (*perdere*) ~ in qc {NELLA REPUTAZIONE, NELLA STIMA} ˌan etw (dat)ˌ/[etw] verlieren, ˌan etw (dat)ˌ/[etw] ein|büßen.

scàpito **A** m (*perdita*) Verlust m: ciò ti reca ~, das geht auf deine Kosten/[(eigene) Rechnung] *fam* (*a danno*): a ~ di qu/qc, {DEL CLIENTE} zu Lasten von jdm/etw/+ gen, auf Kosten von jdm/etw/+ gen ● vendere a ~, mit Verlust verkaufen.

scàpola f *anat* Schulterblatt n.

scapolàggine f *scherz* (*condizione di scapolo*) Junggesellenleben n, Junggesellendasein n.

scapolàre① agg *anat* Schulterblatt-.
scapolàre② m *relig* Skapulier n.
scapolàre③ **A** tr **1** (*evitare*) ~ qc etw (dat) entkommen, etw (dat) entgehen **2** *mar* (*liberare*) ~ qc {ANCORA} etw lichten; (*oltrepassare*) {CAPO, SCOGLIO} etw umschiffen, etw umsegeln **B** itr *fam* (*sottrarsi*) ~ da qc {DA UN IMPEGNO, DA UN PERICOLO} etw (dat) entkommen, etw (dat) entgehen, sich aus etw entziehen ● **scapolarsela** (*svignarsela*), ab|hauen *fam*, sich davon|machen *fam*, sich aus dem Staub machen *fam*; **scapolarla bella** (*scamparla bella*), (noch einmal) mit einem blauen Auge davonkommen *fam*; l'ha scapolata (è riuscito a scamparla), er/sie ist noch einmal (mit einem blauen Auge) davongekommen *fam*.

scàpolo **A** agg (*non sposato*) {UOMO} ledig, unverheiratet **B** m Junggeselle m: ~ impenitente, Hagestolz m *obs*, (eingefleischter) Junggeselle.

scapolóne <*accr di* scapolo> m *fam scherz* Hagestolz m *obs*, (eingefleischter) Junggeselle.

scappaménto m **1** *autom* Auspuff m: ~ aperto/libero, offener/freier Auspuff **2** (*in oreficeria*) {+OROLOGIO} Hemmung f.

scappàre itr <*essere*> **1** *anche fig* (*fuggire*) ~ (+ *compl di luogo*) (+ *compl di modo*) (*irgendwie*) (*irgendwohin*) fliehen, (*irgendwie*) (*irgendwohin*) ent-, weg|-, davon|laufen: sono scappati in America, sie sind nach Amerika geflohen; il ladro scappò dalla finestra, der Dieb entkam durchs Fenster; volevo solo ~ dalla noia di tutti i giorni, ich wollte nur der alltäglichen Tretmühle entkommen *fam*; vieni qui, non ~!, komm her, lauf nicht weg!; {DI CASA, DAL COLLEGIO} (*irgendwoher*) weg|-, davon|laufen; {DI PRIGIONE} *jdm* aus|brechen; ~ a qu (+ *compl di luogo*) {CANE AL PADRONE NEL PARCO} jdm (*irgendwo*) entlaufen; {CANARINO DALLA GABBIA} jdm (*irgendwohin*) entfliegen **2** (*allontanarsi*) ~ (+ *compl di luogo*) (*irgendwoher*) ab|hauen *fam*, gleich (*irgendwoher*) auf|brechen, sofort (*irgendwoher*) weg|gehen: scusami ma devo ~, entschuldige, aber ich muss los/weg *fam*; **scappò a gambe levate**, er/sie ˌnahm die Beine in die Handˌ/lief Hals über Kopf davon *fam* **3** (*correre*) ~ (+ *compl di luogo*) {DAL PARRUCCHIERE} (*irgendwohin*) eilen, schnell (*irgendwohin*) gehen: scappo a preparare la cena, ich gehe schnell (das) Abendessen machen; scappo in ufficio e torno, ich gehe nur ˌauf einen Sprung,ˌ/[kurz] ins Büro *fam* **4** (*cadere*) ~ a qu (+ *compl di luogo*) {BICCHIERE DI MANO; FOGLI DI MANO} *jdm* aus etw (dat) rutschen, *jdm* aus etw (dat) entgleiten **5** (*uscire*) ~ a qu (+ *compl di luogo*) {CAMICIA DAI PANTALONI} *jdm* aus etw (dat) rutschen: **la sottoveste le scappa dalla gonna**, der Unterrock lugt unterm Rock hervor; {SOLE DALLE NUVOLE} aus etw (dat) hervor|lugen, aus etw (dat) hervor|treten *forb*, zwischen etw (dat) hervor|gucken *fam*; {ARANCIATA DALLA BOTTIGLIA} aus etw (dat) sprudeln **6** *fig* (*sfuggire*) ~ a qu *jdm* (versehentlich) unterlaufen, (*jdm*) los|gehen: mi è scappato un colpo, mir löste sich ein Schuss, mir ist ein Schuss losgegangen; gli è scappato qualche errore, ihm sind ein paar Fehler unterlaufen; gli è scappato di mente, es ist ihm entfallen; si è lasciato ~ una buona occasione, er hat sich (dat) eine gute Gelegenheit entgehen/[durch die Lappen gehen *fam*] lassen; quelle parole mi sono scappate di bocca, diese Worte sind mir herausgerutscht *fam*; **mi scappa la pazienza**, mir reißt die Geduld/der Geduldsfaden *fam* **7** *fig fam* (*non riuscire a trattenere*): **mi scappa (la pipì)**, ich muss mal *fam*, mir platzt die Blase *fam*; **mi scappa da ridere**, ich kann mir das Lachen nicht verkneifen, ich platze gleich vor Lachen *fam* **8** *fig* (*dire all'improvviso*) ~ fuori/su ˌcon qcˌ/[a dire qc] {CON UNA BATTUTA DI SPIRITO} mit etw (dat) heraus|platzen *fam* **9** *fig* (*prodursi*): **scapparci (fuori) (con qc)** {CENA CON IL RESTO DEI SOLDI} mit etw (dat) heraus|springen: qui ci scappa il morto, da(bei) wird einer draufgehen *fam*, da wird's einen Toten geben **10** *sport* (*nel ciclismo*) aus|reißen ● gli è scappato detto *fig* (*dire involontariamente*), es ist ihm rausgerutscht *fam*; (a) scappa e fuggi *tosc* (*in fretta e furia*), in al-ler(größter) Eile, mit wilder Hast; di qui non si scappa *fig* (*non ci si può sottrarre a questa situazione*), da führt kein Weg dran vorbei, da kommt man/kommst du ... nicht drum herum, da muss man/musst du ... durch.

scappàta f **1** (*rapida visita*) Stippvisite f *fam*, Sprung m *fam*: **fare una** ~ ˌin centroˌ/[dal fornaio], auf einen Sprung ˌin die Innenstadtˌ/[zum Bäcker] gehen *fam*; fare una ~ al mare, eine Spritztour ans Meer machen *fam* **2** *fig* (*uscita*): ha certe scappate impareggiabili, manche Bemerkungen von ihm/ihr sind wirklich unschlagbar **3** *fig* (*errore*) Torheit f *forb*, Leichtsinnigkeit f: ~ giovanile, Jugendsünde f.

scappatèlla <*dim di* scappata> f (*avventura*) Seitensprung m: ha avuto diverse scappatelle, er/sie hatte diverse Seitensprünge.

scappatóia f (*espediente*) Ausweg m: cercare/trovare una ~, einen Ausweg suchen/finden.

scappellàre **A** tr (*togliere il cappello*) ~ qc {FUNGO} den Hut von etw (dat)/+ gen ab|nehmen, ab|trennen **B** rfl (*levarsi il cappello*): scappellarsi davanti a una signora, vor einer Dame den Hut ziehen.

scappellàta f Hutabnehmen n, Hutziehen n.

scappellòtto m (*scapaccione*) Klaps m *fam*: gli ho dato uno ~, ich habe ihm einen Klaps gegeben *fam*; ha preso uno ~ dal fratello, er/sie bekam von seinem/ihrem Bruder einen Klaps *fam*; prendere qu a scappellotti, jdn klapsen *fam*.

scappottàre① itr (*nei giochi di carte*) "wenigstens eine ˌPunkt holenˌ/[Stich machen], um den Matsch zu vermeiden *fam*".

scappottàre② tr *autom* ~ qc das Verdeck von etw (dat)/+ gen ab|nehmen/auf|klappen.

scappucciàre <*scappuccio, scappucci*> **A** tr (*levare il cappuccio*) ~ qc etw (dat) die Kappe/Kapuze ab|nehmen **B** rfl: scappucciarsi die Kappe/Kapuze ab|nehmen.

scarabàttola f *fam spreg* (*carabattola*) Kram m *fam*, Plunder m *fam*, Krempel m *fam*.

scarabèo m **1** *zoo* Skarabäus m, Pillendreher m: ~ ercole/rinoceronte, Herkules-/Nashornkäfer m; ~ sacro, heiliger Pillendreher; ~ stercorario, Mist-, Ross-, Dungkäfer m **2** (*sigillo*) Skarabäus m, Skarabäengemme f **3** (*gioco*): ~®, Scrabble® m.

scarabocchiàre <*scarabocchio, scarabocchi*> tr **1** (*riempire di scarabocchi*) ~ qc (+ *compl di luogo*) {GHIRIGORO SU UN FOGLIO, SU UN MURO} (*irgendwohin*) kritzeln, etw (*mit etw dat*) beschmieren *spreg*, etw (*mit etw dat*) bekritzeln; (*macchiare*) ~ qc {TOVAGLIA} etw be|klecksen **2** *fig* (*scribacchiare*) ~ qc {LETTERA} etw hin|-, runter|schmieren *spreg* **3** *fig* (*scrivere male*) ~ qc etw hin|hauen *fam spreg*: ha scarabocchiato un paio di racconti, er/sie hat ein paar Erzählungen hingehauen *fam spreg*.

scarabòcchio <-*chi*> m **1** (*parola mal scritta*) Gekritzel n *spreg*, Kritzelei f *fam spreg*: firmare con uno ~, mit einem Schnörkel unterschreiben **2** (*macchia*) Klecks m **3** (*disegno mal fatto*) Geschmiere n *spreg*, Schmiererei f *fam spreg* **4** *fig fam* (*sgorbio*) Gnom m *spreg*, Missgeburt f, Scheusal n *spreg*.

scaracchiàre <*scaracchio, scaracchi*> itr *volg* (*sputare*) Schleim aus|werfen, qualstern *fam spreg norddt*.

scaràcchio <-*chi*> m *volg* (*sputo catarroso*) Schleim m, (schleimiger) Auswurf, Qualster m *fam spreg norddt*.

scarafàggio <-*gi*> m *zoo* Kakerlak m, (Küchen)schabe f.

scaraffàre tr *enol* ~ qc {VINO} etw dekantieren.

scaramàntico, (-a) <-*ci, -che*> agg (*di scaramanzia*) {GESTO} beschwörend.

scaramanzìa f (*scongiuro*) Beschwörung

f: **bisogna fare tutte le scaramanzie del caso**, man muss alles nur Mögliche beschwören, um Unheil abzuwenden; **dire/fare qc per ~**, etw beschwören, um Unheil abzuwenden; etw aus Aberglauben sagen/tun; **toccare ferro per ~**, auf Holz klopfen.

scaramàzza A agg *(irregolare)* {PERLA} unregelmäßig B f unregelmäßige Perle.

scaramùccia <-ce> f **1** *fig (schermaglia)* Geplänkel n, kleine Auseinandersetzung **2** *mil* Scharmützel n, Geplänkel n.

scaratterizzàre tr *lett (far perdere peculiarità)* ~ **qu/qc** {AMBIENTE, PERSONAGGIO} jdm/etw das Besondere/seine Eigentümlichkeit nehmen.

scaraventàre A tr **1** *(gettare)* ~ **qc (+ compl di luogo)** {LIBRO DALLA FINESTRA, PER TERRA} *etw (irgendwoher) (irgendwohin)* werfen, *etw (irgendwoher) (irgendwohin)* schleudern, *etw (irgendwoher) (irgendwohin)* schmeißen *fam* **2** *fig (sbattere)* ~ **qu (+ compl di luogo)** {FUNZIONARIO ALL'ESTERO} *jdn (irgendwohin)* versetzen, *jdn (irgendwohin)* schicken, *jdn (irgendwohin)* verbannen: **lo hanno scaraventato a casa del diavolo**, sie haben ihn ans Ende der Welt versetzt B rfl *(avventarsi)*: **scaraventarsi (+ compl di luogo)** {BANDITO} sich *(irgendwohin)* werfen, sich *(irgendwohin)* stürzen: **scaraventarsi addosso al/contro il nemico**, sich auf den Feind stürzen; **scaraventarsi giù da uno strapiombo**, sich von einem Felsvorsprung hinunterstürzen/hinabstürzen.

scaravoltàre tr *sett* ~ **qc 1** *(girare sottosopra)* etw um|werfen, etw um|schmeißen **2** *fig (cambiare completamente)* etw auf den Kopf stellen, etw um|schmeißen *fam*: **(completamente) l'organizzazione dell'ufficio**, die (ganze) Organisation des Büros umschmeißen *fam*.

scarcassàto, (-a) agg *fam (sgangherato)* kaputt *fam*: **macchina scarcassata**, (Klapper)kiste f *fam*, Kasten m *fam spreg*, Rostlaube f *fam scherz*.

scarceramènto m *anche dir* Freilassung f, Haftentlassung f.

scarceràre tr *anche dir (mettere in libertà)* ~ **qu** {DETENUTO} jdn frei|lassen, jdn (aus der Haft) entlassen.

scarcerazióne f *dir* Freilassung f, Haftentlassung f: **chiedere/ottenere la ~**, die Freilassung beantragen/erwirken; **disporre la ~ degli imputati**, die Freilassung der Angeklagten veranlassen.

scardinamènto m **1** *(lo scardinare)* {+PORTA} Ausheben n, Aushängen n **2** *fig (demolizione)* {+TEORIA} Auseinandernehmen n, Zerpflücken n.

scardinàre A tr ~ **qc 1** *(levare dai cardini)* {FINESTRA} etw aus|heben, etw aus den Angeln heben **2** *fig (demolire)* {ACCUSA} etw auseinander|nehmen, etw zerpflücken **3** *fig (minare)* {ISTITUZIONI} etw untergraben, etw aus den Angeln heben; {FAMIGLIA} etw zerrütten, etw zerfallen lassen, etw auf|lösen B itr pron: **scardinarsi 1** *(uscire dai cardini)* aus den Angeln gehen **2** *fig (disgregarsi)* {TEORIA} wie ein Kartenhaus ein|stürzen/[in sich zusammen|fallen]; {FAMIGLIA} zerfallen, sich auf|lösen.

scarìca <-che> f **1** *(lo scaricare)* {+FUCILERIA} Abschuss m **2** *(gragnuola)* {+PUGNI, SASSI} Hagel m; {+IMPROPERI} *anche* Flut f: **di grandine**, Hagelschauer m **3** *(evacuazione)* Entleerung f: **~ diarroica**, heftige Darmentleerung **4** *artiglieria mil* Salve f **5** *fis elettr* {+ACCUMULATORE} Entladung f: **~ elettrica**, elektrische Entladung ● **~ affettiva** *psic*, emotionale, emotionsgeladene Abreagieren n.

scaricabarìle, scaricabarìli <-> m *(gioco)* Butterwiegen n ● **fare a ~** *fig fam (riversare l'uno sull'altro doveri, responsabilità, ecc.)*, sich (dat) etw gegenseitig in die Schuhe schieben *fam*.

scaricamènto m **1** {+TRENO} Entladung f; *(azione) anche* Entladen n **2** *fig (liberazione)* {+ANIMO} Abwälzung f einer Last von etw (dat), Befreiung f von etw (dat).

scaricàre <scarico, scarichi> A tr **1** *(togliere)* ~ **qc (+ compl di luogo)** {BAGAGLI DALLA MACCHINA, CAMION} etw aus/von etw (dat) aus|-, entladen; {CONTAINER DALLA NAVE} etw löschen; {MERCI} etw ab|-, aus|laden **2** *(lasciare)* ~ **qu/qc (+ compl di luogo)** {AUTOBUS TURISTI SULLA PIAZZA} jdn/etw *(irgendwo)* ab|setzen; {VALIGE IN TERRA} etw *(irgendwo)* ab|laden: **il tram ci scarica proprio davanti a casa**, die Straßenbahn setzt uns genau vor der Haustür ab; {TRAGHETTO} jdn/etw *irgendwo* aus|schiffen, jdn/etw *irgendwo* an Land setzen **3** *(svuotare)* ~ **qc (di qc)** {GAS} etw aus|-, ab|lassen: **il pozzo dell'acqua**, das Wasser aus dem Brunnen ⌊ablaufen lassen⌋/[ab-/auslassen]; {BATTERIA} etw entladen; **~ la benzina dall'autocisterna**, das Benzin aus dem Tankwagen ⌊ablaufen lassen⌋/[ablassen]; **~ la nave di alcuni quintali**, einige Doppelzentner ⌊aus dem Schiff laden⌋/[ausschiffen] **4** *(riversare)* ~ **qc (+ compl di luogo)** etw *irgendwohin* ergießen: **la fogna scarica a cielo aperto**, der Kanal lässt unter freiem Himmel Abwässer ab, aus dem offenen Kanal ergießen sich Abwässer; **il Po scarica le sue acque in mare**, der Po mündet ins Meer; {SCORIE NOCIVE NEL FIUME} etw *irgendwohin* fließen lassen, etw *irgendwohin* leiten; {FUMI INQUINANTI NELL'ARIA} etw *irgendwohin* ab|geben; {MATERIALE RADIOATTIVO NELL'ATMOSFERA} etw *irgendwohin* ab|lassen **5** *(scagliare)* ~ **qc addosso/contro/su qu/qc** {RAFFICA DI PUGNI SULL'AVVERSARIO} jdm/etw etw versetzen **6** *(far defluire)*: **la doccia non scarica bene**, die Dusche läuft nicht richtig ab **7** *rar (evacuare)*: **~ il ventre**, seinen Darm entleeren; **~ la vescica**, die Blase entleeren; *(uso assol) (urinare)* urinieren, pinkeln *fam* **8** *fig (sfogare)* ~ **qc addosso/contro/su qu/qc** {COLPE SUGLI ALTRI} etw auf jdn/etw (ab|)wälzen: **~ la propria collera su qu**, seine Wut an jdm auslassen; **~ la colpa addosso a qu**, jdm ⌊die Schuld zuschieben⌋/[etw in die Schuhe schieben]; **~ ingiurie addosso a qu**, auf jdn losschimpfen, jdn mit einer Flut von Beschimpfungen überschütten **9** *fig (liberare)* ~ **qc da qc** {ANIMA DAL SENSO DI COLPA, COSCIENZA DAL RIMORSO} etw von etw (dat) befreien; ~ **qu da qc** {COLLABORATORE DA UNA RESPONSABILITÀ} jdn von etw (dat)/+gen entbinden **10** *fig fam (abbandonare)* ~ **qu** {AMANTE} jdn sitzen lassen *fam*, jdn abservieren *fam*: **ha scaricato il suo amico**, er/sie hat seinen/ihren Freund abserviert *fam*; **è stato scaricato dalla fidanzata**, seine Freundin hat ihm den Laufpass gegeben⌊/[gekündigt] *fam* **11** *fig fam (liberarsi)* ~ **qu** {SECCATORE} jdn los|werden, jdn ab|schütteln **12** *artiglieria mil* ~ **qc su qu/qc** {CANNONE} (sparare) etw ab|feuern; ~ **qc (contro/su qu/qc)** {PROIETTILI SULL'ANIMALE} etw *(auf jdn/etw)* verschießen: **~ la rivoltella contro l'avversario**, das Magazin des Revolvers auf den Gegner abfeuern, eine Salve auf den Gegner abfeuern **13** *econ* ~ **qc (da qc)** {ASSICURAZIONE DALLA DICHIARAZIONE DEI REDDITI} etw von etw (dat) ab|setzen; {MERCE VENDUTA} etw ab|rechnen **14** *edil* ~ **qc (+ compl di luogo)** {TRAVE PESO SUI MURI PORTANTI} etw *(irgendwohin)* übertragen **15** *elettr fis* ~ **qc (+ compl di luogo)** etw *(irgendwohin)* entladen: **il cavo scarica a terra**, das ist ein Erdungskabel **16** *inform* ~ **qc (+ compl di luogo)** {PROGRAMMA DA INTERNET} etw *(aus etw dat)* herunter|laden, etw *(aus etw dat)* downloaden; {FILE SU UN DISCHETTO} etw *(irgendwohin)* übertragen, etw *(irgendwohin)* überspielen; {DATI NEL DISCO RIGIDO} etw *(irgendwohin)* ein|speisen, etw *(irgendwohin)* ein|speichern **17** *psic* ~ **qc (+ compl di luogo)** {TENSIONE ALL'INTERNO DELLA FAMIGLIA} etw *(irgendwo)* entladen; {PULSIONE SESSUALE} *anche* etw *(irgendwo)* ab|reagieren **18** *tecnol* ~ **qc da qc** {ARIA DAI CILINDRI} etw aus etw (dat) einströmen lassen B itr *rar (stingere)* aus|bleichen: **il blu è un colore che scarica facilmente**, Blau bleicht leicht aus C itr pron **1** *(riversarsi)*: **scaricarsi (+ compl di luogo)** {FIUME NELLA BAIA} *irgendwohin* münden; {ONDATA DI PETROLIO IN MARE} *irgendwohin* fließen, *irgendwohin* strömen; {VAPORE NELL'ATMOSFERA} in etw (acc) aus|treten, in etw (acc) entweichen **2** *anche fig (scoppiare)*: **scaricarsi (+ compl di luogo)** {FULMINE} *irgendwo* ein|schlagen; {TEMPORALE SULLE MONTAGNE} sich *irgendwo* entladen **3** *(esaurire la carica)*: **scaricarsi** {ACCUMULATORE, BATTERIA} leer laufen, leer sein; {OROLOGIO} ab|laufen **4** *fig (riversarsi)*: **scaricarsi su qu/qc** {INCREMENTO SULL'INFLAZIONE; SPESE SUI CONTRIBUENTI} sich (negativ) auf jdn/etw aus|wirken: **scaricarsi sulle spalle di qu**, auf jds Kosten gehen **5** *(in fisiologia)*: **scaricarsi su qc** {PESO SULLA COLONNA VERTEBRALE} auf etw (dat) lasten **6** *psic*: **scaricarsi (+ compl di modo)** {TENSIONE} sich *(irgendwie)* entladen D rfl **1** *(togliersi di peso)*: **scaricarsi di qc** {DI UN PESO} sich etw (gen) entledigen, sich von etw (dat) befreien; {DEGLI ZAINI} etw ab|legen **2** *fig (sfogarsi)*: **scaricarsi di qc (con qu)** sich *bei jdm über etw (acc) aus|lassen, sich bei jdm über etw (acc) aus|sprechen: **scaricarsi di un segreto con un amico**, einem Freund sein Geheimnis anvertrauen, sich (dat) bei einem Freund sein Geheimnis von der Seele reden; **si è scaricato piangendo**, er hat sich ausgeweint/ausgeheult **3** *fig (liberarsi)*: **scaricarsi di qc** {DI UNA RESPONSABILITÀ} sich etw (gen) entledigen, etw los|werden *fam*, etw ab|schütteln **4** *fig (rilassarsi)* sich entspannen, sich ab|reagieren, Dampf ab|lassen *fam*: **per scaricarmi ogni sera faccio una lunga passeggiata**, um mich zu entspannen, mache ich jeden Abend einen langen Spaziergang.

scaricatóre, (-trice) A agg *(che scarica)* {CANALE} Abzug-, Abwasser- B m (f) *(operaio)* Ab-, Auslader(in) m(f), Transportarbeiter(in) m(f): **~ di porto**, Hafenarbeiter m C m **1** Kipper m, Wipper m **2** *elettr* (Über-spannungs)ableiter m.

scàrico① <-chi> A m **1** *(lo scaricare)* {LEGNAME, MATERIALI, PACCHI} Ab-, Ausladen n; {+VAGONE} Ent-, Ausladen n; {+NAVE} Löschen n **2** *(rifiuti)* Abfälle m pl, Müll m; *(eliminazione)* Müll-, Abfallbeseitigung f, Müllabfuhr f: **è vietato lo ~**, Müll abladen verboten f: *(liquame)* Abwasser n: **scarichi civili**, Hausabwässer n pl; **scarichi industriali**, Industrieabwässer n pl **4** *(discarica)* Mülldeponie f, Schuttabladeplatz m, Müllhalde f, Müllkippe f: **gettare/portare qc allo ~**, etw ⌊auf die Müllkippe werfen⌋/[zur Mülldeponie bringen] **5** *(deflusso)* {+ACQUA} Abfluss m; {+GAS} Auslass m **6** *(conduttura)* {+ACQUA} Abfluss(rohr n) m; {+GAS} Abzug(srohr n) m: **lo ~ è otturato**, der Abfluss ist verstopft; **si è rotto lo ~**, der Abfluss ist kaputt *fam* **7** *fig (discolpa)* Entlastung f: **a mio/suo/tuo ~**, zu meiner/[seiner/ihrer]/[deiner] Entlastung/ Entschuldigung **8** *autom* Auspuff m **9** *comm* {+DENARO} Ausgang m; {+MERCE} *anche* Ausbuchung f **10** tecnol Auslass m, Ablass m **B** <inv> loc agg: **di ~**, {GAS} Ab-.

scàrico[2], (-a) <-chi, -che> agg **1** (senza carico), {CARRO, NAVE} leer, unbeladen **2** (senza carica) {BATTERIA} leer; {OROLOGIO} abgelaufen; {FUCILE} nicht geladen, leer geschossen **3** fig (libero) **~ di qc** {ANIMO DI PREOCCUPAZIONI} frei von etw (dat), unbelastet von etw (dat); {COSCIENZA} rein **4** fig (fiacco) schlapp; ˌmi sento ~ˌ/[ho le batterie scariche], ho proprio bisogno di una vacanza, ˌich fühle mich schlappˌ/[mein Akku ist leer fam], ich brauche wirklich Urlaub.

scarlattina f med Scharlach m.

scarlàtto, (-a) **A** <inv> agg {TESSUTO} scharlachrot, scharlachfarben, scharlachfarbig: **si fece ~ in viso per la vergogna**, er/sie wurde knallrot fam/puterrot vor Scham **B** m (colore) Scharlach(rot n) m, Scharlachfarbe m.

scarmigliàre <scarmiglio, scarmigli> **A** tr (spettinare) **~ qu/qc** jdn/ˌ[jdm etw] zerzausen, jdn/ˌ[jdm etw] zerraufen; **il vento l'ha scarmigliata**, der Wind hat sie/ˌ[ihr die Haare] zerzaust **B** itr pron rfl (spettinarsi): **scarmigliarsi** (dat) die Haare zerzausen: **scarmigliarsi nel correre**, sich (dat) beim Laufen die Haare zerzausen.

scarmigliàto, (-a) agg (spettinato) {BAMBINA, CAPELLI} ungekämmt, zerzaust.

scarnificàre <scarnifico, scarnifichi> tr **~ qc 1** (togliere la carne) {UNGHIA} etw vom Fleisch lösen; {COSCIOTTO} anche etw entfleischen **2** (lacerare) {MEMBRA} etw zerreißen **3** fig (ridurre all'essenziale) {TESTO} etw kürzen, etw aufs Wesentliche reduzieren.

scarnificazióne f Entfleischung f; (azione) anche Entfleischen n.

scarnìre <scarnisco> tr **~ qc 1** etw vom Fleisch lösen, etw entfleischen **2** fig (rendere scarno) {LINGUAGGIO} etw aufs Wesentliche reduzieren.

scàrno, (-a) agg **1** (magro) {MANI} mager; {VISO} anche abgezehrt, hager **2** fig (sommario) {TRATTAZIONE} oberflächlich, dürftig, dünn **3** fig (essenziale) {LINGUAGGIO, PROSA} schlicht, schmucklos; {STILE} einfach, nüchtern, knapp.

scaròla f bot anche gastr Endivie f, Eskariol m.

scàrpa f **1** (calzatura) {ALTA, BASSA} Schuh m: **allacciarsi/slacciarsi le scarpe**, sich (dat) die Schuhe (zu)binden/aufbinden; **~ anatomica/ortopedica**, ˌfußgerechter Schuhˌ/[Gesundheitsschuh m]; **~ da ballo**, Tanz-, Ballschuh m; **~ da bambino/donna/uomo**, Kinder-/Damen-/Herrenschuh m; **~ bullonata**, Fußballschuh m; **le scarpe (non) calzano bene**, die Schuhe passen (nicht); **consumare/sfondare le scarpe**, die Schuhe ˌaus-, abˌlatschen famˌ/[durchlaufen]; **~ di camoscio**, Wildlederschuh m; **~ di cuoio/pelle**, Lederschuh m; **~ di raso**, Atlasschuh m; **~ di tela**, Segel-/Leinenschuh m; **~ di vernice**, Lackschuh m; **~ estiva/invernale**, Sommer-/Winterschuh m; **~ da ginnastica/tennis**, ˌTurn-, Sportschuh mˌ/[Tennisschuh] m; **infilarsi/mettersi/provare/togliersi le scarpe**, sich (dat) die Schuhe anziehen/anprobieren/ausziehen; **che numero di scarpe porti?**, welche Schuhgröße/Schuhnummer hast du?; **un paio di scarpe alte/basse**, ein Paar ˌhohe/hochhackigeˌ/[flache] Schuhe; **scarpe a pianta larga/stretta**, breite/schmale Schuhe; **scarpe scollate**, Pumps m; **~ da sera**, Abendschuh m; **scarpe col tacco alto/basso**, Schuhe mit hohem/niedrigem Absatz, hochhackige/flache Schuhe; **~ con la zeppa**, Schuh mit Keilabsatz **2** (cuneo) Bremsklotz m, Hemm-

schuh m; **~ d'arresto/fermacarro**, Hemmschuh m, Hemmvorrichtung f **3** fig fam (persona incapace) Stümper(in) m(f) spreg, Niete f fam, Flasche f fam: **essere una ~**, eine Flasche sein fam **4** arch edil Böschung f **5** mecc {+FUNIVIA} Seilschuh m ● **fare le scarpe a qu** fig (danneggiarlo fingendosi amici), jdn täuschen, jdn hintergehen, jdm übel mitspielen, jdm ein falscher Freund sein; **lustrare le scarpe a qu** fig (essergli inferiori), an jdn nicht heranreichen, jdm nicht das Wasser reichen können; fig (adulare), jdm ˌum den Bart streichenˌ/[die Füße küssen scherz]; **non ˌlegare neppureˌ/[essere degno di legare] le scarpe a qu** fig (essergli inferiore), an jdn nicht heranreichen, jdm nicht das Wasser reichen können; **mettersi qu sotto le scarpe** fig (disprezzarlo), jdn ˌmit Füßen tretenˌ/[wie einen Fußabstreifer behandeln]; **non avere scarpe ai piedi** fig (essere molto povero), bettelarm sein, arm wie eine Kirchenmaus sein fam scherz; **morire con le scarpe ai piedi** fig (di morte violenta), gewaltsam aus dem Leben gerissen werden, ˌim Stehenˌ/[eines gewaltsamen Todes] sterben; **~ vecchia** fig (persona vecchia), alter Knochen fam, alte Schachtel fam spreg; **scarpe grosse, cervello fino** prov, ungehobelt/ungebildet, aber klug.

scarpàio, (-a) <-ai m> m (f) **1** (venditore) Schuhverkäufer(in) m(f), Schuhhändler(in) m(f) **2** region (incapace) Stümper(in) m(f) spreg, Niete f fam, Flasche f fam.

scarpàta[1] f (colpo) Fußtritt m.

scarpàta[2] f (declivio) {+FERROVIA} Böschung f, Abhang m ● **~ continentale** geog, Festlandsockel m, Kontinentalabhang m, Schelf m o n.

scarpétta <dim di scarpa> f (scarpa leggera) Schühchen n, kleiner/leichter Schuh: **~ da ballo/sera**, Tanz-/Abendschuh m; **~ interna** sport (nello sci), Innenschuh m; **scarpette chiodate/[da corsa]** sport (nell'atletica), Spikes m pl; **~ da sci di fondo** sport (nello sci), Langlaufschischuh m ● **fare (la) ~** fig fam (raccogliere il sugo col pane), mit Brot auftunken/stippen; **~ di Venere** bot, Frauen-, Venusschuh m.

scarpièra f (mobile) Schuhschrank m.

scarpinàre itr fam (camminare a lungo) (lange) laufen, einen Fußmarsch machen.

scarpinàta f fam (camminata) Fußmarsch m: **abbiamo fatto una bella ~**, wir haben einen ganz schönen Fußmarsch gemacht.

scarpóne <accr di scarpa> m **1** schwerer/klobiger Schuh, Stiefel m: **~ da montagna/roccia**, Berg-/Kletterschuh m; **~ da soldato**, Soldatenstiefel m; **agganciare/sganciare gli ~ da sci**, die Skistiefel zu-/aufschnallen **2** fig scherz (ex alpino) (ehemaliger) Alpenjäger **3** scherz spreg sport (nel calcio) (giocatore mediocre) Holzer m slang.

scarrocciàre <scarroccio, scarrocci> itr mar abˌdriften, abtriften.

scarròccio m mar Abdrift f, Abtrift f.

scarrozzàre A tr (portare in giro con un mezzo) **~ qu ˂+ compl di luogo˃** {OSPITE PER LA CITTÀ} jdn (irgendwo) herumˌkutschieren, jdn (irgendwo) herumˌfahren, jdn irgendwohin kutschieren, jdn irgendwohin fahren **B** itr eine Spazierfahrt/Spritztour fam machen: **~ in lungo e in largo per la campagna**, kreuz und quer übers Land fahren.

scarrozzàta f Spazierfahrt f, Spritztour f fam: **fare una bella ~**, eine schöne Spazierfahrt machen.

scarrucolàre itr (scorrere) {FUNE} abˌrollen, abschnurren.

scarruffàre A tr (scompigliare) **~ qc** {CA-

PELLI} etw zerzausen **B** itr pron: **scarruffarsi** sich (dat) die Haare zerzausen.

scarrupàto → **sgarrupato**.

scarseggiàre <scarseggio, scarseggi> itr **1** (mancare) {ACQUA, PANE} knapp sein; **~ di qc** {DI VIVERI} an etw (dat) mangeln **2** mar {VENTO} schralen.

scarsèlla f region (tasca) (Geld)beutel m.

scarsézza f (penuria) **~ di qc** {+FANTASIA, INTELLIGENZA} Mangel m an etw (dat): **~ di fondi**, Geldmangel m, Geldknappheit f.

scarsità <-> f (carenza) **~ di qc** {+ACQUA} Mangel m an etw (dat), Knappheit f an etw (dat): **~ di capitali**, Kapitalmangel m, Kapitalknappheit f; **~ di personale**, Personalmangel m.

scàrso, (-a) agg **1** (inadeguato) {PESO} gering; {MEZZI, RAZIONE} anche knapp, spärlich, unzureichend; {COMPETENZA} dürftig, mangelnd; {NUTRIMENTO} spärlich, kärglich **2** (misero) {VEGETAZIONE} spärlich, kümmerlich; {VENDEMMIA} mager; {SUCCESSO} anche wenig, gering **3** (debole) {LUCE, VENTO} schwach **4** (povero) **~ di qc** {UOMO D'INGEGNO} arm in etw (dat): **~ di inventiva**, fantasiearm; **libro ~ di note**, Buch mit wenigen Anmerkungen **5** (avaro) **~ di qc** geizig mit etw (dat): **essere ~ di complimenti**, mit Komplimenten geizen **6** (di poco inferiore) {2 KILI, 3 METRI} knapp **7** (debole) **~ in qc** schwach in etw (dat): **essere ~ in inglese**, schwach in Englisch sein.

scart <-> m elettr Scart m, SCART m, Euroconnector m, Euro-AV m.

scartabellàre tr (scorrere) **~ qc** {ELENCO} etw durchˌblättern, etw überfliegen; {ENCICLOPEDIA, VOCABOLARIO} etw wälzen fam.

scartafàccio <-ci> m anche comm Kladde f; spreg (quaderno malridotto) zerfleddertes Heft, Schmierheft n fam; (fogli non legati) Blätterstoß m.

scartaménto A m ferr Spurweite f: **~ normale/ridotto**, Normal-/Vollspur(weite) f **B** <inv> loc agg: **a ~ ridotto 1** (insufficiente) {SCUOLA} Schmalspur- spreg, winzig, unzulänglich **2** fig (di scarso rilievo) schmalspurig spreg, Schmalspur- spreg, bedeutungslos **3** (BINARI) Schmalspur- **C** loc avv: **a ~ ridotto**, {FUNZIONARE} unzulänglich, auf Sparflamme fam scherz.

scartàre[1] tr **1** (togliere dalla carta) **~ qc** {INVOLTO, PACCO} etw ausˌpacken; {CARAMELLA} etw ausˌwickeln **2** fig (gettare via) **~ qc** {FOGLIE SECCHE} etw ausˌsortieren, etw ausˌsondern, etw ausˌscheiden **3** fig (rifiutare) {IPOTESI, PROGETTO, PROPOSTA} etw verwerfen, etw abˌlehnen; **~ qu** {CONCORRENTE, INCAPACE} jdn ausˌschließen, jdn entlassen: **è stato scartato alla leva**, er ist ausgemustert/[für wehrdienstuntauglich erklärt] worden **4** (nei giochi di carte) **~ (qc)** {ASSO} etw abˌlegen: **a chi tocca ~?**, wer muss ablegen?

scartàre[2] **A** itr **1** (deviare) **~ (+ compl di luogo)** {CAVALLO} (irgendwo) ausˌbrechen; {AUTOMOBILE} anche (irgendwo) ins Schleudern geraten, (irgendwo) schleudern **2** sport (nel ciclismo) plötzlich nach einer Seite ausˌbrechen **B** tr sport (nel calcio) **~ qu** {AVVERSARIO} jdn ausˌspielen, jdn umdribbeln.

scartàta f (scarto) {+AUTOMOBILE} Ausbrechen n; {+CAVALLO} anche Eskapade f, Zur-Seite-Springen n.

scartavetràre tr fam (carteggiare) **~ qc** {FINESTRA, MOBILE, RINGHIERA} etw (ab)schmirgeln.

scartavetràta f (passata con la carta vetro) Schmirgeln n.

scàrto① m 1 gener Aussondern n, Aussortieren n: **fare lo ~ dei vestiti vecchi**, alte Kleider aussortieren 2 (*residuo*) {+CARNE} Abfall m; {+VESTITI} Ausschuss m, Ramsch m *fam spreg*: **merce di ~**, Ausschussware f; **~ di magazzino**, Ramschware f *fam spreg* 3 *fig* (*inetto*) Taugenichts m *obs spreg*, Niete f *fam*: **è uno ~ d'uomo**, er ist eine Niete *fam* 4 (*nei giochi di carte*) Ablegen n, Abwerfen n, Ausspielen n: **fare/sbagliare lo ~**, ablegen/[falsch ablegen]; (*carta*) abgelegte Karte; **prendere lo ~**, die abgelegten Karten aufnehmen 5 *tip* Makulatur f.

scàrto② m 1 (*deviazione*) Ausbrechen n, Schlenker m; {+CAVALLO} Ausbrechen n, Eskapade f, Sprung m zur Seite: **il camion ebbe uno ~**, der Lastwagen geriet ins Schleudern 2 (*differenza*) {STILISTICO} Unterschied m 3 *mat stat* Abweichung f: **~ medio/[medio semplice]**, mittlere/[einfache mittlere] Abweichung; **~ quadratico medio**, mittlere quadratische Abweichung 4 *sport* (*distanza*) Abstand m, Vorsprung m: **ha vinto con uno ~ di cinque punti**, er/sie hat mit einem Vorsprung von fünf Punkten gewonnen.

scartocciàre <*scartoccio, scartocci*> tr ~ **qc** 1 (*scartare*) {CALDARROSTE} *etw* schälen 2 (*sfogliare*) {MAIS} *etw* entliesehen, *etw* schälen.

scartòffia f <*di solito al pl*> *fam spreg* (*incartamento*) Papier-, Schreibkram m *fam spreg*.

scassacàzzi <-> mf *volg* Quäl-, Plagegeist m *fam*, Störenfried m *fam*, Nervensäge f *fam*, Nervtöter(in) m(f) *fam*.

scassapàlle <-> mf *volg* Quäl-, Plagegeist m *fam*, Störenfried m *fam*, Nervensäge f *fam*, Nervtöter(in) m(f) *fam*.

scassàre A tr 1 (*levare dalle casse*) ~ **qc** {LIBRI, MERCE, SERVIZIO DI BICCHIERI} *etw* aus|packen 2 (*forzare*) ~ **qc** {SERRATURA} *etw* auf|brechen 3 *fam* (*rompere*) ~ **qc** {COMPUTER} *etw* kaputt|machen *fam*, *etw* beschädigen; {BICICLETTA} *anche etw* kaputt|fahren *fam*, *etw* zu Schrott fahren 4 *fig fam* (*prostrare*) ~ **qu** {VIAGGIO} jdn fertig|machen *fam*, jdn erschöpfen 5 *fig fam* (*annoiare*) ~ **qu** {SPETTACOLO} jdn nerven *fam*, jdn an|öden *fam* 6 *agr* ~ **qc** {TERRENO} *etw* um|brechen, *etw* um|graben B *rfl fam* (*rompersi*): **scassarsi** {IMPIANTO} kaputt|gehen *fam*.

scassinàre tr (*forzare*) ~ **qc** {PORTA} *etw* auf|brechen, *etw* knacken *fam*.

scassinatóre, (**-trice**) m (f) (*chi scassina*) Einbrecher(in) m (f), Knacker m *fam*.

scàsso m 1 *agr* Umbrechen n, Umgraben n 2 *dir* Einbruch m: **furto con ~**, Einbruchdiebstahl m.

scat <-> m *mus* Scat m.

scatafàscio <-> m *fam*: **a ~**, drunter und drüber *fam*, durcheinander.

scatarràre *itr* (*espellere catarro*) Schleim aus|husten/aus|werfen, expektorieren.

scatenaménto m *anche fig* (*lo scatenarsi*) {+CANI} Loslassen n; {+PASSIONI} Entfesselung f.

scatenànte *agg fig med* (*che provoca*) auslösend: **causa ~**, Auslöser m.

scatenàre A tr 1 *rar* (*liberare dalla catena*) ~ **qc** {CANE} *etw* von der Leine los|machen, *etw* (*dat*) freien Lauf lassen 2 *fig* (*far nascere*) ~ **qc** {ALLERGIA, INVIDIA, PANICO} *etw* aus|lösen; {PASSIONE} *anche etw* erregen; {GUERRA} *etw* aus|lösen, *etw* entfachen 3 *fig* (*incitare*) ~ **qu/qc** (**a qc**) (*contro qu/qc*) {POPOLO ALLA RIVOLTA} jdn/etw (*gegen* jdn/etw) (*zu* etw) (auf|)hetzen; {IRA CONTRO L'AVVERSARIO} *etw an* jdm/etw aus|lassen; {PASTORE TEDESCO CONTRO L'AGGRESSORE} jdn *auf* jdn/etw hetzen 4 *mil* ~ **qc** {TRUPPE} *etw* los|schicken B *itr pron* 1 (*sollevarsi*): **scatenarsi (contro qu/qc)** {DIMOSTRANTI CONTRO LA POLIZIA} sich (*an* jdm/etw) ab|reagieren, sich (*gegen* jdn/etw) erheben 2 (*infuriare*): **scatenarsi** {TEMPESTA} auf|kommen, los|brechen 3 (*agitarsi*): **scatenarsi** {BAMBINI} aus sich heraus|gehen: **quando parla della sua squadra si scatena**, wenn er/sie von seiner/ihrer Mannschaft spricht, ist er/sie nicht mehr zu halten/bremsen *fam* (*vor lauter Begeisterung*); **scatenarsi (in qc)** {OSPITI NELLE DANZE} sich *in* etw (*acc*) stürzen; **alla festa mi sono proprio scatenato**, auf dem Fest habe ich voll die Sau rausgelassen *fam* 4 (*metterecela tutta*): **scatenarsi** {POLITICO} sich voll ein|setzen *fam*, alles geben; {ATLETA} alles geben, powern: **scatenarsi per conquistare qc**, alles daran|setzen, etw zu erobern 5 (*prorompere*): **scatenarsi** {ISTINTO} hervor|brechen; {POLEMICA} entbrennen.

scàtola A f 1 *gener* {+CIOCCOLATINI, FIAMMIFERI} Schachtel f: **~ di cartone**, Karton m; **~ da scarpe**, Schuhkarton m, Schuhschachtel f; {+PISELLI} Büchse f, Dose f; **~ di ferro/latta**, Eisen-/Blechdose f, Eisen-/Blechbüchse f; **~ di carne/sardine**, Büchse f/Dose f Fleisch/Sardinen; (*pacchetto*) {+FAZZOLETTI DI CARTA} Packung f, Päckchen n; (*cassetta*) Kasten m; **~ dei/di colori**, Farbkasten m 2 <*solo pl*> *fig fam eufem* (*testicoli*) Eier n pl *volg* B <*inv*> *loc agg* 1 (*sottovuoto*): **in ~**, {CARNE} Dosen-, Büchsen- 2 *fig* (*cubitale*): **di ~**, {CARATTERI, LETTERE} Plakat-, Riesen- • **~ armonica/musicale** (*carillon*) Spieldose f; **~ del cambio/differenziale** *autom*, Getriebe-/Differenzialgehäuse n; **comprare/vendere qc a ~ chiusa** *fig* (*senza controllare*), die Katze im Sack kaufen/verkaufen *fam*; **scatole cinesi** (*di misura decrescente*), "chinesische Schachteln" *fig* (*gioco a incastro*), "raffiniertes Steckspiel mit chinesischen Schachteln"; **~ di compressore/pompa** *mecc*, Kompressor-/Pumpengehäuse n, Kompressor-/Pumpenglocke f; **~ cranica** *anat*, (Ge)hirnschale f; **~ di derivazione** *elettr*. Abzweigdose f, Abzweigkasten m; **~ della frizione** *autom*, Kupplungsgehäuse n; **far girare/[rompere] le scatole a qu** *fig fam eufem* (*farlo arrabbiare*), jdm auf den Keks/den Wecker/die Eier *volg* gehen *fam*, jdn auf hundertachtzig bringen *fam*; **mi girano le scatole** *fig fam eufem* (*essere arrabbiato*), ich bin auf hundertachtzig *fam*; **~ degli ingranaggi** *mecc*, Getriebekasten m; **levarsi/togliersi dalla scatole** *fig fam eufem* (*andarsene*), sich davonmachen, abhauen *fam*; **~ nera** *aero*, Blackbox f, Flug(daten)schreiber m; *psic*, Blackbox f; **averne piene le scatole** *fig fam eufem* (*non poterne più*), die Nase (gestrichen) voll haben *fam*; **~ a sorpresa**, Schachte(r)teufel m, Jack-in-the-Box m; **stare sulle scatole a qu** *fig fam eufem* (*essere antipatico*), jdm unsympathisch sein; **mi sta sulle scatole** *fig fam*, der/die geht mir auf die Nerven/mir die Eier *fam spreg*/den Sack *fam spreg*; **~ dello sterzo** *autom*, Lenk(getriebe)gehäuse n; **~ vuota** *fig* (*società di comodo*), Schein-, Briefkastenfirma f.

scatolàme m 1 (*insieme di scatole*) Schachteln f pl 2 *gastr* Konserven f pl.

scatolàre *agg edil* {STRUTTURA} schachtelförmig, Schachtel-.

scatolàto, (**-a**) A *agg gastr* {ALIMENTARI} konserviert, in Dosen, Dosen-, Konservenn- B m Dose f C f (*contenuto*) Konserve f.

scatolétta <*dim di scatola*> f 1 Schächtelchen n, kleine Schachtel 2 *gastr* (*kleine*) Dose, (*kleine*) Büchse.

scatolifìcio <-*ci*> m (*stabilimento*) Büchsen-, Schachtelfabrik f.

scatolìno <*dim di scatola*> m Schächtelchen n, kleine Schachtel • **sembrare uscito dallo ~** *fig fam* (*essere vestito accuratamente*), wie aus dem Ei gepellt sein *fam*; **stare/[tenere qu] nello ~** *fig fam* (⌈*essere trattato con*⌋/[*usare*] *riguardo*), ⌈in Watte gepackt sein⌋/[jdn in Watte packen].

scatologìa f *lett* Skatologie f, schmutzige Ausdrucksweise, Fäkalsprache f.

scatològico, (**-a**) <-*ci*, -*che*> *agg lett* (*scurrile*) skatologisch, schmutzig.

scattànte *agg* 1 (*veloce*) {RAGAZZO} schnell, flink; {MOTORE} spritzig; {AUTO} *anche* spurtschnell 2 *fig* (*agile*) {FIGURA, MOVIMENTO} flink 3 *fig* (*solerte*) {COLLABORATORE} emsig, fleißig, flink.

scattàre A *itr* <*essere o avere*> 1 *gener* {GRILLETTO} los|gehen; {CONGEGNO, INTERRUTTORE, MOLLA} *anche* (los|)schnellen: **fare ~ qc**, *etw* auslösen; {DISPOSITIVO} in Aktion treten; (*chiudersi*) {MANETTE, TRAPPOLA} zu|schnappen; (*aprirsi*) auf|schnappen 2 (*balzare*) ~ (+ *compl di luogo*) {BELVA, RAGAZZO} springen, (*irgendwohin*) schnellen, los|springen: **~ in piedi/sull'attenti**, auf|springen/strammstehen 3 *fig* (*diventare*) ~ **da qc a qc** {SEMAFORO DA VERDE A GIALLO} *von* etw (*dat*) *auf* etw (*acc*) (um|)springen, *von* etw (*dat*) *auf* etw (*acc*) schalten: **scattò il rosso**, die Ampel schaltete auf Rot 4 *fig* (*eseguire velocemente*) springen, spuren *fam*: **quando lui dà un ordine l'equipaggio scatta**, wenn er einen Befehl gibt, spurt die Besatzung *fam* 5 *fig* (*iniziare*) ~ (+ *compl di tempo*) {ASSALTO, OPERAZIONE ANTI-MAFIA, PERIODO DI PROVA} (*irgendwann*) beginnen, (*irgendwann*) in Kraft treten; {TRAPPOLA} zu|schnappen: **scattò a dire che erano tutte bugie**, er/sie platzte mit der Bemerkung heraus, dass das alles Lügen wären; **scattò su a protestare**, er/sie begann zu protestieren; **fece ~ una reazione a catena**, er/sie löste eine Kettenreaktion aus; {PROCEDURA} (*irgendwann*) in Gang gesetzt werden; {ORA LEGALE, ORA SOLARE} (*irgendwann*) beginnen, (*irgendwann*) wirksam werden, (*irgendwann*) in Kraft treten 6 *fig* (*essere intrapreso*) ~ (*contro qu/qc*): **scattarono delle manovre contro il governo**, es wurden Maßnahmen gegen die Regierung getroffen 7 *fig* (*irritarsi*) hoch|fahren, hoch|gehen *fam*, aus|rasten *fam*, an die Decke gehen *fam*: **non si può parlare che subito scatta**, sobald man etwas sagt, geht er/sie an die Decke *fam*; (*nel discorso diretto*) aus|rufen: **"Basta!" scattò**, "Genug!" rief er/sie aus 8 *fig* (*fare uno scatto*) ~ **di qc** {CONTINGENZA DI CINQUE PUNTI} *um* etw (*acc*) steigen, *um* etw (*acc*) in die Höhe schnellen; {STIPENDIO} sich *um* etw (*acc*) erhöhen: **l'impiegato è scattato di grado**, der Angestellte ist ⌈aufgestiegen⌋/[befördert worden], der Angestellte hat einen Sprung nach oben gemacht 9 *autom* {AUTOMOBILE SPORTIVA} beschleunigen 10 (*nell'equitazione*) los|galoppieren 11 *sport* spurten: **è scattato a cento metri dal traguardo**, einhundert Meter vor dem Ziel setzte er zum Spurt an; **~ alla partenza**, starten, losstürmen B tr <*avere*> fot ~ **qc** {ISTANTANEA} *etw* schießen *fam*, *etw* knipsen *fam*.

scattering <-> m *fis* Streuung f.

scattìsta <-*i* m, -*e* f> mf *sport* Sprinter(in) m (f).

scàtto A m 1 (*movimento*) {+MECCANISMO} Auslösen n, Losgehen n; {+TRAPPOLA} Zuschnappen n: **~ a molla**, (Los)schnappen n, (Los)schnellen n; **~ a vuoto**, Versager m (einer Schusswaffe) 2 (*meccanismo*) Auslöser m, Auslösemechanismus m 3 (rumore) Klicken n, Knacken n 4 (sussulto) Ruck m, Zusammenfahren n, Zusammenzucken n: dormendo ebbe uno ~, während er/sie schlief, zuckte er/sie plötzlich zusammen 5 fig (sbotto) Ausbruch m, Anfall m: avere uno ~ d'ira, einen Zorn(es)ausbruch haben; ebbe uno ~ di nervi, seine/ihre Nerven gingen mit ihm/ihr durch fam; avere uno ~, aus der Haut fahren fam 6 fig (aumento) {+STIPENDIO} Erhöhung f 7 artiglieria {+CANE DEL FUCILE} Abzug m 8 fot {+OTTURATORE} Auslöser m; (fotogramma) Einzelbild n 9 mil Abzug m, Abrücken n 10 sport Spurt m, Antritt m ~ bruciante, enorm kräftiger Antritt 11 tel (Gebühren-, Gesprächs)einheit f: ~ alla risposta, Gebühr f bei Verbindungsaufbau B loc avv 1 (con impeto): di ~, {ALZARSI} ruckartig, plötzlich, mit einem Ruck 2 (in modo discontinuo): a scatti, {PARLARE} abgehackt.

scaturire <scaturisco> itr <essere> ~ (da qc) 1 (zampillare) {ACQUA DALLA SORGENTE} (aus etw dat) heraus|sprudeln; {SANGUE DALLA FERITA} (aus etw dat) heraus|laufen, (aus etw dat) heraus|schießen 2 fig (sgorgare) {INGIURIE, MINACCE DALLA BOCCA} (etw dat) entfahren; {PIANTO DAGLI OCCHI} etw (dat) entquellen forb 3 fig (derivare) {CONSEGUENZE DALLE PREMESSE} (etw dat) entspringen, (aus etw dat) hervor|gehen, (aus etw dat) folgen.

scàut e deriv → **scout** e deriv.

scavabùche <-> m agr tec Grubenbagger m.

scavafòssi f agr tec Grabenbagger m.

scavalcaménto m 1 (lo scavalcare) {+OSTACOLO} Überwinden n, Übersteigen n, Überklettern n 2 fig (superamento) {+AVVERSARIO, SUPERIORE} Überholen n 3 mil {+UNITÀ} Überholen n.

scavalcàre <scavalco, scavalchi> tr 1 (passare sopra) ~ qc {RECINTO} über etw (acc) klettern, über etw (acc) steigen; {COLLINA} etw überqueren 2 (disarcionare) ~ qu/qc jdn/etw ab|werfen, jdn/etw aus dem Sattel heben/werfen 3 fig (superare) ~ qu {CAPUFFICIO, CONCORRENTE} jdn überflügeln, jdn überholen, jdn aus|booten fam; ~ qc {CONFINI} etw überschreiten; {OSTACOLO} etw überwinden, etw übersteigen, etw überklettern; ~ un partito a destra/sinistra, eine Partei rechts/links überholen 4 artiglieria ~ qc {BOCCA DI FUOCO} etw aus der Lafette heben 5 econ {MERCATO FRANCESE} etw überflügeln 6 lavori femminili ~ qc {PUNTO} etw ab|nehmen.

scavàre A tr 1 gener ~ qc {CUNICOLO, FOSSO} etw graben, etw aus|heben; {LEGNO, PIETRA} etw aus|höhlen; {GALLERIA} etw bohren, etw graben 2 (scollare) ~ qc {COLLO DI UNA CAMICIA, VESTITO} etw (tief) aus|schneiden 3 fig (indagare) ~ (qc) etw heraus|bekommen, nach|forschen, nach|bohren B itr a forza di ~ seppi che mentiva, da ich nicht locker ließ, bekam ich heraus, dass er/sie log 4 fig (trovare) ~ qc auf etw (acc) stoßen: da dove avrà scavato questa storia?, wo hat er/sie nur diese Geschichte her? fam 5 fig (tirare fuori) ~ qc {VECCHIA STORIA} etw aus|graben; {ARGOMENTAZIONI INCONSUETE} etw hervor|ziehen 6 archeol ~ {CITTÀ, TESORO} etw aus|graben 7 min ~ qc {DIAMANTI} etw fördern B itr ~ (+ compl di luogo) 1 (indagare) (irgendwo) nach|forschen, (irgendwo) Nachforschungen an|stellen: hanno scavato nell'ambiente della droga, sie haben in der Drogenszene Nachforschungen angestellt 2 archeol (irgendwo) aus|graben, (irgendwo) Ausgrabungen vor|nehmen.

scavatóre, (-trice) A agg (che scava) {MACCHINA} Bagger- B m (f) 1 (operaio) Erdarbeiter(in) m(f); (macchinista) Baggerführer m 2 archeol Ausgräber(in) m(f) C f (macchina) Bagger m.

scavatùra f 1 anche agr Graben m; (azione) anche Graben n; (luogo) Grube f, Graben m; (materiale) Aushub m 2 (scollo) {+VESTITO, ecc.} Ausschnitt m.

scavezzacòllo, (rar -a) A <-> mf (scapestrato) Draufgänger(in) m(f) B loc avv (precipitosamente): a ~, {SCENDERE} wie ein Wahnsinniger/Irrer fam, in halsbrecherischem Tempo.

scàvo m 1 (lo scavare) {+GALLERIA, TRINCEA} Grabung f, Graben m, Ausheben n 2 (luogo) Grube f, Graben m, Aushöhlung f; <di solito al pl> archeol (Aus)grabung f: visitare gli scavi, die Ausgrabungen besichtigen; edil Baugrube f; ~ di fondazione, Fundamentaushub m, Baugrube f 3 (scollo) {+COLLO DELLA CAMICIA} Ausschnitt m 4 min Abbau m: ~ a cielo aperto, Tagebau m.

scazzàre A tr fam (sbagliare) ~ qc {COMPITO IN CLASSE} etw daneben|hauen fam B itr pron volg fam (scocciarsi): scazzarsi genervt sein fam, die Nase/Schnauze voll haben fam: a lungo andare si è scazzato, mit der Zeit hatte er die Schnauze voll vom fam 2 (avvilirsi): scazzarsi gefrustet/frustriert sein fam C rfl rec (litigare): scazzarsi (con qu) (su qc) (mit jdm) (wegen etw gen) Stunk/Zoff haben fam spreg, sich (mit jdm) (wegen etw gen) fetzen slang.

scàzzo m volg 1 (noia) Öde f: che ~ quella conferenza!, zum Einschlafen, der Vortrag! 2 (dissenso) (Mords)krach m fam, Stunk m fam spreg, Zoff m fam: fra quei due ci sono stati degli scazzi, die beiden hatten Stunk/Zoff miteinander fam spreg 3 (situazione difficile) Schlamassel m fam, Patsche f fam.

scazzottàre fam A tr (prendere a cazzotti) ~ qu jdn (ver)prügeln B rfl rec (picchiarsi): scazzottarsi sich prügeln, raufen.

scazzottàta f fam, **scazzottatùra** f fam (rissa) Prügelei f, Schlägerei f, Rauferei f.

scecciàrio <-ri> m banca Scheckheft n.

scégliere <irr scelgo, scelsi, scelto> A tr 1 gener ~ qu/qc {PAROLE ADATTE} jdn/etw wählen; {COLLABORATORE, LAVORO, TESSUTO} anche jdn/etw aus|suchen, jdn/etw aus|wählen: ho scelto innanzitutto la destinazione, ich habe zuerst den Zielort ausgewählt; bisogna ~ se andare al mare o in montagna, wir müssen uns entscheiden, ob wir ans Meer oder in die Berge fahren; ho già scelto dove trasferirmi, ich habe schon entschieden, wohin ich ziehe; ~ qu/qc come/per qc {COME/PER AMICO} jdn/etw als jdn/etw erwählen forb; ~ qu in moglie, jdn zu seiner Frau erwählen forb; come residenza ho scelto un piccolo paese, als Wohnsitz habe ich ein kleines Dorf gewählt; ~ qc per qu/qc {NOME PER UN NEGOZIO} etw für jdn/etw aus|wählen; {VESTITO PER IL FIGLIO} anche etw für jdn/etw aus|suchen; ~ qu/qc fra qu/qc {DI CENTO CANDIDATI} jdn/etw unter jdm/etw aus|wählen; fra tutte le offerte di lavoro ho scelto questa, unter allen Arbeitsangeboten habe ich dieses ausgewählt; (uso assol) eine Wahl treffen, sich entscheiden; ho scelto così, ich habe mich so entschieden; scegli pure a tuo piacere!, wähle ganz nach Belieben! 2 (selezionare) ~ qc {INSALATA, RISO} etw (aus)|sortieren, etw (aus)|lesen: ~ la frutta matura da quella acerba, das reife Obst von dem unreifen trennen 3 (preferire) ~ qc {VITA SOLITARIA} etw vor|ziehen: ~ di fare qc, scegliere piuttosto di restare, ich würde eher bleiben B rfl indir (trovarsi): scegliersi qu/qc {AMICO, LIBRO} sich jdn/etw aus|suchen • abbiamo da|[possiamo] ~ fig (ci sono molte possibilità), wir haben die Wahl, wir können wählen; c'è da ~! fig (ci sono molte possibilità), die (freie) Auswahl haben; non c'è molto da ~ (ci sono poche possibilità), wir haben keine große Auswahl; c'è poco da ~ (c'è solo una possibilità), es gibt keine andere Wahl.

sceglitóre, (-trice) m (f) (chi sceglie) Auswähler(in) m(f); {+FRUTTA} Sortierer(in) m(f), Ausleser(in) m(f).

sceiccàto m (titolo) Scheich(swürde f) m; (territorio) Scheichtum n.

sceìcco <-chi> m Scheich m.

scekeràre → **shakerare**.

scélgo 1ª pers sing dell'ind pres di scegliere.

scelleràta f → **scellerato**.

scelleratàggine, **scelleratézza** f 1 (infamia) {+STRAGE} Frevelhaftigkeit f forb 2 (azione) Schandtat f, Frevel m forb, Freveltat f forb: commettere una ~, eine Schandtat begehen.

scelleràto, (-a) A agg 1 (malvagio) {ANIMA} niederträchtig, skrupellos, ruchlos: le sue sono mani scellerate, an seinen/ihren Händen klebt Blut 2 (iniquo) {VITA} frevelhaft forb, frevlerisch forb; {PAROLE} anche schändlich B m (f) Missetäter(in) m(f), Frevler(in) m(f) forb, ruchloser Mensch forb, Bösewicht m obs.

scellino m banca {AUSTRIACO, SOMALO} Schilling m: ~ inglese stor, Shilling m.

scélsi 1ª pers sing del pass rem di scegliere.

scélta f 1 gener {+CRAVATTA, MESTIERE} (Aus)wahl f: fare una buona/cattiva ~, eine gute/schlechte Wahl treffen 2 (assortimento) {+GONNE, TESSUTI} Auswahl f, Sortiment n: c'è molta/poca ~, es gibt eine/keine große Auswahl 3 (decisione) {GIUSTA, SBAGLIATA} Entscheidung f: per libera ~, aus freiem Entschluss 4 (selezione) {+RACCONTI} Auswahl f, Auslese f 5 filos Entscheidung f • a ~ (a piacere), zur Auswahl, nach Belieben/Wunsch; ~ di campo sport (nel calcio), Seitenwahl f; fig (schieramento), Wahl f des Lagers; non c'è altra ~ fig (non c'è altra possibilità), es gibt keine andere Wahl; (merce) di prima/primissima/seconda ~ (di qualità ottima/scadente), (Ware) f erster/allererster/zweiter Wahl.

scélto, (-a) A part pass di scegliere B agg 1 gener {FRUTTA, MERCE, RACCOLTA} ausgewählt, ausgesucht, erlesen 2 (eccellente) {PILOTA} ausgezeichnet, vorzüglich; {TIRATORE} Scharf- 3 (distinto) {CLIENTELA, PUBBLICO} ausgewählt, erlesen forb 4 (raffinato) {LINGUAGGIO, VOCABOLARIO} gewählt, gepflegt, fein.

scéma f → **scemo**.

scemàre A tr <avere> lett (ridurre) ~ qc {DEBITO, PREZZO} etw herab|setzen, etw verringern B itr <essere> 1 (diminuire) {FORZE} nach|lassen, ab|nehmen, ab|flauen, sich verringern 2 (perdere) ~ di qc {DI AUTORITÀ, DI PESO} an etw (dat) verlieren 3 astr {ASTRO} ab|nehmen.

scemàta f fam (stupidaggine) Dummheit f, Blödsinn m fam spreg, Quatsch m fam spreg: dire/fare un sacco di scemate, einen Haufen Dummheiten erzählen/machen fam.

scemènza f (stupidità) {+DISCORSO} Dummheit f, Blödheit f; (atto, parola) Dummheit f, Blödsinn m fam spreg, Quatsch m fam spreg.

scemenzàio <-zai> m (insieme di banalità) (An)sammlung f von Dummheiten/Gemeinplätzen, Blütenlese f iron.

scémo, (-a) A agg 1 (stupido) {RAGAZZO} dumm, blöd(e) fam, dämlich fam spreg, doof fam spreg 2 (banale) {LIBRO} dumm, banal, trivial 3 arch: **arco** ~, Flachbogen m B m (f)

Esel m fam, Dummkopf m spreg, Trottel m fam spreg • fare lo ~ per non pagare il dazio fig (fingersi sciocco), sich absichtlich dumm stellen; mica ~!, gar nicht so blöd!; essere lo ~ del paese/villaggio fig (essere molto sciocco), der Dorftrottel sein fam spreg.

scémpia f → scempio②.

scempiàggine f (stupidaggine) {+ATTO, DISCORSO} Dummheit f, Unsinn m, Albernheit f, Torheit f forb.

scémpio① <-pi> m 1 (violenza) Qual f, Marter f: che ~!, welch Qual! 2 (massacro) {+NEMICI, SELVAGGINA} Massaker n, Gemetzel n 3 (deturpazione) {+CITTÀ} Verschandelung f, Verunstaltung f.

scémpio②, (-a) <-pi> m **A** agg 1 (semplice) {FILO, FIORE, MAGLIA} einfach 2 lett (sciocco) dumm fam, blöd(e) fam 3 ling {CONSONANTE} einfach **B** m (f) lett (sciocco) Dummkopf m spreg, Trottel m fam spreg.

scèna f 1 gener Szene f: ~ comica, komische/lustige Szene; ~ di gelosia/guerra, Eifersuchts-/Kriegsszene f; leggere/provare una ~ d'amore, eine Liebesszene lesen/probieren; ~ di massa, Massenszene f; (parte dell'atto) {TERZA} Szene f, Auftritt m; (luogo) Szene f, Schauplatz m: la ~ è al supermercato, die Szene spielt im Supermarkt 2 (palcoscenico) Bühne f, Szene f 3 (scenario) Szenerie f, Bühnenbild n, Bühnenausstattung f 4 (quinte) Kulisse f 5 <di solito al pl> (teatro) Bühne f 6 (spettacolo) Schauspiel n 7 (fatto) Szene f, Geschehen n: ~ di sangue, Blutszene f 8 <di solito al pl> fam (scenata) Theater n fam, Szene f: fare scene fam, Szenen machen; la sua è tutta ~, das ist doch alles nur Theater, was er/sie macht fam 9 fig (attività teatrale) Theateraktivität f 10 fig (vita) {POLITICA} Szene f, Bühne f; scomparire/uscire dalla ~ letteraria, von der literarischen Bühne abtreten 11 arte (nella pittura) Szene f: il quadro rappresenta una ~ di caccia, das Bild stellt eine Jagdszene dar 12 film Szene f • andare in ~ teat (essere rappresentato), in Szene gehen, zur Aufführung gelangen, inszeniert werden; a ~ aperta teat, auf offener Szene; avere ~ teat (avere presenza scenica), Bühnenpräsenz/Bühnenausstrahlung haben; ₁calcare le₁/[darsi alle] scene fig (fare l'attore), auf der Bühne/den Brettern stehen; entrare in ~ teat, auftreten, die Bühne betreten; fig (presentarsi in pubblico), auf der Bildfläche erscheinen fam, auf|tauchen; essere di ~ teat, auf der Bühne sein; fig (avere un ruolo importante), im Rampenlicht stehen; fare ~ teat, das Publikum fesseln/verzaubern; fig fam (essere vistoso), sich in Szene setzen, sich produzieren fam, Eindruck schinden fam, eine Show ab|ziehen fam; ~ madre teat, Hauptszene f; fig (scenata) Riesenszene f fam, Riesenkrach m fam; mettere in ~ qc teat (rappresentare), etw aufführen, etw inszenieren; scomparire/uscire dalla ~ del mondo! fig eufem (morire), von der Bühne des Lebens abtreten forb eufem, aus dem Leben scheiden; ~ multipla teat (di più ambienti), aus mehreren Bildern bestehende Szene; ~ muta (senza dialogo), stummes Spiel; fare ~ muta teat, stumm spielen; fam (in una interrogazione, un esame, ecc.) {STUDENTE} kein Wort heraus|bringen, keine Antwort wissen, völlig blank sein fam; ritirarsi dalle scene teat (abbandonare la carriera teatrale), auf (s)eine Bühnenkarriere verzichten, den Schauspielberuf an den Nagel hängen fam; uscire di ~ teat, abgehen, abtreten; fig (ritirarsi), ab|treten, sich zurück|ziehen; fig (perdere importanza), von der Bildfläche verschwinden fam.

scenàrio <-ri> m 1 film teat TV (scenografia) Bühnenbild n, Szenerie f: ha creato gli scenari per l'Aida, er/sie hat das Bühnenbild für die Aida entworfen 2 film (sceneggiatura) {+THRILLER} Drehbuch n, Szenario n, Szenarium n 3 teat (canovaccio) {+COMMEDIA DELL'ARTE} Szenarium n, Kanevas m 4 (panorama) Szenerie f, Panorama n: lo splendido ~ delle Alpi Marittime, das herrliche Panorama der Seealpen 5 anche giorn (sfondo) {+CRISI DI GOVERNO, GUERRA NEL KOSOVO, OMICIDIO} Hintergrund m, Szenario n.

scenarista <-i m, -e f> mf film Drehbuchautor(in) m(f).

scenàta f (scena) Szene f, Theater n: fare una ~ di gelosia, eine Eifersuchtsszene machen.

scéndere <irr scendo, scesi, sceso> **A** itr <essere> 1 (andare giù) ~ (+ compl di luogo) {NEL BARATRO, NEL FOSSO} (irgendwohin) hinunter|-, hinab|steigen; {IN CANTINA} (irgendwohin) hinunter|gehen: scendo a comprare il latte, ich gehe hinunter, um Milch zu kaufen; scendevo per le scale e sono caduto, ich ging die Treppe hinunter und fiel (dabei) hin; il Barbarossa scese in Italia nel 1152, Barbarossa zog 1152 nach Italien; (venire giù) {DAL COLLE, DAL QUARTO PIANO, DALLA TORRE} von etw (dat) herunter|-, herab|steigen, von etw (dat) herunter|-, herab|kommen: l'angelo è sceso ad annunciare la buona novella, der Engel stieg hernieder, um die frohe Botschaft zu verkünden forb; ~ a valle, zu Tal fahren/gehen, bergab fahren/gehen; (con un veicolo): l'auto scese dalla montagna, das Auto fuhr den Berg hinunter; {AEREO} hinunter|-, hinab|fliegen; (da un veicolo) {DALLA METROPOLITANA, DAL TRENO} (aus etw dat) aus|steigen, aus etw (dat) steigen; permesso, devo ~, gestatten Sie, ich muss aus|steigen; (smontare) {DA UNA BICICLETTA, DA CAVALLO} (von etw dat) ab|steigen, von etw (dat) steigen; ~ da una nave, von Bord gehen 2 (degradare) ~ (+ compl di luogo) {PIAZZA, STRADA VERSO LA COSTA} (irgendwohin) ab|fallen: le colline scendono verso il piano, die Hügel fallen zur Ebene hin ab 3 (scorrere) ~ + compl di luogo {FIUME VERSO IL MARE} irgendwohin fließen 4 (calare) {NEBBIA, NOTTE} herein|brechen; {SOLE} unter|gehen, versinken 5 (pendere) ~ + compl di luogo {LAMPADARIO DAL CENTROVOLTA} von etw (dat) herab|hängen; {CAPELLI SULLE SPALLE} irgendwohin fallen 6 (diminuire) ~ (da/di/[fino a] [sotto a]/[al di sotto di] qc) {LIVELLO DELL'ACQUA DI TRE METRI; PREZZO; TEMPERATURA SOTTO LO ZERO} (um etw acc/bis zu etw dat/unter etw acc) fallen, (um etw acc/bis zu etw dat/unter etw acc) sinken, econ {TITOLO} (um etw acc/bis zu etw dat/unter etw acc) sinken: l'euro è sceso fino a toccare il suo minimo storico, der Kurs des Euro ist gefallen und hat seinen bisherigen Tiefstwert erreicht; {QUOTAZIONE DI VALORE} (in etw dat) sinken, ab|nehmen; {ORO AI LIVELLI PIÙ BASSI DELL'ANNO} auf etw (acc) zurück|gehen 7 anche fig (affrontare): ~ in campo/lizza/pista, zum Kampf antreten 8 fig (piegarsi) ~ a qc con qu {A UN COMPROMESSO CON I GENITORI} etw mit jdm aus|handeln, mit jdm überein|kommen forb: ~ a patti con qu, sich mit jdm auf etw (acc) einigen, sich mit jdm auf einen Kompromiss einlassen 9 fig (abbassarsi) ~ a qc {A INSULTI} sich zu etw (dat) herab|lassen 10 fig (pervenire a condizione inferiore) ~ di/in qc: ~ di condizione, in schlechtere Verhältnisse geraten; ~ di grado, degradiert werden; ~ molto in basso, sehr tief sinken; è sceso nella mia stima, er ist in meiner Achtung gesunken 11 fig (alloggiare) ~ (+ compl di luogo) {ALLA LOCANDA SOLFERINO} irgendwo ab|steigen 12 fig (fare una tappa) ~ (+ compl di luogo) {A NAPOLI} (irgendwo) Halt/Rast machen 13 fig rar (discendere) ~ da qu/qc {DA UN'ANTICA FAMIGLIA} von jdm/etw ab|stammen 14 (nella moda) ~ + avv {VESTITO BENE, MALE} irgendwie fallen; ~ (+ compl di luogo) {MANTO SULLE SPALLE} (irgendwo) herab|fallen: l'abito da sera le scendeva fino ai piedi, das Abendkleid reichte bis zu ihren Füßen 15 sport (nel calcio): ~ a rete, auf das gegnerische Tor zurennen; (nel tennis) ans Netz gehen **B** tr <avere> ~ qc 1 (discendere) {GRADINI, MONTAGNA, SCALA} etw hinab|-, hinunter|steigen, etw hinab|-, hinunter|gehen 2 region (calare) {CESTO} etw hinunter|lassen 3 (seguire) {TORRENTE} etw hinunter|fahren.

scendibàgno <-> m (tappetino da bagno) Bademattte f.

scendilétto <-> m 1 (tappetino) Bettvorleger m 2 (vestaglia da camera) Morgenrock m.

sceneggiàre (sceneggio, sceneggi) tr film teat ~ qc (per qc) etw in ein Drehbuch (für etw acc) um|arbeiten: ~ un soggetto cinematografico, ein Filmdrehbuch schreiben; radio etw für den Rundfunk bearbeiten; TV {ROMANZO} etw für das Fernsehen bearbeiten.

sceneggiàto, (-a) **A** agg TV {OPERA, SOGGETTO} für das Fernsehen bearbeitet **B** m TV Fernsehfassung f, Fernsehfilm m: abbiamo visto uno ~ in otto puntate, wir haben einen Fernsehfilm in acht Folgen gesehen; (puntate) Fernsehserie f **C** f 1 (messa in scena) Theater n: fare una ~, Theater spielen fam 2 teat Sceneggiata f: ~ napoletana, neapolitanisches Theater.

sceneggiatóre, (-trice) m (f) film radio TV (autore) Film-, Drehbuchautor(in) m(f).

sceneggiatùra f film radio TV Drehbuch n: ~ di ferro, endgültiges/detailliertes Drehbuch; teat Inszenierung f.

scenétta <dim di scena> f 1 teat Sketsch m 2 fig (episodio divertente) heitere/amüsante Szene.

scènico, (-a) <-ci, -che> agg (della scena) szenisch; (del palcoscenico) {APPARATO} Bühnen-.

scenògrafa f → scenografo.

scenografia f teat TV (arte, tecnica) Bühnengestaltung f; (allestimento) Bühnenbild n, Bühnendekoration f; (bozzetto) Bühnenbildentwurf m; film (Film)bauten m pl.

scenogràfico, (-a) <-ci, -che> agg 1 film teat TV {BOZZETTO} Bühnenbild-; {USO DELLE LUCI} bühnenbildnerisch 2 fig (d'effetto) spektakulär, effektvoll: i principi scenografici dell'architettura barocca, die auf Effekt abzielenden Prinzipien der Barockarchitektur 3 fig spreg (sfarzoso) {CERIMONIA} pompös, mit Pomp, theatralisch.

scenògrafo, (-a) m (f) teat TV Bühnenbildner(in) m(f), Szenograph(in) m(f); film Filmarchitekt(in) m(f).

scenotècnica <-che> f teat TV Bühnentechnik f; film Filmarchitektur f.

scentràto, (-a) agg 1 (svitato) {RAGAZZO} verrückt, durchgedreht fam 2 tecnol {PEZZO} ausmittig, außermittig, nicht zentriert.

scentratùra f tecnol Ausmittigkeit f, Außermittigkeit f.

scèpsi <-> f filos Skepsis f.

sceriffo m 1 (magistrato) Scheriff m, Sheriff m 2 fam (vigilante) Wächter m.

scèrnere <irr scerno, scersi, rar scernito> tr lett 1 (discernere) ~ qc etw unterscheiden; (vedere) {FORMA} etw erkennen 2 (selezionare) ~ qu/qc {COMPAGNI} jdn/etw aus|wählen.

scèrsi 1ª pers sing del pass rem di scernere.

scervellàrsi rfl (lambiccarsi il cervello): ~

(su qc) {SUI LIBRI} sich (dat) über etw (acc) den Kopf zerbrechen, sich (dat) über etw (acc) das (Ge)hirn zermartern *fam*: **si è scervellato per trovare una soluzione**, er hat sich (dat) das (Ge)hirn zermartert, um eine Lösung zu finden *fam*.

scervellàto, (-a) **A** agg (*scriteriato*) {GIOVANE} kopflos, unbesonnen, töricht *spreg*: **è un po' ~!**, er tickt nicht ganz richtig! *fam*, er spinnt ein bisschen! *fam* **B** m (f) (*persona dissennata*) kopfloser/ unbesonnener Mensch, Tor m *forb*.

scésa f 1 (*lo scendere*) Abstieg m 2 (*discesa*) {RIPIDA} Abhang m, Lehne f *südt A CH*: **fare una ~**, eine abschüssige Straße hinunterfahren/[einen abschüssigen Weg hinuntergehen].

scési 1ª pers sing del pass rem *di* scendere.

scéso part pass *di* scendere.

scespiriàno, (-a) agg → **shakespeariano**.

scèttica f → **scettico**.

scetticìsmo m 1 (*sfiducia*) Skepsis f: **accogliere qc con un certo ~**, etw mit einer gewissen Skepsis aufnehmen; **mostrare/provare ~ verso qu/qc**, jdm/etw gegenüber Skepsis zum Ausdruck bringen 2 *filos* {+MONTAIGNE} Skeptizismus m.

scèttico, (-a) <-ci, -che> **A** agg 1 (*diffidente*) {ATTEGGIAMENTO, RAGAZZA} skeptisch, zweiflerisch: **essere ~ su/[nei confronti di] qc**, etw (dat) skeptisch gegenüberstehen 2 *filos* {DOTTRINA} Skeptiker-: **filosofo ~**, Skeptiker m **B** m (f) 1 (*chi è diffidente*) Skeptiker(in) m(f), Zweifler(in) m(f): **non fare lo ~!**, sei doch nicht so skeptisch! 2 *filos* Skeptiker(in) m(f).

scèttro m 1 (*bastone*) {+RE} Zepter n, Szepter n *obs*: **tenere in mano lo ~**, das Zepter in der Hand halten 2 *fig polit* (*potere*) {IMPERIALE} Zepter n, Herrschaft f, Macht f: **conquistare/perdere lo ~**, die Macht erobern/verlieren; **deporre lo ~**, das Zepter abgeben 3 *fig* (*primato assoluto*) Primat m o n: **lo ~ della bellezza/dell'eleganza**, der/das Primat der Schönheit/Eleganz 4 *fig giorn sport* Titel m: **detenere lo ~ di campione del mondo**, den Weltmeistertitel innehaben.

scevà <-> m *ling* Schwa n.

scévro, (-a) agg *lett* (*privo*) - **di/da qc** {DA PREGIUDIZI, DI RISCHI} frei *von etw* (dat), ohne *etw* (acc): **un incarico non ~ di responsabilità**, ein verantwortungsvoller Auftrag: **non essere ~ di colpa**, nicht ganz unschuldig/[frei von Schuld] sein.

Schadenfreude <-> f *ted* (*il gioire delle disgrazie altrui*) Schadenfreude f.

schèda f 1 (*cartoncino*) (Kartei)karte f: **compilare una ~**, eine Karteikarte ausfüllen; **ordinare/sistemare le schede nello schedario**, die Karteikarten im Karteikasten ordnen 2 *edit giorn* Stimmzettel m: **~ sulla riforma elettorale**, Stimmzettel m zur Wahlrechtsreform; *scuola* {+APPROFONDIMENTO} Begleitbogen m 3 *radio TV* {FILMATA} (zusammenfassender) Bericht ● **~ anagrafica** *amm*, Einwohner-, Personenstandskartei f; **~ bianca** *polit*, leerer Stimmzettel; **~ bibliografica** (*nelle biblioteche*), Katalogkarte f; **~ del casellario giudiziario** *dir*, polizeiliches Führungszeugnis; **~ contabile** *comm*, Buchhaltungsblatt n; **~ di domanda** *econ*, Nachfrageverzeichnis n; **~ elettorale** *polit*, Wahlschein m, Stimm-, Wahlzettel m; **~ di espansione** *inform*, Speichererweiterungskarte f; **~ grafica** *inform*, Grafikkarte f; **~ madre** *inform*, System-, Hauptplatine f, Motherboard n; **~ magnetica** *inform*, Magnetkarte f; **~ meccanografica** *inform*, Lochkarte f; **~**

nulla polit, ungültiger Stimmzettel; **~ di offerta** *econ*, Angebotsverzeichnis n; **~ perforata** *inform*, Lochkarte f; **~ personale** *amm*, Personalbogen m; **~ di rilevazione** *stat*, Erhebungsbogen m; **~ segnaletica** *amm*, Verbrecherkartei f, Fahndungsblatt n, Steckbrief m; **~ telefonica**, Telefon(magnet)karte f; **~ di valutazione** *scuola*, Bewertungsbogen m.

schedàre tr 1 (*annotare su scheda*) **~ qu/qc** {AUTORE, LIBRO} jdn/etw in den neuesten Stand nehmen/ein|tragen, jdn/etw auf Karteikarten schreiben 2 *amm* **~ qu** {PREGIUDICATI} jdn ins Polizeiregister/[in die Verbrecherkartei] ein|tragen, jdn in die Verbrecherkartei auf|nehmen.

schedàrio <-ri> m 1 (*raccolta di schede*) {+ARCHIVIO, BIBLIOTECA} Kartei f: **aggiornare uno ~**, die Kartei auf den neuesten Stand bringen; **consultare uno ~**, in der Kartei nachsehen 2 (*mobile*) Karteischrank m: **~ rotante**, drehbarer Karteischrank; (*piccolo*) Karteikasten m 3 (*ufficio*) Kartei f ● **~ elettorale**, Wählerliste f, Wählerverzeichnis n; **~ della polizia**, Verbrecherkartei f; **~ tributario** (*anagrafe tributaria*), Steuerkartei f.

schedarista <-i m, -e f> mf (*impiegato*) {+BIBLIOTECA} Karteiführer(in) m(f).

schedàto, (-a) **A** agg 1 (*registrato*) {DATI, LIBRO} registriert, verzettelt, karteimäßig erfasst, auf einer Karte verzeichnet, in einer Kartei enthalten 2 *amm* {CITTADINO} vorbestraft: **essere ~ in questura**, vorbestraft/[in der Verbrecherkartei] verzeichnet sein **B** m (f) *amm* Vorbestrafte mf decl come agg.

schedatóre, (-trice) m (f) (*chi compila schede*) Karteiführer(in) m(f).

schedatùra f 1 (*lo schedare*) Karteiführung f, Eintragung f in eine Kartei, Verzett(el)ung f: **fare la ~ di alcune riviste**, einige Zeitschriften in die Kartei eintragen 2 (*nelle biblioteche*) Aufnahme f/Eintragung f in eine Kartei 3 *amm* {+CRIMINALI} Eintragung f ins Polizeiregister.

schedìna <dim *di* scheda> f 1 Kärtchen n 2 (*del totocalcio*) Tipp-, Totoschein m, Tipp-, Totozettel m: **fare/giocare la ~**, den Tippschein abgeben; (*del lotto*) Lottoschein m; (*del totip*) Pferdelottoschein m.

schéggia <-ge> f 1 (*frammento*) Splitter m: **avere una ~ nel dito**, einen Splitter im Finger haben; **~ di legno/osso/pietra/vetro**, Holz-/Knochen-/Stein-/Glassplitter m; **tagliarsi con una ~ di legno**, sich an einem Holzsplitter/Holzspan schneiden 2 *fig* (*spezzone*) {+MEMORIA, TRASMISSIONE TELEVISIVA} Ausschnitt m, Auszug m ● **a ~** *fig fam* (*a gran velocità*), blitzartig, blitzschnell; **essere una ~** (*spostarsi molto velocemente*), blitzschnell sein, sich in Windeseile/[mit affenartiger Geschwindigkeit] (fort)bewegen; **~ di granata** *mil*, Granatsplitter m; **essere una ~ impazzita** *fig* (*persona o gruppo che agisce in modo imprevedibile*), unkontrollierbar sein, verrückt spielen, außer Kontrolle geraten sein.

scheggiàre <*scheggio, scheggi*> **A** tr (*sbeccare*) **~ qc** {PIASTRELLA} *etw* an|schlagen, ab|splittern **B** itr pron (*sbeccarsi*) **scheggiarsi** {PIATTO} angeschlagen sein: **il bicchiere si è scheggiato**, das Glas ist angeschlagen.

scheggiàto, (-a) agg {VASO} angeschlagen, abgesplittert.

scheggiatùra f 1 (*lo scheggiare, lo scheggiarsi*) Anschlagen n, Absplittern n 2 (*parte scheggiata*) Absplitterung f, Splitter m.

schèi m pl *veneto* (*denaro*) Moneten pl *fam*, Kies m *fam*, Zaster m *fam*.

scheletràto m *med* herausnehmbarer Zahnersatz m.

schelètrico, (-a) <-ci, -che> agg 1 *anat* {APPARATO, STRUTTURA} Skelett- 2 *fig* (*magrissimo*) {VECCHIO} mager, dürr, abgezehrt, hager; {CORPO, MANI, VISO} *anche* knochig 3 *fig* (*essenziale*) {PROSA, STILE} knapp, gerafft, gedrängt.

scheletrìre <*scheletrisco*> **A** tr (*ridurre come uno scheletro*) **~ qu** jdn zum Skelett ab|magern/werden lassen **B** itr pron (*diventare pelle e ossa*): **scheletrirsi** zum Skelett werden, nur noch Haut und Knochen sein, bis auf die Knochen ab|magern.

scheletrìto, (-a) agg 1 (*magro*) {VECCHIO} mager, dürr, abgezehrt, hager 2 (*spoglio*) {ALBERO, RAMO} verdorrt, kahl 3 *fig* (*essenziale*) knapp, gedrängt, gerafft.

schèletro m 1 *anat* Skelett n 2 *bot* {+FOGLIA, PIANTA} Rippenwerk n, Gerippe n 3 *edil* {+EDIFICIO} Rohbau m, Skelett n: **in cemento armato**, Stahlbetonskelett n; {+MOBILE} Struktur f 4 *mar* {+IMBARCAZIONE, NAVE} Gerüst n, Gerippe n, Struktur f 5 *zoo* Tierskelett n 6 *fig lett* (*trama*) {+RACCONTO, TRAGEDIA} (Handlungs)gerüst n ● **avere/tenere uno ~ nell'armadio** *fig* (*nascondere un fatto del passato*), eine Leiche im Keller haben *fam*; ₍essere **magro come**₎/[essere ridotto]/[sembrare] **uno ~** *fig* (*essere molto magro*), spindeldürr/klapperdürr *fam* sein, nur/bloß noch Haut und Knochen sein *fam*, nur/bloß noch aus Haut und Knochen bestehen *fam*.

schèma <-i> m 1 (*piano preliminare*) {+PROGETTO} Schema n, Plan m, Entwurf m: **buttare giù uno ~**, einen Entwurf niederschreiben; **fare uno ~**, ein Schema aufstellen 2 (*modello rigido*) Schema n, Muster n: **~ ideologico**, ideologisches Muster/Schema; **essere legato a certi schemi**, an bestimmte Muster gebunden sein; **~ mentale**, Denkschema n, Denkschablone f *spreg*; **ragionare secondo schemi prestabiliti**, in Schablonen denken *spreg*; **ribellarsi agli schemi tradizionali**, sich gegen traditionelle Schemata/ Muster auflehnen; **avere uno ~ fisso in testa**, ein festes Schema im Kopf haben 3 *filos* Schema n: **schemi trascendentali**, transzendentale Schemata m pl 4 *lett* (*abbozzo*) {+ARTICOLO, COMMEDIA, SAGGIO} Entwurf m, Skizze f, Grundplan m, Gerüst n 5 *tecnol* {+APPARATO, IMPIANTO, MACCHINA} Schema n: **~ grafico**, grafische Darstellung, Aufriss m ● **~ elettrico**/[di circuito] *elettr*, Schaltplan m, Schaltschema n; **~ di flusso**, Flussschema n; *inform*, Flussdiagramm n; **~ di gioco** *sport*, Spielkonzept n; **~ di legge** (*proposta di legge*), Gesetz(es)entwurf m; **~ metrico** *ling*, metrisches Schema, Versschema n.

schematicità <-> f (*natura schematica*) {+GRAFICO} Schematismus m, Schematische n decl come agg.

schemàtico, (-a) <-ci, -che> agg 1 (*essenziale*) {PIANO, PROGETTO} schematisch, skizzenhaft: **in ₍forma schematica₎/[modo ~]**, ₍in schematischer Form₎/[schematisch] 2 (*succinto*) {ESPOSIZIONE} schematisch, bündig 3 (*poco flessibile*) {TRATTAZIONE} starr, schematisch *spreg* 4 *scient tecnol* schematisch.

schematìsmo m *anche filos* Schematismus m.

schematizzàre tr **~ qc** 1 (*ridurre all'essenziale*) {CAPITOLO DI UN LIBRO} *etw* schematisieren 2 *tecnol* {IMPIANTO} *etw* schematisch dar|stellen.

schematizzazióne f 1 (*lo schematizzare*) Schematisieren n 2 (*trattazione schematica*) Schematisierung f 3 (*eccessiva semplifi-*

cazione) Schematisierung f *spreg*, starke Vereinfachung.

schèrma f **1** (*arte, tecnica*) Fechten n, Fechtkunst f **2** *sport* (*disciplina*) Fechten n, Fechtsport m: **campionato di ~**, Fechtmeisterschaft f; **~ di fioretto/sciabola**, Florett-/Säbelfechten n; **maestro di ~**, Fechtmeister m; **scuola di ~**, Fechtschule f; **~ di spada**, Degenfechten n; **tirare di ~**, fechten; **torneo di ~**, Fechtturnier n **3** *sport* (*nel pugilato*) Deckung f: **avere una buona ~**, eine gute Deckung haben.

schermàggio <-gi> m **1** *elettr nucl* Abschirmung f **2** *radio TV* Abschirmung f, Entstörung f.

schermàglia f *fig* (*scontro di idee*) Wortgefecht n, (Wort)geplänkel n, Plänkelei f: **ci fu qualche ~ tra i membri della commissione**, es kam zu einem Wortgeplänkel zwischen den Kommissionsmitgliedern • **schermaglie amorose** (*nel corteggiamento mosse di attacco e di difesa*), Liebesgeplänkel n pl.

schermàre tr ~ **qc 1** (*munire di schermo*) (**con qc**) {LUCE DI UNA LAMPADA CON UN PARALUME} *etw* (*mit etw dat*) ab|schirmen, *etw* (*mit etw dat*) ab|dunkeln; {FARI DELLA MACCHINA} *etw* ab|blenden **2** *elettr* {CANDELE DI UN MOTORE, CIRCUITO, DISPOSITIVO} *etw* ab|schirmen **3** *nucl* {REATTORE NUCLEARE, SORGENTE DI RADIOATTIVITÀ} *etw* ab|schirmen **4** *radio TV etw* ab|schirmen, *etw* entstören.

schermàta f *inform* Bildschirminhalt m.

schermàto, (-a) agg **1** (*protetto da schermo*) {LAMPADA} abgeschirmt, abgedunkelt **2** *elettr* {CAVO} entstört **3** *nucl* {REATTORE} abgeschirmt **4** *radio TV* {ANTENNA RADIO} abgeschirmt, entstört.

schermatùra f **1** (*lo schermare*) {+FARI} Abblendung f **2** (*protezione*) Abschirmung f, Schild n **3** *elettr nucl* Abschirmung f **4** *radio TV* Abschirmung f, Entstörung f.

schèrmico, (-a) <-ci, -che> agg *film* Leinwand-.

schermidóre, (-a) → **schermitore**.

schermìrsi <mi schermisco> rfl **1** (*ripararsi*): **~ qc** (**con qc**) **da qc** {OCCHI CON GLI OCCHIALI DAL SOLE} *etw* (*mit etw dat*) schützen **2** (*sottrarsi*): **~ da qc** {DAI COLPI DELL'AVVERSARIO} sich *etw* (*dat*) entziehen **3** *fig* (*eludere*): **~ da qc** {DA DOMANDE IMBARAZZANTI} *etw* (*dat*) aus|weichen, *etw* (*dat*) aus dem Weg gehen.

schermìstico, (-a) <-ci, -che> agg *sport* (*della scherma*) {AZIONE, CAMPIONATO, INCONTRO, TECNICA} Fecht-.

schermitóre, (-trice) m (f) *sport* **1** (*nella scherma*) Fechter(in) m(f) **2** (*nel pugilato*) (*pugile*) "Boxer(in) m(f) mit guter Technik, aber ohne Schlagkraft".

schèrmo m **1** (*protezione*) Schutz m: **crema solare a ~ totale**, Sonnenblocker m, Sonnencreme mit hundertprozentigem Sonnenschutz **2** (*barriera*): **~ della nebbia**, Nebelwand f **3** *fig* (*riparo*): **fare da ~ a qu**, jdn schützen, jdm Schutz gewähren, jdn abschirmen; **farsi ~ con la mano**, sich mit der Hand abschirmen/schützen; **trovare ~**, Zuflucht/Unterschlupf finden **4** *film* (Kino)leinwand f: **~ gigante**, Breitwand f; **~ panoramico**, Panoramaleinwand f, Breitwand f; **~ di proiezione**, Projektionsschirm m, Bildwand f **5** *fig film* (*sala di proiezione*) Kino n, Kinosaal m: **il film uscirà sui nostri schermi a Natale**, der Film kommt bei uns Weihnachten in die Kinos/[ist bei uns Weihnachten zu sehen) **6** *fig film* (*cinema*): **adattare per lo ~ una commedia**, eine Komödie für das Kino bearbeiten; **una diva dello ~**, eine Filmdiva, ein Filmstar **7** *inform* Bildschirm m **8** *tecnol* Schirm m **9** *TV* Fernseh-, Bildschirm m: **~ piatto**, Flachbildschirm m; **stare davanti allo ~**, am Fernseher/vor dem Bildschirm sitzen • **~ giallo** *antinebbia* (*sui fari delle macchine*), gelbe Scheinwerferblende; **~ acustico** *tecnol*, Schallwand f, Schallschutzwand f; **~ antiradiazioni** *tecnol*, Strahlenabschirmung f, Strahlen(schutz)schild n; **~ elettrico/elettromagnetico** *elettr*, elektrischer/elektromagnetischer Schirm; **il grande ~** (*il cinema*), das Kino; **~ fluorescente/luminescente** *tecnol*, Leuchtschirm m; **~ magnetico** *tecnol*, magnetischer Schirm; **~ ottico** *film fot ott*, Projektions-, Bildwand f; **il piccolo ~** (*la televisione*), das Fernsehen; **~ protettivo**, Schutzschirm m; **~ radar** *tecnol*, Radarschirm m.

schermografàre tr *med* ~ **qc** {POLMONI} *etw* röntgen, eine Röntgenaufnahme *von etw* (*dat*) machen, *etw* durchleuchten.

schermografìa f *med* Röntgenaufnahme f, Durchleuchtung f: **fare la ~ dei bronchi**, sich (*dat*) die Bronchien röntgen lassen.

schermogràfico, (-a) <-ci, -che> agg *med* {ESAME, INDAGINE} Röntgen-.

schernìre <schernisco> tr (*deridere*) **~ qu/qc** jdn/etw verhöhnen, jdn/etw verspotten, jdn/etw aus|lachen.

schernitóre, (-trice) **A** agg (*beffardo*) {ARIA, SORRISO} spöttisch, (ver)höhnend, höhnisch **B** m (f) (*chi schernisce*) Spötter(in) m(f), Verhöhner(in) m(f).

schèrno m **1** (*derisione*) Hohn m, Spott m: **dire/fare qc per ~**, etw aus Spott sagen/machen; **farsi ~ di qu/qc**, jdn/etw verhöhnen, jdn/etw verspotten; **un gesto/sorriso di ~**, eine höhnische Geste⌋/[ein spöttisches Lächeln]; **essere oggetto di ~**, zum Spott (der Leute) werden **2** (*zimbello*) Gespött n, Zielscheibe f des Spottes: **è diventato lo ~ di tutti**, er ist zum Gespött aller geworden, alle haben ihn auf dem Kieker *fam* norddt.

scherzàndo <-> m *mus* scherzando (*heiter vorzutragen*).

scherzàre itr **1** (*dire cose spiritose*) **~ (con qu)** (*mit jdm*) scherzen forb, (*mit jdm*) spaßen: **scherza sempre con gli amici**, er/sie ⌊scherzt forb⌋/[neckt sich] immer mit den Freunden; **con lo ~ non si può mai ~**, du verstehst nie einen Spaß **2** (*giocare*) {CUCCIOLO} spielen, herum|tollen; **i ragazzi scherzano tra loro**, die Jungen/Jungs spielen miteinander; *lett* **~ (con qc)** (*VENTO CON LE FOGLIE*) *mit etw* (*dat*) spielen **3** (*prendersi gioco*) **~ (su qu/qc)** (*über jdn/etw*) scherzen, (*über jdn/etw*) Witze machen: **~ su tutto**, über alles Witze machen **4** (*non fare sul serio*) scherzen forb, einen Scherz/Spaß/Witz machen: **scherzi o dici sul serio?**, machst du Witze oder meinst du das im Ernst?; **sto scherzando!**, ich hab nur Spaß gemacht; **non è vero, stavo scherzando**, das ist nicht wahr, ich habe nur einen Scherz gemacht; **non sto scherzando**, ich mache keine Witze, ich meine das/es ernst; **scherzi?**, machst du Witze?; **vuoi ~, vero?**, das soll wohl ein Witz sein, oder? **5** *fig* (*trattare con leggerezza*) **~ con qu/qc** *mit jdm/etw* scherzen forb, *mit jdm/etw* spaßen: **con le forbici non si scherza**, mit Scheren ist nicht zu spaßen, Scheren sind kein Spielzeug • **c'è poco da ~** (*la situazione è seria, non la si può sottovalutare*), da gibt's (überhaupt) nichts zu lachen, das ist überhaupt nicht lustig; **con gente come quella non si scherza** (*si fa sul serio*), mit solchen Leuten ist nicht zu spaßen; **preferisco controllare se ho chiuso bene: col gas non si scherza** (*è pericoloso*), ich sehe besser mal nach, ob ich den Gashahn richtig zugedreht habe: mit Gas ist nicht zu spaßen; **con le alterazioni del ritmo cardiaco non si scherza**, Herzrhythmusstörungen sollte/darf man nicht auf die leichte Schulter nehmen.

scherzétto <dim di scherzo> m **1** *fig* (*impresa facile*) Kinderspiel n: **è uno ~ andare a nuoto fino agli scogli**, es ist ein Kinderspiel, bis zu den Klippen zu schwimmen **2** *iron* (*tiro mancino*) Streich m: **gli hanno combinato un bello ~**, sie haben ihm einen schönen Streich gespielt.

schèrzo A m **1** (*burla*) Scherz m, Spaß m: **uno ~ divertente/riuscito**, ein amüsanter/gelungener Scherz; **qui non gli piacciono gli scherzi**, mit ihm ist nicht zu spaßen **2** *fig* (*tiro mancino*) Streich m: **combinare uno ~ a qu**, jdm einen Streich spielen; **l'età fa brutti scherzi**, das Alter kann einem übel mitspielen; **fare/giocare un brutto ~ (a qu)**, jdm einen bösen Streich spielen, jdm übel mitspielen; **la mia memoria a volte fa certi scherzi ...**, mein Gedächtnis spielt mir manchmal einen Streich ... **3** *fig* (*impresa facile*) Kinderspiel n: **per lei l'algebra è uno ~**, Algebra ist für sie ein Kinderspiel; **non è mica uno ~ arrampicarsi fin lassù**, es ist nicht gerade ein Kinderspiel, bis dort hinaufzuklettern **4** *lett* (*componimento poetico scherzoso*) Scherz-, Spottgedicht n **5** *mus* Scherzo n **B** loc avv (*non sul serio*): **per ~**, zum/aus Spaß, zum Scherz, aus Jux *fam*, spaßeshalber • **scherzi d'acqua/di luce** (*getti d'acqua/effetti di luce*), Wasser-/Lichtspiele n pl; **è uno ~ da bambini** (*è una cosa facile*), das ist ein Kinderspiel; **bello/brutto ~** (*azione sleale*), böser Streich; **fare uno ~ a qu** (*prendersi gioco di qu*), jdm einen Streich spielen; **gli scherzi del destino** *fig* (*eventi inattesi*), die Launen des Schicksals; **~ di natura** *fig* (*persona, cosa o animale con una grave anomalia*), Laune f der Natur; **neanche/nemmeno/neppure per ~!** (*per nessuna ragione*), auf gar keinen Fall!; **scherzi a parte!** (*parlando seriamente*), Spaß beiseite!; **lasciare/mettere da parte gli scherzi** (*smettere di scherzare*), den Spaß (einmal) beiseite lassen; **~ di penna** (*ghirigoro*), Schnörkel m; **~ pesante** (*~ volgare*), übler Scherz, geschmackloser Witz; (*che può danneggiare qu*), folgenschwerer Scherz; **prendere tutto in ~** (*non prendere nulla sul serio*), mit allem spaßen, alles auf die leichte Schulter nehmen; **~ da prete** *fig fam* (*di cattivo gusto*), blöder/schlechter/geschmackloser Scherz; **senza scherzi** (*parlando sul serio*), im Ernst, ohne Witz/Scherz; **stare allo ~** (*accettarlo*), Spaß vertragen (können); **non sa stare allo ~** (*si offende facilmente*), er/sie versteht keinen Spaß; **lo ~ è bello quando dura poco** *prov*, in der Kürze liegt die Würze *prov*; **~ di mano, ~ da villano** *prov*, wer nichts im Kopf hat, hat es in den Händen.

scherzosaménte avv (*in tono scherzoso*) scherzhaft.

scherzóso, (-a) agg **1** (*spiritoso*) {CARATTERE, UOMO} lustig, spaßig **2** (*arguto*) {GESTO, PAROLE, TONO} scherzhaft, spaßhaft.

schettinàggio <-gi> m (*pattinaggio a rotelle*) Rollschuhlaufen n.

schettinàre itr (*pattinare con i pattini a rotelle*) Rollschuh laufen.

schèttino m (*pattino a rotelle*) Rollschuh m.

schiàccia f *region gastr* (*focaccia*) Fladen(brot n) m.

schiacciaménto m **1** (*lo schiacciare*) {+CAPPELLO} Zerdrücken n, Plattdrücken n; {+INSETTO} *anche* Zerquetschen n; {+NOCI, PINOLI} Knacken n **2** (*l'ammaccare*) {+PARAURTI} Verbeulen n **3** *astr* Abplattung f: **~ degli astri**, Abplattung f sich drehender Himmels-

schiaccianoci | schiaritura

körper; ~ **polare**, polare Abplattung **4** *mecc* Stauchung f **5** *med* {+TORACE} Quetschung f.

schiaccianóci <-> m *(attrezzo)* Nussknacker m.

schiacciànte agg **1** *(irrefutabile)* {PROVA} schlagend, unanfechtbar **2** *(molto netto)* {VITTORIA} überwältigend; {SUPERIORITÀ DEL NEMICO} erdrückend.

schiacciapatàte <-> m *(arnese da cucina)* Kartoffelstampfer m.

schiacciàre <schiaccio, schiacci> **A** tr **1** *(ridurre in poltiglia)* ~ **qc** {VERDURA COTTA} *etw* zerdrücken, *etw* (zer)quetschen; {PATATE} *anche etw* zerstampfen; ~ **qc** {CON qc} {PINOLI COL PESTELLO} *etw* (mit *etw* dat) zerdrücken **2** *(rompere)* ~ **qc** {MANDORLE, NOCI} *etw* knacken, *etw* auf|schlagen **3** *(pestare)* ~ **qc** {MOZZICONE, SCARAFAGGIO} *etw* zertreten; {ERBA DEL PRATO} *etw* nieder|treten, *etw* nieder|trampeln *fam*; {FIORE} *anche etw* um|knicken; ~ **qc a qu** {PIEDE A UN PASSEGGERO} *jdm auf etw* (acc) treten **4** *(travolgere)* ~ **qu/qc** {VALANGA CASE, MACCHINE} *jdn/etw* fort|reißen, {CAMION PEDONE} *jdn/etw* überfahren **5** *(appiattire)* ~ **qc** {CAPPELLO} *etw* platt drücken, *etw* zerdrücken **6** *(ammaccare)* ~ **qc** {COFANO DELL'AUTO} *etw* verbeulen **7** *(premere)* ~ **qc** {ACCELERATORE, PEDALE} *auf etw* (acc) treten; {CAMPANELLO, PULSANTE} *etw* drücken **8** *(pigiare)* ~ **qu/qc** {TIFOSI DELLA SQUADRA GIOCATORI} *jdn/etw* drängen **9** *fig (superare)* ~ **qu/qc** {AVVERSARIO POLITICO} *jdn/etw* schlagen **10** *fig (opprimere)* ~ **qu** (CON **qc**) {PADRE FIGLIO CON LA SUA SUPERIORITÀ} *jdn (durch etw* acc) erdrücken, *jdn (durch etw* acc) erschlagen: **era schiacciato dal senso di colpa**, sein Schuldgefühl erdrückte ihn **11** *fig (inchiodare)* ~ **qu** (CON **qc**) {CON PROVE EVIDENTI} *jdn (mit etw* dat) fest|nageln *fam* **12** *tosc scuola (bocciare)* *jdn* durchfallen lassen **13** *sport (nel tennis, nella pallavolo, nel ping-pong)* ~ **(qc)** {LA PALLA} *(etw)* schmettern; *(nella pallacanestro)* einen Korbleger machen **B** *itr pron fig (sbattere con violenza)*: **schiacciarsi contro qc** {MOTOCICLISTA CONTRO UN PALO} *gegen etw* (acc) knallen *fam*, *gegen etw* (acc) donnern *fam* **C** *rfl indir* **1** *(comprimere)*: **schiacciarsi qc** {FORUNCOLI} (sich dat) *etw* aus|drücken; **schiacciarsi qc** (CON **qc**) {DITO CON IL MARTELLO} sich (dat) *etw* (mit *etw* dat) quetschen **2** *(incastrare)*: **schiacciarsi qc in qc** sich (dat) *etw* in *etw* (dat) ein|klemmen: **schiacciarsi la mano nella portiera dell'auto**, sich (dat) die Hand in der Wagentür einklemmen **3** *(appiattirsi)*: **schiacciarsi** {COLLETTO} zerdrückt/platt gedrückt werden.

schiacciasàssi <-> m **1** *(rullo compressore)* Straßen-, Dampfwalze f **2** *fig (chi non si ferma davanti a nessun ostacolo)* willensstarker Mensch, Dampfwalze f: **mio fratello è un vero ~, non lo ferma nessuno, quando è messo in testa qualcosa**, mein Bruder ist eine richtige Dampfwalze, den hält keiner auf, wenn er sich mal was in den Kopf gesetzt hat.

schiacciàta f **1** *(pestata)* Zerstoßen n, Zerstampfen n: **ho dato una ~ alle patate**, ich habe die Kartoffeln zerdrückt/zerstampft **2** *(compressione)* Quetschung f: **mi ha dato una ~ alla milza**, er/sie hat mir die Milz gequetscht **3** *(ammaccatura)* Beule f: ~ **al cofano**, Beule f an der Motorhaube **4** *(veloce stirata)*: **dare una ~ al colletto della camicetta**, den Hemdkragen kurz überbügeln **5** *sport (nella pallavolo, nel ping-pong, nel tennis)* Schmetterball m, Schmetterschlag m, Smash m: **eseguire/fare una ~**, den Ball schmettern; *(nella pallacanestro)* Korbleger m **6** *gastr* Fladen(brot n) m.

schiacciàto, (-a) agg **1** *(ridotto in poltiglia)* {PINOLI} zerdrückt, gequetscht; {PATATE} *anche* zerstampft **2** *(pestato)* {MANDORLE} zerstoßen **3** *(rotto)* {NOCI} geknackt, aufgeschlagen **4** *(ammaccato)* {BANANA} angeschlagen; {COFANO} verbeult, eingedrückt **5** *(appiattito)* {CAPPELLO} platt gedrückt, zerdrückt **6** *(piatto)* {NASO} eingedrückt, platt (gedrückt); {MUSO} eingedrückt **7** *(stritolato)* {DITO, PIEDE} zermalmt, zerquetscht, gequetscht **8** *fig (oppresso)* erdrückt: **essere/sentirsi ~ dal peso della responsabilità**, ₍vom Gewicht der Verantwortung erdrückt werden₎/[sich vom Gewicht der Verantwortung erdrückt fühlen]; **sentirsi ~ da qu**, sich von jdm erdrückt fühlen **9** *astr* {TERRA} abgeplattet **10** *sport (nel tennis, nella pallavolo, nel ping-pong)* {COLPO, TIRO} Schmetter-.

schiacciatóre, (-trice) m (f) *sport spec (nella pallavolo) (giocatore)* Schmetterer(in) m(f).

schiaffàre *fam* **A** tr *(buttare)* ~ **qc + compl di luogo** {LIBRI NELLO ZAINO} *etw irgendwohin* schmeißen *fam*, *etw irgendwohin* knallen *fam*, *etw irgendwohin* werfen **B** *rfl (gettarsi)*: **schiaffarsi + compl di luogo** {SUL DIVANO, A LETTO, IN POLTRONA} sich *irgendwohin* schmeißen *fam*, sich *irgendwohin* hauen *fam*, sich *irgendwohin* werfen: **schiaffarsi a sedere**, sich hinknallen *fam*, sich hinlümmeln *fam spreg* ● **dentro qu fam** *(sbatterlo in carcere)*, *jdn* einlochen *fam*, *jdn* ins Gefängnis werfen; **l'hanno schiaffato dentro**, sie haben ihn eingelocht *fam*/eingesperrt.

schiaffeggiàre <schiaffeggio, schiaffeggi> **A** tr **1** *(prendere a schiaffi)* ~ **qu** *jdn* ohrfeigen **2** *(battere con la mano aperta)* ~ **qc** {LA PALLA} *etw* schlagen **3** *fig (colpire con forza)* ~ **qc** {IL VENTO LA VELA} *etw* schlagen; ~ **qc a qu** *jdn irgendwohin* schlagen: **la pioggia le schiaffeggiava il viso**, der Regen schlug ihr ins Gesicht **B** *rfl rec*: **schiaffeggiarsi** sich ohrfeigen.

schiaffétto <dim di schiaffo> m leichte Ohrfeige.

schiàffo m **1** *(ceffone)* Ohrfeige f: **dare/mollare/tirare uno ~ a qu**, *jdm* eine ₍Ohrfeige geben₎/verpassen *fam*; [knallen *fam*]/[schmieren *fam*]; **un paio di schiaffi**, ein paar Ohrfeigen; **prendersi/ricevere uno ~**, eine ₍Ohrfeige bekommen₎/[(geknallt/geschmiert) kriegen *fam*] **2** *fig (forte percossa)* Schlag m: **gli schiaffi delle onde/del vento**, die Schläge der Wellen/des Windes ● **misurare uno ~** *(fare il gesto di darlo)*, zu einer Ohrfeige ausholen; ~ **morale** *fig (grave umiliazione)*, moralische Ohrfeige, Schlag m ins Gesicht; **ricevere uno ~ morale**, eine moralische Ohrfeige bekommen; **prendere qu a schiaffi** *(riempirlo di schiaffi)*, *jdn* kräftig ohrfeigen; **quando fa così lo prenderei a schiaffi!**, wenn er sich so aufführt, könnte ich ihn ohrfeigen!

schiaffóne <accr di schiaffo> m feste/knallende Ohrfeige, Maulschelle f *fam*.

schiamazzàre *itr* **1** *(starnazzare)* {GALLINE, POLLI} gackern; {OCHE} schnattern **2** *(gridare)* {SCOLARI} schnattern *fam*, kreischen, lärmen.

schiamazzatóre, (-trice) **A** agg *(che disturba la quiete pubblica)* lärmend **B** m (f) *(chi disturba la quiete pubblica)* Ruhestörer(in) m(f), Schreihals m *fam*, Krakeeler m *fam spreg*: **schiamazzatori notturni**, nächtliche Ruhestörer m pl.

schiamàzzo m **1** *(verso stridulo)* {+GALLINE} Gegacker n; {+OCHE} Geschnatter n; {+CORNACCHIE} Gekrächze n **2** *fig (rumore)* {+RAGAZZI} Geschnatter n *fam*, Geschrei n, Lärm m, Gekreische n: **fare ~**, lärmen, schiamazzi notturni, nächtliche Ruhestörung.

schiantàre A tr <avere> **1** *(spaccare)* ~ **qc** {COLPO VETRATA} *etw* zerbrechen, *etw* ein|schlagen; {ACQUA BOLLENTE BICCHIERE} *etw* spalten; ~ **qc (+ compl di luogo)** {URTO MACCHINA CONTRO UN PALO} *etw irgendwohin* schmettern **2** *(svellere)* ~ **qc** {FULMINE ALBERO} *etw* aus|reißen, *etw* entwurzeln **3** *(far scoppiare)* ~ **qc** {PALLONCINO} *etw* zum Platzen bringen **4** *fig (straziare)* ~ **qc** *etw* brechen, *etw* zerreißen: ~ **il cuore di qu**, *jds* Herz brechen, *jdm* das Herz zerreißen **B** *itr* <essere> ~ **(di/da/per qc)** **1** *fam (morire)* *(an/vor etw* dat) sterben **2** *fig fam (crepare)* *vor etw* (dat) platzen: ~ **di fatica**, vor Anstrengung keuchen; ~ **d'invidia**, vor Neid platzen; ~ **dalla rabbia/dalle risa**, vor Zorn/Lachen bersten *forb*/platzen; ~ **per la stanchezza**, vor Müdigkeit umfallen **C** *itr pron* **1** *(fracassarsi)*: **schiantarsi + compl di luogo** {ELICOTTERO AL SUOLO, MOTOSCAFO SUGLI SCOGLI} *an etw* (dat) zerschellen; *autom* {FURGONE CONTRO UN PALO} *gegen etw* (acc) donnern *fam*, *gegen etw* (acc) knallen *fam* **2** *fig (spezzarsi)*: **schiantarsi** zerspringen: **mi si schianta il cuore nel vederlo partire**, mir zerreißt es das Herz, wenn ich ihn wegfahren sehe.

schiànto A m **1** *(lo schiantarsi)* {+AEREO} Zerschellen n; {+TRAVE} Auseinanderbrechen n **2** *(rumore prodotto)* {+TUONO} Krach m **3** *(scoppio)* Knall m **4** *fig (strazio)* Stich m, heftiger Schmerz: **provare/sentire uno ~ al cuore**, einen heftigen Schmerz im Herzen verspüren **5** *fig fam slang (persona o cosa molto bella)* Wucht f *fam*: **una macchina che è uno ~**, ein tolles/umwerfendes Auto *fam*; **quella ragazza è uno ~**, dieses Mädchen ist eine Wucht *fam* **B** *loc avv (all'improvviso)*: **di ~**, schlagartig, plötzlich; **crollare di ~**, plötzlich zusammenstürzen.

schiàppa f *fig fam (incapace)* ~ (**a/in qc**) {NELLA PALLACANESTRO} Niete f *fam* (in *etw* dat), Flasche f *fam* (in *etw* dat), Null f *fam spreg* (in *etw* dat): **essere una ~ a calcio**, im Fußball eine Niete sein *fam*; **come nuotatore, è una ~**, als Schwimmer ist er eine Niete *fam*/Null *fam spreg*.

schiarènte agg *(che rende biondo)* {CREMA, LOZIONE, SHAMPOO} aufhellend.

schiariménto m *fig (spiegazione)* (Auf)klärung f, Erklärung f: **chiedere uno ~ a qu**, von *jdm* eine Erklärung fordern; **dare schiarimenti a qu su una questione**, *jdm* beim Aufklären einer Sache helfen; **esigere uno ~**, eine Erklärung fordern.

schiarìre <schiarisco> **A** tr <avere> ~ **qc** **1** *(rendere chiaro)* {CAPELLI, TINTA} *etw* auf|hellen; {COLORE} *etw* heller machen **2** *(rendere più limpido)* {OLIO, TÈ, VINO} *etw* klarer machen **3** *(diradare)* {BOSCO} *etw* lichten **B** *itr* <essere> *itr pron*: **schiarirsi 1** *(sbiadire)* {COLORE} aus|bleichen **2** *(farsi chiaro all'alba)* {CIELO} dämmern **3** *(tornare sereno)* sich auf|hellen, hell werden **C** *rfl indir (rendere biondo)*: **schiarirsi qc (con qc)** {I CAPELLI CON L'OSSIGENO} sich (dat) *etw (mit etw* dat) auf|hellen **D** *impers* <essere o avere> **1** *(tornare sereno)* {CIELO} sich auf|hellen, hell werden, auf|klaren, sich auf|klären **2** *(far giorno)* hell werden: **comincia a ~**, es beginnt hell/Tag zu werden.

schiarìta f **1** *(ritorno del sereno)* Aufheiterung f: **c'è stata una breve ~**, der Himmel hat sich kurz aufgehellt **2** *fig (distensione)* Verbesserung f, Entspannung f: **una ~ nei rapporti tra i due paesi**, eine Entspannung der Beziehungen zwischen beiden Ländern.

schiaritùra f *(lo schiarire)* {+CAPELLI} Auf-

hellung f; {+OLIO, VINO} anche Klären n.
schiàtta f lett (stirpe) Abstammung f: **essere di nobile ~**, adliger Abstammung sein.
schiattàre itr <-esse-> **1** fig fam (crepare) ~ **di/da qc** vor etw (dat) platzen: **~ d'invidia/di rabbia**, vor Neid/Wut platzen **2** fam (cedere per stanchezza) {MARATONETA} vor Erschöpfung zusammen|brechen.
schiàva f → schiavo.
schiavìsmo m **1** (dottrina) Sklavenwesen n, Sklavensystem n **2** fig (tendenza al soggiogamento) Versklavung f **3** fig scherz (dispotismo) Sklaverei f, Despotie f, Tyrannei f: **non concedere una pausa è puro ~**, keine Pausen zu gewähren, ist ja die reinste Tyrannei.
schiavìsta <-i m, -e f> **A** agg (schiavistico) {STATI} Sklavenhalter- **B** mf **1** (fautore) Verfechter(in) m(f) der Sklaverei **2** fig (sfruttatore) Sklaventreiber(in) m(f).
schiavìstico, (-a) <-ci, -che> agg (fondato sullo schiavismo) {ECONOMIA, REGIME, SOCIETÀ} Sklavenhalter-; {CONCEZIONE, MENTALITÀ, TENDENZA} die Sklaverei verfechtend, die Sklaverei rechtfertigend.
schiavitù <-> f **1** (condizione di schiavo) {ECONOMICA, SOCIALE} Sklaverei f, Versklavung f: **l'abolizione della ~**, die Abschaffung der Sklaverei; **liberarsi dalla ~**, sich aus der Sklaverei befreien; **essere ridotto in ~**, zum Sklaven gemacht sein; **ridurre qu in ~**, jdn zum Sklaven machen; **vivere in ~**, in Sklaverei leben **2** (soggezione politica) {+ITALIA SOTTO L'AUSTRIA} Unterjochung f **3** fig (dipendenza) {+CATTIVA ABITUDINE} Abhängigkeit f, Sucht f, Sklaverei f: **la ~ dell'alcol/del fumo**, die Alkoholabhängigkeit/Alkoholsucht/Nikotinabhängigkeit f.
schiavizzàre tr **1** (rendere schiavo) ~ **qu/qc** {POPOLO} jdn/etw versklaven **2** fig (trattare come schiavo) ~ **qu** {DIPENDENTI, MOGLIE} jdn tyrannisieren, jdn wie einen Sklaven behandeln.
schiavizzazióne f (lo schiavizzare) Versklavung f.
schiàvo, (-a) **A** agg **1** (privo di libertà) {LAVORATORE} Sklaven- ~ **qc** **2** fig (dipendente) ~ **di qc** von etw (dat) abhängig sein: **essere ~ della droga**, drogenabhängig sein; ~ **del fumo/gioco**, nikotin-/spielsüchtig; **essere ~ dei pregiudizi**, in Vorurteilen befangen sein forb; **essere ~ del vizio**, dem Laster ergeben sein **3** fig (succube) ~ **di qu** jdm hörig: **una donna schiava del marito**, eine ihrem Mann hörige Frau **4** fig (dominato) {NAZIONE, POPOLO} versklavt, unterjocht, geknechtet **B** m (f) **1** stor (persona non libera) Sklave m, (Sklavin f): **acquistare uno ~**, einen Sklaven kaufen; **commercio degli schiavi**, Sklavenhandel m; **la condizione dello ~**, der Sklavenzustand; **essere venduto come ~**, als Sklave verkauft werden **2** fig (servo) Diener(in) m(f): **a casa deve fare la schiava**, zu Hause muss sie das Dienstmädchen spielen; **non voglio essere ~ di nessuno**, ich will niemand(em) untertan sein; **essere trattato come uno ~**, wie ein Sklave behandelt werden **C** loc agg **1** <inv>: **alla schiava: bracciale alla schiava**, einfacher Armreif; **sandali alla schiava**, Dianasandale f (Sandalen mit Fesselriemen) **2** fig (duro, faticoso): **da schiavi**, {LAVORO} Sklaven- spreg; {VITA} Hunde- fam spreg.
schidióne f (lungo spiedo) Bratspieß m.
schièna **A** f **1** (dorso) Rücken m: **~ curva**, krummer/gebeugter Rücken; **avere un dolore alla ~**, Rückenschmerzen haben; **soffrire di mal di ~**, an Rückenschmerzen leiden; **gli fa male la ~**, ihm tut der Rücken weh **2** (carne macellata) {+CONIGLIO} (Hoch)rippe f **3** (groppa) {+CANE} Rücken m; {+CAVALLO} anche Kruppe f **B** <inv> loc agg (rialzato al centro e spiovente ai lati): **a ~ d'asino**, {STRADA, VIADOTTO} gewölbt; {PONTE} anche Eselsrücken- **C** loc avv (posteriormente): **di ~**, mit dem Rücken, rücklings; **cadere di ~**, auf den Rücken fallen; **mettersi di ~**, sich umdrehen; **l'ho visto solo di ~**, ich habe ihn nur von hinten gesehen • **avere settant'anni sulla ~** fig fam (sentire il peso dell'età), siebzig Jahre auf dem Rücken/Buckel haben; **colpire/pugnalare qu alla ~** fig (colpire a tradimento), jdm in den Rücken fallen, jdn hinterrücks überfallen spreg; **curvare/piegare la ~**, sich beugen; fig (sottomettersi), sich unterwerfen; **portare qc sulla ~** (sulle spalle), etw auf dem Rücken tragen; **rompersi/spezzarsi la ~**, sich (dat) das Kreuz brechen; fig (ammazzarsi di lavoro), sich ab|plagen, sich ab|schuften fam, sich ab|rackern fam, sich ab|placken region; **avere/sentirsi la ~ rotta** (le spalle e le reni indolenzite), es im Kreuz haben; fig (sentirsi sfinito dalla fatica), völlig kaputt sein fam, sich zerschlagen/kraftlos/ausgelaugt fühlen; **spianare la ~ a qu** fig fam (picchiarlo brutalmente), jdn brutal zusammenschlagen; fig fam (danneggiarlo gravemente), jdm in den Rücken fallen; **voltar la ~** (fuggire davanti a un pericolo), sich auf und davon machen fam, vor etw (dat) weglaufen, den Rücken wenden/kehren forb; **voltare/girare la ~ a qu** (mostrare la ~ a chi sta seduto dietro), jdm den Rücken zuwenden; **scusa se ti volto la ~**, entschuldige, dass ich dir den Rücken zuwende; **voltare la ~ a qu** fig (abbandonarlo nel momento del bisogno), jdn im Stich lassen, jdn hängen lassen fam.
schienàle m **1** (spalliera) {+SEDIA} Rückenlehne f: **~ imbottito/rigido**, gepolsterte/ungepolsterte Rückenlehne; {+DIVANO, POLTRONA} Rückenkissen n, Rückenpolster n **2** autom (Rücken)lehne f, Sitzlehne f, Rückenpolster n: **~ ribaltabile**, umklappbare Rückenlehne **3** gastr (taglio di bestie macellate) Rückenstück n; <solo pl> (midollo) Rückenmark n **4** mar {+BARCA} Heckbrett n.
schienàta f **1** (colpo) Rückenstoß m: **battere/dare una ~**, sich (dat) den Rücken anstoßen/anhauen fam **2** sport (nella lotta) Schultern f.
schièra **A** f **1** (gruppo) {+GIORNALISTI, TIFOSI} Schar f, Menge f, Reihe f: **una nutrita ~ di ammiratori**, eine ansehnliche/beachtliche Schar von Bewunderern; **una lunga ~ di gente davanti allo sportello**, eine lange Schlange von Leuten am Schalter; {+API, FORMICHE, TOPI} Schar f **2** mil Truppeneinheit f, Heerschar f obs: **una ~ di fanti**, ein Infanterietrupp; **mettere in ~**, in Reih und Glied aufstellen; **muovere le proprie schiere**, seine Truppen in Bewegung setzen; **le schiere nemiche**, die feindlichen Truppen; **ordinare le schiere**, seine Reihen ordnen; (esercito) Truppe f, Heer n **B** loc avv **1** (in gran numero): **a schiere** {TURISTI} scharenweise, in hellen Scharen **2** edil: **a ~**, {CASE, VILLETTE} Reihen- **3** (in gruppo): **a ~** {ESERCITO} in Gruppen; **avanzare a ~**, gruppenweise vorrücken • **le schiere celesti**, die himmlischen Heerscharen f pl.
schieraménto m **1** anche mil (disposizione) {+REPARTO} Aufstellung f, Formation f; {+NAVI} Schlachtordnung f: **~ a scacchiera**, schachbrettartige Aufstellung f; (manovra) Aufmarsch m; (reparti schierati) Schlachtordnung f, Stellung f; (fronte) **uno ~ di polizia**, ein Polizeikommando n, Polizeiabteilung f; **~ di soldati/truppe**, Soldaten-/Truppenabteilung f, Soldaten-/Truppenkommando n **2** fig (allineamento) {+PARTITI, SINDACATI} Lager n: **politico**, politisches Lager; **lo ~ delle forze di sinistra**, die Linkskoalition **3** sport (formazione) {+SQUADRA DI CALCIO} Aufstellung f, Formation f: **~ difensivo/offensivo**, defensive/offensive Formation, Verteidigungs-/Angriffsaufstellung f; **~ tattico**, taktische Aufstellung; (nell'automobilismo) {+VETTURE} Anordnung f.
schieràre **A** tr **1** anche mil (disporre) ~ **qu/qc** {ESERCITO, POLIZIOTTI} jdn/etw auf|stellen; {ARTIGLIERIA} etw in Stellung bringen; ~ **qc** {FLOTTA} etw in Schlachtordnung bringen **2** ~ **qc + compl di luogo** {RIVISTE NELLO SCAFFALE} etw irgendwo auf|reihen **3** sport ~ **qc** {FORMAZIONE DI GIOCATORI} etw auf|stellen: **~ in campo una squadra offensiva**, eine Gegenmannschaft aufstellen/[aufs Feld schicken] **4** (negli scacchi) ~ **qc + compl di luogo** {PEZZI SULLA SCACCHIERA} etw auf|stellen **B** rfl **1** anche mil: **schierarsi (+ compl di luogo)** {ESERCITO, TRUPPE} (irgendwo) auf|marschieren, sich (irgendwo) auf|stellen, sich (irgendwo) formieren: **schierarsi in ordine di combattimento**, sich in Kampfstellung bringen; {FORZE DELL'ORDINE} sich auf|reihen; mar {FLOTTA DAVANTI AL PORTO} sich in Schlachtordnung bringen **2** fig (assumere una posizione): **schierarsi con/[in favore di]/[dalla parte di] qu**, ~ **contro qu** für/gegen jdn/etw Partei ergreifen/nehmen **3** sport: **schierarsi + compl di luogo** {GIOCATORI IN CAMPO} sich irgendwo auf|stellen.
schiettaménte avv **1** (inequivocabilmente), rein, eindeutig, unzweideutig: **avere una pronuncia ~ napoletana**, eine eindeutige/echte neapolitanische Aussprache haben **2** fig (in modo sincero) ehrlich, aufrichtig, offen: **gli ho parlato ~**, ich habe offen mit ihm gesprochen.
schiettézza f **1** (genuinità) {+VINO} Unverfälschtheit f, Naturreinheit f **2** (naturalezza) {+LINGUA} Echtheit f, Reinheit f **3** fig (franchezza) Ehrlichkeit f, Aufrichtigkeit f, Offenheit f: **un uomo di grande ~**, ein Mensch von großer Ehrlichkeit, ein grundehrlicher Mensch.
schiètto, (-a) agg **1** (puro) {ORO} rein, echt **2** (sana) {MELA, PESCA} unverdorben **3** (genuino) {CIBO} naturrein, natürlich; {VINO} unverfälscht, naturrein **4** (privo di inflessioni) rein, echt: **parlare in genovese ~**, in reinem genuesischen Dialekt sprechen; **parlare un inglese ~**, ein sauberes Englisch sprechen **5** fig (sincero) {AMICO, MODI, PAROLE} ehrlich, aufrichtig, offen: **essere ~ nel parlare**, offen sprechen • **a dirla schietta** (francamente), offen gesagt.
schifàre **A** tr **1** (disprezzare) ~ **qu/qc** {COMPAGNIA, LAVORO} jdn/etw verachten, jdn/etw verschmähen forb **2** (disgustare) ~ **qu** {RAGAZZO, SPETTACOLO INSEGNANTE} jdn an|ekeln, jdn an|widern, jdn ab|stoßen: **vedere certi film mi schifa**, bestimmte Filme find ich abstoßend/[ekeln mich an] **B** itr pron (provare disgusto): **schifarsi (di qu/qc)** (vor jdm/etw) ekeln, (vor/gegenüber jdm/etw) Ekel empfinden: **si è schifato della carne**, es ekelte ihn/[ihn ekelte sich] vor dem Fleisch, das Fleisch ekelte ihn an.
schifàto, (-a) agg (disgustato) ~ **(da qu/qc)** {ARIA, INVITATO DAL CIBO, DAL COMPORTAMENTO DI QU} (von jdm/etw) angeekelt, (von jdm/etw) angewidert.
schifézza f **1** (ciò che disgusta) Ekelhaftigkeit f, Widerlichkeit f: **questo insetto è una ~!**, dieses Insekt ist ja widerlich!; **che ~ di frittata/vino!**, das Omelett/der Wein ist/schmeckt einfach ekelhaft! **2** (indecenza) Mist m fam, Abscheulichkeit f, Schweinerei f volg spreg: **che ~ prendersela con un bambino!**, es ist eine Schweinerei volg spreg, sei-

nen Ärger an einem Kind auszulassen! **3** (*obbrobio*) Mist m *fam*, Dreck m *fam spreg*, Scheiße f *volg spreg*: **che ~ quel film!**, was für ein Schrott, dieser Film *fam spreg*; das ist vielleicht ein Scheißfilm! *volg spreg*.

schifiltóso, (**-a**) **A** *agg* (*schizzinoso*) {BAMBINO} wählerisch, zimperlich *spreg*, heikel *region* **B** m (f) wählerischer/zimperlicher *spreg* Mensch, Zimperliese f *fam spreg*: **fa sempre lo ~**, er stellt sich immer so (zimperlich) an! *fam spreg*.

schifío *solo nella loc avv region* (*malamente*): **a ~**, {ANDARE} schlecht, beschissen *fam*; {FINIRE} schlimm.

schifo① m **1** (*disgusto*) Ekel m, Widerwille m, Abscheu m: **mettere ~ per qu/qc**, jdn/etw anekeln; **provare/sentire ~ per qu/qc**, Ekel vor jdm/etw empfinden, Widerwillen gegen jdn/etw haben/hegen, sich vor jdm/etw ekeln **2** (*schifezza*) Mist m *fam*, Dreck m *fam spreg*, Scheiße f *volg spreg*: **è uno ~ di arrosto/birra**, der Braten/das Bier schmeckt vielleicht Scheiße *volg spreg*; **è proprio uno ~ quel film!**, der Film ist echt Scheiße! *volg spreg* ● **avere a ~ qu/qc** *fig lett* (*sdegnare*), jds/etw überdrüssig sein *forb*, genug von jdm/etw haben *fam*; **che ~!** (*di disgusto*), so eine Schweinerei! *volg spreg*, pfui Teufel!, igitt!, igittigitt!; **da far ~** *fam* (*molto*), {RICCO} stink- *fam*; {PIGRO} *anche*, scheiß- *volg spreg*; **è fortunato da far ~**, er hat ein unverschämtes Glück, sein Glück stinkt geradezu zum Himmel *fam*; **essere uno ~ di qu/qc** *fig fam* (*essere schifoso*), {D'UOMO, DI MOSTRA, DI TORTA} ein(e) Scheiß- *volg spreg* sein; **qc fa ~ (a qu)** *fam* (*essere nauseante*), {FORMAGGIO, FUNGHI} etw ist eklig, etw ekelt jdn an, etw ist jdm zuwider; **qu/qc fa ~ (a qu)** *fig fam* (*essere ributtante*), {DONNA, ABITO, QUADRO} jd findet jdn/etw widerlich, jd/etw ist abstoßend/ekelhaft; **qu/qc fa ~ fig fam** (*ottenere un pessimo risultato*), {SQUADRA} jd/etw ist/spielt beschissen *fam*/erbärmlich; **mi fa ~ solo a pensarci!**, allein bei dem Gedanken wird mir übel!

schifo② m *mar* Beiboot n; (*da corsa*) Skiff n, Einer m.

schifóso, (**-a**) **A** *agg* **1** (*ributtante*) {UOMO} ek(e)lig, widerlich, abstoßend, widerwärtig; {VERME} ekelhaft, Ekel erregend; {ODORE} *anche* eklig, abscheulich, scheußlich **2** (*sporco*) dreckig, schmutzig **3** *fam* (*degenerato*) {VECCHIO} verkommen, heruntergekommen, schamlos **4** *fig fam* (*pessimo*) {FILM, TEMPO} grauenhaft, scheußlich, miserabel, Mist- *fam spreg*, Scheiß- *volg spreg* **5** *fig fam* (*esagerato*) unverschämt, ausgesprochen, unglaublich: **hai avuto una fortuna schifosa** *fam*, du hast ¸ein unglaubliches Schwein,¸/[unverschämtes Glück]/[ein Schweineglück *fam*] gehabt **B** m (f) *fam* (*degenerato*) Dreckskerl m *volg spreg*, Dreckschwein n *volg spreg*, Drecksack m *volg spreg*.

schilleriàno, (**-a**) *agg lett* (*di F. Schiller*) {DRAMMI, TEATRO} von Schiller, schillersche(r, s), Schillers.

schinière m *artiglieria* {+ARMATURA} Beinschiene f.

schioccàre <*schiocco, schiocchi*> **A** *tr* (*produrre uno schiocco*) **~ qc** {LINGUA} mit etw (*dat*) schnalzen; {DITA} *anche* mit etw (*dat*) schnippen; {CORDA, FRUSTA} mit etw (*dat*) knallen, mit etw (*dat*) schnalzen: **mi ha schioccato un bacio**, er/sie hat mir einen Schmatz gegeben *fam* **B** *itr* (*fare uno schiocco*) {LINGUA} schnalzen; {DITA} *anche* schnippen; {FRUSTA} Knall m, Schnalzer m *fam*.

schiòcco <*-chi*> m (*rumore*) {+LINGUA} Schnalz(er) m; {+DITA} *anche* Schnips m; {+FRUSTA} Knall m, Schnalzer m *fam*.

schiodàre **A** *tr* (*togliere i chiodi*) **~ qc** {CASSA} die Nägel *aus* etw (*dat*) entfernen; (*aprire*) etw aufnageln **B** *rfl fig fam* (*andare via*): **schiodarsi (+ compl di luogo)** (*von irgendwo*) los|kommen, sich (*von irgendwo*) verziehen *fam*: **la vicina non si schiodava più da casa mia**, die Nachbarin ging einfach nicht mehr aus meiner Wohnung.

schioppettàta f *artiglieria* {+FUCILE} Flinten-, Büchsenschuss m: **prendersi/sparare una ~**, einen Schuss aus einer Flinte abbekommen/abgeben ● **costare una ~** *fig* (*molto*), sau-, schweineteuer sein *fam*; **a una ~ da qui** *fig* (*molto vicino*), einen Steinwurf weit von hier *obs*, ganz in der Nähe.

schiòppo m *artiglieria* Flinte f, Büchse f.

schiribìzzo → **sghiribizzo**.

schìsi <-> f *med* Furche f: **~ cranica**, Gehirnfurche f.

schiùdere <*coniug come* chiudere> **A** *tr* (*aprire appena*) **~ qc** {BAMBINO LABBRA; ROSA PETALI} etw (halb) öffnen, etw (halb) auf|machen; **fig ~ qc (a qu/qc)** {ANIMO ALL'AMICO} jdm etw öffnen, jdm etw erschließen: **~ l'animo alla speranza**, wieder Hoffnung schöpfen **B** *itr pron* **1** (*aprirsi*): **schiudersi** {FIORE, PORTA} sich öffnen, auf|gehen; **schiudersi (da qc)** {PULCINO DALL'UOVO} *aus* etw (*dat*) schlüpfen, (*aus* etw *dat*) aus|schlüpfen **2** *fig* (*presentarsi*): **schiudersi (a qu)** {OCCASIONE A UN RAGAZZO} sich jdm bieten **3** *fig* (*manifestarsi*): **schiudersi (a qu)** {VERITÀ ALL'INTERPRETE} sich (*jdm*) zeigen, sich jdm erschließen *forb*.

schiùma **A** f **1** *gener* {+SAPONE} Schaum m: **~ da bagno/barba**, Schaumbad n/Rasierschaum m; **~ della birra/del brodo/del latte/dello spumante**, Bier-/Bouillon-/Milch-/Sektschaum m; {+MARE} Schaum m, Gischt m o f **2** (*bava*) {+CAVALLO} Schaum m, Geifer m **3** *fig* (*feccia*) {+CITTÀ, SOCIETÀ} Abschaum m, Auswurf m **4** *min* ~ **(di mare)**, Sepiolith m, Meerschaum m **B** <*inv*> *loc agg* (*schiumogeno*): **a ~** {DETERSIVO, ESTINTORE} Schaum- ● **avere la ~ alla,**/[fare ~ dalla] **bocca** *fig* (*essere in collera*), vor Wut schäumen; **~ di latice** *tecnol*, Latexschaum m.

schiumaiòla f (*mestolo bucherellato*) Schaumkelle f.

schiumàre **A** *tr gastr* **~ qc** {BRODO, LATTE} etw abschäumen, den Schaum *von* etw (*dat*) ab|schöpfen **B** *itr* **1** (*fare schiuma*) {LATTE, MARE, SAPONE} schäumen **2** (*emettere bava*) **~ (da qc)** {EPILETTICO DALLA BOCCA} *aus* etw (*dat*) schäumen, geifern **3** *fig* (*scoppiare*) **~ da qc** {DALLA RABBIA} vor etw (*dat*) schäumen, (*vor* etw *dat*) geifern *forb spreg*.

schiumaròla → **schiumaiola**.

schiumògeno, (**-a**) **A** *agg* (*che produce schiuma*) {AGENTE, PRODOTTO} Schaum-, schaumerzeugend, schaumfördernd **B** m **1** (*sostanza*) Schaummittel m **2** (*estintore*) Schaumlöscher m, Schaumlöschgerät n.

schiumóso, (**-a**) *agg* **1** (*che fa schiuma*) {LATTE, SAPONE} schäumend **2** (*simile a schiuma*) {CONSISTENZA} schaumig, schaumartig, Schaum-.

schiùsa f (*il dischiudersi*) {+BACHI, UOVA} Ausschlüpfen n.

schiùso, (**-a**) **A** *part pass di* schiudere **B** *agg* **1** (*socchiuso*) {PALPEBRE, PORTA} (halb) geöffnet, (halb) offen; {UOVO} aufgebrochen **2** (*sbocciato*) {BOCCIOLO} geöffnet, aufgegangen, aufgeblüht.

schivàre *tr* **1** *anche fig* (*scansare*) **~ qc** {COLPO, DOMANDA} etw (*dat*) aus|weichen; {PERICOLO} *anche* etw (*dat*) entkommen **2** *fig* (*evitare*) **~ qu** {CONOSCENTE} jdn (ver)meiden, jdm aus dem Weg gehen **3** *fig* (*aborri-* re) **~ qc** {LODI, PUBBLICITÀ} etw verabscheuen **4** *sport* (*nel pugilato*) **~ qc** {PUGNO} etw aus|pendeln; (*uso assol*) ab|ducken.

schivo, (**-a**) *agg* **1** *forb* (*sdegnoso*) **~ di qc** {DI ONORI} etw (*dat*) abgeneigt: **essere ~ a mostrare i propri meriti**, seine Verdienste ungern heraushängen *fam* **2** (*introverso*) {BAMBINO} zurückhaltend, scheu, spröde.

schizo <*inv*> *agg slang iron* (*agitato*) schizo *slang*, ausgeflippt *fam*, ausgerastet *fam*.

schizofrenìa f *psic* Schizophrenie f *scient*, Bewusstseinsspaltung f.

schizofrènico, (**-a**) <*-ci, -che*> **A** *agg* **1** *psic* schizophren **2** *fig* (*folle*) {VITA} schizophren, verrückt, irre *fam* **B** m (f) Schizophrene mf *decl come agg*.

schizogènesi <-> f *biol* {+ALGHE, BATTERI} Schizogenese f.

schizoìde *psic* **A** *agg* {PERSONALITÀ, SOGGETTO} schizoid *scient* **B** *mf* Schizoide mf *decl come agg scient*.

schizomanìa f *psic* Schizomanie f *scient*.

schizomicète m *biol* Spaltpilz m, Schizomycet m *scient*, Schizomyzet m *scient*.

schizotimìa f *psic* Schizothymie f *scient*.

schizzàre **A** *tr* <*avere*> **1** (*emettere*) **~ qc** {SEPPIA LIQUIDO NERO} etw (ver)spritzen: **la ferita schizzava sangue**, aus der Wunde spritzte das Blut; **attento, il rubinetto schizza acqua**, Vorsicht, aus dem Wasserhahn spritzt es **2** (*sporcare*) **~ qc (di qc)** {CAMERIERA GIACCA DI OLIO} etw mit etw (*dat*) bespritzen; {PAVIMENTO DI FANGO} etw mit etw (*dat*) beschmutzen **3** *fig* (*abbozzare*) **~ qc** {RITRATTO} etw skizzieren, etw umreißen **4** *fig* (*descrivere*) **~ qc** {QUADRO DELLA SITUAZIONE} etw skizzieren, etw kurz beschreiben/schildern **5** *fig* (*manifestare*) **~ qc** {RABBIA} *vor* etw (*dat*) skizzieren: **~ bile/veleno**, Gift und Galle speien **6** *fig* (*mostrare*) **~ qc** {ALLEGRIA, FELICITÀ} etw versprühen: **~ salute**, vor Gesundheit strotzen **B** *itr* <*essere*> **1** (*zampillare*) **~ + compl di luogo** {ACQUA DALLA FONTANA} *aus* etw (*dat*) heraus|spritzen, *aus* etw (*dat*) heraus|schießen **2** (*finire*) **~ + compl di luogo** {SCHEGGIA IN UN OCCHIO} *irgendwo* landen, *irgendwohin* fliegen **3** *fig* (*balzare*) **~ + compl di luogo** {INSEGNANTE SULLA SEDIA} *irgendwohin* springen; {BAMBINO NELLA STANZA} *irgendwohin* sausen, *irgendwohin* stürzen **4** *fig* (*saltare*) **~ fuori da qu** {BELVA DA UN MITE IMPIEGATO} plötzlich *aus jdm* werden **5** *fig* (*andarsene*) **~ + compl di luogo** {STUDENTE A CASA} *irgendwohin* spritzen *fam*: **è schizzata via**, sie ist weggeflitzt/weggespritzt *fam* **C** *itr pron rfl* (*sporcarsi*): **schizzarsi (di qc)** {OLIO} sich *mit* etw (*dat*) bespritzen, sich *mit* etw (*dat*) beflecken.

schizzàta f (*schizzo*) Spritzer m: **~ di fango**, Schlammspritzer m; (*azione*) *anche* Spritzen n.

schizzàto①, (**-a**) *agg* **1** (*macchiato*) **~ (di qc)** {DI MAIONESE} (*mit* etw *dat*) bespritzt, voll *von/mit* etw (*dat*)/+ *gen forb*, voller etw (*nom* o *gen*) **2** *fig* (*abbozzato*) {DISCORSO} skizziert.

schizzàto②, (**-a**) *agg fig slang* (*teso*) {PROFESSORE} gestresst *fam*, gereizt, nervös.

schizzétto m **1** <*dim di* schizzo> (*macchia*) {+OLIO} Spritzer m **2** (*giocattolo*) Wasser(spritz)pistole f **3** *scherz* (*fuciletto*) Schießprügel m *fam* **4** *med* Klistierspritze f.

schizzinosità <-> f {+RAGAZZA} Zimperlichkeit f *spreg*.

schizzinóso, (**-a**) *agg* (*di gusti difficili*) {CLIENTE} wählerisch, zimperlich *spreg*, heikel *region* **B** m (f) wählerischer/zimperlicher *spreg* Mensch, Zimperling m *fam spreg*, Zimperliese f *fam spreg*: **fa sempre lo ~**, er stellt sich immer so (zimperlich) an *fam spreg*.

schizzo m 1 (*liquido*) {+ACQUA} Spritzer m 2 (*macchia*) Spritzer m, Fleck m: ~ **di fango/inchiostro**, Schlammspritzer m/Tintenfleck m; **proteggersi dagli schizzi d'olio bollente**, sich vor siedenden Ölspritzern schützen; (*azione*) anche (Be)spritzen n 3 *fig* (*balzo*) {+GATTO} Sprung m, Satz m 4 *fig* (*abbozzo*) {+DISEGNO} Skizze f; {+OPERA LETTERARIA} anche Entwurf m 5 *fig fam tosc* (*chi è vivace*) spritziger/lebhafter Mensch 6 *fam* (*spruzzo di liquore*) Schuss m: **caffè allo/[con lo] ~**, Kaffee mit Schuss.

Schnauzer <-> m *ted zoo* Schnauzer m: ~ **nano**, Zwergschnauzer m.

schòla cantòrum <-> *loc sost lat* 1 *arch* Chor m 2 *mus* Kirchenchor m.

Schütze <-, -n pl *ted*> m *ted* Schütze m.

sci <-> m 1 *sport* (*attrezzo*) Ski m, Schi m: **un paio di sci da discesa/fondo/salto**, ein Paar Abfahrts-/Langlauf-/Sprungski; **sci laminati**, Stahlkantenskier m pl 2 <*solo sing*> (*attività*) Skifahren m, Skilaufen m: **sci acquatico/nautico/d'acqua**, Wasserski(fahren n) m; **sci acrobatico**, Skiakrobatik f, Trickskilaufen n; **sci alpino/estremo/[di fondo]/[nordico]**, ⌈alpiner Ski(lauf)⌉/[Extremski(fahren n) m]/[(Ski)langlauf m]/[nordischer Skilauf]; **sci(-)alpinismo**, Skiwandern n; **sci d'erba**, Rollski m, Grasskilauf m; ⌈**fare dello**⌉/[**praticare lo**] **sci**, Ski laufen/fahren; **sci orientamento**, Orientierungsski(fahren n) m.

SCI m *abbr di* Servizio Civile Internazionale: IZD m (*abbr di* Internationaler Zivil-/Freiwilligendienst).

scìa <*scie*> **A** f 1 *mar* {+NAVE} Kielwasser n: **navigare nella ~ altrui**, im Kielwasser anderer fahren 2 *fig* (*traccia*) Spur f 3 (+PROFUMO) Wolke f 3 *aero* {+REATTORE} Kondensstreifen m: ~ **di condensazione**, Kondensstreifen m 4 *astr fis* Sog m, Nachstrom m: ~ **luminosa**, Leuchtschweif m **B** *loc prep fig* (*coerentemente con*): **nella/sulla ~ di qu/qc**, {DELLA SINISTRA} in Übereinstimmung mit jdm/etw ● ⌈**mettersi sulla**⌉/[**seguire la**] **~ di qu** *fig* (*imitarlo*), in jds Fußstapfen treten, in jds Kielwasser segeln/schwimmen.

scià <-> m *polit* {+IRAN} Schah m.

sciàbola f 1 *artiglieria* Säbel m 2 *sport* (*nella scherma*) Säbel(fechten n) m.

sciabolàta f 1 (*colpo*) Säbelhieb m, Säbelstoß m: **tirare una ~**, einen Säbelhieb verabreichen 2 *fig* (*critica*) {+STAMPA} vorschnelles Urteil 3 *sport* (*nel calcio*) harter Flachschuss, Bombe f *slang*, Bombenschuss m ● ~ **di luce** *fig* (*raggio luminoso*), Lichtstrahl m.

sciabordàre A *tr* (*agitare*) ~ **qc** (+ **compl di luogo**) *etw* (*irgendwo*) schwenken, *etw* (*irgendwo*) schütteln; {LIQUIDI NEL RECIPIENTE} *etw* (*irgendwo*) (durch|)rühren; {PANNI NELL'ACQUA} *etw* (*irgendwo*) aus|spülen **B** *itr* (+ **compl di luogo**) 1 (*agitarsi*) {VINO NELLA BOTTIGLIA} (*irgendwo*) schwappen, (*irgendwo*) schwappen 2 (*battere*) {ACQUA CONTRO GLI SCOGLI} *gegen etw* (acc) schwappen, *gegen etw* (acc) platschen, *gegen etw* (acc) klatschen.

sciabòrdio <-*dii*> m (*movimento*, *rumore*) {+ONDE} Schwappen n, Platschen n, Klatschen n.

sciacallàggio <-*gi*> m *fig spreg* 1 (*saccheggio*) {+ZONA TERREMOTATA} Plünderei f 2 (*atto cinico*) {+MAFIA, STAMPA} mitleidloses Ausnutzen der Notlage eines anderen, Abzocken n *slang spreg* eines in Not geratenen Menschen, Aasgeierei f *fam spreg*: **dopo la morte violenta di mio figlio mi mancava solo lo ~ dei giornalisti!**, nach dem gewaltsamen Tod meines Sohnes fehlten mir gerade noch die Journalisten, die sich wie Aasgeier auf dieses Unglück stürzten *fam spreg*; **~ politico**, politische Verleumdungskampagne.

sciacallésco, (-*a*) <-*schi*> *agg spec fig* (*da sciacallo*) {RICATTO} aasgeierhaft *spreg*.

sciacàllo m 1 *zoo* Schakal m 2 *fig spreg* (*ladro*) Plünderer m: **essere uno ~**, ein Plünderer sein; ~ **di cadaveri**, (Leichen)Fledderer m; **gli sciacalli hanno saccheggiato le zone terremotate**, die Erdbebengebiete wurden von den Plünderern heimgesucht 3 *fig spreg* (*avido*) Aasgeier m *fam spreg*: **questi sciacalli non aspettavano nient'altro che il fallimento della mia ditta!**, diese Aasgeier haben doch nur auf das Pleitegehen meiner Firma gewartet! *fam spreg*.

sciacchetrà m *enol* Sciacchetrà m (*lieblicher Weißwein aus Ligurien*).

sciacquabudèlla <-> f *fam scherz* (*vinello*) wässriger/leichter Wein; (*brodaglia*) (dünne) Brühe *fam spreg*, Spülwasser n *fam spreg* ● **bere a ~** *fig* (*a stomaco vuoto*), auf leeren Magen trinken.

sciacquàre A *tr* (*lavare con acqua*) ~ **qc** {BICCHIERI, PIATTI} *etw* ab|spülen; {FIASCO} *etw* aus|spülen; {PANNI} *anche etw* aus|waschen **B** *rfl* (*indir*) **sciacquarsi** (**qc**) {MANI} sich (dat) *etw* ab|waschen; {BOCCA} sich (dat) *etw* aus|spülen; **si sciacquò e uscì dalla doccia**, er/sie duschte sich ab und trat aus der Duschkabine.

sciacquàta f Spülung f; (*azione*) *anche* Spülen n: **mi do una ~ alle mani e sono da te**, ich wasche mir nur kurz die Hände und bin gleich bei dir; **dare una ~ alla biancheria**, die Wäsche (aus)spülen.

sciacquatùra f 1 {+STOVIGLIE} Spülung f; (*azione*) *anche* (Aus)spülen n 2 (*acqua*) Spül-, Abwaschwasser n, Spülicht n *obs* ● ~ **di bicchieri** *fig spreg* (*vino scadente*), Gesöff n *fam spreg*; wässriger Wein; ~ **di piatti** *fig spreg* (*minestra di sapore sgradevole*), (dünne) Brühe *fam spreg*, Spülwasser n *fam spreg*.

sciacquétta f *region* (*donna insignificante*) Trine f *fam spreg*, Tussi f *fam spreg*.

sciacquìo <-*quii*> m 1 (*rumore*) {+LAVANDAIE} Spülen n 2 (*sciabordio*) {+ONDE} Klatschen n, Schwappen n.

sciàcquo m 1 (*gargarismo*) (Mund)spülung f: **fare gli sciacqui**, gurgeln, Mundspülungen machen, den Mund spülen; **ordinare degli sciacqui**, Mundspülungen verordnen 2 (*collutorio*) Mundwasser n 3 *fam* (*risciacquo*) {+BIANCHERIA} (Aus)spülen n.

sciacquóne m *idraul* {+WATER} Wasserspülung f, Spül-, Wasserkasten m: **tirare lo ~**, die Wasserspülung ziehen, abziehen, spülen.

Sciaffùsa *geog* **A** m (*cantone*) Schaffhausen n **B** f (*città*) Schaffhausen n.

sciagùra f 1 (*disgrazia*) Unglück n, Unfall m: ~ **aerea/ferroviaria**, Flugzeug-/Eisenbahnunglück n; ~ **ecologica**, Umweltkatastrophe f; **è successa una ~**, es ist ein Unglück geschehen 2 (*sfortuna*) Pech n: **essere perseguitato dalla ~**, vom Pech verfolgt sein.

sciagurata f → **sciagurato**.

sciarataggine f (*l'essere sciagurato*) {+FAMIGLIA} Schlechtigkeit f, Gemeinheit f, Ruchlosigkeit f *forb* 2 (*azione*) Bosheit f, Gemeinheit f.

sciauguratamente *avv* 1 (*disgraziatamente*) unglücklicher-, unseligerweise 2 (*sceleratamente*) {VIVERE} gemein, ruchlos *forb*.

sciagurato, (-*a*) **A** *agg* 1 (*sfortunato*) {FAMIGLIA, UOMO} unglücklich, unglückselig; {GIORNO, IDEA} unheilvoll, unheilschwanger *forb*, Unheil bringend *forb* 2 (*malvagio*) {ASSASSINO} schändlich, gemein, niederträchtig, ruchlos *forb*, frevelhaft *forb*; {INTENZIONI, MIRE} schändlich, verwerflich *forb* 3 (*iniquo*) {MADRE, PADRE} Raben- *spreg*; {LAVORO} widerwärtig, äußerst unangenehm **B** m (f) 1 (*disgraziato*) Unglückliche mf *decl come agg*, Unglücksmensch m *fam*, Unglücksrabe m *fam*: **aiutiamo questi poveri sciagurati!**, lasst uns diesen armen Unglücksmenschen helfen! *fam* 2 (*irresponsabile*) gewissenloser Mensch; (*padre*, *madre*) Rabenvater m *spreg*, (Rabenmutter f *spreg*) 3 (*scellerato*) Frevler m *forb*, ruchloser Mensch *forb*: **è l'ultimo delitto di quello ~**, das ist das letzte Verbrechen dieses Frevlers *forb*.

scialacquàre *tr* 1 (*sperperare*) ~ **qc** *etw* verschwenden, *etw* vergeuden; {PATRIMONIO} *etw* verprassen, *etw* durch|bringen: **in breve tempo ha scialacquato una fortuna**, in kurzer Zeit hat er/sie ein Vermögen durchgebracht; (*uso assol*) sein Geld (mit beiden Händen) ⌈auf die Straße werfen⌉/[zum Fenster hinaus|werfen]/[zum Schornstein hinaus|jagen] *fam*; **devi abituarti a non ~**, du musst dir angewöhnen, dein Geld nicht aus dem Fenster zu werfen *fam* 2 *fig lett* (*prodigare*) ~ **qc a qu** {ELOGI A UN'AMICA} *jdm etw* spenden, *jdn mit etw* (dat) überhäufen, sich *in etw* (dat) *für jdn* ergehen.

scialacquatóre, (-*trice*) **A** *agg* (*che sperpera*) {TEMPERAMENTO} verschwenderisch **B** m (f) (*chi sperpera*) Verschwender(in) m(f), Vergeuder(in) m(f), Prasser(in) m(f).

scialàcquo m (*sperpero*) {+PAROLE} Verschwendung f, Vergeudung f ● **a ~** (*a profusione*), in Hülle und Fülle.

scialacquóne, (-*a*) m (f) *fam* (*chi sperpera*) Verschwender(in) m(f), Vergeuder(in) m(f), Verprasser(in) m(f).

scialàre A *tr rar* (*dissipare*) ~ **qc** (+ **compl di modo**) {PATRIMONIO DI FAMIGLIA AL GIOCO} *etw* (*irgendwie*) vergeuden, *etw* (*irgendwie*) verprassen, *etw* (*irgendwie*) durch|bringen **B** *itr* (*largheggiare*) prassen: **in quella casa si usa ~**, in diesem Haus lebt man in Saus und Braus; ⌈**non c'è**⌉/[**c'è poco**] **da ~ anche** *fig* (*non c'è troppa abbondanza*), damit kann man keine großen Sprünge machen *fam*.

sciàlbo, (-*a*) *agg* 1 (*pallido*) {COLORE} blass, fahl; {LUCE} *anche* bleich 2 *fig* (*insignificante*) {RAGAZZA, VISO} blass, farblos, fad(e), nichts sagend 3 *fig* (*fiacco*) {INTERPRETAZIONE, PROSA, REGIA} ausdruckslos, nichts sagend, flach 4 *fig* (*noioso*) {GIORNATA, SETTIMANA} langweilig.

sciallàto, (-*a*) *agg* (*nella moda*) {COLLO} Schal-.

sciàlle m (*nella moda*) Schulter-, Umschlag(e)tuch m: **mettersi lo ~ di lana/seta con le frange**, das Schultertuch aus Wolle/Seide mit Fransen umlegen.

sciàlo m 1 (*sperpero*) Verschwendung f, Vergeudung f: **in questa casa c'è troppo ~**, in diesem Haus wird zu viel verschwendet 2 *fig* (*sfoggio*) Prunk m, Pracht f: **veste bene, ma senza ~**, er/sie kleidet sich gut, aber ohne Prunk ● **a (tutto) ~** (*in abbondanza*), in Hülle und Fülle; **fare ~ di qc** *anche fig* (*farne abuso*), {+COMPLIMENTI} mit *etw* (dat) übertreiben, *etw* zu dick auftragen *fam*.

sci-alpinìsmo <-> m *sport* Skiwandern n, Skitour f.

sci-alpinìsta <-*i* m, -*e* f> mf *sport* Skiwanderer m, Skiwand(r)erin f.

sci-alpinìstico, (-*a*) <-*ci*, -*che*> *agg sport* {ATTIVITÀ, PERCORSO, TURISMO} Skiwander-.

scialùppa f mar Beiboot n, Schaluppe f: ~ **di salvataggio**, Rettungsboot n.

sciamanèsimo → **sciamanismo**.

sciamànico, (-a) <-ci, -che> agg anche fig antrop (divinatorio) {DOTE} Schamanen-.

sciamanìsmo m antrop Schamanismus m.

sciamannàto, (-a) fam region **A** agg (trasandato) {RAGAZZO} unordentlich, schlampig **B** m (f) schlampiger Mensch fam spreg, Schlamper m region spreg, (Schlampe f fam spreg).

sciamàno m antrop Schamane m.

sciamàre itr <essere o avere> **1** zoo {API} (aus|)schwärmen **2** fig (allontanarsi in massa) ~ (+ compl di luogo) {FOLLA VERSO L'USCITA} irgendwohin schwärmen, aus etw (dat) schwärmen.

sciamatùra f zoo {+API} (Aus)schwärmen n, Schwärmzeit f.

sciàme A m **1** zoo Schwarm m: ~ **di api/moscerini**, Bienenschwarm m/[Schwarm m Taufliegen] **2** fig (gruppo) {+ISOLE} Gruppe f; {+SCOLARI} anche fig Schar f, Schwarm m **3** astr: ~ **meteorico**, Meteorstrom m, Meteoritenschwarm m, Schwarm m von Meteoriten **B** loc avv (in grande quantità): **a sciami**, {ACCORRERE} scharenweise, in Scharen.

sciampagnòtta f (bottiglia) Sektflasche f.

sciampìsta <-i m, -e f> mf (chi lava i capelli) Haarwäscher(in) m(f).

sciàmpo → **shampoo**.

sciancàre <scianco, scianchi> **A** tr (rendere storpio) ~ qu/qc {INCIDENTE AUTISTA, PIEDE} jdn/etw verkrüppeln, jdn zum Krüppel machen, jdn/etw (hüft)lahm machen **B** itr pron (diventare storpio): **sciancarsi** [zum Krüppel]/[(hüft)lahm] werden.

sciancàto, (-a) **A** agg **1** (claudicante) {VECCHIO} (hüft)lahm, hinkend **2** (traballante) {SEDIA} wack(e)lig **B** m (f) (storpio) Krüppel m, (Hüft)lahme mf decl come agg.

sciancràto, (-a) agg (nella moda) {GIACCA} (an)tailliert.

sciancratùra f (nella moda) {+VESTITO} Taillenbetonung f.

sciangài <-> m (gioco) Mikado(spiel) n.

sciantòsa f merid fam (canzonettista) {+CAFFÈ CONCERTO} Varietésängerin f, Tingeltangelsängerin f spreg obs, Chansonnette f.

sciàntung <-> → **shantung**.

sciàpo, (-a) agg region **1** (insipido) {BRODO, PANE} fad(e) m, salzlos **2** fig (insignificante) {FILM, RAGAZZA} banal, nichts sagend.

sciaràda f **1** enigmistica Scharade f **2** fig (rompicapo) Denkaufgabe f, Rätsel n.

sciàre <scio, scii> itr sport Ski laufen/fahren: ~ **sull'acqua**, Wasserski laufen; **sa ~ molto bene fuori pista**, er/sie kann sehr gut Tiefschnee fahren.

sciàrpa f **1** (nella moda) Schal m, Halstuch n: **mettersi la ~ di lana/seta**, einen Woll-/Seidenschal tragen **2** (fascia) Schärpe f: **la ~ tricolore del sindaco**, die (italienische) Bürgermeisterschärpe **3** (sostegno) {+BRACCIO ROTTO} Dreieckstuch n.

sciàta f fam (attività, modo) Skilauf m, Skifahrt f; (discesa) Abfahrt f; (azione) anche Skilaufen n, Skifahren n.

sciatalgìa f med Ischias m o n scient, Ischialgie f scient.

sciàtica <-che> f med Hüftschmerz m, Ischias m scient.

sciàtico, (-a) <-ci, -che> agg med {NERVO} Ischias- scient.

sciatóre, (-trice) m (f) sport Skiläufer(in) m(f), Skifahrer(in) m(f): ~ **acquatico/nautico**, Wasserskiläufer m **2** <di solito al pl> mil (für den Winterkampf speziell ausgebildeter) Gebirgs-, Alpenjäger m.

sciatterìa f **1** (trascuratezza) Nachlässigkeit f, Schlamperei f fam spreg: **non sopporto la sua ~ nel lavoro**, ich ertrage seine/ihre Nachlässigkeit bei der Arbeit nicht **2** (ciò che è trasandato) Pfusch m fam spreg, Pfuscherei f fam spreg.

sciattézza f rar (sciatteria) Nachlässigkeit f, Schlampigkeit f fam spreg.

sciàtto, (-a) agg (trascurato) ~ (in qc) {LAVORO, STUDENTE NELLA RICERCA} (bei etw dat) nachlässig, (bei etw dat) schlampig fam spreg, (bei etw dat) schlud(e)rig fam spreg; {SCRITTORE} nachlässig, schlud(e)rig fam spreg; {PROSA} anche unbeholfen, ungeschliffen, unsauber.

sciattóne, (-a) <accr di sciatto> m (f) fam (chi è trasandato) schlampige Person fam spreg, Schlamper m region spreg, (Schlampe f fam spreg).

scìbile m (sapere) Wissen n: **dare fondo allo ~ umano**, an die Grenzen des menschlichen Wissens stoßen, das menschliche Wissen erschöpfen.

scic <inv> agg → **chic**.

sciccherìa f fam (eleganza, spesso si traduce con l'agg corrispondente) Schick m: **che ~!, wie schick!; il tuo vestito è proprio una ~**, dein Kleid ist wirklich schick.

sciccóso, (-a) agg fam anche iron (elegante) schick: **come sei sciccosa questa sera!**, schick bist du heute Abend!

science fiction <-> loc sost f ingl lett film TV (fantascienza) Sciencefiction f.

sciènte agg lett (conscio) ~ **di qc** {DELL'IMPORTANZA DI UN GESTO} etw (gen) bewusst.

scientificità <-> f (valore scientifico) Wissenschaftlichkeit f: **il suo metodo è privo di ~**, seine/ihre Methode [ist unwissenschaftlich]/[entbehrt jeglicher Wissenschaftlichkeit].

scientìfico, (-a) <-ci, -che> agg **1** (della scienza) {FONDAMENTO, RICERCA, STUDI} wissenschaftlich; **scuola università** {FACOLTÀ, LICEO, MATERIE} naturwissenschaftlich **2** fig (rigoroso) {GIOCATORE} methodisch; {PIANO D'AZIONE} genau, präzis(e) ● **lo ~ scuola** (il liceo scientifico), das naturwissenschaftliche Gymnasium.

scientìsmo m filos Szientismus m, Szientifismus m.

scientìsta <-i m, -e f> mf filos Szientist(in) m(f).

scientìstico, (-a) <-ci, -che> agg filos {PRETESA DI UNA TEORIA} szientistisch.

sciènza f **1** gener Wissenschaft f: ~ **applicata/pura/sperimentale**, angewandte/reine/experimentelle Wissenschaft; (sapere) Wissen n, Kenntnisse f pl; rar (insegnamento) Lehre f **2** (ricerca scientifica) {ITALIANA, TEDESCA} wissenschaftliche Forschung **3** (scienziati) Wissenschaft f, Wissenschaftler m pl **4** <di solito al pl> (disciplina) {EMPIRICHE, ESATTE, STORICHE} (Natur)wissenschaft f: **scienze economiche/ naturali/ politiche/ sociali/ umanistiche**, Wirtschafts-/Natur-/Politik-/Sozial-/Literaturwissenschaften f pl; **scienze umane**, Human-, Geisteswissenschaften f pl; **scienze del diritto/delle finanze/delle religioni**, Rechts-/Finanz-/Religionswissenschaften f pl; **scienze dei materiali**, Werkstoffkunde f; **scienze morali**, Moralwissenschaft f pl; **scienze occulte**, Geheimwissenschaften f pl, Okkultismus m **5** lett (cultura) Kultur f, Bildung f: **è un uomo di grande ~**, er ist [ein sehr gebildeter Mensch]/[Mensch mit großer Bildung] **6** med tecnol Kunde f: ~ **medica**, Medizin f, Heilkunde f; ~ **delle costruzioni**, Baukonstruktionslehre f **7** relig Wissen n, Erkenntnis f: **la ~ è una dei sette doni dello Spirito Santo**, das Wissen ist eine der sieben Gaben des Heiligen Geistes **8** <solo pl> scuola università: **scienze/Scienze**, Naturwissenschaften f pl ● **di certa/sicura ~** (sicuramente), sicher; **con ~** (con cognizione di causa), kompetent, mit Sachverstand, sachkundig; ~ **Cristiana** relig (setta americana), Christian Science f (nordamerikanische Sekte); **gaia ~** lett, fröhliche Wissenschaft; ~ **ufficiale del giudice** dir, nach dem Gesetz vorauszusetzendes Wissen des Richters; **avere la ~ infusa** fig fam iron (pretendere di sapere tutto), die Weisheit mit Löffeln gefressen haben fam; **Scienze Motorie** univ, ≈ Sporthochschule f.

scienziàto, (-a) m (f) (studioso) (Natur)wissenschaftler(in) m(f): ~ **nucleare**, Atom-, Nuklearwissenschaftler m.

sci-escursionìsta <-i m, -e f> sport mf Skiwanderer m, (Skiwanderin f).

scìfo m archeol Skyphos m.

sciìstico, (-a) <-ci, -che> agg sport {GARA} Ski-.

sciìta <-i m, -e f> relig islamica **A** agg schiitisch **B** mf Schiit(in) m(f).

scilinguàgnolo m **1** fig (parlantina) Redseligkeit f, Gesprächigkeit f, Zungenfertigkeit f **2** anat (frenulo) Zungenbändchen n ● **rompere/sciogliere lo ~** fig (decidersi a parlare), die Zunge lösen forb, auspacken fam; **avere lo ~ sciolto** fig fam (avere una grande parlantina), redselig/ein flinkes Plaudertasche scherz sein, ein flinkes/flottes Mundwerk haben fam.

Scilla f lett mitol Szylla f, Skylla f ● **cadere di ~ in Cariddi** fig (passare da un pericolo minore a uno maggiore), [aus dem]/[vom] Regen in die Traufe kommen fig; **essere/trovarsi tra ~ e Cariddi** fig (correre due pericoli), sich zwischen Szylla und Charybdis befinden forb; fig (correre un rischio e non poterlo evitare), in einer Zwickmühle sein/sitzen fam; fig (dover scegliere tra due possibilità ugualmente pericolose), zwischen Szylla und Charybdis zu entscheiden haben forb.

scimitàrra f Krumm-, Türkensäbel m.

scìmmia f **1** Affe m; (femmina) Äffin f, Affenweibchen n; (piccolo) Affenjunge n and come agg: ~ **cappuccina/ragno/urlatrice**, Kapuziner-/Klammer-/Brüllaffe m; ~ **leonina**, Löwenäffchen n **2** fig (chi è brutto e dispettoso) Ungeheuer n, Scheusal n, Troll m: **è (come)**/[sembra] **una ~**, er sieht aus wie ein Affe/Troll ● **agile come una ~** (molto agile), flink wie ein Wiesel; **arrampicarsi come una ~** (con facilità), wie ein Affe klettern (können); **avere la ~** fig fam (essere ubriaco), sternhagelvoll sein fam, einen Affen (sitzen) haben fam; fig fam (drogarsi), fixen fam fam, drücken slang, Drogen/Rauschgift nehmen; fig fam (essere sotto l'effetto della droga), auf dem Trip sein slang; fig slang (essere in crisi di astinenza), Entzugserscheinungen haben, auf Turkey sein slang; **essere una ~ fig** (essere brutto), [hässlich wie die Nacht]/[potthässlich] sein fam; fig (essere agile), von affenartiger Behändigkeit sein, flink wie ein Wiesel sein; fig (imitare qu), jdn nach|äffen spreg; **fare la ~ fig** (fare versacci), Grimassen schneiden; **fare la ~ (a qu)** fig (imitare qu), jdn nachäffen spreg; **essere furbo come una ~** (molto furbo), schlau wie ein Fuchs sein; **essere peloso come una ~** (molto peloso), eine dichte Behaarung haben; **avere la ~ sulla spalla**/[**prendersi una ~**] fig (prendersi una sbornia), sich (dat) einen Affen kaufen (gehen) fam, sich (dat) die Hucke vollsaufen fam, sich (dat) einen Rausch antrinken; fig (essere tossicodi-

scimmiésco, (-a) <-schi, -sche> agg anche spreg (da scimmia) {ANDATURA, NATURA} Affen-, affenartig, äffisch spreg.

scimmióne, (-a) **A** m <accr di scimmia> großer Affe **B** m (f) fig (chi è goffo) Gorilla m fam.

scimmiottaménto m (imitazione) Nachäffen n spreg, Nachgeäffe n spreg.

scimmiottàre tr 1 (imitare) ~ qu/qc {POLITICO, COMPORTAMENTO} jdn/etw nach|äffen spreg; (AMERICANO, USANZE STRANIERE) jdn/etw auf plumpe/platte Weise nach|äffen spreg 2 (mimare) ~ qu {PROFESSORE} jdn imitieren, jdn nach|ahmen, jdn nach|machen.

scimmiòtto, (-a) **A** m <dim di scimmia> (giovane scimmia) Affenjunge n decl come agg, Äffchen n, kleiner Affe **B** m (f) 1 fig (chi è brutto) Gnom m fam, Affe m, Troll m 2 fig fam scherz vezz (bambino) Mäuschen n, Spatz m: adesso il mio ~ va a nanna, jetzt macht mein Mäuschen heia • fare lo ~ fig (scimmiottare), jdn/etw nachäffen spreg.

scimpanzé <-> m 1 zoo Schimpanse m 2 fig (chi è brutto e goffo) Bär m, Affe m, Troll m.

scimunita f → **scimunito**.

scimunitàggine f (scemenza) Dummheit f, Blödheit f, Schwachsinn m fam spreg, Doofheit f fam spreg.

scimunìto, (-a) **A** agg (sciocco) {STUDENTE} dumm, einfältig, blöd(e) fam, doof fam spreg, dämlich fam spreg **B** m (f) Dumm-, Schwachkopf m spreg: con quello ~ è inutile insistere!, mit diesem Schwachkopf ist jede weitere Mühe zwecklos! spreg.

scinàuta <-i m, -e f> mf sport Wasserskifahrer(in) m(f).

scìnco <-chi> m zoo Skink m.

scìndere <irr scindo, scissi, scisso> **A** tr 1 fig (separare) ~ qc (in qc) {GRUPPO IN DUE, SOCIETÀ} etw (in etw acc) (auf)teilen, etw (in etw acc) spalten; ~ qc (da qc) {LA PROPRIA RESPONSABILITÀ DA QUELLA DI UN ALTRO} etw (von etw dat) trennen, etw (pl) auseinander|halten, etw (von etw dat) ab|grenzen 2 chim ~ qc in qc {ACQUA IN IDROGENO E OSSIGENO} etw in etw (acc pl) spalten **B** itr pron (separarsi): scindersi (in qc) {PARTITO IN FRAZIONI} sich (in etw acc pl) (auf)|spalten.

scintigrafìa f med Szintigraphie f scient.

scintigràmma <-i> m med Szintigramm n scient.

scintìlla f 1 (favilla) {+CAMINO} Funke m; elettr Funke m • emettere scintille elettriche, elektrische Funken sprühen/[von sich geben] 2 fig (sprazzo) Funke m, Geistesblitz m fam: ~ del genio, Geistesblitz m fam 3 fig (causa) Funke m, Anlass m: quella fu la ~ che fece scoppiare la lite, das war der Anlass des Streits, daran/[an diesem Funken] entzündete sich der Streit 4 med Augenflimmern n • d'accensione autom, Zündfunke m; fare scintille anche fig (brillare), {STUDENTE} glänzen, fare scintille nel/sul lavoro fig (occuparsene con entusiasmo), arbeiten dass die Funken stieben/sprühen/fliegen; ieri i miei genitori hanno di nuovo fatto scintille fig (si sono scontrati), zwischen meinen Eltern hat es gestern wieder ₂entsetzlich gefunkt₁/[gekracht ist, dass die Fetzen flogen] fam.

scintillànte agg 1 (luccicante) {GIOIELLI, MARE, OCCHI, STELLE} funkelnd, glitzernd 2 fig (vivace) {IDEA, PROSA} glänzend.

scintillàre itr 1 (sprizzare scintille) ~ (+ compl di luogo) {FERRO SOTTO I COLPI DEL MARTELLO} (irgendwo) Funken sprühen 2 fig (luccicare) ~ (di qc) (+ compl di luogo) {GIO-

IELLI SOTTO LA LUCE; MARE} (irgendwo) funkeln; {OCCHI DI GIOIA} (irgendwo) (vor etw dat) leuchten, (irgendwo) (vor etw dat) glänzen 3 astr fis {ASTRI} szintillieren, flimmern, funkeln.

scintillìo <-lii> m anche fig (luccichio) {+STELLE} Funkeln n, Glitzern n; {+OCCHI} anche Glanz m, Leuchten n: ~ delle luci, das Schimmern der Lichter, der Lichterglanz.

scintoìsmo m relig giapponese Schintoismus m.

scintoìsta <-i m, -e f> relig giapponese **A** agg {FEDE} schintoistisch **B** mf Schintoist(in) m(f).

scintoìstico, (-a) <-ci, -che> agg relig giapponese {FEDE} schintoistisch.

sciò inter onomatopeica anche scherz husch, weg, fort: ~! fuori di qui, bambini!, husch husch, raus hier, Kinder!

sciòcca f → **sciocco**.

scioccànte agg (traumatizzante) {ESPERIENZA, SCENA} schockierend.

scioccàre <sciocco, sciocchi> tr (traumatizzare) ~ qu {FILM BAMBINO} jdn schockieren; {EVENTO PUBBLICO} anche jdn erschüttern.

sciocchézza f 1 (scemenza) Dummheit f 2 (atto) Dummheit f, Blödsinn m fam: dice/fa un sacco di sciocchezze, er/sie erzählt einen Haufen Blödsinn₁/[er/sie macht eine Menge Dummheiten] fam; temo che per la disperazione faccia qualche ~, ich habe Angst, dass er/sie ₂aus Verzweiflung eine Dummheit begeht₁/[sich zu einer Verzweiflungstat hinreißen lässt] 3 fig (piccolezza) Kleinigkeit f: è una ~, es ist nur eine Kleinigkeit, aber es wird dir gefallen • costare una ~ fig (poco), etw spottbillig/[für einen Pappenstiel] erstehen fam; pagare qc una ~ fig (poco), einen Apfel und ein Ei für etw (acc) bezahlen fam.

sciocchezzàio <-ai> m scherz spreg (insieme di sciocchezze) (An)sammlung f von Dummheiten, Blütenlese f iron.

sciocchezzuòla <dim di sciocchezza> f (piccolezza) Kleinigkeit f: finire questo lavoro è una ~, diese Arbeit zu beenden, ist (doch) eine Kleinigkeit.

sciòcco, (-a) <-chi, -che> **A** agg 1 fig (stupido) {AZIONE, DISCORSO} dumm, blöd(e) fam, dämlich fam spreg; {RAGAZZO} anche einfältig, doof fam spreg 2 fig (banale) {CONTRATTEMPO} banal, bloß, dumm 3 tosc gastr {BRODO, MINESTRA} fad(e) **B** m (f) Dumm-, Schwachkopf m spreg, Dumme mf decl come agg, Blödian m fam spreg, Blöder m fam • non è uno ~ fig eufem (sa il fatto suo), er ist alles andere als ein Dummkopf; der weiß genau, ₂was Sache ist₁/[wo's langgeht] fam.

sciògliere <irr sciolgo, sciolsi, sciolto> **A** tr 1 gener ~ qc {CAPELLI, NODO} etw (auf)lösen; (slegare) {CINTURA} etw lösen, etw los|machen; {PACCO, SACCO} etw auf|schnüren, etw auf|machen; {NODO ALLA GOLA} etw los|werden; mar {VELE} etw setzen 2 (liberare) ~ qu/qc {PRIGIONIERO} jdn/etw befreien, {CANE} etw los|lassen 3 (liquefare) ~ qc {CALORE GHIACCIO, NEVI} etw schmelzen lassen, etw zum Schmelzen bringen 4 (diluire) ~ qc (in qc) {ZUCCHERO NEL TÈ} etw (in etw dat) auf|lösen; chim {SALE NELL'ACQUA} etw (in etw dat) (auf)|lösen, etw (in etw dat) solvieren 5 fig ~ qu da qc jdn von etw (dat) befreien, jdn von (etw dat) entbinden forb: ~ qu da un impegno/una promessa, jdn von einer Verpflichtung/einem Versprechen entbinden forb 6 fig (adempiere) ~ qc {VOTO} etw ein|lösen, etw erfüllen 7 fig (porre fine) ~ qc {MANIFESTAZIONE, PARLAMENTO} etw auf|lösen; {SEDUTA} etw auf|heben 8 fig (chiarire) ~ qc

{DUBBIO} etw auf|klären, etw zerstreuen, etw beseitigen 9 fig (risolvere) ~ qc {ENIGMA, PROBLEMA, REBUS} etw lösen 10 fig (appianare) ~ qc {CONTROVERSIA} etw überwinden 11 fig lett (innalzare) ~ qc (a qu) {CANTO A DIO} etw (für jdn) an|stimmen 12 dir econ (annullare) ~ qc {CONTRATTO, MATRIMONIO} etw (auf|)lösen; (liquidare) {SOCIETÀ} etw auf|lösen 13 gastr ~ qc (+ compl di luogo) {LARDO IN PADELLA} etw (irgendwo) zerlassen, etw (irgendwo) zergehen lassen 14 med ~ la prognosi, eine Prognose stellen(, wenn keine Lebensgefahr mehr besteht) 15 sport ~ qc {GAMBE, MUSCOLI} etw lockern **B** itr pron 1 (liquefarsi): sciogliersi (+ compl di luogo) (+ compl di modo) {NEVE SUI PRATI} (irgendwo) (irgendwie) schmelzen: sciogliersi in bocca, auf der Zunge zergehen 2 fig (lasciarsi andare): sciogliersi auf|tauen, lockerer werden, sich lockern: quel ballerino comincia a sciogliersi, der Tänzer beginnt aufzutauen 3 (slegarsi): sciogliersi {SCARPA} auf|gehen, sich lösen **C** rfl (liberarsi): sciogliersi (da qc) {LOTTATORE DALLA STRETTA DELL'AVVERSARIO} sich (aus etw dat) lösen, etw (aus etw dat) befreien; fig {DA UN'IDEOLOGIA} sich (etw gen) entledigen, sich (von etw dat) befreien.

sciogliliìngua <-> m Zungenbrecher m.

scioglimento m 1 gener {+NODO} (Auf)lösung f; (azione) anche (Auf|lösen n; mar {+VELE} Setzen n 2 (fusione) {+GHIACCIO, NEVI} Schmelze m; (azione) anche Schmelzen n 3 fig (soluzione) {+PROBLEMA} Lösung f 4 fig (epilogo) {+VICENDA} Ausgang m, Ende n 5 dir {+CONTRATTO, MATRIMONIO} (Auf)lösung f 6 econ {+SOCIETÀ} Liquidierung f, Abwicklung f 7 polit {+PARLAMENTO} Auflösung f 8 relig {+VOTO} Einlösung f.

sciòlgo 1ª pers sing del pres di sciogliere.

sciolìna f sport (nello sci) Skiwachs n.

sciolinàre tr sport (nello sci) ~ qc {SCI} etw wachsen.

sciòlsi 1ª pers sing del pass rem di sciogliere.

scioltézza f 1 (agilità) {+MOVIMENTI} Gewandtheit f, Gelenkigkeit f, Lockerheit f: cammina con ~, er/sie hat einen lässigen Gang 2 (disinvoltura) {+MODI} Unbefangenheit f, Lockerheit f, Ungezwungenheit f: parlare/scrivere con ~, ₂unbefangen reden₁/[locker schreiben] • avere ~ di mano (avere una buona manualità), Fingerfertigkeit besitzen, fingerfertig sein; fig iron (rubare), lange/krumme Finger machen fam; in ~ (facilmente), mit Leichtigkeit.

sciòlto, (-a) **A** part pass di sciogliere **B** agg 1 (slegato) {LACCIO} (auf)gelöst, los(e) 2 (liquefatto) {GHIACCIO} geschmolzen 3 (agile) {GAMBE} gelenkig; {ATLETA} anche gewandt 4 fig (disinvolto) {GIORNALISTA} ungezwungen, unbefangen, locker, gelassen 5 fig (libero) ~ (da qc) {POLITICO DA IMPEGNI} (von etw dat) frei 6 rar (sfuso) {OLIO, VINO} offen; {CARAMELLE, ZUCCHERO} lose 7 ling {VERSO} frei 8 mus {NOTA} ungebunden 9 sport (rilassato) {MUSCOLI} locker.

scioperànte A agg (che sciopera) {SCOLARESCA} streikend **B** mf Streikende mf decl come agg.

scioperàre itr (fare sciopero) {METALMECCANICI} streiken: ~ contro/per qc, gegen/für etw (acc) streiken; ~ per contestare le scelte del governo, streiken, um gegen die Maßnahmen der Regierung zu protestieren.

scioperàta f → **scioperato**.

scioperatàggine f spreg (poltroneria) Faulenzerei f spreg, Drückebergerei f fam spreg, Faulheit f; (atto) Faulenzen n spreg, Sichdrücken n fam.

scioperatézza f (*scioperataggine*) Faulheit f, Faulenzerei f *spreg.*

scioperàto, (-a) *spreg* **A** *agg* (*sfaccendato*) {RAGAZZO} drückebergerisch *fam spreg*, faul, arbeitsscheu **B** *m* (f) Faulenzer(in) m(f) *spreg*, Faulpelz m *fam spreg*, Drückeberger(in) m(f) *fam spreg.*

scioperìstico, (-a) <-ci, -che> *agg rar* (*dello sciopero*) {AZIONE} Streik-.

sciòpero m Streik m: **aderìsco/partecipo allo ~ indetto dalla categorìa**, ich nehme an dem von dem Berufsverband ausgerufenen Streik teil; **~ articolato**, Teilstreik m; **gli autonomi sono in ~**, die Autonomen sind im Streik; **~ bianco**, Bummelstreik m, Dienst m nach Vorschrift; **~ a catena**, Kettenstreik m; **entrare in ~**, in (den) Streik treten; **~ della fame**, Hungerstreik m; **fare ~ contro/per qc**, gegen/für etw (acc) streiken; **~ generale**, Generalstreik m; **~ di massa**, Massenstreik m; **méttersi in ~**, streiken; **~ a oltranza**/[tempo indeterminato], unbegrenzter/unbefristeter Streik; **~ a scacchiera**, rollender/abteilungsweiser Streik, Kreiselstreik m; **~ (a gatto) selvaggio**, wilder Streik, **~ a singhiozzo**, intermittierender Streik; **~ di solidarietà**, Solidaritäts-, Sympathiestreik m; **~ ₐ sorprésaⱼ**/[spontaneo], wilder/spontaner Streik ● **fare ~** *anche fig scherz* (*scioperare*), streiken.

sciorinàre *tr* **1** (*stendere*) **~ qc** (+ **compl di luogo**) {BUCATO, PANNI AL SOLE} etw (*irgendwo*) auf|hängen **2** *anche fig* (*ostentare*) **~ qc** {ERUDIZIONE, RICCHEZZA} etw zur Schau stellen, sich (dat) etw heraushängen lassen *fam.*

sciovìa f *sport* (*nello sci*) Skilift m.

sciovinìsmo m Chauvinismus m *spreg.*

sciovinìsta <-i m, -e f> **A** *agg* {PERSONAGGIO} chauvinistisch *spreg* **B** *mf* Chauvinist(in) m(f) *spreg.*

sciovinìstico, (-a) <-ci, -che> *agg* (*da sciovinista*) {TENDENZA} chauvinistisch *spreg.*

Scipióne m *stor* Scipio m.

scipitàggine, **scipitézza** f Fadheit f *spreg*, Schalheit f.

scipìto, (-a) *agg* **1** *anche gastr* (*insipido*) {ARROSTO} fad(e) *spreg* **2** *fig* (*insulso*) {BARZELLETTA} fade, schal, abgeschmackt, geistlos.

scippàre *tr* **1** (*derubare*) **~ qc a qu** {BORSA A UN PASSANTE} jdm etw weg|reißen **2** *fig* (*sottrarre*) **~ qc a qu/qc** {VITTORIA ALL'AVVERSARIO} jdm/etw etw entreißen.

scippatóre, (-trice) m (f) (*chi scippa*) Handtaschenräuber(in) m(f).

scìppo m Handtaschenraub(überfall) m.

sciroccàta f *meteo* Schirokkosturm m.

sciroccàto, (-a) *slang* **A** *agg* (*stravagante e imbambolato*) {TIPO} verrückt, ulkig, absonderlich **B** m (f) (*verrückte/ulkige*) Type *fam.*

sciròcco <-chi> m *meteo* Schirokko m.

sciroppàre *tr gastr* **~ qc** {FRUTTA} etw ein|machen, etw ein|kochen, etw in Sirup ein|legen ● **sciropparsi qu/qc** *fig fam scherz* (*sorbirsi*), jdn/etw über sich ergehen lassen.

sciròppo m **1** *gastr* (+FRUTTA) Sirup m **2** *med* Saft m: **~ per la tosse**, Hustensaft m.

sciroppóso, (-a) *agg* **1** (*liquido, vino*) dickflüssig, sirupartig **2** *fig* (*sdolcinato*) {ROMANZO} schmalzig *spreg*, kitschig *spreg*, Kitsch- *spreg.*

scìsma <-i> m **1** *relig* {+ORIENTE} Schisma n, Kirchenspaltung f **2** *polit sociol* {+SOCIALISMO} Spaltung f.

scismàtico, (-a) <-ci, -che> **A** *agg* {SETTA} schismatisch **B** m (f) (*sostenitore*) Schismatiker(in) m(f).

scìssi 1ª *pers sing del pass rem di* scindere.

scissióne f **1** *anche fig psic* (*divisione*) {+MOVIMENTO ARTISTICO} Spaltung f **2** *biol* {+ORGANISMO UNICELLULARE} Teilung f, Furchung f, Fission f **3** *chim* {+MOLECOLA} (Auf)spaltung f **4** *nucl* Spaltung f: **~ nucleàre**, Kern-, Atomspaltung f, Fission f **5** *polit* {+PARTITO, SINDACATO} Abspaltung f.

scissionìsmo m *polit* {POLITICO, SINDACALE} Spaltungsbewegung f.

scìsso, (-a) **A** *part pass di* scindere **B** *agg* (*frazionato*) **~ in qc** {GRUPPO IN CORRENTI DIVERSE} in etw (acc) (auf)gespalten.

scissùra f **1** *rar* (*fessura*) Spalt m, Spalte f **2** *fig* (*discordia*) **~ (in/fra qu/qc)** {IN FAMIGLIA, FRA PARENTI, NEL PARTITO} Uneinigkeit f (*in etw* dat) **3** *anat* Furche f: **~ cerebràle**, Gehirnfurche f.

scìsto m *geol* Schiefer m.

scistóso, (-a) *agg geol* {ROCCIA} schieferartig, Schiefer-.

Sciti m pl *stor* Skythen m pl.

scìtico, (-a) <-ci, -che> *agg* (*degli Sciti, della Scizia*) skythisch.

sciupafémmine <-> m *napol scherz* (*seduttore*) Don Juan m, Frauenheld m, Aufreißer m *fam*, Weiberheld m *spreg.*

sciupàre A *tr* **1** (*logorare*) **~ qc** {POLTRONA, TENDA} etw ab|nutzen; {TAPPETO} *anche* etw ab|wetzen, etw ab|treten; {ABITO} etw verschleißen, etw ab|nutzen, etw ab|tragen; {SCARPE} etw ab|nutzen, etw ab|laufen, etw ab|latschen *fam*; {LIBRO} etw ab|greifen **2** (*danneggiare*) **~ qc** {APPETITO, OCCHI, VISTA} etw verderben; {SALUTE} etw (dat) schaden, etw schädigen **3** (*sprecare*) **~ qc** {ACQUA, CARNE, CORRENTE ELETTRICA, PANE} etw verschwenden; *fig* **~ qc (in qc)** {ENERGIA IN SFORZI INUTILI, INTELLIGENZA IN UN LAVORO BANALE, TEMPO} etw (*in etw* dat) vergeuden, etw (*in etw* dat) verpfuschen, etw verplempern *fam*; {OCCASIONE, OFFERTA} etw verpassen; {SETTIMANA DI VACANZA} etw verderben, etw versauen *volg* **4** *fig* (*dissipare*) **~ qc** {DENARO, EREDITÀ} etw verschwenden **B** *itr pron* **1** (*rovinarsi*): **sciuparsi (con qc)/(a fare qc)** {TENDA} sich ab|nutzen; {DIVANO CON L'USO} *anche* sich (*durch etw* acc) verschleißen, sich (*durch etw* acc) ab|nutzen; {INDUMENTI} zerknittert/zerdrückt werden; {LIBRI A TENERLI IN CANTINA} (*durch etw* acc) beschädigt werden, (*durch etw* acc) leiden **2** (*deperire*): **sciuparsi** {RAGAZZO} mitgenommen/angeschlagen sein, sich kaputt|machen *fam*: **nel periodo degli esami s'è molto sciupata**, die Examenszeit hat sie sehr mitgenommen **3** *fig fam iron* (*sacrificarsi*): **sciuparsi a fare qc** sich dazu herab|lassen, *etw zu tun iron*: **si sciuperà a darti una mano!** *fam iron*, ihm/ihr bricht kein Zacken aus der Krone|/[er/sie vergibt sich nichts], wenn er/sie dir hilft! *fam.*

sciupàto, (-a) *agg* **1** (*rovinato*) {CAPPOTTO} verschlissen, abgenutzt; {MANI} verarbeitet, abgearbeitet; {LIBRO} abgegriffen **2** (*sprecato*) {TEMPO} vergeudet, verschwendet, verplempert *fam* **3** (*stanco*) {ASPETTO, VISO} mitgenommen, erschöpft.

sciupìo <-pìi> m (*sperpero*) {+DENARO, TEMPO} Verschwendung f, Vergeudung f, Verplempern n *fam.*

sciupóne, (-a) m (f) *fam* (*scialacquatore*) Verschwender(in) m(f).

sciuscià <-> m (*lustrascarpe*) Schuhputzer m.

scivolaménto m (*slittamento*) Gleiten n, Rutschen n.

scivolàre *itr* <*essere*> **1** (*scorrere*) ~ (+ **compl di luogo**) {BARCA SULL'ACQUA} über *etw* (acc) gleiten **2** (*sdrucciolare*) {AUTO SULLA STRADA, SUL GHIACCIO, SU UNA PISTA} (*irgendwo*/*über etw* acc) rutschen; (*irgendwo*) ins Gleiten geraten **3** (*sfuggire*) **~ a qu** (*di qc*) {BICCHIERE DI MANO} jdm aus etw (dat) gleiten, jdm etw (dat) rutschen; *sport* {PALLA AL PORTIERE} jdm weg|rutschen, jdm entgleiten **4** (*perdere l'equilibrio*) **~** (+ **compl di luogo**) {SUL BAGNATO} (*auf etw* dat) (aus|)rutschen, (*auf etw* dat) forb **5** *fig* (*glissare*) **~ su qc** {SU UN ARGOMENTO} über etw (acc) hinweg|gehen, etw vermeiden **6** *fig* (*passare gradualmente*) **~ su qc** {SULLA SITUAZIONE ECONOMICA} *auf etw* (acc) *zu sprechen kommen*, das Gespräch langsam *auf etw* (acc) bringen **7** *fig* (*sbagliare*) **~ su qc** {STUDENTE SULL'ANALISI DEL TESTO} über etw (acc) stolpern *fam* **8** *aero* (+AEREO) gleiten, ab|rutschen: **~ ₐd'alaⱼ**/[di coda], ₐ(über eine Tragfläche abgleiten)/[über das Heck abrutschen] ● **~ via**, wegrutschen; *fig* (*evitare incontri*), {RAGAZZO} verschwinden, sich aus dem Staub(e) machen *fam.*

scivolàta f **1** (*scivolone*) (Aus)rutschen n, (Aus)rutscher m *fam*, (Aus)gleiten n: **ha fatto una ~ sul marciapiede**, er/sie ist auf dem Bürgersteig ausgerutscht **2** *aero* Abgleiten n, Abrutschen f.

scìvolo m **1** (*piano inclinato*) Rutsche f **2** (*gioco*) Rutschbahn f, Rutsche f *fam*: **i bambini vanno sullo ~**, die Kinder steigen auf die Rutsche *fam.*

scivolóne m **1** (*caduta*) (Aus)rutscher m *fam*: **ha fatto uno ~ sul ghiaccio**, er/sie ist auf dem Eis ausgerutscht **2** *fig* (*errore*) {+GIORNALISTA, GOVERNO} Schnitzer m *fam*, Ausrutscher m *fam* **3** *fig* (*peggioramento*) {+DOLLARO} Kursverfall m, Talfahrt f *fam*, Abgleiten n **4** *sport* (*nel calcio*) {+JUVE} Ausrutscher m *fam.*

scivolosità <-> f (*l'essere scivoloso*) {+STRADA} Glätte f.

scivolóso, (-a) *agg* **1** (*sdrucciolevole*) {PISTA, TERRENO} glatt, rutschig **2** (*viscido*) {ANGUILLA} glitschig **3** *fig spreg* (*ipocrita*) {UOMO} schleimig *spreg*, schmierig *spreg.*

Scìzia f *geog* Skythien n.

sclèra f *anat* Lederhaut f, Sklera f *scient.*

scleràre *itr fam* (*sragionare*) wirres Zeug daherreden *spreg*, faseln *spreg.*

sclerìte f *med* Lederhautentzündung f, Skleritis f *scient.*

sclerodermìa f *med* Sklerodermie f *scient.*

sclerosànte *med* **A** *agg* {INIEZIONE} sklerosierend, verödend, sklerosierend *scient* **B** m Sklerosierungsmittel n *scient*, Verödungsmittel n, Sklerosierung f *scient.*

scleròsi <-> f *med* Sklerose f *scient*: **~ multipla**/[a placche], multiple Sklerose *scient.*

scleròtica <-che> f *anat* Lederhaut f, Sklera f *scient.*

sclerotizzazióne f (Arterien)verkalkung f.

scòcca <-che> f *autom* Fahrgestell n, Aufbau m, Karosserie f: **~ portante**, tragende Karosserie.

scoccàre <*scocco, scocchi*> **A** *agg* <*avere*> **1** (*tirare*) **~ qc** {FRECCIA} etw ab|schießen; {PUGNO} etw geben **2** (*suonare*) **~ qc** {ORE} etw schlagen **3** *fig* (*mandare*) **~ qc (a qu)** (+ **compl di luogo**) {OCCHIATE SULLA GUANCIA AL FIGLIO} jdm etw (*irgendwohin*) geben; {OCCHIATE D'INTESA} jdm etw zu|werfen **B** *itr* <*essere*> **1** (*scattare*) {TRAPPOLA} zu|schnappen **2** (*suonare*) {ORE} *anche fig* schlagen: **è scoccata la sua ora**, seine/ihre Stunde hat geschlagen **3** *elettr* auf|leuchten; {SCINTILLA} über|springen **C** m (*suono*) Klang m: **allo ~ del mezzogiorno**, als es Mittag läutete.

scocciànte *agg fam* (*fastidioso*) {FACCENDA}

nervend *fam*, lästig, belästigend.
scocciàre <*scoccio, scocci*> *fam* **A** *tr* (*infastidire*) ~ **qu** *jdn* nerven *fam*, jdm auf die Nerven/den Wecker/Keks gehen *fam*: **cominci a scocciarmi**, du gehst mir langsam auf den Wecker *fam*; **lo sai che mi hai scocciato?**, du gehst mir so dermaßen auf die Nerven! **B** *itr pron* (*stufarsi*): **scocciarsi** sich langweilen: **a quella conferenza mi sono proprio scocciato**, auf dieser Konferenz habe ich mich wirklich gelangweilt; **scocciarsi** (*di qc*) (*an etw dat*) die Lust verlieren, (*zu etw dat*) keine Lust mehr haben, die Nase voll *von etw* (*dat*) haben *fam*, *etw* satt|haben *fam*; **mi sono scocciato di tutte queste storie**, ich hab dieses ganze Theater satt *fam*.
scocciatóre, (-**trice**) m (f) *fam* (*seccatore*) Nervensäge f *fam*, Quälgeist m *fam*.
scocciatùra f *fam* (*seccatura*) Ärgernis n, Belästigung f, Störung f: **stasera viene la zia – Che ~!**, heute Abend kommt die Tante – ⌊Oh, nein⌋/[Muss das sein]/[Manno *fam*]!
scodàre *tr* (*privare della coda*) ~ *qc* {CANE, CAVALLO} *etw* (*dat*) den Schwanz stutzen/kupieren.
scodèlla f **1** (*piatto fondo*) Suppenteller m **2** (*ciotola*) {+PORCELLANA} Schüssel f; (*contenuto*) Schüssel f **3** (*cavità*) {+ROCCIA} Trichter m ● **fare le scodelle** *fam* (*scodellare*), die Teller füllen; **mangiare nella stessa** ~ *fig* (*essere in intimità*), aus dem gleichen Topf essen.
scodellàre *tr* **1** (*versare nella scodella*) ~ (*qc*) {MINESTRA} *etw* in die Suppenteller füllen, *etw* verteilen **2** *fig fam scherz* (*dire*) ~ *qc* **a qu** {BUGIE ALL'INSEGNANTE} jdm *etw* auftischen *fam spreg*; {SOLUZIONE DEL PROBLEMA} jdm *etw* liefern **3** *fig fam scherz* (*fare*) ~ *qc* {CUCCIOLO, FIGLIO} *etw* in die Welt setzen; {PRODOTTI} *etw* auf den Markt werfen, *etw* in den Handel bringen **4** *sport* ~ *qc* {PALLA} *etw* servieren.
scodellino <*dim di scodella*> m **1** kleine Schüssel, Schüsselchen n **2** *artiglieria* (Zünd)pfanne f.
scodinzolaménto m **1** Wedeln n, Schwänzeln n **2** *autom* Schleudern n, Schlangenlinienfahren n.
scodinzolàre *itr* **1** *zoo* {CANE} (mit dem Schwanz) wedeln, schwänzeln **2** *fig fam* (*ancheggiare*) {DONNA} sich (beim Gehen) in den Hüften wiegen, mit dem Po wackeln *fam* **3** *fig fam* (*essere servile*) {IMPIEGATO} herum|scharwenzeln *fam spreg*, herumschwänzeln *fam spreg*.
scodinzolìo <-*lii*> m (*scodinzolare*) (Schwanz)wedeln n.
scodinzolo m *sport* (*nello sci*) Wedeln n.
scòglia f *lett* (*pelle dei rettili*) Schuppenhaut f.
scoglièra f *gener* Klippe f; (~ *corallina*) Riff m.
scòglio <-*gli*> m **1** *geog* Klippe f; (*rupe*) Felsblock m, Felsen m **2** *fig* (*ostacolo*) Klippe f, Hürde f: **il permesso di soggiorno è lo** ~ **maggiore per poter lavorare in America**, die Aufenthaltsgenehmigung ist die größte Hürde, um in Amerika arbeiten zu können.
scoglionaménto m *volg* (*noia*) Angenervtsein n, Genervtheit f *fam*.
scoglionàre *volg* **A** *tr* (*seccare*) ~ **qu** jdm auf ⌊die Eier/Nerven⌋/[den Wecker/Keks] gehen *fam* **B** *itr pron* (*annoiarsi*) **scoglionarsi** (an)genervt sein *fam*, die Nase (gestrichen) voll *von etw* (*dat*) haben *fam*, *etw* satt|haben *fam*.
scoglionàto, (-**a**) *agg volg* (*annoiato*) genervt, sauer, unzufrieden, gelangweilt, angeödet *fam*.

scogliòso, (-**a**) *agg* (*irto di scogli*) {MARE, RIVA} klippenreich, Klippen-.
scoiàttolo m Eichhörnchen n: ~ **volante**, Flugeichhörnchen n ● **agile come uno** ~ (*molto agile*), flink wie ein Wiesel; **arrampicarsi/correre come uno** ~ (*in modo agile e veloce*), wie ein Affe klettern/laufen.
scol. *abbr di* scolastico.
scolabottiglie <–> m **1** Trocken-, Abtropfgestell n (für Flaschen) **2** *fig fam* (*ubriacone*) Säufer(in) m(f) *fam spreg*.
scolapàsta <–> m (Nudel)sieb n, Durchschlag m, Seiher m *region*.
scolapiàtti <–> m Trockengestell n (für Teller), Abtropfständer m.
scolàra f → scolaro.
scolàre[1] *solo nella* loc sost: **età** ~, schulpflichtiges Alter; **in età** ~, im schulpflichtigen Alter.
scolàre[2] **A** *tr* <*avere*> **1** (*sgocciolare*) ~ *qc* {BOTTIGLIE} *etw* aus|gießen, *etw* aus|schütten **2** *gastr* {PASTA} *etw* ab|gießen; {INSALATA} *etw* abtropfen lassen **B** *itr* <*essere*> (*colare*) ~ **da qc** {LIQUIDO DA UNA FESSURA} *aus etw* (*dat*) rinnen, *aus etw* (*dat*) ab|laufen, *aus etw* (*dat*) ab|fließen **C** *rfl indir fam* (*bersi*): **scolarsi qc** {BOTTIGLIA} *etw* aus|trinken, *etw* leer trinken.
scolarésca <-*sche*> f (*insieme di scolari di una classe*) Klasse f, Klassengemeinschaft f; (*di una scuola*) Schule f, Schülerschaft f.
scolarétto, (-**a**) <*dim di scolaro*> m (f) **1** Schuljunge m *fam*, Schulmädchen n *fam* **2** *fig* (*ingenuo*) dummer Schuljunge *fam*, dummes Schulmädchen *fam*: **arrossire/comportarsi come uno** ~, ⌊rot werden⌋/[sich benehmen] wie ein Schuljunge.
scolarità <–> f (*indice di frequenza scolastica*) Schulbesuch m.
scolarizzàre *agg* ~ **qu 1** (*sottoporre all'obbligo scolastico*) {BAMBINO} jdn beschulen, jdn der Schulpflicht unterstellen **2** (*recuperare all'istruzione*) {ANALFABETA} jdn seine Schulpflicht nachholen lassen, jdn nachträglich beschulen.
scolarizzàto, (-**a**) *agg* **1** (*sottoposto a scolarizzazione*) {POPOLAZIONE} der Schulpflicht unterstehend **2** {ANALFABETA} der seine Schulpflicht nachholt **3** (*con un alto tasso di scolarizzazione*) {ZONA} mit hoher Beschulung, dicht beschult **B** m (f) (*chi ha l'obbligo scolastico*) "wer schulpflichtig ist".
scolarizzazióne *agg* **1** (*lo scolarizzare*) {+POPOLAZIONE} Beschulung f **2** (*frequenza scolastica*) Schulbesuch m.
scolàro, (-**a**) m (f) **1** Schüler(in) m(f) **2** (*seguace*) {+MAESTRO} Schüler(in) m(f), Anhänger(in) m(f).
scolàstica <-*che*> f *filos* Scholastik f.
scolàstico, (-**a**) <-*ci*, -*che*> **A** *agg* **1** (*della scuola*) {ANNO, PROGRAMMA, TASSE} Schul-; {QUESTIONI, RENDIMENTO} schulisch **2** *fig* (*generale*) {CONOSCENZA DI UNA LINGUA} Schul- **3** *fig spreg* (*convenzionale*) {STILE} schülerhaft *spreg* **4** *filos* (*FILOSOFO*) scholastisch **B** m (f) Scholastiker(in) m(f).
scolatùra f (*atto*) Abtropfen n, Abgießen n; (*materia*) Abgetropfte n decl come agg.
scoliòsi <–> f *med* seitliche Wirbelsäulenverkrümmung, Skoliose f *scient*.
scollacciàto, (-**a**) *agg* **1** (*molto scollato*) {ABITO} dekolletiert, ausgeschnitten **2** *fig spreg* (*licenzioso*) {DISCORSO} anstößig, unanständig, schlüpfrig *spreg*.
scollàre[1] **A** *tr* (*fare lo scollo*) ~ *qc* {VESTITO} *etw* dekolletieren, *etw* aus|schneiden **B** *itr pron* (*indossare un abito scollato*): **scollarsi** ⌊Kleider mit Dekolletee⌋/[ausgeschnitte-

scollàre[2] **A** *tr* **1** (*staccare*) ~ *qc* (*da qc*) {ETICHETTA DALLA BOTTIGLIA, PARTI INCOLLATE} *etw* (*von etw dat*) (ab|)lösen, *etw* (*von etw dat*) (ab|)trennen **2** (*privare della colla*) ~ *qc* {FRANCOBOLLO} den Klebstoff *von etw* (*dat*) entfernen **3** *med* ~ *qc* {ORGANI} *etw* trennen **B** *itr pron* (*staccarsi*): **scollarsi** (*da qc*) sich (*von etw dat*) (ab|)lösen; *fig* {RAGAZZO DAL COMPUTER} sich (*von etw dat*) los|reißen, *von etw* (*dat*) los|kommen *fam*, sich (*von etw dat*) los|machen *fam*.
scollàto, (-**a**) *agg* {ABITO} dekolletiert, ausgeschnitten.
scollatùra f **1** {QUADRATA, TONDA; +ABITO} Dekolletee n, Ausschnitt m **2** (*lo staccare*) {+PARTI INCOLLATE} (Ab)lösen n, (Ab)trennen n.
scollegàre <*scollego, scolleghi*> **A** *tr* ~ *qc* (*da qc*) *etw* (*von etw dat*) trennen: ~ **due fili**, zwei Drähte trennen; *tecnol* {CAVO DELLA BATTERIA, DUE TUBI} *etw* (*von etw dat*) trennen; {LAPTOP} *etw* aus|stecken **B** *itr pron inform* **scollegarsi** (*da qc*) {DA INTERNET} sich (*von etw dat*) ab|melden.
scollegàto, (-**a**) **A** *part pass di* scollegare **B** *agg* **1** *inform*, unverbunden {COMPUTER} nicht eingesteckt, nicht online **2** *fig* (*privo di collegamento*) {RAGIONAMENTI} unzusammenhängend: **sono episodi del tutto scollegati**, diese Ereignisse haben nichts miteinander zu tun.
scòllo m **1** (*scollatura*) {PROFONDO; +CAMICETTA} (Hals)ausschnitt m, Dekolletee n: ~ ⌊a punta⌋/[tondo], spitzer/runder Ausschnitt; ~ **a V**, V-Ausschnitt; {+SCARPA} (Schuh)schaftausschnitt m; ~ **alto/basso**, hoher/tiefer Schaftausschnitt **2** (*parte del collo e del petto*) Halsausschnitt m, Dekolletee n: **una donna con un bellissimo** ~, eine Frau mit einem wunderschönen Dekolletee.
scolmatóre, (-**trice**) *idraul* **A** *agg* {CANALE} Abfluss- **B** m Abflusskanal m.
scolmatùra f *idraul* {+CANALE} Wasserstandssenkung f.
scòlo m **1** (*deflusso*) {+ACQUE PIOVANE} Ablauf m, Abfluss m **2** (*condotto*) Abfluss m: **lo ~ si è otturato**, der Abfluss ist verstopft **3** (*liquido*) Abwasser n **4** *fam* (*blenorragia*) Tripper m *fam med* Ausfluss m.
scolopèndra f *zoo* Tausendfüßler m, Skolopender m.
scolòpio <-*pi*> m *relig* Piarist m.
scoloràre **A** *itr pron* <*avere*> ~ **1** (*perdere il colore*): **scolorarsi** {TINTA} ver-, aus|bleichen, verblassen **2** (*impallidire*): **scolorarsi** (*per qc*) {VOLTO PER LA PAURA} (*vor etw dat*) erblassen, *vor etw* (*dat*) erbleichen **B** *tr* <*avere*> ~ **qc** {IL SOLE TESSUTO} *far perdere il colore*) ~ *qc* {IL SOLE TESSUTO} *etw* entfärben, *etw* (aus|)bleichen.
scoloriménto m **1** (*lo scolorirsi*) {+TESSUTO} Entfärbung f, Verblassen n, Verbleichen n **2** *fig* {IDEOLOGICO; +RICORDO} Verblassen n.
scolorìna® f Tintenfleckentferner m, Tintenkiller m *fam*.
scolorìre <*scolorisco*> **A** *tr* <*avere*> ~ *qc* **1** (*far perdere il colore*) {IL SOLE INDUMENTO} *etw* entfärben, *etw* (aus|)bleichen **2** *fig* (*rendere più vago*) {IL TEMPO IMMAGINE} *etw* verblassen lassen **B** *itr* <*essere*> *itr pron*: **scolorirsi 1** (*perdere il colore*) {STOFFA} aus|-, verbleichen, verblassen **2** (*impallidire*) {VISO} erblassen, erbleichen **3** *fig* (*attenuarsi*) {+RICORDO} verblassen.
scolorìto, (-**a**) *agg* **1** (*sbiadito*) {FOTOGRAFIA} verblasst, vergilbt **2** *fig* (*attenuato*) {+RICORDO} verblasst, blass, schwach **3** *fig* (*scialbo*) {LINGUAGGIO} farblos **4** *fig* (*pallido*) ~ (*per qc*) {VISO} bleich (*vor etw dat*), blass

(*vor etw* dat).

scolpàre A *tr* (*discolpare*) ~ qu {MADRE FIGLIO} *jdn* entschuldigen, *jdn* rechtfertigen B *rfl* (*giustificarsi*): **scolparsi** (**di qc**) {DI UN FURTO} sich (*für etw* acc) entschuldigen, *etw* rechtfertigen.

scolpìre <*scolpisco*> A *tr* **1** (*modellare*) ~ **qc** {AVORIO} *etw* schnitzen; {MARMO, PIETRA} *etw* behauen, *etw* meißeln: ~ **un busto**, eine Büste meißeln **2** (*incidere*) ~ **qc su qc** {NOME SU UNA LASTRA DI MARMO} *etw in etw* (acc) (ein|)gravieren, *etw in etw* (acc) ein|ritzen **3** (*intagliare*) ~ **qc** {LEGNO} *etw* (ein|)schnitzen, *etw* in|schneiden **4** *fig* (*fissare*) ~ **qc in qc** {PAROLE NELLA MEMORIA} *etw in etw* (acc) ein|hämmern, *etw in etw* (acc) ein|prägen B *itr pron fig* (*imprimersi*): **scolpirsi in qc** sich *etw* (dat) ein|prägen: **quel ricordo si scolpì nella sua mente**, diese Erinnerung hat sich ⌊seinem/ihrem Gedächtnis⌋/[ihm/ihr unauslöschlich (ins Gedächtnis)] eingeprägt.

scolpìto, (-a) *agg* **1** (*ornato di sculture*) {MARMO}, geschnitzt **2** {TAGLIO DI CAPELLI} Stufen-, stufig **3** *fig* (*impresso*) ~ **in qc** {IMMAGINE NELLA MEMORIA} ⌊*in etw* (acc)⌋/[*etw* (dat)] eingeprägt **4** *fig* (*incisivo*) {STILE} ausgeprägt, markant.

scolpitrìce *f* (*macchina*) Schnitzmaschine *f*.

scolpitùra *f* *autom* (+BATTISTRADA) Reifenprofil *n*.

scólta *f lett stor* (*guardia*) {+CASTELLO} Wache *f*, Wachposten m: **fare la** ~, Wachdienst haben, Wache haben/halten; **stare di** ~, (auf) Wache stehen *fam*.

scombaciàre <*scombacio, scombaci*> *tr* (*separare*) ~ **qc** {DUE PEZZI DI UN MECCANISMO} *etw* auseinander|nehmen, *etw* trennen.

scombinàre *tr* ~ **qc 1** (*mandare all'aria*) {MATRIMONIO} *etw* platzen lassen; {AFFARE, APPUNTAMENTO} *anche fig* scheitern lassen; {PIANO, PROGETTO, PROGRAMMA} *etw* zum Scheitern bringen, *etw* über den Haufen werfen *fam* **2** (*mettere in disordine*) {SCHEDARIO} *etw* durcheinander|bringen.

scombinàto, (-a) A *agg* **1** (*andato a monte*) {ACCORDO, AFFARE} gescheitert, schiefgelaufen; {MATRIMONIO} geplatzt **2** (*disordinato*) {RAGAZZO} verworren, durcheinander; {VITA} regellos B *m* (*f*) *fam* (*persona sconclusionata*) Wirrkopf *m*.

scómbro *m itt* Makrele *f*.

scombussolaménto *m anche fig* Verwirrung *f* ● ~ **d'intestino**/**di stomaco**, ⌊Magen-Darmverstimmung *f*⌋/[Magenverstimmung *f*].

scombussolàre A *tr* **1** (*mettere in subbuglio*) ~ **qc** (**a qu**) {FRITTO DI PESCE LO STOMACO} *etw* durcheinander|bringen, *etw* in Aufruhr bringen **2** (*stordire*) ~ **qu** {LUNGO VIAGGIO TURISTA} *jdn* verwirren, *jdn* betäuben, *jdn* benommen machen **3** *fig* (*frastornare*) ~ **qu**/[**qc** (**a qu**)] {IL CERVELLO, LA MENTE} *jdn*/*etw* verwirren, *jdn*/*etw* durcheinander|bringen, *jdn* aus der Fassung bringen: **quel film mi ha scombussolato**, dieser Film brachte mich völlig aus der Fassung **4** *fig* (*mandare a monte*) ~ **qc** {PIANO, PROGRAMMA} *etw* zum Scheitern bringen, *etw* über den Haufen werfen *fam* B *itr pron* **1 scombussolarsi** {INTESTINO} durcheinander sein **2** *fig* (*agitarsi*): **scombussolarsi** ⌊**per**⌋/[**a causa di**/[**di fronte a**] **qc** {PER UNA NOTIZIA} wegen *etw* (gen) ⌊in Aufruhr⌋/[aufgeregt]/[durcheinander] sein.

scombussolàto, (-a) *agg* **1** (*in disordine*) {STOMACO} durcheinander **2** *fig* (*turbato*) verwirrt, durcheinander, beunruhigt: **essere/sentirsi** ~ **per qc**, wegen *etw* (gen) aufgeregt/verwirrt/beunruhigt sein.

scombussòlio <-lii> *m anche fig* (*scombussolamento*) Durcheinander *n*, (völlige) Verwirrung *f*.

scomméssa *f* **1** *anche sport* Wette f: **fare una** ~, wetten, eine Wette eingehen/abschließen; **fare una** ~ **sui cavalli**, eine Pferdewette eingehen, auf ein Pferd setzen; **perdere/vincere la/una** ~, die/eine Wette verlieren/gewinnen **2** (*puntata*) (Wett)einsatz m: **si accettano scommesse**, es werden Wetten angenommen; **fare una forte** ~, hoch wetten, eine hohe Wette eingehen; **una ~ di 100 euro**, ein Einsatz von 100 Euro **3** *fig spec polit* (*sfida*) Herausforderung *f*, Unterfangen *n* ● ~ **clandestina**, staatlich nicht genehmigte Wette; **fare qc per** ~ {PER PUNTIGLIO}, *etw* (nur) aus Eigen-/Starrsinn tun *spreg*; **per ~ si è lanciato con il paracadute**, aus Eigensinn ist er mit dem Fallschirm abgesprungen; **reggersi/stare in piedi per** ~ *fig scherz* (*a mala pena*), sich kaum/[mit Müh und Not] auf den Beinen halten können.

scomméttere <*coniug come mettere*> *tr* **1** (*fare una scommessa*) ~ (**qc**) (**con qu**) {CENA CON UN AMICO} (*mit jdm*) (⌊um *etw* acc⌋/[*etw*]) wetten; {SULL'ESITO DELLE ELEZIONI} (*mit jdm*) Wetten (*auf etw* acc) ab|schließen: ~ **dieci euro**, zehn Euro wetten; **gli inglesi amano molto** ~, die Engländer wetten sehr gern; **quel film vincerà l'Oscar; quanto ci scommetti?**, dieser Film wird einen Oskar gewinnen, wetten (wir/dass *fam*)?; **non si farà più sentire, puoi scommetterci!**, der/die wird nichts mehr von sich (dat) hören lassen, darauf kannst du Gift nehmen! *fam*; ~ (**qc**) **che** ... *ind*, (*etw/um etw* acc) wetten, dass ... *ind*; **scommetto qualsiasi cosa che il Milan vincerà lo scudetto**, ich wette, dass AC Mailand den Meistertitel gewinnt; **sono pronta a** ~ **con te una pizza che passerai l'esame!**, ich könnte mit dir um eine Pizza wetten, dass du die Prüfung bestehst!; **scommettiamo che ti telefona prima lui?**, wetten, dass er zuerst/[als Erster] anruft? **2** *sport* (*puntare*) ~ (**qc**) **su qu**/**qc** {TRECENTO EURO SU UN PUGILE, SU UN CAVALLO} (*etw*) auf *jdn*/*etw* setzen **3** *fig* (*dare la massima fiducia*) ~ **su qu**/**qc** {SU UNA PICCOLA IMPRESA} auf *jdn*/*etw* setzen.

scommettitóre, (-trice) *m* (*f*) (*chi scommette*) Wetter(in) *m* (*f*), Wettende *mf decl come agg*.

scommìsi 1a *pers sing pass rem di* scommettere①, scommettere②.

scomodaménte *avv* (*in modo scomodo*) unbequem: **stare seduto** ~, unbequem sitzen.

scomodàre A *tr* **1** (*disturbare*) ~ **qu** *jdn* stören, *jdn* belästigen, *jdn* bemühen: **mi dispiace scomodarti, ma ho bisogno di un'informazione**, ⌊es tut mir leid, dich zu stören⌋/[ich störe dich nur ungern], aber ich brauche eine Auskunft: ~ **qu per qc** {MEDICO PER UN RAFFREDDORE} *jdn* wegen *etw* (gen) belästigen, *jdn* wegen *etw* (gen) bemühen **2** *fig* (*incomodare*) ~ **qu** (**per qc**) {MINISTRO PER UN CERTIFICATO} *jdn* (wegen *etw* gen) bemühen, *jdn* (wegen *etw* gen) stören **3** *fig* (*tirare in ballo*) ~ **qu** (**per fare qc**) {PIANO} *jdn* (um *etw* zu tun) heranziehen(, um *etw* zu tun): **non c'è bisogno di** ~ **Beethoven per suonare questo pezzo**, ⌊es ist nicht nötig, Beethoven zu bemühen⌋/[man braucht kein Beethoven zu sein], um dieses Stück zu spielen *iron* B *itr* (*causare difficoltà*) ungelegen kommen, Schwierigkeiten bereiten, Umstände bereiten/machen: **mi scomoda pagare in contanti**, es kommt mir ungelegen, bar zu bezahlen; **se a voi non scomoda, potreste venirmi a prendere**, wenn es euch keine Umstände macht, könntet ihr mich abholen C *rfl* **1** (*prendersi disturbo*): **non scomodarsi** (**per qu**) sich (dat) ⌊*wegen jds*/*jdm fam*⌋ keine Umstände machen: **non scomodarti per me, torno a casa a piedi**, mach dir ⌊wegen mir *fam*⌋/[meinetwegen] keine Umstände, ich gehe zu Fuß nach Hause; **scomodarsi a**/**per fare qc** sich (dat) die Mühe machen, *etw* zu tun; **non dovevi scomodarti a venire**, du brauchtest (aber) nicht extra zu kommen; **non scomodarti per accompagnarmi all'aeroporto!**, du brauchst dir nicht die Mühe machen und mich zum Flughafen zu begleiten **2** (*cambiare posto*): **scomodarsi** sich stören lassen: **non si scomodi, rimanga pure seduto!**, lassen Sie sich nicht stören, bleiben Sie ruhig sitzen!

scomodità *f* (*mancanza di comodità*) {+ALLOGGIO, POSIZIONE} Unbequemlichkeit f: **abitare in periferia è una vera** ~, am Stadtrand zu wohnen, ist wirklich unbequem.

scòmodo① *m* (*motivo di comodità*) Störung *f*, Belästigung f: **oggi mi fa** ~ **andare a lavorare in autobus**, heute kommt es mir ungelegen, mit dem Bus zur Arbeit zu fahren.

scòmodo②, (-a) *agg* **1** (*privo di comodità*) {CASA, DIVANO, SEDIA} unbequem **2** (*disagevole*) {STRADA} umständlich, kompliziert; {ORARIO} ungünstig; {VIAGGIO} beschwerlich: **è** ~ **spostarsi in centro con l'auto**, es ist umständlich, im Stadtzentrum (mit dem) Auto unterwegs zu sein **3** (*fuori mano*) {LOCALITÀ, POSTO} abgelegen, abgeschieden **4** (*in posizione poco comoda*) unbequem: **sei/stai** ~?, sitzt du unbequem?; **qui sto** ~, hier sitze ich unbequem **5** *fig* (*che può creare problemi*) {AVVERSARIO, PERSONAGGIO, TESTIMONE} unbequem ● **essere/restare/tornare** ~ (*causare disagio*), unbequem sein/bleiben/werden; **ti torna** ~ **passarmi a prendere in ufficio?**, macht es dir etwas aus, mich vom Büro abzuholen?

scompaginaménto *m anche fig* (*il disgregarsi*) {+PARTITO} Zerrüttung *f*.

scompaginàre A *tr* ~ **qc 1** (*dissestare*) {ESPLOSIONE STRUTTURA DI UN PALAZZO} *etw* erschüttern; {CARTE} *etw* (völlig) durcheinander|bringen **2** *fig* (*disgregare*) {CRISI INTERNA PARTITO} *etw* zerrütten, *etw* zersplittern **3** *tip* (*guastare la legatura*) {LIBRO} *etw* zerfleddern B *itr pron spec fig* (*disgregarsi*): **scompaginarsi** {L'UNITÀ NAZIONALE} sich auf|lösen, zerfallen, zersplittern.

scompagnàre *tr* ~ **qc 1** (*spaiare*) {PAIO DI GUANTI} *etw* trennen **2** (*rendere incompleto*) {SERVIZIO DI PIATTI} *etw* auf|teilen.

scompagnàto, (-a) *agg* **1** (*spaiato*) {PAIO DI CALZE} einzeln, ohne Gegenstück **2** (*incompleto*) {SERVIZIO DI BICCHIERI} unvollständig.

scomparìre <*coniug come apparire*> *itr* <*essere*> **1** (*sottrarsi alla vista*) ~ (+ *compl di luogo*) {CASE NELLA NEBBIA; UOMO TRA LA FOLLA} (*irgendwo*) verschwinden, (*irgendwo*) entschwinden *forb*: **la macchia è scomparsa dal muro**, der Fleck auf der Mauer ist verschwunden/weg *fam* **2** (*dileguarsi*) verschwinden: **i ladri sono scomparsi con la refurtiva**, die Diebe sind mit der Beute verschwunden **3** (*essere introvabile*) ~ (**da qc**) (*von etw* dat) verschwinden: **il bambino è scomparso da casa tre giorni fa**, das Kind ist seit drei Tagen von zu Hause verschwunden **4** (*in seguito a furto*) ~ (**da qc**) {PORTAFOGLIO DALLA BORSA} (*aus etw* dat) verschwinden, (*aus etw* dat) abhanden|kommen: **è scomparso un quadro dal museo**, aus dem

Museum ist ein Bild verschwunden **5** (*estinguersi*) {CIVILTÀ} unter|gehen; {DIALETTO, RISERVA DI INDIANI} aus|sterben: **tradizioni che stanno scomparendo**, aussterbende Traditionen **6** (*cessare*) auf|hören, ab|klingen: **il vomito e la febbre sono scomparsi**, Erbrechen und Fieber ˻haben aufgehört/[sind abgeklungen] **7** *fig* (*non risaltare*) nicht zur Geltung kommen, (völlig) unter|gehen: **in quell'angolo del salotto la lampada scompare**, in dieser Ecke des Wohnzimmers ˻kommt die Lampe nicht zur Geltung/[geht die Lampe völlig unter] **8** *fig* (*sfigurare*) **~ accanto/davanti/di fronte a qu/qc** {A UNA DONNA, ALL'INTELLIGENZA DI QU} ˻neben jdm/etw/[im Vergleich zu jdm/etw] verblassen, *neben jdm/etw* verschwinden, *neben jdm/etw* gering erscheinen, *hinter jdm/etw* zurück|stehen **9** *fig* (*sparire*) verschwinden: **dopo quella gaffe sarei voluta ~**, nach diesem Fauxpas wäre ich am liebsten im Erdboden versunken **10** *eufem* (*morire*) (ver)sterben: **l'attrice americana Marilyn Monroe scomparve prematuramente**, die amerikanische Schauspielerin Marilyn Monroe starb allzu früh.

scompàrsa **A** *f* **1** (*sparizione*) {+DOCUMENTO, GIOIELLO} Verschwinden n; {+AEREO, BAMBINO} Verschollensein n: **denunciare la ~ di qu**, jdn als vermisst melden **2** (*assenza*) {+FEBBRE, SINTOMO} Abklingen n **3** (*estinzione*) {+FARFALLE} Aussterben n **4** *dir* Verschollenheit f **5** *eufem* (*morte*) Hinscheiden n *eufem*, Verscheiden n *forb*, Ableben n *form*: **piangere la ~ di qu**, jds Tod beweinen **B** ‹*inv*› *loc agg* (*che viene ripiegato*): **a ~** {+LETTO} Klapp-; **persiane a ~**, Jalousien f, Jalousette f.

scompàrso, (-a) **A** *agg* **1** (*estinto*) {CIVILTÀ, CONTINENTE, POPOLO} untergegangen; {USANZA} verloren gegangen; {FAUNA} ausgestorben **2** (*irreperibile*) {DOCUMENTO} verschwunden; {DONNA} *anche* vermisst, verschollen **3** *eufem* (*morto*) hingeschieden *eufem*, verschieden *forb*, tot **B** *m* (f) *eufem* (*defunto*) Hingeschiedene mf *decl come agg eufem*.

scompartiménto *m* **1** (*scomparto*) {+CASSETTO} Fach n: **un armadio a tre scompartimenti**, ein dreiteiliger Schrank **2** *ferr* Abteil n: **~ di prima/seconda classe**, Erste-/Zweite-Klasse-Abteil n; **~ ferroviario**, Zugabteil n; **~ fumatori/[non fumatori]**, Raucher-/Nichtraucherabteil n; **trovare posto in uno ~**, einen Platz in einem Abteil finden; **~ di servizio**, Dienstabteil n ● **~ stagno** *mar*, wasserdichtes Schott.

scompàrto *m* **1** (*suddivisione*) {+ARMADIO} Fach n: **una libreria a quattro scomparti**, ein Bücherregal mit vier Fächern; {+BORSA, PORTAFOGLIO} Fach n **2** *arch* {+PARETE} Feld n.

scompensàre tr **~ qc 1** (*alterare un equilibrio*) {CARICO} *etw* aus dem Gleichgewicht bringen **2** *econ* {MERCATO} *auf etw* (dat) Störungen verursachen **3** *med* {SFORZI PROLUNGATI IL CUORE} *eine* Dekompensation *von etw* (dat) *n verursachen scient*.

scompensàto, (-a) **A** *agg* **1** (*non equilibrato*) {CARICO} aus dem Gleichgewicht gebracht **2** *econ* {MERCATO} unausgeglichen **3** *med* {CUORE, SOGGETTO} kompensationsgestört **B** *m* (f) *med* (*persona*) "wer an Kompensationsstörungen leidet".

scompènso *m* **1** *med* Kompensationsstörung f *scient*, Dekompensation f *scient*: **~ cardiaco**, Herzdekompensation f *scient*, kardiale Kompensationsstörung f *scient*; **~ renale**, Niereninsuffizienz f **2** *econ* Unausgeglichenheit f.

scompigliàre ‹*scompiglio, scompigli*› tr **1** ~ *qc* (*spettinare*) {CAPELLI} *etw* zerzausen, *etw* zerraufen **2** (*mettere in disordine*) {CASA} *etw* in Unordnung bringen, *etw* auf den Kopf stellen *fam* **3** *fig* (*confondere*) {IDEE} *etw* durcheinander|bringen **4** *fig* (*sconvolgere*) {PIANO, PROGRAMMA} *etw* durcheinander|bringen, *etw* über den Haufen werfen *fam*.

scompigliàto, (-a) *agg* **1** (*arruffato*) {BARBA, CAPELLI} zerzaust, zerrauft **2** (*in disordine*) {CASSETTO} in Unordnung, unordentlich, durcheinander **3** *fig* (*confuso*) {DISCORSO} wirr, verworren.

scompìglio ‹*-gli*› *m* **1** (*grande disordine*) Unordnung f: **che ~ in questi cassetti!**, was für ein Chaos/Durcheinander in diesen Schubladen! **2** (*confusione*) Verwirrung f, Durcheinander n, Aufruhr m: **lo sparo provocò grande ~ tra la folla**, durch den Schuss geriet die Menge in Aufruhr **3** *fig* (*turbamento interiore*) Verwirrung f, Unruhe f.

scompisciàrsi ‹*mi scompiscio, ti scompisci*› itr pron *fig fam* (*ridere a crepapelle*): **~ dalle risa**, sich kaputtlachen *fam*, sich (dat) vor Lachen in die Hose machen *fam*.

scomponìbile *agg* **1** (*che si può scomporre*) {ARMADIO, LIBRERIA} zerlegbar, auseinandernehmbar **2** *mat* **~** (**in qc**) {NUMERO, POLINOMIO} (*in etw* acc) zerlegbar.

scomponibilità ‹-› *f* (*l'essere scomponibile*) Zerlegbarkeit f.

scompórre ‹*coniug come porre*› **A** *tr* **1** (*disfare*) ~ *qc* {ARMADIO, LIBRERIA} *etw* zerlegen, *etw* auseinander|nehmen **2** (*separare*) ~ *qc* **in qc** {PAROLA IN SILLABE} *etw* in *etw* (acc) zergliedern **3** (*scompigliare*) ~ *qc* {I CAPELLI} *etw* zerzausen, *etw* zerraufen **4** *fig* (*deformare*) ~ *qc* {TRATTI DEL VISO} *etw* entstellen **5** *mat scient* ~ *qc* (**in qc**) {NUMERO IN FATTORI PRIMI} *etw* in *etw* (acc) zerlegen **6** *tip* ~ *qc* {PAGINA} *etw* auseinander|nehmen, *etw* ab|legen **B** *itr pron fig* (*alterarsi*): **scomporsi** aus der Fassung geraten, die Fassung verlieren: **è uno che non si scompone mai**, er verliert nie die Fassung; **senza scomporsi minimamente**, ohne auch nur eine Miene zu verziehen.

scomposizióne *f* **1** (*suddivisione*) ~ (**in qc**) {+PAROLA, PERIODO} Zergliederung f (*in etw* acc) **2** *arte* (*in pittura*) {+FIGURA} Zerlegung f (*in etw* acc) **3** *mat* ~ (**in qc**) {+NUMERO} Zerlegung f (*in etw* acc) **4** *tip* {+PAGINA} Ablagesatz m, Ablegung f.

scompostaménte *avv* (*senza compostezza*) ungehörig, unmanierlich, lümmelhaft *spreg*: **sedere ~ a tavola**, lümmelhaft am Tisch sitzen *spreg*, sich an den Tisch lümmeln *fam spreg*.

scompostézza *f* **1** (*mancanza di compostezza*) {+POSIZIONE} Ungehörigkeit f **2** (*lo stare scomposto*) {+RAGAZZA} Unmanierlichkeit f, Lümmelhaftigkeit f *spreg* **3** {+RISPOSTA} Ungehörigkeit f *spreg*, Unmanierlichkeit f *spreg* **4** *fig* (*mancanza di equilibrio*) Unausgeglichenheit f: **~ di vita**, ausschweifendes Leben.

scompósto, (-a) **A** *part pass di* scomporre **B** *agg* **1** (*suddiviso*) **~** (**in qc**) {VOCABOLO} (*in etw* acc) geteilt **2** (*in disordine*) {ABBIGLIAMENTO} unordentlich **3** (*arruffato*) {CAPELLI} zerzaust, zerrauft **4** (*privo di compostezza*) {POSIZIONE} ungehörig: **stare ~ a tavola**, lümmelhaft am Tisch sitzen *spreg*, sich an den Tisch lümmeln *fam spreg* **5** (*sguaiato*) {ATTEGGIAMENTI, MODI} unmanierlich, lümmelhaft *spreg* **6** *fig* (*privo di organicità*) {PROSA, STILE} unzusammenhängend **7** *mat* ~ (**in qc**) {NUMERO} (*in etw* acc) zerlegt **8** *med* {FRATTURA} mit Knochenverschiebung **9** *scient* ~ (**in qc**) {SOSTANZA} (*in etw* acc) zerlegt.

scomputàre tr (*detrarre*) ~ *qc* (**da qc**) {ANTICIPO DALLO STIPENDIO} *etw* (*von etw* dat) ab|ziehen, *etw* (*von etw* dat) ab|rechnen.

scòmputo *m* (*detrazione*) Abzug m, Abrechnung f.

scomùnica ‹-*che*› *f* **1** *relig* (*esclusione*, (*Kirchen*)bann m: **incorrere nella ~**, exkommuniziert werden; **infliggere la ~ a qu**, den Kirchenbann über jdn verhängen/aussprechen; **lanciare la ~ contro qu**, jdn mit dem Kirchenbann belegen; **togliere la ~**, den Bann lösen **2** *fig polit* (*giudizio di condanna*) Verbannung f; (*espulsione dal partito*) Ausschluss m ● **avere la ~ addosso** *fig fam* (*essere perseguitato dalla sfortuna*), vom Unglück/Pech verfolgt werden.

scomunicàre ‹*scomunico, scomunichi*› tr **1** *relig* ~ *qu* {ERETICO} *jdn/etw* exkommunizieren **2** *fig polit* (*estromettere*) ~ *qu* (**da qc**) {MEMBRO DAL PARTITO} jdn (*aus etw* dat) aus|schließen, jdn (*aus etw* dat) aus|stoßen, jdn (*aus etw* dat) verbannen **3** *fig scherz* (*ripudiare*) ~ *qu* jdn verstoßen.

scomunicàto, (-a) *relig* **A** *agg* {IMPERATORE, TEOLOGO} exkommuniziert **B** *m* (f) Exkommunizierte mf *decl come agg*.

sconcatenàto, (-a) *agg fig* (*sconnesso*) {RAGIONAMENTO} zusammenhang(s)los, unzusammenhängend.

sconcertànte *agg* (*che provoca disorientamento*) {EPISODIO, NOTIZIA} bestürzend, verwirrend.

sconcertàre **A** *tr* **1** (*disorientare*) ~ *qu* jdn verwirren; (*sorprendere*) jdn verblüffen; (*lasciare perplesso*) jdn befremden, jdn verdutzen; (*sconvolgere*) jdn bestürzen, jdn erschüttern: **un fatto che sconcertà tutti**, ein Ereignis, das alle erschüttert/bestürzt **2** *rar* (*mettere sottosopra*) ~ *qc* {COCA-COLA GHIACCIATA STOMACO} *etw* verstimmen; {DECISIONE, PARTENZA PIANI, PROGETTI} *etw* durcheinander|bringen, *etw* über den Haufen werfen *fam* **B** *itr pron* (*turbarsi*): **sconcertarsi** verwirrt/bestürzt sein, aus der Fassung geraten: **non si sconcerta in nessuna situazione**, er/sie lässt sich durch nichts durcheinanderbringen, ihn/sie bringt nichts aus der Fassung.

sconcertàto, (-a) *agg* (*sbigottito*) {ARIA, FACCIA} bestürzt, verblüfft: **essere/restare ~**, befremdet/verblüfft sein; **quella notizia mi ha lasciato ~**, diese Nachricht hat mich erschüttert.

sconcèrto *m* (*stato di turbamento*) Bestürzung f, Befremdung f, Verblüffung f, Fassungslosigkeit f: **andarsene nello ~ generale**, weggehen und alle fassungslos zurücklassen; **destare/suscitare ~**, Bestürzung auslösen; **gettare qu/qc nello ~**, jdn/etw in die Verzweiflung stürzen/treiben.

sconcézza *f* **1** (*volgarità*) Unanständigkeit f, Vulgarität f *forb*, Unflätigkeit f *forb spreg*: **parole di una ~ inaudita**, unerhörte Zoten fam *spreg* **2** (*oscenità*) Unanständigkeit f, Schweinerei f *volg spreg*, Obszönität f *forb*: **dire/fare sconcezze**, ˻Zoten reißen *fam spreg*/[Schweinereien machen *volg spreg*] **3** (*indecenza*) Schande f: **quel giardinetto è pieno d'immondizia; è una vera ~!**, dieser Park ist völlig zugemüllt: eine wahre Schande ist das! *fam* **4** (*orrore*) Gräuel m, Horror m *slang*: **quella scultura è una vera ~**, diese Skulptur ist schauderhaft/geschmacklos.

scóncio, (-a) ‹*-ci, -ce*› **A** *agg* **1** (*osceno*) {ATTI, BARZELLETTA, GESTO, PAROLE} unanständig, zotenhaft *fam spreg*, zotig *fam spreg*, unflätig *forb spreg*: **parlare in modo ~**, Zoten reißen *fam spreg* **2** (*ripugnante*) {PERSONA} widerlich, abstoßend **B** *m* **1** (*indecenza*) Ungehörigkeit f, Unanständigkeit f, Schande f, Schweinerei f *volg spreg*: **è uno ~ che certa gente non faccia la fila**, es ist ungehörig/eine Schande, dass gewisse Leute nicht Schlange stehen **2** (*orrore*) Entsetzen n, Gräuel m, Horror m *slang*: **che ~ questo libro!**, dieses Buch ist vielleicht widerlich/abstoßend!

sconclusionataménte *avv* (*in modo sconclusionato*) {RAGIONARE} unzusammenhängend, zusammenhang(s)los.

sconclusionatézza f (*incoerenza*) {+DISCORSO} Zusammenhang(s)losigkeit f.

sconclusionàto, (-a) **A** *agg* **1** (*incoerente*) {DISCORSO, RAGIONAMENTO} unzusammenhängend, zusammenhang(s)los **2** (*inconcludente*) {RAGAZZO} unschlüssig, zerstreut, chaotisch **B** *m* (f) (*chi è inconcludente*) zerstreuter Mensch, Chaot(in) m(f): **è una sconclusionata!**, sie ist eine Chaotin!

sconcordànza f **1** (*discordanza*) {+OPINIONI} Nichtübereinstimmung f, Auseinandergehen n **2** *spec gramm* Nichtübereinstimmung f, Inkongruenz f *forb*: **la ~ tra soggetto e verbo**, die Inkongruenz zwischen Subjekt und Verb *forb*.

scondìto, (-a) *agg* (*senza condimento*) {CARNE} ungewürzt; {INSALATA, VERDURA} unangemacht; {PASTA} ohne Zutaten.

scondizionàto, (-a) *agg post* (*danneggiato*) {PACCO} beschädigt.

sconfessàre *tr* ~ *qc* **1** (*rinnegare*) {IDEALI, PRINCIPI} *etw* ver-, ab|leugnen **2** (*disapprovare ufficialmente*) {OPERATO DI QU} *etw* desavouieren, *von etw* (dat) Abstand halten, sich *von etw* (dat) distanzieren, *etw* missbilligen.

sconfessióne f **1** (*ripudio*) {+FEDE POLITICA} Ver-, Ableugnung f **2** (*condanna ufficiale*) {+DICHIARAZIONE} Desavouierung f, Distanzierung f *von etw* (dat), Missbilligung f.

sconficcàre <*sconficco, sconficchi*> *tr* **1** (*togliere*) ~ *qc* (*da qc*) {CHIODI DA UNA PARETE} *etw* (*aus etw dat*) heraus|ziehen **2** (*aprire*) ~ *qc* {CASSA IMPOSTE, PORTA} *etw* öffnen.

sconfìggere <*irr sconfiggo, sconfiggi, sconfissi, sconfitto*> *tr* **1** (*battere*) ~ *qu/qc* (*+ compl di luogo*) {NEMICO, FLOTTA, PARTITO ALLE ELEZIONI} *jdn/etw* (*irgendwo*) schlagen, *über jdn/etw* (*irgendwo*) siegen **2** *fig* (*eliminare*) ~ *qc* {CORRUZIONE, DISOCCUPAZIONE, DROGA} *etw* stoppen, *etw* in den Griff bekommen **3** *fig* (*debellare*) ~ *qc* {DEPRESSIONE, TUMORE} *etw* besiegen, *etw* bezwingen **4** *sport* (*battere*) ~ *qu* {PUGILE, SQUADRA DI RUGBY, TENNISTA} *jdn/etw* besiegen, *jdn/etw* bezwingen, *über jdn/etw* siegen: **la Germania ha sconfitto l'Italia 3-2**, Deutschland hat Italien 3-2 besiegt/geschlagen.

sconfinaménto *m* **1** (*lo sconfinare*) {+TRUPPE} Grenzüberschreitung f, Grenzübertritt m **2** *fig* (*il divagare*) ~ (*da qc*) {DAL TEMA CENTRALE DI UNA DISCUSSIONE} Abkommen n (*von etw* dat), Abweichen n (*von etw* dat).

sconfinàre *itr* **1** (*uscire dal confine*) ~ (*+ compl di luogo*) {TRUPPE OLTRE FRONTIERA} (*irgendwohin*) ein|dringen; {IN UN TERRITORIO VICINO} *anche* die Grenze (*zu etw* dat) überschreiten **2** *fig* (*diventare*) ~ **in** *qc* {NELL'ARTE} *an etw* (acc) grenzen; {NEL RIDICOLO, NEL SURREALE} *anche in etw* (acc) aus|arten **3** *fig* (*divagare*) ~ (*da qc*) {DISCORSO DAL TEMA PRINCIPALE} (*von etw* dat) ab|kommen, (*von etw* dat) ab|weichen, (*von etw* dat) ab|schweifen: **cerchiamo di non ~**, bitte nicht vom Thema abweichen, bleiben wir doch beim Thema.

sconfinataménte *avv* (*immensamente*) grenzenlos, maßlos: **è un uomo ~ egoista**,

der Mann ist maßlos egoistisch.

sconfinàto, (-a) *agg* **1** (*immenso*) {DESERTO, MARE, PRATERIA} grenzenlos, unbegrenzt, endlos **2** *fig* (*enorme*) {CULTURA} umfassend; {AMBIZIONE, AMORE, ORGOGLIO} unermesslich, grenzenlos; {POTERE} *anche* unbeschränkt, unbegrenzt; {DESIDERIO} sehnlichst, innigst.

sconfinferàre *itr fam* (*andare a genio*) ~ *a qu* *jdm* liegen, *jdm* zusagen: **sono discorsi che non mi sconfinferano**, solche Diskussionen ⌊sagen mir nicht zu⌋/[sind nicht nach meinem Geschmack].

sconfìssi 1ª pers sing del pass rem *di* sconfiggere.

sconfìtta f **1** (*disfatta*) {+ESERCITO, PARTITO} Niederlage f: ~ **elettorale/politica**, ⌊Wahlniederlage f/Wahlschlappe f *fam*⌋/[politische Niederlage/Schlappe f *fam*]; **infliggere una ~ a qu**, *jdm* eine Niederlage beibringen/bereiten; ~ **militare**, militärische Niederlage; **riportare/subire una ~**, eine Niederlage erleiden **2** *fig* (*eliminazione*) {+CANCRO, DISTROFIA MUSCOLARE, MAFIA} Sieg m *über etw* (acc), Bezwingen n **3** *sport* {+SQUADRA, TENNISTA} Niederlage f: **gli azzurri hanno subito una netta/pesante ~**, die italienische Nationalmannschaft hat eine klare/schwere Niederlage erlitten; **la ~ del Milan sul campo juventino**, die Niederlage des AC Mailand bei Auswärtsspiel gegen Juventus (Turin).

sconfìtto, (-a) **A** *part pass di* sconfiggere **B** *agg* **1** (*battuto*) {ESERCITO, PARTITO} geschlagen, besiegt: **essere/sentirsi ~**, ⌊geschlagen sein⌋/[sich besiegt fühlen] **2** *fig* (*debellato*) {MALATTIA} besiegt, bezwungen **3** *sport* {PUGILE, SQUADRA} geschlagen, besiegt **C** *m* (f) (*persona*) Verlierer(in) m(f), Besiegte mf decl come agg, Unterlegene mf decl come agg, Geschlagene mf decl come agg.

sconfortànte *agg* (*scoraggiante*) {ESITO, NOTIZIA, RISPOSTA} entmutigend.

sconfortàre **A** *tr* (*scoraggiare*) ~ *qu* {BRUTTO VOTO STUDENTE} *jdn* entmutigen, *jdm* das Selbstvertrauen nehmen **B** *itr pron* (*perdersi d'animo*): **sconfortarsi** den Mut verlieren, verzagen *forb*.

sconfortàto, (-a) *agg* (*scoraggiato*) entmutigt, mutlos, trostlos, verzagt *forb*: **è rimasta sconfortata dopo l'esito negativo dell'esame**, sie war ⌊nach dem negativen Prüfungsergebnis entmutigt⌋/[entmutigt, nachdem sie durch die Prüfung gefallen war].

sconfòrto *m* **1** (*scoraggiamento*) Mutlosigkeit f, Trostlosigkeit f, Verzagtheit f *forb*: **cadere nello ~**, den Mut verlieren, verzagen *forb*; **essere ⌊in preda allo⌋/[preso dallo] ~**, von Mutlosigkeit überwältigt werden, den Kopf hängen lassen; **mi trovi in un momento di ~**, du triffst mich in einer trostlosen Stimmung an **2** (*cosa sconfortante*) Traurigen, Deprimierende n: **che ~ vedere tanti giovani senza lavoro**, es ist traurig/deprimierend, so viele arbeitslose junge Leute zu sehen.

scongelaménto *m* **1** (*il venire scongelato*) {+PESCE SURGELATO} Auftauen n **2** *fig* (*l'attenuarsi*) {+SITUAZIONE OSTILE} Entschärfung f **3** *fig econ* {+CREDITO} Freigabe f.

scongelàre **A** *tr* ~ *qc* **1** (*riportare a temperatura ambiente*) {MERLUZZO, SOGLIOLA} *etw* auf|tauen **2** *fig econ* {CREDITO} *etw* frei|geben **B** *itr* <*essere*> *itr pron* (*tornare a temperatura normale*): **scongelarsi** {CARNE} auf|tauen **C** *itr pron fig* (*attenuarsi*): **scongelarsi** {RAPPORTO DI TENSIONE} sich entschärfen.

scongelàto, (-a) *agg* **1** (*riportato a temperatura ambiente*) {CARNE, PESCE} aufgetaut **2** *fig econ* {BENE, CREDITO} freigegeben.

scongiuràre *tr* **1** *fig* (*supplicare*) ~ *qu* (*di fare qc*) *jdn* an|flehen, *etw zu tun*; *jdn* beschwören, *etw zu tun*; *jdn* inständig bitten, *etw zu tun*: **vi scongiuro di credermi**, ich flehe euch an, mir zu glauben; ~ *qu* ⌊**per** (**amore**)⌋/[**in nome**] *di qu* *jdn* im Namen *jds* an|flehen: **ti scongiuro in nome di Dio!**, im Namen Gottes, ich flehe dich an! **2** *fig* (*allontanare*) ~ *qc* {CRISI DI GOVERNO, PERICOLO DI UN CONFLITTO} *etw* ab|wenden, *etw* bannen, *etw* ab|wehren **3** *lett* (*esorcizzare*) ~ *qc* {IL DEMONIO, SPIRITO MALIGNO} *etw* aus|treiben, *etw* exorzi(si)eren.

scongiùro *m* **1** (*esorcismo*) Beschwörung f, Exorzismus m **2** <*di solito al pl*> *spec scherz* (*formula scaramantica*): **facciamo gli scongiuri!**, toi, toi, toi!; **fare gli scongiuri**, auf Holz klopfen *fam*.

sconnessióne f **1** (*mancanza di connessione*) {+TAVOLE DEL PAVIMENTO} Lockersein n, Losesein n **2** *fig* (*incoerenza*) {+RAGIONAMENTO} Zusammenhang(s)losigkeit f **3** *inform* {+STAMPANTE} fehlender Anschluss.

sconnèsso, (-a) *agg* **1** (*malridotto*) {PAVIMENTO} mit lockeren/losen Brettern/Kacheln, in schlechtem Zustand **2** (*accidentato*) {STRADA} holprig **3** *fig* (*incoerente*) {DISCORSO} zusammenhang(s)los, unzusammenhängend, konfus; {RAGIONAMENTO} *anche* unlogisch **4** *fig* (*disarticolato*) {PERIODO} zusammenhang(s)los, unzusammenhängend.

sconnessùra f *rar* (*fessura*) {+STECCATO} Fuge f, Spalt m.

sconnèttere <*coniug come* connettere> **A** *tr* **1** (*staccare*) ~ *qc* {TEGOLE DEL TETTO} *etw* voneinander los|lösen/trennen **2** (*dissestare*) ~ *qc* {PAVIMENTAZIONE} *etw* lockern **B** *itr fig* (*sragionare*) faseln *fam spreg*, irres/zusammenhang(s)loses Zeug reden *fam*: **in questo momento sconnetti**, jetzt faselst du aber (wirres Zeug)! *fam spreg* **C** *itr pron* (*disgiungersi*): **sconnettersi** {PIASTRELLE} sich lösen, sich lockern.

sconosciùto, (-a) **A** *agg* **1** (*che non si conosce*) {AMMIRATORE, CUGINO} unbekannt: **gli aggressori sono ancora sconosciuti**, die Angreifer sind noch unbekannt/[nicht identifiziert] **2** (*inesplorato*) {PAESE, TERRA} unerforscht, unbekannt **3** (*privo di fama*) {ATTORE, MUSICISTA, SCRITTORE} unbekannt **4** (*mai provato prima*) {EMOZIONE, SENSAZIONE} neu, bisher unbekannt; {FARMACO} neu, noch nicht erprobt **5** (*non ancora individuato*) {CAUSE DI UNA MALATTIA} noch unbekannt **B** *m* (f) (*persona*) Unbekannte mf decl come agg, Fremde mf decl come agg ● **per quanto mi riguarda lui è un illustre ~** (*una persona del tutto sconosciuta*), ich habe ⌊von ihm noch nie gehört⌋/[keine Ahnung, wer das ist], ich kenne ihn überhaupt nicht.

sconquassaménto *m* **1** (*grave danneggiamento*) {+EDIFICIO} starke Beschädigung **2** *fig* (*scombussolamento*) Wirrwarr m, Durcheinander n, Chaos n, Tohuwabohu n.

sconquassàre **A** *tr* **1** (*sfasciare*) ~ *qc* {ESPLOSIONE EDIFICIO} *etw* stark beschädigen **2** *fig* (*scombussolare*) ~ *qc* {TRAVERSATA IN NAVE PASSEGGERO} *jdn* durcheinander|bringen, *jdn* fertig|machen *fam*: ~ *qc a qu*: **le curve mi hanno sconquassato lo stomaco**, mir ist ganz schlecht/[flau im Magen] von den Kurven **B** *itr pron* (*danneggiarsi*): **sconquassarsi** {MACCHINA NELL'URTO CONTRO IL GUARD RAIL} völlig beschädigt werden, Totalschaden erleiden.

sconquassàto, (-a) *agg* **1** (*rovinato*) {NAVE} stark beschädigt **2** *fig* (*scombussolato*) durcheinander, benommen, rammdösig *fam*: **sono tutta sconquassata dopo il lungo viaggio in treno**, ich bin ganz benommen nach der langen Zugfahrt.

sconquàsso m **1** (*danneggiamento*) {+BOMBARDAMENTO, TEMPESTA} starke Beschädigung (*durch etw* acc) **2** (*rumore provocato*) Krach m, Zusammenkrachen n **3** *fig* (*trambusto*) Durcheinander n, Verwirrung f, Chaos n, Tohuwabohu n: **che ~ in questa casa!**, was für ein Chaos in dieser Wohnung/diesem Haus! **4** *fig* (*turbamento*) Verwirrung f, Verstörung f: **la morte del figlio ha provocato un grave ~ in famiglia**, der Tod des Sohnes hat die Familie zutiefst verstört • **fare sconquassi** *fig* (*lasciare un segno*), eine Spur hinterlassen, seinen Stempel aufdrücken; **mettere a ~ qc** (*buttare tutto all'aria*), etw durcheinanderbringen, etw durcheinanderwerfen, etw über den Haufen werfen *fam*; **ho messo la stanza a ~ per ritrovare le chiavi**, ich habe das Zimmer auf den Kopf gestellt *fam*, um die Schlüssel zu finden.

sconsacràre tr *relig* ~ **qc** {CHIESA} etw entweihen, etw entheiligen.

sconsacràto, (-a) agg *relig* {ALTARE} entweiht, entheiligt.

sconsacrazióne f *relig* {+CHIESA} Entweihung f, Entheiligung f.

sconsideratamènte avv (*in modo sconsiderato*) unbedacht, unüberlegt, unbesonnen, leichtsinnig: **agire ~**, unüberlegt handeln.

sconsideratézza f (*avventatezza*) {+GESTO} Unbedachtheit f, Unüberlegtheit f, Unbesonnenheit f, Leichtsinn m, Leichtsinnigkeit f.

sconsideràto, (-a) **A** agg (*avventato*) {RAGAZZO} leichtsinnig, leichtfertig; {DECISIONE, GESTO} *anche* unüberlegt, unbesonnen, unbedacht **B** m (f) (*irresponsabile*) unbesonnener Mensch: **agire da ~**, unbesonnen handeln.

sconsigliàbile agg (*controindicato*) ~ (**per qu**) {FARMACO PER I CARDIOPATICI, FILM PER I BAMBINI} (*für jdn*) nicht ratsam/empfehlenswert; **è ~ esporsi al sole senza crema protettiva**, es ist nicht ratsam, sich in die Sonne zu legen, ohne sich vorher eingecremt zu haben.

sconsigliàre <sconsiglio, sconsigli> tr **1** (*dissuadere*) ~ **qu** *jdm* abraten: **voleva partire ma io l'ho sconsigliato**, er wollte abfahren, aber ich habe ihm (davon) abgeraten **2** (*non raccomandare*) ~ **qc a qu** {FILM A UN PUBBLICO INFANTILE} (*für jdn* anche (*dat*)) abraten: **ti sconsiglio quel ristorante**, ich rate dir von diesem Restaurant ab; ~ **a qu di fare qc** *jdm* (*davon*) abraten, etw zu tun; **ti sconsiglio di comprarlo**, ich rate dir davon ab, es zu kaufen; ich würde es an deiner Stelle nicht kaufen; **il medico l'ha sconsigliata di fare quel vaccino**, der Arzt hat ihr von dieser Impfung abgeraten.

sconsigliàto, (-a) **A** agg (*sconsiderato*) {GIOVANE} unbesonnen, unbedacht **B** m (f) unbesonnener Mensch.

sconsolànte agg (*sconfortante*) {NOTIZIA, SITUAZIONE} betrüblich, traurig: **è ~ vedere i monumenti imbrattati**, es ist traurig, die Denkmäler so vollgeschmiert zu sehen.

sconsolàto, (-a) agg **1** (*inconsolabile*) {MADRE} untröstlich **2** (*triste*) {ARIA, FACCIA} betrübt, traurig, trostlos: **avere un'espressione sconsolata**, betrübt aussehen.

scontàbile agg *banca comm* {CAMBIALE, TRATTA} diskontfähig.

scontabilità <-> f *banca comm* {+TITOLO DI CREDITO} Diskontfähigkeit f.

scontànte *banca* **A** agg Diskont- **B** m (*ente*) Diskontbank f, Diskonthaus n.

scontàre tr **1** (*estinguere*) ~ **qc** {DEBITO, MUTUO} etw ab(be)zahlen **2** (*ribassare*) ~ **qc** (**a qu**) {GIACCA AL CLIENTE} etw (*für jdn*) im Preis heruntersetzen, den Preis *von etw*

(dat) (*für jdn*) herabsetzen, etw (*für jdn*) ermäßigen: **mi ha scontato il prezzo dei pantaloni**, er/sie hat mir einen Preisnachlass auf die Hose gegeben; ~ **qc su qc** {DUE EURO SU UN ARTICOLO} etw auf etw (acc) nachlassen **3** *fig* (*espiare*) ~ **qc** {COLPE, ERRORI DI GIOVENTÙ} etw abbüßen, etw büßen **4** *fig* (*pagare*) ~ **qc** {EFFETTO DI UNA CRISI ECONOMICA, RITARDO} etw bezahlen **5** *banca* {CAMBIALE} etw diskontieren **6** *dir* ~ **qc** {CONDANNA, ERGASTOLO, PENA} etw verbüßen: **deve ~ tre anni di carcere**, er/sie muss eine dreijährige Gefängnisstrafe verbüßen/[drei Jahre Gefängnis absitzen *fam*]/[drei Jahre Knast schieben *fam*] **7** *lett* (*superare*) ~ **qc** {POETICA DELL'ESPRESSIONISMO} sich *von etw* (dat) frei machen, etw überwinden • **scontarla** *fig fam* (*pagarla cara*), es teuer bezahlen *fam*; **far ~ qc a qu** *fig fam* (*far pagare un'offesa*), *jdm etw* heimzahlen; **prima o poi gliela farò ~!**, früher oder später wird er/sie mir das büßen!

scontatàrio, (-a) <-ri m> m (f) *banca* Diskontnehmer(in) m (f).

scontàto, (-a) agg **1** (*ridotto*) {PREZZO} ermäßigt, herabgesetzt **2** (*estinto*) {DEBITO, MUTUO} abgezahlt, abbezahlt **3** *fig* (*espiato*) {COLPA, ERRORE} abgebüßt **4** *fig* (*facilmente prevedibile*) {FATTO, RISULTATO} vorauszusehen, vorauszusehen(d), erwartet: **era ~!**, das war abzusehen/vorauszusehen! **5** *fig* (*ovvio*) {BATTUTA, SCUSA} banal, stereotyp, abgedroschen, üblich **6** *banca* {CAMBIALE} diskontiert **7** *dir* {CONDANNA} verbüßt, abgebüßt, abgesessen *fam* **8** *lett* (*superato*) {ESPERIENZA, TECNICA} überholt • **dare qc per ~** *fig* (*considerarlo come certo*), selbstverständlich von etw (dat) ausgehen, etw für selbstverständlich/abgemacht halten/ansehen, etw als selbstverständlich/sicher hinstellen.

scontentàre tr (*lasciare insoddisfatto*) ~ **qu** {PROVVEDIMENTO METALMECCANICI} *jdn* nicht zufrieden stellen, *jdn* unzufrieden lassen.

scontentézza f (*insoddisfazione*) Unzufriedenheit f.

scontènto① m (*scontentezza*) Unzufriedenheit f, Ummut m *forb*: **provare/sentire ~**, sich unzufrieden/unwohl fühlen; **l'aumento delle tariffe ferroviarie suscitò lo ~ dei viaggiatori**, die Erhöhung der Bahntarife löste Unmut unter den Reisenden aus *forb*.

scontènto②, (-a) **A** agg **1** (*insoddisfatto*) ~ (**di qu/qc**) {DI UN COLLABORATORE, DELLA PROPRIA VITA} unzufrieden (*mit jdm/etw*): essere/rimanere/[mostrarsi] ~ **di qu/qc**, mit jdm/etw unzufrieden sein/[sich unzufrieden mit jdm/etw zeigen]; **sono ~ del mio lavoro**, ich bin mit meiner Arbeit unzufrieden **2** (*che esprime insoddisfazione*) {ESPRESSIONE, FACCIA} unzufrieden **3** (*molto esigente*) immer unzufrieden, schwer zu befriedigen: **una donna sempre scontenta**, eine nie zufriedenstellende Frau **B** m (f) (*persona insoddisfatta*) Unzufriedene mf *decl come agg*, Nörgler(in) m (f) *spreg*: **il solito ~**, der übliche Nörgler *spreg*; **è un eterno ~**, er ist auch nie zufrieden.

scónto A m **1** (*riduzione del prezzo*) Preisnachlass m, Rabatt m, Ermäßigung f: **concedere/fare a qu uno ~ di 50 Euro**/[**del 5%**], jdm einen Preisnachlass von 50 Euro/[5%] gewähren; **mi fa uno ~?**, geben Sie mir Rabatt?; (*per pagamento in contanti*) Skonto m o n; **pagamento a 10 gg con il 3% di ~**, Zahlung innerhalb (von) 10 Tagen mit 3% Skonto; ~ **speciale**, Sonderrabatt m **2** *banca* Diskont m: **chiedere lo ~ di una cambiale/fattura**, einen Wechsel-/Rechnungsdiskont verlangen **B** loc prep **a/per ~ di qc 1** (*a estinzione*) {DI UN DEBITO} als Ab-

schlag(szahlung) etw (gen), zur Tilgung etw (gen) **2** *fig* (*a espiazione*) {DEL MALE COMMESSO, DEI PROPRI PECCATI} zur Sühne etw (gen) • ~ **di cassa**, Kassenkonto m o n; ~ **librario** (*riduzione sul prezzo di copertina*), Buchpreisreduzierung f; ~ **di pena** *dir*, Strafminderung f.

scontràre A itr *pron* **1** (*urtare con violenza*): **scontrarsi con qc** {AUTOMOBILE CON UN AUTOTRENO} *mit etw* (dat) zusammenstoßen **2** (*misurarsi in battaglia*): **scontrarsi con qu** {CON IL NEMICO} sich *mit jdm* messen **3** (*azzuffarsi*): **scontrarsi con qu/qc** {RAGAZZI DEI CENTRI SOCIALI CON LA POLIZIA} *mit jdm/etw* eine Auseinandersetzung haben, *mit jdm/etw* aneinander geraten **4** *fig* (*non andare d'accordo*): **scontrarsi con qu/qc per**/[**la causa di**] **qc** {PARLAMENTARI PER DIVERGENZE POLITICHE} *mit jdm/etw wegen etw* (gen) aufeinanderstoßen/prallen **B** rfl rec **1** (*cozzare l'uno contro l'altro*): **scontrarsi** {TRENI} zusammenstoßen, gegeneinanderprallen **2** (*affrontarsi*): **scontrarsi** {BANDE DI QUARTIERE, ESERCITI} aufeinandertreffen **3** *fig* (*divergere*): **scontrarsi** {OPINIONI} miteinander kollidieren, voneinander abweichen; **scontrarsi** (**su qc**) {ESPERTI SULLA QUESTIONE} uneinig sein (*bezüglich etw* gen/*über etw* acc) **4** *sport*: **scontrarsi** {SQUADRE} aufeinandertreffen, aufeinanderstoßen **C** tr ~ **qc** {IL TIMONE} etw herumreißen, sich drehen.

scontrino m **1** (*di cassa*) Kassenbon m, Kassenzettel m: **prendere/ritirare lo ~ fiscale di la cassa**, den Kassenbon mitnehmen **2** (*tallancino dei bagagli*) Gepäckschein m; {+GUARDAROBA} Beleg m, Marke f • ~ **di assegno** *banca*, Scheckbeleg m/Scheckdurchschlag m für den Auftraggeber.

scóntro m **1** (*urto violento*) Zusammenstoß m, Kollision f, Zusammenprall m: ~ **aereo/automobilistico/ferroviario**, Flugzeug-/Auto-/Eisenbahnzusammenstoß m; ~ **frontale**, Frontalzusammenstoß m **2** (*combattimento*) Zusammenstoß m, Gefecht n: ~ **tra eserciti/truppe**, Zusammenstoß m/Aufeinandertreffen n zweier Armeen/Truppen **3** (*mischia*) Zusammenstoß m: ~ **tra le forze dell'ordine e gli squatter**, Zusammenstoß m zwischen den Ordnungskräften und den Squatters **4** *fig* (*disputa*) Auseinandersetzung f, Debatte f: ~ **tra i partiti di destra e di sinistra**, Auseinandersetzung f zwischen den Rechts- und den Linksparteien **5** *fig* (*grave contrasto*) Konflikt m, Streit m, Zusammenstoß m: **avere uno ~ con qu**, mit jdm einen Konflikt haben; ~ **d'opinioni**, Meinungsstreit m; ~ **verbale**, verbale Auseinandersetzung, Wortwechsel m **6** *mar* Stopper m **7** *sport* Treffen n: **lo ~ tra le capolista del campionato**, das Treffen zwischen den Tabellenführern der Meisterschaft • **all'arma bianca**, Gefecht n mit Stichwaffen; ~ **a fuoco** (*sparatoria*), Feuergefecht n; ~ **di note** *fig mus*, Missklang m; ~ **all'ultimo sangue** *fig* (*violento*), Kampf m auf Leben und Tod.

scontróṡa f → **scontroso**.

scontrosità <-> f **1** (*indole*) Ungeselligkeit f, Unzugänglichkeit f, Widerspenstigkeit f; {+RAGAZZA} *anche* Kratzbürstigkeit f *fam scherz*, Sprödigkeit f **2** (*modo di agire*) abweisende Art.

scontróṡo, (-a) **A** agg **1** (*poco socievole*) {RAGAZZO} ungesellig, abweisend, unzugänglich, zugeknöpft *fam*; {RAGAZZA} *anche* kratzbürstig *fam scherz*, spröde: **non essere sempre così scontrosa con gli altri!**, sei den anderen gegenüber nicht immer so abweisend!, stoß die anderen (doch) nicht immer so vor den Kopf! *fam* **2** (*intrattabile*) unverträglich, schwierig, widerspenstig **3** (*burbero*) {ATTEGGIAMENTO, MODO DI FARE} mürrisch, griesgrämig, brummig *fam*: **ha un carattere ~**, er/sie hat ein mürrisches Wesen/[ist ein Griesgram *spreg*] B m (f) **1** (*persona poco socievole*) Ungesellige mf decl come agg: **fare la scontrosa**, sich abweisend verhalten, die Kratzbürste spielen *fam scherz* **2** (*persona intrattabile*) unverträglicher Mensch **3** (*persona burbera*) Griesgram m *spreg*, mürrischer Mensch, Brummbär m *fam*.

sconvenévole agg *lett* (*sconveniente*) {PAROLE} ungebührlich *forb*, ungehörig, unanständig.

sconvenevolézza f *lett* (*sconvenienza*) Ungebührlichkeit f *forb*, Ungehörigkeit f, Unanständigkeit f, Unschicklichkeit f *forb*.

sconveniènte agg **1** (*indecoroso*) {ATTEGGIAMENTO, CONTEGNO, PAROLE} unanständig, unpassend, ungehörig, ungebührlich *forb*, unziemlich *forb*, unschicklich *forb*: **mi pare che tu vada in giro vestita così**, ich finde, es unpassend/[es gehört sich nicht], dass du in diesem Aufzug herumläufst **2** (*svantaggioso*) {ACCORDO, QUOTAZIONE} ungünstig.

sconvenienteménte avv (*in modo sconveniente*) ungehörig, ungebührlich *forb*, unschicklich *forb*: **comportarsi ~**, sich unschicklich benehmen *forb*.

sconveniènza f (*mancanza di decoro, atto*) {+COMPORTAMENTO} Ungehörigkeit f, Ungebührlichkeit f *forb*, Unanständigkeit f, Unschicklichkeit f *forb*.

sconvenire <coniug come venire> itr <essere> **~ (a qu/qc)**, itr pron *lett* (*essere inopportuno*): **sconvenirsi a qu/qc** (*essere indegno di qu, al rango di qu*) sich (*für jdn/etw*) nicht ziemen *forb obs*/schicken/gehören.

sconvolgènte agg **1** (*che turba profondamente*) {ESPERIENZA, FATTO, NOTIZIA} erschütternd, bestürzend **2** (*travolgente*) {BELLEZZA} überwältigend, hinreißend, mitreißend, umwerfend *fam*; {AMORE, PASSIONE} heftig.

sconvòlgere <coniug come volgere> A tr **1** (*creare grande disordine*) **~ qu/qc** {FUGA DI GAS RADIOATTIVO ETW} jdn/etw erschüttern **2** (*rovinare*) **~ qc** {ALLUVIONE CAMPAGNE} etw verwüsten, {ESPLOSIONE TERRENO} anche etw erschüttern, {URAGANO IL MARE} etw aufwühlen **3** *fig* (*turbare*) **~ qu/qc** {NOTIZIA} jdn/etw erschüttern, jdn/etw bestürzen: **quelle immagini lo hanno sconvolto**, diese Bilder haben ihn erschüttert **4** *fig* (*scioccare*) **~ qu/qc** {PERDITA DI UN FIGLIO FAMIGLIA} jdn/etw erschüttern: **la prima guerra mondiale sconvolse la vecchia Europa**, durch den Ersten Weltkrieg geriet das alte Europa aus den Fugen **5** *fig* (*mandare all'aria*) **~ qc** {PIANO, PROGETTO} etw platzen lassen *fam*, etw über den Haufen werfen *fam*, etw durchkreuzen **6** *fig* (*scombussolare*) **la traversata in barca ha sconvolto lo stomaco del turista**, bei der Bootsüberfahrt wurde dem Touristen schlecht **7** *fig* (*rivoluzionare*) **~ qc** {MERCATO} etw revolutionieren, etw radikal verändern B itr pron *spec fig* (*turbarsi profondamente*): **sconvolgersi** außer sich (*dat*)/[aus der Fassung] geraten.

sconvolgiménto m **1** (*scompiglio*) {+PIANI} Durcheinanderbringen n, Durchkreuzen n **2** (*sovvertimento*) {POLITICO, SOCIALE} Umwälzung f, Umsturz m, {+VALORI MORALI} Zerrüttung f **3** (*forte perturbazione*) {ATMOSFERICO} Störung f **4** *fig* (*profondo turbamento*) {+ANIMO} Erschütterung f, Bestürzung f, {+MENTE} Verwirrung f ● **~ di stomaco** (*senso di nausea*), Magenverstimmung f.

sconvòlto, (-a) agg **1** (*devastato*) {PAESE} verwüstet **2** (*scombussolato*) {STOMACO} verdorben **3** *fig* (*profondato turbato*) {ANIMO} erschüttert, bestürzt: **popolazione sconvolta dal terremoto**, eine vom Erdbeben erschütterte Bevölkerung; {MENTE} verwirrt; **uscì dall'ospedale con il volto ~**, als er/sie aus dem Krankenhaus kam, sah er/sie sehr mitgenommen aus; **essere ~ per qc**, über etw (acc) bestürzt sein.

scoop <-> m *ingl giorn slang* (*notizia sensazionale*) Scoop m *slang*, Knüller m *fam*: **fare uno ~**, einen Scoop landen *slang*.

scoordinàto, (-a) agg **1** (*privo di coordinazione*) {FRASE, PERIODO} unkoordiniert **2** *fig* (*disorganizzato*) {INIZIATIVA} unorganisiert **3** *sport* unkoordiniert: **essere ~ nei movimenti**, sich unkoordiniert bewegen, unkoordiniert in seinen Bewegungen sein.

scoordinazióne f *spec sport* (*nell'atletica*) Koordinationsmangel m, Mangel m an Koordination.

scooter <-> m *ingl* **1** *autom* (Motor)roller m **2** *mar* (*imbarcazione a vela*) Eisjacht f; (*acquascooter*) Wasserscooter m, Wassermotorroller m.

scooterìsta → **scuterista**.

scópa① f (*attrezzo*) (Kehr)besen m: **~ di plastica/saggina**, Plastik-/Reisigbesen m ● **magro come una ~** *fig* (*essere molto magro*), (dünn wie) eine Bohnenstange *fam scherz*.

scópa② f *bot* Besenkraut n, Geißklee m.

scopàio, (-a) <-pai m> m (f) (*fabbricante di scope*) Besenmacher(in) m(f); (*venditore*) Besenverkäufer(in) m(f).

scopàre A tr **1** (*spazzare*) **~ (qc)** {PAVIMENTO, STANZA} etw fegen, etw kehren: **~ sulle scale**, die Treppe kehren **2** *fig volg* (*avere un rapporto sessuale*) **~ (qu)** jdn ficken *volg*, jdn bumsen *fam*, jdn vögeln *volg*, jdn stoßen *volg*, jdn poppen *slang*: **farsi ~ da qu**, sich von jdm vögeln lassen *volg* B itr *fig volg* **~ con qu** mit jdm ficken *volg*, mit jdm bumsen *fam*, mit jdm vögeln *volg*, mit jdm orgeln *volg*, mit jdm poppen *slang* C rfl *fig volg*: **scoparsi qu** jdn ficken *volg*, jdn bumsen *fam*, jdn vögeln *volg*, jnd poppen *slang*.

scopàta f **1** (*spazzata*) Kehren n, Fegen n: **dare una ~ alla cucina**, die Küche fegen/kehren **2** (*colpo di scopa*) Besenschlag m: **dare/prendersi una ~ sulla schiena**, einmal mit dem Besen auf den Rücken schlagen/[einen Besenschlag auf den Rücken abkriegen *fam*]; **prendere qu a scopate**, jdn mit dem Besen schlagen **3** *fig volg* (*rapporto sessuale*) Fick m *volg*, Nummer f *volg*, Bums m *fam*: **farsi una ~**, ficken *volg*, eine Nummer machen/schieben *volg*.

scopatóre, (-trice) m (f) **1** (*netturbino*) Straßenkehrer(in) m(f) **2** *fig volg* (*chi ha un'intensa attività sessuale*) Ficker m *volg*: **è un grande ~**/[una grande scopatrice], der/die ist fantastisch im Bett, der ist ein Hengst/Hecht im Bett, die ist ein toller Feger *fam*.

scopatùra f (*pulizia con la scopa*) Kehren m, Fegen n.

scoperchiàre <scoperchio, scoperchi> A tr **~ qc 1** (*togliere il coperchio*) {PENTOLA, TEGAME} etw ab|nehmen **2** (*portar via*) {VENTO TETTO DELLA CASA} etw ab|-, etw auf|decken B itr pron (*rimanere privo di tetto*): **scoperchiarsi** {EDIFICIO} abgedeckt werden.

scoperchiàto, (-a) agg **1** (*privo di coperchio*) {PENTOLA} aufgedeckt, {TOMBA} offen **2** (*privo di tetto*) {CASA} abgedeckt.

scopèrta f **1** (*ritrovamento*) {+ISOLA, TESORO} Entdeckung f: **la ~ dell'America**, die Entdeckung Amerikas; **andare alla ~ di nuove terre**, auf Entdeckungsreise gehen; **fare una ~**, eine Entdeckung machen **2** (*invenzione*) {+LAMPADINA, TELEFONO} Erfindung f **3** (*conquista*) {MEDICA +VACCINO} Errungenschaft f, Entdeckung f: **~ scientifica/tecnologica**, wissenschaftliche/technologische Entdeckung **4** *fig* (*individuazione*) {+ASSASSINO, BANDA DI LADRI} Identifizierung f, Entdeckung f; {+COMPLOTTO, SEGRETO, VERITÀ} Aufdeckung f **5** *fig* (*rivelazione*) Entdeckung f: **questo attore è l'ultima ~ del regista**, dieser Schauspieler ist die letzte Entdeckung des Regisseurs **6** *fig iron* (*ovvietà*) großartige Erkenntnis *iron*: **bella/che ~!**, du merkst aber auch alles!, was für eine großartige Erkenntnis *iron!*, Blitzkneißer! *fam*; **grazie della ~!**, danke für die Aufklärung! *iron*.

scopertaménte avv (*in modo esplicito*) in aller Offenheit, freimütig, offen(herzig): **parlare ~**, offen sprechen.

scopèrto, (-a) A agg **1** (*privo di tetto*) {TERRAZZO} unbedacht, unbedeckt; {AUTOMOBILE, VETTURA} offen **2** (*nudo*) {BRACCIA, GAMBE} nackt, entblößt **3** (*senza cappello*): **a capo ~**, barhäuptig, mit entblößtem Haupt, ohne Kopfbedeckung **4** (*scoperchiato*) {TEGAME} ab-, aufgedeckt **5** (*privo di nubi*) {CIELO} wolkenlos **6** (*vacante*) {CATTEDRA, POSTO} frei, unbesetzt, vakant *forb* **7** *fig* (*franco*) offen(herzig), direkt, freimütig: **a fronte scoperta**/[viso ~], freimütig, unverblümt **8** *comm econ* {ASSEGNO} ungedeckt; {CONTO CORRENTE} überzogen: **essere/restare ~ di 300 euro**, 300 Euro im Soll sein/[ein Minus von 300 Euro haben]; **trovarsi ~ di cinquemila euro**, ein Minus von fünftausend Euro haben **9** (*non ancora saldato*) {PARTITA} offen, unbeglichen **10** (*non rinnovato*) {POLIZZA DI ASSICURAZIONE} nicht verlängert/erneuert **11** *mil* {POSIZIONE} ungedeckt **12** (*nei giochi di carte*) {CARTE} aufgedeckt **13** *sport* (*nel calcio*) (*privo di difesa*) {METÀ CAMPO} ungedeckt, nicht gedeckt; (*nel pugilato*) {PUGILE} ohne Deckung B m **1** (*luogo aperto*) Freie n decl come agg **2** *comm econ* Überziehung f: **concedere uno ~**, einen Überziehungskredit einräumen C avv (*senza fingere*) offen(herzig), freimütig, geradeheraus: **agire/parlare ~**, offen vorgehen/sprechen D loc avv: **allo ~ 1** (*in luogo non difeso*): **avanzare/uscire allo ~**, ungedeckt vorrücken/[aus der Deckung treten]; **essere/stare/trovarsi allo ~** (*in luogo non difeso*), ungedeckt sein, ohne Deckung bleiben **2** *comm* ungedeckt: **credito allo ~**, ungedeckter Kredit; **restare/rimanere/ritrovarsi allo ~ di qc**, {DI DIECI MILIONI} ein Minus von etw (dat) haben, sein Konto um etw (acc) überzogen haben ● **andare/essere/stare troppo ~** (*poco vestito*), zu leicht angezogen sein; **andarsene in giro**/[stare] **tutta scoperta**, viel zu leicht angezogen/[halb nackt] herumlaufen/sein; **dormire tutto ~** (*senza coperte*), unbedeckt/[ganz ohne Decke] schlafen.

scopétta <dim di scopa②> f **1** kleiner Besen **2** *region* (*spazzola*) Handbesen m.

scopettóne <accr di scopa②> m (*spazzolone per pavimenti*) Schrubber m.

scopiazzàre tr (*copiare malamente*) **~ (qc) (da qu)** (*versione di latino da un compagno*) etw (*von jdm*) hirnlos *fam*/[ohne (Sinn und) Verstand] ab|schreiben.

scopiazzatóre, (-trice) m (f) (*chi scopiazza*) hirnlose(r) Abschreiber(in) m(f) *fam*.

scopiazzatùra f **1** (*lo scopiazzare*) hirnloses Abschreiben *fam* **2** (*scritto scopiazzato*) zusammengeschustertes Geschreibsel *fam spreg*, Abklatsch m *spreg*: **quel romanzo è una vera ~**, dieser Roman ist wirklich ein Abklatsch *spreg*/zusammengeschustert *fam spreg*.

scopièra f (*armadio per scope*) Besenschrank m.

scopino① <dim di scopa②> m (per il gabinetto) Toiletten-, Klobürste f.
scopino②, (-a) m (f) region (spazzino) Straßenkehrer(in) m(f).
scòpo A m 1 fig (obiettivo) Ziel n: avere uno ~, ein Ziel haben; conseguire/ottenere uno ~, ein Ziel erreichen; prefiggersi/proporsi uno ~, sich (dat) ein Ziel setzen/stecken; raggiungere lo ~, das Ziel erreichen; lo ~ della nostra ricerca è di ..., (das) Ziel unserer Untersuchung ist ... 2 fig (fine) Ziel n, Absicht f, Zweck m: senza ~ di lucro, ohne Gewinnabsicht/[gewinnsüchtige Absichten]; una partita di calcio a ~ benefico, ein Fußballspiel für wohltätige Zwecke; non è quello il mio ~, das ist nicht meine Absicht; fare qc con/senza uno ~ preciso, mit etw (dat) eine/keine bestimmte Absicht verfolgen; a ~ propagandistico, zu Werbezwecken; senza ~, ziellos; a tale ~, ⌊zu diesem Zweck⌋/[dazu] 3 fig (ragione) Zweck m, Sinn m: fare carriera è l'unico ~ della sua vita, Karriere (zu) machen, ist ⌊der einzige Sinn seines/ihres Lebens⌋/[sein/ihr ganzer Lebensinhalt] B loc prep (per): allo/[con lo] ~ inf, zum Zwecke von etw (dat)/+ gen, um ... zu ... inf: al solo ~ di fare bella figura, nur um einen guten Eindruck zu machen; a che ~ l'hai fatto? – Allo ~ di aiutarla, wozu/[zu welchem Zweck]/[warum] hast du das getan? – Um ihr zu helfen; va in Inghilterra allo ~ di migliorare il suo inglese, er/sie geht nach England, um sein/ihr Englisch zu verbessern.
scopóne m (gioco di carte) "Abwandlung f der Scopa, bei der jeder nicht drei, sondern neun Karten erhält": ~ scientifico, "Abwandlung f des Scopone, bei der alle Karten sofort verteilt werden".
scoppiàre① <scoppio, scoppi> itr <essere> 1 (esplodere) {GOMMA, PNEUMATICO, TUBATURA} platzen; {PALLONCINO} anche zerplatzen; {VETRO} bersten forb; {CALDAIA} explodieren; {BOMBA, MINA} anche hoch|gehen fam 2 (aprirsi) {FORUNCOLO} auf|gehen; {ASCESSO} anche auf|brechen 3 (saltare) {DEPOSITO DI MUNIZIONI} explodieren 4 fig (scatenarsi) {BUFERA, TEMPORALE} los|brechen; {EPIDEMIA} aus|brechen 5 fig (divampare) {INCENDIO} aus|brechen 6 fig (insorgere) {GUERRA, RIVOLUZIONE} aus|brechen 7 fig (lacerare) zerreißen: nel rivederla, si sentì ~ il cuore, als er/sie sie wieder sah, zerriss es ihm/ihr das Herz 8 fig (prorompere) ~ in qc {IN UNA RISATA} in etw (acc) aus|brechen: ~ in lacrime/[un pianto]/[singhiozzi], in Tränen/Schluchzen ausbrechen; ~ a fare qc in etw (acc) aus|brechen; ~ a piangere/ridere, in Tränen/Gelächter ausbrechen 9 fig (non reggere più) ~ da qc vor etw (dat) platzen: ~ dal ridere/dalle risa, vor Lachen platzen; ~ di/da qc vor etw (dat) (fast) vergehen; ~ di/dal caldo, vor Hitze fast vergehen 10 fig fam (non poterne più) platzen: bere/mangiare fino a ~, trinken/essen bis ⌊kurz vorm Platzen⌋/[zum Anschlag slang] 11 fig fam (perdere il controllo) aus der Haut fahren fam, platzen: scoppia per un nonnulla, er/sie fährt wegen jeder Kleinigkeit aus der Haut fam; se non gli dico quello che penso scoppio, wenn ich ihm nicht sage, was ich denke, platze ich 12 fig fam sport (cedere per stanchezza) zusammen|brechen, zusammen|klappen, schlapp|machen fam: quel pugile sta per ~, der Boxer ⌊steht kurz vor dem Zusammenbruch⌋/[macht gleich schlapp fam].
scoppiàre② <scoppio, scoppi> tr (separare una coppia) ~ qu/qc {DUE GIOCATORI, DUE VASI} jdn/etw trennen.
scoppiàto, (-a) agg 1 fig fam (sfinito) total/[fix und] fertig fam, kaputt fam: è tornato ~ dall'ufficio, er kam total fertig/kaputt aus dem Büro (zurück) fam 2 fig fam (rimbambito) verblödet fam, gestört, weggetreten fam 3 fig slang (sotto l'effetto della droga) high slang, breit slang, zugedröhnt slang 4 fig slang sport {CICLISTA} zusammengeklappt, schlapp fam.
scoppiettànte agg 1 (crepitante) {FUOCO} knisternd, prasselnd 2 fig (sonoro) {RISATA} schallend, dröhnend.
scoppiettàre itr 1 (crepitare) {FUOCO} knistern, prasseln 2 fig (risuonare) {RISATINA} (er)schallen, dröhnen.
scoppiettìo <-tii> m 1 (crepitio) {+LEGNA} Geknister, Geprassel n 2 (successione di esplosioni) {+MORTARETTI} Knallen n, Knallerei f fam.
scòppio <-pi> m 1 (esplosione) {+PNEUMATICO} Platzen n; {+BOMBOLA DI GAS, GRANATA, MINA, TUBATURA} anche Explosion f; {+VETRO} Bersten n 2 (colpo) {+TUONO} Schlag m 3 (boato) Knall m: udire uno ~, einen Knall hören 4 fig (sfogo): ~ di collera, Wutausbruch m, Wutanfall m; ~ di pianto/risa, Wein-/Lachanfall m, Wein-/Lachkrampf m 5 fig (scroscio) ~ di qc {+APPLAUSI} Tosen n von etw (dat) 6 fig (l'insorgere) {+EPIDEMIA, GUERRA, RIVOLUZIONE} Ausbruch m ● a ~ mecc (MOTORE) Verbrennungs-; a ~ ritardato artiglieria, {BOMBA, PROIETTILE} mit Zeitzündung; fig (con ritardo rispetto al normale), mit Spätzündung fam scherz; ~ per simpatia, Parallelexplosion f.
scòppola f 1 region (botta sulla nuca) Klaps m fam auf den Kopf, Kopfnuss f fam, Nuss f region: dare una ~ a qu, jdm einen Klaps auf den Kopf geben fam 2 region (forte colpo) Stoß m, Schlag m: battere una bella ~, sich ganz schön stoßen 3 fig (sconfitta) Schlappe f, (schwerer) Schlag: si è preso una bella ~ a poker, beim Poker hat er gewaltig eins auf den Deckel bekommen fam 4 aero slang Ruck m, Turbolenz f.
scoprimènto m (atto) {+MONUMENTO, STATUA} Enthüllung f.
scoprìre <coniug come aprire> A tr 1 (togliere il coperchio) ~ qc {PENTOLA, TEGAME} etw auf|decken, etw ab|decken, den Deckel von etw (dat) ab|nehmen 2 (inaugurare) ~ qc {LAPIDE, STATUA} etw enthüllen 3 (togliere indumenti) ~ qc (a qu) {IL CAPO, LE GAMBE} etw entblößen, etw unbedeckt lassen: il vento le scoprì le spalle, der Wind entblößte ihre Schultern; quello spacco le scopre le gambe, dieser Schlitz entblößt ihre Beine 4 (togliere le coperte) ~ qu jdn auf|decken: se non copri troppo la bambina, si prende un raffreddore, wenn du die Kleine zu sehr aufdeckst, kriegt sie noch einen Schnupfen 5 (mettere a punto) ~ qc {NUOVO FARMACO, RIMEDIO, TERAPIA} etw entdecken, etw aus|arbeiten 6 (dichiarare) ~ qc {INTENZIONI, PIANI} etw kund|tun, etw preis|geben 7 (rivelare) ~ qc {I PROPRI SENTIMENTI} etw offenbaren, etw zeigen 8 (arrivare a conoscere) ~ qc {NUOVE TERRE} etw entdecken, auf etw (acc) stoßen; {GIACIMENTO PETROLIFERO, TESORO} anche etw finden 9 (scovare) ~ qc {TRATTORIA} etw entdecken, etw ausfindig machen: ho scoperto un locale proprio carino, ich habe ein wirklich hübsches Lokal entdeckt 10 (individuare) ~ qc {FUGA DI GAS, PERDITA D'ACQUA} etw heraus|finden, etw fest|stellen 11 (smascherare) ~ qu/qc {BANDA, LADRO} jdn/etw heraus|finden, jdn/etw ausfindig machen: si è fatto ~ dalla polizia, er hat sich von der Polizei erwischen lassen; {CASO DI FRODE, COMPLOTTO, CONGIURA} etw auf|decken; alla fine si scoprì la verità, am Ende fand man die Wahrheit heraus 12 (trovare) ~ qu/qc {ATTORE, SCRITTORE, NUOVO TALENTO} jdn/etw entdecken 13 fig (riconoscere) ~ qu/qc in qu jdn/etw in jdm finden: ho scoperto in lui un uomo sincero, ich habe ihn als einen ehrlichen Mann kennen gelernt 14 fig (cominciare ad apprezzare) ~ qc {IL GOLF, IL JAZZ} etw entdecken, etw lieben lernen 15 (nei giochi di carte) ~ qc {CARTA, L'ASSO DI PICCHE} etw auf|decken B rfl 1 indir (togliersi indumenti): scoprirsi (qc) {IL VISO} sich (dat) etw entblößen; {LE BRACCIA} anche sich (dat) etw frei machen: scoprirsi il capo, den Hut/die Kopfbedeckung abnehmen 2 (alleggerirsi): scoprirsi sich leicht/dünn an|ziehen: scopriti con questo caldo!, zieh dich bei dieser Hitze leicht an! 3 (levarsi le coperte): scoprirsi sich auf|decken; {NEONATO} anche sich freistrampeln 4 fig (rivelarsi): scoprirsi (con qu) sich (jdm) offenbaren, sich jdm an|vertrauen: stai attenta a non scoprirti troppo con lui, sei ihm gegenüber nicht zu vertrauensselig 5 fig (rendersi conto): scoprirsi qc sich (dat) etw (gen) bewusst werden: si è scoperta una perfetta donna di casa, sie hat sich als die perfekte Hausfrau herausgestellt; scoprirsi a fare qc sich etw (gen) bewusst werden; si scoprì ad avere attitudine per il disegno, er/sie wurde sich bewusst, Zeichentalent zu haben, er/sie entdeckte, dass er/sie Zeichentalent hatte 6 fig mil: scoprirsi {IL NEMICO} ungeschützt sein 7 sport: scoprirsi {SQUADRA IN DIFESA} ohne Deckung spielen, die Deckung öffnen, (nel pugilato) die Deckung fallen lassen.
scopritóre, (-trice) m (f) (chi scopre) Entdecker(in) m(f).
scoraggiaménto m (abbattimento) Entmutigung f, Verzagtheit f forb, Mutlosigkeit f: all'inizio ho avuto un momento di ~, ma poi è passato, zuerst war ich einen Augenblick lang verzagt, aber das ging vorbei; non farti prendere dallo ~, lass dich nicht entmutigen/kleinkriegen! fam, halt die Ohren steif! fam.
scoraggiànte agg (che scoraggia) {NOTIZIA, RISULTATO} entmutigend.
scoraggiàre <scoraggio, scoraggi> A tr 1 (far perdere la fiducia) ~ qu (con qc) {BOCCIATURA ALLIEVO, AMICA CON UN GIUDIZIO NEGATIVO} jdn (mit etw dat) entmutigen: lasciarsi ~ da qu/qc, sich von jdm/etw entmutigen lassen 2 (dissuadere) ~ qu/qc (con qc) {I PICCOLI RISPARMIATORI} jdn/etw mit etw (dat) ab|schrecken; {INVESTIMENTO DI CAPITALI} anche etw bremsen; ~ qu dal fare qc, jdn davon abbringen, etw zu tun; jdm etw ausreden B itr pron (perdersi d'animo): scoraggiarsi (per qc) {ATLETA PER LA SCONFITTA} (wegen etw gen) den Mut verlieren, (wegen etw gen) verzagen forb, sich (wegen etw gen) unterkriegen lassen fam: è uno che non si scoraggia mai, er ⌊verliert nie den Mut⌋/[lässt sich nie unterkriegen fam]; scoraggiarsi (davanti)/[di fronte] a qc) (angesichts etw gen) den Mut verlieren, sich (von etw dat) entmutigen lassen, (angesichts etw gen) verzagen forb.
scoraggiàto, (-a) agg (sfiduciato) mutlos, niedergeschlagen, verzagt forb: essere/sentirsi ~, mutlos sein/sich mutlos fühlen.
scoraménto m lett (scoraggiamento) Mutlosigkeit f, Verzagtheit f forb, Niedergeschlagenheit f.
scorbùtico, (-a) <-ci, -che> A agg 1 med (affetto da scorbuto) {SOGGETTO} skorbutkrank, skorbutisch; (di scorbuto) {SINTOMI, ULCERA} skorbutisch 2 fig (scontroso) {UOMO} unzugänglich, schroff, mürrisch, griesgrämig B m (f) 1 med Skorbutkranke mf decl

scorbuto | scorretto

come agg, skorbutische(r) Patient(in) m(f) **2** (*chi è scontroso*) mürrischer/griesgrämiger Mensch, Griesgram m *spreg*: **sei proprio uno ~!**, du bist wirklich ein alter Griesgram! *spreg*.

scorbùto m *med* Skorbut m.

scorciàre <*scorcio, scorci*> **A** tr ~ **qc 1** (*accorciare*) {GONNA, VESTITO} *etw* kürzen, *etw* kürzer machen; {BARBA, CAPELLI} *anche etw* stutzen **2** *arte* (*nella pittura*) {FIGURA, PAESAGGIO} *etw* perspektivisch verkürzen **B** itr pron (*diventare più breve*): **scorciarsi** {GIORNATE} kürzer werden, sich verkürzen.

scorciatòia f **1** (*strada secondaria*) Abkürzung f: **prendere una ~**, eine Abkürzung nehmen **2** *fig* (*espediente*) Aus-, Schleichweg m, Trick m: **cercare/trovare una ~**, einen Ausweg suchen/finden; **per avere il visto in tempo, bisogna ricorrere a una ~**, um das Visum rechtzeitig zu bekommen, muss man was tricksen *fam*.

scórcio <-*ci*> **A** m **1** *arte* (*nella pittura*) perspektivische Verkürzung f; (*figura*) {+MANTEGNA} perspektivisch verkürzte Figur **2** (*fine*) Zeitabschnitt m, Ende n: **in questo ~ d'autunno**, am Ende dieses Herbstes; **sullo ~ del secolo**, um die Jahrhundertwende; **sullo ~ del XV secolo**, am Ende des XV. Jahrhunderts **3** (*breve periodo*) ein bisschen Zeit, freier Augenblick: **se riesco a trovare uno ~ di tempo ...**, wenn ich ˻ein bisschen Zeit˼/ [einen freien Augenblick] finden kann ... **4** (*vista limitata*) Teilansicht f, Stück n: **dalla terrazza si vede uno ~ di mare**, von der Terrasse aus sieht man ein Stück Meer **5** *fig lett* (*momento di rappresentazione*) {DESCRITTIVO} Zusammenfassung f, Abriss m **B** *loc avv*: **di ~** *arte* perspektivisch verkürzt: **dipingere/disegnare di ~**, perspektivisch verkürzt malen/zeichnen **2** *fig* (*di sfuggita*) flüchtig.

scordàre① **A** tr (*dimenticare*) **~ qu/qc** {BAMBINO ALL'ASILO, INDIRIZZO, NOME} *jdn/etw* vergessen **B** rfl **1** (*dimenticarsi*): **scordarsi** (**di**) **qu/qc** {DI UN APPUNTAMENTO} *jdn/etw* vergessen; **scordarsi di fare qc** vergessen, *etw* zu tun: **mi sono scordato di spegnere il gas**, ich habe vergessen, den Gashahn abzudrehen; **non scordarti di pagare la bolletta!**, ˻vergiss nicht˼/(denk dran), die Rechnung zu bezahlen! **2** *indir fig fam* (*rinunciare*): **scordarsi qc** vergessen *fam*, *etw* ab|schreiben *fam*, sich (dat) *etw* abschminken können *fam*, sich (dat) *etw* aus dem Kopf schlagen *fam*: **se continui a non studiare, scordati le vacanze in America!**, wenn du weiterhin nicht lernst, kannst du ˻dir die Ferien in Amerika abschminken˼/[den Amerika-Urlaub vergessen]! *fam*.

scordàre② *mus* **A** tr ~ **qc** {CHITARRA} *etw* verstimmen **B** itr pron: **scordarsi** {PIANOFORTE} sich verstimmen.

scordàto, (-a) agg *mus* {CHITARRA, PIANOFORTE} verstimmt.

scordatùra f *mus* **1** (*perdita di accordatura*) Verstimmung f **2** (*intonazione delle corde*) {+VIOLINO} Skordatur f, Scordatura f, Umstimmung f.

score <-> m *ingl* **1** (*nei giochi di carte*) (*nel bridge*) (*conteggio dei punti*) Anschreiben n, Scoren n; (*taccuino*) "Notizblock m, auf dem der Spielstand vermerkt wird" **2** *sport* (*risultato*) {+GARA} Spielstand m, Spielergebnis n, Score m; (*finale*) Endstand m, Ergebnis n.

scoréggia <-*ge*> f *volg* (*peto*) Furz m *volg*: **fare una ~**, furzen *volg*, einen Furz lassen.

scoreggiàre <*scoreggio, scoreggi*> itr *volg* (*fare scoregge*) furzen *volg*.

scòrfano, (-a) **A** m itt Drachenkopf m,

Skorpionsfisch m, Seeskorpion m **B** m (f) *fig fam* (*persona molto brutta*) Scheusal n *spreg*, Missgestalt f *rar*: **quel ragazzo è uno ~!**, der Junge/Typ ist abstoßend hässlich!

scòrgere <*coniug come* porgere> tr **1** (*intravedere*) **~ qu/qc** {FARO, LUCE IN LONTANANZA} *jdn/etw* undeutlich/[von weitem] erblicken/sehen: **~ qu in mezzo alla folla**, *jdn* inmitten der Menge erblicken **2** *fig* (*scoprire*) **~ qc** {INTENZIONE} *etw* bemerken, *etw* entdecken; {PERICOLO} *etw* erkennen, *etw* (gen) gewahr werden *forb* • **farsi ~** (*attirare l'attenzione su sé*), auf sich aufmerksam machen; **senza farsi ~**, unbemerkt.

scòria f **1** (*residuo*) Abfall m; *fig* {+EDUCAZIONE REPRESSIVA, PASSATO} Rest m, Überbleibsel n *fam* **2** *fig* (*scarto*) {+SOCIETÀ} Abschaum m *spreg* **3** *geol metall* Schlacke f: **scorie acide/basiche**, saure/basische Schlacke; **scorie ossidanti**, Frischschlacken f pl; **scorie d'altoforno**, Hochofenschlacke f; **scorie di lava**, Lavaschlacke f **4** *med* Schlacke f: **scorie alimentari**, Ballaststoffe m pl; **eliminare le scorie**, die Ballaststoffe ausscheiden • **scorie radioattive** *nucl*, radioaktive Abfälle, Atommüll m.

scornàre A tr **1** *zoo* **~ qc** *etw* (dat) die Hörner ab|brechen/ab|stoßen **2** *fig fam* (*schernire*) **~ qu** {RIVALE} *jdn* lächerlich machen, *jdn* blamieren **B** itr (*prendere a cornate*) {CAPRONE} mit den Hörnern stoßen, stößig sein **C** itr pron: **scornarsi 1** *fig fam* (*subire una umiliazione*) sich lächerlich machen, sich blamieren **2** *zoo* sich (dat) die Hörner ab|brechen/ab|stoßen.

scornàto, (-a) agg **1** *zoo* {CERVO} mit abgebrochenen Hörnern **2** *fig fam* (*beffato*) blamiert: **restare ~**, blamiert sein.

scorniciàre <*scornicio, scornici*> tr ~ **qc 1** (*togliere dalla cornice*) {QUADRO, STAMPA} *etw* aus dem Rahmen nehmen **2** (*modellare a forma di cornice*) *etw* (dat) die Form eines Rahmens geben.

scòrno m (*smacco*) Schmach f *forb*, Schande f: **a ~ di qu**, zu jds Schande; **con suo grave ~ è stato battuto dall'avversario**, zu seiner großen Schande wurde er vom Gegner geschlagen; **subire uno ~**, eine Schmach erleiden *forb*.

scoronàre tr ~ **qc 1** (*in odontoiatria*) (*asportare la corona*) {DENTE} *etw* (dat) die Krone ab|brechen **2** *agr* {ALBERO} *etw* beschneiden, *etw* stutzen.

scorpacciàta f **1** *fam* (*grande mangiata*) Fresserei f *fam*, Schmaus m *scherz*: **farsi una bella ~ di ciliege**, sich (dat) den Bauch mit Kirschen vollschlagen *fam* **2** *fig fam*: **quest'estate mi sono fatta una ~ di gialli di Agatha Christie**, diesen Sommer habe ich mir einen Haufen Krimis von Agatha Christie reingezogen *fam*.

scorpióne m **1** *zoo* Skorpion m **2** *astrol astr*: **Scorpione**, Skorpion m; **sono dello/uno Scorpione**, ich bin (ein) Skorpion **3** *fig* (*persona maligna*) boshafter Mensch **4** *stor* (*macchina da guerra*) Armbrust f • **~ d'acqua** *zoo*, Wasser-, Seeskorpion m.

scorporàre tr ~ **qc** (*togliere*) **~ qc** (**da qc**) {CAMPO DA PODERE} *etw* aus (dat) aus|gliedern **2** (*espropriare*) **~ qc** *etw* enteignen **3** *fisco* **~ qc** {L'IVA} *etw* ab|ziehen.

scòrporo m *dir* (*atto*) Ausgliederung f; (*parte scorporata*) ausgegliederter Teil.

scorrazzàre A itr **1** (*correre*) **~** (**+ compl di luogo**) {BAMBINI NEL CORTILE} herum|laufen, (*irgendwo*) herum|rennen *fam*; (*con veicolo*) (*irgendwo*) herum|fahren **2** *fig* (*passare da un settore all'altro*) **~ in/per/tra qc** {TRA DIVERSE LINGUE} *von etw* (dat) *zu etw* (dat) springen, *zwischen etw* (dat pl) hin- und herspringen **B** tr (*percorrere in lungo e in largo*) **~ qc** {TUTTA LA FRANCIA} *etw* durchstreifen.

scorréggia → **scoreggia**.

scorreggiàre → **scoreggiare**.

scórrere <*coniug come* correre> **A** itr <*essere*> **1** (*fluire*) **~** (**+ compl di luogo**) (**+ compl di modo**) {ACQUA NELLE TUBATURE; SANGUE NELLE ARTERIE} (*irgendwo*) (*irgendwie*) fließen: **durante l'alluvione i fiumi scorrevano impetuosi**, während des Hochwassers wurden die Flüsse zu mächtigen Strömen; **~ da qc** {ACQUA DAL RUBINETTO; SANGUE DALLA FERITA} *aus etw* (dat) fließen, *aus etw* (dat) strömen **2** (*colare*) **~** (**+ compl di luogo**) (**+ compl di modo**) {PIOGGIA SUI VETRI} *über etw* (acc) (*irgendwie*) rinnen; {LACRIME SULLE GUANCE} *anche über etw* (acc) (*irgendwie*) laufen; {SABBIA NELLA CLESSIDRA} *durch etw* (acc) rieseln **3** (*scivolare*) **~** (**+ compl di luogo**) (**+ compl di modo**) {BARCA SULL'ACQUA; CURSORE SU UNA GUIDA} (*irgendwo*) *über etw* (acc) gleiten; {FUNIVIA SUI CAVI} (*irgendwie*) *über etw* (acc) laufen; {PALETTO FRA GLI ANELLI} (*irgendwo*) (*irgendwie*) rutschen: **la porta non scorre bene**, die Tür klemmt **4** (*trascorrere*) **~** (**+ compl di modo**) {GIORNATE MONOTONE; ORE LIETE} *irgendwie* vergehen, *irgendwie* verrinnen: **il tempo scorre veloce**, die Zeit vergeht schnell **5** (*essere versato in abbondanza*) **~** (**+ compl di luogo**) {SANGUE IN UNA GUERRA} (*irgendwo*) vergossen werden, (*irgendwie*) fließen **6** *fig* (*essere scorrevole*) **~** (**+ compl di luogo**) (**+ compl di modo**) {PENNA, PENNINO SUL FOGLIO} (*irgendwie*) *über etw* (acc) gleiten, (*irgendwie*) *über etw* (acc) laufen **7** *fig* (*procedere fluidamente*) **~** (**+ compl di modo**) {TRAFFICO} (*irgendwie*) fließen; {OPERAZIONE SENZA INTOPPI} (*irgendwie*) verlaufen; {DISCORSO, PERIODO, PROSA} flüssig sein; {RAGIONAMENTO} schlüssig sein: **un romanzo che scorre bene**, ein flüssig geschriebener Roman **8** *fig* (*susseguirsi*) **~** (**+ compl di luogo**) {RICORDI DAVANTI AGLI OCCHI} *vor etw* (dat) ab|rollen; {IMMAGINI SUL TELESCHERMO} *über etw* (acc) flimmern *fam* **B** tr <*avere*> (*leggere rapidamente*) **~ qc** {CORRISPONDENZA} *etw* durch|sehen, *etw* durch|gehen; {GIORNALE, LIBRO} *anche etw* überfliegen • **far ~/lasciare ~ qc** (**in qc**), {L'ACQUA NELLA VASCA} *etw* in *etw* (acc) einlaufen lassen; **far ~ la mano su qc**, die Hand über *etw* (acc) gleiten lassen, mit der Hand über *etw* (acc) streichen; **far ~ lo sguardo su qc**, seinen Blick über *etw* (acc) schweifen lassen; **tutto scorre filos**, alles fließt/[ist im Fluss].

scorreria f (*incursione armata*) {+PIRATI} Überfall m, Streifzug m, Einfall m: **fare una ~**, einen Überfall machen.

scorrettaménte avv **1** (*in modo scorretto*) nicht korrekt, unkorrekt: **pronunciare ~ qc**, *etw* unkorrekt/unsauber aussprechen **2** (*in modo disonesto*) unkorrekt: **comportarsi ~**, sich unkorrekt verhalten.

scorrettézza f **1** (*presenza di errori*) {+TEMA, VERSIONE DI LATINO} Fehlerhaftigkeit f **2** (*errore*) Fehler m: **una traduzione piena zeppa di scorrettezze**, eine mit Fehlern gespickte Übersetzung *fam* **3** (*disonestà*) {+COMMERCIANTE} Unkorrektheit f, Unehrlichkeit f: **agire con ~**, unkorrekt handeln **4** (*comportamento scorretto*) Unkorrektheit f, unfaires Verhalten: **commettere delle scorrettezze nei confronti di qu**, sich jdm gegenüber unkorrekt/unfair verhalten **5** *sport* {+GIOCATORE} Regelwidrigkeit f, Foul n.

scorrètto, (-a) agg **1** (*che presenta errori*) {COMPITO} fehlerhaft; {ESPRESSIONE, TRADUZIONE} *anche* falsch, unkorrekt **2** (*disonesto*) {CONTEGNO, GESTO, PROFESSIONISTA} unkorrekt, unfair: **comportarsi in modo ~ con/[nei confronti di] qu**, sich jdm gegenüber unkorrekt/unfair verhalten **3** *sport* {AZIONE} unfair, regelwidrig; {CALCIATORE, SQUADRA} unfair: **giocare ~**, regelwidrig/foul spielen; **la squadra ospite fa un gioco ~**, die Gastmannschaft spielt foul.

scorrévole Ⓐ *agg* **1** (*che scorre*) {PORTA} Schiebe-; {PENNINO} flüssig schreibend; {OLIO LUBRIFICANTE} Gleit- **2** (*levigato*) {SUPERFICIE} glatt **3** *fig* (*agevole*) {STRADA} bequem; {PERCORSO} *anche* leicht, mühelos **4** *fig* (*senza intralci*) {TRAFFICO} flüssig **5** *fig* (*fluente*) {DISCORSO, PROSA, STILE} flüssig, fließend **6** *fig* (*piacevole a leggersi*) {LETTURA, LIBRO} flüssig geschrieben, gut lesbar Ⓑ *m* (*elemento che scorre*) {+REGOLO CALCOLATORE} Schlitten m.

scorrevolézza *f* **1** (+PERSIANA) Geschmeidigkeit *f* **2** (+INCHIOSTRO, LUBRIFICANTE) gute Gleiteigenschaft: **è importante la ~ di una penna**, es ist wichtig, dass ein Stift flüssig schreibt **3** (*levigatezza*) {+SUPERFICIE} Glätte *f* **4** (*facilità*) {+STRADA} Bequemlichkeit *f*; {+PERCORSO} *anche* Leichtigkeit *f*, Mühelosigkeit *f* **5** *fig* (*assenza di intralci*) {+TRAFFICO} Flüssigkeit *f* **6** *fig* (*fluidità*) {+STILE} Flüssigkeit *f*, Gewandtheit *f*.

scorribànda *f* **1** (*incursione*) Streifzug m, Überfall m: **fare una ~ in un territorio nemico**, einen Streifzug in feindliches Gebiet unternehmen **2** *fig* (*gita*) Spritztour *f fam*, (kurzer) Ausflug **3** *fig* (*divagazione*) **~ in qc** {NEL PASSATO} Abschweifung *f in etw* (acc).

scorrimàno *m* → **corrimano**.

scorriménto *m* **1** (*lo scorrere*) {+PORTA} Gleiten n: **piano/superficie di ~**, Gleitschicht f/Laufflàche *f* **2** (*flusso*) {+TRAFFICO} (Verkehrs)fluss m: **un'arteria a ~ veloce**, eine Hauptverkehrsader mit schnellem Verkehrsfluss; {+ACQUE PIOVANE} Fließen n **3** *fis* Schlupf m **4** *inform* (*scroll*) Scroll n, Scrolling n, Rollen n **5** *mecc* (*differenza di velocità*) Schlupf m, Gleiten n • **ad alto ~** (*rif. a liquido con elevata fluidità*), mit hoher Gleiteigenschaft.

scórsa *f* (*lettura rapida*) Durchsicht *f*: **dare una ~ a una rivista**, eine Zeitschrift überfliegen/durchsehen/durchblättern.

scòrsi① 1ª pers sing del pass rem *di* scorgere.
scórsi② 1ª pers sing del pass rem *di* scorrere.
scórso, (-a) Ⓐ *part pass di* scorrere Ⓑ *agg* (*passato*) letzter(r, s), vergangen, vorige(r, s): **l'anno ~**, voriges/vergangenes Jahr; **l'estate scorsa**, vorigen Sommer; **nei giorni scorsi**, in den vorigen Tagen; **lunedì ~**, vorigen Montag; **il mese ~**, im letzten Monat; **la settimana scorsa**, letzte/vorige Woche; **ultimo ~** (*abbr u. s.*), vergangenen Monats/Jahres Ⓒ *m* (*lapsus*) Flüchtigkeits-, Leichtsinnsfehler m, Versehen n: **un ~ di penna**, ein Verschreiber *fam*.

scorsóio, (-a) <-soi> *m* agg (*atto a scorrere*) laufend, gleitend: **nodo ~**, Schlinge *f*, Schlaufe *f*.

scòrta Ⓐ *f* **1** (*sorveglianza*) Geleitschutz m, Begleitmannschaft *f*, Begleitpersonen *f pl*: **~ armata/personale**, bewaffneter/persönlicher Geleitschutz; **assegnare la ~ a qu**, jdm Geleitschutz geben/gewähren; **essere di ~**, zum Geleit gehören; **essere sotto ~**, unter Geleitschutz stehen; **fare la ~ a qu**, jdm Geleitschutz geben; **fanno da ~ al magistrato**, sie geleiten einen Richter; **gli uomini della ~**, die Männer des Geleitschutzes; **viaggiare senza ~**, ohne Geleitschutz reisen; *mil* Eskorte f, Geleit n; **~ aerea/terrestre**, Luft-/Bodeneskorte *f*, Geleit n zu Luft/Land; **~ navale**, Konvoi m, Schiffseskorte *f* **2** (*provvista*) Vorrat m, Reserve *f*, Bestand m: **fare ~ di benzina**, Benzin auf Vorrat kaufen; **esaurire le scor-**te, die Vorräte erschöpfen; **avere una ~ di sigarette**, Zigaretten in Vorrat haben; **una ~ di viveri**, ein Vorrat an/von Lebensmitteln **3** (*solo pl*) *agr* Inventar n, Bestand m: **~ scorte morte/vive**, totes/lebendes Inventar Ⓑ *loc prep* (*sulla base*): **sulla ~ di qc**, {DI UNA PERIZIA} anhand *von etw* (dat)/+ *gen* • **di ~** (*per i casi imprevisti*), {MATERIALE, RUOTA} Ersatz-, Reserve-; **scorte di magazzino** *comm*, Lagerbestand m.

scortàre *tr* (*fare da scorta*) **~ qu/qc** {CORTEO PRESIDENZIALE, DETENUTO} jdn/etw geleiten, jdn/etw eskortieren.

scortecciàre <scorteccio, scortecci> Ⓐ *tr* **~ qc 1** (*togliere la corteccia*) {ALBERO} entrinden, die Rinde *von etw* (dat) entfernen, *etw* schälen **2** (*scrostare*) {MURO} *etw* ab|kratzen, den Putz *von etw* (dat) ab|schaben Ⓑ *itr pron*: **scortecciarsi 1** (*perdere la corteccia*) {TRONCO} die Rinde verlieren, sich schälen **2** (*perdere l'intonaco*): **la parete si scorteccia**, der Putz bröckelt von der Wand.

scortecciàto, (-a) *agg* **1** (*senza corteccia*) {ALBERO} rindenlos **2** (*scrostato*) {MURO} abgekratzt, abgeschabt **3** (*senza crosta*) {PANE} rindenlos.

scortecciatrìce *f* (*macchina*) Entrindungs-, Rindenschälmaschine *f*.

scortecciatùra *f* **1** (*lo scortecciare*) Schälen n, Entrindung *f* **2** (*corteccia asportata*) abgeschabte Rinde.

scortése *agg* (*sgarbato*) **~ con/[nei confronti di] qu**) {FUNZIONARIO, IMPIEGATO} unfreundlich (*zu jdm*), unhöflich (*zu jdm*), grob (*zu jdm*); **essere ~ con qu**, unhöflich zu jdm sein; {FRASE, MODO DI FARE, TONO} unfreundlich, unhöflich, grob.

scortesemènte *avv* (*in modo sgarbato*) unfreundlich, unhöflich, grob.

scortesìa *f* **1** (*l'essere sgarbato*) Unhöflichkeit *f*, Unfreundlichkeit *f*, Grobheit *f*: **trattare qu con ~**, jdn unfreundlich behandeln; **quell'uomo è di una ~ incredibile**, der Mann ist unheimlich grob **2** (*comportamento*) Unhöflichkeit *f*, Unfreundlichkeit *f*: **è stata una ~ non dargli quell'informazione**, es war wirklich unhöflich, ihm diese Auskunft nicht zu geben.

scorticaménto *m* **1** (*asportazione di pelle*) {+ASINO} Häutung *f* **2** *med* Schürfwunde *f*, Hautabschürfung *f*.

scorticàre <scortico, scortichi> Ⓐ *tr* **1** (*scuoiare*) **~ qc** {AGNELLO} *etw* ab|häuten, *etw* ab|ziehen **2** (*spellare*) **~ qu/qc** {STIVALI PIEDI} *jdn/etw* ab|-, auf|schürfen **3** (*come forma di tortura*) **~ qu** *jdn* häuten **4** *fig* (*spennare*) **~ qu** {CLIENTE} *jdn* aus|nehmen *fam spreg*, *jdn* neppen *fam spreg* **5** *fig* (*tartassare*) **~ qu** {COMMISSIONE CANDIDATO} *jdn* quälen, *jdn* schikanieren Ⓑ *rfl indir* (*sbucciarsi*): **scorticarsi (qc)** {BAMBINO GINOCCHIO} sich (dat) *etw* auf|schürfen.

scorticatóio <-toi> *m* **1** (*coltello*) Schinde(e)-, Abhäutungsmesser n **2** (*locale*) Schindanger m *obs*.

scorticatùra *f* **1** (*asportazione di pelle*) {+AGNELLO} Abhäuten n, Abziehen n **2** *med* Schürfwunde *f*.

scortichino *m* (*coltello*) Schinde-, Abhäutungsmesser n.

scòrto *part pass di* scorgere.

scòrza *f* **1** (*corteccia*) {+ABETE} Rinde *f* **2** (*buccia*) Schale *f*: **~ d'arancia/di limone**, Orangen-/Zitronenschale *f*; **~ d'arancia/di limone candita**, Orangeat n/Zitronat n **3** *itt zoo* {+PESCE, SERPENTE} Haut *f* • **sotto una ~ ruvida si nasconde un cuore d'oro** *fig* (*dietro un'apparente durezza c'è una persona buona*), raue Schale, weicher Kern *prov*; in einer rauen Schale steckt oft ein weicher Kern *prov*; ˌavere laˌ/[essere di] **~ dura** *fig* (*essere resistente alle avversità*), ein dickes Fell haben *fam*.

scorzétta <dim di scorza> *f* (*pezzetto di scorza*) {+LIMONE} Stück n Schale.

scorzonèra *f bot* Schwarzwurzel *f*.

scoscéso, (-a) *agg* (*ripido*) {RUPE, SENTIERO} steil, abschüssig; {PARETE} *anche* Steil-.

scosciàre <scoscio, sci> Ⓐ *tr* (*staccare una coscia*) **~ qc** {POLLO} die Keule *von etw* (dat)/+ *gen* ab|trennen Ⓑ *itr pron*: **scosciarsi 1** (*fare la spaccata*) {BALLERINA} einen Spagat machen **2** *fam* (*mostare le cosce*) die Oberschenkel zeigen/[sehen lassen].

scosciàta *f* (*spaccata*) Spagat m *o* n.

scosciàto, (-a) *agg* **1** (*sgambato*) {COSTUME} mit hohem Beinausschnitt **2** *fam* (*che mostra le cosce*) {DONNA} "der/die die Oberschenkel zeigt".

scòscio <-sci> *m* **1** (*spaccata*) Spagat m **2** (*nella moda*) (*cavallo*) {ALTO, BASSO +PANTALONI} Schritt m; (*spacco laterale*) {+GONNA} Schlitz m.

scòssa Ⓐ *f* **1** (*scossone*) Ruck m, Stoß m: **dare una ~ a qc**, *etw* schütteln; **ricevere una ~**, einen Stoß bekommen; **senza scosse**, stoß-, ruckfrei **2** *geol* Erdstoß m, Erschütterung *f*: **~ ondulatoria/sussultoria**, wellen-/ruckartiger Erdstoß; **~ del quarto grado della scala Mercalli**, Erdstoß m vierten Grades nach/auf der Mercalli-Skala; **~ sismica**; [*di terremoto*], Erd(beben)stoß m **3** *elettr*: **~ (elettrica)**, (Strom)schlag, elektrischer Schlag m: **il recinto dà una ~ alle bestie**, der Zaun versetzt den Tieren einen Stromschlag; **prendere/sentire la ~**, einen Schlag bekommen/spüren **4** *fig* (*turbamento*) Schlag m, Schock m, Erschütterung *f*: **la perdita del figlio è stata per lui una tremenda ~**, der Verlust seines Sohnes war ein entsetzlicher Schlag für ihn **5** *fig* (*danno finanziario*) finanzieller Zusammenbruch, Pleite *f* Ⓑ *loc avv* (*a sobbalzi*): **a scosse**, ruck-, stoßweise; **procedere a scosse**, ruck-/stoßweise vorankommen • **~ di pioggia** (*rovescio*), Regenschauer m, Regenguss m.

scòssi 1ª pers sing del pass rem *di* scuotere.

scòsso, (-a) Ⓐ *part pass di* scuotere Ⓑ *agg* **1** (*turbato*) erschüttert, angegriffen; **essere (molto) ~ per qc**, über *etw* (acc) (sehr) erschüttert sein **2** (*a pezzi*) {NERVI} zerrüttet, angeschlagen.

scossóne <accr di scossa> *m* **1** (*forte sobbalzo*) starker Ruck/Stoß **2** *fig* (*scombussolamento*) Erschütterung *f*, Schlag m • **è talmente apatico che a volte devo dargli uno scossone** *fig* (*indurre ad agire*), er ist so apathisch, dass ich ihn manchmal wachrütteln muss.

scostaménto *m* **1** (*allontanamento*) **~ da qc** {+SCAFFALE DALLA PARETE} Entfernen n *von etw* (dat), (Ab)rücken n *von etw* (dat), Abschiebung *f von etw* (dat); {+NAVE DALLA BANCHINA} Ablegen n *von etw* (dat) **2** *mat stat* (*scarto*) Abweichung *f* **3** *artiglieria* (*correzione*) Seitenkompensation *f* des Feuers; (*angolo*) Schusswettenkorrekturwinkel m.

scostànte *agg* (*poco socievole*) {COMPORTAMENTO} abweisend; {TIPO} *anche* verschlossen, spröde, ungesellig.

scostàre Ⓐ *tr* **1** (*spostare*) **~ qc (da qc)** {DIVANO DAL MURO} *etw* (*von etw* dat) weg|schieben, *etw von etw* dat) ab|-, rück|cken, *etw von etw* (dat) schieben, *etw von etw* (dat) rücken; **~ qc** {TENDA} *etw* zur Seite ziehen **2** *fam* (*schivare*) **~ qu** jdn meiden, einen (großen) Bogen *um jdn* machen *fam*: **ora che gli affari gli vanno male tutti lo scosta-**

scostolare | **scrematrice**

no, jetzt, da seine Geschäfte schlecht laufen, meiden ihn alle **3** *mar* ~ *qc da qc* {IMBARCAZIONE DALLA BANCHINA} *etw von etw* (dat) ab|stoßen; (*uso assol*) ab|legen: **scosta!**, leg ab! **B** *itr pron* **1** (*farsi in là*): **scostarsi** weg|rücken, zur Seite rücken/treten: **scostati!**, rück zur Seite! **2** (*allontanarsi*): **scostarsi** *da qc* {DALLO SCHERMO DEL TELEVISORE} sich *von etw* (dat) entfernen **3** *fig*: **scostarsi** *da qc* {DAL TEMA DI UNA DISCUSSIONE} *von etw* (dat) ab|weichen; {DALLE PROPRIE ABITUDINI} anche *von etw* (dat) ab|kommen: **scostarsi dalla retta via**, vom rechten Weg abkommen.

scostolàre *tr* (*togliere la costola*) ~ *qc* {BIETOLA} die Blattrippen *von etw* (dat)/+ *gen* heraus|schneiden.

scostumataménte *avv* (*in modo scostumato*) unsittlich, unschicklich, ungebührlich: **comportarsi** ~, sich unsittlich verhalten.

scostumatézza *f* **1** (*dissolutezza*) Unsittlichkeit f, Sittenlosigkeit f **2** (*comportamento scostumato*) unsittliches Verhalten, Unschicklichkeit f, Ungebührlichkeit f **3** *region lett* (*maleducazione*) Ungezogenheit f.

scostumàto, (-a) **A** *agg* **1** (*dissoluto*) {DONNA, FILM} unsittlich, sittenlos; {VITA} Lotter- *spreg*, zügellos **2** *region lett* (*maleducato*) ungezogen, flegelhaft *spreg* **B** *m* (f) **1** (*persona dissoluta*) liederliche Person *spreg*, Liederjan *m spreg*, liederliches Weibsstück *spreg*: **è uno ~!**, er ist ein liederlicher Mensch! *spreg* **2** *region lett* (*maleducato*) Flegel *m fam spreg*, Lümmel *m fam spreg*.

scotch <-> *m ingl* **1** (*whisky*) Scotch (Whisky) *m* **2** (*nastro autoadesivo*): ~®, Klebeband n, Tesa(film)® *m fam*.

scotennàre *tr* **1** (*levare la cotenna*) ~ *qc* {LARDO, MAIALE} *etw* abschwarten, die Schwarte *von etw* (dat) ab|schneiden **2** *etnol* ~ *qu* {NEMICO} *jdn* skalpieren.

scotennatóre, (-trice) *m* (f) **1** (*chi scotenna*) Schwartenabzieher(in) *m* (f) **2** *etnol* Skalpnehmer(in) *m* (f).

scotennatùra *f* **1** (*il levare la cotenna*) Abziehen n der Schwarte **2** *etnol* Skalpieren n.

scotésti *lett* 2ª *pers del pass rem di* scuotere.

scoticàre <*scotico, scotichi*> *tr agr* ~ *qc* die Grasnarbe *von etw* (dat)/+ *gen* entfernen.

scotiménto → **scuotimento**.

scotìsmo *m filos* Scotismus m.

scotìsta <-*i m, -e* f> *mf filos* Scotist(in) *m* (f).

scòto, (-a) **A** *agg* skotisch **B** *m* (f) (*persona*) Skotist(in) *m* (f).

scotolàre *tr tess* ~ *qc* {CANAPA, LINO} *etw* schwingen, *etw* brechen.

scotolatùra *f tess* Schwingen n, Brechen n.

scotòma <-*i*> *m med* (Flimmer)skotom n *scient*.

scottànte *agg* **1** (*che scotta*) {SABBIA} brennend; {SOLE} *anche* sengend **2** *fig* (*urgente*) {ARGOMENTO, PROBLEMA} drängend, brennend, akut, brisant, heiß *fam*, heikel: **una questione di ~ attualità**, eine brandaktuelle Frage **3** *fig* (*che ferisce*) {ACCUSA, OFFESA} verletzend, hart.

scottàre **A** *tr* <*avere*> **1** (*ustionare*) ~ *qu*/*qc* {IL SOLE BAMBINO, LA PELLE} *jdn*/*etw* verbrennen; ~ *qc a qu* {MANO} *jdm etw* verbrennen: **il sole mi ha scottato la schiena**, die Sonne hat mir den Rücken verbrannt, ich habe einen Sonnenbrand am Rücken; {FIAMMA BRACIO ALLA CUOCA} *jdm etw* (ver)brennen; {OLIO BOLLENTE} *jdm etw* verbrühen **2** *fig* (*offendere*) ~ *qu* {PAROLE, RIMPROVERI UOMO} *jdn* verletzen, *jdn* kränken, *jdn* schwer treffen **3** *fig* (*deludere*) ~ *qu* {NEMICO} *jdn* enttäuschen, *jdn* verbittern: **è rimasta scottata da quell'esperienza**, diese Erfahrung hat sie verbittert, bei dieser Erfahrung hat sie sich (dat) die Finger verbrannt *fam* **4** *gastr* ~ *qc* {CAVOLI} *etw* ab|brühen; {CARNE} *etw* an|braten; {POLLO} anche *etw* auf|kochen **B** *itr* **1** <*avere*> (*essere molto caldo*) heiß sein, brennen: **attenzione, scotta!**, Vorsicht, heiß!; **il caffelatte scotta**, der Milchkaffee ist heiß; **il sole scotta**, die Sonne brennt; **gli scotta la fronte**, seine Stirn glüht **2** <*avere*> *fig* (*destare preoccupazione*) heiß sein *fam*, Besorgnis erregen: **una questione che scotta**, eine heiße *fam*/Besorgnis erregende Sache **3** <*essere*> *fig* (*irritare*) ~ *a qu* verletzen, *jdn* kränken, *jdn* schwer treffen: **la sconfitta gli scotta**, die Niederlage ˌkränkt ihnˌ/[hat ihn schwer getroffen]; **gli scotta sentirsi dire la verità**, es ˌtut ihm wehˌ/[ist schmerzlich für ihn], die Wahrheit zu hören **4** <*avere*> *fig* (*costituire un pericolo*) heikel sein: **merce che scotta**, heiße Ware *fam* **5** <*avere*> *fig* (*rappresentare un problema*) heikel/schwierig sein: **poltrona che scotta**, Schleudersitz *m fam* **C** *rfl indir* (*ustionarsi*): **scottarsi** (*qc*) {LE SPALLE} sich (dat) *etw* verbrennen; **scottarsi** *qc con qc* {MANO COL FERRO DA STIRO} sich (dat) *etw* (*mit etw*) verbrennen **D** *itr pron fig* (*subire una delusione*): **scottarsi** *con qu*/*qc* sich (dat) *bei jdm*/*etw* die Finger verbrennen *fam*, *von jdm*/*etw* enttäuscht werden.

scottàta *f* **1** *gastr* (*rapida cottura di verdure*) Aufkochen n, Abbrühen n: **dare una ~ ai broccoli**, die Brokkoli aufkochen (lassen); (*di carne*) Anbraten n; **dare una ~ a un petto di pollo**, eine Hühnerbrust kurz anbraten **2** (*scottatura*) Verbrennung f, Verbrühung f **3** *fig* (*esperienza spiacevole*) Enttäuschung f, unangenehme Erfahrung.

scottàto, (-a) *agg* **1** (*ustionato*) verbrannt; (*dal sole*) {SCHIENA, SPALLE} *anche* sonnenverbrannt; (*da liquido bollente*) verbrüht **2** *fig* (*molto deluso*) enttäuscht, verbittert: **essere/rimanere ~ da una brutta esperienza**, nach einer schlechten Erfahrung ˌein gebranntes Kindˌ/[verbittert] sein **3** *gastr* {VERDURA} abgebrüht; {CARNE} *anche* angebraten.

scottatùra *f* **1** (*ustione*) Verbrennung f: **farsi/riportare una ~**, sich verbrennen, eine Verbrennung davontragen; (*dal sole*) Sonnenbrand m; (*da liquido bollente*) Verbrühung f **2** (*parte scottata*) Brandwunde f **3** *fig* (*esperienza spiacevole*) Enttäuschung f, unangenehme Erfahrung.

Scòttex® **A** <-> *f* (*carta*) (Scottex®-)Küchenrolle *f* **B** <-> *m* (*foglio*) Stück n (Scottex®-)Küchenrolle: **asciugare con uno ~**, mit Küchenrolle abtrocknen.

scòtto① *m fig* (*subire le conseguenze negative di un errore*): **pagare lo ~**, die ˌZeche bezahlen *fam*ˌ/[Folgen tragen] müssen; **ha pagato lo ~ della sua falsità**, er/sie musste für seine/ihre Heuchelei bezahlen, seine/ihre Falschheit hat sich gerächt *fam*.

scòtto②, (-a) *agg* (*troppo cotto*) {SPAGHETTI} verkocht, zerkocht.

scottóna *f* **1** *zoo* Färse f **2** (*carne*): **filetto di ~**, Färsenfilet n.

scout <-> *ingl* **A** *agg* {RADUNO} Pfadfinder- **B** *mf* Pfadfinder(in) *m* (f).

scoutìsmo *m* (*movimento*) Pfadfinderbewegung f.

scoutìstico, (-a) <-*ci, -che*> *agg* (*dello scoutismo*) {ASSOCIAZIONE} Pfadfinder-.

scovàre *tr* **1** *fig* (*riuscire a trovare*) ~ *qu*/*qc jdn*/*etw* auf|stöbern, *jdn*/*etw* auf|spüren: **ho scovato questa lampada liberty da un antiquario**, ich habe diese Jugendstillampe bei einem Antiquar aufgestöbert **2** (*nella caccia*) ~ *qc* {LEPRE, VOLPE} *etw* auf|spüren, *etw* auf|jagen.

scovolìno <-*dim di scovolo*> *m* **1** (*per pipe*) Pfeifenputzer m, Pfeifenreiniger m **2** (*per bottiglie*) Flaschenbürste f **3** (*per pistole*) Gewehrreiniger m.

scòvolo *m artiglieria* Auspützer m.

Scòzia *f geog* Schottland n.

scozzàre *tr* ~ *qc* **1** (*nei giochi di carte*) *etw* mischen **2** (*nel biliardo*) *etw* brikolieren.

scozzàta *f* **1** (*nei giochi di carte*) (Durch)mischen n, Mischen n der Karten (durch)mischen **2** (*nel biliardo*) Brikole f.

scozzése **A** *agg* schottisch: **gonna ~**, Schottenrock m, Kilt m **B** *mf* (*abitante*) Schotte m, Schottin f **C** *m* **1** <*solo sing*> (*lingua*) Schottisch(e) n **2** (*stoffa*) Schotten m: **uno ~ di lana**, ein Schotten (aus Wolle) **D** *f* (*danza*) Schottischer Tanz.

scozzonàre *tr* **1** (*domare e ammaestrare*) ~ *qc* {PULEDRO} *etw* zu|-, ein|reiten **2** *fig* (*dare i primi rudimenti*) ~ *qu* (*in qc*) *jdn* in *etw* (acc) ein|weisen, *jdn* in *etw* (acc) ein|führen, *jdm etw* an|lernen.

scozzonatóre, (-trice) *m* (f) (*domatore*) Zu-, Einreiter(in) *m* (f).

scozzonatùra *f* **1** (*doma*) Zu-, Einreiten n **2** *fig* (*addestramento*) {+RECLUTE} Ausbildung f.

scozzóne *m* (*scozzonatore*) Zu-, Einreiter m.

scràmbler <-> *m ingl* **1** (*moto sportiva*) Cross(country)-, Geländemaschine f, Cross(country)-, Geländemotorrad n **2** *elettr TV* Decoder m.

scrànna *f* (*sedia*) Richterstuhl m ● **sedere a ~** *fig lett* (*ergersi a giudice*), sich zum Richter aufwerfen.

scravattàto *agg* (*senza cravatta*) ohne Kravatte, kravattenlos: **l'ufficiale era ~**, der Beamte war ohne Kravatte.

screanzàto, (-a) **A** *agg* (*maleducato*) ungezogen, rüpel-, flegelhaft **B** *m* (f) Rüpel *m spreg*, Flegel *m spreg*.

screditàre **A** *tr* (*infangare*) ~ *qu*/*qc* (*davanti a qu*) {COLLEGA, DITTA} *jdn*/*etw* (*vor jdm*) diskreditieren *forb*, *jdn*/*etw* (*vor jdm*) in Misskredit bringen **B** *itr pron* (*perdere la reputazione*): **screditarsi** seinen Ruf verlieren, sich diskreditieren *forb*, in Misskredit geraten, in Verruf kommen/geraten: **screditarsi agli occhi di tutti**, sich vor aller Augen diskreditieren *forb*.

screditàto, (-a) *agg* (*che ha perso la reputazione*) {PROFESSIONISTA} verrufen, verschrien, diskreditiert *forb*: **essere ~**, verrufen sein.

screech *inter* (*di brusca frenata*) kreisch, brems.

screening <-> *m ingl* **1** (*indagine*) Stichprobenuntersuchung f **2** *med* Reihen-, Vorsorgenuntersuchung f, Screening n: **fare uno ~ di massa**, ein Massenscreening machen/durchführen **3** *econ* Screening n **4** *film* Werbespot m, Vorschau f **5** *tecnol* Abschirmung f, Entstörung f.

screen saver <-, -*s pl ingl*> *loc sost m ingl inform* (*salvaschermo*) Screensaver m, Bildschirmschoner m.

scremàre *tr* **1** (*spannare*) ~ *qc* {LATTE} *etw* ab|-, entrahmen **2** *fig* (*selezionare*) ~ *qu*/*qc* {CANDIDATI} *jdn*/*etw* aus|lesen, *jdn* aus|wählen; {IL MEGLIO} *etw* ab|sahnen.

scremàto, (-a) *agg* (*privo di grassi*) abgerahmt, entrahmt: **latte parzialmente ~**, fettarme Milch.

scrematrice *f* (*centrifuga*) {+LATTE} Entrahmer m, Milchschleuder f, Milchzentrifuge f.

scrematùra f 1 (*lo scremare*) {+LATTE} Ab-, Entrahmung f, Ab-, Entrahmen n 2 *fig* (*selezione*) {+PERSONALE} Selektion f, Auswahl f.

screpolàre **A** tr (*produrre crepe sottili*) ~ **qc** {VENTO LABBRA, MANI} etw rissig machen, etw rissig werden lassen; {INTEMPERIE INTONACO} etw abtrocknen lassen **B** itr pron (*fendersi*): **screpolarsi** {PELLE} rissig werden, aufspringen; {INTONACO, VERNICIATURA} ab|bröckeln.

screpolàto, (-a) agg (*che presenta crepe*) {LABBRA} rissig, aufgesprungen; {INTONACO} abgebröckelt.

screpolatùra f 1 (*lo screpolarsi*) {+INTONACO} Rissbildung f 2 (*parte screpolata*) {+MANI} Rissigkeit f, Riss m: **labbra piene di screpolature**, rissige/aufgesprungene Lippen. {+QUADRO, TELA} Riss m.

screziàre <*screzio, screzi*> tr (*coprire di colori vari*) ~ **qc** {FIORI VARIOPINTI PRATO} etw (be)sprenkeln. – **uno sfondo blu con pennellate bianche**, einen blauen Hintergrund mit weißen Pinselstrichen besprenkeln.

screziàto, (-a) agg 1 (*variopinto*) {PENNE DI UN UCCELLO} gesprenkelt, getupft; {MANTO DI UN CAVALLO} gescheckt 2 (*chiazzato*) ~ **di qc mit etw** (dat) ge-, besprenkelt: **bianco ~ di nero**, schwarz gesprenkeltes/getupftes Weiß.

screziatùra f 1 (*serie di macchie di colore*) {+PELLE DELLA TIGRE} Sprenkel m pl, Tupfen m pl 2 *bot* {+FOGLIA, PETALO} Sprenkel m pl, Tupfen m pl.

scrèzio <*-zi*> m *fig* (*dissapore*) Meinungsverschiedenheit f, Unstimmigkeit f: **c'è qualche ~ tra colleghi**, es gibt einige Unstimmigkeiten unter Kollegen.

scrìba <*-i*> m 1 *fig spreg* (*scribacchino*) Schreiberling m *spreg*, Federfuchser m *spreg* 2 *stor* Schreiber m 3 *relig ebraica* Schriftgelehrte m *decl come agg*.

scribacchiàre <*scribacchio, scribacchi*> tr ~ **qc** 1 (*scrivere con scarso impegno*) {TEMA} etw kritzeln, etw schmieren *fam spreg* 2 *spreg* (*scrivere cose di poco valore*) {ARTICOLO, ROMANZETTO} etw hin|hauen *fam spreg*, etw zusammen|schreiben *fam spreg*.

scribacchìno, (-a) m (f) *spreg* 1 (*scrittorucolo*) Schreiberling m *spreg*, Federfuchser m *spreg* 2 (*modesto impiegato*) klein(er) Angestellt(er).

scricchiolaménto m (*lo scricchiolare*) {+GHIAIA, PANE SOTTO I DENTI} Knirschen n; {+LEGNA NEL CAMINO} Knistern n; {+FOGLIE} Rascheln n; {+PAVIMENTO, SEDIA} Knarren n, Ächzen n.

scricchiolànte agg (*che scricchiola*) {GHIAIA} knirschend; (*rif. a legno*) {SEDIA} knarrend, ächzend.

scricchiolàre itr 1 (*produrre un rumore fastidioso*) {SCARPE NUOVE} knarren, knarzen *region*; {GHIAIA} knirschen; {LEGNA NEL CAMINO} knistern; {PARCHETTO, PORTA DI LEGNO} knarren, ächzen 2 *fig* (*incrinarsi*) {UNIONE} bröckeln: **il governo/[il loro rapporto] scricchiola**, [die/der Regierung knistert es im Gebälk]/[in ihrer Beziehung kriselt es].

scricchiolìo <*-lii*> m 1 (*rumore fastidioso*) {+FOGLIE SECCHE} Rascheln n; {+DENTI} Knirschen n; {+LEGNA NEL CAMINO} Knistern n; {+PAVIMENTO, SEDIA DI LEGNO} Knarren n, Ächzen n 2 *fig* (*incrinatura*) Riss m, Sprung m: **da tempo nel loro rapporto c'era qualche ~**, in ihrer Beziehung kriselte/bröckelte es schon lange ● **~ osseo** *med*, (Knochen)krepitation f *scient*; **~ polmonare** *med*, Entfaltungsrasseln n, Krepitation f *scient*.

scrìcciolo m 1 *ornit* Zaunkönig m 2 *fig* (*persona minuta*) Knirps m *fam*: **quella ragazza è uno ~**, dieses Mädchen ist winzig ● **mangiare quanto uno ~** *fig* (*pochissimo*), essen wie ein Spatz *fam*.

scrìgno m (*cofanetto*) Schmuckkasten m: **uno ~ pieno di gioielli**, ein Schmuckkasten voller Juwelen ● **essere uno ~ di bontà/saggezza** *fig lett* (*essere molto buono/saggio*), herzensgut/[ein wahrer Salomon *forb*] sein; **essere uno ~ di virtù** *fig lett* (*essere molto virtuoso*), ein ⌐Ausbund an Tugend┘/[Tugendheld *fam*] sein.

scriminatùra f (*riga*) Scheitel m: **farsi la ~**, sich (dat) einen Scheitel ziehen; **~ in mezzo**, Mittelscheitel m; **avere/portare la ~ a sinistra**, den Scheitel links tragen.

scrìmolo m *geog* Kettengebirge n.

script <-> m *ingl* 1 *film* (*nella pubblicità*) (*sceneggiatura*) {+FILM, SPOT} Drehbuch n, Skript n 2 *inform* Script n.

scriptorium <-, -*a* pl *lat*> m *lat* {+CONVENTO MEDIEVALE} Skriptorium n, Schreibstube f.

scrissi 1ª *pers sing del pass rem di* scrivere.

scristianizzàre **A** tr (*far perdere la fede cristiana*) ~ **qu/qc** {PAESE, POPOLO} jdn/etw dem Christentum entfremden **B** rfl (*rinnegare la fede cristiana*): **scristianizzarsi** sich vom Christentum ab|wenden.

scristianizzazióne f (*abbandono del cristianesimo*) Entchristlichung f, Entfremdung f/Abwendung f vom Christentum.

scriteriàto, (-a) **A** agg (*dissennato*) {RAGAZZO} unvernünftig, unbesonnen; {BAMBINO} unverständig; {COMPORTAMENTO} unüberlegt **B** m (f) (*persona insensata*) unvernünftiger Mensch: **è uno ~!**, er ⌐ist so unvernünftig┘/[handelt/ist ohne Sinn und Verstand]!

scrìtta f (*breve testo*) {+CARTELLO, FOGLIO} (Auf)schrift f: **una ~ su un muro**, eine Aufschrift an der Mauer, Graffito m o n; **~ commemorativa**, In-, Gedächtnisschrift f; **~ luminosa**, Leuchtschrift f; **~ al neon**, Neonschrift f; **~ pubblicitaria**, Werbeaufdruck m.

scrìtto, (-a) **A** *part pass di* scrivere **B** agg 1 (*formulato per iscritto*) {ESAME, IMPEGNO, ORDINE, PROVA} schriftlich: **dare una conferma scritta**, etwas schriftlich bestätigen; **bisogna preparare una relazione scritta**, man muss einen schriftlichen Bericht vorbereiten 2 (*redatto*) geschrieben: **una lettera scritta al computer/a macchina/a mano**, ein computer-/maschinen-/handgeschriebener Brief 3 (*codificato in un testo*) {NORMA} schriftlich 4 (*opposto a naturale*) {LEGGE} geschrieben 5 (*di uso letterario*) {LINGUA} Schrift- 6 *fig* (*decretato*) ~ (+ *compl di luogo*) (*irgendwo*) vor(her)bestimmt: **era ~ che andasse a finire così**, es musste ja so enden/kommen 7 *fig* (*impresso*) eingeprägt: **il suo ricordo è ~ nel mio cuore**, die Erinnerung an ihn/sie hat sich mir unauslöschlich eingeprägt, ich trage die Erinnerung an sie/ihn für immer in meinem Herzen 8 *fig* (*ben visibile*) klar, deutlich sichtbar: **l'aveva ~ in faccia/fronte che ci aveva mentito**, es stand ihm/ihr auf/an der Stirn geschrieben, dass er/sie uns angelogen hatte 9 *fig* (*detto*) geschrieben: **è ~ nella Bibbia che ...**, es steht in der Bibel, dass ...; in der Bibel heißt es, dass ... **C** m (*cosa scritta*) Schriftstück n, Schreiben n: **non riesco a decifrare questo ~**, ich kann dieses Schriftstück nicht entziffern; **~ ingiurioso**, Schmähschrift f 2 *scuola* Schriftliche n *decl come agg*: **andare bene nello ~**, schriftlich gut sein; **avere lo ~ sufficiente**, im Schriftlichen ausreichend sein; (*prova d'esame scritta*) schriftliche Prüfung; **gli scritti sono terminati ieri**, gestern waren die ⌐schriftlichen Prüfungen┘/[Schriftlichen *fam*] zu Ende 3 (*opera letteraria*) {+GOETHE, MANZONI} Schrift f: **~ giovanile**, Jugendschrift f; **~ inedito/minore**, unveröffentlichte/zweitrangige Schrift; **~ postumo**, postumes Werk 4 (*scrittura*) {CHIARO, LEGGIBILE} Schrift f 5 (*lettera*) Schreiben n, Brief m: **inviare/ricevere uno ~**, ein Schreiben schicken/bekommen **D** *loc avv* (*per mezzo di uno ~*): **per ~/iscritto**, schriftlich; ⌐**comunicare qc**┘/[**rispondere**] **per ~/iscritto**, etw schriftlich mitteilen/[schriftlich antworten]; **impegnarsi per ~**, sich schriftlich festlegen ● **un testo ben/mal ~** (*rif. alla calligrafia*), ein ⌐schön geschriebener┘/[schlampig hingekritzelter *fam spreg*] Text; (*rif. allo stile*), ein gut/schlecht geschriebener Text; **mettere qc per ~/iscritto** (*scriverla*), etw zu Papier bringen; **e dove sta ~ che sono io a doverlo fare?** *fig fam* (*chi lo dice*), und ⌐wer sagt's┘/[wo steht (das) geschrieben], dass gerade ich das tun muss?

scrittóio <*-toi*> m (*scrivania*) Schreibtisch m, Pult n.

scrittóre, (**scrittrice**) m (f) (*autore*) Schriftsteller(in) m(f), Autor(in) m(f): **uno ~ contemporaneo**, ein zeitgenössischer Schriftsteller, ein Schriftsteller der Gegenwart; **un famoso ~ dell'Ottocento**, ein berühmter Schriftsteller des 19. Jahrhunderts; **fare lo ~**, Schriftsteller sein; **gli scrittori francesi/russi**, die französischen/russischen Autoren; **~ impegnato**, engagierter Schriftsteller; **~ di prosa**, Prosaschriftsteller m; **uno ~ di romanzi/teatro**, ein Roman-/Theaterautor.

scrittorùcolo <*pegg di* scrittore> m *spreg* (*scrittore mediocre*) Schreiberling m *spreg*, Federfuchser m *spreg*.

scrittùra f 1 (*insieme di segni*) Schrift f: **~ alfabetica/cuneiforme/geroglifica/ideografica**, Buchstaben-/Keil-/Hieroglyphen-/Bilderschrift f; **~ Braille**, Blinden-, Brailleschrift f; **~ cifrata**, Chiffreschrift f 2 (*atto dello scrivere*) Schrift f, Schreiben n: **esercizio di ~**, Schreibübung f 3 (*espressione scritta*) schriftlicher Ausdruck, Stil m: **affidare qc alla ~**, etw niederschreiben 4 (*modo di scrivere*) Schreibung f, Schrift f: **~ elettronica**, Textverarbeitung f; **~ a macchina/mano**, Schreibmaschinen-/Handschrift f; **~ maiuscola/minuscola**, Groß-/Kleinschreibung f 5 (*calligrafia*) Schrift f: **~ indecifrabile/leggibile**, unleserliche/leserliche Handschrift; **~ nitida**, klare/saubere Handschrift 6 (*stile nello scrivere*) (Schreib)stil m: **~ essenziale**, nüchterner Stil; **~ involuta**, ⌐gekünstelter *spreg*┘/[geschraubter *fam spreg*] Stil 7 (*solo pl*) *comm* Buchung f, Bücher n pl: **scritture contabili**, Geschäftsbücher n pl; **tenere le scritture**, die Buchführung machen, die Bücher führen 8 *dir* Schriftstück n, Dokument n, Urkunde f: **~ privata**, Privaturkunde f; **~ pubblica**, öffentliche Urkunde 9 *film mus teat TV* Engagement n, Vertrag m, Verpflichtung f: **offrire a qu una ~ per un film**, jdm einen Filmvertrag anbieten; **ottenere una buona ~**, ein gutes Engagement bekommen 10 *inform* Textverarbeitung f: **~ dati**, Datenverarbeitung f; **programma di ~**, Schreib-, Textverarbeitungsprogramm n 11 *relig* Schrift f: **la Sacra Scrittura**, die Heilige Schrift 12 *tip* {VERTICALE} Schrift f: **~ gotica**, Gotisch f, gotische Schrift; **~ onciale**, Unziale f, Unzialschrift f ● **chi non sa leggere la sua ~ è un asino di natura** *prov*, wer seine eigene Schrift nicht lesen kann, bei dem ist Hopfen und Malz verloren *fam*.

scritturàbile agg 1 *comm* {DATI CONTABILI} verbuchbar 2 *film mus teat TV* {ATTORE} enga-

gierbar.
scritturàle① Ⓐ agg comm {MONETE} Buch-, Giral- Ⓑ m mil Schreiber m.
scritturàle② relig Ⓐ agg {INTERPRETAZIONE, TRADIZIONE} biblisch, Bibel- Ⓑ m (sostenitore) Schriftgläubige m decl come agg.
scritturalìsmo m relig Schriftgläubigkeit f.
scritturàre tr 1 comm ~ qc {INCASSO} etw (ver)buchen 2 film mus teat TV ~ qu/qc {COMPARSA, BALLETTO} jdn/etw verpflichten, jdn/etw engagieren.
scritturazióne f 1 comm Buchung f, Eintragung f 2 film mus teat TV {+ATTORE, COMPLESSO ORCHESTRALE} Engagement n, Verpflichtung f.
scrivàna f → scrivano.
scrivanìa f (mobile) {ANTICA, MODERNA} Schreibtisch m: **stare alla ~**, am Schreibtisch sitzen.
scrivàno, (-a) m (f) 1 amm (impiegato) Angestellte mf decl come agg 2 stor Schreiber(in) m(f) • **~ della vite** zoo, Schreiber m, Weinlausblattkäfer m, Rebenstockfallkäfer m.
scrivènte amm Ⓐ agg {UFFICIO} Schreib- Ⓑ mf (persona) Unterzeichner(in) m(f), Unterzeichnete mf decl come agg: **lo ~ dichiara ...**, der Unterzeichnete erklärt ...
scrìvere <scrivo, scrissi, scritto> tr 1 (uso assol) schreiben: **il bambino non sa ancora ~**, das Kind kann noch nicht schreiben; **imparare a ~**, schreiben lernen; **le piace molto ~**, sie schreibt sehr gern; **saper leggere e ~**, lesen und schreiben können; **~ + compl di modo** {BENE, MALE} irgendwie schreiben; {IN STAMPATELLO} in etw (dat) schreiben; **~ in bella/brutta copia**, etw ins Reine/Unreine schreiben; **~ maiuscolo/minuscolo**, groß|klein|schreiben; {IN TEDESCO, IN ITALIANO} ⌊auf/in + agg⌋/[in etw (dat)] schreiben; {CON IL GESSO, CON LA PENNA, CON IL PENNARELLO} mit etw (dat) schreiben; **~** ⌊**al computer**⌋/[**a macchina**], ⌊am Computer⌋/[mit der Maschine] schreiben; **~ a mano**, von/[mit der] Hand schreiben; **~ sotto dettatura**, nach Diktat schreiben 2 **~ qc su qc** {FRASE SUL FOGLIO, SULLA LAVAGNA} etw irgendwohin schreiben: **una frase scritta sul muro**, ein an die Wand geschriebener Satz; **~ un nome sulla sabbia**, einen Namen in den Sand schreiben; **~ (qc a qu)** {BIGLIETTO, MAIL A UN AMICO} (jdm etw) schreiben; **le ho scritto una lettera**, ich habe ihr einen Brief geschrieben; **è più di un anno che non scrive**, er/sie hat schon über ein Jahr nicht geschrieben; **~ (qc) a qu** ⌊an jdn⌋/[jdm] (etw) schreiben; **è una vita che non gli scrivo**, ich habe ihm schon ewig nicht mehr geschrieben 3 (comporre) **~ qc** {SCENOGRAFIA} etw schreiben; {ARTICOLO, LIBRO, POESIA, RACCONTO} anche etw verfassen; {ARIA, SINFONIA} etw schaffen, etw schreiben; etw komponieren 4 (pubblicare) **~ (qc) su/per/in qc** {SU UNA RIVISTA, PER UN GIORNALE} etw (irgendwo/für etw acc) schreiben, etw (irgendwo) veröffentlichen 5 **~ di qc** {DI ASTROFISICA, DI POLITICA} über etw (acc) schreiben; **~ su qu/qc** {SUL LEOPARDI, SUL NUCLEARE} über jdn/etw schreiben; **per qc** {PER IL TEATRO} für etw (acc) schreiben 6 (redigere) **~ qc** {CERTIFICATO, CURRICULUM, DOMANDA DI LAVORO} etw nieder|schreiben, etw verfassen; {TESTAMENTO} anche etw errichten, etw machen 7 (annotare) **~ qc** {LISTA DELLA SPESA} etw schreiben, etw machen: **~ appunti**, sich (dat) ⌊Notizen machen⌋/[Stichpunkte notieren] 8 (riempire) **~ qc** voll| schreiben: **ha scritto quattro fogli protocollo**, er/sie hat vier Bogen Kanzleipapier vollgeschrieben 9 (affermare, rif. a scrittori) **~ qc** etw schreiben: **Goethe scrisse che...**, Goethe schrieb, dass ...; **come scriveva il Manzoni...**, wie Manzoni schrieb/sagte ... 10 fig lett (imprimere) **~ qc in qc** {VERSO NELLA MENTE} sich (dat) etw in etw (acc) ein|prägen • **quel che è scritto è scritto** (non può essere modificato), wer schreibt, bleibt; verba volant, scripta manent forb; die Tinte ist schon getrocknet; **questa me la scrivo fig** (me la lego al dito), das merk ich mir, das schreib ich mir hinter die Ohren fam.
scrivirìtto <-> m lett (scrittoio alto) Stehpult n.
scroccàre <scrocco, scrocchi> tr fam 1 (ottenere a spese d'altri) **~ qc (a qu)** {CENA A UN AMICO} etw von/bei jdm schnorren fam, etw von/bei jdm heraus|schinden fam: **ti scrocco ancora una sigaretta**, ich schnorre noch eine Zigarette bei dir fam; (uso assol) schnorren fam, nassauern fam spreg: **non fa altro che ~**, er/sie schnorrt ⌊die ganze Zeit fam⌋/[sich ständig durch fam spreg] 2 (conseguire senza sforzo) **~ qc** {IMPIEGO, STIPENDIO} etw ergattern fam, etw erschleichen.
scroccatóre, (-trice) m (f) fam (scroccone) Schnorrer(in) m(f) fam, Nassauer m fam spreg.
scrocchiàre itr (scricchiolare) {SCARPE NUOVE} knarren, knarzen region • **far ~ le dita della mano** (crocchiare), mit den Fingern knacken.
scròcchio <-chi> m (rumore crepitante) {+SCARPE NUOVE} Knarren n, Knarzen n region; {+LEGNA SECCA} Knistern n; {+OSSA} Knirschen n.
scròcco① loc avv (a spese d'altri): **a ~**, gratis, auf Kosten anderer; **fumare/mangiare a ~**, auf Kosten anderer rauchen/essen; **vivere a ~**, nassauern fam spreg, sich durchschnorren fam spreg.
scròcco② <-chi> Ⓐ m 1 (scatto) Schnappen n, Klappen n 2 (suono prodotto) klappendes Geräusch Ⓑ <inv> loc agg: **a ~** 1 (a serramanico) Klapp-: **coltello a ~**, Klapp-, Federmesser n 2 (che si chiude senza chiave) {LUCCHETTO, SERRATURA} Schnapp-.
scroccóne, (-a) m (f) fam (chi scrocca) Schnorrer(in) m(f) fam, Nassauer(in) m(f) fam spreg, Schmarotzer(in) m(f) spreg: **essere uno ~**, ein Schnorrer sein fam; **fare lo ~**, schnorren fam, nassauern fam spreg, sich durchschnorren fam spreg.
scròfa f 1 zoo Sau f 2 fig volg (sgualdrina) Nutte f fam spreg, Schnepfe f fam spreg.
scròfola f fam med Skrofel f scient.
scrofolòsi f med Skrofulose f scient, Skrofeln f pl scient.
scrofolóso, (-a) med Ⓐ agg skrofulös scient Ⓑ m (f) (persona) skrofulöser Mensch scient.
scrofulària f bot Braunwurz f.
scroll <-> m ingl inform {+TESTO} Scrolling n/ Rollen n/Blättern n (in etw dat).
scrollaménto m (lo scrollare) {+ALBERO, RAMO} Schütteln n: **~ di testa**, Kopfschütteln n.
scrollàre① Ⓐ tr 1 (scuotere) **~ qc** {ALBERO} etw schütteln: **~ qu per svegliarlo**, jdn wachrütteln 2 (per esprimere disapprovazione) {IL CAPO, LA TESTA} etw schütteln; **~ le spalle**, ⌊mit den Schultern⌋/[die Achseln] zucken Ⓑ itr pron 1 (muoversi energicamente): **scrollarsi** sich schütteln 2 (togliersi) **scrollarsi di dosso qc** {ACQUA, NEVE, POLVERE} etw (von sich dat) ab|schütteln 3 fig (liberarsi): **scrollarsi di dosso qc** {PIGRIZIA, STANCHEZZA} etw ab|schütteln fam, etw überwinden 4 fig (uscire da uno stato di torpore): **scrollarsi** sich auf|raffen fam spreg: einen Stoß geben.
scrollàre② itr inform (scorrere sullo schermo) blättern, scrollen.
scrollàta f 1 (scuotimento) Schütteln n, Rütteln n: **dare una ~ a qc**, etw durchschütteln, an etw (dat) rütteln; **dare una ~ a qu per svegliarlo**, jdn wachrütteln; **~ di spalle**, Schulter-, Achselzucken n; **~ di testa**, Kopfschütteln n 2 fig (scossone) Ruck m fam: **devi darti una ~ se vuoi essere promosso a fine anno**, du musst dir einen Ruck geben, wenn du das Schuljahr noch schaffen willst; **quel ragazzo ha bisogno di una ~, dalla morte del padre si è lasciato completamente andare**, der Junge muss aufgerüttelt werden, denn seit dem Tod seines Vaters hat er sich vollkommen gehen lassen.
scroll bar <-> loc sost f ingl inform (Bild)laufleiste f.
scrolling <-> m ingl inform {+TESTO} Scrolling n/Rollen n/Blättern n (in etw dat).
scròllo m (lo scrollare) Schütteln n, Rütteln n.
scrollóne <accr di scrollo> m 1 (forte scossa) heftiger Stoß: **dare uno ~ a qc**, etw (dat) einen heftigen Stoß geben 2 fig (scossone) Ruck m fam: **dobbiamo dare uno ~ ai nostri dipendenti: se la situazione non migliora saremo costretti a chiudere**, wir müssen unsere Angestellten wach-/aufrütteln: wenn sich die Lage nicht verbessert, müssen wir dichtmachen fam; **è ora di darsi uno ~ e fare sul serio**, es ist an der Zeit aufzuwachen und ernst zu machen fam; **le perdite in borsa diedero lo ~ definitivo alla ditta** fig (colpo), die Börsenverluste gaben der Firma endgültig den Todesstoß.
scrosciànte agg 1 (violento) {PIOGGIA} strömend, prasselnd, rauschend 2 (impetuoso) {CASCATA, TORRENTE} rauschend, tosend 3 (fragoroso) {APPLAUSO} tosend, stürmisch, brausend; {RISATA} schallend.
scrosciàre <scroscio, scrosci> itr <essere o avere> 1 (cadere a dirotto) {PIOGGIA} prasseln, rauschen 2 (scorrere impetuoso) {ACQUA, CASCATA, TORRENTE} rauschen, tosen fig (susseguirsi fragorosamente) {APPLAUSI} tosen, brausen; {RISATA} schallen; {RAFFICA DI COLPI DI PISTOLA} knattern.
scròscio <-sci> Ⓐ m 1 (lo scrosciare) {+PIOGGIA} Prasseln n, Rauschen n; {+CASCATA, TORRENTE} Rauschen n, Tosen n 2 fig (susseguirsi) Tosen n, Getöse n, Brausen n: **~ di applausi/risa**, Beifallssturm m/[schallendes Gelächter] 3 med Krepitation f scient: **~ osseo**, (Knochen)krepitation f scient 4 TV (disturbo sonoro) Rauschen n Ⓑ loc avv: **a ~** 1 (con violenza e rumore) prasselnd, rauschend: **piove a ~**, es regnet in Strömen 2 fig (fragorosamente) schallend, tosend, brausend: **risate che scoppiano a ~**, schallendes Gelächter.
scrostàre Ⓐ tr **~ qc** 1 (togliere via la crosta) {FERITA} die Kruste (von etw dat) entfernen, den Schorf (von etw dat) ab|kratzen 2 (levare il rivestimento) {MURO} etw ab|kratzen, etw ab|schaben; {INTONACO} etw ab|tragen, etw ab|klopfen; {VERNICE} etw ab|schmirgeln Ⓑ itr pron: **scrostarsi** 1 (staccarsi) {FERITA} den Schorf verlieren 2 (perdere il rivestimento) {MURO} ab|bröckeln; {VERNICE} ab|blättern: **l'intonaco comincia a scrostarsi**, der Putz beginnt abzublättern.
scrostàto, (-a) agg (rovinato) {AFFRESCO} abgeblättert; {MURO} abgebröckelt.
scrostatùra f 1 (lo scrostare) Abkratzen n, Abschaben n 2 (lo scrostarsi) Abbröckeln n 3 (parte scrostata) abgeschabte/abgebröckelte Stelle, Abbröckelung f: **una parete piena di scrostature**, eine Wand, an der

überall der Putz abbröckelt.
scrotàle agg anat med {BORSA, TUMORE} skrotal- scient, Skrotal- scient.
scròto m anat Hodensack m, Skrotum n scient.
scrub <-> m ingl 1 (massaggio) Scrub-Massage f 2 (prodotto) Scrub-Massage-Salz n.
scrùpolo **A** m 1 (dubbio di coscienza) {MORALE, RELIGIOSO} Skrupel m, Bedenken n: **non avere scrupoli**, keine Skrupel haben/kennen; **~ di coscienza**, Gewissensskrupel m; **mancanza di scrupoli**, Skrupellosigkeit f; **senza il minimo ~**, ohne jeden/den geringsten Skrupel; **lasciare da parte gli scrupoli**, seine Skrupel vergessen/[über Bord werfen]; **essere pieno di scrupoli**, voller Skrupel sein, von Skrupeln umhergetrieben sein 2 (riguardo) Skrupel m, Bedenken n: **farsi ~ di qc**, wegen etw (gen) Bedenken haben; **non farti ~ nel chiedermi ciò che ti occorre**, frag mich ganz ungeniert, wenn du etwas brauchst; **non mi faccio nessun ~ nel dirgli ciò che penso di lui**, ich habe überhaupt ⌊keine Skrupel⌋/[keine Bedenken]/[kein Problem damit], ihm meine Meinung zu sagen 3 (grande impegno) Bedacht m, Sorgfalt f: **fare un lavoro con grande ~**, eine Arbeit sehr sorgfältig ausführen 4 tecnol Messschraube f **B** loc agg (spregiudicato): **senza scrupoli**, skrupellos, gewissenlos; **un uomo** ⌊**privo di**⌋/[**senza**] **scrupoli**, ein skrupelloser Mann, ein Mann ohne Skrupel • **per puro ~** (per accertarsi che tutto sia stato svolto coscienziosamente), aus übertriebener Gewissenhaftigkeit, aus reiner Pedanterie.
scrupolosaménte avv (coscienziosamente) gewissenhaft, skrupulös forb obs: **agire ~**, gewissenhaft handeln.
scrupolosità <-> f (meticolosità) Gewissenhaftigkeit f, Übergenauigkeit f, Skrupulosität f forb obs: **un funzionario di una ~ assoluta**, ein absolut gewissenhafter Beamter; **un lavoro eseguito con grande ~**, eine haargenau/sorgfältig ausgeführte Arbeit.
scrupolóso, (-a) agg 1 (pieno di scrupoli) {ANIMO} skrupulös forb obs, von Skrupeln umhergetrieben: **coscienza scrupolosa**, ständig umhergetriebenes Gewissen 2 (responsabile) {AVVOCATO} gewissenhaft, übergenau, pedantisch: **essere ~ nel proprio lavoro**, in seiner Arbeit gewissenhaft sein 3 (svolto con cura) {VISITA MEDICA} sorgfältig, gründlich; {INCHIESTA, INVENTARIO} genau, ausführlich.
scrutàbile agg lett (che si può indagare) ergründbar.
scrutàre tr 1 (guardare attentamente) **~ qu/qc** {PERSONA, VOLTO} jdn/etw genau betrachten/beobachten; **~** {NAUFRAGO L'ORIZZONTE} etw ab|suchen: **~ un uomo negli occhi**, jdn forschend/[mit Röntgenaugen/Röntgenblick scherz] ansehen 2 (esaminare) **~ qc** {FENOMENO NATURALE} etw untersuchen, etw erforschen, etw ergründen 3 fig (indagare) **~ qc** {ANIMO UMANO, MISTERI DELLA FEDE} etw erforschen.
scrutatóre, (-trice) **A** agg lett (che scruta) {OCCHIO, SGUARDO} prüfend, forschend, Röntgen- scherz **B** m (f) 1 lett (chi scruta) Beobachter(in) m(f) 2 polit Stimmen(aus)zähler(in) m(f), Wahlhelfer(in) m(f): **essere nominato ~**, zum Stimmen(aus)zähler ernannt werden.
scrutinàre tr 1 polit **~ qc** {SCHEDE} etw aus|zählen 2 scuola **~ qu/qc** {ALUNNI, CANDIDATI, CLASSE} jdn/etw benoten, jdn/etw bewerten.
scrutinatóre, (-trice) m (f) polit {+SEGGIO ELETTORALE} Stimmen(aus)zähler(in) m(f), Wahlhelfer(in) m(f).

scrutìnio <-ni> m 1 polit Stimmenauszählung f, Stimmenauswertung f: **~ di ballottaggio**, Stichwahl f; **fare lo ~**, die Stimmen zählen; **~ di lista**, Listenwahl f; **le operazioni di ~**, die Auswertung der Stimmen; **procedere allo ~**, zur Stimmenauszählung schreiten, mit der Stimmenauswertung beginnen; **~ segreto**, geheime Abstimmung; **~ uninominale**, Einzelwahl f 2 scuola Bewertung f, Benotung f; (riunione preliminare) Zeugnis-, Notenkonferenz f: **~ di classe**, Klassenkonferenz f; **fare gli scrutini**, die Noten festlegen; **~ finale**, Schlussbenotung f.
scucìre <scucio> **A** tr (disfare la cucitura) **~ qc** {ABITO, ORLO} etw auf-, ab|trennen 2 fig fam slang (sborsare) **~ (qc a qu)** {SOLDI} jdm etw heraus|rücken fam, jdm/etw hin|blättern **B** itr pron (perdere la cucitura): **scucirsi** {CAMICETTA} auf|gehen: **mi si è scucito l'orlo della gonna**, meine Rocknaht ist aufgegangen.
scucìto, (-a) agg 1 (rotto nelle cuciture) {PANTALONI, SCARPE} mit aufgegangener Naht 2 fig (sconnesso) {PERIODO} zusammenhang(s)los, unzusammenhängend.
scucitùra f 1 (parte scucita) aufgetrennte/aufgegangene Naht 2 (lo scucire) Auftrennen n 3 (lo scucirsi) Aufgehen n 4 fig lett (incoerenza) Zusammenhang(s)losigkeit f.
scuderìa f 1 (stalle) Reitstall m, Pferdestall m; (anche cavalli) {+PRINCIPE} Marstall m 2 sport (nell'equitazione) Rennstall m: **una celebre ~ inglese**, ein berühmter englischer Rennstall; (allevamento) Gestüt n 3 sport (nell'automobilismo o nel motociclismo) (squadra) Rennstall m.
scudétto m 1 sport Meistertitel m: **lottare per lo ~**, um den Meistertitel kämpfen; **perdere lo ~**, den Meistertitel verlieren; **puntare allo ~**, sich (dat) Hoffnung auf den Meistertitel machen; **vincere lo ~**, den Meistertitel/die Meisterschaft gewinnen; (distintivo) (Meistertitel)abzeichen n; **consegnare/ricevere lo ~**, das Titelabzeichen übergeben/bekommen 2 agr Okulation f, Äugeln n, Augenveredelung f 3 mil Abzeichen n.
scudièra <inv solo nella loc agg: **alla scudiera** 1 (con risvolto) {GUANTI, STIVALI} Stulpen- 2 (corti e attillati) {CALZONI} Reit-.
scudièro m stor (valletto) Schild-, Waffenträger m, Knappe m; (titolo di dignitario di corte) Stallmeister m • **grande ~** (titolo di corte) Oberstallmeister m.
scudisciàre <scudiscio, scudisci> tr (percuotere con lo scudiscio) **~ qu/qc** jdn/etw peitschen.
scudisciàta f (colpo di scudiscio) Peitschenhieb m: **dare una ~ a qu**, jdn peitschen; **prendere una ~**, einen Peitschenhieb abbekommen.
scudìscio <-sci> m (frustino) Reitpeitsche f, Reitgerte f.
scùdo① m 1 artiglieria anche stor {+BRONZO, OVALE} Schild m: **coprirsi con lo ~**, sich mit dem Schild decken; {piastra} {+MITRAGLIERE} Schutzschild m 2 (in araldica) Wappen n 3 zoo (Panzer)schuppe f • **~ aereo**, Flugzeugabwehr f; **~ crociato** stor, Kreuzschild m; stor polit (simbolo), "Symbol n der ehemaligen italienischen Christlich-Demokratischen Partei"; (partito), "ehemalige italienische Christlich-Demokratische Partei"; **fare ~ con il corpo a qu** (ripararlo), {A UN BAMBINO} jdn mit seinem Körper schützen, sich wie ein Schild vor jdn stellen; **farsi ~ di qu/qc** fig (usare una cosa o una persona per scansare responsabilità), sich hinter jdm/etw verstecken; **~ missilistico**, Raketenabwehr f; **portare qu sugli scudi** fig (esaltarlo), jdn in den Himmel heben; **~ di prua** aero, Bugkappe f; **~ spaziale/stellare** giorn, Raumabwehrsys-

tem n; **~ termico**, Hitze-, Wärmeschutzschild m.
scùdo② m numism Scudo m; (moneta d'argento da cinque lire) Fünffürstück n, Fünflire-münze f • **~ europeo** econ (ecu), Ecu m, Europäische Währungseinheit.
scùffia f 1 region fam (cotta) Verliebtheit f, Verknalltsein n fam: **avere/prendersi una ~ per qu**, sich in jdn verknallen fam 2 region fam (sbornia) Rausch m, Suff m fam: **prendere/prendersi una ~**, sich (dat) einen ⌊Rausch antrinken⌋/[ansaufen] fam 3 mar Kentern n: **fare ~**, kentern.
scuffiàre <scuffio, scuffi> **A** itr mar kentern **B** rfl region fam 1 (prendere una cotta): **scuffiarsi (di qu)** sich (in jdn) verknallen fam.
scugnìzzo m 1 (monello napoletano) (neapolitanischer) Straßenjunge 2 (ragazzino irrequieto) Zappelphilipp m fam spreg.
sculacciàre <sculaccio, sculacci> tr (prendere a sculacciate) **~ qu** {BAMBINO} jdm den Hintern versohlen/verhauen fam, jdm die Hosen/den Hosenboden stramm ziehen fam.
sculacciàta f (colpo sul sedere) Schlag m auf den Hintern: **dare una ~ a un bambino**, einem Kind den Hintern versohlen/verhauen fam, einem Kind die Hosen/den Hosenboden stramm ziehen fam, einem Kind eins hintendrauf/[auf den Hintern] geben fam; **prendere qu a sculacciate**, jdm den Hintern versohlen/verhauen fam.
sculaccióne m (forte sculacciata) Schlag m auf den Hintern: **dare uno ~ a qu**, jdm den Hintern versohlen/verhauen fam, jdm die Hosen/den Hosenboden stramm ziehen fam, jdm eins ⌊hintendrauf⌋/[auf den Hintern] geben fam; **prendere a sculaccioni qu**, jdm den Hintern versohlen/verhauen fam; **prendersi uno ~**, eins auf den Hintern bekommen fam.
sculettàre itr 1 (ancheggiare) {DONNA} sich in den Hüften wiegen, mit den Hüften/dem Hintern wackeln fam 2 fig (sbandare) {AUTO, MOTO} mit dem Heck aus|brechen.
scultóre, (-trice) m (f) (artista) {+RINASCIMENTO} Bildhauer(in) m(f): **fare lo ~**, Bildhauer sein, als Bildhauer arbeiten, bildhauern fam; **~ in marmo/pietra**, als Bildhauer in Marmor/Stein arbeiten.
scultóreo, (-a) agg, **scultòrio, (-a)** <-ri> m agg 1 (relativo alla scultura) {ARTE, PRODUZIONE, TECNICA} Bildhauer-, plastisch 2 (statuario) {BELLEZZA, POSA} statuarisch, statuengleich 3 fig (incisivo) {PROSA} plastisch, prägnant, bildhaft, bildkräftig.
scultrìce f → scultore.
scultùra f 1 (arte, tecnica) Bildhauerei f, Bildhauerkunst f: **~ in marmo/pietra**, Bildhauerei f in Marmor/Stein; **scuola di ~**, Bildhauereischule f; **studiare ~**, Bildhauerei studieren 2 (opera) {+RINASCIMENTO} Skulptur f, Plastik f, Bildhauerwerk n: **una ~ romana**, eine romanische Plastik; **~ a tutto tondo**, Vollplastik f 3 geol Skulpturform f.
scuòcere <coniug come cuocere> **A** tr (cuocere troppo) **~ qc** {PASTA} etw verkochen: **non far ~ gli spaghetti**, lass die Spaghetti nicht verkochen **B** itr pron (diventare scotto): **scuocersi** ver-, zerkochen.
scuoiaménto m (lo scuoiare) {+VITELLO} (Ab)häuten n.
scuoiàre <scuoio, scuoi> tr (togliere la pelle) **~ qc** {CINGHIALE, SERPENTE} etw (ab|)häuten, etw (dat) die Haut ab|ziehen.
scuoiatóre, (-trice) m (f) (addetto allo scuoiamento) Abhäuter(in) m(f).
scuoiatùra f (operazione) {+LEONE} (Ab-, Ent)häutung f.
scuòla **A** f 1 gener Schule f: **frequentare**

una ~, eine Schule besuchen; **una gita con i maestri e i compagni di ~**, ein Schulausflug mit den Lehrern und den Schulkameraden; **~ dell'*infanzia*** (*dai 3 ai 6 anni*), Kindergarten m; **~ di *base*** (*dai 6 agli 11 anni*), Grundschule f; **~ *secondaria*** (*dagli 11 ai 19 anni*), Sekundarschule f; **~ *materna*** (*dai 3 ai 6 anni*), Kindergarten m; **~ *elementare*/*primaria*** *stor* (*dai 6 agli 11 anni*), Grund-, Primarschule f; **~ *media*/*secondaria inferiore*** *stor* (*dagli 11 ai 14 anni*), ≈ Sekundarstufe I f (*vom 6. bis zum 8. Schuljahr*); **~ *media*/*secondaria superiore*/[*di secondo grado*]** *stor* (*dai 14 ai 19 anni*), ≈ Sekundarstufe II f (*vom 9. bis zum 13. Schuljahr*), höhere Schule **2** (*insieme delle istituzioni*) Schule f, Schulsystem n, Schulwesen n: **la riforma della ~**, die Schulreform, die Reform des Schulwesens **3** (*insegnamento, apprendimento*) Schule f: **i problemi della ~**, die Probleme der Schule, die Schulprobleme; **dedicare tutta la vita alla ~**, sein ganzes Leben der Schule widmen, für die Schule leben **4** (*lezione*) Unterricht m, Schule f: **oggi non c'è ~**, heute ⌊ist keine Schule⌋/[fällt der Unterricht aus]; **avere cinque ore di ~**, fünf Stunden Schule/Unterricht haben; **il professore oggi non fa ~**, der Lehrer macht heute keinen Unterricht; **il corso di recitazione si tiene dopo la ~**, der Schauspielunterricht findet nach der Schule statt **5** (*anno scolastico*) Schuljahr n: **apertura/chiusura delle scuole**, Beginn m/Ende n des Schuljahres (*sede, edificio*) {FATISCENTE, MODERNA} Schule f, Schulgebäude n: **andare/recarsi a ~**, ⌊in die Schule gehen⌋/[sich in die Schule begeben]; **~ a tre piani**, dreistöckiges Schulgebäude; **uscire da ~**, aus der Schule kommen **7** (*complesso di insegnanti e alunni*) Schule f: **la ~ allestisce una recita natalizia**, die Schule organisiert eine Weihnachtsaufführung **8** (*metodo pedagogico*) Unterricht(smethode) f: **m: ~ attiva**, aktiver Unterricht; **~ critica/formativa/innovativa**, kritischer/bildender/innovativer Unterricht **9** (*indirizzo di studi*) {TECNICA, UMANISTICA} Schule f **10** (*corso specifico*) Schule f, Kurs m: **~ di canto/danza**, Gesangs-/Ballettschule f; **~ di cucina/lingue**, Koch-/Sprachenschule f; **~ di disegno/pittura**, Zeichen-/Malkurs m; **~ di nuoto/sci**, Schwimm-/Skikurs m; **~ di ricamo/taglio**, Stickerei-/Zuschneidekurs m; **andare a ~ di tennis**, einen Tenniskurs besuchen **11** *fig* (*gruppo di artisti, scienziati ecc.*) Schule f: **un dipinto di ~ impressionista**, ein Gemälde der Impressionistenschule; **la ~ di Epicuro**, die Schule Epikurs; **un filosofo della ~ di Marburgo**, ein Philosoph der Marburger Schule; **la ~ romantica**, die romantische Schule **12** *fig* (*educazione*) {+DOVERE, SACRIFICIO} Schule f: **un ragazzo cresciuto alla ~ della violenza**, ein unter den Zeichen der Gewalt aufgewachsener Junge; **la ~ della vita**, die Schule des Lebens **B** <inv> *loc agg fig spreg* (*privo di originalità*): **di ~**, schülerhaft *spreg*; **una scultura di ~**, eine schülerhafte Skulptur *spreg* **C** <inv> in funzione di agg (*di addestramento*): **cantiere ~**, Ausbildungsbaustelle f ● **~ di *addestramento*** *mil*, Militär(ausbildungs)schule f; **~ *alberghiera***, Hotelfachschule f; *alta* ~ (*nell'equitazione*), hohe Schule; **andare a ~ da qu** (*seguire l'insegnamento*), bei jdm lernen/[zur Schule gehen]; *fig* (*ritenerlo un modello di vita*), jdn zu seinem Vorbild machen; **~ di *applicazione*** *mil*, Fortbildungsschule f; **~ d'*arte***, Kunstschule f; **~ di *arte drammatica***, Schauspielschule f; **ha ancora bisogno di ~** *fig* (*di apprendere*), er/sie muss noch einiges lernen; **~ *commerciale***, Handelsschule f; **~**

comunale, Gemeindeschule f, städtische Schule; **~ *confessionale*** (*religiosa*), Konfessionsschule f; **~ per *corrispondenza***, Fernstudium n, Fernunterricht m; **fare ~** *fig* (*trovare seguaci*), Schule machen; **un chirurgo che ha fatto ~**, ein Chirurg, der Schule gemacht hat; **quella dottrina fece ~**, diese Lehre machte Schule; **~ *europea***, Europaschule f; **~ *femminile*** (*per sole alunne*), Mädchenschule f; **~ di *guerra*** *mil*, Militär-, Kriegsakademie f; **~ *guida*** → **scuolaguida**; **~ per *interpreti***, Dolmetscherschule f; **~ *laica*** (*aconfessionale*), konfessionslose Schule; **lasciare la ~** (*interrompere gli studi*), die Schule verlassen, von der Schule abgehen; **mancare di ~** *fig* (*non possedere una preparazione adeguata*), unzureichend/ungenügend vorbereitet sein; **si vede che gli manca la ~** *fig* (*le conoscenze teoriche e pratiche*), man merkt, dass es ihm an Grundkenntnissen fehlt; **~ *maschile*** (*frequentata solo da allievi*), Jungenschule f; **~ *militare*** *mil*, Militärschule f; **~ *mista*** (*con allievi e allieve*), gemischte Schule; **il *mondo* della ~** (*l'insieme degli insegnanti, degli studenti e del personale non docente*), die Schule; **~ *montessoriana***, Montessori-Schule f; **~ *navale*** *mar*, Marineakademie f; **la ~ *normale superiore di Pisa*** *università*, die (Scuola) Normale (Superiore) (*renommierte Hochschule mit erschwertem Auswahlverfahren*); **~ dell'*obbligo*** (*che si è obbligati per legge a frequentare dai 6 ai 15 anni*), Pflichtschule f; **~ *pareggiata*/*parificata***, staatlich anerkannte Schule; **~ di *perfezionamento*** *università* *università*, universitärer Fortbildungskurs m; **~ *privata*** (*gestita da enti o persone private*), Privatschule f; **~ *professionale***, Berufsschule f; **~ *pubblica*** (*statale*), öffentliche Schule; **~ *religiosa***, Bekenntnisschule f; **~ *legalmente riconosciuta*** (*scuola privata riconosciuta dallo Stato*), staatlich anerkannte Schule; **si sente troppo la**⌋/[sa di] **~** *fig arte lett spreg* (*rif. a opera di scarsa originalità*), ⌊man spürt zu sehr das Schülerhafte⌋/[das hat etwas allzu Schülerhaftes] *spreg*; **~ *serale*** (*frequentata dai lavoratori*), Abendschule f; **e che questo ti serva di ~!** *fig fam* (*di insegnamento*), das soll dir eine Lehre sein!; **~ di *sopravvivenza*** (*corso di addestramento*), Überlebenstraining n; **~ di *specializzazione*** anche *università*, Spezialisierungskurs m; **~ *sperimentale*** (*con insegnamenti diversi da quelli tradizionali*), Projektschule f; **~ *statale*** (*che dipende dallo Stato*), staatliche Schule; **~ *steineriana***, Steinerschule f; **~ *tecnica commerciale***, technische Handelsschule; **~ a *tempo pieno*/*prolungato*** (*frequentata anche di pomeriggio*), Ganztagsschule f; **~ per *traduttori***, Übersetzerschule f; **~ *ufficiali* e *sottufficiali*** *mil*, Militärakademie f; **~ *verticale*/*verticalizzata*** (*che comprende primaria e secondaria inferiore*), Schule f mit Primar- und Sekundarstufe I; **~ *Waldorf***, Waldorfschule f.

scuolabus <-> m (*autobus per scolari*) Schulbus m.

scuolaguida <scuoleguida> f *autom* Fahrschule f: **andare a ~**, die Fahrschule besuchen.

scuòtere <*irr scuoto, scossi, scosso*> **A** *tr* **1** (*smuovere*) **~ qc** {VENTO RAMI DEGLI ALBERI} *etw* schütteln, *etw* in Bewegung versetzen; {TERREMOTO CASE, CITTÀ} *etw* erschüttern **2** (*scrollare*) **~ qc** {PIUMONE, STRACCIO} *etw* aus|schütteln; {SUSINO} *etw* schütteln; **~ qc da qc** {BRICIOLE DALLA TOVAGLIA} *etw* (dat) aus|schütteln **3** (*muovere in segno di diniego o perplessità*): **~ il *capo*/la *testa***, den Kopf schütteln; **~ le *spalle***, mit den Schultern/Achseln zucken **4** *fig* (*far uscire*) **~ qu da qc** {AMICO DALL'APATIA} jdn aus *etw* (dat)

auf|rütteln: **~ qu dal *sonno***, jdn aus dem Schlaf rütteln **5** *fig* (*turbare*) **~ qu/qc** jdn/ *etw* erschüttern: **quel film mi ha scosso profondamente**, dieser Film hat mich zutiefst erschüttert; {ANIMI} *etw* erregen; {COSCIENZE} *etw* wach|rütteln **6** *fig scherz* (*far perdere la calma*) **~ qu** jdn aus der Ruhe bringen: **neanche un cannone lo scuoterebbe!**, der hat die Ruhe weg! *fam*, der lässt sich durch nichts aus der Ruhe/Fassung bringen! **B** *itr pron* **1** (*sobbalzare*): **scuotersi** auf|-, hoch|fahren: **a quel urlo si scosse di colpo**, bei diesem Schrei fuhr er/sie blitzartig hoch **2** (*svegliarsi*): **scuotersi da qc** {DAL LETARGO} aus *etw* (dat) erwachen: **scuotersi dal sonno**, aus dem Schlaf aufschrecken **3** *fig* (*uscire*): **scuotersi da qc** {DALL'INERZIA} *etw* ab|schütteln, sich *aus etw* (dat) auf|raffen **4** *fig* (*agitarsi*): **scuotersi** erschüttert sein: **non si scosse nell'apprendere la brutta notizia**, er/sie blieb ganz ruhig, als er/sie die schlimme Nachricht erhielt ● **scuotersi di *dosso* qc**, (*allontanare*) {POLVERE} *etw* abschütteln; *fig* {LA PIGRIZIA, I PREGIUDIZI, IL TORPORE} *etw* (von sich dat) ab|schütteln; **scuotersi di dosso una cattiva abitudine**, eine schlechte Gewohnheit ablegen; **l'attesa scuote i *nervi*** *fig* (*innervosisce*), das Warten zerrt an den Nerven.

scuotiménto m **1** (*lo scuotere*) Schütteln n **2** (*scossone*) Erschütterung f **3** *fig lett* (*turbamento*) Erschütterung f, Verstörung f, Verwirrung f.

scuotipàglia <-> m *agr* (*organo della trebbiatrice*) (Stroh)schüttler m.

scuotitóre m *agr* (*macchina per raccogliere spec le olive*) (Oliven)erntemaschine f.

scuotitùra f (*scrollatura*) {+OLIVE} Abschütteln n.

scùre f **1** (*ascia*) Axt f, Beil n **2** *fig* (*drastica riduzione*) drastische Kürzung: **la ~ del Governo sulla spesa pubblica**, ⌊der Kahlschlag⌋/[die drastischen Kürzungen] der Regierung im Bereich der öffentlichen Ausgaben **3** *mil stor* **~ d'*armi***, Kriegsbeil m, Streitaxt f, Barte f *obs* ● **colpo di ~**, Beilhieb m; *fig* (*colpo decisivo*), Kahlschlag m, heftiger/entscheidender Schlag; **cadere sotto la ~ della *legge*** *fig* (*subirne le sanzioni*), mit dem Gesetz in Konflikt geraten; **darsi la ~ sui *piedi*** *fig* (*nuocere a se stessi*), sich ins eigene Fleisch schneiden; **tagliato con la ~** (*eseguito in modo grossolano*), {LAVORO} grob ausgeführt; *fig* (*rozzo*), {PERSONA} grob(schlächtig) *spreg*.

scuréggia *e deriv* → **scoreggia** *e deriv*.

scurétto <*dim di scuro*> m (*piccola anta*) Fensterladen m, Blende f.

scurìre <scurisco> **A** *tr* <*avere*> **~ qc 1** (*annerire*) {POLVERE, SMOG FACCIATE DI EDIFICI} *etw* schwärzen **2** (*abbronzare*) {IL SOLE LA PELLE} *etw* bräunen, *etw* dunkel machen **B** *itr impers* <*essere* o *avere*> *meteo* (*imbrunire*) dunkel werden, sich verdunkeln: **in autunno scurisce presto**, im Herbst wird es früh dunkel **C** *itr* <*essere*> *itr pron* (*diventare scuro*): **scurirsi** {METALLO, MURO} dunkel werden; {PELLE AL SOLE} sich bräunen, braun/dunkel werden.

scùro① m (*anta*) Fensterladen m, Blende f: **aprire/chiudere gli scuri**, die Fensterläden schließen/öffnen.

scùro② (-a) **A** *agg* **1** (*buio*) {LUOGO} dunkel: **uno stanzone ~**, ein großer dunkler Raum; {NOTTE} dunkel, finster **2** (*annuvolato*) {CIELO} dunkel, wolkenverhangen (*non chiaro*) {TINTA} dunkel: **blu/rosso/verde ~**, dunkelblau/dunkelrot/dunkelgrün; **ti stanno bene i colori scuri**, dunkle Farben stehen dir gut; {CAPELLI, OCCHI, PELLE} dunkel; **è**

di carnagione scura, er/sie hat einen dunklen Teint **4** *fig* (*corrucciato*) {FACCIA, VISO} finster: *essere/farsi* ~ **in volto**, ein finsteres Gesicht machen, sich verdüstern **5** *fig* (*incomprensibile*) {LINGUAGGIO, SIGNIFICATO} dunkel, unklar, obskur *forb o iron*, kryptisch *forb o iron* **6** *fig* (*avverso*) {ANNI, TEMPI} dunkel, düster **7** *ling* {VOCALI} dunkel **8** *mus* {NOTE} dunkel **B** m **1** (*oscurità*) {+CANTINA} Dunkel n, Finsternis f; *stare allo* ~, im Dunkeln sitzen **2** (*colore*) Dunkle n decl come agg: *vestirsi di/in* ~, sich dunkel kleiden **3** *arte* (*in pittura*) (*zona d'ombra*) {+QUADRO} Schatten m, Dunkel n ● **comincia a** *fare* ~ (*imbrunire*), es beginnt ⌊zu dunkeln *forb*⌋/[, dunkel zu werden]; *essere allo* ~ *di qc fig* (*ignorare qc*), über etw (acc) nicht informiert/unterrichtet/[im Bilde] sein; *lasciare qu allo* ~ (*al buio*), jdn im Dunkeln zurücklassen; *lasciare qu allo* ~ *di qc fig* (*nell'ignoranza di qc*), jdn über etw (acc) im Dunkeln lassen.

scurrile agg **1** (*volgare*) {GESTI, MODI} anstößig, unanständig, unflätig *forb spreg*, vulgär *forb spreg* **2** (*spinto*) {BARZELLETTA, STORIELLA} schlüpfrig, unanständig, lasziv *forb*.

scurrilità <-> f **1** (*oscenità*) {+BATTUTA} Schlüpfrigkeit f, Unanständigkeit f, Anstößigkeit f **2** (*espressione, gesto*) Anstößigkeit f, Unanständigkeit f, Unflätigkeit f *forb spreg*: **ti prego di evitare con i miei amici le** ~, ich bitte dich, in Anwesenheit meiner Freunde diese Unflätigkeiten zu lassen *forb spreg*.

scurrilmente avv (*in modo scurrile*) schlüpfrig, unanständig.

scùsa f **1** (*richiesta, espressione di giustificazione*) {BANALE, VALIDA} Entschuldigung f: **accettare/respingere le scuse di qu**, jds Entschuldigungen ⌊annehmen/akzeptieren⌋/ [zurückweisen]; **gli ho scritto un biglietto di scuse**, ich habe ihm eine Entschuldigungskarte geschrieben; **chiedere/domandare a qu** ~, jdn um Entschuldigung/Verzeihung bitten; **ti faccio le mie scuse**, ich bitte dich um Entschuldigung; **presentare le proprie scuse a qu**, sich bei jdm entschuldigen **2** (*perdono*) Verzeihung f **3** (*scusante*) Entschuldigung f, Rechtfertigung f: **non ci sono scuse per quello che hai fatto**, es gibt keine Entschuldigung für das, was du getan hast **4** (*pretesto*) Ausrede f, Vorwand m: **avere sempre la/una** ~ **pronta**, nie um eine Ausrede verlegen sein; **non inventare delle** ~!, erfinde nur keine Ausreden!; **adduce sempre la stanchezza come** ~, als Ausrede/Vorwand bringt er/sie immer vor, müde zu sein; **seine/ihre Standardausrede ist immer seine/ihre Müdigkeit; sono tutte scuse!**, das sind alles nur Ausreden/Ausflüchte! ● **non essere così timida, sembra sempre che tu chieda** ~ **anche all'***aria di* (*essere estremamente remissivi*), sei doch nicht so schüchtern, du scheinst dich immer schon dafür entschuldigen zu wollen, dass du überhaupt da bist!; *chiedo* ~ (*di cortesia*), ich bitte um Verzeihung!, Entschuldigung!, entschuldigen Sie!; **chiedo** ~, **dov'è la toilette?**, entschuldigen Sie, wo ist die Toilette?; ~ **non richiesta, accusa manifesta** *prov*, wer sich entschuldigt, klagt sich an.

scusàbile agg (*perdonabile*) {AZIONE, COMPORTAMENTO} entschuldbar, verzeihlich.

scusante f (*attenuante*) ~ (**per qc**) Entschuldigung f (*für etw* acc), Rechtfertigung f (*für etw* acc): **non ci sono scusanti per il tuo comportamento**, für dein Verhalten gibt es keine Entschuldigung, dein Verhalten ist nicht entschuldbar⌋/[lässt sich nicht rechtfertigen]; **hai almeno una valida** ~?, hast du zumindest eine triftige Entschuldigung?

scusàre **A** tr **1** gener ~ (**qu/qc**) {jdn/etw entschuldigen: **scusa il disturbo**, entschuldige die Störung; **scusi, che ore sono?**, ⌊entschuldigen Sie⌋/[Verzeihung], wie spät ist es?; **mi scusi!**, (ich bitte Sie um) Verzeihung/Entschuldigung!; **scusami, non volevo ferirti**, entschuldige, ich wollte dich nicht verletzen; ~ **qu di/per qc** {FIGLIO DELLA DIMENTICANZA} jdn für etw (acc) entschuldigen; **l'hanno scusato per il suo ritardo**, sie haben ihn für sein Zuspätkommen entschuldigt **2** (*giustificare*) ~ **qc con qc** {ERRORE CON LA GIOVANE ETÀ} etw (*mit etw* dat) entschuldigen **B** rfl gener **scusarsi** (**con qu**) (**di/per qc**) {CON GLI ASCOLTATORI PER IL RITARDO} sich (*bei jdm*) (*für etw* acc) entschuldigen: **mi scuso di non essere intervenuto prima**, es tut mir Leid, dass ich nicht vorher eingegriffen habe; **mi scuso se ho fatto tardi**, entschuldige/entschuldigt, wenn ich mich verspätet habe ● **chi si scusa, s'accusa** *prov*, wer sich entschuldigt, klagt sich an *prov*.

scutellària f *bot* Helmkraut n.

scùter → **scooter**.

scuterista → **scooterista**.

scutigera f *zoo* Spinnenassel f.

SCV abbr *di* Stato della Città del Vaticano: Vatikanstaat m.

s.d. abbr *di* senza data: o.D. (abbr *di* ohne Datum).

sdaziàbile agg (*che si può sdoganare*) {MERCE} verzollbar.

sdaziamento m (*sdoganamento*) {+PRODOTTI} Verzollung f, Verzollen n.

sdaziàre <*sdazio, sdazi*> tr (*sdoganare*) ~ **qc** etw verzollen.

sdebitàre **A** rfl **1** (*pagare i propri debiti*): **sdebitarsi** seine Schulden bezahlen/begleichen **2** *fig* (*restituire un favore*): **sdebitarsi** (**con qu di qc**) {DI UNA CORTESIA} sich (*bei jdm*) (*für etw* acc) revanchieren *fam*: **come farò a sdebitarmi?**, wie kann ich mich nur dafür revanchieren? *fam* **B** tr (*liberare da un debito*) ~ **qu** eine Schuld/seine Schulden erlassen, jdn von seinen Schulden befreien.

sdegnàre **A** tr **1** (*rifiutare*) ~ **qc** {ADULAZIONI, ONORI} etw ab⌊lehnen, etw verschmähen *forb*; ~ **qu** {IPOCRITI} jdn verachten, jdn ab⌊lehnen; (*spec in frasi negative*) ~ **di fare qc** es ab⌊lehnen/verschmähen *forb*, etw zu tun: **non sdegna di frequentare persone altolocate**, ihr ist durchaus nicht dagegen, mit der Prominenz zu verkehren **2** (*indignare*) ~ **qu** jdn auf⌊bringen, jdn entrüsten: **il suo comportamento mi ha sdegnato**, sein/ihr Verhalten hat mich empört/entrüstet **B** itr pron **1** (*mostrarsi offeso*): **sdegnarsi** sich beleidigt/gekränkt fühlen **2** (*indignarsi*): **sdegnarsi con/contro qu/di fronte a qc** sich *über jdn/etw* entrüsten/empören.

sdegnàto, (-a) agg (*indignato*) {ARIA, VOCE} empört, entrüstet: **essere/mostrarsi** ~ **contro qu/qc**, ⌊über jdn/etw entrüstet sein⌋/ [sich über jdn/etw entrüstet zeigen].

sdegno m (*indignazione*) Empörung f, Entrüstung f: **gesto/parole di** ~, Zeichen/Worte der Empörung; **non riuscire a nascondere il proprio** ~, seine Entrüstung nicht verbergen können; **provare/sentire** ~, empört/entrüstet sein, im Gefühl der Empörung/Entrüstung verspüren ● **muovere a** ~ (*far risentire*), in Empörung versetzen, empören.

sdegnosità <-> f (*altezzosità*) Hochmut m.

sdegnóso, (-a) agg **1** (*pieno di sdegno*) {RISPOSTA} empört, entrüstet; {TONO} der Entrüstung **2** (*altezzoso*) {DONNA} hochmütig **3** (*che rifiuta*) ~ **di qc** {UOMO DI ADULAZIONI, DI FINZIONI} etw ablehnend, etw verachtend: **es-**sere/mostrarsi ~ **di qc**, eine verächtliche Haltung gegenüber etw (dat) haben/zeigen **B** m (f) (*chi è altezzoso*) hochmütiger Mensch.

sdentàre **A** tr (*spezzare i denti*) ~ **qc** {PETTINE, SEGA} die Zähne/Zacken *von etw* (dat) aus⌊brechen **B** itr pron (*perdere i denti*): **sdentarsi** {INGRANAGGIO} Zähne verlieren; {UOMO} anche zahnlos werden.

sdentàto, (-a) **A** agg (*privo di denti*) {VECCHIO} zahnlos; {PETTINE} ohne Zacken **B** m *zoo* Zahnarme m decl come agg, Edentate m *scient*: **gli sdentati**, Zahnarme m pl decl come agg, Edentaten pl *scient*.

sderenàto, (-a) **A** agg part *pass di* sderenare **B** agg *centr* (*stremato*) erschöpft, zerschlagen; {PIANTE} kümmerlich, armselig, mickr(e)ig *fam spreg*.

sdilinquimento m **1** (*svenimento*) Ohnmächtigwerden n **2** *fig* (*sdolcinatezza*) Ziererei f *spreg*, Getue n *fam spreg*.

sdilinquìrsi <*mi sdilinquisco*> itr pron **1** (*indebolirsi*): schwach werden, ermatten **2** (*svenire*): ~ **per/da qc** {DAL CALDO} *vor etw* (dat) in Ohnmacht fallen, *vor etw* (dat) ohnmächtig werden, *in etw* (dat) schmachten, *vor etw* (dat) vergehen **3** *fig* (*intenerirsi*): ~ dahin⌊schmelzen *fam*, weich werden: **basta una sua tenerezza e lui subito si sdilinquisce**, eine Zärtlichkeit von ihr genügt und er schmilzt dahin *fam* **4** *fig* (*eccedere in smancerie*): ~ affektiert sein *forb*.

sdoganamento m **1** (*lo sdoganare*) Verzollen n; (*pagamento*) Verzollung f, Zollabfertigung f: **effettuare le procedure di** ~, die Verzollung vornehmen **2** *fig* (*affrancamento ideologico*) Entideologisierung f.

sdoganàre tr **1** ~ **qc** (*pagare il dazio*) {PACCO} etw verzollen, etw zollamtlich ab⌊fertigen **2** *fig* (*affrancare*) **qu/qc** {AUTORE, PARTITO} jdn/etw wieder legitimieren.

sdoganàto, (-a) agg **1** (*svincolato dalla dogana*) {MERCE} verzollt, zollamtlich abgefertigt **2** *fig* (*affrancato*) {AUTORE} wieder legitimiert.

sdolcinatézza f **1** Süßlichkeit f *spreg* **2** <*di solito al pl*> (*smanceria*) Ziererei f *spreg*, Getue n *fam spreg*.

sdolcinàto, (-a) agg **1** *fig* (*che si abbandona a effusioni*) {COPPIA DI FIDANZATI} Süßholz raspelnd *fam* **2** *fig* (*affettato*) {FILM, SENTIMENTALISMO} süßlich *spreg*, schnulzig *fam spreg*, schmalzig *spreg*: **parole sdolcinate**, Süßholzgeraspel n *fam*.

sdolcinatùra f (*atto, discorso*) Ziererei f *spreg*, Getue n *fam spreg*; {+INNAMORATI} Süßholzgeraspel n *fam*.

sdoppiamento m (*divisione*) {+CATTEDRA, CORSO} Aufteilung f ● ~ **di un** *composto* chim, Aufspaltung f; ~ **delle** *immagini* film fot, Bildverdopp(e)lung f; ~ **della** *personalità* psic, Persönlichkeitsspaltung f.

sdoppiàre <*sdoppio, sdoppi*> **A** tr ~ **qc** {REGIMENTO} etw spalten, etw trennen; (*dividere*) {CORSO} etw auf⌊teilen **B** rfl: **sdoppiarsi** (*scindersi*) {CLASSE} sich auf⌊teilen.

sdoppiàto, (-a) agg **1** (*diviso*) {CLASSE, CORSO} aufgeteilt **2** (*doppia*) {IMMAGINE} verdoppelt.

sdràia f *rar* → **sdraio**.

sdraiàre <*sdraio, sdrai*> **A** tr (*stendere*) ~ **qu** (+ **compl di luogo**) {FERITO SULLA BARELLA} jdn irgendwohin legen, jdn (*irgendwo*) hin⌊ legen; (*buttare a terra*) jdn nieder⌊schlagen, jdn zu Boden schlagen **B** rfl **1** (*stendersi*): **sdraiarsi** (+ **compl di luogo**) {SUL DIVANO} sich irgendwohin legen, sich (*irgendwo*) aus⌊strecken, sich (*irgendwo*) nieder⌊strecken *forb*, sich (*irgendwo*) hin⌊legen **2** *fig* (*appiat-*

tirsi): **sdraiarsi su qc** {SULLE PROPOSTE DEL GOVERNO} *etw* (**dat**) bedingungslos zu|stimmen ● **andare a sdraiarsi** (*andare a letto*), ins/zu Bett gehen, sich ins Bett hauen *fam*/ legen, sich schlafen legen.

sdraiàto, (**-a**) *agg* **1** (*disteso*) ausgestreckt, liegend: **stare ~ al sole**, in der Sonne liegen **2** *bot* {FUSTO, RAMO} auf dem Boden wachsend.

sdràio <-*ai*> **A** *f* Liegestuhl m **B** *m rar* (*posizione*) Liegen n, Ausgestrecktsein n **C** <inv> *loc agg*: **a ~** {SEDIA} Liege- **D** *loc avv*: **a ~**: **stare a ~**, liegen; **mettersi a ~**, sich hinlegen.

sdrammatizzàre *tr* **~** (*qc*) {SITUAZIONE} *etw* entdramatisieren, *etw* entschärfen.

sdrogàrsi *rfl slang* (*disintossicarsi dalla droga*) eine Entziehungskur machen.

sdrucciolàre *itr* <essere> **1** (*scivolare*) **~** (+ **compl di luogo**) {SULLA CERA, SUL PAVIMENTO LUCIDO, GIÙ PER LE SCALE} (*irgendwo*) aus|rutschen, (*irgendwo*) aus|gleiten *forb* **2** *fig* (*incappare*) **~ in qc** {IN UN ARGOMENTO SCABROSO} *auf etw* (**acc**) stoßen, *über etw* (**acc**) stolpern **3** *fig* (*sorvolare*) **~ su qc** {SU UNA QUESTIONE DELICATA} *etw* übergehen, *über etw* (**acc**) hinweg|gehen.

sdrucciolévole *agg anche fig* (*scivoloso*) {TERRENO} rutschig, glatt, schlüpfrig; {DISCORSO} heikel.

sdrucciolevolézza *f* {+FONDO STRADALE} Rutschigkeit f, Glätte f

sdrùcciolo① *m* **1** (*pendenza*) Gefälle m, Hang m **2** *rar* (*scivolone*) Ausrutscher m *fam*.

sdrùcciolo②, (**-a**) *ling* **A** *agg* {PAROLA} auf der drittletzten Silbe betont; {VERSO} auf einem Proparoxytonon endend **B** *m* (*verso*) "Vers m mit proparoxytonischem Zeilenschluss".

sdrucciolóne <accr di *sdrucciolo*> m **1** starkes Gefälle, Steilhang m, abschüssiger Weg **2** (*caduta*) (Aus)rutscher m: **fare/ prendere un brutto ~**, schlimm/böse ausrutschen.

sdruccioloni *avv* (*scivolando*) rutschend.

sdrucciolóso, (**-a**) *agg* (*scivoloso*) {TERRENO} rutschig, glatt.

sdrucìre <sdrucisco o sdrucio> **A** *tr* **~ qc** **1** (*scucire*) *etw* auf|-, {MANICA} **2** (*lacerare*) {PANNO} *etw* zerreißen **B** *rfl* (*scucirsi*): **sdrucirsi** {VESTITO} auf|gehen.

sdrucitùra *f* **1** (*scucitura*) Auftrennen n **2** (*strappo*) Riss m.

se① **A** *cong* **1** (*ipotetica: nel caso che*) **se** ... *ind/congv*, wenn ... *ind/congv*, falls ... *ind/ congv*: **se lo desideri, partiamo**, wenn du willst, fahren wir los/weg; **se me l'avesse detto, avrei accettato**, hätte er/sie es mir gesagt, hätte ich angenommen; **se stesse a me, farei diversamente**, wenn es von mir abhinge, würde ich das anders machen; (*rafforzata da avv o loc avv*): **se per caso venissi fammelo sapere**, falls du zufällig kommen solltest, gib mir Bescheid; **se poi stai meglio usciamo**, {falls es dir später besser gehen sollte}/[sollte es dir später besser gehen], gehen wir aus **2** (*qualora*) **se** ... *ind/ congv*, wenn ... *ind/congv*: **se così non fosse, te lo direi**, wenn es nicht so wäre, würde ich es dir sagen **3** (*con valore di attenuazione*) **se** ... *ind*, wenn ... *ind*, sofern ... *ind*: **se ben ricordo, c'eri anche tu**, wenn ich mich recht entsinne, warst du auch dabei **4** *fam escl* **se** ... *congv*, wenn ... *congv*, als ob ... *congv*: **se solo l'avessi saputo!**, wenn ich das nur gewusst hätte!; **come se non lo sapessi!**, ob ich das nicht wüsste! **5** (*causale: dato che*) **se** ... *ind*, wenn ... *ind*: **se lo sapevi, dovevi dirmelo**, wenn du das wusstest, hättest du es mir sagen müssen; (**ma**) **se sei stato**

tu, perché non l'hai detto?, (aber) wenn du es warst, warum hast du es dann nicht gesagt? **6** (*concessiva: quand'anche*) **se** ... *ind/ congv*, auch wenn ... *congv*: **se anche lo volessi, non potrei**, auch wenn ich wollte, könnte ich nicht **7** (*dubitativa, interrogativa indiretta*): **se** ... *ind/congv/inf*, ob ... *ind/ congv*: **domandagli se accetta o no**, frag ihn, ob er annimmt oder nicht; **tu sai se ho faticato in questi ultimi anni!**, du weißt, wie ich mich in diesen letzten Jahren abgemüht habe!; **non so ancora se potrò partire**, ich weiß noch nicht, ob ich abfahren kann; **vedi se puoi aiutarlo**, sieh mal, ob du ihm helfen kannst; (*con ellissi del verbo*) ob; **chiedigli quando è disponibile, se al mattino o al pomeriggio**, frage ihn, wann er Zeit hat, ob am Vormittag oder Nachmittag **8** (*concessiva-avversativa*) **se** ... *ind*, während ... *ind*: **se finora avevo dei dubbi, ormai ne sono certo**, während ich bisher Zweifel hatte, bin ich mir jetzt sicher **B** *loc cong* **1** ⌊**se anche**⌋/ [**anche se**] ... *ind/congv*, auch/selbst wenn ... *ind/congv*: ⌊**se anche**⌋/[**anche se**] **volessi, ormai è tardi**, auch/selbst wenn ich wollte, wäre es zu spät **2 chissà se** ... *ind*, wer weiß, ob ... *ind*: **chissà se tornerà!**, wer weiß, ob er/sie zurückkehren wird! **3** (*quasi*): **come se** ... *congv*, als ob ... *congv*, als ... *congv*: **fai come se niente fosse**, tu so, als ⌊**ob nichts wäre**⌋/[**wäre nichts**]; *enf* (*di rammarico*) als ob ... *congv*: **come se fosse facile trovarlo!**, als ob es einfach wäre, ihn zu finden! **4** (*nel caso*): **se mai** ... *ind/congv*, falls ... *congv*, wenn ... *congv*, ⌊**für den**⌋/[im] Falle, dass ... *ind* o *congv*: **se mai arrivasse, chiamatemi!**, falls er/sie je kommen sollte, ruft mich an!; **se mai telefonatemi**, ruft mich eventuell/gegebenenfalls an! **5** (*eccetto*): **se non** ... *inf*, außer ... *inf*, nur ... *inf*: **non puoi fare altro se non aspettare**, du kannst nichts anderes tun als warten; **non devi fare altro se non dire la verità**, du musst nur die Wahrheit sagen **6** (*almeno*): **se non altro** ... *ind*, wenigstens ... *ind*, zumindest ... *ind*: **se non altro non ho avuto brutte sorprese**, zumindest habe ich keine bösen Überraschungen erlebt **7 se non che** ... *ind*, aber ... *ind*, (je)doch ... *ind*: **sarei uscito, se non che si è messo a piovere e ho lasciato perdere**, ich wäre hinausgegangen, aber es hat zu regnen begonnen und da habe ich es bleiben lassen **8 se e quando** ... *ind*, wenn ... *ind*: **ne riparleremo se e quando ci sarà anche lui**, wir werden darüber sprechen, wenn er auch dabei ist **9 solo se** ... *ind/ congv*, nur wenn ... *ind/congv*: **partecipa solo se si sente preparato**, er/sie beteiligt sich nur, wenn er/sie das Gefühl hat, vorbereitet zu sein **C** *m* **1** (*condizione*) Wenn n: **il suo se ha rimesso tutto in discussione**, seine/ihre Bedingung hat alles wieder in Frage gestellt **2** (*incertezza*) Wenn n ● **senza tanti se e ma** (*senza tante condizioni/limitazioni*), ohne Wenn und Aber; **se no → sennò**: **se poi stai meglio usciamo** falls es dir später besser gehen sollte, gehen wir aus; **non ho mai litigato se non con lei**, ich habe außer mit ihr noch nie/[mit niemandem] gestritten.

se② *pron pers 3ª pers mf sing e pl* **1** (*compl di termine davanti a lo, la, li, le e ne*) sich: **se lo vide innanzi**, er/sie sah ihn vor sich; **se li sono lasciati sfuggire**, sie sind ihnen entwischt *fam* **2** (*pleonastico*): **se lo bevve tutto**, er trank alles aus; **se l'è vista brutta**, er/sie befand sich in einer heiklen Lage **3** (*con valore passivo o indefinito*): **se ne dicono tante!**, es ⌊wird viel⌋/[werden viele Märchen *fam*] erzählt!

sé A *pron rfl 3ª pers mf sing e pl* **1** sich: **non fa che parlare di sé**, er/sie spricht immer nur von sich; **ha lasciato il rimpianto die-**

tro di sé, er/sie weint dem Vergangenen nicht mehr nach; **sé/se stesso/medesimo**, sich selbst/selber **2** *enf* (*compl oggetto: si*) sich selbst/selber: **cercano di convincere se stessi**, sie versuchen, sich selbst zu überzeugen; **non vuole danneggiare sé**, er/sie will sich nicht selbst schaden **B** <-> *m* **1** *lett* (*coscienza*) Inner(st)e n *decl come agg*: **nel suo sé si illudeva di riuscire**, in seinem/ihrem Innersten bildete er/sie sich ein, es zu schaffen **2** *psic* Selbst n ● **a sé** (*a parte*), für sich; **è un caso a sé**, er/sie/das ist ein Fall für sich; **da sé** (*con le proprie forze*), allein, von selbst; **è un uomo che si è fatto da sé**, er ist ein Selfmademan; **dentro di sé** (*nel proprio intimo*), in seinem Inner(st)en; **di per sé** (*stesso*) (*nella sua sostanza*), an und für sich; **la cosa di per sé ha poca importanza**, die Sache an und für sich hat wenig Bedeutung; **canterellare fra sé e sé**, vor sich hinsummen; **parlare fra sé e sé**, mit sich selbst sprechen, Selbstgespräche führen; **essere fuori di sé** *fig* (*aver perso la pazienza*), außer sich (**dat**) sein; *fig* (*aver perso il senno*), verrückt/durchgedreht *fam* sein, den Verstand verloren haben; **in sé stesso**, an sich; **in sé e per sé**, an und für sich; **avere qu sotto di sé** *fig* (*alle proprie dipendenze*), jdn unter sich (**dat**) haben; **tornare/rientrare in sé** *fig* (*tornare in possesso delle proprie facoltà mentali*), wieder ⌊zur Vernunft kommen⌋/[Vernunft an|nehmen]; **uscire di sé** *fig* (*perdere il senno*), durchdrehen *fam*, den Verstand verlieren; **va da sé che** ... (*è ovvio che*...), es versteht sich (von selbst), dass ...

SE 1 *abbr di* sudest: SO (*abbr di* Südost(en)) **2** *abbr di* Sua Eccellenza: S. E. (*abbr di* Seine Exzellenz).

sebàceo, (**-a**) *agg* (*del sebo*) {CISTI, GHIANDOLA} Talg-.

Sebastiàno *m* (*nome proprio*) Sebastian.

sebbène *cong* **1** (*benché*) **~** ... *congv*, obwohl ... *ind*, wenn auch ... *ind*, obgleich ... *ind*, wenngleich ... *ind*: **~ fosse molto tardi, non aveva sonno**, obwohl es sehr spät war, war er/sie nicht müde; (*con ellissi del verbo*) wenn auch, wenngleich: **malvolentieri, andrò a quell'appuntamento**, ich gehe zu der Verabredung, wenn auch nur ungern **2** (*però, con ellissi della proposizione concessiva*) aber ... *ind/congv*: **è ancora presto, ~, faresti meglio a incamminarti**, es ist noch früh, aber es wäre besser, wenn du jetzt aufbrechen würdest.

sèbo *m* (*in fisiologia*) Talg m.

seborrèa *f med* Seborrhö(e) f *scient*.

seborròico, (**-a**) <-*ci*, -*che*> *agg med* {ACNE} seborrhoisch *scient*.

sec 1 *abbr di* secondo: s, Sek., sek (*abbr di* Sekunde) **2** *abbr di* secolo: Jh., Jahrh., Jhdt. (*abbr di* Jahrhundert) **3** *mat abbr di* secante: sec (*abbr di* Sekans).

secànte *mat* **A** *agg* {RETTA} Schnitt- **B** *f* **1** (*retta*) Sekante f **2** (*funzione*) Sekans m.

sécca <-*che*> *f* **1** *mar* Untiefe f, seichte Stelle, (Sand)bank f: **andare/dare in ~**, auflaufen, stranden, auf Grund laufen; **~ cieca**, unter der Wasseroberfläche befindliche Untiefe; **incagliarsi nelle secche**, auflaufen, stranden, auf Grund laufen; **~ allo scoperto**, "über der Wasseroberfläche befindliche Untiefe" **2** (*mancanza d'acqua*) Trockenheit f: **i fiumi sono in ~**, die Flüsse sind ausgetrocknet **3** *fig* (*difficoltà*) Klemme f *fam* ● **essere/ restare/trovarsi in ~ fig** (*essere in difficoltà economiche*), auf den Trock(e)nen sitzen/sein *fam*, in finanziellen Schwierigkeiten sein/stecken; *fig* (*arenarsi in un'impresa*), auf den Trock(e)nen sitzen/sein *fam*, in einer

Sackgasse stecken; *lasciare* qu *sulle secche fig* (*abbandonarlo in una situazione difficile*), jdn im Stich lassen, jdn hängen lassen *fam*.

seccànte agg *fig* (*fastidioso*) {INDIVIDUO, LAVORO} lästig, unangenehm, nervend *fam*, nervig *fam*.

seccàre <*secco, secchi*> **A** tr <*avere*> **1** (*rendere secco*) ~ qc {CALDO AIUOLE} *etw* austrocknen, *etw* aus|dörren, *etw* trocken werden lassen **2** (*prosciugare*) ~ qc {CANALE, POZZO, SORGENTE} *etw* trocken|legen, *etw* auschöpfen *rar* **3** *fig* (*infastidire*) ~ qu jdm auf die Nerven gehen *fam*, jdn nerven *fam*: **non mi ~!**, nerv mich nicht! *fam* **4** *fig* (*annoiare*) ~ qu {ROMANZO LETTORE} jdn langweilen, jdn an|öden *fam* **5** *fig lett* (*esaurire*) ~ qc {FANTASIA} *etw* erschöpfen, *etw* zum Versiegen bringen *forb* **6** *gastr* ~ qc {CARNE, FRUTTA, VERDURA} *etw* trocknen, *etw* dörren **B** itr <*essere*> **1** (*diventare secco*) {PIANTA} vertrocknen, verdorren **2** *fig* (*spiacere*) ~ a qu jdm missfallen *forb*, jdm leid|tun: **se non ti secca parto anch'io domani**, wenn du nichts dagegen hast, fahre ich auch morgen ab; **mi secca non riuscire a vederti oggi**, es tut mir leid, dass ich dich heute nicht sehen kann **C** itr pron **1** seccarsi {FIENO} vertrocknen, verdorren; {VERNICE} ein|trocknen; {FERITA} aus|trocknen **2** *fig* (*irritarsi*): seccarsi sich ärgern, genervt *fam*/ sauer *fam*/ verärgert sein **3** *fig* (*stufarsi*): seccarsi di qc *etw* leid werden/sein, *etw* satt sein, von *etw* (dat) die Schnauze voll haben *fam*: **si è seccato di fare questa vita** *fam*, er hat dieses Leben satt, dieses Leben hängt ihm zum Hals heraus *fam* **4** *fig lett* (*prosciugarsi*): seccarsi {VENA CREATIVA} versiegen *forb*.

seccàto, (-a) agg **1** (*secco*) {PIANTA, RAMO} verdorrt, vertrocknet **2** *fig* (*infastidito*) genervt *fam*, verärgert, sauer *fam*.

seccatóre, (-trice) **A** agg (*che infastidisce*) {CLIENTE} lästig, nervend *fam*, nervig *fam* **B** m (f) *fam* Nervensäge f *fam*, Plage-, Quälgeist m *fam*.

seccatùra f **1** *fig* (*fastidio*) Unannehmlichkeit f, Belästigung f, Schererei f *fam* **2** *fig* (*complicazione*) Schwierigkeit f, Komplikation f.

secchézza f **1** (*aridità*) {+ARIA, CLIMA} Trockenheit f **2** *rar* (*magrezza*) {+DONNA, GAMBE} Magerkeit f, Hagerkeit f **3** *fig* (*concisione*) Knappheit f, Kürze f; {+STILE} Nüchternheit f, Kargheit f.

sécchia f **1** (*recipiente*) {+LEGNO, PLASTICA, RAME} Eimer m, Kübel m: **~ del pozzo**, Brunneneimer m **2** (*contenuto*) {+ACQUA, SABBIA} Eimer m **3** *fig slang scuola spreg* (*sgobbone*) Streber(in) m(f) *spreg* Pauker(in) m(f) *fam* • **a secchie** *fig* (*in grande quantità*), eimerweise; – **a colata** *fig*, Gießpfanne f; **fare come le secchie** *tosc fig* (*non riuscire a decidersi*), sich nicht entscheiden können; **piovere a secchie** *fig* (*piovere a dirotto*), wie aus/mit Eimern gießen *fam*.

secchiàta f **1** (*contenuto*) {+ACQUA} Eimer m: **ho bagnato il selciato a secchiate**, ich habe eimerweise Wasser auf das Pflaster geschüttet **2** (*colpo*) Schlag mit einem Eimer/Kübel **3** *fig slang scuola spreg* (*studio*) Büffelei f *fam*, Paukerei f *fam*.

secchièllo m **1** (*recipiente*) Eimerchen n, kleiner Eimer: **~ per il ghiaccio**, Eiskübel m; **~ per lo spumante/il vino**, Sekt-/Weinkübel m, Sekt-/Weinkühler m; – **e paletta**, Eimer m und Schaufel f **2** (*borsetta*) Beutel m.

sécchio <-chi> m **1** (*contenitore*) Eimer m, Kübel m: **~ per il latte**, Milchkübel m; **riempire/vuotare il ~**, den Eimer füllen/leeren; **~ della spazzatura**, Abfalleimer m **2** (*contenuto*) Eimer m.

secchióne, (-a) <*accr di secchio*> **A** m **1** großer Eimer/Kübel **2** *edil* (*di calcestruzzo*) Betonkübel m: **~ di colata**, Gießpfanne f **B** m (f) *fig slang scuola spreg* (*sgobbone*) Streber(in) m(f) *spreg*, Pauker(in) m(f) *fam*: **fa sempre la secchiona**, sie paukt immer *fam*.

sécco, (-a) <-chi, -che> **A** agg **1** gener {CLIMA, PELLE, TERRENO, VENTO} trocken; {PALUDE, SORGENTE} ausgetrocknet **2** (*essiccato*) {FIORE} getrocknet, vertrocknet; {RAMO} verdorrt, dürr; {FORAGGIO} Trocken- **3** (*duro*) {STUCCO, VERNICE} hart, getrocknet {*magro*} {DONNA, FISICO} dürr, mager **5** *fig* (*privo di garbo*) {MODI, TONO} trocken, nüchtern, knapp; {RISPOSTA} anche schroff, brüsk: **gli rispose un no secco secco**, er/sie antwortete ihm mit einem knallharten Nein *fam* **6** *fig* (*essenziale*) {SINTASSI, STILE} nüchtern, karg, knapp **7** *fig* (*netto*) {COLPO} hart, fest; {SCONFITTA} deutlich **8** *bot*: **frutto ~**, Trockenobst n **9** *contabilità* (*perdita*) effektiv **10** *econ*: **corso ~**, Kurs(notierung) f ohne Kupon/Coupon; **cedolare secca**, Kupon-, Couponsteuer f **11** *enol* (*vino*) trocken, herb; {LIQUORE} trocken, hochprozentig **12** *gastr* {FRUTTA, PRUGNA} Trocken-, Dörr-; {FICO, FUNGO} getrocknet; {BACCALÀ, CARNE} gedörrt; {PANE} hart, trocken: **pasticceria secca**, Plätzchen n pl **13** *med* {CANCRENA, PLEURITE} trocken; {TOSSE} anche Reiz- **14** (*nella tombola e nel lotto*): **ambo/terno ~**, "nur auf Ambe/Terne gesetztes Spiel" **B** m **1** (*luogo asciutto*) Trockene n decl come agg **2** (*aridità*) Trockenheit f **3** (*parte secca*) {+SIEPE} trockener Teil **4** *fig fam* (*difficoltà*) Klemme f *fam*, Patsche f *fam* **5** *mar* Trockene n decl come agg, Land n: **tirare in ~ un'imbarcazione**, ein Boot an Land ziehen/hieven **C** avv **1** (*seccamente*) {RISPONDERE} trocken, brüsk, schroff **2** (*energicamente*) {COLPIRE} energisch **D** <inv> loc agg: **a ~** {MURO} Trocken- **2 lavatura a ~**, chemische Reinigung **3** *Borsa* {QUOTAZIONE} ohne Kupon/Coupon **4** *sport* (*nel nuoto, nello sci*) Trocken-: **allenamento a ~**, Trockenübungen f pl **E** loc avv (*bruscamente*): **a ~**, {FRENARE, GIRARE} unversehens, plötzlich • **essere/restare/rimanere a ~** *fig* (*senza benzina*), ohne Benzin sein; **fare ~ qu** *fig fam* (*ucciderlo*), jdn kaltmachen *fam*, jdn umlegen *fam*; **la secca** *fig* (*la morte*), der Tod; **murare a ~**, trocken mauern; *fig scherz* (*mangiare senza bere*), essen, ohne zu trinken; **restarci ~** *fig fam* (*morire*), dabei draufgehen *fam*; **restare/rimanere in ~** ~ *mar*, stranden, auflaufen, auf Grund laufen; *fig* (*in difficoltà*), auf dem Trock(e)nen sitzen/sein *fam*.

secentésco, (-a) <-schi, -sche> agg (*del Seicento*) {ARTE, GUSTO, POESIA} des Se(i)cento, des siebzehnten Jahrhunderts.

secentìsmo m **1** *arte lett* (*gusto*) Secentismus m **2** *anche spreg* (*preziosismo*) Preziosität f *forb*, Manierismus m.

secentìsta <-i m, -e f> *arte lett* **A** agg (*del Seicento*) {PITTURA, SCULTURA} des Se(i)cento, des siebzehnten Jahrhunderts **B** mf **1** (*artista*) Secentist(in) m(f), Künstler(in) m(f) des Se(i)cento **2** (*scrittore*) Schriftsteller(in) m(f) des Se(i)cento **3** (*studioso*) Gelehrte mf decl come agg des Se(i)cento.

secèrnere <*usato spec alla 3ª pers sing e pl dei tempi semplici*; *secerno, secerni o sercernetti, secreto*> tr ~ qc {CONIFERA RESINA; FEGATO BILE} *etw* ab|sondern, *etw* aus|scheiden.

secessióne f Sezession f • **~ viennese** *arte*, Wiener Sezession f.

secessionìsmo m Sezessionismus m.

secessionìsta <-i m, -e f> **A** agg (*secessionistico*) sezessionistisch **B** m (f) Sezessionist(in) m(f).

secessionìstico, (-a) <-ci, -che> agg {MOVIMENTO} sezessionistisch.

séco pron pers *lett rar* **1** (*con sé*) bei sich (dat), mit sich (dat): **avere/tenere ~ qc**, *etw* bei sich (dat) haben/führen; **la donna portava ~ un fanciullino**, die Frau trug einen kleinen Jungen bei sich (dat); (*con loro*) bei ihnen, mit ihnen **2** (*tra sé e sé*) bei sich (dat), in seinem Inner(st)en: **~ pensava**, er/sie dachte ‚bei sich (dat)‘/[sich (dat) insgeheim].

secolàre A agg **1** (*esistente da cent'anni*) hundertjährig, säkular *forb* **2** (*esistente da secoli*) {QUERCIA, TRADIZIONE} jahrhundertealt; {DIATRIBA, ODIO} jahrhundertelang **3** (*che si verifica ogni secolo*) {COMMEMORAZIONE, RICORRENZA} hundertjährlich, säkular *forb* **4** (*non ecclesiastico*) {ABITO, AUTORITÀ, FORO, POTERE} weltlich, säkular *forb* **5** (*terreno*) {BENI, RICCHEZZE} weltlich **B** m <*di solito al pl*> (*laico*) Säkular m.

secolarità <-> f *lett* (*durata secolare*) {+TRADIZIONE} jahrhundertelanges Bestehen.

secolarizzàre A tr **1** (*trasferire al clero secolare*) ~ qu {MONACO} jdn säkularisieren **2** (*laicizzare*) ~ qc {SCUOLA} *etw* säkularisieren, *etw* verweltlichen **B** rfl secolarizzarsi **1** (*passare al clero secolare*) {FRATE} in die Weltgeistlichkeit ein|treten **2** (*spretarsi*) {SACERDOTE} aus dem Priesterstand aus|treten.

secolarizzazióne f **1** (*laicizzazione*) {+INSEGNAMENTO, PROPRIETÀ} Säkularisierung f; *fig* {CRESCENTE; +SOCIETÀ MODERNA} Säkularisierung f, Verweltlichung f **2** (*passaggio al clero secolare*) Säkularisierung f, Eintritt m in die Weltgeistlichkeit.

sècolo A m **1** (*cento anni*) Jahrhundert n: **ha compiuto un ~ di vita**, er/sie ist hundert Jahre alt geworden; **a un ~ dalla sua scomparsa**, ein Jahrhundert nach seinem/ihrem Tod **2** (*nelle datazioni*) (*abbr sec.*) Jahrhundert n: **nel corso del XX/ventesimo ~**, im Laufe des 20. Jahrhunderts; **nel scorso**, im vorigen/letzten Jahrhundert; **il II/secondo ~ a. C.**, das 2. Jahrhundert v. Chr. **3** (*età*) {+ENERGIA NUCLEARE, ORO, PROGRESSO} Zeitalter n, Ära f: **il ~ di Augusto/dei lumi**, das Zeitalter des Augustus/der Aufklärung; **il ~ d'oro della pittura italiana**, die Blütezeit der italienischen Malerei **4** <*solo pl*> (*tempo indeterminato*) Jahrhunderte n pl: **nei secoli passati**, in den vergangenen Jahrhunderten; **per molti secoli**, viele Jahrhunderte lang **5** *fig fam* (*eternità*) Ewigkeit f: **è un ~ che ti aspetto**, ich warte seit einer Ewigkeit auf dich **6** *lett* (*vita mortale*) Welt f **7** *relig* (*vita mortale*) Welt f, weltliches Leben **B** <inv> loc agg: **del ~ 1** (*rappresentativo di un'epoca*) {MODA, UOMO} der Zeit: **è un figlio del ~**, er ist ein Kind seiner Zeit **2** (*clamoroso*) {MATRIMONIO, PROCESSO} des Jahrhunderts, Aufsehen erregend **C** loc avv (*di vero nome*): **al ~**, mit weltlichem/bürgerlichem Namen; **Fra Biagio, al ~ Giovanni Bernuzzi**, Bruder Blasius, mit weltlichem Namen Giovanni Bernuzzi; **Alberto Moravia, al ~ Alberto Pincherle**, Alberto Moravia, mit bürgerlichem Namen Alberto Pincherle • ‚abbandonare/lasciare il ~‘/[fuggire/ritirarsi dal ~]/[rinunciare al ~] *fig* (*ritirarsi in convento, darsi alla vita monastica*), der Welt entsagen, sich von der Welt zurückziehen; **nei/[per tutti i] secoli dei secoli** anche *relig* (*in perpetuo*), in alle Ewigkeit.

secónda① **A** f **1** (*classe di mezzi di trasporto*) zweite Klasse: **viaggiare in ~**, zweiter Klasse reisen **2** *autom* zweiter Gang: **innesta/metti la ~**, leg den ‚zweiten Gang‘/[Zweiten *fam*] ein **3** *mus* Sekunde f **4** *scuola* zweite Klasse, zweites Schuljahr: **~ elementare/media, zweite/siebte Klasse; (liceale) zehnte Klasse 5 sport (nella scherma) Sekond f; (nella danza classica) zweite Position B <inv> loc agg 1 mar mil: in ~, {COMANDANTE, PILOTA, UFFICIALE} zweite(r, s) 2 sport (nella scherma): di ~, {INVITO, PARATA} Sekond- C loc avv (seguendo la corrente): a ~, {NAVIGARE} mit dem Strom; (in direzione del vento) mit dem Wind D loc cong: a ~ che ... congv, je nachdem, ob ... ind: a ~ che piova o nevichi, je nachdem, ob es regnet oder schneit E loc prep (secondo): a ~ di qc, {DEI CASI, DELLA GRAVITÀ DI UN ERRORE} gemäß etw (dat), (je) nach etw (dat) ● tutto gli va a ~ fig (per il verso giusto), alles geht/läuft für ihn wunschgemäß/[nach Wunsch].

secónda[2] f → **secondo**[2].

secondaménto[1] m (il favorire) {+ISTINTO} Befriedigung f; {+PROPOSTA, RICHIESTA} Unterstützung f.

secondaménto[2] m med {FETALE} Plazentaausstoßung f.

secondàre[1] tr 1 (favorire) ~ qc {DESIDERIO, INCLINAZIONE PER L'ARTE, SFORZO} etw unterstützen, etw sekundieren forb; ~ qu in qc {BAMBINO IN OGNI SUO CAPRICCIO} jdm in etw (dat) entgegen|kommen, auf etw (acc) (von jdm/+ gen) ein|gehen 2 lett (accompagnare) ~ qc {MOVIMENTO} etw begleiten.

secondàre[2] itr med {PLACENTA} ausgestoßen werden.

secondariaménte avv 1 (in un secondo tempo) zweitens: in primo luogo il lavoro non mi interessa, in secondo luogo lo stipendio è troppo basso, erstens interessiert mich die Arbeit nicht, zweitens ist das Gehalt zu niedrig 2 (marginalmente) am Rande, sekundär forb; il problema ci tocca solo ~, das Problem berührt uns nur am Rande.

secondàrio, (-a) <-ri m> A agg 1 (non principale) {PORTA, STRADA} Neben-; {ASPETTO, RUOLO} anche sekundär forb; {FATTO} nebensächlich, zweitrangig 2 (conseguente) {EFFETTO, SINTOMO} Neben- 3 biol chim fis {ALCOL, CARATTERI SESSUALI, CARBONIO, FENOMENO, REAZIONE} sekundär 4 econ {PRODUZIONE} industriell, Industrie-: attività secondaria, Nebentätigkeit f, Nebenbeschäftigung f; settore ~, Industrie(sektor m) f 5 geol: era secondaria, Mesozoikum n 6 gramm (subordinata) {PROPOSIZIONE} Neben- 7 ling {ACCENTO} Neben- 8 scuola {ISTRUZIONE} der Sekundarstufe: scuola secondaria, Sekundarstufe f B m 1 econ Industrie(sektor m) f 2 geol Mesozoikum n C f gramm Nebensatz m.

secondìno, (-a) m (f) Gefängniswärter(in) m(f).

secóndo[1] A prep 1 (lungo) ~ qc {LA LINEA TRATTEGGIATA} etw entlang, entlang etw (dat) rar: navigare ~ la corrente/il vento, mit dem Strom/Wind fahren 2 (in base a) ~ qc {I GIORNI, IL MERITO} (je) nach etw (dat); {IL CASO} gemäß etw (dat): ~ le circostanze, je nachdem, gemäß [nach] den Umständen; ~ l'età, altersgemäß; agire ~ coscienza, nach seinem Gewissen handeln; vivere ~ natura, naturgemäß leben; ~ come/dove/ quando/quanto..., je nachdem wie/wo/ wann/[wie viel] ... 3 (conformemente) ~ qc etw (dat) entsprechend, etw (dat) gemäß, laut etw (dat): ~ la legge/il contratto/[il regolamento stradale], laut Gesetz/Vertrag/ Straßenverkehrsordnung 4 (stando a) ~ qu/qc {LA MIA COLLEGA, LA CRITICA} jdm/+ gen zufolge: ~ Kant, nach Kant; il Vangelo ~ Matteo, das Evangelium nach Matthäus, das Matthäus-Evangelium; ~ ˌme/teˌ/ˌla miaˌ/ tua opinione, meiner/deiner Meinung nach 5 (dipende) vieni stasera? – Secondo, kommst du heute Abend? – Das hängt davon ab B cong loc cong 1 (così come): ~/[~ che]... ind je nachdem, ob ... ind: agisce ~/[~ che] gli piace, er handelt ganz nach Lust und Laune 2 (nel caso che): ~/[~ che]... congv je nachdem, ob ... ind: ~/[~ che] si impegni o no, je nachdem, ob er/sie sich Mühe gibt oder nicht.

secóndo[2], (-a) A agg num 1 {FILA, PARAGRAFO} zweite(r, s); {AUTO, CASA, LAUREA, STAMPA} Zweit-; (in numero romano) der/die/das Zweite: papa Alessandro ~, Papst Alexander der Zweite 2 (secondogenito) {FIGLIO} zweitgeborene(r, s) 3 (seconda metà) {OTTOCENTO} zweite Hälfte 4 (successivo) {GRADO, LIVELLO, MARITO} nächste(r, s), zweite(r, s) 5 anche fig (altro) {PAGANINI} zweite(r, s); {ALTERNATIVA} anche andere(r, s) 6 fig (inferiore) {CATEGORIA, SCELTA} sekundär forb, zweitrangig B m (f) 1 gener Zweite mfn decl come agg: nel ritratto è il ~ da sinistra, auf dem Bild ist er der Zweite von links 2 (secondogenito) Zweitgeborene mf decl come agg C m 1 (unità di misura del tempo) (abbr s, sec) Sekunde f: dura alcuni secondi, es dauert einige Sekunden; anche fig Augenblick m; un ~ e sono da lei, ich bin sofort bei Ihnen/ihr 2 (seconda portata) {LEGGERO} zweiter Gang, Hauptgang m: cosa c'è per ~?, was gibt es als zweiten Gang? 3 (padrino in un duello) Sekundant m 4 mar mil Steuermann m 5 sport (nel pugilato) Sekundant m: fuori i secondi!, Ring frei! D f mat (potenza) zweite Potenz: elevare un numero alla ~, eine Zahl in die zweite Potenz erheben E avv (in un elenco) zweitens: preferisco restare a casa primo perché piove, ~ perché sono stanco, ich bleibe lieber zu Hause, erstens weil es regnet, zweitens weil ich müde bin ● è la seconda (malefatta) che mi fai oggi!, das ist schon der zweite Streich, den du mir heute spielst!; sarò pronta in un ~ fig (immediatamente), ich bin sofort/gleich fertig; non essere ~ a nessuno (non risultare inferiore), niemandem zurückstehen; per ~, als Zweite(r, s); sono stata chiamata per seconda, ich bin als Zweite hereingerufen worden; spaccare il ~ fig (essere molto puntuali), pünktlich ˌauf die Sekundeˌ/[wie die Eieruhr] sein; → anche quinto.

secondogènito, (-a) A agg zweitgeboren B m (f) Zweitgeborene mf decl come agg.

secondogenitùra f Sekundogenitur f obs.

secrétaire <-, -es pl franc> m franc Sekretär m.

secretàre → segretare.

secretìvo, (-a) agg biol {PROCESSO} Ausscheidungs-, Sekretions-.

secréto, (-a) biol A part pass di secernere B agg {LIQUIDO, ORMONE} Ausscheidungs-, Sekretions- C m (secrezione) {GHIANDOLARE} Ausscheidung f, Sekret n.

secretóre, (-trice) biol A agg {GHIANDOLA, ORGANO} Ausscheidungs-, sekretorisch, Sekretions- B m (f) Sekretionsorgan n.

secretòrio, (-a) <-ri m> agg biol {DOTTO, FUNZIONE} sekretorisch.

secretrìce f → secretore.

secrezióne f biol (il secernere) {+BILE, SALIVA} Ausscheidung f, Sekretion f: ~ esterna/ interna, äußere/innere Sekretion; (sostanza secreta) {PURULENTA, SIEROSA} Ausscheidung f, Sekretion f; il latte è la ~ della mammella, die Milch ist das Sekret der weiblichen Brustdrüsen.

sèdano m 1 bot Sellerie m o f: ~ rapa, Knollensellerie m o f 2 {solo pl} gastr "zylinderförmige Nudelsorte".

sedàre tr ~ qc 1 (soffocare) {TUMULTO} etw nieder|werfen, etw nieder|schlagen; {LITE} etw bei|legen, etw beruhigen 2 (calmare) {DOLORE} etw lindern, etw stillen; {IRA} etw besänftigen.

sedatìvo, (-a) A agg 1 {AZIONE} beruhigend, Beruhigungs- 2 (analgesico) schmerzstillend B m farm 1 Beruhigungsmittel n, Sedativum n scient 2 (analgesico) schmerzstillendes Mittel, Schmerzmittel n: ~ per la tosse, Hustenmittel n.

sedazióne f med Sedation f.

sède A f 1 anche amm (luogo di attività) {+GOVERNO, PARTITO} Sitz m: ~ amministrativa/legale/sociale, Verwaltungs-/Rechts-/ Firmensitz m; Bologna è ~ di un'antica università, Bologna ist Sitz einer alten Universität; ~ di prima nomina, erster Ernennungsort; questa scuola è ~ di elezioni/ esami, diese Schule ist Wahllokal/Prüfungsort; {+BANCA, SOCIETÀ} anche Stelle f; ~ centrale, Hauptstelle f, Hauptniederlassung f; ~ distaccata/periferica, Zweig-, Nebenstelle f; ~ estera, Auslandssitz m 2 (domicilio) (Wohn)sitz m, Niederlassung f: avere/prendere ~ ˌa Romaˌ/[in Italia], ˌseine Niederlassung in Rom/Italien habenˌ/[sich in Rom/Italien niederlassen]; cambiare ~, umziehen, seine Niederlassung/den Sitz verlegen 3 anche fig (alloggiamento) {+FEMORE, MOTORE} Sitz m: ~ dei binari, Gleisbett n; l'intelligenza ha ~ nel cervello, der Verstand sitzt im Gehirn 4 fig (momento) Moment m: ne riparliamo in altra ~, wir reden ein anderes Mal darüber; questa non è la ~ adatta per..., das ist nicht der richtige Moment, um zu ... 5 ling (sillaba) {PRIMA, SECONDA, ecc.} Silbe f: ~ di/dell'accento, Akzentsilbe f 6 med {+INFEZIONE} Herd m: il calcolo ha ~ nella cistifellea, der Stein sitzt in der Gallenblase 7 relig Stuhl m: Sede Apostolica, Apostolischer Stuhl; Santa Sede, Heiliger Stuhl; ~ papale/[episcopale/vescovile], päpstlicher/bischöflicher Stuhl; ~ vacante, unbesetzter/vakanter forb Stuhl B loc prep (nell'ambito di): in ~ di qc {DI BILANCIO, DI ESAME, DI GIUDIZIO} bei etw (dat), während etw (dat) ● essere/lavorare in/fuori ~ (in ufficio), ˌim Haus/Büroˌ/[außer Haus] sein/arbeiten; (in città), ˌin der Stadtˌ/[außerhalb der Stadt/im Außendienst] sein/arbeiten; in ~ legislativa/deliberante parl, beschließend; la commissione in ~ deliberante/redigente/referente parl, der beschlussfassende/beratende/referierende Ausschuss; in separata ~ fig (in privato), unter vier Augen, privat; ~ (al di fuori del processo in corso), an anderer Stelle; ~ stradale (carreggiata), Fahrbahn f; ~ tranviaria, Straßenbahnspur f.

sedentarietà <-> f 1 (stile di vita) sitzende Lebensweise 2 (l'essere sedentario) {+PERSONA} Bewegungsfaulheit f: nessuno ha un'idea della ~ del lavoro di un lessicografo, niemand hat eine Ahnung davon, wie viel Sitzfleisch die Arbeit eines Lexikografen erfordert fam scherz 3 antrop {+POPOLO} Sesshaftigkeit f.

sedentàrio, (-a) <-ri m> A agg 1 {RAGAZZO} bewegungsfaul; {OCCUPAZIONE, VITA} sitzend, Sitzfleisch erfordernd fam scherz 2 antrop {TRIBÙ} sesshaft B m (f) (persona) Mensch mit ˌsitzender Lebensweiseˌ/[Sitzfleisch fam scherz], bewegungsfauler Mensch, Schreibtischtäter(in) m(f) scherz.

sedentarizzazióne f antrop Sesshaftwerden n.

sedére[1] <siedo, sedetti o sedei, seduto> A agg <essere> 1 ~ (+ compl di luogo) (+ compl di modo) {SULL'ERBA A GAMBE INCROCIATE, IN POLTRONA, ALLA SCRIVANIA, SU UNO SGABELLO, A TA-

VOLA COMPOSTAMENTE} (*irgendwie*) (*irgendwo*) sitzen: **posso accendere la luce stando seduto**, ich kann das Licht im Sitzen anmachen; **era seduta**, sie hat gesessen; **sono seduto al volante**, ich sitze am Steuer; (*con movimento*): **mettere a ~ un bambino sul vasino**, ein Kind auf das Töpfchen setzen **2** (*svolgere un ufficio*) ~ **a/in qc** {AL BANCO DEL GOVERNO, IN CONSIGLIO, IN PARLAMENTO} *in etw* (dat) sitzen: ~ **giudice**, Richter sein **3** (*fare parte*) ~ **tra qu** {TRA I GIURATI} zu jdm zählen **4** (*tenere seduta*) ~ (+ *compl di tempo*) (+ *compl di luogo*) {COMMISSIONE DUE VOLTE ALL'ANNO; MINISTRI DA OTTO ORE IN CAMERA DI CONSIGLIO} (*irgendwann*) (*irgendwo*) tagen **5** *anche fig lett* (*essere situato*) ~ + *compl di luogo* {PAESE IN FONDO ALLA VALLE, TRA IL MONTE E IL PIANO} sich (*irgendwo*) befinden: **i sentimenti siedono nel cuore**, das Herz ist/[gilt als] Sitz der Gefühle **B** *itr itr pron* (*mettersi a sedere*) ~/**sedersi** (+ *compl di luogo*) sich (*irgendwohin*) setzen: (**si**) **sieda, la prego!**, Setzen Sie sich(,) bitte! **C** *itr pron* **1** (*accomodarsi*): **sedersi** ~ (+ *compl di luogo*) (+ *compl di modo*) {SU UNA PANCHINA, A TAVOLA, PER TERRA, VICINO A QU} sich (*irgendwohin*) setzen; **sedersi uno accanto all'altro**, sich nebeneinandersetzen; **sedersi vicino/accanto a qu**, sich zu jdm setzen; **non è riuscita a sedersi neanche un minuto**, sie ist noch nicht eine Minute zum Sitzen gekommen **2** *fig* (*diminuire l'impegno*): **sedersi** nach|lassen: **negli ultimi tempi si è un po' seduto**, in der letzten Zeit hat er etwas nachgelassen **3** *gastr*: **sedersi** {SOUFFLÉ} in sich zusammen|fallen • **alzarsi da ~**, (vom Stuhl/Sessel/Sofa ...) aufstehen; **dare/offrire/porgere da ~ a qu** (*offrire un posto*), jdm einen Platz anbieten; **levarsi/rizzarsi a ~ su qc**, {SUL LETTO} sich in etw (dat) aufsetzen; **mettersi/stare a ~**, sich hinsetzen/sitzen; **mettersi a ~** *fig* (*mettersi a riposo*), die Beine ausstrecken, die Füße hochlegen, sich ausruhen; **non stare mai a ~** *fig* (*essere sempre in movimento*), keine Sekunde still sitzen; **trovare da ~** (*trovare un posto*), einen Sitzplatz finden.

sedére[2] *m* **1** (*deretano*) {PIATTO, PICCOLO} Gesäß n, Hintern m *fam* **2** (*il mettersi, lo stare seduto*) Sitzen n: **il ~ a tavola**, das Sitzen bei Tisch • **avere ~** *fig fam* (*essere fortunato*), Dusel/Schwein haben *fam*; **prendere qu per il ~** *fig fam* (*prendere in giro*), jdn verarschen *volg*, jdn verhohnepiepeln *fam*, jdn auf den Arm nehmen *fam*.

sederìno <*dim di sedere*[2]> *m anche vezz* Popo *m fam*, Hintern *m fam*.

sèdia f {ANTICA, IMPAGLIATA} Stuhl m, Sitz m: ~ **a dondolo/rotelle/sdraio**, Schaukel-/Roll-/Liegestuhl m; ~ **girevole/pieghevole**, Dreh-/Klappstuhl m; ~ **apostolica** *fig lett relig* (*carica, Santa Sede*), Apostolischer Stuhl; ~ **curule** *stor*, kurulischer Stuhl (*Elfenbeinstuhl der römischen Magistraten*); ~ **elettrica**, elektrischer Stuhl; **condannare qu alla ~ elettrica**, jdn zum Tod auf dem elektrischen Stuhl verurteilen; ~ **gestatoria** *relig*, Sedia f gestatoria; **scaldare la ~** *fig* (*fingere di lavorare*), ein Sesselfurzer sein *scherz spreg*, tachinieren *A fam*.

sedicènne **A** agg sechzehnjährig **B** mf Sechzehnjährige mf decl come agg.

sedicènte agg (*falso*) {DOTTORE, GRUPPO TERRORISTICO} angeblich, vorgeblich.

sedicèsimo, (-a) **A** agg num sechzehnte(r, s) **B** m (f) Sechzehnte mfn decl come agg **C** m (*frazione*) Sechzehntel n, sechzehnter Teil • **sedicesimi di finale** *sport*, Sechzehntelfinale n; **in ~ edit**, in Sedez[format]; *fig scherz* (*di scarso valore*), Duodez-; → **anche quinto**.

sédici **A** agg num sechzehn **B** <-> m **1** (*numero*) Sechzehn f **2** (*nelle date*) Sechzehnte m decl come agg **C** f pl sechzehn Uhr; → *anche* **cinque**.

sedìle m **1** (*posto a sedere*) {ANATOMICO, COMODO +AUTO, TRENO} Sitz m: ~ **anteriore/posteriore**, Vorder-/Rücksitz m; ~ **eiettabile/reclinabile/ribaltabile/scorrevole**, Schleuder-/Liege-/Klapp-/Rollsitz m; (*panca*) {+GIARDINO} Bank f **2** (*piano*) {+POLTRONA, SEDIA} Sitz(fläche f) m; ~ **di ferro/paglia**, Sitz-(fläche f) m aus Eisen/Stroh.

sedimentàre *itr* <*essere o avere*> **1** (*decantare*) {VINO} einen (Boden)satz/ein Sediment bilden: **mettere a ~ l'olio**, das Öl sedimentieren lassen **2** *fig* (*maturare*) ruhen, vorerst auf sich beruhen: **lasciamo ~ la situazione**, lassen wir die Situation ruhen/[vorerst auf sich beruhen], warten wir erst einmal ab: **vorrei lasciare ~ la mia decisione**, ich möchte meine Entscheidung reifen lassen.

sedimentàrio, (-a) <*-ri*> *m agg geol* {PROCESSO, ROCCIA} Ablagerungs-, Sediment-, sedimentär.

sedimentazióne f **1** (*decantazione*) {+COMPOSTO} Ablagerung f, Bodensatzbildung f, Sedimentation f **2** *fig* (*maturazione*) {+IDEA} Reifen(lassen) n; {+RICORDO} Ruhen-(lassen) n, Sichsetzen n **3** *geol* Sedimentation f **4** *med* Blutsenkung f: ~ **del sangue**, Blutsenkung f.

sediménto m **1** (*deposito*) {+LIQUIDO} (Boden)satz m **2** *fig lett* (*accumulo*) {CULTURALE; +ESPERIENZE VISSUTE} Anhäufung f **3** *geol* Ablagerung f, Sediment m.

sediòlo m *sport* (*nell'equitazione*) Sulky n.

sedizióne f (*sommossa*) Aufstand m, Erhebung f.

sediziósο, (-a) **A** agg **1** (*insurrezionale*) {ADUNATA, PROGETTO} aufrührerisch, aufständisch **2** (*incitante alla sedizione*) {DISCORSO, NOTIZIA} aufrührerisch, aufwieglerisch **3** (*sovversivo*) {CITTADINO, ELEMENTO, GRUPPO} aufständisch, subversiv *forb* **B** m (f) (*rivoltoso*) Aufrührer(in) m(f), Aufständische mf decl come agg.

sedótto part pass *di* sedurre.

seducènte agg **1** (*affascinante*) {DONNA, SORRISO} verführerisch **2** *fig* (*avvincente*) {IDEA} verlockend, verführerisch.

sedùrre <*coniug come* condurre> *tr* ~ **qu 1** (*irretire*) {DONNA, MINORENNE, RAGAZZO} jdn verführen: **è stata sedotta e abbandonata**, sie wurde verführt und sitzen gelassen *fam* **2** *fig* (*avvincere*) *jdn* (ver)locken, *jdn* verführen: **la tua proposta mi seduce**, dein Vorschlag verlockt mich **3** *lett* (*traviare*) *jdn* vom rechten Weg ab|bringen, *jdn* auf Abwege führen.

sedùta f **1** (*assemblea*) {ANNUALE, ORDINARIA, PUBBLICA, SEGRETA; +Consiglio COMUNALE, TRIBUNALE} Sitzung f: **aprire/chiudere/sciogliere/sospendere la ~**, die Sitzung eröffnen/schließen/auflösen/unterbrechen; **essere in ~ plenaria**, in einer Plenarsitzung/Vollversammlung sein; **la seduta è tolta**, die Sitzung ist aufgehoben **2** (*posa*) Sitzung f: **gli ci vollero sei sedute per ultimare il ritratto**, er brauchte sechs Sitzungen, um das Portrait zu vollenden **3** (*appuntamento*) Termin m, Sitzung f: **una ~ dal/con il dentista**/[**dallo psicoanalista**], eine Sitzung/ein Termin beim Zahnarzt/Psychoanalytiker; **una ~ di fisioterapia**, eine physiotherapeutische Sitzung • ~ **fiume** (*che si protrae a tempo indeterminato*), Marathonsitzung f; ~ **comune del Parlamento** *parl*, gemeinsame Sitzung von [Kammer und Senat]/[beider Kammern]; ~ **permanente** (*senza interruzione*), permanente Sitzung; ~ **spiritica** (*nell'occultismo*), spiritistische Sitzung; ~ **stante** (*durante la seduta*), während der Sitzung; *an che fig* (*subito*), auf der Stelle, sofort.

sedùto, (-a) **A** part pass *di* sedere[1] **B** *inter impr*: ~!, setzen!, Platz nehmen!; **stai ~/seduta!**, bleib sitzen! (*al cane*) sitz!

seduttìvo, (-a) agg (*seducente*) {COMPORTAMENTO} verführerisch.

seduttóre, (-trice) **A** agg (*che seduce*) {PAROLE, SGUARDO} verführerisch **B** m (f) Verführer(in) m(f).

seduzióne f **1** Verführung f: ~ **di una minorenne**, Verführung f einer Minderjährigen **2** *fig* (*attrattiva*) {+MUSICA, SUCCESSO} Verlockung f, Versuchung f: **le seduzioni del mondo**/[**terrene**], die weltlichen/irdischen Versuchungen.

S. E. e O. *abbr di* salvo errori e omissioni: u. ü. V. *abbr di* unter dem üblichen Vorbehalt.

sefardìta <*-i m, -e f*> *relig* **A** agg {COMUNITÀ} sephardisch **B** mf Sephardim pl.

seg. *abbr di* seguente: f. *abbr di* folgend).

séga <*-ghe*> f (*utensile*) Säge f: ~ **alternativa**, Gattersägemaschine f; ~ **ad archetto/arco**, Bügel-/Bogensäge f; ~ **circolare/[a disco]**, Kreissäge f; ~ **elettrica/meccanica**, Motor-/Maschinensäge f; ~ **a mano/nastro**, Hand-/Bandsäge f; ~ **da traforo**, Laubsäge f **2** *mus* Säge f **3** *volg* (*masturbazione maschile*) Wichsen n *volg*: **farsi una ~**, sich (dat) einen runterholen *fam volg*, wichsen *volg* • **non capire una ~**, überhaupt nichts checken *fam*, null Durchblick haben *fam*; **essere una ~** *fig* (*persona incapace*), eine Niete/Pflaume/Flasche sein *fam*; **fare ~** *fig region* (*marinare la scuola*), schwänzen *fam*; **essere una mezza ~** *fig* (*persona gracile*), eine halbe Portion sein *fam*; *fig* (*persona incapace*), eine Niete/Pflaume/Flasche sein *fam*; **non valere una ~** *fig* (*niente*), keinen Pfifferling wert sein *fam*.

segaiòlo m *volg* **1** (*onanista*) Wichser m *volg* **2** *fig* (*inconcludente*) Niete f *fam*, Versager m, Loser m *fam*.

ségala, ségale f *bot* Roggen m • ~ **cornuta** *bot* (*malattia delle graminacee*), Mutterkorn n; *farm* (*droga*), Mutterkorn n.

segalìgno, (-a) agg **1** *rar* (*di segale*) {FARINA} Roggen- **2** *fig* (*asciutto*) {UOMO} dürr, hager, mager.

segalìno, (-a) agg (*di segale*) {PAGLIA, PANE} Roggen-.

segàre <*sego, seghi*> *tr* **1** (*tagliare*) ~ (*qc*) {BARRA DI FERRO, LEGNA, TRAVE} (*etw*) sägen; ~ **qc da qc** {TRONCO DA UN ALBERO} *etw* von *etw* (dat) (ab)sägen: ~ **qc in due**/[**a metà**], *etw* in zwei Teile sägen/[der Mitte durchsägen]; ~ **qc in più parti**, *etw* in mehrere Teile sägen; **questo seghetto non sega bene**, diese kleine Säge sägt nicht gut **2** (*recidere*) ~ **qc** {GOLA} *etw* durch|schneiden; {VENE DEI POLSI} *anche* ~ *etw* auf|schneiden **3** *region* (*falciare*) ~ **qc** {GRANO} *etw* mähen **4** *fig* (*stringere*) ~ **qc a qu** jdm in etw (acc) (ein)schneiden: **la cintura troppo stretta mi sega i fianchi**, der zu enge Gürtel schneidet mir in die Hüfte ein **5** *fig fam* (*respingere*) ~ **qu** jdn ab|sägen *fam*: **quest'anno agli esami mi hanno segato**, dieses Jahr haben sie mich bei den Prüfungen abgesägt *fam*.

segatóre, (-trice) m (f) **1** {+LEGNA, PIETRE} Säger(in) m(f) **2** *region* (*falciatore*) Mäher(in) m(f).

segatrice f *tecnol* Maschinensäge f: ~ **a disco/nastro**, Kreis-/Bandsäge f.

segatùra f **1** (*detriti*) Sägemehl n, Sägespäne m pl **2** (*il segare*) {+ALBERO} (Ab)sägen n, (Zer)sägen n: ~ **a macchina/mano**,

Maschinen-/Handsägen n **3** *region* (*il falciare*) {+FIENO} Mähen n ● **avere la ~ nel cervello** *fig* (*essere corto di comprendonio*), Stroh im Kopf haben *fam*, schwer von Begriff/Kapee *fam* sein, begriffsstutzig sein *fam*.
seggétta f (*comoda*) Nachtstuhl m.
sèggio <-gi> m **1** (*sedile di alta carica*) {PAPALE, PRESIDENZIALE} Stuhl m: ~ **re(g)ale**, Thron m **2** (*posto*) {+DEPUTATO, PARTITO} Sitz m: **i democratici hanno perso tre seggi in parlamento**, die Demokraten haben drei Sitze im Parlament verloren **3** ~ (*elettorale*), (*luogo in cui si vota*) Wahllokal n; (*commissione*) Wahlausschuss m ● **Seggio dell'***Altissimo* *relig* (*il paradiso*), Paradies n, Himmelreich n, **Seggio di San** *Pietro* *relig* (*il papato*), Papstwürde f, Papsttum n, Papat m o n; *sbalzare/togliere qu di/[dal suo] ~ fig* (*spodestarlo*), jdn absetzen/entmachten.
sèggiola f (*sedia*) Stuhl m.
seggiolino <*dim di seggiola*> m **1** (*piccola sedia per bambini*) Kinderstuhl m **2** (*sedile per bambini su auto o biciclette*) Kindersitz m **3** (*sedia pieghevole*) Klappstuhl m: ~ **pieghevole**, Klappstuhl m **4** (*strapuntino*) Klappsitz m ● **~ eiettabile** *aero*, Schleudersitz m; **~ di pilotaggio** *aero*, Pilotensitz m.
seggiolóne <*accr di seggiola*> m **1** (*per bambini*) Kinder-, Hochstuhl m **2** (*grande sedia*) Lehnstuhl m, Sessel m ● **essere caduto dal ~** *fig fam scherz* (*sembrare un po' strambo*), als Kind zu heiß gebadet worden sein *fam*.
seggiovìa f Sessellift m.
segherìa f Sägewerk n, Sägerei f.
seghétta <*dim di sega*> f **1** kleine Säge: **~ per fiale**, Ampullensäge f; **~ da traforo**, Laubsäge f **2** (*nell'equitazione*) Nasenring m.
seghettàre *tr* (*dentellare*) ~ *qc etw* auszacken.
seghettàto, (-a) *agg* **1** (*dentellato*) {BORDO, ORLO} gezahnt, gezackt; {COLTELLO} Säge- **2** *bot* {FOGLIA} gesägt.
seghétto <*dim di sega*> m **1** (*per legno*) kleine Säge **2** (*per metallo*) Metallsäge f.
segmentàle *agg* **1** (*di segmento*) segmental **2** *anat biol* {ORGANO, STRUTTURA} segmentär, Segment- **3** *ling*: **elemento ~**, Segment n.
segmentàre A *tr* **1** (*dividere in segmenti*) **~ qc** {LINEA} *etw* segmentieren *forb*, *etw* in Segmente teilen **2** (*suddividere*) **~ qc** (**in qc**) {MERCATO IN AREE DI CONSUMO, PROGRAMMA DI LAVORO} *etw* (*in etw* acc) aufteilen B *itr pron* (*dividersi in segmenti*): **segmentarsi** (**in qc**) {PARTITO IN DUE CORRENTI} sich (*in etw* acc) aufspalten.
segmentàto, (-a) *agg* **1** (*suddiviso*) **~ (in qc)** {PROGRAMMA IN PUNTI} (*in etw* acc) aufgeteilt **2** *gramm* {FRASE} segmentiert.
segmentazióne f **1** (*divisione in segmenti*) {+RETTA} Segmentierung f *forb* **2** (*suddivisione*) {+PROCESSO PRODUTTIVO} Aufteilung f **3** *biol* Segmentierung f **4** *ling* Segmentierung f.
segménto m **1** *gener* {+CORDA} Segment n *forb*, Teil(stück n) m **2** (*lembo*) {+PELLE, TELA} Fetzen m, Streifen m, Stück n **3** *fig* (*fattore*) {CULTURALE} Faktor m **4** *biol* Segment n **5** *mat* (*in geometria*) Abschnitt m, Segment n: **~ circolare/sferico**, Kreis-/Kugelabschnitt m **6** *mecc* {+STANTUFFO} (Kolben)ring m ● **~ di mercato** *econ*, Marktbereich m, Konsumentengruppe f.
segnalaménto m **1** (*impiego di segnali*) {FERROVIARIO, MARITTIMO, STRADALE} Zeichenverwendung f **2** <*solo pl*> *mar* (*insieme di segnali*) {LUMINOSI, RADIOELETTRICI, SONORI} Signal n pl, Zeichen n pl: **segnalamenti di manovra**, Manöversignale n pl.

segnalàre A *tr* **1** (*indicare con segnali*) **~ qc** {ARRIVO DEL TRENO, CAMBIAMENTO DI DIREZIONE, PERICOLO} *etw* an|zeigen, *etw* signalisieren **2** (*annunciare*) **~ (a qu)** {CASO DI COLERA, INCIDENTE, PERTURBAZIONE} *jdm etw* an|zeigen, *jdm etw* bekannt geben, *jdm etw* melden **3** *fig* (*mettere in evidenza*) **~ qu/qc a qu/qc** {DRAMMA ECOLOGICO ALLA SOCIETÀ, ULTIMO DISCO DI QU ALLA CRITICA} *jdn/etw auf jdn/etw* aufmerksam machen, *jdn/etw auf jdn/etw* hin|weisen; {PREMIO LETTERARIO NUOVO POETA AL PUBBLICO} *anche jdn/etw jdm/etw* vor|stellen **4** *fig* (*raccomandare*) **~ qu a/per qc** {GIOVANE A UN CONCORSO, PER UN LAVORO} *jdn für etw* (acc) empfehlen **5** *aero mar* (**con qc**) (+ *compl di modo*) {CON BANDIERE, CON L'ELIOGRAFO A INTERVALLI REGOLARI} (*mit etw* dat) (*irgendwie*) Signale geben: **il traghetto sta segnalando**, die Fähre gibt Signale B *rfl* (*farsi notare*): **segnalarsi** (*in/per qc*) {NELL'ARTE, IN GUERRA, PER IL PROPRIO CORAGGIO, NELL'INTERPRETAZIONE TEATRALE} sich ⌊*in etw* (dat)⌋/⌊*durch etw* (acc)⌋ aus|zeichnen, ⌊*in etw* (dat)⌋/⌊*durch etw* (acc)⌋ auf sich aufmerksam machen.
segnalatóre, (-trice) A *agg tecnol* {APPARECCHIO} Signal- B *m tecnol* (*dispositivo*) {ACUSTICO, OTTICO} Meldegerät n, Signalgeber m, Signalanlage f: **~ d'incendio**, Feuermelder m C *m* (f) (*chi segnala*) {+FURTO} Melder(in) m(f).
segnalazióne f **1** (*segnale*) Signal n, Zeichen n: **fare segnalazioni con le braccia**, Zeichen mit den Armen geben; **~ stradale**, Straßensignal n; (*segnaletica*) Signalsystem n, Zeichen n pl: **su questa strada la ~ luminosa è scarsa**, diese Straße hat wenige Lichtsignale **2** (*trasmissione di segnali*) {ACUSTICA, OTTICA} Signalisieren n, Signalisierung f **3** (*trasmissione di notizie*) {+ARRIVO DI UN CICLONE, FUGA DI UN PRIGIONIERO} Meldung f, Hinweis m: **ci sono state delle segnalazioni alla polizia**, die Polizei hat Hinweise bekommen; **dare ~ che ...**, melden/[Meldung erstatten], dass ... **4** *fig* (*annuncio informativo*) Hinweis m, Anzeige f: **~ cinematografica**, Kinohinweis(e) m (pl), Kinotipp(s) m (pl) **5** *fig* (*messa in evidenza*) {+NUOVO LIBRO, GIOVANE PITTORE} Hinweis m *auf etw* (acc), Vorstellung f **6** *fig* (*raccomandazione*) Empfehlung f: **fare/ricevere una ~ per qu**, ⌊*jdm etw* empfehlen⌋/[*etw von jdm* empfohlen bekommen].
segnàle m **1** *gener* {BREVE, CONVENUTO} Signal n, Zeichen n: **~ d'allarme/di avvertimento**, Alarm-/Warnsignal n; **~ di soccorso**, Hilfezeichen n, Hilferuf m, Hilfesignal n **2** (*oggetto, dispositivo*) {FISSO, GALLEGGIANTE, MOBILE} Signal n, Zeichen n: **~ di divieto/stop**, Verbots-/Stoppschild n; **~ ferroviario/marittimo/stradale**, Bahn-/See-/Verkehrszeichen n; **~ di preavviso**, Warnschild n; **~ di precedenza**, Vorfahrtsschild n **3** (*segnalibro*) Lesezeichen n **4** *elettr* {DEBOLE, DIGITALE} Signal n: **~ audio**, Tonsignal n; **~ video**, Video-, Bildsignal n; **~ d'entrata/di uscita**, Eingangs-/Ausgangssignal n **5** *tel* Zeichen n, Ton m: **~ acustico (della segreteria telefonica)**, Signal-, Pfeifton m (des Anrufbeantworters); **~ di libero/occupato**, Frei-/Besetztzeichen n ● **segnali discorsivi** *ling*, Modal-, Abtönungspartikeln n pl; **~ di fumo** (*dei pellirosse*), Rauchzeichen n; **~ fig giorn polit** (*d'intesa*), Zeichen n des Einverständnisses; **~ orario radio TV**, Zeitzeichen n.
segnalètica <*-che*> f (*insieme di segnali*) Signalsystem n, Zeichen n pl: **bisogna rispettare la ~ stradale**, man muss die Verkehrsschilder beachten; **~ ferroviaria**, Bahnsignale n pl; **~ luminosa**, Lichtsignale n pl; **~ orizzontale/verticale**, horizontale/vertika-

le Zeichen.
segnalètico, (-a) <*-ci, -che*> *agg* {DATI} Erkennungs-: **foto/scheda segnaletica**, Fahndungsfoto n/Steckbrief m.
segnalibro m Lesezeichen n.
segnalìmite m *tec* Fahrbahntrenner m.
segnalinee <-> mf *sport* (*nel calcio*) (*guardalinee*) Linienrichter(in) m(f).
segnapósto m Platz-, Tischkarte f.
segnaprèzzo m Preisschild n.
segnapùnti <-> A m (*dispositivo*) Anzeigetafel f B mf *sport* (*ufficiale di gara*) Anschreiber(in) m(f).
segnàre A *tr* **1** (*evidenziare*) **~ qc** (+ *compl di modo*) (+ *compl di luogo*) {LOCALITÀ SU UNA PIANTINA, PASSO SIGNIFICATIVO A MARGINE DI UN LIBRO} *etw* (*irgendwie*) (*irgendwo*) an|merken, *etw* (*irgendwie*) (*irgendwo*) markieren; {ERRORI CON LA BIRO ROSSA, IN ROSSO SUL QUADERNO} *etw* (*irgendwie*) (*irgendwo*) an|streichen: **~ qc con una crocetta**, *etw* ankreuzen **2** (*contrassegnare*) **~ qc** (**con qc**) {CONFINE CON UNO STECCATO; RIGA GIALLA PERCORSO DI GARA} *etw* (*mit etw* dat) be-, kennzeichnen; (*tracciare*) {SENTIERO} *etw* ab|stecken, *etw* kennzeichnen **3** (*marchiare*) **~ qc** {CAVALLO, PECORA} *etw* kennzeichnen, *etw* markieren **4** (*scrivere*) **~ qc** (**in/su qc**) {DATA SUL CALENDARIO, INDIRIZZO NELL'AGENDA} *etw* (*in etw* dat) auf|schreiben, *etw* (*in etw* dat) notieren; {PREZZO SUL CARTELLINO} *etw* (*auf etw* acc) schreiben **5** (*registrare*) **~ qc** {SPESA} *etw* verzeichnen, *etw* registrieren: **~ a debito/credito**, anschreiben/gutschreiben **6** (*indicare*) **~ qc** {BAROMETRO PIOGGIA; OROLOGIO MEZZOGIORNO; SEMAFORO VERDE; TERMOMETRO DIECI GRADI} *etw* an|zeigen, *auf etw* (acc) zeigen **7** (*lasciare il segno*) **~ qc** (**con qc**) {SUPERFICIE CON UN CHIODO} *etw* (*mit etw* dat) an|kratzen; **~ qu** *jdn* zeichnen; **la tragedia lo ha segnato**, das Unglück hat ihn gezeichnet **8** *fig* (*significare*) **~ qc** {CAMPANELLA FINE DELLE LEZIONI; MORTE DI QU CAMBIAMENTO DI VITA} *etw* bedeuten **9** *fig* (*fasciare*) **~ qu/qc** {VESTITO FORMA DEL CORPO} *jdn* zu sehr ein|schnüren, *etw* zu sehr betonen: **la gonna è stretta, ti segna troppo**, der Rock ist zu eng, er ⌊betont deine Figur zu sehr⌋/[schnürt dich zu sehr ein] **10** *sport* **~ qc** {GIOCATORE, SQUADRA GOAL, PUNTO, RETE} *etw* erzielen; (*uso assol*) ins Tor schießen, einen Punkt machen: **hanno segnato al quindicesimo del primo tempo**, sie haben in der 15. Minute der 1. Halbzeit ⌊ein Tor geschossen⌋/[einen Punkt gemacht] B *rfl* (*fare il segno della croce*): **segnarsi** sich bekreuzigen ● **cose da segnarsi** *fig fam* (*cose che fanno inorridire*), himmelschreiende/entsetzliche Dinge.
segnasùb A <inv> *agg* {PALLONE} schwimmender B <-> m (*segnale galleggiante*) Schwimmkörper m.
segnataménte *avv* (*in modo particolare*) besonders.
segnatèmpo <-> m Zeitnehmer m.
segnàto, (-a) *agg* **1** (*marcato*) {ANIMALE, PAGINA} gekennzeichnet, markiert; {SENTIERO} *anche* abgesteckt **2** (*recante segni*) **~ (da qc)** {BELLEZZA DAGLI ANNI, VISO DALLA FATICA} (*von etw*) (dat) gezeichnet *forb*: **è un uomo ormai ~**, mittlerweile ist er ein gezeichneter Mann **3** *fig* (*deciso*) {DESTINO} vorgezeichnet, vorbestimmt ● **~ da Cristo/Dio** *fig* (*deforme*), entstellt.
segnatùra f **1** (*il contrassegnare*) {+MERCI} Be-, Kennzeichnung f; (*azione*) *anche* Be-, Kennzeichnen n **2** (*nelle biblioteche*) Signatur f **3** *sport* Punktzahl f **4** *tip* (*segno*) Signatur f; (*foglio*) signierter Druckbogen ● **Segnatura apostolica** *relig*, Apostolische Si-

gnatur, "höchstes Gericht der päpstlichen Kurie".

segnavènto A <inv> agg {GALLO} Wetter-; {BANDERUOLA} anche Wind- B <-> m Wetter-, Windfahne f, Wetterhahn m.

segnavìa <-> m alpin Wegmarke f, Wegzeichen n.

ségno m 1 gener Zeichen n; fig {CHIARO; +RIPRESA; PREMONITORE} (An-, Vor)zeichen n; **se non risponde è ~ che vuol stare solo**, wenn er nicht antwortet, heißt es, dass er allein(e) sein will; **questo silenzio è ~ di disgrazia**, dieses Schweigen ist ein Zeichen, dass ein Unglück passiert ist 2 (elemento distintivo) Zeichen n, Merkmal n: **segni caratteristici/particolari**, besondere Merkmale; **~ di riconoscimento**, Erkennungszeichen n, Erkennungsmerkmal n 3 (sintomo) Symptom n: **l'inappetenza è ~ di malattia**, Appetitlosigkeit ist ein Symptom für Krankheit 4 (dimostrazione) Beweis m, Zeichen n: **un ~ celeste/[del cielo]**, ein Zeichen des Himmels; **non dà ~ di andarsene**, er/sie macht keine Anstalten zu gehen; **dare segni di gioia/impazienza**, Zeichen der Freude/Ungeduld von sich geben forb, Freude/Ungeduld erkennen lassen; **presentare segni di squilibrio**, Anzeichen geistiger Verwirrung erkennen lassen; **dare ~ di stanchezza**, Ermüdungserscheinungen zeigen, Anzeichen von Ermüdung geben 5 (gesto) Zeichen n: **capirsi/parlare a segni**, sich durch Zeichen verständigen; **mi fece ~ di entrare**, er/sie machte mir ein Zeichen einzutreten; **fare ~ con la mano/testa**, ⌊ein Handzeichen geben⌋/[ein Zeichen mit dem Kopf machen] geben]; **un ~ di saluto**, ein Wink, ein Gruß; **fare ~ di sì/no**, eine zustimmende/ablehnende Geste machen 6 (espressione grafica) {ALFABETICO, ALGEBRICO, DIACRITICO} Zeichen n: **~ di interpunzione/punteggiatura**, Interpunktions-/Satzzeichen n; **~ di addizione/divisione/moltiplicazione/sottrazione**, ⌊Additions-, Pluszeichen n⌋/[Divisions-, Teilungszeichen n]/[Multiplikations-, Malzeichen n]/[Subtraktions-, Minuszeichen n]; **meno/più**, Minus-/Pluszeichen n 7 (traccia) {+FRENATA, INCENDIO, PASSI, ZAMPA} Spur f; {INDELEBILE, NITIDO; +CHIODO, QUADRO} anche Zeichen n: **ci sono dei segni di biro sul libro**, im Buch sind Kugelschreiberspuren; **segni di stanchezza sul viso**, Spuren f pl von Müdigkeit im Gesicht 8 (simbolo) Symbol n, Zeichen n: **la bandiera bianca è ~ di resa**, die weiße Fahne symbolisiert Kapitulation 9 (linea, punto di contrassegno) {COLORATO} Zeichen n, Markierung f: **fate un ~ a pagina dieci!**, macht (euch) auf Seite zehn eine Markierung!; **taglia fino al ~!**, schneide bis zur Markierung! 10 (segnalibro) Lesezeichen n: **mettere il/un ~ nel libro**, das/ein Lesezeichen ins Buch tun/legen 11 (bersaglio) Ziel(scheibe f) n: **tirare a ~**, auf die Zielscheibe schießen 12 fig (testimonianza) {+GRANDE CIVILTÀ, PASSATO} Zeichen n, Zeugnis n: **è un ~ dei tempi**, das ist ein Zeichen der Zeit 13 fig lett (punto) Punkt m: **sei arrivato fino a questo ~?**, bist du so weit gekommen?; **è ridotto a tal ~ che si teme per la sua vita**, es geht ihm so schlecht, dass man um sein Leben fürchtet 14 astrol astr (Stern)zeichen n: **~ d'acqua**, Sternzeichen n des Wassers; **~ d'aria**, Luftzeichen n; **~ di fuoco/terra**, Feuer-/Erdzeichen n; **~ zodiacale/[dello zodiaco]**, Sternzeichen n; **di che ~ sei? – Sono dei gemelli**, welches Sternzeichen bist du? – Zwilling; **essere nato sotto il ~ del cancro**, im Zeichen des Krebses geboren sein 15 ling (in semiologia) Zeichen n: **~ (linguistico)**, (linguistisches) Zeichen n; **segni morfologici/sintattici**, morphologische/syntaktische Zeichen ● **segni accidentali** mus, Vorzeichen n pl; **andare a ~** anche fig (raggiungere il bersaglio), treffen; **buon/cattivo ~!** anche fig (buono/cattivo indizio), (ein) gutes/schlechtes Zeichen!; **cogliere/colpire/dare nel ~** anche fig (centrare il bersaglio), ins Schwarze treffen; **non cogliere nel ~**, danebenschießen; **come/in ~ di qc** (come prova di qc), {+AMICIZIA, RICONOSCENZA} zum Zeichen etw (gen); **in ~ di rifiuto**, abwehrend; **in ~ di saluto**, zum Gruß; **~ di croce** (firma di analfabeta), Kreuz n; **~ della croce** relig (simbolo della crocifissione), Kreuzzeichen n; **fare/farsi il ~ della croce**, sich bekreuzigen; **fallire il ~** (sbagliare la mira), danebenschießen, das Ziel verfehlen; **essere fatto ~ a/di qc** fig (essere oggetto di qc), {ALLE BEFFE, AGLI INSULTI} Zielscheibe sein (gen); **lasciare il ~**, ein Zeichen/eine Spur hinterlassen; fig (rimanere impresso nella memoria), sich einprägen, eine Spur/einen Eindruck hinterlassen; **mandare/mettere a ~** (centrare il bersaglio), ins Ziel/Schwarze treffen; fig (ottenere esito positivo), ins Schwarze treffen, sein Ziel erreichen; **mandare/mettere a ~ un colpo/contratto**, ⌊(mit einem Schuss) ins Ziel/Schwarze treffen⌋/[einen Vertrag zu einem glücklichen Abschluss bringen]; **oltrepassare/passare/superare il ~** fig (andare oltre i limiti), das Maß überschreiten, zu weit gehen; **perdere/tenere il ~** (punto di interruzione di una lettura), (in einem Buch) die Markierung verlieren/[nicht verlieren]; **~ di rinvio** tip, Korrekturzeichen n; **segni sacramentali** relig, Sakramentalien pl; **sotto il ~ di qc** fig (nel nome di qc), {DELLA FRATELLANZA, DELLA LIBERTÀ} ⌊im Zeichen⌋/[unter dem Banner] etw (gen); **~ speciale** tip, Sonderzeichen n; **non dare segni di vita** (essere esanime), {FERITO} kein Lebenszeichen (von sich dat) geben; fig (non dare notizie di sé) anche, sich nicht rühren, nichts von sich (dat) hören lassen; fig (non funzionare), {RADIO, TELEFONO} keinen Ton von sich (dat) geben.

ségo <-ghi> m (grasso animale) Talg m.

segóso, (-a) agg 1 (a base di sego) {BRODO} Talg- 2 (simile al sego) {SOSTANZA} talgig, talgartig.

segregàre <segrego, segreghi> A tr (isolare) **~ qu** {AMMALATO CONTAGIOSO, PRIGIONIERO PERICOLOSO} jdn ab|sondern, jdn isolieren B rfl (isolarsi): **segregarsi da qu/qc** {DA TUTTI, DAL MONDO} sich von jdm/etw ab|sondern; **segregarsi + compl di luogo** {IN CASA} sich irgendwohin zurück|ziehen.

segregazióne f (isolamento) {VOLONTARIA} Absonderung f ● **~ cellulare** dir (pena detentiva), Isolations-, Einzelhaft f; **~ razziale** (segregazionismo), Rassentrennung f, (Rassen)segregation f.

segregazionìsmo m (politica di discriminazione razziale) Rassentrennung f, (Rassen)segregation f.

segregazionìsta <-i m, -e f> A agg {REGIME} Segregations- B mf (sostenitore) Anhänger(in) m(f) der (Rassen)segregation.

segregazionìstico, (-a) <-ci, -che> agg {POLITICA} Segregations-.

segrèta f 1 (cella) Verlies n 2 stor mil (parte dell'armatura) "metallener Kopfschutz (unter dem Helm)".

segretàre tr dir **~ qc** {VERBALE DELL'INTERROGATORIO} etw geheim halten, das Dienstgeheimnis (bei etw dat) wahren.

segretària f 1 (impiegata) Sekretärin f: **~ d'azienda/di direzione**, Geschäfts-/Chefsekretärin f 2 (redattrice di verbali) {+COLLEGIO DEI DOCENTI, GIURIA} Schriftführerin f, Protokollantin f 3 film TV (assistente) Sekretärin f, Ateliersekretärin f; **~ di produzione/scena**, Produktions-/Bühnenassistentin f 4 giorn Sekretärin f: **~ di redazione**, Redaktionssekretärin f.

segretariàle agg {MANSIONI} Sekretariats-, Sekretärs-.

segretariàto m (carica, sede) Sekretariat n.

segretàrio <-ri> m 1 (impiegato) {+DIRETTORE, SCUOLA} Sekretär m: **~ particolare/privato**, Privatsekretär m 2 (funzionario pubblico) Sekretär m: **~ comunale/provinciale**, Gemeinde-/Landkreissekretär m 3 (redattore di verbali) {+COMITATO, SEGGIO} Schriftführer m 4 film TV Sekretär m, Assistent m: **~ di edizione**, Skript-, Ateliersekretär m; **~ di produzione/scena**, Produktions-/Bühnenassistent m 5 giorn Sekretär m: **~ di redazione**, Redaktionssekretär m 6 polit {+PARTITO} Sekretär m: **~ generale dell'ONU**, Generalsekretär m der UNO; **~ di stato**, Staatssekretär m ● **~ apostolico** relig, Apostolischer Sekretär; **fare da ~ a qu** anche scherz (aiutarlo nello svolgimento della sua attività), für jdn knechten spreg, jdm den Neger machen fam scherz; **il ~ fiorentino** (N. Machiavelli), N. Machiavelli, der berühmte Sohn von Florenz.

segretazióne f dir Geheimhaltung f, Wahrung f des Dienstgeheimnisses.

segreterìa f 1 (ufficio) {+UNIVERSITÀ} Sekretariat n, Kanzlei f 2 (carica) Sekretariat(samt) n: **lasciare la ~ del partito**, sein Amt als Parteisekretär aufgeben 3 (periodo) Amtszeit f (des Sekretärs): **durante la ~ Berlinguer**, während Berlinguers Amtszeit 4 (mobile) Sekretär m ● **Segreteria di Stato** polit (ministero degli esteri), Außenministerium n; **Segreteria di Stato di Sua Santità** polit (organo della Santa Sede), Staatssekretariat n (des Heiligen Stuhls); **~ telefonica** tel, (automatischer) Anrufbeantworter; (servizio), automatische Ansage.

segretézza f 1 (l'essere segreto) {+INCARICO} Heimlichkeit f, Vertraulichkeit f: **con ~**, vertraulich, heimlich; **con la massima ~**, unter dem Siegel ⌊strengster Geheimhaltung⌋/[der Verschwiegenheit]; **in gran/tutta ~**, in aller Heimlichkeit 2 (discrezione) Diskretion f, Verschwiegenheit f: **confido nella tua ~**, ich vertraue auf deine Diskretion.

segréto, (-a) A agg 1 (nascosto) {PASSAGGIO, SCALA} geheim, Geheim- 2 (clandestino) {COLLOQUIO, MATRIMONIO, ORGANIZZAZIONE} heimlich 3 (tenuto celato) {PIANO} geheim; {ARMA} anche Geheim- 4 (riservato) {CODICE, SCHEDARIO} Geheim-; {SCRUTINIO, VOTO} geheim 5 fig (intimo) {ASPIRAZIONE, SENTIMENTO} geheim, versteckt, verborgen; {SPERANZA} still B m 1 (notizia riservata) Geheimnis n: **custodire un ~**, ein Geheimnis hüten; **non ho segreti per nessuno**, ich habe vor niemandem Geheimnisse 2 (riserbo) {CONFESSIONALE, EPISTOLARE, INDUSTRIALE} Geheimnis n: **~ bancario/istruttorio**, Bank-/Untersuchungsgeheimnis n; **~ professionale/d'ufficio**, Berufsgeheimnis n/[Dienst-/Amtsgeheimnis n] 3 (espediente) {+FELICITÀ} Geheimnis n, Schlüssel m: **qual è il ~ del tuo successo?**, was ist ⌊dein Erfolgsrezept⌋/[das Geheimnis deines Erfolges]?; **conosce tutti i segreti del mestiere**, er/sie kennt alle beruflichen Tricks 4 (mistero) {+NATURA} Geheimnis n, Rätsel n 5 (congegno) {+BAULE, FORZIERE} Geheimverschluss m C loc avv (di nascosto): **in ~**, {PARTIRE} geheim, unter Geheimhaltung; **in gran ~**, unter strenger Geheimhaltung ● **segreti d'alcova**, Bettgeheimnisse n pl; **nel ~ di qc** (nella parte reconditа), {DEL PROPRIO CUORE} im Innersten etw (gen); **nel ~ del bosco**, im tiefen Wald; **nel ~ della propria stanza**, im stillen Kämmerlein scherz; **non è ₁più un ~ (per nessuno)₁/ [certo un ~]** (è noto a tutti), es ist ₁kein Geheimnis mehr₁/[ein offenes Geheimnis]; **è il ~ di Pulcinella** scherz (cosa nota a tutti), das pfeifen die Spatzen von den/allen Dächern fam; **~ di Stato**, anche fig (cosa di cui si fa grande mistero), Staatsgeheimnis n fam; **portarsi un ~ nella tomba** fig (non rivelare mai un segreto), ein Geheimnis mit ins Grab nehmen.

seguàce mf **1** (sostenitore) {+CRISTIANESIMO} Anhänger(in) m(f); {+MARXISMO, PARTITO SOCIALISTA} anche Jünger m forb **2** (allievo) {+ARISTOTELE, GIOTTO} Schüler(in) m(f).

seguènte Ⓐ agg **1** (successivo) (abbr seg., sg.) {GIORNO, PAGINA} folgende(r, s) **2** (descritto, elencato immediatamente dopo) folgende(r, s): **nel modo ~**, folgendermaßen; **pronunciò le seguenti parole**, er/sie sagte Folgendes Ⓑ mf (prossima persona) Nächste mf decl come agg.

segùgio <-gi> m **1** (cane) Spürhund m **2** fig (investigatore) Spürhund m scherz, Ermittler m.

seguìre <seguo> Ⓐ tr <avere> **1** (andare dietro) **~ qu/qc** {CORTEO, GUIDA TURISTICA, MACCHINA} jdm/etw folgen **2** (pedinare) **~ qu** (+ compl di tempo) (+ compl di luogo) {DETECTIVE SOSPETTATO; SCONOSCIUTO DONNA DA UNA SETTIMANA, PER TUTTA LA CITTÀ} jdn (irgendwann) (irgendwohin) verfolgen **3** (accompagnare) **~ qu ~ compl di tempo**) (+ compl di luogo) jdm (irgendwann) (irgendwohin) folgen, jdn (irgendwann) (irgendwohin) begleiten: **se cambiassi città, tu mi seguiresti?**, wenn ich in eine andere Stadt ziehen würde, würdest du dann mitkommen?; anche fig jdn (irgendwann) (irgendwo) verfolgen, jdn (irgendwann) (irgendwo) nicht los|lassen: **le terribili immagini di quella scena mi seguiranno sempre**, die schrecklichen Bilder dieser Szene werden mich ₁immer verfolgen₁/[nie loslassen] **4** (venire dopo) **~ (qc)** {AGOSTO LUGLIO; ARCOBALENO TEMPORALE; IL SEI IL CINQUE} (auf etw (acc)/etw (dat)) folgen: **segue un lungo elenco di numeri telefonici**, es folgt eine lange Liste mit Telefonnummern; **seguono le firme dei sei contraenti**, es folgen die Unterschriften der sechs Vertragspartner; **segue lettera**, Brief folgt; **disse ₁ciò che₁/[quanto] segue ...**, er/sie sagte Folgendes ...; **con quel che segue**, und so weiter und so fort **5** (percorrere) **~ qc** {ITINERARIO, ROTTA, SENTIERO} etw (dat) folgen, etw gehen **6** fig (rispettare) **~ qc** {PRASSI, REGOLA GRAMMATICALE} etw beachten, etw befolgen; {CONSIGLIO, LEGGE, PRESCRIZIONE DEL MEDICO} anche etw (dat) nach|kommen; {DIETA} etw ein|halten; {MODA} etw (dat) folgen **7** fig (stare dietro) **~ qc** {CORRENTE LETTERARIA, DOTTRINA FILOSOFICA, ESEMPIO DI QU, INSEGNAMENTO DI QU, LINEA DI COMPORTAMENTO, METODO} etw (dat) folgen; **~ qu/qc** {MAESTRO, VEZZO LINGUISTICO} jdm/etw nach|eifern **8** fig (assistere) **~ qu (in qc)** {GENITORI BAMBINO NELLA CRESCITA, NELLO STUDIO} sich um jdn (in etw dat) kümmern; {MEDICO PAZIENTE} anche jdm (ärztlichen) Beistand leisten **9** fig (prestare attenzione) **~ qu/qc** {DISCORSO, SPIEGAZIONE, TRAMA DI UNO SPETTACOLO} jdm/etw folgen: **seguite quello che dice?**, könnt ihr ihm/ihr folgen?; **mi segui?**, verstehst du mich?, kannst du mir folgen?, alles klar?; (uso assol) zu|hören, mit|kommen; **scusami, non seguo più**, entschuldige, ich ₁höre nicht mehr zu₁/[komme nicht mehr mit] **10** fig (tener dietro con lo sguardo) **~ qu/qc** (+ compl di modo) {MOVIMENTI DI QU, SCENA DA LONTANO} jdn/etw (ir-

gendwie) verfolgen: **lo seguii a lungo con lo sguardo**, ich sah ihm lange nach; (con la mente) **~ qc** {FILO DEI PROPRI PENSIERI} etw (dat) folgen, etw verfolgen **11** fig (interessarsi) **~ qc** {CRISI POLITICA, PROGRESSI DELLA SCIENZA, SVILUPPI DI UN FATTO, TRASMISSIONE} etw verfolgen **12** fig (frequentare) **~ qc** {CICLO DI CONFERENZE, CORSO DI YOGA} an etw (dat) teil|nehmen, etw besuchen; {STUDI} etw (dat) nach|gehen Ⓑ itr <essere> **1** (venire dopo) **~ (a qc)** nach etw (dat), auf etw (acc) folgen: **al due segue il tre**, nach zwei kommt drei; **a maggio segue giugno**, auf den Mai folgt der Juni **2** (continuare) folgen, fortgesetzt werden: **segue a pag. 33**, Fortsetzung auf S. 33; **~ a fare qc**, mit etw (dat) fortfahren; fortfahren, etw zu tun **3** (derivare) entstehen, folgen: **spero che non seguano complicazioni**, ich hoffe, daraus ergeben sich keine Komplikationen; **ne seguì una disgrazia**, daraus folgte ein Unglück • **segue** giorn (continua alla pagina seguente, nel prossimo numero), Fortsetzung folgt.

seguitàre tr <avere> (continuare) **~ qc** {DISCORSO, RICERCA, STUDI} etw fort|setzen, mit etw (dat) weiter|machen; (uso assol) weiter|machen: **pensi di ~ così?**, meinst du, so weiterzumachen?, willst du so weitermachen?; **se seguita così, me ne vado**, wenn ₁er/sie so weitermacht₁/[das so weitergeht], gehe ich Ⓑ itr <essere o avere> (perdurare) **~ (+ compl di tempo)** {MALTEMPO, SCIOPERO DA TRE GIORNI} (irgendwann) dauern: **ha seguitato a parlare/scrivere/telefonare**, er/sie hat weitergesprochen/weitergeschrieben/weitertelefoniert; **seguita a nevicare**, es schneit weiter/[immer noch].

séguito Ⓐ m **1** (scorta) {IMPONENTE; +PRESIDENTE} Gefolge m: **era accompagnato da un ~ di ammiratori**, er wurde von einer Schar Bewunderer begleitet; **era al ~ della regina**, er/sie war im Gefolge der Königin **2** (insieme di seguaci) Anhängerschaft f, Nachwuchs m: **le sue idee non hanno trovato largo ~**, seine/ihre Ideen haben nicht viele Anhänger gefunden; (consenso) Erfolg m, Zustimmung f; **(non) avere molto ~**, (nicht) viel Zustimmung bekommen **3** (sequela) {+DISGRAZIE, IMBROGLI} Folge f, Reihe f **4** (proseguimento) {+RACCONTO, SCENEGGIATO TELEVISIVO} Fortsetzung f: **domani ti racconto il ~**, morgen erzähle ich dir die Fortsetzung; **il ~ ₁sul prossimo numero₁/[alla prossima puntata]**, weiter geht's in der nächsten Nummer/Folge **5** (ulteriore sviluppo) Folgen f pl, Nachspiel n: **la cosa (non) ebbe ~**, die Sache hatte (k)ein Nachspiel; **la vicenda rimase senza ~**, die Angelegenheit blieb ohne Folgen Ⓑ loc avv **1** (senza interruzioni): **di ~**, ohne Unterbrechung, ununterbrochen, hintereinander; **ha pianto per un'ora di ~**, er/sie weinte eine Stunde lang (ununterbrochen); **qui di ~ potete leggere i nomi dei vincitori**, (gleich) hier unten könnt ihr die Namen der Sieger lesen **2** (successivamente): **in ~**, demnächst, in der Folgezeit, später; **in ~ si vedrà come ...**, im Folgenden wird man sehen, wie ...; **ci vedremo in ~**, wir sehen uns später Ⓒ loc prep (a causa di): **₁in ~ a₁/[a - di] qc** {COLLASSO CARDIOCIRCOLATORIO, RICHIESTA} infolge etw (gen): **in ~ a ciò**, infolgedessen • **e così di ~**, und so weiter, und so fort; **dare ~ a qc** amm (espletare), {A UN'INDAGINE} etw weiterführen, etw fortsetzen; {A UNA RICHIESTA} etw weiter bearbeiten; **fare ~ a qc** amm (rispondere), Bezug auf etw (acc) nehmen, auf etw (acc) antworten, etw beantworten; **facciamo ~ alla nostra del ...** amm (nelle lettere commerciali), ₁wir nehmen Bezug₁/[unter Bezugnahme] auf unser

Schreiben vom ...

segusìno, (-a) Ⓐ agg von/aus Susa Ⓑ m (f) (abitante) Einwohner(in) m(f) von Susa.

Sehnsucht <-, Sehnsüchte pl ted> f ted lett filos Sehnsucht f.

sèi① Ⓐ agg num sechs Ⓑ <-> m **1** (numero) Sechs f **2** (nelle date) Sechste m decl come agg **3** (voto scolastico) ≈ ausreichend, Vier f, Vierer m fam Ⓒ f pl sechs Uhr; → anche **cinque**.

sèi② 2ª pers sing dell'ind pres di essere①,②.

Seicèlle f pl geog Seychellen f pl.

seicentésco e deriv → **secentesco** e deriv.

seicènto Ⓐ agg num sechshundert: **un libro di ~ pagine**, ein Buch mit sechshundert Seiten; **~ centimetri cubi di cilindrata**, sechshundert Kubikzentimeter Hubraum Ⓑ <-> m **1** (numero) Sechshundert f **2** stor: **il Seicento**, das siebzehnte Jahrhundert; **nell'arte italiana**) das Sei(i)cento Ⓒ <-> f autom Fiat-Seicento m, Sechshunderter m.

seiènne Ⓐ agg rar (che ha sei anni) {BAMBINO} sechsjährig Ⓑ mf Sechsjährige mf decl come agg.

seigiórni <-> f sport (nel ciclismo) Sechstagerennen n.

seimìla Ⓐ agg num sechstausend: **ho speso ~ euro**, ich habe sechstausend Euro ausgegeben; **l'aereo vola a ~ metri di quota**, das Flugzeug fliegt in sechstausend Meter Höhe Ⓑ <-> m **1** (numero) Sechstausend f **2** alpin Sechstausender m.

sélce f **1** geol Feuer-, Pflasterstein m **2** <di solito al pl> (blocchetti per pavimentazione) Pflastersteinwürfel m.

selciàre <selcio, selci> tr (lastricare) **~ qc** {STRADA} etw pflastern.

selciàto, (-a) Ⓐ agg (lastricato) {PIAZZA} gepflastert Ⓑ m {BAGNATO, SCONNESSO} Pflaster n, Straßenpflaster(ung f) n.

selciatùra f **1** (selciato) Pflaster n, Straßenpflaster(ung f) n **2** (il selciare) Pflastern n.

selènio <-> m chim Selen n.

selenìta <-i m, -e f> mf lett Mondbewohner(in) m(f), Mann m im Mond.

selenìte① f min Selenit m, Gipsspat m.

selenìte② → **selenita**.

selenìtico①, (-a) <-ci, -che> agg min {ROCCIA} Selenit-.

selenìtico②, (-a) <-ci, -che> agg lett (lunare) {PAESAGGIO} Mond-.

selenografìa f astr Selenographie f.

selenologìa f astr Selenologie f.

selettività <-> f **1** (caratteristica) {RIGIDA; +SCUOLA} Selektivität f forb; {+CONCORSO} anche Auswahlverfahren n **2** chim {+CATALIZZATORE} Elektivität f **3** ott Absorption f: **filtro ad alta ~**, Filter m mit hoher Absorption **4** radio {+RADIORICEVITORE} Selektivität f, Trennschärfe f.

selettìvo, (-a) Ⓐ agg **1** (capace di selezionare) {INTELLIGENZA, MENTE} selektiv **2** (basato sulla selezione) {CRITERIO, METODO} Auswahl-, Selektions-; {ESAME} auswählend, selektiv **3** (tendente a selezionare) wählerisch: **nella scelta degli amici sei molto ~**, in der Wahl deiner Freunde bist du sehr wählerisch **4** chim {AGENTE, SOLVENTE} selektierend, Selektiv- **5** ott {FILTRO} Absorptionskanten- **6** radio {AMPLIFICATORE} selektiv, trennscharf.

selettóre m **1** elettr Schalter m **2** fot Autozoom m, Autofokus m, **~ della sensibilità**, Filmempfindlichkeitswähler m **3** radio TV (Sender)wähler m: **~ dei canali**, Programmschalter m, Programmauswähler m **4** tel (Leitungs)wähler m.

selezionaménto m (selezione) {+PERSO-

NALE, RAZZA BOVINA} Auswahl(verfahren n) f.
selezionàre tr **1** (*scegliere*) ~ **qu/qc** {ATLETI, BESTIAME, FRUTTA} jdn/etw aus|sortieren, an jdm/etw aus|wählen, jdn/etw selektieren forb **2** tel ~ qc {NUMERO} etw wählen.
selezionàto, (-a) agg **1** (*scelto*) {GRUPPO, MANO D'OPERA, MELE} ausgewählt **2** tel gewählt: **il numero ~ è inesistente**, kein Anschluss unter dieser Nummer.
selezionatóre, (-trice) ◰A agg **1** {PRINCIPIO} Auswahl-, Selektions- **2** tel {DISCO} Wähl- ◰B m (f) TV {+PROGRAMMI TELEVISIVI} Verantwortliche mf decl come agg für die Auswahl und Strukturierung; sport {+SQUADRA NAZIONALE} Verantwortliche mf decl come agg für die Auswahl und Zusammenstellung; ~ **personale**, Personalberater m ◰C m tel Wahlsystem n: ~ **a tasti**, Tastenwahlsystem n.
selezionatrice f **1** inform Lochkartensortierer m **2** tecnol Sortiermaschine f.
seleziòne f **1** (*scelta*) {ACCURATA; +ANIMALI, CANDIDATI, SEMENTI} (Aus)wahl f: ~ **attitudinale/professionale**, Eignungstest m/Berufswahl f; **fare/operare una** ~, eine Wahl treffen; **partecipare alle selezioni regionali di miss Italia**, bei der regionalen Vor-/Auswahlrunde für Miss Italia mitmachen **2** (*insieme di cose o persone scelte*) {+ARTICOLI, DISCHI} Auswahl f: **una** ~ **dei migliori atleti nazionali**, eine Auswahl der besten Athleten des Landes **3** biol Auslese f, Selektion f: ~ **artificiale/naturale**, künstliche/natürliche Auslese **4** inform Sortierung f **5** tel {AUTOMATICA, MANUALE} Wählen n: ~ **passante**, Durchwahl f.
self-control <-> m ingl (*autocontrollo*) Selbstbeherrschung f.
self help <-> loc sost m ingl psic Selbsthilfe f, Self Help f.
self-made man <-, - - men pl ingl> loc sost m ingl (*uomo che si è fatto da sé*) Selfmademan m.
self-made woman <-, - - women pl ingl> loc sost f ingl (*donna che si è fatta da sé*) Selfmademoman f.
self-service ingl comm ◰A <inv> agg {DISTRIBUTORE, RISTORANTE} Selbstbedienungs- ◰B m **1** (*tecnica di vendita*) Selbstbedienung f **2** (*negozio*) Selbstbedienungsladen m **3** (*ristorante*) Selbstbedienungsrestaurant n.
sèlla ◰A f **1** {DA UOMO} Sattel m: ~ **all'inglese**, englischer Sattel, Sportsattel m; **mettere/togliere la** ~ **al cavallo**, ein Pferd satteln/absatteln, (dem Pferd) den Sattel auflegen/abnehmen; **balzare/montare in** ~, sich in den Sattel schwingen, aufsitzen; **stare in** ~, im Sattel sitzen; **(non) saper stare in** ~, (nicht) reiten können **2** (*sellino*) {+BICICLETTA, MOTORINO} Sattel m **3** gastr: ~ **di vitello**, Kalbsattel m, Kalbsrücken m **4** geog Sattel m ◰B <inv> loc agg: **da** ~, {ANIMALE} Reit- • **battere la** ~ (*nell'equitazione*), leichttraben; ~ **di lancio** ferr (*parigina*), Ablaufberg m; ~ **del naso** anat, Nasensattel m; **restare/rimanere in** ~ fig (*mantenere la propria posizione*), sich im Sattel halten; **rimettersi in** ~ fig (*superare un momento difficile*), wieder fest im Sattel sitzen; **sbalzare qu di** ~ (*disarcionarlo*), jdn aus dem Sattel werfen; fig (*spodestarlo*), jdn aus dem Sattel heben; ~ **turcica** anat, Türkensattel m, Hypophysengrube f scient.
sellàio, (-a) <-lai> m (f) Sattler(in) m (f).
sellàre tr ~ (qc) {MULO} etw satteln.
sellatùra f (*il sellare*) {+CAVALLO} Satteln n.
sellerìa f **1** (*bottega del sellaio*) Sattlerei f, Sattlerwerkstatt f **2** (*assortimento di finimenti e selle*) Sattelzeug n, Sattelsortiment n **3** (*deposito in una scuderia*) Sattelkammer f

4 autom (*fabbricazione di rivestimenti interni*) Herstellung f von Innenausstattungen; (*rivestimento interno*) {PREGIATA} Innenausstattung f, Verkleidung f; {+PELLE} anche Bezüge m pl.
sellino <-dim di sella> m **1** {+BICICLETTA, MOTORINO} Sattel m: ~ **posteriore**, Rück-, Soziussitz m **2** (*parte di finimento*) Kammdeckel m.
seltz <-> m (*acqua gassata*) Selterswasser m.
sélva f **1** (*foresta*) {FITTA, OSCURA; +ABETI} Wald m **2** fig (*grande quantità*) {+AMMIRATORI, FUCILI} Haufen m, Menge f; {+ERRORI, NUMERI} anche Dickicht n **3** fig (*massa intricata*): ~ **di capelli**, Mähne f scherz, buschiger Haarschopf • **Selva Ercinia** geog, Harz m; **Selva Nera** geog, Schwarzwald m.
selvàggia f → **selvaggio**.
selvaggiaménte avv **1** anche fig (*come un selvaggio*) {VIVERE} wie ein Wilder fam; {URLARE} anche wild, wie ein Rasender **2** fig (*brutalmente*) {COLPIRE, UCCIDERE} brutal, barbarisch.
selvaggìna f **1** {PROTETTA, STANZIALE} Wild n: ~ **nòbile**, Edelwild n; ~ **di pelo/penna**, Haar-/Federwild n **2** gastr Wild n, Wildbret n.
selvàggio, (-a) <-gi, -ge> ◰A agg **1** {ANIMALE, NATURA, RITO, UOMO} wild **2** fig (*efferato*) {ASSASSINIO} barbarisch, grausam; {FURIA} rasend **3** fig (*violento*) {PASSIONE, VENTO} heftig, wild **4** fig slang giorn (*indiscriminato*) {INFLAZIONE} außer Kontrolle (geraten); {LOTTIZZAZIONE} anche ungeregelt; {SCIOPERO} wild ◰B m (f) anche fig (*primitivo*) {+ZONA EQUATORIALE} Wilde mf decl come agg, Primitive mf decl come agg: **sei proprio un** ~!, du bist wirklich primitiv! spreg.
selvatichézza f **1** {+ANIMALE, PIANTA} Wildheit f **2** (*l'essere coperto di vegetazione*) {+LUOGO} Verwilderheit f **3** fig (*scontrosità*) {+PERSONA} Grobheit f, Ungeselligkeit f; (*indocilità*) {+ANIMALE DOMESTICO} Wildheit f.
selvàtico, (-a) <-ci, -che> ◰A agg **1** {CONIGLIO, FRUTTO, ROSA} wild, Wild- **2** (*coperto di vegetazione*) {GIARDINO, TERRENO} verwildert, überwuchert **3** fig (*ritroso*) {RAGAZZO} grob, ungesellig; (*indocile*) widerspenstig, aufsässig: **i gatti sono un po' selvatici**, Katzen sind etwas widerspenstig ◰B m **1** <solo sing> (*odore*) Wildgeruch m; (*sapore*) Wildgeschmack m **2** (*luogo*) Wildnis f **3** (*selvaggina*) Wild n ◰C m (f) (*persona ritrosa*) grober/ungeselliger Mensch.
selvicoltóre, (-trice) m (f) Forstwirt(in) m (f).
selvicoltùra f Forstwirtschaft f, Waldbau m.
sèlz → **seltz**.
S.Em. abbr di Sua Eminenza: S.E., Se. E. (abbr di Seine Eminenz).
sèma <-i> m ling Sem n.
semafòrico, (-a) <-ci, -che> agg {IMPIANTO} (Verkehrs)ampel-.
semaforista <-i m, -e f> mf Signalsteller(in) m (f).
semàforo m **1** {LAMPEGGIANTE} Ampel f: **il** ~ **è giallo/rosso/verde**, die Ampel zeigt/[ist auf] Gelb/Rot/Grün; **non attraversare/passare con il** ~ **rosso**, überquere nicht bei Rot, gehe/fahre nicht bei Rot über die Straße; **semafori sincronizzati**, grüne Welle; ~ **stradale**, Straßenampel f; ~ **tranviario**, Straßenbahnampel f; ferr Signal n **2** mar Semaphor m o n: ~ **marittimo**, Signalstation f • ~ **rosso** anche fig slang giorn (*stop*), Blockierung f; ~ **verde** anche fig slang giorn (*via libera*), grünes Licht.
semantèma <-i> m ling Semantem n.
semàntica <-che> f ling Semantik f.
semàntico, (-a) <-ci, -che> agg ling {CAMPO,

COMPONENTE} semantisch.
semantista <-i m, -e f> mf ling Semantiker(in) m (f).
semasiologìa f ling Semasiologie f.
semasiològico <-ci, -che> agg ling {STUDIO} semasiologisch.
semasiòlogo, (-a) <-gi, -ghe> m (f) ling Semasiologe m, (Semasiologin f).
sembiànte m **1** lett (*volto*) Antlitz n forb **2** obs (*aspetto*) Aussehen n: **ha** ~ **di vetro**, es sieht aus wie Glas • **far** ~/**sembianti di fare qc** lett (*fingere*), {DI ESSERE FELICE, DI NON VEDERE QU}, so tun/[sich (dat)] den Anschein geben}, als ob ... congv.
sembiànza f lett **1** (*aspetto*) Aussehen n: **aveva** ~ **di uomo onesto**, er sah wie ein ehrbarer Mann aus **2** <solo pl> (*fattezze*) {BELLE, DELICATE} Züge m pl **3** <solo pl> (*falsa apparenza*) Anschein m: **sotto le sembianze dell'altruismo**, unter dem Deckmantel des Altruismus • **a** ~ **di qu/qc** lett (*a somiglianza di qc*), wie jd/etw, nach dem Bilde von jdm/etw/+gen.
sembràre ◰A itr <essere> **1** scheinen: **sembra vetro, ma è plastica**, es scheint Glas zu sein/[sieht aus wie Glas], aber es ist Plastik; **il problema sembra difficile, ma non lo è affatto**, das Problem scheint ernst zu sein, aber das ist es überhaupt nicht; **da lontano sembravano loro**, aus der Ferne schienen sie es zu sein; **lo fanno** ~ **più stupido di quanto non sia**, sie lassen ihn dümmer erscheinen, als er ist; **non sembra aver sofferto**, er/sie scheint nicht gelitten zu haben; **mi sembra di averlo visto**, ich glaube, ich habe ihn gesehen; **sembra che sia scomparso**, er scheint verschwunden zu sein **2** (*avere l'aria di*) ~ **(a qu)** (jdm) scheinen: **sembrano aver trovato una soluzione**, sie scheinen eine Lösung gefunden zu haben **3** (*pensare*) meinen, von etw (dat) halten: **che te ne sembra?**, was hältst du davon? **4** (*credere*) glauben: **ti sembra di aver ragione?**, glaubst du, recht zu haben?; **sembra di no/sì**, anscheinend nicht/schon **5** (*ritenere giusto*) meinen: **bisogna fare qualcosa, ti sembra?**, man muss etwas tun, meinst du nicht? **6** (*assomigliare*) ~ **(a qu)** wie jd/etw aus|sehen: **con la barba sembri il nostro professore di filosofia**, mit dem Bart siehst du aus wie unser Philosophielehrer/Philosophieprofessor; **quella donna sembra un angelo**, diese Frau sieht aus wie ein Engel ◰B itr <essere> impers ~ **(a qu)** (jdm) scheinen: **sembra tardi/Natale**, es scheint spät/Weihnachten zu sein; **mi sembra di avere la febbre**, mir scheint, ich habe Fieber; **sembra che stia per nevicare**, es scheint schneien zu wollen; **sembra che arriverà con tutta la famiglia**, er/sie wird anscheinend mit seiner/ihrer ganzen Familie kommen • **non sembra un gran che** (*è piuttosto mediocre*), er/sie/es/das scheint nichts Besonderes zu sein; **così sembrerebbe!**, es sieht (zumindest) so aus!; **mi sembra ieri** (*rif. a fatto come se fosse successo di recente*), es scheint mir gestern gewesen zu sein; mir ist, als wäre es gestern gewesen forb; **se potete servirvi? – Ma ti/Le/vi sembra!** (*certamente!*), wenn ihr euch allein bedienen wolltet? – Aber ich bitte dich/Sie/euch!; **ma Le sembra!** (*si figuri!*), wo denken Sie hin!; **mi sembrava!** (*ne ero convinto*), wußt(e) ich's doch!; **a quanto sembra...**, so wie's aussieht ..., dem Anschein nach ...; **non mi sembra vero** (*stento a crederlo*), das kann ich kaum glauben; das ist zu schön, um wahr zu sein.
séme m **1** {IBRIDO, OLEOSO; +GIRASOLE, PAPAVERO, POMODORO} Keim m, Same(n) m: **semi di lino**, Leinsamen m pl; (*semente*) {SELEZIO-

NATO} Samen m; **gettare il ~ nel terreno**, Samen setzen **2** (*nocciolo*) {+CILIEGIA} Kern m **3** *fig* (*germe*) {+DISCORDIA, VIOLENZA} Keim m, Saat f, Samen m **4** *biol* Samen m, Sperma n: **~ maschile**, männlicher Samen **5** <*solo pl*> *gastr* "samenförmige Suppennudeln" **6** *lett* (*discendenza*) Geschlecht n **7** (*nei giochi di carte*) {VINCENTE} Farbe f ● **~ da bachi** *agr*, Seidenraupenei n; **se ne è *perso* il ~** *fig* (*non ne nasce più*), solche Menschen/Dinge ₍gibt's (heute) nicht mehr₎/[sind ausgestorben]; **non ne è *rimasto* neanche il ~** *fig* (*nemmeno la più piccola parte*), davon ist überhaupt nichts (übrig)geblieben; **~ santo** *bot*, Zitwer m; seme di *zucca gastr*, Kürbiskerne m pl.
semeiologìa *e deriv* → **semiologia** *e deriv*.
semeiòtica <*-che*> f *med* Semiotik f *scient*, Symptomatologie f *scient*.
semeiòtico, (-a) <*-ci, -che*> *agg med* semiotisch *scient*, symptomatologisch *scient*.
semèma <*-i*> *m ling* Semem n.
seménta f **1** (*semina*) Saat f; (*periodo di semina*) Saatzeit f **2** (*semente*) Saat f, Saatgut n **3** *fig* (*causa*) {+GUAI} Keim m, Ursprung m.
seménte f *agr* Saat f, Saatgut n.
seménza f **1** (*semente*) Saat f, Saatgut n **2** (*chiodo*) Tä(c)ks m **3** (*perle minuscole*) winzige Perlen **4** *fig lett* (*origine, discendenza*) Geschlecht n: **essere di nobile ~**, aus adligem Geschlecht sein **5** <*solo pl*> *region* (*semi di zucca*) Kürbiskerne m pl.
semenzàio <*-zai*> *m* **1** *agr* Pflanzen-, Samenschule f **2** *fig* (*fucina*) {+ARTISTI} Schmiede f; {+IDEE} *anche* Quelle f.
semestràle **A** agg **1** (*che dura sei mesi*) {ABBONAMENTO} halbjährlich, sechsmonatig; *università* {CORSO} Semester- **2** (*di sei mesi*) {RESOCONTO} über sechs Monate gehend **3** (*ogni sei mesi*) {PAGAMENTO, RIVISTA} Halbjahr(es)-, halbjährlich **B** *m* (*periodico*) Semester n.
semestralizzàre *tr* (*rendere semestrale*) **~ qc** {RATA, SCADENZA} etw halbjährlich/sechsmonatlich errichten.
semèstre *m* **1** (*periodo di sei mesi*) Halbjahr n; *università* {ESTIVO, INVERNALE} Semester n **2** (*somma*) Halbjahresbetrag m: **versare il secondo ~ di affitto**, die zweite Halbjahresmiete überweisen ● **~ bianco** *dir*, "die letzten sechs Monate der präsidialen Amtszeit, in denen der Präsident nicht mehr die Macht hat, die Kammer aufzulösen".
sèmi- primo elemento (*mezzo*) Halb-, halb-, Semi-, semi-: **semiaperto**, halb offen, halbgeöffnet; **semicerchio**, Halbkreis; **semivocale**, Halb-, Semivokal.
semjàlbero *m autom* Antriebswelle f.
semjanalfabèta <*-i m, -e f*> **A** agg {RAGAZZO} halb analphabetisch; *fig* (*ignorante*) ungebildet, ignorant *forb spreg* **B** *mf* halber Analphabet(in) m(f); *fig* (*chi è ignorante*) Ignorant(in) m(f) *forb spreg*.
semjanalfabetìsmo *m* halber Analphabetismus.
semjapèrto, (-a) *agg* **1** {BOCCA, FINESTRA} halb offen, halbgeöffnet **2** *ling* {VOCALE} halb offen.
semjàsse *m* **1** *autom* Antriebswelle f **2** *mat* (*in geometria*) Halbachse f.
semjautomàtico, (-a) <*-ci, -che*> *agg* {CAMBIO, PISTOLA} halbautomatisch.
semibarrièra f {+PASSAGGIO A LIVELLO, PASSO CARRAIO} Halbschranke f.
semibiscròma f *mus* Vierundsechzigstelnote f.
semibràdo, (-a) *agg* {CAVALLI} in Winterstallhaltung.
semibrève f *mus* ganze Note, Ganztaktnote f.

semibùio, (-a) *agg* (*poco illuminato*) {PERIFERIA, SCANTINATO} schlecht beleuchtet, halbdunkel.
semicérchio <*-chi*> *m anche mat* (*in geometria*) Halbkreis m: **disporsi a ~**, sich im Halbkreis aufstellen.
semichiùso, (-a) *agg* **1** {OCCHIO, PORTA} halbgeschlossen **2** *ling* {VOCALE} halbgeschlossen.
semicingolàto, (-a) *autom anche mil* **A** agg {MEZZO} Halbketten- **B** *m* Halbkettenfahrzeug n.
semicircolàre *agg anche mat* (*in geometria*) {PIANTA, SPAZIO} halbkreisförmig, halbrund.
semicirconferènza f *mat* (*in geometria*) halbe Kreislinie.
sèmico, (-a) <*-ci, -che*> *agg ling* {ANALISI} semisch, Sem-.
semiconduttóre, (-trice) *fis* **A** agg {SOSTANZA} Halbleiter- **B** *m* Halbleiter m.
semiconsonànte f *ling* Halbkonsonant m.
semiconsonàntico, (-a) <*-ci, -che*> *agg ling* halbkonsonantisch.
semicontìnuo, (-a) *agg* **1** (*parzialmente continuo*) {FUNZIONAMENTO, PROCESSO} unbeständig, durch-, unterbrochen **2** *mat* halbstetig.
semicopèrto, (-a) *agg* {CIELO, CORPO} teilweise bedeckt.
semicòtto, (-a) *agg* {FORMAGGIO} halbgekocht.
semicròma f *mus* Sechzehntelnote f.
semicrùdo, (-a) *agg* {RISO} halbroh.
semicùpio <*-pi*> *m* **1** (*vasca da bagno*) {+ZINCO} Sitzbadewanne f **2** (*bagno*) Sitzbad n: **farsi un ~ caldo**, ein warmes Sitzbad nehmen.
semidènso, (-a) *agg fis* {LIQUIDO} halbflüssig.
semideponènte *gramm* **A** agg {VERBO} Semideponens- **B** *m* Semideponens n.
semidesèrto, (-a) *agg* (*semivuoto*) {RISTORANTE} halbleer, {VIALE} halb verlassen.
semidetenùto, (-a) **A** agg im gelockerten Vollzug, in Kurzzeithaft **B** *m* (f) Häftling m im gelockerten Vollzug, Kurzzeithäftling m.
semidetenzióne f *dir* gelockerter Vollzug, Kurzzeithaft f.
semidjàmetro *m mat* (*in geometria*) Halbmesser m.
semidìo, (-dea) <*-dei m*> *m* (f) **1** *mitol* Halbgott m, (Halbgöttin) f **2** *fig iron* Halbgott *m iron*: **credersi un ~**, sich für einen Halbgott halten *iron*.
semidistéso, (-a) *agg* halb liegend.
semidistrùtto, (-a) *agg* {EDIFICIO} halb zerstört.
semidòtto, (-a) *agg* (*semicolto*) {PAROLE, UOMO} halbgebildet *spreg*.
semiellìsse f *mat* (*in geometria*) halbe Ellipse.
semiellìttico, (-a) <*-ci, -che*> *agg mat* (*in geometria*) halb ellipsenförmig.
semjerètto, (-a) *agg* {POSIZIONE} halb aufrecht.
semjesònero *m* (*esenzione parziale*) Teilentlastung f, Teilbefreiung f: **~ dalle tasse scolastiche**, Teilbefreiung f von den Schulgebühren.
semifinàle f *anche sport* {+CAMPIONATO DI CALCIO, GARA CANORA, TORNEO DI TENNIS} Halb-, Semifinale n: **entrare in ~**, ins Halbfinale kommen.

semifinalìsta <*-i m, -e f*> *anche sport* **A** agg {ATLETA, CANTANTE, SQUADRA} ins Halbfinale gekommen, zum Halbfinale zugelassen **B** *mf* Halb-, Semifinalist(in) m(f).
semifinìto, (-a) *agg* (*parzialmente lavorato*) {MATERIALE, PRODOTTO} halbfertig.
semiflùido, (-a) *agg fis* {OLIO} halbflüssig.
semifréddo, (-a) **A** agg (*quasi freddo*) halbgefroren **B** *m gastr* Halbgefrorene n *decl come agg*.
semigràsso, (-a) *agg* {FORMAGGIO} halbfett.
semilavoràto, (-a) **A** agg {MATERIALE, PRODOTTO} halb fertig, Halbfertig- **B** *m* (*prodotto*) Rohling m, Halbzeug n, Halbfabrikat n.
semilibertà <-> f *dir* offener Strafvollzug: **concedere/ottenere la ~**, offenen Strafvollzug gewähren/bekommen.
semilìquido *agg* (*quasi liquido*) {COLLA} halbflüssig.
semilunàre *agg anche anat* (*a forma di mezzaluna*) {CARTILAGINE, OSSO} halbmondförmig, semilunar.
semilùnio <*-ni*> *m astr* Halbmond m.
semimetàllo *m chim* Halbmetall n.
semimìnima f *mus* Viertelnote f.
sémina f *agr* **1** (*lavoro*) {+FAGIOLI, GRANO, RISO} (Aus)saat f **2** (*periodo*) Saatzeit f.
seminàbile *agg agr* (*che si può seminare*) {ORTAGGIO} säbar; {TERRENO} besäbar.
seminagióne f *lett* **1** (*lavoro*) (Aus)saat f **2** (*periodo*) Saatzeit f.
seminàle *agg* **1** *biol* {CONDOTTO, LIQUIDO} Samen- **2** *bot* {FOGLIA, GHIANDOLA} Keim-.
seminàre *tr* **1** (*spargere semente*) **~ qc** {GRANOTURCO, INSALATA} etw (aus|)säen; **~ qc** (**a qc**) {ORTO A PATATE, TERRENO A GRANO} etw (*mit etw dat*) besäen: **~ un'aiuola a prato**, ein Beet eingrünen; (*uso assol*) säen; **il contadino sta seminando**, der Bauer sät gerade **2** *fig* (*spargagliare*) **~ qc + compl di luogo** {FOGLI DAPPERTUTTO, SULLA SCRIVANIA, VESTITI SUL PAVIMENTO, PER LA STANZA} etw irgendwo verstreuen **3** *fig* (*suscitare*) **~ qc** (**in/tra qu/qc**) {PANICO IN PAESE, TRA I PRESENTI, ZIZZANIA IN FAMIGLIA} etw (*in/unter jdm/etw*) säen **4** *anche sport* (*lasciare indietro*) **~ qu/qc** {DETENTORE DEL RECORD AVVERSARIO, GRUPPO INSEGUITORE; LADRO MACCHINA DELLA POLIZIA, POLIZIOTTO} *jdn/etw* ab|hängen *fam*, *jdn/etw* ab|schütteln ● **chi non semina, non miete/raccoglie** *prov*, wer nicht sät, erntet nicht; ohne Fleiß kein Preis *prov*.
seminariàle *agg università* {CORSO} Seminar-, seminaristisch.
seminàrio <*-ri*> *m* **1** (*istituto ecclesiastico*) {DIOCESANO, VESCOVILE} (Priester)seminar n: **entrare/essere in ~**, ₍ins Priesterseminar kommen₎/[im Priesterseminar sein] **2** (*corso di aggiornamento*) {AZIENDALE} (Fortbildungs)seminar n, Fortbildung f **3** *università* (*esercitazione*) {+FILOLOGIA, LETTERATURA TEDESCA} (Studien)seminar n; (*aula*) Seminar-, Veranstaltungsraum m.
seminarìsta <*-i m*> *m* Seminarist m ● ₍essere (timido come)₎/[sembrare] un **~** *fig* (*essere timido e ingenuo*), unbedarft/schüchtern sein wie ein Klosterschüler.
seminarìstico, (-a) <*-ci, -che*> *agg* {FORMAZIONE, VITA} seminaristisch.
seminatìvo, (-a) *agr* **A** agg {TERRENO} Saat- **B** *m* (*terreno*) {ALBERATO} Boden m, Saatfeld m.
seminàto, (-a) **A** agg **1** ~ (**a qc**) {AREA} Saat-; {AIUOLA A TULIPANI, CAMPO AD AVENA} (*mit etw dat*) besät, (*mit etw dat*) gesät **2** *anche fig* (*cosparso*) **~ di qc** {PRATO DI MARGHERITE}

mit etw (dat) übersät: **la mia carriera era seminata di difficoltà**, meine Karriere war [eine Ochsentour *fam scherz*]/[steinig]/[ein steiniger Weg]/[mit Hindernissen gespickt] **3** (*in araldica*) {SCUDO} damasziert **B** m (*terreno*) Saatfeld n ● **uscire dal**/[**fuori del**] ~ *fig* (*divagare*), vom Thema abkommen; (*farneticare*), ins Schwafeln/Faseln kommen *fam spreg.*

seminatóre, (-trice) m (f) **1** *agr* Säer(in) m(f), Sämann m **2** *fig* {+DISCORDIA, VIOLENZA} Stifter(in) m (f).

seminatrice f *agr* (*macchina*) Sämaschine f: ~ **di precisione**, Einzelkorn-Beet-Sämaschine f, Gleichstanddrillmaschine f; ~ **spandiconcime**, Düngerstreuer m, Düngerstreumaschine f.

seminfermità <-> f (*infermità parziale*) halb kranker Zustand ● ~ **mentale** *dir*, Geistesschwäche f.

seminférmo, (-a) **A** agg {UOMO} halb krank **B** m (f) Halbkranke mf decl come agg: ~ **di mente**, vermindert/beschränkt zurechnungsfähiger Mensch.

seminìfero, (-a) agg *anat bot* {SQUAMA, SUPERFICIE} samentragend; {DOTTO} Samen-.

seminòmade *etnol* **A** agg {TRIBÙ} halbnomadisch **B** mf Halbnomade m, Halbnomadin f.

seminomadìsmo m *etnol* Halbnomadendasein n.

seminterràto, (-a) **A** agg {LOCALE} Keller-, Souterrain- **B** m Kellergeschoss n, Souterrain n.

seminùdo, (-a) agg halb nackt.

semiocclusìva f *ling* Semiokklusiv m.

semiologìa f **1** *ling* Semiologie f **2** *med* Semiologie f *scient*, Symptomatologie f *scient*.

semiològico, (-a) <-ci, -che> agg **1** *ling* {RICERCA} semiologisch **2** *med* semiologisch *scient*.

semiòlogo, (-a) <-gi, -ghe> m (f) *ling med* Semiologe m, (Semiologin f).

semioscurità <-> f (*penombra*) Halbdunkel n.

semioscùro, (-a) agg {VICOLO} halbdunkel.

semiòtica <-che> f **1** *filos ling* Semiotik f **2** *med* Semiotik f *scient*, Symptomatologie f *scient*.

semiòtico, (-a) <-ci, -che> agg **1** *filos ling* {STUDIO} semiotisch **2** *med* semiotisch *scient*.

semiperìmetro m *mat* (*in geometria*) halber Umfang.

semipermanènte agg (*che dura nel tempo*) {TRUCCO} semi-permanent; {LENTE A CONTATTO} Wegwerf-.

semipermeàbile agg *fis* {MEMBRANA} semipermeabel.

semipiàno m *mat* (*in geometria*) Halbebene f.

semipièno, (-a) agg {BARATTOLO, BICCHIERE, TEATRO} halb voll.

semipresidenziàle agg *polit* {GOVERNO} Semipräsidial-.

semipresidenzialìsmo m *polit* {FRANCESE} Semipräsidentialismus m.

semiprezióso, (-a), sèmi prezióso, (-a) agg loc agg: **pietra semipreziosa**, Halbedelstein m.

semiprodótto m *mat* Halbprodukt n.

semiprofessionìsta <-i m, -e f> *sport* **A** agg {ATLETA, CALCIATORE} halbprofessionell **B** mf Halbprofi m.

semiraffinàto, (-a) agg {RISO, SALE} teilweise/halb raffiniert.

semirètta f *mat* (*in geometria*) Halbgera-

de f.

semiriflettènte agg *fis* {SUPERFICIE} halb reflektierend/rückstrahlend.

semirìgido, (-a) **A** agg {COLLETTO, FASCIATURA} (halb)steif; {DIRIGIBILE} halbstarr **B** m (*tessuto*) Steifleinen n, Steifleinwand f.

semirimòrchio <-chi> m *autom* Auflieger m, Sattelanhänger m.

semirotóndo, (-a) agg {FIGURA} halbrund.

semisconosciùto, (-a) **A** agg {LUOGO, SCRITTORE} kaum bekannt **B** m (f) (*persona*) flüchtige(r) Bekannte(r).

semiscopèrto, (-a) agg {VISO} fast unverdeckt; {GAMBE, RAGAZZA} halb nackt.

semisécco, (-a) <-chi, -che> agg *enol* {LIQUORE, VINO} halbtrocken.

semisèrio, (-a) <-ri m> agg {OPERA, TONO} halbernst.

semisfèra f *mat* (*in geometria*) Halbkugel f, Hemisphäre f.

semisfèrico, (-a) <-ci, -che> agg *mat* (*in geometria*) halbkugelförmig, Halbkugel-, hemisphärisch.

semisintètico, (-a) <-ci, -che> agg *chim* {ANTIBIOTICO} halbsynthetisch.

semisòlido, (-a) agg (*poco consistente*) {SOSTANZA} halbfest.

semisómma f *mat* Halbsumme f.

semispàzio <-zi> m *mat* (*in geometria*) halber Raum.

semìta <-i m, -e f> **A** agg (*semitico*) semitisch **B** mf Semit(in) m(f).

semitàppa f *sport* (*nel ciclismo*) halbe Etappe, Teilstrecke f: ~ **a cronometro**, Zeitfahren n.

semìtico, (-a) <-ci, -che> **A** agg {FILOLOGIA, LINGUA, RAZZA} semitisch **B** m <solo sing> (*gruppo di lingue*) semitische Sprachen.

semitìsta <-i m, -e f> mf (*studioso*) Semitist(in) m (f).

semitònico, (-a) <-ci, -che> agg *ling* {SILLABA} mit Nebenakzent, schwächer betont.

semitòno m *mus* Halbton m.

semitrasparènte agg {VESTITO, VETRO} halbdurchsichtig.

semitrasparènza f {+TESSUTO, VETRO} teilweise Durchsichtigkeit.

semiufficiàle agg {CERIMONIA, NOTIZIA} halbamtlich.

semivocàle m *ling* Halb-, Semivokal m.

semivocàlico, (-a) <-ci, -che> agg *ling*: **suono** ~, Halb-, Semivokal m.

semivuòto, (-a) agg {BOTTIGLIA, LOCALE, PIAZZA} halb leer.

semmài **A** avv (*tutt'al più*) höchstens, allenfalls: **è lui, ~, che deve scusarsi**, wenn (überhaupt) dann muss er sich entschuldigen; ~, **lo farò io**, wenn (überhaupt), dann mach' ich's; **quest'anno non farò una vera vacanza**, ~ **andrò qualche giorno dai miei**, dieses Jahr mache ich nicht richtig Ferien, ich werde höchstens ein paar Tage zu meinen Eltern fahren **B** cong (*qualora*) ~/[se mai] ... *congv*. falls je ... *congv*. wenn je ... *congv*.: ~ **arrivasse il medico, chiamatemi**, falls je der Arzt kommen sollte, ruft mich.

sémola f **1** (*farina*) Grieß m **2** (*crusca*) Kleie f **3** *fig fam* (*efelidi*) Sommersprossen f pl.

semolìno m **1** (*farina*) Grieß(mehl n) m **2** *gastr* (*minestra*) Grießsuppe f: ~ **in brodo**, Grießsuppe f ● ~ **dolce gastr** (*frittelle*), Grießpuffer m pl, Grießschmarren m A.

semolóso, (-a) agg **1** (*ricco di semola*) {FARINA, PANE} kleiehaltig **2** *fig fam* (*lentigginoso*) {PELLE, VISO} sommersprossig.

semovènte **A** agg {BERSAGLIO, MEZZO}

Selbstfahr-, selbstfahrend: **cannone** ~, Geschütz n auf Selbstfahrlafetten **B** m *artiglieria* (*pezzo mobile*) Selbstfahrlafette f.

Sempióne m *geog* Simplon m.

sempitèrno, (-a) agg *lett* (*eterno*) ewiglich *poet obs* ● **in** ~ *lett* (*per sempre*), in Ewigkeit, ewiglich *poet obs*.

sémplice **A** agg **1** (*composto di un solo elemento*) {CONSONANTE, FILO, FOGLIA, NODO, ROCCIA, TEMPO VERBALE} einfach **2** (*non complicato*) {ARGOMENTO, DOMANDA, METODO, PROBLEMA, TESTO} einfach, leicht, simpel: **convincerlo a partire non sarà cosa** ~, ihn zur Abfahrt zu überreden, wird nicht leicht sein **3** (*sobrio*) {CASA, CERIMONIA, STILE, VESTITO, VITA} bescheiden, einfach, schlicht: **ama le cose semplici**, er/sie liebt die einfachen/kleinen Dinge **4** (*spontaneo*) {GENTE, RAGAZZO} einfach, natürlich; *eufem* (*sciocco*) einfältig, simpel *spreg*: **ma quanto sei ~!**, wie einfältig du bist! **5** (*senza qualifica o grado*) {IMPIEGATO, MARINAIO, SOLDATO} einfach **6** *enf* (*nient'altro che*) bloß, rein, einfach: **non è che una ~ domanda**, das ist bloß eine Frage; **basta una ~ firma**, eine einfache Unterschrift genügt; **è un ~ operaio/portaborse**, er ist nichts anderes als ein Arbeiter/Wasserträger *slang* **B** mf (*sempliciotto*) Einfaltspinsel m *fam spreg*, Simpel m *fam region*; *eufem* (*sciocco*) Dummkopf m *spreg*.

semplicemènte avv **1** (*con semplicità*) {PARLARE, VESTIRE} einfach, schlicht: **esprimere qc** ~, etw simpel ausdrücken **2** (*soltanto*) bloß, (einfach) nur: **volevo ~ dire che...**, ich wollte bloß sagen, dass ... **3** (*davvero*) einfach, wirklich: **un film ~ meraviglioso**, ein einfach wunderbarer Film; **ciò che racconti è ~ assurdo**, was du erzählst ist einfach/wirklich absurd **4** (*per farla breve*) kurz, um es kurz zu machen: ~, **non mi ha risposto**, kurz, er/sie hat mir nicht geantwortet; er/sie hat mir nicht geantwortet und fertig.

semplicióne, (-a) <accr di semplice> *fam* **A** agg {RAGAZZO} anspruchslos, einfach, simpel *spreg* **B** m (f) (*persona*) einfacher Mensch, Simpel m *fam region*.

semplicionerìa f (*dabbenaggine*) Einfältigkeit f, Einfalt f *forb*: **tutti approfittano della sua** ~, alle nutzen seine Einfältigkeit aus.

sempliciòtto, (-a) *fam* **A** agg {RAGAZZO} einfältig, simpel *spreg* **B** m (f) (*persona*) Einfaltspinsel m *fam spreg*, Simpel m *fam region*.

semplicìsmo m (*superficialità*) Oberflächlichkeit f.

semplicìsta <-i m, -e f> **A** agg (*semplicistico*) {RAGIONAMENTO} oberflächlich **B** mf (*persona*) oberflächlicher Mensch.

semplicìstico, (-a) <-ci, -che> agg (*riduttivo*) {GIUDIZIO, SOLUZIONE} vereinfachend, oberflächlich, allzu simpel, simplifizierend *forb*.

semplicità <-> f **1** *gener* Einfachheit f **2** (*elementarità*) {+CONCETTO, DISCORSO, SISTEMA} Einfachheit f, Simplizität f *forb* **3** (*sobrietà*) {+ABITO, ARREDAMENTO} Einfachheit f, Schlichtheit f: **la sua ~ di modi/vita**, [seine/ ihre natürliche Art]/[sein/ihr einfacher Lebensstil]; **con** ~, einfach, schlicht; {+STILE NARRATIVO} *anche* Klarheit f **4** (*spontaneità*) {+CONTADINO, GIOVANE FANCIULLA} Einfachheit f; (*dabbenaggine*) Einfältigkeit f, Einfalt f *forb*.

semplificàre <*semplifico, semplifichi*> **A** tr **1** (*rendere più semplice*) ~ **qc** (*a qu*) {PROCEDIMENTO, SISTEMA TRIBUTARIO} (*jdm*) *etw* vereinfachen: **questo ci semplifica un po' le cose**, das macht uns die Sache etwas leichter; {COMPITO} *anche* *jdm etw* erleichtern **2** *mat* {EQUAZIONE, FRAZIONE} *etw* kürzen

3 *ling* {DOPPIE} *etw* reduzieren **B** *itr pron* (*diventare più semplice*): **semplificarsi** {LAVORO, QUESTIONE} einfacher werden, sich vereinfachen: **le cose si semplificano**, die Dinge werden einfacher **C** *rfl indir* (*rendersi più semplice*): **semplificarsi** *qc* sich (dat) *etw* einfacher machen: **impara a semplificarti la vita!**, lerne, ⌐dir das Leben leichter zu machen¬/[das Leben leichter zu nehmen]!

semplificativo, (-a) *agg* **1** (*che semplifica*) {METODO} vereinfachend **2** (*riduttivo*) {SPIEGAZIONE} vereinfachend, oberflächlich, allzu simpel, simplifizierend *forb*.

semplificazióne f **1** {+MECCANISMO, PROBLEMA} Vereinfachung f **2** *mat* {+FRAZIONE} Kürzung f.

sèmpre **A** *avv* **1** (*in ogni tempo*) immer, stets: **così è ~ stato e ~ sarà**, so war es immer und so wird es immer sein; **fosse ~ così gentile!**, wenn er/sie nur immer so nett wäre!; **ne avrà ~ e poi ~ rimorso**, das wird er/sie ⌐sein Leben lang¬/[immer und ewig] bereuen **2** (*in continuazione*) {PARLARE, SCRIVERE} immer(zu *fam*), ständig, die ganze Zeit: **al sud fa ~ caldo**, im Süden ist es immer warm; **sei ~ di cattivo umore**, du bist immer/ständig schlechter Laune; **sei ~ la solita ritardataria!**, du bist immer die alte Nachzüglerin!, du kommst auch immer zu spät!; **~ preoccupazioni!**, ⌐die ganze Zeit¬/[nichts als] Sorgen!, Sorgen über Sorgen! **3** (*ogni volta*) immer: **la domenica va ~ a messa**, am Sonntag geht er/sie immer in die Kirche; **non ~ è in casa**, er/sie ist nicht immer zu Hause **4** (*con comparativi*) (*di volta in volta*) immer, von Mal zu Mal: **mi piace ~ meno/più**, er/sie/es gefällt mir immer/[von Mal zu Mal] weniger/mehr; **lavora ~ meglio/peggio**, er/sie arbeitet immer besser/schlechter; **la situazione si fa ~ più critica**, die Situation wird immer kritischer; (*viepiù*) immer/noch mehr, mehr und mehr; **i prezzi aumentano/calano ~**, die Preise steigen/sinken ständig/[immer mehr] **5** (*tuttora*) immer noch: **fai ~ lo stesso lavoro?**, machst du beruflich immer noch das Gleiche?; **ho ~ lo stesso numero di telefono**, ich habe immer noch die gleiche Telefonnummer; **siamo in ritardo, ma ~ in tempo per raggiungerlo**, wir sind spät dran *fam*, können es aber immer noch schaffen, ihn einzuholen **6** (*solo*) aber nur, immer (nur): **telefonami, ma ~ di sera**, ruf mich an, aber immer nur abends; **vorrei parlarti, ~ col tuo consenso**, ich würde gern mit dir sprechen, aber nur mit deinem Einverständnis **7** (*comunque*) immer noch, dennoch: **non avrà agito intenzionalmente, resta però ~ il fatto che è stato scortese**, er mag das nicht absichtlich getan haben, aber Tatsache bleibt, dass er unfreundlich war; **una minaccia è ~ una minaccia**, eine Drohung ist und bleibt eine Drohung; **ricordati che è pur ~ tua sorella!**, vergiss nicht, dass sie immer noch deine Schwester ist! **B** *loc cong* (*purché*): **~ che ... congv**, falls (nur) ... *ind*, vorausgesetzt, dass ... *ind*, wenn (nur) ... *ind*: **leggerà il tuo articolo, ~ che ne abbia il tempo**, er/sie wird deinen Artikel lesen, vorausgesetzt, dass er/sie Zeit hat; **veniamo a trovarti, ~ che ti faccia piacere**, wir kommen dich besuchen, wenn du Lust hast ● **da ~** (*da lunghissimo tempo*), {CONOSCERSI, ESISTERE} seit jeher, seit eh und je; **di ~** (*solito*), üblich; **è rimasto quello di ~**, er ist der Alte geblieben; **è la storia di ~**, es ist die übliche alte Geschichte; **per ~** (*in eterno*), {AMARSI, ESSERE VALIDO} für immer; (*in modo definitivo*), {DIRSI ADDIO, LASCIARSI} für immer; **per ~ tuo/vostro** (*nelle lettere*), für immer dein/ euer ...

semprevérde *bot* **A** *agg* {PIANTA} immergrün **B** *m* o *f* Immergrün n.

semprevivo *m bot* Hauswurz f.

Semprònio, (-a) <-ni m> *m* (f) *fam* (*uno qualsiasi*) irgendwer, Herr/Frau Soundso.

sen. *abbr di* senatore: Senator.

sènape **A** f *bot gastr* Senf m: **~ bianca/nera**, weißer/schwarzer Senf; **~ forte**, scharfer Senf **B** <inv> *agg* {ABITO} senffarben, senffarbig **C** <-> *m* (*colore*) Senffarbe f.

senapismo *m med* Senfpflaster n.

senàrio <-ri m> *ling* **A** *agg* {VERSO} sechssilbig **B** *m* Senar m: **~ accoppiato/doppio**, Zwölfsilb(l)er m; **~ giambico**, jambischer Senar.

senàto *m parl anche stor* (*organo*) Senat m; (*carica*) Senatorenamt n; (*sede*) Senat m, Senatssaal m, Senatsgebäude n ● **~ accademico università**, akademischer Senat.

senatoconsùlto *m stor* Senatsbeschluss m.

senatóre, (-trice) *m* (f) **1** *parl anche stor* (*membro del senato*) (*abbr sen.*) {+REPUBBLICA} Senator(in) m(f): **~ romano**, römischer Senator; **~ a vita**, Senator m auf Lebenszeit **2** *fig scherz* (*persona autorevole*) {+NAZIONALE DI CALCIO} Autorität f, Kapazität f, alter Hase *fam*; (*donna*) Autorität f, Kapazität f, die große Dame *fam*.

senatoriàle *agg parl* {CARICA} Senatoren-; {COMMISSIONE} Senats-.

senatòrio, (-a) <-ri m> *agg lett anche stor* {DIGNITÀ, PROVINCIA} senatorisch.

senatrice f → **senatore**.

senechiàno, (-a), **senecàno**, (-a) *agg lett* von Seneca, Senecas.

Sènegal *m geog* Senegal m.

senegalése **A** *agg* {TERRITORIO} senega-(le)sisch **B** *mf* (*abitante*) Senegalese m, (Senegalesin f), Senegaler(in) m(f) *rar*.

senescènte *agg lett* (*che sta invecchiando*) alternd.

senescènza f **1** *biol* {+CELLULE} Altern n **2** *fig* (*decadimento*) {+SCUOLA ITALIANA} Verfall m, Niedergang m *forb*; {+CENTRO STORICO} anche Zerfall m **3** *fig* (*invecchiamento*) {+MEMBRI DI UNA FACOLTÀ} Vergreisung f.

senése **A** *agg* {CAMPAGNA} von Siena **B** *mf* (*abitante*) Einwohner(in) m(f) von Siena.

senigalliése **A** *agg* von/aus Senigallia/ Sinigallia **B** *mf* (*abitante*) Einwohner(in) m(f) von Senigallia/Sinigallia.

senile *agg* {MALATTIA} Alters-; {ETÀ} Greisen-; {ASPETTO, DEMENZA} senil; *fig* (*tardo*) {OPERA} Alters-, Spät-.

senilismo *m med* frühzeitige Senilität, Senilismus m *scient*.

senilità <-> f **1** (*vecchiaia*) (Greisen)alter n **2** *biol med* Greisenhaftigkeit f, Senilität f: **~ precoce**, frühzeitige Senilität, Senilismus m *scient*.

sènior <-es pl lat> *lat* **A** *agg* **1** <inv> senior: **Mario Rossi ~**, Mario Rossi senior **2** *sport* Senioren- **B** *m* (f) **1** (*nell'organizzazione aziendale*) Senior(in) m(f) **2** *sport* Senior(in) m(f).

Sènna f *geog* Seine f.

sénno *m* (*assennatezza*) {+VECCHIO} Verstand m, Vernunft f: **un uomo di/senza ~**, ein vernünftiger/unvernünftiger Mann; **agire con ~**, ⌐mit Vernunft¬/[vernünftig] handeln ● **essere fuori di ~** (*non essere in sé*) (*a cosa conclusa*), hinterher, im Nachhinein; **perdere il** ⌐/[**uscire di** ¬ **~**] (*perdere la ragione*), den Verstand verlieren; **tornare in ~** (*rinsavire*), wieder Vernunft annehmen; **del ~ di poi son piene le fosse** *prov*, hinterher ist man immer klüger.

sennò *avv* (*altrimenti*) sonst: **sbrigati, ~ me ne vado!**, beeil dich, sonst geh ich!; **siediti sul divano o ~ sulla poltrona!**, setz dich aufs Sofa oder (sonst) auf den Sessel!

sennonché → **se non che①**, **se non che②**.

séno① **A** *m* **1** (*mammelle*) {CADENTE, FLORIDO, PICCOLO, SILICONATO} Brust f, Busen m: **avere molto/poco ~**, viel/wenig Busen haben; **essere senza ~**, keinen Busen haben; **lo allatta al ~**, sie gibt ihm die Brust, sie stillt ihn; **prende il sole a ~ nudo**, sie sonnt sich oben ohne **2** (*petto*) Brust f, Busen m: **si strinse il bambino al ~**, sie drückte das Kind an die/ihre Brust; **nascondere qc in ~**, etw im/[in seinem] Busen verstecken **3** *fig* (*animo*) Innere n, Busen m *forb*: **nutrire in ~ un sentimento/una speranza**, ein Gefühl/eine Hoffnung in seinem Busen nähren *forb* **4** *fig* (*viscere*) {+MONTAGNA, TERRA} Innere n, Herz n **5** *eufem* (*grembo*) Leib m, Schoß m: **avere/portare un figlio in ~**, ein Kind unter dem Herzen tragen **6** *anat* (*cavità*) Höhle f, Sinus m *scient*: **~ carotideo**, Halsschlagaderhöhle f, Karotissinus m *scient*; **~ frontale/mammario/mascellare/paranasale**, Stirn-/ Brust-/Kiefer-/Nasen(neben)höhle f **7** *geog* (*insenatura*) Bucht f, Meerbusen m *obs* **B** *loc prep* (*all'interno*): **in ~ a qc**, {ALLA COMMISSIONE, ALLA FAMIGLIA, ALLA SOCIETÀ} im Schoße etw (gen); **nel ~ di qc**, {DELLA CHIESA, DELLA FEDE} im Schoße etw (gen).

séno② *m mat* Sinus m.

Senòcrate *m stor* Xenokrates m.

senofilìa e deriv → **xenofilia** e deriv.

senòfilo, (-a) → **xenofilo**.

senofobìa e deriv → **xenofobia** e deriv.

Senofónte *m stor* Xenophon m.

senologìa f *med* Senologie f *scient*.

senològico, (-a) <-ci, -che> *agg med* senologisch *scient*.

senòlogo, (-a) <-gi, -ghe> *m* (f) *med* Senologe m, (Senologin f).

se non che①, **sennonché** *cong loc cong* (*ma*): **se non che ... ind** aber; jedoch; nur, dass ... *ind*: **verrei volentieri con voi, se non che ho già un impegno**, ich würde gern mit euch kommen, aber ich habe schon etwas vor.

se non che②, **sennonché** *cong loc cong* (*fuorché*): **se non che ... ind/inf** außer ... *inf*; außer, dass ... *ind*: **non so altro, se non che ha annullato l'appuntamento di domani**, ich weiß nicht mehr, außer dass er/sie die Verabredung für morgen abgesagt hat; **non ti resta altro da fare, se non che soffrire in silenzio**, du kannst nicht anderes tun, als/ außer still zu leiden.

sensàle *mf* Makler(in) m(f), Vermittler(in) m(f), Sensal m *A*: **~ marittimo**, Schiffs-, Fracht(en)-, Ladungsmakler m ● **~ di matrimoni**, Heiratsvermittler(in) m(f).

sensataménte *avv* **1** (*con assennatezza*) {AGIRE, DECIDERE} vernünftig **2** (*in modo logico*) {ESPRIMERSI} vernünftig, logisch.

sensatézza f **1** (*assennatezza*) {+DECISIONE, DONNA} Vernunft f, Vernünftigkeit f **2** (*logicità*) {+DISCORSO} Vernünftigkeit f, Logik f.

sensàto, (-a) *agg* **1** (*assennato*) {RAGAZZA, RAGIONAMENTO} vernünftig **2** (*logico*) {FRASE, RISPOSTA} vernünftig, sinnvoll.

sensazionàle *agg* {AVVENIMENTO, SCOPERTA, SPETTACOLO} Aufsehen erregend, sensationell.

sensazionalismo *m* Sensationsgier f *spreg*, Sensationssucht f *spreg*, Sensationsbedürfnis n *spreg*.

sensazionalistico, (-a) <-ci, -che> agg {STAMPA} Sensations- spreg; {STILE} sensationslüstern spreg, reißerisch spreg: **notizia sensazionalistica**, Sensationsmeldung f, Sensationsnachricht f.

sensazióne Ⓐ f 1 (percezione dei sensi) {TATTILE; +FAME} Gefühl n; {ORGANICA; +CALDO, DOLORE} anche Empfindung f: ~ **visiva**, visuelle Wahrnehmung; **una ~ di nausea**, ein Gefühl von Übelkeit, ein Übelkeitsgefühl 2 (stato d'animo) {+ANGOSCIA} Gefühl n: **una ~ di benessere**, ein Wohlgefühl, ein behagliches Gefühl, ein Gefühl von Behaglichkeit; ~ **di malessere**, Unbehagen n 3 (emozione) Aufregung f, Abenteuer n, Erlebnis n: **provare nuove sensazioni**, Neues erleben 4 fig (impressione) Eindruck m, Gefühl n: **ho la netta ~ che non verrà**, ich habe das deutliche Gefühl, dass er/sie nicht kommen wird; **ho la ~ di essere stato ingannato**, ich habe den Eindruck, betrogen worden zu sein 5 fig (effetto) Aufsehen n, Sensation f: **il tuo discorso ha destato/fatto/suscitato ~**, deine Rede ˌhat Aufsehen erregtˌ/[war eine Sensation] Ⓑ <inv> loc agg fig (a forti tinte): **a ~**, {DRAMMA, FILM} spannungsreich.

sense of humor <-> loc sost m ingl (senso dell'umorismo) Sinn m für Humor.

senseria f 1 (mediazione) Makeln n 2 (provvigione) Maklergebühr f, Provision f, Sensalie f A, Sensarie f A.

sensibile Ⓐ agg 1 (percepibile con i sensi) {ESPERIENZA, FENOMENO, OGGETTO} (sinnlich) wahrnehmbar 2 (percettibile) {RUMORE, SUONO} wahrnehmbar 3 (notevole) {DIFFERENZA DI PREZZO, MIGLIORAMENTO, VARIAZIONE DI TEMPERATURA} merklich, spürbar 4 (capace di sentire con i sensi) wahrnehmungs-, empfindungsfähig: **l'uomo è un essere ~**, der Mensch ist ein empfindungsfähiges Wesen 5 (capace di reagire) empfindlich, sensibel: **ha un orecchio molto/poco ~**, er/sie hat ein sehr/wenig empfindliches Gehör; **il nervo leso non è ~**, der verletzte Nerv ˌreagiert nichtˌ/[ist nicht sensibel]; ~ **a qc** {OCCHI ALLA LUCE, PALATO AI SAPORI, PIANTA AL FREDDO} gegen etw (acc) empfindlich; ~ **al calore/dolore**, hitze-/schmerzempfindlich 6 (delicato) {PELLE} empfindlich 7 (sensitivo) {BAMBINA, CARATTERE} feinfühlig, sensibel, empfindsam 8 (attento) ~ **a qc** {A UN'INGIUSTIZIA, A UN PROBLEMA} für etw (acc) sensibel, für etw (acc) sensibilisiert forb 9 (ricettivo) ~ **a qc** {UOMO ALL'ARTE, AI COMPLIMENTI, AL FASCINO FEMMINILE} für etw (acc) empfänglich 10 fot {MATERIALE} (licht)empfindlich 11 tecnol {BAROMETRO, BILANCIA} empfindlich Ⓑ <solo sing> m Sinnenwelt f, sinnlich Wahrnehmbares decl come agg Ⓒ f mus (nota) Septime f.

sensibilità <-> f 1 (facoltà di percepire) {OLFATTIVA, VISIVA +ANIMALE, UOMO} Gefühl n, Wahrnehmungs-/Empfindungsvermögen n 2 (facoltà di reagire) {+MUSCOLO} Empfindlichkeit f, Sensibilität f: ~ **al freddo/alla luce**, Kälte-/Lichtempfindlichkeit f 3 (delicatezza) {+CUTE, PIANTA} Empfindlichkeit f 4 (sensitività) {MORALE} Feingefühl n, Sensibilität f, Empfindsamkeit f: ~ **d'animo**, Sensibilität f; **donna di grande ~**, sehr feinfühlige Frau 5 (attenzione) ~ **a/per qc** {PER L'ASSISTENZA AGLI ANZIANI, AL PROBLEMA DELLA GIUSTIZIA} Sensibilität f für etw (acc) 6 (ricettività) {ARTISTICA, POLITICA} Empfänglichkeit f: **(non) avere ~ per la musica/il colore**, für Musik/Wärme (un)empfänglich sein; **pubblico di scarsa ~**, wenig aufnahmefähiges Publikum 7 tecnol {+APPARECCHIO, STRUMENTO DI MISURA} Empfindlichkeit f, Sensibilität f 8 fot {+PELLICOLA} Lichtempfindlichkeit f, Sensibilität f.

sensibilizzàre Ⓐ tr 1 (rendere sensibile) ~ **qc** {NERVO} etw empfindlich machen 2 fig (richiamare l'attenzione) ~ **qu/qc a/su qc** {CLASSE POLITICA, GIOVANI A/SU UN PROBLEMA} jdn/etw für etw (acc) sensibilisieren forb 3 fot ~ **qc** {PELLICOLA} etw sensibilisieren, etw lichtempfindlich machen Ⓑ itr pron 1 fig (diventare sensibile): **sensibilizzarsi a qc** {ALLA DIFESA DELL'AMBIENTE} für etw (acc) sensibilisiert werden forb 2 biol med: **sensibilizzarsi** sensibilisiert werden.

sensibilizzatóre, (-trice) Ⓐ agg 1 fot Sensibilisator- 2 med {AGENTE} Sensibilisierungs- Ⓑ m 1 fot Sensibilisator m 2 med Sensibilisierungswirkstoff m.

sensibilizzazióne f 1 (il rendere sensibile) {+MUSCOLO} Sensibilisierung f 2 fig (il richiamare l'attenzione) ~ **(a/su qc)** {+OPINIONE PUBBLICA A/SUI PROBLEMI AMBIENTALI} Sensibilisierung f forb (für etw acc) 3 fot med Sensibilisierung f, Sensibilisieren n.

sensibilménte avv 1 (con i sensi) {COMPRENDERE, PERCEPIRE} sinnlich 2 (molto) {AUMENTARE, DIMINUIRE, MIGLIORARE} merklich, spürbar.

sensìsmo m filos Sensualismus m.

sensìsta <-i m, -e f> filos Ⓐ agg (sensistico) sensualistisch Ⓑ mf Sensualist(in) m (f).

sensìstico, (-a) <-ci, -che> agg filos {CORRENTE} sensualistisch.

sensitiva① f bot Mimose f, Sinnpflanze f.
sensitiva② f → **sensitivo**.

sensitività <-> f 1 (percettività) {+NERVO OTTICO} Wahrnehmungs-/Empfindungsfähigkeit f, Wahrnehmungs-/Empfindungsvermögen n 2 (emotività) {+ARTISTA} Empfindlichkeit f.

sensitìvo, (-a) Ⓐ agg 1 (percettivo) {FACOLTÀ, FUNZIONE} Empfindungs-, Wahrnehmungs-; {ORGANO} Sinnes-; {SISTEMA} Wahrnehmungs- 2 (emotivo) {DONNA, TEMPERAMENTO} empfindsam, feinfühlig, sensibel, gefühlsbetont Ⓑ m (f) 1 (chi è sensibile) Gefühlsmensch m, Empfindsame mf decl come agg 2 (nell'occultismo) (medium) Medium n.

sensitometria f fot Sensitometrie f.
sensitòmetro m fot Sensitometer n.

sènso Ⓐ m 1 (facoltà percettiva) Sinn m: ~ **del gusto/tatto**, Geschmacks-/Tastsinn m; ~ **dell'olfatto/udito**, Geruchs-/Gehörsinn m; ~ **della vista**, Gesichtssinn m; **i cinque sensi**, die fünf Sinne 2 <solo pl> (coscienza) Bewusstsein n, Sinne m pl: **ha perso/ripreso i sensi**, er/sie hat das Bewusstsein verloren/wiedererlangt, er/sie ist ˌin Ohnmacht gefallenˌ/[aus der Ohnmacht erwacht] 3 <solo pl> (sensualità) Sinne m pl, Sinnlichkeit f: **accendere i sensi**, die Sinne erregen; **mortificare i sensi**, die Sinne kasteien/abtöten 4 (sensazione) {+BENESSERE, INFERIORITÀ, STANCHEZZA, VERGOGNA, VUOTO} Empfindung f, Gefühl n 5 (spirito) {ESTETICO, MORALE; +FAMIGLIA, GIUSTIZIA, ORIENTAMENTO, PROPORZIONE, REALTÀ} Gefühl n, Sinn m 6 (significato) {AMBIGUO, CHIARO; +FRASE, RACCONTO; ETIMOLOGICO, FIGURATO, PROPRIO; +VOCABOLO} Sinn m: **ciò che dici non ha ~**, was du sagst, hat/macht keinen Sinn; **sono discorsi senza ~**, das sind sinnlose Reden, das ist Nonsens 7 (modo) Sinn m: **in che ~?**, inwiefern?; **mi ha parlato in questo ~**, er/sie hat in diesem Sinne mit mir gesprochen; **rispondere in ~ affermativo**, bejahen; **in un ~ o nell'altro ci rivedremo**, irgendwie werden wir uns wieder sehen 8 (verso) Richtung f: **in ~ antiorario/orario**, ˌgegen denˌ/[im] Uhrzeigersinn; **nel ~ della larghezza/lunghezza**, der Breite/Länge nach Ⓑ loc avv (non alla lettera): **a ~**, {RIPETERE, TRADURRE} sinngemäß Ⓒ loc prep amm (in conformità): **ai sensi di qc**, gemäß etw (dat); **intervenire ai sensi del regolamento**, in Übereinstimmung mit den Vorschriften eingreifen ● ~ **degli affari**, Geschäftsgeist m, Geschäftssinn m; **buon ~** → **buonsenso**; **in un certo ~** (per così dire), in gewissem Sinn(e); ~ **civico**, Gemeinsinn m; ~ **di colpa** anche psic, Schuldgefühl n; ~ **comune** (criterio di giudizio della maggioranza), gesunder Menschenverstand, Sensus communis m forb; filos, gesunder Menschenverstand; **conoscere qu in ~ biblico** fig (carnalmente), jdn erkennen forb obs, Geschlechtsverkehr mit jdm haben; **in ~ contrario/opposto** anche fig, in Gegenrichtung, in entgegengesetzter Richtung; ~ **critico** (capacità di giudizio), Urteilsfähigkeit f; **doppio ~** fig (espressione ambigua), Doppelsinn m, Doppel-, Zweideutigkeit f; **a doppio ~** fig (ambiguo), {STORIELLA} doppel-, zweideutig; **fare ~ (a qu)** fig (suscitare ribrezzo), {RAGNI} jdn anekeln; **fare impressione**: **mi fa ~ vedere quando ti metti le lenti a contatto**, ich kann ˌdas nicht sehenˌ/[nicht mit ansehen]/[(da) nicht hinschauen], wenn du dir die Kontaktlinsen einsetzt; **non potrai mai studiare medicina se il sangue ti fa ~**, du wirst nie Medizin studieren können, wenn du kein Blut sehen kannst; **in ~ lato/stretto** (ampio/letterale), im weiteren/engeren Sinne; **avere il ~ della misura** fig (sapersi moderare), maßvoll sein, ein Gefühl für das rechte Maß haben; **non avere il ~ della misura**, maßlos sein, weder Maß noch Ziel kennen; **nel vero ~ della parola** (secondo il significato proprio), im wahrsten Sinn(e) des Wortes; ~ **pratico** (capacità di affrontare i problemi pratici), Sinn m fürs Praktische, praktische Veranlagung, Sinn m fürs Praktische; ˌprivo diˌ/[senza] ~, sinnlos; **avere il ~ delle proporzioni** fig (senso della misura), ein Gefühl für das rechte Maß haben; **sesto ~** fig (intuito), sechster Sinn; ~ **dell'umorismo**, Sinn m für Humor; **non avere il ~ dell'umorismo**, keinen Sinn für Humor haben; ~ **unico** autom, Einbahnstraße f; **a ~ unico** autom {STRADA} Einbahn-, einbahnig; fig (tendenzioso) {CRITICA, GIUDIZIO} einseitig, parteiisch; ~ **vietato** autom, Einfahrt verboten.

sensóre m inform tecnol Sensor m.

sensoriàle agg 1 (relativo alla percezione) {ATTIVITÀ, STIMOLO} Sinnes-, Empfindungs- 2 (in fisiologia) {CENTRO, FIBRA, ORGANO} Sinnes-.

sensorialità <-> f (attività dei sensi) Sinnesaktivität f, Sensorialität f.

sensòrio, (-ri m) <-ri m> Ⓐ agg {APPARATO, DISTURBO, NERVO} sensorisch, Sinnes- Ⓑ m Sensorium n.

sensorìstica <-che> f (tecnologia) Sensoristik f.

sensuàle agg 1 (sessuale) {APPETITO, ISTINTO} sinnlich 2 (provocante) {DONNA, SCENA, VOCE} sinnlich.

sensualità <-> f Sinnlichkeit f.

sensuóso, (-a) agg forb (sensuale) {IMMAGINAZIONE, PROSA} sinnlich-.

sentènza f 1 (massima) {AUREA, LATINA} (Aus)spruch m, Sentenz f, Maxime f: **parlare per sentenze**, in Sentenzen/Maximen sprechen 2 dir {CIVILE, FAVOREVOLE, GIUSTA, INIQUA; +PRETORE, TRIBUNALE} Urteil (spruch m) n: ~ **di assoluzione/proscioglimento**, Freispruch m; ~ **capitale**, Todesurteil n; ~ **di condanna**, Verurteilung f; ~ **in contraddittorio**, kontradiktorisches Urteil; ~ **interlocutoria**, Zwischenurteil f; **deliberare una ~**, ein Urteil fällen/sprechen ● **sputare sentenze** fig (pontificare), klugscheißerisch fam/besserwisserisch daherreden spreg, do-

sentenziàre <sentenzio, sentenzi> **A** tr **1** dir ~ qc {GIUDICE} etw verkünden, etw beschließen; {ERGASTOLO} etw verhängen: **il tribunale sentenziò** ₍che fosse libero₎/[il proscioglimento dell'imputato], das Gericht sprach ihn/den Angeklagten frei **2** fig (decidere) ~ qc {CAPO DEL PERSONALE LICENZIAMENTO DI UN DIPENDENTE} etw beschließen, etw entscheiden: **il consiglio ha sentenziato di respingere la proposta**, der Rat hat beschlossen, den Vorschlag abzulehnen **3** fig spreg (uso assol) (pontificare) ~ (**su qc**) {SU TUTTO} klugscheißerisch fam/besserwisserisch über etw (acc) (daher)reden spreg, über etw (acc) dozieren **B** itr ~ ₍**in materia di**₎/[**in merito a**]/[**su**] **qc 1** dir {PRETORE, TRIBUNALE} IN MATERIA DI DIRITTO AMMINISTRATIVO, IN MERITO A UN REATO PENALE} über etw (acc)/ betreffs etw (gen) urteilen, über etw (acc)/ betreffs etw (gen) das/ein Urteil verkünden **2** fig (esprimere un parere) {COMMISSIONE, DIRETTORE IN MATERIA DI PENSIONI, IN MERITO A UN PROBLEMA, SU UNA QUESTIONE COMPLICATA} über etw (acc) ein Urteil ab|geben, zu etw (dat) seine Meinung sagen.

sentenziosità <-> f **1** (ricchezza di sentenze) {+PROSA} Sentenzhaftigkeit f **2** (concisione) {+AFORISMA, LINGUAGGIO} Sentenzhaftigkeit f **3** (pedanteria) {+NARRATORE} Schulmeisterei f spreg.

sentenzióso, (-a) agg **1** (ricco di sentenze) {LIBRO} sentenzhaft, sentenziös forb **2** (conciso) {STILE} sentenzhaft, sentenziös forb, pointiert **3** (pedante) {DISCORSO, ORATORE} dozierend, schulmeisterlich spreg.

sentieristica <-che> f **1** (insieme di sentieri) Wanderwege m pl **2** (attività) Wanderwegpflege f.

sentieristico, (-a) <-ci, -che> agg (del sentiero) Wanderweg-.

sentièro m **1** {IMPERVIO, RIPIDO +CAMPAGNA, MONTAGNA} Pfad m, Weg m **2** (fig) (cammino) {RETTO +ONESTÀ, VIRTÙ} Weg m, Pfad m forb ● **essere sul ~ di guerra** (iniziare una guerra), kriegerische Absichten haben; fig scherz (dare contro a qu), auf dem Kriegspfad sein scherz.

sentimentàle A agg **1** (affettivo) {LEGAME, SFERA} Gefühls-; (RELAZIONE) Liebes- **2** (melenso) {CANZONE, FILM} sentimental, schmalzig spreg, schnulzig fam spreg **3** (romantico) {RAGAZZA} sentimental, romantisch **B** mf Gefühlsmensch m, sentimentaler Mensch: **fare il ~**, sentimental sein.

sentimentalismo m **1** {+ROMANZO OTTOCENTESCO} Sentimentalität f, Gefühlsseligkeit f, Gefühlsduselei f fam spreg: **smettila con questi inutili sentimentalismi!**, hör auf mit dieser sinnlosen Gefühlsduselei! fam spreg **2** filos Empfindsamkeit f.

sentimentalista <-i m, -e f> mf **1** Gefühlsmensch m, sentimentaler Mensch: **fare il ~**, sentimental sein **2** filos Vertreter(in) m(f) der Empfindsamkeit.

sentimentalistico, (-a) <-ci, -che> agg {ATTEGGIAMENTO, LIRICA} sentimental, gefühlsselig, gefühlsduselig fam spreg.

sentimentalità <-> f {LEZIOSA} Sentimentalität f, Gefühlsseligkeit f, Gefühlsduselei f fam spreg.

sentimentalménte avv sentimental, gefühlsduselig fam spreg, gefühlsselig: **è legata ~ a un uomo più giovane di lei**, sie ist mit einem jüngeren Mann zusammen, sie hat eine Beziehung zu einem jüngeren Mann.

sentiménto m **1** (moto dell'animo) {FRATERNO, INTIMO, OSTILE; +AMORE, DISGUSTO, RISPETTO, SIMPATIA} Gefühl n: **si è fatto interprete dei sentimenti di tutti**, er hat die Gefühle aller zur Sprache gebracht; **manifestare/reprimere i propri sentimenti**, seine Gefühle zeigen/unterdrücken; **nutrire/provare un ~ profondo/sincero per/verso qu**, viel/[aufrichtige/echte Zuneigung] für jdn empfinden; **il cuore è la sede dei sentimenti**, das Herz ist der Sitz der Gefühle **2** <solo sing> (emozione) Gefühl n: **parlare al ~ di qu**, jds Gefühl ansprechen; **il ~ predomina sulla ragione**, das Gefühl ist stärker als der Verstand **3** <solo sing> (sensibilità) Empfindsamkeit f, Sensibilität f: **educare il ~**, seine Sensibilität schärfen/verfeinern **4** (senso) {ALTO +FAMIGLIA, ONORE; ESTETICO, RELIGIOSO, NAZIONALE, MORALE, PATRIOTTICO} Gefühl n **5** <di solito al pl> (modo di pensare) {ELEVATI, NOBILI, VOLGARI} Gesinnung f, (Grund)einstellung f, Haltung f: **una persona di buoni sentimenti**, ein Mensch mit einer positiven Grundeinstellung **6** rar (opinione) Meinung f: **siamo del tuo stesso ~**, wir sind ganz deiner Meinung; **ha mutato sentimenti**, er/sie hat seine/ihre Meinung geändert ● **essere fuori di ~**/[**dei sentimenti**] (essere pazzo), den Verstand verloren haben; fig (essere su tutte le furie), vor Wut außer sich (dat) sein; **pieno/ricco di sentimenti**, gefühlvoll; **povero di sentimenti**, gefühlsarm; ₍**privo di**₎/[**senza**] **~**, ohne Gefühl, gefühllos; **avere ~ di sé** (avere coscienza di sé), Selbstbewusstsein haben; **fare qc con tutti i sentimenti** fig fam (farla bene), etw voller Engagement forb machen, ₍mit ganzem Herzen₎/[voll] bei etw (dat) sein; **uscire di ~**/**sentimenti** fig fam (impazzire), den Verstand verlieren; fare fig fam (montare su tutte le furie), vor Wut außer sich (dat) geraten, aus der Haut fahren fam.

sentìna f **1** fig (ricettacolo) {+INIQUITÀ, SCELLERATEZZE} Sammelbecken n, Ansammlung f **2** mar Bilge f.

sentinèlla f (militare) Wache f; (servizio) Wache f ● **essere/stare di ~** anche fig (sorvegliare), Wachdienst haben, Wache schieben fam; **fare la ~** anche fig (auf) Wache stehen fam, Wache schieben fam; **fare la ~ a qu/qc**, jdn/etw bewachen.

sentìre <sento> **A** tr **1** (udire) ~ (**qu/qc**) {SPARO, SUONO, URLO} (jdn/etw) hören, etw vernehmen forb: **ti sento forte e chiaro**, ich höre dich laut und deutlich; **hai sentito suonare?**, hast du die Klingel gehört?; **ho sentito dire che...**, ich habe gehört, dass ...; **ci sente bene/male/poco**, er/sie hört gut/ schlecht/wenig; **non ci sente affatto**, er/sie ₍hört nichts₎/[ist taub]; **senti o devo alzare il volume?**, hörst du gut oder soll ich lauter drehen? **2** (ascoltare) ~ **qu/qc** {CONFERENZA, DISCO, TELEGIORNALE} jdm/etw zu|hören, sich (dat) jdn/etw an|hören; ~ **qu che parla**, jdm beim Sprechen zuhören **3** (venire a conoscenza) ~ **qc** {NOVITÀ} etw erfahren, etw hören, etw vernehmen forb: **ho ~ che ti sei licenziato**, ich habe erfahren, dass du gekündigt hast **4** (dar ascolto) ~ **qu/qc** {SUGGERIMENTO DI QU} jdm/etw folgen, auf jdn/etw hören: **sente solo suo padre**, er/sie hört nur auf seinen/ihren Vater; **mi senta, lasci perdere!**, hören sie auf mich und lassen Sie es bleiben! **5** (interpellare) ~ **qu** {AVVOCATO, MEDICO} jdn befragen, jdn konsultieren forb, jdn zu Rate ziehen **6** (domandare) ~ **qc** {PARERE DI QU} etw hören **7** (informarsi) etw erkundigen: **senti che cosa vogliono per cena**, erkundige dich, was sie zum Abendessen wollen; **vai a ~ se ha bisogno di qc**, erkundige dich, ob er/sie etw braucht **8** (percepire con l'olfatto) ~ **qc** {ODORE, PROFUMO} etw riechen: **~ qc all'odore**, etw am Geruch erkennen **9** (percepire con il tatto) ~ **qc** {MORBIDEZZA DI UN TESSUTO} etw fühlen, etw spüren: **~ qc al tatto**, etw durchs Tasten erkennen **10** (percepire con il gusto) ~ **qc** {BONTÀ DI UNA PIETANZA, SAPORE} etw schmecken: **~ qc al gusto**, etw am Geschmack erkennen **11** (assaggiare) ~ **qc** etw kosten, etw probieren: **senta questo vino, non è buonissimo?**, probieren Sie mal diesen Wein, ist er nicht hervorragend?; **senti se gli spaghetti sono cotti!**, koste/probier mal, ob die Spaghetti gar sind! **12** (provare una sensazione) ~ **qc** {DOLORE, PIACERE, STANCHEZZA} etw empfinden, etw fühlen, etw (ver)spüren: **~ la fatica/noia**, ₍die Anstrengung spüren₎/[Langeweile haben]; **non sento più il braccio**, ich spüre meinen Arm nicht mehr; {FAME, SETE, SONNO} etw haben; **sento caldo/freddo**, mir ist (es) warm/kalt **13** (risentire) ~ **qc** {PRIMAVERA, TEMPO, VECCHIAIA} etw spüren **14** (provare un'emozione) ~ **qc** (**per qu**) {AFFETTO, RICONOSCENZA} etw (für jdn) empfinden: **~ rimorso per qc**, wegen etw (gen) Gewissensbisse haben; **l'argomento è molto sentito tra i giovani**, dieses Thema wird unter den jungen Leuten sehr stark wahrgenommen, die jungen Leute sind sehr sensibel für dieses Thema; **non so definire quello che sento per te**, ich kann nicht beschreiben, was ich für dich empfinde; **sento di non amarti più**, ich spüre, dass ich dich nicht mehr liebe **15** (presagire) ~ **qc** {PRESENZA DI QU} etw merken, etw spüren, etw wahr|nehmen: **sentivo che sarebbe finita così**, ich spürte, dass es so enden würde **16** (avere sensibilità) ~ **qc** {MUSICA, POESIA, RITMO} ein Gespür für etw (acc) haben **B** itr **1** (avere odore) ~ **di qc** {CAPPOTTO DI FUMO} nach etw (dat) riechen; (avere sapore) {CARNE DI RANCIDO} nach etw (dat) schmecken **2** (venire a sapere) ~ **di qu/qc** von jdm/etw hören: **hai sentito di Paolo?**, hast du etwas von Paolo gehört?; **ho sentito della disgrazia alla radio**, ich habe im Radio von dem Unglück gehört **C** rfl **1** (provare una sensazione): **sentirsi + compl di modo** {DEBOLE, A DISAGIO, A PEZZI, SFINITO} sich irgendwie fühlen: **mi sento male/meglio**, ich fühle mich schlecht/besser; **sentirsi mancare/svenire**, einer Ohnmacht nahe fühlen **2** (provare un'emozione): **sentirsi + compl di modo** {IN COLPA, IN DEBITO} sich irgendwie fühlen: **sentirsi commosso/offeso**, gerührt/beleidigt sein; **ha bisogno di sentirsi importante/utile**, er/sie braucht das Gefühl, wichtig/nützlich zu sein **3** **sentirsi/sentirsela di fare qc** (avere il coraggio) sich (dat) zu|trauen, etw oder sich bringen: **te la senti di prendere l'aereo da sola?**, traust du dir zu, alleine zu fliegen?; **non me la sento proprio di dire a mia madre che me ne vado via di casa**, ich bringe es nicht ₍über mich₎/[übers Herz], meiner Mutter zu sagen, dass ich ausziehe; (avere voglia) Lust zu etw (dat) haben, in der Stimmung zu etw (dat) sein; **ti/[te la] senti di andare al cinema stasera?**, hast du Lust, heute Abend ins Kino zu gehen?; **oggi non me la sento proprio**, heute ₍habe ich₎ wirklich keine Lust dazu/[bin ich wirklich nicht in der Stimmung (dazu)]; (essere disposto) ₍bereit sein₎/[sich imstande fühlen], etw zu tun; **te la sentiresti di leggere la mia tesi?**, wärest du bereit, meine Diplom-/Magisterarbeit zu lesen? **D** rfl rec: **sentirsi** voneinander hören: **ci sentiamo!**, wir hören voneinander; **è molto che non ci sentiamo**, es ist schon lange her, dass wir uns das letzte Mal gehört haben; **wir haben uns lange nicht mehr gehört E** <-> m forb Gesinnung f: **donna di alto ~**, Frau von hoher Gesinnung ● **(su,) sentiamo!** (dai parla!), also, lass/ [lassen Sie] mal hören; also, erzähl/[erzählen Sie] mal!; **ma senti, senti che discorsi!**,

hört, hört, was für Reden!; jetzt hört euch den Blödsinn/das Geschwätz an! *fam spreg*; **senta/senti/sentite, io vorrei partire domani** (*per richiamare l'attenzione*), ˌhören Sieˌ/[hör zu]/[hört zu], ich möchte morgen abfahren; *a ~ loro/lui/te/voi* (*secondo loro/lui...*), nach dem, was ˌsie sagenˌ/[er sagt]/[du sagst]/[ihr sagt], ihrer/seiner/deiner/eurer Meinung nach; *adesso mi sente!* *fam*, dem/der werde ich was erzählen! *fam*, jetzt erzähle ich ihm/ihr was! *fam*; **sentirne delle belle** *fig* (*cose strane*), ˌunglaubliche Geschichtenˌ/[vielleicht Sachen *fam*] hören, was Schönes zu hören bekommen; **sentimi bene**, mir ist mal gut zu!; **sentirsi** *anche fig* (*pesare*), {CRISI, ETÀ, FREDDO} sich bemerkbar machen; (*imporsi*), sich (*dat*) Gehör verschaffen; (*dare notizie di sé*), sich melden; **ma sentilo!**, jetzt hör dir den an!; **sentirsi morire** (*per l'imbarazzo*), (vor Scham) am liebsten im (Erd)boden versinken wollen; **non ~ nulla** (*non udire niente*), nichts hören; (*essere insensibile*), gefühllos/unsensibel/dickfellig *fam spreg* sein; **senti un po', dov'eri ieri sera?**, hör mal, wo warst du gestern Abend?; **senti questa!**, hör dir das mal an!; **senta, scusi˛, mi sa dire come arrivare al castello?**˛, entschuldigen Sie(, können Sie mir sagen, wie ich zum Schloss komme?); **stammi a ~**, (jetzt) hör mir mal zu!; **cosa mi tocca ~**, was muss ich da hören; **vuoi sentirne una?**, soll ich dir das Neu(e)ste erzählen?, willst du was hören?
sentitaménte *avv* (*vivamente*) {CONGRATULARSI, RINGRAZIARE} herzlich.
sentito, (-a) *agg* 1 (*udito*) gehört: **notizia sentita alla radio**, im Radio gehörte Nachricht 2 (*condiviso*) {IDEALE, PROBLEMA} wahrgenommen, (nach)empfunden 3 (*sincero*) aufrichtig, herzlich: **sentiti auguri/ringraziamenti**, herzlichen Glückwunsch/Dank; **con sentita stima**, mit vorzüglicher Hochachtung • **per ~ dire**, vom Hörensagen, gerüchteweise.
sentóre *m* 1 (*impressione*) Ahnung *f*, Eindruck *m*: **ho il ~ che ci saranno dei cambiamenti**, ich habe das Gefühl/den Eindruck, dass sich etwas ändern wird; **avere ~ di**, von etw (*dat*) Wind bekommen *fam* 2 (*profumo*) **~ di qc** {DI MUFFA} Geruch *m von etw* (*dat*); {DI LAVANDA} *anche* Duft *m von etw* (*dat*).
sènza A *prep* 1 (*privazione*), **~ qu/qc**, (*con i pron pers e i pron dimostr*) **~ di qu/qc** {GENITORI, GIACCA, UN SOLDO, IL MINIMO SOSPETTO, ZUCCHERO} ohne *jdn/etw*; **~ di me/te/lui**, ohne mich/dich/ihn; **~ di quello/questo il sugo non viene buono**, ohne das gelingt die Soße nicht; **~ casa/fiato/speranza**, obdach-/atem-/hoffnungslos; **~ alcol/caffeina/piombo**, alkohol-/kaffein-/bleifrei; **fare/stare ~ qu/qc**, ohne *jdn/etw* auskommen; **usa pure tu l'auto, io posso fare/stare ~**, nimm du ruhig das Auto, ich kann darauf verzichten; **~ pietà né riguardo per nessuno**, ohne Mitleid oder Rücksicht auf jemanden, völlig mitleids- und rücksichtslos; **essere/rimanere ~ qu/qc**, *jdn/etw* nicht mehr haben; **è rimasto ~ nessuno**, er ist ganz allein geblieben, jetzt steht er ganz allein da; **ora sono rimasta ~ niente**, jetzt steh ich ˌmit nichts daˌ/[mit leeren Händen da]/[vor dem Nichts]; **hai una sigaretta? - Mi spiace, sono rimasto ~**, hast du eine Zigarette? - Tut mir leid, ˌich habe keine mehrˌ/[die sind mir ausgegangen] 2 (*esclusione*) **~ qu/qc** ohne *jdn/etw*: **va in bicicletta ~ mani**, er/sie fährt freihändig Rad; **l'importo della fattura è di 1000 euro ~ le spese di spedizione**, die Rechnung beträgt 1000 Euro ohne Versandkosten B *cong* **~ ... inf**, ohne zu ... *inf*: **è rimasto tutto il giorno ~ mangiare né bere**, er hat den ganzen Tag nichts gegessen und getrunken; **è partito ~ lasciarmi il suo indirizzo**, er ist weggefahren, ohne mir seine Adresse zu hinterlassen; **se n'è andato ~ dire niente**, er ist weggegangen, ohne etwas zu sagen; er ist wortlos gegangen; **parla ~ riflettere**, er/sie redet ˛unüberlegt drauflos *fam*˛/[ohne nachzudenken]; **non può stare ~ fumare**, er/sie kann es ohne (zu) rauchen nicht aushalten C *loc cong* **~ che ... congv**, ohne dass ... *ind*: **non passa giorno ~ che succeda qualche imprevisto**, es vergeht kein Tag, ohne dass etwas dazwischenkommt; **è uscito ~ che io lo sapessi**, er ist weggegangen, ohne dass ich es wussteˌ/[ohne mein Wissen weggegangen] • **~ contare/dire che ...** (*tanto più che*), ohne zu berücksichtigen, dass ...; ganz abgesehen davon, dass ...; umso mehr als ...; zumal, da ...; **non ho il tempo materiale di fare le vacanze ora, ~ contare che sono al verde** *fam*, ich habe jetzt wirklich keine Zeit, Ferien zu machen, ganz abgesehen davon, dass ich pleite bin *fam*; **non ~ (con alquanto), mit einige(r, s)/ziemliche(r, s); è riuscita, non ~ difficoltà, a terminare gli studi**, sie hat es, (wenn auch) mit beträchtlichen/einigen Schwierigkeiten geschafft, ihr Studium abzuschließen.

senzacàsa A *<inv>* *agg* obdachlos B *<-> mf* (*senzatetto*) Obdachlose *mf decl come agg*.
senzadio *<-> mf anche spreg* Gottlose *mf decl come agg*.
senzalavóro, **sènza lavóro** A *<inv> agg loc agg* {GIOVANE} arbeitslos B *<-> mf loc sost mf* (*disoccupato*) Arbeitslose *mf decl come agg*.
senzapàtria *<-> mf* 1 (*apolide*) Heimatlose *mf decl come agg*, Staatenlose *mf decl come agg* 2 (*spreg*) (*rinnegato*) vaterlandsloser Geselle/Mensch *mf forb spreg*, Abtrünnige *mf decl come agg*.
senzatétto *<-> mf* (*senzacasa*) Obdachlose *mf decl come agg*.
senziènte *agg forb* (*dotato di sensibilità*) {ORGANISMO, SOGGETTO} empfindend, empfindungs-, wahrnehmungsfähig.
sèpalo *m bot* Kelchblatt *n*.
separàbile *agg anche gramm* {VERBO} trennbar.
separabilità *<-> f* Trennbarkeit *f*.
separàre A *tr* 1 (*dividere*) **~ qu/qc** {DUE AMICI, DEI FOGLI UNITI} *jdn/etw* trennen; (*I LETTI*) *anche etw* auseinander/schieben; **~ qu/qc da qu/qc** {FARINA DALLA CRUSCA, MADRE DAL FIGLIO} *jdn von jdm/etw* trennen; {MALATI DI TUBERCOLOSI DAGLI ALTRI} *anche jdn/etw von jdm/etw* isolieren, *jdn/etw von jdm/etw ab*/sondern 2 (*tenere distinto*) **~ qu/qc da qu/qc** {BUONI DAI CATTIVI, VERO DAL FALSO} zwischen *jdm/etw* und *jdm/etw* unterscheiden 3 (*fare da confine*) **~ qc da qc** {LE ALPI L'ITALIA DALL'AUSTRIA; GIARDINO CASA DALLA STRADA} *etw von etw* (*dat*) trennen B *rfl*: **separarsi da qu** {DAGLI AMICI, DALLA FAMIGLIA, DALLA MOGLIE} sich *von jdm* trennen C *rfl rec*: **separarsi** auseinander/gehen, sich trennen: **i miei genitori si sono separati legalmente**, meine Eltern haben sich rechtlich getrennt.
separataménte *avv* 1 (*a parte*) getrennt, extra: **la spedizione va pagata ~**, der Versand muss extra bezahlt werden 2 (*uno alla volta*) {ENTRARE} einzeln, getrennt.
separatismo *m polit* Separatismus *m*.
separatista *<-i m, -e f> polit* A *agg* {MOVIMENTO} separatistisch B *mf* (*fautore*) Separatist(in) *m(f)*.
separatistico, (-a) *<-ci, -che> agg polit* {CORRENTE} separatistisch.

separàto, (-a) A *agg* 1 (*diviso*) {CONIUGI, LETTI, STANZE} getrennt 2 (*distinto*) {CONTABILITÀ, CONTO} getrennt B *mf* getrennte(r) Ehepartner(in) *m(f)*: **separati in casa**, in einem Haushalt lebende, rechtlich getrennte Ehepartner.
separatóre, (-trice) A *agg* {ELEMENTO, MEMBRANA} Trenn-, trennend B *m tecnol* {ELETTROSTATICO, MAGNETICO} Separator *m*, (Ab)scheider *m*, Trennungsgerät *n*: **~ centrifugo**, Zentrifugalseparator *m*, Zentrifugalabscheider *m*; **~ di grassi**, Fettabscheider *m*, Fettfänger *m*; **~ per liquidi/metalli**, Flüssigkeits-/Metallabscheider *m*.
separazióne *f* 1 (*divisione*) **~ (da qc)** Trennung *f* (*von etw dat*): **~ latte dalla panna**, Trennung *f* der Milch von der Sahne; **~ della Chiesa dallo Stato**, Trennung *f* ˌder Kirche vom Staatˌ/[von Staat und Kirche] 2 (*distacco*) **~ (da qu/qc)** {BRUSCA, DOLOROSA, TRAUMATICA, DAI GENITORI, DAL PROPRIO PAESE} Abschied *m* (*von jdm/etw*), Trennung *f* (*von jdm/etw*); {+VECCHI AMICI} *anche* Auseinandergehen *n* 3 (*distinzione*) Trennung *f*: **~ dei sessi**, Geschlechtertrennung *f* 4 *dir* Trennung *f*: **~ dei beni**, Gütertrennung *f*; **chiedere/ottenere la ~ legale**, die gesetzliche Trennung beantragen/erlangen; **~ consensuale**, Trennung *f* der Ehegatten in beiderseitigem Einverständnis, einverständliche Trennung der Ehegatten; **~ di fatto dei coniugi**, Getrenntleben *n* der Ehepartner; **~ giudiziale**, gerichtliche Trennung *f*; **~ personale dei coniugi**, Aufhebung *f* der (ehelichen) Lebensgemeinschaft; **~ dei poteri**, Gewaltenteilung *f* 5 *tecnol* Trennung *f*, Abscheiden *n*: **~ meccanica**, mechanische Trennung.
séparé *<-, -s pl franc> m franc* Séparée *n*.
sepiolite *f min* Sepiolith *m*, Meerschaum *m*.
sepolcràle *agg* 1 (*di sepolcro*) {ISCRIZIONE, LAPIDE, MONUMENTO} Grab-; *lett* {POESIA} Grab- 2 *fig* (*tetro*) {SILENZIO, VOCE} Grabes-: **buio ~**, unheimliche/schaurige Finsternis/Düsterkeit.
sepolcréto *m* (*necropoli*) {ETRUSCO, ROMANO} Nekropolis *f*, Begräbnisstätte *f*.
sepólcro *m* 1 (*monumento funebre*) Grab(mal) *n* 2 *relig* Heiliges Grab, Grab Jesu • **condurre/portare qu al ~** *fig* (*far morire*), *jdn* ins Grab bringen; **~ imbiancato** *fig bibl*, Heuchler *m*; **il *Santo* Sepolcro** (*tomba di Cristo*), das Heilige Grab; (*luoghi santi della Palestina*), die Heiligen Stätten; **scendere nel ~** *fig* (*morire*), ins Grab sinken *forb*, sterben; **visitare i sepolcri** *relig*, die Darstellungen des Grabes Jesu besuchen und vor ihnen beten.
sepólto, (-a) A *part pass di* **seppellire** B *agg* 1 (*tumulato*) {ANIMALE, PERSONA} beerdigt, begraben 2 (*messo sotto terra*) {TESORO} vergraben 3 (*ricoperto*) {VILLAGGIO DALLA FRANA, DALLA LAVA} unter/von etw (*dat*) begraben, *unter etw* (*dat*) verschüttet; *fig* {AVVOCATO, TAVOLO DA LETTERE DI PROTESTA} *unter etw* (*dat*) begraben 4 (*isolato*) **~ in/tra qc** *in etw* (*dat o acc*) vergraben: **vive ~ in casa**, er lebt zuhause vergraben; **l'orso polare vive ~ tra i ghiacci**, der Eisbär lebt im tiefen Eis; *anche fig* (*immerso*) *in etw* (*acc*) versunken; **essere ~ nel ˛proprio dolore˛/[sonno]**, in ˌseinem Schmerzˌ/[Schlaf] versunken sein 5 (*nascosto*) **~ in/sotto/tra qc** {FOGLIO NEL CASSETTO, SOTTO AI LIBRI, TRA I DOCUMENTI} *in/unter/zwischen etw* (*dat*) vergraben; *anche fig*: **il ricordo è ~ nel mio cuore**, ich bewahre/verschließe die Erinnerung (unauslöschlich) in meinem Herzen C *m* (*f*) Begrabene *mf decl come agg* • **le sepolte vive** (*suore di clausura*), die Klausurschwestern.

sepoltùra f 1 (*tumulazione*) Beerdigung f, Begräbnis n, Beisetzung f: **dare ~ alla salma**, den Leichnam begraben/beerdigen; **ricevere degna ~**, würdig beerdigt werden 2 (*cerimonia funebre*) Beerdigung f: **~ ecclesiastica**, kirchliche Beerdigung; **andare/partecipare alla ~ di qu**, ⌊zur Beerdigung von jdm/+ gen gehen⌋/[an der Beerdigung von jdm/+ gen teilnehmen] 3 (*tomba*) Begräbnisstätte f.

seppellimènto m 1 (*tumulazione*) {+VITTIMA} Beerdigung f, Begräbnis n 2 (*il metterе sotto terra*) {+FORZIERE, REFURTIVA} Eingraben n, Vergraben n.

seppellìre <irr *seppellisco, seppellisci, seppellii, seppellito o sepolto*> **A** tr 1 (*tumulare*) ~ **qu/qc** (+ *compl di luogo*) {CANE IN GIARDINO, MORTO, RESTI DI UN CADAVERE IN UN CIMITERO DI CAMPAGNA} jdn/etw (*irgendwo*) beerdigen, jdn/etw (*irgendwo*) begraben, jdn/etw (*irgendwo*) bei|setzen 2 (*mettere sotto terra*) ~ **qc** (+ *compl di luogo*) {ARMA, REFURTIVA IN UN BOSCO} etw (*irgendwo*) ein|-, vergraben 3 (*ricoprire*) ~ **qu/qc** {NEVE STRADA; VALANGA SCIATORI, VALLE} jdn/etw begraben, jdn/etw verschütten; fig {UNA MONTAGNA DI SCARTOFFIE IMPIEGATO, SCRIVANIA} jdn/etw (unter sich) begraben 4 fig (*dimenticare*) ~ **qc** {PASSATO, RANCORE} etw begraben, etw vergessen **B** rfl (*isolarsi*): **seppellirsi in/tra qc** {IN BIBLIOTECA, IN CAMPAGNA, TRA LE MONTAGNE} sich *in etw* (acc) vergraben; anche fig (*immergersi*) {TRA LE PRATICHE DA SBRIGARE, NELLO STUDIO} sich *in etw* (acc) vertiefen ● **quella ci seppellisce tutti!** fig fam (*vivrà più a lungo di noi*), die wird uns ⌊alle überleben⌋/[allen ins Grab schauen fam süddt].

sèppi 1ª pers sing del pass rem *di* sapere.

sèppia A f zoo Tintenfisch m, Sepia f **B** <inv> agg {TINTA} sepia(braun) **C** m <-> (*colore*) Sepiabraun n.

seppiàto, (-a) agg (*di colore seppia*) {FOTOGRAFIA} sepia(braun).

seppùre, se pùre cong loc cong 1 (*quand'anche*) ~ ... (*congv*), auch wenn ... *ind/congv*, selbst wenn ... *ind o congv*: **finirò questo lavoro ~ dovessi impiegarci tutta la notte**, ich mache diese Arbeit fertig, selbst/auch wenn es die ganze Nacht dauern sollte; **verrò, ~ controvoglia**, ich werde kommen, wenn auch widerwillig 2 (*qualora*) ~ ... *cong/ind*, falls ... *ind/congv*, wenn ... *ind o congv*: **la nostra amicizia, ~ si possa/può parlare di amicizia**, unsere Freundschaft, wenn man das Freundschaft nennen kann.

sèpsi f med Blutvergiftung f, Sepsis f *scient*.

sèquano, (-a) A agg sequanisch, der Sequaner **B** m (f) stor (*persona*) Sequaner(in) m(f).

sequel <-, -s pl *ingl*> m ingl film TV 1 (*seguito*) Sequel n, Fortsetzung f 2 (*episodio*) Sequel n, Folge f.

sequèla f {+GUAI, GUERRE, VISITE} Folge f, (lange) Reihe.

sequènza f 1 (*serie*) {+DOMANDE, NOTIZIE, TITOLI} (Ab-, Reihen)folge f, Reihe f, Serie f, Sequenz f 2 (*seguito di scene*) {NARRATIVA, POETICA} Sequenz f; film TV {DRAMMATICA; +IMMAGINI} Sequenz f 3 *inform* {+DATI} Sequenz f: **~ di programma**, Programmsequenz f 4 mat {ALFANUMERICA} Folge f, Sequenz f 5 relig {LIBRO} Sequenz f 6 tecnol Sequenz f, (Ab)folge f: **~ di lavorazione**, Arbeitssequenz f, Bearbeitungs-, Fertigungsabfolge f 7 (*nei giochi di carte*) (*scala*) Reihe f, Sequenz f ● **in ~** (*di seguito*), hintereinander.

sequenziàle A agg 1 *inform* {ACCESSO, FILE} sequenziell 2 mat {NUMERI} sequenziell 3 relig {LIBRO} Sequenz- 4 tecnol {LAVORAZIONE} sequenziell **B** m relig (*libro*) Sequen-

buch n.

sequenzialità <-> f 1 *inform* Sequenzabfolge f, sequenzielle Anordnung 2 mat Zahlenfolge f 3 tecnol Sequenzabfolge f, sequenzielle Anordnung.

sequenziamènto m (*definizione di una sequenza*) Sequenzierung f.

sequenziàre <*sequenzio, sequenzi*> tr (*stabilire una sequenza*) ~ **qc** {GENOMA UMANO} etw sequenzieren.

sequenziatóre m chim Sequenzierer m.

sequestràbile agg dir beschlagnahmbar.

sequestrànte A agg 1 chim: **agente ~**, Maskierungs-, Sequestriermittel n, Komplexbildner m 2 dir {PARTE} die Beschlagnahme beantragend **B** mf dir (*promotore di un sequestro*) die Beschlagnahme Veranlassende mf decl come agg, (*esecutore*) Beschlagnahmende mf decl come agg.

sequestràre tr 1 (*requisire*) ~ **qc a qu** {INSEGNANTE ALBUM DELLE FIGURINE, SIGARETTE A UN ALLIEVO} jdm etw weg|nehmen, etw konfiszieren, etw beschlagnahmen; {POLIZIA ARMA DEL DELITTO, BENE IMMOBILE, MERCE RUBATA} etw beschlagnahmen 2 (*rapire*) ~ **qu** {BANDITI RICCO IMPRENDITORE} jdn entführen, jdn kidnappen 3 fig scherz (*bloccare*) ~ **qu** (+ *compl di tempo*) (+ *compl di luogo*) jdn (*irgendwann*) (*irgendwie*) ein|sperren, jdn (*irgendwann*) (*irgendwie*) beschlagnahmen scherz, jdn (*irgendwann*) (*irgendwie*) ⌊mit Beschlag belegen⌋/[in Beschlag nehmen]: **ogni sabato mi sequestra per andare a fare spese**, jeden Samstag beschlagnahmt er/sie mich, um einkaufen zu gehen scherz; **i bambini sono stati sequestrati in casa per tutto il pomeriggio a causa del maltempo**, die Kinder waren wegen des schlechten Wetters den ganzen Nachmittag zuhause eingesperrt.

sequestratàrio, (-a) <-ri> m (f) dir (*nel sequestro convenzionale*) Verwahrer(in) m(f), Sequester m.

sequestràto, (-a) A agg 1 (*requisito*) {QUADERNO DEGLI APPUNTI} konfisziert, beschlagnahmt 2 (*rapito*) {COMMERCIANTE} entführt, gekidnappt 3 fig scherz (*bloccato*) eingesperrt: **quella donna vive sequestrata in casa**, diese Frau lebt zu Hause eingesperrt 4 dir (*posto sotto sequestro*) {FILM, MACCHINA, PISTOLA} beschlagnahmt **B** m (f) 1 (*persona rapita*) Entführte mf decl come agg 2 dir (*proprietario di un bene sequestrato*) Eigentümer(in) m(f) eines sequestrierten Gutes.

sequestratóre, (-trice) m (f) 1 (*rapitore*) Geiselnehmer(in) m(f) 2 dir (*promotore di un sequestro*) Besteller(in) m(f) eines Sequesters/einer Sequestration, (*esecutore*) Sequester m.

sequèstro A m 1 (*rapimento*) Entführung f: **~ di persona**, Freiheitsberaubung f, Menschenraub m 2 dir {+AUTOMOBILE, AZIENDA, DOCUMENTO, LIBRO, PELLICOLA CINEMATOGRAFICA} Beschlagnahme f, Beschlagnahmung f: **~ conservativo**, Sicherungsbeschlagnahme f, Beschlagnahme f zur Sicherung; **~ convenzionale** (*contratto di ~*), Verwahrung f durch einen Dritten (in Streitfall); **~ giudiziario**, gerichtliche Beschlagnahme **B** <inv> loc agg: **sotto ~**, {BENE MOBILE, EDIFICIO} beschlagnahmt **C** loc avv: **sotto ~**, beschlagnahmt, in/mit Beschlag; **mettere sotto ~ qc**, etw beschlagnahmen, ⌊etw in Beschlag nehmen⌋/[mit Beschlag belegen]; **tenere sotto ~ qc**, etw in/unter Beschlag halten.

sequòia f bot Sequoie f.

séra A f {+ESTATE; PIOVOSA, PRIMAVERILE} Abend m: **alla/di ~**, abends; **alla/la ~ tardi**, spät abends; **alle 9 di ~**, um 9 Uhr abends; **l'altra ~ non ti ho visto**, neulich abends ha-

be ich dich nicht gesehen; **una ~ o l'altra**, an irgendeinem Abend; **domani/ieri ~**, morgen/gestern Abend; **la ~ dopo/seguente**, am nächsten/folgenden Abend⌋/[Abend darauf]; **fa ~**, es wird Abend; **sul far della ~**/[verso] **~**, ⌊bei Dämmerung⌋/[gegen Abend]; **guadagna cento euro a ~**, er/sie verdient 100 Euro am/pro Abend; **la ~ guardo la televisione**, abends schaue ich fern; **~ inoltrata**, später/fortgeschrittener Abend; **martedì/mercoledì ~**, Dienstag-/Mittwochabend; **la ~ di martedì/mercoledì**, am Dienstag-/Mittwochabend; ⌊**ogni ~**⌋/[**tutte le sere**], jeden Abend; **di prima ~**, am frühen Abend; **prima di ~**, vor dem Abend, bevor es Abend wird; **la ~ prima/precedente**, am vorherigen Abend, am Abend vorher/zuvor/[des Vortages]; **questa ~**, heute Abend; **una di queste sere**, demnächst (mal) abends, einen der nächsten Abende; **tutta la ~**, den ganzen Abend; **scende/viene la ~**, es wird Abend; **la ~ della vigilia di Natale**, der Weihnachtsabend, der Heilige Abend **B** <inv> loc agg 1 **da ~**, {ABITO, SCARPE} Abend- 2 **della ~**, {EDIZIONE, GIORNALE, TRENO} Abend- → **buonasera**; **fare/tirare ~** fig (*arrivare alla fine della giornata*), es Abend werden lassen; **al momento ho così tanto lavoro che spesso faccio ~** ⌊**in ufficio**⌋/[**davanti al computer**], im Moment habe ich so viel zu tun, dass ich oft bis zum Abend ⌊im Büro⌋/[vorm Computer] sitze; (*annoiandosi*), den Tag vergammeln fam; **domenica ho tirato ~ davanti alla tv**, ich habe den ganzen Sonntag vor der Glotze vergammelt fam; **dalla ~ alla mattina**, vom Abend bis zum Morgen; fig (*improvvisamente*), plötzlich, über Nacht, auf einmal; **una ~** (*una volta*), eines Abends; (*in futuro*), (irgend)einen Abend; **la ~ della vita** fig (*la vecchiaia*), der Lebensabend.

seraccàta f geog Séracs m pl, (Gletscher)eisbrüche m pl.

seràcco <-chi> m geog Sérac m.

seraficità <-> f (*calma*) {+SGUARDO} Sanftheit f; {+DONNA} anche Seelenruhe f, Gelassenheit f.

seràfico, (-a) <-ci, -che> agg 1 relig (*angelico*) {ARDORE} engelhaft, seraphisch forb 2 relig (*francescano*) {ORDINE} Franziskaner- 3 fig fam (*calmo*) {ESPRESSIONE, FACCIA} sanft, ruhig; {UOMO} anche seelenruhig, gelassen.

serafìno m relig Seraph(im) m.

seràle agg {CORSO, SCUOLA, TURNO} Abend-; {PASSEGGIATA} anche abendlich.

seràta f 1 (*ore della sera*) {AFOSA, ESTIVA, NEBBIOSA, PIACEVOLE} Abend m: **in ~**, abends, am Abend 2 anche teat (*intrattenimento*) {DANZANTE, MUSICALE} Abend m, Abendveranstaltung f: **~ d'addio**, Abschiedsabend m; **~ di beneficenza**, abendliche Wohltätigkeitsveranstaltung; **~ di gala**, Galaabend m; **~ d'onore**, Ehrenabend m; **ho organizzato la ~ in tuo onore**, ich habe den Abend dir zu Ehren organisiert ● **prima/seconda ~** TV (*programmazione che precede/segue le 22.30 circa*), ⌊Hauptsendezeit f zwischen 20.00 und 22.30 Uhr⌋/[Sendezeit f nach 22.30 Uhr]; **non capisco perché i buoni film debbano sempre essere trasmessi in seconda ~**, ich verstehe nicht, warum die guten Filme immer im Spätprogramm kommen müssen.

serataccia <pegg *di* serata> f 1 (*serata di maltempo*) Unwetterabend m: **che ~ oggi!**, was für ein Unwetter heute abend! fam 2 (*serata negativa*) {+SQUADRA DI CALCIO} Unglücksabend m, Horrorabend m fam.

serbàre A tr 1 (*mettere da parte*) ~ **qc** (**per qc**) {DENARO PER LA VECCHIAIA, LEGNA PER L'INVERNO} etw (für etw acc) (auf)bewahren,

etw (für etw acc) (auf|)sparen **2** *anche fig (custodire)* ~ **qc** {LETTERA, RICORDO DI QU/QC} *etw* behalten; {SEGRETO} *etw* bewahren **3** *(mantenere)* ~ **qc** {PAROLA DATA} *etw* halten; {PROMESSA} *anche etw* ein|halten **4** *(nutrire in sé)* ~ **qc per/verso qu** {GRATITUDINE} *etw für jdn* empfinden; {ODIO, RISENTIMENTO VERSO UN AMICO} *anche etw gegen jdn* hegen **B** *rfl (restare)*: serbarsi (+ **compl di modo** {FEDELE, ONESTO, PURO} *(irgendwie)* bleiben.
serbatóio *<-toi>* m **1** {+ACQUA, BENZINA, GAS, OLIO} Tank m; ~ **accessorio/[di riserva]**, Zusatz-/Reservetank m; {+PENNA STILOGRAFICA} (Tinten)behälter m, Patrone f **2** *fig (bacino)*: **un** ~ **di notizie**, eine unerschöpfliche Informationsquelle; ~ **di voti**, Wählergruppe f, Wählerreservoir n; **i giovani hanno a lungo costituito un** ~ **di voti per i verdi**, die Jugendlichen waren lange ⌊ein wichtiges Wählerreservoir⌋/[eine wichtige Wählergruppe] der Grünen; **il sud è stato per anni un** ~ **di voti per la Democrazia Cristiana**, die Wähler der Christdemokraten wurden jahrelang aus Süditalien rekrutiert, Süditalien war lange eine Hochburg der Christdemokraten **3** *artiglieria (cavità per cartucce)* Magazin n, Patronenlager n ● ~ **magmatico** *geol*, Magmakammer f.
Sèrbia f *geog* Serbien n.
sèrbo① *solo nella* loc avv: **in** ~, in Aufbewahrung, in Verwahrung; **avere/tenere in** ~ **una sorpresa per qu**, für jdn eine Überraschung auf Lager haben; **mettere in** ~ **i soldi per le vacanze**, Geld für die Ferien beiseite|legen/[auf die Seite legen].
sèrbo②, (-a) **A** agg {CANTO POPOLARE, TERRITORIO} serbisch **B** m (f) *(abitante)* Serbe m, (Serbin f) **C** m *<solo sing>* *(lingua)* Serbisch(e) n.
serbocroàto, (-a) **A** agg {LETTERATURA, LINGUA} serbokroatisch **B** m *<solo sing>* *(lingua)* Serbokroatisch(e) n.
serenaménte avv **1** *(con tranquillità)* {MORIRE} heiter, ruhig, gelassen **2** *(con imparzialità)* {GIUDICARE} unparteiisch; {VALUTARE} sachlich.
serenàta f **1** *(canto)* Ständchen n: **ogni sera le canta/fa una** ~, jeden Abend singt/bringt er ihr ein Ständchen *scherz* **2** *fig scherz* Heulkonzert n *scherz*: **stanotte i gatti hanno fatto la** ~ **sotto la mia finestra**, heute Nacht haben die Katzen unter meinem Fenster ein Heulkonzert gegeben *scherz* **3** *mus* Serenade f.
serenìssimo, (-a) *<superl di sereno>* **A** agg *forb obs (titolo onorifico)* {PRINCIPE} durchlauchtigste(r, s) *forb obs* **B** f *(repubblica di Venezia)*: **la Serenissima**, die Republik Venedig.
serenità *<->* f **1** *(limpidezza)* {+ARIA, CIELO} Heiterkeit f **2** *fig (tranquillità)* {+BAMBINO, VISO} Heiterkeit f, Ruhe f; {+ESISTENZA} *anche* Unbeschwertheit f: ~ **d'animo**, Seelenruhe f **3** *fig (imparzialità)* {+GIUDIZIO} Unparteilichkeit f; {+CONSIDERAZIONE, DECISIONE} Objektivität f ● **con** ~ *(con tranquillità)* {VIVERE} ruhig, unbeschwert, gelassen; *(con imparzialità)* {DECIDERE} objektiv, unparteiisch, sachlich; **Sua Serenità** *(titolo onorifico)*, (Seine/Ihre) Durchlaucht.
serèno, (-a) **A** agg **1** *(terso)* {CIELO, GIORNATA, TEMPO} heiter, wolkenlos: ~ **variabile**, heiter bis wechselhaft **2** *fig (tranquillo)* {DONNA, SGUARDO} heiter, ruhig; {INFANZIA, VITA} *anche* unbeschwert; {COSCIENZA, MENTE} rein **3** *fig (imparziale)* {CRITICA} unparteiisch; {VALUTAZIONE} objektiv, sachlich **B** m **1** *(tempo sereno)* heiterer Himmel: **finalmente è tornato il** ~, endlich ⌊ist der Himmel wieder wolkenlos⌋/[hat es (sich) wieder aufgeheitert] **2** *fig (pace)* Frieden m.
sergènte m **1** *fig iron (persona autoritaria)* Feldwebel m *fam spreg*, Dragoner m *fam spreg*: **tua madre è un vero** ~!, deine Mutter ist wirklich ein Feldwebel/Dragoner! *fam spreg* **2** *mil* Sergeant m, Unteroffizier m: ~ **maggiore**, Feldwebel m **3** *(in falegnameria)* (Schraub)zwinge f.
Sèrgio m *(nome proprio)* Sergius.
serial *<-, -s pl ingl>* m *ingl radio TV* Serie f, Serial n.
seriàle agg **1** *(ordinato in serie)* {PUBBLICAZIONE, SUCCESSIONE} seriell, Reihen- **2** *inform* {INTERFACCIA, PORTA} seriell **3** *mus* {MUSICA} seriell.
serializzàre tr ~ **qc 1** *(disporre in serie)* *etw* auf|reihen **2** *inform etw* serialisieren, *etw* in serielles Format bringen.
serial killer *<-, -s pl ingl>* loc sost m *ingl* Serienkiller m, Serien-, Massenmörder m.
seriaménte avv **1** *(in modo non superficiale)* {PARLARE, RISPONDERE} ernst(haft) **2** *(in modo affidabile)* {LAVORARE, STUDIARE} ernsthaft, fleißig, eifrig **3** *(in modo irreprensibile)* {COMPORTARSI} anständig, tadellos, untadelig **4** *(in modo grave)* ernsthaft, ernstlich: **la tua salute è** ~ **compromessa**, deine Gesundheit ist ernsthaft gefährdet.
seriàre *<serio, seri>* tr *(disporre in serie)* ~ **qc** *etw* auf|reihen.
serìceo, (-a) agg *lett (serico)* {MORBIDEZZA} seiden(artig); {LUCENTEZZA} *anche* Seiden-.
sericìna f *(gomma della seta)* Seidenleim m, Seidenbast m, Sericin n.
sèrico, (-a) *<-ci, -che>* agg **1** *(relativo alla seta)* {INDUSTRIA} Seiden- **2** *(di seta)* {ABITO} Seiden- **3** *fig (simile a seta)* {CAPELLI, PELLE} seidig.
serìcolo, (-a) agg *(relativo alla sericoltura)* {ZONA} Seidenraupenzucht-.
sericoltóre, *(-trice)* m (f) Seidenraupenzüchter(in) m(f).
sericoltùra f Seidenraupenzucht f.
sericultóre *e deriv* → **sericoltore** *e deriv*.
sèrie *<->* **A** f **1** *(successione)* {+AVVENIMENTI, CIRCOSTANZE, CLIENTI, COLPI, NUMERI, PAPI, RE} Reihe f, Serie f: ~ **aperta/chiusa**, offene/geschlossene Reihe; **infilare una** ~ **di errori**, eine Reihe von Fehlern machen **2** *(raccolta)* {COMPLETA +FRANCOBOLLI, FUMETTI, MONETE; NUOVA +RIVISTA} Satz m, Serie f **3** *(sigla alfanumerica)* {+BANCONOTA} Seriennummer f: ~ **di un biglietto della lotteria**, Losnummer f **4** *chim* {ELETTROCHIMICA} Reihe f: ~ **alifatica/grassa**, aliphatische Reihe, Fettreihe f **5** *mat* {CONVERGENTE, DIVERGENTE} Reihe f, Zahlenfolge f **6** *radio TV* {RADIOFONICA, TELEVISIVA} Serie f, Serial n **7** *sport* Liga f: ~ **A/B/C**, A/B/C-Liga f **B** *<inv>* loc agg **1** *(prodotto in serie)*: **di** ~, {AUTOVETTURA, LUNOTTO TERMICO} Serien- **2** **in** ~, {LAVORAZIONE, PRODUZIONE} Serien-; *anche elettr* {COLLEGAMENTO} Reihen- **C** loc avv: **in** ~, {PRODURRE} serienmäßig, in Serie; *anche elettr* {COLLEGARE} in Reihe ● **di** ~ **A** *fig (di pregio)* {CANTANTE, FILM} erster Klasse; *sport* {CAMPIONATO, SQUADRA} der A-Liga; **di** ~ **B** *fig (di scarso valore)*, {CITTADINO, PRODOTTO} zweiter Klasse; *sport* {GIOCATORE, PARTITA} der B-Liga; ~ **isomorfa** *min*, isomorphe Reihe.
serietà *<->* f **1** *(non superficialità)* {+PROPOSTA, RAPPORTO, VOLTO DI QU} Ernst(haftigkeit f) m **2** *(affidabilità)* {+AZIENDA, DATORE DI LAVORO} Vertrauenswürdigkeit f, Zuverlässigkeit f; {+INSEGNANTE} Tüchtigkeit f: **con** ~, ernsthaft, zuverlässig **3** *(irreprensibilità)* {+COSTUMI, VITA} Anständigkeit f, Untadeligkeit f: **è una donna di dubbia** ~, sie ist eine lockere/zweifelhafte/[nicht ganz untadelige] Frau, sie ist eine Frau mit recht lockerem Lebenswandel **4** *(gravità)* {+CONDIZIONI DI UN MALATO, SITUAZIONE} Ernst m.
serigrafìa f *tecnol tip* Schablonen-, Siebdruck m, Serigraphie f.
serigràfico, (-a) *<-ci, -che>* agg *tecnol tip* {PROCEDIMENTO} Siebdruck-: **riproduzione serigrafica**, Schablonennachdruck m; **stampa serigrafica**, Serigraphie f, Siebdruck m.
sèrio, (-a) *<-ri m>* **A** agg **1** *(non superficiale)* {DISCORSO, LAVORO, RELAZIONE, SGUARDO} ernsthaft: **diventare/farsi** ~, ernst werden; **essere/stare** ~, ernst sein/bleiben **2** *(affidabile)* {DITTA, IMPIEGATO, MEDICO} ernst, seriös, vertrauenswürdig, zuverlässig **3** *(irreprensibile)* anständig, untadelig: **è una ragazza seria**, sie ist ein anständiges Mädchen; **una persona poco** ~, ein flatterhafter Mensch *spreg* **4** *(grave)* {MALATTIA, PROBLEMA, RISCHIO} ernst: **la cosa si fa seria**, die Sache wird ernst **B** *<->* m Ernst m: **tra il** ~ **e il faceto**, halb im Ernst, halb im Spaß **C** loc avv: **sul** ~ **1** *(seriamente)* im Ernst: **sto parlando sul** ~, ich sage das im Ernst, ich meine das ernst; **è uno che fa sul** ~, der Typ meint es ernst; **prendere qu/qc sul** ~, jdn/ *etw* ernst nehmen **2** *(veramente)* im Ernst, wirklich: **dici sul** ~?, meinst du das ⌊im Ernst⌋/[wirklich]?; **l'hai conosciuto davvero?** – Sul ~!, hast du ihn tatsächlich kennen gelernt? – Ja, wirklich!; **è bello sul** ~, er/es ist wirklich schön; **guarda che lo faccio sul** ~, sieh mal, ich mache das im Ernst!
seriosità *<->* f *(austerità)* {+ATTEGGIAMENTO, PERSONA} Ernst m, Strenge f, Gesetztheit f.
serióso, (-a) agg *(austero)* {ABITO} ernst, streng; {ARIA, PERSONA} *anche* gesetzt.
sermóne m **1** *(predica)* {DOMENICALE} Predigt f **2** *fig scherz (ramanzina)* Strafpredigt f, Standpauke f *fam*: **mio padre mi ha fatto il** ~ **perché sono rincasato tardi**, mein Vater hat mir eine Strafpredigt gehalten, weil ich spät nach Hause gekommen bin **3** *fig spreg (discorso prolisso)* Sermon m *fam*: **ha tenuto un** ~ **di due ore**, er/sie hat einen zweistündigen Sermon gehalten *fam* ● ~ **della montagna** *bibl*, Bergpredigt f.
seròtino, (-a) agg **1** *(tardivo)* {PIANTA} spätreifend; {FRUTTO} *anche* Spät- **2** *lett (serale)* {LUCE} Abend-.
serotonìna f *biol* Serotonin n.
sèrpa f **1** *(sedile)* Bock m: **montare/sedere in** ~, ⌊auf den Bock steigen⌋/[auf dem Bock sitzen] **2** *mar* Galion n.
serpàio, (-a) *<-pai>* **A** m *(luogo)* Schlangengrund m, Schlangennest n **B** mf *(cacciatore)* Schlangenfänger(in) m(f).
sèrpe f **1** *(velenosa)* Schlange f: ~ **d'acqua**, Wasserschlange f **2** *fig (persona infida)* Schlange f *spreg*, Giftspritze f *spreg*: **che** ~ **quella donna!**, was für eine Giftspritze, diese Frau! *spreg* ● **allevarsi/covarsi/nutrirsi/scaldarsi una** ~ **in seno** *fig (fare del bene a qu che si dimostrerà ingrato)*, eine Schlange am Busen nähren *forb*.
serpeggiaménto m *(lo snodarsi)* {+FIUME, SENTIERO} Gewundenheit f, Sichschlängeln n.
serpeggiànte agg **1** *(che si snoda)* {FIAMME, RUSCELLO} gewunden **2** *fig (che si insinua)* ~ ⌊**in qc**⌋/[**tra qu/qc**] {MALUMORE TRA LA POPOLAZIONE, IN UFFICIO} sich *irgendwo* breitmachend *fam*.
serpeggiàre *<serpeggio, serpeggi>* itr **1** *(snodarsi)* ~ **+ compl di luogo** {STRADA, TORRENTE TRA LE COLLINE, NELLA VALLATA} sich *(irgenwohin)* schlängeln, sich *(irgendwohin)* winden **2** *fig (insinuarsi)* ~ ⌊**in qc**⌋/[**tra qu/qc**] {MALUMORE IN PAESE, NELLA SQUADRA, TRA I

TIFOSI} sich *in etw* (acc)/*unter*/*bei jdm* ein|schleichen, sich *irgendwo* breit|machen *fam*.

serpentàrio① <-ri> *m ornit* Sekretär *m*.

serpentàrio② <-ri> *m* (*istituto di allevamento e ricerca*) Schlangenforschungsinstitut *n*.

serpènte *m* **1** Schlange *f*: ~ **d'acqua**, Wasserschlange *f*; ~ **boa**, Boa *f*; ~ **dagli occhiali**, Brillenschlange *f*; ~ **a sonagli**, Klapperschlange *f* **2** (*pelle*) Schlangenleder *n* **3** *fig* (*persona infida*) Schlange *f spreg*, Giftspritze *f spreg*: quell'uomo è velenoso come un ~, der Mann ist eine richtige Schlange *spreg*/Giftspritze *spreg* ● ~ **di mare** *zoo*, Wasserschlange *f*; *fig slang giorn* (*notizia falsa*), Ente *f slang*; ~ **monetario europeo** *econ stor*, europäische Währungsschlange *slang*.

serpentifórme *agg* schlangenförmig.

serpentina *f* **1** (*tracciato*) Schlangenlinie *f*; *sport* Wedeln *n*: ~ **a raggio corto**, Kurzwedeln *n* **2** (*tratto di strada*) {RIPIDA} Serpentine *f* **3** *aero* (*traiettoria*) "schlangenlinienförmige Flugbahn" **4** *min* Serpentinfelsen *m* **5** *tecnol* Schlange *f*: ~ **di raffreddamento**/**riscaldamento**, Kühl-/Heizschlange *f* ● **a** ~/**serpentine**, {SENTIERO, STRADA} Serpentinen-; **procedere**/**scendere a** ~ *anche sport*, wedeln.

serpentino① *m* **1** *artiglieria stor* (s-förmiger) Hahn **2** *min* Serpentin *m* **3** *tecnol* Schlange *f*: ~ **di raffreddamento**/**riscaldamento**, Kühl-/Heizschlange *f*.

serpentino②, (-a) *agg* **1** {OCCHI, PELLE, SCATTO} Schlangen-, schlangenartig; (*serpentiforme*) schlangenförmig **2** *fig* giftig *fam*, heimtückisch: **lingua serpentina**, Lästermaul *n spreg*, Lästerzunge *f spreg*, böse/falsche Zunge.

serpentóne <accr *di* serpente> *m* **1** (*lunga fila*) {+AUTOVEICOLI, GENTE} Schlange *f* **2** (*edificio*) s-förmiges Gebäude **3** *giorn* Ente *f slang* **4** *mus* Serpent *m* **5** *TV* "unten auf dem Bildschirm ablaufender Vor-/Nachspann" **6** (*gemauerte*) Fahrbahnbegrenzung.

serpillo, **serpollino** *m bot* Feldthymian *m*, Quendel *m*.

sèrqua *f* **1** (*dozzina*) {+UOVA} Dutzend *n* **2** *fig* (*mucchio*) {+PUGNI} Haufen *m*; {+NIPOTI} *anche* Schar *f*: **una ~ di parolacce**, ein Schwall Schimpfwörter.

sèrra① *f* **1** {TEMPERATA} Gewächs-, Treibhaus *n*: ~ **calda**/**fredda**, Warm-, Kalthaus *n*; **coltivare qc in** ~, etw im Gewächshaus züchten **2** (*sbarramento*) Wehr *n*.

sèrra② *f geog* Sierra *f*.

serradàdi <-> *m* Schraubenschlüssel *m*.

serrafila A *mf anche mil sport* letzter Mann B *f mar* Schlussschiff *n*.

serrafilo *m elettr* (Kabel-, Verbindungs)-klemme *f*.

serràggio <-gi> *m tecnol* {+VITE} Anziehen *n*; {+GANASCIA} *anche* Klemmen *n*, Spannen *n*.

serràglio① <-gli> *m* **1** {+CIRCO} Menagerie *f*, Tierschau *f* **2** *fig* (*persone chiassose*) unbändiger/wilder Haufen: **oggi lo stadio è un gran ~**, heute ₍ist das Stadion außer Rand und Band *fam*₎/[tobt das Stadion]/[geht es im Stadion zu wie in einem Affenkäfig *fam*].

serràglio② <-gli> *m* **1** (*residenza del sultano*) Serail *m* **2** (*harem*) Harem *m*.

serràme *m* (*dispositivo di chiusura*) Riegel *m*, Verschluss *m*.

serraménto <-*i m o -a f*> *m edil* {ESTERNO, INTERNO, IN ALLUMINIO, IN LEGNO} Fenster *n*, Tür *f*: **i serramenti**/**le serramenta di un edificio**, die Fenster und Türen eines Gebäudes.

serrànda *f* **1** (*saracinesca*) {+GARAGE, NEGOZIO} Rollladen *m* **2** (*tapparella*) {+FINESTRA} Fenster-, Rollladen *m* **3** *tecnol* Schieber *m*, Klappe *f*.

serràre A *tr* **1** (*chiudere*) ~ **qc** {BAULE} etw (ver)schließen; {STALLA, USCIO} *anche* etw ver-, zu|riegeln; (*con la chiave*) etw ab|schließen; (*facendo scorrere*) {SIPARIO, TENDE} etw zu|ziehen **2** (*stringere*) ~ **qc** {DADO, LACCIO} etw an|ziehen; {LABBRA} etw zusammen|pressen; {OCCHI} etw schließen, etw zu|kneifen; {PUGNI} etw ballen **3** (*ostruire*) ~ **qc** {FRANA PASSAGGIO, MONTAGNA VALLE} etw (ver)sperren; etw an|ziehen, etw beschleunigen; *mar*: **la voga**, schneller rudern, beim Rudern das Tempo anziehen **5** (*pressare*) ~ **qu** {NEMICO} jdn bedrängen **6** *fig* (*impedire di respirare*) ~ **qc a qu** {PIANTO GOLA} jdm etw zusammen|schnüren: **l'emozione le serrò il cuore**, ihr Herz krampfte sich vor Aufregung zusammen, die Aufregung schnürte ihr das Herz zusammen **7** *mar* ~ **qc** {VELE} etw ein|rollen **8** *rar* (*rinchiudere*) ~ **qu**/**qc** + **compl di luogo** {BAMBINO DENTRO CASA, CAVALLO IN UNA STALLA} jdn/etw *irgendwo* ein|schließen, jdn/etw *irgendwo* ein|sperren B *itr* (*combaciare*) ~ (+ **compl di modo**) {PERSIANE, SPORTELLO BEN, PERFETTAMENTE} (*irgendwie*) schließen C *rfl* **1** (*assalire*): **serrarsi** ₍**addosso a**₎/[**su**] **qu** sich *auf jdn* stürzen, *über jdn* her|fallen **2** (*stringersi*): **serrarsi a**/**contro qc** {AL MURO, CONTRO LA PARETE} sich *an etw* (acc) drücken: **serrarsi in difesa**, (dicht) zusammen|rücken, um sich zu schützen.

sèrra sèrra <-> loc sost *m* (*pigia pigia*) Gedränge *n*.

serràta *f* Aussperrung *f*: **i negozianti del centro hanno fatto una ~ di protesta**, die Kaufleute der Innenstadt haben aus Protest ihre Geschäfte geschlossen.

serràte <-> solo *nella loc sost m sport* (*nel calcio*): ~ **finale**, Endspurt *m*.

serràto, (-a) *agg* **1** (*chiuso*) {PORTA} ver-, abgesperrt, ver-, abgeschlossen **2** (*compatto*) {MAGLIA, TESSUTO} dicht; {FILA, SCHIERA} *anche* dicht gedrängt **3** *fig* (*veloce*) {PASSO, RITMO} rasch, schnell; {TROTTO} scharf, hart **4** *fig* (*pressante*) {INTERROGATORIO} scharf; {LOGICA} stringent *forb*, zwingend, schlüssig **5** *fig* (*stringato*) {DISCORSO, RAGIONAMENTO} gedrängt, knapp, kurz (und bündig), konzis *forb* **6** *fig* (*stretto*) {PRONUNCIA} geschlossen.

serratùra *f* Schloss *n*: ~ **a combinazione**, Kombinationsschloss *n*; ~ **a doppia mandata**, zweitouriges Schloss; ~ **a due**/**quattro mandate**, zwei-/viertouriges Schloss; ~ **a molla**/**scatto**, Schnappschloss *n*; ~ **di sicurezza**, Sicherheitsschloss *n*.

sèrto *m lett* (*corona*) {+FIORI, LAURO} Kranz *m*: ~ **regale**, Königskrone *f* ● ~ **nuziale**, Brautkranz *m*; *fig* (*raccolta di versi*), Hochzeitsreime *m pl*.

sèrva *f* **1** (*donna di servizio*) Bedienstete *f*, Dienstmädchen *n*: ~ **padrona**, Hausdrachen *m fam spreg* **2** *fam spreg* (*schiava*) Dienerin *f*, Magd *f*: **sono stanca di fare da**/**la ~ a tutta la famiglia**, ich hab's satt, ₍die ganze Familie (hinten und vorn(e) *fam*) zu bedienen₎/[der ganzen Familie den Neger zu machen *fam*]; **non sono mica la tua ~!**, ich bin doch nicht deine Magd! **3** *fig spreg* (*pettegola*): **quella donna è peggio di una ~**, diese Frau ist schlimmer als ein Waschweib *fam*; **sei curioso come una ~**, du bist neugierig wie ein Waschweib *fam* **4** *relig* (*suora*) Nonne *f*: ~ **di Gesù**/**Maria**, ₍Braut *f* Christi₎/[Servitennonne f].

servàggio <-gi> *m lett* (*stato di schiavitù*) Knechtschaft *f forb spreg*, Unfreiheit *f*, Unterdrückung *f*: ~ **allo straniero**, Unterdrückung *f* durch den Feind/Fremdherrschaft.

servènte A *agg* **1** *dir* (*soggetto a servitù*) {FONDO} dienend **2** *obs* (*servizievole*) hilfsbereit B *mf* **1** *obs* (*servo*) Diener(in) *m*(*f*), Bedienstete *mf decl* come *agg* **2** *sport* (*nel tennis*) (*battitore*) Aufschläger(in) *m*(*f*) C *m mil* Artillerist *m*.

server <-, -s *pl ingl*> *m ingl inform* Server *m*.

servìbile *agg* **1** (*utilizzabile*) benutzbar, brauchbar: **questa giacca è ancora ~**, diese Jacke ist noch brauchbar **2** (*presentabile in tavola*) präsentier-, servierbar: **la torta bruciata non è ~**, der verbrannte Kuchen ist nicht servierbar.

service <-> *m* (*azienda*) {+FOTOCOMPOSIZIONE} Service *m*, Dienstleistung *f*.

servìgio <-gi> *m* **1** (*favore*) Dienst *m*, Wohltat *f*: **mi hai reso un grande ~**, du hast mir einen großen Dienst erwiesen **2** (*opera meritoria*) Verdienst *m*: **i servigi resi alla nazione**, die Verdienste ums/[um sein] (Vater)land.

servìle *agg* **1** (*di servo*) {CONDIZIONE, MESTIERE} Knechts-, Sklaven- *spreg* **2** *fig spreg* (*adulatorio*) {ANIMO, MANIERE} knechtisch *forb spreg*, servil *forb spreg*, unterwürfig: **ma come sei ~ con il capo!**, Mensch, ₍bist du unterwürfig dem Chef gegenüber₎/[buckelst du vor dem Chef *spreg*]! *fam* **3** *fig spreg* (*piatto*) {IMITAZIONE} sklavisch *forb spreg* **4** *gramm* {VERBO} Hilfs- ● **lavoro**/**opera** ~, Knechtsarbeit *f forb spreg*; *relig* sonn- und feiertags verbotene Arbeit.

servilìsmo *m* Servilität *f forb spreg*, Servilismus *m forb spreg rar*, Unterwürfigkeit *f*.

servilità <-> *f* Servilität *f forb spreg*, Servilismus *m forb spreg rar*, Unterwürfigkeit *f*.

servilménte *avv* (*in modo adulatorio*) {INCHINARSI} servil *forb spreg*, unterwürfig: **comportarsi** ~ *anche*, buckeln *spreg*.

servìre <*servo*> A *tr* <*avere*> **1** (*essere assoggettato*) ~ **qu**/**qc** {STRANIERO, TIRANNIA} jdm/etw dienen **2** (*lavorare come domestico*) ~ **qu**/**qc** {RICCA FAMIGLIA, FACOLTOSO INDUSTRIALE} bei jdm/etw dienen, bei jdm/etw im Dienst sein/stehen *obs*; (*uso assol*) im Dienst sein/stehen *obs*, arbeiten: **da molti anni serve in casa nostra**, er/sie ist seit vielen Jahren bei uns im Dienst **3** (*mettersi a servizio*) ~ **qu**/**qc** {CHIESA, DIO, ESERCITO, PATRIA, SCUOLA, SIGNORE, STATO} jdm/etw dienen; *mil* (*uso assol*) ~ **in qc** {NEL CORPO DEI BERSAGLIERI, IN MARINA} bei etw (dat) dienen **4** (*lavorare come cameriere o commesso*) ~ **qu** {CLIENTE} jdn bedienen: **la servo subito, signora**, ich bediene Sie gleich(, gnädige Frau); **chi devo**/[**è da**] ~**?**, wer kommt/ist dran?; (*uso assol*) bedienen; **chi serve a questo banco?**, wer bedient an dieser Theke? **5** (*avere cura del cliente*) ~ **qu**/**qc** {NEGOZIO CLIENTELA RAFFINATA, FAMIGLIA ROSSI, PERSONAGGIO FAMOSO} jdn/etw als Kunden haben **6** (*portare in tavola*) ~ **qc** (**a qu**) {CAMERIERE CENA AL CONVITATO, COCKTAIL ALL'OSPITE} (*jdm*) etw auf|tischen, (*jdm*) etw auf|tragen *forb*, (*jdm*) etw servieren; (*uso assol*) auf|tischen, auf|tragen *forb*, servieren: **andiamo a sederci, stanno già servendo**, setzen wir uns, es wird bereits serviert; **il pranzo è servito**, das Mittagessen ₍steht auf dem Tisch₎/[ist aufgetragen/angerichtet *forb*]; ~ **a**/**in tavola**, (bei Tisch) servieren, auftischen **7** (*in formule di cortesia*) ~ **qu** *jdm* dienen: **per servirla!**, Zu (Ihren) Diensten, **in che cosa posso servirla?**, womit kann ich Ihnen dienen?; **il signore sarà servito!**, der Herr wird sofort bedient! **8** (*assicurare un servizio*) ~ **qc** {ASCENSORE INTERO EDIFICIO} etw bedienen, {AUTOBUS HINTERLAND CITTADINO} *anche* etw befahren; {CENTRO COMMERCIALE ZONA SUD DELLA CITTÀ} etw versorgen, etw beliefern **9** *sport* (*nel calcio*) ~ **qu** {CENTRAVANTI} *jdm* den Ball servieren/zu|spielen **10** sport (nella pallavolo, nel ping-pong, nel tennis) ~ **qu** {AVVERSARIO} auf|schlagen, servieren; (uso assol) auf|schlagen, servieren: **chi serve?**, wer schlägt auf? **B** itr <essere o avere> **1** (svolgere una funzione) ~ **a qc** zu etw (dat) dienen, etw nützen: **scappare non serve a niente**, Weglaufen nutzt/bringt nichts; **a cosa serve la torcia?** - Serve a/per illuminare il sentiero, wozu dient die Taschenlampe? - Sie dient dazu, den Weg zu/[soll den Weg] beleuchten; ~ **come/da qc** {BASTONE DA SOSTEGNO} als etw (nom) dienen **2** (occorrere) brauchen: **a qu serve qu/qc**, jd braucht jdn/etw; **mi serve un cucchiaio/consiglio**, ich brauche einen Löffel/Rat; **per andare in Canada serve il passaporto**, um nach Kanada zu fahren/fliegen, ist der Pass nötig/[braucht man seinen Pass] **3** (essere sufficiente) ~ **a/per qu** für jdn reichen: **il cibo rimasto serve solo per due persone**, die (Essens)reste reichen nur für zwei (Leute) **C** itr pron **1** (usare): **servirsi di qc (per fare qc)** {DI UN TELESCOPIO PER OSSERVARE IL CIELO} etw benutzen(, um etw zu tun); etw verwenden(, um etw zu tun); sich etw (gen) bedienen(, um etw zu tun) forb: **il tovagliolo è fatto per servirsene**, die Serviette ist dazu da, dass man sie benutzt; **servirsi di qu (per fare qc)** {DI UN AVVOCATO PER AFFRONTARE UNA CAUSA} jdn benutzen(, um etw zu tun); anche spreg {DI UN POLITICO PER FARE CARRIERA} jdn aus|nutzen(, um etw zu tun) **2** (prendere da sé): **servirsi (di qc)** sich bedienen, sich (dat) etw nehmen: **prego, si serva di caffè!**, bitte, nehmen Sie sich Kaffee!; **serviti pure!**, bedien dich ruhig! **3** (fornirsi): **servirsi + compl di luogo** {DA UNA DITTA SPECIALIZZATA, AL SUPERMERCATO ALL'ANGOLO} irgendwo ein|kaufen, irgendwo Kunde sein ● **adesso/ora lo servo io!** fig iron (gli do quel che si merita), jetzt geb' ich's ihm fam, dem werd ich's jetzt geben! fam; ~ **qu a dovere** fig iron (dargli quel che si merita), es jdm gehörig geben fam.

servisol CH **A** <inv> agg {SPACCIO} Selbstbedienungs- **B** <-> m (self-service) Selbstbedienungsrestaurant m.

servito, (-a) **A** agg **1** (pronto) {PRANZO} aufgetischt, aufgetragen forb, serviert **2** (soddisfatto) {CLIENTE} zufrieden **3** (nei giochi di carte) (gut) bedient **B** m tosc (servizio da tavola) Geschirr n, Service n.

servitóre, (-a, lett -trice) **A** m (f) **1** (domestico) {FEDELE, VECCHIO} Bedienstete mf decl come agg, Diener(in) m(f); spreg Knecht m spreg, Magd f obs: **non faccio il ~ a nessuno!**, ich bin niemands Sklave! **2** fig (difensore) {+GIUSTIZIA, PATRIA} Diener(in) m(f) forb **B** m **2** (attaccapanni) Kleiderständer m **2** (carrello portavivande) Servier-, Beistelltisch m: ~ **muto**, stummer Diener ● **mi creda suo devoto/umile ~ obs** (nelle lettere), hiermit verbleibe ich als ihr untertänigster Diener obs; **il suo devoto/umile ~ obs** (nelle lettere), Ihr untertänigster Diener obs; **servitor suo/vostro! obs** (saluto deferente), Ihr ergebenster Diener! obs, zu Diensten(, gnädiger Herr/gnädige Frau)!

servitù <-> f **1** (schiavitù) Knechtschaft f forb spreg, Sklaverei f: **ridurre in ~ un popolo**, ein Volk in die Knechtschaft führen/stürzen forb spreg; **vivere in ~**, in Knechtschaft forb spreg/Unfreiheit leben; **liberarsi/riscattarsi dalla ~ allo straniero**, sich von der Fremdherrschaft befreien **2** (personale di servizio) Dienerschaft f, (Dienst)personal n **3** fig (oppressione) {+FAMIGLIA, LAVORO, ORARIO FISSO} Druck m, Zwang m **4** dir (APPARENTE, VOLONTARIA) Dienstbarkeit f, Servitut n: ~ **di pascolo/passaggio**, Weide-, Wegerecht n; ~ **prediale**, Grunddienstbarkeit f **5** rar (cattività) Gefangenschaft f: **quell'animale è nato in ~**, dieses Tier ist in Gefangenschaft geboren ● ~ **della gleba** stor, Leibeigenschaft f.

serviziévole agg {IMPIEGATO} dienstbeflissen, dienstbar, diensteifrig.

servizio <-zi> **A** m **1** gener anche mil Dienst m: **entrare in**/[**prendere**] ~, den/zum Dienst antreten, den Dienst aufnehmen; **essere di/in** ~, Dienst haben/[im Dienst sein]; **fare ~ diurno/notturno**, Tag-/Nachtdienst machen; **prestare ~ nell'esercito/**[**presso un ministero**]**/**[**nella scuola**], Wehrdienst leisten/[für ein Ministerium arbeiten]/[im Schuldienst sein]; ~ **civile**, Zivildienst m; ~ **di leva**/[**militare**], Wehrdienst m; ~ **permanente effettivo**, Offiziersdienst m **2** (prestazione di lavoro domestico) Dienst m: **andare/essere a ~ da/presso una famiglia**, einen Dienst bei einer Familie aufnehmen, bei einer Familie im Dienst sein/stehen; ~ **fisso**/[**a ore**], fester/stundenweiser Dienst; **a mezzo/tutto ~**, halb-/ganztags **3** (il servire in un locale pubblico) {OTTIMO, SCADENTE} Bedienung f, Service m: **escluso/**[**incluso nel prezzo**] Bedienung/Service (im Preis) nicht inbegriffen/[inbegriffen] **4** (settore) {LOGISTICO, TECNICO} Abteilung f, Dienststelle f: ~ **acquisti/vendite**, Einkaufs-/Verkaufsabteilung f; ~ **esteri**, Außendienst m; ~ **stampa**, Pressedienst m **5** (prestazioni di pubblica utilità) Dienstleistung f: ~ **aereo/ferroviario/tranviario**, Flug-/Bahn-/Straßenbahnverkehr m; ~ **di autobus**, Omnibusverkehr m; ~ **bancario**, Bankverkehr m; ~ **informazioni**, Informations-, Nachrichtendienst m; ~ **postale**, Postdienst m, Postverkehr m; **servizi pubblici**, öffentlicher Dienst m; ~ **sanitario nazionale**, "nationaler Gesundheitsdienst"; **servizi sociali**, Sozialhilfen f pl; ~ **viaggiatori**, Personen-, Reiseverkehr m **6** (set) {+ARGENTO, BICCHIERI, POSATE} Geschirr n, Service n; {RICAMATO +FIANDRA} Sets n pl, Platzdeckchen n pl: ~ **all'americana**, Sets n pl, Platzdeckchen n pl; ~ **da caffè**, Kaffeeservice n; ~ **da/per dodici**, Service n für zwölf Personen; ~ **da tavola**, Tafelservice n **7** <solo pl> (terziario) tertiärer Sektor, Dienstleistungssektor m **8** <solo pl> (faccende domestiche) Hausarbeit f: **fare i servizi**, Hausarbeiten machen **9** <solo pl> (toilette) {DOPPI} Bad(ezimmer) n, Toilette f, Bad n und Toilette: **servizi igienici**, Bad(ezimmer) n, Toilette f, Bad n und Toilette; **dove sono i servizi, per favore?**, wo ist bitte die Toilette? **10** <solo pl> (bagno e cucina) Küche f und Bad: **due camere e servizi**, zwei Zimmer Küche Bad **11** fig (cortesia) Dienst m, Gefallen m: **ci avete reso un gran ~**, ihr habt uns einen großen Gefallen getan/[Dienst erwiesen]; iron schöner Dienst iron; **bel ~ che mi hai reso!**, da hast du mir einen schlechten/schönen iron Dienst erwiesen! **12** giorn {FILMATO, SPORTIVO, +TELEGIORNALE} Bericht m, Reportage f: ~ **di cronaca**, (Lokal)reportage f; ~ **speciale**, Sonderbericht(erstattung) f; ~ **in video/voce**, Fernsehbericht m/Direktkommentar m; **fare un ~ su qu/qc**, eine Reportage über jdn/etw machen, über jdn/etw berichten **13** mil {+GUARDIA, ISPEZIONE, PICCHETTO, RONDA} Dienst m **14** sport (nella pallavolo, nel ping-pong, nel tennis) {ANGOLATO, PERFETTO, POTENTE} Angabe f, Aufschlag m, Service m **B** <inv> loc agg: **di** ~ **1** (secondario) {INGRESSO, PORTA, SCALA} Hinter- **2** (utilizzato per lavoro) {ALLOGGIO, AUTOMOBILE} Dienst- **C** loc avv: **fuori** ~ **1** (libero da obblighi lavorativi) nicht im Dienst, dienstfrei, außer Dienst: **oggi sono fuori ~**, heute bin ich nicht im Dienst/[habe ich dienstfrei] **2** (non in funzione) außer Betrieb: **l'ascensore è fuori ~**, der Aufzug ist außer Betrieb ● **al suo/vostro ~** (a sua/vostra disposizione), zu Ihren Diensten; **essere/mettersi al ~ di qu/qc** (a disposizione), {DELLA CLIENTELA, DI DIO, DELLA PATRIA, DEL RE} im Dienst von jdm/etw stehen, jdm/etw zur Verfügung stehen/[sich in den Dienst von jdm/etw stellen, sich jdm/etw zur Verfügung stellen]; ~ **a domicilio**, Lieferung f frei Haus; ~ **funebre**, Trauerfeier f; ~ **meteorologico**, Wetterdienst m; ~ **meteorologico dell'aeronautica**, Flugwetterdienst m; ~ **d'ordine**, Ordnungsdienst m; **servizi segreti/di sicurezza**, Geheimdienste m pl.

sèrvo, (-a) **A** m **1** (domestico) Diener m, Knecht m **2** fam (schiavo) Sklave m, Neger m spreg: **mi hai preso per il tuo ~?**, hältst du mich für deinen Sklaven/Neger spreg oder was? **3** fig (succube) {+PASSIONE} Hörige m decl come agg, Besessene m decl come agg von etw (dat): ~ **del lavoro**, Workaholic m; ~ **del potere**, Diener/Sklave m der Macht **B** agg lett **1** (sottomesso) unterworfen, unterjocht: **un paese ~ dello straniero**, ein Land unter fremdem Joch **2** (servile) {ANIMA} knechtisch forb spreg, servil forb spreg, unterwürfig ● ~ **di Dio** relig, Diener m Gottes; ~ **dei servi di Dio** relig, Diener m der Diener Gottes, Papst m; ~ **della gleba** stor, Leibeigene m decl come agg; ~ **muto** (attaccapanni), Kleiderständer m; (carrello portavivande), stummer Diener, Serviertisch m; ~ **di scena** teat, Bühnenarbeiter m, Kulissenschieber m fam scherz; ~ **suo/vostro! obs** (saluto deferente), Ihr (ergebenster) Diener!

servoassistìto, (-a) agg tecnol {UNITÀ DI CONTROLLO} Servo-, servounterstützt.

servocomàndo m tecnol Servobedienung f, Servosteuerung f.

servofréno m autom Servobremse f.

servomotóre m tecnol Servomotor m.

servoscàla, **sèrvo scàla** <-> m loc sost m (congegno) Treppenlift m.

servostèrzo m autom Servolenkung f.

sèsamo m bot Sesam m ● **apriti ~!** (formula magica), Sesam öffne dich!; fig (aiuto provvidenziale), Sesam öffne dich! scherz.

sessagenàrio, (-a) <-ri> m lett **A** agg sechzigjährig **B** m (f) Sechzigjährige mf decl come agg.

sessagèsima f relig Sexagesima f.

sessagesimàle agg fis mat {SISTEMA} sexagesimal, Sexagesimal-.

sessagèsimo, (-a) **A** agg lett (sessantesimo) sechzigste(r, s): **l'hanno commemorato nel ~ giorno della sua scomparsa**, sie haben am sechzigsten Tag nach seinem Tod eine Gedenkfeier für ihn veranstaltet **B** m Sechzigste m.

sessànta A agg num sechzig **B** <-> m (numero) Sechzig f; → anche **cinquanta**.

sessantanòve <-> m volg (pratica erotica) Neunundsechzig f volg.

sessantenàrio <-ri> m **1** (ricorrenza) {+BATTAGLIA} sechzigster Jahrestag: **il ~ della morte/nascita di ...**, der sechzigste Todes-/Geburtstag von ... **2** (cerimonia) Sechzigjahrfeier f.

sessantènne A agg sechzigjährig **B** mf Sechzigjährige mf decl come agg.

sessantènnio <-ni> m Zeitraum m von sechzig Jahren, sechzig Jahre n pl.

sessantèsimo, (-a) **A** agg sechzigste(r, s) **B** m (f) Sechzigste mfn decl come agg **C** m (frazione) Sechzigstel n, sechzigster Teil; scuola: **ha preso 55/60 alla maturità**, er/sie hat im Abitur 55 von 60 Punkten erreicht; → anche **quinto**.

sessantìna f: **una ~ (di ...)**, {DI PARTECIPANTI} (etwa) sechzig (...) ● **essere sulla ~** (ave-

re circa sessant'anni), ₍an/um die₎/[ungefähr] sechzig sein. **sessantottésco**, (-a) <-schi, -sche> agg {MOVIMENTO} 68er-, Achtundsechziger-. **sessantottino**, (-a) m (f) 68er(in) m(f), Achtundsechziger(in) m(f). **sessantòtto** **A** agg num achtundsechzig **B** 1 *(numero)* Achtundsechzig f 2 *(anno)*: **il ~/Sessantotto**, (das Jahr) achtundsechzig; *(movimento)* die 68er/Achtundsechziger Bewegung; **uno che ha fatto il ~**, ein 68er/Achtundsechziger; → *anche* **cinque**. **sèssile** agg *bot med zoo* {FOGLIA} sessil, stiellos, sitzend; {OCCHI} sessil, festgewachsen; {VERRUCA} gestielt. **sessióne** f {ESTIVA, STRAORDINARIA; +COMMISSIONE D'INCHIESTA, PARLAMENTO} Sitzung f, Tagung f, Session f *forb*: **~ d'esami**, Prüfungssession f *forb*. **sessísmo** m Sexismus m. **sessísta** <-i m, -e f> **A** agg sexistisch **B** mf Sexist(in) m(f). **sèsso** m 1 *(aspetto sessuale)* {FEMMINILE, MASCHILE} Geschlecht n: **di ambo i sessi**, beiderlei Geschlechts; **ha deciso di cambiare ~**, er/sie hat sich für eine Geschlechtsumwandlung entschieden; **dello stesso ~**, des gleichen Geschlechts, gleichgeschlechtlich 2 *(sessualità)* Sex m: **fare (del) ~**, Sex machen; **~ sicuro**, Safer Sex 3 *(organi genitali)* Geschlecht(sorgane n pl) n • **discutere/disputare sul ~ degli angeli** *fig (perdersi in discussioni vane)*, sich um des Kaisers Bart streiten; **il ~ debole/forte** *scherz (le donne/gli uomini)*, das schwache/starke Geschlecht *fam scherz*; **il gentil ~** *scherz (le donne)*, das schwache/schöne/zarte Geschlecht *fam scherz*; **il terzo ~** *(gli omosessuali)*, das dritte Geschlecht *fam*. **sessodipendènte** **A** agg sexsüchtig mf **B** Sexsüchtige mf decl come agg. **sessuàle** agg {MATURITÀ} Geschlechts-; {RIPRODUZIONE, SVILUPPO} geschlechtlich; {RAPPORTO, RIVOLUZIONE} sexuell; {ORGANO, VITA} *anche* Sexual-, Geschlechts-. **sessualità** <-> f Sexualität f. **sessualizzazióne** f 1 *biol* Geschlechtsreife f 2 *giorn* Sexualisierung f. **sessuàto**, (-a) agg *biol* {ORGANISMO} mit Geschlechtsorganen versehen; {RIPRODUZIONE} geschlechtlich. **sessuofobìa** f *psic* Geschlechtsangst f. **sessuofòbico**, (-a) <-ci, -che> agg *psic* {COMPORTAMENTO} von Geschlechtsangst herrührend; {EDUCAZIONE} sexualfeindlich. **sessuòfobo**, (-a) *psic* **A** agg {ATTEGGIAMENTO} sexualfeindlich **B** m (f) an Geschlechtsangst Leidende mf decl come agg. **sessuologìa** f *med psic* Sexualforschung f, Sexualkunde f. **sessuològico**, (-a) <-ci, -che> agg *med psic* {TERAPIA} sexologisch; {PROBLEMA} *anche* sexualwissenschaftlich. **sessuòlogo**, (-a) <-gi, -ghe> m (f) *med psic* Sexologe m, (Sexologin f). **sessuòmane** *psic* **A** agg sexbesessen **B** mf Sexbesessene mf decl come agg, Lüstling m, Lustmolch m *fam*. **sessuomanìa** f *psic* Sexbesessenheit f. **sèsta**① f 1 *mus (intervallo)* Sext(e) f; *(accordo)* Sextakkord m 2 *relig stor* Gebetsstunde f (zur 6. Tagesstunde), Sext f 3 *sport (nella scherma)* Sixt f 4 *(nella danza classica)* sechste Position • **la ~ di Beethoven** *mus*, Beethovens Sechste.

sèsta② f → **sesto**③.

sestànte m 1 *mar* Sextant m 2 *numism* Sextans m, Sextant m *(Bronzemünze der ita-* *lienischen Republik mit Merkurkopf)*. **sestèrzio** <-zi> m *numism* Sesterz m. **sestétto** m 1 *(gruppo di sei persone)* Sextett n, Sechsergruppe f 2 *mus* Sextett n • **base sport** *(nella pallavolo)*, Basisaufstellung f; **~ difensivo sport** *(nel calcio)*, Abwehr f, Hintermannschaft f. **sestière** m 1 *(quartiere veneziano)* {+DORSODURO, S. MARCO} "Stadtteil m Venedigs" 2 *stor (contrada)* Stadtbezirk m, Stadtteil m. **sestìglia** f *(negli scout)* Sechsergruppe f von Wichteln oder Wölflingen. **sestìle** m 1 *astrol* Sextilschein m 2 *stor* Sextilis m. **sestìna** f 1 *lett* Sestine f 2 *mus* Sextole f. **sèsto**① m *arch* (Bogen)wölbung f: **a ~ acuto/ogivale**, Spitz-; **arco a ~ rialzato/ribassato**, ₍überhöhter Bogen₎/[Flachbogen m]; **a tutto ~**, Rund-.

sèsto② <-> m *(ordine)* Ordnung f: **mettere a/in ~ qc**, etw in Ordnung bringen • **essere/sentirsi fuori (di) ~** *fig (non essere in forma)*, ₍nicht in Form sein₎/[sich nicht in Form fühlen], **rimettersi in ~** *fig (economicamente)*, seine Finanzen ordnen, wieder (festen) Boden unter den Füßen gewinnen; *fig (tornare in forma)*, wieder ₍Tritt fassen₎/[obenauf sein].

sèsto③, (-a) **A** agg sechste(r, s) **B** m (f) Sechste mfn decl come agg **C** m *(frazione)* Sechstel m, sechster Teil m; → *anche* **quinto**. **sestùltimo**, (-a) **A** agg sechstletzte(r, s) **B** m (f) Sechstletzte mf decl come agg. **sestuplicàre** <sestuplico, sestuplichi> **A** tr <avere> *(moltiplicare per sei)* **~ qc** {IMPORTO, NUMERO, VINCITA} etw versechsfachen **B** itr <essere> itr pron *(diventare sei volte maggiore)*: **sestuplicarsi** sich versechsfachen: **il guadagno annuale (si) è sestuplicato**, der Jahresverdienst hat sich versechsfacht. **sèstuplo**, (-a) **A** agg *(sei volte maggiore)* {ALTEZZA, RENDIMENTO} sechsfach **B** m *(quantità)* Sechsfache n decl come agg: **diciotto è il ~ di tre**, achtzehn ist das Sechsfache von drei; **il ricavo è il ~ di quanto avevamo speso**, der Gewinn ist sechsmal so hoch wie unsere Auslagen. **set** <-, -s pl *ingl*> m *ingl* 1 *(insieme di oggetti)* {+VALIGIE} Satz m, Set n: **set da cucito**, Nähset n; **set da viaggio**, Reiseset n 2 *film* Set m, Drehort m: **stare sul set**, am Set sein 3 *sport (nella pallavolo, nel ping-pong, nel tennis) (partita)* Satz m, Set n: **aggiudicarsi/vincere il secondo set**, den zweiten Satz gewinnen. **séta** **A** f *tess* Seide f: **~ cotta/sgommata**, gekochte/entbastete Seide; **~ cruda/greggia**, Rohseide f; **~ vegetale**, Kunst-, Pflanzenseide f, Reyon m o n, Rayon m o n <inv> loc agg: **di ~** 1 {FILO, FOULARD, VESTITO} Seiden- 2 *fig (morbido e lucente)* {CAPELLI, PELLE} seidig. **setacciàre** <setaccio, setacci> tr **~ qc** 1 *(passare al setaccio)* {FARINA, SABBIA} etw (durch|)sieben 2 *fig (esaminare)* {ARCHIVIO} etw sorgfältig durch|sehen; {INFORMAZIONI} etw genau prüfen 3 *fig (ispezionare)* {QUARTIERE MALFAMATO, ZONA DI MONTAGNA} etw durchkämmen, etw ab|suchen. **setacciàta** f 1 *(il passare al setaccio)* (Durch)sieben n: **dare una ~ alla farina**, das Mehl (durch)sieben 2 *fig (l'ispezionare)* Durchkämmen n, Absuchen n: **dare una ~ alla zona del porto**, das Hafengebiet durchkämmen/absuchen. **setacciatùra** f 1 *(operazione)* {MECCANICA +SABBIA} Sieben n 2 *(residuo)* Kleie(mehl n) f. **setàccio** <-ci> m Sieb n • **passare al ~ qc**,

{MINESTRONE} etw durch ein Sieb streichen/rühren; {FARINA} *anche*, etw (durch)sieben; *fig (esaminare)* {DEPOSIZIONE, NOTIZIA} etw genau (über)prüfen, etw unter die Lupe nehmen; *fig (ispezionare)* {CITTÀ, TERRITORIO} etw durchkämmen, etw ab|suchen. **setàceo**, (-a) agg *rar (serico)* seidenartig. **setaiòlo**, (-a) m (f) 1 *(commerciante)* Seidenhändler(in) m(f) 2 *(operaio)* Seidenweber(in) m(f). **set ball** <-, - -s pl *ingl*> loc sost m *ingl sport (nella pallavolo, nel ping-pong, nel tennis)* Satzball m. **séte** f 1 {ARDENTE, INSOPPORTABILE} Durst m: **ha sempre (una gran) ~**, er/sie hat immer (großen) Durst; **sto morendo di ~**, ich sterbe vor Durst; **la pizza mi fa venire ~**, von Pizza bekomme ich Durst; **con questo caldo le piante hanno ~**, bei dieser Hitze haben die Pflanzen Durst 2 *fig (bramosia)* **~ di qc** Durst m *nach etw* (dat), Gier f *nach etw* (dat), Sehnsucht f *nach etw* (dat): **~ di guadagno/ricchezza**, Geldgier f; **~ di onori**, Sehnsucht f nach Ehre; **~ di potere**, Machthunger m; **~ di sangue**, Blutdurst m, Blutrünstigkeit f; **~ di sapere/vendetta**, Wissens-/Rachedurst m. **seterìa** f 1 *(setificio)* Seidenfabrik f 2 *(negozio)* Seidengeschäft n, Seidenhandlung f 3 <solo pl> *(tessuti)* Seidenwaren f pl. **seticoltùra** f *(sericoltura)* Seidenraupenzucht f. **setificàto**, (-a) agg *(simile alla seta)* {FILATO SINTETICO} seidig: **collant setificati**, Seidenstrumpfhosen f pl. **setifìcio** <-ci> m Seidenfabrik f. **sétola**① f 1 *bot zoo anche fig scherz (pelo)* Borste f: **capelli ispidi come setole**, struppige/borstige Haare 2 *(spazzola)* Bürste f. **sétola**② f 1 *(ragade)* Schrunde f 2 *zoo (fenditura)* Hornspalte f. **setolóso**, (-a) agg 1 *(coperto di setole)* borstig 2 *(ispido)* {BARBA} struppig, borstig. **setolùto**, (-a) agg 1 *(coperto di setole)* borstig 2 *fig lett (coperto di peli)* {BRACCIA} behaart, haarig. **setosità** <-> f {+TESSUTO} Seidigkeit f. **setóso**, (-a) agg *(simile alla seta)* {STOFFA} seidig. **set point** <-, - -s pl *ingl*> loc sost m *ingl sport (nella pallavolo, nel ping-pong, nel tennis)* Satzball m. **Sett.** *abbr di* settembre: Sept. (*abbr di* September). **sètta** f 1 {ERETICA, RELIGIOSA} Sekte f 2 *(società segreta)* {MASSONICA; +CARBONARI} Geheimbund m 3 *fig spreg (congrega)* Bande f, Clique f: **all'interno del gruppo dirigente si è formata una ~ di oltranzisti**, innerhalb der Parteiführung hat sich eine Gruppe von Ultras gebildet. **settànta** **A** agg num siebzig **B** <-> m *(numero)* Siebzig f • **i Settanta** *bibl (prima traduzione greca dell'Antico Testamento)*, Septuaginta f; **~ volte sette** *fig (all'infinito)*, tausendmal, x-mal *fam*, unendlich oft, unzählige Male; → *anche* **cinquanta**. **settantenàrio** <-ri> m 1 *(ricorrenza)* siebzigster Jahrestag m: **il ~ della morte/nascita di ...**, der siebzigste Todes-/Geburtstag von ... 2 *(cerimonia)* Siebzigjahrfeier f. **settantènne** **A** agg siebzigjährig **B** mf Siebzigjährige mf decl come agg. **settantènnio** <-ni> m Zeitraum m von siebzig Jahren, siebzig Jahre n pl. **settantèsimo**, (-a) **A** agg siebzigste(r, s) **B** m (f) Siebzigste mfn decl come agg **C** m *(frazione)* Siebzigstel n, siebzigster Teil; →

settantina f: una ~ (di ...), (etwa) siebzig (...); **essere sulla ~**, ⌊an/um die⌋/[ungefähr] siebzig sein.

settàre tr inform ~ **qc** etw ein|stellen, etw ein|richten.

settàrio, (-a) <-ri m> **A** agg **1** (concernente una setta) {MOVIMENTO, SCOPO} sektiererisch **2** fig (di parte) {ATTEGGIAMENTO, POLITICA} parteiisch, parteilich rar **B** m (f) **1** (seguace di una setta) Sektierer(in) m(f) **2** fig (fazioso) Parteigänger(in) m(f) spreg, Fanatiker(in) m(f), Dogmatiker(in) m(f) forb spreg.

settarìsmo m (faziosità) Parteilichkeit f.

sètte **A** agg num sieben **B** <-> m **1** (numero) Sieben f **2** (nelle date) Siebte m decl come agg **3** (voto scolastico) ≈ befriedigend, Drei f, Dreier m fam **4** fig fam (strappo) Triangel m region, Winkelriss m region: **si è fatto un ~ nei pantaloni**, er hat sich (dat) einen Triangel in die Hose gerissen region **5** sport (nel calcio) (incrocio dei pali) Winkel m: **il pallone si è infilato nel ~**, der Ball passte genau in den Winkel **6** sport (squadra di pallanuoto) Sieben f, Wasserballmannschaft **C** f pl sieben Uhr • **i ~** polit, die Siebener Gruppe, die G7; → anche **cinque**.

settebèllo, **sètte bèllo** <-> m loc sost m **1** (nei giochi di carte) Karosieben f: **fare ~**, die Karosieben einstecken **2** giorn sport (nazionale maschile di pallanuoto) italienische Sieben/Wasserballmannschaft **3** ferr stor Expresszug m Mailand-Rom.

settecentésco, (-a) <-schi, -sche> agg (del Settecento) {ARTE, CULTURA} des Settecento, des achtzehnten Jahrhunderts, das achtzehnte Jahrhundert betreffend.

settecentìsta <-i m, -e f> arte lett **A** agg (del Settecento) {PITTORE, SCRITTORE} des Settecento, des achtzehnten Jahrhunderts **B** mf **1** (artista) Künstler(in) m(f) des Settecento **2** (scrittore) Schriftsteller(in) m(f) des Settecento **3** (studioso) Gelehrte mf decl come agg des Settecento.

settecènto **A** agg num siebenhundert: **una lista di ~ nomi**, eine Liste mit siebenhundert Namen; **ho percorso ~ kilometri in un giorno**, ich bin an einem Tag siebenhundert Kilometer gefahren **B** <-> m **1** (numero) Siebenhundert f **2** stor: **il Settecento**, das achtzehnte Jahrhundert n, (nell'arte italiana) das Settecento.

sètte e mèzzo <-> loc sost m (gioco di carte) "italienische Variante des Kartenspiels Siebzehn und Vier".

settèmbre m September m: **a/in/[nel mese di] ~**, im September; **~ ha 30 giorni**, der September hat 30 Tage; **all'inizio/alla fine di ~**, Anfang/Ende September; **a metà ~**, Mitte September; **ai primi/agli ultimi di ~**, Anfang/Ende September; **Firenze**, (il) 3 ~ 2000, Florenz, den 3. September 2000; **oggi è il primo/due (di) ~**, heute ist der erste/zweite September; **l'undici/il venti/il ventun ~**, der elfte/zwanzigste/einundzwanzigste September.

settembrino, (-a) agg (di settembre) {FRUTTO, GIORNATA, VENTO} September-.

settemìla **A** agg num siebentausend: **in questa ditta lavorano ~ dipendenti**, in dieser Firma arbeiten siebentausend Angestellte **B** <-> m **1** (numero) Siebentausend f **2** alpin Siebentausender m.

Settemónti m pl geog Siebengebirge n.

settemviràto m stor Septemvirat n.

settèmviro m stor Septemvir m.

settenàrio, (-a) <-ri m> ling **A** agg siebensilbig **B** m Siebensilbner m.

settennàle **A** agg **1** (che dura sette anni) {CONTRATTO, INCARICO} siebenjährig **2** (che ricorre ogni sette anni) {NOMINA} siebenjährlich, Siebenjahr(es)- **B** m (settimo anniversario) {+FONDAZIONE} siebzigster Jahrestag.

settennàto m **1** (settennio) Zeitraum m von sieben Jahren, sieben Jahre n pl **2** (durata di carica pubblica) siebenjährige Amtszeit: **~ presidenziale**, siebenjährige Amtszeit des (italienischen) Präsidenten.

settènne **A** agg (che ha sette anni) {BAMBINO} siebenjährig **B** mf Siebenjährige mf decl come agg.

settènnio <-ni> m Zeitraum m von sieben Jahren, sieben Jahre n pl.

settentrionàle **A** agg **1** (a nord) {LATO, +PORTICO; VERSANTE; +MONTAGNA} Nord- **2** (del nord) {PAESE, REGIONE} nördlich; {VENTO} Nord- **3** (dei popoli del nord) nordländisch **4** (dell'Italia del nord) {ACCENTO, PIATTO} norditalienisch **B** mf **1** (abitante del nord) Nordländer(in) m(f) **2** (abitante dell'Italia del nord) Norditaliener(in) m(f).

settentrionalìsmo m **1** econ stor (predominio del Nord sul Mezzogiorno) Begünstigung f Norditaliens **2** ling norditalienischer Ausdruck.

settentrióne m (nord) Norden m; (d'Italia) Nord-, Oberitalien m.

settenviràto e deriv → **settemvirato** e deriv.

sètte ottàvi, **setteottàvi** **A** <inv> agg loc agg {GIACCA} Sieben-Achtel- **B** <-> m loc sost m (giacca) Sieben-Achtel-Jacke f.

sètter <-, -s pl ingl> m ingl zoo Setter m: **~ inglese/irlandese/scozzese**, Englischer/Irischer/Schottischer Setter.

setteròsa <-> m giorn sport (nazionale femminile di pallanuoto) italienische ⌊Damen-Sieben⌋/[Wasserballdamenmannschaft].

setticemìa f med Blutvergiftung f, Sepsis f scient.

setticèmico, (-a) <-ci, -che> med **A** agg septisch scient, Sepsis- scient **B** m (f) Septiker m.

sèttico, (-a) <-ci, -che> agg med {FERITA} septisch scient.

settìle agg **1** (tagliato in lamine) {MATERIALE} lamellar **2** (facilmente tagliabile) {MINERALE} leicht schneidbar/[zu schneidend].

sèttima[1] f mus (intervallo) Septime f; (accordo) Septimenakkord m **2** sport (nella scherma) Septim f • **la ~ di Beethoven** mus, Beethovens Siebte/[siebte Symphonie].

sèttima[2] f → **settimo**.

settimàna **A** f **1** (periodo di tempo) Woche f: **a/alla/la ~**, wöchentlich; **l'altra ~**, vorige Woche; **di ~ in ~**, von Woche zu Woche, Woche für Woche; **dopo ~**, von Woche zu Woche, Woche für Woche; **la ~ dopo/prima**, die Woche danach/vorher; **la ~ entrante/prossima**, (die) kommende/nächste Woche; **una ~ di ferie**, eine Woche Ferien; **fra una ~**, in einer Woche; **ti chiamo in ~**, ich rufe dich diese Woche mal an; **~ lavorativa**, Arbeitswoche f; ⌊ogni ~⌋/[tutte le settimane], jede Woche; **la ~ passata/scorsa**, (die) vorige/letzte Woche; **per settimane e settimane**, wochenlang; **una ~ sì e una ~ no**, jede zweite Woche, alle zwei Wochen; **settimane or sono**, vor Wochen, Wochen ist das nun her; **per tutta la ~**, die ganze Woche (lang); **da una ~ all'altra**, von einer Woche zur anderen; **una ~ fa**, vor einer Woche **2** (salario) Wochenlohn m: **ho già speso tutta la ~**, ich habe schon den ganzen Wochenlohn ausgegeben **3** (rassegna) {MUSICALE; +ANTIQUARIATO, FOLCLORE} Woche f, Festival n **4** (solo sing) (gioco) ≈ Himmel und Hölle: **giocare alla ~**, Himmel und Hölle spielen **B** <inv> loc agg (del momento): **della ~**, {FILM OFFERTA} der Woche • **~ in albis** relig, Woche f nach Ostern; **~ azzurra** (vacanza al mare), Strandurlaub m; **~ bianca** (vacanza invernale in montagna), Ski-, Winterferien pl; **~ del bianco** (offerta promozionale di biancheria), Woche f der Wäschesonderangebote; **~ corta**, Fünftagewoche f; **~ grassa** (di carnevale), letzte Karnevals-/Faschingswoche; **~ santa** relig, Karwoche f.

settimanàle **A** agg **1** (di una settimana) {INCASSO, PAGA} Wochen- **2** (di ogni settimana) {INCONTRO, TRASMISSIONE, VOLO} wöchentlich; {RIVISTA} anche Wochen- **3** (che dura una settimana) {CORSO, CURA} einwöchig; {ABBONAMENTO} anche Wochen- **B** m (periodico) {ILLUSTRATO, SPORTIVO} Wochenblatt n, Wochenzeitung f: **~ politico d'informazione**, wöchentlich erscheinendes (politisches) Nachrichtenmagazin **2** (abbonamento) Wochenkarte f **3** (mobile a cassetti) Kommode f mit sieben Schubladen.

settimìno, (-a) **A** agg {BAMBINA} Siebenmonats- **B** m (f) **1** Siebenmonatskind n **2** (sensitivo) wunderkräftiger Mensch, Mensch m mit magischen Kräften, Wundertäter(in) m(f) **C** m mus Septett n.

sèttimo, (-a) **A** agg siebte(r, s) **B** m (f) Siebte mfn decl come agg **C** m (frazione) Siebtel n, siebter Teil; → anche **quinto**.

sètto m **1** anat {NASALE} Scheidewand f, Septum n scient **2** tecnol {MURARIO} Trenn-, Scheidewand f, Trennelement n.

settóre[1] m **1** mat (in geometria) Abschnitt m, Ausschnitt m, Sektor m: **~ circolare**, Kreisausschnitt m; **~ sferico**, Kugelsektor m, Kugelausschnitt m **2** (zona) {+CAMERA DEI DEPUTATI} Sitzplätze m pl; {NORD; +CITTÀ} Sektor m, Bezirk m, Viertel n; {SECONDO; +SALA TEATRALE, STADIO} Teil m: **~ anticiclonico**, Hochdruckgebiet n, Manöver-, Aktionsgelände n, Manöver-, Aktionsfeld n; **~ di lancio/tiro**, Wurf-/Schussfeld n; **~ telefonico**, (telefonisches) Ortsnetz, örtliches Telefonnetz **3** fig (campo di attività) {ALBERGHIERO, ALIMENTARE, PRIVATO, SANITARIO; +ECONOMIA, PUBBLICO IMPIEGO, RICERCA SCIENTIFICA} Bereich m, Sektor m: **~ primario/secondario**, Agrar-, Industriesektor m; **~ terziario/[dei servizi]**, tertiärer Sektor, Dienstleistungssektor m.

settóre[2], (-trice) m (f) med Prosektor(in) m(f): **~ anatomico**, Prosektor m.

settoriàle agg **1** (specifico) {ATTIVITÀ, PROBLEMA} branchenspezifisch; {LINGUAGGIO} Fach- **2** fig (circoscritto) {VISIONE} beschränkt, begrenzt, eingegrenzt.

settorialìsmo m {+SONDAGGIO, STUDIO} Sektoralität f, Beschränktheit f, Begrenztheit f.

settorialìstico, (-a) <-ci, -che> agg (del settorialismo) {POLITICA} sektoral, beschränkt.

settorializzazióne f **1** (divisione in settori) {+MERCATO DEL LAVORO} Sektoralisierung f **2** (visione) sektorale Perspektive.

settorialménte avv **1** (per settori) {DISTRIBUIRE IL LAVORO} nach Sektoren/Teilgebieten **2** (in modo settoriale) {VEDERE} mit Scheuklappen, aus der Froschperspektive spreg: **decidere ~**, bei einer Entscheidung nur eine beschränkte Sichtweise berücksichtigen.

settrìce f mat (in geometria) Kreisbogen m.

settuagenàrio, (-a) <-ri m> **A** agg siebzigjährig **B** m (f) Siebzigjährige mf decl come agg.

sèttuplo, (-a) **A** agg (sette volte maggiore) {DISTANZA, PREZZO} siebenfach **B** m (quantità) Siebenfache n decl come agg: **ventuno è il ~**

di tre, einundzwanzig ist das Siebenfache von drei; **il valore attuale è il ~ di quello originario,** der jetzige Wert ist siebenmal so hoch wie der Ausgangswert.

setup <-> m *ingl inform* Einstellung f, Einrichtung f.

Seùl f *geog* Seoul n.

severità <-> f **1** (*rigorosità*) {+CRITICA, GENITORI, METODO} Strenge f: **usare ~,** Strenge walten lassen **2** (*durezza*) {+PUNIZIONE, RIMPROVERO} Strenge f, Härte f **3** *fig* (*serietà*) {+ESPRESSIONE, VOLTO} Ernst m, Ernsthaftigkeit f **4** *fig* (*sobrietà*) {+LINEA ARCHITETTONICA, PROFILO} Strenge f, Einfachheit f, Schlichtheit f, Nüchternheit f.

sevèro, (-a) *agg* **1** (*rigoroso*) {EDUCAZIONE, FAMIGLIA, GIUDICE, INSEGNANTE} streng: **è ~ con tutti,** er ist mit/zu allen streng; **è stato sottoposto a** ⌊severi controlli⌋/[**un ~ esame**], er wurde ⌊scharfen Kontrollen⌋/[einer strengen Untersuchung] unterzogen **2** (*duro*) {CONDANNA, PROVVEDIMENTO} hart; {SCONFITTA} vernichtend **3** (*ingente*) {PERDITA} ungeheuer, stark **4** *fig* (*serio*) {ESPRESSIONE, SGUARDO, TONO} ernst, ernsthaft, streng **5** *fig* (*sobrio*) {BELLEZZA +DONNA} einfach, schlicht; {LINEARITÀ, STILE +EDIFICIO} *anche* streng, nüchtern.

sevìzia f <*di solito al pl*> **1** (*tortura*) {ATROCI} Folter f, Misshandlung f, Quälerei f **2** (*violenza carnale*) Vergewaltigung f **3** *fig anche scherz* (*sopruso*) {CONTINUE; +CAPUFFICIO} Übergriff m, Schikanen f pl.

seviziàre <*sevizio, sevizi*> tr ~ *qu* **1** (*torturare*) {PRIGIONERO} jdn foltern, jdn misshandeln **2** (*violentare*) {MINORENNE} jdn vergewaltigen **3** *fig anche scherz* (*tormentare*) jdm das Leben zur Hölle machen, jdn quälen: **mia suocera mi sevizia in continuazione,** meine Schwiegermutter macht mir ständig das Leben zur Hölle.

seviziatóre m (f), (-trice) (f) **1** (*torturatore*) Peiniger(in) m(f), Quäler(in) m(f) **2** (*violentatore*) Vergewaltiger(in) m(f) **3** *fig anche scherz* (*tormentatore*) Quäl-, Plagegeist m *fam.*

sevrùga <-> m *gastr* Sevruga-Kaviar m.

sex appeal <-> loc sost m *ingl* Sexappeal m.

sex shop <-, - -s pl *ingl*> loc sost m *ingl* Sexshop m, Sexboutique f.

sex symbol <-, - -s pl *ingl*> loc sost mf *ingl* Sexsymbol n.

sexy <inv> agg *ingl* **1** (*sensuale*) {DONNA, VESTITO, VOCE} sexy *fam*, aufreizend **2** (*erotico*) {FILM, RIVISTA} Sex-.

sezionàle agg (*di sezione*) {ATTIVITÀ, ORGANIZZAZIONE} Sektions-, Gruppen-.

sezionaménto m **1** (*suddivisione*) {+TESSUTO, TRONCO} Zerlegung f, Aufteilung f, Zergliederung f **2** *fig* (*analisi*) {+TEMA} Analyse f **3** *elettr* {+CAVO} Isolierung f **4** *med* Sektion f, Sezierung f.

sezionàre tr ~ *qc* **1** (*suddividere*) {FIORE} etw zerlegen, etw zergliedern; {SPAZIO} etw ein|-, auf|teilen, etw gliedern **2** *fig* (*analizzare*) {TESTO} etw analysieren; {ARGOMENTO} *anche* etw prüfen **3** *elettr* etw isolieren **4** *med* {CADAVERE} etw sezieren, etw obduzieren.

sezionatóre m *elettr* Trenner m, Trennschalter m.

sezionatùra f **1** (*divisione*) Zerlegung f, Ein-, Aufteilung f, Zergliederung f **2** *med* Sezieren n.

sezióne f **1** (*ripartizione*) {CONTABILITÀ; +AZIENDA} Abteilung f; {PRIMA; +MINISTERO} Ressort n; {PROVINCIALE; +PARTITO} Sektion f: ~ **cittadina,** Ortsgruppe f, Ortsverein m **2** (*parte*) {INTRODUTTIVA; +MANUALE} Abschnitt m **3** *dir* Kammer f: ~ **civile/penale,** Zivil-/Strafkammer f; **seconda ~ del tribunale,** zweite Kammer des Gerichts **4** *mat* (*in geometria*) {+CONO, SFERA} Schnitt m: ~ **aurea,** Goldener Schnitt; ~ **conica/piana,** Kegel-/Flächenschnitt m **5** *med* {CADAVERICA} Sektion f, Sezierung f **6** *med* {+MUSCOLO, OSSO} Schnitt m, Entfernung f, Sektion f *scient*, Sectio f *scient* **7** *mil* Einheit f: ~ **d'artiglieria,** Artillerie f **8** *mus* {+ARCHI, OTTONI} Gruppe f: ~ **ritmica,** Rhythmusgruppe f **9** *scuola* {FEMMINILE, MASCHILE, MISTA} Klasse f: ~ **A,** A-Klasse f; ~ **distaccata,** ausgelagerte Klasse **10** *tecnol* {FRONTALE; +FABBRICATO, MOTORE; ORIZZONTALE, QUADRATA; +TRAVE} Schnitt m: ~ **longitudinale/trasversale,** Längs-/Querschnitt m; **disegnare/rappresentare qc in ~,** etw im Schnitt darstellen ● ~ *buoncostume* (*nella polizia*), Sittenpolizei f, Sittendezernat n, Sitte f *fam*; ~ *elettorale amm,* Wahlbezirk m; ~ *maestra aero mar,* Hauptspant n; ~ *narcotici* (*nella polizia*), Drogenfahndung f, Drogenpolizei f, Rauschgiftdezernat n; ~ *omicidi* (*nella polizia*), Mordkommission f; ~ *d'urto fis,* Wirkungsquerschnitt m.

sfaccendàre itr *fam* ~ (+ *compl di tempo*) (+ *compl di luogo*) {MAMMA TUTTO IL GIORNO IN CUCINA} (*irgendwann*) (*irgendwo*) hantieren, (*irgendwann*) (*irgendwo*) herum|wurs(ch)teln *fam*, (*irgendwann*) (*irgendwo*) schaffen *region*, {PAPÀ IN CANTINA} (*irgendwann*) (*irgendwo*) werkeln *fam süddt*; (*irgendwann*) (*irgendwo*) herum|wurs(ch)teln *fam*; (*uso assol*) Hausarbeiten machen, den Haushalt schmeißen *fam.*

sfaccendàto, (-a) agg **1** (*libero da occupazioni*) unbeschäftigt, untätig: **questa settimana sono ~ e mi dedico alla pesca,** diese Woche habe ich frei/[nichts zu tun] und widme mich dem Fischen **2** *spreg* (*ozioso*) {GENTE} müßig, untätig **B** m (f) **1** Unbeschäftigte mf *decl come agg* **2** *spreg* Faulenzer(in) m(f), Nichtstuer(in) m(f).

sfaccettàre tr ~ *qc* **1** (*tagliare*) {PIETRA PREZIOSA} etw facettieren **2** *fig* (*esaminare*) {PROBLEMA} etw von allen Seiten betrachten.

sfaccettàto, (-a) agg **1** (*a faccette*) {CRISTALLO, SMERALDO} facettiert **2** *fig* (*vario*) {QUESTIONE} vielschichtig, facettenreich.

sfaccettatùra f **1** (*lo sfaccettare*) {+DIAMANTE} Facettierung f **2** (*parte sfaccettata*) {PERFETTA; +BRILLANTE} Facette f **3** *fig* (*aspetto*) {+ARGOMENTO, PROBLEMA} Vielschichtigkeit f, Facettenreichtum m.

sfacchinàre itr *fam* ~ (+ *compl di tempo*) {DALLA MATTINA ALLA SERA, TUTTA LA SETTIMANA} (*irgendwann*) schuften *fam*, sich (*irgendwann*) ab|rackern *fam*, (*irgendwann*) in der Tretmühle sein *fam spreg.*

sfacchinàta f *fam* (*grande fatica*) Mühsal f, Schinderei f *spreg*, Schufterei f *fam spreg*, Ochsentour f *fam scherz*: **che ~ quel viaggio!,** was für eine anstrengende Reise!, diese Reise war vielleicht eine Ochsentour *fam scherz*!

sfacciàta f → **sfacciato.**

sfacciatàggine f Frechheit f, Unverschämtheit f: **ha avuto la ~ di deriderci in pubblico,** er/sie besaß die Unverschämtheit, sich öffentlich über uns lustig zu machen; **certo che hai una bella ~!,** du hast vielleicht Nerven! *fam*, du bist aber ganz schön frech!

sfacciàto, (-a) **A** agg **1** (*sfrontato*) {COMPORTAMENTO, DISCORSO, RAGAZZO, SGUARDO} frech, unverschämt **2** (*vistoso*) {COLORE} grell, schreiend **3** *fig* (*clamoroso*) {FORTUNA} unverschämt; {RICCHEZZA} unglaublich, wahrscheinlich **B** m (f) (*sfrontato*) unverschämte Person, Frechling m.

sfàccio 1ª pers sing dell'ind pres *di* **sfare.**

sfacèlo m **1** (*decomposizione*) Verwesung f, Zersetzung f **2** *anche fig* (*rovina*) {+FAMIGLIA, NAZIONE} Verfall m, Zusammenbruch m: **un vecchio magazzino in pieno ~,** ein altes, völlig verfallenes Lagerhaus; **andare in ~,** verfallen **3** *fig* (*disastro*) Fiasko n, Katastrophe f: **che ~!,** was für ein Fiasko/eine Katastrophe!; **è uno ~!,** er/sie/es ist eine Katastrophe!

sfagiolàre itr <*essere*> *fam* (*andare a genio*) ~ *a qu* jdm passen *fam*, jdm gefallen, jdm zu⌊ sagen: ⌊**la tua proposta**⌋/[**quel tizio**] **non mi sfagiola,** dein Vorschlag/der Typ gefällt mir nicht.

sfaldàbile agg {ROCCIA} spaltbar, bröckelig.

sfaldaménto m **1** (*processo di sfaldatura*) {+MICA} Aufspaltung f, Schichtung f; {+RIVESTIMENTO} Abbröckelung f, Abblättern n **2** *fig* (*disgregazione*) {+GRUPPO} Zerfallen n, Zerbröckeln n.

sfaldàre **A** tr ~ *qc* etw (in Schichten) spalten/teilen, etw auf|spalten **B** itr pron: **sfaldarsi 1** {INTONACO} ab|blättern, ab|bröckeln; {MINERALE} sich (in Schichten) spalten/teilen, sich auf|spalten **2** *fig* (*disgregarsi*) {MATRIMONIO} auseinander|gehen; {SOCIETÀ} zerfallen, sich auf|lösen.

sfaldatùra f **1** (*sfaldamento*) (Auf)spaltung f, Schichtung f **2** *tecnol* {+CRISTALLO} (Ab)spaltung f, Schieferung f.

sfalsàre tr ~ *qc* **1** {DUE FILE DI SEDIE, PIANI DI UN ARMADIO} etw verschieben, etw versetzen, etw verrücken **2** (*schivare*) {COLPO} etw parieren, etw ab|wehren.

sfalsàto, (-a) agg **1** (*non allineato*) {PIANI} verschoben, versetzt, verrückt **2** (*deviato*) {TIRO} pariert, abgewehrt **3** *fig* (*non coincidenti*) {FERIE, ORARI} zeitlich versetzt.

sfamàre **A** tr ~ *qu/qc* {FAMIGLIA, FIGLIO} jdn/etw ernähren, jdn/etw sättigen **B** rfl: **sfamarsi** sich ab|füttern, seinen Hunger stillen; *anche iron*: **non è mica facile ~ i miei figli tutti i giorni,** meine Kinder/Jungs täglich satt zu kriegen ist gar nicht so einfach! *fam.*

sfangàre <*sfango, sfanghi*> tr *min* ~ *qc* {MINERALE} etw schlämmen, etw entschlammen ● **sfangarla/sfangarsela** *fig* (*cavarsela*), davonkommen; **sfangarla/sfangarsela da qc** (*UNA DIFFICOLTÀ, UN LAVORO*) um etw (acc) herumkommen *fam.*

sfàre <*coniug come* **fare**> **A** tr ~ *qc* **1** (*disfare*) {NODO} etw lösen, etw auf|knüpfen; {ORLO} etw auf|trennen; {MOTORE} etw auseinander|nehmen, etw zerlegen; {LAVORO} etw zer|stören; {CASA} *anche* etw ab|reißen, etw nieder|reißen **2** (*sciogliere*) {SOLE NEVE} etw schmelzen **B** itr pron: **sfarsi 1** (*disfarsi*) {FIOCCO} auf|gehen, sich (auf)|lösen **2** (*sciogliersi*) {GELATO} sich auf|lösen, schmelzen, zergehen **3** *anche fig* (*sformarsi*) {BUDINO} unförmig werden: **dopo la maternità si è sfatta,** nach der Mutterschaft ist sie in die Breite gegangen *fam.*

sfarfallaménto m **1** (*uscita dal bozzolo*) {+BACO DA SETA} Entpuppung f **2** (*svolazzamento*) Flattern n, Fliegen n **3** *fig* (*incostanza*) Unbeständigkeit f, Unstetigkeit f, Flatterhaftigkeit f *spreg* **4** *autom* Flattern n, Vibrieren n **5** *film TV* Flimmern n.

sfarfallàre itr **1** (*uscire dal bozzolo*) {CRISALIDE} sich entpuppen **2** (*svolazzare*) ~ (+ *compl di luogo*) {AQUILONE, PIPISTRELLO NEL CIELO} (*irgendwo*) flattern, (*irgendwo*) fliegen **3** *fig* (*cambiare in continuazione*) ~ (*da qu/qc a qu/qc*) flatterhaft/unstet/sprunghaft sein, einmal hü und einmal hott sagen: ~ **da una donna all'altra,** die Freundinnen wechseln wie das/sein Hemd, ein Schmetterlingsjäger sein *fam*; ~ **da un impiego all'altro,** von einem Job zum anderen wechseln, unverbindlich in allen möglichen Jobs

sfarfalleggiare herumschnuppern *fam* **4** *autom* {MOTORE} flattern, vibrieren **5** *film TV* {IMMAGINE, LUCE} flimmern.

sfarfalleggiare <*sfarfalleggio, sfarfalleggi*> → **sfarfallare** 2 e **sfarfallare** 3.

sfarfallio <-*lii*> *m* **1** (*svolazzare continuo*) Umherflattern *n* **2** *film TV* Flimmern *n*.

sfarfallóne, (-a) *m fam* (*svarione*) Bock *m fam*, (böser) Schnitzer *fam*.

sfarinàre A *tr* ~ *qc* **1** (*ridurre in farina*) {FRUMENTO} *etw* zu Mehl machen, *etw* mahlen **2** (*polverizzare*) {GESSO} *etw* zermalmen, *etw* zerbröseln B *itr pron*: **sfarinarsi 1** (*diventare farina*) {PATATA} zu Mehl werden **2** (*polverizzarsi*) {INTONACO} zu Staub zerfallen, ab|bröckeln.

sfàrzo *m* (*sontuosità*) Pomp *m*, Pracht *f*, Prunk *m*: **con ~**, pompös, pracht-, prunkvoll; **senza ~**, pracht-, prunklos; **uno ~ di colori/luci**, eine Farbenpracht/ein Lichtermeer.

sfarzosità <-> *f* **1** (*magnificenza*) {+ALBERGO, ARREDO, FESTA} Pracht *f*, Prunk *m* **2** (*ostentazione*) (übertriebener) Pomp: **odio le ~**, ich hasse Pomp.

sfarzóso, (-a) *agg* {ABITO, CERIMONIA, SALA} pompös, prunkvoll.

sfasaménto *m* **1** *fig* (*discordanza*) {+ORARIO} Verschiebung *f* **2** *fig* (*confusione*) Verwirrung *f*; {+PERSONA} *anche* Zerfahrenheit *f* **3** *elettr fis tecnol* Phasenverschiebung *f*.

sfasàre *tr* **1** *fig* (*scombinare*) ~ *qc* {RITMO DI LAVORO} *etw* durcheinander|bringen **2** *fig* (*confondere*) ~ *qu jdn* durcheinander|bringen, *jdn* verwirren: **il cambio di fuso orario mi ha sfasato**, der Wechsel der Zeitzone hat mich verwirrt **3** *elettr fis tecnol* ~ *qc etw* außer Phase bringen.

sfasàto, (-a) *agg* **1** *fig* (*scombinato*) {VITA} durcheinander, auf dem Kopf **2** *fig* (*confuso*) {PERSONA} durcheinander, verwirrt, zerfahren **3** *elettr fis tecnol* {CORRENTE, MOTORE} außer Phase.

sfasatùra *f* **1** *fig* (*discordanza*) Unstimmigkeit *f*: **nel film ci sono delle sfasature**, im Film gibt es Unstimmigkeiten **2** *fig* (*confusione*) Verwirrung *f*; {+PERSONA} *anche* Zerfahrenheit *f* **3** *elettr fis tecnol* Phasenverschiebung *f*.

sfasciacarròzze <-> *mf region* Schrotthändler(in) *m(f)*, Autoverschrotter(in) *m(f)*, Autoausschlachter(in) *m(f) fam*.

sfasciafamìglie <-> *mf* (*rovinafamiglie*) Ehebrecher(in) *m(f)*.

sfasciaménto *m* (*distruzione*) Zerstörung *f*, Zertrümmerung *f*.

sfasciàre[1] <*sfascio, sfasci*> *tr* (*togliere le fasce*) ~ *qu* {NEONATO} *jdn* aus den Windeln wickeln/nehmen; ~ *qc* {FERITA} den Verband von *etw* (*dat*) ab|nehmen.

sfasciàre[2] <*sfascio, sfasci*> A *tr* ~ *qc* **1** (*distruggere*) {DIVANO} *etw* zerstören, *etw* zertrümmern, *etw* kaputt|machen *fam*; {BICICLETTA} *anche etw* zu Schrott fahren: **lasciatemi andare o sfascio tutto**, lasst mich gehen oder ich schlage alles kurz und klein *fam* **2** *fig* (*disgregare*) {AZIENDA} *etw* ruinieren; {FAMIGLIA} *anche etw* auseinander|bringen *fam*, *etw* kaputt|machen B *itr pron*: **sfasciarsi 1** (*distruggersi*) {GIOCATTOLO, OROLOGIO} zerbrechen, kaputt|gehen *fam*; {NAVE} zerschellen **2** *fig* (*disgregarsi*) {GRUPPO} sich zerschlagen, sich auf|lösen; {IMPERO ROMANO} *anche* auseinander|brechen, zerbrechen **3** *fig* (*sformarsi*) auseinander|gehen *fam*, in die Breite gehen *fam*: **dopo i cinquanta si è sfasciata**, nach ihrem 50. Geburtstag ist sie in die Breite gegangen *fam*.

sfasciàto, (-a) *agg* **1** (*distrutto*) {AUTO, DIVANO} zerstört, zertrümmert, kaputt *fam* **2** *fig* (*rovinato*) {RAPPORTO} kaputt *fam*, zerstört, zerrüttet **3** *fig* (*sformato*) {DONNA} auseinander|gegangen *fam*, unförmig.

sfasciatùra *f* (*il togliere le fasce*) {+BAMBINO} Abnehmen *n* der Windel; {+PIEDE} Verbandabnahme *f*, Abnahme *f* des Verbandes.

sfàscio <-*sci*> *m anche fig* (*sfacelo*) Zerstörung *f*, Verfall *m*, Zusammenbruch *m*: **il paese sta andando allo** ⌐**/verso lo**¬ ~, das Land ⌐geht seinem Verfall entgegen¬/[steht kurz vor seinem Zusammenbruch]; **qui siamo allo ~!**, wir stehen hier kurz vor einem Trümmerhaufen/dem Zusammenbruch!

sfasciùme *m* **1** (*ammasso di rottami*) Trümmer *pl*, Schutt *m*: **ridurre la moto a uno ~**, das Motorrad ⌐zu Schrott fahren¬/[in einen Trümmerhaufen verwandeln] **2** *fig* (*sfacelo*) Zerfall *m*, Zusammenbruch *m* **3** *fig* (*persona sfatta*) Wrack *n* **4** *geol* {MORENICO} Geröll *n*.

sfatàre *tr* (*screditare*) ~ *qc* {CREDENZA, DICERIA, MITO} *etw* entzaubern, *etw* zerstören, *etw* (*dat*) den Zauber nehmen.

sfaticàto, (-a) A *agg* (*scioperato*) arbeitsscheu, faul B *m (f) fam* Faulpelz *m*, Nichtstuer(in) *m(f) fam*.

sfàtto, (-a) *agg* **1** (*disfatto*) {LETTO} ungemacht; {NODO} gelöst **2** (*sciolto*) {NEVE} geschmolzen **3** (*troppo maturo*) {FRUTTA} überreif, verfault **4** (*debilitato*) ~ (*da qc*) {UOMO DAL DOLORE} (von/vor *etw dat*) geschwächt **5** *anche fig* (*sformato*) {TORTA} unförmig; {CORPO, VISO} *anche* verwelkt.

sfavillànte *agg* **1** (*scintillante*) {FUOCO, LUCE, TIZZONE} funkelnd; {ORECCHINI} *anche* glitzernd **2** *fig* (*raggiante*) ~ (*di qc*) {SGUARDO, VISO DI FELICITÀ} strahlend (vor *etw dat*); {DI SDEGNO} blitzend (vor *etw dat*), funkelnd (vor *etw dat*).

sfavillàre *itr* **1** (*scintillare*) {FIAMMA} funkeln; {RUBINO} *anche* glitzern **2** *fig* (*luccicare*) ~ (*di qc*) {OCCHI DI GIOIA} (vor *etw dat*) strahlen.

sfavillìo <-*lii*> *m* **1** (*scintillio*) {+BRACE, FALÒ} Funkeln *n*; {+DIAMANTE, STELLE} *anche* Glitzern *n* **2** *fig* (*luccichio*) ~ (*di qc*) Strahlen *n* (vor *etw dat*): **nei tuoi occhi c'è uno ~ di rabbia**, deine Augen blitzen vor Wut, in deinen Augen blitzt die Wut.

sfavóre A *m* Missfallen *n*: **il programma ha incontrato lo ~ del pubblico**, das Programm hat dem Publikum missfallen B *loc prep* (*a svantaggio*) **1 a/in ~ di qu/qc** {CRITICA, TESTIMONIANZA, VOTO} zuungunsten jds/etw, jdm/etw zuungunsten *obs*, zu jds/etw Ungunsten: **hanno parlato in tuo ~**, sie haben zu deinen Ungunsten ausgesagt; **il tempo/ritardo gioca a nostro ~**, die Zeit/Verspätung arbeitet gegen uns **2 a ~ (di qu/qc)**, zuungunsten von jdm/etw; **essere/votare a ~**, dagegen sein/stimmen; **essere/votare a ~ di un candidato/una proposta**, gegen einen Kandidaten/Vorschlag sein/stimmen; **deposizione a ~ (dell'imputato)**, Aussage zuungunsten des Angeklagten.

sfavorévole *agg* **1** (*avverso*) {MOMENTO, SITUAZIONE} ungünstig; {TEMPO, VENTO} *anche* widrig **2** (*negativo*) {GIUDIZIO, OPINIONE, REAZIONE, RISULTATO} negativ **3** (*a sfavore*) ~ (*a qu/qc*) ungünstig *für jdn/etw*; {VOTO} Nein-: **gli astri gli sono sfavorevoli**, die Sterne stehen ihm ungünstig *für ihn*; **sei favorevole o ~ alla pena di morte? – Sono ~**, bist du ⌐für oder contra¬/[für oder gegen] die Todesstrafe? – Ich bin dagegen.

sfavorire <*sfavorisco*> *tr* **1** (*svantaggiare*) ~ *qu/qc* {SORTEGGIO CANDIDATO, SQUADRA} *jdn/etw* benachteiligen **2** (*ostacolare*) ~ *qc* {INFLAZIONE RIPRESA ECONOMICA; MALATTIA SVILUPPO DEL BAMBINO} *etw* behindern, *etw* hemmen, sich ungünstig *auf etw* (*acc*) aus|wirken.

sfavorìto, (-a) A *part pass di* sfavorire B *agg* (*svantaggiato*) {PARTIRE} benachteiligt, eingeschränkt.

sfebbràre *itr* <*essere*> *itr pron*: **sfebbrarsi** fieberfrei werden: **sfebbrerai in pochi giorni**, in wenigen Tagen bist du fieberfrei.

sfebbràto, (-a) *agg* {BAMBINO} fieberfrei.

sféci 1ª *pers sing del pass rem di* sfare.

sfegatàrsi *itr pron fam* (*accalorarsi*) ~ **per qc** {PER UNA GIUSTA CAUSA} sich (*dat*) für *etw* (*acc*) ereifern, sich *für etw* (*acc*) ins Zeug legen *fam*, sich *für etw* (*acc*) in Stücke reißen (lassen) *fam*: **non sfegatarti tanto per difenderlo**, leg dich nicht so ins Zeug, um ihn zu verteidigen! *fam*, reiß dich nicht so in Stücke für ihn! *fam*.

sfegatàto, (-a) A *agg* (*appassionato*) {AMORE} leidenschaftlich; {FAN, GIOCATORE, SINDACALISTA} *anche* fanatisch B *m (f)* (*fanatico*) Fanatiker(in) *m(f)*.

sfenoidàle *agg anat* {STRUTTURA} Keilbein-.

sfenòide *m anat* Keilbein *n*.

sféra *f* **1** *gener anche mat* (*in geometria*) {GRANDE, LISCIA; +METALLO, PLASTICA} Kugel *f*: ~ **terrestre**, Erdkugel *f* **2** *fig* (*campo*) {EMOTIVA, PRIVATA, RELIGIOSA, SESSUALE} Bereich *m*, Sphäre *f*: ~ **d'azione**, Wirkungsbereich *m*, Wirkungskreis *m*; ~ **di competenza**, Zuständigkeitsbereich *m*; ~ **d'influenza**, Einflussbereich *m*, Einflusssphäre *f* **3** *fig* (*ambiente*) {ARISTOCRATICA, ELEVATA} Kreis *m*: **essere le alte sfere**, zu den höheren Kreisen gehören **4** *slang sport* (*nel calcio*) Fußball *m*, Leder *n slang*: ~ **di cuoio**, Lederball *m*, Leder *n slang* ● ~ **armillare/planetaria** *astr* (*strumento*), Armillarsphäre *f*, Astrolabium *n*; ~ **celeste** (*volta del cielo*), Himmelsgewölbe *n*, Himmelskugel *f*; ~ **di cristallo** (*nell'occultismo*), Kristallkugel *f*.

sfericità <-> *f* {+TERRA} Kugelform *f*, Kugelförmigkeit *f*.

sfèrico, (-a) <-*ci*, -*che*> *agg* **1** (*rotondo*) {CORPO, MASSA} Kugel-, kugelförmig **2** *mat* (*in geometria*) {SEGMENTO, SETTORE, SUPERFICIE} Kugel-, sphärisch.

sferistèrio <-*ri*> *m sport* Ballspielplatz *m*, Bolzplatz *m fam*.

sferoidàle *agg mat* (*in geometria*) sphäroidisch.

sferòide *m mat* (*in geometria*) Sphäroid *n*.

sferragliaménto *m* (*lo sferragliare*) {+TRAM} Rattern *n*, Klappern *n*.

sferragliàre <*sferraglio, sferragli*> *itr* {TRENO} rattern, klappern.

sferràre A *tr* **1** (*lanciare*) ~ *qc* (*a/contro qu/qc*) {COLPO AD AVVERSARIO} *jdm/etw etw* versetzen: ~ **l'assalto/la controffensiva all'esercito nemico**, ⌐das feindliche Heer angreifen¬/[zum Gegenangriff des feindlichen Heeres übergehen] **2** (*togliere i ferri*) ~ *qc* {CAVALLO} *etw* (*dat*) die Hufeisen ab|nehmen **3** (*liberare dalle catene*) ~ *qu* {PRIGIONIERO} *jdn* ⌐von seinen Ketten befreien¬ B *itr pron* **1** (*lanciarsi*) **sferrarsi contro qu/qc** {CONTRO IL NEMICO, CONTRO LA SQUADRA AVVERSARIA} sich *auf jdn/etw* stürzen, sich *auf jdn/etw* werfen, *auf jdn/etw* los|gehen **2** (*perdere i ferri*): **sferrarsi** {ASINO} die Hufeisen verlieren.

sferruzzàre *itr* (*lavorare a maglia*) {NONNA} eifrig stricken, emsig mit den Stricknadeln klappern.

sfèrza *f* **1** (*frusta*) Geißel *f*, Gerte *f*, Peitsche *f* **2** *fig* (*impeto*) {+GELO, SOLE} Heftigkeit *f*, Gewalt *f*; {+ONDA} *anche* Wucht *f* **3** *fig* (*condanna*) {+CRITICA} vernichtendes Urteil.

sferzànte *agg* **1** (*impetuoso*) {PIOGGIA, VENTO} heftig **2** *fig* (*aspro*) {SGUARDO} streng,

scharf; {GIUDIZIO, PAROLE} *anche* hart.
sferzàre *tr* **1** (*frustare*) ~ *qu/qc* {MULO, SCHIAVO} *jdn/etw* geißeln, *jdn/etw* peitschen, *jdn/etw* schlagen **2** *fig* (*colpire*) ~ *qc* {TEMPESTA SPIAGGIA; VENTO ALBERO, VISO DI QU} *etw* peitschen **3** *fig* (*condannare*) ~ *qc* {VIZIO} *etw* geißeln.
sferzàta f **1** (*frustata*) Peitschenhieb m **2** *fig* (*colpo violento*) {+VENTO} Heftigkeit f, Gewalt f; {+ONDA} *anche* Wucht f **3** *fig* (*critica*) {+CRITICO, PROFESSORE} beißende/scharfe Kritik **4** *fig* (*stimolo*) Anreiz m, Ansporn m, Kick m *fam*.
sfiammàre A *tr* (*disinfiammare*) ~ *qc* {IMPACCO SCOTTATURA} *etw* zum Abklingen bringen, *etw* lindern B *itr* (*produrre fiammate*) {LEGNA} auf|flammen, auf|flackern C *itr pron* (*disinfiammarsi*): **sfiammarsi** {FERITA} ab|klingen, zurück|gehen.
sfiancaménto m **1** (*danneggiamento*) {+IMBARCAZIONE, MURO} (seitliches) Aufreißen/Beschädigen **2** *fig* (*spossatezza*) {+ANIMALE DA TIRO, UOMO DI FATICA} Erschöpfung f, Entkräftung f **3** (*nella moda*) {+GIACCA} Taillierung f.
sfiancàre <*sfianco, sfianchi*> A *tr* **1** (*danneggiare*) ~ *qc* {BURRASCA NAVE; PIENA ARGINE DEL FIUME} *etw* seitlich ein|beschädigen **2** *fig* (*spossare*) ~ (*qu/qc*) {CALDO, SALITA CAVALLO, CICLISTA} (*jdn/etw*) auf|reiben, (*jdn/etw*) zermürben, (*jdn/etw*) völlig erschöpfen; {CONTADINO MULO} *jdn* schinden **3** (*nella moda*) ~ *qc* {ABITO} *etw* taillieren B *itr pron* **1** (*danneggiarsi*): **sfiancarsi** {BARCA} seitlich auf|brechen **2** *fig* (*spossarsi*): **sfiancarsi** (*per qc*) {ASINO, FACCHINO, SCIATORE PER LO SFORZO} (*vor etw dat*) völlig erschöpft sein, (*vor etw dat*) auf dem Zahnfleisch gehen *fam*.
sfiancàto, (-a) *agg* **1** (*danneggiato*) {NAVE, SPARTITRAFFICO} seitlich aufgerissen/beschädigt **2** *fig* (*spossato*) {ANIMALE, PERSONA} erschöpft, entkräftet, zerschlagen **3** (*nella moda*) {VESTITO} tailliert.
sfiataménto m **1** (*emissione di gas o vapore*) {+CALDAIA, CONDUTTURA} Ausströmen n **2** (*perdita di fiato*) {+ANIMALE, PERSONA} Außer-Atem-Geraten n **3** *mus* {+TROMBA} Verlust m der Klangfarbe.
sfiatàre A *itr* **1** (*emettere gas o vapore*) {TUBO} Gas/Dampf aus|strömen/ab|geben **2** (*fuoriuscire*) ~ *da qc* {GAS DAL TUBO; VAPORE DALLA VALVOLA} *aus etw* (*dat*) (aus|)strömen B *itr pron*: **sfiatarsi 1** *fam* (*perdere il fiato*) außer Atem kommen; {*sgolarsi*} sich heiser schreien, sich (*dat*) die Lungen aus dem Hals schreien: **ci sfiatammo a chiamarlo**, wir schrien uns nach ihm die Lunge aus dem Hals **2** *mus* {CLARINETTO} die Klangfarbe verlieren.
sfiatàto, (-a) *agg* **1** (*senza fiato*) {CALCIATORE} atemlos **2** (*senza voce*) {CANTANTE} heiser **3** *mus* {TROMBONE} ohne Klangfarbe.
sfiatatóio <*-toi*> m **1** *tecnol* Entlüftung(s-ventil n) f **2** *zoo* Spritzloch n.
sfiatatùra f **1** (*emissione di gas o vapore*) {+TUBO, VALVOLA} Ausströmen n **2** (*apertura di sfiato*) Entlüftung(sventil n) f.
sfiàto m **1** (*sfiatatoio*) Entlüftung(sventil n) f **2** (*emissione*) Ausströmen n.
sfibbiàre <*sfibbio, sfibbi*> A *tr* ~ *qc* (*a qu*) {CINTURA A UN BAMBINO} (*jdm*) *etw* auf|-, los|schnallen B *rfl indir*: **sfibbiarsi** *qc* {CASCO, SCARPE} sich (*dat*) *etw* auf|schnallen.
sfibraménto m **1** *fig* (*logoramento*) {+ATTESA} Aufreiben n **2** *tecnol* Entfaserung f, Zerfaserung f.
sfibrànte *agg fig* (*logorante*) {CALDO, GARA} zermürbend, aufreibend, entnervend.

sfibràre A *tr* **1** *fig* (*logorare*) ~ *qu* jdn zermürben, jdn auf|reiben, jdn zerrütten, jdn entnerven: **questo lavoro mi sfibra**, diese Arbeit reibt mich auf **2** *tecnol* ~ *qc* {CANAPA, LEGNO} *etw* entfasern, *etw* zerfasern B *itr pron* **1** (*perdere consistenza*): **sfibrarsi** fas(e)rig werden; **se la carne cuoce troppo si sfibra**, wenn das Fleisch zu lange kocht, wird es fas(e)rig **2** *fig* (*spossarsi*): **sfibrarsi** (*per qc*) {PER LA FATICA, PER LO STRESS} sich (*wegen etw* gen) auf|reiben.
sfibràto, (-a) *agg* **1** (*senza consistenza*) {CARNE, TESSUTO} fas(e)rig **2** *fig* (*spossato*) {ORGANISMO} geschwächt, entkräftet; {UOMO} zermürbt, zerschlagen, aufgerieben **3** *tecnol* zerfasert.
sfìda f **1** *anche sport* (*invito a battersi*) Herausforderung f: **accettare/rifiutare una ~**, eine Herausforderung annehmen/ablehnen; **lanciare una ~**, jdn herausfordern; **fare una ~ a duello**, jdn (zum Duell) (heraus-)fordern; (*competizione*) Wettbewerb m, Wettkampf m; **la ~ tra due avversari per il primo posto in classifica**, der Wettkampf zwischen zwei Gegnern um den ersten Tabellenplatz **2** *fig* (*provocazione*) Provokation f: **lo guardava con uno sguardo di ~**, er/sie sah ihn herausfordernd an • **~ elettorale**, Wahlkampf m.
sfidànte *anche sport* A *agg* {FORMAZIONE, PUGILE} herausfordernd B *mf* Herausforderer(in) m(f).
sfidanzàrsi *fam* A *itr pron* (*lasciarsi*): ~ (*da qu*) sich (*von jdm*) trennen, die Verlobung (*mit jdm*) lösen B *rfl rec* sich trennen, die Verlobung lösen.
sfidàre A *tr* **1** *anche sport* (*lanciare una sfida*) ~ *qu* (*a/per qc*) {AMICO A CARTE, SQUADRA AVVERSARIA PER IL TITOLO EUROPEO} *jdn* (*zu etw dat*) heraus|fordern: **~ qu a battaglia**, jdm den Kampf ansagen; **ti sfido a chi arriva primo al traguardo**, wer zuerst das Ziel erreicht!, lauf mit mir um die Wette! **2** *fig* (*fronteggiare*) ~ *qc* {MARE IN TEMPESTA, PERICOLO, SORTE} *etw* (*dat*) trotzen *forb*, *etw* (*dat*) die Stirn bieten: **gli antichi monumenti greci hanno sfidato i secoli**, die alten griechischen Monumente ⌊haben Jahrhunderte überstanden⌋/[sind unvergänglich]; (*infrangere*) ~ *qc* {LEGGE} *etw* brechen, sich *gegen etw* (*acc*) auf|lehnen **3** *fig* (*invitare*) ~ *qu a fare qc jdn* auf|fordern, *etw zu tun*; *jdn* provozieren, *etw zu tun*: **vi sfido a fare quello che faccio io**, das müsst ihr mir erst einmal nachmachen; ich fordere euch auf, das Gleiche zu tun wie ich; **ti sfido a trovare qualcuno disposto a testimoniare**, du wirst/musst mir erst einmal jemanden herbeischaffen, der bereit ist, das zu bezeugen B *rfl rec* (*lanciarsi una sfida*): **sfidarsi** (*a/per qc*) {A POKER, PER IL TITOLO MONDIALE} *in etw* (*dat*) (gegeneinander) an|treten; {A DUELLO} *anche* sich (*zu etw dat*) (heraus|)fordern • **sfido che ha la villa al mare, con tutto quel che guadagna!** *fam*, ⌊kein Wunder⌋/[das glaube ich gern]/[ist ja klar], dass er eine Villa am Meer hat, bei dem, was er verdient!; **è sempre stanco. – Sfido io, lavora tutte le sere fino a mezzanotte!** *fam*, er ist immer müde. – ⌊Kein Wunder⌋/[Das glaube ich gern]/[Ist ja klar], er arbeitet jeden Abend bis Mitternacht!
sfidùcia A f (*mancanza di fiducia*) ~ (*in qu/qc*) {NEL FUTURO, NEL PROSSIMO} Misstrauen n (*gegen jdn/etw*): **avere ~ in qu/qc**, jdm/etw misstrauen; **avere/nutrire ~ in sé stessi**, kein Selbstvertrauen haben; **con ~**, misstrauisch B <*inv*> *loc agg polit*: **di ~**, {MOZIONE, VOTO} Misstrauens- • **~ costruttiva** *polit*, konstruktives Misstrauensvotum.

sfiduciàre <*sfiducio, sfiduci*> A *tr* **1** (*scoraggiare*) ~ *qu/qc jdm* entmutigen **2** *polit* (*ritirare la fiducia*) ~ *qu/qc* {GOVERNO, PRESIDENTE DEL CONSIGLIO} *jdm/etw* das Misstrauen aus|sprechen B *itr pron*: **sfiduciarsi** den Mut verlieren, verzagen: **è una donna che non si sfiducia facilmente**, diese Frau verliert nicht so leicht den Mut.
sfiduciàto, (-a) *agg* (*scoraggiato*) {UOMO} mutlos, verzagt.
sfìga <*-ghe*> f *volg* (*sfortuna*) Pech n: **avere ~**, Pech haben, die Arschkarte ziehen *scherz volg*; **portare ~**, Unglück bringen; **che ~!**, was für ein Pech!
sfigàto, (-a) *volg* A *agg* **1** (*sfortunato*) arm, vom Pech verfolgt: **è ~** ⌊in amore⌋/⌊al gioco⌋, er hat Pech in der Liebe/im Spiel **2** (*sgradevole*) trostlos, gottverlassen: **abita in un posto ~**, er/sie wohnt an einem trostlosen/gottverlassenen Ort **3** (*bruttino, squallido*) {RAGAZZO} zu kurz gekommen(r, s), Loser- B *m* (f) **1** (*sfortunato*) Pechvogel m *fam*, Unglücksrabe m *fam*: **sei proprio una sfigata!**, du bist wirklich ein Pechvogel! *fam*, du ziehst auch immer die Arschkarte! *scherz volg* **2** (*squallido*) Zu-kurz-Gekommene mf *decl come agg*, Loser(in) m(f) *fam*.
sfigmomanòmetro m *med* Blutdruckmesser m, Sphygmomanometer m *scient*.
sfiguràre A *tr* ~ *qu/qc* **1** (*deturpare*) {INCIDENTE RAGAZZO, VISO DEL BAMBINO} *jdn/etw* entstellen, *jdn/etw* verunstalten; {QUADRO} *etw* verschandeln **2** *fig* (*stravolgere*) {ODIO VOLTO DI QU} *jdn/etw* entstellen, *jdn/etw* verzerren: **il volto della donna era sfigurato dalla paura**, das Gesicht der Frau war angstverzerrt B *itr pron* (*fare brutta figura*) ~ (+ *compl di luogo*) {VASO DI PLASTICA IN UN SALOTTO ELEGANTE} (*irgendwo*) unpassend sein, (*irgendwo*) wie die Faust aufs Auge passen *fam*; ~ (*di fronte a qu/qc*) {ATTRICETTA DI FRONTE A UNA STAR AFFERMATA, DI FRONTE A UN PUBBLICO ESIGENTE} sich (*vor jdm/etw*) blamieren, eine schlechte Figur (*vor jdm/etw*) machen: **non farci ~!**, blamier uns nicht!
sfiguràto, (-a) *agg* ~ (*da qc*) **1** (*deturpato*) {FACCIA DALLE CICATRICI, UOMO DALLE PERCOSSE} (*von etw dat*) entstellt, (*von etw dat*) verunstaltet **2** *fig* (*stravolto*) {PERSONA, VISO DAL DOLORE, DALLA RABBIA} (*von etw dat*) entstellt, (*von etw dat*) verzerrt.
sfilacciaménto m **1** Faserung f; (*azione*) *anche* Ausfransen n, Zerfasern n **2** (*parte sfilacciata*) ausgefranste Stelle **3** *fig* (*logoramento*) Schwächung f.
sfilacciàre <*sfilaccio, sfilacci*> A *tr* ~ *qc* **1** (*disfare*) {PEZZO DI STOFFA} *etw* aus|fransen **2** *fig* (*disgregare*) {VENTO NUBI} *etw* auseinander|treiben B *itr* ~ *itr pron* (*disfarsi*): **sfilacciarsi** {CORDA, TESSUTO} (aus|)fransen C *itr pron fig* (*disgregarsi*): **sfilacciarsi** {RAPPORTO} sich auf|lösen, auseinander|gehen, kaputt|gehen *fam*.
sfilacciàto, (-a) *agg* **1** (*disfatto*) {ASCIUGAMANO, ORLO} ausgefranst **2** *fig* (*incoerente*) {DISCORSO} unzusammenhängend, sprunghaft; {SITUAZIONE} außer Kontrolle B *m tess* "aus (mit dem Reißwolf) zerrissenen Textilien gewonnener Stoff": **~ di cotone**, Reißbaumwolle f.
sfilacciatrìce f *tess* Reißer m, Reißwolf m.
sfilacciatùra f **1** (*lo sfilacciare*) Ausfransen n **2** (*parte sfilacciata*) ausgefranste Stelle **3** *tess* völliges Zerfasern, Reißen n.
sfilàre[1] A *tr* **1** (*togliere il filo*) ~ *qc* {AGO} *etw* aus|fädeln, {COLLANA} die Perlen *von etw* (*dat*) ziehen **2** (*togliere*) ~ *qc* (*da qc*) {ANELLO DAL DITO DI QU, PERLE DA UN BRACCIALE} *etw* (*von etw dat*) (ab|)ziehen; {FILO DALL'AGO} *etw* (*von etw dat*) aus|fädeln; {CHIAVE DALLA TOPPA,

GIORNALE DALLA BORSA, PORTAFOGLIO DALLA TASCA, SPINA DALLA PRESA} *etw* (*aus etw* dat) ziehen **3** (*sfilzare*) **~ qc** {ARROSTO} *etw* vom Spieß nehmen: **puoi ~ il pollo dallo spiedo?, kannst du das Hühnchen vom Spieß nehmen? 4** (*togliere di dosso*) **~ qc** (*a qu*) {CALZE, CAMICIA, GUANTI, PANTALONI, STIVALI AL BAMBINO} (*jdm*) *an*|*streifen*, (*jdm*) *aus*|*ziehen* **5** *lavori femminili* **~ qc** {ORLO DI UN LENZUOLO, TELA} *etw aus*|*fransen* **B** *itr pron* **1** (*uscire dal filo*): **sfilarsi** (*COLLANA*) reißen: **mi si sono sfilate le perle dal bracciale**, mir ist das Perlenarmband gerissen **2** (*togliersi*): **sfilarsi** (*da qc*) {CHIAVE DALLA SERRATURA, SPINA DALLA PRESA} (*aus etw* dat) rutschen: **le si è sfilato l'anello dal dito**, der Ring ist ihr vom Finger gerutscht/geglitten **3** (*disfarsi*): **sfilarsi** {STOFFA} laufen: **mi si è sfilata una calza**, ich habe eine Laufmasche im Strumpf **C** *rfl indir* (*togliersi di dosso*): **sfilarsi qc** {CALZINI, CAPPOTTO, GONNA, GUANTI, SCARPE} sich (dat) *etw aus*|*ziehen*.

sfilàre② *itr* <*essere o avere*> **1** (*procedere in fila*) **~** (**+ compl di modo**) (**+ compl di luogo**) {SCIOPERANTI IN CORTEO DAVANTI AL MUNICIPIO} (*irgendwie*) (*irgendwo*) vorbei|marschieren; {SOLDATI IN PARATA LUNGO IL CORSO PRINCIPALE} *anche* (*irgendwie*) (*irgendwo*) defilieren **2** *fig* (*susseguirsi*) **~** (**+ compl di modo**) (**+ compl di luogo**) {PAESAGGIO DAVANTI AL FINESTRINO} (*irgendwie*) (*irgendwo*) vorbei|ziehen: **svariati pensieri sfilavano nella sua mente**, ihm/ihr gingen verschiedene Gedanken durch den Kopf **3** (*nella moda*) **~** (**+ compl di luogo**) {COLLEZIONE AUTUNNO-INVERNO, MODELLA A MILANO} (*irgendwo*) defilieren.

sfilàta f **1** (*corteo*) {+AUTO D'EPOCA, CARRI ALLEGORICI} Korso m; {+BERSAGLIERI, MAJORETTE, SQUADRA OLIMPICA, TRUPPE} Parade f, Defilee n, Vorbeimarsch m: **~ carnevalesca**, Karnevalszug m; **~ militare**, Militärparade f **2** *anche fig* (*serie*) {+ALBERI, CASE, INSULTI} Reihe f: **~ di stanze**, Zimmerflucht f ● **~ di moda**, Mode(n)schau f.

sfilatino m *fam* (*filoncino*) Stangenbrot n.

sfilàto m *lavori femminili* Lochstickerei f.

sfilatùra f **1** (*lo sfilare*) {+TESSUTO, LENZUOLO} (Aus)fransen n **2** (*parte sfilata*) {+LENZUOLO} ausgefranste Stelle f **3** (*maglia sfilata*) Laufmasche f: **ho una ~ in una calza**, ich habe eine Laufmasche im Strumpf.

sfilza f *anche fig* (*serie*) {+BAMBINI, ESEMPI, IMPROPERI, LIBRI} Reihe f.

sfilzàre tr *gastr* **~ qc** {POLLO} *etw* vom Spieß nehmen: **bisogna ~ subito le quaglie dallo spiedo**, man muss sofort die Wachteln vom Spieß nehmen.

sfinge f **1** *arte mitol* Sphinx f **2** *zoo* Schwärmer m: **~ testa di morto**, Totenkopfschwärmer m ● **essere una ~** *fig* (*una persona impenetrabile*), eine Sphinx/unergründlich sein.

sfiniménto m **1** (*sfinitezza*) (*völlige*) Erschöpfung, Zerschlagenheit f **2** *fam* (*stress*) nervenaufreibende/nervige *fam*/entnervende Sache: **che ~ sentirti dire sempre le stesse cose!**, ist das nervig, sich (dat) von dir immer das Gleiche anhören zu müssen! *fam*.

sfinire <*sfinisco*> **A** tr (*prostrare*) **~** (**qu**) {AFA, INFLUENZA, LAVORO NEI CAMPI} (*jdn*) (völlig) erschöpfen/an|strengen **B** *itr pron* (*perdere le forze*): **sfinirsi** {CAVALLO, MARATONETA} sich überanstrengen, sich verausgaben, am Ende (seiner Kraft) sein: **a forza di studiare si è sfinito**, das viele Lernen hat ihn erschöpft/verausgabt.

sfinitézza f (*stato di prostrazione*) Erschöpfung f, Zerschlagenheit f.

sfinìto, (-a) agg (*prostrato*) {ANIMALE, PERSONA} (völlig) erschöpft, zerschlagen.

sfintère m *anat* {ANALE, PILORICO} Ring-, Schließmuskel m, Sphinkter m *scient*.

sfintèrico, (-a) <*-ci, -che*> agg *anat* {APPARATO, LESIONE} Ring-, Schließmuskel-; sphinkterisch *scient*.

sfioraménto **A** m **1** (*il toccare*) {+GUANCIA, LINEA DI CONFINE, MURO, SUPERFICIE DELL'ACQUA} Streifen n **2** *fig* (*accenno*) {+ARGOMENTO} Streifen n, Antippen n, Anschneiden n **3** *fig* (*il rasentare*) {+LIMITE DI VELOCITÀ, PAZZIA, SUCCESSO} Streifen n **B** <*inv*> *loc agg*: **a ~**, {TASTO} Sensor-.

sfioràre **A** tr **1** (*toccare*) **~ qu/qc** (*con qc*) {AUTO, AUTOMOBILISTA CICLISTA, GUARDRAIL CON IL PARAURTI; PALLA RETE} *jdn/etw* (*mit etw* dat) streifen: **lo zio sfiorò la guancia del bimbo con una carezza**, der Onkel streichelte dem Kind hauchzart die Wange **2** *fig* (*venire in mente*) **~ qu** *jdm* ein|fallen, *jdm* in den Sinn kommen: **non ti sfiora il dubbio/pensiero/sospetto che...**, hast du nicht einmal den leisesten/im Entferntesten den Zweifel/Gedanken/Verdacht, dass ... **3** *fig* (*accennare*) **~ qc** {QUESTIONE, TEMA} *etw* streifen, *etw* an|tippen, *etw* an|schneiden **4** *fig* (*rasentare*) **~ qc** {LITIGIO, VITTORIA} *etw* (dat) nahe|kommen, *etw* (dat) nahe sein; {FOLLIA, RIDICOLO} *anche an etw* (acc) grenzen, hart *an etw* (dat) entlangschrammen *fam*; {VELOCITÀ MASSIMA} *etw* fast erreichen, *etw* streifen **B** *rfl rec* (*toccarsi*): **sfiorarsi** sich streifen, sich berühren.

sfioratóre m *idraul* Überlauf m, Entwässerungsanlage f.

sfiorire <*sfiorisco*> *itr* <*essere*> *anche fig* {BELLEZZA, DONNA, ROSA} verblühen, (ver)welken.

sfiorìtura f **1** (*lo sfiorire*) {+RODODENDRI} Verblühen n, Verwelken n **2** (*periodo*) Ende n der Blütezeit.

sfittàre **A** tr (*rendere sfitto*) **~ qc** {PODERE-PODERE} *etw* unvermietet lassen {APPARTAMENTO} *anche etw* leerstehen lassen **B** *itr pron* (*restare sfitto*): **sfittarsi** (**+ compl di tempo**) {STANZA IL MESE PROSSIMO} (*irgendwann*) unvermietet sein, (*irgendwann*) frei sein/werden.

sfittìre <*sfittisco*> **A** tr (*diradare*) **~ qc** {FRONDE DI UN ALBERO} *etw* lichten **B** *itr pron* (*diradarsi*): **sfittirsi** {BOSCO} sich lichten.

sfitto, (-a) agg (*non affittato*) {APPARTAMENTO, GARAGE} frei, unvermietet, leer (stehend).

sfizio <*-zi*> m *fam* (*capriccio*) Laune f, Lust f: **levarsi/togliersi uno ~**, einer Laune nachgeben, seinem Affen Zucker geben *fam*; **vorrei levarmi/togliermi lo ~ di gelato**/[andare al mare], ich hätte große Lust auf ein Eis/[ans Meer zu fahren]; **fare qc per puro ~**, *etw* aus reiner Lust und Laune/[Spaß an der Freude]/[(lauter) Jux und Tollerei *fam*] tun.

sfiziosità <-> f *fam* (*caratteristica*) {+CIBO, VESTITO} Ausgefallenheit f, Extravaganz f.

sfizióso, (-a) agg *fam* **1** (*che soddisfa uno sfizio*) lustvoll **2** (*stravagante*) {GIOCO, LIBRO} bizarr, frivol, ausgefallen **3** (*gustoso*) {PIATTO} lecker *fam*, schmackhaft.

sfo 1ª pers sing del pres di **sfare**.

sfocàre <*sfoco, sfochi*> tr **~ qc** {IMMAGINE} *etw* unscharf auf|nehmen/fotografieren.

sfocàto, (-a) agg (*non nitido*) {FOTOGRAFIA} unscharf; *fig* {PERSONAGGIO} flach, farblos {RICORDO} vage.

sfocatùra f *fot* (*l'essere sfocato*) Unschärfe f.

sfociàre <*sfocio, sfoci*> *itr* <*essere*> **~ in qc 1** (*gettarsi*) {NILO NEL MEDITERRANEO} *in etw* (acc) münden **2** *fig* (*concludersi*) {DISCUSSIONE IN UNA RISSA} *in etw* (dat)/[*mit etw* (dat)] enden, *auf etw* (acc) hinaus|laufen, *in etw* (acc) münden.

sfócio <*-ci*> **A** m **1** (*sbocco*) {+CONDUTTURA} Mündung f **2** *fig* (*via d'uscita*) Ausweg m, Ausgang m: **le sue capacità hanno trovato ~ nell'editoria**, seine/ihre Fähigkeiten fanden in der Verlagswelt eine Richtung/ein Ventil **B** <*inv*> *loc agg fig* (*senza via d'uscita*): **senza ~**, {ATTIVITÀ} ins Leere laufend; {SITUAZIONE} ausweglos, verfahren.

sfoderàbile agg {GIACCA} mit herausnehmbarem Futter; {POLTRONA} mit abnehmbarem (und waschbarem) Polsterzeug.

sfoderàre① tr **~ qc 1** (*estrarre*) {BAIONETTA, SPADA} *etw* (heraus)ziehen, *etw* aus der Scheide ziehen **2** *fig* (*sfoggiare*) {PROPRIA CULTURA} *etw* zur Schau stellen, *mit etw* (dat) prahlen: **~ un magnifico sorriso**, sein schönstes Lächeln zeigen, ein wunderbares Lächeln aufsetzen.

sfoderàre② tr **~ qc** {DIVANO, VESTITO} das Futter aus etw (dat)/[*etw* (gen)] heraustrennen/ab|ziehen.

sfoderàto, (-a) agg (*senza fodera*) {CAPPOTTO, SCARPE} ungefüttert.

sfogàre <*sfogo, sfoghi*> **A** tr <*avere*> (*esternare*) **~ qc** {PASSIONE} *etw* (dat) freien Lauf lassen, *etw* (dat) frönen; **~ qc** (*su qu*) (*con/in qc*) {RABBIA, RANCORE CON/IN UN GESTO INCONSULTO} *etw an jdm* (*mit etw* dat) ab|reagieren, (*an jdm*) (*mit etw* dat) aus|lassen **B** *itr* <*essere*> **1** (*fuoriuscire*) **~** **+ compl di luogo** {GAS ATTRAVERSO IL TUBO; VAPORE DALLA FINESTRA} *durch etw* (acc) aus|strömen, *durch etw* (acc) entweichen, *durch etw* (acc) ab|ziehen; {FOGNA IN UN CORSO D'ACQUA} *durch etw* (acc) ab|fließen **2** (*manifestarsi*) **~** (*in qc*) {DOLORE IN PIANTO; MALCONTENTO IN RIVOLTA} sich *in etw* (dat) äußern: **il raffreddore deve ~**, der Schnupfen muss seinen (natürlichen) Lauf nehmen/[braucht seine Zeit] **C** *itr pron* **1** (*liberarsi*): **sfogarsi** sich ab|reagieren, sich aus|toben, sich (dat) Luft machen *fam*: **lascia che si sfoghi un po'**, lass ihn/sie sich ein bisschen abreagieren; **i bambini hanno bisogno di correre per sfogarsi**, Kinder brauchen Auslauf, um sich auszutoben; **lei si sfoga parlando/piangendo**, durchs Reden/Weinen macht sie sich (dat) Luft *fam* **2** (*confidarsi*): **sfogarsi** (*con qu*) (*per qc*) {CON IL FRATELLO PER IL TORTO SUBITO} *jdm* (*wegen etw* gen) sein Herz aus|schütten **3** (*prendersela con qu*): **sfogarsi con/su qu** {CON GLI IMPIEGATI} seine Wut/[schlechte Laune] *an jdm* aus|lassen/ab|reagieren **4** (*sfrenarsi*): **sfogarsi a fare qc** *etw* ausgiebig/[nach Herzenslust] tun: **sfogarsi a bere**, ausgiebig trinken; **sfogarsi a giocare**, nach Herzenslust spielen.

sfoggiàre <*sfoggio, sfoggi*> **A** tr **~ qc 1** (*esibire*) {ABITO FIRMATO, AUTOMOBILE DI LUSSO} *mit etw* (dat) prahlen **2** *fig* (*ostentare*) {ERUDIZIONE, SUPERIORITÀ} *etw* zur Schau stellen, *mit etw* (dat) prahlen **B** *itr* **1** (*vivere nello sfarzo*) Aufwand/Prunk treiben: **è gente che ama ~**, diese Leute lieben einen gewissen Pomp **2** (*fare sfoggio*) **~ in qc** {IN FESTE, IN PELLICCE, NEL VESTIRE} *mit etw* (dat) prunken.

sfòggio <*-gi*> m **1** (*sfarzo*) {+ARGENTERIA} Aufwand m, Prunk m: **vestire con grande**/[**senza**] **~**, sich prunkvoll/prunklos kleiden **2** *fig* (*ostentazione*) {+BRAVURA} Zurschaustellung f ● **fare ~ di qc**, {DI ABITI} *mit etw* (dat) prunken; *fig* {DI CULTURA} *etw* zur Schau stellen, *mit etw* (dat) prahlen, *mit etw* (dat) auf|trumpfen.

sfòglia f **1** (*lamina*) {+ORO} Blatt n, Folie f **2** *gastr* (*pasta spianata*) Blätterteig m: **fare la**

~, (den) Blätterteig machen.

sfogliàre① <sfoglio, sfogli> **A** tr ~ **qc 1** (sfrondare) {RAMO} etw entblättern, die Blätter von etw (dat)/+ gen entfernen **2** (staccare i petali) {ROSA} die Blütenblätter von etw (dat)/+ gen ab|zupfen **3** (mondare) {CARCIOFO, CAVOLO, PANNOCCHIA} etw putzen, etw schälen **B** itr pron: **sfogliarsi 1** (sfogliarsi) {PIANTA} die Blätter verlieren/ab|werfen, sich entblättern **2** (sfiorire) {FIORE} verblühen, die Blütenblätter verlieren.

sfogliàre② <sfoglio, sfogli> **A** tr ~ (scorrere le pagine) ~ **qc** {DIZIONARIO, GIORNALE} etw durch|blättern, in etw (dat) blättern **B** itr pron: **sfogliarsi 1** (dividersi in falde) {MINERALE} sich (in Schichten) spalten/teilen, sich auf|spalten **2** (sbriciolarsi) {DOLCE} zerbröseln.

sfogliàta① f (lo sfrondare) Entblättern n: **dare una ~ alle viti**, die Weinreben entblättern.

sfogliàta② f (scorsa) Durchblättern n: **dare una ~ a una rivista**, eine Zeitschrift durchblättern.

sfogliàta③ f gastr Blätterteiggebäck n.

sfogliatèlla <dim di sfogliata③> f "süditalienisches Blätterteiggebäck".

sfogliatrìce f **1** agr Maisschälmaschine f **2** tecnol (in falegnameria) (Furnier)schälmaschine f.

sfogliatùra f **1** agr {+TABACCO, VITE} Ablättern n; {+GRANTURCO} Schälen n **2** metall Schälung f, Schichtablösung f.

sfógo <-ghi> m **1** (scarico) Auslass m, Abfluss m: **dare uno ~ all'acqua**, das Wasser abfließen lassen; **aprire uno ~ per** ˌil fumo stagnanteˌ/ˌi gas nociviˌ, einen Abzug für ˌsich stauenden Rauchˌ/ˌ[Giftgase] öffnen **2** (apertura) Ausgang m, Öffnung f: **il cortile non ha ~**, der Hof bietet keinen Auslauf/ ˌ[ist viel zu eng]ˌ; **un locale senza ~**, ein fensterloses/stickiges/enges Zimmer **3** (sbocco) Zugang m: **la Svizzera non ha sfoghi sul mare**, die Schweiz hat keinen Zugang zum Meer; fig Markt m; **il paese ha bisogno di nuovi sfoghi commerciali**, das Land braucht neue (Handels)märkte **4** fig (manifestazione emotiva) {+COLLERA} Ausbruch m: **dopo quello ~ si è sentita meglio**, nach diesem Ausbruch fühlte sie sich besser **5** fam (eruzione cutanea) Ausschlag m: **mi è venuto uno ~** ˌin facciaˌ/ˌ[sul collo]ˌ, sie hat einen Ausschlag im Gesicht/am Hals bekommen **6** arch {+ARCO, VOLTA} Maximalhöhe f • **cercare**/**trovare ~ in qu**/**qc**, {IN UNA DONNA} bei jdm Trost suchen/finden, sich mit jdm trösten; {NELLO SPORT} sich bei etw (acc) aus|toben, sich bei etw (acc) ab|reagieren; **trovare ~ nel pianto**, sich ausweinen, sich (dat) mit Weinen Luft machen; **dare** (libero) **~ a qc**, {AL DOLORE, ALLE LAMENTELE} etw (dat) freien Lauf lassen; **fare uno ~ con qu** (confidarsi), sich bei jdm gehen lassen, jdm anvertrauen, jdm sein Herz ausschütten.

sfolgorànte agg **1** (scintillante) {LUCE, SOLE} leuchtend, strahlend **2** fig (radioso) ~ (di qc) {SGUARDO DI GIOIA} (vor etw dat) strahlend **3** fig (magnifico) {BELLEZZA} strahlend; {SUCCESSO} großartig.

sfolgoràre itr <essere o avere> **1** (scintillare) ~ (+ compl di luogo) {SOLE IN CIELO} (irgendwo) leuchten, (irgendwo) strahlen **2** fig (luccicare) ~ **di qc** {OCCHI DI FELICITÀ} vor etw (dat) glänzen, vor etw (dat) strahlen.

sfolgorìo <-rii> m (scintillio) {ACCECANTE; +LUCI, SOLE} Leuchten n, Strahlen n.

sfollagènte <-> m (manganello) Schlagstock m.

sfollamènto m **1** (deflusso di persone) {+SCUOLA, STRADA} Räumung f **2** (evacuazione) {+PAESE} Evakuierung f **3** (riduzione del personale) {+UFFICIO COMMERCIALE} (Personal)abbau m.

sfollàre A tr <avere> ~ **qc 1** (sgomberare) {PUBBLICO TEATRO} etw räumen, etw verlassen **2** (far evacuare) {POLIZIA CENTRO ABITATO, ZONA PERICOLOSA} etw evakuieren **3** (ridurre il personale) {AZIENDA} Personal etw (gen) ab|bauen **B** itr <essere> ~ (+ compl di luogo) **1** (diradarsi) {GENTE DALLA PIAZZA} sich (irgendwo) verlaufen, sich (irgendwoher) zerstreuen **2** (evacuare) {POPOLAZIONE CIVILE DALLA CITTÀ, IN MONTAGNA, SULLE COLLINE} sich (irgendwoher/irgendwohin) zurück|ziehen **C** itr pron (svuotarsi): **sfollarsi** {ATRIO DELLA STAZIONE, STADIO} sich leeren.

sfollàto, (-a) **A** agg (allontanato dalla propria casa) {FAMIGLIA, POPOLAZIONE} evakuiert **B** m (f) Evakuierte mf decl come agg.

sfoltimènto m **1** (sfrondamento) {+FRONDE DI UN ALBERO, PIANTAGIONE} Ausdünnung f; (azione) anche Ausdünnen n, Lichten n **2** (riduzione della massa) {+CAPELLI} Ausdünnung f **3** fig {+TESTO} Kürzen n.

sfoltìre <sfoltisco> **A** tr **1** (sfrondare) ~ **qc** {ALBERO, BOSCO} etw lichten, etw aus|dünnen **2** (ridurre la massa) ~ **qc** {BARBA, SOPRACCIGLIA} etw aus|dünnen **3** fig ~ **qu**/**qc** {DIPENDENTI DI UN'AZIENDA} jdn/etw teilweise entlassen; {NOTE DI UN TESTO} etw kürzen **B** itr pron: **sfoltirsi** {CAPELLI, VEGETAZIONE} dünner/lichter werden.

sfoltìta f **1** (sfrondata) Ausdünnen n, Lichten n: **dare una ~ alla siepe**, die Hecke etwas lichten **2** (il ridurre la massa) Ausdünnen n: **dare una ~ ai baffi**, den Schnurrbart etwas ausdünnen **3** fig Kürzen n: **dare una ~ alle citazioni di un testo**, die Zitate in einem Text kürzen.

sfoltitùra f Lichten n, Ausdünnen n; (azione) Lichtung f, Ausdünnung f.

sfondamènto m **1** (rottura del fondo) {+BAULE} Durchbruch m **2** (abbattimento) {+MURO} Durchschlagen n; {+PORTA} Aufbrechen n, Einschlagen n **3** (cedimento) {+SOFFITTO} Nachgeben n; {+DIVANO} Zusammenbrechen n, Durchgesessensein n **4** (frattura) {+BASE CRANICA} Bruch m **5** (lo sfasciare) {+SCARPE} Ab-, Durchlaufen n, Ab-, Durchtreten m **6** fig (superamento) {+MEDIA DEI GUADAGNI} Übersteigen n, Überschreiten n **7** mil {+FRONTE NEMICO} Durchbrechen n, Durchstoßen n sport (nel calcio) {+DIFESA AVVERSARIA} Überwinden n **9** sport (nella pallacanestro) Foul n.

sfondàre A tr **1** (rompere il fondo) ~ **qc** {CASSA, CESTO, TASCA} etw/[den Boden etw (gen)] durch|brechen **2** (abbattere) ~ **qc** {VETRINA} etw ein|schlagen; {USCIO} anche etw auf|brechen, {PARAPETTO} etw durch|brechen **3** (far cedere) {PAVIMENTO} etw durch|brechen; {DIVANO} anche etw durch|sitzen, etw verschleißen: ~ **un letto**, ein Bett durchliegen **4** (fratturare) ~ **qc a qu** {CASSA TORACICA} jdm etw brechen, jdm etw zerschmettern **5** (sfasciare) ~ **qc** {SCARPONI} etw ab|-, durch|laufen, etw ab|-, durch|treten **6** fig (superare) {TETTO DELLE VENDITE} etw überschreiten **7** mil ~ **qc** {LINEA NEMICA} etw durchbrechen, etw durchstoßen **B** itr (affermarsi) ~ (+ compl di luogo) sich (irgendwo) durch|setzen, (irgendwo) den Durchbruch schaffen: **è riuscito a ~ come attore**, er hat den Durchbruch als Schauspieler geschafft; **vuole ~ nel mondo del cinema**, er/sie will sich in der Welt des Films behaupten; {AZIENDA ALL'ESTERO; LIBRO, PRODOTTO IN ITALIA} sich (irgendwo) durch|setzen, (irgendwo) (gut) an|kommen;

banca {FONDO SUL MERCATO NAZIONALE} sich (irgendwo) durch|setzen **C** itr pron: **sfondarsi 1** (aprirsi nel fondo) {VALIGIA} durch|brechen, (am Boden) reißen **2** (cedere) {TETTO} nach|geben, ein|stürzen **3** (sfasciarsi) {SCARPE} sich ab|laufen, ab-, durchgelaufen sein.

sfondàto, (-a) **A** agg **1** (con fondo rotto) {BOTTE} mit durchgebrochenem Boden; {TASCA} kaputt fam **2** (abbattuto) {PARETE} eingerissen, eingebrochen **3** (che ha ceduto) {TETTOIA} nachgegeben, eingestürzt; {POLTRONA} durchgesessen, verschlissen **4** (fratturato) {TESTA, TORACE} gebrochen **5** (sfasciato) {STIVALI} abgelaufen, durchgelaufen, abgetreten, durchgetreten **6** fig fam (ingordo) gefräßig spreg, unersättlich: **sei proprio ~ nel mangiare!**, du bist wirklich ein Fass ohne Boden! **B** m **1** fig fam (ingordo) Nimmersatt m fam **2** arte (nella pittura) Hintergrundgemälde n.

sfóndo m **1** gener {+DIPINTO, FOTOGRAFIA} Hintergrund m: **su ~ nero**, auf schwarzem Hintergrund; **lo ~ delle Alpi sulla pianura**, die Alpen im Hintergrund des Tals **2** fig (contesto) {SOCIALE, STORICO; +ROMANZO} Kontext m, Hintergrund m: **un dibattito/film a ~ politico**, eine Debatte/ein Film mit politischem Kontext **3** inform (Bildschirm)hintergrund m **4** teat (fondale) {+SCENA} Hintergrund m.

sfondóne m fam (svarione) grober Fehler, Schnitzer m fam.

sforacchiàre <sforacchio, sforacchi> tr (bucherellare) ~ **qc** etw durchlöchern.

sforamènto m {+BUDGET, LIMITE DI TEMPO} Überschreiten n, Überziehen n.

sforàre A tr (oltrepassare) ~ **qc** {BUDGET} etw überschreiten; {MONTE ORE PREVISTO} etw überziehen **B** itr (andare oltre) ~ (**di qc**) etw (um etw acc) überschreiten: **rispetto al preventivo abbiamo sforato di due milioni**, wir haben den Kostenvoranschlag um zwei Millionen überschritten; radio TV {TELEGIORNALE DI CINQUE MINUTI} (um etw acc) überziehen.

sforbiciàre <sforbicio, sforbici> **A** tr ~ (qc) {FOGLIO, GIORNALE} (etw) zerschnippeln fam **B** itr sport einen Scherenschlag machen.

sforbiciàta f **1** (colpo di forbici) Scherenschnitt m; (azione) anche Schneiden n/Zerschnippeln n fam mit der Schere: **dare una ~ ai capelli**, die Haare stutzen scherz **2** sport Scherenschlag m.

sformàre A tr ~ **qc 1** (deformare) {MAGLIA, SCARPE} etw aus der Form bringen, etw verformen **2** (togliere dalla forma) {BUDINO} etw aus der Form nehmen, tecnol etw deformieren, etw entformen **B** itr pron: **sformarsi 1** (perdere la forma) {CAPPELLO} die Form verlieren, sich verformen **2** (sfarsi) unförmig werden, auseinander|gehen fam, in die Breite gehen fam: **con l'età il suo corpo si è sformato**, mit dem Alter ist sein/ihr Körper auseinandergegangen fam.

sformàto A agg **1** (senza forma) {MAGLIONE} unförmig, formlos; {SCARPE} ausgetreten, ausgelatscht fam **2** (sfatto) {DONNA, NASO} unförmig **B** m gastr Auflauf m.

sfornàre tr **1** (togliere dal forno) ~ **qc** {PANE, TORTA} etw aus dem Ofen nehmen **2** fig (produrre) ~ **qc** (+ compl di tempo) {FABBRICA CENTO AUTOMOBILI AL GIORNO} etw (irgendwann) produzieren, etw (irgendwann) her|stellen; {GIORNALISTA UN ARTICOLO ALLA SETTIMANA} etw (irgendwann) heraus|bringen **3** fig fam (scodellare) ~ **qu**/**qc** jdn fam scherz/etw werfen: **mia cugina ha appena sfornato due gemelli**, meine Cousine hat gerade Zwillinge geworfen fam scherz; **la mia gatta**

sforna cinque o sei cuccioli alla volta, meine Katze wirft/kriegt immer fünf oder sechs Junge auf einmal.

sfornellàre itr *fam* (*stare ai fornelli*) am Herd stehen/hantieren.

sfornìre <*sfornisco*> **A** tr ~ **qu/qc di qc** {ESERCITO DI UOMINI, INDUSTRIA DI MATERIE PRIME} jdm/etw *etw* weg|nehmen **B** rfl: **sfornirsi *di qc*** *auf etw* (acc) verzichten: **non possiamo sfornirci di tutto per pagarti gli studi**, wir können uns nicht alles vom Mund absparen, um dir das Studium zu finanzieren.

sfornìto, (-a) agg 1 (*privo*) ~ **di qc** {PERSONA DI DENARO} ohne *etw* (acc): **casa sfornita di mobili**, unmöbliertes Haus; ~ **di tutto**, von allem alles 2 (*poco fornito*) {NEGOZIO, SUPERMERCATO} schlecht sortiert.

sfortùna f 1 (*cattiva sorte*) Pech n, Unglück n: **avere ~ in qc**, bei/in etw (dat) Pech haben; **portare ~ a qu**, jdm Unglück bringen 2 (*guaio*) Pech n: **con te sono iniziate le mie sfortune**, mit dir hat all mein Pech angefangen • ~ **fam** (*peccato*), ein Pech, dass ...; **che ~!**, was für ein Pech!; ~ **volle che** ..., das Unglück wollte es, dass ...; **per mia/vostra ~**, zu meinem/eurem Unglück.

sfortunataménte avv (*purtroppo*) leider, unglücklicherweise: ~ **non abbiamo vinto**, wir haben leider nicht gewonnen; ~ **per noi l'affare è andato a monte**, leider ist die Sache für uns gelaufen *fam*, zu unserem Unglück ˻hat sich das Geschäft zerschlagen˼/ [ist aus dem Geschäft nichts geworden].

sfortunàto, (-a) agg 1 (*sfavorito dalla sorte*) {FAMIGLIA, UOMO} unglücklich: **essere ~ in qc**, bei/in etw (dat) Pech haben 2 (*fallito*) {MATRIMONIO, ROMANZO} misslungen, missglückt; {AFFARE} *anche* zerschlagen 3 (*nefasto*) {ANNO, NUMERO} Unglücks-.

sforzàndo <-> m *mus* Sforzando n.

sforzàre **A** tr 1 (*scassinare*) ~ **qc** {CANCELLO, CASSETTO, LUCCHETTO} *etw* (gewaltsam) auf|brechen, ~ **qu** knacken *fam* 2 (*sottoporre a sforzo*) ~ **qc** {CAVALLO, VISTA, VOCE} *etw* überanstrengen, *etw* überstrapazieren; {VITE} *etw* über|beanspruchen; {MOTORE} *anche etw* überdrehen 3 (*forzare*) ~ **qu/qc (a qc)** {ALLA CONFESSIONE} jdn/etw (*zu etw* dat) nötigen, jdn/etw (*zu etw* dat) zwingen: ~ **un bambino a camminare**, ein Kind zum Gehen nötigen; **se non vuole parlare non dovete sforzarlo**, wenn er nicht reden will, dürft ihr ihn nicht zwingen 4 (*compiere uno sforzo*) (*uso assol*) sich verausgaben: **non sforzate all'inizio della gara, altrimenti non arrivate alla fine**, verausgabt euch nicht zu Beginn des Wettkampfs, sonst schafft ihr es nicht bis zum Schluss 5 *fig* (*dare un senso arbitrario*) ~ **qc** {SIGNIFICATO DI UN TESTO} *etw* entstellen, *etw* an den Haaren herbei|ziehen *fam* **B** itr (*dare attrito*) {CASSETTO, PORTA} klemmen **C** itr pron 1 (*sottoporsi a sforzo*): **sforzarsi (a/di fare qc)** {A GIUNGERE AL TRAGUARDO, DI SOLLEVARE UN PESO} sich an|strengen(, *um etw zu tun*); sich verausgaben(, *um etw zu tun*): **durante la gravidanza non devi sforzarti**, während der Schwangerschaft darfst du dich nicht anstrengen 2 *anche iron* (*impegnarsi*): **sforzarsi (a/di fare qc)** {DI CAPIRE, A MANTENERE LA CALMA, DI LAVORARE} sich an|strengen, (*etw zu tun*); sich (dat) Mühe geben, (*etw zu tun*); sich zwingen, (*etw zu tun*): **pensi di finire il lavoro per domani? – Mi sto sforzando, ma non so se ci riuscirò**, meinst du, du kriegst die Arbeit bis morgen fertig? – Ich gebe mir Mühe, aber ich weiß nicht, ob ich es schaffen werde; **non ti ~ troppo, per carità!**, streng dich um Gottes willen nicht zu sehr an!; **certo che si è sforzato quel fannullone a portare due scatoloni!**, da hat sich dieser Faulpelz ja wirklich ein Bein ausgerissen, wenn er es geschafft hat, zwei Kisten zu tragen! *fam iron*.

sforzataménte avv 1 (*con sforzo*) {MANGIARE} widerwillig 2 (*in modo innaturale*) {SORRIDERE} gezwungen, gekünstelt.

sforzàto, (-a) **A** agg 1 (*scassinato*) {FINESTRA, SERRATURA} (gewaltsam) aufgebrochen 2 (*sottoposto a sforzo*) {VOCE} überanstrengt, überstrapaziert; {MOTORE} überbeansprucht, überdreht 3 *fig* (*innaturale*) {ABBRACCIO, SORRISO} gezwungen, gekünstelt 4 *fig* (*arbitrario*) {INTERPRETAZIONE} entstellt, an den Haaren herbeigezogen *fam* **B** in funzione di avv (*sforzatamente*) {PARLARE} gezwungen; {SORRIDERE} *anche* gekünstelt.

sforzésco, (-a) <-schi, -sche> agg *stor* (*degli Sforza*) {DINASTIA} der Sforza.

sfòrzo m 1 {MENTALE, MUSCOLARE, SOVRUMANO} Anstrengung f, Mühe f: ~ **di memoria**, Gedächtnisanstrengung f; ~ **di nervi**, (Nerven)anspannung f; ~ **di volontà**, Willenskraft f; **con ~**, mit Mühe; **senza ~**, ohne Mühe, mühelos; **fare uno ~**, sich anstrengen, sich (dat) Mühe geben; **non fare sforzi inutili!**, streng dich nicht umsonst an! 2 *mecc* {ECCENTRICO, NORMALE} Beanspruchung f: ~ **di pressione/torsione/trazione**, Druck-/Torsions-/Zugbeanspruchung f, Druck-/Torsions-/Zugkraft f • **bello** ~**!** *iron*, tolle/großartige Leistung! *iron*; **sai che ~!** *iron*, na, das war ja eine tolle/großartige Leistung! *iron*; **costare molto/nessuno/poco ~ a qu**, jdn viel/keine/wenig Mühe kosten; **fare ˻ogni ~˼/[tutti gli sforzi (possibili)] per risolvere una situazione** (*impegnarsi al massimo*), alles Menschenmögliche tun, um eine Situation zu meistern; **essere sotto ~**, {ATLETA} unter Druck stehen; *mecc* {MOTORE} beansprucht werden.

sfòttere **A** tr *fam* (*prendere in giro*) ~ **qu** jdn auf den Arm nehmen *fam*, jdn vergackeiern *fam*, jdn verarschen *volg*; (*uso assol*) Schabernack/[seine Scherze] treiben, frotzeln *fam*: **hai voglia di ~?**, willst du frotzeln? *fam* **B** rfl rec: **sfottersi** sich (gegenseitig) auf den Arm nehmen *fam*, sich verarschen *volg*.

sfotticchiàre <*sfotticchio, sfotticchi*> **A** tr (*prendere bonariamente in giro*) ~ **qu** jdn necken **B** rfl rec **sfotticchiarsi** sich necken: **si divertono a sfotticchiarsi**, sie necken sich gerne.

sfottiménto m *fam* (*lo sfottere*) Spötterei f, Spöttelei f, Frotzelei f *fam*, Fopperei f *fam*.

sfottitóre, (-trice) m (f) *fam* Spötter(in) m(f), Spottdrossel f.

sfottitùra f *fam* (*sfottimento*) Spötterei f, Spöttelei f, Frotzelei f *fam*, Fopperei f *fam*.

sfottò <-> m *fam* (*sfottimento*) Spötterei f, Spöttelei f, Frotzelei f *fam*, Fopperei f *fam*.

sfracellàre **A** tr ~ **qc** {CROLLO DEL MURO AUTOMOBILE} *etw* zertrümmern; ~ **qu** jdm *etw* zertrümmern: **l'incidente gli ha sfracellato le gambe**, der Unfall hat ihm die Beine zerschmettert **B** rfl indir: **sfracellarsi qc** {BRACCIO, TESTA} sich (dat) *etw* zerschmettern, sich (dat) *etw* zertrümmern **C** itr pron: **sfracellarsi (+ compl di luogo)** {ALPINISTA SULLE ROCCE} (*irgendwo*) tödlich ab|stürzen, (*irgendwo*) mit zerschmetterten Gliedern liegen bleiben; {AUTO CONTRO UN ALBERO} (*an etw* dat) zerschellen.

sfracèllo m *fam* 1 (*sconquasso*) Wirrwarr m, Durcheinander n 2 (*grande quantità*) {+STUDENTI} Unmenge f, Haufen m • **fare sfracelli** *fig* (*compiere prodezze*), Heldentaten/Glanzleistungen vollbringen.

sfragìstica <-*che*> f (*scienza che studia i sigilli*) Siegelkunde f.

sfrangiàre <*sfrangio, sfrangi*> **A** tr ~ **qc** {COPERTA} *etw* aus|fransen **B** itr pron: **sfrangiarsi** {TESSUTO} sich aus|fransen.

sfrangiàto, (-a) agg 1 {GONNA, TOVAGLIA} ausgefranst 2 *bot* {FOGLIA} ausgezackt.

sfrangiatùra f 1 (*lo sfrangiare*) Ausfransung f 2 (*parte sfrangiata*) {+SCIALLE} Fransen f pl, Fransenrand m.

sfrànto, (-a) agg *centr* 1 {FRUTTO} überreif, {FIORE} verblüht 2 (*infranto*) gebrochen, kaputt *fam*; *anche fig* {CUORE} gebrochen 3 *fig* (*affranto*) mutlos, verzagt, niedergeschlagen.

sfratàrsi itr pron (*spretarsi*) aus einem/ dem Orden aus|treten, aus der Kutte springen *scherz*.

sfrattàre *anche dir* **A** tr ~ **qu** 1 (*intimare lo sfratto*) {INQUILINO} jdm kündigen; (*renderlo esecutivo*) jdn exmittieren, jdn zur Räumung veranlassen, jdn vor die Tür setzen *fam* 2 *fig scherz* (*scacciare*) jdn hinaus|werfen *fam*, jdn hinaus|schmeißen *fam*, jdn an die Luft setzen *fam*: **è riuscito a sfrattarmi dal mio letto**, er hat es geschafft, mich aus dem Bett zu jagen/schmeißen *fam* **B** itr 1 (*lasciare un immobile*) aus|ziehen, weg|ziehen, die Wohnung/das Haus räumen: **sono obbligato a ~ entro domani**, ich muss bis morgen ausziehen 2 *fig scherz* (*andarsene*) ab|hauen *fam*, sich aus dem Staub machen *fam*, türmen *fam*: **sfrattiamo, prima che arrivi la polizia!**, hauen wir ab, bevor die Polizei kommt! *fam*.

sfrattàto, (-a) **A** agg {FAMIGLIA} gekündigt **B** m (f) gekündigte(r) Mieter(in) m(f).

sfràtto m *anche dir* Kündigung f, Räumung f: **dare lo ~ a qu**, jdm kündigen; **eseguire lo ~**, exmittieren; (*da un appartamento*) *anche* die Räumung vollstrecken; ~ **esecutivo** (*ordine*), Exmission f; (*da un appartamento*) *anche* vollstreckbare Räumung; (*liberazione coattiva*) Zwangsräumung f; ~ **per morosità**/ [**finita locazione**], Räumung f wegen Säumigkeit/[abgelaufenem Mietvertrag].

sfrecciàre <*sfreccio, sfrecci*> itr (*essere*) ~ (+ **compl di luogo**) {AUTO SULL'AUTOSTRADA} über *etw* (acc) sausen, über *etw* (acc) flitzen *fam*; {AEREO, RONDINE NEL CIELO} (*irgendwo*) ziehen, (*durch etw*) schießen; {TROTA NELL'ACQUA} (*irgendwo*) schnellen.

sfregaménto m 1 (*movimento*) {+MANI, SUPERFICIE} Reiben n; {+PELLE} Einreiben n 2 (*rumore*) Reiben n, Reibegeräusch n; *med* {PLEURICO} Lederknarren n, Reibegeräusch n.

sfregàre <*sfrego, sfreghi*> **A** tr 1 (*strofinare*) ~ **qc (con qc)** {PENTOLA CON UNA SPUGNA} *etw* (*mit etw* dat) reiben, *etw* (*mit etw* dat) scheuern; {PAVIMENTO CON UNO SPAZZOLONE} *etw* (*mit etw* dat) schrubben; {COLLO CON LA SAPONETTA} *etw* (*mit etw* dat) ein|reiben 2 (*strisciare*) ~ **qc** (+ **compl di luogo**) {FIAMMIFERO SULLA SCATOLA, GOMITO SULLA SCRIVANIA} *etw* (*irgendwo*) reiben 3 (*rigare*) ~ **qc** {POLTRONA MURO; RAMO CARROZZERIA} *etw* zerkratzen **B** itr (*toccare*) ~ (+ **compl di luogo**) {SPALLIERA DEL DIVANO CONTRO LA PARETE} (*gegen etw* acc) scheuern **C** rfl 1 (*strofinarsi*): **sfregarsi (contro qc)** {GATTO CONTRO UN ALBERO} sich (*an etw* dat) reiben 2 *indir* (*fregarsi*): **sfregarsi qc** {OCCHI, NASO, PIEDI} sich (dat) *etw* reiben.

sfregiàre <*sfregio, sfregi*> **A** tr 1 (*ferire*) ~ **qu** {AVVERSARIO} jdn (im Gesicht) verletzen/zerkratzen; ~ **qc a qu** {MANO A UN RIVALE} ˻jdm etw˼/[jdn *an etw* (dat)] verletzen 2 (*rovinare*) ~ **qc** {DIPINTO} *etw* mit Kratzern/ Schnitten beschädigen/ruinieren, *etw* zerkratzen **B** itr pron (*ferirsi*): **sfregiarsi (con qc)** {CON L'OLIO BOLLENTE} sich *an etw* (dat) verbrennen; {CON IL FILO SPINATO, CON UNA LAMETTA} sich *an etw* (dat) verletzen, sich *an etw* (dat) schneiden **C** *rfl indir* (*ferirsi*): **sfregiarsi qc** (VISO) sich (dat) *etw* verletzen, sich (dat) *etw* zerkratzen.

sfregiàto, (-a) **A** *agg* **1** (*ferito*) {RAGAZZO} verletzt, zerkratzt; {GUANCIA} *anche* narbig **2** (*rovinato*) {RITRATTO} zerkratzt, ruiniert, beschädigt **B** *m* (f) Narbengesicht n.

sfrégio <-gi> *m* **1** (*ferita*) Verletzung f, Schnitt m, Kratzer m: **farsi uno ~ sulla fronte**, sich an der Stirn verletzen, sich (dat) einen Schnitt/Kratzer an der Stirn zuziehen; (*segno*) Narbe f, Schmiss m; **ha uno ~ vicino all'orecchio**, er/sie hat eine Narbe am Ohr **2** (*graffio*) Kratzer m, Schramme f: **il mobile è coperto di sfregi**, das Möbelstück ist völlig zerkratzt **3** (*atto*) Zerkratzen n **4** *fig* (*oltraggio*) (tiefe) Beleidigung, Schmach f.

sfrenàre A *tr* **1** (*togliere il freno*) ~ **qc** {AUTO} die Bremsen *etw* (gen) lösen **2** *fig* (*scatenare*) ~ **qc** {AMBIZIONE, FANTASIA, ISTINTO} *etw* (dat) freien Lauf lassen; {PASSIONE} *etw* entfesseln **B** *itr pron fig* (*scatenarsi*): **sfrenarsi** {BAMBINO} sich aus|toben; {PASSIONE} entfesselt werden: **sfrenarsi nel mangiare**, hemmungslos essen, essen wie ein Scheunendrescher *fam*.

sfrenatézza f **1** (*smodatezza*) {+COSTUMI, LINGUAGGIO} Hemmungs-, Zügellosigkeit f **2** <*di solito al pl*> (*atto*) Ausschweifungen f pl: **le sfrenatezze proprie della giovinezza**, die Ausschweifungen der ₍Sturm-und--Drang-Zeit *scherz*₎/[Jugend].

sfrenàto, (-a) *agg* **1** (*senza freno*) ungebremst, ohne (Hand)bremse: **lasciare l'automobile sfrenata**, das Auto stehen lassen, ohne die Handbremse zu ziehen **2** (*frenetico*) {BALLO} entfesselt, wild; {CORSA} hektisch, stürmisch **3** *fig* (*irrefrenabile*) {PIANTO} hemmungslos, {RAGAZZINO} *anche* zügellos; {DESIDERIO} unbändig: **persona sfrenata nel bere**, maßloser Trinker **4** *fig* (*smodato*) {LUSSO} maßlos, übermäßig, überzogen.

sfrido m **1** *comm* (*calo di peso*) {+MERCE} Gewichtsabnahme f **2** *tecnol* (*ritaglio*) Abfall m, Reste m pl.

sfriggere <*coniug come* affliggere> → **sfrigolare**.

sfrigolàre *itr* **1** (*scoppiettare*) ~ (**in qc**) {BURRO NEL TEGAME, PESCE NELL'OLIO} (*in etw* dat) brutzeln; {FERRO ROVENTE NELL'ACQUA} (*in etw* dat) zischen.

sfrigolìo <-lii> *m* {+FERRO ROVENTE, OLIO} Zischen n.

sfrondaménto *m* **1** (*sfoltimento*) {+CHIOMA DI UN ALBERO} Entlaubung f; (*azione*) *anche* Entlauben n **2** *fig* (*riduzione*) {+TESTO} Raffen n, Straffen n.

sfrondàre A *tr* ~ **qc 1** (*togliere le fronde*) {ALBERO, RAMO} *etw* aus|lichten **2** *fig* (*alleggerire*) {DISCORSO, SCRITTO} *etw* raffen, *etw* straffen **B** *itr pron* (*perdere le fronde*): **sfrondarsi** {PIANTA} zu dicht stehende Äste verlieren.

sfrondatùra f **1** (*sfoltimento*) {+VITE} Entlaubung f **2** *fig* (*riduzione*) {+RELAZIONE, SAGGIO} Raffen n, Straffen n.

sfrontatézza f **1** (*sfacciataggine*) Frechheit f, Unverschämtheit f: **avresti la ~ di negare l'evidenza?**, hast du etwa die Frechheit zu leugnen, was offen zutage liegt? **2** (*atto*) Frechheit f, Unverschämtheit f.

sfrontàto, (-a) **A** *agg* (*sfacciato*) {ATTEGGIAMENTO, PAROLA, UOMO} frech, unverschämt **B** *m* (f) Frechling m *forb*, unverschämter Mensch.

sfruttàbile *agg* **1** (*utilizzabile*) {RISORSA, SPAZIO} ausnutzbar **2** *anche min* (*che può dare il massimo rendimento*) {CAVA, MANODOPERA} ausbeutbar; *agr* ~ (**a**/**per qc**) {FONDO, TERRENO PER LA COLTIVAZIONE DELL'OLIVO, A VIGNA} (*für etw* acc) nutzbar **3** *fig* (*che può essere messo a profitto*) {MOMENTO, VANTAGGIO} nützlich; {AMICIZIA} *anche* hilfreich.

sfruttaménto *m* **1** (*utilizzo*) {RAZIONALE; +SPAZIO} Nutzung f; {+FONTE ENERGETICA, RISORSE UMANE, TERRITORIO} Ausnutzung f **2** *anche agr min* (*il ricavare il massimo rendimento*) {+GIACIMENTO PETROLIFERO, SUOLO} Ausbeutung f spreg; ~ **selvaggio degli immigrati**, illegale Ausbeutung der Einwanderer *spreg*; ~ **minorile**, Ausbeutung f Minderjähriger, Kinderarbeit f **3** *fig* (*il mettere a profitto*) {+CONOSCENZA, IDEA, MOMENTO FAVOREVOLE} (Aus)nutzung f **4** *fig* (*l'abusare*) {+DEBOLEZZA ALTRUI} Missbrauchen n **5** *econ polit* Ausbeutung f *spreg* ● ~ **della prostituzione** *dir*, Zuhälterei f.

sfruttàre *tr* **1** (*utilizzare*) ~ **qc** {ENERGIA SOLARE, SPAZIO, TEMPO} *etw* (aus|)nutzen **2** *anche agr min* (*far rendere al massimo*) ~ **qu/qc** {DIPENDENTE, MINIERA} *jdn/etw* aus|beuten *spreg*; {TERRENO} *etw* intensiv nutzen/bewirtschaften, Raubbau *an etw* (dat) treiben **3** (*farsi mantenere*) ~ **qu** {DONNA} sich *von jdm* aushalten lassen, *auf Kosten von jdm*/+gen leben; *jdn* auf den Strich schicken *fam*, *jdn* aus|beuten *spreg* **4** *fig* (*mettere a profitto*) ~ **qc** {PROPRIE CAPACITÀ, OCCASIONE, SITUAZIONE} *etw* (aus|)nutzen **5** *fig* (*abusare*) ~ **qu** {INGENUITÀ DI QU} *etw* missbrauchen, *etw* aus|beuten *spreg*.

sfruttàto, (-a) **A** *agg* **1** (*utilizzato*) genutzt: **uno spazio ben ~**, ein gut genutzter Raum **2** *anche agr min* (*fatto rendere al massimo*) {OPERAIO, VENA AUREA} ausgebeutet *spreg*; {TERRENO} intensiv genutzt **3** *fig* (*messo a profitto*) (vielfach) genutzt: **un tema molto ~**, ein viel diskutiertes Thema **B** *m* (f) Ausgebeutete mf decl come agg.

sfruttatóre, (-trice) **A** *agg* {INDUSTRIALE, PADRONE} ausbeuterisch *spreg* **B** *m* (f) Ausbeuter(in) m (f) *spreg* ● ~ **di donne/prostitute** (*protettore*), Zuhälter m.

sfuggènte *agg* **1** (*non pronunciato*) {FRONTE, MENTO} fliehend **2** *fig* (*ambiguo*) {SORRISO} flüchtig, scheu; {RISPOSTA} ausweichend; {PERSONA} *anche* undurchsichtig, sich entziehend.

sfuggévole *agg* **1** (*vago*) {PENSIERO} flüchtig; {IMMAGINE} unbestimmt, vage, undeutlich **2** (*fugace*) {OCCHIATA} flüchtig.

sfuggìre <*sfuggo, sfuggi*> **A** *tr* <*avere*> (*evitare*) ~ **qu/qc** {CAOS, DISCUSSIONE} sich *etw* (dat) entziehen; {SECCATORE} *vor jdm/etw* (ent)fliehen; {DOMANDA, PERICOLO} *etw* (dat) aus|weichen **B** *itr* <*essere*> **1** (*eludere*) ~ **a qu/qc** {ALLA CATTURA, AL PROPRIO DESTINO, AL FISCO, A UN PAZZO, ALLA POLIZIA} *jdm/etw* entgehen, *jdm/etw* entkommen, *jdm/etw* entwischen; {A UN ATTENTATO, ALLA MORTE} *anche etw* (dat) entrinnen **2** (*cadere*) ~ **a qu** *jdm* herunter|fallen: **la tazza mi è sfuggita di mano**, die Tasse ist mir aus der Hand gefallen/geglitten/gerutscht **3** (*scappare*) ~ **a qu**: **le sfuggì un colpo di pistola**, es löste sich ihr versehentlich ein Schuss **4** (*venire pronunciato*) ~ **a qu** {NOME DEL COMPLICE} *jdm* heraus|rutschen *fam*; {IMPROPERIO} *anche jdm* entschlüpfen, *jdm* entfahren: **ti è sfuggito un sì**, dir ist ein Ja herausgerutscht *fam*; **gli sfuggì detto che mi conosceva**, es rutschte ihm heraus, dass er mich kannte *fam*; (*venire scritto*): **nel dettato gli è sfuggito un apostrofo di troppo**, im Diktat hat er ein Versehen ein Apostroph zu viel gesetzt **5** (*passare inosservato*) ~ **a qu/qc** {AL CONTROLLO DI QU} *jdm/etw* entgehen: **non ti sfugge proprio nulla!**, dir entgeht ₍ja wirklich₎/[auch gar] nichts!; **un errore sfuggì al professore**, ein Fehler entging dem Lehrer, der Lehrer übersah einen Fehler **6** (*non venire in mente*) ~ **a qu** {DATA DI NASCITA DI QU, TITOLO DI UN LIBRO} *jdm* entfallen: **mi è sfuggito (di mente) che oggi è il tuo onomastico**, ich hatte vergessen, dass du heute Namenstag hast ● **lasciarsi** ~ **qc** (*non approfittarne*), {AFFARE, OCCASIONE} sich (dat) *etw* entgehen lassen; (*dire*) {INFORMAZIONE, NOME}, sich (dat) *etw* entschlüpfen lassen.

sfuggìta A f (*scappata*) Stippvisite f *fam*: **fare una ~ a Bonn**, eine Stippvisite in Bonn machen *fam* **B** *loc avv* (*frettolosamente*): **di ~**, {INCONTRARSI} kurz; {GUARDARE} flüchtig; {SALUTARSI} *anche* hastig.

sfumàre A *tr* <*avere*> ~ **qc 1** (*attenuare*) {PAESAGGIO} *etw* ab|tönen, *etw* schattieren; {COLORE, OMBRA} *etw* nuancieren; {NOTA} *etw* ausklingen lassen; *fig* {DUREZZA DI UN'AFFERMAZIONE} *etw* mildern **2** (*tagliare*) {CAPELLI} *etw* im Fassonschnitt schneiden **3** *fig* (*limare*) {BATTUTA, FRASE} *etw* entschärfen, *etw* weniger drastisch aus|drücken **4** *film TV* (*dissolvere*) {IMMAGINE} *etw* ab|blenden; *mus radio* {BRANO MUSICALE, VOCE} *etw* ab|blenden **B** *itr* <*essere*> **1** (*dissolversi*) ~ (**in qc**) {NEBBIA} sich auf|lösen, verrauchen: **la linea dell'orizzonte sfuma nella penombra**, de Horizont löst sich im Halbschatten auf **2** (*attenuarsi*) ~ (**in qc**) {BLU NELL'AZZURRO} *in etw* (acc) über|gehen; {CONTORNO DI UNA FIGURA} verschwimmen; {SUONO} schwächer werden; *fig* {DIFFERENZA} sich verwischen, verblassen **3** *fig* (*naufragare*) {SOGNO} sich in Rauch/nichts auf|lösen, zunichte|werden; {ILLUSIONE} *anche* schwinden; {AFFARE} ins Wasser fallen, den Bach runter|gehen *fam* **4** *fig* (*sconfinare*) ~ **in qc** {ORIGINI DI UNA FAMIGLIA NEL MITO} sich *in etw* (dat) verlieren.

sfumàto, (-a) **A** *agg* **1** (*attenuato*) {CONTORNO, FIGURA} abgetönt, schattiert; {AZZURRO, OMBRA} nuanciert; {NOTA} ausklingend; *fig* {GIUDIZIO} gemildert **2** (*tagliato*) {CAPELLI} im Fassonschnitt geschnitten **3** *fig* (*limato*) {PAROLE, STILE} entschärft **4** *fig* (*naufragato*) {GUADAGNO} zerronnen, futsch *fam*; {PROGETTO} in Rauch/nichts aufgelöst, ins Wasser gefallen, den Bach runtergegangen *fam* **5** *fig* (*impreciso*) {RICORDO} verschwommen **B** *m* (*nella pittura*) (*procedimento*) Schattierung f.

sfumatùra f **1** (*gradazione*) {SAPIENTE +PENNELLATA DI COLORE} Abtönung f; (*tonalità*) Nuance f, Farbton m: **una delicata ~ di rosa**, ein zarter rosa Farbton **2** (*taglio*) {CAPELLI} im Fassonschnitt: **avere/fare la ~ alta/bassa**, einen hohen/niedrigen Fassonschnitt haben **3** *fig* (*dettaglio*) {+DISCORSO, TESTO} Nuance f: **sa cogliere le sfumature di significato**, er/sie versteht die Bedeutungsnuancen; **uno stile ricco di sfumature**, ein nuancenreicher/[sehr nuancierter] Stil **4** *fig* (*traccia*) {+IRONIA, RIMPROVERO, SCHERNO} Hauch m, Schatten m **5** (*nella pittura*) (*chiaroscuro*) Schattierung f.

sfuocàre *e deriv* → **sfocare** *e deriv*.

sfuriàta f **1** (*scoppio d'ira*) Wutausbruch m: **basta con queste sfuriate!**, jetzt ₍reiß dich mal zusammen!₎/[reicht's aber mit diesen Wutausbrüchen!] *fam* **2** (*rimprovero*) Standpauke f *fam*: **il padre le ha fatto una ~**, ihr Vater hat ihr ₍eine Standpauke gehalten₎/[den Kopf gewaschen] *fam* **3** (*raffica*) {+GRANDINE, VENTO} Bö(e) f.

sfùso, (-a) *agg* **1** (*sciolto*) {BURRO, LARDO} flüssig, zerlassen **2** (*non impacchettato*) {CIOCCOLATINI, OLIO} lose, unverpackt.

sg. abbr *di* seguente: f. (abbr *di* folgend).

S.G. abbr *di* Sua Grazia: Euer Gnaden.

sgabèllo m {FISSO, GIREVOLE, REGOLABILE} Hocker m, Schemel m: **~ da bar/pianoforte**, Bar-/Klavierhocker m; **salire/sedersi su uno ~**, auf einen Hocker steigen/[sich auf einen Hocker setzen] • **farsi ~ di qu** fig (servirsene), jdn hemmungslos/gnadenlos ausnutzen.

sgabuzzìno m (ripostiglio) Abstellraum m, Besenkammer f.

sgallettàto, (-a) region A agg 1 (vacillante) wack(e)lig, schwankend, wankend, unsicher auf den Beinen 2 gockelig fam 3 (spavaldo): **è sempre così ~!**, er spielt immer den ⌐Gockel¬/[tollen Hecht] fam B m (f) Gockel m fam, toller Hecht fam.

sgamàre A itr slang (intuire) etw durchschauen: **per poco non ha sgamato**, er/sie hätte beinahe alles durchschaut B tr region (cogliere sul fatto) **~ qc** jdn auf frischer Tat ertappen, etw aufdecken.

sgamàto, (-a) A part pass di sgamare B agg region (smaliziato) gerissen, schlau, (lebens)erfahren.

sgambàta f 1 (camminata) Fußmarsch m: **è stata una bella ~ arrivare fin quassù!**, es war ganz schön anstrengend, bis hier hoch zu kommen; der Weg hier hoch war ein ganz schöner Fußmarsch!; (corsa) Hetze f; **che ~ per non arrivare in ritardo!**, was für eine Hetze, um pünktlich zu sein! 2 sport (nell'atletica, nell'equitazione) (sgambatura) Aufwärmphase f.

sgambàto, (-a) agg (nella moda) {SLIP} mit hohem Beinausschnitt.

sgambatùra f 1 (nella moda) {+COSTUME DA BAGNO} (hoher) Beinausschnitt 2 sport (nell'atletica, nell'equitazione) Aufwärmphase f.

sgambettàre A itr 1 (dimenare le gambe) **~** (+ **compl di luogo**) {NEONATO NELLA CULLA} (irgendwohin) (mit den Beinen) strampeln 2 (camminare a passi brevi) trippeln: **il bambino comincia ora a ~ per casa**, das Kind beginnt jetzt durchs Haus zu trippeln B tr anche sport **~ qu** {ATTACCANTE} jdm ein Bein stellen.

sgambétto m anche sport Beinstellen n • **fare lo ~ a qu** anche fig (soppiantare qu in modo sleale), jdm ein Bein stellen.

sganasciàre <sganascio, sganasci> A tr (slogare le ganasce) **~ qu** (**con qc**) {CON UN PUGNO} jdm (mit etw dat) die Kinnlade aus|renken B itr pron (slogarsi le ganasce): **sganasciarsi** sich (dat) die Kinnlade aus|renken: **sganasciarsi dalle/[per le] risa**, sich kaputt-, krummlachen fam; **sganasciarsi dagli sbadigli**, vor lauter Gähnen die Maulsperre kriegen scherz.

sganascióne, sganassóne m fam (ceffone) Ohrfeige f, Backpfeife f region, Watsche f A süddt fam.

sganciàbile agg {MOTRICE, RIMORCHIO} abhängbar, abkuppelbar.

sganciaménto m 1 (il liberare dal gancio) {+VAGONE} Abhängen n, Abkuppeln n; {+CINTURA DI SICUREZZA} Lösen n, Öffnen n 2 (lancio) ~ **da qc** Abhängen n durch etw (acc): **lo ~ dell'euro dal dollaro**, das Abhängen des Euro durch den Dollar 4 mil Rückzug m.

sganciàre <sgancio, sganci> A tr 1 (liberare dal gancio) **~ qc** {RIMORCHIO} etw ab|hängen, etw ab|kuppeln; {REGGISENO} etw auf-, los| haken; {CINTURA DI SICUREZZA} etw lösen, etw öffnen 2 (sollevare) {RICEVITORE} etw ab|heben 3 (lanciare) **~ qc** (+**compl di luogo**) {BOMBA SU UNA CITTÀ, IN MARE} etw (irgendwo(hin)) ab|werfen; {SILURO SULLA POSTAZIONE NEMICA} (auf etw acc) ab|feuern; (uso

assol) bombardieren: **i bombardieri hanno cominciato a ~**, die Bomber haben ⌐mit der Bombardierung¬/[zu bombardieren] begonnen 4 fig (separare) **~ qc da qc** {ECONOMIA DALLA POLITICA} etw von etw (dat) trennen 5 fig fam (sborsare) **~ qc** (**a qu**) {ASSEGNO, CENTO EURO} (jdm) etw heraus|rücken; (uso assol) etwas springen lassen fam: **tuo padre è uno che sgancia malvolentieri**, dein Vater lässt nicht leicht was springen fam B itr pron 1 (liberarsi dal gancio): **sganciarsi** {VAGONE} los|gehen, sich (vom Haken) lösen; {CINTURA DI SICUREZZA, GONNA} auf|gehen 2 fig fam (staccarsi): **sganciarsi da qu/qc** {DALLA FAMIGLIA, DAL GRUPPO DI MAGGIORANZA, DALLA MADRE} sich von jdm/etw ab|setzen, von jdm/etw frei|kommen, sich von jdm/etw frei|machen 3 mil (sottrarsi): **sganciarsi** sich zurück|ziehen, sich ab|setzen: **sganciarsi dal nemico**, den Rückzug vom Feind antreten.

sgàncio <-ci> m 1 (sganciamento) {+RIMORCHIO} Abhängen n, Abkuppeln n 2 (lancio) {+BOMBA} Abwerfen n: **effettuare uno ~ a bassa quota**, aus geringer Höhe Bomben abwerfen; {+SILURO} Abschießen n.

sgangheràre A tr **~ qc** 1 (scardinare) {CANCELLO} etw aus den Angeln heben 2 (rompere) {BAULE, BICICLETTA} etw kaputt| machen fam; {SEDIA} anche etw zerbrechen, etw zertrümmern B itr pron fig (sbellicarsi): **sgangherarsi da/per qc** vor etw (dat) kaputt|gehen fam: **sgangherarsi le mascelle sbadigliando**, vor lauter Gähnen die Maulsperre kriegen scherz; **sgangherarsi ⌐dalle risate¬/[per il ridere]**, sich kaputt-, krummlachen fam, sich vor Lachen biegen fam.

sgangheràto, (-a) agg 1 (scardinato) {PORTA} aus den Angeln gehoben 2 (rotto) {CASSA, MOBILE, MOTORINO} kaputt fam, zertrümmert 3 fig (incoerente) {RACCONTO} unzusammenhängend, zusammenhang(s)los; {RAGIONAMENTO} anche widersprüchlich; {STILE} uneinheitlich 4 fig (sgradevole) {RISATA, VOCE} unangenehm, schrill, ordinär 5 fig (male in arnese) {UOMO} ungepflegt, schlecht beieinander fam.

sgarbatàggine, sgarbatézza f 1 (scortesia) Unfreundlichkeit f, Unhöflichkeit f 2 (atto) Grobheit f: **fare/subire una ~**, ⌐unhöflich sein¬/[unhöflich behandelt werden].

sgarbàto, (-a) A agg 1 (scortese) {GESTO, MODO DI FARE, RAGAZZO, RISPOSTA} grob, unfreundlich, unhöflich 2 (sgradevole) {VOCE} unangenehm, barsch B m (f) unfreundlicher Mensch: **non fare sempre lo ~ con tutti!**, sei nicht immer so unfreundlich zu allen!

sgarberìa f (sgarbo) Grobheit f, Unhöflichkeit f.

sgàrbo m 1 (scortesia) Grobheit f, Unhöflichkeit f: **rispondere con ~**, grob/unhöflich antworten 2 (atto) Grobheit f: **gli hanno fatto uno ~ e si è offeso**, sie waren grob zu ihm und jetzt ist er beleidigt.

sgarbugliàre <sgarbuglio, sgarbugli> tr **~ qc** 1 (districare) {GOMITOLO, NODO} etw entwirren 2 fig (chiarire) {SITUAZIONE} etw klären.

sgarettàre → **sgarrettare**.

sgargiànte agg (vistoso) {ROSSO} grell, schreiend, knallig fam; {VESTITO} auffällig, auffallend.

sgarràre A tr (sbagliare) **~ qc** etw falsch machen/an|geben: **il mio orologio non sgarra un minuto**, meine Uhr geht pünktlich auf die Minute B itr 1 (mancare di precisione) **~ (di qc)** {CRONOMETRO DI DIECI SECONDI} (um etw acc) ungenau gehen: **questo treno non sgarra mai**, dieser Zug ist nie unpünktlich 2 (venir meno al proprio dovere) nachläs-

sig/ungenau sein: **in vent'anni di lavoro non ha mai sgarrato**, in zwanzig Arbeitsjahren ⌐hat er/sie nie seine/ihre Pflicht versäumt¬/[war er/sie nie nachlässig] 3 slang (commettere uno sgarro) sich nicht an die Regeln halten; (nella mafia) den Ehrenkodex verletzen: **daremo una bella lezione a quel piccolo spacciatore, così impara a ~!**, dem kleinen Dealer werden wir einen ordentlichen Denkzettel verpassen, damit wird es schon sehen, sich nicht an die Regeln zu halten! fam.

sgarrettàre tr (tagliare i garretti) **~ qc** {ANIMALE} etw (dat) die Sprunggelenke schneiden.

sgàrro m 1 fam (negligenza) Nachlässigkeit f, Ungenauigkeit f: **non ammetto il minimo ~**, ich akzeptiere nicht die kleinste Nachlässigkeit 2 slang (affronto) {+PICCOLO SPACCIATORE} Verfehlung f, Verstoß m.

sgarrupàto, (-a) agg napol (cadente) {CASA} baufällig.

sgarzolìno, (-a) A f sett (ragazza avvenente) junges Ding fam B agg fam scherz (divertente, intrigante) faszinierend, komisch, witzig.

sgasàre A tr (togliere l'anidride carbonica) **~ qc** {BIBITA} die Kohlensäure aus etw (dat) entweichen lassen B itr fam (dare gas) Gas geben C itr pron slang giovanile (demoralizzarsi): **sgasarsi** den Mut verlieren, den Kopf/ die Flügel hängen lassen: **gli basta un nonnulla per sgasarsi**, eine Kleinigkeit genügt und er ⌐lässt den Kopf hängen¬/[verliert den Mut].

sgasàto, (-a) agg 1 (senza anidride carbonica) {BEVANDA} ohne Kohlensäure 2 slang giovanile (demoralizzato) mutlos, down fam, geknickt fam, schlecht drauf slang: **stasera ti vedo un po' ~**, heute Abend scheinst du mir nicht so gut drauf zu sein slang.

sgassàre → **sgasare**.

sgattaiolàre itr <essere> (muoversi di soppiatto) **~** (+ **compl di luogo**) {BAMBINO, CANE IN GIARDINO, SOTTO IL LETTO} (sich) (irgendwohin) schleichen, sich (irgendwohin) stehlen: **ho approfittato di un momento di confusione per ~ fuori/via**, ich nutzte den Augenblick der Verwirrung, um ⌐(mich) davonzuschleichen¬/[mich davonzustehlen]/ [mich zu verdrücken] B itr pron fam (svignarsela): **sgattaiolarsela (da qc)** {DA UN LAVORO} um etw (acc) herum|kommen, sich etw (dat) entziehen: **sgattaiolarsela da un impiccio**, sich aus einer Affäre ziehen.

sgavazzàre itr fam (fare baldoria) es sich (dat) gut gehen lassen, Remmidemmi machen fam, prassen.

sgelàre A tr <avere> **~ qc** 1 (disgelare) {PESCE, SOLE PRATO} etw auf|tauen 2 (riscaldare) {SOLE MANI, STANZA} etw wärmen; fig {ARRIVO DI QU ATMOSFERA} etw auf|lockern B itr <essere> itr pron 1 (liberarsi dal ghiaccio) {CARNE, TORRENTE} auf|tauen 2 (riscaldarsi) warm werden: **vicino al fuoco i piedi sgelano**, am Feuer wird die Füße wieder warm; **mi si sta sgelando il naso**, meine Nase taut gerade wieder auf; fig {AMBIENTE} warm werden C itr impers <essere o avere> meteo tauen: **presto sgelerà**, bald wird es tauen.

sgèlo m 1 (disgelo) Auftauen n 2 fig (distensione) Entspannung f: **finalmente un po' di ~ nelle trattative sindacali**, endlich ein bisschen Entspannung in den Gewerkschaftsverhandlungen.

sghèi → **schei**.

sghèmbo, (-a) A agg 1 (tortuoso) {STRADA} gewunden 2 (obliquo) {MURO} schräg, schief **3** mat (*in geometria*) {POLIGONO, RETTA, SUPERFICIE} schief, schräg **B** *avv* (*di traverso*) {CAMMINARE} krumm, schief **C** *loc avv* (*obliquamente*): **a/di ~**, {TAGLIARE} schief, schräg; **sdraiarsi di ~ sul divano**, sich quer aufs Sofa legen.

sghèrro *m* **1** (*scagnozzo*) Handlanger *m spreg*; Schläger *m fam spreg*, Killer *m slang*: **il boss locale gli ha dato una lezione con i suoi sgherri**, der Mafiaboss des Ortes hat ihm mit seinem Schlägertrupp einen Denkzettel verpasst *fam spreg* **2** *spreg* (*sbirro*) Scherge *m spreg*, Handlanger *m spreg* **3** *stor* (*guardia armata*) Büttel *m obs*, Häscher *m forb obs*.

sghiacciàre <sghiaccio, sghiacci> **A** *tr* <*avere*> (*disgelare*) **~ qc** {PESCE} etw auf|tauen **B** *itr* <*essere*>, *itr pron* (*disgelarsi*): **sghiacciarsi** (ACQUA, VERDURA) auf|tauen **C** *itr impers* <*essere o avere*> *meteo* tauen: **a mezzogiorno ha/è sghiacciato**, mittags ⌊hat es getaut⌋/[gab es Tauwetter].

sghignazzaménto *m* **1** (*lo sghignazzare*) Hohnlachen *n*, höhnisches Lachen **2** (*sghignazzata*) Hohngelächter *n*, höhnisches Gelächter.

sghignazzàre *itr* Hohn lachen, höhnisch lachen.

sghignazzàta *f* Hohngelächter *n*, höhnisches Gelächter: **fare/farsi una ~**, Hohn lachen, höhnisch lachen.

sghignàzzo *m* (*risata sarcastica*) höhnisches Gelächter.

sghimbèscio, (-a) <-sci, -sce o -scie> **A** *agg* (*storto*) (wind)schief, schräg: **una staccionata tutta sghimbescia**, ein völlig windschiefer Zaun **B** *loc avv* (*obliquamente*): **a/di ~** {TAGLIARE} quer; **sedersi di ~ sulla poltrona**, sich quer auf einen Sessel setzen.

sghiribìzzo *m fam* (*ghiribizzo*) verrückte Idee, Laune *f*: **a qu salta/viene lo ~ di fare qc**, ⌊jd kommt auf⌋/[jdm kommt] die verrückte Idee, etw zu tun; **gli è preso lo ~ di fare del paracadutismo**, er kam auf die verrückte Idee, Fallschirmspringen zu machen.

sgobbàre *itr fam* **~** (+ **compl di tempo**) **1** (*faticare*) {PADRE DI FAMIGLIA} DALLA MATTINA ALLA SERA, OTTO ORE AL GIORNO} (*irgendwann*) schuften *fam*, sich (*irgendwann*) ab|rackern **2** (*impegnarsi nello studio*) {STUDENTE TUTTO IL GIORNO} (*irgendwann*) büffeln *fam*, (*irgendwann*) pauken *fam*: **sui libri**, büffeln *fam*, pauken *fam*, über den Büchern hocken *fam*; **~ per un esame**, für eine Prüfung büffeln *fam*/pauken *fam*.

sgobbàta *f fam* **1** (*faticata*) Schufterei *f fam*, Rackerei *f fam* **2** (*periodo di studio intenso*) Paukerei *f fam*.

sgobbóne, (-a) *m* (*f*) *fam* **1** (*gran lavoratore*) Arbeitstier *n* **2** (*secchione*) Pauker(in) *m*(*f*) *fam*, Streber(in) *m*(*f*) *spreg*.

sgocciolaménto *m* (*sgocciolio*) Tropfen *n*, Tröpfeln *n*: **lo ~ dell'acqua dalla doccia**, das Tröpfeln der Dusche.

sgocciolàre **A** *tr* <*avere*> **1** (*far cadere a gocce*) **~ qc** (+ **compl di luogo**) {VINO PER TERRA, SULLA TOVAGLIA} etw (*irgendwohin*) tropfen/tröpfeln lassen **2** (*far scolare*) **~ qc** {BICCHIERE} etw abtropfen lassen **B** *itr* **1** <*avere*> (*scolare*) (ab|)tropfen: **i piatti sgocciolano sull'acquaio**, die Teller tropfen über dem Spülbecken ab; **fare/lasciare/[mettere a] ~ la biancheria**, die Wäsche abtropfen lassen **2** <*essere*> (*cadere a gocce*) **(da qc)** (+ **compl di tempo**) {ACQUA DALLA GRONDAIA, DAL RUBINETTO, PIOGGIA SUI VETRI} (*irgendwann*) (*aus etw dat*) tropfen, (*irgendwann*) (*aus etw dat*) tröpfeln ● **~/sgocciolarsi qc** *fig* (*bere fino all'ultima goccia*) {FIASCO DI VI-

NO} etw bis auf den letzten Tropfen leeren.

sgocciolatóio <-toi> *m* **1** (*scolapiatti*) Abtropfgestell *n* **2** (*recipiente*) Abtropfschale *f*.

sgocciolatùra *f* **1** (*il cadere a gocce*) {+ACQUA} Tropfen *n*, Tröpfeln *n* **2** (*lo scolare*) {+STOVIGLIE} Abtropfen *n* **3** (*segno di gocce*) Tropfen *m*: **sul pavimento ci sono delle sgocciolature di cera**, auf dem Fußboden sind Wachstropfen **4** (*liquido residuo*) {+BICCHIERE, BOTTIGLIA} Tropfen *m*, Rest *m*.

sgocciolìo <-lii> *m* Tropfen *n*, Tröpfeln *n*.

sgócciolo *m* (*sgocciolatura*) Tropfen *n*, Tröpfeln *n* ● **essere agli sgoccioli** *anche fig* (*stare per finire*), {INVERNO, OLIO} zu Ende gehen; {PAZIENZA DI QU} am Ende sein; **siamo finalmente agli sgoccioli di questo lavoro**, endlich geht diese Arbeit dem Ende zu; **ridursi agli sgoccioli**, auf dem Zahnfleisch daherkommen/gehen *fam*, aus dem letzten Loch pfeifen *fam*.

sgolàrsi *itr pron* **1** (*parlare fino a sfiatarsi*) {ORATORE, PROFESSORE} sich heiser reden: **~ a far lezione**, sich beim Unterrichten heiser reden **2** (*urlare fino a sfiatarsi*) sich heiser schreien: **~ a chiamare qu**, sich (*dat*) nach jdm die Kehle aus dem Hals schreien *fam*; **questi bambini mi fanno sgolare**, mit diesen Kindern schreie ich mir noch die Kehle aus dem Hals *fam* **3** (*cantare fino a sfiatarsi*) {SOPRANO} sich heiser singen.

sgomberàre → **sgombrare**.

sgómbero① *m* **1** (*svuotamento*) {+CANTINA, STRADA} Räumung *f* **2** (*trasloco*) {+APPARTAMENTO} (Aus)räumen *n* **3** (*sfollamento*) {+AULA, PIAZZA} Räumen *n* **4** (*evacuazione*) {+CENTRO ABITATO, PROFUGHI} Evakuierung *f* **5** (*rimozione*) {+FERITI, MOBILI} Abtransport *m*, Wegtragen *n*.

sgómbero②, (-a) → **sgombro**③.

sgombranève <-> *m* Schneepflug *m*, Schneeräumer *m*.

sgombràre *tr* **1** (*liberare*) **~ qc (da qc)** {CORRIDOIO DAGLI SCATOLONI, CORTILE DALLE MACERIE} etw (*von etw dat*) frei|räumen, etw (*von etw dat*) entrümpeln; {VENTO LA MONTAGNA DALLE NUBI} etw (*von etw dat*) befreien; {VALICO DALLA NEVE} *anche fig* etw (*von etw dat*) frei|räumen: **~ il tavolo dai libri**, die Bücher vom Tisch (ab)räumen, den Tisch von den Büchern freiräumen; *fig* {MENTE DALLE PREOCCUPAZIONI} etw (*von etw dat*) befreien, sich frei *von etw* (*dat*) machen **2** (*lasciare libero*) **~ qc** (+ **compl di tempo**) {APPARTAMENTO, STANZA ENTRO LA FINE DEL MESE} etw (*irgendwann*) räumen, (*irgendwann*) (*aus etw dat*) aus|ziehen **3** (*traslocare*) (*uso assol*) **~** (+ **compl di tempo**) (*irgendwann*) um|-, aus|ziehen: **il mese prossimo sgombriamo**, im kommenden Monat ziehen wir um/aus **4** (*svuotare*) **~ qc** {DIMOSTRANTI PIAZZA} etw räumen: **il giudice ha la facoltà di far ~ l'aula**, der Richter hat die Macht, den Saal räumen zu lassen **5** (*far allontanare*) **~ qu (da qc)** {POLIZIA DIMOSTRANTI DALLA PIAZZA} jdn (*von etw dat*) entfernen, etw (*von jdm*) räumen **6** (*evacuare*) **~ qc** {TRUPPE DI OCCUPAZIONE CITTÀ, PAESE} etw evakuieren, etw räumen: **in caso di pericolo la protezione civile può far ~ le abitazioni**, bei Gefahr kann der Katastrophenschutz die Wohnungen räumen/evakuieren lassen; **~ qu (da qc)** {POPOLAZIONE DALLA ZONA SINISTRATA} jdn (*aus etw dat*) evakuieren **7** (*portare via*) **~ qc** {PROPRIA ROBA} etw weg|räumen, etw weg|tragen **8** *scherz* (*andarsene*) (*uso assol*) **sgombra/sgombrate/sgombriamo in fretta!**, hau/haut/[hauen wir] schnell ab! *fam*.

sgómbro① → **sgombero**①.

sgómbro② → **scombro**.

sgómbro③, (-a) *agg* **~ (da qc)** {CIELO DA NUBI} frei (*von etw dat*); {IMMOBILE, SOLAIO} *anche* leer (geräumt) (*von etw dat*); *fig* {ANIMO DA PREGIUDIZI} frei (*von etw dat*).

sgomentàre **A** *tr* (*impressionare*) **~ (qu)** *jdn* bestürzen, *jdn* erschüttern: **la notizia sgomenta**, die Nachricht ist erschütternd **B** *itr pron*: **sgomentarsi** (⌊di fronte a⌋/[per] qc) {DI FRONTE A UNA DIFFICOLTÀ, PER UN INSUCCESSO} (*über etw acc*) bestürzt sein.

sgoménto, (-a) **A** *agg* {SGUARDO, TONO} bestürzt, erschüttert: **la sua morte ha lasciato tutti sgomenti**, sein/ihr Tod hat alle erschüttert **B** *m* Bestürzung *f*, Erschütterung *f*: **lasciarsi prendere/vincere dallo ~**, sich vom Schrecken übermannen lassen; **riaversi dallo ~**, sich von seinem Schrecken erholen.

sgominàre *tr* (*sbaragliare*) **~ qu/qc** {BANDA DI TEPPISTI} etw zerschlagen, etw aus|heben; {ESERCITO NEMICO} *jdn/etw* in die Flucht schlagen, *jdn/etw* zersprengen; {AVVERSARIO, SQUADRA AVVERSARIA} *jdn/etw* haushoch schlagen/besiegen, *jdn/etw* weit hinter sich (*dat*) lassen.

sgomitàre *itr* (*farsi largo a gomitate*) sich (*dat*) mit den Ellbogen einen Weg bahnen; *anche fig* sich durch|boxen *fam*, seine Ellbogen gebrauchen.

sgomitolàre **A** *tr* **~ qc** {CORDA, MATASSA DI LANA} etw ab|wickeln **B** *itr pron*: **sgomitolarsi** {GOMITOLO DI COTONE, LANA} sich ab|wickeln.

sgommàre **A** *tr* **~ qc** **1** (*togliere l'ingommatura*) {BUSTA} etw degummieren **2** *tess* etw (de)purgieren, etw degummieren, etw aus|kochen **B** *itr fam* (*partire di colpo*) mit quietschenden Reifen an|fahren: **la moto partì sgommando**, das Motorrad startete mit quietschenden Reifen **C** *itr pron* (*perdere l'ingommatura*): **sgommarsi** {FRANCOBOLLO} sich lösen, ab|gehen.

sgommàto, (-a) **A** *agg* **1** (*senza ingommatura*) {BUSTA} ungummiert **2** (*con le gomme consumate*) {AUTOMOBILE, BICICLETTA} mit abgefahrenen Reifen **3** *tess* {SETA} (de)purgiert, degummiert, ausgekocht **B** *f fam* (*partenza repentina*) {+AUTO, MOTO} Kavalier(s)start *m*: **è noto per le sue sgommate**, er ist bekannt für seinen Kavalier(s)start.

sgommatùra *f tess* (De)purgieren *n*, Degummieren *n*, Auskochen *n*.

sgonfiaménto *m* **1** {+GOMMA DELLA BICI, PNEUMATICO} (Luft)entleerung *f*, Abplattung *f* **2** (*riduzione del gonfiore*) {+GINOCCHIO} Abschwellen *n* **3** *fig* (*ridimensionamento*) {+CASO} Zurückholen *n* auf den Boden der Tatsachen.

sgonfiàre <sgonfio, sgonfi> **A** *tr* **1** (*svuotare l'aria*) **~ qc** {CAMERA D'ARIA, PALLONE, SALVAGENTE DI GOMMA} die Luft *aus etw* (*dat*) ab|lassen **2** (*sfiammare*) **~ qc** (**a qu**) {IMPACCO CAVIGLIA} etw abschwellen lassen **3** *fig* (*ridimensionare*) **~ qc** {AVVENIMENTO} etw(, was zunächst aufgeblasen wurde *fam*) wieder ins richtige Licht rücken; {ORGOGLIO} etw dämpfen **4** *fig fam* (*seccare*) **~ qu** jdn nerven *fam*: **non mi ~ con i tuoi problemi!**, nerv mich nicht mit deinen Problemen! *fam* **B** *itr pron*: **sgonfiarsi 1** (*svuotarsi d'aria*) {MATERASSINO} (die) Luft verlieren, schlaff werden; {PNEUMATICO} *anche* platt werden **2** (*sfiammarsi*) {GENGIVA, POLSO} ab|schwellen **3** *fig* (*ridimensionarsi*) {NOTIZIA} wieder ins richtige Licht gerückt werden; {RAGAZZO} wieder auf den Boden (der Tatsachen) zurückkehren, kleinlaut werden, von seinem hohen Ross herunter|kommen/herunter|steigen: **dopo la batosta si è sgonfiato**, nach seiner Schlappe ⌊nimmt er den Mund nicht mehr so voll *fam*⌋/[ist er kleinlaut geworden]; die Schlappe hat ⌊ihn in seiner Begeisterung gebremst⌋/[ihm den Wind aus den Segeln genommen]; **dai, sgonfiati!**, he, bleib auf dem Teppich! *fam* **4** *fig fam* (*seccarsi*) genervt sein *fam*, die Nase/Schnauze voll haben *fam*: **mi sono proprio sgonfiato di corretti dietro**, ich habe wirklich die Schnauze voll davon, dir hinterherzulaufen *fam*.

sgonfiàto → **sgonfio**.

sgonfiatùra f **1** (*sgonfiamento*) {+CANOTTO, PALLONCINO} Schlaffwerden n **2** (*riduzione del gonfiore*) Abschwellen n **3** *fig* (*ridimensionamento*) {+CASO} Zurückholen n auf den Boden der Tatsachen.

sgónfio, (-a) <-*fi* m> agg **1** (*privo di aria*) {PALLONE, SALVAGENTE} schlaff, leer, ohne Luft; {PNEUMATICO} *anche* platt **2** (*privo di gonfiore*) {CAVIGLIA, GUANCIA} abgeschwollen.

sgórbia f **1** *med* Hohlmeißel m **2** *tecnol tip* Hohlmeißel m, Hohleisen n.

sgorbiàre <*sgorbio, sgorbi*> tr **1** (*imbrattare*) ~ *qc di qc* {FOGLIO DI INCHIOSTRO} *etw* (*mit etw* dat) beklecksen, *etw* (*mit etw* dat) beschmieren **2** (*scarabocchiare*) ~ *qc* {FOGLIO DI CARTA, PAGINA DI QUADERNO} *etw* voll kritzeln, *etw* voll schmieren *fam*.

sgòrbio <-*bi*> m **1** (*macchia di inchiostro*) (Tinten)klecks m **2** (*parola scritta male*) Gekritzel n *spreg*; (*disegno mal fatto*) Geschmier(e) n *fam spreg* **3** *fig spreg* (*mostro*) Scheusal n *spreg*, Vogelscheuche f; **uno ~ d'uomo**, ein Scheusal *spreg*, ein abstoßend hässlicher Mensch.

sgorgàre <*sgorgo, sgorghi*> **A** tr <*avere*> (*sturare*) ~ *qc* {LAVANDINO} *in etw* (dat) eine Verstopfung beseitigen, den Abfluss *etw* (gen) reinigen **B** itr <*essere*> ~ **da qc 1** (*scaturire*) {LACRIME DAGLI OCCHI; SANGUE DALLA FERITA} *aus etw* (dat) quellen, *aus etw* (dat) fließen; {ACQUA DALLA ROCCIA} *anche aus etw* (dat) sprudeln **2** *fig* (*provenire*) *von etw* (dat) kommen: **i suoi auguri le sgorgarono dal cuore**, seine/ihre Glückwünsche kamen von (ganzem) Herzen.

sgottàre tr *mar* ~ (*qc*) {ACQUA} *etw* aus|pumpen.

sgozzaménto m (*scannamento*) {+UOMO} Niedermetzeln n; {+AGNELLO, MAIALE} Abstechen n, (Ab)schlachten n.

sgozzàre tr **1** (*scannare*) ~ *qu/qc* {UOMO} *jdn* nieder|metzeln, {ANIMALE} *etw* ab|stechen, *etw* (ab|)schlachten **2** *fig* (*prestare denaro a usura*) ~ *qu* *jdm* den Hals ab|schneiden/um|drehen/brechen *fam*: **non farti ~ dagli usurai!**, lass dir von den Wucherern nicht den Hals abschneiden! *fam*.

sgradévole agg (*fastidioso*) {ASPETTO, SAPORE, SENSAZIONE} unangenehm; {GENTE} *anche* lästig.

sgradevolézza f {+ODORE, VOCE} Unangenehme n *decl come agg*; {+COMPAGNIA} Lästige n *decl come agg*.

sgradìto, (-a) agg **1** (*spiacevole*) {INCONTRO, SORPRESA} unangenehm **2** (*malaccetto*) {REGALO, VISITATORE} unerwünscht, unwillkommen.

sgraffiàre <*sgraffio, sgraffi*> tr *fam* (*graffiare*) ~ *qu/qc* (*con qc*) *jdn/etw* (*mit etw* dat) kratzen.

sgraffignàre tr *fam* (*rubare*) ~ *qc a qu* *jdm etw* klauen *fam*.

sgràffio <-*fi*> m *fam* (*graffio*) Kratzer m.

sgrammaticàre <*sgrammatico, sgrammatichi*> itr Grammatikfehler machen.

sgrammaticàto, (-a) agg **1** (*che fa errori*) {ORATORE} grammatikalisch unfähig: **è uno scrittore ~**, dieser Schriftsteller beherrscht seine Grammatik nicht **2** (*che contiene errori*) {LETTERA, TEMA} voller Gramma-

tikfehler.

sgrammaticatùra f (*errore*) grammatischer Fehler, Grammatikfehler m.

sgranaménto m **1** (*lo sgranare*) Aus-, Enthülsen n **2** *fig* (*lo spalancare*) {+OCCHI} Aufreißen n **3** *autom* {+MARCIA} Krachen n.

sgranàre① tr ~ *qc* **1** {FAVE, PISELLI} *etw* aus|-, enthülsen; {GRANTURCO} *etw* entkörnen, *etw* entlieschen; {COTONE} *etw* egrenieren, *etw* entkörnen **2** *fig* (*dire*) {ROSARIO} *etw* herunter|beten *fam*; {AVEMARIE} *anche etw* herunter|leiern *fam spreg*: ~ **bestemmie**, fluchen wie ein Bierkutscher/Weltmeister *fam* **3** *fig* (*spalancare*) {OCCHI} *etw* auf|reißen.

sgranàre② **A** tr ~ *qc* **1** (*frantumare*) {ACCIAIO, MARMO} *etw* zersplittern, *etw* zerbröckeln, *etw* zertrümmern **2** *fig fam* (*divorare*) {BISCOTTI} *etw* verschlingen, *etw* mampfen *fam* **B** itr pron (*frantumarsi*): **sgranarsi** (zer)splittern, (zer)bröckeln, (zer)brechen: **è una roccia che si grana facilmente**, dieser Felsen bröckelt leicht **C** rfl intens *fig fam* (*divorarsi*): **sgranarsi qc** {PACCO DI GRISSINI} sich (dat) *etw* schmecken lassen, *etw* auf|futtern *fam*.

sgranàre③ **A** tr ~ *qc* **1** *autom* {MARCIA} *etw* krachend ein|legen **2** *mecc* {CATENA DELL'ANCORA} *etw* heraus|ziehen **B** itr *autom* krachen *fam*: **su quest'auto la prima sgrana**, bei dem Auto ⌊geht der erste Gang schwer rein⌋/[kracht der erste Gang *fam*].

sgranàta f *autom* Krachen n.

sgranàto, (-a) agg **1** (*PISELLI*) ausgehülst, enthülst; {GRANTURCO} entkörnt, entliescht **2** *fig* (*spalancato*) {OCCHI} aufgerissen **3** *fot* {FOTOGRAFIA} Grobkorn-.

sgranatrice f *agr* **1** (*macchina per sgranare pannocchie*) Maiskörner m, Maisentliesmaschine f **2** (*macchina per sgranare cotone*) Egrenier-, Entkörnungsmaschine f.

sgranatùra f {+FAGIOLI} Enthülsen n; {+MAIS} Entkörnen n, Entliesen n; {+COTONE} Egrenieren n, Entkörnen n.

sgranchìre <*sgranchisco*> **A** tr (*sciogliere*) ~ *qc* {BRACCIA, DITA} *etw* lockern, *etw* strecken **B** rfl **1** (*fare movimento*): **sgranchirsi** sich bewegen, Lockerungsübungen machen: **dopo otto ore in ufficio ho proprio bisogno di sgranchirmi**, nach acht Stunden im Büro muss ich mich wirklich bewegen **2** (*sciogliere*): **sgranchirsi qc** {GAMBE} sich (dat) *etw* vertreten; {MUSCOLI} *etw* lockern, *etw* strecken.

sgranocchiàre <*sgranocchio, sgranocchi*> tr ~ *qc* {FETTA BISCOTTATA, PANE} *etw* knabbern.

sgrappolàre tr ~ *qc* *etw* abbeeren, *etw* rebeln *südtt* A.

sgrappolatrice f *agr* Weinvollernte-, Weinlesemaschine f.

sgrassàggio <-*gi*> m {+SUPERFICIE} Entfetten n.

sgrassànte A agg {SOSTANZA} entfettend **B** m (*preparato*) Entfettungsmittel n.

sgrassàre tr ~ *qc* **1** (*eliminare l'unto*) {PENTOLA, SUPERFICIE} *etw* entfetten **2** (*schiumare*) {BRODO} das Fett *von etw* (dat) ab|schöpfen **3** (*smacchiare*) {VESTITO} die Fettflecken aus/von *etw* (dat) entfernen **4** *tess* {LANA} *etw* entfetten, *etw* entschweißen.

sgrassatùra f (*eliminazione dell'unto*) {+STOVIGLIE} Entfetten n **2** (*schiumatura*) {+BRODO} Fettschöpfen n **3** (*smacchiatura*) {+ABITO} Entfernen n von Fettflecken **4** *tess* {+LANA} Entfettung f, Entschweißung f.

sgravàre A tr *anche fig* (*alleggerire*) ~ *qu/qc da qc* {POPOLO DA UN'IMPOSTA, COSCIENZA DA UN RIMORSO, SPALLE DA UN PESO} *jdn/etw* (*von etw* dat) entlasten; ~ *qu da qc* {DA UNA COLPA,

DA UN OBBLIGO} *jdn von etw* (dat) frei|sprechen **B** rfl *anche fig* (*alleggerirsi*): **sgravarsi di qc** {DI UN CARICO, DI UN DEBITO, DI UNA RESPONSABILITÀ} sich *von etw* (dat) befreien; *indir* **sgravarsi qc di qc** {SCHIENA DI UN PESO} *etw von etw* (dat) entlasten; ~ **l'animo di un segreto**, sich (dat) ein Geheimnis von der Seele reden **C** itr ~ (+ *compl di tempo*) rfl *fam* (*partorire*): **sgravarsi** (+ *compl di tempo*) {DONNA} (*irgendwann*) ein Kind bekommen, (*irgendwann*) {+ANIMALE} (*irgendwann*) werfen: **la pecora ⌊ha sgravato⌋/[si è sgravata] ieri**, das Schaf hat gestern geworfen.

sgràvio <-*vi*> m *anche fig* (*alleggerimento*) {MORALE} Entlastung f, Erleichterung f: ~ **fiscale/[di imposte]**, Steuererleichterung f, Steuerentlastung f ● **a mio/tuo ~** *fig* (*discolpa*), zu meiner/deiner Entschuldigung/Entlastung; **a/per ~ di responsabilità**, zur Befreiung von der Verantwortung.

sgraziatàggine f (*goffaggine*) {+GESTO, RAGAZZA} Plumpheit f, Schwerfälligkeit f, Unbeholfenheit f.

sgraziàto, (-a) agg (*goffo*) {ANDATURA, CORPO, PERSONA} ungraziös, plump, schwerfällig, unbeholfen; {VOCE} unangenehm: **hai un modo di fare ~**, du hast eine unbeholfene Art.

sgretolaménto m **1** (*frantumazione*) Zer-, Abbröckeln n **2** *fig* (*crollo*) {+TESI} Zusammenbrechen n.

sgretolàre A tr ~ *qc* **1** (*frantumare*) {UMIDITÀ INTONACO} *etw* zerbröckeln lassen **2** *fig* (*far crollare*) {SODALIZIO} *etw* zerbrechen lassen; {TESI} *etw* zerpflücken **B** itr pron: **sgretolarsi 1** (*frantumarsi*) {MURETTO, PIETRA} ab|bröckeln, zerbröckeln **2** *fig* (*crollare*) {COALIZIONE DI GOVERNO} bröckeln.

sgrezzàre A tr **1** (*sgrossare*) ~ *qc* *etw* verfeinern, *etw* überarbeiten, *etw* schleifen **2** *fig* (*migliorare*) ~ *qc* *etw* verfeinern, *etw* veredeln; ~ *qu* *jds* raue Manieren verfeinern **B** itr pron *fig* (*migliorarsi*): **sgrezzarsi** sich verfeinern, sich veredeln, seine rauen Manieren verfeinern.

sgridàre tr (*rimproverare*) ~ *qu* (*per qc*) {BAMBINO PER UNA MARACHELLA} *jdn* (*wegen etw* gen) aus|schimpfen.

sgridàta f (*ramanzina*) Schelte f: **gli ho dato/fatto una ~**, ich habe ihm ordentlich den Kopf gewaschen *fam*; **si è preso una bella ~ dalla zia**, er wurde von seiner Tante ganz schön ausgeschimpft.

sgrìnfia → **grinfia**.

sgrommàre tr (*togliere l'incrostatura*) ~ *qc* {PIPA} den Belag *von etw* (dat) entfernen; {BOTTE} *anche* den Weinstein *von etw* (dat) entfernen.

sgrommatùra f Entfernung f des Belags/Weinsteins.

sgrondàre A tr <*avere*> (*sgocciolare*) ~ *qc* {BOTTIGLIA, OMBRELLO} *etw* abtropfen lassen **B** itr **1** <*essere*> (*stillare*): **l'albero sgrondava di acqua**, vom Baum tropfte/triefte das Wasser **2** <*avere*> (*gocciolare*) ab|tropfen: **fai/[metti a] ~ il bucato!**, lass die Wäsche abtropfen!

sgrondatùra f **1** (*sgocciolatura*) {+BOTTE, PANNI} Abtropfen n **2** *enol* Keltern n.

sgroppàre A tr (*sfiancare*) ~ *qc* {MULO} *etw* schinden, *etw* überlasten **B** itr (*inarcare la groppa*) {CAVALLO} bocken, buckeln *fam* **C** itr pron (*sfiancarsi*): **sgropparsi** {ASINO} sich schinden, bis zur Erschöpfung arbeiten.

sgroppàta f **1** (*inarcamento della groppa*) {+CAVALLO} Bocken n, Buckeln n *fam* **2** (*cavalcata*) kurzer Ritt **3** *sport* (*nel ciclismo*) Spurt m.

sgroppino m gastr "Zitronensorbet n mit Alkohol".

sgrossaménto m 1 (digrossamento) {+PEZZO DI LEGNO} grobe Bearbeitung, Be-, Zuhauen n, Schruppen n; fig {+SCENEGGIATURA} Entwurf m 2 fig (affinamento) Verbesserung f 3 fig (ingentilimento) Verfeinerung f.

sgrossàre A tr 1 (digrossare) ~ qc {MASSO DI GRANITO, TRONCO} etw grob bearbeiten/behauen, etw zu|hauen, etw schruppen; fig {TRAMA DI UN RACCONTO} skizzieren 2 fig (affinare) ~ qu (in qc) {NELLA TECNICA DELLA COMPOSIZIONE} jdn (in etw dat) an|lernen, jdn (in etw acc) ein|arbeiten 3 fig (ingentilire) ~ qu (in qc) (ingentilire) verfeinern, jdm Manieren bei|bringen: **la frequentazione di certi ambienti è servita a sgrossarlo**, der Umgang mit gewissen Kreisen hat dazu beigetragen, seine Manieren zu schleifen B itr pron 1 (affinarsi): **sgrossarsi (in qc)** {NELL'INGLESE} sich in etw (dat) verbessern: **sgrossarsi nell'uso del computer** seine Computerkenntnisse verfeinern/erweitern 2 (ingentilirsi): sgrossarsi sich bessere Manieren zu|legen.

sgrossàta f anche fig (rapido sgrossamento) rasche Bearbeitung, Schruppen n.

sgrossatùra f 1 (digrossamento) {+BLOCCO DI MARMO} erste/grobe Bearbeitung, Be-, Zuhauen n, Schruppen n; fig {+BRANO MUSICALE} Entwurf m: **dare una prima ~ a un lavoro**, einen ersten Arbeitsentwurf machen 2 fig (affinamento) Verbesserung f 3 fig (ingentilimento) Verfeinerung f.

sgrovigliàre <sgroviglio, sgrovigli> tr ~ qc 1 (districare) {GOMITOLO, NODO} etw entwirren 2 fig {SITUAZIONE} etw lösen.

sgrugnàre fam A tr (rompere il muso) ~ qu jdm die Fresse ein|schlagen/polieren volg, jdm eins auf/vor die Fresse volg/Schnauze fam spreg geben B itr pron (rompersi il muso): sgrugnarsi auf die Fresse volg/Schnauze fam spreg fallen.

sgrugnàta f fam (colpo) Schlag m in die Fresse volg: **dare una ~ sul pavimento**, auf die Fresse volg/Schnauze fam spreg fallen.

sguaiàta f → **sguaiato**.

sguaiatàggine f 1 (maleducazione) {+PERSONA} Ungehörigkeit f, Unmanierlichkeit f 2 (volgarità) {+MODO DI FARE, RISATA} Unanständigkeit f.

sguaiàto, (-a) A agg 1 (maleducato) {RAGAZZA} ungehörig, unmanierlich 2 (volgare) {GESTO, RISATA} unanständig, ordinär B m (f) ordinärer Kerl, Schlampe f fam spreg.

sguainàre tr ~ qc 1 (sfoderare) {PUGNALE, SCIABOLA} etw aus der Scheide ziehen, etw zücken 2 fig {ARTIGLI} etw zeigen.

sgualcìre <sgualcisco> A tr (stropicciare) ~ qc {FOGLIO, GONNA} etw zerknittern B itr pron: **sgualcirsi** {VESTITO} zerknittert sein.

sgualcìto, (-a) agg (stropicciato) {ABITO, PAGINA} zerknittert.

sgualcitùra f 1 (lo sgualcire) Zerknittern n 2 (parte sgualcita) Knitter m, Knitterfalte f: **il quaderno è pieno di sgualciture**, das Heft ist voller Knitterfalten/[ganz zerknittert].

sgualdrìna f spreg (prostituta) Dirne f, Hure f spreg.

sgualdrinèlla <dim e spreg di sgualdrina> f 1 Flittchen n spreg, kleine Hure spreg 2 fig (ragazza molto disponibile) Flittchen n fam spreg, Schlampe f fam spreg, Luder n spreg.

sguància <-ce> f (finimento) Backenstück n.

sguàncio <-ci> m 1 (linea obliqua) Schräge f 2 arch {+FINESTRA} Gewände n • **a ~** (obliquamente), schräg, quer.

sguàrdo m 1 gener {DOLCE, FURTIVO, MINACCIOSO, PENETRANTE, TRUCE} Blick m: **alzare/sollevare lo ~ al cielo**, den Blick gen Himmel richten; **dare/gettare uno ~ a qu/qc**, jdm einen Blick zuwerfen/[einen Blick auf etw (acc) werfen]; **fissare lo ~/[tenere lo ~ fisso] su qu/qc**, den Blick fest auf jdn/etw richten; ~ **d'insieme**, Gesamtsicht f; ~ **d'intesa**, Blick m des Einverständnisses; **pieno d'odio**, hasserfüllter Blick; **avere lo ~ perso nel vuoto**, ins Leere starren 2 (scorsa) Blick m: **ho dato uno ~ al tuo articolo**, ich habe einen Blick auf deinen Artikel geworfen/[deinen Artikel überflogen] 3 (veduta) (Aus)blick m, Aussicht f: **da qui si gode uno splendido ~ sul mare**, von hier aus genießt man einen herrlichen (Aus)blick aufs Meer • **fin dove arriva/[si spinge] lo ~**, so weit das Auge reicht; **non degnare qu di uno ~** fig (ignorarlo), jdn keines Blickes würdigen; **al primo ~** (a prima vista), auf den ersten Blick; fig (immediatamente), auf den ersten Blick, sofort; **abbassare/tenere lo ~ a terra**, den Blick auf den Boden richten/[senken]; fig (essere timido, imbarazzato, pentito), die Augen nieder|schlagen.

sguarnìre <sguarnisco> tr 1 (togliere gli ornamenti) ~ qc den (überflüssigen) Schmuck von etw (dat) entfernen: **un cappello di fronzoli**, den Flitter von einem Hut entfernen 2 anche mil (indebolire) ~ qc {FORTEZZA, FRONTE} etw schwächen, etw entblößen 3 sport ~ qc {DIFESA} etw entblößen, etw ungedeckt lassen.

sguarnìto, (-a) agg 1 (disadorno) {ABITO, STANZA} schmucklos, schlicht 2 (sfornito) {NEGOZIO} schlecht sortiert 3 (senza difese) {FRONTIERA} entblößt, {CITTÀ} anche wehrlos 4 sport {DIFESA} entblößt, ungedeckt.

sguàttero, (-a) m (f) Küchenjunge m, (Küchenmädchen n) • **trattare qu come uno/[da] ~** fig (trattare male), jdn wie einen Putzlumpen/[den letzten Dreck] behandeln spreg.

sguazzàre itr 1 ~ (+ compl di luogo) {BAMBINO NELL'ACQUA, SULLA RIVA, NELLA VASCA} (irgendwo) planschen, (irgendwo) plätschern; {MAIALE NEL FANGO} (irgendwo) wühlen 2 (sbattere) ~ **in qc** {ACQUA NEL SECCHIO} in etw (dat) schwappen 3 fig (nuotare) ~ **in qc** {NELL'ABBONDANZA, NELLA RICCHEZZA} in etw (dat) schwimmen 4 fig (starci largo) ~ **in qc** in etw (acc) zehnmal hinein|passen fam: **io in questo vestito ci sguazzo!**, dieses Kleid ist mir viel zu weit/[schlottert mir um die Figur]!, in dieses Kleid passe ich zehnmal hinein! fam 5 fig (stare bene) ~ **in qc** sich in etw (dat) wohl/[pudelwohl fam]/[in seinem Element] fühlen: **nel freddo/negli scandali lui ci sguazza**, er fühlt sich in der Kälte/den Skandalen (pudel fam)wohl.

sguinciàre <sguincio, sguinci> tr (tagliare obliquamente) ~ qc etw schräg/quer (ab)schneiden.

sguìncio <-ci> m arch (sguancio) {+FINESTRA} Gewände n, Ausschmiegung f • **a/di ~** (di traverso), schräg, quer.

sguinzagliàre <sguinzaglio, sguinzagli> tr 1 (liberare) ~ qc {CANE} etw von der Leine (los)lassen 2 fig (mettere alle calcagna) ~ qu dietro a qu {POLIZIOTTO DIETRO AL LADRO} jdn auf jdn hetzen.

sgusciàre① <sguscio, sgusci> A tr <avere> ~ qc 1 (privare del guscio) {UOVO SODO} etw schälen 2 (togliere dal guscio) {FAGIOLI, PISELLI} etw aus|-, enthülsen; {CASTAGNE, MANDORLE} etw schälen B itr <essere> (uscire dall'uovo) {PULCINO} aus dem Ei schlüpfen, aus|kriechen C itr pron: **sgusciarsi** 1 (uscire dal guscio) {FAVE} sich aus ihrer Hülse lösen 2 (perdere la spoglia) {SERPENTE} sich häuten.

sgusciàre② <sguscio, sgusci> itr <essere> 1 (scivolare): **il bicchiere mi è sgusciato di mano**, das Glas ist mir aus der Hand gerutscht 2 (sfuggire) ~ + **compl di luogo** irgendwohin (ent)schlüpfen, irgendwohin entwischen: **il gatto è sgusciato fuori**, die Katze ist nach draußen geschlüpft; **sono riuscito a ~ via**, ich habe es geschafft zu entwischen 3 (entrare furtivamente) ~ + **compl di luogo** irgendwohin schlüpfen: **il bambino sgusciò dentro/in/nella classe**, das Kind schlüpfte in die Klasse 4 fig (sottrarsi) ~ + **compl di luogo** irgendwohin entkommen, irgendwohin entwischen: **non gli si può parlare, sguscia sempre via come un'anguilla**, man kann nicht mit ihm reden, er ist glatt wie ein Aal.

sgusciatrìce f agr Schälmaschine f.

Shabbath <-> m ebraico (sabato) Sabbat m, Schabbat m.

shahìd <-> mf arabo relig Shahid m.

shake <-> m ingl (ballo) Shake m.

shaker <-, -s pl ingl> m ingl Shaker m.

shakeràggio <-gi> m ingl 1 (lo shekerare) Shaken n 2 fig (miscuglio) Mischmasch m fam.

shakeràre tr ingl ~ qc etw shakern, etw mixen.

shakespeariàno, (-a) agg lett (di W. Shakespeare) {DRAMMA} von W. Shakespeare, Shakespeare-.

shalom inter ebraico Schalom!

shampoo <-> m ingl (detergente) {SECCO} Shampoo n, Schampo(o)n n, Schampun n: **antiforfora/curativo**, Antischuppen-, Pflegeshampoo n • **fare lo ~** (lavare i capelli), die Haare waschen/shampoonieren.

Shangài → **sciangai**.

Shangài f geog Schanghai n.

shantung <-> m cinese ingl tess Schantung-(seide f) m.

share <-> m ingl 1 (nella Borsa) Share m 2 TV Einschaltquote f.

shareware <-> m ingl inform Shareware f.

sharìa <-> f arabo relig Scharia f, Scheria f.

shatzu → **shiatsu**

Shavuót <-> f o m ebraico (Pentecoste) Shavuot <ohne art> (jüdisches Wochenfest).

shearling <-> m ingl 1 (pelliccia) Shearling-Leder n 2 (cappotto) Shearling-Ledermantel m.

shed <-> m ingl edil Sheddach n: **capannone con copertura a ~**, Lagerhalle mit Sheddach.

sheffield <-> m ingl metall 1 (procedimento): **placcatura a ~**, Sheffield-Plate f 2 (materiale) Sheffield-Plate f.

shèrpa <-, -s pl ingl> m 1 anche etnol (portatore) Sherpa m 2 fig giorn (diplomatico) Sherpa m, Wegbereiter m.

sherry <-, -ries pl ingl> m ingl enol Sherry m.

shetland ingl tess A <inv> agg {LANA} Shetland- B <-> m Shetlandwolle f.

shiàtsu, shatzu giapponese A <inv> agg {MASSAGGIO, TECNICA} Shiatsu- B <-> m Shiatsu n.

shift <-> m ingl inform Shift-, Umschalttaste f.

shintoìsmo e deriv → **scintoismo** e deriv.

shoah <-> f ebraico Shoah f.

shoccànte → **scioccante**.

shoccàre <shocco, shocchi> e deriv → **scioccare** e deriv.

shock <-, -s pl ingl> m ingl anche med {ANAFILATTICO, TERMICO} Schock m: **la donna ha subito uno ~**, die Frau bekam/erlitt einen Schock; **i bambini sono ancora sotto ~**, die Kinder stehen noch unter Schock.

shockànte → **scioccante**.

shockàre e deriv → **scioccare** e deriv.

shocking <inv> agg ingl **1** (sgargiante) {GIALLO, ROSA} knallig fam, knall- fam, quietsch- fam **2** fig (impressionante) {EVENTO} beeindruckend, schockierend.

shockterapìa f med Schocktherapie f, Schockbehandlung f.

shopper <-> m ingl (sacchetto di plastica) Plastik-, Einkaufstüte f.

shopping <-> m ingl Shoppen n: **fare lo ~ in centro**, im Stadtzentrum ˌShopping machenˌ/[einen Einkaufsbummel machen]/[shoppen], ins Stadtzentrum Shopping gehen.

shopping center <- -, - s pl ingl> loc sost m ingl (centro commerciale) Einkaufszentrum n, Shoppingcenter m.

short <-, -s pl ingl> m ingl film (cortometraggio) Kurzfilm m: **~ pubblicitario**, (Werbe)spot m.

shorts m pl ingl (nella moda) Shorts pl.

short track <-> loc sost m ingl sport Shorttrack(-Rennen) n pl.

show <-, -s pl ingl> m ingl **1** (spettacolo) Show f **2** fig (sceneggiata) Show f, Theater n.

showbiz <-> m ingl (show business) Showbiz n fam.

show business <-> loc sost m ingl Showbusiness n, Showbiz n fam.

showgirl <-, -s pl ingl> f ingl teat TV Showgirl n.

showman <-, -men pl ingl> m ingl teat TV Showmaster m.

showroom <-, -s pl ingl> m ingl Showroom m, Ausstellungs-, Messeraum m.

show-woman <-, -men pl ingl> f ingl teat TV Showmasterin f.

shunt <-, -s pl ingl> m ingl elettr med Shunt m.

shuttle <-, -s pl ingl> m ingl astr Shuttle m, Raumfähre f.

si[1] **A** pron rfl 3ª pers sing e pl **1** (nei rfl: compl oggetto) sich (acc): **il bambino si guarda allo specchio**, das Kind betrachtet sich im Spiegel; **Mario si rade ogni mattina**, Mario rasiert sich jeden Morgen; **non è il caso di vestirsi troppo**, es ist nicht nötig, sich dick anzuziehen; (compl di termine) sich (dat); **per fortuna non s'è fatto male**, zum Glück hat er sich nicht wehgetan **2** (nei rfl indiretti: compl di termine) sich (dat): **non si lava mai le mani con il sapone**, er/sie wäscht sich nie die Hände mit Seife; **si tolga il cappello!**, nehmen Sie den Hut ab! **3** (nei rfl intens: per sé) sich (dat): **si è comprato un cappotto**, er hat sich einen Mantel gekauft; **si sono fatti un nome**, sie haben sich einen Namen gemacht; (pleonastico, non si traduce): **si fa le sue otto ore di lavoro e poi va a casa**, er/sie arbeitet seine acht Stunden und dann geht er/sie nach Hause **4** (rfl rec) sich (dat), sich (acc), einander forb: **quei due non si sopportano**, die beiden können sich nicht ausstehen; **Cristina e Carlo si telefonano tutti i giorni**, Christina und Carlo ˌrufen einander jeden Tag anˌ forbˌ/[telefonieren gegenseitig miteinander forb] **5** (negli itr pron): **dovrebbe vergognarsi del suo comportamento**, er/sie sollte sich wegen seines/ihres Verhaltens schämen; **la radio si è rotta**, das Radio ist kaputtgegangen fam; **si stupiscono di tutto**, sie wundern sich über alles **B** pron impers **1** (qualcuno) man: **qui ci si diverte**, hier amüsiert man sich; **tra poco si fuma**, bald fahren wir ab; **si prega di non fumare**, es wird darum gebeten, nicht zu rauchen; **si racconta che ...**, man erzählt, dass ...; **si sa!**, das ist bekannt!; **non si sa mai**, man kann nie wissen **2** (uso passivante) es: **si apre alle ...**, um ... wird geöffnet; **non si fa credito**, es wird kein Kredit gegeben; **la maggiore delle sorelle si chiama Erica**, die älteste Schwester heißt Erica; **cercasi segretaria**, Sekretärin gesucht; **affittasi/vendesi appartamento**, Wohnung zu vermieten/verkaufen **3** tosc (noi): **noi si parte domani**, wir fahren morgen (ab).

si[2] <-> m mus h, H n.

sì[1] **A** avv **1** (di affermazione) ja: **sì certamente/certo!**, ja klar/sicher!; ˌ**certo che**ˌ/[**oh**] **sì!**, aber klar/natürlich!, oh ja!; **hai comprato il pane? – Sì!**, hast du Brot gekauft? – Ja!; **dire di sì**, Ja sagen; **lo farai? – Sì e poi sì!**, wirst du es tun? – Auf jeden Fall!; **rispondere di sì**, mit Ja antworten, Ja sagen **2** (di affermazione a domanda negativa) doch: **non vieni al cinema? – Sì che vengo!**, kommst du nicht mit ins Kino? – Doch! **3** (in contrapposizione a negazioni) schon, ja: **io stasera non esco, ma Paolo sì**, ich gehe heute Abend nicht aus/weg, aber Paolo schon; **vieni, sì o no?**, kommst du jetzt, ja oder nein?; **uno sì e uno no**, jeder Zweite; **un giorno sì ed uno no**, jeden zweiten Tag, alle zwei Tage **4** (con verbi di opinione o copulativi) ja: **credo/penso/ritengo di sì**, ich glaube/denke/meine ja; **pare/sembra di sì**, es scheint so (zu sein) **5** (davvero) wirklich: **questa sì che è nuova!**, das ist wirklich was Neues!; **il signore sì che se ne intende!**, der Herr versteht wirklich etwas davon! **6** (può esprimere condiscendenza) ja, ja doch, aber ja: **allora partiamo davvero? – Ma sì, quante volte ve lo devo ripetere?**, wir fahren also wirklich weg? – Ja doch, wie oft soll ich euch das noch sagen? **7** (con un'avversativa) schon: **è interessante sì, ma troppo prolisso**, interessant ist er schon, aber zu langatmig **8** (pronto?, hallo?; dica!) ich höre **B** m **1** (assenso) Ja n: **un sì ˌpoco convintoˌ/[deciso]**, ein unentschlossenes/entschiedenes Ja; **decidersi per il sì**, sich dafür entscheiden; **essere/stare tra il sì e il no**, zwischen Ja und Nein schwanken; **la risposta è sì**, die Antwort ist ja/positiv; **gli sposi hanno pronunciato il fatidico sì**, das Brautpaar sprach das schicksalsschwere Ja **2** <di solito al pl> (voto favorevole) Ja(stimme f) n: **al referendum i sì hanno superato i no**, beim Referendum gab es mehr Ja- als Neinstimmen **C** <inv> agg (positivo) positiv: **una giornata sì**, ein guter/positiver Tag ● **sì sì** (affermazione), ja, ja; ja, doch; klar, jawohl; (negazione), nein; **e sì che ...** (e dire che ...), und doch; **e sì che vi avevamo avvisati!**, und dabei hatten wir euch doch Bescheid gegeben!; **ci aiutate anche voi a traslocare, vero? – sì, domani/proprio!** iron (no), ihr helft uns doch auch beim Umzug, oder? – Ja, ˌund wieˌ/[always slang]! iron; **forse (che) sì, forse (che) no** (chissà), vielleicht, wer weiß?; **sì no** fam (certamente), ja, auf jeden Fall; ja, genau; **sì e no** (a malapena), kaum, mit Müh und Not, mit Ach und Krach fam; **saranno sì e no trenta bambini**, es werden ˌmehr oder wenigerˌ/ungefähr dreißig Kinder sein; **prenderai sì e no la sufficienza**, du wirst mit Ach und Krach ein Ausreichend schaffen fam; **più sì che no** (probabilmente sì), eher ja (als nein), wahrscheinlich schon; **se sì** (in caso affermativo), wenn ja; **pensaci e se sì, telefona!**, denk darüber nach und wenn ja/[du dich dafür entscheidest], ruf uns an!

sì[2] **A** avv lett (così) derart, dermaßen, so: **era sì bella che ...**, sie war dermaßen schön, dass ...; **agì sì freddamente che ...**, er/sie handelte so kaltblütig, dass ... **B** nella loc cong (in modo che): **sì da ... inf**, um ... zu: **non parlare di lavoro, sì da evitare spiacevoli discussioni!**, red nicht von der Arbeit, um unangenehme Diskussionen zu vermeiden! ● **sì che ... congv**, dafür sorgen, dass ... ind; **bisogna far sì che nessuno lo sappia**, man muss dafür sorgen, dass es niemand erfährt.

sìa[1] **A** avv (di affermazione): (e) **sia**, sei's drum! fam, sei es, meinetwegen!, in Gottes Namen! fam; **sia pure**, sei's drum! fam, sei es, meinetwegen!, in Gottes Namen! fam **B** cong **1** (con funzione correlativa): **sia ... sia/che**, sowohl... als auch; **verremo sia io sia/che mia moglie**, sowohl ich als auch meine Frau werden kommen **2** (con valore disgiuntivo): **sia ... sia/o/oppure**, ob/entweder ... oder; **sia lui sia/o/oppure un altro, l'importante è che qualcuno sia presente**, ob/entweder er oder ein anderer, wichtig ist, dass überhaupt jemand kommt; **sia oggi sia/o/oppure domani, per me è lo stesso**, ob heute oder morgen, das ist mir egal **3** (con valore concessivo): **sia pure**, wenn auch; **sia pure a malincuore ho dovuto rinunciare**, ich habe, wenn auch schweren Herzens, verzichten müssen; **vorrei fare una vacanza sia pure brevissima**, ich möchte gern Urlaub machen, und wenn's nur ein paar Tage sind **C** nella loc cong: **sia che ... congv, sia che ... ob/... ind**, oder ... ind: **lo deve fare, sia che gli piaccia, sia che non gli piaccia**, er muss es tun, ob es ihm passt/gefällt oder nicht; **sia che piova, sia che faccia bel tempo, verremo comunque**, ob es regnet oder schön ist, wir kommen auf jeden Fall.

sìa[2] 1ª 2ª e 3ª pers sing del congv pres di essere[1] [2].

SIAE f abbr di Società Italiana Editori e Autori: "Verband italienischer Verleger und Autoren".

Siam m geog Siam n.

siamése A agg {POPOLAZIONE} siamesisch **B** mf (abitante) Siamese m, Siamesin f **C** m <solo sing> (lingua) Siamesische n **D** m (gatto) Siamkatze f.

siàmo 1ª pers pl dell'ind pres di essere[1][2].

Sìbari f geog Sybaris n.

sibarìta <-i m, -e f> mf **1** (abitante) Sybarit(in) m(f) **2** fig (gaudente) Sybarit(in) m(f) forb, Schlemmer(in) m(f), Schwelger(in) m(f).

sibarìtico, (-a) <-ci, -che> agg **1** (di Sibari) sybaritisch **2** fig (voluttuoso) {PIACERE} sybaritisch forb, sinnlich; {PERSONA} anche schwelgerisch, genusssüchtig.

sibbène cong lett (bensì) vielmehr: **non è sua colpa, ~ di chi l'ha educato male**, die Schuld liegt nicht bei ihm, sondern bei denen, die ihn so schlecht erzogen haben.

sibèria f **1** geog: **Siberia**, Sibirien n **2** fig fam (luogo freddo) kalter/unfreundlicher Ort, Sibirien n: **questa stanza è una ~**, diese Zimmer ist wirklich ein Kleinsibirien scherz **3** fig fam (luogo di rigida disciplina): **meriteresti la ~!**, du solltest nach Sibirien verschickt werden!

siberiàno, (-a) A agg anche fig {CLIMA, FLORA, POPOLAZIONE} sibirisch: **oggi è stata una giornata siberiana**, heute war ˌeine sibirische Kälte famˌ/[ein eiskalter Tag] **B** m (f) (abitante) Sibirier(in) m(f).

sibilànte ling **A** agg {CONSONANTE} Zisch- **B** f Zischlaut m, Sibilant m.

sibilàre itr **1** {SERPENTE} zischen **2** fig {FRECCIA, VENTO} pfeifen.

sibilìo <-lii> m (il sibilare continuo) {+VENTO} Pfeifen n.

sibìlla f **1** mitol ~/**Sibilla**, Sibylle f; **la ~ cumana**, die Sibylle von Cumae **2** fig scherz (*indovina*) Wahrsagerin f: **non fare la ~**, spiel nicht die Wahrsagerin.

sibillino, (-a) agg **1** (*della Sibilla*) {LIBRI, ORACOLI, PROFEZIA, RESPONSO} sibyllinisch **2** *fig* (*enigmatico*) {FRASE, LINGUAGGIO, SORRISO} geheimnisvoll, sibyllinisch *forb*, kryptisch *forb*.

sibilo m **1** (*fischio*) {+SERPENTE} Zischen n **2** *fig* {+FRECCIA, PROIETTILE, VENTO} Pfeifen n **3** *med* trockenes Rasseln.

sic *avv lat* (*così*) sic!, (eben)so, wirklich so.

sicario, (-a) <-ri> agg {+ARMA} Auftragskiller(in) m(f) *fam*, gedungene(r) Mörder(in) m(f) *forb spreg*.

sicché cong **1** (*e perciò*) ~ ... *ind*, sodass ... *ind*, also ...: **ha agito male**, ~ **lo hanno punito**, er hat sich schlecht benommen, also haben sie ihn bestraft **2** (*quindi*) also, folglich, daher, deswegen: **perdemmo l'autobus**, ~ **tornammo a casa a piedi**, wir verpassten den Bus, folglich gingen wir zu Fuß nach Hause **3** (*insomma*) (*uso assol*) also: ~!, **partite o rimanete?**, also was ist jetzt, fahrt ihr ab oder bleibt ihr noch?; ~!, **abbiamo perso anche questa volta!**, wir haben also schon wieder verloren!

siccità <-> f **1** (*assenza di pioggia*) Dürre f, Trockenheit f **2** (*scarsezza di umidità*) {+ARIA, TERRENO} Trockenheit f.

siccome A cong (*poiché*) ~ ... *ind*, da ... *ind*, weil ... *ind*: ~ **non abbiamo soldi quest'anno non facciamo vacanze al mare**, da wir kein Geld haben, machen wir dieses Jahr keinen Strandurlaub; ~ **insistete, vengo con voi**, weil/da ihr darauf besteht, komme ich mit euch B *avv lett* (*come*) wie, so ... wie: **era bello ~ un dio**, er war schön wie ein Gott.

Sicilia f *geog* Sizilien n.

siciliano, (-a) A agg {COSTUME, PAESAGGIO, VINO} sizilianisch B m (f) (*abitante*) Sizilianer(in) m(f) C m <*solo sing*> (*dialetto*) Sizilianisch(e) n.

sicofante m **1** *fig lett* (*spia*) Verräter m, Verleumder m, Sykophant m *forb* **2** *stor* Sykophant m.

sicomoro m *bot* **1** (*pianta*) Maulbeerfeigenbaum m, Sykomore f {+LEGNO} Sykomorenholz n **3** (*frutto*) Maulbeerfeige f.

siconio <-ni> m *bot* (*infiorescenza*) Feigenblüte f; (*frutto*) Feige f.

sicosi <-> f *scient*.

siculo, (-a) A agg **1** *lett scherz* (*siciliano*) {ACCENTO, TRADIZIONE} sizilianisch **2** *stor* {CIVILTÀ} sikulisch B m (f) **1** *lett scherz* (*abitante*) Sizilianer(in) m(f) **2** *stor* Sikuler(in) m(f).

sicumera f (*presunzione*) Dünkel m *spreg*, Überheblichkeit f, Anmaßung f.

sicura f **1** (*dispositivo di sicurezza*) {+ARMA DA FUOCO, COLTELLO} Sicherung f **2** (*chiusura di sicurezza*) {+BRACCIALE} Sicherheitsverschluss m, Sicherheitskettchen n; {+PORTIERA DI UN'AUTO} Kindersicherung f ● **mettere/togliere la ~ a qc**, {ALLA PISTOLA} etw sichern/entsichern; **mettere la ~ alla portiera dell'auto**, die Kindersicherung an der Autotür anbringen; **mettere in ~ qc** (*mettere in posizione di non sparo*), {FUCILE} etw sichern.

sicuramente *avv* **1** (*in modo sicuro*) sicher **2** (*di sicuro*) gewiss, sicher(lich): **in treno si viaggia ~**, im Zug reist man sicher **2** (*di sicuro*) gewiss, sicher(lich): **in aereo si viaggia ~ meglio che in treno**, im Flugzeug reist man sicherlich besser als im Zug; è ~ **una bella città**, dies ist sicherlich eine schöne Stadt **3** (*nelle risposte*) sicher: (**sì**), ~!, (ja,) sicher!; **no!**, sicher nicht!; **ma ~!**, aber sicher!

sicurezza A f **1** {ECONOMICA, PERSONALE; +LUOGO, VEICOLO} Sicherheit f: ~ **di sé**, Selbst-sicherheit f **2** (*certezza*) Gewissheit f, Sicherheit f: **avere la ~ della vittoria**, Siegesgewissheit haben **3** (*piena attendibilità*) {+NOTIZIA, PROVA} volle Glaubwürdigkeit/Glaubhaftigkeit **4** (*padronanza*) Beherrschung f, Sicherheit f: **acquisire ~ nel fare qc**, etw sicher beherrschen lernen; **la tua eccessiva ~ al volante può diventare pericolosa**, deine allzu große Sicherheit am Steuer kann gefährlich werden B <inv> *loc agg*: **di ~**, {CINTURA, DISTANZA, NORMA, SERVIZIO} Sicherheits-; {SCALA, USCITA} Not- C *loc avv* **1 in ~**, {AGIRE, MUOVERSI} sicher; **operare nella massima ~**, völlig auf Nummer sicher gehen *fam*, nicht das geringste Risiko eingehen **2 con ~**, {GUIDARE} sicher; {RISPONDERE} bestimmt, mit Bestimmtheit ● **per maggior ~**, zur größeren Sicherheit; ~ **pubblica** *amm*, öffentliche Sicherheit; **Pubblica ~** (abbr PS) (*polizia*), Polizei f; ~ **sociale** *amm*, soziale Sicherheit; ~ **stradale**, Sicherheit f auf der Straße, Verkehrssicherheit f.

sicuro, (-a) A agg **1** (*non a rischio*) {INVESTIMENTO, RIMEDIO, SUCCESSO, VIAGGIO, ZONA} sicher: **essere ~ da un pericolo**, vor einer Gefahr sicher sein; {AVVENIRE} *anche* sorglos **2** (*affidabile*) {AEREO, AUTOMOBILE} zuverlässig, sicher; {ALLEATO, AMICO} *anche* vertrauenswürdig **3** (*convinto*) ~ **di qc** (*etw gen*) sicher, überzeugt (*von etw dat*): ~ **del fallimento**, überzeugt vom Scheitern; ~ **del successo**, erfolgssicher; (**non**) **ne sono proprio** ~, da bin ich mir wirklich (gar nicht so) sicher; **sono ~ di averlo avvisato**, ich bin sicher, dass ich ihm Bescheid gegeben habe; **sono sicura che hai ragione**, ich bin sicher, dass du Recht hast; **du hast sicher recht 4** (*tranquillo*) unbesorgt: **stia ~!**, seien Sie unbesorgt!; **sta' ~ che questa me la paghi**, da kannst du Gift darauf nehmen, dass du mir das büßen wirst! *fam* **5** (*assodato*) {DATO, FATTO, NOTIZIA} sicher: **io qui non ci resto, questo è ~**, hier bleib ich nicht, das ist sicher **6** (*pronto*) {CARATTERE, UOMO} (selbst)sicher, stark; {RISPOSTA} prompt: **in matematica mi sento ~**, in Mathematik fühle ich mich sicher **7** (*fermo*) {PASSO} fest; {TONO DI VOCE} *anche* bestimmt; {MANO, TRATTO} sicher B <> *m* **1** (*cosa certa*) Gewissheit f, Sicherheit f **2** (*riparo*) Sicherheit f: **qui ₁mi sento₁/₁sono/sto₁ al ~**, hier ₁fühle ich mich sicher₁/₁bin ich in Sicherheit₁; **ci metteremo al ~ ogni sorpresa**, wir werden uns gegen jede Überraschung wappnen/feien *forb*; **ho messo i figli/risparmi al ~**, ich habe meine Kinder/Ersparnisse in Sicherheit gebracht C *avv* **1** (*certamente*) bestimmt, gewiss, sicher(lich): **arriveranno**, ~, **domani**, sie werden bestimmt morgen kommen; (*con valore frasale*) sicher, bestimmt; ~ (**che**) **ci sarò anch'io**, ich werde sicher auch da sein; ~, **ora vorrete avere ragione**, jetzt möchtet ihr bestimmt Recht behalten **2** (*nelle risposte: senza dubbio*) sicher, klar: **sei ancora intenzionato a trasferirti?** – **Sicuro!**, hast du noch vor umzuziehen? – Sicher!; **verrai con noi?** – **Ma ~!**, wirst du mit uns kommen? – Aber sicher!/klar! D *loc avv*: **di ~**, sicher(lich), bestimmt; **di certo**: **di ~**, sicher(lich), sicher bestimmt; **di ~ arriverà in ritardo**, er/sie wird sicher zu spät kommen; **no di ~!**, sicherlich nicht! ● **dare qc come/per ~ fig** (*averne la certezza*), von etw (dat) ausgehen; **essere ~ di sé**, selbstsicher sein; **andare/muoversi/tenersi sul ~ fig** (*non correre rischi*), auf Nummer Sicher gehen *fam*.

SID m *stor abbr di* Servizio Informazione e Difesa: "militärischer Abschirmdienst Italiens".

sidebag <> m *ingl autom* Sidebag m.

sidecar <-, -s *pl ingl*> m *ingl autom* **1** (*carrozzino laterale*) Seiten-, Beiwagen m **2** (*motocarrozzetta*) Seitenwagenmaschine f, Motor-rad n mit Beiwagen.

siderale agg **1** *astr* {RIVOLUZIONE, SPAZIO, TEMPO} Stern(en)-, siderisch **2** *fig* (*abissale*) {DISTANZA} unermesslich, sternenweit **3** *fig* (*gelido*) {TEMPERATURA} eisig; {FREDDO} *anche* Eises-.

sideremia f *med* Eisenwerte m pl im Blut.

sidereo, (-a) agg **1** *astr* (*siderale*) {UNIVERSO} siderisch; {ANNO} *anche* Stern- **2** *lett* (*stellare*) {LUCE} Sternen-.

siderite f *min* Eisenspat n, Siderit m; (*meteorite*) Siderolith m, Eisensteinmeteorit m.

siderografia f *tecnol* Siderographie f, Stahlstich m.

siderolite f *min* Siderolith m, Eisensteinmeteorit m.

siderosi <-> f *med* Siderose f *scient*, Siderosis f *scient*: ~ **polmonare**, Eisenlunge f, Lungensiderose *scient*, Siderosis f pulmonum *scient*.

siderurgia f *metall tecnol* Stahlindustrie f.

siderurgico, (-a) <-ci, -che> *metall tecnol* A agg {IMPIANTO, PRODUZIONE} Stahl- B m <*di solito al pl*> Stahlarbeiter(in) m(f).

sidro m Apfelwein m, Zider m, Cidre m.

siedo **1**ª pers sing dell'*ind pres di sedere*①.

siemens <-> m *ted elettr* (abbr S) Siemens n.

siepe f **1** {ALTA, ORNAMENTALE +BIANCOSPINO} Hecke f: ~ **artificiale/morta**, künstliche Hecke, Zaun m; ~ **naturale/viva**, lebender Zaun, Hecke f **2** *fig* (*sbarramento*) {+AGENTI DI POLIZIA} Barriere f, Wall m **3** *sport* (*nell'equitazione*) Hecke f, Hürde f, Hindernis m ● **far ~ fig lett** (*ostruire*), absperren; **tremila siepi** *sport* (*nell'atletica*), 3000-Meter-Hindernislauf m.

siero m **1** (*residuo liquido del latte*) Molke f: ~ **del latte**, Molke f; (*del sangue*) Serum n: ~ **del sangue**, Blutserum n **2** *farm* {ANTIRABBICO, POLIVALENTE} Serum n: ~ **antivipera**, Kreuzotterserum n, Schlangenimmunserum n; ~ **immune**, Immunserum n ● ~ **della verità**, Wahrheitsdroge f.

sierodiagnosi <-> f *med* Serodiagnostik f *scient*.

sierologia f *med* Serologie f *scient*.

sierologico, (-a) <-ci, -che> agg *med* {ANALISI, RICERCA} serologisch *scient*.

sieronegatività <-> f *med* HIV-negativ-Sein n.

sieronegativo, (-a) *med* A agg HIV-negativ, nicht HIV-infiziert B m (f) nicht HIV-infizierte Person.

sieropositività <-> f *med* HIV-positiv-Sein n, HIV-Infektion f.

sieropositivo, (-a) *med* A agg HIV-positiv B m (f) HIV-positive Person.

sieroprofilassi f *med* Serumprophylaxe f *scient*.

sierosa f *anat* Serosa f.

sieroso, (-a) agg **1** (*di siero*) {VERSAMENTO} serös **2** (*simile al siero*) {LIQUIDO} serumartig, serös.

sieroterapia f *med* Serumbehandlung f, Serumtherapie f.

sierra <-, -s pl *spagn*> f *spagn geog* Sierra f: **Sierra Nevada**, Sierra f Nevada.

siesta <-, -s pl *spagn*> f *spagn* (*sonnellino*) Mittagsruhe f, Siesta f, Mittagsschläfchen n *fam*: **fare la ~**, ein Mittagsschläfchen machen *fam*.

siete **2**ª *pers pl dell'ind pres di essere*①,②.

siffatto, (-a) agg *dim forb spec spreg* (*di tale genere*) derartig(e, s), solche(r, s): **a siffatte domande non rispondo**, derartige Fragen beantworte ich nicht; **preferisco evitare gente siffatta**, solche Leute meide ich lieber.

sifilide f med Syphilis f.
sifilitico, (-a) <-ci, -che> med **A** agg syphilitisch **B** m (f) Syphiliskranke mf decl come agg, Syphilitiker(in) m (f).
sifóne m 1 (conduttura) Geruchsverschluss m, Siphon m, Trap m 2 (tubo per travasare) Saugheber m 3 (contenitore) Siphon m: ~ da/del selz, Sodawasserflasche f 4 enol Traubenmostkonzentrat n 5 geol Siphon m 6 zoo Sipho m, Atemröhre f.
sig. abbr di signore: **sig./Sig.**, Herr; **con/per il Sig. Bianchi**, mit/für Herrn Bianchi.
sigaràia f 1 (operaia) Tabakarbeiterin f 2 (venditrice) Zigarettenmädchen n, Zigarettenverkäuferin f.
sigaràio <-rai> m (operaio) Tabakarbeiter m.
sigarétta f 1 {LEGGERA, NAZIONALE} Zigarette f: **accendere/accendersi una ~**, sich (dat) eine Zigarette anzünden; **fumare/fumarsi una ~**, eine Zigarette rauchen; **rollarsi una ~**, sich (dat) eine Zigarette drehen; **spegnere la ~**, die Zigarette ausdrücken/ausmachen; ~ **con/senza filtro**, Filterzigarette f/filterlose Zigarette f 2 (spagnoletta) Röllchen n, Spule f ● ~ **di cioccolato**, Schokoladenzigarette f; **sigarette medicinali** farm, Asthmazigaretten f pl.
sigarétto <dim di sigaro> m Zigarillo m o n.
sigaro m {DOLCE, SCURO} Zigarre f: (~) **avana/toscano**, Havanna(zigarre) f/Toscano m.
Sigfrido m (nome proprio) Siegfried.
sigg. abbr di signori: ~/**Sigg.**, (Damen und) Herren, Herr und Frau.
sigh inter onomatopeica (di singhiozzo) schluchz; (di sospiro) seufz.
sigillànte A agg {PRODOTTO} Dichtungs-, abdichtend **B** m (Silikon)dichtungsmasse f.
sigillàre tr 1 (chiudere con sigillo) ~ **qc** (con **qc**) {NOTAIO BUSTA CON LA CERALACCA} etw (mit etw dat) versiegeln 2 (chiudere ermeticamente) ~ **qc** (+ **compl di modo**) {BARATTOLO DI MARMELLATA, CONFEZIONE DI PROSCIUTTO SOTTO VUOTO} etw (irgendwie) (hermetisch) verschließen 3 fig (suggellare) ~ **qc** (**con qc**) {PATTO CON UNA PROMESSA} etw (mit etw dat) besiegeln 4 dir ~ **qc** {POLIZIA EDIFICIO} etw versiegeln ● ~ **la bocca**/**le labbra di qu** fig (costringerlo a tacere), jdm die Lippen/den Mund versiegeln, jdn zum Schweigen bringen, jdn mundtot machen.
sigillatùra f 1 (chiusura con sigillo) {+PLICO} Versiegelung f 2 (chiusura ermetica) {+BOTTIGLIA} (hermetischer) Verschluss 3 dir (apposizione dei sigilli) {+APPARTAMENTO} Versiegelung f.
sigillo m 1 (segno impresso) {NOTARILE; +CERALACCA} Siegel n: **mettere il ~ a una busta**, das Siegel auf dem Umschlag anbringen; ~ **diplomatico**, diplomatisches Siegel; ~ **governativo**/[**dello stato**], Staatssiegel n 2 (stampo) {+ARGENTO, PIOMBO} Siegel n: **imprimere il ~ nella cera**, das Siegel ins Wachs drücken 3 (fascetta) {+BOTTIGLIA, CONFEZIONE} Frische-Siegel n: ~ **di garanzia**, Frischegarantie-Siegel n 4 fig (impronta) {+GENIO, POPOLO} Siegel n, Spur f 5 <solo pl> dir Siegel n pl: **la polizia ha apposto i sigilli alla porta**, die Polizei hat die Tür versiegelt ● **mettere il** ~ **alla bocca**/[**alle labbra di qu** fig (impedirgli di parlare), jdm die Lippen/den Mund versiegeln, jdn zum Schweigen bringen, jdn mundtot machen; ⌊**la confessione**⌋/[**sacramentale**] relig, Beichtgeheimnis n; ~ **di Salomone** bot, Salomonssiegel n, Weißwurz f; ⌊**chiudere qc con**⌋/[**mettere qc sotto**] **sette sigilli** fig (chiudere con estrema cura), etw siebenfach versiegeln.

Sigismóndo m (nome proprio) Si(e)gmund.
sìgla f 1 (acronimo) Abkürzung f, Sigel n, Sigle f: **MI è la ~ automobilistica di Milano**, MI ist das Autokennzeichen/[Kfz-Kennzeichen] von Mailand 2 (iniziali di nome e cognome) {+GIORNALISTA} Signatur f, Namenszeichen n 3 radio TV (brano musicale) {+TELEGIORNALE, TRASMISSIONE} Erkennungszeichen n: ~ **musicale**, Erkennungsmelodie f.
siglàre tr **qc** 1 (contrassegnare) {ASCIUGAMANO, REGISTRO} etw kennzeichnen 2 (firmare) {ACCORDO, DOCUMENTO} etw paraphieren, etw unterzeichnen 3 slang giorn sport (nel calcio) {GOL} etw schießen.
siglàrio <-ri> m Abkürzungsverzeichnis n.
siglatùra f {+CONTRATTO, PRATICA} Paraphierung f, Unterzeichnung f; (azione) anche Paraphieren n, Unterzeichnen n.
sigma <-> m o f 1 (lettera greca) Sigma n 2 anat Sigma(-Darm) m n.
sigmatìsmo m ling med Lispeln n, Sigmatismus m scient.
sig.na abbr di signorina: ~/**Sig.na**, Frl. (abbr di Fräulein).
significànte A agg 1 (eloquente) {OCCHIATA, SILENZIO} bedeutungsvoll, beredt, viel sagend 2 (rilevante) {INDIZIO, PARTICOLARE} bedeutend, wichtig **B** m ling Signifikant m, Signifiant n.
significàre <significo, significhi> tr 1 (voler dire) ~ **qc** etw bedeuten, etw heißen, für etw (acc) stehen: **che cosa significa questa parola tedesca?**, was bedeutet dieses deutsche Wort?; **il rosso significa passione**, Rot bedeutet/[steht für]/[ist die Farbe der] Leidenschaft; **il tuo silenzio significa che non sei d'accordo con noi?**, heißt dein Schweigen, dass du andrer Meinung bist als wir?; **il fatto che non abbia risposto non significa nulla**, die Tatsache, dass er/sie nicht geantwortet hat, heißt noch nichts 2 (valere) ~ **qc** (**per qu**) etw (für jdn) bedeuten: **questo incarico significa molto per lei**, dieser Auftrag ⌊bedeutet ihm viel⌋/[ist sehr wichtig für ihn]; **le nostre promesse non significano niente per te?**, und unsere Versprechungen sind für dich wertlos?; **una promozione significherebbe maggiori responsabilità**, eine Beförderung würde auch mehr Verantwortung bedeuten 3 (manifestare) ~ **qc** (**a qu**) (+ **compl di modo**) {IL PROPRIO PENSIERO, LA PROPRIA STIMA PER LETTERA} jdm etw (irgendwie) mit⌊teilen⌋, (jdm gegenüber) etw (irgendwie) äußern, (jdm gegenüber) etw (irgendwie) kund⌊tun forb.
significatività <-> f 1 (eloquenza) {+SGUARDO} Bedeutsamkeit f, Beredtheit f 2 (importanza) {+RISULTATO} Bedeutung f, Wichtigkeit f.
significativo, (-a) agg 1 (eloquente) {FRASE, GESTO} bedeutungsvoll, viel sagend 2 (considerevole) {SUCCESSO} bedeutend, beachtlich; {INCREMENTO} anche beträchtlich, erheblich 3 (importante) {ESPERIENZA, INCONTRO} wichtig, bedeutend.
significàto m 1 (senso) {AMBIGUO, PRECISO +DISEGNO, SIMBOLO, TESTO, VOCABOLO} Bedeutung f, Sinn m: ~ **figurato**/**proprio**, übertragener/[wörtlicher/eigentlicher] Sinn; **afferrare il ~ di una frase**, die Bedeutung eines Satzes verstehen; **privo di**⌋/[**senza**] ~, sinnlos 2 fig (valore) {NOTEVOLE} Bedeutung f: **per lui la musica ha un grande ~**, die Musik hat für ihn eine hohe Bedeutung; **la sua presenza qui assume un ~ ben preciso**, seiner/ihrer Anwesenheit hier kommt eine ganz bestimmte Bedeutung zu 3 ling Signifikat n, Signifié n.

signóra A f 1 (appellativo) Frau f, Dame f: **la ~ Ferrucci**, Frau Ferrucci; **la ~ Maria**, Frau Maria; **scusi, ~ professoressa**, entschuldigen Sie, Frau Lehrerin/Professorin; **la ~ desidera?**, was wünscht die Dame?; **buongiorno, ~!**, guten Tag, gnädige Frau!; **buongiorno, ~ Ferrucci!**, guten Tag, Frau Ferrucci!; (nelle lettere, abbr Sig.ra) **gentile**/**gentilissima ~ Ferrucci**, sehr geehrte/verehrte Frau Ferrucci; (nell'indirizzo, abbr Sig.ra) **alla ~ Ferrucci**, an Frau Ferrucci 2 (consorte) Frau f, Gattin f forb: **mi saluti la ~**, grüßen Sie mir Ihre Frau/Gattin forb; **ti presento la mia ~**, ich stelle dir meine Frau vor, das ist meine Frau 3 (padrona di casa) Hausherrin f, Dame f des Hauses: **la ~ è uscita**, die Dame des Hauses ist ausgegangen 4 (donna) {BELLA, GIOVANE} Frau f, Dame f forb: **una ~ sui quarant'anni**, eine Dame um die vierzig 5 (gentildonna) Dame f: ⌊**comportarsi da**⌋/[**essere una**] **vera ~**, sich wie eine Dame benehmen⌋/[eine echte Dame sein] 6 (donna ricca) große/feine Dame: **fare la ~**, die große/feine Dame spielen; ⌊**darsi arie**⌋/[**vivere da gran ~**], sich als die große/feine Dame aufspielen⌋/[auf großem Fuß leben] 7 fig lett (dominatrice) (Be)herrscherin f: **Venezia fu la ~ dei mari**, Venedig ⌊war die Beherrscherin der Meere⌋/[herrschte über die Meere] **B** agg fam (eccellente) schön, toll fam: **questa è una ~ borsa!**, das ist aber eine schöne Tasche! **C** <inv> loc agg: **per ~**, {PARRUCCHIERE} Damen- ● **la Signora** slang giorn sport (la Juventus) ~, Juventus (Turin); **la ~ delle camelie** lett (titolo di un'opera di Dumas figlio), die Kameliendame; **no → nossignora**; **Nostra Signora** relig (la Madonna), Unsere liebe Frau; **sì → sissignora**; **signore e signori**, meine Damen und Herren.

signóre A m 1 (appellativo) Herr m: **il ~ Ferrucci**, Herr Ferrucci; **il ~ Mario**, Herr Mario; **scusi, ~ professore**, entschuldigen Sie, Herr Lehrer/Professor; **il signor ministro/presidente**, der Herr Minister/Präsident; **il ~ desidera?**, was wünscht der Herr?; **buongiorno, ~!**, guten Tag, mein Herr!; **buongiorno, ~ Ferrucci!**, guten Tag, Herr Ferrucci!; (nelle lettere, abbr Sig.) **egregio ~ Ferrucci**, sehr geehrter Herr Ferrucci; (nell'indirizzo, abbr Sig.) **al ~ Ferrucci**, an Herrn Ferrucci 2 (padrone di casa) Hausherr m, Herr m des Hauses: **il ~ non è in casa**, der Herr des Hauses ist nicht da 3 (uomo) {AFFASCINANTE, ANZIANO} Herr m: **un ~ sui cinquant'anni**, ein Herr um die fünfzig 4 (gentiluomo) Gentleman m: ⌊**comportarsi da**⌋/[**essere un**] **vero ~**, ⌊sich wie ein Gentleman benehmen⌋/[ein echter Gentleman sein] 5 (uomo ricco) großer/feiner Herr, Grandseigneur m forb: **fare il ~**, den großen/feinen Herrn markieren fam/spielen; ⌊**trattarsi**/**vivere da gran ~**⌋/[es sich (dat) gut gehen lassen]/[auf großem Fuß leben] 6 <solo pl> (marito e moglie) Herr und Frau, das Ehepaar: **i signori Ferrucci**, ⌊Herr und Frau⌋/[das Ehepaar] Ferrucci 7 <solo pl> (insieme di persone) Leute f pl, Herrschaften f pl: **ci sono dei signori che vorrebbero entrare**, da sind Leute, die gern eintreten würden; (appellativo) Damen und Herren; **prego signori, accomodatevi!**, meine Damen und Herren, bitte setzen Sie sich! 8 <pl> (i ricchi) Reiche m pl 9 relig (Dio, Gesù Cristo): **il Signore sia con te**, der Herr sei mit dir; **Nostro Signore**, unser Herr(gott); **Nostro Signore Gesù Cristo**, unser Herr Jesus Christus 10 stor (sovrano) {+CASTELLO} Herr m; {+FEUDO} anche Herrscher m: **i Medici erano i signori di Firenze**, die Medici waren die Herren von Florenz **B** agg fam (eccellente) schön, toll *fam*: **questo è un ~ cappotto!**, das ist aber ein schöner Mantel! *fam* **C** inter impr (*di meraviglia*): **Signore cosa mi tocca sentire!**, (oh) mein Gott, was muss ich (da) hören!; **Signore Iddio!**, (oh) mein Gott!; Herrgott! • **addormentarsi nel Signore** (*morire cristianamente*), sanft entschlafen; **i signori della** *guerra giorn* (*uomini di potere*), die Kriegsherren, die Mächtigen, die Kriegstreiber, die Fädenzieher des Krieges; *no* ~ → **nossignore**; *sì* ~ → **sissignore**; **signor sì** → **signorsì**; **signori e** *signore*, meine Damen und Herren; **signor** *no* → **signornò**.

signoreggiàre <*signoreggio*, *signoreggi*> **A** tr ~ *qc* **1** *anche fig* (*dominare*) {CITTÀ, ISTINTO} *etw* beherrschen **2** *fig* (*sovrastare*) {TORRE VALLE} *etw* beherrschen, über *etw* (*acc*) empor|ragen **B** itr ~ *su qc* {SU UN PAESE} über *etw* (*acc*) herrschen.

signorìa f **1** (*dominio*) {ARAGONESE, DISPOTICA} Herrschaft f: **acquistare/perdere la ~ su un territorio**, die Herrschaft über ein Gebiet gewinnen/verlieren; **essere sotto la ~ di qu**, unter jds Herrschaft stehen **2** *stor* (*forma di governo*) Signoria f, Signorie f, (Stadt)herrschaft f; (*città*) Stadtstaat m: **la ~ di Firenze**, der Stadtstaat (von) Florenz **3** *obs* (*titolo onorifico*): **Signoria**, Durchlaucht f *obs*, Hochwohlgeboren mf *obs*; **Sua/Vostra Signoria**, Seine/Eure Durchlaucht *obs*; *amm* (abbr SV) Sie; **la Signoria Vostra è pregata di presentarsi in data 10 c.m.**, Sie werden gebeten, am 10 d.M. zu erscheinen; **Vostra Signoria Illustrissima** *stor*, Euer Hochwohlgeboren.

signorìle agg **1** (*nobiliare*) {PALAZZO} Adels-, Herren- **2** (*elegante*) {APPARTAMENTO, MANIERE, QUARTIERE} herrschaftlich, vornehm.

signorilità <-> f {+GESTO, PERSONA} Vornehmheit f.

signorìna A f **1** (*appellativo*) Fräulein n: **la ~ Ferrucci**, Fräulein Ferrucci; **la ~ Carla**, das Fräulein Carla; **buongiorno, ~!**, guten Tag, gnädiges Fräulein!; **buongiorno, ~ Ferrucci!**, guten Tag, Fräulein Ferrucci!; (*nelle lettere*, abbr Sig.na) **gentile/gentilissima ~ Ferrucci**, sehr geehrtes/verehrtes Fräulein Ferrucci; (*nell'indirizzo*, abbr Sig.na) **alla ~ Ferrucci**, an Fräulein Ferrucci **2** (*zitella*) Fräulein n *obs*, Jungfer f *obs*: **rimanere ~**, unverheiratet bleiben **3** (*ragazza*) junge Frau, junges Mädchen, Fräulein n *fam*: **la ~ del negozio di fronte è molto gentile**, das Fräulein im Laden gegenüber ist sehr nett *fam*; **tua figlia ormai è una ~**, deine Tochter ist inzwischen eine junge Frau **4** (*figlia dei padroni di casa*) Fräulein Tochter *forb obs*, Tochter f des Hauses: **la ~ non si sente bene**, das Fräulein Tochter ist unpässlich *forb obs* **5** *fam* (*bambina*) (kleines/gnädiges) Fräulein *fam*: **oggi la ~ fa i capricci!**, heute ist das kleine/gnädige Fräulein aber launisch! *fam* **B** loc agg *iron*: **da/per signorine**, für junge Damen; **quello non è certo un locale da/per signorine**, das ist sicher kein Lokal für junge Damen • **~ buonasera** *TV* (*annunciatrice*), (Fernseh)ansagerin f.

signorìno m **1** *rar* (*figlio dei padroni di casa*) junger Herr: **il ~ è uscito**, der junge Herr ist ausgegangen **2** *iron spreg* (*ragazzo viziato*) Herren-, Muttersöhnchen n, *spreg* kleiner Prinz: **al ~ non piace!**, dem kleinen Prinzen passt das nicht! *iron*.

signornò avv *mil anche scherz* (*formula di negazione*) nein, mein Herr.

signoróne, (-a) <*accr di signore*> m (f) *fam* (*riccone*) reicher Herr, (reiche Dame), Krösus m *scherz*.

signorótto <*accr di signore*> m Gutsherr m: **un ~ di campagna**, ein Großgrundbesitzer/

Gutsherr.

signorsì avv *mil anche scherz* (*formula di affermazione*) jawohl, mein Herr *anche scherz*.

sig.ra abbr *di* signora: **~/Sig.ra**, Fr. (abbr *di* Frau).

sii 2a pers sing dell'imperat di essere①.

sikh *relig hindi* **A** <inv> agg {PREGHIERA} Sikh- **B** ~ m (f) Sikh m, Anhänger(in) m (f) der Sikhreligion.

sikhìsmo m *relig* Sikhreligion f, Sikhismus m.

silàggio <-gi> m *agr* Silage f.

silàno, (-a) agg {TURISMO} der Sila.

silènte agg *lett* (*silenzioso*) still.

silenziàre <*silenzio*, *silenzi*> tr *tecnol* ~ *qc* {MARTELLO PNEUMATICO, MOTO, PISTOLA} *etw* (Schall)dämpfen.

silenziatóre m *tecnol* {+FUCILE, MOTORE} (Schall)dämpfer m.

silènzio <-zi> m **1** (*mancanza di suoni*) {AGGHIACCIANTE, ASSOLUTO +MONTAGNA} Ruhe f, Stille f **2** *anche fig* (*tacere*) {ELOQUENTE, LUNGO} Schweigen n: **~!**, Ruhe!; **un po' di ~, per favore!**, ich bitte um etwas Ruhe!; ein wenig Ruhe, bitte!; **~ assoluto in aula!**, absolute Ruhe im Saal!; **fare ~**, still sein; **questo suo ~ è inspiegabile, di solito telefona almeno una volta alla settimana**, sein/ihr Schweigen ist unerklärlich, normalerweise ruft er/sie mindestens einmal die Woche an; **ha pubblicato un CD dopo tre anni di ~**, er/sie hat nach drei Jahren Pause eine CD herausgebracht **3** *fig* (*oblio*) Ruhe f: **cadere nel ~**, vergessen werden, in Vergessenheit geraten/kommen; **vivere nel ~**, ein zurückgezogenes Leben führen **4** *mil* Ruhe(zeit) f: **osservare/rispettare il ~**, die Ruhezeit einhalten; (*segnale di tromba*) Zapfenstreich m; **~ fuori ordinanza**, "bei besonderen Anlässen gespielte Variation des Zapfenstreichs" **5** *relig* Schweigen n: **dispensare qu dal ~**, jdm das Schweigen erlassen • ~ *assenso dir*, Schweigen n als Zustimmung; **costringere/ridurre al ~ qu** (*metterlo a tacere*), {INTERLOCUTORE} jdn zum Schweigen zwingen/bringen, jdm den Mund/das Maul stopfen *fam*; **costringere/ridurre al ~ qc mil** (*rendere inefficiente*), {MITRAGLIATRICE} *etw* vernichten, *etw* zerstören; *in* ~ (*senza dire nulla*), {ASCOLTARE, SOFFRIRE, SOPPORTARE} stillschweigend; **rimanere/stare in ~**, schweigen, sich ruhig/still verhalten; **~ di** *morte/tomba fig* (*assoluto*), Toten-/Grabesstille f; **passare qc sotto ~** *fig* (*non farne menzione*), *etw* stillschweigend übergehen, *etw* verschweigen; **~ radio** *aero mil*, Funkstille f; **~ rifiuto** *dir*, Schweigen n als Ablehnung; **rompere il ~ fig** (*riprendere a parlare per primo*), das Schweigen brechen; **rompere il ~** *stampa giorn*, eine Nachrichtensperre aufheben; **(la parola è d'argento,) il ~ è d'oro** *prov*, (Reden ist Silber,) Schweigen ist Gold *prov*.

silenziosità <-> f **1** (*l'essere taciturno*) {+PERSONA} Schweigsamkeit f **2** (*quiete*) {+NOTTE, STANZA, STRADA} Ruhe f, Stille f **3** (*rumorosità ridotta*) {+ELETTRODOMESTICO, MOTORE} annähernde Geräuschlosigkeit/Lautlosigkeit f; *fig* {+CORTEO, MANIFESTAZIONE} Schweigen n.

silenzióso, (-a) agg **1** (*quieto*) {POMERIGGIO} ruhig, {ZONA} *anche* leise, verkehrsberuhigt **2** (*che parla poco*) {RAGAZZO} leise, ruhig, still **3** (*poco rumoroso*) {LAVATRICE, MOTO} leise; *fig* {FOLLA, PROTESTA} schweigsam.

silfide f *mitol anche fig* Sylphe f, Sylphide f.

silfo m *mitol* Sylphe m.

silhouette <-, -s pl *franc*> f *franc* **1** (*contorno di un profilo*) Silhouette f **2** *fig* (*figura snella*) schlanke/schmale Figur: **avere una bel-**

la ~, eine schlanke Linie haben.

silicàto m **1** *chim* Silikat n **2** *min* Kieselgestein n.

silice f *min* Kieselerde f, Siliciumdioxid m.

silìceo, (-a) agg *min* {ROCCIA} kieselerdehaltig, siliciumdioxidhaltig.

silìcio <-> m *chim* Silizium n.

silicizzazióne f *geol* Silifikation f, Verkieselung f.

siliconàre tr (*sigillare*) ~ *qc* {FINESTRA} *etw* mit Silikon versiegeln/ab|dichten.

siliconàto, (-a) agg **1** (*sigillato*) {FESSURA} silikonbehandelt, mit Silikon versiegelt/abgedichtet **2** (*gonfiato con protesi al silicone*) {LABBRA, SENO} Silikon-: **quella donna è tutta siliconata**, diese Frau ist total mit Silikon aufgepolstert/[besteht nur noch aus Silikon] *scherz*.

silicóne m *chim* Silikon n.

silicòsi <-> f *med* Silikose f *scient*.

sìllaba f **1** *ling* {APERTA, ATONA, BREVE, CHIUSA, INIZIALE, LUNGA} Silbe f: **di due/tre sillabe**, zwei-/dreisilbig; **dividere in sillabe**, in Silben trennen; **~ finale/iniziale**, End-/Anfangssilbe f; **~ metrica**, "Silbenlänge f in der metrischen Dichtung"; **scandire le sillabe**, die Silben skandieren **2** *fig* (*parola*) Wort n, Silbe f: **non capisco una sola ~ di quel che dice**, ich verstehe keine Silbe/kein Wort von dem, was er/sie sagt; **non ha detto/proferito una ~**, er/sie hat keine Silbe/kein Wort gesagt; **non hanno cambiato/toccato una ~ del testo originale**, sie haben kein Wort des Originaltextes verändert.

sillabàre tr ~ *qc* **1** (*dividere in sillabe per iscritto*) *etw* in Silben trennen; (*oralmente*) *etw* [Silbe für Silbe]/[in Einzelsilben] aus|sprechen, *etw* skandieren, *etw* syllabieren *obs* **2** (*compitare*) *etw* buchstabieren.

sillabàrio <-ri> m *scuola* Fibel f.

sillabazióne f **1** (*divisione in sillabe scritta*) {CORRETTA} Silbentrennung f; (*orale*) anche Skandieren n, Syllabieren n *obs* **2** (*compitazione*) Buchstabieren n.

sillàbico, (-a) <-ci, -che> agg **1** {ACCENTO, CRUCIVERBA, DIVISIONE, SCRITTURA} Silben-, silbisch **2** *mus* {CANTO} syllabisch.

sìllabo m *scuola* (*programma di insegnamento*) Lehrplan m, Lehrstoff m • **il Sillabo** *relig*, der Syllabus.

sillèpsi, **sillèssi** <-> f *ling* Syllepsis f, Syllepse f.

sìlloge f *forb* (*raccolta*) Anthologie f, Sammlung f, Blütenlese f.

sillogìsmo m **1** *fig* (*argomentazione*) Gedankengang m, Überlegung f; Schlussfolgerung f **2** *filos* Syllogismus m.

sillogìstica <-che *rar*> f *filos* Syllogistik f.

sillogìstico, (-a) <-ci, -che> agg *filos* {METODO, RAGIONAMENTO} syllogistisch.

sillogizzàre A tr (*esporre con sillogismi*) ~ *qc etw* syllogistisch aus|drücken, *etw* mit Syllogismen erläutern **B** itr **1** (*fare sillogismi*) Syllogismen an|wenden **2** *fig* (*cavillare*) spitzfindige Überlegungen an|stellen *spreg*, Haarspalterei treiben *spreg*.

sìlo <-i *o* -s> m **1** (*deposito*) Silo m o n: **~ a fossa/torre**, Gruben-/Turmsilo m o n **2** (*parcheggio a più piani*) Parkhaus n **3** *mil* Silo m o n: **~ missilistico**, (Raketen)silo m o n.

silo- primo elemento *scient* Holz-.

silòfago → **xilofago**.

silòfono *e deriv* → **xilofono** *e deriv*.

silografìa *e deriv* → **xilografia** *e deriv*.

silologìa f *bot* Holzwissenschaft f.

silològico, (-a) <-ci, -che> agg *bot* {RICERCA} holzwissenschaftlich.

silòlogo, (-a) <-gi, -ghe> m (f) bot Holzwissenschaftler(in) m(f).
silòmetro m mar Xylometer n.
silos → **silo**.
silotèca <-che> f tecnol Holzmustersammlung f.
siluétta → **silhouette**.
siluraménto m **1** (il colpire con un siluro) {+NAVE} Torpedierung f **2** fig (bocciatura) {+PROPOSTA DI LEGGE} Torpedierung f spreg, Ablehnung f **3** fig (destituzione) {+DIRETTORE GENERALE} Absetzung f, (Amts)enthebung f, Absägen n fam, Ausbooten n fam.
siluránte mar mil **A** agg {NAVE} Torpedo- **B** f Torpedoboot n.
siluráre tr **1** (colpire con un siluro) {PORTAEREI} etw torpedieren **2** fig (bocciare) ~ **qc** {INIZIATIVA} etw torpedieren spreg, etw verhindern **3** fig (destituire) ~ **qu** {ALTO FUNZIONARIO} jdn ab|setzen, jdn ab|sägen fam, jdn aus|booten fam.
siluriàno, (-a) geol **A** agg {FAUNA} silurisch **B** <-> m Silur m.
silùrico, (-a) <-ci, -che> → **siluriano**.
silurifìcio <-ci> m mil Torpedowerk n, Torpedofabrik f.
silurifórme agg (a forma di siluro) torpedoförmig.
silùro[1] m **1** mil: ~ **(aereo)**, Torpedo m **2** fig (manovra di discredito) Torpedieren n spreg; {+PERSONA} Anschwärzen n fam, Diskreditieren n **3** sport Bombe f slang ● **lanciare un ~ a/contro qc** anche fig (silurare), {CONTRO UNA CORAZZATA NEMICA} etw abschießen; {A/CONTRO IL GOVERNO} etw torpedieren spreg; ~ **umano** stor, Einmanntorpedo m.
silùro[2] m zoo Wels m.
Silvàna f (nome proprio) Silvana.
silvàno, (-a) agg lett {DIVINITÀ, PIANTA} Wald-.
Silvàno m (nome proprio) Silvanus, Silvan.
silverplate <-> m ingl Silberauflage f, Versilberung f: **in ~**, versilbert.
silvèstre agg lett **1** (silvano) {FIORE} Wald-; {ARIA} anche Waldes- **2** (selvoso) {ZONA} waldig, bewaldet, Wald-.
Silvèstro m (nome proprio) Silvester.
Silvia f (nome proprio) Silvia.
silvìcolo, (-a) agg (dei boschi) {ANIMALE} Wald-; {PATRIMONIO} anche Forst-.
silvicoltóre e deriv → **selvicoltore** e deriv.
Sìlvio m (nome proprio) Silvio.
sim. abbr di simili: **e sim.**, u. Ä. (abbr di und Ähnliche).
SIM[1] f banca econ abbr di Società di Intermediazione Mobiliare: Mobiliarvermittlungsgesellschaft f.
SIM[2] <-> f tel SIM(-Karte) f.
simbiónte m biol Symbiont m.
simbiòsi <-> f biol anche fig Symbiose f: **una perfetta ~ tra stato e chiesa**, eine perfekte Symbiose zwischen Staat und Kirche; **essere/vivere in ~**, in Symbiose leben.
simbiòtico, (-a) <-ci, -che> agg biol anche fig {ASSOCIAZIONE, RAPPORTO} symbiotisch.
simboleggiàre <simboleggio, simboleggi> tr ~ **qc** {COLOMBA PACE} etw symbolisieren, etw versinnbildlichen.
simbòlica <-che> f Symbolik f.
simbolicità <-> f **1** (rappresentatività) {+DONO, GESTO, PROTESTA} Symbolhaftigkeit f, Symbolkraft f, Symbolwert m, Symbolik f **2** (esiguità) {+SOMMA} Geringfügigkeit f.
simbòlico, (-a) <-ci, -che> agg **1** (di simbolo) {FUNZIONE} symbolisch; (espresso in simboli) {LINGUAGGIO} symbolisch, symbolhaft

2 (rappresentativo) {ATTO, SIGNIFICATO, PERSONAGGIO} sinnbildlich, symbolhaft, symbolisch **3** (esiguo) {PREZZO} geringfügig.
simbolìsmo m **1** (carattere simbolico) {+RITO, SOGNO} Symbolhaftigkeit f, Symbolkraft f, Symbolwert m, Symbolik f **2** (sistema di simboli) {CHIMICO, MATEMATICO} Symbolik f **3** arte lett (uso dei simboli) {+AUTORE, DIPINTO} Symbolik f **4** arte lett (corrente) Symbolismus m **5** relig Symbolik f.
simbolìsta <-i m, -e f> arte lett **A** agg symbolistisch **B** mf Symbolist(in) m(f).
simbolìstico, (-a) <-ci, -che> agg arte lett {POESIA} symbolistisch.
simbolizzàre tr ~ **qc 1** (rappresentare con simboli) {NATURA} etw symbolisieren **2** (simboleggiare) {VERDE SPERANZA} etw symbolisieren, etw versinnbildlichen.
simbolo m **1** (rappresentazione) {+FEDELTÀ, POTERE} Sinnbild n, Symbol n: **la bandiera è il ~ della patria**, die Fahne ist das Symbol des Vaterlandes; **~ della Croce**, Sinnbild n des Kreuzes **2** (segno convenzionale) {ASTRONOMICO, MATEMATICO} Symbol n, Zeichen n: **Na è il ~ del sodio**, Na ist das Zeichen für Natrium **3** relig Symbol n: **~ apostolico**, Apostolikum n, Apostolisches Glaubensbekenntnis ● **~ fallico** psic, Phallussymbol n; **Simbolo Niceno** relig (il Credo), Glaubensbekenntnis n.
simbologìa f Symbolik f.
similàre agg (simile) {OGGETTO, PRODOTTO} ähnlich, gleichartig.
similarità <-> f Ähnlichkeit f, Gleichartigkeit f.
sìmile A agg **1** (analogo) ~ **(a qu/qc)** {COPIA ALL'ORIGINALE, FIGLIA AL PADRE} jdm/etw ähnlich: **abbiamo vissuto anche noi un'esperienza ~**, wir haben auch etwas Ähnliches erlebt; **~ nella forma/per il colore**, ähnlich in der Form/Farbe; **sei ~ a tua madre**, du ähnelst deiner Mutter **2** (siffatto) solch, so(lch) ein: **non ho mai visto una cosa ~**, so etwas habe ich noch nie gesehen; **è meglio evitare gente ~**, solche Leute meidet man besser; **non mi aspettavo un ~ trattamento**, so eine Behandlung hatte ich nicht erwartet **3** mat (in geometria) {MONOMI, TRIANGOLI} ähnlich **B** mf Mitmensch m, Nächste mf decl come agg: **un mio ~**, einer meiner Mitmenschen; **i propri simili**, seine Mitmenschen; **ogni ~ ha bisogno del suo ~**, Gleich und Gleich gesellt sich gern prov **C** m lett: **il ~**, das Gleiche decl come agg; **il ~ toccò a lui**, das Gleiche ist ihm passiert ● **e simili** (abbr e sim.), und dergleichen, und Ähnliche; **niente di ~**, nichts dergleichen; **qualcosa di ~**, etwas Ähnliches.
similitùdine f **1** ling Gleichnis n, Vergleich m **2** lett Ähnlichkeit f: **a/per ~ di qu/qc**, aus Ähnlichkeit zu jdm/etw **3** mat (in geometria) Ähnlichkeit f.
similòro m metall Scheingold n, Talmi n.
similpèlle f Kunstleder n, Skai® n.
simmetrìa f **1** gener anche arch biol {+FACCIATA, ORGANO} Symmetrie f; mat (in geometria) {+FIGURA} Symmetrie f **2** fig {+TESTO} Symmetrie f, Harmonie f.
simmetricità <-> f Symmetrie f.
simmètrico, (-a) <-ci, -che> agg **1** gener anche arch biol {FIGURA, PIAZZA} symmetrisch: **essere ~ rispetto a qc**, symmetrisch zu etw (dat) sein; mat (in geometria) {FIGURA, PROPRIETÀ} symmetrisch **2** fig {STRUTTURA} symmetrisch, harmonisch.
Simóna f (nome proprio) Simone.
Simóne m (nome proprio) Simon.
Simonétta f (nome proprio) Simone.
simonìa f relig Ämterkauf m, Simonie f.

simonìaco, (-a) <-ci, -che> relig **A** agg simonisch, simonistisch **B** m (f) Simonist(in) m(f).
Simpamina® f farm Sympamin® n.
simpatètico, (-a) <-ci, -che> agg lett {RUOLO} sympathetisch forb.
simpatìa f **1** Sympathie f: **avere/provare ~ per/verso qu/qc**, jdn/etw sympathisch finden, sich zu jdm/etw hingezogen fühlen; **l'ha preso in ~**, er/sie hat ihn lieb gewonnen; **godere della ~/{delle simpatie} di qu**, jds Sympathie/Wohlwollen genießen/haben, jdm sympathisch sein; **quella ragazza mi ispira ~**, dieses Mädchen ist mir sympathisch **2** fam (intesa sentimentale) Schwäche f: **tra loro c'è una certa ~**, die beiden {haben eine Schwäche füreinander}/[gefallen einander]/[fühlen sich zueinander hingezogen] forb; **Fiamme f fam**; **Giovanni è la nuova ~ di Maria**, Giovanni ist Marias neue Flamme fam **3** med: **l'organo destro è si ammalato per ~ con quello sinistro**, das rechte Organ ist mit dem linken miterkrankt, die Erkrankung des linken Organs hat auf das rechte übergegriffen ● **andare a ~/simpatie** (giudicare con parzialità), nach Gefühl/[seiner Sympathie] gehen; **scoppiare per ~** (rif. a esplosivo), parallel explodieren.
simpàtico[1], (-a) <-ci, -che> **A** agg **1** (amabile) {GESTO, MODO DI FARE} nett; {RAGAZZO} anche sympathisch: **gli sei molto ~**, du bist ihm sehr sympathisch; **non la trovi simpatica?**, findest du sie nicht nett?, magst du sie nicht? **2** (divertente) {COMPAGNIA, LUOGO} nett; {GIORNATA} anche schön: **non è ~ sentirsi dire certe cose**, es ist nicht gerade angenehm, sich (dat) gewisse Dinge anhören zu müssen **B** m (f) sympathischer/netter Mensch/Kerl.
simpàtico[2], (-a) <-ci, -che> anat **A** agg {GANGLIO} sympathisch **B** m Sympathikus m, Lebensnerv m: **gran ~**, (Ortho-)Sympathikus m.
simpaticóne, (-a) <accr di simpatico[1]> m (f) fam netter Kerl fam, Pracht-, Pfundskerl m fam.
simpatizzànte A agg (che simpatizza) ~ **di qu/qc** {GIORNALISTA, GRUPPO DI UN MOVIMENTO POLITICO, DI UN RAPPRESENTANTE SINDACALE} mit jdm/etw sympathisierend **B** mf {+RIFORMATORI, SINISTRA, SQUADRA} Sympathisant(in) m(f).
simpatizzàre itr **1** (entrare in simpatia) ~ **(con qu)** {SEGRETARIA CON LE COLLEGHE} (mit jdm) sympathisieren, sich (mit jdm) verstehen, (mit jdm) warm|werden: **Luca ed io non riusciamo a ~**, Luca und ich {verstehen uns einfach nicht}/[können uns einfach nicht füreinander erwärmen forb] **2** (propendere) ~ **per qu/qc** {PER GLI ECOLOGISTI, PER UN PARTITO} mit jdm/etw sympathisieren.
simplex <-, -plices pl lat> m lat tel Einzelanschluss m.
simpòsio <-si> m **1** (banchetto) Bankett n, Festmahl n, Festessen n **2** fig (convegno) {+CARDIOLOGIA} Kongress m, Symposion n, Symposium n, Tagung f **3** stor Gelage n, Symposion n.
simulàbile agg **1** {DOLORE} simulierbar **2** tecnol simulierbar.
simulàcro m **1** (immagine) {+DEA} Bildnis n; (statua) {IN BRONZO +CONDOTTIERO} Standbild n, Statue f **2** fig (parvenza) {+LIBERTÀ, POTENZA} Schein-, Trugbild n.
simulàre tr ~ **qc 1** (fingere) {RAPINA, VENDITA} etw vor|täuschen; {MALATTIA} anche etw simulieren; {SENTIMENTO} etw (vor|)heucheln, etw vor|täuschen; (uso assol) heucheln, simulieren, sich verstellen: **non sa ~**, er/sie

kann nicht heucheln/simulieren **2** (*riprodurre*) {VERSO DI UN ANIMALE} *etw* nach|ahmen **3** *sport* {FALLO} *etw* simulieren **4** *tecnol* {ATTERRAGGIO SULLA LUNA, COLLISIONE AEREA} *etw* simulieren.

simulàto, (-a) *agg* **1** (*falso*) {REATO} vorgetäuscht; {INFERMITÀ} *anche* simuliert; {INTERESSE} (vor)geheuchelt, vorgetäuscht **2** (*riprodotta*) {VOCE} nachgeahmt **3** *sport*: **fallo ~**, Schwalbe f, vorgetäuschtes/simuliertes Foul **4** *tecnol* {GUERRA, VOLO} Simulations-, simuliert.

simulatóre, (-trice) A m (f) **1** (*ingannatore*) {ABILE} Heuchler(in) m(f) **2** (*finto malato*) Simulant(in) m(f) **3** *sport* Simulant(in) m(f) B m *tecnol* (*dispositivo*) Simulator m • **~ di guida** *autom*, Fahrsimulator m; **~ di volo**, Flugsimulator m, Link-Trainer m.

simulazióne f **1** (*finzione*) Täuschung f, Heuchelei f **2** (*riproduzione*) {+VERSO} Nachahmung f **3** *dir* {ASSOLUTA, RELATIVA} Vorspiegelung f, Vortäuschung f: **~ di reato**, Vortäuschung f einer Straftat **4** *tecnol* Simulation f: **~ al computer**, Computersimulation f; **~ di volo**, Flugsimulation f • **~ di fallo**, Schwalbe f.

simultànea f **1** (*traduzione*) Simultandolmetschen n **2** (*negli scacchi*) (*partita*) Simultanspiel n, Simultanschach n.

simultaneìsta <-i m, -e f> mf **1** (*interprete*) Simultandolmetscher(in) m(f) **2** (*negli scacchi*) Simultanspieler(in) m(f).

simultaneità <-> f (*contemporaneità*) {+EVENTI} Gleichzeitigkeit f, Simultaneität f *forb*.

simultàneo, (-a) A *agg* {AVVENIMENTI, MOTO} gleichzeitig, simultan; {PARTITA, TRADUZIONE} Simultan- B *loc avv* (*in contemporanea*): **in simultanea**, {GIOCARE, TRADURRE} simultan; {TRASMETTERE} *anche* gleichzeitig.

sinagòga <-ghe> f *relig* Synagoge f.

sinagogàle *agg relig* {CANTO, CULTO} synagogal.

Sinai m *geog* Sinai m.

sinaìtico, (-a) <-ci, -che> *agg geog* {REGIONE} Sinai-.

sinalèfe f *ling* Synalöphe f.

sinàpsi <-> f *anat biol* Synapse f.

sinàptico, (-a) <-ci, -che> *agg anat biol* {RITARDO} synaptisch.

sinartròsi <-> f *med* Synarthrose f *scient*.

sinceraménte *avv* **1** (*con sincerità*) {CREDERE, PARLARE} ehrlich, aufrichtig **2** (*davvero*) wirklich, ehrlich (gesagt), echt *fam*: **~ non riesco a crederci**, ehrlich gesagt kann ich das nicht glauben.

sineràre A *tr* **~ qu di qc** {DELLA VERIDICITÀ DELLE PROVE} *jdn* von *etw* (dat)/+ gen überzeugen B *rfl*: **sincerarsi di qc** {DELLA BONTÀ DI UN PRODOTTO} sich *von etw* (dat)/+ gen überzeugen, sich *etw* (gen) vergewissern: **voglio sincerarmi di come si sono svolti i fatti**, ich möchte mich vergewissern, was tatsächlich passiert ist.

sincerità <-> f (*schiettezza*) {+AMICO, SENTIMENTO, SGUARDO} Aufrichtigkeit f, Ehrlichkeit f: **con/in tutta ~**, in aller Offenheit, frank und frei.

sincèro, (-a) *agg* **1** (*schietto*) {BAMBINO, RISPOSTA} aufrichtig, ehrlich: **essere ~ con qu**, ehrlich zu jdm sein **2** (*vero*) {AMORE, DOLORE, PENTIMENTO} ehrlich, wahr, echt: **i più sinceri auguri/ringraziamenti**, ␣die herzlichsten/aufrichtigsten Glückwünsche␣/␣herzlichsten/aufrichtigsten Dank␣ **3** (*genuino*) {OLIO, VINO} naturrein, unverfälscht.

sinché *cong rar* **~ ... ind**, (solange) bis ... *ind*: **guardò il cielo ~ non spuntò la luna**, er/sie beobachtete den Himmel, bis der Mond aufging.

sinclinàle *geol* A *agg* {PIEGA} synklinal, muldenförmig B f Synklinale f, Synkline f, Mulde f.

sincopàre *tr ling mus* **~ qc** *etw* synkopieren.

sincopàto, (-a) *agg* **1** *ling* synkopiert **2** *mus* {RITMO} synkopisch.

sìncope f *ling med mus* Synkope f.

sincretìsmo m *filos ling relig* Synkretismus m *forb*.

sincretìsta <-i m, -e f> mf *filos ling relig* Synkretist(in) m(f) *forb*.

sincretìstico <-ci, -che> *agg filos ling relig* synkretistisch *forb*.

sincronìa A f **1** (*contemporaneità*) {+REAZIONI} Synchronie f, Gleichzeitigkeit f **2** *ling* Synchronie f B *loc avv* (*contemporaneamente*): **in ~**, {AGIRE, MUOVERSI} synchron, gleichzeitig.

sincronicità <-> f **1** (*sincronia*) Synchronie f, Gleichzeitigkeit f **2** *ling* Synchronie f **3** *film* Synchronisierung f.

sincrònico, (-a) <-ci, -che> *agg* **1** (*contemporaneo*) {MOVIMENTI} synchron, gleichzeitig **2** *ling* {STUDIO} synchronisch, synchron.

sincronìsmo m **1** (*sincronia*) {PERFETTO +PASSI DI DANZA} Gleichzeitigkeit f, Synchronismus m, Übereinstimmung f **2** *ling* Synchronität f **3** *fis* Gleichlauf m, Synchronismus m.

sincronìstico, (-a) <-ci, -che> *agg* **1** (*sincronico*) synchron, gleichzeitig **2** *film* synchronistisch.

sincronizzàre A *tr* **1** (*rendere sincroni*) **~ qc (con qc)** {LAVORO DI DUE SQUADRE DI OPERAI, OROLOGI, PARTENZA PER LE VACANZE CON LA CHIUSURA DELLA SCUOLA} *etw* (mit *etw* dat) synchronisieren, *etw auf etw* (acc) ab|stimmen **2** *autom* **~ qc** {MARCE} *etw* synchronisieren, *etw in Einklang bringen* **3** *film* **~ qc** {IMMAGINI} *etw* synchronisieren B *itr pron anche fig* (*rendersi sincrono*): **sincronizzarsi con/su qc** {SULL'ORA DI GREENWICH, CON IL RITMO DI LAVORO DI QU} sich *auf etw* (acc) ein|stellen, sich *mit etw* (dat) in Einklang bringen.

sincronizzàto, (-a) *agg* **1** {MOVIMENTI, PARTENZE} synchronisiert **2** *autom* {CAMBIO} Synchron- **3** *film* {PELLICOLA} synchronisiert.

sincronizzatóre m **1** (*dispositivo*) Synchro(ngerät n **2** *autom* Synchronring m, Gleichlaufvorrichtung f **3** *elettr* Synchronisierer m **4** *film* Synchronisiergerät n.

sincronizzazióne f **1** (*il sincronizzare*) {+INTERVENTI} Synchronisation f, Synchronisierung f, zeitliche Übereinstimmung f **2** *film* (Lippen)synchronisation f: **~ dei suoni e delle immagini**, Synchronisation f von Ton und Bild • **~ di corrente** *elettr*, Stromsynchronisierung f; **~ delle marce** *autom*, Synchronisierung f der Gänge; **~ di operazioni** *inform*, Synchronisierung f von Arbeitsgängen; **~ di stazioni** *tel*, Phasensynchronisierung f von Relaisstationen.

sìncrono, (-a) *agg* **1** (*simultaneo*) {GESTI, OSCILLAZIONI, SPOSTAMENTI} synchron, gleichzeitig **2** *aero autom elettr* {GENERATORE, MOTORE, SATELLITE} Synchron-, gleichlaufend **3** *inform* {ELABORATORE, TRASMISSIONE} synchron.

sincrotróne m *fis* Synchrotron n.

sindacàbile *agg* (*oggetto di controllo*) {DECISIONE} kontrollierbar, überprüfbar; {OPERATO} anfechtbar, bemängelbar.

sindacàle[1] *agg* (*del sindacato*) {LOTTA, ORGANIZZAZIONE, RAPPRESENTANTE, RIUNIONE} Gewerkschafts-, gewerkschaftlich.

sindacàle[2] *agg* (*del sindaco*) {DELIBERA, ORDINANZA} Bürgermeister-.

sindacalése A m *iron* Gewerkschaftssprache f B *agg* {GERGO} Gewerkschafts-.

sindacalìsmo m **1** (*dottrina*) Syndikalismus m **2** (*movimento sindacale*) Gewerkschaftsbewegung f.

sindacalìsta <-i m, -e f> mf **1** (*sostenitore del sindacalismo*) Syndikalist(in) m(f) **2** (*rappresentante sindacale*) Gewerkschaftler(in) m(f).

sindacalìstico, (-a) <-ci, -che> *agg* **1** (*relativo al sindacalismo*) syndikalistisch **2** (*relativo al movimento sindacale*) gewerkschaftlich.

sindacalizzàre A *tr* **~ qu/qc 1** (*costituire in sindacato*) *jdn/etw* gewerkschaftlich organisieren **2** (*far acquisire coscienza sindacale*) *jdm/etw* gewerkschaftliches Bewusstsein vermitteln B *itr pron*: **sindacalizzarsi 1** (*aderire a un sindacato*) sich gewerkschaftlich organisieren, einer Gewerkschaft bei|treten **2** (*acquisire coscienza sindacale*) gewerkschaftliches Bewusstsein erlangen.

sindacalizzazióne f **1** (*costituzione in sindacato*) gewerkschaftliche Organisation **2** (*adesione a un sindacato*) Ein-, Beitritt m in eine Gewerkschaft **3** (*opera di sensibilizzazione*) Erwecken n von gewerkschaftlichem Bewusstsein.

sindacàre <sindaco, sindachi> *tr* **1** (*controllare*) **~ qc** {AMMINISTRAZIONE, BILANCIO} *etw* kontrollieren, *etw* überprüfen **2** *fig* (*giudicare*) **~ qu/qc** {CONDOTTA DI QU} *jdn/etw* bemängeln, *jdn/etw* bekritteln *spreg*.

sindacàto m **1** (*associazione*) Gewerkschaft f: **sindacati autonomi/confederali**, ␣autonome/freie␣/[eidgenössische] Gewerkschaften; **~ bianco/rosso**, katholische/sozialistische Gewerkschaft; **~ di categoria**, Berufs-, Fachgewerkschaft f; **~ dei datori di lavoro**, Arbeitgeberverband m; (*sede*) Gewerkschaftssitz m, Gewerkschaftsgebäude n **2** *econ* (*coalizione di imprese*) {COMMERCIALE, INDUSTRIALE} Kartell n; (*di banche*) (Banken)konsortium n **3** *econ* (*accordo tra azionisti*) Konsortium n: **~ azionario**, Aktieninhaberkonsortium n; **~ di blocco**, „Aktienkonsortium n, bei dem sich die Aktieninhaber verpflichten, die eigenen Aktien nicht oder nur an einen Teilnehmer des Konsortiums zu verkaufen" **4** *slang* (*racket*) (Gangster)syndikat n.

sindachéssa f *scherz* **1** (*donna sindaco*) Bürgermeisterin f **2** (*moglie del sindaco*) Bürgermeisterfrau f.

sìndaco, (-a) <-ci, -che> A m (f) Bürgermeister(in) m(f) B m **1** *dir* Mitglied n des Revisorenrats **2** *econ* Syndikus m.

sindóne f Leichentuch n • **la sacra Sindone** *relig*, das Grabtuch Christi.

sìndrome f *med anche fig* Syndrom n: **~ di Down**, Down-Syndrom n; **~ da immunodeficienza acquisita**, erworbenes Immunodefekt-Syndrom, AIDS, Aids; **~ cinese**, China-Syndrom n; **~ di Stendhal**, Stendhal-Syndrom n; **~ di Stoccolma**, Stockholm-Syndrom n.

sinecùra f *anche fig* Pfründe f, Sinekure f.

sinèddoche f *ling* Synekdoche f.

sine die <-> *loc avv lat* (*indefinitamente*) auf unbestimmte Zeit.

sinèdrio <-dri> m **1** *fig scherz* Versammlung f **2** *stor* (*ad Atene*) Synedrion n **3** *stor* (*a Gerusalemme*) *tribunale supremo, luogo*) Synedrion n, Synedrium n.

sine qua non <-inv> *loc agg lat* (*necessario*) {CLAUSOLA} sine qua non.

sinèreṣi <-> f **1** *chim* Synärese f **2** *ling* Synärese f, Synäresis f.

sinergìa f **1** (*cooperazione*) Synergie f,

sinèrgico | sintesi

synergetische Wirkung 2 *farm med* Synergie f.

sinèrgico, (-a) <-ci, -che> *agg* 1 (*coordinato*) {AZIONE} synergetisch 2 *farm med* {FARMACI, MUSCOLI} synergetisch.

sinergismo *m farm med relig* Synergismus m.

sinestesìa *f ling psic* Synästhesie f.

sìnfisi <-> *f anat* Symphyse *f scient*.

sinfonìa *f* 1 *mus* (*composizione musicale*) Sinfonie f, Symphonie f: **le nove sinfonie di Beethoven**, Beethovens neun Symphonien; (*introduzione strumentale*) {+AIDA} Ouvertüre f 2 *fig* (*armonia*) {+COLORI, LUCI} Sinfonie *f forb*, Fülle f 3 *fig fam* (*litania*) Leier f *fam spreg*, Lied n: **non ricominciare con la tua solita ~**, jetzt fang nicht schon wieder mit deiner alten Leier an! *fam spreg* 4 *fig fam* (*concerto*) Konzert n: **che ~ questi bambini che piangono!**, was für ein Heulkonzert diese Kinder veranstalten! *fam*.

sinfònico, (-a) <-ci, -che> *agg mus* {MUSICA, OPERA, POEMA} sinfonisch, symphonisch; {ORCHESTRA} Sinfonie-, Symphonie-.

sinfonismo *m mus* {MOZARTIANO, ROMANTICO} Sinfonik f.

sinfonista <-i m, -e f> *mf mus* (*compositore, esecutore*) Sinfoniker(in) m(f).

singalése A *agg* singhalesisch B *mf* (*abitante*) Singhalese m, Singhalesin f C *m* <*solo sing*> (*lingua*) Singhalesisch(e) n.

Singapóre *geog* A *f* (*città*) Singapur n B *m* (*stato*) Singapur n.

singaporiàno, (-a) A *agg* singapurisch B *mf* (*abitante*) Singapurer(in) m(f).

singhiozzàre *itr* 1 (*piangere*) schluchzen 2 (*avere il singhiozzo*) (den) Schluckauf haben 3 *fig* (*avanzare a scatti*) {MOTO} sich ruckartig fort|bewegen, stottern *fam*, ungleichmäßig laufen.

singhiózzo A *m* 1 (*spasmo respiratorio*) Schluckauf m: **hai il ~?**, hast du Schluckauf? 2 <*di solito al pl*> (*pianto*) Schluchzer m: **scoppiò in singhiozzi**, er/sie ˌfing an zu schluchzenˌ/[brach in Schluchzer aus] B <*inv*> *loc agg fig* (*discontinuo*): **a ~**, {PARTENZA} sprunghaft; {SCIOPERO} nicht durchgehend C *loc avv fig* (*in modo discontinuo*): **a ~/singhiozzi**, {AVANZARE} ruckweise, stotternd *fam*; **pagare un debito a ~**, eine Schuld abstottern/[auf Stottern abbezahlen] *fam*.

sìngle <-, -s pl ingl> *ingl* A *mf* Single m B *m mus* Single f.

sìngola *f* → **singolo**.

singolàre A *agg* 1 (*irripetibile*) {OCCASIONE} einmalig, einzigartig 2 (*originale*) {FATTO, LIBRO, PERSONAGGIO} ungewöhnlich, einzigartig, eigentümlich 3 (*eccezionale*) {BELLEZZA} einzigartig, außergewöhnlich; {INGEGNO} *anche selten* 4 *gramm* {SOSTANTIVO} singular B *m* 1 *gramm* Einzahl f, Singular m 2 *sport* (*nel tennis*) Einzel n: **~ femminile/maschile**, Damen-/Herreneinzel n.

singolarità <-> *f* 1 (*irripetibilità*) {+CIRCOSTANZA} Einzigartigkeit f, Einmaligkeit f 2 (*originalità*) {+COMPORTAMENTO, FILM, PERSONA} Ungewöhnlichkeit f, Eigenartigkeit f, Eigentümlichkeit f 3 (*eccezionalità*) Seltenheit f, Einzigartigkeit f, Außergewöhnlichkeit f: **la ~ delle sue doti**, die Einzigartigkeit seiner/ihrer Begabungen.

singolarménte *avv* 1 (*uno a uno*) einzeln: **interpellare/ringraziare ~ tutti i presenti**, ˌalle Anwesenden einzeln zu Rate ziehenˌ/[jedem Anwesenden einzeln danken] 2 (*straordinariamente*) außergewöhnlich: **una colpa ~ grave**, eine außergewöhnlich schwere Schuld; **era ~ euforico**, er war außergewöhnlich euphorisch *forb* 3 (*in modo originale*) {COMPORTARSI} ungewöhnlich, einzigartig, eigentümlich.

sìngolo, (-a) A *agg* 1 (*distinto*) {AVVENIMENTO} einzeln; {CASO} *anche* Einzel-: **ogni ~ candidato**, jeder einzelne Kandidat 2 (*unico*) {COPIA, ESEMPLARE} einmalig, einzig 3 (*a un posto*) {CAMERA, LETTO, SCOMPARTIMENTO} Einzel- B *m* (f) (*individuo*) Einzelne *mf decl come agg* C *m* 1 *sport* (*nel tennis*) (*incontro*) Einzel n 2 *sport* (*nel canottaggio*) Einer m 3 *tel* (*simplex*) Einzelanschluss m.

singùlto *m* 1 (*spasmo respiratorio*) Schluckauf m 2 <*di solito al pl*> (*pianto*) Schluchzer m: **scoppiò in singulti**, er/sie ˌfing an zu schluchzenˌ/[brach in Schluchzer aus].

siniscàlco <-chi> *m stor* Seneschall m.

sinìstr *inter mil* links!: **~, destr, ~, destr, alt!**, links, rechts, links, rechts, halt!; **fronte/squadra a ~!**, Augen/Abteilung links!

sinìstra A *f* 1 (*mano*) Linke f, linke Hand: **scrivere con la ~**, mit der Linken schreiben 2 (*lato*) Linke f, linke Seite: **alla mia ~**, zu meiner Linken, links von mir; **tenere la ~**, links fahren/gehen 3 *mar* Backbord n 4 *polit* {ESTREMA, EXTRAPARLAMENTARE, MODERATA} Linke f B <*inv*> *loc agg anche polit* 1 **a ~**, {CURVA, GUIDA, SVOLTA} Links- 2 **di ~**, {INTELLETTUALE, PARTITO} Links-; {STAMPA} links(gerichtet); **è una di ~**, sie ist links/[eine Linke] C *loc avv* 1 **a ~**, {GIRARE, SCENDERE, VOLTARE} links; {ANDARE, GUARDARE} nach links; **in alto a ~**, links oben, oben links 2 **da/dalla ~**, {VENIRE} von links 3 **sulla ~**, {ESSERE} auf der linken Seite, links, linker Hand *obs* D *loc prep* 1 **a ~ di qc**, links von etw (dat); **a ~ dell'edificio**, links von dem Gebäude 2 **sulla ~ di qc**, auf der linken Seite von etw (dat): **sulla ~ del portico**, auf der linken Seite des Laubengangs • **buttarsi a ~** *fig*, ins linke Lager überwechseln.

sinistraménte *avv* 1 (*minacciosamente*) {RIDERE, RISUONARE} finster, unheimlich 2 (*nefastamente*) {FINIRE} verhängnisvoll, unglücklich.

sinistràre *tr* (*distruggere*) **~ qc** {TERREMOTO INTERA REGIONE} etw schädigen, etw schlagen, etw treffen.

sinistràto, (-a) A *agg* 1 {EDIFICIO, POPOLAZIONE} betroffen, geschädigt, getroffen; {ZONA} Katastrophen- 2 (*incidentato*) {VEICOLO} Unfall- B *m* (f) Geschädigte *mf decl come agg*, Opfer n: **~ di guerra**, Kriegsgeschädigter m.

sinistrése *slang polit iron* A *agg* {LINGUAGGIO} der Linken B *m* Linke *m decl come agg*.

sinìstro, (-a) A *agg* 1 *gener* {BRACCIO, FIANCATA, PARTE, RIVA} linke(r, s) 2 *fig* (*nefasto*) {EFFETTO, TEMPI} unheilvoll 3 *fig* (*minaccioso*) {RISATA, RUMORE} düster, unheimlich; {LUCE, LUOGO, TIPO} *anche* finster B *m* (*incidente*) Schaden m, Unfall m, Unglück n: **~ aereo/ferroviario/marittimo**, Flugzeug-/Eisenbahn-/Schiffsunglück n; **~ stradale**, Verkehrsunfall m; **in caso di ~**, im Schadensfall(e) 2 *sport* (*nel calcio*) (*piede*) linker Fuß: **tirare col/di ~**, mit links schießen; (*tiro*) {DIROMPENTE} Linksschuss m, Schuss m mit dem linken Fuß 3 *sport* (*nel pugilato*) (*pugno*) Linke f: **sferrare un ~ a qu**, jdm eine Linke versetzen; **colpire di ~**, mit links schlagen, seine Linke einsetzen.

sinistrogìro *agg* 1 (*sinistrorso*) {VITE} linksläufig, linksdrehend 2 *chim fis* linksdrehend.

sinistròide *polit spreg* A *agg* linksgerichtet, linkslastig *slang spreg* B *mf* Linke *mf decl come agg*.

sinistròrso, (-a) A *agg* 1 (*da destra a sinistra*) {SCRITTURA} linksläufig; {FILETTATURA} *anche* linksdrehend 2 *chim fis* linksdrehend 3 *polit spreg* (*sinistroide*) {STAMPA} linksgerichtet, linkslastig *slang spreg* B *mf polit spreg* (*sinistroide*) Linke *mf decl come agg*.

sinistrosità <-> *f* (*nelle assicurazioni*) Unfall-, Schadensrate f: **zona ad alta ~**, Gebiet mit hoher Unfallsrate.

sìno <sin> → **fino**①.

sinodàle *agg relig* {DECISIONE, ETÀ} synodal.

sinòdico, (-a) <-ci, -che> *agg astr* {MESE, RIVOLUZIONE} synodisch.

sìnodo *m relig* {DIOCESANO, ECUMENICO, EPISCOPALE, VALDESE} Synode f, (Kirchen)versammlung f • **Santo Sinodo** *relig stor*, Heiliger Synod.

sinòloga *f* → **sinologo**.

sinologìa *f lett ling* Sinologie f.

sinològico, (-a) <-ci, -che> *agg lett ling* sinologisch.

sinòlogo, (-a) <-gi o ghi, -ghe> *m* (f) *lett ling* Sinologe m, (Sinologin f).

sinonimìa *f ling* Synonymie f, Sinn-, Sachverwandtschaft f; (*sinonimo*) Synonym n, sinn-, sachverwandtes Wort.

sinonìmico, (-a) <-ci, -che> *agg ling* 1 (*relativo a sinonimia*) {DEFINIZIONE} synonymisch 2 (*sinonimo*) {ESPRESSIONE} synonym, sinn-, sachverwandt.

sinònimo *ling* A *agg* {VOCABOLI} synonym, sinn-, sachverwandt B *m* Synonym n, sinn-, sachverwandtes Wort.

sinòpia *f* 1 (*colore*) Rötel(erde f) m 2 *arte* (*disegno*) Sinopie f.

sinòpsi <-> *f film* Exposee n.

sinòra → **finora**.

sinòssi <-> *f* (*compendio*) {GIURIDICA; +STORIA} Synopse f, Synopsis f: **~ evangelica**, Bibelsynopse f, Synopse f der Evangelien.

sinòttico, (-a) <-ci, -che> *agg* (*schematico*) {VANGELI} synoptisch; {CARTA, QUADRO} *anche* Übersichts-.

sinòvia *f anat* Gelenkschmiere f, Gelenkflüssigkeit f, Synovia *f scient*.

sinoviàle *agg anat* {CELLULA, MEMBRANA} Synovial-.

sinovìte *f med* Gelenkhautentzündung f, Synovitis *f scient*.

sintàgma <-i> *m ling* Syntagma n, Wortverbindung f: **~ aggettivale/nominale/preposizionale/verbale**, Adjektiv-/Nominal-/Präpositional-/Verbalsyntagma n.

sintagmàtico, (-a) <-ci, -che> *agg ling* syntagmatisch.

sintantoché → **fintantoché**.

sintàssi <-> *f* 1 *ling* {DIACRONICA, GENERATIVA} Satzlehre f, Syntax f; (*struttura*) {SCORRETTA +FRASE} Syntax f, Struktur f, Bau m, Gefüge n; (*manuale*) {LATINA} Lehrbuch n, Grammatik f 2 *fig* (*struttura*) {FILMICA, MUSICALE} Struktur f, Aufbau m.

sintàttica <-che> *f filos ling* Syntaktik f.

sintàttico, (-a) <-ci, -che> *agg ling* {ERRORE, REGOLA} syntaktisch, Syntax-.

sinterizzàre *tr tecnol* **~ qc** etw sintern.

sinterizzàto, (-a) *agg tecnol* {MATERIALE} gesintert, Sinter-.

sinterizzazióne *f tecnol* Sinterung f, Sintern n.

sìntesi *f* 1 *gener anche filos* Synthese f: **essere portati alla ~**, zur Synthese neigen; **~ a priori**, Synthese f/[synthetisches Urteil] a priori 2 (*riepilogo*) {+DISCORSO, LIBRO} Zusammenfassung f: **fare la ~ di qc**, etw zusammenfassen 3 (*somma di elementi fondamentali*) Synthese f, Fazit n: **l'opera di quell'autore è la ~ dei valori della sua epoca**, das Werk jenes Autors fasst die Werte seiner Zeit zusammen **4** *biol chim* Synthese f: **produrre qc per ~**, etw durch Synthese/[synthetisch] herstellen; **~ clorofilliana**, Foto-, Chlorophyllsynthese f; **~ proteica**, Proteinsynthese f, Translation f ● *in ~* (*in breve*), zusammenfassend, kurz (und bündig), in wenigen Worten; **~ vocale** *inform*, Stimmsynthese f.

sinteticaménte *avv* **1** (*in forma sintetica*) {ESPRIMERSI} knapp, kurz (und bündig) **2** *chim* synthetisch: **una sostanza prodotta ~**, ein synthetisch hergestellter Stoff.

sinteticità <-> *f* (*concisione*) {DIALETTICA; +DISCORSO, RESOCONTO} Bündigkeit f, Kürze f.

sintètico, (-a) <-ci, -che> *agg* **1** *gener anche ling filos mat* {GEOMETRIA, GIUDIZIO, LINGUA, METODO, PROCEDIMENTO} synthetisch **2** (*capace di sintesi*) {INTELLIGENZA} synthetisch, schematisch: **mente sintetica**, klarer Kopf **3** (*conciso*) {STILE} knapp; {TRATTAZIONE} kurz (und bündig) **4** *chim* {MATERIALE, PRODOTTO, TESSUTO} synthetisch, künstlich, Kunst-.

sintetizzàre *tr* ~ *qc* **1** (*riepilogare*) *etw* zusammen|fassen; (*uso assol*) sich kurz|fassen: **lascia perdere i dettagli, cerca di ~**, lass die Details beiseite, versuch dich kurzzufassen/[die Sache auf den Punkt zu bringen] **2** *chim etw* synthetisieren.

sintetizzatóre *m tecnol* {DIGITALE} Synthesizer m: **~ di frequenza**, Frequenzsynthetisator m.

sìnti <-> *etnol* **A** *mf* Sinto m, Sintizza f: **i ~ e i rom furono perseguitati sotto Hitler**, die Sinti und Roma wurden unter Hitler verfolgt **B** <inv> *agg* Sinti(-).

sintomaticità <-> *f* **1** *fig* (*significatività*) {+FORB, Bezeichnende n, Bedeutsamkeit f **2** *med* Symptomatik f *scient*.

sintomàtico, (-a) <-ci, -che> *agg* **1** *fig* (*significativo*) symptomatisch *forb*, bezeichnend: **il suo silenzio è ~**, sein/ihr Schweigen ist bezeichnend; **è ~ che nessuno abbia risposto**, es ist symptomatisch, dass niemand geantwortet hat *forb* **2** *med* {MANIFESTAZIONE, TERAPIA} symptomatisch.

sintomatologìa *f med* **1** (*disciplina*) Symptomatik f, Symptomatologie f **2** (*insieme dei sintomi*) Symptomatik f, Symptomenkomplex m.

sìntomo *m* **1** *fig* (*indizio*) {EVIDENTE +ROTTURA} Symptom n, (An)zeichen n: **l'inflazione è ~ di crisi**, die Inflation ist ein Krisensymptom/[deutet auf eine Krise hin] **2** *med* {+INFEZIONE, MALARIA} Symptom n, Anzeichen n.

sintonìa *f* **1** *fig* (*accordo*) Einigkeit f, Übereinstimmung f, Einklang m, Einverständnis n: **tra loro non c'è ~**, sie verstehen sich nicht; **agire/essere in ~ con qu/qc**, im Einklang mit jdm/etw handeln/sein **2** *fis* Gleichlauf m, Synchronismus m **3** *radio* {+DUE APPARECCHI} Abstimmung f, Einstellung f: **fuori/in ~**, verstimmt/abgestimmt.

sintònico, (-a) <-ci, -che> *agg radio* abgestimmt, eingestellt.

sintonizzàre A *tr* **1** *radio ~ qc* (*su qc*) {RICETRASMITTENTE SU UN CANALE PREFERENZIALE} *etw auf* etw (acc) ab|stimmen, *etw auf* etw (acc) ein|stellen **2** *fig* (*armonizzare*) ~ *qc con qc* {FORME CON I COLORI} *etw mit* etw (dat) in Einklang/Übereinstimmung bringen, *etw auf/auf* etw (acc) ab|stimmen **B** *itr tron* **1** *radio*: **sintonizzarsi su qc** {SU UNA STAZIONE TRASMITTENTE} das Radio *auf* etw (acc) ein|stellen **2** *fig* (*essere in armonia*): **sintonizzarsi con qu/qc** {CON UNA COLLEGA, CON UNA SITUAZIONE} sich *auf* jdn/etw ein|stellen.

sintonizzatóre *m radio* Tuner m.

sintonizzazióne *f radio* Abstimmung f, Einstellung f.

sinuosità <-> *f* **1** {+SENTIERO} Gewundenheit f; {+CORPO FEMMINILE} Kurvenreichtum m *fam scherz* **2** (*tratto sinuoso*) {+COSTA} Krümmung f, Windung f **3** *fig* (*non linearità*) {+RAGIONAMENTO} Gewundenheit f, Verschlungenheit f, Umständlichkeit f.

sinuóso, (-a) *agg* **1** {FIUME, STRADA} gewunden, kurvenreich; {CORPO} kurvig *fam*, kurvenreich *fam scherz* **2** *fig* (*non lineare*) {DISCORSO, DOMANDA} gewunden, verschlungen, umständlich.

sinusàle *agg anat* {MUCOSA} Nebenhöhlen-, Sinus- *scient*, {RITMO} Sinus- *scient*.

sinusite *f med* (Nasen)nebenhöhlenentzündung f, Sinusitis f *scient*.

sinusoidàle *agg mat* {ANDAMENTO} sinusförmig.

sinusòide *mat* **A** *agg* {CURVA} sinusförmig, Sinus- **B** *f* Sinuskurve f.

Sion *m geog* Zion m.

sionìsmo *m polit relig* Zionismus m.

sionista <-i m, -e f> *polit relig* **A** *agg* {CORRENTE} zionistisch **B** *mf* Zionist(in m) f.

sionìstico, (-a) <-ci, -che> *agg* {MOVIMENTO} zionistisch.

siór *m sett* (*signor*) Herr m.

sióra *f sett* (*signora*) Frau f.

SIP *f stor abbr di* Società Italiana Per l'esercizio delle telecomunicazioni: "Italienische Telefongesellschaft".

siparietto <*dim di sipario*> *m* **1** *teat* Zwischenvorhang m **2** *teat TV* {COMICO} Intermezzo n, Zwischenspiel n.

sipàrio <-ri> *m teat* Vorhang m ● **calare il ~ su qc** *fig* (*chiudere una vicenda*), den Vorhang über etw (acc) fallen lassen, mit etw (dat) abschließen; **~ di ferro** *polit* (*cortina di ferro*), Eiserner Vorhang.

sipontìno, (-a) A *agg* von/aus Siponto, von/aus Manfredonia **B** *m* (f) (*abitante*) Einwohner(in) m(f) von Siponto/Manfredonia.

sir <-, -s pl ingl> *m ingl* Sir m.

Siracùsa *f geog* Syrakus n.

siracusàno, (-a) A *agg* Syrakuser, syrakusisch **B** *m* (f) (*abitante*) Syrakuser(in) m(f).

sire *m* Sire m.

sirèna① **A** *f* **1** *mitol* Sirene f, (Wasser)nixe f **2** *fig* (*donna ammaliatrice*) Sirene f, Verführerin f **B** <inv> *loc agg fig* (*suadente*): **da ~** {CANTO, VOCE} Sirenen-.

sirèna② *f* {+ALLARME, FABBRICA, NAVE} Sirene f: **~ dell'ambulanza**, Martinshorn® n, Martin®-Horn n; **~ antifurto**, Alarmanlagensignal n; **a sirene spiegate**, mit Sirenengeheul.

sirenétta <*dim di sirena*①> *f* **1** (*piccola sirena*) kleine Nixe/Seejungfrau **2** *fig* (*fanciulla attraente*) Nymphchen n *fam*, Lolita f, Kindfrau f ● **la Sirenetta** (*statua di Copenhagen*), die kleine Seejungfrau.

Sìria *f geog* Syrien n.

sirìaco, (-a) <-ci, -che> **A** *agg* {ARTE, DESERTO} syrisch **B** *m* <solo *sing*> (*lingua*) Syrische n.

siriàno, (-a) A *agg* {TERRITORIO} syrisch **B** *m* (f) (*abitante*) Syr(i)er(in) m(f) **C** *m* <solo *sing*> (*lingua*) Syrische n.

sirìnga <-ghe> *f* **1** *med* {STERILE} Spritze f: **~ monouso**, Einwegspritze f **2** *gastr* Spritztülle f **3** *mus* Hirten-, Panflöte f.

siringàre <*siringo, siringhi*> *tr med* **~ qc 1** (*iniettare*) *etw* spritzen **2** (*aspirare*) *etw* (*cateterizzare*) etw katheterisieren *scient*, *etw* kathetern *scient*.

Sirio *f astr* Hundsstern m, Sirius m.

sirtaki <-> *m greco* (*danza*) Sirtaki m.

sisal <-> *f* **1** *bot* Sisalagave f **2** *tess* Sisal(hanf) m.

sisma <-i> *m* (*terremoto*) Erdbeben n.

SISMI *m stor abbr di* Servizio per l'Informazione e la Sicurezza Militare: "militärischer Abschirmdienst Italiens".

sismicità <-> *f geol* {ALTA} Erdbebengefährdetheit f, Erdbebenhäufigkeit f, Seismizität f.

sìsmico, (-a) <-ci, -che> *agg geol* {AREA, CARTA, SCALA, SCOSSA} Erdbeben-, seismisch.

sismo → **sisma**.

sismografìa *f geol* Seismografie f.

sismogràfico, (-a) <-ci, -che> *agg geol* {STAZIONE} seismografisch.

sismògrafo *m geol* Erdbebenmesser m, Seismograf m.

sismogràmma <-i> *m* Seismogramm n.

sismòloga *f* → **sismologo**.

sismologìa *f* Seismologie f, Seismik f, Erdbebenkunde f.

sismològico, (-a) <-ci, -che> *agg* {STUDIO} seismologisch.

sismòlogo, (-a) <-gi, -ghe> *m* (f) Seismologe m, (Seismologin f).

sissignóra *avv* **1** (*esprime reazione positiva*) jawohl/[sehr wohl], meine Dame/[Madame] **2** *iron* (*di dispetto*): **~, ci andrò da solo**, dass du's nur weißt/[da kannst du drauf wetten *fam*]/[da kannst du Gift drauf nehmen *fam*], ich werde allein dorthin gehen.

sissignóre *avv* **1** (*esprime reazione positiva*) jawohl/[sehr wohl], mein Herr **2** *iron* (*di dispetto*): **~, faccio proprio quello che voglio!**, dass du's nur weißt/[da kannst du drauf wetten *fam*]/[da kannst du Gift drauf nehmen *fam*], ich mache genau das, was ich will!

sistèma <-i> *m* **1** (*procedimento*) {PRATICO, SICURO; +GIOCO, ILLUMINAZIONE, IRRIGAZIONE, STUDIO} Methode f, System m; {+LAVORAZIONE} *anche* Verfahren(sweise f) n **2** (*combinazione di gioco*) System n: **fare/giocare un ~ al totocalcio**, beim Fußballtoto nach einem System spielen **3** (*regime*) System m, Regime n, Gesellschaftsordnung f: **adeguarsi al**/[combattere il] **~**, sich ans System anpassen/[das System bekämpfen] **4** *fig* (*modo di comportarsi*) Art f (und Weise f), Benehmen n, Verhalten n: **i tuoi sistemi non mi piacciono**, dein Benehmen gefällt mir nicht; **adottare il ~ forte**, hart durchgreifen, andere Saiten aufziehen, die Zügel straffer anziehen; **~ di vita**, Lebensweise f; **cambiare/mutare ~**, sein Verhalten ändern **5** *fig* (*consuetudine*) (An)gewohnheit f: **ha il/per ~ di lasciare sempre la porta aperta**, er/sie hat die Angewohnheit, immer die Tür offen zu lassen **6** *anat astr biol fis geog med tecnol* (*apparato*) {FOGLIARE, MECCANICO, VELICO; +COORDINATE, FORZE, INGRANAGGI} System n: **~ di allarme** *tecnol*, Alarmsystem n; **~ elastico/rigido** *fis*, elastisches/starres System; **~ eterogeneo/omogeneo** *chim*, heterogenes/homogenes System; **~ fluviale/idrografico** *geog*, Flusssystem n; **~ immunitario**, Immunsystem n; **~ montuoso/orografico** *geog*, Gebirgsketten f pl; **~ planetario/solare** *astr*, Planeten-/Sonnensystem n; **~ di riferimento** *fis*, Bezug(s)system n; **~ nervoso/neurovegetativo** *anat*, Nervensystem n/[vegetatives Nervensystem] **7** *dir econ polit* {DEMOCRATICO} System n: **~ bancario/fiscale** *econ*, Bank(en)-/Steuersystem n, Banken-/Steuerwesen n; **~ bicamerale** *polit*, Zweikammersystem n; ~ **elettorale** *polit*, Wahlsystem n, Wahlmodus m, Wahlrecht n; ~ **maggioritario/proporzionale** *polit*, Mehrheits-/Verhältniswahlrecht n, Mehrheits-/Verhältniswahlsystem n; ~ **monetario** *econ*, Währungssystem n; ~ **monetario europeo** *econ*, europäisches Währungssystem n; ~ **processuale** *dir*, Prozessordnung f **8** *filos scient* {ARISTOTELICO, MARXISTA} System n, Weltbild n, Theorie f; ~ **copernicano/tolemaico**, kopernikanisches/ptolemäisches Weltbild **9** *geol* {CRETACICO} System n, (Fels)formation f **10** *inform* System n; ~ **autore/esperto/operativo**, Autoren-/Experten-/Betriebssystem n **11** *ling mus* {DODECAFONICO, FONEMATICO, MORFOLOGICO, SINTATTICO} System n **12** *mat* {LINEARE, OMOGENEO} System n; ~ **dinamico/formale**, dynamisches/formales System; ~ **di equazioni**, System n von Gleichungen; **risolvere un ~**, ein System lösen **13** *metrol* System n: ~ **CGS/MKS**, CGS-/MKS-System n; ~ **internazionale**, internationales Einheitensystem, SI n; ~ **metrico decimale**, Dezimalsystem n ● - **di** *Linneo bot*, linnésches System; ~ **periodico degli elementi** *chim*, periodisches System, Periodensystem n.

sistemàre A tr **1** (*ordinare*) ~ **qc** {CONTI} *etw* ordnen; {ARCHIVIO} *anche etw* in Ordnung bringen; {CASA} *etw* auf|räumen, *etw* her richten **2** (*mettere*) ~ **qc** (+ **compl di luogo**) {DIVANO DI FRONTE ALLA TELEVISIONE} *etw irgendwohin* stellen; {VESTITI NELL'ARMADIO} *etw irgendwohin* hängen **3** (*alloggiare*) ~ **qu/qc** (+ **compl di luogo**) {FAMIGLIA, MOGLIE IN ALBERGO, PRESSO AMICI} *jdn/etw* (*irgendwo*) unter|bringen, *jdn/etw* (*irgendwo*) ein|quartieren **4** *fig* (*definire*) ~ **qc** {AFFARE, FACCENDA} *etw* in Ordnung bringen, *etw* erledigen, *etw* regeln; {LITE, VERTENZA} *etw* bei|legen **5** *fig* (*procurare un'occupazione*) ~ **qu** (+ **compl di luogo**) {NIPOTE IN UN'AZIENDA} *jdn* (*irgendwo*) unter|bringen **6** *fig* (*accasare*) ~ **qu** (**con qu**) {FIGLIA CON UN NOTO AVVOCATO} *jdn* mit *jdm* verheiraten: **le proprie figlie**, seine Töchter unter die Haube[/an den Mann] bringen *fam scherz* **7** *fig fam* (*castigare*) ~ **qu** *jdm* den Kopf zurecht|rücken *fam*, *jdn* zurecht|weisen: **ora ti sistemo io!**, denen werd ich's jetzt zeigen! *fam* **8** *scient* ~ **qc** *etw* systematisieren B *itr pron* (*andare a posto*): **sistemarsi** in Ordnung kommen, sich regeln, gut werden: **vedrai che tutto si sistemerà**, du wirst sehen, alles wird gut/[sich regeln] C rfl **1** (*trovare alloggio*): **sistemarsi** (+ **compl di luogo**) {IN UN COTTAGE, PRESSO UN PARENTE} (*irgendwo*) unter|kommen; (*stabilirsi*) {IN CAMPAGNA} sich (*irgendwo*) etablieren, sich (*irgendwo*) nieder|lassen **2** (*mettersi*): **sistemarsi** (+ **compl di luogo**) {SULLA POLTRONA, AL PROPRIO POSTO} sich (*irgendwohin*) nieder|lassen, sich (*irgendwohin*) setzen **3** (*mettere a posto*): **sistemarsi** (+ **CAPELLI**) sich (dat) *etw* richten; {GONNA} sich (dat) *etw* zurechtzupfen **4** (*rassettarsi*): **sistemarsi** sich zurecht|machen, sich her|richten: **sistemati un po' prima di entrare dal direttore, sei tutto in disordine!**, mach dich ein bisschen zurecht, bevor du zum Direktor hineingehst, du siehst total unordentlich aus! **5** *fig* (*trovare un'occupazione*): **sistemarsi** (+ **compl di luogo**) (*irgendwo*) unter|kommen, (*irgendwo*) eine Stelle finden: **a tre anni dalla laurea non si è ancora sistemata**, drei Jahre nach Studienabschluss hat sie noch keine Stelle/ Anstellung gefunden; **si sistemerà come impiegata nella ditta del padre**, sie wird als Angestellte im väterlichen Firma unterkommen **6** *fig* (*accasarsi*): **sistemarsi** (**con qu**) *jdn* heiraten, (*bei jdm*) im Hafen der Ehe landen *scherz*: **si è sistemato bene con una splendida ragazza**, er hat ein wunderschönes Mädchen geheiratet; **non vedo l'ora che mia figlia si sistemi**, ich kann's kaum erwarten, dass meine Tochter unter die Haube kommt *fam scherz*.

sistemàta f (*sistemazione sommaria*): **dare una ~ alla stanza**, das Zimmer schnell aufräumen; **darsi una ~**, sich schnell zurechtmachen/[frisch machen].

sistemàtica ① <-che> f Systematik f.

sistemàtica ② f → **sistematico**.

sistematicaménte *avv* **1** (*in modo rigoroso*) {PROCEDERE, STUDIARE} systematisch **2** (*con regolarità*) regelmäßig, ständig: **arriva ~ in ritardo**, er/sie kommt grundsätzlich zu spät **3** (*per partito preso*) aus Prinzip, prinzipiell: **lo contraddice ~**, er/sie widerspricht ihm aus Prinzip.

sistematicità <-> f **1** (*metodicità*) {+RICERCA, STUDIO} systematisches/methodisches Vorgehen **2** (*costanza*) {+COMPORTAMENTO, FENOMENO} Regelmäßigkeit f, regelmäßige Wiederkehr **3** (*ostinazione*) {+RIFIUTO} Grundsätzlichkeit f, Hartnäckigkeit f **4** (*meticolosità*) {+MENTE} Strukturier(ungs)fähigkeit f; {+PERSONA} *anche* Gewissenhaftigkeit f, Sorgfalt f.

sistemàtico, (-a) <-ci, -che> A *agg* **1** {CLASSIFICAZIONE, CONTROLLO, DIZIONARIO, METODO, ORDINE} systematisch **2** (*costante*) {ERRORE, FATTO} regelmäßig (wiederkehrend) **3** (*ostinato*) {OPPOSIZIONE} grundsätzlich, prinzipiell **4** (*meticoloso*) {RICERCATORE} systematisch, gewissenhaft, sorgfältig: **ha un'intelligenza sistematica**, er/sie ist ein systematischer Kopf B m (f) *biol* Systematiker(in) m(f).

sistematizzàre *tr* ~ **qc** {RICERCA} *etw* systematisieren, *etw* systematisch ordnen, *etw* gliedern, *etw* in ein System bringen.

sistematizzazióne f Systematisierung f.

sistemazióne f **1** (*collocazione*) {+OGGETTI} (An)ordnung f; (*posto*) Platz m: **finalmente ho trovato una ~ per il divano**, endlich habe ich einen Platz fürs Sofa gefunden **2** (*alloggio*) {ECONOMICA, PROVVISORIA} Unterbringung f, Unterkunft f **3** (*impiego*) Anstellung f, Stelle f **4** (*definizione*) {+QUESTIONE} Erledigung f; {+CONTRASTO, LITE} Beilegung f.

sistèmico, (-a) <-ci, -che> *agg med* {MALATTIA} systemisch *scient*.

sistemista <-i m, -e f> mf **1** (*giocatore di sistemi*) Systemspieler(in) m(f) **2** *anche inform* Systemanalytiker(in) m(f), Systemingenieur(in) m(f).

sistemistica <-che> f Systemik f, Systemlehre f, Systemtheorie f.

sistemistico, (-a) <-ci, -che> *agg* {PROBLEMA} systemtheoretisch.

sistilo *arch* A *agg* {TEMPIO} systylisch B m Systylon m.

sistino, (-a) *agg relig* Sixtinisch: **Cappella Sistina**, Sixtinische Kapelle.

Sisto m (*nome proprio*) Sixtus.

sistola f (*tubo*) (Spritz)schlauch m.

sistole f **1** (*in fisiologia*) Systole f *scient* **2** *ling* Systole f.

sistòlico, (-a) <-ci, -che> *agg med* systolisch *scient*.

sitar <-> m *mus* (*strumento*) Sitar m.

sitcom <-> f *ingl* (*situation comedy*) Situationskomödie f, Sitcom f.

sit-com <-, -s pl> f *ingl TV* (*situation comedy*) Situationskomödie f, Sitcom f.

sitibóndo, (-a) *agg lett anche fig* (*assetato*) durstig: ~ **di vendetta**, rachedurstig.

sit-in <-, -s pl> m *ingl* Sit-in: **organizzare un sit-in di protesta**, ein Protest-Sit-in veranstalten.

sito ① m **1** *forb* (*luogo*) Lage f, Ort m, Stelle f: ~ **archeologico**, Ausgrabungsstätte f; **un importante ~ del settore petrolifero**, ein wichtiger Standort für die Ölindustrie **2** *inform* (Web)-Site f, Webseite f: **andare su/in un ~**, auf eine (Web)site gehen **3** *tosc* (*odore*) Gestank m.

sito ②, (-a) *agg amm lett* (*situato*) gelegen: **edificio ~ in via Garibaldi**, in Via Garibaldi gelegenes Gebäude.

sitofobia f *med* angstbedingte Nahrungsverweigerung, Sitophobie f *scient*.

sitografia f *inform* Sitografie f.

sitologia f *med* Ernährungswissenschaft f.

sitòlogo, (-a) <-gi, -ghe> m (f) Ernährungswissenschaftler(in) m(f).

sitomania f *med* Esssucht f, Sit(i)omanie f *scient*.

situàre A tr **1** (*porre*) ~ **qc** (+ **compl di luogo**) {CURSORE IN ALTO A DESTRA} *etw* (*irgendwohin*) setzen; {QUADRO SOPRA AL CAMINETTO} *etw* (*irgendwohin*) hängen: **la villa è situata a sud**, die Villa liegt südlich **2** *fig* (*inserire*) ~ **qu/qc** (+ **compl di luogo**) {PROBLEMA, SCRITTORE IN UN CONTESTO STORICO} *jdn/etw* (*irgendwo*) ein|ordnen, *jdn/etw* (*irgendwo*) ein|fügen B *itr pron*: **situarsi** (+ **compl di luogo**) **1** (*trovarsi*) {ALBERGO SULLA COSTA} *irgendwo* liegen **2** *fig* (*inserirsi*) {OPERA IN UN DETERMINATO FILONE LETTERARIO} sich (*in etw* acc) ein|fügen, sich (*in etw* acc) ein|reihen.

situation comedy <-, - -dies pl *ingl*> loc sost f *ingl TV* (*serie di telefilm*) Situationskomödie f, Sitcom f.

situàto, (-a) *agg* (*posto*) gelegen: **una bella casa situata ai piedi della collina**, ein schönes Haus am Fuße des Hügels.

situazionàle *agg* **1** {CONTESTO} situativ **2** *ling* {METODO, PROGRAMMA} situativ, situationell.

situazióne f **1** {COMICA, CRITICA, ECONOMICA, POLITICA} Lage f, Situation f: ~ **di emergenza**, Notlage f; **sono/[mi trovo] in una brutta ~**, ich bin in einer schlimmen Lage; **nella sua ~ io partirei**, an seiner/ihrer Stelle würde ich weggehen; ~ **del tempo/traffico**, Wetter-/Verkehrslage f **2** *contabilità econ* Lage f, Status m, Verhältnisse n pl: ~ **amministrativa**, dienstrechtliche Stellung; ~ **contabile**, Geschäftsstatus m; ~ **finanziaria**, Finanzlage f, Finanzverhältnisse n pl; ~ **patrimoniale**, Vermögenslage f, Vermögensverhältnisse n pl, Besitzstand m **3** *ling* (Situations)kontext m, Situation f ● **data/vista la ~**, angesichts der Lage; ~ **di fatto**, Sachlage f, Tatbestand m; ~ **giuridica** soggettiva *dir*, "Gesamtheit f der Rechte, Pflichten, Interessen und Grundverhältnisse von Rechtssubjekten"; **la ~ è diventata insostenibile**, die Situation ist untragbar geworden; ~ **di stallo**/[**senza via d'uscita**], Sackgasse f, ausweglose Situation.

sivièra f *metall* (Gieß)pfanne f.

Sivìglia f *geog* Sevilla n.

sizigia f **1** *astr* Syzygie f, Syzygium n **2** *ling* Dipodie f.

ska <-> m *ingl mus* Ska m.

Skài® <-> m *comm* Skai® m.

skateboard <-, -s pl *ingl*> m *ingl anche sport* Skateboard n, Rollbrett n.

skater <-> mf *ingl sport* Skater(in) m(f).

skating <-> m *ingl* **1** *sport* (*pattinaggio su ghiaccio*) Eislaufen m, Skating n; (*a rotelle*) Rollschuhlaufen m **2** *sport* (*nello sci di fondo*) (*passo pattinato*) Schlittschuhschritt m **3** *tecnol* Skating n.

sketch <-, -es pl *ingl*> m *ingl* {COMICO, PUBBLICITARIO, TELEVISIVO} Sketch m.

ski-lift <-, -s pl ingl> m ingl (scivia) Skilift m.

skin <-> → **skinhead**.

skinhead <-, -s pl ingl> mf ingl Skinhead m.

ski-pass, **skipass** <-, -es pl ingl> m ingl sport (nello sci) {GIORNALIERO, SETTIMANALE} Ski-pass m.

skipper <-, -s pl ingl> mf ingl mar Skipper(in) m(f) slang.

ski-stopper <-, -s ingl> m ingl sport (nello sci) Skibremse f, Skistopper m, Spornhebel m.

skunk <-, -s pl ingl> m ingl 1 zoo Skunk m 2 (pelliccia) Skunk m.

skylab <-> m ingl (laboratorio spaziale) Skylab n.

skylight <-> m ingl fot Skylightfilter m.

skyline <-, -s pl ingl> f ingl (profilo) Skyline f.

s.l. abbr di senza luogo: s. l. (abbr di sine loco).

slabbràre A tr ~ qc 1 (sbrecciare) {PIATTO} etw an|schlagen 2 (deformare) {TESSUTO, TUBO DI PLASTICA} etw aus|leiern 3 (lacerare) {FERITA} etw an den Rändern auf|brechen B itr pron: **slabbrarsi** 1 (sbrecciarsi) {BICCHIERE} angeschlagen sein 2 (deformarsi) {ASOLA, COLLO DELLA MAGLIA, TASCA} aus|leiern, die Form verlieren 3 (lacerarsi) {FERITA} an den Rändern auf|platzen.

slabbratùra f 1 (lo sbrecciare) Anschlagen n; (parte sbrecciata) {+VASO} Randbeschädigung f 2 (il deformare) Ausleiern n; (parte deformata) {+POLSINO} ausgeleierte Stelle 3 (il lacerare) Aufplatzen n; (parte lacerata) {+FERITA} aufgeplatzte Stelle.

slacciàre <slaccio, slacci> A tr ~ qc {GREMBIULE, LACCIO DELLO SCARPONE, SCARPA} etw auf|binden, etw auf|schnüren; {BOTTONE DEL POLSINO, CAPPOTTO} etw auf|knöpfen; {CERNIERA, CINTURA (DI SICUREZZA), GONNA} etw auf|machen, etw lösen, etw öffnen; {REGGISENO} anche etw auf|haken B itr pron: **slacciarsi** 1 {GIACCA, LACCIO DEL CORSETTO, SCARPA, VESTITO} auf|gehen; {BOTTONE, CINTURA (DI SICUREZZA), REGGISENO} anche sich lösen C rfl indir: **slacciarsi** qc {GREMBIULE, SCARPA, STRINGA DELLO SCARPONE} sich (dat) etw auf|binden, sich (dat) etw auf|schnüren; {BOTTONE DEL COLLETTO, CAMICIA} sich (dat) etw auf|knöpfen; {SCARPONE DA SCI, VESTITO} sich (dat) etw auf|machen: **slacciarsi la cintura (di sicurezza)**, sich abschnallen.

slalom <-> m 1 anche fig (percorso a zig zag) Zickzackkurs m: **fare lo ~ tra le ₗauto parcheggiate₁/[domande indiscrete]**, sich ₗ(im Zickzackkurs) zwischen den geparkten Autos₁/[so gut wie möglich auf dem Minenfeld der indiskreten Fragen] (hindurch)-schlängeln 2 sport (nello sci) Slalom m, Torlauf m rar: ~ **gigante/parallelo/speciale**, Riesen-/Parallel-/Spezialslalom m.

slalomista <-i m, -e f> mf sport (nello sci) Slalomläufer(in) m(f).

slam ① <-, -s pl ingl> m ingl (nel bridge) {GRANDE, PICCOLO} Schlemm m: **fare ~**, schlemm machen • **grande ~ sport** (nel tennis), Grand-Slam-Turnier n.

slam ② inter onomatopeica (di porta sbattuta) slam!

slamàre A tr (nella pesca) (staccare dall'amo) ~ **qc** etw vom Angelhaken lösen B itr pron (liberarsi dall'amo): **slamarsi** {PESCE} sich vom Angelhaken befreien.

slanciàre <slancio, slanci> A tr 1 (protendere) ~ **qc** (+ compl di luogo) {GAMBA IN ALTO, IN AVANTI} etw (irgendwohin) schwingen 2 fam (snellire) ~ **qu** etw schlank(er)/dünn(er) machen: **una gonna lunga ti slancerebbe molto**, ein langer Rock würde dich viel schlanker machen B itr pron fig (protendersi): **slanciarsi verso qc** {CAMPANILE VERSO L'ALTO} nach/zu etw (dat) streben C rfl (scagliarsi): **slanciarsi contro/su qu** {CONTRO L'AVVERSARIO, SUL NEMICO} sich auf jdn stürzen, sich auf jdn werfen; **slanciarsi** (+ compl di luogo) {TRA LA FOLLA, NELLA MISCHIA} sich (irgendwohin) stürzen, sich (irgendwohin) werfen.

slanciàto, (-a) agg 1 (alto e snello) {LINEA, RAGAZZA} schlank 2 (proteso verso l'alto) {CAMPANILE} hoch, hohe(r, s).

slàncio <-ci> A m 1 (balzo) Satz m, Sprung m: **la raggiunse con uno ~**, er/sie war mit einem Satz bei ihr 2 (rincorsa) Anlauf m: **prendere lo ~**, Anlauf nehmen 3 fig (impeto) Auftrieb m, Elan m, Schwung m; {+FEDE} Feuer n; {+PASSIONE, TENEREZZA, ecc.} anche Überschwang m, Aufflackern n, Auflodern n: **fare qc con ~**, etw schwungvoll/[mit Elan] tun; **in uno ~ di entusiasmo**, in einem Anflug von Begeisterung B loc avv: **di ~** 1 (con uno scatto) {PARTIRE, SALIRE} schwungvoll 2 fig (senza esitazione) {AGIRE} spontan.

slang <-> m ingl Slang m.

slargàre <slargo, slarghi> A tr (allargare) ~ **qc** {PASSAGGIO, STRADA} etw erweitern, etw verbreitern, etw breiter machen; {GONNA} etw aus|weiten, etw aus|leiern fam B itr pron: **slargarsi** 1 (allargarsi) {FIUME, SENTIERO} sich erweitern, weiter werden; {MAGLIONE} sich aus|weiten, sich aus|leiern fam 2 (distaccarsi l'uno dall'altro) auseinander|rücken: **slargatevi un po', così mi siedo anch'io**, rückt ein wenig auseinander, dann kann ich mich auch hinsetzen.

slàrgo <-ghi> m Verbreiterung f.

slash <-, -es pl ingl> m ingl inform Schrägstrich m, Slash m.

slatentizzàre tr med ~ **qc** etw Latentes zum Ausbruch bringen: **un forte stress può ~ una cardiopatia**, starker Stress kann eine latente Kardiopathie zum Ausbruch bringen.

slattaménto m (svezzamento) Abstillen n.

slattàre tr (svezzare) ~ **qu** jdn ab|stillen.

slàva f → slavo.

slavàto, (-a) agg 1 (sbiadito) {COLORE} ausgewaschen, verwaschen; {BIONDO} matt, stumpf 2 anche fig (scialbo) {DESCRIZIONE, NARRATORE} farblos, ausdruckslos; {RAGAZZA, VOLTO} anche fahl.

slavìna f Lawine f.

slavìsmo m 1 ling Slawismus m 2 polit Panslawismus m.

slavìsta <-i m, -e f> mf Slawist(in) m(f).

slavìstica <-che> f Slawistik f.

slàvo, (-a) A agg slawisch B m (f) (abitante) Slawe m, (Slawin f) C m <solo sing> (lingua) Slawisch(e) n.

sleàle agg (scorretto) {AVVERSARIO, COMPORTAMENTO, CONCORRENZA} unfair, unlauter forb; {UOMO} anche unehrlich.

slealtà <-> f 1 (scorrettezza) {+MOSSA} Unfairness f, Unlauterkeit f; {+COLLEGA} anche Unehrlichkeit f 2 (azione) unfaire Handlung.

slèddog <-> m ingl sport Hundeschlittenrennen n.

sleeper <-> mf ingl (dormiente) Sleeper(in) m(f).

sleeping car <-, - -s pl ingl> loc sost m ingl ferr Schlafwagen m.

slegàre A tr 1 (slacciare) ~ **qc** {NODO} etw auf|knoten, etw lösen; {SCARPA} etw auf|schnüren, etw auf|binden 2 (lasciare libero) ~ **qu** {PRIGIONIERO} jdn/etw frei|lassen; ~ **qc** {ANIMALE} etw los|binden, etw los|lassen; anche fig {IMMAGINAZIONE} etw (dat) freien Lauf lassen B rfl 1 (slacciarsi): **slegarsi** {GREMBIULE, PACCO} auf|gehen, sich lösen 2 (liberarsi): **slegarsi** (da qc) {UOMO} sich (von etw dat) befreien; {CANE DALLA CATENA} anche sich (von etw dat) los|reißen.

slegàto, (-a) agg 1 (sciolto) {SCARPA} aufgebunden, lose 2 (libero) {ANIMALE} losgebunden, losgelassen, frei 3 (non rilegato) {VOLUME} ungebunden 4 fig (sconnesso) {CONCETTI, DISCORSO} zusammenhang(s)los.

slèppa f sett 1 (schiaffo) Ohrfeige f 2 fig (grande quantità) Unmenge f.

Slèsia f geog Schlesien n.

slesiàno, (-a) A agg schlesisch B m (f) Schlesier(in) m(f).

Sleswig-Holstein m geog Schleswig-Holstein n.

slice ingl sport (nel tennis) A <inv> agg {PALLA, SERVIZIO} Slice- B <-, -s pl ingl> m Slice m.

slip <-> m ingl {DA UOMO} Slip m.

slìtta f 1 (veicolo) Schlitten m: **non sono mai andata in ~**, ich bin noch nie Schlitten gefahren 2 mecc {LONGITUDINALE; +FRESATRICE, TORNIO} Schlitten m: ~ **portautensile**, Werkzeugschlitten m.

slittaménto m 1 (sbandamento) {+AUTO} Schlittern n, Rutschen n; (il girare a vuoto) {+RUOTA ANTERIORE DESTRA} Durchdrehen n 2 (smottamento) Abrutschen n; ~ **del terreno**, Erdrutsch m 3 fig (svolta) {IDEOLOGICO, POLITICO} Abkommen n 4 fig (ribasso) {+EURO, TITOLO} (Ab)fallen n, Nachgeben n 5 fig (rinvio) {+DATA, PAGAMENTO} Verschiebung f.

slittàre itr 1 <avere> (andare in slitta) ~ (+ compl di luogo) {BAMBINO SUL PRATO} (irgendwo) Schlitten fahren 2 <essere o avere> (sbandare) ~ (in/su qc) {AUTOBUS SUL TERRENO GHIACCIATO} (über etw acc) schlittern, (auf etw dat) rutschen; (girare a vuoto) {RUOTA NEL FANGO, SULLA NEVE} (in etw dat) durch|drehen 3 <essere o avere> fig (svoltare) ~ (+ compl di luogo) {PARTITO VERSO UNA POSIZIONE MODERATA} sich (irgendwohin) bewegen, sich (irgendwohin) verlagern: **la maggioranza slittò a destra**, die Mehrheit ₗdriftete/rutschte nach rechts ab₁/[machte einen Rechtsruck] 4 <essere o avere> fig (ribassare) {MONETA, TITOLO} ab|fallen, nach|geben: **l'euro continua a ~**, der Euro fällt weiter 5 <essere o avere> fig (essere rinviato) ~ (+ compl di tempo) {DATA DEL MATRIMONIO, PUBBLICAZIONE DI UN LIBRO, RIUNIONE DI UN MESE, ALLA SETTIMANA PROSSIMA} (irgendwohin) verschoben werden, sich (irgendwohin) verschieben.

slittìno <dim di slitta> m 1 (piccola slitta) Rodelschlitten m 2 sport Rennrodel m, Rennschlitten m.

slivoviz <-> m enol Slibowitz m, Pflaumen-, Zwetschenschnaps m.

s.l.m. abbr di sul livello del mare: ü.d.M. (abbr di über dem Meeresspiegel).

s.l.n.d. abbr di senza luogo né data: s. l. n. d. (abbr di sine loco nec data) (ohne Orts- und Zeitangabe).

slogaménto m (slogatura) {+CAVIGLIA} Aus-, Verrenkung f.

slògan <-> m ingl {ELETTORALE, PUBBLICITARIO} Slogan m: ~ **di protesta**, Protestslogan m.

slogàre <slogo, sloghi> A tr ~ **qc a qu** {POLSO} jdm etw aus|-, verrenken B rfl indir: **slogarsi qc** {SPALLA} sich (dat) etw aus|-, verrenken.

slogatùra f (distorsione) ~ **(a qc)** {AL POLSO} Aus-, Verrenkung f (von etw dat/+ gen): **farsi/procurarsi una ~**, sich (dat) eine Verrenkung zuziehen₁/[etwas aus-, verrenken].

sloggiàre <sloggio, sloggi> A tr (far sgombrare) ~ **qu (da qc)** {INQUILINO DA UN ALLOGGIO, NEMICO DA UNA ZONA} jdn (aus etw dat) vertreiben, jdn (aus etw dat) weisen B itr 1 (an-

slombato | smanioso

darsene) ~ (+ *compl di tempo*) {ENTRO UN MESE} (*irgendwann*) aus-, wegziehen (müssen); ~ **da qc** {DA UN TERRITORIO} *etw* räumen; {DA UN PALAZZO} *anche aus etw* (dat) aus|ziehen **2** *fam* (*sgombrare*) ab|hauen *fam*: **sloggia che ho da fare!**, hau ab, ich habe zu tun! *fam*.

slombàto, (-a) *agg* **1** (*sfiancato*) {ASINO} erschöpft, entkräftet **2** *fig* (*fiacco*) {PROSA, SCRITTORE} schwach, matt.

slot <-, -s *pl ingl*> *m ingl inform* Slot m, Steckplatz m.

slot machine <- -, - -s *pl ingl*> *loc sost f ingl* (Glücks)spielautomat m.

Slovàcchia *f geog* Slowakei f.

slovàcco, (-a) <-chi, -che> A *agg* slowakisch B *m* (f) (*abitante*) Slowake m, (Slowakin) f; C *m* <*solo sing*> (*lingua*) Slowakisch(e) n.

Slovènia *f geog* Slowenien n.

slovèno, (-a) A *agg* slowenisch B *m* (f) (*abitante*) Slowene m, (Slowenin) f; C *m* <*solo sing*> (*lingua*) Slowenisch(e) n.

slow <-> *m ingl mus* Slowfox m.

slow food <-> *m ingl gastr* Slow Food n.

slum <-, -s *pl ingl*> *m ingl* (*bassifondi*) Slum m.

slurp *ingl* A *inter onomatopeica* (*di chi mangia di gusto*) slurp!, schlürf!, schlabber! B <-> *m* (*rumore*) Slurpen n, Schlürfen n, Schlabbern n.

SM *abbr di* Sua Maestà: S.M. (**abbr di** Seine Majestät).

smaccàto, (-a) *agg* **1** *fig* (*sfacciato*) {ADULAZIONE, LUSSO} übermäßig, übertrieben **2** *rar* (*nauseante*) {VINO} süßlich, widerlich süß.

smacchiàre <*smacchio, smacchi*> *tr* ~ **qc** {CAMICIA} (*togliere le macchie aus etw*) (dat) entfernen, *etw aus|waschen*; (*uso assol*) entflecken: **è un prodotto che smacchia a fondo**, dieses Mittel entfernt Flecken gründlich.

smacchiatóre, (-trice) A *m* (f) (*addetto*) Fleckenreinigungsspezialist(in) m(f) B *m* (*prodotto*) Fleckenentferner m, Fleckenentfernungsmittel n.

smacchiatùra *f* **1** (*pulitura*) Fleckenentfernung f; {+TESSUTO} Entflecken n: ~ **a secco**, Reinigung f.

smàcco <-chi> *m* Schmach f, Niederlage f, Schlag m, Schlappe f *fam*: **subirà un grave ~ quando saprà della bocciatura**, das wird ein schwerer Schlag für sie/ihn, wenn er/sie erfährt, dass er/sie durchgefallen ist; **per me è stato uno ~**, das war schmachvoll *forb*/demütigend für mich.

smack *ingl* A *inter onomatopeica* (*di un bacio*) smack!, schmatz!, schmatz! B <-> *m* (*bacio*) Küsschen n, Schmatz m *fam*.

smadonnàre *itr slang* (*bestemmiare*) fluchen.

smagliànte *agg anche fig* {BELLEZZA, LUCE} strahlend; {FORMA} Best-, Top-.

smagliàre <*smaglio, smagli*> A *tr* ~ **qc** (**a qu**) **1** (*rompere*) {SPILLO CALZA ALLA SIGNORA} *jdm* Laufmaschen *in etw* (acc) machen; {RETE} ein Loch *in etw* (acc) machen **2** (*provocare smagliature*): **la gravidanza le ha smagliato il seno**, durch die Schwangerschaft hat sie Dehnungsstreifen an der Brust bekommen B *itr pron*: **smagliarsi 1** (*rompersi*) {CALZA} Laufmaschen bekommen; {RETE} stellenweise auf|gehen, ein Loch bekommen **2** (*presentare smagliature*) {PELLE} Dehnungsstreifen bekommen.

smagliàto, (-a) *agg* (*con smagliature*) {CALZA} mit Laufmaschen; {PELLE} mit Dehnungsstreifen.

smagliatùra *f* **1** (*strappo*) Laufmasche f: **hai una ~ nella calza**, du hast eine Laufmasche im Strumpf; {+RETE} Riss m, Loch n **2** (*striatura della pelle*) Dehnungsstreifen m **3** *fig* (*incongruenza*) Ungereimtheit f: **il film presenta molte smagliature**, der Film weist viele Ungereimtheiten auf.

smagnetizzàre A *tr* ~ **qc** {FLOPPY DISC, SCHEDA TELEFONICA} *etw* entmagnetisieren B *itr pron*: **smagnetizzarsi** {CALAMITA} entmagnetisiert werden.

smagnetizzatóre, (-trice) A *m fis* Entmagnetisierungsgerät n B *agg* {TESTINA} Entmagnetisierungs-.

smagnetizzazióne *f* Entmagnetisierung f.

smagrire <*smagrisco*> A *tr* ~ **avere** (*fare dimagrire*) ~ **qu** {MALATTIA, STRESS} *jdn* abmagern lassen, *jdn* dünn/mager machen B *itr* <*essere*> *itr pron* (*dimagrire*): **smagrirsi** ab|magern, ab|nehmen: **è smagrito molto dall'ultima volta che l'ho visto**, er hat stark abgenommen, seit ich ihn das letzte Mal gesehen habe; **non riesce a smagrirsi**, er/sie schafft es nicht abzunehmen.

smagrito, (-a) *agg* (*magro*) {VOLTO} schmal, mager.

smaliziàre A *tr* (*scaltrire*) ~ **qu** {RAGAZZA INGENUA} *jdn* klüger/schlauer/gewitzter machen B *itr pron* **1** (*scaltrirsi*): **smaliziarsi** klüger/schlauer/gewitzter werden **2** (*acquisire esperienza*): **smaliziarsi** (**in qc**) {IN UN LAVORO} (*in etw* dat) Erfahrungen sammeln, (*in etw* dat) erfahrener werden.

smaliziàto, (-a) *agg* **1** (*non ingenuo*) {DONNA} schlau, gerissen, verschlagen **2** (*esperto*) {COMMERCIANTE} erfahren.

small <inv> *agg ingl* (*nella moda: piccolo*) (abbr S) {MAGLIETTA} small.

smaltàre A *tr* ~ **qc** {PENTOLA, VASCA DA BAGNO} *etw* emaillieren; {VASO DI CERAMICA} *etw* glasieren; {PORTA, UNGHIE} *etw* lackieren B *rfl indir*: **smaltarsi qc** {UNGHIE} sich (dat) *etw* lackieren.

smaltàto, (-a) *agg* {PADELLA, SECCHIO} Email-; {CERAMICA} Glas-; {UNGHIA} lackiert.

smaltatóre, (-trice) *m* (f) Emailleur(in) m(f).

smaltatùra *f* **1** (*operazione*) {+FERRO} Emaillierung f; {+CERAMICA} *anche* Glasieren n; {+DENTE} Keramikverkleidung f; {+UNGHIE} Lackierung f **2** (*strato*) {+PADELLA} Emailschicht f, Email n; {+PIATTO DI CERAMICA} Glasur f; {+UNGHIA} Lack m **3** *fot* Hochglanzpressen n.

smaltiménto *m* **1** (*digestione*) {+CIBO} Verdauung f **2** (*eliminazione*) Entsorgung f, Beseitigung f: ~ **dei rifiuti**, Abfall-, Müllbeseitigung f, Abfall-, Müllentsorgung f **3** (*deflusso*) {+ACQUE PIOVANE} Ableitung f, Entsorgung f; *fig* {+TRAFFICO} Entlastung f, Entzerrung f **4** (*disbrigo*) {+LAVORO ARRETRATO} Erledigung f **5** (*vendita totale*) {+GIACENZE DI MAGAZZINO} Ausverkauf m **6** *fig* (*superamento*) {+DELUSIONE} Überwindung f; {+SBORNIA} *anche* Ausschlafen n.

smaltire <*smaltisco*> *tr* ~ **qc 1** (*digerire*) {PRANZO} *etw* verdauen, *etw* verwerten **2** (*eliminare*) {RIFIUTI} *etw* beseitigen, *etw* entsorgen **3** (*far defluire*) {ACQUE DI SCARICO} *etw* ab|leiten, *etw* entsorgen; *fig* {CODA ALLO SPORTELLO} *etw* ab|fertigen; {TRAFFICO} *etw* entlasten, *etw* entzerren **4** (*sbrigare*) {LAVORO} *etw* erledigen; {CORRISPONDENZA} *anche etw* ab|arbeiten **5** (*esaurire*) {MERCE, SCORTE DI MAGAZZINO} *etw* aus|verkaufen, *etw* total ab|setzen **6** *fig* (*farsi passare*) {COTTA, OFFESA} *etw* überwinden, *etw* verdauen, *etw* aus|schlafen; {RABBIA} *etw* verrauchen lassen.

smàlto A *m* **1** (*rivestimento*) Email n; (*per ceramica*) Glasur f **2** (*oggetto*) {ANTICO} Emailware f **3** (*vernice*) Lack m: **dare lo ~ alle porte**, die Türen streichen **4** (*prodotto cosmetico*) {MADREPERLATO} Nagellack m: **~ per unghie**, Nagellack m **5** *fig* (*brio*) Leistungsfähigkeit f, Schwung m, Elan m: **non ha più lo ~ di un tempo**, er/sie ist auch nicht mehr der/die Alte; **perdere ~**, nachlassen **6** *anat* Zahnschmelz m: **~ (dentario)**, Zahnschmelz m B <inv> *loc agg avv*: **a ~** {DECORAZIONE, PITTURA} Email-; **decorare a ~**, emaillieren.

smammàre *itr fam* (*levarsi di torno*) ab|hauen *fam*, ab|zischen *fam*: **su ragazzi, smammate!**, los, Kinder/Jungs, haut ab! *fam*.

smanacciàre <*smanaccio, smanacci*> A *tr* **1** *fam* (*palpeggiare*) ~ **qu**/**qc** *jdn*/*etw* an|fassen, *jdn*/*etw* betatschen *fam*, *jdn*/*etw* befummeln *fam* **2** *slang sport* (*respingere*) ~ **qc** {PALLONE} *etw* so gut es eben geht ab|wehren B *itr fam* (*gesticolare*) {PERSONA} wild gestikulieren, herum|fuchteln *fam*.

smancerìa *f* <*di solito al pl*> (*leziosaggine*) Getue n *fam spreg*: **non fare tante smancerie!**, spar dir dieses Getue! *fam spreg*.

smanceróso, (-a) *agg* (*lezioso*) {MODI, UOMO} affektiert *forb*, geziert *spreg*.

smandrappàto, (-a) *agg slang* **1** (*malvestito*) nachlässig, ungepflegt, schlampig *fam spreg* **2** (*malridotto*) in schlechtem Zustand, erschöpft, zerschlagen.

smanettàre *itr slang giovanile* **1** (*accelerare*) den Motor auf|heulen lassen, Gas geben **2** (*saper usare con disinvoltura*) *etw* im Schlaf können, *etw* mit links/[dem kleinen Finger] machen *fam*, *etw* drauf|haben *fam*: **mio figlio ha sei anni ed è sempre lì che smanetta al computer**, mein Sohn ist sechs und ein richtiger Computer-Freak *slang*.

smangiàre <*smangio, smangi*> A *tr* (*corrodere*) ~ **qc** {UMIDITÀ LAMIERA} *etw* zerfressen B *itr pron* (*corrodersi*): **smangiarsi** {GRONDAIA} zerfressen werden.

smangiucchiàre → mangiucchiare.

smanìa *f* **1** (*irrequietezza*) Aufregung f, Unruhe f, Nervosität f: **avere la ~ addosso**, unruhig/nervös/aufgelöst sein; **quest'attesa mi dà la ~**, dieses Warten ⌊zermürbt mich⌋/[macht mich fertig *fam*]; **dà in smanie per un nonnulla**, er/sie ⌊regt sich wegen jeder Nichtigkeit auf⌋/[dreht wegen jeder Nichtigkeit durch *fam*] **2** *fig* (*desiderio*) ~ (**di qc**) {DI GLORIA, DI GUADAGNO, DI SUCCESSO} Sucht f *nach etw* (dat): **ha la ~ di uscire**, auszugehen ist für ihn/sie eine richtige Sucht.

smaniàre <*smanio, smani*> *itr* **1** (*delirare*) ~ (**per qc**) (+ *compl di tempo*) {PER L'ARRIVO DI UNA PERSONA} (*wegen etw* gen) (*irgendwann*) unruhig/nervös sein, sich (*wegen etw* gen) (*irgendwann*) auf|regen: **per la febbre tutta la notte**, die ganze Nacht im ⌊Fieber delirieren *forb*⌋/[Fieber fantasieren]/[Fieberwahn sein]; ~ **per qu** {TEENAGER PER UN CALCIATORE, PER UN CANTANTE} verrückt *nach jdm* sein *fam*, voll *auf jdn* ab|fahren *fam* **2** *fig* (*desiderare*) ~ **di fare qc** {DI PARTIRE} darauf brennen, *etw* zu tun; sich danach sehnen, *etw* zu tun.

smanicàto, (-a) *agg* (*senza maniche*) {VESTITO} ärmellos: **si vedevano le sue braccia smanicate**, man sah seine/ihre bloßen Arme.

smanieràto, (-a) *agg forb* (*sgarbato*) {RAGAZZO} unhöflich, unmanierlich.

smanióso, (-a) *agg* **1** (*irrequieto*) unruhig, nervös, aufgeregt **2** *fig* (*desideroso*) ~ **di qc** sich *nach etw* (dat) sehnend: ~ **di libertà**/**ricchezza**, freiheitsdurstig/raffgierig; **era ~**

di partire per le vacanze, er konnte den Urlaub kaum erwarten, er freute sich unbändig auf den Urlaub **3** *fig* (*febbrile*) {ATTESA} zermürbend, aufreibend.

smantellaménto m **1** (*chiusura*) {+INDUSTRIA BELLICA} Abbau m; {+IMPIANTO INDUSTRIALE} *anche* Demontage f, Abreißen n **2** *fig* (*demolizione*) {+SERIE DI CONGETTURE, TEORIA} Entkräftung f, Demontierung f, Auseinandernehmen n **3** *mil* {+BASE MILITARE} Abreißen n, Schleifen n; {+LINEA DIFENSIVA} Niederschlagen n.

smantellàre tr ~ qc **1** (*rendere inefficiente*) {FABBRICA, IMPIANTO} *etw* demontieren, *etw* ab|bauen, *etw* ab|reißen **2** *fig* (*demolire*) {ACCUSA, TESI} *etw* entkräften, *etw* demontieren, *etw* auseinander|nehmen **3** *mar etw* ab|wracken **4** *mil* {FORTEZZA, MURA DI UNA CITTÀ} *etw* ab|reißen, *etw* schleifen.

smarcaménto m *sport* (*nel calcio*) Freispielen n.

smarcàre <*smarco, smarchi*> *sport* (*nel calcio*) **A** tr ~ qu jdn freispielen **B** rfl: **smarcarsi** sich freispielen, sich freilaufen.

smargiàssa f → **smargiasso**.

smargiassàta f Aufschneiderei f, Angeberei f *fam*, Prahlerei f *spreg*.

smargiàsso, (-a) m (f) Aufschneider(in) m(f), Angeber(in) m(f) *fam*, Prahler(in) m(f): **smettila di fare lo ~**, hör auf, so anzugeben! *fam*.

smarriménto m **1** (*perdita*) {+ANIMALE, DOCUMENTO, OGGETTO, PERSONA} Verlust m **2** *fig* (*turbamento*) Verwirrung f **3** *fig* (*perdita di lucidità*) Black-out m: **va soggetto a improvvisi smarrimenti**, er/sie leidet unter plötzlichen Black-outs.

smarrìre <*smarrisco*> **A** tr *anche fig* (*perdere*) ~ qu/qc {BAMBINO, BORSA, CANE} *jdn/etw* verlieren; ~ **il cammino/la strada**, sich verlaufen/verfahren; ~ **la ragione/il senno**, den Verstand verlieren; ~ **i sensi**, in Ohnmacht fallen **B** itr pron **1** (*perdersi*): **smarrirsi** (+ *compl di luogo*) {NEL BOSCO} sich (*irgendwo*) verirren, sich (*irgendwo*) verlaufen **2** *fig* (*turbarsi*): **smarrirsi** in Verwirrung geraten.

smarrìto, (-a) *agg* **1** (*perso*) {OMBRELLO} verloren; {CANE} vermisst, entlaufen **2** *fig* (*turbato*) verwirrt, verstört: **apparire** ~, verwirrt wirken, einen verstörten Eindruck machen **3** *fig* (*sperduto*) {SGUARDO} verloren: **qui mi sento** ~, ich fühle mich hier verloren.

smarronàre itr *fam* (*fare errori grossolani*) Mist bauen *fam*, daneben|hauen *fam*: **questa volta hai proprio smarronato!**, diesmal hast du wirklich ˌMist gebautˌ/[daneben-hauen]! *fam*.

smarronàta f *fam* (*errore grossolano*) Schnitzer m *fam*, Patzer m *fam*; (*nel modo di comportarsi*) Fauxpas m.

smart card <-, - -s *pl ingl*> loc sost f *ingl* TV Smartcard f, intelligente Chipkarte.

smascellàre *rar* **A** tr (*rompere le mascelle*) ~ qu (con qc) {CON UN PUGNO} *jdm* (*mit etw dat*) die Kinnlade aus|renken **B** itr pron *fam* (*slogarsi le mascelle*): **smascellarsi** sich (*dat*) die Kinnlade aus|renken • **smascellarsi** ˌdal ridereˌ/[dalle risa] *fam* (*sbellicarsi dal ridere*), sich kaputtlachen *fam*, sich krummlachen *fam*.

smascheraménto m **1** Demaskierung f **2** *fig* (*scoperta*) {+SPIA} Demaskierung f, {+COMPLOTTO} Aufdeckung f, Enthüllung f, Entlarvung f.

smascheràre **A** tr **1** (*togliere la maschera*) ~ qu *jdm* die Maske ab|nehmen **2** *fig* (*scoprire*) ~ qu {NEMICO} *jdn* demaskieren, ~ qc {TRADIMENTO} *etw* auf|decken, *etw* enthüllen, *etw* entlarven **B** rfl: **smascherarsi 1** (*togliersi la maschera*) sich demaskieren, die Maske ab|legen **2** *fig* (*rivelarsi*) sich demaskieren, die Maske fallen lassen.

smascheratóre, (-trice) *fig* **A** *agg* enthüllend, entlarvend **B** m (f) {+INGANNO} Entlarver(in) m(f).

smash <-, -es *pl ingl*> m *ingl sport* (*nella pallavolo, nel tennis*) Smash m, Schmetterball m.

smaterializzàre **A** tr ~ qu/qc *jdn/etw* entmaterialisieren, *jdn/etw* entstofflichen; (*spiritualizzare*) *jdn/etw* vergeistigen **B** itr pron: **smaterializzarsi** entmaterialisiert/entstofflicht werden; (*spiritualizzarsi*) vergeistigt werden.

smaterializzazióne f Entmaterialisierung f, Entstofflichung f.

SMAU m *abbr di* Salone (internazionale sistemi per l'informatica) Macchine Arredamento Ufficio: SMAU f, "internationale Messe für Informatiksysteme und Büroausstattung".

smazzàre tr (*distribuire*) ~ qc {CARTE} *etw* ver-, aus|teilen.

smazzàta f (*nei giochi di carte*) Runde f; (*nel bridge*) Spiel n.

SME m *econ abbr di* Sistema Monetario Europeo: EWS n (*abbr di* Europäisches Währungssystem).

smelàre e *deriv* → **smielare** e *deriv*.

smembraménto m **1** (*lo smembrare*) Zergliederung f, Zerstückelung f **2** *fig* (*divisione*) {+PROPOSIZIONE} Zergliederung f; {+FAMIGLIA, GOVERNO, POPOLO} Zerteilung f, Zerfall m.

smembràre **A** tr ~ qc **1** (*tagliare a pezzi*) {CADAVERE} *etw* zergliedern, *etw* zerstückeln **2** *fig* (*dividere*) {FRASE} *etw* zergliedern; {NAZIONE, NUCLEO FAMILIARE, PARTITO} *etw* (zer)teilen, *etw* zerfallen lassen **B** itr pron *fig*: **smembrarsi** {GRUPPO} zerfallen.

smemoràta f → **smemorato**.

smemorataggine f **1** (*smemoratezza*) Vergesslichkeit f, Schusseligkeit f *fam spreg*, Zerstreutheit f **2** (*atto da smemorato*) Schusseligkeit f *fam spreg*.

smemoratézza f (*l'essere smemorato*) Vergesslichkeit f, Schusseligkeit f *fam spreg*, Zerstreutheit f.

smemoràto, (-a) **A** *agg* **1** (*che ha perduto la memoria*) amnesiekrank **2** (*che ha poca memoria*) vergesslich, schusselig *fam spreg*, zerstreut **B** m (f) **1** (*chi ha perduto la memoria*) Amnesiekranke mf *decl come agg* **2** (*chi ha poca memoria*) vergesslicher/schusseliger *fam spreg*/zerstreuter Mensch, Schussel m *fam spreg*.

smentìre <*smentisco*> **A** tr **1** (*sbugiardare*) ~ qu {COLLEGA} *jdn* widerlegen, *jdm* widersprechen **2** (*confutare*) ~ qc {FATTO, NOTIZIA} *etw* dementieren **3** (*ritrattare*) ~ qc {CONFESSIONE, DEPOSIZIONE} *etw* widerrufen **4** (*deludere*) ~ qc {IL PROPRIO BUON NOME} gegen *etw* (*acc*) handeln, *etw* Lügen strafen, *etw* (*dat*) nicht gerecht werden **B** rfl: **smentirsi 1** (*disdirsi*) {TESTIMONE} sich (*dat*) widersprechen, widersprüchliche Aussagen machen **2** (*comportarsi in modo incoerente*) inkonsequent handeln, sich selber verleugnen: **non si smentisce mai**, er/sie bleibt sich (*dat*) selbst immer treu.

smentìta f (*ritrattazione*) {RECISA, SECCA, UFFICIALE} Dementi n, Gegendarstellung f, Widerruf m.

smeraldìno, (-a) *agg* (*verde smeraldo*) {OCCHI} smaragdgrün.

smeràldo **A** m **1** (*gemma*) Smaragd m **2** <-> (*colore*) Smaragdgrün n **B** <inv> *agg* {MARE} smaragdgrün; {VERDE} smaragd- **C** <inv> loc agg: di ~ **1** {ORECCHINI} Smaragd-, smaragden **2** *fig* {OCCHI} smaragden, smaragdgrün.

smerciàbile *agg* (*vendibile*) absetzbar, verkäuflich: **è un prodotto facilmente/difficilmente ~ all'estero**, das Produkt ist im Ausland leicht/schwer absetzbar.

smerciàre <*smercio, smerci*> tr (*vendere*) ~ qc *etw* ab|setzen, *etw* verkaufen; (*uso assol*) verkaufen: **un negozio che smercia poco**, ein Geschäft mit geringem Umsatz.

smèrcio <-ci> m (*vendita*) {BUONO +PRODOTTO} Absatz m, Verkauf m: **avere molto/poco** ~, viel/wenig verkaufen/absetzen; **essere di difficile/facile** ~, schwer/leicht absetzbar sein; **essere di largo** ~, einen großen Absatzmarkt haben, verbreitet Absatz finden.

smerdàre *volg* **A** tr **1** (*sporcare di merda*) ~ qu/qc *jdn/etw* voll kacken *volg*, *jdn/etw* voll scheißen *volg* **2** (*imbrattare*) ~ qu/qc (con/di qc) {BAMBINO, DIVANO DI CIOCCOLATA} *jdn/etw* (*mit etw dat*) beschmieren, *jdn/etw* (*mit etw dat*) voll schmieren *spreg*, *jdn/etw* (*mit etw dat*) voll|sauen *fam*, *etw* (*mit etw dat*) versauen *fam* **3** *fig* (*coprire di vergogna*) ~ qu *jdn* beschämen, *jdn* ˌauf|laufen *fam*ˌ/[wie ein Stück Scheiße dastehen *volg*] lassen **B** rfl **1** (*sporcarsi di merda*): **smerdarsi** sich bekacken *volg*, sich bescheißen *volg* **2** (*imbrattarsi*): **smerdarsi** (con/di qc) {DI FANGO} sich (*mit etw dat*) beschmieren, *jdn/etw* (*mit etw dat*) voll schmieren *spreg*, sich (*mit etw dat*) voll|sauen *fam* **3** *fig* (*coprirsi di vergogna*): **smerdarsi** sich blamieren, auf|laufen *fam*, wie ein Stück Scheiße da|stehen *volg*.

smerigliàre <*smeriglio, smerigli*> tr *tecnol* (*trattare con smeriglio*) ~ qc {VALVOLE DI UN MOTORE} *etw* (ab|)schmirgeln, *etw* schleifen; {PAVIMENTO} *anche etw* glätten; {VETRO} *etw* mattieren.

smerigliàto, (-a) *agg* **1** (*trattato con smeriglio*) {TUBO} (ab)geschmirgelt, geschliffen; {PIASTRELLA} *anche* geglättet; {CRISTALLO, VETRO} Matt-, mattiert **2** (*ricoperto di smeriglio*) {CARTA, TELA} Schmirgel-.

smerigliatóre, (-trice) m (f) (*operaio*) Schleifer(in) m(f).

smerigliatrìce f *tecnol* Schleif-, Schmirgelmaschine f.

smerigliatùra f *tecnol* **1** (*trattamento*) {+VALVOLE DI UN MOTORE} (Ab)schmirgeln n, Schleifen n; {+SUPERFICIE} *anche* Glätten n; {+VETRO} Mattieren n **2** (*parte smerigliata*) (ab)geschmirgelter/geglätteter Teil.

smerìglio <-gli> m *min* Schmirgel m.

smerlàre tr *lavori femminili* ~ qc {FAZZOLETTO, TOVAGLIA} *etw* festonieren, *etw* langettieren.

smerlatùra f *lavori femminili* **1** (*operazione*) Festonieren n, Langettieren n **2** (*parte smerlata*) Feston n.

smerlettàre e *deriv* → **smerlare** e *deriv*.

smèrlo m *lavori femminili* (*ricamo*) Feston n, Langette f.

smésso, (-a) **A** *part pass di* smettere **B** *agg* (*dismesso*) {INDUMENTO, SCARPE} abgelegt, abgetragen.

sméttere <*coniug come* mettere> **A** tr <*ave-re*> **1** (*sospendere*) ~ qc {LAVORO} *etw* auf|geben, *etw* (*mit etw dat*) auf|hören; {STUDI} *anche etw* ab|brechen **2** (*non indossare più*) ~ qc {VESTITO} *etw* ab|legen **3** *fig lett* (*lasciare perdere*) ~ qc {SUPERBIA} *etw* ab|legen **4** *fam* (*farla finita*): **smetterla** (con qc) {CON LE ALLUSIONI, CON GLI SCHERZI} (*mit etw dat*) auf|hören: **quando inizia a parlare non la smette più**, wenn er/sie mal zu reden anfängt, ˌhört er/sie nicht mehr aufˌ/[ist er/sie nicht mehr zu bremsen]; **smettetela (di lamentarvi)!**, hört auf (zu jammern)! **B** itr <avere> **1** (avere termine) {PIOGGIA, VENTO} auf|hören **2** (cessare) – (**con qc**) {RAGAZZO CON LA DROGA} (mit etw dat) auf|hören: **fumi ancora? – No, ho smesso**, rauchst du noch? – Nein, ich habe aufgehört; ~ **di fare qc** {DI PIANGERE, DI URLARE} auf|hören, etw zu tun **C** impers <essere o avere> ~ **di fare qc** auf|hören, etw zu tun: **è/ ha smesso di nevicare da poco**, es hat seit kurzem aufgehört zu schneien • **smetti inform**, beenden.

smezzàre **A** tr ~ **qc 1** (dividere a metà) {PAGNOTTA} etw halbieren **2** (ridurre a metà) {BOTTIGLIA DI LIQUORE} etw halb auf|brauchen/ aus|trinken **B** itr pron (ridursi a metà): **smezzarsi** {FIASCO} halb leer sein.

smidollàre tr **1** (togliere il midollo) ~ **qc** {OSSO} das Mark aus etw (dat) lösen; {PANE} die Krume aus etw (dat) pulen fam **2** fig (infiacchire) ~ **qu** {LAVORO SEDENTARIO RAGAZZO} jdn träge machen.

smidollàto, (-a) **A** agg **1** (senza midollo) {CANNA, OSSO} marklos; (senza midolla) {PANINO} ohne Krume **2** fig (fiacco) schlapp fam, kraftlos, marklos rar: **oggi mi sento** ~, heute fühle ich mich schlapp **3** fig (indeciso) {UOMO} ohne Mark in den Knochen, schlaff spreg, schlapp fam **B** m (f) (persona indecisa) Schlappschwanz m fam, Waschlappen m fam spreg, Schlaffi m slang.

smielàre tr agr ~ **qc** {FAVO} aus etw (dat) Honig schleudern/gewinnen.

smielàto, (-a) agg **1** (dolcissimo) {GUSTO} honigsüß **2** fig (sdolcinato) {FRASE, VOCE} honig-, zuckersüß **3** agr {ALVEARE} honiglos.

smielatóre m tecnol Honigschleuder f.

smielatùra f agr **1** (operazione) (Honig)-schleudern n **2** (periodo) Zeit f des (Honig)-schleuderns.

smiley <-> m ingl (faccina) Smiley m.

smilitarizzàre **A** tr ~ **qc 1** (riportare alla condizione civile) {CASERMA, FABBRICA, GUARDIA DI FINANZA} etw entmilitarisieren **2** (liberare dalle installazioni militari) {CONFINE, PAESE} etw entmilitarisieren **B** itr pron: **smilitarizzarsi** {PAESE} entmilitarisiert werden.

smilitarizzazióne f **1** (demilitarizzazione) {+AZIENDA, POLIZIA} Entmilitarisierung f **2** (liberazione) {+TERRITORIO} Entmilitarisierung f.

smìlzo, (-a) agg **1** (mingherlino) {RAGAZZO} schmächtig **2** fig anche lett (misero) {STILE} dürftig, kümmerlich, armselig; {TEMA, TRAMA} anche mager, dünn.

sminaménto m mil Entminung f, Minenräumung f.

sminàre tr mil ~ **qc** {TERRENO} etw entminen.

sminatóre, (-trice) m (f) mil Minenräumer(in) m(f), Minenräumungspersonal n.

sminuiménto m (deprezzamento) {+EVENTO} Herabsetzung f, Wertschmälerung f.

sminuìre <sminuisco> **A** tr <avere> **1** anche fig (ridimensionare) ~ **qc** {IMPORTANZA DI QC, MERITI DI QU} etw mindern forb, etw verringern, etw schmälern, etw herab|setzen, etw herab|würdigen **2** fig (sottovalutare) ~ **qu** {COLLEGA} jdn unter|schätzen, jdn gering schätzen **B** itr <essere> anche fig lett (ridursi) {FORZA DI QC} geringer/kleiner werden **C** rfl fig (svalutarsi): **sminuirsi** sich unterschätzen, tief|stapeln, sich (selbst) herab|setzen: **non sminuirti in questo modo!**, mach dich nicht kleiner, als du bist!; staple nicht so tief!

sminuìto, (-a) agg (svalutare) {MERITO} geschmälert, herabgesetzt, herabgewürdigt.

sminuzzaménto m anche fig (frammentazione) Zerbröckelung f; (azione) anche Zerbröckeln n.

sminuzzàre **A** tr ~ **qc 1** (frammentare) {NOCCIOLE} etw zerbröckeln; {PANE} anche etw zerbröseln, etw zerkrümeln; {VERDURA} etw klein hacken **2** fig (analizzare dettagliatamente) {TESTO} etw auseinander|nehmen, etw zerpflücken **B** itr pron: **sminuzzarsi** {MATERIALE} zerbröckeln; {BISCOTTO} anche zerbröseln, zerkrümeln.

Smirne f geog Smyrna n, Izmir n.

smisi 1ª pers sing del pass rem di smettere.

smistaménto m **1** (suddivisione) {+POSTA IN ARRIVO} Sortierung f, Sichten n; {+REPARTI MILITARI} Ein-, Unterteilung f; {+PRIGIONIERI, SOLDATI} anche Verteilung f **2** ferr Rangieren, Verschieben n **3** sport (nel calcio) {+PALLA} Ab-, Übergabe f, Zuspiel n.

smistàre tr **1** (suddividere) ~ **qc** {CORRISPONDENZA, MERCE} etw sortieren, etw sichten; {TRUPPE} etw ein|-, unterteilen, ~ **qu** (**in qc**) {ALLIEVI NELLE CLASSI, RECLUTE NEI REPARTI} jdn (in etw acc) ein|teilen **2** ferr {TRENO} etw rangieren, etw verschieben **3** sport (nel calcio) {PALLONE} etw ab|-, übergeben, etw zu|spielen.

smisurataménte avv (eccessivamente) {CRESCERE} unmäßig, extrem, übermäßig, übertrieben: **essere ~ permaloso**, extrem empfindlich sein.

smisuratézza f (illimitatezza) {+TERRITORIO} Unermesslichkeit f, Grenzenlosigkeit f; fig {+AFFETTO, IGNORANZA, POTERE} Maßlosigkeit f, Schrankenlosigkeit f.

smisuràto, (-a) agg **1** (illimitato) {DISTANZA, SPAZIO} unermesslich, grenzenlos **2** fig {AMORE, ORGOGLIO} maßlos, schrankenlos; {CULTURA} unermesslich.

smithsonite f min Zinkspat m, Galmei m.

smitizzàre tr ~ **qc** {EVENTO, LUOGO, PERSONAGGIO} jdn/etw nüchtern betrachten, jdn/etw entglorifizieren, jdn/etw entmythisieren, jdn/etw entmythologisieren.

smitizzazióne f **1** (+POTENZA DI QU) nüchterne Betrachtung f; {+EPOCA, EROE} anche Entglorifizierung f, Entmythisierung f, Entmythologisierung f.

smobilitàre tr **1** fig ~ **qc** (ECONOMIA NAZIONALE) etw normalisieren; {OPINIONE PUBBLICA} etw beruhigen **2** mil ~ **qu/qc** {ESERCITO} etw demobilisieren; (uso assol) demobilisieren, ab|rüsten: **il nostro paese sta smobilitando**, unser Land rüstet gerade ab.

smobilitazióne f **1** fig {+COSCIENZE} Beruhigung f; {+INDUSTRIA} Normalisierung f **2** mil {GENERALE; +TRUPPE} Demobilisierung f, Abrüstung f.

smobilizzàre tr econ ~ **qc** {CREDITO} etw flüssig|machen, etw mobilisieren, {CAPITALI} etw frei|setzen.

smobilìzzo m econ Mobilisierung f, Flüssigmachen n.

smoccolàre **A** tr ~ **qc** {CERO, LUME} den Docht etw (gen) schneiden/stutzen **B** itr **1** (colare cera) {CANDELA} tropfen **2** fig fam (imprecare) fluchen.

smoccolatóio <-toi> m Dochtschere f.

smoccolatùra f **1** (azione) Schneiden n des Dochtes **2** (stoppino bruciato) geschwärzter Docht **3** (scolatura di cera) Wachstropfen m.

smodatézza f **1** (eccesso) {+PASSIONE} Maßlosigkeit f, Unmäßigkeit f; {+RISA} Unbeherrschtheit f, Hemmungs-, Zügellosigkeit f **2** (sregolatezza) Ausschweifung f, Unmäßigkeit f: **è nota la tua ~ nell'uso dell'alcol**, ₍deine Maßlosigkeit im Trinken₎/₍dein Alkoholmissbrauch₎ ist bekannt.

smodàto, (-a) agg **1** (eccessivo) {AVIDITÀ, DESIDERIO} maßlos, unmäßig; {LUSSO} anche überzogen: **uso ~**, Missbrauch m, übertriebener Gebrauch **2** (sregolato) ausschweifend, unmäßig: **essere ~ nel bere**, unmäßig trinken, ein exzessiver Trinker sein forb; **essere ~ nel mangiare**, unmäßig essen, beim Essen nicht genug kriegen können fam, unersättlich sein.

smoderatézza f **1** (smodatezza) {+VITA} Ausschweifung f, Unmäßigkeit f: ~ **nel fumare**, Maßlosigkeit f im Rauchen, maßlose Raucherei fam **2** (azione) Ausschweifung f, Unmäßigkeit f: **le smoderatezze proprie della gioventù**, die typischen Ausschweifungen der Jugend.

smoderàto, (-a) agg (smodato) {COMPORTAMENTO} unbeherrscht, hemmungs-, zügellos; {RICHIESTA} maßlos, unmäßig: **essere ~ nel bere**, unmäßig trinken, ein exzessiver Trinker sein forb; **essere ~ nel mangiare**, unmäßig essen, beim Essen nicht genug kriegen können fam, unersättlich sein.

smog <-> m ingl Smog m.

smoking <-> m ingl Smoking m.

smollàre region **A** tr (allentare) ~ **qc** {BULLONE} etw lockern, etw lösen **B** itr pron (allentarsi): **smollarsi** {MAGLIA, VITE} sich lockern, sich lösen.

smollicàre <smollico, smollichi> **A** tr ~ **qc** {PAGNOTTA} etw zerkrümeln **B** itr pron: **smollicarsi** {PANE} zerkrümelt sein.

smonacàre <smonaco, smonachi> **A** tr ~ **qu** jdn aus dem Kloster verweisen **B** rfl: **smonacarsi** {PERSONA} aus dem Kloster aus|treten, aus der Kutte springen scherz, den Schleier ab|legen.

smontàbile agg {ARMADIO, MOTORE, RADIO} zerlegbar, auseinandernehmbar, demontierbar.

smontàggio <-gi> m {+IMPALCATURA, MACCHINA, SERRATURA} Demontage f, Zerlegung f.

smontàre **A** tr <avere> **1** (scomporre) ~ **qc** {CAMBIO, COMPUTER, MOBILE} etw auseinander|nehmen, etw demontieren, etw zerlegen; {IMPIANTO INDUSTRIALE, STAND} etw ab|bauen, etw demontieren **2** (togliere) ~ **qc** {ANTENNA, RUOTA} etw ab|-, demontieren; {PIETRA PREZIOSA} etw aus der/seiner Fassung lösen; {TENDE DELLA CUCINA} etw ab|hängen, etw herunter|nehmen **3** fig (demolire) ~ **qc** {ACCUSA, TESI} etw entkräften **4** fig fam (demoralizzare) ~ **qu** jdn demoralisieren, jdn entmutigen, jdn verunsichern, jdm einen Dämpfer auf|setzen **5** rar fam (far scendere) ~ **qu** (+ compl di luogo) jdn (irgendwo) ab|setzen: **smontami in centro**, setz mich in der Innenstadt ab **6** gastr ~ **qc** {CALDO PANNA} etw wieder flüssig werden lassen **B** itr **1** <essere> (scendere) – (**da/di qc**) {DA UNA SCALA, DA UNA SEDIA} von etw (dat) hinunter|steigen, von etw (dat) hinab|steigen forb; {DALLA BICICLETTA, DA CAVALLO} (von etw dat) ab|steigen; {DI SELLA} aus etw (dat) steigen, ~ (**da/di qc**) + compl di luogo {DA UN AUTO A UN INCROCIO, DA UN TRAM ALLA FERMATA IN PIAZZA, DA UN TRENO IN UNA STAZIONE INTERMEDIA} (aus etw dat) (irgendwo) aus|steigen **2** <essere> (finire un servizio) ~ + compl di tempo {ALLE NOVE DI SERA} (irgendwann) Feierabend haben/machen; {OPERAIO} anche (irgendwann) Schichtende haben **3** <essere o avere> gastr {SOUFFLÉ} zusammen|fallen; {PANNA} anche wieder flüssig werden **C** itr pron gastr: **smontarsi** {CHIARA D'UOVO} zerlaufen **D** rfl fig (demoralizzarsi): **smontarsi** den Mut verlieren.

smontàto, (-a) agg **1** (scomposto) {ARMADIO, COMPUTER} auseinandergenommen, zerlegt **2** (tolto) {RUOTA} ab-, demontiert; {DIAMANTE} aus der Fassung gelöst; {AUTORADIO} herausgenommen **3** (demoralizzato) {RAGAZZO} demoralisiert, entmutigt.

smontatóre, (-trice) m (f) Abmontierer(in) m(f), Zerleger(in) m(f).

smontatùra f **1** *rar* (*smontaggio*) Demontage f, Zerlegung f **2** *fig fam* (*scoraggiamento*) Demoralisierung f, Entmutigung f.

smòrfia① f **1** (*ghigno*) Fratze f, Grimasse f: **fare una ~ di disgusto/rabbia**, vor Ekel/Wut das Gesicht verziehen; **non fare quelle smorfie!**, schneid nicht solche Grimassen! **2** <*di solito al pl*> (*affettazione*) Getue n *fam spreg*, Theater n *fam spreg*: **le tue smorfie non mi incantano**, dein Getue zieht bei mir nicht! *fam spreg* ● **fare le smorfie a qu** (*fare le boccacce*), jdm Fratzen/Grimassen schneiden.

smòrfia② f *centr merid* (*libro dei sogni*) "Traumdeutungsbuch, in dem Traumbilder bestimmten Zahlen zugeordnet werden, die dann im Lotto gespielt werden".

smorfiòso, (-a) A agg {RAGAZZA} zimperlich *spreg* B m (f) Zimperling m *spreg*, Zimperliese f *spreg* ● **fare la smorfiosa con qu** (*civettare*), mit jdm kokettieren.

smòrto, (-a) agg **1** (*esangue*) {VISO} blass, bleich **2** (*pallido*) {LUCE} matt; {COLORE, TINTA} *anche* blass **3** *fig* (*scialbo*) {FIGURA, STILE} blass, farblos, blutleer.

smorzaménto m **1** *anche fig* (*attenuazione*) Abschwächung f, Dämpfung f; {+DISCUSSIONE} Abklingen n **2** *fig* (*il calmare*) {+ISTINTO, SETE} Stillen n.

smorzàre A tr ~ qc **1** *anche fig* (*attenuare*) {COLORE, RUMORE, VIBRAZIONE} *etw* ab|schwächen, *etw* dämpfen; {TEMPO RICORDO} *etw* verblassen lassen **2** *region* (*spegnere*) {LUCE} *etw* aus|machen; {FUOCO} *etw* löschen **3** *fig* (*calmare*) {CURIOSITÀ, PASSIONE, SETE} *etw* stillen **4** *sport* (*nel calcio, nel tennis*) {PALLA} *etw* stoppen B itr pron **1** *anche fig* (*attenuarsi*) {SUONO, VOCI} schwächer werden, verhallen; {POLEMICA} ab|klingen **2** *fig* (*calmarsi*) {FAME} nach|lassen; {RABBIA} *anche* verrauchen.

smorzàta f *sport* (*nella pallavolo, nel tennis*) Stoppball m: **fare una ~**, den Ball stoppen.

smorzàto, (-a) agg **1** *anche fig* (*attenuato*) {TINTA, URLO} gedämpft; {RICORDO} verblasst **2** *region* (*spento*) {LUME} aus(geschaltet); {FIAMMA} gelöscht **3** *sport* (*nel tennis*) {PALLA, TIRO} Stopp-.

smorzatóre m *mus tecnol* Dämpfer m.

smottaménto m (*frana*) Erdrutsch m.

smottàre itr <*essere*> (*franare*) {TERRENO} ab|rutschen.

smozzicàre <*smozzico, smozzichi*> tr ~ qc **1** (*sbocconcellare*) {MELA, PANINO} *etw* zerschneiden, *etw* zerstückeln, *etw* zerschnippeln *fam* **2** (*sbrecciare*) {MURO} *etw* an|schlagen, *etw* ausbröckeln, ein Stück von *etw* (dat) ab|hauen **3** *fig* (*pronunciare male*) {DISCORSO, FRASE} *etw* abgehackt/abgerissen/stoßweise (aus)sprechen.

smozzicàto, (-a) agg **1** (*sbocconcellato*) {TORTA} zerschnitten, zerstückelt **2** (*sbrecciato*) {SPIGOLO} an-, abgeschlagen **3** *fig* (*pronunciato male*) {FRASE, PAROLA} abgehackt, abgerissen, stoßweise (aus)gesprochen.

SMS <-> m *tel abbr dell'ingl* Short Message System: SMS(-Nachricht) f, Kurzmitteilung f: **mandare un SMS a qu**, jdm eine SMS schicken.

smùnto, (-a) agg **1** (*emaciato*) {FACCIA, PERSONA} abgezehrt, abgemagert; {GUANCE} *anche* eingefallen **2** (*smorto*) {COLORITO} matt, blass, ausgebleicht.

smuòvere <*coniug come muovere*> A tr **1** (*spostare*) ~ qc (*da qc*) {CREDENZA DALLA PARETE} *etw* (von *etw* dat) weg|rücken, *etw* verrücken; {MASSO DAL CORTILE} *etw* (aus *etw* dat) weg|räumen; {CAMION DALLA STRADA}

etw (von *etw* dat) (weg|)schieben; ~ qu (*da/di qc*) {DI CASA, DAL LETTO} jdn (aus *etw* dat) holen, jdn (aus *etw* dat) locken **2** (*rimestare superficialmente*) ~ qc (*con qc*) {SABBIA, TERRA CON LA PALA} *etw* (mit *etw* dat) auf|lockern **3** *fig* (*distogliere*) ~ qu (*da qc*) {DA UNA CONVINZIONE, DA UN'IDEA} jdn (von *etw* dat) ab|bringen **4** *fig* (*destare*) ~ qu (*da qc*) {OPINIONE PUBBLICA DAL DISINTERESSE, PERSONA DALL'APATIA} jdn (aus *etw* dat) auf|rütteln: **nemmeno la notizia della tua partenza lo ha smosso**, nicht einmal die Nachricht von deiner Abfahrt hat ihn aufgerüttelt **5** *fig* (*commuovere*) ~ qu/qc {ANIMO DI QU} jdn rühren **6** *fig fam* (*mettere in movimento*) ~ qc {LATTE INTESTINO} *etw* in die Gänge bringen B itr pron **1** (*spostarsi*) smuoversi (*da/di qc*) {CANE DALLA CUCCIA; NAVE; PERSONA DI CASA, DAL DIVANO} sich (von/aus *etw* dat) rühren, sich (von/aus *etw* dat) weg|bewegen **2** *fig* (*cambiare opinione*) smuoversi (*da qc*) {DA UNA LINEA DI CONDOTTA, DA UN PUNTO DI VISTA} von *etw* (dat) ab|weichen, von *etw* (dat) ab|kommen **3** *fig* (*mobilitarsi*) smuoversi {COSCIENZA DI QU} sich regen, sich rühren: **è uno che non si smuove mai**, keine zehn Pferde setzen den in Bewegung *fam*; der kriegt seinen Arsch nie hoch *volg* **4** *fig* (*commuoversi*) smuoversi (*di fronte a*)/[*per*] qu/qc) (*wegen jds/etw*)/[*angesichts etw* gen *forb*]) gerührt sein **5** *fig fam* (*mettersi in movimento*): smuoversi {INTESTINO} in die Gänge kommen.

smussaménto m **1** (*arrotondamento*) {+SPIGOLO} Abrundung f, Abkantung f; {+LAMA DI RASOIO, PUNTA DI MATITA} Abstumpfen m **2** *fig* (*attenuazione*) {+DUREZZA DI CARATTERE} Milderung f: **non era facile lo ~ di questa polemica**, es war nicht einfach, bei dieser Kontroverse die Wogen zu glätten.

smussàre A tr ~ qc **1** (*arrotondare*) {ANGOLO, STIPITE} *etw* ab|runden, *etw* abkanten, *etw* ab|schrägen; {LAMA DI SCALPELLO, PUNTA DI TAGLIACARTE} *etw* ab|stumpfen **2** *fig* (*mitigare*) {MOTIVO DI CONTRASTO, TONO POLEMICO DI UN ARTICOLO} *etw* mildern, *etw* entschärfen: ~ **le spigolosità del proprio carattere**, die rauen Kanten seines Charakters abschleifen B itr pron: smussarsi {COLTELLO} ab|stumpfen, stumpf werden.

smussatùra f **1** (*arrotondamento*) {+STIPITE} Abrundung f, Abkantung f; {+LAMA, PUNTA} Abstumpfung f **2** (*parte smussata*) abgerundete/abgekantete Stelle, Schrägkante f **3** *fig* (*attenuazione*) {+CONTRASTO, TONO SARCASTICO} Milderung f, Entschärfung f.

snack <-, -s *pl ingl*> m *ingl* **1** (*spuntino*) Imbiss m, Snack m: **fare uno ~**, einen Imbiss nehmen **2** (*snack-bar*) Snackbar f, Imbissstube f.

snack-bar <-, -s *pl ingl*> m *ingl* Snackbar f, Imbissstube f.

snaturàre A tr **1** (*alterare*) ~ qu/qc {ISTINTO} jdn/*etw* entarten lassen; {AMBIENTE, UOMO} *anche* jdn/*etw* entstellen **2** *fig* (*travisare*) {CONCETTO, INTENZIONE, REALTÀ} *etw* verfälschen, *etw* verdrehen, *etw* entstellen B itr pron (*alterarsi*): snaturarsi {AREA, PERSONA} verkommen.

snaturàto, (-a) agg **1** (*scellerato*) {FIGLIO} entartet, unmenschlich; {MADRE, PADRE} *anche* Raben- *spreg* **2** (*alterato*) ~ **da qc** {PAESAGGIO DALL'ABUSIVISMO EDILIZIO} (acc) verunstaltet, durch *etw* (acc) entstellt **3** *fig* (*travisato*) {PENSIERO, TEORIA} verfälscht, verdreht **4** *fig* (*empio*) {ODIO} unmenschlich; {CRIMINE} *anche* grausam B m (f) Unmensch m.

snazionalizzàre tr **1** *econ* ~ qc *etw* re-

privatisieren **2** *polit* ~ qu/qc {GRUPPO ETNICO, REGIONE} jdn/*etw* entnationalisieren, jdn/*etw* entstaatlichen.

snazionalizzazióne f **1** *econ* Reprivatisierung f **2** *polit* Entnationalisierung f, Entstaatlichung f.

sneaker <-> f *ingl* (*scarpa*) Sneaker m.

snebbiàre <*snebbio, snebbi*> A tr ~ qc **1** (*sgomberare dalla nebbia*) {VENTO PIANURA} *etw* vom Nebel befreien **2** *fig* (*schiarire*) {MENTE} *etw* auf|klären, *etw* erhellen B itr pron *anche fig* (*liberarsi dalla nebbia*): snebbiarsi {CIELO} auf|klaren, sich auf|klären: **mi si è snebbiato il cervello/la vista**, jetzt ist mein Kopf/Blick wieder frei C rfl *indir fig* (*schiarirsi*): snebbiarsi qc: **mi sono snebbiato le idee**, jetzt ˌblick ich wieder durch *fam*ˌ/[seh ich wieder klar].

snellézza f **1** {+FIANCHI, PERSONA} Schlankheit f; *fig* {+STRUTTURA ARCHITETTONICA} Schlankheit f, Eleganz f **2** *fig* (*fluidità*) {+SERVIZIO} Unkompliziertheit f; {+PROCEDURA} *anche* Einfachheit f; {+FRASE} Flüssigkeit f, Gewandtheit f.

snellimén to m **1** (*dimagrimento*) {+CORPO} Abmagerung f, Abmagern n **2** *fig* (*alleggerimento*) {+BUROCRAZIA} Vereinfachung f, Straffung f, Beschleunigung f; {+TRAFFICO} Entlastung f, Entzerrung f.

snellìre <*snellisco*> A tr ~ qc **1** (*rendere snello*) ~ qc {NUOTO GAMBE} *etw* schlank(er) machen **2** (*far apparire snello*) ~ (qu) {ABITO LUNGO, IL NERO} (jdn) schlank(er) machen **3** *fig* (*alleggerire*) ~ qc {STILE, TESTO} *etw* straffen, *etw* vereinfachen; {PRATICA BUROCRATICA} *anche etw* beschleunigen; {TRAFFICO} *etw* entlasten, *etw* entzerren B itr pron: snellirsi {RAGAZZA} schlank(er) werden.

snèllo, (-a) agg **1** {GAMBE, PERSONA} schlank; *fig* {TORRE} schlank, elegant **2** *fig* (*fluido*) {PROCEDURA} leicht, einfach; {MOVIMENTO} behänd(e), flink; {DISCORSO, STILE} flüssig, gewandt.

snervaménto m **1** (*estenuazione*) Entnervung f, Ermattung f **2** *tecnol* {+MATERIALE} Fließen n, Erlahmen n.

snervànte agg (*estenuante*) {AFA} zermürbend, aufreibend; {ATTESA, LAVORO, TENSIONE} *anche* entnervend, nervenaufreibend.

snervàre A tr **1** (*estenuare*) ~ (qu) {CALDO} jdn zermürben, jdn auf|reiben, jdn fertig machen *fam*; {SITUAZIONE} *anche* jdn (ent)nerven: **l'ozio snerva**, Nichtstun zermürbt **2** *tecnol* ~ qc {MOLLA} *etw* walken, *etw* erlahmen lassen B itr pron (*estenuarsi*): snervarsi {PERSONA} entnervt/gestresst sein.

snidàre tr **1** (*far uscire dal nido*) ~ qc {ANIMALE} *etw* auf|stöbern, *etw* aus dem Bau/Nest treiben **2** *fig* (*stanare*) ~ qu {BANDITO} jdn auf|stöbern, jdn aus|heben: **ma come devo fare per snidarti dal letto/ufficio?**, was muss ich nur anstellen, um dich aus dem Bett/Büro zu kriegen? *fam*.

sniff *inter ingl* onomatopeica (*di animale che fiuta*) sniff!, schnüffel!

sniffàre tr *slang* ~ qc {COLLA} *etw* schnüffeln, *etw* sniffen *slang*; {COCAINA} *anche etw* schnupfen; (*uso assol: assumere cocaina*) koksen *slang*.

sniffàta f *slang* **1** (*lo sniffare*) Schnüffeln n, Sniffen n *slang*: **faccio solo una ~**, ich zieh nur eine Nase *slang* **2** (*presa di cocaina*) Koksen n *slang*.

sniffatóre, (-trice) m (f) *slang* Schnüffler(in) m(f), Sniffer(in) m(f) *slang*.

sniffer <-> m *ingl inform* Sniffer m.

sniffo m *slang* **1** (*sniffata*) Schnüffeln n, Sniffen n *slang* **2** (*dose*) Koksen n *slang*.

snob *ingl* A <*inv*> agg {AMBIENTE, RAGAZZA}

snobbàre tr ~ *qu/qc* {INVITO} *etw* ignorieren; {AMICO, FAMIGLIA} *auf jdn/etw* herab|blicken, *jdm/etw* die kalte Schulter zeigen *fam*, *jdn/etw* ˌvon oben herabˌ/[wie Luft] behandeln.

snobìsmo m Snobismus m *spreg*, Vornehmtuerei f *spreg*.

snobìsta <-*i* m, -*e* f> **A** *agg* (*snobistico*) {ATTEGGIAMENTO} snobistisch *spreg* **B** mf Snob m *spreg*.

snobìstico, (-*a*) <-*ci, -che*> *agg* {MODA} snobistisch *spreg*.

snocciolaménto m Entkernen n, Entsteinen n; *anche fig* {+PREOCCUPAZIONE} Auspacken n: ~ **della verità**, Herausrücken n mit der Wahrheit.

snocciolàre tr ~ *qc* **1** (*togliere i noccioli*) {OLIVE} *etw* entkernen; {ALBICOCCA} *anche etw* entsteinen **2** *fig* (*raccontare per filo e per segno*) {FATTI} *etw* haarklein erzählen: **il pentito ha snocciolato tutta la verità**, der Kronzeuge ˌhat ausgepacktˌ/[ist mit der ganzen Wahrheit herausgerückt]; *fam* (*dire a raffica*) {ORAZIONI} *etw* herunter|leiern *fam spreg*; ~ **barzellette**, reihenweise Witze von sich (dat) geben, einen Witz nach dem anderen erzählen; **snocciolava le sue battute**, er/sie spulte seine/ihre Sprüche ab *fam* **3** *fig fam* (*sganciare*) {BOTTINO} *etw* heraus|rücken *fam*; {BANCONOTE} *anche etw* hin|blättern *fam*.

snocciolatóio <-*toi*> m (*utensile*) Entkerner m.

snocciolatùra f {+OLIVE} Entkernung f.

snodàbile *agg anche tecnol* {MANICHINO, TUBO} gelenkig, Gelenk-, verstellbar.

snodàre **A** tr ~ *qc* **1** (*slegare*) {CORDA, LACCIO} *etw* auf|-, entknoten, *etw* lösen **2** (*sciogliere*) {BRACCIA, GIUNTURE} *etw* locker machen, *etw* lockern **3** *anche tecnol* (*rendere pieghevole*) {BRACCIO DI UNA LAMPADA} *etw* verstellbar/gelenkig machen, *etw* mit Gelenken versehen **B** *itr pron* **1** (*slegarsi*): **snodarsi** {FUNE, LACCIO} auf|gehen **2** (*distendersi*): **snodarsi** + *compl di luogo* {FILA DI AUTO LUNGO LA STRADA} sich (*irgendwo*) aneinander|reihen; {FIUME TRA LE COLLINE} sich (*durch etw* acc) schlängeln **3** *anche tecnol* (*articolarsi*): **snodarsi** + *compl di luogo* {LAMPADA IN TUTTE LE DIREZIONI} (*irgendwohin*) verstellbar sein **4** *fig* (*svolgersi*): **snodarsi in** *qc* {DRAMMA IN CINQUE ATTI} *etw* haben, sich *in etw* (dat) entwickeln; {MOSTRA IN TRE SEZIONI} sich *in etw* (acc) gliedern, *in etw* (acc) aufgeteilt/untergliedert sein.

snodàto, (-*a*) *agg* **1** (*sciolto*) {GAMBA} gelenkig; {ACROBATA} *anche* gewandt, geschmeidig **2** *anche tecnol* (*articolato*) {BRACCIO MECCANICO} gelenkig, gelenkartig, Gelenk-.

snòdo m **1** (*punto di diramazione*) {AUTOSTRADALE, FERROVIARIO} Knoten m **2** *tecnol* {PIANO, SFERICO} Gelenk(punkt) n m.

snorkeling <-> m *ingl sport* Schnorcheln n: **fare** ~, schnorcheln.

snowboard <-, -*s pl ingl*> m *ingl anche sport* Snowboard n: **fare** ~, Snowboard fahren.

snowpark <-> m *ingl sport* Snow-, Schneepark m.

snudàre tr (*sfoderare*) ~ *qc* {SPADA} *etw* (aus der Scheide) ziehen, *etw* blank|ziehen.

so 1ª *pers sing dell'ind pres di* sapere.

SO *abbr di* sudovest: SW (*abbr di* Südwest(en)).

soap opera <-, -, -*s pl ingl*> loc sost f *ingl radio TV* Soap-Opera f, Seifenoper f.

soàve **A** *agg* {SGUARDO} sanft, weich; {PAROLE} süß; {AROMA, MELODIA} *anche* lieblich **B** <-> m *enol* Soave m (*trockener Weißwein aus Venetien*).

soavità <-> f {+PROFUMO} Lieblichkeit f, Süße f; {+VOCE, VOLTO} *anche* Sanftheit f, Weichheit f.

sob inter *ingl* (*di pianto*) sniff, schneuz.

sobbalzàre itr **1** (*traballare*) ~ (+ *compl di luogo*) {VEICOLO IN CURVA, SULLA STRADA SCONNESSA} (*irgendwo*) holpern, (*irgendwo*) ruckeln *region* **2** (*sussultare*) ~ (*di qc*) {DONNA DI PAURA, DI SORPRESA} (*vor etw* dat) auf|springen, (*vor etw* dat) auf|-, zusammen|fahren: **quando lo vide sobbalzò**, als er/sie ihn sah, fuhr er/sie auf/zusammen.

sobbàlzo m **1** (*scossone*) {+AUTOMOBILE} Ruck m, Satz m, Stoß m **2** (*sussulto*) Auffahren n: **avere/fare un** ~, auffahren ● **destarsi/svegliarsi di** ~ (*all'improvviso*), aus dem Schlaf auffahren, plötzlich aufwachen.

sobbarcàre <*sobbarco, sobbarchi*> **A** tr (*assoggettare*) ~ *qu a qc* {AMICO A UNA SPESA INGENTE} *jdm etw* auf|bürden, *jdm etw* auf|halsen *fam*, *jdn mit etw* (dat) belasten **B** *rfl* (*sottoporsi*): **sobbarcarsi** (*a*) *qc* {(A) UNA RESPONSABILITÀ} sich (dat) *etw* auf|bürden, sich (dat) *etw* auf|halsen *fam*, sich *mit etw* (dat) belasten.

sobbollìre <*sobbollo*> itr **1** (*bollire piano*) {MINESTRA, MOSTO} köcheln: **fare** ~ **un sugo**, eine Soße köcheln lassen **2** *fig lett* (*ribollire*) gären, kochen: **il rancore gli sobbolle nell'animo**, in ihm/[seiner Seele] gärt der Groll.

sobbórgo <-*ghi*> m Vorort m, Vorstadt f.

sobillaménto m (*sobillazione*) (Auf)hetzerei f, Aufwiegelei f.

sobillàre tr (*istigare*) ~ *qu* (*a qc*) {ALLA RIVOLTA} *jdn* (*zu etw* dat) auf|hetzen, *jdn* (*zu etw* dat) auf|stacheln, *jdn* (*zu etw* dat) auf|wiegeln; ~ *qu* (*contro qu/qc*) {POPOLO CONTRO IL GOVERNO} *jdn* (*gegen jdn/etw*) auf|hetzen: **lo sobillò** ~ **ad agire con violenza**, er/sie hetzte ihn ˌzur Gewaltanwendung anˌ/[auf, Gewalt anzuwenden]; **si fa** ~ **dalla madre**, er/sie lässt sich von seiner/ihrer Mutter aufhetzen/aufwiegeln.

sobillatóre, (-*trice*) m (f) Aufwiegler(in) m(f), Unruhestifter(in) m(f).

sobillazióne f (*istigazione*) {+ANIMI, CLASSE OPERAIA} Aufhetzen n, Aufwiegeln n.

sobriaménte avv **1** (*con lucidità*) {RAGIONARE} nüchtern **2** (*con morigeratezza*) {ALIMENTARSI, VIVERE} einfach, genügsam, anspruchslos **3** *anche fig* (*con semplicità*) {VESTIRSI} einfach, schlicht, dezent.

sobrietà <-> f **1** (*lucidità*) {+PERSONA} Nüchternheit f **2** (*morigeratezza*) Maß n, Mäßigkeit f, Genügsamkeit f: **con** ~, maßvoll, genügsam; ~ **nel mangiare**, Genügsamkeit f beim Essen **3** *anche fig* (*semplicità*) {+ARREDAMENTO, STILE} Einfachheit f, Schlichtheit f, Nüchternheit f: **usare** ~ **nel vestire**, sich einfach/schlicht/dezent kleiden.

sòbrio, (-*a*) <*sobri*> *agg* **1** (*lucido*) nüchtern: **oggi è perfettamente** ~, heute ist er vollkommen nüchtern **2** (*morigerato*) {ALIMENTAZIONE, POPOLO, UOMO, VITA} maßvoll, genügsam; {MODO DI VIVERE} mäßig **3** *fig* (*semplice*) {ELEGANZA, RISPOSTA} einfach, nüchtern: **veste in modo** ~, er/sie kleidet sich einfach/schlicht/dezent.

soc. *abbr di* società: Ges. (*abbr di* Gesellschaft).

socchiùdere <*coniug come* chiùdere> tr (*chiudere parzialmente*) ~ *qc* {PORTA} *etw* an|lehnen; {SCURI} *etw* kippen; {PALPEBRE} *etw* halb schließen.

socchiùso, (-*a*) *agg* (*semichiuso*) {FINESTRA} angelehnt; {OCCHI} halb geschlossen.

sòccida f *dir* Viehpacht f, Viehpachtvertrag m.

soccombènte *dir* **A** *agg* {PARTE} unterliegend, unterlegen **B** mf Unterliegende mf *decl come agg*, Unterlegene mf *decl come agg*, unterliegende Partei.

soccómbere <*difet non usato al part pass e tempi composti*> itr <*essere*> **1** (*arrendersi*) ~ *a qu/qc* {ALL'AVVERSARIO, AL DOLORE} *jdm/etw* unterliegen, *jdm/etw* erliegen **2** (*morire*) *jdm/etw* erliegen, einer Krankheit erliegen, sterben: **preferì** ~ **piuttosto che essere catturato**, er zog es vor zu sterben, (an)statt gefangen genommen zu werden **3** (*perdere*) unterliegen, verlieren: **in gara gli inesperti soccombono**, im Wettkampf unterliegen/verlieren die Unerfahrenen.

soccórrere <*coniug come* correre> **A** tr <*avere*> (*aiutare*) ~ *qu/qc* {VITTIMA DI UN TERREMOTO, ANIMALE FERITO} *jdm/etw* helfen, *jdm/etw* zu Hilfe eilen **B** itr <*essere*> *lett* **1** (*sovvenire*) ~ **a qu** *jdm* ein|fallen, *jdm* in den Sinn kommen: **non mi soccorre quell'indirizzo**, die Adresse fällt mir nicht ein **2** (*essere di aiuto*) ~ **a/per qc** {MEMORIA PER LO STUDIO} *für etw* (acc) hilfreich sein, *bei/in etw* (dat) eine Hilfe sein; *lett* ~ **a qu** {A UN DERELITTO} *jdm* helfen, *jdm* zu Hilfe eilen **C** *rfl rec* (*aiutarsi*): **soccorrersi** sich gegenseitig helfen, sich gegenseitig unterstützen.

soccorritóre, (-*trice*) **A** *agg* Hilfe bringend, Hilfs-; {MANO} helfend **B** m (f) Helfer(in) m(f) **C** m *elettr* Relais n.

soccórso m **1** (*aiuto*) Hilfe f: ~ **aereo/marittimo/stradale**, Flugrettungs-/Seenotrettungs-/Pannendienst m, Bergwacht f; **andare/venire**ˌ/[**correre**] **in** ~ **di qu**, *jdm* zu Hilfe kommen/eilen; **chiamare qu in** ~, *jdn* zu Hilfe rufen; **dare/prestare** ~ **a qu**, *jdm* Hilfe leisten, *jdm* helfen; ~ **in denaro**, finanzielle Unterstützung **2** <*solo pl*> (*uomini e/o mezzi*) Helfer m pl, Hilfsmittel n pl, Hilfsgüter n pl: **inviare i primi soccorsi sul luogo della tragedia**, die ersten Helfer/Hilfsgüter an den Schauplatz des Unglücks schicken; **soccorsi in coperte/medicinali**, Hilfsgüter n pl in Form von Decken/Medikamenten **3** <*solo pl*> *mil* (*rinforzi*) Hilfstruppen f pl ● **pronto** ~, Erste Hilfe; (*luogo*), Notaufnahme f.

sòcia f → **socio**.

socialdemocràtico, (-*a*) <-*ci, -che*> *polit* **A** *agg* {AREA} sozialdemokratisch **B** m (f) Sozialdemokrat(in) m(f).

socialdemocrazìa f *polit* Sozialdemokratie f.

sociàle **A** *agg* **1** *anche econ polit* (*pubblico*) {DOVERE, PROBLEMA, RAPPORTI, RIVENDICAZIONE, VITA ecc.} gesellschaftlich, sozial **2** (*relativo a un'associazione*) {GITA} Vereins-, Betriebs-; {PRANZO} *anche* Gesellschafts- **3** (*che assicura benessere a tutti i membri*) {ASSICURAZIONE, ASSISTENZA, POLITICA, STATO} Sozial- **4** *dir* (*societario*) {LIBRI, SEDE} Gesellschafts-; {CAPITALE} Gesellschafts- (*della S.p.A.*), Grund- (*della s.r.l.*), Stamm- **5** *anche zoo* (*che vive in società*) {INSETTO, SPECIE} gesellig, sozial **B** <-> m kontaktfreudiger/ geselliger/ soziabler Mensch ● **psicologia** ~, Sozialpsychologie f; **scienze sociali**, Sozialwissenschaften f pl.

socialìsmo m *polit* {ITALIANO, RIFORMISTA} Sozialismus m: ~ **reale**, Realsozialismus m, realer/[real existierender] Sozialismus.

socialìsta <-*i* m, -*e* f> *polit* **A** *agg* {PAESE} sozialistisch **B** mf Sozialist(in) m(f).

socialìstico, (-*a*) <-*ci, -che*> *agg polit* {TEORIA} sozialistisch.

socialità <-> f (*inclinazione alla vita sociale*) {+UOMO} Geselligkeit f, Gemeinschaftssinn m, Soziabilität f.

socializzàre **A** itr (*integrarsi*) ~ (**con qu**)

{RAGAZZO CON I COETANEI} sich (irgendwie) (mit jdm) anfreunden, (mit jdm) Kontakte knüpfen **B** tr **1** (integrare) ~ **qu/qc** {BAMBINI DI UNA CLASSE, GRUPPO DI EMIGRATI} jdn/etw sozialisieren, jdn/etw integrieren **2** econ ~ **qc** {AZIENDA} etw sozialisieren, etw verstaatlichen, etw vergesellschaften.

socializzazióne f **1** (integrazione) {+ANZIANI, PORTATORI DI HANDICAP} Integration f, Sozialisation f **2** psic sociol (processo di apprendimento) Sozialisation f: ~ **primaria/secondaria**, primäre/sekundäre Sozialisation **3** econ (statalizzazione) {+BANCA, INDUSTRIA} Sozialisierung f, Vergesellschaftung f, Verstaatlichung f.

socialménte avv **1** (in modo sociale) {VIVERE} gesellig **2** (sotto l'aspetto sociale) {ARRETRATO, RILEVANTE} sozial.

società <-> **A** f **1** gener {BORGHESE, INDUSTRIALE, MODERNA, TEDESCA} Gesellschaft f; {UMANA} anche Gemeinschaft f: ~ **civile**, Bürger(schaft) f m pl **2** (gruppo) {ARISTOCRATICA, COLTA, ELEGANTE, MONDANA} Gesellschaft f **3** (ceto elevato) Gesellschaft f: **ha finalmente debuttato in** ~, er/sie ist endlich in die Gesellschaft eingeführt worden; **non sa stare in** ~, er/sie ist unfähig, sich in der Gesellschaft zu bewegen **4** (associazione) {ARTISTICA, CULTURALE} Gesellschaft f, Verein m: ~ **protettrice/[per la protezione] degli animali**, Tierschutzverein m; ~ **segreta**, Geheimbund m; ~ **di mutuo soccorso**, Gegenseitigkeitsverein m, Unterstützungsverein m auf Gegenseitigkeit; ~ **sportiva**, Sportverein m; ~ **zoofila**, Tierschutzverein m, Tierliebhaberverein m **5** dir (abbr soc.) {COMMERCIALE, IMMOBILIARE, PRIVATA} Gesellschaft f (abbr Ges.): ~ **in accomandita** (abbr S.acc.), Kommanditgesellschaft f (abbr KG); ~ **in accomandita per azioni** (abbr S.p.a.), Kommanditgesellschaft f auf Aktien (abbr KGaA); ~ **in accomandita semplice** (abbr S.a.s.), Kommanditgesellschaft f (abbr KG); ~ **anonima**, Aktiengesellschaft f; (in Francia, Lussemburgo e Svizzera francese) anonyme Gesellschaft; ~ **di assicurazioni**, Versicherungsgesellschaft f; ~ **per azioni** (abbr S.p.a.), Aktiengesellschaft f (abbr AG); ~ **quotata in borsa**, börsennotierte Gesellschaft; ~ **di capitali/persone**, Kapital-/Personalgesellschaft f; ~ **di comodo**, Briefkastenfirma f; ~ **distributrice di film**, Filmverleih m; ~ **di fatto**, faktische Gesellschaft; ~ **finanziaria**, Finanzierungsgesellschaft f; ~ **fittizia**, Scheingesellschaft f; ~ **del gas**, Gasgesellschaft f; ~ **di navigazione**, Schifffahrtsgesellschaft f, Reederei f; ~ **in nome collettivo**, offene Handelsgesellschaft, Kollektivgesellschaft f CH; ~ **a partecipazione pubblica/statale**, Gesellschaft f mit staatlicher Beteiligung; ~ **a responsabilità limitata** (abbr S.r.l.), Gesellschaft f mit beschränkter Haftung (abbr GmbH); ~ **semplice**, einfache Gesellschaft, Gesellschaft f bürgerlichen Rechts; ~ **di servizi**, Dienstleistungsgesellschaft f **6** zoo Sozietät f: ~ **delle api**, Bienenvolk n; ~ **delle formiche**, Ameisenstaat m **B** loc avv (in comune): **in** ~, gemeinsam, zusammen; **avere qc in** ~ **con qu**, etw mit jdm gemein(sam) haben; **fare qc in** ~ **con qu**, etw mit jdm zusammen machen; **lavorare in** ~, im Team arbeiten; **mettersi in** ~ **con qu**, sich mit jdm zusammentun ● **l'alta** ~ (ceto elevato), die High Society; ~ **del benessere**, Wohlstandsgesellschaft f; **la buona** ~, die feine Gesellschaft; ~ **dei consumi**, Konsumgesellschaft f; **la massa**, Massengesellschaft f; **Società delle Nazioni** stor, Völkerbund m; **l'onorata** ~ (camorra), die ehrenwerte Gesellschaft, die Camorra/Kamorra; (mafia) die ehrenwerte Gesellschaft, die Mafia.

societàrio, (-a) <-ri m> agg dir {ASSETTO, ORGANO, STRUTTURA} Gesellschafts-.

sociévole agg **1** (estroverso) {BAMBINO, CARATTERE} gesellig, aufgeschlossen, extrovertiert **2** (portato a vivere in società) gesellig: **l'uomo è un animale** ~, der Mensch ist ein soziales Wesen/[Gesellschaftstier].

socievolézza f {+RAGAZZO} Geselligkeit f.

sòcio, (-a) <soci, socie> m (f) **1** gener (membro) {+CIRCOLO SPORTIVO} Mitglied n: ~ **fondatore**, Gründungsmitglied n; ~ **onorario**, Ehrenmitglied n; ~ **ordinario/sostenitore**, ordentliches/förderndes Mitglied **2** spreg (compare) Kumpan m spreg: **tu e i tuoi soci**, du und deinesgleichen/[deine Kumpanen] spreg **3** dir {+MULTINAZIONALE} Gesellschafter(in) m(f), Teilhaber(in) m(f): **essere** ~ **al 50% con qu**, jds Teilhaber mit einer Beteiligung von 50% sein; ~ **minoritario/maggioritario**, Minderheits-/Mehrheitsgesellschafter m; ~ **occulto**, Treuhänder m; ~ **d'opera**, "Gesellschafter m, der seine Einlage in Form von Dienstleistungen erbringt" ● ~ **d'affari**, Geschäftsteilhaber m.

socioambientàle agg (dell'ambiente sociale) der sozialen Umwelt.

socioculturàle agg {AMBIENTE} soziokulturell.

socioeconòmico, (-a) <-ci, -che> agg {ANALISI} sozioökonomisch.

sociolètto m ling Soziolekt m.

sociolinguìsta <-i m, -e f> mf ling Soziolinguist(in) m(f).

sociolinguìstica <-che> f ling Soziolinguistik f.

sociolinguìstico, (-a) <-ci, -che> agg ling {STUDIO} soziolinguistisch.

sociòloga f → **sociologo**.

sociologìa f {DESCRITTIVA, ECONOMICA, GENERALE} Soziologie f: ~ **criminale**, Kriminalsoziologie f; ~ **della conoscenza**, Wissenssoziologie f; ~ **del diritto/della famiglia/del lavoro**, Rechts-/Familien-/Arbeitssoziologie f.

sociològico, (-a) <-ci, -che> agg {FENOMENO, RIVISTA} soziologisch.

sociòlogo, (-a) <-gi, -ghe> m (f) Soziologe m, (Soziologin f).

sociometrìa f sociol Soziometrie f.

sociopolìtico, (-a) <-ci, -che> agg {PANORAMA} soziopolitisch.

sociosanitàrio, (-a) <-ri m> agg {SERVIZIO} des Gesundheitswesens.

Sòcrate m stor Sokrates m.

socràtico, (-a) <-ci, -che> filos **A** agg sokratisch **B** m (f) Sokratiker(in) m(f).

socratìsmo m filos Sokratik f.

sòda f **1** (acqua gassata) Soda(wasser n) n o f **2** chim Soda n o f: ~ **caustica**, kaustische Soda, Ätznatron n; ~ **Solvay®**, Solvay-Soda n o f.

sodalìzio <-zi> m **1** (legame) Bindung f, Band n, Bund m: **un** ~ **di anni**, eine jahrelange Bindung **2** (associazione) {+RELIGIOSO} Bruderschaft f, Gemeinschaft f: ~ **sportivo**, Sportverein m, Sportvereinigung f, Sportklub m.

soddisfàccio 1ª pers sing dell'ind pres di soddisfare.

soddisfacènte agg {CONDIZIONI DI SALUTE, RISPOSTA} befriedigend, zufrieden stellend.

soddisfaciménto m **1** (l'esaudire) {+BISOGNO} Befriedigung f, {+PREGHIERA} Erhörung f **2** (il far fronte) {+OBBLIGAZIONE} Erfüllung f; {+DEBITO} (Be)zahlen n **3** anche fis mat {+PREMESSA, PROPRIETÀ} Erfüllung f.

soddisfàre <irr soddisfo o soddisfaccio, soddisfeci, soddisfatto> tr itr **1** (accontentare) ~ (**a**) **qu/qc** {CLIENTELA, DONNA, (AL)LA MASSA DEI LETTORI} jdn/etw befriedigen, jdn/etw zufrieden stellen; {(A)I GUSTI DEL PUBBLICO} anche etw (dat) entsprechen: **la tua proposta non ci soddisfa**, dein Vorschlag befriedigt uns nicht₁/[ist uns nicht zufrieden stellend] **2** (esaudire) ~ (**a**) **qc** {(A) UN DESIDERIO, UNA RICHIESTA} etw befriedigen, etw (dat) nach|kommen, etw erfüllen **3** (placare) ~ **qc** {LA PROPRIA CURIOSITÀ, LA FAME} etw stillen; {LA SETE DI QU} anche etw löschen **4** (far fronte) ~ (**a**) **qc** {(A) UN DOVERE, (A) UN IMPEGNO} etw erfüllen, etw (dat) nach|kommen; {(A) UN DEBITO} etw begleichen; {(A) UN FABBISOGNO} etw decken; {(A)GLI OBBLIGHI DI LEVA} etw ab|leisten **5** (porre rimedio) ~ **qc** {(A) UN'OFFESA} etw wieder|gut|machen; {(A) UN DANNO} anche für etw (acc) entschädigen **6** anche fis mat ~ (**a**) **qc** {TEORIA (A) UN PRINCIPIO FONDAMENTALE; VALORE DI X EQUAZIONE} etw erfüllen.

soddisfàtto, (-a) agg **1** (contento) ~ (**di qu/qc**) (mit jdm/etw) zufrieden: **sono pienamente** ~ **di te e dei tuoi risultati**, ich bin vollkommen zufrieden mit dir und deinen Ergebnissen; **è restato molto** ~ **dell'accoglienza**, er war sehr zufrieden mit dem Empfang; **non è mai** ~!, er ist nie zufrieden! **2** (adempiuto) {IMPEGNO} geleistet **3** (saldato) {CREDITORE} ausbezahlt; {DEBITO} bezahlt.

soddisfazióne f **1** (piacere) Befriedigung f, Zufriedenheit f: **non c'è** ~ **a giocare con lui**, es macht keinen Spaß, mit ihm zu spielen; **voglio prendermi/togliermi la** ~ **di dirgli ciò che penso**, ich will mir die Genugtuung nicht nehmen lassen, ihm meine Meinung zu sagen; **con sua grande** ~, zu seiner/ihrer großen Freude **2** (gioia) Freude f: **le soddisfazioni della vita**, die Freuden des Lebens; **è un ragazzo che dà molte soddisfazioni**, der Junge macht einem viel Freude **3** (esaudimento) {+CAPRICCIO, NECESSITÀ} Befriedigung f **4** (regolamento) {+DEBITO} (Be)zahlung f; {+PENDENZA} Begleichung f; {+DANNO} Wiedergutmachung f; {+OFFESA} Satisfaktion f forb obs: **alla fine hai ottenuto** ~, schließlich hast du die Wiedergutmachung durchgesetzt₁/ [Genugtuung/ Satisfaktion forb obs erhalten] ● **bella** ~!, iron, na, toll! iron.

sòddisfo 1ª pers sing dell'ind pres di soddisfare.

sodézza f forb {+SENO} Festigkeit f.

sòdico, (-a) <-ci, -che> agg chim Natrium-.

sòdio <-> m chim Natrium n.

sòdo, (-a) **A** agg **1** (duro) {CARNE, LEGNAME} fest, hart; {GLUTEI, MUSCOLO} kräftig, stark **2** (incolto) {TERRENO} unbestellt, brach **3** rar fig (solido) {CULTURA} solide, fundiert, gediegen; {ARGOMENTO} fundiert, stark, gut **4** gastr {UOVO} hart gekocht **B** avv **1** (con forza) {PICCHIARE} fest, hart, stark **2** (alacremente) {STUDIARE} tüchtig, eifrig; {LAVORARE} anche hart **3** (profondamente) {DORMIRE} fest, tief **C** m (terreno fermo) Brachland n ● **andare/passare/venire al** ~ fig fam (venire al dunque), zur Sache₁/[zum entscheidenden Punkt] kommen/gelangen; **darle/prenderle sode** fam (dare/prendere molte botte), fest(e)/ordentlich zuhauen fam/prügeln, feste/ordentlich Prügel bekommen fam.

Sòdoma f stor geog Sodom n.

sodomìa f {ETEROSESSUALE, OMOSESSUALE} Analverkehr m, Arschficken n volg.

sodomìta <-i> m Arschficker m volg.

sodomìtico, (-a) <-ci, -che> agg {VIZIO} anal.

sodomizzàre tr ~ **qu** jdn zum Analverkehr an|halten/zwingen, jdn arschficken volg.

sodomizzazióne f Zwingen n zum Analverkehr.

sofà <-> m Sofa n.

sofferènte **A** agg **1** (*che soffre*) {UOMO} leidend: **era ~ per un attacco d'asma**, er/sie litt an einem Asthmaanfall **2** (*che esprime sofferenza*) {ARIA, VOLTO} leidend **3** (*malato*) krank: **~ di cuore**, herzkrank **4** *lett* (*tollerante*) tolerant, duldsam *forb*: **sei mal/poco ~ della disciplina**, du kannst Disziplin schlecht vertragen **B** mf Leidende mf decl come agg.

sofferènza f **1** (*dolore*) {ATROCE} Leiden n, Qual f: **il terremoto fu causa di grande ~ per tutti**, das Erdbeben brachte großes Leid über alle; **che ~ non vederti più!**, was für eine Qual!/[wie schrecklich], dich nicht mehr zu sehen! **2** (*tribolazione*) Leid n, Qual f: **una vita piena di sofferenze**, ein qualvolles/leidvolles *forb* Leben, ein Leben voller Sorgen ● **in ~ banca** *comm* (*in stato di morosità*), {CAMBIALE} Not leidend {PAGAMENTO} anche rückständig, überfällig.

soffermàre **A** tr (*fermare*) **~ qc su qu/qc** {L'ATTENZIONE SU UN PASSANTE} *etw auf jdn/etw lenken*, *etw auf jdn/etw richten*; {LO SGUARDO SU UN PARTICOLARE} *etw auf etw* (dat) *ruhen lassen*, *etw auf etw* (acc) *heften* **B** *itr pron* **1** (*fermarsi*): **soffermarsi a fare qc** {A OSSERVARE, A PARLARE} (stehen) bleiben, *um etw zu tun* **2** *fig* (*indugiare*): **soffermarsi su qc** {SU UN DETTAGLIO} *sich mit etw* (dat) *aufhalten*, *bei etw verweilen*.

soffèrsi 1ᵃ pers sing del pass rem di *soffrire*.

soffèrto, (-a) **A** *part pass di soffrire* **B** agg **1** (*travagliato*) {PARTITA, SCELTA} schwierig: **è un'opera molto sofferta**, das Werk hat viel Mühe gekostet/[war eine schwere Geburt *fam*] **2** (*sudato*) {VITTORIA} hart/schwer erkämpft/errungen **3** (*subìto*) {TORTO} erlitten.

soffiàre <*soffio, soffi*> **A** tr **1** gener ~ (**qc**) + *compl di luogo* {SUL BRACIERE, FUMO IN FACCIA A QU} (*etw*) *irgendwohin blasen*, (*etw*) *irgendwohin pusten fam*: **~ aria nel pallone**, den Luftballon aufblasen **2** (*eliminare con un soffio*) **~ via qc** (**da qc**) {CENERE, POLVERE DA UN TAVOLO} *etw* (*von etw* dat) *weg*|*blasen* **3** (*pulire*) **~ il naso a qu** *jdm etw schnäuzen*: **il naso a un bambino**, einem Kind die Nase schnäuzen **4** *fig fam* (*riferire*) **~ qc** (**a qu**) {NOTIZIA ALLA POLIZIA} (*jdm*) *etw aus*|*plaudern* **~ a qu una parola nell'orecchio**, jdm ein Wort ins Ohr flüstern, *slang* (*cantare*) (*uso assol*) *aus*|*plaudern*, *singen slang*; **un complice ha soffiato**, ein Komplize hat gesungen *slang* **5** *fig fam* (*fregare*) **~ qu/qc a qu** {POSTO A UN'AMICA} *jdm jdn/etw weg*|*schnappen fam*; {FIDANZATO} *anche jdm jdn aus*|*spannen fam*; {DOCUMENTI A UN PASSANTE} *jdm etw klauen fam* **6** (*nella dama*) **~ qc a qu** {PEDINA ALL'AVVERSARIO} *jdm etw weg*|*nehmen* **7** *slang sport* (*nel calcio*) **~ qc a qu** {PALLA A UN ATTACCANTE} *jdm etw ab*|*jagen* **8** *tecnol* **~ qc** {BICCHIERE, VETRO} *etw blasen* **B** *itr* **1** ~ (+ *compl di luogo*) {SUL CAFFÈ BOLLENTE} *auf etw* (acc) *blasen*; {IN UNA TROMBA} *in etw* (acc) *blasen* **2** (*sbuffare*) *schnauben*, *schnaufen*: **~ di fatica/rabbia**, vor Anstrengung schnaufen/[vor Wut schnauben]; {GATTO} *fauchen* **3** (*spirare*) ~ (**da qc**) {VENTO DA NORD-EST, DA PONENTE} (*irgendwoher*) *blasen*, (*irgendwoher*) *wehen* **C** *rfl indir*: **soffiarsi qc** {NASO} *sich* (dat) *etw putzen*.

soffiàta f **1** (*espirazione*) Blasen n: **dare una ~ alla candela per spegnerla**, die Kerze ausblasen **2** *fig fam* (*informazione riservata*) Tipp m *fam*, vertraute/geheime Information: **ha avuto la ~ da qu**, er/sie hat den Tipp *fam* von jdm bekommen; *slang* (*delazione*) Denunziation f *spreg*, Anschwärzung f *fam spreg*, Verpfeifen n *fam*; **ha fatto una ~ alla polizia**, er/sie hat jdn bei der Polizei verpfiffen/[der Polizei einen Tipp gegeben] *fam* ● **~ di naso**, Putzen n der Nase.

soffiatóre, (-trice) **A** m (f) (*operaio*) Glasbläser(in) m(f): **~ di vetro**, Glasbläser m **B** m (*apparecchio*): **~ (a mantice)**, Blasebalg m.

soffiatùra f **1** *metall* (*bolla d'aria*) (Guss)blase f: **~ in un getto di ghisa**, Eisengussblase f **2** *anche tecnol* (*il soffiare*) Blasen n: **~ del vetro**, Glasblasen n.

sòffice agg **1** (*morbido*) {CAPELLI, MATERASSO, PANE, PELO} weich; {TESSUTO} *anche* flauschig, mollig; {PASTA} locker **2** (*privo di compattezza*) {NEVE, STRATO DI FOGLIE, TERRENO} locker.

sofficità <-> f (*morbidezza*) {+GOLF, PIUMINO} Weichheit f, Flauschigkeit f; {+PASTA} Lockerheit f.

soffierìa f *tecnol* (Wind)gebläse n.

soffiétto **A** m **1** (*attrezzo*) (kleiner) Blasebalg **2** (*struttura estensibile*) {+BORSA, PORTA} Faltwulst m; {+CARROZZA FERROVIARIA, TRAM} (Falten)balg m; {+FISARMONICA} Balg m; {+MACCHINA FOTOGRAFICA} Balgen m **3** *giorn* (*articolo*) Propagandaartikel m **B** <inv> *loc agg*: **a ~** {INFISSO, VALIGIA} Falt-; {MACCHINA FOTOGRAFICA} Balgen-.

sóffio <-fi> m **1** gener Blasen n: **spegnere qc con un ~**, etw ausblasen; {+GATTO} Fauchen n **2** (*folata*) {LEGGERO} Hauch m, Zug m: **~ d'aria**, Luftzug m/Windhauch m **3** (*fruscio*) {+VENTILATORE} Geräusch n **4** *fig lett* (*impulso creativo*) {+ARTE, GENIO} Inspiration f, Eingebung f **5** *med* {BRONCHIALE, SISTOLICO} Geräusch n: **~ al cuore**, Herzgeräusch n ● **essere a un ~ da qc** *fig* (*molto vicino*), {DALLA VITTORIA} ganz knapp/kurz vor etw (dat) stehen; **in un ~** *fig* (*in un attimo*), im Nu *fam*, augenblicklich, im Handumdrehen; **c'è mancato un ~** *fig* (*per poco*), es/da fehlte nicht viel; **per/di un ~** *fig* (*per un pelo*), um ein Haar/Haaresbreite; **~ vitale** *relig*, Odem m des Lebens *poet*.

soffióne m **1** *bot* Löwenzahn m, Pusteblume f *fam* **2** *geol* Soffione f: **~ boracifero**, Soffione f.

soffìtta f **1** (*solaio*) Dachboden m, Speicher m **2** (*locale abitabile*) Mansarde f, Dachwohnung f; Dachzimmer m **3** *teat* (*parte del palcoscenico*) Schnürboden m.

soffittàre tr *edil* (*stanza*) *etw mit einer Decke versehen*, *in etw* (acc) *eine Decke ein*|*ziehen*.

soffittatùra f *edil* Deckenkonstruktion f, Einschubdecke f: **~ in materiale isolante**, Einschubdecke f aus Isoliermaterial.

soffìtto m **1** *arch edil* {AFFRESCATO} (Zimmer)decke f: **~ a cassettoni**, Kassettendecke f; **~ con travi a vista**, Balkendecke f **2** *alpin* (*tetto*) Felsvorsprung m.

soffocaménto m **1** Erstickung f, Erstickern n: **morire per ~**, ersticken, den Erstickungstod sterben **2** *fig* (*repressione*) {+LIBERTÀ} Unterdrückung f; {+RIVOLTA} *anche* Ersticken n.

soffocànte agg **1** (*asfissiante*) {CALDO} drückend; {UMIDITÀ} stickig **2** *fig* (*opprimente*) {ATMOSFERA POLITICA} bedrückend, beklemmend: **non essere così ~ con i figli!**, drück deine Kinder nicht so!; sei doch nicht so gluckenhaft mit deinen Kindern! Du erstickst sie ja!

soffocàre <*soffoco, soffochi*> **A** tr <*avere*> **1** (*impedire di respirare*) **~ qu** (**con qc**) {CON UN CUSCINO} *jdn* (*mit etw* dat) *ersticken*; (*strozzare*) {CON UN LACCIO} *jdn* (*mit etw* dat) *erwürgen* **2** (*opprimere*) **~ qu** {COLLETTO} *jdn drücken*: **la folla ci soffocava**, die Masse erdrückte uns; **~ qc** {ERBACCE ORTO} *etw überwuchern* **3** (*domare*) **~ qc** (**con qc**) {FIAMME CON UN ESTINTORE} *etw* (*mit etw* dat) *ersticken* **4** *fig* (*reprimere*) **~ qc** {SBADIGLIO, STARNUTO} *etw unterdrücken*; {GRIDO} *etw ersticken*; {RIVOLTA} *anche etw nieder*|*schlagen*; {SCANDALO} *etw vertuschen*: **~ la propria passione**, seiner Leidenschaft Herr werden; **~ qc sul nascere**, etw im Keim ersticken **5** *fig* (*riempire*) **~ qu di qc** {DI BACI} *jdn mit etw* (dat) *bedecken*; {DI PREMURE} *jdn mit etw* (dat) *überschütten* **B** *itr* <*essere*> **~ (da/per qc)** (*vor etw* dat) *ersticken*: **qui si soffoca dal/per il caldo**, hier kommt man um vor Hitze *fam*; **mi sento ~**, ich bekam keine Luft mehr, ich hatte das Gefühl zu ersticken **C** *itr pron*: **soffocarsi (con qc)** (*an etw* dat) *ersticken*: **si è soffocato con un'oliva**, er ist an einer Olive erstickt.

soffocàto, (-a) agg **1** erstickt: **morire/restare ~**, ersticken, den Erstickungstod sterben **2** (*domato*) {INCENDIO} erstickt **3** *fig* (*strozzato*) {GEMITO, RISATA} erstickt, unterdrückt: **~ dal pianto**, tränenerstickt **4** *fig* (*represso*) {RIBELLIONE} unterdrückt.

soffocazióne f **1** (*soffocamento*) Erstickung f, Ersticken n **2** *fig* (*repressione*) {+SDEGNO, SOMMOSSA} Unterdrückung f.

soffrìggere <*coniug come* affliggere> *gastr* **A** tr **~ qc** (+ *compl di modo*) {CIPOLLA A FUOCO LENTO, NEL BURRO} *etw* (*irgendwie*) *an*|*braten*, *etw* (*irgendwie*) *an*|*rösten* **B** *itr* **~** (+ *compl di tempo*): **l'aglio deve ~ per alcuni minuti**, der Knoblauch muss einige Minuten ziehen.

soffrìre <*coniug come* offrire> **A** tr **1** (*patire*) **~ qc** {LA SETE} *etw haben*; {LA FAME} *anche etw leiden*; {IL CALDO, IL MAL DI MARE, LA MISERIA} *unter etw* (dat) *leiden* **2** (*temere*) {PIANTA GRASSA IL GELO} *gegen etw* (acc) *empfindlich sein*, *etw nicht vertragen* **3** (*sopportare*) **~ qu/qc** *jdn/etw ertragen*, *jdn/etw leiden können*, *etw erleiden*, *etw* (er)*dulden*: **non posso ~ il frastuono**, ich kann Lärm nicht ertragen, ich bin lärmempfindlich; **non può ~ che gli si muovano critiche**, er kann keine Kritik vertragen; **non possiamo ~ di vederti partire**, wir können es nicht ertragen, dich abfahren zu sehen; **i maleducati non li riesco proprio a ~**, Menschen ohne Manieren kann ich wirklich nicht ausstehen/leiden **B** *itr* **1** ~ (**per qc**) {PER LA MORTE DI QU} (*wegen etw* gen/+ dat *fam*) *leiden*, (*wegen etw* gen/+ dat *fam*) *krank sein*: **stai soffrendo molto?**, leidest du sehr?, hast du große Schmerzen?; **quell'uomo mi fa ~**, dieser Mann macht mich krank; **questa pianta in casa soffre**, diese Pflanze verträgt das Raumklima nicht/[ist keine Zimmerpflanze] **2** (*essere affetto*) **~ di qc** {DI ASMA, DI REUMATISMI} *an etw* (dat) *leiden*, *etw haben*: **~ di cuore**, herzkrank sein, ein Herzleiden haben; *fig* **~ di solitudine**, {CANE, FIGLIO} *einsam sein*, *unter der Einsamkeit leiden* **3** *fig* (*risentire*) **~ (di qc)** *unter etw* (dat) *leiden*: **la mia reputazione ne soffrirebbe**, mein Ruf würde darunter leiden ● **ha finito di ~** *eufem* (*è morto*), er/sie hat aufgehört zu leiden/[wurde von seinem/ihrem Leiden erlöst]/[ist tot], sein/ihr Leiden hat ein Ende gefunden.

soffrìtto m *gastr* Mischung f aus gerösteter Zwiebel, Möhre, Sellerie, Petersilie (und Speck).

soffùso, (-a) agg **1** (*tenue e uniforme*) {LUCE} gedämpft; {COLORE} *anche* dezent, bedeckt **2** *anche fig* (*pervaso*) **~ di qc** {PAROLE DI**

TRISTEZZA} erfüllt *von etw* (dat), durchzogen *von etw* (dat): **volto ~ di rossore**, gerötetes Gesicht.

Sofìa① f (*nome proprio*) Sophie.

Sòfia② f *geog* Sofia n.

sofìsma <-*i*> m *anche filos* Sophismus m, Sophisma n *forb rar*.

sofìsta <-*i m, -e f*> Ⓐ m *filos* Sophist m Ⓑ mf *fig spreg* (*ragionatore cavilloso*) Sophist(in) m(f).

sofìstica <-*che*> f *filos* Sophistik f.

sofisticàre <*sofistico, sofistichi*> Ⓐ tr (*adulterare*) **~ qc** {BURRO} *etw* (ver)fälschen, *etw* versetzen; {VINO} *etw* panschen, *etw* verschneiden Ⓑ itr (*sottilizzare*) Haarspalterei/ Wortklauberei treiben *spreg*: **ha sempre da ~ su tutto**, er/sie hat immer an allem etwas auszusetzen.

sofisticatézza f (*ricercatezza*) {+STILE} Ausgesuchtheit f, Kompliziertheit f.

sofisticàto, (-*a*) agg **1** (*alterato*) {OLIO} gefälscht, verfälscht; {VINO} gepanscht, verschnitten **2** (*ricercato*) {ARTISTA} anspruchsvoll; {LINGUAGGIO, ROMANZO} *anche* gekünstelt, hochgestochen, {DONNA} überspannt, überkandidelt *spreg fam*; {ELEGANZA} ausgesucht **3** (*difficile*) schwierig, wählerisch, kompliziert: **come sei ~!**, bist du aber kompliziert/ schwierig! **4** (*tecnologicamente progredito*) {IMPIANTO, PROCEDIMENTO} fortschrittlich.

sofisticatóre, (-*trice*) m (f) Fälscher(in) m(f); {+VINO} Panscher(in) m(f).

sofisticazióne f {+PRODOTTO ALIMENTARE} (Ver)fälschung f; {+VINO} Panschen n, Verschneiden n.

sofisticherìa f **1** (*cavillosità*) {+DISCORSO} Spitzfindigkeit f *spreg*, Wortklauberei f *spreg* **2** (*ragionamento*) Sophisterei f *forb spreg*, Haarspalterei f *spreg* **3** (*comportamento snob*) blasiertes/snobistisches Verhalten *spreg*.

sofìstico, (-*a*) <-*ci, -che*> Ⓐ agg **1** (*pedante*) pedantisch *spreg*: **che gente sofìstica!**, was für Pedanten! *spreg*; **è molto ~ nel mangiare**, beim Essen ist er sehr wählerisch **2** *anche filos* (*capzioso*) {DOTTRINA, RAGIONAMENTO} sophistisch *forb spreg*, spitzfindig *spreg* Ⓑ m (f) (*pedante*) Pedant(in) m(f) *spreg*: **non fare il ~!**, sei nicht so pedantisch! *spreg*.

Sòfocle m *stor* Sophokles m.

soft <*inv*> agg *ingl* **1** (*delicato*) {ATMOSFERA} behaglich; {LUCE} gedämpft, weich; {MASSAGGIO} sanft; {MUSICA} gedämpft, leise **2** *fig* (*accomodante*) {TATTICA} sanft, entgegenkommend: **un tipo molto ~**, ein sehr softer *slang* Typ, ein ziemlicher Softie *slang*.

soft air <-, -*s* pl *ingl*> loc sost m (*gioco*) Softair f.

softball <-> m *ingl sport* Softball m.

soft drink <-, -*s* pl *ingl*> loc sost m *ingl* (*bevanda*) Soft Drink m.

software <-> m *ingl inform* Software f: **~ applicativo**, Applikations-, Software-Paket m; **~ di base/sistema**, Basis-/Systemsoftware f.

softwarìsta <-*i, -e*> mf *inform* Software- -Spezialist(in) m(f).

soggettìsta <-*i m, -e f*> mf *film radio TV* Drehbuchautor(in) m(f).

soggettivaménte avv {GIUDICARE} subjektiv.

soggettivìsmo m *anche filos* Subjektivismus m.

soggettivìsta <-*i m, -e f*> mf *anche filos* Subjektivist(in) m(f).

soggettivìstico, (-*a*) <-*ci, -che*> agg *anche filos* subjektivistisch.

soggettività <-> f *anche filos* {+GIUDIZIO} Subjektivität f: **~ giuridica**, juristische Sub-

jektivität.

soggettìvo, (-*a*) Ⓐ agg **1** *anche filos* (*del soggetto*) {INTERPRETAZIONE, OPINIONE} subjektiv **2** *gramm* {PROPOSIZIONE} Subjekt- **3** *psic* (*introspettivo*) {METODO} subjektiv Ⓑ f **1** *film TV* Einstellung f **2** *gramm* Subjektsatz m.

soggètto① m **1** (*argomento*) {ATTUALE, SCABROSO; +DISCUSSIONE, INDAGINE, QUADRO, ROMANZO} Gegenstand m, Stoff m, Thema n, Sujet n *forb*: **avere per ~ qc**, etw zum Gegenstand haben **2** (*individuo*) {AFFIDABILE, PERICOLOSO} Person f: **~ a rischio**, gefährdete Person; *anche med* {NEVROTICO, RICETTIVO} Patient(in) m(f), Subjekt n; *fam anche scherz spreg* Subjekt n *fam*, Typ m *fam*; **bel ~ il tuo amico!**, dein Freund ist mir vielleicht einer! *fam* **3** *dir* Subjekt n: **~ attivo/passivo del reato**, Täter m/Tatopfer n; **~ di diritto**, Rechtssubjekt n; **~ d'imposta**, Steuersubjekt n, Steuerschuldner m, Steuerpflichtiger m **4** *film TV* (*trama*) Stoff m, Sujet n *forb*, Thema n: **~ cinematografico/televisivo**, Thema n eines Kino-/Fernsehfilms **5** *filos* (*io*) {ETICO, MORALE} Subjekt n **6** *gramm* {LOGICO +FRASE, PLURALE} Subjekt n: **~ sottinteso**, implizites Subjekt **7** *mus* Thema n ● **recitare a ~ teat** (*improvvisare*), aus dem Stegreif spielen.

soggètto②, (-*a*) Ⓐ agg **1** (*assoggettato*) **~ a qu** {PAESE AL NEMICO} *jdm* unterworfen **2** (*sottoposto*) **~ a qc** {PERSONA A UN CONTROLLO} *etw* (dat) unterzogen **3** (*con obbligo di*) **~ a qc** *etw* (dat) unterworfen: **farmaco ~ a prescrizione medica**, rezeptpflichtiges Arzneimittel; **operazione ~ a IVA**, mehrwertsteuerpflichtige Transaktion; **merce soggetta a dazio**, zollpflichtige Ware **4** (*esposto*) **~ a qc** {PROGETTO A MUTAMENTI} *etw* (dat) unterworfen: **zona soggetta a valanghe**, lawinengefährdetes Gebiet **5** (*predisposto*) **~ a qc** {PAZIENTE A CRISI COLICHE} *für etw* (acc) anfällig: **va soggetta a forti emicranie/[crisi convulsive]**, sie neigt zu starken Migräne-/ Krampfanfällen.

soggettuàle agg *anche psic* Subjekt-.

soggettualità <-> f Subjektivität f.

soggezióne f **1** (*imbarazzo*) Befangenheit f, Scheu f: **avere ~ di qu/qc**, jdn/etw scheuen; **la tua avvenenza lo mette in ~**, deine Schönheit verwirrt/verunsichert ihn; **provare un po' di ~**, sich etwas befangen fühlen **2** (*subordinazione*) {CULTURALE, POLITICA} Abhängigkeit f, Unterwerfensein n: **~ allo straniero**, Fremdherrschaft f.

sogghignàre itr (*ghignare*) grinsen.

sogghìgno m Grinsen n: **fare un ~ ironico**, ironisch grinsen, ein ironisches Grinsen aufsetzen.

soggiacére <*coniug come piacere*> itr <*essere o avere*> **1** (*sottostare*) **~ a qu/qc** {ALL'AUTORITÀ, ALLA LEGGE} *jdm/etw* unterliegen; {A UN CAPRICCIO} *etw* (dat) nach|geben **2** (*soccombere*) sich unterwerfen, unterliegen: **alla fine il nemico dovette ~**, schließlich musste sich der Feind unterwerfen.

soggiogàre <*soggiogo, soggioghi*> tr **1** (*sottomettere*) **~ qu/qc** {NAZIONE, POPOLO} *jdn/ etw* unterjochen, *jdn/etw* unterwerfen **2** *fig* (*dominare*) **~ qu/qc (con qc)** {UOMO CON LO SGUARDO, ISTINTO} *jdn/etw* (*mit etw* dat) unter Kontrolle haben, *jdn/etw* im Griff haben: **è completamente soggiogato dalla madre**, er steht völlig unter der Fuchtel seiner Mutter *fam*.

soggiornàre itr **~ + compl di luogo** (+ *compl di tempo*) {ALL'ESTERO, IN ITALIA} sich *irgendwo* (*irgendwann*) aufhalten, *irgendwo* (*irgendwann*) verweilen *forb*; {IN MONTAGNA D'ESTATE, PER TRE MESI ALL'ANNO} *etw* *irgendwo* verbringen.

soggiórno Ⓐ m **1** (*salotto*) {AMPIO, LUMINO-

SO} Wohnzimmer n **2** (*mobilio*) {MODERNO, RUSTICO} Wohnzimmer(einrichtung f) n **3** (*permanenza*) {BREVE, ESTIVO} Aufenthalt m: **~ gratuito di sei giorni a Roma**, kostenloser Rom-Aufenthalt von sechs Tagen; **~ di studio**, Studienaufenthalt m **4** (*località*) Aufenthaltsort m Ⓑ <*inv*> loc agg: **di ~**, {LUOGO, PERIODO} Aufenthalts-; *dir* {DIVIETO, PERMESSO} Aufenthalts-; **libertà di ~**, Freiheit f des Aufenthalts; **obbligo di ~**, Zwangsaufenthalt m ● **~ obbligato** *dir* (*obbligo di soggiorno*), Zwangsaufenthalt m.

soggiùngere <*coniug come giungere*> tr **~ qc (a qc)** {PARTICOLARE A UN RACCONTO} *etw* (dat) *etw* hinzu|fügen: **soggiunsi che non sarei più partito**, ich fügte hinzu, dass ich nicht mehr wegfahren würde; **soggiunse di amarla**, er/sie fügte hinzu, dass er/sie sie liebte; **voi, soggiunse, siete i responsabili**, ihr, fügte er/sie hinzu, seid dafür verantwortlich.

soggólo m **1** (*sottogola da monaca*) Brustschleier m; *anche stor* Halsschleier m, Kinnband n **2** (*sottogola da cavallo*) Kehlriemen m **3** *mil* {+ELMETTO} Kinn-, Sturmriemen m, Sturmband n.

sòglia f **1** {+PORTA} Schwelle f: **fermarsi sulla ~**, auf der Schwelle stehen bleiben; **varcare la ~ di una casa**, über die Schwelle eines Hauses treten **2** *fig* (*inizio*) Schwelle f *forb*, Beginn m: **essere alla/sulla ~ della vecchiaia**, auf/an der Schwelle zum Alter stehen *forb*; **alle soglie del terzo millennio**, an der Schwelle des dritten Jahrtausends *forb*; **la primavera è alle soglie**, der Frühling steht vor der Tür **3** *fis med psic* Grenze f, Schwelle f: **~ della coscienza**, Bewusstseinsschwelle f; **~ del dolore**, Schmerzgrenze f; **~ di udibilità**, Hör-, Schallschwelle f ● **~ glaciale** *geog*, Gletscherstufe f.

sòglio① <*sogli*> m *lett* **1** (*trono*) {IMPERIALE, REALE} Thron m **2** (*carica*) Würde f, Amt n: **salire al ~ pontificio** *relig* (*diventare Papa*), den Päpstlichen/Heiligen Stuhl besteigen, Papst werden.

sòglio② 1ª pers sing dell'ind pres *di* solere.

sògliola f *itt* Seezunge f: **~ limanda**, Kliesche f ● **alla mugnaia** *gastr* (*infarinata e fritta*), Seezunge f auf/nach Müllerinart.

sognànte agg *fig* (*incantato*) {ATMOSFERA, SGUARDO} träumerisch, verträumt.

sognàre Ⓐ tr **1** (*vedere in sogno*) **~ qu/qc** {AMICO, INCENDIO} *von jdm/etw* träumen: **ho sognato che eri morto**, ich habe geträumt, du wärst tot; **sogno sempre di affogare**, ich träume immer zu ertrinken **2** *fig* (*desiderare*) **~ qu/qc** {IL PRINCIPE AZZURRO, LA GLORIA} *von jdm/etw* träumen, sich (dat) *jdn/etw* erträumen: **sogno che tornerai presto**, ich träume davon, dass du bald wiederkommst; **ich erträume mir deine baldige Rückkehr**; **sogna di diventare famoso**, er träumt davon, berühmt zu werden **3** *fig* (*immaginare*) **~ qc** *etw* träumen, sich (dat) *etw* träumen lassen: **chi avrebbe mai sognato di vederti qui?**, wer hätte sich das je träumen lassen, dich hier zu sehen?; **è vero, non l'ho sognato!**, es ist wahr, ich hab das nicht geträumt Ⓑ itr **1** (*fare dei sogni*) **~ (di qu/qc)** {DEL PROPRIO PADRE, DEL PROPRIO PAESE} (*von jdm/etw*) träumen; *anche fig* im Traum sehen: **quando ha suonato il telefono stavo sognando**, als das Telefon klingelte, ₁träumte ich gerade₁/[war ich gerade mitten in einem Traum] **2** (*fantasticare*) (vor sich hin) träumen, fantasieren: **sii realista, smettila di ~!**, sei realistisch, hör auf zu träumen! Ⓒ rfl intens *fam* **1** (*vedere in sogno*): **sognarsi (di) qu/qc** {FAMILIARE, NUMERO} *jdn/etw* im Traum vor sich (dat) sehen: **mi sono sogna-**

to che vivevo nel deserto, ich habe geträumt, dass ich in der Wüste lebte; **ti sogni sempre di vincere al lotto**, du träumst immer davon, im Lotto zu gewinnen **2** *fig* (*illudersi*): **sognarsi** *qc* sich (dat) etw ein|bilden, *von jdm/etw* träumen: **tu te la sogni la promozione!**, das hättest du wohl gern, befördert zu werden!; **non ti ~ di farlo!**, bilde dir nur nicht ein, du könntest das machen!; untersteh dich, das zu tun! **3** *fig* (*immaginare*): **sognarsi** *qc* sich (dat) etw träumen lassen, sich (dat) etw vor|stellen, etw träumen: **chi se lo sarebbe sognato!**, wer hätte sich das je träumen lassen!; **allora non me lo sono sognato!**, dann hab ich das also nicht geträumt! ● **credevo/[mi sembrava] di ~** (*stentavo a credere*), ich traute meinen Augen/Ohren nicht!, ich konnte es nicht glauben; **sogno o son *desto*?**, wach ich oder träum ich?; **non me lo sogno nemmeno!** *fig* (*non ci penso neppure!*), ich denk da nicht im Traum dran!

sognatóre, (-trice) A agg fig {RAGAZZO} verträumt, träumerisch B m (f) agg fig Träumer(in) m(f).

sógno A m **1** {MATTUTINO, RIVELATORE} Traum m: **fare un bel/brutto ~**, schön/schlecht träumen, einen schönen/scheußlichen Traum haben/träumen, etwas Schönes/Schlimmes träumen; **vedere qu/qc in ~**, jdn/etw im Traum sehen **2** *fig* (*fantasticheria*) Fantasie f, Fantasiebild n, Fantasievorstellung f: **vivere di sogni** (*fig*), von Fantasien leben **3** *fig* (*desiderio*) Traum m, Herzenswunsch m: **il suo ~ è di fare il regista**, sein Traum/Herzenswunsch ist es, Regisseur zu werden; **la casa/donna dei miei sogni**, das Haus/die Frau meiner Träume, mein Traumhaus/meine Traumfrau; **sogni di gioventù**, Jugendträume m pl; **~ proibito**, verbotener Traum; **il ~ è diventato realtà**, der Traum ist Wirklichkeit geworden **4** *fig fam* (*cosa, persona favolosa*) Traum m: **questa casa è un ~**, das ist ein Traumhaus!; **questa moto/ragazza è un ~!**, dieses Motorrad/Mädchen ist traumhaft/fabelhaft!; **stasera sei un ~!**, heute Abend siehst du fabelhaft/fantastisch aus! B <inv> loc agg (*splendido*): **di ~**, {APPARTAMENTO, VACANZA} traumhaft ● **il ~ americano**, der amerikanische Traum, the American Dream; **coronare un ~ d'amore** *fig* (*sposarsi*), heiraten, den Bund fürs Leben schließen; **avere un ~ nel cassetto** *fig* (*coltivare un desiderio da molto tempo*), einen geheimen Traum hegen, einen heimlichen Wunschtraum haben; **~ ad *occhi* aperti** *fig* (*fantasticheria*), Tagtraum m; **sogni d'*oro*!** *fig* (*formula augurale*), träum süß!/[was Schönes!]; **~ di una *notte* di mezza estate** *lett* (*opera di W. Shakespeare*), Sommernachtstraum m; **neanche/nemmeno/neppure per ~!** *fig fam* (*assolutamente no*), nicht (mal) im Traum!, nie im Leben!, keinesfalls!, absolut nicht!; **mi sembra un ~!** (*stento a crederlo!*), es kommt mir vor wie im Traum!, ich fasse es nicht!

sòia f *bot* Soja(bohne) f.

soirée <-, -s pl *franc*> f *franc* Galaabend m, Soiree f *forb*, Abendgesellschaft f.

sol① <-> m *mus* g, G n.
sol② <-> m *chim* Sol n.

sòla f → **solo**.

solàio <solai> m **1** (*sottotetto*) Dachboden m **2** *edil* Decke f.

solaménte A avv **1** gener nur, bloß *fam*: **~ un errore**, nur ein Fehler; **~ questo**, nur das **2** (*esclusivamente*) nur, allein, ausschließlich: **beve ~ acqua**, er/sie trinkt ausschließlich Wasser; **mancavi ~ tu**, nur du hast gefehlt; **desidero ~ dormire un po'**, ich möchte nur ein bisschen schlafen **3** (*rif. a tempo: non prima di*) erst: **~ alle 15.00**, erst um 15 Uhr; (*ancora*) noch, erst; **~ ieri**, noch/erst gestern B avv **~ ... congv** loc avv (*almeno*) se **~ ... congv**, wenn nur.... *congv*, wenigstens... *congv*: (**se**) **~ non piovesse!**, wenn es wenigstens nicht regnen würde! C cong (*tuttavia*) aber, nur: **il vestito è molto bello, ~ un po' troppo corto**, das Kleid ist sehr schön, aber/nur etwas zu kurz; **non dico di no, ~...**, ich sage zwar nicht nein, aber... D loc cong **1** (*basta che*): **~ che ... congv**, wenn nur ...; es reicht, wenn/dass ...: **~ che tu ce lo faccia sapere e ce ne occuperemo noi**, gib uns nur Bescheid, wir kümmern uns dann darum **2** (*ma*): **~ che ... ind**, aber ...: **ci andrei anch'io, ~ che sono malato**, ich würde auch hingehen, aber ich bin krank ● **non ~..., ma anche...**, nicht nur ..., sondern auch ...

solàre A agg **1** anche astrol {CALORE, CREMA, LUCE, ORBITA, SISTEMA} Sonnen- **2** *fig* (*luminoso*) {SORRISO, VOLTO} strahlend; {COLORE} leuchtend, hell **3** *fig* (*estroverso*) {CARATTERE, PERSONAGGIO} sonnig **4** *fig lett* (*evidente*) {DIMOSTRAZIONE} sonnenklar **5** *tecnol* (*alimentato da energia ~*) {BATTERIA} Solar-; {CELLULA, PANNELLO} anche Sonnen- B <-> m *tecnol* Solarforschung f.

solàrio <-ri> → **solarium**.

solarità <-> f *lett* **1** (*luminosità*) {+SGUARDO, VISO} Strahlen n **2** *fig* (*estroversione*) {+PERSONA} sonniges Wesen.

solàrium <-> m *lat* **1** (*centro di abbronzatura*) Solarium n **2** (*terrazzo*) Sonnenterrasse f.

solatìo, (-a) agg *lett* (*soleggiato*) {PAESE} sonnig.

solcàre <solco, solchi> tr **~** qc **1** (*arare*) {CAMPO} etw durchfurchen, etw durchpflügen **2** (*scavare solchi*) {RUOTE FANGO} etw durchfurchen, Spuren in etw (dat) hinterlassen **3** (*fendere l'acqua*) {BARCA MARE, ONDE} etw (durch)pflügen **4** *fig* (*lasciare segni*) {FULMINE CIELO} etw durchziehen; {CICATRICE, LACRIMA VISO DI QU} anche etw zerfurchen.

sólco <-chi> m **1** (*fenditura del terreno*) {ACQUAIO} Furche f **2** (*lungo incavo*) {+CARRO, SLITTA} Spur f: **i solchi delle barche nella sabbia**, die Spuren der Boote im Sand; **i pattini tracciano dei solchi sul ghiaccio**, die Schlittschuhe hinterlassen Spuren im Eis; {+DISCO FONOGRAFICO} Rille f **3** (*scia*) {+MOTOSCAFO} Kielwasser n; {+STELLA CADENTE} Schweif m **4** *fig* (*segno*) Falte f, Furche f: **avere i solchi della vecchiaia sulla fronte**, Altersfalten/Altersrunzeln auf der Stirn haben; **la morte lascia un ~ indelebile**, der Tod hinterlässt eine unauslöschliche Spur **5** *anat* Falte f, Furche f: **solchi cerebrali**, Hirnfurchen f pl; **~ lacrimale/olfattorio** ● **i continui contrasti hanno scavato un ~ profondo tra loro** *fig* (*hanno creato una frattura*), die ständigen Streitereien haben einen tiefen Bruch zwischen ihnen herbeigeführt/[sie tief entzweit].

solcòmetro m *mar* Log n: **~ a barchetta**, Handlog n; **~ a elica/[meccanico]**, Patentlog n.

soldàta f → **soldato**.

soldatàglia f *spreg* Soldatenpack n *fam spreg*, Soldateska f *spreg*.

soldatésca <-sche> f **1** (*truppa*) (Soldaten)truppe f *spreg* (*soldataglia*) Soldatenpack n *fam spreg*, Soldateska f *spreg*.

soldatésco, (-a) <-schi, -sche> agg **1** (*da soldato*) {PASSO} soldatisch, soldatenhaft **2** *spreg* (*rozzo*) {COMPORTAMENTO, LINGUAGGIO} grob, ungehobelt, derb.

soldatéssa f **1** (*donna soldato*) Soldatin f **2** *fig scherz* (*donna autoritaria*) Feldwebel m *fam spreg*.

soldatìno <dim di soldato> m **1** (*giovane soldato*) junger Soldat **2** (*modellino*) Spielzeug-, Bleisoldat m: **è un ~ da collezione**, der Bleisoldat ist ein Kollektionsstück; **giocare ai soldatini**, mit Bleisoldaten spielen; **~ di piombo**, Zinnsoldat m.

soldàto, (-a) m (f) **1** {SCELTO, SEMPLICE} Soldat(in) m(f); **~ a cavallo**, Kavallerist m; **~ a piedi**, Fußsoldat m, Infanterist m; **~ di ventura**, Söldner m; **~ di carriera**, Berufssoldat m **2** (*servizio militare*) Wehr-, Militärdienst m: **andare/[partire per il] ~**, (zum Militär) einrücken; **fare il ~**, Soldat sein, den Wehrdienst ableisten; **tornare da ~**, aus dem Wehrdienst entlassen werden/[ausscheiden] **3** *fig* (*paladino*) {+PACE} Kämpfer(in) m(f), Streiter(in) m(f) **4** <di solito al pl> *zoo* Soldaten m pl ● **~ di Cristo** *relig* (*persona cresimata*), Streiter m Christi.

sòldo m **1** <solo pl> (*denaro*) Geld n: **soldi falsi**, Falschgeld n; **fare qc per i soldi**, etw wegen des Geldes tun; **è uno pieno di/[senza] soldi**, er hat einen Haufen m/[überhaupt kein] Geld **2** *fig* (*centesimo*) Pfennig m, Heller m: **da me non avrai un ~**, von mir kriegst du keinen Pfennig; **non ha mai un ~ in tasca**, er/sie hat nie (einen Pfennig) Geld (in der Tasche); **non dare neppure un ~ per qu/qc**, keinen (roten) Heller für jdn/etw geben **3** *mil stor* (*paga*) Sold m: **tenere qu a mezzo ~**, jdn auf halben Sold setzen **4** *stor* (*moneta*) Soldo m; (*francese*) Sou m ● **questa macchina costa dei bei soldi** *fig* (*molto*), dieses Auto ist ganz schön teuer; [kostet eine Stange Geld *fam*]; **non valere un ~ bucato** *fig* (*nulla*), keinen Pfennig/[roten Heller] wert sein *fam*; **essere alto quanto un ~ di cacio** *fig scherz* (*essere molto basso*), ein Dreikäsehoch sein *scherz*; **essere al ~ di qu** (*essere pagato da qu*), {SPIA} in jds Sold stehen *spreg*; *mil*, in jds Sold stehen *forb*; **fare i soldi** *fig* (*arricchirsi*), Geld machen/scheffeln *fam*; **buttare i soldi dalla finestra** *fig* (*scialacquare*), das Geld aus dem Fenster werfen/[zum Fenster hinauswerfen]; **i soldi non hanno odore** *fig* (*non importa da dove provengono*), Geld stinkt nicht; **ha fatto soldi a palate** *fig* (*si è arricchito molto*), er/sie hat Geld wie Heu/[das große Geld] gemacht *fam*; **avere dei soldi da parte** (*dei risparmi*), Geld beiseitegelegt/[Ersparnisse] haben; **con/per quattro soldi** *fig fam* (*somma misera*), für einen Apfel und ein Ei/[zu Butterbrot] *fam*; **abito/idea da quattro soldi** *fig fam spreg* (*di scarso valore*), billiger Fetzen *fam spreg*/[wertlose Idee].

soldóne <accr di soldo> m pl *fam* (*soldi*) viel Geld: **guadagna dei bei soldoni**, er/sie verdient ordentlich/[eine Stange Geld *fam*], er/sie scheffelt gut Kohle *fam* ● **in soldoni** *fig fam* (*in sostanza*), im Klartext.

sóle m **1** gener {SPLENDENTE} Sonne f: **il ~ era già alto/basso sull'orizzonte**, die Sonne stand schon hoch/tief am Horizont; **qui batte sempre il ~**, hier scheint/knallt *fam* immer die Sonne hin/d(a)rauf; **~ cocente/pallido**, glühend heiße/[blasse] Sonne **2** (*luce e calore del ~*) Sonne f, Sonnenlicht n: **~ d'agosto**, Augustsonne f; **oggi c'è un bel/[il] ~**, heute scheint schön die Sonne; **ho il ~ in faccia**, die Sonne scheint mir ins Gesicht; **una giornata di ~**, ein sonniger Tag; **mettere qc ad asciugare al ~**, etw zum Trocknen in die Sonne hängen; **casa piena di ~**, sonnendurchflutetes Haus; **in pieno ~**, in der prallen Sonne; **sdraiarsi/stare al ~**, sich in die Sonne legen/[in der Sonne liegen]; **un paesino senza ~**, ein kleines Dorf, wo nie die Sonne scheint; **togliti dal ~!**, geh aus der Sonne! **3** *fig anche lett* (*simbolo di splendore*) Sonnenschein m: **questo bimbo per loro è il ~**, dieses Kind ist ihr Sonnenschein *fam* **4** *fig* (*ideale*) {+LIBERTÀ} Sonne f **5** *astrol astr* (*stella*): **Sole**, Sonne f; **il ~ è**/**entra nel segno dei Gemelli**, die Sonne ˻steht im˼/[tritt in das] Sternbild der Zwillinge ● **avere qc al ~** *fig* (*avere delle proprietà*), etwas Land besitzen, ˻ein Landgut˼/[Landgüter] haben; **il ~ dell'**_avvenire_ *polit*, die Sonne der Zukunft *poet*; **dove non batte il ~** *fam scherz* (*sul sedere*), auf den Hintern *fam*; **bello come il ~** (*molto bello*), schön wie die Sonne; **chiaro come il ~** *fig* (*evidente*), sonnenklar *fam*; **contro ~**, gegen die Sonne; **crogiolarsi al ~** (*bearsi*), sich in der Sonne aalen *fam*; **impero/paese del Sol levante** *fig lett* (*Giappone*), Reich/Land der aufgehenden Sonne; **farsi bello/onore del ~** *fig* (*vantarsi di meriti che non si hanno*), sich mit fremden Federn schmücken; **vendere il ~ di luglio** *fig* (*imbrogliare*), betrügen, jdn hinters Licht führen; **il ~ di luglio** *fam* (*per dumm verkaufen fam*; ~ _malato_ *fig* (*debole*), bleiche/matte/blasse Sonne; **~ di mezzanotte**, Mitternachtssonne f; **oggi c'è un ~ che spacca le pietre** (*molto forte*), heute ist ˻eine Gluthitze˼/[die Sonne brutal stark *fam*], heute brennt eine gleißende/sengende Sonne; **prendere il ~** (*abbronzarsi*), sich sonnen, ein Sonnenbad nehmen; **prendere troppo ~** (*bruciarsi*), sich (dat) einen Sonnenbrand holen; **~ che ride** *fig polit* (*simbolo dei Verdi*), "Symbol der Grünen in Italien"; **vedere il ~ a scacchi** *fig scherz* (*essere in carcere*), hinter schwedischen Gardinen sitzen *scherz*; **il sommo ~** *fig lett* (*Dio*), Vater m im Himmel, Gott m; **niente di nuovo sotto il ~** *fig* (*non ci sono novità*), nichts Neues unter der Sonne; **dove entra il ~ non entra il dottore** *prov*, die Sonne hält gesund; wer Sonne hat, braucht keinen Arzt.

solecismo m *ling* Solözismus m *forb obs*.

soleggiàre <*soleggio, soleggi*> *tr ~ qc* {STANZA} die Sonne *in etw* (acc) hinein|lassen; {GRANO} *etw* in die Sonne legen, *etw* der Sonne aus|setzen.

soleggiàto, (-a) *agg* (*assolato*) {POMERIGGIO} sonnig; {CAMERA, SENTIERO} *anche* sonnendurchflutet, sonnenbeschienen.

soléi 1ª *pers sing del pass rem di* solere.

solènne *agg* **1** (*importante*) {GIURAMENTO, MOMENTO, SEDUTA} feierlich; {FUNZIONE, GIORNO, INGRESSO} *anche* festlich **2** (*serio*) {ARIA, TONO} feierlich, ernst **3** *fig fam* (*eccezionale*) {MENZOGNA} grob, plump, faustdick; {SBORNIA} Mords- *fam*; {BASTONATA} gehörig; {SCHIAFFO} saftig *fam* **4** *fig fam* (*matricolato*) Erz- *fam*, Ober- *fam*: **è un ~ bugiardo**, er ist ein Erzlügner *fam*.

solennemènte *avv* {PROMETTERE} feierlich, hoch und heilig; {GIURARE} *anche* Stein und Bein *fam*.

solennità <-> f **1** (*importanza*) {+PROMESSA} Feierlichkeit f; {+CERIMONIA, INCONTRO} *anche* Festlichkeit f **2** (*serietà*) {+ASPETTO, ATTEGGIAMENTO} Feierlichkeit f, Ernst m: **parlare con grande ~**, mit großem Ernst sprechen **3** (*festività*) Feier-, Festtag m: **~ civili/religiose**, gesetzliche/religiöse Feiertage.

solennizzàre *~ qc* {RICORRENZA} *etw* begehen, *etw* feiern.

solennizzazione f {+ANNIVERSARIO} Begehen n, Feiern n.

solére <*irr soglio, solei, solito*; difet *non usato al fut, condiz pres e pass, imperat, part pres e tempi composti*> *itr anche forb* <*essere*> **~ fare qc** *etw zu tun pflegen, etw zu tun gewohnt sein*: **suole riposare dopo pranzo**, er/sie pflegt nach dem Mittagessen auszuruhen; **sono solito andare a letto tardi**, ich gehe gewöhnlich spät zu Bett ● **come si suol dire** (*come si dice generalmente*), wie man zu sagen pflegt.

solèrte *agg* **1** (*diligente*) {INSEGNANTE, SEGRETARIA} eifrig, fleißig **2** (*fatto con impegno*) {LAVORO, RICERCA} gründlich, sorgfältig.

solèrzia f **1** (*diligenza*) {+IMPIEGATO} Sorgfalt f, Fleiß m **2** (*impegno*) Einsatz m, Eifer m: **studiare con ~**, eifrig studieren, sich hinters Studium klemmen *fam*.

solétta <dim *di* suola> f **1** (*della scarpa*) Einlegesohle f: **~ ortopedica**, orthopädische Einlage **2** (*della calza*) Fußteil m, Strumpfsohle f **3** (*dello sci*) Laufsohle f **4** *edil* (Boden)diele f.

Solétta *geog* **A** m (*cantone*) Solothurn n **B** f (*città*) Solothurn n.

solettàre *tr ~ qc* {SCARPA} *etw* besohlen.

solettatùra f {+PAIO DI SANDALI} Besohlung f.

sòlfa f **1** (*solfeggio*) Solfeggio n **2** *fig fam* (*tiritera*) Leier f *fam spreg*: **adesso basta con questa ~!**, jetzt reicht's aber mit der alten Leier! *fam spreg*; **ogni giorno è la solita ~!**, es ist immer das alte Lied! *fam*, es ist immer wieder die alte/dieselbe Leier *fam spreg*/Litanei! *spreg* ● **battere la ~** (*battere il tempo*), den Takt schlagen; *fig* (*ripetere insistentemente*), ständig dieselbe/die gleiche/die alte Platte laufen lassen *fam*.

solfamidico → **sulfamidico**.

solfanèllo → **zolfanello**.

solfàra f *min* Schwefelgrube f.

solfàre *tr agr ~ qc* {PIANTA} *etw* schwefeln.

solfataio → **solfataro**.

solfatàra f *geol min* Solfatara f.

solfatàro m (*lavoratore*) Schwefelgrubenarbeiter m.

solfàto m *chim* Sulfat n: **~ di calcio/rame**, Kalzium-/Kupfersulfat n; **~ di sodio**, Natriumsulfat n, Glaubersalz n; **~ di potassio**, schwefelsaures Kalium.

solfeggiàre <*solfeggio, solfeggi*> *tr mus ~* (*qc*) {SPARTITO} *etw* solfeggieren.

solfèggio <-gi> m *mus* Solfeggio n: **~ cantato/parlato**, gesungenes/rhythmisches Solfeggio; **fare ~**, solfeggieren.

solfìfero, (-a) *agg* (*ricco di zolfo*) {DEPOSITO} Schwefel-.

solfitàre *tr ~ qc* {MOSTO, ZUCCHERO} *etw* schwefeln.

solfitazione f {+MOSTO, ZUCCHERO} Schwefeln n.

solfìto m *chim* Sulfit n: **~ di sodio**, Natriumsulfit n.

sòlfo → **zolfo**.

solfonàre *tr chim ~ qc etw* sulfonieren.

solfonazione f *chim* Sulfonierung f.

solfònico, (-a) <-ci, -che> *agg chim* {ACIDO, GRUPPO} Sulfon-.

solforàre *tr ~ qc* **1** *agr* {VITI} *etw* schwefeln **2** *chim etw* schwefeln, *etw* sulfurieren.

solforàto, (-a) *agg chim* {CALCE, IDROGENO} Schwefel-.

solforatùra f *agr* Schwefeln n, Schwefelung f.

solforazione f **1** *agr* Schwefeln n, Schwefelung f **2** *chim* {+BOTTE, TESSUTO} Sulfierung f, Sulfurierung f.

solfòrico, (-a) <-ci, -che> *agg chim* {ACIDO, ANIDRIDE} Schwefel-, schwefelhaltig, schwefelsauer.

solforóso, (-a) *agg chim* {ACQUA, ANIDRIDE} schwefel(h)ältig, Schwefel-.

solfùreo, (-a) → **sulfureo**.

solfùro m *chim* Sulfid n: **~ di cadmio**, Kadmiumsulfid n, Kadmiumgelb n; **~ carbonio**, Schwefelkohlenstoff m.

solidàle *agg* **1** (*concorde*) **~** (**con qu**) {COMPORTAMENTO} solidarisch (*mit jdm*): **sono**/[**mi dichiaro**] **~ con voi**, ich bin/[erkläre mich] mit euch solidarisch **2** *dir* {OBBLIGAZIONE} gesamtschuldnerisch, gemeinschaftlich; {CREDITORE, VINCOLO} Gesamt- **3** *mecc* fest verbunden.

solidarietà <-> f **1** (*condivisione*) {NAZIONALE, UMANA} Solidarität f: **~ di classe**, Klassensolidarität f; **fare qc per ~**, etw aus Solidarität tun; **~ tra fratelli**, Solidarität f/Zusammenhalten n zwischen/unter Geschwistern; **manifestare la propria ~ a**/**verso qu**, seiner Solidarität mit jdm Ausdruck geben **2** *dir* gesamtschuldnerische Haftung: **~ attiva**/**passiva**, Gesamtgläubigerschaft f/Gesamtschuld f **3** *mecc* feste Verbindung.

solidarìsmo m **1** (*solidarietà*) Solidarität f **2** (*dottrina sociale*) {CRISTIANO} Solidarismus m.

solidarìstico, (-a) <-ci, -che> *agg* **1** (*fondato sulla solidarietà*) {AZIONE} solidarisch **2** {POLITICA} Solidaritäts-.

solidarizzàre *itr ~* (**con qu**) {POPOLAZIONE CON GLI SCIOPERANTI} sich (*mit jdm*) solidarisieren: **professori e studenti hanno solidarizzato**, Professoren und Studenten haben sich solidarisiert, es gab einen Schulterschluss von Professoren und Studenten.

solidificàre <*solidifico, solidifichi*> **A** *tr ~ qc* **1** (*indurire*) {SICCITÀ FANGO} *etw* fest machen, *etw* fest werden lassen **2** *fig* (*rafforzare*) {TEMPO LEGAME} *etw* festigen **B** *itr* <*essere*> fis fest werden, erstarren: **l'acqua solidifica a 0° C**, Wasser wird bei 0° C fest/[zu Eis] **C** *itr pron*: **solidificarsi 1** (*indurirsi*) {CEMENTO, GRASSO} fest werden, erstarren **2** *fig* (*rafforzarsi*) {AMICIZIA} sich festigen.

solidificàto, (-a) *agg* **1** (*indurito*) {CERA} fest, hart geworden; {LAVA} erstarrt **2** *fig* (*saldo*) {RAPPORTO} fest **3** *fis* {LIQUIDO} erstarrt, fest geworden.

solidificazione f **1** (*indurimento*) {+CERA} Festwerden n; {+LAVA} Erstarren n **2** *fig* (*rafforzamento*) {+CONOSCENZA} Festigung f **3** *fis* {+LIQUIDO} Erstarren f, Festwerden n.

solidità <-> f **1** (*robustezza*) {+COLONNA, EDIFICIO} Festigkeit f, Solidität f; {+ATLETA} Stärke f, Robustheit f **2** (*resistenza*) {+COLORE} Echtheit f, Beständigkeit f **3** *anche fis* (*compattezza*) {+MATERIALE} Festigkeit f, Kompaktheit f, Dichte f **4** *fig* (*fondatezza*) {+IMPRESA COMMERCIALE, LAVORO} Solidität f; {+RAGIONAMENTO} Fundiertheit f, Stichhaltigkeit f **5** *fig* (*serietà*) {+PERSONA} Zuverlässigkeit f, Seriosität f *forb*.

sòlido, (-a) **A** *agg* **1** (*robusto*) {COSTRUZIONE, MOBILE, MURO} solide, fest, stabil; {BRACCIA, CORPO} stark, kräftig **2** (*resistente*) {COLORE} echt, beständig **3** *anche fis* (*compatto*) {CIBO, RIFIUTO, STATO} fest **4** *fig* (*ben fondato*) {PREPARAZIONE} solide, fundiert; {GARANZIA} fest; {PATRIMONIO, POSIZIONE} *anche* gesichert; {DITTA} solide, kapitalstark; {ARGOMENTO, PROVA} handfest, fundiert, stichhaltig **5** *fig* (*serio*) {GENTE} solide, zuverlässig, seriös **6** *mat* (*geometria*) {FIGURA, GEOMETRIA} dreidimensional, räumlich **B** m **1** *fis* Feststoff m, fester Stoff **2** *mat* (*in geometria*) Festkörper m: **~ di rotazione**, Rotations-, Umdrehungskörper m **C** <inv> *loc agg dir*: **in ~**, Gesamt-, gesamtschuldnerisch; **debitore in ~**, Gesamtschuldner m **D** *loc avv dir*: **in ~**, gesamtschuldnerisch; **condannare in ~**, gesamtschuldnerisch verurteilen.

solilòquio <-qui> m Selbstgespräch n: **fare un ~**, ein Selbstgespräch führen.

soling <-> m *ingl mar* Soling f o m o n.

solingo, (-a) <-ghi, -ghe> agg *lett* **1** (*solitario*) {STELLA, VIAGGIATORE} einsam: **errava ~ per il mondo**, er irrte einsam durch die Welt **2** (*deserto*) {VIA} verlassen.

solino m **1** (*colletto*) Vatermörder m *scherz*, (abnehmbarer) Hemdkragen: **~ da prete**, Kollar m **2** (*bavero azzurro dei marinai*) Matrosen-, Marinekragen m.

solipede *zoo* **A** agg einhufig **B** m Einhufer m.

solipsismo m **1** (*individualismo*) Individualismus m, Subjektivismus m **2** *filos* Solipsismus m.

solipsista <-i m, -e f> mf **1** (*individualista*) Individualist(in) m(f), Subjektivist(in) m(f) **2** *filos* Solipsist(in) f.

solipsistico, (-a) <-ci, -che> agg **1** (*individualistico*) individualistisch, subjektivistisch **2** *filos* solipsistisch.

solista <-i m, -e f> **A** agg {CANTANTE, DANZATRICE, VIOLINO, VOCE} Solo- **B** mf **1** (*cantante o strumentista*) Solist(in) m(f) **2** (*ballerino*) Solotänzer(in) m(f).

solistico, (-a) <-ci, -che> agg (*di solista*) {ESECUZIONE} Solo-.

solitaria f **1** *alpin* Alleingang m: **aprire una via in ~**, sich (dat) im Alleingang einen Weg bahnen **2** *mar* Einhand-Regatta f.

solitario, (-a) <-ri m> **A** agg **1** (*che ama la solitudine*) {RAGAZZO} einzelgängerisch: **è uno spirito ~**, er/sie ist ein Einzelgänger **2** (*solo*) {VIANDANTE} einsam; {CASA} isoliert, allein stehend **3** (*appartato*) {VITA} zurückgezogen **4** (*deserto*) {STRADA, ZONA} einsam, abgelegen **5** (*che si fa da soli*) {ASCENSIONE, TRAVERSATA, VIAGGIO} einsam **6** *bot* {FIORE} solitär, einzeln stehend/wachsend **7** *zoo* {ANIMALE} solitär, einzeln lebend **B** m (f) (*persona*) Einzelgänger(in) m(f) **C** m **1** (*gioco*) Patience f: **fare un ~**, eine Patience legen **2** (*brillante*) Solitär m; (*anello con brillante*) Solitärring m.

solito, (-a) **A** *part pass di solere* **B** agg **1** (*abituale*) {RISPOSTA} gewöhnlich; {PASSEGGIATA} gewohnt, üblich: **al ~ posto**, am üblichen Platz; **la solita routine**, der gewohnte Gang/Trott *spreg*, die Tretmühle fam *spreg* **2** (*stesso*) gleich, üblich: **vedo sempre la solita gente**, ich sehe immer die gleichen Leute; **sei sempre il ~ guastafeste**, du bist ˻wie üblich der˼/[immer der gleiche] Spielverderber; **è sempre la solita storia**, es ist immer die gleiche Geschichte **C** m Gewöhnliche n *decl come agg*, Übliche n *decl come agg*: **al/come suo ~**, wie das so seine/ihre Art ist; **come al/il ~**, wie gewohnt, wie immer; **contrariamente al ~**, anders als sonst, im Gegensatz zu sonst; **oggi sei diverso dal ~**, du bist heute anders als sonst; **è peggio del ~**, er/sie/es ist schlimmer als sonst; **fa meno/più caldo del ~**, es ist ˻nicht so warm˼/[wärmer/heißer] als sonst; **cameriere, il ~, per favore**, Herr Ober, das Übliche, bitte ● **combinarne/farne un'altra/una delle solite**, wieder mal etwas anstellen, das einem ähnlich sieht; *di ~*, gewöhnlich, normalerweise; **essere alle solite**, mal wieder so weit sein; **essere ~ fare qc** (*avere l'abitudine di*), es gewohnt sein, etw zu tun; etw zu tun pflegen.

solitudine f **1** (*isolamento*) Einsamkeit f: **morire in ~**, einsam sterben **2** (*l'essere deserto*) {+ISOLA} Einsamkeit f **3** (*luogo solitario*) einsamer Ort: **le solitudini alpine**, die Einsamkeit der Alpen.

sollazzare **A** *tr* ~ **qu** jdn amüsieren, jdn vergnügen **B** *itr pron*: **sollazzarsi** sich vergnügen, sich amüsieren.

sollazzo m **1** *lett o scherz* (*divertimento*) Amüsement n, Vergnügen n: **darsi ai sollaz-** zi, sich ins Vergnügen stürzen **2** *scherz* (*zimbello*) Zielscheibe f (des Spotts): **essere il ~ della gente**, die Zielscheibe der Leute sein.

sollecitare *tr* **1** (*fare fretta*) ~ **qu** {FATTORINO, SARTA} jdn drängen, jdn an|treiben **2** (*richiedere con insistenza*) ~ **qc** {APPROVAZIONE, RISPOSTA} auf (acc) drängen; {INCARICO, PROMOZIONE} um etw (acc) bitten, um etw (acc) ersuchen; *amm comm* {CONSEGNA DELLA MERCE, PAGAMENTO DI UNA FATTURA, RESTITUZIONE DI UN PRESTITO} etw an|mahnen **3** (*destare*) ~ **qc** {FANTASIA} etw an|regen; {INTERESSE} anche etw wecken **4** (*affrettare*) ~ **qc** {CAMMINO, PASSO} etw beschleunigen **5** (*incitare*) ~ **qu/qc (a qc)** {RAGAZZO ALLO STUDIO, SQUADRA ALLA VITTORIA} jdn/etw (zu etw dat) auf|fordern, jdn/etw (zu etw dat) an|spornen, jdn/etw (zu etw dat) an|halten: ~ **qu/qc a fare qc**, jdn/etw (dazu) auffordern, etw zu tun; *lett* {AL BENE} jdn zu etw (dat) an|regen; {AL PECCATO} jdn zu etw (dat) verleiten **6** *mecc* ~ **qc** {MOTORE, SISTEMA} etw beanspruchen, etw belasten.

sollecitatore, (-trice) **A** agg *mecc* {AZIONE, FORZA} Spann- **B** m (f) **1** (*incitatore*) {+RIVOLTA} Antreiber(in) m(f), Aufwiegler(in) m(f), Anreger(in) m(f) **2** (*richiedente*) {+ACCORDO} Antragsteller(in) m(f), Bittsteller(in) m(f); *amm comm* Mahner(in) m(f).

sollecitatorio, (-a) <-ri m> *amm comm* **A** agg {FAX} Mahn- **B** f Mahnbrief m.

sollecitazione f **1** (*richiesta insistente*) {+CONTRATTO, LAVORO} Anmahnen m: **non risponde alle nostre sollecitazioni**, er/sie antwortet nicht auf unsere ˻dringenden Anfragen˼/[Mahnungen] **2** (*stimolazione*) {+CURIOSITÀ} Reizen n **3** (*incitamento*) ~ **(a qc)** {ALL'APPROFONDIMENTO, AL MIGLIORAMENTO} Aufforderung f (zu etw dat), Ansporn n (zu etw dat) **4** *fis mecc* {ESTERNA, SEMPLICE, STATICA} Belastung f, Beanspruchung f: ~ **di rottura**, Reiß-, Trennfestigkeit f.

sollecito[1] m *amm comm* {+ORDINE, PAGAMENTO} Aufforderung f, Mahnung f: **fare un ~ telefonico a qu**, jdn telefonisch anmahnen; **mandare un ~ a qu**, jdm eine Mahnung schicken.

sollecito[2], (-a) agg **1** (*pronto*) {INTERVENTO, RISPOSTA} prompt, schnell **2** (*solerte*) ~ **(in qc)** {CAMERIERE NEL SERVIZIO} (in etw dat) eifrig, (in etw dat) flott *fam*, (in etw dat) fleißig: **essere ~ nel consegnare il lavoro**, die Arbeit rasch abgeben **3** *lett* (*premuroso*) ~ **(di qu/qc)** {PADRE DELL'EDUCAZIONE DEI FIGLI, DELLA SALUTE DELLA FAMIGLIA} (um jdn/jdw) besorgt, (jdm gegenüber) zuvorkommend, (jdm gegenüber) fürsorglich: **è ~ verso i bisognosi**, er ist den Bedürftigen gegenüber fürsorglich.

sollecitudine f **1** (*prontezza*) Eile f, Promptheit f, Schnelligkeit f: **rispondere con ~**, prompt/postwendend *fam* antworten **2** (*solerzia*) Eifer m, Fleiß m: **mostrare scarsa ~**, wenig Eifer zeigen **3** (*cura affettuosa*) {+MADRE} Fürsorglichkeit f, Fürsorge f.

solleone m **1** (*periodo*) Hundstage m pl **2** *fig* (*caldo torrido*) Sommerhitze f.

solleticare <*solletico, solletichi*> *tr* **1** (*fare il solletico*) ~ **qc (a qu)** {COLLO, PIEDE} (jdm) etw kitzeln **2** *fig* (*stimolare*) ~ **qc** {CURIOSITÀ} etw reizen; {APPETITO, SENSI} etw an|regen; {VANITÀ} etw schmeicheln.

solletico <-chi> m **1** (*sensazione*) Kitzeln n, Kitzel m: **soffre il ˻sul collo˼/[sotto i piedi]**, er/sie ist ˻am Hals˼/[an den Füßen] kitzlig **2** *fig* (*stimolo*) {+AMOR PROPRIO} Schmeicheln n; {+CURIOSITÀ} Reizen n ● **fare il ~ a qu**, jdn kitzeln; *fig* (*non sortire alcun effetto*), jdn völlig ungerührt lassen, **non fare nemmeno/neanche il ~ a qu** *fig* (*non sortire alcun effetto*), jdn völlig kaltlassen, jdn völlig ungerührt lassen, jdm am Arsch vorbeigehen *fam volg*.

sollevamento m **1** (*il sollevare*) {+BACINO, PIEDE} (An)heben n; {+CARICO, CASSA} anche (An)hebung f, Aufheben n **2** (*rialzo*) {+RIVESTIMENTO, TERRENO} Erhöhung f ● **~ pesi** *sport*, Gewichtheben n.

sollevare **A** *tr* **1** (*portare dal basso in alto*) ~ **qu/qc (da qc)** {FERITO, PESO DA TERRA} jdn (von etw dat) (auf|)heben; {LA TESTA DAL CUSCINO} etw von etw (dat) heben; {MOBILE} etw an|heben; {BRACCIO, GAMBA} etw heben, etw hoch|legen; {COPERCHIO DI UNA PENTOLA} etw (von etw dat) heben; {CORNETTA DEL TELEFONO} etw ab|heben; {VENTO SABBIA} etw auf|wirbeln **2** (*volgere verso l'alto*) ~ **qc (da qc)** {GLI OCCHI DAL FOGLIO, LO SGUARDO DA TERRA} etw (von etw dat) erheben **3** (*tirare su*) ~ **qc** {GONNA} etw (hoch|)heben **4** *fig* (*innalzare*) ~ **qc a qu/qc** {PREGHIERA A DIO, AL CIELO} etw an jdn/etw richten; *anche lett* ~ **qu a qc** {AI PIÙ ALTI ONORI, AL TRONO} jdn zu etw (dat) erheben **5** *fig* (*sgravare*) ~ **qu da qc** {DA UN COMPITO ONEROSO, DA UN IMPEGNO, DA UNA GRAVE RESPONSABILITÀ} jdn von etw (dat) befreien, jdn von etw (dat) entheben *forb* **6** *fig* (*dare conforto*) ~ **qu** jdn erleichtern, jdn auf|richten, jdn trösten, jdm gut|tun: **le tue parole mi hanno sollevato**, deine Worte haben ˻mich aufgerichtet/getröstet˼/[mir gutgetan]; ~ **qc** {ANIMI, MORALE} etw auf|richten **7** *fig* (*far insorgere*) ~ **qu/qc (contro qu/qc)** {PRIGIONIERI, MASSE CONTRO IL TIRANNO, CONTRO I SOPRUSI} jdn/etw (gegen jdn/etw) auf|wiegeln, jdn/etw (gegen jdn/etw) auf|hetzen **8** *fig* (*provocare*) ~ **qc** {CRITICA, OBIEZIONE} etw hervor|rufen, etw laut werden lassen; {SCALPORE} etw aus|lösen, etw erregen: ~ **applauso**, Beifall finden **9** *fig* (*presentare*) ~ **qc** {ECCEZIONE} etw dar|stellen; {PROBLEMA} anche etw auf|werfen **10** *fig* (*riscattare*) ~ **qu da qc** {DAL DOLORE, DALLA MISERIA} jdn von etw (dat) befreien **B** *itr pron* **1** (*levarsi verso l'alto*): **sollevarsi (da qc)** {TURBINE} sich (von etw dat) erheben; {MONGOLFIERA DA TERRA} (von etw dat) ab|heben **2** (*rizzarsi*): **sollevarsi da qc** {DAL LETTO} sich (von etw dat) erheben; {DALLA SEDIA} sich (von etw dat) erheben: **sollevarsi da terra**, sich vom Boden erheben, vom Boden aufstehen **3** *fig* (*riprendersi*): **sollevarsi (da qc)** {DA UNA MALATTIA, DA UNO SPAVENTO} sich (von etw dat) erholen; {DA UNA DISGRAZIA} über etw (acc) hinweg|kommen **C** *rfl fig* (*ribellarsi*): **sollevarsi (contro qu/qc)** {POPOLO CONTRO L'INVASORE, CONTRO L'INGIUSTIZIA} sich (gegen jdn/etw) erheben, sich (gegen jdn/etw) empören.

sollevato, (-a) **A** agg *fig* (*rinfrancato*) {ESPRESSIONE} erleichtert; {ANIMO} anche ermutigt, ermuntert: **mi sento molto ~**, ich fühle mich sehr erleichtert.

sollevatore, (-trice) **A** agg {MACCHINA, PONTE} Hebe- **B** m (f) *spec sport* Heber(in) m(f): ~ **di pesi**, Gewichtheber m **C** m *tecnol* **1** (*dispositivo*) {IDRAULICO, MECCANICO} Heber m, Hebewerk n: ~ **elettromagnetico**, elektromagnetischer Heber **2** (*per autoveicolo*) Wagenheber m; (*ponte*) Hebebühne f **3** (*autoveicolo*) Hubwagen m.

sollevazione f **1** (*rivolta*) {POPOLARE} Erhebung f, Aufstand m **2** *fig* (*protesta*) Protest m: **la riforma ha provocato la ~ degli insegnanti**, die Reform ˻führte zum Protest der Lehrer˼/[hat den Protest der Lehrer ausgelöst].

sollievo m **1** (*alleviamento*) Erleichterung f: **alla notizia della promozione ho provato un gran ~**, als ich die Nachricht von der Beförderung bekam, war ich sehr erleichtert;

sollucchero | **somigliante**

che ~ saperti a casa sano e salvo!, was für eine Erleichterung, dich heil und gesund zu Hause zu wissen!; (*di dolore fisico*) Linderung f; **questo farmaco dà ~ al dolore**, dieses Medikament wirkt schmerzlindernd **2** (*ristoro*) Erholung f: **cercare un po' di ~ dalla calura estiva**, ein wenig Erholung vor der Sommerhitze suchen **3** (*consolazione*) Trost m: **la tua presenza mi è di grande ~**, deine Gegenwart ist mir ein großer Trost.

sollùcchero, **sollùcchero** m (*solo nelle loc verbali*): **andare in ~** (*sentirsi molto appagato*), sich riesig freuen, überglücklich/glückselig/[aus dem Häuschen *fam*] sein; **mandare qu in ~** (*far sentire qu molto appagato*), jdn aus dem Häuschen bringen *fam*, jdn in freudige Erregung versetzen.

solmisazióne f *mus* Solmisation f.

sólo, (-a) **A** *agg* **1** (*senza compagnia*) allein: **cenammo soli**, wir aßen allein zu Abend; **lasciateci soli!**, lasst uns allein!; **finalmente soli!**, endlich allein!; **sono ~ in casa**, ich bin allein zu Hause; **vuole restare ~**, er will allein bleiben; (*senza partner*) {DONNA} alleinstehend; (*senza parenti*) verwaist; **è rimasto ~**, er ist allein geblieben **2** (*isolato*) allein, einsam: **in questa casa vuota mi sento terribilmente ~**, in diesem leeren Haus fühle ich mich schrecklich einsam; **è una persona molto sola**, er/sie ist ein sehr einsamer Mensch; **vive tutto ~**, er lebt ganz allein **3** (*unico*) {FIGLIO, OPPORTUNITÀ, SCOPO, USCITA} einzig: **possiede quei soli libri**, er besitzt nur diese Bücher; **la verità è una sola**, die Wahrheit ist eine einzige, es gibt nur eine Wahrheit; **non un ~ amico si è ricordato di lei**, nicht ein einziger Freund hat sich an sie/[ihrer *forb*] erinnert **4** (*solamente*) nur: **uno ~ di voi**, nur einer von euch; **ci andammo noi tre soli**, nur wir drei gingen hin; **per soli uomini**, nur für Männer; **riservato ai soli soci**, nur für Mitglieder (vorbehalten) **5** (*semplice*) bloß *fam*, nur, allein: **basta la sola firma**, es genügt allein die Unterschrift; **al ~ pensarci**, wenn ich bloß daran denke *fam*; **capisce al ~ sguardo**, ein Blick genügt und er/sie versteht **6** (*risultante da più cose uguali*) einzige(r, s): **tanti ruscelli diventano un ~ fiume**, viele Bäche werden zu einem einzigen Fluss; **le sue mani sono una piaga sola**, seine/ihre Hände sind eine einzige Wunde **7** *fig poet* (*solitario*) {LUOGO} einsam **8** *mus* solo: **per violino ~**, für Violine solo **B** m (f) (*unico*) Einzige mf *decl come agg*: **siamo stati i soli a farlo**, wir waren die Einzigen, die es gemacht haben; **non perdermi l'ombrello, è il ~ che ho**, verlier mir den Schirm nicht, es ist mein Einziger **C** m <*di solito al pl*> *mus* Solo n: **concerto per soli, coro e orchestra**, Konzert für Soli, Chor und Orchester **D** *avv* **1** *gener* nur, bloß *fam*: **~ quello**, nur das; **~ una volta**, nur ein einziges Mal **2** (*esclusivamente*) ausschließlich, nur, allein: **mangia ~ verdura**, er/sie isst ausschließlich Gemüse; **è venuto ~ lui**, nur er ist gekommen; **vorrei ~ essere lasciato in pace**, ich möchte nur in Ruhe gelassen werden/[meine Ruhe] **3** (*rif. a tempo: non prima*) erst: **~ all'alba**, erst bei Sonnenaufgang; **~ domani**, erst morgen; (*ancora*) noch; **~ ieri**, noch gestern **E** *avv* ~ ... *congv* loc avv (*almeno*) se ~ ... *congv*, wenn nur... *congv*, wenigstens ... *congv*: (se) **~ telefonasse!**, wenn er/sie nur anrufen würde! **F** *loc avv*: **da ~ 1** (*senza altre persone*) {ANDARE, ARRIVARE, VIVERE, *ecc*.} allein: **parli da ~ tutto il giorno**, du führst den ganzen Tag Selbstgespräche **2** (*senza aiuto altrui*) allein: **lo faccio da ~**, ich mache es allein; **un uomo che si è fatto da ~**, ein Selfmademan; **io mi sono fatto da solo**, ich bin ein Selfmademan,

ich habe mich allein hochgearbeitet **3** (*automaticamente*) automatisch: **la radio si spegne da sola**, das Radio geht automatisch aus **G** *cong* (*tuttavia*) nur, bloß *fam*: **il sugo è molto buono, ~ un po' troppo salato**, die Soße ist sehr gut, nur etwas zu salzig; **vieni quando vuoi, ~ avvisami prima**, komm, wann du willst, sag mir bloß vorher Bescheid *fam* **H** *loc cong* **1** (*basta che*): **~ che ... congv** wenn nur ...; es reicht, wenn/dass ...: **~ che tu lo voglia, ci riuscirai**, wenn du (es) nur willst, wirst du es schaffen **2** (*ma*): **~ che ... ind** nur ...: **uscirei, ~ che sono troppo stanco**, ich würde schon ausgehen, ich bin nur zu müde • *a ~ mus* (*assolo*), Solo n; **da ~ a ~** (*a quattr'occhi*), unter vier Augen; **non ~ ..., ma anche...**, nicht nur ..., sondern auch ...; **~ soletto**, mutterseelenallein, ganz allein; **meglio soli che male accompagnati** *prov*, besser allein als in schlechter Gesellschaft.

solstiziàle *agg astr* {PUNTO} Solstitial-, Wende-.

solstìzio <-zi> m *astr* Sonnenwende f: **~ d'estate/inverno**, Sommer-/Wintersonnenwende f.

soltànto A *avv* **1** *gener* nur, bloß *fam*: **~ un euro**, nur ein Euro; **~ una telefonata**, bloß ein Anruf *fam* **2** (*esclusivamente*) nur, allein, ausschließlich: **si servono ~ bevande analcoliche**, es werden ausschließlich nicht alkoholische Getränke ausgeschenkt; **lavora ~ al mattino**, er/sie arbeitet nur vormittags; **lo può fare ~ un pazzo**, so was kann nur ein Wahnsinniger tun **3** (*rif. a tempo: non prima di*) erst: **~ domattina**, erst morgen früh; **~ al tramonto**, erst bei Sonnenuntergang; (*ancora*) noch; **~ ieri**, noch gestern **B** *avv* **~ ... congv** loc avv (*almeno*) **se ~ ... congv**, wenn nur..., *congv*, wenigstens ... *congv*: (se) **~ ci degnasse di una risposta!**, wenn er/sie uns nur einer Antwort würdigte! **C** *cong* (*tuttavia*) bloß *fam*, nur: **è una bella casa, ~ un po' troppo isolata**, das Haus ist schön, bloß etwas zu abgelegen *fam*; **non dico di no, ~...**, ich sage zwar nicht nein, aber... **D** *loc cong* **1** (*basta che*): **~ che ... congv** wenn nur ...; es reicht, wenn/dass ...: **vivresti meglio, ~ che tu lo volessi**, es würde dir besser gehen, wenn du es nur wolltest **2** (*ma*): **~ che ... ind** aver ...: **lo comprerei, ~ che costa troppo**, ich würde es kaufen, aber es ist zu teuer • **non ~..., ma anche...**, nicht nur ..., sondern auch ...

solùbile *agg* **1** {CAFFÈ, PREPARATO} löslich: **(non) ~ in acqua**, (nicht) wasserlöslich **2** *fig* (*risolubile*) {DUBBIO, PROBLEMA} lösbar.

solubilità <-> f **1** {+PREPARATO} Löslichkeit f **2** *fig* (*risolubilità*) {+ENIGMA} Lösbarkeit f.

solubilizzàre *tr chim* **~ qc** *etw* lösen.

solubilizzazióne f *chim* Solubilisation f.

solùto m *chim* gelöste Substanz.

solutóre, (-trice) m (f) {+CRUCIVERBA, GIOCO} "wer löst".

soluzióne f **1** *anche mat* (*risoluzione*) {CORAGGIOSA, DEFINITIVA; +CASO, EQUAZIONE} Lösung f; {+CRUCIVERBA, QUESITO} Auflösung f: **non c'è altra ~ che...**, es gibt keine andere Lösung als ...; **~ alternativa**, Alternative f, alternative Lösung; **~ di compromesso**, Kompromiss(lösung) f m; **~ di comodo**, Verlegenheitslösung f, fauler Kompromiss; **una questione di difficile/facile ~**, eine schwer/leicht zu lösende Angelegenheit; **una ~ drastica**, eine drastische Lösung, eine Radikallösung; **questa sarebbe la ~ ideale**, das wäre die Patentlösung/Ideallösung/[ideale Lösung]; **è l'unica ~ possibile**, es ist die einzig mögliche Lösung/[Möglichkeit]; **sarebbe la ~ di tutti i miei problemi**, das wä-

re die Lösung all meiner Probleme; **~ di ripiego**, Verlegenheits-, Notlösung f; **per ora non vedo altra ~**, im Moment sehe ich keine andere Lösung/Möglichkeit/[Alternative] **2** (*appianamento*) {PACIFICA +CONFLITTO} Lösung f **3** *anche chim* (*scioglimento*) Auflösung f: **la lenta ~ del sale in acqua**, die langsame Auflösung von Salz in Wasser **4** *anche chim* {ALCALINA} Lösung f: **una ~ di acqua e zucchero**, eine Zuckerwasserlösung; **~ concentrata**, konzentrierte Lösung; **~ fisiologica**, physiologische Lösung; **~ salina**, Salzlösung f; **~ satura**, gesättigte Lösung; **~ tampone**, Pufferlösung f **• ~ senza ~ di continuità** (*senza interruzione*), ohne Unterbrechung, ununterbrochen; **~ finale** *stor* (*sterminio degli ebrei*), Endlösung f *eufem*; **pagare in una sola/un'unica ~ comm** (*rata*), alles auf einmal bezahlen, eine Einmalzahlung/[einmalige Zahlung] leisten.

solvatàre *tr chim* **~ qc** *etw* solvatisieren.

solvatazióne f *chim* Solvatation f.

solvàto m *chim* Solvat n.

solvènte A *agg* **1** *chim* lösend, Lösungs- **2** *dir* {DEBITORE} zahlungsfähig, solvent **B** m *chim* (*CHIMICO*) Lösungsmittel n **C** mf *dir* zahlungsfähige/solvente Person • **~ universale** *chim* (*acqua*), Wasser n.

solvènza f *dir* (*solvibilità*) {+DITTA} Zahlungsfähigkeit f, Solvenz f.

solvìbile *agg* **1** *dir* (*che può pagare*) {CLIENTE} zahlungsfähig, solvent **2** *comm* {DEBITO, SOMMA} zahlbar.

solvibilità <-> f **1** *dir* (*possibilità di pagare*) {+PERSONA} Zahlungsfähigkeit f, Solvenz f **2** *comm* {+DEBITO} Zahlbarkeit f.

sòma① **A** f **1** (*carico*) {PESANTE +LEGNA} Last f **2** *fig lett* (*fardello*) {+DOVERI, PECCATI} Last f, Bürde f **3** *stor* (*unità di misura*) Saum m, Traglast f **B** <inv> *loc agg*: **da ~**, {ANIMALE} Last-.

sòma② f *biol med* Körper m, Soma n *scient*.

Somàlia f *geog* Somalia n.

sòmalo, (-a) **A** *agg* somalisch **B** m (f) (*abitante*) Somalier(in) m(f) **C** m <*solo sing*> (*lingua*) Somalische n.

somàro, (-a) **A** *agg fig spreg* (*ignorante*) blöd(e) *fam*, doof *fam*: **è la più somara della classe**, sie ist die Klassendümmste/Klassenschlechteste **B** m (f) **1** *zoo* Lasttier n, Esel(in) m(f) **2** *fig spreg* (*ignorante*) Esel m *fam*, Dummkopf m *spreg*: **cosa combina quel ~ di Mario?**, was stellt Mario, dieser Esel, an?; **una classe di somari**, eine Klasse mit lauter Dummköpfen *spreg* • **lavorare come un ~** *fig fam* (*molto*), wie ein Tier schuften *fam*.

somàtico, (-a) <-ci, -che> *agg* **1** {SINTOMO, TRATTO} somatisch, körperlich, Körper- **2** *biol* {CELLULA} somatisch.

somatizzàre *tr psic* **~ (qc)** (*etw*) somatisieren: **somatizzi molto**, du somatisierst viel.

somatizzazióne f *psic* {+ANSIA} Somatisierung f.

somatologìa f *med* Somatologie f *scient*.

somatostatìna f (*in fisiologia*) Somatostatin n *scient*, GH-RIH n *scient*.

somatotropìna f (*in fisiologia*) STH n *scient*, somatropes Hormon *scient*, Somatropin n *scient*.

somazióne f *biol* Somation f, Modifikation f.

sombrèro <-ri, -ros pl *spagn*> m *spagn* Sombrero m.

somigliànte *agg* (*simile*) **(a qu/qc)** {BAMBINO AL NONNO, COPIA ALL'ORIGINALE} (*jdm/etw*) ähnlich, *jdm/etw* ähnelnd: **fratelli so-**

miglianti tra loro, einander ähnliche Brüder • qualcosa di ~, etwas Ähnliches.
somiglianza A f {CERTA, GRANDE + CARATTERI, GUSTI} Ähnlichkeit f: **la loro ~ è impressionante**, die Ähnlichkeit zwischen ihnen ist beeindruckend; **~ tra due persone/situazioni**, Ähnlichkeit f zwischen zwei Menschen/Situationen; **avere una vaga ~ con qu/qc**, jdm/etw entfernt ähnlich sehen, eine entfernte Ähnlichkeit mit jdm/etw haben B loc prep lett (come): **a ~ di qu/qc** {DI ANIMALI} wie jd/etw; {DI DIO} nach dem Bilde von jdm/etw/+ gen.
somigliàre <somiglio, somigli> A itr <essere o avere (essere simile) ~ **a qu/qc** {FIGLIO AL PADRE; PIETRA A UN RUBINO} jdm/etw ähnlich sein/sehen, jdm/etw ähneln: **non ti somiglia affatto**, er/sie sieht dir überhaupt nicht ähnlich B tr 1 rar (ricordare) ~ **qu/qc** {NONNO, CASTELLO} an jdn/etw erinnern, jdm/etw ähnlich sein/sehen, jdm/etw ähneln, jdm/etw gleichen 2 lett (paragonare) ~ **qu/qc a qu/qc** {DONNA A UN FIORE, MORTE AL RIPOSO} jdn/etw mit jdm/etw vergleichen C rfl rec (essere simile): **somigliarsi** {PERSONE, COSE} sich ähnlich sehen, sich ähneln, sich gleichen: **le vostre storie si somigliano molto**, eure Geschichten ähneln sich sehr; [+weisen viele Gemeinsamkeiten auf].
sómma f 1 mat (addizione) {ALGEBRICA} Summe f: **fare la ~**, zusammenzählen, addieren 2 mat (totale) {SBAGLIATA} Summe f: **la ~ di 6 e 4 è 10**, die Summe von 6 und 4 ist/beträgt 10 3 (importo) {FORFETTARIA, RESIDUA, SPROPOSITATA} Summe f, Betrag m: **spende forti/ingenti somme di denaro**, er/sie gibt riesige Geldsummen aus; **è una bella ~!**, das ist ein hübsches Sümmchen f! fam; **~ sotto rischio**, Risikobetrag m, Risikosumme f 4 fig (quantità complessiva) {+AFFARI, SFORZI} Umfang m, Gesamtheit f 5 fig (conclusione) {+DISCORSO, DISCUSSIONE} Zusammenfassung f, Resümee n 6 lett {FILOSOFICA, TEOLOGICA} Summa f • **la ~ del comando** lett (potere supremo), die oberste/höchste Gewalt; **la ~ delle somme** (risultato di più addizioni), die Endsumme; fig (conclusione finale), die Schlussfolgerung; **tirare le somme** (sommare), die Summe errechnen, (die Summe) addieren, zusammenzählen; fig (fare il bilancio), das Fazit ziehen.
sommàbile agg addierbar.
sommaménte avv (al massimo grado) {AMARE, DESIDERARE} unsäglich, maßlos; {GRATO, IMPORTANTE} außerordentlich: **ci fa ~ piacere**, das freut uns außerordentlich/ungeheuer/unheimlich.
sommàre A tr 1 mat (addizionare) ~ **qc** {ADDENDI, DUE NUMERI} etw addieren, etw zusammen|zählen; ~ **qc a/con qc** {NUMERO AL TOTALE} etw (zu etw dat) addieren, etw (zu etw dat) hinzu|rechnen, etw (zu etw dat) hinzu|zählen 2 fig (mettere insieme) ~ **qc** {GLI SFORZI} etw vereinen, etw zusammen|legen 3 fig (aggiungere) ~ **qc a qc** {FATICA AI RISCHI} etw zu etw (dat) summieren B itr <essere o avere> rar (ammontare) ~ **a qc** {OFFERTA A UN MILIONE} sich auf etw (acc) addieren, sich auf etw (acc) belaufen C itr pron (aggiungersi): **sommarsi a qc** zu etw (dat) hinzu|kommen: **i benefici della vacanza si sommerano a quelli della cura**, zur wohltuenden Wirkung der Kur wird noch die der Ferien (hinzu)kommen • **tutto sommato** fig (tutto considerato), alles in allem, summa summarum.
sommariaménte avv 1 (per sommi capi) {RACCONTARE} in groben Zügen, zusammenfassend 2 (in modo superficiale) {PROCESSARE QU} summarisch.
sommarietà <-> f 1 (approssimazione) {+DESCRIZIONE} Ungenauigkeit f, Allgemeinheit f, Unbestimmtheit f, Vagheit f 2 (superficialità) {+GIUDIZIO} Oberflächlichkeit f.
sommàrio① m 1 (compendio) {+STORIA} Abriss m 2 (indice) Inhaltsangabe f, Überblick m; radio TV {+TITOLI PRINCIPALI} Nachrichtenüberblick m; giorn (sottotitolo) Untertitel m, Zusammenfassung f.
sommàrio②, (-a) ~ ri m agg 1 (approssimativo) {DESCRIZIONE, RACCONTO} summarisch, zusammengefasst 2 (superficiale) {ESAME, LAVORO, PREPARAZIONE} oberflächlich, summarisch: **fare giustizia sommaria**, kurzen Prozess machen fam 3 dir (semplificato) {INTERROGATORIO, ISTRUZIONE, PROCEDIMENTO} Schnell-.
sommatóre m inform Addierer m.
sommatòria f mat Summenzeichen n.
sommelier <-, -s pl franc> m franc Weinkellner m, Sommelier m.
sommèrgere <coniug come emergere> A tr 1 (allagare) ~ **qc** {ACQUA CAMPO, VALLATA} etw überfluten, etw überschwemmen, etw unter Wasser setzen 2 (far affondare) ~ **qc** {ONDA IMBARCAZIONE} etw versenken, über etw (dat) zusammen|schlagen, etw überrollen; fig ~ **qu/qc in qc** {AZIENDA NEI DEBITI} jdn/etw (in etw acc) stürzen 3 fig (riempire) ~ **qu/qc (di qc)** {SCRIVANIA DI SCARTOFFIE} jdn/etw (mit etw dat) überhäufen; {BAMBINO DI DONI} anche jdm/etw (mit etw dat) überschütten: **sono sommerso dal lavoro**, ich versinke in Arbeit; **siamo sommersi da richieste di aiuti economici**, wir werden mit Spendenaufrufen überhäuft 4 fig forb (cancellare) ~ **qc** {TEMPO OGNI RICORDO} etw aus|löschen B itr pron 1 (sprofondare): **sommergersi** {BARCA} unter|gehen, (ver)sinken 2 fig (immergersi): **sommergersi in qc** {RAGAZZO NELLO STUDIO} sich in etw (acc) vertiefen.
sommergibile A agg tauchfähig B m mar {ATOMICO, OCEANICO} Unterseeboot n, U-Boot m.
sommèrsi 1a pers sing del pass rem di sommergere.
sommèrso, (-a) A part pass di sommergere B agg 1 (sprofondato) {CONTINENTE} überflutet, überschwemmt 2 fig (pieno) ~ **da/di qc** {DI LAVORO} mit etw (dat) überhäuft; {DA INFORMAZIONI} mit etw (dat) überschwemmt; {COMMERCIANTE DAI DEBITI} von etw (dat) erdrückt 3 fig giorn (nascosto) {ECONOMIA, INDUSTRIA} Schatten-; {LAVORO} Schwarz- C m giorn (economia sommersa) Schattenwirtschaft f.
sommessaménte avv (piano) {PIANGERE} leise.
sommésso, (-a) agg 1 (attutito) {TONO} leise; {MORMORIO, PIANTO, VOCE} anche verhalten 2 (umile) {ARIA, ATTEGGIAMENTO} bescheiden, unterwürfig.
somministrànte mf dir (chi fornisce) Lieferungspflichtige mf decl come agg, Lieferant(in) m(f).
somministràre tr ~ **qc (a qu)** 1 (dare) {MEDICO FARMACO A UN MALATO} (jdm) etw verabreichen; {SACERDOTE COMUNIONE A UN FEDELE} (jdm) etw erteilen, (jdm) etw spenden; {CROCE ROSSA AIUTI} (jdm) etw gewähren; {VIVERI AI TERREMOTATI} (jdm) etw (an jdn) verteilen 2 anche dir (fornire) {ENERGIA ELETTRICA ALLA POPOLAZIONE, PRESTAZIONE} jdn/etw mit etw (dat) versorgen, (jdm) etw zur Verfügung stellen, (jdm) etw liefern 3 scherz (affibbiare) {SBERLA} (jdm) etw verpassen.
somministràto, (-a) A agg 1 (dato) {DOSE} verabreicht; {SACRAMENTO} erteilt, gespendet; {VIVERI} verteilt 2 anche dir (fornito) {SERVIZIO} zur Verfügung gestellt, geleistet; {BOTTIGLIE PER LA VENDITA DI BEVANDE} geliefert B m dir (chi viene fornito) Belieferte mf decl come agg.
somministrazióne f 1 (il dare) {+VACCINO} Verabreichung f; {+EUCARESTIA} Erteilung f, Spenden n; {+AIUTI} Gewährung f 2 anche dir (fornitura) {+BEVANDE ALCOLICHE} Abgabe f 3 dir (contratto di ~) Bezugsvertrag m.
sommità <-> f 1 (vetta) {+CAMPANILE, TORRE} Spitze f; {+COLLINA, MONTE} anche Gipfel m; {+ALBERO} Wipfel m, Gipfel m obs, Krone f 2 fig (culmine) {+GLORIA, SAPERE} Höhepunkt m, Gipfel m.
sómmo, (-a) <superl di alto e grande> A agg 1 anche fig (il più alto) {CIMA DELLE ALPI, VETTA DELL'ARTE} höchste(r, s) 2 fig (il più grande) {ONORE, RISPETTO} größte(r, s): **prestare somma attenzione a qc**, etw (dat) größte Aufmerksamkeit widmen 3 fig (sublime) {MAESTRO, SCRITTORE} äußerste(r, s), höchste(r, s) B m 1 (sommità) {+CIELO, MONTE} Gipfel m, Spitze f 2 fig (culmine) {+SUCCESSO} Höhepunkt m, Gipfel m: **al ~ della disperazione**, in tiefster Verzweiflung.
sommòssa f (insurrezione) {POPOLARE} Aufstand m, Aufruhr m.
sommozzatóre, (-trice) m (f) mar anche mil Froschmann m, Taucher(in) m(f) mit Spezialanzug.
sommuòvere <coniug come muovere> tr lett 1 (agitare) ~ **qc** {VENTO LE ACQUE} etw auf|wühlen; fig {PASSIONE ANIMO} etw in Aufruhr/Erregung versetzen, etw in Wallung bringen 2 fig (sobillare) ~ **qu (contro qu/qc)** {POPOLO CONTRO L'OPPRESSORE} jdn (gegen jdn/etw) auf|hetzen, jdn (gegen jdn/etw) auf|wiegeln, jdn (gegen jdn/etw) auf|bringen.
sonaglièra f Schellenhalsband n.
sonàglio <-gli> m Schelle f.
sonànte① agg 1 fig (contante) {DENARO, MONETA, ORO} klingend 2 fig (clamoroso) {SUCCESSO, VITTORIA} überwältigend.
sonànte② ling A agg {CONSONANTE} sonantisch B f Sonant m.
sònar <-> m ingl mar Sonar(gerät) n.
sonàre e deriv → **suonare** e deriv.
sonàta① f mus Sonate f: **~ per violino e pianoforte**, Sonate f für Geige und Klavier.
sonàta② → **suonata**.
sonatina <dim di sonata①> f mus Sonatine f.
sónda f 1 astr meteo Sonde f; ~ **atmosferica/meteorologica**, Versuchsballon m: ~ **lunare/spaziale**, Mond-/Raumsonde f 2 med {GASTRICA, URETRALE} Sonde f 3 min Bohrer m, Bohrgerät n: ~ **di perforazione**, Tiefbohrer m, Tiefbohrgerät n; ~ **petrolifera**, Ölbohrer m 4 tecnol (rilevatore) Fühler m: ~ **acustica**, Echolot n; ~ **termica**, Wärme-, Temperaturfühler m.
sondàbile agg 1 (esplorabile con una sonda) sondierbar 2 fig (analizzabile) erforschbar, ergründbar.
sondàggio <-gi> m 1 fig (indagine) {PREELETTORALE} Umfrage f: **fare un ~ d'opinione**, eine Meinungsumfrage machen; **da un recente ~ risulta che ...**, aus einer kürzlich erfolgten Umfrage geht hervor, dass ... 2 astr med (esplorazione con una sonda) Sondierung f; min tecnol {+FONDALE MARINO, TERRENO} Erforschung f.
sondaggista <-i m, -e f> mf Umfrageexperte m, Umfrageexpertin f.
sondàre tr 1 fig (indagare) ~ **(qc)** {MERCATO} etw sondieren forb, etw erforschen; {UMORI DI QU} etw vor|fühlen: ~ **in profondità l'io**, die Tiefen seines Ichs ausloten 2 med (esplorare con una sonda) ~ **qc** {DUODENO, STOMACO} etw sondieren; min tecnol {SOTTOSUO-

LO} *etw* sondieren, *etw* untersuchen; {FONDO DEL MARE} *etw* loten, *etw* sondieren.

sondino <*dim di sonda*> *m med* kleine Sonde.

sondriése A agg von/aus Sondrio/Sünders *obs*/Sonders *obs* B *mf* (*abitante*) Einwohner(in) *m(f)* von Sondrio/Sünders *obs*/Sonders *obs*.

soneria → **suoneria**.

sonétto *m lett* Sonett *n*.

Sònia *f* (*nome proprio*) Sonja.

sònico, (-a) <-*ci, -che*> *agg* (*del suono*) {BARRIERA, VELOCITÀ} Schall-.

sonnacchióso, (-a) *agg* 1 (*pieno di sonno*) {OCCHI} verschlafen, schläfrig: **ero mezzo/tutto ~**, ich war halb/ganz verschlafen 2 *fig* (*torpido*) {MENTE} träg(e).

sonnàmbolo *e deriv* → **sonnambulo** *e deriv*.

sonnàmbula *f* → **sonnambulo**.

sonnambulìsmo *m* Schlaf-, Nachtwandeln *n*, Mondsüchtigkeit *f*, Somnambulismus *m scient*, Lunatismus *m scient rar*.

sonnàmbulo, (-a) A *agg* schlaf-, nachtwandlerisch: **essere ~**, schlaf-, nachtwandeln B *m* (*f*) Schlaf-, Nachtwandler(in) *m(f)*, Mondsüchtige *mf decl come agg*, Somnambule *mf decl come agg scient*.

sonnecchiàre <*sonnecchio, sonnecchi*> *itr* 1 (*dormicchiare*) ~ + **compl di luogo** {NON NO DAVANTI ALLA TELEVISIONE, SULLA POLTRONA} (*irgendwo*) schlummern, (*irgendwo*) (vor sich hin) dösen 2 *fig* (*essere inoperoso*) ~ (**su qc**) {POLIZIA SULL'INDAGINE} (*bei irgc dat*) schlafen *fam*, sich (*bei etw dat*) kein Bein ausreißen *fam*.

sonnellino *m* Schläfchen *n*, Nickerchen *n fam*: **fare/farsi un ~**, ein Schläfchen machen; **~ pomeridiano**, Nachmittagsschläfchen *n*.

sonnìfero, (-a) *farm* A *agg* {PROPRIETÀ} schlafförderne; {SOSTANZA} *anche* Schlaf- B *m* 1 (*sostanza*) {POTENTE} Schlafmittel *n* 2 (*pastiglia*) Schlaftablette *f*.

sónno *m* 1 *gener* {AGITATO, PROFONDO} Schlaf *m*: **fare tutto un ~**, durchschlafen; **avere il ~ leggero/pesante**, einen leichten/tiefen Schlaf haben; **~ letargico**, lethargischer Schlaf *m*; **morire nel ~**, friedlich einschlafen *eufem*, sanft entschlafen *eufem*; **parlare nel ~**, im Schlaf reden; **NREM/lento**, NREM--Phase *f*, Tiefschlaf *m*, orthodoxer Schlaf; **essere nel primo ~**, im ersten Schlaf liegen; **~ REM/paradosso**, REM-Phase *f*, paradoxer Schlaf 2 (*sonnolenza*) Schläfrigkeit *f*, Müdigkeit *f*: **avere ~**, müde sein; **cascare/cadere dal ~/morire di ~**, vor Müdigkeit umfallen, todmüde/hundemüde sein *fam*; **mi è passato il ~**, ich bin nicht mehr müde /[wieder wach/munter] 3 *fig* (*torpore*) {+RAGIONE} Trägheit *f*: **~ invernale della natura**, Winterschlaf *m* der Natur • **il ~ eterno** *fig* (*morte*), die ewige Ruhe; **il ~ del giusto/dell'innocente** (*quello di chi ha la coscienza tranquilla*), der Schlaf des Gerechten; **essere impastato di ~** *fig* (*essere molto assonnato*), schläfrig/verschlafen sein; **mettere /[far venire] ~** (*fare addormentare*) {TISANA} müde machen; *fig* (*annoiare*) {FILM} einschläfernd sein; **far perdere /[togliere] il ~ a qu** *fig* (*far preoccupare*), jdm seinen Schlaf rauben *forb*; **~ di piombo** *fig* (*molto profondo*), bleierner/tiefer Schlaf; **cadere in un ~ di piombo** *fig*, in einen tiefen Schlaf fallen; **prendere ~** (*addormentarsi*), einschlafen; **dormire sonni tranquilli** *fig* (*non preoccuparsi*), einen ruhigen Schlaf haben; **l'ultimo ~** *fig* (*morte*), die ewige Ruhe.

sonnolènto, (-a) *agg* 1 (*pieno di sonno*)

{ARIA, PERSONA, SGUARDO} verschlafen, schläfrig 2 *fig* (*pigro*) {ANDAMENTO, FIUME} träge; {ATMOSFERA, GIORNATA ESTIVA} *anche* schläfrig.

sonnolènza *f* 1 (*sonno*) Schläfrigkeit *f*: **avere addosso una gran ~**, total schläfrig sein, einen toten Punkt haben; **mi ha preso la ~**, ich bin plötzlich ganz müde, ich habe die nötige Bettschwere *fam* 2 *fig* (*torpore*) {+CITTADINA DI PROVINCIA} Verschlafenheit *f*, Trägheit *f*: **bisogna scuoterlo dalla sua ~**, man muss ihn aus seiner Trägheit/Schlafheit wach schütteln.

sòno 1ª *pers sing dell'ind pres di* essere①, ②.

sonorità <-> *f* 1 (*intensità*) {+VOCE} Wohlklang *m*, Sonorität *f forb rar* 2 *fig* (*altisonanza*) {+VERSO} Wohlklang *m* 3 *fis* {+TEATRO} Klangfülle *f*, Akustik *f* 4 *ling* {+CONSONANTE} Stimmhaftigkeit *f*.

sonorizzàre A *tr* ~ **qc** 1 *film* {DOCUMENTARIO} *etw* vertonen 2 *ling etw* sonorisieren, *etw* stimmhaft machen B *itr pron ling*: **sonorizzarsi** {CONSONANTE} sonorisiert/stimmhaft werden.

sonorizzazióne *f* 1 *film* Vertonung *f* 2 *ling* Stimmhaftwerdung *f*.

sonòro, (-a) A *agg* 1 (*intenso*) {TIMBRO DI VOCE} klangvoll, wohlklingend 2 (*che dà risonanza*) {SALA, VOLTA} mit guter Akustik 3 *fig* (*fragoroso*) {APPLAUSO, RISATA} schallend, dröhnend, laut 4 *fig* (*forte*) {CEFFONE} schallend 5 *fig* (*altisonante*) {FRASE, STILE} hochtrabend 6 *fig* (*clamoroso*) {SCONFITTA} niederschmetternd, vernichtend; {LEZIONE} gehörig 7 *fis* {CINEMA, COLONNA} Ton- 8 *fis* {CAMPO, ONDA, TUBO} Schall-, schallend 9 *ling* {FONEMA} stimmhaft B *m film* 1 (*cinema sonoro*) Tonfilm *m* 2 (*colonna sonora*) Tonspur *f*; Soundtrack *m* {FILM} Sonor *m*.

sontuosità <-> *f* {+ARREDAMENTO, CERIMONIA} Prunk *m*, Pracht *f*.

sontuóso, (-a) *agg* {PALAZZO, PRANZO, STILE} prunkvoll, prächtig.

sopire <*sopisco*> *tr fig* (*calmare*) ~ **qc** {AFFANNO} *etw* beruhigen; {DOLORE} *etw* lindern, *etw* stillen; {IRA} *etw* besänftigen, *etw* beschwichtigen.

sopóre *m* 1 {LEGGERO} Schlummer *m*, Halbschlaf *m* 2 *fig* (*torpore*) {+PROVINCIA} Verschlafenheit *f*, Trägheit *f*.

sopòrifero, (-a) *agg* 1 {SOSTANZA} einschläfernd, Schlaf- 2 *fig scherz* (*noioso*) {FILM, PROFESSORE} langweilig, einschläfernd: **il nuovo insegnante di francese è veramente ~**, der neue Französischlehrer ist wirklich eine Schlaftablette *fam*.

soppalcàre <*soppalco, soppalchi*> *tr edil* ~ **qc** {STANZA} einen Hängeboden/eine Zwischendecke in *etw* (*acc*) ein|ziehen.

soppàlco <-*chi*> *m edil* Hängeboden *m*.

sopperire <*sopperisco*> *itr* (*far fronte*) ~ **a qc** (**con qc**) {A UN BISOGNO} *etw* (*dat*) (*mit etw dat*) nach|kommen; {A UNA MANCANZA CON LA BUONA VOLONTÀ} *etw* (*mit etw dat*) wett|machen, *etw* (*mit etw dat*) aus|gleichen; {A UNA SPESA CON DEI RISPARMI} *etw* (*mit etw dat*) bestreiten, *etw* (*mit etw dat*) tragen, für *etw* (*acc*) (*mit etw dat*) auf|kommen.

soppesàre *tr* ~ **qc** 1 (*calcolare approssimativamente il peso*) {OGGETTO, PACCO} das Gewicht *etw* (*gen*) ab|schätzen 2 *fig* (*ponderare*) {DECISIONE, VANTAGGI E SVANTAGGI} *etw* ab|wägen; {OGNI FRASE} *etw* auf die Waagschale legen.

soppiantàre *tr* (*sostituire*) ~ **qu/qc** (**in qc**) {COLLEGA IN UNA CARICA; COMPUTER MACCHINA DA SCRIVERE NEL LAVORO D'UFFICIO} *jdn/etw* (*in etw dat*) verdrängen.

soppiàtto *loc avv* (*di nascosto*) **di ~**, heimlich, versteckt; **andarsene di ~**, sich auf

Französisch empfehlen/verabschieden *fam*; **entrare di ~**, heimlich eintreten; **fare le cose di ~**, die Dinge heimlich *fam* machen; **lo guardò di ~**, er/sie sah ihn verstohlen an; **uscì di ~ dalla stanza**, er/sie verließ heimlich das Zimmer /[stahl sich aus dem Zimmer hinaus].

sopportàbile *agg* 1 (*reggibile*) {CARICO} tragbar 2 *fig* (*sostenibile*) {COSTO} tragbar; {ONERE, PERDITA} erträglich 3 *fig* (*accettabile*) {SFORZO, SOFFERENZA} erträglich 4 *fig* (*tollerabile*) {AMBIENTE, CALDO, FAME, GENTE, TENSIONE} erträglich: **la situazione non è più ~**, der Zustand ist nicht mehr tragbar; {MEDICINA} verträglich.

sopportàre A *tr* 1 (*reggere*) ~ **qc** {TRAVE PESO DEL TETTO} *etw* aus|halten, *etw* tragen 2 *fig* (*tollerare*) ~ **qu** {COLLEGA, MARITO} *jdn* dulden, *jdn* ertragen, *jdn* leiden (können): **non sopporto la gente curiosa**, ich kann neugierige Leute nicht ausstehen; **non ti sopporto più**, ich kann dich nicht mehr ertragen; **~ qc** {FARMACO} *etw* vertragen; {FREDDO, LUCE} *anche etw* ertragen; **~ bene/male l'invasione dei turisti**, den Ansturm der Touristen gut/schlecht vertragen; **non sopporta che gli si dica cosa deve fare**, er kann es nicht ertragen, dass man ihm sagt, was er tun soll; **non sopporta di essere guardata con insistenza**, sie kann es nicht leiden, wenn sie angestarrt wird 3 *fig* (*subire*) ~ **qc** {DOLORE, INGIUSTIZIA} *etw* erdulden, *etw* erleiden, *etw* ertragen; {SACRIFICIO} *etw* auf sich nehmen; **poveretta, quante ne deve ~!**, die Arme, wie viel muss sie ertragen! 4 *fig* (*sostenere*) ~ **qc** {DANNO, DEFICIT} *etw* tragen, für *etw* (*acc*) auf|kommen; {SPESA} *anche etw* auf|bringen B *rfl rec*: **sopportarsi** {MARITO E MOGLIE} *etw* vertragen.

sopportazióne *f* 1 (*pazienza*) Geduld *f*, Duldsamkeit *f*, Duldung *f*, Ertragen *n*: **la mia ~ ha un limite**, meine Geduld hat Grenzen/ ein Ende 2 (*aria di sufficienza*) Süffisanz *f forb spreg*, Selbstgefälligkeit *f*, spöttische Überheblichkeit: **ascoltare con ~**, mit süffisanter *forb spreg* Miene /[süffisant *forb spreg*]/[mit spöttischer Überheblichkeit] zuhören.

soppréssa *f region gastr* Presskopf *m*, Presssack *m*.

soppressàta *f gastr* Presskopf *m*, Presssack *m*.

sopprèssi 1ª *pers sing del pass rem di* sopprimere.

soppressióne *f* 1 (*abolizione*) {+CARICA, MINISTERO, SERVIZIO} Abschaffung *f*; *dir* {+CLAUSOLA CONTRATTUALE, DISPOSIZIONE} Abschaffung *f*, Aufhebung *f* 2 (*uccisione*) {+CANE, TESTIMONE} Beseitigung *f eufem*, Tötung *f* 3 *dir* (*occultamento*) {+CADAVERE} Beseitigung *f*; {+PROVA} Unterdrückung *f* • **~ di stato** *dir*, Personenstandsunterdrückung *f*, Unterdrückung *f* des Personenstands.

soppressivo, (-a) *agg* (*che sopprime*) {LEGGE} unterdrückend.

soppresso *part pass di* sopprimere.

sopprimere <*coniug come* comprimere> *tr* 1 (*abolire*) ~ **qc** {CATTEDRA, FERMATA DEL TRAM} *etw* ab|schaffen; {GIORNALE} *etw* ein|stellen; *dir* {DECRETO, PENA DI MORTE} *etw* ab|schaffen, *etw* auf|heben, *etw* außer Kraft setzen 2 (*uccidere*) ~ **qu/qc** {ANIMALE, PRIGIONIERO} *jdn/etw* beseitigen *eufem*, *jdn/etw* um|bringen *fam*, *jdn/etw* töten, *jdn/etw* aus dem Weg räumen 3 *dir* (*occultare*) ~ **qc** {CADAVERE} *etw* aus dem Weg räumen, *etw* beseitigen; {PROVA} *etw* unterdrücken.

soppùnto *m lavori femminili* Unterstich *m*.

sópra A *avv loc avv*: **di ~** 1 (*nella parte superiore*) {ESSERE, POGGIARE} oben: **il mobile**

(di) ~ è coperto di polvere, das Möbel ist oben voller Staub; **giallo (di) sotto e verde (di) ~**, unten gelb und oben grün; **gelato con la panna ~**, Eis mit Sahne (drauf)/[Sahnehaube]; **posalo qui/lì ~**, leg es hier oben ab; (senza contatto) {GUARDARE} hoch **2** (al piano superiore: stato) {ABITARE} oben: **la mamma è (di) ~ che legge**, die Mama ist oben und liest; **(di) ~ non abita nessuno**, oben wohnt niemand; **la luce viene da (di) ~**, das Licht kommt von oben; (moto) {SALIRE} nach oben; **vai/vieni (di) ~ a riposare!**, geh/komm nach oben, um dich auszuruhen! **3** (precedentemente) vorher, zuvor, oben: **le parole ~ citate**, die vorher zitierten Worte **B** loc avv (dall'alto): **dal di ~**, {OSSERVARE IL PORTO} von oben **C** <inv> agg loc agg: **di ~ 1** (superiore) {CASSETTO, PARTE} obere(r, s), darüberliegend; {VICINO} oben wohnend, von oben: **la riga (di) ~**, die obere Zeile **2** (esterno) {LATO} äußere(r, s) **D** prep ~ **qu/qc**, (con i pron pers) ~ **di qu/qc** loc prep ~ **a qu/qc 1** (con contatto: stato) auf etw (dat), über etw (dat): **il vino è ~ il/al tavolo**, der Wein steht auf dem Tisch; **portare la maglia ~ (al)la camicia**, das Unterhemd über dem Hemd tragen; **i vestiti sono uno ~ (al)l'altro**, die Kleider liegen übereinander; **ci sei seduto ~**, du sitzt drauf; (moto) auf etw (acc), über etw (acc); **stendere una coperta ~ il/al letto**, eine Decke übers Bett breiten **2** (senza contatto: stato) über jdm/etw: **l'orologio è appeso ~ il/al tavolo**, die Uhr hängt über dem Tisch; **il cielo ~ di noi**, der Himmel über uns; **abito tre piani ~ di loro**, ich wohne drei Stockwerke über ihnen; (moto) über etw (acc); **volare ~ le nuvole**, über die Wolken wegfliegen **3** (uno sull'altro) auf etw (dat), über etw (dat): **l'abitazione è ~ il/al negozio**, die Wohnung ist/liegt über dem Laden; **pietra ~ pietra**, Stein auf Stein; fig über etw (dat); **debiti ~ debiti**, Schulden über Schulden **4** anche fig (addosso) auf etw (acc): **la bomba è caduta ~ (al)la casa**, die Bombe ist auf das Haus gefallen; **la neve si posa ~ (a)i tetti**, der Schnee legt sich auf die Dächer; **la notte cala ~ di noi**, die Nacht senkt sich auf uns nieder **E** prep ~ **qu/qc** loc prep: ~ **a qu/qc 1** (vicino) in der Nähe von jdm/etw, an etw (dat), über etw (dat): **abitare una casa ~ il mare**, in einem Haus am/[über dem] Meer wohnen **2** (oltre) über etw (dat), oberhalb etw (gen): ~ **il livello del mare**, über dem Meeresspiegel; **gonna ~ al/il ginocchio**, kniefreier Rock; **ragazzo ~ (a)i trent'anni**, junger Mann über dreißig; **3° C ~ (al)lo zero**, 3° C über null/[plus]; **peserà ~ il quintale**, er/sie wird/dürfte über 100 kg wiegen **3** (a nord di) nördlich von etw (dat): **dieci km ~ Bologna**, zehn km nördlich von Bologna **4** (dopo) über etw (dat), nach etw (dat): **un liquore ~ il dolce**, ein Likör nach der Nachspeise **5** (argomento) über etw (acc); **un saggio ~ le lingue minori**, ein Essay über Minoritätensprachen **6** (paragone) über etw (dat): ~ **ogni cosa**, über alles **F** loc prep **1** (con contatto): **al di ~ di qc**, auf etw (dat); **al di ~ del tavolo**, auf dem Tisch; (moto) **al di ~ del tavolo** (senza contatto: stato) **al di ~ di qc**, über etw (dat); **al di ~ del torrente c'era un ponticello**, über dem Wildbach war eine kleine Brücke; (moto) **3** (più di): **al di ~ di qu/qc**, mehr als jd/etw, höher als jd/etw; **lo stimo al di ~ di tutti**, ich schätze ihn mehr als alle anderen **4** fig (superiore a): **al di ~ di qu/qc**, über jdm/etw; **al di ~ della media**, über dem Durchschnitt **G** <-> m Oberteil m o n, Obere n decl come agg, obere Seite: **il ~ del tavolo è blu**, die obere Seite des Tisches ist blau ● **come (detto) ~** (in pre-

cedenza), abbr c.s.), wie zuvor/oben (gesagt); **di cui ~** amm (sopraccitato), oben genannt; **vedi ~** (confronta quanto citato in precedenza, abbr v.s.), siehe oben.

sópra- primo elemento **1** gener Über-, über-: **soprabito**, Überzieher; **soprannazionale**, übernational, überstaatlich, supranational **2** (aggiunta) Zusatz-, zusätzlich: **soprannome**, Spitzname; **soprattassa**, Zusatzsteuer **3** (oltre) Über-, über-: **sopranumero**, Übergröße; **soprannaturale**, übernatürlich, übersinnlich **4** (precedentemente) oben(-): **sopraddetto**, oben genannt, oben erwähnt; **sopraindicato**, oben angezeigt.

sopràbito m (indumento) {ELEGANTE +GABARDINE} Überzieher m.

sopraccaricàre e deriv → **sovraccaricare** e deriv.

sopraccennàto, (-a) agg (suddetto) oben angedeutet, oben erwähnt, oben genannt.

sopraccigliàre → **sopracciliare**.

sopracciglio <pl: -ciglia f; -cigli m fam> m anat {DESTRO, FOLTE} (Augen)braue f: **aggrottare/inarcare le sopracciglia**, die Brauen zusammenziehen/heben.

sopracciliàre agg anat {MUSCOLO, REGIONE} Augenbrauen-.

sopraccitàto, (-a) agg (suddetto) oben zitiert/erwähnt/genannt, oben angeführt.

sopraccopèrta A f **1** (copriletto) Über-, Tagesdecke f **2** edit {LIBRO} Schutzumschlag m **3** mar Deck n **B** avv {SALIRE, STARE} an/auf Deck.

sopraciliàre → **sopracciliare**.

sopracitàto → **sopraccitato**.

sopraddàzio <-zi> m dir Zuschlagszoll m.

sopraddètto, **sopradétto**, (-a) agg (suddetto) oben genannt/erwähnt, oben angeführt.

sopradimensionàto, (-a) → **sovradimensionato**.

sopraeccèdere e deriv → **sopreccedere** e deriv.

sopraedificàre <sopraedifico, sopraedifichi> itr edil ~ (su qc) {SUL PRIMO PIANO} etw aufstocken.

sopraedificazióne f edil {ABUSIVA} Aufstockung f.

sopraelencàto, (-a) agg (elencato in precedenza) oben aufgeführt/aufgezählt.

sopraelevàre A tr **1** (rialzare) ~ **qc** (di qc) {CASA DI DUE PIANI} etw (um etw acc) aufstocken **2** (innalzare sopra il livello normale) ~ **qc** {STRADA} etw überhöhen **B** itr pron (ergersi): **sopraelevarsi su qc** {GRATTACIELO SUI TETTI, MONTE BIANCO SULLE ALPI} etw überragen.

sopraelevàta f **1** (strada) Hochstraße f, Überführung f **2** (ferrovia) Hochbahn f.

sopraelevàto, (-a) agg **1** (costruito sopra) {PIANO} aufgestockt **2** (sopra il livello normale) {METROPOLITANA, TANGENZIALE} überhöht.

sopraelevazióne f **1** (sopraedificazione) {+EDIFICIO} Aufstockung f **2** (innalzamento) {+ARGINE} Erhöhung f; {+LINEA FERROVIARIA} Überhöhung f **3** (dislivello) {+CENTRO DELLA STRADA, ROTAIA ESTERNA} Überhöhung f.

sopraespósto, (-a) agg (esposto in precedenza) {RAGIONI} oben/zuvor/vorher erläutert; {PELLICOLA} überbelichtet.

sopraffàre <coniug come fare> tr **1** (vincere) ~ **qu** {AVVERSARIO} jdn überwältigen; fig jdn überwältigen, jdn übermannen: **lasciarsi ~ dalla paura**, sich von der Angst überwältigen lassen **2** (opprimere) ~ **qu** {DEBOLI} jdn unterdrücken **3** fig (sovrastare) ~ **qc** etw überragen, etw übertönen: **la sua voce fu sopraffatta dalle grida**, seine/ihre Stimme wurde von den Schreien übertönt.

sopraffattóre, (-trice) **A** agg {GOVERNO} Unterdrückungs- **B** m (f) {+LIBERTÀ} Überdrücker(in) m(f).

sopraffattòrio, (-a) <-ri m> agg {ATTO} überwältigend; {TEMPERAMENTO} anche dominant.

sopraffazióne f **1** (azione di forza) {+REGIME} Übergriff m, Gewaltakt m **2** (sopruso) {+BUROCRAZIA} Unterdrückung f: **è vittima di continue sopraffazioni**, er/sie wird ständig unterdrückt.

sopraffìlo m lavori femminili Saumnaht f.

sopraffìno, (-a) agg **1** (di prima qualità) {OLIO, PISELLI} extrafein; {CENA} exzellent forb, raffiniert, hochfein **2** fig (raffinato) {ARTE} hervorragend; {UDITO} ausgezeichnet; {CUOCO} anche außerordentlich, anche iron {CRUDELTÀ, FURFANTE} raffiniert.

sopraffò 1ª pers sing dell'ind pres di sopraffare.

sopraffollàto → **sovraffollato**.

sopraggìtto m lavori femminili Übernaht f.

sopraggiùngere <coniug come giungere> **A** itr <essere> **1** (giungere) {PRIMAVERA} kommen **2** (arrivare) {NOTIZIA} überraschend kommen; {MOTOCICLETTA} überraschend auftauchen; {MESSAGGERO} anche überraschend erscheinen; {NUOVO OSPITE} überraschend hinzukommen **3** (verificarsi) ~ (in qc) {DIFFICOLTÀ IN UN AFFARE} überraschend (in etw dat) auftauchen; {COMPLICAZIONI IN UNA MALATTIA} überraschend (in etw dat) eintreten **B** tr <avere> rar **1** (sorprendere) ~ **qu** jdn ertappen, jdn überraschen: **ci sopraggiunse l'alba**, es überraschte uns das Morgengrauen **2** (raggiungere) ~ **qu/qc** {CANE FUGGIASCO, VOLPE} jdn/etw erreichen.

sopraggiùnta A f (aggiunta) Ergänzung f, Zusatz m **B** loc avv (per di più): **per ~**, noch dazu, obendrein, zu allem Überfluss; **è febbricitante e per ~ ha mal di denti**, er/sie ist fiebrig und hat außerdem/[zu allem Überfluss noch] Zahnweh.

sopraindicàto, (-a) agg (indicato in precedenza) oben erwähnt/oben angegeben.

sopraintèndere e deriv → **soprintendere** e deriv.

sopralluògo, **sopraluògo** m **1** (ispezione) {+TECNICO, VIGILI DEL FUOCO} Inspektion f **2** dir Lokal-, Ortstermin m: **fare un ~ sul luogo del delitto**, den Tatort besichtigen.

sopràlzo m **1** (parte superiore aggiunta) {+ARMADIO} Aufsatz m **2** arch (sopraedificazione) {+EDIFICIO} Aufstockung f **3** ferr (sopraelevazione) Überhöhung f.

sopramenzionàto → **soprammenzionato**.

soprammànica <-che> f **1** (manica di protezione) {+IMPIEGATO} Ärmelschoner m, Ärmelschützer m **2** (negli abiti femminili) {+PIZZO} Ärmelaufsatz m.

soprammenzionàto, (-a) agg (menzionato in precedenza) oben erwähnt.

soprammòbile m {+PORCELLANA} Nipp(es)figur f, Nippsachen f pl, Nippes pl.

sopranazionàle agg {AUTORITÀ, POTERE} übernational, überstaatlich, supranational.

sopranazionalità <-> f {+ORGANIZZAZIONE} Überstaatlichkeit f.

sopranìsta <-i> m mus Sopranist m.

soprannaturàle A agg **1** (trascendente) {EVENTO, ORDINE} übernatürlich, übersinnlich **2** fig (straordinario) {FORZA} außerordentlich **B** <-> m Übernatürliche n decl come agg.

soprannaturalìsmo m filos Übernatürlichkeit f.

soprannazionàle e deriv → **sopranazionale** e deriv.

sopránno agg (che ha più di un anno) {CAVALLO, CONIGLIO, TORO} über ein Jahr alt.

soprannóme m {SCHERZOSO} Spitz-, Beiname f: **gli hanno affibbiato un bel ~!**, sie haben ihm einen schönen Spitznamen angehängt!

soprannomináre tr (ribattezzare) ~ **qu/qc qc** {AMICO, CITTÀ} jdm/etw einen Spitznamen/Beinamen geben: **l'hanno soprannominato «il giudice di ferro»**, sie haben ihm den Spitznamen «eiserner Richter» gegeben.

soprannomináto[1] → **sopranominato**.

soprannomináto[2], (-a) agg genannt: **Amsterdam, soprannominata la Venezia del Nord**, Amsterdam, auch das Venedig des Nordens genannt.

soprannumerário, (-a) <-ri m> agg (eccedente) {DIPENDENTE} überzählig, überschüssig; anat {COSTOLA, DENTE} überzählig, zu viel.

soprannùmero A <inv> agg (eccedente) {PERSONALE} überschüssig B <inv> loc agg avv (in eccedenza): **in ~**, überzählig, überschüssig; **qui siamo in ~**, wir sind hier überzählig; **la classe ha dieci allievi in ~**, in der Klasse sind zehn Schüler zu viel.

sopráno[1] mus A mf (cantante) {DRAMMATICO, LIRICO} Sopran m, Sopranist(in) m(f): **è una celebre ~**, sie ist eine berühmte Sopranistin B m (registro della voce) Sopran(stimme f) m.

sopráno[2], (-a) agg mus {SAX, VOCE} Sopran-.

sopranomináto, (-a) agg (nominato in precedenza) oben/zuvor/vorher genannt.

soprapórta → **soprapporta**.

soprappassàggio → **sovrappassaggio**.

soprappàsso → **sovrappassaggio**.

soprappensièro avv 1 (immerso nei propri pensieri) in Gedanken (versunken), gedankenverloren: **ti vedo ~, c'è qualcosa che ti preoccupa?**, du wirkst in Gedanken, macht du dir wegen irgendwas Sorgen? 2 (distrattamente) zerstreut: **l'ho detto ~**, das habe ich nur ˌso dahingesagtˌ/ˌaus Zerstreuung gesagtˌ; **l'ho fatto ~**, ich war ˌin Gedankenˌ/ˌzerstreutˌ, als ich das gemacht habe.

soprappéso → **sovrappeso**.

soprappiù <-> A m 1 (ciò che è in più) Extra n: **la seconda macchina per noi due sarebbe un ~**, ein Zweitwagen wäre für uns beide ein Extra 2 (supplemento) Zuschuss m, Zulage m, Zugabe f, Dreingabe f region: **ha ricevuto un ~ per le spese di trasferta**, er/sie bekam einen Reisekostenzuschlag 3 econ (surplus) Mehrwert m B loc avv (oltre a ciò): **di/per ~**, obendrein, noch dazu; **lo pagò e per ~ gli fece un regalo**, er/sie bezahlte ihn und machte ihm obendrein noch ein Geschenk • **c'è qc di/in ~** (in eccedenza), etw ist ˌim Überschussˌ/ˌüberzähligˌ vorhanden.

soprappòrta arch A m (ornamento) Soprporte f B f (finestrella) Oberlicht n.

soprapprèzzo m 1 (somma aggiuntiva) Aufpreis m, Aufschlag m 2 banca (maggiorazione) {+TITOLO} Erhöhung f, Aufschlag m.

soprapproduzióne → **sovrapproduzione**.

soprapprofitto m econ Gewinnzuschlag m, Mehr-, Übergewinn m.

sopraprèzzo → **soprapprezzo**.

sopraprofitto → **soprapprofitto**.

soprapùbico, (-a) <-ci, -che> agg anat über dem Schambein, suprapubisch scient.

soprascàrpa m (galoscia) Galosche f obs.

soprasegmentàle agg ling {TRATTO} prosodisch.

soprassàlto m (sobbalzo) Auffahren n, plötzlicher Satz fam: **avere/fare un ~**, plötzlich auffahren/[einen Satz machen fam] • **destarsi/svegliarsi di ~** (all'improvviso), aus dem Schlaf hochfahren.

soprassàta → **soppressata**.

soprassaturàre tr chim ~ **qc** {SOLUZIONE} etw übersättigen.

soprassaturazióne f chim Übersättigung f.

soprassàturo, (-a) agg chim {SOLUZIONE} übersättigt.

soprassedére itr (rimandare) ~ **(a/su qc)** {A UN LAVORO, SU UN VIAGGIO} (etw) aufschieben, (etw) hinaus|schieben: **per oggi è meglio ~**, für heute schieben wir die Sache besser hinaus.

soprassòglio <-gli> m 1 (barriera) Uferbefestigung f, Aufkadung f 2 arch (architrave) Tragebalken m.

soprassuòlo m 1 (superficie del terreno) Erdoberfläche f 2 (vegetazione) {BOSCHIVO} Vegetation f, Pflanzenbestand m.

soprastruttùra → **sovrastruttura**.

soprasuòlo → **soprassuolo**.

soprattàssa, **sopratàssa** f 1 (sanzione fiscale) Steuerzuschlag m, Steueraufschlag m 2 post Nachporto n, Nachgebühr f.

soprattassàre, **sopratassàre** tr 1 (applicare una sanzione) ~ **qu/qc** jdm/etw eine Zuschlagsgebühr auf|erlegen 2 post ~ **qc** {LETTERA} ein Nachporto/eine Nachgebühr auf etw (acc) erheben.

soprattùtto avv 1 (più di ogni altra cosa) vor allem, vor allen Dingen: **è intelligente, capace e ~ onesto**, er ist intelligent, tüchtig und vor allem ehrlich; **desidero ~ che stiate bene**, ich möchte vor allen Dingen, dass es euch gut geht 2 (specialmente) besonders: **mangio poco, ~ a pranzo**, ich esse wenig, besonders zum Mittagessen.

sopravalutàre e deriv → **sopravvalutare** e deriv.

sopravanzàre A tr <avere> 1 (superare) ~ **qc** {TETTO BALCONE} etw überragen 2 fig (primeggiare) ~ **qu in/per qc** jdn in etw (dat) überragen, jdn in etw (dat) übertreffen: **sopravanza tutti in simpatia**, er/sie ist der/die Netteste von allen B itr <essere> (restare d'avanzo) {UN KILO DI FARINA} übrig bleiben.

sopravànzo m (eccedenza) Rest m, Überschuss m: **si registra un ~ di 100 euro**, es ist ein Überschuss von 100 Euro zu verzeichnen.

sopravènto A <-> m mar Luv f o n, Luvseite f B <inv> agg anche mar {VERSANTE} dem Wind ausgesetzt, Wind- C avv anche mar {NAVIGARE, STARE} gegen den Wind.

sopravvalutàre A tr 1 (supervalutare) ~ **qu/qc** {NEMICO, DIFFICOLTÀ, LE PROPRIE FORZE} jdn/etw überschätzen B econ ~ **qc** {IMMOBILE, MONETA} etw überbewerten C rfl (supervalutarsi): **sopravvalutarsi** sich überschätzen: **secondo me tu ti sopravvaluti**, meiner Ansicht nach überschätzt du dich.

sopravvalutazióne f 1 (stima esagerata) {+CAPACITÀ DI QU, STUDENTE} Überschätzung f 2 econ {+OBBLIGAZIONE, USATO} Überbewertung f.

sopravveniènza f dir (componente straordinaria di reddito): **~ attiva**, außerordentlicher Ertrag; **~ passiva**, außerordentliche Aufwendung.

sopravvenire <coniug come venire> itr <essere> 1 (giungere) {INVERNO} kommen 2 (arrivare) {FORZE DELL'ORDINE} auf|tauchen, plötzlich erscheinen 3 (verificarsi) {MORTE} plötzlich/unvermutet ein|treten; {COMPLICAZIONI} anche plötzlich/unvermutet auf|treten: **nel bel mezzo della festa sopravvenne un temporale**, mitten ins Fest platzte ein Gewitter.

sopravvènto A <-> m 1 fig (predominio) Oberhand f, Übermacht f, Übergewicht n: **hanno avuto il ~ sugli avversari**, sie waren ihren Gegnern gegenüber in der Übermacht; **la ragione ha il ~ sull'istinto**, die Vernunft hat die Oberhand über den Instinkt; **il consumismo ha preso il ~**, das Konsumdenken ˌhat die Oberhand (gewonnen)ˌ/ˌdominiertˌ/ˌgibt den Ton anˌ 2 mar Luv f o n, Luvseite f B <inv> agg anche mar {VERSANTE} dem Wind ausgesetzt, Wind- C avv anche mar {ESSERE, NAVIGARE} gegen den Wind.

sopravvèste f (indumento) Überkleid n; mil stor Waffenrock m.

sopravvissùto, (-a) A agg 1 (superstite) **~ (a qc)** {MARINAIO AL NAUFRAGIO} (etw) überlebend: **gli animali sopravvissuti all'incendio**, die Tiere, die das Feuer überlebt haben 2 (che vive dopo gli altri) **~ a qu** {PARENTE AL RESTO DELLA FAMIGLIA} jdn überlebend 3 fig (retrogrado) altmodisch, überholt B m (f) 1 (superstite) Überlebende mf decl come agg: **i sopravvissuti alla catastrofe nucleare**, die Überlebenden der Atomkatastrophe 2 (chi vive dopo gli altri) {UNICO + CASATA} Überlebende mf decl come agg 3 fig (persona retrograda) altmodischer Mensch.

sopravvivènza f {+GENERE UMANO, SPECIE ANIMALE} Überleben n.

sopravvivere <coniug come vivere> itr <essere> 1 (restare in vita) **~ (a qc)** {ALLA GUERRA, AL NAUFRAGIO} (etw) überleben, am Leben bleiben: **non sanno se sopravvivrà**, sie wissen nicht, ob er/sie überleben wird 2 (vivere dopo altri) **~ a qu** {AL FIGLIO} jdn überleben 3 fig (vivere stentatamente) **~ (di qc)** {PAESE DI SOLA AGRICOLTURA} (von etw dat) leben: **nonostante la crisi la piccola industria continua a ~**, trotz der Krise lebt die Kleinindustrie weiter 4 fig (rimanere vivo) **in qc** {ARTISTA NELLA SUA OPERA; RICORDO NELLA MEMORIA} in etw (dat) lebendig bleiben, in etw (dat) weiter|leben, in etw (dat) fort|bestehen 5 fig (conservarsi) **~ (+ compl di luogo)** {USANZA NELLA FORESTA AMAZZONICA, PRESSO LE POPOLAZIONI ASIATICHE} (irgendwo) überleben, sich (irgendwo) bewahren.

sopraccedènte A agg {QUANTITÀ} überschüssig B m (eccesso) Überschuss m.

sopraccedènza f anche amm comm (surplus) {+FORZA LAVORO, GENERI ALIMENTARI} Überschuss m: **~ di cassa/magazzino**, Kassen-/Lagerüberschuss m; **essere in ~**, überschüssig sein.

sopraccèdere <coniug come cedere> A tr (andare oltre) ~ **qc** {OFFERTA DOMANDA} etw übersteigen, etw übertreffen B itr (essere in più) **~ (a qc)** {MERCE AL CONSUMO} (gegenüber etw dat) überschüssig sein, hinter etw (dat) zurück|bleiben.

sopredificàre e deriv → **sopraedificare** e deriv.

soprelencàto, (-a) → **sopraelencato**.

soprelevàre e deriv → **sopraelevare** e deriv.

soprindicàto → **sopraindicato**.

soprintendènte mf 1 (chi soprintende) {+FABBRICA} Oberaufseher(in) m(f): **~ ai lavori**, Oberaufseher(in) m(f) der Arbeiten; amm Oberintendant(in) m(f); **~ alle Belle Arti**, Landeskonservator(in) m(f), Landes-

denkmalpfleger(in) m(f) **2** amm → **sovrintendente**.
soprintendènza f **1** (*il soprintendente*) Oberaufsicht f: **gli hanno affidato la ~ di lavori di scavo**, sie haben ihm die Oberaufsicht über die Ausgrabungen übertragen **2** amm (*organo statale*) Oberintendantur f, Oberaufsicht f: **~ alle Belle Arti**, Amt n für Denkmalspflege; **~ ai beni archeologici**, Oberaufsicht f über die archäologischen Güter; **~ scolastica regionale**, regionale Schulaufsichtsbehörde; (*sede*) Amt(ssitz m) n.
soprintèndere <coniug *come* tendere> itr (*dirigere*) **~ a qc** {ALLA COSTRUZIONE DI UNA CHIESA, A UN LAVORO DI RICERCA} über etw (acc)/bei etw (dat) die Oberaufsicht führen; {A UN UFFICIO} etw (dat) vor|stehen.
soprùso m Übergriff m, Gewalttat m: **fare un ~ a qu**, sich jdm gegenüber Übergriffe erlauben; **subisce continui soprusi da parte dei superiori**, er/sie ist ständigen Übergriffen von seinen/ihren Vorgesetzten ausgesetzt/bekommt ständig eins von seinen/ihren Vorgesetzten auf den Deckel *fam*.
soqquàdro m (*scompiglio*) Durcheinander n ● **mettere a ~ qc** (*mettere sottosopra*), {CASA} etw durcheinanderbringen, etw auf den Kopf stellen; *fig* (*sconvolgere*), {NOTIZIA MONDO UNIVERSITARIO} etw erschüttern.
sór m *centr merid* (*signor*) Herr m: **il sor farmacista**, der Herr Apotheker.
sóra f *centr merid* (*signora*) Frau f: **la ~ Maria**, die Frau Maria.
sòrba f *bot* Vogelbeere f.
sorbettería f **1** (*gelateria*) Eiscafé n, Eisdiele f **2** (*assortimento di sorbetti*) Sorbett-Sortiment n, Sorbett-Auswahl f.
sorbettièra f Eismaschine f.
sorbétto m Sorbet(t) m o n: **~ al limone**/[**alla menta**], Zitronen-/Minzsorbet(t) m o n.
sorbire <sorbisco> **A** tr (*sorseggiare*) **~ qc** {BIBITA} etw schlürfen, an etw (dat) nippen **B** rfl indir intens **1** (*sorseggiare*) **sorbirsi qc** {BICCHIERE DI VINO, TAZZINA DI CAFFÈ} etw schlürfen **2** *fig* (*sciropparsi*): **sorbirsi qu/qc** {ROMPISCATOLE} jdn/etw aus|halten, jdn/etw ertragen; {PREDICA} etw über sich ergehen lassen: **mi sono dovuta sorbire le sue lamentele**, ich musste sein/ihr Gejammer ertragen/[mir sein/ihr Gejammer anhören].
sorbitòlo m *chim* Sorbit m.
sòrbo m *bot* Eberesche f: **~ selvatico**, Vogelbeerbaum m.
sòrbola A f *bot* Vogelbeere f **B** inter impr region (*di meraviglia*): **sorbole!**, das gibt's doch nicht!, Kruzitürken! *fam*.
sórcio <-ci> m (*topo*) Maus f ● **far vedere i sorci verdi a qu** *fig fam* (*creare grosse difficoltà*), jdm die Hölle auf Erden bereiten, jdm das Leben zur Hölle machen; (*spaventare*) jdm Angst ein|jagen, jdm die Hölle heiß|machen *fam*.
sórda f → sordo.
sordaménte avv **1** (*con suono sordo*) {RIMBOMBARE} dumpf **2** *fig* (*tacitamente*) {ODIARE} insgeheim.
sordidézza f **1** (*sporcizia*) {+LOCALE} Schmutzigkeit f, Schmierigkeit f **2** *fig* (*abiezione*) {+UOMO} Gemeinheit f, Niederträchtigkeit f, Erbärmlichkeit f **3** *fig* (*avarizia*) {+MILIARDARIO} Knaus(e)rigkeit f *fam spreg*, Geiz m.
sòrdido, (-a) agg **1** (*sporco*) {LOCANDA} schmutzig, dreckig, schmierig **2** *fig* (*abietto*) {AVARIZIA, INDIVIDUO} gemein, niederträchtig, erbärmlich **3** *fig* (*avaro*) {STROZZINO} knaus(e)rig *fam spreg*, geizig.
sordìna f *mus* **1** (*dispositivo*) Dämpfer m **2** (*strumento*) Sordine f ● **in ~** *anche mus* (*in tono smorzato*), gedämpft, leise; *fig* (*di nascosto*), {FARE QC} heimlich; **lavorare in ~** *fig* (*agire subdolamente per ottenere uno scopo*), im Trüben fischen *fam*, heimlich agieren; **mettere la ~ a qc** *fig* (*smorzare*), {ALLA PROTESTA} etw dämpfen, etw abschwächen.
sordità <-> f **1** (*mancanza di udito*) {CONGENITA} Taubheit f **2** (*durezza di udito*) {GRAVE} Schwerhörigkeit f **3** (*mancanza di sonorità*) {+TEATRO} schlechte Akustik; {+SUONO} Dumpfheit f **4** *fig* (*disinteresse*) {PER QC} {PER L'ARTE, PER I PROBLEMI SOCIALI} Taubheit f (*für etw* acc), Desinteresse n (*für etw* acc) **5** *ling* {+CONSONANTE} Stimmlosigkeit f.
sórdo, (-a) **A** agg **1** (*mancante di udito*) taub: **~ da un orecchio**, auf einem Ohr taub **2** (*duro di udito*) schwerhörig **3** (*mancante di sonorità*) {SALA} mit schlechter Akustik; {RUMORE, VOCE} dumpf **4** *fig* (*indifferente*) **~ a qc** {A UNA RICHIESTA, ALLA VOCE DEL CUORE} (*gegen etw* acc) taub, (*gegen etw* acc) gleichgültig, (*für etw* acc) unempfänglich: **rimase ~ ai nostri inviti**, er reagierte nicht auf unsere Einladungen **5** *fig* (*dissimulato*) {LOTTA} versteckt, heimlich; {RANCORE} *anche* verhohlen, verhehlt; {DOLORE} dumpf **6** *ling* {CONSONANTE} stimmlos **B** m (f) (*non udente*) Taube mf decl come agg **C** f *ling* stimmloser Konsonant ● **come una campana** *fig fam* (*completamente sordo*), stocktaub *fam*; **cantare/parlare ai sordi** *fig* (*invano*), tauben Ohren predigen; **fare il ~** *fig* (*fingere di non sentire*), sich taub stellen; **non c'è peggior ~ di chi non vuol sentire** *prov*, tauben Ohren ist nicht gut predigen *prov*.
sordomùta f → sordomuto.
sordomutìsmo m *med* Taubstummheit f.
sordomùto, (-a) **A** agg {RAGAZZO} taubstumm **B** m (f) Taubstumme mf decl come agg.
sorèlla A agg {ARTI, CITTÀ, LINGUE} verwandt **B** f **1** (*parente*) Schwester f: **~ adottiva**, Adoptivschwester f; **non avere sorelle**, keine Schwestern haben; **è mia ~**, sie ist meine Schwester; **~ gemella**, Zwillingsschwester f; **~ maggiore/minore**, große/kleine Schwester; **siamo sorelle**, wir sind Schwestern **2** *fig* (*cosa affine*) Ähnliche n decl come agg, Verwandte n decl come agg: **la musica è ~ della danza**, Musik und Tanz gehören zusammen **3** *fig* (*compagna*) Schwester f, Genossin f: **~ nel dolore**, Leidensgefährtin f **4** *relig* (*suora*) (Ordens)schwester f: **~ Lucia**, Schwester Lucia ● **~ germana** (*degli stessi genitori*), leibliche Schwester; **~ di latte** *fig* (*che ha avuto la stessa balia*), Milchschwester f; **~ di sangue** *fig* (*dello stesso padre, ma di madri diverse*), Halbschwester f (*von Seiten des Vaters*); **le sette sorelle** *fig giorn* (*le maggiori società petrolifere internazionali*), "die wichtigsten internationalen Ölgesellschaften".
sorellànza f **1** (*legame tra sorelle*) Schwesternschaft f **2** *fig* (*stretta affinità*) Verwandtschaft f, Ähnlichkeit f: **~ tra le due lingue neolatine**, Verwandtschaft f zwischen den beiden romanischen Sprachen.
sorellàstra f Halb-, Stiefschwester f.
sorgènte A f **1** {+MONTAGNA; FRESCA PERENNE, SOTTERRANEA, TERMALE} Quelle f: **le sorgenti del Tevere**, die Quellen des Tibers; {+PETROLIO} Quelle f **2** (*origine*) {+RICCHEZZA, SVENTURA} Quelle f, Ursprung m: **una ~ di preoccupazioni**, eine Quelle der Sorge, Grund m/Anlass m zu ständiger Sorge **3** *fis* {SONORA} Quelle f: **~ di calore/radiazioni**, Wärme-/Strahlenquelle f; **~ energetica/luminosa**, Energie-/Lichtquelle f **B** m *inform* (*programma*) Quellprogramm n **C** agg *inform* {CODICE} Quellen-; {PROGRAMMA} Quell- ● **risalire alla ~**, zu den Ursprüngen zurückgehen; *fig* (*all'origine*), zu den Ursprüngen zurück|kehren.
sorgentìfero, (-a) agg (*di sorgente*) {BACINO, RAMO} Quellen-, Quell-.
sorgentìzio, (-a) <-zi> agg (*sorgentifero*) Quellen-, Quell-.
sórgere <irr *sorgo, sorsi, sorto*> **A** itr <essere> **1** ~ (+ ***compl di tempo***) (+ ***compl di luogo***) {SOLE ALLE SEI, A EST} (*irgendwann*) (*irgendwo*) auf|gehen; {ALBA, NUOVO GIORNO} (*irgendwann*) (*irgendwo*) an|brechen **2** (*elevarsi*) ~ + ***compl di luogo*** {CASTELLO IN CIMA AD UN COSTONE ROCCIOSO; GRATTACIELO IN PERIFERIA} sich (*irgendwo*) erheben, (*irgendwo*) empor|ragen **3** (*essere costruito*) ~ + ***compl di luogo*** *irgendwo* gebaut werden, *irgendwo* entstehen: **al posto della vecchia piazza sorgerà un centro commerciale**, anstelle des alten Platzes wird ein Einkaufszentrum entstehen/gebaut **4** *fig* (*scaturire*) ~ (*da qc*) {FIUME DAL MONTE} (*irgendwo*) entspringen **5** *fig* (*nascere*) {SPERANZA} auf|kommen; {DIFFICOLTÀ} *anche* auf|treten, auf|tauchen: **mi sorge un dubbio**, mir kommt ein Zweifel **6** *fig* (*avere origine*) entstehen: **sta sorgendo una nuova civiltà**, eine neue Kultur ist am Entstehen **7** *fig* (*sollevarsi*) ~ (*da qc*) {FISCHI DI PROTESTA DALLA FOLLA} sich (*aus etw* dat) erheben **8** *fig lett* (*assurgere*) **~ a qc** {A GRANDE POTENZA} zu etw (dat) auf|steigen, zu etw (dat) empor|steigen **B** <-> m **1** (*il levarsi*) {+GIORNO} Anbrechen n; {+LUNA} Aufgehen n, Aufgang m: **al sorger del sole**, bei Sonnenaufgang **2** *fig* (*il nascere*) {+NUOVA ERA} Anbrechen n.
sorgìva f *lett* (*sorgente*) Quelle f.
sorgìvo, (-a) agg **1** {ACQUA} Quell(en)- **2** *fig lett* (*spontaneo*) {STILE} frisch.
sórgo <-ghi> m *bot* Hirse f.
soriàno, (-a) **A** agg {GATTO} getigert, Tiger- **B** m Tigerkatze f.
sorite m *filos* Kettenschluss m.
sormontàbile agg {PROBLEMA} überwindbar.
sormontàre tr **~ qc 1** (*oltrepassare*) {ACQUA ARGINE DEL FIUME} etw übersteigen **2** *fig* (*superare*) {DIFFICOLTÀ, OSTACOLI} etw überwinden.
sorniòne, (-a) **A** agg {ARIA} scheinheilig *spreg*, scheinbar gleichgültig **B** m (f) (*persona sorniona*) Scheinheilige mf decl come agg *spreg*.
sornionería f (*atteggiamento*) Scheinheiligkeit f *spreg*.
sororàle agg *lett* {AFFETTO} schwesterlich.
sororàto m *etnol* Sororat n.
sorpassàre tr **1** (*passare davanti*) ~ (*qu/qc*) {AUTO CAMION} jdn/etw überholen: **ci ha sorpassato due volte**, er/sie hat uns zwei Mal überholt; **qui è vietato ~**, hier ist/herrscht Überholverbot **2** (*superare*) **~ qu (di/in qc)** {IN ALTEZZA, DI UN PALMO} jdn (*um etw* acc) überragen **3** (*oltrepassare*) **~ qc** {CONFINE DI STATO, LIVELLO DI GUARDIA, VELOCITÀ CONSENTITA} etw überschreiten **4** *fig* (*andare oltre*) **~ qc** {OGNI ASPETTATIVA} etw übertreffen; {OGNI LIMITE} etw überschreiten **5** *fig* (*sopravanzare*) **~ qu in qc** {FRATELLO IN INTELLIGENZA} jdn an etw (dat) übertreffen.
sorpassàto, (-a) **A** agg **1** {AUTO} überholt **2** (*oltrepassato*) {CONFINE} überschritten **3** *fig* {LIMITE} überschritten **4** *fig* (*antiquato*) {MENTALITÀ} überholt, antiquiert *spreg* **B** m (f) (*persona retrograda*) altmodischer/rückständiger Mensch.
sorpàsso A m **1** {AZZARDATO, PERICOLOSO; +AUTOVEICOLO} Überholen n, Überholvorgang m: **~ in curva**/[**a destra**], Überholen n in

der Kurve/[rechts]; **fare un ~**, überholen **2** *fig* (*scavalcamento*) {+PARTITO, SQUADRA} Überflügeln n: **~ elettorale**, "Überholen n in einer anderen Partei durch einen Wahlsieg"; **si temeva un ~ elettorale dell'estrema destra rispetto ai socialisti**, es bestand die Befürchtung, dass die Rechtsextremen bei der Wahl überflügeln würden **B** <inv> *loc agg*: **di ~**, {CORSIA, DIVIETO} Überhol-.

sorprendènte *agg* **1** (*inatteso*) {AVVENIMENTO, ESITO, NOTIZIA} überraschend: **è ~ che…**, es überrascht, dass … **2** (*eccezionale*) {CAPACITÀ, UOMO} außerordentlich.

sorprèndere <*coniug come* prendere> **A** *tr* **1** (*cogliere*) **~ qu** jdn ertappen, jdn erwischen, jdn überraschen: **la morte l'ha sorpreso mentre dormiva**, der Tod überraschte ihn im Schlaf, **la sorpresero a piangere**, sie überraschten sie, wie sie weinte; **il temporale ci ha sorpreso in aperta campagna**, wir wurden auf offenem Feld vom Gewitter überrascht; **la polizia ha sorpreso il ladro in flagranza di reato**, die Polizei hat den Dieb ِauf frischer Tatِ/[in flagranti] erwischt *fam*/ertappt **2** *fig* (*meravigliare*) **~ (qu)** (*jdn*) erstaunen, (*jdn*) überraschen, *jdn* wundern: **la sua audacia ci sorprende**, sein/ihr Mut überrascht uns; **non sorprende che sia arrivato primo**, (es ist) kein Wunder, dass er Erster geworden ist; **non mi sorprenderebbe se…**, es würde mich nicht wundern/überraschen, wenn … **B** *rfl* (*rendersi conto*): **sorprendersi a fare qc** {A PARLARE DA SOLO, A PENSARE A QU} sich *bei etw* (*dat*) ertappen; sich dabei ertappen, *etw* zu tun **C** *itr pron* (*meravigliarsi*): **sorprendersi di qc** {DELL'ARRIVO DI QU, DELLA REAZIONE DI QU} sich *über etw* (*acc*) wundern, *über etw* (*acc*) staunen: **non ci siamo sorpresi di vederlo in città**, wir wunderten uns nicht darüber, ihn in der Stadt zu sehen; **non ci sarebbe di che sorprendersi se arrivasse in ritardo**, es wäre nicht weiter erstaunlich, wenn er/sie zu spät käme.

sorprésa A *f* **1** (*cosa o evento che sorprende*) Überraschung *f*: **che ~ vedervi qui!**, was für eine Überraschung, euch hier zu sehen!; **fare una ~ a qu**, jdm eine Überraschung bereiten; **ha avuto la sgradita ~ di non trovare nessuno**, er/sie hatte die unangenehme Überraschung, niemanden anzutreffen **2** (*meraviglia*) Erstaunen n, Verwunderung *f*: **con grande ~ di tutti**, zum großen Erstaunen aller **3** (*dono*) {+UOVO DI PASQUA} Überraschung *f* **B** <inv> *loc agg* (*inaspettata*): **a ~**, {DIMISSIONI} unerwartet **C** <inv> *loc agg*: **di ~**, {GESTO, REAZIONE} Überraschungs-, überraschend **D** <inv> *loc avv* (*inaspettatamente*): **di ~**, {AGIRE} überraschend • **cogliere qu di ~** (*prendere alla sprovvista*), jdn überraschen, jdn überrumpeln.

sorpréso, (-a) *agg* (*meravigliato*) {ARIA, SGUARDO} verwundert, überrascht: **è rimasto ~ dei tuoi risultati**, er war überrascht über deine Ergebnisse.

sorrèggere <*coniug come* leggere> **A** *tr* **1** (*reggere*) **~ qu** {AMMALATO, BAMBINO} jdn stützen; **~ qc** {PILASTRO PALCO} *etw* (ab|)stützen, *etw* tragen **2** *fig* (*sostenere*) **~ qu** (**in qc**) {FEDE CRISTIANO NELLO SCONFORTO} jdn (*in etw dat*) aufrecht (er)halten, jdn (*in etw dat*) stützen **3** *fig* (*stare alla base*) **~ qc** {CONCETTO TESI, PROVA ACCUSA} *etw* (*dat*) zugrunde liegen, *etw* stützen **B** *rfl* (*reggersi*): **sorreggersi** (**a/su qc**) {UBRIACO AL MURO} sich (*an etw dat*) ab|stützen; **sorreggersi** (**sulle grucce**) {ZOPPO} sich (*auf etw acc*) stützen: **non riusciva più a sorreggersi**, er/sie konnte sich nicht mehr aufrecht/[auf den Beinen] halten **C** *itr pron*:

sorreggersi su qc {EDIFICIO SU SOLIDE FONDAMENTA} sich *auf etw* (*acc*) stützen **D** *rfl rec* **1** (*reggersi*): **sorreggersi** sich stützen: **i due feriti si sorreggevano a vicenda**, die beiden Verletzten stützten sich gegenseitig **2** *fig* (*sostenersi*): **sorreggersi** (**in qc**) sich (*in etw dat*) stützen, sich (*in etw dat*) helfen: **sorreggersi l'un l'altro in un momento difficile**, sich in einem schwierigen Moment gegenseitig stützen/helfen.

sorrentino, (-a) **A** *agg* {PENISOLA} von Sorrent; {VINO} sorrentinisch, aus Sorrent **B** *m* (*f*) (*abitante*) Einwohner(in) *m*(*f*) von Sorrent.

Sorrènto *f geog* Sorrent n.

sorridènte *agg* {ESPRESSIONE} lächelnd: **è sempre ~**, er/sie ِist immer guter Launeِ/[hat immer ein Lächeln auf den Lippen].

sorrìdere <*coniug come* ridere> **A** *itr* **1** (*fare un sorriso*) {RAGAZZA} lächeln; **~ a qu** {BIMBO ALLA MAMMA} (*jdm*) zu|lächeln **2** (*ridere*) **~ di qu/qc** {DI TE, DELL'INGENUITÀ DI QU} über *jdn/etw* lächeln **3** *fig* (*essere propizio*) **~ a qu** *jdm* hold sein, *jdm* zu|lächeln: **la vita ti sorride**, das Leben ِist dir gewogenِ/[meint es gut mit dir] **4** *fig* (*aggradare*) **~ a qu** *jdn* an|sprechen, *jdn* reizen, *jdm* gefallen: **l'idea di rimanere solo non mi sorride affatto**, die Vorstellung, allein zu bleiben, ِreizt michِ/[gefällt mir] überhaupt nicht **B** *rfl rec*: **sorridersi** sich an|lächeln.

sorrisétto <*dim di* sorriso> *m* (*sorriso non benevolo o abbozzato*) {BEFFARDO, IRONICO} Lächeln n, Grinsen n.

sorrìso *m* **1** (*MALINCONICO, MALIZIOSO, MESTO; +SCHERNO*) Lächeln n: **~ di circostanza**, unverbindliches Lächeln; **ha sempre il ~ sulle labbra**, er/sie hat immer ein Lächeln auf den Lippen; **mi fai un bel ~?**, schenkst du mir ein Lächeln?, lächle mir doch mal schön zu! **2** *fig lett* (*letizia*) {+GIOVINEZZA, NATURA} Heiterkeit f, Fröhlichkeit f • **avere un ~ per tutti** *fig* (*essere cordiale*), ein Lächeln für alle haben.

sorsàta A *f* (*LUNGA, RAPIDA; +BIRRA*) Schluck m **B** *loc avv*: **a sorsate**, {BERE} schluckweise, schluckchenweise.

sorseggiàre <*sorseggio, sorseggi*> *tr* ~ (*qc*) {CAFFÈ, LIQUORE} *etw* in kleinen Schlucken trinken, *etw* schlürfen.

sórsi 1ª *sing del pass rem di* sorgere.

sórso A *m* **1** (*PICCOLO; +ACQUA*) Schluck m: **in un ~**, in einem Zug, mit einem Schluck; **bere l'aranciata a piccoli/grandi sorsi**, den Orangensaft mit kleinen/großen Schlucken trinken **2** (*piccola quantità*) Schluck m: **mi versi ancora un ~ di caffè?**, schenkst du mir noch einen Schluck Kaffee ein? **B** *loc avv*: **a ~ a ~ 1** Schluck für Schluck: **si gustò a ~ a ~ il cocktail**, er/sie ließ sich (*dat*) den Cocktail auf der Zunge zergehen **2** *fig* (*lentamente*) genüsslich: **gustarsi il successo a ~ a ~**, den Erfolg voll auskosten.

sort <-> *m ingl inform* Sortieren n.

sòrta A *f* (*specie*) Art *f*, Sorte *f*: **persone d'ogni ~**, alle möglichen Leute; **ogni ~ di emozioni**, alle möglichen Gefühle; **materiali di tutte le sorte**, Materialien aller Art; **una ~ di paura**, eine gewisse/Art Angst; **che ~ di proposta è questa?**, was ist denn das für ein Vorschlag?; **~ di gelato**, Eissorte *f* **B** *loc agg* (*in frasi negative*) (*di nessuna specie*): **di ~**, irgendein; **senza spese di ~**, ohne jegliche/irgendeine Ausgabe.

sòrte *f* **1** (*destino*) {CONTRARIA, FAVOREVOLE} Schicksal n, Los n: **buona ~**, Glück n; **cattiva/mala ~**, Pech n, Unglück n; **l'hanno abbandonato alla sua ~**, sie haben ihn seinem Schicksal überlassen; **sfidare la ~**, das

Schicksal herausfordern **2** (*futuro*) Schicksal n, Zukunft f: **la tua ~ è già segnata**, dein Schicksal ist schon besiegelt; **le sorti della nazione**, die Zukunft der Nation **3** (*ventura*) Glück n: **ebbi la ~ di conoscerlo**, ich hatte das Glück, ihn kennen zu lernen • **estrarre/tirare a ~** (*sorteggiare*), losen/[ein Los ziehen]; **avere in ~ qu/qc** (*avere dal destino*), {BUONA MOGLIE, POSTO DI PRESTIGIO} jdn/etw vom Schicksal/Himmel geschenkt bekommen haben; **nella buona e nella cattiva ~**, in guten und in schlechten Zeiten; **per ~** (*per caso*), zufällig, durch Zufall; **tentare la ~** (*rischiare*), sein Glück versuchen; **toccare in ~ a qu** (*avere dal destino*), jdm zufallen.

sorteggiàre <*sorteggio, sorteggi*> *tr* **1** (*estrarre a sorte*) **~ qu/qc** {MEMBRI DELLA GIURIA, NOMI DEI VINCITORI} jdn/etw aus|losen **2** (*assegnare tramite sorteggio*) **~ qc** {PREMI DELLA LOTTERIA} *etw* verlosen.

sortéggio <-gi> *m* **1** (*estrazione a sorte*) {+NUMERI, CONCORRENTI} Auslosung f: **procedere per ~**, das Los entscheiden lassen, durch das Los bestimmen **2** (*assegnazione al vincitore*) {+PREMI} Verlosung f • **fare il ~ di qc** (*estrarre a sorte*), *etw* auslosen; (*assegnare tramite estrazione a sorte*), *etw* verlosen, durch Losen entscheiden.

sortilègio <-gi> *m* **1** (*divinazione*) Sortilegium n **2** *anche fig* (*magia*) Zauber m, Zauberei f: **fare un ~ a qu**, jdn verzaubern, jdn verhexen.

sortìre① <*sortisco, sortisci*> *tr* (*ottenere*) **~ qc** {EFFETTO} *etw* erzielen, *etw* erreichen: **non ~ risultati di sorta**, überhaupt keine Ergebnisse erzielen, überhaupt nichts erreichen.

sortìre② <*sorto*> *itr* (*essere*) **1** *fam* (*uscire per sorteggio*) {NUMERO} ausgelost werden **2** *region* (*uscire*) hinaus|gehen: **~ di casa**, ausgehen.

sortìta *f* **1** *fig* (*battuta*) Bemerkung *f*, Bonmot n **2** *mil* (*+TRUPPE ASSEDIATE*) Ausfall m: **tentare una ~**, einen Ausfall versuchen **3** *region* (*uscita*) Ausgehen n **4** *teat* (*+PRIMATTORE*) Auftritt m.

sórto *part pass di* sorgere.

sorvegliànte *mf* Aufseher(in) m, Wächter(in) m(f): **fare il ~**, als Aufseher arbeiten; **~ notturno**, Nachtwächter m.

sorveglianza *f anche dir* (*+FORZE DELL'ORDINE, GUARDIANO*) Aufsicht f; (*+DETENUTO*) Bewachung f, Überwachung f: **eludere la ~ di qu**, jds Wachsamkeit entgehen; **~ notturna**, Nachtwache f; **~ speciale**, Führungsaufsicht f; **il sospettato è sotto stretta ~**, der Verdächtige ِwird streng überwachtِ/[steht unter strenger Bewachung].

sorvegliàre A *tr* **1** *anche dir* (*vigilare*) **~ qu/qc** {POLIZIA INDIZIATO, STADIO; VIGILE TRAFFICO} jdn/etw überwachen; {PORTINAIO CASA} *auf etw* (*acc*) auf|passen **2** (*controllare*) **~ qu/qc** {CAPOSQUADRA OPERAI, LAVORI} jdn/etw beaufsichtigen, jdn/etw überwachen; {MAESTRA ALUNNI} *jdn/etw* beaufsichtigen, *auf jdn/etw* auf|passen: **sorveglia che nessuno si faccia male!**, ِachte daraufِ/[pass auf], dass sich niemand wehtut! **3** (*tenere d'occhio*) **~ qc** {GENITORE CRESCITA DEL FIGLIO; INVESTITORE MERCATO} *etw* beobachten, *etw* im Auge behalten **B** *itr*: **~ su qu/qc** {COMMISSIONE SULLA CORRETTEZZA DELLA PROCEDURA; DIO SU DI NOI} *über jdn/etw* wachen.

sorvegliàto, (-a) **A** *agg* **1** *anche dir* (*su cui si vigila*) {EDIFICIO, LADRO} überwacht **2** (*controllato*) {COLLEGA} kontrolliert, überwacht **3** *fig* (*sobrio*) {STILE} nüchtern **B** *m* (*f*) Bewachte *mf decl come agg* • **~ speciale** *dir*, zur Führungsaufsicht Verurteilte *mf decl come agg*.

sorvolàre A *tr* **~ qc 1** (*volare sopra*) {ZO-

NA) *etw* überfliegen, über *etw* (acc) hinweg|fliegen **2** *fig* (*passare sopra*) {ASPETTO DEL PROBLEMA} *etw* übergehen **B** *itr* **1** (*volare*) ~ **sopra/su qc** {SU UN TERRITORIO} über *etw* (acc) fliegen **2** *fig* (*tralasciare*) ~ (**sopra/su qc**) {SU UN PARTICOLARE} über *etw* (acc) hinweg|gehen, über *etw* (acc) hinweg|sehen: **sei stato scorretto, ma sorvoliamo!**, du hast dich nicht korrekt verhalten, aber ‚lassen wir das‚/[Schwamm drüber *fam*].
sorvólo *m aero* Überflug *m*, Überfliegen *n*.
SOS <-> *m abbr dell'ingl* Save Our Souls (*salvate le nostre anime*) SOS *n* • **lanciare un SOS**, (ein) SOS funken; *fig* (*chiedere aiuto*), um Hilfe rufen.
sòsia <-> *mf* Doppelgänger(in) *m*(f).
sospèndere <coniug *come* appendere> *tr* **1** (*appendere*) ~ **qc** (+ ***compl di luogo***) {FUNE AL SOFFITTO} *etw* (*irgendwo*) auf|hängen **2** *fig* (*interrompere*) ~ **qc** {CONCERTO, INDAGINE, LEZIONE} *etw* unterbrechen; {TERAPIA} *anche etw* aus|setzen; {OSTILITÀ, PAGAMENTI, SERVIZIO, STIPENDIO} *etw* ein|stellen; *dir* (*PROCESSO*) *etw* aus|setzen **3** *fig* (*annullare*) ~ **qc** {CORSA, VOLO} *etw* streichen **4** *fig* (*allontanare*) ~ **qu** (**da qc**) (+ ***compl di luogo***) {CAPUFFICIO DALL'INCARICO A TEMPO INDETERMINATO} *jdn* (*von etw dat*) (+ *compl di tempo*) suspendieren: ~ **un medico dall'ordine dei medici**, einem Arzt die Zulassung aberkennen; *scuola* {ALUNNO PER TRE GIORNI} *jdn* (von der Schule) verweisen, *jdn* (vom Unterricht) ausschließen; *sport* {CALCIATORE PER DUE GIORNATE} *jdn* (des Platzes/vom Platz) verweisen **5** *fig* (*ritirare*) ~ **qc** {PATENTE} *etw* entziehen **6** *banca* ~ **qc** (**da qc**) {TITOLO DALLA QUOTAZIONE} *etw* (*von etw dat*) aus|nehmen **7** *chim* ~ **qc in qc** {ELEMENTO IN UNA SOLUZIONE} *etw in etw* (acc) suspendieren • ~ **un sacerdote a divinis** *relig* (*interdirlo dai suoi uffizi*), einen Priester seines Amtes entheben.
sospensióne *f* **1** *gener* Schweben *n*, Hängen *n*: **nel nuoto sincronizzato si sta in ~ nell'acqua**, beim Synchronschwimmen hat man keinen Kontakt mit dem Boden **2** *fig* (*interruzione*) {+LAVORO, SPETTACOLO} Unterbrechung *f*; {+CURA} *anche* Aussetzung *f*; {+COMBATTIMENTO, PAGA, SCIOPERO} Einstellung *f*: ~ **d'armi**, Feuerpause *f*, Waffenruhe *f*; **chiedere una ~ di un'ora**, um eine Unterbrechung von einer Stunde bitten; *dir* Aussetzung *f*; ~ **della prescrizione**, Hemmung *f* der Verjährung, Verjährungshemmung *f*; ~ **condizionale della pena**, Aussetzung *f* der Strafe zur Bewährung **3** *fig* (*annullamento*) {+TRENO, VOLO} Streichen *n* **4** *fig* (*sanzione disciplinare*) ~ (**da qc**) {DALL'ESERCIZIO DI UNA PROFESSIONE} Suspendierung *f* (*von etw dat*), Enthebung *f* (*von etw dat*); ~ **dall'impiego**, Dienst-, Amtsenthebung *f*, Suspension *f*; ~ **dal grado**, Disziplinarmaßnahme *f* gegen einen Offizier; *scuola* {+STUDENTE} Verweisen *n* (von der Schule); *sport* {DAL GIOCO} Verweisen *n* (vom Platz) **5** *fig* (*ritiro*) Entziehen *n*, Entzug *m*: ~ **della patente**, Führerscheinentzug *m* **6** *chim* {COLLOIDALE} Aufschwemmung *f*, Suspension *f* **7** *ling* (*figura retorica*) Suspense *m o n* **8** *mecc* {ANTERIORE, PNEUMATICA} Federung *f*, Radaufhängung *f* • **a divinis** *relig*, Amtsenthebung *f* (eines Priesters).
sospensiva *f dir* Aussetzung *f*.
sospensivo, (-a) *agg dir* {EFFETTO} aufhebend, aufschiebend; {CONDIZIONE} aufschiebend, suspensiv.
sospensòrio, (-a) <-ri *m*> **A** *agg anat* {LEGAMENTO} Suspensions- **B** *m* (*conchiglia*) Suspensorium *n*, Tiefschutz *m*.
sospési 1ª pers sing del pass rem *di* sospendere.
sospéso, (-a) **A** part pass *di* sospendere **B** *agg* **1** (*appeso*) {CARICO, PONTE} hängend, schwebend: ~ **nel vuoto**, im Nichts schwebend **2** (*alzato*) {MANO, PIEDE} erhoben **3** *fig* (*a metà*) in der Mitte: ~ **tra la vita e la morte**, zwischen Leben und Tod, in Lebensgefahr (schwebend) **4** *fig* (*interrotto*) {PRATICA, SEDUTA} unterbrochen; {PAGAMENTI, PRODUZIONE, STIPENDIO} eingestellt: **le licenze sono sospese**, die Kündigungen sind aufgeschoben **5** *fig* (*annullato*) {CORSA} gestrichen **6** *fig* (*sottoposto a sospensione*) {PROFESSIONISTA} suspendiert, seines Amtes enthoben; *scuola* {ALUNNO} (von der Schule) verwiesen; *sport* (des Platzes/vom Platz) verwiesen **7** *fig* (*ritirato*) {PATENTE} entzogen **8** *banca* {TITOLO} ausgenommen **9** *chim* ~ **in qc** {SALE NELL'ACQUA} in *etw* (dat) suspendiert **C** *m* (*conto da saldare*) offene Rechnung: **abbiamo ancora un ~ del mese scorso**, wir haben noch eine offene Rechnung vom vergangenen Monat **D** <inv> loc agg avv *fig* (*in attesa*): **in ~**, {DISCUSSIONE, PRATICA} in der Schwebe, im ungewissen; **lasciare in ~ qc**, {QUESTIONE} *etw* in der Schwebe lassen; {INTENZIONI} *etw* im ungewissen lassen; **tutto rimane in ~ fino a nuovo ordine**, alles bleibt bis auf weiteres in der Schwebe; **questa spedizione la teniamo in ~**, diese Spedition lassen wir ‚in der Schwebe‚/[offen].
sospètta *f* → **sospetto²**.
sospettàbile *agg* (*sospetto*) {TIPO} verdächtig.
sospettabilità <-> *f* {+PERSONA} Verdächtigkeit *f*.
sospettàre **A** *tr* **1** (*ritenere colpevole*) ~ **qu** (**di qc**) {FRATELLO DI OMICIDIO} *jdn etw* (gen) verdächtigen: **lo sospettano di aver rapinato una banca**, sie verdächtigten ihn ‚des Bankraubs‚/[, eine Bank ausgeraubt zu haben] **2** (*subodorare*) ~ **qc** {RIVOLTA, TRADIMENTO, TRUFFA} *etw* argwöhnen, *etw* wittern: **la corsa agli armamenti faceva ~ una guerra imminente**, das Wettrüsten deutete auf einen bevorstehenden Krieg hin; **sospetto che sia stato lui a farlo licenziare**, ich habe den Verdacht, dass er hinter seiner Kündigung steckt *fam*; **sospetta di essere seguita**, sie hat den Verdacht/das Gefühl, verfolgt zu werden **3** (*supporre*) ~ **qc** (**in qu**) vermuten, *jdm etw* zu|trauen, *etw* von *jdm* erwarten: **non avrei mai sospettato in te tanta cattiveria**, ich hätte dir nie so viel Boshaftigkeit zugetraut **B** *itr* **1** (*ritenere colpevole*) ~ **di qu** {INQUIRENTI DEL FIGLIO} verdächtigen, einen Verdacht gegen *jdn* hegen **2** (*dubitare*) ~ **di qu/qc** {DELLA BUONA FEDE DI QU} *an jdm/etw* zweifeln, *jdm/etw* misstrauen: **sospettano l'uno dell'altro**, sie ‚misstrauen einander‚/[zweifeln aneinander] **3** (*avere sospetti*) ~ **di qc** *etw* an|nehmen, *etw* vermuten: **non sospetta di nulla**, er/sie ahnt gar nichts.
sospettàto, (-a) **A** *agg* ~ (**di qc**) {DI UN DELITTO} (*etw gen*) verdächtigt: **un uomo ~ di tradimento**, ein des Verrats verdächtiger Mann **B** *m* (*f*) Verdächtige *mf decl come agg*.
sospètto¹ *m* **1** (*dubbio*) {FONDATO, GRAVE, INGIUSTIFICATO} Argwohn *m*, Verdacht *m*: **avere/nutrire dei sospetti su qu/qc**, *jdn/etw* im/in Verdacht haben; **far cadere i sospetti su qu**, den Verdacht auf *jdn* fallen lassen; **fece in modo che i sospetti cadessero su di lui**, er/sie richtete es so ein, dass der Verdacht auf ihn fiel; **essere al di sopra di ogni ~**, über jeden Verdacht erhaben sein; **mi viene il ~ di averlo già pagato**, mir kommt der Verdacht, dass ich/ihn schon bezahlt habe **2** (*timore*) Verdacht *m*: **ha il ~ atroce di essere gravemente malato**, er hat den schrecklichen Verdacht, schwer krank zu sein; **nutre il ~ che io voglia ingannarlo**, er hegt den Verdacht, dass ich ihn betrügen will • **si guardavano con ~**, sie musterten sich argwöhnisch.
sospètto², (-a) **A** *agg* **1** (*losco*) {FACCIA, LUOGO, PERSONA} verdächtig, wenig vertrauenserweckend: **l'ora dell'appuntamento era sospetta**, der Zeitpunkt der Verabredung war verdächtig **2** (*dubbio*) {COMPORTAMENTO, PROVENIENZA} zweifelhaft, verdächtig, fragwürdig, undurchsichtig: **in tempi non sospetti**, in unverdächtigen Zeiten; in Zeiten, die über jeden Verdacht erhaben sind **3** (*di dubbia provenienza*) {MERCE} fragwürdiger Herkunft **4** (*di dubbia commestibilità*) {BEVANDA, CIBO} eventuell giftig/ungenießbar **5** <anteposto> (*possibile*) {GRAVIDANZA, LESIONE} möglich **B** *m* (*f*) (*persona sospettata*) Verdächtige *mf decl come agg*.
sospettóso, (-a) *agg* {ANIMALE, ATTEGGIAMENTO, PERSONA} argwöhnisch, misstrauisch.
sospìngere <coniug *come* cingere> *tr* **1** (*spingere*) ~ **qu/qc** (+ ***compl di luogo***) {VENTO IMBARCAZIONE AL LARGO} *jdn/etw* (*irgendwohin*) treiben **2** *fig* (*indurre*) ~ **qu a qc** {MISERIA UOMO ALLA DISPERAZIONE} *jdn zu etw* (dat) treiben, *jdn zu etw* (dat) bringen, *jdn in etw* (acc) stürzen.
sospiràre **A** *itr* ~ (**di/per qc**) {D'AMORE, DI NOIA} *vor etw* (dat) seufzen; {PER LA PARTENZA DI QU} *wegen etw* (gen) traurig/betrübt sein **B** *tr* ~ **qc 1** (*desiderare*) {PATRIA} sich *nach etw* (dat) sehnen, Sehnsucht *nach etw* (dat) haben; {FAMIGLIA} *anche etw* herbei|sehnen: **la macchina me le fate proprio ~!**, auf das Auto lasst ihr mich wirklich lange warten! **2** (*aspettare con ansia*) {FERIE, PENSIONE, PROMOZIONE} *etw* ungeduldig/sehnsüchtig erwarten, *etw* herbei|sehnen • **farsi ~** (*farsi desiderare a lungo*), lange auf sich warten lassen; ~ **per qu** (*esserne innamorato*), in *jdn* verliebt sein.
sospiràto, (-a) *agg* **1** (*desiderato*) herbeigesehnt, gewünscht: **il figlio tanto ~**, der so sehr herbeigesehnte Sohn, das Wunschkind **2** (*atteso*) {LAUREA, LAVORO, VACANZE} lang ersehnt.
sospiro *m* {LEGGERO, LUNGO} Seufzer *m*: **sospiri d'amore**, Liebesseufzer *m pl*; **sospiri di dolore**, Stöhnen *n vor* Schmerz; **fare un ~**, seufzen, einen Seufzer tun • **tirare un ~ di sollievo**, einen Seufzer der Erleichterung tun, erleichtert seufzen, aufatmen; *fig* (*essere sollevato*), sehr erleichtert sein; **mandare/rendere l'ultimo ~** *eufem* (*morire*), seinen letzten Atemzug/Seufzer for*b* tun.
sospiróso, (-a) *agg* **1** (*malinconico*) {FANCIULLA} melancholisch, schwermütig **2** (*languido*) {POESIA} sentimental, gefühlsselig.
sòsta *f* **1** (*fermata*) {BREVE, LUNGA, OBBLIGATORIA} Halt *m*, Anhalten *n*, Aufenthalt *m*: **fare (una) ~ a Perugia**, in Perugia Station machen; ~ **di dieci minuti**, Aufenthalt *m* von zehn Minuten; **durante il viaggio faremo due o tre soste**, während der Reise werden wir zwei oder drei Mal Pause machen **2** (*stazionamento*) {+VEICOLO} Halten *n*, Parken *n*: ~ **permessa a giorni alterni**, Parken ist alle zwei Tage erlaubt; ~ **limitata**, beschränktes Parkverbot; ~ **vietata**, Halteverbot *n* **3** *fig* (*pausa*) Pause *f*: **una ~ dal lavoro**, eine Arbeitspause; **il dolore non gli dà ~**, der Schmerz lässt ihm keine Ruhe; **senza ~**, pausenlos **4** *comm* Lagerung *f* • ~ **ai box** *sport* (*pit stop*), Stopp *m* an der Box.
sostantivàle *agg gramm* substantivisch.
sostantivàre *tr gramm* ~ **qc** {AGGETTIVO,

sostantivato VERBO) *etw* substantivieren.
sostantìvato, (-a) agg *gramm* {AGGETTIVO} substantiviert.
sostantivazióne f *gramm* Substantivierung f.
sostantivizzàre tr *ling* ~ *qc etw* substantivieren.
sostantivizzazióne f Substantivierung f.
sostantivo, (-a) m *gramm* {MASCHILE, SINGOLARE} Substantiv n, Hauptwort n.
sostànza A f 1 *gener* {COLLOSA, DENSA, INQUINANTE, LIQUIDA, RESINOSA, TOSSICA} Substanz f, Stoff m; {ALIMENTARE, MEDICINALE, STUPEFACENTE} Mittel n: ~ **corrosiva**, Ätzmittel n; ~ **infiammabile**, entflammbare/feuergefährliche Substanz; ~ **irritante**, Reizstoff m; ~ **liposolubile**, fettlöslicher Stoff; ~ **nociva**, Schadstoff m, Noxe f; ~ **organica**, organische Substanz; **sostanze radioattive/[di rifiuto]**, ⌐radioaktive Substanzen¬/[Abfallstoffe m pl] 2 (*potere nutritivo*) {+ALIMENTO} Gehalt m, Nährwert m: **di molta/poca** ~, mit viel/wenig Nährwert, nährwertreich/nährwertarm 3 <*di solito al pl*> (*beni*) Vermögen n, Besitz m 4 *fig* (*essenza*) {+DISCORSO, PROBLEMA, TESTO} Wesentliche n decl **come agg: badare alla ~ delle cose**, auf das Wesentliche der Dinge achten; **un film senza ~**, ein substanzloser Film; **un uomo/un'azienda che ha poca ~**, ein Mann/eine Firma mit wenig Substanz 5 *anat* {CEREBRALE} Substanz f: ~ **bianca/grigia del cervello**, weiße/graue Gehirnmasse; ~ **midollare**, Mark n 6 *filos* {MATERIALE, SPIRITUALE} Substanz f, Wesen n B *loc avv* (*in conclusione*): **in (buona)** ~, im Wesentlichen.
sostanziàle A agg 1 (*essenziale*) {DIFFERENZA, PARTE DI UN DISCORSO} wesentlich, substanziell 2 *dir* (*di merito*) {ECCEZIONE, PROVVEDIMENTO} zur Sache; (*non processuale*) {DIRITTO} materiell 3 *filos* {FORMA} Wesens- B m (*l'essenziale*) Wesentliche n decl come agg.
sostanzialménte avv (*essenzialmente*) im Wesentlichen: **su questo siamo ~ d'accordo**, darüber sind wir uns im Wesentlichen einig; **due aggettivi ~ sinonimi**, zwei im Wesentlichen synonyme Adjektive.
sostanziosità f 1 (*proprietà nutritive*) {+PIATTO} Nährwert m, Gehalt m 2 (*consistenza*) {+MANCIA} Beträchtlichkeit f, Beachtlichkeit f 3 *fig* (*profondità*) {+ARGOMENTO, FILM} Substanz f, Tiefe f, Gehalt m.
sostanzióso, (-a) agg 1 (*nutritivo*) {CIBO} gehaltvoll, nahrhaft 2 (*consistente*) {COMPENSO} beträchtlich, beachtlich 3 *fig* (*profondo*) {ARGOMENTO, LIBRO} gehaltvoll, inhaltsreich.
sostàre itr 1 (*fermarsi*) ~ (+ *compl di tempo*) (+ *compl di luogo*) {UN GIORNO IN UNA CITTÀ} (*irgendwann*) (*irgendwo*) bleiben, (*irgendwann*) (*irgendwo*) Station machen; {UN MOMENTO ALL'OMBRA} (*irgendwann*) (*irgendwo*) (an|)halten, (*irgendwann*) (*irgendwo*) Rast machen, sich (*irgendwann*) (*irgendwo*) aus|ruhen; {PER PRANZO IN UN RISTORANTE} (*irgendwann*) (*irgendwo*) ein|kehren 2 (*stazionare*) ~ (+ *compl di tempo*) (+ *compl di luogo*) (*irgendwann*) (*irgendwo*) halten, (*irgendwann*) (*irgendwo*) stehen bleiben: **l'auto non può ~ qui davanti più di un'ora**, das Auto kann hier vorne höchstens eine Stunde parken/stehen(bleiben) 3 *fig* (*fare un intervallo*) ~ (*da qc*) {DAL LAVORO, DALLO STUDIO} bei *etw* (**dat**) eine Pause machen/ein|legen, *bei etw* (**dat**) pausieren.
sostégno A m 1 (*supporto*) {+PARETE, PIANTA} Stütze f: **reggersi agli appositi sostegni**, sich an den dafür bestimmten Griffen festhalten 2 *fig* (*aiuto*) {MORALE; +FEDE} Unterstützung f: **dare un ~ economico a qu**, jdn finanziell unterstützen; **gli è stato di grande ~**, er war ihm eine große Stütze 3 *fig* (*persona*) {+FAMIGLIA} Stütze f: **per noi lui rappresenta un valido ~**, für uns ist er eine wertvolle Stütze B <*inv*> *loc agg*: **di ~** 1 {MURO, PILASTRO} Stütz- 2 *fig* {CORSO} Stütz-, Nachhilfe-; {INSEGNANTE} Aushilfs- C *loc prep* (*in appoggio*): **a ~ di qc**, {DI UN PROGETTO, DI UNA TESI} zur Unterstützung *von etw* (**dat**)/+ gen.
sostenére <*coniug come* tenere> A tr 1 (*reggere dal di sotto*) ~ *qc* {PEDANA CARICO; SUPPORTO LAMPADA; TRAVE SOFFITTO} *etw* halten, *etw* stützen, *etw* tragen; (*tenere sospeso*) {GANCIO QUADRO; GRU PESO} *etw* halten, *etw* tragen; (*tenere in piedi*) {PUNTELLO CASA PERICOLANTE} *etw* ab|stützen; ~ *qu* (*per qc*) {BAMBINO PER LE BRACCIA} *jdn* (*an etw* **dat**) fest|halten 2 *fig* (*dare vigore*) ~ *qu*/*qc* {ALIMENTO AMMALATO, FISICO} *jdn/etw* kräftigen, *jdn/etw* stärken, *jds* Lebensgeister wecken; (*uso assol*) {CARNE} stärken, die Lebensgeister wecken 3 *fig* (*affrontare*) ~ *qc* {CONVERSAZIONE} *etw* bewältigen; {DISCUSSIONE, DISPUTA} *etw* auf sich nehmen; {ESAME} *etw* ab|legen; {CONFRONTO, PROVA} sich (**dat**) unterziehen: ~ **i costi della riforma**, die Reformkosten tragen; ~ **una dura lotta contro gli oppositori**, einen harten Kampf gegen seine Gegner führen 4 *fig* (*interpretare*) ~ *qc* {PARTE, RUOLO DEL PROTAGONISTA} *etw* spielen 5 *fig* (*soccorrere*) ~ *qu* (*in qc*) {NEL DOLORE, NELLA NECESSITÀ} *jdm* (*in etw* **dat**) helfen, *jdn* (*in etw* **dat**) unterstützen 6 *fig* (*patrocinare*) ~ *qc* {CANDIDATURA, CAUSA, PARTITO} *etw* unterstützen, *für etw* (*uso assol*) (*con cancro*) eintreten: ~ **la ricerca sul cancro**, die Krebsforschung unterstützen 7 *fig* (*asserire*) ~ *qc* {IL CONTRARIO DI QC, L'INNOCENZA DI QU} *etw* behaupten: **sostiene di non sapere nulla**, er/sie behauptet, nichts zu wissen; **tutti sostengono che è colpevole**, alle behaupten, dass er/sie schuldig ist; {IDEA, TESI} *etw* verfechten, *etw* vertreten 8 *fig* (*mantenere elevato*) ~ *qc* {PREZZO, TITOLO} *etw* hoch|halten, *etw* stützen; {NOTA, VOCE} *etw* halten 9 *fig* (*esercitare*) ~ *qc* {INCARICO, UFFICIO} *etw* aus|üben, *etw* inne|haben 10 *fig* (*sopportare*) ~ *qc* {RIMPROVERO, TENSIONE} *etw* ertragen, *etw* aus|halten: **non riesco a ~ la luce diretta**, ich kann nicht direkt ins Licht schauen; {ASSALTO DEL NEMICO} *etw* (**dat**) stand|halten, *etw* (**dat**) die Stirn bieten B *itr pron* 1 (*stare su*): **sostenersi** (+ *compl di modo*) {SCAFFALE DA SOLO} (*irgendwie*) halten 2 *fig* (*avere fondamento*): **sostenersi** {TEORIE} stichhaltig sein: **il tuo progetto non si sostiene**, dein Plan ist unhaltbar C *rfl* 1 (*tenersi ritto*): **sostenersi** ₁+ *compl di luogo* ₁/[*con qc*] {VECCHIETTA ALLA RINGHIERA, COL BASTONE} sich (*irgendwo*) (*mit etw* **dat**) aufrecht halten, sich (*irgendwo*) (*mit etw* **dat**) stützen, sich (*irgendwo*) (*mit etw* **dat**) gerade halten 2 *fig* (*sostentarsi*): **sostenersi con qc** {CON ALIMENTAZIONE NUTRIENTE, CON CAFFÈ FORTE} sich (*mit etw* **dat**) stärken, sich (*mit etw* **dat**) bei Kräften halten 3 *fig* (*mantenersi*): **sostenersi con qc** {FAMIGLIA CON UN UNICO STIPENDIO} sich (*mit etw* **dat**) finanzieren, seinen Unterhalt (*mit etw* **dat**) bestreiten, *von etw* (**dat**) leben D *rfl rec* (*darsi aiuto*): **sostenersi** sich (gegenseitig) helfen, sich stützen.
sostenibile agg 1 *fig* (*affrontabile*) {SPESA} tragbar 2 *fig* (*sopportabile*) {SITUAZIONE} erträglich, aushaltbar 3 *fig* (*propugnabile*) {TESI} vertretbar.
sostenibilità <-> f 1 *fig* (*l'essere affrontabile*) {+SPESA} Tragbarkeit f 2 *fig* (*sopportabilità*) {+RAPPORTO} Haltbarkeit f 3 *fig* (*propugnabilità*) {+TEORIA} Vertretbarkeit f.
sostenitóre, (-trice) A agg 1 (*difensore*) ~ *di qc etw* fördernd, *etw* unterstützend: **gruppo ~ dell'iniziativa**, Gruppe, die die Initiative stützt; **essere ~ di qc**, Anhänger von *etw* (**dat**) sein 2 (*di una quota superiore*) {ABBONAMENTO, SOCIO} fördernd B m (f) 1 (*difensore*) {ACCESO; +PARITÀ DEI DIRITTI, PARTITO, RIFORMA} Vertreter(in) m(f), Verfechter(in) m(f) 2 *sport* (*tifoso*) {FEDELE; +SQUADRA} Fan m.
sostentaménto m 1 (*mantenimento*) Unterhalt m: **farsi carico del ~ della famiglia**, sich (**dat**) den Unterhalt der Familie aufbürden 2 (*nutrimento*) {MINIMO} Nahrung f 3 *fig* (*sostegno*) {+FEDE} Halt m: **trovare il proprio ~ in qc**, seinen Halt in *etw* (**dat**) finden.
sostentàre A tr 1 (*mantenere*) ~ *qu* {FAMIGLIA} *jdn* unterhalten 2 (*sfamare*) ~ *qu jdn* ernähren 3 *fis* ~ *qc etw* ₁in der Schwebe/[im Gleichgewicht] halten B *rfl* (*nutrirsi*): **sostentarsi** (+ *compl di modo*) {CON POCO} sich (*irgendwie*) erhalten, sich (*irgendwie*) ernähren: **non hanno di che sostentarsi**, sie haben nichts zu essen.
sostentazióne f *fis* {AEREA} Schweben n.
sostenùta f → **sostenuto**.
sostenutézza f (*sussiego*) {+GESTO, RISPOSTA} Zurückhaltung f.
sostenùto, (-a) A agg 1 (*sussiegoso*) {CONTEGNO, TONO} zurückhaltend, abweisend 2 (*elevato*) {PROSA, STILE} gehoben 3 {CAMBIO, MERCATO, PREZZO} fest, stabil 4 (*rapido*) {ANDATURA, RITMO, VELOCITÀ} schnell, zügig 5 *mus* sostenuto, getragen B m (f) zurückhaltender/abweisender Mensch: **non fare la sostenuta con me!**, sei mir gegenüber nicht so abweisend!
sostituìbile agg (*che si può rimpiazzare*) {FUSIBILE} austauschbar; {COLLABORATORE} *anche* ersetzbar: **la figura materna è difficilmente ~**, die Mutterfigur ist schwer zu ersetzen.
sostituìre <*sostituisco*> A tr 1 (*rimpiazzare*) ~ *qu*/*qc* (*a*/*con qu*/*qc*) {TAPPETO NUOVO A UNO LOGORO, GUARNIZIONE, IMPIANTO DI RISCALDAMENTO A GASOLIO CON UNO A METANO, VETRO CON UN PANNELLO DI LEGNO} *jdn/etw* (*gegen jdn/etw*) aus|tauschen, *jdn/etw* (*gegen jdn/etw*) aus|wechseln; {IMPIEGATO DIMISSIONARIO CON UN NUOVO ASSUNTO} *jdn/etw* (*durch jdn/etw*) ersetzen; {GIOCATORE INFORTUNATO} *jdn* aus|wechseln 2 (*prendere il posto*) ~ *qu*/*qc* {SUPPLENTE PROFESSORE} an die Stelle von *jdm/etw* treten, *jdn/etw* vertreten; {SACCARINA ZUCCHERO} *etw* ersetzen 3 *chim* ~ *qc etw* substituieren 4 *dir* ~ *qu* (*in qc*) {PARTE NEL PROCESSO} *etw für jdn* führen: **in determinati casi, il creditore può ~ il proprio debitore nel processo**, in bestimmten Fällen kann der Gläubiger den Prozess anstelle seines Schuldners führen 5 *gramm mat* ~ *qc* {VERBO, INCOGNITA} *etw* vertreten, *etw* substituieren B *itr pron* (*prendere il posto*): **sostituirsi a qu/qc** (*in qc*) {FIGLIO AL PADRE NELL'INCARICO; DITTATURA ALLA DEMOCRAZIA IN UN PAESE} *in etw* (**dat**) an die Stelle *von jdm/etw*/+ gen treten, *jdn/etw* (*in etw* **dat**) ab|lösen.
sostitùta f → **sostituto**.
sostitutìvo, (-a) agg (*che rimpiazza*) {PROGETTO, SERVIZIO} Ersatz-, Ergänzungs-; *farm* {CERTIFICATO, SANZIONE, TERAPIA} Ersatz-.
sostitùto, (-a) m (f) 1 {+DIRETTRICE, MEDICO} Stellvertreter(in) m(f): **trovare un ~**, einen Ersatz finden 2 *dir* {PROCESSUALE} Stellvertreter(in) m(f), Substitut m(f): ~ **procuratore (della Repubblica)**, zweiter/stellvertretender Staatsanwalt; ~ **d'imposta**, Steuersubstitut m.
sostituzióne A f 1 (*rimpiazzo*) {+MOTORE} Ersetzen n, Austauschen n; {+GIOCATORE} Auswechs(e)lung f; {+PRESIDENTE USCENTE}

Ersetzen n; {+ORIGINALE} Ersatz m; {+RUOTA} Wechsel m 2 *chim gramm mat* {+AGGETTIVO, ATOMI, ELEMENTI} Substitution f B *loc prep* (*al posto di*): **in ~ di qu/qc** an Stelle *von jdm/ etw/+ gen*, als Ersatz *für jdn/etw*: **in ~ del burro usate l'olio!**, benutzt an Stelle von Butter Öl!; **è stato nominato in ~ del sindaco**, er wurde zum Vertreter des Bürgermeisters ernannt ● **~ *fedecommissaria*** *dir*, Fideikommiss m, Nacherbfolge f; **~ di *neonato*** *dir*, Kindesunterschiebung f, Vertauschung f eines Neugeborenen; **~ della *pena***, Strafumwandlung f; **~ di *persona*** *dir* (*reato di ~*), Täuschung f über die eigene Person; **~ *testamentaria*** *dir*, Ersatzerbfolge f.

sostrato m 1 *fig* {ECONOMICO +PAESE} Basis f, Grundlage f; {IDEOLOGICO +ROMANZO} Hintergrund m: **~ *culturale***, kultureller Hintergrund, kulturelle Grundlage 2 *filos ling* {LINGUISTICO} Substrat n 3 *geol* {+ROCCIA} Substrat n, Untergrund m.

sostruzione f *edil* Grundbau m.

soteriològico, (-a) *<-ci, -che>* agg *relig* soteriologisch.

sottàbito m (*sottoveste*) Unterkleid n, Unterrock m.

sottacére *<coniug come* piacere*>* tr (*tacere*) **~ qc** {VERITÀ} etw verschweigen.

sottacéto, sott'acéto A *<inv>* agg *loc agg* {VERDURE} Essig-, in Essig (eingelegt) B *avv loc avv* {CONSERVARE, METTERE} in Essig C *m pl* Mixpickles pl, Mixed Pickles pl.

sottàcqua, sott'àcqua *avv loc avv* {NUOTARE, STARE} unter Wasser.

sottàna f 1 (*gonna*) {LUNGA, STRETTA; +COTONE} Rock m 2 (*sottogonna*) Unterrock m 3 *<solo pl> fig fam* (*donna*) Rockzipfel m, Schürze f: **quando vede una ~ perde la testa**, wenn er eine Schürze sieht, verliert er den Kopf; **corre dietro alle sottane**, er ist ein Schürzenjäger *fam spreg* 4 *relig* (*veste talare*) Soutane f *obs* ● **stare sempre attaccato alla ~ della mamma** *fig* (*non fare nulla senza la mamma*), ständig am Rockzipfel/ Rockschoß der Mutter hängen.

sottécchi *avv loc avv*: **di ~ 1** (*furtivamente*) {GUARDARE} verstohlen **2** *fig* (*di nascosto*) {AGIRE, LAVORARE} heimlich.

sottèndere *<coniug come* tendere*>* tr **~ qc 1** *fig* (*implicare*) {PROGETTO FASE SPERIMENTALE} etw einschließen, etw mit sich (dat) bringen, etw nach sich (dat) ziehen **2** *mat* (*in geometria*) {ARCO} etw mit einer Sehne/ Geraden verbinden.

sotterfùgio *<-gi>* A m Ausflucht f, Vorwand m: **fare dei sotterfugi**, Ausflüchte machen; **usare un ~**, einen Vorwand benutzen B *loc avv* (*di nascosto*): **di ~**, {AGIRE, VEDERSI} heimlich.

sotterraménto m 1 (*il mettere sotto terra*) {+SEMENTI} Setzen n; {+REFURTIVA} Vergraben n, Eingraben n 2 (*seppellimento*) {+CADAVERE} Beerdigung f, Begraben n 3 *fig* (*il dimenticare*) {+QUESTIONE} Begraben n.

sotterrànea f (*metropolitana*) Untergrundbahn f, U-Bahn f.

sotterràneo, (-a) A agg 1 {CORRIDOIO, FIUME, MAGAZZINO} unterirdisch; {GARAGE} Tief- 2 *fig* (*nascosto*) {ACCORDO} heimlich; {ECONOMIA} Schatten-; {MALESSERE} versteckt, verborgen B m (*locale*) {+CASTELLO} Keller-, Untergeschoss n, Souterrain n, Keller m: **scendere nei sotterranei**, in den Keller hinuntersteigen.

sotterràre tr **1** (*mettere sotto terra*) **~ qc** {SEME} etw (in die Erde) setzen; {TESORO} etw vergraben, etw ein|graben **2** (*seppellire*) **~ qu/qc** {ANIMALE, MORTO} jdn/etw beerdigen, jdn/etw begraben **3** *fig* (*dimenticare*) **~ qc** {QUESTIONE, RIVALITÀ} etw begraben ● **quello ci sotterra tutti!** *fig* (*vivrà più a lungo di noi*), der wird uns noch alle überleben!

sottéso, (-a) agg **1** *fig lett* (*venato*) **~ di qc** {PROSA DI MALINCONIA} *von etw* (dat) durchzogen, *von etw* (dat) durchdrungen **2** *mat* (*in geometria*) {ARCO} "mit einer Sehne/Geraden verbunden.

sottigliézza f **1** (*l'essere sottile*) {+FOGLIO, LAMA} Dünne f, Dünnheit f **2** *fig* (*acutezza*) {+GIUDIZIO, RAGIONAMENTO} Feinheit f, Subtilität f *forb*; {+INGEGNO} Schärfe f, Scharfsinn m **3** *<di solito al pl>* (*cavillo*) Haarspaltereien f pl *spreg*, Spitzfindigkeiten f pl *spreg*: **perdersi in sottigliezze**, sich in Haarspaltereien verlieren *spreg*.

sottile agg **1** (*fine*) {FETTA DI PANE, FILO, PARETE} dünn; {LABBRA, SOPRACCIGLIA} anche schmal *f*; {+SLANCIATO} {DITA, GAMBE} schlank, dünn; {CAVIGLIA, COLLO, FIGURA} anche zierlich **3** *fig* (*fioco*) {VOCE} leise, dünn, schwach **4** *fig* (*salubre*) {ARIA} dünn, fein **5** *fig* (*fino*) {ODORATO} fein; {VISTA} scharf **6** *fig* (*poco percettibile*) {DIFFERENZA, IRONIA} fein, subtil *forb* **7** *fig* (*acuto*) {MENTE, SPIRITO} scharf(sinnig); {RAGIONAMENTO} subtil *forb* **8** *fig* (*cavilloso*) {ARGOMENTAZIONE, DISPUTA} spitzfindig *spreg*, scharfsinnig ● **andare per il ~**, spitzfindig sein *spreg*; **non andare/guardare troppo per il ~**, es nicht zu genau nehmen, nicht gerade zimperlich sein; **senza andare/guardare troppo per il ~**, es nicht zu genau nehmen, nicht gerade zimperlich sein, im Hauruckverfahren.

Sottilétta® f Scheiblette® f.

sottilizzàre *itr* (*cavillare*) **~ (su qc)** an etw (dat) deuteln, Haarspalterei betreiben *spreg*, spitzfindig sein *spreg*: **non stare tanto a ~!**, sei nicht so haarspalterisch/spitzfindig! *spreg*.

sottinsù, sott'in su *solo nella loc avv* (*dal basso verso l'alto*): **di ~**, {GUARDARE} von unten nach oben, von unten herauf.

sottintèndere *<coniug come* tendere*>* tr **~ qc 1** (*considerare implicito*) etw zu verstehen geben, etw durchblicken lassen, etw für selbstverständlich an|sehen, etw implizieren *forb*: **l'allusione lascia ~ il suo rifiuto**, die Anspielung gibt seine/ihre ablehnende Haltung zu verstehen/[lässt seine/ihre ablehnende Haltung durchblicken]; **vorreste ~ che ci sono ancora delle speranze?**, wollt ihr etwa damit sagen, dass noch Hoffnung besteht?; **si sottintende che...**, es versteht sich von selbst, dass ... **2** (*implicare*) {LAVORO SACRIFICIO} etw mit sich (dat) bringen, etw gleichzeitig bedeuten, etw implizieren *forb* **3** *gramm* {SOGGETTO} etw aus|-, weg|lassen, etw implizieren *forb*.

sottintéso, (-a) A agg **1** (*implicito*) {RISPOSTA} stillschweigend, unausgesprochen; {RIFIUTO} anche implizit *forb* **2** *gramm* {VERBO} elliptisch, aus-, weggelassen B m Andeutung f: **parlare a/per sottintesi**, durch die Blume ̩/[in Andeutungen] sprechen; **dimmi quello che vuoi, senza sottintesi!**, sag mir, was du willst, ohne Umschweife!; raus mit der Sprache - was willst du? ● **e/resta ~ che ... chiaro**), es versteht sich von selbst, dass ...; es ̩ist selbstverständlich ̩/[bleibt selbstverständlich dabei], dass ...; *questo* è (*ovvio*), das ist (doch) klar/selbstverständlich.

sòtto A *avv loc avv*: **di ~ 1** (*nella parte inferiore*) {ESSERE, POGGIARE} unten: **la scatola (di) ~ è bagnata**, die Schachtel ist unten nass; **rosso (di) ~ e blu (di) sopra**, unten rot und oben blau; **~ c'è uno strato di sugo**, unten ist eine Schicht Soße; **cercate qui/lì ~**, sucht hier/dort unten **2** (*al piano inferiore*) {ABITARE} unten: **il nonno (di) ~, in cantina**, der Opa ist unten im Keller; **(di) ~ non abita nessuno**, unten wohnt niemand; **le voci arrivano da (di) ~**, die Stimmen kommen von unten; (*moto*) {SCENDERE} nach unten, hinunter; **vai/vieni (di) ~ un momento!**, komm einen Moment hinunter/ runter *fam*! **3** (*dopo*) weiter unten: **il passo ~ citato**, die weiter unten zitierte Passage **4** (*addosso*) darunter, unterhalb: **(di) ~ non porta mai la maglia**, darunter trägt er/sie nie ein Unterhemd B *loc avv* **5**, {STARE} unten **2** (*dal basso*): **dal di ~**, {OSSERVARE UN MONUMENTO} von unten C *<inv>* agg *loc agg*: **di ~ 1** (*inferiore*) {PIANO, SPORTELLO, STANZA} untere(r, s), weiter unten; {VICINO} unten wohnend: **la parte (di) ~**, der untere Teil **2** (*interno*) {LATO} innere(r, s), Innen- D *prep* **~ qu/qc**, (*con i pron pers*) **di qu/qc** *loc prep*: **~ a qu/qc 1** (*stato*) unter *jdm/ etw*: **il negozio ~ i portici**, das Geschäft unter den Laubengängen; **cosa indossi ~ la giacca?**, was trägst du unter der Jacke?; **stare sdraiato ~ un albero**, unter einem Baum liegen; **~ di loro**, unter ihnen **2** (*moto*) unter *etw* (acc): **prese i libri ~ il braccio**, er/sie nahm die Bücher unter den Arm; **infilati ~ le coperte**, schlüpf unter die Decke; **il foglio è finito sotto il tavolo**, das Blatt ist unter dem Tisch gerutscht; **vieni ~ l'ombrello**, komm unter den Regenschirm; **camminare ~ la pioggia**, im Regen spazieren gehen E *prep* **~ qc** *loc prep*: **~ a qc 1** (*ai piedi di*) am Fuße *etw* (gen), unterhalb *etw* (gen): **il paese ~ il vulcano**, das Dorf am Fuße des Vulkans; **~ le mura di una città**, unterhalb/ [am Fuß] der Stadtmauer **2** (*al di ~ di*) unter *etw* (dat), unterhalb *etw* (gen): **~ il livello del mare**, unter dem Meeresspiegel; **vestito ~ al/il ginocchio**, bis übers Knie reichendes Kleid; **uomo ~ i quarant'anni**, Mann unter vierzig; **2° C ~ lo zero**, 2° C unter null; **peserà poco ~ il quintale**, er/sie wird knapp unter 100 kg wiegen **3** (*a sud di*) südlich *von etw* (dat): **venti km ~ Roma**, zwanzig km südlich von Rom F *prep* **~ qc 1** (*verso*) gegen *etw* (acc), um *etw* (acc): **~ le feste**, um die Feiertage herum **2** (*durante*) während *etw* (gen): **~ il consolato di Cicerone**, während Ciceros Konsulatszeit **3** (*dipendenza*) unter *etw* (dat): **~ l'Austria/[i Borboni]**, unter Österreich/den Bourbonen; **militare ~ le insegne di qu**, unter jds Fahne kämpfen **4** (*condizione*) unter *etw* (dat), in *etw* (dat): **essere ~ esami/pressione**, im Examen ̩/[unter Druck] stehen; **~ la guida/ protezione di qu**, unter jds Führung/ Schutz; **l'effetto di qc**, unter der Wirkung *von etw* (dat)/+ gen; **nato ~ il segno del cancro**, im/[unter dem] Zeichen des Krebses geboren **5** (*dietro*) gegen *etw* (acc), für *etw* (acc): **~ versamento di una lauta somma**, gegen Zahlung einer üppigen Summe; **dare qc ~ pegno**, etw als/zum Pfand geben G *loc prep* **1** (*stato*): **al di ~ di qc**, unterhalb *von etw* (dat)/+ gen; **al di ~ dell'equatore**, unterhalb des Äquators; (*moto*) unter *etw* (acc): **si mise al di sotto del cornicione per ripararsi dalla pioggia**, er/sie stellte sich unter das Dachgesims, um sich vor dem Regen zu schützen **2** *fig* (*inferiore a*): **al di ~ di qu/qc**, unter jdm/etw; **al di ~ della media**, unter dem Durchschnitt H *<>* m Unterteil m o n: **il ~ dello scaffale è giallo**, das Unterteil des Regals ist gelb ● **sotto sotto** (*in fondo*) eigentlich, im Grunde; *fig* (*nascostamente*) unterschwellig, insgeheim, im Stillen; **qui c'è ~ qc** *fig* (*si cela qc di poco chiaro*), da steckt etwas dahinter; **di cui ~** *amm* (*sottocitato*), unten genannt; **vedi ~** (*confronta quanto citato in seguito*, abbr v.s.), siehe unten.

sotto- primo elemento **1** *gener* Unter-, unter-, sub-: **sottocutàneo**, subkutan; **sottopassàggio**, Unterführung **2** (*vice*) Unter-: **sottotenènte**, Unterleutnant **3** (*inferiore al normale*) Unter-, unter-: **sottoproduzióne**, Unterproduktion **4** (*suddivisione*) Unter-, unter-: **sottocommissióne**, Unterausschuss; **sottogrùppo**, Untergruppe.

sottoalimentàre tr **1** ~ **qu/qc** {ORGANISMO} jdn/etw unterversorgen, jdn/etw unterernähren **2** tecnol ~ **qc** {MOTORE} etw unterversorgen.

sottoalimentàto, (-a) agg **1** (*malnutrito*) {BAMBINO} unterernährt **2** tecnol {MOTORE} unterversorgt.

sottoalimentazióne f **1** (*ipoalimentazione*) Unterernährung f **2** tecnol {+IMPIANTO} Unterversorgung f.

sottoascèlla f Achselhöhle f.

sottoassicurazióne f (*nelle assicurazioni*) Unterversicherung f.

sottobànco, **sótto bànco** avv loc avv (*di nascosto*): ~, {AGIRE} unter der Hand; {ACQUISTARE} anche unterm Ladentisch fam.

sottobicchière m (Glas)untersetzer m.

sottobòsco <-schi> m **1** {FITTO} Unterholz n **2** fig (*persone*) {CINEMATOGRAFICO} Unter-, Halbwelt f.

sottobottìglia <- o -glie> m (Flaschen)untersetzer m.

sottobràccio, **sótto bràccio** avv loc avv {CAMMINARE} Arm in Arm, untergehakt fam, eingehakt: **prèndere qu** ~, sich bei jdm unterhaken fam/einhaken.

sottocapitalizzàto, (-a) agg econ {AZIENDA} unterkapitalisiert.

sottocàpo <-pi m, -f> **A** mf Unterführer m **B** m mar mil Ober-, Hauptgefreite m decl come agg.

sottocchio, **sott'òcchio** avv loc avv (*sotto controllo*) im Auge: **avère/tenére** ~ **qu/qc**, jdn/etw im Auge haben/behalten, ein Auge auf jdn/etw haben/behalten.

sottoccupàto, (-a) **A** agg **1** (*con orario ridotto*) unterbeschäftigt **2** (*con qualifica superiore a quella necessaria*) überqualifiziert **B** m (f) **1** (*lavoratore con orario ridotto*) Kurzarbeiter(in) m(f), Teilarbeitslose mf decl come agg **2** (*lavoratore con qualifica superiore a quella necessaria*) Überqualifizierte mf decl come agg.

sottoccupazióne f **1** (*disoccupazione parziale*) Kurzarbeit f, Teilarbeitslosigkeit f **2** (*occupazione con qualifica superiore a quella necessaria*) "Arbeit f, für die man überqualifiziert ist".

sottochiàve, **sótto chiàve** avv loc avv unter Verschluss: **tenére qu/qc** ~, jdn/etw unter Verschluss halten.

sottocìpria <-> m o f (*nella cosmesi*) Grundierungscreme f, Make-up-Unterlage f.

sottoclàsse f **1** (*sottoinsieme*) Untermenge f; mat Unter-, Teilmenge f **2** bot zoo Unterklasse f.

sottocòdice m ling {POLITICO; +PUBBLICITÀ, SPORT} Subkodex m.

sottocommissióne f {PARLAMENTARE} Unterausschuss m.

sottocopèrta, **sótto copèrta** mar **A** f Unterdeck n **B** avv loc avv {SCENDERE} unter Deck.

sottocòppa <-> m **1** Untertasse f **2** mot Ölwanne f.

sottocostàle agg anat unterhalb der Rippe, subcostal scient.

sottocòsto, **sótto còsto A** <inv> agg loc agg {MERCE} unter Preis (angeboten) **B** avv loc avv {COMPRARE} unter Preis.

sottocultùra f **1** sociol {GIOVANILE, PROLETARIA} Subkultur f **2** spreg (*cultura scadente*) Pseudokultur f spreg.

sottoculturàle agg subkulturell.

sottocutàneo, (-a) agg anat med {INIEZIONE, TESSUTO} subkutan scient.

sottocùte, **sótto cùte A** m anat Unterhaut f, Subkutis f scient **B** avv loc avv med {INIETTARE QC} subkutan scient.

sottodimensionàto, (-a) agg unterdimensioniert.

sottodominànte f mus Unter-, Subdominante f.

sottoelencàto, (-a) agg (*elencato dopo*) nachstehend aufgeführt.

sottoespórre <coniug come porre> tr fot ~ **qc** etw unterbelichten.

sottoesposizióne f fot **1** (*il sottoesporre*) Unterbelichten n **2** (*pellicola sottoesposta*) unterbelichteter Film.

sottoespósto, (-a) agg {FOTO} unterbelichtet.

sottofamìglia f bot zoo Unterfamilie f.

sottofàscia <-> m post Streifbandsendung f, Streifbandzeitung f ● **spedìre** ~ *post*, mit Streifband verschicken.

sottofatturàre tr econ ~ **qc** etw unter Wert fakturieren/quittieren, eine zu niedrige Rechnung für etw (acc) stellen.

sottofóndo A m **1** (*strato inferiore*) {+VALIGIA} doppelter Boden **2** (*commento sonoro*) {MUSICALE +FILM} Hintergrund m, Background m **3** fig (*vena*) {+SPERANZA, VERITÀ} Fünkchen n **4** edil Unterbau m **B** <inv> loc agg (*fondo*): **di** ~ {MUSICA} Hintergrund-; **rumóri di** ~, Geräuschkulisse f.

sottogàmba, **sótto gàmba** avv loc avv (*alla leggera*) auf die leichte Schulter: **prèndere qu/qc** ~, ⌈jdn nicht (genügend) ernst nehmen⌋/[etw auf die leichte Schulter nehmen].

sottogènere m **1** {+ROMANZO GIALLO} Untergattung f **2** biol Untergattung f.

sottogóla <-> m o rar f **1** (*parte dei finimenti*) Kehlriemen m **2** anche mil {+ELMETTO} Kinn-, Sturmband n, Kinn-, Sturmriemen m.

sottogónna f (*nella moda*) Unterrock m.

sottogovèrno m polit Günstlings-, Vetternwirtschaft f spreg.

sottogrùppo m {SOCIALE} Untergruppe f: ~ **di montàgne**, Gebirgsuntergruppe f; chim Untergruppe f; mat Untergruppe f, Teilmenge f.

sottoinsième m (*insieme subordinato*) Untermenge f; mat Unter-, Teilmenge f.

sottolineàre tr **1** ~ **qc** (+ **compl di modo**) {ERRORE IN ROSSO, PAROLA A MATITA} etw (*irgendwie*) unterstreichen **2** fig (*evidenziare*) ~ **qc** {GRAVITÀ DI UNA SITUAZIONE} etw hervor|heben, etw unterstreichen, etw betonen: **occórre** ~ **che** ..., man muss unterstreichen, dass ...; **non mi ha mai telefonato, e sottolìneo mai**, er/sie hat mich nie angerufen, ich betone: nie!

sottolineatùra f **1** Unterstreichung f: ~ **doppia**, doppelte Unterstreichung **2** fig (*accento*) Hervorhebung f, Unterstreichung f, Betonung f.

sottolinguàle agg **1** anat {GHIANDOLA} sublingual scient **2** farm {SOMMINISTRAZIONE} Sublingual-.

sottòlio, **sott'òlio A** <inv> agg loc agg {PEPERONI, TONNO} in Öl (eingelegt) **B** avv loc avv {CONSERVARE, METTERE} in Öl.

sottomàno A avv **1** (*a portata di mano*) {AVERE QC, TENERE QC} griffbereit, zur Hand: **rompe tutto ciò che gli capita** ~, er macht alles kaputt, was ihm in die Finger kommt **2** fig (*di nascosto*) {DARE, PRENDERE} heimlich, unter der Hand, versteckt **B** m (*cartella*) Schreibunterlage f, Schreibmappe f.

sottomàrca <-che> f comm Billigmarke f: **prodótto di** ~, No-Name-, Billigprodukt n.

sottomarìno, (-a) **A** agg {CAVO, FONDO, NAVIGAZIONE} unterseeisch, Untersee-; {VEGETAZIONE} submarin **B** m Unterseeboot n, U-Boot n: ~ **atòmico/nucleàre**, Atom-U-Boot n.

sottoménto m fam (*doppio mento*) Doppelkinn n.

sottomenù <-> m inform Sub-, Untermenu n.

sottomésso, (-a) agg **1** (*asservito*) {NAZIONE} unterworfen, unterjocht **2** (*docile*) {ARIA, ATTEGGIAMENTO} devot spreg, gefügig, unterwürfig: **un ragàzzo tranquìllo e** ~, ein ruhiger und folgsamer Junge.

sottométtere <coniug come mettere> **A** tr **1** (*soggiogare*) ~ **qu/qc** {NEMICO, POPOLAZIONE, TERRITORIO} jdn/etw unterwerfen, jdn/etw unterjochen **2** (*ridurre all'obbedienza*) ~ **qu/qc** {FIGLIO RIBELLE, GRUPPO DISSIDENTE} jdn/etw gefügig machen **3** (*presentare*) ~ **qc a qu/qc** {PROBLEMA A UN ESPERTO} jdm/etw etw vor|legen, jdm/etw etw unterbreiten: ~ **una questióne al parére di qu**, jds Meinung über eine Angelegenheit einholen **4** (*subordinare*) ~ **qc a qc** {ISTINTO ALLA RAGIONE} etw etw (dat) unter|ordnen **B** rfl: **sottométtersi a qu/qc 1** (*cedere al dominio*) {ALL'INVASORE, ALL'OPPRESSIONE DELLO STRANIERO} sich jdm/etw unterwerfen **2** (*piegarsi*) {A UN SUPERIORE, ALL'AUTORITÀ DI QU} sich jdm/etw beugen.

sottomissióne f **1** (*asservimento*) {+POPOLO} Unterwerfung f: ~ **allo straniero**, Fremdherrschaft f **2** (*docilità*) Fügsamkeit f, Unterwürfigkeit f: **accètta tùtto con** ~, fügsam lässt er/sie sich alles gefallen.

sottomisùra, **sótto misùra** avv loc avv (*al di sotto della norma*) unter(halb) der Norm, unter Normalwert.

sottomùltiplo, (-a) mat **A** agg {GRANDEZZA} teilbar **B** m {+NUMERO} Teiler m, Divisor m.

sottopagàre <sottopago, sottopaghi> tr ~ **qu/qc** {OPERAIO, PRESTAZIONE} jdn/etw unterbezahlen.

sottopagàto, (-a) agg {ARTIGIANO, LAVORO, MANODOPERA} unterbezahlt.

sottopància <-> m **1** (*parte dei finimenti*) Sattelgurt m **2** slang mil Adjutant m **3** TV Einblendung f (*des Namens, Berufs usw*).

sottopassàggio <-gi>, **sottopàsso** m Unterführung f: ~ **autostradàle/ferroviàrio/pedonàle**, Autobahn-/Eisenbahn-/Fußgängerunterführung f.

sottopéntola <-> m (Topf)untersetzer m.

sottopéso, **sótto péso** anche med **A** <inv> agg loc agg {BAMBINO} untergewichtig **B** avv loc avv {NASCERE, RIMANERE} untergewichtig **C** m loc sost m Untergewicht n.

sottopiàtto m Untersetzer m.

sottopiède m **1** (*soletta*) Einleg-, Innensohle f **2** (*staffa*) Steg m.

sottopopolàto, (-a) agg (*con poca popolazione*) {STATO} unterbevölkert.

sottopórre <coniug come porre> **A** tr **1** (*far affrontare*) ~ **qu a qc** {ALUNNO A UNA LUNGA INTERROGAZIONE, PAZIENTE A UN INTERVENTO CHIRURGICO} jdn/etw (dat) aus|setzen, jdn/etw (dat) unterwerfen, jdn/etw (dat) unterziehen **2** (*far subire*) ~ **qu a qc** {MOGLIE A MALTRATTAMENTI, A UMILIAZIONI} jdn/etw (dat) aus|setzen **3** (*esporre*) ~ **qc a qc** {CORPO A STRESS, MATERIALE A UN TRATTAMENTO} etw etw (dat) aus|setzen **4** (*presentare*) ~ **qc a qu/qc** {OPERA A UN CRITICO, AL GIUDIZIO DI QU, PROGETTO DI LEGGE ALL'APPROVAZIONE DEL PARLAMENTO} jdm/etw

etw unterbreiten, *jdm/etw etw* vor|legen **B** rfl: **sottoporsi** *a qc* **1** (*affrontare*) {A UNA DIETA FERREA} sich *etw* (dat) unterziehen **2** (*subire*) {A PRIVAZIONI, A UN SACRIFICIO} *etw* auf sich nehmen **3** (*sottomettersi*) {ALLA LEGGE, ALLA VOLONTÀ ALTRUI} sich *etw* (dat) unterwerfen, sich *etw* (dat) beugen.

sottoposto, (-a) *m* (*f*) (*dipendente*) Untergebene *mf decl come agg*.

sottoprefetto *m stor amm* Unterpräfekt *m*.

sottoprefettura *f stor amm* Unterpräfektur *f*.

sottoprezzo *avv* {ACQUISTARE} unter Preis.

sottoprodotto *m* **1** (*prodotto secondario*) {+PETROLIO} Nebenprodukt *n* **2** (*prodotto scadente*) minderwertiges Produkt, Billigprodukt *n*.

sottoproduzione *f* Unterproduktion *f*.

sottoprogramma *m inform* Unterprogramm *n*.

sottoproletariato *m sociol* {URBANO} Lumpen-, Subproletariat *n*.

sottoproletario, (-a) <-ri *m> sociol* **A** *agg* {GIOVANE, QUARTIERE} lumpen-, subproletarisch **B** *m* Lumpen-, Subproletarier(in) *m(f)*.

sottordine **A** *m bot zoo* Unterordnung *f* **B** *loc avv*: **in** ~ **1** (*in posizione subordinata*) untergeordnet, abhängig **2** (*di importanza secondaria*) {INCARICO, POSTO} zweitrangig: **questa faccenda va posta in** ~, diese Angelegenheit muss hintangestellt werden.

sottoscala <-> *m* (*Abstell*)raum *m* unter der Treppe.

sottoscritto, (-a) **A** *agg* **1** (*firmato in calce*) unterschrieben, unterzeichnet **2** (*approvato*) genehmigt, angenommen: **richiesta letta e sottoscritta**, gelesener und genehmigter Antrag **3** (*firmatario*) unterzeichnend: **io** ~, ich als der Unterzeichner/Unterzeichnete; **le persone sottoscritte**, die Unterzeichner/Unterzeichneten **B** *m* (*f*) **1** *amm* Unterzeichnete *mf decl come agg*, Unterzeichner(in) *m(f)*: **la sottoscritta dichiara che ...**, die Unterzeichnete erklärt, dass ... **2** *fam scherz* (*io*) meine Wenigkeit *scherz*, ich: **il** ~ **non è d'accordo**, meine Wenigkeit ist nicht einverstanden *scherz*.

sottoscrittore, (-trice) *m* (*f*) **1** *anche dir* (*chi firma*) {+DOCUMENTO} Unterzeichner(in) *m(f)* **2** (*chi aderisce*) {+INIZIATIVA} Beteiligte *mf decl come agg*, Unterzeichner(in) *m(f)* **3** (*chi si impegna per una somma*) {+AZIONI, RACCOLTA FONDI} Zeichner(in) *m(f)*.

sottoscrivere <coniug *come* scrivere> **A** *tr* **1** *anche dir* (*firmare*) ~ (*qc*) {CONTRATTO, DENUNCIA} (*etw*) unterschreiben, (*etw*) unterzeichnen **2** (*aderire*) ~ (*qc*) {PETIZIONE, PROTESTA} (an *etw dat*) sich anschließen, sich (*an etw dat*) beteiligen **3** (*approvare*) ~ (*qc*) {DECISIONE} *etw* gut|heißen, *etw* billigen, (*mit etw dat*) einverstanden sein: **sottoscrivo ciò che hai detto**, ich stimme deinen Worten zu **4** (*impegnarsi per una somma*) ~ *qc* (*per*/|*a favore di*| *qu*) {ABBONAMENTO, POLIZZA, TITOLI, VERSAMENTO A FINI DI TERREMOTATI} *etw* (*zugunsten von jdm/+gen*) zeichnen **B** *itr* **1** (*aderire*) ~ *a qc* {A UN'INIZIATIVA} sich (*etw dat*) an|schließen, sich (*an etw dat*) beteiligen **2** *anche dir* (*impegnarsi per una somma*) ~ *per qc* {PER DIECI MILIONI, PER UNA SOMMA CONSIDEREVOLE} *etw* zeichnen.

sottoscrizione *f* **1** *anche dir* (*il firmare*) {+ATTO} Unterzeichnung *f* **2** (*raccolta di adesioni*) Unterschriftensammlung *f*, Unterschriftliste *f*: **si è aperta una** ~ **a favore del referendum elettorale**, es wurde eine Unterschriftenaktion für das Wahlreferendum ins Leben gerufen **3** (*raccolta di fondi*) Spendenaktion *f*: **hanno promosso una** ~ **per i sinistrati**, sie haben eine Spendenaktion für die Opfer eingeleitet **4** *econ* {+OBBLIGAZIONI, PRESTITO} Zeichnung *f*: **pubblica** ~, öffentliche Zeichnung, öffentlicher Bezug.

sottosegretario, (-a) *m* (*f*) (*vicesegretario*) Untersekretär(in) *m(f)*: ~ **alla pubblica istruzione**, Untersekretär *m* des Kultusministeriums; ~ **di Stato**, (Unter)staatssekretär *m*.

sottosella <-> *m* (*imbottitura*) Sattelunterlage *f*.

sottosezione *f* Unterabteilung *f*.

sottosistema <-i> *m* **1** *gener* Subsystem *n* **2** *inform* Subsystem n.

sottosopra **A** *agg* **1** (*alla rovescia*) {CASSE, MATERASSI} verkehrt herum, ungedreht, umgekehrt **2** *fig* (*a soqquadro*) {APPARTAMENTO} durcheinander, drunter und drüber *fam*, auf dem Kopf stehend **3** *fig* (*turbato*) durcheinander, verwirrt: **mi sento tutto** ~, ich fühle mich ganz verwirrt **B** *avv* **1** (*alla rovescia*) {RIVOLTARE QC} verkehrt herum **2** *fig* (*a soqquadro*) {TROVARE QC} durcheinander, drunter und drüber *fam*: **mettere la casa** ~, das Haus auf den Kopf stellen *fam* **3** *fig* (*turbato*): **mettere** ~ *qu*, jdn durcheinanderbringen, jdn verwirren.

sottospecie <-> *f* **1** (*varietà*) Art *f*, Sorte *f* **2** *spreg* (*specie scadente*) Abart *f*: **una** ~ **di donna**, ein abartiges Weibsstück; **non è un romanzo, ma una** ~ **di romanzo**, das ist kein Roman, sondern Schund/[ein Schund]roman] *spreg* **3** *bot zoo* Unterart *f*.

sottostante *agg* (*situato sotto*) {ALLOGGIO} untere(r, s); {PIANURA} anche unten liegend.

sottostare <coniug *come* stare> *itr* <*essere*> **1** *fig* (*piegarsi*) ~ *a qu/qc* {AL MARITO, ALLA VOLONTÀ DI QU} jdm/etw unterliegen, jdm/etw unterstehen **2** *fig* (*ubbidire*) ~ *a qc* {ALLA LEGGE} *etw* (dat) unterliegen, *etw* (dat) unterstehen **3** *fig* (*affrontare*) ~ *a qc* {A UNA PROVA} sich *etw* (dat) unterziehen **4** *rar lett* (*stare sotto*) ~ *a qc* {PAESE AL BOSCO} unterhalb *von etw* (dat)/+ gen liegen.

sottosterzante *agg autom* untersteuernd.

sottosterzo *autom* **A** *m* Untersteuern *n* **B** *avv*: **curvare** ~, untersteuern.

sottostima *f* Unterschätzung *f*, Unterbewertung *f*.

sottostimare *tr* **1** (*sottovalutare*) ~ *qu/qc* {PERICOLO} jdn/etw unterschätzen, jdn/etw unterbewerten **2** *econ* (*attribuire valore inferiore*) ~ *qc* {BENE} *etw* unterbewerten.

sottostimato, (-a) *agg* **1** (*sottovalutato*) {DIFFICOLTÀ} unterschätzt, unterbewertet **2** *econ* {BENE} unterbewertet.

sottostò **1**ª pers sing dell'ind pres *di* sottostare.

sottosuolo *m* **1** *geol* {CALCAREO, PERMEABILE} Untergrund *m*, Unterboden *m* **2** *rar* (*locale sotterraneo*) Unter-, Kellergeschoss *n*, Souterrain *n*.

sottosviluppato, (-a) *agg* **1** {AREA} unterentwickelt **2** *fig anche scherz spreg* (*deficiente*) {RAGAZZO} schwachsinnig *fam spreg*, geistig unterentwickelt **B** *m* (*f*) *scherz spreg* (*persona deficiente*) Schwachkopf *m fam spreg*, Trottel *m fam spreg*.

sottosviluppo *m* Unterentwicklung *f*.

sottotenente *m mil* Leutnant *m* ● ~ **di vascello** *mil mar*, Leutnant *m* zur See.

sottoterra, **sotto terra** **A** <inv> *agg loc agg* (*sotterraneo*) {PASSAGGIO, RIFUGIO} Keller-, unterirdisch **B** *avv loc avv* {LAVORARE, NASCONDERE QC, SCORRERE} unterirdisch **C** <-> *m loc sost m* (*sotterraneo*) {UMIDO} Keller *m* ● essere ~ *fig eufem* (*essere morto*), unter der Erde sein/liegen *eufem*.

sottotetto *m* Dachboden *m*, Dachgeschoss *n*.

sottotitolare *tr* ~ *qc* **1** *film TV* {PROGRAMMA} *etw* untertiteln **2** (*aggiungere un titolo secondario*) {ARTICOLO, LIBRO} *etw* mit einem Untertitel versehen.

sottotitolato, (-a) *agg film TV* {INTERVISTA} untertitelt.

sottotitolo *m* **1** {+LIBRO} Untertitel *m* **2** <*di solito al pl*> *film TV* Untertitel *m pl*: **sottotitoli in italiano**, italienische Untertitel.

sottotono *avv* **1** {PARLARE} ganz leise **2** (*modesto*) {CONCERTO, PARTITA, PRESTAZIONE} (mittel)mäßig; {LOCALE} schäbig, vernachlässigt **3** *fig* (*fuori forma*) {ATLETA} nicht in Form.

sottotraccia <inv> *agg elettr* {IMPIANTO} unter Putz.

sottoutilizzare *tr* **1** ~ *qc* {IMPIANTO} *etw* zu wenig benutzen **2** (*non sfruttare a pieno le capacità*) ~ *qu* {DIPENDENTE} jdn nicht auslasten.

sottoutilizzato, (-a) **A** *agg part pass di* sottoutilizzare **B** *agg* {LAVORATORE, STRUTTURA} unausgelastet.

sottoutilizzazione *f amm* {+IMPIANTO, COLLABORATORE} Unausgelastetheit *f*.

sottoutilizzo *m amm* {+IMPIANTO, DIRIGENTE} Unausgelastetheit *f*.

sottovalutare **A** *tr* **1** (*non valutare abbastanza*) ~ *qu/qc* {COLLEGA, LE PROPRIE POTENZIALITÀ} jdn/etw unterbewerten, jdn/etw unterschätzen **2** (*dare scarsa importanza*) ~ *qc* {CRISI, PERICOLO, SITUAZIONE} *etw* unterschätzen **3** *econ* (*sottostimare*) ~ *qc* {AZIENDA, IMMOBILE} *etw* unterbewerten **B** rfl (*sminuirsi*): **sottovalutarsi** sich unterschätzen.

sottovalutazione *f* **1** (*scarsa valutazione*) {+AMICO, SE STESSI} Unterschätzen *n* **2** (*il dare scarsa importanza*) {+PROBLEMA} Unterschätzen *n* **3** *econ* (*il sottostimare*) {+PATRIMONIO} Unterbewerten *n*.

sottovaso *m* **1** (*vaso*) Übertopf *m* **2** (*piatto*) Untersetzer *m*, Auffangschale *f*.

sottovela *avv mar* {NAVIGARE} unter Segel, mit gesetzten Segeln.

sottovento **A** <inv> *agg anche mar* {LATO} Lee-, dem Wind abgekehrt **B** *avv anche mar* {METTERSI, NAVIGARE} unter Wind **C** <-> *m mar* Lee *f o n*, Windschatten *m*.

sottoveste *f* (*indumento femminile*) Unterkleid *n*, Unterrock *m*.

sottovia *f* Unterführung *f*.

sottovoce, **sotto voce** **A** *avv loc avv* {PARLARE} halblaut, leise; *mus* sotto voce, gedämpft **B** <-> *m loc sost m mus* Sotto-voce--Stück *n*.

sottovuoto, **sotto vuoto** **A** <inv> *agg loc agg* {CONFEZIONE} Vakuum-, vakuum- **B** *avv loc avv* {CONSERVARE} luftdicht: **confezionato** ~, vakuumverpackt, luftdicht verpackt; ~ **spinto**, absolut luftdicht verpackt.

sottozero **A** *avv* {ESSERE} unter null **B** <inv> *agg fig* (*al di sotto del limite*) unter(halb) der Norm, unter null, unter Normalwert.

sottraendo *m mat* Subtrahend *m*.

sottrarre **A** *tr* **1** (*allontanare*) ~ *qu a*/|*da qc* {FERITO ALLO SGUARDO DEI CURIOSI} jdn etw (dat) entziehen; {BAMBINO ALLA FAMIGLIA} anche jdn etw (dat) entreißen **2** (*salvare*) ~ *qu a*/*da qc* {DONNA ALLE FIAMME, DA UN PERICOLO} jdn aus etw (dat) retten, jdn etw (dat) entreißen **3** (*rubare*) ~ *qc* (*a qu*) (*da qc*) {DOCUMENTO DALL'ARCHIVIO, PORTAFOGLIO A UN PASSANTE, SOLDI DALLA CASSA} (*jdm*) *etw* (*aus etw dat*) steh-

sottrazione len, (jdm) etw (aus etw dat) entwenden fam eufem 4 mat ~ qc (da qc) {NUMERO DA UN ALTRO, 20% DA UN IMPORTO} etw von etw (dat) ab|ziehen, etw von etw (dat) subtrahieren **B** rfl (sfuggire): **sottrarsi a qc** {A UN CONTROLLO, A UN OBBLIGO} sich etw (dat) entziehen, etw (dat) entgehen.

sottrazione f 1 (furto) {+CORRISPONDENZA, DENARO, RICEVUTA} Entziehung f, Unterschlagung f; dir rechtswidrige Zueignung, Unterschlagung f, Entziehung f, Entführung f: ~ **consensuale di minorenne** (reato di ~), Kindesentführung f mit Willen/Einwilligung des Entführten; ~ **di cose comuni** (reato di ~), rechtswidrige Zueignung von Gemeinschaftseigentum; ~ **di prove**, Beweisunterschlagung f; ~ **con raggiro**, betrügerische Unterschlagung f 2 mat Abziehen n, Subtraktion f: **fare una** ~, subtrahieren.

sottufficiale m 1 mil {+ESERCITO, POLIZIA} Unteroffizier m 2 mil mar Unteroffizier m zur See.

soubrette <-, -s pl franc> f franc Soubrette f.

soufflé <-, -s pl franc> m franc gastr Auflauf m, Soufflé n.

soul ingl mus **A** <inv> agg {STILE} Soul- **B** <-> m Soul m.

soul music <-> loc sost f ingl mus Soulmusik f.

sound <-, -s pl ingl> m ingl mus Sound m.

souvenir <-, -s pl franc> m franc Souvenir n, Reisemitbringsel n fam.

sovènte avv loc avv (spesso): **di** ~, {VEDERSI} oft(mals).

soverchiàre <soverchio, soverchi> tr 1 fig forb (superare) ~ **qc** {APPLAUSO MUSICA} etw übertönen 2 fig forb (sottomettere) ~ **qu** jdn unterdrücken, jdn überwältigen 3 lett (oltrepassare) ~ **qc** {FIUME IN PIENA SPONDA} über etw (acc) treten.

soverchieria f forb Gewalttakt m, Übergriff m.

sovesciàre tr agr ~ **qc** {FAVE} etw gründüngen.

sovèscio <-sci> m agr Gründüngung f, Gründüngen n.

soviet <-> m russo polit stor Sowjet m: ~ **supremo**, Oberster Sowjet.

soviètico, (-a) <-ci, -che> **A** agg {CINEMA, POLITICA, TERRITORIO} sowjetisch, Sowjet- **B** m (f) (abitante) Sowjetbürger(in) m(f), Sowjetrusse m, (Sowjetrussin f).

sóvra-, sovr- → **sopra-**.

sovrabbondànte agg 1 (eccessivo) {QUANTITÀ, RACCOLTO} übermäßig, überreichlich 2 fig (ridondante) {PROSA, STILE} überladen 3 gramm {NOME} "mit zwei unterschiedlichen Pluralformen".

sovrabbondànza **A** f (eccesso) {+MANODOPERA, SCORTE} Überfluss m, Übermaß n **B** loc avv (in eccesso): **in** ~, im Überfluss/ Übermaß.

sovrabbondàre itr <essere o avere> 1 (eccedere) {CIBO, LAVORO} überreichlich/[im Überfluss] vorhanden sein 2 (esere in gran quantità) ~ **di/in qc** {PAESE DI RICCHEZZE} etw im Überfluss besitzen; {ZONA DI PRODOTTI AGRICOLI} anche sehr reich an etw (dat) sein.

sovraccaricàre <sovraccarico, sovraccarichi> tr 1 (caricare eccessivamente) ~ **qu/qc** (di qc) {PORTATORE, CAMION DI SABBIA} jdn/etw (mit etw dat) überladen 2 fig (oberare) ~ **qu di qc** {DI RESPONSABILITÀ} jdn mit etw (dat) überlasten; {DI LAVORO} anche jdn mit etw (dat) über|beanspruchen 3 elettr ~ **qc** {LINEA TELEFONICA} etw überlasten, etw über|beanspruchen.

sovraccàrico, (-a) **A** agg 1 (eccessivamente carico) ~ **di qc** {CAMION DI MERCE} (mit etw dat) überladen; {TRENO DI PASSEGGERI} anche (mit etw dat) überfüllt; fig {STILE} überladen 2 fig (oberato) ~ **di qc** {STUDENTE DI COMPITI} mit etw (dat) überlastet 3 elettr {LINEA} überlastet, überbeansprucht **B** m 1 (carico eccessivo) Überlast f; fig {INTELLETTUALE} Überlastung f 2 elettr Überlast f.

sovraccopèrta → **sopraccoperta**.

sovraccòscia <-sce> f gastr {+POLLO} Oberschenkel m.

sovracomunàle agg amm {PARCO} gemeindeübergreifend.

sovraddàzio → **sopraddazio**.

sovradimensionàre tr ~ **qc** 1 (rendere superiore alle necessità) {DISPOSITIVO DI SICUREZZA} etw überdimensionieren 2 (gonfiare) {NOTIZIA} etw auf|bauschen, etw auf|blähen.

sovradimensionàto, (-a) agg {STRUTTURA} überdimensioniert.

sovraespórre <coniug come porre> tr fot ~ **qc** etw überbelichten.

sovraesposizióne f fot 1 (il sovraesporre) Überbelichten n 2 (pellicola sovraesposta) überbelichteter Film.

sovrafatturàre tr econ ~ **qc** etw über Wert fakturieren/quittieren, eine zu hohe Rechnung für etw (acc) stellen.

sovraffaticaménto m Überanstrengung f, Übermüdung f.

sovraffaticàre <sovraffatico, sovraffatichi> **A** tr ~ **qu/qc** {ATLETA, MOTORE} jdn/etw überanstrengen; {MENTE} anche jdn/etw über|fordern **B** itr pron: **sovraffaticarsi** sich überanstrengen, sich übermüden.

sovraffollaménto m anche fig {+TRENO} Überfüllung f: ~ **di pensieri**, Gedankenflut f.

sovraffollàto, (-a) agg 1 (gremito) {AUTOBUS, CINEMA} überfüllt 2 fig (traboccante) ~ **di qc** vor etw (dat) überfließend, vor etw (dat) überströmend: **riordinare i pensieri sovraffollati nella mente**, seine sich überstürzenden Gedanken ordnen.

sovraimpòsta → **sovrimposta**.

sovraimpressióne → **sovrimpressione**.

sovraintèndere e deriv → **soprintendere** e deriv.

sovralimentàre tr 1 (ipernutrire) ~ **qu/qc** {ORGANISMO} jdn/etw überernähren 2 tecnol ~ **qc** {IMPIANTO, MOTORE} etw auf|laden.

sovralimentatóre m tecnol Auflader m.

sovralimentazióne f 1 (ipernutrizione) Überernährung f 2 tecnol Aufladung f.

sovràlzo → **sopralzo**.

sovràna f → **sovrano**.

sovranazionàle e deriv → **sopranazionale** e deriv.

sovranità <-> f 1 (potere sovrano) Macht f, Herrschaft f: **non sa esercitare la propria** ~, er/sie ist unfähig, seine/ihre Macht auszuüben 2 fig (superiorità) {+RAGIONE} Überlegenheit f 3 dir {POPOLARE, STATALE, TERRITORIALE} Souveränität f: ~ **della legge** (obbligatorietà), Verbindlichkeit f des Gesetzes.

sovrannaturàle → **soprannaturale**.

sovrannùmero → **soprannumero**.

sovràno, (-a) **A** agg 1 (regio) {DECRETO} herrschaftlich, Herrscher- 2 fig lett (massimo) {INGEGNO} größte(r, s), höchste(r, s); {IN DIFFERENZA} anche absolut: **disprezzo** ~, Todesverachtung f 3 dir {POPOLO, STATO} souverän: **potere** ~, Hoheitsgewalt f **B** m (f) 1 (re) Souverän(in) m(f), Herrscher(in) m(f): ~ **assoluto**, absoluter Herrscher 2 fig (signore assoluto) Oberste m ● **regnare** ~ fig (dominare), {DISCIPLINA, ORDINE} (vor)herrschen.

sovrastàre schen.

sovraoccupazióne f 1 (lavoro straordinario) Überstunden f pl 2 (impiego di forza lavoro in eccedenza) Überbeschäftigung f.

sovraoffèrta f econ Überangebot n.

sovrappassàggio <-gi>, **sovrappàsso** m Überführung f: ~ **pedonale**, Fußgängerüberführung f.

sovrappensièro → **soprappensiero**.

sovrappéso anche med **A** <inv> agg loc agg: **in** ~, {INDIVIDUO} übergewichtig; **essere (in)** ~, Übergewicht haben, übergewichtig sein **B** m (eccesso di peso) Übergewicht n.

sovrappiù → **soprappiù**.

sovrappopolaménto m Über(be)völkerung f.

sovrappopolàre **A** tr ~ **qc** {TERRITORIO} etw über(be)völkern **B** itr pron: **sovrappopolarsi** {CITTÀ} über(be)völkert sein.

sovrappopolàto, (-a) agg {QUARTIERE} über(be)völkert.

sovrappopolazióne f Über(be)völkerung f.

sovrappórre <coniug come porre> **A** tr 1 (disporre l'uno sull'altro) ~ **qc** {DUE PEZZI DI STOFFA} etw übereinander|legen, etw übereinander|setzen; {LIBRI} etw übereinander|stapeln; ~ **qc a qc** {VELINA A UN DISEGNO} etw über etw (acc) legen 2 fig (anteporre) ~ **qc a qc** {CARRIERA ALLA FAMIGLIA} etw etw (dat) über|ordnen, etw vor etw (acc) stellen 3 mat (in geometria) ~ **qc** {DUE FIGURE} etw übereinanderlegen; ~ **qc** {SEGMENTO AD UN ALTRO} etw über etw (acc) legen **B** itr pron (aggiungersi): **sovrapporsi a qc** {VOCI ALLA MUSICA} etw übertönen; fig {NUOVO PROBLEMA AL PRECEDENTE} zu etw (dat) hinzu|kommen **C** rfl rec: **sovrapporsi** 1 (essere uno sull'altro) {COLORI, STRATI} einander überlagern, übereinanderliegen 2 fig (coincidere anche parzialmente) {INTERESSI} sich überschneiden.

sovrappòrta → **soprapporta**.

sovrapposizióne f 1 {+COLORI, IMMAGINI} Übereinanderlagerung f; (azione) anche Übereinanderlagern n 2 fig {+PROGETTI} Überschneidung f; (azione) anche Übereinanderlagern n.

sovrapprèmio m econ Zuschlag m: ~ **di rischio**, Risikozuschlag m.

sovrapprèzzo → **soprapprezzo**.

sovrapproduzióne f Überproduktion f.

sovrapprofitto → **soprapprofitto**.

sovrapprèzzo → **soprapprezzo**.

sovraprofitto → **soprapprofitto**.

sovrascritto, (-a) **A** part pass di sovrascrivere **B** agg rar lett {ARGOMENTI, PAROLE} obige(r,s), oben zitiert.

sovrascrivere <coniug come scrivere> tr anche inform ~ **qc** etw überschreiben.

sovrastàmpa f tip Auf-, Überdruck m.

sovrastampàre tr tip ~ **qc** etw überdrucken.

sovrastànte agg 1 (che sta sopra) {BOSCO, VETTA} obere(r, s), oben liegend; {TORRE} alles überragend 2 fig (imminente) {RISCHIO} unmittelbar, drohend.

sovrastàre <coniug come stare> **A** tr ~ **avere** 1 (dominare) ~ **qc** {MONTE VALLE} etw beherrschen 2 (superare) ~ **qc** {MUSICA VOCI} etw übertönen 3 fig (essere superiore) ~ **qu** (in **qc**) {COMPAGNO IN ALTEZZA} jdn (an etw dat) überragen: **tutti in bravura**, besser als alle sein, der/die Beste (von allen) sein 4 fig (incombere) ~ **qu** {CATASTROFE} jdn bedrohen **B** itr <essere> 1 (dominare) ~ **a/su qc** {COLLE ALLA CITTÀ, SUL CAMPEGGIO} über etw (dat) empor|ragen, etw beherrschen 2 fig (primeg-

giare) ~ **su qu** {SU TUTTI} jdn überragen **3** fig (incombere) ~ (**su qu/qc**) {PERICOLO SULLA FAMIGLIA, SUL PAESE} (über jdm/etw) schweben.

sovrasterzànte agg autom übersteuernd.

sovrasterzàre itr autom übersteuern.

sovrasterzàta f autom Übersteuern n, Übersteuerung f.

sovrastìma f Überschätzung f, Überbewertung f.

sovrastimàre tr **1** (sopravvalutare) ~ **qu/qc** {CAPACITÀ DI QU} jdn/etw überschätzen, jdn/etw überbewerten **2** econ (attribuire valore superiore) ~ **qc** {BENE} etw überbewerten.

sovrastimàto, (-a) agg **1** (valutato troppo) {INTELLIGENZA} überschätzt, überbewertet **2** econ {BENE} überbewertet.

sovrastruttùra f **1** gener anche edil Aufbau m, Überbau m: ~ **stradale**, Oberbau m **2** fig {IDEOLOGICA, MENTALE} Überbau m **3** filos {MARXISTA} Überbau m **4** mar Aufbau m.

sovrastrutturàle agg (della sovrastruttura) Überbau-, Oberbau-.

sovratemporàle agg filos überzeitlich, zeitlos.

sovratensióne f elettr Überspannung f.

sovrattàssa → **soprattassa**.

sovraumàno → **sovrumano**.

sovreccèdere e deriv → **sopreccedere** e deriv.

sovreccitàbile agg {CARATTERE, PERSONA} leicht/überaus reizbar.

sovreccitabilità <-> f leichte Reizbarkeit, Überreizbarkeit f.

sovreccitaménto m Überreizung f; (azione) anche Überreizen n.

sovreccitàre A tr ~ **qu** jdn überreizen B itr pron: **sovreccitarsi** (**per qc**) (wegen etw gen) überreizt sein.

sovreccitàto, (-a) agg ~ (**per qc**) {RAGAZZO} (wegen etw gen) überreizt.

sovreccitazióne f (eccitazione eccessiva) Überreizung f: **essere in uno stato di ~**, überreizt/in überreiztem Zustand] sein.

sovrespórre e deriv → **sovraesporre** e deriv.

sovrimpósta f fisco {FONDIARIA} Steuerzuschlag m, Steueraufschlag m.

sovrimpressióne A f **1** (sovrastampa) Stempeln n: ~ **della data di scadenza sulla confezione**, Stempeln n/Aufdrucken n des Haltbarkeitsdatums auf die Packung **2** film fot TV Doppelbelichtung f B <inv> loc agg avv film fot TV: **in** ~ {NUMERO DI TELEFONO} eingeblendet; **mandare i titoli in** ~, die Titel einblenden.

sovrimprèsso, (-a) agg **1** (stampato sopra) {DATA} gestempelt **2** film fot TV {NUMERO DI TELEFONO} eingeblendet.

sovrintendènte mf **1** amm (di polizia) Polizeiobermeister m **2** → **soprintendente**.

sovrintèndere e deriv → **soprintendere** e deriv.

sovrumàno, (-a) agg **1** (ultraterreno) {CREATURA, POTERE} überirdisch **2** (eccezionale) {FORZA, SFORZO} übermenschlich.

sovvàllo m (materiale di scarto) Ausschussmaterial n aus der Müllwiederaufbereitung.

sovvenìre <coniug come venire> A tr lett (aiutare) ~ **qu** jdm helfen B itr lett **1** <essere> (venire in mente) ~ **a qu** {RICORDO} jdm in den Sinn kommen: **non mi sovviene dove ci siamo incontrati**, ich erinnere mich nicht, wo wir uns getroffen haben **2** <avere> (aiutare) ~ **a qu/qc** {AL BISOGNOSO, ALLE NECESSITÀ DI} jdm helfen, jdm/etw zu Hilfe kommen

C itr pron (ricordarsi): **sovvenirsi di qu/qc** {DI LEI, DEL NOME DI QU} sich an jdn/etw erinnern.

sovventóre, (-trice) anche dir A agg {SOCIO} subventionierend, unterstützend B m (f) Subventions-, Geld-, Zuschussgeber(in) m(f).

sovvenzionaménto m **1** (azione) {+IMPRESA} Unterstützung f **2** (somma) {STATALE} Subvention f, Zuschuss m.

sovvenzionàre tr ~ **qu/qc** {GIOVANE IMPRENDITORE, STATO EDILIZIA PUBBLICA, INIZIATIVA SOCIALE} jdn/etw subventionieren, jdn/etw unterstützen.

sovvenzionàto, (-a) agg ~ (**da qu/qc**) {ENTE DALLO STATO} (von jdm/etw) subventioniert, (von jdm/etw) unterstützt.

sovvenzionatóre, (-trice) anche dir A agg {ENTE} subventionierend, unterstützend B m (f) {+IMPRESA} Subventions-, Geld-, Zuschussgeber(in) m(f).

sovvenzióne f (aiuto in denaro) {PUBBLICA, STATALE} Subvention f, Zuschuss m, Unterstützung f.

sovversióne f (rovesciamento) {+STATO} Subversion f forb, Umsturz m, Umwälzung f.

sovversivìsmo m **1** (carattere sovversivo) {+DISCORSO} Subversive n decl come agg forb **2** (tendenza alla sovversione) Umsturzbestrebung f.

sovversìvo, (-a) A agg **1** (rivoluzionario) {ATTIVITÀ, GRUPPO, PROPAGANDA} subversiv forb, umstürzlerisch **2** fig (innovativo) {CORRENTE ARTISTICA} innovativ, umstürzlerisch B m (f) (rivoluzionario) Subversive mf decl come agg forb, subversives Element forb.

sovvertiménto m **1** (rovesciamento) {+ISTITUZIONE} Umsturz m, Umwälzung f: ~ **dell'ordine costituito**, Umsturz m der bestehenden Ordnung **2** fig (rinnovamento radicale) {+TRADIZIONE} Umkrempeln n fam.

sovvertìre <sovverto> tr ~ **qc 1** (rovesciare) {LEGGE, ORDINE PUBBLICO} etw um|stürzen, etw zerrütten **2** fig (rinnovare radicalmente) {CONSUETUDINE} etw um|stellen, etw um|krempeln fam; {MORALE} etw aus|höhlen, etw zerrütten, etw zersetzen.

sovvertitóre, (-trice) A agg **1** (che rovescia) {MOVIMENTO} subversiv forb, umstürzlerisch **2** fig (che rinnova radicalmente) {IDEA} revolutionär, innovativ B m (f) **1** (chi rovescia) {+ORDINE COSTITUITO} Umstürzler(in) m(f) **2** (chi rinnova radicalmente) {+COSTUMI} Revolutionär(in) m(f).

sozzerìa f fam **1** (sporcizia) Schweinerei f volg spreg **2** (cosa sozza) dreckiges Zeug fam **3** fig (lavoro mal riuscito) Pfuscherei f fam spreg, Pfusch m fam spreg, Stümperei f spreg **4** fig (sconcezza) unanständiges Zeug: **smettila di dire sozzerie**, hör auf, unanständiges Zeug zu reden! **5** fig (indecenza) Schweinerei f volg spreg, Schande f: **il suo licenziamento in tronco è una vera** ~, ihm/ihr so plötzlich zu kündigen, ist wirklich eine Schweinerei! volg spreg.

sózzo, (-a) agg fam **1** (lurido) dreckig fam, schmierig fam: **scarpe sozze di fango**, schlammige Schuhe **2** fig (sordido) {INDIVIDUO} schmierig spreg; {BARZELLETTA, FILM} dreckig fam, schmierig fam spreg.

sozzóne, (-a) <accr di sozzo> m (f) fam spreg **1** (sporcaccione) Schwein n volg, Schmierfink m fam, Dreckspatz m fam **2** fig Dreckskerl m volg spreg, Dreckschwein m volg spreg.

sozzùme m fam (sporcizia) Dreck m fam, Schmutz m; (cosa sozza) dreckiges Zeug fam.

sozzùra f **1** (l'essere sozzo) {+INDUMENTO, STANZA} Schmutzigkeit f **2** (sudiciume) Schmutz m, Dreck m fam **3** fig (cosa turpe)

Unanständigkeit f.

S.P. abbr di Strada Provinciale: Landstraße f.

spa① <-> f ingl **1** (sorgente) Spa n o m, Thermalquelle f **2** (stazione termale) Spa n o m, Thermalort m.

spa② <-> f abbr di Società per Azioni: AG f (abbr di Aktiengesellschaft).

S.p.A. abbr di Società per Azioni: AG f (abbr di Aktiengesellschaft).

spaccalégna <-> mf Holzhacker(in) m(f).

spaccapiètre <-> mf Steinhauer(in) m(f).

spaccàre <spacco, spacchi> A tr **1** (tagliare) ~ **qc** (**con qc**) {LEGNA CON UN'ACCETTA} etw (mit etw dat) hacken; {PIETRE CON UNO SCALPELLO} etw (mit etw dat) spalten: ~ **qc** **in due**₁/[**a metà**], etw entzweischneiden, etw in zwei Hälften schneiden **2** (rompere) ~ **qc** (**con qc**) {BICCHIERE} etw (mit etw dat) zerschlagen; {VETRO CON UN SASSO} anche etw (mit etw dat) ein|schlagen: ~ **qc in mille pezzi**, etw in tausend Stücke zerschlagen; ~ **qc** {VENTO RAMO} etw ab|brechen; {ASPIRAPOLVERE} etw kaputt|machen fam; {GIOCATTOLO} anche etw zerschlagen; ~ **qc** (**a qu**) (**con qc**) {BRACCIO ALL'AVVERSARIO} (jdm) (mit etw dat) zertrümmern; {TESTA CON UNA SPRANGA} (jdm) etw (mit etw dat) ein|schlagen **3** (formare crepe) ~ **qc** {SICCITÀ TERRENO} etw rissig machen **4** fig slang giorn polit (creare una frattura) ~ **qc** {LEGGE FINANZIARIA MAGGIORANZA} etw spalten, etw entzweien B itr pron **1** (rompersi): **spaccarsi** {PANNELLO DI LEGNO, RAMO} brechen; {BICCHIERE, VASO, VETRATA} zerbrechen, zerspringen, kaputt|gehen fam **2** (creparsi): **spaccarsi** (₁**a causa di**₁/[**per** **qc**]) {MURO A CAUSA DEL TERREMOTO} (₁wegen etw gen₁/[durch etw acc]) bersten forb, (₁wegen etw gen₁/[durch etw acc]) zerspringen; {PELLE PER IL FREDDO} (₁wegen etw gen₁/[durch etw acc]) rissig werden, (₁wegen etw gen₁/[durch etw acc]) auf|springen **3** fig slang giorn polit (dividersi): **spaccarsi su qc** {GOVERNO SULLA RIFORMA SCOLASTICA} sich (wegen etw gen) spalten, sich (wegen etw gen) entzweien, sich über etw (acc) zerstreiten C rfl indir (fratturarsi): **spaccarsi qc** {PIEDE} sich (dat) etw brechen.

spaccàta f **1** (lo spaccare) Spaltung f, Zerschlagung f: **diamo una** ~ **alla legna**, lass uns das Holz spalten **2** slang giorn (furto di una vetrina) Schaufenstereinbruch m **3** alpin Kaminieren n **4** sport (nella danza) (nella ginnastica) {FRONTALE, SAGITTALE} Spagat n o m; (nella scherma) weiter Ausfall.

spaccatimpani <inv> agg fig (assordante) {DISCOTECA, MUSICA} ohrenbetäubend; {URLO} anche markerschütternd.

spaccàto, (-a) A agg **1** (tagliato) {LEGNA} gespalten: **melone ~ a metà**, in zwei Hälften geschnittene Honigmelone **2** (rotto) {SERRATURA} kaputt fam, defekt; {BOTTIGLIA} anche zerbrochen; {LABBRO} gespalten; {MANO} rissig, aufgesprungen **3** (crepato) {GHIACCIO} rissig **4** fig fam (tale e quale) genau(so): **è** ~ **suo zio**, er sieht genauso aus wie sein Onkel; **è il ritratto** ~ **di suo nonno**, er ist seinem Großvater (wie) aus dem Gesicht geschnitten **5** fig fam (manifesto) {ADULAZIONE, BUGIARDO} ausgemacht, ausgesprochen, richtig(gehend) **6** fig fam (puro) waschecht fam: **parli fiorentino** ~, du sprichst waschechtes Florentinisch fam; **sei un milanese** ~, du bist ein waschechter Mailänder B m **1** (disegno in sezione) {+EDIFICIO, MOTORE} Aufriss m, (Quer)schnitt m **2** fig (descrizione) {+SOCIETÀ CONTEMPORANEA, VITA BORGHESE} Querschnitt m.

spaccatùra f **1** (lo spaccare) {+LEGNAME} Spaltung f; {+VETRATA} Zerspringen n, Zerbrechen n, Bersten n forb **2** (fenditura)

spacchettàre tr ~ qc {DONO} etw aus|packen.

spacchétto <dim di spacco> m (nella moda) {LATERALE +GIACCA} kleiner Schlitz.

spacciàre <spaccio, spacci> **A** tr **1** (smerciare) ~ qc {STOCK DI CALZE} etw vertreiben **2** (mettere in circolazione) ~ qc {VALUTA FALSA} etw in Umlauf bringen, etw verbreiten **3** (vendere droga) ~ (qc) {EROINA} (mit etw dat) dealen slang: **spaccia davanti alle discoteche**, er/sie dealt slang vor den Diskotheken **4** (presentare sotto falso aspetto) ~ qu/qc come/per qu/qc {AMANTE PER MARITO, OTTONE PER ORO, SCARABOCCHIO COME OPERA D'ARTE} jdn/etw für/als jdn/etw ausgeben: ~ come/per vera una notizia inventata, eine erfundene Nachricht als echt ausgeben **5** fig (divulgare) ~ qc {CALUNNIE} etw verbreiten **B** rfl (farsi passare): **spacciarsi come/per qu** {PER AVVOCATO, PER TEDESCO} sich ⌊für jdn/etw⌋/[als jd/etw] aus|geben, sich etw schimpfen fam iron.

spacciàto, (-a) agg fam (finito) geliefert fam, aufgeschmissen fam: **i medici lo danno per** ~, die Ärzte haben ihn aufgegeben; **se mi scoprono sono** ~, wenn sie mich entdecken, bin ich geliefert fam.

spacciatóre, (-trice) m (f) **1** (venditore di droga) Dealer(in) m(f) slang, Drogenhändler(in) m(f) **2** (chi mette in circolazione) {+BANCONOTE FALSE, MERCE RUBATA} Verbreiter(in) m(f), Vertreiber(in) m(f) **3** (divulgatore) {+NOTIZIE FALSE} Verbreiter(in) m(f).

spàccio <-ci> m **1** (negozio) Geschäft n, Laden m: ~ **alimentare**, Lebensmittelgeschäft n; ~ **aziendale**, Betriebsverkaufsstelle f; (nelle caserme) Kantine f, Verkaufsstelle f **2** (vendita al pubblico) {+ABBIGLIAMENTO, CARNE SUINA} Verbreitung f, Vertrieb m, Verkauf m: **questa merce ha molto/poco** ~, diese Ware ⌊wird viel/wenig verkauft⌋/[findet guten/schlechten Absatz] **3** (vendita di droga) {+COCAINA} Verkauf m: **è stato arrestato per** ~, er wurde wegen Dealens slang verhaftet **4** (immissione in circolazione) {+MONETA FALSA, OGGETTI RUBATI} Verbreiten n, In-Umlauf-Bringen n.

spàcco <-chi> m **1** (nella moda) {LATERALE; +GONNA} Schlitz m: ~ **vertiginoso**, aufregender Schlitz **2** (fenditura) Sprung m, Riss m, Spalt m: **uno** ~ **nel soffitto**, ein Riss in der Decke **3** (strappo) Riss m: **uno** ~ **nella manica della camicia**, ein Riss im Hemdsärmel.

spaccóna f → spaccone.

spacconàta f (millanteria) Angeberei f fam, Prahlerei f spreg.

spaccóne, (-a) m (f) (millantatore) Angeber(in) m(f) fam, Prahler(in) m(f), Prahlhans m fam: **fare lo** ~, angeben fam.

spacelab <-> m ingl (laboratorio spaziale) Spacelab n.

space shuttle <-, -, -s> loc sost m ingl astr Spaceshuttle m, Raumfähre f.

spàda f **1** gener {MEDIEVALE; +BRONZO} Schwert n: ~ **sguainata**, gezogenes/gezücktes Schwert **2** fig (spadaccino) Haudegen m: **è un'ottima** ~, er ist ein hervorragender Haudegen **3** sport (arma) Degen m; (disciplina) Fechten n **4** <solo pl> (nei giochi di carte) "italienische Spielkartenfarbe" ● **cingere la** ~ (armarsi di spada), sich (dat) das Schwert umgürten; zu den Waffen greifen; **di Damocle** fig (minaccia incombente), Damoklesschwert n; **la** ~ **della giustizia** fig (simbolo del potere giuridico), das Schwert der Gerechtigkeit; **incrociare le spade** (iniziare a combattere), die Schwerter/Klingen kreuzen forb; **sguainare/snudare la** ~ (toglierla dal fodero), das Schwert ziehen; fig (iniziare un combattimento), zum Schwert greifen; **a** ~ **tratta** (sguainata), mit gezücktem Schwert; fig (in modo risoluto), leidenschaftlich, entschlossen; {SOSTENERE QC} steif und fest; **difendere qu a** ~ **tratta**, jdn vehement verteidigen, sich sehr für jdn einsetzen; **chi di** ~ **ferisce, di** ~ **perisce** prov, wie man in den Wald hineinruft, so schallt es heraus prov; wie du mir, so ich dir prov.

spadaccino m {ABILE, BRAVO} Haudegen m.

spadàio <-dai> m Waffenschmied m.

spadellàre itr **1** fam (spignattare) am Herd stehen fam, sich am Herd zu schaffen machen **2** slang (nella caccia) (mancare il colpo) daneben|schießen.

spadino <dim di spada> m Kurzschwert n.

spadista <-i m, -e f> mf sport (nella scherma) Degenfechter(in) m(f).

spadóne <accr di spada> m großes Schwert.

spadroneggiàre <spadroneggio, spadroneggi> itr ~ (+ compl di luogo) {IN CASA ALTRUI} sich (irgendwo) als der Boss fam/Chef auf|spielen: **non sopporto quando vieni qui a** ~, ich ertrage es nicht, wenn du hierher kommst und dich als der Boss aufspielst fam.

spaesaménto m (disorientamento) Benommenheit f, Unbehagen n, Gefühl n des Fremdseins.

spaesàto, (-a) agg (disorientato) benommen, fremd, unbehaglich: **qui si sente** ~, er fühlt sich hier fremd.

spaghettàta f fam Spaghettiessen n: **farsi una bella** ~, sich (dat) ein schönes Spaghettiessen machen/kochen; **la** ~ **di mezzanotte**, das Spaghettiessen um Mitternacht.

spaghetteria f Spaghetteria f, Spaghetti-Restaurant n.

spaghettièra f **1** (recipiente) Spaghettischüssel f **2** (pentola) Spaghettitopf m.

spaghettino <dim di spaghetto①> m <di solito al pl> gastr "dünne Spaghetti".

spaghétto① m <di solito al pl> gastr Spaghetti pl: **spaghetti in bianco**, Spaghetti pl mit Butter/Öl und Parmesan; **spaghetti alla chitarra**, "hausgemachte Eiernudelsorte aus Abruzzen"; **spaghetti alle vongole**, Spaghetti pl mit Venusmuscheln.

spaghétto② m fig fam (spavento) Bammel m fam: **mi sono preso un bello** ~, ich hatte ganz schön Bammel fam, ich habe einen Heidenschreck gekriegt fam.

spaginàre tr tip ~ qc etw neu umbrechen.

spaginatùra f tip neuer Umbruch.

spagliàre <spaglio, spagli> **A** tr (togliere la paglia) ~ qc {ARGENTERIA IMBALLATA, GRANO, SEDIA} aus/von etw (dat) das Stroh entfernen **B** itr (muovere la paglia) {CAVALLO} im Stroh scharren **C** itr pron (perdere la paglia): **spagliarsi** {FIASCO} das Stroh verlieren.

Spàgna f geog Spanien n.

spagnòla A f med (influenza) spanische Grippe **B** f → **spagnolo**.

spagnolésco, (-a) <-schi, -sche> agg **1** (tipicamente spagnolo) {SFARZOSITÀ, STILE} typisch spanisch **2** spreg (altezzoso) {BORIA, MODI} aufgeblasen fam spreg, hochmütig.

spagnolétta f **1** (rocchetto) Garnröllchen n **2** (serrame per infissi) Espagnoletteverschluss m **3** (scialletto triangolare) kleine Mantille **4** region (arachide) Erdnuss f.

spagnolìsmo m **1** ling Hispanismus m **2** fig (sfarzosità) Prunksucht f.

spagnòlo, (-a) A agg {CUCINA, FOLCLORE, LETTERATURA} spanisch **B** m (f) (abitante) Spanier(in) m(f) **C** m <solo sing> (lingua) Spanisch(e) n: **come si dice in** ~?, wie heißt das auf Spanisch?; **parla** ~?, sprechen Sie Spanisch?; **sapere lo** ~, Spanisch können.

spàgo① <-ghi> m (corda) {GROSSO, SOTTILE} Kordel f, Schnur f: **lega questo pacco con lo** ~, binde eine Schnur um dieses Paket ● **dare** ~ **a qu** fig (assecondarlo), jdm freie Hand lassen.

spàgo② <-ghi> m fig fam (spavento) Bammel m fam: **prendersi un bello** ~, einen ganz schönen Schreck bekommen/kriegen fam.

spaiàre <spaio, spai> tr ~ qc {CALZE, GUANTI, SCARPE} etw trennen.

spaiàto, (-a) agg {ORECCHINO, SCARPA} getrennt, unpaarig.

spalancàre <spalanco, spalanchi> **A** tr ~ qc **1** (aprire interamente) {FINESTRA, PORTONE} etw auf|reißen, etw auf|sperren **2** (allargare) {OCCHI} etw auf|reißen; {BOCCA} anche etw auf|sperren; {BRACCIA} etw aus|breiten; {GAMBE} etw spreizen **3** fig (aprire) {CUORE} etw öffnen; {ORECCHI} etw auf|sperren, etw spitzen **B** itr pron: **spalancarsi 1** (aprirsi completamente) {PORTA} weit auf|gehen **2** fig (mostrarsi) sich zeigen, sich auf|tun: **la valle si spalancò** ⌊**davanti a lui**⌋/[**sotto i suoi occhi**], vor ihm/[seinen Augen] tat sich das Tal auf.

spalancàto, (-a) agg **1** (aperto interamente) {FINESTRA, PORTA} (sperrangel)weit offen **2** (allargato) {BOCCA, OCCHI} aufgerissen; {BRACCIA} ausgebreitet; {GAMBE} gespreizt **3** fig (aperto) {ORECCHI} offen.

spalanéve <-> m (macchina) Schneeräumer m, Schneeräumgerät n.

spalàre tr ~ (qc) {NEVE, TERRA} etw schaufeln, etw schippen region.

spalàta f (lo spalare alla meglio) Schaufeln n, Schippen n region: **dare una** ~ **alla neve**, Schnee schaufeln/schippen region.

Spàlato f geog Split n.

spalatóre, (-trice) m (f) (chi spala neve) Schneeräumer(in) m(f), Schneeschipper(in) m(f) region.

spalatrice f tecnol (macchina) Pflug m.

spalatùra f (lo spalare) {+NEVE, SABBIA} Schaufeln n, Schippen n region.

spàlla f **1** anat Schulter f: **spalle possenti/spioventi**, mächtige/abfallende Schultern f pl; {+CAVALLO} Schulter f; (articolazione) Schultergelenk n **2** <solo pl> (schiena) Schultern f pl, Rücken m: **mettiti una maglia sulle spalle**, häng dir einen Pulli über die Schultern; **stai su con le spalle!**, halt die Schultern gerade; **scusate le spalle**, entschuldigt, wenn ich euch den Rücken ⌊zukehre⌋/zuwende **3** (parte) {+GIACCA} Schulter(teil n) f **4** arch edil {+ARCO, PONTE} Widerlager n **5** gastr (taglio di carne) {+AGNELLO} Schulter(stück n) f, Schulterteil n, Bug m; (prosciutto) Vorderschinken m **6** geog (contrafforte) {+MONTAGNA} Hang m; (scarpata) {+ARGINE} Böschung f **7** mar {+TIMONE} (Ruder)steven m **8** teat {+COMICO} Partner(in) m(f), Stichwortgeber(in) m(f) ● **portare qu/qc a/in** ⌊**sulle spalle**⌋, jdn/etw auf dem Rücken/den Schultern tragen; **accarezzare le spalle a qu**, jdm über die Schulter streichen; fig scherz (bastonarlo), jdm eins überziehen fam, jdm die Hucke vollhauen fam; **criticare/sparlare alle/**[**dietro le**] **spalle di qu** fig (in sua assenza), hinter jds Rücken über jdn herziehen fam; ⌊**alzare le**⌋/[**stringersi nelle**] **spalle** anche fig (fregarsene), die/[mit den] Achseln zucken; **avere qu alle spalle** (avere qu dietro), jdn im Rücken haben; fig (avere un sostegno), jdn im Rücken haben fam; **colpire alle spalle qu**, jdn an der Schulter treffen; (da dietro), jdn von hinten treffen; fig (a tradimento), jdn hinterrücks

treffen, jdm in den Rücken fallen; *coprire le spalle a qu*, jdn decken; *fig* (*proteggere*), jdn decken, jdm den Rücken decken/freihalten; *coprirsi/proteggersi le spalle*, sich (dat) den Rücken freihalten; *fig* (*cautelarsi*), sich (dat) den Rücken freihalten; *divertirsi/ridere alle spalle di qu fig* (*farne oggetto di scherno*), sich über jdn lustig machen, sich auf jds Kosten amüsieren; *fare da* ~ *a qu fig* (*aiutare*), jdm eine Stütze sein, jdm unter die Arme greifen, jdm die Stange halten; *teat*, jdm das Stichwort geben; *gettare qc sulle spalle di qu fig* (*addossargli*), jdm etw über die Schultern werfen, jdm etw aufbürden *forb*; *gettarsi/buttarsi qc alle/*[*dietro le*] *spalle fig* (*dimenticare*), etw von sich (dat) abschütteln; *guardarsi alle spalle fig* (*stare in guardia*), sich (dat) den Rücken freihalten, auf der Hut sein; *avere le spalle larghe/grosse*, breite Schultern haben; *fig* (*avere grande forza morale*), einen breiten Rücken/Buckel haben *fam*, hart im Nehmen sein, allerhand aushalten (können); *essere con le spalle al muro fig* (*senza scampo*), mit dem Rücken ₍an der₎/[zur] Wand stehen; *mettere qu con le spalle al muro fig* (*non lasciargli scampo*), jdn in die Enge treiben, jdm die Pistole auf die Brust setzen; *prendersi qc sulle spalle fig* (*assumersi l'onere*), sich (dat) etw aufhalsen *fam*, etw auf sich nehmen, sich (dat) etw aufbürden *forb*; *avere le spalle quadrate fig* (*avere grande forza morale*), einen breiten Rücken/Buckel haben *fam*; *avere 80/molti anni sulle spalle fig* (*avere di età*), 80/viele Jahre auf dem Buckel haben *fam*; *avere* ₍una famiglia₎/[dei figli] *sulle spalle fig* (*dover mantenere*), eine Familie/Kinder ₍am Hals haben *fam*₎/[ernähren müssen]; *vivere alle spalle di qu fig* (*a sue spese*), auf jds Kosten leben, jdm auf der Tasche liegen *fam*; *voltare le spalle a qu*, jdm den Rücken zukehren/zuwenden; *anche fig* (*negare il proprio aiuto*), jdn im Stich lassen, jdn im Regen (stehen)lassen; *voltare le spalle alla fortuna fig* (*perdere una buona occasione*), sich (dat) das Glück/eine Gelegenheit nach die Lappen gehen lassen *fam*.
spallàccio <-*ci*> *m* **1** (*cinghia*) {+ZAINO} Riemen *m* **2** *mil* (*cinta di cuoio*) Ledergürtel *m*.
spallàta *f* **1** (*colpo di spalla*) Schulterstoß *m* **2** (*alzata di spalle*) Achsel-, Schulterzucken *n*.
spalleggiaménto *m* (*lo spalleggiare*) Unterstützen *n*.
spalleggiàre <*spalleggio, spalleggi*> A *tr* **1** (*sostenere*) ~ **qu** (*amico*) jdn unterstützen, jdm unter die Arme greifen **2** *mil* (*portare a spalla*) ~ **qc** {ARTIGLIERIA} etw schultern B *rfl rec* (*sostenersi*): **spalleggiarsi** {COLLEGHI} sich (unter)stützen, sich (gegenseitig) unter die Arme greifen.
spallétta *f* **1** (*parapetto di ponte*) (Brücken)geländer *n* **2** (*argine*) {+FIUME} Damm *m* **3** (*strombatura*) {+FINESTRA} Laibung *f*, Leibung *f*.
spallièra *f* **1** (*schienale*) {+POLTRONA, SEDIA} Rückenlehne *f* **2** (*testiera*) {+LETTO} Kopfteil *n* **3** (*pediera*) {+LETTO} Fußteil *n* **4** *agr* Spalier *n*: **una ~ di gelsomini**, ein Jasminspalier; **a ~**, an Spalieren **5** *sport* (*nella ginnastica*) Sprossenwand *f*: **esercizi alla ~**, Übungen an der Sprossenwand.
spallìna *f* **1** (*nella moda*) (*fettuccia per sostenere*) {+REGGISENO, SOTTOVESTE} Halter *m*, Träger *m*: **senza spalline**, halterlos **2** (*nella moda*) (*imbottitura per spalle*) {+CAPPOTTO} Schulterpolster *n* **3** *mil* {+DIVISA} Epaulette *f*, Schulterklappe *f*.
spallóne *m slang* (*contrabbandiere*) Schmuggler *m*.

spallùccia <-*ce*, *d*ɪm *di* spalla> *f* (*spalla esile*) schmale Schulter ● **fare spallucce** *fig fam* (*mostrare disinteresse*), mit den Achseln/Schultern zucken.
spalmàre A *tr* (*distribuire*) ~ **qc** (*su qc*) {CREMA SUL VISO, MARMELLATA SUL PANE} etw auf etw (acc) streichen; ~ **qc di qc** {FETTA BISCOTTATA DI BURRO} etw mit etw (dat) bestreichen; {SCHIENA DI OLIO SOLARE} etw mit etw (dat) ein|cremen, etw mit etw (dat) ein|reiben: ~ **gli sci di sciolina**, die Skier wachsen B *rfl* (*distribuire*): **spalmarsi di qc** {DI CREMA IDRATANTE} sich *mit etw* (dat) ein|cremen, sich *mit etw* (dat) ein|reiben; (*indir*) **spalmarsi qc di qc** {GAMBE DI CREMA} sich (dat) *etw mit etw* (dat) ein|cremen, sich (dat) *etw mit etw* (dat) ein|reiben; (*indir*) **spalmarsi qc** (*su qc*) {POMATA SUL LIVIDO} *etw auf etw* (dat) verteilen, *etw auf etw* (acc) auf|tragen.
spalmàta *f* (*lo spalmare*) Bestreichen *n*, Auftragen *n*: **darsi una bella ~ di crema**, sich ordentlich eincremen.
spàlto *m* **1** <*solo pl*> (*gradinata*) {AFFOLLATI, DESERTI; +STADIO} Ränge *m pl* **2** *mil* (*bastione*) {+FORTEZZA} Mauer *f*, Wall *m*, Bollwerk *n*.
spam <-> *m ingl inform* Spam *n*.
spàmmer <-> *mf ingl inform* Spammer(in) *m*(*f*).
spàmming <-> *m ingl inform* Spamming *n*, Spammen *n*.
spampanàre A *tr agr* ~ **qc** {VITE} *etw* entblättern, *etw* entlauben B *itr pron*: **spampanarsi 1** (*perdere i pampini*) {VITE} die Blätter/das Laub verlieren **2** (*sfiorire*) {FIORE} verblühen.
spanàre A *tr* (*rovinare la filettatura*) ~ **qc** {VITE} *etw* aus|leiern B *itr pron* (*rovinarsi la filettatura*): **spanarsi** {RUBINETTO} (sich) aus|leiern.
spanàto, (-a) *agg* {VITE} ausgeleiert.
spanciàre <*spancio*, *spanci*> A *itr* **1** (*battere la pancia tuffandosi*) einen Bauchklatscher machen **2** (*fare la pancia*) {MURO} sich wölben **3** *aero* {VELIVOLO} eine Bauchlandung machen B *itr pron* (*presentare un rigonfiamento*): **spanciarsi** {INTONACO} sich wölben ● **spanciarsi** {*dal ridere*}/[*dalle risate*] *fig fam* (*ridere a crepapelle*), sich (dat) den Bauch halten vor Lachen *fam*.
spanciàta *f* **1** (*urto con la pancia*) Bauchklatscher *m fam*: **ho dato/preso certe spanciate ...**, ich habe vielleicht Bauchklatscher gemacht ... *fam* **2** *aero* Bauchlandung *f* **3** *fam* (*scorpacciata*) Fresserei *f*: **farsi una ~ di ciliege**, sich (dat) den Bauch mit Kirschen vollschlagen *fam*.
spàndere <*irr* spando, spandei *o* spandetti *o* spansi, spanto> A *tr* **1** (*distribuire uniformemente*) ~ **qc** (*su qc*) {CERA SUL MOBILE} *etw auf etw* (acc) auf|tragen, *etw auf etw* (acc) verteilen; {CONCIME SUL CAMPO} *etw auf etw* (dat) aus|streuen, *etw auf etw* (acc) streuen **2** (*versare*) ~ **qc** (+ *compl di luogo*) {CAFFÈ SULLA TOVAGLIA, ZUCCHERO PER TERRA} *etw* (*irgendwo*) verschütten **3** (*spargere*) ~ **qc** {LACRIME, SANGUE} *etw* vergießen **4** (*emanare*) ~ **qc** (+ *compl di luogo*) {PROFUMO NELL'ARIA} *etw* verströmen, *etw* aus|strömen, *etw* (*irgendwo*) strömen; {LUCE IN UNA STANZA} *etw* (*in etw* acc) aus|strahlen **5** *fig* (*divulgare*) ~ **qc** {NOTIZIA} *etw* verbreiten B *itr* in Umlauf setzen B *itr pron*: **spandersi** (+ *compl di luogo*) **1** (*allargarsi*) {MACCHIA SUL PAVIMENTO} sich (*irgendwo*) aus|breiten, sich (*irgendwo*) verbreiten **2** (*propagarsi*) {ODORE DEL FIENO NELLA CAMPAGNA} *etw* erfüllen, sich (*irgendwo*) verströmen *poet*; {FUOCO NEL BOSCO} sich (*irgendwo*) aus|breiten; {LUCE NEL TEATRO} sich (*irgendwo*) verbreiten **3** *fig* (*divulgarsi*) (*ir-*

gendwo) aus|breiten, (*irgendwo*) die Runde machen *fam*: **in città si sta spandendo la voce che...**, in der Stadt ₍geht das Gerücht um₎/[macht das Gerücht die Runde *fam*], dass ... **4** *fig lett* (*riversarsi*) {FOLLA PER LA STRADA} *etw* überfluten.
Spàndex® <-> *m tess* Spandex *n*, Elasth(an) *n*.
spandicèra <-> *m* Bohnermaschine *f*, Bohner(besen) *m*.
spandiconcìme <-> *m agr* Düngerstreuer *m*, Düngerstreumaschine *f*.
spandifièno <-> *m agr* Heustreuer *m*.
spandighiàia <-> *m tecnol* Kiesstreuer *m*.
spandiletàme <-> *m agr* (Stall)miststreuer *m*.
spandiliquàme <-> *m agr* Düngerwagen *m*, Düngerverteiler *m*, Düngmaschine *f*.
spandisàbbia <-> *m tecnol* Sandstreuwagen *m*, Sandstreufahrzeug *n*.
spandisàle <-> *m tecnol* (Salz)streuwagen *m*.
spanglish <-> *m* (*lingua*) Spanglish *n*.
spàniel <-, -*s pl ingl*> *m ingl zoo* Spaniel *m*.
spànna *f* **1** *anche fig* (*palmo*) {+STOFFA} Handbreit *f*: **è alto una ~ più di me**, er ist eine Handbreit größer als ich **2** *metrol stor* Spanne *f* ● **essere alto una ~** *fig* (*essere molto basso*), ein Dreikäsehoch sein *scherz*; **non vederci a una ~ dal naso** *fig* (*essere molto miope*), extrem kurzsichtig sein, blind wie ein Maulwurf sein; **misurare a spanne** *fig* (*approssimativamente*), über den Daumen peilen.
spannàre[①] *tr* (*disappannare*) ~ **qc**: ~ **il vetro**, die beschlagene Scheibe wischen.
spannàre[②] *tr gastr* ~ **qc** {LATTE} *etw* entrahmen, *etw* ab|sahnen.
spannatùra *f gastr* Entrahmung *f*, Absahnen *n*.
spannocchiàre <*spannocchio, spannocchi*> *tr agr* ~ **qc** {MAIS} *etw* schälen, *etw* entlieschen.
spannocchiatùra *f agr* Schälen *n* von Mais, Maisschälen *n*, Entlieschen *n*.
spànsi 1ª *pers sing del pass rem di spandere*.
spànto *part pass di spandere*.
spaparacchiàrsi <*mi spaparacchio, ti spaparacchi*> *rfl region fam* ~ (+ *compl di luogo*) {SUL DIVANO, AL SOLE} sich (*irgendwo*) flüzen *fam spreg*, sich (*irgendwo*) rekeln *fam*, sich (*irgendwo*) hin|lümmeln *fam spreg*.
spaparacchiàto, (-a) *agg region fam* ~ (+ *compl di luogo*) {DAVANTI ALLA TV, IN POLTRONA} (*irgendwo*) hingefläzt *fam spreg*, (*irgendwo*) hingelümmelt *fam spreg*: **starsene ~**, herumflezen *fam spreg*, herumlümmeln *fam spreg*.
spaparanzàrsi *e deriv* → **spaparacchiàrsi** *e deriv*.
spappolaménto *m* **1** {+CILIEGIA} Zerquetschen *n* **2** *anche med* {+FEGATO, GAMBA} Quetschung *f*, Zerquetschen *n*.
spappolàre A *tr* **1** (*ridurre in poltiglia*) ~ **qc** {PATATE} *etw* zu Brei machen, *etw* zerquetschen **2** *anche med* (*maciullare*) ~ **qc a qu** {FEGATO; PRESSA MANO ALL'OPERAIO} jdm *etw* (zer)quetschen B *itr pron*: **spappolarsi 1** (*ridursi in poltiglia*) {ALBICOCCA} zerquetscht/[zu Brei] werden **2** *anche med* (*maciullarsi*) gequetscht/zerquetscht werden, **nell'incidente gli si è spappolata la milza**, bei dem Unfall wurde ₍ihm die Milz₎/[seine Milz] zerquetscht.
sparachiòdi <-> *f tecnol* Tacker *m*.
sparaghèlla, **sparagèlla** *f bot* wilder Spargel.
sparagnìno, (-a) *region fam* A *agg* knau-

s(e)rig *fam spreg*, knickerig *fam spreg*, geizig **B** m (f) Geizkragen m *fam*, Knicker m *fam*, Knauser m *fam spreg*.
sparaneve <inv> agg solo nella loc: **cannone ~**, Schneekanone f.
sparapùnti **A** <-> f (*macchinetta*) Klammermaschine f, Klammerpistole f **B** <inv> agg (PISTOLA) Klammer-.
spararàzzi **A** m (*congegno*) Signalpistole f, Signalwaffe f **B** agg (*posposto al sost*): {ARMA, PISTOLA} Signal-.
sparàre **A** tr 1 ~ (*qc*) (*a qu/qc*) (*con qc*) (+ *compl di luogo*) (+ *compl di modo*) {RAFFICA DI MITRA SULLA FOLLA} etw (*auf jdn/etw*) ab|feuern, etw (*auf jdn/etw*) ab|geben; {CARTUCCIA A PALLINI A UNA LEPRE} etw (*mit etw dat*) (*auf jdn/etw*) schießen, etw (*mit etw dat*) (*auf jdn/etw*) feuern; {CANNONE, FUCILE COLPO} etw ab|geben; {ARMA BENE, CON PRECISIONE; GUARDIANO A BRUCIAPELO} (*irgendwie*) schießen; **un colpo in testa a qu con una rivoltella**, jdm mit einem Revolver in den Kopf schießen, mit einem Revolver ein Kopfschuss auf jdn abfeuern; **~ alle gambe a qu**, jdm in die Beine schießen; **non sa ~**, er/sie kann nicht schießen; **questo fucile non spara**, dieses Gewehr schießt nicht; **mani in alto o sparo!**, Hände hoch, oder ich schieße!; **~ a salve**, Salve schießen/geben, Salven abgeben/feuern 2 (*assestare*) ~ **qc** (+ *compl di luogo*) {AVVERSARIO PUGNO SUL MENTO; CAVALLO CALCIO NELLO STOMACO} etw (*irgendwohin*) aus|teilen, jdm etw (*irgendwohin*) verpassen, jdm etw (*irgendwohin*) versetzen 3 *fig fam* (*dire*) ~ **qc** {BALLA, FANDONIA} etw auf|tischen, etw vom Stapel lassen *fam*, etw los|lassen *fam*: **ma non ~ cazzate!** *volg*, ach red doch keinen Scheiß! *fam spreg* 4 *fig fam* (*richiedere*) ~ **qc** {CIFRA, PREZZO} etw verlangen 5 *fig slang giorn* (*mettere in evidenza*) ~ **qc in qc** {FATTO IN PRIMA PAGINA, TITOLO IN COPERTINA} etw *auf* etw (*acc*) setzen, etw (*auf* etw *dat*) groß heraus|bringen 6 *sport* (*nel calcio*) (*tirare*) ~ (**qc**) **in qc** {GOL IN PORTA, PALLONE IN RETE} (*etw*) *in/auf* etw (*acc*) schießen, (*etw*) *in/auf* etw (*acc*) knallen *fam* **B** itr *fot TV* {IL BIANCO} blenden, reflektieren **C** rfl 1 **spararsi** (*a/in qc*) {IN BOCCA, AL CUORE} sich (*in* etw *acc*) schießen, sich (*indir*) **spararsi qc** (*a/in qc*) sich (*dat*) etw *in/durch* etw (*acc*) schießen: **spararsi un colpo alla testa**, sich (*dat*) eine Kugel durch den Kopf jagen 2 indir *slang giovanile* (*bere, mangiare*): **spararsi qc** {BIRRA, PIZZA} sich (*dat*) etw reinpfeifen *slang*, sich (*dat*) etw rein|ziehen *slang* 3 indir *slang* (*drogarsi*): **spararsi qc** {DOSE DI EROINA} sich (*dat*) etw schießen *slang*, sich (*dat*) etw spritzen, etw fixen ● **allora cosa vuoi questa volta: spara!**, also was willst du diesmal: schieß los! *fam*; **spararle grosse** (*inventare cose inverosimili*), (faustdicke) Lügen auftischen *fam*, dick auftragen *fam spreg*.
sparàta f 1 (*scarica di arma da fuoco*) {+FUCILE} Salve f 2 *fig* (*vanteria*) Aufschneiderei f *fam spreg*, Angeberei f *fam* 3 *fig* (*piazzata*) Szene f, Auftritt m.
sparàto[1] m (*nella moda*) (gestärkte) Hemdbrust.
sparàto[2], (-a) agg 1 *fig fam* (*diritto*) {CAPELLI} widerspenstig, wirr, in alle Richtungen abstehend 2 *fig fam* (*fulmineo*) blitzschnell, wie die Feuerwehr *fam*, wie der Blitz *fam*: **è andato ~ alla polizia**, er sauste sofort zur Polizei; **le ha risposto tutto ~**, er/sie antwortete ihr wie aus der Pistole geschossen *fam*; **partire tutto ~**, abzischen *fam*.
sparatóre, (-trice) m (f) {PROFESSIONISTA} Schütze m, (Schützin f).
sparatòria f (LUNGA, TERRIBILE) Schießerei f, Schusswechsel m.

sparatrìce f → **sparatore**.
sparecchiàre <sparecchio, sparecchi> tr 1 ~ (**qc**) {TAVOLA} (etw) ab|decken, (etw) ab|räumen: **stasera sparecchio io**, heute deck ich den Tisch ab 2 *fig fam* (*mangiare avidamente*) ~ **qc** etw verdrücken *fam*, etw verputzen *fam*.
sparéggio <-gi> m 1 (*disuguaglianza*) Unterschied m, Missverhältnis n 2 *comm* (*deficit*) Defizit n, Fehlbetrag m 3 (*nei giochi di carte*) Entscheidungsspiel n: **fare lo ~**, das Entscheidungsspiel austragen 4 *sport* Entscheidungsspiel n, Entscheidungskampf m: **domenica si disputa lo ~ tra le capolista**, am Sonntag ist das Entscheidungsspiel zwischen den Tabellenführern.
spàrgere <irr *spargo, sparsi, sparso*> **A** tr 1 (*sparpagliare*) ~ **qc** (+ *compl di luogo*) {FIORI SU UNA TOMBA, SEMI IN UN CAMPO} etw (*irgendwo*) aus|streuen; {GIOCATTOLI PER LA CASA} etw (*irgendwo*) verstreuen, etw (*irgendwo*) verteilen; ~ **qu/qc** (+ *compl di luogo*) {PECORE AL PASCOLO} jdn (*irgendwo*) zerstreuen; {POLIZIOTTI INTORNO ALLO STADIO} anche jdn/etw (*irgendwo*) verteilen 2 (*cospargere*) ~ **qc di qc** {PAVIMENTO DI SEGATURA, TORTA DI ZUCCHERO} etw mit (etw *dat*) bestreuen 3 (*versare*) ~ **qc** (+ *compl di luogo*) {VINO SULLA TOVAGLIA} etw (*auf* etw *acc*) verschütten 4 (*spandere*) ~ **qc** {LACRIME, SANGUE} etw vergießen 5 (*diffondere*) ~ **qc** (+ *compl di luogo*) {LUCE IN UNA CASA} etw (*in* etw *acc*) aus|strahlen; {ODORE NELL'ARIA} etw (*irgendwo*) verströmen, etw (*irgendwo*) verbreiten; {CALORE IN UNA STANZA} anche etw (*in* etw *acc*) aus|strahlen 6 *fig* (*divulgare*) ~ **qc** {SEGRETO} etw verbreiten, etw weiter|geben; {IDEA} anche etw bekannt machen: **provvedi tu a ~ la voce in paese**, sorg du dafür, dass sich das im Dorf herumspricht **B** itr pron: **spargersi** (+ *compl di luogo*) 1 (*sparpagliarsi*) {FOLLA DI TURISTI PER LA CITTÀ} sich (*irgendwo*) zerstreuen, sich (*irgendwo*) verstreuen 2 (*propagarsi*) {PROFUMO DI GELSOMINO NEL GIARDINO} sich (*irgendwo*) aus|breiten; {CALORE, LUCE PER LA CASA} sich (*irgendwo*) verbreiten 3 *fig* (*divulgarsi*) {NOTIZIA IN UFFICIO} sich (*irgendwo*) verbreiten, (*irgendwo*) die Runde machen *fam*: **la voce si sparse in un batti baleno**, das Gerücht verbreitete sich im Nu/[machte im Nu die Runde] *fam*.
spargiménto m 1 (*lo spargere*) {+CONCIME, PETALI DI ROSA, SALE} (Aus)streuen n 2 (*versamento*) {+ACQUA} Verschütten n 3 (*spandimento*) Vergießen n: **~ di sangue**, Blutvergießen n 4 (*divulgazione*) {+DICERIA} Verbreitung f, Verbreiten n.
spargipépe <-> m (*pepiera*) Pfefferstreuer m.
spargisàle <-> m 1 (*saliera*) Salzstreuer m 2 *tecnol* (*spandisale*) (Salz)streuwagen m.
sparide m *itt* Meerbrasse f.
sparigliàre <spariglio, sparigli> tr (*spaiare*) ~ **qc** {CALZINI, CAVALLI} etw trennen.
sparire <irr *sparisco, sparii, sparito*> itr <*essere*> 1 (*scomparire*) ~ (+ *compl di luogo*) {LADRO TRA LA FOLLA; NAVE ALL'ORIZZONTE; SOLE DIETRO LA COLLINA} (*irgendwo*) verschwinden, weg|gehen; {MACCHIA} (*irgendwo*) verschwinden, weg|gehen: **sparisci!**, verschwinde!, hau ab! 2 (*essere introvabile*) ~ (**da qc**) {MARITO DA CASA; PRODOTTO DAL MERCATO} von etw (*dat*) verschwinden: **qui sparisce tutto**, hier verschwindet alles; **mi sono spariti gli orecchini**, meine Ohrringe sind verschwunden 3 *fam* (*finire*) ~ (+ *compl di tempo*) {TORTA IN UN ATTIMO} (*in* etw *acc*) verschwinden 4 *fig* (*svanire*) {DOLORE} auf|hören, nach|lassen, ab|klingen; {RICORDO} ausgelöscht werden, nach und nach verblassen

● **far ~ qu** (*uccidere*), jdn um die Ecke bringen *fam*; **far ~ qc** (*rubare*), {PORTAFOGLIO} etw mitgehen lassen *fam*, etw einstecken, etw stibitzen *fam*; (*togliere dalla circolazione*) {PRODOTTO} etw aus dem Verkehr ziehen; (*consumare rapidamente*) {CENA} etw in Windeseile verdrücken *fam*, etw hinunter|schlingen.
sparizióne f (*scomparsa*) {+ANELLO, INDIZIATO} Verschwinden n.
sparlàre itr 1 (*parlar male*) ~ **di qu/qc** {DI UN'AMICA, DELLA PROPRIA FAMIGLIA} Schlechtes über jdn/etw sagen, über jdn/etw lästern, über jdn/etw her|ziehen *fam*, jdm/etw Übles nach|sagen 2 (*parlare a sproposito*) dumm daher|reden *fam spreg*.
sparlatóre, (-trice) m (f) (*maldicente*) Lästerer(in) m(f), Lästermaul n *fam*.
spàro m 1 (*colpo*) Schuss m: **lo ha ucciso al primo ~**, er/sie tötete ihn mit dem ersten Schuss 2 (*rumore*) {+FUCILE} Knall m.
sparpagliaménto m 1 {+DOCUMENTI} Ver-, Zerstreuung f 2 {+FOLLA} Zerstreuung f.
sparpagliàre <sparpaglio, sparpagli> **A** tr (*disseminare qua e là*) ~ **qc** (+ *compl di luogo*) {VENTO GIORNALI SUL PAVIMENTO} etw (*irgendwo*) verstreuen, etw (*irgendwo*) zerstreuen; {FOGLIE IN GIARDINO} anche etw irgendwohin wirbeln; ~ **qu/qc** (+ *compl di luogo*) {AGENTI PER IL QUARTIERE} jdn/etw (*irgendwo*) verteilen, jdn/etw (*irgendwo*) zerstreuen **B** itr pron: **sparpagliarsi** (+ *compl di luogo*) 1 (*spargersi*) {FOGLI OVUNQUE} sich (*irgendwo*) verstreuen, sich (*irgendwo*) zerstreuen, irgendwohin wirbeln 2 (*disperdersi*) {GRUPPO PER IL PAESE} sich (*irgendwo*) zerstreuen, sich (*irgendwo*) verstreuen.
sparpagliataménte avv (*in modo disordinato*) zerstreut, verstreut.
sparpagliàto, (-a) agg ~ (+ *compl di luogo*) {FOGLI, SCARPE} (*irgendwo*) verstreut, (*irgendwo*) zerstreut.
spàrring pàrtner <- -, *sparring partners* pl ingl> loc sost m *ingl sport* (*nel pugilato*) Sparringpartner m.
spàrsi 1a pers sing del pass rem *di spargere*.
spàrso, (-a) **A** part pass *di spargere* **B** agg 1 (*disseminato qua e là*) ~ (+ *compl di luogo*) {LIBRI SULLA SCRIVANIA, VESTITI PER LA STANZA} (*irgendwo*) verstreut, (*irgendwo*) zerstreut; {CASE PER IL MONDO} (*irgendwo*) verteilt 2 (*sparpagliato*) {ANIMALI, PERSONE} zerstreut 3 (*sciolto*) ~ {CAPELLI AL VENTO} offen (*in* etw *dat*), lose *fam* 4 *lett* (*cosparso*) ~ **di qc** {PRATO DI FIORI} (*mit* etw *dat*) übersät: **viso ~ di lacrime**, tränenüberströmtes Gesicht.
spartachìsmo m *polit stor* Spartakusideologie f, Ideologie f des Spartakusbundes.
spartachìsta <-i m, -e f> *polit stor* **A** agg {MOVIMENTO} Spartakus- **B** mf Spartakist(in) m(f).
Spàrtaco m *stor* Spartakus m.
spartàno, (-a) **A** agg 1 *stor* {COSTITUZIONE} spartanisch 2 *fig* (*severo*) {EDUCAZIONE} spartanisch, streng 3 *fig* (*essenziale*) {ARREDAMENTO, VITA} spartanisch, einfach, anspruchslos **B** m (f) (*abitante*) Spartaner(in) m(f).
sparteìna <-> f *chim* Spartein n.
spartiàcque <-> m 1 *geog* {SOTTERRANEO, SUPERFICIALE} Wasserscheide f 2 *fig* (*linea di separazione*) Trennungslinie f, Zäsur f *forb*: **la prima guerra mondiale è stato il vero ~ tra Ottocento e Novecento**, der Erste Weltkrieg war die eigentliche Zäsur *forb* zwischen dem 19. und dem 20. Jahrhundert.
spartiàta <-i m, -e f> mf *stor* Spartiat(in)

m(f.)

spartifiàmma <-> m {+FORNELLO} Brenneroberteil n, Brennerkrone f, Flammentrenner m.

spartifuòco <-> m teat eiserner Vorhang.

spartinéve <-> m Schneepflug m.

spartìre <spartisco> **A** tr **1** (dividere) ~ **qc** (in qc) (tra qu) {EREDITÀ IN PARTI UGUALI TRA FRATELLI} etw (in etw acc) (zwischen jdm) (auf)teilen, etw (in etw acc) (zwischen jdm) verteilen; ~ **qc con qu** {GUADAGNO CON UN SOCIO} etw mit jdm teilen **2** (separare) ~ **qu** {DUE LITIGANTI} jdn trennen **B** rfl indir intens: spartirsi **qc** (con qu) {MERCATO CON LA CONCORRENZA} sich (dat) etw (mit jdm) teilen **C** rfl indir rec (dividersi): spartirsi **qc** {SOCI SOMMA, TERRENO} sich (dat) etw teilen ● **non avere niente da ~ con qu/qc** fig (non avere nulla in comune), mit jdm/etw nichts gemein haben; **non voler avere niente da ~ con qu** fig (non volere avere a che fare), mit jdm nichts zu tun haben wollen.

spartìto m mus **1** (riduzione per piano) Klavierauszug m **2** (partitura) Partitur f.

spartitràffico **A** <inv> agg {LINEA} Trenn-, Mittel-: **aiuola ~**, begrünte Verkehrsinsel; Grünstreifen m **B** <-> m Fahrbahnteiler m; (banchina) Leitplanke f; (linea) Trenn-, Mittelstreifen m; (siepe) Grünstreifen m.

spartizióne f {+BOTTINO, PATRIMONIO} (Auf-, Ver)teilung f.

spàrto m **1** bot Esparto(gras n) m, Spartgras n **2** tess Espartofaser f.

sparùto, (-a) agg **1** (smunto) {BIMBO} schmächtig, ausgemergelt, mager; {VISO} eingefallen **2** fig (piccolo) {NUMERO DI ASCOLTATORI} spärlich, winzig; **uno ~ gruppetto di turisti**, eine winzige Touristengruppe.

sparvièro, **sparvière** m **1** ornit Sperber m **2** edil (attrezzo) Glätter m, Reibbrett n.

spaşimànte mf scherz Verehrer m n(f), Schmachtlappen m fam spreg.

spaşimàre itr **1** (soffrire) ~ (da/di/per qc) {PER LA SETE} (vor etw dat) fast vergehen/um|kommen; {DAL DOLORE} sich (vor etw dat) winden: **~ di caldo**, in der Hitze schmachten forb; **~ per una goccia d'acqua**, nach einem Tropfen Wasser schmachten/lechzen forb **2** fig (smaniare) ~ (di qc): ~ **d'amore**, vor Liebe(ssehnsucht) vergehen, nach Liebe schmachten forb, sich in Liebe verzehren forb; **~ di nostalgia**, sich schmerzlich nach etw (dat) sehnen, große Sehnsucht leiden; **~ di tornare a casa**, sich vor Heimweh verzehren forb; spec scherz ~ (per qu) (nach jdm) schmachten forb o scherz, sich nach jdm verzehren forb o scherz; **spasima per lui**, sie schmachtet er/[verzehrt sich] nach ihm forb o scherz.

spàşimo m **1** (fitta) {ATROCE; +FAME} Stachel m: **~ della morte**, Todeskrampf m **2** fig (struggimento) {+DISPERAZIONE} Qual f: **gli spasimi dell'amore**, die Liebesqualen ● **fino allo ~** (fino al limite estremo), bis zum Letzten/Äußersten.

spàşmo m med {LARINGEO} Krampf m.

spaşmodicaménte avv **1** fig (affannosamente) {CERCARE} fiebrig, verzweifelt **2** fig (con grande tensione) {ASPETTARE QC} sehnlichst, sehnsüchtig **3** med {CONTRASTO} krampfhaft.

spaşmòdico, (-a) <-ci, -che> agg **1** fig (affannoso) {RICERCA} fiebrig, verzweifelt **2** fig (carico di tensione) {ATTESA} qualvoll, quälend **3** med (spastico) {CONTRAZIONE} krampfhaft.

spaşmolìtico, (-a) <-ci, -che> farm **A** agg krampflösend, spasmolytisch scient **B** m krampflösendes Mittel, Spasmolytikum n scient.

spassàre fam **A** itr pron (divertirsi): **spassarsi** sich amüsieren, sich unterhalten, sich vergnügen **B** tr rar (divertire) ~ **qu** jdn amüsieren, jdn unterhalten, jdn vergnügen ● **spassarsela** (darsi alla bella vita), es sich (dat) gut gehen lassen, sich amüsieren, sich (dat) ein schönes Leben machen; **spassarsela con qu** (amoreggiare), mit jdm flirten, mit jdm turteln scherz.

spassionàto, (-a) agg (imparziale) {CRITICO, PARERE} unbefangen, unvoreingenommen, objektiv.

spàsso m **1** (divertimento) Spaß m, Vergnügen n: **è un vero ~ uscire con lui**, es ist ein wirkliches Vergnügen, mit ihm auszugehen; **dire/fare qc per ~**, etw ₍zum Vergnügen₎/[aus Spaß] sagen/tun **2** fig (persona spassosa) Spaßvogel m, Witzbold m fam: **quel tipo è proprio uno ~**, der Typ ist wirklich ein Spaßvogel ● **andare a ~** (passeggiare), spazieren gehen; **essere a ~** fig (essere disoccupato), auf der Straße sitzen fam; **mandare a ~ qu** fig (licenziarlo), jdn auf die Straße setzen fam; scherz (levarselo di torno), sich (dat) jdn vom Halse schaffen; **portare a ~ qu**, jdn spazieren führen; fig (illuderlo), jdn täuschen, jdm etwas vor|machen; **prendersi ~ di qu** (prenderlo in giro), sich über jdn lustig machen, jdn auf den Arm nehmen fam.

spassosità <-> f {+TIPO} Amüsante n decl come agg, Lustige n decl come agg, Spaßige n decl come agg: **non hai capito la ~ della scena**, du hast das Erheiternde/Lustige an der Szene nicht begriffen.

spassóso, (-a) agg {BAMBINO} amüsant, lustig, spaßig; {FILM, RACCONTO, SITUAZIONE} anche erheiternd.

spasticità <-> f med Spastik f scient.

spàstico, (-a) <-ci, -che> **A** agg med {COLITE, RAGAZZO} spastisch **B** m (f) **1** med (handicappato) Spastiker(in) m(f), spastisch Gelähmte mf decl come agg **2** slang giovanile scherz (persona goffa) Spastiker(in) m(f) slang, Spasti mf slang.

spàto m min Spat m: **~ d'Islanda**, isländischer Doppelspat.

spàtola A f **1** gener anche edil med (strumento) Spachtel m o f, Spatel m **2** (parte dello sci) Schaufel f **3** ornit Löffelreiher m **B** <inv> loc agg: **a ~**, {BECCO, CUCCHIAIO, DITA} spatelförmig.

spatolàto, (-a) **A** agg bot {FOGLIA} spatelförmig **B** m edil Stuck m.

spauràcchio <-chi> m **1** anche fig (spaventapasseri) Vogelscheuche f: **cosa ti è successo? Sembri uno ~!**, was ist denn mit dir los? Du siehst aus wie eine Vogelscheuche! **2** fig (incubo) Schrecken m: **essere lo ~ degli studenti/della scuola**, der Schrecken der ₍Schüler/Studenten₎/[Schule] sein; **avere lo ~ degli esami**, (den) Prüfungshorror haben slang.

spaurìre <spaurisco> **A** tr (impaurire) ~ **qu** (con qc) {BAMBINO CON FORTI GRIDA} jdn (mit etw dat) erschrecken, jdn (mit etw dat) ängstigen **B** itr pron (impaurirsi): **spaurirsi** (sich) erschrecken, sich ängstigen.

spaurìto, (-a) agg (impaurito) {ESPRESSIONE, RAGAZZA} ängstlich, verängstigt, von Angst erfüllt.

spavalderìa f Dreistigkeit f, Frechheit f.

spavàldo, (-a) **A** agg {ARIA, UOMO} dreist, frech **B** m (f) Draufgänger(in) m(f): **non fare lo ~!**, sei nicht so dreist!, spiel nicht den Draufgänger!

spaventapàsseri <-> m anche fig Vogelscheuche f: **conciato così sembri uno ~**, in dem Aufzug siehst du aus wie eine Vogelscheuche.

spaventàre A tr **1** (mettere paura) ~ **qu** (con qc) {ORCO BAMBINO CON LA SUA VOCE} jdn (mit etw dat) erschrecken **2** (destare preoccupazione) ~ (qu) jdm Angst machen: **il nuovo spaventa sempre**, das Neue ist immer erschreckend; **viaggiare col brutto tempo mi spaventa**, bei schlechtem Wetter zu reisen, macht mir Angst **B** itr pron: **spaventarsi** (di/[di fronte a]/[per]/[alla vista di] qu/qc) {DELL'ASPETTO DI QU, PER UN NONNULLA, ALLA VISTA DEL SANGUE} (sich) (bei/angesichts etw dat) erschrecken, (bei/angesichts etw dat) einen Schrecken bekommen.

spaventévole agg **1** (orrendo) {ASPETTO, SCENA} erschreckend, schrecklich **2** fig (enorme) {MISERIA} ungeheuer.

spavènto m **1** (paura) {GRANDE, TERRIBILE} Schrecken m, Schreck m: **fare ~ a qu**, jdn erschrecken; **incutere/mettere ~ a qu**, jdm einen Schrecken einjagen; **morire di/dallo ~**, (beinahe) sterben vor Schreck; **mi sono presa uno ~**, ich bekam einen Schreck **2** fig fam (orrore) heruntergekommene fam/abgewirtschaftete Person/Sache: **quella donna è uno ~**, diese Frau ist ₍eine Schreckschraube fam₎/[ein Besen fam spreg]/[schrecklich heruntergekommen] fam; **quella casa è uno spavento**, dieses Haus ist ein Saustall volg spreg/eine Bruchbude fam spreg ● **magro/sporco/... da fare ~** (magrissimo/sporchissimo/...), erschreckend/furchtbar dünn/dreckig/...

spaventoşaménte avv (enormemente) furchtbar: **sono ~ in ritardo**, ich bin furchtbar spät dran.

spaventoşità <-> f (mostruosità) {+CRIMINE, SITUAZIONE} Schrecklichkeit f.

spaventóşo, (-a) agg **1** (che incute paura) {SCOPPIO} schrecklich, beängstigend **2** (terribile) {FACCIA, INCIDENTE} entsetzlich, furchtbar, schrecklich **3** fig (enorme) {DISORDINE, FREDDO, IGNORANZA, SETE, VELOCITÀ} schrecklich, furchtbar.

spaziàle agg **1** (dello spazio) {DISTRIBUZIONE, GEOMETRIA, INTERVALLO} Raum-, räumlich **2** astr {ARMA, BASE, ERA, NAVICELLA, VOLO} (Welt)raum- **3** fig slang giovanile {MUSICA, VIAGGIO} abgefahren slang, geil slang, grell slang, irr fam.

spazialìsmo m arte Spazialismo m.

spazialità <-> f Räumlichkeit f.

spaziàre <spazio, spazi> **A** tr **1** (distanziare) ~ **qc** (+ compl di luogo) {ARTICOLI IN VETRINA} etw (irgendwo) in Abständen auf|stellen, irgendwo Platz zwischen etw (dat) lassen; {QUADRI SU UNA PARETE} etw (irgendwo) in Abständen auf|hängen **2** tip (lasciare uno spazio) ~ **qc** {CARATTERI} etw spationieren, etw sperren, etw gesperrt drucken **B** itr **1** (librarsi) ~ + compl di luogo {RONDINE, STORMO DI PASSERI IN CIELO} irgendwo umherschwirren, über etw (acc) ziehen, irgendwo schweben **2** fig (estendersi) ~ + compl di luogo {PANORAMA FINO ALL'ORIZZONTE} sich irgendwohin aus|dehnen, sich irgendwohin erstrecken; {SGUARDO SUL LAGO} irgendwohin reichen, irgendwohin schweifen; {CULTURA DI QU, INTERESSE DI QU IN TUTTI I CAMPI} sich irgendwohin erstrecken, sich irgendwohin richten, etw umfassen **3** fig (oscillare) ~ **tra qc e qc** {GENERE TRA REALISMO E FANTASCIENZA} sich zwischen etw (dat pl) bewegen, zwischen etw (dat pl) schwanken.

spaziatóre, (-trice) agg {BARRA, TASTO} Leer-.

spaziatùra f **1** (lo spaziare) {+MOBILI} Aufstellen n in Abständen **2** (spazio) Raum m, Abstand m: **una ~ di un metro tra un manichino e l'altro**, ein Abstand von einem Meter zwischen einer Schaufensterpuppe und

spazieggiàre <spazieggio, spazieggi> tr ~ **qc 1** (distanziare) Platz zwischen etw (dat pl) lassen **2** tip {PAROLE} etw spationieren, etw sperren, etw gesperrt drucken.

spazientire <spazientisco> **A** tr (far perdere la pazienza) ~ **qu** jdn nervös machen **B** itr pron (perdere la pazienza): **spazientirsi** (per qc) {PER UN NONNULLA} (wegen etw gen) ungeduldig/nervös werden, (wegen etw gen) die Geduld verlieren, sich (wegen etw gen) auf|regen.

spazientito, (-a) agg (scocciato) ungeduldig, nervös, genervt fam.

spàzio <-zi> m **1** gener {DELIMITATO, PICCOLO, VASTO} Platz m, Raum m **2** (posto) Platz m: **non ha ~ per muoversi**, er/sie hat keinen Platz, um sich zu bewegen; **c'è ~ solo per due**, es gibt nur Raum für zwei; **mi fai un po' di ~?**, machst du mir ein bisschen Platz?; **fare un po' di ~ per i libri**, ein bisschen Platz für die Bücher schaffen **3** (distanza) Abstand m, Zwischenraum m: **lo ~ tra me e te**, der Abstand zwischen mir und dir **4** fig (ambito di azione) {CULTURALE, POLITICO} Raum m, Aktionsfeld n: **concedere ~ all'iniziativa privata**, der Privatinitiative Raum geben; **dare/lasciare ~ a qu/qc**, jdm/etw Platz geben/lassen; **ritagliarsi un proprio ~ personale**, sich (dat) einen persönlichen Freiraum schaffen **5** fig (periodo di tempo) (Zeit)spanne f, Zeitraum m: **è durato lo ~ di un giorno**, das/es dauerte einen Tag; **fare qc nello ~ di poche ore**, etw ¡in wenigen¡/[binnen weniger] Stunden tun **6** astr (cosmo) {INTERGALATTICO, INTERPLANETARIO, INTERSTELLARE} (Welt)raum m, (Welt)all n: **volare nello ~**, in den Weltraum fliegen **7** filos mat scient {EUCLIDEO, ORDINARIO, TRIDIMENSIONALE} Raum m **8** mus Zwischenraum m **9** tip {DOPPIO} Leerstelle f, Blank n ● **~ aereo** aero, Luftraum m; **~ aperto**, Freigelände n, offenes Gelände; **~ di arresto/frenata** autom, Bremsweg m; **~ intercostale** anat, Rippenzwischenraum m, Interkostalraum m scient; **~ interdentale** zoo, Interdentalraum m scient; **lasciare un po' di ~**, ein bisschen Platz/Abstand lassen; **~ pubblicitario** comm giorn (cartello o pagina), Werbefläche f; **~ radio TV** (tempo di trasmissione), Werbezeit f; **~ pubblico** dir, öffentlicher Raum; **~ verde**, Grünanlage f; **~ vitale** stor anche fig, Lebensraum m.

spaziosità <-> f (ampiezza) {+STANZA} Geräumigkeit f.

spazioso, (-a) agg (ampio) {SOGGIORNO} geräumig; {STRADA} breit; {FRONTE} anche hoch.

spàzio-tèmpo, spaziotèmpo <-zi-> m fis (vierdimensionales) Raum-Zeit-Kontinuum.

spazio-temporàle, spaziotemporàle agg fis {INTERVALLO} raumzeitlich, Raum-Zeit-.

spazzacamìno m Schornstein-, Kaminfeger m.

spazzanéve <-> m **1** (spartineve) Schneepflug m **2** sport (nello sci) Schneepflug m: **facciamo un po' di ~**, fahren wir ein bisschen im (Schnee)pflug; **sciare a ~**, im (Schnee)pflug fahren.

spazzàre tr **1** (scopare) ~ (qc) {CUCINA, STRADA} (etw) fegen, etw kehren; **~ per terra**, den Boden fegen **2** anche fig (rimuovere) ~ (via) qc (da qc) {FOGLIE DAL MARCIAPIEDE, IMMONDIZIA, VENTO NUVOLE DAL CIELO} etw (von etw dat) weg|fegen, etw von etw dat fegen **3** fig (eliminare) ~ **via qu/qc** (da qc) {PREOCCUPAZIONE DALLA MENTE} jdn (aus etw dat) vertreiben; {TEPPISTI DALLA CITTÀ} anche etw von jdm/etw säubern **4** fig fam (divorare) ~ (via) qc {PRANZO} etw verdrücken fam, etw verputzen fam.

spazzàta f (scopata) kurzes/oberflächliches Fegen: **dare una ~ al cortile**, den Hof (schnell) fegen.

spazzatrìce f tecnol Kehrmaschine f.

spazzatùra **A** <inv> agg fig slang giorn {CINEMA} ohne jedes Niveau: **la tv d'oggi è proprio ~**, das heutige Fernsehen ist ¡der letzte Dreck¡/[wirklich Schrott/Müll] fam spreg **B** f **1** (rifiuti) Abfall m, Müll m, Kehricht m o n: **buttalo nella ~!**, schmeiß es in den Müll! **2** (lo spazzare) Kehren n, Fegen n **3** fig (porcheria) Müll m fam spreg, Schrott m fam spreg: **questi libri sono solo ~**, diese Bücher sind nichts als Müll! fam spreg ● **trattare qu come ~** fig fam (con disprezzo), jdn wie den letzten Dreck behandeln fam spreg.

spazzìno, (-a) m (f) Straßenkehrer(in) m(f).

spàzzola **A** f **1** (arnese) {+LUCIDATRICE; +SETOLA} Bürste f: **~ per cani**, Hundebürste f; **~ per capelli/vestiti**, Haar-/Kleiderbürste f; **~ da/per scarpe**, Schuhbürste f **2** autom {+TERGICRISTALLO} Wischerblatt n **3** elettr {+DINAMO} Bürste f **4** mus Schlagbesen m **B** <inv> loc agg avv: **a ~**, {BAFFI} im Bürstenschnitt; **capelli a ~**, Bürstenschnitt m, Bürstenfrisur f; **tagliare a ~**, einen Bürstenschnitt machen ● **~ elettrica** (elettrodomestico), elektrische Bürste.

spazzolàre **A** tr **1** (pulire con la spazzola) ~ **qc** {CAPPOTTO, SCARPE} etw (ab|)bürsten, etw (aus|)bürsten **2** (ravvivare con la spazzola) ~ **qc** (a qu/qc) {CAPELLI A UNA CLIENTE, PELO A UN ANIMALE} jdm/etw etw bürsten **3** fig fam (divorare) ~ **qc** {CENA} etw verdrücken fam, etw hinunter|schlingen, etw weg|putzen fam **B** rfl indir: **spazzolarsi qc 1** (pulirsi) {GIACCA, STIVALI} sich (dat) etw (ab|)bürsten, sich (dat) etw (aus|)bürsten **2** (ravvivarsi) {LUNGA CHIOMA} sich (dat) etw bürsten **C** rfl indir intens fig fam (divorarsi): **spazzolarsi qc** {TUTTA LA TORTA} etw verdrücken fam, etw hinunter|schlingen, etw weg|putzen fam.

spazzolàta f kurzes Bürsten: **dare una ~ al vestito**, das Kleid kurz ausbürsten; **darsi una ~ ai capelli**, sich (dat) schnell die Haare (durch)bürsten.

spazzolatrìce f tecnol Bürstenmaschine f.

spazzolìno <dim di spazzola> m **1** (kleine) Bürste: **~ per unghie**, Nagelbürste f **2** (per lavarsi i denti) Zahnbürste f: **~ da denti**, Zahnbürste f.

spazzolóne <accr di spazzola> m Schrubber m.

speaker <-> mf ingl **1** polit (negli Stati Uniti e in Gran Bretagna) Speaker m, Parlamentspräsident(in) m(f) **2** radio TV Sprecher(in) m(f), Ansager(in) m(f) **3** sport Ansager(in) m(f).

speakeràggio <-gi> m öffentliches Sprechen.

specchiàrsi <mi specchio, ti specchi> **A** itr pron (riflettersi) ~ **in qc** {MONTAGNA NEL LAGO} sich in etw (dat) spiegeln **B** rfl **1** (mirarsi allo specchio): ~ sich im Spiegel betrachten, in den Spiegel sehen **2** (vedersi riflesso): ~ **in qc** {NELL'ACQUA, IN UNA VETRINA} sich in etw (dat) spiegeln **3** fig (prendere a modello): ~ **in qu/qc** {NELL'ONESTÀ DI QU} sich an jdm/etw ein Beispiel nehmen.

specchiàto, (-a) agg **1** (con specchio) {PORTA} Spiegel- **2** (a specchio) {VETRO} Spiegel- **3** fig (esemplare) beispielhaft: **persona di specchiata onestà**, Mensch von beispielhafter Ehrlichkeit.

specchièra f **1** (specchio a parete) {ANTICA, DORATA} (großer) Wandspiegel **2** (mobile a specchio) Spiegelschrank m, Spiegelmöbel n **3** (tavolino da toilette) Spiegeltisch m, Spiegelkommode f.

specchiétto <dim di specchio> m **1** (piccolo specchio) kleiner Spiegel, Handspiegel m: **~ da borsetta**, Taschenspiegel m; **~ per il trucco**, Schminkspiegel m, Make-up-Spiegel m **2** (tabella riassuntiva) {+DATE STORICHE, DESINENZE DELL'AGGETTIVO} Übersicht f, Übersichtstafel f ● **~ per le allodole** (nella caccia), Lerchenlocker m; fig (trappola), (leicht durchschaubarer) Köder; **~ di cortesia** autom, Spiegel m (an der Beifahrer-Sonnenblende); **~ retrovisore** autom, Rückspiegel m.

spècchio <-chi> **A** m **1** gener anche fis {LIBERTY, QUADRATO; +BAGNO} Spiegel m: **~ convesso/parabolico/piano**, Konvex-/Parabol-/Planspiegel m; **~ deformante**, Zerr-, Vexierspiegel m; **guardarsi/mirarsi allo ~**, sich im Spiegel betrachten/an|schauen; **~ da muro/tavolo**, Wandspiegel m/Standschminkspiegel m; **~ ustorio**, Brennspiegel m **2** (specchietto) {+ESAMI, VERBI IRREGOLARI} Übersicht f **3** fig (riflesso) {+ANIMA, EPOCA} Spiegel(bild n) m **4** fig (esempio) (Muster)beispiel n: **essere uno ~ di onestà**, ein Musterbeispiel an Ehrlichkeit sein **5** sport (nella pallacanestro) (tabellone) Korbbrett n **B** <inv> loc agg: **a ~**, {ARMADIO, OCCHIALI, SUPERFICIE, VETRO} Spiegel- **C** loc prep (in riva a): **a ~ di qc**, am Ufer etw (gen); **una casa a ~ del lago**, ein Haus am Seeufer ● **~ d'acqua** fig (distesa d'acqua), Wasserspiegel m; **arrampicarsi sugli specchi** fig (cercare appigli), verzweifelt Ausflüchte suchen, Verrenkungen machen; (tentare imprese impossibili), das Unmögliche versuchen/[möglich machen wollen], einen Pudding an die Wand nageln (wollen) fam scherz; **specchio, specchio delle mie brame chi è la più bella del reame?** (nella favola di Biancaneve), Spieglein, Spieglein an der Wand, wer ist die Schönste im ganzen Land?; **essere uno ~** fig (molto pulito), {CASA, PAVIMENTO} blitz(e)blank sein fam; fig (liscio) {MARE} spiegelglatt sein; **~ freatico** geol, Grundwasserspiegel m; **lucidare/tirare a ~ qc** fig (lucidare accuratamente), etw spiegelblank polieren; **lucido come uno ~**, spiegelblank; **~ di poppa** mar, Achterspiegel m; **~ della porta** sport (nel calcio), Tor n; **~ retrovisore** autom, Rückspiegel m; **~ segreto TV**, Filmen m mit versteckter Kamera; **~ di Venere** bot, Frauenspiegel m.

spècial <-, -s pl ingl> m ingl TV Special n, Sondersendung f.

speciàle **A** agg **1** (particolare) {ATTENZIONE} besondere(r, s), speziell; {ATTREZZO, CASO, INCARICO} anche Sonder-, Spezial- **2** (eccezionale) {RAGAZZO, VOCE} besondere(r, s), außergewöhnlich, einzigartig; {FORMAGGIO, VINO} anche hervorragend: **non è niente di ~**, sie/es ist nichts Besonderes **3** (straordinario) {TRENO} Sonder- **4** dir {GIURISDIZIONE, LEGGE} Sonder-; {PROCURA} anche Spezial- **5** ling {LESSICO} besondere(r, s); {LINGUAGGIO} anche Fach- **B** m **1** sport (nello sci) Spezialslalom m **2** TV (programma) Special n, Sondersendung f.

specialìsmo m **1** (competenza specialistica) Spezialistentum n **2** spreg (eccessiva specializzazione) übertriebenes Spezialistentum, Fachidiotentum n slang spreg.

specialìsta <-i m, -e f> **A** <inv> agg {MEDICO} Fach- **B** mf **1** (esperto) ~ (di/in qc) {IN INGEGNERIA, DI CINEMA, DI RESTAURO} Fachmann m/(Fachfrau f) (für etw acc), Spezialist(in) m(f) (für etw acc): **essere ~ in questioni di finanza**, Spezialist m in Finanzfragen sein **2** (medico) ~ **(di/in/per qc)** {DI OFTALMOLOGIA, IN MALATTIE INFETTIVE, PER LA GOLA} Fach-

specialistico | spedire

arzt m/(Fachärztin f) (*für etw* acc), Spezialist(in) m(f) (*für etw* acc) **3** sport ~ (*di/in qc*): è ˌdi salto in altoˌ/ˈnello slalom gigante], seine/ihre Disziplin ist (der) Hochsprung/Riesenslalom.

specialìstico, (*-a*) <*-ci, -che*> agg **1** (*specializzato*) {RIVISTA, SETTORE} Fach-; {LINGUAGGIO} *anche* fachmännisch **2** (*di medico specialista*) {CURA, VISITA} Facharzt-, fachärztlich.

specialità <-> f **1** *anche iron* (*abilità particolare*) Spezialität f, Stärke f: **la cucina non è la mia**, Kochen ist nicht meine Stärke; **copiare di nascosto è la tua ~**, heimlich abzuschreiben ist deine Spezialität **2** (*settore di competenza*) Spezial-, Fachgebiet n: **la sua ~ è la petrografia**, sein/ihr Fachgebiet ist Gesteinskunde **3** (*prodotto speciale*) Spezialität f: **questa stoffa è una ~ del Tirolo**, dieser Stoff ist eine Tiroler Spezialität; **~ farmaceutica/medicinale**, Präparat n, Arzneimittel n **4** (*piatto caratteristico*) {REGIONALE} Spezialität f: **~ della casa**, Spezialität f des Hauses **5** <*solo pl*> *mil* {+ARTIGLIERIA, FANTERIA, ecc.} Spezialeinheiten f pl **6** sport Disziplin f.

specializzàndo, (*-a*) m (f) *università* **~ (in qc)** {IN ASTROFISICA, IN PEDIATRIA} angehende(r) Spezialist(in) m(f) (*für etw* acc).

specializzàre **A** tr ~ **qc (in qc)** {INDUSTRIA TESSILE NELLA LAVORAZIONE DELLA SETA} *etw* (*auf etw* acc) spezialisieren, *etw* (*auf etw* acc) ausˌrichten **B** rfl: **specializzarsi in qc** {IN DIRITTO INTERNAZIONALE, IN GINECOLOGIA, NELLA PRODUZIONE DI QC} sich *auf etw* (acc)/*in etw* (dat) spezialisieren.

specializzàto, (*-a*) agg {OPERAIO, PERSONALE, RIVISTA} Fach-; {MANODOPERA, NEGOZIO} *anche* spezialisiert: **azienda specializzata nell'ideazione di videogiochi**, auf die Erfindung von Videospielen spezialisierte Firma; **medico ~ in microchirurgia**, auf Mikrochirurgie spezialisierter Arzt, Facharzt m in Mikrochirurgie; **altamente ~**, hoch spezialisiert.

specializzazióne f **1** (*lo specializzare*) {+PRODUZIONE AGRICOLA} Spezialisierung f **2** (*competenza specifica*) {COMPETENZA SPECIFICA} Fachausbildung f: **per trovare lavoro occorre una ~**, um Arbeit zu finden, muss man spezialisiert sein **3** (*corso di perfezionamento*) Fachausbildung f: **fare la ~ (in qc)**, {IN BIOARCHITETTURA} sich (auf etw acc) spezialisieren; {IN PEDIATRIA} die Facharztausbildung (in etw dat) machen.

specialménte avv (*in particolar modo*) besonders, vor allem, insbesondere, speziell: **mi piace ballare, ~ il tango**, ich tanze gerne, vor allem Tango.

spècie **A** <-> f **1** (*sorta*) Art f, Sorte f: **di tre ~**, dreierlei; **gente di ogni ~**, Leute jeder Art, alle möglichen Leute; **ogni ~ di frutta**, jede Sorte Obst; **abita in una ~ di baita**, er/sie wohnt in einer Art Almhütte; **esistono varie ~ di contratto**, es gibt verschiedene Verträge/[Arten von Vertrag]; **un individuo della peggior ~**, ein Typ der übelsten Sorte/Spezies **2** *spreg* Spezies f, Pseudo- *spreg*: **non mi farò mai difendere da quella ~ di avvocato!**, ich werde mich nie von ˌso einem Anwaltˌ/[diesem Pseudoanwalt] *spreg* verteidigen lassen! **3** (*razza*) Geschlecht n, Rasse f: **la ~ umana**, das Menschengeschlecht **4** *biol* Art f, Spezies f: **~ animale/vegetale**, Tier-/Pflanzenart f; **~ protetta**, geschützte Art **B** avv besonders, vor allem, insbesondere, speziell: **è pericoloso viaggiare di notte, ~ con la nebbia**, es ist gefährlich, nachts zu fahren, besonders bei Nebel **C** loc avv (*particolarmente*): **in ~**, besonders, im Besonderen, vor allem; **mi piace il cinema, in ~ quello francese**, ich mag Kino, vor allem

das französische **D** loc prep *lett* (*con l'aspetto di*): **in/sotto ~ di qu/qc**, in Gestalt *von jdm/etw*/+gen; **apparve in/sotto ~ di angelo**, er/sie erschien in Gestalt eines Engels/[als Engel] • **~ eucarìstiche** relig, eucharistische Gestalten; **fare ~ a qu** *fam* (*sorprendere*), jdn in Erstaunen versetzen; **la sua assenza mi fa ~**, sein/ihr Fehlen wundert mich; **non ti fa ~ che...?**, erstaunt es dich nicht, dass...?

specìfica <*-che*> f (*descrizione analitica*) {+PRODOTTO, SPESE} Spezifikation f, (*genaue*) Aufstellung.

specificàbile agg (*che si può specificare*) genauer darstellbar, spezifizierbar *forb*.

specificaménte avv (*in modo particolare*) besonders, insbesondere, vor allem.

specificàre <*specifico, specifichi*> tr ~ (**qc**) {DATI ANAGRAFICI} (*etw*) genauer anˌgeben, (*etw*) spezifizieren *forb*, *etw* detailliert ausˌführen; {CIRCOSTANZE} näher (*auf etw* acc) einˌgehen, (*etw*) genauer darˌstellen: **non ho capito, potreste ~ meglio?**, ich habe das nicht verstanden, könntet ihr das spezifizieren *forb*?; **devi ~ a che ora sei rientrato**, du musst genauer angeben, um wie viel Uhr du wiedergekommen bist; **ho specificato ˌche cerco un lavoro part-timeˌ/[di non avere figli]**, ich habe darauf hingewiesen, dass ich ˌeine Halbtagsarbeit sucheˌ/[keine Kinder habe].

specificataménte avv (*in modo dettagliato*) {DESCRIVERE QC, ELENCARE QC} genau, detaillierter.

specificatìvo, (*-a*) agg (*che specifica*) {NORMA} spezifizierend *forb*.

specificàto, (*-a*) agg {NUMERO, PESO, QUANTITÀ} genauer angegeben/dargestellt, spezifiziert *forb*: **come già ~ nella ns. precedente lettera**, wie bereits in unserem letzten Brief spezifiziert *forb*.

specificazióne f **1** (*indicazione particolareggiata*) {+INGREDIENTI DI UN PRODOTTO, PREZZO DI UNA MERCE} Aufstellung f, Spezifikation f **2** *dir* nähere Bestimmung.

specificità <-> f (*peculiarità*) {+PRODOTTO, SITUAZIONE} Besonderheit f, Eigentümlichkeit f, Eigenart f.

specìfico, (*-a*) <*-ci, -che*> **A** agg **1** (*determinato*) {COMPETENZA, MATERIA, NOME, RAGIONE, SETTORE} besondere(r, s), bestimmt, speziell **2** (*circostanziato*) {ACCUSA} bestimmt, genau **3** *biol* {CARATTERE} arttypisch, artspezifisch **4** *dir* {BENE, PROVA} besondere(r, s), spezifisch **B** m **1** (*particolare*) Detail n: **non entriamo nello ~**, gehen wir nicht ins Detail **2** *arte film TV* (*carattere peculiare*) {FILMICO} Spezifische n decl come agg **3** *farm* Medikament n, Arznei f, Spezifikum n *scient*.

spicìllo m *med* Sonde f.

spècimen <-, *specimina* pl *lat*> m *lat* **1** (*campione*) Muster n, Probe f **2** *edit* (*opuscolo di saggio*) Probeexemplar n, Leseprobe f.

speciosità <-> f (*pretestuosità*) Scheincharakter m, Scheinbarkeit f.

specióso, (*-a*) agg (*pretestuoso*) {MOTIVO} Schein-, als Vorwand/Ausrede dienend: **giustificazione speciosa**, Vorwand m, Ausrede f.

speck <-, *-e* pl *ted*> m *ted gastr* Räucherschinken m, Räucherspeck m.

spèco <*-chi*> m **1** *anat* (*canale*) Kanal m, Gang m: **~ vertebrale**, Wirbelkanal m **2** *lett* (*caverna*) Höhle f.

spècola f (*osservatorio astronomico*) Sternwarte f, Observatorium n.

spècolo m → **speculum**.

speculàre① **A** itr **1** *fig* (*approfittare*) **~**

su qc {SULLA BUONAFEDE DI QU, SULL'IGNORANZA DI QU} *etw* ausˌnutzen **2** *fig spreg* (*economizzare*) **~ su qc** (*an etw* dat) sparen, (*mit etw* dat) knausern *fam spreg*: **quando ha costruito la casa ha speculato sui materiali**, als er/sie das Haus gebaut hat, hat er/sie ˌam Material gespartˌ/[mit dem Material geknausert *fam spreg*] **3** *econ* (*ottenere un profitto*) **~ su qc** {SU UN TERRENO, SU TITOLI AZIONARI} *mit etw* (dat) spekulieren; {SULLA VENDITA DI QC} *auf etw* (acc) spekulieren *fam*; **~ in qc** {IN BORSA} *an etw* (dat) spekulieren **4** *filos* (*meditare*) **~ su qc** {SULL'ORIGINE DELL'UOMO} über *etw* (acc) nachˌsinnen *forb*, über *etw* (acc) spekulieren **B** tr (*indagare*) **~ qc** {NATURA UMANA} über *etw* (acc) nachˌsinnen *forb*, über *etw* (acc) spekulieren, Spekulationen über *etw* (acc) anˌstellen.

speculàre② agg **1** (*a specchio*) {SUPERFICIE} Spiegel- **2** (*riflesso da uno specchio*) {IMMAGINE} Spiegel- **3** (*simmetrico*) {FIGURA} symmetrisch, spiegelbildlich; *fig* symmetrisch, spiegelbildlich, analog: **un concetto ~ a un altro**, zwei analoge/[einander entsprechende] Auffassungen.

specularità <-> f (*simmetria*) Spiegelbildlichkeit, Symmetrie f.

speculatìvo, (*-a*) agg **1** (*incline alla riflessione teorica*) {MENTE} spekulativ **2** (*teoretico*) {SCIENZE} theoretisch, spekulativ, abstrakt **3** *econ* {INVESTIMENTO} spekulativ.

speculatóre, (*-trice*) **A** agg **1** (*incline alla riflessione teorica*) {INTELLETTO} spekulativ **2** (*di riflessione teorica*) {ATTIVITÀ} theoretisch, abstrakt **B** m (f) (*affarista*) Spekulant(in) m(f): **~ di Borsa**, Börsenspekulant m; *spreg* {BIECO} Geschäftemacher m *spreg*.

speculatòrio, (*-a*) <*-ri*> m agg *econ* {MANOVRA} Spekulations-.

speculatrice f → **speculatore**.

speculazióne f **1** *fig anche scherz* (*meditazione*) Meditation f, Nachdenklichkeit f, Grübeln n: **incline alla ~**, zum Grübeln neigend **2** *fig anche scherz* (*pensiero*) Gedanke m, Grübelei f: **immerso in profonde speculazioni**, in tiefes Grübeln versunken **3** *fig* (*sfruttamento di una situazione*) {ELETTORALE, POLITICA} Ausnutzung f **4** *econ* (*operazione finanziaria*) Spekulation f: **fare una ~ sbagliata**, falsch spekulieren, eine falsche Spekulation machen, sich verspekulieren; **~ al rialzo/ribasso**, Hausse-/Baissespekulation f **5** *filos* (*indagine teorica*) {SCIENTIFICA} Spekulation f • **~ edilizia/fondiaria**, Bau-/Bodenspekulation f.

spèculum <-, *specula* pl *lat*> m *lat med* {NASALE, VAGINALE} Spekulum n *scient*.

spedalità <-> f *amm* Krankenhauswesen n.

spedìre <*spedisco*> tr **1** (*inviare*) **~ qc (a qu/qc)** (+ ***compl di luogo***) (+ ***compl di modo***) {LETTERA A UN AMICO, IN FRANCIA, PACCO IN CONTRASSEGNO, PER CORRIERE, TELEGRAMMA A UN PARENTE} (*jdm/etw*) *etw* (*irgendwie*) (*irgendwohin*) (zuˌ)schicken, (*jdm/etw*) *etw* (*irgendwie*) (*irgendwohin*) zuˌsenden; {CAMPIONE DI MERCE PER POSTA, LISTINO PREZZI A UN CLIENTE} *etw* (*an jdn/etw*) (*irgendwie*) verˌsenden, *etw* (*an jdn/etw*) (*irgendwie*) verˌschicken; {ARTICOLO A UN GIORNALE} *etw* (*an etw* acc) (*irgendwie*) einˌsenden, *etw* (*an etw* acc) (*irgendwie*) einˌschicken; {BAGAGLI} *etw* verˌschicken, *etw* aufˌgeben: **~ qc per/via e-mail**, etw per E-Mail (ver)schicken; **~ qc per/via fax**, etw faxen; **~ qc per mare**, etw verschiffen **2** *anche fam* (*mandare*) **~ qu** (+ ***compl di luogo***) {FATTORINO IN BANCA} *jdn* (*irgendwohin*) schicken, *jdn* (*irgendwohin*) (ent)senden: **l'ho spedito subito ad avvisarti**, ich habe ihn sofort zu dir geschickt, damit er dir Bescheid gibt; **lo ha spedito a**

letto senza cena, er/sie hat ihn ohne Abendessen ins Bett geschickt.

speditaménte avv **1** (*in modo svelto*) {CAMMINARE} schnell, zügig **2** (*disinvoltamente*) mühelos, gewandt: **si esprime ~ in tedesco e in inglese**, er/sie drückt sich auf Deutsch und Englisch flüssig/mühelos aus.

speditézza f **1** (*sveltezza*) Schnelligkeit f: **eseguire un compito con ~**, eine Aufgabe schnell ausführen **2** (*disinvoltura*) Gewandtheit f, Mühelosigkeit f: **parlare con ~ due lingue straniere**, flüssig/mühelos zwei Fremdsprachen sprechen.

spedìto, (-a) **A** agg **1** (*svelto*) {PASSO} flink, rasch, schnell **2** (*disinvolto*) {PRONUNCIA} problemlos: **esprimersi in modo ~**, sich flüssig/mühelos ausdrücken **3** *fam* (*spacciato*) abgeschrieben *fam*, todgeweiht, verloren **B** avv **1** (*con sveltezza*) {PROCEDERE} schnell, rasch, flink **2** (*con disinvoltura*) {LEGGERE} flüssig.

speditóre, (-trice) **A** agg (*che spedisce*) {DITTA} Speditions- **B** m (f) **1** (*chi spedisce*) {+LETTERA} Absender(in) m(f); {+MERCE} (Ver)sender(in) m(f) **2** (*addetto alle spedizioni*) {+DITTA} Expedient(in) m(f) **3** (*spedizioniere*) Spediteur(in) f.

spedizióne f **1** (*invio*) {+CARTOLINA, PLICO} (Ab)sendung f, Schicken n; {+MERCE} Versand m, (Ver)sendung f: **~ via aerea**, Luftpost-Versand m, Luftfracht f; **~ in contrassegno**, Nachnahmesendung f; **~ per ferrovia**, Bahnversand m; **imballare qc per la ~**, etw zum Versand verpacken; **~ via mare**, Verschiffung f; **pronto per la ~**, versandfertig, versandbereit, versandfähig; **~ via terra**, Beförderung f auf dem Landweg **2** (*insieme di cose spedite*) Versand m, Sendung f: **riceverete a giorni la nostra ~**, ihr werdet unsere Sendung in wenigen Tagen erhalten **3** (*viaggio esplorativo*) Expedition f: **una ~ nel deserto**/**sulla luna**, eine Wüsten-/Mondexpedition, eine Expedition in die Wüste/auf den Mond **4** (*insieme di persone*) {SCIENTIFICA} Expedition f: **~ di soccorso**, Rettungsexpedition f **5** *mil* (*missione*) {+AEREA} Feldzug m ● *di* **~**, {CONTRATTO} Speditions-; {DITTA, SPESE} *anche* Versand-; **la ~ dei Mille mil stor**, der Zug der Tausend; **~ punitiva**, Strafexpedition f.

spedizionière m {INTERNAZIONALE} Spediteur m.

spègnere <irr spengo, spensi, spento> **A** tr ~ **qc** **1** gener {SIGARETTA} {+MERCE} aus|machen; {FUOCO} *anche* etw löschen; {CANDELA, FIAMMIFERO} etw aus|blasen, etw aus|machen, etw löschen; **~ le candeline sulla torta**, die Kerzen auf dem Kuchen ausblasen **2** (*disattivare*) {LUCE} etw aus|machen *fam*, etw aus|schalten, etw aus|löschen *forb*; {MOTORE, RISCALDAMENTO, TELEVISIONE} *anche* etw aus|schalten, etw ab|stellen, etw aus|stellen, etw aus|machen *fam* **3** *fig* (*placare*) {SETE} etw löschen; {ENTUSIASMO} etw dämpfen; {POLEMICA} etw besänftigen; {RICORDO} etw verblassen lassen **4** *fig* (*attutire*) {NEVE ECO} etw dämpfen, etw ab|schwächen **5** *fig* (*bagnare*) {CALCE VIVA} etw löschen; {FARINA} etw an|rühren **6** *banca* {CONTO} etw schließen **7** *econ* {IPOTECA, MUTUO} etw tilgen **B** itr pron: **spegnersi 1** (*cessare di ardere*) {LUME, SIGARO} aus|gehen; {INCENDIO} er-, verlöschen **2** (*cessare di funzionare*) {CALDAIA, LUCE, RADIO} aus|gehen; {MACCHINA} *anche* stehen bleiben, sich ab|schalten; **il forno si spegne automaticamente**, der Ofen schaltet sich automatisch ab/[geht automatisch aus] **3** *fig* (*affievolirsi*) {DESIDERIO, RICORDO} verblassen; {SETE} nach|lassen; {RUMORE DEI PASSI} verhallen; {SORRISO} erlöschen **4** *fig* (*morire*) entschla-

fen *forb eufem*: **si è spento serenamente**, er ist sanft entschlafen *forb eufem*.

spegniménto m **1** (*lo spegnere*) {+APPARECCHIO, LUCE} Ausschalten n, Ausmachen n *fam*, Ausschaltung f; {+ROGO} Löschen n, Löschung f **2** (*lo spegnersi*) {+FIAMME} Erlöschen n; {+LUCE} Ausgehen n; {+MOTORE} *anche* Ausgehen n; *banca* {+CONTO} Löschung f **4** *econ* {+DEBITO, MUTUO} Tilgung f.

spegnimòccolo, **spegnimòccoli**, *tosc* **spegnimòccolo** <-> m (*spegnitoio*) Löschhütchen n.

spegnitóio <-toi> m Löschhütchen n.

spelacchiàre <spelacchio, spelacchi> **A** tr ~ **qc** {MAGLIA} etw (aus|)rupfen **B** itr pron: **spelacchiarsi** {GATTO, PELLICCIA} Haare verlieren, haaren.

spelacchiàto, (-a) agg **1** gener {GATTO} halb kahl; {PELLICCIA, TAPPETO} abgewetzt, schäbig **2** (*con pochi capelli*) {VECCHIETTO} fast glatzköpfig/kahl.

spelàre A tr (*privare del pelo*) ~ **qc** {PELLE} etw rupfen **B** itr ~, itr pron: **spelarsi 1** (*perdere il pelo*) {CANE, PELUCHE} sich haaren **2** (*perdere i capelli*) {PERSONA} Haare verlieren.

spelàto, (-a) agg **1** gener {MAGLIONE} verschlissen, abgetragen, fadenscheinig **2** (*calvo*) {TESTA} glatzköpfig, kahl.

speleòloga f → **speleologo**.

speleologìa f Höhlenforschung f, Speläologie f.

speleològico, (-a) <-ci, -che> agg {RICERCA} speläologisch.

speleòlogo, (-a) <-gi, -ghe> m (f) Höhlenforscher(in) m(f), Speläologe m, Speläologin f.

spellàre A tr **1** (*togliere la pelle*) ~ **qc** {CONIGLIO} etw (dat) das Fell ab|ziehen **2** (*produrre escoriazioni*) ~ **qc a qu** jdm etw auf|schürfen: **queste scarpe mi spellano le dita**, diese Schuhe schürfen mir die Zehen auf **3** *fig fam* (*chiedere prezzi esosi*) ~ **qu** {CLIENTELA} jdn rupfen *fam*, jdn aus|nehmen *fam spreg*, jdn neppen *fam spreg*, jdn übervorteilen: **non andare in quel ristorante: ti spellano!**, geh nicht in dieses Restaurant: die nehmen dich aus/[dort wirst du geneppt]! *fam spreg* **B** itr pron (*perdere la pelle*): **spellarsi** {SERPENTE} sich häuten: **ha preso troppo sole e ora si sta spellando**, er/sie hat sich zu viel gesonnt und jetzt geht ihm/ihr die Haut ab/[schält sich seine/ihre Haut] **C** rfl (*prodursi un'escoriazione*): **spellarsi** (dat) *etw* ab|-, auf|schürfen: **si è spellato cadendo**, er hat sich beim Hinfallen die Haut aufgeschürft; **spellarsi qc** {GOMITO} sich (dat) (*etw*) auf|-, ab|schürfen.

spellatùra f **1** (*scorticatura*) {+AGNELLO, VISONE} (Fell)abziehen n; {+RETTILE} (Ab)häutung f **2** (*perdita di pelle*): **sono stato troppo al sole, e ho le spalle piene di spellature**, ich war zu lange in der Sonne und jetzt geht mir die Haut an den Schultern ab/[schält sich die Haut an den Schultern] **3** (*sbucciatura*) (Haut)ab-/aufschürfung f, Schürfwunde f: **farsi una ~ al braccio**, sich (dat) den Arm abschürfen.

spelling <-> m *ingl* Buchstabieren n: **fare lo ~ del proprio nome**, seinen Namen buchstabieren.

spelónca <-che> f **1** (*grotta*) Höhle f **2** *fig* (*topaia*) Höhle f *spreg*, Loch n *spreg*, Spelunke f *spreg*.

spèlta f *bot* Spelt m, Spelz m.

spème f *lett* (*speranza*) Hoffnung f.

spencer <-, -s pl *ingl*> m *ingl* **1** (*nella moda*) (*giacca femminile o maschile*) Spenzer m, Weste f **2** *mil stor* (*giacca*) "Uniformjacke des ita-

lienischen Heeres bis 1938".

spendacciòne, (-a) **A** agg {FAMIGLIA, PERSONA} verschwenderisch **B** m (f) Verschwender(in) m(f).

spèndere <coniug come appendere> tr **1** ~ **qc** (*in*/*per qc*) {SOMMA CONSIDEREVOLE IN VESTITI, PER UN VIAGGIO} etw (für etw acc) aus|geben: **~ poco di affitto**, wenig für Miete ausgeben, eine niedrige Miete bezahlen/haben **2** (*fare acquisti*) (*uso assol*) ein|kaufen: **~ bene**/**male**, gut/günstig/[ungünstig] einkaufen; **saper ~**, gut mit Geld umgehen können **3** *fig* (*dedicare*) ~ **qc** (*in*/*per qc*) {IL PROPRIO TEMPO NELLO STUDIO} etw (mit etw dat) verbringen, etw (für etw acc) auf|wenden, etw (für etw acc) ein|setzen, etw (für etw acc) verwenden: **ha speso cinque anni per laurearsi**, er/sie hat für sein/ihr Studium fünf Jahre gebraucht; {UNA VITA PER LA MEDICINA} etw (für etw acc) opfern **4** *fig* (*sprecare*) ~ **qc** etw verschwenden, etw vertun: **con lui spendi solo fiato/tempo senza ottenere nulla**, bei ihm verschwendest du nur deine Worte/Zeit und erreichst sowieso nichts **5** *fig* (*soffermarsi a parlare*) ~ **qc per**/**su qu**/**qc** {CINQUE MINUTI, SU UN ARGOMENTO} etw (für jdn/etw) verwenden: **~ qualche parola per un autore illustre**, ein gutes Wort für einen berühmten Autor einlegen ● **e spandere** *fam* (*scialacquare*), das Geld mit vollen Händen ausgeben, mit Geld (nur so) um sich werfen *fam*; **chi più spende meno spende** *prov*, Qualität zahlt sich immer aus.

spenderéccio, (-a) <-ci, -ce> agg **1** (*spendaccione*) {UOMO} freigebig, großzügig, spendabel **2** (*dispendioso*) {VITA} aufwändig, kostspielig.

spendìbile agg **1** (*che si può spendere*) {SOMMA} zur Verfügung stehend **2** *fig* (*utilizzabile*) {ARGOMENTO} brauchbar, verwendbar.

spendibilità <-> f **1** (*possibilità di essere speso*) {+PATRIMONIO} Verwendbarkeit f **2** *fig* (*possibilità di impiego*) {+TITOLO PROFESSIONALE} Verwendbarkeit f, Brauchbarkeit f.

spèngere → **spegnere**.

spèngo 1a pers sing dell'ind pres *di* spegnere.

spennacchiàre <spennacchio, spennacchi> **A** tr **1** (*spennare*) ~ **qc** {GALLINA} etw rupfen, etw (dat) die Federn aus|rupfen **2** *fig fam* (*pelare*) ~ **qu** (**a qc**) {A POKER} jdn (bei etw dat) aus|nehmen *fam spreg*, jdn (bei etw dat) rupfen *fam*, jdn (bei etw dat) schröpfen *fam* **B** itr pron: **spennacchiarsi** {UCCELLINO} Federn verlieren.

spennacchiàto, (-a) agg **1** (*con poche penne*) {CANARINO} gerupft **2** *scherz* (*con pochi capelli*) {TESTA} fast glatzköpfig/kahl.

spennàre A tr **1** (*privare delle piume*) ~ **qc** {POLLO} etw rupfen, etw (dat) die Federn aus|rupfen **2** *fig fam* (*pelare*) ~ **qu** jdn aus|nehmen *fam spreg*, jdn rupfen *fam*, jdn (bei etw dat) schröpfen *fam*: **in quel negozio spennano i clienti**, in dem Geschäft nehmen sie die Kunden aus *fam spreg*; ~ **qu** (**a qc**) {AL TAVOLO DA GIOCO} jdn (bei etw dat) aus|nehmen *fam spreg*, jdn (bei etw dat) rupfen *fam*, jdn (bei etw dat) schröpfen *fam* **B** itr pron: **spennarsi** {PAPPAGALLO} Federn verlieren/lassen.

spennellàre A tr ~ **qc** (**con qc**) {TORTA CON UN TUORLO D'UOVO} etw mit etw (dat) be|pinseln *fam*; *med* {GOLA CON LA TINTURA DI IODIO} etw mit etw (dat) ein|pinseln **B** itr *fam* (*dipingere*) malen, pinseln *fam*: **spennella tutto il giorno**, er/sie malt den ganzen Tag.

spennellàta f (*passata col pennello*) Anstrich m, Anstreichen n, Bepinseln n *fam spreg*: **dare una ~ alla porta**, die Tür (an)streichen/bepinseln *fam spreg*; *med* Einpinseln n; **una ~ di disinfettante**, das rasche Einpinseln mit einem Desinfektionsmittel.

spennellatùra f (*lo spennellare*) {+MURO} Anstreichen n, Bepinseln n *fam spreg*; *med* {+FERITA} Einpinseln n.

spènsi 1ª *pers sing del pass rem di* spegnere.

spensierataggine f **1** (*superficialità*) Oberflächlichkeit f, Gedankenlosigkeit f **2** (*azione sventata*) Leichtsinn m.

spensieratézza f {+GIOVENTÙ} Sorglosigkeit f, Unbekümmertheit f.

spensieràto, (-a) agg {PERIODO} sorglos; {PERSONA} unbekümmert, unbesorgt.

spènto, (-a) **A** *part pass di* spegnere **B** agg **1** {CANDELA} erloschen; {FUOCO, VULCANO} *anche* verlöscht; {SIGARETTA} abgebrannt **2** (*disattivato*) {LUCE} ausgemacht *fam*, aus(ge)schaltet, ab-, ausgestellt, ausgemacht *fam* **3** *fig* (*scialbo*) {COLORE, SUONO, VOCE} gedämpft, matt **4** *fig* (*inespressivo*) {OCCHIO} ausdruckslos, leblos; {SGUARDO} *anche* stumpf, erloschen.

spenzolàre **A** *tr* (*far penzolare*) ~ *qc* {BRACCIA} *etw* baumeln/hängen lassen **B** *itr* (*penzolare*) ~ (**da** *qc*) {GAMBE DAL PARAPETTO} (*von etw* dat) baumeln, (*von etw* dat) herabhängen **C** *itr pron* (*sospendersi*): spenzolarsi (+ **compl di luogo**) {DA UN PONTE, SU UN PRECIPIZIO, NEL VUOTO} sich (*irgendwohin*) baumeln/herabhängen lassen.

speràbile agg {MIGLIORAMENTO} zu (er)hoffen(d): **è ~ che...**, es steht zu hoffen, dass ...

speraindìo *solo nella loc avv*: **alla ~**, (*sperando in bene*), auf gut Glück: **l'attaccante ha effettuato un tiro in porta alla ~**, der Stürmer schoss auf gut Glück Richtung Tor.

speranza f **1** *gener* {DEBOLE, VANA} Hoffnung f: **abbiamo buone speranze di vincere**, wir haben/[machen uns] große Hoffnungen ₍zu siegen₎/[auf den Sieg]; **non c'è più ~ di salvezza**, es gibt keine Hoffnung auf Rettung mehr; **nella ~ ₍che tutto si risolva₎/[di risolvere tutto] per il meglio**, in der Hoffnung, dass alles auf die beste Weise gelöst wird; **oltre ogni ~** (*impossibile*), {VITTORIA} jenseits des Möglichen; (*che riesce a dispetto delle previsioni*) {SUCCESSO} wider (jegliches) Erwarten; **ha perso ogni ~**, er/sie hat jede Hoffnung verloren/aufgegeben; **riporre tutte le proprie speranze in qu/qc**, alle seine Hoffnungen auf jdn/etw gesetzt haben; **senza ~**, hoffnungslos **2** (*chance*) Chance f, Hoffnung f: **essere l'ultima/unica ~ di qu**, jds letzte/einzige Chance sein **3** (*giovane promessa*) {+CALCIO NAZIONALE, CINEMA} Hoffnung f **4** *relig* Hoffnung f ● **di belle speranze** (*di successo futuro*), {GIOVANE, STUDENTE} hoffnungsvoll, viel/Erfolg versprechend; **~ di vita** *stat*, Lebenserwartung f; **la ~ è l'ultima a morire** *prov*, es hofft der Mensch, solange er lebt; die Hoffnung stirbt als Letzte.

speranzóso, (-a) agg (*fiducioso*) hoffnungsvoll: **è ~ di vincere**, er hofft zu gewinnen.

speràre **A** *tr* (*desiderare*) ~ *qc* {PROMOZIONE} *etw* erhoffen, *auf etw* (acc) hoffen, sich (dat) *etw* erhoffen: **spero di rivederti presto**, ich hoffe, dich bald wieder zu sehen; **speriamo (che) non sia nulla di grave**, hoffen wir, dass es nichts Schlimmes ist; **ce la farà? – Spero di sì/no**, wird er/sie es schaffen? – Ich hoffe ja/nein; **pensi che pioverà? – Lo spero!**, meinst du, es wird regnen? – Ich hoffe es!; (*uso assol*) hoffen, Hoffnung haben; **bisogna continuare a ~**, man darf die Hoffnung nicht aufgeben, man muss weiter hoffen; **speriamo (bene)!**, hoffen wir es!, hoffentlich!; **credi che verrà? – Voglio/vorrei ~!**, meinst du, er/sie wird kommen? – Das will ich doch schwer hoffen! *fam* **B** *itr* ~ **in qu/qc** {IN UN AMICO, IN UN MIGLIORAMENTO, NELLA PROVVIDENZA, IN UN BEL VOTO} *auf jdn/etw* hoffen, seine Hoffnungen *auf jdn/etw* setzen: **speriamo in bene!**, hoffen wir das Beste!

speràto, (-a) agg {GUARIGIONE, SUCCESSO} erhofft.

spèrdere <*coniug come* perdere> **A** *tr lett* (*disperdere*) ~ *qc etw* zer-, verstreuen **B** *itr pron anche fig* (*smarrirsi*): sperdersi (*in/tra qc*) {IN UN BOSCO} sich (*in etw* dat) verirren; {TRA LA FOLLA, IN UN SOGNO} sich (*in etw* dat) verlieren.

sperdùto, (-a) agg **1** (*isolato*) {LANDA} abgelegen, einsam: **un villaggio ~ tra i ghiacci**, ein einsam im Eis liegendes/gelegenes Dorf **2** (*disperso*) ~ + **compl di luogo** (*irgendwo*) verirrt: **un bambino ~ nel bosco**, ein Kind, das sich im Wald verirrt/verlaufen hat **3** *fig* (*spaesato*) verlassen, verloren: **in città mi sento ~**, in der Stadt fühle ich mich verloren.

sperequàre *tr* (*ripartire male*) ~ *qc* {STIPENDI} *etw* schlecht/ungleich auf-, verteilen.

sperequàto, (-a) agg (*mal ripartito*) {REDDITI} unausgeglichen, ungleich.

sperequazióne f (*cattiva ripartizione*) {+RICCHEZZA} Unausgeglichenheit f, Ungleichheit f: **~ tributaria**, ungleiche Besteuerung.

spergiùra f → spergiuro.

spergiuràre **A** *tr* **1** (*giurare insistentemente*) ~ (*qc*) *etw* (be)schwören: **spergiurano di essere innocenti**, sie schwören, dass sie unschuldig sind; sie beschwören ihre Unschuld; **spergiura che non sa nulla**, er/sie schwört, dass er/sie nichts weiß **2** (*giurare il falso*) ~ *qc* {NOME DI DIO, IL VERO} einen Meineid *auf etw* (acc) leisten/schwören **B** *itr* (*giurare il falso*) einen Meineid leisten/schwören.

spergiùro, (-a) **A** agg **1** (*che giura il falso*) {UOMO} meineidig **2** (*che manca ai giuramenti fatti*) eidbrüchig **B** m (f) **1** (*chi giura il falso*) Meineidige mf decl come agg **2** (*chi manca ai giuramenti fatti*) Eidbrüchige mf decl come agg **C** m (*giuramento falso*) Meineid m.

spèrgola f *bot* Spörgel m.

spericolatézza f (*temerarietà*) {+MOTOCICLISTA} Waghalsigkeit f, Draufgängertum n, Leichtsinn m.

spericolàto, (-a) **A** agg (*temerario*) {VITA} waghalsig; {GUIDATORE, RAGAZZO} *anche* draufgängerisch, leichtsinnig **B** m (f) Draufgänger(in) m(f), Wagehals m *obs*.

sperimentàbile agg {METODO} experimentierbar.

sperimentabilità <-> f {+PROCEDIMENTO} Experimentierbarkeit f.

sperimentàle agg **1** (*di sperimentazione*) {CAMPO, CENTRO, MATERIALE, METODO} Versuchs-; {CORSO, FISICA, SCIENZA} experimentell, Experimental- **2** *arte lett* (*di avanguardia*) {ARTE, POESIA, TEATRO} experimentell.

sperimentalìsmo m **1** (*nella scienza*) experimentelle Wissenschaft **2** *arte lett* experimentelle Richtung.

sperimentalìsta <-i m, -e f> **A** agg **1** (*nella scienza*) experimentell, Experimental- **B** mf **1** (*nella scienza*) experimentelle(r) Wissenschaftler(in) m(f) **2** *arte lett* Vertreter(in) m(f) einer experimentellen Richtung.

sperimentàre **A** *tr* **1** (*provare*) ~ *qc* {MATERIALE, RESISTENZA DI UNA MACCHINA} *etw* testen; {L'EFFICACIA DI UNA MEDICINA} *anche etw* aus|probieren; {TECNICA DI LAVORAZIONE} *anche etw* versuchen **2** *fig* (*mettere alla prova*) ~ *qu/qc* (*in qc*) {GIOVANE NELLA PROFESSIONE, PROPRIE FORZE IN UN'IMPRESA, LA SINCERITÀ DI UN AMICO} jdn/*etw* (*in etw* dat) erproben, jdn/*etw* (*in etw* dat) auf die Probe stellen, jdn/*etw* (*in etw* dat) testen *fam* **3** *fig* (*conoscere per esperienza*) ~ *qc* {AMICIZIA DI QU, FATICA} *etw* (am eigenen Leib) erfahren; {SOFFERENZA} *anche etw* durch|machen: **sto sperimentando quanto sia triste la solitudine**, ich ₍erfahre gerade (am eigenen Leib)₎/[beginne gerade zu spüren], wie traurig die Einsamkeit ist **4** *fig* (*tentare*) ~ *qc* {OGNI MEZZO, VIA ALTERNATIVA} *etw* aus|probieren **B** *rfl* (*cimentarsi*): sperimentarsi **in** *qc* {NELLA RECITAZIONE, NELLO SCI} sich *in etw* (dat) versuchen.

sperimentàto, (-a) agg **1** (*collaudato*) {COLLABORAZIONE, DISPOSITIVO, FARMACO, TECNICA} erprobt, bewährt **2** (*provetto*) {LOTTATORE, OSTETRICA, PROFESSORE, ecc.} erfahren, erprobt.

sperimentatóre, (-trice) m (f) Experimentator(in) m(f), Experimentierer(in) m(f).

sperimentazióne f **1** {+PROCEDIMENTO, PRODOTTO, TERAPIA} Experimentieren n **2** *scuola* Experiment n: **~ didattica**, didaktisches Experiment.

sperindìo → speraindio.

spèrma <-mi> m *biol* Sperma n.

spermacèti <> m *chim* Spermazet(i) n, Walrat m o n.

spermàtico, (-a) <-ci, -che> agg *biol* {DOTTO, LIQUIDO} Sperma-.

spermatocìta <-i> m *biol* Spermatozoiden pl.

spermatòfita f *bot* Spermatophyt m; Blüten-, Samenpflanze f.

spermatogènesi <-> f *biol* Spermatogenese f.

spermatorrèa f *med* Spermatorrhö(e) f *scient*.

spermatozòo m *biol* Spermatozoon n.

spermicìda <-di> agg {SOSTANZA} spermizid *scient* **B** m Spermizid n *scient*.

spèrmico, (-a) <-ci, -che> agg *biol* {NUCLEO} Sperma-.

spermidòtto m *anat zoo* Spermadukt m.

spèrmio <-mi> m *biol* Spermatozoon n.

spermiogràmma <-i> m *biol med* Spermiogramm n *scient*.

spernacchiàre <*spernacchio, spernacchi*> **A** *tr* (*fare pernacchie*) Furzgeräusche machen/nachahmen **B** *tr* (*deridere*) ~ *qu* jdn mit einem Furzgeräusch verhöhnen.

speronaménto m {+BATTELLO} Rammen n.

speronàre *tr* (*urtare*) ~ *qc* {IMBARCAZIONE} *etw* rammen; {VEICOLO} *anche* seitlich *in etw* (acc) hinein|fahren.

speronàto, (-a) agg **1** (*urtato*) {NAVE} gerammt; {AUTO} *anche* seitlich angefahren **2** *bot* {ORGANO} mit Sporen versehen, besporrt **3** *edil* (*rinforzato con speroni*) {EDIFICIO, PONTE} verstrebt **4** *zoo* {GALLO} mit Sporen versehen, besporrt.

speróne m **1** (*arnese*) {+ARGENTO, CAVALIERE} Sporn m: **~ a punta/rotella**, scharfer Sporn **2** *bot* Sporn m **3** *edil* (*contrafforte*) Stütze f, Verstärkung f, Strebepfeiler m; (*pennello*) {+PONTE} Strebe f **4** *geog* {ROCCIOSO} Ausläufer m **5** *mar* Rammsporn m **6** *zoo* {+CANE} Afterklaue f; {+CAVALLO, TORO} Afterkralle f; {+GALLO} Sporn m.

speronèlla f *bot* Rittersporn m.

sperperaménto m *anche fig* (*sperpero*) Vergeudung f, Verschwendung f, Verjubeln n *fam*.

sperperàre *tr anche fig* (*sciupare*) ~ *qc* {DENARO, LE PROPRIE FORZE} *etw* verschwenden, *etw* vergeuden.

sperperio <-rii> m (*sperpero continuo*) ständige Verschwendung.

spèrpero m *anche fig* {+PATRIMONIO, TALENTO} Verschwendung f, Vergeudung f.

spèrso, (-a) ★ part pass *di* sperdere ⬛ agg **1** (*isolato*) abgelegen, einsam: **case sperse sui monti**, abgelegene Berghütten **2** (*disperso*) {BAMBINO, CANE} vermisst **3** *fig* (*spaesato*) verlassen, verloren, fremd, unbehaglich: **lontano da casa si sente ~**, fern von zu Hause fühlt er/sie sich verloren/unbehaglich.

spersonalizzàre ★ tr **1** (*privare della personalità*) ~ (**qu**) {DIPENDENZA INDIVIDUO} (*jdn*) entpersönlichen: **la cultura di massa spersonalizza**, die Massenkultur entpersönlicht/[schaltet der Persönlichkeit/Individualität aus] **2** (*rendere impersonale*) ~ **qc** {APPARTAMENTO} *etw* unpersönlich gestalten, *etw* (*dat*) seine persönliche Note nehmen; {QUESTIONE} *etw* versachlichen, *etw* entpersönlichen; {DISCUSSIONE} *anche etw* sachlich führen ⬛ rfl (*perdere la propria personalità*): **spersonalizzarsi** seine Persönlichkeit/Individualität verlieren.

spersonalizzazióne f **1** (*privazione della personalità*) {+UOMO} Entpersönlichung f **2** (*il rendere impersonale*) {+STILE} Versachlichung f; {+DIBATTITO} *anche* Versachlichen n, Entpersönlichen n.

sperticàrsi <*mi spertico, ti spertichi*> itr pron (*prodigarsi*): ~ **in qc** {IN COMPLIMENTI, IN LODI} sich *in etw* (*dat*) ergehen.

sperticàto, (-a) agg (*esagerato*) {ELOGI, LODI} übertrieben, überschwänglich.

spésa f **1** (*compera*) {NECESSARIA, OTTIMA} (Ein)kauf m: **uscire a fare spese**, einkaufen gehen; **le spese di Natale**, die Weihnachtseinkäufe; **fare spese folli/pazze**, einkaufen wie verrückt *fam*, einen Kaufrausch haben, einem Kaufrausch erliegen *scherz* **2** <*solo* sing> *fam* (*acquisti di ogni giorno*) Einkäufe m pl: **fare la ~**, einkaufen; (*prodotti acquistati*) Einkäufe m pl; **mi aiuti a portare la ~?**, hilfst du mir, die Einkäufe zu tragen? **3** (*lo spendere*) Ausgaben n, Ausgabe f: **affrontare spese extra**, Sonderausgaben auf sich nehmen **4** (*somma*) {COSPICUA, MODICA} Summe f: **una ~ di 1000 euro**, eine Summe von tausend Euro **5** <*di solito al pl*> *anche comm econ* (*costi*) {MENSILI} (Un)kosten pl, Spesen pl; {BANCARIE, DOGANALI, POSTALI} Gebühren f pl: **spese accessorie/ausiliarie**, Nebenkosten pl; (**clausola**) **con/senza spese**, (Vermerk) mit/ohne Kosten; **spese escluse/incluse**, abzüglich/zuzüglich der Kosten; **spese d'esercizio/[di gestione]**, Betriebskosten pl; **spese generali**, allgemeine Geschäftskosten; **spese legali/processuali**, Anwalts-/Gerichtskosten pl; **meno/più le spese**, ⌊minus/abzüglich⌋/[plus/zuzüglich] der Spesen; **spese di rappresentanza**, Repräsentationskosten pl, Repräsentationsaufwendungen f pl, Repräsentationsgelder n pl; **spese di spedizione/trasporto/viaggio**, Speditions-/Transport-/Reisekosten pl; **spese vive**, Selbstkosten pl ● **a spese di qu/qc** (*a carico di*), {DEL TITOLARE, DELL'UFFICIO} auf jds/etw Kosten, auf Kosten von jdm/etw; *fig* (*a scapito di*) {DEL FIGLIO, DELLA LIBERTÀ} auf jds/etw Kosten, auf Kosten von jdm/etw; **non badare a spese** (*spendere senza economia*), keine Kosten scheuen; *fig* (*essere disposto a tutto*), keine Mühe/Kosten scheuen; *essere* **sulle spese** (*mantenersi fuori casa*), die Kosten für seinen Aufenthalt selbst übernehmen; **fare le spese di qc** *fig*, (*subirne le conseguenze*) {DELLA DISATTENZIONE DI QU} die Folgen von etw (*dat*) tragen (müssen); **lavorare per le spese** (*per vitto e alloggio*), für Kost und Logis arbeiten; **con poca** ~ (*spendendo poco denaro*), billig, mit/für wenig Geld; *fig* (*con poca fatica*), mit wenig Aufwand/Mühe; **imparare a proprie spese** (*pagando di persona*), etw am eigenen Leib erfahren; ~ **pubblica** *econ*, Staatsausgaben f pl, öffentliche Ausgaben f pl; **è più la ~ che l'impresa** *prov*, es lohnt den Aufwand nicht, das ist den Aufwand/die Mühe nicht wert, da kommt nichts dabei raus *fam*.

spesàre tr ~ **qu** jdn unterhalten, jdm den Unterhalt zahlen: **la ditta lo spesa di tutto**, die Firma ⌊zahlt ihm alle Spesen⌋/[übernimmt alle Spesen für ihn].

spesàto, (-a) agg (*rimborsato delle spese*): ~ **da qu** auf Kosten *von jdm*/+ *gen*: **un pranzo ~ dal datore di lavoro**, ein Mittagessen auf Kosten des Arbeitgebers; **è un interprete ~ da un'agenzia di traduzioni**, die Spesen des Dolmetschers übernimmt ein Übersetzungsbüro.

spési 1ª pers sing del pass rem *di* spendere.

spéso part pass *di* spendere.

spessimetro m **1** *fis tecnol* (*misuratore di spessore*) Dickenmesser m **2** *mecc* (*misuratore del battistrada*) Profiltiefenmesser m.

spésso, (-a) ★ agg **1** (*di un certo spessore*) {MURO, STOFFA} dick: **un foglio di carta ~ due mm**, ein zwei mm dickes Papier **2** (*denso*) {CREMA, MINESTRA} dickflüssig **3** (*fitto*) {NEBBIA, PIOGGIA, SIEPE} dicht **4** (*frequente*) viel: **spesse volte**, recht oft, öfter ⬛ avv {ACCADERE, INCONTRARSI} häufig, oft: **meno ~ di una volta**, weniger häufig als früher; **molto/troppo ~**, sehr/zu oft ● ~ **e volentieri** *fam* (*molto ~*), oft und gern.

spessóre m **1** gener {+LAMIERA, PARETE} Dicke f, Stärke f: **un cartone dello ~ di otto mm**, ein acht mm dicker Karton **2** *fig* (*ricchezza*) {CULTURALE, UMANO} Format n, Substanz f *forb*: **un uomo di un certo ~**, ein Mann ⌊von Format⌋/[mit Tiefgang]/[mit einer gewissen Substanz *forb*] **3** *tecnol* Unterlage f, Unterlegklotz m: **mettere uno ~ sotto l'armadio**, eine Unterlage unter den Schrank tun.

Spett. *comm* abbr *di* spettabile: sehr geehrte(r, s)/verehrte(r, s), geachtete(r, s): (**alla**) ~ **Ditta ...**, An Firma ...; ~ **Ditta ...**, Sehr geehrte Damen und Herren, ...

spettàbile agg *comm* (*nelle lettere*, abbr Spett.) sehr geehrte(r, s)/verehrte(r, s), geschätzte(r, s).

spettacolàre agg **1** (*grandioso*) {CERIMONIA, SCENOGRAFIA} großartig, überwältigend, grandios **2** (*impressionante*) {INCIDENTE, SCENA} Aufsehen erregend, spektakulär.

spettacolarità <-> f **1** (*grandiosità*) {+PARATA} Großartigkeit f, Grandiosität f **2** (*eccezionalità*) {+EVENTO, PARTITA} Außergewöhnlichkeit f.

spettacolarizzàre ★ tr ~ **qc** {GARA SPORTIVA, INFORMAZIONE TELEVISIVA} *etw* zum Medienspektakel machen, ein Medienspektakel *aus etw* (*dat*) machen ⬛ itr pron rfl: **spettacolarizzarsi** {GUERRA} zum Medienspektakel werden.

spettacolarizzazióne f {+POLITICA} Verwandlung f in ein Medienspektakel.

spettàcolo ★ <inv> agg (*sensazionalistico*) {INFORMAZIONE, STAMPA} Sensations-; {POLITICA} als Medienspektakel, medienorientiert; {POLITICO} Medien- ⬛ m **1** gener {BELLO, GRATUITO, NOIOSO} Aufführung f, Schauspiel n, Veranstaltung f: ~ **acquatico**, Wasserschauspiel n; ~ **di beneficenza**, Wohltätigkeitsveranstaltung f; ~ **di gala**, Galaaufführung f, Galavorstellung f; ~ **pirotecnico**, Feuerwerk n; ~ **teatrale/televisivo**, Theateraufführung f/Fernsehshow f; ~ **di varietà**, Varietee n **2** (*veduta*) {INDIMENTICABILE, SUGGESTIVO} Anblick m, Schauspiel n: **lo ~ dell'alba**, das Schauspiel des Sonnenaufgangs **3** (*scena*) {IMPRESSIONANTE, PENOSO} Szene f: **vedervi litigare non è certo un bello ~!**, euch streiten zu sehen, ist wirklich kein schöner Anblick! **4** *film* {POMERIDIANO} Vorstellung f: **primo/ultimo ~**, erste/letzte Vorstellung ⬛ <inv> loc agg (*dell'ambiente artistico*): **dello ~**, {INDUSTRIA} Unterhaltungs-; **personaggio dello ~**, Medienstar m; **mondo dello ~**, Showbusiness n, Schaugeschäft n ● **dare ~** *fig* (*essere molto bravo*), {ATLETA} Aufsehen erregen, auf sich aufmerksam machen; **dare ~ (di sé)** *fig* (*farsi notare negativamente*), sich in Szene setzen, eine Schau/Show abziehen *fam*.

spettacolóso, (-a) agg **1** (*grandioso*) {APPARATO, MANIFESTAZIONE} grandios, Aufsehen erregend, spektakulär **2** *fig* (*straordinario*) {BELLEZZA} überwältigend; {SUCCESSO} *anche* großartig.

spettànza f **1** (*competenza*) Kompetenz f, Zuständigkeit f: **è di mia/tua ~**, das ist meine/deine Angelegenheit/Sache, dafür ⌊bin ich⌋/[bist du] zuständig **2** (*compenso*) Gebühr f: **le spettanze di un avvocato**, die Gebühren eines Anwalts, die Anwaltsgebühren.

spettàre itr <*essere*> ~ **a qu 1** (*toccare*) jdm zu/fallen, jdm zu/kommen, jdm zu/stehen: **la decisione spetta a voi**, das müsst ihr entscheiden; **non spetta a me giudicare**, mir kommt/steht kein Urteil zu **2** (*essere un dovere*) {EDUCAZIONE ALLA FAMIGLIA} (*die*) Pflicht/Aufgabe/Sache *von jdm*/+ *gen* sein, *jdm* obliegen *forb* **3** (*appartenere per diritto*) {QUOTA DI EREDITÀ ALLA MOGLIE} *jdm* (rechtmäßig) zustehen: **dammi quello che mi spetta**, gib mir, ⌊was mir zusteht⌋/[worauf ich Anspruch habe]!

spettatóre, (-trice) m (f) **1** (*persona del pubblico*) {TELEVISIVO} Zuschauer(in) m(f) **2** (*osservatore*) {+CATASTROFE} Zeuge m, Zeugin f, Beobachter(in) m(f): **è stato ~ di un evento eccezionale**, er wurde Zeuge eines außergewöhnlichen Ereignisses **3** (*testimone*) {+RAPINA} (Augen)zeuge m, ((Augen)zeugin f.

spettegolàre itr *fam* ~ (**su qu/qc**) (*über jdn/etw*) klatschen *fam spreg*, (*über jdn/etw*) tratschen *fam spreg*.

spettinàre ★ tr ~ **qu** jdn zerzausen; ~ **qc** (**a qu**) {CAPELLI, FRANGIA} *jdm* etw zerzausen ⬛ itr pron rfl: **spettinarsi** zerzaust werden: **dormendo ci si spettina**, im Schlaf werden die Haare zerzaust; **la nuova pettinatura non ti sta proprio bene, spettinati un po'!**, die neue Frisur steht dir wirklich nicht, fahr dir mal etwas durch die Haare!

spettinàto, (-a) agg {BAMBINA, CAPELLI} ungekämmt, zerzaust.

spettràle agg **1** (*da spettro*) {ASPETTO, VISO} gespenstisch **2** (*sinistro*) {ATMOSFERA, LUCE, LUOGO} gespenstisch, unheimlich, düster **3** *fis* {ANALISI, RIGA, SERIE} Spektral-.

spèttro m **1** (*spirito*) {+AVO} Gespenst n, Geist m **2** *fig* (*ombra*) Schreckgespenst n: **è ridotto a uno ~**, er ist ⌊zum Skelett abgemagert⌋/[nur noch ein Schatten seiner selbst] **3** *fig* (*minaccia*) {+GUERRA, MALATTIA, MISERIA} (Schreck)gespenst n **4** *fig* (*campo*) Bandbreite f, Bereich m, Palette f, Spektrum n: ~ **d'azione**, Wirkungsbereich m, Wirkungsspektrum n; **ad ampio ~**, von/m (großer) Breitenwirkung **5** *fis* {ULTRAVIOLETTO, VISIBILE} Spektrum n: ~ **acustico**, akustisches Spektrum, Schallspektrum n; ~ **di assorbimento/emissione**, Absorptions-/Emissionsspektrum n; ~ **di frequenza**, Frequenzspektrum n; ~ **ottico**, optisches Spek-

trum; ~ **solare**, Sonnenspektrum n **6** {ZOO} Vampir m.

spettrografia f fis Spektrographie f.

spettrogràfico, (-a) <-ci, -che> agg fis {ANALISI} spektrographisch.

spettrògrafo m fis Spektrograph m: ~ **di massa**, Massenspektrograph m.

spettrogràmma <-i> m fis Spektrogramm n.

spettrometrìa f fis Spektrometrie f.

spettromètrico, (-a) <-ci, -che> agg fis {OSSERVAZIONE} spektrometrisch.

spettròmetro m fis Spektrometer n.

spettroscopìa f fis Spektroskopie f.

spettroscòpico, (-a) <-ci, -che> agg fis {RICERCA} spektroskopisch.

spettroscòpio <-pi> m fis Spektroskop n.

speziàre tr anche fig ~ **qc** (**con qc**) {ARROSTO CON ERBE AROMATICHE, DISCORSO CON BATTUTE DI SPIRITO} etw (mit etw dat) würzen.

speziàto, (-a) **A** part pass di speziare **B** agg gewürzt: **evitare i cibi molto speziati**, allzu gewürzte Speisen vermeiden.

spèzie f pl gastr Gewürze n pl.

spezzàre A tr **1** (rompere) ~ **qc** (**in qc**) (**con qc**) {BASTONE IN DUE CON LE MANI, GHIACCIO} etw (mit etw dat) (in etw acc) (zer)brechen; {BISCOTTO IN PARTI UGUALI} anche etw (mit etw dat) (in etw acc) (zer)teilen; {FILO} etw (mit etw dat) ab|reißen; ~ **qc con i denti**, etw ab-, zerbeißen; ~ **qc a qu** jdm etw brechen; **gli ha spezzato il braccio**, er/sie/es hat ihm den Arm gebrochen **2** (schiantare) ~ **qc** {VENTO RAMO} etw ab|brechen **3** fig (dividere) ~ **qc** (**in qc**) {VIAGGIO IN TRE TAPPE} etw in etw acc) (auf|)teilen; ~ **qc** (**con qc**) {GIORNATA DI LAVORO CON UNA PAUSA} etw (mit etw dat) unterbrechen; {PERIODO CON UN PUNTO E VIRGOLA} etw (mit etw dat) (unter)gliedern **B** itr pron **1** (rompersi): **spezzarsi** (+ **compl di luogo**) {OSSO IN PIÙ PUNTI} (irgendwo) brechen; {CHIAVE A METÀ} (irgendwo) ab|-, zerbrechen; {CAVO} (irgendwo) (ab|)reißen **2** (schiantarsi): **spezzarsi** (**a causa di**/[**per**] **qc**) {RAMO PER IL TROPPO PESO} (wegen etw gen) ab|brechen **C** rfl indir: **spezzarsi qc** {GAMBA} sich (dat) etw brechen ● **mi spezzo, ma non mi piego** fig (subisco, ma non cedo), eher gehe ich kaputt, als dass ich nachgebe.

spezzàta f mat unterbrochene Linie.

spezzatino <dim di spezzato> m gastr {+VITELLO} Frikassee n, Ragout n.

spezzàto, (-a) **A** agg **1** (rotto) {BRACCIO, PANE} gebrochen; {CORDA} gerissen **2** (staccato) {PUNTA DI MATITA, SPERONE DI ROCCIA} abgebrochen **3** fig (diviso) {PERCORSO} unterteilt; {ORARIO, SETTIMANA} unterbrochen; {PERIODARE} untergliedert **4** fig (interrotto) {STILE} fragmentarisch; {VOCE} gebrochen **5** mat {LINEA} unterbrochen **B** m **1** (abito maschile) Kombination f **2** <solo pl> stor (moneta spicciola) {+ARGENTO, RAME} Münze f **3** teat Setzstück n.

spezzettaménto m **1** (sminuzzare) {+FAGIOLINI} Zerkleinern n **2** (sbriciolamento) {+TORTA} Zerbröckeln n, Zerbröseln n **3** (frazionamento) {+PROPRIETÀ TERRIERA} Zersplitterung f **4** fig (interruzione ripetuta) {+DISCORSO, FRASE} Zerstückeln n, Zerstückelung f.

spezzettàre A tr ~ **qc 1** (sminuzzare) {PASTA} etw zerkleinern, etw in kleine Stücke teilen **2** (sbriciolare) {PANE} etw zerbröckeln, etw zerbröseln **3** (frazionare) {EREDITÀ} etw zersplittern **4** fig (interrompere ripetutamente) {PERIODO, TRATTAZIONE} etw zerstückeln; ~ **il discorso**, abgehackt/[mit Zwischenpausen] reden **B** itr pron (ridursi a pezzetti): **spezzettarsi** {BISCOTTO FRIABILE} zerbröckeln.

spezzettatùra f **1** (sminuzzare) {+BA**SILICO**} Zerkleinern n **2** (sbriciolamento) {+TORTA} Zerbröckeln n, Zerbröseln n **3** fig (interruzione ripetuta) Fragment n: **uno stile ricco di spezzettature**, ein sehr fragmentarischer Stil.

spezzìno, (-a) **A** agg (di La Spezia) {COSTA} von La Spezia; {PAESAGGIO} um La Spezia **B** mf (abitante) Einwohner(in) m(f) von La Spezia.

spezzóne m **1** gener (pezzo) (Bruch)stück n, Teil m **2** film (porzione di pellicola) (unbelichteter) Filmstreifen **3** mil Splitterbombe f: ~ **incendiario**, Brandbombe f.

S.P.G.M. abbr di Sue Proprie Gentili Mani: z.tr. H. (abbr di zu treuen Händen).

spìa f <inv> agg **1** (per spionaggio) {NAVE, SATELLITE} Spionage- **2** tecnol (di segnalazione) {LAMPADA} Kontroll- **B** f **1** gener Spion(in) m(f): **fare la ~**, spionieren; (scuola) petzen fam spreg; **fare la ~ di qc a qu**, etw für jdn ausspionieren; (agente segreto) {NEMICA} Spion(in) m(f), Geheimagent(in) m(f); (confidente della polizia) Spitzel m spreg **2** (spioncino) (Tür)spion m, Guckloch n; teat Vorhangguckloch n **3** fig (indizio) {+CRISI, MALATTIA} Anzeichen n, Indiz n **4** tecnol (dispositivo di segnalazione) {ACCESA, SPENTA, +BOILER, FORNO} Kontrollampe f, Kontrolleuchte f, Warnlampe f: ~ **dell'acqua/olio**, Kühlwasser(temperatur)-/ Ölstandanzeiger m; ~ **acustica**, akustisches (Alarm)signal; ~ **del carburante**, Benzinanzeiger m; ~ **luminosa/ottica**, Kontrollampe f, Kontrollleuchte f **5** tel (intercettatore) Wanze f slang.

spiaccicàre <spiaccico, spiaccichi> fam **A** tr ~ **qc** (**con qc**) (+ **compl di luogo**) {PERA COL PIEDE, MOSCERINO SUL VETRO} etw (mit etw dat) (irgendwo) zerdrücken, etw (mit etw dat) (irgendwo) zerquetschen **B** itr pron: **spiaccicarsi** (+ **compl di luogo**) {POMODORO A TERRA} (irgendwo) zerdrückt/zerquetscht werden.

spiacènte agg betrübt, traurig: **sono ~ di non poterla aiutare**, ich bedauere/[es tut mir leid], Ihnen nicht helfen zu können; ~, **ma il locale chiude**, (ich) bedauere, aber wir schließen jetzt.

spiacére <coniug come piacere> **A** itr <essere> **1** (amareggiare) ~ **a qu** {BOCCIATURA A TUTTI} (für jdn) bedauerlich/betrüblich/bitter sein **2** (in frasi negative: piacere): **questo non mi spiacerebbe**, da wäre ich gar nicht abgeneigt/[hätte ich gar nichts dagegen] **B** impers <essere> ~ **a qu** (dispiacere) jdm leid|tun: **mi spiace (che/se ...)**, es tut mir leid/[ich bedau(e)re]/[ich finde es bedauerlich], dass/wenn ..); **ci spiace per lui**, es tut uns leid für ihn; **mi spiace dover rifiutare**, es tut mir leid, ablehnen zu müssen; **spiace vedere tanto disinteresse**, es ist bedauerlich/schade/betrüblich, so wenig Desinteresse zu sehen; **spiace che non si riesca a trovare una soluzione**, es ist bedauerlich, dass sich keine Lösung finden lässt **2** (nelle formule di cortesia): **se non Le/ti spiace, sposterei l'appuntamento a domani**, wenn es Ihnen/dir nichts ausmacht, würde ich die Verabredung auf morgen verschieben; **Le spiacerebbe ripetere?**, könnten Sie das bitte noch einmal wiederholen? **C** itr pron (dispiacersi): **spiacersi di/per qc** {PER L'INSUCCESSO DI QC} etw bedauern: **si è molto spiaciuto del tuo rifiuto**, er hat deine Absage sehr bedauert.

spiacévole agg **1** (che dà dispiacere) {NOTIZIA} unerfreulich, unangenehm **2** (sgradevole) {COMPITO, INCONTRO, SENSAZIONE} unangenehm **3** (imbarazzante) {AVVENIMENTO, INCONVENIENTE} unangenehm, peinlich.

spiacevolézza f **1** (l'essere spiacevole) {+SORPRESA} Unerfreulicher f **2** (sgradevolezza) {+COMPAGNIA, IMPRESSIONE} Unangenehme n decl come agg **3** (imbarazzo) {+SITUAZIONE} Peinlichkeit f.

spiàggia <-ge> **A** f {AMPIA, DESERTA, PULITA, SABBIOSA} Strand m: **andare in ~**, an den/ [zum] Strand gehen; ~ **libera**, öffentlicher Strand; **starsene in ~**, am Strand sein **B** <inv> loc agg: **da ~**, {BORSA, LETTURA, VESTITO} Strand- ● **ultima ~** fig (ultima possibilità), letzte Möglichkeit/Hoffnung.

spiaggiàre, (-a) **A** itr part pass di spiaggiare **B** agg (arenato) {DELFINI} gestrandet: **sulla riva c'era una gran quantità di tronchi spiaggiati**, am Ufer lag eine Menge Treibholz.

spianaménto m (livellamento) {+SUPERFICIE} (Ein)ebnung f.

spianàre A tr **1** (livellare) ~ **qc** {PISTA DI ATTERRAGGIO, TERRENO} etw (ein|)ebnen, etw eben machen **2** (appiattire stirando) ~ **qc** {CUCITURA, PIEGHE DI UN ABITO} etw (glatt) bügeln **3** (stendere) ~ **qc** {PASTA} etw aus|rollen, etw flach klopfen **4** (puntare) ~ **qc** (**contro qu**) {ARMA} etw (auf jdn) an|legen **5** (demolire) ~ **qc** etw ab|reißen: ~ **una città**, eine Stadt dem Erdboden gleichmachen **6** (distendere) ~ **qc** {FRONTE} etw entspannen, etw glätten **7** fig (appianare) ~ **qc** {DIFFICOLTÀ, OSTACOLO, LITE} etw beseitigen, etw überwinden **B** itr (pianeggiare) eben verlaufen: **lassù la strada spiana**, dort oben verläuft die Straße eben **C** itr pron (distendersi): **spianarsi** (**in qc**) {VISO} sich entspannen, sich glätten: **d'un tratto il suo viso si spianò in un sorriso**, plötzlich entspannte sich sein/ ihr Gesicht und ein Lächeln zeigte sich ● ~ **il cammino**/**la strada a qu** fig (facilitarlo), jdm den Weg ebnen.

spianàta f **1** (livellamento sommario) (Ein)ebnung f: **dare una ~ al cortile**, den Hof eben machen **2** (appiattimento) Abflachen n: **dare una ~ alla pasta**, den Teig ausrollen/[flach klopfen] **3** (terreno pianeggiante) {VASTA} Ebene f; {+CASTELLO} Esplanade f.

spianàto, (-a) **A** agg **1** (livellato) {CAMPO} eingeebnet **2** (teso) geglättet, straff: **una tovaglia ben spianata**, eine straff gezogene Tischdecke **3** (stirato) {CUCITURA} (glatt) gebügelt **4** (puntato) {MITRA} gezückt, im Anschlag: **tenere la pistola spianata**, die Pistole im Anschlag halten **5** fig (disteso) {FRONTE} entspannt, geglättet **6** fig (piatto) {FIANCHI, PETTO} flach **B** m rar (spianata) Ebene f.

spianatóia f Nudel-, Backbrett n.

spianatóio <-toi> m (matterello) Nudelholz n.

spianatùra f **1** (livellamento) {+TERRENO} Einebnung f **2** (lo stendere) {+IMPASTO} Ausrollen n.

spiàno loc avv (senza interruzione): **a tutto ~**, {STUDIARE} was das Zeug hält fam; {CORRERE} anche mit voller Kraft; {SPENDERE} was das Zeug hält fam, dass es kracht fam.

spiantàre A tr **1** (sradicare) ~ **qc** {ALBERO, PALO} etw aus|reißen **2** fig (mandare in rovina) ~ **qu** jdn zugrunde richten, jdn ruinieren: **il vizio del gioco lo ha spiantato**, das Laster des Glücksspiels hat ihn zugrunde gerichtet/[ruiniert] **B** itr pron (andare in rovina): **spiantarsi** (**per qu/qc**) {PER I FIGLI} sich (für jdn) ruinieren, sich (für jdn) zugrunde richten; {PER IL GIOCO} sich (durch etw acc) ruinieren, sich (durch etw acc) zugrunde richten.

spiantàto, (-a) **A** agg **1** (divelto) ausgerissen **2** fig (squattrinato) {FAMIGLIA, NOBILE} ruiniert, völlig verarmt, abgebrannt fam **B** m (f) fig (persona squattrinata) Habenichts

m spreg, Hungerleider(in) m(f) fam spreg.
spiàre <spio, spii> **A** tr **1** (osservare di nascosto) ~ qc {I MOVIMENTI DEI VICINI DI CASA} etw aus|spionieren, etw aus|kundschaften, etw aus|spähen; ~ **qu** {LA PROPRIA MOGLIE} jdn aus|spionieren, jdn bespitzeln; (uso assol) spionieren spreg, schnüffeln spreg **2** (ascoltare di nascosto) ~ qu/qc {SEGRETARIA, CONVERSAZIONE RISERVATA} jdn/etw belauschen; (uso assol) lauschen **3** (osservare attentamente) ~ qu/qc {AVVERSARIO} jdn/etw aufmerksam beobachten; {REAZIONE DI QU} etw/etw aus|machen **4** (attendere) ~ qc {MOMENTO ADATTO, OCCASIONE} etw ab|passen, etw ab|warten, auf etw **B** acc) lauern **B** rfl rec (osservarsi): **spiarsi** {ESERCITI NEMICI} sich gegenseitig aus|spionieren/bespitzeln.
spiàta f (delazione) Denunzierung f, Anzeige f: **fare una ~**, Anzeige erstatten; **fare una ~ su qu a qu**, jdn bei jdm denunzieren, jdn bei jdm verpfeifen fam.
spiattellàre tr ~ qc (a qu) **1** fam (spifferare) {NOME DI UN COMPLICE, VERITÀ ALLA POLIZIA} (jdm) etw aus|plaudern: **sua sorella è andata a ~ tutto alla madre**, seine/ihre Schwester hat alles seiner/ihrer Mutter gepetzt fam spreg **2** (mettere sotto gli occhi) (jdm) etw hin|knallen fam, jdm etw unter die Nase halten fam: **gli ha spiattellato davanti la lettera di dimissioni**, er/sie hat ihm das Entlassungsschreiben hingeknallt fam.
spiazzaménto m **1** fig (disorientamento) {+LETTORE} Desorientierung f, Verwirrung f; {+MERCATO} Ab-, Verdrängung f **2** sport {+DIFENSORE} Täuschung f, Austricksen n slang.
spiazzàre tr ~ **1** fig (disorientare) ~ **qu** (con qc) {INTERLOCUTORE CON UNA DOMANDA IMBARAZZANTE} jdn (mit etw dat) ⌊aus dem Konzept⌋/[in Schwierigkeiten] bringen, jdn (mit etw dat) durcheinander|bringen; ~ qc {SISTEMA BANCARIO} etw benachteiligen; {INVESTIMENTI SUL MERCATO} etw ab|-, verdrängen **2** sport {AVVERSARIO CON UN ROVESCIO, PORTIERE CON UNA FINTA} jdn (mit etw dat) täuschen, jdn (mit etw dat) aus|tricksen slang.
spiazzàto, (-a) agg **1** fig (disorientato) durcheinander: **rimasi ~ di fronte alla sua sincerità**, seine/ihre Aufrichtigkeit brachte mich ⌊aus dem Konzept⌋/[in Schwierigkeiten]; **trovarsi ~**, in einer unangenehmen Situation sein **2** sport getäuscht, ausgetrickst slang: **si trovò ~ dallo schema di gioco degli avversari**, das Spielkonzept der Gegner ⌊verwirrte ihn/sie⌋/[brachte ihn/sie in Schwierigkeiten].
spiàzzo m (slargo) {AMPIO, ERBOSO} offener Platz: **uno ~ in mezzo agli alberi**, eine Lichtung.
spiccàre <spicco, spicchi> **A** tr **1** (staccare) ~ qc (da qc) {TESTA DAL BUSTO} etw (von etw dat) ab|trennen; {PEZZETTO DI FORMAGGIO} etw (von etw dat) ab|brechen; {FIORE DA UN RAMO, FRUTTO DA UN ALBERO} anche etw (von etw dat) pflücken **2** fig (scandire) ~ qc {PAROLA, SILLABA} etw deutlich/klar aus|sprechen **3** dir (emettere) ~ qc {MANDATO DI PERQUISIZIONE, ORDINE DI SCARCERAZIONE} etw erlassen; comm {ASSEGNO, TRATTA} etw aus|stellen **B** itr **1** (risaltare) ~ (per qc) (su/tra qc) {BIANCO SUL NERO} (auf etw dat) (durch etw acc) hervor|stechen, sich (auf etw dat) (durch etw acc) ab|heben; {CAMPANILE PER LA SUA ALTEZZA TRA I TETTI} etw (wegen etw gen) ab|heben: **un colore che spicca molto**, das ist ⌊eine knallige fam⌋/[sehr auffallende] Farbe; **l'azzurro fa ~ i tuoi occhi**, das Hellblau ⌊hebt deine Augen hervor⌋/[unterstreicht deine Augen] **2** (distinguersi) ~ (per qc) (su/tra qu/qc) {RAGAZZA PER BELLEZZA, PER INTELLIGENZA SULLE COMPAGNE} sich (wegen etw gen)

(von jdm/etw) ab|heben, sich durch etw (acc) unter jdm/etw aus|zeichnen **C** itr pron (staccarsi): **spiccarsi (da qc)** {PESCA DAL NOCCIOLO} sich (von etw dat) lösen.
spiccàto, (-a) agg **1** fig (forte) {ACCENTO MERIDIONALE} stark, ausgeprägt, merklich: **una regione con una spiccata tendenza all'autonomia**, eine Region mit starkem Hang zur Autonomie **2** fig (straordinario) {SENSO DELL'UMORISMO, TALENTO} ausgeprägt, außerordentlich **3** fig (netto) {COLORE} klar; {CONTORNO} anche deutlich.
spìcchio <-chi> m **1** {+ARANCIA, MANDARINO, ecc.} Schnitz m, Spalte f, Stück n; {+AGLIO} Zehe f **2** (pezzo) {+CIELO, LUNA, MELA} Stück n; {+FORMAGGIO, FRITTATA} anche Ecke f **3** arch Gewölbejoch n, Gewölbefeld n ● **a spicchi**, {TAGLIARE QC} in Stücke; **essere fatto a spicchi**, aus Schnitzen/Spalten bestehen; ~ **sferico** mat (in geometria), Kugelausschnitt m.
spicciàre <spiccio, spicci> **A** tr **1** (sbrigare) ~ qc {FACCENDA} etw schnell erledigen **2** (soddisfare) ~ **qu** {AVVENTORE} jdn zufrieden stellen **3** (cambiare in spiccioli) ~ qc {BANCONOTA DA CENTO} etw wechseln, etw klein|machen fam **4** tosc (sgombrare) ~ qc {STANZA, TAVOLO} etw auf|räumen **B** itr pron (sbrigarsi): **spicciarsi** sich beeilen, sich sputen region, schnell machen: **spicciamoci a finire questo lavoro!**, machen wir schnell diese Arbeit fertig!; **dai, spicciati!**, komm, beeil/spute region dich!
spicciativo, (-a) agg **1** (sbrigativo) {PERSONA} kurz angebunden; {METODO} schnell **2** (brusco) {MODI} schroff, brüsk, barsch **3** (veloce) {FACCENDA, LAVORO} rasch erledigt.
spiccicàre <spiccico, spiccichi> **A** tr **1** (staccare) ~ **qc** (da qc) {FRANCOBOLLO DA UNA BUSTA} etw (von etw dat) ab|lösen: ~ **due fogli**, zwei Blätter (voneinander) trennen **2** fig (dividere) ~ **qu** {DUE INNAMORATI} jdn auseinander|bringen, jdn voneinander trennen **3** fig (articolare) ~ qc {FRASE, SILLABA} etw aus|sprechen: **non riusciva a ~ parola**, er/sie brachte/bekam kein Wort heraus; **non sa ~ una parola di tedesco**, er/sie kann kein Wort Deutsch **B** itr pron **1** (staccarsi): **spiccicarsi (da qc)** von etw (dat) ab|gehen: **l'etichetta non si spiccica più dal vetro**, der Aufkleber geht nicht mehr von der Scheibe ab **2** fig fam (liberarsi): **spiccicarsi da qu** sich von jdm befreien, jdn los|werden fam: **vorrei spiccicarmi da quella donna**, ich würde diese Frau gerne loswerden fam **C** rfl rec fig fam (dividersi): **spiccicarsi** {FIDANZATI} sich (voneinander) trennen, voneinander los|kommen.
spiccicàto, (-a) agg region fam (tale e quale) genau gleich, ganz (und gar): **è sua madre spiccicata**, er/sie ist ⌊ganz die Mutter⌋/[die ganze Mutter fam]; **sei ~ tuo nonno**, du bist ganz dein Großvater.
spìccio, (-a) <-ci, -ce> **A** agg **1** (sbrigativo) {MANIERE} kurz angebunden; {METODO} schnell **2** (spicciolo) {DIECI EURO} klein; {SOLDI} Klein- **B** m pl fam (spiccioli) Kleingeld n: **hai degli spicci da darmi?**, hast du etwas Kleingeld für mich? ● **andare per le spicce** (agire con risolutezza), es kurz machen, gleich/direkt zur Sache kommen.
spicciolàre tr (cambiare in spiccioli) ~ qc {DIECI EURO} etw (in Kleingeld) wechseln, etw klein|machen fam.
spicciolàta solo nella loc avv (separatamente): **alla ~**, {GIUNGERE, USCIRE} einzeln.
spìcciolo, (-a) **A** agg **1** (in pezzi di piccolo taglio) {MONETA} Klein-: **100 euro spiccioli**, 100 Euro klein **2** fig (banale) {GENTE, PROBLEMA, VITA} einfach, klein: **fare della filosofia spicciola**, Binsenwahrheiten von

sich (dat) geben spreg, Stammtischphilosophie machen spreg **B** m pl (moneta spiccia) Kleingeld n ● **di quella immensa eredità a noi non sono rimasti che gli spiccioli** fig (una minima parte), von diesem Riesenerbe ist nur ein winziger Bruchteil geblieben.
spìcco <-chi> **A** m **1** (risalto) Hervortreten n, Auffallen n **2** fig (importanza) Bedeutung f: **questo personaggio ha uno ~ particolare**, er/sie ist eine bedeutende Persönlichkeit **B** <inv> loc agg fig (di rilievo): **di ~**, {ARTISTA, GIORNALISTA} bedeutend, hervorragend ● **fare ~ su qc** (risaltare), {GIALLO SUL BLU} (auf etw dat) hervorstechen, sich (auf etw dat) ab|heben; **fare ~ su/tra qu/qc fig (distinguersi)**, sich von jdm/etw abheben, unter jdm/etw auffallen.
spider <-, -s pl ingl> m o f ingl autom Spider m, Roadster m.
spidocchiàre <spidocchio, spidocchi> **A** tr (togliere i pidocchi) ~ **qu/qc** {BAMBINO, CUCCIOLO, INDUMENTO} jdn/etw (ent)lausen **B** rfl: **spidocchiarsi** sich (ent)lausen; (indir) **spidocchiarsi qc** {TESTA} sich (dat) etw (ent)lausen **C** rfl rec: **spidocchiarsi** sich (ent)lausen.
spiedìno <dim di spiedo> m gastr Spießchen n: ~ **di carne/pesce**, Fleisch-/Fischspießchen n.
spièdo m **1** (ferro appuntito) Spieß m **2** gastr {+QUAGLIE} Spieß m **3** mil stor Speer m, Spieß m ● **carne/verdure allo ~** gastr, Fleisch/Gemüse am Spieß; **cuocere qc allo ~** gastr, etw am Spieß kochen.
spiegàbile agg **1** (che si può spiegare) {CONCETTO} erklärbar **2** (comprensibile) {ATTEGGIAMENTO, REAZIONE} verständlich, erklärlich.
spiegaménto m **1** (schieramento) {MILITARE; +ESERCITO} Aufgebot n, Aufmarsch m **2** fig (sfoggio) Aufgebot n: **uno ~ di camerieri in livrea**, ein Aufgebot von Kellnern in Livree ● **di forze** (di polizia), Polizeiaufgebot n; mil, Truppenaufgebot n.
spiegàre <spiego, spieghi> **A** tr **1** (far capire) ~ **qc (a qu)** {ENIGMA, REBUS, SENSO DI UNA FRASE} (jdm) etw erklären: **questo spiega tutto!**, das erklärt alles!; **spiegami che cosa vuoi**, erklär mir, was du willst **2** (esporre commentando) ~ **qc (a qu)** {INSEGNANTE CONCETTO FILOSOFICO, MATEMATICA, VERSO LATINO A UN ALLIEVO} (jdm) etw erklären, (jdm) etw erläutern; (uso assol) erklären, unterrichten: **stamattina il professore di italiano ha spiegato**, heut morgen hat der Italienischlehrer unterrichtet/[Unterricht gemacht]; **la supplente spiega bene**, die Vertretung kann gut erklären **3** (far conoscere nei dettagli) ~ qc (a qu) {SITUAZIONE} (jdm) etw erklären, (jdm) etw erläutern: ~ **un gioco**, ein Spiel/die Spielregeln erklären **4** (mostrare) ~ qc a qu {PASSANTE STRADA A UN TURISTA} jdm etw erklären, jdm etw zeigen: **ti spiego come devi fare**, ich zeig dir, was du machen musst **5** (motivare) ~ qc etw erklären: **lo shock per il divorzio dei genitori spiega il suo comportamento**, sein/ihr Schock über die Scheidung seiner/ihrer Eltern erklärt sein/ihr Verhalten **6** anche mil (impiegare) ~ qc {ESERCITO, TRUPPE} etw auf|marschieren lassen; {FORZE DI POLIZIA} etw auf|stellen **7** (dispiegare) ~ qc {BANDIERA, TOVAGLIA} etw aus|breiten; {CARTA GEOGRAFICA, FOGLIO} etw auseinander|falten; {ALI} etw aus|breiten; {VELE} etw setzen; fig {CANTO, VOCE} etw erklingen lassen **B** itr pron anche fig (dispiegarsi): **spiegarsi (a qc)** {VELE AL VENTO} sich (in etw dat) aus|breiten, sich (in etw dat) entfalten: **un panorama meraviglioso si spiegò alla nostra vista**, ein wunderbares Panorama ⌊tat

sich vor uns auf⌋/[öffnete sich vor unseren Augen] **C** rfl **1** (*esprimere il proprio pensiero*): **spiegarsi** (+ *compl di modo*) {CHIARAMENTE, IN UNA LINGUA STRANIERA} sich (*irgendwie*) aus|drücken/[verständlich machen]: **spiegatevi meglio!**, drückt euch klarer aus! **2** (*farsi capire*) sich verständlich machen: **mi spiego?**, alles/[ist das] klar?; **mi sono spiegato?**, alles klar?, habe ich mich klar ausgedrückt?, verstanden?; **non so se mi spiego** *anche iron*, wenn Sie verstehen, was ich meine …?; das war deutlich, oder? *anche iron* **3** (*capire*): **spiegarsi qc** sich (dat) *etw* erklären können, *etw* verstehen: **non ci spieghiamo la sua assenza**, wir können uns seine/ ihre Abwesenheit nicht erklären; **ora mi spiego perché scappava**, jetzt verstehe ich, warum er/sie wegrannte **D** rfl rec (*venire a un chiarimento*): **spiegarsi** {CONIUGI} sich aus|sprechen, eine Aussprache haben.

spiegazióne f **1** gener {CHIARA, CONFUSA; +INSEGNANTE, TESTO, VOCABOLO} Erklärung f, Erläuterung f **2** (*istruzione*) {DETTAGLIATA; +FUNZIONAMENTO DI QC} Erklärung f, Anweisung f; {+GIOCO} Regeln f pl **3** (*motivazione*) {PLAUSIBILE; +FENOMENO} Erklärung f, Rechtfertigung f: **non trovo ~ all'accaduto**, ich kann mir das Vorgefallene nicht erklären **4** (*chiarimento*) Aufklärung f, Erklärung f: **chiedere ~ di qc a qu**, von jdm Aufklärung über etw (acc) verlangen; **mi devi delle spiegazioni**, du schuldest mir eine Erklärung; **avere/[venire a] una ~ con qu**, eine Aussprache mit jdm haben, sich mit jdm aussprechen.

spiegazzaménto m {+FOGLIO, VESTITO} Zerknittern n, Zerknüllen n.

spiegazzàre A tr **~ qc** {GIORNALE, GONNA} *etw* zerknittern, *etw* zerknüllen **B** itr pron: **spiegazzarsi** {GIACCA} zerknittern.

spiegazzàto, (-a) agg {FOGLIO, IMPERMEABILE} zerknittert, zerknüllt.

spiegazzatùra f **1** (*spiegazzamento*) Zerknittern n, Zerknüllen n **2** (*parte spiegazzata*) Falte f, Knitter m: **il tuo libro è pieno di spiegazzature**, dein Buch ist ganz zerknittert.

spietataménte avv (*senza pietà*) {UCCIDERE QU} erbarmungslos, grausam.

spietatézza f **1** (*crudeltà*) {INAUDITA; +ASSASSINO, CONDANNA, GIUDIZIO, NEMICO} Erbarmungslosigkeit f, Grausamkeit f **2** (*azione crudele*) Grausamkeit f.

spietàto, (-a) agg **1** (*crudele*) {SENTENZA, SGUARDO, TIRANNO} erbarmungslos, grausam **2** fig (*accanito*) {CONCORRENZA, LOTTA} verbissen, erbittert **3** fig (*ostinato*) {CORTE} hartnäckig, beharrlich.

spifferàre A tr fam (*riferire*) **~ qc (a qu)** (*jdm*) *etw* aus|plaudern, (*jdm*) *etw* ausplauschen **A**: **è andato a ~ tutto al direttore**, er hat dem Direktor alles erzählt, er ist dem Direktor alles erzählen gegangen fam **B** itr (*soffiare*) **~ da/tra qc** {ARIA TRA LE FESSURE DELLA PORTA} *durch etw* (acc) blasen; {VENTO} *durch etw* (acc) pfeifen: **spiffera dalla finestra**, es zieht vom Fenster her.

spifferàta f fam (*soffiata*) Denunziation f spreg, Anschwärzung f fam spreg, Verpfeifen n fam: **fare una ~ alla polizia**, der Polizei einen Wink/Tipp geben.

spìffero m Zug(luft f) m: **questa stanza è piena di spifferi**, in diesem Zimmer zieht es sehr; **essere sensibile agli spifferi**, empfindlich gegen Zugluft sein; **sento uno ~ sul collo**, mir zieht's am Hals; **dal finestrino viene uno ~**, vom Fenster her zieht es.

spìga <-ghe> **A** f {MATURA, PIENA; +AVENA, GRANO} Ähre f **B** <inv> loc agg: **a ~** {PAVIMENTO, TESSUTO} in/mit Fischgrätenmuster/Fischgrat.

spigàre <spigo, spighi> itr (*mettere la spiga*) ~ (+ *compl di tempo*) {GRANO TRA APRILE E MAGGIO} (*irgendwann*) Ähren an|setzen.

spigàto, (-a) *tess* **A** agg {GIACCA} in/mit Fischgrätenmuster/Fischgrat: **tessuto ~**, Fischgrat m **B** m (*tessuto a spiga*) {GRIGIO} Fischgrat m, Gewebe n in/mit Fischgrätenmuster/Fischgrat.

spigatùra f **1** (*lo spigare*) {+ORZO} Infloreszenz f, Ährenschießen n, Ährenbildung f **2** (*stagione*) Zeit f der Infloreszenz/Ährenbildung **3** (*disposizione a spiga*) {+PAVIMENTO, STOFFA} Fischgrätenmuster n, Fischgrat n.

spighétta <dim di spiga> f **1** (*nastrino*) Schrägband n **2** bot kleine Ähre.

spigliatézza f {+CONVERSAZIONE, DONNA} Unbefangenheit f, Ungezwungenheit f: **con ~**, unbefangen, ungezwungen, locker.

spigliàto, (-a) agg {DISCORSO, MANIERE, RAGAZZO} unbefangen, ungezwungen: **in modo ~**, unbefangen, ungezwungen, locker.

spignattàre itr fam am Herd stehen/hantieren.

spignoraménto m **1** (*il riscattare*) {+OGGETTO DI VALORE} Einlösung f, Einlösen n: **lo ~ di un orologio**, die Einlösung einer ⌊(gepfändeten) Uhr⌋/[Uhr im Pfandhaus] **2** (*il liberare da pignoramento*) {+MOBILIO} Aufheben n der Pfändung.

spignoràre tr **~ qc 1** (*riscattare*) {GIOIELLO} *etw* ein|lösen **2** (*liberare da pignoramento*) {BENE} die Pfändung *von etw* (dat) auf|heben.

spìgo <-ghi> m bot Lavendel m.

spìgola f itt Seebarsch m.

spigolàre tr **1** (*raccogliere spighe*) ~ (**qc**) {GRANO} (*etw*) ein|sammeln, (*etw*) lesen: **andare a ~**, (Ähren) lesen gehen **2** fig (*mettere insieme*) ~ **qc** {ANEDDOTI, CURIOSITÀ} *etw* sammeln, *etw* zusammen|tragen **3** sport (*nello sci*) ~ {SCI} auf den Kanten *von etw* (dat)/+ gen hoch|steigen.

spigolatóre, (-trice) m (f) **1** (*raccoglitore di spighe*) Ährenleser(in) m(f) **2** fig (+BARZELLETTE, FRASI CELEBRI) Sammler(in) m(f).

spigolatùra f **1** (*raccolta delle spighe*) Ährenlese f **2** <solo pl> fig (*curiosità*) {+CRONACA MONDANA} Anekdoten pl, Nachlese f.

spìgolo m **1** gener {SMUSSATO, TONDO; +MOBILE, MURO} Kante f: **~ vivo**, scharfe Kante **2** <solo pl> fig (*durezza*) raue Kanten pl, Ecken und Kanten pl, Schroffheit f: **smussare gli spigoli del proprio carattere**, die rauen Kanten seines Charakters abschleifen **3** alpin Kante f **4** mat (*in geometria*) {INTERNO; +POLIEDRO} Kante f **5** min (*cristallo*) Kante f ● **essere tutto spigoli**, {STANZA} ganz verwinkelt sein; fig (*molto scontroso*) {PERSONA} sehr schroff/abweisend sein.

spigolosità <-> f **1** (*angolosità*) {+PIETRA, PROFILO} Kantigkeit f **2** fig (*asprezza*) {+COMPORTAMENTO} Schroffheit f; {+STILE} Strenge f.

spigolóso, (-a) agg **1** (*pieno di spigoli*) {CORPO, SCULTURA, VISO} eckig, kantig **2** fig (*aspro*) {CARATTERE} mit Ecken und Kanten, schroff.

spìlla f **1** (*gioiello*) {ANTICA, PREZIOSA; +BRILLANTI, CORALLO, ORO} Brosche f, (Ansteck)nadel f: **~ di cravatta**, Krawattennadel f **2** region (*spillo*) Nadel f ● **~ ⌊da balia⌋/[di sicurezza]**, Sicherheitsnadel f.

spillaménto m **1** enol (Ab)zapfen n **2** fig lett (*richieste continue di denaro*) Zupfen n.

spillàre① tr (*unire insieme*) **~ qc** {FASCICOLO, FOGLI} *etw* zusammen|heften.

spillàre② **A** tr <avere> **1** (*tirare*) **~ qc** {BOCCALE DI BIRRA, VINO DA UN BARILE} *etw* (*von etw* dat) ab|zapfen, *etw* zapfen **2** (*forare*) **~ qc** {BOTTE DI VINO} *etw* an|stechen, *etw* an|zapfen, *etw* durch Einstich öffnen **3** fig (*sottrarre*) **~ qc a qu** {QUATTRINI} *jdm etw* ab|knöpfen fam: **è riuscito a spillargli quasi tre milioni**, er hat es geschafft, ihm beinahe drei Millionen abzuknöpfen fam **B** itr **1** <*essere*> (*uscire a stille*) **~ da qc** {VINO DALLA BOTTE} *aus etw* (dat) tropfen, *aus etw* (dat) tröpfeln **2** <*avere*> (*versare a stille*) tropfen, tröpfeln: **la botte ha spillato tutto il giorno**, das Fass hat den ganzen Tag getropft.

spillàtico <-ci> m stor Nadelgeld n.

spillatrìce f (*pinzatrice*) Heftmaschine f, Hefter m.

spillatùra f **1** (*il tirare*) {+VINO} Anzapfen n, Anzapfung f **2** (*il forare*) {+BARILE DI BIRRA} Anstechen n.

spìllo A m **1** gener {LUNGO; +ACCIAIO} (Steck)nadel f **2** (*fermaglio*) {TEMPESTATO DI PIETRE PREZIOSE} (Ansteck)nadel f: **da cappello/cravatta**, Hut-/Krawattennadel f **3** fig (*piccolissima quantità*) winzige Menge, Winzigkeit f: **non regalerebbe neppure uno ~**, er/sie würde nicht einmal einen Knopf herschenken **4** enol (*punteruolo*) Zapflochbohrer m, Zapfenbohrer m, (*foro*) Zapfloch n **5** mecc (CONICO) Nadel f, Stift m **B** <inv> loc agg (*allungato e sottile*): **a ~**, {CARBURATORE, VALVOLA} nadelförmig, Nadel-; {TACCO} Pfennig- ● **~ ⌊da balia⌋/[di sicurezza]**, Sicherheitsnadel f; **~ di sicurezza** mil (*sicura*) Sicherungsstift m.

spillóne <accr di spilla> m (*fermaglio per acconciature*) Haarnadel f; (*per cappelli*) Hutnadel f.

spilluzzicàre <spilluzzico, spilluzzichi> tr (*mangiucchiare*) **~ qc** {DOLCE, FRUTTA, POLLO, ecc.} *etw* knabbern, *etw* naschen; (*uso assol*) knabbern, naschen.

spilorceria f (*avarizia*) Geiz m, Knaus(e)rigkeit f fam spreg, Knickerigkeit f fam spreg.

spilòrcio, (-a) <-ci, -ce> **A** agg {DONNA, GENTE} geizig, knaus(e)rig fam spreg, knickerig fam spreg **B** m (f) (*persona avara*) Geizhals m spreg, Geizkragen m fam spreg, Knauser m f fam spreg, Knicker m f fam spreg.

spilungóne, (-a) m (f) fam (*donna, ragazza*) Bohnenstange f fam scherz; (*uomo, ragazzo*) langer Lulatsch fam, lange Latte fam.

spiluzzicàre → **spilluzzicare**.

spìna A f **1** gener {+CARCIOFO, ROSA, ROVO} Dorn m; {+CACTUS, RICCIO DELLA CASTAGNA, RICCIO DI MARE} Stachel m; {+PESCE} Gräte f **2** <solo pl> (*rovi*) Dornen m pl, Dornengestrüpp n: **cadere fra le spine**, in die Dornen fallen **3** (*foro*) {+BOTTE} Zapfloch n; (*cannella*) Zapfhahn m, Zapfen m: **alla spina**, vom Fass, Fass- **4** fig (*cruccio*) Kreuz n fam, Kummer m, Unglück n: **quel ragazzo è la mia ~**, dieser Junge ist mein Kreuz fam/Unglück **5** fig fam (*fitta*) Stich m: **mi sento una ~ alla spalla**, ich spüre einen Stich an der Schulter **6** anat med {ILIACA, NASALE} Dorn m, Stachel m: **~ della scapola**, Schulterblattgräte f; **~ bifida**, Spaltwirbel m, Wirbelspalt m **7** elettr {BIPOLARE} Stecker m: **~ doppia/multipla/tripla**, Doppel-/Mehrfach-/Dreifachstecker m **8** tecnol (*organo meccanico*) {CILINDRICA, CONICA} Stift m: **~ di collegamento**, (Verbindungs)stift m; {+TORNIO} Körnerspitze f **B** <inv> loc agg: **a ~ di pesce**, {PARCHEGGIO} Schräg-; **tessuto a ~** Fischgrat n, Gewebe n in/mit Fischgrätenmuster/Fischgrat; sport (*nello sci*) {PASSO} Grätsch-, Grätenschritt m ● **avere una ~ nel cuore** (*avere un problema spinoso*), schwer an etw (dat) tragen, etwas auf dem Herzen haben; **~ dorsale** anat, Rückgrat n, Wirbelsäule f; **non avere ~ dorsale** fig (*non avere carattere*), kein Rückgrat haben; **essere/stare sulle spine** *fig* (essere in ansia o a disagio), (wie) auf (glühenden) Kohlen sitzen; **essere la ~ nel** *fianco di* **qu** *fig* (*problema*), jds Kreuz/Crux sein *forb*; **staccare la ~**, den Stecker herausziehen; *fig* (*interrompere un'attività per riposarsi*), abschalten *fam*; **tenere qu sulle spine** *fig* (*tenere in ansia*), jdn auf die Folter spannen.

spinàcio <-ci> *m bot* **1** (*pianta*) Spinat m **2** <*di solito al pl*> *anche gastr* Spinat m: **~ al burro**, Spinat m mit Buttersoße; **~ surgelati**, Tiefkühlspinat m.

spinàle *agg anat* {MIDOLLO} Rücken-; {NERVO} Rückenmark-.

spinàre *tr* (*diliscare*) **~ qc** {BRANZINO} etw entgräten.

spinarèllo *m itt* Stichling m.

spinaròlo *m itt* Dornhai m.

spinàto, (-a) **A** *agg* **1** (*con spine*) {SUPERFICIE} stach(e)lig; {FILO} Stachel- **2** (*spigato*) {PAVIMENTO} in/mit Fischgrätenmuster/Fischgrat-: **stoffa spinata**, Fischgrat m **B** *m* (*tessuto spigato*) {BEIGE} Fischgrat m, Gewebe n in/mit Fischgrätenmuster/Fischgrat.

spinellàre *itr slang* (*fumare*) kiffen *slang*, haschen *fam*, einen Joint rauchen *slang*.

spinellàto, (-a) *slang* **A** *part pass di* spinellare **B** *agg* bekifft *slang*, breit *slang* **C** *m* (f) **1** (*chi fuma spinelli*) Kiffer(in) m(f) *slang*, Hasch-, Jointraucher(in) m(f) *fam*, Hascher(in) m(f) *fam* **2** (*chi è sotto l'effetto di uno spinello*) Bekiffte mf decl come agg.

spinèllo[1] *m slang* (*canna*) Joint m *slang*: **farsi uno ~**, einen Joint rauchen *slang*.

spinèllo[2] *m min* Spinell m.

spinéto *m* (*roveto*) Dornengestrüpp n, Dornen m pl.

spinétta f *mus* Spinett m.

spingere <coniug come cingere> **A** *tr* **1** (*spostare*) **~ qu/qc** (+ ***compl di luogo***) {CARRELLO DELLA SPESA, DIVANO CONTRO IL MURO, MOTO FINO IN GARAGE} (*irgendwohin*) schieben; {CORRENTE BARCA A RIVA} etw (*irgendwohin*) treiben: **~ qu/qc avanti/indietro**, jdn/etw vor|-/zurück|schieben, jdn/etw vor|-/zurück|schieben *fam*; **~ qu/qc dentro/fuori**, jdn/etw hinein|-/hinaus|schieben, jdn/etw hinein|-/hinaus|schubsen *fam*; **~ qc giù/su**, etw hinunter|-/hoch|schieben, etw hinunter|-/hoch|schubsen *fam*; **mi ha spinto dolcemente verso la porta**, er/sie schob mich sanft zur Tür **2** (*spintonare*) **~ qu/qc** (+ ***compl di luogo***) {AVVERSARIO} jdn/etw (*irgendwohin*) stoßen, jdn/etw (*irgendwohin*) schubsen *fam*: **lo spinse da una parte**, er/sie stieß/schubste *fam* ihn zur Seite; **~ via qu/qc**, jdn/etw wegstoßen *fam*, schubsen *fam*; (*uso assol*) drängeln *fam*, schubsen *fam*; **non spingete!**, nicht drängeln/schubsen! *fam* **3** (*premere*) **~ qc** {PULSANTE, TASTO} etw drücken: **~ il pedale dell'acceleratore/del freno**, auf das Gas-/Bremspedal treten **4** (*allungare*) **~ qc in avanti/fuori** {PETTO} etw heraus|strecken **5** *fig* (*estendere*) **~ qc + compl di luogo** (IRONIA FINO AL PARADOSSO, PROPRIA SFACCIATAGGINE OLTRE I LIMITI) etw (*irgendwohin*) treiben: **~ troppo in là le proprie pretese**, mit seinen Ansprüchen zu weit gehen, seine Ansprüche zu weit hochschrauben; **lo sguardo lontano**, den Blick ↓in die Ferne↓/[weit] schweifen lassen **6** *fig* (*portare*) **~ qc a qc** {AUTO A UNA VELOCITÀ FOLLE, MOTORE A OTTOMILA GIRI} etw auf etw (acc) hoch|jagen *slang*: **la caldaia al massimo**, die Heizung voll aufdrehen *fam* **7** *fig* (*indurre*) **~ qu a qc** {ALL'ECCESSO} jdn zu etw (dat) (an|)treiben; {AL SUICIDIO} jdn in etw (acc) treiben: **~ la gente a comperare qc**, die Leute zum Kaufen anhal-

ten/verleiten; **ha rubato perché era spinto dalla fame**, er hat gestohlen, weil ↓er Hunger hatte↓/[ihn der Hunger dazu trieb] **8** *fig* (*favorire*): **~ qu (in qc)** {NELLA CARRIERA} jdn (in etw dat) fördern, jdn (in etw dat) begünstigen, jdn (in etw dat) protegieren *forb*, (in etw dat) powern *slang*: **ha un pezzo grosso che lo spinge**, er wird von einem hohen Tier *fam* begünstigt/protegiert *forb*/gepowert *slang* **B** *itr* **1** (*esercitare pressione*) **~ contro/su qc** {FIUME SULL'ARGINE, CONTRO LA DIGA; FOLLA CONTRO LE TRANSENNE} gegen etw (acc) drücken, Druck auf etw (acc) ausüben **2** *fig* (*insistere*) **~ per/su qc** {PER LO SVILUPPO DI QC, SULLA VENDITA DI QC} auf etw (acc) drängen: **il sindacato spinge per rinnovare il contratto di lavoro**, die Gewerkschaft drängt auf Erneuerung des Arbeitsvertrags; **i genitori spingono affinché/perché il figlio finisca gli studi**, die Eltern drängen darauf, dass ihr Sohn sein Studium abschließt **C** *itr pron* **1** (*inoltrarsi*): **spingersi + compl di luogo** {FINO A PARIGI, OLTRE IL CONFINE} (*irgendwohin*) vor|dringen, (*irgendwohin*) vor|stoßen **2** (*fare ressa*): **spingersi** {GENTE} drängeln *fam*: **non spingetevi troppo avanti**, drängt euch nicht zu weit vor **3** *fig* (*osare*): **spingersi fino a qc** so weit gehen, dass …; sich so weit vor|wagen, dass …; sich zu weit hinaus|lehnen und … *fam*: **la sua maleducazione si è spinta fino a questo punto?**, ist seine/ihre Unverschämtheit so weit gegangen?, war er/sie so dreist?; **spingersi fino al punto di dichiarare bancarotta**, bis zur Bankrotterklärung gehen; so weit gehen, dass man den Bankrott erklärt **D** *rfl rec* (*spintonarsi*): **spingersi** sich schubsen *fam*: **smettetela di spingervi!**, hört auf, euch zu schubsen! *fam*.

spinnaker <-, -s *pl ingl*> *m ingl mar* Spinnaker m.

spino[1] *m* **1** (*rovo*) Dornbusch m, Dornenpflanze f **2** *bot* (*prugno selvatico*) Schlehdorn m **3** *region* (*spina*) Dorn m.

spino[2] → **spinello**[1].

spinóne *m zoo* Bracke m.

spinóso, (-a) *agg* **1** (*pieno di spine*) {RAMO} dornig; {ARBUSTO} *anche* Dornen-; {RICCIO DELLA CASTAGNA, RICCIO DI MARE} stach(e)lig **2** *fig* (*delicato*) {ARGOMENTO, MATERIA} heikel, schwierig, dornig *forb* **3** *anat* {APOFISI} Wirbelsäulen-.

spinòtto <dim *di* spina> *m* **1** *elettr* Stecker m **2** *mecc* Bolzen m.

spinozìsmo *m filos* Spinozismus m.

spinsi 1ª *pers sing del pass rem di* spingere.

spinta f **1** (*pressione*) {LEGGERA; +VENTO} Schub m: **l'auto non parte, proviamo a darle una ~**, das Auto springt nicht an, versuchen wir's mal anzuschieben **2** (*spintone*) {VIOLENTA} Stoß m: **farsi largo a spinte**, sich vor-, durchdrängeln *fam* **3** (*slancio*) {INIZIALE} Schwung m, Schubs m *fam*: **darsi una ~ ↓verso l'alto↓/[in avanti]**, sich (dat) einen Schubs nach oben/vorne geben *fam* **4** *fig* (*stimolo*) {DECISIVA +AMBIZIONE, CARRIERA} Anstoß m, Antrieb m: **per decidere ha bisogno di una ~**, um sich zu entscheiden, braucht er/sie einen Anstoß **5** *fig* (*impulso*) {PROPULSIVA +RIVOLUZIONE} Anstoß m: **~ inflazionistica**, inflazionärer Auftrieb, Inflationsschub m, Inflationsdruck m **6** *fig* (*appoggio*) Beziehungen f pl, Begünstigung f: **è stato assunto grazie alla ~ di un pezzo grosso**, er wurde wegen Beziehungen zu einem hohen Tier *fam* eingestellt; **fare carriera a forza/furia di spinte**, durch Beziehungen/Vitamin B *fam scherz* Karriere machen **7** *fis* Antrieb m, Schub m: **~ aerostatica**, Auftrieb m; **~ di Archimede/idrostatica**, hydrostatischer Auf-

trieb • **dare una ~ a qu** (*spingerlo*), jdn an|schieben; (*spintonarlo*), jdn anschubsen *fam*; *fig* (*raccomandarlo*), jdn empfehlen, jdn begünstigen, jdn protegieren *forb*.

spintarèlla <dim *di* spinta> f **1** (*piccola spinta*) Schubs m, leichter Stoß **2** *fig fam* (*raccomandazione*) Empfehlung f, Fürsprache f • **dare una ~ a qu** (*spingerlo*), jdn anschieben; *fig fam* (*raccomandarlo*), jdn empfehlen, jdn begünstigen, jdn protegieren *forb*.

spinterògeno *m elettr mot* (Zünd)verteiler m.

spinteròmetro *m elettr* Messfunkenstrecke f.

spìnto, (-a) **A** *part pass di* spingere **B** *agg* **1** (*incline*) **~ verso qc** {VERSO L'ARTE} zu etw (dat) geneigt, zu etw (dat) hingezogen: **si sentì ~ a perdonare**, er fühlte sich geneigt, zu verzeihen **2** (*eccessivo*) {ELEGANZA} übertrieben: **le fa una corte troppo spinta**, er macht ihr ↓allzu heftig↓/[übertrieben] den Hof **3** (*estremista*) {IDEA, TESI} extremistisch **4** (*sconcio*) {FILM, PAROLA, STORIELLA} gewagt, anstößig; {BATTUTA} *anche* dreckig *fam spreg*, schmutzig *spreg* **5** *tecnol* {MOTORE} auf Hochtouren (gebracht).

spintonàre **A** *tr anche sport* (*urtare*) **~ qu** {AVVERSARIO} jdn stoßen, jdn schubsen *fam*; (*uso assol*) stoßen, schubsen *fam*: **avanzare spintonando**, sich vor-, durchdrängeln *fam* **B** *rfl rec*: **spintonarsi** sich schubsen *fam*.

spintóne <accr *di* spinta> *m* **1** (*forte spinta*) (heftiger) Stoß: **farsi largo a spintoni**, sich vor-, durchdrängeln *fam*; *sport* Rempler m *fam* **2** *fig* (*raccomandazione*) Empfehlung f, Fürsprache f, Protektion f *forb* • **dare uno ~ a qu** (*urtarlo*), jdn anrempeln *fam*; *fig* (*raccomandarlo*), jdn empfehlen, jdn begünstigen, jdn protegieren *forb*.

spintóre *m mar* Schubschlepper m.

spióna f → **spione**.

spionàggio <-gi> **A** *m* {AMERICANO, RUSSO} Spionage f: **~ industriale**, Industriespionage f; **~ telefonico**, Abhören n, Lauschangriff m **B** <inv> *loc agg*: **di ~**, {FILM, RETE, ROMANZO} Spionage-.

spioncino *m* (+PORTA) (Tür)spion m, Guckloch n.

spióne, (-a) *m (f) fam spreg* Denunziant(in) m(f) *spreg*, Schnüffler(in) m(f) *fam spreg*; *scherz* Schnüffelnase f *scherz*.

spionìstico, (-a) <-ci, -che> *agg* {ATTIVITÀ} Spionage-.

spiovènte **A** *agg* **1** (*inclinato*) {TETTO} abfallend, schief, schräg **2** (*cascante verso il basso*) **~ (+ compl di luogo)** {CAPELLI SULLE SPALLE, RAMO, SPALLE} (auf etw acc) (herab)hängend, (auf etw acc) herabfallend **3** *sport* (*nel calcio*) {PALLA, TIRO} hoch **B** *m* **1** *edil* (*schräge*) Dachfläche **2** *sport* (*nel calcio*) Kerze f.

spiòvere[1] <coniug come piovere> *itr impers* <*essere o avere*> *meteo* (*cessare di piovere*) auf|hören zu regnen, nicht mehr regnen: **verso sera ha/è spiovuto**, gegen Abend hat es aufgehört zu regnen.

spiòvere[2] <coniug come piovere> *itr* <*essere*> **1** (*scorrere giù*) **~ da qc** {ACQUA DAL TETTO} (von etw dat) (her)ab|fließen, (von etw dat) (her)ab|laufen **2** *fig* (*ricadere*) **~ a qu su qc** jdm auf etw (acc) herab|hängen, jdm auf etw (acc) herab|fallen: **la frangia le spiove sul viso**, der Pony hängt ihr ins Gesicht.

spira **A** f **1** (*spirale*) {+FUMO} Spirale f; {+MOLLA} Windung f **2** <*di solito al pl*> (*anelli*) {+SERPENTE} Ringe m pl: **stringere la preda tra le proprie spire**, die Beute durch Zusammenringeln erdrosseln **3** <*di solito al pl*> *fig* (*meandri*) {BUROCRAZIA, VIZIO} Labyrinth n

4 elettr {CIRCOLARE, POLIGONALE} Schleife f **B** loc avv (*a spirale*): **a spire**, {AVVOLGERE} spiralförmig.

spiràglio <-gli> m **1** (*sottile apertura*) {+FINESTRA} Ritz m, Spalt m **2** (*filo*): ~ **d'aria**, Lufthauch m, Lüftchen n; ~ **di luce**, Lichtstrahl m **3** fig (*barlume*) {+SPERANZA, VERITÀ} Anzeichen n, Schimmer m, Funken m • **aprire uno ~**, einen Spalt öffnen; fig (*dare un po' di speranza*), ein wenig Hoffnung durchschimmern lassen, einen Hoffnungsschimmer geben.

spiràle A f **1** (*oggetto*) {+ACCIAIO} Spirale f **2** (*voluta*) {+FUMO} Spirale f **3** fig (*vortice*) {+DROGA} Spirale f, Sog m forb **4** fig (*escalation*) {+ODIO} Eskalation f forb: **la ~ della vendetta**, die Eskalation der Rache forb; econ {INFLAZIONISTICA} Spirale f; ~ **dei prezzi**, Preisspirale f; ~ **dei prezzi-salari**, Lohn-Preis-Spirale f **5** mat (*in geometria*) {IPERBOLICA, LOGARITMICA} Spirale f: ~ **di Archimede**, archimedische Spirale f **6** med (*anticoncezionale*) Spirale f fam, Intrauterinpessar n scient **B** agg (*avvolto in spire*) {LINEA} Schrauben- **C** <inv> loc agg: **a ~**, {MOLLA} Schrauben-, Spiral-; **volo a ~**, Wellensegeln n **D** loc avv: **a ~**, {DISPORRE, SALIRE} spiralig, in schraubenförmigen Windungen.

spiralifórme agg spiralförmig.

spirànte ling **A** agg {CONSONANTE} frikativ **B** f (*consonante fricativa*) Frikativ m, Spirans m, Reibelaut m.

spiràre① **A** itr **1** (*soffiare*) {VENTICELLO} blasen, wehen **2** lett anche fig (*effondersi*) ~ **da qc** {PROFUMO DALLA CUCINA} aus etw (dat) strömen, aus etw (dat) dringen, aus etw (dat) kommen: **dal suo sguardo spira dolcezza**, sein/ihr Blick strahlt Güte aus **B** tr lett ~ **qc** **1** (*emanare*) {FIORE PROFUMO} etw aus|strömen, etw verbreiten **2** fig (*infondere*) {VOLTO SERENITÀ} etw aus|strahlen.

spiràre② itr <*essere*> ~ (+ *compl di tempo*) **1** (*morire*) {IERI, AL TRAMONTO} (*irgendwann*) sein Leben aus|hauchen forb, (*irgendwann*) dahin|scheiden forb, (*irgendwann*) verscheiden forb **2** fig (*scadere*) {TERMINE DI PAGAMENTO, TREGUA OGGI, TRA 12 ORE} (*irgendwann*) ab|laufen.

spiritàccio <-ci, pegg di spirito> m fam (*persona ingegnosa*) lebhafter/einfallsreicher/erfinderischer/schöpferischer Geist.

spiritàto, (-a) A agg **1** (*indemoniato*) {PERSONA} besessen, rasend **2** fig (*sconvolto*) {SGUARDO, VOLTO} entgeistert, verstört **3** fig (*esagitato*) {BAMBINO} aufgeregt, aufgewühlt **B** m (f) **1** (*ossesso*) Besessene mf decl come agg **2** fig (*persona molto vivace*) Energiebündel n fam.

spiritèllo <dim di spirito①> m {MALIGNO; +BOSCO} Kobold m.

spirìtico, (-a) <-ci, -che> agg {FENOMENO, SEDUTA} spiritistisch.

spiritìsmo m Spiritismus m.

spiritìsta <-i m, -e f> mf Spiritist(in) m(f).

spiritìstico, (-a) <-ci, -che> agg {GRUPPO} spiritistisch.

spìrito① m **1** gener anche filos relig {+UOMO} Geist m: **elevare/nutrire lo ~ con la musica**, sein Gemüt/seinen Geist mit Musik erheben/nähren **2** (*predisposizione*) {AGONISTICO, BELLICOSO, PRATICO, UMANITARIO} Geist m, Sinn m: **avere ~ di adattamento**, anpassungsfähig sein; ~ **di avventura**, Abenteuergeist ~; **di carità/giustizia**, Wohltätigkeits-/Gerechtigkeitssinn m; ~ **di contraddizione**, Widerspruchsgeist m; ~ **di iniziativa**, Unternehmungsgeist m; ~ **di osservazione**, Beobachtungsgabe f; ~ **di sacrificio**, Opfergeist m **3** (*inclinazione*) Hang m, Neigung f, Veranlagung f: **avere lo ~ del commerciante/soldato**, eine Veranlagung zum Händler/Soldaten haben **4** (*umore*) {RINFRANCATO, TRANQUILLO, TURBATO} Stimmung f, Verfassung f: **le sue parole mi hanno risollevato lo ~**, seine/ihre Worte haben mich wieder aufgerichtet; **oggi non sono nello ~ adatto per ascoltarti**, ich bin heute nicht in der Stimmung/Verfassung, dir zuzuhören **5** (*vivacità d'ingegno*) Esprit m, Geist m: **un uomo povero di ~**, ein geistloser/einfältiger Mann **6** (*senso dell'umorismo*) Humor m, Witz m: **avere ~**, geistreich/humorvoll sein; **è un uomo di ~**, er ist ein geistreicher Mann; **rispondere con ~ a una battuta**, eine witzige Bemerkung geistreich parieren **7** (*persona*) {MESCHINO, NOBILE, SUPERIORE} Geist m: **un bello ~**, ein Schöngeist; **essere uno ~ ribelle**, rebellisch sein **8** (*cultura*) {+EPOCA, NAZIONE} Geist m: ~ **del popolo**, Geist m des Volkes; **lo ~ dei tempi**, der Zeitgeist **9** (*essenza*) {+LEGGE, POESIA} Geist m, Sinn m: **entrare nello ~ di una parte**, sich in eine Rolle hineindenken **10** (*anima defunta*) {+ANTENATO, MORTO} Geist m, Seele f: **evocare gli spiriti**, die Geister anrufen **11** (*spettro*) Geist m, Gespenst n **12** (*entità astratta*) {+BENE, MALE} Geist m, Gottheit f **13** (*divinità*) {+FORESTA, MARE} Geist m, Gottheit f **14** med stor (*fluido*) {VISIVO, VITALE} Geist m **15** relig Geist m: **spiriti beati**, Seligen m pl; **spiriti celesti/puri**, himmlische/reine Geister; **spiriti infernali/maligni**, Höllengeister m pl, böse Geister m pl • **calmare i bollenti spiriti** fig (*gli impulsi passionali*), die erhitzten Gemüter beruhigen; **lo ~ è forte, ma la carne è debole** fig (*è facile cedere alle tentazioni*), der Geist ist stark, aber das Fleisch ist schwach; ~ **di corpo/gruppo/squadra** (*senso di solidarietà*), Korpsgeist m/[Gemeinschafts-/Teamgeist m]/[Mannschaftsgeist m]; **in** ~ fig (*col pensiero*), {ESSERE PRESENTI, ESSERE VICINI} geistig; **fare dello ~** (*scherzare*), geistreich/witzig sein, Witze machen; ~ **di patata** fig fam (*umorismo insulso*), Kalauer m, abgeschmackter/blöder/schlechter Witz; ~ **di parte** fig (*parzialità*), Parteigeist m; **lo Spirito Santo** relig, der Heilige Geist.

spìrito② m (*alcol*) Alkohol m, Spiritus m: **sotto ~**, in Spiritus.

spìrito③ m ling (*aspirazione*) Spiritus m: ~ **aspro/dolce**, Spiritus m asper/lenis.

spiritósa f → **spiritoso**.

spiritosàggine f **1** (*umorismo*) Humor m, Witz m **2** anche spreg (*facezia*) Albernheit f, witzige/blöde Bemerkung.

spiritóso, (-a) A agg **1** anche iron (*divertente*) {CONVERSATORE, FRASE, RISPOSTA} geistreich, witzig: **come sei ~!** anche iron, bist du aber geistreich! anche iron **2** rar (*alcolico*) {APERITIVO} alkoholisch **B** m (f) anche iron Witzbold m fam: **non fare lo ~!**, spar dir deine blöden Witze/Bemerkungen!, sei nicht albern!

spiritual <-, -s pl ingl> m ingl Spiritual m o n.

spirituàle A agg **1** (*immateriale*) {CREATURA} geistig **2** (*dello spirito*) {AMORE} platonisch forb; {BENE, EREDITÀ, MONDO} geistig, {GRANDEZZA} anche Geistes-; {SVILUPPO} geistig, spirituell forb **3** (*religioso*) {PADRE, POTERE} geistig, geistlich; {CANTO} anche religiös **4** (*dedito allo spirito*) {PERSONA} vergeistigt **B** m <solo sing> (*potere religioso*) Spiritualien pl **C** m <pl> relig stor (*francescani*) Franziskaner m pl.

spiritualìsmo m filos Spiritualismus m.

spiritualìsta <-i m, -e f> filos **A** agg (*spiritualistico*) {CORRENTE} spiritualistisch **B** mf Spiritualist(in) m(f).

spiritualìstico, (-a) <-ci, -che> agg filos {CONCEZIONE} spiritualistisch.

spiritualità <-> f **1** (*immaterialità*) {+ANIMA} Spiritualität f, geistiges Wesen **2** (*valori spirituali*) {+BUDDISMO, CRISTIANESIMO} Geistlichkeit f, Religiosität f **3** (*profondità spirituale*) {+BRANO MUSICALE, SGUARDO} geistige Tiefe f: **una persona di grande ~**, ein ausgesprochen geistiger Mensch, ein Mensch mit geistigem Tiefgang.

spiritualizzàre A tr **1** (*rendere spirituale*) ~ **qc** {AMORE} etw vergeistigen, etw spiritualisieren forb **2** (*idealizzare*) ~ **qu** {DONNA AMATA} jdn idealisieren **B** itr pron (*ridursi a spirito*): **spiritualizzarsi (in qc)** {AMORE NELL'ARTE} (in etw dat) vergeistigen.

spiritualizzazióne f **1** (*il rendere spirituale*) {+AMORE} Vergeistigung f, Spiritualisierung f forb **2** (*idealizzazione*) {+PERSONA} Idealisierung f **3** (*il ridursi a spirito*) {+PASSIONE} Vergeistigung f.

spirochèta f biol Spirochäte f scient: ~ **pallida**, Syphiliserreger m, Spirochaeta pallida f scient.

spirochetòsi <-> f med Spirochätose f scient.

spiroidàle agg (*spiraliforme*) spiralförmig, spiralig.

spirometrìa f med Spirometrie f scient.

spiromètrico, (-a) <-ci, -che> agg med {ESAME} spirometrisch scient.

spiròmetro m med Spirometer m scient.

spìrto m lett → **spirito**①.

spit <-, -s pl ingl> m ingl alpin Haken m.

spiumàre A tr **1** (*togliere le piume*) ~ **qc** {GALLINA} etw rupfen, etw entfedern **2** fig (*spennare*) ~ **qu** jdn aus|nehmen fam spreg, jdn rupfen fam: **l'hanno spiumato al tavolo da gioco**, sie haben ihn am Spieltisch ausgenommen fam spreg **B** itr: ~ itr pron (*perdere le piume*): **spiumarsi**, {UCCELLO} Federn verlieren.

spizzicàre <spizzico, spizzichi> tr (*mangiucchiare*) ~ **qc** etw knabbern, etw naschen (*uso assol*) knabbern, naschen.

spìzzico <-chi> loc avv (*un po' per volta*): **a ~/spizzichi** {PAGARE, RACCONTARE QC} nach und nach, peu à peu, stückchenweise • **a spizzichi e bocconi** region, nach und nach, peu à peu, stückchenweise.

splash A inter onomatopeica (*di tonfo in acqua*) platsch **B** <-> m Platsch m • **fare ~**, platschen; fig (*fare fiasco*), einen Reinfall erleben fam.

spleen <-> m ingl lett (*malinconia*) Weltschmerz m, Melancholie f.

splendènte agg **1** (*scintillante*) {SOLE} strahlend; {STELLA} funkelnd; {ARGENTERIA} glänzend **2** fig (*radioso*) ~ **di qc** {VOLTO DI GIOIA} (*vor etw dat*) strahlend, (*vor etw dat*) glänzend.

splèndere <irr splendo, splendei o splendetti; difet non usato al part pres e tempi composti> itr **1** (*brillare*) {SOLE} strahlen; {STELLA} funkeln; {ARGENTO, ORO} glänzen **2** fig (*rilucere*) ~ **di qc** {OCCHI DI FELICITÀ} (*vor etw dat*) strahlen, (*vor etw dat*) glänzen **3** fig forb (*eccellere*) ~ **di qc** {DI GLORIA, DI VIRTÙ} sich durch etw (acc) aus|zeichnen.

splendidaménte avv **1** (*molto bene*) sehr gut, wunderbar: **una casa ristrutturata ~**, ein wunderbar renoviertes Haus; **se la cavata ~**, er/sie ist [sehr gut]/[wunderbar] zurechtgekommen **2** (*eccezionalmente*) glänzend, hervorragend: **sto ~ bene**, mir geht es glänzend **3** (*alla grande*) {VIVERE} auf großem Fuß(e) fam, in großem Stil.

splèndido, (-a) A agg **1** (*luminoso*) {LUCE, SOLE} glänzend, strahlend; {GIORNATA, TEMPO} herrlich **2** (*meraviglioso*) {CASA} prächtig, wunderbar; {FESTA} anche rauschend, glanzvoll; {DONNA, OCCHI} wunderschön **3** (*ottimo*) {CARRIERA, LAVORO, LIBRO} glänzend, sehr gut, hervorragend **4** (*munifico*) {UOMO} freigebig, großzügig **B** m (f) (*persona generosa*) großzügiger Mensch: **fare lo ~**, den Großzügigen spielen **C** inter impr anche iron: **~!**, herrlich!, prima! *fam*, toll!, bärig! *fam*; **~ a Natale ho due settimane di ferie!**, herrlich, zu Weihnachten habe ich zwei Wochen Ferien!; **~, ho di nuovo perso le chiavi di casa!** *iron*, na toll, jetzt hab ich schon wieder die Hausschlüssel verloren! *iron*.

splendóre m **1** (*lucentezza*) {+ARGENTO} Glanz m; {+SOLE} anche Strahlen m; {+STELLA} Funkeln n **2** (*sontuosità*) {ANTICO, +CORTE RINASCIMENTALE, RICEVIMENTO} Glanz m, Pracht f, Herrlichkeit f **3** (*bellezza*) {+FIORE} Pracht f; {+VILLA} anche Glanz m; {+RAGAZZA} Schönheit f **4** *fig* (*fulgore*) Glanz m: **essere nel pieno ~ della giovinezza**, in der vollen Blüte seiner (Jugend)jahre sein; **essere al massimo del proprio ~**, auf dem Höhepunkt seiner Ausstrahlung sein.

splène m *anat* (*milza*) Milz f.

splènico, (-a) <-ci, -che> **A** agg **1** *anat* {+ARTERIA} Milz- **2** *med* {PAZIENTE} Milz- **B** m (f) *med* Milzkranke mf decl come agg.

S.P.M. abbr *di* Sue Proprie Mani: z.H. (abbr *di* zu Händen).

spòcchia f (*presunzione*) Hochmut m, Eingebildetheit f *spreg*, Dünkel m *spreg*: **essere pieno di ~**, hochmütig/eingebildet *spreg* sein.

spocchióso, (-a) agg (*presuntuoso*) {ARIA, GENTE} hochmütig, eingebildet *spreg*, dünkelhaft *spreg*.

spodestàre tr **1** (*rimuovere*) **~ qu** (*da qc*) {FUNZIONARIO DA UNA CARICA} jdn (*von etw dat*) ab|setzen, jdn aus etw (dat) entfernen, jdn etw (gen) entkleiden *forb*; {MONARCA DAL PROPRIO REGNO} jdn entthronen **2** (*spossessare*) **~ qu di qc** {MOGLIE DI TUTTO IL PATRIMONIO} jdn enteignen, jdn um etw (acc) bringen.

spoetizzànte agg (*che disincanta*) {DISCORSO, GESTO} ernüchternd, enttäuschend, desillusionierend.

spoetizzàre tr (*disincantare*) **~** (**qu**) (jdn) ernüchtern, (jdn) enttäuschen, jdn desillusionieren: **sono parole che spoetizzano**, das sind ernüchternde Worte.

spòglia f **1** <di solito al pl> (*veste*) Gewand n: **spoglie regali**, königliche/fürstliche Gewänder; **sotto le spoglie della nobildonna si nasconde una contadina**, unter den adeligen Gewändern verbirgt sich eine Bäuerin **2** *lett* (*salma*) Leichnam m, (sterbliche) Hülle *forb eufem*: **le spoglie mortali del papa**, die sterbliche Hülle des Papstes *forb eufem* **3** <solo pl> *mil* {+NEMICO} (Kriegs)beute f **4** *zoo* {+SERPENTE} Balg m, Haut f • **sotto mentite spoglie** *fig* (*travestito*), verkappt; (*sotto falso nome*), unter falschem Namen; **spoglie opime** *mil stor*, Spolien pl; *fig* (*ricco bottino*), reiche (Kriegs)beute.

spogliàre <*spoglio, spogli*> **A** tr **1** (*svestire*) **~ qu/qc** {AMMALATO, BAMBINO, BAMBOLOTTO} jdn/etw aus|ziehen, jdn/etw entkleiden; **~ qu/qc di qc** {DONNA DEGLI INDUMENTI BAGNATI} jdm/etw etw aus|ziehen **2** (*fare lo spoglio*) **~ qc** {DOCUMENTO, POSTA} etw sortieren, etw sichten **3** *fig* (*alleggerire*) **~ qc di qc** {SCRITTO DI INUTILE RETORICA} etw von etw (dat) befreien **4** *fig* (*denudare*) **~ qc (di qc)** {ALTARE DEI PARAMENTI, MUSEO DI UN'OPERA D'ARTE, PALAZZO DI OGNI ORNAMENTO} etw entwenden *forb*, qc a qu jdm etw aus|räumen *fam*: **i ladri gli hanno spogliato la casa**, die Diebe haben ihm das Haus/die Wohnung ausgeräumt *fam*

5 *fig* (*defraudare*) **~ qu di qc** {COLLEGA DI UNA CARICA, EREDE DI UN BENE TESTAMENTARIO} jdn um etw (acc) betrügen, jdn um etw (acc) bringen; {DI UN DIRITTO} jdm etw von/enthalten, jdn etw (gen) berauben *forb* **B** itr pron **1** (*diventare spoglio*): **spogliarsi** {ALBERO} kahl werden, sich entlauben **2** (*rinunciare volontariamente*): **spogliarsi di qc** {DI UNA PROPRIETÀ} auf etw (acc) verzichten, etw weg|geben, sich etw (gen) entledigen *forb*, sich etw (gen) entäußern *forb*; {DI UN INCARICO} etw nieder|legen **3** *fig* (*abbandonare*): **spogliarsi di qc** {DI UN PREGIUDIZIO} etw ab|legen, sich von etw (dat) frei machen **C** rfl **1** (*svestirsi*): **spogliarsi** sich aus|ziehen, sich entkleiden: **si è spogliata nuda**, sie hat sich nackt ausgezogen; (*dal dottore*) sich frei machen; **è meglio che la visiti: si spogli pure**, es ist besser, wenn ich Sie untersuche: wenn Sie sich bitte frei machen (würden) **2** (*togliersi*): **spogliarsi di qc** {DELLA CAMICIA} sich (dat) etw aus|ziehen.

spogliarellista <-i m, -e f> mf Stripteasetänzer(in) m(f).

spogliarèllo m Striptease m: **fare lo ~**, strippen *fam*, Striptease tanzen.

spogliatóio <-toi> m **1** (*stanza*) {FEMMINILE, MASCHILE, +PALESTRA, SCUOLA} Umkleideraum m, Umkleide f *fam* **2** (*cabina*) Umkleidekabine f **3** (*stanzino*) Umkleideraum m, Umkleide f *fam*: **accanto alla camera da letto c'è un piccolo ~**, neben dem Schlafzimmer gibt es einen kleinen Umkleideraum **4** *fig slang giorn sport* (*giocatori*) Spieler m pl: **tutto lo ~ è unito contro l'allenatore**, alle Spieler stehen geschlossen gegen den Trainer.

spogliatóre, (-trice) m (f) *fig* (*saccheggiatore*) Plünd(r)er m, (Plünd(r)erin f): **~ di tombe**, Grabplünd(r)er m.

spòglio① <-gli> m **1** *gener* {+CORRISPONDENZA, TESTO} Sortieren n, Durchsicht f, Sichtung f: **~ elettronico**, Computersortierung f; (*anche computo*) Auswertung f; **fare lo ~ dei voti**, die Stimmen auswerten/auszählen; **procediamo allo ~ delle schede elettorali**, beginnen wir mit der Auswertung der Stimmzettel **2** *dir* Entziehung f: **~ del possesso**, Besitzentziehung f.

spòglio②, (-a) <-gli m> agg **1** (*nudo*) {RAMO, TERRENO} kahl, nackt **2** *fig* (*disadorno*) {CASA} schmucklos, schlicht; {PARETE} nackt **3** *fig* (*essenziale*) {PROSA} nüchtern **4** *fig* (*privo*) **~ di qc** {DI OGNI VANITÀ} frei von etw (dat), ohne etw (acc): **~ di pregiudizi**, vorurteilsfrei, vorurteilslos.

spòiler <-, -s pl ingl> m ingl **1** *aero* (*disruttore*) Spoiler m **2** *autom* (*alettone*) Spoiler m **3** *sport* (*nello sci*) Spoiler m.

spoils system <-> loc sost m ingl polit Ämterpatronage f, Filzokratie f *iron*, Beutesystem n.

spòla **A** f **1** (*spoletta*) {+MACCHINA DA CUCIRE} Spule f **2** *tess* Schussspule f **B** <inv> loc agg *sport* (*nel calcio*): **di ~**, {GIOCO, LAVORO} Mittelfeld- • **fare la ~** (*spostarsi regolarmente da un luogo a un altro*), hin- und herlaufen; (*con veicolo*) hin- und her|fahren; (*tra città diverse*), pendeln; **oggi ho fatto la ~ tutto il giorno tra casa e l'ospedale**, heute bin ich den ganzen Tag zwischen Zuhause und dem Krankenhaus hin- und hergefahren.

spolatùra f *tess* (Auf)spulen n.

spolétta <*dim di* spola> f **1** (*rocchetto*) {+MACCHINA DA CUCIRE} Spule f **2** *artiglieria* (*congegno*) {+BOMBA} Zünder m: **a percussione/tempo**, Aufschlag-/Zeitzünder m **3** *tess* Schiffchen n.

spolettàre tr *artiglieria* (*dotare di spoletta*) **~ qc** {ORDIGNO} etw mit einem Zünder versehen.

spoliazióne f (*saccheggio*) {+CHIESA} Plünderung f.

spoliticizzàre *polit* **A** tr **~ qu/qc** {EMITTENTE RADIOFONICA, INIZIATIVA SOCIALE, RAPPRESENTANTE SINDACALE} etw entpolitisieren **B** itr pron: **spoliticizzarsi** {CULTURA, PERSONA} sich entpolitisieren, unpolitisch werden.

spoliticizzazióne f *polit* Entpolitisierung f.

spollonàre tr *agr* **~ qc** etw von Schösslingen befreien.

spollonatùra f *agr* Entfernung f der Schösslinge.

spolmonàrsi itr pron sich/[sich (dat) die Kehle] heiser reden/schreien, sich (dat) den Mund fransig/fusselig reden *fam*: **~ a cantare**, sich heiser singen; **~ a chiamare qu**, sich (dat) nach jdm die Lunge aus dem Hals schreien *fam*; **si spolmona tutto il giorno in classe, ma senza risultati**, er/sie redet sich (dat) den ganzen Tag in der Klasse ⌊die Kehle heiser⌋/[den Mund fransig/fusselig *fam*], aber ohne Erfolg; **con loro è inutile ~ tanto per spiegare**, sich für sie mit Erklärungen ⌊die Kehle heiser⌋/[den Mund fransig/fusselig *fam*] zu reden, ist ⌊vergebliche Liebesmüh⌋/[zwecklos].

spolpàre **A** tr **1** (*privare della polpa*) **~ qc** {OSSO, POLLO} etw vom Fleisch lösen, etw entfleischen **2** *fig* (*pelare*) **~ qu/qc** (con qc) {CITTADINI CON LE TASSE} jdm/etw (mit etw dat) aus|nehmen *fam spreg*, jdn/etw (mit etw dat) aus|saugen *forb*: **gli usurai ci hanno spolpato**, die Wucherer haben uns ausgesaugt *forb* **B** itr pron **1** *rar* (*dimagrire*): **spolparsi** ab|nehmen **2** *fig* (*impoverirsi*): **spolparsi** verarmen: **spolparsi per far studiare il figlio**, große finanzielle Opfer bringen, um dem Sohn das Studium zu ermöglichen.

spolveràre **A** tr **1** (*togliere la polvere*) **~ qc** {MOBILE, SCARPE, SOGGIORNO} etw ab|stauben; (*uso assol*) ab|stauben, Staub wischen **2** (*cospargere*) **~ qc con/di qc** {DOLCE DI ZUCCHERO A VELO, PRESEPE DI NEVE FINTA} etw mit etw (dat) bestreuen **3** *fig fam* (*mangiare tutto*) **~ qc** {CENA, TEGLIA DI LASAGNE} etw verputzen *fam*, etw verschlingen *fam* **4** *fig fam* (*svuotare*) **~ qc** etw aus|räumen *fam*: **i ladri gli hanno spolverato la casa**, die Diebe haben ihm das Haus ausgeräumt *fam* **5** *tecnol* **~ qc** {DISEGNO} etw durchstäuben **B** rfl (*togliersi la polvere*): **spolverarsi** sich (dat) den Staub ab|klopfen/ab|wischen; indir **spolverarsi qc** {GIACCA} sich (dat) den Staub von etw (dat) (ab|)klopfen; {STIVALI} sich (dat) den Staub von etw (dat) (ab|)wischen **C** rfl intens *fig fam* (*mangiarsi tutto*): **spolverarsi qc** sich (dat) etw rein|ziehen *fam*, sich etw verputzen *fam*: **si è spolverato da solo mezzo kilo di pasticcini**, er hat ⌊allein ein Pfund Gebäck verputzt⌋/[sich (dat) allein ein Pfund Gebäck reingezogen] *fam*.

spolveràta f **1** (*pulizia sommaria*) Abstauben n, (kurzes) Staubwischen f: **dare una ~ alla libreria**, das Bücherregal (kurz) abstauben **2** (*il cospargere*) Bestreuen n: **dare una ~ di cacao alla torta**, den Kuchen mit Kakao bestäuben **3** (*strato sottile*) dünne Schicht: **una ~ di neve**, eine dünne Schneeschicht **4** *gastr* {+NOCE MOSCATA, PEPE} Idee f • **dare una ~ a qu** *fig scherz* (*bastonarlo*), jdm die Knochen polieren *fam*, jdn verdreschen *fam*; *fig scherz* (*rimproverarlo*), jdm den Kopf waschen *fam*.

spolveratùra f **1** (*atto*) {+STANZA, VALIGIA} Staubwischen n **2** (*strato sottile*) dünne

spolverino Schicht 3 gastr {LEGGERA +NOCE MOSCATA} Idee f 4 fig (infarinatura) oberflächliche Kenntnis: **avere solo una ~ di latino**, nur oberflächliche Lateinkenntnisse haben.

spolverino① m (nella moda) Staubmantel m.

spolverino② m 1 (recipiente) {+CACAO, ZUCCHERO} Streudose f 2 (da parrucchiere) kleine Frisörbürste, Nackenpinsel m 3 region (per la polvere) Staubwedel m.

spolverizzàre tr 1 rar (ridurre in polvere) ~ **qc** etw zerstäuben 2 gastr ~ **qc di/con qc** {TORTA DI CACAO} etw mit etw (dat) bestäuben, etw mit etw (dat) bestreuen 3 tecnol ~ **qc** {DISEGNO} etw durchstäuben.

spólvero m 1 (caduta) (leichter) Niederschlag: **uno ~ di neve sulle colline**, ein leichter Schneefall in den Hügeln 2 (strato sottile) {+TALCO} dünne Schicht 3 fig (infarinatura) oberflächliche Kenntnis: **avere uno ~ di cultura**, eine Halbbildung haben, (nur) oberflächlich gebildet sein 4 gastr (il cospargere) {+CACAO} Bestäuben n, Bestreuen n; (strato sottile) dünne Schicht 5 tecnol (procedimento) {+DISEGNO} Durchstäubung f.

spompàre fam Ⓐ tr (sfinire) ~ **qu** {MARATONA, SALITA ATLETA} jdn völlig erschöpfen, jdn aus|pumpen, jdn aus|powern fam, jdn fertig| machen fam Ⓑ itr pron (sfinirsi): **spomparsi** sich verausgaben: **spomparsi a correre**, sich beim Laufen verausgaben; **spomparsi per preparare un esame**, sich mit der Vorbereitung einer Prüfung verausgaben.

spompàto, (-a) agg fam (sfinito) ausgepumpt, ausgepowert, verausgabt, fertig fam: **sono completamente ~**, ich bin völlig ausgepowert/fertig fam/erschöpft.

spónda f 1 (riva) {+MARE, TORRENTE} Ufer n 2 (estremità) {+DIVANO, LETTO} Kante f, Rand m; {+CAMION, CARRO} Bordwand f 3 (parapetto) {+PONTE} Brüstung f, Geländer n; {+POZZO} Rand m 4 (nel biliardo) {CORTA, LUNGA} Bande f: **tirare di ~**, über die Bande spielen 5 fig fam (appoggio) Beziehungen f pl: **avere una buona ~**, gute Beziehungen haben ● **essere dell'altra ~ fig scherz** (omosessuale), vom anderen Ufer sein fam; **passare all'altra ~ fig scherz** (diventare omosessuale), ein warmer Bruder werden fam spreg; **fare da ~ a qu** fig anche sport (nel calcio), jdn ein Doppelpassspiel ermöglichen, ein Doppelpassspiel mit jdm machen.

spondàico, (-a) <-ci, -che> agg ling spondeisch.

spondèo m ling Spondeus m.

sponderuòla f (tipo di pialla) Schienen-, Simshobel m.

spondilìte f med Wirbelentzündung f, Spondylitis f scient.

spòndilo m anat (vertebra) Wirbel m.

spondilòsi f med Spondylose f scient.

spongifórme agg (con l'aspetto di una spugna) schwammartig(r,s), spongiforme(r,s) scient: **encefalopatia ~ med**, spongiforme Enzephalopathie scient, schwammartige Hirnkrankheit des Rindes.

sponsàli m pl lett 1 (nozze) {FASTOSI, SOLENNI; +EREDE AL TRONO} Hochzeit f 2 dir stor Heiratsversprechen n.

spònsor <-, -s pl ingl> mf ingl 1 anche sport {UFFICIALE; +CAMPIONATO DEL MONDO DI SCI, PROGRAMMA TELEVISIVO} Sponsor(in) m(f) 2 fig (appoggio) Beziehungen f pl: **per vincere il concorso ho bisogno di uno ~**, um bei dem Bewerbungsverfahren Erfolg zu haben, brauche ich Beziehungen.

sponsorizzàre tr ~ **qu/qc** 1 anche sport {CANTANTE, GARA, SQUADRA} jdn/etw sponsern, jdn/etw finanziell fördern/unterstützen 2 fig (appoggiare) {CANDIDATO, ASSUNZIONE DI QU} jdn/etw unterstützen, für jdn/etw ein| treten, sich für jdn/etw ein|setzen.

sponsorizzatóre, (-trice) Ⓐ agg anche sport {COMITATO, DITTA} Sponsor- Ⓑ m (f) 1 anche sport (chi sponsorizza) {+MANIFESTAZIONE SPORTIVA} Sponsor(in) m(f) 2 fig (chi appoggia) {+CANDIDATURA} Unterstützer(in) m(f).

sponsorizzazióne f 1 anche sport Sponsoring n, Sponsorn n 2 fig (raccomandazione) Empfehlung f, Beziehungen f pl.

spontaneaménte avv {COSTITUIRSI, OFFRIRSI} spontan, von selbst.

spontaneìsmo m polit Spontiverhalten n slang.

spontaneìsta <-i m, -e f> polit Ⓐ agg {MOVIMENTO} Sponti- slang Ⓑ mf Sponti m slang.

spontaneìstico, (-a) <-ci, -che> agg polit {ATTEGGIAMENTO, IMPRONTA} Sponti- slang.

spontaneità <-> f (naturalezza) {+ESPRESSIONE, PERSONA, RACCONTO} Spontaneität f forb, Natürlichkeit f: **la sua ~ di carattere**, sein/ihr natürliches Wesen 2 (istintività) {+RISATA, SENTIMENTO} Spontaneität f forb, Impulsivität f 3 (volontarietà) {+ADESIONE, CONFESSIONE} Freiwilligkeit f, Spontaneität f forb.

spontàneo, (-a) agg 1 (naturale) {PITTORE} spontan; {BAMBINO, STILE, ecc.} anche natürlich 2 (istintivo) {AFFETTO, CORDIALITÀ} spontan, impulsiv 3 (volontario) {ADESIONE, AIUTO, OFFERTA} freiwillig, spontan 4 (senza intervento dell'uomo) {COMBUSTIONE, REAZIONE CHIMICA} spontan; {MOTO} selbstständig; {VEGETAZIONE} wild.

spopolaménto m Entvölkerung f: **~ delle campagne**, Landflucht f; **~ delle zone montane**, Entvölkerung f der Berggegend.

spopolàre Ⓐ tr ~ **qc** 1 (rendere privo di popolazione) {PESTE REGIONE; URBANESIMO CAMPAGNA} etw entvölkern 2 fig (rendere meno affollato) {MALTEMPO STABILIMENTO BALNEARE} etw leer fegen Ⓑ itr fam (avere successo) ~ (+ **compl di luogo**) {CINEMA D'AZIONE NELLE SALE; GRUPPO MUSICALE IN ITALIA} (irgendwo) einen Bombenerfolg haben fam, (irgendwo) Furore machen Ⓒ itr pron 1 (diventare privo di popolazione): **spopolarsi** {MONTAGNA} sich entvölkern 2 (diventare meno affollato): **spopolarsi + compl di tempo** {STRADA DI NOTTE} sich irgendwann leeren.

spòra f bot zoo {+FUNGO} Spore f.

sporadicaménte avv (saltuariamente) {INCONTRARSI, VIAGGIARE} sporadisch, gelegentlich.

sporadicità <-> f (saltuarietà) {+INCONTRI, NEVICATE, VISITE} Seltenheit f.

sporàdico, (-a) <-ci, -che> agg {CASO, VISITA} sporadisch, gelegentlich: **sporadici episodi temporaleschi al nord**, gelegentlich gewittrige Schauer im Norden.

sporàngio <-gi> m bot Sporenträger m, Sporenbehälter m.

sporcaccióne, (-a) <accr di sporco> pegg Ⓐ agg 1 (sudicio) {BAMBINO} dreckig, schmutzig 2 fig (osceno) {FILM} obszön forb, schweinisch fam spreg; {TIPO} anche schmierig spreg: **un vecchio ~**, ein altes Schwein volg spreg, ein alter Drecksack volg spreg Ⓑ m (f) 1 (persona sudicia) Schmier-, Schmutzfink m fam spreg, Ferkel n volg, Schwein n volg 2 fig (persona immorale) Drecksack m volg spreg, (Dreck)schwein n volg spreg.

sporcàre <sporco, sporchi> Ⓐ tr 1 (imbrattare) ~ **qc** {MARCIAPIEDE} etw verschmutzen, etw verunreinigen; ~ **qu/qc (di qc)** {PAVIMENTO DI FANGO, TOVAGLIOLO DI SUGO} jdn/etw (mit etw (dat)) beschmutzen, etw mit etw (dat) schmutzig machen; {QUADERNO DI INCHIOSTRO} etw (mit etw (dat)) beklecksen; {SEDILE DI GRASSO} etw (mit etw (dat)) beschmieren: **ti ho sporcato?**, habe ich dich schmutzig gemacht?; ~ **qc (con qc)** {PARETE CON SCRITTE} etw (mit etw (dat)) beschmieren 2 fig (macchiare) ~ **qc** {FAMA DI QU, NOME DELLA FAMIGLIA} etw beschmutzen, etw beflecken, etw besudeln spreg, etw in den Schmutz ziehen Ⓑ rfl 1 (imbrattarsi): **sporcarsi (di qc)** {DI TERRA, DI VERNICE} sich (mit etw (dat)) beschmutzen, sich (mit etw (dat)) schmutzig machen; {DI INCHIOSTRO} sich (mit etw (dat)) beklecksen; {DI GRASSO} sich (mit etw (dat)) beschmieren; (indir) **sporcarsi qc (di qc)** {FACCIA DI CIOCCOLATA, VESTITO DI GRASSO} sich (dat) etw (mit etw (dat)) beschmutzen; {DI INCHIOSTRO} sich (dat) etw (mit etw (dat)) beklecksen 2 fig (macchiarsi): **sporcarsi con qc** {CON UN AFFARE LOSCO} sich (dat) bei etw (dat) die Hände schmutzig machen 3 fig (abbassarsi): **sporcarsi** sich herab|lassen: **non mi sporco a parlare con te**, ich lasse mich nicht dazu herab, mit dir zu reden; mit dir rede ich überhaupt nicht (mehr).

sporcìzia f 1 (mancanza di pulizia) {+VICOLO} Schmutzigkeit f 2 (sporco) Schmutz m, Dreck m fam: **pulire la ~**, den Dreck wegputzen 3 fig (oscenità) Schweinerei f volg spreg, Obszönität f forb: **dire sporcizie**, Schweinereien sagen volg spreg, Obszönitäten f pl forb von sich (dat) geben; **fare sporcizie**, Schweinereien machen volg spreg.

spòrco, (-a) <-chi, -che> Ⓐ agg 1 (non pulito) {CASA, MAGLIA, ORECCHIE, PIATTI, PIEDI} schmutzig, dreckig fam: **sono persone sporche**, diese Leute sind schmutzig 2 (imbrattato) ~ **di qc** {ASCIUGAMANO DI SANGUE, MANI DI COLLA, TAZZA DI ROSSETTO} mit etw (dat) beschmutzt, voll von etw (dat)/+ gen forb, voller etw (nom o gen); {FOGLIO DI INCHIOSTRO} mit etw (dat) bekleckst; {VETRO DI GRASSO} mit etw (dat) beschmiert: **sei tutto ~ di farina**, du bist voller Mehl 3 fig (losco) {AFFARE} unsauber, dreckig fam spreg, krumm fam 4 fig (turpe) {GUERRA} abscheulich: **una sporca faccenda**, eine krumme Sache fam; **uno ~ individuo**, ein finsterer Typ 5 fig (illecito) {DENARO} schmutzig spreg, illegal 6 fig (osceno) {BARZELLETTA, FILM} dreckig fam spreg, schmutzig spreg, unanständig, obszön forb 7 fig spreg (spregevole) dreckig fam spreg, widerlich spreg, elend spreg: **sei uno ~ egoista**, du bist ein dreckiger Egoist fam spreg 8 fig slang sport {RIMBALZO, TIRO} unsauber Ⓑ <-> m Schmutz m, Dreck m fam ● **farla sporca** fig fam (compiere un'azione illecita o disonesta), sich dreckig fam spreg/gemein benehmen; **giocare ~** fig (comportarsi disonestamente), ein falsches/doppeltes Spiel treiben.

sporgènte agg 1 gener {CHIODO} herausstehend; {ROCCIA, TETTO} hervorstehend, hervorspringend 2 (prominente) {DENTI, MENTO, OCCHI, ZIGOMI} (her)vorstehend.

sporgènza f {+PARETE} Vorsprung m.

spòrgere <coniug come porgere> Ⓐ tr <avere> 1 (protendere) ~ **qc** etw vor|-, hinaus|strecken: **non ~ troppo il braccio!**, streck den Arm nicht zu weit hinaus!; ~ **qc da qc** {TESTA DAL BALCONE} etw aus etw (dat) (hinaus|)lehnen 2 dir ~ **qc (contro qu)** {DENUNCIA CONTRO IGNOTI} etw (gegen jdn) erstatten; {QUERELA} etw (gegen jdn) stellen Ⓑ itr <essere> 1 (fuoriuscire) ~ (**da qc**) {CHIODO DAL MURO} aus etw (dat) heraus|-, vor|stehen; {SCOGLIO DAL MARE} aus etw (dat) hinaus|-, hervor|ragen; {NASO DAL VISO} aus etw (dat) vor|springen: **la mensola sporge di dieci cm**, die Konsole ragt zehn cm hervor 2 (aggettare)

~ su qc {TERRAZZA SUL LAGO} auf etw (acc) hinaus|ragen **C** rfl (protendersi): **sporgersi (da/in qc)** {DALLA FINESTRA, NEL VUOTO} sich (aus etw dat) hinaus|lehnen: **è pericoloso sporgersi dal finestrino!**, es ist gefährlich, sich aus dem Fenster zu lehnen; (nei treni) nicht hinauslehnen!; **sporgersi (su/verso qu/qc)** sich (zu jdm/etw) (hin)|beugen; **sporgiti verso di me, così riesco a prenderti!**, beug dich zu mir vor, damit ich dich auffangen kann!

sporìfero, (-a) agg bot Sporen tragend.
sporocàrpo m bot Sporenblatt n.
sport <-> m Sport m: **~ acquatico/estremo**, Wasser-/Extremsport m; **~ di combattimento**, Kampfsport m; **fare dello ~**, Sport treiben/machen fam, eine Sportart ausüben; **~ individuale/[di squadra]**, Individual-/Mannschaftssport(art) m; **~ invernali**, Wintersportarten f pl; **~ natatorio**, Schwimmsport m • **fare qc per ~** fig (per diletto), etw aus Spaß an der Freude/[zum Spaß/Vergnügen] tun; **~ della racchetta** (tennis), Tennissport m, Tennis m; **~ del remo** (canottaggio), Rudersport m, Rudern n.
spòrta f **1** (borsa) {PIENA, VUOTA} (große) Tasche, Tragetasche f; **~ della spesa**, Einkaufstasche f **2** (contenuto) Tasche (voll) f: **una ~ di spinaci**, eine Tasche voll Spinat.
sportellìsta <-i m, -e f> mf Schalterbeamte m decl come agg, Schalterbeamtin f.
sportèllo m **1** (portello) {+ARMADIO, AUTO, FORNO, TRENO} Tür f **2** {APERTO, CHIUSO; +ANAGRAFE, BANCA, ecc.} Schalter m **3** (ufficio di informazione) Informationsbüro n: **lo ~ del cittadino**, das Bürgerbüro **4** arte {+TRITTICO} Flügel m **5** banca Filiale f: **~ bancario**, Bankfiliale f • **~ automatico** banca, Bank-, Geldautomat m; **~ unico** amm, zentrale Beratungsstelle.
sportivaménte avv **1** (in modo sportivo) {VESTIRE} sportlich, leger, salopp **2** fig (lealmente e con fair play) {BATTERSI, COMPORTARSI} sportlich, fair, anständig: **l'ha presa ~**, er/sie hat es sportlich/gelassen/[auf die leichte Schulter] genommen.
sportività <-> f fig (lealtà e fair play) {+CAMPIONE, COMPORTAMENTO} Fairplay n, Fairness f, Sport(s)geist m, Anständigkeit f.
sportìvo, (-a) **A** agg **1** (di sport) {GARA, GIORNALE} Sport-; {AMBITO, ATTIVITÀ} sportlich **2** (per lo sport) {ATTREZZATURA, AUTO, BICI, CAMPO, ecc.} Sport- **3** (appassionato o praticante sport) {PERSONA} sportlich **4** (casual) {SCARPE} sportlich; {LINEA DI MODA, TENUTA} anche salopp, leger **5** fig (leale e con fair play) {COMPORTAMENTO} sportlich, fair; {SPIRITO} Sport(s)-: **è stato molto ~ ad accettare il matrimonio del suo amico con la sua ex moglie**, es war sehr fair von ihm, die Ehe seines Freundes mit seiner Exfrau zu akzeptieren **B** m (f) **1** (atleta) Sportler(in) m(f) **2** (tifoso) Sportbegeisterte mf decl come agg, Sportsfreund m **3** fig (persona corretta) fairer/anständiger/sportlicher Mensch: **un vero ~ sa perdere**, wer wirklich Sport(s)geist hat, kann auch verlieren.
spòrto m **1** (imposta) (Fenster)laden m **2** arch (aggetto) Vorbau m.
sportswear <-> m ingl Sportswear m o n.
sporulazióne f **1** bot Sporenbildung f **2** zoo Vermehrung f durch Zellteilung.
spòsa A f **1** {RADIOSA} Braut f: **~ in abito bianco**, Braut f im weißen Kleid **2** (moglie) (Ehe)frau f: **andare ~ a qu**, jdn heiraten; **~ bambina**, Kindsbraut f; **chiedere/prendere in ~ qu**, [um jds Hand anhalten]/[jdn heiraten]; **dare qu in ~ a qu**, jdn jdm zur Frau geben; **futura ~**, zukünftige Braut; **~ novella**,

junge Ehefrau, Frisch-/Jungvermählte f forb decl come agg **3** fam (donna sposata da poco) Frischverheiratete f decl come agg **B** <inv> loc agg: **da ~**, {SCARPE, VELO} Braut-; {ABITO} anche Hochzeits- • **~ di Cristo**/**Dio** relig (la Chiesa), Braut f Christi, Kirche f; **~ di Cristo**/**Gesù** relig (monaca), Braut f Christi, Nonne f; **promessa ~** (fidanzata), Verlobte f decl come agg; **~ bagnata, ~ fortunata** prov, wenn es regnet am Altar, bringt das Segen für viele Jahr prov.
sposalìzio <-zi> m Hochzeit f • **lo ~ del mare** fig (cerimonia veneziana), die Vermählung mit dem Meer.
sposàre A tr **1** (prendere per moglie o marito) **~ qu** (per qc) {COMPAGNA DI SCUOLA, TEDESCA, PER I SOLDI} jdn (wegen jds/etw) heiraten: **~ qu per amore**, jdn aus Liebe heiraten **2** (unire in matrimonio) **~ qu** {PAPA, SINDACO} jdn trauen, jdn vermählen forb **3** (dare in moglie o marito) **~ qu a/con qu** {FIGLIA A UN BRAVO GIOVANE} jdn mit jdm/an jdn verheiraten **4** fig (sostenere) **~ qc** {CAUSA, IDEOLOGIA} sich etw (dat) mit Leib und Seele widmen, sich etw (dat) verschreiben **5** fig (unire) **~ qc a/con qc** {CULTURA CON DIVERTIMENTO, SCIENZA ALLA FILOSOFIA} etw mit etw (dat) verbinden **B** itr pron **1** (unirsi in matrimonio): **sposarsi (con qu)** (per qc) {PER I GENITORI} jdn (wegen jds/etw) heiraten: **~ qu per interesse**, jdn aus Interesse heiraten **2** fig (accordarsi): **sposarsi con qc** {GIALLO CON IL BLU; VINO BIANCO CON IL PESCE} gut zu etw (dat) passen, mit etw (dat) harmonieren **C** rfl rec: **sposarsi** {DUE COLLEGHI, MARIO E LUCIA} (sich ver)heiraten • **sposarsi in chiesa/municipio** (con rito civile/religioso), {COPPIA} kirchlich/standesamtlich heiraten, sich kirchlich/standesamtlich trauen lassen; **ha sposato il lavoro/l'ufficio** fig (vive per il lavoro), er/sie ist mit [seiner/ihrer Arbeit]/[seinem/ihrem Büro] verheiratet fam scherz.
sposàto, (-a) **A** agg {DONNA, UOMO} verheiratet: **felicemente ~**, glücklich verheiratet **B** m (f) (persona sposata) Verheiratete mf decl come agg.
sposìna <dim di sposa> f **1** (sposa giovane) junge Braut **2** (donna appena sposata) Frisch-, Jungverheiratete f forb decl come agg.
sposìno <dim di sposo> m **1** (sposo giovane) junger Bräutigam **2** (uomo appena sposato) Frisch-, Jungverheiratete m forb decl come agg **3** <solo pl> (coppia appena sposata) Brautleute pl, Brautpaar n, frisch-, jungverheiratetes Ehepaar.
spòso m **1** {FORTUNATO, GIOVANE} Bräutigam m **2** (marito) (Ehe)mann m: **~ novello**, junger Ehemann, Frisch-, Jungverheiratete m forb decl come agg **3** fam (uomo sposato da poco) Frischverheiratete m decl come agg **4** <solo pl> Brautleute pl: **viva gli sposi!**, [hoch sollen sie leben,]/[ein Hoch auf] die Brautleute! • **~ della Chiesa/mistico** fig (Gesù), Bräutigam m der Kirche, Jesus Christus m; **promesso ~** (fidanzato), Verlobte m decl come agg; **i promessi sposi** (titolo di un'opera di A. Manzoni), die Verlobten.
spossaménto m (spossatezza) Erschöpfung f, Entkräftung f.
spossànte agg (sfibrante) {ATTESA} aufreibend; {LAVORO} mühsam, anstrengend.
spossàre A tr (sfibrare) **~ (qu)** {CALDO, TENSIONE} (jdn) entkräften, (jdn) erschöpfen **B** itr pron (sfibrarsi): **spossarsi** ermüden, an Kraft verlieren, ermatten forb: **si spossa con continui spostamenti**, die ständigen Umzüge [zehren an seinen/ihren Kräften]/[ermüden/erschöpfen ihn/sie].

spossatézza f (sfinimento) Erschöpfung f, Entkräftung f, Ermattung f forb.
spossàto, (-a) agg (sfinito) erschöpft, entkräftet, zerschlagen, matt, ermattet forb: **sono completamente ~**, ich bin vollkommen erschöpft/zerschlagen; **la febbre l'ha lasciato ~**, das Fieber hat ihn erschöpft/ermattet forb.
spossessaménto m (lo spossessare) Enteignung f; dir Besitzentziehung f.
spossessàre A tr (privare del possesso) **~ qu di qc** {PADRONE DEI SUOI AVERI} jdn (gen) berauben, jdn um etw (acc) bringen; dir jdm den Besitz entziehen **B** rfl (privarsi): **spossessarsi di qc** {DELLA PROPRIA RICCHEZZA} sich um etw (acc) bringen, sich etw (gen) entäußern.
spostàbile agg verschiebbar, verstellbar, verrückbar.
spostaménto m **1** (lo spostare) {+CONFINE} Verlegen n, Verlegung f, Verschieben n, Verschiebung f; {+TAVOLO} Verrücken n, Verrückung f; {+LEVA DEL CAMBIO} Umlegen n, Umlegung f; **~ di accento**, Akzentverschiebung f **2** (movimento) {+SOLE} Bewegung f: **d'aria**, Luftverdrängung f **3** (trasferimento) {DEFINITIVO, TEMPORANEO} Umzug m **4** (posticipazione) {+DATA DEL MATRIMONIO} Verschiebung f (nach hinten) **5** (anticipazione) {+ORARIO DI APERTURA} Verschiebung f (nach vorne), Vorverlegen n **6** fig (modifica) **~ d'interessi culturali**, Verlagerung f kultureller Interessen **7** mus (trasporto in altro tono) Transponierung f **8** psic Ersatzhandlung f.
spostàre A tr **1** (mutare di posto) **~ qc** etw verstellen, etw verlegen; {LANCETTE DELL'OROLOGIO} etw verstellen; **~ qc** (+ compl di luogo) {BICICLETTA, LAMPADA CONTRO IL MURO} etw (irgendwohin) rücken, etw (irgendwohin) schieben; {INGRESSO DELLA CASA SUL RETRO} etw (irgendwohin) verlegen; {SEDILE DELL'AUTO, TAVOLO} etw verrücken; {BARICENTRO} etw verlagern: **sposta questo vaso da qui!**, stell diese Vase woanders hin!; **~ qc di qc** {FERMATA DEL TRAM DI DUE ISOLATI} etw um etw (acc) verlegen; {CONFINE DI ALCUNI KILOMETRI} anche etw um etw (acc) verschieben **2** (scostare) **~ qc** {TENDA, TESTA} etw zur Seite schieben **3** (cambiare disposizione) **~ qc** + compl di luogo {MOBILI, QUADRI IN SALOTTO} etw (irgendwo) umstellen **4** (mettere in disordine) **~ qc** etw durcheinander|bringen, etw verwirren: **non ~ i documenti sulla scrivania!**, bring die Unterlagen auf dem Schreibtisch nicht durcheinander! **5** (trasferire) **~ qu** (+ compl di luogo) {COMMESSA IN UN ALTRO REPARTO} jdn (irgendwohin) versetzen; **~ qc** (+ compl di luogo) {UFFICIO AL PRIMO PIANO} etw (irgendwohin) verlegen: **~ le truppe da una città a un'altra**, die Truppen von einer Stadt in eine andere verlegen **6** (rimandare) **~ qc** (+ compl di tempo) {APPUNTAMENTO A DOMANI} etw (auf etw acc) verschieben: **~ il concerto [di una settimana]/[da sabato a domenica]**, das Konzert [um eine Woche]/[von Samstag auf Sonntag] verschieben **7** (anticipare) **~ qc** (+ compl di tempo) {TURNO DI LAVORO} etw (auf etw acc) vor|verlegen: **l'incontro di un'ora**, das Treffen um eine Stunde vorverlegen **8** fig (portare) **~ qc (da qc) a/su qc** {L'ATTENZIONE SUI PROBLEMI DELL'AMBIENTE, DISCUSSIONE DAL TEATRO AL CINEMA} etw (von etw dat) auf (acc) verlagern, etw (von etw dat) auf (acc) bringen, etw (von etw dat) auf (acc) lenken: **~ a sinistra la politica europea**, die europäische Politik/[Europapolitik] nach links verlagern/rücken **9** fig (cambiare) **~ qc** {PROBLEMA} etw ändern **10** mus **~ qc** {ROMAN-

spostato | sprofondamento

ZA} *etw* transponieren **B** *itr pron* **1** *(cambiare di posto)*: spostarsi (+ **compl di luogo**) {NUBE VERSO SUD} *(irgendwohin)* wandern; {IMMAGINE SULLO SCHERMO} sich *(irgendwo)* bewegen **2** *fig (indirizzarsi)*: spostarsi (**da qc**) **a**/**su qc** {INTERESSE DI QU DALLA FILOSOFIA ALLA PITTURA} sich *(von etw dat) auf etw* (acc) verlagern **C** *rfl* **1** *(scostarsi)*: spostarsi (weg|)rücken, zur Seite rücken/gehen: **spostati un po', altrimenti non riesco a passare!**, rück ein Stück ⌊zur Seite⌋/[weg], sonst komme ich nicht vorbei!; **ci vedete o mi devo ~?**, seht ihr was oder soll ich rücken? **2** *(trasferirsi)*: spostarsi + **compl di luogo** {IN UNA NUOVA SEDE} *(irgendwohin)* (weg|)ziehen: **spostarsi da Roma a Torino**, von Rom nach Turin ziehen **3** *(viaggiare)*: spostarsi reisen, unterwegs sein: **d'inverno non ho voglia di spostarmi**, im Winter ⌊habe ich keine Lust zu reisen⌋/[bin ich ungern unterwegs].

spostato, (-a) **A** *agg fig (disadattato)* {RAGAZZO} verhaltensgestört **B** *m (f) fig (persona disadattata)* Verhaltensgestörte *mf decl come agg.*

spot <-, -s *pl ingl*> *m ingl* **1** *(sketch)* Spot *m*: **~ pubblicitario**, Werbespot *m* **2** *(riflettore)* Strahler *m* **3** *(faretto)* Spot(light *n*) *m*.

spottista <-*i m*, -*e f*> *mf TV* Fernseherber(in) *m(f)*, Werbespotdreher(in) *m(f)*.

S.P.Q.R. *abbr del lat* Senatus PopulusQue Romanus *(il senato e il popolo romano)* S.P.Q.R. *(zur Zeit der römischen Republik offizielle Bezeichnung der Stadt Rom bzw. des Römischen Reichs).*

sprànga <-*ghe> f (sbarra)* Stange *f*; {+PORTA} *anche* Riegel *m*: **~ di ferro**, Eisenstange *f*; **mettere la ~ al portone**, den Riegel vors Tor schieben.

sprangàre <*sprango, sprànghi*> *tr* **1** *(chiudere)* ~ **qc** {CANCELLO, FINESTRA} *etw* verriegeln **2** *(picchiare)* ~ **qu** *jdn* mit einer (Eisen)stange prügeln, mit einer (Eisen)stange *auf jdn* ein|schlagen.

sprangàta *f (colpo di spranga)* Schlag *m* mit einer (Eisen)stange.

spray *ingl* **A** <*inv*> *agg* {BOMBOLETTA, DEODORANTE, VERNICE} Spray-, Sprüh- **B** <-, -s *pl ingl*> *m* Spray *n o m*: **~ nasale**, Nasenspray *n o m*; **~ contro le zanzare**, Mückenspray *n o m*.

sprazzo **A** *m* **1** *(bagliore)* {+LUCE, SOLE} Strahl *m* **2** *fig (scintilla)* {+LUCIDITÀ} Blitz *m*, Funke *m*; {+GENEROSITÀ} Anwandlung *f*: **~ di intelligenza**, Geistesblitz *m* **3** *lett (schizzo)* {+PIOGGIA} Spritzer *m* **B** *loc avv anche fig (in modo discontinuo)*: **a sprazzi**, {VEDERE IL SOLE, RICORDARSI QC} von Zeit zu Zeit, ab und zu, gelegentlich.

Sprèa *f geog* Spree *f.*

spreadsheet <-, -s *pl ingl*> *m ingl inform (foglio elettronico)* Tabellenkalkulationsprogramm *n.*

sprecàre <*spreco, sprèchi*> **A** *tr* ~ **qc** **1** *(buttare via)* {CORRENTE ELETTRICA} *etw* verschwenden, {DENARO, TEMPO} *anche etw* vergeuden, *etw* verplempern *fam*; *fig* {FIATO, IN CHIOSTRO} *etw* vergeuden: **non ~ fatica!**, spar dir die Mühe! **2** *anche sport (mancare)* {OCCASIONE, PALLA} *etw* verpassen, *etw* verschenken **B** *itr (sciupare energie)*: **sprecarsi in qc** {IN UN LAVORO BANALE} seine Kräfte *für etw* (acc) vergeuden, sich umsonst *für etw* (acc) verausgaben **2** *fam iron (sforzarsi)*: **sprecarsi** sich überanstrengen, sich übernehmen: **non sprecarti troppo!**, pass bloß auf, dass du dich nicht überanstrengst! *iron*; reiß dir ja kein Bein aus! *fam iron.*

sprecàto, (-a) *agg (buttato via)* {ACQUA, ENERGIA} vergeudet, verschwendet; {DENARO, TEMPO} *anche* verplempert *fam*; *fig* {TALENTO} vergeudet, ungenutzt: **questa bella stoffa è sprecata per i tovaglioli**, dieser schöne Stoff ist zu schade für Servietten; **con te sono ~!**, ich bin zu schade für dich!

sprèco <-*chi> m (sperpero)* {+DENARO, ENERGIE, LUCE, TEMPO} Vergeudung *f*, Verschwendung *f*: **fare ~ di qc**, *etw* vergeuden, *etw* verschwenden ● **averne/essercene a ~** *(in sovrabbondanza)*, ⌊im Überfluss⌋/[in Hülle und Fülle *forb*] davon haben/[da sein].

sprecòne, (-a) **A** *agg* {FAMIGLIA, PERSONA} verschwenderisch **B** *m (f)* Verschwender(in) *m(f).*

spregévole *agg* {COSA, INDIVIDUO} verachtenswert; {GESTO} verächtlich.

spregiativo, (-a) **A** *agg (dispregiativo)* {NOMIGNOLO, TONO} abwertend, verächtlich; *gramm* {SUFFISSO} abwertend, pejorativ **B** *m gramm (forma dispregiativa)* Pejorativ(um) *n*, Pejorativform *f.*

sprègio <-*gi> m* **1** *(disprezzo)* Verachtung *f*: **avere in ~ qc**, *etw* verachten; **fare qc per ~**, *etw* (wie) zum Hohn tun **2** *(atto di disprezzo)* Verachtung *f*, verächtliche Geste: **fare degli spregi**, Verachtung/Geringschätzung/[die kalte Schulter] zeigen.

spregiudicatezza *f* **1** *(spavalderia)* {+LINGUAGGIO} Dreistigkeit *f*, Unverblümtheit *f* **2** *(mancanza di scrupoli)* {+BANCHIERE} Skrupellosigkeit *f* **3** *(assenza di pregiudizi)* Vorurteilslosigkeit *f.*

spregiudicàto, (-a) **A** *agg* **1** *(spavaldo)* {CONDOTTA, PILOTA, RAGAZZA} dreist, frech **2** *(senza scrupoli)* {UOMO D'AFFARI} skrupellos **3** *(senza pregiudizi)* vorurteilslos **B** *m (f)* **1** *(persona spavalda)* Draufgänger(in) *m(f)* **2** *(persona senza scrupoli)* skrupelloser Mensch **3** *(persona senza pregiudizi)* Mensch *m* ohne Vorurteile.

sprèmere *tr* **1** *(premere con forza)* ~ **qc** {ARANCIA, OLIVE, TUBETTO DI MAIONESE} *etw* aus|pressen, *etw* aus|drücken, *etw* aus|quetschen **2** *(estrarre)* ~ **qc** *(da qc)* {DENTIFRICIO DA UN TUBETTO} *etw aus etw* (dat) pressen; {SUCCO DA UN LIMONE} *anche etw (aus etw* dat) aus|pressen **3** *fig (sfruttare)* ~ **qu** *(con qc)* {CITTADINO, FAMIGLIA, OPERAIO CON LE TASSE} *jdn (mit etw* dat) aus|saugen *forb*, *jdn (mit etw* dat) aus|beuten *spreg*: **mi ha spremuto per anni poi mi ha licenziato**, er/sie hat mich jahrelang ausgebeutet *spreg* und dann hat er/sie mir gekündigt **4** *fig (far sborsare)* ~ **qc a qu** {DENARO, DUE MILIONI A UN AMICO} *jdm etw* ab|knöpfen *fam* ● **spremersi il cervello/le meningi** *fig (scervellarsi)*, sein Hirn anstrengen, sich (dat) den Kopf zerbrechen.

spremìaglio <-> *m (attrezzo)* Knoblauchpresse *f.*

spremiagrùmi <-> *m* Zitrus-, Zitronenpresse *f.*

spremifrùtta <-> *m* Obstpresse *f.*

spremilimòni <-> *m* Zitrus-, Zitronenpresse *f.*

spremitóio <-*toi> m (Obst)*presse *f.*

spremitùra *f* {+OLIVE} (Aus)pressen *n*: **di prima ~**, aus erster Pressung.

spremùta *f* **1** *(bibita)* (frisch gepresster) Fruchtsaft *m*: **~ d'arancia**, (frisch gepresster) Orangensaft *m* **2** *(lo spremere)* (Aus)pressen *n*: **dare una ~ al limone**, eine Zitrone auspressen.

spremùto, (-a) *agg* **1** *(premuto con forza)* {ARANCIA, OLIVE, TUBETTO DI DENTIFRICIO} ausgepresst **2** *(estratto)* ~ **(da qc)** {SUCCO DA UN LIMONE} *aus etw* (dat) gepresst **3** *fig (sfruttato)* ~ **(con qc)** {CITTADINO CON LE TASSE} *(mit etw* dat) ausgesaugt *forb*, *(mit etw* dat) aus-
gebeutet *spreg*: **mi sento proprio ~**, ich fühle mich wirklich ausgebeutet *spreg* **4** *fig (fatto sborsare)* ~ **a qu** {DENARO A UN AMICO} *jdm* abgeknöpft *fam.*

spretàrsi *itr pron* aus dem Priesterstand aus|treten, aus der Kutte springen *scherz.*

spretàto **A** *agg* {PRETE} aus dem Priesterstand ausgetreten **B** *m* ehemaliger Priester.

sprezzànte *agg* **1** *(sdegnoso)* {UOMO} verächtlich, geringschätzig, hochmütig; {ATTEGGIAMENTO, TONO} *anche* abfällig: **mostrarsi ~ verso qu/qc**, *jdm/etw* gegenüber hochmütig sein **2** *(incurante)* ~ **di qc** {DEL RISCHIO} *etw* missachtend: **~ del pericolo si precipitò a soccorrerlo**, ⌊die Gefahr missachtend⌋/[todesmutig] eilte er/sie ihm zu Hilfe.

sprezzàre *tr lett* **1** *(disprezzare)* ~ **qu/qc** *jdn/etw* verachten, *jdn/etw* gering schätzen **2** *(essere incuranti)* ~ **qc** {MORTE, PERICOLO} *etw* missachten.

sprèzzo *m* **1** *(noncuranza)* Missachtung *f*, Nichtbeachtung *f*: **agire con ~ del pericolo**, unter Missachtung der Gefahr handeln **2** *(disprezzo)* Verachtung *f*, Geringschätzung *f*: **guardare con ~ qu**, *jdn* verächtlich/geringschätzig ansehen; **parlare con ~ di qu/qc**, abfällig über *jdn/etw* sprechen.

sprigionàre **A** *tr (emanare)* ~ **qc** {SOSTANZA PROFUMO} *etw* aus|-, verströmen **B** *itr pron (uscire fuori)*: **sprigionarsi da qc** {FIOTTO D'ARIA DAL TUBO} *aus etw* (dat) strömen, *aus etw* (dat) kommen; {FIATO DALLA FOGNA} *aus etw* (dat) dringen; **il calore si sprigionava dalla stufa**, der Ofen strahlte Wärme aus.

sprimacciàre <*sprimaccio, sprimacci*> *tr* ~ **qc** {GUANCIALE, PIUMINO} *etw* auf|schütteln.

sprimacciàta *f (lo sprimacciare sommariamente)* (schnelles) Aufschütteln: **dare una ~ al cuscino**, das Kissen (schnell) aufschütteln.

sprint *ingl* **A** <-, -s *pl ingl*> *m* **1** *fig (vivacità)* Schwung *m*, Elan *m*, Pep *m fam*: **nonostante l'età è pieno di ~**, trotz seines Alters ist er voller Elan/Pep *fam* **2** *autom* Antrieb *m*: **questa moto ha poco ~**, dieses Motorrad ⌊zieht nicht gut⌋/[hat wenig Saft *fam*] **3** *sport* {ECCEZIONALE} Sprint *m*, Spurt *m* **B** <-> *f (auto scattante)* Sportwagen *m* **C** <*inv*> *agg* {VETTURA} Sport- ● **avere ~ sport**, Sprintvermögen *n* haben; *anche fig*, von der schnellen Truppe sein *fam*; **~ finale** *sport* Anche *fig*, Endspurt *m.*

sprintàre *itr sport* sprinten, spurten.

sprinter <-, -s *pl ingl*> *m ingl sport* **1** *(scattista)* Sprinter *m* **2** *(nell'equitazione)* *(cavallo)* Flieger *m.*

sprizzàre **A** *tr* <*avere*> ~ **qc** **1** {SERPENTE VELENO} *etw* aus|spritzen: **la fontana sprizzava acqua**, aus dem Brunnen spritzte/strömte (das) Wasser; **il taglio sprizza sangue**, aus der Schnittwunde spritzt (das) Blut **2** *fig (manifestare)* {OCCHI, SGUARDO, VOLTO ODIO, ecc.} *etw* aus|strahlen, *etw* verströmen; {ALLEGRIA} *anche* vor *etw* (dat) sprühen **B** *itr* <*avere*> ~ **da qc** {ACQUA DALLA SORGENTE} *aus etw* (dat) spritzen, *aus etw* (dat) strömen **2** *fig (manifestare)* {GIOIA, VIVACITÀ, ecc. DAGLI OCCHI DI QU} *aus etw* (dat) sprühen: **gioia di vivere da tutti i pori**, die Lebensfreude selbst sein *fam*, vor Lebensfreude sprühen.

sprìzzo *m* **1** *(zampillo)* {+SANGUE} Strahl *m* **2** *fig (manifestazione improvvisa)* {+VITALITÀ} Funke *m*: **uno ~ d'odio**, ein (plötzlich) aufflammender/aufblitzender Hass.

sprofondamènto *m* **1** *(il cedere)* {+TERRENO} (Ab)sinken *n*, Nachgeben *n*; {+TETTO} Einsturz *m* **2** *(parte sprofondata)* Senke *f*, Senkung *f rar* **3** *(l'affondare)* ~ **in qc** {+IMBAR-

CAZIONE IN MARE} Sinken n *in etw* (acc); {+PIEDE NEL FANGO} Einsinken n *in etw* (dat), Versinken n *in etw* (dat) **4** *fig* (*l'abbandonarsi*) ~ *in qc* {NELLO STUDIO} Vertiefung f *in etw* (acc) **5** *geol* {CARSICO} Senke f.

sprofondàre Ⓐ *tr* <*avere*> **1** (*far crollare*) ~ *qc* {PESO PAVIMENTO; TERREMOTO PAESE} *etw* einbrechen/einstürzen lassen **2** *fig* (*far precipitare*) ~ *qu/qc* (*in qc*) {DEMONIO NEGLI INFERI, PAESE NEI DEBITI} *jdn/etw* (*in etw* acc) stürzen Ⓑ *itr* <*avere*> **1** (*cedere*) {PAVIMENTO, STRADA} ab|sinken, nach|geben; {CASA, TETTO} ein|stürzen **2** (*affondare*) ~ (*in qc*) {NAVE NEGLI ABISSI MARINI} *in etw* (acc) sinken, (*in etw* dat) versinken, {PIEDE NELLA NEVE} *in etw* (acc) sinken, (*in etw* dat) ein|-, versinken **3** *fig* (*abbandonarsi*) ~ *in qc* {NELL'ANGOSCIA, NELLA NOIA} sich *etw* (dat) (passiv) überlassen; {NELLA DISPERAZIONE} *anche in etw* (dat) versinken, {NEL SONNO} *in etw* (acc) sinken **4** *fig fam* (*scomparire*) im (Erd)boden versinken: **avrei voluto/preferito ~!**, ich wäre am liebsten im (Erd)boden versunken! Ⓒ *rfl* **1** (*lasciarsi affondare*): **sprofondarsi in qc** {IN UN DIVANO} sich *auf etw* (acc) fallen lassen; {NEL LETTO, IN UNA POLTRONA} *anche* (sich) *in etw* (acc) sinken (lassen) **2** *fig* (*immergersi*): **sprofondarsi in qc** {NELLA LETTURA, NELLO STUDIO} sich *in etw* (acc) vertiefen, sich *in etw* (acc) versenken.

sprofondàto, (-a) *agg* ~ *in qc* **1** {IN UN DIVANO} *auf etw* (dat) niedergelassen, ˌin die Tiefen *etw* (gen)ˌ/[*in etw* (acc)] versunken *scherz* **2** *fig* (*immerso*) {NELLA LETTURA, NELLO STUDIO} *in etw* (acc) vertieft, *in etw* (acc) versunken.

sproloquiàre <*sproloquio, sproloqui*> *itr* salbadern *fam spreg*, schwafeln *fam spreg*, schwallen *slang spreg*.

sprolòquio <-*qui*> *m* Salbaderei f *fam spreg*, Geschwafel n *fam spreg*, Schwafelei f *fam spreg*, Geschwaller(e) n *slang spreg*.

spronàre *tr* **1** ~ *qc* {CAVALLO} *etw* (dat) die Sporen geben, *etw* an|spornen **2** *fig* (*incoraggiare*) ~ *qu* (*a qc*) {RAGAZZO ALLO STUDIO} *jdn* (*zu etw* dat) an|spornen, *jdn* (*zu etw* dat) an|treiben, *jdn* (*zu etw* dat) ermuntern: **lo spronarono a partire**, sie ermunterten ihn abzufahren; ˌ**quel bambino va spronato**, dieses Kind ˌgehört angespornt *süddt fam*/ [braucht Ansporung].

spronàta f **1** (*colpo*) Spornstich m: **dare una ~ al cavallo**, dem Pferd die Sporen geben **2** *fig* (*incoraggiamento*) Ansporn m, Antreiben n, Ermuntern n: **dare una ~ alla squadra/a uno studente**, die Mannschaft/ [einen Schüler/Studenten] anspornen.

spròne m **1** (*sperone*) Sporn m: **dar di ~/ sproni al cavallo**, dem Pferd die Sporen geben **2** *fig* (*incoraggiamento*) Ansporn m, Antrieb m, Anreiz m: **che il successo ti serva di ~ per continuare!**, möge dir der Erfolg den Ansporn geben weiterzumachen! **3** *geog* (*sporgenza*) Vorsprung m: ~ **di roccia**, Felsvorsprung m **4** (*nella moda*) (*carré*) {+CAMICIA} (Schulter)passe f **5** *zoo* {+CANE} Afterklaue f; {+CAVALLO, TORO} Afterkralle f; {+GALLO} Sporn m ● **a spron battuto** (*al gran galoppo*), spornstreichs; *fig* (*senza indugio*), {ANDARSENE, FUGGIRE} Hals über Kopf *fam*, in Windeseile; {FARE QC} spornstreichs, unverzüglich.

sproporzionàto, (-a) *agg* **1** ~ (*a/[rispetto a] qc*) {BRACCIA RISPETTO AL BUSTO, CORPO, PERSONA} unproportioniert (*im Verhältnis zu etw* dat); {OFFERTA (ALLA DOMANDA)} unangemessen (*im Verhältnis zu etw* dat), unverhältnismäßig: **essere ~ a/[rispetto a] qc**, in keinem Verhältnis zu etw (dat) stehen; **il compenso è ~ rispetto a tutte le ore di la-** voro che ci sono volute, der Lohn steht in keinem Verhältnis zu all den Arbeitsstunden, die nötig waren **2** *fig* (*esagerato*) {PREZZO, REAZIONE} unangemessen, unverhältnismäßig, übertrieben.

sproporzióne f **1** (*disarmonia*) Missverhältnis n, Disproportion f *forb*: ~ **tra peso e statura**, Missverhältnis n zwischen Gewicht und Größe **2** *fig* (*esagerazione*) Unangemessenheit f, Unverhältnismäßigkeit f: **c'è ~ tra l'offesa che ha ricevuto e la sua reazione**, seine/ihre Reaktion steht in keinem Verhältnis zur erfahrenen Beleidigung.

spropositàto, (-a) *agg* **1** (*pieno di sbagli*) {DISCORSO, LETTERA} voller Fehler, von/vor Fehlern strotzend **2** *fig* (*enorme*) {ALTEZZA} ungeheuer, gewaltig, außerordentlich; {TESTA} enorm, riesig **3** *fig* (*eccessivo*) {SPESA} übertrieben; {RICCHEZZA} *anche* extrem.

spropòsito Ⓐ m **1** (*sciocchezza*) Dummheit f, Fehler m: **smettila di dire spropositi!**, hör auf, so blöd daherzureden! *fam spreg*; **temo facciano uno ~**, ich fürchte, er/sie wird eine Dummheit machen **2** (*strafalcione*) grober Fehler **3** *fam* (*quantità enorme*) Unmenge f: **consuma uno ~ di luce**, er/sie/es verbraucht eine Unmenge Strom **4** *fam* (*somma eccessiva*) Unsumme f: **questi pantaloni li ho pagati uno ~**, für diese Hosen habe ich eine Unsumme bezahlt Ⓑ *loc avv*: **a ~**, {RISPONDERE, *ecc.*} unangebracht, unpassend; **parlare a ~**, unbesonnen drauflosreden *fam*; Dinge sagen, die nichts zur Sache tun.

sprovincializzàre Ⓐ *tr* ~ *qu/qc* *jdn/ etw* entprovinzialisieren, *jdm/etw* ˌseinen Provinzialismusˌ/[seine Provinzialität]/[seinen provinziellen Charakter] nehmen Ⓑ *itr pron*: **sprovincializzarsi** {CULTURA, GENTE} ˌseinen Provinzialismusˌ/[seine Provinzialität]/[seinen provinziellen Charakter] verlieren/ab|legen.

sprovincializzazióne f {+SCUOLA, STUDENTI} Entprovinzialisierung f.

sprovvedutézza f **1** (*impreparazione*) Ahnungslosigkeit f, Unbegabtheit f, Ungebildetheit f **2** (*ingenuità*) Naivität f, Blauäugigkeit f.

sprovvedùto, (-a) Ⓐ *agg* **1** (*impreparato*) {LETTORE, PUBBLICO} ahnungslos, unbegabt, ungebildet **2** (*ingenuo*) {RAGAZZO} naiv, blauäugig Ⓑ m (f) (*persona ingenua*) Naivling m *fam spreg*, Naive mf *decl come agg*.

sprovvìsto, (-a) *agg* (*sfornito*) ~ *di qc* nicht versehen *mit etw* (dat), ohne *etw* (acc): ~ **di fantasia**, fantasielos; ~ **di permesso di soggiorno**, ohne Aufenthaltserlaubnis; ~ **di tutto**, ohne alles, mit nichts; **dopo il terremoto si trovarono sprovvisti di tutto**, nach dem Erdbeben standen sie mit nichts da; **andrei a sciare volentieri, ma sono sprovvista di tutto**, ich würde gerne zum Skifahren gehen, aber ich habe überhaupt keine Ausrüstung ● **cogliere/prendere qu alla sprovvista** (*di sorpresa*), jdn überraschen, jdn überrumpeln.

spruzzabiancherìa <-> m Wäschesprenger m.

spruzzàre Ⓐ *tr* **1** (*spargere liquidi*) ~ *qc* (*su qu/qc*) {ACQUA SU UN PASSANTE, COLORE SUL MURO, DETERSIVO SUI POLSINI, PROFUMO SUL COLLO DI QU} *etw auf jdn/etw* spritzen, *etw auf jdn/etw* sprühen, *jdn/etw* (*mit etw* dat) besprühen; ~ *qc* (*in qc*) {ANTIMUFFA NEGLI ANGOLI, DEODORANTE NELLA STANZA} *etw in etw* (acc) spritzen, *etw in etw* (acc) sprühen, *etw ir-gendwo* versprühen **2** (*bagnare*) ~ *qu* (*con qc*) *jdn mit etw* (dat) bespritzen: **non mi ~ con quella pistola ad acqua**, bespritz mich ja nicht mit der Wasserpistole!; ~ *qc di qc* {ARROSTO DI VINO BIANCO, VESTITO DI SANGUE} *etw mit etw* (dat) bespritzen; {CAPELLI DI LACCA} *etw mit etw* (dat) ein|-, besprühen **3** (*spolverare*) ~ *qc su qc* {CACAO SUL CAPPUCCINO} *etw auf etw* (acc) stäuben; ~ *qc di qc* {TORTA DI ZUCCHERO} *etw mit etw* (dat) bestäuben: **la collina era spruzzata di neve**, auf dem Hügel lag eine dünne Schneeschicht, der Hügel war mit Schnee bepudert/[leicht überzuckert]/[gesprenkelt] Ⓑ *rfl* **1** (*sporcarsi*): **spruzzarsi** (*di qc*) {DI VERNICE} sich *mit etw* (dat) besprühen/[voll spritzen]; (indir) **spruzzarsi qc** (*di qc*) {PANTALONI DI FANGO} sich (dat) *etw mit etw* (dat) bespritzen/[voll spritzen] **2** indir (*spargersi*): **spruzzarsi qc** (*su qc*) {DISINFETTANTE SULLA FERITA} sich (dat) *etw auf etw* (acc) spritzen Ⓒ *rfl rec* (*bagnarsi*): **spruzzarsi** sich voll spritzen, nass werden.

spruzzàta f **1** (*lo spruzzare*) Spritzen n, Spritzer m: **dare una ~ con l'alcol sui vetri**, einen Spritzer Alkohol auf die Scheiben geben **2** (*spruzzo*) Spritzer m: **una ~ di profumo può rovinare la bigiotteria**, ein Spritzer Parfüm kann Modeschmuck ruinieren **3** (*annaffiata*) Schuss m, Spritzer m: **aggiungere una ~ di rum**, einen Schuss Rum dazugeben **4** (*spolverata*) dünne Schicht: **una ~ di zucchero a velo**, eine dünne Schicht Puderzucker; **una ~ di neve**, eine dünne Schneeschicht **5** (*pioggia leggera*) Niesel-, Sprühregen m.

spruzzatóre m **1** Zerstäuber m; (*per verniciare*) Spritzapparat m; (*per irrorare*) Sprühgerät n; (*flacone con nebulizzatore*) Sprüher m, Spritzflasche f **2** *autom* (Kraftstoff)düse f.

spruzzatùra f **1** (*lo spruzzare*) (Be)spritzen n, (Be)sprühen n **2** (*sostanza*) Sprühmittel n **3** (*macchia*) Spritzer m, Fleck m.

spruzzétta f Spritzflasche f.

sprùzzo Ⓐ m **1** (*getto*) {+ACQUA, FANGO} Spritzer m: **gli spruzzi del mare**, die Spritzer Meerwasser; **riempire qu/qc di spruzzi**, jdn/etw voll spritzen **2** (*annaffiata*) {+GIN, LIMONE, *ecc.*} Schuss m, Spritzer m **3** (*macchia*) {+INCHIOSTRO, SUGO} Fleck m Ⓑ <inv> *loc agg*: **a ~**, {PISTOLA, VERNICIATURA} Spritz- ● **in collina c'erano alcuni spruzzi di neve** (*piccole zone ricoperte di neve*), auf den Hügeln lag eine dünne Schneeschicht, die Hügel waren mit Schnee gesprenkelt; **uno ~ di pioggia** (*pioggia leggera e breve*), ein Niesel-/Sprühregen.

spudorataménte *avv* (*sfacciatamente*) {MENTIRE, NEGARE} scham-, hemmungslos.

spudoratézza f **1** (*mancanza di pudore*) {+RAGAZZO} Hemmungslosigkeit f **2** (*sfrontatezza*) {+GESTO, RICHIESTA} Unverschämtheit f.

spudoràto, (-a) Ⓐ *agg* **1** (*privo di pudore*) {RAGAZZA} scham-, hemmungslos **2** (*sfrontato*) {MENZOGNA} unverschämt Ⓑ m (f) **1** (*persona priva di pudore*) Schamlose mf *decl come agg* **2** (*persona sfrontata*) unverschämter Mensch, Frechling m *forb*.

spùgna f **1** *gener anche zoo* {ARTIFICIALE} Schwamm m: ~ **da bagno**, Badeschwamm m; ~ **per lavare i piatti**, Spülschwamm m; ~ **naturale**, Naturschwamm m **2** (*tessuto*) Frottee n o m: **asciugamano/tappetino di ~**, Frotteehandtuch/[kleiner Frotteeteppich] m ● **bere come una ~** *fig* (*molto*), saufen wie ein Loch *spreg*; **diventare una ~** *fig* (*infradiciarsi*), pitschnass werden *fam*; **essere una ~** *fig* (*un gran bevitore*), versoffen sein *fam spreg*; **gettare la ~** *sport anche fig* (*arrendersi*), das Handtuch werfen/schmeißen *fam*; **passare la ~ su qc**, mit dem Schwamm über etw (acc) wischen; *fig* (*cancellarla dalla memoria*), etw vergessen, etw aus seinem Gedächtnis

spugnatùra f 1 Abreiben n mit einem Schwamm 2 *med* (*trattamento idroterapico*) Schwammbad n.

spugnétta <dim *di* spugna> f 1 Schwämmchen n 2 (*accessorio per ufficio*) Büroschwämmchen n, Anfeuchter m.

spugnosità <-> f {+MATERIALE} Schwammigkeit f.

spugnóso, (-a) agg {OSSO, PIETRA, TESSUTO} schwammartig, schwammig, porös.

spulàre tr *agr* ~ qc {GRANO} etw worfeln.

spulciàre <spulcio, spulci> A tr ~ qc 1 {ANIMALE} etw flöhen, etw entflohen rar 2 *fig* (*esaminare minuziosamente*) {DIZIONARIO, DOCUMENTO} etw durchforsten B rfl: **spulciarsi** {GATTO, SCIMMIA, ecc.} sich flöhen, sich entflohen rar.

spùma f 1 (*schiuma*) {+MARE, SAPONE, VINO} Schaum m 2 (*bibita*) "Sprudel m mit Kräuteraroma" 3 *gastr* (*mousse*) Mousse f ● ~ **di mare** *min*, Meerschaum m.

spumànte A agg {VINO} Schaum- B m {DOLCE, SECCO} Schaumwein m, Sekt m; ~ **artificiale/gassificato**, imprägnierter Schaumwein, Perlwein m; ~ **naturale**, Sekt m, Spumante m ● **allo** ~ (*al momento del brindisi*), beim Toast/Sekt.

spumantìstica <-che> f *enol* Schaumweinproduktion f.

spumantizzàre tr *enol* ~ qc etw durch eine zweite Gärung in Schaumwein verwandeln.

spumantizzazióne f *enol* Schaumweingärung f.

spumàre itr {BIRRA, GASSOSA} schäumen; {VINO, ECC.} anche moussieren, perlen.

spumeggiànte agg 1 (*effervescente*) {TORRENTE} schäumend; {VINO} anche moussierend, perlend 2 *fig* (*brillante*) {COMMEDIA} brillant, spritzig; {DONNA} von überschäumendem/sprühendem Temperament 3 *fig* (*vaporoso*) {TESSUTO} luftig, duftig, flaumig A.

spumeggiàre <spumeggio, spumeggi> itr {BIRRA, MARE} schäumen; {VINO, ECC.} anche moussieren, perlen.

spumóne m *gastr* 1 (*dolce al cucchiaio*) Schaumgebäck n 2 (*gelato soffice*) Schaumgefrorene n *decl come agg*.

spumosità <-> f 1 {+BIRRA, TORRENTE} Schaumigkeit f; {+VINO} anche Moussieren n, Perlen n 2 *fig* (*sofficità*) {+CREMA, LATTE DETERGENTE} Lockerheit f, Schaumigkeit f.

spumóso, (-a) agg 1 (*che fa schiuma*) {BIBITA} schäumend; {VINO} anche moussierend, perlend: **le acque spumose del mare**, das schäumende Meerwasser 2 *fig* (*soffice*) {DOLCE, PANNA} schaumig, locker, leicht.

spùnta f *contabilità* 1 (*verifica*) Rechnungsprüfung f: **fare la** ~, die Rechnungen prüfen 2 (*segno apposto*) Markierung f, Häkchen n.

spuntàre① A tr <avere> ~ qc 1 (*privare della punta*) {FAGIOLINI, FRECCIA, MATITA} die Spitze *von etw* (dat)/+ gen ab|brechen; {SIGARO} etw/[die Spitze *von etw* (dat)/+ gen] ab|schneiden/abknipsen 2 (*smussare*) {AGO, FORBICI} etw ab|stumpfen, etw stumpf machen 3 (*tagliare un po'*) {CAPELLI} etw stutzen, die Spitzen *von etw* (dat) schneiden; {SIEPE} etw zurück|schneiden, etw stutzen, etw beschneiden 4 *fig* (*ottenere*) {BUON PREZZO} etw aus|handeln, etw erzielen 5 *fig* (*superare*) {DIFFICOLTÀ} etw meistern, etw schaffen, etw überwinden B itr <avere> 1 (*venire fuori*) ~ (+ **compl di luogo**) {ROCCIA DAL GHIACCIO} (*irgendwo*) zutage kommen/treten, *fig* (*irgendwo*) sichtbar werden, (*irgendwo*) auf|tauchen; {FIORE, FOGLIA SU UN RAMO} (*irgendwo*) sprießen 2 (*sorgere*) ~ (+ **compl di luogo**) {SOLE ALL'ORIZZONTE} (*irgendwo*) auf|gehen 3 (*cominciare*) {GIORNO} an|brechen 4 (*crescere*) ~ **a qu** {BARBA AL RAGAZZO; DENTE AL BAMBINO} jdm wachsen 5 (*apparire*) ~ (**da/su qc**) {SORRISO SULLE LABBRA} (*irgendwo*) erscheinen: **le lacrime le spuntavano dagli occhi**, die Tränen ˌtraten ihr in dieˌ/[quollen ihr aus den] Augen 6 (*sbucare*) ~ (**da qc**) {AUTO, CICLISTA DA DIETRO L'ANGOLO, DALLA NEBBIA} (*irgendwo*) erscheinen; (*irgendwo*) auf|tauchen: **da dove spunti?**, wo kommst du denn her? 7 (*sporgere*) ~ (**da qc**) *aus etw* (dat) heraus|kommen, *aus etw* (dat) hervor|kommen: **la canottiera spunta fuori dai pantaloni**, das Unterhemd ˌhängt aus der Hoseˌ/[sieht aus der Hose heraus] 8 *fig* (*nascere*) entstehen, auf|kommen: **sta spuntando una nuova moda**, eine neue Mode ˌkommt gerade aufˌ/[entsteht gerade] C itr pron: **spuntarsi** 1 (*perdere la punta*) {LANCIA, LAPIS} ab|brechen, die Spitze verlieren 2 (*smussarsi*) {COLTELLO} stumpf werden 3 *fig* (*attenuarsi*) {RABBIA} verrauchen D rfl indir (*acconciarsi*): **spuntarsi qc** {FRANGIA} sich (dat) etw stutzen, sich (dat) etw schneiden E <-> m 1 (*il levarsi*) {+LUNA} Aufgang m 2 (*inizio*) Anfang m: **allo** ~ **dell'alba**, beim ersten Tageslicht 3 *fig* (*il nascere*) {+NUOVA ERA} Anbruch m, Anbrechen n ● **spuntarla** *fig fam* (*averla vinta*), es schaffen, sich durch|setzen; **con me non la spunterai**, gegen mich hast du keine Chance, bei mir zieht das nicht *fam*; **è riuscito a spuntarla sulla concorrenza**, er hat es geschafft, ˌdie Konkurrenz auszustechenˌ/[sich gegen die Konkurrenz durchzusetzen].

spuntàre② tr *amm* (*controllare*) ~ qc {GIORNI, NOMI} etw ab|haken, etw durch|gehen, etw prüfen, etw durch|checken *fam*.

spuntàta① f (*accorciata*) Kürzen n, Stutzen n: **dare una** ~ **ai rami/alla frangia**, ˌdie Äste stutzenˌ/[den Pony kürzen/stutzen].

spuntàta② f *amm* Abhaken n, Durchgehen n, Prüfen n, Durchchecken n *fam*: **dare una** ~ **all'elenco dei candidati**, die Liste der Kandidaten durchgehen/durchchecken *fam*.

spuntàto①, (-a) agg 1 (*privato della punta*) {FRECCIA} mit abgebrochener Spitze 2 (*smussato*) {COLTELLO} stumpf 3 (*accorciato*) {FRANGIA} gestutzt, gekürzt.

spuntàto②, (-a) agg (*controllato*) {DATA, NOME} abgehakt, durchgegangen, geprüft, durchgecheckt *fam*.

spuntatùra① f 1 (*lo spuntare*) {+OGGETTO ACUMINATO} Abstumpfen n 2 (*l'accorciare*) {+BARBA} Stutzen n 3 *agr* {+ALBERO} Stutzen n, Beschneiden n 4 *gastr* (*taglio di carne*) {+MAIALE} Rippchen n ● **spuntature di sigaro** (*trinciato di tabacco*), "aus abgeschnittenen Zigarrenspitzen gewonnener Pfeifentabak."

spuntatùra② f → **spunta**.

spuntìno m Imbiss m, Zwischenmahlzeit f: **facciamo uno** ~?, essen wir was Kleines?, nehmen wir einen Imbiss (ein)?

spùnto m 1 (*occasione*) Anlass m, Anregung f, Anstoß m: **dare/offrire lo** ~ **per qc**, *discussione/riflessione*, Diskussions-/Denkanstoß m; **prendere** ~ **da qc**, *etw* zum Anlass nehmen 2 *autom* (*fase di avviamento*) Anlauf m, Anlass m, (*accelerazione*) Beschleunigung f 3 *enol* Stich m *fam*: **questo vino ha un po' di** ~, dieser Wein hat einen leichten Stich 4 *mus* Anfangstakt m 5 *teat* Stichwort n: **dare lo** ~ **a un attore**, einem Schauspieler das Stichwort geben 6 *sport* {FINALE} Spurt m.

spuntóne m 1 (*grossa punta*) {+INFERRIATA} Spitze f 2 (*spina*) {+CARCIOFO} Stachel m 3 (*sporgenza rocciosa*) Felsnase f, Felsvorsprung m 4 *mil stor* (*arma*) Hellebarde f.

spunzóne m *tosc* 1 (*grossa punta*) große Spitze f 2 (*colpo col gomito*) Stoß m mit dem Ellbogen; (*con la mano*) Faustschlag m.

spupazzàre *fam* A tr ~ qu 1 (*coccolare*) {FIGLIO} jdn hätscheln, jdn liebkosen 2 (*intrattenere*) jdn unterhalten: **l'ho dovuto** ~ **tutto il giorno per il centro**, ich hab ihn den ganzen Tag durch die Stadt führen und unterhalten müssen B rfl intens (*intrattenere*): **spupazzarsi qu** {CLIENTE, PARENTE} jdn unterhalten, jdn am Hals haben *fam*: **non capisco perché debba spupazzarmi io i tuoi ospiti**, ich seh nicht ein, warum ich deine Gäste unterhalten soll C rfl rec (*coccolarsi*): **spupazzarsi** (*herum*|)schmusen *fam*, sich liebkosen: **smettetela di spupazzarvi e venitemi a dare una mano!**, hört auf herumzuschmusen *fam* und kommt mir helfen!

spurgàre <spurgo, spurghi> A tr ~ qc 1 (*pulire*) {CANALE} etw aus|spülen, etw reinigen, etw säubern 2 *gastr* {LUMACHE} etw aus|spülen, etw waschen 3 *med* {BRONCHI} etw aus|husten, etw aus|werfen; (*uso assol*) expektorieren *scient* B itr pron (*espettorare*): **spurgarsi** expektorieren *scient*, Schleim aus|husten/aus|werfen ● **spurgarsi il petto**, expektorieren *scient*.

spùrgo <-ghi> m 1 (*operazione*) {PERIODICO, +FOGNA} Ausspülung f, Reinigung f, Säuberung f 2 (*materiale*) Schmutz m 3 *solo pl* *comm* (*scarti editoriali*) Ausschuss(ware f) m 4 *med* (*lo spurgarsi*) Expektorieren n *scient*; (*catarro*) Auswurf m, Schleim m, Sputum n *scient*.

spùrio, (-a) <-ri m> agg 1 (*apocrifo*) {EDIZIONE, ISCRIZIONE} unecht, nicht authentisch 2 (*illegittimo*) {FIGLIO} unehelich 3 *anat bot zoo* falsch.

sputacchiàre <sputacchio, sputacchi> A itr spucken: **quando parla sputacchia**, er/sie spuckt beim Reden B tr rar (*colpire con sputi*) ~ qu/qc jdn/etw bespucken.

sputacchièra f Spucknapf m.

sputàcchio <-chi> m Schleim m.

sputafuòco <-> f *scherz* (*pistola*) Ballermann m *fam*, Puste f *slang*, Schießeisen n *fam*.

sputàre A tr 1 ~ qc (+ **compl di luogo**) {NOCCIOLO PER TERRA, SALIVA NEL LAVANDINO} *etw irgendwohin* spucken, *etw irgendwohin* speien *forb* 2 *fig* (*emettere*) ~ qc {LOCOMOTIVA FUMO} etw aus|stoßen, {VULCANO LAVA} etw spucken, etw speien *forb*, etw aus|werfen 3 *fig* (*dire*) ~ qc {NOME DI UN COMPLICE} etw aus|spucken *fam*, etw verraten: **insulti**/[parole infuocate], geifern *forb* spreg, Beschimpfungen/[heftige Worte] ausstoßen B itr 1 ~ (+ **compl di luogo**) {PER TERRA} (*irgendwohin*) spucken, (*irgendwohin*) speien *forb*: ~ **addosso a qu**, jdn anspucken; ~ **fuori qc**, etw ausspucken 2 *fig fam* (*parlare*) aus|spucken *fam*: **avanti, sputa, chi è stato**!, los, spuck's schon aus, wer war's? *fam* 3 *fig fam* (*disprezzare*) ~ **addosso a qu/sopra/su qc** auf jdn/etw spucken *fam*, auf jdn/etw pfeifen *fam*.

sputasentènze <-> mf Klugscheißer(in) m(f) *fam spreg*, Besserwisser(in) m(f) *spreg*.

sputàto, (-a) agg *fig* (*identico*) identisch, gleich: **è suo nonno** ~, er ist seinem Opa wie aus dem Gesicht geschnitten.

sputnik <-> m *russo astr* Sputnik m.

spùto m 1 (*espettorato*) Speichel m, Spucke f; (*con catarro*) Schleim m, Auswurf m, Sputum n *scient* 2 (*espettorazione*) Expektorieren n *scient* ● **appiccicato con lo** ~ *fig* (*in mo-*

sputtanaménto (*do non solido*), windig *fam spreg*, auf Sand gebaut, behelfsmäßig; **essere a uno ~ di distanza** *fig* (*molto vicino*), ein Katzensprung weit (weg) sein; **il cinema è a uno ~ di distanza**, das Kino ist ein Katzensprung von hier; das Kino - da kann man hinspucken *fam*; **essere fatto con lo ~ fig** (*essere molto fragile*), auf tönernen/schwachen/schwankenden Füßen stehen; **ricoprire qu di sputi**, jdn vollspucken; *fig* (*insultarlo*), jdn übel/wüst beschimpfen.

sputtanaménto m *volg* (*screditamento*) Diskreditierung f *forb*, Schlechtmachen n.

sputtanàre *volg* A *tr* 1 (*screditare*) ~ **qu/qc** {COLLEGA, SCUOLA} *jdn/etw* durch den Schmutz/Dreck *fam* ziehen, *jdn/etw* in Misskredit bringen, *jdn/etw* diskreditieren *forb*, *jdn/etw* unmöglich machen, *jdn/etw* schlecht|machen, *jdn/etw* herech|eln *fam spreg* 2 (*dilapidare*) ~ **qc** {PATRIMONIO} *etw* durch|bringen, *etw* verschwenden B *itr pron* (*screditarsi*): **sputtanarsi** sich unmöglich machen, sein Gesicht verlieren, eine erbärmliche/klägliche Figur machen/ab|geben: **non mi sputtanerò a cantare, stonato come sono**, ich werde mich, unmusikalisch wie ich bin, nicht unmöglich machen und singen.

sputtanàta f *volg* (*screditamento*) Diskreditierung f *forb*, Schlechtmachen n.

spy story <-, *spy stories* pl *ingl*> loc sost m *ingl* 1 (*genere*) Spionagegenre n 2 (*opera*) Spionagestory f.

spyware <-> m *inform* Spyware f, Schnüffelprogramm n.

squadernàre *tr* ~ **qc** 1 *forb* (*aprire*) {LETTERA} *etw* auf|falten 2 *rar* (*scartabellare*) *etw* durch|blättern, *etw* überfliegen.

squàdra① f (*strumento da disegno*) Winkel m, (Winkel)dreieck n: **a 45°**, 45°-Winkel m; ⌊**falsa ~**⌋/[**~ zoppa**], Schmiege f ● **essere/mettere a/in ~** (*ad angolo retto*), rechtwinklig sein/machen; **essere fuori (di) ~** (*non perpendicolare*), außer Lot sein; *fig* (*in disordine*), ⌊nicht im⌋/[aus dem] Lot sein; **uscire di ~ fig** (*perdere la pazienza*), die Geduld verlieren.

squàdra② A f 1 (*gruppo*) {+POMPIERI, TECNICI} Gruppe f; {+AMICI} *anche* Clique f: **~ di soccorso/vigilanza**, Rettungs-/Wachmannschaft f 2 *aero mar* {AEREA, NAVALE} Geschwader n 3 *mil* Kommando n, Trupp m: **~ artificieri**, Sprengkommando n **~ fucilieri**, bewaffneter Soldatentrupp 4 *sport* (*formazione*) {OLIMPICA, STRANIERA; +CALCIO, PALLAVOLO, ecc.} Mannschaft f, Team n: **~ azzurra**, "italienische Nationalmannschaft f; **~ di casa**, Heimmannschaft f; **~ femminile/maschile**, Damen-/Herrenmannschaft f; **~ ospitante**, Heim-/Gastgebermannschaft f; **~ ospite**, Gastmannschaft f B loc agg: **a squadre**, {TORNEO} Mannschafts- ● **~ d'azione fascista** *polit stor*, faschistisches Rollkommando, faschistischer Schlägertrupp *spreg*; **~ del buon costume**, Sittenpolizei f; **~ mobile**, Überfallkommando n *fam*, alarmbereiter polizeilicher Einsatzdienst; **~ narcotici**, Rauschgiftdezernat n, Drogenfahndung f, Drogenpolizei f; **~ omicidi**, Mordkommission f; **~ di polizia**, Kommando n, Polizeieinheit f.

squadràccia <-ce, pegg di squadra②> f *spreg polit stor* (*squadra d'azione fascista*) faschistisches Rollkommando, faschistischer Schlägertrupp.

squadràre A *tr* 1 (*riquadrare*) ~ **qc** {VANO DI UNA PORTA} *etw* rechtwinklig/quadratisch zu|schneiden; {BLOCCO DI MARMO} *etw* rechtwinklig/quadratisch behauen; {TRONCO} *etw* abvieren, *etw* vierkantig zu|schneiden 2 (*delimitare con linee perpendicolari*) ~ **qc** {FOGLIO DA DISEGNO} *etw* rechtwinklig/quadratisch zu|schneiden 3 *fig* (*guardare attentamente*) ~ **qu** (**con qc**) {CON OCCHI DI GHIACCIO, CON UNO SGUARDO SCRUTATORE} *jdn* (*mit etw dat*) beäugen, *jdn* (*mit etw dat*) mustern, *jdn* (*mit etw dat*) taxieren: **smettila di squadrarmi così!**, hör auf, mich so zu mustern! B *rfl rec fig* (*guardarsi attentamente*): **squadrarsi** {DUE UOMINI} sich beäugen, sich mustern.

squadràta f (*osservazione minuziosa*) scharfe Beobachtung, Musterung f, Taxierung f.

squadràto, (-a) *agg* {MASCELLA, VISO} eckig, kantig.

squadratùra f 1 (*riquadratura*) {+FINESTRA} (rechtwinkliges/quadratisches) Zuschneiden, {+LASTRA DI PIETRA} (rechtwinkliges/quadratisches) Behauen, {+LEGNAME} Abvieren n 2 (*delimitazione*) {+FOGLIO} (rechtwinkliges/quadratisches) Zuschneiden.

squadriglia f 1 (*di boy scout*) (Pfadfinder)gruppe f 2 *aero* {+CACCIABOMBARDIERI} Geschwader n 3 *mar* Flottille f.

squadrìsmo m 1 *polit stor* faschistischer Schlägertrupp 2 *fig* (*violenza organizzata*) organisierte politische Gewalt.

squadrista <-i m, -e f> mf *polit stor* Mitglied n eines faschistischen Schlägertrupps; (*fascista*) (Neo)faschist(in) m(f).

squàdro m 1 (*riquadratura*) {+PIETRA} (rechtwinkliges/quadratisches) Behauen; {+PALO} Abvieren n 2 *topogr* (*strumento*) {AGRIMENSORIO, GRADUATO} Winkelkopf m.

squadróne <*accr di* squadra②> m 1 *mil* Schwadron f 2 *slang giorn sport* (*Sieger*)mannschaft f: **lo ~ azzurro ha vinto i mondiali di calcio**, die italienische Nationalmannschaft hat die Fußballweltmeisterschaft gewonnen ● **~ della morte** *slang giorn polit* (*gruppo armato*), Todesschwadron f.

squagliàre <*squaglio, squagli*> A *tr* ~ **qc** {SOLE NEVE} *etw* schmelzen B *itr pron* 1 (*liquefarsi*): **squagliarsi** schmelzen, flüssig werden: **il gelato si è squagliato**, das Eis ist geschmolzen 2 *fig fam* (*svignarsela*): **squagliarsi** sich davon|machen *fam*, sich aus dem Staub machen *fam* ● **squagliarsela** *fig fam* (*svignarsela*), sich davon|machen *fam*, sich aus dem Staub machen *fam*.

squalìfica <-che> f 1 (*esclusione*) ~ (**da qc**) {DA UNA GARA D'APPALTO} Disqualifizierung f (*von etw dat*) 2 *fig* (*discredito*) Missk redit m, Verruf m: **il clamoroso errore ha determinato la ~ della ditta**, der eklatante Fehler hat die Firma ⌊in Verruf gebracht⌋/[unmöglich gemacht] 3 *sport* (*sanzione*) {+ATLETA, SQUADRA} Disqualifikation f, Sperre f, Spielverbot n: **~ di un mese**, Sperre f von einem Monat ● **~ del campo** *sport*, Heimspielverbot n; **~ a vita** *sport* (*espulsione*), Disqualifizierung f/Ausschluss m auf Lebenszeit.

squalificàbile *agg* disqualifizierbar.

squalificànte *agg* 1 (*degradante*) entwürdigend, herabwürdigend, erniedrigend: **per un laureato è ~ fare il commesso**, für einen Akademiker ist es entwürdigend, als Verkäufer zu arbeiten 2 (*che scredita*) disqualifizierend *forb*: **il tuo è un atteggiamento ~**, dein Verhalten ⌊disqualifiziert dich⌋/[macht dich unmöglich].

squalificàre <*squalifico, squalifichi*> A *tr* 1 (*escludere*) ~ **qu** (**da qc**) {CANDIDATO DA UN CONCORSO} *jdn* (*von etw dat*) disqualifizieren 2 *fig* (*screditare*) ~ **qu/qc** {COLLEGA, DITTA} *jdn/etw* in Misskredit/Verruf bringen, *jdn/etw* unmöglich machen 3 *sport* (*espellere*) ~ **qu/qc** (**da qc**) (+ **compl di tempo**) {GIOCATORE PER DUE GIORNATE} *jdn/etw* (*für etw acc*) disqualifizieren/sperren; {SQUADRA DAL CAMPIONATO} *jdn/etw* (*von etw dat*) aus|schließen B *itr pron* (*screditarsi*): **squalificarsi** sich disqualifizieren, sich unmöglich machen: **con quel comportamento si è proprio squalificato**, mit diesem Verhalten hat er sich wirklich disqualifiziert.

squalificàto, (-a) A *agg* 1 (*escluso*) {CANDIDATO, DITTA} disqualifiziert 2 *fig* (*screditato*) {AZIENDA} verrufen 3 *sport* (*espulso*) {CICLISTA, SQUADRA} disqualifiziert, gesperrt B m (f) 1 (*persona esclusa*) untauglicher/disqualifizierter Mensch; **in questa selezione gli squalificati sono stati parecchi**, in dieser Auswahlrunde schieden viele als ungeeignet aus 2 *sport* (*persona espulsa*) disqualifizierter/gesperrter Sportler/Spieler.

squàllido, (-a) *agg* 1 (*miserabile*) {CASA, QUARTIERE, VITA} elend, trist *forb*, trostlos, armselig 2 (*desolato*) {ZONA} öde, trist *forb*, trostlos, gottverlassen 3 (*abietto*) {COMPORTAMENTO, INDIVIDUO} gemein, niederträchtig, abscheulich 4 (*sordido*) {ATTIVITÀ, STORIA} schmutzig 5 (*scialbo*) {PROSA} schlecht, ausdruckslos, farblos.

squallóre m 1 (*miserabilità*) {+ESISTENZA, SOBBORGO, STANZA} Elend n, Trostlosigkeit f 2 (*desolazione*) {+CAMPAGNA INCOLTA} Öde f, Trostlosigkeit f 3 (*abiezione*) Gemeinheit f, Niederträchtigkeit f, Abscheulichkeit f: **che ~ quell'uomo!**, was für ein niederträchtiger Kerl! *fam* 4 (*sordidezza*) {+VICENDA} Schmutzigkeit f 5 (*scialbore*) {+POESIA} Ausdruckslosigkeit f, Farblosigkeit f.

squàlo m *itt* Hai(fisch) m: **~ azzurro**, Blauhai m; **~ balena**, Walhai m; **~ bianco/grigio**, ⌊Menschen-, Weißhai m⌋/[Grauhai m]; **~ tigre**, Tigerhai m.

squàma f 1 (*scaglia*) {+CORAZZA, PESCE} Schuppe f 2 *bot med zoo* {+RETTILE} Schuppe f: **~ cutanea**, (Haut)schuppe f.

squamàre A *tr* ~ **qc** {TROTA} *etw* (ab|)schuppen B *itr pron*: **squamarsi** (*perdere le squame*) {LUCERTOLA, PELLE} sich (ab|)schuppen.

squamàto, (-a) A *agg* 1 (*a squame*) {CORAZZA} Schuppen- 2 (*sfaldato*) {PELLE} (ab-)geschuppt B m *zoo* Schuppentier n.

squamatùra f 1 (*azione*) (Ab)schuppen n; (*risultato*) {+VERNICE} Schuppe f 2 (*distacco di scaglie*) Abspringen n.

squamóso, (-a) *agg* 1 (*pieno di squame*) {PELLE, PESCE} schuppig.

squarciagóla *solo nella loc avv*: **a ~**, {CANTARE, URLARE} aus vollem Hals(e), aus voller Kehle.

squarciaménto m 1 Zerreißen f, Zerreißen n 2 (*strappo*) Riss m.

squarciàre <*squarcio, squarci*> A *tr* ~ **qc** 1 (*lacerare*) {PANTALONI} *etw* zerfetzen, *etw* zerreißen 2 *fig* (*fendere*) *etw* zerreißen, *etw* durchbrechen: **il sole squarcia le nuvole**, die Sonne durchbricht die Wolken; **un grido squarciò il silenzio della notte**, ein Schrei zerriss die Stille der Nacht B *itr pron*: **squarciarsi** 1 (*lacerarsi*) reißen: **la vela si squarciò durante la tempesta**, das Segel riss während des Sturms 2 *fig* (*fendersi*) {CIELO, NUBI} auf|brechen, auf|gehen; {NEBBIA} zerreißen *forb*, sich auf|lösen C *rfl indir intens*: **squarciarsi qc** {CAMICIA} sich (*dat*) *etw* zerreißen.

squàrcio <-ci> m 1 (*strappo*) {+VESTITO} Riss m 2 (*profonda lacerazione*) klaffende Wunde: **ha uno ~ nel petto**, er/sie hat eine klaffende Brustwunde 3 *fig* (*schiarita*) Aufhellung f, Aufhellen n: **~ di azzurro/sereno**,

Stück n blauer Himmel; **all'orizzonte si vedeva uno ~ di sole**, am Horizont hellte es auf **4** *lett mus* (*stralcio*) Abschnitt m, Passage f, Auszug m.

squartaménto m **1** (*taglio in quarti*) {+VITELLO} Zerlegen n, Zerteilen n **2** (*il trucidare*) {+VITTIMA} Vierteilen n.

squartàre tr **1** (*tagliare in quarti*) ~ **qc** {BESTIA MACELLATA} etw zerlegen, etw zerteilen **2** (*trucidare*) ~ **qu** jdn nieder|metzeln, jdn hinschlachten.

squartatóio <-*toi*> m (*coltello*) Schlacht(er)messer n.

squartatóre, (**-trice**) m (f) Schlachter(in) m(f) • **Jack lo ~**, Jack the Ripper.

squash <-> m *ingl sport* Squash n.

squassaménto m (*scuotimento*) (Durch)schütteln n, (Durch)rütteln n.

squassàre tr (*scuotere*) ~ **qc** {CONVULSIONI PETTO DI QU} etw schütteln; {BUFERA ALBERI} *anche ne* rütteln.

squatter <-, -s pl *ingl*> **A** agg {MANIFESTAZIONE} Squatter- **B** mf Squatter m.

squattrinàto, (**-a**) **A** agg {GIOVANE} abgebrannt *fam*, pleite *fam* **B** m (f) Habenichts m *spreg*.

squaw <-, -s pl *ingl*> f *ingl* Squaw f.

squilibràre **A** tr **1** (*sbilanciare*) ~ **qu**/**qc** {PESO BARCA} jdn/etw aus dem Gleichgewicht bringen; **un movimento brusco può squilibrarti e farti cadere**, eine plötzliche Bewegung kann dich aus dem Gleichgewicht bringen und du fällst hin **2** *fig* (*sbalestrare*) ~ **qc** {BILANCIO FAMILIARE, SISTEMA ECONOMICO} etw durcheinander|bringen; {FAMIGLIA} etw zerrütten **3** *fig* (*turbare profondamente*) ~ **qu** jdn aus dem (seelischen) Gleichgewicht bringen, jdn verstören: **la perdita dei genitori l'ha squilibrata**, der Verlust ihrer Eltern hat sie verstört **B** itr pron: **squilibrarsi 1** (*sbilanciarsi*) {CARICO} aus dem Gleichgewicht kommen **2** *fig* (*sbalestrarsi*) {MERCATO} aus dem Gleichgewicht kommen, schwanken.

squilibràto, (**-a**) **A** agg **1** (*sbilanciato*) {CARICO} schlecht verteilt **2** *fig* (*ALIMENTAZIONE, DIETA*) unausgewogen **3** *fig* (*sbalestrato*) {BILANCIA COMMERCIALE} unausgeglichen **4** *fig* (*spostato*) {GIOVANE, MENTE} geistesgestört, verstört **B** m (f) (*persona*) Geistesgestörte mf decl come agg, Verstörte mf decl come agg.

squilibrio <-*bri*> m **1** (*sbilanciamento*) Ungleichgewicht n: **l'errata distribuzione del carico ha creato uno ~**, die falsch verteilte Last verursachte ein Ungleichgewicht **2** *fig* (*sproporzione*) {STRUTTURALE, TERRITORIALE} Unausgeglichenheit f, Ungleichgewicht f: **tra la domanda e l'offerta**, Ungleichgewicht f zwischen Angebot und Nachfrage **3** *fig* (*instabilità psichica*) Verwirrung f: ~ **mentale/psichico**, geistige/seelische Verwirrung f: **il paziente dà segni di ~**, der Patient lässt Anzeichen geistiger Verwirrung erkennen.

squilla f **1** (*piccola campana*) {+CAMPANILE} Klingel f, Schelle f **2** (*campanaccio*) (Kuh)glocke f **3** *lett* (*campana*) Glocke f; (*suono di campana*) Glockenklang m.

squillànte agg **1** (*vibrante*) {NOTA, SUONO, VOCE} schrill, durchdringend, schallend **2** *fig* (*sgargiante*) {ROSSO, VERDE, ecc.} grell, schreiend.

squillàre itr (*essere o avere*) **1** (*emettere squilli*) {CAMPANELLO, TELEFONO} klingeln; {TROMBETTA} schmettern **2** (*risuonare*) {VOCE} schrillen, schmettern **3** *lett* (*essere sgargiante*) {COLORE} grell/schreiend sein.

squillino <*dim di squillo*> m *tel* (SMS-)Biep n, (SMS-)Signalton m.

squillo **A** m **1** (*trillo*) {+TELEFONO} Klingeln n; {+TROMBA} Schmettern m **2** *fam* (*telefonata*) Anruf m: **prima di uscire dammi/fammi uno ~**, ruf kurz bei mir durch, bevor du weggehst! **B** <-> f (*prostituta*) Callgirl n.

squinternàre tr **1** (*scompaginare*) ~ **qc** {FASCICOLO} etw zerfleddern, etw zerreißen, etw durcheinander|bringen **2** *fig* (*frastornare*) ~ **qu** jdn betäuben, jdn verwirren: **il viaggio mi ha squinternato**, die Reise hat mich betäubt.

squinternàto, (**-a**) **A** agg **1** (*scompaginato*) {LIBRO} zerfleddert, zerrissen **2** (*strambo*) {RAGAZZO, VITA} verrückt, sonderbar, merkwürdig; {RAGIONAMENTO} wirr, verworren **B** m (f) (*persona stramba*) Verrückte mf decl come agg.

squinzia f *region* (*smorfiosa*) Modepuppe f *fam spreg*, Modepüppchen n *fam spreg*, Tussi f *fam spreg*, Tusse f *fam spreg*.

squisitaménte avv **1** (*prelibatamente*) {MANGIARE} köstlich, vorzüglich, ausgezeichnet, erlesen **2** (*prettamente*) ausgesprochen, typisch: **un'atmosfera ~ orientale**, eine ausgesprochen orientalische Atmosphäre; **una caratteristica ~ femminile**, eine typisch weibliche Eigenschaft **3** *fig* (*in modo squisito*) wunderbar, köstlich: **un uomo ~ galante**, ein wunderbar galanter Mann, ein ausgesprochener Kavalier.

squisitézza f **1** (*prelibatezza*) {+PIETANZA, VINO} Köstlichkeit f, Vorzüglichkeit f, Erlesenheit f **2** (*cosa squisita*) Köstlichkeit f, Leckerbissen m: **queste lasagne sono una ~**, diese Lasagne sind köstlich; **le squisitezze della cucina toscana**, die Köstlichkeiten der toskanischen Küche **3** *fig* (*gentilezza*) {+PADRONA DI CASA} Zuvorkommenheit f, ausgesuchte Freundlichkeit: **la ~ del suo sentimento**, sein/ihr ausgesprochenes Zart-/Feingefühl.

squisìto, (**-a**) agg **1** (*prelibato*) {CENA, GELATO} exquisit, köstlich, vorzüglich, erlesen **2** *fig* (*molto gentile*) {CORTESIA} ausgesucht, erlesen; {PERSONA} fein(sinnig), zartsinnig.

squittio <-*tii*> m **1** (*verso*) {+CRICETO} Fiepen n, Fieps m, Fieper m; {+RONDINE} Jubilieren n, Trällern n **2** *fig scherz spreg* (*gridolino*) Kreischer m, Piepser m *fam*, Pieps m *fam*.

squittire <*squittisco*> itr **1** {SCOIATTOLO, TOPO} pfeifen, quieken, quieksen; {CIVETTA, PAPPAGALLO, ecc.} kreischen, schreien; {CANE DA CACCIA} winseln **2** *fig scherz spreg* (*emettere gridolini*) {RAGAZZETTA} kreischen.

S.R. abbr di Sacra Rota: Rota f.

sradicaménto m **1** (*il divellere*) {+ALBERO} Entwurz(e)lung f **2** *fig* (*estirpazione*) {+CATTIVA ABITUDINE} Ausmerzung f, Ausrottung f **3** *fig* (*allontanamento*) Entwurzelung f, Entfernung f: **soffre per lo ~ dalla propria famiglia**, er/sie leidet unter der Entfernung von seiner/ihrer Familie **4** *fig* (*estraniazione*) {SOCIALE} Entfremdung f, Außenseitertum n: ~ **economico**, Ausgeschlossensein n aus der Wirtschaftswelt.

sradicàre <*sradico, sradichi*> tr **1** (*divellere*) ~ **qc** {PIANTA} etw entwurzeln **2** *fig* (*estirpare*) ~ **qc** {IGNORANZA, PREGIUDIZIO} etw aus|merzen, etw aus|rotten **3** *fig* (*allontanare*) ~ **qu** {DAL PROPRIO AMBIENTE, DAL PAESE D'ORIGINE} jdn (*aus etw dat*) entwurzeln, jdn (*aus etw dat*) entfernen.

sradicàto, (**-a**) **A** agg **1** (*divelto*) {QUERCIA, RECINZIONE} entwurzelt **2** *fig* (*estirpato*) {VIZIO} ausgemerzt; {MALE} ausgerottet **3** *fig* (*senza radici*) {UOMO} entwurzelt, heimatlos, unbehaust *forb*: **qui si sente ~**, hier fühlt er/sie sich entwurzelt/heimatlos **B** m (f) (*persona senza radici*) Heimatlose mf decl come agg, Wurzellose mf decl come agg, Unbehauste mf decl come agg *forb*.

sragionàre itr (*farneticare*) dummes Zeug reden *fam*, faseln *fam spreg*: **la rabbia ti fa ~**, vor Wut redest du dummes Zeug *fam*.

sregolatézza f **1** (*l'essere sregolato*) Regellosigkeit f: ~ **di costumi**, Unsitten f pl; ~ **di vita**, Lotterleben n *spreg*, ausschweifendes/liederliches Leben **2** (*comportamento*) Ausschweifung f, Unmäßigkeit f.

sregolàto, (**-a**) agg **1** (*privo di regole*) {GIOCO} regellos, ungeregelt **2** (*disordinato*) maßlos, unmäßig: **sono ~ nel mangiare**, im Essen bin ich maßlos **3** (*anarchico*) ausschweifend, liederlich *spreg*: **avere una condotta di vita molto sregolata**, ein Lotterleben/[liederliches Leben] führen *spreg*, einen liederlichen Lebenswandel führen *spreg*.

S.r.l. abbr di Società a responsabilità limitata: GmbH f (abbr di Gesellschaft mit beschränkter Haftung).

srotolaménto m Aus-, Entrollen n.

srotolàre **A** tr ~ **qc** {FOGLIO, TAPPETO} etw aus|rollen, etw entrollen **B** itr pron: **srotolarsi** {GOMITOLO, NASTRO} sich entrollen.

ss. abbr di seguenti: ff. (abbr di folgende).

SS[1] f pl abbr del ted stor Schutzstaffeln (*squadre di sicurezza naziste*) SS f.

SS[2] **1** abbr di Santi: hll. (abbr di Heilige) **2** abbr di Santissimo: Heiligste m decl come agg.

S.S. 1 abbr di Sua Santità: Seine/Eure Heiligkeit **2** abbr di Santa Sede: Heiliger Stuhl **3** abbr di Strada Statale: ≈ B (abbr di Bundesstraße).

SSN abbr di Servizio Sanitario Nazionale: "Nationaler Gesundheitsdienst" (*Name des italienischen Gesundheitswesens*).

sst, st, sss inter onomatopeica **1** (*per zittire*) pst!, pscht!: **sss, sta arrivando qualcuno!**, pst/pscht, da kommt jemand! **2** (*per chiamare sottovoce*) he.

stabbiàre **A** tr ~ **qc 1** (*tenere all'addiaccio*) {PECORE} etw ein|pferchen **2** *agr* {TERRENO} etw mit Mist düngen **B** itr (*stare all'addiaccio*) {BESTIAME} (zur Düngung) eingepfercht sein.

stàbbio <-*bi*> m **1** (*recinto*) Pferch m, Hürde f, Koppel f **2** (*sterco*) Mist m.

stàbile **A** agg **1** (*ben fermo*) {IMPALCATURA, SCALA, TAVOLO} stabil **2** (*non provvisorio*) {DIMORA, IMPIEGO} fest; {GOVERNO, SITUAZIONE} stabil **3** (*resistente*) {TINTA} widerstandsfähig, beständig, farbecht **4** (*costante*) fest, beständig: **essere ~ nei propri propositi**, feste Vorsätze haben, an seinen Vorsätzen festhalten **5** (*non oscillante*) {PREZZO, TITOLO} stabil **6** (*invariabile*) {TEMPERATURA, TEMPO} beständig, gleich bleibend: **per oggi si prevede ~ bello**, heute soll es [schön bleiben]/[gleich bleibend schön sein] **7** *chim fis* {ATOMO, COMPOSTO} stabil **8** *med* {PAZIENTE} stabil **9** *teat* (*COMPAGNIA*) fest (engagiert); {ORCHESTRA} ständig, fest **B** m **1** (*immobile*) {PERICOLANTE, VECCHIO} Gebäude n **2** *teat*: **Stabile**, ständiges Theater; **lo Stabile di Torino**, das Stadttheater von Turin **C** f *teat* (*compagnia*): **Stabile**, ständige Theatertruppe, (festes) Ensemble; **la Stabile di Genova**, das Stadttheaterensemble von Genua.

stabiliménto m **1** (*edificio*) {NUOVO} Bau m, Gebäude n: ~ **carcerario**, Gefängnis n; ~ **ospedaliero**, Krankenhausgebäude(komplex m) n **2** (*fabbrica*) {CHIMICO, SIDERURGICO} Fabrik f, Fabrikgebäude n, Werk n: ~ **industriale**, Industriewerk n, Fabrikanlage f **3** (*determinazione*) {+ACCORDO, PACE} Abmachung f, Vereinbarung f; {+NUOVO ORDINE SOCIALE} Einrichtung f, Errichtung f, Gründung f ● ~ **balneare/termale**, Strand-/Thermalbad n.

stabilire <*stabilisco*> **A** tr **1** (*determinare*) ~

qc {DATA, LUOGO, ORA, PROGRAMMA} etw bestimmen, etw fest|setzen, etw fest|legen; {PRINCIPIO, REGOLA} etw auf|stellen **2** (pattuire) ~ **qc** {COMPENSO, PREZZO} etw vereinbaren: **come abbiamo precedentemente stabilito ...**, wie wir vorher vereinbart haben ... **3** (decidere) ~ **qc** etw beschließen, etw entscheiden: **stabiliamo il da farsi!**, entscheiden wir, was zu tun ist!; **dobbiamo ~ quando partire**, wir müssen entscheiden, wann wir wegfahren; **hanno stabilito di lavorare insieme**, sie haben beschlossen, zusammenzuarbeiten **4** (accertare) ~ **qc** etw fest|stellen, etw ermitteln: ~ **come si sono svolti i fatti**, feststellen, wie etwas passiert ist **5** (fissare) ~ **qc + compl di luogo** etw (irgendwo) auf|schlagen, etw (irgendwo) nehmen: ~ **la propria dimora/sede a Roma**, sich in Rom häuslich niederlassen, in Rom seine Zelte aufschlagen scherz **6** (creare) ~ **qc** {COLLEGAMENTO} etw her|stellen; {CONTATTO, LEGAME, RAPPORTO} anche etw an|knüpfen **7** (ottenere) ~ **qc** {RECORD} etw auf|stellen **8** (sancire) ~ **qc** {TRATTATO LA FINE DELLA GUERRA} etw fest|setzen, etw regeln, etw vor|sehen: **la costituzione italiana stabilisce che la legge è uguale per tutti**, die italienische Verfassung ⌊sieht vor⌋/⌊setzt fest⌋, dass vor dem Gesetz alle gleich sind **9** (istituire) ~ **qc** {AUGUSTO IMPERO ROMANO} etw gründen, etw schaffen **B** itr pron (crearsi): **stabilirsi** entstehen, sich entwickeln: **tra i due paesi si sono stabiliti ottimi rapporti commerciali**, zwischen den beiden Ländern sind hervorragende wirtschaftliche Beziehungen entstanden **C** rfl (prendere stabile dimora): **stabilirsi + compl di luogo** {A CASA DI UN AMICO, IN CITTÀ, A MILANO} sich (irgendwo) nieder|lassen.

stabilità <-> f **1** (solidità) {+COSTRUZIONE, MOBILE, STRUTTURA} Standfestigkeit f, Stabilität f **2** (capacità di mantenere l'equilibrio) {+IMBARCAZIONE, VELIVOLO} Stabilität f; {+VEICOLO} Spursicherheit f **3** (non provvisorietà) {POLITICA; +RAPPORTO, PAESE} Stabilität f **4** (resistenza) {+COLORE} Widerstandsfähigkeit f, Beständigkeit f **5** (costanza) {+CARATTERE} Beständigkeit f **6** (equilibrio) {+MERCATO, PREZZI} Stabilität f **7** (invariabilità) {+CONDIZIONI METEOROLOGICHE} Beständigkeit f, Unveränderlichkeit f **8** chim fis Stabilität f.

stabilito, (-a) agg **1** (determinato) {DATA, LUOGO} festgelegt; {NORMA} fest **2** (pattuito) {CIFRA, IMPORTO} vereinbart, ausgehandelt; **è/resta ~ che...**, es ⌊ist vereinbart⌋/⌊bleibt dabei⌋, dass ...

stabilitura f edil Ober-, Fein-, Glattputz m.

stabilizzànte A agg **1** {DISPOSITIVO, MANOVRA} stabilisierend **2** chim {PRODOTTO} stabilisierend **B** m chim Stabilisator m.

stabilizzàre A tr (rendere stabile) ~ **qc** {APPARECCHIO, MONETA, TASSO D'INFLAZIONE} etw stabilisieren; {SITUAZIONE ECONOMICA} etw festigen **B** itr pron **stabilizzarsi 1** (diventare stabile) {SITUAZIONE} sich stabilisieren, stabil werden; {TEMPO} beständig werden, halten **2** med: **il paziente si è stabilizzato**, der Zustand des Patienten hat sich stabilisiert.

stabilizzatóre, (-trice) A agg (che stabilizza) stabilisierend, Stabilisierungs- **B** m **1** aero Stabilisator m, Stabilisierungsflosse f, Stabilisierungsfläche f **2** autom chim elettr Stabilisator m: ~ **di tensione**, Spannungsstabilisator m **3** mar Stabilisator m, Schwingungsdämpfungsanlage f.

stabilizzazióne f Stabilisierung f; (azione) anche Stabilisieren n.

stabulàre A tr ~ **qc 1** (tenere in una stalla) {BUOI, GREGGE} etw im Stall halten/unter|bringen, etw stallen rar **2** (allevare in recinti artificiali) {ANGUILLE, TROTE} etw züchten **B** itr (stare in una stalla) {BESTIAME} im Stall sein/[gehalten werden].

stabulazióne f **1** (sistema di allevamento) {FISSA, LIBERA} Stallhaltung f **2** (tipo di piscicoltura) Fischzucht f.

stacanovìsmo m **1** polit stor Stachanow-Bewegung f **2** fig scherz (zelo) Pflicht-, Übereifer m, Arbeitswut f.

stacanovìsta <-i m, -e f> **A** agg **1** polit stor {MOVIMENTO} Stachanow- **2** fig scherz (zelante) {ATTEGGIAMENTO} pflicht-, übereifrig, arbeitswütig **B** mf **1** polit stor Anhänger(in) m(f) der Stachanow-Bewegung **2** fig scherz (sgobbone) Arbeitstier n, Workaholic m.

stacanovìstico, (-a) <-ci, -che> agg **1** polit stor der Stachanow-Bewegung **2** fig iron (zelante) pflicht-, übereifrig, arbeitswütig.

staccàbile agg (che si può staccare) {ETICHETTA} abziehbar; {COLLETTO} abnehmbar; {IMBOTTITURA DELLA GIACCA} herausnehmbar, abtrennbar.

staccàre <stacco, stacchi> **A** tr **1** (togliere) ~ **qc (da qc)** {BOTTONE DALLA CAMICIA, FRANCOBOLLO DALLA BUSTA, TAPPEZZERIA DALLA PARETE} etw (von etw dat) (ab|)lösen, etw (von etw dat) (los|)lösen; {POSTER DAL MURO} etw (von etw dat) ab|nehmen, etw (von etw dat) ab|reißen; {RIMORCHIO DAL CAMION, VAGONE DAL TRENO} etw (von etw dat) ab|hängen; {IMBOTTITURA DALLA GIACCA} etw (aus etw dat) heraus|nehmen; {FOGLIO DAL QUADERNO} etw (aus etw dat) (heraus|)reißen; ~ **qc a qu/qc** {TESTA ALLA BAMBOLA} jdm/etw etw ab|trennen: **con un morso gli staccò un orecchio**, ⌊mit einem Biss trennte er/sie⌋/⌊er/sie biss⌋ ihm ein Ohr ab **2** (cogliere) ~ **qc (da qc)** {FIORE DA UN RAMO, FRUTTO DA UN ALBERO} etw (von etw dat) pflücken, etw (von etw dat) ab|brechen **3** (togliere i finimenti) ~ {BUOI, CAVALLI} (etw) aus|spannen **4** (emettere) ~ **qc** {ASSEGNO, RICEVUTA} etw aus|stellen **5** (disattivare) ~ **qc** {CORRENTE, TELEFONO} etw ab|stellen; {FERRO DA STIRO, FREEZER} etw aus|stellen; {SPINA} etw heraus|ziehen **6** (allontanare) ~ **qc da qc** {SEDIA, TAVOLO DAL MURO} etw (von etw dat) weg|rücken; fig ~ **qu da qu/qc** {BAMBINO DALLA FAMIGLIA, DALLA MADRE} jdn von jdm/etw trennen, jdn von jdm/etw entfernen; {DALLA TELEVISIONE} jdn von jdm/etw weg|holen, jdn von etw (dat) los|reißen **7** fig (scandire) ~ {PAROLE, SILLABE} etw einzeln aus|sprechen, etw skandieren **8** fig (distogliere) ~ **qc da qu/qc** {SGUARDO} etw von jdm/etw lassen, etw von jdm/etw ab|wenden: **non mi stacca gli occhi di dosso**, er/sie lässt mich keine Sekunde aus den Augen **9** mus (eseguire come staccato) ~ **qc** {NOTE} etw staccato spielen **10** sport ~ **qu/qc** {CORRIDORE AVVERSARIO, GRUPPO} jdn/etw ab|hängen **11** (spiccare) ~ **(da/su qc)** {BIANCO SUL NERO; FIGURA IN PRIMO PIANO DAL FONDO} sich (von etw dat) ab|heben **2** fig fam (cessare il lavoro) ~ (+ **compl di tempo**) {A MEZZOGIORNO, IL VENERDÌ} (irgendwann) Feierabend machen; (fare una pausa) ab|schalten: **il caffè a metà mattina mi serve per ~**, den Kaffee am Vormittag brauche ich zum Abschalten **C** itr pron **1** (venire via): **staccarsi (da qc)** {CARTELLO DALLA PORTA; MARCA DA BOLLO DAL FOGLIO} sich (von etw dat) lösen, sich (von etw dat) trennen; {FOGLIE DAI RAMI} (von etw dat) fallen; {BOTTONE} ab|gehen, ab|springen; {INTONACO} sich lösen, ab|blättern **2** (allontanarsi): **staccarsi da qc** {NAVE DAL MOLO} sich (von etw dat) entfernen **3** (decollare): **staccarsi da qc** {AEREO DALLA PISTA, DA TERRA} (von etw dat) ab|heben **D** rfl **1** (allontanarsi): **staccarsi da qc** sich (von etw dat) entfernen, sich (von etw dat) lösen: **staccati da quel parapetto pericolante!**, geh von dieser baufälligen Brüstung weg! **2** fig (separarsi): **staccarsi da qu/qc** {DALLA MADRE, DAL PROPRIO PAESE} sich (von jdm/etw) trennen, sich (von jdm/etw) lösen.

staccàto, (-a) A agg **1** (separato) {BOTTONE, FOGLIO} los(e); {FASCICOLO, MANICA, VOLUME} getrennt: **leggere un vocabolo a sillabe staccate**, ein Wort Silbe für Silbe lesen **2** mus {NOTA} staccato gespielt **B** m mus Staccato n.

stacchétto m radio TV {MUSICALE, PUBBLICITARIO} Intermezzo n, Pause f.

stàcci 2ª pers sing dell'imperat di stare + ci.

stacciàre <staccio, stacci> tr fam (setacciare) ~ **qc** {FARINA, SABBIA} etw (durch|)sieben.

stàccio <-ci> m fam (setaccio) Sieb n.

stacciōnàta f **1** (recinzione) Bretter-, Lattenzaun m **2** sport (nell'equitazione) Hürde f.

stàcco <-chi> m **1** fig (contrasto) Kontrast m, Bruch m: **fare ~**, sich ab|heben **2** fig (pausa) Pause f: **tra mezz'ora facciamo uno ~**, in einer halben Stunde machen wir eine Pause **3** fig (differenza) Unterschied m: **c'è uno ~ notevole tra le due opere**, zwischen den beiden Werken besteht ein großer Unterschied **4** fig (intervallo) Pause f: **c'è troppo ~ tra le due scene**, die Pause zwischen den beiden Szenen ist zu lang; **lo ~ tra due sillabe**, die Pause zwischen zwei Silben **5** film (passaggio tra due inquadrature) Schnitt m **6** radio TV (intermezzo) {MUSICALE, PUBBLICITARIO} Intermezzo n, Pause f **7** sport (Ab-)sprung m: **lo ~ ⌊da terra⌋/[dal trampolino]**, der Absprung ⌊von der Erde⌋/[vom Trampolin/Sprungbrett] ● ~ **di un assegno** (emissione), Ausstellung f eines Schecks; ~ **di una cedola** (pagamento), Zahlung f eins Coupons.

stachanovìsmo e deriv → **stacanovismo** e deriv.

stadèra f Laufgewichtswaage f: ~ **a ponte**, Brückenwaage f.

stàdia f topogr {GRADUATA} Mess-, Nivellierlatte f.

stàdio <-di> m **1** Stadion n: ~ **comunale/olimpico**, Gemeinde-/Olympiastadion n; **alla domenica va sempre allo ~**, sonntags geht er/sie immer ins Stadion **2** fig (fase) {AVANZATO, INIZIALE; +PROCEDIMENTO, SVILUPPO; LARVALE +INSETTO} Phase f, Stadium n, Stufe f: **un malato/tumore all'ultimo ~**, ein Kranker/Tumor im Endstadium/[letzten Stadium] **3** aero {PRIMO, SECONDO, +MISSILE} Antriebsstufe f **4** archeol (arena) Arena f **5** elettr {AMPLIFICATORE, RIVELATORE} Stufe f **6** metrol stor (misura) {ALESSANDRINO, ATTICO} Stadion m.

staff <-, -s pl ingl> m ingl **1** (gruppo) {+ESPERTI, RICERCATORI} (Arbeits)team n, Equipe f, Gruppe f: **uno ~ medico**, ein Ärzteteam **2** (team di consulenti aziendali) Consulting Team n.

stàffa f **1** {+SELLA} Steigbügel m **2** (montatoio) {+CARROZZA} Trittbrett n **3** (sottopiede) {+CALZONI, GHETTE} Steg m **4** (rinforzo delle calze) Fersenstück n **5** alpin Steigeisen n **6** anat Steigbügel m **7** edil Bügel m, Klammer f **8** tecnol Spanneisen n: **il termosifone è sostenuto da due staffe**, der Heizkörper wird von zwei Tragbügeln gehalten ● **perdere le staffe** fig (perdere la pazienza), aus der Fassung geraten, die Fassung/Geduld verlieren; (infuriarsi), ⌊in die Luft⌋/[an die Decke] gehen fam, aus der Haut fahren fam; **quando mi ha detto che mi lasciava ho proprio perso le staffe**, als er/sie mir sagte, dass er/sie mich verlassen würde, gingen die Pferde mit mir durch fam; **far perdere le staffe a qu** fig (far perdere la pazienza), jdn aus der Ruhe/Fassung bringen; (far infuriare), jdn ⌐in Rage¬/[auf die Palme] bringen fam, die Pferde scheu machen fam.

staffètta A <inv> agg (battistrada) {MOTO, TRENO, VETTURA} Stafetten- B f 1 (veicolo di scorta) Stafette f: **il corteo è preceduto dalle staffette della polizia**, der Umzug wird von Polizeistafetten angeführt 2 anche stor (messaggero) Stafette f, Bote m, Kurier m: ~ **partigiana**, Partisanenkurier m 3 fig (avvicendamento politico) fliegender (Führungs-) wechsel 4 slang giorn sport (nel calcio) (sostituzione) Auswechseln n 5 sport (gara) Staffel(lauf) m f: ~ **mista**, Lagenstaffel f; ~ **quattro per cento**, 4×100-Meter-Staffel f; (squadra) {AZZURRA, ITALIANA} Staffel f.

staffettista <-i m, -e f> mf sport (atleta) Staffelläufer(in) m(f).

staffière m stor 1 (palafreniere) Reit-, Sattelknecht m 2 (servitore) Diener m, Lakai m.

staffilare tr 1 (scudisciare) ~ qc {CAVALLO} etw peitschen 2 fig (criticare aspramente) ~ qu/qc {CLASSE POLITICA} jdn/etw geißeln, jdn/etw scharf kritisieren, mit jdm/etw scharf ins Gericht gehen.

staffilàta f 1 (scudisciata) Peitschenhieb m 2 fig (aspra critica) Geißelung f, scharfe Kritik, Beschuss m fam 3 slang giorn (nel calcio) Bombe(nschuss m) f fam.

stàffile m 1 (striscia di cuoio) {+SELLA} Bügel-, Steigriemen m 2 (scudiscio) Peitsche f.

stafilocòcco <-chi> m biol Staphylokokkus m scient.

stage <-, -s pl franc> m franc 1 (periodo di perfezionamento) Studienaufenthalt m, Praktikum n, Volontariat n 2 (breve corso intensivo) Intensivkurs m: ~ **di danza**, Tanz(intensiv)kurs m.

stagflazióne f econ Stagflation f.

stàggio <-gi> m 1 (montante) {+SCALA A PIOLI} Holm m, Pfosten m, Stütze f; {+SEDIA} Hinterbein n 2 (regolo) {+GABBIA} Stab m; {+TELAIO} Latte f 3 (nella ginnastica) (sbarra delle parallele) Barren m.

stagionàle A agg 1 (proprio di una stagione) {FENOMENO, MALATTIA, PRODOTTO} jahreszeitlich, der Jahreszeit, saisonbedingt 2 (che dura una stagione) {ATTIVITÀ} Saison-, saisonal 3 sport (della stagione di gare) {PRIMATO, RECORD} Saison-, der Saison B mf (lavoratore) Saisonarbeiter(in) m(f).

stagionaménto m → **stagionatura**.

stagionàre A tr ~ qc 1 (far invecchiare) {FORMAGGIO, LIQUORE} etw (ab|)lagern 2 (far seccare) {LEGNAME} etw (ab|)lagern, etw trocknen B itr itr pron: **stagionarsi** 1 (invecchiare) {FORMAGGIO, SALUME} (ab|)lagern, reifen; {VINO} anche altern 2 (seccare) {LEGNA} (ab|)lagern, trocknen.

stagionàto, (-a) agg 1 (invecchiato) {FORMAGGIO, PROSCIUTTO} gereift, reif; {VINO} (ab|)gelagert, gealtert 2 (secco) {LEGNO} (ab|)gelagert, trocken 3 fig scherz (maturo) {SIGNORA} reifer, in reiferen Jahren.

stagionatùra f 1 (invecchiamento) {+FORMAGGIO} (Ab|)lagerung f; {+VINO} anche Alterung f 2 (essiccazione) {+LEGNAME} (Ab|)lagerung f, Trocknen n.

stagióne A f 1 {ESTIVA, INVERNALE} Jahreszeit f: **a ~ avanzata/inoltrata**, ⌐gegen Ende der⌐/[zu vorgerückter] Jahreszeit; **a fine ~**, zu Saisonschluss; **di fine ~**, {PREZZI} Saisonschluss(verkaufs)-; {SALDI} Saisonschluss-; **mezza ~**, Übergangszeit f; **le quattro stagioni**, die vier Jahreszeiten f pl 2 (rif. a condizioni meteorologiche) {CALDA, SECCA} Jahreszeit f: **la bella/buona ~**, die schöne/warme Jahreszeit; **la brutta/cattiva ~**, der Herbst / Winter, die kältere Jahreszeit 3 (periodo) {+VENDEMMIA, VIAGGI} Zeit f, Saison f: ~ **degli amori**, Brunftzeit f; ~ **dei bagni**/[balneare], Badesaison f; ~ **della caccia**/[venatoria], Jagdzeit f; **adesso non è ~ di castagne**, jetzt ist keine Kastaniensaison; ~ **delle piogge**, Regenzeit f 4 (nel turismo) Saison f: ~ **turistica**, Touristensaison f 5 film teat Spielzeit f: ~ **cinematografica**/**lirica**/**teatrale**, Film-/Opern-/Theaterspielzeit f, Kino-/Opern-/Theatersaison f; ~ **di prosa 2008/2009**, Theaterspielzeit f/Theatersaison f 2008/2009 6 sport {CALCISTICA, CICLISTICA, SCIISTICA} Saison f B <inv> loc agg: **di ~**, {MALANNO} jahreszeittypisch, saisonbedingt; {VERDURA} der Jahreszeit C <inv> loc agg: **fuori ~**, {FRUTTA} Früh-, Spät-; {VACANZA} außerhalb der (Touristen)saison, in der Nebensaison D <inv> loc agg: **da mezza ~**, {ABITO, GIACCA} Übergangs- E <inv> loc agg: **quattro stagioni** 1 (per tutto l'anno) {OLIO} Ganzjahres-: **armadio quattro stagioni**, geräumiger Kleiderschrank 2 gastr {PIZZA} vier Jahreszeiten ● **alta ~** (di grande afflusso turistico), Hochsaison f; **bassa ~** (di scarso afflusso turistico), Nebensaison f; **fare la ~ fig** (lavorare come stagionale), als Saisonarbeiter arbeiten; ~ **morta** (senza afflusso turistico) geschäftsarme Zeit, Sauregurkenzeit f scherz; **avere fatto la propria ~ fig** (essere passato di moda), {MINIGONNA, MUSICA PUNK} ⌐out fam¬/[aus der Mode gekommen] sein.

stagìsta <-i m, -e f> mf 1 (tirocinante) Praktikant(in) m(f) 2 (partecipante a un corso) Intensivkursteilnehmer(in) m(f).

stagliàrsi <mi staglio, ti stagli> itr pron ~ **contro**/**su qc** {FIGURA SULLO SFONDO} sich (auf etw dat) ab|heben, sich (auf etw dat) ab|zeichnen; {MONTAGNA CONTRO IL CIELO} sich gegen etw (acc) ab|heben, sich gegen etw (acc) ab|zeichnen.

stagna f (recipiente) {+BENZINA, OLIO} (Blech)kanister m.

stagnàio, (-a) <-gnai> m (f) Zinnhandwerker(in) m(f).

stagnaménto m 1 (ristagno) Stauung f 2 fig (immobilità) {ECONOMICO, POLITICO} Stagnation f, Flaute f.

stagnànte agg 1 {ACQUA} stehend; {ARIA} abgestanden 2 fig (immobile) {MERCATO, SITUAZIONE POLITICA} stagnierend.

stagnàre[1] A tr (fermare) ~ qc {FLUSSO DELL'ACQUA} etw auf|halten, etw zum Stillstand bringen; {EMORRAGIA} etw stillen, etw zum Stehen bringen B itr 1 (fermarsi) ~ (+ compl di luogo) {ACQUA A FONDOVALLE, NEL CORTILE} (irgendwo) stehen: **il fumo stagnava nella stanza**, das Zimmer war verraucht, im Zimmer stand der Rauch 2 fig (immobilizzarsi) {COMMERCIO ESTERO} stagnieren C itr itr pron (cessare di fluire): **stagnarsi** {SANGUE} zum Stillstand kommen.

stagnàre[2] tr (rendere stagno) ~ qc {BARILE, SCAFO} etw ab|dichten, etw (hermetisch) abschließen.

stagnàre[3] tr ~ qc 1 (rivestire con stagno) {LAMIERA} etw verzinnen 2 (saldare) {PENTOLA} etw (mit Zinn) löten.

stagnàto, (-a) agg (rivestito di stagno) {RECIPIENTE} verzinnt.

stagnatùra f (rivestimento) Verzinnung f; (azione) anche Verzinnen n.

stagnazióne f 1 (ristagno) Stauung f 2 fig (stasi) {CULTURALE, POLITICA} Stagnation f, Flaute f.

stagnìno, (-a) region → **stagnaio**.

stàgno[1] <-> m chim Zinn n.

stàgno[2] m (laghetto) {ARTIFICIALE} Teich m.

stàgno[3], (-a) agg (ermetico) {COMPARTIMENTO, PORTELLONE, RECIPIENTE} (wasser)dicht, (hermetisch) abgeschlossen.

stagnòla f (carta) Stanniol(papier) n.

stàio m 1 <pl: staia f> (unità di misura) stor Scheffel m 2 <pl: stai m> (recipiente) Scheffel m.

stalagmìte f geol Stalagmit m.

stalagmìtico, (-a) <-ci, -che> agg geol Stalagmit-, stalagmitisch.

stalammìte e deriv → **stalagmite** e deriv.

stalattìte f geol Stalaktit m.

stalattìtico, (-a) <-ci, -che> agg geol Stalaktit-, stalaktitisch.

staliniàno, (-a) polit A agg {EPOCA, REGIME, SISTEMA} Stalin-, Stalins B m (f) (seguace) Stalinist(in) m(f).

stalinìsmo m 1 polit Stalinismus m 2 fig spreg (autoritarismo) Autoritarismus m.

stalinìsta <-i m, -e f> A agg 1 polit {GRUPPO, PERIODO, REPRESSIONE} stalinistisch 2 fig spreg (autoritario) {METODO} stalinistisch, autoritär, repressiv B mf 1 polit (seguace) Stalinist(in) m(f) 2 fig spreg (persona autoritaria) autoritärer Mensch: **il mio capo è un vero ~**, mein Chef ist ein zweiter Stalin.

stàlla f 1 (fabbricato) {MODERNA, PULITA} Stall m 2 (bestiame) {SELEZIONATA} Vieh n 3 fig fam (luogo sporco) Schweinestall m volg spreg: **questa stanza sembra una ~!**, in diesem Zimmer sieht's aus wie im Schweinestall! volg spreg ● **sporco come le stalle di Augìa** fig (molto sporco), schmutzig wie der Augiasstall forb; **chiudere la ~ dopo che i buoi sono scappati** (prendere provvedimenti troppo tardi), den Brunnen (erst) zu-/ab|decken, wenn das Kind (schon) hineingefallen ist.

stallàggio <-gi> m 1 (ricovero per animali) (Ausspann)stall m, Stallung f 2 (prezzo del ricovero) Stallgeld n.

stallàtico, (-a) <-ci, -che> A agg (di stalla) {CONCIME} Stall- B m 1 (letame) Mist m 2 (ricovero per animali) (Ausspann)stall m, Stallung f 3 (prezzo del ricovero) Stallgeld n.

stallìa f mar Liegezeit f.

stallière, (-a) <-> m (f) Pferde-, Stallknecht m, Pferde-, Stallmagd f.

stàllo[1] m 1 fig (impasse) Sackgasse f, ausweglose Situation: **fase di ~**, Sackgasse f, ausweglose Situation; **situazione di ~**, ausweglose Situation; **momento/posizione di ~**, toter Punkt; **si è verificato uno ~ nelle trattative**, die Verhandlungen stecken in einer Sackgasse 2 (negli scacchi) Patt n.

stàllo[2] m aero Strömungsabriss m, Überziehen n, Sackzustand m: **entrare in ~**, einen Strömungsabriss erleiden, überziehen, durchsacken slang.

stàllo[3] m (scanno) {+DEPUTATI, PARLAMENTO} Sitz m, Stuhl m: **stalli del coro**, Chorstuhl m.

stàllo[4] m 2ª pers sing dell'imperat di **stare** + lo.

stallóne m 1 fig scherz (grande amatore) Hengst m scherz, toller Hecht fam: **a letto è proprio uno ~**, im Bett ist er ein ⌐echtes Tier fam¬/[wahrer Zuchtbulle scherz] 2 zoo Zuchthengst m.

stamàni, **stamàne**, **stamattìna** avv heute Morgen.

stambécco <-chi> m zoo Steinbock m.

stambèrga <-ghe> f (tugurio) {CUPA, LURIDA} (ärmliche/elende) Hütte, Loch n fam spreg.

stambùgio <-gi> m (stanzino buio) dunkles Zimmer, Loch n fam spreg.

stàme m 1 (filo) Faden m 2 (fibra di lana) Wollgarn m 3 bot Staubblatt n ● **lo ~ della vita** fig lett (destino dell'uomo), der Lebensfaden.

stàmina, **stamìgna** f tess Etamin n, Etamine f.

stàmpa A f 1 (*procedimento*) Druck(verfahr)en n; {+LIBRO, OPUSCOLO, RIVISTA, *ecc.*} Druck m: **andare/essere in ~**, ˻in Druck gehen˼/[im Druck sein]; **~ su carta/stoffa**, Papier-/Stoffdruck m; **~ litografica**, Lithografie f, Steindruck m; **~ a mano**, Handdruck m; **~ in offset**, Offsetdruck m; **pronto per la ~**, druckfertig; **~ a rilievo**, Relief-, Hochdruck m; **~ serigrafica**, Serigraphie f, Siebdruck m; **~ tipografica**, Typografie f, Buchdruckerkunst f; *inform* {+FILE} Ausdrucken n **2** (*prodotto stampato*) {BUONA, MAL RIUSCITA, NITIDA} Druckerzeugnis n; *arte* Druck m, Stich m: **una ~ del Settecento**, ein Stich aus dem 18. Jahrhundert **3** (*attività giornalistica*) {CATTOLICA, CITTADINA, NAZIONALE, PERIODICA, SCANDALISTICA} Presse f **4** (*giornalisti*) Presse f: **è stata convocata la ~**, eine Pressekonferenz wurde einberufen, die Presse wurde zusammengerufen **5** *fot* {+PELLICOLA} Abzug m: ˻in bianco e nero˼/[a colori], Schwarzweiß-/Farbabzug m; **~ a ingrandimento**, Vergrößerung(sabzug m) f **6** <*di solito al pl*> *post* (*fogli stampati*) Drucksache f: **stampe raccomandate**, eingeschriebene Drucksache B <inv> *agg* {ADDETTO, COMUNICATO, RASSEGNA, SALA, UFFICIO} Presse- C <inv> *loc agg* **1 da ~**, {CARTA, INCHIOSTRO, MACCHINA} Druck- **2 di ~**: {ERRORE, PROVA} Druck- **3** (*dei giornalisti*): **di ~** {LIBERTÀ} Presse- ● **avere/godere di buona/cattiva ~** (*riscuotere consensi o dissensi sui giornali*), eine gute/schlechte Presse haben; *fig* (*avere buona o cattiva fama*), einen guten/schlechten Ruf haben, gut/[nicht gut] an|kommen, ˻hoch im Kurs stehen˼/[weg vom Fenster sein] in Druck geben, etw veröffentlichen; **dare alle stampe qc** (*far pubblicare*), etw in Druck geben, etw veröffentlichen; **essere fuori ~**, vergriffen sein; **~ rosa** (*sentimentale*), Regenbogenpresse f

stampàbile *agg* **1** (*adatto per la stampa*) {CARTA} druckbar **2** (*pubblicabile*) {TESTO} druckbar.

stampàggio <-gi> m *tecnol* **1** (*formatura*) {+MATERIALE PLASTICO, VETRO} Pressen n: **~ a iniezione**, Spritzgießen n, Spritzguss m; **~ a freddo**, Kaltschmieden n, Kaltschlagen n, Kaltpressen n; (*col maglio*) {+COPERCHIO} Gesenkschmieden n; **~ a caldo**, Warm-, Gesenkschmieden n; (*foggiatura a stampo*) {+LAMIERA} Stanzen m **2** (*coniazione*) {+MONETA} Prägen n, Prägung f **3** (*riproduzione a stampa*) {+CUOIO, LEGNO, TESSUTO} Stanzen n, Pressen n.

stampànte f *inform* {PARALLELA, SERIALE} Drucker m: **~ ad aghi**, Nadeldrucker m; **~ a getto d'inchiostro**, Tintenstrahldrucker m; **~ laser**, Laserdrucker m; **~ a margherita**, Typenrad-, Scheibendrucker m.

stampàre A *tr* **1** (*riprodurre a stampa*) **~ (qc) (su qc)** {DÉPLIANT, PAGINA SU CARTA PATINATA, SCRITTA SULLA MAGLIETTA} *etw* (*auf etw* acc) drucken; *arte* {ACQUAFORTE, LITOGRAFIA, SERIGRAFIA} *etw* abziehen lassen, *etw* vervielfältigen; *inform* {FILE} *etw* (aus|)drucken **2** (*pubblicare*) **~ qc** {ROMANZO} *etw* veröffentlichen **3** (*imprimere*) **~ qc** {MAGLIETTA, TESSUTO} *etw* bedrucken; **~ qc su qc** {MARCHIO SUL CUOIO} *etw auf etw* (acc) drucken; {BACIO SULLA FRONTE} *etw auf etw* (acc) drücken ● **lasciare impresso**: **~ qc in/su qc** {ORMA NEL FANGO, SULLA SABBIA} *etw* (*irgendwo*) hinterlassen, *etw in etw* (acc) ein|drücken; **~ le cinque dita della mano su una gamba**, den Abdruck aller fünf Finger auf einem Bein hinterlassen **5** *fig* (*fissare*) **~ qc in qc** {FRASE NELLA MEMORIA, RICORDO NEL CUORE} sich (dat) *etw in etw* (acc) ein|prägen, sich (dat) *etw in etw* (acc) schreiben **6** *fig fam* (*fare in grandi quantità*) **~ qc** *etw* ˻am Fließband˼/[in rauen Mengen] produzieren *fam*; **~ bugie/fandonie**, lügen wie gedruckt; **~ figli**, ein Kind nach dem anderen kriegen, sich fortpflanzen wie die Karnickel *fam*, am laufenden Meter Kinder fabrizieren *fam* **7** *fot* **~ qc** {COPIA, DIAPOSITIVA} *etw* ab|ziehen **8** *tecnol* (*ottenere con stampaggio*) **~ qc** {OGGETTO DI VETRO, UTENSILE IN PLASTICA} *etw* (form|)pressen; {PEZZO METALLICO} *etw* schmieden; {LAMIERA} *etw* stanzen; {MEDAGLIA} *etw* prägen B *itr pron* **1** (*rimanere impresso*): **stamparsi in/su qc** {IMPRONTA NELL'ASFALTO, SULLA NEVE} sich (*irgendwo*) ein|prägen, sich (*irgendwo*) ab|zeichnen **2** *fig* (*fissarsi*): **stamparsi in qc** {IMMAGINE NELLA MENTE} sich *in etw* (acc) ein|prägen.

stampàta f *slang inform* Ausdruck m, Schuss m: **fare una ~**, einen Ausdruck machen.

stampatèllo, (-a) A *agg* {CARATTERE, GRAFIA} Block-, Druck- B m Block-, Druckbuchstabe m: **scrive solo a/in ~**, er/sie schreibt nur in Blockschrift.

stampàto, (-a) A *agg* **1** (COTONE, MAGLIETTA, TELA} bedruckt; {FOGLIO} *anche* gedruckt; *inform* {FILE} (aus)gedruckt **2** (*pubblicato*) {OPERA} veröffentlicht **3** *fig* (*scolpito*) eingeprägt, eingeschrieben: **porta stampata in viso la sua crudeltà**, seine/ihre Grausamkeit steht ihm/ihr ins Gesicht geschrieben **4** *tecnol* (*ottenuto con stampaggio*) {BACINELLA DI PLASTICA, VETRO} (form|)gepresst; {PEZZO D'ACCIAIO} (gesenk)geschmiedet; {LAMIERA} (form|)gestanzt B m **1** (*brochure*) Broschüre f, Druckschrift f **2** (*modulo*) Formular n, Vordruck m **3** *tess* {+COTONE} Druckstoff m.

stampatóre, (-trice) m f **1** (*addetto alla stampa*) Drucker(in) m(f) **2** *tecnol* (*addetto allo stampaggio di materie plastiche e vetro*) Presser(in) m(f); (*di metalli*) (Gesenk)schmieder(in) m(f); (*di lamiera*) (Form)stanzer(in) m(f) **3** *tip stor* (*editore*) (Buch)drucker(in) m(f), Verleger(in) m(f).

stampatrìce f **1** *film fot* Filmkopiermaschine f **2** *inform* Drucker m **3** *tip* Druckmaschine f.

stampatùra f → **stampaggio**.

stampèlla f **1** (*gruccia*) Krücke f: **cammina ancora con le stampelle**, er/sie geht noch an/mit/auf Krücken **2** (*attaccapanni*) (Kleider)bügel m ● **reggersi sulle stampelle**, {PERSONA} sich auf (die) Krücken stützen; *fig* (*essere traballante*) {ARGOMENTAZIONE} auf schwachen/wack(e)ligen *fam*/tönernen Füßen stehen; {DITTA} abgewirtschaftet/[bessere Tage gesehen] haben, aus dem letzten Loch pfeifen *fam*; {IMPRENDITORE} sich mit Mühe über Wasser halten, am Stock gehen *fam*.

stamperìa f **1** (*tipografia*) Druckerwerkstatt f **2** (*laboratorio di stampaggio*) Druckerei f.

stampìglia f (*stampino*) Stempel m.

stampigliàre <*stampiglio, stampigli*> *tr* (*timbrare*) **~ qc** {DOCUMENTO, LETTERA} *etw* (ab|)stempeln.

stampigliatrìce f (*macchina*) Stempelmaschine f.

stampigliatùra f (Ab)stempelung f; (*azione*) *anche* (Ab)stempeln n.

stampinàre *tr tecnol* **~ qc** (**su qc**) {DISEGNO SULLA CARTA, SU UN FOGLIO} *etw* (*auf etw* acc) schablonieren.

stampìno <*dim di stampo*> m **1** (*timbro*) Stempel m **2** (*punzone per cuoio*) Locheisen n **3** *tecnol* (*sagoma*) (Kopier)schablone f ● **essere fatto con lo ~**, *fig* (*essere identico*) wie geklont sein/aussehen *fam scherz*.

stàmpo m **1** (*attrezzo*) Form f: **~ per dolci/ghiaccioli**, Kuchen-/Eiswürfelform f; *tecnol* Pressform f; (*per fusione*) Gieß-, Gussform f; (*per metalli*) Gesenk n **2** (*arnese per imprimere*) Stempel m **3** *fig* (*tipo*) Art f, Charakter m, Schlag m: **non mi accompagno a gente di quello ~**, mit Leuten dieses Schlages verkehre ich nicht; **~ di ~ antico**/[di vecchio ~], {DITTA, MENTALITÀ, OGGETTO, PERSONA} vom alten Schlag **4** (*nella caccia*) (*sagoma*) Lockvogel m ● **essere/sembrare fatto con lo ~** *fig* (*in serie*), alle gleich sein/aussehen, wie geklont sein/aussehen *fam scherz*; **di uomini così se n'è perso lo ~** *fig* (*non ne esistono più*), Männer dieses Schlages sind ausgestorben, solche Männer gibt es nicht mehr; **i politici sono tutti dello stesso ~** *fig* (*sono tutti uguali*), die Politiker sind doch alle ˻das gleiche Kaliber *fam spreg*˼/[einer wie der andere]/[gleich]/[aus dem gleichen Holz geschnitzt].

stanàre *tr* **1** (*far uscire dalla tana*) **~ qc** {ANIMALE} *etw* auf|stöbern **2** (*far uscire dal nascondiglio*) **~ qu** {FUGGIASCO} *jdn* auf|stöbern, *jdn* auf|spüren **3** *fig* (*far uscire*) **~ qu** *jdn* aus dem Haus/[seiner Höhle *fam*] locken: **studia giorno e notte, non si riesce a stanarla da/di casa**, sie lernt Tag und Nacht, keiner schafft es, sie aus dem Haus/[ihrer Höhle *fam*] zu locken.

stànca <-che> f **1** (*fase di stasi*) {+ALTA MAREA} höchster Pegelstand; {+FIUME IN PIENA} Stauwasser n **2** *fig* (*ristagno*) Stagnation f, Flaute f: **l'economia sta attraversando un periodo di ~**, die Wirtschaft stagniert gerade ● **essere in ~**, {FIUME} Stauwasser haben, sich stauen; *fig* (*in fase di ristagno*), {BORSA, COMMERCIO} stagnieren, eine Flaute durchmachen.

stancàbile *agg* (*che si stanca facilmente*) ermüdbar, wenig belastbar.

stancànte *agg* (*che stanca*) {VIAGGIO} anstrengend, ermüdend.

stancàre <*stanco, stanchi*> A *tr* **1** (*affaticare*) **~ qu** {CAMMINATA BAMBINO} *jdn* an|strengen, *jdn* ermüden, *jdn* müde machen; **~ qc** {ESERCIZIO GINNICO GAMBE; LETTURA OCCHI} *etw* an|strengen: **lavorare al computer stanca la vista**, am Computer zu arbeiten, strengt die Augen an; (*uso assol*) {CORSA, NUOTO} müde machen; **studiare stanca**, Lernen macht müde **2** (*logorare*) **~ qu** {AVVERSARIO, NEMICO} *jdn* schwächen, *jdn* zermürben **3** (*stufare*) **~ qu** *jdm* auf die Nerven gehen, *jdn* langweilen: **mi hai stancato con le tue continue bugie!**, ich hab genug von deinen ständigen Lügen!; (*uso assol*) langweilen, ermüden, zum Überdruss werden; **alla lunga è un colore che stanca**, auf die Dauer ˻bekommt man die Farbe über˼/[sieht man sich an dieser Farbe satt] B *itr pron* (*affaticarsi*): **stancarsi** sich an|strengen, ermüden, müde werden: **cerca di non stancarti troppo!**, pass auf, dass du dich nicht zu sehr anstrengst!; **non ti stanchi a studiare così?**, raucht dir noch nicht der Kopf vom vielen Pauken? *fam* **2** (*stufarsi*): **stancarsi di qu/qc** *jdn/etw* leid/satt *fam* werden, *jds/etw* müde werden *forb*: **mi sono stancato ˻di voi˼/[della vostra compagnia]**, ich bin euch/[eure Gesellschaft] leid (geworden); **mi sono stancato di ascoltarti**, ich bin es satt (geworden), dir zuzuhören *fam*; **non si stancherebbe mai di parlare**, er/sie ˻ist beim Reden nicht zu bremsen˼/[kriegt die Klappe nicht zu]/[könnte ewig reden] *fam*.

stanchézza f **1** (*affaticamento*) Müdigkeit f: **avere una grande ~ addosso**, übermüdet/[sehr müde] sein; **~ fisica/mentale**, körperliche/geistige Müdigkeit **2** (*noia*) Überdruss m, Langeweile f: **comincio a sentire la ~ di questo lavoro**, so langsam werde ich dieser Arbeit überdrüssig **3** *econ* {+MERCATO} Stagnation f, Flaute f.

stànco, (-a) <-chi, -che> agg **1** (affaticato) {BRACCIA, MENTE, OCCHI} ermüdet, müde; {UOMO} anche erschöpft: **avere la faccia stanca**, müde aussehen; **stasera sono proprio ~**, heute Abend bin ich wirklich müde/erschöpft; **è ~ per il viaggio**, er ist müde von der Reise **2** (stufo) genervt fam: **essere ~ di qu/qc**, jdn/etw leid sein/[satthaben fam], genervt von jdm/etw sein fam; **sono ~ di essere maltrattato**/[studiare], ich habe es satt, schlecht behandelt zu werden/[zu lernen] fam **3** econ {BORSA} gesättigt, übersättigt **4** agr {TERRENO} ausgelaugt, verbraucht • **~ morto** (molto stanco), todmüde.

stand <-, -s pl ingl> m ingl **1** (spazio espositivo) Stand m **2** sport (spalti) (Zuschauer)tribüne f **3** sport (campo di tiro) (Schieß)stand m.

stàndard <-, -s pl ingl> ingl **A** <inv> agg **1** (uniformato) {ARTICOLO, CONTRATTO, DIMENSIONE} Standard-; {LINGUA} anche Hoch- **2** chim fis (PRESSIONE, STATO) Normal- **B** m **1** (livello) {ALTO, BASSO, CULTURALE, PROFESSIONALE} Standard m: **~ di vita**, Lebensstandard m **2** (prestazione consueta) {+REPARTO PRODUTTIVO, TENNISTA} Niveau n: **andare/essere al di sotto del proprio ~**, nicht so gut in Form sein wie sonst, weit unter der normalen Form/Leistungsgrenze liegen **3** (canone) {BIOLOGICO, URBANISTICO} Maßstab m, Norm f **4** comm {+GRANO, RAME} Muster n, Probe f • **~ linguistico** (lingua ~), Standardsprache f.

standardizzàbile agg {DIMENSIONE, PRODOTTO} standardisierbar.

standardizzàre tr **~ qc 1** (uniformare) {PRODOTTO, TECNICA} etw standardisieren **2** fig (omologare) {SOCIETÀ, VITA} etw standardisieren, etw vereinheitlichen, etw uniformieren forb spreg.

standardizzàto, (-a) agg **1** (uniformato) {LAVORO, MODELLO} standardisiert **2** fig (omologato) {COMPORTAMENTO, IDEA} standardisiert, vereinheitlicht, uniformiert forb spreg.

standardizzazióne f **1** (uniformazione) {+FORMATO} Standardisierung f **2** fig (omologazione) {+COMPORTAMENTO, LOOK} Standardisierung f, Vereinheitlichung f, Uniformierung f forb spreg.

stand by <- -> loc sost m ingl **1** aero (lista di attesa) Stand-by n, Warteliste f: **la mettiamo in stand by per il prossimo volo**, wir setzen sie ¡aufs Stand-by/[auf die Warteliste] f] für den nächsten Flug **2** econ Stand-by-Kredit m **3** tecnol Stand-by n, Bereitschaft(sfunktion) f: **lasciare il televisore in stand by**, den Fernseher auf Stand-by/Bereitschaft schalten.

standing ovation <-, - -s pl ingl> loc sost f ingl (applauso) Standing Ovations pl, Stehapplaus m, anhaltender Beifall.

standista <-i m, -e f> mf **1** (espositore) Aussteller(in) m(f) **2** (addetto) Standbetreuer(in) m(f).

stànga <-ghe> f **1** (barra) {+METALLO} Stange f; {+LEGNO} Latte f **2** (braccio anteriore) {+CARRO} Deichsel f **3** (bure) {+ARATRO} Pflugbaum m **4** (battifianco) Trenngitter n **5** fig fam (spilungone) Bohnenstange f fam scherz, lange Latte fam: **che ~ quella ragazza!**, was für eine Bohnenstange, dieses Mädchen! fam scherz.

stangàre <stango, stanghi> tr **1** (colpire con una stanga) **~ qu** jdn mit einer Stange/Latte schlagen **2** fig fam (tartassare) **~ qu** (**con qc**) {CITTADINI CON LE TASSE} jdn (mit etw dat) übers Ohr hauen fam, jdn (mit etw dat) rein|legen fam **3** fig slang scuola (bocciare) **~ qu** jdn ab|sägen slang, jdn durchfallen/durchsausen lassen fam: **mi hanno stangato all'e-** same per la terza volta, bei der Prüfung haben sie mich zum dritten Mal ¡abgesägt slang/[durchsausen lassen fam] **4** raf (sbarrare) **~ qc** {PORTA, USCIO} etw verriegeln.

stangàta f **1** (colpo di stanga) Schlag m mit einer Stange/Latte: **dare una ~ sulla schiena**/[in testa] **a qu**, jdm einen Schlag mit einer Stange/Latte auf den Rücken/Kopf versetzen **2** fig (batosta) Schlappe f, (schwerer) Schlag: **abbiamo preso una ~ agli esami**, bei den Prüfungen haben wir eine auf den Deckel bekommen fam; **il processo è stato una ~**, der Prozess war eine einzige Niederlage; (economica) Nepp m fam spreg; **che ~ il conto del ristorante!**, was für ein/[der reinste] Nepp, die Restaurantrechnung! fam spreg; {FISCALE} höhere Belastung **3** sport (nel calcio) (tiro violento) Bombe(nschuss m) f fam.

stanghétta <dim di stanga> f **1** (asticciola) {+OCCHIALI} Bügel m **2** (sbarretta) {+CHIAVISTELLO, SERRATURA} Riegel m **3** mus Taktstrich m.

stangóne, (-a) <accr di stanga> m (f) fig fam (spilungone) Bohnenstange f fam scherz, lange Latte fam.

Stanislào m (nome proprio) Stanislaus.

stànne 2ª pers sing dell'imperat di stare + ne.

stànnico, (-a) <-ci, -che> agg chim {ACIDO} Zinn-.

stannìfero, (-a) agg min {ROCCIA} zinnhaltig.

stanòtte avv **1** (la notte in corso) heute/diese Nacht: **~ c'è la luna piena**, heute Nacht ist Vollmond; **per ~ ho lavorato abbastanza**, für heute habe ich genug gearbeitet **2** (la prossima notte) heute/kommende Nacht: **~ pioverà**, heute/kommende Nacht wird es regnen **3** (la notte scorsa) heute/gestern/letzte Nacht: **~ non ho dormito**, letzte Nacht habe ich nicht geschlafen; **è da ~ che ci penso**, seit heute/letzter Nacht denk ich daran.

stànte A agg arte (in piedi) {GRUPPO SCULTOREO} stehend **B** <inv> loc agg (distinto): **a sé ~**, {APPARTAMENTO} selbständig, separat; **questo è un discorso a sé ~**, das ist ein anderes Thema **C** prep (considerando) **~ qc** aufgrund etw (gen), wegen etw dat fam/+ gen: **~ l'aumento della richieste, il libro è stato ristampato**, aufgrund der steigenden Nachfrage ist das Buch neu aufgelegt worden **D** loc cong (considerato che): **~ che ... ind**, in Anbetracht der Tatsache, dass ... ind; angesichts etw (gen) ...: **~ che il direttore è assente, la riunione è rimandata**, in Anbetracht der Tatsache, dass der Direktor nicht da ist, wird die Versammlung verschoben.

stantìo, (-a) <-tii> agg **1** (avariato) {FORMAGGIO} verdorben; {BURRO} ranzig; {PANE} alt, trocken, altbacken **2** fig (superato) {MENTALITÀ, USANZA, IDEA} überholt, vorgestrig fam, altbacken spreg • **sapere di ~** (avere gusto), {TORTA} altbacken schmecken; (avere odore) **la stanza sapeva di ~**, die Luft im Zimmer war abgestanden; fig (apparire sorpassato) {DISCORSO} überholt/vorgestrig fam/altbacken spreg wirken.

stantùffo m **1** (pistoncino) {+SIRINGA} Plunger m **2** mecc (pistone) Kolben m.

stànza f **1** (locale) {ACCOGLIENTE, AMMOBILIATA, BUIA, SPAZIOSA} Raum m, Zimmer n: **~ da bagno/letto/pranzo**, Bade-/Schlaf-/Esszimmer n; **~ dei giochi**, Spielzimmer n; **~ di soggiorno**, Wohnzimmer n; **appartamento di due/quattro stanze**, Zwei-/Vierzimmerwohnung f, Zwei-/Vierraumwohnung f region **2** (camera) {LIBERA, PULITA; +ALBERGO} Zimmer n: **~ con bagno**, Zimmer n mit Bad **3** (ufficio) {+DIRETTORE, ECONOMATO} Büro n: **il capufficio riceve alla ~ dieci**, der Chef empfängt in Raum 10 **4** lett (permanenza) {BREVE} Aufenthalt m: **avere/fare ~ in un luogo**, an einem Ort Aufenthalt nehmen forb; (luogo dove si dimora) Aufenthaltsort m, Unterkunft f; **prendere/trovare ~ in un luogo**, ¡sich an einem Ort niederlassen/[an einem Ort unterkommen] **5** ling Stanze f **6** mil Quartier n • **la ~ dei bottoni** anche fig (centro di controllo), Schalt-, Kommandozentrale f; **~ di compensazione** econ, Abrechnungs-, Verrechnungsstelle f; **essere di ~ in un luogo** mil, an einem Ort stationiert sein; **stanze** ¡di Raffaello/[vaticane] arte stor, Stanzen f pl Raphaels.

stanziàbile agg (assegnabile) {CAPITALE, FONDO} verfügbar.

stanziàle agg **1** (sedentario) {POPOLAZIONE} sesshaft **2** mil (permanente) {REGGIMENTO} stehend **3** zoo (non migratore) {SELVAGGINA, UCCELLI} Stand-.

stanzialità agg **1** (sedentarietà) {+POPOLAZIONE} Sesshaftigkeit f **2** zoo {+SELVAGGINA, UCCELLI} Sesshaftigkeit f.

stanziaménto m **1** (assegnazione di denaro) {+SOMMA} Bereitstellung f **2** (somma) Summe f: **uno ~ di 100 milioni per opere pubbliche**, eine Summe von 100 Millionen Lire für öffentliche Bauten **3** (lo stabilirsi) Niederlassung f: **lo ~ dei nomadi alla periferia della città**, die Niederlassung der Nomaden am Stadtrand.

stanziàre <stanzio, stanzi> **A** tr (assegnare) **~ qc** (**per qc**) {DENARO PER LA RICERCA SCIENTIFICA} etw (für etw acc) bereit|stellen **B** itr (dimorare) **~** (+ compl di luogo) {SOLDATI IN CITTÀ} (irgendwo) stationiert sein **C** itr pron (stabilirsi): **stanziarsi** (+ compl di luogo) sich (irgendwo) nieder|lassen, sich (irgendwo) fest|setzen.

stanzino <dim di stanza> m **1** kleines Zimmer **2** (ripostiglio) Abstellraum m, Kammer f: **~ delle scope**, Besenkammer f.

stappàre tr **~ qc 1** (aprire) {BOTTIGLIA, FIASCO} etw entkorken **2** (disotturare) {LAVANDINO} den Abfluss etw (gen) frei machen/durch|spülen, in etw (dat) die Verstopfung beseitigen.

star <-, -s pl ingl> f ingl **1** (celebrità) {+BLUES, CINEMA, TENNIS} Star m: **una ~ di Hollywood**, ein Hollywood-Star **2** mar Starboot n.

star del crédere loc sost m comm dir Delkredere n.

stàre <irr sto, stetti, stato> **A** itr (avere) **1** (restare) **~** (+ compl di luogo) (+ compl di tempo) {A/IN CASA TUTTO IL GIORNO, A LETTO FINO A MEZZOGIORNO, AL SOLE DA MATTINA A SERA} (irgendwo) (+ compl di tempo) sein, (irgendwo) (+ compl di tempo) bleiben; {ALL'ESTERO SEI MESI} (irgendwo) (+ compl di tempo) sein, sich irgendwo (+ compl di tempo) auf|halten, sich irgendwo (+ compl di tempo) befinden: **cosa avete deciso, andate o state?**, was habt ihr entschieden, geht ihr oder bleibt ihr?; **sta' qui e non ti muovere!**, bleib hier und beweg dich nicht! **2** (trovarsi) **~** + compl di luogo sich irgendwo befinden, irgendwo sein: **~ accanto/davanti a qu/qc**, sich neben/vor jdm/etw befinden; (verticale) {PERSONA, PIANTA, VASO SUL PIANEROTTOLO, DAVANTI ALLO SPECCHIO} irgendwo stehen; (~ orizzontale) {CASA VICINO AL FIUME; LIBRO, OCCHIALI, PENNA NEL CASSETTO, SULLA SCRIVANIA} irgendwo liegen; (~ seduto) {PERSONA SUL DIVANO, A TAVOLA} irgendwo sitzen; (~ appeso) {MANIFESTO IN CAMERA} irgendwo hängen; (~ infilato) {CHIAVE NELLA SERRATURA} irgendwo stecken **3** (essere) **~** + agg {SOLO, SVEGLIO, ecc.} agg + sein, agg + bleiben: **~ calmo**, ruhig/gelassen bleiben; **~ immobile**, sich nicht bewegen/rühren; ~ **coricato/disteso/ sdraiato**, liegen (bleiben); ~ **fermo**, stillstehen, stehen (bleiben); ~ **seduto**, sitzen (bleiben); ~ + *compl di modo*: ~ **in ansia**, sich ängstigen/[Sorgen machen]; ~ **all'erta**, auf der Hut sein, Acht geben; ~ **in silenzio**, schweigen; ~ **in ginocchio/piedi**, knien/stehen (bleiben); ~ **di qc**: ~ **di guardia/di sentinella**, aufpassen/[Wache schieben]; ~ + *agg a qu* {ANTIPATICO A TUTTI} *jdm* + *agg* sein **4** (*abitare*) ~ + *compl di luogo* {IN UN CONDOMINIO, A FIRENZE, AL TERZO PIANO, IN PIAZZA DEL MERCATO} *irgendwo leben, irgendwo wohnen*: **andare a ~ da/con qu**, ⌊zu jdm ziehen⌋/[mit jdm zusammenziehen]; ~ **in campagna/città/periferia**, ⌊auf dem Land⌋/[in der Stadt]/[am Stadtrand] leben/wohnen **5** (*poter essere contenuto*) ~/**starci in qc** *in etw* (acc) (hinein|)gehen, *in etw* (acc) (hinein|)passen: **nel barattolo ci sta mezzo kilo di farina**, ⌊in die Dose passt⌋/[die Dose fasst] ein Pfund Mehl; **un locale in cui possono ~ 2000 persone**, ein Lokal, in das 2000 Leute (hinein)passen/(hinein)gehen **6** (*consistere*) ~ (*in qc*) *in etw* (dat) liegen, *in etw* (dat) bestehen: **la soluzione sta nell'allontanamento/allontanarsi dalla famiglia**, die Lösung liegt in der Trennung von der Familie; **in questo sta il tuo merito**, darin liegt dein Verdienst; **qui sta il bello/difficile**, das ist das Schöne/Schwierige daran **7** (*toccare*): ~ **a qu** *von jdm* abhängen, *an jdm* liegen: **la decisione sta a voi**, die Entscheidung hängt von euch ab **8** (*spettare*) ~ **a qu** *jdm* zustehen, *jdm* zukommen: **non sta a loro giudicare**, es steht nicht ihr Urteil zu **9** (*attenersi*) ~ **a qc** {AI FATTI, ALLE REGOLE, AL TESTO} *sich an etw* (acc) *halten*: **stando a quanto si dice...**, nach dem, was man so hört ...; {ALLA DECISIONE, AL GIUDIZIO DI QU} *sich nach etw* (dat) *richten* **10** (*resistere*) sein, bleiben, auskommen: **non può ~ senza le sigarette**, er/sie kann es ohne Zigaretten nicht aushalten; **non riesco a ~ senza di te**⌋/[i tuoi consigli], ohne dich/[deine Ratschläge] kann ich nicht leben/auskommen **11** (*adattarsi*): ~ (**a qu**) (+ *compl di modo*) *jdm* (*irgendwie*) *stehen*: **come mi sta la gonna**/[questo colore]/[il rossetto]?, wie steht mir der Rock/diese Farbe/der Lippenstift?; **come stanno le nuove tende in cucina?**, wie sehen die neuen Küchenvorhänge aus? **12** *fam* (*essere il turno di*): **sta a qu**, jd ist an der Reihe, jd ist dran *fam*; **a chi sta? – Sta a te!**, wer ist dran? – Du bist dran! *fam* **13** (*indugiare*) ~ (+ *compl di tempo*) zögern (+ *compl di tempo*), innehalten (+ *compl di tempo*): **stette un po'**, **poi rispose**, er/sie zögerte ein wenig, dann antwortete er/sie **14** ~ + *gerundio* **sto leggendo**, ich lese gerade; **stavo guardando la TV**, ich war dabei fernzusehen, ich saß gerade vorm Fernseher **15** (*non tradotto*) ~ **a fare qc**: **non ~ a pensarci troppo**, denk nicht zu viel daran!; **stammi a sentire!**, hör mir mal zu!; **stiamo a vedere cosa succede**, ⌊schauen wir mal⌋/[warten wir mal ab], was passiert **16** (*essere sul punto di*) ~ **per fare qc** im Begriff(e) sein, *etw zu tun*: **stavo per cadere**, ich wäre beinahe hingefallen; **sta per piovere**, es fängt gleich an zu regnen; **stava per telefonarti**, er/sie wollte dich gerade anrufen **17** (*essere a contatto*) ~ **addosso a qu/qc** {A UNA PIANTA} *jdm/etw* (zu) *nahe sein/rücken*; {A UNA PERSONA} *jdm auf den Pelz rücken fam*: **non stare così addosso al mio amico**, rück meinem Freund nicht auf den Pelz *fam* **18** *fig* (*assillare*) ~ **addosso a qu** *jdm* keine Ruhe lassen, *jdn* bedrängen **19** (*convivere*) ~ **con**/**insieme a**⌋ **qu** {CON LA FAMIGLIA} *bei jdm wohnen*, {CON IL FIDANZATO} *mit jdm* zu-

sammen|leben; (~ *in compagnia*) {CON GLI AMICI} *mit jdm zusammen sein*; (*guardare*) *auf jdn aufpassen*: **puoi ~ con i bambini oggi pomeriggio?**, kannst du heute Nachmittag auf die Kinder aufpassen?; (*essere fidanzato*) *mit jdm zusammen sein* **20** (*essere schierato a favore*) ~ **con qu** *für jdn sein, auf jds Seite stehen* **21** (*essere schierato contro*) ~ **contro qu** *gegen jdn sein* **22** (*rientrare nel budget*): **starci dentro**, mit seinem Geld aus-/zurechtkommen: **vorrei assumere una nuova commessa, ma non so se ci sto dentro**, ich würde gerne eine neue Verkäuferin einstellen, aber ich weiß nicht, ob mir dazu das Geld reicht **23** (*entrare*): **starci dentro**, hineinpassen; **perché non metti i jeans? – Non ci sto più dentro!**, warum ziehst du nicht die Jeans an? – Ich pass nicht mehr rein! *fam* **24** (*essere dietro*) ~ **dietro qu/qc** *hinter jdm/etw sein, hinter jdm/etw stehen* **25** (*andare appresso*) ~ **dietro qu/qc** *jdm/etw nachgehen, jdm/etw nachfahren, hinter jdm/etw (her)gehen, hinter jdm/etw (her)fahren, jdm/etw auf dem Fuß folgen*: **andava troppo forte e non riusciva a stargli dietro**, er ging/fuhr zu schnell und ich kam ihm nicht mehr hinterher **26** *fig* (*curarsi*) ~ **dietro a qu/qc** {AI BAMBINI, A TUTTO} *sich um jdn/etw kümmern* **27** *fig* (*corteggiare*) ~ **dietro a qu** *jdm den Hof machen*, *hinter jdm her sein fam* **28** (*essere fidanzato*): ~ **insieme** {DUE GIOVANI} *zusammen sein* **29** (*reggersi verticalmente*): ~ **su** {PERSONA} *sich auf den Beinen halten, stehen bleiben*; **stai su dritto**, halt dich gerade; {SPECCHIO} *halten, hängen bleiben*; {MANIFESTO} *anche oben bleiben*; **la pianta sta su, bisogna metterle un sostegno**, die Pflanze hält sich nicht von selbst aufrecht, man muss sie stützen **30** (*rimanere sveglio*): ~ **su**, aufbleiben; **siamo stati su tutta la notte**, wir waren die ganze Nacht auf **31** *fig* (*essere sollevato*): ~ **su**, gut gelaunt sein, guter Laune sein, gute Laune haben, den Kopf oben behalten; **non abbatterti, cerca di star su!**, verlier nicht den Mut, ⌊versuch den Kopf oben zu behalten⌋/[lass dir nicht die Laune verderben]! *fam* **32** (*essere vicino*) ~ **vicino a qu/qc** {AL FUOCO} *nah an jdm/etw sein* **33** (*abitare vicino*) ~ **vicino (a qu/qc)** {AI NONNI, ALLA STAZIONE} *ganz nah(e)* ⌊*an jdm/etw*⌋/[*in der Nähe* (*von jdm/etw*)] *sein*: **loro due stanno vicino**, die beiden wohnen ganz in der Nähe **34** *fig* (*aiutare*) ~ **vicino a qu** {AGLI EMARGINATI} *jdm helfen, jdm zur Seite stehen* **35** *mat* (*nelle proporzioni*) ~ **a qc** *sich zu etw* (dat) *verhalten*: **20 sta a 100 come X sta a 150**, 20 verhält sich zu 100 wie X zu 150; (*nelle divisioni*) ~/**starci in qc** *in etw* (dat) *enthalten sein*; **il 4 nel 12 (ci) sta 3 volte**, die 4 ⌊passt drei Mal in die 12⌋/[ist 3 Mal in der 12 enthalten] **B** *itr pron*: **starsene bleiben, sein**: **te ne stai solo tutto il giorno?**, bleibst/bist du den ganzen Tag allein? ● **~ alla cassa/allo sportello**, [an der Kasse]/[am Schalter] sein, ⌊hinterm Tresen stehen⌋/[an der Kasse sitzen]/[am Schalter sitzen]; **sta bene!** (*va bene!*), (geht) in Ordnung!, einverstanden!; **qu sta bene/male** (*godere di buona/cattiva salute*), ⌊jdm geht es⌋/[jd fühlt sich] gut/schlecht; *fig* (*essere in buone/cattive condizioni economiche*), jd ⌊ist wohlhabend⌋/[geht am Stock] *fam*, jd ist gut/schlecht bei Kasse *fam*; **~ bene/male a qu** (*adattarsi o non adattarsi*), jdm gut/schlecht stehen; **quel vestito ti sta bene/male**, dieses Kleid steht dir gut/nicht; **questo quadro sta proprio bene/male nell'ingresso**, dieses Bild ⌊passt wirklich gut⌋/[nicht in den Eingang]/[macht sich im Eingang wirklich gut]; ~ **bene a qu** (*essere giu-*

sto), jdm recht geschehen; **la moglie ha finalmente piantato quel presuntuoso: gli sta proprio bene!**, die Frau hat diesem ungebildeten Kerl *spreg* endlich den Laufpass gegeben: das geschieht ihm recht! *fam*; **ben ti sta!**, recht geschieht dir!; (*andar bene*), jdm recht sein; **se me lo chiedi con gentilezza mi sta bene, ma se lo pretendi non te lo impresto**, wenn du mich höflich darum bittest, ⌊hab ich nichts dagegen⌋/[ist es mir recht], aber wenn du es forderst, leih ich es dir nicht; du musst mich schon höflich bitten, wenn ich's dir leihen soll; ⌊**stia bene**⌋/[**stammi bene**]! (*formula di commiato*), ⌊lassen Sie es sich⌋/[lass es dir] gut gehen!, machen Sie's⌋/[mach's] gut!; ⌊**non sta bene**⌋/[**sta male**] **fare qc** (*essere inopportuno*), {PARLARE CON LA BOCCA PIENA, SBADIGLIARE IN PUBBLICO} es gehört sich nicht, etw zu tun; **come stai/state?**, wie geht's (dir/euch)?; **le cose stanno così**, die Dinge liegen/stehen/[verhalten sich] so; **stando così le cose**, wenn das so ist; ~/**starsene in disparte**, sich beiseite/abseits halten, beiseite stehen; ~ **male**/[**non star bene**] **di qc** (*soffrire*), {DI CUORE, DI FEGATO} Probleme mit etw (dat) haben; **sta meglio/peggio** (*di salute*), es geht ihm/ihr besser/schlechter; (*psicologicamente*) *anche*, er/sie ist besser/schlechter drauf *fam*; (*economicamente*), er/sie steht besser/schlechter da; **non ~ più in sé dalla gioia** *fig* (*essere molto felice*), ganz ⌊aus dem Häuschen⌋/[außer sich (dat)] sein vor Freude *fam*; **sta sulle sue** *fig* (*è molto riservato*), er/sie hält sich ⌊sehr bedeckt⌋/[ist sehr zurückhaltend/distanziert]; **starci** *fam* (*essere d'accordo*), einverstanden sein, mitmachen, mitspielen *fam*; **ci sto!**, einverstanden!; (*avere abbastanza posto*), genug Platz haben; **ci stai o mi sposto?**, hast du genug Platz oder soll ich rücken?; **starci (con qu)** *fam* (*concedersi*), {CON TUTTI} es mit jdm machen/haben *fam*, jdn ranlassen *volg*; **è una che ci sta**, bei der läuft was *slang*, die kriegt man leicht ins Bett *fam*, die lässt sich leicht flachlegen *fam*; **tutto sta ...**, Hauptsache ist, dass ...; **tutto sta nel cominciare** (*l'essenziale è*), frisch gewagt ist halb gewonnen *prov*, aller Anfang ist schwer *prov*.

stàrlet <-, -s pl *ingl*> f *ingl film* (*stellina*) Starlet n.

stàrna f *ornit* Rebhuhn n.

starnazzàre *itr* **1** {GALLINA} mit den Flügeln Staub auf|wirbeln **2** *fig scherz* (*fare chiasso*) {RAGAZZINE} schnattern *fam*, schwatzen, lärmen.

starnutàre *itr*, **starnutire** <*starnutisco*> {PERSONA} niesen: **la polvere mi fa ~**, der Staub kitzelt mich in der Nase, bei dem Staub muss ich niesen.

starnùto m Niesen n: **fare uno ~**, niesen.

star system <> *loc sost* m *ingl* {HOLLYWOODIANO} Star-System n.

start <-, -s pl *ingl*> m *ingl* **1** *film* Ersteinblendung f **2** *sport* Startsignal n: **dare lo ~ in una gara**, (bei einem Wettkampf) ⌊den Start freigeben⌋/[das Startsignal geben].

stàrter <-, -s pl *ingl*> m *ingl* **1** *autom* Anlasser m, Starter m **2** *sport* Starter m.

start up *ingl econ* **A** <-, -s pl *ingl*> *loc sost* m (*fase*) Start-up m o n **B** <> *loc sost* f (*impresa*) Start-up m o n.

stasàre A *tr* (*disotturare*) ~ **qc** {CONDOTTO} etw frei machen, etw reinigen, in etw (dat) die Verstopfung beseitigen, {LAVELLO} den Abfluss etw (gen) reinigen/durch|spülen **B** *itr pron*: **stasarsi** {SCARICO DEL LAVANDINO} wieder ⌊frei sein⌋/[laufen].

stasèra *avv* heute Abend: **~ andrò a teatro**, heute Abend gehe ich ins Theater; **da ~**

sono libero, heute Abend habe ich Zeit; per ~ non ho ancora programmato nulla, heute Abend habe ich noch nichts vor.

stàsi <-> f (ristagno) {ECONOMICA, POLITICA} Stillstand m, Stockung f: **avere una ~ nelle vendite**, einen Verkaufsstillstand haben.

STASI f polit stor abbr del ted Staatssicherheitsdienst (Servizio per la sicurezza dello Stato) STASI f, SSD m.

statàle **A** agg (pubblico) {DIPENDENTE, SCUOLA} staatlich; {ORGANO} anche Staats- **B** mf (dipendente pubblico) (Staats)beamte m decl come agg, (Staats)beamtin f **C** f (strada) Bundes-, Staatsstraße f: **la ~ 26 per Aosta**, die Staatsstraße 26 nach Aosta.

statalismo m polit **1** (dottrina) Etatismus m **2** (interventismo statale) staatlicher Interventionismus.

statalista <-i m, -e f> polit **A** agg {TEORIA} Etatismus- **B** mf Etatist(in) m(f).

statalìstico, (-a) <-ci, -che> agg polit {CONCEZIONE} Etatismus-.

statalizzàre tr ~ qc {FERROVIE, INDUSTRIA BELLICA} etw verstaatlichen.

statalizzazióne f {+IMPRESA, SCUOLA} Verstaatlichung f.

stàtica <-che> f **1** econ sociol Statische Analyse **2** edil Statik f: **l'edificio ha una buona/cattiva ~**, das Gebäude hat eine gute/schlechte Statik f **3** fis Statik f.

staticità <-> f **1** fig (immobilità) {+SITUAZIONE} Festgefahrenheit f, Unbeweglichkeit f, Immobilität f **2** fig (fissità) {+FIGURA DIPINTA} Starre f, Starrheit f, Leblosigkeit f **3** edil (stabilità) {+EDIFICIO} Statik f.

stàtico, (-a) <-ci, -che> agg **1** fig (immobile) {POLITICA} festgefahren; {SITUAZIONE} anche statisch forb, unbeweglich; {MERCATO} stagnierend; {PRINCIPIO} starr **2** fig (fisso) {IMMAGINE, PAESAGGIO} starr, statisch forb **3** edil {PONTE} stabil **4** fis {ELETTRICITÀ, PRESSIONE} statisch.

statìno m **1** amm (prospetto) {+STIPENDIO, VENDITE} Übersicht f **2** università (attestazione) (Beleg)schein m, Bescheinigung f.

station wagon <-, -, -s pl ingl> ingl autom **A** <inv> loc agg {MODELLO, VERSIONE} Kombi- **B** loc sost f Kombiwagen m.

statìsta <-i m, -e f> mf {GRANDE, ITALIANO, TEDESCO} Politiker(in) m(f), Staatsmann m.

statìstica <-che> f **1** (scienza) {DESCRITTIVA, QUANTISTICA} Statistik f **2** (raccolta dati) {REGIONALE; +INCIDENTI STRADALI, MORTALITÀ INFANTILE} Statistik f: **compilare/fare una ~**, eine Statistik ausfüllen/erstellen; **secondo le statistiche**, nach den Statistiken, den Statistiken zufolge **3** (calcolo) Rechnung f, Kalkulation f: **da una prima/rapida ~ risulta che...**, ein erster/rascher Überschlag ergibt, dass ...

statisticaménte avv statistisch.

statìstico, (-a) <-ci, -che> **A** agg {ANALISI, CALCOLO, DATO} statistisch **B** m (f) (studioso) Statistiker(in) m(f).

Stàti Unìti loc sost m pl geog: **gli Stati Uniti (d'America)**, die Vereinigten Staaten (von Amerika) die USA.

statìvo m (supporto) {+MICROSCOPIO} Stativ n.

statizzàre tr (statalizzare) ~ qc etw verstaatlichen.

statizzazióne f (statalizzazione) Verstaatlichung f.

stàto① **A** part pass di essere①,② **B** part pass di stare.

stàto② m **1** (condizione) {GENERALE; +FORESTE} Lage f, Zustand m: **essere in cattivo ~**, in einem schlechten Zustand sein; **uno ~ di** conservazione deplorevole/desolante, ein bedauernswerter/desolater Erhaltungszustand; **~ di inferiorità**, Unterlegenheit f; **~ mentale**, geistiger Zustand, geistige Verfassung; **l'auto è in ottimo/pessimo ~**, das Auto ist ⌐in einem sehr guten/schlechten Zustand⌐/[gut/schlecht im Stand(e)/Schuss fam]; ⌐la casa⌐/[Maria] è in uno ~ pietoso, ⌐das Haus⌐/[Maria] ist in einem jämmerlichen Zustand; **chi ti ha ridotto in questo ~?**, wer hat dich so zugerichtet?; **~ di salute**, Gesundheitszustand m; **vivere allo ~ brado/selvaggio**, in freier Wildbahn leben; anche med {FEBBRILE} Zustand m; **essere in ~ confusionale**, geistig verwirrt sein, sich in einem Zustand geistiger Verwirrung befinden; **~ depressivo**, depressiver Zustand, Depression f; **essere in ~ di ebbrezza/incoscienza**, betrunken/bewusstlos sein **2** (situazione) Situation f, Lage f: **allo ~ attuale delle cose**, so wie die Dinge jetzt liegen, beim derzeitigen Stand der Dinge; **quella famiglia si trova in ~ di indigenza**, diese Familie ist in einer Notlage; **~ di preallarme**, Voralarmstufe f; **~ di tensione**, Spannung f **3** (stadio) Stadium n, Phase f: **il progetto è ancora allo ~ embrionale**, das Projekt steckt noch in den Kinderschuhen **4** (posizione economica o sociale) {AGIATO, UMILE} Status m, (gesellschaftliche) Stellung: **vuole far carriera per migliorare il suo ~**, er/sie will Karriere machen, um seine/ihre (gesellschaftliche) Stellung zu verbessern **5** dir Stand m, Zustand m, Status m: **~ celibe/nubile**, Personenstand: ledig; **~ coniugale/maritale**, Personenstand: verheiratet **6** chim fis {ATOMICO, COLLOIDALE, ECCITATO} Zustand m: **~ di aggregazione**, Aggregatszustand m; **~ di decomposizione**, Verwesungs-, Auflösungszustand m; **allo ~ gassoso**, im Gaszustand; **allo ~ liquido/solido**, im flüssigen/festen Zustand **7** contabilità {FALLIMENTARE; +SOCIETÀ} Zustand m: **~ di insolvenza**, (Zustand m der) Zahlungsunfähigkeit f; **~ passivo**, Schuldaufstellung f, Schuldenmasse f; **~ patrimoniale**, Vermögensstand m, Vermögensstatus m **~ di abbandono**, {+MONUMENTO, PARCO} Verfallszustand m; dir {+MINORE} Vernachlässigung f; **essere in ~ di accusa** dir, unter Anklage stehen; **proclamare lo ~ di agitazione** polit, den Agitationszustand ausrufen; **essere in ~ d'animo**, Gemütslage f; **essere in ~ di arresto/fermo** dir, vorläufig festgenommen sein; **~ di assedio/guerra**, Belagerungs-/Kriegszustand m; **~ di calamità/emergenza**, Katastrophenalarm m/Ausnahmezustand m; **~ civile** dir, Personenstand m; amm (ufficio), Melde-, Standesamt m; **~ comatoso** med, komatöser Zustand, Koma(zustand) m/n; **sono in uno ~ comatoso** scherz, ich fühle mich wie im Koma scherz; **~ di famiglia** amm, Familienbuch n; **~ giuridico** amm dir, Rechtsstellung f, rechtliche Stellung; **essere in ~ di grazia** relig, im Zustand der Gnade sein; fig (in condizione ottima), in einer begnadeten Verfassung sein, in Hochform sein; **essere in ~ interessante** (incinta), in anderen Umständen sein eufem; **Stato Maggiore** mil, Oberkommando n, Stab m; fig scherz (dirigenza), Stab m, Führung (-sstab m) f; **~ di natura** (stato primitivo dell'uomo), Naturzustand m; **~ di necessità** dir, Notstand m; **~ della popolazione** stat, Bevölkerungsdaten n pl, demographische Daten pl; **~ di servizio** amm (servizio svolto), Staatsdienst m; (attestazione), Personalbogen m, Personalakte f.

stàto③ **A** m **1** (paese) {DEMOCRATICO, FEDERALE, ITALIANO, SABAUDO} Staat m: **~ confinante**, Anlieger-, Nachbarstaat m; **~ costituzionale**, Rechtsstaat m; **~ totalitario**, totalitärer Staat **2** stor (ceto) Stand m: **il terzo/quarto ~**, der dritte/vierte Stand **B** <inv> loc agg: **di ~** {AZIENDA, CAPO, ESAME, SEGRETARIO} Staats- ● **~ assistenziale** spreg, Wohlfahrtsstaat m; **Stati del Benelux** polit, Beneluxstaaten m pl; **~ cuscinetto** polit, Pufferstaat m; **~ di diritto** polit, Rechtsstaat m; **Stati generali** stor (parlamento francese), Generalstände m pl; **~ di polizia** polit, Polizeistaat m; **~ satellite** polit, Satellitenstaat m; **~ sociale** (sistema politico-sociale), Sozialstaat m; **~ sovrano** polit, souveräner Staat; **gli Stati Uniti (d'America)** geog, die Vereinigten Staaten m pl (von Amerika), USA pl.

statolatrìa f (culto dello stato) Staatskult m, unerschütterlicher Staatsglaube.

statóre m mecc {+TURBINA} Stator m, Ständer m.

statoscòpio <-pi> m Statoskop n.

stàttene 2ª pers sing dell'imperat di starsi + ne.

stàtua f **1** (scultura) {GRECA; +GESSO, ORO} Standbild n, Statue f; {+DIVINITÀ, MADONNA} Figur f, Statue f; (monumento) Monument n: **~ equestre**, Reiterstandbild n; **la ~ di Garibaldi**, die Garibaldi-Statue **2** fig (persona di aspetto solenne) majestätische Erscheinung: **quella donna è/sembra una ~**, diese Frau ⌐wirkt statuenhaft⌐/[ist eine majestätische Erscheinung] ● **immobile come una ~**, wie ein Ölgötze fam spreg, statuenhaft, regungslos; **la ~ della Libertà**, die Freiheitsstatue.

statuàle agg dir {NORMA, ORGANO} staatlich, Staats-.

statuària f (arte) Bildhauerkunst f.

statuàrio, (-a) <-ri m> agg **1** (scultoreo) {ARTE, OPERA} Bildhauer-, statuarisch **2** (da statua) {MARMO} Statuario-, Statuen- **3** fig (maestoso) {BELLEZZA, CORPO} majestätisch, statuenhaft, erhaben; {POSA} hoheitsvoll.

statuétta <dim di statua> f Statuette f.

statuìna <dim di statua> f Figur f, kleine Statue: **statuine del presepio**, Krippenfiguren f pl ● **fare la bella ~** fig (rimanere inattivo), tatenlos/[wie ein Ölgötze fam spreg] rum-/dabeistehen fam; **le belle statuine** (gioco), "Kinderspiel, bei dem man auf Kommando wie verzaubert in möglichst graziöser Haltung erstarren muss".

statuìre <statuisco> tr lett (deliberare) **~ qc** {LEGGE} etw statuieren.

statuizióne f dir {GIURISDIZIONALE} Entscheidung f; {NORMATIVA} Bestimmung f.

statunitènse **A** agg {BANDIERA, CITTADINO} nordamerikanisch **B** mf (abitante) Nordamerikaner(in) m(f), US-Bürger(in) m(f).

stàtu quo <-> loc sost m lat Status quo m.

statùra f **1** (altezza) {ALTA, BASSA, NORMALE; +ANIMALE, PERSONA} Größe f, Statur f: **essere alto di ~**, groß (gewachsen) sein; **crescere di ~**, wachsen; **essere di ~ media**, mittelgroß sein **2** fig (levatura) {ETICA, INTELLETTUALE} Format n: **un politico della ~ di Cavour**, ein Politiker vom Format Cavours.

staturàle agg med der Statur/Größe: **sviluppo ~**, Wachstum n, Größenentwicklung f; **ritardo ~**, Wachstumsverzögerung f, verzögerte Entwicklung f.

stàtus <-> m lat Status m: **ha lo ~ di diplomatico**, er/sie hat/genießt diplomatischen Status; **~ giuridico/sociale**, Rechts-/Sozialstatus m.

stàtus quo → **statu quo**.

stàtus sỳmbol <-, -, -s pl ingl> loc sost m ingl Statussymbol n.

statutàrio, (-a) <-ri m> agg {DISPOSIZIONE, NORMATIVA, PRINCIPIO} satzungsmäßig, statutarisch, verfassungsmäßig.

statùto m **1** (*normativa*) {+ENTE, SOCIETÀ} Statut n, Satzung f: ~ **regionale**, regionale Satzung, Landessatzung f **2** (*stato giuridico*) {+DONNA, MINORANZA ETNICA} Rechtslage f **3** *dir* (*posizione*) Status m **4** *dir* (*~ societario*) Satzung f, Statut n; (*della S.r.l.*) Gesellschaftsvertrag m **5** *stor* (*corpo di leggi*) {+CORPORAZIONE MERCANTILE, LANAIOLI} Gesetze n pl, Satzung f ● **albertino** *stor* (*carta costituzionale del Regno di Sardegna*), Verfassung f des Königreichs Sardinien; ~ **dei diritti dei lavoratori** *dir* (*legge*), Arbeitnehmerschutzgesetz n; **a ~ ordinario/speciale**, {REGIONE} mit ˌgewöhnlichem Status␣/[Sonderstatus].

stavòlta *avv fam* diesmal, dieses Mal: **per ~ ti perdono**, dieses Mal verzeih ich dir.

stazionaménto m (*sosta*) {+VEICOLO} Parken n.

stazionàre *itr* (*sostare*) ~ (+ **compl di tempo**) (+ **compl di luogo**) {AUTO UN'ORA DAVANTI AL PORTONE} (*irgendwann*) (*irgendwo*) parken, (*irgendwann*) (*irgendwo*) stehen; {TURISTI ORE SUL PIAZZALE DELLA STAZIONE} sich (*irgendwann*) (*irgendwo*) auf|halten, (*irgendwann*) (*irgendwo*) stehen|bleiben); {TRUPPA UN MESE AL CAMPO BASE} (*irgendwann*) (*irgendwo*) stationiert sein.

stazionàrio, (-a) ‹-ri m› *agg* **1** (*fermo*) {VOLO} Schwebe-: **nave stazionaria**, "in einem fremden Hafen stationiertes Militärschiff" **2** *fig* (*stabile*) {CONDIZIONI DI SALUTE} unverändert; {PRESSIONE, TEMPERATURA} anche gleich bleibend, beständig; {MERCATO} stabil; {SITUAZIONE} anche unverändert **3** *zoo* {UCCELLO} Stand-.

staziòne f **1** *gener* {TERMINALE} Bahnhof m: ~ (**ferroviaria**), Bahnhof m; ~ **aeroportuale**, Flughafen m; ~ **degli autobus/pullmann**, Busbahnhof m; ~ **centrale**, Hauptbahnhof m; ~ **di destinazione**, Zielbahnhof m; ~ **marittima**, Hafen m; ~ **merci**, Güterbahnhof m; ~ **della metropolitana**, U-Bahn-Station f; ~ **di passaggio/transito**, Durchgangsbahnhof m; ~ **di testa**, Kopf-/Sackbahnhof m; **il treno entra in ~**, der Zug fährt in den Bahnhof) ein **2** (*località*) (*Ferien*)ort m: ~ **balneare/sciistica**, Bade-/Skiort m; ~ **climatica**, Luftkurort m; ~ **termale**, Kurort m, Thermalbad m **3** (*sede di servizi*) {SANITARIA} Dienststelle f; ~ **dei carabinieri**, Dienststelle f der Karabinieri; ~ **di polizia**, Polizeiwache f **4** (*luogo di osservazione*) Station f: ~ **astronomica**, Sternwarte f: ~ **meteorologica**, Wetterstation f; ~ **ornitologica**, Vogelwarte f; ~ **orbitale/spaziale**, Orbital-/(Welt)raumstation f **5** (*posizione del corpo*) {ERETTA, FORZATA, PRONA} Haltung f **6** *mil* Wache f **7** *radio TV* Sender m, Station f: **puoi cambiare ~?**, kannst du den Sender wechseln?; ~ (**radio**) **estera/nazionale**, aus-/inländischer (Radio)sender; ~ **radar**, Radarstation f; ~ **radiofonica/televisiva**, Radio-/Fernsehsender m **8** *relig* Station f: **le stazioni della via Crucis**, die Kreuzwegstationen ● ~ **di lavoro** *inform*, Workstation f; ~ **di interrogazione e risposta elettr** *inform*, Anfrage- und Antwortstation f; ~ **di monta**, Deckstation f; ~ **neolitica** *etnol*, Niederlassung f im Neolithikum; ~ **di posta** *stor*, Poststation f; ~ **di rifornimento**, Tankstelle f; ~ **di servizio**, Tankstelle f.

stàzza f **1** *fig scherz* (*+PERSONA*) (*mole*) {+PERSONA} Umfang m, kräftiger/stämmiger Körperbau: **che bella ~ quell'uomo!**, was für ein Hüne von Mann! **2** *mar* {+NAVE MERCANTILE} Tonnage f, Tonnen-, Raumgehalt m: ~ **lorda/netta**, Brutto-/Nettotonnage f, Brutto-/Nettotonnengehalt m; ~ **di regata**, Regattentonnage f.

stazzàre *mar* A *tr* (*misurare*) ~ **qc** {NAVE} etw vermessen; B *itr* (*avere una stazza*) eine Tonnage haben **von** *etw* (*dat*): **la nave stazza 15 000 tonnellate**, das Schiff hat eine Tonnage von 15 000 Tonnen.

stazzatùra f *mar* **1** (*misurazione*) {+BASTIMENTO} Schiffsvermessung f **2** (*stazza*) Tonnage f: **una ~ di 10 000 tonnellate**, eine Tonnage von 10 000 Tonnen.

stàzzo m (*recinto per bestiame*) Pferch m, Hürde f.

stazzonàre *tr* (*sgualcire*) ~ **qc** {ABITO, STOFFA} *etw* zerdrücken, *etw* zerknittern.

st. civ. *amm* abbr *di* stato civile: Personen-, Zivilstand m.

Steadicam® ‹-, -s pl *ingl*› f *ingl film* (*dispositivo di ripresa*) Steadicam f.

steàrica ‹-che› f (*candela*) Stearinkerze f.

steàrico, (-a) ‹-ci, -che› *agg anche chim* {ACIDO, CANDELA} Stearin-.

stearìna f *chim* Stearin n.

steatìte f *min* Speck-, Seifenstein m, Steatit m.

stécca ‹-che› f **1** (*bacchetta*) {+BUSTO, OMBRELLO, PERSIANA, VENTAGLIO} Stab m, Stange f: ~ **di balena**, Fischbein n **2** (*confezione*) Stange f: ~ **di cioccolato/sigarette**, Stange f Schokolade/Zigaretten **3** *fig* (*stonatura*) falscher Ton **4** *slang* (*mazzetta*) Schmiergeld m *fam spreg* **5** (*nel biliardo*) (*asta*) Queue n o m A, Billardstock m: ~ **da/del biliardo**, Queue n o m A, Billardstock m; ~ **fig** (*giocatore*) Billardspieler(in) m(f); **è una buona ~**, er/sie ist ein(e) gute(r) Billardspieler(in); *fig* (*tiro sbagliato*) Durchstoß m **6** *med* {ARTO FRATTURATO} Schiene f ● **fare/prendere una ~** *fig* (*nel biliardo*) (*colpire male la palla*), (*die Kugel*) durchstoßen; *fig* (*stonare*), detonieren, falsch singen/spielen; **battere la ~** *a qu slang mil* (*gesto dei militari di leva*), jdn an seine Wehrdienstpflicht erinnern; *fig* (*dichiararsi superiore o vittorioso*), jdn seine Überlegenheit spüren lassen, den Sieger/Überlegenen heraus|hängen *fam*/heraus|kehren; **lasciare/passare la ~** *slang mil* (*congedarsi*), seinen Abschied nehmen; **di vaniglia**, Vanillestange f.

steccàre ‹*stecco, stecchi*› A *tr* ~ **qc 1** (*munire di stecche*) {BUSTO} *etw* mit Stangen versehen **2** (*recintare*) {GIARDINO, TERRENO} *etw* ein|-, umzäunen **3** *fig* (*sbagliare*) (*nel calcio*): ~ **un tiro**, danebenschießen; (*nel biliardo*) durchstoßen; ~ **una nota**, {VIOLINISTA} detonieren, eine Note falsch spielen; {CANTANTE} detonieren, eine Note falsch singen; (*nel tennis*) ~ **una palla**, "einen Ball mit dem Tennisschlägerrand treffen" **4** *gastr* {CARNE} *etw* spicken **5** *med* {ARTO FRATTURATO} *etw* (an)schienen B *itr* **1** (*nel biliardo*) (*colpire male la palla*) {GIOCATORE} durch|stoßen, einen Durchstoß machen **2** *fig* (*stonare*) {VIOLINISTA} detonieren, falsch spielen; {CANTANTE} detonieren, falsch singen.

steccàta f **1** (*colpo*) Stockschlag m **2** (*recinzione*) (Latten)zaun m.

steccàto m **1** (*recinzione*) (Latten)zaun m: ~ **di cinta**, Einfriedung f **2** *fig* (*barriera*) {IDEOLOGICO} Schranke f **3** *sport* (*nell'equitazione*) Bande f.

stecchétto ‹*dim di* stecco› loc avv (*a corto di cibo o denaro*): **a ~**, knapp, essere/stare a **~**, pleite sein *fam*; am Hungertuch nagen *fam scherz*; **mi tiene a ~**, er/sie hält mich kurz.

stecchìno ‹*dim di* stecco› m (*stuzzicadenti*) Zahnstocher m.

stecchìre ‹*stecchisco*› A *tr* ~ **avere** *fig fam* (*fare secco*) ~ **qu** {AGGRESSORE CON UNA FUCILATA} *jdn* (*mit etw dat*) kalt|machen *fam*, *jdn* (*mit etw dat*) um|legen *fam* B *itr* ‹*avere*› *itr pron*: **stecchirsi 1** (*rinsecchire*) {PIANTA} verdorren, vertrocknen **2** *fig* (*dimagrire*) {PERSONA} ab|magern, vom Fleisch fallen *fam*.

stecchìto, (-a) *agg* **1** (*rinsecchito*) {ARBUSTO, RAMO} verdorrt, vertrocknet **2** *fig* (*magrissimo*) {VECCHIO} hager, spindeldürr *fam*, zaundürr A *fam* **3** *fig* (*morto*) mausetot *fam*: **fu trovato (morto) ~ sul marciapiede**, man fand ihn mausetot *fam* auf dem Bürgersteig **4** *fig* (*attonito*) bass erstaunt *obs*, verblüfft: **la tua domanda mi lascia ~**, deine Frage verblüfft mich ● **restare/rimanere ~** *fig* (*morto*), auf der Stelle tot sein; *fig* (*attonito*), ˌbass erstaunt *obs*| sein.

stécco ‹-chi› m **1** (*ramoscello*) dürrer Zweig **2** (*bastoncino aguzzo*) Stäbchen n, Stöckchen n ● **diventare/ridursi a uno ~** *fig fam* (*dimagrire molto*), extrem abmagern, ˌvom Fleisch␣/[aus den Kleidern] fallen *fam*; **essere (magro/sottile come) uno ~** *fig fam* (*essere magrissimo*), ein Strich in der Landschaft sein *fam*, eine (richtige) Bohnenstange sein *fam scherz*, spindeldürr/zaundürr A sein *fam*.

stecconàta f, **stecconàto** m (*staccionata*) (Latten)zaun m.

stecconé ‹*accr di* stecca› m (*asse per steccati*) Zaunlatte f.

stechiometrìa f *chim* Stöchiometrie f.

stechiomètrico, (-a) ‹-ci, -che› *agg chim* {CALCOLO} stöchiometrisch.

Stefània f (*nome proprio*) Stefanie, Stephanie.

Stéfano m (*nome proprio*) Stefan, Stephan ● **il giorno di ~ santo** ~ *relig*, zweiter Weihnachts(feier)tag; Stephani-, Stephanstag m.

stégola f *agr* Pflugsterz m.

stegosàuro m *paleont* Stegosaurus m.

stèle ‹- o *rar* -li› f *arte* Stele f: ~ **commemorativa/funeraria**, Gedächtnis-/Grabstele f.

stélla A f **1** *gener anche astr* {LUMINOSA, MATTUTINA} Stern m: ~ **azzurra/bianca/gialla/rossa**, blauer/weißer/gelber/roter Stern; ~ **cadente**, Sternschnuppe f; ~ **caudata**, Komet m, Schweifstern m; **un cielo senza stelle**, ein stern(en)loser Himmel; ~ **cometa**, Komet m; ~ **gigante/nana**, Riesen-/Zwergstern m; ~ **del mattino/della sera**, Morgen-/Abendstern m; ~ **nova/nuova**, Nova f; **si è orientato guardando la ~ polare**, er orientierte sich am/[mit Blick auf den] Polarstern **2** (*chiazza*) Blesse f, Stern m: **il cavallo ha una ~ bianca in fronte**, das Pferd hat "einen weißen Stern"/[eine weiße Blesse] auf der Stirn **3** *fig* (*destino*) Stern m, Schicksal n: **spero in una ~ migliore**, ich hoffe auf einen besseren Stern; **sta scritto nelle stelle**, das steht in den Sternen; **sa interrogare/leggere le stelle**, er/sie kann ˌdie Sterne befragen␣/[in den Sternen lesen] **4** *fig* (*fortuna*) Stern m: **la sua ~ è al tramonto**, sein/ihr Stern sinkt/[ist im Sinken] **5** *fig vezz* (*persona*) Stern m, Liebling m, Herzblatt m: **sei proprio una ~!**, du bist wirklich ein Herzblatt! **6** *fim teat sport TV* Star m: **del cinema**, Filmstar m **7** *comm elettr* Stern m: **ho prenotato un (albergo a) quattro/cinque stelle**, ich habe ein Vier-/Fünfsternehotel reserviert; **una pensione a una ~**, eine Pension mit einem Stern; **un congelatore a tre stelle**, eine Tiefkühltruhe mit drei Sternen **8** *mar* Star(boot n) **9** *mil* Stern m: **un generale a due stelle**, ein Zweisternegeneral; (*distintivo*) {+SCERIFFO} Stern m **10** *tip* Sternchen n, Stern m B ‹*inv*› *loc agg*: **a ~**, {CHIAVE} {KREUZKANTRING-, COLLEGAMENTO} Stern-; *arch* {PIANTA} sternförmig; {VOLTA} anche Stern- ● ~ **alpina** *bot*, Edelweiß n; **andare/arrivare/giungere/salire alle stelle** *fig* (*aumentare enormemente*), {PREZZO} astronomisch steigen, ˌnach oben␣/[in die Höhe] schnellen; {TENSIONE} ins Unerträgliche steigen; **essere alle stelle** *fig* (*molto elevato*), {INFLAZIONE} astronomische Ausmaße errei-

chen; **con il morale alle stelle**, himmelhoch jauchzend; **innalzare/levare/portare qu alle stelle** fig (*esaltarlo*), jdn [in den Himmel heben]/[über den grünen Klee loben *fam*]; **essere *bella* come una ~** (*molto bella*), {RAGAZZA} bildschön sein; **essere la *buona* ~ di qu** fig (*il suo sostegno*), jds guter Stern sein *forb*; **essere nato sotto una buona/cattiva ~** fig (*avere fortuna o sfortuna*), unter einem guten/schlechten Stern geboren sein; ~ *di David*/*d'Israele* fig (*simbolo del popolo di Israele*), David(s)stern m; *dormire* sotto le stelle (*all'aperto*), draußen/[unter freiem Himmel]/[im Freien] schlafen; ~ *filante* (*meteora*), Sternschnuppe f; (*nastro di carta*), Luftschlange f; ~ **d'*Italia*** fig (*simbolo della repubblica italiana*), "die Italienische Republik symbolisierender Stern" f; ~ ₁di *mare*₁/[*marina*] zoo, Seestern m; ~ **al *merito* del lavoro**, Verdienstkreuz n; ~ **di *Natale*** bot, Weihnachtsstern m; ~ ***rossa*** fig (*simbolo politico*), roter Stern, Sowjetstern m; **passare dalle stelle alle *stalle*** fig (*dagli onori alla rovina*), jäh aus einem Höhenflug gerissen werden; **passare dalle stalle alle stelle** fig (*fare carriera velocemente*), eine Blitzkarriere machen; **a stelle e *strisce*** fig (*statunitense*), {CINEMA, MODA} der Vereinigten Staaten; **bandiera a stelle e strisce**, Sternenbanner n, Stars and Stripes pl; *vedere* **le stelle** fig (*provare un forte dolore fisico*), Sternchen/Sterne sehen *fam*.
stellàggio <-gi> m econ Stellagegeschäft n.
stellàre agg **1** anche astr {AMMASSO, LUCE} Stern(en)-, Stellar- **2** (*spaziale*) {GUERRA} der Sterne; {SCUDO} Weltraum- **3** (*a forma di stella*) {DISPOSIZIONE} sternförmig **4** mecc {MOTORE} Stern-.
stellària f bot Sternblume f.
stellàto, (-a) A agg **1** {NOTTE} Stern(en)-; {CIELO} anche sternenbedeckt: **bandiera stellata**, Sternenbanner n, Stars and Stripes pl **2** (*a forma di stella*) {FORTIFICAZIONE, RICAMO} sternförmig **3** (*chiazzato in fronte*) {CAVALLO} mit Blesse **4** fig lett (*cosparso*) ~ **di** {PRATO DI FIORI} übersät (*mit etw dat*), voll (*von*) etw (dat)/+ gen *forb*, voller *etw* (nom o gen) B m lett (*cielo*) Stern(en)himmel m.
stellétta <dim di stella> f **1** ~ **degli speroni**, Sporrädchen n **2** edit Sternchen n, Stern m **3** <solo pl> mil Sterne m pl.
stellìna <dim di stella> f **1** (*piccola stella*) Sternchen n **2** fig vezz (*persona*) (Augen)stern m *fam*, Liebling m, Herzblatt n: **eccoti qui, ~ mia!**, hier bist du ja, mein (Augen)stern! *fam* **3** film TV {+CINEMA} Sternchen n **4** <solo pl> gastr Sternchen(nudel f) n • **~ odorosa** bot, Waldmeister m, Maikraut n *region*.
stèlo m **1** (*asta di sostegno*) {+CALICE} Stiel m, {+LAMPADA} Ständer m **2** bot {+FIORE} Stängel m, Stiel m **3** mecc {+STANTUFFO, VALVOLA} Stange f, Schaft m.
Stèlvio m geog Stilfser Joch m.
stèmma <-i> m **1** (*in araldica*) {GENTILIZIO, PAPALE; +SAVOIA} Wappen n: ~ **di famiglia**, Familienwappen n **2** (*emblema*) {+FIRENZE} Wappen n **3** (*figura*) {INCISO, SCOLPITO} Wappenbild n **4** filol {+CODICI} Stemma n.
stemmàto, (-a) agg {CARROZZA} wappengeschmückt.
stémmo 1ª pers pl del pass rem di *stare*.
stemperàre A tr **1** (*disciogliere*) ~ **qc** (**in qc**) {CALCE IN ACQUA, COLORI NELL'OLIO, FARINA NEL LATTE} etw (*in etw dat*) auf|lösen, *etw* (*mit etw dat*) verdünnen **2** fig (*attenuare*) ~ **qc** {VENA POLEMICA} *etw* verwässern, *etw* ab|schwächen **3** fig (*diluire*) ~ **qc** (**in qc**) {VICENDA IN TROPPI CAPITOLI} *etw* (*in etw dat*) verwässern; ~ **dei sentimenti in troppe chiac**-chiere, Gefühle zerreden/[durch zu viel Gequatsche verwässern] *fam spreg* **4** metall (*togliere la tempra*) ~ **qc** {ACCIAIO} *etw* enthärten, *etw* weich machen; (*smussare*) {FILO} *etw* ab|stumpfen B itr pron **1** (*disciogliersi*): **stemperarsi** (**in qc**) {COLORE} sich (*in etw dat*) auf|lösen, sich (*in etw dat*) verdünnen **2** metall (*perdere la tempra*): **stemperarsi** {BRONZO} weich werden; (*smussarsi*) {PUNTA} ab|stumpfen.
stempiàrsi <mi stempio, ti stempi> itr pron Geheimratsecken bekommen *fam scherz*: **mio zio si è stempiato con gli anni**, mein Onkel hat im Laufe der Jahre Geheimratsecken bekommen *fam scherz*.
stempiàto, (-a) agg {UOMO} mit Geheimratsecken *fam scherz*.
stempiatùra f **1** (*perdita dei capelli*) Bekommen n von Geheimratsecken *fam scherz* **2** (*zona stempiata*) Geheimratsecken f pl *fam scherz*.
stempràre → **stemperare**.
stèn <-> m o f ingl artiglieria (*mitraglietta*) Maschinenpistole f.
stèncil <-, -s pl ingl> m ingl **1** (*mascherina*) Schablone f **2** (*decorazione*) Schablonenzeichnung f **3** (*tecnica decorativa*) Schablonenzeichentechnik f.
stendàrdo m (*gonfalone*) {+BANDA, COMUNE, CONGREGAZIONE} Banner n, Standarte f; mil {+REGGIMENTO} Fahne f.
stèndere <coniug come tendere> A tr **1** (*allungare*) ~ **qc** (+ ***compl di luogo***) {BRACCIA IN ALTO, GAMBE} *etw irgendwohin* strecken, *etw* (*irgendwo*) aus|strecken: ~ **la mano a un amico**, einem Freund die Hand hinhalten/hinstrecken/reichen **2** (*distendere*) ~ **qc** (+ ***compl di luogo***) {COPERTA SUL LETTO, RETE SULLA SPIAGGIA} *etw* (*irgendwo*) aus|breiten; {TAPPETO PER TERRA} anche *etw* (*irgendwo*) aus|rollen; {CIMA, CORDA DELL'ARCO, FILO SPINATO, PELLAME SUL TELAIO} *etw* (*irgendwo*) spannen; {FILI TELEFONICI} *etw* (*irgendwo*) verlegen; mar {CAVO} *etw* (*irgendwo*) aus|rollen: ~ **le vele**, die Segel setzen **3** (*sciorinare*) ~ **qc** *etw* auf|hängen: ~ **le lenzuola ad asciugare**, die Laken zum Trocknen aufhängen; (*uso assol*) Wäsche auf|hängen; **devo ancora ~**, ich muss noch Wäsche aufhängen **4** (*spandere*) ~ **qc** (+ ***compl di luogo***) (**con qc**) {BURRO SUL PANE, MASTICE NELLE FESSURE, VERNICE CON LA SPATOLA} *etw* (*irgendwohin*) (*mit etw dat*) streichen, *etw* (*irgendwo*) (*mit etw dat*) verstreichen; {COLORE CON IL PENNELLO, CREMA SUL VISO} anche *etw* (*auf etw acc*) (*mit etw dat*) auf|tragen **5** (*spianare*) ~ **qc** (**con qc**) {SFOGLIA CON IL MATTERELLO} *etw* (*mit etw dat*) aus|rollen **6** (*mettere per iscritto*) ~ **qc** {ARTICOLO, CAPITOLO} *etw* (*nieder*|)schreiben, *etw* verfassen; {BOZZA DI UN PREVENTIVO} *etw* aus|arbeiten; {CLASSIFICA} *etw* vor|nehmen; {LISTA} *etw* auf|stellen; {BILANCIO, RELAZIONE} *etw* erstellen; {CONTRATTO} *etw* auf|setzen; {TESTAMENTO} *etw* machen, *etw* auf|setzen; {VERBALE} *etw* führen, *etw* auf|nehmen, *etw* an|fertigen **7** (*adagiare*) ~ **qu** (+ ***compl di luogo***) {FERITO SUL LETTO, PER TERRA} *jdn* (*irgendwohin*) legen, *jdn irgendwohin* betten **8** (*gettare a terra*) ~ **qu** (**con qc**) {AVVERSARIO CON UN DESTRO, CON UNO SPINTONE} *jdn* (*mit etw dat*) nieder|strecken, *jdn* (*mit etw dat*) nieder|schlagen **9** *fam* (*uccidere*) ~ **qu** (**con qc**) {NEMICO CON UN COLPO DI PISTOLA} *jdn* (*mit etw dat*) um|legen *fam* **10** fig *fam* (*sbalordire*) ~ **qu** *jdn* umhauen *fam*: **la notizia del tuo matrimonio mi ha steso**, die Nachricht von deiner Hochzeit hat mich umgehauen *fam* **11** fig mil ~ **qu/qc** (+ ***compl di luogo***) {ESERCITO SUL CAMPO} *jdn/etw* (*irgendwo*) auf|stellen B itr pron **1** (*estendersi*): **stendersi** (+ ***compl di luogo***) {PIANURA FINO AL MARE} sich (*bis zu etw dat*) erstrecken; {PONTE DA UN VERSANTE ALL'ALTRO} *von etw* (dat) *bis zu etw* (dat) gehen, *von etw* (dat) *bis zu etw* (dat) reichen; {AREA PROTETTA PER MOLTI KILOMETRI} sich (*über etw acc*) erstrecken; {RIFLESSO DEL SOLE SULLA PIANURA} sich (*irgendwo*) aus|breiten **2** fig: **stendersi** (**su qc**) sich *über etw* (acc) breiten: **riserbo si stese sulla vicenda**, über die Angelegenheit wurde Zurückhaltung gewahrt; **l'ombra della mafia si stende sulla vita politica italiana**, die Mafia wirft ihren Schatten auf das politische Leben Italiens C rfl (*allungarsi*): **stendersi** (+ ***compl di luogo***) {SUL PRATO, PER TERRA} sich (*irgendwo*) aus|strecken, sich *irgendwohin* strecken; {SUL LETTO} sich *irgendwohin* legen, sich hin|legen.
stendhaliàno, (-a) agg (*di Stendhal*) von Stendhal, Stendhal(')sche(r,s).
stendibiancherìa <-> m Wäscheständer m.
stendìno m *fam* (*stendibiancheria*) Wäscheständer m.
stenditóio <-toi> m **1** (*locale*) Trockenraum m **2** (*stendibiancheria*) Wäscheständer m.
stenìa f med Sthenie f *scient*.
stènico <-ci, -che> agg med sthenisch *scient*.
stenodattilògrafa f → **stenodattilografo**.
stenodattilografìa f Stenotypieren n.
stenodattilògrafo, (-a) m (f) Stenotypist(in) m(f).
stenògrafa f → **stenografo**.
stenografàre tr ~ (**qc**) {CONFERENZA} (*etw*) stenografieren.
stenografìa f Stenografie f, Kurzschrift f, Steno f *fam*: **l'ho scritto in ~**, ich habe es Steno geschrieben *fam*.
stenogràfico, (-a) <-ci, -che> agg {RESOCONTO, SCRITTURA, SEGNO} stenografisch.
stenògrafo, (-a) m (f) Stenograf(in) m(f).
stenogràmma <-i> m **1** (*testo stenografato*) Stenogramm n **2** (*segno stenografico*) stenografisches Zeichen n.
stenoscrìtto m (*testo stenografato*) Stenogramm n.
stenòsi <-> f med Stenose f *scient*.
stenotipìa f Stenotypie f.
stenotipìsta <-i m, -e f> mf Stenotypist(in) m(f).
stent <-> m ingl med **1** (*sostanza*) Stent m, Gefäßstütze f **2** (*protesi*) Stent m: ~ **coronarico**, Koronarstent m; ~ **uretrale**, Harnleiterstent m.
stentàre itr **1** (*faticare*) ~ **in qc** {NELL'APPRENDIMENTO DI UNA LINGUA, NEL LAVORO, NELLO STUDIO} *in/mit etw* (dat) Mühe haben, sich *mit etw* (dat) schwer|tun; **~ a fare qc** Mühe haben, *etw zu tun*; sich ab|mühen, *etw zu tun*, sich schwer|tun, *etw zu tun*: **~ a camminare**, ₁mit Mühe₁/[nur mühsam] gehen (können); **mio figlio stenta a imparare**, meinem Sohn fällt das Lernen schwer; **non stentiamo a crederlo**, es fällt uns nicht schwer, das zu glauben **2** (*vivere in miseria*) {PERSONA} sich mühsam durch|schlagen, ein kümmerliches Dasein fristen: **da mesi stentano**, seit Monaten schlagen sie sich mühsam durch ● ~ ₁il pane₁/[la vita] fig (*avere difficoltà a guadagnarsi il pane*), sich (dat) das Brot/Leben mühsam verdienen, ein kümmerliches Dasein fristen.
stentataménte avv (*a fatica*) {CRESCERE} mühsam, mit Mühe; {ALZARSI} anche mühselig: **parla ~ l'inglese**, er/sie spricht gebrochen Englisch.

stentàto, (-a) agg 1 (*sofferto*) {LAVORO} mühsam; {PROMOZIONE, VOTO} knapp, mit Müh(e) und Not 2 (*miserevole*) {ESISTENZA} kümmerlich, armselig, elend 3 (*sforzato*) {INVITO, SALUTO} gezwungen; {DISCORSO, PROSA} anche mühsam, gequält, kümmerlich spreg 4 (*striminzito*) {PIANTA} kümmerlich; {BAMBINO} anche schwächlich.

stenterèllo m 1 teat (*maschera fiorentina*) "florentinische Theatermaske" 2 fig langer Lulatsch fam, Hering m fam scherz, Bohnenstange f fam scherz.

stènto A m 1 (*fatica*) Mühe f, Anstrengung f: **senza ~**, mühelos 2 <*di solito al pl*> (*ristrettezze*) Not f, Entbehrungen f pl, Elend n: **ha vissuto di stenti**, er/sie hat ein kümmerliches Dasein gefristet B loc avv (*a fatica*): **a ~**, kaum, mit Mühe (und Not); **a ~ si reggeva in piedi**, er/sie hielt sich mit Mühe (und Not) auf den Beinen.

stentòreo, (-a) agg (*possente*) {TIMBRO} voll(tönend); {VOCE} klangvoll, Stentor-.

step <-> m ingl 1 spec fig (*passo*): Step m, Schritt m 2 (*ginnastica*) Steppern m 3 (*pedana*) Stepper m ● **- by ~** fig, (*per gradi*) Schritt für Schritt, Step by Step.

stéppa f geog {AFRICANA, RUSSA} Steppe f.

stèpper <-> m ingl (*attrezzo*) Stepper m.

steppificazióne f geog Versteppung f.

steppóso, (-a) agg {PAESAGGIO, ZONA} Steppen-, steppenartig.

stèrco <-chi> m (*escrementi*) Kot m, Mist m.

stercoràrio, (-a) <-ri m> A agg (*di sterco*) Mist- B m 1 ornit Raubmöwe f 2 zoo (*scarabeo*) Mistkäfer m.

stèreo anche tecnol A <inv> agg (*stereofonico*) {APPARECCHIO, TRASMISSIONE, TV} Stereo- B <-> fam (*impianto*) Stereogerät n, Stereoanlage f.

stèreo- primo elemento (*tridimensionale*) stereo-, Stereo-: **stereofonia**, Stereophonie; **stereoscopio**, Stereoskop.

stereofonìa f fis tecnol Stereophonie f, Stereo n: **in ~**, in Stereo.

stereofònico, (-a) <-ci, -che> agg fis tecnol {AMPLIFICATORE, IMPIANTO} Stereo-, stereophon.

stereofotografìa f Stereofotografie f.

stereofotogrammetrìa f topogr Stereofotogram(m)etrie f.

stereografìa f med (Röntgen)stereographie f scient.

stereogràfico, (-a) <-ci, -che> agg mat {PROIEZIONE} stereographisch.

stereogràmma <-i> m geol mat Raumbild n.

stereometrìa f mat (*in geometria*) Stereometrie f.

stereomètrico, (-a) <-ci, -che> agg mat (*in geometria*) {MISURAZIONE} stereometrisch.

stereoscopìa f 1 (*percezione*) Stereoskopie f, räumliche Wahrnehmung 2 film fot ott Stereoskopie f, Raumbildtechnik f.

stereoscòpico, (-a) <-ci, -che> agg film fot ott {FOTOGRAFIA, VISIONE} stereoskopisch.

stereoscòpio <-pi> m fot Stereoskop n.

stereotipàre tr tip - **qc** etw stereotypieren.

stereotipàto, (-a) agg 1 fig (*convenzionale*) {FRASE, GESTO} stereotyp forb, formelhaft 2 tip {EDIZIONE, RISTAMPA} stereotypisch, Stereotyp-.

stereotipìa f tip (*tecnica*) Stereotypie f; (*lastra*) Stereotypplatte f.

stereotìpico, (-a) <-ci, -che> agg tip {LASTRA, PROCEDIMENTO} stereotyp.

stereotipìsta <-i m, -e f> mf tip Stereoty-

peur(in) m(f).

stereotìpo, (-a) A agg 1 fig (*stereotipato*) {ESPRESSIONE} stereotyp forb, formelhaft 2 tip {EDIZIONE, STAMPA} stereotyp, Stereotyp- B m 1 (*luogo comune*) {+PUBBLICITÀ} Stereotyp n, Klischee n 2 ling feste Wendung.

stèrile agg 1 (*infecondo*) {DONNA, FIORE, PECORA} steril, unfruchtbar 2 (*improduttivo*) {TERRENO} unfruchtbar 3 fig (*inutile*) {CHIACCHIERE, POLEMICA, RANCORE} fruchtlos, unfruchtbar, nutzlos; {VITA} sinnlos 4 med {GARZA, SALA OPERATORIA, SOLUZIONE} keimfrei, steril.

sterilità <-> f 1 (*infecondità*) {+ANIMALE, COPPIA, DONNA} Sterilität f, Unfruchtbarkeit f 2 (*improduttività*) {+CAMPO} Unfruchtbarkeit f 3 fig (*inutilità*) {+DISCUSSIONE, INIZIATIVA} Fruchtlosigkeit f, Unfruchtbarkeit f 4 med {+CAMERA, SIRINGA} Keimfreiheit f, Sterilität f.

sterilizzàre tr biol med 1 (*rendere sterile*) ~ **qu/qc** {UOMO, CANE} jdn/etw sterilisieren 2 (*disinfettare*) ~ **qc** {AGO, SALA OPERATORIA} etw sterilisieren, etw steril machen, etw entkeimen; {ACQUA, LATTE} etw ab|kochen.

sterilizzatóre, (-trice) A agg {MACCHINA} Sterilisier- B m (*apparecchio*) Sterilisator m, Sterilisierapparat m C m (f) (*chi sterilizza*) "wer sterilisiert".

sterilizzazióne f biol med Sterilisation f, Sterilisierung f.

sterlìna f Pfund n, Sterling m.

sterminàre tr ~ **qu/qc** {NEMICO, POPOLAZIONE} jdn/etw aus|rotten, jdn/etw (völlig) vernichten; {INSETTI} etw vertilgen.

sterminàto, (-a) agg anche fig (*immenso*) {PIANURA, RICCHEZZA} endlos, unendlich; {IGNORANZA} grenzenlos.

sterminatóre, (-trice) A agg (*che sterminа*) {FURIA, VIRUS} vernichtend, Vernichtungs- B m (f) {SPIETATO} Vernichter(in) m(f).

stermìnio <-ni> m 1 (*annientamento*) {+CITTÀ, POPOLO} Ausrottung f, Vernichtung f; {+ZANZARE} Vertilgung f 2 fig fam (*infinità*) {+LIBRI, PERSONE} Unzahl f, Unmenge f.

stèrna f ornit Seeschwalbe f.

sternàle agg anat {CARTILAGINE} Brustbein-, sternal scient.

stèrno m anat Brustbein n.

sternutàre → **starnutare**.

sternutìre e deriv → **starnutare** e deriv.

steròide m chim Steroid n.

steroidèo, (-a) agg chim {COMPOSTO, ORMONE} Steroid-.

steròlo m chim Sterole n pl, Sterine n pl.

sterpàglia f (*groviglio di sterpi*) Gestrüpp n.

sterpàia f, **sterpàio** <-pai> m (*terreno sterposo*) Gestrüpp n.

stèrpo m 1 (*arbusto*) (ausgedörrter) Dornbusch 2 (*ramoscello*) dürrer Zweig.

sterpóso, (-a) agg (*pieno di sterpi*) {TERRENO} voller Gestrüpp.

sterràre tr edil ~ **qc** {CANALE} etw aus|heben; {PIAZZALE} etw ab|tragen; (*uso assol*) Erde aus|heben.

sterràto, (-a) A agg (*non asfaltato*) {PARCHEGGIO} nicht asphaltiert; {STRADA} anche Schotter- B m (*strada non asfaltata*) Schotterweg m.

sterratóre, (-trice) m edil Erdarbeiter(in) m(f).

stèrro m edil 1 (*lo sterrare*) Erdarbeit f 2 (*fossa*) Grube f, Graben m 3 (*terra rimossa*) Erdaushub m.

sterzànte A part pres di sterzare[①] B agg Antriebs-: **ruote sterzanti**, Antriebsräder.

sterzàre itr ~ (+ **compl di luogo**) 1 (*svol-*

tare) {AUTO, GUIDATORE VERSO LA CORSIA DI EMERGENZA, A DESTRA} (*irgendwohin*) lenken, (*irgendwohin*) steuern, (*irgendwohin*) ein| schlagen: **ha sterzato bruscamente a sinistra per evitare il cane**, er/sie schlug scharf nach links ein, um dem Hund auszuweichen 2 fig slang giorn polit (*cambiare tendenza*) den Kurs wechseln, die Richtung ändern: **il governo sterzò a sinistra**, die Regierung vollzog einen Linksruck.

sterzàta f 1 (*svolta*) Lenken n, Lenkmanöver n: **dare una brusca ~**, scharf einschlagen, das Steuer scharf herumreißen 2 fig slang giorn polit (*cambiamento di tendenza*) ~ (**a/verso qc**) {+PARTITO VERSO UNA NUOVA LINEA POLITICA} Kurswechsel m, Ruck m (*nach etw dat*).

sterzatùra f (*sterzo*) Lenkung f, Steuerung f.

stèrzo m 1 (*dispositivo*) {+AUTOMOBILE, MOTOCICLETTA} Lenkung f, Steuerung f 2 fam (*volante*) {DURO, MORBIDO} Lenkrad n; {+BICICLETTA} Lenkstange f.

stéssi 1a pers sing del congv imperf di stare.

stessìssimo, (-a) <superl di stesso> agg fam (*proprio lo stesso*) genau der/die/das Gleiche, genau der-, die-, dasselbe: **per me è la stessissima cosa**, für mich ist das genau das Gleiche.

stésso, (-a) A agg dimostr 1 (*medesimo*): **lo ~, la stessa**, {DONNA, GIOCATTOLO, IDEA} der-, das-, dieselbe; **abitano nella stessa casa**, sie wohnen ⌊in demselben⌋/[im selben] Haus; **è sempre la stessa medesima storia!**, es ist immer dasselbe/[dieselbe Geschichte] 2 (*uguale*) {COLORE, ETÀ, MALATTIA} gleich 3 (*solo*): **uno ~, una stessa**, ein und der-, die-, dasselbe; **è riuscito ad andare e tornare in uno ~ giorno**, er hat es geschafft, ⌊an ein und demselben⌋/[am gleichen] Tag hin- und zurückzufahren 4 rafforzativo (*in persona*) selbst, selber, persönlich: **ce l'ha comunicato il direttore ~**, der Direktor ⌊selber hat uns das mitgeteilt⌋/[hat uns das persönlich mitgeteilt]; **lo farò io ~**, ich werde es selber machen; **hai paura di te ~**, du hast Angst vor dir selbst; **quella ragazza è la dolcezza stessa**, dieses Mädchen ist die Sanftmut selbst 5 rafforzativo (*proprio*) eben, genau, gerade: **ci vado domani/oggi ~**, ich gehe ⌊gleich morgen⌋/[noch heute] hin; **in quel momento ~**, genau in diesem Moment; (*perfino*) selbst, sogar; **gli avversari stessi lo stimano**, sogar seine Feinde achten ihn 6 rafforzativo (*con agg poss*): **l'ho visto con i miei stessi occhi**, ich habe das mit meinen eigenen Augen gesehen 7 rafforzativo amm (*suddetto*) besagte(r, s), obige(r, s): **firmare il contratto e restituire il contratto ~ all'amministrazione**, den Vertrag unterschreiben und besagten Vertrag der Verwaltung zurückerstatten B pron dimostr 1 (*medesimo*): **lo ~, la stessa**, der-, die-, dasselbe; **la proprietaria è la stessa**, die Eigentümerin ist dieselbe; **sono sempre gli stessi che protestano**, es sind immer dieselben, die protestieren; **ho cambiato casa, ma il telefono è rimasto lo ~**, ich bin umgezogen, aber die Telefonnummer ist dieselbe geblieben; (*solito*) der/die/das Gleiche; **non sei cambiato, sei sempre lo ~**, du hast dich nicht verändert, du bist immer noch der Gleiche; **da un po' di tempo non è più lo ~**, seit einiger Zeit ist er nicht mehr der Gleiche 2 amm (*suddetto*) besagte(r, s), der-/die-/dasselbe: **i candidati sono convocati per la prova; si invitano gli stessi a presentarsi muniti di documento**, die Bewerber sind zur Prüfung vorgeladen: sie werden gebeten, ihren Ausweis bereitzuhal-

ten 3 (*con valore neutro*): **lo ~**, dasselbe; **è/fa lo ~**, es/das ist (ganz) gleich; **lo - è accaduto anche a me**, dasselbe ist mir auch passiert **C** *loc avv fam* (*ugualmente*): **lo ~**, trotzdem, dennoch; **vacci lo ~!**, geh trotzdem hin!

stéste 2ª *pers pl del pass rem di* stare.
stésti 2ª *pers sing del pass rem di* stare.
steṣùra *f* **1** (*passata*) {+TINTA, VERNICE} Auftragen *n* **2** (*scrittura*) {+TESTO} Niederschrift *f*, Verfassung *f*; {+BOZZA} Ausarbeitung *f*; {+ELENCO} Aufstellung *f*; {+CONTRATTO, LETTERA} Aufsetzen *n*; {+BILANCIO} Erstellung *f*; {+TESTAMENTO} Errichtung *f*, Aufsetzen *n*; {+VERBALE} Führung *f*, Anfertigung *f* **3** (*versione*) {PRIMA, SECONDA; +POESIA, ROMANZO} Fassung *f*: **~ definitiva/finale**, Endfassung *f*.
stetoscòpico, **(-a)** <-ci, -che> *agg med* {INDAGINE} stethoskopisch *scient*.
stetoscòpio <-pi> *m med* Stethoskop *n scient*.
stètti 1ª *pers sing del pass rem di* stare.
Stettìno *f geog* Stettin *n*.
steward <-, -s *pl ingl*> *m ingl aero mar* Steward *m*.
stìa① *f* (*gabbia*) Hühnerkäfig *m*.
stìa② 1ª, 2ª e 3ª *pers sing del congv pres di* stare.
stick *ingl* **A** <inv> *agg loc agg*: **in ~**; **colla in ~**, Klebestift *m*; **deodorante in ~**, Deo(dorant)stick *m*, Deo(dorant)stift *m*; **rossetto in ~**, Lippenstift *m* **B** <-, -s *pl ingl*> *m* {+DEODORANTE} Stift *m*: **uno ~ di burro di cacao per le labbra**, ein Kakaobutter-Lippenstift.
sticker <-> *m ingl* (*autoadesivo*) Sticker *m*, Aufkleber *m*.
stìdda *f* (*organizzazione criminale*) Stidda *f* (*sizilianische, mafiaähnliche, kriminelle Organisation*).
stiddàro, **(-a)** *m* (*f*) (*criminale*) Angehörige(r) *f(m)* der Stidda.
Stìge *m geog mitol* Styx *f* o *m*.
stìgio, **(-a)** <-gi *m*> *agg mitol* {PALUDE} der/des Styx.
stigliàre <stiglio, stigli> *tr tess* **~ qc** *etw* brechen.
stìgma <-i> *m* **1** *stor* (*marchio*) {+MALFATTORE, SCHIAVO} Brandmal *n*, Stigma *n* **2** *fig lett* (*impronta*) {+TRADITORE, VIZIO} Stigma *n*, Mal *n* **3** *bot* {+PISTILLO} Narbe *f*, Stigma *n* **4** *zoo* {+APE} Atemöffnung *f*, Stigma *n*.
stìgmate *f pl* **1** *relig* (*piaghe*) Wundmale *n pl*, Stigmen *n pl*: **le - di Cristo**, die Wundmale (Christi) **2** *med* {ISTERICHE} Mal *n* **3** *fig lett* (*impronte*) {+PECCATORE, SOFFERENZA} Stigma *n*, Mal *n*.
stigmàtico, **(-a)** <-ci, -che> *agg* **1** *bot* stigmatisch **2** *ott* {IMMAGINE} stigmatisch, gestochen, scharf.
stigmatìṣmo *m ott* Stigmatismus *m*.
stigmatizzàre *tr* **1** (*biasimare*) **~ qc** {COMPORTAMENTO DI QU, DECISIONE DI QU} *etw* brandmarken, *etw* stigmatisieren *forb* **2** *rar* (*imprimere le stigmate*) **~ qu** {SANTO} *jdn* stigmatisieren.
stigmatizzazióne *f* **1** (*biasimo*) {+OPERATO DI QU} Brandmarkung *f*, Stigmatisierung *f* **2** *rar* (*impressione delle stigmate*) {+SAN FRANCESCO} Stigmatisierung *f*.
stilàre *tr amm* (*redigere*) **~ qc** {CLASSIFICA, CONTRATTO} *etw* ab|fassen, *etw* auf|setzen; {BOZZA DI UN ATTO} *etw* aus|arbeiten.
stìle **A** *m* **1** *gener anche arch arte film lett mus* (*forma espressiva*) {AULICO, DANTESCO, GIORNALISTICO, MOZARTIANO, NEOREALISTA, ORIGINALE, TRAGICO} Stil *m*: **scrivere in bello ~**, in gutem Stil schreiben; **in ~ barocco/dorico/romanico**, in barockem/dorischem/romanischem Stil; **~ floreale/rococò**, Jugend-/Rokokostil *m*; **~ reggenza/[Luigi XV]**, Régence/[Louis-XV-]Stil *m*; **dolce stil novo →** **stilnovo** **2** (*modo di agire*) {IMPECCABILE, INCONFONDIBILE, PERSONALE} Stil *m*: **~ di vita**, Lebensstil *m*; **ogni artista ha il proprio ~**, jede(r) Künstler(in) hat seinen/ihren eigenen Stil; **è nel suo ~ non salutare mai**, es ist sein/ihr Stil, nie zu grüßen **3** (*signorilità*) Stil *m*: **quella ragazza ha ~**, dieses Mädchen hat Stil; **vestire con/senza ~**, sich stilvoll/stillos kleiden **4** (*nella moda*) (*taglio*) {AMERICANO, ANNI '70, INGLESE} Stil *m* **5** *sport* Stil *m*: **~ americano/ventrale** (*nell'atletica*), Straddle(sprung) *m*; (*nel nuoto*) **~ (a) dorso**, Rückenstil *m*; **~ (a) farfalla**, Schmetterling-/Butterflystil *m*; **~ (a) rana**, Bruststil *m*; **~ libero**, Frei-, Kraulstil *m*; **nuotata a ~ libero**, er/sie schwamm Freistil **6** *stor* (*sistema di datazione*) {GREGORIANO, ROMANO} Stil *m*, Zeitrechnung *f*: **nuovo/vecchio ~**, neuen/alten Stils, nach neuer/alter Zeitrechnung **B** <inv> *loc agg*: **vecchio ~**, {CERIMONIOSITÀ, PERSONA, SALOTTO} altmodisch **C** <inv> *loc agg*: **in grande ~**, {MATRIMONIO} aufwändig, in großem Stil, mit Pomp *fam spreg* **D** *loc avv*: **in grande ~**, aufwändig, in großem Stil, mit Pomp *fam spreg*; **fare le cose in grande ~**, die Dinge in großem Stil aufziehen *fam*/machen ● **lo - è l'uomo** *prov*, der Stil macht den Menschen aus.
stilè <inv> *agg* (*impeccabile*) {ABBIGLIAMENTO, COMPORTAMENTO} stilvoll, vornehm, elegant.
stilèma <-i> *m gener anche ling* (*tratto stilistico*) {+MUSICA BAROCCA, PITTURA MODERNA} Stilelement *n*, Stilem *n*: **~ grammaticale/lessicale**, grammatikalisches/lexikalisches Stilelement.
stilettàre *tr obs* (*colpire con uno stiletto*) **~ qu** *jdn* mit einem Stilett verwunden.
stilettàta *f* **1** (*colpo di stiletto*) Stilettstich *m* **2** *anche fig* (*dolore acuto*) Stich *m*: **provare/sentire una ~ al cuore**, einen Stich in der Herzgegend verspüren.
stilétto *m* (*pugnale*) Stilett *n*.
stilìṣmo *m* **1** (*culto dello stile*) Stilkult *m* **2** (*virtuosismo stilistico*) Stilvirtuosität *f*: **gli stilismi secenteschi**, die Stilvirtuositäten des 17. Jahrhunderts **3** (*nella moda*) (*creazione*) {INTERNAZIONALE, ITALIANO} Styling *n*.
stilìsta <-i *m*, -e *f*> *mf* **1** (*designer*) Designer(in) *m(f)*, Stylist(in) *m(f)*; (*nella moda*) Modedesigner(in) *m(f)*, Modeschöpfer(in) *m(f)* **2** (*chi cura i fattori stilistici*) Stilist(in) *m(f)* **3** *sport* stilistisch gute(r) Spieler(in) *m(f)*.
stilìstica <-che> *f lett* {CLASSICA, MODERNA, STRUTTURALISTICA} Stilistik *f*.
stilìstico, **(-a)** <-ci, -che> *agg lett* {ANALISI, ELEMENTO, SCELTA, SCUOLA, TENDENZA} Stil-, stilistisch.
stilìta, **stilite** <-ti> *m relig* (*asceta*) Stylit *m*, Säulenheiliger *m*.
stilizzàre *tr* **~ qu/qc** {FIGURA, PERSONAGGIO, PAESAGGIO} *jdn/etw* stilisieren.
stilizzazióne *f* Stilisierung *f*; (*azione*) *anche* Stilisieren *n*.
stìlla *f lett* **1** (*goccia*) {+ACQUA, PIANTO, SUDORE} Tropfen *m*: **a stilla a stilla**, tropfenweise, tröpfchenweise **2** *fig* (*quantità minima*) {+FELICITÀ} Hauch *m*, Spur *f*, Ahnung *f*, Quäntchen *n*.
stillàre **A** *tr* <avere> (*trasudare*) **~ qc** {FAVO, MIELE} *etw* ab|geben, *etw* ab|sondern: **la ferita stilla sangue**, aus der Wunde tropft Blut; **la sua fronte stillava sudore**, von seiner/ihrer Stirn tropfte der Schweiß **B** *itr* <avere> **~ da qc** {ACQUA DALLA ROCCIA; RESINA DAL TRONCO} *aus etw* (dat) tropfen, *aus etw* (dat) tröpfeln.
stilliberìsta <-i *m*, -e *f*> *mf sport* (*nel nuoto*) Freistilschwimmer(in) *m(f)*, Krauler(in) *m(f)*.
stillicìdio <-di> *m* **1** (*gocciolamento*) {+GRONDAIA} Tropfen *n*, Tröpfeln *n* **2** *fig* (*sequela*) {+LAMENTELE, NOTIZIE} ständige Wiederholung **3** *dir* Vorschrift *f* über die Grenzabstände von Traufen.
stilnovìṣmo *m lett* **1** (*stilnovo*) {FIORENTINO} Dolce Stil novo *m* **2** (*poetica stilnovista*) Dichter *m* des Dolce Stil novo.
stilnovìsta <-i *m*> *lett* **A** *agg* {LIRICA} des Dolce Stil novo **B** *m* Dichter *m* des Dolce Stil novo.
stilnovìstico, **(-a)** <-ci, -che> *agg lett* des Dolce Stil novo.
stilnòvo, **stil nòvo** <inv> *m loc sost m lett* Dolce Stil novo *m*.
stìlo① *m* **1** (*pugnale*) Dolch *m*, Stilett *n* **2** (*asta*) {+GIRADISCHI} Tonarm *m* **3** (*indice*) {+BILANCIA, MERIDIANA} Zeiger *m* **4** *bot* {+PISTILLO} Griffel *m* **5** *stor* (*asticella per scrivere*) Griffel *m* **6** *zoo* Stachel *m*.
stìlo② <-> *f* **~ stilografica**.
stilòbate *m arch* Stylobat *m*.
stilòforo, **(-a)** *arch* **A** *agg* {LEONE} säulentragend **B** *m* (*base di colonna*) säulentragendes Tier.
stilogràfica <-che> *f* Füller *m*, Füllfederhalter *m*.
stilogràfico, **(-a)** <-ci, -che> **A** *agg* {INCHIOSTRO} Füller-, Füllfeder- **B** *f* (*penna*) Füller *m*, Füllfederhalter *m*.
stilóṣo, **(-a)** *agg* (*con grande stile*) stilvoll, elegant.
stìma *f* **1** (*apprezzamento*) {+AMICO, COLLEGA} Achtung *f*, Wertschätzung *f*: **avere poca/molta ~ di qu**, *jdn* sehr/wenig achten/schätzen, viel/wenig von *jdm* halten; **avere/tenere qu in grande ~**, sehr viel von *jdm* halten; **godere della ~ di qu**, *jds* Hochachtung genießen; **grande/massima/scarsa ~**, Hochachtung *f*/[vorzügliche Hochachtung]/ [Geringschätzung *f*]; **si è conquistato la ~ di tutti**, er hat sich die Achtung aller erobert/erworben **2** (*attribuzione di un valore*) {+BENE, DANNO, GIOIELLO} (Ab)schätzung *f*: **fare la ~ di qc**, *etw* schätzen **3** (*valore attribuito*) {BASSA, ECCESSIVA, EQUA} Schätzwert *m* **4** (*valutazione approssimativa*) Schätzung *f*: **~ per difetto/eccesso**, auf-/abgerundete Schätzung; **fare una ~ dei probabili partecipanti**, die Zahl der möglichen Teilnehmer schätzen **5** *aero mar* {+ROTTA} Gissung *f* **6** *stat* Hochrechnung *f* ● **stima morte** *agr* (*attrezzature e sementi*), totes Inventar *n*; **stime vive** *agr* (*bestiame*), lebendes Inventar, Vieh *n*.
stimàbile *agg* **1** (*degno di stima*) {AZIONE, PERSONA} achtbar, schätzenswert **2** (*valutabile*) (ab)schätzbar: **un danno ~ a/in/[intorno a]/[sui] cento milioni**, ein auf/[um die] 100 Millionen zu schätzender Schaden.
stimàre **A** *tr* **1** (*tenere in considerazione*) **~ qu/qc (per qc)** {+AMICO, SINCERITÀ DI QU} *jdn/etw* (*wegen etw* gen) achten, *jdn/etw* (*wegen etw* gen) schätzen: **lo stimiamo molto/poco per il suo operato**, wir achten ihn sehr/wenig seines Handelns wegen; **tu non mi stimi!**, du hältst nichts von mir!, du glaubst nicht an mich! **2** (*giudicare*) **~ qu/qc (come) qc** *jdn/etw für etw* (acc) halten, *jdn/etw als etw* (acc) ein|schätzen: **tutti lo stimano (come) un grande attore**, alle halten ihn für einen großen Schauspieler; **stimiamo inutile questo discorso**, wir halten diese Diskussion für zwecklos; **stimo opportu-**

no tacere, ich halte es für gut/angemessen zu schweigen **3** (*credere*) **~ che ...** *congv*, meinen/schätzen, dass ... *ind*, vermuten/denken/erwarten, dass ... *ind* **4** (*attribuire un valore*) **~ qc (a/in/[intorno a]/[su] qc)** {PERDITA ECONOMICA, TERRENO INTORNO AI CENTO MILIONI} (*auf etw acc*) (ab|)schätzen **5** *aero mar* **~ qc** {DISTANZA} *etw* gissen **B** *rfl* **1** (*tenersi in considerazione*): **stimarsi (+ compl di modo)** {MOLTO, POCO} sich *irgendwie* achten, sich *irgendwie* schätzen: **non ti stimi abbastanza!**, du hast nicht genug Selbstachtung! **2** (*giudicarsi*): **stimarsi qc/+ agg** {UOMO FURBO, UN GENIO} sich *für etw* (acc) halten: **stimarsi fortunato**, sich glücklich schätzen.

stimàto, (**-a**) *agg* **1** (*apprezzato*) {PROFESSIONE} geachtet; {MEDICO} auch geschätzt; (*nello stile epistolare*) sehr geehrte(r), verehrte(r): **stimatissimo dottore**, sehr geehrter Herr Doktor **2** (*valutato*) {VALORE} Schätz- **3** *aero mar*: **punto ~**, gegisstes Besteck.

stimatóre, (**-trice**) *m* (*f*) (*chi fa stime*) {+MONTE DEI PEGNI, OGGETTI D'ANTIQUARIATO} Schätzer(in) *m*(*f*).

stimma *e deriv* → **stigma** *e deriv*.

Stimmung <-, *-en pl* ted> *f ted* **1** *lett* (allgemeine) Stimmung **2** *fig* (*stato d'animo*) Stimmung f.

stimolànte **A** *agg* **1** (*che sprona*) {EFFETTO, ESEMPIO, INSEGNANTE} anregend, stimulierend *forb* **2** (*che suscita interesse*) {AMBIENTE, LETTURA, SPETTACOLO} anregend, stimulierend *forb* **3** (*che eccita*) {FARMACO, SOSTANZA} erregend, stimulierend *forb* **B** *m farm* Stimulans n.

stimolàre *tr* **1** (*spronare*) **~ qu (a qc)** {AMBIZIONE GIOVANE ALL'IMPEGNO, REGISTA, STUDENTE ALLA RICERCA} *jdn* (*zu etw dat*) an|reizen, *jdn* (*zu etw dat*) an|spornen, *jdn* (*zu etw dat*) treiben, *jdn* (*zu etw dat*) stimulieren *forb*, *jdn* (*zu etw dat*) ermuntern: **è sempre stimolato a fare qc**, er ist immer voller Tatendrang; **la famiglia lo stimola affinché/perché continui gli studi**, die Familie ermuntert ihn zum Weiterstudieren **2** (*sollecitare*) **~ qc** {FANTASIA, MERCATO AZIONARIO} *etw* an|regen; {INTERESSE} *etw* wecken; {SENSI} *etw* erregen; {APPRENDIMENTO, SPIRITO COOPERATIVO} *etw* fördern; *anche med* {APPETITO, CRESCITA} *etw* an|regen, *anche med*: **iniezioni che stimolano la funzionalità epatica**, Spritzen, die die Leberfunktion anregen.

stimolatóre, (**-trice**) **A** *agg* {AZIONE} anregend, stimulierend *forb* **B** *m* (*f*) (*chi stimola*) Ansporner(in) *m*(*f*), Antreiber(in) *m*(*f*) **C** *m farm med* Stimulans n: **~ cardiaco**, Herzschrittmacher m, Pacemaker m.

stimolazióne f **1** (*lo spronare*) **~ (a qc)** {AL MIGLIORAMENTO, ALLO STUDIO} Ansporn *f* (*zu etw dat*), Stimulierung *f* (*zu etw dat*) **2** (*il sollecitare*) {+CURIOSITÀ, INTELLIGENZA} Anregung f; *anche med* {ELETTRICA; +MUSCOLO, NERVO, RETINA} Stimulierung f.

stìmolo *m* **1** (*sprone*) {EFFICACE} Anreiz m, Ansporn m: **agisce sotto lo ~ della curiosità**, seine/ihre Neugier spornt ihn zum Handeln an **2** (*sollecitazione*) {+GELOSIA, PASSIONE} Stachel m **3** (*impulso*) {SESSUALE} Reiz m: **~ della fame/sete**, Hunger-/Durstgefühl n; **~ della carne/[dei sensi]**, Sexualtrieb m/Sinnesreiz m; *anche* (*in fisiologia*) {NERVOSO, SECRETORE} Reiz m; **reagire agli stimoli esterni/interni**, auf ˌäußere Reize˺/[innere Triebe] reagieren.

stìnco <-chi> *m* **1** *anat* Schienbein n **2** *gastr* {+MAIALE, VITELLO AL FORNO} Hachse f, Haxe f *südd* **3** *zoo* {+QUADRUPEDE} Mittelhand f, Mittelfuß m ● **rompere gli stinchi a qu** *fig fam*

(*infastidirlo*), jdm auf den Keks/die Nüsse gehen *fam*; **non essere uno ~ di santo** *fig fam* (*non essere modello di onestà*), nicht gerade ein Heiliger sein.

stingere <coniug come tingere> **A** *tr* <avere> **~ qc** {CANDEGGINA, SOLE TESSUTO COLORATO} *etw* (aus|)bleichen, *etw* entfärben **B** *itr* <essere o avere> *itr pron*: **stingersi** {INDUMENTO} aus|bleichen, verblassen: **è una stoffa che non stinge col lavaggio**, der Stoff bleicht beim Waschen nicht aus.

stingiménto *m* **1** *rar* Verblassen n **2** *fig lett* (*perdita di importanza*) Verblassen n, Nachlassen n.

stinsi 1ª *pers sing del pass rem di* stingere.

stinto, (**-a**) **A** *part pass di* stingere **B** *agg* (*sbiadito*) {JEANS} ausgebleicht.

stipàre **A** *tr* (*ammassare*) **~ qu/qc** (+ **compl di luogo**) {TURISTI SUL TRAGHETTO} *jdn/etw irgendwohin* drängen, *jdn/etw* (*irgendwo*) zusammen|drängen, *jdn/etw* (*irgendwo*) zusammen|pferchen; {VESTITI NELLA VALIGIA} *etw* (*irgendwohin*) quetschen, *etw* (*irgendwohin*) stopfen, *etw* (*irgendwohin*) zwängen **B** *itr pron* (*accalcarsi*): **stiparsi + compl di luogo** {GENTE SUL TRAM; PUBBLICO IN SALA} sich *irgendwo* (zusammen|)drängen.

stipàto, (**-a**) *agg* **1** (*ammassato*) **~** (+ **compl di luogo**) {BIANCHERIA NEL CASSETTO} (*irgendwohin*) gequetscht, (*irgendwohin*) gezwängt, (*irgendwohin*) gestopft; {FOLLA SUGLI SPALTI} (*irgendwo*) (zusammen)gedrängt, (*irgendwo*) (zusammen)gepfercht **2** (*affollato*) **~ di qu/qc** {TRENO DI VIAGGIATORI} überfüllt *mit jdm/etw*.

stipendiàre <stipendio, stipendi> *tr* **~ qu** **1** (*prendere al proprio servizio*) {INFERMIERA} *jdn* in|stellen **2** (*retribuire*) {OPERAIO} *jdn* besolden, *jdm* seinen Lohn zahlen; {IMPIEGATO STATALE} *jdm* sein Gehalt zahlen.

stipendiàto, (**-a**) **A** *agg* (*retribuito con uno stipendio*) {ASSESSORE COMUNALE} besoldet; {COLLABORATORE} *anche* entlohnt **B** *m* (f) (*chi riceve uno stipendio*) Lohn-, Gehaltsempfänger(in) *m*(*f*).

stipèndio <-di> *m* **1** {FISSO} Gehalt n, Lohn m: **~ annuo/mensile**, Jahres-/Monatsgehalt n, Jahres-/Monatslohn m; **ha un buono ~ di base**, er/sie hat ein gutes Grundgehalt; **~ lordo/netto**, Brutto-/Nettogehalt n **2** *mil stor* Sold m.

stipétto <dim di stipo> *m* **1** Schränkchen n **2** *mar* Spind *m o* n.

stipite *m* **1** *bot* {+PALMA} Stamm m; {+FUNGO} Stiel m **2** *edil* {+FINESTRA, PORTA} Pfosten m **3** *fig rar* (*ceppo*) Stamm m, Ursprung m.

stipo *m* (*secrétaire*) Schrank m.

stipsi <-> *f med* Verstopfung f.

stipula *f dir* (*stipulazione*) Vereinbarung f; {+CONTRATTO} Abschluss m.

stipulànte *dir* **A** *agg* {SOGGETTO} vertragsabschließend **B** *m* (f) (*chi stipula*) Vertragsschließende *mf decl come agg*, Vertragspartner(in) *m*(*f*), Vertragspartei f, Kontrahent(in) *m*(*f*) **2** *stor* (*creditore*) Gläubiger(in) *m*(*f*) bei einer Stipulation.

stipulàre *tr* **1** (*concludere*) **~ qc** {ACCORDO, ARMISTIZIO} *etw* ab|schließen, *etw* vereinbaren **2** (*redigere*) **~ qc** {POLIZZA} *etw* ab|schließen; (*redigere un contratto*) (*uso assol*) einen Vertrag (ab|)schließen: **le parti stanno stipulando**, die Parteien schließen gerade den Vertrag ab.

stipulazióne *f* **1** (*conclusione*) {+PATTO} Abschluss m, Vereinbarung f **2** *dir* {+CONTRATTO} Abschluss m.

stiracalzóni <-> *m* Hosenpresse f, Hosenbügelmaschine f.

stiracchiàre <stiracchio, stiracchi> *fam* **A** *tr*

~ qc 1 (*sgranchire*) {BRACCIA} *etw* (aus|)strecken **2** *fig fam* (*mercanteggiare*) {PREZZO DI UNA MERCE} (*um etw* acc) handeln, (*um etw* acc) feilschen **3** *fig fam* (*forzare*) {RAGIONAMENTO, SIGNIFICATO} *etw* entstellen, *etw* verdrehen, *etw* verzerren **B** *itr fig fam* (*mercanteggiare*) **~ su qc** {SUL PREZZO, SUL CAMBIO} *um etw* (acc) feilschen, um *etw* (acc) handeln **C** *rfl* (*sgranchirsi*) **1** **stiracchiarsi** sich recken **2** **stiracchiarsi qc**: **stiracchiarsi le gambe**, die Beine ausstrecken.

stiracchiàto, (**-a**) *agg fig fam* (*forzato*) {PROSA} gezwungen; {INTERPRETAZIONE} *anche* entstellend, verdrehend; *slang scuola* (*ottenuto a malapena*) {UN SEI, UNA SUFFICIENZA} knapp.

stiràggio <-gi> *m tecnol* Strecken n, Recken n, Breiten n: **~ del vetro**, Glasstreckung f.

stiramàniche <-> *m* Ärmelbrett n.

stiraménto *m* **1** (*lo stirarsi*) Recken n, Strecken n **2** *med* {+MUSCOLO, TENDINE} Zerrung f.

stirapantalóni → **stiracalzoni**.

stiràre **A** *tr* **1** (*sgranchire*) **~ qc** {BRACCIA} *etw* dehnen, *etw* strecken, *etw* ziehen **2** (*spianare col ferro*) **~** (**qc**) {BIANCHERIA} (*etw*) bügeln: **non mi piace ~**, ich bügle ungern **3** (*lisciare*) **~ qc** {CAPELLI} *etw* glätten **B** *rfl* **1** *fam* (*sgranchirsi*): **stirarsi** sich recken; (*indir*) **stirarsi qc**: **stirarsi le gambe**, die Beine ausstrecken **2** *indir med*: **stirarsi qc** {MUSCOLO} sich (dat) *etw* zerren.

stiràta f (*stiratura veloce*) schnelles Bügeln: **dare una ~ agli asciugamani**, die Handtücher schnell bügeln.

stiratóio <-toi> *m* **1** (*asse da stiro*) Bügelbrett n; (*mollettone*) Molton m **2** (*tavolo da disegno*) Reißbrett n **3** *tess* Streckmaschine f, Strecke f.

stiratóre, (**-trice**, *rar fam* **-a**) *m* (*f*) *tecnol* (*operaio*) Bügler(in) *m*(*f*), Plätter(in) *m*(*f*).

stiratrice f **1** (*addetta alla stiratura*) Büglerin f, Plätterin f **2** *tecnol* Bügelmaschine f **3** *tess* (*stiratoio*) Streckmaschine f, Strecke f, Streckwerk n.

stiratùra f **1** {PERFETTA, A VAPORE; +INDUMENTO, LENZUOLO} Bügeln n, Plätten n; {+CAPELLI} Glätten n **2** *tecnol* {+MATERIALE} Strecken n, Recken n, Breiten n.

stirène *m chim* Styrol n.

stireria f **1** (*laboratorio*) Bügelanstalt f, Büglerei f **2** (*vano*) {+ALBERGO} Bügelraum m; {+CASA} Bügelzimmer n.

Stiria *f geog* Steiermark f.

stiriàno, (**-a**) **A** *agg* steirisch, steiermärkisch **B** *m* (f) (*abitante*) Steirer(in) *m*(*f*), Steiermärker(in) *f*.

stiro **A** *m* **1** {+BIANCHERIA} Bügeln n **2** *tecnol* (*procedimento*) {+PLASTICA, VETRO} Strecken n, Recken n, Breiten n **B** <inv> *loc agg* **1** **da ~**, {ASSE, FERRO, TAVOLO} Bügel- **2 non ~**, {CAMICIA, TENDA} bügelfrei.

stiròlo *m chim* Styrol n.

stirpe f **1** (*discendenza*) {+ENEA, ETRUSCHI} Stamm m: **una ~ di eroi**, ein Heldenstamm **2** (*casato*) {DIVINA, REALE} Geschlecht n, Haus n: **di antica/nobile ~**, aus einem ˌalten Geschlecht˺/[Adelsgeschlecht].

stitica f → **stitico**.

stitichézza f **1** *med* Verstopfung f, Darmträgheit f **2** *fig fam* (*spilorceria*) Geiz m, Knauserei f *fam spreg*, Knickerei f *fam spreg* **3** *fig fam* (*scarsezza*) (*+DISCORSO*) Dürftigkeit f, Fantasie-, Einfallslosigkeit f, Blutleere f; {+SCRITTORE} Schreibhemmung f, Impotenz f *rar*.

stitico, (**-a**) <**-ci, -che**> **A** *agg* **1** *med* {SOGGETTO} zu Verstopfung neigend, an Verstopfung leidend **2** *fig fam* (*spilorcio*) geizig, knaus(e)rig *fam spreg* **3** *fig fam* (*scarso*) {ARTISTA} unschöpferisch, fantasielos, einfallslos, impotent *rar*; {FANTASIA} dürftig, kümmerlich, blutleer **B** *m* (*f*) *med* an Verstopfung Leidende *mf decl come agg.*

stìva f *aero mar* Laderaum m.

stivàggio <-gi> *m aero mar* (Ver)stauen n.

stivalàta *f* (*colpo di stivale*) Stiefelhieb m.

stivàle *m* **1** (*calzatura*) {+GOMMA, PELLE} Stiefel m: **stivali da caccia/pesca**, Jagd-/Fischerstiefel m pl; **stivali all'inglese/alla scuderia**, Stulpen-/Reitstiefel m pl; **mettersi/togliersi un paio di stivali**, sich (dat) die Stiefel an-/ausziehen **2** *fig* (*penisola italiana*): **lo Stivale**, der Stiefel, Italien m **3** *fig* (*boccale a forma di stivale*) Stiefel m ● **calzare gli stivali delle sette leghe** *fig* (*stivali magici*), die Siebenmeilenstiefel anhaben/anziehen; **lustrare/ungere gli stivali a qu**, jdm die Stiefel polieren/einfetten; *fig* (*adularlo*), jdm Honig um den Bart schmieren *fam*, jdm die Stiefel lecken *volg*; **... dei miei stivali** *fig fam spreg* (*che non vale nulla*), nichtsnutzige(r, s) ..., der/die/das Letzte *fam*; **avvocato/governo dei miei stivali**, Winkeladvokat m *spreg*/Pfuscherregierung f *fam spreg*.

stivalétto <dim *di stivale*> *m* {+CUOIO} Halbstiefel m, Stiefelette f ● **malese** (*strumento di tortura*), spanischer Stiefel.

stivalóne <accr *di stivale*> *m* (*stivale alto*) {+GOMMA} Schaftstiefel m: **stivaloni da pescatore**, (Fischer)schaftstiefel m.

stivàre *tr* **1** *aero mar* ~ **qc** {MERCE} etw (ver)stauen **2** *rar* (*stipare*) ~ **qc** (+ ***compl di luogo***) {ABITI NELL'ARMADIO} etw irgendwohin quetschen, etw irgendwohin stopfen, etw irgendwohin zwängen.

stivatóre, (**-trice**) m (*f*) *aero mar* Stauer(in) m(f).

stìzza **A** f (*irritazione*) Ärger m, Gereiztheit f: **avere/provare** ~ **di qc**, sich über etw (acc) ärgern **B** <inv> *loc agg*: **di** ~, {GESTO, MOTO} ärgerlich, gereizt.

stizzìre <*stizzisco*> **A** *tr* (*irritare*) ~ **qu** jdn ärgern: **i tuoi capricci mi stizziscono**, deine Launen ärgern mich **B** *itr pron* (*irritarsi*): **stizzirsi** [**per**/**a causa di**] **qc**) {PER IL CONTRATTEMPO, PER UN NONNULLA} sich über etw (acc) ärgern.

stizzìto, (**-a**) *agg* (*irritato*) gereizt, ärgerlich, verärgert: **mi è parso un po'** ~, er schien mir etwas gereizt/verärgert.

stizzóso, (**-a**) *agg* **1** (*irascibile*) {BAMBINO, TEMPERAMENTO} reizbar, jähzornig, hitzig **2** (*pieno di stizza*) {REAZIONE} ärgerlich, gereizt, hitzig; {SGUARDO} grimmig, erbost **3** *fam* (*insistente*) {TOSSE} hartnäckig.

sto 1ª pers sing ind pres *di stare*.

'**sto**, (**-a**), **sto**, (**-a**) *agg dimostr fam* (*questo*) diese(r, s): **guarda sto cretino!**, schau dir diesen Idioten an! *fam spreg*.

stòa *f arch filos* Stoa f.

stocàstico, (**-a**) <-*ci, -che*> *agg mat* {PROCESSO, VARIABILE} stochastisch.

stoccafisso *m* **1** *gastr* Stockfisch m **2** *fig fam* (*persona magra e rigida*) (dünner) Hering *fam*.

stoccàggio <-*gi*> *m* Lagerung f.

Stoccàrda *f geog* Stuttgart n.

stoccàre <*stocco, stocchi*> *tr* (*immagazzinare*) ~ **qc** {MERCE} etw lagern.

stoccàta f **1** (*colpo di stocco*) Degenstoß m **2** *fig* (*allusione pungente*) Anspielung f, Seitenhieb m, Stich m: **risparmiaci le tue stoccate!**, erspar uns deine Seitenhiebe! **3** *fig* (*stangata*) Anhauen n (um Geld): **mi ha dato una** ~ **di dieci milioni**, er/sie hat mich um zehn Millionen angehauen *fam* **4** *sport* (*nella scherma*) Hieb m **5** *sport* (*nel calcio*) Torschuss m.

stocchìsta → **stockista**.

stòcco <-*chi*> *m* **1** (*spada*) Schwert n **2** (*bastone animato*) Dolchstab m, Stockdegen m.

Stoccólma f *geog* Stockholm n.

stock <-, -*s pl ingl*> *m ingl comm* {+BORSE, CALZE, MATERIE PRIME, PRODOTTI ALIMENTARI} Stock m.

stock house <-, -*s pl ingl*> *loc sost f ingl* (*negozio*) (Factory-)Outlet n, Outlet-Center/Store n, Fabrikladen m, Stock House n.

stockìsta <-*i m, -e f*> *mf* **1** (*compratore*) Aufkäufer(in) m(f) **2** (*chi tiene in deposito*) Fabrikkäufer(in) m(f).

stock option <-, -*s pl ingl*> *loc sost f ingl econ* Stockoption(-Plan) m f.

stòffa *f* **A 1** (*tessuto*) {GIALLA, LEGGERA, A RIGHE, RUVIDA; +COTONE, LANA} Gewebe n, Stoff m **2** *fig fam* (*talento*) Talent n, Zeug n *fam*: **hai la** ~ **del ballerino/banchiere/campione**, du hast das Zeug zum Tänzer/Bankier/Champion; **questa donna ha della** ~, diese Frau hat Talent **B** <inv> *loc agg*: **di/in** ~, {BAMBOLA, RIVESTIMENTO, TOVAGLIA} Stoff-.

stòica f → **stoico**.

stoicìsmo m *filos* Stoizismus m; *fig anche* Gelassenheit f, Gleichmut m: **affrontare/sopportare il dolore con** ~, den Schmerz gelassen auf sich nehmen/[ertragen].

stòico, (**-a**) <-*ci, -che*> **A** *agg filos* {MORALE} stoisch; *fig anche* {COMPORTAMENTO, UOMO} gelassen, gleichmütig, unerschütterlich **B** m (f) *filos* Stoiker(in) m(f); *fig anche* gelassener Mensch.

stoìno → **stuoino**.

stòla f **1** (*sciarpa*) {LUNGA; +ERMELLINO, SETA} Stola f **2** *relig* (*paramento*) Stola f **3** *stor rom* (*tunica femminile*) Stola f.

stolidità <-> f **1** (*stupidità*) Dummheit f **2** *rar* (*azione o discorso stupido*) Dummheit f, Blödsinn m *fam spreg*.

stòlido, (**-a**) **A** *agg* (*stupido*) {PERSONA} blöd(e) *fam*, dumm; (*da stupido*) {FRASE, GESTO} blöd(e) *fam*, dumm **B** m (f) (*persona stupida*) Blödian m *fam spreg*, Dummkopf m *fam*.

stólta f → **stolto**.

stoltézza *f forb* **1** (*ottusità*) Blödheit f *fam*, Dummheit f **2** (*azione o discorso da ottuso*) Dummheit f, Blödsinn m *fam spreg*: **dire/fare delle** ~, Dummheiten/Blödsinn *fam spreg* reden/machen.

stólto, (**-a**) *forb* **A** *agg* (*ottuso*) {PERSONA} töricht *forb*, blöd(e) *fam*, dumm; (*da ottuso*) {ATTEGGIAMENTO, DOMANDA} *anche* beschränkt **B** m (f) (*persona ottusa*) Blödian m *fam spreg*, Dummkopf m *spreg*.

stòma <-*i*> *m* **1** *bot* {+FOGLIA} Stoma n **2** *zoo* {+GASTEROPODE} Stoma n.

stomacànte → **stomachevole**.

stomacàre <*stomaco, stomachi*> **A** *tr* ~ (**qu**) **1** (*dare la nausea*) {PANNA} (jdm) den Magen um|drehen, *jdn* an|ekeln: **l'odore di bruciato stomaca**, der Geruch von Angebranntem dreht einem den Magen um *fam* **2** *fig* (*disgustare*) *jdn* an|ekeln, *jdn* an|widern, *jdn* an|kotzen *volg*: **questo giornale mi ha stomacato**, diese Zeitung hat mich angekotzt *volg*; **nei film la violenza eccessiva stomaca**, die übertriebene Gewalt in den Filmen kotzt einen an *volg* **B** *itr pron*: **stomacarsi (di qc)** **1** (*provare nausea*) {DI LUMACHE} sich vor etw (dat) ekeln, sich vor etw (dat) grausen **2** *fig* (*disgustarsi*) {DEL COMPORTAMENTO DI QU} vor etw (dat) angeekelt/angewidert sein *spreg*: **mi sono stomacato a vedere certe scene**, gewissen Szene fand ich zum Kotzen *volg*.

stomachévole *agg* **1** (*nauseabondo*) {CIBO, ODORE, SAPORE} Ekel erregend, widerlich *spreg*, widerwärtig **2** *fig* (*disgustoso*) {FILM, SERVILISMO} ekelhaft, widerlich *spreg*, abstoßend.

stomàchico, (**-a**) <-*ci, -che*> *farm* **A** *agg* {PREPARATO} Magen-, stomachal *scient* **B** *m* Magenmittel n, Stomachika n *scient*.

stòmaco <-*chi o -ci*> *m* **1** *anche anat* Magen m: **l'alcol rovina lo** ~, Alkohol ruiniert den Magen; **essere debole/delicato/forte di** ~, eine schwachen/empfindlichen/starken Magen haben; **avere lo** ~ **in disordine**, einen verdorbenen Magen haben, sich (dat) den Magen verdorben haben **2** *fig* (*coraggio*) Nerv m: **ci vuole un bello** ~ **per sopportarlo**, man braucht echt Nerven *fam*/[Durchhaltevermögen], um ihn zu ertragen; da gehört schon eine ganze Menge dazu, um ihn zu ertragen; **è una che ha** ~, der Typ hat Nerven *fam* **3** *region* (*ventre*) Bauch m ● **avere sullo** ~ **qu/qc** (*non aver digerito*), {CENA} etw schwer im Magen liegen haben; *fig* (*non sopportare*), {NUORA} jdn nicht aus|stehen/riechen *fam*/ertragen können; **le ho detto tutto quello che avevo sullo** ~, ich habe ihr alles gesagt, was mir im/auf dem Magen lag *fam*; **dare di** ~ (*vomitare*), sich übergeben, (sich) erbrechen; **avere uno** ~ **di ferro/struzzo** *fig* (*digerire tutto senza difficoltà*), einen unverwüstlichen Magen haben; **a** ~ **pieno/vuoto** *anche farm*, mit vollem/leerem Magen; **riempirsi lo** ~ (*mangiare a sazietà*), sich (dat) den Bauch vollschlagen *fam*; **rivoltare lo** ~ **a qu** *anche fig* (*disgustare*), jdm den Magen umdrehen; **rimanere/stare sullo** ~ **a qu** (*essere indigesto*), {PEPERONI} etw liegt jdm schwer im Magen; *fig* (*essere insopportabile*), {COLLEGA, CRITICA, FRASE} jd/etw liegt jdm schwer im/[auf dem] Magen *fam*.

stomatìte *f med* Stomatitis f *scient*.

stomatologìa *f med* Stomatologie f *scient*.

stomatològico, (**-a**) <-*ci, -che*> *agg med* stomatologisch *scient*.

stomatòlogo, (**-a**) <-*gi, -ghe*> m (f) *med* Stomatologe m, (Stomatologin f).

stomizzàre *tr med* ~ **qu** jdn einer Neostomie unterziehen.

stonàre **A** *tr* **1** *mus* ~ (**qc**) {CANTANTE MELODIA, UN LA} (etw) falsch singen; {MUSICISTA UNA NOTA} (etw) falsch spielen **2** *fig fam* (*frastornare*) ~ **qu** {ALCOL, FRACASSO, PUGNO} jdn betäuben **B** *itr fig* (*non intonarsi*) ~ (**con qc**) {TAPPETO CON L'ARREDAMENTO} nicht (zu etw dat) passen; {GIALLO CON IL ROSSO} *anche sich (mit etw dat)* beißen.

stonàta f **1** *fam* (*lo stonare*) {+SOPRANO} Falschsingen n; {+ORCHESTRALE} Falschspiel n, Verspielen n **2** (*nota stonata*) falscher Ton.

stonàto, (**-a**) *agg* **1** *mus* {STRUMENTO} verstimmt; {CANTANTE, VOCE} falsch singend; {MUSICISTA} falsch spielend **2** *fig* (*che non si intona*) {ABITO, COLORE} unpassend **3** *fig fam* (*frastornato*) betäubt, durcheinander, verwirrt: **oggi mi sento un po'** ~, heute fühle ich mich etwas durcheinander ● **essere** ~ (*non cantare bene*), nicht gut singen (können); *fig fam* (*sentirsi frastornato*), sich betäubt/durcheinander/verwirrt fühlen.

stonatùra *f* **1** *mus* {+TENORE} Falschsingen n; {+TROMBETTISTA} Falschspiel n, Verspielen n **2** (*nota stonata*) falscher Ton, Misston m **3** *fig* (*elemento fuori luogo*) Deplatziertheit f, Abgeschmacktheit f: **il tuo intervento fu una** ~, dein Einwurf war ziemlich deplatziert/daneben *fam*/unpassend; **quel mobile d'epoca è una** ~ **in un ambiente così moderno**, diese antike Möbelstück passt überhaupt nicht in einen so modern eingerichteten Raum⌋/[ist in einem so modernen Raum deplatziert/fehl am Platz] **4** *fig fam* (*frastornamento*) Verwirrung f.

stop Ⓐ *inter* **1** halt!: **indietro, indietro... ~!**, rückwärts, rückwärts..., halt! **2 arriviamo domani ~**, ankommen morgen stopp Ⓑ <-> m **1** (*ordine di fermarsi*) Haltebefehl m, Stoppruf m: **la polizia ha intimato lo ~**, die Polizei befahl stehen zu bleiben **2** (*cartello stradale*) Stoppschild n: **(non) hai rispettato lo ~?**, hast du das Stoppschild (nicht) eingehalten?; **dovevi fermarti allo ~**, du hättest am Stoppschild halten müssen **3** *autom* Bremslicht n **4** *sport* (*nel calcio*) Stoppen n, Stoppball m; (*nel pugilato*) Stoppschlag m **5** *tel* Stopp n.

stop and go <-> *loc sost* m *ingl* **1** Stop and Go n: **il traffico cittadino con i suoi continui stop and go**, der Stadtverkehr mit seinem ständigen Stop and Go **2** *fig* (*interruzione e ripresa*) {+INCHIESTA GIUDIZIARIA} Stop and Go n **3** *autom sport* Stop and Go n.

stóppa f Werg n ● **di ~** *fig* (*biondastro e arido*), {BARBA, CAPELLI} strohig; (*fiacco*) {GAMBE} wack(e)lig; (*senza personalità*): **uomo di ~**, Popanz m *spreg*, Schlappschwanz m *fam spreg*, Waschlappen m *fam spreg*; **essere/sembrare di ~** (*duro e filaccioso*) {CARNE} zäh wie Leder sein.

stoppacciòso, (-a) *agg* (*stopposo*) {BARBA} stoppelig; {BISTECCA} zäh (wie Leder); {FRUTTO} strohig.

stoppàre① *tr* **1** (*arrestare*) **~ qu/qc** {MACCHINA IN MOVIMENTO} jdn/etw an|halten **2** *sport* (*nel calcio, nel pugilato*) **~ qc** {DIRETTO, PALLA} etw stoppen.

stoppàre② *tr* (*turare*) **~ qc** {FALLA} etw (ver)stopfen.

stoppàta f *sport* Stoppen n.

stòpper <-, -s *pl ingl*> m *ingl sport* (*nel calcio*) Stopper m.

stóppia f <*di solito al pl*> Stoppel f: **bruciare le stoppie**, die Stoppeln abbrennen.

stoppìno <*dim di stoppa*> m **1** (*lucignolo*) {+CANDELA, LUME A PETROLIO} Docht m **2** (*miccia*) Zündschnur f **3** *tess* {+CANAPA, LINO} Vorgarn n, Vorgespinst n ● **a ~** *tecnol* (*procedimento*), {LUCIDATURA, VERNICIATURA} Docht-.

stoppóso, (-a) *agg* {CAPELLI, LIMONE} strohig; {CARNE} zäh (wie Leder).

stòrcere <*coniug come torcere*> Ⓐ *tr* **1** (*piegare*) **~ qc** {CANDELA, CHIODO} etw krümmen, etw verbiegen; {CORDA} etw entzwirbeln; **~ qc a qu** {LOTTATORE BRACCIO ALL'AVVERSARIO} jdm etw verdrehen **2** (*fare una smorfia*) **~ qc** {BOCCA, LABBRA, MUSO} etw verziehen; {NASO} etw rümpfen **3** *fig* (*stravolgere*) **~ qc** {SENSO DI UNA FRASE} etw entstellen, etw verdrehen *fam spreg*: **~ le parole della moglie**, seiner Frau die Worte im Munde (her)umdrehen Ⓑ *tr pron* (*piegarsi*): **storcersi** {ALBERO, BASTONCINO DA SCI} sich verbiegen Ⓒ *rfl* **1** (*contorcersi*): **storcersi per qc** {PER IL DOLORE} sich *vor* etw (dat) krümmen, sich *vor* etw (dat) winden **2** *indir* (*slogarsi*): **storcersi qc** {BRACCIO, CAVIGLIA, MANO, PIEDE} sich (dat) etw verstauchen, sich (dat) etw verrenken.

stordiménto m **1** (*frastornamento*) Betäubung f, Benommenheit f, Verwirrung f, Rammdösigkeit f *fam*: **lo ~ dovuto alla caduta**, die vom Sturz herrührende Benommenheit; **lo ~ provocato dalla sbornia**, der Kater *fam* **2** (*sbigottimento*) {+BRUTTA NOTIZIA} Bestürzung f *durch* etw (acc.)

stordìre <*stordisco*> Ⓐ *tr* **1** (*frastornare*) **~ qu** {PROFUMO, MAL DI TESTA, URLA} jdn betäuben, jdn benommen machen; {COCKTAIL, VINO} *anche* jdn benebeln (*uso assol*) benommen/rammdösig *fam* machen: **è una musica che stordisce**, die Musik macht (einen) ganz benommen/rammdösig *fam* **2** (*tramortire*) **~ qu con qc** {CON UN PUGNO} jdn/etw (*mit* etw dat) betäuben **3** *fig* (*sbigottire*) **~ qu** jdn ganz durcheinander|bringen, jdn bestürzen, jdn um|hauen *fam*: **la notizia ci ha stordito**, die Nachricht hat uns ganz durcheinandergebracht; (*uso assol*) um|hauen *fam*; **sono cose che stordiscono**, so was haut einen um! *fam* Ⓑ *rfl fig* (*frastornarsi*): **stordirsi** (+ *compl di modo*) {CON L'ALCOL} sich (*mit* etw dat) betäuben, {CON IL LAVORO, CON LA MUSICA} *anche* sich (*mit* etw dat) lenken: **si stordisce stando tutto il giorno davanti alla tv**, er/sie betäubt sich, indem er/sie den ganzen Tag vorm Fernseher sitzt.

stordìto, (-a) Ⓐ *agg* **1** (*frastornato*) betäubt, benommen **2** (*tramortito*) betäubt, besinnungslos **3** *fig* (*sbigottito*) durcheinander, verwirrt **4** *fig fam* (*sbadato*) fahrig, zerstreut, gedankenlos: **che ~ sono, ho dimenticato le chiavi!**, bin ich zerstreut, ich habe die Schlüssel vergessen! Ⓑ m (f) *fam* (*persona sbadata*) zerstreuter/gedankenloser Mensch, zerstreuter Professor *scherz*: **non fidarti di lui, è uno ~**, trau ihm nicht, er ist sehr zerstreut.

stòria f **1** *gener anche scuola università* {+ITALIANA, POLITICA, ROMANA, SOCIALE, UNIVERSALE; +CINEMA, CIVILTÀ, DIRITTO, EUROPA, NAZIONE, ROCK, TEATRO} Geschichte f: **~ antica/medievale/moderna**, Alte/Mittlere/Neue Geschichte, Geschichte f des Altertums/des Mittelalters/der Neuzeit; **~ dell'arte**, Kunstgeschichte f; **~ contemporanea**, Zeitgeschichte f; **~ della letteratura/lingua tedesca**, deutsche Literatur-/Sprachgeschichte f; **la ~ del Risorgimento**, die Geschichte des Risorgimento(s) **2** (*opera storiografica*) Geschichte f: **la ~ d'Italia in cinque volumi**, die italienische Geschichte in fünf Bänden; **la ~ illustrata**, die Geschichte in Bildern, die illustrierte Geschichte **3** (*evoluzione*) (Entwicklungs)geschichte f: **~ della terra**, Erdgeschichte f; **~ dell'uomo**, Menschheitsgeschichte f, (Entwicklungs)geschichte f des Menschen **4** (*serie di vicende*) {DIVERTENTE, PENOSA} Geschichte f: **ci ha raccontato la triste ~ della sua vita**, er/sie hat uns seine/ihre traurige Lebensgeschichte erzählt; **~ di vita vissuta**, erlebte Geschichte **5** (*faccenda*) {COMPLICATA, LOSCA, SERIA} Geschichte f *fam*, Angelegenheit f: **una ~ di donne/droga**, eine Frauen-/Drogengeschichte f *fam*; **basta con questa ~!**, genug davon!; **è sempre la solita ~**, es ist immer dasselbe/[die gleiche Geschichte]; **è tutta un'altra ~**, das ist ⌊etwas ganz anderes⌉/[eine ganz andere Geschichte *fam*]; **è una vecchia ~**, das ist eine alte Geschichte *fam* **6** (*racconto*) {+GUERRA} Geschichte f, Erzählung f: **~ di un viaggio in India**, Erzählung f einer Indienreise; (*favola*) Geschichte f, Märchen n; **la ~ di Cenerentola**, das Märchen vom Aschenputtel; **mi racconti una ~?**, erzählst du mir eine Geschichte/ein Märchen? **7** (*frottola*) Märchen n *fam*, Geschichte f *fam*, Unsinn m: **mi stai raccontando un sacco di storie**, du erzählst mir doch gerade einen Haufen Märchen *fam*; **è tutta una ~, non me la bevo!**, das ist doch alles erstunken und erlogen, das lasse ich mir nicht aufbinden/weismachen! *fam*; **sono tutte storie!**, das sind doch alles Märchen! *fam*, das ist doch alles Unsinn! *fam* **8** <*di solito al pl*> (*discussioni*) {+una ~ di pl} Diskussionen f pl: **su, non fare tante storie**, komm, ⌊stell dich nicht so an⌉/[mach keine langen Geschichten]! *fam*; **eh, quante storie!**, so ein Unsinn! *fam*; **poche storie, si parte subito!**, keine Diskussionen, Abfahrt ist jetzt gleich!; **vorrei evitare storie in famiglia**, ich würde gern ein Familiendrama/[familiäre Auseinandersetzungen] vermeiden **9** (*flirt*) Affäre f, Flirt m, Verhältnis n: **ha una ~ con la segretaria**, er hat ⌊was mit seiner Sekretärin (laufen) *fam*⌉/[eine Affäre mit seiner Sekretärin] ● **d'amore**, Liebesgeschichte f; **non avere più ~** (*avere un esito scontato*), absehbar/vorauszusehen sein; **dopo il primo round l'incontro non ha più avuto ~**, nach der ersten Runde war der Ausgang des Kampfes vorauszusehen; **entrare nella ~** (*essere ricordato*), in die Geschichte eingehen; **fare ~** (*costituire un momento importante*), Geschichte machen; **~ infinita** (*che si protrae nel tempo*), unendliche Geschichte; **~ lunga** (*vicenda complicata che ha delle conseguenze*), das ist eine lange Geschichte; **~ naturale** *scient*, Naturgeschichte f, Naturkunde f; **passare alla ~** (*essere ricordato dai posteri*), {+AVVENIMENTO, RIVOLUZIONARIO} in die Geschichte eingehen; **~ sacra** *relig*, biblische Geschichte; **senza ~** (*di scarsa importanza*), nicht erwähnenswert, kaum der Rede wert, belanglos; (*privo di eventi significativi*), {PARTITA} ohne jeden Reiz, uninteressant, eintönig; **la ~ è maestra di vita** *prov*, die Geschichte ist eine Lehrmeisterin für das Leben.

storiàccia <-ce, *pegg di storia*> f **1** (*brutta storia*) schreckliche/scheußliche Geschichte **2** (*brutto episodio*) widerliche Geschichte *spreg*: **una ~ di droga e corruzione**, eine widerliche Drogen- und Korruptionsgeschichte *spreg*.

stòrica f → **storico**.

storicaménte *avv* **1** (*in una prospettiva storica*) geschichtlich, historisch: **analizzare ~ la prima metà del '900**, die erste Hälfte des 20. Jahrhunderts geschichtlich analysieren **2** (*realmente*) historisch: **un avvenimento ~ accertato**, ein historisch erwiesenes Ereignis.

storicìsmo m *filos* Historismus m, Historizismus m.

storicìsta <-i m, -e f> mf *filos* Historist(in) m(f) m.

storicìstico, (-a) <-ci, -che> *agg filos* historistisch.

storicità <-> f **1** (*valore storico*) {+PENSIERO, TEORIA} Historizität f **2** (*realtà storica*) {+EVENTO, PERSONAGGIO} Historizität f.

storicizzàre *tr* **~ qc** {LETTERATURA, OPERA D'ARTE} etw historisieren.

stòrico, (-a) <-ci, -che> Ⓐ *agg* **1** (*relativo alla storia*) {NEMESI, OPERA, RICERCA, ROMANZO} geschichtlich, historisch: **mancare di senso ~**, keinen Sinn für Geschichte haben **2** (*appartenente alla realtà*) {FATTO, PERSONAGGIO} historisch **3** (*relativo alla storia recente*) {AVANGUARDIA, SINISTRA} der jüngeren Geschichte: **leader ~**, historische Führergestalt **4** (*antico*) {EDIFICIO} historisch: **centro ~**, Altstadt f, historisches Zentrum **5** (*relativo alle origini di un movimento*) {SOCIALISMO} historisch **6** (*memorabile*) {DATA, DECISIONE} denkwürdig, historisch, geschichtsträchtig **7** (*mai raggiunto prima*) historisch: **la disoccupazione ha raggiunto il massimo/minimo ~**, die Arbeitslosigkeit hat ihren historischen Höhe-/Tiefpunkt erreicht Ⓑ m (f) (*studioso*) Historiker(in) m(f).

storièlla <*dim di storia*> f **1** (*aneddoto*) kleine Geschichte, Anekdote f, Anekdötchen n *fam*, Histörchen n *fam* **2** (*barzelletta*) {PICCANTE, SPINTA} Witz m **3** <*di solito al pl*> (*frottola*) Lüge f, Märchen n *fam*, Ausrede f: **è una delle tue solite storielle per non venire**, das ist eine deiner typischen Ausreden, um

nicht zu kommen.
storiògrafa f → **storiografo**.
storiografìa f Geschichtsschreibung f, Historiographie f *forb*.
storiogràfico, (-a) <-ci, -che> agg {INDAGINE, OPERA} historiografisch *forb*.
storiògrafo, (-a) m (f) Geschichtsschreiber(in) m(f), Historiograph(in) m(f).
storióne m *itt* Stör m.
stormìre <stormisco> itr (*frusciare*) {FRONDE} rascheln.
stórmo A m 1 *anche fig* {+CAVALLETTE, RONDINI, TURISTI} Schar f, Schwarm m 2 *aero mil* {+BOMBARDIERI} Geschwader n B *loc avv* (*in gruppo*): **a stormi**, scharenweise; **arrivare/volare a stormi**, scharenweise ankommen/fliegen ● **s(u)onare a ~ fig** (*a martello*) f, Sturm läuten.
stornàre tr 1 (*allontanare*) ~ **qc** {DUBBIO, MINACCIA, SCANDALO} *etw* ab|wenden 2 *fig* (*dissuadere*) ~ **qu da qc** {DA UN PROPOSITO} *jdn von etw* (dat) ab|lenken 3 *comm* ~ **qc** {ORDINE} *etw* stornieren 4 *contabilità* ~ **qc** {SOMMA} *etw* rück|buchen, *etw* stornieren.
stornellàta f 1 (*canto di stornelli*) Singen n von Stornelli 2 (*insieme di stornelli*) Stornelli m pl.
stornellatóre, (-trice) m (f) Sänger(in) m(f) von Stornelli.
stornèllo[1] m (*canto popolare*) {ROMANO, TOSCANO} Stornello m.
stornèllo[2] m *ornit* Star m.
stórno[1] m *ornit* Star m.
stórno[2] m 1 *comm* (*annullamento*) {+CREDITO} Stornierung f 2 *contabilità* (*trasferimento*) Rückbuchung f, Stornierung f, Storno m o n.
stórno[3], (-a) agg (*puntinato di bianco*) {MANTELLO} eines Grauschimmels: **cavallo ~**, Grauschimmel m.
stòrpia f → **storpio**.
storpiàre <storpio, storpi> A tr 1 (*rendere storpio*) ~ **qc** (**a qu**) {CADUTA GAMBA A UN OPERAIO} (*jdm*) *etw* verkrüppeln; ~ **qu** {INCIDENTE} *jdn* zum Krüppel machen, *jdn* verkrüppeln 2 *fig* (*deformare*) ~ **qc** {BATTUTA, CANZONE, POESIA} *etw* entstellen, *etw* verunstalten, *etw* verhunzen *fam spreg*; {PRONUNCIA} *etw* verstümmeln: **quando parla in italiano storpia le parole**, wenn er/sie Italienisch spricht, radebrecht er/sie B *itr pron* (*diventare storpio*): **storpiarsi** {CANE, CAVALLO} zum Krüppel werden: **si è storpiato cadendo da cavallo**, er ist durch einen Sturz vom Pferd zum Krüppel geworden.
storpiàto, (-a) A agg 1 (*reso storpio*) {PIEDE, RAGAZZO} verkrüppelt 2 *fig* (*deformato*) {STROFA, TESTO} entstellt, verunstaltet, verhunzt *fam spreg*; {NOME, PAROLA} verstümmelt: **parla un tedesco ~**, er/sie spricht gebrochen Deutsch B m (f) (*persona storpia*) Krüppel m.
storpiatùra f 1 (*distorsione*) {BRUTTA} Verkrüpp(e)lung f 2 *fig* (*deformazione*) {+TESTO, VERSO} Entstellung f, Verunstaltung f, Verhunzung f *fam spreg*: **parla il francese con qualche ~**, er/sie spricht etwas gebrochen Französisch.
stòrpio, (-a) <-pi m> A agg 1 {ANIMALE, UOMO} verkrüppelt: **è rimasto ~ in seguito a un incidente**, er ist in Folge eines Unfalls verkrüppelt B m (f) (*persona storpia*) Krüppel m.
stòrsi 1ª *pers sing del pass rem di* **storcere**.
stòrta[1] f 1 (*torsione*) Biegung f, Krümmung f: **dare una ~ a qc**, *etw* krümmen 2 *fam* (*distorsione*) Verstauchung f: **ho preso una ~ al piede**, ich habe mir den Fuß verstaucht.

stòrta[2] f 1 *chim* (*recipiente*) Retorte f 2 *rar* (*pappagallo per urinare*) Urinflasche f 3 *stor* (*arma bianca*) Krumm-, Türkensäbel m.
stortàre *fam* → **storcere**.
stortézza f (*l'essere storto*) {+SBARRA, TUBO} Schiefe f, Krummheit f, Schiefheit f.
stòrto, (-a) A agg 1 (*curvo*) {ALBERO, BOCCA} schief; {CHIODO, GAMBE, NASO, ZAMPE} *anche* krumm 2 (*strabico*) {OCCHIO} schielend 3 (*messo di traverso*) {CRAVATTA, MOBILE, RIGA} schief 4 *fig* (*sbagliato*) {IDEA, RAGIONAMENTO} absurd, verdreht *fam spreg* 5 *fig fam* (*negativo*) {GIORNATA} schlecht: **oggi mi va tutto ~**, heute geht mir alles schief/daneben *fam* B *avv* 1 (*incurvato*) {STARE SEDUTO} krumm 2 (*di traverso*) {CRESCERE, PARCHEGGIARE} schief 3 *fig* (*male*) {ANDARE, GUARDARE} schief.
stortùra f 1 (*stortezza*) Krummheit f, Schiefheit f 2 *fig* (*deformazione*) {MENTALE} Knacks m *fam* 3 *fig* (*ingiustizia*) Ungerechtigkeit f: **le storture del mondo**, die Ungerechtigkeiten der Welt, was in der Welt schiefläuft *fam*.
story <-, -ries pl *ingl*> f *ingl* 1 *film* (*soggetto*) Story f 2 *giorn* Story f *fam*.
story board <-, -s pl *ingl*> *loc sost* m *ingl film TV* Storyboard n.
stovìglie f pl Geschirr n: **lavare le ~**, (das Geschirr) spülen.
stozzàre tr ~ **qc** 1 (*in oreficeria*) *etw* fassonieren, *etw* formen 2 *tecnol etw* stoßen.
stozzatrice f *tecnol* Stoßmaschine f.
stòzzo m 1 (*in oreficeria*) Ziselierpunze f 2 *tecnol* Nuten-, Auskehlfräser m.
stra- *pref* 1 (*fuori*) außer-, Außer-: **stragiudiziale**, außergerichtlich; **straordinarietà**, Außerordentlichkeit f; **straripare**, über die Ufer treten 2 (*eccesso*) zu viel: **strafare**, zu viel machen, (es) übertreiben; **stravizio**, Ausschweifung 3 (*con valore superlativo*) stein-, knall- *fam*: **straricco**, steinreich; **strapieno**, knallvoll *fam*.
stràbico, (-a) <-ci, -che> A agg {OCCHIO, SGUARDO} Schiel-, schielend: **quella donna è strabica da un occhio**, die Frau schielt auf einem Auge B m (f) Schielende mf *decl come agg*.
strabiliànte agg (*sbalorditivo*) {NOVITÀ, RISULTATO, SPETTACOLO} überwältigend, verblüffend.
strabiliàre <strabilio, strabili> A tr (*sbalordire*) ~ **qu** (**con qc**) {SPETTATORI CON UN TRIPLO SALTO MORTALE} *jdn* (*mit etw* dat) verblüffen: **la notizia mi ha strabiliato**, die Nachricht hat mich verblüfft/umgehauen *fam* B *itr* (*rimanere stupito*) überwältigt/verblüfft/sprachlos sein: **di fronte a tanta bellezza c'è da ~**, vor so viel Schönheit bleibt einem die Luft weg *fam*, so viel Schönheit verschlägt einem den Atem.
strabiliàto, (-a) agg (*sbalordito*) überwältigt, verblüfft, sprachlos: **è rimasto ~**, er war überwältigt, ihm blieb die Sprache/Luft/Spucke weg *fam*.
strabismo m *med* Schielen n, Strabismus m *scient*: ~ **convergente/divergente**, Einwärts-/Auswärtsschielen n, Strabismus m convergens/divergens *scient* ● ~ **di Venere** (*leggero strabismo nelle donne*), Silberblick m *fam scherz*.
straboccàre <strabocco, strabocchi> *itr fam* 1 (*essere o avere*) (*fuoriuscire*) ~ **da qc** {CAFFÈ DALLA TAZZINA} *aus etw* (dat) über|fließen 2 (*avere*) (*essere pieno*) ~ **di qc** {BICCHIERE DI ACQUA} übervoll (*mit etw* dat) sein, bis an den Rand voll sein (*mit etw* dat) 3 (*avere*) *fig* (*es-

sere colmo*) ~ **di qu** {TEATRO DI SPETTATORI} (*mit jdm*) überfüllt sein; ~ **di qc** {CUORE DI GIOIA} *vor etw* (dat) über|strömen, *vor etw* (dat) überfließen; {CITTÀ DI PROBLEMI} (voll (*von*) *etw* (dat)/+ gen *forb*]/[voller *etw* (nom o gen)] sein.
strabuzzàre tr (*stralunare*) ~ **qc** *etw* verdrehen: **strabuzzò gli occhi e cadde**, er/sie verdrehte die Augen und stürzte.
stracàrico, (-a) <-chi, -che> agg *fam anche fig* ~ (**di qc**) {AUTOBUS DI GENTE, MACCHINA DI BAGAGLI} (*mit etw* dat) überfüllt, (*mit etw* dat) überladen: **in questo periodo sono ~ di lavoro**, zurzeit [versinke ich in Arbeit]/[bin ich mit Arbeit überladen].
straccàre <stracco, stracchi> *fam* A tr (*stancare*) ~ **qu** *jdn* an|strengen, *jdn* ermüden, *jdn* müde/kaputt *fam* machen; ~ **qc** {SFORZO BRACCIA} *etw* ermüden, *etw* an|strengen; {LAVORO} (*uso assol*) müde machen, an|strengen B *itr pron* (*stancarsi molto*): **straccarsi a fare qc** {A GUIDARE, A LAVORARE} sich *bei etw* (dat) an|strengen.
stracchino m *gastr* Stracchino m (*Schimmelkäse aus der Lombardei*).
stracciaiòlo, (-a) m (*straccivendolo*) Lumpensammler(in) m, Lumpenhändler(in) m(f).
stracciàre <straccio, stracci> A tr 1 (*strappare*) ~ **qc** (**a qu**) {FOGLIO, GIORNALE, GONNA, LENZUOLO} (*jdm*) *etw* zerfetzen, (*jdm*) zerreißen 2 *fam sport* (*battere*) ~ **qu/qc** {AVVERSARI, FORMAZIONE AVVERSARIA} *jdn/etw* schlagen 3 *tess* (*sfilacciare*) ~ **qc** *etw* vom Kokon ab|haspeln B *rfl indir* (*strapparsi*): **stracciarsi qc** {BAMBINO CAMICIA} sich (dat) *etw* zerfetzen, sich (dat) *etw* zerreißen C *itr pron* (*strapparsi*): **stracciarsi** {FOTOGRAFIA} (zer)reißen; {VESTITO} *anche* kaputt|gehen *fam*.
stracciatèlla f *gastr* 1 (*minestra*) Einlaufsuppe f 2 (*gelato*) Stracciatella(-Eis) n (*Vanilleeis mit Schokoladenstückchen*).
stracciàto, (-a) agg 1 (*strappato*) {LETTERA, VESTITO} zerrissen 2 (*sbrindellato*) abgerissen, zerlumpt: **va sempre in giro tutto ~**, er läuft immer total abgerissen rum *fam* 3 *fig* (*molto basso*) {PREZZO} Schleuder- *fam*.
stràccio[1] <-ci> m 1 (*cencio*) Lappen m, Lumpen m: **fare stracci di qc**, Lumpen aus *etw* (dat) machen; ~ **per i pavimenti/vetri**, Aufnehmer m, Aufwischlappen m; ~ **per la polvere/spolverare**, Staublappen m; **passare lo ~ per terra**, den Boden wischen 2 <*di solito al pl*> *fam spreg* Klamotten f pl *fam*, Lumpen m pl *spreg*, Fummel m pl *fam*: **è sempre vestito di stracci**, er hat immer irgendwelche Lumpen an *spreg*; **prendi i tuoi quattro stracci e vattene!**, pack deine Klamotten/Siebensachen (zusammen) und verschwinde! *fam* ● **uno ~ di qu/qc** *fig fam* (*nessun*) **non riesco a trovare uno ~ di lavoro**, ich finde nicht einmal einen popeligen/lumpigen Job *fam spreg*; **non ha uno ~ di fidanzata**, er hat nicht einmal eine lumpige Freundin *fam spreg*; **non ho uno ~ di vestito da mettere**, ich habe nicht einen Fummel zum Anziehen *fam*; **ridurre uno ~ qc** (*sciupare*), {INDUMENTO} *etw* abwetzen, *etw* sehr zerknittern, *etw* abnutzen; *fig* (*debilitare*) {MALATTIA RAGAZZO} *jdn* kaputt|machen *fam*, *jdn* sehr schwächen, *jdn* entkräften; **ridursi/essere ridotto/diventare uno ~ fig** (*deperire*), auf dem Zahnfleisch gehen *fam*, zerschlagen/[(wie) gerädert *fam*] sein; **sentirsi uno ~ fig** (*essere a terra*), sich ganz erschöpft/kaputt

stràccio *fam* fühlen; *trattare* qu *come uno ~ fig* (*trattarlo male*), jdn wie den letzten Dreck behandeln *fam*.

stràccio②, (-a) <-ci, -ce> *agg* {CARTA} Alt-: **roba straccia**, Lumpen *pl*.

straccióne, (-a) **A** *m* (*f*) **1** (*persona vestita di stracci*) abgerissener/zerlumpter Mensch **2** *fig spreg* (*pezzente*) Penner *m fam spreg*: **sembri uno ~**, du siehst aus wie ein Penner *fam spreg* **B** *agg fig spreg* (*miserevole*) {IMPERIALISMO} elend, erbärmlich.

straccivéndolo, (-a) *m* (*f*) Lumpensammler(in) *m*(*f*), Lumpenhändler(in) *m*(*f*).

stràcco, (-a) <-chi, -che> *agg fam* **1** (*stanco*) {ANIMALE, UOMO} erledigt *fam*, kaputt *fam*, fertig *fam*: **avere le gambe stracche**, schwere/müde Beine haben **2** (*fiacco*) {ANDATURA, RACCONTO} lahm **3** *fig* (*esaurito*) {AMORE} erloschen; {TERRENO} ausgelaugt.

stracólmo, (-a) *agg fam* ~ (*di qc*) **1** (*strapieno*) {BICCHIERE DI VINO} randvoll (*mit etw dat*); {TRAM DI PASSEGGERI, VALIGIA DI VESTITI} (*mit etw dat*) (voll)gefüllt: **un cucchiaio ~ di zucchero**, ein gehäufter Löffel Zucker **2** *fig* (*traboccante*) {ANIMO DI GIOIA} voll (*von*) *etw* (*dat*)/+ *von forb*, voller *etw* (*nom o gen*), (*von/mit etw dat*) erfüllt.

stracontènto, (-a) *agg fam* (*contentissimo*) überglücklich.

stracòtto, (-a) **A** *agg* **1** (*molto cotto*) {PASTA} (zu) lange gekocht, verkocht **2** *fig* (*innamoratissimo*) total verknallt/verschossen *fam*, verliebt/verknallt *fam* wie ein Schnitzel *scherz*: **è ~ di lei**, er ist total verknallt/verschossen in sie *fam* **B** *m gastr* (*stufato*) Schmorbraten *m*.

stracuòcere <*coniug come* cuocere> *tr* (*cuocere troppo*) ~ **qc** {CARNE, VERDURA} *etw* (*zu*) lange kochen, *etw* verkochen lassen.

stràda A *f* **1** *gener* {CARROZZABILE, DESERTA, SCOSCESA, STERRATA, STRETTA} Straße *f*: **~ bianca**, Schotterweg *m*; **~ consolare**, "Straße *f*, die einem römischen Konsul benannte Reichsstraße"; **~ provinciale/statale**, Provinz-/Staatsstraße *f*; (*in Germania*) Land-/Bundesstraße *f*; **~ in discesa/salita**, ⌊abfallende Straße⌋/⌊ansteigende Straße, Steige *f süddt A*⌋; **~ maestra**, Hauptstraße *f*; **~ di montagna**, Gebirgs-, Bergstraße *f*; **~ panoramica**, Panoramastraße *f*; **~ principale/secondaria**, Haupt-/Nebenstraße *f*; **~ privata/vicinale**, Privatstraße *f*, Privatweg *m*; **~ a senso unico**, Einbahnstraße *f*; **~ traversa**, Querstraße *f*; **questa ~ conduce/porta/va a Milano**, diese Straße führt/geht nach Mailand **2** (*tragitto*) {LUNGA, TORTUOSA} Weg *m*: **cambiare ~**, einen anderen Weg einschlagen; **seguimi, conosco/so la ~**, folge mir, ich kenne den Weg; **che ~ fai?**, wie fährst/gehst du?; **la città è a ⌊10 km⌋/⌊un'ora⌋ di ~**, die Stadt ist ⌊10 km⌋/⌊eine Stunde⌋ von hier; **indicare la ~ a qu**, jdm den Weg zeigen/erklären; **perdere/smarrire la ~**, sich verirren; (*a piedi*) sich verlaufen; (*in bicicletta, macchina, moto*) sich verfahren; **sono di ~, se vuoi ti accompagno**, wir haben den gleichen Weg, wenn du willst, begleite ich dich **3** (*passaggio*) Weg *m*: **aprirsi la ~ tra ⌊la folla⌋/⌊i rovi⌋**, sich (*dat*) einen Weg ⌊durch die Menge⌋/[durchs Gebüsch] bahnen **4** *fig* (*condotta*) Weg *m*: **seguire la ~ della perdizione/virtù**, den Weg des Lasters/der Tugend gehen **5** *fig* (*indirizzo*) {+INSEGNAMENTO, RICERCA} Weg *m*: **abbiamo preso strade diverse**, wir sind verschiedene Wege gegangen **6** *fig* (*modo*) Weg *m*: **non ⌊c'è⌋/⌊vedo⌋ altra strada**, ⌊es gibt⌋/⌊ich sehe⌋ keinen anderen Weg; **la ~ per riuscire è quella**, das ist der Weg zum Erfolg **B** <*inv*> *loc agg* **1** *anche spreg* **da/di ~**, {ARTISTA, DONNA, RAGAZZO} Straßen- **2** *anche sport*: **fuori ~**, {CIRCOLAZIONE, GARA} Gelände- **3** *su* ~ {TRAFFICO, TRASPORTO} Straßen- **4** *sport* (*nel ciclismo*): **su ~** {CORSA} Straßen- **C** *loc avv*: **su ~ 1** {TRASPORTARE} auf der Straße **2** *sport* (*nel ciclismo*) {CORRERE} auf der Straße ● **aprire/fare/spianare la ~ a qu** *fig* (*agevolarlo*), jdm den Weg ebnen, jdm die Steine aus dem Weg räumen; **aprire la ~ a qc** *fig* (*favorirne il successo*), *etw* (*dat*) den Weg ebnen; **~ battuta** (*molto frequentata*), belebte/befahrene Straße; **essere sulla buona ~** *fig* (*agire nel modo giusto*), auf dem richtigen Weg sein; **essere/mettersi sulla/su una cattiva ~** *fig* (*agire in modo immorale o disonesto*), auf ⌊eine schlechte⌋/⌊die schiefe⌋ Bahn geraten sein, auf Abwegen sein; **cambiare ~** *fig* (*modificare un progetto, un'intenzione, ecc.*), den eingeschlagenen Kurs ändern; **trovare la ~ del cuore** (*di qu*) *fig* (*il modo di farsi voler bene*), den Schlüssel zum(/zu jds) Herzen finden; **dare sulla ~** (*affacciarsi*), {BALCONE} zur/[auf die] Straße (hin) gehen; **divorare la ~** *fig* (*andare veloce*), Kilometer fressen *fam*; **fare ~** (*percorrerla*), fahren; **con questa benzina l'auto fa molta/poca ~**, mit diesem Benzin fährt das Auto weit/[nicht weit]; *fig* (*fare progressi*), vorwärtskommen; **ne ha fatta di ~ quel ragazzo!**, der Junge hat es wirklich zu etwas gebracht!; **~ facendo** (*durante il viaggio*), unterwegs; **fare ~ a qu** *fig* (*accompagnarlo in un luogo*), jdn begleiten; **farsi ~** (*aprirsi un passaggio*), sich (*dat*) einen Weg bahnen; *fig* (*emergere*), {DUBBIO} aufstauchen; *fig* (*affermarsi*), {ATTORE} ⌊seinen Weg⌋/[Karriere] machen, sich vorwärtskämpfen; **fermarsi a metà/mezza ~** (*a metà percorso*), auf halber Strecke stehen bleiben/anhalten; **fermarsi a metà ~** *fig* (*non andare fino in fondo*), auf halbem Weg(e) stehen bleiben/umkehren; **fermarsi per ~ a fare qc** (*durante il viaggio*), unterwegs anhalten, um *etw* zu tun; **~ ferrata** (*ferrovia*), Schienenstrecke *f*, Schienenweg *m*; **fuori ~** *autom*: **andare, finire fuori ~**, von der Straße abkommen; **essere fuori ~** *fig* (*sbagliarsi*), auf dem Holzweg/[falschem Weg] sein; **mettere/portare qu fuori ~** (*far sbagliare direzione*), jdn die falsche Richtung einschlagen lassen; *fig* (*fuorviare*) jdn irreführen, irreleiten; **cercare/scegliere/trovare ⌊la ~ giusta⌋/⌊la propria ~⌋** *fig* (*occupazione o stile di vita più congeniale*), den richtigen/seinen Weg suchen/wählen/finden; **questa ~ ormai la so a memoria** *fig* (*la conosco molto bene*), diesen Weg/diese Straße kenne ich inzwischen auswendig; **mettersi in ~ a fare qc** (*avviarsi a piedi*), sich zu Fuß auf den Weg machen, losmarschieren, seiner Wege gehen; **mettersi in ~** (*mettersi in cammino*), sich auf den Weg/die Socken *fam* machen; **buttare/mettere qu in mezzo alla ⌊~⌋/[sulla]** ~ *fig* (*gettarlo sul lastrico*), jdn auf die Straße setzen/werfen *fam*; **essere in mezzo a una ~** *fig* (*non avere nulla*), auf der Straße sitzen/liegen/stehen *fam*; **la ~ del Paradiso** *fig* (*ideale di vita onesta*), der Weg zum Paradies; **prendere/raccogliere qu dalla ~** *fig* (*aiutarlo*), jdn von der Straße holen/auflesen; **andare per la propria ~** *fig* (*mirare al proprio scopo*), ⌊seine eigenen Wege⌋/[seinen (eigenen) Weg] gehen; **spianare la ~ a qu** *fig* (*facilitargli il successo*), jdm den Weg ebnen, jdm die Steine aus dem Weg räumen; **avere la ~ spianata** *fig* (*non incontrare ostacoli*), alle Wege geebnet vorfinden; **tagliare la ~ a qu** *fig* (*ostacolarlo*), jdm den Weg abschneiden; *fig* (*ostacolarlo*), jdm Steine in den Weg legen; **tenere bene la ~** (*avere stabilità*), {AUTO} eine gute Straßenlage haben; **tentare ogni/tutte le strade per fare qc** *fig* (*cercare in ogni mo-* *do di fare qc*), alle Hebel in Bewegung setzen, um *etw* zu tun *fam*; **trovare la ~ fatta** *fig* (*trovare tutto già predisposto*), sich ins gemachte Nest setzen *fam*; **~ senza uscita** *anche fig* (*senza possibilità di ritorno*), Sackgasse *f*; **tutte le strade portano a Roma** *prov*, alle Wege führen nach Rom *prov*; **la ~ dell'inferno è lastricata di buone intenzioni** *prov*, der Weg zur Hölle ist mit guten Vorsätzen gepflastert.

stradàle A *agg* {CARTA, CIRCOLAZIONE, PIANO} Straßen-; {INCIDENTE, RETE} Verkehrs-: **soccorso ~**, Pannendienst *m* **B** *f fam* (*polizia*) Verkehrspolizei *f*.

stradàrio <-ri> *m* Straßenverzeichnis *n*.

stradino *m fam* (*operaio*) Straßenarbeiter *m*.

stradista <-i *m*, -e *f*> *mf sport* (*nel ciclismo*) Straßen(renn)fahrer(in) *m*(*f*).

stradivàrio <-ri> *m mus* Stradivari(geige) *f*.

stradóne <*accr di* strada> *m* **1** (*ampia strada periferica*) Landstraße *f*, Chaussee *f obs* **2** (*viale*) Allee *f*.

strafàccio 1ª *pers sing dell'ind pres di* strafare.

strafalcióne, (-a) *m* (*errore grossolano*) dicker/großer Fehler, Schnitzer *m fam*.

strafàre <*strafaccio o strafò, nelle altre forme coniug come* fare> *itr* (*esagerare*) {PERSONA} übertreiben: **vuoi sempre ~**, du willst ⌊es immer übertreiben⌋/[immer zu viel machen].

strafàtto, (-a) *agg* **1** (*troppo maturo*) {FRUTTA} überreif **2** (*fatto da tempo*) {CONTROLLO} längst gemacht/erledigt **3** *slang* (*drogato*) high *slang eufem*, breit *slang*: **è sempre ~**, er ist immer breit *slang*.

strafelìce *agg fam* (*felicissimo*) überglücklich.

strafìco, (-a) <-chi, -che> *slang giovanile* **A** *agg* (*molto piacevole*) {FESTA, TIPO} geil **B** *m* (*f*) (*persona molto bella*) geiler Typ *slang*, geile Frau *slang*.

strafìgo, (-a) <-ghi, -ghe> *region* → **strafico**.

strafò 1ª *pers sing dell'ind pres di* strafare.

strafogàrsi <*mi strafogo, ti strafoghi*> *rfl fam* (*rimpinzarsi*): **~ (di qc)** {DI DOLCI} sich *an etw* (*dat*) überfressen *fam*: **non ti strafogare!**, überfriss dich nicht! *fam*.

strafòro *solo nella loc avv*: **di ~ 1** (*di nascosto*) {ENTRARE, VEDERSI} heimlich, durch die Hintertür **2** (*di sfuggita*) {SENTIRE} flüchtig **3** (*indirettamente*) {VENIRE A SAPERE} auf Umwegen.

strafottéi 1ª *pers sing del pass rem di* strafottere.

strafottènte A *agg* {ARIA, RAGAZZO} unverfroren, frech **B** *m* (*f*) (*persona sfrontata*) Frechling *m forb*, Rüpel *m spreg*: **smettila di fare ~!**, hör auf, so frech zu sein!

strafottènza *f* Unverfrorenheit *f*, Frechheit *f*.

strafóttere <*strafotto, strafottei o strafottetti, strafottuto*> **A** *itr pron volg* (*fregarsene*): **strafottersene di qu/qc**) {DEGLI ALTRI, DI UN REGOLAMENTO} sich einen Dreck/Scheiß *um* jdn/*etw* scheren *volg*: **me ne strafotto di ciò che dice la gente**, ich schere mich einen Dreck um das Gerede der Leute *volg* **B** *loc avv fam* (*in abbondanza*): **a ~**, {ESSERCENE} haufenweise *fam*, in Hülle und Fülle, in rauen Mengen *fam*; {MANGIARE} *anche* bis zum Abwinken *slang*.

stràge *f* **1** (*uccisione*) {+BAMBINI, ELEFANTI} Blutbad *n*, Massaker *n*: **fare una ~**, ein Blutbad anrichten **2** (*distruzione totale*) Massaker *n*, völlige Zerstörung, Vernichtung *f*: **la peste provocò una ~ di uomini e animali**, die Pest ⌊richtete ein Massaker unter Menschen und Tieren an⌋/[rottete Mensch und Tier mit Stumpf und Stiel aus]; **la tempesta ha fatto ~ di vigneti**, der Sturm hat die Weinstöcke völlig zerstört **3** *fig* (*bocciatura generale*): **che ~ quest'anno agli esami!**, die Prüfungen fielen dieses Jahr verheerend/katastrophal aus! **4** *fig fam* (*grande quantità*) Haufen m *fam*: **essercene una ~**, haufenweise da/vorhanden sein *fam* • **fare ~ di cuori** *fig fam* (*far innamorare molte persone*), viele Herzen brechen; **la ~ degli innocenti** *bibl*, der Bethlehemische Kindermord; **~ di stato** *giorn*, Staatsterrorismus m.

stragismo m *polit* (politischer) Terrorismus.

stragista <-i m, -e f> m (f) *polit* (politische(r)) Terrorist(in).

stragiudiziale f *dir* außergerichtlich.

straglio <-gli> → **strallo**.

stragrande agg *fam* **1** (*esageratamente grande*) {MAGLIETTA, SPAZIO} riesengroß, riesig **2** (*straordinariamente grande*) überwältigend: **la ~ maggioranza dei presenti**, die überwältigende Mehrheit der Anwesenden.

stralciare <*stralcio, stralci*> tr **1** (*eliminare*) ~ **qc** (**da qc**) {NOMINATIVO DI UNA LISTA, SPESE DI SPEDIZIONE} etw (*aus etw dat*) streichen, etw (*aus etw dat*) entfernen **2** (*selezionare*) ~ **qc** (**da qc**) {BRANO DA UN TESTO} etw (*aus etw dat*) (aus|)wählen **3** (*liquidare*) ~ **qc** {CREDITO, SOCIETÀ COMMERCIALE} etw aufheben, etw liquidieren **4** *agr* ~ **qc** {VITI} die Reblinge *von etw* (dat) ab|schneiden **5** *dir* ~ **qc** {CONTROVERSIA} etw beilegen.

stralcio <-ci> **A** m **1** (*eliminazione*) {+NOME DA UN ELENCO, SPESE DI IMBALLAGGIO} Streichung f, Entfernung f **2** (*selezione*) {+PASSO DI UN ROMANZO} Auswahl f **3** (*brano scelto*) Abschnitt m, Auszug m **4** (*liquidazione*) {+AZIENDA} Liquidation f: **mettere qc in ~**, etw liquidieren; **vendere qc a ~**, etw ausverkaufen **5** *dir* Beilegung f **B** <inv> *in funzione di agg* {LEGGE, SEZIONE, UFFICIO} Übergangs-.

strale m *lett* **1** (*freccia*) Pfeil m **2** *fig* (*frecciata*) {+CALUNNIA} Spitze f, Stichelei f *fam spreg* • **dirigere/lanciare i propri strali contro/su qu** *fig* (*criticarlo aspramente*), giftige/vergiftete Pfeile gegen jdn ab-/verschießen *forb*.

strallare tr *edil* ~ **qc** {PALO, PONTE} etw ab|spannen.

strallo m **1** *edil* Spanndraht m, Spannseil n **2** *mar* Stag n, Tau n.

stralodare tr *fam* (*lodare con enfasi*) ~ **qu** jdn ⌊in den Himmel⌋/[über den grünen Klee] loben *fam*.

stralunamento m (*strabuzzamento*) {+OCCHI, SGUARDO} Verdrehen n.

stralunare tr (*strabuzzare*) ~ **qc** {OCCHI} etw verdrehen.

stralunato, (-a) agg **1** {OCCHI} verdreht **2** (*stravolto*) {FACCIA, RAGAZZO, SGUARDO} aufgelöst.

stramaledetto, (-a) agg *fam enf* verdammt *fam spreg*, Scheiß- *volg*: **non riesco ad aprire questa stramaledetta porta!**, ich krieg(e) diese ⌊verdammte Tür *fam spreg*⌋/[Scheißtür *volg*] nicht auf!

stramaledire <*coniug come* dire> tr *fam* (*maledire con forza*) ~ **qu/qc** jdn/etw in Grund und Boden verfluchen: **che Dio ti stramaledica!**, verflucht seist du in alle Ewigkeit!

stramazzare itr <*avere*> (*crollare*) ~ (+ **compl di luogo**) {CAVALLO, UOMO SUL PAVIMENTO, AL SUOLO, A TERRA} (*irgendwohin*) fallen, (*irgendwohin*) schlagen, hin|fallen, hin|schlagen.

strambare itr *mar* {RANDA} schiften.

strambata f *mar* Schiften n: **fare una ~**, schiften.

stramberia f **1** (*bizzarria*) Merkwürdigkeit f, Sonderbarkeit f **2** (*azione, discorso*) merkwürdiges Benehmen/Gerede *fam*: **dire/fare delle stramberie**, ⌊merkwürdiges Zeug reden *fam*⌋/[sich merkwürdig benehmen].

strambo, (-a) agg (*bizzarro*) {COSTRUZIONE, INDIVIDUO, RAGIONAMENTO} komisch, merkwürdig, sonderbar.

strambotto m *ling* Strambotto n.

strame m Streu f.

strameritare tr (*meritare ampiamente*) ~ **qc** {RICONOSCIMENTO, VITTORIA} etw voll (und ganz) verdienen.

stramonio <-ni> m *bot* Stech-, Dornapfel m.

strampalato, (-a) **A** agg (*strambo*) {FRASE, RAGAZZO, RISPOSTA} verrückt **B** m (*individuo strambo*) verrückter/schräger Vogel *fam scherz*.

strampaleria f **1** (*singolarità*) Seltsamkeit f, Eigenartigkeit f, Eigentümlichkeit f **2** (*azione, discorso*) seltsames/eigenartiges Benehmen/Gerede *fam*.

stranezza f **1** (*singolarità*) Seltsamkeit f, Merkwürdigkeit f **2** (*azione, discorso*) seltsames/merkwürdiges Benehmen/Gerede *fam*: **dire/fare stranezze**, ⌊seltsames Zeug reden *fam*⌋/[sich seltsam benehmen].

strangolamento m Erdrosselung f, Strangulation f, Strangulierung f; (*azione*) *anche* Erdrosseln n, Erwürgen n, Strangulieren n: **è morto per/[in seguito a] ~**, er starb durch Erdrosseln, er wurde erwürgt.

strangolapreti → **strozzapreti**.

strangolare tr **1** (*strozzare*) ~ **qu** jdn erdrosseln, jdn erwürgen, jdn strangulieren **2** (*impedire il respiro*) ~ **qu** {CRAVATTA} jdm die Luft ab|schnüren **3** *fig* (*mettere alle strette*) ~ **qu/qc** {DEBITI AZIENDA, ECONOMIA DI UN PAESE, IMPRENDITORE} jdm/etw die Luft ab|drehen/ab|drücken *fam*.

strangolatore, (-trice) m (f) (Er)würger(in) m(f).

stranguria f *med* Harnzwang m, Strangurie f *scient*.

straniamento m **1** (*allontanamento*) Entfremdung f **2** *lett teat* Verfremdung(seffekt m) f.

straniare <*stranio, strani*> **A** tr (*allontanare*) ~ **qu da qc** {LAVORO DALLA FAMIGLIA} jdn etw (dat) entfremden **B** rfl (*allontanarsi*): **straniarsi** (**da qu/qc**) {DAGLI AMICI} sich (*etw* dat) entfremden, jdm fremd werden, sich (*von jdm*) zurück|ziehen, sich (*von jdm*) distanzieren: **straniarsi dalla realtà**, wirklichkeitsfremd werden.

straniato, (-a) **A** part pass *di* straniare **B** agg (*assente*) {ESPRESSIONE} distanziert, abwesend.

straniero, (-a) **A** agg **1** (*estero*) {PRONUNCIA, TERRITORIO, TURISTA} ausländisch **2** *lett* (*non nazionale*) {LINGUA} Fremd-, fremd **2** (*nemico*) {ESERCITO, INVASIONE} feindlich **B** m (f) **1** (*cittadino di altro stato*) Ausländer(in) m(f), Fremde mf *decl come agg* **2** (*popolo nemico*) Feind m • **sentirsi ~** ⌊**a casa propria**⌋/[**in patria**] (*sentirsi estraneo*), sich ⌊zu Hause⌋/[in der Heimat] als Fremdling fühlen.

stranire <*stranisco*> **A** tr (*inquietare*) ~ **qu** jdn beunruhigen, jdn aufregen, jdn nervös machen; {LAVORO ECCESSIVO} jdn betäuben, jdn benommen machen **B** itr pron (*inquietarsi*): **stranirsi** unruhig/nervös werden.

stranito, (-a) agg **1** (*inquieto*) unruhig, nervös; {DALLA LUNGA ATTESA} *anche* zermürbt; {DAL LAVORO} betäubt, benommen.

strano, (-a) **A** agg **1** (*insolito*) {FATTO, FORMA, MALATTIA, RUMORE} seltsam, merkwürdig, sonderbar: **è**/[**mi sembra**] **~ che non telefoni**, es ⌊ist seltsam⌋/[wundert mich], dass er/sie nicht anruft **2** (*eccentrico*) {INDIVIDUO} seltsam, exzentrisch *forb*, eigenwillig **B** in funzione di avv seltsam, merkwürdig, sonderbar: **~ che non sia venuto**, seltsam, dass er nicht gekommen ist **C** m (*cosa strana*) Seltsame n *decl come agg*, Merkwürdige n *decl come agg*, Sonderbare n *decl come agg*: **lo ~ è che...**, das Seltsame ist, dass ...; **cosa c'è di ~?**, was ist daran so merkwürdig? • **sentirsi ~** (*non in forma*), sich sonderbar/komisch fühlen.

straordinarietà <-> f **1** (*unicità*) {+AVVENIMENTO} Einmaligkeit f **2** (*eccezionalità*) {+OPERA D'ARTE} Außergewöhnlichkeit f.

straordinario, (-a) <-ri m> **A** agg **1** (*non ordinario*) {FATTO} außerordentlich, ungewöhnlich, {ASSEMBLEA, SPESA} Sonder- **2** (*speciale*) {TASSA, TRENO, VENDITA} Sonder-; {EDIZIONE} *anche* Extra- **3** (*supplementare*) {ORE} Über-: **lavoro ~**, Überstunden fpl Mehrarbeit f **4** (*notevole*) {MEMORIA} beachtlich, bemerkenswert; {FORTUNA, POTENZA} beträchtlich **5** (*eccezionale*) {PUBBLICO, SPETTACOLO} außergewöhnlich, hervorragend, einzigartig **6** *università* {PROFESSORE} außerordentlich; *scuola* auf Zeit **B** m **1** <solo sing> (*cosa straordinaria*) Außergewöhnliche n *decl come agg*, Besondere n *decl come agg*: **la tua temerarietà ha dello ~**, deine Tollkühnheit hat etwas Außergewöhnliches; **cosa ci trovi di ~ in ciò?**, was findest du nur so Besonderes an ihr? **2** (*lavoro*) Mehrarbeit f, Überstunden fpl: **fare lo ~**, Überstunden machen **C** m (f) *università* (*professore*) außerordentlicher Professor; *scuola* Lehrer(in) m(f) auf Zeit.

strap <-> m *ingl* (*in borsa*) Strap m.

strapagare <*strapago, strapaghi*> tr (*pagare molto bene*) ~ **qu/qc** jdn/etw über(be)zahlen, jdm/etw zu viel zahlen; (*uso assol*) zu viel zahlen: **farsi ~**, sich überbezahlen lassen.

strapagato, (-a) **A** part pass *di* strapagare **B** agg **1** (*eccessivamente retribuito*) {MANAGER} überbezahlt **2** (*pagato troppo*) {TERRENO} überbezahlt.

straparlare itr (*vaneggiare*) irre|reden, fantasieren.

strapazzare **A** tr **1** (*bistrattare*) ~ **qu** {DIPENDENTE, STUDENTE} jdn misshandeln, jdn schlecht behandeln **2** (*logorare*) ~ **qc** {TAPPETO, VESTITO} etw unsachgemäß behandeln, etw strapazieren **3** (*forzare*) ~ **qc** {ANIMALE DA TIRO, MOTORE} etw strapazieren, etw schinden **4** *fig* (*non rendere bene*) ~ **qu/qc** {AUTORE, COMMEDIA, SONATA} jdn/etw fehlinterpretieren, jdn/etw falsch wieder|geben **B** rfl **1** (*stancarsi*): **strapazzarsi** sich abrackern, sich ab|rackern *fam* **2** indir (*affaticarsi*): **strapazzarsi qc** {GLI OCCHI, LA VISTA} etw überanstrengen; {LA SALUTE} Raubbau/Schindluder *fam anche* etw (dat) treiben.

strapazzata f **1** (*sgridata*) Anpfiff m *fam*, (schwerer) Verweis m: **si è preso una bella ~ dal capo**, er hat vom Chef einen ganz schönen Anpfiff gekriegt *fam* **2** (*faticata*) Strapaze f.

strapazzato, (-a) agg **1** (*bistrattato*) {ANIMALE} misshandelt, {AFFACIATO} übermüdet, erschöpft, zerschlagen, gerädert *fam*: **dopo la traversata si sente ~**, nach der Überfahrt fühlte er sich übermüdet/gerädert *fam* **3** (*malconcio*) {VESTITO} mitgenommen, strapaziert **4** (*piena di strapazzi*) {ESISTENZA} mühevoll, voller Strapa-

strapàzzo A m (*affaticamento*) Mühsal f *forb*, Strapaze f B <inv> loc agg: **da ~ 1** (*da usare senza riguardo*) {CALZONI, SCARPE} strapazierfähig, unverwüstlich **2** *fig spreg* (*di poco valore*) {MUSICISTA} nicht ernst zu nehmen(d), schlecht, trivial *forb*: **avvocato da ~**, Winkeladvokat m *spreg*; **poeta da ~**, Dichterling m *spreg*, Reimling m *spreg*, Versemacher m *spreg*.

strapièno, (-a) agg fam **1** (*pieno zeppo*) ~ (**di qc**) {ARMADIO DI SCATOLE} (*mit etw dat*) vollgestopft, (*mit etw dat*) überfüllt; {TRENO DI GENTE} gerammelt voll, gerappelt voll *fam* **2** (*sazio*) übersatt, pappsatt *fam*: **essere ~**, voll bis obenhin sein *fam*, pappsatt sein *fam scherz*, nicht mehr papp sagen können *fam scherz*.

strapiombànte agg (*a strapiombo*) ~ (**su qc**) {SCOGLIERA SUL MARE} überhängend, *über etw* (*acc*) hinaushängend.

strapiombàre <*rar nei tempi composti*> itr <*essere o avere*> **1** (*non cadere a piombo*) {MURO, TORRE} überlhängen **2** (*scendere a picco*) ~ (**su qc**) {PARETE ROCCIOSA SU DI UN ABISSO} überlhängen, *über etw* (*acc*) hinauslhängen.

strapiómbo A m **1** (*lo strapiombare*) {+MURO} Überhängen n **2** (*precipizio*) Überhang m, Felsvorsprung m: **uno ~ sul mare**, ein Überhang aufs Meer B <inv> loc agg: **a ~**, {PARETE} überhängend.

strapotènte agg (*potentissimo*) {NAZIONE, UOMO} übermächtig; {MOTORE} sehr leistungsstark.

strapotènza f **1** (*potenza straordinaria*) {+AUTO} außergewöhnliche Leistung **2** (*potenza eccessiva*) {+MULTINAZIONALI} All-, Übermacht f.

strapotére m (*potere esagerato*) {+APPARATO BUROCRATICO} All-, Übermacht f.

strappàbile agg {FOGLIO} abreißbar.

strappacuòre <inv> agg *iron* (*strappalacrime*) {VICENDA} herzzerreißend; {CANZONE} *anche* sentimental, schmalzig *spreg*.

strappalàcrime <inv> agg *iron* (*molto commovente*) {FILM; RACCONTO} rührselig, auf die Tränendrüsen drückend, tränenselig, schmalzig *spreg*.

strappàre A tr **1** (*lacerare*) ~ **qc** {CARTA, LETTERA, PANTALONI} etw zerreißen, etw zerfetzen **2** (*togliere tirando*) ~ **qc a qu/qc** {BORSA A UNA VECCHIETTA} jdm etw entreißen: **gli ha strappato il coltello/libro di mano**, er/sie entriss ihm das Messer/Buch, er/sie riss ihm das Messer/Buch aus der Hand; {CAPELLI A UNA DONNA} jdm/etw etw auslreißen; {PENNE A UN POLLO} *anche etw* (dat) etw auslrupfen; {DENTE A UN PAZIENTE} jdm etw ziehen; ~ **qc** (**da qc**) {FIORE DA UN RAMO} etw (*von etw dat*) abIreißen; {PAGINA DA UN GIORNALE} etw (*aus etw dat*) herauslreißen; {BRACCIALETTO DAL POLSO DI QU} etw *von etw* (dat) reißen; ~ **via qc** (**da qc**) {TAPPEZZERIA DAI MURI} etw (*von etw dat*) ablreißen **3** (*allontanare con la forza*) ~ **qu a qu** {FIGLIO ALLA MADRE} jdm jdn entreißen; {FEDELI ALLA CHIESA, ISCRITTI A UN PARTITO} jdm jdn abspenstig machen; ~ **qu da qc** {DAL PROPRIO AMBIENTE, DAL TAVOLO DA GIOCO} jdn aus etw (dat) reißen **4** fig (*riuscire a ottenere*) ~ **qc** (**a qu**) {CONFESSIONE} jdm etw entreißen; {SEGRETO} jdm etw entlocken; {PROMESSA, SORRISO} jdm etw ablringen; {CONSENSO} etw (*bei jdm*) erwirken; **gli applausi** (**a qu**), Applaus (bei jdm) schinden *fam*, großen Erfolg bei jdm haben, (jds) Beifall ernten; *econ* {QUOTE DI MERCATO} sich (dat) *etw* sichern; {INTERESSI VANTAGGIOSI A UNA BANCA} etw bei jdm herauslschlagen **5** *fig* (*salvare*) ~ **qu a qc** {ALLA MISERIA} jdm aus etw (dat) retten; ~ **qu alla morte**, jdm das Leben retten, jdn den Klauen des Todes

entreißen *forb* B itr *autom* {FRIZIONE} rupfen *slang* C rfl **1** (*lacerarsi*): (indir) **strapparsi qc** {CAMICIA} sich (dat) etw (zer)reißen, sich (dat) etw zerfetzen; (indir) {LEGAMENTO, MUSCOLO} sich (dat) etw reißen; **strapparsi** (+ *compl di qc*) {AL POLPACCIO} (*irgendwo*) reißen **2** indir *anche fig* (*togliersi*): **strapparsi qc da qc** {SOPRACCIGLIA} sich (dat) etw ausIzupfen: **strapparsi una donna dal cuore**, sich (dat) eine Frau aus dem Herzen reißen; **strapparsi gli abiti di dosso**, sich (dat) die Kleider vom Leib reißen D itr pron (*lacerarsi*): **strapparsi** {PAGINA} (zer)reißen; {LENZUOLO} *anche* kaputtlgehen *fam* ● **il cuore/le lacrime a qu** *fig* (*commuovere*), jdm das Herz zerreißen/jdn zu Tränen rühren*.

strappàta f (*strattone*) Ruck m, Reißen n: **dare una ~ alla fune/alle redini**, am Seil/Zügel reißen/ziehen; **con una ~ si liberò dalle catene**, mit einem Ruck befreite er/sie sich von den Ketten.

strappàto, (-a) agg **1** (*lacerato*) {FOGLIO, GONNA} zerrissen **2** (*sbrindellato*) abgerissen: **va sempre in giro tutto ~**, er läuft immer ganz abgerissen herum.

stràppo A m **1** (*strattone*) {FORTE, VIOLENTO} Ruck m: **dare uno ~ alla corda**, an der Schnur reißen/ziehen **2** (*lacerazione*) Riss m: **farsi uno ~ al/nel vestito**, (sich dat) das Kleid zerreißen **3** *fig* (*spaccatura*) Spaltung f, Riss m: **un profondo ~ tra i partiti della coalizione**, eine tiefe Spaltung zwischen den Koalitionsparteien **4** *fig fam* (*passaggio*) Mitfahrgelegenheit f, Mfg f *fam*, Lift m *slang*: **mi dai uno ~ fino alla stazione?**, nimmst du mich bis zum Bahnhof mit? **5** *med* Riss m: ~ **muscolare**, Muskelriss m **6** *sport* (*nel ciclismo*) Spurt m; (*nella pesistica*) Reißen n B <inv> loc agg: **a ~**, {APERTURA, BARATTOLO} Ringverschluss m; *tess* {CHIUSURA} Klett(en-) C loc avv: **a strappi**, {PROCEDERE} ruckweise, ruckartig; {DORMIRE} mit Unterbrechungen ● **dare uno ~ fig** (*troncare una relazione*), Schluss machen; **fare uno ~ alla regola** *fig fam* (*fare un'eccezione*), eine Ausnahme (von der Regel) machen.

strapuntìno m (*seggiolino*) Klappsitz m.

strarìcco, (-a) <-chi, -che> agg *fam* {DONNA, FAMIGLIA} steinreich *fam*.

straripaménto m {+ARNO, PO} Überfließen n, Überströmen n, Ausuferung f *rar*.

straripànte agg **1** (*corso d'acqua*) überfließend, überströmend, ausufernd *rar* **2** *fig* (*traboccante*) ~ **di qu/qc** {AUTOBUS DI GENTE} überfüllt (*mit jdm*), voll (*von*) jdm/+ gen *forb*, voller jd/jds, gerammelt/gerappelt voll *fam*, rammelvoll *fam*; {ANIMO DI GIOIA} vor etw (dat) überfließend, vor etw (dat) überströmend.

straripàre itr <*essere o avere*> **1** (*tracimare*) {FIUME} über das/die Ufer treten, überIfließen, überIströmen, auslufern *rar* **2** *fig* (*traboccare*) ~ **di qc** {SALA DI FOLLA} (*mit jdm*) überfüllt sein, ∟voll (*von*) etw (dat) + gen *forb*∟/voller etw (nom) o gen) sein, rammelvoll *mit etw* (dat) sein *fam*, gerammelt/gerappelt voll sein *fam*.

strasburghése A agg (*di Strasburgo*) von/aus Straßburg B mf (*abitante*) Straßburger(in) m(f).

Strasbùrgo f *geog* Straßburg n.

strascicaménto m **1** (*strisciamento*) {+LEGNAME} (Nach)schleifen n **2** *fig* (*biascicamento*) {+NOME} schleppendes Aussprechen n.

strascicàre <*strascico, strascichi*> A tr **1** (*strisciare*) ~ **qc** (+ *compl di luogo*) {GONNA PER TERRA, SEDIA SUL PAVIMENTO} etw (*irgendwo*) (nach|)schleifen; {GAMBE, PIEDI} etw nachIziehen **2** *fig* (*tirare in lungo*) ~ **qc** {COMPITO, LAVORO} etw schleifen lassen; {MALATTIA} etw verschleppen **3** *fig* (*biascicare*) ~ **qc**

schleppend (aus|)sprechen: ~ **le parole/la voce**, schleppend/∟langsam und gedehnt∟ sprechen B itr (*strisciare*) ~ (+ *compl di luogo*) {COPERTA PER TERRA} (*irgendwo*) schleifen C rfl: **strascicarsi** (+ *compl di luogo*) {SULLA SABBIA} sich (*irgendwo*) dahinlschleppen, sich (*irgendwo*) vorwärtslschleppen.

strascicàto, (-a) agg **1** (*trascinato*) {PASSO} schleppend, schlurfend **2** *fig* (*biascicato*) {PRONUNCIA, VOCE} schleppende(r, s).

strascìchio <*-chii*> m (*strascicare continuo*) {FASTIDIOSO; +CIABATTE, PIEDI} Schleifen n, Nachziehen n.

stràscico <*-chi*> A m **1** (*lo strascicare*) Schleifen n, Schleppen n **2** (*nella moda*) {+ABITO} Schleppe f **3** (*codazzo*) {+AMMIRATRICI} Gefolge n **4** (*striscia*) {+LUMACA} Schleimspur f **5** *fig* (*postumo*) {+CONFLITTO, INFLUENZA} Folge f, Nachwirkung f B <inv> loc agg (*nella pesca*): **a ~**, {PESCA, RETE} Schlepp-.

strasciòni avv loc avv (*strascicando*): **a ~** {AVANZARE, CAMMINARE} schleppend, schlurfend.

strascinàre A tr **1** (*tirarsi dietro*) ~ **qu/qc** {BAMBINO, CADAVERE, MOBILE, SACCO DI CEMENTO} jdn/etw schleppen, jdn/etw hinter sich (dat) herlziehen/herschleifen; {GAMBA} etw nachlziehen **2** (*spingere*) ~ **qu/qc** (+ *compl di luogo*) {CORRENTE TRONCO LUNGO IL TORRENTE} jdn/etw irgendwohin treiben **3** *fig* (*condurre a forza*) ~ **qu** (**davanti a qu/in qc**) {PERSONA DAVANTI A UN GIUDICE} jdn vor jdn/etw zerren; {IN PRIGIONE} jdn irgendwohin schleppen, jdn irgendwohin schleifen *fam scherz* B itr pron *fig* (*protrarsi*): **strascinarsi** (+ *compl di tempo*) sich (+ *compl di tempo*) hinIziehen, sich (+ *compl di tempo*) hinlschleppen: **la situazione si strascina da anni**, die Situation zieht sich seit Jahren hin C rfl (*strisciare*): **strascinarsi** (+ *compl di luogo*) {NEL FANGO} sich (*irgendwo*) dahinIschleppen, sich (*irgendwo*) vorwärtslschleppen, sich *irgendwohin* schleppen: **il ferito si strascinò fino all'ospedale**, der Verletzte schleppte sich bis zum Krankenhaus.

strascinìo <*-nii*> m **1** (*strascinare continuo*) {+CATENE} Schleifen n, Schleppen n **2** (*rumore*) {CONTINUO; +SEDIE} Schleifgeräusch n.

strass <-> m *ted* Strass m.

stratagèmma <*-i*> m List f, Trick m: **ricorrere a uno ~ per ingannare il nemico**, zu einer List greifen, um den Feind zu täuschen.

stratèga <*-ghi, -ghe*> mf *anche fig* Stratege m, (Strategin f).

strategìa f *anche fig* {MILITARE, POLITICA, PUBBLICITARIA} Strategie f: ~ **creativa/[dei media]/[di marketing]**, Kreativ-/Medien-/Marketingstrategie f; ~ **di gara/gioco**, Wettkampf-/Spielstrategie f; ~ ∟**del terrore**∟/**della violenza**], Strategie f des Terrors/der Gewalt.

stratègico, (-a) <*-ci, -che*> agg *anche fig* {MANOVRA, PIANO, POSIZIONE, PUNTO} strategisch; {SCELTA, TROVATA} *anche* geschickt.

stratègo <*-ghi*> m → **stratega**.

stratificàre <*stratifico, stratifichi*> A tr ~ **qc** {PIETRE} etw in Schichten anlordnen, etw schichten, etw stratifizieren B itr pron: **stratificarsi** {TERRENO} in Schichten angeordnet sein, sich schichten.

stratificàto, (-a) agg {LEGNO, ROCCIA} geschichtet, Schicht-; {VETRO} Verbund-.

stratificazióne f **1** *anche fig* {CULTURALE, SOCIALE} Schichtung f; (*azione*) *anche* Schichten n **2** *geol* {ROCCIOSA} Stratifikation f; (*azione*) *anche* Stratifizieren n.

stratifórme agg *scient* {MASSA} schichtförmig.

stratigrafia f **1** geol Stratigraphie f, Schichtenkunde f **2** med Stratigraphie f scient, Tomographie f scient.

stratigràfico, (-a) <-ci, -che> agg **1** geol {UNITÀ} stratigraphisch **2** med {ESAME, REFERTO} stratigraphisch scient, tomographisch scient.

stratigrafo m med Stratigraph m scient, Tomograph m.

stràto A m **1** gener {DENSO, INTERMEDIO, SOTTILE; +BURRO, GHIACCIO, POLVERE, SMALTO} Schicht f **2** fig (ceto) {SOCIALE} Schicht f **3** archeol (livello) Schicht f **4** biol {PROFONDO} Schicht f: ~ basale/corneo/spinoso, Basal-/Horn-/Stachelschicht f **5** geol {CORRUGATO} Schicht f **6** ling Schicht f: ~ (linguistico), (Sprach)schicht f **7** meteo Schichtwolke f, Stratus(wolke f) m B <inv> loc agg: a strati, {TERRENO, TORTA} mehrschichtig, mit mehreren Schichten C loc avv: a strati, {DISPORRE} in Schichten, schichtweise.

stratocùmulo m meteo Stratokumulus m.

stratonèmbo m meteo Nimbostratus m.

stratoreattóre m aero Stratosphärenflugzeug n.

stratosfèra f meteo Stratosphäre f.

stratosfèrico, (-a) <-ci, -che> agg **1** meteo {OSSERVAZIONE, REGIONE} stratosphärisch, Stratosphären- **2** fig (spropositato) {PREZZO, QUANTITÀ, RICHIESTA} astronomisch fam **3** fig fam (astruso) {DISCORSO} abstrus, verworren.

strattonàre tr **1** ~ qu/qc (FUNE) an etw (dat) reißen, an etw (dat) ziehen; {PASSANTE} jdn stoßen, jdn schubsen: non mi strattonare!, stoß/schubs mich nicht! **2** sport (nel calcio) ~ qu {ATTACCANTE} jdn fest|halten, jdn behindern.

strattonàta f **1** Stoßen n, Schubsen n **2** (violento strattone) Stoß m, Schubs m.

strattóne A m {VIOLENTO} Ruck m: dare uno ~ a una corda/un passante, [an einer Schnur reißen/ziehen]/[einem Passanten einen Stoß geben] B loc avv: a strattoni, {AVANZARE} ruckweise, ruckartig.

stravaccàrsi <mi stravacco, ti stravacchi> itr pron am **1** (sdraiarsi) ~ (+ compl di luogo) {SUL LETTO, PER TERRA} sich (irgendwohin) hin|flätzen fam spreg, sich (irgendwohin) hin|lümmeln fam spreg, sich irgendwo(hin) flätzen fam spreg, sich irgendwo(hin) lümmeln fam spreg.

stravaccàto, (-a) agg fam hingeflätzt fam spreg, hingelümmelt fam spreg: se ne sta ~ sul divano tutto il giorno, er flätzt/lümmelt den ganzen Tag auf dem Sofa herum fam spreg.

stravagànte A agg **1** (bizzarro) {ABITUDINE, AMICO, IDEA, VESTITO} extravagant, exzentrisch forb: si veste in modo ~, er/sie kleidet sich extravagant **2** (instabile) {STAGIONE, TEMPO} wechselhaft **3** lett (minore) {SCRITTO} zweitrangig, kleinere(r, s); (insolito) unüblich, ungewöhnlich B mf (persona) Exzentriker(in) m(f) forb.

stravagànza f **1** (caratteristica) {+DISCORSO, PERSONA} Extravaganz f, Überspanntheit f, Verstiegenheit f, Verdrehtheit f fam **2** (azione, discorso) Extravaganz f, verrücktes Benehmen/Gerede fam: dire/fare delle stravaganze, [überspannt daherreden spreg]/[sich exzentrisch benehmen forb].

stravècchio, (-a) <-chi m> agg **1** (assai vecchio) {CAPPELLO, NOTIZIA, VINO} uralt **2** (invecchiato) {FORMAGGIO, VINO} gut abgelagert; {LIQUORE} uralt.

stravedére <coniug come vedere> itr **1** (vedere male) sich versehen, sich täuschen: avete stravisto, non eravamo noi, ihr habt euch versehen, das waren nicht wir **2** fig (prediligere) ~ per qu {NONNO PER IL NIPOTE} jdn blind/abgöttisch lieben, ein Faible für jdn haben; ~ per qc {PER IL CALCIO, PER LA BUONA CUCINA} ein Faible/eine Vorliebe für etw (acc) haben.

stravìncere <coniug come vincere> tr (vincere con forte stacco) ~ qu/qc {AVVERSARIO} jdn [mit Pauken und Trompeten fam]/[restlos] besiegen; {PARTITA} etw haushoch gewinnen; spec (uso assol) haushoch gewinnen, mit Pauken und Trompeten siegen fam.

stravìzio <-zi> m Ausschweifung f, Laster n: [darsi agli]/[fare] stravizi, ausschweifend leben, einen liederlichen Lebenswandel]/[ein Lotterleben] führen spreg.

stravòlgere <coniug come volgere> A tr **1** (storcere) ~ qc {BOCCA} etw verziehen; {OCCHI} etw verdrehen **2** fig (alterare) ~ qc (a qu) {SOFFERENZA ESPRESSIONE} etw entstellen, etw verzerren: i dolori stravolgevano i lineamenti del viso al malato, die Schmerzen entstellten die Gesichtszüge des Kranken **3** fig (turbare) ~ qu/qc {MORTE DELLA MADRE IL RAGAZZO} jdn auf|lösen, jdn auf|wühlen, jdn aus der Bahn/Fassung bringen; {SITUAZIONE} etw (völlig) durcheinander|bringen, etw auf den Kopf stellen: la notizia lo ha stravolto, die Nachricht hat ihn [völlig aufgelöst]/[durcheinandergebracht]/[aus der Bahn/Fassung gebracht] **4** fig (fraintendere) ~ qc {FATTI} etw verdrehen; {SENSO DI UNA FRASE} anche rar etw entstellen B rfl rar (contorcersi): stravolgersi da/per qc {RAGAZZO PER IL DOLORE, DALLE RISA} sich vor etw (dat) krümmen; {VOLTO DALLA PAURA, PER LO SGOMENTO} sich vor etw (dat) verzerren.

stravolgimènto m **1** (turbamento) {PROFONDO; +ANIMO, PERSONA} Aufgewühltheit f **2** (fraintendimento) {+DISCORSO, TESTO} Verdrehung f, Verzerrung f.

stravòlto, (-a) agg **1** (turbato) durcheinander, verwirrt, aufgewühlt, aufgelöst: uomo/viso ~ dal dolore/dalla paura, schmerz-/angstverzerrtes Gesicht **2** fig (alterato) {CERVELLO, MENTE} verwirrt, getrübt **3** fig (distorto) {INTERPRETAZIONE} verdreht, verzerrt **4** fam (stanco) {OCCHI} geweitet: ha lavorato dodici ore ed è ~, er/sie hat zwölf Stunden gearbeitet und ist todmüde/[fix und fertig fam]/[erledigt fam].

straziànte agg **1** (atroce) {DOLORE} schrecklich; {GRIDO, SCENA} anche herzzerreißend **2** fig scherz (fastidioso) {FILM, MUSICA} entsetzlich, schrecklich, nervtötend.

straziàre tr **1** (strazio, strazi>tr **1** (dilaniare) ~ qu/qc {CORPO, MEMBRA DI QU} jdn/etw misshandeln, jdn/etw peinigen, jdn/etw quälen **2** fig (affliggere) ~ qu/qc jdn/etw weh|tun, jdn/etw quälen: mi strazia il cuore vederti piangere, es zerreißt mir das Herz, dich weinen zu sehen; il rimorso lo strazia, es quält ihn das schlechte Gewissen **3** fig (realizzare malamente) ~ qc {AUTORE, CANZONE, LINGUA} etw entstellen, etw verhunzen spreg **4** fig (infastidire) ~ qc {ORECCHI, VISTA} in etw (dat) weh|tun.

stràzio <-zi> m **1** (supplizio) Qual f, Pein f **2** fig (tormento) {+RIMORSO, SOSPETTO} Qual f: è uno ~ vederti soffrire così, es tut weh, dich so leiden zu sehen **3** fig fam (cosa fastidiosa) Quälerei f, nervtötende Sache: che ~ quella canzone!, was für ein scheußliches/nervtötendes Lied!; {persona lagnosa} Plage-, Quälgeist m fam, Nervensäge f fam: sei proprio uno ~!, du bist wirklich ein Plagegeist! fam ● fare ~ di qc (dilaniare) {DI UN CADAVERE, DELLE CARNI DI QU} etw zerreißen, etw zerfleischen; fig (sciupare) {DEL PROPRIO DENARO} etw verschleudern, etw verschwenden; fig (realizzare malamente) {DI UN AUTORE, DI UNA POESIA} etw entstellen, etw verhunzen spreg.

streamer <-> m inform Streamer m fam, Streaming-Bandlaufwerk n.

streaming <-> m ingl inform Streaming n, kontinuierliche Datenübertragung: software di ~, Streamingsoftware f.

strèga <-ghe> f anche fig Hexe f: la ~ di Biancaneve, die Hexe aus Schneewittchen; è brutta come una ~, sie ist hässlich wie die Nacht, sie sieht aus wie eine Hexe; quella ~ di ragazza litiga con tutti, diese Hexe von einem Mädchen streitet mit allen.

stregàre <strego, streghi> tr **1** ~ qu/qc (con qc) {MAGO CASTELLO, PRINCIPESSA CON UN INCANTESIMO} jdn/etw (mit etw dat) be-, verhexen **2** fig (ammaliare) ~ qu (con qc) {CON UN SORRISO} jdn/etw (mit etw dat) verhexen, jdn (mit etw dat) in den/seinen Bann ziehen, jdn/etw (mit etw dat) verzaubern: quell'uomo mi ha stregato!, der Mann hat mich verhext!

stregàto, (-a) agg **1** {BOSCO, SPADA} verhext, verzaubert, Zauber- **2** fig (ammaliato) ~ da qc von etw (dat) (wie) verhext, von etw (dat) verzaubert, von etw (dat) betört: è rimasto ~ dai suoi occhi, er war [wie verhext]/[betört] von seinen/ihren Augen.

stregóne m **1** (mago) Hexenmeister m, Magier m **2** etnol (sciamano) {+TRIBÙ} Medizinmann m, Schamane m **3** (santone) Heilpraktiker m.

stregoneria f **1** (arte magica) Hexerei f, Magie f: esercitare la ~, hexen, Magie treiben; etnol Magie f **2** (sortilegio) Zauberei f: compiere/fare una ~, zaubern **3** fig scherz (diavoleria) Hexenwerk n, Teufelszeug n fam spreg, verteufelte Erfindung fam: ma che ~ è questa?, was ist das denn für ein Hexenwerk?

stregonésco, (-a) <-schi, -sche> agg **1** {PRATICA} Hexen- **2** fig (sinistro) {ASPETTO} finster, unheimlich, düster.

strégua A loc avv (ugualmente): alla stessa ~, gleich; considerare/giudicare tutti alla stessa ~, alle gleich achten/beurteilen B loc prep (come): alla ~ di qu, gleich wie jd/jdn, nach dem gleichen Maßstab wie jd/jdn, in der gleichen Weise wie jd/jdn: lo tratta alla ~ [degli altri]/[di un incompetente], er/sie behandelt ihn [genauso wie die anderen]/[wie einen Laien].

strelitzia f bot Strelitzia f, Strelitzie f.

stremàre tr (sfinire) ~ qu jdn (völlig) erschöpfen: questo lavoro ci strema, die Arbeit erschöpft uns völlig; ~ qc {SPESE BELLICHE NAZIONE} etw aus|bluten, etw verarmen lassen.

stremàto, (-a) agg (sfinito) erschöpft, zerschlagen, erledigt fam: essere ~ dalla fatica, von der Anstrengung erschöpft sein.

strèmo m enf (limite) Äußerste n decl come agg, Ende n: essere/ridursi allo ~ delle forze, am Ende (seiner Kraft/Kräfte) sein; la situazione finanziaria è allo ~, die finanzielle Situation hat die Talsohle erreicht.

strènna f **1** (regalo) Geschenk n: ~ [di Natale]/[natalizia], Weihnachtsgeschenk n **2** edit Geschenkband m.

strènuo, (-a) agg **1** (valoroso) {DIFENSORE, DIFESA} tapfer, wacker, mutig **2** fig (infaticabile) {LAVORATORE, RESISTENZA} unermüdlich, wacker.

strepitàre itr **1** (fare fracasso) Krach machen; {TRENO} anche rattern **2** fam (strillare) {BAMBINO} brüllen, schreien.

strepitìo <-tii> m (strepito continuato) Getöse n, Gedröhn n fam, Radau m fam.

strèpito m (fracasso) {+VOCI} Krach m,

Lärm m; {+FERRAGLIA} anche Gerassel n; {+PASSI} Gepolter n ● fare ~ fig (fare scalpore), {CANTANTE, LIBRO} Aufsehen erregen.

strepitóso, (-a) agg 1 (frastornante) {GRIDO} dröhnend, lautstark; {PROTESTA} anche lärmend; {APPLAUSO} tosend, brausend 2 fig (clamoroso) {VITTORIA} glänzend, großartig, überwältigend; {SUCCESSO} anche durchschlagend 3 fig (notevole) {TROVATA, VOCE} bemerkenswert, beachtlich; {BELLEZZA} umwerfend, hinreißend.

streptocòcco <-chi> m biol Streptokokkus m.

streptomicìna f farm Streptomycin n.

stress <-> m ingl 1 anche med Stress m: essere sotto ~, im Stress sein, im/unter Stress stehen; lo ~ della vita moderna, der Stress des modernen Lebens 2 fig fam (persona fastidiosa) Nervensäge f fam, Quälgeist m fam.

stressànte agg (logorante) {LAVORO, VITA} stressend fam, stressig fam, aufreibend; fig fam {GENITORE} anche nervig fam.

stressàre A tr (esaurire) ~ qu jdn stressen fam, jdn auf⌊reiben⌋ B rfl: stressarsi fam, sich (dat) Stress machen, sich unter Stress setzen.

stressàto, (-a) A agg (esaurito) {PADRE} gestresst fam, aufgerieben B m (f) gestresster Mensch fam, Gestresste mf decl come agg fam.

stretch ingl A <inv> agg {TESSUTO} Stretch- B <-> m Stretch m.

strétching <-> m ingl sport Stretching n.

strétta f 1 (lo stringere) Druck m: dare una ~ alla morsa/vite, den Schraubstock/die Schraube anziehen; dare una ~ di pinze, mit der Zange anziehen; una ~ più forte lo avrebbe soffocato, bei stärkerem Druck wäre er erstickt; (abbraccio) Umarmung f; liberarsi dalla ~ di qu, sich aus jds Umarmung befreien 2 (ressa) {+FOLLA} Gedränge n 3 (dolore acuto) ~ a qc {ALLO STOMACO} Stich m in etw (dat); fig anche Beklemmung f: provare una ~ al cuore/alla gola, ⌊einen Stich im Herzen verspüren⌋/[einen Kloß im Hals haben] 4 (passaggio stretto) {PERICOLOSA} enger Durchlass, Engpass m 5 fig (punto cruciale) Krise f, Höhepunkt m: siamo alla ~ dell'inverno, wir haben den kritischen Punkt des Winters erreicht; essere alla ~ finale, im Endspurt sein 6 mus Stretta f ● essere alle strette fig (essere costretto), in der Klemme sitzen fam; mettere alle strette qu fig (costringerlo), jdn in die Enge treiben; venire alle strette fig (dover prendere una decisione), vor eine Entscheidung gestellt sein, zur Sache/zum Ziel kommen müssen, nicht mehr ausweichen können; ~ creditizia banca econ, Kreditrestriktion f; una ~ di mano, {CALOROSA, CORDIALE, GELIDA} ein Händedruck.

strettaménte avv 1 (in modo stretto) {LEGARE} eng: ~ abbracciati, eng umarmt 2 fig (in modo rigoroso) streng: ~ personale, streng persönlich; osservare ~ una regola, eine Regel streng beachten 3 fig (in modo imprescindibile) unbedingt: essere ~ necessario/obbligatorio, ⌊unbedingt notwendig⌋/[absolut obligatorisch forb] sein.

strettézza f 1 (l'essere stretto) {+SPAZIO, VESTITO} Enge f 2 (solo pl) (povertà) Armut f: vivere nelle strettezze, in Armut leben 3 fig (esiguità) {+MEZZI, TEMPO} Knappheit f.

strétto① m 1 geog Meerenge f: lo ~ di Gibilterra/Messina, die Meerenge von Gibraltar/Messina; lo ~ di Magellano, die Magellanstraße 2 mus Stretto m, Engführung f.

strétto②, (-a) A part pass di stringere B agg 1 {CURVA, PASSAGGIO, VALLE} eng; {CORRIDOIO, FIANCHI, SPALLE, TAVOLO} schmal 2 (aderente) {INDUMENTO, SCARPE} eng, knapp: questa gonna mi è va stretta, dieser Rock ist mir zu eng 3 (serrato) {NODO} fest; {BULLONE} fest angezogen: tenere qu/qc ~ ⌊fra le braccia⌋/[a sé], jdn/etw fest umarmen/[an sich drücken]; tenere ⌊la bocca stretta⌋/[le labbra strette], den Mund/die Lippen zusammenpressen 4 (addossato) (zusammen)gedrängt, aneinandergelehnt: stavamo stretti uno all'altro, wir blieben eng aneinander gekauert/gelehnt; ci tenevamo stretti alla costa/parete, ⌊wir hielten uns nahe an der Küste⌋/[wir lehnten uns an die Wand]; ci trovammo stretti ⌊tra due auto⌋/[contro il muro], wir wurden ⌊zwischen zwei Autos⌋/[an die Wand] gedrängt 5 fig (legato) verbunden: sono stretti da un lungo affetto, eine langjährige Zuneigung verbindet sie 6 fig (intimo) {COLLABORATORE, LEGAME} eng; {AMICO} anche dick fam 7 fig (prossimo) {PARENTE, PARENTELA} nah(e) 8 fig (costretto) gezwungen: essere ~ ⌊dal bisogno/ dalla necessità⌋/[dalle circostanze], von ⌊der Not⌋/[den Umständen] gezwungen 9 fig (rigoroso) {CONTROLLO, DIETA, DISCIPLINA, OSSERVANZA} streng, strikt 10 fig (limitato) {MAGGIORANZA, MARGINE DI GUADAGNO} knapp 11 fig (letterale) wörtlich, wortgetreu: il significato ~ di un termine, die wörtliche Bedeutung eines Begriffs, die Bedeutung eines Begriffs im engeren Sinne 12 fig (puro) {DIALETTO} rein 13 ling (PRONUNCIA, VOCALE) geschlossen C avv {ABBRACCIARE, FASCIARE, TENERE} eng, fest ● essere/tenersi ~ in qc fig (essere molto parsimonioso), {PERSONA NELLO SPENDERE} zurückhaltend (mit etw dat) sein; il professore è/[si tiene] ~ nei voti, der Lehrer benotet streng; marcare ~ qu fig anche sport (stargli addosso), jdn eng decken; stare ~ a qu, {PANTALONI} jdm zu eng sein; fig fam (non essere soddisfacente): la situazione mi sta stretta, ich fühle mich in dieser Situation nicht wohl, die Situation ist unbefriedigend für mich.

strettóia f 1 Engpass m, Engstelle f 2 fig (situazione difficile) Engpass m, Klemme f fam: essere/trovarsi in una ~, in der Klemme sein/sitzen/stecken fam; uscire da una ~, aus einem Engpass herauskommen.

strìa f 1 (scia) Streifen m: le bianche strie delle nuvole in cielo, die weißen Streifen der Wolken am Himmel 2 (scanalatura) {+COLONNA} Kannelierung f, Riffel m 3 anat (smagliatura) Streifen m: ~ gravidica, Schwangerschaftsstreifen m.

striàre <strio, strii> tr 1 (rigare) ~ qc (con/di qc) {AUTO CON UN CHIODO} {MIT ETW DAT} zerkratzen, etw (mit etw dat) streifen; {AEREO CIELO DI BIANCO; LACRIME VISO DI QU} etw durchziehen 2 (scanalare) ~ qc {MARMO} etw kannelieren, etw riffeln.

striàto, (-a) agg 1 (segnato da strie) {MURO, STOFFA} gestreift: marmo ~ di rosa, rosa gestreifter Marmor; fronte striata di rughe, zerfurchte Stirn 2 (scanalato) {COLONNA} kanneliert, geriffelt 3 anat {MUSCOLO} quer gestreift.

striatùra f Streifung f; (azione) anche Streifen n.

stricnìna f chim farm Strychnin n.

strìcto sènsu loc avv lat (in senso letterale) im strengen/engeren Sinne, stricto sensu forb.

stridènte agg 1 (acuto e penetrante) {RUMORE} schrill, quietschend; {VOCE} anche kreischend 2 fig (disarmonico) {ACCOSTAMENTO, COLORI} grell, schreiend 3 fig (contraddittorio) {OSSERVAZIONE} widersprüchlich, widerstreitend 4 fig (evidente) {CONTRADDIZIONE, CONTRASTO} krass, schreiend.

strìdere <irr strido, stridei o stridetti, rar stridu­to> itr 1 (produrre rumori acuti) {CANCELLO, FRENI, SEGA} kreischen, quietschen; {FIAMMA} knistern: le braci stridono nel camino, das Feuer knistert im Kamin; il ferro rovente nell'acqua stride, glühendes Eisen zischt im Wasser; {VENTO} heulen 2 (strillare) {BAMBINO} kreischen 3 (emettere versi acuti) {GABBIANO} kreischen; {CORVO} krächzen; {CICALE} zirpen 4 fig (produrre contrasto) ~ (con qc) {TESTO DI UNA CANZONE CON LA MUSICA} sich (mit etw dat) nicht vertragen, im Widerspruch zu etw (dat) stehen; {ARANCIONE COL ROSA} sich (mit etw dat) beißen.

stridìo <-dii> m 1 (rumore) {+PORTA, RUOTE} Kreischen n, Quietschen n; {+FUOCO} Knistern n; {+VENTO} Heulen n 2 (verso) {+AQUILA} Kreischen n; {+CORVO} Krächzen n; {+CICALE} Zirpen n.

strìdio <pl: -a f o rar -i m> m (grido) Kreischen n, (spitzer) Schrei: le strida dei bambini, die (spitzen) Schreie der Kinder.

stridóre m (rumore) {+CARRUCOLA, PORTONE} Kreischen n, Quietschen n: ~ di denti, Zähneknirschen n.

strìdulo, (-a) agg (stridente) {CANTO, VOCE} kreischend, schrill; lett {CICALA} zirpend.

strìglia f (spazzola) Striegel m.

strigliàre <striglio, strigli> A tr 1 (spazzolare) ~ qc {CAVALLO} etw striegeln 2 fig (rimproverare) ~ qu jdn herunter⌊putzen⌋ fam, jdm ⌊den Kopf waschen⌋/[die Leviten lesen] fam 3 fig (strapazzare) ~ qu jdn streifen fam, jdn hart (her)annehmen, jdn schikanieren B rfl scherz (ripulirsi ben bene): strigliarsi (qc) sich striegeln, sich (dat) etw striegeln.

strigliàta f 1 (passata di striglia) Striegeln n: dare una ~ ai cavalli, die Pferde striegeln 2 fig (lavata di capo) Donnerwetter n fam, Vorhaltungen f pl: si è preso una bella ~ dal professore, er bekam von seinem Lehrer/ Professor ganz schön ⌊den Kopf gewaschen⌋/[die Leviten gelesen] fam.

strigliatùra f (spazzolatura) Striegeln n.

strike <-> m ingl sport 1 (nel baseball) Strike m 2 (nel bowling) Strike m: ~!, alle neun(e)!

strillàre A itr 1 (urlare) ~ (per/di qc) {⌊PER LO⌋/[DI] SPAVENTO} (vor etw dat) schreien 2 (sbraitare) schreien, brüllen: non ~, non sono mica sordo!, brüll nicht so, ich bin doch nicht taub!; non strillarmi nelle orecchie!, schrei mir nicht so ins Ohr!; strilla pure quanto vuoi, noi non cambieremo idea, du kannst so laut brüllen, wie du willst, wir werden unserer Meinung nicht ändern; ~ contro qu jdn an⌊schreien⌋, jdn an⌊brüllen⌋ B tr 1 (dire a voce alta) ~ qc (a qu) {FRASE, NOME, SALUTO} (jdm) etw (zu)⌊schreien⌋: mi strillò di andarmene, er/sie schrie mich an, dass ich abhauen sollte fam; le strillavano che doveva scappare, sie schrien ihr zu, dass sie fliehen sollte fam; ~ qc (dietro a qu) {INSULTO DIETRO AL LADRO} jdm etw nach⌊⌋, zu⌊rufen⌋ 2 fam region (sgridare) ~ qu {MADRE BAMBINO} jdn (aus)schimpfen, jdn schelten forb.

strillàta f 1 (urlo) Geschrei n 2 (sgridata) Donnerwetter n fam: mi fece una ~, er/sie ⌊wusch mir den Kopf⌋/[blies mir den Marsch] fam, er/sie schrie/brüllte/herrschte mich an.

strìllo m {+BAMBINO} Schrei m: con uno ~ fece tacere tutti, mit einem Schrei brachte er/sie alle zum Schweigen.

strillóne, (-a) m (f) 1 (giornalaio ambulante) Zeitungsverkäufer(in) m(f) 2 fam (chi strilla molto) Schreihals m fam.

striminzìre <striminzisco> A tr (snellire) ~

qu *jdn* schlank machen: **quel vestito ti striminzisce molto**, dieses Kleid macht dich sehr schlank ▶B *itr pron (dimagrire)*: **striminzirsi** {RAGAZZA} ab|nehmen ▶C *rfl (stringersi)*: **striminzirsi con qc** {CON UN BUSTO} sich *(mit etw dat)* ein|schnüren.

striminzito, (-a) *agg* **1** *(stretto)* {GIACCA, VESTITO} knapp (geschnitten) **2** *(gracile)* {PIANTA} kümmerlich, mick(e)rig *fam spreg*; {GAMBE, RAGAZZO} *anche* dürr, mager **3** *fig (misero)* {RACCONTO} armselig, dürftig.

strimpellaménto *m* {+STRUMENTO MUSICALE} Klimpern *n fam*.

strimpellàre *tr fam (suonare con imperizia)* ~ **qc** {CANZONE} *etw* klimpern *fam spreg*; {CHITARRA} auf *etw (dat)* klimpern; *(uso assol)* klimpern *fam*.

strimpellàta *f* Klimperei *f fam*: **fare una ~ al pianoforte**, auf dem Klavier (herum)klimpern *fam*.

strimpellatóre, (-trice) *m (f)* Klimperer(in) *m(f) fam*.

strimpellìo <-*lii*> *m (strimpellare continuo)* Geklimper(e) *n fam spreg*.

strinàre ▶A *tr* ~ **qc 1** *(fiammeggiare)* {POLLO} *etw* ab|sengen **2** *(bruciacchiare stirando)* {BIANCHERIA} *etw* versengen ▶B *rfl indir (bruciacchiarsi)*: **strinarsi qc** {CAMICIA, CAPELLI} sich *(dat) etw* versengen.

strinatùra *f* **1** *(il fiammeggiare)* Absengen *n* **2** *(bruciatura)* Versengen *n*.

strìnga <-*ghe*> *f* **1** *(laccio)* {+SCARPA} Schnürsenkel *m* **2** *inform (alfabetica, binaria)* Sequenz *f*, Kette *f*, Zeichenfolge *f*: ~ **dei comandi**, Befehlsequenz *f*, Befehlreihenfolge *f*.

stringàre <*stringo, stringhi*> *tr* ~ **qc 1** *(allacciare)* {SCARPONI} *etw* schnüren **2** *fig (riassumere)* {DISCORSO, SCRITTO} *etw* kurz fassen, *etw* knapp halten.

stringatézza *f fig (brevità)* {+RACCONTO} Kürze *f*, Knappheit *f*.

stringàto, (-a) *agg fig (conciso)* {DISCORSO, PROSA} bündig, knapp, kurz: **cerca di essere ~ nell'esposizione dei fatti**, versuche, die Tatsachen bündig darzustellen.

stringèndo *m mus* Stringendo *n*.

stringènte *agg* **1** *(impellente)* {BISOGNO} dringend, dringlich **2** *(persuasivo)* {LOGICA, RAGIONAMENTO} überzeugend, stringent *forb*, einleuchtend, schlüssig.

strìngere <*irr stringo, strinsi, stretto*> ▶A *tr* **1** *(serrare)* ~ **qc** {GINOCCHIA} *etw* zusammen|pressen; {LABBRA} *anche etw* zusammen|kneifen; {PUGNI} *etw* (zusammen|)ballen; ~ **qc a qu** {MANO} *jdm etw* drücken, *jdm etw* schütteln: ~ **il collo a qu**, *jdm* die Kehle zudrücken/zuschnüren; ~ **qc con qc** {BRACCIO CON UN LACCIO} *etw (mit etw dat)* ab|binden; {PACCO CON UNA CORDA} *etw (mit etw dat)* zu|schnüren; {RUBINETTO CON LE PINZE} *etw (mit etw dat)* zusammen|drücken; *anche tecnol* ~ **qc** {MORSA, TENAGLIE} *etw* zusammen|drücken; {VITE} *etw* an|ziehen **2** *(tenere stretto)* ~ **qu/qc (a qc)** {BAMBINO, BORSA AL PETTO, AL SENO} *jdm/etw (an etw acc)* drücken: ~ **qu/qc fra le braccia**, *jdn/etw* in die Arme schließen; ~ **qu/qc a sé**, *jdn/etw* fest an sich drücken; ~ **qc (in qc)** {COLTELLO NELLA MANO} *etw (in etw dat)* (fest) halten, *etw (mit etw dat)* umklammern **3** *(costringere a ridosso)* ~ **qu (+ compl di luogo)** {FUGGIASCO IN UN BOSCO} *jdn irgendwohin* drängen; {AL MURO} *anche* ~ **qc (a qu)** {+ comprimere)* ~ **qu (a qu): il colletto gli stringe il collo**, der Kragen ⌊ist ihm am Hals zu eng⌋/[schnürt ihn am Hals ein]/[schnürt ihm den Hals ein]; *(uso assol)* {SCARPE} drücken: **la giacca stringe troppo in vita**, die Jacke ist in der Taille zu eng **5** *(restringere)* ~ **qc** {VESTITO} *etw* enger machen **6** *fig (annodare)* ~ **qc** {ALLEANZA, AMICIZIA} *etw* schließen, *etw* ein|gehen; {RAPPORTO} *etw* auf|nehmen **7** *fig (sintetizzare)* ~ **qc** {DISCORSO} *etw* kurz (zusammen|)fassen; *(uso assol)* **per - dirò che...**, um es kurz zu machen, werde ich sagen, dass ...; **stringi!**, fass dich kurz! **8** *fig slang autom (accostare)* ~ **qu/qc** {VEICOLO} *jdn/etw* schneiden: **stringilo in curva!**, schneide ihn in der Kurve! ▶B *itr* **1** *(urgere)* {BISOGNO, TEMPO} drängen **2** *sport (nel calcio)* drücken: ~ **al centro/a rete**, aufs Mittelfeld/Tor drücken ▶C *itr pron anche fig (restringersi)*: **stringersi** {SENTIERO} enger/schmaler werden; {MAGLIA} ein|gehen ▶D *rfl (addossarsi)*: **stringersi a qu/qc** {BAMBINO AL MURO, CONTRO LA PARETE} sich *an jdn/etw* drängen, sich *an jdn/etw* drücken; {ALLA MAMMA} *anche* sich *an jdn/etw* schmiegen **2** *indir (tenersi stretto)*: **stringersi qu/qc** {BAMBINO; ORSACCHIOTTO DI PELUCHE} *jdn/etw* an sich drücken **3** *fam (raggomitolarsi)*: **stringersi in qc** {NELLA COPERTA} sich *in etw (acc)* wickeln ▶E *rfl rec (stringersi)*: **stringetevi un po' e fatemi posto!**, rückt etwas (enger) zusammen und macht mir Platz! ● **stringersi intorno a qu**, sich um *jdn* drängen; *fig (stargli vicino per consolarlo)*, *jdm* zur Seite stehen; **stringi stringi** *fig (in conclusione)*, letzten Endes, schließlich, letztlich.

stringinàso <-> *m* **1** *(pince-nez)* Kneifer *m* **2** *sport (nel nuoto) (molletta per narici)* Nasenklammer *f*.

strìnsi 1ª *pers sing del pass rem di stringere*.

strip① <-, -*s pl ingl*> → **striptease**.

strip② <-, -*s pl ingl*> *f ingl (storiella a fumetti)* Comic(strip) *m*.

strip③ <-, -*s pl ingl*> *m ingl econ* Nochgeschäft *n*.

strippàre *itr rfl*: **stripparsi** *slang (drogarsi)* sich zu|dröhnen *slang*.

strippàto, (-a) *agg econ* stripped.

stripping *m econ* Coupon Stripping *n*, Anleihe-Stripping *n*, Stripped Bond *m*.

striptease <-, -*s pl ingl*> *m* Striptease *m o n*, Strip *m*.

strìscia <-*sce*> *f* **1** *(pezzo stretto e lungo)* {+CARTA, TELA} Streifen *m*: **tagliare a strisce qc**, *etw* in Streifen schneiden; *(riga spessa)* {OBLIQUA, ORIZZONTALE} Streifen *m*: **un tessuto a strisce bianche e azzurre**, ein weiß-blau gestreifter Stoff **3** *(porzione sottile)* {+ASFALTO, CIELO, COSTA, TERRENO} Streifen *m* **4** *(traccia)* {ARGENTEA, BIANCASTRA; +SANGUE} Spur *f* **5** *(storiella a fumetti)* Comic(strip) *m* **6** <*solo pl*> *(attraversamento pedonale)* **strisce (pedonali)**, Zebrastreifen *m*; **attraversare sulle strisce**, den Zebrastreifen überqueren ● ~ **di cuoio**, Lederstreifen *m*, Lederriemen *m*; *(affilarasoio)*, Schlemfriemen *m*.

strisciaménto *m* **1** *(trascinamento)* {+RETE, SEDIA} Schleppen *n*, Schleifen *n*; {+PIEDI} Hinterherziehen *n*, Hinterherschleifen *n* **2** *(sfregamento)* Reiben *n*, Reibung *f* **3** *fig (adulazione)* Kriecherei *f spreg*, Arschkriecherei *f spreg volg*.

strisciànte *agg* **1** *(che striscia)* {ANIMALE} Kriech-, kriechend **2** *fig (viscido)* {COMPORTAMENTO, INDIVIDUO} kriecherisch *spreg*, arschkriecherisch *spreg volg* **3** *fig slang giorn (latente)* {CRISI ECONOMICA} schleichend; {GUERRA} latent **4** *bot* {RADICE, RAMO} kriechend.

strisciàre <*striscio, strisci*> ▶A *tr* **1** *(trascinare)* ~ **qc (+ compl di luogo)** {GIACCA PER TERRA, VALIGIA SULLA MOQUETTE} *etw irgendwo/irgendwohin* schleifen, *etw (irgendwo)* schleifen lassen; {PIEDI SUL PAVIMENTO} *anche ~ (irgendwo)* nach|ziehen, schlurfen; {MOBILE FINO AL GARAGE} *etw (irgendwohin)* schleifen, *etw (irgendwohin)* schleppen **2** *(sfregare)* ~ **qc (contro qc)** {PARAFANGO CONTRO UN GUARD-RAIL} *etw (mit etw dat)* streifen; ~ **qc (con qc)** {MURO, PARQUET CON UNA SEDIA} *etw (mit etw dat)* zerkratzen **3** *(sfiorare)* ~ **qc a qu** {PROIETTILE BRACCIO A UN PASSANTE} *jdm etw (an etw dat)* streifen, *jdm etw* streifen ▶B *itr* **1** ~ **(+ compl di luogo)** {LUMACA SUL PRATO} *(irgendwo/irgendwohin)* kriechen; **il soldato avanza strisciando sul terreno**, der Soldat kriecht am Boden vorwärts; {SERPENTE TRA I SASSI, PER TERRA} sich *(irgendwo/irgendwohin)* schlängeln **2** *(passare rasente)* ~ **(contro/lungo qc)** {PERSONA LUNGO UN MURO, CONTRO LA SIEPE} dicht *(an etw dat)* entlang|gehen, *etw* streifen **3** *(sfregare)* ~ **(con qc) (contro qc)** *etw (mit etw dat)* streifen: **ho strisciato con la fiancata contro il cancello**, ich habe mit der einen Seite das Tor gestreift **4** *fig (umiliarsi adulando)* ~ (⌊**davanti a**⌋/[**ai piedi di**] **qu**) *(vor jdm)* kriechen *spreg*, *jdm* in den Arsch kriechen *spreg volg*: **davanti al professore striscia come un verme**, vor seinem/ihrem Lehrer/Professor katzbuckelt er/sie auf erbärmliche Weise *spreg* **5** *bot (crescere rasoterra)* ~ **(+ compl di luogo)** {PIANTA, RADICE SUL SUOLO} *(irgendwo/irgendwohin)* kriechen ▶C *rfl* **1** *(sfregarsi)*: **strisciarsi a/contro qc** {GATTO A/CONTRO UNA POLTRONA; ORSO A/CONTRO UN ALBERO} sich *an etw (dat)* reiben **2** *fig (adulare)*: **strisciarsi a qu** *jdn* umschmeicheln, *um jdn* herum|scharwenzeln *fam spreg*.

strisciàta *f* **1** *(lo strisciare)* Schleifen *n*, Streifen *n*; {+SERPENTE} Kriechen *n* **2** *(il passare rasente)* Streifen *n*, Gleiten *n*: **l'idrovolante ha fatto una ~ sull'acqua**, das Wasserflugzeug ⌊streifte das Wasser⌋/[glitt über die Wasseroberfläche] **3** *(segno)* Schleifspur *f*, Streifen *m*: ⌊**sul pavimento**⌋/[**sulla fiancata dell'auto**] **ci sono delle strisciate**, auf dem Boden/[der einen Autoseite] sind Schleifspuren; **una ~ di pneumatici sull'asfalto**, eine Bremsspur auf dem Asphalt **4** *fot* Bild-, Filmstreifen *m*, Bildreihe *f (fotogrammetrischer Luftaufnahmen)* **5** *tip* Fahne *f*.

strisciatùra *f* **1** *(trascinamento)* Schleppen *n*, Schleifen *n* **2** *(sfregamento)* Streifen *n* **3** *(strisciata)* Schleifspur *f*, Streifen *n*: **una ~ di vernice sulla parete**, ein Farbstreifen auf der Wand.

strìscio <-*sci*> ▶A *m* **1** *(lo strisciare)* Schleifen *n*, Streifen *n*; {LENTO +LUMACA} Kriechen *n* **2** *(segno)* Schleifspur *f*, Streifen *m*: **l'anta del mobile è piena di strisci**, die Möbeltür ist voller Schleifspuren **3** *biol med* Abstrich *m*: **analizzare uno ~ di sangue/tessuto**, einen Blut-/Gewebeabstrich analysieren; *(pap-test)* Abstrich *m*; **sottoporsi a uno ~ vaginale**, einen (Vaginal)abstrich machen (lassen) ▶B <*inv*> *loc agg*: **di ~**, {COLPO, FERITA} Streif- ▶C *loc avv*: **di ~**: **colpire/toccare qu di ~**, *jdn* streifen.

striscióne <*accr di striscia*> *m* {+MANIFESTANTI, TIFOSI} Spruchband *n*; ~ **pubblicitario**, Reklameband *n*; ~ **del traguardo**, Zielband *n*.

stritolàbile *agg* **1** {MATERIALE} zermalmbar, zertrümmerbar **2** *fig (che si può fare a pezzi)* {+OPPOSIZIONE} vernichtbar.

stritolaménto *m* **1** *(frantumazione)* {+CHICCHI DI GRANO, GHIAIA} Zermalmung *f*, Zermalmen *n*; {+TIBIA} Zertrümmern *n* **2** *fig (il fare a pezzi)* {+RIVALE} Vernichten *n*, Zermalmen *n*.

stritolàre ▶A *tr* **1** *(frantumare)* ~ **qc** {CANE

OSSO; RULLO COMPRESSORE SASSI} *etw* zermalmen **2** *fig* (*fare a pezzi*) ~ **qu** {AVVERSARIO} *jdn* zunichte machen, *jdn* vernichten, *jdn* zermalmen; *scherz* Hackfleisch *aus jdm* machen *fam scherz*: **se lo trovo, lo stritolo!**, wenn ich ihn finde, mache ich Hackfleisch aus ihm! *fam scherz* **B** *itr pron* (*frantumarsi*): **stritolarsi** {BICCHIERE, LASTRA DI VETRO} zersplittern, zerspringen.

stritòlio <-*lii*> *m* **1** (*stritolamento*) Zermalmung *f*, Zermalmen *n* **2** (*rumore*) Knirschen *n*, Mahlgeräusch *n*.

strìzza *f fam scherz* (*fifa*) Bammel *m fam*, Schiss *m fam*: **ho avuto ~ del professore quella volta!**, damals hatte ich vielleicht Schiss vor meinem Professor/Lehrer! *fam*.

strizzacervèlli <-> *mf fam scherz* (*psicanalista*) Seelenklempner(in) *m*(*f*) *fam*, Psycho *m slang*, Psycha *f slang*, Seelenarzt *m fam*, Seelenärztin *f fam*.

strizzàre *tr* ~ **qc 1** (*torcere*) {BUCATO, SPUGNA} *etw* aus|wringen **2** (*spremere*) {ARANCIA} *etw* aus|pressen.

strizzàta *f* **1** Auswringen *n*: **dare una ~ alla biancheria**, die Wäsche auswringen **2** (*spruzzata*) {+LIMONE} Spritzer *m*, Schuss *m* • ~ **d'occhio** (*ammiccamento*), Augenzwinkern *n*.

strizzatóio <-*toi*> *m* {+LAVATRICE} Wringvorrichtung *f*, Wringmechanismus *m*.

strizzatùra *f* **1** (*il torcere*) {+PANNO BAGNATO} Auswringen *n* **2** (*spremitura*) {+POMPELMO} Auspressen *n*.

strizzóne *m* **1** (*forte strizzata*) kräftiges Auspressen: **dare uno ~ a qc**, *etw* kräftig auspressen **2** *fig fam* (*dolore acuto*) Stich *m*, heftiger Schmerz; **avere uno ~ allo|di stomaco**, starke Magenschmerzen haben.

strobilazióne *f zoo* Knospung *f*.

stròbilo *m bot* (*pigna*) Zapfen *m*.

stroboscopìa *f fis* Stroboskopie *f*.

stroboscòpico, (-*a*) <-*ci*, -*che*> *agg fis* {EFFETTO, LUCE} stroboskopisch.

stroboscòpio <-*pi*> *m fis* Stroboskop *n*.

stròfa, **stròfe** *f lett* {FINALE, LIBERA; +POESIA, SONETTO} Strophe *f*.

stròfico, (-*a*) <-*ci*, -*che*> *agg ling* {SISTEMA} Strophen-.

strofinàccio <-*ci*> *m* Putz-, Wischtuch *n*: ~ ₁da cucina₁/{per pavimenti}, ₁Küchen-/Geschirrtuch *n*/{(Auf)wisch-/Putzlappen *m*}● **trattare qu come uno ~** *fig fam* (*trattare male*), *jdn* wie den letzten Dreck behandeln *fam*.

strofinaménto *m* **1** (*lo sfregare*) Reiben *n*: **il continuo ~ dei gomiti sul tavolo**, das ständige Reiben der Ellbogen auf dem Tisch; {+SUPERFICIE LAVABILE} Putzen *n*, Wischen *n* **2** (*il frizionare*) {+CUTE} Einreiben *n* **3** (*lo strusciarsi*) Scheuern *n*, Reiben *n* **4** (*lo stropicciarsi*) {+MANI, NASO} Reiben *n* **5** *fig* (*il fare moine*) Schmeicheln *n*.

strofinàre **A** *tr* ~ **qc** (*con qc*) **1** (*sfregare*) {MOBILE CON UN PANNO} *etw* (*mit etw dat*) (*ab*|)*reiben*; {PAVIMENTO CON UNO STRACCIO} *etw* (*mit etw dat*) *scheuern*, *etw* (*mit etw dat*) *wischen*: **ho strofinato via la macchia**, ich habe den Fleck weggewischt **2** (*frizionare*) {PELLE CON UN UNGUENTO} *etw* (*mit etw dat*) ein|reiben **B** *rfl* (*strusciarsi*) **strofinarsi** (*a*/**contro qu/qc**) {CONTRO IL MURO} *etw* streifen; {BAMBINO CONTRO LA MAMMA} sich *an jdn/etw* kuscheln *fam*, sich *an jdn* schmiegen; {GATTO ALLE GAMBE DI QU} *um jdn/etw* streichen **2** (*stropicciarsi*): **strofinarsi qc** {MANI, OCCHI} sich (*dat*) *etw* reiben **3** *fig* (*fare moine*): **strofinarsi a qu** {AL DIRETTORE} *jdn* umschmeicheln, sich *bei jdm* ein|schmeicheln, *um jdn* herum|scharwenzeln *fam*

spreg.

strofinàta *f* **1** (*pulita*) Putzen *n*, Wischen *n*: **l'argenteria ha bisogno di una bella ~**, das Silber muss ordentlich geputzt werden; **devo dare una ~ al pavimento della cucina**, ich muss den Küchenfußboden wischen **2** (*frizione veloce*) Reiben *n*: **la pomata si assorbe subito, basta una leggera ~**, die Creme zieht sofort ein, leichtes Einreiben genügt.

strofìnio <-*nii*> *m* (*continuo sfregamento*) (dauerndes) Reiben *n*.

stròlaga <-*ghe*> *f ornit* Eistaucher *m*.

strollàto *m edil* Edelputz *m*.

stròma <-*i*> *m biol* {+CELLULA} Stroma *n*.

strombàre *tr arch* ~ **qc** {FINESTRA} *etw* ausschmiegen.

strombatùra *f arch* {+PORTA} Ausschmiegung *f*, Ausschmiegen *n*.

strombazzaménto *m* **1** (*sonata di clacson*) Gehupe *n*, Hupkonzert *n fam* **2** *fig* (*sbandieramento*) {+NOTIZIA} Ausposaunen *n fam*.

strombazzàre **A** *tr fig* (*sbandierare*) ~ **qc** {QUALITÀ DI UN PRODOTTO} *etw* groß heraus|stellen; {SUCCESSO} *anche etw* aus|posaunen *fam*, *etw* an|trompeten *fam*, *etw* an die große Glocke hängen *fam* **B** *itr* (*clacsonare*) {AUTO, AUTOMOBILISTA} (*mehrmals*) *hupen*, ein Hupkonzert veranstalten *fam*.

strombazzàta *f* **1** (*colpo di clacson*) Hupen *n*: **dare una ~**, (*einmal*) hupen **2** *fig* (*sbandieramento*) Ausposaunen *n fam*: **non dare retta alle strombazzate dei giornali sulla cosiddetta scoperta del secolo**, achte nicht auf das Getöse der Zeitungen über die so genannte Jahrhundertentdeckung.

strombazzatóre, (-*trice*) *m* (*f*) **1** (*chi suona il clacson*) "wer hupt" **2** *fig* (*chi sbandiera*) {+VITTORIA} "wer etwas/alles ausposaunt" *fam*.

strombettàre *itr* **1** (*suonare la tromba o la trombetta*) Trompete spielen **2** (*clacsonare*) hupen.

strombettàta *f* **1** (*suono di tromba o trombetta*) Trompeten *n* **2** (*colpo di clacson*) Hupen *n*.

strombettìo <-*tii*> *m* (*strombettare continuo*) {+TROMBETTISTA} (Trompeten)geschmetter *n*: ~ **dei clacson**, (dauerndes) Hupen, Gehupe *n fam spreg*.

stròmbo① *m arch* (*strombatura*) Schmiege *f*.

stròmbo② *m* Flügelschnecke *f*.

Strómboli *geog* **A** *f* (*isola*) Stromboli *m* **B** *m* (*vulcano*) Stromboli *m*.

stromboliàno, (-*a*) *agg* **1** (*di Stromboli*) von/aus Stromboli **2** *geol* des Stromboli; {FASE} Stromboli-.

stroncaménto *m* **1** (*lo spezzare*) (Ab-)brechen *n* **2** *fig* (*interruzione*) {+DOLORE} Beenden *n*; {+PROPOSTA} Unterbinden *n*; {+RIVOLTA} *anche* Unterdrückung *f*.

stroncàre <*stronco, stronchi*> **A** *tr* **1** (*spezzare*) ~ **qc** {RAMO} *etw* ab|brechen, *etw* ab|reißen **2** *fig* (*stancare*) ~ **qu**/**qc** {SALITA ALPINISTA} *jdn*/*etw* ermüden, *jdn*/*etw* an|strengen; ~ **le gambe**, in die Beine gehen *fam* **3** *fig* (*eliminare*) ~ **qu** {INFARTO} *jdn* dahin|raffen *forb* *eufem*: **un male incurabile ha stroncato il paziente**, der Patient ist einem unheilbaren Leiden erlegen **4** *fig* (*interrompere*) ~ **qc** {DOLORE} (*dat*) *ein Ende bereiten*/*machen*; {FEBBRE} *etw* sofort stark senken; {ATTIVITÀ ILLECITA, SOMMOSSA} *etw* unterbinden, *etw* unterdrücken: ~ **qc sul nascere**, etw im Keim ersticken **5** *fig* (*criticare aspramente*) ~ **qu**/**qc** {AUTORE, FILM} *etw* verreißen, *jdn*/*etw* vernichtend kritisieren

B *rfl indir* (*affaticarsi*): **stroncarsi qc** {BRACCIA} sich (*dat*) *etw* überanstrengen.

stroncatóre, (-*trice*) **A** *agg* **1** (*che spezza*) abbrechend **2** (*che interrompe*) {ATTIVITÀ} beendend, unterbindend **3** *fig* (*che critica aspramente*) {CRITICO, PUBBLICISTICA} vernichtend **B** *m* (*f*) **1** *fig* (*chi interrompe*) {+INIZIATIVA, TENTATIVO DI RIVOLTA} Unterdrücker(in) *m*(*f*) **2** *fig* (*chi critica aspramente*) {+PROGRAMMA TELEVISIVO} vernichtende(*r*)/scharfe(*r*) Kritiker(in).

stroncatòrio, (-*a*) <-*ri*> *agg fig* (*stroncatore*) {ARTICOLO, GIUDIZIO} vernichtend.

stroncatrice *f* → **stroncatore**.

stroncatùra *f* **1** (*violenta rottura*) Bruch *m* **2** *fig* (*aspra critica*) {+LIBRO, REGISTA} Verriss *m*.

strónza *f* → **stronzo**.

stronzàggine *f volg* **1** (*caratteristica*) {+DISCORSO} Schweinerei *f volg spreg*, Sauerei *f volg spreg* **2** (*stronzata*) Schweinerei *f volg spreg*, Scheiß *m fam spreg*, Scheiße *f spreg*.

stronzàta *f volg* (*azione, discorso*) Scheiß *m fam spreg*, Scheiße *f spreg*: **dire**/**fare stronzate**, ₁Scheiß daherreden *fam spreg*₁/[Scheiße bauen *spreg*].

strònzio <-> *m chim* Strontium *n*.

strónzo, (-*a*) *volg* **A** *m* (*escremento*) Scheiße *f volg* **B** *m* (*f*) *fig* (*persona*) Arschloch *n volg*, Scheißkerl *m fam spreg*: **smettila di fare lo ~!**, hör auf, dich so arschig zu benehmen! *forb*.

stropicciaménto *m* **1** (*fregamento*) Reibung *f*; (*azione*) *anche* Reiben *n*: ~ **di piedi**, Scharren *n* mit den Füßen **2** *region* (*sgualcitura*) {+VESTITO} Zerknautschen *n*, Zerknittern *n*.

stropicciàre <*stropiccio, stropicci*> **A** *tr* ~ **qc 1** (*fregare*) {BRACCIO, FRONTE} *etw* reiben: ~ **i piedi sul pavimento**, mit den Füßen scharren **2** *region* (*sgualcire*) {BUSTA DI CARTA, GONNA} *etw* zerknautschen, *etw* zerknittern **B** *itr pron* (*sgualcirsi*): **stropicciarsi** {CARTA, STOFFA} (*zer*)*knittern* **2** *fam* (*infischiarsi*): **stropicciarsene** (*di qu*/*qc*) {DEL CAPOUFFICIO, DELLA FAMIGLIA} *auf jdn*/*etw* pfeifen *fam*, *auf jdn*/*etw* scheißen *volg*: **me ne stropiccio!**, ich pfeif *fam*/scheiß *volg* drauf! **C** *rfl* (*fregarsi*): **stropicciarsi qc** {MANI, OCCHI} sich (*dat*) *etw* reiben.

stropicciàta *f* (*fregata veloce*) Reiben *n*: **darsi una ~ agli occhi**, sich (*dat*) die Augen reiben.

stropicciatùra *f* **1** (*stropicciamento*) Reiben *n* **2** *region* (*sgualcitura*) Zerknautschen *n*, Zerknittern *n*.

stroppiàre *e deriv* → **storpiare** *e deriv*.

strózza *f* **1** *poet* (*gola*) Gurgel *f*: **afferrare qu per la ~**, *jdn* an der Gurgel packen **2** *mar* (Anker)kettenführung *f*.

strozzaménto *m* **1** (*uccisione*) Erwürgen *n*, Erdrosseln *n*: **morire per ~**, erdrosselt werden; (*soffocamento*) Ersticken *n* **2** (*lo stringere*) {+TUBO} Abklemmen *n*, Drosselung *f*, Drosseln *n*; (*punto di strozzatura*) Drosselstelle *f* **3** *fig* (*richiesta esosa di soldi*) Wucher *m spreg* **4** *med* Einklemmen *n*, Inkarzeration *f scient*: ~ **erniario**, Brucheinklemmung *f*, eingeklemmter Bruch.

strozzaprèti *m pl gastr* (*gnocchetti*) Spinatklößchen *n pl*.

strozzàre **A** *tr* **1** (*uccidere*) ~ **qu** (*con qc*) {VITTIMA CON UNA CALZA} *jdn* (*mit etw dat*) erdrosseln, *jdn* (*mit etw dat*) erwürgen; *fig scherz jdm* die Gurgel um|drehen *fam*: **se lo vedo lo strozzo!**, wenn ich ihn sehe, drehe ich ihm die Gurgel um! *fam* **2** (*impedire di respirare*) ~ **qu** {COLLETTO, OSSO IN GOLA} *jdm* den Atem/die Luft nehmen, *jdn* ein|schnü-

ren; (*uso assol*) ersticken: **mi sento ~**, ich habe das Gefühl zu ersticken **3** (*stringere*) **~ qc** {VALVOLA CONDOTTO} *etw* ab|-, ein|klemmen, *etw* drosseln; {SCOGLIO PASSAGGIO} *etw* versperren **4** *fig* (*prestare denaro a usura*) **~ qu** Wucherzinsen *von jdm* verlangen *spreg*, *jdm* mit Wucherzinsen die Gurgel zu|schnüren|zu|drücken|zu|drehen *fam spreg*, *jdm* mit Wucherzinsen die Luft ab|drehen|ab|drücken *fam*, *jdm* mit Wucherzinsen den Hals ab|schneiden|um|drehen|brechen *fam*: **con quegli interessi lo strozzano!**, mit diesen Zinsen schnüren/drücken/drehen sie ihm die Gurgel zu! *fam* **5** *mar* **~ qc** {SCOTTA} *etw* (mit einer Schotklammer) einklemmen **B** *itr pron* **1** (*morire per strozzamento*): **strozzarsi** (**con qc**) (*mit*/*von etw dat*) erwürgt/erdrosselt werden; (*rischiare il soffocamento*) {CON UN BOCCONE} (*wegen etw gen*) keine Luft mehr bekommen, (*an etw dat*) beinahe ersticken **2** (*stringersi*): **strozzarsi** {SENTIERO} schmaler/enger werden, sich verengen **3** *med*: **strozzarsi** {ERNIA} eingeklemmt werden **C** *rfl* (*uccidersi*): **strozzarsi** (**con qc**) {CON UN LENZUOLO} sich (*mit etw dat*) erdrosseln, sich (*mit etw dat*) erwürgen.

strozzascòtte <-> *f mar* Schotklammer f.

strozzàto, (**-a**) *agg* **1** (*che presenta una strozzatura*) {CONDUTTURA} ab-, eingeklemmt, gedrosselt **2** *fig* (*stentato*) {GRIDO} unterdrückt; {VOCE} erstickt **3** *med* {ERNIA} eingeklemmt.

strozzatùra *f* **1** (*lo stringere*) {+CONDOTTO} Abklemmen n, Einklemmen n, Drosselung *f* **2** (*punto di restringimento*) {+TUBO DI SCARICO} Drosselstelle f; {+COLLO DI UNA BOTTIGLIA} Verengung f; {+VALLE, VICOLO} *anche* Engpass m **3** *fig* (*rallentamento*) {ECONOMICA} Stockung f.

strozzina *f* → **strozzino**.

strozzinàggio <-gi> *m anche fig* Wucher m *spreg*, Wucherei f *spreg*.

strozzinésco, (**-a**) <-schi, -sche> *agg* (*da usuraio*) {INTERESSE} Wucher- *spreg*.

strozzino, (**-a**) *m* (*f*) *anche fig* (*usuraio*) Halsabschneider(in) m(f) *fam spreg*, Wucherer m *spreg*, (Wucherin f *spreg*).

struccànte (*nella cosmesi*) **A** *agg* {LOZIONE} Abschmink- **B** *m* Abschminklotion f, Abschminkcreme f: **~ per ⌊gli occhi⌋/⌊il viso⌋**, Abschminklotion f für die Augen/das Gesicht.

struccàre <strucco, strucchi> **A** *tr* **~ qu**/[**qc** (**a qu**)] {ATTORE, VISO A UNA MODELLA} *jdn*/[(*jdm*) *etw*] ab|schminken **B** *rfl*: **struccarsi** sich ab|schminken; (*indir*) **struccarsi qc** {OCCHI} sich (*dat*) *etw* ab|schminken.

struccatùra f, **strùcco** <-chi> *m* Abschminken n.

strùdel <-> *m ted gastr* Strudel m.

struggènte *agg fig* (*intenso e tormentoso*) {MUSICA} herzzerreißend; {SGUARDO} *anche* schmelzend; {PASSIONE, RICORDO} verzehrend.

strùggere <irr struggo, strussi, strutto> **A** *tr* **1** (*sciogliere*) **~ qc** {CERA, NEVE} *etw* schmelzen (lassen); {BURRO} *anche* zerlassen **2** *fig lett* (*consumare*) **~ qu** {AMORE, GELOSIA} *jdn* verzehren, *jdn* aus|zehren **B** *itr pron* **1** (*sciogliersi*): **struggersi** {GHIACCIO} schmelzen; {STRUTTO} *anche* zergehen **2** *fig lett* (*consumarsi*): **struggersi** (**di**/**per qc**) {DI DESIDERIO, PER IL DOLORE} (*vor etw dat*) vergehen, sich (*vor etw dat*) verzehren; **struggersi per qu** sich *nach jdm* verzehren, *nach jdm* schmachten; **struggersi in qc**: **struggersi in lacrime**, sich in Tränen auflösen.

struggiménto *m fig* (*stato d'animo*) Vergehen n, Verlangen n, quälende Sehnsucht.

strùma *f med* Kropf m, Struma f *scient*.

strumentàle **A** *agg* **1** (*relativo a uno strumento*) {RISULTATO} instrumentell; {ERRORE} Instrumenten- **2** (*eseguito con strumenti*) {ANALISI, RILEVAZIONE} instrumental, Instrumental-; {ATTERRAGGIO, NAVIGAZIONE, VOLO} Instrumenten- **3** *fig* (*finalizzato*) {DISCORSO, USO} zielgerichtet **4** *gramm* {CASO, PROPOSIZIONE} instrumental, Instrumental- **5** *mus* {CONCERTO} Instrumental-; {BRANO} *anche* instrumental **B** *m gramm* Instrumental(is) m.

strumentalìsmo *m filos* Instrumentalismus m.

strumentalità <-> *f* {+POLEMICA} Zielgerichtetheit f.

strumentalizzàre *tr* **1** (*sfruttare*) **~ qu**/**qc** {AMICO} *jdn*/*etw* instrumentalisieren, *jdn*/*etw* aus|nutzen; {OPINIONE PUBBLICA, POLITICA} *anche* sich (*dat*) *etw* zu Nutze machen **2** *mus* **~ qc** *etw* instrumentieren.

strumentalizzazióne *f* **1** (*sfruttamento*) {+CLASSE OPERAIA, NOTIZIA, SCIOPERO} Instrumentalisierung f, Ausnutzen n **2** *mus* Instrumentierung f.

strumentàre *tr mus* **~ qc** *etw* instrumentieren, *etw* orchestrieren.

strumentàrio <-ri> *m* (*insieme di strumenti*) {ODONTOIATRICO} Instrumentenausrüstung f, Instrumente n pl; {CHIRURGICO} *anche* Besteck n.

strumentatóre, (**-trice**) *m* (*f*) *mus* Instrumentator(in) m(f).

strumentazióne *f* **1** (*attrezzatura*) {ELETTRONICA, SCIENTIFICA} Instrumentenausrüstung f, instrumentelle Ausrüstung **2** (*insieme di strumenti di controllo*) {+VEICOLO} Armaturen f pl: **~ di bordo**, Bordausrüstung f **3** *fig* (*dotazione di mezzi*) {CRITICA, LINGUISTICA} Vermögen n *forb* **4** *mus* Instrumentierung f.

strumentìsta <-i m, -e f> *mf* **1** *med* Instrumenteur m, Instrumentierschwester f **2** *mus* Instrumentalist(in) m(f) **3** *tecnol* Instrumentenspezialist(in) m(f).

struménto *m* **1** (*dispositivo*) {DIGITALE, ELETTROMAGNETICO, OTTICO} Gerät n, Instrument n: **strumenti di bordo**, Bordinstrumente n pl; **~ di misura**/**precisione**, Mess-/Präzisionsinstrument n; (*attrezzo*) {AGRICOLO; +FALEGNAME} *anche* Werkzeug n; **~ chirurgico**, chirurgisches Besteck/Instrument, Chirurgenwerkzeug n; **~ di tortura**, Folterinstrument n **2** *mus* Instrument n: **~ musicale**, Musikinstrument n; **~ ⌊ad arco⌋**/[**a corda**], Streich-/Saiteninstrument n; **~ a fiato**/**pizzico**, Blas-/Zupfinstrument n; **~ a percussione**, Schlag-/Perkussionsinstrument n **3** *fig* (*mezzo*) {+LOTTA, POTERE, PROPAGANDA} Mittel n, Werkzeug n: **non voglio essere ~ ⌊della tua ambizione⌋**/[**di nessuno**], ich will nicht Werkzeug deines Ehrgeizes sein/[niemand(e)s Werkzeug sein] **4** (*atto notarile*) {+CESSIONE, VENDITA} Urkunde f • **essere uno ~ nelle mani di qu** *fig* (*venire strumentalizzato*) ein Werkzeug in jds Händen sein, von jdm instrumentalisiert werden; **gli strumenti del mestiere** (*attrezzi necessari a svolgere una determinata attività*), das Handwerkszeug, die Arbeitsmittel.

strusciaménto *m* **1** (*sfregamento*) Reiben n; (*rumore*) Reibgeräusch n **2** (*strascicamento*) Schleifen n; (*rumore*) Schleifgeräusch n **3** (*il fare effusioni*) Kuscheln n *fam*, (Aneinander)schmiegen n **4** *fig* (*adulazione*) Schmeicheln n, Schmeichelei f.

strusciàre <struscio, strusci> **A** *tr* **1** (*sfregare*) **~ qc** (**+ compl di luogo**) {GOMITI SULLA TAVOLA} *etw* (*irgendwo*) reiben, *etw* (*irgendwo*) scheuern; (*uso assol*) reiben, scheuern: **ho strusciato con la portiera contro lo spigolo**, ich habe mit der Wagentür die Kante ge-

streift **2** (*strascicare*) **~ qc** (**+ compl di luogo**) {GIACCA PER TERRA} *etw* (*irgendwo*/*irgendwohin*) schleifen, *etw* (*irgendwo*) schleifen lassen; {PIEDI SUL PAVIMENTO} *etw* (*irgendwo*) nach|ziehen, schlurfen **B** *rfl* **1** (*strofinarsi*): **strusciarsi** (**a**/**contro qc**) {CONTRO UN MURO, A UNA PORTA} sich (*an etw dat*) reiben, *etw* streifen **2** (*fare effusioni*): **strusciarsi** (**a**/**contro qu**) sich *an jdn*/*etw* kuscheln *fam*, sich *an jdn*/*etw* schmiegen **3** *fig* (*adulare*): **strusciarsi a qu** *jdn* umschmeicheln, *um jdn* herum|scharwenzeln *fam spreg* **C** *rfl rec* (*farsi effusioni*): **strusciarsi** {FIDANZATI} kuscheln *fam*, sich aneinander|schmiegen, Zärtlichkeiten aus|tauschen.

strusciàta *f* **1** (*lo strusciare*) Streifen n: **dare una ~ al muro con il paraurti**, mit der Stoßstange die Mauer streifen **2** (*segno*) Schleifspur f, Streifen m: **la fiancata dell'auto è piena di strusciate**, die eine Autoseite ist voller Schleifspuren.

strùscio[1] <-sci> *m* **1** (*lo strusciare continuo*) {+CIABATTE SUL PAVIMENTO} Nachziehen n **2** (*rumore*) Schleifgeräusch n.

strùscio[2] <-sci> *m region* (*passeggio*) Bummeln n *fam*, Flanieren n: **fare lo ~ nelle vie del centro**, durch die Straßen der Altstadt bummeln *fam*.

strùssi 1ª *pers sing del pass rem di* struggere.

strùtto[1] *m* (*grasso di maiale*) (Schweine)schmalz m.

strùtto[2], (**-a**) **A** *part pass di* struggere **B** *agg* **1** (*sciolto*) {GHIACCIO} geschmolzen, zerschmolzen; {BURRO} *anche* zerlassen **2** *fig* (*consumato*) **~ da**/**per qc** {PER AMORE, DALLA PASSIONE} *vor etw (dat)* verzehrt; {DALLA MALATTIA} *von etw (dat)* aufgezehrt.

struttùra *f* **1** *gener* {ARTICOLATA, COMPLESSA +AZIENDA, FILM, RACCONTO, UNIVERSO; AMMINISTRATIVA, ECONOMICA +PAESE; LOGICA +RAGIONAMENTO; MENTALE, PSICHICA +PERSONA} Aufbau m, Struktur f: **~ sociale**, soziale Struktur, Sozialstruktur f; {FRAGILE, ROBUSTA; +CORPO UMANO} Bau m **2** *anche edil* (*scheletro*) {+PALAZZO, VIADOTTO} Gerüst n, Struktur f: **~ portante**, Tragwerk n, tragendes Gerüst; {METALLICA +FUSOLIERA, MACCHINA} Gerüst n, Skelett n, Rahmen m; {+DIVANO} Gestell n **3** <*di solito al pl*> (*impianto*) {OSPEDALIERA, SCOLASTICA, SPORTIVA} Anlage f **4** *biol chim fis geol* {CELLULARE, MICROSCOPICA, MOLECOLARE +MATERIA, TESSUTO; MORFOLOGICA +ROCCIA, TERRENO} Struktur f, Beschaffenheit f: **~ cristallina**, Kristallstruktur f, Kristallingefüge n; **~ a falde**, Flockenstruktur f; **~ ⌊ad altopiano⌋**/[**tabulare**], Hochplateau-/Tafelstruktur f **5** *inform mat* {ALGEBRICA} Struktur f: **~ ad albero**, Baumstruktur f **6** *ling* {FONOLOGICA, SINTATTICA +FRASE, ITALIANO, LINGUA TEDESCA} Struktur f: **~ profonda**/**superficiale**, Tiefen-/Oberflächenstruktur f.

strutturàbile *agg* (*che si può strutturare*) strukturierbar.

strutturàle *agg* {ANALISI, LINGUISTICA, PSICOLOGIA} Struktur-; {SQUILIBRIO} strukturell.

strutturalìsmo *m gener anche arch ling psic* {ECONOMICO, MATEMATICO, SOCIOLOGICO} Strukturalismus m.

strutturalìsta <-i m, -e f> **A** *agg* (*strutturalistico*) {METODO} strukturalistisch **B** *m* (*f*) Strukturalist(in) m(f).

strutturalìstico, (**-a**) <-ci, -che> *agg* {DESCRIZIONE DELLA LINGUA; TEORIA} strukturalistisch.

strutturàre **A** *tr* **~ qc** (**come**/**in qc**) {TESTO, UFFICIO} *etw* (*wie etw* acc/*in etw* acc) gliedern, *etw* (*als etw* acc/*wie etw* acc) strukturieren; {COME UN GIALLO} *anche etw* wie etw (acc) auf|bauen; {ROMANZO IN CAPITOLI} etw (in etw acc) gliedern; {NORME IN UN CODICE} etw in etw (acc) untergliedern **B** itr pron: **strutturarsi come/in qc** (AZIENDA COME MULTINAZIONALE) sich *wie etw* (nom) gliedern, *wie etw* (nom) strukturiert sein; {MOVIMENTO POLITICO IN GRUPPI LOCALI} sich *in etw* (acc) gliedern, *in etw* (acc) strukturiert sein: **da quest'anno il corso di laurea si struttura in facoltà autonoma**, der Studiengang bildet seit diesem Jahr eine eigenständige Fakultät.

strutturàto, (-a) *agg* – (**come/in qc**) {FILM COME UN'OPERA TEATRALE} *wie etw* (nom) strukturiert; {FILM IN TRE PARTI} *in etw* (acc) gegliedert; **un appartamento ben ~**, eine gut geschnittene Wohnung.

strutturazióne f Gliederung f, Strukturierung f; (*azione*) *anche* Gliedern n, Strukturieren n.

strùzzo m Strauß m: **~ d'America/[americano]**, Nandu m; **~ australiano**, Emu m e **fare (come) lo ~** fig (*fingere di ignorare qc*), den Kopf in den Sand stecken.

stubàre tr 1 *med* **~ qu** (*jdn*) extubieren *scient* 2 *tecnol* ein Rohr entfernen.

Stube <-, -n pl *ted*> f *ted* 1 (*soggiorno*) (gute) Stube 2 *fig* (*saletta in legno*) (Gast)stube f.

stuccàre① <stucco, stucchi> tr **~ qc** 1 (*riempire con stucco*) {BUCO, MOBILE, PARETE} *etw* kitten, *etw* spachteln 2 (*ornare con stucchi*) {VOLTA DI UN SALONE} *etw* mit Stuck versehen, *etw* stuckieren.

stuccàre② <stucco, stucchi> **A** tr ~ (**qu**) 1 (*stomacare*) {CREMA PASTICCERA} (*jdn*) übersättigen: **troppi dolci stuccano**, zu viel Süßes bekommt man leicht über *fam*, von zu viel Süßem wird einem leicht schlecht 2 *fig* (*infastidire*) (*jdn*) langweilen, *jdm* auf die Nerven gehen *fam*, (*jdn*) nerven *fam*: **questa musica mi ha stuccato**, diese Musik kommt mir zu den Ohren raus/[nervt mich] *fam*; **lusinghe che stuccano**, lästige Schmeicheleien **B** itr pron *fig* (*infastidirsi*): **stuccarsi (per qc)** {PER LA PRESENZA DI QU} von *etw* (dat) genervt sein *fam*, *etw* über|haben *fam*.

stuccatóre, (**-trice**) m (f) 1 (*addetto alla stuccatura*) {+CARROZZERIE, MOBILI} Verkitter(in) m(f) 2 (*modellatore di stucchi*) Stuckateur(in) m(f), Stuckarbeiter(in) m(f), Stuckator(in) m(f) *rar*.

stuccatùra f 1 (*lo stuccare*) {+FESSURA, PARETE} Spachteln n, Kitten n; {+SOFFITTO} Stuckieren n 2 (*strato di stucco*) Stuck m: **qui è saltata via la ~**, hier ist der Stuck abgesprungen.

stucchévole *agg* 1 (*stomachevole*) {CIBO, SAPORE} widerlich *spreg*, ekelhaft, ek(e)lig, Ekel erregend 2 *fig* (*nauseante*) {POLITICO} widerlich *spreg*; {DISCORSO} ärgerlich, unerfreulich.

stucchevolézza f 1 (*l'essere stomachevole*) Widerlichkeit f *spreg*, Ekelhaftigkeit f 2 *fig* (*fastidiosità*) Lästigkeit f, Unerfreulichkeit f.

stùcco① <-chi> m 1 (*malta*) Kitt m 2 (*ornamento*) Stuck m **~ restare/rimanere di ~** *fig* (*rimanere stupefatti*), verblüfft dastehen, wie vom Donner gerührt sein.

stùcco②, (**-a**) <-chi, -che> *agg* 1 (*stomacato*) *etw* (dat) überdrüssig, von *etw* (dat) angeekelt: **non sei ancora ~ di panna?**, hast du die Sahne nicht über? *fam*, ist dir noch nicht schlecht von der Sahne? 2 *fig* (*stufo*) gelangweilt, gelangweilt *fam*: **sono ~ e ristucco dei tuoi discorsi!**, ich habe deine Reden (so) dermaßen satt! *fam*, deine Reden öden mich (so) dermaßen an! *fam*.

studentàto m 1 (*periodo degli studi superiori*) Studienzeit f 2 (*collegio per studenti*) Studentenheim n 3 (*collegio per chierici*) (Priester)seminar n.

studènte, (**-essa**) m (f) (*allievo*) Lernende mf *decl come agg*; *scuola* Schüler(in) m(f): **uno ~ del liceo/[di scuola media]**, ein Gymnasiast/ein Mittelschüler; *università* {+FILOSOFIA, LETTERE, MEDICINA} Student(in) m(f); **~ lavoratore**, arbeitender Student m; **~ straniero/universitario**, Auslands-/(Universitäts)student m.

studentésco, (**-a**) <-schi, -sche> *agg* {COMITATO, LOTTA, VITA} studentisch, Studenten-.

studentéssa f → **studente**.

studiacchiàre <studiacchio, studiacchi> tr *fam* **~ (qc)** {LETTERE} (*etw*) herumstudieren *fam*; {UNA PAGINA DI STORIA} (*etw*) lustlos/unkonzentriert lernen.

studiàre <studio, studi> **A** tr 1 (*apprendere*) **~ (qc)** (+ *compl di tempo*) (+ *compl di modo*) (+ *compl di luogo*) {MUSICA GIORNO E NOTTE, TEDESCO DA SOLO, VIOLINO CON UN MAESTRO} *etw* (*irgendwann*) (*irgendwie*) (*irgendwo*) lernen: **ho studiato la poesia a memoria**, ich habe das Gedicht auswendig gelernt; *università* {ARCHITETTURA, LEGGE, A BERLINO, NEGLI STATI UNITI PER QUATTRO ANNI, PER UN SEMESTRE} *etw* (*irgendwann*) (*irgendwie*) (*irgendwo*) studieren 2 (*seguire un corso di studi*) (*uso assol*) studieren; *università* studieren: **ha smesso di ~**, er/sie hat|aufgehört zu studieren/[das Studium abgebrochen]; **~ al liceo/all'università**, aufs Gymnasium gehen/[(an der Universität) studieren]; **~ da medico/ragioniere**, Medizin/Buchhaltung studieren; **~ per un concorso/esame**, für ein Bewerbungsverfahren/eine Prüfung lernen, sich auf ein Bewerbungsverfahren/eine Prüfung vorbereiten; **~ per diventare ingegnere**, Ingenieurwissenschaften studieren 3 (*esaminare*) **~ qc** {CAUSA DEL DISASTRO, FOSSILE, PROBLEMA, PROGETTO, TESTO} *etw* untersuchen, *etw* studieren; {ABITUDINI DI UN POPOLO} *anche etw* beobachten 4 *anche fam* (*escogitare*) **~ qc (per fare qc)** {METODO PER VINCERE AL LOTTO} *etw* austüfteln(, *um etw zu tun*), *etw* entwickeln(, *um etw zu tun*), sich (dat) *etw* ausdenken(, *um etw zu tun*); {PIANO DI DIFESA} *etw* aus|arbeiten; {SOLUZIONE A UN PROBLEMA} *etw* finden: **le studia proprio tutte per non lavorare!**, er/sie lässt wirklich nichts unversucht, um nur ja nicht arbeiten zu müssen! 5 (*provare*) **~ qc** {BRANO MUSICALE, MOSSA DI JUDO, PARTE TEATRALE, PASSO DI DANZA} *etw* ein|studieren; (*esercitarsi*) **~ qc** (+ *compl di tempo*) *etw* (*irgendwann*) üben 6 (*misurare*) **~ qc** {GESTI, PAROLE} *etw* ab|wägen **B** itr e itr pron (*cercare*) : **studiarsi di fare qc** {DI ACCONTENTARE QU, DI COMPORTARSI BENE} sich bemühen, *etw zu tun*; sich an|strengen, *um etw zu tun* **C** rfl (*osservarsi*) : **studiarsi** sich beobachten, sich betrachten, sich studieren: **passa il tempo a studiarsi allo specchio**, er/sie verbringt seine/ihre Zeit damit, sich im Spiegel zu betrachten.

studiàto, (**-a**) *agg* 1 (*ponderato*) abgewägt, wohl durchdacht *forb*: **parole ben studiate**, wohl durchdachte *forb*/[gut abgewägte/ausgewählte] Worte 2 (*non spontaneo*) {GESTO} einstudiert, gekünstelt *spreg*, affektiert *forb*.

stùdio <-di> m 1 (*apprendimento*) {ASSIDUO, +LINGUA, MATERIA, STRUMENTO MUSICALE} Lernen n; *università* Studium n 2 <*solo pl*> (*attività*) {UNIVERSITARI} Studien n pl: **studi primari**, Grundschul(aus)bildung f; **studi scientifici/umanistici**, natur-/geisteswissenschaftliche Studien; **ha deciso di abbandonare/interrompere gli studi**, er/sie hat entschieden, sein/ihr Studium abzubrechen/[zu unterbrechen] 3 (*ricerca*) **~ (su qc)** {SUGLI ANTICORPI, SUL COMPORTAMENTO DEGLI ANIMALI} Studie f (*über etw* acc), Untersuchung f (*über etw* acc): **secondo i più recenti studi…**, neuesten Untersuchungen zufolge … 4 (*opera scritta*) **~ (su qu/qc)** {CRITICO SU NAPOLEONE, STORICO SULLA RESISTENZA ITALIANA} Studie f (*über jdn/etw*) 5 (*progetto*) {+LINEA METROPOLITANA, VIADOTTO} Plan m, Planung f, Projekt n: **~ per la costruzione di un'autostrada**, Bauplan m einer Autobahn, Projekt n für den Bau einer Autobahn 6 (*stanza*) {AMPIO, LUMINOSO} Arbeitszimmer n; (*arredamento*) Arbeitszimmer(möbel m pl) n: **uno ~ in palissandro**, ein Arbeitszimmer aus Palisanderholz 7 (*luogo di lavoro*) {+PROFESSIONISTA} Büro n, Praxis f: **~ dentistico/medico**, Zahnarzt-/Arztpraxis f; **~ fotografico**, Fotostudio n, Fotoatelier n; **~ legale**, Anwaltsbüro n, Anwaltskanzlei f *süddt*; **~ notarile**, Notariat(skanzlei f) n; **sono in ~ fino alle 20.00**, ich bin bis um 20 Uhr in der Kanzlei/Praxis; {+ARTISTA} Atelier n 8 *arch arte* (*bozzetto*) {+BASILICA, DIPINTO, SCULTURA} Entwurf m, Studie f: **~ di nudo**, Aktstudie f; **~ dal vero**, Naturstudie f 9 *film radio TV* (*RADIOFONICO, TELEVISIVO*) Studio n: **~ di registrazione**, Aufnahmestudio n; **gli studi di Cinecittà/Hollywood**, die Aufnahme-/Filmstudios von Cinecittà/Hollywood 10 *lett* (*cura*) Sorgfalt f: **fare qc con ogni ~**, *etw* sehr sorgfältig/[mit jeder erdenklichen Sorgfalt] tun; **mettere tutto lo ~ nel fare qc**, alles daran|setzen, *etw* zu tun 11 *mus* Etüde f: **~ per pianoforte/violino**, Klavier-/Geigenetüde f ● **essere allo ~** (*in fase di preparazione*), {PROPOSTA DI LEGGE, RIFORMA} in Vorbereitung/Ausarbeitung sein; **a bello ~** *fig* (*intenzionalmente*), absichtlich, mit Absicht.

studiòlo <*dim di studio*> m 1 (*stanza*) kleines Arbeitszimmer 2 (*scrittoio*) Schreibpult n.

studióso, (**-a**) **A** *agg* {RAGAZZO} fleißig **B** m (f) {INSIGNE; +LINGUISTICA, MATEMATICA} Forscher(in) m(f), Wissenschaftler(in) m(f).

stùfa f {CATALITICA, ELETTRICA} Ofen m: **~ a carbone/cherosene/gas/legna**, Kohlen-/Kerosin-/Gas-/Holzofen m; **~ di ghisa**, gusseiserner Ofen, Kanonenofen m; **~ di maiolica**, Majolikaofen m.

stufàre **A** tr 1 *gastr* **~ qc** {CARNE} *etw* schmoren 2 *fig fam* (*annoiare*) **~ qu** *jdn* öden *fam*, *jdn* langweilen, *jdn* nerven *fam*, *jdm* auf die Nerven gehen *fam*: **basta, ci avete stufato con le vostre chiacchiere!**, jetzt reicht's, ihr habt uns mit eurem Gequatsche lang genug angeödet! *fam*; **non mangio più pasta, mi ha stufato**, ich esse keine Nudeln mehr, ich hab sie satt *fam* **B** itr pron *fig fam* (*annoiarsi*) : **stufarsi (di qu/qc)** {DELLE MENTELE ALTRUI, DELLA PROPRIA MOGLIE} *jdn/etw* leid werden, *jdn/etw* satt|bekommen/satt|haben *fam*, die Nase voll von *etw* (dat) haben *fam*: **mi sono stufata di leggere**, ich habe das Lesen satt/[die Nase voll vom Lesen] *fam*.

stufàto, (**-a**) *gastr* **A** *agg* {VERDURA} geschmort, Schmor- **B** m Schmorbraten m: **~ di maiale**, Schweineschmorbraten m.

stùfo, (**-a**) *agg fam* (*annoiato*) gelangweilt, genervt *fam*: **non sei ancora ~ di loro/[delle loro critiche]?**, hast du sie/[ihr Genörgel *spreg*] noch nicht satt? *fam*; **sono ~ di mangiare sempre le stesse cose**, ich hab's satt *fam*/[bin's leid], immer das Gleiche zu essen.

stunt car <-, -s pl *ingl*> *loc sost* m *ingl* Stunt Car n, Stunt-Auto n.

stuntman <-, -men pl *ingl*> m *ingl film* Stuntman m.

stuòia f Geflecht n, Matte f.

stuoìno <dim di stuoia> m **1** (zerbino) Fußmatte f **2** (tenda esterna avvolgibile) Rollladen m.

stuòlo m (moltitudine) {+PARTECIPANTI} Menge f, Schar f; fig {+PROTESTE} Menge f, Haufen m fam.

stupefacènte **A** agg **1** (sensazionale) {NOTIZIA, SUCCESSO} erstaunlich, verblüffend **2** (allucinogeno) {AZIONE, FARMACO, SOSTANZA} Rausch-. **B** m (sostanza stupefacente) Rauschgift n, Rauschmittel n.

stupefàre <coniug come fare> **A** tr (stupire) ~ qu jdn erstaunen, jdn verblüffen **B** itr pron (stupirsi): **stupefarsi** erstaunt/verblüfft sein.

stupefàtto, (-a) **A** part pass di stupefare **B** agg (attonito) {SGUARDO} erstaunt, verblüfft: **la tua risposta mi ha lasciato ~**, deine Antwort hat mich verblüfft; **rimasi ~ alla notizia del suo arrivo**, die Nachricht von seiner/ihrer Ankunft erstaunte mich.

stupefazióne f **1** (attonimento) Erstaunen n, Verblüfftheit f **2** med (stupore) Benommenheit f, Betäubung f.

stupèndo, (-a) **A** agg (meraviglioso) {CASA, IDEA, SPETTACOLO} fantastisch, wunderbar; {TEMPO} herrlich; (bellissimo) {DONNA, GIORNATA, VOLTO} wunderschön **B** inter impr fam anche iron (di entusiasmo): **~!**, wunderbar! anche iron, fantastisch! fam anche iron, toll! fam anche iron; **trascorreremo il fine settimana a Parigi. – ~!**, wir werden das Wochenende in Paris verbringen. – Wunderbar!

stùpida f → stupido.

stupidàggine f **1** (stupidata) Blödsinn m fam spreg, Dummheit f: **dire/fare una ~**, ⌐eine Dummheit sagen⌐/[Blödsinn machen fam spreg] **2** (stupidità) Dummheit f **3** (cosa da nulla) Kleinigkeit f: **per uno come te superare l'esame sarà una ~**, für einen wie dich wird es eine Kleinigkeit sein, die Prüfung zu bestehen; **so jemand wie du macht die Prüfung doch mit links! fam/Leichtigkeit!**

stupidàrio <-ri> m rar spreg (raccolta di stupidaggini) Sammlung f von Gemeinplätzen.

stupidàta f **1** (azione, discorso) Blödsinn m fam spreg, Dummheit f: **dire/fare una ~**, ⌐eine Dummheit sagen⌐/[Blödsinn machen fam spreg] **2** (cosa da nulla) Kleinigkeit f: **mi ha regalato una ~**, er/sie hat mir eine Kleinigkeit geschenkt.

stupidità <-> f {+DISCORSO, PERSONA} Dummheit f.

stùpido, (-a) **A** agg (poco intelligente) {BATTUTA, GIOCO, RAGAZZO} dumm, blöd(e) fam: **ti sei comportato in modo ~**, du hast dich dumm/[wie ein Dummkopf spreg] benommen; **è ~ rinunciare a una simile occasione**, es ist blöd fam, auf eine solche Gelegenheit zu verzichten; (ingenuo) naiv, dumm; **sono stata stupida a fidarmi di lui**, es war dumm/naiv von mir, ihm zu trauen **B** m (f) Dummkopf m spreg: **sei proprio uno ~!**, du bist wirklich ein Dummkopf! spreg; (ingenuo) Naivling m fam spreg, Naive mf decl come agg; **non è certamente uno ~!**, er ist bestimmt nicht dumm/naiv!

stupìre <stupisco> **A** tr <avere> (sorprendere) ~ qu jdn erstaunen, jdn (ver)wundern: **il tuo silenzio non mi stupisce**, dein Schweigen erstaunt mich nicht **B** itr <avere> itr pron (sorprendersi): **stupirsi** (di qu/qc) (über jdn/etw) staunen, sich (über jdn/etw) wundern: **mi stupisco ⌐di te⌐/[del tuo comportamento]**, ich wundere mich über dich/[dein Verhalten]; **certe notizie non stupiscono più**, manche Nachrichten ⌐sind nicht mehr erstaunlich⌐/[wundern einen nicht mehr]; **non c'è da stupirsi!**, da braucht man sich nicht zu wundern!; **ci siamo stupiti a/nel vederlo arrivare**, wir waren erstaunt, als wir ihn kommen sahen; **mi stupisco che voglia venire**, ich wundere mich, dass er/sie kommen will.

stupóre m **1** (sorpresa) (Er)staunen n, Verwunderung f: **con nostro grande ~**, zu unserem großen Erstaunen **2** med Benommenheit f, Betäubung f.

stupràre tr (violentare) ~ qu {BAMBINO, DONNA} jdn vergewaltigen.

stupratóre, (-trice) m (f) (violentatore) Vergewaltiger(in) m(f).

stùpro m (violenza carnale) Vergewaltigung f.

stùra f (lo stappare) {+FIASCO} Entkorken n; {+CONDUTTURA} Freimachen n • **dare la ~ a qc** (sturare) {BOTTIGLIA} etw entkorken; {LAVANDINO} etw frei machen; fig (dare libero sfogo), {ALLE LAMENTELE, AI RICORDI} etw (dat) freien Lauf lassen.

sturabottìglie <-> m (cavatappi) Korkenzieher m.

sturalavandìni, **sturalavandìno** <-> m (ventosa di gomma) Saugglocke f.

sturaménto m (lo stappare) {+BOTTE} Anzapfen n; {+ORECCHIE, TUBO DI SCARICO} Freimachen n.

sturàre **A** tr ~ qc **1** (stappare), {BOTTIGLIA, FIASCO} etw entkorken **2** (disotturare), {LAVANDINO} etw frei machen; ~ etw (dat) die Verstopfung beseitigen; ~ **qc a qu** {ORECCHIO SINISTRO} jdm etw frei machen **B** itr pron (stapparsi): **sturarsi** {CONDUTTURA} frei werden: **finalmente mi si sono sturate le orecchie**, endlich sind meine Ohren wieder frei.

Sturm und Drang <-> loc sost m ted lett Sturm und Drang m.

stuzzicadènti <-> m **1** Zahnstocher m **2** fig (persona magrissima) Strich m (in der Landschaft), Bohnenstange f fam scherz.

stuzzicaménto m **1** (lo stuzzicare) Reizen n **2** (il molestare) Ärgern n, Reizen n **3** fig (lo stimolare) {+CURIOSITÀ DI QU} Reizen n, Erwecken n.

stuzzicànte agg **1** (appetitoso) {CIBO} appetitlich **2** fig (stimolante) {LETTURA, PROPOSTA, SITUAZIONE} anregend.

stuzzicàre <stuzzico, stuzzichi> **A** tr **1** (toccare con insistenza) ~ qc {BRUFOLO} etw immer wieder berühren, etw reizen; (con oggetto appuntito) {DENTI, ORECCHIE} in etw (dat) stochern **2** (molestare) ~ qu/qc {BAMBINO, GATTO} jdn/etw ärgern, jdn/etw reizen **3** fig (stimolare) ~ qc {APPETITO} etw an|regen; {INTERESSE DI QU} etw reizen, etw erwecken **B** itr indir (toccarsi con insistenza): **stuzzicarsi qc** {FERITA} sich (dat) etw immer wieder berühren, etw reizen; (con oggetto appuntito) {DENTI, ORECCHIE} in etw (dat) stochern **C** rfl rec (molestarsi): **stuzzicarsi** sich necken: **quei due si stuzzicano in continuazione**, die beiden necken sich ständig.

stuzzicherìa f **1** (assortimento) Knabbereien f pl, Häppchen n pl **2** (locale) Stehimbiss m, Häppchenbar f.

stuzzichìno, (-a) **A** m (f) fam (persona fastidiosa) Nervensäge f fam **B** m **1** <di solito al pl> (tartina, salatino, ecc.) Knabbereien f pl, Häppchen n pl **2** region (spuntino) Imbiss m.

styling <-> m ingl {+ABITO, ACCONCIATURA, AUTOMOBILE} Styling n.

stylist <-> mf ingl (stilista) Designer(in) m(f), Stylist(in) m(f).

su <sul, sullo, sull', sulla, sui, sugli, sulle> **A** avv **1** (in alto: stato) oben: **ci aspettano su**, sie erwarten uns oben; **il loro appartamento si trova due piani più su**, ihre Wohnung liegt zwei Stockwerke höher; **il mobile è su in solaio**, das Möbel ist oben im Speicher **2** (in alto: moto) aufwärts, hinauf, nach oben: **metti il quadro un po' più su**, häng das Bild etwas höher; (avvicinamento) hoch, nach oben, herauf; **vengo su subito**, ich komme gleich hoch/herauf; (allontanamento) hoch, nach oben, hinauf; **vai su!**, geh hoch! **3** pleonastico: **alzati su!**, komm, steh auf!; **è salito su in soffitta**, er ist in den Speicher gegangen; **si è arrampicato su fino al tetto**, er ist bis aufs Dach geklettert **4** fam (a Nord: stato) oben: **mio fratello lavora su in Norvegia**, mein Bruder arbeitet oben in Norwegen fam; (moto) hoch; **devo andare su a Bolzano per lavoro**, ich muss dienstlich nach Bozen; **andare su a Stoccolma per lavoro**, dienstlich nach Stockholm hochfahren fam **5** (moto): **su su**, ganz hoch; **salimmo su su fino alla vetta**, wir stiegen ganz hoch bis auf die Spitze; (tempo) ganz zurück; **su su fino alle origini dell'uomo**, ganz zurück bis zu den Ursprüngen des Menschen **B** loc avv **1** (dall'alto): **da/di su**, von oben; **ti si sente da/di su**, man hört dich von oben; **ci hanno visti da/di su**, sie haben uns von oben gesehen **2** (sopra): **da qc in su**, von etw (dat) (an) aufwärts; **dalla cintola in su**, vom Gürtel (an) aufwärts; **da Roma in su**, von Rom (an) aufwärts/[Richtung Norden]; **dai 10 euro in su**, von 10 Euro (an) aufwärts; **dai diciotto anni in su**, von 18 Jahren (an) aufwärts, ab dem 19. Lebensjahr **3** (da quelle parti): **o su di lì**, oder (da) in der Gegend; **abita ad Aosta o su di lì**, er/sie wohnt in Aosta oder da in der Gegend **4** (in alto: stato): **in su**, nach oben; **camminare a testa in su**, mit erhobenem Kopf gehen; (moto) nach oben; **sposta in su la leva**, schieb den Hebel nach oben, herauf; (avvicinamento) {GUARDARE} nach oben, herauf; (allontanamento) {GUARDARE} nach oben, hinauf **5** (avanti e indietro): **(in) su e (in) giù**, {ANDARE, CAMMINARE} hoch und (he)runter gehen; **fare su e giù per le scale**, die Treppen (he)rauf und (he)runter steigen **C** prep **1** (con contatto: stato) **su qu/qc**, (con i pron pers) **su di qu/qc** auf jdm/etw: **il vaso è sulla mensola**, die Vase steht auf dem Bord; **sulla gonna indossava una semplice camicetta**, über dem Rock trug sie eine einfache Bluse; **i libri sono uno sull'altro**, die Bücher stapeln sich aufeinander; **è seduto sul tappeto**, er sitzt auf dem Teppich; **sono su questo treno da cinque ore**, ich sitze/bin seit fünf Stunden in diesem Zug; (moto) auf jdn/etw; **metti una tovaglia sul tavolo**, leg eine Tischdecke auf den Tisch; **si stese su di lui**, er/sie legte sich auf ihn; **salire sull'autobus**, in den Bus steigen **2** anche fig (senza contatto: stato) **su qu/qc**, (con i pron pers) **su di qu/qc** über jdm/etw: **il quadro è appeso sul divano**, das Bild hängt über dem Sofa; **il cielo stellato su di noi**, der Sternenhimmel über uns; **sul livello del mare**, über dem Meer(esspiegel); **comanda su tutti**, er/sie kommandiert alle herum fam; (moto) über jdn/etw; **volare sulla Svizzera**, über die Schweiz fliegen, die Schweiz überfliegen; **scaricare la colpa sugli altri**, die Schuld auf die anderen schieben **3** (uno sull'altro) **su qc** auf etw (dat): **pietra su pietra**, Stein auf Stein; fig über etw, **errori su errori**, Fehler über Fehler, ein/ein Fehler nach dem anderen **4** anche fig (addosso) **su qu/qc**, (con i pron pers) **su di qu/qc** auf jdn/etw: **il fulmine è caduto sull'albero**, der Blitz traf den Baum/[schlug in den Baum ein]; **la neve si posa sui monti**, der Schnee fällt auf die Berge; **il silenzio cala su di noi**, Schweigen breitet sich unter uns aus **5** (presso) **su qc** an etw (dat): **un ristorante sul lago/mare**, ein Restaurant am See/Meer; **Parigi è sulla Senna**, Paris liegt an der Seine **6** (*contro*) **su qu/qc** auf (*jdn/etw*); **l'esercito puntava ₁sulla capitale₁/[sul nemico]**, das Heer zielte auf die Hauptstadt/den Feind **7** (*intorno*) **su qc** etwa, um *etw* (acc), ungefähr: **un uomo sulla sessantina**, ein Mann um die Sechzig; **può costare sui cento euro**, das kann um die 100 Euro kosten; **pesa sui sessanta chili**, er/sie wiegt etwa 60 Kilo; **la media è sul sei**, die Durchschnittsnote ist ungefähr ausreichend/≈ vier; (*tempo*) gegen *etw* (acc); **ci impiegherò sulle sei ore**, ich werde ungefähr sechs Stunden brauchen **8** (*argomento*) **su qu/qc** über *jdn/etw*: **un saggio ₁su Musil₁/[sul romanticismo]**, ein Essay über Musil/[die Romantik] **9** (*modo o maniera*) **su** auf *etw* (acc), nach *etw* (dat): **su misura**, nach Maß, Maß-; **su ordinazione**, auf Bestellung; **sull'esempio di qu**, nach dem Beispiel von jdm **10** (*distributivo*) **su qc** von *etw* (dat): **sette volte su dieci**, sieben von zehn Mal **11** (*materia*) **su qc** auf *etw* (dat): **su cartone/seta/tela**, auf Karton/Seide/Leinwand **D** loc prep (*moto a luogo*): **su per qc**, etw hoch; **si arrampica su per il muro**, er/sie klettert die Mauer hoch; (*avvicinamento*) etw hoch, etw herauf; **vengono su per le scale**, sie kommen die Treppen hoch/herauf; (*allontanamento*) etw hoch, etw hinauf; **vai su per il sentiero**, geh den Weg hinauf **E** loc agg fam (*del Nord*): **di su** (CONSUETUDINE, FAMIGLIA, RICETTA) aus dem Norden **F** inter **1** (*suvvia*) aufl, los!: **su ragazzi, muoviamoci!**, auf, Jungs, lasst uns gehen!; Jungs, los geht's!; **su, coraggio!**, los, nur Mut!; **su su!**, auf auf, los los! **2** (*imperativo*) hoch!: **su le mani!**, Hände hoch! ● **su e giù** → **su e giù**; *molto* **su fig** (*in vista*): {FAMIGLIA} prominent, bekannt, im Blickfeld der Öffentlichkeit; **qc non va né su e né giù** (*rif. a qc che non si riesce a digerire*) {ARROSTO} etw bleibt jdm schwer im Magen liegen; *fig* (*DISCORSI*) etw bleibt jdm im Halse stecken; **su per giù** → **suppergiù**.

suaccennàto, (-a) agg (*suddetto*) oben erwähnt, oben genannt.

suadènte agg *lett* {PAROLE, SGUARDO, TONO} schmeichelnd, verlockend.

sub① <–> mf (*subacqueo*) Taucher(in) m(f): **fare il sub**, tauchen.

sub② prep **1** (*sotto*): **sub** (**voce**) (*in bibliografia*), sub voce; **sub iudice** *dir*, sub iudice, beim Richter; *fig* (*ancora in discussione*) sub iudice: **per ora è un'alleanza sub iudice**, noch ist es ein sub iudice-Bündnis **2** (*sotto il regno di*) sub, unter (der Regierung von): **sub Iulio**, unter Iulius.

sub- pref **1** *anche fig* (*sotto*) Sub-, sub-, Unter-, unter-: **subacqueo**, Untersee-, Unterwasser-; **subagente**, Untervertreter **2** (*imperfettamente*) unter-: **subcosciente**, Unterbewusstsein, unterbewusst; **subnormale**, unterentwickelt, zurückgeblieben **3** *dir* Unter-: **subaffitto**, Untermiete; **subappaltare**, einen Auftrag weitervergeben **4** *geog* sub-: **subantartico**, subantarktisch.

subàcqueo, (-a) **A** agg {GUERRA, NAVIGAZIONE} Unterwasser-; {FOTOGRAFIA, VEGETAZIONE} *anche* Untersee-; {SPORT} Tauch-: **pescatore** ~, Unterwasserjäger m **B** m (f) Taucher(in) m(f).

subacùto, (-a) agg *med* subakut *scient*.

subaffittàre tr **1** (*dare in sublocazione*) ~ **qc** (**a qu**) {ALLOGGIO A UNO STUDENTE} (*jdm*) *etw* untervermieten, *etw* (an *jdn*) untervermieten; {TERRENO} (*jdm*) *etw* unterverpachten, *etw* (an *jdn*) unterverpachten **2** (*prendere in sublocazione*) ~ **qc** (**da qu**) {STANZA DA UNA FAMIGLIA} (*bei jdm*) (*in etw* dat) in/zur Untermiete wohnen, (*von jdm etw*) unterverpachten lassen.

subaffìtto m (*sublocazione*) Untermiete f: **abitare/essere in** ~, in/zur Untermiete wohnen; **dare in** ~ **un appartamento**/[**fondo agricolo**] **a qu**, jdm ₁eine Wohnung untervermieten₁/[ein Stück Land unterverpachten]; **prendere in** ~ **un magazzino/terreno da qu**, sich (dat) von jdm ein ₁Lager untervermieten₁/[Stück Land unterverpachten] lassen.

subaffittuàrio, (-a) <-ri m> m (f) (*sublocatario*) {+IMMOBILE} Untermieter(in) m(f); {+FONDO RUSTICO} Unterpächter(in) m(f).

subaffluènte m *geog* Nebenarm m.

subagènte mf *comm* Untervertreter(in) m(f).

subagenzìa f *comm* **1** (*contratto*) Untervertretersvertrag m **2** (*filiale*) Untervertretung f, Filiale f.

subalpìno, (-a) agg **1** *geog* {FAUNA, FLORA} subalpin **2** *anche stor* (*piemontese*) {PARLAMENTO} piemontesisch.

subalternità <–> f Untertänigkeit f.

subaltèrno, (-a) **A** agg **1** (*subordinato*) {PERSONALE, RUOLO} subaltern, untergeordnet **2** *mil* {UFFICIALE} Subaltern-, subaltern **B** m (f) **1** (*dipendente*) Subalterne mf decl come agg, Untergebene mf decl come agg, Untergeordnete mf decl come agg **2** *mil* Subalternoffizier m.

subàlveo, (-a) agg *geog* {FALDA ACQUIFERA} unter einem Flussbett verlaufend.

subantàrtico, (-a) <-ci, -che> agg *geog* {FAUNA, FLORA} subantarktisch.

subappaltànte *dir* **A** agg (*che dà in subappalto*) {IMPRESA} auftraggebend, Aufträge weitervergebend **B** m (f) (*chi dà in subappalto*) Generalunternehmer(in) m(f), Gesamtunternehmer(in) m(f).

subappaltàre tr *dir* **1** (*dare in appalto a terzi*) ~ **qc** (**a qu/qc**) {IMPRESA LAVORO A UN ARTIGIANO} *etw* (an *jdn/etw*) weiter₁geben, *etw* (an *jdn/etw*) weiter₁vermitteln **2** *rar* (*prendere in appalto da terzi*) ~ **qc** (**da qu/qc**) {DITTA GESTIONE DI UN SETTORE DA UNA MULTINAZIONALE} *etw* (von *jdm/etw*) übernehmen.

subappaltatóre, (-trice) m (f) *dir* **A** agg (*che prende in subappalto*) {DITTA} auftrag(über)nehmend **B** m (f) (*chi prende in subappalto*) Subunternehmer(in) m(f), Unterunternehmer(in) m(f).

subappàlto m *dir* Auftragsweitervergabe f: **dare/prendere dei lavori in** ~, Aufträge weitergeben/[(von Dritten) übernehmen].

subappennìnico, (-a) <-ci, -che> agg (*rilievo*) subapenninisch.

subàrtico, (-a) <-ci, -che> agg *geog* {VEGETAZIONE} subarktisch.

subatlàntico, (-a) <-ci, -che> agg *geol* {ZONA} subatlantisch.

subatòmico, (-a) <-ci, -che> agg *fis* {PARTICELLA} Elementar-.

sùbbia f (*scalpello*) Meißel m.

sùbbio <-bi> m *tess* Zeugrolle f.

subbùglio <-gli> **A** m **1** (*agitazione*) Aufregung f, Aufruhr m: **il paese è in** ~, das Land/Dorf ist in Aufruhr; **la notizia ha messo in** ~ **tutta la famiglia**, die Nachricht hat die ganze Familie in Aufregung versetzt **2** *anche fig* (*disordine*) {+SENTIMENTI} Durcheinander n, Aufregung f: **chi ha messo in** ~ **la stanza?**, wer hat das Zimmer durcheinandergebracht? **B** <inv> loc agg: **in** ~ **1** (*in agitazione*) {CITTÀ, STUDENTI} unruhig **2** *anche fig* (*in disordine*) {ARMADIO} unordentlich; {STOMACO} durcheinander.

Subbùteo® m (*gioco da tavolo*) Subbuteo m, Tischfußball m, Tippkick m.

sub condiciòne loc avv *lat dir* sub condicione, unter einer Bedingung: **accettare sub condicione una disposizione testamentaria**, ein Testament sub condicione annehmen.

subcònscio, (-a) <-sci, -sce o -scie> *psic* **A** agg unterbewusst **B** m Unterbewusstsein n.

subcontinentàle agg (*di un subcontinente*) subkontinental.

subcontinènte m *geog* {INDIANO} Subkontinent m.

subcosciènte *psic* **A** agg unterbewusst **B** m Unterbewusstsein n.

subcultùra f **1** *sociol* Subkultur f **2** *spreg* (*cultura scadente*) Pseudokultur f *spreg*.

subdesèrtico, (-a) <-ci, -che> agg *geog* {CLIMA} Wüstenrand-.

subdirectory <–> f *ingl inform* Unterverzeichnis n.

sùbdolo, (-a) agg (*ambiguo*) {DISCORSO, INDIVIDUO, RICHIESTA} heimtückisch, hinterlistig.

subentrànte A agg **1** (*che subentra*) {INQUILINO} Nach- **2** *med* {COLICHE} aufeinander folgend **B** mf (*successore*) Nachfolger(in) m(f).

subentràre itr <*avere*> **1** (*succedere*) ~ **a qu in qc** {IN UN DIRITTO, IN UN IMPIEGO} *jdm in etw* (dat) nach₁folgen, *etw* (von *jdm*) übernehmen: ~ **a qu in un contratto di locazione**, jds ₁Nachmieter sein₁/[Mietvertrag übernehmen] **2** (*intervenire*) ~ (+ *compl di tempo*) (*irgendwann*) ein₁treten: **dopo alcuni anni è subentrata una crisi**, nach einigen Jahren kam es zur Krise **3** *fig* (*prendere il posto*) ~ **a qc** {RISO AL PIANTO} *etw* (dat) folgen.

subéntro m *amm* ~ (**in qc**) {IN UNA CARICA, IN UN DIRITTO} Nachfolge f (*in etw* dat).

subequatoriàle agg *geog* {CLIMA, REGIONE} subäquatorial.

subfornitóre, (-trice) m (f) (*imprenditore*) Unterlieferant(in) m(f).

subfornitùra f Unterlieferung f.

subinquilìno, (-a) <–> m (f) Untermieter(in) m(f).

subìre <*subisco*> tr **1** (*patire*) ~ **qc** {ALLUVIONATO, CASA INGENTE DANNO; DONNA AFFRONTO, SCONFITTA, TORTO} *etw* erleiden: **ora devi** ~ **le conseguenze della tua decisione**, jetzt musst du die Folgen deiner Entscheidung tragen; (*uso assol*) dulden; **subisce senza reagire**, er/sie ₁duldet alles₁/[nimmt alles hin], ohne sich zu wehren **2** (*essere sottoposto*) ~ **qc** {STUDENTE ESAME, OPERAZIONE, DURA PROVA} sich *etw* (dat) unterziehen; {PROGETTO CAMBIAMENTO} *etw* (dat) unterzogen werden, *etw* (dat) unterliegen **3** (*sopportare*) ~ **qu/qc** {DESPOTA, SOPRUSO} *jdn/etw* ertragen: ~ **l'iniziativa di un avversario**, von einem Gegner überrumpelt werden.

subissàre tr **1** *fig* (*colmare*) ~ **qu di qc** {BAMBINO DI DONI, COLLEGA DI COMPLIMENTI} *jdn* mit *etw* (dat) überhäufen: ~ **un politico di fischi**, einen Politiker auspfeifen **2** *lett* (*mandare in rovina*) ~ **qc** {PAESE} *etw* in den Ruin treiben.

subìsso m *fig fam* (*infinità*) {+GENTE, SOLDI} Unmenge f, Haufen m *fam*: ~ **di fischi**, Pfeifkonzert n ● **andare**/[**mandare qu**] **in** ~ (*in rovina*), jdn/etw ruinieren, jdn/etw zugrunde richten; {PATRIMONIO} *etw* auf den Kopf hauen *fam*.

subitaneità <–> f {+DECISIONE} Plötzlichkeit f.

subitàneo, (-a) agg (*repentino*) {APPARIZIONE, CAMBIAMENTO, REAZIONE} jäh, plötzlich.

subitissimo avv *fam* (*immediatamente*) jetzt aber schnell, aber jetzt sofort: **vieni qui ~!**, komm her, aber (jetzt) sofort!

sùbito① **A** avv **1** (*immediatamente*) gleich, sofort, unmittelbar: **te lo dico ~**, das sage ich dir gleich; **~ dopo/prima**, ₍sofort danach₎/ ₍unmittelbar zuvor₎; **torno ~!**, ich bin gleich wieder da!; **venite ~ qui!**, kommt sofort her!; (*rafforzativo*) sofort; **arrivo subito subito**, ich ₍komme sofort₎/₍bin schon da₎; **ubbidisci, e ~!**, jetzt gehorche und zwar ein bisschen plötzlich!; (*nelle risposte*) sofort; **signor Bianchi! - ~!**, Herr Bianchi! - Sofort!; **puoi aprire tu la porta? - ~!**, kannst du die Tür aufmachen? - Sofort! **2** (*molto presto*) sofort, gleich: **è una pasta che cuoce ~**, diese Nudeln kochen ganz schnell; **è ~ pronto**, er/es ist gleich fertig **B** loc avv (*in un attimo*): **in un ~**, ₍ARRIVARE₎ augenblicklich, sofort **C** loc cong *rar* (*non appena*): **~ che/come... ind**, sobald ... *ind*; **~ che/come arriva, mandatelo qui!**, sobald er da ist, schickt ihn hierher!

sùbito②, (-a) agg *lett* (*rapido*) {GUADAGNI} schnell.

sublimàre① **A** tr **1** (*esaltare*) **~ qc** {ARTE, ETICA} *etw* sublimieren *forb*, *etw* erheben, *etw* erhöhen **2** *fig lett* (*elevare*) **~ qu a qc** {SANTO ALLA GLORIA DEI CIELI} *jdn* zu *etw* (dat) erheben, *jdn* zu *etw* (dat) erhöhen **3** *psic* **~ qc** {IMPULSO} *etw* sublimieren **B** itr pron **1** *fig lett* (*elevarsi*): **sublimarsi + compl di modo** {NELLA PENITENZA, CON IL SACRIFICIO} *irgendwie* erhoben werden **2** *psic*: **sublimarsi** {ISTINTO} sublimiert werden.

sublimàre② chim **A** tr <*avere*> **~ qc** *etw* sublimieren **B** itr <*essere*> {IODIO} (sich) sublimieren.

sublimàto, (-a) chim **A** agg {SOSTANZA} sublimiert **B** m Sublimat n: **~ corrosivo**, Ätzsublimat n.

sublimazióne① f **1** (*esaltazione*) {+RAGIONE} Sublimierung f *forb*, Erhebung f, Vered(e)lung f **2** *fig lett* (*elevazione*) {+EROE} Erhebung f, Erhöhung f **3** *psic* Sublimierung f.

sublimazióne② f *chim* Sublimation f.

sublìme A agg **1** *lett* (*altissimo*) {VETTA} höchste(r, s) **2** *fig* (*eccelso*) {GENIO, INTERPRETAZIONE, MUSICA} sublim *forb*, erhaben **3** *fig* (*eccellente*) {MUSICISTA, POETA} sublim *forb*, herausragend, hervorragend, vorzüglich **4** *fig* (*bellissimo*) {DONNA, UOMO, TRAMONTO} wunderschön **B** m *anche filos* Sublime n *forb* decl come agg, Erhabene n decl come agg.

subliminàle agg *anche psic* {MESSAGGIO, PUBBLICITÀ, STIMOLO} subliminal, unterschwellig.

sublimità <-> f *fig* (*eccellenza*) {+DISCORSO, GESTO, OPERA D'ARTE} Sublimität f *forb*, Erhabenheit f.

sublinguàle agg **1** *anat* {GHIANDOLA} sublingual *scient* **2** *farm* {COMPRESSA} Sublingual-.

sublocàre <*subloco, sublochi*> tr (*subaffittare*) **~ qc (a qu)** {STANZA A UNO STUDENTE} (*jdm*) *etw* untervermieten; {TERRENO A UN CONTADINO} *jdm etw* unterverpachten.

sublocatàrio, (-a) <*-ri*> m f *dir* (*chi subaffitta*) {+APPARTAMENTO} Untermieter(in) m(f); {+FONDO} Unterpächter(in) m(f).

sublocatóre, (-trice) m (f) *dir* (*chi dà in subaffitto*) {+IMMOBILE} Untervermieter(in) m(f); {+TERRENO AGRICOLO} Unterverpächter(in) m(f).

sublocazióne f *dir* Untermiete f, Untervermietung f: **dare in ~ un monolocale/fondo a qu**, ₍eine Einzimmerwohnung an *jdn* untervermieten₎/₍ein Grundstück an *jdn* unterverpachten₎; **prendere in ~ un garage/**

terreno da qu, sich (dat) von *jdm* ₍eine Garage untervermieten₎/₍ein Stück Land unterverpachten₎ lassen.

sublunàre agg *astr* sublunarisch.

submontàno, (-a) agg *geog* {LAGO, VEGETAZIONE} submontan.

subnormàle *med* **A** agg {RAGAZZO} zurückgeblieben: **sviluppo ~**, Unterentwicklung f **B** mf Zurückgebliebene mf decl come agg.

suboceànico, (-a) <*-ci, -che*> agg *geog* {CAVO, DORSALE, VEGETAZIONE} subozeanisch.

subodoràre tr (*sospettare*) **~ qc** {INGANNO, INSIDIA} *etw* ahnen, *etw* wittern.

suborbitàle agg *astr* {VOLO} suborbital.

subordinànte agg *gramm* {CONGIUNZIONE} subordinierend.

subordinàre tr **~ qc a qc 1** (*posporre*) {INTERESSI PRIVATI A QUELLI PUBBLICI, LAVORO AL DIVERTIMENTO} *etw etw* (dat) unter|ordnen; (*far dipendere*) {DECISIONE ALL'ANALISI DELLE CIRCOSTANZE} *anche etw* von *etw* (dat) abhängig machen **2** *gramm* {PROPOSIZIONE FINALE A UNA REGGENTE} *etw etw* (dat) unter|ordnen.

subordinàta f *gramm* Nebensatz m: **~ causale/ temporale**, kausaler/temporaler Nebensatz; **~ relativa**, Relativsatz m; **~ di primo/secondo grado**, Nebensatz m ersten/ zweiten Grades.

subordinativo, (-a) agg *gramm* {CONGIUNZIONE} subordinierend, unterordnend.

subordinàto, (-a) agg **A** agg **1** **~ a qc** von *etw* (dat) abhängig, *etw* (dat) untergeordnet: **la mia partenza è subordinata all'accettazione del contratto**, meine Abfahrt hängt davon ab, ob der Vertrag angenommen wird **2** (*dipendente*) {ATTIVITÀ, LAVORATORE} unselbständig **3** *gramm* {PROPOSIZIONE} Neben-, subordiniert **B** m (f) (*lavoratore dipendente*) Unselbständige mf decl come agg, Untergebene mf decl come agg.

subordinazióne f **1** (*l'essere subordinato*) Abhängigkeit f, Unterordnung f: **~ all'autorità**, Abhängigkeit f von der Behörde; **~ gerarchica**, hierarchische Abhängigkeit **2** *gramm* {+PROPOSIZIONE FINALE} Subordination f.

subórdine *solo nella loc avv*: **in ~**, {ESSERE, PASSARE, TROVARSI} in Abhängigkeit.

subornàre tr *dir* (*corrompere*) **~ qu** {TESTIMONE} *jdn* bestechen.

subornazióne f *dir* (*reato*) Bestechung f.

subpolàre agg *geog* {CLIMA, REGIONE} subpolar.

subregióne f *geog* Unterregion f: **il Canavese è una ~ del Piemonte**, das Canavese-Gebiet ist ein Unterregion des Piemont.

subsistèma <-*i*> m Subsystem n.

subsònico, (-a) <*-ci, -che*> agg *aero fis* {AEREO, VELOCITÀ} subsonisch, Ultraschall-.

substràto m **1** *fig* (*sostrato*) {IDEOLOGICO +ROMANZO; SOCIALE +QUARTIERE} Nährboden m, Hintergrund m, Grundlage f **2** *agr* Substrat n **3** *biol* (*sostegno*) Substrat n **4** *filos* (*sostanza*) Substrat n **4** *filos ling* Substrat n: **~ linguistico**, Substrat(sprache) f **5** *geol* {+ROCCIA} Substrat n, Untergrund m.

subtotàle A agg *med* (*quasi totale*) {ASPORTAZIONE} beinahe vollständig **B** m *contabilità* (*totale parziale*) Zwischensumme f.

subtropicàle agg *geog* {FLORA, ZONA} subtropisch.

submàno, (-a) agg {CONDIZIONI} unmenschlich.

suburbàno, (-a) agg (*periferico*) {QUARTIERE, VIA} Vorstadt-, Vorort-, vorstädtisch.

subùrbio, (-*bi*) m (*periferia*) {+CITTÀ} Vorort m, Peripherie f.

subùrra f *lett* (*bassifondi*) Elendsviertel n; verrufenes Viertel.

succedàneo, (-a) **A** agg {SOSTANZA} Ersatz- **B** m {+CAFFÈ, ZUCCHERO} Ersatz m.

succèdere <*irr succedo, successi o succedei o succedetti, successo*> **A** itr <*avere*> **1** (*capitare*) geschehen, vor|fallen, sich ereignen, passieren: **ci mancò poco che non succedesse una disgrazia**, ₍um ein Haar₎/₍beinahe₎ wäre ein Unglück geschehen; **qui non succede mai niente**, hier passiert nie etwas; **~ a qu** {GUAIO} *jdm* zu|stoßen, *jdm* passieren, *jdm* widerfahren *forb*; **cosa ti succede?**, was ist mit dir los?; **gli è successo un brutto incidente**, er hatte einen schlimmen Unfall; **tutte a lui succedono!**, immer ₍muss ihm alles passieren₎/₍kriegt er alles ab *fam*₎!; **succede a tutti**, das kann jedem mal passieren; (*uso assol*) vor|kommen; **sono cose che succedono**, so was kann mal passieren, das kann schon mal vorkommen **2** (*prendere il posto*) **~ a qu** (**in qc**) {TIBERIO AD AUGUSTO} *jdm* (*in etw* dat) (nach)|folgen, *auf jdn* folgen: **il figlio è succeduto al padre nella gestione della ditta**, der Sohn hat von seinem Vater die Firmenführung übernommen **3** (*venir dopo*) **~ a qc** {COLLINA ALLA PIANURA; EFFETTO A UNA CAUSA} *auf etw* (acc) folgen: **un anno/pensiero succede all'altro**, ein Jahr/ Gedanke folgt dem anderen **B** impers (*accadere*) geschehen, vor|kommen, passieren: **a volte succede che io sia in ritardo**, manchmal kommt es vor, dass ich spät dran bin; **come spesso succede**, wie es häufig vor|kommt/geschieht; **gli succede spesso di sbagliare**, es kommt oft vor, dass er Fehler macht; **er macht oft Fehler C** itr pron (*susseguirsi*): **succedersi** (aufeinander) folgen: **gli avvenimenti si succedono serrati**, die Ereignisse überstürzen sich; **i re che si sono succeduti sul trono**, die Könige, die einander auf dem Thron gefolgt sind ● **che succede?**, was ist los?; **qualunque cosa succeda**, was auch immer geschehen mag; *fig* (*in ogni caso*) *anche*, auf alle Fälle; **succeda quel che succeda**, was auch immer geschehen mag, komme was wolle.

succeditrice f → **successore**.

succèssi 1ª pers sing hd pass rem di **succedere**.

successìbile *dir* **A** agg erbberechtigt **B** mf Erbberechtigte mf decl come agg.

successióne f **1** (*avvicendamento*) (Nach)folge f: **~ alla presidenza/al trono**, Präsidentennachfolge f/Thronfolge f **2** (*sequenza*) {+AVVENIMENTI, IMMAGINI, LINEE, STAGIONI} (Ab)folge f, Aufeinanderfolge f **3** *dir* Erbfolge f: **~ a/per causa di morte**, Erbfolge f; **~ ereditaria**, Erbfolge f; **~ legittima/testamentaria**, gesetzliche/testamentarische Erbfolge; **~ a titolo particolare/universale**, Einzelrechtsnachfolge f/Gesamtrechtsnachfolge f, Universalsukzession f **4** *mat* {ARITMETICA, CONVERGENTE} Reihe f.

successivaménte A avv **1** (*in seguito*) später: **discuteremo il caso ~**, wir werden später über den Fall diskutieren **2** (*in ordine successivo*) hintereinander: **i punti all'ordine del giorno vanno discussi ~, per ordine d'importanza**, die Tagesordnungspunkte müssen hintereinander diskutiert werden, (und zwar) in der Reihenfolge ihrer Bedeutung **B** loc prep: **~ a qc** {ALL'ACQUISTO DI QC, ALLA PARTENZA DI QU} nach *etw* (dat).

successìvo, (-a) agg (*stazione, volo*) (nach)folgend, nächste(r, s); {ANNO} *anche* Folge-: **l'effetto è ~ alla causa**, die Wirkung folgt auf die Ursache.

successo A part pass di **succedere B** m **1** (*riuscita*) {+IMPRESA} Erfolg m: **il mio espe-**

rimento non ha avuto ~, mein Experiment hatte keinen Erfolg 2 (*affermazione*) {ENORME, STREPITOSO} Erfolg m; (*accoglienza favorevole*) *anche* Anklang m: **riscuotere un largo ~ di critica/pubblico**, großen Anklang bei der Kritik/[beim Publikum] finden; **avere ~ con le donne**, Erfolg bei den Frauen haben 3 (*opera, impresa*) {DISCOGRAFICO, EDITORIALE, ELETTORALE, SPORTIVO} Erfolg m: **una compilation con i grandi successi degli anni '90**, ein Sampler mit den großen Erfolgen der 90er Jahre C <inv> loc agg: **di ~**, {CANTANTE, DONNA} erfolgreich; {FILM} *anche* Erfolgs-.

successóne <accr *di* successo> m Riesenerfolg m *fam*: **ieri sera hai avuto un ~**, gestern Abend hattest du einen Riesenerfolg *fam*; **il pranzo è stato un ~**, das Essen war ein Riesenerfolg *fam*.

successóre, (*rar* **succeditríce**) m (f) 1 Nachfolger(in) m(f): ~ **al trono**, Thronnachfolger m 2 (*erede*) {LEGITTIMO} Erbe m.

successòrio, (-a) <-ri> m agg *dir* {IMPOSTA, LEGGE} Erbschafts-.

succhiàre <succhio, succhi> A tr 1 ~ **qc** {NEONATO SENO DELLA MAMMA} an etw (dat) saugen; {ZANZARA SANGUE} etw saugen; ~ **qc da qc** {LATTE DA UN BIBERON, SANGUE DA UNA FERITA} etw aus etw (dat) saugen; ~ **qc con qc** {BAMBINO BIBITA CON LA CANNUCCIA; ELEFANTE ACQUA CON LA PROBOSCIDE} etw mit etw (dat) trinken 2 (*tenere in bocca*) ~ **qc** {CARAMELLA, DITO} etw lutschen 3 (*assorbire*) ~ **qc** (**da qc**) {PIANTA NUTRIMENTO DALLA TERRA; SPUGNA ACQUA} etw (*von etw dat*) aufsaugen 4 *fig* (*spillare*) ~ **qc a qu** {DENARO, SANGUE} jdm etw aus|saugen B rfl indir: **succhiarsi qc** {DITO, POLLICE} an etw (dat) lutschen C rfl indir *fig fam* (*sopportare*): **succhiarsi qu/qc** {DIBATTITO, SUOCERA} jdn/etw über sich ergehen lassen.

succhiàta f (*il succhiare una volta*) Lutschen n, Saugen n: **dare una ~ al lecca lecca**, einmal am Lutscher lutschen.

succhiatóre, (-**trice**) A agg *anche zoo* {APPARATO, INSETTO} Saug- B m (f) 1 "wer saugt" 2 *fig* (*sfruttatore*) Ausbeuter(in) m(f): ~ **di sangue/soldi**, Blutsauger m *spreg*.

succhiellàre tr *tecnol* ~ **qc** {BOTTE} etw (mit einem Nagelbohrer) anstechen.

succhiéllo m *tecnol* Nagelbohrer m.

sùcchio <-chi> m (*succhiata*) Lutschen n, Saugen n: **con tre succhi ha bevuto tutta l'aranciata**, in drei Schlucken hatte er/sie den ganzen Orangensaft getrunken • **essere/venire in ~ bot**, {PIANTA} im Saft stehen.

succhiòtto m 1 (*ciuccio*) Schnuller m 2 *fam* (*segno di un bacio*) Knutschfleck m *fam*.

succiamèle <-> m *bot* Sommerwurz f.

succintaménte avv 1 {VESTIRSI} leicht, luftig 2 *fig* (*in modo conciso*) {ESPRIMERSI} kurz (und bündig), knapp.

succìnto, (-a) agg 1 (*ridotto*) {BIKINI, GONNELLINA} knapp; (*scollato*) {TOP} weit ausgeschnitten 2 (*poco vestito*) {BALLERINA} leicht bekleidet 3 *fig* (*conciso*) {INTRODUZIONE, LETTERA, RESOCONTO} bündig, knapp, kurz; {ORATORE} sich kurzfassend • **in ~** *fig* (*in breve*), kurz und bündig.

succitàto, (-a) agg (*suddetto*) oben erwähnt, oben genannt.

succlàvio, (-a) <-vi> m *anat* A agg {MUSCOLO, NERVO} unter dem Schlüsselbein liegend: **vena succlavia**, Schlüsselbeinvene f, Vena subclavia f *scient* B f (*arteria*) Schlüsselbeinschlagader f, Arteria subclavia f *scient*.

sùcco <-chi> m 1 Saft m: ~ **di mela/pomodoro/pompelmo**, Apfel-/Tomaten-/Grapefruitsaft m; ~ **di frutta**, Obstsaft m 2 *fig* (*essenza*) {+DISCORSO} Gehalt m, Kern m 3 *anat* Saft m, Sekret n, Flüssigkeit f: ~ **enterico/gastrico/pancreatico**, Darmflüssigkeit f/ Magensaft m/Bauchspeichel m.

succosità <-> f 1 (*sugosità*) {+FRUTTO} Saftigkeit f 2 *fig* (*pregnanza*) {+RACCONTO} Bedeutungsfülle f, Bedeutungsreichtum m.

succóso, (-a) agg 1 (*sugoso*) {LIMONE, PESCA} saftig 2 *fig* (*pregnante*) {SCRITTO, STORIA} bedeutungsvoll, gehaltvoll.

Succot → **Sukkot**.

succubànza f *psic* Hörigkeit f.

sùccube → **succubo**.

sùccubo, (-a) A agg (*sottomesso*) ~ **di qu** {MARITO DELLA MOGLIE} jdm unterworfen, jdm hörig B m (f) 1 (*persona*) Hörige mf decl come agg 2 *relig* Sukkubus m.

succulènto, (-a) agg 1 (*succoso*) {FRUTTO} saftig 2 (*squisito, sostanzioso*) {PIETANZA, PRANZO} köstlich, nahrhaft 3 *bot* {FOGLIA, PIANTA} sukkulent.

succulènza f 1 (*succosità*) {+ALBICOCCA, ARANCIA} Saftigkeit f 2 (*squisitezza, sostanziosità*) {+CIBO} Köstlichkeit f, Nahrhaftigkeit f 3 *bot* Sukkulenz f.

succursàle A agg {SEDE} Zweig- B f {ESTERA; +BANCA, DITTA} Filiale f, Zweigstelle f: **la nuova ~ di Milano**, die neue Mailänder Zweigstelle.

sud A <inv> agg {EMISFERO, ZONA} Süd-, südlich: **il versante sud della montagna**, der Südhang des Berges B <-> m 1 (*abbr* S) Süden m: **a sud di qc**, südlich von etw (dat); **il balcone (esposto) a sud**, der Südbalkon/[nach Süden gehende Balkon]; **navigare nei mari del sud**, in der Südsee segeln; **da sud a nord**, von Süden nach Norden; **verso sud**, südwärts, in südlicher Richtung 2 (*la parte meridionale*) {+EUROPA} Süden m: **il sud della Germania**, Süddeutschland, der Süden/[südliche Teil] Deutschlands; **il profondo sud**, der tiefe Süden; **America del sud**, Südamerika n; (*Italia del sud*) Süditalien n; **gente del sud**, Leute aus Süditalien, Süditaliener m pl 3 *fig* (*insieme dei paesi in via di sviluppo*): **Sud**, Süden m; **il Sud del mondo**, die südliche Halbkugel 4 (*nel bridge*) Süd m: **sud alza le carte**, Süd hebt ab.

sud- primo elemento (*meridionale*) süd-, Süd-: **sudoccidentale**, südwestlich; **Sudtirolo**, Südtirol.

Sudàfrica, **Sud-Africa** m *geog* Südafrika n.

sudafricàno, (-a) A agg südafrikanisch B m (f) (*abitante*) Südafrikaner(in) m(f).

Sudamèrica, **Sud-Amèrica** m *geog* Südamerika n.

sudamericàno, (-a) A agg südamerikanisch B m (f) (*abitante*) Südamerikaner(in) m(f).

Sùdan m *geog* Sudan m.

sudanése A agg sudan(es)isch B m (f) (*abitante*) Sudaner(in) m(f), Sudanese m, (Sudanesin f).

sudàre A itr 1 ~ (**da/per qc**) {DAL CALDO, PER LA FATICA} (*vor etw dat*) schwitzen: **gli sudano le mani per l'emozione**, seine Hände schwitzen/[er hat feuchte Hände] vor Aufregung; **gli suda molto la fronte**, er schwitzt sehr an der Stirn 2 *fig* (*lavorare sodo*) ~ **su qc** {SU UN MANUALE DI FISICA, SU UNA VERSIONE LATINA} über etw (dat) schwitzen; ~ **per fare qc** {PER TERMINARE UN LAVORO} schuften, *um etw zu tun*; schwitzen, *um etw zu tun*; {PER FARE CARRIERA} sich *für etw* (acc) abrackern *fam*; sich ab|rackern, *um etw zu tun fam* B tr ~ **qc** 1 (*trasudare*) {PARETE UMIDITÀ; VASO ACQUA} (aus|)schwitzen {CROCIFISSO SANGUE} bluten 2 *fig* (*guadagnarsi*) {PANE, STIPENDIO} etw im Schweiße seines Angesichts verdienen C rfl intens *fig* (*ottenere con fatica*): **sudarsi qc** {CARRIERA, POSIZIONE, PROMOZIONE, STIPENDIO, SOLDI} etw hart/mühsam erarbeiten; {CASA AL MARE, SOLDI} *anche* sich (dat) etw mühsam verdienen/erwerben • **far ~ qu** *fig* (*far faticare*), jdn ins Schwitzen bringen; **sudava freddo**, ihm/ihr brach der kalte Schweiß aus; *fig* (*essere molto emozionato*), er/sie schwitzte Blut und Wasser *fam*; *fig* (*avere paura*) *anche*, ihm/ihr brach der Angstschweiß aus.

sudàrio <-ri> m 1 (*lenzuolo funebre*) Leichentuch n 2 *relig* Schweißtuch n: **il Santo Sudario**, das Schweiß-/Grabtuch Christi.

sudàta f 1 (*il sudare*) Schwitzen n: **ci siamo fatti una ~ per arrivare quassù!**, wir haben ganz schön geschwitzt, um hier hoch zu kommen! 2 *fig* (*fatica*) Anstrengung f, Mühe f, Strapaze f: **finire la tesi è stata una bella ~!**, die Diplom-/Magisterarbeit fertig zu kriegen, war eine ganz schöne Strapaze!; ich habe Blut und Wasser geschwitzt, um die Diplom-/Magisterarbeit fertig zu kriegen! *fam*.

sudatìccio, (-a) <-ci, -ce> agg (*un po' sudato*) {COLLO, MANI} verschwitzt, schwitzig *fam*.

sudàto, (-a) agg 1 (*bagnato di sudore*) {ABITO, PIEDI, VISO} nass geschwitzt, verschwitzt: ~ **fradicio**, schweißtriefend 2 *fig* (*guadagnato*) {SOLDI, VITTORIA} im Schweiße seines Angesichts/[sauer] verdient.

sudcoreàno, (-a) A agg südkoreanisch B m (f) (*abitante*) Südkoreaner(in) m(f).

suddétto, (-a) A agg (*sunnominato*) besagt, oben erwähnt, oben genannt B m (f) *amm* Besagte mf decl come agg, Obenerwähnte mf decl come agg, Obengenannte mf decl come agg.

sùddita f → **suddito**.

sudditànza f 1 (*condizione di suddito*) Untertänigkeit f 2 *fig* (*dipendenza*) {PSICOLOGICA} Abhängigkeit f.

sùddito, (-a) m (f) {COLONIALE, FEDELE; +RE, REGNO, STATO} Untertan(in) m(f).

suddivìdere <coniug *come* dividere> A tr 1 (*dividere ulteriormente*) ~ **qc** (**in qc**) {CLASSE IN SOTTOCLASSI} etw (*in etw* acc) ein|teilen; {RIFIUTI NEI CONTENITORI PER CARTA, PLASTICA, VETRO} etw (*auf etw* acc) verteilen 2 (*articolare*) ~ **qc** (**in qc**) {ATTO IN SCENE, CAPITOLO IN PARAGRAFI} etw (*in etw* acc) unterteilen; ~ **qc secondo qc** {INTERVENTI SECONDO L'ARGOMENTO, VOCI SECONDO ACCEZIONI DIVERSE} etw *nach etw* (dat) unterteilen 3 (*ripartire*) ~ **qc** **fra qu**/[**in qc**]/[**per qc**] {GUADAGNO FRA AZIONISTI, PER IL NUMERO DEI PARTECIPANTI, IN QUOTE} etw an/unter jdn/[in etw (acc)]/[nach etw (dat)] verteilen B itr pron: **suddividersi in qc** {SETTORE PRODUTTIVO IN REPARTI} sich *in etw* (acc) gliedern, *in etw* (acc) unterteilt sein.

suddivisìbile agg ~ (**in qc**) 1 (*che si può dividere*) {IMPORTO} (*in etw* acc) teilbar 2 (*che si può articolare*) {CAPITOLO IN PARAGRAFI} (*in etw* acc) unterteilbar, (*in etw* acc) gliederbar.

suddivisióne f 1 (*divisione*) ~ (**in qc**) Verteilung f 2 (*articolazione*) ~ (**in qc**) Unterteilung f (*in etw* acc) 3 (*ripartizione*) ~ **fra qu**/[**in qc**]/[**per qc**] {+PATRIMONIO FRA GLI EREDI} Verteilung f an/unter jdn/[in etw (acc)]/[nach etw (dat)].

sudequatoriàle agg *geog* südlich/unterhalb des Äquators.

sudèst, **sud-est** <-> m 1 (*punto*, *abbr* SE) Südost(en) m: **a ~ di qc**, im Südosten von etw (dat); **da/verso ~**, von/nach Südosten 2 (*zona sudorientale*) Südosten m: **il ~ asiatico**, der Südosten Asiens.

sudeuropèo, (-a) A agg (*dell'Europa del sud*) südeuropäisch B m (f) (*abitante*) Süd-

sudiceria f 1 (*sporcizia*) {+PERSONA, STANZA} Dreckigkeit f, Schmutzigkeit f 2 (*cosa sudicia*) Schweinerei f *volg spreg*, Sauerei f *volg spreg*: **togli questa ~ dal tavolo!**, tu/räum diese Schweinerei vom Tisch! *volg spreg* 3 *fig* (*azione, discorso*) Schweinerei f *volg spreg*: **smettila di dire/fare sudicerie!**, hör auf, Schweinereien zu sagen/machen! *volg spreg*.

sudiciaménte avv 1 (*in modo sporco*) dreckig, schmutzig 2 *fig* (*in modo disonesto*) schweinisch *fam spreg*, dreckig *fam spreg*.

sùdicio, (-a) <-ci, -ce o -cie> **A** agg 1 (*non pulito*) {BIANCHERIA, FACCIA, PAVIMENTO, UOMO} dreckig, schmutzig; (*imbrattato*) ~ **di qc** {SCARPE} (*mit etw dat*) verschmutzt, dreckig: **~ di fango**, schlammig, verschlammt 2 (*spento*) {BIANCO, COLORE} schmutzig 3 *fig* (*disonesto*) {AFFARE, AZIONE} schmutzig spreg, schmierig *spreg*: **un ~ individuo**, ein schmutziger Typ *fam spreg* 4 *fig* (*osceno*) {DISCORSO, SPETTACOLO} dreckig *fam spreg*, schmutzig *spreg*, unanständig, schmierig *spreg* **B** m <*solo sing*> *anche fig* (*sudiciume*) Dreck m, Schmutz m.

sudicióne, (-a) <*accr di sudicio*> **A** agg 1 (*lurido*) {BAMBINO} dreckig, schmutzig, verschmiert 2 *fig* (*osceno*) dreckig *fam spreg*, schmutzig *spreg*, unanständig, schmierig *spreg* **B** m (f) 1 (*persona sudicia*) Dreckspatz m *fam*, Schmutzfink m *fam* 2 *fig* (*persona immorale*) Schwein n *volg spreg*, Schweinigel m *fam spreg*.

sudiciùme m 1 (*sporcizia*) Dreck m, Schweinerei f *volg spreg*: **che ~ qui dentro!**, was für eine Schweinerei hier drinnen! *volg spreg*; **togliti quel ~ dalle mani!**, wasch dir diesen Dreck von den Händen! 2 *fig* (*immoralità*) Schweinerei f *volg spreg*, Sauerei f *volg spreg*.

sudista <-*i m, -e f*> **A** agg 1 {VIETNAM} Süd- 2 *stor* {GOVERNO, TRUPPA} südstaatlich, Südstaaten- **B** mf 1 (*abitante*) Südler(in) m(f) *fam*, Südling m *fam* 2 *stor* Konföderalist(in) m(f), Südstaatler(in) m(f).

sudoccidentàle, **sud-occidentàle** agg {CORRENTE, VENTO} südwestlich, Südwest-.

Sudòku <-> m *giapponese* (*gioco*) Sudoku n.

sudorazióne f {ABBONDANTE} Schwitzen n.

sudóre A m 1 (*liquido*) ~ m: **essere bagnato/grondante/madido di ~**, schweißgebadet/schweißtriefend/durchgeschwitzt sein 2 *fig* (*fatica*) Schweiß m *forb*, Mühe f, Anstrengung f: **questa casa è costata molto ~**, dieses Haus hat viel Schweiß gekostet *forb* **B** <*inv*> *loc agg*: **di ~** {MACCHIA, PUZZA} Schweiß- • **avevo i sudori freddi**, mir brach der kalte Schweiß aus; *fig* (*essere in preda alla paura*), mir brach der Angstschweiß aus, ich schwitzte Wasser und Blut *fam*.

sudorientàle, **sud-orientàle** agg {ASIA} südöstlich, Südost-.

sudorifero, (-a) **A** agg (*che provoca sudorazione*) {SOSTANZA} schweißtreibend; (*in fisiologia*) {GHIANDOLA} Schweiß- **B** m *farm* schweißtreibendes Mittel.

sudoriparo, (-a) agg *anat* {GHIANDOLA} Schweiß-.

sudovèst, **sud-òvest** <-> m 1 (*punto*, abbr SO) Süd-westen m: **a ~ di qc**, im Südwesten von etw (dat); **da/verso ~**, von/nach Südwesten, aus/in südwestlicher Richtung 2 (*zona sudoccidentale*) Südwesten m: **il ~ della Francia**, der Südwesten Frankreichs, der französische Südwesten 3 (*cappello*) Südwester m.

sudtirolése A agg südtirolerisch, Südtiroler- **B** m (f) (*abitante*) Südtiroler(in) m(f).

Sudtiròlo m *geog* Südtirol n.

suede <-> f *franc* (*pelle*) Suede-Leder n; (*pelle scamosciata*) Wild-, Velours-, Sämischleder n.

su e giù <-> *loc sost* m (*andirivieni*) {CONTINUO, INCESSANTE} Hin und Her n, Kommen und Gehen n.

Suèvia f *geog* Schwaben n.

sufficiènte A agg 1 (*che basta*) {MOTIVO, QUANTITÀ} ausreichend, genügend: **appena/[più che] ~**, das Allernotwendigste/[mehr als genug]; **è ~ che compili**₁/[compilare] **il modulo**, es genügt, dass Sie das Formular ausfüllen; **~ a/per fare qc** {LUOGO A OSPITARE MOLTE PERSONE} groß genug, um etw zu tun; {STIPENDIO PER VIVERE} hoch genug, um etw zu tun 2 *fig* (*altezzoso*) {ATTEGGIAMENTO, TONO} süffisant *forb spreg*, überheblich 3 *scuola* {VOTO} genügend **B** mf (*persona boriosa*) überheblicher Mensch: **smettila di fare il/la ~**, hör auf, so überheblich zu sein **C** <*solo sing*> m (*ciò che basta*) Auskommen n, Notwendige n *decl come agg*: **il ~ per vivere**, das Lebensnotwendige, das Notwendige zum Leben.

sufficienteménte avv (*a sufficienza*) {MANGIARE} genug, genügend: **essere ~ coinvolti**, genügend (mit)einbezogen sein.

sufficiènza A f 1 (*l'essere sufficiente*) Genüge f, Hinlänglichkeit f: **(non) avere ~ di soldi/viveri**, nicht genug Geld/Lebensmittel haben 2 *fig* (*altezzosità*) Süffisanz f *forb spreg*, Überheblichkeit f: **tratta tutti con ~**, er/sie behandelt alle von oben herab 3 *scuola* "ausreichend": **ottenere/prendere la ~ in matematica**, in Mathematik "ausreichend" bekommen; **avere una ~ in fisica**, ein "ausreichend" in Physik haben **B** *loc avv*: **a ~** 1 (*abbastanza*) {BERE} genug, zur Genüge: **ce n'è a ~ per tutti?**, ist genug für alle da? 2 *iron* (*oltre il limite*) genug: **averne a ~ di qu/qc**, von jdm/etw genug haben, jdn/etw satthaben.

suffissàle agg *ling*: **elemento ~**, Suffix n, Nachsilbe f.

suffissàre tr *ling* ~ **qc** {SOSTANTIVO} ein Suffix *an etw* (acc) an|hängen.

suffissàto, (-a) **A** *part pass di* suffissare **B** agg mit Suffix **C** m *ling* Suffixwort n.

suffissazióne f *ling* Suffixbildung f.

suffìsso m *ling* Suffix n: **~ accrescitivo/diminutivo**, Vergrößerungs-/Verkleinerungssilbe n.

suffissòide m *ling* Suffixoid n.

sufflé → soufflé.

suffragàre <*suffrago, suffraghi*> tr 1 (*rafforzare*) ~ **qc** {IPOTESI} etw bekräftigen, etw bestätigen 2 *relig* (*raccomandare a Dio*) ~ **qu/qc** {ANIMA DEL PURGATORIO, DEFUNTO} für jdn/etw beten, für das (Seelen)heil von jdm/etw/+ gen beten.

suffragétta f *iron* (*suffragista*) Emanze f *fam anche spreg*, Suffragette f *obs spreg*.

suffràgio <-gi> m 1 Stimm-, Wahlrecht n: **~ censitario**, Zensuswahlrecht n; **~ diretto/indiretto**, direktes/indirektes Wahlrecht; **~ universale**, allgemeines Wahlrecht 2 (*voto*) Stimme f: **dare/negare il proprio ~ a qu**, jdm seine Stimme geben/verweigern 3 *fig* (*approvazione*) Zustimmung f, Anerkennung f: **ottenere i suffragi della critica**, die Zustimmung der Kritiker finden 4 *relig* Fürbitte f: **celebrare una messa in ~ di qu**, ein Seelenamt/eine Totenmesse für jdn abhalten.

suffragìsmo m (*movimento*) Suffragetten-, Frauenrechtsbewegung f.

suffragista <-*i m, -e f*> **A** agg {MOVIMENTO} Frauenrechts-, Suffragetten- **B** mf Frauenrechtler(in) m(f), Suffragette f.

suffumicàre <*suffumico, suffumichi*> tr ~ **qc** 1 *anche med* {VIE RESPIRATORIE} etw Dämpfen aus|setzen 2 (*riempire di fumo o di vapore*) {LOCALE} etw aus|-, durchräuchern.

suffumigio <-gi> m Inhalation f: **fare i suffumigi contro il raffreddore**, gegen Erkältung inhalieren.

suggellàre tr 1 (*sigillare*) ~ **qc** {LETTERA} etw versiegeln 2 *fig* (*confermare*) ~ **qc** (**con qc**) {ACCORDO CON UNA STRETTA DI MANO, FINE DI UN RAPPORTO} etw (*mit etw* dat) besiegeln.

suggèllo m 1 *fig* (*conferma*) Besiegelung f: **a ~ della nostra amicizia**, zur Besiegelung unserer Freundschaft 2 *lett* (*sigillo*) Siegel n.

sùggere <*suggo, suggi o suggetti*> *difet non usato al part pres e tempi composti*> tr *lett* (*succhiare*) ~ **qc** {API POLLINE} etw (aus|)saugen.

suggeriménto m 1 (*il suggerire*) Eingeben n, Einflüstern n; *anche scuola* Vorsagen n, Einsagen n *süddt* A; *teat* Soufflieren n 2 (*consiglio*) Empfehlung f, Rat(schlag) m: **abbiamo investito in titoli dietro tuo ~**, wir haben auf deinen Rat hin in Aktien investiert; **~ commerciale/pubblicitario**, Handels-/Werbeempfehlung f; (*proposta*) Vorschlag m; **il suo ~ è stato accettato**, sein/ihr Vorschlag wurde angenommen.

suggerire <*suggerisco*> tr 1 ~ **qc a qu** {PAROLA ESATTA} jdm etw ein|geben, jdm etw ein|flüstern; *anche scuola* {RISPOSTA A UN COMPAGNO} jdm etw vor|sagen, jdm etw einsagen *süddt* A; (*uso assol*) ein|-, vor|sagen: **non suggerite!**, nicht vorsagen!; *teat* {BATTUTA A UN ATTORE} jdm etw souffleren 2 (*ispirare*) ~ **qc** (**a qu**) {MUSICA, PAESAGGIO RICORDI; ROSSO PASSIONE} etw (*in jdm*) wach|rufen; {TEMA SPUNTI DI RIFLESSIONE} (*jdm*) etw ein|geben; {PUBBLICITÀ BISOGNO INDOTTO} (*jdm*) etw suggerieren *forb* 3 (*consigliare*) ~ **qc a qu** {MEDICO DIETA IPOCALORICA AL PAZIENTE} jdm etw empfehlen, jdm etw raten: **il testo può essere suggerito come lettura introduttiva**, der Text kann als einführende Lektüre empfohlen werden; **ti suggerisco di partire immediatamente**, ich rate dir, sofort abzufahren 4 (*proporre*) ~ **qc a qu** {ESEMPIO, SOLUZIONE} (*jdm*) etw vor|schlagen 5 (*rendere chiaro*) ~ **che/come qc** deutlich machen, *dass/wie etw*; zeigen, *dass/wie etw*: **la perdita suggerisce che le previsioni erano sbagliate**, der Verlust zeigt, dass die Prognose falsch war; **il risultato suggerisce come ogni progresso non sia che provvisorio**, das Ergebnis macht deutlich, wie jeder Fortschritt nur vorläufig ist.

suggeritóre, (-trice) m (f) (*chi suggerisce*) Ratgeber(in) m(f): **~ di buoni consigli**, guter Ratgeber; *sport* (*nel baseball*) Mannschaftsbetreuer(in) m(f); *teat* Souffleur m, (Souffleuse f).

suggestionàbile agg {BAMBINO, CARATTERE} beeinflussbar, suggestibel *forb*: **non è molto ~**, er/sie ist nicht leicht zu beeinflussen.

suggestionabilità <-> f Beeinflussbarkeit f, Suggestibilität f *forb*.

suggestionànte agg 1 (*che esercita influenza*) {COMPORTAMENTO} einflussreich 2 (*che esercita fascino*) {PAESAGGIO} beeindruckend, eindrucksvoll, faszinierend.

suggestionàre A tr 1 (*influenzare*) ~ **qu** jdn beeinflussen: **si lascia ~ da tutti**, er/sie lässt sich von allen beeinflussen 2 (*affascinare*) (*uso assol*) {MUSICA} beeindrucken, faszinieren **B** itr pron (*impressionarsi*): **suggestionarsi** sich beeinflussen lassen: **quel ragazzo si suggestiona facilmente**, dieser Junge lässt sich leicht beeinflussen.

suggestióne f 1 (*influenza*) Einfluss m: **subisce la ~ degli amici**, er/sie steht unter dem Einfluss seiner/ihrer Freunde 2 fig (*fascino*) {+MELODIA, TRAMONTO} (tiefer) Eindruck, Faszination f, Reiz m, Zauber m 3 psic (*condizionamento*) {COLLETTIVA, IPNOTICA} Suggestion f ● **al testimone** dir, Zeugenbeeinflussung f.

suggestività <-> f (*fascino*) {+BRANO MUSICALE, VALLATA} (tiefer) Eindruck, Faszination f, Reiz m, Zauber m.

suggestivo, (-a) agg 1 (*ricco di fascino*) {PANORAMA, SPETTACOLO} beeindruckend, eindrucksvoll, faszinierend 2 (*che condiziona*) {DOMANDA} Suggestiv-.

sùghera f bot (*quercia da sughero*) Korkeiche f.

sughere̱ta f, **sughere̱to** m Korkeichenwald m.

sughericoltu̱ra f Korkeichenbau m.

sugherifi̱cio <-ci> m (*stabilimento*) Korkfabrik f.

sùghero A m 1 bot (*sughera*) Korkeiche f 2 (*materiale*) Kork m 3 (*turacciolo*) Korken m 4 (*nella pesca*) (*galleggiante*) Floß n, Schwimmer m B <inv> loc agg **di/in ~**, {PANNELLO, SUOLA} Kork-.

sùgli prep su con art gli.

sùgna f 1 (*grasso*) Schweinefett n 2 (*strutto*) (Schweine)schmalz m.

sùgo <-ghi> A m 1 (*succo*) {+FRUTTO} Saft m: **~ zuccherino**, Zuckersaft m 2 gastr (*intingolo*) {+ARROSTO} (*salsa*) Soße f, Sauce f: **~ di carne/pomodoro**, Fleisch-/Tomatensoße f; **~ ai funghi/alle vongole**, Pilz-/Venusmuschelsoße f 3 fig (*sostanza*) {+DISCORSO} Gehalt m, Substanz f 4 fig (*gusto*) Spaß m, Vergnügen n: **che ~ ci trovi a stare con loro?**, was findest du nur an ihrer Gesellschaft?; **non c'è ~ a parlare a con te**, es ist witzlos/[macht keinen Spaß] mit dir zu reden B <inv> loc agg gastr: **al ~**, {PASTA, TORTELLINI} mit Sauce ● **senza ~** fig (*insulso*), {RAGAZZO} fad(e) spreg, witzlos, nichts sagend; {STORIA} anche, saftlos spreg.

sugosità <-> f (*abbondanza di succo*) {+POMODORO, POMPELMO} Saftigkeit f.

sugóso, (-a) agg 1 (*ricco di succo*) {PERA} saftig 2 (*con molto sugo*) {PIETANZA} mit viel Soße 3 fig (*ricco di contenuti*) {DISCORSO} inhaltsreich, gehaltvoll.

sùi prep su con art i.

suici̱da <-i m, -e f> A agg 1 {IMPULSO, MANIA, VOLONTÀ} selbstmörderisch, Selbstmörder- 2 anche fig (*che danneggia chi la compie*) {SCELTA} selbstmörderisch; {AZIONE} anche Selbstmord- B mf Selbstmörder(in) m(f).

suicidàrio, (-a) <-ri m> agg (*di suicidio*) {RISCHIO} Selbstmord-; {PROPOSITO} selbstmörderische(r,s).

suicidàrsi rfl 1 (*togliersi la vita*) **~ con qc** {CON UN COLPO DI PISTOLA, CON I SONNIFERI} (*mit etw* dat) Selbstmord begehen, sich (dat) (*mit etw* dat) das Leben nehmen, sich (*mit etw* dat) um|bringen: **~ per amore**, aus Liebe Selbstmord begehen; **~ per i debiti**, wegen der Schulden Selbstmord begehen; **~ per qu**, wegen jds Selbstmord begehen 2 fig (*rovinarsi*) **~ (+ compl di modo)** {POLITICAMENTE} sich (dat) (*irgendwie*) den Todesstoß geben, sich (dat) (*irgendwie*) ruinieren, sich (*irgendwie*) zugrunde richten: **~ per eccesso di lavoro**, sich zu Tode schuften fam; **presentarsi alle elezioni nelle sue condizioni è come ~**, sich in seiner/ihrer Lage zu den Wahlen zu kandidieren, ist Selbstmord.

suicidàrio → **suicidario**.

suici̱dio <-di> m 1 Selbstmord m: **~ di massa**, Massenselbstmord m 2 fig (*rovina*) {ECONOMICO, MORALE} Ruin m 3 fig (*rischio*) Selbstmord m, Risiko n: **guidare a quella velocità è un ~**, mit dieser Geschwindigkeit zu fahren, ist Selbstmord/selbstmörderisch.

sui gèneris <inv> loc agg lat (*particolare*) {PROFESSORE, PROPOSTA, SAPORE} sui generis forb, besonder(e, s), einzigartig.

suindicàto, (-a) agg (*indicato in precedenza*) oben angegeben.

suìno, (-a) A agg {CARNE, RAZZA} Schweine- B m (*maiale*) Schwein n.

suisèki <-> m giapponese arte Suiseki <ohne art>.

suite <-, -s pl franc> f franc 1 (*appartamento in albergo*) {PRESIDENZIALE} Suite f 2 mus Suite f.

suk <-> m arabo S(o)uk m, Basar m.

Sukkot <-> f o m ebraico (*festa*) Sukkot <ohne art>, Laubhüttenfest n.

sul prep su con art il.

sulfami̱dico, (-a) <-ci, -che> farm A agg Sulfonamid- B m Sulfonamid n.

sulfùreo, (-a) agg chim {ACQUA, BAGNO, VAPORE} Schwefel-, schwef(e)lig, schwefelhaltig; (*color zolfo*) schwefelfarbig.

sulky <-, -kies pl ingl> m ingl 1 (*veicolo a tre ruote*) Dreirad n 2 sport (*nell'equitazione*) Sulky n.

sull', **sùlla**, **sùlle**, **sùllo** prep su con art l', la⁽ᵇ⁾, le, lo.

sultàna f 1 (*moglie del sultano*) Sultanin f; (*madre del sultano*) Sultansmutter f 2 (*divano alla turca*) Diwan m obs.

sultanàto m (*carica, territorio*) Sultanat n.

sultani̱na A agg {UVA, VITE} Sultaninen- B f (*uva*) Sultanine f.

sultàno m Sultan m ● **fare il ~** fig scherz (*comportarsi dispoticamente*), sich wie im Pascha aufführen spreg, den Pascha spielen spreg; **vivere ˌcome un ˌ/[da] ~** fig scherz (*nel lusso*), wie ˌein Paschaˌ/[Gott in Frankreich] leben fam.

sumèrico, (-a) <-ci, -che> stor A agg {CIVILTÀ} sumerisch B m <solo sing> (*lingua*) Sumerisch(e) n.

sumèro, (-a) stor A agg {ARTE, RELIGIONE} sumerisch B m (f) (*abitante*) Sumerer(in) m(f) C m <solo sing> (*sumerico*) Sumerisch(e) n.

sùmma f 1 fig (*compendio*) {+LETTERATURA TEDESCA} Abriss m, Kompendium n forb 2 lett {TEOLOGICA} Summa f.

summenzionàto, (-a) agg amm oben erwähnt.

summit <-, -s pl ingl> m ingl polit Gipfeltreffen n.

SUNIA m abbr di Sindacato Unitario Nazionale Inquilini e Assegnatari: "italienischer Mieterbund".

sunni̱smo m relig Sunnismus m.

sunni̱ta <-i m, -e f> relig A agg {SETTA, TRADIZIONE} sunnitisch B mf (*seguace*) Sunnit(in) m(f).

sunnominàto, (-a) agg amm oben erwähnt, oben genannt.

sunnotàto, (-a) agg amm oben angegeben.

sunteggiàre <sunteggio, sunteggi> tr (*riassumere*) **~ qc** {ROMANZO} etw zusammen|fassen.

sùnto m (*riassunto*) Abriss m, Zusammenfassung f: **fare il/un ~ di un racconto**, eine Erzählung zusammenfassen ● **in ~** fig (*in breve*), in Kürze, kurz, knapp.

sùo, (**sùa**) <-suoi, sue> A agg poss di 3ª pers sing 1 (*di lui*) sein; (*di lei*) ihr: **la sua voce**, seine/ihre Stimme; **suo padre/zio**, sein/ihr Vater/Onkel; **un suo amico**, ein Freund von ihm/ihr; **sono parole sue**, das sind seine/ihre Worte 2 (*forma di cortesia*) anche: Suo, Ihr; **scusi, mi potrebbe ripetere il Suo nome?**, entschuldigen Sie, könnten Sie mir Ihren Namen noch einmal sagen?; **Sua Maestà/Santità**, Eure Majestät/Heiligkeit; (*nelle lettere*) Ihr; **suo affezionatissimo Giuseppe**, herzlichst, Ihr Giuseppe 3 fam (*abituale*) sein, ihr, sein/ihr üblich(es, r)/gewöhnliche(s, r): **a quest'ora fa sempre il suo pisolino pomeridiano**, um diese Zeit macht er/sie immer sein/ihr Nachmittagsschläfchen 4 (*proprio*) sein: **ogni serratura ha la sua chiave**, jedes Schloss hat seinen (eigenen) Schlüssel B pron poss di 3ª pers sing: **il suo**, **la sua** 1 (*di lui*) seiner, seine, sein(e)s; (*di lei*) ihrer, ihre, ihr(e)s: **i tuoi capelli sono più lunghi dei suoi**, deine Haare sind länger als seine/ihre 2 (*forma di cortesia*) anche: Suo, Ihre(r, s); **questa penna è la Sua?**, gehört dieser Stift Ihnen?, ist das Ihr Stift? C m: **il suo** 1 (*di lui*) das Sein(ig)e; (*di lei*) das Ihr(ig)e: **non vuole rimetterci del suo**, er/sie möchte dabei nicht draufzahlen fam; **tanto paga/spende del suo!**, es ist ohnehin sein/ihr Geld! 2 (*forma di cortesia*) anche: Suo, das Ihr(ig)e; **perché non si accontenta del Suo?**, warum geben Sie sich nicht mit dem zufrieden, was Sie haben? ● **i suoi** (*familiari*), (*di lui*) die Seinen forb, (*di lei*) die Ihren forb; (*forma di cortesia*) anche: Suoi, die Ihren forb; **i suoi** (*genitori*), (*di lui*) seine Eltern, (*di lei*) ihre Eltern; (*forma di cortesia*) anche: Suoi, Ihre Eltern; **in seguito alla Sua pregiata** (*lettera*) **del ...**, in Beantwortung Ihres freundlichen Schreibens vom ...; **ha detto la sua** (*opinione*), er/sie hat seine/ihre (eigene) Meinung gesagt; **essere/stare dalla sua** (*parte*), auf seiner/ihrer Seite sein; **ha passato anche lui le sue** (*pene*), er hat auch einiges durchgemacht; **si tiene sempre sulle sue** (*posizioni*), er/sie hält immer Distanzˌ/[ist immer ziemlich distanziert/zurückhaltend]/[hält sich immer ziemlich bedeckt]; **ne ha fatta una delle sue**, er/sie hat mal/schon wieder etwas angestellt.

suòcera f 1 Schwiegermutter f 2 fig fam (*bisbetica*) Zicke f fam spreg: **smettila di fare la ~!**, hör auf, die Zicke zu spielen! fam spreg ● **e nuora** fig fam (*oliera*), Essig- und Ölflasche f; **dire a ~ perché nuora intenda** fig, den Sack schlagen und den Esel meinen prov.

suòcero m 1 Schwiegervater m 2 <solo pl> (*suocero e suocera*) Schwiegereltern pl: **vivere con i suoceri**, mit seinen/den Schwiegereltern zusammenleben.

suòi pl → **suo**.

suòla f 1 (*della scarpa*) {CONSUMATA, DOPPIA} Sohle f: **~ di cuoio/gomma/para**, Leder-/Gummi-/Kreppsohle f; **~ chiodata**, Nagelsohle f; **mezza ~**, Halbsohle f; (*dello sci*) Laufflache f 2 mar Schiffskiel m 3 tecnol (*dell'aratro*) Sech m, Furchen-, Pflugsohle f; (*della pialla*) Fläche f, Sohle f; (*della rotaia*) Schienenfuß m 4 zoo Hinterhuf m ● **del forno** tecnol, feuerfeste innere Ofenverkleidung; **~ del freno** tecnol Bremsbelag m.

suolàre tr **~ qc** {PAIO DI SCARPE} etw (be)sohlen.

suolatùra f 1 (*operazione*) (Be)sohlen n 2 (*suola*) Sohle f.

suòle 3ª pers sing dell'ind pres di solere.

suòlo m 1 gener anche dir geol {ARGILLOSO, ARIDO, FERTILE} Boden m, Erde f, Grund m: **cadde/stramazzò al ~**, er/sie fiel zu Boden; **~ pubblico** dir, öffentlicher Grund und Boden 2 fig lett (*luogo*) {NATIO} Erde f, Heimat f: **il sacro ~ della patria**, die heilige ˌErde des Vaterlandsˌ/[Heimaterde], der heimatliche

Boden • **radere al ~** qc (*distruggere completamente*), {BOMBA CITTÀ} etw dem Erdboden gleichmachen.

suonàre Ⓐ tr <*avere*> **1** gener **~ qc** (+ **compl di modo**) {BATTERIA, CHITARRA A ORECCHIO, CHOPIN DIVINAMENTE} etw (*irgendwie*) spielen; {GONG, TAMBURO} etw (*irgendwie*) schlagen: **vi suonerò "Il Bolero" di Ravel**, ich werde euch Ravels "Bolero" vorspielen; **suonare un pezzo ˌal pianoˌ/[con la chitarra]**, ein Stück auf dem/am Klavierˌ/[auf der Gitarre] vorspielen; (*uso assol*) ~ (+ **compl di luogo**) {IN UNA BANDA, ALLA SCALA} (*irgendwo*) spielen; **~ con i coperchi**, die Deckel aufeinanderschlagen; **sai ~?**, kannst du spielen? **2** (*azionare*) **~ qc** etw betätigen, etw einˌschalten: **è vietato ~ il clacson di notte**, nachts darf man nicht hupen; **non ~ il campanello, stanno dormendo!**, klingle nicht, sie schlafen jetzt! **3** (*annunciare col suono*) **~ qc** {SIRENA ALLARME} etw schlagen; {CAMPANA, OROLOGIO DELLA TORRE MEZZOGIORNO} etw schlagen: **la tromba suona l'adunata**ˌ/[il silenzio], die Trompete bläst ˌzum Appellˌ/[den Zapfenstreich] **4** *fig fam* (*picchiare*) **~ qu** jdn verhauen *fam*, jdn verdreschen *fam*: **lo suonò ben bene**, er/sie verhaute ihn ordentlich *fam*; (*mollare*) **~ qc a qu** {SCAPACCIONE, SCHIAFFO} jdm etw verpassen *fam* **5** *fig fam* (*imbrogliare*) **~ qu** jdn hereinˌlegen *fam* **6** *fig lett* (*significare*) **~ qc** {FRASE CONDANNA, MINACCIA} etw bedeuten Ⓑ itr **1** <*avere*> (*emettere un suono*) ~ (+ **compl di tempo**) {TELEFONO, SVEGLIA ALLE 8.00} (*irgendwann*) klingeln: **stanno suonando alla porta**, es klingelt an der Tür; **ho sentito ~ il campanello**, ich habe die Klingel gehört; ~ (+ **compl di modo**) {ARPA, PIANOFORTE MERAVIGLIOSAMENTE} (*irgendwie*) spielen; {DISCO, TASTO DEL MI MALE} (*irgendwie*) klingen; **il carillon non suona più**, das Glockenspiel geht nicht mehr; {MURO VUOTO, VASO DI CRISTALLO MALE} (*irgendwie*) klingen **2** <*essere*> (*rintoccare*) ~ (+ **compl di modo**) {CAMPANA A FESTA, A MARTELLO} (*irgendwie*) läuten **3** <*avere*> (*essere annunciato da un suono*) ~ (+ **compl di tempo**) {ALLARME DI SERA} (*irgendwann*) erklingen: **è già suonato mezzogiorno?**, hat es schon Mittag geschlagen? **4** <*essere o avere*> lett (*echeggiare*) **~ di qc** {CORTILE DI RISA} von etw (dat) widerˌhallen **5** <*essere*> *fig* (*risuonare*) **~ in qc** {PAROLE, RISA NELLA MENTE, NELLE ORECCHIE} in etw (dat) klingen **6** <*essere*> lett *fig* (*sembrare*) **~ (a qu)** (+ **compl di modo**) {DISCORSO GIUSTO, SBAGLIATO} (*jdm*) *irgendwie* klingen: **questa frase suona come un rimprovero!**, dieser Satz klingt ˌwie ein Vorwurfˌ/[vorwurfsvoll]!; **questo mi suona proprio strano**, das kommt mir aber komisch vor • **~ bene/male (a qu)** (*essere armonioso/ fastidioso*), {NOME, VERSO} (in jds Ohren) gut/schlecht klingen; *fig* (*risultare bene/male accetto*) {IDEA} (jdm) gut/schlecht vorˌkommen; **il progetto mi suona bene**, das Projekt klingt gut, finde ich; **suonarla a qu** *fig fam* (*imbrogliare*), jdn betrügen, jdn hinters Licht führen *fam*; **suonarle a qu** *fig fam* (*picchiarlo*), jdn verhauen *fam*, jdn verdreschen *fam*, jdn verprügeln.

suonàta f **1** (*il suonare*) (Vor)spielen n: **ieri sera ci ha fatto una ~ di pianoforte**, gestern Abend hat er/sie uns etwas auf dem Klavier vorgespielt **2** (*suono prodotto*) {LUNGA; +CAMPANELLO} Geläute n, Geklingel n *fam spreg*; (*azione*) anche Läuten n, Klingeln n: **dai una bella ~ così ci sentono!**, klingle schön laut, damit sie uns hören!; {ASSORDANTE; +CLACSON} Klang m, Ton m; (*azione*) Ertönen n **3** *fig fam* (*conto salato*) gepfefferte Rechnung *fam*, Nepp m *fam spreg*: **vedrete che ~ il conto del ristorante!**, ihr werdet sehen, was für ein Nepp die Restaurantrechnung wird! *fam spreg* **4** *fig fam* (*batosta*) Schläge m pl, Tracht f Prügel *fam*: **gli hanno dato una bella ~**, sie haben ihn ordentlich verprügelt; **prenderси una ~**, eine Tracht Prügel bekommen *fam*.

suonàto, (-a) agg **1** (*passato*) vorbei: **ha trent'anni suonati**, er/sie ˌhat die dreißig längst überschrittenˌ/[ist längst dreißig vorbei]; **sono le sette suonate**, es ist sieben Uhr vorbei, es ist geschlagene sieben (Uhr) **2** *fig fam* (*svitato*) verrückt, gestört: **quel ragazzo è completamente ~**, bei dem Jungen ist eine Schraube locker der Junge tickt nicht richtig *fam* **3** *fig fam* (*distrutto*) groggy *fam*, kaputt *fam*: **ormai è un pugile ~**, der Boxer ist inzwischen schwer angeschlagen; **oggi hai l'aria un po' suonata**, heute siehst du ˌetwas mitgenommenˌ/[ziemlich fertig/ groggy/kaputt] aus *fam*.

suonatóre, (-trice) m (f) {+BANDA, ORCHESTRA} Spieler(in) m (f): **~ di oboe/violoncello**, Oboen-/Cellospieler m, Oboist m/Cellist m; **~ ambulante**, Straßenmusiker m • **e buonanotte (ai) ~!** *fig fam* (*la faccenda è chiusa*), Ende der Vorstellung!, und damit ist die Sache gegessen! *fam*.

suonerìa f (*dispositivo acustico*) {+SVEGLIA} Glocke f, Klingel f, Schelle f; {+OROLOGIO} Schlagwerk n: **~ d'allarme**, Alarm(glocke f) m.

suòno Ⓐ m **1** gener {ACUTO, ARGENTINO; +VOCE; ARMONIOSO, +CARILLON; SQUILLANTE; +TROMBA} Klang m, Ton m: **~ di campane**, Glockenton m; **~ di passi**, Geräusch n von Schritten, Klang m der Schritte **2** {DOLCE, SGRADEVOLE; +PAROLA, VERSO} Klang m **3** *fis* Schall m **4** *ling* (*aperto, articolato, gutturale*) Laut m: **~ consonantico/vocalico**, Mit-/Selbstlaut m, Konsonant m/Vokal m **5** *poet* (*fama*) Ruhm m Ⓑ loc prep **1** (*con l'accompagnamento di*): **ˌa suonˌ/[al ~] di qc**, beim/zum Klang von etw (dat); **ballare a suon di musica**, zur/[zum Klang der] Musik tanzen; **marciare al ~ˌ/[della fanfaraˌ/[delle trombe]**, zum Klang der Fanfare/Trompeten marschieren **2** *fig* (*a furia di*): **a suon di qc**, {DI BOTTE, DI FISCHI} mit etw (dat), unter etw (dat).

suòra f {CARMELITANA, LAICA, MISSIONARIA} Nonne f, Schwester f: **farsi ~**, Nonne werden, ins Kloster gehen; **~ di clausura**, Klausurschwester f; **suor Germana**, Schwester Germana.

sùper Ⓐ <-> f (*benzina*) Super n *fam*, Superbenzin n Ⓑ <*inv*> agg {CARBURANTE, MODELLO} Super-: **il suo ultimo film è ~**, sein/ihr letzter Film ist super *fam*.

sùper- pref **1** (*eccessivo*) Über-, über-, übermäßig: **superalimentazione**, Überernährung, **superlavoro**, übermäßigeˌ/[zu viel] Arbeit **2** (*superiore*) besser, super *fam*: **superattico**, wunderschöne/super *fam* Dachwohnung **3** (*che va oltre*) Über-, Hoch-, Ober-, Super-, super-: **superalcolico**, hochprozentig; **superpotenza**, Übermacht f; **supersonico**, Überschall-, Ultraschall-, supersonisch; **supervisione**, Oberaufsicht f **4** (*superlativo*) Super, super-: **supercarburante**, Superbenzin m; **superdonna**, Klasse-, Superfrau *fam*, eingebildete Frau.

superàbile agg **1** (*oltrepassabile*) {CONFINE, LIVELLO} passierbar, überschreitbar **2** (*che si può attraversare*) {SBARRAMENTO} überquerbar **3** (*percorribile*) zurücklegbar: **una distanza ~ in poche ore**, eine in wenigen Stunden zurücklegbare Entfernung **4** *fig* (*affrontabile con successo*) {CRISI, PAURA} überwindbar; {PROVA} bestehbar; {MALATTIA} besiegbar, überstehbar **5** *fig* (*battibile*) {AVVERSARIO} überwindbar, besiegbar; {PRIMATO} brechbar.

superaccessoriàto, (-a) agg *autom mar* mit allen Schikanen *fam*.

superaffollaménto m {+LOCALE} völlige Überfüllung.

superaffollàto, (-a) agg {CITTÀ, TRENO} völlig überfüllt.

superalcòlico, (-a) <-ci, -che> Ⓐ agg {BEVANDA} hochprozentig Ⓑ m Hochprozentige n decl come agg.

superalimentazióne f Überernährung f.

superallenaménto m *sport* Übertraining n, übertriebenes Training: **andare in ~**, übertrainieren, übertrieben trainieren.

superaménto m **1** (*l'oltrepassare*) {+CIFRA PATTUITA} Übersteigen n, Überschreitung f; {+CONFINE, LIVELLO DI GUARDIA} Passieren n, Überschreitung f **2** (*attraversamento*) {+CORSO D'ACQUA} Durchqueren n, Durchquerung f **3** (*il percorrere*) {+DISTANZA} Überwinden n, Zurücklegen n **4** (*sorpasso*) {+AUTOMOBILISTA, CAMION} Überholen n **5** *fig* (*andare oltre*) {+LIMITE} Überschreitung f **6** *fig* (*il battere*) {+AVVERSARIO} Überwinden n, Überwindung f; {+RECORD} Brechen n **7** *fig* (*l'affrontare con successo*) {+CONCORSO} Bestehen n; {+OPERAZIONE CHIRURGICA} Überstehen n; {+PROBLEMA} Überwinden n, Überwindung f.

superàre tr **1** (*essere maggiore*) **~ qu/qc** (**di/in qc**) {IN PESO, DI STATURA} jdn/etw (an etw dat) übertreffen; {DI UN PALMO} jdn/etw (um etw acc) überragen: **questo edificio supera gli altri**, dieses Gebäude überragt die anderen; **~ qc (di qc)** {COSTO DEL RESTAURO PREVENTIVO DI TRE MILIONI; PRODUZIONE FABBISOGNO} etw (um etw acc) übersteigen **2** (*oltrepassare*) **~ qc** {CARICO PESO; LIVELLO DELL'ACQUA I TRE METRI; PERSONA LINEA DI CONFINE, TRAGUARDO} etw überschreiten; {MURETTO, RECINZIONE} über etw (acc) klettern; (*con veicolo*) etw überfahren **3** (*attraversare*) **~ qc** {FIUME, FOSSATO} etw durchqueren **4** (*percorrere*) **~ qc** {GRANDE DISTANZA} etw zurückˌlegen **5** (*passare davanti*) **~ qu/qc** (+ **compl di luogo**) {AUTO CICLISTA, MOTOCICLETTA IN CURVA} jdn/etw (*irgendwo*) überholen: **ci ha superato due volte**, er/sie hat uns zweimal überholt **6** *fig* (*andare oltre*) **~ qc** {LIMITE DI SOPPORTAZIONE, LIMITE DI VELOCITÀ, LA TRENTINA} etw überschreiten; {REALTÀ OGNI ASPETTATIVA, FANTASIA} etw übertreffen **7** *fig* (*essere migliore*) **~ qu in/per qc** {PER INTELLIGENZA, IN MATEMATICA, NEL SALTO IN LUNGO} jdn an/in etw (dat) übertreffen: **~ qu in velocità**, schneller sein als jd **8** *fig* (*battere*) **~ qu/qc** {AVVERSARIO, SQUADRA AVVERSARIA} jdn/etw besiegen, jdn/etw schlagen, jdn/etw überwinden; {LIMITE, RECORD} etw brechen **9** *fig* (*affrontare con successo*) {ESAME} etw bestehen; {INTERVENTO CHIRURGICO, PERICOLO} etw überstehen; {DIFFICOLTÀ, ESAURIMENTO, LUTTO, OSTACOLO} etw überwinden **10** *econ* **~ qc di qc** {PRODUZIONE PRECEDENTE DEL 10%} etw um etw (acc) übersteigen **11** *filos* **~ qc** etw überwinden • **~ se stessi**, sich selbst übertreffen.

superàto, (-a) agg (*antiquato*) {METODO, OPINIONE, POETA} überholt, antiquiert *spreg*.

superàttico <-ci> m *edil* wunderschöne/ super *fam* Dachwohnung.

superattìvo, (-a) agg (*molto attivo*) {RAGAZZO} hyperaktiv.

supèrbia f **1** (*arroganza*) Hochmut m, Überheblichkeit f: **rispondere con ~**, hochmütig antworten **2** *relig* Hochmut m • **essere gonfio di ~** (*essere borioso*), aufgeblasen sein *fam spreg*; ˌ**mettere suˌ/[montare in] ~** (*insuperbirsi*), sich in die Brust werfen, sich aufs hohe Ross setzten; **la ~ va a caval-**

lo e torna a piedi *prov*, Hochmut kommt vor dem Fall; **la ~ è figlia dell'ignoranza** *prov*, Dummheit und Stolz wachsen auf einem Holz *prov*.

supèrbo, (-a) **A** *agg* **1** (*arrogante*) {ATTEGGIAMENTO, DONNA, PAROLE} eingebildet, hochmütig, überheblich **2** (*soddisfatto*) ~ (*di qu/qc*) {DELLA PROPRIA CASA, DEL PROPRIO FIGLIO} stolz (*auf/über jdn/etw*): **ne sono/vado ~**, ich bin stolz darauf **3** (*tronfio*) {PAVONE} stolz, aufgeblasen *fam spreg* **4** *fig* (*magnifico*) {ANIMALE, BELLEZZA, SPETTACOLO} prächtig, großartig; (*imponente*) {MONUMENTO, PALAZZO} eindrucksvoll, stolz **B** *m* (f) (*persona*) stolzer/eingebildeter Mensch: **fare il ~**, stolz/eingebildet sein ● **la Superba** *fig* (*Genova*), Genua.

superbóllo *m* *autom* "Sondersteuer f für Dieselfahrzeuge".

superbowl <-> *m ingl sport* Super Bowl m.

supercarburànte *m* (*super*) Superbenzin n.

supercàrcere *m* Hochsicherheitstrakt m.

supercollaudàto, (-a) *agg fig* (*sicuro*) {ALLEANZA} bombensicher *fam*, altbewährt.

supercolòsso *m* *film* (*colossal*) Kolossalfilm m.

supercompùter <-> *m* *inform* Supercomputer m.

superconduttività <-> f *fis* Supraleitfähigkeit f.

superconduttóre *m* *fis* Supraleiter m.

superconduzióne f *fis* Supraleitung f.

supercòppa f *sport* Supercup m.

supercrìtico, (-a) <-ci, -che> *agg* *chim* super-, überkritisch.

superdònna f *iron* Klasse-, Superfrau f *fam*, eingebildete Frau *spreg*: **atteggiarsi a**₁/[fare la] ~, einen auf Klassefrau machen *fam*.

superdotàto, (-a) **A** *agg* (*molto intelligente*) {BAMBINO} hochbegabt; (*di elevate doti fisiche*) {ATLETA} supersportlich **B** *m* (f) (*chi è molto intelligente*) Hochbegabte mf *decl come agg*; (*chi ha elevate doti fisiche*) Supersportliche mf *decl come agg*, Sport(s)kanone f *fam*.

Super-Ègo <-> *m* *psic* Überich n.

Superenalòtto® *m* (*concorso a premi*) Superenalotto n (*Glücksspiel mit Jackpot in Rekordhöhe*).

supereròe *m* *anche fig scherz* Superheld m: **ecco il nostro ~!**, da ist er, unser Superheld!

superétte *m* o f *franc comm* (*minimarket*) Kleinmarkt m.

superfamìglia f *biol scient* Superfamilie f.

superfémmina f (*genetica*) Superweibchen n.

superficiàle **A** *agg* **1** (*che sta sopra*) {PARTE, STRATO} obere(r, s), Oberflächen- **2** *anche fig* (*non profondo*) {GRAFFIO, OCCHIATA, PREPARAZIONE, RAPPORTO, STUDENTE} oberflächlich **B** *mf fig* (*chi è poco profondo*) oberflächlicher Mensch, Flattergeist m *spreg*.

superficialità <-> f *anche fig* Oberflächlichkeit f.

superfìcie <-*ci* o rar -*cie*> **A** f **1** {LISCIA, RUVIDA; +PARETE; INTERNA; +RECIPIENTE} Oberfläche f: **~ del mare**, Meeresoberfläche f; **~** ₁della terra₁/[terrestre], Erdoberfläche f **2** (*area*) {EDIFICABILE, ESPOSITIVA, INCOLTA; +APPARTAMENTO, TERRENO} Fläche f: **una ~ di venti metri quadrati**, eine zwanzig Quadratmeter große Fläche **3** (*strato*) {PROTETTIVA, SMALTATA} Schicht f, Fläche f (*apparenza*) Oberfläche f: **attenersi/fermarsi alla ~ delle cose**, an der Oberfläche der Dinge bleiben, nicht in die Tiefe gehen **5** *mat* (*in geometria*) {CONICA, CONVESSA, PIANA} (Ober)flä-

che f: **~ algebrica**, algebraische Fläche; **~ sferica/topografica**, Kugel-/Geländefläche f; **calcolare la ~ di un quadrato**, die Fläche eines Quadrats ausrechnen **B** <*inv*> *loc agg anche autom mar*: **di ~**, {NAVIGAZIONE, TRASPORTI} (Ober)flächen- **C** *loc avv anche fig*: **in ~**, {AFFIORARE, NUOTARE, RESTARE} oberflächlich ● **~ alare** *aero*, Flügeloberfläche f; **~ velica** *mar*, Segeloberfläche f.

superfìno, (-a) *agg gastr* {RISO} superfein.

superfluità <-> f **1** (*inutilità*) {+DISCORSO} Überflüssigkeit f, Nutzlosigkeit f **2** <*di solito al pl*> (*cose superflue*) Überflüssige n *decl come agg*, Unnötige n *decl come agg*: **rinunciare alle ~**, auf Überflüssiges/[alles Unnötige] verzichten.

supèrfluo, (-a) **A** *agg* (*inutile*) {CHIACCHIERE, OGGETTO} überflüssig **B** *m* <*solo sing*> Überfluss m: **eliminare il ~**, das Überflüssige aussondern.

superG <-> *m* *sport* (*nello sci*) Super-G m, Superriesenslalom m.

supergàllo *sport* **A** *agg* ~ m Superbantamgewicht n **B** <*inv*> *agg* Superbantam-.

supergigànte **A** *agg* *astr* {STELLA} Super-riesen- **B** f *astr* Superriesenstern m **C** <-> *m* *sport* (*nello sci*) Super-G m, Superriesenslalom m.

su per giù *loc avv* → **suppergiù**.

Super-Io <-> *m* *psic* Überich n.

superióra *relig* **A** *agg* {MADRE} Oberin **B** f Oberin f.

superióre **A** *agg* **1** (*più alto*) {ARTO, PARTE DI UN OGGETTO} obere(r, s); {LABBRO} *anche* Ober-: **abitano al piano ~**, sie wohnen im oberen Stockwerk; **il piano ~ è più luminoso**, das Obergeschoss ist heller; **il corso ~ di un torrente**, der Oberlauf eines Wildbachs **2** (*maggiore*) ~ (**a**/[rispetto a] *qc*) {COSTO RISPETTO AL PREVISTO, LIVELLO DEL FIUME AL LIMITE DI GUARDIA, QUANTITÀ AI CENTO GRAMMI} höher (*als etw nom*); {TAGLIA} größer (*als etw nom*): **essere di età ~ ai trent'anni**, über dreißig (Jahre alt) sein; **alpin** {GRADO} höhere(r, s) **3** (*migliore*) ~ (**a**/[rispetto a] *qc*) {QUALITÀ} besser (*als etw nom*): **essere ~ alla media**, besser als der Durchschnitt sein; **questo vino è ~ a tutti gli altri**, dieser Wein ist ₁besser als alle anderen₁/[der Beste von allen] **4** (*eccellente*) {INGEGNO, UOMO} hervorragend; {PRODOTTO} *anche* ausgezeichnet, vorzüglich **5** (*al di sopra*) **~ a qu** (**in**/**per** *qc*) {ALL'AMICO PER CAPACITÀ, NELLA CORSA} jdm ~ **a qu per qc**, ₁jdm an/in etw (dat) überlegen sein₁/[sich jdm an/in etw (dat) überlegen fühlen]; **~ a qc** {LAVORO ALLE PROPRIE FORZE} **über** *etw* (acc) (hinaus)gehend; {RISULTATO ALLE PREVISIONI} *anche etw* übertreffend; **un libro ~ a ogni critica**, ein über jede Kritik erhabenes Buch; **una persona ~ ad ogni sospetto**, ein über jeden Verdacht erhabener Mensch **6** *fig* (*elevato*) {RANGO} obere(r, s) **7** *bot zoo* höhere(r, s) **8** *geog stor* (*più a nord*) {GALLIA} Ober- **9** *geol* {PALEOLITICO} späte(r, s) **10** *mil* {UFFICIALE} Ober- **11** *scuola* {CLASSE, ISTITUTO} obere(r, s); *università* {ISTRUZIONE} höher(r, s) **B** m **1** (*persona di grado più elevato*) Vorgesetzte mf *decl come agg*: **il diretto ~**, der direkte Vorgesetzte **2** *relig* Superior m **C** f *pl scuola* höhere Schule, Gymnasium n: **frequenta le superiori**, er/sie geht ₁auf die höhere Schule₁/[aufs Gymnasium] ● **essere ~ a qu/qc** (*essere migliore*), jdm/etw überlegen sein; *fig* (*non dare importanza*) {ALLE CHIACCHIERE, ALLE MALIGNITÀ ALTRUI} **über** *etw* (dat) stehen; **farsi il ~** *fig* (*dimostrare magnanimità*), den Großmütigen herauskehren/spielen; *fig* (*ostentare distacco*), den Gleichgültigen heraus|kehren/spielen.

superiorità <-> f *anche fig* (*l'essere superiore*) {INTELLETTUALE, MORALE} Überlegenheit f: **in netta ~ sull'avversario**, dem Gegner deutlich überlegen; **~ numerica**, zahlenmäßige Überlegenheit; **ostenta ~**, er/sie kehrt ₁Überlegenheit₁/[den/die Überlegene(n)] heraus; {+MERCE, METODO} Überlegenheit f.

superlatìvo, (-a) **A** *agg* **1** *anche fig* (*eccellente*) {QUALITÀ} höchste(r, s); {SPETTACOLO} großartig; {BELLEZZA} außergewöhnlich **2** *gramm* {AGGETTIVO} superlativ **B** *m gramm* Superlativ m: **~ assoluto/relativo**, absoluter/relativer Superlativ.

superlavóro *m* übermäßige/"zu viel" Arbeit.

superleggèro *sport* (*nel pugilato*) **A** *agg* {PESO} superleicht **B** *m* (*pugile*) Superleichtgewicht n.

superman <-, -men *pl ingl*> *m ingl fam scherz* Superman(n) *m fam*.

supermàrket <-, -s *pl ingl*> *m ingl* (*supermercato*) Supermarkt m.

supermàschio <-*schi*> *m* (*in genetica*) Supermännchen n.

supermàssimo *sport* (*nel pugilato*) **A** *agg* {PESO} super-, überschwer **B** *m* (*pugile*) Superschwergewicht n.

supermercàto *m* Supermarkt m.

supermùlta f (*multa elevata*) hohes Bußgeld.

supernòva f *astr* Supernova f.

supernutrizióne f Überernährung f.

superomìsmo *m* *filos* {NIETZSCHIANO} Übermenschentum n.

superòtto *film* **A** <*inv*> *agg* Super-8- **B** <-> *m* (*pellicola*) Super-8-Film m **C** <-> *m* o f (*proiettore, cinepresa*) Super-8-Projektor m, Super-8-(Film)kamera f.

superpagàto, (-a) *agg* (*molto pagato*) {ESPERTO} überbezahlt.

sùper pàrtes <*inv*> *loc agg lat* (*neutrale*) {AUTORITÀ} überparteilich, neutral.

superperìto *m dir* Hauptgutachter m.

superperìzia f *dir* Hauptgutachten n.

superpetrolièra f Supertanker m (*über 70.000 Tonnen Fracht*).

superpiùma *sport* **A** ~ m Superfliegengewicht n **B** <*inv*> *agg* Superfliegen-.

superpotènza f Supermacht f.

superprefètto *m* (*prefetto con poteri eccezionali*) Superpräfekt m (*mit besonderen Rechten im Kampf gegen das organisierte Verbrechen*).

superprocùra f *dir* Superstaatsanwaltschaft f.

supersfìda f (*competizione importante*) Superwettkampf m.

supersònico, (-a) <-*ci, -che*> *agg* {VELOCITÀ, VOLO} Überschall-, Ultraschall-, supersonisch.

superstàr *ingl* **A** <*inv*> *agg* {CANTANTE} Superstar- **B** <-, -s *pl ingl*> *mf* {+CINEMA} Superstar m.

superstàto *m amm* **1** Superstaat m: **la scelta tra una comunità europea di Stati e un ~ europeo**, die Wahl zwischen einer europäischen Gemeinschaft und einem europäischen Superstaat **2** *fig* {+MAFIA} Über-, Superstaat m.

supèrstite **A** *agg* **1** (*rimasto in vita*) {PASSEGGERO} überlebend **2** *fig* (*rimanente*) {FORZA, RACCOLTO} übrig(geblieben), restlich **B** m (f) (*sopravvissuto*) {+NAUFRAGIO} Überlebende mf *decl come agg*.

superstizióne f Aberglaube m.

superstiziosità <-> f (*l'essere superstizioso*) Abergläubigkeit f.

superstizióso, (-a) **A** agg {DONNA, TIMORE} abergläubisch **B** mf abergläubischer Mensch.

superstràda f Schnellstraße f.

superstràto m ling Superstrat n.

supertèste, supertestimóne mf dir Hauptzeuge m, Hauptzeugin f.

superumàno, (-a) agg (al di sopra dei limiti umani) super-, übermenschlich.

superuòmo <-uómini> m 1 filos Übermensch m 2 iron Supermann m fam: **atteggiarsi a,/[fare il] ~**, einen auf Supermann machen fam.

supervalutàre tr econ ~ **qc** {AUTO USATA} etw überbewerten.

supervalutazióne f {+IMMOBILE, USATO} Überbewertung f.

supervisionàre tr ~ **qc** 1 (sovrintendere) {PROGETTO} über etw (acc)/bei etw (dat) die Oberaufsicht/Supervision führen 2 film teat TV etw (künstlerisch) leiten.

supervisióne f 1 (sovrintendenza) {+AFFARE} Oberaufsicht f, Supervision f 2 film teat TV (künstlerische) Leitung.

supervisóre, (-a) m (f) 1 (sovrintendente) Oberaufseher(in) m(f) 2 film teat TV künstlerischer Leiter, (künstlerische Leiterin).

superwèlter ingl sport (nel pugilato) **A** <inv> agg {PESO} Superwelter- **B** <-> m (pugile) Superweltergewicht n.

supino① m gramm Supinum n.

supino②, (-a) agg 1 (disteso) {POSIZIONE} auf dem Rücken, rücklings: **giacere/stare ~**, auf dem Rücken liegen 2 fig (passivo) {RASSEGNAZIONE} passiv; {OBBEDIENZA} bedingungslos, blind.

suppellèttile f <di solito al pl> 1 (arredamento) Einrichtungsgegenstand m: **suppellettili di casa**, Hausrat m; **suppellettili sacre**, Kirchengeräte n pl; **suppellettili scolastiche**, Schulsachen f pl 2 archeol (oggetto rinvenuto) Gegenstand m, Gerät n.

suppergiù avv fam (all'incirca) mehr oder weniger, ungefähr: **arriveremo ~ alle dieci**, wir werden ungefähr um zehn (an)kommen; **avrà ~ cinquant'anni**, er/sie wird ungefähr 50 (Jahre alt) sein.

suppl. abbr di supplemento: Suppl. (abbr di Supplement).

supplementàre agg 1 {ATTIVITÀ, COSTO, RAZIONE, TRENO} Zusatz-, zusätzlich; {NUMERO DI UNA RIVISTA} Ergänzungs-, Supplement- 2 mat (in geometria) {ANGOLI, ARCHI} Supplement-.

suppleménto m 1 (aggiunta) {+LAVORO, VIVERI} Ergänzung f: ~ **d'imposta**, Steuerzuschlag m; ~ **di struttoria**, zusätzliche Ermittlung 2 (pubblicazione) (abbr suppl.) {+LIBRO, VOCABOLARIO} Ergänzungsband m, Supplement n; {A COLORI, ILLUSTRATO, SETTIMANALE} +GIORNALE} Beilage f 3 ferr Zuschlag m: ~ **rapido**, Schnellzugzuschlag m 4 mat (in geometria) {+ANGOLO, ARCO} Supplement n.

supplènte A agg anche scuola {PROFESSORE} (stell)vertretend **B** mf anche scuola (Stell)vertreter(in) m(f): **la ~ di matematica**, die (stell)vertretende Mathematiklehrerin.

supplènza f anche scuola {ANNUALE} Vertretung f: **ha fatto un mese di ~ al liceo**, er/sie hatte eine einmonatige Vertretung im Gymnasium.

suppletivo, (-a) agg 1 anche dir (integrativo) {ELEZIONI, PROVA} Zusatz-, zusätzlich; {NORMA} anche ergänzend, Ergänzungs- 2 gramm {FORMA} suppletiv, Suppletiv-.

supplì <-> m gastr Reiskrokette f.

sùpplica <-che> f 1 (invocazione) Bitten n, Flehen n: **hai ceduto alle sue suppliche?**, hast du seinem/ihrem Flehen nachgegeben? 2 amm Bittschrift f: **presentare una ~ al capo dello stato**, eine Bittschrift beim Staatschef einreichen 3 relig Anrufung f: **rivolgere una ~ alla Madonna**, die Madonna (um Gnade) anrufen.

supplicànte A agg (implorante) {TONO} bittend, flehend **B** mf Bittsteller(in) m(f).

supplicàre <supplico, supplichi> tr anche fam (pregare) ~ **qu (di fare qc)** {DIO DI SALVARE QU} jdn an|flehen, etw zu tun: **lo supplicò affinché/che gli concedesse ancora un'opportunità**, er flehte ihn an, ihm noch eine Chance zu geben; **taci, ti supplico!**, schweig, ich fleh dich an!

sùpplice lett **A** agg {SGUARDO} flehend **B** mf (chi supplica) Flehende mf decl come agg.

supplichévole agg (implorante) {GESTO, PAROLE} flehend, flehentlich.

supplire <supplisco> **A** tr (sostituire) ~ **qu** {INSEGNANTE DI LATINO, PROFESSORE IN CONGEDO} jdn vertreten **B** itr (compensare) ~ **(a qc) (con qc)** {ALLA SCARSA BELLEZZA CON LA SIMPATIA, AL DEFICIT CON TASSE STRAORDINARIE} etw (durch etw acc/mit etw dat) aus|gleichen, etw (durch etw acc) wett|machen: **se mancano le immagini, bisognerà ~ con la fantasia**, wenn die Bilder fehlen, wird man das mit der Fantasie ausgleichen müssen.

supplìzio <-zi> m 1 (castigo corporale) {ATROCE; +CROCIFISSIONE, FLAGELLAZIONE} Tortur f, körperliche Züchtigung forb; (pena di morte) Hinrichtung f: ~ **capitale**, Todesstrafe f; **lo condussero all'estremo/ultimo ~**, sie führten ihn zur Hinrichtung 2 fig (tormento) {+LUNGA MALATTIA} Qual f, Tortur f: **stare con voi è un ~**, mit euch zusammen zu sein ist eine Tortur 3 fig (cosa o persona fastidiosa) Heimsuchung f, Qual f: **quella donna è un vero ~!**, diese Frau ist eine wahre Heimsuchung!; **questi pantaloni stretti sono un ~!**, diese engen Hosen sind eine Qual! • ~ **di Tantalo** fig (desiderio non appagato di qc che pare raggiungibile), Tantalusqualen f pl forb.

supponènte A agg (arrogante) {PERSONA, TONO} anmaßend, arrogant spreg, überheblich **B** mf arroganter spreg/überheblicher Mensch.

supponènza f (arroganza) Arroganz f spreg, Überheblichkeit f, Anmaßung f: **con ~**, mit Arroganz spreg.

supponìbile agg 1 (presumibile) vermutlich 2 (ammissibile) annehmbar; (non) è ~ **che ... congv**: es ist (nicht) anzunehmen, dass... ind.

suppórre <coniug come porre> tr (presumere) ~ **qc** {COLPEVOLEZZA DI QU} etw an|nehmen, etw vermuten: **suppongo che vogliate riposare**, ich nehme an, dass ihr euch ausruhen möchtet; **supponiamo che l'imputato sia colpevole**, wir vermuten, dass der Angeklagte schuldig ist; **supponi di partire domani?**, überlegst du, morgen zu fahren?; **tutto fa/lascia ~ che... congv**: alles deutet darauf hin, dass...

supportàre tr 1 (fornire di supporto) ~ **qc (con qc)** {SCAFFALE CON UN SOSTEGNO} etw (mit etw dat) stützen 2 fig (sostenere) ~ **qu/qc (con qc)** {GIOCATORE CON TIFO SCATENATO, TESI CON VALIDA ARGOMENTAZIONE} jdn/etw (durch etw acc/mit etw dat) unterstützen 3 inform ~ **qc** etw tragen: **il server supporta fino a 31 controller**, der Server trägt bis zu 31 Schnittstellen 4 mecc {CUSCINETTO ALBERO DI TRASMISSIONE} etw tragen, etw aus|halten.

supporter <-, -s pl ingl> mf ingl {+CANTANTE, GRUPPO, SQUADRA} Fan m.

suppòrto m 1 (elemento di appoggio) {METALLICO; +DIPINTO, STRUMENTO} Gestell n, Träger m 2 (materiale di appoggio) Träger m, Hilfsmittel n: ~ **audio/video**, Ton-/Bildträger m; ~ **cartaceo**, schriftliches Hilfsmittel 3 (sostegno per reggersi) Halter m, Stütze f 4 fig (aiuto) {+FAMIGLIA} Stütze f 5 inform Träger m: ~ **dati**, Datenträger m 6 mecc Lager n.

suppositivo, (-a) agg rar (congetturale): **affermazione/ipotesi suppositiva**, Vermutung f, Mutmaßung f, Hypothese f.

supposizióne f 1 (congettura) {ARBITRARIA, FONDATA} Annahme f, Vermutung f: **fare supposizioni**, Vermutungen anstellen 2 dir Unterstellung f, falsche Angabe: ~ **di parto/stato**, Vortäuschung f einer Geburt, Kindesunterschiebung f, Personenstandsfälschung f.

suppósta f farm Zäpfchen n, Suppositorium n scient.

suppósto, (-a) **A** part pass di supporre **B** agg (presunto) vermutlich, mutmaßlich: **il ~ autore di questo libro**, der mutmaßliche Autor dieses Buches **C** loc cong: ~ **che... congv**: angenommen, dass... ind: ~ **che tu abbia ragione**, angenommen, dass du (wirklich) Recht hast.

suppuràntre agg med {PIAGA} eiternd.

suppuràre itr med <essere o avere> {FERITA} eitern.

suppurativo, (-a) agg med {PROCESSO} Eiter-.

suppurazióne f med Eiterung f: **andare in ~**, eitern; **venire a ~**, Eiter bilden.

suprèma f → **suprême**.

suprematismo m arte Suprematismus m.

suprematista <-i m, -e f> arte **A** agg {MOVIMENTO} Suprematismus- **B** mf (seguace) Suprematist(in) m(f).

supremazìa f (predominio) {CULTURALE, MILITARE; +POPOLO, STATO} Oberhoheit f, Supremat m o n, Vorherrschaft f.

suprême <-, -s pl franc> f franc gastr 1 (pietanza): ~ **di pollo/tacchino**, Hühner-/Putenbrust f in Rahmsoße 2 (salsa) Geflügelrahmsoße f.

suprèmo, (-a) agg 1 (sommo) {AUTORITÀ, POTERE} höchste(r, s), oberste(r, s); {CAPO, COMANDO} Ober- 2 fig (immenso) {CORAGGIO, FELICITÀ} ungeheuer(r, s) 3 fig lett (finale) {GIORNO, ORA, PAROLE} letzte(r, s).

sùra① f anat (polpaccio) Wade f.

sùra② f relig (capitolo del Corano) Sure f.

surclassàre tr 1 (sconfiggere) ~ **qu (in qc)** {TENNISTA SFIDANTE} jdn (in etw dat) vernichtend besiegen, jdn (in etw dat) haushoch schlagen 2 (rivelarsi superiore) ~ **qu/qc (in qc)** {COMPUTER MACCHINA DA SCRIVERE IN PRATICITÀ} jdn (in etw dat) aus|stechen, jdm/etw (in etw dat) haushoch überlegen sein: **il giovane musicista potrebbe ~ il maestro**, der junge Musiker könnte den Maestro ausstechen; **in velocità li surclassa tutti**, in Sachen Geschwindigkeit ist er/sie allen haushoch überlegen.

surf <-> m ingl sport 1 (tavola) Surfbrett n; (surfing) Surfen n, Surfing n: **fare/[praticare il] ~**, surfen 2 (windsurf) (Wind)surfen n: ~ **a vela**, (Wind)surfen n 3 (tavola da snowboard) Snowboard n: ~ **da neve**, Snowboard n; (disciplina) Snowboardfahren n.

surfàre itr 1 sport surfen 2 inform (in Internet) surfen 3 mar surfen, gleiten.

surfer <-, -s pl ingl> mf ingl 1 inform (Net)surfer(in) m(f) 2 sport (surfista) Surfer(in)

surfing <-> m ingl **1** inform (Net)surfen n **2** sport Surfen n, Surfing n.
surfista <-i m, -e f> mf sport Surfer(in) m(f).
surgelaménto m Einfrierung f, Tiefkühlung f.
surgelàre tr ~ qc {PANE} etw ein|frieren, etw tiefkühlen.
surgelàto, (-a) A agg {PESCE} tiefgefroren, tiefgekühlt B m (prodotto) Tiefkühlprodukt n, Tiefkühlkost f.
surgelatóre m (apparecchio) Tiefkühl-, Gefriertruhe f.
surgelazióne f Einfrierung f, Tiefkühlung f.
surìmi <-> m gastr giapponese Surimi <ohne art>, gehackter Fisch.
Surinàme m geog Surinam m.
surmenage <-, -s pl franc> m franc **1** (sovraffaticamento) Überanstrengung f, Übermüdung f **2** sport (superallenamento) Übertraining n.
surmolòtto, **surmulòtto** m zoo Wanderratte f.
surplace <-, -s pl franc> m franc sport (nel ciclismo) Stehen n, Stehversuch m ● **lasciare in ~ qu** fig fam (piantarlo in asso), jdn im Stich lassen, jdn sitzen lassen, jdn hängen lassen fam; sport (nel calcio) (nella pallacanestro) (sfuggire di scatto), jdn stehen lassen.
surplus <-> m franc **1** (eccedenza) {+MATERIALE} Überschuss m **2** econ (eccesso di offerta) Überangebot n **3** econ (saldo attivo) {+BILANCIA COMMERCIALE} Surplus n, Überschuss m, Gewinn m.
surreàle A agg {PAESAGGIO} surreal B <-> m Surreale n decl come agg.
surrealìsmo m arte lett Surrealismus m.
surrealìsta <-i m, -e f> arte lett A agg {CINEMA, QUADRO, SCRITTORE} surrealistisch B mf Surrealist(in) m(f).
surrealìstico, (-a) <-ci, -che> agg arte lett {MOVIMENTO, POESIA} surrealistisch.
surrenàle agg anat {ARTERIA, CORTECCIA} Nebennieren-.
surrène m anat Nebenniere f.
surrettìzio, (-a) <-zi m> agg **1** (subdolo) {MANOVRA} heimtückisch, hinterlistig **2** dir {ATTO, DICHIARAZIONE} wissentlich verschwiegen **3** filos {CONCETTO} erschlichen.
surricordàto, (-a) agg (summenzionato) oben erwähnt.
surriferìto, (-a) agg (suindicato) oben angezeigt, oben angegeben.
surriscaldaménto m **1** (riscaldamento eccessivo) {+LOCALE} Überheizung f; {+ACQUA DEL RADIATORE} Überhitzung f: ~ **dell'atmosfera**, Erderwärmung f **2** fig (aumento di tensione) Erhitzung f **3** fis Aufheizung f.
surriscaldàre A tr ~ **qc 1** (scaldare eccessivamente) {STANZA} etw überheizen; {MOTORE} etw überhitzen, etw heiß laufen lassen **2** fig (creare tensione) {INCHIESTA AMBIENTE POLITICO} etw erhitzen, für dicke Luft in etw (dat) sorgen fam **3** fis {VAPORE} etw auf|heizen B itr pron: **surriscaldarsi 1** (scaldarsi eccessivamente) {RESISTENZA ELETTRICA} sich überhitzen, {MOTORE} heiß laufen fam **2** fig (caricarsi di tensione) {ATMOSFERA, DISCUSSIONE} sich erhitzen, sich auf|heizen.
surriscaldatóre m tecnol (apparecchio) Überhitzer m.
sùrroga <-ghe> f dir Eintritt m in ein Recht/die Rechte (eines anderen).
surrogàbile agg **1** (sostituibile) {ALIMENTO, FUNZIONARIO} ersetzbar; econ {BENE} ersetzbar **2** dir {BENE} "das ersetzt werden kann".

surrogàre <surrogo, surroghi> tr **1** (rimpiazzare) ~ **qu (con qu)**/[**qc (con qc)**] {PROFESSORE CON SUPPLENTE, ZUCCHERO CON SACCARINA} jdn (durch jdn)/[etw (durch etw acc)] ersetzen; econ ~ **qc a/con qc** {BENE A/CON UN ALTRO} etw durch etw (acc) ersetzen **2** dir (subentrare in un diritto) ~ **qu** {CREDITORE} in das Recht/die Rechte von jdm ein|treten.
surrogàto, (-a) A agg **1** {PRODOTTO} Ersatz-; econ {IMPOSTA} Ersatz-, Zusatz- **2** dir (subentrato in un diritto) {TUTORE} in das Recht/die Rechte eingetreten B m **1** (alimento) {+BURRO} Ersatz m, Surrogat n forb **2** fig (sostituto) Surrogat n forb, Ersatzmittel n: **chattare è un ~ di un vero rapporto umano**, Chatten ist ein Surrogat für eine echte menschliche Beziehung forb.
surrogazióne f **1** (rimpiazzo) {+FUNZIONARIO, PRODOTTO} Ersetzen n **2** dir (subentro in un diritto) Eintritt m in ein Recht/die Rechte (eines anderen): ~ **reale**, dingliche Surrogation, unmittelbare Ersetzung.
survival <-> m ingl sport Survival-Training n.
survivalìsmo m sport Survivalismus m, Überlebenskunst f.
survivalìsta <-i m, -e f> mf sport Survivalist(in) m(f), Überlebenskünstler(in) m(f).
survivalìstico, (-a) <-ci, -che> agg sport **1** Survivalismus-, Überlebenskunst- f **2** (da survivalista) survivalistisch.
Susànna f (nome proprio) Susanne.
suscettìbile agg **1** (passibile) ~ **di qc** zu etw (dat) fähig: **contratto ~ di modifiche**, modifizierbarer Vertrag forb; **situazione ~ di miglioramento**, verbesserungsfähige Situation; **beni suscettibili di pignoramento**, pfändbare Güter **2** (irritabile) {CARATTERE, PERSONA} empfindlich, reizbar.
suscettibilità <-> f (irritabilità) Empfindlichkeit f, Reizbarkeit f: **offendere/urtare la ~ di qu**, jds Empfindlichkeit verletzen/reizen.
suscitàre tr (generare) ~ **qc (in/tra qu/qc)** {IRA IN UN AMICO} (jds/etw) etw erregen; {CURIOSITÀ TRA IL PUBBLICO} anche (jds/etw) etw wecken; {SCANDALO TRA I PRESENTI} etw (unter jdm/in etw dat) aus|lösen: ~ **consensi**, Zustimmung finden; ~ **il riso di qu**, jdn zum Lachen bringen.
suscitatóre, (-trice) A agg (generatore) ~ **di qc** {DISCORSO DI SPERANZA} etw erweckend B m (f) ~ **di qc** {DI DISCORDIA} Erreger(in) m(f) von etw (dat); {DI PASSIONI} anche Erwecker(in) m(f) von etw (dat).
sùshi <-> m giapponese gastr Sushi n.
susìna f Susine f, Pflaume f, Zwetsche f, Zwetschge f süddt CH.
susìno m bot Susinen-, Pflaumen-, Zwetschenbaum m, Zwetschgenbaum m süddt CH.
suspense <-> f o rar m ingl Spannung f: **essere pieno/ricco di ~**, spannend sein.
suspicióne f Zweifel m, Besorgnis f ● **legittima ~** dir, Besorgnis f der Befangenheit, Zweifel m an der Unparteilichkeit.
susseguènte agg (seguente) {GIORNO} nächste(r, s), folgend.
susseguenteménte A avv **1** (in seguito) (unmittelbar) danach **2** (di conseguenza) folglich: **mancava il presidente, ~ la seduta è stata sospesa**, der Präsident war nicht da, folglich wurde die Sitzung aufgeschoben B loc prep: ~ **a qc**, {ALL'APERTURA DEL TESTAMENTO, AL LICENZIAMENTO DI QU} (unmittelbar) nach etw (dat).
susseguìre A itr <avere> **1** (seguire) ~ **a qc** {TUONO AL LAMPO} auf etw (acc) folgen, etw (dat) (nach|)folgen **2** (venire di conseguenza) ~ **da qc** {DEDUZIONE DA UN'ANALISI DEI FATTI} aus

etw (dat) folgen: **ne sussegue che...**, daraus folgt, dass ... B itr pron: **susseguirsi** (+ compl di modo) {ASSALTI SENZA INTERRUZIONE} (irgendwie) aufeinander folgen.
sussidiàre <sussidio, sussidi> tr (aiutare con un sussidio) ~ **qu/qc** {ALLUVIONATI, ENTE, FAMIGLIA INDIGENTE, RISTRUTTURAZIONE DI QC} jdn/etw unterstützen.
sussidiarietà <-> f dir Subsidiarität f.
sussidiàrio, (-a) <-ri m> A agg **1** (ausiliario) {ESERCITO, MEZZI} Hilfs- **2** (supplementare) {CORSA} Extra-, zusätzlich, Zusatz-; {FERMATA} anche Ausweich- B m scuola (libro) Lehr- und Arbeitsbuch n (für die Grundschule).
sussìdio <-di> m **1** (aiuto) Hilfe f: **lavorare con il ~ del computer**, mit Hilfe des Computers arbeiten; **essere di ~ a qu/qc**, jdm/etw helfen/[eine Hilfe sein]; **in ~ di qu/qc**, um jdm/etw zu helfen, jdm/etw zu Hilfe **2** (materiale) Hilfsmittel n: ~ **audiovisivo/didattico**, audiovisuelles/didaktisches Hilfsmittel; **sussidi bibliografici/scientifici**, bibliografische/wissenschaftliche Hilfsmittel **3** (contributo in denaro) {STATALE} (Bei)hilfe f, Unterstützung f: ~ **di disoccupazione**, Arbeitslosenunterstützung f; ~ **di maternità**, Mutterschaftsgeld n.
sussièggo <-ghi> m (altezzosità) Haltung f, Würde f, Gemessenheit f: **con ~**, mit Würde, würdevoll, gemessen.
sussiegóso, (-a) agg (altezzoso) {ARIA, TONO, UOMO} würdevoll, gemessen.
sussistéi 1ª pers sing del pass rem di sussistere.
sussistènte agg **1** (esistente) {CONTROVERSIA} bestehend **2** (fondato) {MOTIVO, PROVA} begründet, stichhaltig, triftig.
sussistènza f **1** (esistenza) {+REATO} Bestehen n **2** (fondatezza) {+IPOTESI} Begründetheit f, Stichhaltigkeit f, Triftigkeit f **3** (sostentamento) Auskommen n, (Lebens)unterhalt m: **provvedere alla ~ della famiglia**, für den Lebensunterhalt der Familie aufkommen **4** mil Verpflegung f **5** filos Subsistenz f.
sussìstere <irr sussisto, sussistei o sussistetti, sussistito> itr <avere> **1** (esistere) bestehen, vor|liegen: **sussiste il pericolo che...**, es besteht die Gefahr, dass ...; **il fatto non sussiste**, der Umstand liegt nicht vor **2** (essere fondato) begründet/stichhaltig sein: **sono ragioni che non sussistono**, diese Gründe sind nicht stichhaltig **3** filos subsistieren.
sussultàre itr **1** (trasalire) ~ (**di/per qc**) {DONNA PER LA GIOIA, DI PAURA} (vor etw dat) hoch|-, zusammen|fahren, (vor etw dat) zusammen|zucken **2** (subire scosse) erbeben, vibrieren: **il pavimento sussultò sotto di noi**, der Fußboden erbebte unter uns; {AEREO, AUTOBUS} rumpeln fam, holpern.
sussùlto m **1** (trasalimento) Hoch-, Zusammenfahren n, Zusammenzucken n: **quando lo vidi diedi/ebbi un ~**, als ich ihn sah, zuckte ich zusammen **2** (scossa) {+MOTORE} Ruck m; {+TERREMOTO} Beben n.
sussultòrio, (-a) <-ri m> agg {MOVIMENTO} ruckartig: **scossa sussultoria**, sukkussorischer Erdstoß.
sussumere ~ **qc 1** dir etw subsumieren **2** filos etw subsumieren forb.
sussurràre A tr **1** (dire a bassa voce) ~ **qc (a qu)** {UOMO PAROLE DOLCI ALL'AMATA} jdm etw zu|flüstern, jdm etw zu|raunen forb, jdm flüstern: **mi sussurrò di tacere**, er/sie flüsterte mir zu, ich sollte schweigen **2** (dire in segreto) ~ **qc (di/su/[sul conto di] qu)** etw (über jdn) munkeln fam, etw (über jdn) hinter vorgehaltener Hand sagen: **si sussurra**

che verrà licenziato, man munkelt, dass man ihm kündigen wird *fam* **B** *itr* **1** *(frusciare)* {FOGLIE} rascheln; {RUSCELLO} murmeln; {VENTO} säuseln **2** *(parlare a bassa voce)* flüstern: **parla più forte, non ~!**, sprich lauter, flüster nicht! **3** *fig (sparlare)* ~ **(contro qu/qc)** *etw (über jdn)* munkeln *fam*, *etw (über jdn)* hinter vorgehaltener Hand sagen **C** *rfl rec (dirsi a bassa voce)*: **sussurrarsi qc** {FRASI D'AMORE} sich *(dat)* etw zu|flüstern, sich *(dat)* etw zu|raunen *forb*.

sussurrìo <-rii> m **1** *(mormorio)* Geflüster n, Geraune n **2** *(fruscio)* {+FRONDE} Rascheln n; {+TORRENTE} Gemurmel n; {+VENTO} Gesäusel n.

sussùrro m **1** *(voce sommessa)* Flüstern n **2** *(rumore lieve)* {+FOGLIE} Rascheln n; {+RUSCELLO} Murmeln n; {+VENTO} Säuseln n.

sutùra f **1** *anat* Knochennaht f, Sutur f *scient* **2** *med (operazione)* Nähen n; *(segno)* Naht f, Sutur f *scient*.

suturàre tr *med* ~ **qc** etw nähen.

suv <-> m *ingl autom* SUV m.

sùvvia *inter (di esortazione)* komm! *fam*, Kopf hoch!: **~, calmatevi!**, kommt, beruhigt euch!

suzióne f {+LATTANTE} Saugen n.

svaccàrsi <mi svacco, ti svacchi> *itr pron fam (lasciarsi andare)* sich gehen lassen, jeden Antrieb verlieren.

svaccàto, (-a) *fam* **A** *agg* {RAGAZZO} träge, antriebslos, ohne jeden Drive *slang* **B** *m (f) (indolente)* Transuse f *fam spreg*, Tranfunzel f *fam spreg*, Lahmarsch m *volg*.

svàcco <-chi> m *fam* {GENERALE} Trägheit f, Antriebslosigkeit f, Lahmarschigkeit f *volg*.

svagàre <svago, svaghi> **A** tr ~ **qu 1** *(distrarre)* jdn ab|lenken **2** *(fare divertire)* jdn unterhalten, jdn amüsieren **B** *rfl*: **svagarsi 1** *(distrarsi)* sich ab|lenken, sich zerstreuen: **stai attento, non svagarti!**, pass auf, lass dich nicht ablenken! **2** *(divertirsi)* sich ab|lenken, sich amüsieren, seinen Spaß haben: **ha bisogno di svagarsi un po'**, er/sie braucht ein bisschen Ablenkung.

svagatézza f Zerstreutheit f, Gedankenlosigkeit f.

svagàto, (-a) A *agg (distratto)* {ARIA, RAGAZZO} zerstreut, gedankenlos, (geistes)abwesend **B** *m (f) (distratto)* zerstreuter/gedankenloser Mensch.

svàgo <-ghi> m **1** *(distrazione)* Ablenkung f, Zerstreuung f: **prendersi un po' di** ~, sich *(dat)* ein bisschen Ablenkung gönnen **2** *(passatempo)* Zeitvertreib m: **il suo** ~ **preferito è la pesca**, sein/ihr liebster Zeitvertreib ist Fischen.

svaligiaménto m {+BANCA} Ausrauben n, Ausräumen n *fam*.

svaligiàre <svaligio, svaligi> tr ~ **qc** {APPARTAMENTO, GIOIELLERIA} etw aus|rauben, etw aus|räumen *fam*.

svaligiatóre, (-trice) m (f) Dieb(in) m (f), Räuber(in) m (f).

svalorizzàre A tr *(ridurre il valore)* ~ **qu/qc** jdn/etw ab|-, entwerten **B** *itr pron (perdere valore)*: **svalorizzarsi** {COLLABORATORE, LAVORO} an Wert verlieren.

svalorizzazióne f {+IMMOBILE} Ab-, Entwertung f, Wertminderung f.

svalutàbile *agg* entwertbar, unterschätzbar.

svalutàre A tr **1** *(deprezzare)* ~ **qc** {MERCE, MONETA} etw ab|-, entwerten **2** *(sottovalutare)* ~ **qu/qc** {AUTORE, OPERA DI QU} jdn/etw entwerten, jdn herab|würdigen **B** *itr pron*: **svalutarsi** {DOLLARO, TITOLI} an Wert verlieren **C** *rfl (sottovalutarsi)*: **svalutarsi** sich unterschätzen.

svalutazióne f **1** *(deprezzamento)* {IMMOBILIARE, MONETARIA} Abwertung f, Entwertung f **2** *fig (il sottovalutare)* {+ARTE, REGISTA} Unterschätzen n.

svampìto, (-a) *fam* **A 1** *agg (svanito)* {ARIA, NONNO} (geistig) weggetreten *fam*, (geistes)abwesend **2** *(superficiale)* {RAGAZZA} flatterhaft *spreg*, leichtfertig, unstet *forb* **B** *m (f) (chi è svanito)* (geistig) weggetretener Mensch *fam* **2** *(chi è superficiale)* Flattergeist m *spreg*.

svanìre <svanisco> *itr* <avere> **1** *(dileguarsi)* {FUMO, IMMAGINE} verfliegen, verschwimmen; ~ **(in qc)** {AUTO, UOMO NEL BUIO, NELLA NEBBIA, NEL NULLA} *(irgendwo/irgendwohin)* verschwinden; {RUMORE} verklingen {EVAPORARE} {AROMA} verfliegen; {GRADAZIONE ALCOLICA} sich verflüchtigen **3** *fig (sfumare)* {ALLEGRIA, SPERANZA} ver/schwinden; {PROGETTO} sich in Luft/nichts auf|lösen *fam* **4** *fig (esaurirsi)* {MEMORIA} nach|lassen, schwächer/schlechter werden.

svanìto, (-a) A *agg* **1** *(svaporato)* {AROMA} verflogen **2** *(confuso)* {MENTE} konfus; {PERSONA} *anche* verblödet *fam*; {VECCHIO} vertrottelt *fam*, verkalkt *fam*, (geistig) weggetreten *fam* **3** *(leggero)* {ARIA, RAGAZZA} flatterhaft *spreg*, leichtfertig, unstet *forb* **4** *(sfumato)* {ILLUSIONE} in Luft aufgelöst *fam*; {SOGNO, PROGETTO} *anche* fallen gelassen **B** *m (f)* **1** *(chi è confuso)* (geistig) weggetretener Mensch *fam* **2** *(chi è leggero)* Flattergeist m *spreg*.

svantaggiàre <svantaggio, svantaggi> tr *(sfavorire)* ~ **qu/qc** {CAMPIONE, IMPRESA} jdn/etw benachteiligen: **avere cominciato l'anno scolastico in ritardo l'ha molto svantaggiato**, später im Schuljahr eingestiegen zu sein, hat ihn sehr benachteiligt.

svantaggiàto, (-a) *agg (sfavorito)* benachteiligt: **è ~ rispetto a te**, er ist dir gegenüber benachteiligt/[im Nachteil].

svantàggio <-gi> m **1** *(sfavore)* Nachteil m: **andare a ~ di qu/qc**, jdm/etw zum Nachteil gereichen *forb*, sich für jdn/etw ungünstig auswirken; **c'è anche lo ~ che è distante**, ein Nachteil ist auch, dass es weit ist; **a mio/tuo/suo ~**, zu meinem/deinem/[seinem/ihrem] Nachteil; **ha lo ~ di essere timido**, er hat den Nachteil, schüchtern zu sein **2** *(danno)* Schaden m: **torna a ~ della salute**, das wirkt sich ungünstig auf die Gesundheit aus **3** *sport (distacco)* Rückstand m: **avere uno ~ di tre minuti/punti/reti dall'avversario**, drei Minuten/Punkte/Tore gegenüber dem Gegner im Rückstand sein • **essere in ~ rispetto a qu** *(in una condizione sfavorevole)*, jdm gegenüber im Nachteil sein; *sport*, jdm gegenüber im Rückstand sein.

svantaggióso, (-a) *agg (sfavorevole)* {OFFERTA, POSIZIONE} nachteilig, ungünstig.

svaporàre *itr* <avere> **1** *(evaporare)* {ACQUA} verdunsten; {ALCOL, BENZINA} sich verflüchtigen; {PROFUMO} *anche* verfliegen **2** *fig (spegnersi)* {ENTUSIASMO} sich in Luft auf|lösen *fam*, erlöschen; {COLLERA} *anche* verrauchen.

svariàre <svario, svari> **A** tr <avere> **1** *(rendere vario)* ~ **qc** {GAMMA DEI COLORI} etw variieren, etw ab|wechseln **2** *(distrarre)* ~ **qu** {BAMBINO} jdn ab|lenken **B** *itr* <essere o avere> **1** *(cambiare colore)* ~ **(a/secondo qc)** {VERDE DELLE FOGLIE AL SOLE} *(in etw dat)* schillern **C** *itr pron (distrarsi)*: **svariarsi** sich ab|lenken.

svariàto, (-a) *agg* **1** *(variegato)* {ASSORTIMENTO DI PRODOTTI} vielfältig **2** *solo pl> (di vario genere)* {MODELLI} verschieden, unterschiedlich: **ho letto diversi e svariati libri**, ich habe alle möglichen Bücher gelesen **3** *<solo pl> (numerosi)* viele: **ti ho cercato svariate volte**, ich habe dich mehrmals gesucht.

svarióne m *fam (strafalcione)* Bock m *fam*, (dicker) Fehler m *fam*.

svasàre tr ~ **qc 1** *(togliere dal vaso)* {PIANTA} etw um|topfen **2** *(nella moda)* {scampanare)* {GONNA} etw aus|stellen, etw nach unten weiter machen.

svasàto, (-a) *agg (nella moda) (scampanato)* {PANTALONI} ausgestellt.

svasatùra f **1** *(il togliere dal vaso)* {+GERANI} Umtopfen n **2** *arch (svaso)* {+FINESTRA} Ausstellen n **3** *(nella moda) (scampanatura)* {+SCAMICIATO} Ausstellen n.

svàso m *arch* Ausstellen n.

svàstica <-che> f *(croce uncinata)* Hakenkreuz n.

svecchiaménto m *(rimodernamento)* {+AZIENDA, PROGRAMMI SCOLASTICI} Modernisierung f; {+GUARDAROBA} Erneuern n, Aufpolieren n *fam*.

svecchiàre <svecchio, svecchi> tr *(rimodernare)* ~ **qc** {LINGUA, MOBILIO} etw modernisieren; {GUARDAROBA} etw erneuern, etw auf|polieren *fam*.

svedése A *agg* {TERRITORIO} schwedisch **B** *mf (abitante)* Schwede m, Schwedin f **C** m *<solo sing> (lingua)* Schwedisch(e) n **D** m *(fiammifero)* Streichholz n.

svéglia A f **1** *(lo svegliare)* Wecken n: **la ~ è alle sette**, um sieben (Uhr) ist Wecken **2** *(segnale)* Weckruf m, Wecksignal n **3** *(orologio)* {ELETTRICA, DA VIAGGIO} Wecker m: **metti la ~ alle otto e poi caricala**, stell den Wecker auf acht (Uhr) und dann zieh ihn auf **B** *inter impr*: **~!, aufstehen!**; **~, è tardi!**, aufstehen, es ist schon spät!; *fig (attento)* Vorsicht!; *(presto)* schnell! • **dare la ~ a qu**, jdn wecken; *fig (richiamarlo al proprio dovere)*, jdn zur Pflicht rufen; **~ telefonica**, Telefonweckdienst m.

svegliàre <sveglio, svegli> **A** tr **1** *(destare)* ~ **qu** (+ **compl di tempo**) (+ **compl di modo**) {MAMMA, RAGGIO DI SOLE BAMBINO DI PRIMO MATTINO, PRESTO, CON DOLCEZZA} jdn *(irgendwann) (irgendwie)* wecken **2** *fig (animare)* ~ **qu** jdn auf|muntern, jdn auf|rütteln; *(rendere spigliato)* jdn wach|rütteln, jdn gewitzter/lebenstüchtiger werden lassen: **bisogna ~ un po' quel ragazzo!**, man muss den Jungen ein bisschen wachrütteln! **3** *fig (suscitare)* ~ **qc (in qu)** {APPETITO, INTERESSE NEGLI STUDENTI} etw von jdm/etw/+ gen (er)wecken, etw von jdm/etw/+ gen wach|rufen **4** *fig (aprire gli occhi)* ~ **qu** jdm die Augen öffnen **B** *itr pron* **1** *(destarsi)*: **svegliarsi (+ compl di tempo) (compl di modo)** {ALL'ALBA, ALLE SEI, DI SOPRASSALTO, TARDI; CON CALMA} *(irgendwann) (irgendwie)* auf|wachen, *(irgendwann) (irgendwie)* wach werden **2** *fig (animarsi)*: **svegliarsi** auf|wachen: **svegliati, non stare lì impalato!**, wach auf, steh nicht so stocksteif herum *fam*; *(diventare spigliato)* gewitzter/lebenstüchtiger werden, wie aus einer Traumwelt auf|wachen, das Wolkenkuckucksheim verlassen *forb*; **prima o poi dovrai svegliarti se vuoi affrontare la vita**, früher oder später wirst du dein Wolkenkuckucksheim verlassen müssen, wenn du dich dem Leben stellen willst *forb* **3** *fig (manifestarsi)*: **svegliarsi (in qu)** {CURIOSITÀ, ISTINTO, PASSIONE IN LUI} *(in jdm)* auf|kommen, *(in jdm)* erwachen.

svéglio, (-a) <-gli> m *agg* **1** *(desto)* wach **2** *fig (vivace)* {BAMBINA, MENTE} aufgeweckt, wach **3** *fig fam (smaliziato)* schlau, hell, wach: **quello lì è un tipo ~, fai attenzione!**, der Typ ist ein Schlaumeier, Vorsicht! *fam*, das ist ein wacher Kerl, aufgepasst! *fam.*

svelàre A *tr* **1** (*togliere il velo*) ~ *qc* {VOLTO} *etw* enthüllen; {LAPIDE, STATUA} *anche etw* bloß|stellen, *etw* offen legen **2** *fig* (*rivelare*) ~ *qc* (*a qu*) {SEGRETO, TRUCCO} *etw* lüften, (*jdm*) *etw* enthüllen, (*jdm*) *etw* verraten **3** *fig* (*manifestare*) ~ *qc* (*a qu*) {PROPRIA IGNORANZA} (*jdm*) *etw* zeigen, (*jdm*) *etw* erkennen lassen, *etw* zum Ausdruck bringen B *itr pron fig* **1** (*rivelarsi*): **svelarsi** {MISTERO} gelüftet werden, sich offenbaren **2** (*mostrare se stesso*): **svelarsi** (*in/per qc*) sich *als etw* (nom) erweisen, sich *als etw* (nom) heraus|stellen: **si è svelato per quell'egoista che è**, er hat sich als der Egoist herausgestellt, der er eben ist; **ti sei svelato in tutta la tua bontà**, du hast deine ganze Güte bewiesen.

svelenìre <svelenisco> A *tr* **1** (*togliere il veleno*) ~ *qc* {FUNGO} *etw* (*dat*) das Gift nehmen **2** *fig* (*addolcire*) ~ *qu* {PERSONA FURIOSA} *jdn* besänftigen; {SITUAZIONE} *etw* entschärfen B *itr pron fig* (*sfogare il rancore*): **svelenirsi** Dampf ab|lassen *fam*, seine Wut ab|reagieren: **non vi siete ancora sveleniti?**, habt ihr noch nicht Dampf abgelassen? *fam.*

svèllere <*irr* svello *o* svelgo, svelsi, svelto> *tr lett* **1** (*sradicare*) ~ *qc* {PALO} *etw* aus|reißen; {PIANTA} *anche etw* entwurzeln **2** *fig* {PASSIONE, VIZIO} *etw* aus|merzen.

svèlsi 1ª *pers sing del pass rem di* svellere.

sveltézza f **1** (*rapidità*) Flinkheit f, Schnelligkeit f: ~ **di mano**, Handfertigkeit f **2** (*prontezza*) Aufgewecktheit f: ~ **di ingegno/mente**, geistige Aufgewecktheit **3** (*agilità*) Straffheit f, Schlankheit f: ~ **di linea/forma**, Schlankheit f der Linie/Form.

sveltiménto *m* **1** (*il rendere agevole*) {+TRAFFICO} Beschleunigen n; {+PROCEDURA} Erleichtern n, Vereinfachen n **2** (*l'assottigliare*) {+STRUTTURA ARCHITETTONICA} Straffen n.

sveltìna f *volg* (*rapporto sessuale*) Quickie m *fam*, schnelle Nummer *volg*: **farsi una ~**, eine schnelle Nummer machen/schieben *volg*.

sveltìre <sveltisco> A *tr* **1** (*rendere agevole*) ~ *qc* {TRAFFICO} *etw* beschleunigen; {PRATICA} *etw* erleichtern, *etw* vereinfachen **2** (*rendere spigliato*) ~ *qu* {PRATICANTE} *jdn* aufgeweckter/gewitzter werden lassen **3** (*assottigliare*) ~ *qu/qc* {ABITO NERO, GINNASTICA FIGURA} *jdn/etw* flotter aussehen lassen, *jdn/etw* schlank machen B *itr pron* (*diventare più svelto*): **sveltirsi** schneller werden.

svèlto① *part pass di* svellere.

svèlto②, (-a) A *agg* **1** (*rapido*) {ANDATURA} flink, rasch, schnell: **un cameriere ~ nel servire**, ein (beim Bedienen) flinker Kellner **2** (*sveglio*) {INTELLIGENZA, RAGAZZO} aufgeweckt, rege, wach **3** (*sottile*) {FIGURA, LINEA} schlank, straff B *avv* (*rapidamente*) {MANGIARE, LAVORARE} rasch, schnell C *loc avv* (*in fretta*): **alla svelta**, {FINIRE} schnell, auf die Schnelle *fam*.

svenàre A *tr* ~ *qu* **1** (*tagliare le vene*) *jdm* die (Puls)adern auf|schneiden **2** *fig* (*mandare in rovina*) *jdn* aus|nehmen, *jdn* aus|plündern B *rfl*: **svenarsi 1** (*tagliarsi le vene*) sich (*dat*) die Adern auf|schneiden **2** *fig* (*andare in rovina*) sein Herzblut hin|geben *forb*, sich bis aufs Blut ruinieren: **si è svenato per comprare quella casa**, er hat sein Herzblut hingegeben *forb*/[sich (*dat*) ein Bein ausgerissen *fam*], um dieses Haus zu kaufen; er hat sich dieses Haus aus den Rippen geschnitten *fam.*

svèndere <*coniug come* vendere> *tr* (*liquidare*) ~ (*qc*) {GIACENZE DI MAGAZZINO} *etw* aus|verkaufen: **ho deciso di ~**, ich habe entschieden, einen Ausverkauf zu machen.

svéndita f {COLOSSALE} Ausverkauf m: ~ **di fine stagione**, Schlussverkauf m.

svenévole A *agg* (*lezioso*) {DONNA, MODI, SGUARDO} affektiert *forb*, süßlich *spreg* B *mf* Zuckerpüppchen n *fam*, Schmeichelkätzchen n *fam*, Schmeichler m: **smettila di fare la ~ con tutti**, hör auf, mit allen das Zuckerpüppchen/Schmeichelkätzchen zu spielen *fam.*

svenevolézza f **1** (*atteggiamento*) Affektiertheit f *forb*, Süßlichkeit f *spreg* **2** <*di solito al pl*> (*moine*) Schmeicheleien f pl, Getue n *fam spreg*: **basta con queste svenevolezze!**, Schluss jetzt mit diesen Schmeicheleien/diesem Getue *fam spreg*!

sveniménto *m* Ohnmacht f: **ha avuto uno ~ sull'autobus**, er/sie ist im Bus in Ohnmacht gefallen.

svenìre <*sverrò, sverrei*; *coniug come* venire> *itr* <*avere*> ~ (₁**a causa di**₁/[**per**] *qc*) {A CAUSA DEL CALDO, PER LA PAURA} (*vor etw dat*) in Ohnmacht fallen, (*vor etw dat*) ohnmächtig werden.

sventagliàre <sventaglio, sventagli> A *tr* **1** (*fare vento*) ~ *qu*/[*qc a qu*] (*con qc*) {VOLTO DI QU CON UN GIORNALE} *jdn*/[*jdm etw*] (*mit etw dat*) fächeln, *jdm etw* (*mit etw dat*) Luft zu|fächeln **2** (*sbandierare*) ~ *qc* {ASSEGNO, LETTERA} *etw* schwingen, *mit etw* (*dat*) wedeln **3** (*disporre a ventaglio*) ~ *qc* {CARTE; PAVONE CODA} *etw* (aus)|fächern **4** (*sparare a ventaglio*) ~ *qc* (*contro/su qu/qc*) {RAFFICA DI MITRA CONTRO IL NEMICO, SULLA FOLLA} *etw* (*auf jdn/etw*) ab|feuern B *rfl* (*farsi vento*): **sventagliarsi** (*con qc*) {CON UN FOGLIO} sich (*dat*) (*mit etw dat*) (Luft) zufächeln, sich (*mit etw dat*) fächeln.

sventagliàta f **1** (*lo sventagliare*) (Zu)fächeln n: **darsi una ~**, sich (*dat*) etwas Luft zufächeln **2** (*raffica a ventaglio*) Salve f: ~ **di mitra**, Maschinenpistolensalve f.

sventàre *tr* (*mandare a monte*) ~ *qc* {COLPO, RAPINA} *etw* vereiteln.

sventatézza f **1** (*sconsideratezza*) Leichtsinn m: **agire con ~**, leichtsinnig handeln **2** (*azione*) Leichtsinn m, Leichtfertigkeit f, Unbedachtheit f: **commettere una ~**, einen Leichtsinn begehen.

sventàto, (-a) A *agg* (*sconsiderato*) {COMPORTAMENTO, RAGAZZO} leichtsinnig, leichtfertig, unbedacht B *m* (f) leichtsinniger Mensch, Leichtfuß m *fam scherz*.

svèntola f **1** (*ventola*) Blasebalg m **2** *fam* (*schiaffo*) Ohrfeige f: **mi ha mollato una ~**, er/sie hat mir eine geknallt/[Ohrfeige verpasst] *fam* **3** *fig scherz* (*cotta*) Verknalltheit f *fam* **4** *fig fam* (*donna molto bella*) umwerfende/auffällige Schönheit f: **guarda che ~ di ragazza!**, sieh dir mal ₁dieses umwerfend schöne Mädchen₁/[diesen steilen Zahn *slang*] an! **5** *sport* (*nel pugilato*) Schwinger m.

sventolaménto *m* **1** (*l'agitare*) {+BANDIERINA} Schwenken n, Schwingen n **2** (*l'agitarsi al vento*) {+TENDE} Flattern n, Wehen n.

sventolàre A *tr* **1** (*agitare*) ~ *qc* {BERRETTO, BIGLIETTO DA CENTO EURO, FAZZOLETTO} *etw* schwenken, *etw* schwingen **2** (*fare vento*) ~ *qu*/[*qc a qu*] (*con qc*) {VISO A UN AMMALATO CON UN VENTAGLIO} *jdn*/[*jdm etw*] (*mit etw dat*) fächeln, *jdm etw* (*mit etw dat*) Luft zu|fächeln **3** (*ravvivare*) ~ *qc* {FUOCO} *etw* an|fachen **4** *fig* (*ostentare*) ~ *qc* {SUCCESSO} *etw* zur Schau stellen, *etw* heraus|kehren B *itr* (*agitarsi al vento*) ~ (+ *compl di luogo*) {BANDIERA SULLA TORRE; LENZUOLO IN CORTILE} (*irgendwo*) flattern, (*irgendwo*) wehen C *rfl* (*farsi vento*): **sventolarsi** (*con qc*) {CON UN GIORNALE} sich (*dat*) (*mit etw dat*) (Luft) zufächeln, sich (*mit etw dat*) fächeln.

sventolìo <-*lii*> *m* **1** (*l'agitare continuo*) {+CAPPELLI} Geflatter n **2** (*il continuo agitarsi al vento*) {+BANDIERE} Flattern n, Wehen n.

sventraménto *m* **1** (*sbudellamento*) {+ANIMALE} Ausnehmen n, Ausweiden n **2** (*uccisione*) {+VITTIMA} Töten n durch Bauchaufschlitzen **3** *fig* (*demolizione*) {+EDIFICIO} Abriss m, Niederreißen n **4** *med* Leistenbruch m.

sventràre *tr* **1** (*sbudellare*) ~ *qc* {PESCE, POLLO} *etw* aus|nehmen, *etw* aus|weiden **2** (*uccidere*) ~ *qu* *jdm* den Bauch auf|schlitzen **3** *fig* (*demolire*) ~ *qc* {CASA} *etw* ab|reißen, *etw* nieder|reißen.

sventùra f **1** (*sfortuna*) Unglück n, Pech n: **sono perseguitato dalla ~**, ich werde vom Pech/Unglück verfolgt; **per mia/tua/sua ~**, zu meinem/deinem/[seinem/ihrem] Unglück/Pech; ~ **volle che...**, das Unglück wollte es, dass ... **2** (*disavventura*) Missgeschick n, Unglück n: **raccontaci le tue sventure!**, erzähl uns deine Missgeschicke!

sventuràto, (-a) A *agg* **1** (*colpito da sventura*) {DONNA, FAMIGLIA} unglücklich **2** (*funesto*) {CIRCOSTANZA} unglücklich, unglückselig; {GIORNO} *anche* Unglücks- B *m* (f) Unglückliche mf *decl come agg*, Pechvogel m *fam.*

svenùto, (-a) *agg* (*privo di sensi*) ohnmächtig: **cadde svenuta**, sie fiel in Ohnmacht; **la trovammo a terra svenuta**, wir fanden sie ohnmächtig auf der Erde.

sverginàre *tr* **1** (*togliere la verginità*) ~ *qu* {RAGAZZA} *jdn* entjungfern **2** *fig scherz* (*usare per la prima volta*) ~ *qc* {MAZZO DI CARTE, PAIO DI SCARPE} *etw* ein|weihen *fam scherz*.

svergognàre *tr* ~ *qu* (*davanti*/[*di fronte*] *a qu/qc*) **1** (*umiliare*) {DIRETTORE IMPIEGATO DAVANTI AI COLLEGHI} *jdn* (*vor jdm/etw*) ab|kanzeln *fam*, *jdn* (*vor jdm/etw*) herunter|machen *fam*, *jdn* (*vor jdm/etw*) herunter|putzen *fam* **2** (*smascherare*) {INCHIESTA, MAGISTRATO UOMO POLITICO DI FRONTE AL PAESE} *jdn* (*vor jdm/etw*) blamieren, *jdn* (*vor jdm/etw*) bloß|stellen.

svergognàto, (-a) A *agg* (*spudorato*) {UOMO} hemmungslos, schamlos B *m* (f) Schamlose mf *decl come agg*, schamloser Mensch.

svergolaménto *m* (*deformazione*) {+PANNELLO DI LEGNO} Verformung f.

svergolàre A *tr* (*deformare*) ~ *qc* {UMIDITÀ PORTA} *etw* verformen B *itr pron* (*deformarsi*): **svergolarsi** {FINESTRA, RUOTA} sich verformen, sich verziehen, sich werfen.

sverminàre *tr* ~ *qu/qc* {CANE} *jdn/etw* entwurmen.

svernaménto *m* (*lo svernare*) Überwintern n.

svernàre *itr* (*trascorrere l'inverno*) ~ + *compl di luogo* {PENSIONATO AL MARE, IN RIVIERA; UCCELLI AL SUD} (*irgendwo*) überwintern.

sverniciàre <svernicio, svernici> *tr* (*togliere la vernice*) ~ *qc* {MOBILE} den Lack *von etw* (*dat*) entfernen, *etw* ab|beizen.

sverniciatóre, (-trice) A *m* (f) (*operaio*) Abbeizer(in) m(f) B *m chim* (*prodotto*) Abbeizmittel n.

sverniciatùra f (*lo sverniciare*) Abbeizen n.

svèrrei 1ª *pers sing del condiz pres di* svenire.

svèrrò 1ª *pers sing del fut semplice di* svenire.

sversaménto *m* (*scarico di liquidi*) Ausschüttung f.

sversatóio <-*toi*> *m* (*vasca di raccolta*) Sammelbecken n einer Kläranlage.

svestìre A *tr* (*spogliare*) ~ *qu/qc* {BAMBINO, BAMBOLA} *jdn/etw* aus|ziehen B *rfl* **1** (*spogliarsi*): **svestirsi** sich aus|ziehen **2** (*depor-*

svestirsi *re*): **svestirsi di qc** {DELLA CORONA} etw nieder|legen **3** *fig* (*liberarsi*): **svestirsi di qc** {DELLA PROPRIA ARROGANZA} etw ab|legen.

svestito, (-a) *agg* (*spogliato*) ausgezogen, nackt: **sei sempre mezzo ~**, du bist immer halb nackt.

svettànte *agg* {ALBERO, CAMPANILE} emporragend.

svettàre A *itr* (*elevarsi*) ~ (+ **compl di luogo**) {GRATTACIELO, MONTE CONTRO IL CIELO, ALL'ORIZZONTE} (*irgendwo*) auf|-, empor|ragen B *tr agr* ~ **qc** {SIEPE} etw stutzen, etw kappen.

svettatóio <-toi> *m* (*cesoia*) Hecken-, Astschere *f*.

svettatùra *f agr* {+ALBERO} Stutzen *n*, Kappen *n*.

Svèvia *f geog* Schwaben *n*.

svèvo, (-a) A *agg* **1** {POPOLAZIONE} schwäbisch **2** *stor* {DINASTIA, IMPERATORE} (hohen)staufisch, Hohenstaufen- B *m* (*f*) **1** (*abitante*) Schwabe *m*, (Schwäbin *f*) **2** *stor* (Hohen)staufer(in) *m*(*f*) C *m* <*solo sing*> (*dialetto*) Schwäbisch(e) *n*.

Svèzia *f geog* Schweden *n*.

svezzamènto *m* **1** (*divezzamento*) {+BAMBINO} Abstillen *n*, Entwöhnung *f* **2** (*perdita di abitudine*) Entwöhnung *f*, Ablegen *n* einer Gewohnheit.

svezzàre A *tr* **1** (*divezzare*) ~ **qu** {BAMBINO} *jdn* ab|stillen, *jdn* entwöhnen **2** (*disabituare*) ~ **qu** (**da qc**) {DAL BERE} *jdm* etw ab|gewöhnen, *jdn* (*etw gen*) entwöhnen B *itr pron* (*disabituarsi*): **svezzarsi** (**da qc**) {DAL VIZIO DEL FUMO} sich (*dat*) etw ab|gewöhnen, sich (*etw gen*) entwöhnen *forb*.

sviamènto *m* **1** *anche fig* (*deviazione*) {+DISCORSO} Abbiegen *n fam*, Ablenken *n*; {+TRAFFICO} Umleitung *f* **2** *fig* (*depistaggio*) {+INDAGINE} Manipulierung *f forb* **3** *fig* (*distoglimento*) ~ (**da qc**) {DALLO STUDIO} Abhalten *n* (*von etw dat*), Ablenken *n* (*von etw dat*) **4** *fig* (*corruzione*) {+GIOVANI} Verderben *n*, Verkommen *n* **5** *ferr* Entgleisung *f* ● ~ **di potere** *dir*, Ermessensmissbrauch *m*, Ermessensüberschreitung *f*.

sviànte *agg* (*fuorviante*) {CONCLUSIONI} irreführend, irreleitend.

sviàre <*svio*, *svii*> A *tr* **1** *anche fig* (*deviare*) ~ **qc** {COLPO, TIRO} etw ab|lenken; {CONVERSAZIONE} etw ab|biegen *fam*, von etw (*dat*) ab|lenken: ~ **l'attenzione di qu**, jdn ablenken **2** *fig* (*depistare*) ~ **qc** {TESTIMONE INDAGINE, RICERCA} etw auf eine falsche Spur lenken, etw (*dat*) eine falsche Richtung geben, etw irre|leiten *forb* **3** *fig* (*distogliere*) ~ **qu da qc** {DAL LAVORO} *jdn* von etw (*dat*) ab|halten, *jdn* von etw (*dat*) ab|lenken **4** *fig* (*corrompere*) ~ **qu** *jdn* verderben, *jdn* auf ┌die schiefe Bahn┘/[Abwege] bringen, *jdn* verführen: **le cattive compagnie lo hanno sviato**, schlechter Umgang hat ihn auf Abwege gebracht B *itr itr pron*: **sviarsi 1** (*andare fuori strada*) (*von Weg*) abkommen: **il treno ha/[si è] sviato**, der Zug ist entgleist **2** *fig* (*allontanarsi dalla retta via*) vom rechten Weg ab|kommen, auf ┌die schiefe Bahn┘/[Abwege] geraten: **quel ragazzo si sta sviando**, der Junge gerät auf ┌die schiefe Bahn┘/[Abwege].

sviàto, (-a) A *agg fig* (*corrotto*) {RAGAZZO} verdorben, verwahrlost B *m* (*f*) (*persona*) verdorbener/verwahrloster Mensch.

svicolàre *itr* <*essere o avere*> **1** (*entrare in un vicolo*) um die nächste Ecke biegen/verschwinden **2** *fig* (*svignarsela*) sich davon|machen *fam*, ab|hauen *fam*, sich aus dem Staub machen *fam* **3** *fig* (*evitare una questione*) aus|weichen, Ausflüchte machen.

sviéni 2ª *pers sing dell'ind pres di* svenire.

svignàrsela *itr* <*avere*> *fam* (*andarsene di nascosto*) sich davon|machen *fam*, ab|hauen *fam*, sich aus dem Staub machen *fam*: **se l'è svignata senza nemmeno salutare**, er/sie hat sich aus dem Staub gemacht, ohne sich zu verabschieden *fam*.

svigorimènto *m* (*indebolimento*) {+AUTORITÀ POLITICA, MENTE} Schwächung *f*.

svigorire <*svigorisco*> A *tr* (*indebolire*) ~ **qu/qc** {MALATTIA CORPO; STRESS FACOLTÀ MENTALI, STUDENTE} *jdn/etw* entkräften, *jdn/etw* schwächen B *itr pron*: **svigorirsi** {MEMORIA} schwächer werden, nach|lassen: **la sua autorità si è svigorita**, er/sie hat an Autorität verloren.

svilimènto *m* **1** (*sminuimento*) {+IDEALE} Erniedrigung *f*, Herabsetzung *f* **2** (*deprezzamento*) {+TITOLO AZIONARIO} Wertverlust *m*, Abwertung *f*.

svilire <*svilisco*> A *tr* ~ **qc 1** (*sminuire*) {PROPRIO LAVORO, SENTIMENTO} etw erniedrigen, etw herab|setzen **2** (*deprezzare*) {MONETA} etw ab|werten, etw entwerten B *itr pron* (*perdere valore*): **svilirsi** {POTERE D'ACQUISTO DEL DOLLARO} an Wert verlieren, sinken.

svillaneggiàre <*svillaneggio*, *svillaneggi*> A *tr* (*ingiuriare*) ~ **qu** *jdn* (wüst) beschimpfen, *jdn* beleidigen B *rfl rec* (*scambiarsi ingiurie*): **svillaneggiarsi** (**dat**) gegenseitig ┌(wüst) beschimpfen┘/[Beleidigungen an den Kopf werfen *fam*].

sviluppàbile *agg* **1** (*incrementabile*) {ATTIVITÀ INDUSTRIALE} förderbar, entwicklungsfähig **2** *fig* (*ampliabile*) {ARGOMENTO, PROGETTO, TEORIA} ausbaubar **3** *fot* entwickelbar **4** *mat* (*in geometria*) {SUPERFICIE} abwickelbar.

sviluppàre A *tr* ~ **qc 1** (*fare aumentare*) {STUDIO INTELLIGENZA, MEMORIA} etw fördern; {GIOCO FANTASIA} etw an|regen; {GINNASTICA MUSCOLI} etw kräftigen **2** (*incrementare*) {RETE DEI TRASPORTI} etw auf|bauen, etw aus|bauen; {SCAMBI COMMERCIALI, TURISMO} *anche* etw an|kurbeln **3** (*produrre*) {SCINTILLA ESPLOSIONE; SICCITÀ INCENDIO} etw aus|lösen; *fig* {NOTIZIA VASTA ECO} etw (*acc*) stoßen, etw aus|lösen **4** (*ideare*) {PROCEDIMENTO, SOFTWARE} etw entwickeln, etw entwerfen **5** (*svolgere*) {CONCETTO, TEMA} etw aus|führen, auf etw (*acc*) ein|gehen, etw ausführlich behandeln/dar|legen **6** *chim fis* (*liberare*) {ANIDRIDE CARBONICA} etw erzeugen, etw frei|setzen, etw ab|geben **7** *fot* {LASTRA, PELLICOLA} etw entwickeln **8** *lett* (*disfare*) {GROVIGLIO DI FILI} etw entwirren, etw lösen **9** *mat* etw ab|leiten, etw entwickeln **10** *mat* (*in geometria*) etw ab|wickeln **11** *mot* {MOTORE 50 CAVALLI DI POTENZA} etw leisten B *itr itr pron* **1** (*crescere*): **svilupparsi + compl di modo** sich (*irgendwie*) entwickeln, (*irgendwie*) wachsen: **il bambino/la pianta si sviluppa bene**, das Kind/die Pflanze ┌entwickelt sich gut┘/[wächst (und gedeiht) prächtig] **2** (*entrare nella pubertà*): **svilupparsi + compl di tempo** {BAMBINA PRECOCEMENTE, PRESTO} sich (*irgendwann*) entwickeln, (*irgendwann*) in die Pubertät ein|treten C *itr pron* **1** (*progredire*): **svilupparsi** {PERSONALITÀ, SENSO CRITICO} Fortschritte machen, sich weiter|entwickeln **2** (*manifestarsi*): **svilupparsi** {INCENDIO, MALARIA} aus|brechen **3** (*ampliarsi*): **svilupparsi** (+ **compl di modo**) (+ **compl di tempo**) {COMMERCIO, TELECOMUNICAZIONI NOTEVOLMENTE NELL'ULTIMO DECENNIO} sich (*irgendwie*) (*irgendwann*) entwickeln, sich (*irgendwie*) (*irgendwann*) aus|dehnen, (*irgendwie*) (*irgendwann*) expandieren *forb*; {CITTÀ} *anche* (*irgendwie*) (*irgendwann*) wachsen **4** (*prodursi*): **svilupparsi da qc** {EMBRIONE DA UN UOVO; GERMOGLIO DA UN SEME} sich aus etw (*dat*) entwickeln, aus etw (*dat*) entstehen **5** *chim fis*: **svilupparsi da qc** {CALORE DA UNA REAZIONE CHIMICA; GAS DAL TERRENO} sich aus etw (*dat*) entwickeln, aus etw (*dat*) entstehen, von etw (*dat*) freigesetzt werden.

sviluppàto *agg* **1** (*avanzato*) {ECONOMIA, SOCIETÀ} entwickelt **2** (*robusto*) {MUSCOLO} kräftig **3** (*cresciuto*) {ALBERO} gewachsen **4** (*entrato nella pubertà*) {RAGAZZO} (voll) entwickelt.

sviluppatóre, (-**trice**) *m* (*f*) *film fot* Entwickler(in) *m*(*f*).

sviluppatrìce *f film fot* Entwicklungsmaschine *f*.

svilùppo *m* **1** (*il progredire*) {INTELLETTIVO; +CAPACITÀ COGNITIVA, PERSONALITÀ, SENSIBILITÀ} Entwicklung *f* **2** (*espansione*) {+ATTIVITÀ, ECONOMICO; +PAESE} Entwicklung *f*, Expansion *f forb*: **il terziario è in pieno ~**, der Dienstleistungssektor expandiert heftig *forb*; ~ **sostenibile**, ökologisch vertretbare Expansion *forb* **3** (*ideazione*) {+PROGRAMMA COMPUTERIZZATO} Entwicklung *f*, Entwerfen *n* **4** (*crescita*) {FISICO, PRECOCE; +BAMBINO} Entwicklung *f*, Wachstum *n*: ~ **embrionale**, embryonale Entwicklung **5** (*il manifestarsi*) {+MALATTIA} Ausbruch *m* **6** *fig* (*svolgimento*) {+RACCONTO} Entwicklung *f* **7** <*di solito al pl*> *fig* (*evoluzione*) {+FATTO STORICO, SITUAZIONE} Entwicklung *f*: **il colloquio ha avuto sviluppi imprevisti**, das Gespräch nahm einen unvorhersehbaren Verlauf **8** *chim fis* (*liberazione*) {LIMITATO; +CALORE, ENERGIA, GAS DI SCARICO} Entwicklung *f*, Entstehung *f*, Freisetzen *n* **9** *fot* {+DIAPOSITIVA, PELLICOLA} Entwicklung *f* **10** *mat* {+FUNZIONE} Ableitung *f*, Entwicklung *f* **11** *mat* (*in geometria*) {+CONO, POLIEDRO} Abwicklung *f* **12** *mus* Entwicklung *f*.

svinàre *tr enol* ~ **qc**| (*etw*) ab|stechen.

svinatùra *f enol* **1** (*lo svinare*) Abstechen *n* **2** (*periodo*) Abstechzeit *f*.

svincolàre A *tr* **1** (*riscattare*) ~ **qc** (**da qc**) {IMMOBILE DA UN'IPOTECA} etw (*von etw dat*) befreien **2** (*ritirare con pagamento*) ~ **qc** (+ **compl di luogo**) {VALIGIA AL DEPOSITO BAGAGLI} etw (*irgendwo*) ein|lösen, etw (*irgendwo*) gegen Geld ein|holen; {MERCE ALLA DOGANA} *anche* etw (*irgendwo*) verzollen B *rfl* (*liberarsi*): **svincolarsi** (**da qu/qc**) {DA UN AGGRESSORE, DALLA STRETTA DI QU} sich (*von jdm/etw*) befreien, sich (*von jdm/etw*) (los|)lösen.

svìncolo *m* **1** (*riscatto*) {+PROPRIETÀ} Befreiung *f*; {+DEPOSITO CAUZIONALE} *anche* Einlösung *f* **2** (*pagamento*) {+BAGAGLIO} Einlösung *f*, Abholen *n* gegen Geld; {+CARICO DI MERCE} *anche* Verzollen *n* **3** (*raccordo*) Verbindungsstraße *f*, Zubringer *m*: ~ **autostradale**, Autobahnzubringer *m*; ~ **in entrata/uscita**, Auf-/Ausfahrt *f*; ~ **a trombetta/quadrifoglio**, Autobahndreieck *n*/Autobahnkreuz *n*.

sviolinàre *tr fam* (*lusingare*) ~ **qu** {CAPUFFICIO} sich *bei jdm* ein|schmeicheln, *jdm* schön|tun *fam*, *jdm* lobhudeln *spreg*.

sviolinàta *f fam* **1** (*il lusingare*) Schmeicheln *n*, Schöntun *n fam*, Lobhudeln *n spreg* **2** (*discorso adulatorio*) Schmeichelei *f*, Lobhudelei *f spreg*: **gli ha fatto una ~ da rimanere a bocca aperta!**, er/sie hat sich auf eine Art bei ihm eingeschmeichelt, dass einem die Spucke wegblieb *fam*.

svirgolàre *tr slang sport* (*nel calcio*) (*colpire male*) ~ **qc** {PALLONE, TIRO} etw verziehen.

svisamènto *m* (*travisamento*) {+FATTO} Entstellung *f*, Verzerrung *f*.

svisàre *tr* (*travisare*) ~ **qc** {ACCADUTO, NOTIZIA} etw entstellen, etw verzerren.

svisceramènto *m* **1** *fig* (*approfondimento*) {+CASO, TEMA} Vertiefung *f* **2** *rar* (*sventra-*

mento) {+ANIMALE} Ausnehmen n, Ausweiden n.

svisceràre A tr ~ *qc* 1 *fig* (*approfondire*) {ARGOMENTO} etw ausführlich/eingehend behandeln, etw vertiefen 2 *rar* (*sventrare*) {PESCE, POLLO} etw aus|nehmen, etw aus|weiden B rfl (*sperticarsi*): **sviscerarsi in qc** (**per qu**) {IN COMPLIMENTI PER IL DIRETTORE} sich *in* etw (dat) (*für jdn*) ergehen.

sviscerào, (-a) agg 1 (*viscerale*) {AMORE} heftig, leidenschaftlich 2 (*eccessivo*) {LODE} übertrieben.

svista f (*errore di distrazione*) Versehen n: è **stata una ~**, das war ein Versehen.

svitàre A tr ~ *qc* 1 (*allentare, togliere*) {BULLONE} etw lösen, etw lockern; {COPERCHIO DI UN BARATTOLO} etw ab|-, auf|schrauben, etw auf|drehen; {LAMPADINA} anche etw heraus| schrauben 2 (*sbullonare*) {SERRATURA} etw ab|-, los|schrauben B itr pron (*allentarsi*): **svitarsi** {TAPPO, VITE} sich lösen, sich lockern.

svitàto, (-a) A agg 1 (*allentato*) {BULLONE} gelöst, locker; {LAMPADINA} anche ab-, losgeschraubt 2 *fig fam* (*strambo*) {RAGAZZO} überdreht, verrückt B m (f) *fig fam* (*persona*) Spinner m *fam spreg*: **è uno ~**, bei dem ist eine Schraube locker *fam*.

Svitto *geog* A m (*cantone*) Schwyz n B f (*città*) Schwyz n.

Svizzera f *geog* die Schweiz.

svizzero, (-a) A agg {CIOCCOLATO, FORMAGGIO, PAESAGGIO} Schweizer, schweizerisch B m (f) (*abitante*) Schweizer(in) m(f) C m *gastr* (*emmental*) Emmentaler m, Schweizer Käse D m *mil* (*guardia pontificia*) Schweizer m E f *gastr* (*hamburger*) Rinderfrikadelle f, Hamburger m aus Rindfleisch, Steak m Schweizer Art F <inv> loc agg *gastr*: **alla svizzera**, {BISTECCA} Schweizer Art.

svogliatàggine f (*svogliatezza*) Lustlosigkeit f, Unlust f, Widerwillen m, Trägheit f.

svogliataménte avv {ASCOLTARE, STUDIARE} lustlos, widerwillig, träge.

svogliatézza f (*indolenza*) Lustlosigkeit f, Unlust f, Widerwillen m, Trägheit f: **~ nel lavoro**, Widerwillen m bei der Arbeit; **con ~**, lustlos, widerwillig, träge.

svogliàto, (-a) A agg (*indolente*) {ALLIEVO, PUBBLICO} lustlos, träge: **questo caldo rende svogliati**, diese Hitze macht einen träge B m (f) Tranfunzel f *fam spreg*, Transuse f *fam spreg*, Trantüte f *fam spreg*.

svolazzaménto m 1 (*volo senza meta*) {+INSETTO, UCCELLO} (Herum)flattern n, Geflatter m, Herumfliegen n, (Herum)schwirren n 2 (*l'agitarsi al vento*) {+BANDIERA} Flattern n.

svolazzànte agg 1 (*che vola senza meta*) {CIVETTA, FARFALLA, MOSCONE} flatternd, (herum)schwirrend 2 (*agitato dal vento*) {CAPELLI, GONNA} flatternd 3 (*pieno di svolazzi*) {CALLIGRAFIA, FIRMA} schnörkelhaft.

svolazzàre itr 1 (*volare qua e là*) {CALABRONE, MOSCA, PICCIONE, PIPISTRELLO} herum| flattern, herum|fliegen, (herum)|schwirren 2 *fig* (*vagare con la mente*) **~ da qc a qc** {DA UN PENSIERO A UN ALTRO} *von etw* (dat) *zu etw* (dat) schweifen, *von etw* (dat) *zu etw* (dat) springen 3 (*agitarsi al vento*) flattern, wehen: **i capelli le svolazzano sulla fronte**, die Haare flatterten ihr in die Stirn.

svolàzzo m 1 (*volo senza meta*) {+RONDINI, VESPE} (Herum)flattern n, Geflatter n, Herumfliegen n, (Herum)schwirren n 2 (*lembo svolazzante*) {+TENDA, VESTITO} Zipfel m 3 (*ghirigoro*) {+LETTERA} Schnörkel m 4 <*di solito al pl> fig* (*fronzolo*) {+PROSA BAROCCA} Ausschmückung f.

svòlgere <*coniug come* volgere> A tr ~ *qc* 1 (*srotolare*) {FUNE, GOMITOLO} etw ab|wickeln, etw ab|rollen, etw ab|spulen 2 (*disfare*) {FAGOTTO, PACCO} etw aus|packen, etw aus| wickeln 3 (*eseguire*) {PROGRAMMA} etw ab|wickeln, etw durch|führen, etw durch|ziehen; {INDAGINE} etw an|stellen; {LAVORO} etw verrichten, etw aus|führen, etw erledigen; {PROFESSIONE} etw (dat) nach|gehen, etw aus| üben 4 (*trattare*) {ARGOMENTO, TEMA} etw aus|arbeiten, etw aus|führen, etw ausführlich behandeln B itr pron (*srotolarsi*): **svolgersi da qc** {FILO DA UN ROCCHETTO} *von etw* (dat) ab|rollen 2 (*evolversi*): **svolgersi + compl di modo** {BATTAGLIA SECONDO I PIANI} sich (*irgendwie*) ereignen, sich (*irgendwie*) zu|tragen, (*irgendwie*) laufen; {VITA TRANQUILLA} *irgendwie* ab|laufen: **spiegami come si sono svolti i fatti**, erklär mir, was tatsächlich passiert ist 3 (*avere luogo*): **svolgersi (+ compl di tempo) (+ compl di luogo)** {FESTA DOMENICA ALL'APERTO, IN PIAZZA} (*irgendwann*) (*irgendwo*) statt|finden, {SCENA DEL FILM NEL DOPOGUERRA A ROMA} sich *irgendwann*/*irgendwo* ab|spielen, *irgendwann*/*irgendwo* spielen.

svolgiménto m 1 (*srotolamento*) {+FILO, MATASSA} Abwicklung f, Abrollen n, Abspulen n 2 (*il disfare*) {+INVOLTO} Auspacken n, Auswickeln n 3 (*esecuzione*) {+ATTIVITÀ PROFESSIONALE} Aus-, Durchführung f, Ausübung f; {+MANSIONE, PIANO DI LAVORO} Abwicklung f, Aus-, Durchführung f 4 (*andamento*) Gang m, Ab-, Verlauf m: **~ dei fatti**, Ablauf m der Ereignisse 5 *anche scuola* (*trattazione*) {+TESI} Ausarbeitung f, Ausführung f, Darstellung f: **~ del tema di italiano**, Ausarbeitung f des Italienischaufsatzes 6 *mus* Entwicklung f.

svòlsi 1ª pers sing del pass rem *di* svolgere.

svòlta f 1 (*lo svoltare*) Abbiegen n: **~ a destra/sinistra**, Rechts-/Linksabbiegen n; **fare una ~**, abbiegen 2 (*curva*) {PERICOLOSA} Kurve f 3 *fig* (*cambiamento*) {DECISIVA, POLITICA, STORICA} Wende(punkt m) f, Umschwung m: **il governo è arrivato a una ~ in tema di pensioni**, die Regierung hat beim Thema Rente einen Wendepunkt erreicht; **segnare una ~**, eine Wende bedeuten; **sono a una ~ della mia vita**, ich stehe an einem Wendepunkt meines Lebens.

svoltàre① itr (*curvare*) **~ + compl di luogo** {ALL'ANGOLO, A DESTRA} (*irgendwo*) ab|biegen; {IN PIAZZA, IN VIA PIAVE} *in etw* (acc) ab| biegen.

svoltàre② tr *rar* (*svolgere*) **~ qc** {PACCO} etw aus|packen, etw aus|wickeln.

svoltolàre tr (*svolgere*) **~ qc** {DONO, TAPPETO} etw aus|packen.

svuotaménto m 1 {+MAGAZZINO, PISCINA} (Ent)leerung f 2 *fig* (*perdita*) **~ di qc** {DI OGNI SENTIMENTO, DI SIGNIFICATO} Verlust m *an/von etw* (dat).

svuotàre A tr 1 (*vuotare completamente*) **~ qc** {BICCHIERE, VASCA} etw leeren; {CANTINA} anche etw (leer) räumen 2 *fig* (*privare*) **~ qc di qc** {ACCORDO DI VALORE} etw *etw* (gen) berauben, etw (dat) etw nehmen; {FRASE DI SIGNIFICATO} anche etw verwässern B itr pron 1 (*rimanere vuoto*): **svuotarsi** {SERBATOIO} leer werden, sich leeren 2 (*diventare deserto*): **svuotarsi + compl di tempo** {CITTÀ D'ESTATE, PIAZZA DI SERA} sich *irgendwann* leeren, *irgendwann* veröden.

swahili A <inv> agg {CIVILTÀ} Swahili-, Suaheli- B <-> m (f) Suaheli mf C m <*solo sing*> (*lingua*) Suaheli n.

swap <-> m *ingl econ* Swap(geschäft n) m: **~ su tassi di interesse**, Zinsswap m; **~ su tassi di cambio**, Währungsswap m.

swing <-, -s pl *ingl*> m *ingl* 1 *mus* Swing m 2 *sport* (*nel pugilato*) (*colpo*) Schwinger m.

switch <-, -es pl *ingl*> m *ingl* 1 *banca* (*passaggio di fondi*) Switchgeschäft n 2 *elettr* (*commutatore*) (Um)schalter m 3 *inform* Switch m, (Programm)schalter m.

sympòsium <-, -*sia* pl *lat*> m *lat* (*convegno*) Symposium n, Symposion n.

syndicate <-> m *ingl banca* Syndikat n.

T, t

T, t <-> f o rar m (*ventesima lettera dell'alfabeto italiano*) T, t n ● **ferro a t**, T-Eisen n; **t come *Torino*** (*nella compitazione delle parole*), T wie Theodor; → *anche* **A, a**.

t 1 abbr *di* tonnellata: t (abbr *di* Tonne) **2** *fis* abbr *di* tempo: t (abbr *di* tempo).

T 1 *com* abbr *di* tabaccheria, tabacchi: Tabakwaren f pl **2** *fis* (*periodo*) Periode f.

T. *geog* abbr *di* torrente: Wild-, Sturzbach m.

tab. abbr *di* tabella: Tab. (abbr *di* Tabelle).

tabaccàio, (-a) <-*cai* m> (f) Tabakwarenverkäufer(in) m(f).

tabaccherìa f (abbr T) Tabakladen m, Tabakwarengeschäft n.

tabacchièra f Schnupftabak(s)dose f.

tabacchifìcio <-*ci*> m (*stabilimento*) Tabakfabrik f.

tabacchìno, (-a) m (f) **1** (*operaio*) Tabakfabrikarbeiter(in) m(f) **2** *region* (*tabaccaio*) Tabakwarenverkäufer(in) m(f).

tabàcco <-*chi*> m *anche bot* Tabak m: ~ **da fiuto/naso**, Schnupftabak m B <inv> agg {GIACCA} tabak(braun), tabakfarben C <-> m (*colore*) Tabakbraun n, Tabakfarbe f.

tabagìsmo m *med* Nikotinvergiftung f.

tabarìn <-> m *franc* (*locale notturno*) Nachtlokal n.

tabàrro m **1** *scherz* (*pastrano*) schwerer Mantel m **2** (*mantello*) schwerer Winterumhang m.

Tabasco® <-> m *gastr* (*salsa piccante*) Tabasco® m, Tabascosoße f.

tàbe <*tabi*> f *med* Schwindsucht f: ~ **dorsale**, Rückenmarkstuberkulose f.

tabèlla 1 (*prospetto*, abbr tab.) {+ORARI, STIPENDI} Tabelle f, Aufstellung f, Übersicht f: ~ **dei prezzi**, Preisliste f; {+FASI LAVORATIVE} Dienstplan m **2** *stor* (*tavoletta*) (Merk)täfelchen n, Wachstafel f ● ~ **di marcia** *sport*, Zeitplan m; *fig* (*rif. a un lavoro*), Zeitplan m.

tabellàre agg **1** (*a forma di tabella*) tabellenförmig **2** (*relativo a tabella*) tabellarisch, Tabellen-, Tafel-.

tabellìna <*dim di tabella*> f Einmaleins n: ~ **del nove/tre**, das Einmaleins von neun/drei.

tabellóne m **1** (*prospetto*) {+ARRIVI, PARTENZE} Schautafel f **2** (*per affissioni*) Anschlagtafel f **3** *sport* (*nella pallacanestro*) Korbbrett n.

tabernàcolo m **1** *relig* (*per le ostie*) Tabernakel n o m; (*per le immagini sacre*) Schrein m **2** *relig ebraica stor* Bundeslade f.

tableau <-, -*x* pl *franc*> m *franc* **1** (*tappeto della roulette*) Tableau n **2** (*tabella*) (f) {+DATI} Tabelle f, Tafel f.

table d'hôte <-, -*s* pl *franc*> loc sost f *franc* (*nella ristorazione*) Table f d'hôte (*mehrgängiges Menu zum Festpreis*).

tablet PC <-, -*s* pl *ingl*> m *ingl inform* Tablet PC m (*extrem handliches und leichtes Notebook mit Display*).

tablòid <-> m *ingl* (*quotidiano*) kleinformatige Zeitung f.

tablòide m *farm* Tablette f.

tabòga m *toboga*.

taboulé <-> m *arabo gastr* Taboulé n, Couscous-Salat m.

tabù A <-> m *anche fig* Tabu n: ~ **linguìstico**, Sprachtabu n B <inv> agg *anche fig* {ARGOMENTO} tabu.

tàbula ràsa <-> loc sost f *lat filos* Tabula rasa f ● **fare tabula rasa di qc** *fig* (*distruggere*), {DI UNA CITTÀ} etw vollständig zerstören, etw dem Erdboden gleichmachen; {DI UNA FACCENDA} Tabula rasa mit etw (dat) machen; *scherz* (*mangiare tutto*), {INVITATI DEI DOLCI} alles aufessen; **fare tabula rasa di qu** *fig* (*eliminare*), {DEGLI AMICI} jdn vollständig beseitigen.

tabulàre① agg **1** (*di forma appiattita*) flach **2** *geog* Tafel- **3** *mat* tabellarisch **4** *min* Schicht-.

tabulàre② tr ~ **qc 1** *mat* {VALORI DI FUNZIONI} etw tabellarisieren **2** *tecnol* {DATI} etw tabellarisieren.

tabulàto m *inform* Ausdruck m.

tabulatóre m *tecnol* Tabulator m.

tabulazióne f *inform mat* Tabellarisierung f.

tabulé <-> m → **taboulé**.

tac inter **1** onomatopeica tack **2** (*improvvisamente*) plötzlich: **quando meno me l'aspettavo tac, arriva lui**, als ich es am wenigsten erwartete, war er plötzlich da.

TAC <-> f *med* abbr *di* Tomografia Assiale Computerizzata: CT (abbr *di* Computertomografie).

tàcca <-*che*> f **1** (*incisione*) {+STADERA} Kerbe f: **fare delle tacche nell'armadio**, Kerben in den Schrank schneiden; ~ **di mira**, Kimme f; (*nel filo di una lama*) Scharte f **2** *fig* (*difetto*) Makel m, Fehler m ● **mezza** ~ → **mezzatacca**.

taccàgna f → **taccagno**.

taccagnerìa f {PROVERBIALE} Knauserei f *fam spreg*, Knaus(e)rigkeit f *fam spreg*, Knickerei f *fam spreg*, Knick(e)rigkeit f *fam spreg*.

taccàgno, (-a) A agg geizig, knaus(e)rig *fam spreg*, knickerig m *fam spreg* B m (f) Geizhals m *fam*, Geizkragen m *fam spreg*, Knauser m *fam spreg*, Knicker m *fam spreg*.

taccheggiàre <*taccheggio, taccheggi*> tr (*rubare*) ~ (**qc**) {MERCE} (*etw*) im Laden stehlen.

taccheggiatóre, (-**trice**) m (f) (*ladro*) Ladendieb(in) m(f).

tacchéggio <-*gi*> m (*furto*) {+MERCI} Ladendiebstahl m.

tacchettìo <-*tii*> m (*rumore di tacchi*) Geklapper n (der Absätze).

tacchétto <*dim di tacco*> m **1** dünner Absatz **2** *sport* {+SCARPE DEI GIOCATORI DI CALCIO} Stollen m.

tacchìna f Truthenne f, Pute f.

tacchinàre tr *slang giovanile* (*corteggiare*) ~ **qu** baggern wie blöde *fam*.

tacchinatóre m *fam* (*corteggiatore*) Verehrer(in) m(f).

tacchìno m Truthahn m, Puter m: **diventar rosso come un** ~, puterrot werden/anlaufen.

tàccia <-*ce*> f **1** (*cattiva fama*) schlechter Ruf, Verruf m: **essersi creato la ~ di ladro**, als Dieb in Verruf gekommen sein **2** (*accusa*) Anklage f, Beschuldigung f.

tacciàre <*taccio, tacci*> tr ~ **qu di qc** {COMPAGNO DI TRADIMENTO} jdn (*etw* gen) beschuldigen, jdn *etw* (gen) bezichtigen: **fu tacciato di negligenza**, man beschuldigte ihn der Nachlässigkeit.

tàccio 1ª pers sing dell'ind pres *di* tacere.

tàcco <-*chi*> m **1** {ALTO, BASSO; +STIVALI} Absatz m; (*rif. a scarpe*) *anche* Schuhabsatz m: **far rifare i tacchi alle scarpe**, die Schuhsätze erneuern lassen; **senza ~**, absatzlos/flach; ~ **a spillo**, Pfennigabsatz m **2** (*spessore*) Keil m **3** (*a forma di cuneo*, Keil m, Bremsklotz m; **mettere un ~ dietro le ruote di una macchina**, einen Keil hinter die Autoreifen legen **3** *tip* Aufsatz m ● **alzare i tacchi** (*andarsene*), sich davonmachen *fam*; (*in fretta*), sich aus dem Staub machen *fam*, die Hufe schwingen *fam*; **alza i tacchi!** (*sparisci!*), *fam* hau ab! *fam*; **battere i tacchi** *mil*, die Hacken zusammenschlagen, strammstehen; **girare sui tacchi** *fig* (*voltarsi*), auf dem Absatz kehrtmachen; **il ~ d'Italia** *fig* (*la Puglia*), der Absatz Italiens (*Apulien*).

taccóne m **1** *sett* (*toppa*) {+VESTITO} Flicken m **2** *fig fam* (*rimedio*) Abhilfe f ● **battere il ~** *fig* (*andarsene in fretta*), die Beine ⌊in die Hand⌋/⌊unter die Arme⌋ nehmen *fam*.

taccuìno m (*per appunti*) Notizbuch n; (*per abbozzi*) Skizzenbuch n.

tacére <*coniug come* piacere> A tr (*passare sotto silenzio*) ~ {LA PROPRIA COLPA, IL NOME DELL'AMICO} *etw* verschweigen: **tacque l'accaduto per delicatezza**, aus Feingefühl verschwieg er/sie das Vorgefallene; {LA VERITÀ} *anche* verheimlichen, *etw* geheim halten; {PARTICOLARE SUPERFLUO} *etw* auslassen B itr **1** (*mantenere il silenzio*) ~ (**su qc**) (**per qc**) {GIORNALE SUI PARTICOLARI, PER LA VERGOGNA}

tachicardia (*zu etw dat/über etw acc*) (*aus etw dat*) schweigen: **gli ho scritto, ma ha sempre taciuto**, ich habe ihm geschrieben, aber er hat [nie geantwortet₁]/[sich in Schweigen gehüllt]; ~ (*di qu/qc*) (*per qc*) {PER RICONOSCENZA} (*zu etw dat/über etw acc*) (*aus etw dat*) schweigen **2** (*fare silenzio*) schweigen, kein Wort sagen: **tacete una buona volta!**, haltet endlich (ein)mal euren Mund! **3** *fig* (*essere in stato di quiete*) {TEMPESTA} sich gelegt haben, sich beruhigt haben, {CANNONI} schweigen **4** *fig* (*non emettere suoni*) {CAMPANA, TELEFONO} schweigen • **far** ~ **qu** (*farlo star zitto*), jdn zum Schweigen bringen; **far** ~ **qc** *fig*, {ARMI, OPPOSIZIONE} etw zum Schweigen bringen; {RIMORSO} etw unterdrücken; **mettere a** ~ **qc** (*evitare che se ne parli*), {SCANDALO} etw vertuschen; **chi tace acconsente** *prov*, keine Antwort ist auch eine Antwort; wer schweigt, stimmt zu.

tachicardìa f *med* Herzjagen n, Tachykardie f *scient*.

tachicàrdico, (-a) <-ci, -che> *med* **A** *agg* tachykardisch *scient* **B** m (f) an Tachykardie leidende(r) Patient(in) m(f).

tachigrafìa f **1** (*stenografia*) Kurzschrift f, Stenographie f **2** *stor* (*scrittura stenografica*) Tachygraphie f.

tachìmetro m *mecc* Tachometer m o n: ~ **contakilometri**, Kilometerzähler m.

tachìsme <-> m *franc arte* (*nella pittura*) Tachismus m.

tacitaménte *avv* **1** (*in silenzio*) {ASPETTARE} stillschweigend, still **2** (*in segreto*) {TRADIRE} heimlich **3** (*implicitamente*) {APPROVARE} stillschweigend: **il contratto si intende** ~ **rinnovato per un anno**, der Vertrag verlängert sich automatisch um ein Jahr.

tacitaménto f *rar* (*tacitamento*) {+CREDITORE} Abfindung f.

tacitàre *tr* **1** (*saldare*) ~ **qu** {CREDITORE} jdn ab|finden, jdn zufrieden stellen **2** *fig* (*soffocare*) ~ **qc** {SCANDALO} etw vertuschen, etw unterdrücken.

tacitazióne f *rar* (*tacitamento*) {+CREDITORE} Abfindung f.

tacitiàno, (-a) *agg* **1** (*di Tacito*) {OPERA} taciteisch, von Tacitus **2** (*conciso*) {STILE} konzis, knapp.

tàcito, (-a) *agg* **1** (*silenzioso*) {NOTTE} still, leise **2** (*sottinteso*) {APPROVAZIONE, CONSENSO} stillschweigend **3** *lett* (*muto*) schweigsam, schweigend.

tacitùrno, (-a) *agg* **1** (*che sta in silenzio*) {RAGAZZO} schweigsam, (*che parla poco*) wortkarg **2** *lett* (*silenzioso*) {BOSCO} still, schweigend.

taciùto *part pass di* tacere.

tàco <-, -s *pl spagn*> m *spagn gastr* Taco m.

tàcqui 1ª *pers sing del pass rem di* tacere.

TAEG <-> m *banca* Jahreseffektivzinssatz m, jährlicher effektiver Zinssatz.

tafanàre **A** *tr rar* (*punzecchiare*) ~ **qu**/**qc** {INSETTO} jdn/etw stechen **B** *itr fig* (*frugare ovunque*) überall herum|kramen *fam*.

tafanàrio <-ri> m *fam scherz* (*deretano*) Allerwerteste m *decl come agg fam scherz eufem*.

tafàno m **1** *zoo* Bremse f **2** *fig* (*persona fastidiosa*) Quälgeist m, Plagegeist m *fam*, lästiger/aufdringlicher Mensch.

tafferùglio <-gli> m (*agitazione*) Krawall m, Tumult m.

tàffete *inter* **1** *onomatopeica* krach!: **urtò il tavolo e il vaso** ~! **giù per terra!**, er/sie stieß gegen den Tisch, und knall! fiel die Vase auf den Boden **2** (*improvvisamente*) zack!: **passò di lì e** ~, **incontrò proprio lui!**, er/sie ging dort vorbei und zack, traf er/sie genau (auf) ihn!

taffettà <-> m *tess* Taft m.

taggiàsco, (-a) <-schi, -sche> **A** *agg* von/aus Taggia, Taggia-: **oliva taggiasca**, Taggia-Olive f **B** m (f) (*abitante*) Einwohner(in) m(f) von Taggia.

tàglia f **1** (*statura*) Gestalt f: **un uomo di media** ~, ein Mann (von) mittlerer Größe; **un cavallo di piccola** ~, ein kleines Pferd **2** (*grandezza*) Größe f: ~ **forte**, Übergröße f; **giacca di** ~ **54**, Jacke Größe 54; ~ **unica**, Einheitsgröße f **3** (*ricompensa*) Kopfgeld n: **c'è una** ~ **sulla testa del bandito**, auf den Verbrecher ist ein Kopfgeld ausgesetzt **4** *stor* Reparation(sleistung, -zahlung) f, Wiedergutmachungszahlungen f pl.

tagliabórdi <-> m (*arnese da giardino*) Handrasenmäher m.

tagliabórse <-> mf (*borseggiatore*) Taschendieb(in) m(f).

tagliabòschi <-> mf (*boscaiolo*) Holzfäller(in) m(f).

tagliacàlli <-> m Hornhauthobel m.

tagliacàrte <-> m (*arnese*) Papiermesser n, Brieföffner m.

tagliacùce <-> f (*macchina per cucire*) Nähmaschine f.

taglia e incòlla <-> m *inform* Ausschneiden n und Einfügen n: **fare un taglia e incolla**, ausschneiden und einfügen.

tagliaèrba <-> m (*tosaerba*) Rasenmäher m.

tagliafiàmma <inv> *agg* (*tagliafuoco*) Feuer-, Feuerschutz-.

tagliafuòco A <inv> *agg* (*che isola*) {PORTA, SIPARIO} Feuer-, Feuerschutz- **B** <-> m **1** (*struttura*) Feuerschutz m **2** (*terreno disboscato*) Feuerschutzschneise f.

tagliagóle, *rar* **tagliagóla** <-> mf **1** Halsabschneider(in) m(f) *fam* **2** *fig* (*criminale spietato*) Halsabschneider(in) m(f) *fam*, blutrünstige(r) Kriminelle(r) m(f): **una banda di** ~, eine Bande von Halsabschneidern *fam*.

taglialégna <-> m (f) (*spaccalegna*) Holzfäller(in) m(f), Holzhacker(in) m(f) *spec A*.

tagliamàre <-> m *mar* Bug m, Vordersteven m.

tagliàndo m (*cedola*) Abschnitt m, Coupon m: **in caso di reclamo spedire il** ~ **allegato**, wenn Sie reklamieren wollen, schicken Sie uns den beigefügten Coupon (zu); **bei Reklamation/Beanstandung bitte den beigefügten Coupon zuschicken!** • **fare il** ~ *autom*, die Inspektion machen lassen, einen Wagen überholen lassen.

tagliapàsta <-> m (*utensile da cucina*) Teigrädchen n.

tagliapiètre <-> mf (*scalpellino*) Steinmetz(in) m(f), Steinhauer(in) m(f) *obs*.

tagliàre <*taglio, tagli*> **A** *tr* **1** *gener* ~ (*qc*) (*con qc*) {CON IL COLTELLO} etw (*mit etw dat*) schneiden, etw (*mit etw dat*) ab|schneiden, {LEGNO CON L'ACCETTA} etw (*mit etw dat*) zerschneiden, {STOFFA CON LE FORBICI} etw (*mit etw dat*) schneiden, {ERBA CON LA FALCIATRICE} etw (*mit etw dat*) mähen; {FETTA DI TORTA, ROSA} etw (*mit etw dat*) ab|schneiden, {MELA, SALAME, TORTA} etw (*mit etw dat*) auf|schneiden, {POLLO} etw (*mit etw dat*) zerlegen, etw (*mit etw dat*) zerschneiden, {FILO} etw (*mit etw dat*) durch|schneiden: **a dadini/pezzi qc**, etw in Würfel/Stücke schneiden; ~ **qc in due/quattro/otto**, etw halbieren/vierteln/achteln; ~ **una mela a metà**, einen Apfel halbieren/[in zwei Hälften schneiden]; ~ **qc con la sega**, etw durchsägen; **questa spada taglia ancora molto bene**, dieses Schwert ist noch sehr scharf **2** (*affettare*) ~ **qc** (*con qc*) {ARROSTO CON L'AFFETTATRICE, PANE} etw (*mit etw dat*) schneiden **3** (*accorciare*) ~ **qc** (*a qu*) (*con qc*) {UNGHIE} (*jdm*) etw (*mit etw dat*) schneiden; {CAPELLI} (*jdm*) etw (*mit etw dat*) (ab|)schneiden; {BAFFI, BARBA} (*jdm*) etw (*mit etw dat*) stutzen **4** (*eliminare*) ~ **qc** (*con qc*) {BAFFI, BARBA} etw (*mit etw dat*) ab|rasieren, etw (*mit etw dat*) ab|nehmen **5** (*abbattere*) ~ **qc** (*con qc*) {ALBERO} etw (*mit etw dat*) fällen; {BOSCO} etw (*mit etw dat*) roden **6** (*potare*) ~ **qc** (*con qc*) {ALBERO, RAMI} etw (*mit etw dat*) stutzen, etw (*mit etw dat*) schneiden **7** (*ferire*) ~ (*qc*) (*a qu*) (*con qc*) {PELLE, VISO CON IL RASOIO} *jdm* (*mit etw dat*) in etw (acc) schneiden, *jdn* (*mit etw dat*) (*an etw dat*) verletzen **8** (*mozzare*) ~ **qc** (*a qu*) (*con qc*) {BRACCIO, GAMBA} (*jdm*) etw (*mit etw dat*) ab|nehmen, (*jdm*) (*etw*) (*mit etw dat*) amputieren; {LOBO DELL'ORECCHIO} (*jdm*) etw (*mit etw dat*) ab|schneiden; {TESTA CON LA GHIGLIOTTINA} (*jdm*) etw (*mit etw dat*) ab|trennen **9** (*interrompere l'erogazione*) ~ **qc** {ACQUA, GAS} etw sperren, etw ab|stellen **10** (*togliere*) ~ **qc** {SCENA, ecc.} etw streichen; (*togliere una parte*) {FILM, SPESE} etw kürzen; ~ **posti di lavoro**, Arbeitsplätze/Stellen abbauen **11** (*allungare*) ~ **qc** (*VINO*) etw verschneiden; {DROGA} etw strecken **12** *fam* (*abbreviare un discorso*) ~ (*qc*) (*etw*) kürzen: **taglia!**, mach's kurz! *fam*, fasse dich kurz! **13** (*attraversare*) ~ **qc a qu** {STRADA} *jdn/etw* schneiden; ~ **qc** {ONDE} etw durchpflügen *forb*; *sport* {TRAGUARDO} *durch etw (acc) gehen* **14** (*incidere*) ~ **qc** (*a qu*) (*con qc*) {ASCESSO COL BISTURI} (*jdm*) etw (*mit etw dat*) auf|schneiden **15** (~ *seguendo un modello*) ~ **qc** {ABITO} etw zu|schneiden **16** *agr* ~ **qc** {GRANO} etw mähen **17** (*nei giochi di carte*) ~ (*qc*) {CARTE, MAZZO} (etw) ab|heben **18** *inform* ~ **qc** etw schneiden **19** *mat* (*intersecare*) ~ **qc** (*in qc*) {RETTA ELLISSE IN DUE PUNTI} etw (*irgendwo*) schneiden **20** *sport* ~ **qc** {PALLA} etw (an|)schneiden **21** *tecnol* ~ **qc** {DIAMANTE} etw schneiden **B** *itr* (*accorciare la strada*) den kürzesten Weg nehmen: **tagliammo per i campi**, wir kürzten über die Felder ab, wir nahmen die Abkürzung über die Felder **C** *itr pron*: **tagliarsi** ein|reißen: **questa stoffa si taglia tutta**, dieser Stoff reißt überall ein **D** *rfl* **1** (*ferirsi*) **tagliarsi** (*con qc*) sich (*mit etw dat*) schneiden: **ti sei di nuovo tagliato?**, hast du dich schon wieder geschnitten?; (*indir*) **tagliarsi qc** (*con qc*) {MANO CON UN VETRO} sich (*mit etw dat*) (in etw acc) schneiden **2** *indir* (*amputarsi*): **tagliarsi qc** (*con qc*) {DITO CON LA MOTOSEGA} sich (dat) etw (*mit etw dat*) ab|schneiden **3** *indir* (*accorciare*) **tagliarsi qc** (*con qc*) {UNGHIE} sich (dat) etw (*mit etw dat*) schneiden; {CAPELLI} sich (dat) etw (*mit etw dat*) (ab|)schneiden; {BAFFI} sich (dat) etw (*mit etw dat*) stutzen schneiden **4** *indir* (*eliminare*): **tagliarsi qc** (*con qc*) {BARBA} sich (dat) etw (*mit etw dat*) ab|rasieren • **tagliar corto** *fig* (*abbreviare un discorso*), es kurz machen; ~ **diritto**, abkürzen; **tagliar fuori qu/qc** *fig* (*escludere*), *jdn/etw* ausschließen.

tagliarèllo m <*di solito al pl*> *gastr* "dünne Bandnudeln".

tagliasigàri <-> m (*arnese*) Zigarrenabschneider m.

tagliàta f **1** (*il tagliare*) {+PRATO} Schneiden n; {+CAPELLI} (Ab)schneiden n; {+FIENO} Mähen n; {+ALBERI} Fällen n, Abholzung f **2** *gastr* Tagliata f (*gebratene Fleischstückchen mit Öl und Gewürzen*) **3** *mil* Sperrung m, Sperrung f **4** (*nella scherma*) Tagliata f.

tagliatartùfi <-> m (*utensile da cucina*) Trüffelschneider m.

tagliatèlla f <*di solito al pl*> *gastr* Tagliatelle f pl (*dünne Bandnudeln*).

tagliàto, (-a) agg **1** gener geschnitten: **capelli tagliati corti**, kurz geschnittene Haare; {CORDA} durchgeschnitten; {ROSA} abgeschnitten **2** (soppresso) {BATTUTA} gestrichen **3** (ridotto) {EDIZIONE} gekürzt **4** (allungato) {VINO} verschnitten **5** fig (portato) ~ **per qc** {PER LA MATEMATICA} (für etw acc) begabt, (für etw acc) geeignet: **è ~ per fare il venditore**, er eignet sich gut als Verkäufer **6** agr {GRANO} gemäht **7** sport {PALLA} (an)geschnitten ● **un uomo ~ all'antica** fig, ein Mann vom alten Schlag; **essere ~ fuori** fig (escluso), nicht berücksichtigt werden, außen vor bleiben norddt.

tagliatóre, (-trice) m (f) **1** (nella moda) {+ABITI} Zuschneider(in) m(f) **2** tecnol {+PIETRE PREZIOSE} Edelsteinzuschneider(in) m(f).

tagliatùra f **1** (atto) Schneiden n, Schnitt m; {+FETTA DI TORTA} Abschneiden n; {+STOFFA} Zuschneiden n; {+VINO} Verschneiden n **2** (punto) Schnittstelle f.

tagliaùnghie <-> m (tronchesina) Nagelknipser m.

tagliauòva <-> m (utensile da cucina) Eierschneider m.

taglieggiaménto m (estorsione) Erpressen n, (azione) anche Erpressung f.

taglieggiàre <taglieggio, taglieggi> tr ~ **qu** {COMMERCIANTE} jdn erpressen.

taglieggiatóre, (-trice) m (f) (ricattatore) Erpresser(in) m(f).

tagliènte **A** agg **1** (affilato) {COLTELLO} scharf **2** fig (pungente) {FREDDO} beißend, schneidend, {OSSERVAZIONE} bissig, {LINGUA} spitz; {CRITICA} scharf **B** m {+LAMA} Schneide f.

tagliére m (utensile da cucina) Hackbrett n.

taglierìna f **1** (per la carta) (Papier)-schneidemaschine f **2** (per la lamiera) (Blech)schneidemaschine f **3** fot Schneidemaschine f.

taglierìno m **1** (cutter) Cuttermesser n **2** <di solito al pl> gastr Suppennudeln f pl.

tagliétto <dim di taglio> m **1** kleiner Schnitt: **mi sono fatto un ~ al dito**, ich habe mich am Finger leicht geschnitten **2** (scalpello) Schneidegerät n.

tàglio <-gli> m **1** gener (azione) {+CARTA} Schneiden n, Schnitt m; {+ALBERI} Fällen n; {+LEGNA} Hacken n; {+STOFFA} Zuschnitt m **2** (effetto) Schnitt m: **con questo ~ di capelli sembri molto più giovane!**, mit diesem (Haar)schnitt siehst du viel jünger aus! **3** (ferita) {PROFONDO} Schnitt(wunde f) m: **avere un ~ su un dito**, eine Schnittwunde am Finger haben **4** (pezzo) Stück n: ~ **di carne**, Fleischstück n; **vendere la pizza al ~**, die Pizza stückweise verkaufen **5** (modo di tagliare) Schnitt m: **un buon sarto si riconosce dal ~**, einen guten Schneider erkennt man am Schnitt **6** (foggia) {SPORTIVO + GIACCA} Schnitt m **7** (parte tagliente) {+LAMA} Schneide f **8** (impostazione) {ORIGINALE} Form f, Gestalt f: **dare un ~ moderno al racconto**, der Erzählung eine moderne Form geben **9** (misura) Größe f: **banconote di grosso/piccolo ~**, große/kleine Banknoten **10** (sfaccettatura) Schliff m : **a brillante/navetta/rosa/stella**, Brillant-/Navette-/Rosen-/Sternschliff m **11** fig (riduzione) {+SPESE} Kürzung f: **vennero decisi numerosi tagli ai finanziamenti pubblici**, es wurden zahlreiche Kürzungen der öffentlichen Finanzierungsmittel beschlossen; **questo testo ha subito alcuni tagli**, dieser Text hat einige Kürzungen erfahren **12** fig (omissione) {+BATTUTA, SCENA} Streichung f, Streichen n **13** agr {+GRANO} Mähen n **14** edit {+LIBRO} Schnitt(seite f) m **15** enol {+VINO} Verschnitt m **16** giorn (articolo) Schlagzeilenartikel m, Aufmacher m **17** giorn (posizione) "Positionierung eines Artikel auf der Titelseite": ~ **alto/basso**, Artikel in der oberen/unteren Hälfte der Titelseite **18** med {+ARTO} Amputation f **19** tess Bahn f: **un ~ di due metri**, ein zwei Meter langer Stoff; **un ~ di stoffa**, eine Stoffbahn ● **al caffè/cioccolato** gastr, Eiskaffee m/Eisschokolade f; ~ **cesareo** med, Kaiserschnitt m; **diamoci un ~!** fig (finiamola), lasst uns Schluss damit machen!, machen wir Schluss damit!; **a doppio ~** fig (che può risultare svantaggiosa), zweischneidig; **mettere qc di ~** (perpendicolarmente), {MATTONE} etw hochkant/senkrecht aufstellen/setzen; **colpire la palla di ~** (dare un effetto), den Ball anschneiden fig; **dare un ~ netto al passato** fig (chiudere con qc), einen Schlussstrich unter die Vergangenheit ziehen, mit der Vergangenheit brechen; **perdere il ~** (affilatura), den Schliff verlieren.

tagliòla f (trappola) Fangeisen n.

tagliolìno m <di solito al pl> → **taglierino**.

tagliòne① m dir stor Talion f, "Vergeltung f durch ein gleiches Übel".

tagliòne② m idraul Herdmauer f, Sporn m.

tagliuzzàre tr (tagliare a pezzettini) ~ **qc** {FOGLIO} etw zerschneiden, etw zerschnippeln fam **2** (screpolare) ~ **qc a qu** {VENTO LABBRA} jdm etw auf|rauen, etw rissig werden lassen.

Tahìti f geog Tahiti n.

tahitiàno, (-a) **A** agg {ARTIGIANATO} tahitisch **B** m (f) (abitante) Tahitianer(in) m(f).

tai → **thai**.

tai-chi-chuan <-> m cinese (ginnastica) Tai Chi n, Tàijíquán n, T'ai-Chi-Ch'uan n, chinesisches Schattenboxen.

tàiga <-ghe> f geog Taiga f.

tailleur <-> m franc Kostüm n.

takeaway <-> m ingl **1** (negozio) Take-away-Restaurant n **2** (servizio): **quella pizzeria ha il ~**, in dieser Pizzeria gibt es Pizzas zum Mitnehmen.

take off <-> loc sost m ingl **1** (partenza) {+MISSILE} Start m; {+AEROPLANO} anche Abflug m, Abheben n **2** fig (decollo) {+PAESE} Wirtschaftsaufschwung m.

take-over <-, - -s pl ingl> m ingl econ Take-over n o m.

tal → **tale**.

talàltro, (-a) pron indef **1** (qualche altro) ein(e) andere(r, s): **taluno ..., ~ ...**, einer ..., ein anderer ... **2** (qualche altra volta): **talaltra**, ein andermal; **talvolta ..., talaltra ...**, einmal ..., ein andermal ...

tàlamo m **1** lett anche scherz (camera) Brautgemach m forb; (letto) Hochzeitsbett n **2** anat Thalamus m **3** bot Blütenboden m ● **condurre al ~ lett** (sposare), zum Traualtar führen; **macchiare il ~ lett** (commettere adulterio), Ehebruch begehen.

talàre agg anche relig (lungo fino ai piedi): **veste ~**, Talar m.

talàri m pl mitol Flügelschuhe m pl.

talassemìa f med Mittelmeeranämie f, Thalassämie f scient.

talassèmico, (-a) <-ci, -che> med **A** agg {PAZIENTE} thalassämisch **B** m (f) Thalassämiker(in) m(f), Thalassämiepatient(in) m(f).

talassoterapìa f med Thalassotherapie f.

talché cong poet (cosicché) ~ ... ind/congv; so ..., dass... ind; dermaßen ..., dass... ind.

tàlco m **1** min <solo sing> Talk m **2** <-chi> (polvere) Talkum n ● ~ **mentolato** farm, Mentholpuder n.

tàle **A** agg dimostr <davanti a consonante spesso tal> **1** (siffatto) solch, so(lch) ein, ein(e) derartige(r, s): **tali discorsi non sono ammessi**, solche Reden sind nicht erlaubt; **una ~ situazione non può durare**, eine derartige Situation kann nicht lange so bleiben **2** (così grande) so, dermaßen, derart: **è di una ~ cattiveria!**, er/sie ist derartig gehässig!; **c'era una ~ nebbia che non si vedeva a 50 metri di distanza**, [es war ein solcher Nebel,]/[der Nebel war derart dicht], dass man keine 50 Meter weit sehen konnte; **si è preso una sbornia ~ da fargli dimenticare tutto**, er war dermaßen besoffen fam, dass er alles vergessen hat; **ha detto tali spropositi che nessuno gli ha creduto**, er hat dermaßen übertrieben/[dick aufgetragen fam], dass ihm keiner geglaubt hat **3** (questo) diese(r, s): **in tal caso**, in diesem Fall; **in tal modo**, auf solche Weise **4** (quello) diese(r, s): **la tal persona**, diese Person **5** (in correlazione): **~ ... ~ ...**, wie ... so ...: **~ marito ~ moglie**, wie der Mann, so die (Ehe)frau **B** agg indef **1** (certo) gewisse(r, s): **un ~ Marco/signore**, ein gewisser Marco/Herr **2** (indefinito) X: **alle tali giorno alla tal ora**, am Tag X um X Uhr, an dem und dem Tag um die und die (Uhr)zeit **C** pron dimostr **1** (persona determinata) derjenige, diejenige, dasjenige: **"sono il ~" mi disse**, "ich bin derjenige", sagte er zu mir **2** (così) solcher, solche, solches: **prima erano concorrenti, ma adesso non sono più tali**, früher waren sie Konkurrenten, aber jetzt sind sie es nicht mehr; **questa offesa, perché ~ è, non può essere dimenticata così facilmente**, diese Beleidigung, denn um eine solche handelt es sich, kann nicht so einfach vergessen werden **D** pron indef **1** (persona indeterminata) einer m, eine f; jemand m: **ho incontrato un ~ che ti conosce**, ich bin jemandem begegnet, der dich kennt; **un ~ vuol parlarti**, jemand möchte dich sprechen; **da ist einer, der dich sprechen will 2** (persona determinata): **quel/quella ~**, der/die Betreffende, jener/jene; **è quella ~ che ha già telefonato ieri**, es ist die(jenige), die schon gestern angerufen hat **3** (tale dei tali**, Herr/Frau Soundso; **come ~**, als solche(r, s); **la sua macchina è ~ (e) quale la tua** (è uguale alla tua), sein/ihr Auto sieht genau so aus wie deins; **è ~ (e) quale sua madre** (come sua madre), er/sie ist genau wie seine/ihre Mutter; **il centro storico è rimasto ~ (e) quale** (non è cambiato), der historische Stadtkern ist unverändert geblieben; **questo appartamento è ~ (e) quale io lo desideravo** (esattamente come lo desideravo), das ist genau die Wohnung, die ich wollte; **il tal partito ha vinto, il talaltro ha perso**, die eine Partei hat gewonnen, die andere verloren.

talèa f agr bot Steckling m.

talebàno m relig Taliban pl, Taliban-Anhänger m.

talèggio <-gi> m gastr Taleggio m norditalienischer Weichkäse mit hohem Fettanteil.

talènto① m **1** (capacità) Talent n, Begabung f: **avere del ~ per qc**, für etw (acc) Talent haben; **un giovane di ~**, ein talentierter/begabter Junge/[junger Mann] **2** (chi ha talento) Talent n: **è uno dei maggiori talenti del secolo**, er ist eines der größten Talente des Jahrhunderts.

talènto② m metrol numism stor Talent n.

tàlent scout <-, - -s pl ingl> loc sost mf ingl edit film teat TV Talentsucher(in) m(f).

tàliban m → **talebano**.

talismàno m **1** (oggetto) Talisman m **2** fig (portafortuna) Talisman m, Glücksbringer m.

talk show <-, - -s pl *ingl*> loc sost m *ingl radio TV* {POMERIDIANO, SERALE} Talkshow f.

tàllero m *numism* Taler m.

tallonaménto m **1** *anche sport* (*inseguimento*) {+AVVERSARIO} Verfolgung f, Bedrängen n **2** *tecnol* Stemmen n.

tallonàre tr **1** *fig sport* ~ *qu* {AVVERSARIO} jdn verfolgen, jdm auf den Fersen sein **2** *sport* ~ *qc* {PALLA} etw mit der Hacke spielen, einen Hackentrick machen.

tallonàta f **1** (*colpo di tallone*) Fersenstoß m **2** *sport* (*nel calcio*) Hackentrick m.

tallončino m (*cedola*) Abschnitt m, Quittung(sschein m) f; *farm* {+SCATOLA DI MEDICINALI} Talon m.

tallóne① m **1** *anat* Ferse f **2** {+CALZA} Ferse f **3** (*parte che sporge*) {+LAMA} Angel f **4** *autom* {+PNEUMATICO} Wulst m ● ~ **d'Achille** *fig* (*punto debole*), Achillesferse f.

tallóne② m *econ* {ARGENTEO, AUREO} Währung f.

tallóne③ m *rar* (*cedola*) {+ASSEGNO, CONTROLLO, VAGLIA} Talon m.

talménte avv so, derart, dermaßen: **è ~ facile!**, es ist so/dermaßen einfach!; **è ~ stupido da non accorgersene neanche**, er ist so/dermaßen dumm, dass er es nicht einmal merkt; **mi esaspera ~ è testardo**, er bringt mich noch zur Verzweiflung, so stur ist er; **era ~ nervoso che si mangiava le unghie**, er war derart nervös, dass er Nägel kaute.

talmùd <-> m *relig ebraica* Talmud m.

talmùdico, (-a) <-ci, -che> agg *relig ebraica* {LEGGENDA, TRADIZIONE} talmudisch, Talmud-.

talmudista <-i m, -e f> mf *relig ebraica* Talmudist(in) m(f), Talmudforscher(in) m(f).

talóra <*poet davanti a consonante talor*> avv (*qualche volta*) manchmal, ab und zu, bisweilen *forb*: ~ **mi sento stanco e sfiduciato**, bisweilen *forb* fühle ich mich erschöpft und mutlos.

tàlpa f **1** *zoo* Maulwurf m: **cieco come una ~**, blind wie ein Maulwurf **2** *fig* (*infiltrato*) Maulwurf m, Spiegel m **3** *tecnol* Schaufelradbagger m.

talùno, (-a) A agg <*solo pl*> einige, manche: **taluni scrittori**, einige/manche Schriftsteller B pron indef manche(r, s), eine(r, s): ~ ... **talaltro**, einer ..., ein anderer; **taluni di noi protestarono**, einige von uns protestierten.

talvòlta avv (*a volte*) manchmal, bisweilen: **~ ... talaltra**, manchmal..., ein anderes Mal; **~ vado io, ~ vengono loro**, manchmal gehe ich, ein anderes Mal kommen sie.

tamàri <-> m *gastr* Tamari f, Sojasoße f.

tamarìndo m **1** *bot* (*pianta*) Tamarinde f, Tamarindenbaum m **2** (*frutto*) Tamarinde f, Tamarindenfrucht f **3** (*bibita*) Tamarindensaft m.

tamàrro m **1** *region* (*zoticone*) Grobian m *spreg*, Rohling m *spreg* **2** *spreg* Spacko m *slang spreg*, Prolo m *slang spreg*, Goldkettenträger m *slang spreg*, gegelter Italoverschnitt *slang*.

tamburàto A agg {PANNELLO} furniert B m Furnier m.

tambureggiaménto m *mil mus sport* {+ARTIGLIERIA} Trommelfeuer n.

tambureggiàre <*tambureggio, tambureggi*> itr *mil mus sport* {ARTIGLIERIA} (ein) Trommelfeuer veranstalten.

tamburellàre itr **1** (*battere*) ~ **con le dita sulla scrivania**, mit den Fingern auf den Schreibtisch trommeln; **la pioggia tamburellava sui tetti**, der Regen trommelte auf die Dächer **2** *mus* das Tamburin schlagen.

tamburellìo <-ìi> m (*tamburellare*) Getrommel n.

tamburèllo <*dim di tamburo*> m **1** (*strumento*) Tamburin n **2** (*gioco*) Trommelballspiel n **3** (*per ricamo*) Stickrahmen m, Tamburin n.

tamburìno <*dim di tamburo*> m **1** (*strumento*) kleine Trommel **2** (*suonatore*) {+ESERCITO} Trommler m **3** *slang giorn* Veranstaltungskalender m.

tambùro m **1** (*strumento*) Trommel f **2** (*suonatore*) Trommler m **3** *arch* {+CUPOLA} Tambour m **4** *giorn* "Abonnement(s)anzeige für das nächste Jahr" **5** *mecc* {+PISTOLA} Trommel f: **~ del freno**, Bremstrommel f **6** *tecnol* {+OROLOGIO} Federgehäuse n ● **a ~ battente** (*immediatamente*), auf der Stelle; (*in tutta fretta*), in aller Eile; **~ magnetico** *inform*, Magnetspeicher m.

Tamìgi m *geog* Themse f.

Tampax® <-> m (*assorbente interno*) Tampax®(-Tampon) m.

tampinàre tr ~ *qu* **1** *region* (*seguire da vicino*) jdm auf den Fersen sein/bleiben **2** *fig fam* (*molestare*) {RAGAZZA} jdn belästigen.

tamponaménto m **1** (*otturazione*) {+FALLA} Abdichtung f **2** *autom ferr* Auffahrunfall m: **~ a catena**, Massenkarambolage f **3** *med* {+FERITA} Tamponade f *scient*.

tamponàre tr **1** (*otturare*) ~ *qc* {PERDITA D'ACQUA} etw (ab|)dichten **2** *fig* (*rimediare a*) ~ *qc* {EMERGENZA} etw provisorisch regeln, eine Notlösung (*für qc*) finden **3** *autom ferr* ~ *qu/qc* {TRAM} auf etw (acc) auf|fahren; {PERSONA} jdn an|fahren **4** *med* ~ *qc* {FERITA} etw tamponieren.

tampóne A m **1** *gener* {+OVATTA} Pfropf(en m) m **2** (*assorbente interno*) Tampon m **3** (*per timbri*) Stempelkissen n **4** (*di carta assorbente*) Löschpapier n, Löschrolle f **5** *ferr* (*respingente*) {+VAGONE} Puffer m **6** *med* Tampon m; (*ad uso diagnostico*) Abstrich m B agg <inv> **1** *fig* (*di emergenza*) {LEGGE, SOLUZIONE} Übergangs-, Not- **2** *chim* **soluzione ~**, Pufferlösung f **3** *inform* {CIRCUITO, MEMORIA} Puffer-.

tamtàm, **tam-tàm** <-> m **1** (*suono*) Gongschlag m **2** (*gong*) Gong m, Tamtam n **3** *fig* (*diffusione di notizie*) Flüsterpropaganda f, Tamtam n.

tan *inter onomatopeica* **1** (*di rullo di tamburi*) tam **2** (*di colpo di pistola*) peng.

TAN <-> m *banca* Jahresnominalzinssatz m.

tàna f **1** {+ORSO} Höhle f, Bau m **2** *fig* (*nascondiglio*) {+BANDITO} Schlupfwinkel m **3** *fig spreg* (*stamberga*) Loch n *spreg* **4** *fig* (*in giochi infantili*) Versteck n, Höhle f ● **cacciarsi nella ~ del lupo** *fig* (*in una situazione rischiosa*), sich in die Höhle des Löwen begeben/wagen *fam*.

tanatofobìa f *psic* Thanatophobie f *scient*.

tanatologìa f *med* Thanatologie f *scient*.

tanatòsi <-> f *zoo* Thanatose f *scient*.

tàndem <-> m **1** (*bicicletta*) Tandem n **2** *fig* (*duo*) {VINCENTE} Tandem n ● **lavorare in ~** (*insieme*), im Gespann zusammenarbeiten.

tandoori <inv> agg *hindi gastr* {+POLLO} Tandoori-.

tanfàta f (*zaffata*) übel riechende Dunstwolke/Dunstschwade: **~ di aria viziata**, Wolke/Schwade f schlechter/verbrauchter Luft.

tànfo m (*puzza*) {PESTILENZIALE} Modergeruch m: **si sentiva un ~ di chiuso**, es roch nach abgestandener Luft.

tànga <-> m (*nella moda*) (*costume da bagno*) Tanga m; (*slip*) Tangaslip m.

tangènte① *mat* (*abbr* tg) A agg ~ **a qc** {CURVA A UN PIANO} tangential (*zu etw* dat) B f Tangente f ● **filare per la ~** *scherz* (*svignarsela*), die Kurve kratzen *fam*, sich verdrücken *fam*; **partire per la ~** *fig* (*divagare*), {ORATORE} abschweifen; (*dare in escandescenze*), einen Wutausbruch haben.

tangènte② f **1** (*quota*) Anteil m **2** *fig spreg* (*mazzetta*) Schmiergeld n *fam spreg*, Bestechungsgeld n.

tangentière, (-a) m (f) Schmiergeldeintreiber(in) m(f) *spreg*.

tangentìsmo m (*fenomeno di corruzione*) {+ANNI OTTANTA} Korruptions-, Schmiergeldaffären f pl *spreg*.

tangentìsta <-i m, -e f> mf *giorn* (*chi pretende denaro in cambio di favori*) Schmiergeldkassierer(in) m(f) *spreg*, Schmiergeldeintreiber(in) m(f) *fam spreg*.

tangentìzio, (-a) <-zi m> agg (*delle tangenti*) {MALCOSTUME} der Korruption/Schmiergelder *spreg*.

tangentocrazìa f *polit* korrupte Regierung *spreg*.

tangentòpoli <-> f *giorn*: ~/**Tangentopoli 1** (*scandalo delle tangenti*) Schmiergeldskandal m (Tangentopoli) **2** (*città dall'amministrazione corrotta*) "Stadt mit zahlreichen Schmiergeldaffären".

tangènza f **1** *mat* Tangentialpunkt m **2** *aero* Scheitelpunkt m.

tangenziàle A agg **1** *mat* tangential-, Tangens- **2** *fig* (*marginale*) {PROBLEMA} marginal, nebensächlich B f (*strada*) Umgehungsstraße f, Tangente f: **la ~ nord**, die Nord-Tangente.

tàngere <irr difet non usato al pass rem, part pass e tempi composti, tango, tangi> tr *lett anche fig* (*toccare*) ~ *qu* jdn berühren: **le sue calunnie non mi tangono**, seine/ihre Verleumdungen berühren mich nicht/[lassen mich kalt *fam*].

tànghero① (*rar* -a) m (f) (*rozzo*) Tölpel m *spreg*; (*villano*) Rüpel m *spreg*.

tanghèro②, (-a) A m (f) (*ballerino*) Tangotänzer(in) m(f) B agg (*di tango*) {MUSICA, SERATA} Tango-.

tangìbile agg **1** (*palpabile*) {SPESSORE} fühlbar **2** *fig* (*visibile*) {PROVA} greifbar.

tangibilità <-> f **1** (*l'essere tangibile*) Spürbarkeit f, Fühlbarkeit f **2** *fig* (*evidenza*) {+PROVA} Greifbarkeit f.

tàngo <-ghi> m (*danza*) {ARGENTINO} Tango m.

tangóne m *mar* {+FIOCCO} Baum m.

tanguèro, (-a) *spagn* → **tanghero**②.

tànica <-che> f (*recipiente*) {+ACQUA, BENZINA} Kanister m.

tànnico, (-a) <-ci, -che> agg **1** {PIANTA} tanninhaltig; {ACIDO} Gerb- **2** *enol* {VINO} tanninhaltig.

tannìno <-> m *chim* Gerbsäure f, Tannin n.

tantìno <*dim di tanto*> A pron indef <*solo sing*> ein bisschen, ein wenig: **me ne basta un ~**, mir reicht ein bisschen davon, ich brauche nur ein wenig davon; **bevi un ~ di vino!**, trink einen Schluck Wein! B loc avv: **un ~**, ein bisschen, ein wenig, etwas; **sono un ~ stanco**, ich bin etwas müde.

tànto, (-a) A agg indef **1** (*in gran numero*) viel: **non mi occorrono tanti soldi**, ich brauche nicht viel Geld; **tante volte**, oft **2** (*in gran quantità*) viel: **c'era tanta gente?**, waren viele Leute da? **3** (*intenso, grande*) {AIUTO, PAURA, SETE} groß; {AMORE} viel **4** (*lungo*) viel, lange, weit: **tanta strada**, weiter Weg; **aspettare per ~ tempo**, lange (Zeit) warten; **non ha ~ tempo**, er/sie hat nicht viel Zeit **5** (*così tanto*) so viel: **hanno ~ denaro da non sapere come spenderlo**, sie haben so viel Geld, dass sie nicht wissen, wohin damit; **non avevo mai visto tanti fiori**, ich hatte noch nie so viele Blumen gesehen; **ha ~ di quel lavoro che non ha potuto venire**, er/sie hat so viel Arbeit, dass er/sie nicht kommen konnte **6** (*talmente*) so groß, so viel: **ha avuto tante di quelle disgrazie!**, ihn/sie haben so viele Schicksalsschläge getroffen!, er/sie hat so viele Schicksalsschläge erlitten!; **ho tanta di quella sete che non ne posso più**, ich habe (einen) so großen Durst, dass ich es nicht mehr aushalte **7** (*eccessivo*) groß: **senza tante formalità**, ohne große Formalitäten **8** (*numeroso*) zahlreich: **è uno dei tanti casi in cui ...**, das ist einer der zahlreichen Fälle, in denen... **9** (*quantità indeterminata*) soundso viel *fam*: **bisogna calcolare ~ per l'albergo, ~ per gli spostamenti e ~ per il mangiare**, man muss soundso viel für das Hotel, soundso viel für die Fahrt und soundso viel für das Essen veranschlagen **10** (*in correlazione: altrettanto*): ~...~..., genauso viel...wie: **tante entrate tante uscite**, genauso viel Einkünfte wie Ausgaben **11** (*in correlazione*): ~... quanto..., (genau)so viel: **aveva tanti nemici quanti amici**, er/sie hatte genauso viel Feinde wie Freunde; **ha tanti soldi quanti ne hai tu**, er/sie hat genauso viel Geld wie du ᴮ pron indef **1** (*molto*) viel: **c'è ancora ~ da fare**, es gibt noch viel zu tun; **ha lavorato ~ per loro**, er/sie hat viel für sie gearbeitet; **è già ~ che sia stato promosso**, es ist schon ˻viel wert˼/[ein Glück], dass er versetzt worden ist **2** (*così tanto*) so viel: **di libri ne ha tanti da non sapere dove metterli**, er/sie hat so viele Bücher, dass er/sie nicht weiß, wohin damit **3** (*in correlazione*): **~ quanto**, so viel: **denaro? Ne ho ~ quanto basta**, Geld? Davon habe ich ˻zur Genüge˼/ [so viel ich brauche] **4** ˻*solo* pl˼ (*molte persone*) viele: **tanti sono d'accordo, ma tanti altri no**, viele sind einverstanden, aber viele andere nicht; **è uno dei tanti che sono stati licenziati**, er ist einer von vielen, denen gekündigt worden ist; **è una ragazza come ce ne sono tante**, sie ist ein Mädchen wie viele andere; **tanti di noi sono rimasti**, viele von uns sind dageblieben ᴄ pron dimostr (*questo*) das: **~ ti basti**, das muss dir reichen, gib dich damit zufrieden ᴅ avv **1** (*quantità*) viel: **i modi di dire sono ~ usati**, Redewendungen werden viel gebraucht **2** (*intensità*) sehr: **è stato ~ gentile con noi**, er ist sehr freundlich zu uns gewesen; **vorrei ~ che tutto ciò fosse vero!**, ich wünsche sehr, dass alles wäre wahr!; **le vuol ~ bene**, er/sie hat sie sehr lieb **3** (*a lungo*) lange: **starai via ~?**, wirst du lange fortbleiben? **4** (*spesso*) oft, viel: **viaggio ~**, ich reise viel/oft **5** (*caro*) teuer: **costa ~?**, ist es teuer?, kostet es viel? **6** (*così*) so (viel): **non è poi ~ facile**, es ist gar nicht so leicht; **perché lavorare ~?**, warum so viel arbeiten?; **è ~ timido che non osa protestare**, er ist so schüchtern, dass er nicht zu protestieren wagt; **fu ~ sciocco da crederlo**, er war so dumm, es zu glauben **7** (*altrettanto*) so viel: **due/tre volte ~**, zwei-mal/dreimal so viel **8** (*solo*) nur: **~ per far qualcosa**, nur um etwas zu tun **9** (*in correlazione: così ... quanto*): **~ ... quanto**, so ... wie: **è ~ intelligente quanto bella**, sie ist so intelligent, wie sie schön ist; sie ist ebenso intelligent wie schön **10** (*in correlazione: sia ... sia...*): **~ ... quanto/che** *fam*, sowohl ... als/wie auch: **~ lei quanto/che** *fam* **la madre erano estranee al fatto**, sowohl sie als/ wie auch die Mutter hatten mit der Sache nichts zu tun **11** (*in correlazione*): **~ quanto**, so viel: **non studia ~ quanto dovrebbe**, er/sie lernt nicht so viel wie er/sie sollte **12** ~

+ *compar* (*di qu/qc*) viel/wesentlich + *compar* (*als jd/etw*): **è ~ più cordiale della moglie**, er ist viel freundlicher als seine Frau ᴇ loc avv (*più/meno*): **~ più ... ~ più/meno** ˻*ne mehr... desto mehr/weniger*˼: **~ più si arrabbia ~ meno ottiene ciò che vuole**, je mehr er/sie sich aufregt, desto ˻um so˼ weniger erreicht er/sie (das), was er/sie will ꜰ loc sowieso: **può dire ciò che vuole ~ non gli credo**, er kann sagen, was er will - ich glaube ihm sowieso nicht ɢ ᴍ **1** Viele n decl come agg: **il ~ e il poco**, das Viele und das Wenige **2** (*quantità indeterminata*): **ha un ~ per cento sulle vendite**, er/sie hat soundso viel Prozent Anteil am Verkauf; **le passa un ~ al mese**, er/sie überweist ihr monatlich soundso viel/[eine bestimmte Summe]; **costa un ~ al metro**, es kostet soundso viel pro Meter ● ***alto/largo ~ (così)***, so˻hoch/groß˼/ [breit]; **non lo credevo capace di *arrivare*/ *giungere* a ~** (*a tal punto*), dazu hätte ich ihn nicht für fähig gehalten, das hätte ich ihm nicht zugetraut; **quel ~ che basta** (*quanto basta*), so viel, dass es reicht; **siamo rimasti immobili come tante statuine**, wir sind zu Salzsäulen erstarrt *fam*, wir sind da wie angewurzelt *fam*; **combinarne tante** (*fare tanti disastri*), viele Dummheiten anstellen; **da ~** (*da molto tempo*), seit langem, seit langer Zeit *fam*; (*di molto valore*), zu so etwas; **tu non sei da ~**, du bist zu so etwas nicht fähig; ***darne* tante a qu** (*picchiarlo*), jdn verprügeln, jdn verhauen, jdn verkloppen *fam*, jdn windelweich prügeln/hauen *fam*; **se ~ mi dà ~ fig** (*se le cose vanno così*), wenn die Dinge so stehen, unter diesen Umständen, wenn das so ist; **di ~ in ~** (*saltuariamente*), von Zeit zu Zeit; **arrivò con ~ di certificato medico** enf (*addirittura con il certificato medico*), er/ sie kam sogar mit einem ärztlichen Attest, er/sie hatte sogar ein ärztliches Attest bei sich; **un uomo con ~ di spalle**, ein Mann mit breiten Schultern; **portò con sé ~ di moglie**, er brachte sogar seine Frau mit; **a *dir/far* ~** (*al massimo*), höchstens; ***dirne* tante a qu** (*insultarlo*), jdn beschimpfen, jdm die Leviten lesen *fam*; **è ~ che è andato via** (*molto tempo*), es ist lange her, dass er weggegangen ist; **è già ~ se ...**, es ist schon viel˼/[man kann schon froh sein], wenn...; **tant'è che...**, in der Tat; **tant'è che non gli ha più rivolto la parola**, in der Tat hat er/sie kein Wort mehr an ihn gerichtet; **~ *fa*/*vale*/*varrebbe*** (*è lo stesso*), das ist gleichgültig/einerlei/ gleich *fam*; **fino a ~ che...** (*finché*), (solange bis; *fra non ~* (*fra poco tempo*), in Kürze, binnen kurzem; ˻*di* guadagnato˼/[meglio] (*meglio così*), umso besser; **~ *meno***, umso weniger; **non** (*poco*), wenig, nicht so sehr; **ogni ~**, ab und zu; **~ più che ~**, umso mehr als ...; zumal, da ...; **non più di ~** (*poco*), nicht besonders viel; *poco* **o ~** (*sia quanto sia*), wenig oder viel; **guadagno né ~ né poco**, ich verdiene genug; (*affatto*), überhaupt nicht, absolut nicht *fam*; **non mi interessa né ~ né poco**, das interessiert mich überhaupt nicht; **~ e poi ~**, sehr viel; **né ~ né quanto** (*affatto*), nicht im Geringsten, ganz und gar nicht; ***raccontarne* tante fandonie**, viele Märchen erzählen *fam*; **~ è lo stesso** (*comunque*), es kommt ohnehin auf dasselbe heraus; **questa è una delle tante** (**che ha fatto**), das ist nur eine von den vielen Dingern *fam*, die er/sie gedreht hat.

tànto che loc cong (*al punto che*) **tanto che... *ind*, so..., dass... *ind*; sodass... *ind*: **la città le piacque, tanto che decise di rimanerci ancora qualche giorno**, die Stadt gefiel ihr so sehr, dass sie sich entschloss, noch

ein paar Tage zu bleiben; **è stato davvero maleducato, tanto che ho dovuto punirlo**, er war dermaßen ungezogen, dass ich ihn bestrafen musste.

tàntra <-> m *relig buddista e induista* Tantra n.

tantrìsmo m *relig buddista e induista* Tantrismus m.

Tanzània f *geog* Tansania n.

tanzaniàno, (-a) ᴀ agg {ɢᴏᴠᴇʀɴᴏ} tansanisch ᴮ m (f) (*abitante*) Tansanier(in) m(f).

tào <-> m *filos relig cinese* Tao n.

taoìsmo m *filos relig* Taoismus m.

taoìsta <-i m, -e f> *filos relig* ᴀ agg (*relativo al taoismo*) {ᴅᴏᴛᴛʀɪɴᴀ} taoistisch ᴮ mf (*seguace*) Taoist(in) m(f).

taoìstico, (-a) <-ci, -che> agg *filos relig* (*ispirato al taoismo*) taoistisch.

tàpas f pl *spagn* Tapas pl, Appetithäppchen n pl.

tape mònitor <-, - -s pl *ingl*> loc sost m *ingl* (*dispositivo*) Tape-Monitor m.

tapìno, (-a) ᴀ agg (*meschino*) {ᴠɪᴛᴀ} elend, armselig ᴮ m (f) Arme mf decl come agg, Elende mf decl come agg.

tapiòca <-che> f (*fecola*) Tapioka f.

tapìro m *zoo* Tapir m.

tapis roulant <-, - -s pl *franc*> loc sost m *franc* (*nastro trasportatore*) Förderband n.

tàppa f **1** (*sosta*) Rast f, Station f: **fare ~ a Salisburgo**, in Salzburg Rast machen **2** (*luogo*) Rastplatz m: **andare di ~ in ~**, ˻in Etappen˼/[etappenweise] gehen; *mil* Etappe f **3** (*percorso*) Teilstrecke f: **abbiamo percorso 500 km in una sola ~**, wir sind 500 km nonstop/[ohne Zwischenhalt/Zwischenstopp] gefahren; *sport* {+ᴍᴏɴᴛᴀɢɴᴀ} Etappe f; **~ a cronometro**, Zeitfahren n **4** *fig* (*stadio*) {+ᴘʀᴏɢᴇᴛᴛᴏ, ʀɪꜰᴏʀᴍᴀ} Etappe f, Stufe f; {+ᴠɪᴛᴀ} Abschnitt m ● ***a* tappe**, etappenweise; ***bruciare* le tappe** *fig* (*procedere molto rapidamente*), sich gewaltig ins Zeug legen *fam*, schnell vorwärtskommen; (*fare carriera in fretta*), eine steile Karriere machen, schnell aufsteigen.

tappabùchi <-> mf *fam scherz* (*chi rimpiazza un assente*) Lückenbüßer m: **fare il ~**, als Lückenbüßer herhalten/dienen *fam*.

tappàre ᴀ tr **1** (*chiudere con un tappo di sughero*) ~ qc {ʙᴏᴛᴛɪɢʟɪᴀ} etw verkorken **2** (*chiudere*) ~ qc (**con qc**) {ʙᴜᴄᴏ, ꜰᴀʟʟᴀ ᴄᴏɴ ᴅᴇɢʟɪ ꜱᴛʀᴀᴄᴄɪ} etw (mit etw dat) zu˼stopfen, etw (mit etw dat) verstopfen; {ꜰɪɴᴇꜱᴛʀᴀ ᴄᴏɴ ᴅᴇʟʟᴏ ꜱᴛᴜᴄᴄᴏ} etw (mit etw dat) ab˼dichten; **~ qc a qu** {ɴᴀꜱᴏ, ᴏʀᴇᴄᴄʜɪᴏ} jdm etw zu˼halten ᴮ itr pron: **tapparsi** {ᴏʀᴇᴄᴄʜɪᴇ} einen Druck auf etw (acc) bekommen: **in galleria mi si tappano sempre le orecchie**, in Tunneln bekomme ich immer einen Druck auf die Ohren; {ꜱᴄᴀʀɪᴄᴏ} verstopfen ᴄ rfl (*chiudersi*): **tapparsi + *compl di luogo*** {ɪɴ ᴄᴀꜱᴀ} sich irgendwo ein˼schließen: **starsene tutto il giorno tappato nella propria stanza**, sich den ganzen Tag in den eigenen vier Wänden einschließen; **tapparsi qc** {ɴᴀꜱᴏ, ᴏʀᴇᴄᴄʜɪᴏ} sich (dat) etw zu˼halten.

tapparèlla f *fam* (*persiana*) Rollladen m.

tàppete inter **1** (*di ciò che batte*) tack **2** (*rif. a cosa inaspettata*) zack!

tappetìno <dim di *tappeto*> m **1** Vorleger m, Matte f: **~ da bagno**, Badvorleger m, Badematte f, Badteppich m **2** *autom* Automatte f **3** *inform* Mousepad n, Mauspad n.

tappéto ᴀ m **1** (*per pavimenti*) Teppich m: **~ persiano**, Perser(teppich) m **2** (*per tavoli*) (Tisch)decke f **3** *fig* (*manto*) {+ꜰɪᴏʀɪ} Teppich m: **~ erboso**, Rasen(teppich) m **4** *sport* Matte f; (*nel pugilato*) Bretter n pl ᴮ <inv> loc

agg (*approfondito*): **a ~**, {INCHIESTA} methodisch, genau ● **andare al ~** *sport*, zu Boden gehen; **~ antistatico** *elettr*, antistatischer Teppich; **~ elastico** *sport*, Sprungmatte f; **mettere/mandare al ~ qu** *fig* (*battere*), jdn zu Boden gehen lassen, jdm eine Schlappe beibringen *fam*; **mettere una questione sul ~ fig** (*presentare*), eine Frage aufs Tapet bringen; **~ verde** (*da gioco*), Spieltisch m.

tappezzàre *tr* **1** (*rivestire*) **~ qc** {PARETE, STANZA} *etw* tapezieren; {POLTRONA} *etw* beziehen **2** (*riempire*) **~ qc** (*di qc*) {CLASSE DI DISEGNI} *etw* (*mit etw dat*) voll hängen, *etw* (*mit etw dat*) voll tapezieren.

tappezzerìa f **1** (*per pareti*) Tapeten f pl: **far mettere la ~**, tapezieren lassen **2** {+AUTOMOBILE, DIVANO} Polsterung f **3** (*tecnica*) Tapezieren n, Tapezierkunst f **4** (*negozio*) Tapetengeschäft n ● **far** (**da**) **~ fig fam** (*venire ignorato*), Mauerblümchen sein *fam*.

tappezzière, (-a) m (f) {+PARETI} Tapezierer(in) m(f); {+DIVANO, POLTRONA} Polsterer m, (Polst(r)erin f).

tàppo m **1** Pfropfen m, Stöpsel m, Korken m: **~ da champagne**, Champagnerkorken m; **~ a corona/vite**, Kronkorken m/Schraubverschluss m; (*di sughero*) Korken m; **questo vino sa di ~**, dieser Wein ˪schmeckt nach Korken˩/[korkelt] **2** *scherz* (*persona piccola*) Knirps m *spreg*, Tönnchen n *fam scherz* **3** (*ciò che ottura*) {+FOGLIE, MUCO, VULCANO} Pfropf m ● **tappi per le orecchie**, Ohrstöpsel m pl; **~ del radiatore** *mot*, Kühler(verschluss)schraube f; **~ di scarico dell'olio** *mot*, Ölablassschraube f.

TAR <-> m *dir abbr* di Tribunale Amministrativo Regionale: (italienisches) Regionales Verwaltungsgericht.

tàra[1] f (*peso*) Tara f, Verpackungsgewicht n ● **bisogna far la ~ a quel che racconta** *fig* (*credere solo a una parte*), man darf nicht alles glauben, was er/sie erzählt.

tàra[2] f **1** (*malattia*) Gebrechen n: **~ ereditaria**, erbliche Belastung, Erbkrankheit f; **avere una ~ ereditaria**, erblich belastet sein **2** (*difetto*) Fehler m, Makel m.

tarà *inter onomatopeica* (*riproduce il suono di una cornetta*) trara.

taraà → tarà.

taràgna *agg lomb* solo nella loc.: **polenta ~**, Polenta f taragna.

taràllo m *gastr* Tarallo m (*kleines ringförmiges Gebäck aus Süditalien*).

tarallùccio <-ci> *dim di* tarallo m *gastr* (*biscotto*) kleiner Tarallo ● **finire a tarallucci e vino** *fig* (*risolvere amichevolmente un contrasto*), sich in eitel Freude auflösen *obs*.

tarantèlla f (*danza*) Tarantella f.

tarantìno, (-a) A *agg* von/aus Taranto B m (f) (*abitante*) Einwohner(in) m(f) von Taranto.

Tàranto f *geog* Tarent n.

taràntola f *zoo* Tarantel f.

tarantolàto, (-a) A *agg* (*che è morso da tarantola*) von einer Tarantel gestochen B m (f) (*chi è morso da tarantola*) von einer Tarantel Gestochene mfn *decl come agg*.

taràre *tr* **~ qc** *metrol* {STRUMENTO} *etw* eichen **2** (*detrarre la tara*) {MERCE} die Tara von *etw* (*dat*) ab˪ziehen.

taràssaco <-chi> m *bot* Löwenzahn m, Kettenblume f, Sumpfdotterblume f.

taratatà A *inter* Tamtam B <-> m Tamtam m.

taràto, (-a) *agg* **1** *metrol* {STRUMENTO} geeicht **2** (*per malattia*) {FIGLIO} gebrechlich **3** (*moralmente*) {INTELLETTUALE} gebrochen.

taràttà → tarà.

tarattàttà → tarà.
tarattattatà *inter onomatopeica* (*di mitragliata*) ratatatata.

taratùra f **1** *metrol* {+AMPEROMETRO, BILANCIA} Eichung f **2** (*messa a punto*) {+TIRO} Einstellung f.

tarchiàto, (-a) *agg* (*massiccio*) {UOMO} untersetzt.

tardàre A *itr* **1** (*arrivare in ritardo*) **~ a qc** {A UN APPUNTAMENTO} sich (*bei etw dat*) verspäten: **~ a venire**, zu spät kommen, mit Verspätung kommen **2** (*non rispettare la scadenza*) **~ in qc** {NELLA CONSEGNA DI UN ARTICOLO, NEL PAGAMENTO} (*bei etw dat*) säumig sein *forb*, (*mit etw dat*) zu spät dran sein *fam* **3** (*indugiare*) zögern: **~ a rispondere**, mit der Antwort zögern B *tr rar* (*ritardare*) **~ qc** {LAVORO, SVILUPPO} *etw* verzögern, *etw* hinaus˪zögern.

tàrdi *avv* **1** (*a ora avanzata*) spät: **andare a letto ~**, spät ins Bett gehen; **più ~**, später **2** (*in ritardo*) zu spät: **è ormai ~ per andare al cinema**, inzwischen ist es zu spät, um ins Kino zu gehen ● **far ~**, sich verspäten; (*di notte*), spät nachts nach Hause kommen; **far ~** ˪**a scuola**˩/[in ufficio], spät ˪in die Schule˩/[ins Büro] kommen; **si è fatto ~**, es ist spät geworden; **a più ~**, bis später!; **al più ~**, spätestens; **sul ~**, gegen Abend; **meglio ~ che mai** *prov*, besser spät als nie.

tardìvo, (-a) *agg* **1** (*che arriva tardi*) {PRIMAVERA} verspätet, spät; {FRUTTO} Spät-, spätreif **2** (*che arriva troppo tardi*) zu spät: **è un provvedimento ~**, die Maßnahme kommt zu spät **3** *fig* (*ritardato*) {BIMBO} (geistig) zurückgeblieben.

tàrdo, (-a) *agg* **1** (*nel tempo*) spät: **a tarda età**, in hohem Alter; **~ gotico**, Spätgotik f; **a notte tarda**, spät/mitten in der Nacht; **nel ~ pomeriggio**, am Spätnachmittag, am späten Nachmittag **2** (*lento*) träge **3** *spreg* (*ottuso*) begriffsstutzig: **~ d'ingegno**, schwer von Begriff *fam* **4** (*che arriva troppo tardi*): **la tua è una confessione tarda**, dein Geständnis kommt zu spät.

tàrdo- primo elemento Spät-, spät-: **tardomedioevale**, spätmittelalterlich; **tardogotico**, spätgotisch.

tardoadolescenziàle *agg* {INSICUREZZE} spätpubertär.

tardogòtico, (-a) <-ci, -che> *agg arch* {CATTEDRALE} spätgotisch.

tardóne, (-a) A <*accr di* tardo> m (f) (*persona lenta o pigra nell'agire*) Lahmarsch m *volg*; (*persona lenta nel capire*) Spätzünder(in) m(f) *fam scherz* B f *fam scherz* Möchtegern-Teenager m *fam*.

tàrga <-ghe> f **1** (*placca*) {COMMEMORATIVA} Schild n **2** (*premio*) Plakette f **3** *autom* Nummernschild n, polizeiliches Kennzeichen: **~ di circolazione**, Nummernschild n; **~ internazionale**, Nationalitätenkennzeichen n.

targàre <*targo, targhi*> *tr autom* **~ qc** {VEICOLO} *etw* mit einem Nummernschild versehen, *an etw* (*dat*) ein Nummernschild an˪bringen: **l'auto dell'investitore era targata AB 872 BJ**, das Auto des Unfallfahrers hatte die Autonummer AB 872 BJ.

targàto, (-a) *agg* **1** *autom* (*munito di targa*): **la vettura targata AB 872 BJ, das Fahrzeug mit dem Nummernschild AB 872 BJ **2** *fig giorn* (*appartenente a*): **prodotti alimentari targati Italia**, aus Italien stammende/kommende Nahrungsmittel, Nahrungsmittel made in Italy.

tàrget <-, -s pl *ingl*> m *ingl comm* **1** (*fascia di consumatori*) Zielgruppe f, Target n **2** (*obiettivo di vendita*) Ziel n.

targhétta <*dim di* targa> f kleines Schild, Schild(chen) n; {+PREZZO} Schildchen n: **il cane ha una ~ col nome del padrone**, der Hund hat eine Marke mit dem Namen seines Besitzers; **mettere una ~ sul baule**, ein Namensschildchen am Koffer anbringen; **leggi la ~ sulla porta!**, lies das Schild(chen) an der Tür!

targhettatrìce f (*macchina per applicare targhette*) Beschilderungsmaschine f, Beschilderungsgerät n.

tarìffa f {FERROVIARIA} Tarif m, Preis m: **~ ordinaria**, Normalpreis m, Normaltarif m; **tariffe postali**, Posttarife m pl, Postgebühren f pl; **~ ridotta**, ermäßigter Tarif/Preis; **~ telefonica**, Telefongebühr f, Fernsprechtarif m *amm*; *dir* Tarif m; **~ doganale/daziaria**, Zolltarif m.

tariffàrio, (-a) <-ri m> *amm* A *agg* {ACCORDO} Tarif-, tariflich B m (*prospetto*) Gebührenverzeichnis n, Preisliste f, Tariftabelle f.

tarlàre A *tr* <*avere*> **~ qc** **1** {SEDIA} *etw* wurmstichig machen; {TARMA TESSUTO} *etw* zerfressen **2** *fig* (*corrompere*) {MONDO} *etw* verderben B *itr* <*essere*> *itr pron*: **tarlarsi** {LEGNO} wurmstichig werden; {SCIARPA} von Motten zerfressen werden.

tarlàto, (-a) *agg* **1** (*guastato dai tarli*) {SEDIA} wurmstichig **2** *fig rar* (*corrotto moralmente*) {MENTE} verdorben.

tarlatùra f **1** (*danno*) {+LEGNO} Wurmfraß m; {+TESSUTO} Mottenfraß m **2** (*polvere di legno*) Holz-, Wurmmehl n.

tàrlo m **1** *zoo* Holzwurm m **2** *fig* (*assillo*) Nagen m: **il ~ della gelosia**, die nagende Eifersucht.

tàrma f *zoo* Motte f.

tarmàre A *tr* <*avere*> **~ qc** {MAGLIONE} *etw* zerfressen B *itr* <*essere*> *itr pron*: **tarmarsi** {LANA} von Motten zerfressen werden.

tarmatùra f (*danno*) {+COPERTA} Mottenloch n.

tarmicìda <-i m, -e f> A *agg* {POLVERE} Mottenvertilgungs- B m (*sostanza*) Mottenvertilgungsmittel n, Mottenkugeln f pl.

taroccaménto m *fam* (*contraffazione*) Fälschen n, Türken n *slang*.

taroccàre <*tarocco, tarocchi*> *tr* **~ qc** *slang* (*truccare*) *etw* fälschen.

taroccàto, (-a) A *part pass di* taroccare B *agg* (*contraffatto*) {ROLEX} getürkt *fam*, gefälscht.

taròcco[1] <-chi> m (*nei giochi di carte*) Tarockkarte f: **giocare ai tarocchi**, Tarock spielen, tarockieren; **leggere i tarocchi**, Tarock(karten) legen.

taròcco[2] <-chi> m *bot* **1** (*arancio*) Tarocco m (*Orangensorte aus Sizilien*) **2** (*arancia*) Tarocco-Orange f.

tarpàre *tr* **1** (*ridurre*) **~ qc** (*a qc*) {ALI ALLA CICOGNA} (*jdm*) *etw* stutzen **2** *fig* (*limitare*) **~ qc a qu** {VOLO} *jdn* (*in etw dat*) ein˪schränken.

tarsìa f **1** (*tecnica*) Intarsie f, Intarsia f pl **2** (*oggetto*) Einlegearbeit f, Intarsien-.

tartagliaménto m (*balbuzie*) Stottern n, Stotterei f *spreg*.

tartagliàre <*tartaglio, tartagli*> A *itr* (*balbettare*) **~ per qc** {PER L'EMOZIONE} *vor etw* (*dat*) stottern B *tr* (*farfugliare*) **~ qc** {DUE PAROLE} *etw* stammeln.

tartaglióne, (-a) m (f) (*balbuziente*) Stotterer m, (Stotterrin f).

tartàn m *ingl tess* Tartan m.

Tartan® <-> m *ingl* Tartan® m.

tàrtara f → tartaro[2].

tartare → tartaro[2].

tartàrico[1], (-a) <-ci, -che> *agg* **1** (*di tartaro*) {DEPOSITO} Weinstein-; (*nei denti*) Zahn-

stein- 2 *chim* {ACIDO} Wein(stein)-.
tartàrico②, (-a) <-ci, -che> *agg* (*dei tartari*) Tataren-.
tàrtaro① *m* 1 (*delle botti*) Weinstein *m* 2 *med* (*in odontoiatria*) Zahnstein *m* 3 *min* Kalkstein *m*.
tàrtaro②, (-a) **A** *agg* tatarisch **B** *m* (*f*) (*persona*) Tatar(in) *m*(*f*) ● **bistecca/carne alla tartara** *gastr*, Tatarbeefsteak n/Tatar(fleisch) *n*; *salsa* **tartara** *gastr*, Tatarensoße *f*.
tartarùga <-ghe> *f* 1 Schildkröte *f*: ~ **di mare/terra**, Meeres-/Landschildkröte *f* 2 (*materiale*) Schildpatt *n* 3 *fig* (*persona lenta*) Tranfunzel *f fam spreg*, Transuse *f fam spreg*, Trödler(in) *m*(*f*), Bummelant *m fam spreg*: **camminare come una ~**, im Schneckentempo gehen *fam*.
tartassàre *tr* 1 (*malmenare*) ~ *qu* {TIFOSI DELLA SQUADRA AVVERSARIA CALCIATORI} *jdn* verprügeln, *jdn* maltrātieren, *jdn* übel zu|richten 2 *fig fam* {CONTRIBUENTI} *jdn* schikanieren; {COMMISSIONE CANDIDATO} *anche jdn* quälen; ~ *qu di qc* {IMPUTATO DI DOMANDE} *jdn* mit *etw* (*dat*) bedrängen 3 *fig fam* (*strimpellare*) ~ *qc* {STRUMENTO} *etw* misshandeln, *etw* malträtieren.
tartìna *f gastr* {+SALMONE} belegte Schnitte.
tartufàia *f* (*terreno per tartufi*) Trüffelfeld *n*.
tartufàio, (-a) <-fai *m*> *m* (*f*) 1 (*venditore*) Trüffelhändler(in) *m*(*f*) 2 (*cercatore*) Trüffelsucher(in) *m*(*f*).
tartufàre *tr gastr* ~ *qc* {CARNE, TAGLIATELLE} *etw* trüffeln, *etw* mit Trüffeln zu|bereiten.
tartufàta *f gastr* Sahne-Schokoladen-Torte *f*.
tartufìcolo, (-a) *agg* (*dei tartufi*) {TERRENO, TRADIZIONE} Trüffel-.
tartuficoltóre, (-trice) *m* (*f*) (*coltivatore*) Trüffelzüchter(in) *m*(*f*).
tartùfo① *m* 1 *bot* Trüffel *m*: ~ **d'Alba/bianco**, weißer Trüffel, Weißtrüffel *m*; ~ **nero**, Perigardtrüffel *m* 2 *gastr* (*dolce*) Trüffel *m* 3 *zoo* {+CANE} Nasenspitze *f* ● ~ **di mare** *zoo*, Venusmuschel *f*.
tartùfo② *m spreg* (*ipocrita*) Heuchler *m*, Tartüff *m forb*.
Tàrzan *m lett scherz* (*giovane selvaggio*) Tarzan *m*.
tàsca <*tasche*> *f* 1 {+GONNA} Tasche *f*: ~ **interna della giacca**, Jackeninnentasche *f* 2 {+SCOMPARTO} {+VALIGIA} Tasche *f* 3 *anat* {+COLON} Beutel *m*, Sack *m*: ~ **del nero della seppia**, Tintenbeutel *m* 4 *gastr* (*per decorazioni di dolci*) Tortenspritze *f* ● **conoscere qu/qc come le proprie tasche** *fig* (*molto bene*), *jdn/etw* wie seine Westentasche kennen *fam*, *jdn/etw* in- und auswendig kennen *fam*; **pagare di ~ propria**, aus seiner eigenen Tasche bezahlen; **ne ho piene le tasche** *fig fam* (*non poterne più*), ich habe die Nase/Schnauze (gestrichen) voll (davon) *fam*; **riempirsi le tasche** *fig fam* (*arricchirsi*), die eigenen Taschen füllen *fam*, sich die Taschen vollstopfen *fam*, in die eigene Tasche wirtschaften *fam*; **rifornirsi le tasche (di denaro)** *fig*, sich mit Geld eindecken; **rimettercì di ~ propria** *fam*, aus eigener Tasche draufzahlen *fam*; **non me ne viene nulla in ~**, für mich fällt dabei nichts ab, ich verdiene keinen Pfennig dabei *fam*; **vuotare/ripulire le tasche a qu** *fig fam anche scherz* (*derubare*), *jdm* die Taschen leeren *fam*, *jdm* sein ganzes Geld aus der Tasche ziehen *fam*.
tascàbile **A** *agg* (*di piccole dimensioni*) {EDIZIONE, RADIOLINA} Taschen- **B** *edit* Taschenbuch *n*.
tascapàne <*tascapani*> *m* (*sacca*) Wandertasche *f*; *mil* Brotbeutel *m*.
taschìno <*dim di tasca*> *m* 1 {+GILET} Täschchen *n* 2 (*scomparto*) {+VALIGIA} Täschchen *n*.
task force <-, - -s *pl ingl*> *f ingl* 1 *mar mil* {+POLIZIA} Sonderkommando *n* 2 (*gruppo di esperti*) Expertenteam *n*.
Taşmània *f geog* Tasmanien *n*.
taşmaniàno, (-a) **A** *agg* {POPOLAZIONE, TERRITORIO} tasmanisch **B** *m* (*f*) (*abitante*) Tasmanier(in) *m*(*f*).
tàssa *f* 1 *amm* Gebühr *f*, Steuer *f*: ~ **aeroportuale**, Flughafengebühr *f*; ~ **d'ancoraggio**, Ankergeld *n*; ~ **di circolazione**, Kraftfahrzeugsteuer *f*; **tasse scolastiche**, Schulgeld *n*; ~ **di soggiorno**, Kurtaxe *f*; **tasse universitarie**, Studiengebühren *f pl* 2 *fam* (*imposta*) Steuer *f*: **evadere le tasse**, Steuern hinterziehen; **mettere delle tasse su qc**, Steuern auf *etw* (*acc*) erheben; **pagare le tasse**, Steuern bezahlen; **sul mio stipendio pago quasi il 40% di tasse**, von meinem Gehalt gehen fast 40% Steuern ab *fam*; ~ **di successione**, Erbschaftssteuer *f* 3 (*tariffa*) Gebühr *f* 4 *post* Gebühr *f*: ~ **a carico del destinatario**, Gebühr zahlt (der) Empfänger; ~ **di raccomandazione**, Einschreibgebühr *f* 5 *obs* (*tributo*) Abgabe *f* ● **esente da tasse** *amm*, gebührenfrei; {+REDDITO} steuerfrei; **soggetto a tasse** *amm*, gebührenpflichtig; {REDDITO} steuerpflichtig.
tassàbile *agg* {REDDITO} steuerpflichtig, steuerbar *amm*.
tassàmetro *m autom* Taxameter *m* o *n*, Fahrpreisanzeiger *m*: ~ **di parcheggio**, Parkuhr *f*.
tassàre **A** *tr* 1 (*imporre una tassa*) ~ *qu/qc* {CONTRIBUENTE, BENE IMMOBILE} *jdn/etw* besteuern, *jdn/etw* mit (einer) Steuer belegen 2 *post* ~ *qc* {CARTOLINA, LETTERA} *etw* mit einer Nachgebühr/(einem) Strafporto belegen **B** *rfl* (*concorrere a una spesa*): **tassarsi sich beteiligen**, *etw bei|steuern*: **ci siamo tassati per 20 euro per fargli il regalo**, jeder von uns hat ¡sich mit 20 Euro am Geschenk für ihn beteiligt¡/[20 Euro beigesteuert, um ihm etwas zu schenken].
tassatività <-> *f* (*perentorietà*) {+ORDINE} Unwiderruflichkeit *f*.
tassatìvo, (-a) *agg* 1 (*perentorio*) {ELENCO} endgültig: **ho l'ordine ~ di non far entrare nessuno**, ich habe den strikten Befehl, niemand(en) hereinzulassen 2 (*improrogabile*) {TERMINE} bindend, endgültig.
tassàto, (-a) **A** *agg part pass di* tassare **B** *agg* besteuert ● (*corrispondenza*) **tassata** *post*, mit Strafporto/Nachgebühr belegt(r,s).
tassazióne *f amm* {+REDDITO} Besteuerung *f*: ~ **separata**, Einzelbesteuerung.
tassellàre *tr* ~ *qc* 1 (*fornire di tasselli*) {ARMADIO} *etw* dübeln 2 (*tagliare*) {FORMAGGIO} ein Stück *aus etw* (*dat*) heraus|schneiden 3 (*applicare un talloncino*) {BOTTIGLIA DI LIQUORE} *etw* mit einer Steuermarke versehen.
tassèllo *m* 1 (*blocchetto*) {+LEGNO} Einsatzstück *n* 2 (*piccolo assaggio*) {+COCOMERO} Probierstück *n* 3 *fig* (*elemento*) {+STORIA} Element *n*, Bestandteil *m* ● ~ **a espansione** *tecnol*, Dübel *m*.
tassì → **taxi**.
tassinàro, (-a) *m* (*f*) *rom* (*tassista*) Taxifahrer(in) *m*(*f*).
tassìsta <-*i m*, -*e f*> *mf* (*conducente*) Taxifahrer(in) *m*(*f*).
tàsso① *m* 1 *banca econ* Satz *m*, Rate *f*: ~ **del 6%**, 6%-Satz *m*; ~ **d'inflazione**, Inflationsrate *f*; ~ ¡**d'interesse**¡/[di sconto], Zins-/Diskontsatz *m* 2 *med* Wert *m*: ~ **di emoglobina nel sangue**, Hämoglobinwert *m* im Blut; ~ **di** **zucchero nel sangue**, Blutzuckerspiegel *m* 3 *stat* Rate *f*: ~ **di assenteismo**, Abwesenheitsrate *f* (am Arbeitsplatz); ~ **di mortalità/natalità**, Sterblichkeits-/Geburtenrate *f*.
tàsso② *m zoo* Dachs *m*: ~ **femmina**, Dächsin *f* ● **dormire come un** ~ *fig* (*profondamente*), schlafen wie ein Murmeltier/Dachs.
tàsso③ *m bot* Eibe *f*, Taxus *m*.
tassonomìa *f biol ling* {ANIMALE} Taxonomie *f*.
tassonòmico <-ci, -che> *agg biol ling* {ORDINAMENTO} taxonomisch.
tastàre **A** *tr* (*toccare*) ~ *qc* {IMPIEGATO PACCO; MEDICO BRACCIO DEL PAZIENTE} *etw* befühlen, *etw* betasten, *etw* ab|tasten; ~ *qc a qu* {POLSO A UN MALATO} (*jdm*) *etw* fühlen; ~ *qc* (*con qc*) {IL FONDO DI UN FIUME CON UN BASTONE, CON IL PIEDE} *etw* (*mit etw dat*) ab|tasten 2 *fam* (*palpeggiare furtivamente*) ~ *qu, qc a qu* {RAGAZZA, COSCIA} *jdn* (verstohlen) (*an etw dat*) berühren, *etw* (*von jdm/+ gen*) befingern *fam*, *jdn/¡jdm* (*an etw dat*) tätscheln, *jdn* (*an etw dat*) betatschen *fam* 3 (*assaggiare*) ~ *qc* {VINO} *etw* probieren, *etw* kosten **B** *rfl indir* (*toccarsi*): **tastarsi qc** {GAMBA} sich (*dat*) *etw* befühlen, sich (*dat*) *etw* ab|tasten.
taste-vin <-> *m franc enol* 1 (*piccola tazza*) Tastevin *m* (*kleine Silbertasse für die Weinprobe*) 2 (*assaggiatore*) Sommelier *m*, Weinprüfer(in) *m*(*f*).
tastièra *f* 1 *inform* {+MACCHINA PER SCRIVERE, VIDEOTERMINALE} Tastatur *f* 2 *mus* {+PIANOFORTE, *ecc.*} Tastatur *f*, Klaviatur *f*; {+CHITARRA, *ecc.*} Griffbrett *n*.
tastierìno <*dim di tastiera*> *m* 1 kleine Tastatur 2 *inform* Tastenblock *m*: ~ **numerico**, Ziffernteil *m*, numerischer Teil.
tastierìsta <-*i m*, -*e f*> *mf* 1 *tecnol* Bediener(in) *m*(*f*) einer Tastatur 2 *mus* Keyboardspieler(in) *m*(*f*), Tasteninstrumentspieler(in) *m*(*f*).
tàsto *m* 1 (*il tastare*) Tasten *n*: **riconoscere qc al ~**, *etw* durch Tasten wieder erkennen 2 (*prelievo*) {+SUOLO} Probeentnahme *f*; {+FORMAGGIO} Probe *f* 3 *inform* {+MACCHINA PER SCRIVERE, VIDEOTERMINALE} Taste *f*: ~ **funzione**, Funktionstaste *f*; ~ **di ritorno**, Eingabetaste *f*, Enter-Taste *f*; ~ **di scelta rapida**, Schnellauswahltaste *f* 4 *mus* {+ORGANO, *ecc.*} Taste *f*; {+MANDOLINO, *ecc.*} Griffbrett *n*; {+TROMBA} Knopf *m* ● **battere sempre sullo stesso** ~ *fig* (*insistere*), immer wieder auf dasselbe (Thema) zu sprechen kommen, immer wieder mit derselben (der alten) Leier kommen *fam spreg*; **è un ~ delicato** *fig* (*argomento*), das ist ein ¡heikles Thema¡/[heikler Punkt]; **toccare il ~ giusto** *fig* (*argomento convincente*), den richtigen Ton finden; **toccare un brutto ~** *fig* (*argomento sgradito*), ein unerwünschtes Thema ansprechen, ein unangenehmes Thema berühren.
tastóni *avv loc avv anche fig*: **a ~** tastend, tappend: **procedere (a) ~**, im Dunkeln tappen.
tat <-> *f tel* (Telefon)tarif *m* mit sekundengenauer Abrechnung.
tàta *f fam* (*nel linguaggio infantile*) (*bambinaia*) Kindermädchen *n*.
tatà → **tarà**.
tataà → **tarà**.
tatàmi <-> *m giapponese* (*nel judo*) (Judo)matte *f*.
tatatàn → **tan**.
tàto *m fam* (*nel linguaggio infantile*) 1 (*fratello*) großer Bruder *m* 2 (*padre*) Vati *m fam*, Papa *m fam*, Papi *m fam*.
tàttica <-*che*> *f anche mil sport* {DIFENSIVA; +SQUADRA DI CALCIO} Taktik *f* ● **cambiare ~** *fig* (*cambiare strategia*), die Taktik ändern.

tàttico, (-a) <-ci, -che> A agg (stategico) {MOSSA} taktisch B m (f) Taktiker(in) m(f).
tàttile agg (del tatto) {SENSIBILITÀ} Tast-, taktil scient.
tattilità <-> f (facoltà tattile) {+POLPASTRELLI} Tastfähigkeit f.
tàtto m 1 (senso) Tastsinn m: **riconoscere qc al ~**, etw durch Ertasten wieder erkennen; **essere ruvido al ~**, sich rau anfühlen 2 fig (delicatezza) Takt(gefühl n) m, Fingerspitzengefühl n: **agire con molto ~**, taktvoll handeln/vorgehen; **mancanza di ~**, Taktlosigkeit f ● **avere il ~ di un elefante** fig (essere indelicato), sich wie ein Elefant in einem Porzellanladen benehmen.
tattoo <-> m ingl 1 (tecnica) Tätowieren n 2 (tatuaggio) Tatoo n o m; (tatuaggio f.
tatuàggio <-gi> m Tätowierung f.
tatuàre A tr (fare un tatuaggio) ~ **qu/[qc (a qu)]** (+ compl di luogo) {MARINAIO, BRACCIO A UNA RAGAZZA, CUORE A UN RAGAZZO SUL PETTO} jdn/etw tätowieren, jdm etw irgendwohin tätowieren: **gli tatuarono un serpente sulla spalla**, sie tätowierten ihm eine Schlange auf der Schulter B rfl dirsi (farsi ~): **tatuarsi (qc)** {PETTO} sich (dat) etw tätowieren lassen.
tatuatóre, (-trice) m (f) (chi esegue tatuaggi) Tätowierer(in) m(f).
tatzebào → dazebao.
taumaturgìa f Wundertätigkeit f, Thaumaturgie f.
taumatùrgico <-ci, -che> agg (da taumaturgo) {DOTI} wundertätig.
taumatùrgo, (-a) <-ghi, -ghe> m (f) anche scherz (chi fa miracoli) Wundertäter(in) m(f).
Tàuno m geog Taunus m.
Tàuri m pl geog Tauern pl.
taurìno, (-a) agg anche fig (di toro) {CORNA} des Stieres.
tauromachìa f (combattimento) Stierkampf m.
tautologìa f fling Tautologie f.
tav. abbr di tavola: Taf. (abbr di Tafel).
tavèlla f edil Hourdi m, Hourdistein m.
tavèrna f (bettola) Kneipe f fam, Taverne f, Schenke f, Wirtshaus n.
tavernétta <dim di taverna> f {+OSTERIA} kleine Taverne f; {+VILLA} (rustikaler) Partykeller.
tavernière, (-a) m (f) 1 lett (oste) (Schank)wirt(in) m(f) 2 scherz (frequentatore) Zecher(in) f, Zechbruder m fam spreg, Kneipengänger(in) m(f) fam.
tàvola f 1 (mobile) {OVALE, RETTANGOLARE} Tisch m: ~ **allungabile**, Ausziehtisch m; **alzarsi da ~**, vom Tisch aufstehen; **ne discuteremo a ~**, darüber werden wir beim Essen sprechen; **mettersi a ~**, sich zu Tisch setzen; **portare in ~**, ~ **qc**, etw auftragen; **il pranzo è in ~**, das Mittagessen steht auf dem Tisch; **tutti a ~!**, alle zu Tisch! 2 (asse) {+ABETE, NOCE} Brett n; {+MARMO} Tafel f, Platte f, {+PLASTICA} Platte f 3 {+CIOCCOLATA} Tafel f 4 anche mat stat (tabella) {STATISTICA} Tabelle f; {+ABBREVIAZIONI DI UN DIZIONARIO} Übersicht f; {LOGARITMICA} Tafel f: ~ **numerica**, Zahlentabelle f; ~ **pitagorica**, Einmaleins n; **tavole sinottiche**, Übersichtstafeln f pl 5 arte (nella pittura) {+TRECENTO} Bild n, Gemälde n 6 edil (illustrazione, abbr tav.) {+LIBRO} (Bild)tafel f: **tavole anatomiche in bianco e nero**, anatomische Abbildungen in schwarzweiß; **tavole a colori**, Farbtafeln f pl; **tavole fuori testo**, Abbildungen f pl außerhalb des Textes, Tafeln f pl ● **apprezzare la buona ~** (la buona cucina), auf gute Tafel Wert legen, eine gute Küche schätzen; ~ **calda** (vivande calde), Imbissstube f; ~ **periodica degli elementi chim**, Periodensystem n; **essere una ~** fig (molto calmo), {MARE} spiegelglatt sein; **finire sotto la ~** fig fam (per ubriachezza), unter den Tisch getrunken werden fam, zu tief in das Glas geschaut haben fam scherz; ~ **fredda** (vivande fredde), kalte Küche; **le tavole della legge bibl**, die Gesetzestafeln f; ~ **reale** (gioco), Tricktrack n, Backgammon n; ~ **rotonda** lett, König Artus' Tafelrunde f, Tafelrunde f des König Artus; (dibattito), Podiumsgespräch n, Round-Table-Konferenz f; ~ **a vela** sport, Surfbrett n; **a ~ non s'invecchia** prov, Essen und Trinken hält Leib und Seele zusammen.

tavolàccio <-ci, pegg di tavolo> m {+LEGNO} Pritsche f.
tavolàre tr (rivestire di tavole) ~ **qc** etw täfeln.
tavolàta f (insieme) {ALLEGRA; +AMICI} Tafelrunde f, Tischgesellschaft f.
tavolàto m 1 (pavimento) Holzboden m 2 (parete) Bretterwand f 3 anat Tafel f 4 geog Hochebene f, Tafelberg m.
tavolétta f 1 (assicella) Täfelchen n; {+LEGNO} Brettchen n 2 (panetto) {+CHININO, CIOCCOLATA, DESTROSIO} Tafel f, Täfelchen n 3 arte (nella pittura) Bildchen n ● **andare a ~ fam autom** (a tutta velocità), das Gaspedal durchtreten fam, mit Vollgas fam fahren, auf die Tube drücken fam; ~ **cerata** stor, Wachstafel f.
tavolière m 1 (tavolino da gioco) Spieltisch m 2 (piano del biliardo) Billardtisch m 3 geog Tafelland n: **il ~ delle Puglie**, das Apulische Tafelland.
tavolìno <dim di tavolo> m Tischchen n: **i tavolini del caffè**, die Cafétische; ~ **da notte**, Nachttisch m ● **a ~** fig anche sport (in teoria), am grünen Tisch, vom grünen Tisch aus; **stare a ~** fig (leggendo, studiando, ecc.), über (den) Büchern sitzen.
tàvolo m gener Tisch m: ~ **allungabile**, Ausziehtisch m; **da disegno/stiro**, Reiß-/Bügelbrett n; ~ **da fabbro/falegname/sarto**, Schmiedewerkbank f/Hobelbank f/Schneidertisch m; ~ **da gioco/lavoro**, Spieltisch m/Arbeitsplatte f; ~ **da montaggio film**, Schneidetisch m; ~ **operatorio** med, Operationstisch m; ~ **da ping-pong** sport, Tischtennisplatte f ● ~ **delle regole** polit, "Verhandlungstisch zu Verfahrensfragen"; **sedersi intorno a un ~** fig (per discutere), sich einen Tisch setzen, Verhandlungstisch m; ~ **delle trattative** anche polit, Verhandlungstisch m.
tavolòzza f 1 (per mischiare i colori) Palette f 2 (gamma di colori) {+RAFFAELLO} Farbenpalette f ● **sembrare una ~ fam** (essere truccato di tutti i colori), wie ein Tuschkasten/Farbkasten aussehen fam.
tax day <-> loc sost m ingl (giorno di protesta) Steuerprotesttag m.
tàxi <-> m Taxi n: ~ **aereo**, Lufttaxi n.
tażebào → dazebao.
tàzza f 1 (recipiente) Tasse f: ~ **da caffè/tè**, Kaffee-/Teetasse f; ~ **da caffelatte**, große Kaffeetasse; ~ **da consommé**, Tasse f für Kraftbrühe 2 (contenuto) {+BRODO, LATTE} Tasse f: **una ~ di caffè**, eine Tasse Kaffee 3 fam (water-closet) Klosettschüssel f fam, Klosettbecken n 4 tecnol {+DRAGA} Baggereimer m.
tazzìna <dim di tazza> f 1 (piccola tazza) Tässchen n: ~ **da caffè**, Kaffeetasse f, Kaffeetässchen n 2 (contenuto) {+ACQUA} Tasse f.
tbc, TBC <-> f med abbr di tubercolosi: Tbc f (abbr di Tuberkulose).
te pron pers 2ª pers sing 1 (compl oggetto) dich: **hanno chiamato te e non lui**, sie haben dich (an)gerufen und nicht ihn; (se il verbo ted regge il dat) dir; **aiuteranno prima te e poi la tua famiglia**, sie werden zuerst dir und dann deiner Familie helfen 2 (compl introdotto da una prep) dich, dir: **chi abita con/[sopra di]/[sotto di] te?**, wer wohnt mit/über/unter dir?; **posso contare su di te?**, kann ich mich auf dich verlassen?; **è stata molto gentile con te**, sie war sehr freundlich zu dir; **questa lettera è per te**, dieser Brief ist für dich; **abbiamo appena parlato di te**, wir haben gerade über dich gesprochen; **sono partito dopo di te**, ich bin nach dir abgefahren; **possono rivolgersi a te?**, können sie sich an dich wenden?; **senza di te**, ohne dich 3 (in forme comparative ed esclamative) du: **beato te!**, du Glücklicher!, du hast es gut!; **è più intelligente di/[intelligente quanto/come] te**, er ist klüger als/[so klug wie] du 4 (compl di termine davanti a lo, la, li, le, ne) dir; (se il verbo ted regge l'acc) dich: **cerca di ricordatelo**, versuche, dich daran zu erinnern; **te ne lascio un pezzo**, ich lasse dir ein Stück davon übrig; **te l'ha già chiesto due volte**, er/sie hat dich schon zweimal danach gefragt 5 (compl predicativo) du: **sembrava te**, er/sie sah aus wie du 6 (nel rfl e nell' itr pron) dich: **te ne occuperai tu**, du wirst dich darum kümmern ● **da te**, selbst, selber; **dentro di te** (nel tuo intimo), in dir, in deinem Inneren; **se io fossi in te** fig (se fossi al tuo posto), ich an deiner Stelle, wenn ich an deiner Stelle wäre; **per/[quanto a] te** (per quel che ti riguarda), was dich betrifft; **secondo te** (in base al tuo parere), deiner Meinung nach.
te' inter region (tieni) da, nimm: **te' i soldi per il cinema!**, da hast du das Geld fürs Kino!
tè <-> m 1 (bevanda) {NERO, VERDE} Tee m: **tè freddo**, Eistee m; **tè col latte/limone**, Tee mit Milch/Zitrone 2 (foglie) Teeblätter n pl: **tè in bustine**, Tee m im Teebeutel 3 (ricevimento) Tee m: **invitare le amiche per un tè**, die Freundinnen zum Tee einladen; **tè danzante**, Tanztee m obs 4 bot Teestrauch m ● **prendere il tè delle cinque**, den Fünfuhrtee nehmen.
teak <-> m ingl 1 bot Teakbaum m 2 (legno) Teakholz n.
team <-> m ingl 1 (gruppo) {+ESPERTI} (Arbeits)team n, Equipe f, Gruppe f 2 sport {ITALIANO} Mannschaft f, Team n.
tea-room <-, -s pl ingl> m ingl (sala da tè) Tearoom m.
teaser <-> m ingl (nella pubblicità) Teaser m.
teatìno, (-a) A agg 1 (di Chieti) aus/von Chieti 2 relig {ORDINE} Theatiner B m (f) (abitante) Einwohner(in) m(f) von Chieti C m relig (ordine) Theatiner Orden.
teatràle agg 1 (di, da teatro) {ESPERIENZA, SPETTACOLO} Theater-, Bühnen- 2 fig spreg (enfatico) {ATTEGGIAMENTO} theatralisch.
teatralità <-> f 1 fig (enfasi) {+GESTO} Theatralische n decl come agg 2 rar (carattere teatrale) Theatralik f forb.
teatralizzàre tr (rendere spettacolare) ~ **qc** {AVVENIMENTO} etw theatralisch gestalten, etw dramatisieren, etw theatralisieren forb.
teatralizzazióne f Dramatisierung f, Theatralisieren n.
teatrànte mf 1 spreg (attore di teatro) Provinzschauspieler(in) m(f) 2 fig (chi assume atteggiamenti teatrali) Theatermacher(in) m(f) fam.
teatrìno <dim di teatro> m 1 (teatro in miniatura) Kindertheater n 2 (teatro dei burattini) Puppentheater n ● ~ **(della politica)** polit, Theater n der Politik spreg.

teàtro m 1 (*struttura*) Theater n, Schauspielhaus n: **andare a ~**, ins Theater gehen; **~ all'aperto**, Freilichtbühne f, Freilichttheater n; **~ di posa**, Filmstudio n; **~ tenda**, Theaterzelt n 2 (*genere*) Theater n: **~ dei burattini**, Puppentheater n; **~ danza**, Tanztheater n; **~ lirico**, Oper f; **~ di prosa**, Schauspiel(haus) n; **~ di rivista**, Varieté(theater) n 3 (*attività*) Theater n, Schauspielerei f 4 (*opere*) {+GOLDONI, SCHILLER} Theaterstücke n pl 5 *fig* (*sfondo*) {+OPERAZIONI} Schauplatz m: **~ della guerra**, Kriegsschauplatz m 6 **università** Experimentiersaal m: **~ anatomico**, Anatomiesaal m • **~ stabile** (*compagnia con sede fissa*), feste Bühne.

tebàno, (-a) Ⓐ *agg* aus/von Theben Ⓑ m (f) (*abitante*) Thebaner(in) m(f) Ⓒ m *min* grauer Ophit.

Tèbe f *geog* Theben n.

tèca <*teche*> f 1 (*vetrinetta*) {+MUSEO} Schaukasten m 2 (*reliquiario*) Reliquiar n 3 *rar* (*astuccio*) Etui n 4 *anat* {CRANICA} Schale f 5 *relig* (*per l'ostia*): **~ eucaristica**, Ziborium n.

Technicòlor® <·> m *ingl film* Technicolor® m.

tèchno → **tecno**.

teck → **teak**.

tècnica <*-che*> f 1 {+NUOTO, PITTORE, SCIATORE} Technik f: **un grande artista deve possedere ~ e talento**, ein großer Künstler muss über Technik und Talent verfügen; **si tratta di una nuova ~ di rilassamento**, es handelt sich um eine neue Entspannungstechnik 2 <*solo* sing> (*attività*) Technik f: **le straordinarie realizzazioni della ~**, die außerordentlichen Leistungen der Technik 3 (*procedimento*) Technik f, Verfahren n: **hanno ricostruito il ponte con una ~ più sicura**, die Brücke wurde mit einer sichereren Technik wieder aufgebaut.

tecnicismo m 1 (*termine tecnico*) Fachausdruck m, Fachterminus m, Technizismus m: **articolo pieno di tecnicismi**, ein Artikel voller Fachausdrücke 2 *spreg* {+ARTISTA} Technizismus m.

tecnicistico, (-a) <*-ci, -che*> *agg* technizistisch.

tecnicità <·> f (*carattere tecnico*) {+LAVORO, TERMINE} Fachcharakter m.

tecnicizzàre *tr* **~ qc** {PRODUZIONE ARTISTICA} *etw* technisieren.

tecnicizzazióne f 1 {+STRUTTURA INDUSTRIALE} Technisierung f 2 (*eccessiva specializzazione*) {+LINGUAGGIO} Technisierung f.

tècnico, (-a) <*-ci, -che*> Ⓐ *agg* (*della tecnica*) {PROGRESSO, UFFICIO} technisch; {TERMINE} Fach-; {SCUOLA} *anche* technisch Ⓑ m (f) {+MISSAGGIO} Techniker(in) m(f), Fachmann m: **~ di laboratorio**, Laborant m; **~ delle luci**, Beleuchter m; **~ del suono**, Tontechniker m.

tecnicòlor → **Technicolor**®.

tecnìgrafo m *arch mecc* Zeichenmaschine f.

tècno Ⓐ <·> f o m *mus* Techno m, Technomusik f Ⓑ <inv> *agg* 1 (*tecnologico*) Techno- 2 *mus* {MUSICA} Techno-.

tecnòcrate mf *polit* Technokrat(in) m(f).

tecnocràtico, (-a) <*-ci, -che*> *polit* Ⓐ *agg* {DOTTRINA, GOVERNO, SISTEMA} technokratisch Ⓑ m (f) (*sostenitore della tecnocrazia*) Technokrat(in) m(f).

tecnocrazìa f *polit* Technokratie f.

tecnologìa f Technologie f.

tecnològico, (-a) <*-ci, -che*> *agg* {SVILUPPO} technologisch.

tecnologizzàre *tr* (*sviluppare dal punto di vista tecnologico*) **~ qc** {SETTORE INDUSTRIALE} *etw* technologisieren.

tecnostruttùra f *econ* {+MULTINAZIONALE} Technostruktur f.

tèco *pron pers lett rar* (*con te*) mit dir.

ted. *abbr di* tedesco: dt. (*abbr di* deutsch).

teddy boy <·, ·· -s *pl ingl*> *loc sost* m *ingl* (*giovane teppista*) Teddyboy m, Teddy m *slang*.

tedescheggiàre <*tedescheggio, tedescheggi*> *itr rar* 1 (*imitare i Tedeschi*) die Deutschen nach|ahmen 2 (*tenere per i Tedeschi*) zu den Deutschen halten, deutschfreundlich sein.

tedeschizzàre Ⓐ *tr rar* (*rendere tedesco*) **~ qu/qc** {CULTURA, LINGUA, REGIONE} *etw* eindeutschen; {POPOLAZIONE} *jdn* zu Deutschen machen Ⓑ *itr pron rfl*: **tedeschizzarsi** {MINORANZA, DIALETTO} sich ein|deutschen.

tedésco, (-a) <*-schi, -sche*> Ⓐ *agg anche ling* {CULTURA, DIALETTO, LINGUA, POPOLO, SCRITTORE, STORIA} deutsch: **la Repubblica Democratica Tedesca** (*abbr* RDT) *stor*, die Deutsche Demokratische Republik (*abbr* DDR) Ⓑ m (f) (*abitante*) Deutsche mf *decl come agg*: **Ingrid è tedesca**, Ingrid ist Deutsche; **Karl è ~**, Karl ist Deutscher; **i tedeschi**, die Deutschen Ⓒ m <*solo* sing> 1 (*lingua, materia di insegnamento*) Deutsch(e) n: **come si dice in ~?**, wie heißt das auf Deutsch?; **il ~ è una lingua difficile**, Deutsch/[das Deutsche] ist eine schwierige Sprache; **parla ~?**, sprechen Sie Deutsch?; **sapere il ~**, Deutsch können; **tradurre un articolo dal/in ~**, einen Artikel aus dem Deutschen/[ins Deutsche] übersetzen; **andare male in ~**, große Probleme in Deutsch haben, in Deutsch nicht gut sein 2 (*variante*) Deutsch(e) n: **alto ~ antico**, Althochdeutsch(e) n; **alto/basso ~**, Hoch-/Niederdeutsch(e) n; **~ centrale/meridionale/settentrionale**, Mittel-/Süd-/Norddeutsch(e) n; **il ~ di Goethe**, das Deutsch von Goethe; **il ~ di Lutero**, das Lutherdeutsch; **~ parlato/scritto**, gesprochenes/geschriebenes Deutsch • **alla tedesca**, deutsch, auf deutsche Art; **organizzare qc alla tedesca** (*con precisione*), etw auf typisch deutsche Art und Weise organisieren.

tedescòfono, (-a) Ⓐ *agg* (*di lingua tedesca*) {POPOLAZIONE, TERRITORIO} deutschsprachig Ⓑ m (f) Deutschsprechende mf *decl come agg*.

Te Dèum <·> *loc sost* m *lat relig* (*inno*) Tedeum n • **Te Deum** (*laudamus*) (*finalmente, grazie a Dio!*), Dich, Gott (loben wir); **cantare il Te Deum** *fam* (*ringraziare Dio per la buona riuscita di qc*), Gott danken.

tediàre <*tedio, tedi*> Ⓐ *tr* **~ qu** (*con qc*) 1 (*annoiare*) *jdn* (*mit etw dat*) langweilen: **tediò i suoi ospiti col racconto della sua vita**, er/sie langweilte seine Gäste, indem er/sie ihnen sein/ihr Leben erzählte 2 (*infastidire*) *jdn* (*mit etw dat*) belästigen: **non tediarci con i tuoi problemi!**, belästige uns nicht mit deinen Problemen! Ⓑ *itr pron rar* (*annoiarsi*): **tediarsi** sich langweilen.

tèdio <*tedi*> m 1 (*noia*) Überdruss m, Langeweile f: **venire a ~**, lästig/überdrüssig werden; **la nebbia mi è venuta a ~**, ich bin des Nebels überdrüssig/müde 2 (*stanchezza*) Überdruss m, Müdigkeit f: **il ~ di vivere**, der Lebensüberdruss 3 (*fastidio*) Lästigkeit f.

tediòso, (-a) *agg* 1 (*noioso*) {GIORNATA, ROMANZO} langweilig, öde 2 (*fastidioso*) {DISCORSO} lästig, unangenehm.

tee <·> m *ingl sport* (*nel golf*) Tee n.

TEE m *ferr abbr dell'ingl* Trans Europe Express: TEE (*abbr di* Trans-Europ-Express), transeuropäischer Expresszug.

TEEM m *ferr abbr dell'ingl* Trans Europe Express Merchandises: TEEM-Zug m (*abbr di* Trans-Europ-Express-Marchandises), transeuropäischer Güterexpress.

teenager <·, ·· -s *pl ingl*> mf *ingl* Teenager(in) m(f).

tee-shirt → **T-shirt**.

Teflon® <·> m *chim* Teflon® n.

teflonàre *tr* (*rivestire di teflon*) **~ qc** {TEGAME} *etw* mit Teflon® beschichten.

tegàme m (*utensile da cucina*) (Brat)pfanne f.

tegamìno <*dim di* tegame> m 1 (*piccolo tegame*) kleine Pfanne, Pfännchen n 2 (*porzione*) {+CARCIOFI} Pfännchen n.

tèglia f (*utensile da cucina*) Ofenform f; (*per torta*) Kuchenform f, Kuchenblech n; (*per pizza*) Pizzaform f, Pizzablech n.

tégola f *edil* (Dach)ziegel m • **~ in testa** *fig* (*fatto improvviso e sgradito*), schwerer Schlag; **mi è caduta una ~ in testa**, ich habe einen schweren Schlag erlitten.

teguménto m *anat bot* Hülle f.

teièra f Teekanne f.

teìna f *chim* Thein n.

teìsmo m *filos relig* Theismus m.

tek → **teck**.

tel. *abbr di* telefono: Tel. (*abbr di* Telefon).

téla f 1 (*tessuto*) Gewebe n, Leinwand f, Tuch n: **~ di canapa**, Hanfleinen n; **~ cerata/olona**, Wachs-/Segeltuch n; **~ di cotone**, Baumwolleinen n, Kattun m; **~ di lino**, Leinen n; **~ da/di sacco**, Sackleinen n, Sackleinwand f, Sacktuch n 2 *arte* {+LEONARDO} (Leinwand)gemälde n 3 *teat* Vorhang m • **fare ~** *fig fam* (*filarsela*), Leine ziehen *fam*, sich aus dem Staub machen *fam*; **ordire una ~ fig** (*tramare*), Ränke schmieden *forb obs*, Intrigen spinnen; **~ di Penelope** *fig* (*lavoro senza fine*), Tuch n der Penelope, endlose Arbeit; **~ di ragno** (*ragnatela*), Spinnengewebe n.

telàio <*telai*> m 1 (*struttura*) {+MOBILE} Gerüst n, Gestell n; {+FINESTRA, PORTA, QUADRO} Rahmen m; {+AUTOVEICOLO, MOTO} Fahrgestell n; {BICICLETTA} Rahmen m 2 *tess* Webstuhl m: **~ meccanico**, Webmaschine f • **~ per maglieria** *lavori femminili*, Strickmaschine f; **~ da ricamo** *lavori femminili*, Stickrahmen m.

telàre *itr* <*essere*> *region fam* (*svignarsela*) sich davon|machen *fam*, sich aus dem Staub b(e) machen *fam*, ab|hauen *fam*.

tèle <·> Ⓐ f *fam* 1 (*televisione*) Fernsehen n 2 (*televisore*) Glotze f *fam spreg* Ⓑ m *abbr di* teleobiettivo: Tele(objektiv) n.

téle- *primo elemento* 1 (*da lontano*) fern-, Fern-, tele-, Tele-, Fern-: **telecomandare**, fernsteuern, fernbedienen; **telefonico**, telefonisch, Fernsprech-, Telefon- 2 (*della televisione*) Fernseh-: **telecamera**, Fernsehkamera.

teleabbonàto, (-a) m (f) Fernsehteilnehmer(in) m(f).

teleallàrme m (*allarme a distanza*) Telealarm(system) n m.

teleannunciatóre, (-trice) m (f) (*annunciatore televisivo*) Fernsehansager(in) m(f).

teleàrma <·*i*> f Fernlenkwaffe f.

teleàsta f *TV* Fernseh-Versteigerung f.

teleaudiovisìvo, (-a) Ⓐ *agg* {SISTEMA} Teleaudio-, teleaudiv Ⓑ m (f) teleauditives System.

telebànca f *banca* Telebank f.

telebanking m *ingl banca* Telebanking n.

telebùssola f *mar* Regel-, Fernkompass m.

telecàmera f Fernsehkamera f.

telechirurgìa f *med* Fernchirurgie f.

telecinèsi <·> f (*in parapsicologia*) Telekinese f.

TELECOM f econ abbr di Società Italiana di Telecomunicazioni: ≈Deutsche Telekom AG.
telecomandàre tr ~ qc {MODELLINO} etw fern|steuern, etw fernbedienen.
telecomandàto, (-a) agg (comandato a distanza) {DISPOSITIVO} fernbedient, ferngesteuert.
telecomàndo m 1 Fernsteuerung f, Fernbedienung f 2 TV Fernbedienung f.
telecompórre tr inform ~ qc {TESTO} etw fernsetzen.
telecomunicàre <telecomunico, telecomunichi> tel **A** tr ~ qc {NOTIZIA} etw über den Fernmeldedienst mit|teilen **B** itr (comunicare a distanza) sich über den Fernmeldedienst verständigen.
telecomunicazióne f tel 1 Fernmeldetechnik f 2 <di solito al pl> Fernmeldewesen n.
teleconferènza f tel Telekonferenz f.
telecontrollàre tr ~ qc 1 elettr {DISPOSITIVO} etw fern|steuern, etw fernbedienen, etw fern|lenken 2 TV etw fernüberwachen.
telecopiatóre m tel Telefax n, Fern-, Telekopierer m, Telekopiergerät n.
telecopiatrice f tel (Tele)faxgerät n, Fax n.
telecopiatùra f tel Telefaxsystem n.
telecrònaca <-che> f TV Fernsehreportage f, Fernsehbericht m.
telecronista <-i m, -e f> mf TV Fernsehreporter(in) m(f).
telecuòre m med Teleradiographie f, Herzfernaufnahme f.
teledemocrazia f polit Fernsehdemokratie f.
teledidàttica <-che> f (istruzione a distanza) Teledidaktik f.
telediffusióne f TV Fernsehübertragung f.
teledipendènte **A** agg (schiavo della TV) {ANZIANO, BAMBINO} fernsehsüchtig **B** mf Fernsehsüchtige mf decl come agg.
teledipendènza f {+BAMBINO} Fernsehsucht f.
Teledrin® <-> m tel Personensuchanlage f, Piepser m fam.
teleelaborazióne f inform Teleprocessing n, Fernverarbeitung f.
tèlefax <-> m 1 (apparecchio) (Tele)fax n 2 (messaggio) (Tele)fax n: inviare un ~, (tele)faxen, ein Fax abschicken.
telefèrica <-che> f (funicolare) Schwebebahn f.
telefilm <-> m film TV Fernsehfilm m.
telefonàre **A** tr (comunicare per telefono) ~ qc a qu jdm etw (telefonisch) durch|geben/durch|sagen, jdm etw telefonisch mit|teilen: **telefonami il risultato delle analisi**, gib mir die Analyseergebnisse (telefonisch) durch **B** itr (fare una telefonata) ~ **a qu** jdn/[bei jdm] an|rufen, mit jdm telefonieren: **non ti potrò ~ stasera**, ich kann dich heute Abend nicht anrufen; (uso assol) telefonieren; **vorrei ~ in Germania**, ich möchte nach Deutschland telefonieren **C** rfl rec: **telefonarsi** miteinander telefonieren: **si telefonano ogni giorno**, sie telefonieren jeden Tag miteinander.
telefonàta f (comunicazione) Telefongespräch n, (Telefon)anruf m: ~ **interurbana/urbana**, Fern-/Ortsgespräch n; **fare una ~ a qu**, jdn anrufen; ~ **in teleselezione**, Selbstwählferngespräch n; ~ **urbana a tempo**, Ortsgespräch n mit Zeittakt.
telefonìa f tel {AUTOMATICA} Fernsprech-, Fernmeldewesen n, Telefonie f.

telefònico, (-a) <-ci, -che> agg (del telefono) {APPARECCHIO, CABINA, GUIDA, LINEA, NUMERO, RETE} Telefon-, Fernsprech-; {COMUNICAZIONE} telefonisch.
telefonìno <dim di telefono> m tel (cellulare) Mobiltelefon n, Handy n fam.
telefonìsta <-i m, -e f> mf 1 (addetto) Telefonist(in) m(f) 2 (operaio) Fernmeldetechniker(in) m(f).
telèfono m (abbr tel.) Telefon n, Fernsprecher m amm: **attaccarsi al ~** fam, sich ans Telefon hängen fam; ~ **cellulare**, Mobiltelefon n, Handy n fam; ~ **cordless/[senza filo]**, schnurloses Telefon/[Funktelefon n]; ~ **a gettone**, Münzfernsprecher m; ~ **pubblico**, öffentliches Telefon, öffentlicher Fernsprecher; ~ **a scheda magnetica**, Kartentelefon n; ~ **a tastiera**, Tastentelefon n; ~ **a viva voce**, Lautsprechertelefon n; **ti vogliono al ~**, du wirst am Telefon verlangt • ~ **amico** fig (servizio a disposizione di chi ha dei problemi), Telefonseelsorge f; ~ **azzurro** fig (servizio a disposizione dei minori maltrattati), "Telefoneinrichtung f zum Schutz von Minderjährigen, die physischer und/oder psychologischer Gewalt ausgesetzt sind"; ~ **rosa** fig (servizio a disposizione delle donne maltrattate), "Notruf m für vergewaltigte und belästigte Frauen und Mädchen"; ~ **rosso** fig anche polit (linea per chiamate d'emergenza), heißer Draht.
telefòto <-> f abbr di telefotografia.
telefotografìa f 1 (sistema) Bildfunk m 2 (immagine) Funkbild n 3 fot Telefotografie f.
telegènico, (-a) <-ci, -che> agg TV telegen.
telegiornàle m TV (abbr TG) Tagesschau f, (Fernseh)nachrichten f pl.
telegiornalìsta <-i m, -e f> mf giorn TV Fernsehjournalist(in) m(f).
telegrafàre tr (comunicare per mezzo del telegrafo) ~ (qc) (a qu) {NOTIZIA A UN PARENTE LONTANO} (jdm) (etw) telegrafieren: **non ho potuto ~ perché la posta era già chiusa**, ich habe nicht telegrafieren können, weil das Postamt schon zu war.
telegrafìa f Telegrafie f.
telegràfico, (-a) <-ci, -che> agg 1 post {MESSAGGIO, VAGLIA} telegrafisch 2 fig (conciso) {RISPOSTA} knapp: **stile ~**, Telegrammstil m.
telegrafìsta <-i m, -e f> mf 1 (addetto) Telegrafist(in) m(f) 2 (installatore) Telegrafentechniker(in) m(f) 3 mil Funker m.
telègrafo m post 1 (apparecchio) Telegraf m: ~ **senza fili**, Funkgerät n; ~ **morse**, Morsegerät n; **per ~**, telegrafisch 2 (ufficio) Telegrafenamt n.
telegràmma <-i> m post Telegramm n: ~ **con risposta pagata**/[**urgente**], Telegramm n mit bezahlter Antwort/[Eiltelegramm n].
teleguìda f tecnol Fernsteuerung f, Fernlenkung f.
teleguidàre tr tecnol (guidare a distanza) ~ qc {AEREO, AUTOMOBILE, MISSILE} etw fern|steuern, etw fern|lenken.
telelavoratóre, (-trice) m (f) inform Telearbeiter(in) m(f).
telelavóro m inform tel Computerheim-, Telearbeit f.
telelettùra f (lettura telematica) telematisches Ablesen.
telemark <-> m sport (nello sci) Telemarken n.
telemàrketing <-> m inform tel Telemarketing n.
telemàtica <-che> f tel Telematik f.

telemàtico, (-a) <-ci, -che> **A** agg (relativo alla telematica) {RIVOLUZIONE} telematisch **B** m (f) (esperto di telematica) Telematiker(in) m(f).
telematizzàre tr (dotare di una rete telematica) ~ qc etw mit einem Telematiknetz aus|statten/aus|rüsten.
telemedicìna f Tele-, Fernmedizin f.
telèmetro m ott Entfernungsmesser m.
telencèfalo m anat Endhirn n, Telenzephalon n scient.
telenovèla <telenovele, -s pl port> f port anche fig TV (serial) {BRASILIANA} Telenovela f.
teleobiettìvo m fot Teleobjektiv n.
teleòsteo m itt Knochenfisch m.
Telepàss® <-> m autom Telepass® m (elektronisches System zur direkten Abbuchung der Autobahngebühr vom Konto).
telepatìa f psic Telepathie f.
telepàtico, (-a) <-ci, -che> agg psic {SOGGETTO} telepathisch.
telepilotàre tr (pilotare a distanza) ~ qc etw fern|steuern.
telepolìtica <-che> f TV Nachrichten-, Politiksendungen f pl, Nachrichten-, Politikfernsehen n.
telepredicatóre m (chi tiene prediche alla televisione) Fernsehprediger m.
teleprenotazióne f inform Fernbuchung f, Fernreservierung f.
teleprocessing <-> m ingl inform Teleprocessing n.
telepromozióne f TV Fernsehwerbung f, TV-Werbung f.
telequiz <-> m TV Fernsehquiz n.
teleradiotrasméttere <coniug come mettere> tr radio TV ~ qc {MESSAGGIO AUGURALE DEL PAPA} etw (gleichzeitig) über Funk und Fernsehen übertragen.
telerìa f 1 (assortimento) Weißwaren f pl, Leinenzeug n 2 <solo pl> (negozio) Weißwarengeschäft n.
telericevènte TV **A** agg {ANTENNA} fernempfangend **B** f Fernempfangsstation f.
telericezióne f (ricezione a distanza) Fernempfang m; TV Fernsehempfang m.
telerilevaménto m (rilevamento a distanza) Fernvermessung f, Fernaufnahme f.
teleriscaldaménto m Fernheizung f.
teleriscaldàre tr ~ qc {QUARTIERE} etw fernheizen.
teleromànzo m TV Romanadaptation f fürs Fernsehen.
teleschérmo m TV Bildschirm m.
telescòpico, (-a) <-ci, -che> agg 1 {SISTEMA} teleskopisch, Teleskop- 2 (che si vede solo col telescopio) {STELLA} nur mit Hilfe eines Teleskops wahrnehmbar 3 mecc {ELEMENTI} Teleskop-, ausziehbar 4 radio {ANTENNA} Teleskop-.
telescòpio <-pi> m ott Fernrohr n, Teleskop n: ~ **riflettore**, Spiegelteleskop n, Reflektor m; ~ **rifrattore**, dioptrisches Fernrohr, Refraktor m.
telescrivènte **A** agg fernschriftlich **B** f {MECCANICA} Fernschreiber m.
teleselettìvo, (-a) agg tel {PREFISSO} Selbstwähl-.
teleselezióne f tel Selbstwählferndienst m: **si può telefonare a Lipsia in ~?**, kann man nach Leipzig durchwählen?
teleshopping m comm Teleshopping n.
telesoccórso m tel (assistenza) Telefonhilfsdienst m, Funknotrufsystem n.
telesorvegliànza f tel (sorveglianza) Videoüberwachung f.
telespettatóre, (-trice) m (f) TV Fern-

sehzuschauer(in) m(f).

telespìa f tel Telefonabhörgerät n, Abhörwanze f fam.

teletèx <-> m tel Teletex n, (Büro)fernschreiben n, Fernschreiber m.

teletèxt <-> m TV Videotext m, Bildschirmzeitung f.

teletrasméttere <coniug come mettere> tr ~ qc 1 (trasmettere a distanza) {COMANDI A UN AEROPLANO} etw fernübertragen, etw fernübermitteln 2 TV film etw im Fernsehen übertragen.

teletrasmettitóre m tel Fernüberträger m, Fernsender m, Ferngeber m.

teletrasmissióne f 1 inform {+DATI} Fernübermittlung f 2 TV Fernsehübertragung f.

teletrasmittènte TV **A** agg {STAZIONE} Fernübermittlungs- **B** f Fernsehsender m.

telétta <dim di tela> f 1 kleines Tuch 2 tess {+COLLETTO} Steifleinen n.

teleutènte mf TV Fernsehteilnehmer(in) m(f).

televéndita f TV (vendita) {+PRODOTTI DI BELLEZZA} Teleshopping n, Fernsehverkauf m.

televenditóre, (-trice) m (f) TV 1 (imbonitore) Fernsehverkäufer(in) m(f) 2 (chi conduce aste) Leiter(in) m(f) von Fernsehversteigerungen.

Televìdeo <-> m TV Videotext m, Bildschirmzeitung f.

televisióne f (abbr TV) 1 (sistema) {DIGITALE, INTERATTIVA} Fernsehen n: stasera alla ~ c'è l'Aida, heute Abend kommt/[gibt es] die "Aida" im Fernsehen; via cavo, Kabelfernsehen f; ~ a circuito chiuso, Fernseh-, Kameraüberwachung f; ~ a pagamento, Pay-TV f; ~ privata, Privatfernsehen n 2 fam (televisore) Fernseher m, Fernsehgerät n: ~ ⌊in bianco e nero⌋/[a colori], Schwarzweiß-/Farbfernseher m; ~ ad alta definizione, TV n mit hoher Bildschärfe, HDTV n • guardare la ~, fernsehen.

televisìvo, (-a) agg TV {CANALE, FILM, PROGRAMMA} Fernseh-.

televisóre m TV Fernseher m, Fernsehgerät n.

televóto m (votazione a distanza) Fernabstimmung f.

tèlex <-> m 1 (sistema) Telex n, Fernschreiben n 2 (messaggio) Telex n: spedire un ~ a qu, jdm telexen.

tellùrico, (-a) <-ci, -che> agg geol {MOVIMENTO, SCOSSA} Erd-, tellurisch.

telnet <-> m ingl inform Telnet n.

télo m tess (Stoff)bahn f, Tuch n: ~ da bagno, Badetuch n; ~ da mare/spiaggia, Strandtuch n • ~ mimetico mil, Tarntuch n, Camouflageplane f; ~ da tenda mil, Zeltbahn f.

telóne <accr di telo> m 1 (copertone) {+AUTOCARRO} Plane f 2 (sipario) Vorhang m • ~ di salvataggio, Sprungtuch n.

tel quel <inv, -s -s m pl franc> loc agg franc econ tel quel, Handel einschließlich Zinsen.

tèma① <-i> m 1 (argomento) {+CONVERSAZIONE, LEZIONE, SEMINARIO} Thema n, Gegenstand m: andare fuori ~, vom Thema abkommen 2 arte lett (motivo ricorrente) Motiv n: il ~ della malattia in Thomas Mann, das Motiv der Krankheit bei Thomas Mann 3 mus {MELODICO, PRINCIPALE} Thema n 4 scuola Aufsatz m: ~ in classe, Klassenaufsatz m; fuori ~, Thema verfehlt; hanno dato un ~ sui problemi dell'integrazione razziale, ⌊ein Aufsatzthema behandelte die⌋/[bei einem Aufsatzthema ging es um] Probleme der Rassenintegration 5 ling {NOMINALE} Stamm m.

tèma② f <solo sing> poet (timore) Furcht f: senza ~ di essere smentita, ohne Furcht, dementiert zu werden.

temàtica <-che> f (insieme di motivi) {+AUTORE} Thematik f.

temàtico, (-a) <-ci, -che> agg 1 ling {VOCALE} Stamm- 2 mus lett thematisch.

tematizzàre tr (scegliere come tema) ~ qc {PROBLEMATICHE DI FINE SECOLO} etw als Thema wählen, etw thematisieren forb.

tematizzazióne f {+VIOLENZA} Thematisierung f, Thematisieren n forb.

temeràrìa f → temerario.

temerarietà <-> f (arditezza) Tollkühnheit f, Verwegenheit f.

temeràrio, (-a) <-ri m> **A** agg 1 (ardito) {GIOVANE} tollkühn, wagemutig 2 (avventato) {GIUDIZIO} voreilig, übereilt **B** m (f) Verwegene mf decl come agg.

temére <irr temo, temei o temetti, temuto> **A** tr 1 (avere paura) ~ qu/qc {FRATELLO, MORTE, VENDETTA} jdn/etw fürchten, vor jdm/etw Angst haben: teme di non passare l'esame, er/sie fürchtet/[hat Angst], die Prüfung nicht zu bestehen; non abbiamo nulla da ~, wir haben nichts zu befürchten; temo (che) sia troppo tardi, ich fürchte, dass es zu spät ist 2 (farsi intimidire) ~ qc {LE CHIACCHIERE, STANCHEZZA} etw fürchten; {DIFFICOLTÀ} anche etw befürchten 3 (provare soggezione) ~ qu/qc {DIO, GENITORI, LEGGE} jdn/etw respektieren, jdn/etw achten, sich vor jdm/etw sich (dat) Respekt zu verschaffen 4 (sospettare) ~ qc {IMBROGLIO, INGANNO} etw befürchten: ~ il peggio, das Schlimmste befürchten 5 (patire) ~ qc {ANZIANO UMIDITÀ} (gegen etw acc) empfindlich sein; {PIANTA FREDDO, LUCE} anche etw scheuen: non teme confronti, er/sie/es scheut keinen Vergleich **B** itr (essere preoccupato) ~ per qu/qc um jdn/etw fürchten, sich um jdn/etw sorgen, sich um jdn/etw Sorgen machen: temo per il suo futuro, ich fürchte/[mache mir Sorgen] um seine/ihre Zukunft; (uso assol) sich fürchten; non ~!, keine Angst!; non temete ci sono qui io!, ihr braucht euch nicht zu fürchten, ich bin doch hier! • temo di sì/no, ich fürchte ja/nein.

temerità <-> f 1 (audacia eccessiva) {INSENSATA} Tollkühnheit f, Verwegenheit f: agire con ~, verwegen handeln 2 (azione temeraria) Tollkühnheit f, tollkühne Tat.

temìbile agg (che incute timore) {AVVERSARIO, GESTO, NEMICO} zu (be)fürchten(d), furchteinflößend.

tèmolo m itt Äsche f.

tempàccio <-ci, pegg di tempo> m (maltempo) Hunde-, Mistwetter n fam spreg.

tèmpera f 1 (tempra) {+ACCIAIO} Härten n, Härtung f 2 arte (nella pittura, tecnica) Tempera(malerei) f: dipingere a ~, mit Temperafarben malen; (colore) Temperafarbe f; (dipinto) {+FINE SECOLO} Temperabild n, Temperagemälde n.

temperalàpis <-> obs → temperamatite.

temperamatite <-> m Bleistiftspitzer m, Spitzer m fam.

temperaménto m 1 (carattere) {EMOTIVO, IMPULSIVO, IRRITABILE} Temperament n; {ROMANTICO, SENTIMENTALE} Wesen n: è una donna piena di ~, sie ist eine ⌊temperamentvolle Frau⌋/[Frau voller Temperament]; quel giovane ha ~, der Junge hat Temperament 2 mus Temperatur f, Stimmung f.

temperamine <-> m Minenanspitzer m.

temperànte agg (moderato) {UOMO} mäßig, enthaltsam: essere ~ nel bere/fumare/mangiare, mäßig im Trinken/Rauchen/Essen sein.

temperànza f 1 (frugalità) Mäßigkeit f, Enthaltsamkeit f 2 (moderazione) Mäßigung f, Maß halten n, Maß n 3 relig Besonnenheit f.

temperàre **A** tr ~ qc 1 (fare la punta) {MATITA} etw spitzen 2 fig (frenare) {ARDORE, COLLERA, PASSIONE} etw zügeln 3 fig (mitigare) {RIGORE DELLA LEGGE} etw (ab|)mildern, etw mäßigen 4 mus (etw) temperieren 5 tecnol {METALLO} etw härten **B** rfl (moderarsi): temperarsi in qc {NEL BERE, NEL CIBO, NELLE PAROLE} sich in/bei etw (dat) mäßigen, sich (bei etw dat) zurück|halten.

temperàto, (-a) <-ri m> agg 1 (affilato) {MATITA} gespitzt, spitz 2 (moderato) {LINGUAGGIO, UOMO} gemäßigt; {GIOIA} mäßig 3 geog meteo {CLIMA, STAGIONE, ZONA} gemäßigt 4 mus {SCALA} temperiert 5 tecnol rar (temprato) {ACCIAIO} Edel-, gehärtet; {VETRO} Sekurit-, Sicherheits-.

temperatùra f 1 fis {+GAS} Temperatur f: ~ assoluta, absolute Temperatur; ~ critica, kritische Temperatur, Umwandlungstemperatur f; ~ di ebollizione/fusione, Siede-/Schmelztemperatur f 2 med Temperatur f: ~ ascellare, unter der Achsel gemessene Temperatur; ~ basale, Ausgangstemperatur f, Basaltemperatur f scient; ~ esterna/interna, Außen-/Innentemperatur f; misurare/prendere la ~ a qu, jds Temperatur messen 3 meteo {ALTA, BASSA, MEDIA, +ARIA} Temperatur f: conservare qc a ~ ambiente, etw bei Zimmertemperatur aufbewahren; in aumento/diminuzione, Temperaturanstieg m/Temperaturrückgang m; ~ massima/minima, Höchst-/Tiefsttemperatur f 4 fam (leggero stato febbrile) (erhöhte) Temperatur, leichtes Fieber: oggi ho un po' di ~, ich habe heute leichtes Fieber 5 fig (tensione) {+COMIZIO, RIUNIONE} Spannung f: la ~ del dibattito saliva, die Debatte ⌊nahm an Spannung zu⌋/[wurde immer spannungsgeladener].

tempèrie f <solo sing> 1 lett (clima) Witterung f, Wetter n; (clima mite e temperato) mildes Klima/Wetter 2 fig (clima culturale e storico) {POLITICA} Atmosphäre f.

temperìno m 1 (coltellino tascabile) Taschenmesser n 2 (temperamatite) Bleistiftspitzer m, Spitzer m fam.

tempèsta f 1 Sturm m: la ~ infuriava, der Sturm wütete; ~ di neve, Schneesturm m; ~ di sabbia, Sandsturm m; sett (grandine) Hagel m 2 fig (grande quantità) {+LETTERE, RICHIESTE} Flut f: una ~ di applausi/urla, ⌊ein donnernder Applaus⌋/[ein wildes Geschrei]; una ~ di fischi, ein Pfeifkonzert; {+PROIETTILI, SASSI} Hagel m 3 fig lett (tumulto) {+PASSIONI, PENSIERI} Sturm m, Aufruhr m: una decisione che scatenerà una ~, ein Entschluss, der einen Sturm entfesseln wird 4 fis {MAGNETICA} Sturm m • una ~ in un bicchier d'acqua fig (rif. a evento privo di grosse conseguenze), ein Sturm im Wasserglas.

tempestàre **A** tr <avere> 1 (battere furiosamente) ~ qc {GRANDINE STRADA} auf etw (acc) schlagen; ~ qu/qc di qc {AVVERSARIO DI ACCUSE} jdn mit etw (dat) traktieren; {PORTA DI PUGNI} mit etw (dat) gegen etw (acc) schlagen, mit etw (dat) gegen etw (acc) trommeln, mit etw (dat) gegen etw (acc) hämmern 2 (ornare) ~ qc di qc {ANELLO DI RUBINI} etw mit etw (dat) besetzen 3 fig (assillare) ~ qu di qc {AMICA DI TELEFONATE, MINISTRO DI DOMANDE} jdn mit etw (dat) bombardieren fam, jdn mit etw (dat) bestürmen; {FUNZIONARIO DI INSULTI} jdn mit etw (dat) traktieren **B** itr <avere> fig (infuriarsi) wüten, toben, rasen C *itr impers* <*essere o avere*> stürmen: **ieri ha/(è) tempestato e nevicato**, gestern hat es gestürmt und geschneit.

tempestàto, (-a) *agg* **1** (*adornato*) **~ di qc** {BRACCIALETTO DI RUBINI} mit etw (dat) besetzt **2** *fig* (*assalito*) **~ di qc** {DI DOMANDE, DI TELEFONATE, DI TELEGRAMMI} mit etw (dat) bombardiert *fam*.

tempestìo <*-tii*> *m anche fig* (*tempestare continuo*) {+PROTESTE, PUGNI} Hagel *m*.

tempestività <-> *f* (*rapidità*) {+ORDINE} Promptheit *f*; {+SOCCORSO} *anche* Rechtzeitigkeit *f*.

tempestìvo, (-a) *agg* **1** (*rapido*) {AIUTO, INTERVENTO} prompt, rasch **2** (*opportuno*) gelegen, passend: **con quel discorso è stato molto ~**, seine Rede kam genau im richtigen Augenblick **3** *med* {PARTO} rechtzeitig.

tempestóso, (-a) *agg* **1** (*burrascoso*) {MARE} stürmisch; {CIELO} sturmbewegt **2** *fig* (*tumultuosa*) {VITA} bewegt; {RELAZIONE} stürmisch; {ASSEMBLEA, RIUNIONE} turbulent, tumultuarisch *forb*.

tèmpia *f* **1** *anat* {INCAVATA, SINISTRA} Schläfe *f* **2** (*capelli*) {SCHIAFFI f pl: **gli si sono imbiancate le tempie**, er hat graue Schläfen bekommen **3** <*di solito al pl*> *lett* (*testa*) Haupt *n forb*: **si è ornata le tempie con una corona di fiori**, sie hat ihr Haupt *forb* mit einem Blumenkranz geschmückt.

tempiétto <*dim di tempio*> *m arch* kleiner Tempel, Tempietto *m*.

tèmpio <*templi o rar -pi*> *m* **1** *fig lett anche arch archeol* (*luogo sacro*) {+ARTE, CULTURA, ETRUSCO, GRECO, ROMANO} Tempel *m* **2** (*sinagoga*) {+GERUSALEMME} Tempel *m*, Synagoge *f* **3** (*chiesa, basilica*) {SAN PIETRO} Kirche *f*.

tempìsmo *m* <*solo sing*> (*prontezza*) Timing *n*: **agire con ~**, den richtigen Zeitpunkt abwarten; **che ~!**, das nenne ich Timing!; ˌdu kommstˌ/[ihr kommt] genau im richtigen Moment!; **se mi sono salvata in quell'incidente, lo devo al suo ~**, wenn ich bei dem Unfall mit dem Leben davonkam, so habe ich das seinem/ihrem prompten Eingreifen zu verdanken.

tempìsta <*-i m, -e f*> *mf* **1** *fig*: **che ~ che sei!**, du hast ja ein (perfektes) Timing! **2** *industr* Zeitnehmer(in) *m(f)* **3** *mus* Tempospieler(in) *m(f)*.

tempìstica <*-che*> *f* (*serie di scadenze*) Zeitmanagement *n*, Zeitplan *m*, Timing *n*.

templàre *mil relig stor* A *agg* {CAVALIERE} Tempel-, Templer- B *m* Templer *m*, Tempelritter *m*, Tempelherr *m*.

tèmpli *pl di tempio*.

tèmpo A *m* **1** *gener* {PRESENTE} Zeit *f*: **quanto ~ fa è accaduto?**, vor wie langer Zeit ist das passiert?; **dammi il ~ necessario per fare i bagagli**, lass mir die Zeit, die Koffer zu packen; **ho bisogno di un po' di ~ per riflettere**, ich brauche ein wenig Zeit zum Nachdenken; **non c'è più ~ per le chiacchiere**, zum Reden ist keine Zeit mehr; **a ~ determinato/indeterminato**, zeitlich begrenzt/unbegrenzt; **col ~ dimenticherai**, mit der Zeit wirst du vergessen; **è da poco ~ che si sono trasferiti**, sie sind vor kurzem/[kurzer Zeit] umgezogen; **è da tanto ~ che volevo dirtelo**, ich wollte es dir schon lange sagen; **c'è ~!**, das hat Zeit!, das eilt nicht!; **in tempi lunghi**, **interporre ~**, zögern; **non c'è neppure il ~ materiale per farlo**, dafür ist einfach und einfach nicht genug Zeit; **non c'è più ~ per mangiare, dobbiamo uscire subito**, zum Essen bleibt keine Zeit mehr, wir müssen sofort gehen; **che cosa hai fatto in tutto questo ~?**, was hast du die ganze Zeit über gemacht?; **~ libero**,

Freizeit *f*; **molto/poco ~ dopo**, lange/kurz danach, lange/kurze Zeit darauf; **non riesco mai a trovare il ~ per leggere**, ich finde nie die Zeit zum Lesen; **non mi ha dato neanche il ~ di rispondere**, er/sie hat mir nicht einmal die Zeit für eine Antwort gelassen; **quanto ~ ci vuole per andare da qui a Venezia?**, wie lange braucht man von hier bis Venedig? **2** (*momento*) Zeit *f*: **è ~ di tornare**, es ist/wird Zeit zurückzukehren **3** (*epoca*) {+AMORE, STUDIO} Zeit *f*: **al ~ delle Crociate**, zur Zeit der Kreuzzüge; **i tempi moderni**, moderne Zeiten; **ai miei tempi**, zu meiner Zeit; **in ~ di pace**, in Friedenszeiten; **ai tempi di Schiller**, zu Schillers Zeiten/Zeit **4** (*parte di uno spettacolo*) Teil *m*: **quando siamo arrivati il primo ~ era già cominciato**, als wir ankamen, hatte der erste Teil schon begonnen; *sport* Halbzeit *f*, Spielhälfte *f*; **tempi supplementari**, (Spiel)verlängerung *f* **5** *astr*: **~ siderale/solare**, Stern-/Sonnenzeit *f* **6** *fis* (abbr t) Zeit *f* **7** *gramm* {FUTURO, PASSATO, PRESENTE} Tempus *n*, Zeit(form) *f*: **~ composto/semplice**, zusammengesetzte/einfache Zeitform **8** *inform* Zeit *f*: **~ di accesso**, Zugriffszeit *f*; **in ~ reale** (*in contemporanea*), in Echtzeit **9** *meteo* {PIOVOSO, VARIABILE} Wetter *n*: **che ~ fa?**, wie ist das Wetter?; **guarda, il ~ sta migliorando!**, schau mal, das Wetter wird schöner! **10** *motori* Takt *m* **11** *mus* Takt *m*: **andare a ~**, im Takt bleiben; **andare fuori ~**, aus dem Takt kommen; **~ in levare**, Arsis *f*; **a ~ di valzer**, im Walzertakt **12** *mus* Tempo *n* **13** *sport* Zeit *f*: **arrivare fuori ~ massimo**, die zulässige Maximalzeit überschreiten; **il pilota della Ferrari ha fatto un ottimo ~**, der Ferrari-Pilot ist eine ausgezeichnete Zeit gefahren B *con valore di prep* (*entro*) in etw (dat), innerhalb *von* etw (dat)/+ *gen*, binnen etw (*gen o* dat): ˌquattro giorniˌ/[un mese]/... **il lavoro deve essere finito**, die Arbeit muss in ˌvier Tagenˌ/[einem Monat]/... beendet sein C <*inv*> *loc agg* (*di allora*): **del ~**, {USANZE} damalig ● **ai dei tempi** (*moltissimo ~ fa*), in uralten Zeiten, vor ˌundenklicher Zeitˌ/[undenklichen Zeiten]; ˌ**con l'**andarˌ**/il passar delˌ**/[col] **~** (*col passare degli anni*), im Laufe der Zeit, mit der Zeit; **anticipare i tempi**, seiner Zeit voraus sein; **avere ~ da vendere** (*molto ~*), Zeit im Überfluss haben; **ammazzare/ingannare il ~** *fig* (*dedicarsi a qc per far passare il ~*), die Zeit totschlagen *fam spreg*; **ai tempi che Berta filava** *scherz*, anno dunnemals *fam obs norddt*, anno Tobak *fam scherz*; **tempi bui** *fig* (*di barbarie*), finstere Zeiten; **avere ˌbuon ~ˌ/[~ da perdere]** (*avere ~ da sprecare*), mehr als genug Zeit haben; **~ di burrasca**, stürmisches Wetter; *fig*, stürmische Zeiten *f pl*; **~ da canˌ**/[**lupo**] (*pessimo*), Hundewetter *n fam*; **con i tempi che corrono** (*con tutto quello che succede al giorno d'oggi*), heutzutage; **~ di cottura** *gastr*, Gar-, Kochzeit *f*; **dar ~ a qu**, jdm Zeit lassen; **dar/lasciare ~ al ~** (*pazientare*), sich (dat) Zeit lassen, abwarten und Tee trinken *fam*, die Dinge auf sich zukommen lassen; **darsi al bel ~** *fig* (*spassarsela*), sich amüsieren, sich (dat) eine schöne Zeit machen; **a ~ debito/opportuno** (*al momento giusto*), bei passender Gelegenheit, zu gegebener Zeit; **tempi duri** *fig* (*di grandi difficoltà*), harte/schwere Zeiten; **essere/fare ~ ~**, rechtzeitig dran sein/es rechtzeitig schaffen; **essere ancora/sempre in ~ per fare qc**, noch (die) Zeit haben, etw zu tun; **~ fa**, vor einiger Zeit; **fare il buono e il cattivo ~** *fig* (*avere potere decisionale*), den Ton angeben, das Sagen haben; **fare in ~ a fare qc**, es rechtzeitig schaffen, etw zu tun; **ha fatto il suo ~** (*è finito*) {MODA} er ist passé *fam*, seine/ihre Zeit

ist vorbei; {LEADER} *anche* er/sie hat abgewirtschaftet; **fuori dal ~**, altmodisch, antiquiert; **i tempi che furono** (*il passato*), die alten Zeiten; **guadagnar ~**, Zeit gewinnen; **da ~ immemorabile** (*da moltissimo tempo*), seit undenklichen Zeiten; **in ~**, rechtzeitig; **arrivare appena/giusto in ~**, gerade noch rechtzeitig ankommen; **~ d'**inferno *fig* (*pessimo*), katastrophales Wetter; **questo tentativo lascia il ~ che trova** (*non avere nessun effetto*), dieser Versuch lässt alles beim Alten; **tempi di** lavorazione, Herstellungszeit *f*; **a ~ e luogo**, bei passender Gelegenheit; **tempi di** magra *fig*, magere Zeiten *f pl*; **~ di** marzo, Aprilwetter *n*; **in pari ~**, gleichzeitig; **per ~**, zeitig, früh; **a ~ perso**, zum Zeitvertreib; **fare qc a ~ perso** *fam* (*come hobby*), etw als Hobby betreiben; **non ha perso ~, vedo!** *iron*, wie ich sehe, hat er/sie keine Zeit verloren! *iron*; **è tutto ~ perso!** (*sprecato*), das ist alles verlorene Zeit!; **un lavoro a ~ pieno** (*otto ore al giorno*), eine Ganztagsarbeit, eine Vollzeitbeschäftigung, ein Ganztagsjob *fam*, ein Fulltimejob *fam*; **è mancato prima del ~** (*troppo presto*), er ist frühzeitig/[(zu) jung] gestorben; **molto/poco ~ prima**, lange/kurz vorher; **un ~ primo**, anfangs, zu Beginn; **è da un po' di ~ in qua che non si fa più vivo**, er lässt schon seit einiger Zeit nichts mehr von sich (dat) hören; **~ di reazione** *psic*, Reaktionszeit *f*; **a ~ di record** (*in tempo brevissimo*), in Rekordzeit; **fare qc a ~ di record**, etw in Rekordzeit machen; **sentire il ~** *fig* (*essere meteoropatico*), wetterfühlig sein; **senza por ~ in mezzo** *lett* (*immediatamente*), unverzüglich, sofort, ohne Zeit zu verlieren; **al ~ stesso** (*contemporaneamente*), gleichzeitig, zur gleichen Zeit; **il ~ stringe!** (*incitazione ad affrettarsi*), die Zeit drängt/[wird knapp!]; **stringere i tempi** (*ridurli*), das Tempo beschleunigen/anziehen; **a suo ~**, (*nel passato*) seinerzeit, (*nel futuro*) zu gegebener Zeit; **tempi tecnici** (*necessari per la realizzazione di qc*), notwendige Durchführungs-/Bearbeitungszeit; **negli ultimi tempi** (*ultimamente*), in letzter Zeit; **un ~** (*una volta*), früher, einst; **in ~ utile**, zur rechten Zeit, rechtzeitig; **chi ha ~ non aspetti ~** *prov*, was du heute besorgen kannst, das verschiebe nicht auf morgen *prov*; **il ~ è denaro** *prov*, Zeit ist Geld *prov*; **il ~ è galantuomo** *prov*, mit der Zeit kommt alles ins rechte Lot; **a pagare e a morire c'è sempre ~** *prov*, Rechnungen und der Tod können immer warten; **col ~ e con la paglia maturano le nespole** *prov*, gut' Ding will Weile haben *prov*, mit Geduld und Spucke fängt man eine Mucke *fam*; **il ~ guarisce tutti i mali** *prov*, die Zeit heilt alle Wunden *prov*.

temporàle[1] A *agg* **1** (*del tempo*) {LIMITE} zeitlich **2** *gramm* {AVVERBIO, PROPOSIZIONE} Temporal-, temporal **3** *mat* {ASCISSA} Zeit- **4** *relig* {VITA} weltlich: **il potere ~ dei papi**, der Kirchenstaat B *f gramm* Temporalsatz *m*.

temporàle[2] *m* **1** (*nubifragio*) {PRIMAVERILE} Gewitter *n* **2** *fig fam* (*lite*) Streit *m*, Krach *m fam*: **~ in vista!**, da braut sich was zusammen!

temporàle[3] *agg anat* {ARTERIA, MUSCOLO, OSSO, REGIONE} Schläfen-.

temporalésco, (-a) <*-schi, -sche*> *agg* (*di temporale*) {CARATTERE DI UNA PRECIPITAZIONE} gewitt(e)rig; {ARIA, CIELO} *anche* Gewitter-.

temporalità <-> *f* **1** (*transitorietà*) {+VITA TERRENA} Zeitlichkeit *f* **2** <*di solito al pl*> (*insieme dei beni terreni della Chiesa*) weltliche Güter *pl*, Temporalien *pl*.

temporaneità <-> *f* (*provvisorietà*) {+INCARICO} Zeitweiligkeit *f*, Vorläufigkeit *f*.

temporàneo, (-a) agg (*provvisorio*) {SISTEMAZIONE} vorübergehend, provisorisch, zeitweilig; {AUTORIZZAZIONE, DISPOSIZIONE, PROVVEDIMENTO} anche einstweilig; {INCARICO, LAVORO, PERMESSO DI SOGGIORNO} befristet.

temporeggiàre <*temporeggio, temporeggi*> itr Zeit gewinnen: **l'unica cosa che poteva fare in queste condizioni era ~**, alles, was er/sie unter diesen Umständen tun konnte, war, Zeit zu gewinnen.

temporeggiatóre, (-trice) m (f) (*chi temporeggia*) {ABILE} Zaud(e)rer m, (Zauderer in f): **Q. Fabio Massimo il ~**, Q. Fabio Massimo, der Zauderer.

tempòribus illis loc avv lat spec scherz (*nei tempi antichi*) anno dazumal, zu Olims Zeiten.

temporizzàre tr (*programmare*) **~ qc** {DISPOSITIVO DI IRRIGAZIONE} etw vor|programmieren.

temporizzatóre m tecnol {ELETTRONICO} Zeitgeber m.

temporizzazióne f tecnol Vorprogrammierung f.

tèmpra f **1** tecnol Härtung f, Härten n: **acciaio di buona tempra**, gut gehärteter Stahl; **dare la ~**, härten **2** fig (*costituzione fisica*) {ROBUSTA} körperliche Verfassung, Konstitution f: **avere una ~ d'acciaio**, einen stählernen/abgehärteten Körper haben, einen Körper aus Stahl haben, eine eiserne Konstitution haben **3** fig (*insieme delle qualità psicofisiche*) Schlag m, Art f: **un uomo della sua ~ non teme nulla**, ein Mann seines Schlag(e)s fürchtet nichts **4** mus {+STRUMENTO, VOCE} Klangfarbe f, Timbre n.

tempràre A tr **1** fig (*fortificare*) **~ qu/[qc (a qu)]** {AVVERSITÀ RAGAZZO, SPORT FISICO} jdn/etw ab|härten; {VOLONTÀ ALLO STUDENTE} etw stählen forb: **l'anno all'estero ha temprato il carattere di mio figlio**, das Auslandsjahr hat den Charakter meines Sohnes gefestigt **2** tecnol **~ qc** {VETRO} etw härten; {ACCIAIO} anche etw stählen B itr pron rfl (*fortificarsi*): **temprarsi (con qc)** {UOMO CON LA DIFFICOLTÀ} sich (*durch etw acc*) ab|härten, sich (*durch etw acc*) stählen forb.

tempràto, (-a) agg **1** (*sottoposto a tempra*) {ACCIAIO, VETRO} gehärtet **2** fig (*rafforzato*) **~ (a qc)** {DONNA AL DOLORE, AL FREDDO} (*gegen etw acc*) abgehärtet; **~ da qc** {CARATTERE DALLE DIFFICOLTÀ} (*durch etw acc*) gestärkt, (*durch etw acc*) abgehärtet.

tempùra <-> m *giapponese gastr* Tempura <*ohne art*>.

temùto, (-a) A part pass di temere B agg **1** (*atteso*) {MOMENTO} befürchtet, gefürchtet **2** (*che incute timore*) {PROFESSORE} angst-, furchteinflößend.

TEN m *ferr abbr di Trans Euro Notte*: TEN m (*abbr di Trans-Europ-Nachtexpress*).

tenàce agg **1** (*resistente*) {CAVO, FILO} widerstandsfähig, reißfest; {COLLA} stark, fest, zuverlässig **2** (*duro*) {LEGNO} hart **3** fig (*ostinato*) {NATURA} zäh; {VENDITORE} beharrlich; {SFORZO} beharrlich, ausdauernd **4** fig (*forte*) {MEMORIA} gut.

tenàcia <*rar -cie*> f fig (*costanza*) {+RAGAZZO} Zähigkeit f, Beharrlichkeit f, Ausdauer f: **lottare con ~**, zäh kämpfen; **dimostra ~ nello studio**, beim Lernen legt er/sie Beharrlichkeit an den Tag [/ist er/sie sehr ausdauernd beharrlich]; **la vittoria di quell'atleta si deve alla sua ~**, der Sieg dieses Athleten/ Sportlers [/dieser Athletin/Sportlerin] ist seiner/ihrer Ausdauer f Beharrlichkeit zu verdanken; **perseguire qc con ~**, etw mit Ausdauer verfolgen.

tenacità <-> f **1** (*resistenza*) {+COLLA} Stär-

ke f, Festigkeit f, Zuverlässigkeit f; {+FIBRA SINTETICA} Reißfestigkeit f **2** fig (*tenacia*) Zähigkeit f.

tenàglia f <*di solito al pl*> **1** (*pinze*) Zange f: **~ da artigiano**, Kneifzange f; **~ per calzolaio**, Beißzange f; **~ da cuoio**, Falzzange f; **~ da idraulico**, Wasserpumpenzange f; **tenaglie odontoiatriche**, Zahnzange f; **~ da vetraio**, Glaserzange f, Glasbrechzange f **2** fam zoo {+GRANCHIO, SCORPIONE} Scheren f pl ● **manovra a ~** mil, Umfassungsmanöver n, Zangenbewegung f; **ci vogliono le tenaglie per levare le parole di bocca!** fig (è *difficile farla parlare*) man muss ihr jedes Wort einzeln aus der Nase ziehen! fam.

tènda f **1** (*per arredamento interno*) {+COTONE, LINO} Vorhang m: **~ della doccia**, Duschvorhang m; **~ della finestra**, Gardine f, (Fenster)vorhang m; **sbirciava dalle tende della finestra**, er/sie lugte durch die Vorhänge; **metti/togli le tende**, häng die Vorhänge auf/ab; **tende a pacchetto**, Faltgardine f; **tende a rullo**, Rouleau n, Rollo n; **scosta/tira la ~**, zieh den Vorhang auf/zu; **tende alla veneziana**, Jalousie f, Jalousette f **2** (*telo esterno*) {+BALCONE, NEGOZIO} Markise f: **abbassare/alzare la ~**, die Markise hoch-/(he)runterziehen **3** (*riparo smontabile*) Zelt n: **~ da campo**, Feldzelt n; **~ canadese**, Hauszelt n; **~ a casetta**, Bungalowzelt n; **~ a igloo**, Igluzelt n; **piantare la ~**, das Zelt aufbauen; **~ da spiaggia**, Strandzelt n **4** med: **~ a ossigeno**, Sauerstoffzelt n ● **levare le tende** fig fam (*andarsene*), die/seine Zelte abbrechen; **piantare le tende** fig fam (*stare a lungo in un luogo*), die/seine Zelte aufschlagen; **ritirarsi sotto la ~** fig (*isolarsi sdegnosamente*), sich grollend zurückziehen.

tendàggio <-gi> m (*tenda*) {+FINESTRA} Vorhang m **2** <*di solito al pl*> (*insieme delle tende*) Vorhänge m pl.

tendàme m (*insieme di tende*) Vorhänge m pl.

tendènte agg **~ a qc 1** (*propenso*) {PERSONALITÀ ALLA DISSOCIAZIONE} zu etw (dat) (hin)neigend **2** (*che si avvicina*) {GRIGIO AL NERO} in etw (acc) übergehend, in etw (acc) spielend.

tendènza f **1** (*inclinazione*) **~ (a qc)** {ALL'ALLARMISMO, ALL'ESAGERAZIONE, ALL'IPOCONDRIA} Neigung f zu etw (dat), Hang m zu etw (dat): **ha ~ a ingrassare**, er/sie neigt zum Dickwerden [/dazu, dick zu werden], er/sie nimmt leicht zu, er/sie hat Veranlagung zum Dickwerden; **~ (per qc)** {PER LA DANZA, PER IL DISEGNO} Veranlagung f (*für etw acc/zu etw dat*): **ha una ~ per l'arte**, er/sie hat eine künstlerische Veranlagung/Ader; **questo ragazzo ha brutte tendenze**, der Junge ist auf einer schiefen Bahn **2** (*indirizzo ideologico*) {+MOVIMENTO LETTERARIO, PARTITO} Tendenz f, Strömung f: **le tendenze attuali della critica letteraria**, die gegenwärtigen Tendenzen der Literaturkritik **3** econ {+MERCATO; NEGATIVA, POSITIVA} Tendenz f: **~ al rialzo/ribasso**, steigende/fallende Tendenz **4** meteo {BAROMETRICA} Tendenz f: **tempo instabile con ~ al miglioramento**, unbeständiges Wetter mit Tendenz zur Besserung ● **fare ~** (*essere di moda*), in sein fam, im Trend liegen, trendy sein fam.

tendenziàle agg (*che rivela una tendenza*) {ROMANTICO, SVILUPPO DEL PROFITTO} tendenziell.

tendenziosità <-> f (*parzialità*) {+ARTICOLO DI GIORNALE, TESTIMONE} Parteilichkeit f.

tendenzióso, (-a) agg (*parziale*) {AFFERMAZIONE, CRITICO, LIBRO} parteiisch, tendenziös spreg.

tènder <-> m *ingl* **1** *ferr* Tender m **2** *mar*

Tender m, Begleitschiff n.

tèndere <*irr tendo, tesi, teso*> A tr **1** (*tirare*) **~ qc** {ARCO, CAVO, CORDE DELLA CHITARRA, FUNE, MOLLA} etw spannen; {ELASTICO} etw dehnen **2** (*distendere*) **~ qc** {BRACCIO, GAMBA} etw aus|strecken; {MUSCOLI} etw an|spannen **3** (*protendere*) **~ qc (a/verso qu)** {MANO A UN COLLEGA} jdm etw reichen, jdm etw geben; {MANO VERSO I PASSANTI} jdm etw hin|-, entgegen|strecken **4** (*stendere*) **~ qc** {BIANCHERIA, BUCATO} etw auf|hängen **5** fig (*preparare*) **~ qc (a qu)** {TRAPPOLA AL NEMICO} jdm etw stellen; {IMBOSCATA} jdn in etw (acc) locken; {CACCIA} jdn aus etw (dat) überfallen, (*nella caccia*) {RETI} etw (auf|)spannen, etw aus|legen; (*nella pesca*) {RETI} etw aus|werfen B itr **1** (*dirigersi*) **~ (+ compl di luogo)** {ELIO VERSO L'ALTO} irgendwohin streben **2** (*mirare*) **~ a qc** {ALLA PERFEZIONE} nach etw (dat) streben, etw an|streben: **sforzi che tendono allo stesso risultato**, Anstrengungen, die das gleiche Ergebnis anstreben **3** (*propendere*) **~ a qc** {ALL'INDULGENZA} zu etw (dat) neigen, zu etw (dat) tendieren forb: **~ a drammatizzare**, dazu neigen, die Dinge zu dramatisieren; **~ a ingrassare**, dazu neigen, dick zu werden; leicht zunehmen **4** (*diventare*) **~ a qc** {TEMPO AL BRUTTO} irgendwie werden: **questa stoffa tende a stringersi**, dieser Stoff geht noch ein; **la temperatura tende ad alzarsi**, es wird wärmer **5** (*avvicinarsi*) **~ a qc** {VERDE ALL'AZZURRO} in etw (acc) über|gehen, in etw (acc) spielen; {CAPELLI AL BIONDO} in etw (acc) gehen C itr pron (*contrarsi*): **tendersi** sich (an|)spannen: **tutti i muscoli gli si tendevano**, all seine Muskeln spannten sich (an).

tendina <*dim di tenda*> f **1** {+AEREO, FINESTRINO DELLA MACCHINA, TRENO} Vorhang m: **~ dell'aereo**, (Kabinen)vorhang m; **~ (della finestra)**, Gardine f, (Fenster)vorhang m **2** *film* Überblende f.

tèndine m *anat* {INFIAMMATO} Sehne f: **~ d'Achille**, Achillessehne f.

tendìneo, (-a) agg *anat* {APPARATO} Sehnen-.

tendinìte f *med* {ACUTA, CRONICA} Sehnen(scheiden)entzündung f.

tendiscàrpe <-> m Schuhspanner m.

tenditóre① m **1** *gener tecnol* {+FILO} Spanner m; {FILETTATO} Spannvorrichtung f: **a vite**, Spannschloss n **2** (*nella falegnameria*) Spannrolle f **3** *mecc* Spannwerk n, (Draht)spannschloss n **4** *tess* Streckmaschine f.

tenditóre②, (-trice) mf **1** *rar* (*chi tende*) {+RETI} Spanner(in) m(f) **2** fig: **~ di tranelli**, Fallensteller(in) m(f).

tenditrice → **tensore**.

tendóne <*accr di tenda*> m **1** {+BALCONE, FINESTRA, PORTA} Markise f; {+NEGOZIO} große Markise **2** (*tenda per spettacoli, ecc.*) {+FIERA} Zelt n: **~ del circo**, Zirkuszelt n.

tendòpoli <-> f **1** (*complesso di tende*) {+ALLUVIONATI, PROFUGHI, TERREMOTATI} Zeltstadt f **2** *rar* (*campeggio*) {+TURISTI} Massencampingplatz m.

tènebra f **1** <*di solito al pl*> (*buio fitto*) Dunkelheit f, Finsternis f **2** lett (*oscurità profonda*) {NOTTURNA} Finsternis f **3** <*di solito al pl*> fig (*oscurantismo*) Nacht f, Dunkel n: **l'Illuminismo considerava il Medioevo il periodo delle tenebre**, die Aufklärung betrachtete das Mittelalter als Ära der Finsternis **4** <*di solito al pl*> *relig* (*male*) Finsternis f, Böse n ● **brancolare nelle tenebre** fig (*muoversi nell'incertezza*), im Dunkeln tappen.

tenebrosità <-> f **1** fig (*mistero*) {+SGUARDO} Finstere n **2** *rar* (*oscurità*) {+GROTTA} Dunkelheit f, Finsternis f.

tenebróso, (-a) A agg 1 (oscuro) {ABITAZIONE, GROTTA, NOTTE} finster, dunkel 2 fig (misterioso) {INTRIGO} geheimnisvoll; {GIOVANE} anche geheimnisumwittert forb B mf (persona misteriosa) interessanter geheimnisumwitterter/rätselhafter Typ: **che bel ~!**, was für ein interessanter geheimnisumwitterter/rätselhafter Typ!

tenènte m mil {+AERONAUTICA, ALPINI} Oberleutnant m: **~ colonnello**, Oberstleutnant m; **~ medico**, Stabs-, Oberarzt m; **di vascello** mar mil, Kapitänleutnant m.

tenére <irr tengo, tenni, tenuto> A tr 1 (reggere) **~ qu/qc (+ compl di luogo)** {BAMBINO SULLE GINOCCHIA, LIBRO IN MANO} jdn/etw (irgendwo) halten: **tieni la borsa mentre cerco la chiave di casa**, halt bitte die Tasche, während ich nach dem Hausschlüssel suche 2 (fare) **~ qc** {CONFERENZA, RIUNIONE AMMINISTRATIVA, UDIENZA} etw ab|halten; {CORSO DI LETTERATURA TEDESCA, DISCORSO, LEZIONE} etw halten 3 (conservare) **~ qc + compl di luogo** {ACCIUGHE SOTTO SALE} etw in etw einlegen; {ATTREZZI DA GIARDINO IN GARAGE, MARMELLATE NELLA DISPENSA, PATATE IN UN AMBIENTE BUIO, VINO IN CANTINA} etw irgendwo auf|bewahren: **questa salsa è da ~ al fresco**, diese Soße muss kühl gestellt/gehalten werden 4 (lasciare) **~ qc + compl di modo** {FINESTRA SOCCHIUSA} etw irgendwie lassen: **teneva la porta aperta**, er/sie ließ die Tür offen/auf; **~ alti i prezzi**, die Preise hoch|halten 5 (occuppare) **~ qc** {ARMADIO MEZZA STANZA} etw ein|nehmen; **~ qc a qu** {POSTO A UN AMICO} etw für jdn frei halten 6 (indossare) **~ qc + compl di modo** {FOULARD ANNODATO, GIACCA SBOTTONATA} etw irgendwie tragen 7 (custodire) **~ qc** {SEGRETO} etw (be)wahren: **tengo questo braccialetto come ricordo della gita**, ich bewahre dieses Armband als Andenken an den Ausflug auf 8 (contenere) **~ qc** {BOTTIGLIA UN LITRO E MEZZO; SALA UN CENTINAIO DI POSTI A SEDERE} etw fassen 9 (far rimanere) **~ qu + compl di luogo** jdn an etw (acc) fesseln: **l'influenza lo ha tenuto a letto una settimana**, die Grippe hat ihn eine Woche lang ans Bett gefesselt 10 (trattenere) **~ qc** {LACRIME, PIANTO, RISO} etw unterdrücken 11 (assumere) **~ qc** {COMPORTAMENTO CORRETTO, CONTEGNO RISERVATO} etw ein|nehmen 12 (vendere) **~ qc** etw verkaufen: **in questo negozio di abbigliamento tengono anche (le) scarpe**, in diesem Bekleidungsgeschäft werden auch Schuhe verkauft 13 (avere a disposizione) **~ qc** etw führen: **è un articolo che non teniamo più**, diesen Artikel führen wir nicht mehr 14 (avere alle proprie dipendenze) **~ qu** {CAMERIERA, GIARDINIERE} jdn haben, sich (dat) jdn halten 15 (gestire) **~ qc** {NEGOZIO, RISTORANTE} etw leiten; {CONTABILITÀ, REGISTRI} etw führen 16 (essere in possesso) **~ qc** {COMANDO} etw inne|haben; {NEMICO CITTÀ} etw besetzt halten 17 merid (avere) **~ qu/qc** {MOGLIE, CASA} jdn/etw haben 18 fig (torchiare) **~ sotto qu** jdn in der Mangel haben fam, jdn durch die Mangel drehen fam, jdn in die Mangel/Zange nehmen fam: **il professore di latino mi ha tenuto sotto più di un'ora**, der Lateinlehrer hat mich über eine Stunde in der Mangel gehabt fam 19 agr: **~ un campo a vigna**, (auf einem Feld) Wein anbauen 20 (nei giochi di carte) **~ qc** {IL BANCO} etw halten 21 mar **~ qc** {ROTTA} etw halten 22 mus **~ qc** {NOTA} etw aus|halten B itr 1 (resistere) {ADESIVO, CHIODO, VITE} halten; {COLORE} anche nicht verblassen, nicht aus|bleichen; fig halten: **l'euro tiene nonostante l'instabilità politica**, trotz der politischen Instabilität hält sich der Wert des Euro 2 (essere a tenuta stagna) dicht sein: **il rubinetto non tiene più**, der Wasserhahn ist nicht mehr dicht 3 (dar importanza) **~ a qu/qc** {A UN AMICO, AL LAVORO, ALLA VITA} Wert auf jdn/etw legen: **non ci tengo molto**, darauf lege ich keinen großen Wert; **se proprio ci tieni...**, wenn dir wirklich daran liegt...; **ci tieni molto a quel ragazzo?**, liegt dir so viel an diesem Jungen?; **ci tengo a riuscire**, mir ist es wichtig, [liegt daran], es zu schaffen 4 (sostenere) **~ per qu/qc** {PER UN CORRIDORE, PER UNA SQUADRA DI CALCIO} zu jdm/etw halten, Partei für jdn/etw ergreifen, Fan von jdm/etw + gen sein C itr pron (aver luogo) **tenersi + compl di luogo** irgendwo statt|finden: **dove si tiene il concerto? – Alla Filarmonica**, wo findet das Konzert statt? – In der Philharmonie D rfl 1 (reggersi): **tenersi a qc** {AL MANCORRENTE, ALLA RINGHIERA} sich an etw (dat) fest|halten 2 (mantenersi): **tenersi + compl di modo** {INFORMATO} sich irgendwie halten: **tenersi aggiornato**, sich auf dem Laufenden halten 3 (stare): **tenersi + compl di modo** sich irgendwie halten: **si tenga bene al caldo/{coperto}**, halten Sie sich schön warm 4 (trattenersi): **tenersi dal fare qc** es sich (dat) verkneifen, etw zu tun: **non può tenersi dal commentare/criticare**, er/sie kann sich keines Kommentars/einer Kritik nicht enthalten 5 (attenersi): **tenersi a qc** {ALLE DISPOSIZIONI MINISTERIALI, AI FATTI, ALLE PRESCRIZIONI MEDICHE} sich an etw (acc) halten 6 (procedere): **tenersi a qc** {A DESTRA, A SINISTRA} sich irgendwo halten E rfl rec (reggersi): **tenersi + compl di modo** {PER MANO} sich irgendwie halten: **tenersi a braccetto**, Arm in Arm/[eingehakt] gehen ● **tenersi buono qu** (ingraziarselo), sich (dat) jdn warm|halten fam; **~ caro qc** (considerare prezioso), etw in Ehren halten, etw hoch schätzen; **tieni cari i suoi consigli**, nimm dir seine Ratschläge zu Herzen, höre auf seine Ratschläge, beherzige seine Ratschläge; **~ la destra/sinistra**, rechts/links fahren, sich rechts/links halten; **~ duro** fam (resistere), durchhalten; **~ lontano qc**, etw fern|halten; **~ qu lontano da qc**, jdn von etw (dat) fern|halten; **tenersi lontano da qu/qc**, sich von jdm/etw fern|halten; **bisogna ~ presente che...**, (bisogna considerare), man muss sich (dat) vor Augen halten/[vergegenwärtigen], dass...; **tenersi pronto**, sich bereithalten; **~ qc per sé** fig (non divulgare), {NOTIZIA} etw für sich behalten; **tenersi stretto a qu** fig (non perderlo), dicht/eng bei jdm bleiben, in jds Nähe bleiben; **si tiene sulle sue** fig (mantenere il distacco), er/sie hält Distanz/[ist ziemlich distanziert/zurückhaltend]/[hält sich bedeckt].

tenerézza f 1 (caratteristica di ciò che è tenero) {+LEGNO, SEDANO} Weichheit f; {+CARNE} Zartheit f 2 fig (dolcezza) Zärtlichkeit f: **uno sguardo pieno di ~**, ein Blick voller Zärtlichkeit, ein sehr zärtlicher Blick 3 fam (affettuosa commozione) Rührung f: **quel vecchio mi fa ~**, diesen alten Mann finde ich rührend, dieser alte Mann rührt mich 4 f <pl> (effusioni) Zärtlichkeiten f pl: **scambiarsi tenerezze**, Zärtlichkeiten austauschen; **tutti abbiamo bisogno di tenerezze**, wir brauchen alle unsere Streicheleinheiten fam.

tènero, (-a) A agg 1 (morbido) {LEGNO, PIETRA} weich; {CARCIOFO, CARNE, TONNO} zart 2 fig (giovane) {GERMOGLIO, INFANZIA} zart: **fin dalla più tenera età**, seit dem zartesten Kindesalter, von Kindesbeinen an 3 fig (indulgente) {INSEGNANTE, MADRE} nachgiebig, nachsichtig, weich: **essere/mostrarsi ~ con qu**, jdm gegenüber nachsichtig sein/[sich jdm gegenüber nachsichtig erweisen] 4 fig (pieno d'affetto) {PAROLE, SGUARDO} zärtlich 5 fig (che ispira tenerezza) süß, rührend: **come sei ~ in questa foto!**, wie süß du auf diesem Foto aussiehst! 6 agr {GRANO} weich B m 1 (la parte più soffice) Zarte n decl come agg, Weiche n decl come agg 2 fig (punto debole) empfindliche Stelle: **colpire qu nel ~**, jdn an seiner empfindlichen Stelle treffen 3 fig (attrazione) Anziehung f: **tra quei due giovani c'è del ~**, zwischen den beiden jungen Leute spinnt sich was an.

tèngo 1ª pers sing dell'ind pres di tenere.

tènia f med zoo Bandwurm m: **~ solium**, Bandwurm m.

tenífugo, (-a) <-ghi, -ghe> farm A agg Bandwurm- B m Bandwurmmittel n.

ténni 1ª pers sing del pass rem di tenere.

tènnis <> sport A m Tennis n: **~ da tavolo**, Tischtennis n B <inv> loc agg: **da ~**, {CAMPO, RACCHETTA, SCARPE} Tennis-.

tennísta <-i m, -e f> mf (giocatore di tennis) Tennisspieler(in) m(f), (professionista) Tennisprofi mf.

tennistàvolo <> m (ping-pong) Tischtennis n, Pingpong n obs.

tennístico, (-a) <-ci, -che> agg 1 (del tennis) {STAGIONE, TORNEO} Tennis- 2 (dei tennisti) {DOTI} Tennisspieler-.

tenóre① A m 1 (tasso) {ALCOLICO DI UN LIQUORE} Gehalt m: **~ d'umidità**, Feuchtigkeitsgrad m 2 Weise f, Art f: **~ di vita**, Lebensstandard m; **raggiungere un alto ~ di vita**, einen hohen Lebensstandard erreichen; **avere un ~ di vita dispendioso/modesto**, einen aufwendigen/bescheidenen Lebensstil haben, auf großem Fuß/[bescheiden] leben 3 (tono) {+DISCORSO, EPISTOLA, RICHIESTA} Ton m, Tenor m 4 (comportamento) Haltung f, Benehmen n 5 loc prep **amm dir (in base a): a ~ di qc** {DELL'ARTICOLO, DELLA LEGGE} nach etw (dat), gemäß etw (dat).

tenóre② m mus Tenor(sänger) m, Tenorist m: **~ drammatico/[di forza]**, Heldentenor m; **~ leggero**, lyrischer Tenor.

tensioattívo, (-a) chim fis A agg {SOSTANZA} oberflächenaktiv B m Tensid n, oberflächenaktive Substanz.

tensiòmetro m 1 fis Dehnungsmesser m 2 tecnol Spannungsmesser m, Tensiometer n ● **~ elettrico** elettr, Volt-, Spannungsmesser m.

tensióne f 1 {+ELASTICO, FUNE} Spannung f 2 fig (ansia) Spannung f: **essere sempre sotto ~**, immer unter Stress stehen, immer im Stress sein; **scarica la ~ facendo karate**, er/sie reagiert sich durch Karate ab; **~ nervosa**, Nervenanspannung f 3 fig (elemento) {DRAMMATICA, TRAGICA} Spannung f 4 fig (contrasto) **~ (tra qu/qc)** {INTERNAZIONALE, TRA COLLEGHI, TRA CONIUGI} Spannung f (zwischen jdm/etw) 5 elettr Spannung f: **alta/bassa ~** (abbr AT/BT), Hoch-/Niederspannung f 6 fis: **~ superficiale**, Oberflächenspannung f 7 med Blutdruck m: **~ arteriosa**, Blutdruck m.

tensóre A agg anat {MUSCOLO} Spann- B m 1 anat Spannmuskel m 2 fis mat Tensor m.

tensostruttùra f edil zugebeanspruchte Konstruktion.

tentàbile A agg (che si può tentare): **è una cura/via ~**, diese Behandlung/dieser Weg ist einen Versuch wert/[kann man versuchen] B m <solo sing> Versuchbare n: **tentare il ~**, nichts unversucht lassen, alles versuchen.

tentacolàre agg 1 (a tentacoli) {STRUTTURA} fangarmartig 2 fig (ORGANIZZAZIONE CRIMINALE) (rasch) ausbreitend; {CITTÀ} sich (rasch) ausdehnend.

tentàcolo m 1 zoo {+PIOVRA} Fangarm m, Tentakel m 2 <solo pl> fig {+CORRUZIONE, VI-

ZIO} Fänge m pl 3 bot {+PIANTE INSETTIVORE} Fühler m.

tentàre tr 1 (provare) ~ qc {FORTUNA, FUGA, SCALATA AL SUCCESSO, SORTE} etw versuchen: ~ **di risanare il bilancio dello stato**, versuchen, den Staatshaushalt zu sanieren; ~ **il suicidio**, einen Selbstmordversuch machen; **ho tentato il tutto per tutto**, ich habe alles/das Äußerste versucht; (uso assol) probieren; **vale la pena di ~**, es ist einen Versuch wert 2 (sperimentare) ~ qc {NUOVA STRATEGIA} etw versuchen, etw probieren 3 fig fam (invogliare) ~ qu (con qc) {GIOVANE CON LA PROMESSA DI FACILI GUADAGNI} jdn (mit etw dat) reizen, jdn (mit etw dat) (ver)locken, jdn (mit etw dat) verführen; **la tua offerta mi tenta**, dein Angebot reizt mich; **ci siamo lasciati dalle sue promesse**, wir haben uns von seinen/ihren Versprechungen verführen lassen 4 fig (indurre in tentazione) ~ qu {DENARO, POTERE UOMINI} jdn in Versuchung führen, jdn locken; **si potrebbe essere tentati di credere che…**, congv, man könnte geneigt sein zu glauben, dass… ind; **fui tentata di dargli uno schiaffo**, ich war versucht, ihm eine Ohrfeige zu geben • **tentarle tutte** (fare tutti i tentativi possibili), alles versuchen, nichts unversucht lassen; **tentar non nuoce** prov, Probieren geht über Studieren prov, versuchen kann man's ja mal.

tentatìvo m 1 (prova) {DISPERATO, INUTILE, RIUSCITO} Versuch m, Anlauf m: ~ **di fuga/resistenza**, Fluchtversuch m/Widerstandsversuch m; **ho fatto un ~ presso il ministero per ottenere l'incarico**, ich habe einen Versuch beim Ministerium unternommen, um den Auftrag zu erhalten; ~ **di rapina**, versuchter Raub(überfall); **ha conquistato il primato al secondo ~**, er/sie hat den Rekord beim zweiten Versuch/Anlauf erzielt 2 dir (delitto tentato) {COMPIUTO, INCOMPIUTO} Versuch m.

tentàto A part pass di tentare B agg 1 dir {OMICIDIO, TRUFFA} versuchte(r,s) 2 (invogliato) versucht: ~ **di fare qc**, versucht, etw zu tun; **ero ~ di scrivergli una letteraccia**, ich war versucht/hatte mich übel Lust, ihm einen bösen Brief zu schreiben.

tentatóre, (-trice) A agg (che tenta) {LETTURE, OCCHI, PROPOSTA} verführerisch, in Versuchung führend B m (f) (chi tenta) Verführer(in) m (f), Versucher(in) m (f) forb.

tentazióne f 1 (impulso) Versuchung f, Lust f: **non resistemmo alla ~ di visitare Neuschwanstein**, wir widerstanden der Versuchung nicht, Neuschwanstein zu besichtigen; **ebbi la ~ di rispondere male**, ich ˪war versucht˩/[hatte Lust], ihr grob zu antworten 2 scherz (cosa allettante) Verlockung f: **che ~ questa torta Sacher!**, eine echte Verlockung, diese Sachertorte! 3 relig {+GESÙ} Versuchung f: **cadere in ~**, in (die) Versuchung kommen/geraten; **non ci indurre in ~**, führe uns nicht in Versuchung.

tentènna <-> mf fam scherz (persona indecisa) Zaud(e)rer m, Zaud(r)erin f; unentschlossener/wankelmütiger forb spreg Mensch, Unentschlossene mf decl come agg.

tentennaménto m 1 (oscillazione) {+TESTA} Schütteln n 2 fig (esitazione) Zögern n, Schwanken n: **al tuo primo ~ ti salteranno adosso**, wenn du nur einmal zögerst, werden sie über dich herfallen; **dopo molti tentennamenti prese una decisione**, nach langem ˪Hin und Her˩/[Zögern] traf er/sie eine Entscheidung.

tentennànte agg fig (indeciso) unschlüssig: **sono ancora ~ se accettare o meno**, ich ˪schwanke noch˩/[bin noch unschlüssig], ob ich annehmen soll oder nicht.

tentennàre A itr 1 (barcollare) {UBRIACO} schwanken, wanken, torkeln; {PALO, SEDIA, TAVOLO} wackeln 2 fig (esitare) schwanken, zögern, zaudern: **dopo aver tentennato a lungo si decise a partire**, nach langem Zögern entschied er/sie, abzufahren B tr (far oscillare) ~ qc {CAPO, TESTA} etw schütteln.

tentènnio <-nii> m 1 (oscillazione continua) {+CAPO} Schütteln n 2 fig (titubanza) Schwanken n.

tentóni avv loc avv (alla cieca): (a) ~ 1 tastend: **andare/camminare (a) ~**, sich vortasten, sich vorwärts˩tasten 2 fig blindlings, ohne feste Vorstellung, ins Blaue (hinein) fam: **indagare (a) ~**, ins Blaue hinein ermitteln fam, Ermittlungen ohne klares Konzept anstellen.

tènue A agg 1 (delicato) {ROSA} zart, matt 2 (sottile) {FILO, PENNELLATA} dünn, fein 3 (leggero) {NEBBIA} leicht; fig {AMMENDA} gering; {PENA} leicht, mild 4 (debole) {BAGLIORE, LUCE} schwach, matt; {SUONO} schwach; {VOCE} anche dünn, zart; fig {ILLUSIONE, SPERANZA} schwach 5 anat {INTESTINO} Dünn- 6 ling {CONSONANTE} stimmlos B m anat Dünndarm m.

tenuità <-> f 1 (delicatezza) {+COLORE} Zartheit f 2 (sottigliezza) {+FILO, STELO, VELO} Dünnheit f, Dünne f 3 (debolezza) {+LUCE} Schwäche f; {+VOCE} anche Dünnheit f, Zartheit f; fig {+ILLUSIONE, SPERANZA} Geringfügigkeit f 4 fig {+CASTIGO} Milde f.

tenùta① f 1 {+CONDUTTURA, TUBO} Führung f: **a ~ stagna**, vollkommen undurchlässig, dicht 2 (capacità di recipiente) {+SERBATOIO} Fassungsvermögen n 3 (resistenza) {+GOVERNO} Andauern n 4 comm {+LIBRI CONTABILI} Führung f 5 econ {+MONETA} Feingehalt m 6 mus {+NOTA, SUONO} Aushalten n 7 sport (nel pugilato) Klammern n • ~ **di strada** autom, Straßenlage f.

tenùta② f (vasto possedimento agricolo) Landgut n: **ha molte tenute nella campagna senese**, er/sie hat viele Landgüter im Umland von Siena.

tenùta③ f (completo) (Dienst)anzug m; (uniforme) Uniform f; sport Trikot n, Dress m: ~ **da caccia**, Jagdanzug m; ~ **di lavoro**, Arbeitsanzug m; ~ **da sciatore/tennista**, Skianzug m/Tenniskleidung f.

tenutàrio, (-a) <-ri> m (f) spreg {+BISCA} Betreiber(in) m(f), Inhaber(in) m(f), Besitzer(in) m(f): ~ **di una casa d'appuntamenti**, Bordellbesitzer(in) m(f), Bordellwirt(in) m(f); Puffmutter f fam spreg.

tenùto, (-a) A part pass di tenere B agg 1 (conservato) erhalten: **palazzo ben/mal ~**, gut/schlecht erhaltenes Gebäude 2 (obbligato) ~ **a fare qc** {A RISPETTARE L'ORARIO DI LAVORO} verpflichtet sein, etw zu tun; gehalten sein forb, etw zu tun: **non sei ~ a darmi una risposta**, du brauchst mir nicht zu antworten 3 mus {NOTA} ausgehalten, tenuto.

tenzóne m lett 1 (disputa) {AMOROSO} Tenzone f, Streitgedicht n, Streitgesang m 2 (battaglia) Schlacht f, Kampf m.

teocèntrico, (-a) <-ci, -che> agg filos relig {CONCEZIONE} theozentrisch.

teocentrìsmo m filos relig Theozentrik f.

teocòn polit anche fig A <inv> agg Theocon- B <-> mf Theocon m.

teocrazìa f polit anche stor {ISLAMICA} Theokratie f.

teodèm polit A <inv> agg Theodem- B <-> mf Theodem m.

teodicèa f filos {LEIBNIZIANA} Theodizee f.

teodolìte m Theodolit m.

teogonìa f mitol Theogonie f.

teòloga f → teologo.

teologàle agg (della discussioni) {DISCUSSIONI} Theologie-, theologisch: **le virtù teologali**, die theologischen/göttlichen Tugenden.

teologìa f 1 (dottrina) Theologie f 2 (nella tradizione cristiana) {CATTOLICA, PROTESTANTE, SPECULATIVA} Theologie f: **studiare ~**, Theologie studieren.

teològico, (-a) <-ci, -che> agg (che riguarda la teologia) {CONTROVERSIA, DOTTRINA, PROBLEMA} theologisch.

teòlogo, (-a) <-gi, -ghe> m (f) (studioso di teologia) Theologe m, (Theologin f).

teorèma <-i> m 1 filos mat {+EUCLIDE, PITAGORA, ROLLE} Lehrsatz m, Theorem n 2 giorn Theorie f.

teorèta <-i m, -e f> mf anche filos Theoretiker(in) m(f).

teorètica <-che> f filos theoretische Philosophie.

teorètico, (-a) <-ci, -che> filos A agg {FILOSOFIA, STUDI} theoretisch B m (f) Theoretiker(in) m(f).

teorìa f 1 Theorie f: **in ~**, theoretisch; **la ~ contrapposta alla pratica**, die Theorie im Gegensatz zur Praxis 2 (opinione personale) Meinung f, Ansicht f, Sichtweise f: **non condivido le sue teorie sul matrimonio**, ich teile seine/ihre Ansichten über die Ehe nicht 3 (formulazione di principi) {COPERNICANA, ECONOMICA; +FISICA NUCLEARE, FUNZIONI, INSIEMI; KANTIANA DELLA CONOSCENZA, PSICANALITICA, TOLEMAICA} Theorie f: ~ **della relatività**, Relativitätstheorie f 4 (nei giochi) {+BRIDGE, SCACCHI} Theorie f 5 lett (lunga fila) {+AUTO D'EPOCA, CAVALLI, GENTE} Zug m 6 autom Theorie f: **esame di ~**, theoretische Fahrprüfung.

teòrico, (-a) <-ci, -che> A agg (che si riferisce alla teoria) {APPRENDIMENTO, LEZIONI, PRINCIPIO} theoretisch: **a livello ~**, auf theoretischer Ebene; **da un punto di vista ~**, von einem theoretischen Gesichtspunkt aus B m (f) anche spreg Theoretiker(in) m(f) spreg.

teorizzàre tr (formulare una teoria) ~ (qc) {LA CADUTA DEI GRAVI, LA RELATIVITÀ} eine Theorie über etw (acc) aufstellen.

teorizzatóre, (-trice) A agg (che teorizza) theoretisierend forb, theoretisch B m (f) (chi teorizza) Theoretiker(in) m(f).

teosofìa f filos relig Theosophie f.

tepee <-> m (tenda) Indianerzelt n.

tepóre m {SETTEMBRINO; +SOLE, STUFA A LEGNA} mollige fam/angenehme/milde Wärme.

téppa f sett spreg (teppaglia) Gelump n spreg, Lumpenpack n spreg: **far parte della ~ cittadina**, zur Unterwelt der Stadt gehören.

teppàglia f spreg {+PERIFERIE, SOBBORGHI} Lumpenpack n spreg, Mob m spreg, Gesindel n spreg: **che ~ in questo quartiere!**, was für ein Gesindel spreg es in diesem Stadtviertel gibt!

teppìsmo m (vandalismo) {CRESCENTE, DILAGANTE} Rowdytum n spreg, Wandalismus m.

teppìsta <-i m, -e f> mf (chi commette atti di teppismo) Rowdy m spreg, Wandale m spreg, Wandalin f spreg.

teppìstico, (-a) <-ci, -che> agg (da teppista) {ATTO} rowdyhaft spreg, wandalisch forb.

tequila <-, -s pl spagn> f spagn 1 (liquore) Tequila m 2 bot Agave f.

ter <inv> agg lat (terzo) {EMENDAMENTO, LEGGE} dritte(r,s).

teramàno, (-a) A agg von/aus Teramo B m (f) (abitante) Einwohner(in) m(f) von Teramo.

terapèuta <-i m, -e f> mf forb 1 (medico che si occupa di terapeutica) {DI FAMA MONDIALE}

Therapeut(in) m(f) **2** (*terapista*) Therapeut(in) m(f).

terapèutica <-che> f med Therapeutik f scient.

terapèutico, (-a) <-ci, -che> agg (*relativo alla terapia*) {AZIONE, MEZZO} therapeutisch.

terapìa f {ANTIBIOTICA, BIOLOGICA, CHIRURGICA, DENTARIA, RADIANTE} Therapie f: ~ **di appoggio**, Unterstützungstherapie f; ~ **della Gestalt**, Gestalttherapie f; ~ **intensiva**, Intensivtherapie f, Intensivbehandlung f; ~ **della riabilitazione**, Rehabilitationstherapie f; **sottoporre qu a una ~**, jdn therapieren; ~ **d'urto**, Stoßtherapie f; ~ **d'urto**, Stoßtherapie f.

teràpico, (-a) <-ci, -che> agg (*della terapia*) therapeutisch.

terapìsta <-i m, -e f> mf Therapeut(in) m(f): ~ **della riabilitazione**, Rehabilitationstherapeut(in) m(f).

Terèsa f (*nome proprio*) Therese.

tèrgere <irr *tergo, tergi, tersi, terso*> tr lett (*pulire asciugando*) ~ **qc** {PIANTO, SUDORE} etw ab|wischen, etw (ab|)trocknen.

tergicristàllo m {+AEREO, AUTOCARRO, AUTOMOBILE} Scheibenwischer m.

tergifàri <-> m autom Scheinwerferscheibenwischer m.

tergilavalunòtto m autom Heckscheibenwischer m.

tergilunòtto m {GUASTO} Heckscheibenwischer m.

tergiversàre itr (*nicchiare*) Ausflüchte machen, Ausflüchte suchen, aus|weichen: **non sapendo rispondere alla domanda tergiversava**, da er/sie die Frage nicht beantworten konnte, wich er/sie aus.

tèrgo① 1ª pers sing del pres di tergere.

tèrgo② **A** m **1** <-*ghi*> (*rovescio*) {+FOGLIO, MEDAGLIA, MONETA} Rückseite f **2** <pl: *-ghi, -ga* f lett> lett (*schiena*) Rücken m: **volgere le terga al nemico**, dem Feind den Rücken wenden/kehren **B** loc avv (*di dietro*): **a/da ~**, hinten, auf der Rückseite; **scrivere a ~**, auf die Rückseite schreiben; **vedi a ~**, siehe Rückseite; **venire da ~**, von hinten kommen.

Tèrital® <-> m tess "synthetische Textilfaser".

termàle agg **1** (*delle terme*) {BAGNI, CURA, SORGENTE, STABILIMENTO} Thermal-: **stazione ~**, Kurort m; {ARCHITETTURA ~}, Thermenarchitektur f **2** bot {PIANTE} Warmwasser-.

tèrme f pl **1** {+ABANO, ACQUI, BADEN-BADEN} Thermalbad m **2** stor {+CARACALLA, DIOCLEZIANO, POMPEI} Thermen f pl.

tèrmico, (-a) <-ci, -che> agg **1** fis tecnol {ENERGIA, IMPIANTO, RADIAZIONE} thermisch, Wärme-: **isolante ~**, wärmeisolierend **2** (*in fisiologia*) {SENSIBILITÀ} Wärme- **3** med {RIALZO} Temperatur-.

termidòro m stor francese Thermidor m.

termìnal <-> m aero abbr dell'ingl air terminal (*stazione terminale urbana di linee aeree*) (Air)terminal m o n.

terminàle **A** agg **1** (*che segna il confine*) {PICCHETTO} End-, Grenz-: **pietra ~**, Grenzstein m **2** (*che si trova al termine*) End-: **stazione ~**, Endstation f **3** anat {NERVO} End- **4** biol {GEMMAZIONE} End- **5** med {MALATO} terminal, im Endstadium: **fase ~ (di una malattia)**, Endstadium n (einer Krankheit) **B** m <di solito al pl> **1** inform Terminal n: **~ intelligente**, intelligentes Terminal; **~ Pos**, POS-Terminal n **2** tecnol (*estremità*) {+CAVO, CONDUTTURA, TUBO} Endverschluss m.

terminalìsta <-i m, -e f> mf (*chi lavora a un terminale*) Terminalbediener(in) m(f).

terminàre **A** tr <*avere*> (*finire*) ~ **qc** {APPRENDISTATO, SERVIZIO CIVILE, SERVIZIO MILITARE} etw beenden; {LAVORO} anche etw fertig machen; {CONVERSAZIONE, DISCUSSIONE, RICERCA} etw ab|schließen, etw zu Ende führen; {STUDI, SERVIZIO MILITARE} anche etw absolvieren **B** itr <*essere*> (*finire*) ~ **con qc** (+ *compl di tempo*) {CORSO ALLA FINE DEL MESE; PROGRAMMA RADIOFONICO ALLE 18; RAPPRESENTAZIONE TARDI} (*irgendwann*) mit etw (dat) enden; ~ **con qc** (+ *compl di luogo*) (*irgendwo*) mit etw (dat) enden, (*irgendwo*) mit etw (dat) zu Ende sein: **la strada termina là con un muro**, die Straße ╷endet dort mit einer Mauer╷ [ist dort mit einer Mauer zu Ende]; ~ **di** + *compl di modo* (*irgendwie*) enden; {OGGETTO A PUNTA} in etw (acc) aus|laufen; **le nostre discussioni terminano sempre con un litigio**, unsere Diskussionen enden immer im Streit; **l'"Emilia Galotti" termina tragicamente**, "Emilia Galotti" endet tragisch; *ling* {SOSTANTIVO IN CONSONANTE, IN VOCALE} *auf* etw (dat) enden; {FRASE CON UN PUNTO} *mit* etw (dat) enden.

terminazióne f **1** (*estremità*) {+LINEA ELETTRICA} Endverschluss m **2** *ling* {+SOSTANTIVO} Endung f • **terminazioni nervose** anat, Sinneszelle f, Nervenendigung f.

tèrmine① m **1** (*fine in senso spaziale*) Ende n, Endpunkt m: **siamo giunti al ~ del sentiero**, wir sind am Ende des Weges angekommen; (*in senso temporale*) Ende n: **al ~ del concerto**, am Ende des Konzerts; **al ~ dell'inverno**, am Ende des Winters; **al ~ della vita**, am Lebensende **2** (*limite di spazio*) Grenze f: **lo steccato segna il ~ del nostro podere**, der Lattenzaun markiert die Grenze unseres Landgutes; (*di tempo*) Frist f, Termin m; **l'ammenda deve essere pagata entro i termini stabiliti**, die Geldstrafe muss innerhalb der festgelegten Frist bezahlt werden; **a breve/lungo ~**, kurz-/langfristig; ~ **di consegna/garanzia/pagamento**, Lieferzeit f/Garantiezeit f/Zahlungsfrist f; ~ **improrogabile**, unaufschiebbare Frist; ~ **di preavviso**, Benachrichtigungsfrist f; **il ~ è scaduto**, die Frist ist abgelaufen; **ultimo ~**, letzter Termin **3** *dir* (*momento*) Zeitpunkt m, Termin m; (*periodo di tempo*) Frist f: **computo del ~**, Berechnung der Frist; ~ **giudiziario**, richterliche Frist; ~ **legale**, gesetzliche Frist; **nei termini previsti dalla legge**, in den gesetzlichen Fristen, innerhalb der gesetzlichen Fristen; ~ **perentorio**, Ausschlussfrist f, Verfallsfrist f, Verwirkungsfrist f; **termini processuali**, Verfahrensfristen f pl **4** *dir* (*segno posto tra due fondi appartenenti a proprietari diversi*) (Grenz)abmarkung f **5** *filos* Begriff m: ~ **di un sillogismo**, Begriff m eines Syllogismus **6** *gramm* Element n: ~ **di paragone**, Vergleichsobjekt n; ~ **di una proposizione**, Satzglied n **7** *mat* Term m: **termini di ╷un'equazione╷/╷un polinomio╷**, Terme einer Gleichung / eines Polynoms • **avere ~** (*terminare*), enden, aufhören; **essere a buon ~** (*a buon punto*), ╷gut vorankommen╷/╷ziemlich weit fortgeschritten╷ sein; **essere in buoni termini con qu** (*in buoni rapporti*), gute Beziehungen zu jdm haben, gut mit jdm stehen; **dare/porre ~ a qc** (*terminarla*), etw beenden, mit etw (dat) aufhören, mit etw (dat) Schluss machen; **a termini di legge** *amm*, nach dem Wortlaut des Gesetzes; ~ **di paragone** (*elemento di confronto*), Vergleichsgröße f, Vergleichsgrundlage f, Bestandteil m/Komponente f eines Vergleichs; **se prendiamo come ~ di paragone l'Italia degli anni '60 ...**, wenn wir zum Vergleich das Italien der 60er Jahre heranziehen...; **termini del paragone** (*le cose o persone che si paragonano*), Vergleichsgrößen f, Bestandteile m/Komponenten f eines Vergleichs; **portare qc a ~** (*terminarla*), etw zu Ende bringen; ~ **prescrizionale**/[**di prescrizione**], Verjährungsfrist f; ~ **di presentazione**, Abgabetermin m, Abgabe-, Einreichungsfrist f; **ridurre qc ai minimi termini** *mat*, {FRAZIONE} etw auf den kleinsten gemeinsamen Nenner kürzen; *fig* (*rimpicciolire oltre misura*) {PROVVISTE} etw fast auf| brauchen, etw verputzen *fam*, etw ratzekahl essen *fam*; (*ridurre in pessimo stato*) {LIBRO} etw (dat) den Rest geben *fam*; {MOBILI, STANZA} anche Kleinholz aus etw (dat) machen *fam*; **ridurre qu ai minimi termini** *fig* (*in cattive condizioni*), jdn übel zurichten, jdm den Rest geben *fam*; **rimanere/stare nei termini** (*stare entro i limiti*), im Rahmen bleiben; **volgere al ~** (*stare per finire*), dem Ende zugehen.

tèrmine② m **1** (*parola o locuzione*) {AGRICOLO, COMMERCIALE, DIALETTALE, MEDICO, REGIONALE} Ausdruck m; {DIFFUSO, FREQUENTE, RARO} anche Wort n: ~ **tecnico**, Fachausdruck m, Terminus technicus m, Fachterminus m **2** <solo pl> Umstände m pl, Rahmenbedingungen f pl: **bisogna chiarire i termini della controversia**, die Umstände der Auseinandersetzung müssen geklärt werden • **in altri termini** (*in altre parole*), mit anderen Worten, anders gesagt; **la questione va posta in altri termini** (*in un altro modo*), das Problem muss anders gefasst werden; **parlare senza mezzi termini** *fig* (*molto chiaramente*), sich ╷klar und deutlich╷/[unmissverständlich] ausdrücken; **non conoscere mezzi termini** *fig* (*vie di mezzo*), keinen Mittelweg kennen; **moderare i termini** (*attenuare il linguaggio*), seine Zunge/Ausdrucksweise zügeln, sich zusammenreißen; darauf achten, was man sagt; **in questi termini** (*così*), so, folgendermaßen.

terminìsmo m *filos* Terminismus m.

terminologìa f (*insieme di termini*) {SCIENTIFICA} Terminologie f.

terminològico, (-a) <-ci, -che> agg (*relativo alla terminologia*) {QUESTIONE} terminologisch.

tèrminus <-, -i pl *lat rar*> m *lat amm dir stor* (*termine*) Terminus m, Zeitpunkt m, Frist f: ~ **ante quem**, Terminus ante quem.

termitàio <-tai> m (*nido di termiti*) Termitenhügel m.

tèrmite f *zoo* Termite f.

tèrmo- primo elemento Thermo-, Wärme-, wärme-: **termometro**, Thermometer; **termoreattore**, Wärmereaktor; **termoisolante**, wärmeisolierend; Wärmeisolator.

termoadesìvo, (-a) agg (*da far aderire a caldo*) {DECORAZIONI} thermoklebend.

termobàgno comm **A** <inv> agg {APPARTAMENTO} "mit Heizung und Bad ausgestattet" **B** m "mit Heizung und Bad ausgestattete Wohnung".

termochìmica <-che> f *chim* Thermochemie f.

termocinètica <-che> f *fis* Thermokinetik f.

termocoagulazióne f *med* Thermo-, Wärmekoagulation f.

termoconduttóre agg *fis tecnol* {MATERIALE} Wärmeleiter-.

termoconvettóre m *edil* Konvektor m.

termocopèrta f (*coperta con resistenze elettriche*) Heizdecke f.

termodinàmica <-che> f *fis* Thermodynamik f.

termodinàmico, (-a) <-ci, -che> agg *fis* {SISTEMA} thermodynamisch.

termoelèttrico, (-a) <-ci, -che> agg *fis* {EF-

FETTO} thermoelektrisch; {CENTRALE} Wärmekraft-.
termoelettrònico, (-a) <-ci, -che> agg fis {EFFETTO} thermoelektronisch; {TUBO} Elektronen-.
termòforo m Heizkissen n.
termogènesi <-> f biol Wärmeerzeugung f.
termografia f fis fot Thermographie f; med Temperaturaufzeichnung f.
termoindurènte agg chim industr {SOSTANZA} duroplastisch, wärmehärtend.
termoisolànte fis tecnol **A** agg wärmeisolierend **B** m Wärmeisolator m.
termòlisi f 1 biol Wärmeverlust m 2 chim Thermolyse f.
termòmetro m 1 gener Thermometer n: ~ ₍ad alcol₎/[a mercurio], Alkohol-/Quecksilberthermometer n 2 fig Barometer n: **questa protesta è il ~ del malcontento generale**, dieser Protest ist ein Barometer der allgemeinen Unzufriedenheit.
termonucleàre agg fis nucl thermonuklear.
termoplasticità <-> f fis Thermoplastizität f.
termoreattóre m mecc nucl Wärmereaktor m.
termoregolàto, (-a) agg biol tecnol {APPARECCHIO, ORGANISMO} wärmereguliert, temperaturregelt.
termoregolatóre A agg anat {CENTRO} Wärmeregelungs-, Temperaturregelungs- **B** m elettr tecnol Wärme-, Temperaturregler m.
termoregolazióne f biol fis tecnol Wärme-, Temperaturregelung f.
termoresistènte agg anche biol fis thermoresistent.
termoresistènza f 1 fis Thermoresistenz f 2 fis (termometro) Thermoresistenz f; (elemento) thermoresistentes Element.
tèrmos → thermos.
termosaldàre tr tecnol ~ qc {SACCHETTO DI PLASTICA} etw wärmeschweißen.
termosifóne m 1 (radiatore) Heizkörper m, (Zentral)heizung f, Radiator m forb: **mettere qc ad asciugare sul ~**, etw zum Trocknen auf die Heizung legen 2 (impianto) (Zentral)heizung f: **accendere/spegnere il ~**, die Heizung an-/abstellen.
termostàbile agg (che non si deforma per il calore) thermostabil.
termostàtico, (-a) <-ci, -che> agg fis tecnol thermostatisch.
termòstato m tecnol Thermostat m, Temperaturregler m.
termotècnica <-che> f tecnol Wärmetechnik f.
termotècnico, (-a) <-ci, -che> tecnol **A** agg wärmetechnisch **B** m (f) Wärmetechniker(in) m(f).
termovalorizzatóre m tecnol thermische Restmüllverwertungsanlage f.
termoventilatóre m 1 (aerotermo) Warmluftapparat m 2 (ventilatore) Heizlüfter m 3 (riscaldatore) Warmluftheizung f.
termoventilazióne f Warmluftheizung f.
termovettóre, (-trice) agg tecnol Wärmeträger-.
tèrna f (insieme di tre elementi) {+CANDIDATI} Dreinamenliste f: ~ **arbitrale**, "der Schiedsrichter und die zwei Linienrichter" • ~ **di riferimento** mat, räumliches Bezugssystem.
ternàno, (-a) **A** agg von/aus Terni **B** m (f) (abitante) Einwohner(in) m (f) von Terni.

ternàrio, (-a) <-ri m> **A** agg 1 (di tre elementi) dreifach, Drei(er)- 2 chim {COMPOSTO} ternär 3 ling {PAROLA, VERSO} dreisilbig 4 mus {RITMO} Dreiviertel- **B** m lett (terzina) Terzine f.
tèrno m (nella tombola e nel lotto) Terne f: **fare ~**, eine Dreierkombination haben • **vincere un ~ al lotto**, den Hauptgewinn im Lotto erzielen/machen fam; fig (avere un colpo di fortuna), einen Glückstreffer landen fam.
tèrra f 1 (mondo) Erde f, Welt f 2 (zone emerse) Land n: **terre emerse**, Gesamtheit f der Kontinente und Inseln; **una stretta lingua di ~**, eine schmale Landzunge; **vento di ~**, Landwind m 3 (paese) {OSPITALE, SELVAGGIA} Land n: ~ **natale**, Geburtsland n; ~ **straniera**, Ausland n, Fremde f 4 anche fig (patria) Heimatland n: **Italia**, ~ **della musica**, Italien, das Land/die Heimat der Musik; **la mia** ~, meine Heimat 5 (crosta terrestre) Erdkruste f: **ieri notte la** ~ **ha tremato ancora**, gestern Nacht hat die Erde erneut gebebt 6 (suolo) Erde f, (Erd)boden m: **andare per** ~, zu Boden gehen, hinfallen; (pavimento) Fußboden m 7 (terreno) {COLTIVATA, INCOLTA} Land n, Boden m: **lavorare la** ~, das Land bestellen 8 <di solito al pl> (tenuta) {+CONTE} Ländereien f pl, Landbesitz m: **ritirarsi nelle proprie terre**, sich auf seine Ländereien zurückziehen 9 (terriccio) {ARGILLOSA, GRASSA} Boden m 10 (polvere) Erde f: ~ **creta**, Ton m; ~ **d'ombra**, Umbra f, Umber m; ~ **da follone/fonderia/sbianca**, Walkerde f/Formsand m/Bleicherde f; ~ **da formare**, Keramikton m; ~ **inglese**, Lehm m; ~ **da porcellana**, Porzellanerde f; ~ **di Siena**, Sienaerde f; ~ **di Vicenza**, "Porzellan-/Kaolinerde f aus dem Gebiet um Vicenza" 11 (argilla) Ton m 12 astr (pianeta): **Terra**, Erde f; **la Terra gira intorno al Sole**, die Erde kreist um die Sonne 13 astrol: **segno di** ~, Erdzeichen n 14 elettr Erde f: **mettere a** ~, erden 15 relig Erde f: **come in cielo così in** ~, wie im Himmel so auf Erden • **abbandonare/lasciare questa** ~ fig (morire), aus dieser Welt gehen/scheiden forb eufem; --**aria**/**terra** mil, Boden-Luft-/Boden-Boden-; **terre ballerine** scherz (zone sismiche), Erdbeben n pl; ~ **battuta**, festgestampfter Boden; **questa** ~ **è benedetta** fig (fertilissima), auf dem Boden ruht/liegt der Segen; ~ **bruciata** polit, "Politik f der verbrannten Erde"; **fare** ~ **bruciata intorno a sé** (distruggere), alles um sich herum zerstören; **fare** ~ **bruciata intorno a qu** fig (isolare), jdn isolieren; **buttare a** ~ fig (abbattere), niederreißen; **dormire sulla nuda** ~ (sul suolo), auf der nackten Erde schlafen; ~ **d'elezione** (patria per scelta), Wahlheimat f; **essere** ~ **terra** (di bassa levatura), {UOMO} niveaulos/einfach sein; (banale) {DISCORSO} banal/[von geringem Niveau]/[ohne Tiefgang fam] sein; **essere a** ~ fig (depresso), am Boden zerstört sein fam, niedergeschlagen sein; (sfinito), erschöpft/erledigt fam/kaputt fam/fertig fam sein; (senza risorse economiche), blank sein fam; **essere sotto** ~ (essere morto), unter der Erde sein/liegen eufem; **essere sulla** ~ fig (vivere), auf der Welt sein, leben, existieren; ~ **ferma** (costa), Festland n; **finire lungo disteso per** ~, der Länge nach ₍zu Boden fallen₎/[hinfallen]; ~ **grassa**/**magra** agr, fette/magere Erde; **mettere a** ~ elettr, erden; **mettere/buttare qu a** ~ fig (deprimere), {NOTIZIA} jdn deprimieren, jdn fertig|machen fam; (sfinire) {MALATTIA} jdn erschöpfen, jdn zu Boden strecken; (distruggere economicamente) {CRISI ECONOMICA} jdn zugrunde richten, jdn ruinieren; ~ **di nessuno** anche mil, Niemandsland n; **prendere** ~ (atterrare), landen; **sentirsi mancare la** ~ **sot-

to i piedi fig (sentirsi perduto), den Boden unter den Füßen verlieren; **posarsi a** ~ (atterrare), landen, aufsetzen; **Terra promessa** relig anche fig, Gelobtes Land; **terre rare** chim, seltene Erden f pl; **raso** ~, haarscharf über dem Boden; **rimanere a** ~ aero, {PASSEGGERO, ELICOTTERO} am Boden bleiben; mar {MARINAIO} an Land bleiben; ~ **di riporto** edil, Füllerde f; **rotolarsi a** ~ **dal ridere**, sich vor Lachen ₍auf dem Boden₎ wälzen fam₁/[kugeln fam]; **Terra Santa** relig, Heiliges Land; **scaricare a** ~ elettr, nach Masse durchschlagen; **scendere a** ~, an Land gehen; **sedersi in** ~, sich auf den Boden setzen; ~ **sigillata** archeol, Terra sigillata f; **avere un po' di** ~ **al sole** (un piccolo appezzamento di terreno), ein kleines ₍Stück Land₎/[Grundstück] haben; **toccare** ~ (approdare), an Land gehen; **aero**, landen; **mar** an|legen; ~ **vergine** agr, Neuland n, unbebautes Land; **via** ~, auf dem Landweg; **zappare la terra** fig (fare il contadino), das Land bestellen; fig (vivere in campagna), auf dem Land leben.
terracòtta <terrecotte> f 1 (materiale) Ton(erde f) m 2 (manufatto) Terrakotta f.
terràcqueo → terraqueo.
terrafèrma <terreferme, rar terre ferme> f (continente) Festland n.
terràglia f 1 (materiale) Steingut n 2 <solo pl> (manufatti) Töpferwaren f pl.
Terramicina® f farm Terramycin n, Terramycin n.
terranòva <-> m zoo Neufundländer m.
terrapièno m {+STRADA} Erdwall m, Erddamm m: ~ **ferroviario**, Eisenbahndamm m.
terràqueo, (-a) agg (di terra e acqua) {GLOBO} Erd-.
terràrio <-ri> m (vasca) {+ANFIBI, RETTILI} Terrarium n.
terràzza A f {+APPARTAMENTO} Terrasse f **B** loc agg avv: **a terrazze**, {COLTIVAZIONI, GIARDINI, TETTO} Terrassen-.
terrazzaménto m 1 agr {+FRUTTETO} Terrassierung f 2 geol {MARINO, GLACIALE} Terrassierung f.
terrazzàto, (-a) agg 1 agr (a terrazze) {SERRE, TERRENO} terrassiert, Terrassen- 2 edil {APPARTAMENTO} mit Terrasse.
terrazzìno <dim di terrazzo> m (kleiner) Balkon.
terràzzo m 1 (terrazza) Terrasse f 2 (balcone) Balkon m: **uscire sul** ~, auf den Balkon gehen 3 (pavimento) Terrazzo m 4 geol Terrasse f.
terrecòtte pl di terracotta.
terrefèrme pl di terraferma.
terremotàto, (-a) **A** agg (colpito dal terremoto) {POPOLAZIONE, PAESE} erdbebengeschädigt **B** m (f) Erdbebengeschädigte mf decl come agg.
terremòto m 1 (vibrazione della terra) Erdbeben n 2 fig (scompiglio) Umsturz m, Erschütterung f: **le sue dimissioni hanno provocato un ~ in parlamento**, sein/ihr Rücktritt hatte Erschütterungen im Parlament zur Folge 3 fig scherz (chi è vivace) Wildfang m: **quel ragazzo è un ~**, dieser Junge ₍ist ein Wildfang₎/[hat Quecksilber im Leib/Hintern fam].
terréno① m 1 (suolo) Boden m, Erde f 2 (pezzo di terra) {ARGILLOSO, BOSCOSO, PALUDOSO, PIANEGGIANTE} Boden m, Land n: ~ **accidentato**, unebener Boden, unebenes Gelände; ~ **lavorativo**, Ackerland n 3 (fondo) Grundstück n 4 (superficie) Gelände n: ~ **edificabile/fabbricabile**, Bauland n, Baugrundstück n, Bauplatz m 5 (piano) Erdgeschoss n 6 fig (campo) {SOCIALE} Gebiet n, Terrain n 7 fig (insieme di circostanze) {FER-

TILE, NEUTRO, PERICOLOSO} Terrain n: **preparare il ~ per qc**, das Terrain für etw (acc) vorbereiten; **trovare il ~ adatto**, das geeignete Terrain/Umfeld finden **8** *agr* Boden m, Land n **9** *mil* Gelände n, Terrain n, Feld n **10** *sport* {+GIOCO AVVERSARIO} (Spiel)feld n ● **~ di coltura** *biol*, Nährboden m; **guadagnare/perdere ~** *fig*, (an) Boden gewinnen/verlieren; **~ imbattuto** *sport*, "Feld n, auf dem jd unbesiegt ist"; **~ minato**, Minenfeld n; *fig* (*argomento rischioso*), heißes Eisen *fam*, heikles Thema *fam*; **restare sul ~** *fig* (*morire in battaglia*), auf dem Feld bleiben *forb eufem*/fallen *forb obs*; **sentirsi mancare il ~ sotto i piedi** *fig* (*sentirsi perduto*), den Boden unter den Füßen verlieren; **attenzione, ~ scivoloso**, Achtung, Erdrutschgefahr!; **sondare/tastare il ~** *fig* (*per conoscere il pensiero di qu*), bei jdm vorfühlen *fam*, bei jdm auf den Busch klopfen *fam*.

terréno②, (-a) *agg* **1** (*della terra*) {BENI, GIOIE, VITA} irdisch, weltlich **2** (*al piano terra*) ebenerdig.

tèrreo, (-a) *agg* {COLORITO} erdfarben: **farsi ~ in volto**, fahl im Gesicht werden.

terrèstre Ⓐ *agg* **1** (*relativo alla Terra*) {ATMOSFERA, GLOBO}, {PARADISO} auf Erden **2** (*di terra*) {ANIMALE, GUERRA, PIANTA} Land-; {ESERCITO} *anche* Boden- **3** *fig relig* irdisch, weltlich Ⓑ *mf* Erd(en)bewohner(in) m(f).

terrìbile *agg* **1** (*spaventoso*) {ANNO, SCENA} schrecklich, fürchterlich, entsetzlich **2** (*crudele*) {NEMICO} grausam **3** (*enorme*) furchtbar *fam*, schrecklich *fam*, riesig *fam*: **un freddo ~**, eine fürchterliche/sibirische Kälte *fam*; **ho una sete ~**, ich habe (einen) riesigen/furchtbaren Durst *fam*.

terricciàto m Kompost(erde f) m.

terrìccio <-ci> m Gartenerde f.

terrier <-> m *franc zoo* Terrier m.

terrièro, (-a) *agg* (*di terre*) {POSSIDENTE, PROPRIETÀ} Land-, Grund-.

terrificànte *agg* (*spaventoso*) {QUADRO} Schrecken erregend, Schauder erregend, schauderhaft; {URLO} *anche* entsetzlich.

terrificàre <*terrifico, terrifichi*> *tr rar* (*atterrire*) **~ qu** {SCENA TELEVISIVA SPETTATORE} jdn entsetzen, jdn erschrecken: **quell'urlo la terrificò**, jener Schrei ⌊entsetzte/erschreckte sie⌋/[versetzte sie in Schrecken].

terrìna f (*recipiente*) Schüssel f, Terrine f.

territoriàle Ⓐ *agg* **1** *amm* (*di territorio*, Gebiets-, Land(es)-, Staats-, Hoheits-; {ACQUE} Hoheits-; {CONFINI} Staats-; {ENTE} Gebiets- **2** (*di etologia*) {COMPORTAMENTO} Territorium betreffend **3** *mil* {DIFESA, TRUPPE} Territorial- Ⓑ f *mil* (Territorial)miliz f, Landwehr n.

territorialìsmo m (*in etologia*) Territorialitätsverhalten n.

territorialìstico, (-a) <-ci, -che> *agg* (*che mira a ingrandire il territorio*) {POLITICA} Territorial-.

territorialità <-> f Territorialität f: **~ della legge**, Territorialitätsprinzip n.

territòrio <-ri> m **1** *gener* Gebiet n, Territorium n: **~ nazionale**/[dello Stato], Hoheits-/Staatsgebiet n **2** (*di etologia*) {+TIGRE} Territorium n: **marcare il ~**, das Territorium markieren.

terrò 1ª pers del fut semplice di *tenere*.

terróne, (-a) m (f) *spreg* (*meridionale*) (Schimpfwort der Norditaliener für die Süditaliener).

terróre m **1** (*intensa paura*) **~ (di qc)** {+CATASTROFE NUCLEARE, MORTE} Angst f *vor etw* (dat): **avere ~ di qc**, große/schreckliche Angst vor etw (dat) haben; **vivere nel continuo ~ della guerra**, in ständiger Kriegsangst leben; **incutere ~ a qu**, jdn in Angst und Schrecken versetzen, jdm Angst/einen Schrecken einjagen **2** (*causa di paura*) Schrecken m: **i briganti erano il ~ dei passeggeri**, die Straßenräuber waren der Schrecken der Reisenden ● **il Terrore** *stor*, der Terror *stor*.

terrorìsmo m (*lotta politica violenta*) Terrorismus m ● **~ psicologico** (*atteggiamento intimidatorio*), Psychoterror m.

terrorìsta <-i m, -e f> mf (*seguace del terrorismo*) Terrorist(in) m(f).

terrorìstico, (-a) <-ci, -che> *agg* **1** (*del terrorismo*) {ATTENTATO} terroristisch **2** (*del terrore*) {REGIME} Terror-.

terrorizzàre *tr* **1** (*diffondere il terrore*) **~ qu/qc** (BANDA DI TEPPISTI QUARTIERE} jdn/etw terrorisieren, jdm/etw Schrecken einjagen **2** (*intimidire*) **~ qu con qc** {TESTIMONE CON MINACCE} jdn mit etw (dat) ein|schüchtern **3** (*governare con il terrore*) **~ qc** {DITTATORE PAESE} etw terrorisieren, über etw (acc) eine Schreckensherrschaft aus|üben.

terróso, (-a) *agg* **1** (*di terra*) {MASSA} Erd- **2** (*con terra*) {ACQUA, INSALATA, MANI} erdig **3** (*simile alla terra*) {SOSTANZA} erdig *forb* **4** *chim* {METALLO} Erd-.

tèrsi 1ª pers sing del pass rem di *tergere*.

tersicorèo, (-a) *agg lett* (*relativo alla danza*) {ARTE} Tanz-, des Tanzes.

tèrso, (-a) Ⓐ *part pass* di *tergere* Ⓑ *agg* **1** (*perfettamente pulito*) {BICCHIERE} makellos, pieksauber *fam*; {PAVIMENTO} *anche* blitz(e)blank *fam* **2** (*limpido*) {ARIA} rein; {ACQUA, CIELO} klar **3** *fig* (*chiaro*) {VOCE} hell.

tèrza① f **1** *mat* dritte Potenz **2** *mot* dritter Gang **3** *mus* Terz f **4** *scuola* dritte Klasse **5** (*nella danza classica*) dritte Position.

tèrza② f **~ terzo**.

terzarolàre *tr mar* **~ qc** {RANDA} etw reffen.

terzaròlo m *mar* Reff n.

terzétto m **1** (*di persone*) {ALLEGRO} Trio n **2** *mus* Terzett n.

terziàrio, (-a) <-ri m> Ⓐ *agg* **1** *chim* {ALCOL, AZOTO, CARBONIO} tertiär **2** *geol* {ERA} tertiär **3** *econ* (*settore*) tertiär, Dienstleistungs- Ⓑ m **1** *econ* Dienstleistungsbereich m: **il ~ avanzato**, Dienstleistungsbereich m mit hohem technologischen Innovationsniveau **2** *geol* Tertiär m Ⓒ m (f) Terziar(ier(in) m(f); **~ francescano**, Franziskanerbruder m.

terziarizzàre *econ* Ⓐ *tr* **~ qc** {MERCATO} etw den Dienstleistungsbereich gegenüber öffnen Ⓑ *itr pron*: **terziarizzarsi** auf den Dienstleistungsbereich umgestellt werden.

terziarizzazióne f **1** *econ* "Entwicklung hin zu einer Dienstleistungsgesellschaft" **2** (*nell'organizzazione aziendale*) Outsourcing n.

terzière m (*quartiere*) Stadtviertel n, Stadtteil m.

terzìna f **1** *lett* Terzine f **2** *mus* Triole f.

terzìno m *sport* (*nel calcio*) Verteidiger m.

terzìsta <-i m, -e f> Ⓐ *agg* (*che produce per conto di terzi*) **azienda ~**, eine für Dritte produzierende Firma Ⓑ *mf* (*chi lavora per conto terzi*) "wer für Dritte arbeitet".

tèrzo, (-a) Ⓐ *agg num* dritte(r, s) Ⓑ *m (f)* Dritte mfn decl come agg Ⓒ m *dir* Dritte m decl come agg: **acquirente**, Dritterwerber m; **~ nel processo**, Dritte im gerichtlichen Verfahren Ⓓ m pl *fig* (*altri*) Dritte pl decl come agg, andere pl: **lavorare per terzi**, für Dritte arbeiten; **hanno concluso il contratto per conto di terzi**, sie haben den Vertrag für Dritte abgeschlossen Ⓔ m (*frazione*) Drittel n, dritter Teil; → *anche* quinto.

terzogènito, (-a) Ⓐ *agg* drittgeboren Ⓑ m (f) Drittgeborene mf decl come agg.

terzomondìsmo m *econ polit* **1** (*insieme di problemi*) Problematik f der Dritten Welt **2** (*atteggiamento di sostegno*) Entwicklungshilfe f.

terzomondìsta <-i m, -e f> *econ polit* Ⓐ *agg* (*relativo al Terzo Mondo*) die Dritte Welt betreffend Ⓑ *mf* (*esperto*) Kenner(in) m(f) der Problematik der Dritten Welt.

terzomondìstico, (-a) <-ci, -che> *agg econ polit* {POLITICA, PROSPETTIVA} Drittwelt-.

terzùltimo, (-a) Ⓐ *agg* drittletzte(r, s) Ⓑ m (f) Drittletzte mf decl come agg.

tèsa f **1** {+CAPPELLO} Krempe f **2** (*nella caccia*) Fangnetz n **3** *metrol* Klafter m o n.

tesàre *tr* (*tendere*) **~ qc** {FUNE D'ACCIAIO} etw spannen.

tesaurizzàre *tr* **~ (qc)** **1** (*accumulare*) {RICCHEZZE} etw an|häufen, etw thesaurisieren **2** *fig lett* (*far tesoro di*) {ESPERIENZA} etw sammeln.

tèschio <*teschi*> m {UMANO} Schädel m, Totenkopf m: **la bandiera col ~ è il simbolo dei pirati**, die Totenkopfflagge ist das Symbol der Piraten.

tèsi① <-> f **1** (*proposizione*) These f, Lehrsatz m: **romanzo a tesi**, Tendenzroman m **2** *filos* These f **3** *mat* Aussage f **4** *mus* Thesis f **5** *università* (*di dottorato*) Dissertation f, Doktorarbeit f: **~ di laurea**, Examens-, Magister-, Diplomarbeit f; **discutere la ~ di laurea**, seine Dissertation verteidigen.

tèsi② 1ª pers sing del pass rem di *tendere*.

tesìna f *università* Hausarbeit f.

tesìsta <-i m, -e f> mf *univ* Magistrand(in) m(f).

tèso, (-a) Ⓐ *part pass* di *tendere* Ⓑ *agg* **1** (*sottoposto a tensione*) {CAVO, FUNE, GAMBA} (an)gespannt, straff **2** (*proteso*) **~ (a/verso qu/qc)** {BRACCIO VERSO DI LEI} (aus)gestreckt (*nach jdm/etw*) **3** *fig* (*agitato*) {RAGAZZO, ATMOSFERA, NERVI, VOLTO} angespannt: **non essere così ~, rilassati!**, sei doch nicht so angespannt, lass dich mal ein bisschen gehen! *fam*; {RAPPORTI, SITUAZIONE} gespannt **4** *fig* (*rivolto*) **~ a qc** {ENERGIE, SFORZI AL MIGLIORAMENTO DELLA SITUAZIONE} auf etw (acc) gerichtet **5** *fig* (*preparato*) {TRAPPOLA} aufgestellt.

tesorière, (-a) m (f) (*custode*) Schatzmeister(in) m(f) **2** (*di un ente*) Kassenwalter(in) m(f), Kassierer(in) m(f).

tesòro m **1** {+CORONA, NASCOSTO} Schatz m **2** *fig* Schatz m: **un ~ di ragazza**, ein Schatz von einem Mädchen *fam*; **~, puoi venire un attimo?**, Schatz, kannst du mal einen Moment kommen? **3** <*di solito al pl*> *fig* Schätze m pl: **i tesori artistici del Rinascimento**, die Kunstschätze der Renaissance **4** *amm* Staatsvermögen n, Staatseigentum n **5** *banca* Tresor m **6** *lett* {+LINGUA ITALIANA} Thesaurus m ● **fare ~ di qc** *fig* (*ricordarsi di un consiglio, una esperienza, ecc.*), sich (dat) etw zunutze machen; **~ pubblico**, Staatsvermögen n, Staatseigentum n; **valere un ~** *fig* (*molto*), Gold wert sein.

tesorùccio, (-a) <*dim* di *tesoro*, *-ci*, *-ce*> m (f) Schätzchen n.

tèssera f **1** (*documento*) Ausweis m; (*d'identità*) (Personal)ausweis m; {+CLUB} (Mitglieds)karte f, Mitgliedsausweis m: **~ d'abbonamento**, Dauerkarte f; **~ del club**, Clubkarte f, Clubausweis m; **~ ferroviaria**, Eisenbahnausweis m; **~ di iscrizione ad un circolo sportivo**, Mitgliedskarte f, Mitgliedsausweis m eines Sportclubs; **~ di libero ingresso**, Dauerfreikarte f; **~ sanitaria**, Versichertenkarte f, Krankenschein m *obs* **2** (*elemento*) Stein m: **~ del mosaico/domino**, Mosaik-

/Dominostein m • **annonaria** (*di razionamento del cibo*), Lebensmittelkarte f; ~ **magnetica**, Magnetkarte f; **l'arma del delitto è la ~ che completa il mosaico** *fig* (*elemento mancante*), mit der Tatwaffe ist die Beweiskette geschlossen; **la ~ del** *partito*, das Parteibuch; **prendere la ~ di un partito** (*iscriversi*), einer Partei beitreten, in eine Partei eintreten, Parteimitglied werden.

tesseraménto m **1** (*iscrizione*) {+SOCIO} Einschreibung f **2** (*razionamento*) {+GENERI ALIMENTARI} Rationierung f.

tesseràre **A** *tr* **1** (*munire di tessera*) ~ *qu* {ISCRITTO, SOCIO} jdm die Mitgliedskarte aus|stellen **2** (*razionare*) ~ *qc* {BENZINA, FARINA, PANE} etw rationieren **B** *rfl* (*iscriversi*): **tesserarsi** *a qc* {A UN'ASSOCIAZIONE, A UN CLUB, A UN PARTITO} in etw (acc) ein|treten, etw (dat) bei|treten.

tesseràto, (-a) **A** *agg* **1** (*iscritto*) eingeschrieben **2** (*razionato*) {GENERE} rationiert **B** m (f) eingetragenes/eingeschriebenes Mitglied.

tèssere *tr* **1** (*lavorare al telaio*) ~ (*qc*) {LANA, TAPPETO} etw weben: ~ **a macchina/mano**, etw mit der Maschine/Hand weben **2** (*intrecciare*) ~ *qc* {GHIRLANDA, STUOIA} etw flechten; {RAGNO TELA} etw spinnen **3** *fig* (*comporre*) ~ *qc* {ELOGIO} etw verfassen: ~ **le lodi di qu**, ein Loblied auf jdn singen/an|stimmen; {LE FILA DI UN DISCORSO} etw aus|arbeiten, etw verfassen **4** *fig* (*ordire*) ~ *qc* {INGANNO} etw spinnen, etw schmieden; {CONGIURA, TRADIMENTO} etw an|stiften, etw an|zetteln *fam* **5** *edil* ~ *qc* {SOLAIO, TETTO} das Tragwerk *von* etw (dat) planen/disponieren *forb*.

tesserino <dim *di* tessera> m (*documento*) {FERROVIARIO, TRANVIARIO} Ausweis m; ~ **universitario**, Studentenausweis m; {+CLUB SPORTIVO} (Mitglieds)karte f, Mitgliedsausweis m: ~ **magnetico**, Magnetkarte f; **il ~ del partito**, das Parteibuch.

tèssile **A** *agg* {FIBRA, INDUSTRIA, PIANTA, SETTORE} Textil-; {PROCEDIMENTO} textil **B** *mf* (*operaio*) Textilarbeiter(in) m(f) **C** m **1** (*settore*) Textilindustrie f **2** <solo pl> Textilien pl: **negozio di tessili**, Textilgeschäft n.

tessitóre, (-trice) m (f) **1** (*operaio*) Weber(in) m(f) **2** *fig* (*orditore*) {+INTRIGHI} Anstifter(in) m(f): ~ **d'inganni**, Ränkeschmied m *forb obs*.

tessitùra f **1** (*il tessere*) {+COTONE, STOFFA} Weben n; (*effetto*) {RADA} Gewebe n **2** (*intrecciatura*) {STUOIA} Knüpfen n, Flechten n, (*effetto*) {FITTA} Flechtwerk n **3** *industr* (*stabilimento*) Weberei f, Textilfabrik f; (*reparto*) Weberei f **4** *lett* (*orditura*) {+COMMEDIA, ROMANZO} Aufbau m, Struktur f **5** *mus* Stimmlage f.

tessùto m **1** (*stoffa*) {+COTONE, LANA, SETA; IMPERMEABILE, IRRESTRINGIBILE, STAMPATO} Gewebe n, Stoff m: **negozio di tessuti**, Textilengeschäft n; ~ **a disegni/quadretti/righe**, gemusterter/karierter/gestreifter Stoff; ~ **tinta unita**, einfarbiger/uni Stoff **2** *fig* (*rete*) {+ASSURDITÀ, CONTRADDIZIONI} Netz n: ~ **di menzogne**, Lügengespinst n *forb* **3** *fig* (*struttura*) {ECONOMICO, SOCIALE} Gefüge n **4** *anat* {CONNETTIVO, EPITELIALE, MUSCOLARE} Gewebe n.

test <-> m *ingl* **1** (*prova*) Test m: ~ **di ammissione**, Zulassungstest m **2** *med* {+GRAVIDANZA} Test m: ~ **dell'AIDS**, Aidstest m **3** *psic* {ATTITUDINALE; +INTELLIGENZA, RORSCHACH} Test m • ~ **dell'alce** *autom*, Elchtest m.

tèsta f **1** *gener* {+GALLINA, LEONE, PECORA} Kopf m; {+BAMBINO, UOMO} *anche* Haupt n: **mettersi a ~ ingiù**, den Kopf nach unten hängen lassen; ~ **a pera**, birnenförmiger Kopf, Birne f *fam*; **a ~ scoperta**, mit bloßem/

entblößtem Haupt *forb*, barhäuptig *forb* **2** *fig* (*parte iniziale*) {+COLONNA MILITARE, CORTEO} Spitze f; {+LETTO} Kopfteil n, Kopfende n: **in ~ alla classifica**, an der Tabellenspitze; **in ~ alla lettera**, im Briefkopf; **in ~ al treno**, an der Spitze des Zuges; **vettura di ~**, Wagen m/Waggon m an der Spitze des Zuges **3** *fig* (*estremità arrotondata*) {+CHIODO, FIAMMIFERO} Kopf m; {+FEMORE} *anche* Caput n *scient* **4** *fig* (*ingegno*) Kopf m, Geist m: **è una gran ~!**, er/sie ist ein großer Geist! **5** *fig* (*mente*) Sinn m, Kopf m: **avere in ~ qc**, etw im Sinn haben **6** *fig* (*raziocinio*) Verstand m: **certe decisioni vanno prese con la ~, non col cuore**, gewisse Entscheidungen müssen mit dem Kopf getroffen werden und nicht mit dem Bauch **7** *arte* {ROMANA} Kopf m: ~ **in bronzo**, Bronzekopf m **8** *bot* {+PORCINO} Kopf m; {+AGLIO} *anche* Knolle f **9** *enol* Vorlauf m, Vorprodukt n **10** *mot* {+BIELLA, CILINDRO, VALVOLA} Kopf m: **il motore batte in ~**, der Motor klopft **11** *numism* Kopf m: **fare ~ e/o croce**, eine Münze werfen • *a ~ fig* (*a persona*), pro Kopf; **a ~ alta** *fig* (*con fierezza*), erhobenen Hauptes, mit erhobenem Haupt; **andare a ~ alta** *fig* (*senza vergognarsi*), den Kopf oben behalten; **avere la ~ altrove** *fig* (*essere distratti*), seinen Kopf woanders haben, mit dem Kopf woanders sein; **lavare la ~ all'asino** *fig* (*fare cosa inutile, stupida*), einen Mohren weiß waschen wollen; **non avere la ~ per qc** *fig fam* (*non essere portato*), {PER LA FILOSOFIA} keine Begabung für etw (acc) haben, für etw (acc) nicht begabt sein; **averne sin sopra la ~** *fig fam* (*essere stufi*), es satthaben *fam*, die Schnauze *fam* voll haben, es leid sein *fam*; **tenere la ~ bassa**, den Kopf gesenkt halten; **far cadere delle teste** *fig* (*colpire persone di potere*), Köpfe rollen lassen; **essere una ~ calda** *fig fam* (*un impulsivo*), ein Hitzkopf sein *fam*; **fare la ~ come una campana a qu** *fig* (*stordirlo di chiacchiere*), jdm in den Ohren liegen; ~ **di cavolo/rapa** *fig fam* (*uno stupido*), Schafskopf m *fam*, Holzkopf m *fam*, Schwachkopf m *spreg*; ~ **di cazzo** *fig volg* /**minchia**! *fig volg*, Arschloch! n *volg spreg*, Arschgeige! f *volg spreg*, Saftsack! m *fig spreg*; **chinare/piegare la ~** (*cedere*), den Kopf senken; **avere la ~** ₁**sul collo**₁/[**sulle spalle**] *fig* (*essere responsabili*), verantwortungsbewusst sein; ~ **coronata** *fig* (*sovrano*), gekröntes Haupt; ~ **o croce?**, Kopf oder Zahl?; **teste di** *cuoio mil*, Ledernacken m pl; **dare alla ~** *anche fig* (*inebriare*), {SUCCESSO, VINO} zu Kopf(e) steigen; **avere la ~ dura** *fig fam* (*essere testardo*), einen Dickkopf *fam* haben, dickköpfig *fam* sein; **fare entrare in ~ qc a qu** *fig fam* (*far capire*), jdm etw eintrichtern *fam*; **non entrare in ~ a qu** *fig fam* (*non imparare*), {DATA} jdm nicht in den Kopf wollen *fam*, nicht in jds Kopf dringen; **essere alla ~ di qc** *fig* (*guidare*), {+COALIZIONE, ESERCITO, INDUSTRIA} an der Spitze von etw (dat) sein, etw anführen; **essere/passare in ~** *sport* (*condurre*), an der Spitze liegen/an die Spitze gehen; *anche* {+CLASSIFICA} Tabellenführer sein/die Tabellenführung übernehmen; **essere in ~ con due secondi di vantaggio**, mit zwei Sekunden Vorsprung führen; **non esserci con la ~** *fig fam* (*essere distratto*), mit dem Kopf/den Gedanken woanders sein; **fare una ~ così a qu** *fig fam* (*stordire di chiacchiere*), jdn vollquatschen *fam*; **fare qc/agire senza ~** *fig fam* (*senza applicarsi*), etw Hals über Kopf tun, kopflos/unüberlegt/unbesonnen handeln; (*in modo irresponsabile*), etw auf unverantwortliche Weise tun; **fasciarsi la ~ prima di essersela rotta** *fig* (*preoccuparsi prima del dovuto*), übertriebene Vorsicht an den Tag legen, überm Grübeln

das Leben verpassen; **ficcarsi in ~ qc** *fig fam* (*persuadersi di qc*), sich (dat) etw in den Kopf setzen; **andare fuori di ~** *fig fam* (*sragionare*), durchdrehen *fam*, den Verstand verlieren; **essere fuori di ~** *fig fam* (*sragionare*), ₁durchgedreht *fam*₁/[nicht ganz richtig im Kopf] sein; **gettarsi a ~ bassa in qc** *fig* (*senza riserve*), sich Hals über Kopf in etw (acc) stürzen; **giocarsi/scommetterci la ~** *fig fam* (*essere molto sicuro*), darauf seinen Kopf wetten *fam*; **far girare la ~ a qu**, jdn schwindlig machen; *fig* (*DONNA AGLI UOMINI*) jdm den Kopf verdrehen; **mi gira la ~**, mir ist/wird schwindlig; **se bevo dell'alcol mi gira sempre la testa**, wenn ich Alkohol trinke, dreht sich mir immer der Kopf; **le sue chiacchiere mi fanno girare la testa**, mir schwirrt der Kopf von seinem Geschwätz; **mi girano per la ~ un sacco di idee** *fam*, mir schwirren eine Menge Ideen durch den Kopf; **giurare sulla ~ dei propri figli** *fig fam*, auf das Haupt seiner Kinder schwören; ~ **di legno** *fig* (*prestanome*), Strohmann m *fam* (*persona poco intelligente*), Schafskopf m *fam*, Holzkopf m *fam spreg*; (*persona ostinata*), Dickschädel m *fam*, Dickkopf m *fam*; **levarsi/togliersi dalla ~ qu/qc** *fig fam* (*dimenticare*), sich (dat) jdn/etw aus dem Kopf schlagen; **levatela dalla ~!**, die kannst du dir aus dem Kopf schlagen *fam*; **essere una ~ matta** *fig fam* (*stravagante*), ein verrückter Typ sein *fam*; **mettere in ~ qc a qu** *fig fam* (*convincere*), jdm etw in den Kopf setzen, jdm etw einreden, jdn von etw (dat) überzeugen; **mettersi/cacciarsi/ficcarsi** *fam* **in ~ qc** *fig* (*convincersi*), sich (dat) etw in den Kopf setzen; **quando si mette/caccia/ficca qc in ~ ...**, wenn er/sie sich etw in den Kopf setzt...; **montarsi la ~** *fig fam* (*credersi superiore*), sich (dat) Wunder was einbilden *fam*; **lavorare come fotomodella le ha montato la ~** *fig fam* (*far credere superiore*), die Arbeit als Fotomodell ist ihr zu Kopf gestiegen; **borsetta ~ di** *moro* (*marrone scuro*), dunkelbraune Tasche; **sbattere la ~ contro il** *muro fig* (*essere disperato*), mit dem Kopf gegen die Wand rennen; **avere la ~ tra le** *nuvole fig* (*essere distratti*), mit dem Kopf woanders sein; **fare a qu la ~ come un pallone** *fig fam* (*riempire di chiacchiere inutili*), {VICINA DI CASA} ₁jdm den Kopf₁/[jdn] volllabern *fam spreg*; **ho la ~ come un pallone** *fig fam* (*rintronata*), mir ist ganz dumm im Kopf *fam*; **mettere la ~ a** *partito*/*posto fig* (*calmarsi, rif. allo stile di vita*), Vernunft annehmen, vernünftig werden, sich (dat) die Hörner abstoßen *fam*; **mi è passato di ~** *fam* (*l'ho dimenticato*), das ist mir entfallen *forb*; **cosa ti** *passa*/**frulla per la ~?** *fig fam* (*cosa pensi?*), was geht/schwirrt dir durch den Kopf?; **perdere la ~ per qu/qc** *fig* (*innamorarsi*), wegen jdm/etw den Kopf verlieren; **dalla ~ ai** *piedi fig* (*per intero*), von Kopf bis Fuß; ~ **di** *ponte mil*, Brückenkopf m; **avere la ~ a** *posto fig fam* (*ragionare bene*), vernünftig sein; **non avere la ~ a posto** *fig fam* (*sragionare*), nicht ganz richtig im Kopf sein *fam*; **fare di ~ propria** *fig fam* (*in modo autonomo*), seinen Kopf durchsetzen, nach eigenem Gutdünken handeln; **essere una ~ quadra** *fig fam* (*essere testardo*), ein Quadratschädel *fam spreg*/Dickkopf *fam*/Dickschädel *fam* sein; **raddrizzare la ~ a qu** *fig* (*correggere le idee di qu*), jdm den Kopf zurechtrücken; **ragionare con la propria ~** *fig* (*autonomamente*), selbständig denken; **avere la ~ come una** *rapa scherz* (*essere calvo*), Glatz-, Kahlkopf m *fam*; **rompersi la ~** *fig fam* (*scervellarsi*), sich (dat) den Kopf zerbrechen *fam*; **agire/[fare le cose] con la ~ nel** *sacco fig* (*senza pensare*), kopflos/unüberlegt/unbesonnen handeln; **ma cosa ti è** *saltato* **in ~?**,

testàbile *fig fam* (*cosa ti è venuto in mente?*), was ist dir bloß in den Kopf gefahren *fam*,/[denn eingefallen]?; **non** *sapere* **dove battere/sbattere la ~** *fig fam* (*non sapere come risolvere i propri problemi*), weder ein noch aus wissen *fam*; **scrollare la ~** *fig* (*in segno di rassegnazione*), den Kopf hängen lassen; **scuotere la ~** *fig* (*in segno di disapprovazione*), den/[mit dem] Kopf schütteln; **segnare/tirare di ~** *sport* (*nel calcio*), ein Kopfballtor erzielen/köpfen; **sentirsi la ~ pesante** *fig* (*per stanchezza*), einen dicken/schweren Kopf haben; **essere senza ~** *fig fam* (*sbadato*), zerstreut sein; **~ di serie** *sport* (*nel tennis*), Gesetzte mf decl come agg; **camminare con la ~ insaccata nelle spalle**, mit eingezogenen Schultern gehen; **tenere ~ a qu** *fig* (*offrire resistenza*), jdm standhalten, jdm widerstehen, jdm die Stirn bieten; **tagliare la ~ al toro** *fig* (*prendere una decisione*), (nach langer Überlegung) einen Entschluss fassen; **la ~ mi gira come una trottola**, mein Kopf dreht sich wie ein Kreisel; **essere la ~ di turco di qu** (*bersaglio*), jds Zielscheibe sein; *fig* (*capro espiatorio*), jds Sündenbock/Prügelknabe *fam* sein; **~ d'uovo** *fig iron spreg* (*intellettuale*), Eierkopf m *spreg*, Egghead m *spreg*; **usare la ~** *fig* (*l'intelligenza*), seinen Kopf anstrengen; **uscire di ~** *fig fam* (*perdere il senno*), den Verstand verlieren, verrückt werden, durchdrehen *fam*; **vincere per una ~** *sport* (*nell'equitazione*), um Kopf(es)länge gewinnen; **volere la ~ di qu** *fig* (*volerlo rovinare*), jds Kopf wollen *fam*; **avere la ~ vuota** *fig fam* (*non riuscire a concentrarsi*), leer im Kopf sein; **essere una ~ vuota** *fig fam* (*stupido*), ein Hohlkopf *spreg*/Strohkopf *fam spreg* sein; (*sbadato*), ein zerstreuter Mensch sein; **chi non ha ~ ha gambe** *prov*, was man nicht im Kopf hat, muss man in den Beinen haben *prov*; **tante teste, tante idee** *prov*, so viel Köpfe, so viel Sinne.

testàbile agg 1 (*verificabile*) testbar 2 *dir* testierfähig.

testabilità <-> f (*verificabilità*) Testbarkeit f.

tèsta-códa, testacóda <-> m loc sost m *autom* Kehrtwendung f; **fare testa-coda**, sich mit dem Wagen um die eigene Achse/ [180 Grad] drehen.

testamentàrio, (-a) <-ri m> agg *dir* (*DISPOSIZIONI*) testamentarisch; {*ESECUTORE*} Testaments-.

testaménto m 1 *dir* Testament n: **~ olografo**, eigenhändiges/handgeschriebenes/holographisches Testament; **~ pubblico**, öffentliches Testament 2 *fig* {*POLITICO*} Vermächtnis n, Testament n: **~ spirituale**, geistiges Vermächtnis • **l'Antico Testamento** *relig* (*abbr* AT), das Alte Testament (*abbr* A.T.); **fare ~**, sein Testament machen; **mettere qu sul proprio ~**, jdn in sein Testament aufnehmen; **il Nuovo Testamento** *relig* (*abbr* NT), das Neue Testament (*abbr* N.T.).

testànte mf *dir* (*chi fa testamento*) Testator(in) m (f).

testàrda f → **testardo**.

testardàggine f (*caparbietà*) {*+MADRE*} Dickköpfigkeit f *fam*, Sturheit f *fam*.

testàrdo, (-a) A agg (*caparbio*) {*RAGAZZO*} dickköpfig *fam*, stur *fam* B m (f) Dickkopf m *fam*.

testàre① tr (*sottoporre a un test*) **~ qu/qc** {*ALUNNO, PERSONALE, COSMETICO, FARMACO*} jdn/etw testen, jdn/etw einem Test unterziehen.

testàre② itr *dir* (*fare testamento*) testieren, sein Testament machen.

testàta f 1 (*colpo*) Kopfstoß m, Stoß m mit dem Kopf: **dare una ~ nella porta**, mit dem Kopf gegen die Tür stoßen 2 (*parte dova sta la testa*) {*+LETTO*} Kopfteil n o m, Kopfende n 3 *arch* {*+PONTE*} Stirnseite f 4 *giorn* {*+QUOTIDIANO*} (Zeitungs)kopf m 5 (*giornale*) {*INDIPENDENTE*} Zeitung f 6 *mil* (Spreng)kopf m: **~ autocercante**, Zielsuchsprengkopf m; **missile a ~ nucleare**, Rakete f mit atomarem Sprengkopf 7 *mot* {*+MOTORE A SCOPPIO*} (Zylinder)kopf m: **~ di un cilindro**, (Zylinder)kopf m.

testàto, (-a) A part pass di **testare**① B agg (*sottoposto a test*) {*CANDIDATO, FARMACO*} getestete(r,s).

testatóre, (-trice) m (f) *dir* (*testante*) Testator(in) m (f).

tèste mf *dir* Zeuge m, Zeugin f: **~ d'accusa**, Belastungszeuge m, Belastungszeugin f; Zeuge m/Zeugin f der Anklage; **~ a carico/discarico**, Belastungs-/Entlastungszeuge m, Belastungs-/Entlastungszeugin f; **~ principale**, Hauptzeuge m, Hauptzeugin f.

testé avv *lett* (*or ora*) soeben.

tèster <-> m *ingl elettr* Vielfachmessgerät n.

testicolàre agg *anat* Hoden-.

testìcolo m *anat* Hoden m.

testièra f 1 (*testata*) {*+LETTO*} Kopfende n; {*+POLTRONA*} Kopflehne f 2 {*+MODISTA*} Hutform f 3 (*finimento*) {*+CAVALLO*} Zaumzeug n.

testimòne A mf 1 *anche dir* (*chi testimonia*) Zeuge m, Zeugin f: **il ~ a carico/discarico**, der Belastungs-/Entlastungszeuge; **farre da ~ a qu**, als Zeuge/Zeugin für jdn aussagen/auftreten; (*a un matrimonio*) jds Trauzeuge/Trauzeugin sein; **~ di nozze**, Trauzeuge m, Trauzeugin f; **~ oculare**, Augenzeuge m, Augenzeugin f 2 (*spettatore*) Zeuge m, Zeugin f: **sono stato ~ di una scena orrenda**, ich war Zeuge einer schrecklichen Szene, ich habe einer schrecklichen Szene beigewohnt 3 *fig* (*prova*) Beweis m, Zeugnis n: **di questo mi sia ~ il fatto che ... ind**, Beweis dafür sei die Tatsache, dass... *ind* B m *sport* Staffelstab m • **Testimoni di Geova** *relig*, Zeugen m pl Jehovas; **passare il ~** *sport*, den Stab übergeben; *fig* (*cedere il comando*), das Kommando übergeben.

testimonial <-> mf *ingl* (*in pubblicità: personaggio*) Werbeträger m.

testimoniàle *dir* A agg {*DICHIARAZIONE, PROVA*} Zeugen- B m 1 (*insieme dei testimoni*) {*+ACCUSA*} Zeugen m pl 2 (*insieme delle prove testimoniali*) {*+DIFESA*} Zeugenbeweise m pl.

testimoniànza f 1 (*prova*) {*+AFFETTO*} Beweis m, Zeugnis n: **a ~ di ciò**, als Beweis dafür 2 (*attestazione*) Zeugnis n: **la sola ~ di una civiltà scomparsa**, das einzige Zeugnis einer untergegangenen Zivilisation 3 (*dichiarazione*) {*+PASSANTE*} Zeugenaussage f: **raccogliere la ~ di qu**, jds Zeugenaussage aufnehmen 4 *dir* (*dichiarazione testimoniale*) Zeugenaussage f; (*prova testimoniale*) Zeugenbeweis m: **falsa ~**, falsche Zeugenaussage, Falschaussage m.

testimoniàre <*testimonio, testimoni*> A tr 1 *anche dir* (*dichiarare*) **~ qc** (*etw*) aussagen, etw bezeugen: **~ il falso/vero**, falsch/richtig aussagen, falsche/richtige Zeugenaussagen machen; **testimoniò di averla vista**, er/sie sagte aus, sie gesehen zu haben; **posso ~ che ieri era da me**, ich kann bezeugen, dass er/sie gestern bei mir war; (*uso assol*) aus|sagen; **sono chiamata a ~**, ich bin als Zeugin geladen; **essere in grado di ~**, vernehmungsfähig sein 2 (*attestare*) **~ qc** (*etw*) von etw (*dat*) zeugen, für etw (*acc*) ein Beweis sein, etw beweisen: **il castello di Sanssouci testimonia la predilezione di Federico il grande per l'architettura francese**, der Schloss von Sanssouci zeugt von der Liebe Friedrichs des Großen für die französische Baukunst; **come testimonia la data sul retro**, wie das Datum auf der Rückseite beweist B itr (*fare da testimone*) **~ di qc** {*DELL'INNOCENZA DI QU, DELLA VERITÀ DI UN FATTO*} von etw (*dat*) zeugen, von etw (*dat*) Zeugnis ab|legen.

testimònio <-*ni*> → **testimone**.

testìna <*dim di testa*> f 1 {*+BIMBO; GRAZIOSA*} Köpfchen n 2 *gastr* Kopf m 3 *tecnol* Kopf m: **~ di cancellazione/stampa**, Lösch-/Kopf m; **~ di lettura**, Abtast-, Lesekopf m; **~ fonografica**, Tonabnehmer m; **~ di registrazione**, Tonkopf m.

tèsto① m 1 (*scritto*) {*DATTILOSCRITTO, MANOSCRITTO; +LEGGE*} Text m: **traduzione col ~ a fronte**, Übersetzung mit nebenstehendem Original(text) 2 (*contenuto*) {*+LETTERA*} Inhalt m 3 (*libro*) {*CLASSICI*} Werk n; {*+ITALIANO*} Buch n: **~ scolastico**, Schulbuch m • **far ~** *fig* (*essere un riferimento*), maßgebend/richtungweisend sein; **testi sacri** *relig*, Heilige Schrift; *fig*, Bibel f.

tèsto② m (*teglia di terracotta*) Backform f.

testolìna <*dim di testa*> f 1 {*BIONDA*} Köpfchen n 2 *fig* Bengel m *fam*.

testóne, (-a) A m 1 {*+accr di testa*} großer Kopf 2 (*persona con un ~*) Mensch m mit großem Kopf 3 *slang stor* (*un milione di lire*) ≈ Riese m *slang* (*Tausendmarkschein*) B m (f) *fig fam* (*testardo*) Dickkopf m *fam*, Dickschädel m *fam* 2 (*stupido*) Schafskopf m *fam*, Dummkopf m *spreg*, Spätzünder m *fam scherz*.

testosteróne m *biol* Testosteron n.

testuàle agg 1 (*del testo*) {*CRITICA*} Text- 2 *fig* (*riproducente*) wörtlich: **disse queste testuali parole**, er/sie sagte wortwörtlich Folgendes.

testùggine f *zoo* (*tartaruga*) Schildkröte f: **~ d'acqua dolce**, Süßwasserschildkröte f; **~ marina**, Seeschildkröte f.

tètano m *med* Wundstarrkrampf m, Tetanus m *scient*.

tête-à-tête <-> A m *franc* 1 (*incontro a due*) Verabredung f, Date n *slang*, Rendezvous n *obs*, Tête-à-tête n *scherz obs* 2 (*conversazione a due*) vertrauliches Gespräch, Gespräch n unter vier Augen, Tête-à-tête n *scherz obs*: **avere un tête-à-tête**, ein Tête-à-tête haben *scherz obs* 3 (*servizio da caffè*) Kaffeeservice n für zwei Personen B in funzione di agg {*CHIARIMENTO, INCONTRO*} vertraulich C in funzione di avv {*INCONTRARSI*} vertraulich.

tetraciclìna f *farm* Tetrazyklin n.

tetraclorùro m *chim*: **~ di carbonio**, Tetrachlorkohlenstoff m.

tetradimensionàle agg (*quadridimensionale*) vierdimensional.

tetraèdro m *mat* (*in geometria*) Tetraeder n.

tetràggine f 1 (*cupezza*) {*+ASPETTO DI QU, CASA*} Düsterkeit f, Düsternis f *forb* 2 (*cosa tetra*) Dunkle n decl come agg, Finstere n decl come agg 3 *fig* {*+DISCORSO*} Dunkle n decl come agg.

tetragonàle agg *mat* {*SOLIDO*} viereckig, tetragonal.

tetràgono, (-a) A agg 1 *mat* (*in geometria*) viereckig 2 *fig* (*fermo*) {*UOMO*} standhaft, fest, unbeugsam 3 *fig* (*testardo*) dickköpfig *fam* B m *mat* Tetragon n.

tetralogìa f 1 *lett* Tetralogie f 2 *mus* {*+WAGNER*} Tetralogie f 3 (*serie*) "aus vier Elementen bestehende Reihe" • **~ di Fallot** *med*, Fallot-Tetralogie f *scient*.

tetraplègico, (-a) <-*ci, -che*> *med* A agg Tetraplegie- B m (f) Tetraplegiker(in) m (f).

tetravalènte agg chim vierwertig.

tètro, (-a) agg **1** (*buio*) {CORRIDOIO} dunkel, finster **2** (*lugubre*) {CASTELLO} düster, finster **3** fig (*triste*) {PENSIERO} traurig, düster, trübsinnig; {FACCIA} anche bedrückt.

tètta f fam Busen m, Titte f volg.

tettarèlla f (*succhiotto*) {+BIBERON} Sauger m.

tétto **A** m **1** gener {+CASA} Dach n: **~ a capanna**/[doppia falda]/[due spioventi] Satteldach n; **~ a mansarda**/padiglione/shed, Mansard-/Walm-/Sägedach n; **~ piano**/[a terrazza], Flach-/Terrassendach n **2** fig (*casa*) Haus m, Heim n: **~ domestico**, häuslicher Herd; **essere/restare senza ~**, obdachlos sein/werden **3** autom {+AUTOBUS, AUTOMOBILE} Dach n; {+DECAPOTTABILE} anche Verdeck n: **~ apribile**, Schiebedach n **4** alpin Felsvorsprung m **5** geol {+GIACIMENTO} Hängende n decl come agg **6** econ {+INFLAZIONE} Höchstgrenze f **B** <inv> loc agg (*sotto il tetto*): **a ~**, {STANZA} Dach-, unter dem Dach, Mansarden- **C** loc avv (*sotto il tetto*): **a ~**, unter dem Dach ● **il Tetto del mondo** fig (*l'Everest o l'Himalaya*), Himalaja m, Mount Everest m; **avere un ~ sopra la testa** fig (*avere una casa*), ein Dach über dem Kopf haben; **vivere sotto lo stesso ~** fig (*insieme*), unter einem/[ein und demselben] Dach wohnen fam.

tettóia f **1** {+STABILIMENTO INDUSTRIALE} Überdachung f; {+STAZIONE} Schutzdach n; (*sopra una porta esterna*) Vordach n **2** (*copertura*) {+FRASCHE} Schutzdach n.

tettóna f fam (*donna dal seno prosperoso*) Busenwunder n fam scherz.

tettònica <-che> f geol Tektonik f: **~ a placche/zolle**, Erdplatte f.

tettònico, (-a) <-ci, -che> agg geol tektonisch.

tettùccio <-ci> dim di tetto m **1** aero {SCORREVOLE} (Kanzel)haube f **2** autom Dach n: **~ apribile**, Schiebedach n.

tèutone mf **1** stor Teutone m, Teutonin f **2** lett spreg (*tedesco*) Teutone m spreg o scherz, Teutonin f spreg o scherz.

teutonicità <-> f Deutschtum n, Teutonentum n spreg o scherz.

teutònico, (-a) <-ci, -che> agg **1** spreg scherz {PUNTUALITÀ} teutonisch spreg o scherz **2** stor teutonisch.

Tévere m geog Tiber m.

texàno, (-a) **A** agg {AGRICOLTURA, INDUSTRIA PETROLIFERA} texanisch **B** m (f) (*abitante*) Texaner(in) m (f).

Tèxas m geog Texas m.

tex-mex **A** <inv> agg (*del Texas e del Messico*) {CUCINA, MUSICA, RISTORANTE, SPECIALITÀ} Tex-Mex- **B** <-> m mus Tex-Mex m.

tg mat abbr di tangente: tang, Tangens.

TG <-> m abbr di Telegiornale: (Fernseh)nachrichten f pl: **il TG 1/2**, die Nachrichten im ersten/zweiten (Fernseh)programm.

TGV m ferr abbr del franc Train à Grand Vitesse (*treno a grande velocità*) Hochgeschwindigkeitszug m.

thai m <sing> (*lingua*) Thaisprachen f pl.

thailandése **A** agg {ECONOMIA} thailändisch **B** m (f) (*abitante*) Thailänder(in) m (f) **C** m <solo sing> (*lingua*) Thailändisch n.

Thailàndia f geog Thailand n.

the → **tè**.

thèrmos <-> m Thermosflasche® f.

thesàurus <-, *thesauri* pl *n* m lat **1** stor (*vocabolario*) {+LINGUA LATINA} Thesaurus m **2** (*in cibernetica*) Thesaurus m.

think tank <-> loc sost m ingl econ polit Denkfabrik f.

tholos <-, *tholoi* pl *greco*> m greco archeol Tholos f.

thriller <-> m ingl film lett teat {AVVINCENTE; +AGATHA CHRISTIE} Thriller m.

thrilling ingl film **A** <inv> agg nervenkitzelnd fam **B** <-> m Thriller m.

ti **A** pron pers 2ª pers sing **1** (*compl di termine*) dir: **ho qualcosa da dirti**, ich muss dir etwas sagen; **ti ha dato la ricevuta?**, hat er/sie dir die Quittung gegeben?; (*se il verbo ted regge l'acc*) dich; **ti ha mentito**, er/sie hat dich angelogen; **ti penso spesso**, ich denke oft an dich; **ti ha già telefonato?**, hat er/sie dich schon angerufen? **2** (*compl oggetto*) dich: **ti aspetto!**, ich warte auf dich!; **sei sicuro che lei ti ami veramente?**, bist du sicher, dass sie dich wirklich liebt?; (*se il verbo regge il dat*) dir; **ti aiuto io!**, ich helfe dir!; **non ti può licenziare così!**, er/sie kann dir nicht einfach so kündigen! **B** pron rfl 2ª pers sing dich: **vestiti in fretta!**, zieh dich schnell an!; (*nei rfl indiretti*) dir; **ti sei già lavato i denti?**, hast du dir die Zähne schon geputzt?

tiamina f biol Thiamin n, Vitamin n B1.

tiàra f {+PAPA, RE} Tiara f.

tiberino, (-a) agg (*del Tevere*) {ISOLA, VIA} Tiber-.

Tibet m geog Tibet n.

tibetàno, (-a) **A** agg {ARTE, REGIONE, STORIA} tibetanisch, tibetisch **B** m (f) (*abitante*) Tibetaner(in) m (f), Tibeter(in) m (f) **C** m <solo sing> (*lingua*) Tibetanisch(e) n.

tìbia f anat Schienbein n.

tic① <-> m **1** (*fissazione*) Tick m **2** med Tic m scient: **avere un tic nervoso**, einen Tic/[nervöse Zuckungen] haben.

tic② <-> m inter onomatopeica tick **B** m (*rumore*) Ticken n: **il tic dell'orologio mi fa impazzire**, das Ticken/[tickende Geräusch] der Uhr macht mich wahnsinnig.

ticchete → **tic**®.

ticchete tacchete → **tic tac**.

ticchettàre itr rar onomatopeico (*produrre un ticchettio*) {METRONOMO} ticken; {MACCHINA DA SCRIVERE} klappern.

ticchettìo <-*tii*> m (*rumore*) {+OROLOGIO} Ticken n; {+MACCHINA DA SCRIVERE} Klappern n.

ticchio① <-*chi*> m **1** (*capriccio*) Laune f, Anwandlung f: **gli è saltato il ~ di iscriversi in palestra**, ihn überkam die Anwandlung, sich in einem Fitnesscenter einzuschreiben **2** med (*tic*) Tic m scient.

ticchio② <-*chi*> m (*macchiolina*) {+MARMO, PERA} Fleck m.

ticinése **A** agg **1** (*del Canton Ticino*) {GIORNALE} tessinisch, Tessiner **2** (*del fiume Ticino*) {AFFLUENTE} des Tessins **B** m (f) (*abitante*) Tessiner(in) m (f) **C** m <solo sing> (*dialetto*) Tessinisch(e) n.

Ticìno m geog **1** (*cantone*) Tessin n **2** (*fiume*) Tessin m.

tick <-> m ingl econ Tick(-Wert) m, Preisintervall n.

ticket <-> m ingl **1** gener Bon m, Gutschein m: **~ restaurant**, Essensgutschein m **2** amm med Selbstbeteiligung f (an den Behandlungskosten) **3** sport (*nell'equitazione*) Wettschein m.

ticketless ingl **A** <-> m **1** (*biglietteria virtuale*) Ticketless(-Service m) m: **prenotare un Eurostar col ~**, einen Eurostar ticketless reservieren **2** (*codice*) Reservierungscode m des Ticketless **3** (*biglietto*) elektronischer/virtueller Fahrschein **B** (*f*) fig wer ticketless/ticketlos reist **C** <inv> agg {BIGLIETTO, SERVIZIO} Ticketless-, ticketless.

tic tac **A** inter onomatopeica (*di rumore ritmico*) ticktack **B** m (*rumore*) {+OROLOGIO} Ticken n, Ticktack n.

tic toc **A** inter onomatopeica (*di battito ritmico*) bum bum **B** m (*battito*) {+CUORE} Pochen n, Schlagen n.

tiè → **te'**.

tie-break <-, **- -s** pl ingl> m ingl sport (*nel tennis*) Tie-Break m o n, Tiebreak m o n.

tièmmi 2ª pers sing dell'imperat di tenere + mi.

tiène 3ª pers sing dell'ind pres di tenere.

tièni 2ª pers sing dell'ind pres di tenere.

tiènne 2ª pers sing dell'imperat di tenere + ne.

tiènti 2ª pers sing dell'imperat di tenersi.

tiepidézza f **1** (*tepore*) {+ARIA} Milde f **2** fig (*scarso slancio*) {+ACCOGLIENZA} Lauheit f.

tièpido, (-a) agg **1** (*poco caldo*) {BAGNO} lau(warm) **2** fig {ACCOGLIENZA} kühl; {APPLAUSO} anche schwach.

tifàre itr fam (*fare il tifo*) **~ per qu** {PER UN CALCIATORE, PER UNA SQUADRA DI RUGBY} (ein) Fan/[begeisterter Anhänger] von jdm sein; (*parteggiare*) {PER UN CONCORRENTE} Partei für jdn ergreifen/nehmen, für jdn sein.

tifo m **1** med Typhus m **2** fig sport Sportbegeisterung f **3** fig Begeisterung f ● **fare il ~ per qu**, jdn anfeuern, (ein) ⌊Fan⌋/[begeisterter Anhänger] von jdm sein.

tifòide agg med typhusartig, Typhus-.

tifóne m (*ciclone*) Taifun m.

tifoserìa f (*gruppo di tifosi*) {+SQUADRA DI CALCIO} Anhängerschaft f, Fans m pl fam.

tifóso, (-a) **A** agg **1** med typhusartig, Typhus- **2** fig sport sportbegeistert **3** fig begeistert **B** m (f) **1** med Typhuskranke mf decl come agg **2** fig sport Sportbegeisterte mf decl come agg, Fan m: **~ di calcio**, Fußballfan m, Fußballanhänger m, Fußballbegeisterte m decl come agg **3** fig {+CANTANTE} Fan m: **è un ~ dei Beatles**, er ist (ein) Beatles-Fan.

tiggì → **tigì**.

tight <-> m ingl (*nella moda*) Cut(away) m.

tigì <-> m fam (*telegiornale*) Tagesschau f, Fernsehnachrichten f pl.

tìglio <-*gli*> m **1** bot Linde f **2** (*foglie e fiori per tisana*) Lindenblüten f pl, Lindenblütenblätter n pl.

tiglióso, (-a) agg {CARNE} fas(e)rig; (*duro*) zäh.

tigna f **1** med Grind m, Schorf m **2** fig (*fastidio*) Ärgernis n.

tignòla f zoo (*tarma*) Motte f.

tignósa f bot Knollenblätterpilz m.

tignóso, (-a) **A** agg **1** med grindig, schorfig **2** fig fam (*avaro*) geizig, knaus(e)rig fam spreg, knickerig fam spreg **B** m (f) **1** med Grindige mf decl come agg **2** fig fam Geizhals m fam, Geizkragen m fam spreg, Knauser m fam spreg, Knicker m fam spreg.

tigràto, (-a) agg {GATTO} getigert.

tigratùra f Tigermuster n.

tìgre f zoo Tiger m ● **~ di carta** fig (*pericolo inconsistente*), Papiertiger m; **cavalcare la ~** fig (*tentare di controllare una situazione disperata*), eine schwierige Situation ⌊in Angriff nehmen⌋/[angehen].

tigròtto m zoo Tigerjunge n decl come agg.

tilde m o f ling Tilde f.

tilt <-> m ingl fam: **andare/essere in ~ 1** {FLIPPER} in Tilt gehen **2** fig {TELEFONO} außer Betrieb sein; {CHIUSURA CENTRALIZZATA DELL'AUTOMOBILE} kaputt gehen, nicht (mehr) funktionieren; {TRAFFICO} zusammen|brechen; {PERSONA} ausflippen; {STUDENTE} einen Blackout haben fam, aus|rasten fam; (*per stanchezza*) schlapp|machen fam: **scusami, ma oggi sono completamente in ~**, entschuldige bitte, aber heute bin ich völlig daneben *fam*.

timballo m 1 (*stampo*) Pasteten-, Auflaufform f 2 *gastr* (*pasticcio*) Pastete f, Auflauf m: ~ **di riso**, Reisauflauf m 3 *mus* Pauke f.

timbrare tr (*bollare*) ~ (*qc*) {CARTOLINA, DOCUMENTO, LETTERA, MODULO} etw ab|stempeln, (*etw*) stempeln; {BIGLIETTO} etw entwerten; {CARTELLINO} etw stechen: **il passeggero non ha timbrato**, der Fahrgast hat seine Fahrkarte nicht entwertet.

timbratrice f Stempelmaschine f.

timbratura f (Ab)stempeln n.

timbrico, (-a) <-ci, -che> agg *mus* Klang-, klanglich.

timbrificio <-ci> m Stempelfabrik f.

timbro m 1 (*oggetto*) {+GOMMA} Stempel m: ~ **a secco**, Trockenstempel m 2 (*marchio*) {+DITTA} Stempel m: **apporre un ~ a qc**, etw (ab)stempeln; ~ **postale**, Poststempel m 3 (*rif. a suono*) Klangfarbe f, Timbre n: ~ **di voce**, Timbre n der Stimme 4 *fig* Ton m.

time out <-> loc sost m *ingl sport* Time-out n, Auszeit f.

timer <-> m *ingl* {+FORNO} (Zeit)schaltuhr f.

time sharing <-> loc sost m *ingl inform* Timesharing n.

timidezza f Schüchternheit f.

timido, (-a) **A** agg 1 {BAMBINO, GHIRO} schüchtern 2 (*incerto*) {RAGGIO DI SOLE} unentschlossen **B** m (f) Schüchterne mf decl come agg, schüchterner Mensch.

timina f *chim* Thymin n.

timing <-> m *ingl* (*serie di scadenze*) Timing n, Zeitberechnung f; *banca* Timing n.

timo① m *bot gastr* Thymian m.

timo② m *anat* Thymusdrüse f, Thymus m *scient*.

timonare tr *mar* ~ (*qc*) {BARCA A VELA} etw steuern.

timone m 1 *aero mar* {+BARCA} Ruder n; {+AEREO} Steuer n 2 (*stanga*) {+CARRO} Deichsel f {+ARATRO} Pflugbaum m 3 *fig* (*guida*) {+STATO} Leitung f, Führung f: **essere al ~ di qc**, am Ruder von etw (dat) sein *fam*; **mettersi al ~ di qc**, die Leitung/Führung von etw (dat) übernehmen, ans Ruder von etw (dat) kommen/gelangen *fam* • ~ **di profondità** *aero*, Höhenruder n; *mar*, Tiefenruder n.

timoniere, (-a) m (f) *mar* Steuermann m, Rudergänger(in) m(f); *sport* Steuermann m.

timoniero, (-a) agg 1 *mar* Steuer-, Ruder- 2 *ornit* Ruder-.

timorato, (-a) agg ~ (*di qc*) {UOMO DELLE LEGGI} gewissenhaft (*in etw* dat): ~ **di Dio**, gottesfürchtig.

timore m 1 (*paura*) Furcht f, Angst f: **non abbiate ~!**, fürchtet euch nicht!; **il nostro ~ è che diventi cieco**, unsere Angst ist, dass er erblindet; **nel/per ~ che facesse una schiocchezza**, aus Angst (davor), dass er/ sie eine Dummheit machen könnte/[machen könnte] 2 (*soggezione*) Ehrfurcht f, Respekt m: ~ **di Dio**, Gottesfurcht f; **essere senza ~ di Dio**, keine Gottesfurcht besitzen; ~ **reverenziale**, Ehrerbietung f.

timoroso, (-a) agg (*pauroso*) {GIOVANE, SGUARDO} furchtsam, ängstlich.

timpanista <-i m, -e f> mf *mus* Paukenschläger(in) m(f).

timpano m 1 *anat* Paukenhöhle f, Tympanum n *scient*; (*membrana*) Trommelfell n 2 *arch* Tympanon m 3 *mus* Pauke f • **esser duro di timpani** *fig fam* (*sentirci poco*), schwerhörig sein; **rompere i timpani a qu** *fig fam* (*assordarlo*), jds Trommelfell zum Platzen bringen, jdm die Ohren voll schreien.

tinca <-che> f *itt* Schleie f.

tinello m Esszimmer n, Essraum m.

tingere <irr tingo, tingi, tinsi, tinto> **A** tr 1 *anche lett fig* (*colorare*) ~ **qc** {ABITO, CAPELLI, LANA, TESSUTO} etw färben: ~ **qc di giallo/marrone/verde**, etw gelb/braun/grün färben; **il tramonto tinge il cielo di rosso**, der Sonnenuntergang färbt den Himmel rot 2 (*verniciare*) ~ **qc (di qc)** {PARETE DI AZZURRO} etw (*irgendwie*) (an|)streichen 3 (*macchiare*) ~ **qc (di qc)** {MANI DI INCHIOSTRO} etw (*mit etw* dat) beschmutzen, etw (*mit etw* dat) besudeln *spreg* **B** itr *fam* (*macchiare*) {PENNA} klecksen; {TESSUTO} ab|färben **C** itr pron: **tingersi di qc 1** *anche fig* (*assumere una certa sfumatura*) {CIELO DI ROSSO} sich (*irgendwie*) färben; (*RICORDO DI UNA PERSONA AMATA DI MELANCONIA*) sich *mit etw* (dat) mischen, *von etw* (dat) durchzogen sein 2 (*macchiare*) {BUCATO DI ROSA} sich (*irgendwie*) verfärben **D** rfl indir (*cambiare colore*): **tingersi (qc di qc)** {CAPELLI DI BIONDO} sich (dat) etw (*irgendwie*) färben.

tino m 1 *enol* Bottich m, Fass n 2 *industr* (*per la carta*) Bütte f 3 *tess* Bottich m, Küpe f *obs*.

tinozza f Kübel m; (*per il bucato*) (Wasch)bütte f; (*da bagno*) Wanne f.

tinsi 1ᵃ pers sing del pass rem *di tingere*.

tinta f 1 (*colore*) {CALDA, CHIARA} Farbe f: **a ~ unita**, einfarbig 2 (*vernice*) {MURALE} Farbe f 3 *fig* (*tono*) {MELANCONICA, +RACCONTO} Ton m • **gli accessori sono in ~ con l'abito** (*hanno lo stesso colore*), die Accessoires sind farblich auf das Kleid abgestimmt; **il servizio di piatti è ~ su ~** (*in sfumature dello stesso colore*), das Tellerservice hat einheitliche Farbtöne; **vedere tutto a tinte fosche** *fig* (*essere molto pessimisti*), alles in den schwärzesten Farben sehen.

tintarella f *fam* (*abbronzatura*) Sonnenbräune f: **avere la ~**, braun sein; **prendere la ~**, sich (von der Sonne) bräunen lassen.

tinteggiare <tinteggio, tinteggi> tr ~ **qc** {MURO, PARETI} etw an|streichen.

tinteggiatura f (*azione*) {+CASA} Anstreichen n.

tintin, **tin tin** **A** inter onomatopeica (*di suono brillante*) kling!, kling(e)ling!, bing!, bim! **B** <-> m loc sost m (*suono*) {+CAMPANELLO} Bimbam m, Klingklang m.

tintinnante agg klingelnd, bimmelnd, klirrend.

tintinnare itr onomatopeico (*risuonare con brevi colpi*) {CAMPANELLO, SONAGLIO} klingeln, bimmeln *fam*; {BICCHIERI} klirren.

tintinnio <-nii> m onomatopeico {+CAMPANELLI} Geklingel n *fam spreg*, Gebimmel n *fam spreg*; {+BICCHIERI} Geklirre n.

tinto, (-a) **A** part pass *di tingere* **B** agg 1 (*colorato*) ~ (*di qc*) {CAPELLI DI BIONDO, CIELO DI ROSSO, STOFFA DI NERO} (*irgendwie*) gefärbt 2 (*imbrattato*) ~ **di qc** {DITA DI INCHIOSTRO} *mit etw* (dat) beschmiert 3 *fig* (*venato*) ~ **di qc** {PAROLE DI IRONIA} *von etw* (dat) durchdrungen.

tintore, (-a) m (f) 1 (*negoziante*) Besitzer(in) m(f) einer Reinigung 2 (*addetto in una tintoria*) Angestellte mf decl come agg in einer Reinigung 3 *tess* Färber(in) m(f).

tintoria f 1 (*negozio*) Reinigung f: **portare il cappotto in ~**, den Mantel zur Reinigung bringen 2 *tess* Färberei f.

tintura f 1 (*azione*) {+CAPELLI, STOFFA} Färben n 2 (*risultato*) {+ABITO, CAPELLI} Färbung f 3 (*prodotto*) Färbemittel n: ~ **per i capelli**, Haarfärbemittel n 4 *farm* {ALCOLICA} Tinktur f, Auszug m: ~ **di iodio**, Jodtinktur f; ~ **madre**, Tinktur f, Tinctura f.

tipaccio, (-a) <pegg *di tipo*, -ci, -ce> m (f) (*brutto individuo*) zwielichtiger Typ.

tipicità <-> f (*specificità*) {+SITUAZIONE} Eigentümlichkeit f.

tipico, (-a) <-ci, -che> agg 1 (*classico*) {CASO, ESEMPIO} typisch: **ciò è ~ del suo modo di fare**, das ist typisch für sein/ihr Benehmen 2 (*caratteristico*) {COSTUME, CUCINA, PRODOTTI} typisch, charakteristisch 3 *dir* (*specificamente previsto dalla legge*) typisch; (*essenziale del reato*) tatbestandsmäßig.

tipizzare tr 1 (*mettere in risalto i tratti salienti*) ~ **qc** {STILE DI UNO SCRITTORE} etw typisieren 2 *biol* ~ **qu/qc** {INDIVIDUI, TESSUTI} jdn/etw typisieren 3 *industr* ~ **qc** {IMBALLAGGI} etw typen, etw typisieren.

tipo① **A** m 1 (*modello*) Typ m, Modell n: **il primo ~ di motore a scoppio**, das erste Modell eines Verbrennungsmotors 2 (*genere*) Art f: **giacca di ~ sportivo**, sportliche Jacke; **merce di tutti i tipi**, Waren aller Art; **che ~ d'uomo è?**, was für _ein(e Art von) Mensch,/[ein Typ] ist er/sie? 3 (*qualità*) {+FORMAGGIO} Art f, Sorte f 4 *bot zoo* Stamm m 5 *comm* Imitation f: **pelle ~ coccodrillo**, Krokodilderimitation f 6 *lett teat* {+TEATRO POPOLARE} Typus m, Figur f 7 *fig* <di solito al pl> **tip** (*carattere*) Type f **B** <inv> agg 1 (*modello*) {IMPIANTO} Muster-, Modell- 2 (*medio*) {FAMIGLIA, CITTÀ} typisch: **il professore ~**, der typische Lehrer • **del/su ~ di qu/qc** *fam* (*simile*), in der Art von, ähnlich wie; **essere un ~** (*originale*), ein Original sein, originell/apart sein; **questo taglio di capelli fa ~**, dieser Haarschnitt hat was *fam*; ~ **da galera** (*poco raccomandabile*), Knastbruder m *fam*; **quella ragazza è il mio ~** (*la mia donna ideale*), das Mädchen ist genau mein Typ *fam*; **per i tipi di ...** *edit*, mit den (Druck)typen von ...

tipo②, (-a) m (f) *fam* 1 (*persona*) {SIMPATICO} Typ m *fam*; {ECCENTRICO, STRANO} *anche* Type f *fam*, Kerl m *fam*: **è proprio un bel ~!** *iron*, das ist mir vielleicht einer! *fam iron*; **che ~!**, das ist vielleicht eine Type! *fam*; **non è il ~ che racconta fandonie**, er ist nicht der Typ *fam*, der Märchen erzählt 2 (*uno*) Typ m *fam*, einer: **un ~ ti vuole parlare**, ein Typ *fam* möchte dich sprechen, da möchte dich einer sprechen • ~ **da spiaggia** *fam scherz* (*stravagante*), komischer Kauz.

tipografa f → **tipografo**.

tipografia f 1 (*laboratorio*) Druckerei f; (*per libri*) *anche* Buchdruckerei f 2 (*arte*) Typografie f; (*per libri*) *anche* Buchdruck m.

tipografico, (-a) <-ci, -che> agg {CARATTERE} Druck-, typografisch.

tipografo, (-a) m (f) Buchdrucker(in) m(f).

tipologia f Typologie f.

tip tap <-> m (*danza americana*) {+FRED ASTAIRE, GENE KELLY} Stepp m, Stepptanz m.

tiptologia f 1 (*sistema di comunicazione*) Klopfen n 2 (*nell'occultismo*) Tischrücken n.

TIR <-> m abbr *del franc* Transports Internationaux Routiers (*Trasporti Internazionali Stradali*) "Lastkraftwagen m mit TIR-Kennzeichen".

tirabaci <-> m (*ricciolo piatto*) Stirnlocke f, Schmachtlocke f *fam scherz*.

tira e molla → **tiremmolla**.

tiraggio <-gi> m {+CAMINO} Luftzufuhr f.

tiralatte <-> m (*apparecchio*) Milchpumpe f.

tiralinee <-> m (*nel disegno*) Reißfeder f.

tiramisù <-> m *gastr* (*dessert*) Tiramisu m.

tira molla → **tiremmolla**.

tiranna f → **tiranno**.

tiranneggiare <tiranneggio, tiranneggi> **A** tr 1 (*assoggettare*) ~ **qu** {CAPOFABBRICA}

OPERAI; SOVRANO POPOLO) *jdn* tyrannisieren *spreg*; ~ *qc* {STATO} etw knechten *forb spreg* **2** *fig anche scherz* (*angariare*) ~ *qu* {GENITORI FIGLI; MOGLIE MARITO} *jdn* schikanieren **B** *itr* (*dominare*) mit Gewalt herrschen, Gewaltherrschaft aus|üben, herrisch auf|treten: **nel Settecento i principi tedeschi tiranneggiavano nei loro staterelli**, im 18. Jahrhundert herrschten die deutschen Fürsten mit Gewalt in ihren Kleinstaaten.

tirannìa *f* **1** Tyrannei *f*, Gewaltherrschaft *f* **2** *fig anche scherz* (+PADRE) Tyrannei *f forb*, Druck *m*; (+REGOLE METRICHE) Zwang *m*.

tirannicida <-*i m, -e f*> *mf* Tyrannenmörder(in) *m(f)*.

tirannicidio <-*di*> *m* Tyrannenmord *m*.

tirànnico, (-a) <-*ci, -che*> *agg* (*assolutistico*) tyrannisch, Tyrannen-.

tirànnide *f* (*assolutismo*) Tyrannei *f*, Tyrannis *f forb*.

tirànno, (-a) *m (f)* **1** (+ATENE) Tyrann(in) *m(f)* **2** *fig anche scherz* (*despota*) Tyrann(in) *m(f) spreg*.

tirannosàuro *m paleont* Tyrannosaurus *m*.

tirànte *m* **1** (*striscia usata per tirare*) {+STIVALI} Schlaufe *f*, Lasche *f*; {+TAMBURO} Stell-, Spannschraube *f*: **~ della tenda**, Zelt(spann)leine *f* **2** *edil* (Zug)anker *m* **3** *mar* Läufer *m*.

tirapièdi <-> **A** *m stor* Henkersknecht *m* **B** *mf fig fam spreg* (*portaborse*) Handlanger *m spreg*, Wasserträger(in) *m(f) slang*.

tirapùgni <-> *m* (*arma*) Schlagring *m*.

tiràre **A** *tr* **1** (*tendere*) ~ *qc* {CORDA, CORDE DI UNO STRUMENTO, MOLLA} *etw* spannen; {ELASTICO} *anche etw* dehnen; {CAVO, FILO, REDINI} *etw* an|ziehen; {CANE GUINZAGLIO} an *etw* (dat) zerren **2** (*portare verso di sé*) ~ *qc* {CASSETTO} *etw* auf|machen **3** (*spostare lateralmente per aprire*) ~ *qc* {TENDA} *etw* auf|ziehen; (*per chiudere*) *etw* zu|ziehen **4** (*trarre a sé*) ~ *qu/qc* (*per qc*) {BAMBINO MADRE PER LA GONNA, GATTO PER LA CODA} *jdn/etw an etw* (dat) ziehen **5** (*trainare*) ~ *qc* {BUE ARATRO; CAVALLO CARROZZA} *etw* ziehen **6** (*portare*) ~ *qc* (+ *compl di luogo*) {BARCA A RIVA, IN SECCO} *etw* (*irgendwohin*) ziehen, *etw* (*irgendwohin*) schleppen **7** (*spostare*) ~ *qc* (+ *compl di luogo*) {TAVOLO VERSO LA FINESTRA} *etw* (*irgendwohin*) rücken **8** (*disegnare*) ~ *qc* {LINEA, PERPENDICOLARE, RIGA} *etw* ziehen **9** (*lanciare*) ~ *qc* (+ *compl di luogo*) {COLTELLO CONTRO L'ALBERO, PALLA, PIETRA, SASSO ADDOSSO A QU} *etw* (*irgendwohin*) werfen; {FRECCIA CONTRO L'ALBERO} *mit etw* (dat) (*irgendwohin*) schießen; {CORIANDOLI PER STRADA, FIORI SUL PALCOSCENICO} *etw auf etw* (acc) werfen **10** (*dare*) ~ *qc* (*a qu*) {CALCIO} (*jdm*) *etw* versetzen: ~ **pugni**, mit Fäusten zuschlagen, *jdm* Faustschläge versetzen; {SCHIAFFO} *jdm etw* verpassen *fam* **11** (*sparare*) ~ *qc* (*a qu*) {CANNONATA, COLPO DI RIVOLTELLA, FUCILATA} *etw* (*auf jdn*) ab|feuern, *etw* (*auf jdn*) ab|geben **12** (*predisporre*) ~ *qc* {CORDONE DI POLIZIA} *etw* bilden **13** (*spostare in avanti*) ~ **avanti** *qc* {MACCHINA} *mit etw* (dat) vor|rücken **14** *fig* (*mandare avanti*) ~ **avanti** {LAVORO} *etw* weiter|machen; {FAMIGLIA} *etw* unterhalten **15** (*ritirare*) ~ **dentro** *qc* {BIANCHERIA STESA} *etw* herein|bringen **16** *fig* (*coinvolgere*) ~ **dentro** *qu* *in etw* (acc) hinein|ziehen, *jdn in etw* (acc) verwickeln **17** (*mettere fuori*) ~ **fuori** *qc* {LINGUA} *etw* heraus|strecken **18** (*estrarre*) ~ **fuori** *qu* (*da qc*) {FERITO DALLE MACERIE} *jdn* (*aus etw* dat) heraus|ziehen; ~ **fuori** *qc* (*da qc*) {LIBRETTO D'ASSEGNI, PORTAFOGLIO DALLA BORSETTA} *etw* (*aus etw* dat) heraus|ziehen; {PISTOLA DAL GIUBBOTTO} *etw* (*aus etw* dat) ziehen: **tira fuori i soldi!**, hol das Geld heraus!, Geld raus *fam*/her *fam*! **19** (*spendere*) ~ **fuori** *qc* {DENARO} *etw* aus|geben **20** *fig* (*riesumare*) ~ **fuori** *qc* {VECCHIA QUESTIONE} wieder *mit etw* (dat) an|fangen **21** *fig* (*escogitare*) ~ **fuori** *qc* {CAVILLO, PRETESTO, SCUSA} sich (dat) *etw* aus|denken: **ma guarda cosa è andata a tirar fuori!**, sieh mal an, was sie sich da ausgedacht hat! **22** *fig* (*levare*) ~ **fuori** *qu da qc* {AMICO DAI GUAI, DAI PASTICCI} *jdm aus etw* (dat) helfen, *jdn aus etw* (dat) heraus|ziehen *fam*; {DALLA PRIGIONE} *jdn aus etw* (dat) (heraus|)holen **23** (*abbassare*) ~ **giù** *qc* {TAPPARELLE} *etw* herunter|lassen, {FINESTRINO} *etw* herunter|drehen; (*elettricamente*) *etw* herunter|lassen **24** (*spostare in basso*) ~ **giù** *qc* (*da qc*) {VALIGIA DALL'ARMADIO} *etw* von *etw* (dat) herunter|holen **25** (*gettare per terra*) ~ **giù** *qc* {STENDITOIO, TAVOLINO} *etw* um|werfen, {LAMPADA, VASO} *etw* zu Boden werfen **26** (*lanciare*) ~ **giù** *qc* (*a qu*) {CHIAVI} (*jdm*) *etw* herunter|werfen, (*jdm*) *etw* hinunter|werfen, (*jdm*) *etw* runter|werfen *fam*: **tirami giù il portamonete!**, wirf mir das Portemonnaie herunter! **27** (*calare*) ~ **giù** *qc* {SECCHIO} *etw* herunter|lassen, *etw* herab|lassen; {MASCHERA} *etw* ab|nehmen **28** *fig* (*fare qc di fretta*) ~ **giù** *qc* {ARTICOLO, VERSI} *etw* rasch nieder|schreiben, *etw* hin|werfen; {LAVORO} *etw* hin|hauen *fam spreg*, *etw* flüchtig erledigen **29** (*spostare indietro*) ~ **indietro** *qu/qc* (*da qc*) {BAMBINA, GIORNALE DAL CAMINO} *jdn/etw von etw* (dat) weg|ziehen **30** (*investire*) ~ **sotto** *qu/qc* {VECCHIETTO, CANE} *jdn/etw* an|fahren, *jdn/etw* überfahren **31** (*alzare*) ~ **su** *qu/qc* {BAMBINO, CALZE} *jdn/etw* hoch|ziehen; {LE BRACCIA} *etw* hoch|heben, *etw* nach oben strecken: **tira su il secchio dal pozzo!**, zieh den Eimer aus dem Brunnen hoch! **32** (*raccogliere*) ~ **su** *qc* *etw* auf|heben: **tira su la penna che hai fatto cadere**, heb den Füller auf, den du hast runterfallen lassen! **33** (*costruire*) ~ **su** *qc* {CASA, MURO} *etw* errichten, *etw* hoch|ziehen *fam* **34** *fig* (*allevare*) ~ **su** *qu/qc* {FIGLIO, CUCCIOLI} *jdn* groß|ziehen, *jdn* auf|ziehen **35** *fig* (*ristabilire fisicamente*) ~ **su** *qu* {RICOSTITUENTI} *jdn* wieder|her|stellen **36** (*togliere*) ~ **via** *qc* (*da qc*) {DITA DAL NASO} *etw aus etw* (dat) nehmen; {PIEDI DALLA POLTRONA} *etw von etw* (dat) nehmen; (*in modo violento*) *jdn/etw* weg|ziehen, *jdn/etw* fort|ziehen: **mi ha tirata via per un braccio**, er/sie hat mich an einem Arm weggezogen **37** *fig* (*eseguire in fretta*) ~ **via** *qc* {LAVORO} *etw* flüchtig erledigen, *etw* hin|hauen *fam spreg* **38** *fig* (*dire*) ~ *qc* {BESTEMMIA, IMPRECAZIONE} *etw* aus|stoßen **39** *autom* ~ *qc* {FRENO A MANO} *etw* ziehen **40** *fot* (*ricavare copie*) ~ *qc* (*da qc*) {DIECI COPIE DA UN NEGATIVO} *etw* (*von etw* dat) ab|ziehen; *tip* ~ *qc* {5000 COPIE DI UN VOLUME} *etw* drucken; {BOZZE} *etw* ab|ziehen **41** *gastr* (*stendere*) ~ *qc* {PASTA, SFOGLIA} *etw* aus|rollen **42** *gastr* (*far addensare*) {SUGO} *etw* dick werden lassen **43** *sport* (*nel calcio*) (*effettuare un tiro*) ~ (*qc*) (+ *compl di luogo*) {IN/A RETE, OLTRE LA METÀ DEL CAMPO} *etw* (*irgendwohin*) schießen; (*nel ciclismo*) (*trainare*) ~ *qu* {COMPAGNO DI SQUADRA, IL GRUPPO} *jdn* schleppen **B** *itr* **1** (*soffiare forte*) {TRAMONTANA} wehen **2** (*avere un buon tiraggio*) ~ (+ *compl di modo*) {CAMINO, PIPA, STUFA BENE} (*irgendwie*) ziehen **3** (*sparare*) ~ (*a qc*) {ALLE GAMBE} (*auf etw* acc) schießen: **tira molto bene**, er/sie schießt sehr gut **4** (*stare troppo teso o stretto*) ~ (+ *compl di luogo*) (*a qu*) {PANTALONI IN VITA} (*jdm*) (*irgendwo*) zu eng sein, (*irgendwo*) spannen; {PELLE} spannen: **dopo il bagno di sole gli tira la pelle**, nach dem Sonnenbad spannt seine Haut **5** (*avvicinarsi*) ~ **a** *qc in* (acc) gehen: **un verde che tira all'azzurro**, ein Grünton, der ins Hellblau/Bläuliche geht **6** (*succhiare*) {NEONATO, GATTINO} saugen **7** (*continuare*) ~ **avanti** weiter|machen: **non si può** ~ **avanti così**, so kann das nicht weitergehen **8** (*vivere*) ~ **avanti** sich durch|schlagen: **nelle sue condizioni non potrà** ~ **avanti a lungo**, in seinem/ihrem Zustand wird er/sie sich nicht lange weitermachen können; **e lui come fa a** ~ **avanti da quando ha perso il lavoro?**, und wie kommt er zurecht, seit er Arbeit verloren hat?; **come va? – Si tira avanti**, wie geht's? – Es geht, man lebt *fam* **9** *fig* (*tendere allo scopo prefissato*) ~ **dritto** unbeirrt sein Ziel an|streben, seinen Weg gehen: **non badare ai pettegolezzi della gente, tira diritto!**, achte nicht auf den Klatsch der Leute, geh' du deinen Weg! **10** (*aspirare col naso*) ~ **su** die Nase hoch|ziehen **11** (*economizzare*) ~ **su** {SUL MANGIARE, SULLE SPESE} *an etw* (dat) sparen **12** (*tralasciare*) ~ **via su** *qc etw* weg|lassen: **tira via sui particolari**, lass die Details weg! **13** *fig* (*procedere bene*) {MERCATO DELL'AUTO} gut gehen; {GENERE DI FILM} gut an|kommen **14** *fig* (*mirare a*) ~ *qc* {AL GUADAGNO, AI SOLDI} es *auf etw* (acc) abgesehen haben **C** *itr pron* **1** (*portare*): **tirarsi dietro** *qu* {LA FAMIGLIA, I PARENTI} *jdn mit*|schleppen *fam* **2** (*chiudere*): **tirarsi dietro** *qc etw* hinter sich (dat) schließen, *etw* hinter sich (dat) zu|machen *fam*: **quando esci tirati dietro il cancello!**, mach das Tor hinter dir zu, wenn du hinausgehst! **D** *rfl* **1** (*farsi cadere addosso*): **tirarsi addosso** *qc* {SCAFFALE} *etw* auf sich fallen lassen **2** *fig* (*procurarsi*): **tirarsi addosso** *qc* {CRITICHE, MALDICENZE} sich (dat) *etw* zu|ziehen **3** (*arretrare*) **tirarsi indietro**, zurück|treten: **tirati indietro, sta arrivando una macchina!**, tritt zurück, es kommt ein Auto! **4** *fig* (*venir meno alla parola data*): **tirarsi indietro** einen Rückzieher machen *fam*: **si è tirato indietro all'ultimo momento**, er hat im letzten Moment einen Rückzieher gemacht *fam* **5** (*scostarsi*): **tirarsi in là** zur Seite treten: **tiratevi in là che non ci passo!**, geht zur Seite, ich komme (sonst) nicht vorbei! **6** (*alzarsi*): **tirarsi su** auf|stehen: **tirati su!**, steh auf! **7** (*riprendersi*): **tirarsi su** sich fangen, sich erholen, sich auf|richten: **dopo la morte del figlio non si è più tirata su**, nach dem Tode ihres Sohnes hat sie sich nicht wieder gefangen/erholt **8** (*allontanarsi*): **tirarsi via** (*da qc*) (*von etw* dat) weg|gehen: **tirati via dal fornello!**, geh von dem Gaskocher weg! **E** *rfl rec* (*lanciarsi*): **tirarsi** *qc* {GAVETTONI} sich *mit etw* (dat) bewerfen • ~ **fuori gli artigli/le unghie** *fig* (*difendersi*), die Krallen zeigen *fam*; ~ **a campare** *fig* (*cercare di sopravvivere*), sich schlecht und recht durchschlagen; ~ **a indovinare** *fig* (*cercare di indovinare*), raten; ~ **innanzi** *fig*, sich recht und schlecht durchschlagen; ~ **a lucido** *qc* (*lucidare*), {MARMO, MOBILE} *etw* hochglanzpolieren, *etw* auf Hochglanz bringen; ~ **per le lunghe** (*dilungarsi eccessivamente*), sich in die Länge ziehen; **una parola/ciliegia/disgrazia tira l'altra**, ein Wort gibt das andere/eins zieht das andere nach sich/ein Unglück kommt selten allein.

tirassègno *m fam* (*tiro a segno*) Scheibenschießen *n*.

tiràta *f* **1** (*il tirare*) Ziehen *n*: **dare una** ~ **a** *qc*, an *etw* (dat) ziehen **2** (*rif. a sigaretta, pipa, ecc.*) Zug *m*: **mi fai fare una ~?**, lässt du mich mal [einen Zug machen]/[ziehen]? **3** (*tappa*) Etappe *f*, Station *f*: **hanno fatto Genova-Napoli in una sola ~**, sie sind die Strecke Genua-Neapel durchgefahren/[in einem Stück gefahren] **4** (*sforzo continuato*) pausenlose Anstrengung: **questo lavoro è stata una bella ~**, das war ein schönes Stück Arbeit; **fare una ~ di cinque ore**, fünf Stunden durcharbeiten/[an einem Stück arbeiten] *fam* **5** *fig* (*discorso*) Tirade f: **fare una ~ contro qu**, auf jdn schimpfen, eine Schimpfkanonade *fam* auf jdn loslassen ● **dare una ~ d'orecchi a qu** *fig* (*sgridare*), jdm die Ohren lang ziehen *fam*.

tiratàrdi <-> m **1** *scherz* (*chi fa tardi la notte*) Nachtschwärmer m *scherz*, Nachteule f *fam scherz* **2** (*persona lenta e poco puntuale*) Bummler m *fam spreg*, Trödler m *spreg*.

tiràto, (-a) *agg* **1** *gener* {FILO} gespannt **2** *fig* (*avaro*) geizig **3** *fig* {SORRISO} gezwungen, eingefroren; {VOLTO} angespannt **4** *fig* (*malfatto*) **~ via** {LAVORO} schlud(e)rig *fam spreg*, hingehauen *fam spreg*.

tiratóre, (-trice m/f) **1** (*con armi da fuoco*) Schütze m, (Schützin f): **~ scelto**, Scharfschütze m **2** (*lanciatore*) Werfer(in) m(f) **3** *sport* Torschütze m, (Torschützin f) ● **franco ~**, Partisan m, Freischärler m, *polit* (*guerrigliero*), Heckenschütze m; *fig* Abweichler m(f) *polit*.

tiratùra f (*numero di copie*) {LIMITATA} Auflage f: **avere una ~ di 30 000 copie**, eine Auflage von 30 000 Exemplaren haben; **a forte ~**, auflagenstark.

tirchìa f → *tirchio*.

tirchierìa f *fam* (*avarizia*) {PROVERBIALE} Knauserei f *fam spreg*, Knaus(e)rigkeit f *fam spreg*, Knickerei f *fam spreg*, Knick(e)rigkeit f *fam spreg*.

tìrchio, (-a) <-chi m> *fam* A *agg* (*avaro*) geizig, knauserig *fam spreg*, knickerig m *fam spreg* B m (f) Geizhals m *fam*, Geizkragen m *fam spreg*, Knauser m *fam spreg*, Knicker m *fam spreg*, Pfennigfuchser m *spreg*.

tiremmòlla <-> m *fig* (*tentennamento*) Hin und Her m, Hin-und-her-Reden n: **dopo un lungo ~ si sono finalmente accordati**, nach langem Hin und Her sind sie sich schließlich einig geworden ● **fare a ~** (*tergiversare*), schwanken, sich nicht entscheiden können, zögern, zaudern, unentschlossen sein.

tireotropìna f *biol* Thyrotropin n.

tiristóre m *elettr* Thyristor m.

tiritèra f *fam* **1** (*filastrocca*) Litanei f *spreg* **2** *fig* (*discorso*) Geschwätz n *fam spreg* ● **è sempre la stessa ~!** *fig fam* (*la stessa cosa*), es ist immer wieder dieselbe Leier *fam spreg*/Litanei *spreg*!

tìro A m **1** (*il tirare*) Ziehen n: **~ alla fune**, Tauziehen n; (*lo sparare*) Schießen n; **~ al bersaglio**, Scheibenschießen n; **~ al piattello**, Tontaubenschießen n; (*il lanciare*) Werfen n; **~ con l'arco**, Bogenschießen n **2** (*sparo*) Schuss m **3** *sport* (*lancio*) {+GIAVELLOTTO} Wurf m (*nel calcio*) Schuss m: **~ a campanile**, Kerze f *fam*; **~ in porta**/[**a rete**], Torschuss m; **~ di punizione**, Strafstoß m **4** (*attacco di cavalli*) Gespann n: **~ a due/quattro**, Zwei-/Vierspänner m **5** *fam* (*tirata*) Zug m: **fammi fare un ~!**, lass mich mal ziehen/[einen Zug machen]! **6** *fig* (*azione*) {RIUSCITO} Versuch m; (*azione cattiva*) Streich m: **fare/giocare un brutto ~ a qu** *anche scherz*, jdm einen bösen Streich spielen, *jdm* ein Schnippchen schlagen *fam* <inv> loc *agg*: **da ~**, {CAVALLO} Zug- ● **essere a ~** *fig* (*a portata di mano*), in Reichweite sein; *mil*, in Schussweite sein; **aggiustare**/**correggere il ~** (*prendere meglio la mira*), das Ziel genauer anvisieren; *fig anche*, sich ein|schießen; **alzare il ~** *fig* (*mirare a cose più grosse, importanti, ecc.*), nach Höherem streben; **fare/giocare un ~ birbone a qu** *fig* (*brutto scherzo*), jdm einen bösen Streich spielen; **capitare/venire a ~ a qu** *fig* (*vicino*), jdm vor die Flinte kommen *fam*, in jds Schussfeld gera-

ten/kommen; **essere fuori ~** *fig* (*fuori portata*), außer Reichweite sein; **essere sotto il ~ incrociato di qu/qc** *mil anche fig*, {DEI NEMICI, DEI CANNONI, DEGLI INTERROGANTI, DELLE DOMANDE} im Kreuzfeuer von jdm/etw stehen, dem Kreuzfeuer von jdm/etw ausgesetzt sein; **~ mancino** *fig anche scherz* (*azione cattiva*), übler Streich; **~ di sbarramento**, Störmanöver n; **essere a un ~ di schioppo** *fig* (*vicino*), einen Steinwurf entfernt sein; **~ a segno** (*azione*), Scheibenschießen n; (*luogo*), Schießstand m; **fare il ~ a segno**, auf Scheiben schießen; **essere sotto ~** *fig*, unter Beschuss stehen.

tirocinànte A *agg* Lehrlings- B *mf* Lehrling m, Auszubildende *mf decl come agg*; {+CASA EDITRICE} Praktikant(in) m(f).

tirocìnio <-ni> m **1** {+MAESTRO} Referendariat n; {+TIPOGRAFO} Lehre f: **fare ~**, eine Lehre/Referendariat machen **2** (*periodo*) {+PROFESSORE} Referendariatszeit f; {+ARTIGIANO} Lehrzeit f; {+INFERMIERE} Praktikum n **3** *dir* (*apprendistato*) Berufsausbildungsverhältnis n.

tiròide f *anat* Schilddrüse f.

tiroidèo, (-a) *agg anat* Schilddrüsen-.

tiroidìsmo m *med* Thyreoidismus m *scient*.

tirolése A *agg* {USANZA} tirolisch, Tiroler: **un cappello alla ~**, ein Tirolerhut B *mf* (*abitante*) Tiroler(in) m(f) C f (*danza*) Tirolienne f.

Tiròlo m *geog* Tirol n.

tirrènico, (-a) <-ci, -che> *agg geog* {COSTA} tyrrhenisch.

tirrèno, (-a) A *agg* **1** *stor* {CIVILTÀ} tyrrhenisch, etruskisch **2** *geog* tyrrhenisch B m (f) *stor* (*persona*) Tyrrhener(in) m(f), Etrusker(in) m(f) C m *geog*: **Tirreno**, Tyrrhenisches Meer.

tisàna f Aufguss m, Tee m.

tisi <-> f *med* Lungentuberkulose f, (Lungen)schwindsucht f *obs*, Phthise f *scient*.

tìsico, (-a) <-ci, -che> A *agg* **1** *med* lungentuberkulös *scient*, schwindsüchtig *obs*, phthisisch *scient*, phthitisch *scient* **2** *fig* (*debole*) {ALBERELLO} kümmerlich B m (f) *med* Schwindsüchtige *mf decl come agg obs*, Phthisiker(in) m(f) *scient*.

tit. **1** *abbr di titolo*: WP, Wp. (*abbr di Wertpapier*) **2** *abbr di titolare*: Inh. (*abbr di Inhaber*).

titànico, (-a) <-ci, -che> *agg* **1** *fig* {OPERA, SFORZO} titanisch *forb*, titanenhaft *forb*, gigantisch **2** *mitol* {STIRPE} Titanen-.

titànio <-> m *chim* Titan n.

titanìsmo m *lett* {+ROMANTICI} Himmel(s)stürmerei f *forb*.

titàno m *anche fig mitol* Titan m.

titic titoc, **titic-titoc** <-> m *loc sost* m **1** *slang sport* (*nel calcio*) sinnlose Pässe m pl, sinnloses Hin und Herspielen **2** *fig fam* Hin und Her n *fam*.

titillàre *tr* **1** (*solleticare*) **~ qu**/[**qc a qu**] {PAPILLA} jdn/[jdn (an etw dat)] kitzeln **2** *fig* (*lusingare*) **~ qc** {AMBIZIONE DI QU, VANITÀ DI QU} etw wecken.

titolàre① A *agg* **1** *scuola università* {PROFESSORE} ordentlich **2** *relig* {VESCOVO} Titular- B *mf* **1** (*proprietario*) {+DITTA, NEGOZIO} Inhaber(in) m(f) **2** *dir* {+BREVETTO, MARCHIO, QUOTA SOCIALE} Inhaber(in) m(f): **~ di un diritto**, Rechtsinhaber(in) m(f); **~ di un ufficio**, Amtsträger(in) m(f), Amtswalter(in) m(f) **3** *scuola università* {+CATTEDRA} Inhaber(in) m(f) **4** *sport* Stammspieler(in) m(f) **5** *relig* {+CHIESA} Patron(in) m(f).

titolàre② A *tr* **1** (*dare un titolo*) **~ qc** {+ARTICOLO, FILM, VOLUME} etw betiteln, etw (dat) einen Titel geben **2** *rar* (*insignire di titolo nobiliare*) **~ qu qc** jdm etw verleihen: **lo titolarono barone**, ihm wurde der Adelstitel Baron verliehen **3** *rar scherz* (*dare un appellativo ingiurioso*) **~ qu di qc** {DI STOLTO} jdn als etw titulieren **4** *chim* {SOLUZIONE} etw titrieren **5** *metall* {LEGA} den Feingehalt *von etw* (dat) festlegen; {FIBRA TESSILE} die Stärke/den Feinheitsgrad *von etw* (dat) festlegen B *itr giorn* (*avere come titolo*) **~** (**su qc**) {GIORNALE SULLA DISOCCUPAZIONE} mit einer Schlagzeile (*über etw* acc) heraus|kommen.

titolarità <-> f *dir* Inhaberschaft f.

titolàto, (-a) A *agg* **1** (*nobile*) ad(e)lig **2** *chim* titriert B m (f) Ad(e)lige *mf decl come agg*.

titolatrìce f **1** *film* Titelkamera f **2** *tip* Schriftzeichengenerator m **3** *TV* Titelgenerator m, Titelgerät n.

titolatùra f **1** *film* Betitelung f **2** *giorn* Titeln n, Titelgebung f **3** *TV* Titelgebung f.

titolazióne f **1** *giorn* {+ARTICOLO, OPERA} Betitelung f **2** *chim metall tess* {+FIBRA TESSILE, LEGA, SOLUZIONE} Titration f.

titolìsta <-i m, -e f> mf **1** *film* Titelfachmann m **2** *tip* Titelverfasser(in) m(f), Titelsetzer(in) m(f) **3** *TV* Titelgeber(in) m(f).

tìtolo A m **1** (*nome*) {+ARTICOLO} Überschrift f; {+CANZONE, QUADRO, ROMANZO} *anche* Titel m: **~ di un film**/**libro**, Film-/Buchtitel m **2** (*qualifica*) {+AVVOCATO, INGEGNERE} Titel m: **~ accademico**, akademischer Titel; **~ di studio**, Schulbildung f, Schulabschluss m (*universitario*) Studienabschluss m **3** (*grado*) Titel m: **~ di cardinale**, Kardinaltitel m; **~ nobiliare**, Adelstitel m **4** (*appellativo*) Name m, Bezeichnung f, Titel m **5** (*epiteto offensivo*) Schimpfname m **6** *chim* {+SOLUZIONE} Titer m **7** *comm econ* (*abbr att.*) Wertpapier m, Wertbrief m; (*azionario*) Aktie f; **~ non quotato in borsa**, unnotiertes Wertpapier; **~ di credito**, Schuldbrief m; **~ a reddito fisso**, festverzinsliches Wertpapier; **titoli di stato**, Staatsanleihen f pl, Staatsobligationen f pl, Staatspapiere n pl **8** *dir* (*ripartizione del testo legislativo*) Abschnitt m: **libro primo**, **~ IV, capo III, articolo 69 del codice civile**, erstes Buch, Abschnitt IV, Titel III, Artikel 69 italienisches Zivilgesetzbuch **9** *dir* (*ragione*) Rechtsgrund m: **~ per l'acquisto**, Rechtsgrund m für den Erwerb, Erwerbsberechtigung f; **avere ~ nella legge**, sich aus dem Gesetz ergeben; (*documento*) Urkunde f **10** *metall* {+MONETA, ORO} Feingehalt m **11** *tess* {+FILATO} Feinheitsgrad m **12** *sport* {EUROPEO} Meistertitel m: **~ di campione del mondo**, Weltmeistertitel m B *loc prep*: **a ~ di qc 1** (*come*) als etw, zu etw (dat): **a ~ di cauzione**, als Kaution; **a ~ confidenziale**, vertraulich; **a ~ d'esperimento**, als Experiment; **a ~ d'informazione**, zur Information; **a ~ di prestito**, leihweise **2** (*per*) aus etw (dat): **a ~ di curiosità**, aus reiner Neugier ● **chiamare qu di tutti i titoli** (*ingiuriare*), jdn mit allen möglichen Schimpfnamen belegen; **a che ~ vuoi ciò?** (*per quale motivo?*), mit welchem Recht verlangst du das?; **il ~ di una chiesa** *relig*, der Name einer Kirche; **titoli di coda**/**testa** *film*, Nach-/Vorspann m; **a ~ del tutto eccezionale** (*eccezionalmente*), ganz ausnahmsweise, ~ **esecutivo** *dir*, Vollstreckungstitel m; **a ~ giusto** (*con pieno diritto*), mit vollem Recht; **a ~ gratuito** (*gratuitamente*), kostenlos, **a ~ oneroso** (*dietro pagamento*), gegen Entgelt; **a ~ personale** (*parlando per se stessi*), im eigenen Namen.

titolóne <*accr di titolo*> m *giorn* Schlagzeile f, Aufmacher m.

titubànte *agg* (*esitante*) unentschlossen, unschlüssig: **mostrarsi ~**, sich unschlüssig zeigen.

titubànza f (*esitazione*) {+GENITORI} Unentschlossenheit f, Unschlüssigkeit f.

titubàre itr **1** fig (*esitare*) zögern, zaudern: **titubò a lungo prima di rispondere alla domanda**, er/sie zögerte lange, ehe er/sie auf die Frage antwortete **2** fig (*essere indeciso tra due o più possibilità*) schwanken, unschlüssig sein.

tivù, tivvù <-> f fam **1** (*televisione*) Fernsehen n, TV n **2** (*televisore*) Fernseher m, Glotze f fam spreg: **è sempre attaccato alla ~** fam, er hängt immer vor der Glotze fam spreg.

tìzia f → tizio.

tizianésco, (-a) <-schi, -sche> agg (*del pittore Tiziano*) {BELLEZZA} Tizian-: **capelli tizianeschi**, tizianrotes Haar.

tiziàno A <inv> agg tizianrot: **biondo/rosso ~**, tizianrot B m stor (*nome proprio*): Tiziano, Tizian.

tìzio, (-a) <*tizi* m> m (f) **1** (*tipo*) {SIMPATICO} Typ m fam; {LOSCO, STRANO} Type f fam, Kerl m fam: **è quella tizia che hai visto ieri**, das ist die seltsame Frau/[Type fam], die du gestern gesehen hast **2** (*persona indeterminata*) einer m, eine f, (irgend)jemand, irgendwer: **una tizia ha chiesto di te**, eine (Frau)/jemand hat nach dir gefragt; da hat jemand nach dir gefragt; **un ~ qualunque**, irgendjemand; **supponiamo che un ~ ti dica ...**, nehmen wir an, dass irgendwer zu dir sagt ... • **Tizio, Caio e Sempronio** (*persona indeterminata*), Hinz und Kunz fam spreg.

tizzóne m (*pezzo di legno ardente*) brennendes Holz-/Kohlestück • **~ d'inferno** fig (*persona empia*), Satans-, Teufelsbraten m fam spreg.

tlc f pl (*telecomunicazioni*) Fernmeldewesen n.

t.m. abbr di tempi e metodi (*nell'organizzazione aziendale*): Zeiten und Verfahren.

TMG m abbr di Tempo Medio di Greenwich: MGZ (abbr di mittlere Greenwichzeit).

to' inter **1** (*di meraviglia*) sieh (einer/mal) an!, nanu!: **to', guarda chi è venuto a trovarci!**, sieh mal an, wer uns da besuchen kommt! **2** (*prendi*) da!, hier!: **to'! eccoti i cinque euro!** fam, da/hier hast du die fünf Euro!

toast <-> -s pl ingl> m ingl gastr Toast m.

tobòga <-> -s f (*slitta*) Toboggan m **2** (*scivolo*) Rutschbahn f.

toc inter onomatopeica (*di rumore secco*) bum, tock: **ad un certo punto si sentì toc toc**, **qualcuno stava bussando alla porta**, plötzlich hörte man ein Pochen, irgendjemand klopfte an die Tür.

tocài <-> -s m enol **1** (*vitigno*) Tokaier m, Tokajer m **2** (*vino*) Tokaier m, Tokajer m.

toccàbile agg **1** (*tangibile*) berührbar **2** fig greifbar: **~ con mano**, mit Händen greifbar/[zu greifen].

toccafèrro inter impr (*di scongiuro*) toi toi toi!, klopf auf Holz!

toccànte agg (*commovente*) {DISCORSO} rührend, ergreifend.

toccàre <tocco, tocchi> A tr <avere> **1** (*tastare*) ~ qu/qc jdn/etw berühren, jdn/etw an|fassen: **non ~ la merce!**, die Ware nicht berühren! **2** (*per sentire*) ~ qc a qu {FRONTE A UN BAMBINO} jdn fühlen **3** (*essere contiguo*) ~ qc {GIARDINO FIUME} direkt an etw (acc) an|grenzen **4** (*sfiorare*) ~ qc etw berühren: **la tua gonna è troppo lunga e tocca terra**, dein Rock ist zu lang und berührt den Boden; ~ **qu/qc** (**con qc**) {FONDO DEL LETTO CON I PIEDI} jdn/etw (mit etw dat) berühren, jdn/etw (mit etw dat) streifen; **toccava inavver-** **titamente col gomito il vicino di banco**, er/sie streifte seinen/ihren Banknachbarn versehentlich mit dem Ellenbogen **5** (*urtare*) ~ **qu/qc** (**con qc**) {VASO} jdn/etw (mit etw dat) an|stoßen, (*mit etw dat*) an jdn/etw stoßen: **passando lo toccò inavvertitamente con la borsa**, im Vorbeigehen stieß er/sie versehentlich mit der Tasche an ihn; autom ~ (**qc**) (**con qc**) {COL PARAURTI UN'AUTO POSTEGGIATA} (*mit etw dat*) (*gegen etw acc*) stoßen **6** (*pigiare*) ~ **qc** {TASTO} auf etw (acc) drücken **7** (*arrivare*) ~ **qc** an etw (acc) reichen: **la sedia è troppo alta per il bambino: tocca appena terra coi piedi**, der Stuhl ist zu hoch für das Kind, es reicht (ja) gerade mit den Füßen an den Boden; **se cresci ancora un po' tocchi il soffitto!**, wenn du noch ein Stück wächst, stößt du an die Decke! **8** (*usare*) ~ **qc** etw an|rühren: **nessuno può ~ la sua bicicletta**, niemand darf sein/ihr Fahrrad anrühren **9** (*spostare*) ~ **qc** etw an|rühren, etw weg|nehmen: **i miei libri sono sulla scrivania, se nessuno li ha toccati**, meine Bücher sind auf dem Schreibtisch, wenn sie niemand angerührt/[woanders hingetan fam] hat **10** (*prendere*) ~ **qc** (*etw*) (*weg*)|nehmen: **chi ha toccato i miei soldi?**, wer hat mein Geld genommen? **11** fig (*modificare*) ~ **qc** etw ändern: **l'abito ora va bene, non lo toccherei più**, der Anzug sitzt jetzt gut, ich würde nichts mehr daran ändern/ [ihn nicht mehr ändern] **12** fig (*assumere*) ~ **qc** {GRAPPA} etw an|rühren: **non ha toccato cibo**, er/sie hat keinen Bissen angerührt **13** fig (*concernere*) {MANOVRA ECONOMICA I PENSIONATI} ~ **qu** jdn betreffen, jdn an|gehen: **sono problemi che toccano direttamente la gente**, das sind Probleme, die die Leute direkt betreffen; **questo non mi tocca minimamente!**, das betrifft mich nicht im Geringsten! **14** fig (*parlar male*) ~ **qu/qc** über jdn/etw her|ziehen fam, über jdn/etw lästern spreg: **per andare d'accordo con lui basta non toccargli la madre**, um sich mit ihm gut zu verstehen, genügt es, nichts Schlechtes über seine Mutter zu/[darf man nichts Schlechtes über seine Mutter] sagen **15** fig (*colpire*) ~ **qu/qc** jdn/etw an|tasten: **guai a ~ i suoi fratelli!**, wehe dem, der seine/ihre Brüder/Geschwister anrührt! **16** fig (*commuovere*) ~ (**qu/qc**) jdn/etw rühren, jdn/etw ergreifen: **quelle parole ci hanno toccato**, diese Worte haben uns berührt **17** fig (*addolorare*) ~ **qu** jdn betrüben: **la notizia della sua scomparsa ci ha profondamente toccati**, die Nachricht seines Todes hat uns zutiefst betrübt **18** fig (*colpire la suscettibilità*) ~ **qu** (**in qc**) {NELL'ONORE} jdn an etw (dat) treffen: **l'ho toccato nel suo punto debole**, ich habe ihn an seiner Schwachstelle getroffen **19** fig (*accennare*) ~ **qc** {ARGOMENTO DELICATO, TEMA SPINOSO} etw an|tippen, etw berühren, etw streifen: **toccherò la questione solo di sfuggita**, ich werde das Problem nur flüchtig streifen/[kurz antippen] **20** fig (*malmenare*) ~ **qu** jdn verprügeln: **se provi a ~ di nuovo tua sorella ti sculaccio**, wenn du noch einmal versuchst, deine Schwester zu verprügeln, versohle ich dir den Hintern fam **21** fig (*giungere*) ~ **qc** {IL FONDO DELLA DISPERAZIONE, IL VERTICE DEL SUCCESSO} etw erreichen **22** fig (*avvicinarsi*) ~ **qc** {LA CINQUANTINA} sich etw (dat) nähern **23** sport ~ **qc** {PALLA} etw berühren; (*nella scherma*) treffen, touchieren B itr <essere> ~ **a qu** **1** (*essere il turno di qu*): **a chi tocca?** – **Tocca a me!**, wer ist an der Reihe/[dran]? – Ich bin an der Reihe/[dran] fam; **sotto a chi tocca**, los, auf geht's/[in den Kampf!] fam **2** (*essere costretto*): **mi tocca ... inf**, ich muss ... inf; **mi toccò fare il primo passo**, ich musste den ersten Schritt tun; **cosa ci tocca sentire!**, was wir uns nicht alles anhören müssen!; **mi tocca tacere**, ich bin gezwungen zu schweigen **3** (*avere come dovere*) jdm obliegen forb, jds Aufgabe/Pflicht sein: **tocca a te provvedere alla sicurezza di tutti noi**, du musst dich um die Sicherheit von uns allen kümmern; es ist deine Aufgabe, dich um die Sicherheit von uns allen zu kümmern **4** (*spettare*) jdm zu|stehen: **l'eredità tocca al marito**, das Erbe steht dem Ehemann zu **5** (*capitare*) {DISGRAZIA} jdm zuteil|werden forb, jdm widerfahren forb: **gli è toccata una bella fortuna**, ich hat ein großes Glück zuteilgeworden forb, er hat großes Glück gehabt; **il premio è toccato a lui**, er hat den Preis gewonnen C rfl **1** indir (*tastarsi*): **toccarsi qc** {FACCIA} sich (dat) etw berühren, sich (dat) etw ab|tasten **2** (*masturbarsi*): **toccarsi** masturbieren D rfl rec (*essere a contatto*): **toccarsi** {ESTREMI} sich berühren • **a chi tocca tocca** (*non si può cambiare la sorte*), irgendwann trifft es jeden; **qui si tocca** (*rif. a fondo del mare, di piscina, ecc.*), hier kann man stehen.

toccasàna <-> m anche fig (*rimedio*) Allheilmittel n.

toccàta f **1** (*il toccare*) Berührung f **2** mus Tokkata f.

toccatina <dim di toccata> f leichte Berührung: **dare a qu una ~ sulla spalla**, jdm auf die Schulter tippen, jdn leicht an der Schulter berühren.

toccàto, (-a) agg **1** fig (*punto nel vivo*) ~ **da qc**, von etw (dat) getroffen **2** fig fam (*mattoide*) plemplem fam, bekloppt fam, behämmert fam, bescheuert fam: **è un po' ~**, der/er tickt nicht ganz richtig fam **3** sport (*nella scherma*) getroffen.

tòcchete → toc.

tocchétto[1] <dim di tocco[1]> m **1** Klaps m fam, Klopfen n: **gli dava dei tocchetti sulle spalle**, er/sie gab ihm ein paar Klapse fam/[klopfte ihm] auf die Schultern **2** sport (*nel calcio*) kleiner Stoß.

tocchétto[2] <dim di tocco[2]> m {+SEDANO, ZUCCHERO} Stückchen n, Würfelchen n.

tòcco[1] <-chi> m **1** (*pressione*) leichter Druck **2** (*rintocco di campana*) Läuten n, Glockenschlag m; (*di orologio*) Schlagen n, Schlag m **3** fig (*di un artista*) (Künstler)hand f; (*di un pittore*) Pinselführung f **4** mus {+PIANISTA} Anschlag m; {+ARPISTA} Strich m • **il ~ tosc** (*l'una*), ein Uhr; **dare gli ultimi tocchi a un'opera** fig (*rifinire*), letzte Hand an ein Werk legen, einem Werk den letzten Touch fam/Schliff geben; **avere il tocco magico** fig (*essere molto bravi in qc*), ein Genie sein.

tòcco[2] <-chi> m (*pezzo*) {+CARNE, PANE} Brocken m • **un bel ~ di ragazza** fig (*una bellezza*), ein tolles Weib fam; **un ~ d'uomo** fig fam, ein Mordskerl m fam.

tòcco[3] <-chi> m (*copricapo*) Barett n.

tòcco[4], (-a) <-chi, -che> agg fam plemplem fam, bekloppt fam, behämmert fam, verrückt fam: **essere un po' ~**, ein bisschen plemplem/bekloppt sein fam.

toelètta f → toilette.

toelettàre e deriv → tolettare e deriv.

toffee <-> f m ingl (*caramella*) Toffee n.

tòfu <-> m giapponese gastr Tofu m.

tòga <toghe> f **1** {+RETTORE DELL'UNIVERSITÀ} Talar m; {+MAGISTRATO} anche Robe f **2** stor Toga f • **prendere la ~** fig (*diventare magistrato*), Richter werden.

togàto, (-a) A agg **1** (*che porta la toga*) {GIUDICE} mit dem Talar bekleidet **2** fig lett (*solenne*) {STILE} feierlich B m (f) Richter(in

togliere <coniug come cogliere> **A** tr **1** (levare) ~ qc (da qc) {BIANCHERIA DALL'ARMADIO, PIANTA DAL SOGGIORNO} etw aus etw (dat) nehmen; {ETICHETTA DALLA BOTTIGLIA} etw (von etw dat) ab|machen fam; {DOLCI DALLA DIETA, NOME DA UNA LISTA} etw (von etw dat) streichen; {ROSSETTO} etw entfernen; {FASCIATURA} etw ab|nehmen (acc); {MACCHIA DAL COPRILETTO} etw aus/von etw (dat) entfernen; ~ qc {DIVIETO} etw auf|heben; {PREOCCUPAZIONI SONNO} jdn um etw (acc) bringen, jdm etw rauben; {ONORE} jdn etw (gen) berauben; {REPUTAZIONE} etw ruinieren; anche fig {OSTACOLO} etw beseitigen; ~ qc a qu jdm etw (weg)|nehmen: la scomparsa del figlio le ha tolto l'uso della ragione, der Tod ihres Sohnes hat sie um den Verstand gebracht; non togliermi la soddisfazione di dirglielo, nimm mir nicht die Genugtuung, es ihm zu sagen **2** (levare da dosso) ~ qc {CAPPELLO, OCCHIALI} etw ab|nehmen; {LENTI A CONTATTO} etw heraus|nehmen; {ABITO, CALZE, SCARPE} etw aus|ziehen; {CAPPOTTO, GIACCA} anche etw ab|legen; {ANELLO, BRACCIALETTO, BRETELLE, CINTURA, COLLANA, SCIARPA} etw ab|legen **3** (placare) ~ qc (a qu) etw stillen: oggi non riesco a togliermi la fame, heute schaffe ich es nicht, meinen Hunger zu stillen; vorrei prima bere un bicchier d'acqua per togliermi la sete, ich möchte erst ein Glas Wasser trinken, um meinen Durst zu stillen **4** (staccare) ~ qc {CORRENTE} etw ab|schalten; {COMUNICAZIONE} etw unterbrechen **5** (destituire) ~ qc/qu {FUNZIONARIO DA UN INCARICO} jdn etw (gen) entheben; {FUNZIONARIO DA UN UFFICIO} jdn aus etw (dat) ab|berufen **6** (eliminare) ~ qc (da qc) etw (von etw dat) weg|tun: ti dispiace ~ via le cartacce dalla scrivania?, kannst du vielleicht den ganzen Papierkram vom Schreibtisch wegtun? **7** (allontanare) ~ via qc (da qc) {MANI DALLO SPECCHIO} etw (von etw dat) weg|nehmen **8** (ritirare) ~ qc (a qu) {PASSAPORTO A UN CITTADINO} jdm etw weg|nehmen/ab|nehmen fam; {PATENTE DI GUIDA A UN CONDUCENTE} anche jdm etw entziehen **9** (allontanare) ~ qu da qc {BAMBINO DA UN AMBIENTE MALSANO} jdn aus etw (dat) heraus|holen; {FIGLIO DALLA SCUOLA PRIVATA} jdn aus etw (dat) (heraus|)nehmen **10** (estrarre) ~ qc {DENTE} etw ziehen; fig etw entnehmen: questa citazione è tolta da un passo di Kipling, dieses Zitat wurde einer Passage von Kipling entnommen **11** (far uscire) ~ qu da qc {IMPICCIO, SITUAZIONE DIFFICILE} jdn aus etw (dat) heraus|ziehen, jdm aus etw (dat) heraus|holen **12** lett (uccidere) ~ qu a qu jdm jdn nehmen: la guerra le ha tolto un figlio, der Krieg hat ihr einen Sohn genommen **13** mat ~ qc (da qc) {CINQUE DA NOVE, IL 5% DAL TOTALE} etw (von etw dat) ab|ziehen **14** lavori femminili (maglia) ~ qc {DUE MAGLIE} etw ab|ketten **B** rfl **1** (spostarsi): togliersi (da qc) {DAL TAPPETO} (von etw dat) weg|gehen: togliti da lì!, geh ˻von dort˼/[da] weg! **2** indir (levarsi): togliersi qc {CAPPELLO, OCCHIALI} etw ab|nehmen; {LENTI A CONTATTO} etw heraus|nehmen; {ABITO, SCARPE, CALZE} etw aus|ziehen; {CAPPOTTO, GIACCA} anche etw ab|legen; {ANELLO, BRACCIALETTO, BRETELLE, CINTURA, COLLANA, SCIARPA} etw ab|legen **3** indir (soddisfare): togliersi qc {CAPRICCIO, VOGLIA} etw befriedigen; {FAME} etw stillen **4** (uscire): togliersi da qc {DAI GUAI, DAI PASTICCI} aus etw (dat) heraus|kommen • ciò non toglie che... congv, das schließt nicht aus, dass... ind; ~ qu di mezzo (allontanandolo) eufem jdn aus dem Weg räumen/schaffen fam, jdn beiseite|schaffen fam, jdn beseitigen eufem; togliersi di mezzo/torno, verschwinden, abhauen fam.

toh → to'.
toilette <-> f franc **1** (bagno) Toilette f: per favore, dov'è la ~?, wo ist bitte die Toilette?; scusate, devo andare un attimo alla ~, entschuldigt bitte, ich muss einen Moment auf die Toilette **2** (azione) Toilette f: fare ~, Toilette machen forb **3** (mise) Toilette f: ~ da sera, Abendtoilette f **4** (mobile) Toilettentisch m obs, Frisierkommode f obs.
tolemàico, (-a) <-ci, -che> agg **1** astr {SISTEMA} ptolemäisch **2** stor (dei Tolomei) {DINASTIA} Ptolomäer-.
tolètta → toilette.
tolettàre **A** tr veter zoo ~ qc {CUCCIOLO} etw putzen **B** rfl zoo: tolettarsi {GATTO} sich putzen.
tolettatùra f **1** veter zoo {+CANE} Putzen n **2** scherz Reinigung f, Säuberung f.
tòlgo 1a pers sing dell'ind pres di togliere.
tòlla f region (latta) Blech n.
tolleràbile agg {PRESENZA} erträglich; {RITARDO} tolerabel forb.
tollerabilità <-> f {+FARMACO} Verträglichkeit f.
tolleràntè agg **1** (che tollera) ~ nei confronti di qu/qc) {UOMO NEI CONFRONTI DELLA MOGLIE, GOVERNO} tolerant (jdm/etw gegenüber) **2** (resistente) ~ di qc abgehärtet gegen etw (acc), widerstandsfähig gegen etw (acc): esser ~ del freddo, kälteunempfindlich/[widerstandsfähig gegen Kälte] sein.
tolleranza f **1** (indulgenza) ~ (per/verso qu/qc) {POLITICA, RELIGIOSA, PER I DIFETTI DEGLI ALTRI} Toleranz f (jdm/etw gegenüber), Nachsicht f (mit jdm/etw), Verständnis n (für jdn/etw) **2** (sopportazione) ~ (a/per qc) {AGLI ANTIBIOTICI, PER IL VINO} Verträglichkeit f (von etw dat), Toleranz f (gegenüber etw dat) **3** (elasticità di orario) ~ (di qc) {DI DIECI MINUTI} Toleranz f forb (von etw dat) **4** (scarto) Toleranz f: tolleranza di fabbricazione, Herstelltoleranzen f pl.
tolleràre tr **1** (sopportare) ~ qu jdn ertragen; ~ qc {COMPORTAMENTO, INGIUSTIZIA, PREPOTENZA} etw dulden, etw tolerieren forb: non tollero che rientri tardi la sera, ich dulde es nicht, dass du abends spät heimkommst **2** (accettare) ~ qu/qc {MINORANZA ETNICA, RELIGIONE} jdn/etw tolerieren forb **3** (resistere) ~ qc {CALDO, FREDDO, FUMO} etw ertragen; {CIBI FRITTI, MEDICINA} etw vertragen **4** (ammettere) ~ qc/qu dulden, etw tolerieren forb: non sono tollerati ritardi superiori ai dieci minuti, Verspätungen von mehr als zehn Minuten werden nicht geduldet.
Tolomèo m stor (nome proprio) Ptolemäus.
tolsi 1a pers sing del pass rem di togliere.
tolstoiàno, (-a) agg lett (di L. Tolstoj) {PERSONAGGIO, STILE} Tolstoi-.
toltèco, (-a) <-chi, -che> **A** agg {CIVILTÀ} toltekisch **B** m (f) (persona) Tolteke m, (Toltekin f).
tòlto, (-a) **A** part pass di togliere **B** prep (tranne) ~ qu/qc außer jdm/etw, bis auf jdn/etw, mit Ausnahme von jdm/etw/(+ gen), abgesehen von jdm/etw, jdn/etw ausgenommen: qualunque colore ~ il rosso, irgendeine Farbe außer rot; ~ lui alla festa vengono tutti, bis auf ihn kommen alle zum Fest **C** loc sost m ~, Diebesgut n, Gestohlene n decl come agg.
tolyène m chim Toluol n.
tòma f gastr (formaggio) "Käse m aus Kuh-/Schafs- oder Ziegenmilch".
tomàia f {+SCARPA} Oberleder n.
tómba f **1** Grab n: pregare sulla ~ di qu, an jds Grab beten **2** (monumento) Grabmal n, Gruft f forb: ~ di famiglia, Familiengrab n, Familiengruft f forb **3** fig Grab n, Loch n fam spreg: quella casa è una ~!, diese Wohnung ˻kommt einem Grab gleich˼/[ist ein (richtiges) Loch fam spreg]! • essere (muto come) una ~ fig (mantenere il segreto), schweigen wie ein Grab; questo dolore mi porterà alla ~ fig (mi farà morire), dieses Leid wird mich noch ins Grab bringen; suo padre si rivolterà nella ~ fig (per l'indignazione, il dispiacere ecc.), sein/ihr Vater wird sich im Grab (her)umdrehen; seguire qu nella ~ fig (morire poco dopo qu), jdm ins Grab folgen forb.
tombàle agg {PIETRA} Grab-.
tombaròlo, (-a) m (f) slang Grabräuber m, Grabplünderer(in) m(f).
tombeur de femmes <-, -s- pl franc> loc sost m franc (dongiovanni) Don Juan m, Frauenheld m.
tombìno m **1** (chiusura) Gully m, Schachtdeckel m **2** (canaletto) Kanalschacht m.
tómbola① f (gioco) Zahlenlotto n: fare ~, beim Lottospiel den Haupttreffer erzielen.
tómbola② f fam (caduta) Sturz m.
tombolàre **A** itr <essere> fam (ruzzolare) ~ (giù) da qc {DA CAVALLO} von etw (dat) purzeln fam, von etw (dat) plumpsen fam, von etw (dat) kopfüber stürzen fam: il bambino è tombolato giù dalla sedia, das Kind ist vom Stuhl gepurzelt fam **B** tr <avere> rar (cadere) ~ qc {SCALINI} etw hinunterpurzeln fam.
tombolàta f (giocata a tombola) Zahlenlotto(spielen) n: ~ di beneficenza, Zahlenlotto n zu Wohltätigkeitszwecken.
tómbolo① m (ruzzolone) Sturz m • fare un ~ fig (cadere in rovina), pleitegehen fam.
tómbolo② m **1** (rullo del divano) Diwanrolle f **2** fam scherz (chi è piccolo e grasso) Tönnchen n fam scherz **3** lavori femminili Klöppelkissen n.
tombolóne <accr di tombolo②> m **1** fam (ruzzolone) (schwerer) Sturz **2** fig {+GOVERNO} Sturz m.
tomìno <dim di toma> m gastr (formaggio fresco) {+CAPRA} "Frischkäse m aus Kuh-/Schafs- oder Ziegenmilch".
tomìsmo m filos Thomismus m.
tomìsta <-i m, -e f> filos **A** agg (del tomismo) {SCUOLA} thomistisch **B** mf (seguace del tomismo) Thomist(in) m(f).
tomìstico, (-a) <-ci, -che> agg filos (del tomismo) {DOTTRINA, PENSIERO} thomistisch.
Tommàso m (nome proprio) Thomas.
tòmo① m (volume) Band m.
tòmo② m fam (tipo) Nummer f fam, Marke f fam, Type f fam: che bel ~ tuo fratello! iron, dein Bruder ist vielleicht eine Type! fam.
tomografìa f med Tomographie f: ~ assiale computerizzata (abbr TAC), Computertomographie f.
ton inter onomatopeica (di rintocchi di campana) bim, bam.
tònaca <-che> f (di frate) Kutte f; (di prete) Talar m; (di monaca) Ordenskleid n, Schwesterntracht f • gettar la ~ alle ortiche fig (rinunciare al sacerdozio o all'ordine), aus der Kutte springen scherz.
tonàle agg **1** arte (nella pittura) {PITTURA} Helldunkel- **2** mus {MUSICA} tonal.
tonalità <-> f **1** (gradazione) (Farb)ton m: le diverse ~ del blu, die verschiedenen Blautöne **2** mus Tonalität f.
tonànte agg **1** (possente) {VOCE} schallend, tönend **2** lett (che produce il tuono) donnernd.
tonàre → tuonare.
tondeggiànte agg {FIGURA} rundlich.

tondeggiàre <*tondeggio, tondeggi*> *itr* (*tendere al tondo*) {GRAFIA, GUANCE} rundlich sein.

tondìno <*dim di tondo*> *m* **1** runder Gegenstand **2** (*negli ippodromi*) Führring *m* **3** *edil* (*barra di ferro*) Rundeisen *n*.

tóndo, (-a) **A** *agg* **1** {VISO} rund **2** (*intero*) {CIFRA, NUMERO} rund *fam*: **10 000 euro tondi tondi**, runde 10 000 Euro *fam* **B** *m* **1** *sper* Scheibe *f*, Kreis *m* **2** *tip* normale/gerade Schrift: **scrivere qc in ~**, etw normal/gerade schreiben **C** *loc avv*: **in ~**, im Kreis, ringsherum; **girare in ~**, (sich) im Kreise drehen • **una scultura a tutto ~** *arte*, eine Rundplastik.

toner <-> *m ingl tecnol* (*polvere*) Toner *m*.

tónfete *inter onomatopeica* plumps!

tónfo *m* (*rumore sordo*) dumpfer Schlag, Plumps *m fam* • **fare un ~** (*cadere*), plumpsen *fam*.

tònica <-che> *f mus* Grundton *m*, Tonika *f*.

tonicità <-> *f* **1** (*vigore*) {+MUSCOLO} Anspannung *f*; {+PELLE} Spannkraft *f* **2** *ling* {+SILLABA} Betontheit *f*.

tònico, (-a) <-ci, -che> **A** *agg* **1** ~ (*per qc*) {PER I CAPELLI} (*etw*) kräftigend **2** *ling mus* {ACCENTO, VOCALE, NOTA} betont **B** *m* **1** (*nella cosmesi*) Hauttonikum *n*, Gesichtswasser *n* **2** (*per capelli*) Haarwasser *n*, Haarstärkungsmittel *n*, (Haar)tonikum *n*.

tonificànte **A** *agg* (*che rinvigorisce*) ~ (**per qc**) {LOZIONE PER IL CORPO} belebend (*für etw* acc), kräftigend (*für etw* acc); {AZIONE, EFFETTO, TISANA} *anche* anregend (*für etw* acc) **B** *m* (*nella cosmesi*) Kräftigungsmittel *n*.

tonificàre <*tonifico, tonifichi*> *tr* ~ **qc** **1** (*rinvigorire*) {BAGNI IN MARE} *organismo*; {GINNASTICA} *muscoli*} *etw* kräftigen, *etw* stärken; {STOMACO} *etw* tonisieren *scient*: **è una lozione che tonifica la pelle**, das ist eine Gesichtslotion, die *dat* Haut Spannkraft verleiht **2** *econ* {BORSA, MERCATO} *etw* beleben.

tonificazióne *f* {+MUSCOLO, PELLE} Kräftigung *f*, Stärkung *f*, Tonisierung *f*.

tonnàra *f* (*nella pesca*) Thunfischfanganlage *f*.

tonnàto, (-a) *agg gastr* {SALSA} Thunfisch-.

tonné <inv> *agg gastr* {VITELLO} Thunfisch-.

tonnellàggio <-gi> *m* Tonnage *f*.

tonnellàta *f anche mar* (*abbr* t) Tonne *f*: **un camion di otto tonnellate**, ein Achttonner; **~ di stazza lorda**, Bruttoregistertonne *f* **2** *fig* (*grande quantità*) **~ di qc** Haufen *m* + *nom/+ gen pl*, Menge + *nom/+ gen pl*, Berg *m fam von etw* (dat)/+ *gen pl/+ nom sing*: **ce n'è a tonnellate!**, davon gibt es in Hülle und Fülle! *forb*, das gibt es haufenweise! *fam*.

tonnièra *f* (*nave*) Thunfischerboot *n*.

tonnièro, (-a) *agg* (*della pesca dei tonni*) {FLOTTA} Thunfisch-.

tónno *m gastr ittr* Thunfisch *m*: **~ in scatola**, Tunfisch *m*/Thunfisch *m* aus/in der Dose.

tòno *m* **1** *gener anche fig fis mus* {ACUTO, ALTO} Ton *m*: **~ di voce**, Stimme *f* **2** (*gradazione*) {CALDO, FREDDO} (Farb)ton *m*: **su ~**, Ton in Ton **3** *fig* (*modo*) {CATTEDRATICO, CONFIDENZIALE, INSOLENTE} Ton *m*, Art *f*, Weise *f*: **cambiare ~**, einen anderen Ton anschlagen; *imperativo*, Befehlston *m*; **non rispondermi con questo ~!**, antworte mir nicht in diesem Ton!; **non posso tollerare che si usi questo ~ con me!**, ich verbitte mir diesen Ton! **4** *fig* (*stile*) {FAMILIARE} Ton *m*, Charakter *m* **5** *med* {MUSCOLARE} Tonus *m scient* • **calare di ~** *mus*, im Ton sinken; *fig* (*perdere di prestigio, notorietà*), {LOCALE} an Niveau sinken; **darsi un ~** *fig* (*atteggiarsi*), Haltung annehmen; **essere in ~ con qc** (*intonato*), {CON L'AMBIENTE} mit etw (dat) harmonieren, mit etw (dat) in Einklang stehen; **~ maggiore** *mus*,

Durtonart *f*, Dur *n*; **~ minore** *mus*, Molltonart *f*, Moll *n*; **in ~ minore** *fig* (*più modesto*), in bescheidenerem Maße; **se la prendi su questo ~ ... fig** (*modo*), wenn du das so auffasst ...; **rispondere a ~** (*allo stesso livello*), entsprechend antworten, die passende Antwort geben; **sentirsi in ~** (*forma*), sich topfit *fam*/[in guter Verfassung] fühlen; **sotto ~** *fig* (*modesto*), niedergedrückt, niedergeschlagen, nicht gut drauf.

tonsìlla *f anat* Mandel *f*.

tonsillectomìa *f med* Mandeloperation *f*.

tonsillìte *f med* Mandelentzündung *f*.

tonsùra *f relig* Tonsur *f*.

tónto, (-a) **A** *agg* einfältig, blöd(e) *fam spreg* **B** *m* (f) Trottel *m fam spreg*, Dumme *m decl come agg* • **fare il finto ~** (*fingere di non capire*), sich dumm stellen.

tontolóne, (-a) *fam* **A** *agg* (*ingenuo e sciocco*) {RAGAZZO} dumm, einfältig, töricht *forb* **B** *m* (f) Einfaltspinsel *m fam spreg*, Dummkopf *m spreg*.

tool <-> *m ingl inform* Tool *n*.

top <-> *m ingl* **1** (*indumento femminile*) Top *n* **2** *fig* (*vertice*) {+SUCCESSO} Spitze *f*, Gipfel *m*: **essere al top della carriera**, auf dem Höhepunkt einer Laufbahn stehen/sein.

tòpa *f region volg* (*vulva*) Schnecke *f fam*.

topàia *f* **1** Mäusenest *n* **2** *fig spreg* Loch *n fam spreg*.

topàzio **A** <-zi> *m min* Topas *m* **B** <inv> *agg* {GIALLO} gold- **C** <-> *m* (*colore*) Goldgelb *n*.

top class <-, - -es *pl ingl*> *loc sost f ingl aero* erste Klasse.

top gun <-, - -s *pl ingl*> *ingl aero* **A** *loc sost m* (*aereo*) Jagdflugzeug *n*, Jäger *m fam* **B** *loc sost mf* (*pilota*) {+CACCIA} Jagdflieger(in) *m*(f).

tòpica[1] <-che> *f fam* (*gaffe*) Fauxpas *m*, Fehltritt *m forb*, Schnitzer *m fam*: **fare una ~**, einen Fauxpas begehen, ins Fettnäpfchen treten *fam scherz*.

tòpica[2] <-che> *f* (*in retorica*) Topik *f*.

topicìda <-i *m*, -e *f*> **A** *agg* (*che elimina i topi*) {PREPARATO} mäusevernichtend, mäusevertilgend **B** *m* Rattengift *n*.

tòpico, (-a) <-ci, -che> *agg* **1** (*relativo al luogo*) örtlich **2** *fig lett* (*di grande importanza*) entscheidend **3** *farm* {USO} topisch, äußerlich.

topinambùr <-> *m franc bot* Topinambur *f*, Erdapfel *m*.

topìno <*dim di topo*> *m* **1** (*piccolo topo*) {RAGAZZO} Mäuschen *n*, Mäuslein *n* **2** *fig vezz* (*rif. a bimbi piccoli*) Mäuschen *n* **3** *ornit* Uferschwalbe *f*.

topless <-> *m ingl* Oben-ohne-Badeanzug *m*: **sulla spiaggia la maggior parte delle ragazze è in ~**, am Strand gehen die meisten jungen Frauen [oben ohne]/[in topless].

top management <-> *loc sost m ingl* {+INDUSTRIA} Topmanagement *n*.

top manager <-, - -s *pl ingl*> *loc sost mf ingl* Topmanager(in) *m*(f).

top model <-, - -s *pl ingl*> *loc sost f ingl* Topmodel *n*.

tòpo *m* **1** Maus *f*: **~ bianco**, weiße Maus; **~ campagnolo**, Feldmaus *f*; **~ di fogna**, Wanderratte *f*; **~ muschiato**, Bisamratte *f* **2** *fig* (*ladro*) Dieb *m*: **~ d'albergo**, Hoteldieb *m*; **~ d'appartamento**, Wohnungseinbrecher *m*; **~ d'auto**, Autodieb *m*, Autoknacker *m fam* • **~ di biblioteca** *fig scherz* (*chi legge molto*), Leseratte *f fam scherz*, Bücherwurm *m scherz*.

topografìa *f* Topographie *f*.

topogràfico, (-a) <-ci, -che> *agg* {CARTA, RILIEVO} topographisch.

topolìno <*dim di topo*> *m* **1** Mäuschen *n*

2 *fig* (*bimbo*) waches Bürschchen • **Topolino** *film* (*nome proprio maschile di un personaggio di Walt Disney*), Mickymaus *f*.

topologìa *f* **1** *geog* Topologie *f* **2** *ling* Wortstellung *f* **3** *mat* Topologie *f*.

topònimo *m ling* Ortsname *m*.

toponomàstica <-che> *f ling* Toponomastik *f*.

toponomàstico, (-a) <-ci, -che> *agg ling* {STUDI} toponomastisch.

toporàgno *m zoo* Spitzmaus *f*.

tòpos <*topoi*> *m greco* **1** (*luogo comune*) Gemeinplatz *m* **2** *fig lett* (*motivo ricorrente*) {+AUTORE} Topos *m*.

tòppa *f* **1** (*serratura*) Schloss *n* **2** (*rappezzo*) Flicken *m* • **mettere una ~** *fig fam* (*cercare di rimediare*), eine Notlösung suchen.

toppàre *itr slang giovanile* (*sbagliare*) voll/mächtig danebenhauen *fam*, einen dicken Fehler machen *fam*: **ha toppato!**, er/sie [hat voll danebengehauen]/[lag voll daneben] *fam*.

toppàta *f slang giovanile* (*cantonata*) Hammer *m fam*.

top-secret <inv> *loc agg ingl* (*coperto da segreto*) {FASCICOLO, INFORMAZIONE, RISULTATO} topsecret, streng geheim.

top ten <-> *loc sost mf pl ingl* (*dieci dischi, libri, ecc. più venduti*) Top Ten *f*.

Torà, Torah <-> *f relig ebraica* Thora *f*.

toràce *m anat* {+UOMO, INSETTO} Brustkorb *m*.

toràcico, (-a) <-ci, -che> *agg* {CIRCONFERENZA} Brust-.

tòrba *f bot* Torf *m*.

torbidézza *f* **1** {+ACQUA} Trübung *f* **2** *fig* (*scarsa chiarezza*) {+SITUAZIONE} Undurchsichtigkeit *f*.

tòrbido, (-a) **A** *agg* **1** {VINO} trübe **2** *fig* {SITUAZIONE} undurchsichtig; {SGUARDO} finster, dunkel **B** *m* **1** *fig* Undurchsichtige *n decl come agg*: **c'è del ~ in questa faccenda**, in dieser Angelegenheit ist etwas faul/undurchsichtig **2** <*solo pl*> (*tumulti*) Unruhen *f pl*, Wirren *pl* • **pescare nel ~** *fig* (*cercare di trarre vantaggio da situazioni non chiare*), im Trüben fischen.

torbièra *f* Torfmoor *n*.

tòrcere <*irr torco, torci, torsi, torto*> **A** *tr* **1** (*attorcigliare*) ~ **qc** {BIANCHERIA BAGNATA} *etw* auswringen; {FILI DI CANAPA, LANA} *etw* zwirnen; {CORDA} *etw* verdrehen, *etw* verwinden **2** (*piegare*) ~ **qc** {FERRO} *etw* biegen; **~ qc a qu** {POLIZIOTTO BRACCIO IN A LADRO} *jdm etw* verdrehen **B** *itr pron* **1** (*curvarsi*): **torcersi sotto qc** {RAMI SOTTO IL PESO DELLA NEVE} sich (*unter etw* dat) biegen **2** (*storcersi*): **torcersi** {ASSE} sich verziehen **C** *rfl* (*contorcersi*): **torcersi da/per qc** {DALLE RISA} sich *vor etw* (dat) krümmen, sich *vor etw* (dat) biegen *fam*; {PER IL DOLORE} *anche* sich *vor etw* (dat) winden.

torcétto <*dim di torcia*> *m* **1** (*cero*) "(aus vier Kerzen bestehende) Wachskerze" **2** *sett gastr* (*biscotto a forma di cuore*) "süßes herzförmiges Plätzchen".

torchiàre <*torchio, torchi*> *tr* **1** *fig* (*sottoporre a domande pressanti*) **~ qu** {COMMISSIONE DI MATURITÀ CANDIDATO; GIUDICE IMPUTATO} *jdn* in die Mangel nehmen *fam* **2** *fig* (*sottoporre a sforzi intensi*) **~ qu** {ALLENATORE SQUADRA} *jdn* stark belasten **3** *fig* (*sottoporre a tasse elevate*) **~ qu** {FISCO CITTADINO} *jdn* hoch besteuern **4** *agr* **~ qc** {OLIVE} *etw* pressen; {MELE, VINACCE} *etw* keltern.

torchiatùra *f* (*operazione*) Keltern *n*.

tòrchio <-chi> *m* **1** Presse *f*; (*per vino*) Kelter *f* **2** *tip* Druckerpresse *f* • **mettere qu**

sotto il ~ fig (con domande), jdn in die Mangel nehmen fam; (con lavori faticosi o difficili), das Letzte aus jdm heraus|pressen.
torchon <-> m franc (collana) Spiralkette f; (braccialetto) Spiralarmband n.
tòrcia <-ce> f Fackel f: ~ a vento, Windlicht n ● ~ (elettrica), Taschenlampe f.
torcibudèlla <-> m 1 (dolore) Magenumdrehen n fam: dopo la cena gli è venuto il ~, nach dem Abendessen hat es ihm den Magen umgedreht fam; quella scena violenta mi ha fatto venire il ~, bei dieser Gewaltszene hat es mir den Magen umgedreht fam 2 fig (cibo o bevanda) Magenkiller m fam: quella grappa è un vero ~, dieser Grappa ist ein echter Magenkiller fam.
torcicòllo m steifer Hals.
torciglióne m (fascia) Haarband n.
tórdo m ornit Drossel f.
toreador <-, -s pl spagn> m spagn (torero) Stierkämpfer m, Torero m.
toreàre itr (combattere con il toro) im Stierkampf kämpfen, mit dem Stier kämpfen.
torèllo <dim di toro> m Jungstier m.
torèro m Stierkämpfer m, Torero m.
toreùtica <-che> f (arte di lavorare il metallo) {GRECA, ROMANA} Toreutik f.
torinése A agg {ARCHITETTURA, ECONOMIA, INDUSTRIA} turinisch B mf (abitante) Turiner(in) m(f) C m <solo sing> (dialetto) Turinisch(e) n.
torinista <-i m, -e f> sport (nel calcio) A agg {GIOCATORE, TIFOSO} "des FC Torino" B m (f) (giocatore) "Spieler(in) m(f) des FC Torino"; (tifoso) "Anhänger(in) m(f)/Fan m fam des FC Torino".
Torìno f geog Turin n.
tòrio <-> m chim Thorium n, Thor n.
tórlo -> **tuorlo**.
tórma f 1 (folla) {+SCIOPERANTI, TURISTI} Schar f: a torme, in großen/hellen Scharen, haufenweise 2 (branco) {+PECORE, VITELLI} Herde f; {+LUPI} Rudel n 3 fig lett (moltitudine) {+PENSIERI} Menge f, Fülle f 4 lett (schiera) Schar f, Menge f.
tormalìna f min Turmalin m.
tormènta f (bufera di neve) {FURIOSA} Schneesturm m.
tormentàre A tr 1 (torturare) ~ qu {PRIGIONIERO} jdn foltern, jdn martern 2 (opprimere) ~ qu {MAL DI DENTI, MAL DI TESTA} jdn plagen, jdn quälen, jdn peinigen forb obs: la sete lo tormenta, der Durst plagt ihn 3 fig (affliggere) ~ qu (con qc) {GELOSIA} jdm (mit etw dat) zu|setzen, jdn (mit etw dat) plagen, jdn (mit etw dat) peinigen forb: non tormentarmi con le tue domande!, quäl mich nicht mit deinen Fragen!; è tormentato dall'invidia/[dai rimorsi], er wird von Neid-/Schuldgefühlen geplagt/umhergetrieben B rfl (crucciarsi): tormentarsi (per/a causa di qc) sich (wegen etw gen/dat fam) quälen, sich (wegen etw gen/dat fam) verrückt machen, sich (dat) (wegen etw gen/dat fam) den Kopf zerbrechen: non tormentarti, non è stata colpa tua!, mach dich deswegen nicht verrückt/ [quäl dich nicht], es war nicht deine Schuld!
tormentàto, (-a) agg 1 (afflitto fisicamente) ~ (da qc) {DAL MAL DI DENTI} (von etw dat) geplagt, (von etw dat) gequält, (von etw dat) gepeinigt forb obs 2 fig (angosciato) ~ (da qc) {ANIMO, RAGAZZA DALL'INVIDIA} (von etw dat) gequält, (von etw dat) geplagt, (von etw dat) gepeinigt forb obs 3 fig (sofferto) {DECISIONE} schwer, hart erkämpft {RELAZIONE} kompliziert, schwierig.
torménto m 1 (dolore fisico) {ATROCE; +MAL DI DENTI} Schmerz m; {+CALDO, FAME, SETE} Qual f 2 (pena morale) {+GELOSIA} Qual f 3 fig (fastidio) Belästigung f, Plage f: è un bel ~ sentirla borbottare tutto il giorno, es ist eine wahre Plage, sich (dat) den ganzen Tag ihr Gemurre anzuhören 4 fig (persona fastidiosa) Plage-, Quälgeist m fam, Nervensäge f fam: quel bambino è un vero ~, dieses Kind ist ein echter Plagegeist fam.
tormentóne <accr di tormento> m 1 fam (preoccupazione) Quälerei f 2 fam (chi è molesto) Quälgeist m fam, Nervensäge f fam (ciò che è molesto) Quälerei f, Nerverei f fam 3 giorn Dauerbrenner-Thema n fam 4 teat Standardspruch m fam (ständig wiederholtes Stichwort).
tormentóso, (-a) agg 1 (fastidioso) {SETE} quälend 2 (straziante) {ANGOSCIA, DOLORE} quälend, plagend 3 fig (assillante) {DUBBIO} quälend 4 fig (travagliato) {ESISTENZA} gequält, gepeinigt forb.
tornacónto m (vantaggio) Vorteil m, Gewinn m: pensa solo al suo ~!, er/sie denkt nur an seinen Vorteil!; avere il proprio ~ in un affare, bei einem Geschäft auf seine Kosten kommen.
tornàdo <-i o ~, -s pl spagn, -es pl ingl> m spagn ingl Wirbelsturm m, Tornado m.
tornànte m (curva a gomito) {+STRADA} Kehre f, Serpentine f, Haarnadelkurve f.
tornàre A itr <essere> 1 (ritornare) ~ (+ compl di luogo) {DAI GENITORI, IN CITTÀ} (irgendwohin) zurück|kehren; (allontanandosi da chi parla) anche (irgendwohin) zurück|gehen; (avvicinandosi a chi parla) anche {DA UNA GITA, DA UNA PASSEGGIATA, DALLE VACANZE} (irgendwoher) zurück|kommen, {DA SCUOLA} aus etw (dat) kommen: ~ a casa, heimkommen, heim|kehren, nach Hause kommen; ~ dall'estero, aus dem Ausland zurück|kommen; dopo un lungo soggiorno all'estero tornò in patria, nach einem langen Auslandsaufenthalt kehrte er/sie heim 2 (in autobus, macchina, treno) (irgendwohin) zurück|fahren; (in aereo) (irgendwohin) zurück|fliegen; ~ a cavallo/nuoto, zurückreiten/zurückschwimmen; ~ a piedi, zu Fuß zurückgehen (venire di nuovo) noch einmal kommen, wieder|kommen: torneremo a trovarti domani, wir besuchen dich morgen wieder (andare di nuovo) ~ (+ compl di luogo) noch einmal/wieder (irgendwohin) gehen: torneremo presto in questo ristorante, wir werden bald wieder in dieses Restaurant gehen 5 (ridiventare) ~ + compl di modo {NUOVO, SANO} wieder irgendwie werden: con questo shampoo i capelli tornano lucidi, mit diesem Shampoo bekommen die Haare wieder Glanz 6 (riprendere) ~ a/su qc {SU UN ARGOMENTO, SU UNA QUESTIONE} auf etw (acc) zurück|kommen: torna a dirlo se ne hai il coraggio!, sag das nochmal, wenn du dich traust!; torniamo al nostro discorso, kehren wir zu unserem Thema zurück, zurück zum Thema; è tornato a fare l'imbianchino, er arbeitet wieder als Anstreicher; rispose al telefono e poi tornò a leggere, er/sie ging ans Telefon und las dann weiter 7 (rivedere) ~ sopra/su qc {SU UNA DECISIONE} auf etw (acc) zurück|kommen 8 (andare indietro): ~ con la memoria/mente a qc, an etw (acc) zurückdenken; mia nonna tornava spesso col pensiero/ricordo alla sua infanzia trascorsa a Berlino, meine Oma fam dachte oft an ihre Kindheit in Berlin zurück 9 (essere) ~ + agg {A QU} ~ agg (für jdn) sein, (jdm) + agg sein: questo mi torna nuovo, das ist mir neu; telefonami dopo pranzo se ti torna comodo, ruf mich nach dem Mittagessen an, wenn dir das passt/[es dir angenehm ist]; può tornare utile sapere che... ind, es kann nützlich sein, zu wissen, dass... ind 10 (venir restituito) ~ a qu/qc jdm/etw zurückgegeben werden, an jdn/etw zurück|gehen: scaduto il contratto, l'alloggio torna al proprietario, wenn der Vertrag abgelaufen ist/[nach Ablauf des Vertrags], geht die Wohnung an den Besitzer zurück 11 (risultare esatto) {CONTO} stimmen, richtig sein: il peso non torna, das Gewicht stimmt nicht; è un ragionamento che non torna, die Argumentation ist falsch; ti torna?, überzeugt dich das? 12 (ripresentarsi) {OFFERTA DI LAVORO} wieder|kommen: stamattina gli è tornata la febbre, heute Morgen bekam er wieder Fieber; un'occasione simile non tornerà più, so eine Gelegenheit kommt nicht wieder; (rif. alle stagioni, al tempo) wieder (da) sein; è tornato il caldo/l'inverno, es ist wieder heiß/Winter 13 ~ dentro wieder ein|treten; (allontanandosi da chi parla) anche wieder hinein| gehen; (avvicinandosi a chi parla) anche wieder herein|kommen 14 ~ fuori (allontanandosi da chi parla) hinaus|gehen; (avvicinandosi a chi parla) anche wieder heraus|kommen 15 ~ giù (allontanandosi da chi parla) wieder hinunter|gehen; (avvicinandosi a chi parla) anche wieder herunter|kommen 16 ~ indietro zurück|kehren; (allontanandosi da chi parla) anche zurück|gehen; (avvicinandosi a chi parla) anche zurück|kommen 17 ~ su (allontanandosi da chi parla) wieder hinauf|gehen; (avvicinandosi a chi parla) anche wieder herauf|kommen 18 (non essere digerito) ~ su {CENA} wieder hoch|kommen B impers (ricomincia re): è tornato a nevicare/piovere, es hat wieder zu schneien/regnen begonnen/angefangen, es hat wieder angefangen zu schneien/regnen C tr <essere> region (restituire) ~ qc etw zurück|geben, etw zurück| bringen: gli ho prestato un maglione ma non me l'ha ancora tornato, ich habe ihm einen Pullover geliehen, aber er hat ihn mir noch nicht zurückgegeben ● ben tornato!, willkommen zurück/zuhause!; ~ daccapo (ricominciare), von vorn beginnen, wieder von vorn anfangen; torniamo a noi fam ~ prendiamo il filo del discorso, zurück zu uns; ~ in sé (riprendere i sensi), wieder zu sich (dat) kommen; fig (riprendere consapevolezza) anche, wieder Vernunft an|nehmen, in sich gehen.
tornasóle <-> m chim Lackmus n o m.
tornàta f (adunanza) {+ACCADEMIA DELLA CRUSCA} Sitzung f, Tagung f ● ~ elettorale polit, Wahlgang m.
torneàre itr rar (partecipare a un torneo) an etw (dat) teil|nehmen, in etw (dat) kämpfen.
tornèllo f, **tornèlla** m Drehkreuz n.
tornèo m 1 {+CALCIO, TENNIS} Turnier n: ~ di scacchi, Schachturnier n 2 stor {MEDIOEVALE} Turnier n.
tórnio <-ni> m Drehbank f, Drehmaschine f: ~ da vasaio, Töpferscheibe f.
tornìre <tornisco> tr ~ qc 1 mecc tecnol {LEGNO} etw drechseln; {PEZZO METALLICO} etw drehen 2 fig (rifinire) {PERIODO, SONETTO, VERSO} etw (aus)|feilen.
tornìto, (-a) agg 1 (lavorato al tornio) {PEZZO MECCANICO} gedreht, gedrechselt 2 fig (aggraziato e rotondo) {BRACCIA, GAMBE} wohlgestaltet 3 fig (elegante) {FRASE} ausgefeilt.
tornitóre, (-trice) m (f) {+LEGNO} Drechsler(in) m(f); {+METALLO} Dreher(in) m(f).
tórno m rar (giro) Runde f ● torno torno (tutt'attorno), ringsherum; levarsi/togliersi di ~ (togliersi dai piedi), von der Bildfläche verschwinden, sich verdrücken fam, das Weite suchen; in quel ~ di tempo (attorno a

quel tempo), um die(se) Zeit, ⌊zu der⌋/[in jener] Zeit, damals.
tòro m **1** *zoo* Stier m: **essere forte come un ~**, bullenstark sein *fam*; **~ da monta**, Zuchtstier m **2** *astrol astr*: Toro, Stier m; **sono del/un Toro**, ich bin (ein) Stier **3** *slang econ* (*rialzista*) Haussier m, Preistreiber m *spreg*; (*tendenza al rialzo in borsa*) Hausse f, steigende Tendenz, Bullen-, Optimistenbörse f; **prendere il ~ per le corna** *fig* (*affrontare direttamente un problema*), den Stier bei den Hörnern packen.
torpèdine① f *zoo* Zitterrochen m.
torpèdine② f *mil* Seemine f.
torpedinièra f *mar* Torpedoboot n.
torpèdo <-, -s pl *spagn*> m o f *spagn autom* "vier- oder mehrsitziger offener Oldtimer".
torpedóne m *autom* Reiseomnibus m.
torpidézza f **1** (*torpore*) {+MEMBRA} Schlaffheit f, Taubheit f, Gefühllosigkeit f **2** (*svogliatezza*) {+MENTE} Unlust f, Lustlosigkeit f.
tòrpido, (-a) *agg* **1** (*intorpidito*) {BRACCIO} schlaff, taub **2** *fig* (*indolente*) {INGEGNO, INTELLIGENZA} träge.
torpóre m **1** (*fiacchezza*) {FISICO} Schlafheit f, Taubheit f **2** *fig* (*pigrizia*) {+VOLONTÀ} Trägheit f.
Torr. *geog abbr di* Torrente: Wild-, Sturzbach m.
torràzzo m *arch* (*großer*) Glockenturm m.
tórre f **1** (CIRCOLARE, ROMANICA) Turm m: ~ **campanaria**, Glockenturm m; ~ **di controllo**, Kontrollturm m; ~ **di guardia/vedetta**, Wachturm m; ~ **di lancio**, Startrampe f; ~ **merlata**, mit Zinnen versehener Turm; ~ **di perforazione**, Bohrturm m; ~ **di raffreddamento**, Kühlturm m; ~ **templare**, Tempelturm m; ~ **di trivellazione**, (Öl)bohrturm m **2** (*negli scacchi*) Turm m **3** *radio* TV Funkturm m **4** *TV* Fernsehturm m ● ~ **d'avorio**, Elfenbeinturm m; **chiudersi in una ~ d'avorio** *fig* (*isolarsi*), sich in (s)einen Elfenbeinturm zurückziehen; **essere una ~ d'avorio** *fig scherz* (*una donna di incrollabili principi morali*), eine ⌊uneinnehmbare Festung⌋/[(Jung)frau mit sehr festen moralischen Prinzipien] sein; ~ **di Babele** *bibl*, Turm m zu Babel; *fig* (*disordine*), Chaos n, Durcheinander n; **che ~ di Babele!** *fig* (*confusione*), was für ein Chaos/Durcheinander!
torrefàre <*coniug come fare*> tr (*tostare*) ~ **qc** {NOCCIOLINE} etw rösten; {CAFFÈ} anche etw brennen.
torrefazióne f **1** (*tostatura*) {+CAFFÈ, ORZO} Rösten n, Brennen n **2** (*negozio*) Rösterei f.
torreggiàre <*torreggio, torreggi*> itr **1** (*ergersi*) ~ **su qc** {CAMPANILE SULLE CASE; VETTA SULLE ALTRE CIME} über etw (acc) emporragen, sich über etw (acc) erheben; (*uso assol*) {CASTELLO} sich erheben **2** (*dominare in altezza*) ~ **su qu** jdn überragen: **torreggiava sugli altri con la propria statura**, er/sie überragte alle anderen mit seiner/ihrer Statur.
torrènte A m **1** (*abbr* Torr.) {+MONTAGNA} Wildbach m, Sturzbach m; {+LAVA} Strom m; {+LACRIME} Flut f **2** *fig* (*flusso copioso*) {+DOMANDE, INSULTI} Schwall m B *loc avv*: **a torrenti**, in Strömen; **la pioggia viene giù a torrenti**, es regnet/gießt in Strömen, es regnet Bindfäden f*pl*.
torrentìzio, (-a) <-zi m *pl*> *agg* **1** (*di torrente*) {CORSO} Sturzbach- **2** (*torrenziale*) {PIOGGIA} strömend.
torrenziàle *agg* **1** (*impetuoso*) {CARATTERE DI UN CORSO D'ACQUA, PIOGGE} strömend **2** *fig* (*irruente*) {VERBOSITÀ} mitreißend, ungestüm.
torrétta <*dim di* torre> f **1** (*piccola torre*) {+CASTELLO MEDIEVALE} kleiner Turm **2** *aero mil* {+CARRO ARMATO} Geschützturm m **3** *film TV* {+TELECAMERA} Objektivrevolver m **4** *mar* Turm m.
tòrrido, (-a) *agg* **1** (*rovente*) {CALDO} glühend, sehr drückend, Brut-; {CLIMA, ESTATE} heiß; {TEMPERATURA} extrem hoch **2** *geog* {ZONA} tropisch, Tropen-.
torrióne m **1** *arch* {+CASTELLO} Wach(t)turm m **2** *mar mil* Kommandostand m, Geschützturm m.
torróne m *gastr* Torrone m (*Süßware f aus Eiweiß, gerösteten Mandeln, Honig, Zucker und kandierten Früchten*).
tòrsi 1ª *pers del pass rem di* torcere.
torsióne f **1** *anche sport* (*rotazione*) {+BUSTO} Drehung f **2** *fis* {MAGNETICA} Verdrehung f, Torsion f **3** *mecc* Torsion f, Verdrillung f, Verwindung f **4** *tess* {+FILATO} Zwirnen n, Drallung f.
tórso m **1** *arte* (*nella scultura*) {GRECO} Torso m **2** *anat* Rumpf m, Oberkörper m: **se ne stava lì a ~ nudo**, er/sie stand mit bloßem Oberkörper da **3** *bot* {+CAVOLO} Strunk m; {+MELA} Kerngehäuse n: ~ **di granoturco**, (Mais)kolben m.
tórsolo m {+MELA} Kerngehäuse n; {+CAVOLO} Strunk m ● **non stare lì come un ~!** *fig* (*rif. a persona goffa e impacciata*), steh nicht da wie ein Ölgötze *fam spreg*, steh nicht da wie ⌊der Ochs⌋/[die Kuh] vorm ⌊neuen Tor *fam*⌋/[Scheunentor *fam*]!, steh nicht da wie der Ochs vorm Berg *fam*; **non valere un ~ fig** (*rif. a persona inetta*), ein Nichtsnutz *obs spreg*/eine Null *fam spreg*/Flasche *fam* sein.
tòrta f {+CIOCCOLATO, FRUTTA, RISO} Torte f, Kuchen m: ~ **di compleanno**, Geburtstagskuchen m, Geburtstagstorte f; ~ **gelato**, Eistorte f; ~ **margherita**, Sandkuchen m; ~ **marmorizzata**, Marmorkuchen m; ~ **salata**, Salzkuchen m, Gemüsekuchen m ● **spartirsi la ~ fig** (*dividersi guadagni illeciti*), sich (dat) den Kuchen teilen *fam*, die Beute teilen.
tortellìno m <*di solito al pl*> *gastr* Tortellini m *pl* (*ringförmige, mit Fleisch gefüllte Nudeln*).
tortellóne m <*di solito al pl*> *gastr* Tortelloni m *pl* (*große Teigtaschen mit Ricotta- und Gemüsefüllung*).
tortièra f {ROTONDA} Kuchenform f.
tortiglióne A m **1** (*oggetto a spirale*) Spiralform f, Wendel f **2** *gastr* <*di solito al pl*> "kurze spiralförmige Suppennudeln" B <*inv*> *loc agg*: **a ~**, {COLONNA} schraubenförmig; {CANDELA} anche gedreht; {BAFFI} gezwirbelt.
tortìlla <-, -s pl *spagn*> f *spagn gastr* **1** (*frittata*) (spanische) Tortilla **2** (*focaccia*) (mexikanische) Tortilla.
tortìno <*dim di* torta> m *gastr* (*torta salata*) {+RICOTTA, SPINACI, ZUCCA} Auflauf m.
tòrto① A m **1** (*offesa*) Unrecht n, Tort m *obs*: **far ~ a qu/qc**, {ALLA MEMORIA DI QU, ALL'ONESTÀ DI QU} jds/etw nicht würdig sein; **fare un ~ a qu**, jdm ⌊ein Unrecht antun⌋/[unrecht tun] **2** (*colpa*) Schuld f, Fehler m: **il suo unico ~ è quello di non averci pensato prima**, sein/ihr einziger Fehler besteht darin, nicht vorher daran gedacht zu haben; **riconoscere i propri torti**, die eigene Schuld anerkennen **3** (*cosa opposta alla ragione*) Unrecht n: **avere ~**, Unrecht haben; **dar ~ a qu**, jdm Unrecht geben; **non si può dare ~ se ...**, man kann es ihr nicht verdenken, wenn...; **aver marcio**, völlig im Unrecht sein; **non avere tutti i torti**, nicht ganz Unrecht haben B *loc avv* (*ingiustamente*): **a ~**, {LAMENTARSI} zu Unrecht ● **a ~ o a ragione**, zu Recht oder zu Unrecht.
tòrto②, (-a) A *part pass di* torcere B *agg* (*attorcigliato*) {FILO} gedreht; *fam* (*storto*) {GAMBE} krumm.
tòrtora f *ornit* Turteltaube f B <-> m (*colore*) Taubengrau n.
tortuosità <-> f **1** (*sinuosità*) {+FIUME, STRADA} Gewundenheit f; (*curva del fiume*) Krümmung f, Windung f **2** *fig* (*intricatezza*) {+DISCORSO} Gewundenheit f.
tortuóso, (-a) *agg* **1** (*sinuoso*) {PERCORSO} gewunden **2** *fig* (*intricato*) {RAGIONAMENTO} verschlungen.
tortùra f **1** (*pena corporale*) Folter f **2** *fig* (*sofferenza morale*) Qual f, Tortur f, Pein f *forb* **3** *fig anche scherz* (*molestia*) Plage f.
torturàre A *tr* **1** (*sottoporre a tortura*) ~ **qu** {DETENUTO POLITICO, PRIGIONIERO} jdn foltern **2** *fig* (*affliggere*) ~ **qu** {DUBBIO, RIMORSO} jdn quälen, jdn peinigen *forb*, jdn martern *forb*: **ho un mal di testa che mi tortura da due ore**, seit zwei Stunden quälen mich diese Kopfschmerzen; ~ **qu con qc** {MARITO CON LA PROPRIA GELOSIA} jdn mit etw (dat) quälen B *rfl* (*angustiarsi*): **torturarsi** sich quälen, sich (dat) den Kopf zerbrechen, sich peinigen *forb*: **non serve a nulla torturarsi**, es nützt überhaupt nichts, ⌊sich (dat)⌋ den Kopf zu zerbrechen/[sich zu quälen].
torturatóre, (-trice) A m (f) **1** Folterer m, (Folterin f), Peiniger(in) m(f) **2** *fig* (*tormento*) Quälgeist m *fam* B *agg fig* (*che tormenta*) Folter-, Peiniger-, Quäl-, folternd, peinigend, quälend.
tórvo, (-a) *agg* (*accigliato*) {SGUARDO} finster, schräg *fam*, schielend *fam*.
tory <-, -s pl *ingl*> *ingl polit* A *agg* <*inv*> {POLITICA} Tory- B *mf* Tory mf.
tòsa f *sett* (*ragazza*) Mädchen n, junge Frau.
tosacàni <-> *mf* **1** (*chi tosa i cani*) Hundescherer(in) m(f) **2** *spreg* (*barbiere*) Bartscherer(in) m(f) *obs*, Barbutsch m *fam*.
tosaèrba <-> m o f (*macchina*) Rasenmäher m.
tosàre tr **1** (*tagliare il pelo*) ~ **qc** {CANE, PECORA} etw scheren **2** (*potare*) ~ **qc** {SIEPE} etw schneiden, etw stutzen **3** *scherz* (*rasare i capelli*) ~ **qu** jdn scheren: **guarda come l'hanno tosato!**, wie sie ihn geschoren haben⌋/[der ist wohl unter den Rasenmäher gekommen *fam scherz*]! **4** *fig* (*spillar denaro*) ~ **qu** {CONTRIBUENTE} jdn rupfen *fam*; {CLIENTE} jdn schröpfen *fam spreg*.
tosasièpi <-> m o f (*cesoie*) Heckenschere f.
tosatóre, (-trice) m (f) Scherer(in) m(f).
tosatrìce f **1** (*macchinetta per tosare*) {+PECORE} Schermaschine f; {+BARBIERE} Haarschneidemaschine f **2** (*tosaerba*) Rasenmäher m.
tosatùra f **1** (*operazione*) {+CAPRE} Scheren n; {+SIEPE} Schneiden n; {+PRATO} Mähen n **2** (*lana*) Schur-, Scherwolle f **3** *scherz* (*taglio di capelli*) Bürstenschnitt m, Stoppelschnitt m: **hai bisogno di una bella ~!**, du musst mal richtig geschoren werden!
tosc. *abbr di* toscano: toskanisch.
Toscàna f *geog* Toskana f.
toscàno① m (*sigaro*) Toscano m.
toscàno②, (-a) A *agg* (*abbr* tosc.) {ARTIGIANATO, PAESAGGIO, VINO} toskanisch B *m* (f) (*abitante*) Toskaner(in) m(f) C *m* <*solo sing*> (*dialetto*) Toskanisch(e) n.
tosóne m (*vello*) Vlies n.
tòsse f {CONVULSIVA, SECCA, SPASMODICA} Husten m: **avere la ~**, Husten haben; ~ **asinina/canina**, Stick-/Keuchhusten m.
tossicchiàre <*tossicchio, tossicchi*> itr hüsteln.
tossicità <-> f (*velenosità*) {+FARMACO} Gif-

tigkeit f.

tòssico, (-a) <-ci, -che> **A** agg **1** (velenoso) {GAS} giftig, toxisch **2** med {FENOMENO} Vergiftungs- **B** m (sostanza velenosa) Gift n **C** m (f) slang (drogato) Fixer(in) m(f) slang.

tossicodipendènte A agg (drogato) drogen-, rauschgiftsüchtig **B** mf Drogen-, Rauschgiftabhängige mf decl come agg, Fixer(in) m(f) slang.

tossicodipendènza f (assuefazione alla droga) Drogen-, Rauschgiftabhängigkeit f.

tossicòloga f → tossicologo.

tossicologìa f med Toxikologie f.

tossicològico, (-a) <-ci, -che> agg med {ESAME} toxikologisch.

tossicòlogo, (-a) <-gi, -ghe> m (f) med Toxikologe m, (Toxikologin f).

tossicòmane A agg (drogato) drogen-, rauschgiftsüchtig **B** mf Drogen-, Rauschgiftsüchtige mf decl come agg, Fixer(in) m(f) slang.

tossicomanìa f med Drogen-, Rauschgiftsucht f.

tossìna f biol Giftstoff m, Toxin n.

tossìre <irr tossisco o rar tosso, tossii, tossito> itr (emettere colpi di tosse) husten: **ho tossito tutta la notte**, ich habe die ganze Nacht gehustet.

tostacaffè <-> m Kaffeeröstmaschine f.

tostapàne <-> m Toaster m.

tostàre tr (abbrustolire) ~ qc {CAFFÈ, MANDORLE} etw rösten; {FETTA DI PANE} anche etw toasten.

tostàto, (-a) agg (abbrustolito) {CAFFÈ} geröstet; {PANE} getoastet.

tostatùra f {+CAFFÈ, NOCCIOLINE} Rösten n; {+PANE} anche Toasten n.

tòsto① **A** avv poet **1** (subito) sofort **2** (presto) **B** loc cong (non appena): ~ **che**... ind/congv, sobald... ind.

tòsto②, (-a) agg **1** region (duro) {PANE} hart **2** slang giovanile (risoluto) entschlossen, resolut, tough slang, taff fam, straight: **è un tipo veramente ~**, das ist ein wirklich entschlossener Typ!, der Typ ist echt tough slang!

tot A <inv> agg indef **1** (quantità indeterminata) soundso viel: **la spesa ammonta a tot euro**, die Kosten betragen soundso viele Euro **2** (tale): **stabiliamo il mese tot e il giorno tot**, legen wir den Monat und den Tag fest **B** <inv> pron indef (quantità indeterminata) soundso viel: **guadagna tot e spende tot**, er/sie verdient soundso viel und gibt soundso viel aus **C** <-> m **1** (quantità indeterminata) (bestimmte) (An)zahl: **ci saranno un tot di invitati**, eine bestimmte Zahl von Gästen wird da sein **2** (somma) (bestimmte) Summe: **risparmia un tot al mese**, er/sie spart pro Monat eine bestimmte Summe.

tòta f sett (ragazza) Mädchen n, junge Frau.

totàle A agg **1** (intero) {SOMMA, SUPERFICIE} Gesamt- **2** (completo) {SILENZIO} absolut; {CAOS, DISFATTA, ECLISSI DI SOLE, INCAPACITÀ AL LAVORO, INSUCCESSO} anche total, völlig; {SOMMA} Gesamt-, ganz: **questa tragedia si consumava nella più ~ indifferenza**, diese Tragödie vollzog sich in absoluter/völliger Gleichgültigkeit **B** m mat (Gesamt)summe f, Gesamtbetrag m: **fare il ~**, die Summe ziehen; **~ parziale**, Teilsumme f **C** loc avv: **in ~**, insgesamt.

totalità <-> f **1** (insieme) {+BENI DI QU, ISCRITTI, VOTANTI} Gesamtheit f **2** (interezza) Vollständigkeit f, Ganzheit f: **considerare una teoria nella sua ~**, eine Theorie in ihrer Ganzheit/[als Ganzes] erfassen ● **nella quasi ~ dei casi** (in quasi tutti i casi), in fast

allen Fällen.

totalitàrio, (-a) <-ri m> agg **1** (della totalità) {APPROVAZIONE} allgemein **2** polit {REGIME} totalitär.

totalitarìsmo m polit Totalitarismus m.

totalizzànte agg {ESPERIENZA} allumfassend forb.

totalizzàre tr **1** anche sport (conseguire) ~ **qc (in qc)** {GINNASTA PUNTEGGIO MASSIMO NEL CORPO LIBERO; STUDENTE PUNTEGGIO ALTO NEL TEST} etw (bei etw dat) erzielen, etw (bei etw dat) erreichen: **la squadra ha totalizzato sinora tre vittorie**, die Mannschaft hat bisher insgesamt drei Siege erzielt **2** (calcolare in totale) ~ **qc** {PROFITTO SEMESTRALE DI UN ALBERGO} etw zusammen|rechnen **3** scherz ~ **qc** es auf etw (acc) bringen fam: **quattro multe in una settimana**, es auf vier Strafzettel in einer Woche bringen fam.

totalizzatóre m **1** (nelle calcolatrici) Totalisator m **2** sport (nell'ippica) Pferdelotto n.

tòtano m zoo Tintenfisch m.

tòtem <-> m etnol Totem n.

Totip® m abbr di totalizzatore ippico: Pferdelotto n.

totò solo nella loc verbale (nel linguaggio infantile) (picchiare): **fare ~ a qu**, jdn (ver)hauen fam.

totocàlcio m abbr di totalizzatore calcistico: Fußballtoto n.

tòto còrde loc avv lat (con tutto il cuore) aus ganzem Herzen.

Totogòl <-> m (concorso) Totogol n, Fußballtoto n.

toto, in → **in toto**.

totonéro m sport (nel calcio) (scommesse illegali) illegales Fußballtoto.

totoscommèsse f pl Totowetten f pl.

touch-down <-> m ingl sport (nel football americano) **1** Touchdown m **2** (area) Endzone f: **entrare in touch-down**, die Endzone erreichen.

touché inter impr franc (colpito in pieno) touché!, Punkt für Sie/dich!

touchpad <-> m ingl inform Touchpad n.

touch screen <-> loc sost m ingl inform Touchscreen m, Touchbildschirm m, Kontaktbildschirm m.

toufu → **tofu**.

toupet <-> m franc Toupet n.

tour <-> m franc (giro turistico) Tour f, Rundfahrt f, Rundreise f: **abbiamo fatto un ~ in Baviera**, wir haben eine Tour durch Bayern gemacht ● **~ de France** sport (nel ciclismo), Tour de France f.

tourbillon <-> m franc fig (tumulto) {+IDEE, PENSIERI} Wirbel m.

tour de force <-, -s - > pl franc> loc sost m franc **1** (sforzo intenso) Strapaze f, Kraftanstrengung f: **abbiamo fatto un tour de force per organizzare il convegno**, wir haben alle Kräfte aufgeboten, um die Tagung zu organisieren **2** sport Kraftprobe f.

tournée <-> f franc (giro) {+ATLETA, CANTANTE, SQUADRA} Tournee f; {+COMPAGNIA TEATRALE} anche Gastspielreise f.

tour operator <-, -s pl ingl> mf ingl (agente turistico) Reiseveranstalter m (f).

tout court loc avv franc (in breve) kurz(um), ganz einfach: **opera definita tout court naturalistica**, ein kurzum als naturalistisch definiertes Werk.

tovàglia f {OVALE, RETTANGOLARE, RICAMATA} Tischtuch n, Tischdecke f ● **~ d'altare** relig, Altartuch n.

tovagliàto m Tischwäsche f.

tovagliòlo m Serviette f: **~ di carta**, Pa-

pierserviette f.

tower <-> f ingl inform Tower m.

toxoplasmòsi <-> f med Toxoplasmose f scient.

tòzzo① m (pezzo) Stück n: **~ di pane**, Stück n (trockenes) Brot ● **dar via qc per un ~ di pane** fig fam (per poco), etw für ein Butterbrot/[einen Apfel und ein Ei] weggeben fam.

tòzzo②, (-a) agg {COLLO} gedrungen, stämmig; {UOMO} anche untersetzt; {DITA} dick; {VASO} plump; {EDIFICIO} anche breit und niedrig.

tr. abbr di tratta: Tr. (abbr di Tratte).

tra A prep **1** anche fig (stato in luogo: in mezzo a due persone o cose) zwischen jdm/etw: **è un colore tra il blu e il viola**, es ist ein Blauviolett; **nella foto mio marito è tra suo padre e sua sorella**, auf dem Foto steht mein Mann zwischen seinem Vater und seiner Schwester; **tra l'ufficio postale e la banca c'è un'agenzia di viaggi**, zwischen dem Postamt und der Bank ist ein Reisebüro; **era tra la vita e la morte**, er/sie schwebte zwischen Leben und Tod; (moto a luogo) zwischen jdm/etw; **metti la lampada tra i due divani!**, stell die Lampe zwischen die beiden Sofas! **2** (stato in luogo: in mezzo a più persone o cose) unter jdm/etw, zwischen jdm/etw: **stava seduto tra gente sconosciuta**, er saß zwischen/unter fremden Leuten; **l'ho intravisto tra il pubblico**, ich habe ihn undeutlich im Publikum erkannt; (moto a luogo) unter jdn/etw, zwischen jdn/etw; **si mise a sedere tra i suoi colleghi di lavoro**, er/sie setzte sich zwischen seine Arbeitskollegen; **mescolarsi tra la folla**, sich unter die Menschenmenge mischen **3** (moto attraverso luogo) durch etw (acc), zwischen etw (dat): **l'ho visto scomparire tra gli alberi**, ich habe ihn zwischen den Bäumen verschwinden sehen; **alcuni raggi di sole filtrano tra le imposte socchiuse**, einige Sonnenstrahlen dringen durch die halbgeschlossenen Fensterläden; **il vincitore passò tra due ali di folla plaudente**, der Sieger schritt durch das Spalier der applaudierenden Menge **4** (distanza) zwischen etw (dat), nach etw (dat): **tra Berlino e Amburgo ci sono 400 km**, von Berlin nach Hamburg sind es 400 Kilometer; **Würzburg sta tra Norimberga e Francoforte**, Würzburg liegt zwischen Nürnberg und Frankfurt; **tra un kilometro c'è un albergo**, nach einem Kilometer kommt ein Hotel **5** (tempo), innerhalb etw (gen): **ti telefono tra 5 minuti**, ich rufe dich in 5 Minuten an; **ti spedirò il pacco tra due settimane**, ich schicke dir das Paket in zwei Wochen; (rif. a intervallo di tempo) zwischen etw (dat); **tra gli anni Venti e Trenta**, zwischen den zwanziger und dreißiger Jahren; **arriveremo a casa tra le 9 e le 10**, wir werden zwischen 9 und 10 Uhr zu Hause ankommen; **ci vorranno tra le due e le tre ore per terminare il lavoro**, es wird zwei bis drei Stunden dauern, bis die Arbeit fertig ist **6** (partitivo) von jdm/etw, unter jdm/etw: **chi tra (di) voi lo conosce?**, wer von euch kennt ihn?; **è la più intelligente tra le persone che conosco**, sie ist der intelligenteste Mensch, den ich kenne; **il tennis è uno tra gli sport che preferisco**, Tennis ist einer meiner Lieblingssportarten **7** (relazione, rif. a due persone o cose) zwischen jdm/etw: **essere incerto tra una cosa e l'altra**, zwischen zwei Dingen schwanken; **tra loro è finita**, zwischen ihnen/[bei beiden] ist es aus; **quei due gemelli si assomigliano poco tra (di) loro**, zwischen diesen Zwillingen besteht nur eine geringe Ähnlichkeit, diese Zwillinge ähneln sich nur wenig; **tra (di) noi**

c'è un'intesa perfetta, zwischen uns herrscht voll(st)es Einverständnis, wir verstehen uns perfekt; (rif. a più persone o cose) unter jdm/etw; auspicare la pace tra i popoli, sich (dat) den Frieden unter den Völkern wünschen 8 (compagnia) unter jdm: a volte ci si sente soli anche tra tanta gente, manchmal fühlt man sich auch unter vielen Leuten allein; tra gli ospiti c'erano anche delle autorità cittadine, unter den Gästen waren auch Vertreter der städtischen Behörden; è arrivato tra i primi, er war unter den Ersten, die ankamen 9 (quantità): tra ... e ..., zwischen etw (dat), bis etw (acc): quel quadro costa tra un milione e un milione e mezzo, dieses Bild kostet ein bis eineinhalb Millionen; la valigia pesa tra i 10 e i 12 kili, der Koffer wiegt ⌊zwischen 10 und 12 Kilo⌋/[10 bis 12 Kilo] 10 (modo o maniera) mit etw (dat pl): trascorre i suoi giorni di vacanza tra la lettura e le passeggiate, er/sie verbringt seinen Urlaub mit Lesen und Spaziergängen 11 (unione) zwischen jdm/etw: l'amicizia tra le due famiglie, die Freundschaft ⌊der beiden Familien⌋/[, die zwischen den beiden Familien besteht] 12 (causa) tra ... e ..., bei etw (dat), wegen etw (gen): tra una cosa e l'altra abbiamo fatto le due, eins kam aufs andere und plötzlich war es zwei her; tra un impegno e l'altro non riesco più ad uscire la sera, wegen all meiner Termine habe ich keine Zeit mehr, abends auszugehen; tra vitto e alloggio ho speso quasi tutto, für Kost und Wohnung habe ich fast alles ausgegeben 13 (presso) bei jdm/etw: gode di molto prestigio tra i colleghi, er/sie genießt bei seinen/ihren Kollegen großes Ansehen 14 (parte): tra ... e ..., halb ... halb: tra il serio e il faceto, halb im Spaß, halb im Ernst **B** loc prep: di tra, zwischen etw (dat), hinter etw (dat); il sole fece capolino di tra le nuvole, die Sonne kam kurz zwischen den Wolken durch • tra l'altro (inoltre), unter anderem; tra breve/poco (quanto prima), in Kürze, bald; tra di noi, unter uns; tra questi/queste (rif. a persone), zwischen/unter ihnen; (rif. a cose), darunter; tra sé, bei sich (dat); tra sé e sé (nel proprio intimo), in seinem Inneren; dire qc tra sé e sé, etw vor sich hin sagen; pensare qc tra sé e sé, sich (dat) insgeheim etw denken; tra tutti non saranno più di dieci, insgesamt werden es nicht mehr als zehn sein; tra tutto farà 10 milioni, alles in allem wird das 10 Millionen kosten.

traballaménto m (barcollamento) {+VECCHIO} Schwanken n, Taumeln n; {+SEDIA, TAVOLO} Wackeln n.

traballànte agg 1 (malfermo) {UBRIACO} taumelnd, torkelnd; {SEDIA, TAVOLINO} wackelig 2 fig (vacillante) {SPERANZA} schwankend; {GOVERNO} wankend forb.

traballàre itr 1 (barcollare) {PONTE} schwanken; {UBRIACO} anche taumeln; {BAMBINO CHE IMPARA A CAMMINARE} tapsen fam, tapsig gehen fam; {SCALA, SEDIA, TAVOLO} wackeln 2 fig (vacillare) {GOVERNO} wanken forb: le sue convinzioni iniziarono a ~, seine/ihre Überzeugungen gerieten ins Wanken 3 rar (tremare) {TERRA} beben.

trabeazióne f arch Gebälk n.

trabìccolo m 1 scherz (auto scassata) (Blech)kiste f fam spreg, Karre f fam spreg 2 scherz spreg (aggeggio strano) seltsames Teil/Dings fam.

traboccànte agg 1 (strapieno) {BICCHIERE, BROCCA, SECCHIELLO} überfließend, überlaufend, übervoll 2 (riboccante) ~ di qc {CUORE DI FELICITÀ} vor etw (dat) überfließend, vor etw (dat) überströmend.

traboccàre <trabocco, trabocchi> **A** itr 1 <essere> (fuoriuscire) ~ da qc {LATTE DAL BRICCO, DAL PENTOLINO; VINO DAL BICCHIERE} aus etw (dat) über|fließen, über|laufen, über|strömen 2 (essere pieno) ~ di qc {PENTOLA DI ACQUA, DI BRODO} voll bis an den Rand (mit etw dat) sein, (von/mit etw dat) übervoll sein 3 fig (essere colmo) ~ di qu {PIAZZA DI MANIFESTANTI; STADIO DI TIFOSI} (mit jdm) überfüllt sein, ⌊voll (von) jdm/+ gen forb⌋/[voller jd/jds] sein, rammelvoll mit jdm sein fam; ~ di qc {ANIMO DI ENTUSIASMO; CUORE DI FELICITÀ, DI GIOIA} vor etw (dat) über|strömen, vor etw (dat) über|fließen, vor etw (dat) über|schäumen: questo paese trabocca di inefficienze, dieses Land ist hoffnungslos desorganisiert 4 rar (straripare) {FIUME} über|treten, über die Ufer treten 5 mar {NAVE} kentern **B** tr <avere> (abbassarsi da un lato) ~ qc etw nach einer Seite neigen/ausschlagen lassen: l'aggiunta del peso fa ~ la bilancia, die Gewichtszugabe lässt die Waage nach einer Seite ausschlagen.

trabocchétto m 1 (congegno) {+CASTELLO} Falltür f, Fallklappe f 2 fig (trappola) Falle f: cadere in un ~, in die Falle gehen/tappen; nel compito di greco ci sono vari trabocchetti, in der Griechischklassenarbeit sind einige Tücken; tendere un ~ a qu, jdm eine Falle stellen/legen, jdn in eine Falle locken.

trabòcco <-chi> m (fuoriuscita) Überlaufen n, Überfließen n: ~ di sangue, Blutsturz m.

trac A inter (di rumore forte) knack, knacks, ratsch **B** <-> m (timore improvviso) {+ATTORE} Lampenfieber n.

tracagnòtto, (-a) agg {RAGAZZO} untersetzt.

tracannàre A tr (bere avidamente) ~ qc {BICCHIERE DI VINO, BOCCALE DI BIRRA} etw hinunter|stürzen, etw hinunter|kippen, etw hinunter|kippen fam **B** rfl indir intens (bere avidamente): tracannarsi qc etw hinunter|stürzen, etw hinuntergießen, etw hinunter|kippen fam, sich (DAT DI VANTAGGIO) zulaufen lassen fam: in una serata si è tracannato una bottiglia di vodka, an einem Abend hat er ⌊eine Flasche Wodka hinuntergekippt fam⌋/[sich mit einer Flasche Wodka zulaufen lassen].

tràcchete → trac.

tràccia <-ce> f 1 (impronta) {+RUOTE DI UN'AUTO} Spur f: tracce di una slitta sulla neve, Schlittenspuren f pl im Schnee; {+SELVAGGINA} Fährte f; {+NAVE} Kielwasser n; fig {+ASSASSINO} Spur f; essere sulle tracce di qu, jdm auf der Spur sein; dopo il furto i ladri hanno fatto sparire ogni ~, nach dem Diebstahl haben die Diebe alle Spuren verwischt; non lasciar ~ di sé, spurlos verschwinden; far perdere le proprie tracce, seine Spuren verwischen; del rapito nessuna ~, vom Entführten keine Spur 2 fig (testimonianza) {+SOGGIORNO DI UN POETA} Zeugnis n: <di solito al pl> {+CIVILTÀ} Überreste m pl, Spuren f pl 3 fig (abbozzo) {+COMPONIMENTO, COREOGRAFIA, DISCORSO} Entwurf m, Skizze f 4 chim med {+GLUCOSIO, SANGUE} Spur f 5 elettr Rinne f, Nut f 6 min {+ORO} Schram m.

tracciàbile agg {LINEA} skizzierbar.

tracciabilità <-> f comm {+OLIO D'OLIVA} "Nachvollziehbarkeit f der Herkunft und Herstellung".

tracciaménto m 1 (azione) {+PERCORSO DI GARA} Abstecken n; {+PISTA DA SCI} Spuren n 2 mecc Anreißen n.

tracciànte A agg 1 {PROIETTILE} Leuchtspur- 2 chim {LIQUIDO} Spuren- **B** m (proiettile) Leuchtpurgeschoss n • radioattivo chim, Radioindikator m.

tracciàre <traccio, tracci> tr ~ qc 1 (segnare) {ARATRO SOLCHI} etw ziehen; {CONFINE, PERCORSO DI GARA} etw ab|stecken; {PERCORSO FERROVIARIO, STRADA} etw trassieren 2 (disegnare) {SEGMENTO} etw zeichnen; {LINEA} anche etw ziehen; {DIAGRAMMA} etw (auf)zeichnen; {SCHIZZO} etw vor|zeichnen 3 fig (abbozzare) {PROGETTO DI COSTRUZIONE} etw entwerfen; {TEORIA} etw umreißen 4 fig (tratteggiare a grandi linee) {PROFILO DELLA LETTERATURA TEDESCA DEL SETTECENTO} etw umreißen, einen Überblick über etw (acc) geben; {CAPITOLO DI UN ROMANZO} etw skizzieren 5 mar {ROTTA} etw vor|zeichnen 6 mecc tecnol etw an|reißen.

tracciàto m 1 (linea disegnata all'interno di uno schema, cartina, ecc) {+STRADA} Trasse f, Verlauf m: sulla cartina era segnato il ~ del tratto di ferrovia da costruire, die Trasse der zu bauenden Eisenbahnstrecke war auf der Karte eingezeichnet 2 (abbozzo) Entwurf m: in fondo alla valle si vedeva il ~ di una strada mai finita, unten im Tal sah man den Entwurf einer nie zu Ende gebauten Straße 3 med {ELETTROCARDIOGRAFICO} Verlauf m 4 mar {+ROTTA} Kurs m 5 sport (percorso) {+GARA} Strecke f.

tracciatóre, (-trice) **A** m (f) 1 mecc (operaio) Anreißer(in) m(f) 2 sport (nello sci): ~ di ~ della prima manche dello slalom, er hat den ersten Slalomdurchgang abgesteckt **B** m 1 inform: ~ di grafici, Plotter m 2 mil Leuchtspurkapsel f • ~ di rotta mar, Kursaufzeichnungsgerät n, Kurszeichner m.

trachèa f anat Luftröhre f.

tracheìte f med Luftröhrenentzündung f, Tracheitis f scient.

tracheoscopìa f med Luftröhrenspiegelung f, Tracheoskopie f scient.

tracheotomìa f med Luftröhrenschnitt m, Tracheotomie f scient.

tracheotomizzàre tr med ~ qu jdn tracheotomieren scient.

tracimàre itr (straripare) {DIGA} über|laufen, über|strömen.

tracimazióne f (straripamento) {+FIUME} Überströmen n, Überlaufen n.

trackball <-> f ingl inform {+COMPUTER PORTATILE} Trackball m, Rollkugel f.

tracking <-> m ingl TV Spureneinstellung f.

tracklist <-> f ingl (elenco delle tracce) {+NUOVO ALBUM} Tracklist f.

trackpad <-> m ingl inform Trackpad n.

track-point <-> m ingl inform Trackpoint m.

tracòlla A f 1 (striscia di cuoio) Schultergurt m, Schulterriemen m 2 (borsa) Umhängetasche f **B** loc avv: a ~, umgehängt; portare qc a ~, etw umgehängt tragen.

tracollàre itr <essere> 1 (abbassarsi per il peso) {PIATTO DELLA BILANCIA} sinken 2 fig (subire una diminuzione) {PREZZI, VALORE DI UN'AZIONE} stark sinken, stürzen.

tracòllo m fig (crollo) {FINANZIARIO, FISICO} Zusammenbruch m; {+AZIONI DELLA BORSA} Sturz m, {DITTA} Talfahrt f: ~ di borsa, Börsensturz m; la ditta ha subìto un ~, die Firma hat Pleite gemacht fam.

tracòma <-i> m med Körnerkrankheit f, Trachom m scient.

tracotànte A agg (arrogante) {ATTEGGIAMENTO, INDIVIDUO} anmaßend, überheblich, arrogant **B** mf anmaßender/überheblicher Mensch.

tracotànza f (arroganza) {+GIOVANE} Anmaßung f, Überheblichkeit f, Arroganz f.

trad. abbr di traduzione: Übers. (abbr di Übersetzung).

trademark <-, - -s pl ingl> loc sost m ingl

(*marchio di fabbrica*) Warenzeichen n, Schutzmarke f.

trade-off <-> m *ingl econ* Trade-off m, negative wechselseitige Abhängigkeit.

trade union <-, - -s pl *ingl*⟩ loc sost f *ingl* (*organizzazione sindacale inglese*) Trade Union f.

tradiménto **A** m (*infedeltà*) {+AMICO, IDEA, PATRIA; INFAMANTE} Verrat m: **alto ~**, Hochverrat m; **commettere un ~ contro qu/qc**, an jdm/etw Verrat begehen/üben, jdn/etw verraten; (*del coniuge*) Untreue f **B** loc avv (*inaspettatamente*): **a ~**, hinterrücks, heimtückisch; **amazzare qu a ~**, jdn hinterrücks erschlagen.

trading <-> m *ingl econ* Trading n, Handeln n: **~ company**, Trading Company f, Handelsunternehmen n, Handelsgesellschaft f.

tradìre <*tradisco*⟩ **A** tr 1 (*venir meno a un dovere, a un patto, ecc.*) ~ (**qu/qc**) {COMPAGNO, I PROPRI IDEALI, PATRIA, SEGRETO} jdn/etw verraten, Verrat (*an jdm/etw*) begehen 2 (*commettere adulterio*) ~ (**qu**) {MARITO, MOGLIE} jdn betrügen, (*jdm*) untreu sein: **non è capace di ~**, er/sie kann nicht untreu sein 3 (*deludere*) ~ **qc** {PROPRIA FAMA} etw (*dat*) nicht gerecht werden; {ASPETTATIVE ALTRUI, FIDUCIA DI QU} etw enttäuschen 4 (*mancare*) ~ **qu** jdn täuschen, jdn trügen, jdn verlassen: **le forze mi hanno tradito**, meine Kräfte haben mich verlassen; **se la memoria non mi tradisce**, wenn mich mein Gedächtnis nicht trügt/täuscht 5 (*travisare*) ~ **qc** {PENSIERO DI UN FILOSOFO, TESTO} etw entstellen 6 (*ingannare*) ~ (**qu**) (*jdn*) trügen: **è un vino che tradisce**, das ist ein heimtückischer/trügerischer Wein 7 (*palesare involontariamente*) ~ **qu/qc** {TONO DELLA VOCE AMICO; VOLTO IMPAZIENZA, DISAPPUNTO} jdn/etw verraten **B** rfl (*smascherarsi*): **tradirsi (con qc)** {CON UN GESTO, CON UNA PAROLA} sich (*durch etw acc*) verraten.

tradìto, (-a) agg 1 (*ingannato*) {AMICO} verraten, betrogen, hinters Licht geführt fam 2 (*che subisce infedeltà coniugale*) {MARITO} betrogen 3 (*deluso*) {FIDUCIA} enttäuscht.

traditóre, (-trice o **-tora) A** m (f) 1 Verräter(in) m(f) 2 (*adultero*) Betrüger(in) m(f) **B** agg 1 (*che tradisce*) verräterisch 2 (*adultero*) betrügerisch 3 (*ingannatore*) {GESTO, PROMESSA} trügerisch, täuschend; {VINO} (heim)tückisch.

tradizionàle agg 1 (*conforme alla tradizione*) {FESTA, PALIO} traditionell; {COSTUMI, USI} anche überliefert; {METODO} herkömmlich 2 (*consueto*) traditionell, üblich, gewöhnlich: **la ~ partita di calcio dei cantanti contro gli attori**, das traditionelle/übliche Fußballspiel zwischen Sängern und Schauspielern.

tradizionalìsmo m *anche filos relig* Traditionalismus m.

tradizionalìsta <-i m, -e f> mf *anche filos relig* Traditionalist(in) m(f).

tradizionalìstico, (-ci, -che) agg (*del tradizionalismo*) {METODO} traditionalistisch.

tradizióne f 1 (*consuetudine*) {CONTADINA, FAMILIARE, POPOLARE} Brauch m, Tradition f: è ~ **che la sposa lanci il suo bouquet alle amiche**, es ist so Brauch, dass die Braut ihren Freundinnen das Bukett zuwirft 2 (*trasmissione di memorie*) {DEMOCRATICA, FILOSOFICA, LETTERARIA} Tradition f; {ORALE, SCRITTA} *anche* Überlieferung f 3 (*consegna*) {+COSA} Übergabe f.

tradótta f *mil* Militärzug m.

tradótto part pass *di* tradurre.

traducènte m *ling* Übersetzung f.

traducìbile agg ~ (**in qc**) 1 (*che si può tradurre*) {GIOCO DI PAROLE, MODO DI DIRE, IN TEDESCO} (*in etw acc*) übersetzbar 2 *fig* (*che si può esprimere*) {EMOZIONE, DOLORE, SENTIMENTO IN VERSI} (*in etw dat*) ausdrückbar.

traducibilità <-> f (*l'essere traducibile*) {+TESTO} Übersetzbarkeit f.

tradùrre <*coniug come* condurre⟩ tr 1 (*volgere in un'altra lingua*) ~ **qu/qc** (**da qc**) (**in qc**) {DANTE, ARTICOLO, RACCONTO, ROMANZO DAL TEDESCO IN ITALIANO} jdn/etw (*aus/von etw dat*) (*in etw acc*) übersetzen; jdn/etw (*aus/von etw dat*) (*in etw acc*) übertragen forb: ~ **liberamente**, frei übersetzen; **le opere di Goethe sono state tradotte in molte lingue**, Goethes Werke wurden in viele Sprachen übersetzt; **mentre il poeta parlava in italiano l'interprete traduceva simultaneamente in tedesco**, während der Dichter auf Italienisch sprach, übersetzte der Dolmetscher simultan ins Deutsche 2 *fig* (*mettere*) ~ **qc in qc** {IN ATTO UN PROGRAMMA, IN DECRETO UN PROGETTO, IN PRATICA UN'IDEA} etw in etw (*acc*) um|setzen 3 *fig* (*esprimere*) ~ **qc in qc** {CONCETTO IN PAROLE CHIARE, IN PAROLE POVERE} etw in/mit etw (*dat*) wieder|geben; {UN AFFARE IN CIFRE} etw in etw (*dat*) aus|drücken: **il compositore ha tradotto quest'idea in musica**, der Komponist hat diese Idee in Musik umgesetzt 4 *amm dir* ~ **qu in qc** {IN CARCERE, IN QUESTURA} jdn in etw (*acc*) überführen, jdn in etw (*acc*) verbringen; {IN GIUDIZIO} jdn vor etw (*acc*) bringen.

traduttìvo, (-a) agg (*che riguarda la traduzione*) {METODO} Übersetzungs-.

traduttologìa <-gie rar⟩ f (*disciplina*) Übersetzungs-, Translationswissenschaft f.

traduttóre, (-trice) A m (f) {LETTERARIO, MEDIOCRE, PREGEVOLE; +UNGARETTI} Übersetzer(in) m(f): ~ **simultaneo**, Simultandolmetscher m **B** m (*libretto*) Pons m *slang*, Schlauch m *slang* • ~ **elettronico** *inform*, Übersetzungscomputer m.

traduzióne f 1 (*abbr trad.*) {INFEDELE, OTTIMA; +BÜCHNER, POESIA} Übersetzung f, (*azione*) *anche* Übersetzen n: ~ **consecutiva**, Konsekutivdolmetschen n; ~ **all'impronta**, Stegreifübersetzung f; **una ~ dall'italiano al tedesco**, eine Übersetzung [aus dem]/[vom] Italienischen ins Deutsche; ~ **letterale/libera**, wörtliche/freie Übersetzung; ~ **a senso**, sinngemäße Übersetzung; ~ **simultanea**, Simultanübersetzung f 2 *fig* (*realizzazione*) Umsetzen n, Umsetzung f: ~ **dell'idea di libertà in un dipinto**, Umsetzung f der Freiheitsidee in ein Gemälde 3 *amm dir* {+ARRESTATO} Überführung f.

traènte A m *dir comm banca* (*chi sottoscrive l'ordine di pagare*) {+ASSEGNO} Aussteller(in) m(f); {+TRATTA} Aussteller(in) m(f), Trassant m **B** agg 1 {SETTORE} antreibend 2 *fis* {AZIONE} ziehend, Zug-.

traèsti 2[a] pers sing del pass rem *di* trarre.

trafelàto, (-a) agg (*affannato*) atemlos, keuchend, außer Atem: **essere tutto ~**, ganz außer Atem sein.

trafficànte mf 1 *spreg* (*commerciante*) Schieber(in) m(f) *fam*: ~ **d'armi**, Waffenhändler(in) m(f); ~ **di droga**, Drogenhändler(in) m(f) 2 *spreg* (*armeggione*) Intrigant(in) m(f) *forb*.

trafficàre <*traffico, traffichi*⟩ itr 1 (*commerciare*) ~ **in qc** {IN AUTOMOBILI USATE, IN DROGA, IN LEGNAMI, IN TESSUTI} mit etw (*dat*) handeln, mit etw (*dat*) Handel treiben; {IN ARMI, IN PRODOTTI DI CONTRABBANDO} *anche* etw verschieben *fam* 2 *fam* (*armeggiare*) sich (*dat*) an etw (*dat*) zu schaffen machen *fam*, an etw (*dat*) rummachen *fam*: **che cosa stai trafficando tra i miei libri?**, was machst du da an meinen Büchern rum *fam*? 3 *fam* (*lavorare*) arbeiten, wursteln *fam*: **ieri ho trafficato tutto il pomeriggio in casa**, gestern habe ich den ganzen Nachmittag im Haus gearbeitet/gewurstelt *fam*.

trafficàto, (-a) agg (*battuto*) {STRADA} verkehrsreich, stark befahren; {ZONA} stark frequentiert.

traffichìno, (-a) m (f) *fam* Geschäftemacher(in) m(f) *spreg*.

tràffico <-ci⟩ m 1 (*movimento di mezzi di trasporto*) {+PORTO, STAZIONE} Verkehr m: ~ **aereo/automobilistico/ferroviario/marittimo**, Luft-/Auto-/Eisenbahn-/Schiffsverkehr m; che ~!, was für ein Verkehr!; ~ **cittadino/stradale**, Stadt-/Straßenverkehr m; ~ **merci**, Güterverkehr m; ~ **nazionale**, Binnenverkehr m; **in quella strada il ~ è interrotto**, in dieser Straße ist der Verkehr unterbrochen 2 (*commercio illecito*) Handel m: ~ **di armi/organi/stupefacenti**, Waffen-/Organ-/Rauschgifthandel m.

trafficóne, (-a) m (f) Geschäftemacher(in) m(f) *spreg*.

trafìggere <*irr trafiggo, trafiggi, trafissi, trafitto*⟩ tr 1 (*trapassare da parte a parte*) ~ **qu con qc** jdn mit etw (*dat*) durchbohren, ihn trafisse con la spada, er/sie durchbohrte ihn mit dem Schwert; ~ **qc (a qu)** {CUORE} (*jdm*) etw durchbohren: **un chiodo le trafisse una mano**, ein Nagel durchbohrte ihre Hand 2 *fig* (*colpire*) ~ **qc** etw stechen: **un dolore acuto gli trafisse il petto**, ein stechender Schmerz durchbohrte seine Brust 3 *fig* (*ferire profondamente*) ~ **qu/qc** {CALUNNIA, PAROLE CRUDELI AMICO} jdn verletzen, jdn betrüben: **sono parole che trafiggono il cuore**, es sind Worte, die ins Herz treffen.

trafìla f 1 (*sequela*) {FATICOSA, LUNGA, SOLITA} Verfahren n, Prozedur f: ~ **burocratica**, Amtsweg m, bürokratische Prozedur; **fare tutta la ~**, die ganze Prozedur durchlaufen 2 *metall* (*Draht*)zieheisen n.

trafilàre tr *metall* ~ **qc** etw ziehen.

trafilatrìce f *tecnol* (*macchina*) Ziehmaschine f.

trafilétto m *giorn* (*articolo breve*) Pressenotiz f, kurze Zeitungsmeldung f.

trafìssi 1[a] pers sing del pass rem *di* trafiggere.

trafìtta f (*ferita*) Stichwunde f.

trafìtto part pass *di* trafiggere.

traforàre tr 1 (*passare da parte a parte*) ~ **qc (con qc)** {PARETE CON UNO SCALPELLO} etw (*mit etw dat*) durchbohren; {TERRENO} etw in Loch in etw (*acc*) graben: ~ **una montagna**, einen Tunnel durch einen Berg bauen 2 (*intagliare*) ~ **qc** {LAMINA DI METALLO} etw in etw (*acc*) gravieren; {TAVOLETTA DI LEGNO} etw durch|bohren, etw ein|schneiden; **lavori femminili** {LENZUOLA, TOVAGLIA} etw durch|stechen.

trafóro m 1 (*azione*) {+MONTAGNA} (Durch)bohrung f, Durchbohren n; {+FOGLIO DI COMPENSATO} Einschnitt m 2 (*galleria*) Tunnel m: **il ~ del Monte Bianco**, der Montblanc-Tunnel 3 (*attività per ragazzini*) Laubsägearbeit f 4 **lavori femminili** Durchbrucharbeit f.

trafugaménto m (*furto*) {+ATTI DI UN PROCESSO} Entwendung f: ~ **di una salma**, Leichendiebstahl m.

trafugàre <*trafugo, trafughi*⟩ tr (*sottrarre*) ~ **qu/qc** {GIOIELLI, QUADRI, SALMA DI UN DEFUNTO} jdn/etw stehlen, etw entwenden *forb*.

trafugàto, (-a) agg (*portato via*) {DIPINTO, SALMA} gestohlen, entwendet.

tragèdia f 1 *fig* (*grave sventura*) Unglück n, Tragödie f: **la perdita dei genitori è stata una ~ per il ragazzo**, der Verlust seiner Eltern war ein [schwerer Schicksalsschlag]/[großes Unglück] für den Jungen 2 *teat* {GRECA, ROMANA; +ESCHILO, EURIPIDE} Tragödie f: **una ~ in tre atti**, eine Tragödie in/mit drei Akten • **non è il caso di farne una ~!**, daraus braucht man doch keine Tragödie *fam* zu machen!

tragediògrafo, (-a) m (f) (*scrittore di tragedie*) {TEDESCO} Tragödiendichter(in) m (f).

tràggo 1ª *pers sing del pres* di trarre.

traghettaménto m **1** (*attraversamento*) {+CANALE, FIUME} Überquerung f; (*azione*) *anche* Überqueren n **2** (*il far traghettare*) {+PASSEGGERI} Überfahrt f; (*azione*) *anche* Übersetzen n.

traghettàre tr **1** (*fare attraversare*) ~ **qu/qc** {PASSEGGERI, TURISTI, MERCI} jdn/etw über|setzen **2** (*attraversare con un'imbarcazione*) ~ **qc** {CANALE, FIUME} etw überqueren.

traghettatóre, (-trice) m (f) Fährmann m • ~ **delle anime** *mitol* (*Caronte*), Charon m.

traghétto m **1** (*battello*) Fähre f, Fährschiff n: **prendere il ~ per ₍le isole Eolie₎/[la Corsica]**, mit dem Fähre zu den Äolischen Inseln₎/[nach Korsika] nehmen **2** (*trasporto*) {+PASSEGGERI, VEICOLI} Überfahrt f, Überquerung f • ~ **spaziale**, Raumfähre f.

tràgica f → **tragico**.

tragicità <-> f *anche fig* (*drammaticità*) {+EVENTO, SCENA} Tragik f.

tràgico, (-a) <-ci, -che> **A** agg **1** *fig* (*drammatico*) {ESPERIENZA, INCIDENTE} tragisch: **fare una fine tragica**, ein tragisches Ende nehmen **2** *lett teat* {AUTORE, GENERE, RUOLO, STILE} Tragödien- **B** m (f) **1** *lett teat* (*autore*) Tragödiendichter(in) m (f), Tragiker(in) m (f) *obs*: **i tragici greci**, die griechischen Tragiker *obs* **2** *teat* (*attore*) Tragödiendarsteller(in) m (f), Tragöde m, (Tragödin f) **C** m **1** Tragik f, Tragische n *decl come agg*: **il ~ e il comico**, das Tragische und das Komische **2** *fig* (*tragicità*) {+SITUAZIONE} Tragik f: **prendere qc sul ~**, etw tragisch *fam* nehmen; **il ~ è che non ci sono vie d'uscita**, das Tragische *fam* dabei ist, dass es keinen Ausweg gibt.

tragicòmico, (-a) <-ci, -che> agg **1** *fig* {SITUAZIONE} tragikomisch *forb* **2** *lett teat* {OPERA} tragikomisch.

tragicommèdia f **1** *fig* Tragikomödie f *forb*: **ho assistito a una vera e propria ~**, ich habe einer echten Tragikomödie *forb* beigewohnt **2** *lett teat* Tragikomödie f.

tragitto m (*percorso*) {BREVE, LUNGO} (Weg)strecke f; (+AUTOBUS) Fahrt f: **durante il ~ da una stazione all'altra**, auf der Fahrt von einem Bahnhof zum anderen.

traguardàre tr **1** (*guardare attraverso due mire*) ~ **qc** {TIRATORE BERSAGLIO} etw (an|)visieren **2** *rar* (*guardare furtivamente*) ~ **(qu/qc)** jdn/etw verstohlen betrachten/an|schauen.

traguàrdo m **1** (*punto d'arrivo*) {+CORSA} Ziel n: **arrivare primo al ~**, als Erster am Ziel ankommen; **tagliare il ~**, durchs Ziel gehen; ~ **volante**, Teilstreckenziel n **2** *fig* (*obiettivo*) {+CICLO DI STUDI, LAVORO} Ziel n: **il ~ dei nostri sforzi**, das Ziel unserer Anstrengungen **3** *mil* Visier(aufsatz m) n.

trài 2ª *pers sing dell'imperat* di trarre.

traiettòria f {+PIANETA} (Flug)bahn f: ~ **di un proiettile**, Geschossbahn f.

trailer <-> m *ingl* **1** (*carrello*) {+AUTO} Anhänger m **2** *film TV* Trailer m.

trainànte agg **1** (*trascinante*) {ELEMENTO, RUOLO} mitreißend **2** *econ* {INDUSTRIA} führend.

trainàre tr **1** (*trascinare*) ~ **qu/qc** {AUTOMOBILISTA, FURGONE} jdn/etw (ab|)schleppen; {CARRETTO, SLITTA, LOCOMOTIVA VAGONI} etw (hinter sich dat) (her)ziehen: **si è fatto ~ fino al distributore di benzina**, er hat sich bis zur Tankstelle schleppen lassen **2** *fig* (*fare da traino*) ~ **qc** {SETTORE AUTOMOBILISTICO, ECONOMIA ITALIANA} das Zugpferd *von* etw (dat) sein, etw an|kurbeln, etw voran|treiben.

trainer <-> m *ingl* **1** (*allenatore*) {+SQUADRA DI CALCIO} Trainer m; {+CAVALLI DA CORSA} Zureiter m **2** (*nell'organizzazione aziendale*) Trainer m.

training <-> m *ingl* **1** (*nell'organizzazione aziendale*) Training n **2** *sport* Training n • ~ **autogeno** *psic*, autogenes Training.

tràino m **1** (*il trainare*) {MECCANICO; +VEICOLO GUASTO} Schleppen n: ~ **animale**, Ziehen n durch ein Zugtier **2** (*carico*) {PESANTE; +TRONCHI D'ALBERO} Ladung f, Fuhre f **3** (*carro*) Schlitten m • **fare da ~** *fig* (*essere l'elemento trainante*), das Zugpferd sein.

trait d'union <-, -s> pl *franc* loc sost m *franc* **1** *fig* (*intermediario*) Mittelsmann m, Vermittler m, Mittelsperson f, Mittler m *forb*: **fare da trait d'union fra due persone**, als Mittler *forb* zwischen zwei Personen fungieren **2** *fig* (*legame*) Band n, Verbindung f **3** *tip* Bindestrich m.

tralasciàre <tralascio, tralasci> tr ~ **qc** **1** (*lasciare da parte*) {DETTAGLIO, PARTICOLARE} etw weg|lassen, etw aus|lassen; **non ~ di leggere l'introduzione del testo!**, unterlass/versäume es nicht, die Einleitung des Textes zu lesen! **2** (*interrompere*) ~ **qc** {GLI STUDI} etw ab|brechen.

tràlcio <-ci> m *bot* {+VITE} Rebling m; {+EDERA} Trieb m, Schössling m.

tralìccio <-ci> m **1** (*struttura*) {METALLICO} Gerüst n, Gitter n **2** (*pilone*) (Strom-, Leitungs-, Gitter)mast m: **i terroristi hanno fatto saltare due tralicci**, die Terroristen haben zwei Strommasten in die Luft gesprengt **3** *tess* {+CANAPA; GREZZO, LISCIO} Drillich m.

tralìce loc avv (*obliquamente*): **in/rar di ~**, {ANDARE} schief; {GUARDARE} *anche* schräg.

tralignàre itr *forb* <essere o avere> **1** (*degenerare*) entarten, degenerieren, verkommen *spreg* **2** *fig* (*allontanarsi*) ~ **da qc** {DALLA GIUSTA STRADA} *von* etw (dat) ab|kommen **3** *rar* (*inselvatichirsi*) {MELO} verwildern.

trallallà inter **1** (*di allegrezza*) trallala **2** (*di indifferenza*) trallala.

trallallèra, **trallallèro** inter **1** (*di soddisfazione*) trallala **2** (*di indifferenza*) trallala.

tralùcere <irr difet non usato al part pass, traluco, tralucei> itr **1** *rar* (*passare attraverso*) {RAGGIO DI SOLE} (hin)durch|scheinen, (hin)durch|schimmern **2** *fig* (*trasparire*): **nello sguardo gli traluceva la paura**, aus seinem Blick sprach die Angst.

tram <-> m Straßenbahn f, Tram f *obs*: ~ **a cavalli**, Pferdebahn f • **attaccati al ~!** *fig fam* (*arrangiati!*), sieh zu, wie du weiter-/zurechtkommst!; **perdere il ~**, die Straßenbahn verpassen; *fig* (*una buona occasione*), eine gute Gelegenheit verpassen, den Anschluss verpassen *fam*.

tràma f **1** (*insieme di fili*) {+TESSUTO} Schuss m, Einschlag m, Einschuss m: **stoffa a ~ fitta/rada**, eng-/weitmaschiger Stoff; (*filo singolo*) Schussfaden m **2** *fig* (*intreccio*) {+FILM, OPERA, ROMANZO} Handlung f **3** *spreg* (*macchinazione*) Intrige f, Machenschaften f pl *spreg*: **ordire una ~ ai danni di qu**, eine Intrige zu jds Schaden spinnen • **tessere le ~ di un bel gioco** *sport* (*nel calcio*), ein gutes Spiel liefern.

tramandàre tr (*trasmettere nel tempo*) ~ **qc** (**a qu**) {LEGGENDA} (jdm) etw überliefern; {COSTUMI, IDEE AI POSTERI, USANZE} *anche etw* (an jdn) weiter|geben: **una tradizione che si tramanda di padre in figlio**, eine Tradition, die jeweils vom Vater an den Sohn weitergegeben wird.

tramandàto, (-a) agg (*trasmesso*) {LEGGENDA, TRADIZIONE} überliefert.

tramàre tr **1** ~ **qc** (**contro qu**) {CONGIURA, INGANNO, INSIDIA CONTRO UN NEMICO} etw (gegen jdn) an|zetteln *spreg*, etw (gegen jdn) an|stiften, (gegen jdn) komplottieren *obs*: **che cosa stai tramando?**, was zettelst du da gerade an? *spreg*; (*uso assol*) ~ (**contro qu**) (gegen jdn) hetzen *spreg*, (gegen jdn) intrigieren, Ränke (gegen jdn) schmieden *forb obs* **2** *rar tess* ~ **qc** {TESSUTO} etw an|zetteln.

trambùsto m (*confusione*) Getümmel n, Durcheinander n, Tohuwabohu n *fam* ~!, was für ein Durcheinander!; **nel ~ li ho persi di vista**, in dem Getümmel habe ich sie aus den Augen verloren.

tramenìo <-nii> m **1** (*rumore*) {+MOBILI} Gepolter n **2** *tosc lett* (*andirivieni*) {+GENTE} Kommen und Gehen n **3** *tosc lett* (*lo spostamento continuo*) Hin-und-her-Rücken n.

tramestàre *tosc* **A** itr (*frugare mettendo sottosopra*) ~ (+ **compl di luogo**) {NEI CASSETTI, irgendwo} wühlen *fam*, *irgendwo* kramen *fam* **B** tr (*mescolare*) ~ **qc** {COLORI} etw mischen.

tramestìo <-stii> m (*confusione*) Durcheinander n.

tramezzàre tr **1** (*intercalare*) ~ **qc in qc** {PAUSA IN UN DISCORSO} etw in etw (acc) ein|fügen **2** *edil* ~ **qc** {STANZA} etw durch eine Zwischenwand teilen **3** *gastr* ~ **qc a qc** {STRATI DI RAGÙ A PASTA} etw mit etw (dat) ab|wechseln.

tramezzìno m Sandwich m o n: ~ **al/col prosciutto**, Schinkensandwich m o n.

tramèzzo **A** m **1** (*merletto*) Entredeux m *obs* (*Spitzeneinsatz zwischen zwei Gewebestreifen*) **2** *edil* Zwischenwand f: ~ **in legno**, Holzwand f; Trennwand f aus Holz; ~ **in muratura**, gemauerte Wand **B** avv *rar* (*frammezzo*) {TROVARSI} dazwischen, mittendrin *fam*.

tràmite **A** m (*intermediario*) Vermittlung f: **fare da ~**, vermitteln, als Vermittler fungieren **B** *in funzione di prep* (*per mezzo*): ~ **qu/qc** durch jdn/etw, mittels etw (gen), mit Hilfe *von* jdm/etw: **Le invierò il pacco ~ ₍mio figlio₎/[il corriere]**, ich werde Ihnen das Paket durch ₍meinen Sohn₎/[einen Kurier] zuschicken **C** *loc prep* (*per mezzo di*): **per il ~ di qu**, durch jds Vermittlung, auf jds Vermittlung hin.

tramòggia <-ge> f {+FRANTOIO, MULINO} Trichter m: ~ **della calce**, Kalkbunker m.

tramontàna **A** f Nordwind m **B** <inv> loc agg (*verso nord*): **a ~**, nach Norden **C** loc avv (*verso nord*): **a ~**, nach Norden • **perdere la ~** *fig scherz* (*perdere il controllo di sé*), den Kopf verlieren.

tramontàre itr <essere> **1** unter|gehen: **oggi il sole tramonta alle 19**, heute geht die Sonne um 19.00 Uhr unter **2** *fig* (*dileguarsi*) {ENTUSIASMI, SPERANZE} schwinden; {BELLEZZA, GIOVINEZZA} vergehen: **la sua stella sta tramontando**, sein/ihr Stern ist ₍im Sinken₎/[am Untergehen] *fam*.

tramónto m **1** (*del sole*) (Sonnen)untergang m: **al ~**, bei (Sonnen)untergang; {+ASTRO, LUNA} Untergang m **2** *fig* (*declino*) {+CIVILTÀ} Niedergang m, Untergang m, Verfall m: **essere al ~**, {MODELLA} nicht mehr gefragt sein; {AUTORE} *obs* dem Ende *fam* [MODA] *anche* zu Ende sein; {STELLA CINEMATOGRAFICA} untergegangen sein • **il ~ della vita** *fig* (*la parte finale*), Lebensabend m.

tramortiménto m (*perdita dei sensi*) Besinnungslosigkeit f.

tramortire <tramortisco> **A** tr <avere> (far perdere i sensi) ~ **qu/qc** (**con qc**) {CON UN PUGNO} jdn/etw (mit etw dat) betäuben **B** itr <essere> (perdere coscienza) ~ (**per qc**) {RAGAZZO PER LO SPAVENTO} durch etw (acc) ohnmächtig werden, vor etw (dat) die Besinnung verlieren.

tramortìto, (-a) agg (svenuto) {PUGILE} besinnungslos.

trampolière m fam ornit Stelzvogel m, Sumpfvogel m.

trampolìno m **1** (per tuffi) Sprungbrett m **2** (per sci) Sprungschanze f ● essere il ~ di lancio per qu/qc fig (punto di partenza verso il successo), das Sprungbrett für jdn/etw sein.

tràmpolo m **1** <di solito al pl> Stelze f: il pagliaccio cammina sui trampoli, der Clown geht/läuft auf Stelzen **2** fig scherz (scarpe con tacco molto alto) Stöckelschuhe m pl **3** fig scherz (gambe lunghe) Stelzen f pl fam scherz ● il tuo ragionamento si regge sui trampoli fig (su basi deboli) die Beweisführung steht auf schwachen/tönernen/schwankenden Füßen.

tramutàre **A** tr **1** (cambiare) ~ **qc** {ASPETTO} etw (ver)ändern; ~ **qu/qc** (**in qu/qc**) {INCANTESIMO RANOCCHIO IN PRINCIPE, ZUCCA IN COCCHIO} jdn/etw (in jdn/etw) verwandeln; fig (L'AMORE IN ODIO) etw in etw (acc) verwandeln **2** (trasferire) ~ **qu** {DIRETTORE DI BANCA} jdn versetzen **3** (travasare) ~ **qc** {VINO} etw um|füllen **4** (trapiantare) ~ **qc** {VITI} etw um|pflanzen **B** itr pron rfl (trasformarsi): **tramutarsi in qc** (DAFNE IN ALLORO; AVVERSIONE IN SIMPATIA) sich in etw (acc) verwandeln.

tramutazióne f (mutamento) Verwandlung f; (azione) etw Verwandeln n.

tramvài <-> m → **tram**.

trance <-> f franc **1** (nell'occultismo) Trance f: ~ **spirìtica**, spiritistische Trance **2** fam (estasi) Trance f: **cadere in ~**, in Trance fallen.

tranchant <inv> agg franc (perentorio) {RISPOSTA, TONO} scharf, schneidend.

tranche <-> f franc **1** (parte) {+INTERVISTA} Teil m **2** econ Tranche f **3** gastr (+TORTA) Stück n; {+CARNE} Tranche f, Schnitte f region ● essere una ~ de vie fig film lett teat (parte realistica), wie aus dem Leben gegriffen sein.

trància <-ce> f **1** (tranciatrice) Schneidemaschine f **2** (fetta) {+SALMONE} Scheibe f, Tranche f.

tranciàre <trancio, tranci> tr ~ **qc 1** gastr {POLLO} etw tranchieren, etw zerlegen **2** mecc {BILLETTA} etw (ab)scheren.

tranciatrìce f tecnol Schneidemaschine f.

tranciatùra f tecnol Schneiden n, Schnitt m.

tràncio <-ci> m (fetta) {+TORTA} Stück n; {+PESCE SPADA} Scheibe f, Tranche f, Schnitte f region.

tranèllo m **1** (inganno) Falle f, Hinterhalt m: **cadere in un ~**, in eine Falle gehen; **chiedere qc a qu a ~**, jdm eine Fangfrage stellen; **domanda a ~**, Fangfrage f; **tendere un ~ a qu**, jdm eine Falle stellen **2** scherz (difficoltà) Tücke f: **nel compito di chimica c'erano alcuni tranelli**, die Chemieklassenarbeit hatte einige Tücken.

tranése **A** agg von/aus Trani **B** mf (abitante) Einwohner(in) m(f) von Trani.

trangugiàre <trangugio, trangugi> tr ~ **qc 1** (ingerire frettolosamente) {LA CENA, UN PIATTO DI PASTA} etw verschlingen, etw in sich hineinstopfen **2** anche fig (inghiottire a malincuore) {AMAREZZE, BOCCONI AMARI, MEDICINA} etw (hinunter)schlucken **3** rar fig (dilapidare) {PATRIMONIO} etw verschwenden, etw durch|bringen.

trànne **A** prep (salvo) ~ **qu/qc** außer jdm/etw, bis auf jdn/etw, abgesehen von jdm/etw/(+gen), mit Ausnahme von jdm/etw/(+gen): **sono già arrivati tutti ~ Elisa**, bis auf Elisa sind alle schon (an)gekommen; **hanno partecipato tutti alla gita ~ due allievi**, mit Ausnahme von zwei Schülern haben alle an der Klassenfahrt teilgenommen; **il museo è aperto tutti i giorni ~ il lunedì**, außer montags ist das Museum täglich geöffnet; **non gli manca nulla, ~ un po' di tranquillità**, ihm fehlt nichts außer ein bisschen Ruhe **B** loc prep (salvo che): ~ **che**, außer; **è gentile con tutti ~ che con me**, er/sie ist zu allen nett außer zu mir **C** loc cong (salvo che): ~ **che ... congv/inf**, es sei denn ... ind/inf, außer wenn ... ind/inf: **fa di tutto ~ che studiare**, er/sie tut alles (Mögliche) außer lernen; **non passatemi telefonate, ~ che ci sia qualcosa di urgente**, gebt mir keine Telefonate durch, außer in dringenden Fällen.

tranquillànte m farm Beruhigungsmittel n, Tranquilizer m.

tranquillàre **A** tr rar **1** lett (calmare) ~ **qu/qc** {L'UOMO, L'ANIMO, LA COSCIENZA} jdn/etw beruhigen, jdn/etw besänftigen **2** lett (rassicurare) ~ **qu** jdn beruhigen **3** (tacitare) ~ **qu** {CREDITORE} jdn ab|finden **B** itr pron rar (rassicurarsi): **tranquillarsi** {BAMBINO} sich beruhigen.

tranquillità <-> f **1** (calma) {+CAMPAGNA, NOTTE} Stille f, Ruhe f **2** (serenità) {+ANIMO} Ruhe f, Frieden m, Gelassenheit f: **in tutta ~**, in aller Ruhe **3** (sicurezza) {ECONOMICA} Sicherheit f ● **per tua ~ ti posso dire che ...**, zu deiner Beruhigung kann ich dir sagen, dass...

tranquillizzànte agg (rassicurante) {NOTIZIA} beruhigend.

tranquillizzàre **A** tr (rassicurare) ~ **qu** (**su qc**) {SULL'ANDAMENTO DEGLI AFFARI} jdn (über etw acc) beruhigen: **la sua presenza mi tranquillizzò**, seine/ihre Gegenwart gab mir Sicherheit **B** itr pron (calmarsi): **tranquillizzarsi** sich beruhigen: **ora che ha ricevuto notizie del figlio si è tranquillizzata**, jetzt, da sie Nachrichten von ihrem Sohn bekommen hat, hat sie sich beruhigt; **si tranquillizzi che tutto procede bene**, beruhigen Sie sich, alles geht gut voran.

tranquìllo, (-a) agg **1** (calmo) {ANIMALE, MARE, RAGAZZO} ruhig, still **2** (indisturbato) {ANGOLO, PAESE, QUARTIERE} ruhig **3** (sereno) {NOTTATA} ruhig; {VITA} anche sorglos: **stia ~!**, seien Sie unbesorgt!; **stai ~ che me ne occupo io**, sei unbesorgt, ich kümmere mich darum **4** (sicuro) ruhig, beruhigt, unbesorgt: **sono ~ sul verdetto della corte**, wegen des Gerichtsurteils bin ich unbesorgt; {AVVENIRE} sorglos.

trans <-> mf giorn (transessuale) Transsexuelle mf decl come agg.

trans- pref Trans-, Über-: **transatlàntico**, transatlantisch, Übersee-, überseeisch; Übersee-, Ozeandampfer m.

transalpìno, (-a) agg **1** (al di là delle Alpi) transalpin(isch), jenseits der Alpen (von Rom aus gesehen) **2** (che passa attraverso le Alpi) {VALICO} transalpin(isch).

transamazzònico, (-a) <-ci, -che> agg (che attraversa l'Amazzonia) Transamazonas-: **strada transamazzònica**, Transamazonas-Straße f.

transaminàsi, **transamminàsi** <-> f biol Transaminase f.

transappenninico, (-a) <-ci, -che> agg **1** (al di là degli Appennini) {PAESE} transappenninisch, jenseits des Apennins **2** (che attraversa gli Appennini) {FERROVIA} Transapenninen-.

transarabico, (-a) <-ci, -che> agg (che attraversa l'Arabia) {OLEODOTTO} transarabien-.

transatlàntico, (-a) <-ci, -che> **A** agg {VIAGGIO} transatlantisch, Übersee-, überseeisch **B** m mar Übersee-, Ozeandampfer m.

transattìvo, (-a) agg dir {ACCORDO} Vergleichs-.

transàtto part pass di transigere.

transazióne f **1** (soluzione di compromesso) Kompromiss m: **venire a una ~ con i propri principi morali**, einen Kompromiss mit den eigenen moralischen Prinzipien schließen **2** dir (contratto di ~) Vergleich m, Vergleichsvertrag m **3** econ comm Transaktion f.

transcaucàsico, (-a) <-ci, -che> agg **1** (al di là del Caucaso) transkaukasisch, jenseits des Kaukasus **2** (che attraversa il Caucaso) {FERROVIA} transkaukasisch.

transcodificàre <transcodifico, transcodifichi> tr inform TV ~ **qc** etw (in einen anderen Code) umwandeln/umsetzen/konvertieren.

transcodificatóre m inform TV (dispositivo) Codeumwandler m, Codeumsetzer m.

transcodificazióne f inform TV (conversione) Codeumwandlung f, Codeumsetzung f.

transcontinentàle agg {LINEA FERROVIARIA} transkontinental.

transdanubiàno, (-a) agg (al di là del Danubio) jenseits der Donau.

transdèrmico, (-a) <-ci, -che> agg med {TERAPIA} transdermal, durch die Haut: **cerotto ~ ad assorbimento graduale**, Transdermpflaster n mit verzögerter Wirkung/[verzögertem Wirkungseintritt].

transènna f **1** (barriera mobile) Sperre f, Schranke f **2** arch (parapetto) {MARMOREA} Geländer n.

transennaménto m **1** (delimitazione con transenne) {+CENTRO STORICO} Absperren n **2** (barriera) Absperrung f: **rimuovere il ~**, die Absperrung entfernen.

transennàre tr (chiudere con transenne) ~ **qc** {PIAZZA, STRADA} etw ab|sperren.

transessuàle **A** agg {COMPORTAMENTO} transsexuell **B** mf Transsexuelle mf decl come agg.

transessualità <-> f (condizione) Transsexualität f.

transètto m arch {+CHIESA} Querschiff n, Querhaus n, Transept m o n.

transeùnte agg lett (caduco) {PASSIONE} vergänglich.

transèx <-> mf fam (transessuale) Transsexuelle mf decl come agg.

trànsfer <-> ingl **A** m **1** (trasferimento) {AEROPORTUALE} Transfer m **2** banca Transfer m **3** psic Übertragung f **4** (in psicoanalisi) Transfer m **B** m o f tecnol Transfermaschine f.

transferrìna f chim Transferrin n.

transfèrt <-> m franc **1** banca Transfer m **2** psic Übertragung f **3** (in psicopedagogia) Transfer m.

transfrontalièro, (-a) agg (tra Stati confinanti) {CANALE TELEVISIVO, COMMERCIO} grenzübergreifend.

trànsfuga <-ghi, -ghe> mf **1** lett (disertore) Überläufer m **2** fig (chi lascia un partito) Abtrünnige mf decl come agg.

transgender ingl **A** <-> m (movimento) Transgenderbewegung f **B** <-> mf (persona) Transgender m **C** <inv> agg {IDENTITÀ, MOVIMENTO} Transgender-.

transgènico, (-a) <-ci, -che> agg biol {ORGA-

NISMO} genetisch verändert.
transiberiàno, (-a) **A** agg transsibirisch **B** f ferr: **Transiberiana**, Transsibirische Eisenbahn.

transìgere <coniug come esigere> **A** itr (venire a patti) ~ **su qc** bei etw (dat) nach|geben: **sulla disciplina non transige**, in Sachen Disziplin gibt er/sie nicht nach; ~ **con qu/qc** {CON UN AVVERSARIO POLITICO} mit jdm überein|kommen; {CON I PROPRI PRINCIPI} an etw (dat) Abstriche machen; (uso assol) nach|geben, Zugeständnisse machen, Abstriche machen: **è un uomo che non transige in fatto di onestà**, er ist ein Mann, der in Sachen Ehrlichkeit ⌊keinen Spaß versteht⌋/ [keine Kompromisse macht]/[über jeden Zweifel erhaben ist] **B** tr anche dir (venire a una transazione) ~ **qc** {LITE} etw durch Vergleich bei|legen; (uso assol) einen Vergleich ab|schließen.

Transilvània f geog Transsilvanien n, Transsylvanien n, Siebenbürgen n.

transilvànico, (-a) <-ci, -che> agg (della Transilvania) transsilvanisch.

transìstor <-> m ingl, **transistóre** m elettr Transistor m.

transitàbile agg (percorribile a piedi) {BANCHINA} begehbar; (con veicolo) {STRADA} befahrbar; {PASSO} passierbar.

transitabilità <-> f (percorribilità con veicolo) {+PASSO} Passierbarkeit f, {+STRADA} Befahrbarkeit f; (a piedi) {+PONTE} Begehbarkeit f.

transitàre itr (passare a piedi) ~ (+ **compl di luogo**) (irgendwo) vorbei|gehen, (irgendwo) vorbei|kommen; (con veicolo) ~ (+ **compl di luogo**) (irgendwo) vorbei|fahren: **i veicoli transitano lentamente a causa della fitta nebbia**, die Fahrzeuge fahren wegen des dichten Nebels langsam; {PER LA GALLERIA DEL SEMPIONE, PER LA STAZIONE DI MILANO, PER LA SVIZZERA} etw durchfahren; {SUL PASSO DELLO STELVIO} etw passieren, etw überqueren.

transitàrio, (-a) <-ri> m (f) comm Transitháncler(in) m(f).

transitività <-> f 1 ling {+VERBO} Transitivität f 2 mat Transitivität f.

transitìvo, (-a) agg 1 gramm {COSTRUZIONE, VERBO} transitiv 2 mat {PROPRIETÀ} transitiv.

trànsito m 1 (passaggio a piedi) Durchgang m; (in veicolo) Durchfahrt f; {+VALICO} Überquerung f; **merci/passeggeri/treno in** ~, Transitwaren f pl/Transitreisende pl/Transitzug m; **la strada è chiusa al ~ degli autoveicoli**, die Straße ist für den Durchgangsverkehr gesperrt 2 astr fis Durchgang m 3 comm Transit m, Durchfuhr f.

transitorietà <-> f 1 (caducità) {+ESISTENZA UMANA} Vergänglichkeit f 2 (provvisorietà) {+PROVVEDIMENTO} Vorläufigkeit f.

transitòrio, (-a) <-ri> m agg 1 (provvisorio) {FENOMENO, MODA, SISTEMAZIONE} vorübergehend, Übergangs- 2 (caduco) {BENI TERRENI} vergänglich 3 amm dir {DISPOSIZIONE, NORMA} Übergangs-.

transiziòne f (passaggio) Übergang m: **epoca/periodo di** ~, Übergangszeit f.

translitteràre e deriv → **traslitterare** e deriv.

transnazionàle agg (oltre i confini nazionali) {POLITICA, PROSPETTIVA} transnational, länderübergreifend.

transoceànico, (-a) <-ci, -che> agg (al di là dell'oceano) {VIAGGIO} Übersee-, transozeanisch.

transpadàno, (-a) agg (al di là del Po) jenseits des Po liegend; (von Rom aus gesehen).

transpartìtico, (-a) <-ci, -che> agg polit (di più partiti) {ACCORDO} parteienübergreifend: **partito** ~, "Partei, welche ihren Mitgliedern weitere Parteizugehörigkeiten erlaubt".

transumànza f (migrazione) {+GREGGE} Transhumanz f.

transumàre itr (trasferirsi) {BESTIAME} Weideplätze wechseln.

transustanziàrsi itr pron relig (mutare di sostanza) {PANE} seine Beschaffenheit ändern.

transustanziaziòne f relig (mutamento) {+VINO} Transsubstantiation f.

tran tran, **trantràn** <-> m loc sost m (routine) Trott m spreg, Schlendrian m fam: **il tran tran quotidiano**, der Alltagstrott spreg; **è il solito tran tran**, es ist der übliche (Alltags-)trott spreg/Schlendrian fam.

tranvài <-> m → **tram**.

tranvìa f Straßenbahn f.

tranviàrio, (-a) <-ri> m agg {LINEA} Straßenbahn-.

tranvière mf (impiegato) Straßenbahner(in) m(f) fam, Straßenbahnfahrer(in) m(f).

trapanàre tr ~ **qc** 1 (perforare col trapano) {LEGNO, MURO} etw durch|bohren 2 med (forare) {OSSO} etw durch|bohren; {DENTE} etw bohren.

trapanaziòne f 1 (perforazione) {+PARETE} Durchbohren n, Durchbohrung f 2 med {+CRANIO} Trepanation f scient; {+DENTE} Bohren n.

trapanése **A** agg von/aus Trapani **B** m (f) (abitante) Einwohner(in) m(f) von Trapani.

tràpano m 1 med Schädelbohrer m, Trepan m scient 2 tecnol Bohrer m: **fare un buco con il** ~, ein Loch bohren; ~ **portatile**, Bohrmaschine f; ~ **elettrico/[a mano]**, Elektro-/Handbohrer m.

trapassàre **A** tr <avere> 1 (passare da parte a parte) ~ **qc** {PROIETTILE SPALLA DEL POLIZIOTTO} etw durchbohren, etw durchschlagen; (con una lama) etw durchstechen, etw durchstoßen; (perforare) {STRATO DI ROCCE} etw durch|bohren 2 forb (varcare) ~ **qc** {CONFINE} etw überschreiten, etw passieren 3 fig rar (oltrepassare) ~ **qc** etw überschreiten, über etw (acc) hinaus|gehen: **ciò trapassa i limiti della nostra competenza**, das überschreitet unsere Zuständigkeitsbereichs **B** itr <essere> 1 (spirare) sterben, verscheiden forb, (dahin|)scheiden forb eufem 2 fig rar (finire) vorüber|gehen, vorbei|gehen: **tutto trapassa**, alles geht vorüber 3 rar (passare da uno all'altro) ~ **a qu** {EREDITÀ AL FIGLIO} an jdn über|gehen, an jdn fallen.

trapassàto m 1 <di solito al pl> lett Verstorbene mf decl come agg, Verschiedene mf decl come agg forb, Entschlafene mf decl come agg forb eufem 2 gramm: ~ **prossimo**, Plusquamperfekt n; ~ **remoto**, "italienische Form des Plusquamperfekts, wobei das Hilfsverb im Passato remoto steht".

trapàsso m 1 (il trapassare) Übertragung f, Übergang m: **il** ~ **dalla guerra alla pace**, der Übergang vom Krieg zum Frieden 2 lett (morte) Hinscheiden n forb eufem, Heimgang m forb eufem: **il momento del** ~, der Augenblick des Hinscheidens forb eufem ● ~ **di proprietà** (trasferimento), Übertragung f des Eigentums.

trapelàre itr <essere> 1 (filtrare) ~ **da qc** {LUCE DEL GIORNO DALLA SARACINESCA} durch etw (acc) dringen; {ACQUA DA UNA FESSURA DEL SOFFITTO} durch etw (durch|)sickern, durch etw (acc) tropfen 2 fig lett (essere rivelato) durch|sickern: **nessuna notizia è trapelata dalla Procura della Repubblica**, die Staatsanwaltschaft ließ keine Nachricht durchsickern; **non hanno lasciato trapelare nulla**, sie haben nichts verlauten lassen; **la verità comincia a trapelare**, die Wahrheit beginnt durchzusickern 3 fig (manifestarsi) ~ **da qc** {INQUIETUDINE DALL'ESPRESSIONE DI QU} etw verraten: **dal suo volto trapelò la delusione**, sein/ihr Gesicht verriet Enttäuschung, an seinem/ihrem Gesicht konnte man die Enttäuschung ablesen.

trapèlo m zoo Vorspannpferd n, Zugtier n.

trapestio → **trepestio**.

trapèzio <-zi> m 1 (attrezzo) Trapez n 2 anat Trapezmuskel m 3 (in geometria) Trapez n.

trapezìsta <-i m, -e f> mf Trapezkünstler(in) m(f).

trapezoidàle agg (in geometria) trapezförmig, Trapez-.

trapiantàbile agg {ORGANO} transplantierbar.

trapiantàre **A** tr 1 ~ **qc** (in qc) {INSALATA} etw um|pflanzen; {GERANIO IN UN VASO PIÙ GRANDE} anche etw (in etw acc) um|topfen; {CIPRESSO, MAGNOLIA IN UN GIARDINO} etw verpflanzen 2 fig (trasferire) ~ **qc** (da qc) + **compl di luogo** {LA SEDE DEL COMANDO IN BELGIO} etw (aus/von etw dat) irgendwohin verlegen; {FESTA DALL'AMERICA IN EUROPA} etw (aus etw dat) irgendwohin ein|führen, etw (von etw dat) irgendwohin verpflanzen: ~ **al nord un'usanza meridionale**, einen Brauch aus dem Süden im Norden einführen 3 med (effettuare un trapianto) ~ **qc** {FEGATO, RENE} etw verpflanzen, etw transplantieren scient **B** itr pron (trasferirsi): **trapiantarsi** + **compl di luogo** irgendwohin über|siedeln: **la famiglia si è trapiantata in Francia**, die Familie ist nach Frankreich übergesiedelt.

trapiantàto, (-a) **A** agg 1 ~ (in qc) {ORTENSIA IN GIARDINO} (in etw acc) verpflanzt, (in etw acc) umgepflanzt 2 fig (trasferito) ~ + **compl di luogo** {OPERAIO IN GERMANIA} irgendwohin übergesiedelt 3 med {RENE} transplantiert **B** m med Organempfänger(in) m(f).

trapiànto m 1 {+ROSA} Um-, Verpflanzung f 2 med Verpflanzung f, Transplantation f scient: ~ **cardiaco/renale**, Herz-/Nierentransplantation f scient.

trapiantòlogo, (-a) <-gi, -ghe> m (f) med Transplantologe m, (Transplantologin f).

tràppa f (convento) Trappistenkloster n.

trapper <-> mf ingl (escursionista) Survival-Ausflügler(in) m(f).

trappìsta <-i m (monaco) Trappist m.

tràppola f 1 Falle f: ~ **per topi**, Mausefalle f 2 fig Falle f, Hinterhalt m: **cadere nella** ~, in die Falle gehen; **prendere qu in** ~, jdn in eine Falle locken; **tendere una** ~ **a qu**, jdm eine Falle stellen 3 fig (tranello) Tücke f: **questa traduzione è piena di trappole**, diese Übersetzung steckt voller Tücken 4 fam scherz (arnese mal funzionante) Klapperkasten m fam, Klapperkiste f fam: **questa macchina da scrivere è una vera** ~, diese Schreibmaschine ist ein richtiger Klapperkasten.

trapùnta f (coperta) Steppdecke f.

trapuntàre tr lavori femminili ~ **qc** {GIACCA, MATERASSO} etw steppen.

trapùnto, (-a) **A** agg 1 lavori femminili {MATERASSO} gesteppt; (ricamato) {STOFFA} bestickt 2 fig (ornato) ~ **di qc** {CIELO DI STELLE} mit etw (dat) übersät **B** m Stick-, Steppnaht f.

tràrre <irr traggo, trassi, tratto> **A** tr forb

1 (*tirar fuori*) ~ **qc da qc** {PISTOLA DALLA TASCA} *etw aus etw* (dat) *ziehen* **2** *fig* (*ricavare*) ~ **qc da qc** *etw aus etw* (dat) *entnehmen*: **questo brano è tratto da un racconto di Thomas Mann**, *diese Textstelle ist einer Erzählung von Thomas Mann entnommen*; ~ **un film da un romanzo**, *einen Film nach einem Roman drehen, einen Roman⌐zu einem Film umarbeiten⌐/[verfilmen]*; {UOMO PROPRIO SOSTENTAMENTO DALLA TERRA} *etw aus etw* (dat) *ziehen* **3** *fig forb* (*liberare*) ~ **qu/qc da qc** {PERSONA DA UN PERICOLO} *jdn aus etw* (dat) *befreien*: **l'ha tratto d'impaccio**, *er/sie hat⌐ihm aus der Verlegenheit geholfen⌐/[ihn aus der Verlegenheit gezogen]*; ~ **in salvo qu**, *jdn in Sicherheit bringen, jdn retten* **4** *fig forb* (*ottenere*) ~ **qc** (**da qc**) {UN UTILE DA UN AFFARE, VANTAGGIO DA UNA SITUAZIONE} *etw aus etw* (dat) *ziehen* **5** *fig forb* (*derivare*) ~ **qc** {ORIGINE} *etw ab|leiten* **6** *fig rar* (*indurre*) ~ **qu a qc** *jdn zu etw* (dat) *treiben*: **fu tratto al delitto da un impulso di collera violenta**, *ein heftiger Wutanfall trieb ihn zu dem Verbrechen* **7** *fig* (*detrarre*) ~ **qc da qc** {SPESE DAL RICAVO} *etw von etw* (dat) *ab|ziehen* **8** *fig forb* (*tirare*) ~ **qc** (**a qu**) *etw* (*auf jdn*) *vereinen*: **quell'uomo politico sa trarre a sé molti consensi**, *dieser Politiker versteht es, viele Leute zu überzeugen* **9** *forb* (*condurre*) : ~ **qu al supplizio**, *jdn hinrichten* **10** *banca* ~ **qc** (**su qu**) {CAMBIALE} *etw* (*auf jdn*) *ziehen, etw* (*auf jdn*) *aus|stellen, etw* (*auf jdn*) *trassieren* **B** *itr* **1** *lett* (*soffiare*) {VENTO} *wehen, blasen* **2** *banca* *einen Wechsel ziehen, trassieren* **C** *rfl* (*togliersi*): **trarsi da qc** {DA UN IMBROGLIO} *sich aus etw* (dat) *befreien, sich aus etw* (dat) *heraus|winden*; **trarsi d'impaccio**, *sich* (dat) *aus der Verlegenheit helfen, sich aus der Verlegenheit/Affäre ziehen*.

tras- *e deriv* → *anche* **trans-** *e deriv*.

trasaliménto m (*sussulto*) *Zusammenfahren* n, *Zusammenzucken* n, *Erschrecken* n.

trasalire <*trasalisco*> *itr* <*essere o avere*> (*sussultare*) ~ (**a**/**per qc**) {PER LO SPAVENTO} *vor etw* (dat) *hoch|fahren, vor etw* (dat) *zusammen|fahren, vor etw* (dat) *zusammen|zucken*: **un rumore la fece trasalire**, *ein Geräusch ließ sie zusammenzucken*.

trașandatézza f **1** (*sciatteria*) *Nachlässigkeit* f, *Schlampigkeit* f *fam spreg*: **la sua ~ nel vestire è veramente unica!**, *die Nachlässigkeit, mit der er/sie sich anzieht, ist wirklich einzigartig!* **2** *fig* (*trascuratezza*) {+PROSA, RECENSIONE} *Schludrigkeit* f *fam spreg*.

trașandàto, (-**a**) *agg* (*poco curato*) {STILE} *nachlässig*; {UOMO} *anche ungepflegt*.

trașbordàre **A** *tr* (*trasferire da un mezzo a un altro*) ~ **qu** {PASSEGGERI DI UNA NAVE} *jdn um|schiffen*; {VIAGGIATORI DI UN AUTOBUS, DI UN TRENO, ecc.} *jdn umsteigen lassen*; ~ **qc** {CARICO} *etw um|laden* **B** *itr* (*passare da un mezzo a un altro*) *um|steigen*: **i passeggeri dovettero ~ a causa di un guasto al motore**, *die Passagiere mussten wegen eines Motorschadens umsteigen*; *mar in ein anderes Schiff steigen, das Schiff wechseln*.

trașbórdo m (*trasferimento*) {+PASSEGGERI} *Umsteigen* n; {+MERCI} *Umladen* n, *Umladung* f; (*da una nave a un'altra*) *Umschiffung* f, *Schiff(s)wechsel*.

trascendentàle *agg* **1** *fig fam* (*eccezionale*) *außergewöhnlich*: **non⌐è niente⌐/[ha nulla] di ~!**, *das ist doch nichts Besonderes!* **2** *filos trascendental*.

trascendentalìșmo m *filos* {KANTIANO} *Transzendentalismus* m.

trascendènte **A** *agg filos mat* {NUMERO} *transzendent* **B** m *relig Transzendente* n.

trascendènza f *filos mat Transzendenz* f.

trascéndere <*coniug come* scendere> **A** *tr* **1** *forb* (*andare oltre*) ~ **qc** {CAPACITÀ UMANE, INTELLETTO, POSSIBILITÀ DI QU} *etw übersteigen*: **un successo che trascende ogni attesa**, *ein Erfolg, der jede Erwartung übersteigt* **2** *filos* {DIO IL MONDO} *etw transzendieren* **forb** **B** *itr* (*eccedere*) *übertreiben, zu weit gehen*: **si rese conto di aver trasceso**, *ihm/ihr wurde klar, dass er/sie zu weit gegangen war*; **lo ha sgridato, ma senza ~**, *er/sie hat ihn ausgeschimpft, aber ohne zu übertreiben/[weit zu gehen]*.

trascéșo, (-**a**) *part pass di* trascendere.

trasciniménto m **1** (*il trascinare*) {+TAVOLO} *Schleppen* n **2** *fig* (*coinvolgimento*) {+FOLLA} *Mitreißen* n **3** *film fot mecc Mitnehmen* n.

trascinànte *agg fig* (*avvincente*) {MUSICA, SPETTACOLO} *mitreißend, hinreißend*.

trascinàre **A** *tr* **1** (*tirarsi dietro*) ~ **qu/qc** {BAMBINO, SACCO DI PATATE, SCATOLONE} *jdn/etw schleppen, jdn/etw hinter sich* (dat) *her|ziehen/her|schleifen*; {GAMBA} *etw nach|ziehen*: **precipitando ha trascinato con sé i suoi compagni di cordata**, *er/sie stürzte ab und riss seine/ihre ganze Seilschaft mit sich* (dat) **2** (*spingere*) ~ **qu/qc** (+ **compl di luogo**) *jdn/etw irgendwohin treiben*: **l'auto dell'investitore ha trascinato il cane per 50 metri**, *der Wagen des Unfallfahrers hat den Hund 50 Meter mit sich* (dat) *geschleift*; **la corrente ha trascinato al largo la barca**, *die Strömung hat das Boot auf das offene Meer hinausgetrieben*; **farsi ~ dalla corrente**, *sich von der Strömung treiben lassen* **3** *fig* (*condurre a forza*) ~ **qu** (**in qc**) {CUGINO IN TRIBUNALE} *jdn vor etw* (acc) *zerren*; *scherz* ~ **qu** + **compl di luogo** *jdn irgendwohin schleifen* *fam scherz*: **cerca di ~ anche tua sorella a teatro!**, *versuch auch, deine Schwester mit ins Theater zu schleifen fam scherz!* **4** *fig* (*coinvolgere*) ~ **qu in qc** {IN UNA FACCENDA LOSCA, IN UNO SCANDALO} *jdn in etw* (acc) *hinein|ziehen* **5** *fig* (*sedurre*) ~ **qu** {CANTAUTORE PUBBLICO; ORATORE FOLLA} *jdn mit|reißen*: **trascina tutti con la sua allegria**, *mit seiner/ihrer Fröhlichkeit reißt er/sie alle mit*; **si è lasciata ~⌐dagli amici⌐/[dall'entusiasmo]**, *sie hat sich von⌐ihren Freunden⌐/[der Begeisterung] mitreißen lassen*; (*uso assol*) *faszinieren, hin|reißen*: **una musica che trascina**, *eine faszinierende/hinreißende Musik* **B** *itr pron* (*protrarsi*) *trascinarsi sich hin|schleppen, sich hin|ziehen*: **una faida che si trascina da generazioni**, *eine Fehde, die sich seit Generationen hinzieht* **C** *rfl* (*strisciare*): **trascinarsi** (+ **compl di luogo**) {NEL FANGO} *sich* (*irgendwo*) *dahin|schleppen, sich irgendwohin schleppen*: **il ferito si trascinò fino alla porta**, *der Verletzte schleppte sich bis zur Tür*.

trascinatóre, (-**trice**) **A** *agg fig* (*entusiasmante*) {ARRINGA, INTERVENTO} *mitreißend, begeisternd* **B** m (f) (*chi trascina*) {+FOLLE} *Verführer(in)* m(f).

trascoloràre **A** *itr* <*essere*> *lett* (*mutare di colore*) {CIELO} *die Farbe wechseln* **B** *itr* <*essere*> *itr pron* (*cambiare colore in volto*): **trascolorarsi** (**per qc**) *sich* (*vor etw* dat) *verfärben*, ~ **per l'ira**, *sich vor Wut verfärben, vor Wut rot anlaufen*; ~ **per la paura**, *sich vor Angst erblassen/erbleichen*.

trascórrere <*coniug come* correre> **A** *tr* <*avere*> (*passare*) ~ **qc** + **compl di modo** {ORE LIETE, UNA SERATA PIACEVOLE} *etw irgendwie verbringen, etw irgendwie zu|bringen*; ~ **qc** + **compl di luogo** {UN PERIODO ALL'ESTERO, LE VACANZE IN MONTAGNA} *etw irgendwo verbringen* **B** *itr* <*essere*> (*passare*) *vergehen*: **gli anni della gioventù trascorrono veloci**, *die* *Jugendjahre vergehen schnell*; **è trascorso un anno da quando se n'è andata**, *es ist ein Jahr vergangen, seitdem sie fortgegangen ist* **C** m *Vergehen* n: **l'inesorabile ~ del tempo**, *das unerbittliche Vergehen der Zeit*.

trascórso, (-**a**) **A** *agg* (*passato*) {TEMPO} *vergangen* **B** m (*errore*): ~ **di penna**, *Flüchtigkeits-, Leichtsinnsfehler* m; ~ **di gioventù**, *Jugendsünde* f.

trascrìvere <*coniug come* scrivere> *tr* **1** (*copiare*) ~ **qc** {FRASE, VERSO} *etw ab|schreiben*; {TESTO DI UNA CONFERENZA} *etw nieder|schreiben*: **il documento è stato trascritto in bella copia**, *das Dokument ist ins Reine geschrieben worden*; ~ **qc in qc** {CONTO NEL LIBRO MASTRO} *etw in etw* (acc) *ein|tragen, etw in etw* (acc) *ein|schreiben* **2** *dir* ~ **qc** {ATTO} *etw ein|tragen* **3** *inform* ~ **qc** {DATI} *etw übertragen* **4** *ling* ~ **qc in qc** {NOME IN LETTERE CIRILLICHE} *etw in etw* (acc) *transkribieren, etw in etw* (acc) *um|schreiben* **5** *mus* ~ **qc** {PEZZO} *etw transkribieren*.

trascrizióne f **1** (*copiatura*) *Abschreiben* n **2** (*copia*) *Abschrift* f **3** (*registrazione*) *Eintragung* f: ~ **nel registro dei conti**, *Eintragung* f *ins Rechnungsregister*; {+MATRIMONIO, SENTENZA} *Eintragung* f, *Umschreibung* f **4** *dir* (*mezzo di pubblicità*) {+BENI MOBILI REGISTRATI, IMMOBILI} *deklaratorische Registereintragung* f **5** *ling mus* {+BRANO MUSICALE} *Transkription* f: ~ **fonetica**, *phonetische Umschrift*.

trascuràbile *agg* (*irrilevante*) {DANNO, DIFETTO, DIFFERENZA, FATTORE} *unbedeutend, belanglos, unerheblich*; {COSTO, PERDITA} *unbeträchtlich*.

trascuràre **A** *tr* **1** (*disinteressarsi*) ~ **qu/qc** {FIGLIO, LAVORO} *jdn/etw vernachlässigen*; {STUDIO} *etw schleifen lassen fam* **2** (*venir meno*) ~ **qc** *etw versäumen, etw vernachlässigen*: **trascura i suoi doveri di padre**, *er/sie versäumt seine Vaterpflichten* **3** (*tralasciare*) ~ **qc** {CIFRE DECIMALI, DETTAGLI} *etw weg|lassen, etw aus|lassen*: **ha trascurato di avvisarmi**, *er/sie hat versäumt, mir Bescheid zu geben* **4** (*non curare*) ~ **qc** {INFLUENZA} *etw verschleppen* **B** *rfl* (*avere poca cura di sé*): **trascurarsi** *sich vernachlässigen, sich gehen lassen*: **da quando ha perso il lavoro si trascura**, *seitdem er/sie arbeitslos ist,⌐vernachlässigt er/sie sich⌐/[lässt er/sie sich gehen]*.

trascuratézza f {+ABITO} *Nachlässigkeit* f, *Schlampigkeit* f.

trascuràto, (-**a**) **A** *agg* **1** (*negligente*) ~ **in qc** {NELLO STUDIO} *nachlässig in etw* (dat) **2** (*sciatto*) ~ **in qc** {NELL'ABBIGLIAMENTO} *ungepflegt in etw* (dat), *nachlässig in etw* (dat), *schlampig in etw* (dat) *fam spreg* **3** (*non curato*) {MAL DI GOLA} *unbehandelt* **4** (*abbandonato a sé*) {CASA} *verwahrlost*; {BAMBINA} *anche vernachlässigt* **B** m (f) *vernachlässigter Mensch, Schlamper* m *region spreg*, (*Schlampe* f *fam spreg*).

trașdùrre <*coniug come* condurre> *tr fis* (*in fisiologia*) ~ **qc** *etw um|wandeln, etw um|formen*.

trașduttóre m **1** *fis Transduktor* m, *Wandler* m **2** (*in fisiologia*) *Umformer* m.

trașduzióne f **1** *biol* (*in fisiologia*) *Transduktion* f **2** *fis Umwandlung* f.

trasecolàre *itr* <*essere o avere*> (*rimanere stupefatto*) *verblüfft sein, staunen*: **quando ricevette la notizia trasecolò**, *als er/sie die Nachricht erhielt, war er/sie verblüfft*.

trasferèllo m (*piccolo disegno*) *Selbstklebebild* n.

trasferìbile **A** *agg* **1** {CARATTERE} *versetzbar* **2** *banca* {ASSEGNO} *girierbar, übertrag-*

bar 3 *dir* übertragbar **B** m (*segno grafico*) selbstklebender Druckbuchstabe.

trasferiménto m 1 (*cambiamento della sede*) {+PROFESSORE} Versetzung f, Versetzen n; {+UFFICIO} Verlegen n 2 (*trasloco*) Umzug m: **~ in città**, Umzug m in die Stadt 3 (*trasporto*) Überführung f, Transport m: **~ in macchina**, Transport m mit dem Wagen, **~ dei passeggeri dal terminal all'aereo**, der Transport der Passagiere vom Terminal zum Flugzeug 4 *banca* {+CAPITALI, FONDI} Transfer m 5 *dir* {+DIRITTO} Übertragung f 6 *sport* {+CALCIATORE} Transfer m ● **~ di azienda** *dir*, Betriebsübertragung f, Betriebsübergang m; **~ bancario** *banca*, Banküberweisung f; **~ di chiamata** *tel*, Anrufweiterschaltung f; **~ dei dati** *inform*, Datenübertragung f; **~ della sede** *dir*, Verlegung f des Sitzes/der Niederlassung.

trasferìre <*trasferisco*> **A** tr 1 (*far cambiare sede*) **~ qu** (+ **compl di luogo**) {IMPIEGATO ALL'ESTERO, IN UNA FILIALE} *jdn* versetzen: **è stato trasferito da Torino a Milano**, er wurde von Turin nach Mailand versetzt 2 (*spostare*) **~ qu/qc** (+ **compl di luogo**) {PAZIENTE IN UN ALTRO REPARTO, STUDIO LEGALE NEL CENTRO DI BOLOGNA} *jdn/etw* (*irgendwohin*) verlegen; {PRIGIONIERO} *jdn* irgendwohin überführen; *fig* **~ qc da qc a qc** {POTERI DALL'AUTORITÀ CIVILE A QUELLA MILITARE} *etw von etw* (*dat*) *auf etw* (*acc*) übertragen; {CONCETTO DALLA FILOSOFIA ALLA LETTERATURA} *etw von etw* (*dat*) *in etw* (*acc*) übertragen 3 *fig* (*riversare*) **~ qc su qu** {PADRE LE PROPRIE ASPIRAZIONI SUL FIGLIO} *etw auf jdn* übertragen 4 *banca* **~ qc** (**su qc**) {DENARO SUL CONTO DI QU} *etw* (*auf etw* acc) überweisen, *etw* (*auf etw* acc) transferieren 5 *dir* **~ qc** (**da qu**) **a qu** {DIRITTO DA UNA PERSONA A UN'ALTRA} *etw von jdm auf jdn* übertragen: **la proprietà dell'immobile al figlio**, seinem Sohn das Grundstück übereignen 6 *inform* **~ qc** (**da qc a qc**) (**con qc**) {DATI DA UN COMPUTER ALL'ALTRO CON INTERNET} *etw* (*über etw* acc) *von etw* (*dat*) *auf etw* (*acc*) übertragen **B** itr pron rfl (*cambiare residenza*): **trasferirsi** (+ **compl di luogo**) {NEGOZIO IN UN ALTRO QUARTIERE} (*irgendwohin*) um|ziehen, *irgendwohin* ziehen; {FAMIGLIA AL NORD} *anche irgendwohin* über|siedeln.

trasfèrta f 1 *amm* Dienstreise f: **il direttore è in ~**, der Chef ist auf Dienstreise/Geschäftsreise 2 *sport* Auswärtsspiel n: **giocare in ~**, auswärts spielen.

trasfigurà̀re **A** tr 1 (*mutare*) **~ qu/qc** {ODIO RAGAZZO} *jdn/etw* verändern, *jdn/etw* verwandeln; {FELICITÀ VOLTO} *etw* verklären 2 *fig* **~ qc** {ARTE REALTÀ} *etw* verklären 3 *fig* (*travisare*) **~ qc** {FATTO} *etw* entstellen **B** itr pron 1 (*cambiare espressione*): **trasfigurarsi per qc** {VOLTO PER LA GIOIA} sich *vor etw* (*dat*) verklären; {VOLTO PER LA RABBIA} sich *vor etw* (*dat*) verzerren 2 *relig*: **trasfigurarsi** {GESÙ} sich verklären.

trasfigurazióne f 1 (*mutamento*) Veränderung f, Verwandlung f 2 *relig* Transfiguration f, Verklärung f Christi.

trasfóndere <*coniug come* fondere> tr 1 (*immettere*) **~ qc** {PLASMA, SANGUE} *etw* übertragen, *etw* transfundieren *scient* 2 *fig* (*infondere*) **~ qc in/a qu** {IL RISPETTO PER L'AMBIENTE NEI/AI FIGLI} *etw auf jdn* übertragen, *jdm etw* ein|flößen.

trasformàbile agg **~** (**in qc**) {POLTRONA IN LETTO} (*in etw* acc) verwandelbar, (*in etw* acc) transformierbar: **autovettura ~**, Kabriolett n.

trasformàre **A** tr 1 (*mutare di aspetto*) **~ qu** {DIETA} *jdn* verändern; **~ qc** {RESTAURO PALAZZO} *etw* verwandeln, *etw* um|wandeln

2 (*modificare*) **~ qc in qc** {NEGOZIO IN APPARTAMENTO} *etw in etw* (acc)/*zu etw* (dat) um|wandeln 3 (*per mezzo della magia*) **~ qu/qc in qu/qc** {RANOCCHIO IN PRINCIPE} *jdn/etw in jdn/etw* verzaubern 4 (*cambiare il carattere, i sentimenti*) **~ qu** (**in qc**) {IN UNA PERSONA MIGLIORE} *jdn* (*in etw* acc) verwandeln, *jdn zu etw* (dat) machen: **l'amore l'ha trasformato**, die Liebe hat ihn verwandelt 5 (*convertire*) **~ qc** {MATERIE PRIME} *etw* (weiter|)verarbeiten; **~ qc in qc** {ACQUA IN GHIACCIO} *etw* (*in etw* acc) verwandeln; {ENERGIA IN CALORE} *etw in etw* (acc) um|setzen, *etw in etw* (acc) transformieren 6 *mat* **~ qc in qc** {FRAZIONE IN UN NUMERO DECIMALE} *etw in etw* (acc) um|wandeln, *etw in etw* (acc) transformieren 7 *sport* **~ qc** {PUNIZIONE, RIGORE} *etw* verwandeln **B** itr pron (*cambiare fisionomia*): **trasformarsi** (**in qc**) {BRUCO IN FARFALLA} sich *in etw* (acc) verwandeln, *zu etw* (dat) werden: **il quartiere si è trasformato molto negli ultimi anni**, das Stadtviertel hat sich in den letzten Jahren sehr/stark verändert.

trasformatóre m *elettr* Transformator m: **~ monofase/polifase/trifase**, Einphasen-/Mehrphasen-/Drehstromtransformator m; **~ abbassatore/elevatore di tensione**, Abwärts-/Aufwärtstransformator m, Abspanner m/Aufspanner m ● **~ di pressione** *tecnol*, Drucktransformator m.

trasformazionàle agg *ling* {GRAMMATICA} Transformations-.

trasformazióne f 1 (*cambiamento*) {+SOCIETÀ} Verwandlung f, Veränderung f: **subire una profonda ~**, eine tiefgreifende Veränderung erfahren 2 (*modifica*) {+PIAZZA} Umwandlung f: **~ di una vecchia villa in albergo**, Umwandlung f einer alten Villa in ein Hotel 3 *chim fis* Transformation f, Umwandlung f: **la ~ dell'acqua in vapore**, die Umwandlung von Wasser in Dampf; **la ~ dello zucchero in alcol**, die Umwandlung von Zucker in Alkohol 4 *mat* {ALGEBRICA} Transformation f, Umwandlung f.

trasformìsmo m 1 *biol* Evolutionismus m 2 *polit* Transformismus m.

trasformìsta <-*i* m, -*e* f> mf 1 (*attore*) Verwandlungskünstler(in) m(f) 2 *polit* Opportunist(in) m(f), Wendehals m *fam*.

trasformìstico, (-a) <-*ci*, -*che*> agg 1 *biol* evolutionistisch 2 *polit* {POLITICA} durch den Transformismus gekennzeichnet.

trasfusionàle agg *med* {CENTRO} Transfusions-.

trasfusióne f *med* {+PLASMA} Transfusion f *scient*: **~** (**di sangue**), Blutübertragung f, (Blut)transfusion f *scient*.

trasfùso, (-a) **A** *med* part pass *di* trasfondere **B** agg Bluttransfusions- **C** m (f) "wer eine Bluttransfusion bekommen hat".

trasgredìre <*trasgredisco*> **A** tr (*violare*) **~ qc** {DIVIETO, LEGGE, REGOLAMENTO} *etw* übertreten, *etw* verletzen, *etw* (dat) zuwider|handeln **B** itr (*infrangere*) **~ a qc** {A UNA DISPOSIZIONE, AGLI ORDINI DEL CAPUFFICIO} *etw* (dat) zuwider|handeln.

trasgreditrice f → **trasgressore**.

trasgressióne f 1 (*infrazione*) {+LEGGE, ORDINE} Übertretung f, Zuwiderhandlung f 2 *geol* Transgression f.

trasgressività <-> f {+ADOLESCENTE} Normenüberschreitung f, Normenverletzung f: **la ~ delle sue scelte**, der normverletzende Charakter seiner/ihrer Entscheidungen.

trasgressìvo, (-a) agg 1 (*incline alla trasgressione*) {RAGAZZA, GENERAZIONE} anti-, nonkonformistisch; {GESTO} norm-, regelverletzend 2 *geol* transgressiv.

trasgressóre, (**trasgreditrice**) m (f)

{+LEGGE} Rechtsbrecher(in) m(f).

trash *ingl* **A** <inv> agg (*volgare*) {CINEMA, LETTERATURA, PERSONAGGIO} trash **B** <> m 1 (*volgarità*) {CONTEMPORANEO} Trash m: **la sottocultura del ~**, die Trash-Subkultur 2 *giorn lett TV* Trash m, Schund m *spreg*, Dreck m *slang spreg*: **il ~ della stampa scandalistica**, der Trash/Schund *spreg* der Sensationspresse.

traslàre **A** tr (*trasportare*) **~ qc** {SALMA} *etw* überführen **B** itr *meteo* (*spostarsi*) + **compl di luogo** {PERTURBAZIONE VERSO NORD} sich (*irgendwohin*) verlagern.

traslatìvo, (-a) agg 1 *aero* Translations- 2 *dir* (*che attua il trasferimento*) übertragend: **contratto ~ della proprietà dell'immobile**, Vertrag über die ˌÜbertragung des Eigentums an dem Grundstückˌ/[Grundstücksübereignung].

traslàto, (-a) **A** agg 1 (*trasferito*) {SALMA} überführt 2 *ling* (*figurato*) übertragen, bildlich: **senso ~ di una parola**, übertragener Sinn eines Wortes **B** m *ling* bildlicher Ausdruck.

traslatóre, (-**trice**) **A** agg (*che trasla*) Übertragungs- **B** m 1 *inform* (*dispositivo*) Übersetzungscomputer m, Übersetzer m 2 *tecnol* Übertrager m.

traslazióne f 1 (*trasferimento*) {+SALMA} Überführung f 2 *astr fis* Translation f: **moto di ~ di un pianeta**, Planetentranslation f 3 *dir* {+PROPRIETÀ} Übertragung f 4 *mat* {+SISTEMA DI COORDINATE} Verschiebung f, Translation f 5 *mecc* Verschiebung f.

traslitteràre tr (*trascrivere*) **~ qc in qc** {TESTO CIRILLICO IN LATINO} *etw in etw* (acc) um|schreiben, *etw in etw* (acc) transliterieren.

traslitterazióne f (*trascrizione*) {+TESTO GRECO} Umschreibung f, Transliteration f.

traslocàre <*trasloco, traslochi*> **A** tr 1 (*trasportare*) **~ qc** + **compl di luogo** {MOBILI NEL NUOVO APPARTAMENTO} *etw irgendwohin* transportieren 2 *rar* (*trasferire in altra sede*) **~ qu** + **compl di luogo** {IMPIEGATO IN UN ALTRO UFFICIO} *jdn irgendwohin* versetzen **B** itr (*cambiare domicilio*) **~** (+ **compl di luogo**) (*irgendwohin*) um|ziehen, *irgendwohin* ziehen: **abbiamo traslocato in periferia**, wir sind an den Stadtrand (um)gezogen; **quando traslocate? – A fine mese**, wann zieht ihr um? – (Am) Ende des Monats.

traslocatóre, (-**trice**) **A** agg {DITTA} Umzugs- **B** m (f) Möbelpacker(in) m(f).

traslòco <-*chi*> m Umzug m, Übersiedlung f: **fare un ~**, umziehen.

traslùcido, (-a) agg 1 durchscheinend 2 *lett* (*trasparente*) durchsichtig, transparent.

trasméttere <*coniug come* mettere> **A** tr 1 (*comunicare a distanza*) **~ qc** (+ **compl di mezzo**) {PENSIERO} *etw* (*irgendwie*) übertragen; *radio TV* {NOTIZIA, PROGRAMMA PER/ALLA RADIO/TELEVISIONE} *etw in etw* (dat) senden, *etw in etw* (dat) übertragen; {MESSAGGIO VIA RADIO} *etw über etw* (acc) übertragen: **abbiamo appena trasmesso il Concerto di Capodanno**, wir haben soeben das Neujahrskonzert übertragen; **~ una partita in diretta/differita**, ein Fußballspiel ˌlive/direktˌ/ˌzeitversetztˌ übertragen 2 (*attaccare*) **~ qc** (**a qu**) {CONTAGIO, INFEZIONE, MALATTIA} *etw* (*auf jdn*) übertragen 3 (*inviare*) **~ qc a qu/qc** (+ **compl di mezzo**) {PRATICA AL MINISTRO} *jdm/etw* (*irgendwie*) übermitteln; {CATALOGO ALLA CLIENTELA} *jdm etw* senden; {FATTURA, ORDINE A UNA DITTA} *jdm/etw etw* (*irgendwie*) übersenden, *jdm/etw etw* (*irgendwie*) zu|schicken. **~ per/via fax qc**, etw faxen 4 (*tramandare*) **~ qc** (**da qu**) (**a qu**) {DIRITTO,

POTERI, USANZE DAI GENITORI AI FIGLI} etw (von jdm) (auf jdn) übertragen **5** biol ~ **qc (a qu)** {CARATTERI GENETICI AL FIGLIO} jdm etw vererben **6** fis mecc ~ **qc (a qc)** {CALORE, ENERGIA, MOTO; CATENA DELLA BICICLETTA MOVIMENTO ALLE RUOTE} etw auf etw (acc) übertragen **B** itr pron **1** (diffondersi): **trasmettersi + compl di modo** {MALATTIA PER CONTAGIO} irgendwie übertragen werden **2** (passare): **trasmettersi (di qu in qu)** {TRADIZIONI, USANZE DI PADRE IN FIGLIO} (von jdm auf jdn) übertragen werden, (von jdm an jdn) weitergegeben werden.

trasmettitóre, (-trice) **A** m (f) (chi trasmette) Telegrafist(in) m(f) **B** m (dispositivo) Sender m, Sendestation f: ~ **radar**, Radarstation f, Radarsender m; ~ **telefonico/telegrafico**, Telefonsendestation f/Telegraphiesender m; ~ **televisivo**, Fernsehsender m.

trasmigràre itr <essere o avere> **1** (emigrare in massa) ~ (+ **compl di luogo**) {POPOLO DAL SUO PAESE} (irgendwoher) aus|wandern, (irgendwoher) emigrieren; {UCCELLI} (von etw dat) irgendwohin ziehen **2** rar (trasmettersi) ~ **in qu** {TALENTO DEL NONNO NEL NIPOTE} auf jdn über|gehen, sich auf jdn übertragen **3** relig (passare) ~ **in qc** {ANIMA IN UN ALTRO CORPO} in etw (acc) wandern.

trasmigrazióne f **1** (migrazione di massa) {+POPOLI ASIATICI} Auswanderung f **2** relig Wanderung f: ~ **delle anime**, Seelenwanderung f.

trasmissìbile agg **1** (tramandabile) {CARATTERE BIOLOGICO} vererblich; {DIRITTO} übertragbar **2** (che può contagiare) ~ (+ **compl di modo**) {MALATTIA PER VIA SESSUALE} (irgendwie) übertragbar.

trasmissibilità <-> f **1** (l'essere trasmissibile) {+MALATTIA} Übertragbarkeit f **2** (comunicabilità) {+SEGNALE} Übertragbarkeit f.

trasmissióne f **1** (comunicazione) {+PENSIERO} Übertragung f **2** (contagio) {+MALATTIA} Übertragung f, Ansteckung f **3** (invio) {+PRATICA} Übermittlung f **4** (passaggio) Übergabe f: ~ **dei poteri**, Machtübergabe f; amm Amtsübergabe f **5** biol: ~ **ereditaria**, Vererbung f **6** fis {+LUCE, ONDE SONORE, SUONO} Übertragung f **7** mecc {+MOTO} Übertragung f, Transmission f, Übersetzung f: ~ **a catena/cinghia**, Ketten-/Riemenantrieb m; **macchina a ~ diretta**, Maschine mit Direktantrieb **8** radio TV Übertragung f, Sendung f: ~ **radiofonica**, Radiosendung f, Rundfunksendung f; ~ **televisiva**, Fernsehsendung f ● ~ **(dei) dati inform**, Datenübertragung f; ~ **in differita radio TV**, zeitversetzte Übertragung f, Aufzeichnung f; ~ **in diretta/[dal vivo]** radio TV, Direktübertragung f, Livesendung f.

trasmittènte tel **A** agg {STAZIONE} Sende- **B** f **1** (stazione) Sendestation f, Sender m **2** (apparecchio) Sendegerät n.

trasmodàre itr (eccedere) ~ (**in qc**) {NEL BERE, NEL MANGIARE} mit etw (dat) übertreiben.

trasognàre itr lett (fantasticare) mit offenen Augen träumen, tagträumen.

trasognàto, (-a) agg **1** (sognante) {OCCHI, SGUARDO} verträumt, traumverloren **2** (sbalordito) verblüfft, verwundert.

traspàio 1ª pers sing dell'ind pres di trasparire.

trasparènte A agg **1** {CAMICETTA, VETRO} durchsichtig, transparent **2** fig (limpido) {UOMO} aufrichtig; {POLITICA} transparent **3** scherz (sottile) {FETTA DI SALAME} hauchdünn scherz **4** fis {CORPO} lichtdurchlässig, transparent **B** m **1** (per lavagna luminosa) Klarsichtfolie f **2** (per pubblicità) Transparent n; (nella politica) Spruchband n **3** (tessuto) Spitzenhintergrund m **4** film teat TV {SCENICO} Backgroundleinwand f.

trasparènza f **1** (l'essere trasparente) {+VETRO} Durchsichtigkeit f, Transparenz f; {+CARTA, TESSUTO} anche Lichtdurchlässigkeit f **2** fig (limpidezza) {+AMMINISTRAZIONE, CONTABILITÀ} Transparenz f **3** fis {+CORPO} Lichtdurchlässigkeit f, Transparenz f ● ~ polit (traduzione dal russo glasnost), Glasnost f, Transparenz f.

trasparire <irr trasparisco o traspaio, trasparii o trasparsi o trasparvi, trasparito o trasparso> itr <essere> **1** (apparire) ~ + **compl di luogo** {LUCE ATTRAVERSO LE IMPOSTE, DALLA TENDA} (durch etw acc) durch|scheinen, (durch etw acc) durch|schimmern; {FORME DEL CORPO DA UN VESTITO} (durch etw acc) durch|scheinen **2** rar (essere trasparente) {GONNA} durchsichtig sein **3** fig (manifestarsi) **da qc** {GIOIA, SERENITÀ DAL VOLTO DI QU} etw aus|strahlen: **dal suo volto traspariva calma**, sein/ihr Gesicht strahlte Ruhe aus.

traspiràre itr <essere> **1** (sudare): certi tessuti impediscono di ~, bestimmte Stoffe verhindern das Schwitzen/[die Transpiration forb] **2** bot: **dalle foglie traspira acqua**, die Blätter geben Wasser ab.

traspirazióne f **1** bot {+PIANTA} Transpiration f **2** med {CUTANEA} Schwitzen n, Transpiration f forb.

traspórre <coniug come porre> tr **1** (spostare) ~ **qc (in qc)** {FRASE IN UN DISCORSO} etw (in etw dat) um|stellen **2** mus ~ **qc** {STRUTTURA MUSICALE} etw transponieren.

trasportàbile agg (spostabile) {DIVANO, FIORIERA} transportabel; {FERITO} transportfähig.

trasportabilità <-> f Transportfähigkeit f, Transportierbarkeit f.

trasportàre tr **1** (portare) ~ **qu/qc** (+ **compl di mezzo**) (+ **compl di luogo**) {TURISTI, BAGAGLI CON L'AUTOBUS ALL'AEROPORTO} jdn/etw (mit etw dat) (irgendwohin) transportieren, jdn/etw (mit etw dat) irgendwohin befördern, jdn/etw (mit etw dat) irgendwohin bringen, {FERITO ALL'OSPEDALE CON L'AMBULANZA} jdn/etw (mit etw dat) irgendwohin transportieren, jdn/etw (mit etw dat) irgendwohin überführen; {SALMA AL CIMITERO} etw (mit etw dat) irgendwohin überführen, {SACCHI DI CEMENTO CON LA CARIOLA} etw (mit etw dat) irgendwohin transportieren, etw (mit etw dat) irgendwohin befördern **2** (trascinare con sé) ~ **qc** (+ **compl di luogo**) {FIUME FANGHIGLIA} etw (irgendwohin) mit sich (dat) reißen, etw (irgendwohin) mit sich (dat) tragen **3** (spostare) ~ **qc** (+ **compl di luogo**) {MOBILE IN SOGGIORNO} etw irgendwohin tragen, etw irgendwohin schleppen **4** fig (condurre) ~ **qu + compl di luogo** {LETTORE IN UN MONDO SURREALE} jdn in (acc) versetzen **5** fig (trascinare) ~ **qu** {EUFORIA} jdn rei|ßen: **perchè ti sei lasciato ~ dalla collera?**, warum hast du dich vom Zorn überwältigen/übermannen/hinreißen lassen?; **mi sono fatta ~ dall'entusiasmo**, ich habe mich von der Begeisterung mitreißen lassen **6** fig (traslocare) ~ **qc** + **compl di luogo** {SEDE BANCARIA A FIRENZE} etw irgendwohin verlegen **7** inform ~ **qc** {DATI SU DISCHETTO} etw auf etw (acc) übertragen **8** mus ~ **qc** {BRANO, PEZZO} etw transponieren.

trasportàto, (-a) **A** agg {MILITARE} transportiert; {MERCE} anche befördert **B** m (f) (passeggero) Fahrgast m.

trasportatóre, (-trice) **A** agg tecnol industr {NASTRO, RULLO} Förder-, Transport- **B** m tecnol industr (impianto) Förderer m: ~ **a catena**, Kettenförderer m; ~ **a coclea**, Schneckenförderer m; ~ **a elica**, Schraubenförderer f; ~ **a nastro**, Förderband n, Bandförderer m **C** m (f) (operaio) {+MERCI} Transportunternehmer(in) m(f), Transporteur(in) m(f): **affidare il trasloco a un ~**, den Umzug einem Transportunternehmen anvertrauen.

trasportìno m (per piccoli animali) Katzen-, Hundekäfig m.

traspòrto m **1** (trasferimento) {INTERNAZIONALE, NAZIONALE; +PASSEGGERI, MERCI} Beförderung f, Transport m: ~ **aereo**, Lufttransport m, Luftbeförderung f; ~ **ferroviario**, Eisenbahnbeförderung f, Bahn-, Schienentransport m; ~ **fluviale**, Flusstransport m; ~ **funebre**, Leichenüberführung f; ~ **lacustre**, Transport m auf dem See; ~ **marittimo**, Verschiffung f, Seetransport m; ~ **multiplo**, Autotransporter m; ~ **stradale**, Straßenverkehr m; ~ **urbano**, städtische Verkehrsmittel pl; **trasporti pubblici**, öffentliche Verkehrsmittel pl **2** fig (impeto) {+PASSIONE} Überschwang m, Inbrunst f forb; {+IRA, SDEGNO} Anfall m, Ausbruch m: **l'abbraccio con ~**, er/sie umarmte ihn/sie überschwänglich; **agire in un ~ di collera**, in wildem Jähzorn handeln **3** fig (entusiasmo) Leidenschaft f, Begeisterung f: **quella ragazza ha sempre studiato con ~**, das Mädchen hat immer mit Begeisterung gelernt **4** biol {ATTIVO, PASSIVO} Membrantransport m **5** elettr {+ENERGIA ELETTRICA} Transport m **6** geol {+FORMAZIONE ROCCIOSA} Translation f, Verschiebung f, Übertragung f **7** (nella grafica) {+DISEGNO, TESTO} Umdruck m **8** mat Transponierung f **9** mus {+BRANO} Transposition f.

trasposizióne f **1** chim {MOLECOLARE} Umlagerung f **2** ling {SINTATTICA; +FONEMI} Umstellung f, Umsetzung f **3** mat {+ELEMENTI} Transposition f **4** med {+VISCERI} Verlagerung f, Transposition f scient **5** mus {+PEZZO} Transposition f.

trassàto, (-a) dir banca **A** agg (che ha ricevuto l'ordine di pagare una tratta) {BANCA} bezogen **B** m (f) (trattario) Bezogene mf decl Trassat m.

tràssi 1 pers sing del pass rem di trarre.

trasteverìno, (-a) **A** agg (di Trastevere) {STRADA, TRATTORIA} von Trastevere **B** m (f) (abitante) Bewohner(in) m(f) von Trastevere.

trastullàre A tr **1** rar (distrarre con giochi) ~ **qu** {NONNO NIPOTE} jdn unterhalten **2** rar (lusingare) ~ **qu con qc** {UOMO CON VANE PROMESSE} jdn mit etw (dat) hin|halten **B** itr pron forb **1** scherz o spreg (oziare): **trastullarsi** (herum|)trödeln fam: **sta tutto il giorno a trastullarsi**, er/sie trödelt den ganzen Tag herum fam, er/sie vergammelt den ganzen Tag fam **2** (divertirsi): **trastullarsi (con qc)** {BAMBINO CON I GIOCATTOLI} sich mit etw (dat) unterhalten, sich mit etw (dat) die Zeit vertreiben.

trastùllo m forb (svago) {+BAMBINO} Zeitvertreib m ● **essere il ~ della fortuna** fig (essere in balia della sorte), ein Spielball des Glücks sein.

trasudàre A tr <avere> **1** (lasciare filtrare) ~ **qc** {MURO UMIDITÀ} etw aus|schwitzen **2** fig (far traspirire) ~ **qc** {VOLTO GIOIA} etw erkennen lassen, etw verraten: **questo quartiere trasuda miseria**, dieses Stadtviertel riecht nach Elend **B** itr <avere> **1** (filtrare) ~ **da qc** {UMIDITÀ DALLA PARETE} durch etw (acc) dringen **2** (gocciolare) ~ **a qu da qc** jdm von etw (dat) tropfen: **il sudore gli trasudava dalla fronte**, der Schweiß tropfte ihm von der Stirn **3** med: **trasudare dalle pareti dei vasi capillari**, von den Wänden der Kapillargefäße abgesondert werden.

trasumanazióne f lett "Überschreiten n

der Grenzen der menschlichen Natur".

trasversàle **A** agg **1** (*obliquo*) {STRADA} quer, Quer- **2** *fig giorn polit* {ALLEANZA, PARTITO} parteiübergreifend; {VENDETTA} indirekt **3** *arch* {NAVATA, SEZIONE} Quer- **4** *fis* {ONDA} transversal, Transversal- **5** *geol* {VALLE} querlaufend **6** (*in geometria*) {RETTA} transversal, Transversal- **B** *f* (*nella roulette*) {SEMPLICE} Transversale *f*.

trasversalismo *m giorn polit* (*convergenza*) parteiübergreifende Tendenz.

trasversalità <-> *f* **1** Transversalität *f* **2** (*qualità di una disciplina*) Fachübergreifende *n*.

trasvolàre **A** *tr* <*avere*> *aero* (*attraversare in volo*) ~ **qc** {L'ATLANTICO, LA MANICA} *etw* überfliegen **B** *itr* <*essere o avere*> *fig* (*passare rapidamente*) ~ **su qc** {SU UN ARGOMENTO} über *etw* (*acc*) hinweg|gehen.

trasvolàta *f aero* {+ANDE, PACIFICO} Überflug *m*, Überfliegen *n*; (*in solitaria*) Alleinflug *m*.

tràtta *f* **1** (*traffico illecito*) {+DONNE, MINORI} (Menschen)handel *m*: **~ delle bianche**, Mädchenhandel *m*; **~ degli schiavi**, Sklavenhandel *m* **2** *aero ferr* Strecke *f*: **la ~ Monaco-Francoforte**, die Strecke München-Frankfurt **3** *banca comm* (*cambiale*) (gezogener) Wechsel, Tratte *f*: **~ accettata**, Akzept *n*; **~ documentata**, Dokumententratte *f*, Dokumentenwechsel *m*; **emettere/spiccare una ~ su qu**, einen Wechsel auf jdn ziehen; **~ di favore**, Vorzugswechsel *m*; **~ allo scoperto**, ungedeckter Wechsel *m*; **~ a vista**, Sichtwechsel *m*.

trattàbile agg **1** (*malleabile*) {METALLO} biegsam, schmiedbar, geschmeidig **2** (*che può essere discusso*) {ARGOMENTO} diskutierbar **3** (*negoziabile*) {PREZZO} verhandelbar: **vendesi alloggio 300 000 euro trattabili**, Wohnung zu verkaufen, Verhandlungsbasis 300 000 Euro **4** *fig* (*affabile*) {PERSONA} umgänglich.

trattabilità <-> *f* **1** (*malleabilità*) {+METALLO} Geschmeidigkeit *f* **2** (*l'essere contrattabile*) {+PREZZO} Verhandelbarkeit *f* **3** (*l'essere discutibile*) {+ARGOMENTO} Diskutierbarkeit *f*.

trattaménto *m* **1** (*servizio*) {FAMILIARE, PESSIMO, DI RIGUARDO} Bedienung *f*, Bewirtung *f*: **avere un ~ di favore**, bevorzugt behandelt werden, eine bevorzugte Behandlung erfahren; **ha avuto il ~ che si meritava**, er/sie hat die Behandlung erhalten, die er/sie verdient hat; **il ~ lascia a desiderare**, die Bedienung lässt zu wünschen übrig; **ricevere un buon ~**, gut behandelt werden **2** (*retribuzione*) {+IMPIEGATO} Vergütung *f*, Lohn *m*, Gehalt *n*: **~ di fine rapporto**, Abfindung *f* **3** *agr* {DISERBANTE} Behandlung *f* **4** (*nella cosmesi*) **~ di bellezza**, Schönheitspflege *f* **5** *enol* {+VINO} Behandlung *f* **6** *film for* {+PELLICOLA} Behandlung *f* **7** *inform* {+DATI} Verarbeitung *f*: **~ automatico delle informazioni**, automatische Datenverarbeitung **8** *med* (*terapia*) {RADIOLOGICO, +TUMORE} Behandlung *f*: **~ incruento**, unblutiger Eingriff **9** *metall* {+ACCIAIO} Behandlung *f* **10** *min* {+MINERALE} Aufbereitung *f*.

trattàre **A** *tr* **1** (*discutere*) ~ **qc con qu/ qc** {AFFARE CON UN'AZIENDA, TREGUA CON UN PAESE} *mit jdm/etw* über *etw* (*acc*) verhandeln; (*uso assol*) verhandeln: **è un commerciante con cui si può ~**, er ist ein Geschäftsmann, der mit sich handeln/reden lässt; **la richiesta è di 30 milioni, ma si può ~**, die Forderung beträgt 30 Millionen, aber es besteht ein Verhandlungsspielraum **2** (*comportarsi*) **~ qu/qc** (+ *compl di modo*) {OSPITE CON RIGUARDO} *jdn/etw irgendwie* behandeln: **quella maestra sa ~ con i bambini**, diese Lehrerin weiß/[versteht es,] mit (den) Kindern umzugehen; **in quel ristorante ci hanno trattati male**, in diesem Restaurant hat man uns schlecht bedient **3** (*svolgere un argomento*) ~ **qc** (+ *compl di modo*) {ILLUMINISMO, RINNOVO DEI CONTRATTI, TEMA AMPIAMENTE, SOMMARIAMENTE} *etw irgendwie* behandeln, *auf etw* (*acc*) *irgendwie* ein|gehen **4** (*sottoporre a un trattamento*) ~ **qc** (**con qc**) {IL CUOIO, UN TESSUTO} *etw* (*mit etw dat*) behandeln; {VINO CON AGENTI CHIMICI} *anche etw* (*dat*) *etw* zu|setzen **5** (*maneggiare*) ~ **qc** + *compl di modo* {IL BISTURI BENE, MALE, LA PENNA} *etw irgendwie* handhaben, *mit etw* (*dat*) *irgendwie* um|gehen: **tratta lo scalpello da maestro**, er/sie handhabt den Meißel meisterhaft **6** *comm* (*vendere*) ~ **qc** {ARTICOLO, PRODOTTO} *etw* führen, *etw* verkaufen, *mit etw* (*dat*) handeln: **non tratta più gioielli**, er/sie führt keinen Schmuck mehr **7** *med* ~ **qu/qc con qc** {TUMORE CON LA CHEMIOTERAPIA} *jdn/ etw mit etw* (*dat*) behandeln **8** (*nella cosmesi*) ~ **qc con qc** {PELLE CON UNA CREMA IDRATANTE} *etw mit etw* (*dat*) behandeln **9** *metall* ~ **qc** + *compl di modo* {TERMICAMENTE GLI ACCIAI} *etw irgendwie* behandeln **B** *itr* **1** (*parlare*) ~ **di qu/qc** {DELL'IMPERIALISMO GUGLIELMINO} *von jdm/etw* handeln **2** (*fare una trattativa*) ~ **con qu** {CON UN NEGOZIANTE} *mit jdm* verhandeln: **per concludere l'affare deve ~ col proprietario dell'azienda**, um das Geschäft abzuschließen, müssen Sie sich direkt an den Betriebseigentümer wenden **C** *rfl*: **trattarsi** + *compl di modo irgendwie* leben: **trattarsi bene**, gut leben, es sich (*dat*) gut gehen lassen; **trattarsi bene nel mangiare**, sich (*dat*) beim Essen (et)was gönnen **D** *impers* ~ **di qc** {DI UN ARGOMENTO DELICATO} sich *um etw* (*acc*) handeln, *um etw* (*acc*) gehen: **si tratta del tuo avvenire**, es geht um deine Zukunft; **di che cosa si tratta?**, worum handelt es sich?, worum geht es?; **si tratta di far luce sulla vicenda**, es geht darum, die Angelegenheit zu klären.

trattàrio, (-a) <-*ri*> *m* (*f*) *dir banca* (*chi riceve l'ordine di pagare una tratta*) Bezogene *decl come agg*.

trattatìsta <-*i m*, -*e f*> *mf* (*autore di trattati*) Verfasser(in) *m*(*f*) einer Abhandlung.

trattatìstica <-*che*> *f* (*insieme di trattati*) {ECONOMICA, STORICA} Abhandlungswesen *n*.

trattatìva *f* (*negoziato*) {DIFFICILE, SINDACALE} Verhandlung *f*: **essere in trattative con qu per l'acquisto di qc**, mit jdm wegen des Erwerbs von etw (*dat*)/+ *gen* in Verhandlung(en) stehen; **la ~ è in corso**, die Verhandlung ist im Gang(e).

trattativismo *m* (*inclinazione alle trattative*) "Tendenz *f* zur Bevorzugung von Verhandlungen".

trattativista <-*i m*, -*e f*> agg (*favorevole alle trattative*) {SISTEMA} Verhandlungen bevorzugend.

trattàto *m* **1** (*dissertazione*) {+BIOLOGIA, LINGUISTICA, PSICOLOGIA} Abhandlung *f*, Traktat *m* o *n forb obs* **2** *dir* (*accordo tra Stati*) {BILATERALE, ECONOMICO, PLURILATERALE, POLITICO, SEGRETO} (völkerrechtlicher) Vertrag, Abkommen *n*, Übereinkommen *n*, Pakt *m*, Konvention *f*; {COMMERCIALE} Abkommen *n*: **~ di non aggressione**, Nichtangriffspakt *m*; **~ di alleanza**, Bündnisabkommen *n*; **il ~ di Maastricht**, das Maastrichter Abkommen; **~ di pace**, Friedensvertrag *m*.

trattazióne *f* **1** (*esposizione*) {ESAURIENTE, SUPERFICIALE, +ARGOMENTO} Behandlung *f* **2** (*svolgimento scritto*) {SCIENTIFICA} Abhandlung *f* ● **~ della causa** *dir*, Verhandlung *f*.

trattegg|iàre <*tratteggio, tratteggi*> *tr* **1** (*segnare a tratti*) ~ **qc** {LINEA} *etw* strichel|n, {SFONDO} *etw* schraffieren **2** *fig* (*disegnare*) ~ **qc** {PAESAGGIO, VOLTO} *etw* skizzieren **3** *fig* (*descrivere*) ~ **qu** {PERSONAGGIO DI UN RACCONTO} *jdn* skizzieren; ~ **qc** {CORRENTE FILOSOFICA, PERIODO STORICO} *etw* umreißen, *etw* skizzieren, *etw* in groben/großen Zügen schildern.

tratteggiàto, (-a) **A** agg **1** (*fatto col tratteggio*) {LINEA} gestrichelt; {DISEGNO} schraffiert **2** *fig* (*abbozzato*) {SCENA} in groben/ großen Zügen geschildert, skizziert, in Umrissen dargestellt **B** *m* (*parte tratteggiata*) Schraffierte *n*.

tratteggiatùra *f rar* (*tratteggio*) Schraffierung *f*, Schraffur *f*, Schraffung *f*.

trattéggio <-*gi*> *m arte* (*nella pittura, nel disegno*) {FITTO, RADO} Schraffierung *f*, Schraffur *f*.

trattenére <*coniug come* tenere> **A** *tr* **1** (*far restare*) ~ **qu** (+ *compl di tempo*) (+ *compl di luogo*) *jdn* (+ *Zeitangabe*) (*irgendwo*) auf|halten: **il direttore mi ha trattenuto a lungo in ufficio**, der Direktor hat mich lange im Büro aufgehalten; **mi hanno trattenuto a parlare per un'ora**, sie haben mich eine Stunde mit Reden aufgehalten; **~ qu in osservazione**, *jdn* zur Beobachtung dabehalten; **~ qu a qc** {AMICA A CENA, A PRANZO} *jdn zu etw* (*dat*) ein|laden; (*con forza o autorità*) ~ **qu** (**per qc**) (+ *compl di tempo*) (+ *compl di luogo*) {PER LA GIACCA} *jdn* (*irgendwann*) (*irgendwo*) (*an etw dat*) fest|halten; **la donna tentò di gettarsi dalla finestra, ma fu trattenuta per un braccio**, die Frau versuchte, sich aus dem Fenster zu stürzen, aber sie wurde am Arm zurückgehalten; **il giovane è stato trattenuto al commissariato di polizia**, der junge Mann ist auf dem Polizeikommissariat zurückgehalten worden; **puoi andare, nessuno ti trattiene**, du kannst gehen, es hält dich niemand davon ab; ~ **qu** (**con qc**) *jdn* (*mit etw dat*) zurück|-/auf|halten; **cerca di trattenerlo con un pretesto**, versuche, ihn unter einem Vorwand aufzuhalten **2** (*lasciar giacere*) ~ **qc** {LETTERA, RACCOMANDATA} *etw* zurück| halten: **se arriva un pacco per me, lo trattenga**, wenn ein Paket für mich kommt, (dann) nehmen Sie es bitte entgegen! **3** (*sottrarre*) ~ **qc** (**a qu**) (**su qc**) *jdm etw von etw* (*dat*) ab|ziehen, *etw von etw* (*dat*) + *gen* ein|behalten: **questa somma le è stata trattenuta sullo stipendio**, diese Summe wurde ihr vom Gehalt abgezogen **4** (*frenare*) ~ **qu** {CORDONE DI AGENTI DIMOSTRANTI} *jdn* zurück|halten: **non so cosa mi trattenga dal mandarlo al diavolo**, ich weiß nicht, was mich davon abhält, ihn zum Teufel zu jagen; ~ **qc** {DIGA ACQUA} *etw* auf|stauen, *etw* an| stauen; {LACRIME} *etw* zurück|halten; {PIANTO, RISO} *anche etw* unterdrücken; {RESPIRO} *etw* an|halten; {ENTUSIASMO} *etw* verhehlen **5** (*tenere per sé*) ~ **qc** {RICEVUTA, SCONTRINO FISCALE} *etw* zurück|behalten: **trattieni le spese per il trasporto e mandami il resto**, behalte die Transportkosten ein und schicke mir den Rest **6** (*intrattenere*) ~ **qu** *jdn* unterhalten: **trattieni gli ospiti fino al mio arrivo**, unterhalte die Gäste bis zu meiner Ankunft **7** *tecnol* ~ **qc** {VITI FLANGIA} *etw* halten **B** *itr pron* (*rimanere*): **trattenersi** (**a qc**) (*irgendwo*) bleiben, sich (*irgendwo*) auf|halten: **perché non ti trattieni a pranzo con noi?**, warum bleibst du nicht zum Mittagessen?; **trattenersi** (+ *compl di luogo*) (+ *compl di tempo*) (+ *Zeitangabe*) sich (*irgendwo*) bleiben; **quanto pensi di trattenerti ancora in città?**, wie lange willst du noch in der Stadt bleiben?; **scusate ma purtroppo non posso trattenermi oltre**, ¡entschuldigen Sie,|/[entschuldigt] bitte, aber ich kann leider nicht länger bleiben C rfl 1 (contenersi): **trattenersi** sich zurück|halten: **volevo insultarlo, ma mi sono trattenuto**, ich wollte ihn beleidigen, aber dann habe ich mich doch zurückgehalten; **mi sono trattenuta dal ridere**, ich habe mir das Lachen verbissen, ich habe ein Lachen unterdrückt 2 (tenere per sé): **trattenersi qc** etw ein|behalten.

trattenimento m (festa, ricevimento) Veranstaltung f, Empfang m, Gesellschaft f: ~ **musicale**, Musikveranstaltung f, Musikabend m.

trattenuta f (ritenuta) Abzug m, Einbehaltung f: **fare una ~ sullo stipendio**, etwas vom Gehalt abziehen.

trattino <dim di tratto①> m 1 arte (nel disegno) Schraffierstrich m 2 tip (piccolo tratto) Strich m; (lineetta) Gedankenstrich m: ~ **di divisione**, Trennungsstrich m; ~ **d'unione**, Bindestrich m, Divis n.

tratto① A m 1 (linea) {+BIRO, MATITA, PENNARELLO} Strich m: **cancellare qc con un ~ di penna**, etw mit einem Federstrich durchstreichen 2 (parte) {BREVE, IMPRATICABILE; +FERROVIA, STRADA} Strecke f, Abschnitt m; {+COSTA} Strich m; {+MARE} Teil m, Abschnitt m; {+TUBO} Stück m, Teil m o n; {+INTESTINO} Trakt m, Strang m: **c'è un bel ~ da fare per arrivare al castello**, es ist noch ein gutes Stück bis zum Schloss 3 (durata di tempo) {LUNGO} Zeit(spanne) f, Weile f: **rimase un ~ a pensare**, er/sie hielt einen Augenblick inne, um nachzudenken 4 (comportamento) {GARBATO, SIGNORILE} Benehmen n 5 fig (brano) {+RACCONTO} Abschnitt m, Stelle f; {+SINFONIA} Stück n: **rileggimi quel ~**, lies mir diese Stelle noch einmal vor 6 <di solito al pl> (lineamenti) {FINE, IRREGOLARE, MARCATO; +VOLTO} (Gesichts)züge m pl 7 fig <di solito al pl> (caratteristiche) {COMUNE; +CORRENTE LETTERARIA} Merkmale n pl, Wesenszüge m pl 8 ling {DISTINTIVO, RIDONDANTE} Merkmal n 9 psic {CARATTERIALE} Merkmal n, Eigenschaft f 10 (negli scacchi e altri giochi) Zug m 11 tip Strich m B loc avv: **a tratti**, von Zeit zu Zeit C loc avv (improvvisamente): ˌtutt'a un ~ˌ/[a un ~]/[d'un ~], auf einmal, plötzlich, unvermittelt • **a grandi/larghi tratti** fig (in modo essenziale), in großen Zügen, in groben Umrissen.

tratto② part pass di trarre.

trattore① m (automezzo) {AGRICOLO} Traktor m; {STRADALE} Schlepper m: **d'artiglieria**, Zugmaschine f für schweres Geschütz; ~ **a cingoli**, Raupenschlepper m.

trattore②, (-trice) m (f) (gestore di trattoria) {OSPITALE, PREMUROSO} Gastwirt(in) m (f).

trattoria f (piccolo ristorante) {ACCOGLIENTE, RUSTICA} Gastwirtschaft f, Gaststätte f, Trattoria f.

trattorista <-i m, -e f> mf (conducente) {AGRICOLO} Traktorfahrer(in) m (f); {STRADALE} Schlepperführer(in) m (f).

trattrice f → **trattore**②.

trattùro m lett (sentiero) Trift f.

tràuma <-i> m 1 fig (colpo) Schlag m, Schock m: **il divorzio dei genitori fu per lui un grosso ~**, die Scheidung der Eltern war ein großer Schlag für ihn 2 med Verletzung f, Trauma n scient: ~ **cranico**, Schädeltrauma n 3 psic {PSICHICO} Trauma n.

traumàtico, (-a) <-ci, -che> agg 1 fig (che turba) {ESPERIENZA} traumatisch 2 med {LESIONE} traumatisch 3 psic {NEVROSI} traumatisch.

traumatizzànte agg 1 (che provoca un trauma) {AGENTE} ein Trauma bewirkend 2 fig (sconvolgente) {ESPERIENZA} schockierend, erschütternd, traumatisierend.

traumatizzàre tr 1 fig (turbare profondamente) ~ **qu** jdn erschüttern, jdn schockieren: **l'incidente l'ha traumatizzata**, der (Auto)unfall hat ˌbei ihr einen Schock verursachtˌ/[sie traumatisiert]; **è stato traumatizzato dalla morte del padre**, der Tod des Vaters hat ˌihn erschüttertˌ/[bei ihm einen Schock ausgelöst] 2 med ~ **qc** {ORGANISMO, SISTEMA NERVOSO} in etw (dat) ein Trauma verursachen, etw traumatisieren.

traumatizzàto, (-a) A agg 1 (colpito da trauma) {MUSCOLO, NERVO} verletzt 2 fig (scioccato) schockiert, tief erschüttert: **rimanere ~ da qc**, von etw (dat) tief erschüttert sein B m (f) (chi ha subito un trauma) "wer ein Trauma erlitten hat".

traumatologìa f med Traumatologie f scient, Unfallchirurgie f.

traumatològico, (-a) <-ci, -che> agg med {OSPEDALE, REPARTO} traumatologisch scient.

travagliàto, (-a) agg 1 (tormentato) {VITA} mühselig; {ANIMO} gequält, zerrissen 2 (lungo e difficile) {PARTO} schwierig, schwer 3 (agitato) {PAESE} erschüttert, aufgewühlt.

travàglio <-gli> m 1 (sofferenza fisica) {+STOMACO} Beschwerden f pl, Schmerzen m pl: ~ (**del parto**) (Geburts)wehen f pl; **la paziente è entrata in ~**, bei der Patientin haben die Wehen eingesetzt 2 lett (angoscia) {CONTINUO} Sorge f, Angst f: **il ~ del dubbio**, der quälende Zweifel 3 region (fatica) Schufterei f fam, Plackerei f fam.

travasàre A tr 1 (versare) ~ **qc** (**da qc**) (**in qc**) {OLIO IN UNA BOTTIGLIA PIÙ PICCOLA, VINO DALLA DAMIGIANA NEL FIASCO} etw (von etw dat) (in etw acc) um|füllen, etw (von etw dat) (in qc) um|gießen 2 fig (riversare) ~ **qc in qc** {PROPRIA ESPERIENZA IN UN'OPERA} in etw acc einfließen lassen B itr pron 1 (versarsi fuori): **travasarsi da qc** (mit etw dat) über|laufen: **bollendo l'acqua si è travasata dalla pentola**, beim Sieden/Kochen ist das Wasser im Topf übergelaufen 2 med: **travasarsi** sich ergießen.

travàso m 1 (trasferimento) {+ACETO, OLIO, VINO} Umfüllen n, Umgießen n 2 fig scherz (diffusione) {+IDEE} Verbreitung f 3 med Erguss m: ~ **di bile**, Erguss m von Gallenflüssigkeit; ~ **di sangue**, Bluterguss m • **a qu viene un ~ di bile** fig (qu si arrabbia molto), jdm läuft die Galle über.

travatùra f edil {RETICOLARE} Gebälk n.

tràve f 1 edil (fusto d'albero) {+SOFFITTO, TETTO} Balken m (struttura portante) Träger m: ~ **ad arco**, Bogenträger m; ~ **di colmo**, Firstbalken m; ~ **a corona**, Kronbalken m; ~ **d'incavallatura**, Dachbinderbalken m; ~ **di rinforzo**, Strebepfeiler m; ~ **di solaio**, Deckenträger m; ~ **di sostegno**, Stützbalken m 2 sport (nella ginnastica) Schwebebalken m: **eseguire un esercizio alla ~**, eine Übung am Schwebebalken ausführen • **non vedere la ~ nel proprio occhio** fig (non accorgersi delle proprie pecche), den Balken im eigenen Auge nicht sehen; seine eigenen Fehler nicht sehen/erkennen; **far d'una ~ un nottolino** fig (ridurre il molto al poco), {PROBLEMI, SITUAZIONI} etw herunterspielen, etw verharmlosen, etw bagatellisieren; {PATRIMONIO} etw verschleudern, etw auf den Kopf hauen fam.

travedére ≈ coniug come **vedere**> A itr 1 (vedere male) sich versehen 2 fig (sbagliarsi): ~ **su qc** {SULLA COLPEVOLEZZA DI QU} sich bezüglich etw (gen) irren, sich bezüglich etw (gen) täuschen 3 fig (essere accecato) ~ **per qc** {PER AMORE, PER L'ODIO} vor etw (dat) blind sein 4 fig (stravedere) ~ **per qu** {MAMMA PER IL FIGLIO} jdn übermäßig bewundern, nur Augen für jdn haben B tr 1 rar (intravedere) ~ **qu/qc** jdn/etw undeutlich erkennen 2 fig {VERITÀ} etw erahnen.

travéggole f pl: **avere le ~** (vedere una cosa per un'altra), sich täuschen, sich versehen; fig (sbagliarsi nel giudicare) sich irren, sich täuschen.

tràveller's cheque <-, - -s pl ingl> loc sost m ingl banca Reise-, Travellerscheck m.

travèrsa f 1 (strada secondaria) Querstraße f: **prendere una ~**, eine Querstraße nehmen; **svolti alla seconda ~ a destra**, biegen Sie ˌin die zweite Querstraße rechts einˌ/[an der zweiten Querstraße rechts ab] 2 (sbarra) Sperre f: **chiudere una strada con traverse**, eine Straße sperren 3 (lenzuolo) Unterlage f 4 (solo in) {+ASSI} {+LETTO} Bettseiten f pl 5 arch edil (trave) Querträger m, Querbalken m: ~ **d'appoggio**, Stützträger m; ~ **della finestra**, Kämpfer m, Querbalken m, Sprosse f 6 ferr {+ROTAIE} Schwelle f 7 mar Traverse f 8 sport (della porta) (Quer)latte f: **colpire la ~**, die Querlatte treffen.

traversàre tr 1 (passare attraverso) ~ **qc** {APPENNINI} L'Italia da Nord a Sud etw durchqueren; {PO LA PIANURA PADANA} anche etw durchfließen; {LAMPO CIELO} etw durchzucken; (a piedi) {PIAZZA, STRADA} etw überqueren: ~ **col rosso/verde**, bei Rot/Grün über die Straße gehenˌ/[die Straße überqueren]; ~ **sulle zebre**, über den Zebrastreifen gehen; {CONFINE} etw überschreiten; {BINARI} etw überqueren; (in automobile) {L'AUSTRIA, CENTRO DELLA CITTÀ} etw durchfahren, etw durchqueren; (a cavallo) etw durchreiten; (a nuoto) {LAGO} etw durchschwimmen, über etw (acc) schwimmen; (di corsa) über etw (acc) laufen; (in aereo) etw überfliegen, (in nave) {MARE} über etw (acc) fahren, etw überqueren 2 fig: **un'idea geniale gli ha traversato la mente**, eine geniale Idee schoss ihm durch den Kopf 3 mar ~ **qc** {LA NAVE} etw quer legen.

traversàta f (attraversamento) {+ALPI} Überquerung f; (con gli sci) Überquerung f; (con veicolo) anche Durchfahren n, Durchfahrt f; (in aereo) Überflug m, Überflug m; (a nuoto) {+STRETTO DI GIBILTERRA} Durchschwimmen n; (in nave) {MOVIMENTATA, TRANQUILLA; +ATLANTICO} Überfahrt f; (in treno) Überquerung f.

traversìa f 1 <solo pl> (avversità) {+VIAGGIO, VITA} Widrigkeiten f pl, Unannehmlichkeiten f pl: **quella donna ha dovuto superare molte ~**, diese Frau musste viele Unannehmlichkeiten überwinden 2 mar (vento) (Seiten)wind m.

traversìna f ferr (Eisenbahn)schwelle f.

traversìno m 1 (nel biliardo) Querstoß m 2 mar (cavo d'ormeggio) Quersteg m.

travèrso, (-a) A agg (obliquo) {LINEA} quer-, Quer- B m edil {+SOLAIO} Querbalken m C loc avv (obliquamente) di ~, obliquo; {+BUTTARSI SUL LETTO, FIRMARE} quer; **mettersi di ~**, sich quer stellen • **andare di/per ~ a qu**, {UVA, VINO} jdm im Hals stecken bleiben; **gli andò di ~ l'uovo**, er verschluckte sich am dem Ei; fig (avere effetto spiacevole), {BOCCIATURA} jdm schwer im Magen liegen fam, jdm an die Nieren gehen fam; **lo spavento gli fece andare di ~ tutta la cena**, durch den Schreck lag ihm das ganze Abendessen schwer im Magen; fig (rovinare), {VIAGGIO} jdm etw verleiden; **guardare qu/qc di ~** (con occhiate oblique), jdn/etw von der Seite ansehen; fig (in modo ostile), jdn schief/schräg/scheel an|sehen fam; **prendere qu/qc di ~** (in senso trasversale), jdn um die Hüfte fassen, etw quer anpacken; fig (malamente), jdn ˌauf dem Piekˌ/[gefressen] haben, etw in ˌdie falsche Kehleˌ/[den falschen Hals] bekommen fam; **la maestra ha preso**

di ~ il nostro innocente scherzetto, die Lehrerin hat unseren harmlosen Scherz in die falsche Kehle bekommen *fam*; **ha preso di ~ questo lavoro fin dall'inizio e adesso non ne può più**, so lustlos, wie er/sie die Arbeit angepackt hat, war von vornherein der Wurm drin und jetzt hat er/sie die Schnauze voll *fam*.

traversóne <*accr di* traversa> *m* **1** *edil* (*trave*) (großer) Querträger **2** *sport* (*nel calcio*) Flanke f; (*nel pugilato*) Schwinger m; (*nella scherma*) Seiten-, Flankenhieb m.

travertino *m geol* Travertin(stein) m.

travestiménto *m* **1** (*mascheramento*) {ABILE, ORIGINALE} Verkleidung f **2** *fig* (*alterazione*) Verwandlung f, Wandlung f.

travestire **A** *tr* **1** (*mascherare*) ~ *qu* (*da qu/qc*) {BAMBINO DA PAGLIACCIO} jdn als jdn/etw verkleiden **2** *fig* (*trasformare*) ~ *qc* {TEMA MUSICALE} etw um|wandeln, etw verwandeln **B** *rfl*: **travestirsi** (*da qu/qc*) **1** (*camuffarsi*) {DA UOMO PRIMITIVO, DA SCHELETRO} sich (*als jd/etw*) kostümieren, sich (*als jd/etw*) verkleiden **2** *fig* (*fingere*) sich *als jd* aus|geben: **è un lupo che si traveste da agnello**, er/sie ist ein Wolf im Schafspelz.

travestitísmo *m* Transvesti(ti)smus m.

travestito, (-a) **A** *agg* (*mascherato*) ~ (*da qu/qc*) {DA GIULLARE, DA INDIANO} (als *jd/etw*) verkleidet **B** *m* (*omosessuale maschile*) Transvestit m.

travèt <-> *m region spreg* (*impiegatuccio*) kleiner Angestellter: **farà il ~ tutta la vita!**, er wird sein ganzes Leben lang ein kleiner Angestellter bleiben.

traviaménto *m* (*deviazione morale*) {+MINORE, RAGAZZA} Verirrung f.

traviàre <*travio, travii*> **A** *tr* (*corrompere*) ~ *qu* {CATTIVE COMPAGNIE RAGAZZO} jdn vom rechten Weg ab|bringen, jdn auf Abwege führen **B** *itr pron* (*volgersi al male*): **traviarsi** auf Abwege geraten, vom rechten Weg ab|kommen: **si è traviata a causa delle cattive amicizie**, der schlechte Umgang hat sie auf Abwege gebracht.

traviatóre, (-trice) **A** *agg* (*che travia*) {COMPAGNIA} schlecht **B** *m* (*chi corrompe moralmente*) Verführer(in) m(f).

travicèllo <*dim di* trave> *m* {+SOFFITTO} kleiner Balken.

travisaménto *m* (*distorsione*) {+DISCORSO, IDEA} Verfälschung f, Verzerrung f • **di fatti** *dir* (*vizio di legittimità dell'atto amministrativo*), Tatsachenverdrehung f (*Verkennung der Tatsachen durch die Verwaltung mit der Folge der Rechtswidrigkeit des Verwaltungsakts*).

travisàre **A** *tr fig* (*alterare*) ~ *qc* {SENSO DI UN DISCORSO} etw verfälschen, *etw* entstellen; {FATTO, REALTÀ STORICA, VERITÀ} *etw* verfälschen, *etw* verdrehen **B** *rfl* (*cambiare aspetto*): **travisarsi** sein Aussehen verändert.

travolgènte *agg* **1** (*impetuoso*) {BUFERA} tobend **2** *fig* (*irresistibile*) {AMORE, ORATORIA, SGUARDO} unwiderstehlich, mitreißend.

travòlgere <*coniug come* volgere> *tr* **1** (*investire*) ~ *qu/qc* {AUTO PEDONE} jdn/etw überfahren **2** (*abbattere*) ~ *qc* (*mit sich dat*) fort|reißen, *etw* weg|reißen: **la valanga travolse case e alberi**, die Lawine riss Häuser und Bäume (mit sich dat) fort **3** *fig* (*sopraffare*) ~ *qu/qc* jdn/etw überwältigen: **fu travolto dalla passione**, die Leidenschaft überwältigte ihn **4** *fig* (*mandare in rovina*) ~ *qc* {CRISI ECONOMICA PAESE} *etw* zugrunde richten **5** *fig* (*schiacciare*) ~ *qc* {RESISTENZA NEMICA} *etw* nieder|schlagen.

travòlto, (-a) *agg* **1** (*abbattuto*) ~ *da qc* {CASA DALLE ACQUE, PIANTA DALLA PIENA} *von etw*

(*dat*) fort-, weggerissen **2** (*investito*) ~ *da qc* {SCIATORE DA UNA VALANGA} *von etw* (*dat*) mitgerissen; (*PEDONE DALL'AUTO*) (*von etw dat*) überfahren **3** *fig* (*sopraffatto*) ~ *da qc* {DALLA PASSIONE} *von etw* (*dat*) überwältigt.

trazióne f **1** (*il trascinare*) Zug m, Ziehen n **2** (*forza*) Zug m: ~ **animale**, Tierbespannung f, Tierzug m; ~ **elettrica/meccanica**, elektrischer/mechanischer Antrieb **3** *autom mecc* Antrieb m: ~ **anteriore**, Vorderrad-, Frontantrieb m; ~ **ibrida**, Hybridantrieb m; ~ **integrale**, Allradantrieb m; ~ **posteriore**, Hinterrad-, Heckantrieb m; ~ **sulle quattro ruote**, Vierradantrieb m **4** *med* Zug m, Traktion f *scient*: **mettere in ~ un arto fratturato**, ein gebrochenes Glied durch Anbringen von Zuggewichten richten.

tre **A** *agg num* drei **B** <-> *m* **1** (*numero*) Drei f **2** (*nelle date*) Dritte m *decl come agg* **3** (*voto scolastico in Italia*) ≈ ungenügend, Sechs f, Sechser m *fam* **C** *f pl* drei Uhr; → *anche* **cinque**.

treàlberi <-> *m mar* Dreimaster m.

trébbia *f agr* **1** (*trebbiatura*) {+GRANO} Dreschen n **2** *region* (*trebbiatrice*) Dreschmaschine f.

trebbiàre <*trebbio, trebbi*> *tr* (*battere*) ~ *qc* {AVENA, GRANO} (*etw*) dreschen.

trebbiatóre, (-trice) **A** *m* (*f*) (*contadino*) Drescher(in) m(f) **B** *f agr* (*macchina*) Dreschmaschine f.

trebbiatùra *f agr* **1** (*periodo*) Dreschzeit f **2** (*operazione*) {+ORZO} Dreschen n.

trebisónda *f solo nella loc*: **perdere la ~** (*perdere la testa*), den Kopf verlieren.

tréccia <-ce> *f* **1** (*acconciatura*) {ROSSA, SPESSA} Zopf m: **farsi la ~**, sich (*dat*) den Zopf flechten; **portare le trecce**, Zöpfe tragen **2** (*intreccio*) {+FILI, LANA, PAGLIA} Geflecht n: ~ **d'aglio**, Knoblauchbund m **3** (*tipo di pane*) Zopf m **4** *arch* (*ornamento*) Flechtwerk n **5** *lavori femminili* Flechtwerk n.

trecentésco, (-a) <-schi, -sche> *agg* (*del Trecento*) {LETTERATURA, PITTURA, POESIA} das vierzehnte Jahrhundert betreffend, des vierzehnten Jahrhunderts.

trecentèsimo, (-a) **A** *agg num* dreihundertste(r, s) **B** *m* (*f*) (*frazione*) Dreihundertstel n; → *anche* **quinto**.

trecentista <-i *m, -e f*) *arte lett* **A** *agg* (*del Trecento*) {POETA, POESIA} des Trecento, aus dem 14. Jahrhundert **B** *mf* **1** (*artista*) Künstler(in) m(f) des Trecento, Trecentist(in) m(f) **2** (*scrittore*) Schriftsteller(in) m(f) des Trecento **3** (*studioso*) Trecento-Spezialist(in) m(f), Trecento-Experte m, Trecento-Expertin f.

trecènto **A** *agg num* **1** dreihundert **2** (*con valore indeterminato*) tausendmal, x-mal *fam*: **glielo abbiamo ricordato ~ volte!**, wir haben ihn schon x-mal daran erinnert! *fam* **B** <-> *m* **1** (*numero*) Dreihundert f **2** *stor*: **il Trecento**, das vierzehnte Jahrhundert; (*nell'arte italiana*) das Trecento.

tredicènne **A** *agg* dreizehnjährig **B** *mf* Dreizehnjährige *mf decl come agg*.

tredicèsima f **1** (*retribuzione*) dreizehntes Monatsgehalt **2** *edit* (*copia omaggio*) Freiexemplar n (*für den Buchhändler für je zwölf abgenommene Bücher*).

tredicèsimo, (-a) **A** *agg num* dreizehnte(r, s) **B** *m* (*f*) Dreizehnte *mfn decl come agg* **C** *m* (*frazione*) Dreizehntel n, dreizehnter Teil; → *anche* **quinto**.

trédici **A** *agg num* dreizehn **B** <-> *m* **1** (*numero*) Dreizehn f **2** (*nelle date*) Dreizehnte m *decl come agg* **C** *f pl* dreizehn Uhr • **fare un ~ al totocalcio**, einen Hauptgewinn im Fuß-

balltoto erzielen; → *anche* **cinque**.

tréfolo *m* **1** (*filo della fune*) Litze f **2** (*piccola fune d'acciaio*) Stahldrahtseil n.

tregènda f (*convegno di streghe*) Hexensabbat m.

trégua f **1** *fig* (*pausa*) {POLITICA} (Atem)pause f: **lavora senza ~**, er/sie arbeitet pausenlos/[ohne Ruhepause]; **il mal di testa non gli dà ~**, die Kopfschmerzen lassen ihm keine Ruhe; ~ **salariale**, Lohnpause f **2** *mil* {+GUERRA} Waffenstillstand m: **fare una ~**, einen Waffenstillstand (ab)schließen.

trèkker <-> *mf ingl* (*persona*) Trekker(in) m(f), Wanderer m, Wand(r)erin f.

trekking *ingl alpin* **A** <inv> *agg* (*da ~*) {SENTIERO} Trekking- **B** <-> *m* (*escursione*) Trekking n: **fare del ~ in Corsica**, Trekking in Korsika machen; **auf/in** *fam* Korsika wandern.

tremànte *agg* **1** (*tremolante*) {MANO, VOCE} zitternd, zittrig; {PASSO} schwankend; ~ *di/per qc* {PER LA FEBBRE ALTA} *vor etw* (*dat*) zitternd; {DI FREDDO} *anche vor etw* (*dat*) schlotternd, *vor etw* (*dat*) bibbernd *fam* **2** (*vibrante*) ~ *di/per qc* {DI RABBIA} *vor etw* (*dat*) zitternd.

tremàre *itr* **1** (*rabbrividire*) ~ *di/per qc* {DI FREDDO, DI PAURA} *vor etw* (*dat*) zittern, *vor etw* (*dat*) schlottern; {PER LA FEBBRE} *anche von etw* (*dat*) geschüttelt werden: **tremava tutta**, sie zitterte/schlotterte am ganzen Körper **2** (*tremolare*) ~ **a qu** (*per qc*) {GAMBE} jdm (*vor etw dat*) zittern: **le trema la voce per l'emozione**, ihre Stimme zittert vor Aufregung **3** (*oscillare*) {FOGLIE} zittern; {TERRA} beben; {VETRI} vibrieren **4** *fig* (*avere paura*) ~ **davanti/di fronte a qu/qc** {SOLDATI DAVANTI AL SERGENTE} *vor jdm/etw* Angst haben: **non trema di fronte a nulla**, er/sie hat vor nichts Angst; ~ **per qu/qc** *um jdn/etw* Angst haben, *um jdn/etw* fürchten, sich Sorgen *um jdn/etw* machen; **tremò al pensiero di ciò che sarebbe potuto succedere**, er/sie zitterte bei dem Gedanken, was (alles) hätte passieren können; **tremo per lui/[la sua sorte]**, ich mache mir Sorgen um ihn/[seine/ihre Zukunft].

tremarèlla f *fam* **1** (*tremito delle membra*) Tatterich m *fam* **2** (*paura*) Bammel m *fam*, Schiss m *fam*: **avere la ~ (addosso)**, die Hose(n) (gestrichen) voll haben *fam*; **il pensiero dell'esame mi fa venire la ~**, bei dem Gedanken an die Prüfung ˪wird mir ganz anders/schwumm(e)rig *fam*˩/[krieg ich kalte Füße *fam*].

tremebóndo, (-a) *agg lett* **1** (*tremante*) zitternd, bebend **2** (*spaventato*) erschrocken.

treméndo, (-a) *agg* **1** (*terribile*) {NOTIZIA, PERICOLO, VENDETTA} furchtbar, entsetzlich, schrecklich; {GIUDICE} gefürchtet **2** (*con valore iperbolico*) {DOLORE, MAL DI TESTA, NOIA, PAURA} furchtbar *fam*, entsetzlich *fam*, wahnsinnig *fam*, irrsinnig *fam*, irre *fam*, mörderisch *fam*: **fa un freddo ~!**, es ist entsetzlich kalt! *fam*; **abbiamo una sete ~**, wir haben einen wahnsinnigen Durst *fam* **3** (*molto vivace*) {BAMBINO} äußerst lebhaft.

trementìna f *chim* Terpentin n.

tremìla A *agg num* dreitausend: **siamo a ~ metri di altezza**, wir befinden uns in dreitausend Meter Höhe; **c'erano ~ persone**, dreitausend Leute *fam*/Personen waren da **B** <-> *m* **1** (*numero*) Dreitausend f **2** *alpin* Dreitausender m.

trèmito *m* (*brivido*) {CONVULSO, FORTE +PAURA, FREDDO} Zittern n, Beben n; {+FEBBRE} Anfall m: **fu scosso da un ~ violento**, er/sie wurde von einem heftigen Zittern gepackt.

tremolànte agg 1 (*oscillante*) {BANDIERA} flatternd; {FIAMMA} flackernd; {LUCE} flimmernd 2 (*incerto*) {SCRITTURA} zitt(e)rig, unsicher; {VOCE} *anche* zitternd, bebend 3 (*flaccido*) {CARNI} schlaff.

tremolàre A itr 1 (*ondeggiare*) {FOGLIE} wehen; {SPIGHE} wogen *forb*; {IMMAGINE RIFLESSA NELL'ACQUA} flimmern 2 (*essere intermittente*) {VOCE} beben, zittern; {STELLA} flimmern; {FIAMMA, FUOCO} flackern B tr *mus* (*eseguire col tremolo*) ~ **qc** {UNA NOTA} *etw* tremolieren, *etw* tremulieren.

tremolìo <-*lii*> m 1 (*oscillazione*) {+FOGLIA} Flattern n; {+ACQUA} Bewegung f; {+STELLA} Flimmern n, Geflimmer n; {+FIAMMA} Flackern n, Geflacker n 2 (*incertezza*) {+VOCE} Zittern n, Beben n.

trèmolo → tremulo.

tremòre m 1 (*fremito*) Zittern n 2 *med* {PARZIALE +MANO, TESTA} Muskelzittern n, Tremor m *scient*.

trèmulo, (-a) A agg *lett rar* (*tremolante*) {LUCE} flimmernd; {FIAMMA} flackernd B m 1 *bot* Espe f, Zitterpappel f 2 *mus* Tremolo m.

trench <-> m *ingl* (*impermeabile*) Trenchcoat m.

trend <-> m *ingl* 1 (*tendenza*) {+OPINIONE PUBBLICA} Trend m 2 *econ* {+INDUSTRIA} Trend m.

trendy <inv> agg *ingl* (*alla moda*) {GIORNALE, LOCALE} Trend-, trendy.

trenètta f <*di solito al pl*> *gastr* Trenette pl (*ligurische dünne flache Bandnudeln*): **trenette al pesto**, Trenette mit Pesto.

trenìno <*dim di treno*> m 1 (*piccolo treno*) kleiner Zug m 2 (*modellino*) Spielzeugeisenbahn f: ~ **elettrico**, elektrische Eisenbahn.

trèno m 1 Zug m: **il ~ per Bologna viaggia in orario**, der Zug nach Bologna fährt planmäßig ab; **il ~ delle 8 per Bonn è in arrivo sul primo binario**, der 8-Uhr-Zug nach Bonn fährt jetzt auf Bahnsteig eins ein; **~ diretto** (abbr D), D-Zug m *obs*; **~ espresso**, Express(zug) m, Schnellzug m, Eilzug m; **~ eurocity/intercity**, Euro-/Intercity(-Zug) m; **~ a levitazione magnetica**, Magnet(schwebe)bahn f; **~ locale**, Nahverkehrszug m; **~ merci**, Güterzug m; **~ militare**, Militärzug m; **~ navetta**, Autotransportzug m; **~ passeggeri/viaggiatori**, Reisezug m; **~ rapido** (abbr R.), Eilzug m (abbr IC); **~ regionale**, Nahverkehrszug m, Regionalzug m; **~ straordinario**, Sonderzug m; **~ supplementare**, Entlastungszug m; **~ ad alta velocità**, Hochgeschwindigkeitszug m 2 (*serie*) Serie f, Satz m: **~ di gomme**, Reifensatz m ● **andare come un ~** *fig* (*con rapidità*), rasch vorwärtskommen; **~ anteriore/posteriore** *autom*, Vorder-/Hinterachse f; *zoo*, Vorder-/Hinterhand f; **arrivare con l'ultimo ~** *fig* (*capire in ritardo*), auf dem Schlauch/der Leitung stehen *fam*; **~ bianco** (*per pellegrinaggio dei malati*), Wallfahrtszug m; **~ della neve** (*per sciatori*), Zug m für Wintersportler; **perdere il ~**, den Zug verpassen/versäumen; *fig* (*perdere una buona occasione*), eine Chance/[gute Gelegenheit] verpassen.

trènta A agg num dreißig B <-> m 1 (*numero*) Dreißig f 2 (*nelle date*) Dreißigste m decl come agg 3 *università* (*voto*) Bestnote f, Sehr gut n ● **abbiamo fatto ~ facciamo anche trentuno** *fig* (*completiamo l'opera*), wer A sagt, muss auch B sagen; wenn schon, denn schon!; so kurz vor Schluss werden wir doch nicht aufgeben/schlappmachen *fam*!; → *anche* **cinque**.

trentennàle A agg (*di 30 anni*) {PRODUZIONE} dreißigjährig 2 (*che dura 30 anni*) {CONTRATTO, PATTO} dreißig Jahre gültig 3 (*che ricorre ogni 30 anni*) {CELEBRAZIONE} alle dreißig Jahre B m (*trentesimo anniversario*) {+VITTORIA} dreißigster Jahrestag.

trentènne A agg (*che ha 30 anni*) {REGISTA} dreißigjährig B mf Dreißigjährige mf decl come agg.

trentènnio <-*ni*> m Zeitraum m von dreißig Jahren, dreißig Jahre m pl.

trentèsimo, (-a) A agg num dreißigste(r, s) B m (f) Dreißigste mfn decl come agg C m (*frazione*) Dreißigstel n, dreißigster Teil n; → *anche* **quinto**.

trentìna f: **una ~ (di...)**, (etwa) dreißig (...); **essere sulla ~** (*trent'anni*), um die Dreißig sein.

trentìno, (-a) A agg 1 (*di Trento*) tridentinisch 2 (*della regione*) zur Region Trentino-Südtirol gehörend B m (f) 1 (*abitante di Trento*) Tridentiner(in) m(f) 2 (*abitante della regione*) Bewohner(in) m(f) der Region Trentino-Südtirol.

Trentìno m *geog* Trentino n, Südtirol n: **~-Alto Adige**, Trentino-Südtirol n.

Trènto f *geog* Trient n.

trepestìo <-*stii*> m *tosc o lett* (*calpestio*) Getrampel n *fam spreg*, Gepolter n.

trepidànte agg (*ansioso*) {ATTESA} bang(e), angstvoll: **ha il cuore ~**, ihm/ihr ist bange ums Herz/[zumute].

trepidàre itr (*essere in ansia*) **~ per qu/qc** {MADRE PER IL FIGLIO, PER LA SORTE DEL MARITO} um jdn/*etw* bangen.

trepidazióne f (*agitazione*) Sorge f, Bangen n, Angst f: **attendere qu/qc con ~**, jdn/*etw* voller Sorge erwarten.

trèpido, (-a) agg *lett* (*inquieto*) {MADRE} angstvoll, ängstlich, besorgt; {ATTESA} bang(e); {SGUARDO} ängstlich.

treppiède, treppièdi <*treppiedi*, -> m 1 (*arnese a tre piedi*) Dreifuß m 2 *fot* (*Dreibein*)stativ n 3 *film* Stativ n 4 *mil* {+MITRAGLIATRICE} Dreibein n.

trequàrti <-> m 1 (*soprabito*) dreiviertellanger Mantel m, Dufflecoat m; (*giaccone*) dreiviertellange Jacke 2 *med* (*strumento*) Punktiernadel f, Trokar m *scient*.

trésca <-*sche*> f 1 *fig* (*imbroglio*) {POLITICA} Intrige f, Betrug m 2 *fig* (*relazione amorosa*) Verhältnis n, Techtelmechtel n *fam*: **avere una ~ con qu**, ein Verhältnis mit jdm haben.

trescàre <*tresco, treschi*> itr 1 *fig* (*ordire intrighi*) intrigieren, Ränke schmieden *fig obs*: **~ ai danni di qu**, zu jds Schaden intrigieren, Intrigen zu jds Schaden einfädeln 2 *fig* (*avere un amoreggio*) ~ **con qu** ein Verhältnis/[eine heimliche Liebschaft]/[ein Techtelmechtel/was *fam*] mit jdm haben.

tréspolo m 1 (*arnese*) {+PAPPAGALLO} Gestell n; {+VASO DA FIORI} Ständer m 2 *fig scherz* (*catorcio*) Klapperkasten m *fam*.

tressètte <-> m (*nei giochi di carte*) "italienisches Kartenspiel".

Trèviri f *geog* Trier n.

trìade f 1 (*insieme di tre cose*) Dreiheit f, Triade f; (*insieme di tre persone*) Dreiergruppe f 2 *filos* {DIALETTICA} Triade f 3 *lett* Triade f 4 *mus* Dreiklang m 5 *relig* Triade f.

triage <-> m *franc med* Triage f.

trial <-> m *ingl* 1 (*motocicletta*) Spezialmotorrad n für Trial 2 *sport* Trial-Sport m.

triangolàre A agg 1 (*a forma di triangolo*) {GAGLIARDETTO} dreieckig, Dreieck- 2 *fig* (*che avviene fra tre parti*) {VERTICE, ACCORDO} B m *sport* (*meeting*) {+ATLETICA LEGGERA} Dreiländerwettkampf m, Dreiländermeeting n.

triangolazióne f 1 *comm* Dreieckshandel m 2 *sport* (*nel calcio*) Dreipassspiel n 3 *topogr* Triangulation f.

triàngolo A m 1 (*oggetto a forma triangolare*) {+CARTA, STOFFA} Dreieck n 2 (*lima di ferro*) Dreikantfeile f 3 *fig* (*serie di tre elementi*) Dreierreihe f 4 *fig* (*relazione a tre*) Dreiecksverhältnis n 5 *autom* (*segnale*) Warndreieck n 6 *mat* (*in geometria*) Dreieck n: **~ equilatero**, gleichseitiges Dreieck; **~ isoscele**, gleichschenkliges Dreieck; **~ ottusangolo**, stumpfwinkliges Dreieck; **~ rettangolo**, rechtwinkliges Dreieck; **~ scaleno**, ungleichseitiges Dreieck 7 *mus* Triangel m B <inv> loc agg: **a ~**, {TERRENO} dreieckig C loc avv: **a ~**, {DISPORSI} dreieckig ● **~ industriale**, Industrie-Dreieck n (*zwischen Mailand, Turin und Genua*); **~ vocalico** *ling*, Vokaldreieck n.

triathlon <-> m *sport* Triathlon n.

triatlèta <-*i* m, -*e* f> mf *sport* Triathlet(in) m(f).

triatòmico, (-a) <-*ci*, -*che*> agg *chim* dreiatomig.

tribàle agg 1 (*a tribù*) {SOCIETÀ} Stammes- 2 (*di tribù*) {RITO} Stammes-.

tribànda A <inv> agg {CELLULARE} Dreiband- B <-> m *radio tel* Dreibandsystem n.

tribolàre itr (*soffrire*) **~ per**/[**a causa di qu/qc**] {PER/[A CAUSA DI] UNA MALATTIA} (*an etw* dat)/[*unter jdm/etw*] leiden: **il lavoro l'ha fatto ~ molto negli ultimi tempi**, die Arbeit hat ihm in der letzten Zeit viel Kummer gemacht; **ha tribolato tutta la vita**, er/sie hatte [ein schweres Leben]/[es sein ganzes Leben über schwer].

tribolàto, (-a) agg 1 (*travagliato*) {VITA} leidvoll, sorgenvoll, sorgenschwer *forb* 2 (*tormentato*) {UOMO} gequält, geplagt.

tribolazióne f 1 (*patimento*) {ATROCE, LUNGA} Leid n, Qual f, Sorge f 2 (*causa di sofferenza*) Kummer m, Sorge f: **il fratello è la sua ~**, sein/ihr Bruder macht ihm/ihr Kummer/Sorgen.

tribòrdo m *mar* Steuerbord n.

tribù <-> f 1 *fig scherz* (*famiglia numerosa*) Sippe f *scherz*: **è partito per le vacanze con tutta la ~!**, er ist mit seiner ganzen Sippe in den Urlaub gefahren! *scherz* 2 *bot zoo* Tribus m 3 *etnol* (*Volks*)stamm m: **le antiche tribù ebraiche**, die alten jüdischen Geschlechter.

tribùna f 1 (*costruzione a gradinata*) {+IPPODROMO, STADIO} (Zuschauer)tribüne f 2 (*palco per oratori*) (Redner)tribüne f 3 (*spazio per uditori*) Tribüne f: **~ diplomatica**, Diplomatentribüne f; **~ stampa**, Pressetribüne f 4 *arch* Empore f ● **~ elettorale** *polit radio TV*, Fernseh-/Rundfunksendung f während des Wahlkampfes; **~ politica** *polit radio TV*, politische Fernseh-/Rundfunkdiskussion f.

tribunàle m 1 (*organo giudiziario*) Gericht n; *dir*: **~/Tribunale**, (*italienisches*) Landgericht, Gericht n; **~ amministrativo**, Verwaltungsgericht n; **Tribunale Amministrativo Regionale** (abbr TAR), (*italienisches*) Regionales Verwaltungsgericht; **~ civile**, Zivilgericht n; **~ internazionale**, internationaler Gerichtshof; **~ della libertà**, "strafrechtliche Instanz, die über Einsprüche von Haftbefehlen entscheidet"; ≈ Ermittlungsrichter m; **~ militare**, Militärgericht n; **Tribunale per i minorenni**, (*italienisches*) Vormundschaftsgericht; **~ penale**, Strafgericht n; **~ supremo**, Oberstes Gericht, Oberster Gerichtshof 2 (*palazzo di giustizia*) Gericht n, Gerichtsgebäude n 3 *fig* (*autorità solenne*) {+COSCIENZA, OPINIONE PUBBLICA} Urteil n: **essere chiamati a rispondere davanti al ~ di Dio**, dazu aufgerufen sein, vor Gott Rechenschaft abzulegen ● **citare qu in ~** *dir*, jdn verklagen, jdn gerichtlich belangen; **portare qu davanti al**

~ *fig* (*citare in giudizio*), jdn vor Gericht bringen; **presentarsi in** ~ *fig* (*comparire*), vor Gericht erscheinen; **sedere in** ~ *fig* (*esercitare la funzione di giudice*), über jdn zu Gericht sitzen *forb*.

tribùno m **1** *fig iron* (*demagogo*) Demagoge m *spreg* **2** *stor romana* Tribun m: ~ **della plebe**, Volkstribun m.

tributàre tr (*rendere*) ~ **qc a qu** {OMAGGIO, ONORI A UN PRESIDENTE} jdm etw erweisen; {ELOGI, LODI A UN CELEBRE POETA, A UNO SCIENZIATO} jdm etw zollen.

tributària f (*polizia di stato*) Steuerfahndung f, Steuerfahndungsdienst m.

tributàrio, (-a) <-ri m> agg **1** (*relativo ai tributi*) {ANAGRAFE, REATO, RIFORMA, SISTEMA} Steuer-, steuerlich **2** (*che è soggetto a tributo*) {POPOLAZIONE, CITTÀ} steuerpflichtig **3** *geog* {FIUME} zufließend, Neben-.

tributarìsta <-i m, -e f> mf dir **1** (*esperto*) Steuerexperte m, Steuerexpertin f, Steuerfachmann m, Steuerfachfrau f **2** (*studioso*) Steuerrechtler(in) m(f).

tribùto m **1** dir (*entrata pubblica derivata*) Abgabe f **2** *fig* (*contributo*) {PESANTE} Tribut m: ~ **di sangue**, Blutzoll m; ~ **di vite umane**, Blutzoll m an Menschenleben, Menschenopfer n pl **3** *stor romana* Tribut m ● **pagare il proprio** ~ **alla natura** *fig* (*morire*), sterben, den Weg alles Fleisches gehen, in die ewigen Jagdgründe eingehen.

ricerato̱po m *paleont* Triceratops m.

trichèco <-*chi*> m **1** *zoo* Walross n **2** *fig scherz* (*persona goffa*) Walross n *fam*.

trichìna f *zoo* Trichine f.

trichomònas m *biol* Geißeltierchen n, Trichomonas f *scient*.

trìciclo m (*veicolo a tre ruote*) Dreirad n.

tricìpite A agg **1** *lett* (*a tre teste*) {MOSTRO} dreiköpfig **2** *anat*: **muscolo** ~, Trizeps m B m *anat* Trizeps m.

triclìnio <-*ni*> m *archeol* **1** (*insieme di tre letti*) Triklinium n **2** (*sala*) Speisesaal m.

tricologìa f *med* Haarkunde f.

tricològico, (-a) <-ci, -che> agg *med* {PRODOTTO} Haarpflege-.

tricolóre A agg **1** (*di tre colori*) {BANDIERA} dreifarbig **2** *giorn* {COALIZIONE} Dreiparteien- **3** *sport* (*nel ciclismo*) {CAMPIONE, MAGLIA} des italienischen Radrennmeisters B m (*bandiera tricolore*) {ITALIANO} Trikolore f.

tricòrno m **1** (*cappello a tre punte*) Dreispitz m **2** (*berretta da sacerdote*) dreispitziges Birett.

tricot <-> m *franc* **1** (*maglia*) Trikot n **2** *tess* Trikot m.

tricromìa f *tip* **1** (*procedimento*) Dreifarbenverfahren n **2** (*riproduzione*) Dreifarbendruck m.

tric-trac, tric trac A inter *loc inter onomatopeica* (*di rumore scricchiolante*) knack knack, knarr knarr; **e tric-trac il ladro entrò dalla finestra**, es knackte und der Dieb stieg durch das offene Fenster ein B <-> m *loc sost* **1** (*rumore*) Knacken n, Knarren n **2** (*gioco da tavolo*) Tricktrack n, Puff m **3** *region* (*mortaretto*) Böller m.

tricuspidàle agg **1** *anat* dreispitzig, dreizipflig, trikuspedal *scient* **2** *arch* dreigieb(e)lig.

tricùspide agg **1** (*a tre punte*) dreispitzig, dreizipflig **2** *anat* {VALVOLA} Trikuspidal-scient.

tridàcna f *zoo* Riesenmuschel f.

tridènte m (*forcone*) {+CONTADINO, NETTUNO} Dreizack m.

tridentìno, (-a) agg (*di Trento*) tridentinisch, von Trento.

tridimensionàle agg **1** (*a tre dimensioni*) {SPAZIO} dreidimensional **2** *film* {IMMAGINI} 3-D-.

tridimensionalità <-> f {+SPAZIO} dreifache Dimension.

Trielina® f *chim* Trichloräthylen n.

triennàle A agg **1** (*di tre anni*) {PRODUZIONE} dreijährig **2** (*che dura tre anni*) {CORSO} dreijährig; {PIANO} Dreijahres- **3** (*che ricorre ogni tre anni*) {MOSTRA} dreijährlich, Dreijahr(es)-, alle drei Jahre stattfindend B f (*manifestazione*) {+MILANO} Triennale f.

trïennio <-*ni*> m Zeitraum m von drei Jahren, drei Jahre n pl, Triennium n *forb*.

Trïèste f *geog* Triest n.

triestìno, (-a) A agg {BASILICA, PORTO} Triester B m (f) (*abitante*) Triester(in) m(f), Triestiner(in) m(f) C m (*solo sing*) (*dialetto*) Triester Dialekt m.

trifàse agg *elettr* {SISTEMA} dreiphasig.

trifàsico, (-a) <-*ci*, -*che*> agg **1** *elettr* dreiphasig **2** *med* {PILLOLA} Dreiphasen-.

trifòglio <-*gli*> m *bot* Klee m.

trifolàre tr *gastr* ~ **qc 1** *etw* klein|hacken und mit Öl, Knoblauch und Petersilie an|braten **2** (*condire col tartufo*) etw mit Trüffel an|machen/ab|schmecken/würzen.

trifolàto, (-a) agg **1** *gastr* {FUNGHI, ZUCCHINE} "klein gehackt und mit Öl, Knoblauch und Petersilie angebraten" **2** (*con tartufi*) getrüffelt.

trìfora f *arch* {NEOGOTICA; +PALAZZO DUCALE} dreibogiges Fenster.

triforcùto, (-a) agg dreizackig.

trigèmino A agg *med* {PARTO} Drillings- B m *anat* Drillingsnerv m, Trigeminus m *scient*, fünfter Hirnnerv.

trigèsimo, (-a) A agg num *lett* dreißigste(r, s) B m **1** (*trentesimo giorno*) {+MORTE} dreißigster Todestag **2** *relig* (*messa di suffragio*) {+NONNA} Gedenkmesse f am dreißigsten Todestag.

trìglia f *itt* Meer-, Seebarbe f: ~ **di fango/scoglio**, rote Meerbarbe/Streifenbarbe.

triglicèride m *chim* Triglyzerid n, Triglycerid n.

trigonometrìa f *mat* {SFERICA} Trigonometrie f.

trilateràle agg **1** *fig* (*che concerne tre parti diverse*) {ALLEANZA, PATTO} dreiseitig **2** *rar* (*trilatero*) dreiseitig.

trilìngue A agg **1** (*scritto in tre lingue*) {ISCRIZIONE, VOCABOLARIO} dreisprachig **2** (*che parla tre lingue*) {AMICO, REGIONE} dreisprachig B m (f) (*chi parla tre lingue*) Dreisprachige mf *decl* come agg.

trilióne m **1** (*in ital, franc, ingl americano: mille miliardi*) Billion f **2** (*in ital antico, ingl, ted: un miliardo di miliardi*) Trillion f.

trillàre itr **1** (*fare dei trilli*) {UCCELLI} trillern; {ALLODOLA} *anche* tirilieren; {SVEGLIA} klingeln **2** *mus* {FLAUTO} trillern.

trìllo m **1** (*suono*, +UCCELLO) Trillern n; {+CAMPANELLO, SVEGLIA, TELEFONO} Klingeln n **2** *mus* {+VIOLINO} Triller m.

trilobàto, (-a) agg **1** *arch* {ARCO} Dreipass- **2** *bot* {FOGLIA} dreilappig.

trilocàle A agg Dreizimmer- B m (*appartamento di tre camere*) Dreizimmerwohnung f.

trilogìa f *lett* {+ESCHILO} Trilogie f: ~ **wagneriana**, Wagner-Trilogie f.

trim. **1** *abbr di* trimestre: Trimester n, Quartal n **2** *abbr di* trimestrale: Trimester(-).

trimestràle agg (abbr trim.) **1** (*che dura tre mesi*) {CORSO} vierteljährig, dreimonatig **2** (*di tre mesi*) {RESOCONTO} über drei Monate gehend **3** (*ogni tre mesi*) {RATA, RIVISTA} vierteljährlich, Vierteljahr(es)-.

trimestralizzàre tr (*rendere trimestrale*): ~ **un pagamento**, {UTENTE} vierteljährlich bezahlen; {CONCESSIONARIA D'AUTO} vierteljährlich ab|rechnen: **i pagamenti delle spese condominiali saranno trimestralizzati**, die gemeinsamen Nebenkosten für das (Appart)haus werden vierteljährlich abgerechnet.

trimèstre m **1** (*periodo di tre mesi*, abbr trim.) Vierteljahr n, Trimester n, Quartal n; *scuola* {PRIMO} Trimester n **2** (*somma*) vierteljährliche Summe: **incassare il** ~, die vierteljährliche Summe einkassieren.

trimotóre *aero* A agg dreimotorig B m dreimotoriges Flugzeug.

trìna f (*merletto*) {FIAMMINGA; +BURANO} Spitze f.

trincàre <*trinco*, *trinchi*> tr *fam* (*bere smodatamente*) ~ **qc** {BIRRA, VINO} etw saufen *fam*; (*uso assol*) saufen *fam*, bechern *fam*.

trincèa f **1** *mil* Schützengraben m: **scavare una** ~, einen Schützengraben ausheben **2** (*scavo*) Aushub m ● **essere in** ~ *mil*, an der Front sein; *fig* (*in una condizione disagiata e pericolosa*), auf einem schwierigen Posten stehen.

trinceràre A tr (*munire di trincee*) ~ **qc** {CAMPO} etw verschanzen B itr pron **1** (*proteggersi con trincee*): **trincerarsi** ~ **compl di luogo**) {NEL BOSCO, SU DI UNA COLLINA} sich (*irgendwo*) verschanzen **2** *fig* (*mettersi sulla difensiva*): **trincerarsi in/dietro qc** {DIETRO UN PRETESTO, NEL RISERBO} sich hinter etw (dat) verschanzen: **trincerarsi nel silenzio**, sich in Schweigen hüllen.

trincétto m (*arnese*) Schustermesser n.

trinchétto m *mar* Fockmast m.

trinciànte A agg (*che trincia*) {LAMA} Schneide- B m (*coltello*) Tranchiermesser n.

trinciapòllo, trinciapólli <-> m (*utensile da cucina*) Geflügelschere f.

trinciàre <*trincio, trinci*> A tr (*tagliare in piccoli pezzi*) ~ **qc** {POLLO} etw tranchieren; {FOGLIE DI TABACCO} etw zerschneiden; {FIENO, PAGLIA} etw schneiden B itr pron (*tagliuzzarsi*): **trinciarsi** {PERGAMENA, SETA} reißen.

trinciàto, (-a) A agg (*tagliuzzato*) {OCA} tranchiert, zerlegt; {TABACCO} Schnitt-; {PAGLIA} geschnitten B m (*tabacco*) {FORTE} Schnitt-Tabak m.

trinciatùra f **1** (*operazione del trinciare*) {+POLLO} Tranchieren n; {+FIENO} Schneiden n; {+TABACCO} Zerschneiden n **2** (*frammenti*) {+FORAGGIO} Schnittgut n.

Trinità <-> f **1** *gener* Dreiheit f **2** *relig* Dreieinigkeit f, Dreifaltigkeit f, Trinität f: **la santìssima** ~, die allerheiligste Dreieinigkeit.

trinitàrio, (-a) <-ri m> agg *relig* {DOGMA} trinitarisch, Dreifaltigkeits-.

trìno agg **1** *relig* dreieinig, dreifaltig: **Dio uno e** ~, dreieiniger Gott **2** *lett rar* (*triplice*) dreifach.

trinòmio <-*mi*> m **1** *fig* (*gruppo di tre*) Dreiheit f **2** *mat* {ALGEBRICO} Trinom n.

trìo <*trii*> m **1** *mus* ~ (**per qc**) {PER PIANOFORTE, VIOLINO E VIOLONCELLO} Trio n (*für etw* acc): ~ **vocale**, Terzett n **2** *fig* (*gruppo di tre persone*) {+CABARETTISTI} Trio n; (*nel calcio*): **un** ~ **di attacco**, ein 3-Mann-Angriff; **formano proprio un bel** ~! *scherz*, die bilden ja ein schönes Trio! *scherz o iron*.

trìodo m *elettr* Triode f.

trionfàle agg **1** (*di trionfo*) {ARCO, MARCIA} Triumph- **2** (*grandioso*) {ACCOGLIENZA, SUCCESSO} triumphal, großartig.

trionfalìsmo m (*eccessivo entusiasmo*)

{+PARTITO} übertriebene Siegessicherheit/ Siegesfreude: **il loro ~ può essere fatale**, ihre übertriebene Siegessicherheit kann verhängnisvoll sein.

trionfalistico, (-a) <-ci, -che> agg (*eccessivamente entusiastico*) {PAROLE, TONO} übertrieben siegesfroh/siegessicher.

trionfante agg **1** (*che trionfa*) ~ (**su qu/qc**) {SUL NEMICO} (*über jdn/etw*) triumphierend **2** *fig* (*esultante*) {ESPRESSIONE} triumphierend.

trionfare itr **1** (*vincere*) ~ (**su qu/qc**) {SU DI UN ESERCITO, SUL NEMICO} (*über jdn/etw*) siegen, (*über jdn/etw*) triumphieren **2** *fig* (*prevalere*) ~ (**su qu/qc**) (**in qc**) {SU DI UN AVVERSARIO POLITICO IN UNA COMPETIZIONE ELETTORALE, IN UNA GARA DI NUOTO, SULL'INGIUSTIZIA, SUL MALE} (*in etw dat*) (*gegen jdn/etw*) siegen, sich (*in etw dat*) (*gegen jdn/etw*) durch|setzen: **la verità ha finalmente trionfato**, die Wahrheit hat endlich gesiegt **3** *fig* (*avere successo*) ~ + **compl di luogo** {TENORE NEI TEATRI LIRICI DI TUTTO IL MONDO} *irgendwo* erfolgreich sein, *irgendwo* einen großen Erfolg feiern; {MODA MILANESE IN EUROPA} *anche* eine Spitzenposition ein|nehmen.

trionfatore, (-trice) m (f) (*vincitore*) Triumphator m *forb*.

trionfo m **1** (*vittoria*) ~ (**di qu/qc**) (**su qu**) {+ESERCITO, SQUADRA SUGLI AVVERSARI, SUI NEMICI} Sieg m (*jds/etw*) (*über jdn*) **2** *fig* (*affermazione assoluta*) ~ (**di qc**) (**su qc**) {+BENE SUL MALE} Sieg m *etw* (*gen*) *über etw* (*acc*) **3** *fig* (*grande successo*) Triumph m ● **portare qu in ~** (*alzarlo da terra e portarlo in giro per essere applaudito*), jdn triumphal feiern, jdn hochleben lassen.

trip <-> m **1** *slang* (*effetto causato da droghe*) Trip m *slang* **2** *fig slang* (*mania*) Trip m *slang*: **ora ha il ~ ecologico**, jetzt ist er/sie gerade auf dem Öko-Trip *slang*.

tripartire <*tripartisco*> tr (*dividere in tre parti*) ~ **qc** {PROPRIETÀ} *etw* dreiteilen.

tripartitico, (-a) <-ci, -che> agg (*formato da tre partiti*) {COALIZIONE} Dreiparteien-.

tripartito, (-a) **A** agg **1** (*di tre parti*) {PATTO} Dreier- **2** *polit* {GOVERNO} Dreiparteien- **B** m *polit* Dreiparteienregierung f.

tripartizione f (*divisione in tre parti*) {+EREDITÀ} Dreiteilung f.

tripletta f **1** (*fucile*) Drilling m **2** (*bicicletta*) Dreiertandem n **3** *sport* {+CENTRI} Dreierserie f; (*nel calcio*): ~ **di gol**, Hat-Trick m, Hattrick m.

triplicare <*triplico, triplichi*> **A** tr **1** (*moltiplicare per tre*) ~ **qc** {NUMERO, SOMMA, TASSE} *etw* verdreifachen **2** *fig* (*aumentare notevolmente*) ~ **qc** {GLI SFORZI} *etw* vervielfachen **B** itr <*essere*> itr pron (*diventare tre volte maggiore*): **triplicarsi** sich verdreifachen: **le spese per il riscaldamento (si) sono triplicate**, die Heiz(ungs)kosten ˌhaben sich verdreifachtˌ/[sind um das Dreifache gestiegen].

triplice agg (*composto di tre elementi*) {OBIETTIVO} dreifach.

triplo, (-a) **A** agg **1** (*tre volte maggiore*) {DISTANZA, SPESA} dreimal so groß **2** (*triplice*) {SALTO MORTALE} dreifach **B** m (*quantità*) Dreifache n decl come agg: **lavora il ~ delle sue colleghe**, er/sie arbeitet dreimal so viel wie seine/ihre Kolleginnen; **aumentare il costo del ~**, den Preis um ˌdas Dreifacheˌ/[300 Prozent] erhöhen; **nove è il ~ di tre**, neun ist das Dreifache von drei.

tripode m **1** (*sedile a tre gambe*) Dreibein n *fam*; (*sostegno a tre piedi*) Dreifuß m **2** *stor* Tripus m.

triposto <*inv*> agg (*con tre posti*) {AEREO} dreisitzig.

trippa f **1** *gastr* Kutteln f pl, Kaldaunen f pl **2** *scherz* (*pancia*) Ranzen m *fam*, Schmerbauch m *fam scherz o spreg*: **mettere su ~**, einen Bauch bekommen, dick werden.

trippone <accr di trippa> m *fam* **1** (*grossa pancia*) Schmerbauch m *fam scherz* **2** (*persona con pancia voluminosa*) Fettwanst m *fam spreg*, Fettsack m *fam spreg*.

tripudiare <*tripudio, tripudi*> itr (*esultare*) ~ **per qc** {TIFOSI PER LA VITTORIA DELLA LORO SQUADRA} (*über etw acc*) jubeln.

tripudio <-di> m **1** *fig* (*esultanza*) {+FOLLA, GENERALE} Jubel m, Jauchzen n *forb* **2** (*sfavillio*) {+COLORI, LUCI} Pracht f.

tris <-> m (*nei giochi di carte*) **un ~ d'assi**, drei Asse.

trisavolo, (-a) m (f) (*trisnonno*) Ururgroßvater m, (Ururgroßmutter f).

trisillabo, (-a) **A** agg (*formato di tre sillabe*) dreisilbig **B** m **1** (*parola*) dreisilbiges Wort **2** *lett* (*verso*) Dreisilb(n)er m.

trisnonno, (-a) m (f) Ururgroßvater m, (Ururgroßmutter f).

trisomia f *med* Trisomie f: **~ 21**, Trisomie 21.

triste agg **1** (*afflitto*) {ESPRESSIONE, RAGAZZO, SGUARDO} traurig, betrübt **2** (*fonte di tristezza*) {ESPERIENZA, NOTIZIA, REALTÀ} traurig, betrüblich.

tristezza f **1** (*infelicità*) {INFINITA, INSOPPORTABILE, PROFONDA} Traurigkeit f: **mi fa ~ vedere quei bambini orfani**, ich werde ganz traurig, wenn ich diese Waisenkinder sehe; **che ~!**, ist das (vielleicht) traurig! **2** (*dispiacere*) Kummer m, Sorge f: **lasciamo da parte le tristezze quotidiane**, lassen wir unsere Alltagssorgen beiseite.

tristo, (-a) **A** agg **1** (*malvagio*) {PERSONAGGIO} böse; (*carattere*) *anche* schlecht **2** (*infame*) {AZIONE, GESTO} böse, schlecht, schlimm, widerwärtig **3** (*misero*) {ASPETTO} dürftig, kläglich, kümmerlich: **fare una trista figura**, eine traurige Figur machen, eine traurige Figur abgeben.

tritacarne <-> m {ELETTRICO} Fleischwolf m.

tritaghiaccio <-> m {MANUALE} Eiszerkleinerer m.

tritaprezzemolo <-> m (*utensile da cucina*) Petersilienzerkleinerer m.

tritare tr (*ridurre in frammenti*) ~ **qc** {CARNE, CIPOLLA, PREZZEMOLO} *etw* zerkleinern, *etw* hacken; {COLORI} *etw* zerreiben; {PEPE} *anche etw* zerstoßen; {CAFFÈ, GRANO} *etw* mahlen.

tritarifiuti <-> m (*elettrodomestico*) Küchenabfallzerkleinerungsmaschine f.

tritato agg (*sminuzzato*) {CARNE} gehackt, Hack-; {VERDURA} zerkleinert.

tritatutto <-> m (*arnese per tritare*) Mixer m, Allesschneider m, Mixgerät n.

tritio = **trizio**.

trito, (-a) **A** agg **1** (*tritato*) {CIPOLLA, PREZZEMOLO} gehackt; {CARNE} *anche* Hack-; {GHIACCIO} zerstoßen **2** *fig* (*arcinoto*) {ARGOMENTO} *anche fam*: **queste son cose trite e ritrite!**, das ist doch abgedroschenes Zeug! *fam*, das ist doch ˌaufgewärmter Kohlˌ/[kalter Kaffee]/[Schnee von gestern]! *fam* **B** m *gastr* {+LARDO} Hack n *fam*, gehackte n decl come agg: **~ di cipolle**, gehackte Zwiebeln.

tritolo m *chim* Trotyl n, Trinitrotoluol n.

tritone① m *zoo* Molch m, Schwanzlurch m.

tritone② m *mitol* Triton m.

trittico <-ci> m **1** *arte* {DIPINTO, SCOLPITO} Triptychon n: **~ d'altare**, Altartriptychon n **2** *lett* (*trilogia*) Trilogie f **3** (*tre elementi*) {+CALZE} Dreierpackung f, Dreierpack n: **~ di primi**, ein Dreiteiliger erster Gang.

trittongo <-ghi> m *ling* Dreilaut m, Triphthong m.

tritume m **1** (*tritura*) {+LEGNA, PAGLIA} Gebröckel n **2** *fig spreg* (*insieme di cose risapute*) {+VECCHIE IDEE} Aufguss m *spreg*, Abklatsch m *spreg*.

triturare tr (*tritare in minuti frammenti*) ~ **qc** {IL CIBO, LEGNO} *etw* zerkleinern; {GESSO, PIETRA} *anche etw* zermahlen, *etw* zerreiben.

trituratore, (-trice) **A** agg (*che tritura*) {APPARECCHIO} Zerkleinerungs- **B** m (f) **1** (*addetto al trituramento*) Zuständige mf decl come agg für die Zerkleinerung **2** *agr industr* (*macchina*) Zerkleinerer m, Zerkleinerungsmaschine f.

triumvirato, **triunvirato** m **1** *stor* {+CESARE} Triumvirat n **2** *fig rar* (*tre dirigenti*) "aus drei Männern bestehendes Führungsteam".

triumviro, **triunviro** m *stor* Triumvir m.

trivalente agg **1** *chim* {ATOMO} dreiwertig, trivalent **2** *med* {VACCINO} trivalent.

trivella f **1** (*perforatrice*) (großer) Bohrer **2** (*succhiello*) Holz-, Lochbohrer m **3** *min* Meißelbohrer m.

trivellare tr **1** (*bucare*) ~ **qc** {ASSE, TAVOLA} *etw* durchbohren; {LEGNO, METALLO} *anche etw* bohren; {TERRENO} *etw* auf|bohren **2** *fig lett* (*tormentare*) ~ **qc** (**a qu**) {+PENSIERO MENTE} *jdn/etw* quälen, *jdm etw* zermartern: **un dubbio che mi trivella il cervello**, ein Zweifel, der mir das Gehirn zermartert.

trivellazione f (*perforazione*) {+TERRENO} Bohrung f, Bohren n: **a percussione/rotazione**, Schlag-/Rotationsbohren n, Schlag-/Rotationsbohrung f.

triveneto, (-a) agg *rar* (*delle tre Venezie*) {ECONOMIA} der drei Venetien.

Triveneto m: **il ~**, die drei Venetien.

triviale agg **1** (*scurrile*) {ESPRESSIONE, MANIERE} vulgär *forb*, unflätig *forb spreg*; {RAGAZZA} ordinär *spreg* **2** *lett rar* (*dozzinale*) trivial *forb*, banal *forb spreg*, abgedroschen *fam* **3** *mat* {SOLUZIONE} offenkundig, trivial *forb*.

trivialità <-> f **1** (*volgarità*) {+BATTUTA, GESTO} Vulgarität f *forb* **2** (*espressione triviale*) Trivialität f *forb*, Banalität f *forb spreg*, Plattitüde f *forb*: **dice solo ~**, er/sie gibt nur Plattitüden von sich *forb* **3** (*atto*) Trivialität f *forb*, Banalität f *forb spreg*.

trivializzare tr ~ **qc** lett (*banalizzare*) *etw* trivialisieren *forb*, *etw* banalisieren.

trivializzazione f **1** (*banalizzazione*) {+PROBLEMA} Trivialisierung f *forb*, Banalisierung f **2** *lett* Trivialisierung f, Vereinfachung f.

trivio <-vi> **A** m **1** (*incrocio*) Kreuzung f dreier Straßen **2** *stor lett* Trivium n **B** <inv> loc agg (*molto volgare*): **da ~** {LINGUAGGIO, MODI} ordinär *spreg*, vulgär *forb*; {GESTO} zweideutig.

trizio <-> m *chim* Tritium n.

trocaico, (-a) <-ci, -che> agg *ling* {VERSO} trochäisch.

trocheo m *ling* Trochäus m.

trofeo m **1** (*emblema di vittoria*) Trophäe f: **~ di guerra**, Kriegsbeute f; *anche scherz* **~ amoroso**, Liebestrophäe f **2** (*monumento*) Siegessäule f, Siegesdenkmal n **3** (*motivo ornamentale*) Verzierung f **4** (*nella caccia*) Jagdtrophäe f, Jagdbeute f: **~ di caccia**, Jagdtrophäe f **5** *sport* {+ATLETA} Siegespreis m **6** *sport* (*gara*) Trophäe f.

tròfia <di solito al pl> f *gastr* Trofie f pl (handgedrehte schraubenförmige Nudeln).

trofismo m **1** *biol* (*nutrizione*) Ernährung f **2** *med* {+TESSUTO ORGANICO} Ernährungszustand m, Trophik f *scient*.

troglodita <-*i m*, -*e f*> mf **1** (*uomo delle caverne*) Höhlenmensch m, Höhlenbewohner(in) m(f), Troglodyt m obs **2** fig (*persona rozza*) grober/roher Mensch.

trogloditico, (-a) <-*ci*, -*che*> agg **1** (*relativo ai trogloditi*) {ABITAZIONE} Höhlen- **2** fig (*primitivo*) {ARNESE} primitiv **3** fig (*rozzo*) {MANIERE} grob spreg, roh spreg.

trògolo m **1** {+MAIALE} Futtertrog m **2** (*vasca*) Trog m.

tròia f **1** fam (*scrofa*) Sau f **2** fig volg (*puttana*) Hure f spreg, Nutte f fam spreg, Schlampe f fam spreg.

troiàio <-*iai*> m **1** volg (*porcile*) Schweinestall m **2** fam (*luogo pieno di sporcizia*) Schweinestall m fam spreg, Saustall m fam spreg **3** fig volg (*casino*) Bordell n spreg, Puff m o n fam spreg **4** fig volg (*luogo di malaffare*) üble Absteige fam spreg, Nuttenlokal n fam spreg.

troiàno, (-a) stor **A** agg (*di Troia*) {DONNA, GUERRA} trojanisch **B** m (f) (*persona*) Trojaner(in) m (f).

troiàta f volg **1** (*porcheria*) Sauerei f fam spreg, Schweinerei f fam spreg **2** (*lavoro malfatto*) Stümperei f spreg, Pfuscharbeit f fam spreg.

troll <-> m mitol Troll m.

trolley <-> m ingl **1** (*valigia*) Trolley m, Rollkoffer m **2** elettr Kontaktrolle f.

trolleybus <-, -*bu(s)ses* pl ingl> m ingl (*filobus*) Oberleitungs(omni)bus m, Trolleybus m CH.

tromba f **1** (*strumento*) Trompete f **2** (*suonatore*) {+ORCHESTRA} Trompeter(in) m(f) **3** (*in acustica*) (Schall)trichter m **4** autom Hupe f **5** zoo {+ELEFANTE} Rüssel m {+FARFALLA} Saugrüssel m • *a* ~, trompeten-, trichterförmig; ~ ˻*d'aria*˼/[*marina*] meteo, Wind-/Wasserhose f; ~ qu {POSSEDERE STRUMENTO} anat, Eustach'sche Röhre; ~ ˻*di Falloppio*˼/[*uterina*] anat, Eileiter m; *partire in ~ fig* (*gettarsi con entusiasmo in qc*), mit Volldampf starten fam, sich mit großer Begeisterung in eine Sache stürzen, drauflosgehen fam; ~ *delle scale* arch, Treppenhaus n; *suonare la ~ fig* poet (*annunciare con solennità*), etw verkünden forb, etw verkündigen forb.

trombàre tr **1** scherz (*bocciare*) ~ *qu* {CANDIDATO, STUDENTE} jdn durchfallen lassen fam **2** fig volg (*possedere fisicamente una donna*) ~ *qu* (*jdn*) vögeln volg, (*jdn*) ficken volg.

trombétta <dim *di tromba*> f (*giocattolo*) Spielzeugtrompete f.

trombettière m **1** mil Trompeter m **2** ornit Wüstengimpel m.

trombettista <-*i m*, -*e f*> mf (*suonatore di tromba*) Trompeter(in) m.f.

trombina f med Thrombin n scient.

trómbo m med Blutpfropf m, Thrombus m scient.

trombocìta m biol Blutplättchen n, Thrombozyt m.

tromboflebìte f med Thrombophlebitis f scient.

trombóne <accr *di tromba*> m **1** (*strumento*) Posaune f **2** (*suonatore*) {SECONDO} Posaunist(in) m(f), Posaunenbläser(in) m(f) **3** fig spreg (*oratore pomposo*) {+DISCORSO} Redner spreg, (*schwülstige Rednerin spreg*), Schwätzer(in) m spreg **4** fig spreg (*smargiasso*) Angeber(in) m(f) fam spreg **5** fig (*stivalone*) Stulpenstiefel m **6** artiglieria stor Donnerbüchse f.

trombonìsta <-*i m*, -*e f*> mf (*suonatore di trombone*) Posaunist(in) m, Posaunenbläser(in) m(f).

trombòsi <-> f med {ARTERIOSA, VENOSA}

Thrombose f scient.

trompe-l'œil <-> m franc arch arte (*nella pittura*) Scheinarchitektur f, Quadraturmalerei f, Trompe-l'Œil m.

troncaménto m **1** (*taglio netto*) {+RAMO} Abschneiden n, Abschlagen n; (*non intenzionale*) Abbrechen n **2** fig (*interruzione*) {+RAPPORTO} Abbrechen n **3** {+DISCORSO} anche Unterbrechung f **3** ling Apokope f; (*abbreviazione*) Abkürzung f.

troncàre <*tronco, tronchi*> tr **1** (*spezzare amputando*) ~ *qc* {RAMO DI UN ALBERO} etw ab|schneiden, etw ab|schlagen; (*non intenzionalmente*) etw ab|brechen; {CAVO, FUNE} etw durch|hauen; ~ *qc* (*a qu*) {BRACCIO, GAMBA} jdm etw ab|schlagen **2** fig (*interrompere bruscamente*) ~ *qc* etw ab|brechen, etw jäh unterbrechen: *un male incurabile ha troncato prematuramente la sua esistenza*, eine unheilbare Krankheit hat ihn/sie frühzeitig dahingerafft forb eufem; {CARRIERA, DISCUSSIONE, RELAZIONE SENTIMENTALE} etw ab|brechen **3** fig (*fiaccare*) ~ *qc* (*a qu*) (*jdm*) etw ermüden lassen, (*jdm*) etw ermatten lassen: *una salita che ti tronca le gambe*, ein Aufstieg, bei dem i man weiche Knie bekommt/[die Beine aussetzen] **4** ling ~ *qc* {PAROLA} etw apokopieren.

tronchése m o f Hebelvorschneider m.

tronchesìna <dim *di tronchese*> f (*tagliaunghie*) Nagelzange f, Nagelknipser m.

tronchétto <dim *di tronco*> m **1** kleiner Stamm **2** bot: ~ *della felicità*, duftender Drachenbaum, Yucca f, Palmlilie f **3** gastr Rolle f.

trónco① <-*chi*> m **1** {+QUERCIA} Stamm m **2** (*tratto*) {+GALLERIA, STRADA} Strecke f, Abschnitt m: ~ *ferroviario*, Bahnstrecke f **3** (*parte troncata*) {+LANCIA} Stumpf m **4** rar (*ceppo*) Ursprung m: *dal ~ latino derivano le lingue romanze*, die romanischen Sprachen sind lateinischen Ursprungs **5** anat {+CORPO UMANO} Rumpf m **6** arch {+COLONNA} Schaft m **7** mat {+PIRAMIDE} Stumpf m: ~ *di cono*, Kegelstumpf m.

trónco② (-a) <-*chi*, -*che*> **A** agg **1** fig (*interrotto*) {DISCORSO} abgebrochen, unterbrochen **2** fig (*rotto*) ~ *per qc* {VOCE PER L'EMOZIONE} (*vor mit dat*) gebrochen **3** (*in geometria*) {CONO, PIRAMIDE} stumpf **4** ling (*PAROLA*) endbetont **B** loc avv: *in ~*, unvollendet, halb fertig, unbeendet; *lasciare qu in ~*, jdn (Hals über Kopf fam) stehen lassen; *licenziare qu in ~*, jdn fristlos entlassen.

troncóne <accr *di tronco*> m **1** (*parte di tronco*) {+PINO} Stumpf m, Strunk m **2** (*parte spezzata*) {+PALO} Stumpf m: *la nave si è spezzata in più tronconi*, das Schiff ist in mehrere Teile zerbrochen **3** (*moncone*) {+BRACCIO} Stumpf m, Stummel m.

troneggiàre <*troneggio, troneggi*> itr **1** (*sedere maestosamente*) ~ + *compl di luogo* irgendwo thronen, irgendwo sitzen: *il presidente troneggiava sulla poltrona*, der Präsident thronte im Sessel **2** fig (*spiccare*) ~ *su qu/qc* unter jdm/etw hervor|ragen, jdn/etw überragen: *con la sua altezza troneggiava su tutti*, bei seiner/ihrer Größe überragte er/sie alle; *la torta nuziale troneggiava sulla tavola*, die Hochzeitstorte thronte auf dem Tisch.

trónfio, (-a) <-*fi m*> agg **1** (*borioso*) {ARIA} überheblich, aufgeblasen fam spreg: *camminare tutto ~*, daherstolzieren **2** fig (*ampolloso*) {STILE} geschwollen spreg, schwülstig spreg.

tròno m **1** (*seggio*) {+GIOVE, IMPERIALE, PAPALE} Thron m **2** fig (*dignità di papa o di re*) Thron m: *salire al ~*, den Thron besteigen **3** <*solo pl*> relig Sitz m der Seligen.

tropicàle agg (*relativo ai tropici*) {CLIMA, PIANTE} tropisch, Tropen-.

tròpico <-*ci*> **A** m **1** astr Wendekreis m: *tropico del Cancro/Capricorno*, Wendekreis m des Krebses/Steinbocks **2** geog (*paralleli terrestri*) Tropen pl **3** <*di solito al pl*> (*fascia*) Tropen pl: *vivere ai Tropici*, in den Tropen leben **B** agg geog solo nella loc: *anno ~*, tropisches/Sonnen-/Äquinoktialjahr n.

tropìna f chim Tropin n.

tròpo m **1** filos Trope f **2** ling Trope f, Tropus m **3** mus Tropus m.

troposfèra f geog Troposphäre f.

tròppo, (-a) **A** agg indef (*eccessivo*) {DEBITI, GENTE, LACUNE, PAURA, RUMORE, SETE} zu viel: *troppi automobilisti non rispettano i limiti di velocità*, allzu viele Autofahrer halten sich nicht an die Geschwindigkeitsbegrenzungen; *c'erano troppi invitati alla festa*, es waren zu viele/[zu viele] Leute auf der Party **B** pron indef **1** (*eccedente*) zu viel: *hai detto anche ~*, du hast (sogar) schon zu viel gesagt; *ha sempre ~ da fare*, er/sie hat immer zu viel zu tun; *ho fatto anche ~ per lui!*, ich habe schon zu viel für ihn getan!; *non comprare altro pane, ne abbiamo già ~*, kauf kein Brot mehr, wir haben schon zu viel zu Hause **2** <pl> (*troppa gente*) zu viele: *troppi la pensano così*, zu viele denken so **C** m (*eccesso*) Zuviel n, Überflüssige n decl come agg **D** avv **1** (*eccessivamente: con agg e avv*) zu (+ agg): *è ~ costoso per me*, das ist mir zu teuer; ~ *dolce*, zu süß; *fa ~ freddo*, es ist zu kalt; *guida ~ velocemente*, er/sie fährt zu schnell; *un po' ~*, ein bisschen zu viel; ~ *poco*, zu wenig; ~ *presto*, zu früh; *lo so fin ~ bene*, das weiß ich nur allzu gut; *è fin ~ bello per essere vero*, das ist zu schön, um wahr zu sein; ~ *vicino*, zu nah; (*con verbi*) zu viel; *mangia ~*, er/sie isst zu viel; (*tempo*) zu lange; *ho pazientato anche ~*, ich habe sogar schon zu viel Geduld gehabt **2** (*molto*) sehr, zu: *non ~ alto*, nicht besonders/sehr hoch; *sarebbe ~ bello!*, das wäre zu schön!; *sarebbe ~ comodo*, das wäre zu einfach; *non si sente ~ bene*, er/sie fühlt sich nicht besonders gut; *è ~ simpatico*, er ist sehr/so/unheimlich nett; *non ci sarebbe ~ da stupirsi*, das wäre nicht weiter verwunderlich • *avere qualche kilo di ~*, ein paar Kilo zu viel haben/wiegen; *bere un bicchiere di ~*, einen über den Durst trinken fam scherz; *essere di ~* (*essere indesiderato*), {OSPITE} unerwünscht sein; (*non essere necessario*) {SCIARPA} überflüssig/[nicht notwendig] sein; *meglio ~ che ~ poco*, besser zu viel als zu wenig; *questo è ~!* fig (*eccede ogni misura*), das geht zu weit!, das ist zu viel!, das ist zu viel des Guten!, iron; *il ~ stroppia* prov, allzu viel ist ungesund prov.

tròta f **1** gastr {AFFUMICATA} Forelle f: ~ *lessa*, Forelle f blau **2** itt Forelle f: ~ *arcobaleno/iridea*, Regenbogenforelle f; ~ *salmonata*, Lachsforelle f.

troticoltùra f itt (*allevamento di trote*) Forellenzucht f.

trottàre itr **1** (*andare di trotto*) {CAVALLO} traben: *ho fatto ~ il puledro fino al maneggio*, ich habe das Fohlen bis zur Reitbahn traben lassen **2** (*camminare rapidamente*) ~ (*dietro* (*a*) *qu*) (*hinter jdm*) (her|)laufen (*hinter jdm*) (her|)traben: *la bambina trottava dietro la madre*, das kleine Mädchen lief/trabte hinter der Mutter her **3** fam (*darsi da fare*) sich bemühen, sich (dat) die Hacken ab|laufen, sich ins Zeug legen fam: *ho dovuto ~ per ottenere il posto*, ich musste ˻mich ins Zeug legen fam˼/[mir die Hacken ablaufen], um die Stelle zu bekommen • *ti faccio ~ io!* fig (*ti sistemo*), ich bringe dich schon auf Trab! *fam*.

trottatóio <-toi> *m* (*pista per cavalli*) Trabrennbahn *f*.

trottatóre, (-**trice**) *m* (*f*) **1** (*nell'equitazione*) Traber(pferd)n *m* **2** *fig* (*camminatore energico*) Geher(in) *m*(*f*).

tròtter <-> *m ingl* (*ippodromo per corse al trotto*) Pferdetrabrennbahn *f*.

trotterellàre *itr* **1** (*andare di trotto*) {CAVALLO} im leichten Trab laufen **2** (*camminare rapidamente*) ~ (*dietro* (*a*) *qu*) {BAMBINA} (*hinter jdm*) (her|)trippeln.

tròtto *m* (*andatura*) {+CAVALLO} Trab *m*: al ~!, Trab!; **andare al** ~, im Trab laufen; **rompere il** ~ (*nell'equitazione*), in einer Gangart laufen, die zwischen Trab und Galopp liegt ● **far andare qu di** ~ *fig*, jdn auf Trab bringen *fam*.

tròttola *f* **1** (*giocattolo*) Kreisel *m* **2** *sport* (*nel pattinaggio*) Pirouette *f* ● **girare come una** ~ *fig* (*darsi molto da fare*), Quecksilber/ Hummeln im Hintern haben *fam*.

trottolìno, (-**a**) <*dim di trottola*> *m* (*f*) *fig fam* (*bambino molto vivace*) Wirbelwind *m scherz*, Wildfang *m*.

trotzkìsmo *m polit* (*dottrina*) Trotzkismus *m*.

trotzkìsta <-*i m*, -*e f*> *polit* **A** *agg* {MOVIMENTO} trotzkistisch **B** *mf polit* (*seguace*) Trotzkist(in) *m*(*f*).

troupe <-> *f franc film teat TV* (*compagnia*) (Schauspiel)truppe *f*.

trousse <-> *f franc* **1** (*astuccio*) {+TRUCCO} Etui *n*, Necessaire *n* **2** (*borsetta da sera*) (etuiförmige) Abend(hand)täschchen *n*.

trovadóre → **trovatore**.

trovadòrico, (-**a**) <-*ci*, -*che*> *agg lett* {CANZONIERE, GENERE} Troubadour(en)-.

trovàre **A** *tr* **1** (*individuare ciò che si cerca*) ~ *qc* (+ *compl di luogo*) {ERRORI IN UN COMPITO, FELICITÀ, INDIRIZZO IN UNA LISTA} *etw* (*irgendwo*) finden: **ho trovato da un antiquario la lampada che cercavo**, ich habe bei einem Antiquitätenhändler die Lampe gefunden, die ich suchte; **dove possiamo** ~ **una farmacia nelle vicinanze?**, wo ist/[gibt es] (hier) in der Nähe eine Apotheke? **2** (*riuscire ad avere*) ~ *qu* {GIARDINIERE, MECCANICO, BRAVO PEDIATRA} jdn finden; ~ *qc* {CASA, IMPIEGO, POSTEGGIO} *etw* finden; {PASSAGGIO} *anche etw* ausfindig machen; **hai trovato i biglietti per il teatro?**, hast du die Theaterkarten bekommen?; ~ **un posto sull'aereo/sul treno**, einen Platz im Flugzeug/Zug bekommen/kriegen *fam* **3** (*avere*) finden, haben: ~ **da divertirsi**, seinen Spaß haben, sich unterhalten; ~ **da dormire/mangiare**, eine Übernachtungs-/Verpflegungsmöglichkeit finden; ~ **da ridere**, etwas auszusetzen haben; **non ho trovato il tempo di scriverti**, ich habe nicht die Zeit gefunden/gehabt, dir zu schreiben **4** (*ritrovare*) ~ *qu*/*qc* (+ *compl di luogo*) {CHIAVI, CUSTODIA DEGLI OCCHIALI, PATENTE} *jdn*/*etw* (*irgendwo*) (*wieder*)|finden **5** (*escogitare*) ~ *qc* {PRETESTO, SCUSA} *etw* finden: **ha trovato il modo di farsi invitare**, ihm/ihr ist es gelungen, sich irgendwie einladen zu lassen; **troverà una via d'uscita al problema?**, wird er/sie eine Lösung für das Problem finden? **6** (*ottenere*) ~ *qc* {RISULTATO IN UN'EQUAZIONE, VOLUME IN UN CILINDRO} *etw* erhalten **7** (*scoprire*) ~ *qu* {ASSASSINO, BANDA DI LADRI} jdn entdecken; ~ *qu tra qu* unter *jdm* heraus|finden **8** (*sorprendere*) ~ *qu che...* *ind*, *jdn* (*bei etw dat*) erwischen *fam*, *jdn* (*bei etw dat*) ertappen, *jdn* (*bei etw dat*) überraschen: **l'ho trovato che frugava tra le mie lettere**, ich habe ihn dabei erwischt/ertappt, wie *fam*/als er in meinen Briefen kramte; ~ *qu* + *compl di modo* {BAMBINO IN LACRIME} *jdn irgendwie* finden **9** (*ricevere*) ~ *qc in qu*/*qc* {AFFETTO IN UNA FAMIGLIA, COMPRENSIONE IN UN AMICO, CONFORTO NELLA FEDE} *etw bei jdm*/*etw* finden; ~ *qc tra*/*presso qu* {RIFUGIO PRESSO QU} *etw bei jdm* finden **10** (*incontrare*) ~ *qu*/*qc* + *compl di luogo* {DIFFICOLTÀ/OSTACOLO SUL/NEL LAVORO} *auf jdn*/*etw irgendwo* stoßen; {AMICO SULL'AUTOBUS} *anche jdn irgendwo* treffen: **la morte in un incidente**, bei einem Unfall ums Leben kommen|[umkommen]/[den Tod finden *forb*]; **alla prima strada che trovi gira a destra**, bei/an der ersten Straße, auf die du stößt, biegst du rechts ab **11** (*raggiungere*) ~ *qu* (+ *compl di luogo*) *jdn* (*irgendwo*) erreichen: **dove ti si può** ~ **al mattino?**, wo kann man dich morgens erreichen?; **non sono riuscita a trovarlo**, ich konnte ihn nicht erreichen **12** (*visitare*) ~ *qu jdn* besuchen: **andare a** ~ *qu*, jdn besuchen (gehen); **vieni a trovarmi ancora!**, komm mich mal wieder besuchen! **13** ~ *qc* + *compl di modo* {STANZA SOTTOSOPRA, UFFICIO POSTALE CHIUSO} *etw irgendwie* vor|finden **14** (*ritenere*) ~ *qu*/*qc* (+ *compl di modo*) {DONNA INTELLIGENTE, PAZIENTE MIGLIORATO, STILISTA RAFFINATO, SITUAZIONE POLITICA INCERTA, VINO ECCELLENTE} *jdn*/*etw irgendwie* finden: **trovo giusto ciò che hai fatto**, ich finde richtig, was du getan hast; **e tu non ci trovi niente di strano?**, und findest du nichts Merkwürdiges daran?/[da nichts dabei]?; **trovo che hai affrontato coraggiosamente il problema**, ich finde, du hast das Problem tapfer angegangen **B** *itr pron* **1** (*essere*): trovarsi + *compl di luogo* {ALL'ESTERO} *irgendwo* sein, sich *irgendwo* befinden: **si trovò a passare di lì per caso**, er/sie kam zufällig dort vorbei; **Liliana si trova a Stoccarda per lavoro**, Liliana ist dienstlich/geschäftlich in Stuttgart; **questo modo di dire si trova in Thomas Mann**, diese Redewendung findet man bei Thomas Mann; **il prodotto si trova nei migliori negozi**, dieses Produkt ist nur in den besten Geschäften erhältlich/[zu bekommen]; *fig* {NEI GUAI, IN PERICOLO, IN UNA SITUAZIONE IMBARAZZANTE} sich *in etw* (*dat*) befinden, *in etw* (*dat*) sein; **mi trovo di fronte a ogni tipo di difficoltà**, ich muss mich mit allen nur denkbaren Schwierigkeiten auseinandersetzen, ich stehe vor allen nur denkbaren Schwierigkeiten; **trovarsi nei pasticci**, im Schlamassel/[in der Tinte] sitzen *fam*; trovarsi + *compl di modo* {SENZA SOLDI, SOLO} sich (*irgendwie*) (wieder)finden **2** (*presentarsi*): trovarsi + *compl di luogo* sich *irgendwo* ein|finden: **si trovi qui alle cinque**, finden Sie sich um fünf Uhr hier ein **3** (*essere situato*): trovarsi + *compl di luogo* {COURMAYEUR IN ITALIA} *irgendwo* liegen; {UFFICIO AL QUINTO PIANO} *sich irgendwo* befinden; {MUSEO DI FRONTE ALLA POSTA; VIA GARIBALDI OLTRE LA PIAZZA} *anche irgendwo* sein **4** (*sentirsi*): trovarsi + *compl di modo* sich *irgendwie* fühlen: **come ti trovi in quest'albergo?**, wie fühlst du dich in diesem Hotel?; **trovarsi bene/male in campagna**, sich auf dem Land wohl fühlen/nicht wohl fühlen; **trovarsi bene/male con i colleghi**, mit den Kollegen gut/schlecht auskommen **C** *rfl rec* (*incontrarsi*): trovarsi (+ *compl di luogo*) (+ *compl di tempo*) sich (*irgendwann*) (*irgendwo*) treffen: **a che ora ci troviamo stasera?**, um wie viel Uhr treffen wir uns heute Abend?; **se non sono trovati**, sich nicht getroffen/gefunden ● trovarsi d'accordo/[in disaccordo] con qu su qc *fig*, sich mit jdm über etw (*acc*) einig/uneinig sein; **entro in classe in ritardo e chi ci trovo? Il preside!**, da komme ich mit Verspätung ins Klassenzimmer und wen treffe ich/[wer steht] da? Den/Der Direktor!; **che cosa trovi di strano nel suo comportamento?**, was findest du seltsam an seinem Benehmen?; **quei due si sono proprio trovati!** *scherz*, diese beiden haben sich ja nun wirklich/[da haben sich zwei] gesucht und gefunden! *scherz o iron*; **la trama del libro è interessante, non trovi?**, die Handlung des Buches ist interessant, oder?/[findest du nicht]?; **in quel testo si trova scritto che...**, in dem Text steht, dass...

trovaròbe <-> *mf film teat TV* Requisiteur(in) *m*(*f*).

trovàta *f* (*idea*) {GENIALE, INFELICE} Geistesblitz *m fam*, Einfall *m*: **ma che** ~!, das ist ja ein toller Einfall!; ~ **pubblicitaria**, Werbegag *m*.

trovatèllo, (-**a**) *m* (*f*) (*bambino abbandonato*) Findelkind *n*, Findling *m rar*.

trovatóre *m lett* Troubadour *m*.

trozkìsmo *e deriv* → **trotzkismo** *e deriv*.

truccàre (*trucco, trucchi*) **A** *tr* **1** (*imbellettare*) ~ *qu*/[*qc* (*a qu*)] {MODELLA, VISO DI UN ATTORE} *jdn*/[(*jdm*) *etw*] schminken **2** (*travestire*) ~ *qu da qc* {FIGLIA DA PAGLIACCIO} *jdn als etw* (*acc*) verkleiden **3** (*apportare modifiche*) ~ *qc* {MOTORE DI UN'AUTO, DI UNA MOTO} *etw* frisieren *fam*, *etw* tunen; {LE CARTE} *etw* zinken; {I DADI, LA ROULETTE} *etw* manipulieren; {AUTOMOBILE RUBATA} *etw* tarnen **4** (*stabilire in precedenza il risultato*) ~ *qc* {CORSA DI CAVALLI, INCONTRO DI BOXE} *etw* manipulieren; {RISULTATI DELLE ELEZIONI POLITICHE, DI UN'INCHIESTA, DI UNA STATISTICA} *anche etw* verfälschen, *etw* türken *fam* **B** *rfl* **1** (*modificare il proprio aspetto*): truccarsi (*con qc*) {CON UN FONDOTINTA CHIARO} sich (*mit etw dat*) schminken: **mia madre sa truccarsi molto bene**, meine Mutter kann sich sehr gut schminken; **ti trucchi raramente**, du schminkst dich selten; *indir* truccarsi *qc* (*con qc*) {LE LABBRA COL ROSSETTO, GLI OCCHI CON IL RIMMEL} sich (*dat*) *etw* (*mit etw dat*) schminken **2** (*travestirsi*): truccarsi **da qu**/*qc* sich *als jd*/*etw* maskieren, sich *als jd*/*etw* verkleiden: **si è truccato da Mefistofele**, er hat sich als Mephisto maskiert/verkleidet.

truccatóre, (-**trice**) *m* (*f*) *film teat TV* Maskenbildner(in) *m*(*f*).

truccatùra *f* **1** (*nella cosmesi*) {LEGGERA, PERFETTA} Make-up *n* **2** (*modifica*) {+MOTORE} Frisieren *n* **3** *film teat TV* {+ATTORE} Maske *f*.

trùcco <-**chi**> *m* **1** (*maquillage*) {PESANTE, DA GIORNO} Make-up *n*, Schminke *f*: **farsi il** ~, sich schminken **2** (*artificio*) {+MAGO} Trick *m* **3** *fig* (*inganno*) {ABILISSIMO} Trickbetrug *m*, Schwindel *m fam spreg*: **è tutto un** ~!, das ist alles nur Betrug/Schwindel *fam spreg*! **4** *film teat TV* {+ATTRICE, COMPARSA} Maske *f* **5** *film TV* {FOTOGRAFICO, OTTICO} Trickaufnahme *f* ● **conoscere i trucchi del mestiere** *fig* (*avere esperienza*), die nötigen Tricks kennen; **rifarsi il** ~, sich nachschminken, sich das Make-up auffrischen, *fig* (*riacquistare credibilità*), {POLITICO} sich (*dat*) ein neues Image verleihen; {PARTITO} *anche*, sich einen neuen Anstrich geben; **il** ~ **c'è ma non si vede** *prov*, da steckt irgendetwas dahinter.

trùce *agg* **1** (*torvo*) {ESPRESSIONE, SGUARDO} grimmig, drohend; *scherz* finster: **non guardarmi con quegli occhi truci!**, sieh mich nicht so finster an! **2** (*crudele*) {ASSASSINO, TIRANNO} grausam.

trucidàre *tr* (*massacrare*) ~ *qu* {OSTAGGI, PRIGIONIERI} *jdn* hinschlachten, *jdn* ab|schlachten, *jdn* nieder|metzeln.

trùcido, (-**a**) *region* **A** *agg* **1** (*truce*) {SGUARDO} finster, grimmig **2** (*rozzo e volga-*

re) vulgär *forb spreg* **B** m (f) (*chi è rozzo e volgare*) Primitivling m *spreg*, Prolet m *spreg*, Schweinigel m *fam spreg*.

truciolàre, **truciolàto** m (*pannello*) Spanplatte f.

trùciolo m (*striscia sottile*) Span m: ~ **di legno**, Holzspan m.

truck <-> m *ingl autom* Lastkraftwagen m.

truculènto, (-a) *agg* (*sanguinoso*) {RACCONTO, SCENA} blutrünstig.

truculènza f (*ciò che è terrificante*) {+RACCONTO, SCENA} Grausamkeit f, Schauerlichkeit f.

trùffa f **1** (*raggiro*) Betrug m, Schwindel m *fam spreg* **2** *dir* (*tipo di frode*) Betrug m: **commettere una ~ ai danni di qu**, jdn betrügen, einen Betrug an jdm begehen.

truffaldino, (-a) **A** *agg* (*da truffatore*) {FARE, IMPRESA} betrügerisch **B** m (f) (*imbroglione*) Betrüger(in) m(f), Schwindler(in) m(f) *fam spreg*.

truffàre *tr* (*ingannare con truffa*) ~ **qu/qc** {ACQUIRENTE, COMITIVA DI TURISTI STRANIERI} jdn/etw betrügen, jdn/etw übers Ohr hauen *fam*: **siamo stati truffati**, wir sind betrogen worden; **~ qu di qc**, **~ qc a qu** jdn um etw (acc) prellen, jdn um etw (acc) betrügen, jdm etw ab|luchsen *fam*; **lo ha truffato di 500 euro**, er/sie hat ihn um 500 Euro geprellt / [ihm 500 Euro abgeluchst *fam*]; **gli hanno truffato 100 euro**, er ist um 100 Euro betrogen worden.

truffàto **A** *agg* (*raggirato*) {CLIENTE} betrogen **B** m (f) (*vittima*) Betrogene mf decl come agg.

truffatóre, (-trice) m (f) Betrüger(in) m(f), Schwindler(in) m(f) *fam spreg*.

trùllo m *arch* Trullo m.

trumeau <-, -eaux pl *franc*> m *franc* **1** (*mobile*) Trumeau m, Schreibschrank m **2** (*specchiera*) Pfeilerspiegel m **3** *arch* (*pilastro*) Torpfeiler m, Trumeau-Pfeiler m.

trùppa f **1** *mil* {ALLEATA, MERCENARIA, NEMICA} Truppe f: **truppe aerotrasportate**, Luftlandetruppen f pl; **~ d'assalto**, Stoßtrupp m; **truppe di occupazione**, Besatzungstruppen f pl; **truppe di rinforzo**, Verstärkungstruppen f pl, Verstärkungsverbände m pl; **truppe da sbarco**, Landungstruppen f pl **2** *fig scherz* (*gruppo*) {+FIGLI, TURISTI} Schar f.

truschìno m *tecnol* Parallelreißer m, Strichmaß m, Reißmaß n ● **fare truschini sett** *fig fam scherz* (*fare dei piccoli imbrogli*), ein bisschen tricksen *fam*, ein paar Tricks anwenden.

trust <-, -s pl *ingl*> m *ingl econ* {INTERNAZIONALE} Trust m: **~ dei cervelli**, Brain-Trust m.

trùzzo, (-a) m (f) *sett* (*tamarro*) Spacko m *slang*, Prolo m *slang*, Goldkettenträger m *slang spreg*, gegelter Italoverschnitt *slang*.

TSH <-> m *biol* TSH n (*abbr di* Thyreoidea-stimulierendes Hormon) Thyreotropin n, thyreotropes Hormon.

T-shirt <-, -s pl *ingl*> f *ingl* (*nella moda*) T-Shirt n.

tu *pron pers* 2ª *pers sing* **1** (*soggetto che in ital è sscs sottinteso*) du: **(tu) la vedrai domani**, du wirst sie morgen sehen **2** (*soggetto espresso anche in italiano*) du: **anche tu?**, du auch?; **partito tu, abbiamo giocato a carte**, nachdem du (weg)gegangen warst, haben wir Karten gespielt; **né tu né io avremmo il coraggio di farlo**, weder du noch ich hätten / [keiner von uns beiden hätte] den Mut, es zu tun; **se lo dici tu**, wenn du das sagst; **devi dirlo tu**, das musst du sagen; **proprio tu**, ausgerechnet/genau du; **sei stato tu?**, warst du das?, du warst es?; **tu stesso**, du selbst; **io sto bene, e tu?**, mir geht's gut, und

dir?; **contento tu contenti tutti**, wenn du zufrieden bist, (dann) sind wir es alle **3** (*con valore impers*) man, du *fam*: **alle volte tu credi di avere ragione, e invece ...**, manchmal glaubt man, recht zu haben, stattdessen... **4** (*lo stesso*) derselbe, der Alte *fam*: **non sei più tu**, du bist nicht mehr derselbe/der Alte *fam* ● **dare del tu a qu**, jdn duzen, jdn mit "du" anreden; **parlare a tu per tu** (*direttamente*), ganz im Vertrauen / [unter vier Augen] sprechen; **trovarsi a tu per tu** (*molto vicino*), sich (dat) / [einander *forb*] Auge in Auge gegenüberstehen.

TU m **1** *dir abbr di* Testo Unico: vereinheitlichter Text **2** *fis abbr di* Tempo Universale: WZ (*abbr di* Weltzeit), MGZ (*abbr di* mittlere Greenwichzeit), Universalzeit f, Greenwich-Zeit f.

tuàreg <-> **A** *agg* (*dei Tuareg*) {ARTIGIANATO, LINGUA} Tuareg- **B** *mf* (*persona*) Tuareg mf.

tùba f **1** (*cappello*) Zylinder m **2** *lett* (*tromba*) Trompete f **3** *mus* {BASSA} Tuba f ● **~ di Eustachio** / [**uditiva**] *anat*, Eustach'sche Röhre; **~ di Falloppio** / [**uterina**] *anat*, Eileiter m.

tubàre *itr* **1** {COLOMBO, PICCIONE, TORTORA} gurren, girren, turteln *obs* **2** *fig scherz* (*scambiarsi effusioni*) {INNAMORATI} schmusen *fam*, turteln *scherz*.

tubatùra f (*complesso di tubi*) {+ACQUA, GAS} (Rohr)leitung f, Leitungsnetz n: **le tubature di casa devono essere sostituite**, die Rohrleitungen im Haus müssen ausgewechselt werden.

tubazióne f **1** (*tubi*) {+SCARICO} Leitung(snetz n) f **2** *autom* {+OLIO} Leitung f.

tubercolàre *agg* **1** *bot* {STRUTTURA} tuberkular *scient*, Tuberkel- *scient* **2** *med* {CONTAGIO, MALATTIA} tuberkulös *scient*, tuberkular *scient*.

tubèrcolo m *anat bot med* Tuberkel m *scient*.

tubercolósa f → **tuberculoso**.

tubercolosàrio <-ri> m *med* Lungensanatorium n.

tubercolòsi <-> f *med* (*abbr* tbc, TBC) Tuberkulose f (*abbr* TBC).

tubercolóso, (-a) **A** *agg* **1** *med* tuberkulös *scient*, Tuberkulose- *scient*, Tbc-krank **2** *bot* Tuberkeln aufweisend **B** m (f) Tuberkulosekranke mf decl come agg.

tubercolòtico, (-a) <-ci, -che> **A** *agg* (*relativo alla tubercolosi*) tuberkulös *scient*, Tuberkulose- *scient* **B** m (f) (*malato*) Tuberkulosekranke mf decl come agg.

tùbero m *bot* Knolle f.

tuberósa f *bot* Tuberose f, Nachthyazinthe f.

tuberóso, (-a) *agg bot* {RADICE} knollenartig, knollig, Knollen-, knotig.

tubétto <dim di *tubo*> m **1** {+DENTIFRICIO} Tube f **2** (*astuccio a cilindro*) {+SONNIFERO} Röhrchen n.

tubifórme *agg* (*a forma di tubo*) rohrförmig, röhrenförmig.

Tubinga f *geog* Tübingen n.

tubìno <dim di *tubo*> m (*nella moda*) (*abito da donna*) Schlauch m *fam*, eng anliegendes Kleid.

tubìsta <-i m, -e f> mf *edil tecnol* Installateur(in) m(f).

tùbo m **1** (*condotto*) {+ACQUA} Rohr n, Röhre f: **~ d'aspirazione**, Abzugs-, Saugrohr n; **~ di scarico**, Abflussrohr n **2** (*flessibile*) {+GAS} Schlauch m **3** *anat* Trakt m: **~ digerente**, Verdauungstrakt m **4** *autom* Rohr n: **~ di scappamento**, Auspuffrohr m **5** *bot* {POLLINICO} Schlauch m **6** *elettr fis* Röhre f: **~**

catodico, Bild-, Kathodenstrahlröhre f; **~ fluorescente/ionico**, Leuchtstoff-/Ionenröhre f **7** *mar mil* {LANCIASILURI} Rohr n **8** *mecc* {ZINCATO} Rohr n **9** *tecnol* {+ALIMENTAZIONE} Schlauch m ● **non capire un ~** *fig fam eufem* (*nulla*), nur Bahnhof verstehen *fam*; **non fare un ~** *fig fam eufem*, keinen Strich tun *fam*; **~ graduato** *chim*, Messrohr n; **non me ne importa un ~!** *fig fam eufem*, das interessiert mich einen feuchten Dreck *fam* / [nicht die Bohne *fam*] *fam*; **non valere un ~** *fig fam eufem*, überhaupt nichts taugen, nicht die Bohne wert sein *fam*; **non vedere un ~** *fig fam eufem*, überhaupt nichts sehen.

tubolàre **A** *agg* **1** (*a forma di tubo*) {LAMPADA} röhrenförmig **2** (*provvisto di tubi*) {IMPALCATURA} Rohr-, Röhren- **B** m (*pneumatico*) {+BICICLETTA} Schlauchreifen m.

tucàno m *ornit* Tukan m.

tucùl <-> m (*abitazione africana*) Strohhaus n.

tuffàre **A** *tr* (*immergere*) ~ **qu** + **compl di luogo** {BIMBO NELLA VASCA DA BAGNO} jdn in etw (acc) tauchen, **qc** + **compl di luogo** {BISCOTTO NEL TÈ, CAGNOLINO NELLA VASCHETTA PER IL BAGNO} etw in etw (acc) (ein|)tauchen **B** *rfl* **1** (*fare un tuffo*): **tuffarsi** + **compl di luogo** irgendwohin / [von/aus etw (dat)] springen: **si è tuffata in mare/piscina**, sie ist ins Meer/Schwimmbad gesprungen; **si è tuffato dal trampolino**, er ist vom Sprungbrett gesprungen **2** (*lanciarsi*): **tuffarsi** + **compl di luogo** {NELLA MISCHIA, NEL VUOTO, TRA LE FIAMME} sich *in* etw (acc) stürzen; {PORTIERE SUL PALLONE} sich *auf* etw (acc) werfen **3** *fig* (*tramontare*): **tuffarsi in qc** {SOLE NEL MARE} (*irgendwo*) unter|gehen **4** *fig* (*abbandonarsi*): **tuffarsi in qc** {NEI PIACERI} sich *in* etw (dat) hin|geben; {NELLA VITA NOTTURNA} sich *in* etw (acc) stürzen **5** *fig* (*dedicarsi interamente*): **tuffarsi in qc** {NELLA LETTURA, NELLO STUDIO} sich *in* etw (acc) vertiefen, sich *in* etw (acc) versenken; {NEL LAVORO} sich *in* etw (acc) stürzen.

tuffatóre, (-trice) m (f) *sport* Kunstspringer(in) m(f).

tuffìsta <-i m, -e f> mf *sport* Kunstspringer(in) m(f).

tùffo m **1** (*salto*) {+PORTIERE} Hechtsprung m; (*in acqua*) {TESO} Kopfsprung m, Hechtsprung m; **fare un ~**, einen Sprung machen, einmal springen; (*fare un breve bagno*) ein kurzes Bad nehmen, kurz ins Wasser springen; **~ dalla piattaforma** / [**dal trampolino**], Sprung m vom (Sprung)turm/ (Sprung)brett; **~ di piedi/testa**, Fuß-/Kopfsprung m **2** *fig* (*immersione ideale*) Sprung m Ausflug m: **fare un ~ nell'ignoto** / [**nel passato**], einen Sprung/Ausflug ins Unbekannte / [in die Vergangenheit] machen **3** *aero* Sturzflug m **4** <*solo sg*> *sport* Kunstspringen n ● **buttarsi a ~ su qc** *fig* (*impadronirsene con avidità, intraprendere con rapidità*), sich auf etw (acc) stürzen; **ebbi un ~ al cuore** *fig* (*grande emozione*), mein Herz machte einen Sprung; **provò un ~ al cuore**, ihm/ihr schlug das Herz bis zum Hals(e).

tùfo m *geol* Tuff(stein) m.

tugùrio <-ri> m (*stamberga*) (elende) Hütte, Loch *fam spreg*: **abitano in un misero ~**, sie wohnen in einer elenden Hütte / [einem Loch *fam spreg*].

tùia <*tuie*> f *bot* Thuja f, Thuje f, Lebensbaum m.

tulipàno m *bot* Tulpe f.

tùlle m *tess* Tüll m.

tumefàre <*coniug come* fare> **A** *tr* (*rendere gonfio*) ~ **qc (a qu)** jdm etw anschwellen lassen: **le percosse gli hanno tumefatto il vol-**

to, durch die Schläge ist sein Gesicht (ganz) (an)geschwollen B *itr pron* (*gonfiarsi*): **tumefarsi** {ARTO} (an|)schwellen.

tumefàtto, (**-a**) *agg* (*gonfio*) {CAVIGLIA} geschwollen, angeschwollen.

tumefazióne *f med* Schwellung *f*, Anschwellung *f*.

tùmido, (**-a**) *agg* **1** (*gonfio*) {VENTRE} geschwollen **2** (*carnoso*) {LABBRA} fleischig, wulstig **3** *fig* (*ampolloso*) {STILE} schwülstig *spreg*, geschwollen *spreg*.

tumistùfi, tumistùfi <-> *mf* (*persona molto noiosa e seccante*) Nervensäge *f fam*, Quälgeist *m fam*, Landplage *f anche scherz*.

tumoràle *agg med* {CELLULA} Tumor-.

tumóre *m med* (*POLMONARE*) Tumor m, Geschwulst f: **~ benigno/maligno**, gutartige/bösartige Geschwulst; **~ al cervello**, Gehirntumor m; **~ al seno**, Brustkrebs m.

tumulàre *tr* (*seppellire*) ~ **qu/qc** + *compl di luogo* {SALMA NEL CIMITERO, NELLA TOMBA DI FAMIGLIA} jdn irgendwo bei|setzen, jdn irgendwo beerdigen.

tumulazióne *f* (*inumazione*) {+CADAVERE} Beisetzung f, Beerdigung f.

tùmulo *m* **1** *archeol* {ETRUSCO} Tumulus *m*, Hügelgrab *n* **2** *geog rar* Erdhügel m **3** *lett poet* (*tomba*) Gruft *f forb*.

tumùlto *m* **1** (*grande rumore*) {+FOLLA} Tumult m, Unruhe f, Krawall *m fam* **2** (*sollevazione*) Aufruhr m, Aufstand m: **~ popolare**, Volksaufstand m; **tumulti sanguinari**, blutige Krawalle; **gravi tumulti**, schwere Tumulte; **tutta la piazza è in ~**, der ganze Platz ist in Aufruhr **3** *fig* (*agitazione*) {+IDEE, PASSIONI, PENSIERI} Wirbel m: **avevo il cuore in ~**, mein Herz raste, mir schlug das Herz bis zum Hals, ich war völlig aufgewühlt.

tumultuàre *itr* **1** {SCIOPERANTI} lärmen, einen Aufstand/Krawall für einen *fam* **2** *fig* (*agitarsi*) **~ in qc** {PENSIERI NELLA MENTE DI QU} *durch etw* (acc) schwirren, *durch etw* (acc) wirbeln.

tumultuóso, (**-a**) *agg* **1** (*agitato e rumoroso*) {SCOLARI} stürmisch, wild, lärmend, ungestüm **2** (*impetuoso*) {ACQUE} wild, ungestüm **3** (*violento*) {GRIDA} heftig, wild **4** *fig* (*SENTIMENTO*) aufgewühlt, stürmisch.

tùndra *f geog* Tundra *f*.

tuner <-> *m ingl* (*sintonizzatore*) Tuner *m*.

tungstèno <-> *m chim* Wolfram n, Wungsten n.

tùnica <-**che**> *f* **1** (*abito*) Tunika *f* **2** *anat* {+OCCHIO} Tunica *f scient* **3** *bot* {+BULBO} Schuppe *f*.

Tùnisi *f geog* Tunis n.

Tunisìa *f geog* Tunesien n.

tunisìno, (**-a**) *agg* **1** (*della Tunisia*) {TERRITORIO} tunesisch **2** (*di Tunisi*) {QUARTIERE} tunisisch B *m* (*f*) **1** (*abitante della Tunisia*) Tunese(i)er(in) m (f) **2** (*abitante di Tunisi*) Tuniser(in) m(f).

tùnnel <-, -s *pl ingl*> *ingl* A *m* **1** (*galleria*) {+MANICA, MONTE BIANCO} Tunnel m **2** *fig* (*situazione critica*): **~ della droga**, Rauschgiftsucht f; **uscire dal ~ della malattia**, eine schwere Krankheit überstehen **3** *sport* (*nel calcio*): **fare il ~**, jdm durch die Beine spielen B <inv> *in funzione di agg elettr* fis {DIODO, EFFETTO} Tunnel-.

tùo, (**tùa**) <**tuoi, tue**> A *agg poss di 2ª pers sing* dein: **il tuo cappello**, dein Hut; **un tuo cugino**, ein Vetter von dir; **la tua mano/voce**, deine Hand/Stimme; **tuo padre/zio**, dein Vater/Onkel B *pron poss di 2ª pers sing*: **il tuo, la tua**, deiner, die deine; **i miei figli sono un po' più giovani dei tuoi**, meine Kinder sind etwas jünger als deine; **que-**

sti occhiali sono i tuoi, vero?, das ist deine Brille, nicht wahr? C *m*: **il tuo**, das Dein(i)ge; **accontentati del tuo!**, gib doch mit dem zufrieden, was du hast!; **tanto spendi del tuo!**, schließlich ist es dein Geld, das du ausgibst! ● **i tuoi** (*familiari*), die Deinen *forb*; **i tuoi** (*genitori*), deine Eltern; **la tua** (*lettera*) **del ...**, dein Brief vom ...; **hai detto la tua** (*opinione*), du hast deine Meinung gesagt; **essere/stare dalla tua** (*parte*), auf deiner Seite sein; **anche tu hai passato le tue** (*pene*), du hast auch einiges durchgemacht *fam*; **ti tieni sempre sulle tue** (*posizioni*), du hältst immer Distanz/[bist immer ziemlich distanziert/zurückhaltend]/[hältst dich immer ziemlich bedeckt]; **ne hai fatta una delle tue**, das war wieder mal typisch für dich.

tuonàre A *itr* **1** (*fare un rumore simile al tuono*) {ARTIGLIERIA} donnern **2** *fig* **~** (*contro qu*) {PARROCO} (*gegen jdn*) tönen, (*gegen jdn*) wettern B *itr impers meteo* donnern: **tuonò tutta la notte**, es donnerte die ganze Nacht ● **tanto tuonò che piovve** *fig* (*rif. a un fatto che, a lungo preannunciato, si verifica*), das war vorauszusehen.

tuòno *m* **1** *meteo* Donner m **2** *fig* (*rimbombo*) {+CANNONI} Donner m, Gedonner n ● **tuoni e fulmini!** (*di disappunto*), zum Donnerwetter (noch einmal)!

tuòrlo *m* (*rosso d'uovo*) Eigelb n, (Ei)dotter m ○ n: **~** (**d'uovo**), Eigelb n.

tupè, tuppè <-> *m* **~ toupet**.

tuppertù *loc avv* **1** *fam* (*a quattrocchi*): **a ~**, unter vier Augen; **parliamone a ~**, sprechen wir unter vier Augen darüber **2** *fam* (*di fronte a qc*): **a ~ con qc**, etw (dat) gegenüberstehend, Auge in Auge mit etw (dat); **trovarsi a ~ col pericolo**, der Gefahr ins Auge sehen müssen.

turàcciolo *m* (*tappo in sughero*) Korken m, Kork m; (*in plastica*) Pfropfen m, Stöpsel m.

turàre A *tr* **~ qc** (**con qc**) **1** (*chiudere mediante tappo*) {BOTTIGLIA CON UN TAPPO DI PLASTICA} *etw* (*mit etw* **dat**) verschließen; {FIASCO CON UN TAPPO DI SUGHERO} *etw* (*mit etw* **dat**) verkorken **2** (*chiudere*) {BUCO CON CATRAME} *etw* (*mit etw* **dat**) schließen; {FALLA} *etw* (*mit etw* **dat**) ab|dichten; {FESSURA CON DEGLI STRACCI} *anche etw* (*mit etw* **dat**) verstopfen B *itr pron* (*chiudersi*): **turarsi** sich verstopfen: **si è turato il lavandino**, das Waschbecken ist verstopft; **salendo in montagna mi si sono turate le orecchie**, beim Aufstieg in die Berge hatte ich einen Druck auf den Ohren C *rfl indir* (*tapparsi*): **turarsi qc** {IL NASO, LE ORECCHIE} sich (dat) *etw* verstopfen, sich (dat) *etw* zu|stopfen: **ho dovuto turarmi le orecchie per non sentire più quello che diceva**, ich musste mir die Ohren verstopfen, um nicht mehr zu hören, was er/sie sagte.

tùrba① *f* **1** (*accozzaglia*) {+VAGABONDI} Horde f, Menge f, Meute f *spreg* **2** <*di solito al pl*> (*folla*) Menge f.

tùrba② *f med* {NERVOSA, PSICHICA} Störung *f*.

turbaménto *m* **1** (*sovvertimento*) {+ORDINE PUBBLICO} Störung f **2** (*inquietudine*) {PROFONDO; +ANIMO, MENTE} Unruhe f, Verwirrung f.

turbànte *m* (*copricapo*) Turban m ● **di turco bot**, Türkenbund m, Türkenbundlilie f.

turbàre A *tr* **1** (*sconvolgere*) **~ qu** jdn beunruhigen, jdn verwirren, jdn auf|wühlen: **l'arrivo di quell'uomo la turbò profondamente**, das Auftauchen dieses Mannes beunruhigte sie zutiefst,|[wühlte sie auf] **2** (*alterare uno stato di normalità*) **~ qc** {LA QUIETE PUBBLICA, LA SERENITÀ DI UNA FAMIGLIA, IL SONNO DI QU} *jdn/etw* stören: **nulla turbava la pace di quella afosa giornata**, nichts störte die Ru-

he dieses schwülen Tages **3** (*disturbare il regolare svolgimento*) **~ qc** {CERIMONIA, FESTA, FUNZIONE} *etw* stören, *etw* durcheinander| bringen **4** *lett* **~ qc** {TEMPESTA ACQUE DEL LAGO} *etw* bewegen, *etw* auf|wühlen B *itr pron*: **turbarsi 1** (*subire un turbamento*) in Verwirrung/Erregung/Unruhe geraten: **a quelle parole si turbò**, diese Worte verwirrten ihn/sie **2** *fig lett* (*guastarsi*) {CIELO} sich beziehen, sich zu|ziehen; {MARE} sich (ein|)trüben, in Wallung geraten.

turbatìva *f* **1** (*intralcio*) {+ASTA} Störung f **2** *dir* Störung f, Beeinträchtigung f: **~ del possesso**, Störung f/Beeinträchtigung f des Besitzes.

turbàto, (**-a**) *agg* (*sconvolto*) **~ (per qc)** {ANIMO} (*durch etw* **acc**/*wegen etw* **gen**) beunruhigt: **rimanere ~ per una notizia**, über eine Nachricht erschüttert sein.

turbatóre, (**-trice**) m (f) (*chi disturba*) {+QUIETE PUBBLICA} Störenfried m, Störer(in) m(f).

turbina *f* **1** (*idromotore*) Turbine f: **~ idraulica**, Wasserturbine f; **~ a reazione**, Reaktions-, Überdruckturbine f **2** *aero* Turbinenmotor m.

turbinàre *itr* **1** (*girare vorticosamente*) **~ (in qc)** {FOGLIE NELL'ARIA} (*in etw* **dat**) wirbeln **2** *fig* (*agitarsi*) **~ in qc** *durch etw* (acc) wirbeln, *durch etw* (acc) schwirren: **molti pensieri le turbinavano in testa**, zahlreiche Gedanken wirbelten ihr durch den Kopf.

tùrbine *m* **1** (*vortice*) Wirbel(wind) m: **~ di neve**, Schneegestöber n; **~ di sabbia**, Sandhose f **2** *fig* {+PASSIONI, SENTIMENTI} Wirbel m: **nel ~ della danza**, im Wirbel des Tanzes.

turbinìo <-**nii**> *m* **1** (*vortice*) {+BUFERA} Wirbeln n, Toben n **2** *fig* (*ridda*) {+PENSIERI} Wirbel m, Durcheinander n.

turbinóso, (**-a**) *agg* **1** (*vorticoso*) {VENTO} Wirbel-, wirbelnd **2** *fig* {DANZA} wirbelnd; {MOLTITUDINE DI PENSIERI} durcheinander wirbelnd.

tùrbo A <inv> *agg autom* {AUTO, MOTORE} Turbo- B <-> *m* **1** *autom* (*motore*) Turbo *m fam*, Turbomotor m **2** *tecnol* (*turbocompressore*) Turbokompressor m, Turbogebläse n C <-> *m* o *f tecnol* (*veicolo*) Turbo *m fam*.

turboalternatóre *m elettr* Turbogenerator m.

turbocompressóre *m tecnol* Turbokompressor m, Turbogebläse n.

turbodiesel *autom* A <inv> *agg* {MOTORE} Turbodiesel- B <-> *m* (*motore, veicolo*) Turbodiesel *m fam*.

turboelèttrico, (**-a**) <-**ci**, **-che**> *agg mecc* turboelektrisch.

turboèlica *aero* A <-**che**> *f* Turbo-Prop-Triebwerk n B <-> *m* (*aereo*) Turbo-Prop-Flugzeug n.

turbogètto *m aero* Strahltriebwerk n.

turbolènto, (**-a**) *agg* **1** (*irrequieto*) {GRUPPO} unruhig, stürmisch, aufrührerisch **2** (*indisciplinato*) {ALLIEVA} unruhig, undiszipliniert **3** *fig* (*burrascoso*) {ANNI, RIUNIONE, TEMPI} stürmisch, turbulent **4** *fis meteo* turbulent.

turbolènza *f* **1** (*irrequietezza*) {+CATEGORIA} Aufruhr m **2** (*indisciplina*) {+RAGAZZO} Unruhe f **3** *fis meteo* {+MASSA D'ARIA} Turbulenz f.

turbomotóre *m* **1** (*turbina*) Turbomotor m, Turbine f **2** (*turbina a gas*) Gasturbine f.

turbonàve *f mar* Turbinenschiff n.

turbopropulsóre *m* (*propulsore*) Turbo-Prop-Triebwerk n.

turboreattóre *m* → **turbogetto**.

turbosónda *f min* Turbobohrer m.

turbotrèno m *ferr* Zug m mit Turbinenantrieb.

tùrca f → **turco**.

turchése [A] f *min* Türkis m [B] *agg* türkis: **un abito ~**, ein türkises *fam*/türkisfarbenes Kleid [C] m (*colore*) Türkis n.

Turchìa f *geog* Türkei f: **la prossima estate andremo in ~**, nächsten Sommer fahren wir in die Türkei.

turchinétto m (*colorante*) Waschblau n.

turchìno, (-a) [A] *agg* {CIELO} tiefblau [B] m (*colore*) Tiefblau n.

tùrco, (-a) <-chi, -che> [A] *agg* {CAPITALE, LINGUA} türkisch [B] m (f) (*abitante*) Türke m, (Türkin f) [C] m <*solo* sing> (*lingua*) Türkisch(e) n • **prendere il ~ per i baffi fig** (*avere un colpo di fortuna*), viel Glück haben, einen Zufallstreffer landen *fam*; **bestemmiare come un ~ fig** (*molto*), wie ein Landsknecht/Bierkutscher fluchen *fam*; **fumare come un ~ fig** (*molto*), rauchen wie ein Schlot *fam*; **parlare (in) ~ fig** (*in modo oscuro*), Chinesisch sprechen; *sedere* **alla turca fig** (*incrociando le gambe*), im Schneidersitz (da)sitzen.

turcomànno, (-a) → **turkmeno**.

turgidézza f 1 (*gonfiore*) {+SENO} Prallheit f 2 *fig* (*ampollosità*) {+STILE} Geschwollenheit f *spreg*.

tùrgido, (-a) *agg* 1 (*gonfio*) {VENTRE} aufgebläht; {VENA} (an)geschwollen; {SENO} prall; {CILIEGIA} fleischig 2 *fig* (*ampolloso*) {STILE} geschwollen *spreg*, schwülstig *spreg*.

turgóre m 1 (*gonfiore*) Prallheit f, Geschwollenheit f 2 (*rigonfiamento*) {+CELLULA} Turgor m *scient*.

Turgòvia f *geog* Thurgau m.

Turìngia f *geog* Thüringen n.

turingiàno, (-a) [A] *agg* (*della Turingia*) {PAESAGGIO} thüringisch [B] m (f) (*abitante*) Thüringer(in) m (f).

turìsmo m 1 (*il viaggiare*) {ALTERNATIVO, ORGANIZZATO} Tourismus m: **~ di massa**, Massentourismus m 2 (*attività turistica*) Tourismus m, Fremdenverkehr m • **~ sessuale**, Sextourismus m.

turìsta <-i m, -e f> mf (*viaggiatore*) {STRANIERO} Tourist(in) m (f): **fare il ~**, Tourist sein.

turisticizzàre tr (*rendere adatto al turismo*) **~ qc** etw für den Tourismus ausstatten/erschließen.

turìstico, (-a) <-ci, -che> *agg* 1 (*relativo al turismo*) {AGENZIA, ASSEGNO, OPERATORE, STAGIONE, UFFICIO} Reise-; {ZONA} touristisch {MENU, PREZZO} *anche* Touristen-; {LOCALITÀ} Ferien-, Touristen- 2 *aero mar* {CLASSE} Touristen-.

Turkmènistan m *geog* Turkmenien n.

turkmèno, (-a) [A] *agg* 1 (*del Turkmenistan*) turkmenisch 2 (*riferito ai Turkmeni*) Turkmenen- [B] m (f) (*abitante dei Tukmenistan*) Turkmene m, (Turkmenin f) [C] m <*solo* sing> (*lingua*) Turkmenisch(e) n.

turlupinàre tr (*raggirare*) **~ qu** jdn betrügen, jdn beschwindeln *fam*, jdn hintergehen, jdn hinters Licht führen: **ti sei fatto di nuovo ~!**, hast du dich schon wieder hinters Licht führen lassen!; **non lasciarti ~!**, lass dich nicht beschwindeln *fam*!

turlupinatùra f (*raggiro*) Schwindel m *fam spreg*.

turnàre itr (*avvicendarsi*) {IN UN CICLO PRODUTTIVO} nach einer festen Schicht arbeiten: **~ in un lavoro**, in Schichten arbeiten, schicht|arbeiten.

turnaround <-> m *ingl* (*nell'organizzazione aziendale*) Turnaround m.

turnazióne f (*nell'organizzazione aziendale*) Arbeitsschichtorganisation f.

turnìsta <-i m, -e f> mf *industr* (*lavoratore a turno*) Schichtarbeiter(in) m (f).

tùrno m 1 (*rotazione*) Reihenfolge f, Turnus m: **a ~**, abwechselnd; **fare a ~**, sich abwechseln 2 (*di lavoro*) Schicht f: **essere di ~**, Dienst haben; **~ di guardia**, Wachdienst m; **lavorare a turni**, Schicht arbeiten, in Schichten arbeiten; **~ di notte**, Nachtschicht f, {+FARMACIA, MEDICO} Nachdienst m 3 (*momento destinato*) Reihe f: **aspettare il proprio ~**, warten, bis man an der Reihe ist; **è il mio ~**, ich bin dran *fam*, jetzt bin ich an der Reihe 4 *mil* Dienst m 5 *sport* Runde f: **~ eliminatorio**, Ausscheidungsrunde f; **uscire da una gara al primo ~**, bei einem Wettkampf in der ersten Runde ausscheiden.

turnover <-> m *ingl* 1 (*rotazione*) {+OPERAI} Ablösung f 2 (*sostituzione*) {+del personale, Personalwechsel m 3 *comm* (*volume di affari*) Umsatz m.

tùrpe *agg* (*vergognoso*) {TRADIMENTO} schamlos; {GESTO, PAROLE} *anche* unanständig.

turpilòquio <-qui> m 1 (*linguaggio osceno*) {CONTINUO} schamlose/obszöne *forb* Ausdrucksweise 2 *dir* (*uso di un linguaggio contrario alla pubblica decenza*) strafbare diskriminierende/obszöne Äußerungen.

turpitùdine f (*oscenità*) {+COMPORTAMENTO} Schamlosigkeit f; {+LINGUAGGIO} Unanständigkeit f.

turrìto, (-a) *agg* (*munito di torri*) {CASTELLO, CITTÀ} mit Türmen versehen, turmreich.

tursìope m *zoo* Tursiope m.

TUS m *econ* abbr *di* Tasso Ufficiale di Sconto: Diskontsatz m.

TUT f *tel* abbr *di* Tariffa Urbana a Tempo: Zeiteinheit f für Ortsgespräche.

tùta f (*indumento*) Anzug m, Overall m: **~ da ginnastica**/**[sportiva]**, Trainingsanzug m; **~ da lavoro**/**operaio**, Overall m, Monteuranzug; **~ mimetica** *mil*, Tarnanzug m; **~ da sci**, Skianzug m; **~ spaziale**, Raumanzug m; **~ subacquea**, Taucheranzug m • **le tute blu** (*operai come forza sindacale*), die Blaumänner.

tutèla f 1 (*difesa*) {+AMBIENTE, CONSUMATORE, PACE} Schutz m; {+INTERESSI DI QU} Wahrung f: **a ~ di qu/qc**, zum Schutz jds/etw; **~ ambientale**, Naturschutz m 2 *dir* {+INTERDETTO, MINORE} Vormundschaft f: **essere sotto la ~ di qu**, unter der Vormundschaft von jdm stehen 3 *dir* {+IMMAGINE, NOME} Schutz m • **~ della maternità** *amm*, Mutter(schafts)schutz f.

tutelàbile *agg* {DIRITTO, INTERESSE} schützbar.

tutelàre [A] tr 1 (*difendere*) **~ qc** {I PARCHI NATURALI, PATRIMONIO ARTISTICO} etw schützen; {I DIRITTI DEI CITTADINI, I PROPRI INTERESSI} etw wahren, etw wahr|nehmen; {IL PROPRIO ONORE} etw verteidigen 2 *dir* (*proteggere*) **~ qu** {LEGGE CITTADINO, MINORE} jdn schützen [B] rfl (*difendersi*): **tutelarsi contro qu/qc** {CONTRO I FURTI} sich (gegen jdn/etw}/[vor jdm/etw]) schützen, sich (gegen jdn/etw) ab|sichern.

tutelàto, (-a) *agg* 1 (*difeso*) {AMBIENTE, CITTADINO} geschützt; {INTERESSE} *anche* gewahrt 2 *dir* geschützt.

tutìna <dim di tuta> f (*indumento*) {+NEONATO} Strampelhose f, Strampler m; {+BALLERINA} Bodysuit m.

tutor <-> mf *ingl* (*assistente universitario*) Tutor(in) m (f).

tutoràggio <-gi> m *univ* (*incarico, durata*) Tutorat n.

tutoràle → **tutoriale**.

tutoràto m *univ* (*incarico, durata*) Tutorat n.

tutóre, (-trice) m (f) 1 (*difensore*) {+LIBERTÀ} (Be)schützer(in) m (f): **farsi ~ di qu/qc**, der Beschützer von jdm/etw sein 2 (*amministratore di beni*) Verwalter m 3 *dir* (*chi è investito della tutela*) {+INTERDETTO, MINORE} Vormund m 4 *agr* Stütze f • **i tutori dell'ordine (pubblico)** (*poliziotti*), die Ordnungshüter m pl; **~ ortopedico** *med*, Stützapparat m.

tutoriàle, **tutoràle** *agg* (*di tutor*) {FUNZIONE} tutoriell, Tutoren-.

tutòrio, (-a) <-ri m> *agg* *dir* (*proprio della tutela*) Vormundschafts-, vormundschaftlich; {AUTORITÀ} Aufsichts-.

tutrìce f → **tutore**.

tùtsi *etnol* <-> mf (*watusso*) Tutsi mf [B] <inv> *agg* Tutsi-.

tutt'al più *loc avv* 1 (*al massimo*) höchstens, maximal, im Höchstfall: **ne potrà ricavare tutt'al più mille dollari**, da wird er/sie höchstens tausend Dollar herausschlagen *fam* 2 (*nel peggiore dei casi*) schlimmstenfalls, im schlimmsten Fall: **tutt'al più arriveremo un po' in ritardo**, schlimmstenfalls kommen wir mit einer kleinen Verspätung an.

tutt'àltro, *rar* **tuttàltro** [A] *avv loc avv* (*per nulla*) ganz im Gegenteil, ganz und gar nicht: **'Disturbo?' 'No, no, tutt'altro!'**, 'Stör'ich?' 'Nein, ganz [im Gegenteil]/[und ganz nicht]!'; **tutt'altro che**, alles andere als: **è tutt'altro che sciocco**, er ist alles andere als dumm [B] *pron loc pron* (*tutta un'altra cosa*) etwas ganz anderes: **ciò che io vorrei è tutt'altro**, was ich möchte ist etwas ganz anderes [C] *agg loc agg* (*completamente diverso*) völlig/ganz ander(s, r): **si tratta di un'esperienza di tutt'altro genere**, es handelt sich um eine völlig andere Erfahrung.

tuttavìa *cong* (*ma*) dennoch, trotzdem, jedoch, zwar...aber: **non dico di no, ~...**, ich sage zwar nicht nein, aber...; **è ancora debole, ~ vuole riprendere a lavorare**, er/sie fühlt sich noch schwach, trotzdem/dennoch will er/sie die Arbeit wieder aufnehmen; **il teatro è interessante, ~ preferisco il cinema**, das Theater ist zwar interessant, aber ich gehe lieber ins Kino.

tùtto, (-a) [A] *agg indef* 1 ganz, all: **tutti i vostri amici**, alle eure Freunde; **lui è un artista ~ istinto**, er ist ein rein instinktiver Künstler; **hanno trovato la casa tutta quanta bruciata**, sie haben das Haus vollständig abgebrannt vorgefunden; **~ (quanto) il denaro**, das ganze Geld, all das Geld; **tutte le donne**, alle Frauen; **tutta la mia famiglia**, meine ganze Familie; **in tutta franchezza**, in aller Offenheit; **mangi tutta questa frutta?**, isst du das ganze Obst?; **tutta la Germania**, ganz Deutschland; **ha letto ~ Kafka**, er/sie hat alle Werke/[alles] von Kafka gelesen; **libri di tutti i tipi**, Bücher aller Art; **l'ho cercato per tutta Modena**, ich habe ihn in ganz Modena gesucht; **tutta la notte**, die ganze Nacht; **~ questo rumore**, dieser ganze Lärm; **non avevo mai visto ~ questo traffico**, ich hatte noch nie so einen Verkehr gesehen 2 (*ogni*) jede(r, s): **tutte le sere**, jeden Abend; **tutte le settimane**, jede Woche; **uomini di tutte le razze**, Menschen aller Rassen/Hautfarben; **tutte le volte che ...**, jedes Mal wenn..., sooft... 3 (*pieno*) voll: **a tutta forza**, mit aller/voller Kraft; **a tutta velocità**, mit voller Geschwindigkeit 4 (*compreso*) alles einschließlich: **le vacanze durano fino a ~ agosto**, die Ferien gehen bis Ende August [B] *pron indef* 1 <*solo* sing> alles: **è andato ~ bene**, es ist alles gut gegangen; **crede di sapere ~**, er/sie glaubt/meint, alles zu wissen; **ecco ~**, das ist alles; **e non è ~ qui**, und das ist (noch) nicht alles; **mangiare/comprare di ~**, ⌊alles essen⌋/⌊alles Mögliche kaufen⌋; **per il momento è ~!**, im Augenblick ist das alles!; **~ ciò/quello che mi serve**, alles, was ich brauche; **è ~ per te**, das ist alles für dich; **ha ~ della zitella**, sie ist eine richtige alte Jungfer **2** <*solo pl*> (*tutte le persone*) alle: **è arrabbiato con tutti**, er ist auf alle böse; **tutti insieme**, alle zusammen; **tutti noi**, wir alle; **tutti risero**, alle lachten, alles lachte; **scendere tutti!** *fam*, alles aussteigen; **3** <*solo pl*> alle: **le città della Germania? Le ho visitate quasi tutte!**, die Städte Deutschlands? Die habe ich fast alle besichtigt! **4** <*solo pl*> (*chiunque*) jeder(mann), alle: **è una cosa che può capitare a tutti**, das kann jedem passieren; **tutti sanno che...**, alle wissen, dass...; jeder(mann) weiß, dass... **C** *avv* (*completamente*) ganz, ganz und gar, völlig: **~ felice**, ganz glücklich, überglücklich; **era tutta nuda**, sie war ⌊ganz nackt⌋/⌊splitternackt⌋ **D** *loc avv* **1** (*assolutamente*): **del ~**, völlig, ganz, gänzlich; **il suo nome mi è del ~ sconosciuto**, sein/ihr Name ist mir völlig unbekannt; **non è del ~ pronto**, er/das ist noch nicht ganz fertig; **è del ~ sbagliato**, das ist völlig falsch; **non ne sono del ~ sicuro**, ich bin mir dessen nicht ganz/völlig sicher **2** (*in totale*): **in ~**, insgesamt, alles in allem; **quant'è in ~?**, was macht das zusammen/[alles in allem]?; **eravamo una ventina in ~**, wir waren insgesamt ungefähr zwanzig Personen **3** (*completamente*): **in ~ e per ~**, ganz, vollkommen **4** (*in primo luogo*): **innanzi ~**, vor allem, zuallererst, in erster Linie **5** (*inoltre*): **oltre ~**, außerdem, darüber hinaus, überdies **6** (*in primo luogo*): **prima di ~**, vor allem, vor allen Dingen **E** *m* Ganze *n decl come agg*: **formare un ~**, ein Ganzes bilden; **il ~ per 100 euro**, das Ganze für 100 Euro ● **tutt'altro** (*completamente diverso*), ganz im Gegenteil, absolut nicht; **è tutt'altro che giovane**, er/sie ist alles andere als jung; **essere capace di ~** (*di qualunque malvagità*), zu allem fähig sein; **~ ciò**, all das, all dies; **~ compreso** (*senza altre aggiunte*), alles inbegriffen; **con ~ che** (*nonostante*), obwohl, obgleich; **con ~ che gli ho detto di non farlo!**, obwohl ich ihm davon abgeraten habe!; **con ~ ciò**, bei alledem, trotz alledem; **di ~ un po'**, von allem etwas; **tutti e due**, (alle) beide; **partono tutti e tre/quattro/...**, alle drei/vier/... fahren ab; **ho ancora tutti e quattro i nonni**, meine Großeltern leben alle noch; **è ~ suo padre**, er ist ganz sein Vater; **è ~ il contrario/l'opposto**, es ist genau das Gegenteil, ganz das Gegenteil ist der Fall; **il segreto è ~ lì**, das ist das ganze Geheimnis; *fare* (**un po'**) **di ~** (*qualsiasi cosa*), alles Mögliche tun; **fare di ~ per fare qc** (*fare ogni sforzo*), ⌊alles dransetzen, um⌋/[sich (dat) alle Mühe geben], etw zu tun; **ha fatto di ~ per diventare famoso**, er hat alles getan, um berühmt zu werden; **è ~** *fuorché* **bello**, er ist alles andere als schön; **è ~ fuorché un cuoco**, kochen kann er wirklich überhaupt nicht; **tutt'***intorno* **non c'erano che boschi**, ringsherum war nur Wald; *malgrado* **~** (*nonostante*), trotz allem; **o ~ o** *niente*, alles oder nichts; **tutt'al** *più*, höchstens; (*nel peggiore dei casi*), schlimmstenfalls; **sono d'accordo tutti** *quanti*? *rafforzativo*, sind alle einverstanden?; **tutti** *quelli*/*coloro che ...*, alle, die ...; *questo* **è ~** (*non ho altro da aggiungere*), das ist alles; *rischiare/tentare* (**il**) **~ per ~** (*mettere tutto in gioco*), alles aufs Spiel setzen, alles wagen, aufs Ganze gehen *fam*; **~** *sommato* (*considerato/considerando* **~**), alles in allem/zieht man alles in Betracht; **~** *sta* **a**/**nel fare qc** (*consiste solo nel fare qc*), ⌊die Hauptsache⌋/[das Wichtigste] ist, etw zu tun; **~ sta a cominciare**, frisch gewagt ist halb gewonnen *prov*, aller Anfang ist schwer *prov*; **tutti per** *uno*, **uno per tutti**, einer für alle, alle für einen; **fare un tutt'uno con qc** (*essere la stessa cosa*), dasselbe wie etw (**nom**) sein, ganz einerlei sein, keinen Unterschied machen, gehupft wie gesprungen sein *fam*; **davvero**, **per me andare alla festa o starmene a casa è tutt'uno**, ob ich auf das Fest gehe oder zu Hause bleibe, ist mir wirklich ganz einerlei.

tuttociò, **tùtto ciò** *pron loc pron* (*tutto questo*) all das, all dies, alles: **~ che è mio sarà tuo**, alles, was mein ist, wird dir gehören; **con ~**, (*ciononostante*) bei/trotz all(e)dem; **con ~ il pubblico continua ad amarlo**, bei/trotz all(e)dem liebt ihn das Publikum weiter.

tuttofàre **A** <inv> *agg* (*che fa qualsiasi lavoro*) für alles, Allround-: **donna/domestica ~**, Haushaltshilfe *f*; **una segretaria ~**, ein Mädchen für alles *fam* (im Büro) **B** <-> *mf* Mädchen *n* für alles *f*; **è il ~ del magazzino**, er/sie ist im Lager Mädchen für alles *fam*.

tuttologia *f iron scherz* (*onniscienza*) Alleswisserei *f spreg*.

tuttòlogo, (**-a**) <-*gi*, -*ghe*> *m* (*f*) *iron scherz* (*chi pretende di essere onnisciente*) Alleswisser(in) *m*(*f*) *spreg*.

tuttóra *avv* (*ancora adesso*) noch, immer noch: **la mia offerta è ~ valida**, mein Angebot ⌊ist immer noch gültig⌋/[steht noch]; **sono ~ disposta ad accettare le tue scuse**, ich bin noch (dazu) bereit, deine Entschuldigungen anzunehmen.

tuttotóndo, **tùtto tóndo** <-> *m loc sost m arte* (*nella scultura*) Vollplastik *f*: **scultura a ~**, Vollplastik *f*.

tutt'ùno, *lett* **tuttùno** **A** <-> *m loc sost m* (*una unica cosa*) eins, ein und das selbe: **puntualità e rispetto per gli altri è tutt'uno**, Pünktlichkeit und Respekt für andere ist ein und das selbe; **venire a sapere del suo tradimento e lasciarlo fu tutt'uno**, von seinem Betrug zu erfahren und ihn zu verlassen war eins; **essere/fare tutt'uno**, eins/[ein und das selbe] sein; **un tutt'uno**, eins: **la cucina e la sala da pranzo sono un tutt'uno**, Küche und Esszimmer sind eins; **le due amiche fanno un tutt'uno**, die beiden Freundinnen bilden ein siamesisches Zwillingspaar **B** *loc agg lett* (*intero*) ein(e) ganze(r,s): **uno specchio tanto grande da prendere tutt'un muro**, ein so großer Spiegel, dass er eine ganze Wand einnimmt.

tutù <-> *m* {+BALLERINA} Ballettröckchen *n*.

TV **A** <inv> *agg* (*televisivo*) {CANONE} Fernseh-: **TV producer**, Fernsehproduzent *m*; **TV production**, Fernsehproduktion *f*: **la programmazione TV**, das Fernsehprogramm **B** <-> *f* (*abbr di televisione*) **1** *fam* {PRIVATA; +STATO} Fernsehen *n*, TV *n* **2** *fam* (*televisore*) Fernseher *m*, Fernsehgerät *n*, TV-Gerät *n*: **TV color**, Farbfernseher *m*, Farbfernsehgerät *n* ● **TV verità**, den Alltag betreffende Fernsehberichte.

TVC *f abbr di* Televisione a Colori: Farbfernsehgerät *n*.

tv-movie <-> *m ingl film TV* Fernsehfilm *m*, TV-Movie *n*.

tweed <-> *m ingl tess* Tweed *m*.

twin-set <-, -*s pl ingl*> *m ingl* (*nella moda*) (*completo*) Twinset *m* o *n*.

twirling <-> *m ingl* Twirling *n*.

twist <-> *m ingl* (*ballo*) Twist *m*.

tycoon <-> *m ingl* (*magnate*) {+ACCIAIO} Magnat *m*; {+MASS-MEDIA} Zar *m*, Riese *m*.

tzigàno → **zigano**.

U, u

U, u <-> f o rar m (*ventunesima lettera dell'alfabeto italiano*) U, u n ● **ferro/tubo** *a* u, U-Eisen n/U-Rohr n; (*nella compitazione delle parole*) **u come** *Udine*, U wie Ulrich; → *anche* **A, a**.

u *fis abbr di* unità di massa atomica: u (*abbr di* atomare Masseneinheit).

U 1 *ferr abbr dell'ingl* Underground (*metropolitana*) U f (*abbr di* U-Bahn, Untergrundbahn) **2** *fis abbr di* energia potenziale: potentielle Energie.

UA *aero abbr di* United Airlines: UA (*amerikanische Fluggesellschaft*).

ubbìa *f rar forb* **1** (*preconcetto*) Vorurteil m **2** (*fisima*) fixe Idee, Spleen m, Hirngespinst n: **che ubbie ti vengono?**, spinnst du jetzt? *fam*, was hast du dir jetzt schon wieder in den Kopf gesetzt?

ubbidiènte agg **1** (*chi ubbidisce*) ~ (*a qu/qc*) {RAGAZZO AI GENITORI, AL MAESTRO; CANE, CAVALLO, RECLUTA AGLI ORDINI} (*jdm gegenüber*) gehorsam, (*jdm gegenüber*) folgsam, (*etw dat*) folgend **2** (*che risponde alle manovre*) ~ **a qc** {AUTO, BARCA ALLE MANOVRE, AL TIMONE} *etw* (*dat*) gehorchend **3** (*docile*) {CARATTERE} fügsam, gefolgsam, gefügig *spreg*.

ubbidiènza f **1** (~ *a qu*) {+BAMBINO AI GENITORI, ANIMALE AL PADRONE, OPERAIO AI SUPERIORI} Gehorsam m (*jdm gegenüber*): ~ **cieca/passiva/totale/proverbiale**, blinder/passiver/totaler/sprichwörtlicher Gehorsam; ~ (**a qc**) {ALLE LEGGI, AGLI ORDINI} Befolgung f (*etw gen*) **2** (*sottomissione*) Ergebenheit f, Untertänigkeit f ● **ridurre** *qu* **all'**~, jdn gefügig machen.

ubbidìre <*ubbidisco*> itr **1** (*dar retta*) ~ (**a qu**) {FIGLIO AI GENITORI; RECLUTA AL SUPERIORE} (*jdm*) gehorchen, *auf jdn* hören; **è incapace di farsi** ~, er/sie ist unfähig, sich (*dat*) Gehorsam zu verschaffen; (*CAVALLO*) (*jdm*) folgen, (*jdm*) gehorchen; **il tuo cane ubbidisce subito**, dein Hund folgt aufs Wort; ~ **a qc** {A UN ORDINE} *etw* befolgen, *etw* (*dat*) folgen; ~ **alla voce della coscienza**, der Stimme seines Gewissens folgen **2** *fig* (*rispondere*) ~ **a qu/qc** {MATERIA ALL'ARTISTA} *jdm/etw* gehorchen; {AEREO AI COMANDI} *anche jdm/etw* folgen **3** *fig* (*piegarsi*) ~ **a qc** {AL BISOGNO, ALLE NECESSITÀ} sich in *etw* (*acc*) fügen, sich *etw* (*dat*) gehorchen, sich *etw* (*dat*) beugen ● ~ **senza discutere**, widerspruchslos gehorchen; ~ **senza farsi pregare**, gehorchen, ohne sich bitten zu lassen.

ubertóso, (-a) agg *forb lett* (*fertile*) {PAESE, TERRA} fruchtbar, ertragreich.

ubicàre <*ubico, ubichi*> tr *amm* ~ **qc** + *compl di luogo* {CENTRALE ELETTRICA IN PERIFERIA} *etw irgendwohin* legen.

ubicàto, (-a) agg *amm* (*situato*) ~ + *compl di luogo* {CASA DI FRONTE AL RISTORANTE} *irgendwo* gelegen.

ubicazióne f *amm edil* {+BASE MILITARE, CENTRALE NUCLEARE *ecc*.} Standort m; {+CASA, TERRENO} Lage f.

-ùbile suff -bar, -lich: **indissolubile**, unauflösbar; **solubile**, löslich.

ubiquità <-> f *relig* (*onnipresenza*) {+DIO, SANTI} Allgegenwart f.

ubrìaca f → **ubriaco**.

ubriacàre <*ubriaco, ubriachi*> A tr **1** (*inebriare*) ~ (**qu**) {LIQUORI, VINO} (*jdn*) betrunken machen, ~ **qu** (**di/con qc**) {DI/COI LIQUORI, DI/COL VINO} (*jdn*) (*mit etw dat*) betrunken machen **2** (*stordire*) ~ (**qu**) {FOLLA, ALLEGRIA} (*jdn*) betäuben, (*jdn*) benommen machen, *jdn* berauschen; ~ **qu di/con qc** {DI/CON LE CHIACCHIERE} *jdn* (*mit etw dat*) betäuben; {DI/CON LE LODI, DI/CON LE PROMESSE} *jdn* (*mit etw dat*) verwirren, *jdn* (*mit etw dat*) durcheinander|bringen **3** *fig* (*esaltare*) ~ (**qu**) {ORGOGLIO, PASSIONE, POTERE, SUCCESSO} *jdm* zu Kopf steigen, (*jdn*) berauschen B itr pron **1** (*sborniarsi*): **ubriacarsi** (**con qc**) {CON LA BIRRA, COL GIN, COL VINO} sich (*mit etw dat*) betrinken: **si ubriaca con niente**, im Nu ist er/sie betrunken, er/sie verträgt nichts; **ogni sera faceva il giro delle osterie e si ubriacava**, jeden Abend machte er/sie die Kneipen durch und betrank sich **2** *fig* (*esaltarsi*): **ubriacarsi di qu** (*DI UNA DONNA*) (*für jdn*) schwärmen, sich (*für jdn*) begeistern; **ubriacarsi di qc** {DI SUCCESSO} sich *an etw* (*dat*) berauschen.

ubriacatùra f **1** (*sbornia*) Rausch m **2** *fig* (*infatuazione*) Vernarrtheit f, Verliebtheit f, Rausch m: **una violenta** ~ **di massa**, ein heftiger Massenrausch.

ubriachézza f **1** (*ebbrezza*) (Be)trunkenheit f, Rausch m: ~ **cronica**, chronische Trunkenheit **2** *dir* Trunkenheit f: ~ **abituale/accidentale/colposa/preordinata/volontaria**, gewohnheitsmäßige/zufällige/fahrlässige/absichtliche/vorsätzliche Trunkenheit **3** (*etilismo*) Alkoholismus m, Trunksucht f: **l'**~ **è una piaga sociale**, Alkoholismus ist ein soziales Übel.

ubrìaco, (-a) <*-chi, -che*> A agg **1** (*ebbro*) betrunken: **è completamente** ~, er ist vollkommen betrunken; ~ **fradicio/marcio** *fam*, stockbetrunken *fam*, sternhagelvoll *fam*, stockblau *fam* **2** *fig* (*esaltato*) ~ **di qu/qc** {DI GIOIA} trunken *vor etw* (*dat*); {DI UNA DONNA} begeistert *von jdm*; ~ **d'amore**, liebestrunken *lett*, im Liebesrausch **3** *fig* (*stordito*) ~ **di/per qc** {DI RUMORE, PER LA CONFUSIONE} *von etw* (*dat*)/*durch etw* (*acc*) betäubt, *von etw* (*dat*)/*durch etw* (*acc*) benommen: ~ **di sonno**, schlaftrunken; ~ **di stanchezza**, zum Umfallen müde B m (f) Betrunkene mf *decl come agg*.

ubriacóne, (-a) <*accr di* ubriaco> m (f) Trinker(in) m(f), Säufer(in) m(f) *fam spreg*, Trunkenbold m *fam spreg*.

UBS f *abbr di* Unione delle Banche Svizzere: SBG f (*abbr di* Schweizerische Bankgesellschaft).

UC 1 *amm abbr di* Ufficio di Collocamento: Arbeitsamt n, Arbeitsvermittlungsstelle f **2** *abbr di* Unità di Conto: RE (*abbr di* Rechnungseinheit).

uccellagióne f **1** (*nella caccia*) Vogelfang m: **tecniche di** ~, Vogelfangtechniken; **alle/di starne**, Rebhuhnjagd f **2** (*uccellame*) erbeutete/gefangene Vögel m pl.

uccellàme m (*nella caccia*) erbeutete/gefangene Vögel m pl.

uccellàre itr (*nella caccia*) ~ **a qc** (**con qc**) *mit etw* (*dat*) auf Vogelfang gehen, *mit etw* (*dat*) Vögel fangen, *auf etw* (*acc*) *mit etw* (*dat*) Jagd machen: ~ **a falconi col falcone**, mit dem Falken auf Fasanenjagd gehen.

uccellatóre, (**-trice**) m (f) (*nella caccia*) Vogelfänger(in) m(f), Vogelsteller(in) m(f).

uccellièra f (*gabbia*) Vogelkäfig m, Vogelbauer n o m.

uccèllo m **1** *ornit* Vogel m: ~ **del paradiso**, Paradiesvogel m; ~ **trampoliere/migratore/rapace**, Stelz-/Zug-/Raubvogel m; (*nella caccia*) ~ **di passo/da richiamo**, Zug-/Lockvogel m **2** *volg* (*pene*) Schwanz m *volg* ● **essere uccel di bosco** *fig* (*libero*), vogelfrei sein; **rendersi uccel di bosco** (*essere irreperibile*), verschwinden; **essere (come) un** ~ **in gabbia**, wie ein Vogel im Käfig sein; (**non**) **fare l'**~ **del malaugurio**, den Teufel (nicht) an die Wand malen *fam*; ~ **del malaugurio**, Schwarzseher m *fam*.

uccìdere <*coniug come* decidere> A tr **1** (*privare della vita*) ~ **qu/qc** (**con qc**) (**in qc**) {AVVERSARIO, CAVALLO CON LA PISTOLA, COL PUGNALE, COL VELENO, IN DUELLO, IN BATTAGLIA} *jdn/etw* (*mit etw dat*)(*in/bei etw dat*) töten, *jdn* (*mit etw dat*) um|bringen; {MOGLIE, VICINO DI CASA} *anche jdn* ermorden; ~ **qu** {INFEZIONE, MALATTIA} *jdn* töten, *jdn* um|bringen; ~ **qc** {GELO PIANTE} *etw* vernichten, *etw* absterben lassen **2** (*macellare*) ~ (**qc**) {MACELLAIO AGNELLO, BUE, MAIALE} (*etw*) schlachten **3** (*eliminare*) ~ **qc** {DITTATURA LIBERTÀ} *etw* liquidieren, *etw* vernichten **4** *fig* (*affaticare*) ~ **qu** {CALDO, FATICA, IMPEGNI, LAVORO} *jdn* (*fast*) um|bringen, *jdn* fertig|machen *fam* B itr pron (*perdere la vita*): **uccidersi** um|kommen, ums Leben kommen: **si è ucciso al volante della sua macchina**, er ist am Steuer seines Wagens umgekommen C rfl (*ammazzarsi*): **uccidersi (con qc)** {CON UN COLPO DI PISTOLA} Selbstmord begehen, sich (*mit etw dat*) um|bringen, sich (*mit etw dat*) töten: **uccidersi per disperazione**, sich aus Verzweiflung umbringen; **uccidersi per i debiti**, wegen seiner Schulden Selbstmord begehen; **si è ucciso per lei**,

ucciditrice f → **uccisore**.

uccido 1ª pers sing dell'ind pres di uccidere.

-uccio suff alterat 1 {vezz} -chen, -lein: **tesoruccio**, Schätzchen, Schatzi(lein) 2 spreg unbedeutend: **avvocatuccio**, Winkeladvokat spreg.

uccisi 1ª pers sing del pass rem di uccidere.

uccisione f Tötung f, Ermordung f; (azione) anche Töten n, Ermorden n.

ucciso part pass di uccidere.

uccisore, (**ucciditrice**) m (f) (assassino) Mörder(in) m(f), Totschläger(in) m(f).

UCE f econ abbr di Unità di Conto Europea: ECU m o f, Ecu m o f (abbr dell'ingl European Currency Unit), EWE f (abbr di Europäische Währungseinheit).

UCEBI f relig abbr di Unione Cristiana Evangelica Battista d'Italia: "baptistische evangelische Christengemeinschaft Italiens".

UCEI m amm abbr di Ufficio Centrale per l'Emigrazione Italiana: "zentrale italienische Auswanderungsbehörde".

UCII f relig abbr di Unione delle Comunità Israelitiche Italiane: "Vereinigung f der italienischen israelitischen Gemeinden".

-ucolo suff alterat spreg unbedeutend: **autorucolo**, Schreiberling spreg.

Ucraina f geog Ukraine f.

ucraino, (-a) A agg ukrainisch B mf (abitante) Ukrainer(in) m(f) C m <solo sing> (lingua) Ukrainisch(e) n.

Udc, UDC f polit abbr di Unione di Centro: "Union f der Mitte".

UDC f abbr dell'ingl Universal Decimal Classification (classificazione decimale universale) UDK f (abbr di Universelle Dezimalklassifikation).

UDI m abbr di Unione Donne Italiane: "italienische Frauenbewegung".

udibile agg 1 {BRUSIO, RUMORE} hörbar, vernehmbar 2 fis {FREQUENZA} hörbar.

udibilità <-> f {+RUMORE, SUONO} Hörbarkeit f, Vernehmbarkeit f: **distanza di ~**, Hörweite f; **soglia/limite di ~ minima/massima**, obere/untere Hörschwelle; **campo di ~**, Hörbereich m.

udienza f 1 (colloquio) Audienz f, Empfang m: **concedere/annullare/rimandare un'~**, eine Audienz gewähren/absagen/verschieben; **l'~ è alle 16.00**, der Empfang ist um 16.00 Uhr 2 forb (ascolto) Gehör n: **chiedere ~**, um Gehör bitten; **(non) dare/prestare ~**, (kein) Gehör schenken 3 dir Sitzung f, (Verhandlungs)termin m, (Termin m zur) Verhandlung f: **~ ⌊a porte chiuse⌋/[non pubblica]**, nichtöffentliche Verhandlung; **~ pubblica**, öffentliche Verhandlung; **l'~ è tolta**, die Sitzung/Verhandlung ist geschlossen; (nel processo civile) Termin m; mündliche Verhandlung; **~ di prima comparizione**, Termin m für das erste Erscheinen der Parteien; **~ di precisazione delle conclusioni**, Termin m zur Formulierung der Schlussanträge; **~ di trattazione**, Termin m zur Verhandlung; (nel processo penale) Verhandlung f; Hauptverhandlung f; **~ dibattimentale**, Hauptverhandlung f; **~ preliminare**, Vorverhandlung f; Eröffnungsverfahren n, Zwischenverfahren n 4 giorn (audience) Leserschaft f: **larga/grande/scarsa ~**, breite/große/kleine Leserschaft; rar radio TV {RADIOFONICA} Zuhörerschaft f; {TELEVISIVA} Zuschauerzahl f.

udinese A agg Udineser B mf (abitante) Udineser(in) m(f).

udire <odo, udii, udito> tr 1 (sentire) ~ **qu/qc** {COLPO, GRIDO, RUMORE} jdn/etw hören, etw vernehmen forb: **l'ho udito piangere spesso**, ich habe ihn oft weinen hören; **non odo più nulla**, ich höre nichts mehr 2 (venire a sapere) ~ **qc** {NOVITÀ} etw erfahren, etw hören, etw vernehmen forb 3 (comprendere) ~ **qc** verstehen, etw hören: **se ho udito bene, non intendi partire**, wenn ich richtig verstanden habe, willst du nicht abfahren 4 dir ~ **qu** {PARTI, TESTIMONI} jdn vernehmen, jdn an|hören 5 rar lett (dar retta) ~ **qu/qc** {MAESTRO, CONSIGLI DI QU} auf jdn/etw hören.

uditivo, (-a) agg {FACOLTÀ} Hör-.

udito m Gehör n, Gehörsinn m: **essere duro/grosso d'~**, schwerhörig sein; **essere fino d'~**, ein empfindliches Gehör haben; **avere l'~ fino/ottuso**, ein feines/schwaches Gehör haben.

uditofono m comm elettr med Hörgerät n, Hörapparat m.

uditore, (-trice) m (f) 1 <di solito al pl> (ascoltatore) Zuhörer(in) m(f), Hörer(in) m(f): **rivolgersi agli uditori**, sich an die Zuhörer wenden 2 dir (~ giudiziario) Referendar(in) m(f) 3 università (Gast)hörer(in) m(f): **~ militare stor**, Auditeur m obs; **~ di Rota**, Richter m an der Rota, Auditor m.

uditorio <-ri> m (persone che ascoltano) {+CONFERENZA, LEZIONE; ELETTO, ETEROGENEO, FOLTO, FREDDO, SCELTO} (Zu)hörerschaft f, Auditorium n forb: **divertire l'~**, die Zuhörer(schaft) unterhalten.

uditrice f → **uditore**.

UDR f polit abbr di Unione Democratici per la Repubblica: "Union der Republikanischen Demokraten".

uè inter (pianto di un neonato) wäh!

ué inter region (di meraviglia o richiamo) hey slang: **ué, che sorpresa!**, hey, was für eine Überraschung slang!

UE f abbr di Unione Europea: EU f (abbr di europäische Union).

UEFA f sport abbr dell'ingl Union of European Football Associations (unione europea delle federazioni di calcio) UEFA f (Europäische Fußballunion).

UEM f econ abbr di Unione Economica e Monetaria: EWWU f (abbr di Europäische Wirtschafts- und Währungsunion).

UEO f abbr di Unione Europea Occidentale: WEU f (abbr di Westeuropäische Union).

UEP f abbr di Unione Europea dei Pagamenti: EZU f (abbr di Europäische Zahlungsunion).

uff inter → **uffa**.

Uff. f 1 abbr di ufficio: off. (abbr di office) (Amt, Behörde) 2 abbr di ufficiale: off. (Offizier, Beamter).

uffa inter 1 (disappunto) (oh) Mann! fam: **~, mi tocca ricominciare da capo!**, oh Mann fam, ich muss noch einmal von vorne anfangen! 2 (impazienza) ach!, manno! fam: **~, quando arriva l'autobus?**, manno! fam, wann kommt denn endlich der Bus?

ufficiale① agg {DISCORSO, FIDANZAMENTO, FORNITORE, NOMINA, NOTIZIA} offiziell; amm anche {BOLLETTINO, LETTERA, VISITA} amtlich, Amts-.

ufficiale② m 1 amm (funzionario) {+STATO} Beamte m decl come agg, (Beamtin f), Amtsperson f: **~ giudiziario**, Gerichtsvollzieher m; **ufficiali inferiori**, kleinere Beamte m pl mil, rangniedere Offiziere m pl; **pubblico ~**, Amtsperson f; **~ sanitario**, Amtsarzt m; **~ di stato civile**, Standesbeamte m decl come agg, (Standesbeamtin f) 2 mil {+AVIAZIONE, ESERCITO, MARINA} Offizier m: **~ di battaglione**, Bataillonsoffizier m; **~ di collegamento**, Verbindungsoffizier m; **~ di complemento**, Offizier m zur Zeit; **~ effettivo**, Berufsoffizier m; **~ medico**, Militärarzt m; **~ d'ordinanza**, Ordonnanzoffizier m; **~ di picchetto**, Offizier m vom Dienst; **~ a riposo**, Offizier m im Ruhestand; **~ della riserva**, Reserveoffizier m; **~ in servizio attivo**, Offizier m im aktiven Dienst 3 mar mil (Marine)offizier m: **~ del genio navale**, Offizier m der technischen Marinetruppen; **~ di macchina/rotta**, Maschinen-/Navigationsoffizier m; **~ di vascello**, Marineoffizier m, Offizier m zur See.

ufficialità① <-> f amm {+INVITO, NOMINA, NOTIZIA, VISITA} Amtlichkeit f, offizieller Charakter.

ufficialità② <-> f mil (ufficiali) Offizierskorps m.

ufficializzare tr ~ **qc** {CANDIDATURA, DOCUMENTO} etw offiziell bestätigen; {UNIONE} etw bekannt geben; amm anche etw amtlich bekannt geben.

ufficializzazione f (azione, risultato) {+CANDIDATURA, DOCUMENTO, UNIONE} Bekanntgeben n; amm anche offizielle Bekanntgabe.

ufficio <-ci> A m 1 (posto di lavoro) Büro n: **andare in ~**, ins Büro gehen; **nelle ore d'~**, ⌊in den⌋/[während der] Bürozeit; **gli uffici sono chiusi**, die Büros sind geschlossen 2 (reparto) Abteilung f: **~ acquisti**, Einkaufsabteilung f; **~ contabilità**, Buchhaltung f, Buchführungsstelle f, Rechnungsabteilung f; **~ personale**, Personalabteilung f; **~ reclami**, Reklamationsbüro n; **~ vendite**, Verkaufsabteilung f; **~ informazioni/viaggi**, Informations-/Reisebüro n 3 rar (dovere) {+PADRE} Pflicht f 4 forb (compito) {+SCIENZA, STORIA} Aufgabe f; {+GIUDICE} anche Amt n: **i doveri del nostro ~**, unsere Amtspflichten 5 amm (organo) Amt n: **~ postale/comunale/doganale**, Post-/Gemeinde-/Zollamt n; **~ del registro**, Registeramt n; **~ delle imposte**, Finanzamt n; **~ d'igiene**, Gesundheitsamt n; **~ di stato civile**, Standesamt n; **~ di collocamento**, Arbeitsamt n 6 relig (preghiera) Stundengebet n, Brevier n 7 relig (funzione) Messe f: **~ funebre**, Totenmesse f, Totenamt n B <inv> loc agg avv: **d'~ 1** amtlich: **per ragioni d'~**, von Amts wegen, aus Amtsgründen, amtshalber, dienstlich; **trasferire qu ~**, jdn amtlich versetzen 2 dir von Amts wegen: **difensore d'~**, Pflichtverteidiger m; **reato perseguibile d'~**, eine von Amts wegen verfolgbare Straftat ● **buoni uffici** diplomazia, Fürsprache f; **interporre i buoni uffici presso il ministro in favore di qu**, sich für jdn beim Minister verwenden.

ufficiosità <-> f {+INVITO, NOTIZIA} halbamtlicher/inoffizieller Charakter, Halbamtlichkeit f.

ufficioso, (-a) agg {COMUNICATO, NOTIZIA, PROPOSTA} halbamtlich, inoffiziell: **i dati per ora sono ancora ufficiosi**, die Daten sind vorläufig noch inoffiziell; **dare qc in forma/via ufficiosa**, etw inoffiziell mitteilen ● **bugia ufficiosa**, fromme Lüge.

ufo① , **UFO** <-> m abbr dell'ingl Unidentified Flying Object (oggetto volante non identificato) UFO n, Ufo n (abbr di unbekanntes Flugobjekt).

ufo② loc avv (a sbafo): **a ufo** umsonst, unentgeltlich: **mangiare a ufo**, auf Kosten anderer essen; **vivere a ufo**, schmarotzen spreg, zu Lasten anderer leben.

ugello m aero tecnol mecc {+ARIA, AVVIAMENTO, BENZINA, GAS, MINIMO, SCARICO} Düse f: **~ del carburatore/d'iniezione**, Vergaser-/Einspritzdüse f.

uggia <-gge> f fig forb 1 (noia) Überdruss m, Langeweile f: **mettere l'~ addosso a qu**, jdn verdrießen forb, jdn verstimmen; **venire in ~**, überdrüssig werden, lästig fallen, nerven; **questo tempo piovoso dà ~**, dieses regnerische Wetter nervt *fam* **2** (*fastidio*) Überdruss m, Lästigkeit f **3** (*antipatia*) Abneigung f, Antipathie m: **avere/prendere in ~ qu**, eine Abneigung gegen jdn haben/entwickeln; **essere in ~ a uno**, jdm unsympathisch sein.

uggiolàre *itr* (*lamentarsi*) – **per qc** {CANE PER LA FAME} *vor etw* (dat) winseln, *vor etw* (dat) jaulen.

uggióso, (-a) *agg* **1** (*noioso*) {TEMPO, UMORE} langweilig **2** (*fastidioso*) {PERSONA} lästig, unangenehm ● **questo tempo mi fa diventare ~**, dieses Wetter nervt mich *fam*/ [macht mich ganz verdrießlich].

Ùgo m (*nome proprio*) Hugo.

ùgola f **1** *anat* Gaumenzäpfchen n **2** *fig* (*gola*) Kehle f ● **bagnarsi/rinfrescarsi l'~**, einen zur Brust nehmen *fam*, sich (dat) die Kehle anfeuchten *fam*; **un'~ d'oro** (*cantante*), Goldkehle f; **avere un'~ d'oro**, Gold in der Kehle haben.

ugonòtto, (-a) *relig stor* A *agg* hugenottisch B m (f) Hugenotte m, (Hugenottin f).

uguaglianza f **1** (*identità*) {+COLORI, FORZE, OGGETTI} Gleichheit f: ~ **di forme tra due oggetti**, Formengleichheit f zwischen zwei Objekten; **fra di noi esiste una perfetta ~ di vedute**, unsere Ansichten stimmen vollkommen überein **2** (*parità*) {+DIRITTI} Gleichstellung f: **l'~ dei cittadini di fronte alla legge**, die Gleichheit der Bürger vor dem Gesetz **3** *rar* (*uniformità*) {+TERRENO} Gleichförmigkeit f, Gleichmäßigkeit f: ~ di stile/ [di intenti], Gleichförmigkeit f des Stils/[Gleichheit f der Ziele] **4** *ling* Gleichheit f **5** *mat* {+TRIANGOLI} Äquivalenz f.

uguagliàre <*uguaglio, uguagli*> A *tr* **1** (*essere pari*) – **qu** (*in qc*) *jdm* (*in etw* dat) gleich| kommen, *jdm* (*in etw* dat) ebenbürtig sein, *jdm* (*in etw* dat) das Wasser reichen können: **non lo si può ~ nel raccontare barzellette**, beim Witzeerzählen kann ihm niemand das Wasser reichen **2** (*equiparare*) ~ **qu** (**a qu**) {ALL'ARTISTA, ALL'AUTORE, AL MAESTRO} *jdn etw* (dat) gleich|stellen: **bisogna ~ gli uomini di fronte alla legge**, die Menschen müssen vor dem Gesetz gleich sein **3** (*rendere uguale*) ~ **qc** {DIMENSIONI, FORME} *etw* gleich|machen, *etw* an|gleichen, {TENDE} *etw* gleich lang machen **4** (*raggiungere*) ~ **qc** {LA BRAVURA DI QU} *etw* erreichen: **è difficile ~ la sua stupidità!**, es ist schwierig, seine/ihre Dummheit noch zu übertreten!; *sport* {PRIMATO, RECORD, RISULTATO} *etw* ein|stellen, *etw* egalisieren **5** (*rendere uniforme*) ~ **qc** {LIVELLO, TERRENO} *etw* gleichförmig/gleichmäßig machen; {SIEPE} *etw* gleichmäßig schneiden B *itr pron* (*essere uguali*): **uguagliarsi** {CRITERI} gleich sein; {RAPPORTI, SENSAZIONI} (*einander*) ebenbürtig sein C *rfl* (*equipararsi*): **uguagliarsi a/con qu** sich auf die gleiche Stufe *mit jdm* stellen.

uguàle A *agg* **1** (*lo stesso*) ~ (**per qu**) {DIRITTO, DOVERE, LEGGE, OGGETTO, PERSONA PER TUTTI} gleich (*für jdn*): ~ **di qc** gleich *in etw* (dat): **vestito ~ di colore, ma diverso di taglia**, ein Kleid in der gleichen Farbe, aber in einer anderen Größe; **essere ~ di età**, gleich alt sein, **gleichalt(e)rig sein**; **essere ~ di peso**, gleich schwer sein, das gleiche Gewicht haben; **rendere uguali**, gleich|machen; **sei sempre ~**, du bist auch immer der-/dieselbe; ~ **a qu/qc** {AGLI ALTRI, ALLA MIA CASA} wie *jd/etw* **2** (*omogeneo*) {TONO, VOCE, VOLUME} gleichmäßig: **parlare con voce ~**, mit gleichmäßiger Stimme sprechen **3** *rar* (*uniforme*) {PIANURA, TERRENO} eben, glatt, ebenmäßig; {ASSE, TRAVE} gleichförmig, gleichmäßig **4** *mat* gleichwertig, äquivalent: **sette più sette è ~ a 14**, sieben plus sieben (ist) gleich

14 B *mf* **1** <*solo pl*> (*che appartiene allo stesso gruppo*) Gleichgestellte *mf decl come agg*; (*per nascita*) Ebenbürtige *mf decl come agg*; *obs*: **tratta solo coi propri uguali**, er/sie verkehrt nur mit Gleichgestellten **2** (*in frasi negative: che è allo stesso livello*): **un campione che non ha l'~**,/[senza uguali], ein Meister, der seinesgleichen sucht; **non avere l'~ per abilità**, eine unvergleichliche Geschicklichkeit haben C *m* <*solo sing*> *mat* Gleichheitszeichen n D *avv* (*allo stesso modo*) gleich: **questi articoli costano tutti uguali**, diese Artikel kosten alle gleich viel ● **fa lo stesso, è ~ fam**, das ist egal *fam*, das ist gleich *fam*; **che venga o no per me è ~ fam**, es ist mir gleich/egal *fam*, ob er/sie kommt oder nicht.

ugualménte *avv* **1** (*allo stesso modo*) gleich, in gleicher Weise, gleichermaßen: **tratta tutti ~**, er/sie behandelt alle gleich; **sono ~ belli/freddi/intelligenti**, sie sind gleichermaßen schön/kalt/intelligent **2** (*nello stesso grado*) gleichermaßen, ebenso: **questa soluzione è ~ pericolosa**, diese Lösung ist ebenso gefährlich **3** (*lo stesso*) trotzdem, dennoch, doch: **grazie ~**, trotzdem vielen Dank; **era già tardi, ma vollero provare ~**, es war schon spät, aber sie wollten es dennoch versuchen.

uh *inter* **1** (*di dolore*) au!: **uh, che male!**, au, tut das weh! **2** (*di fastidio*) puh!: **uh, che rumore!**, puh, was für ein Lärm! **3** (*di meraviglia*) uh!, oh!: **uh, che bel cavallo!**, oh, was für ein schönes Pferd!

uhèi *inter* **1** (*meraviglia*) oh!: ~, **chi si vede!**, oh, wen sieht man denn da! **2** (*dolore*) au!: ~, **che botta!**, au, war das ein Schlag! **3** (*attenzione*) he!: ~, **che fai?**, he, was machst du da?

UHF f *radio abbr dell'ingl* Ultra High Frequency (*frequenza elevata*) UHF f (*abbr di* Ultrahochfrequenz).

uhi *inter* **1** (*di dolore*) au(a)!: **uhi, mi fai male!**, au(a), du tust mir weh! **2** (*di rammarico*) o je!, ach je!: **si è rotta per la terza volta il braccio – Uhi!**, sie hat sich zum dritten Mal den Arm gebrochen – O je! **3** (*di contrarietà*) ach!: **non possiamo più partire – Uhi!**, wir können jetzt nicht mehr losfahren – Ach!

uhm *inter* (*di incertezza, diffidenza*) hm: **uhm, non saprei!**, hm, das weiß ich nicht,/ [keine Ahnung *fam*]!; **uhm, quel tipo non mi piace!**, hm, dieser Typ gefällt mir gar nicht!

UHT f *abbr dell'ingl* Ultra Hight Temperature (*temperatura ultra-alta*) Ultrapasteurisation f: **latte UHT**, H-Milch f.

U.I. *abbr di* unità internazionale: IE, i.E. (*abbr di* internationale Einheit).

UIC A f **1** *abbr di* Unione Italiana Ciechi: "Italienischer Blindenbund" **2** *ferr abbr di* Union Internationale de Chemins de fer (*unione ferroviaria internazionale*) IEV m (*abbr di* Internationaler Eisenbahnverband) B *m econ abbr di* Ufficio Italiano dei Cambi: "Italienisches Devisenamt".

UIL f *abbr di* Unione Italiana del Lavoro: "Italienischer Gewerkschaftsbund".

UISP f *abbr di* Unione Italiana Sport per tutti: "Italienischer Volkssportverband".

UIT f *tel abbr di* Union Internationale des Télécommunications (*unione internazionale per le telecomunicazioni*) IFU f (*abbr di* Internationale Fernmelde-Union), IUT f (Internationale Telekommunikationsvereinigung).

UK *abbr di* United Kingdom (*Regno unito di Gran Bretagna e Irlanda del Nord*) UK (*Vereinigtes Königreich von Großbritannien und Nordirland*).

ùlcera f **1** *med* {DUODENALE, GASTRICA, SIFILITICA, VARICOSA} Geschwür n, Ulkus n *scient*; *fam* (~ *gastrica*) Magengeschwür n: **avere l'/[soffrire di] ~ (allo stomaco)**,ₗein (Magen)geschwür haben,/[an einem (Magen)geschwür leiden]; **operarsi di ~ (allo stomaco)**, sich einer (Magen)geschwüroperation unterziehen **2** *veter* Geschwür n.

ulceràre A *tr* <*avere*> *med* ~ **qc** {TESSUTI} *in etw* (dat) ein Geschwür hervor|rufen; {PELLE} *auf etw* (dat) ein Geschwür hervor|rufen B *itr* <*essere*> *fig* (*straziare*) ~ **qu** {IRA} jdn quälen, jdn peinigen *forb* C *itr pron med*: **ulcerarsi** {MUCOSA, PELLE, TESSUTI} geschwürig werden, ulzerieren *scient*.

ulcerativo, (-a) *agg med* {FENOMENO, LESIONE, PROCESSO, SOSTANZA} geschwürbildend, Geschwür-.

ulcerazióne f **1** (*l'ulcerare*) Geschwürbildung f, Ulzeration f *scient* **2** *med* (*ulcera*) Geschwür n, Ulkus n *scient*; (*lesione*) {+MUCOSE, PELLE} Geschwür n.

ulceróso, (-a) *med* A *agg* {LESIONE, MALATTIA, PROCESSO} geschwürig, ulzerös *scient* B m (f) Geschwürkranke *mf decl come agg*.

Ulisse m (*nome proprio*) Odysseus.

uliva f *e deriv* → **oliva** *e deriv*.

ulivista <-i m, -e m> *agg polit* {CELEBRAZIONE, SIMBOLO} der Ölbaum-Koalition.

ulivo m **1** *bot* Olivenbaum m, Olive f **2** (*legno*) Olivenholz n **3** (*simbolo di pace*) Ölzweig m: **offrire/porgere l'/[il ramoscello d']~**, Friedensangebote machen **4** *polit* **l'Ulivo**, die Ölbaum-Koalition.

ùlna f *anat* Elle f.

ULSS f *stor abbr di* Unità Locale Socio Sanitaria: "örtliches Gesundheitsamt".

ulterióre *agg* **1** *anche amm* (*altro*) {DOMANDE, NOTIZIE, RICERCHE} weitere(r, s), zusätzlich: **attendere ulteriori istruzioni**, weitere Anweisungen abwarten; **per ulteriori informazioni, si rivolga all'addetto**, für weitere Auskünfte wenden Sie sich bitte an die zuständige Person **2** *geog* {CALABRIA, GALLIA} jenseitig.

ùltima f → **ultimo**.

ùltima ràtio <> *lat* Ultima Ratio f.

ultimàre *tr* (*finire*) ~ **qc** *etw* beenden, *etw* ab|schließen, *etw* zu Ende führen/bringen.

ultimativo, (-a) *agg obs* {CONDIZIONI, ORDINE, PROPOSTA, TERMINE} ultimativ.

ultimàtum <> *m lat* Ultimatum n: **l'~ di qu**, jds Ultimatum; **dare l'~**,/[mandare un] ~ **a qu**, jdm ein Ultimatum stellen.

ultimazióne f (*conclusione*) {+LAVORO, PRATICA, PROGETTO} Beendigung f, Abschluss m.

ultimissima f <superl di ultima> **1** <*di solito al pl*> (*notizie più recenti*) neueste/letzte Nachrichten f pl/Meldungen f pl: **hai sentito l'~?** (*notizia*), hast du schon die neuesten Nachrichten gehört?; (*novità*) hast du schon das Allerneueste gehört?; **ultimissime dall'estero**, die letzten Meldungen aus dem Ausland **2** *giorn* {+QUOTIDIANO} letzte Ausgabe: **l'~ della notte**, die Nachtausgabe.

ùltimo, (-a) A *agg* **1** (*finale*) {PREZZO, TERMINE} letzte(r, s): **l'ultima lettera dell'alfabeto**, der letzte Buchstabe des Alphabets; **l'~ giorno del mese**, der letzte Tag des Monats; {DECISIONE} ausschlaggebend; {PAROLA} entscheidend **2** (*recente*) letzte(r, s), neueste(r, s), jüngste(r, s): **l'ultima edizione di un libro**, die neueste Ausgabe eines Buch(e)s **3** (*molto lontano nello spazio*) fernste(r, s), äußerste(r, s): **le ultime propaggini delle Alpi**, die äußersten Ausläufer der Alpen **4** (*nel passato*) {ORIGINI} erste(r, s) **5** (*nel futuro*) {GENERAZIONI} letzte(r, s) **6** (*primario*) {CAUSA} Haupt- **7** (*più alto*) {PIANO} oberste(r, s), höchste(r, s): **l'~ gradino della carriera militare**, der höchste Grad der militärischen Laufbahn **8** (*minore*) geringste(r, s), letzte(r, s): **lavorare è la sua ultima preoccupazione**, arbeiten ist seine/ihre geringste Sorge; **non ultima causa dei suoi guai fu la moglie**, nicht zuletzt war sein Frau Ursache seiner Probleme **9** (*con valore negativo*) letzte(r, s): **è l'ultima persona alla quale mi rivolgerei in caso di necessità**, das ist/wäre der/die Letzte, an den/die ich mich im Notfall wenden würde; **è l'ultima cosa alla quale penserei se dovessi partire**, das ist/wäre das Letzte, an das ich im Falle einer Abreise denken würde **10** (*scadente*) {QUALITÀ} schlecht, minderwertig **11** (*peggiore*) schlimmer(r, s), schlechte(r, s): **lo capirebbe anche l'~ stupido**, das würde auch der Allerdümmste verstehen B m (f) **1** (*della serie*) Letzte mfn decl come agg: **l'~ del mese**, der Letzte des Monats, der Monatsletzte; *comm* Ultimo m; **l'~ dell'anno**, der letzte Tag des Jahres; **possedeva una casa in campagna e una in città, ma vendette quest'ultima a un amico**, er/sie besaß ein Haus auf dem Land und eins in der Stadt, aber Letzteres verkaufte er/sie an einen Freund; {+FAMIGLIA} Jüngste mfn decl come agg **2** (*peggiore*) Schlechteste mfn decl come agg: **è l'~ della classe**, er ist Klassenschlechtester C f (*con valore neutro*) Neueste n: **vi racconto l'ultima?** (*novità*), soll ich euch das Neueste erzählen?; (*barzelletta*) soll ich euch den neuesten Witz erzählen?; **questa è l'ultima che combina**, so etwas macht er/sie nicht noch einmal * **nel suo campo non è certamente l'~ arrivato**, in seinem Fach ist er sicherlich nicht der Unerfahrenste/Unfähigste; *da ~*, als Letztes, zu guter Letzt; *fino all'~*, bis zuletzt; *in ~*, am Ende, zu guter Letzt; **è arrivato per ~**, er ist zuletzt/[als Letzter] gekommen; **gli ultimi saranno i primi**, die Letzten werden die Ersten sein *bibl*; **ridursi all'~** (*momento*), alles ¡im letzten Moment¡/[in der letzten Minute] machen/erledigen; *~ scorso* (abbr u.s.) *amm comm*, vergangen, letzte(r, s); **in risposta alla vostra lettera del 6 agosto ~ scorso** *amm comm*, in Beantwortung Ihres Schreibens vom 6. August; *~ tra gli ultimi*, allerletzte(r, s); **adesso l'~ venuto crede di saperne più di noi**, jetzt glaubt der Neuankömmling schon mehr darüber zu wissen als wir.

ultimogènito, (-a) A agg {FIGLIO, FRATELLO} letztgeborene(r, s), jüngste(r, s) B m (f) {+FAMIGLIA, FIGLI} Letztgeborene mf decl come agg, Jüngste mf decl come agg.

ultrà <-> mf **1** *polit* Ultra mf *slang*, Extremist(in) m (f) **2** *sport* {+SQUADRA} Fanatiker(in) m (f).

ultracentenàrio, (-a) <-ri m> A agg (VECCHIO) mehr als hundertjährig B m (f) mehr als Hundertjährige mf decl come agg, über hundert Jahre alter Mensch.

ultracompàtto, (-a) agg {APPARECCHIO FOTOGRAFICO} ultrakompakt, Ultrakompakt-; {IMPIANTO STEREO} *anche* Miniatur-.

ultracòrto, (-a) agg *radio* {ONDE} Ultrakurz-.

ultradèstra f *polit* {EXTRAPARLAMENTARE, ISTITUZIONALE} Ultrarechte f *slang*.

ultrafiltrànte agg *chim* {MEMBRANA} Ultrafiltrations-.

ultraleggèro, (-a) agg (*leggerissimo*) {MATERIALE} superleicht; {SIGARETTE} *anche* ultralight B m *aero* Ultraleichtflugzeug n.

ultramodèrno, (-a) agg {FABBRICA, MACCHINA, ROMANZO, TEORIA} ultra-, supermodern *fam*.

ultrapastorizzazióne f (abbr UHT) Ultrapasteurisation f.

ultrapiàtto, (-a) agg superflach.

ultraràpido, (-a) agg {SERVIZIO} sehr schnell, ultraschnell; *film fot* {PELLICOLA} hochempfindlich.

ultraridótto, (-a) agg {FORMATO, MECCANISMO} ultrareduziert.

ultràs → **ultrà**.

ultrasinistra f *polit* Ultralinke f *slang*.

ultrasònico, (-a) <-ci, -che> agg **1** *fis* {ONDE, TERAPIA, TRATTAMENTO} Ultraschall- **2** (*supersonico*) {VELOCITÀ} Überschall-.

ultrasottile agg superdünn *fam*.

ultrasuòno m *fis* Ultraschall m: **analisi a ~**, Ultraschalluntersuchung.

ultratecnològico, (-a) <-ci, -che> agg (*tecnologicamente avanzato*) {VIDEOREGISTRATORE} Hightech-.

ultraterréno, (-a) agg {ESSERI, FENOMENI, FORZE, MONDO, VITA} überirdisch.

ultraviolétto, (-a) *fis* A agg {LUCE} ultraviolett: **raggi ~**, Ultraviolettstrahlen, UV-Strahlen B m (*radiazione*) Ultraviolett n.

ululàre itr **1** (*emettere ululati*) {CANE, LUPO} heulen; ** ~ a qc** {ALLA LUNA} etw anheulen **2** *fig* {VENTO} heulen; *lett* {PERSONE} heulen, wehklagen *forb*.

ululàto, **ùlulo** m **1** (*urlo*) {+CANE, LUPO} Geheul n **2** *fig* {+SIRENA, VENTO} Heulen n; *lett* {+PERSONE} Heulen n, Wehklagen n *forb*.

umanaménte avv **1** (*secondo la natura umana*) menschlich, menschen-: **è ~ impossibile**, das ist ein Ding der Unmöglichkeit **2** (*con umanità*) menschenwürdig, human *forb*.

umanésimo m Humanismus m *forb*.

umanìsta <-i m, -e f> A agg {FILOLOGO, FILOSOFO} humanistisch *forb* B mf *stor* Humanist(in) m (f).

umanìstico, (-a) <-ci, -che> agg **1** {FACOLTÀ, MATERIE} geisteswissenschaftlich; {SCIENZE} Geistes- **2** *stor* {FILOLOGIA, LETTERATURA, PERIODO} humanistisch.

umanità <-> f **1** (*natura umana*) menschliche Natur, Menschsein n: **l'~ e la divinità del Cristo**, die menschliche und göttliche Natur Christi **2** (*sentimento*) {+GENTE} Menschlichkeit f, Humanität f *forb*: **senso di ~**, Gefühl der Menschlichkeit; **trattare/giudicare qu con ~**, jdn menschlich behandeln/beurteilen; **essere privo di ~**, unmenschlich/[ohne jegliche Humanität *forb*] sein **3** (*genere umano*) {AFFAMATA, SOFFERENTE} Menschheit f, Menschengeschlecht n *poet*: **un benefattore dell'~**, ein Wohltäter der Menschheit.

umanitàrio, (-a) <-ri m> agg {ATTIVITÀ, INIZIATIVE, ISTITUZIONI} humanitär; {ANIMO, FILOSOFO, SPIRITO} *anche* menschenfreundlich.

umanizzàre tr **1** (*rendere più umano*) ** ~ qc** {CARCERI} etw humanisieren, etw menschlicher machen/gestalten **2** (*rendere più civile*) ** ~ qu** {TRIBÙ} jdn zivilisieren **3** (*rendere simile all'uomo*) ** ~ qc** {ANIMALI} etw dem Menschen ähnlich machen.

umanizzazióne f Humanisierung f.

umàno, (-a) A agg **1** (*dell'uomo*) {CONDIZIONE, DEBOLEZZA, ESSERE, MISERIA, NATURA, RISPETTO, SOCIETÀ} menschlich; {CREATURA, MENTE, SPECIE, SPIRITO, VITA} *anche* Menschen-; {SCIENZE} Human-: **dignità umana**, Menschenwürde f; **diritto ~**, Menschenrecht n **2** (*ricco di umanità*) {CARCERIERE, DATORE DI LAVORO, PADRONE} human *forb*, menschlich, menschenfreundlich: **essere severo ma ~**, streng, aber gerecht sein **3** (*caratteristico dell'uomo*) menschlich: **quel che hai fatto è molto ~**, was du gemacht hast, ist sehr menschlich **4** (*che ha caratteristiche dell'uo-*

mo) {EROE, PERSONAGGIO} menschlich B m **1** <solo sing> (*proprio dell'uomo*) Menschliche n, Humane n: **non aver più nulla d'~**, nichts Menschliches mehr an sich haben **2** <di solito al pl> *lett* (*uomini*) Menschen pl, Menschengeschlecht n: **il pianto degli umani**, die Wehklage der Menschen.

umanòide A agg menschenähnlich B m menschenähnliches Wesen.

umazióne f *lett* (*inumazione*) Bestattung f, Beisetzung f *forb*.

umbèrta loc avv: **all'~**, {TAGLIO} Bürsten-, Igel- *fam scherz*.

Umbèrto m (*nome proprio*) Humbert.

Ùmbria f *geog* Umbrien n.

ùmbro, (-a) A agg {CAMPAGNA, CITTÀ, POPOLAZIONE, TERRITORIO} umbrisch B m (f) (*abitante*) Umbrer(in) m (f) C m <solo sing> (*dialetto*) Umbrisch(e) n.

UMC m abbr *di* Ufficio Metrico Centrale: Messzentrale f.

UME f *econ* abbr *di* Unione Monetaria Europea: EWU f (abbr *di* Europäische Währungsunion).

umettàre tr (*inumidire*) ** ~ qc** {DITA, LABBRA, FRANCOBOLLI} etw (an|)feuchten, etw befeuchten, etw benetzen *forb*.

umidìccio, (-a) <-ci, -ce> agg **1** (*alquanto umido*) {TERRENO} ziemlich feucht **2** (*anche sgradevole*) {AMBIENTE, CLIMA, MANI} feucht.

umidificàre <umidifico, umidifichi> tr (*rendere umido*) ** ~ qc** {ARIA, AMBIENTE, ATMOSFERA} etw mit Feuchtigkeit an|reichern.

umidificatóre m (Luft)befeuchter m.

umidità <-> f {+AMBIENTE, CANTINA, NOTTE, SOSTANZA} Feuchtigkeit f; **c'è molta ~ nell'aria**, die Luftfeuchtigkeit ist hoch; **atmosferica assoluta/relativa**, absolute/relative Luftfeuchtigkeit; **grado di ~**, Feuchtigkeitsgehalt m/Feuchtigkeitsgrad m * **teme l'umidità**, {FARINA} vor Feuchtigkeit schützen, gegen Feuchtigkeit empfindlich.

ùmido, (-a) A agg **1** (*leggermente bagnato*) ** ~ (di qc)** {ARIA, OCCHI, PANNI, TEMPO, TERRENO, VOLTO DI LACRIME, DI PIOGGIA, DI SUDORE} feucht (*von etw dat*); (*bagnato*) nass (*von etw dat*) **2** *med* {TOSSE} nass B m (*umidità*) Feuchtigkeit f, feuchte Luft, feuchter Boden: **non tenere all'~**, etw nicht in feuchter Umgebung aufbewahren; **non stare troppo fuori all'~!**, bleib bei der Feuchtigkeit nicht zu lange draußen! C loc avv *gastr*: **in ~**, {AGNELLO, BACCALÀ, PATATE, POLLO} geschmort, Schmor-; **cuocere in ~**, schmoren.

umificazióne f {+SCARTI ALIMENTARI} Humusbildung f.

ùmile agg **1** (*dimesso*) {ABBIGLIAMENTO, ABITAZIONE, LAVORO} bescheiden, schlicht, einfach **2** (*di modesto grado sociale*) {CONDIZIONE, FAMIGLIA} ärmlich, bescheiden; {ORIGINE} niedrig **3** (*modesto*) {CONTEGNO, PERSONA, STUDIOSO} bescheiden; (*sottomesso*) ** ~ con qu** {CON I SUPERIORI} jdm ergeben, jdm untertänig sein *spreg* **4** *lett* (*mite*) {COSTUMI} einfach; {PERSONA} sanftmütig.

umiliàre <umilio, umilii> A tr **1** (*mortificare*) ** ~ (qu)** (*con qc*) (*per/[a causa di] qc*) {CON PAROLE, CON RIMPROVERI, ¡PER L'¡/[A CAUSA DELL'] aspetto fisico} jdn (*mit etw dat/wegen etw gen*) erw dat demütigen, jdn (*mit etw dat/wegen etw gen*) erniedrigen **2** (*reprimere*) ** ~ qc** {ORGOGLIO, SENSI, SUPERBIA} etw unterdrücken B rfl **1** (*abbassarsi*) **umiliarsi** sich demütigen, sich erniedrigen, sich herab|setzen; **umiliarsi a fare qc** sich dazu erniedrigen, etw zu tun **2** (*fare atto di sottomissione*): **umiliarsi** sich beugen.

umiliatóre, (-trice) A agg {DISCORSO} demütigend, erniedrigend B m (f) Demütiger(in) m(f).

umiliazióne f (*atto e effetto*) {+PRIGIONIERI} Demütigung f, Erniedrigung f.

umiltà <-> f **1** (*modestia*) ~ (**verso/con qu**) {+CONTEGNO, PERSONA, STUDIOSO} Bescheidenheit f (*jdm gegenüber*); **avere/dimostrare/fingere** ~, Bescheidenheit besitzen/zeigen/vortäuschen **2** (*modesta condizione sociale*) Ärmlichkeit f: ~ **di origini**, niedrige Herkunft **3** (*l'essere umile*) {+LAVORO, OCCUPAZIONE} Bescheidenheit f, Einfachheit f **4** (*deferenza*) Ergebenheit f, Ehrerbietung f *forb*.

umoràle agg biol {SOSTANZA} humoral, Humoral-.

umóre m **1** gener (*disposizione d'animo*) Laune f, (Gemüts)stimmung f: **essere di buon/cattivo/ottimo** ~, guter/schlechter/ bester Laune sein; **essere di ~ mutevole**, launenhaft/launisch sein; **Launen haben**; **essere di ~ nero**, miserabler Laune sein; **alzarsi di cattivo ~**, ˪schlecht gelaunt˩/[mit dem linken Fuß zuerst *fam*] aufstehen; **mettere qu di buon ~**, jdn in gute Laune versetzen **2** biol fisiologia Körperflüssigkeit f, Humor m: ~ **acqueo**, {+OCCHIO} Humor aqueus m, Kammerwasser m; *bot* (Pflanzen)saft m; ~ **vitreo**, Glaskörper m, Corpus vitreum n **3** psic (*indole*) {BILIOSO, GAIO} Charakter m, Wesen n, Art f.

umorésca <-sche> f mus Humoreske f.

umorìsmo m (*spirito*) {+BATTUTA, COMMEDIA, FILM, LIBRO, SCRITTORE} Humor m: **film pieno di** ~, humorvoller Film; **libro privo di** ~, humorloses Buch; **fare dell'**~, witzig sein.

umorìsta <-i m, -e f> **A** agg rar humoristisch **B** mf **1** (*che fa dell'umorismo*) {+CINEMA, FUMETTO, LETTERATURA} Humorist(in) m(f) **2** (*dotato di umorismo*) Komiker(in) m(f).

umorìstico, (-a) <-ci, -che> agg **1** (*proprio dell'umorismo*) {LATO, TONO, VENA; +DISEGNATORE, FILM, REGISTA, SCRITTORE} humoristisch **2** (*con umorismo*) {BATTUTA, FRASE, GIORNALE, RACCONTO, VIGNETTA} witzig, humoristisch.

umpappà inter impr (*per canticchiare una musica*) hum ta ta.

umts <-> m tel UMTS <ohne art>.

un → **uno**.

un' → **uno**.

ùna → **uno**.

unànime agg **1** (*persone*) {ASSEMBLEA, CONSIGLIO} einstimmig, einmütig, einhellig: **essere** ~ **nel condannare/lodare qu/qc**, jdn/ etw einmütig verurteilen/loben; **il popolo è** ~ **riguardo alla questione**, das Volk ist in dieser Angelegenheit einer Meinung **2** (*che esprime unanimità*) {CONSENSO, DECISIONE, VOTO} einstimmig, allgemein.

unanimità <-> **A** f (*concordanza*) ~ **fra qu** (**di qc**), ~ (**fra qu**) **di qc** {FRA I SENATORI, DI UNA DECISIONE, DI VEDUTE, DEI VOTI} Einmütigkeit f (*unter jdm*) (*über etw* acc), Einstimmigkeit f (*unter jdm*) (*über etw* acc) **B** loc avv: **all'**~, einstimmig; **una decisione presa all'**~, ein einstimmig gefasster Beschluss.

ùna tàntum lat **A** <inv> loc agg amm (*che ha carattere straordinario*) {GRATIFICA, SODDISFAZIONE} einmalig: **versare un contributo una tantum**, einen einmaligen Beitrag überweisen **B** loc avv: **gratificare qu una tantum**, jdm eine Sonderzulage geben **C** <-> m **1** fisco **una tantum** (**su/per qc**) {SU/PER L'ASSISTENZA SANITARIA, SU/PER LA MACCHINA} Sonderabgabe f (*für etw* acc) **2** (*compenso*) **una tantum a qu** {AL CONSULENTE, AI DIPENDENTI} außerordentliche Vergütung *für jdn*, Sondervergütung f *für jdn*, Sonderzulage f *für jdn*.

uncinàre tr ~ **qc 1** (*foggiare a uncino*) {ASTA, FERRO, PUNTA} etw hakenförmig (um)biegen **2** (*afferrare*) {IMBARCAZIONE, PESCE, PREDA} etw mit einem Haken fassen/packen **3** sport (*nel calcio*) {PALLONE} etw stoppen.

uncinàto, (-a) agg **1** (*a forma di uncino*) hakenförmig **2** (*con uncini*) mit Haken versehen; {CROCE, OSSO} Haken-.

uncinétto m lavori femminili Häkelnadel f: **lavorare con/all'**~, häkeln; **lavoro con/ all'**~, Häkelarbeit f.

uncìno m **1** (*arnese*) Haken m: **a** ~, Haken **2** fig (*cavillo*) Vorwand m: **è uno che si attacca a tutti gli uncini**, ihm ist jeder Vorwand recht, er ist nie um eine Ausrede verlegen **3** fig scherz (*scarabocchio*) Gekritzel n spreg, Kritzelei f *fam* spreg.

undècimo, (-a) agg num poet elfte(r, s): **Papa Pio** ~, Papst Pius der Elfte.

undelete <-> m ingl inform Undelete n, Rückgängig-Funktion f.

under ingl sport ~ + **agg num A** <inv> agg unter/under + *agg num* **B** <-> m (f) (*atleta*) unter/under + *agg num*: **gli** ~ **18**, die unter/ under 18 **C** <-> f (*squadra*) unter/under + *agg num*.

underground ingl **A** <inv> agg (*alternativo*) {GIORNALE} Untergrund-, Underground- *forb* **B** <-> m Untergrund m, Underground m *forb*.

understatement <-> m ingl Understatement n.

underwear ingl **A** <-> m (*intimo*) Underwear f, Unterwäsche f **B** <inv> agg {COLLEZIONE} Underwear-, Unterwäsche-.

undicènne A agg elfjährig **B** mf Elfjährige mf decl come agg.

undicèsimo, (-a) **A** agg num elfte(r, s) **B** m (f) Elfte mfn decl come agg **C** m (*frazione*) Elftel n, elfter Teil; → anche **quinto**.

ùndici A agg num elf **B** <-> m **1** (*numero*) Elf f **2** (*nelle date*) Elfte m decl come agg **3** sport (*nel calcio*) Elf f, (Fußball)mannschaft f **C** f el elf Uhr; → anche **cinque**.

undo <-> m ingl inform UNDO-, Rückgängig-, Redo-Funktion f.

UNDP m abbr dell'ingl United Nations Development Programme (*Programma delle Nazioni Unite per lo sviluppo*): UNDP n (*Entwicklungs-(hilfe)programm der Vereinten Nationen*).

UNEF f pl abbr dell'ingl United Nations Emergency Forces (*Forze di emergenza delle Nazioni Unite*): UN-Friedenstruppen f pl, UNO-Streitkräfte f pl, Blauhelme m pl *fam*.

UNEP m abbr dell'ingl United Nations Environment Programm (*Programma delle Nazioni Unite per l'ambiente*): UNEP n (*Umwelt(schutz)- programm der Vereinten Nationen*).

UNESCO m abbr dell'ingl United Nations Educational, Scientific and Cultural Organisation (*Organizzazione delle Nazioni Unite per l'educazione, la scienza e la cultura*): UNESCO f (*Organisation der Vereinten Nationen für Erziehung, Wissenschaft und Kultur*).

UNFDAC m abbr dell'ingl United Nations Fund for Drugs Abuse and Control (*Fondo delle Nazioni Unite per la lotta contro l'abuso di stupefacenti*) UNFDAC m (*UN-Fonds zur Kontrolle und Bekämpfung des Drogenmissbrauchs*).

ungarettiàno, (-a) agg {ERMETISMO} von Ungaretti, Ungarettis.

ùngere (*coniug come giungere*) **A** tr **1** (*ingrassare*) ~ **qc** (**con/di qc**) {FORMA, STAMPO CON/DI GRASSO, CON/DI OLIO} etw (*mit etw* dat) ein|fetten; {PARTI DEL CORPO CON/DI CREMA} etw (*mit etw* dat) ein|cremen, etw (*mit etw* dat) ein|reiben; {PARTI DEL CORPO CON/DI POMATA} anche etw (*mit etw* dat) ein|salben; tecnol {CARRUCOLA, INGRANAGGIO, RUOTA} etw (*mit etw* dat) ölen **2** (*sporcare*) ~ (**qc**) {MANI, MANICHE, MANIGLIA} etw fettig machen **3** relig ~ **qu** {CRESIMANDO, INFERMO} jdn salben **4** fig fam (*corrompere*) ~ **qu** {FUNZIONARIO} jdn schmieren *fam*, jdn bestechen: **se non unge qualche pezzo grosso, non otterrà nulla**, wenn er/sie kein hohes Tier besticht, wird er/sie nichts erreichen **5** fig (*adulare*) ~ **qu** jdm schmeicheln, jdm Honig um den Bart schmieren *fam*: **bisogna ungerlo per ottenere qualcosa**, man muss ihm Honig um den Bart schmieren *fam*, um etwas zu erreichen **B** itr pron (*sporcarsi*): **ungersi** sich fettig machen, sich beschmieren **C** rfl (*mettersi dell'unto*): **ungersi con/di qc** {CON/DI OLIO, CON/DI CREME} sich *mit etw* (dat) ein|schmieren, sich (*mit etw* dat) ein|fetten, sich (*mit etw* dat) ein|ölen: **un tempo gli atleti si ungevano d'olio**, früher ölten sich die Athleten ein.

ungherése A agg {DANZA, LINGUA, POPOLAZIONE, RAPSODIA, SALAME, STORIA} ungarisch **B** mf (*abitante*) Ungar(in) m(f) **C** <solo sing> (*lingua*) Ungarisch(e) n.

Ungherìa f geog Ungarn n.

ùnghia <-unghie> f **1** anat Nagel m: **tagliarsi le unghie**, sich (dat) die Nägel schneiden; ~ **incarnata/incarnita**, eingewachsener Nagel; **mangiarsi/rosicchiarsi le unghie**, an den Fingernägeln kauen, an den Nägeln knabbern *fam*; **pulirsi/limarsi le unghie**, sich (dat) die Nägel putzen/feilen; **curarsi/farsi le unghie**, seine Nägel pflegen **2** (*piccola quantità*) Kleinigkeit f: **ci manca un'**~, es fehlt eine Idee **3** <solo pl> fig (*grinfie*) Krallen f pl, Klauen f pl: **mostrare/tirar fuori le unghie a qu**, jds Krallen herausziehen/ zeigen; **cadere tra/sotto le unghie di qu**, jdm in die Hände fallen, jdm in die Klauen geraten; **levare qu di sotto le unghie di qu**, jdn den Klauen von jdm/+ gen entreißen *forb*; **uscire di sotto le unghie di qu**, jds Klauen entkommen **4** anat zoo {+CAVALLO, ZEBRA} Huf m; {+BUE, MAIALE} Klaue f; {+UCCELLO} Kralle f; <di solito al pl> {+GATTO, LEONE} Kralle f, Klaue f **5** arch {+VOLTA} Kappe f **6** bot {+PETALO} Nagel m **7** mar: ~ **dell'ancora**, Ankerspitze f **8** tecnol (*affilatura*) {+SCALPELLO} Schneide f ● **difendere qc con le unghie e con i denti** fig (*strenuamente*), etw mit Zähnen und Klauen verteidigen; **non valere l'**~ **del dito mignolo di qu**, jdm nicht das Wasser reichen können; **pagare sull'**~ *fam*, ˪auf die Hand˩/[sofort] zahlen.

unghiàta f **1** (*atto*) {+DONNA, GATTO} Krallenhieb m: **difendersi a unghiate**, sich mit Krallenhieben verteidigen; **dare un'** ~ **a qu**, jdm einen Krallenhieb versetzen **2** (*effetto*) {+DONNA, GATTO} Kratzer m, Kratzwunde f: **un'** ~ **sulla pelle**, ein Kratzer auf der/die Haut **3** (*incavatura*) {+TEMPERINO} Kerbe f.

unghiòlo m zoo {+GATTO, UCCELLO} Kralle f.

ùngo 1ª pers sing dell'ind pres *di* **ungere**.

ungueàle agg anat Nagel-.

unguènto m **1** (*crema*) Creme f **2** farm Salbe f: **applicare un** ~, eine Salbe auftragen.

UNHCR m abbr dell'ingl United Nations High Commission(er) for Refugees (*Alto Commissariato delle Nazioni Unite per i rifugiati*): "UN-Hochkommissar(iat n) m für Flüchtlinge".

UNI m abbr *di* Ente Nazionale Italiano di Unificazione: "Italienischer Normenausschuss".

ùnica[1] f → **unico**.

ùnica[2] pl *di* unicum.

unicameràle agg polit {SISTEMA} Einkammer-.

unicameralìsmo m polit Einkammersystem n.

UNICEF m abbr dell'ingl United Nations International Children's Emergency Fund (*Fondo Internazionale di Emergenza delle Nazioni Unite per l'Infanzia*): UNICEF f (*Weltkinderhilfswerk der Vereinten Nationen*).

unicellulàre *biol* **A** *agg* {PAPILLE, PELI} einzellig **B** *m* Einzeller *m*.

unicità <-> f {+ARTISTA, DOCUMENTAZIONE, OCCASIONE, QUADRO} Einmaligkeit f, Einzigartigkeit f.

ùnico, (-a) <-ci, -che> **A** *agg* **1** (*solo*) {AMICO, CONCORRENTE, POSSIBILITÀ, SVAGO} einzig; {FIGLIO} *anche* Einzel-: ~ **al mondo**, einzigartig auf der Welt; **è l'~ modo per farsi obbedire**, das ist die einzige Möglichkeit, sich Gehorsam zu verschaffen; **è ~ nel suo genere**, er ist einzig in seiner Art; **io, ~ fra tutti, ho detto no**, ich habe, als Einziger von allen, "Nein" gesagt; {EREDE} Allein-; {COMMERCIANTE} *anche* Einzel-; **un tratto a binario ~**, eine eingleisige Strecke; **piatto ~**, Tellergericht *n*; *dir* {GIUDICE} Einzel-; **testo ~**, Einheitsgesetz *n*, Einheitsrecht *n* **2** (*che avviene una volta sola*) {EVENTO, OCCASIONE} einmalig: **numero ~** (*di giornale o rivista*), Sondernummer f **3** (*straordinario*) {BELLEZZA, PRODOTTO} einzigartig, einmalig: **essere ~ come attore/atleta**, als Schauspieler/Athlet einzigartig sein **B** *m* (f) Einzige *mf decl come agg*: **essere l'~ a fare qc**, der Einzige sein, der etw tut; **als Einziger etw tun**; **siamo stati gli unici a farlo**, wir waren die Einzigen, die es gemacht haben **C** f: **l'unica**, die einzige Möglichkeit/Lösung, das Einzige, der einzige Ausweg; **è l'unica!**, es ist die einzige Möglichkeit!; **l'unica è tacere**, die einzige Lösung ist Schweigen; **l'unica è fare qc**, der einzige Ausweg ist, etw zu unternehmen.

Ùnico *m fisco* Modell *n* 730 der italienischen Steuererklärung.

unicòrno **A** *m zoo* Narwal *m* **B** *agg mitol* Einhorn *n*.

ùnicum <*unica*> *m lat* (*esemplare unico*) Unikat *n*, Unikum *n*.

unidimensionàle *agg* **1** *fis mat* eindimensional **2** *fig* {SOCIETÀ, UOMO} eindimensional.

unidirezionàle *agg elettr tel* {CORRENTE, MICROFONO, SISTEMA} gleich ausgerichtet: **corrente elettrica ~**, Gleichstrom *m*.

unidirezionalità <-> f (*orientamento univoco*) Eingleisigkeit f.

UNIDO f *abbr dell'ingl* United Nations Industrial Development Organization (*Organizzazione delle Nazioni Unite per lo sviluppo industriale*) UNIDO f (*UN-Organisation für industrielle Entwicklung*).

unifamiliàre *agg* {VILLETTA} Einfamilien-.

unificànte A *part pres di* unificare **B** *agg* (*che unifica*) {AGENTE, ELEMENTO, FATTORE} normierend, vereinheitlichend.

unificàre <*unifico, unifichi*> **A** *tr* ~ **qc 1** (*fondere*) {EUROPA} etw (ver)einen; {AZIENDE} etw verschmelzen; {LEGGI} etw vereinheitlichen **2** (*standardizzare*) {PRODOTTI} etw normieren, etw normen **B** *rfl rec* (*ridursi a unità*) **unificarsi** {PAESI, PARTITI} sich zusammen|schließen.

unificatóre, (-trice) **A** *agg* {AZIONE, CRITERIO, FORZA, PRINCIPIO} (ver)einigend **B** *m* (f) {+PAESE} Einiger(in) *m* (f).

unificazióne f **1** {POLITICA; +PAESE} (Ver)einigung f; {LEGGI, MISURE, NORME} Vereinheitlichung f, (*azione*) *anche* Vereinheitlichen *n*: **~ monetaria**, Währungsunion f **2** (*standardizzazione*) {+PRODOTTI, PRODUZIONE} Vereinheitlichung f, Normierung f.

uniformàre A *tr* **1** (*rendere uniforme*) ~ **qc** {SUPERFICIE, TERRENO} etw gleich|machen, etw gleichförmig gestalten **2** (*adattare*) ~ **qc** *a qc* {ORARIO ALLE ABITUDINI, ALLA SITUAZIONE} etw etw (dat) an|passen: **uniformarono la moda ai propri gusti**, sie passten die Mode ihrem eigenen Geschmack an **B** *itr pron* (*diventare uniforme*): **uniformarsi** {SUPERFICIE, TERRENO} gleichförmig werden **C** *rfl* (*adeguarsi*): **uniformarsi a qc** {ALLE ABITUDINI, ALLE IDEE, ALLE LEGGI} sich *etw* (dat) an|passen, sich *an etw* (acc) an|passen, sich *nach etw* (dat) richten.

unifórme① *agg* **1** (*costante*) {GUSTO, STILE, TENDENZA} gleichförmig; {PASSO, RITMO} gleichmäßig **2** (*piano*) {PAESAGGIO, SUPERFICIE, TERRENO} eben **3** (*uguale*) {TINTA} einheitlich **4** *fig* (*monotono*) {ESISTENZA, GIORNATA, VITA} einförmig, eintönig **5** *fis mat* {CONVERGENZA, MOTO, ROTAZIONE} gleichförmig; {CAMPO} einheitlich.

unifórme② f **1** (*divisa*) {+FERROVIERE, MARINAIO, POLIZIA} Uniform f: **in alta ~**, in Galauniform; ~ **d'ordinanza**, Dienstkleidung f, Dienstuniform f **2** (*tenuta*) ~ **da/di qc** Kleidung f *für etw* (acc): ~ **di fatica/da lavoro**, Arbeitskleidung f.

uniformità <-> f **1** (*l'essere uniforme*) {+COLORE} Einheitlichkeit f; {+MOVIMENTO} Gleichförmigkeit f; {+SUPERFICIE, TERRENO} Ebenheit f **2** (*accordo*) {+IDEE, OPINIONI, VEDUTE} Einstimmigkeit f, Übereinstimmung f: **in piena ~ con qu/qc**, in voller Übereinstimmung mit jdm/etw **3** *fig* (*monotonia*) {+GIORNATA, VITA} Monotonie f, Eintönigkeit f **4** *fis mat* {+CONVERGENZA, MOTO, ROTAZIONE} Gleichförmigkeit f; {+CAMPO} Einheitlichkeit f.

unigènito *relig* **A** <inv> *agg lett* (*Cristo*) {FIGLIO} eingeboren: **figlio ~ di Dio**, Gottes eingeborener Sohn **B** <-> *m* (*Cristo*) l'U-, der Eingeborene.

unilateràle *agg* **1** (*relativo ad un solo lato*) {INFIAMMAZIONE, INFIORESCENZE} einseitig; {FRATELLI} Halb- **2** *fig* (*soggettivo*) {INTERPRETAZIONE DI UN EVENTO, VISIONE DI UN PROBLEMA} einseitig **3** *fig* (*arbitrario*) {DECISIONE} parteiisch **4** *anche polit* {ATTO} einseitig, unilateral **5** *dir* {NEGOZIO GIURIDICO} einseitig; {FRATELLO, SORELLA} halbbürtig.

unilateralìsmo *m* (*tendenza*) Unilateralismus *m*.

unilateralità <-> f **1** *fig* (*soggettività*) {+VISIONE} Einseitigkeit f **2** *fig* (*arbitrarietà*) {+DECISIONE} Parteilichkeit f **3** *dir* {+NEGOZIO GIURIDICO} Einseitigkeit f.

unilateralménte *avv* einseitig.

unilineàre *agg* (*di un solo ascendente*) {DISCENDENZA, FILIAZIONE} unilinear.

unilinearità <-> f Unilinearität f.

uninominàle *agg dir* {COLLEGIO} Einkandidaten-: **sistema ~**, (System *n* der) Persönlichkeitswahl f; **sistema ~ secco**, (System *n* der) relative(n) Mehrheitswahl f.

UNIONCAMERE f *econ abbr di* Unione Italiana delle Camere di Commercio: "Verband *m* der italienischen Handelskammern".

unióne f **1** (*il mettere insieme*) {+FORZE} Vereinigung f **2** *anche tecnol* (*collegamento*) {+SPONDE DI UN FIUME} Verbindung f **3** (*legame*) Bund *m*: ~ **di marito e moglie**, Ehebund *m* zwischen Mann und Frau; ~ **matrimoniale/sindacale**, Ehe-/Gewerkschaftsbund *m*; ~ **federale**, Bund *m* **4** (*mescolanza*) Mischung f **5** *fig* (*accordo*) {+POPOLO} Einigkeit f; {+FAMIGLIA, GENTE} *anche* Eintracht f **6** *fig* (*coesione*) ~ **fra qu/qc** {FRA DI LORO} Zusammenhalt *m* *zwischen jdm/etw*; {FRA I CAPITOLI, FRA GLI ELEMENTI} Zusammenhang *m zwischen etw* (dat) **7** *polit* Bund *m*, Union f: ~ **europea**, Europäische Union; ~ **monetaria**, Währungsunion f ● ~ **dei beni** *dir*, Gütergemeinschaft f; **Unione** ┌**delle Repubbliche Socialiste Sovietiche**┐/[*Sovietica*] *polit stor*, ┌Union f der Sozialistischen Sowjetrepubliken┐/[Sowjetunion f]; **l'~ fa la forza** *prov*, Einigkeit macht stark *prov*.

Unióne Soviètica f *geog stor* Sowjetunion f.

unipolàre *agg elettr fis* {CAVO, DERIVAZIONE, INTERRUTTORE, SEGNALE, TRANSISTOR} einpolig.

unìre <*unisco*> **A** *tr* **1** (*congiungere*) ~ **qc** {FOGLI, LEMBI, PEZZI} *etw* verbinden, *etw* zusammen|fügen; {CORDE} *etw* zusammen|knoten; (*con la colla*) *etw* zusammen|kleben; (*con la pinzatrice*) *etw* zusammen|heften; {FONDI, SFORZI} *etw* vereinigen; ~ **qc a qc** {LA BELLEZZA AL BRAVO, L'UTILE AL DILETTEVOLE} *etw* (mit *etw* dat) verbinden **2** (*avvicinare*) ~ **qc** {ARMADI, LETTI} *etw* zusammen|stellen **3** (*mescolare*) ~ **qc** {COLORI, INGREDIENTI} *etw* mischen; ~ **qc** (a **qc**) {FARINA ALLO ZUCCHERO, GIALLO AL BLU} (*etw* dat) hinzu|fügen, (*etw* dat) hinzu|geben **4** (*allegare*) ~ **qc a qc** {DOCUMENTO ALLA LETTERA} *etw* (dat) bei|legen, *etw* (dat) *etw* bei|fügen **5** (*legare*) ~ (qu) {AMICIZIA, AMORE} (*jdn*) vereinen, (*jdn*) verbinden **6** (*collegare*) ~ **qc** (con **qc**) {CITTÀ COL TELEFONO, PUNTI CON UNA LINEA} *etw* (mit *etw* dat) verbinden **B** *itr pron* (*coesistere*): **unirsi a qc** {BELLEZZA ALLA BONTÀ} sich *mit etw* (dat) verbinden **C** *rfl* **1** (*accompagnarsi*): **unirsi** (a **qu**) {A UN AMICO, A UNA COMITIVA} sich (jdm) an|schließen, sich (jdm) hinzugesellen **2** (*associarsi*): **unirsi** (a **qu**) sich (mit jdm) zusammen|schließen, sich (mit jdm) zusammen|tun *fam* **3** *rfl rec* **1** (*legarsi*): **unirsi** (in **qc**) (contro **qu**) {IN SOCIETÀ} sich (zu *etw* dat) zusammen|schließen, sich (gegen jdn) verbünden: **unirsi contro l'invasore**, sich gegen den Eindringling verbünden **2** (*mescolarsi*): **unirsi** {FIUMI} zusammen|fließen.

unisessuàle *agg biol* unisexuell, eingeschlechtlich.

unisessuàto, (-a) *agg biol* unisexuell, eingeschlechtlich.

unisèx <inv> *agg* {ABBIGLIAMENTO, MODELLO} Unisex-: **parrucchiere ~**, Damen- und Herrenfriseur *m*.

unìsono A *agg* **1** *mus* {CANTI, VIOLINI, VOCI} unison(o) **2** *fig* (*conforme*) ~ (a **qc**) {MODO DI PENSARE DI QU, RISPOSTA DI QU} übereinstimmend (mit *etw* dat) **3** *ling* (*omofono*) homophon, gleich lautend **B** <inv> *loc avv*: **all'~ 1** *mus* unisono **2** (*in concordanza*) im Einklang: **essere all'~ con qu**, mit jdm im Einklang sein; **pensare/operare/procedere all'~**, auf die gleiche Weise denken/handeln/vorgehen.

unità <-> f **1** (*l'essere uno*) {LINGUISTICA, NAZIONALE, POLITICA; +CULTURA, FAMIGLIA, PARTITO} Einheit f: ~ **e pluralità/molteplicità**, Einheit und Vielfalt **2** (*singolo elemento*) {DIDATTICA} Einheit f **3** (*concordia*) {+AZIONI, INTENTI, VEDUTE} Übereinstimmung f, Einigkeit f: **lavorare/agire con ~ di metodi e di intenti**, mit den gleichen Methoden und Zielen arbeiten **4** *aero* Einheit f: ~ **da ricognizione/caccia**, Aufklärungs-/Jagdflugzeug *n* **5** *amm dir econ* {AMMINISTRATIVA, MONETARIA} Einheit f **6** *agr astr fis mat stat* Einheit f: ~ **di misura**, Maßeinheit f, Maß *n*; ~ **di misura di peso/tempo**, Gewichts-/Zeiteinheit f; ~ **di misura di superficie/volume**, Flächen-/Raummaß *n* **7** *chim farm* {STRUTTURALE; +INSULINA, PENICILLINA, VITAMINE} Einheit f: ~ **di consumo**, Verbrauchseinheit f **8** *inform* Einheit f: ~ **centrale**, Zentraleinheit f; ~ **di elaborazione**, Rechnereinheit f; ~ **periferica**, Peripherieeinheit f **9** *lett* (*organicità*) {FORMALE, STILISTICA, TEMATICA; +OPERA} Einheit f: **opera che manca di ~ di composizione**, ein

Werk, dem eine einheitliche Struktur fehlt **10** <*di solito al pl*> *mat* Einer m: **sommare prima le ~ e poi le decine**, zuerst die Einer, dann die Zehner addieren **11** *med* Abteilung f, Station f: ˌ**Unità Sanitaria Locale** (*abbr* USL)ˌ/[**Unità Sociosanitaria Locale** (*abbr* USSL)]/[**Unità Locale Socio Sanitaria** (*abbr* ULSS)], "örtliches Gesundheitsamt"; **~ coronarica**, kardiologische Abteilung; **~ di rianimazione**, Reanimationszentrum n **12** *mil* Einheit f: **~ cinofila**, Hundestaffel f; **~ di crisi**, Krisenstab m; **~ operativa**, Einsatzkommando n; **~ navale**, Flottenverband m; **~ pesante/leggera**, schwere/leichte Geschützeinheit; **~ meccanizzata**, motorisierte Einheit; **~ paracadutista**, Fallschirmspringereinheit f **13** *relig* {+DIO} Dreieinigkeit f **14** *tel* (Gesprächs-/Gebühren)einheit f: **conversazione di quattro ~**, Gespräch von vier Einheiten ● **~ di conto europea** *econ*, Europäische Rechnungseinheit; **~ di tempo, di luogo, di azione** *teat*, die Einheit von Zeit, Ort und Handlung.

unitària f → **unitario**.

unitarietà <-> f {+INIZIATIVA, PARTITO, SISTEMA, TEORIA} Einheitlichkeit f.

unitàrio, (-a) <-*ri* m **A** agg **1** (*che costituisce un'unità*) {INSIEME} einheitlich; {COMPLESSO} *anche* Einheits- **2** (*concorde*) {AZIONE, INIZIATIVA, INTENTO, METODO, SOLUZIONE, SVOLTA} einheitlich: **sforzi unitari**, einheitliche Bestrebungen **3** *amm* {STATO} Einheits- **4** *econ* {CONSUMO} Einheits-: **prezzo ~** (*dell'unità*), Einheitspreis m; (*per singolo pezzo*) Stückpreis m **5** *fis mat stat* {ACCELERAZIONE, LUNGHEZZA, VELOCITÀ} Einheits- **6** *lett* {organico} {CICLO, OPERA} einheitlich **7** *polit* (*ispirato all'unità*) {IDEALE, POLITICA, SPIRITO} Einheits-: **stato ~ con autonomia regionale**, Einheitsstaat mit regionaler Selbstverwaltung **B** m (f) *rar* **1** *polit* Unionist(in) m (f) **2** *relig* Unitarier(in) m (f).

unitarìsmo m *polit* {POLITICO, SINDACALE} Unitarismus m.

unìto, (-a) agg **1** (*congiunto*) {PAGINE, PEZZI DI STOFFA} zusammengefügt, verbunden; **~ a qc** verbunden *mit etw* (*dat*) **2** (*accostato*) {ARMADI, LETTI, TAVOLI} zusammengestellt; **~ a qc** {MOBILE AL MURO} *an etw* (*acc*) gestellt, *an etw* (*acc*) gerückt **3** (*allegato*) **~ a qc** {ALLA LETTERA} *etw* (*dat*) beigefügt, *etw* (*dat*) beigelegt **4** (*compatto*) {ORDITURA, TESSUTO} fest, dicht, engmaschig **5** (*uniforme*) {TINTA} einfarbig **6** *fig* (*affiatato*) {COPPIA, FAMIGLIA, GRUPPO} einig, einträchtig **7** *polit* (*confederato*) vereinigt: **gli Stati Uniti d'America**, die Vereinigten Staaten von Amerika; (*unificato*) {PAESE} vereint, vereinigt.

UNIVAC m *inform* abbr *dell'ingl* Universal Automatic Computer (*calcolatore universale automatico*) UNIVAC (*automatische EDV-Anlage*).

universàle A agg **1** (*di tutta l'umanità*) {LETTERATURA, STORIA} Welt- **2** (*valido per tutti*) {LEGGI, MODELLO, PRINCIPI, VALORI} universal, Universal- **3** (*di tutti*) {APPROVAZIONE, CONSENSO} allgemein **4** *astr* {ATTRAZIONE, GRAVITAZIONE} allgemein **5** *dir* {EREDE} Universal-, Allein- **6** *filos* {CONCETTO, PRINCIPIO} allgemein, universal, Universal- **7** *med* {DONATORE, GRUPPO SANGUIGNO, RICETTORE} Universal- **8** *tecnol* {APPARECCHIO} universell, Universal- **B** m *filos* **1** Allgemeine n decl come agg: **l'~ e il particolare**, das Allgemeine und das Besondere ● (*di solito al pl*> (*nozioni*) Universalien pl: **il problema degli universali**, das Universalienproblem.

universalìsmo m *filos relig* {POLITICO, RELIGIOSO} Universalismus m.

universalità <-> f **1** (*ciò che è universale*)

{+CHIESA, ENUNCIATO, LEGGE, PENSIERO, VALORE} Allgemeinheit f, Universalität f **2** (*totalità*) {+UOMINI} Gesamtheit f ● **~ di fatto/[beni mobili]** *dir*, "Gesamtheit der beweglichen Sachen einer Person mit einheitlicher Zweckbestimmung", Sachgesamtheit f.

università <-> f **1** (*istituto di studi superiori*) {ITALIANA, TEDESCA; +BOLOGNA, POTSDAM, TORINO} Universität f, Hochschule f, Uni f *fam*: **andare all'~** (*frequentare*), die Universität besuchen; **lavorare/insegnare all'~**, an der Universität arbeiten/lehren; **Università degli Studi**, Universität f; **Università Popolare**, Volkshochschule f **2** *stor* (*corporazione*) {+CITTADINI, MEDICI, MERCANTI} Zunft f.

universitàrio, (-a) <-*ri* m **A** agg {CITTÀ, COLLEGIO, PROFESSORE, QUARTIERE, STUDI} Universitäts-, Hochschul- **B** m (f) **1** (*studente*) {+AGRARIA, MEDICINA} Student(in) m (f) **2** (*docente*) {+AGRARIA, MEDICINA} (Universitäts)professor(in) m (f), (Hochschul)dozent(in) m (f).

univèrso m **1** *astr* {MEGAGALATTICO, SIDEREO} Universum n, Weltall n: **la struttura/l'origine dell'~**, die Struktur/der Ursprung des Universums **2** (*creato*) Welt f, Universum n **3** (*ambiente*) {+INFANZIA, PITTORE, POETA} Welt f **4** *stat* Gesamtheit f ● **pare che cada/crolli l'~** *fig fam scherz* (*in caso di piogge violente, terremoti, ecc.*), die Welt scheint unterzugehen.

univocità <-> f {+AFFERMAZIONE, COMANDO, RISULTATO, TERMINE} Eindeutigkeit f, Univozität f *forb*.

univoco, (-a) <-*ci*, -*che*> agg **1** (*unico*) {INTERPRETAZIONE, SIGNIFICATO} eindeutig: **in modo ~**, auf eindeutige Weise, unmissverständlich **2** *filos mat* {CORRISPONDENZA} eindeutig, univok.

ùnno, (-a) *stor* **A** agg hunnisch, Hunnen- **B** m (f) Hunne m, (Hunnin f).

ùno, (ùna) A art indet <solo sing> m (*davanti a s impura, gn, pn, ps, x, z, y, j e alla semisonante i, negli altri casi diventa* un) f (*davanti a consonante e alla semisonante i, negli altri casi diventa* un'; *se la vocale è atona l'elisione è facoltativa*) **1** ein m, eine f, ein n: **è uno scienziato italiano**, er ist ein italienischer Wissenschaftler; **quel ragazzo è un Ercole!**, dieser Junge ist ein richtiger Herkules!; **ho avuto una paura!**, ich hatte vielleicht eine Angst!; **un'attrice italiana degli anni Venti**, eine italienische Schauspielerin aus den zwanziger Jahren; (*in frasi negative*) kein m, keine f, kein n; **non è una persona affidabile**, er/sie ist kein zuverlässiger Mensch **2** (*circa*) ungefähr, zirka, etwa: **disterà un 100 metri**, er/sie/es ist ungefähr 100 Meter entfernt; **starò fuori un dieci minuti**, ich werde etwa zehn Minuten weg sein **B** agg num <solo sing> (*valgono le stesse regole dell'art indet*) **1** <inv> (*numero*) ein-: **numero uno**, Nummer eins; **a pagina uno**, auf Seite eins; **uno più uno fa due**, eins plus eins macht zwei, eins und eins ist (gleich) zwei **2** ein m, eine f, ein n: **vengo con un'amica o due**, ich komme mit einer oder mit zwei Freundinnen; (*spesso in frasi negative o rafforzato da solo, soltanto, unico, ecc.*) (k)ein m, (k)eine f, (k)ein n: **non ho capito una parola di ciò che hai detto**, ich habe kein Wort verstanden von dem, was du gesagt hast; **ho un desiderio soltanto/solo**, ich habe nur einen einzigen Wunsch; (*negli elenchi è spesso posticipato*) **pasta kg uno, zucchero kg due**, ein Kilo Nudeln, zwei Kilo Zucker **C** loc agg indef: **l'uno ... e/o l'altro**, der eine oder der andere; **l'uno e/o l'altro ragazzo**, ˌbeide Jungenˌ/[der eine oder der andere Junge] **D** pron indef **1** (*un tale*) einer m, eine f, ein(e)s n: **stava parlando con uno**, er/

sie sprach gerade mit einem; **ho incontrato uno che ti conosce**, ich bin jemandem begegnet, der dich kennt **2** (*spesso seguito dall'art partitivo*) einer m, eine f, ein(e)s n: **uno di questi signori**, einer dieser Herren; **uno dei miei figli**, eins meiner Kinder, einer meiner Söhne **3** (*in frasi negative: nessuno*) keiner m, keine f, kein(e)s n **4** *impers* einer, man: **in certi casi uno non sa cosa fare**, in bestimmten Fällen weiß man nicht, was man tun soll; **uno..., uno..., einer..., ein anderer...; una..., una...**, eine..., eine andere... **5** (*ciascuno*) jeder **6** (*in correlazione*): **l'uno ... l'altro**, der eine..., der andere...; **l'uno e/o l'altro**, beide/[der eine oder der andere]; **caddero l'una sull'altra**, sie fielen übereinander; **sono entrati gli uni dopo gli altri**, sie traten einer nach dem anderen ein; (*con valore reciproco*) gegenseitig, einander, miteinander; **amarsi l'un l'altro**, einander lieben; **si aiutavano l'un l'altra a preparare l'esame**, bei der Vorbereitung der Prüfung halfen sie sich gegenseitig; **sono arrabbiati l'uno con l'altro**, sie sind aufeinander böse; **parlano male le une delle altre**, sie reden schlecht übereinander **E** f **1** (*ora*) eins, ein Uhr: **è l'una**, es ist eins/[ein Uhr] **2** (*con valore neutro*) etwas: **me ne è capitata una veramente divertente**, mir ist eine wirklich lustige Sache passiert; **ve ne racconto una**, ich muss euch etwas erzählen; **non me ne va bene una**, mir gelingt auch gar nichts; **ne ha combinata una delle sue**, das war mal wieder typisch für ihn/sie, das sah ihm/ihr mal wieder ähnlich; **tanto per dirne una**, nur um ein Beispiel zu geben; **delle due l'una: o si parte, o si resta**, eins von beiden: entweder wir fahren oder wir bleiben **F** m <-> **1** (*numero*) Eins f: **l'uno per cento**, ein Prozent **2** (*voto scolastico in Italia*) ≈ ungenügend, Sechs f, Sechser m *fam* **3** (*linea d'autobus*) Eins f **4** *filos* Eine n ● **a uno a uno** (*uno dopo l'altro*), einer nach dem anderen; (*uno alla volta*), einzeln; **un-due!** *mil*, links-rechts! eins-zwei!; **uno e mezzo**, eineinhalb, anderthalb; **uno per volta**, jeweils einer, einer nach dem anderen; **un po' per uno non fa male a nessuno** *prov*, Teilen tut niemandem weh.

UNO m abbr *dell'ingl* United Nations Organization (*organizzazione delle Nazioni Unite*) UNO f (*Vereinte Nationen*).

ùnsi 1ª pers sing del pass rem *di* ungere.

untìccio, (-a) <-*ci*, -*ce*> **A** agg pegg (*sgradevolmente unto*) {DITA, MANI} schmierig, fettig **B** m (*untume*) fettige/schmierige Substanz.

ùnto, (-a) **A** part pass *di* ungere **B** agg (*sporco di grasso*) {CAPELLI, MANI, VESTITO} fettig, schmierig, ölig **C** m (*grasso*) Fett n; *gastr* {+CARNI, VIVANDE} Fett n ● **~ e bisunto** *fam*, in Dreck und Speck *fam*, fettig und schmierig; **l'~ del Signore** *relig*, der Gesalbte.

untùme m pegg (*sostanza grassa*) {+PADELLA, PENTOLA} Fett n.

untuosità <-> f **1** pegg (*qualità*) {+COLLO DELLA CAMICIA} Fettigkeit f **2** pegg (*sostanza*) Fett n **3** *fig spreg* (*servilismo*) Schmierigkeit f *spreg*, Schleimigkeit f *spreg*: **comportarsi con ~**, sich schleimig verhalten *spreg*.

untuóso, (-a) agg **1** {MINERALI, SOSTANZA} ölig **2** *gastr* pegg {FRITTATA, INSALATA, SUGO} fettig, ölig **3** *fig spreg* {COMPORTAMENTO, INDIVIDUO, MODO DI FARE} schmierig *spreg*, schleimig *spreg*.

UNU f abbr *dell'ingl* United Nations University (*università delle Nazioni Unite*) UNU f (*Universität der Vereinten Nationen*).

unzióne f **1** (*atto dell'ungere*) **~ (con/di qc)** {CON UNA CREMA, DI OLIO} Einfetten n (*mit etw* dat), Einschmieren n (*mit etw* dat); {CON

UNA POMATA, CON UNGUENTO} Einreiben n (*mit etw dat*), Einsalben n (*mit etw dat*) **2** *relig* Salbung f: **estrema ~**, die Letzte Ölung; **dare l'~ degli infermi a un moribondo**, einem Sterbenden die Letzte Ölung geben **3** *fig spreg* Scheinheiligkeit f *fam spreg*.

uòmo <*uomini*> m **1** *gener* Mensch m, Mann m: ~ **preistorico/delle caverne/del Rinascimento**, Ur-/Höhlen-/Renaissancemensch m; **l'~ della strada**, der Mann auf/von der Straße; **l'~ moderno**, der moderne Mensch; **come un sol ~**, wie ein Mann, alle zusammen; ~ **a/in mare!** *mar*, Mann über Bord! **2** (*umanità*) Menschheit f: **gli uomini**, die Menschen; **i diritti dell'~**, die Menschenrechte **3** (*di sesso maschile*) Mann m: ~ **d'affari**, Geschäftsmann m; ~ **d'armi**, Krieger m; ~ **d'azione**, Mann m der Tat; ~ **di chiesa**, Geistliche m decl come agg; ~ **di classe**, Mann m von Format; ~ **di colore**, Farbige m decl come agg; ~ **di corte**, Höfling m; **un ~ di cultura**, ein kultivierter Mann; ~ **di fiducia**, Vertrauensmann m; ~ **del gas** *fam*, Gasmann m *fam*; ~ **del giorno/momento**, Mann m des Tages; ~ **d'ingegno**, talentierter/begabter Mensch/Mann; ~ **di legge**, Gesetzeskundige(r) m, Jurist m; ~ **di lettere**, Literat m, literarisch gebildeter Mensch; ~ **di mare**, Seemann m; ~ **di mondo**, Weltmann m; ~ **nuovo**, {+POLITICA} neuer Mann; **mio fratello è un ~ d'oro**, mein Bruder ist Gold wert; ~ **di parola** *fig* (*che mantiene ciò che promette*), zuverlässiger/verlässlicher Mann; ~ **di poche parole**, Mann m von wenigen Worten, wortkarger Mann; ~ **di scienze**, Wissenschaftler m; ~ **di spirito**, Mann m mit Witz/Humor; ~ **di successo**, Erfolgsmensch m; ~ **di talento**, Mann m von Talent; ~ **di teatro**, Theatermann m, Theatermensch m; **comportati da ~!**, sei/[benimm dich wie] ein Mann!; **da a ~**, von Mann zu Mann; **abbiamo il nostro ~!** (*persona adatta*), das ist unser Mann!; **un ~ fatto**, ein ausgewachsener Mann; **un grand'~**, ein großer Mann; ~ **politico**, Politiker m; ~ **radar** *aero* (*nell'aviazione civile controllori di volo*), Fluglotse m; ~**-rana**, Froschmann m; **un sant'~**, ein herzensguter/frommer Mensch; ~**-sandwich**, Sandwichmann m; **per soli uomini**, nur für Herren **4** *sport* Mann m ● ~ **di cartone** *fig spreg* (*senza forza*), Schlappschwanz m *fam*, Weichei m *slang*; **essere come l'~ delle caverne** *fig* (*molto arretrato*), wie ein Steinzeitmensch sein *fam spreg*; ~ **massa** *fig* (*conformista*), Durchschnittsbürger m; **essere un mezzo ~** *fig* (*valere poco*), kein wirklicher/richtiger/ganzer Mann sein; **essere un ~ morto** *fig* (*non avere via di scampo*), ein toter Mann sein; ~ **nero** (*essere cattivo*), schwarzer/böser Mann; (*nei giochi di carte*), der schwarze Peter; **l'abominevole ~ delle nevi**, der sagenhafte Schneemensch; ~ **d'onore** (*chi ha un forte senso dell'onore*), Ehrenmann m, Mann m von Ehre; *slang* (*mafioso*), Getreuer m der Mafia; ~ **di paglia** *fig* (*prestanome*), Strohmann m; ~ **di punta** (*migliore*), Spitzenmann m, Spitzenkraft f; **il primo ~** (*Adamo*) *bibl*, der erste Mensch; ~ **avvisato mezzo salvato** *prov*, wer gewarnt ist, ist halb gerettet; **l'~ propone e Dio dispone** *prov*, der Mensch denkt, und Gott lenkt *prov*.

uòpo m <*di solito al sing*> *obs poet* (*necessità*) Bedarf m, Notwendigkeit f: **essere/fare (d') ~** (*abbisognare*), etw benötigen, etw nötig haben, etw brauchen; (*essere necessario*) notwendig sein; **all'~**, bei Bedarf, wenn nötig.

uòsa f <*di solito al pl*> (*ghetta*) Gamasche f.

uòvo <*uova*> f m **1** *biol* {+UCCELLO} Ei n; {+ANFIBIO, PESCE} Laich m: **fare/deporre le uova** (*nella sabbia, in un nido*), {INSETTO, UCCELLO} Eier (ab)legen; (*in acqua*) {RANA} Eier legen, laichen; **odore di uova marce**, Geruch fauler Eier **2** *gastr* (*di gallina*) (Hühner)ei n: ~ **bazzotto/à la coque/sodo**, ⌊halb weiches⌋/ [weich(gekocht)es]/ [hart(gekocht)es] Ei; ~ **sbattuto**, geschlagenes Ei; ~ **all'ostrica/al guscio**, Eidotter m mit Salz und Zitrone; ~ ⌊**all'occhio di bue**⌋/[**al tegamino**], Spiegelei n, Setzei n *sett*; **uova affogate/strapazzate**, verlorene Eier n pl/Rührei n; **uova in polvere**, Eipulver n, Trockenei n **3** (*oggetto a forma di uovo*) Ei n: ~ **da tè/da rammendo**, Tee-/Stopfei m; ~ **di Pasqua**, Oster-, Schokoladenei n ● *a* (*forma d'*) ~, eiförmig; **camminare sulle uova** *fig* (*essere cauti*), wie auf Eiern gehen *fam*; **essere l'~ di Colombo**, das Ei des Columbus sein; **uova (fresche)** ⌊**di giornata**⌋/[**da bere**], (frische) Eier ⌊von heute⌋/[zum Trinken]; **rompere le uova nel paniere**, jdm etw vermasseln *fig fam*, jdm einen Strich durch die Rechnung machen *fam*, jdm die Suppe versalzen *fam*; **essere pieno come un ~**, randvoll/[voll bis zum Rand] sein; **è meglio l'~ oggi che la gallina domani** *prov*, besser ein Spatz in der Hand als eine Taube auf dem Dach *prov*.

UP f **1** *giorn università* abbr *dell'ingl* University Press (*Stampa universitaria*) University Press (*in GB und den USA an die Universitäten angeschlossene Verlage*) **2** *min* abbr *di* Unione Petrolifera: Erdölbund m.

uperizzazióne f *industr* Uperisation f.

upgrade <-> m *ingl inform* Upgrade n.

UPI f *amm* abbr *di* Unione Province d'Italia: "Verband m der italienischen Provinzen".

upload m *ingl inform* Upload m.

uppercut <-> m *ingl sport* (*nel pugilato*) Aufwärtshaken m, Uppercut m.

UPPI m abbr *di* Unione Piccoli Proprietari Immobiliari: "Verband m kleiner Immobilieneigentümer".

up-to-date <inv> loc agg *ingl* (*aggiornato*) {GIOVANE} up to date; {BIBLIOTECA, ENCICLOPEDIA} auf dem neuesten Stand gebracht.

UPU f *post* abbr *di* Unione Postale Universale: WPV m (abbr *di* Weltpostverein).

ùpupa f *ornit* Wiedehopf m.

uragàno m **1** (*ciclone tropicale*) Hurrikan m **2** (*tempesta*) (Wirbel-)sturm m **3** *fig* {+APPLAUSI, PROTESTE} Sturm m.

Uràli m pl *geog* Ural m.

uràngo → orango.

uraniàno, (-a) agg *astrol astr* **A** agg Uranus- **B** m (f) Uranusbewohner(in) m (f).

uranìfero, (-a) agg *chim min* {MINERALE, ROCCIA} uranhaltig.

uraninìte f *min* Uranpecherz n, Pechblende f.

urànio <-> m *chim* Uran n.

uranìsmo m Uranismus m *rar*.

Ùrano m *astrol astr* Uranus m.

URAR-TV m *radio TV* abbr *di* Ufficio Registro Abbonamenti Radio e Televisione: "Gebührenstelle f für Rundfunk- und Fernsehteilnehmer".

urbanésimo m *arch sociol* {CONTEMPORANEO, DELL'800} Verstädterung f, Urbanisierung f.

urbanìsta <-i m, -e f> mf *arch* Stadtplaner(in) m (f), Städteplaner(in) m (f).

urbanìstica <-*che*> f *arch* **1** {BAROCCA, CLASSICA, MEDIEVALE} Städtebau(wesen n) m **2** (*solo progettazione*) Stadtplanung f, Städteplanung f: **assessorato/assessore all'~**, Referat/Referent für Stadtplanung.

urbanìstico, (-a) <-*ci, -che*> agg *arch* **1** (*in generale*) städtebaulich, Städtebau- **2** (*riguardante solo la progettazione*) stadtplanerisch, Stadtplanungs-.

urbanità <-> f **1** *lett* (*civiltà*) {+COSTUMI, MODI} Kultiviertheit f **2** *lett* (*cortesia*) Höflichkeit f **3** *stat* "Verhältnis der Stadt- zur Landbevölkerung".

urbanizzàre **A** tr **1** *fig* (*rendere più civile*) ~ **qc** {COSTUME, LINGUAGGIO, MODO DI PARLARE} etw verfeinern **2** *arch* ~ **qc** {PAESE, PERIFERIA} etw städtebaulich erschließen, etw urbanisieren **B** itr pron (*assumere caratteristica urbana*): **urbanizzarsi** {PAESE, PERIFERIA} städtebaulich erschlossen werden **C** rfl (*diventare civile*): **urbanizzarsi** {PERSONA} zivilisiert werden, ein zivilisierter/gesitteter Mensch werden.

urbanizzazióne f *arch sociol* {+CENTRO ABITATO, CENTRO RURALE, PERIFERIA} Verstädterung f, Urbanisierung f.

urbàno, (-a) agg **1** (*della città*) {CENTRO, TESSUTO, VIABILITÀ} städtisch, Stadt-: **agglomerato ~**, städtisches Ballungszentrum **2** *fig* (*civile*) {COMPORTAMENTO, MODI} kultiviert, gebildet; (*cortese*) {RISPOSTA} höflich.

ùrbe f *lett lat* (*città*) Stadt f: **l'Urbe** (*Roma*), die Ewige Stadt; **ab ~ condita** (abbr a.u.c.), seit der Gründung Roms.

ùrbi et òrbi <inv> loc agg avv *lat* **1** {BENEDIZIONE} urbi et orbi **2** *fig scherz* überall, alle Welt *scherz*, Krethi und Plethi *scherz*.

urèa f *biol chim* Harnstoff m, Urea f *scient*.

uremìa f *med* Harnvergiftung f, Urämie f *scient*.

uretère m *anat* Harnleiter m, Ureter m *scient*.

urètra f Harnröhre f, Urethra f *scient*.

urg. abbr *di* urgente: dringend, eilt.

urgènte agg (*che urge,* abbr urg.) {COMUNICAZIONE, NECESSITÀ, PROVVEDIMENTO} dringend, dringlich; {LETTERA, PACCO, TELEGRAMMA} Eil-: **avere urgente bisogno di fare qc**, dringend etw tun müssen; **fai con calma, non è ~!**, lass dir ruhig Zeit, es eilt nicht!; **chiamata per ...**, dringender Anruf für...; **caso ~**, dringender Fall; **badare a ciò che è più ~**, sich um das Dringendste kümmern.

urgènza f **1** (*bisogno immediato*) {+SOLDI} dringende Notwendigkeit f: **avere ~ di fare qc**, etw dringend tun müssen; **non c'è ~**, es ist nicht dringend, es hat keine Eile **2** (*l'essere urgente*) {+CASO, SITUAZIONE} Dringlichkeit f **3** (*rapidità*) Eile f: **la lettera è stata spedita con ~**, der Brief wurde mit der Eilpost abgeschickt; **fare ~**, zur Eile drängen ● **d'~**, Not-; **provvedimento/procedura d'~**, Notstandsmaßnahme/Schnellverfahren; **ricoverare qu d'~ in clinica**, jdn als Notfall in die Klinik einliefern.

ùrgere <difet *urgo, urgi*> **A** tr (*premere*) ~ (**qu**) (+ *compl di luogo*) {NEMICO ALLA PORTA} jdn (*irgendwo*) bedrängen **B** <solo alla 3ª sing e pl> itr **1** (*essere necessario subito*) {DENARO, DOTTORE, VIVERI} dringend erforderlich/nötig sein: **urge il vostro intervento**, euer Eingreifen ist dringend erforderlich; **urge condurlo all'ospedale**, er muss dringend ins Krankenhaus eingeliefert werden **2** (*essere pressante*) drängen: **questo affare urge**, diese Angelegenheit drängt.

Ùri① f *relig* Uri f.

Ùri② m *geog* (*cantone*) Uri.

URI abbr *dell'ingl* Universal Resource Information URI.

ùrico, (-a) <-*ci, -che*> agg *chim* Harn-: **acido ~**, Harnsäure f.

urina → orina.

urinàre → orinare.

urinocoltùra f *med* Urinkultur f.

URL m *inform* abbr *dell'ingl* Uniform Resource Locator (*identificatore standard di risorse*)

URL m.

urlàre A tr ~ qc 1 (gridare) {FRASE, INSULTI NOME, ORDINI, SALUTO} etw (heraus|)schreien, etw brüllen fam 2 (cantare a voce alta) {CANZONE} etw lauthals singen B itr 1 (gridare) ~ (per/di qc) {PERSONE PER LA/DI RABBIA, PER LO/ DI SPAVENTO} (aus/vor etw dat) schreien, (aus/vor etw dat) brüllen fam; {PER IL/DOLORE} (vor etw dat) (auf|)schreien 2 (emettere urla) {CANE} jaulen; {LUPO} heulen 3 {SIRENA, VENTO} heulen.

urlàto, (-a) A part pass di urlare B agg 1 geschrien 2 fig (sopra le righe) {GIORNALISMO TELEVISIVO} der schrillen Töne.

urlatóre, (-trice) A agg 1 (che urla) {CANTANTE} schreiend 2 zoo {SCIMMIA} Brüll- B m (f) (cantante) Schreihals m fam.

urlio <urlii> m {+PERSONA} Geschrei n, Gebrüll n fam; {+VENTO} Heulen n.

ùrlo A m 1 <pl: ~a f> (grido) {+PERSONA} Schrei m: cacciare un ~ di terrore/paura/gioia, einen Entsetzens-/Angst-/Freudenschrei ausstoßen; fig {+SIRENE, VENTO} Heulen n; (fragore) Toben n, Getöse n 2 <pl: -a f, fam -i m> <solo pl> (insieme di cose urlate) Geschrei n fam: che cosa sono ₍tutte queste urla₎!? [tutti questi urli]?, was ist das denn für ein Geschrei? fam 3 <pl: -i m> (grido) {+ANIMALE} Schrei m; {+LUPO} Heulen n; {+CANE} Jaulen m B <inv> loc agg slang giovanile (fantastico) da ~, {MUSICA, TIPO} Wahnsinns- fam, genial fam.

urna f 1 (~ elettorale) Wahlurne f: andare alle urne, wählen (gehen) 2 (recipiente) ~ (da/per qc) {ETRUSCA + TERRACOTTA, VETRO DA/PER ACQUA, DA/PER VINO} Urne f (für etw acc), Gefäß n (für etw acc): ~ cineraria/funeraria, (Aschen|)urne f 3 lett (sepolcro) Grab n.

ùro m zoo Ur m, Auerochse m.

-ùro suff chim -id: cloruro, Chlorid; carburo, Karbid.

urogàllo m ornit Auerhahn m.

urogenitàle agg anat {APPARATO} urogenital scient, Urogenital- scient.

uròloga f → urologo.

urologìa f med Urologie f scient.

uròlogo, (-a) <-gi, -ghe> m (f) med Urologe m scient, (Urologin f scient).

uropìgio <-gi> m anat zoo Fettdrüse f.

urrà A inter hurra: hip hip hip ~!, hipp, hipp, hurra! B m Hurra n, Hurraruf m.

URSS f stor abbr di Unione delle Repubbliche Socialiste Sovietiche: UdSSR f (abbr di Union der Sozialistischen Sowjetrepubliken).

urtànte A agg (irritante) {DISCORSO, MODI, PERSONA} anstößig B m mar (scontro) Stützbalken m; (sporgenza di una mina) Zünder m.

urtàre A tr 1 (sbattere) ~ qu/qc (con qc) {ALBERO, AUTO CON LA BICI} (mit etw dat) an/gegen jdn/etw stoßen; {PASSANTE CON IL GOMITO} (jdn/etw mit etw dat) stoßen 2 (investire) ~ qu/qc {AUTO PASSANTE, ANIMALE, BICI} jdn/etw an|fahren, jdn/etw streifen; mar ~ qc {BARCA, NAVE FONDO} auf etw (acc) laufen, geraten; {SCOGLIO} gegen etw (acc) prallen 3 fig (irritare) ~ (qu/qc) {MODO DI FARE, PAROLE, RUMORE} jdn/etw ärgern, jdn/etw reizen, jdn/etw nervös machen, jdn/etw nerven fam: il chiasso mi urta i nervi, der Lärm geht mir auf die Nerven fam 4 fig (offendere) ~ (qu/qc) {DISCORSO COSCIENZA DI QU, SENSIBILITÀ DI QU} jdn/etw verletzen, jdn/etw beleidigen B itr 1 fam (sbattere) ~ in/contro qc {IN/CONTRO UN ALBERO, IN/CONTRO UN MURO} auf etw (acc) (auf|)prallen, gegen/an etw (acc) stoßen; mar {BARCA, NAVE IN/CONTRO IL FONDO} auf etw (acc) laufen, auf etw (acc) geraten; {IN/CONTRO FONDO/UNO SCOGLIO} gegen etw (acc) prallen 2 fig (incappare) ~ in/contro qc {IN/CONTRO DIFFICOLTÀ INSORMONTABILI, IN/CONTRO OSTACOLI IMPREVEDIBILI} auf etw (acc) stoßen 3 (essere in contrasto) ~ con qc {CON IL DATO REALE, CON LE PREMESSE, COI PRESUPPOSTI} mit etw (dat) in Kontrast stehen C itr pron fig (irritarsi): urtarsi (a causa di/per qc) {PERSONA} sich (wegen etw gen) ärgern, sich (wegen etw gen) auf|regen: urtarsi per un nonnulla, sich wegen nichts aufregen D rfl rec: urtarsi 1 (scontrarsi) {COSE, PERSONE, VEICOLI} aufeinander|stoßen, zusammen|stoßen, aufeinander|prallen: i due automezzi si sono urtati frontalmente, die beiden Kraftfahrzeuge sind frontal zusammengestoßen 2 fig (essere in contrasto) {PERSONE, SENTIMENTI} aufeinander|prallen.

urtica → ortica.

urticànte agg {ANIMALE, PIANTA, SOSTANZA} Nessel-, brennend, Brenn-.

ùrto m 1 (spinta) {INAVVERTITO, LEGGERO, VIOLENTO} Stoß m, Schlag m 2 (collisione) {+AUTOMOBILI, NAVI} Zusammenstoß m, Zusammenprall m: l'~ delle/[tra le] due biciclette fu inevitabile, der Zusammenstoß der beiden Fahrräder war nicht zu vermeiden; ~ (contro qc) {+MACCHINA CONTRO UN ALBERO, NAVE CONTRO GLI SCOGLI} Aufprall m auf etw (acc), Anprall m gegen etw (acc) 3 fig (contrasto) {+IDEE, INTERESSI, OPINIONI CONTRASTANTI} Gegensatz m, Aufeinanderprallen n, Zusammenstoß m: urti inevitabili fra padre e figlio, unvermeidliche Zusammenstöße zwischen Vater und Sohn; i due fratelli sono in ~ da tempo, die beiden Brüder liegen schon lange im Clinch; mettersi in ~ con qu, sich mit jdm anlegen/überwerfen 4 fis {ANELASTICO, ELASTICO, TERMICO} Stoß m 5 med Stoß m: dose/terapia d'~, Stoßdosis f/Stoßtherapie f 6 mil {+FORZE NEMICHE} Zusammenstoß m, Gefecht n • resistente agli urti, stoßfest.

u.s. abbr di ultimo scorso: vergangenen Monats.

US A f abbr di Uscita di Sicurezza: Notausgang m B 1 pl geog abbr dell'ingl United States (Stati Uniti) US pl (Vereinigte Staaten) 2 m giorn abbr di Ufficio Stampa: Pressestelle f.

USA m pl geog abbr di United States of America (Stati Uniti d'America) USA pl (Vereinigte Staaten von Amerika).

usàbile agg benutzbar, verwendbar.

usabilità <-> f 1 Benutzbarkeit f, Verwendbarkeit f 2 fig (facilità d'uso) {+COMPUTER} Verbraucherfreundlichkeit f.

ùsa e gètta A <inv> loc agg 1 (di consumo immediato) {PIATTO, SIRINGA} Einweg-, Wegwerf-: rasoio usa e getta, Einwegrasierer m 2 fig {FENOMENO CULTURALE, POLITICA} kurzlebig, Eintagsfliegen-; {MODA} anche Wegwerf- B <-> m Wegwerfprinzip n.

usànza f 1 (tradizione) {ANTICA, POPOLARE, PRIMITIVA, +PAESE} Brauch m, Sitte f: avere l'~ di fare qc, die Angewohnheit haben, etw zu tun; c'è l'~ di fare qc, es ist Brauch, etw zu tun 2 (maniera) Art f: cucinare all'~ cinese, chinesisch kochen 3 (abitudine) Gewohnheit f.

usàre A tr <avere> 1 (adoperare) ~ qc {ACCENDIGAS, MARTELLO} etw verwenden, etw benutzen, etw gebrauchen; {AUTO, MOTO, ecc.} etw nehmen; {VESTITO} etw tragen; {PAROLE GIUSTE} etw finden; ~ qc come qc {CASA COME UFFICIO} etw als etw (acc) benutzen 2 (servirsi di) ~ qu {FATTORINO} sich jds bedienen 3 (agire con) ~ qc {PRUDENZA} üben, etw walten lassen: non ho mai usato l'inganno, ich habe nie jemanden betrogen; ~ il buon senso, den gesunden Menschenstand gebrauchen; ~ l'astuzia, eine List anwenden, zu List greifen, listig handeln 4 (esercitare) ~ qc von etw (dat) Gebrauch machen: ~ un diritto, von einem Recht Gebrauch machen 5 (fare) ~ qc a qu {CARITÀ, CORTESIA} jdm etw tun: ~ violenza a una donna, eine Frau missbrauchen forb/vergewaltigen; usami il favore di prestarmi il libro, tu mir den Gefallen und leih mir das Buch 6 fig (avere l'abitudine) ~ fare qc die Gewohnheit haben, etw zu tun; pflegen, etw zu tun forb: usa alzarsi presto, er/sie pflegt, früh aufzustehen forb B itr 1 (avere) (servirsi) von etw (dat) Gebrauch machen 2 <esse­re> (impersonale) Brauch/Sitte sein, üblich sein: in questo paese (si) usa così, in diesem Land/Dorf ist das so Brauch; come (si) usa in certi ambienti, wie das in bestimmten Kreisen üblich ist.

usàto, (-a) A agg 1 (non nuovo) {LIBRI, MOBILI} gebraucht, benutzt; (come anche aus zweiter Hand; {VESTITI} Alt-, Secondhand-: una parola molto usata, ein häufig gebrauchtes Wort 2 lett (avvezzo) ~ a qc {ALLE ARMI, ALLE GUERRE, AI PERICOLI} an etw (acc) gewohnt B m 1 (modo solito, consueto) Gewohnte n decl come agg: ₍secondo l'₎/[fuori dall']~, wie gewohnt,/[außergewöhnlich] 2 (non più nuovo) Gebrauchte n decl come agg.

uscènte agg 1 amm {PRESIDENTE, SEGRETARIO, SINDACO} aus dem Amt scheidend 2 (che sta per terminare) {ANNO, MESE, SETTIMANA} zu Ende gehend, auslaufend 3 (che termina con) ~ in qc {PAROLA IN VOCALE} auf etw (dat) endend, auf etw (dat) auslautend.

usciére, (-a) m (f) Amtsdiener(in) m(f), Amtsgehilfe m, (Amtsgehilfin f).

uscii 1ª pers sing del pass rem di uscire.

ùscio <usci> m spec tosc (porta) Tür f, Tor n: infilare l'~, durch die Tür huschen.

uscìre <esco, esci, uscii, uscito> itr <essere> 1 (lasciare un luogo) ~ (+ compl di luogo) {DI/DA CASA} aus etw (dat) gehen, etw verlassen: ~ a comprare, zum Einkaufen gehen; (con veicolo) aus etw (dat) fahren, etw verlassen; mar {DAL PORTO} aus etw (dat) aus|laufen, aus etw (dat) aus|fahren; sport {DAL CAMPO} etw verlassen, von etw (dat) gehen 2 (andare fuori) ~ (+ compl di luogo) {DI/DA CASA} (aus etw dat) hinaus|gehen; {ATTRAVERSO UN ABBAINO, PER LA PORTA} zu etw (dat)/durch etw (acc) hinaus|gehen; (con veicolo) {DAL GARAGE} aus etw (dat) hinaus|fahren; {DAL PORTONE} zu etw (dat)/durch etw (acc) hinaus| fahren; mar {IN MARE} auf etw (acc) hinaus| fahren 3 (venire fuori) ~ (+ compl di luogo) {SOLE DA DIETRO LE NUVOLE} hinter/unter/zwischen etw (dat) hervor|kommen; {DI/DA CASA} (aus etw dat) heraus|kommen; {PER LA PORTA, ATTRAVERSO UN ABBAINO} zu etw (dat)/ durch etw (acc) heraus|kommen; (con veicolo) {DAL GARAGE} aus etw (dat) heraus|fahren; {DAL PORTONE} zu etw (dat)/durch etw (acc) heraus|fahren; {DAL LETTO} aus etw (dat) auf| stehen; mar {IN MARE} auf etw (acc) heraus| fahren 4 (per divertimento, svago, ecc) ~ (con qu) (mit jdm) aus|gehen: esce tutte le sere, er/sie geht jeden Abend aus 5 (fuoriuscire) ~ da qc {OGGETTI, SOSTANZE} (aus etw dat) heraus|treten, (aus etw dat) heraus| kommen; {LIQUIDO} (aus etw dat) aus|laufen; {GAS} (aus etw dat) aus|strömen; {PERSONA DA UN GRUPPO, DA UN PARTITO} (aus etw dat) aus| treten; {DALLA MISCHIA} aus etw (dat) heraus| treten; {PAROLE DAL CUORE} von etw (dat) kommen 6 (sporgere) ~ da qc {CHIODO DAL MURO} aus etw (dat) heraus|ragen, aus etw (dat) hervor|treten 7 (essere messo in circolazione) {FILM, LIBRO, QUOTIDIANO, RIVISTA} erscheinen, heraus|kommen: un settimanale che esce il venerdì, eine Wochenzeitschrift, die freitags erscheint 8 (*essere dimesso*) ~ *da qc* {DAL CARCERE, DALL'OSPEDALE} aus etw (dat) entlassen werden, *aus etw* (dat) kommen 9 (*innalzarsi*) ~ *da qc* {DALLA MEDIOCRITÀ} *aus etw* (dat) hervor|treten, *aus etw* (dat) heraus|treten 10 (*essere prodotto*) ~ *da qc* {DALLE MANI DI QU} *etw* (dat) entspringen: **da questa fabbrica escono 20 000 pezzi al giorno**, 20 000 Teile verlassen täglich diese Fabrik 11 (*essere ricavato*) ~ **da qc** *aus etw*(dat) zu gewinnen sein: **da questo scampolo non esce un vestito**, aus diesem Stoffrest lässt sich kein Kleid gewinnen 12 (*lasciare dietro di sé*) ~ **da qc** {DALL'AUTUNNO} *etw* hinter sich (dat) lassen 13 (*saltar fuori*) plötzlich her(vor|)kommen: **da dove sei uscito?**, wo kommst du denn plötzlich her? 14 (*sottrarsi*) ~ + *compl di modo da qc* bei etw (dat) irgendwie davon|kommen; {DA UN PERICOLO} *etw* (dat) irgendwie entkommen: ~ **indenne dall'incidente**, bei einem Unfall heil davonkommen; **uscirne bene/male/illeso/[sano e salvo]**, gut/schlecht/unverletzt/heil davonkommen; **uscirne vincitore**, als Sieger daraus hervorgehen; **uscirne con onore/dignità**, etw mit Ehre/Würde verlassen 15 *fig* (*esclamare*) **uscirsene** (**con/in qc**) {CON UN'OSSERVAZIONE, CON UN RIMPROVERO} *mit etw* (dat) heraus|platzen *fam*, {IN IMPRECAZIONI, IN INSULTI} *etw* aus|stoßen; **se ne esce a dire che ...**, er/sie platzt damit heraus *fam*, dass...; **uscirsene con una battuta molto spiritosa**, mit einer sehr witzigen Bemerkung herausplatzen *fam* 16 *fig* (*cessare di essere in una condizione*) ~ **da qc** {DALL'INFANZIA} *etw* (dat) entwachsen, {DALL'INCERTEZZA, DA UNA BRUTTA SITUAZIONE} *etw* (dat) entkommen 17 *fig* (*provenire*) ~ **da qc** {DA UNA FAMIGLIA DI CONTADINI} *von etw* (dat) ab|stammen, *etw* (dat) entstammen 18 *fig fam* (*essere sorteggiato*) gezogen werden 19 *inform* ~ **da qc** {DAL PROGRAMMA} *aus etw* (dat) (heraus|)gehen, *etw* verlassen 20 *ling* ~ **in qc** *auf etw* (dat) aus|lauten ● **esci!**, hinaus (mit dir)!, raus! *fam*; ~ **in giardino** (*allontanamento*), in den Garten hinausgehen; (*avvicinamento*), in den Garten heraus|kommen; ~ **dal lavoro**, die Arbeit/den Arbeitsplatz verlassen, von der Arbeit kommen; **nell'~ da teatro è stato colto da malore**, als er das Theater verließ, wurde ihm schlecht; ~ **dalla macchina**, aus dem Wagen (aus)steigen; ~ **per strada**, auf die Straße gehen.

uscita f 1 (*apertura*) {SEGRETA, +CASA, TEATRO, ecc.} Ausgang m; {+AUTOSTRADA} Ausfahrt f: **trovarsi all'~**, sich am Ausgang treffen; ~ **di sicurezza**, Notausgang m; ~ **principale/secondaria**, Haupt-/Nebenausgang m 2 (*l'andar fuori*) ~ (**da qc**) {+CAVALLI, OPERAI, SCOLARI; DALLA FABBRICA, DAL RECINTO, DA SCUOLA} Verlassen n *etw* (gen), Hinausgehen n (*aus etw* dat), Herauskommen n (*aus etw* dat); {+VEICOLO DAL GARAGE, DALLA STAZIONE} Verlassen n *etw* (gen), Hinausfahren n (*aus etw* dat), Herausfahren n (*aus etw* dat); {+PERSONA DA UN VEICOLO} Aussteigen n (*aus etw* dat) 3 (*il fuoriuscire*) ~ (**da qc**) {+LIQUIDO} Auslaufen n (*aus etw* dat); {+GAS} Ausströmen n (*aus etw* dat) 4 (*messa in circolazione*) {+FILM} Erscheinen n; {+LIBRO} *anche* Erscheinung f, Veröffentlichung f: **data d'~**, Erscheinungsdatum n 5 (*periodo di libertà*) Ausgang m: **libera ~**, freier Ausgang 6 *fig* (*via di scampo*) Ausweg m: **senza via d'~**, ausweglos; **non ho altra ~**, ich sehe keinen anderen Ausweg 7 *fig* (*battuta, sbotto*) witzige/geistreiche Bemerkung f: **i bambini hanno certe uscite!**, Kinder machen manchmal Bemerkungen! 8 *econ* (*passivo*) Ausgabe f: **registrare in ~**, als Ausgabe vermerken 9 *elettr* {+AMPLIFICATORE} Ausgang m 10 *inform* Ausgabe f: **unità d'~**, Ausgabegerät n; ~ **dei dati**, Datenausgabe f 11 *ling* ~ (**in qc**) {IN CONSONANTE, IN VOCALE} Endung f *auf etw* (dat), Auslaut m *auf etw* (dat) 12 *mil* Ausfall m 13 *sport* (*nel calcio*) Herauslaufen m: **parare in ~**, im Herauslaufen parieren 14 *teat* {+ATTORE, PRIMADONNA} Abgang m ● ~ **di caccia**, Jagdausgang m.

uscito part pass *di* uscire.

UserId <-> m *ingl inform* User-Name m, User-ID m, Anmeldename m.

username <-> m *ingl inform* User-Name m, User-ID m, Anmeldename m.

usignolo m *ornit* Nachtigall f.

usitato, (-a) agg *lett* 1 (*usato*) {LOCUZIONE, MODO DI DIRE, PROCEDIMENTO} üblich, gebräuchlich 2 (*solito*) {MODO} üblich, gewohnt.

USL f *abbr di* Unità Sanitaria Locale: "örtliches Gesundheitsamt".

uso① m 1 (*l'utilizzo*) {+VOCABOLARIO} Gebrauch m, Benutzung f: **agitare prima dell'uso**, vor Gebrauch schütteln; {+FORZA} Anwendung f; {+ARMI} Benutzung f, Einsatz m; {+MACCHINA, APPARECCHIO, ecc.} Bedienung f 2 (*destinazione*) Gebrauch m, (Verwendungs)zweck mf: **ad uso delle scuole**, für den Schulgebrauch; **che serve a tutti gli/[più] usi**, Mehrzweck-; **per uso domestico**, für den Hausgebrauch; **carta per uso legale**, Stempelpapier n; **per uso personale**, zum persönlichen Gebrauch; **per uso industriale**, für industrielle Zwecke; **locale uso ufficio/abitazione**, Büro-/Wohnraum m 3 (*facoltà di usare*) Gebrauch m: **perdere l'uso delle gambe/braccia**, nicht mehr gehen können/[seine Arme nicht mehr benutzen können]; **uso della ragione**, Verstand m; **uso della parola**, Sprache f 4 (*consuetudine, usanza*) Gepflogenheit f *forb*, Sitte f, Brauch m: **come vuole l'uso**, wie es der Brauch will; **rispettare gli usi locali**, die örtlichen Gepflogenheiten *forb* respektieren; **introdurre nuovi usi**, neue Sitten einführen; **secondo l'uso del tempo**, nach damaligem Brauch 5 (*pratica*) {+STRUMENTO} (ständiger) Gebrauch m: **uso del corpo**, körperliche Übung; **la padronanza di una lingua migliora con l'uso**, Sprachkenntnisse verbessert man mit Sprachpraxis 6 (*maniera*) Art f: **(all') uso (di) Napoli**, auf neapolitanische Art; **secondo l'uso di qu**, auf jds Art 7 *comm* künstlich, Kunst-: **rivestimento uso pelle**, Kunstlederüberzug m; **carta uso pergamena**, künstliches Pergamentpapier 8 *dir* (*diritto reale limitato di godimento*) Gebrauch m 9 *farm* Anwendung f: **per uso esterno/interno**, zur äußerlichen/innerlichen Anwendung; **evitare l'uso prolungato**, Langzeitanwendung vermeiden 10 *ling* (Sprach)gebrauch m: **l'uso corretto di una parola**, der korrekte Gebrauch eines Wortes; **uso figurato/forbito**, übertragener/gehobener Sprachgebrauch ● **parole entrate nell'uso comune**, in den allgemeinen Sprachgebrauch eingedrungene Wörter; **di uso corrente**, gebräuchlich, allgemein üblich; *ling*, geläufig; **alle condizioni d'uso** (*solite*), zu den üblichen Bedingungen; **ad uso e consumo di qu**, für jdn; **usi e costumi**, Sitten f pl und Gebräuche m pl; **fare uso di qc**, von etw (dat) Gebrauch machen; **fare uso di stupefacenti**, Drogen nehmen; **fare uso della forza**, Gewalt anwenden; **fare uso delle armi**, von Waffen Gebrauch machen, Waffen einsetzen; **fare buon/cattivo uso di qc**, von etw (dat) guten/schlechten Gebrauch machen; **un motore fuori uso** (*rotto*), ein unbrauchbarer Motor; **un binario fuori uso** (*non più usato*), ein totes Gleis; **mettere fuori uso qc**, etw außer Betrieb setzen; **di largo uso**, weit verbreitet; **uso legittimo di armi** *dir*, rechtmäßiger Waffengebrauch; **parole ancora in uso**, noch gebräuchliche/geläufige Wörter; **pronto per l'uso**, gebrauchsfertig; **affittasi stanza con uso cucina**, Zimmer mit Küchenbenutzung zu vermieten.

uso② agg *lett* (*abituato*) **uso a qc** an etw (acc) gewöhnt: **essere uso a fare qc**, (es) gewohnt sein, etw zu tun.

USPI f *giorn abbr di* Unione della Stampa Periodica Italiana: "Verband m der italienischen Zeitschriftenpresse".

ùssaro, **ùssero** m *stor mil* Husar m.

USSL f *abbr di* Unità Socio Sanitaria Locale: "örtliches Gesundheitsamt".

ùsta f (*nella caccia*) Witterung f, Spur f.

ustionàre A tr (*scottare*) ~ **qu/qc** {ACQUA BOLLENTE, FERRO BRACCIO, PELLE A QU} jdn/etw verbrennen B itr pron (*prodursi ustioni*): **ustionarsi** (**a qc**) {ALLE LABBRA, ALLE MANI, AL VOLTO} sich (dat) *etw* verbrennen, sich (dat) an etw (dat) Verbrennungen zu|ziehen C *indir rfl* (*scottarsi*): **ustionarsi** (**qc**) (**con qc**) {MANI CON IL FERRO, VISO} sich (dat) (*etw*) (*an etw* dat) verbrennen.

ustionàto, (-a) A agg verbrannt B m (f) Patient(in) m(f) mit Verbrennungen: **grande ~**, Person f mit starken Verbrennungen.

ustióne f *med* Verbrennung f: ~ **di primo/secondo grado**, Verbrennung f ersten/zweiten Grades.

ustòrio, (-a) <-ri m> agg (*che serve a bruciare*) {SPECCHIO} Brenn-.

usuàle A agg 1 (*consueto*) {LINGUA, MEZZO} üblich, gebräuchlich; {ESPRESSIONE} *anche* gängig; {FATTO} alltäglich 2 (*ordinario*) {ROBA} gewöhnlich, alltäglich B m Gewöhnliche n *decl come agg*: **fuori dall'~**, außergewöhnlich.

usucapióne f *dir* Ersitzung f.

usucapìre <usucapisco> tr *dir* ~ **qc** etw ersitzen.

usufruìbile agg {BENE} nutzbar.

usufruìre itr ~ **di qc** 1 (*beneficiare*) {DI UN PRIVILEGIO} etw genießen; {DI UN RIBASSO DEI PREZZI} etw nutzen; {DI UN CONDONO, DI UNA LEGGE} etw in Anspruch nehmen 2 *dir* (*avere l'usufrutto*) {DI UN BENE MOBILE, DI UN (BENE) IMMOBILE} den Nießbrauch *von etw* (dat) haben.

usufrùtto m 1 Nutznießung f 2 *dir* (*diritto reale di godimento su cosa altrui*) Nießbrauch m: **avere l'~ di qc**, den Nießbrauch an etw (dat) haben; ~ **di un bene mobile**, Fahrnisnießbrauch m; ~ **di un (bene) immobile**, Grundstücksnießbrauch m.

usufruttuàrio, (-a) <-ri m> A agg *dir* (*EREDE*) nießbrauchend B m (f) {+BENE MOBILE, IMMOBILE} Nießbraucher(in) m(f).

usùra① A f (*strozzinaggio*) Wucher m *spreg* B *loc avv*: **a ~**, zu Wucherzinsen *spreg*; *fig* (*molto*) (über)reichlich.

usùra② f 1 *tecnol* {+ARGANO, GOMME, PISTONI, STRADA} Abnutzung f, Verschleiß m: **prove di ~**, Verschleißproben f pl 2 *fig* {+ACCORDO, GOVERNO, ORGANISMO} Zerrüttung f.

usuràbile agg *tecnol* abnutzbar.

usurabilità <-> f *anche tecnol* {+MOTORE, POLTRONA} Abnutzbarkeit f.

usuràio, (-a) <-rai m> m (f) 1 (*strozzino*) Wucherer m, (Wucherin f *spreg*): **comportarsi da ~**, sich wie ein Wucherer benehmen *spreg*; **fare l'~**, Wucherer sein *spreg* 2 *fig* (*avido e avaro*) Geizhals m *spreg*, Geizkragen m *fam spreg*.

uṣurànte agg spec fig (logorante) {LAVORO} aufreibend, zermürbend.

uṣuràre tecnol **A** tr ~ qc etw ab|nutzen, etw verschleißen **B** itr pron: **usurarsi** sich ab|nutzen, sich verschleißen.

uṣuràrio, (-a) <-ri m> agg {INTERESSI, PREZZI} Wucher-.

uṣuràto, (-a) **A** part pass di usurare **B** agg {STOFFA} verschlissen.

usurpàre tr ~ qc **1** (prendere con la frode) {PATRIMONIO} etw an sich reißen, sich (dat) etw unrechtmäßig an|eignen; {POTERE, TRONO} anche etw usurpieren **2** fig (fregiarsi indegnamente) {CARICA, PREROGATIVE DI QU} sich (dat) etw an|eignen: **usurparono i suoi diritti**, sie eigneten sich seine/ihre Rechte unrechtmäßig an; {TITOLO} sich (dat) etw unrechtmäßig an|maßen; {FAMA} etw zu Unrecht für sich beanspruchen.

usurpatóre, (-trice) **A** agg usurpatorisch **B** m (f) {+POTERE, TRONO} Usurpator(in) m (f); {+BENI, TITOLI} unrechtmäßige(r) Besitzer(in) m (f).

usurpazióne f **1** (appropriazione indebita) {+POTERE, TRONO} Usurpation f; {+BENI} widerrechtliche Aneignung **2** dir (reato di ~) {+IMMOBILE} widerrechtliche Aneignung: ~ **di funzioni pubbliche**, Amtsanmaßung f; ~ **di titoli**, Missbrauch m von Titeln.

utensile m (arnese) Werkzeug n: ~ **da falegname/calzolaio**, Schreiner-/Schuhmacherwerkzeug n; ~ **da cucina**, Küchengerät n.

utensilerìa f **1** tecnol (complesso di utensili) {MECCANICA, DI PRECISIONE} Geräte n pl, Werkzeug n **2** (reparto di officina) Werkzeugschlosserei f **3** (negozio) Eisenwarengeschäft n.

utènte mf {+GAS, LUCE} Abnehmer(in) m (f), Verbraucher(in) m (f); {+COMPUTER, VOCABOLARIO ecc.} Benutzer(in) m (f): ~ **del telefono/della TV/della radio**, Fernsprech-/Fernseh-/Rundfunkteilnehmer(in) m (f).

utènza f **1** (fruizione) {+GAS, LUCE, RADIO, TELEFONO, TV} Benutzung f **2** (utenti) {+GAS, LUCE} Abnehmer m pl, Verbraucher m pl; {RADIO, TELEFONO, TV} Teilnehmer m pl.

uterino, (-a) agg **1** anat Gebärmutter-, uterin scient, Uterus- scient: **dolori uterini**, Gebärmutterschmerzen **2** spreg {SCELTA} unbesonnen, aus dem Bauch fam **3** dir mütterlicherseits: **fratelli uterini**, Halbgeschwister pl/Halbbrüder m pl mütterlicherseits.

ùtero m anat Gebärmutter f, Uterus m scient.

UTIC f med abbr di Unità di Terapia Intensiva Coronarica: Intensivstation f für Herzerkran-kungen.

ùtile **A** agg **1** (che serve) ~ (**a qu/qc**) (**a/per/contro qu/qc**) {RIMEDIO CONTRO IL MAL DI TESTA, STRATEGIA CONTRO GLI INVASORI, VACANZA ALLA/[PER LA] SALUTE} jdm/etw für/gegen etw (acc) nützlich, jdm/etw für/gegen etw (acc) von Nutzen **2** (d'aiuto) nützlich, vorteilhaft, hilfreich: **è ~ fare un controllo**, es ist sinnvoll, eine Kontrolle durchzuführen; **credo sia ~ che tu venga**, ich glaube, es ist hilfreich, wenn du kommst; **rendersi ~**, sich nützlich machen; **tornare ~**, zum Nutzen gereichen, nützlich sein; (in formule di cortesia) behilflich sein; **se posso essere ~ in qualcosa, me lo faccia sapere**, wenn ich irgendwie behilflich sein kann, so lassen Sie es mich wissen **3** (utilizzabile) {SPAZIO, SUPERFICIE} brauchbar, benutzbar; {STANZA} bewohnbar; tecnol {RESISTENZA} Nutz- **B** m **1** (cosa che serve) Nützliche n decl come agg: **unire l'~ al dilettevole**, das Nützliche mit dem Angenehmen verbinden **2** (vantaggio) Vorteil m: **trarre/ricavare un ~ da qc**, einen Vorteil aus etw (dat) ziehen; **che ~ ti dà ciò?**, welchen Nutzen/[was] bringt dir das?, was hast du davon? **3** econ Gewinn m, Ertrag m, Profit m: **un ~ del 5%**, ein 5%iger Gewinn; ~ **lordo/netto**, Brutto-/Nettogewinn m; **partecipazione agli utili dell'azienda**, betriebliche Gewinnbeteiligung.

utilità <-> f **1** (proficuità) {+BENE, DENARO, EDUCAZIONE, ISTRUZIONE, SCIENZA} Nützlichkeit f: **non ne vedo l'~**, ich sehe nicht, wozu das gut sein soll **2** (vantaggio) Vorteil m, Nutzen m: **di poca/scarsa ~**, von geringem Nutzen; **essere di grande/nessuna ~**, von großem Nutzen/[nutzlos] sein.

utilitària f autom Kleinwagen m.

utilitàrio, (-a) <-ri m> **A** agg (mirato all'utilità) {CONCEZIONE, ETICA, IDEA, MORALE} Nützlichkeits-, Gebrauchs- **B** m (f) (chi è orientato verso l'utile) Utilitarist(in) m (f).

utilitarìṣmo m filos Utilitarismus m.

utilitarìsta <-i m, -e f> mf **1** filos Utilitarist(in) m (f) **2** spreg (chi pensa esclusivamente all'utile) eigennütziger Mensch.

utilitarìstico, (-a) <-ci, -che> agg **1** filos utilitaristisch **2** pegg eigennützig.

utility <-, utilities pl ingl> f ingl inform Utility-, Dienst-, Hilfsprogramm m.

utiliẓẓàbile agg (che si può utilizzare) benutzbar, brauchbar.

utiliẓẓàre tr **1** (adoperare) ~ qc (**come qc**) {CASA COME UFFICIO} etw (als etw acc) benutzen **2** (impiegare) ~ **qu** {DIPENDENTI} jdn verwenden, jdn ein|setzen: ~ **qu per fare qc**, jdn dazu einsetzen, etw zu tun **3** (sfruttare) ~ **qc** {ENERGIA SOLARE, TEMPO} etw aus|nutzen: ~ **la capacità di qu**, die Fähigkeit von jdm nutzen.

utiliẓẓatóre, (-trice) m (f) **1** (persona) Benutzer(in) m (f) **2** elettr (apparecchio) Gerät n.

utiliẓẓazióne f **1** (uso) {+ENERGIA, SCARTI, STOFFA} Verwendung f, Gebrauch m, Benutzung f **2** (sfruttamento) Verwertung f, Nutzung f; industr Einsatz m, Ausnutzung f; tecnol Gebrauch m.

utiliẓẓo m **1** amm comm (utilizzazione) {+FONDI, INVENDUTO, RESIDUI, SCARTI} Inanspruchnahme f, Nutzung f **2** banca Nutzung f: **termine/commissione di ~**, Nutzungsfrist f/Nutzungsauftrag m.

utopìa f anche filos polit Utopie f.

utòpico, (-a) <-ci, -che> agg (illusorio) {IDEA, PIANO, PROGETTO} utopisch.

utopìsta <-i m, -e f> mf **1** (seguace di un'utopia) {MODERNO +SOCIALISMO} Utopist(in) m (f) **2** (che coltiva illusioni) Utopist(in) m (f), Phantast(in) m (f) spreg.

utopìstico, (-a) <-ci, -che> agg utopisch.

Uv, UV fis abbr di Ultravioletto: UV (abbr di ultraviolett).

ùva f {FRESCA, MATURA, NERA} (Wein)trauben f pl: **uva bianca**, weiße/grüne Trauben m pl; **uva passa/passerina**, Rosinen f pl; **uva spina**, Stachelbeere f; **uva sultanina**, Sultaninen f pl; **uva da tavola**, Tafeltrauben f pl.

UvA, UVA fis abbr di Ultravioletto prossimo: UV-A (nahes Ultraviolett, Bräunungsstrahlung).

uvàceo, (-a) agg **1** (dell'uva) {PRODOTTO} Trauben- **2** (simile all'uva) {COLORE} Trauben-; {ASPETTO} traubenförmig.

UvB, UVB fis abbr di Ultravioletto lontano: UV-B (Dorno-Strahlung).

uvétta f <dim di uva> **1** kleine Trauben **2** (uva passerina) Rosinen f pl.

uvulàre agg **1** med (Gaumen)zäpfchen- **2** ling uvular.

uxoricìda <-i m, -e f> dir **A** agg anche dir {DONNA, ISTINTO, MANIA, UOMO} gattenmörderisch **B** mf dir (uccisore del coniuge) Gattenmörder(in) m (f).

uxoricìdio <-di> m dir Tötung f des Ehegatten, Gattenmord m.

uxòrio, (-a) <-ri m> agg dir {DIRITTI} die Ehefrau betreffend: **convivenza more ~**, nichteheliche Lebensgemeinschaft, eheähnliche Gemeinschaft.

ùẓẓolo m fam tosc (capriccio) Lust f, Laune f.

V, v

V, v <-> f o rar m (*ventiduesima lettera dell'alfabeto italiano*) V, v n ● (**fatto**) *a* v, v-förmig; **scollo a** v, V-Ausschnitt m; *v* **doppia**, W, w n; **v come** *Venezia* (*nella compitazione delle parole*), V wie Viktor; → anche **A, a**.

v *fis abbr di* velocità: v (abbr di velocitas) (Geschwindigkeit).

v. **1** *abbr di* via: Str. (abbr di Straße) **2** *abbr di* verso: V. (abbr di Vers) **3** *abbr di* vedi: s. (abbr *di* siehe) **4** *abbr di* verbo: V (abbr di Verb) **5** *abbr di* vostro: Ihr/euer.

V **1** *fis abbr di* volt: V (abbr di Volt) **2** *fis mat abbr di* volume: V (abbr di Volumen) **3** *geog abbr di* Città del Vaticano: Vatikanstadt.

V. **1** abbr di vedi: s. (abbr di siehe), s.d. (abbr di siehe dies/dort) **2** abbr di vice: Vize-, Vize- **3** *geog abbr di* valle: Tal **4** *geog abbr di* vulcano: Vulkan **5** *relig abbr di* Vergine: Jungfrau **6** *relig abbr di* vescovo: Bischof.

va① 3ª pers sing dell'ind pres di andare.

va②, **va'** 2ª pers sing dell'imperat di andare.

VA abbr di Vostra Altezza: Eu(e)re Hoheit.

vabbuò, **vabbò** avv merid (di assenso) also gut, einverstanden!, in Ordnung!, ok! *fam*.

va be', **vabbè** avv loc avv fam (di assenso) also gut, einverstanden!, in Ordnung!, ok! *fam*.

vacànte agg (disponibile) {CATTEDRA, POSTO} frei, unbesetzt, vakant *forb*.

vacànza f **1** {+IMPIEGATO} Urlaub m; {+STUDENTE} (Semester-/Schul)ferien pl, Ferienzeit f; {+PARLAMENTO} Ferien pl; (*vacanze estive*) Sommerferien pl; *scuola anche* große Ferien pl: **domani è** ~ (*al lavoro*), morgen ist frei; *scuola* morgen ist (schul)frei; **andare in** ~, in Urlaub/Ferien fahren; **essere in** ~, Urlaub/Ferien haben; **un giorno/mese di** ~, ein Tag/Monat Urlaub nehmen; **prendersi una** ~, Urlaub nehmen; **vacanze natalizie/pasquali/estive**, Weihnachts-/Oster-/Sommerferien pl; **prendere le vacanze a settembre**, im September Urlaub nehmen; **fare le vacanze ⌊al mare⌋/⌊in montagna⌋**, den Urlaub/die Ferien ⌊am Meer⌋/⌊in den Bergen⌋ verbringen; **domani faccio** ~ (*mi assento dal lavoro*), morgen mache ich blau *fam*; (*da scuola*) morgen schwänze ich (die Schule) *fam* **2** *amm* (*condizione*) {+CATTEDRA UNIVERSITARIA, POTERE, TRONO} Vakanz f *forb*; (*periodo*) Pause f ● **vacanze** *intelligenti* (*di riposo e svaghi culturali*), halb Bildungs-, halb Erholungsurlaub; **prendersi una** ~ **da qu/qc**, von jdm/etw Urlaub machen; **sentirsi in** ~ *fig* (*libero da impegni*), sich frei von Verpflichtungen fühlen.

vacanzière, (-a) m (f) **1** Urlauber(in) m(f) **2** *scherz* urlaubsfreudiger Mensch.

vacanzìstico, (-a) agg (*della vacanza*) {CLIMA, SPIRITO} Urlaubs-.

vàcca <vacche> f **1** Kuh f: ~ **lattifera**, Milchkuh f; (*carne*) Kuhfleisch m **2** *fig spreg* (*sgualdrina*) Nutte f *volg*, Hure f *volg* **3** *fig spreg* (*persona grassa*) Fettsack m *spreg* ● **andare/finire in** ~ *fig fam* (*fallire*), in die Hose gehen *fam*, den Bach runtergehen *fam*; **è una** ~ **da mungere** *fig fam* (*persona o situazione da sfruttare*), die Kuh muss gemolken werden *fam*; (*anno/periodo di vacche grasse/magre fig* (*abbondanza/penuria*), fette/magere Jahre n pl.

vaccàio, **vaccàro** <vaccai> m (*guardiano*) Kuhhirt m.

vacchétta <dim di vacca> f **1** (*vacca giovane*) Kalbe f, Färse f **2** (*pellame*) Rindsleder n **3** *fig spreg* Flittchen n *fam spreg*.

vàcci 2ª pers sing dell'imperat *di* andare① + ci.

vaccìna f **1** *zoo* Kuh f; (*bovina*) Rind n **2** (*carne*) Kuhfleisch n; (*di manzo*) Rindfleisch n **3** (*sterco*) Kuhmist m.

vaccinàle agg *med* {PROFILASSI} Impf-.

vaccinàre Ⓐ tr **1** *med* ~ **qu/qc** (**contro qc**) {CANE CONTRO IL CIMURRO, SCOLARO CONTRO IL TETANO} jdn/etw (gegen etw acc) impfen, jdn/etw (gegen etw acc) vakzinieren *scient* **2** *fig* ~ **qu contro qc** {INFANZIA CONTRO LE DISAVVENTURE DELLA VITA} jdn (gegen etw acc) immun machen, jdn (vor etw dat) schützen Ⓑ rfl: **vaccinarsi contro qc** {CONTRO LE DELUSIONI DELLA VITA} sich (gegen etw acc) feien *forb*, sich *vor* etw (dat) schützen, sich *gegen* etw (acc) wappnen.

vaccinàto, (-a) agg **1** *med* ~ **contro qc** {CANE CONTRO IL CIMURRO, SCOLARO CONTRO IL TETANO} (gegen etw acc) geimpft, ~ **contro qc** **2** *fig* ~ **contro qc** {CONTRO LE DISAVVENTURE DELLA VITA} gegen etw (acc) gefeit *forb*, vor etw (dat) sicher: **sono** ~ **contro l'invidia!**, ich bin gegen Neid gefeit! *forb* ● **essere adulto e** ~ *fig scherz* (*essere grande*), alt/groß *fam* genug sein, ⌊kein Wickelkind⌋/[den Kinderschuhen entwachsen] sein.

vaccinazióne f *med* Impfung f, Vakzination f *scient*: ~ **antitetanica/antidifterica/antiinfluenzale**, Tetanus-/Diphtherie-/Grippeschutzimpfung f; **fare la** ~, sich impfen lassen; **fare la** ~ **a qu**, jdn impfen; ~ **obbligatoria/preventiva/terapeutica**, Pflicht-/Schutz-/Heilimpfung f.

vaccìnico, (-a) <-ci, -che> agg *med* {LANCETTA, LINFA} Impf-.

vaccìno① m *med* {ANTIVAIOLOSO} Impfstoff m, Vakzine f *scient*: ~ **contro l'influenza**, Grippeimpfstoff m.

vaccìno②, (-a) agg **1** (*di mucca*) {FORMAGGIO, LATTE} Kuh- **2** (*bovino*): **bestiame** ~, Rind(vieh) n.

vaccinoprofilàssi <-> f *med* Schutzimpfung f.

vacillaménto m **1** (*incertezza*) {+PERSONA ANZIANA} Wanken n, Schwanken n, unsicherer Gang **2** (*instabilità*) {+LAMPADARIO} Wackeln n; {+FIAMMA} Flackern n; {+LUCE} Flimmern n **3** *fig* {+GOVERNO} Wanken n; {+DOLLARO} Schwanken n, Schwankungen f pl **4** *fig* {+FEDE} Wanken n, Schwanken n.

vacillànte agg **1** {PASSO} wankend, schwankend, unsicher; {LUCE} flimmernd; {FIAMME} flackernd **2** *fig* {SALUTE} schwankend; {FEDE} *anche* wankend **3** *fig* {GOVERNO} wankend.

vacillàre itr **1** (*barcollare*) ~ **per qc** {RAGAZZA PER UN MALORE, PER LA STANCHEZZA} vor etw (dat) schwanken, vor etw (dat) taumeln: ~ **sulle gambe**, weiche/wacklige/zittrige Knie haben **2** (*oscillare*) ~ **per qc** {LAMPADARIO PER UNA SCOSSA DI TERREMOTO} wegen etw (gen) wackeln, wegen etw (gen) beben **3** (*ondeggiare*) {LUCE} flimmern, {FIAMMA} flackern **4** *fig* (*perdere stabilità*) {GOVERNO} wanken; {EURO} schwanken **5** *fig* (*perdere forza*) {FEDE} wanken, schwanken: **la sua mente cominciava a** ~, sein/ihr Verstand begann nachzulassen; **gli vacilla la memoria**, sein Gedächtnis lässt nach.

vacuità <-> f **1** *rar* (*vuotezza*) Leere f **2** *fig* (*inutilità*) {+DISCORSO, PAROLE DI QU, PERSONA} Leere f *spreg*, Hohlheit f *spreg*, Geistlosigkeit f, Nichtssagende n decl come agg.

vàcuo, (-a) Ⓐ agg *fig* **1** (*vuoto*) {VITA} inhaltsleer, inhaltslos; {SGUARDO} leer *spreg*; {UOMO} hohl *spreg*: **discorso** ~, leeres Gerede *spreg*, hohles Geschwätz *spreg* **2** (*vano*) {PROMESSA} leer Ⓑ m *rar* (*il vuoto*) Hohlraum m.

vacuòmetro m *fis* Vakuummeter n.

vàda 1ª, 2ª e 3ª pers sing del congv pres di andare.

vademècum <-> m (*manuale*) {+INGEGNERE} Leitfaden m, Lehrbuch n, Ratgeber m, Vademekum n *forb*.

vàde rètro Sàtana loc inter *lat scherz* (*di rifiuto*) führe mich nicht in Versuchung! *scherz*; weiche von mir, Satan! *scherz*.

vàdo 1ª pers sing dell'ind pres di andare.

va e vièni <-> loc sost m (*andirivieni*) {+GENTE, PASSANTI} Kommen und Gehen n; {+ONDE} Hin und Her n.

vàffa → **vaffanculo**.

vaffancùlo *volg* Ⓐ inter (*di rabbia nei confronti di qu o di qc*) leck mich am Arsch! *volg*: **e quando ti ho licenziato cosa hai fatto?** – **Gli ho detto: «**~**!» e me ne sono andato**, und was hast du gemacht, als er dir gekündigt hat? – Ich habe (ihm) gesagt: «Leck mich am Arsch! *volg*» und bin (weg)gegangen Ⓑ m Götzzitat n.

vagabónda f → **vagabondo**.

vagabondàggine f (*modo di vivere*) Vagabundenleben n.

vagabondàggio <-gi> m **1** (*modo di vivere*) {+ZINGARI} Landstreicherei f **2** (*il girovagare*) {TURISTICO} Streifzug m.

vagabondàre itr **1** (*fare il vagabondo*)

{GIOVANE} vagabundieren forb, herum|strolchen spreg, stromern spreg, sich herum|treiben fam spreg 2 (girovagare) ~ (+ compl di luogo) {AMICO IL BOSCO, PER LA GERMANIA} durch etw (acc) streifen, (in etw dat) herum|ziehen fam; {AMICO PER LA CITTÀ} anche (in etw dat) herum|bummeln fam, (durch etw acc) bummeln fam 3 fig (vagare) ~ con qc {CON L'IMMAGINAZIONE} sich etw (dat) hin|geben, sich etw (dat) überlassen, etw (dat) freien Lauf lassen.

vagabóndo, (-a) Ⓐ agg 1 {ANIMALI} streunend; {GENTE} anche herumvagabundierend spreg 2 (da vagabondo) {VITA} Vagabunden- 3 (vagante) {NUVOLA} ziehend; fig {PENSIERO} umherschweifend Ⓑ m (f) 1 Vagabund(in) m(f) obs 2 spreg Landstreicher(in) m(f), Herumtreiber(in) m(f) fam spreg; (fannullone) Faulenzer(in) m(f) spreg, Taugenichts m spreg obs 3 (giramondo) (Welten)bummler(in) m(f), Globetrotter(in) m(f).

vagànte agg 1 {PALLOTTOLA} verirrt; {MINA} Treib- 2 fig {SGUARDO} umherschweifend.

vagàre <vago, vaghi> itr 1 (girovagare) ~ + compl di luogo {RAGAZZO PER LA CAMPAGNA, PER LA CITTÀ} (irgendwo) umher|ziehen, durch etw (acc) streifen, durch etw (acc) ziehen: ~ senza meta, ziellos umherirren; {LEONE PER LA SAVANA} etw durchstreifen, irgendwo herum|ziehen fam; {AEREO NEL CIELO} (irgendwo) umher|fliegen 2 fig (spostarsi) umher|schweifen, wandern: il suo sguardo vagava da un'immagine all'altra, sein/ihr Blick wanderte von einem Bild zum anderen; ~ con la mente/fantasia, ⌊den Gedanken⌋/[seiner Phantasie] freien Lauf lassen, sich ⌊seinen Gedanken⌋/[seiner Phantasie] überlassen.

vagheggiàre <vagheggio, vagheggi> tr qu/qc 1 fig (sognare) {AMATA, UN ROSEO AVVENIRE, GLORIA, SUCCESSO} sich (dat) jdn/etw erträumen, sich (dat) jdn/etw ersehnen, jdn/etw herbei|sehnen 2 lett (contemplare) {FIGLIO} jdn liebevoll an|sehen; {STAR} jdn/etw an|himmeln form; {STELLE} etw betrachten.

vagheggiàto, (-a) agg fig (desiderato) {SUCCESSO, VIAGGIO} erträumt, ersehnt.

vaghézza f 1 (approssimazione) {+CONTORNO, LINEE} Verschwommenheit f, Unbestimmtheit f: esprimersi/[accennare qc] con ~, ⌊sich vage ausdrücken⌋/[etw nur vage andeuten] 2 (bellezza) {+LINEAMENTI, PAESAGGIO, STILE} Anmut f, Liebreiz m.

vagìna f anat Scheide f, Vagina f scient.

vaginàle agg anat med {INFIAMMAZIONE} Scheiden-, Vaginal- scient.

vaginìsmo m med Scheidenkrampf m, Vaginismus m scient.

vaginìte f med Scheidenentzündung f, Vaginitis f scient, Kolpitis f scient.

vagìre <vagisco> itr 1 {NEONATO} wimmern 2 fig (essere ai primordi) {ARTE, CIVILTÀ, LINGUA} sich im Anfangsstadium befinden, noch in den Kinderschuhen stecken.

vagìto m 1 (pianto) {+NEONATO} Wimmern n, Gewimmer n 2 ⌊solo pl⌋ fig (inizio) {+CIVILTÀ} Anfang m, Ursprung m.

vàglia <> m (titolo di credito) Anweisung f: ~ bancario/postale, Bank-/Postanweisung f; fare un ~, eine Postanweisung abschicken.

vagliàre <vaglio, vagli> tr ~ qc 1 {GRANO} etw sieben; {GHIAIA, SABBIA} anche durch|sieben 2 (esaminare) {PROPOSTA, RICHIESTA} etw prüfen; {PAROLE} etw ab|wägen.

vagliatùra f 1 (operazione) Sieben n; fig Prüfung f 2 (materiale residuo) Abfall m; {+GRANO} Spreu f.

vàglio <vagli> m 1 fig (esame) Prüfung f, Abwägen n: fare un ~ delle soluzioni alter-

native, die Alternativen ⌊genau prüfen/abwägen⌋/[einer genauen Prüfung unterziehen]; le dichiarazioni dei testimoni sono ora al ~ degli inquirenti, die Zeugenaussagen liegen jetzt der Untersuchungsbehörde zur Prüfung vor; passare al ~ qc, etw prüfen, etw unter die Lupe nehmen; non resistere al ~ della critica, einer kritischen Prüfung nicht standhalten 2 tecnol Sieb n.

vàgo① <vaghi> m anat Vagus m scient.

vàgo②, (-a) <vaghi, vaghe> Ⓐ agg 1 (imprecisato) {MALESSERE} unbestimmt; {SOSPETTO} anche vag(e), dunkel, leise 2 (debole) {INDIZI, SPERANZA} schwach; {RICORDO, SOMIGLIANZA} anche vag(e) Ⓑ m (indeterminato) Vage n decl come agg, Unbestimmte n decl come agg: tenersi/restare nel ~ (riguardo a qc), sich nicht festlegen, etw offen|lassen.

vagolàre itr lett (andare vagando) ~ (+ compl di luogo) durch etw (acc) streifen, (uso assol) umher|ziehen.

vagonàta f 1 (contenuto) Wagenladung f 2 fig fam (grande quantità) ~ di qc {+ LIBRI, STOVIGLIE} Berg m von etw (dat)/+ gen pl/+ nom sing; {+ROBA DA LAVARE} Ladung f fam + nom/+ gen pl, Haufen m fam + nom/+ gen pl: una ~ di patate marce, eine Ladung/ein Haufen fauler Kartoffel fam.

vagoncìno <dim di vagone> m 1 {+TELEFERICA} Kippkasten m 2 min (carrello) Kipplore f.

vagóne m 1 ferr Wagen m, Waggon m: ~ letto/ristorante/merci, Schlaf-/Speise-/Güterwagen m 2 (contenuto) {+ ALIMENTARI, COPERTE} Wagenladung f 3 fig fam (mucchio) ~ di qc {DIFETTI, STOVIGLIE} Berg m von etw (dat)/+ gen pl/+ nom sing; {+ROBA DA LAVARE} Ladung f fam + nom/+ gen pl, Haufen m fam + nom/+ gen pl: ~ un ~ di giocattoli nuovi, eine Ladung/ein Haufen neues Spielzeug 4 fig fam (obeso) Dickwanst m fam spreg, Fettkloß m fam spreg.

vagonétto <dim di vagone> m 1 kleiner Wagen 2 (in miniera) Bergwerkswagen m, Kippwagen m.

vài 2ª pers sing dell'ind pres di andare.

vainìglia → vaniglia.

vaiòlo ~ m med Pocken pl.

vaiolóso, (-a) med Ⓐ agg {VIRUS} Pocken- Ⓑ m (f) (malato) Pockenkranke mf decl come agg.

val → valle.

val. banca econ abbr di valuta: Währung.

valànga <-ghe> f 1 {+NEVE} Lawine f 2 fig (enorme quantità) ~ di qc {+PRATICHE} Berg m von etw (dat)/+ gen pl/+ nom sing, Haufen m fam + nom/+ gen pl; {+LETTERE} anche Unmenge f fam + nom/+ gen pl; {+PROTESTE} Flut f von etw (dat); {+TURISTI} Schwarm m von etw (dat), riesige Menge fam + nom/+ gen pl: ~ di improperi, Schimpfkanonade f fam; ~ di parole, Wortschwall m ⋄ a ~ fig (con veemenza), ungestüm forb, wie wild fam; precipitarsi a ~ verso qu fig, sich wie wild auf jdn stürzen, sich wie wild auf jdn werfen; azzurra/rosa fig giorn sport (nazionale di sci), italienische Herren-/Frauenskimannschaft.

valchìria f 1 mitol Walküre f 2 fig scherz (ragazza nordica) Walküre f scherz.

valdése① relig Ⓐ agg {CHIESA EVANGELICA, COMUNITÀ} waldensisch Ⓑ mf Waldenser(in) m(f).

valdése② Ⓐ agg {VALLE} waadtländisch Ⓑ mf (abitante) Waadtländer(in) m(f).

valdostàno, (-a) Ⓐ agg Aostatal-, aus dem Aostatal Ⓑ m (f) (abitante) Bewohner(in) m(f) des Aostatals.

valènte agg (abile) ~ (in qc) {LATINISTA, MEDICO} (in etw dat) tüchtig, (in etw dat) erfahren; {OPERAIO} anche (in etw dat) geschickt: è

~ nello studio, er/sie lernt/studiert tüchtig.

Valentìna f (nome proprio) Valentine.

Valentìno m (nome proprio) Valentin.

valènza f 1 biol {CROMOSOMICA} Valenz f; chim ling {+ELEMENTO, SINTATTICA} anche Wertigkeit f 2 fig giorn lett (valore) {POSITIVA} Bedeutung f; {IDEOLOGICA, SOCIALE} anche Wert m.

valére <irr valgo, valsi, valso> Ⓐ <essere rar avere> 1 (contare) {AZIONE, CARICA, PERSONA} zählen: fare ~ qc, {IDEE, OPINIONI} etw (dat) Gehör verschaffen; farsi ~, sich (dat) Geltung verschaffen; non sai quanto vale per lui questo lavoro, du weißt überhaupt nicht, wie viel diese Arbeit für ihn bedeutet; la sua approvazione vale molto/poco, seine/ihre Zustimmung zählt viel/wenig; ~ per qc {PUNTI, TITOLI PER LA CLASSIFICAZIONE} für etw (acc) zählen; (nei giochi di carte) zählen; la regina vale più del fante, die Dame zählt mehr als der Bube 2 (essere abile, capace) ~ (in qc) {AVVOCATO, CUOCO, MEDICO, TRADUTTORE NEL PROPRIO LAVORO} (in etw dat) (et)was können, (in etw dat) fähig sein, (in etw dat) (et)was taugen, (in etw dat) tüchtig sein: come pianista vale poco, als Pianist taugt er/sie nicht viel; ~ più/meno di qu/qc, mehr/weniger können/taugen als jd/etw; gli faccio vedere io quello che valgo!, ich werde ihm (schon) zeigen, ⌊was ich kann⌋/[wer ich bin]!; vale più lei da sola che voi cinque messi insieme!, ⌊sie taugt allein mehr⌋/[allein ist sie mehr wert] als ihr fünf zusammen!, sie steckt euch alle fünf in die Tasche! fam 3 (essere valido) ~ (per qu/qc) {ESEMPIO, FIRMA, PAROLA DI QU PER TUTTI} (für jdn/etw) gelten; non vale!, das gilt nicht!, das ist nicht fair!; vale!, abgemacht!; questo discorso vale anche per te!, das (Gesagte) gilt auch für dich!; (per) quanto vale il biglietto?, wie lange ⌊gilt die Karte⌋/[ist die Karte gültig]?; dir {ATTO} gültig sein, Gültigkeit haben; far ~ un diritto, ein Recht/einen Anspruch geltend machen 4 (essere utile) ~ (a qu/qc) {AIUTO DI QU, CONSIGLIO DI QU} jdm/etw nützen, jdm/etw helfen, jdm/etw dienen, (jdm/etw) von Nutzen sein: a che vale fare qc?, was nützt/bringt es, etw zu tun?; vale più..., che..., das ist ⌊mehr wert⌋/[nützlicher,] als ...; le mie preghiere non sono valse (a niente), meine Bitten/Gebete haben nichts genützt; a nulla gli valse scappare via di corsa, es nützte ihm nichts, dass er schnell weglief 5 (avere un certo valore) {DIPINTO, GIOIELLO, MOBILE} wert sein: quanto vale questa collana?, wie viel ist diese Halskette wert?; ~ di più/meno, mehr/weniger wert sein; fig fam non ~ ⌊un accidente⌋/[una cicca]/[un fico (secco)] fam, keinen/[nicht einen] Pfifferling/Pappenstiel wert sein fam; non vale un gran che, {OROLOGIO, SERVIZIO DI PIATTI, ecc.} das/es ist nicht viel wert; {CUSTODE, IMPIEGATO, RAGAZZA, ecc.} er/sie taugt nicht viel; comm kosten; econ {EURO, TITOLO} wert sein; il dollaro al momento vale 0,73 euro, der Dollar steht im Moment bei 0,73 Euro; un miglio vale circa 1600 metri, eine Meile entspricht ungefähr 1600 Metern; fig {GIUDIZIO, OPINIONE, POESIA, QUADRO, ROMANZO, SPETTACOLO} wert sein, taugen, Wert besitzen 6 (essere sufficiente) ~ (a fare qc) etw können; aus|reichen, um etw zu tun; genügen, um etw zu tun; etw vermögen: la sua buona volontà non vale a promuoverlo, sein guter Wille allein ist noch kein Grund, ihn zu befördern Ⓑ tr itr (equivalere) ~ (a) qc {NUMERO, PAROLA, TERMINE} so viel bedeuten wie etw (nom), etw (dat) gleich|kommen: la sua frase vale un rimprovero, sein/ihr Satz kommt einem Vorwurf gleich; il risultato non vale la fatica che costa, das Er-

gebnis ist der/die Mühe nicht wert; ~ **a qc** {A UN'OFFESA} *etw* (dat) gleich|kommen, praktisch *etw* (nom) sein **C** tr *<avere>* *forb* (*procurare*) ~ **qc a qu** {SCOPERTA PREMIO NOBEL} *jdm etw* ein|bringen, *jdm etw* ein|tragen: **quel gesto gli valse una grande simpatia da parte del pubblico**, diese Geste hat ihm beim Publikum große Sympathien eingebracht **D** *itr pron* (*servirsi*) **valersi di qu per qc** {DI UNA GUIDA PER LA SALITA} sich (*für etw* acc) *jds* bedienen; **valersi di qu per fare qc** sich *jds* bedienen, *um etw zu tun*; **valersi di qc per qc** {DELL'APPOGGIO DI QU PER LA CARRIERA} sich (dat) (*für etw* acc) *etw* zunutze machen ● **dare qc a qu per quel che vale** (*al prezzo di costo*), {AUTOMOBILE, TAPPETO, TELEVISORE, *ecc.*} *jdm etw* zum Unkostenpreis überlassen; *fig* (*senza essere sicuri della sua veridicità*), {FATTO, NOTIZIA} *jdm etw* so weiter|geben/weiter|sagen, wie man es gehört hat; **vale a dire...** (*significa che...*), das heißt..., beziehungsweise ..; **vale a dire?** (*che cosa vuol dire?*), was soll das heißen?, (und) das heißt? *fam*; (non) ~ **la** *fatica*/**la pena**/**la spesa**, die Mühe/die Arbeit/das Geld (nicht) wert sein; **valer meglio...** (*essere meglio...*), am besten sein; **questa segretaria vale per tre**/**dieci** *fig* (*è molto capace*), diese Sekretärin arbeitet für drei/zehn; *tanto* **vale!**, das kommt auf dasselbe heraus!; **tanto vale**/**valeva**/**varrebbe** ⌐**che non ...** *congv*⌐/[**non ...** *inf*⌐, dann braucht/brauchte man gar nicht erst (zu) ... *inf*; **tanto vale dirglielo subito**, dann kann man es ihm auch (genauso gut) gleich sagen; **uno vale l'altro**, es ist eins wie das andere, das bleibt sich gleich.
Valèria f (*nome proprio*) Valeria.
valeriàna f *bot* Baldrian m, Katzenkraut n.
Valèrio m (*nome proprio*) Valerius.
valévole agg (*valido*) ~ **per**/**a qc** {BIGLIETTO PER IL RITORNO, INCONTRO PER IL TITOLO, AI FINI DELLA CLASSIFICAZIONE} *für etw* (acc) gültig.
vàlgo① 1ª *pers sing dell'ind pres di* valere.
vàlgo②, (-a) *<valghi, valghe>* agg *med* {GOMITO} (nach) innen gedreht/gewölbt, lateralkonkav *scient*; **alluce** ~, Hallux valgus m *scient*; **ginocchio** ~, X-Bein n, Genu valgum n *scient*; **piede** ~, Knickfuß m.
valicàbile agg (*che si può valicare*) {CONFINE, PASSO} passierbar.
valicabilità <-> f {+CONFINE} Passierbarkeit f.
valicàre *<valico, valichi>* tr (*attraversare*) ~ **qc** {ALPI, CORSO D'ACQUA, MONTE, TORRENTE} *etw* passieren, *etw* überqueren.
vàlico *<-chi>* m 1 (*l'attraversare*) Übergang m, Überschreitung f, Passieren n; {+FIUME} Überfahrt f, Übersetzen n 2 (*luogo*) {ALPINO} (Berg)pass m: ~ **di frontiera**, Grenzübergang m.
validità <-> f 1 (*capacità*) {+COLLABORATORE, UOMO} Tüchtigkeit f 2 (*efficacia*) {+AIUTO, METODO, PROTEZIONE} Wirksamkeit f, Effizienz f 3 *amm* {+DOCUMENTO, TESSERA} Gültigkeit f: **il biglietto ha una** ~ **di cinque gorni**, die Fahrkarte ist fünf Tage lang gültig; *dir* {+ATTO, MATRIMONIO} (Rechts)gültigkeit f 4 (*l'essere convincente*) {+RAGIONE} Triftigkeit f; {+OBIEZIONE} Berechtigung f, {+ARGOMENTO} Stichhaltigkeit f; {+PROVA} *anche* Schlüssigkeit f 5 (*l'essere di qualità*) {+OPERA, SCRITTORE} Größe f 6 (*l'aver valore*) {+OFFERTA, PROPOSTA} Ernsthaftigkeit f.
vàlido, (-a) agg 1 (*capace*) {COLLABORATORE, UOMO} tüchtig, fähig 2 (*efficace*) {CONTRIBUTO, RESISTENZA} wirksam; {AIUTO, METODO, ORGANIZZAZIONE, SISTEMA D'ALLARME} effizient 3 *amm* {DOCUMENTO, PASSAPORTO} gültig: **il biglietto è** ~ **una settimana**, die Fahrkarte ist eine Woche lang gültig; **carta d'identità va-**

lida per l'espatrio, für die Ausreise gültiger Personalausweis; *dir* {ATTO, MATRIMONIO} (rechts)gültig 4 (*convincente*) {RAGIONE} triftig; {OBIEZIONE} berechtigt; {ARGOMENTO} stichhaltig; {PROVA} *anche* schlüssig 5 (*di valore*) {OPERA, REGISTA, SCRITTORE} groß, bedeutend 6 (*che ha valore*) {OFFERTA, PROPOSTA} ernsthaft: **il nostro appuntamento è sempre** ~?, bleibt es bei unserer Verabredung?; **il principio è** ~ **per tutti**, das Prinzip gilt für alle 7 *sport* (*permesso*) {COLPO, MOSSA, TIRO} erlaubt.
valigerìa f 1 (*assortimento*) Lederwaren f pl 2 (*negozio*) Lederwarengeschäft n, Lederwarenhandlung f 3 (*fabbrica*) Lederwarenfabrik f 4 (*settore*) Lederwarenindustrie f.
valìgia *<-gie o rar -ge>* f (*contenitore*) Koffer m: **fare**/**disfare le valigie**, (die Koffer) packen/auspacken ● ~ **diplomatica**, Kuriergepäck n; **fare le valigie** *fig* (*andarsene*), einpacken, seine Koffer packen.
Vàlium® m *farm* Valium® n.
vallàta f (*valle*) Tal(ebene f) m.
vàlle *<val->* **A** f 1 *geog* {FLUVIALE, GLACIALE, PROFONDA} Tal n: **Val di Susa**, Susatal n; ~ **a U**/**V**, Trog-/Kerbtal n 2 *geog* (*laguna*) {+COMACCHIO} Lagune f **B** loc prep 1 **a** ~ **del fiume**, fluss-, stromabwärts; **a** ~ **del paese**, talabwärts des Dorfes 2 (*in basso, giù*): **a** ~, tal(ab)wärts; **scendere a** ~, ins Tal ⌐hinab-/hinuntersteigen⌐/ [hinab-/ hinunterfahren] ● ~ **di lacrime** *bibl*, Jammertal n; ~ **dell'onda**, Wellental n.
Vàlle d'Aòsta f *geog* Aostatal n.
Vallèse m *geog* Wallis m.
vallétta f *TV* Assistentin f.
vallétto m 1 (*usciere*) Gemeindediener m 2 *stor* Page m, Knappe m 3 *TV* Assistent m.
valligiàno, (-a) **A** agg {POPOLAZIONI} Tal- **B** m (f) (*abitante*) Talbewohner(in) m(f).
vallìvo, (-a) agg 1 (*della valle*) {TERRENO} (Fluss)tal- 2 (*della laguna*) {FAUNA, PESCA} Lagunen-.
vàllo① m 1 *stor* Schanzwerk n *stor*, Wall m: ~ **adriano**, Hadrianswall m 2 *mil* Schützengraben m, Wall m: ~ **occidentale**, Westwall m ● ~ **morenico** *geol*, Moränenwall m.
vàllo② 2ª *pers sing dell'imperat di* andare① + lo.
vallóne① *<accr di* valle*>* m 1 (*valle*) Schlucht f 2 (*fiordo*) Ria f.
vallóne②, (-a) *geog* **A** agg {TRADIZIONE} wallonisch **B** mf Wallone m, Wallonin f **C** m (*lingua*) Wallonische n.
valóre **A** m 1 (*qualità positive*) {+INSEGNANTE, UOMO} Wert m 2 (*capacità*) Fähigkeit f, Tüchtigkeit f: **un uomo**/**medico**/**musicista di** ~, ein ⌐wertvoller Mensch⌐/[fähiger Arzt]/[ausgezeichneter Musiker] 3 (*coraggio*) Mut m, Tapferkeit f: **lottare con** ~, sich tapfer schlagen; **dare prova di grande** ~, großen Mut beweisen 4 (*caratteristica*) {AFFETTIVO +GIOIELLO, NUTRITIVO +ALIMENTO} Wert m 5 (*prezzo*) {+CASA, MERCE} Wert m, Preis m 6 (*pregio*) {ARTISTICO, DOCUMENTARIO +MONUMENTO, OPERA D'ARTE} Wert m: **un oggetto di grande**/**scarso** ~, das ist ein ⌐sehr wertvoller⌐/[recht wertloser] Gegenstand 7 (*validità*) {+DOCUMENTO, RICEVUTA} Gültigkeit f, Geltung f: ~ **legale**, rechtliche Gültigkeit 8 (*importanza*) {+NOTIZIA, SCELTA, SCOPERTA} Bedeutung f; {+GIUSTIZIA, VITA} *anche* Wert m 9 (*significato*) {+SEGNO, VOCABOLO, TEMPORALE} Bedeutung f, Sinn m: **un gesto che ha** ~ **di assenso**, ein Zeichen der Zustimmung 10 *<di solito al pl>* (*bene*) {+SPIRITO ETICI, SOCIALI, UMANI} Werte m pl 11 *<solo pl>* (*oggetti preziosi*) Wertsachen f pl, Wertgegenstände m pl 12 *<solo pl>* *arte* {LUMINISTICI, SPAZIALI +OPERA} Werte m pl 13 *econ* Wert m: ~ **d'acquisto**,

Anschaffungs-, Kaufwert m; **aumentare**/**minuire di** ~, an Wert zunehmen/abnehmen; ~ **aggiunto della produzione**, Mehrwert m; ~ **commerciale**, Handelswert m; ~ **dichiarato**, Wertangabe f, deklarierter Wert; ~ **di mercato**, Marktwert m; ~ **nominale**, Nominal-, Nennwert m; ~ **di scambio**, Tauschwert m; ~ **d'uso**, Gebrauchswert m 14 *<solo pl>* *econ* Wertpapiere n pl: **valori bollati**, Wertmarken f pl, Postwertzeichen n; **valori mobiliari**, Wertpapiere n pl 15 *mat mus* {+INCOGNITA, PAUSA} Wert m; *<di solito al pl>* (*grandezza*) Größe f, Rang m **B** loc prep: **con** ~ **di qc** (*funzione*), kraft *etw* (gen); **atti con** ~ **di legge**, Rechtsakte mit Gesetzeskraft; **un aggettivo con** ~ **di avverbio**, ein adverbial gebrauchtes Adjektiv ● ~ **della causa** *dir*, Streitwert m; ~ **facciale** *econ numism*, Nennwert m.
valorizzàre tr 1 (*far aumentare di valore*) ~ **qc** {MERCE} *etw* auf|werten; {CITTÀ, ZONA} *anche etw* erschließen; {APPARTAMENTO} *etw* im Wert steigen lassen, den Wert *von etw* (dat) steigern 2 (*mettere in risalto*) ~ **qc** {TRUCCO COLORE DEGLI OCCHI} *etw* hervor|heben; {VISO} *etw* hervortreten lassen 3 (*abbellire*) ~ **qc** {MOBILE, STANZA} *etw* verschönern 4 *fig* (*far esprimere al meglio*) ~ **qu**/**qc** {LAVORO IMPIEGATO, CAPACITÀ DI QU, CATEGORIA, INVENZIONE} *jdn*/*etw* zur Geltung kommen lassen, *jdn*/*etw* auf|werten.
valorizzatóre, (-trice) **A** agg 1 aufwertend, wertsteigernd 2 *fig* aufwertend **B** m (f) Schätzer(in) m(f), Taxator(in) m(f).
valorizzazióne f 1 (*abbellimento*) {+STANZA} Verschönerung f 2 {+PERSONA} Aufwertung f 3 {+IMMOBILE} Wertsteigerung f, Wertzuwachs m; {+LOCALITÀ, ZONA} Erschließung f; {+SCOPERTA} Wertverleihung f 4 *banca econ* {+ASSEGNO, MERCI} Valorisation f, Valorisierung f.
valoróso, (-a) **A** agg 1 (*coraggioso*) {CAPITANO, POPOLO} tapfer; {AZIONE, IMPRESA} *anche* mutig 2 (*abile*) {FUNZIONARIO, INSEGNANTE} tüchtig, fähig **B** m (f) Tapfere mf *decl come agg*, mutiger Mensch.
valpolicèlla <-> m *enol* Valpolicella m (*trockener Rotwein aus Venetien*).
valsesiàno, (-a) **A** agg der Valsesia, des Sesiatals, Sesiatal- **B** m (f) (*abitante*) Bewohner(in) m(f) des Sesiatals.
vàlsi 1ª *pers sing del pass rem di* valere.
vàlso *part pass di* valere.
valsuganòtto, (-a) **A** agg der Valsugana, des Suganertals, Suganertal- **B** m (f) (*abitante*) Bewohner(in) m(f) des Suganertals.
valtellinése **A** agg der Valtellina, des Veltlins, Veltlin-, Veltliner **B** mf (*abitante*) Bewohner(in) m(f) des Veltlins.
valùta f (*abbr* val.) *econ banca* 1 (*moneta*) {CONVERTIBILE, DEBOLE, FORTE}, (*moneta straniera*) Devisen pl, Sorten pl: ~ **in contanti**, Bargeld n, Bardevisen pl; ~ **a corso legale**, amtlicher Kurswert; ~ **nazionale**/**estera**, Landeswährung f/[ausländische Währung]; ~ **pregiata**, starke Währung 2 (*data*) Valuta f, Wertstellung f.
valutàbile agg (*calcolabile*) (ab)schätzbar: **i danni sono valutabili intorno ai cinque milioni**, der Schaden beläuft sich schätzungsweise auf fünf Millionen.
valutabilità <-> f Berechenbarkeit f, Schätzbarkeit f.
valutàre tr 1 *comm* (*stimare*) ~ **qc** {CASA, COLLANA, MOBILE} *etw* schätzen 2 (*calcolare*) ~ **qc** {DANNI, PERDITE} *etw* schätzen; {DISTANZA} *anche etw* ab|schätzen: **ho valutato a occhio e croce il peso del pacco**, ich habe das Gewicht des Paket(e)s grob/[nach Augenmaß] geschätzt 3 (*considerare*) ~ **qc** {CONSEGUEN-**

ZE, RISCHI} *etw* ab|wägen, *etw* ab|schätzen: **dobbiamo ~ il pro e il contro di questa soluzione**, wir müssen das Für und (das) Wider dieser Lösung abwägen **4** (*tener conto*) **~ qc** {RITARDO} *etw* ein|kalkulieren **5** *fig* (*giudicare*) **~ qu/qc** {PERSONA, CAPACITÀ DI QU, GRAVITÀ DI QC} *jdn/etw* beurteilen, *jdn/etw* bewerten: **~ troppo/[troppo poco] qu**, *jdn* zu hoch/gering schätzen, *jdn* über-/unterschätzen; **valuta se ti conviene**, überlege, ob es sich für dich lohnt.

valutàrio, (-a) <-ri *m*> *agg econ banca* {ACCORDO, MERCATO, RISERVA} Währungs-, Devisen-.

valutatìvo, (-a) *agg* {GIUDIZIO} Schätzungs-, Schätz-, Bewertungs-.

valutazióne *f* **1** *comm* {+CASA, TERRENO} Schätzung *f*; (*calcolo*) {APPROSSIMATIVA +DANNI} Abschätzen *n*, Abschätzung *f*, Abwägen *n*, Abwägung *f* **3** *fig* (*giudizio*) {+ALLIEVO, SITUAZIONE, TITOLI} Bewertung *f*, Beurteilung *f* **4** *dir* (*apprezzamento*) {+PROVE} Würdigung *f* ● **~ del rischio**, Risikobewertung *f*.

vàlva *f* **1** *bot* Klappe *f*, Schließhäutchen *n* **2** *zoo* Muschelschale *f*.

vàlvola *f* **1** *anat* {CARDIACA, PILORICA} Klappe *f*: **~ mitrale**, Mitralklappe *f* **2** *elettr* Sicherung *f*; {+TELEVISIONE, ecc.} Röhre *f* **3** *mecc* Ventil *n*: **~ di alimentazione/regolazione**, Zuführungs-/Regel(ungs)ventil *n*; **~ a farfalla**, Drosselklappe *f*; **~ di spurgo**, Ablassventil *n* ● **~ di sfogo** *mecc*, Explosionsklappe *f*; (*fig possibilità*), Ablassventil *n*; **~ di sicurezza** *mecc anche fig*, Sicherheitsventil *n*.

vàlzer <-> *m* (*danza*) Walzer *m*; (*musica*) *anche* Walzermusik *f*.

vamp <-, -s *pl ingl*> *f ingl* (*attrice*) Vamp *f*.

vàmpa *f* **1** {+FUOCO} Flamme *f* **2** {+FORNO, SOLE} Glut *f*, Hitze *f* **3** {+PISTOLA} Mündungsfeuer *n* **4** (*rossore*) {+VERGOGNA} Röte *f*, Glut *f*.

vampàta *f* **1** (*di calore*) Hitze(welle) *f* **2** (*fiamma*) {+INCENDIO} Stichflamme *f* **3** *fig* (*ondata*) {+GELOSIA, IRA} Anfall *m*.

vampirésco, (-a) <-schi, -sche> *agg spec fig* Vampir-, vampirhaft; {TASSI} Blutsauger-.

vampirizzàre *tr* **~ qu** *jdm* das Blut aus|saugen **2** *fig jdn* (bis aufs Blut) aussaugen.

vampìro *m* **1** (*spettro*) Vampir *m* **2** *fig* (*usuraio*) Vampir *m spreg*, Blutsauger *m spreg*, Wucherer *m spreg* **3** *zoo* Vampir *m*.

van <-> *m ingl* (*per trasporto di cavalli*) Pferdewagen *m*.

VAN *f inform abbr dell'ingl* Value-Added Network (*rete a valore aggiunto*) VAN *n* (Mehrwertnetz, Datenübertragungsnetz).

vanàdio <-> *m chim* Vanadium *n*, Vanadin *n*.

vanaglòria *f* (*boria*) Geltungssucht *f*, Eitelkeit *f*.

vanagloriàrsi <mi vanaglorio, ti vanaglori> *itr pron* (*vantarsi*) prahlen, groß|tun *fam spreg*, sich auf|spielen *fam spreg*, sich in die Brust werfen, an|geben *fam*.

vanagloriósco, (-a) **A** *agg* (*borioso*) {PAROLE} prahlerisch, eitel *spreg*; {PERSONA} *anche* geltungssüchtig **B** *m* (*f*) (*persona*) Eitle *mf decl come agg spreg*, Prahlhans *m*, Angeber(in) *m*(*f*) *fam*.

vandàlico, (-a) <-ci, -che> *agg* **1** *stor* {GUERRA, INCURSIONE} wandalisch **2** *fig* (*da vandalo*) {ATTO, DISTRUZIONE} wandalisch *forb spreg*, vandalisch *forb spreg*, zerstörungswütig.

vandalìsmo *m* Wandalismus *m forb spreg*, Vandalismus *m forb spreg*, (blinde) Zerstörungswut.

vàndalo *m stor anche fig* Wandale *m forb spreg*, (Wandalin *f forb spreg*), Vandale *m forb spreg*, (Vandalin *f forb spreg*).

vaneggiaménto *m* (*delirio*) {+ESALTATO, MALATO} Phantasieren *n*.

vaneggiàre <vaneggio, vaneggi> *itr* **1** (*delirare*) **~ (per qc)** {MALATO PER IL DOLORE} (*wegen etw* gen) irre|reden, (*wegen etw* gen) phantasieren **2** (*dire assurdità*) phantasieren: **tu vaneggi!**, du phantasierst (ja)! du redest aber-/wahnwitziges Zeug! *fam*.

vanèsio, (-a) <-si *m*> **A** *agg* (*frivolo*) aufgeblasen *fam spreg*, eitel *spreg* **B** *m* (*f*) aufgeblasener *fam spreg*/eitler *spreg* Mensch.

vànga <-ghe> *f* (*attrezzo*) Spaten *m*.

vangàre <vango, vanghi> *tr* **~ (qc)** {CAMPO, TERRA} (*etw*) um|graben.

vangàta *f* **1** (*operazione*) {PROFONDA} Umgraben *n* **2** (*colpo*) Spatenstich *m* **3** (*quantità*) {+TERRA} Spaten(voll) *m* **4** (*vangatura sommaria*) ein paar Spatenstiche *m pl*.

Vangèlo *m relig* **1** {SINOTTICI} Evangelium *n*: **il ~ secondo Giovanni**, das zweite Evangelium nach Johannes; **giurare qc sul ~**, *etw* auf die Bibel schwören **2** (*parte della messa*) Evangelium *n*: **oggi siamo arrivati in Chiesa solo al ~**, heute haben wir erst das Evangelium die Kirche betreten ● **quel che dice è ~ per loro** *fig iron scherz* (*pura verità*), was er/sie sagt, ist für sie (ein) Evangelium; **quel libro è il suo ~** *fig* (*guida*), dieses Buch ist seine/ihre Bibel/[sein/ihr Kredo]; **prendere qc per ~** *fig iron* (*pura verità*), *etw* für bare Münze nehmen.

vanificàre <vanifico, vanifichi> *tr* (*rendere vano*) **~ qc** {SFORZI} *etw* vereiteln, *etw* zunichte machen.

vanìglia *f bot gastr* Vanille *f*.

vanigliàto, (-a) *agg* (*alla vaniglia*) {LIEVITO} Vanille-.

vanillìna *f chim* Vanillin *n*.

vanilòquio <-qui> *m spreg* (*vaneggiamento*) {+ESALTATO, RETORE} Blabla *n fam*, leeres Gerede *fam*, Gefasel *n fam spreg*, Faselei *f fam spreg*.

vanità <-> *f* **1** (*fatuità*) {+PERSONA} Eitelkeit *f spreg*, Selbstgefälligkeit *f*, Eigendünkel *m forb*: **soddisfare/lusingare la ~ di qu**, jds Eitelkeit *spreg* befriedigen/schmeicheln; **avere la ~ di fare qc**, die Stirn haben, *etw* zu tun **2** (*inutilità*) {+FATICA, MINACCIA, PROMESSA, SFORZO} Erfolglosigkeit *f*, Vergeblichkeit *f*, Nutzlosigkeit *f* **3** (*caducità*) {+BELLEZZA, BENI TERRENI} Vergänglichkeit *f*.

vanitóso, (-a) **A** *agg* (*frivolo*) {ATTEGGIAMENTO, PERSONA} eitel *spreg*, selbstgefällig **B** *m* (*f*) eitler Mensch *spreg*.

vànno 3ª *pers pl dell'ind pres di* andare.

vàno① *m* **1** (*spazio*) {+FINESTRA, PORTA} Öffnung *f* **2** (*cavità*) {+RUOTA DI SCORTA} Hohlraum *m*: **~ portabagagli**, Kofferraum *m*; **~ portaoggetti**, Handschuhfach *n* **3** (*stanza*) {ABITABILE} Raum *m*, Zimmer *n*: **appartamento di tre vani**, Dreizimmerwohnung *f*.

vàno②, (-a) *agg* **1** (*senza fondamento*) {PROMESSA} leer; {SPERANZA} unbegründet, eitel *forb*, trügerisch **2** (*inutile*) {MINACCE, PREGHIERE, SFORZO} vergeblich, unnütz; {TENTATIVO} erfolglos, ergebnislos: **ogni ricerca è stata vana**, jegliche Suche war vergeblich; **rendere ~ qc** {LE FATICHE, I SACRIFICI DI QU} *etw* zunichte machen **3** *fig* {PERSONA} nichts sagend, hohl *spreg*.

vantàggio <-gi> *m* **1** (*privilegio, utilità*) {+POSIZIONE, STATURA} Vorteil *m*: **andare a ~ di qu/qc**, jdm/etw zum Vorteil gereichen *forb*; **a mio/tuo/suo ~**, zu meinem/deinem/[seinem/ihrem] Vorteil; **c'è anche il ~ che non è distante**, ein Vorteil ist auch, dass es nicht weit ist; **offrire molti vantaggi**, viele Vorteile bieten; **ogni cosa ha i suoi vantaggi e i suoi svantaggi**, alles hat Vor- und Nachteile; **avere un notevole ~ su/[rispetto a] qu**, jdm gegenüber einen beachtlichen/beträchtlichen Vorteil haben **2** (*distacco*) Vorsprung *m*: **ha un'ora di ~ su di noi, ma lo raggiungeremo**, er hat uns gegenüber eine Stunde Vorsprung, aber wir werden ihn einholen **3** (*profitto*) Nutzen *m*, Gewinn *m*: **trarre ~ da qc**, Nutzen/Gewinn aus *etw* (dat) ziehen; **tornare a ~ di qu**, zu jds Vorteil sein, sich für jdn als nützlich erweisen **4** *sport* Vorsprung *m*: **dare a qu 50 metri di ~**, jdm 50 Meter Vorsprung geben; **alla fine del primo tempo avevamo due reti di ~**, am Ende des ersten Spielabschnitts/[der ersten Halbzeit] hatten wir zwei Tore Vorsprung; (*nel tennis*) Vorteil *m*.

vantaggióso, (-a) *agg* {CONDIZIONE, OFFERTA} vorteilhaft, günstig; {POSIZIONE} *anche* stark.

vantàre **A** *tr* **1** (*lodare*) **~ qc** {BELLEZZA DI QU, PREGI DI QC} *etw* loben, *etw* rühmen **2** (*andar fiero di*) **~ qu/qc** {ANTENATI ILLUSTRI, CONOSCENZE ALTOLOCATE, MOLTE VITTORIE} sich *jds/etw* rühmen; {CITTÀ MUSEI IMPORTANTI} sich *etw* (gen) rühmen dürfen **3** (*rivendicare*) **~ qc** *auf etw* (acc) Anspruch erheben, *etw* beanspruchen: **un diritto/diritti su qc**, einen Anspruch/[Ansprüche] auf *etw* (acc) haben; *econ* {CREDITO} *etw* geltend machen **B** *rfl* (*gloriarsi*): **vantarsi** (*di qc*) {DELLA PROPRIA RICCHEZZA} (*mit etw* dat) an|geben *fam*, (*mit etw* dat) prahlen, sich (*etw* gen) rühmen: **sono aostana e me ne vanto!**, ich bin aus dem Aostatal und bin stolz darauf; **non faccio per vantarmi, ma...** *fam scherz*, ohne angeben zu wollen *fam*/[ich will nicht unbescheiden sein], aber... *anche scherz*; **vantarsi di guidare bene**, damit prahlen, gut fahren zu können.

vantería *f* Angeberei *f fam*, Prahlerei *f spreg*.

vànto *m* **1** (*il vantare*) Prahlen *n*, Angeben *n fam*: **dire qc per ~**, *etw* sagen, um anzugeben *fam*; **menar ~ di qc** *lett*, sich (mit *etw* dat) brüsten *spreg*, (mit *etw* dat) prahlen **2** (*motivo d'orgoglio*) Vorzug *m*, Verdienst *m*: **avere il ~ della bellezza**, den Vorzug der Schönheit haben; **essere il ~ di qu**, jds (ganzer) Stolz sein; **ha il ~ di aver isolato per primo il virus**, ihm kommt das Verdienst zu, den Virus als Erster entdeckt zu haben.

vànvera *loc avv*: **fare le cose a ~**, aufs Geratewohl *fam*/[auf gut Glück]/[unüberlegt] handeln; **parlare a ~**, drauflosreden *fam*, daherreden *spreg*.

vapóre **A** *m* **1** *gener chim fis* {+MERCURIO} Dampf *m*: **~ acqueo**, Wasserdampf *m* **2** (*esalazioni*) {SULFUREO} Dampf *m*, Dunst *m* **3** *mar* Dampfer *m* **B** *loc avv*: **al ~** *gastr*, {PATATE, SOGLIOLA} gedünstet; **cuocere al ~**, dünsten; (*nella pentola a ~*) im Dampfkochtopf garen ● **caldaia/locomotiva/nave a ~**, Dampfkessel *m*/Dampflokomotive *f*/Dampfschiff *n*; **a tutto ~** (*a tutta velocità*), mit Volldampf; **vapori del vino** *fig*, Weinrausch *m*, Weinseligkeit *f*.

vaporétto <dim *di* vapore> *m mar* kleines Motorschiff.

vaporizzàre **A** *tr* <*avere*> **~ qc 1** {INSETTICIDA, LIQUIDO} *etw* zerstäuben; {ACQUA} *anche etw* verdunsten/verdampfen lassen **2** (*nebulizzare*) {PIANTA} *etw* besprühen **3** (*nella cosmesi*) {PELLE, VISO} *etw* mit Dampf behandeln **4** *tess* {FILATO, STOFFA} *etw* (ab)dämpfen **B** *itr pron* <*essere*> *rar* (*evaporare*): **vaporizzarsi** verdunsten.

vaporizzatóre *m* **1** (*evaporatore*) (Wasser)verdunster *m* **2** (*nebulizzatore*) Zerstäuber *m*: **~ per profumo**, Parfümzerstäuber *m*.

vaporizzazióne *f* **1** (*evaporazione*) {+LI-

QUIDO} Verdampfung f, Verdunstung f **2** (*nebulizzazione*) Zerstäubung f **3** *tess* (Ab)dämpfen n.

vaporosità <-> f {+ACCONCIATURA} Duftigkeit f; {+ABITO} *anche* Leichtigkeit f, Luftigkeit f.

vaporóso, (-a) *agg* **1** {CAPELLI} duftig; {ABITO, VELO} *anche* luftig **2** *rar fig* {CONCETTO} verschwommen, unklar.

var, VAR <-> *m elettr abbr dell'ingl* Volt-Ampers Reactive (*unità di potenza reattiva*) VAR (Blindleistungseinheit).

varàre A tr **1** *mar* ~ (*qc*) {NAVE} *etw* vom Stapel lassen **2** *fig* (*dare il via*) ~ *qc* {IMPRESA, PROGETTO} (*etw*) starten; *amm* {PROVVEDIMENTO} *etw* beschließen; *dir* {LEGGE} *etw* verabschieden **3** *fig* (*pubblicare*) ~ *qc* {LIBRO, NUOVA EDIZIONE} *etw* veröffentlichen, *etw* herausgeben **4** *fig scherz* (*promuovere*) ~ *qu* {STUDENTE} *jdn* durchkommen lassen; {CANDIDATO} *jdn* zulassen **5** *sport* {SQUADRA} *etw* aufstellen **6** *teat* {COMMEDIA} *etw* aufführen B *itr pron mar* (*incagliarsi*): **vararsi in costa/secca**, auflaufen, stranden.

varcàre <*varco, varchi*> *tr* ~ *qc* **1** (*attraversare*) {CONFINE, FRONTIERA, MONTI, SOGLIA} *etw* überschreiten, *etw* passieren; {STRADA} *etw* überqueren; {MARE} *anche* über *etw* (*acc*) fahren **2** *fig* (*superare*) {LIMITI DELLA DECENZA} *etw* überschreiten: **ha appena varcato la quarantina**, er/sie hat gerade die Vierzig überschritten.

vàrco <-*chi*> *m* Durchgang *m*, Weg *m*: **aprirsi un** ~ **tra la folla**, sich (dat) einen Weg durch die Menge bahnen ● **aspettare qu al** ~ *fig*, jdm auflauern.

varechìna, varecchìna f *region chim* Bleichmittel *n*.

varesòtto *m* <*solo sing*> *geog* Gegend f um Varese.

vària *f pl lat* Varia *n pl*, Verschiedenes *n*, Allerlei *n*.

variàbile A *agg* **1** (*instabile*) {UMORE} wechselhaft; {CLIMA, TEMPO} veränderlich, unbeständig **2** (*che oscilla*) {PREZZI} schwankend **3** *gramm* {PARTE DEL DISCORSO} veränderlich **4** *mat* {GRANDEZZA} veränderlich, variabel B *f mat anche fig* {DIPENDENTE} Variable f: **la sua reazione è una** ~ **della quale dovremmo tener conto**, seine/ihre Reaktion ist eine Variable, die wir berücksichtigen sollten.

variabilità <-> f **1** (*instabilità*) {+UMORE} Wechselhaftigkeit f; {+TEMPO} Veränderlichkeit f, Unbeständigkeit f **2** {+PREZZI} Schwankung f.

variaIùce <-> *m elettr* Helligkeitsregler *m*, Dimmer *m*.

variànte A *f* **1** (*modifica*) {+PERCORSO} Änderung f: **apportare varianti al programma**, Änderungen am Programm vornehmen, das Programm abändern **2** {+TESTO} Variante f **3** *ling* {REGIONALE} Variante f B *agg* abweichend.

variànza *f fis* Varianz f.

variàre <*vario, vari*> A *tr* <*avere*> **1** (*modificare*) ~ *qc* {PERCORSO, PROGRAMMA} *etw* (ab-, ver)ändern **2** (*rendere vario*) ~ (*qc*) {CIBI, ESERCIZI} (*etw*) variieren, *etw* abwechseln: **domani per** ~ **faremo un'escursione**, morgen machen wir zur Abwechslung einen Ausflug; **tanto per** ~ **oggi vado a scuola!**, zur Abwechslung gehe ich heute mal in die Schule!; *mus* {RITMO, TEMA} *etw* variieren B *itr* <*avere con soggetto di persona, essere con soggetto di cosa*> **1** (*cambiare*) ~ (**di** *qc*) {DI COLORE, DI FORMA} ändern, (*uso assol*) {+TEMPO} wechseln, variieren, sich ändern: **i prezzi variano a seconda della stagione**, die Preise variieren je nach Saison **2** (*essere di-*

verso) sich unterscheiden, verschieden/anders sein: **il carattere varia da persona a persona**, der Charakter ist von Person zu Person verschieden.

variàto, (-a) *agg* {ALIMENTAZIONE, PERCORSO, PROGRAMMA} abwechslungsreich.

variatóre *m tecnol* Regler *m*: ~ **di tensione/velocità**, Spannungsregler *m*/[stufenloses Getriebe].

variazionàle *agg mat* die Variationsrechnung betreffend.

variazióne *f* **1** *gener* {+PERCORSO, PROGRAMMA} (Ver-, Ab)änderung f: ~ **d'itinerario**, Kursänderung f; **la scaletta subirà alcune variazioni**, der Programmablauf wird einige Veränderungen erfahren; {+COLORI, FORMA, TONI, *ecc.*} Variation f; {+PREZZI, *ecc.*} Schwankung f; **variazioni termiche**, Temperaturschwankungen *f pl* **2** *biol* {+SPECIE} Variation f **3** *mus* Variation f ● **variazioni sul tema** *mus*, Variationen *pl* über ein Thema; *fig* (*variante*), Variante f.

varìce *f med* Krampfader f.

varicèlla *f med* Wind-, Wasserpocken *pl*.

varicocèle *m med* Krampfaderbruch *m*, Varikozele f *scient*.

varicóso, (-a) *agg med* krampfad(e)rig, Krampfader-; {VENA} Krampf-.

variegàto, (-a) *agg* **1** gestreift: **marmo** ~ **di verde**, grün gestreifter Marmor; {FIORI, FOGLIE} panaschiert **2** *fig* (*vario*) {REALTÀ SOCIALE} vielfältig.

variegatùra f {+FIORE} Panaschierung f: ~ **del marmo**, Marmorierung f.

varietà① <-> f **1** *gener* {+COLORI, FORME, NATURA, SUONI} Vielfalt f, Vielfältigkeit f, Mannigfaltigkeit f; {+PRODOTTI} *anche* Auswahl f, Verschiedenartigkeit f **2** (*differenza*) {+GUSTI, IDEE} Unterschiedlichkeit f **3** (*tipo*) {+GRANITO} Sorte f, Art f **4** *bot zoo* Art f, Varietät f: **tutte le** ~ **di** ..., alle Arten von ...

varietà② <-> *m teat* **1** (*spettacolo*) Varietee-/Varieté(vorstellung f) *n* **2** (*teatro*) Varietee-/Varieté(theater) *n*.

varieté <-> *m franc teat* → **varietà**③.

VARIG *f aero abbr del port* Empresa de Viação Aérea Rio Grandense (*linee aeree brasiliane*) VARIG f (*brasilianische Fluggesellschaft*).

vàrio, (-a) <*vari m*> A *agg* **1** {ARTICOLI DA REGALO} verschiedenartig; (*non monotono*) {PAESAGGIO, STILE} abwechslungsreich **2** (*diverso*) {GUSTI, IDEE} verschieden, unterschiedlich: **mobili di varie epoche**, Möbel aus unterschiedlichen Epochen; **merci varie**, Gemischtwaren *f* **3** *meteo* {TEMPO} unbeständig, veränderlich, wechselhaft B *m edit* Verschiedenes *n* C <*solo pl*> *agg indef* (*molti*) {COSE, IDEE, PERSONE, VOLTE} verschiedene, mehrere D <*solo pl*> *pron indef* (*molti*) verschiedene, mehrere ● **varie ed eventuali** *amm*, Verschiedene(s) *n*, Sonstige(s) *n*.

variòmetro *m aero elettr fis* Variometer *n*.

variopìnto, (-a) *agg* {VASSOIO} bunt.

vàro① *m* **1** *mar* {+NAVE} Stapellauf *m* **2** *dir* {+LEGGE} Verabschiedung f.

vàro②, (-a) *agg med* O-förmig gebogen, varus *scient*; {PIEDE} Klump-.

varrò 1ª *pers sing del fut di* valere.

Varsàvia *f geog* Warschau *n*.

vasàio, (-a) <*vasai m*> *m* (f) **1** (*artigiano*) Töpfer(in) *m* (f) **2** (*commerciante*) Tonwaren-/Töpfereihändler(in) *m* (f).

vasàle *agg anat* Gefäß-.

vàsca <*vasche*> *f* **1** *gener* {+FONTANA} Wanne f, Becken *n*: ~ **da bagno**, (Bade)wanne f; **riempire la** ~ **(da bagno)**, die Badewanne/ein Bad einlassen; ~ **idromassaggio**, Whirlpool *m*; ~ **per i pesci**, Fischbecken *n* **2** (*pi-*

scina) (Schwimm)becken *n* **3** *sport* Bahn f: **faccio ancora due vasche ed esco**, ich schwimme noch zwei Bahnen und gehe dann raus ● **fare una** ~ *fig fam* (*passeggiata nella via principale*), die Haupteinkaufsstraße auf und ab flanieren.

vascèllo *m* (Linien)schiff *n*.

vaschétta <*dim di vasca*> f **1** {+CAROTE} Schüssel f **2** {+BAMBINO} kleine Wanne f **3** *fot* {+LAVAGGIO, SVILUPPO} Wanne f.

vascolàre *agg* **1** *anat biol med* {SISTEMA, CHIRURGIA} Gefäß- **2** *arte* {PITTURA} Vasen-.

vascolarizzàto, (-a) *agg anat* mit Blutgefäßen versehen: **tessuto** ~, Gefäßgewebe *n*.

vascolarizzazióne *f anat* Gefäßbildung f, Vaskularisation f *scient*.

vasectomìa *f med* Samenstrangexstirpation f *scient*, Vasektomie f *scient*, Vasorektion f *scient*.

vasectomizzàre *tr med* ~ *qu jdn* einer Vasoresektion/Vasektomie *scient* unterziehen.

vaselìna *f chim* Vaseline f, Vaselin *n*.

vasellàme *m* {+ARGENTO} Geschirr *n*.

vasellìna → **vaselina**.

vasistas <-> *m edil* Klappfenster *n*.

vàso *m* **1** *gener* {+CRISTALLO, ETRUSCO} Vase f: ~ **di fiori**, Blumenvase f; {+TERRACOTTA} Topf *m*; ~ **da notte/fiori**, Nacht-/Blumentopf *m* **2** (*barattolo*) {+MARMELLATA} Glas *n* **3** *fam* (*del gabinetto*) Klo(sett)becken *n*, Klo(sett)schüssel f *fam* **4** *anat* {SANGUIGNO} Gefäß *n* **5** *fis tecnol* Röhre f ● **essere un** ~ **di coccio tra vasi di ferro** *fig* (*essere in una posizione di debolezza*), sich (jdm gegenüber) in einer schwachen Position befinden, jdm unterlegen sein; ~ **di Pandora** *fig*, die Büchse der Pandora *forb*; **vasi sacri** *relig*, liturgische Geräte *n pl*; **portar vasi a Samo** *fig* (*fare una cosa inutile*), Eulen nach Athen tragen *forb*.

vasocostrittóre, (-trice) *med farm* A *agg* {AZIONE} gefäßverengend B *m* gefäßverengendes Mittel.

vasocostrizióne *f med* Gefäßverengung f.

vasodilatatóre, (-trice) *med farm* A *agg* {EFFETTO} gefäßerweiternd B *m* gefäßerweiterndes Mittel.

vasodilatazióne *f med* Gefäßerweiterung f.

vasoresezióne *f med* Vasoresektion f *scient*.

vassallàggio <-*gi*> *m* **1** *stor* Vasallentum *n* **2** *fig* Abhängigkeit f, Hörigkeit f, Untertänigkeit f.

vassàllo, (-a) A *agg* {NAZIONE} Vasallen-, vasallisch B *m* **1** *stor* Vasall *m*, Lehnsmann *m* **2** *fig spreg* Handlanger *m* *spreg*.

vassóio <-*soi*> *m* {+LEGNO} Tablett *n*: **un** ~ **di formaggi/paste**, Käse-/Gebäckplatte f.

vastità <-> f **1** {+CIELO, TERRENO} Weite f **2** *fig* {+ARGOMENTO, CULTURA DI QU} Umfang *m*.

vàsto, (-a) *agg* **1** {OCEANO, ORIZZONTE, PRATERIA} weit **2** *fig* {ARGOMENTO, CULTURA} umfassend, umfangreich; {CLIENTELA, INTERESSE, PUBBLICO} breit.

vàte *m lett* **1** (*indovino*) Wahrsager *m*, Weissager *m*, Seher *m* **2** (*poeta*) Dichter *m*.

vaticanìsta <-*i m*, -*e f*> *m* (*esperto*) Vatikanexperte *m*, (Vatikanexpertin f) *m* (f).

vaticàno, (-a) A *agg* {MUSEI} vatikanisch; {TERRITORIO} Vatikan- B *m*: **Vaticano**, Vatikan *m*.

vaticinàre *tr lett* (*predire*) ~ *qc* {DISGRAZIA, NASCITA, SCONFITTA} *etw* wahrsagen, *etw* voraussagen, *etw* weissagen, *etw* prophezeien.

vaticìnio <-*ni*> *m lett* Wahr-, Voraus-, Weis-

sagung f, Prophezeiung f.
vattelappèsca inter fam (chi lo sa?) weiß der Kuckuck! fam: ~ **come si chiama!**, was weiß ich, wie der/die heißt! fam; ~ **dov'è finito!**, weiß der Kuckuck, wo er/es gelandet ist! fam.

vàttene 2ª pers sing dell'imperat di andarsene.

vàtti 2ª pers sing dell'imperat di andarsi①.

Vaud m geog Waadt n.

VC abbr di valor civile {MEDAGLIA, RICOMPENSA} anche (Lebens)rettungs-.

VCR m tecnol TV abbr dell'ingl Video Cassette Recorder (videoregistratore a cassette) Video-(kassetten)rekorder m; (a nastro) Videomagnetbandgerät n.

vdt abbr di videoterminale: VT (Videoterminal, Datensichtgerät).

ve A pron pers 2ª pers pl davanti a lo, la, li, le, ne → **vi** B avv lett: **ve ne sono ancora molti?**, gibt es noch viele davon?; **non ve li ha appesi lui**, nicht er hat sie ⌞dort aufgehängt⌟/[dorthin gehängt].

ve' inter region **1** (bada) ja: **stai attento, ve'!**, pass ja/bloß auf! **2** (per rafforzare) nicht (wahr), wirklich, gelt süddt A fam: **è bella ve' questa casa!**, dieses Haus ist wirklich schön, gelt süddt A fam?, das Haus ist schön, nicht wahr? **3** (vedi) ach, schau mal!: **ve', che bello!**, ach, wie schön!

VE abbr di Vostra Eccellenza: Eu(e)re Exzellenz.

vècchia f → **vecchio**.

vecchiàia f **1** (periodo) Alter n: ~ **precoce**, vorzeitiges Alter; **è la ~!**, das ist das Alter! **2** (persone anziane) Alter n, Alte pl decl come agg: **rispettare la ~**, Achtung vor dem Alter haben • **morire di ~**, an Altersschwäche sterben; **pensare alla ~** (provvedere), für sein Alter vorsorgen.

vecchiàrdo, (-a) m (f) lett spreg Alte mf decl come agg.

vecchiétta <dim di vecchia> f altes Mütterchen, Oma f fam.

vecchiétto <dim di vecchio> m Alterchen m fam o scherz, Opa m fam.

vecchiézza f forb Alter n.

vècchio, (-a) <-chi m> A agg **1** gener {ABITUDINE, AMICO, CASA, CASTAGNO, PANE, STORIA, TRADIZIONI} alt: **è più vecchia di lui di tre anni**, sie ist drei Jahre älter als er; **essere ~ come il cucco/mondo**, ur-, steinalt sein fam, alt wie die Welt sein; **essere ~ come Noè/Matusalemme**, alt wie Methusalem sein **2** (usato) {LIBRI} alt; {CAMICIA} anche gebraucht **3** (precedente) {METODO, SCUOLA, SEGRETARIA} alt, früher, vorherig; (dell'anno prima) {PATATE} alt **4** (superato) {LEGGE} alt; {IDEE} überholt **5** (scaduto) {LATTE} sauer, abgelaufen **6** (esperto) erfahren **7** (di vecchia data) {AMICIZIA} alt, langjährig B m (f) Alte mf decl come agg, alter Mann, alte Frau C m Alte m decl come agg • **un ~ bacucco** (vecchio e rimbecillito), ein vertrotteller/verkalkter Alter fam, ein Tattergreis fam spreg; **è vecchia!** (rif. a storia, scusa, barzelletta, ecc.), das/der/die hat doch so einen Bart! fam, das sind doch alte/olle Kamellen fam spreg, das ist doch altbekannt!/[ein alter Hut fam]!; ~ **mio!** scherz, mein Alter! fam, altes Haus! fam scherz; **il mio ~**, (padre) scherz, mein Alter fam; **la mia vecchia** (madre) scherz, meine Alte fam; **come va? – Da poveri vecchi!** scherz, wie geht's? – Man hält sich wacker! fam; **Plinio il ~ stor**, Plinius der Ältere.

vecchiòtto, (-a) agg {CASA} baufällig; {BICICLETTA} klapp(e)rig.

vecchiùme m spreg altes Zeug fam, alter Kram fam spreg.

véccia <-ce> f bot (Futter)wicke f.

véce f amm lett Stelle f, Statt f forb rar: **fare le veci di qu**, jdn vertreten; **in ~ mia/tua/sua, in mia/tua/sua ~**, an meiner/deiner/seiner/ihrer Stelle/statt forb rar; **il padre o chi ne fa le veci**, der Erziehungsberechtigte.

Vèda <-> m relig Weda m, Veda m.

vedènte mf Sehende mf decl come agg.

vedére <irr vedo, vidi, visto o veduto> A tr **1** gener ~ (**qu/qc**) {AMICO, SOLE} (jdn/etw) sehen: **vieni a ~!**, sieh/schau A CH süddt mal!, guck mal! fam; **vederci bene/male**, gut/schlecht sehen; **da qui si vedono le montagne**, von hier aus sieht man die Berge; **non ci vede**, er/sie sieht nichts; **ho visto il ragazzo scappare**, ich habe den Jungen davonlaufen sehen **2** (guardare) ~ (**qu/qc**) jdn/etw an⌜schauen, jdn/etw betrachten, jdn/etw an⌜schauen A CH süddt **3** (visitare) ~ **qc** {MUSEO} etw besuchen, etw besichtigen; {AMAZZONIA} etw anschauen **4** (assistere) ~ **qc** {FILM, SPETTACOLO} etw sehen, sich (dat) etw an⌜sehen, sich (dat) etw an⌜schauen A CH süddt: **questo film è da ~**, dieser Film ist sehenswert **5** (incontrare) ~ **qu** jdn treffen, jdm begegnen, jdn sehen: **guarda chi si vede!**, ja, wen sieht man denn da!; **l'ultima volta l'ho visto da mia madre**, das letzte Mal habe ich ihn bei meiner Mutter gesehen **6** (visitare) ~ **qu** jdn untersuchen: **farsi ~ dal medico**, sich vom Arzt untersuchen lassen **7** (consultare) ~ **qu** jdn sprechen: **devo prima ~ il mio avvocato**, erst muss ich meinen Anwalt sprechen **8** (esaminare) ~ (**qc**) {COMPITI} etw durch⌜sehen, {LIBRO} etw lesen, einen Blick in etw (acc) werfen **9** (decidere) ~ (**qc**) etw entscheiden: **questo è da ~** fam, das wird sich noch zeigen, das muss sich erst noch rausstellen fam; **vedi tu!** fam, das liegt bei dir!, das ist ⌞deine Sache⌟/[dein Bier] fam! **10** (cercare) ~ **di fare qc** versuchen, etw zu tun: **vedrò di accontentarti**, ich werde versuchen, ⌞es dir recht zu machen⌟/[dich zufrieden zu stellen] **11** (valutare) ~ (**come/se ... ind**) sehen(, wie/ob ... ind): **vedo se/come posso aiutarti**, ich sehe mal, ob/wie ich dir helfen kann **12** (capire) ~ (**che/se ... ind**) sehen(, dass/ob ... ind), verstehen(, dass/ob ... ind): **si vede subito che sei innamorato**, man sieht sofort, dass du verliebt bist; **perché, vedi, io le voglio bene** fam, denn ich hab sie gern, verstehst du?; ~ **come ... congv**, wissen, wie...; **non vedo come sia possibile**, ich weiß nicht, wie das gehen soll; ich sehe nicht, wie das möglich sein soll **13** (immaginarsi) ~ **qu** (**come qc**) sich (dat) jdn (als etw acc) vor⌜stellen: **te lo vedi con una donna come quella?**, kannst du ihn dir mit so einer Frau vorstellen?; **ti vedo bene come interprete**, ich kann mir dich gut als Dolmetscher(in) vorstellen **14** (riconoscere) ~ **qu/qc in qu** {NEMICO} jdn/etw in jdm sehen: **in lei vedo mia madre**, in ihr sehe ich meine Mutter B rfl **1** (~ **se stessi**): **vedersi** sich sehen **2** (sentirsi): **vedersi** + **part pass** sich + **part pass** sehen, sich + **part pass** fühlen, sich + **part pass** glauben; **vedersi costretto a fare qc**, sich gezwungen sehen, etw zu tun; **vedersi obbligato a fare qc**, sich verpflichtet fühlen, etw zu tun; **vedersi perduto**, keinen Ausweg (mehr) sehen, sich verloren glauben C rfl rec (incontrarsi): **vedersi** sich sehen, sich treffen, sich begegnen: **ci vediamo!**, bis dann/bald fam!, man sieht sich! fam; **è molto che non ci vediamo**, es ist schon lange her, dass wir uns gesehen haben D m An⌜blick m: **al ~ la scena, rimase di stucco**, beim Anblick der Szene war er/sie baff fam • **avere a che ~ con qu/qc** fig (essere in rapporto con qu/qc), mit jdm/etw zu tun haben;

vederne delle belle fig (cose strane), sein blaues Wunder erleben fam; **ah, ne ho viste delle belle!**, ach, ich hab vielleicht Sachen erlebt/gesehen!; **bisogna ~ che casa!**, das Haus muss man gesehen haben; **se l'è vista brutta** fig (ha rischiato), er/sie befand sich in einer heiklen Lage; **visto che ... ind** (poiché), da ... ind; **voglio vederci chiaro in questa faccenda** fig (capire), ich will in dieser Sache klarsehen, ich will dieser Sache ganz auf den Grund gehen; ~ **per credere**, das muss man gesehen haben, sonst glaubt man es kaum; **dare a ~** (**qc a qu**) (far capire), jdm etw weis-, vormachen; **vederci doppio** fig scherz, doppelt sehen; **non vederci più dalla fame/dalla sete** fig (non resistere), vor Hunger/Durst umfallen; **far ~** (lasciar ~), sehen lassen; (mostrare), zeigen; **ti faccio ~ io** fam (te lo dimostrerò), ich werd's dir zeigen! fam, du kannst was erleben! fam; **mi ha fatto ~ come si fa**, er/sie hat mir gezeigt, wie man es macht; **farsi ~** (mostrarsi), sich sehen lassen, sich zeigen; (mettersi in mostra), sich zur Schau stellen; (farsi visitare), sich untersuchen lassen; ~ **lontano** fig (essere lungimirante), weit blickend sein; ~ **male qu/qc** (poco chiaramente), jdn/etw schlecht sehen; fig (in modo negativo), für jdn/etw schwarzsehen; **la vedo (molto) male** fig (la situazione è critica), da sehe ich schwarz, das sieht gar nicht gut aus; **non mi ci vedo a fare un corso di sopravvivenza** (non mi ritengo adatto), ich glaube nicht, dass ich für ein Überlebenstraining geeignet bin⌟/[ein Überlebenstraining mein Ding ist fam]; **a mio/tuo/suo ~ obs**, meiner/deiner/seiner/ihrer Ansicht nach; **l'ho visto ~ nascere** fig (lo conosco da quando era neonato), ich habe ihn auf die Welt kommen sehen; ~ **nero** fig (essere pessimista), schwarzsehen; **non lo vede neppure/neanche** fig (non lo considera), er/sie zieht es nicht einmal in Betracht; **non vederci** (vederci poco), fast nichts sehen, fast blind sein; (essere cieco), blind sein; **allora non ci ho visto più e gli ho dato un pugno**, da ⌞riss mir der Geduldsfaden fam⌟/[platzte mir der Kragen fam] und ich versetzte ihm einen Faustschlag; **non poter ~ qu** fig (sopportare), jdn nicht leiden/ausstehen/riechen fam können; **non vederci più per la rabbia** fig (essere furibondo), vor Wut sein, rotsehen; **vedi retro** (abbr v.r.), bitte wenden; **vedi ⌞pag. 15⌟/[sotto]/[sopra]** (abbr v.s.), siehe ⌞S. 15⌟/[unten]/[oben]; **stare a ~** (aspettare), abwarten; **stai a ~ che ...** (sospetto che...), du wirst sehen, dass...; **averne viste tante/troppe**, viel/zu viel erlebt/gesehen haben; **vedersela con qu** (risolvere una questione con qu), etw mit jdm klären, mit jdm abrechnen; **vediamo un po'** fam, (lass) mal sehen; **vedo** (nel poker), ich sehe; **vedremo!** fam, wir werden (ja) sehen!, schauen wir mal (und dann werden wir schon sehen) fam süddt; **è sparito e chi s'è visto, s'è visto** fam, er ist auf Nimmerwiedersehen verschwunden fam anche scherz; **mai visto né conosciuto**, nie gesehen nie; **voglio proprio ~ se ne sei capace**, das möchte ich wirklich sehen, ob du dazu imstande bist; **vorrei ben ~!**, das will ich schwer hoffen! fam; **vorrei ~ te!**, ich möchte dich mal sehen! fam; **vuoi ~ che ...** fam, wollen wir wetten, dass ...

vedétta f **1** mil (luogo) Wachtturm m, Ausguck m **2** mil (sentinella) Posten m, Wache f: **essere/stare di ~**, Wache/Ausschau halten, Wache stehen **3** mar (guardia) Wachboot n • ~ **della classifica** sport, Spitzenreiter m.

vedétte <-> f franc Star m, (Film)diva f.

vèdico, (-a) <-ci, -che> ling relig A agg wedisch B m <solo sing> Wedisch(e) n.

védova A f Witwe f: ~ **di guerra**, Krieger-

witwe f B agg verwitwet: **Angelina Sacchi ~ Bencini**, Angelina Sacchi, verwitwete Bencini • **la ~ allegra** (titolo di un'operetta), die lustige Witwe; ~ **nera** zoo, Schwarze Witwe; **rimanere ~**, Witwe bleiben.

vedovànza f {+DONNA} Witwenschaft f; {+UOMO} Witwerschaft f.

vedovèlla <dim di vedova> f anche iron (lustige) Witwe.

vedovìle agg {CONDIZIONE; +DONNA} Witwen-; {+UOMO} Witwer-.

védovo A agg {UOMO} verwitwet B m Witwer m.

vedùta f 1 (panorama) Aussicht f, Ansicht f, Ausblick m: **~ panoramica**, Panoramaansicht f, Panoramablick m 2 <solo pl> fig Ansicht f: **~ d'insieme**, Gesamtsicht f; **uomo di ₁vaste vedute₁/[vedute ristrette]**, ein Mensch mit weitem/engem Horizont, ein offener/beschränkter Mensch 3 arte {+COLOSSEO} Ansicht f, Darstellung f, Vedute f: **~ prospettica**, Vorderansicht f; **veduta a volo d'uccello**, Vogelperspektive f • **~ aerea** fot, Luftansicht f.

vedutìsmo m arte (nella pittura) Vedutenmalerei f.

vedùto part pass di vedere.

veemènte agg anche fig {DISCORSO, VENTO} heftig, ungestüm forb.

veemènza f anche fig {+PASSIONE, VENTO} Heftigkeit f, Ungestüm n forb, Wucht f: **con ~**, heftig, ungestüm forb.

vègan ingl slang A <inv> agg (vegetaliano) {DIETA} veganisch, streng vegetarisch B <> mf Veganer(in) m(f), strenge(r) Vegetarier(in).

vegetàle A agg 1 {REGNO} Pflanzen-; {VITA} pflanzlich 2 (ricavato dalle piante) {CARBONE, OLIO} Pflanzen- 3 gastr {ALIMENTAZIONE, BRODO} vegetarisch B m Pflanze f, Gewächs n.

vegetaliàno, (-a) A agg {CUCINA} streng vegetarisch B m (f) strenge(r) Vegetarier(in) m(f).

vegetalìsmo m (tipo di alimentazione) Veganismus m.

vegetalìsta <-i m, -e f> → vegetaliano.

vegetàre itr 1 bot {ARBUSTO, PIANTA} wachsen, gedeihen 2 fig (fare vita inattiva) (da-hin|)leben, (dahin|)vegetieren spreg: **da quando ha avuto l'incidente vegeta su una sedia a rotelle**, seit seinem/ihrem Unfall vegetiert er/sie im Rollstuhl dahin spreg.

vegetariàno, (-a) A agg {CUCINA} vegetarisch B m (f) Vegetarier(in) m(f).

vegetatìvo, (-a) agg 1 biol {RIPRODUZIONE} vegetativ; {VITA} pflanzlich 2 anat {SISTEMA NERVOSO} vegetativ.

vegetazióne f 1 {RIGOGLIOSA} Vegetation f: **zona ricca/povera di ~**, ein vegetationsreiches/vegetationsarmes Gebiet 2 med {ADENOIDE} Wucherung f.

végeto, (-a) agg 1 {ALBERO} gut gedeihend 2 fig {VECCHIETTA} rüstig, kräftig.

veggènte mf 1 relig Seher(in) m(f), Prophet(in) m(f) 2 (indovino) Wahrsager(in) m(f), Weissager(in) m(f), Hellseher(in) m(f).

véglia f 1 gener Wachen n: **tra la ~ ed il sonno**, im Halbschlaf 2 (sorveglianza) Wache f: **~ funebre**, Totenwache f; **fare la ~ ad un malato**, bei einem Kranken Wache halten 3 (festa) Abendveranstaltung f: **~ danzante**, Tanzabend m.

vegliàrdo, (-a) m (f) in Ehren ergrauter Mensch forb, würdige(r) Greis(in).

vegliàre <veglio, vegli> A tr (assistere) **~ qu** {MORIBONDO} bei jdm wachen, an jds Bett wachen, bei jdm Wache halten: **~ il morto**, Totenwache halten B itr 1 (stare sveglio) wach sein, wach bleiben, auf|bleiben: **~ sui libri fino all'alba**, bis zum Morgengrauen über den Büchern sitzen; **leggendo per tutta la notte**, die ganze Nacht wach bleiben und lesen; **vegliò al capezzale dell'amico fino al giorno dopo**, er/sie wachte bis zum Morgen am Krankenbett des Freundes 2 (stare vigile) **~ (su qu/qc)** {SUL FIGLIO, SULLA CASA} über jdn/etw wachen, (auf jdn/etw) auf|passen, jdn/etw bewachen.

vegliòne m Ball m: **~ di fine d'anno**, Silvesterball m; **~ di carnevale**, großer Masken-/Faschingsball.

veicolàre① agg 1 autom {CIRCOLAZIONE, TRAFFICO} Fahrzeug-, Auto- 2 med Überträger-, übertragend.

veicolàre② tr **~ qc** 1 scient {ARIA INQUINATA GAS TOSSICI; LUPO RABBIA} etw übertragen 2 fig (diffondere) {MEZZI DI COMUNICAZIONE IDEE} etw verbreiten, etw übermitteln.

veicolazióne f {+MODE} Verbreitung f.

veìcolo m 1 tecnol Fahrzeug n: **~ aereo/ferroviario/stradale**, Luft-/Schienen-/Straßenfahrzeug n; **~ cosmico/spaziale**, Raumschiff n/Raumfahrzeug n 2 med {+MALATTIA} Überträger m 3 fig (mezzo) {+INFORMAZIONE} Mittel n, Vehikel n forb: **il linguaggio è il ~ del pensiero**, die Sprache ist das Vehikel forb des Gedankens; **~ pubblicitario**, Werbeträger m.

véla f 1 mar Segel n: **andare a ~**, segeln; **~ aurica/latina/quadra/Marconi**, Gaffel-/Lateiner-/Rah-/Spitzsegel n; **far ~ verso un'isola**, zu einer Insel segeln, auf eine Insel zusegeln; **~ di maestra**, Großsegel n, Breitfock f 2 sport Segeln n, Segelsport m 3 arch Kappe f • **ammainare le vele**, die Segel streichen; fig (ritirarsi a vita tranquilla), sich zurückziehen; (rinunciare a un'impresa), die Segel streichen forb, aufgeben; **andare a gonfie vele**, mit vollen Segeln fahren; fig (bene) {LAVORO} ₁mit vollen Segeln fam₁/[sehr gut] vorankommen; {AFFARI} ausgezeichnet gehen; **spiegare le vele**, in See stechen; fig (andarsene), seine/die Zelte abbrechen fam.

velaccìno m mar Vorbramsegel n.

velàccio <-ci> m mar Großbramsegel n.

velàme m mar Segelwerk n.

velàre① A agg 1 anat velar, Gaumensegel- 2 ling {CONSONANTE} velar B f ling Velar m.

velàre② A tr **~ qc** 1 (coprire con un velo) {SPECCHIO, VISO} etw verhüllen, etw verdecken; {LUCE} etw dämpfen 2 (coprire con uno strato leggero) {NEBBIA CIELO} etw verhüllen, etw mit einem Schleier bedecken: **le lacrime mi velavano gli occhi**, Tränen verschleierten meinen Blick; (nella pittura) {COLORE} etw übermalen 3 fig (offuscare) {SUONO, VOCE} etw dämpfen 4 fig (nascondere) {INTENZIONI DI QU, VERITÀ} etw verbergen, etw verschleiern, etw verstecken B itr pron 1 indir (coprirsi): **velarsi di qc** {CIELO, ORIZZONTE DI NEBBIA, DI NUBI} sich mit etw (dat) bedecken: **i suoi occhi si velarono di lacrime**, seine/ihre Augen ₁füllten sich mit Tränen₁/[waren tränenverschleiert] 2 fig (offuscarsi): **velarsi** {VISTA} sich trüben, sich verdunkeln: **la sua voce si velò per la commozione**, vor Rührung klang seine/ihre Stimme belegt C rfl 1 (coprirsi con un velo): **velarsi qc** {VOLTO} etw mit einem Schleier bedecken, sich (dat) etw verschleiern, etw in einen Schleier hüllen 2 relig (farsi monaca): **velarsi** Nonne werden, ins Kloster gehen, den Schleier nehmen forb.

velàrio <-ri> m {+TEATRO} Vorhang m.

velàto, (-a) agg 1 {DONNA} verschleiert 2 (molto trasparente) {COLLANT} hauchdünn 3 fig {CIELO} verschleiert: **uno sguardo ~ di nostalgia**, ein sehnsuchtsvoll verschleierter Blick; **con gli occhi velati dall'emozione**, mit vor Rührung verschleiertem Blick 4 fig {SUONO, VOCE} matt, gedämpft 5 fig (nascosto) {VERITÀ} versteckt, verborgen; {ALLUSIONE} indirekt.

velatùra① f 1 (velo) {+CIPRIA, ZUCCHERO} Glasur f 2 fig Verschleierung f.

velatùra② f 1 mar Segelwerk n 2 aero Tragwerk n.

Vèlcro® <-> m Klettverschluss m.

veleggiàre <veleggio, veleggi> A tr lett (navigare) **~ qc** {MARE} etw besegeln, über etw (acc) segeln B itr 1 mar **~ (+ compl di luogo)** {BARCA VERSO SUD} irgendwohin segeln 2 aero {ALIANTE} segel|fliegen 3 lett (volare) {AQUILA} segeln.

veleggiatóre m 1 mar Segelschiff n 2 aero Segelflugzeug n.

velenìfero, (-a) agg {GHIANDOLA} Gift-.

veléno m 1 {+SCORPIONE} Gift n: **amaro come il ~**, gallenbitter 2 fig (cosa nociva) Gift n: **il caffè per lei è ~**, Kaffee ist Gift für sie 3 fig Gift n: **il ~ dell'invidia**, der Stachel des Neids forb • **avere il ~ in corpo** fig (odiare), von Hass erfüllt sein; **schizzar ~ da tutti i pori** (mostrare odio), Gift verspritzen fam; **sputar ~** fig (dire malignità), Gift und Galle spucken/speien fam.

velenosità <-> f anche fig {+COBRA, COMMENTO} Giftigkeit f.

velenóso, (-a) agg anche fig {RISPOSTA, SPECIE} giftig.

velétta f Hutschleier m.

vèlico, (-a) <-ci, -che> agg {CENTRO} Segel-.

velièro m mar Segelschiff n, Segler m.

velìna A f 1 (carta) Durchschlagpapier n; (per pacchi) Seidenpapier n 2 (copia) Durchschlag m 3 polit Presseanweisungen f pl, Pressemitteilungen f pl 4 TV (valletta) Fernsehtänzerin f, TV-Showgirl n B agg {CARTA} Durchschlag-; (per pacchi) Seiden-.

velìsmo m sport Segeln n, Segelsport m.

velìsta <-i m, -e f> mf sport Segler(in) m(f), Segelsportler(in) m(f).

velìstico, (-a) <-ci, -che> agg Segel-.

velìvolo m Flugzeug n.

velleità <-> f Wunschvorstellung f, Velleität f forb: **avere delle ~ artistiche**, künstlerische Ambitionen/Anwandlungen haben.

velleitàrio, (-a) A <-ri m> agg 1 (rif. a cosa) {PROGETTO} unrealistisch; {ASPIRAZIONI, ecc.} anche überzogen, hochfliegend 2 (rif. a persona) {SPIRITO} anmaßend, überheblich.

velleitarìsmo m {+POLITICO} Anmaßung f, Selbstüberschätzung f.

véllo m {+PECORA} Pelz m • **il ~ d'oro** mitol, das Goldene Vlies.

vellutàre tr tess **~ qc** {TESSUTO} etw samtig machen.

vellutàta f gastr Gemüsecremesuppe f: **~ di asparagi**, Spargelcremesuppe f.

vellutàto, (-a) agg 1 {PESCA, PETALO} samtig, samten 2 fig {COLORE, VOCE} samtig, zart, weich: **avere la pelle vellutata**, eine Haut wie Samt haben, eine samtweiche Haut haben.

vellutìno m 1 (stoffa) leichter Samt 2 (nastrino) Samtband n.

vellùto m Samt m: **~ ₁a coste₁/[di seta]/[di cotone]**, Kord-/Seiden-/Baumwollsamt m • **camminare sul ~** fig (procedere senza difficoltà), auf keinerlei Schwierigkeiten stoßen, etwas reibungslos über die Bühne bringen fam.

vélo m 1 gener Schleier m: **~ da lutto**, Trau-

erschleier m; ~ nuziale/(da sposa), Brautschleier m 2 (strato) {+CIPRIA} Schicht f; {+VERNICE} anche Überzug m; {+OLIO} Film m 3 fig {+NEBBIA} Schleier m: **nei suoi occhi c'era un ~ di tristezza**, in seinen/ihren Augen lag ein Hauch/Anflug von Traurigkeit 4 fig (finzione) {+IPOCRISIA} Deckmantel m, Schleier m 5 bot Häutchen n, Haut f 6 sport Täuschung(smanöver n) f ● **a qu è caduto il ~ dagli occhi** fig, jdm fiel es wie Schuppen von den Augen; **~ palatino/pendulo** anat, Gaumensegel n; **prendere/deporre il ~** fig (₍entrare in₎/₍lasciare il₎ convento), den Schleier nehmen/ablegen forb; **stendere un ~ pietoso (su qc)** fig, den Schleier des Vergessens (über etw acc) breiten forb; scherz, Schwamm d(a)rüber! fam.
velóce agg 1 (che ha una certa velocità) {CAVALLO, CORSA, NAVE} schnell; {MOVIMENTO} anche rasch: **è molto ~ a fare le pulizie**, er/sie ₍ist sehr schnell im Putzen₎/[putzt sehr schnell]; **le macchine e le moto passavano veloci**, die Autos und Motorräder rasten vorbei fam; **gli anni fuggono veloci**, die Jahre fliegen (schnell) dahin; **~ come un lampo**, blitzschnell fam 2 (che richiede poco tempo) {OPERAZIONE, STAMPANTE} schnell: **dare una scorsa ~ ai titoli**, die Titel überfliegen 3 (che permette una certa velocità) {TRATTO DI STRADA} schnell 4 mus {ANDAMENTO, RITMO} schnell, veloce.
velocipede m 1 stor sport Hochrad n 2 scherz (bicicletta) Drahtesel m fam.
velocista <-i m, -e f> mf sport Sprinter(in) m(f).
velocità <-> f 1 anche chim fis {ASCENSIONALE, INIZIALE; +REAZIONE CHIMICA} Geschwindigkeit f, Schnelligkeit f: **acquistare ~**, an Geschwindigkeit/Tempo gewinnen; **andare ad una ~ folle**, mit ₍einer Wahnsinnsgeschwindigkeit₎/[einem mörderischen Tempo]/[einem Affenzahn] fahren fam; **aumentare/diminuire la ~**, die Geschwindigkeit erhöhen/[drosseln/verringern]; **~ di crociera**, Reisegeschwindigkeit f; **~ istantanea/media**, Moment-/Durchschnittsgeschwindigkeit f; **~ della luce/del suono**, Licht-/Schallgeschwindigkeit f; **~ massima**, Höchstgeschwindigkeit f; **con una ~ di 50 km all'ora**, mit 50 Stundenkilometern fam; **~ oraria**, Stundengeschwindigkeit f; **~ orbitale**, Umlaufgeschwindigkeit f; **~ ridotta**, gedrosselte Geschwindigkeit f; **superare qu in ~**, jdn überholen; **a tutta ~**, mit voller Geschwindigkeit, in vollem Tempo; **~ di volo**, Fluggeschwindigkeit f 2 motori Gang m.
velocizzàre A tr amm ~ qc {PROCEDURA} etw beschleunigen, etw voran|treiben B itr pron: **velocizzarsi** schneller werden, an Tempo gewinnen.
velocizzazióne f Beschleunigung f; (azione) anche Beschleunigen n.
velódromo m sport Radrennbahn f, Radrennhalle f.
velopèndulo m anat Gaumensegel m, Velum n scient.
velours <-> m franc tess Velours m.
ven. abbr di venerdì: Fr. (abbr di Freitag).
véna f 1 anat Ader f, Vene f: **~ cava/porta**, Hohlvene f/Pfortader f; **~ giugulare**, Halsader f; **~ innominata**, Anonyma f scient, unbenannte Schlagader f; **tagliarsi le vene**, sich (dat) die Pulsadern aufschneiden; **vene varicose**, Krampfadern f 2 (venatura) {+LEGNO} Maserung f; {+MARMO} Ader f 3 fig (traccia) {SOTTILE; +IRONIA, RIMPIANTO} Hauch m, Spur f 4 fig (inclinazione) {ARTISTICA, MUSICALE} Ader f: **avere la ~ poetica**, eine dichterische Ader haben 5 fig (umore) Stimmung f, Laune f: **essere in ~ di generosità**, in Spendierlaune sein, die Spendierhosen anhaben fam scherz; **essere in ~ di confidenze/pettegolezzi/regali**, ₍zu Vertraulichkeiten₎/[zum Tratschen]/[zum Schenken] aufgelegt sein; **essere in ~ di fare qc**, zu etw (dat) aufgelegt sein; in der Stimmung sein, etw zu tun; **non sono in ~ di scherzare oggi!**, mir ist heute nicht nach Scherzen zumute!, ich bin heute nicht zum Scherzen aufgelegt!; **oggi mi sento in ~**, heute bin ich ₍in Stimmung₎/[guter Laune] 6 geol min {+CARBONE} Ader f: **~ aurifera**, Goldader f; **~ d'acqua**, Wasserader f.
venàle agg 1 comm {MERCE} verkäuflich 2 comm (di vendita) {PREZZO, VALORE} Verkaufs- 3 fig spreg {AMORE} käuflich 4 fig spreg (attaccato al denaro) {PERSONA} geldgierig spreg.
venalità <-> f spreg {+PERSONA} Geldgier f spreg.
venàre A tr ~ qc {STRIATURE MARMO, TRONCO} etw masern, etw ädern B itr pron fig (assumere una sfumatura): **venarsi di qc** ₍irgendeine Färbung₎/[irgendeinen Ton] an|nehmen: **il tono della sua voce si venò di paura**, seine/ihre Stimme nahm einen ängstlichen Ton an.
venàto, (-a) agg 1 {LEGNO} gemasert; **~ di qc** {MARMO DI ROSA} (agg +) geädert 2 fig ~ di qc {DI MALINCONIA} von etw (dat) durchzogen, von etw (dat) durchdrungen.
venatòrio, (-a) <-ri m> agg {STAGIONE} Jagd-.
venatùra f 1 {+MARMO, MINERALE} Äderung f; {+LEGNO} Maserung f 2 fig (traccia) {+NOSTALGIA, TRISTEZZA} Hauch m, Spur f 3 bot Aderung f, Äderung f, Nervatur f.
vendémmia f 1 (raccolto) {ABBONDANTE} Weinlese f, Weinernte f: **fare la ~**, Weinlese halten, Wein ernten 2 (periodo) Zeit der Weinlese, Weinerntezeit f 3 fig (frutto) {+GUADAGNI, ONORI} Ertrag m, Gewinn m.
vendemmiàbile agg {UVA} erntereif.
vendemmiàre <vendemmio, vendemmi> A tr ~ qc 1 {CONTADINI UVA} etw lesen, etw ernten 2 fig scherz (fare un buon raccolto) {ELOGI, VOTI} etw ernten; {+PUNTI} etw sammeln 3 fig (depredare) etw plündern B itr 1 {CONTADINI} Weinlese halten, Wein ernten 2 fig (guadagnare) Ernte halten forb.
vendemmiatóre, (-trice) m (f) Winzer(in) m(f).
véndere <irr vendo, vendi, venduto> A tr 1 ~ (qu/qc) (a qc) (a qu/qc) {CALCIATORE A UN'ALTRA SOCIETÀ, AUTO, CASA A UNA CIFRA ASTRONOMICA} jdn/etw ₍jdm/etw₎ (zu etw dat)₎/[(zu etw dat) (an jdm/etw)] verkaufen: **~ gli piace molto**, Verkaufen macht ihm großen Spaß; **articoli che si vendono bene**, gut gehende Artikel 2 (trattare) ~ qc {PRODOTTI PER LA CASA} mit etw (dat) handeln, etw verkaufen 3 fig (tradire) ~ qu/qc {PATRIA} jdn/etw verraten; {AMICO} anche jdn/etw verkaufen 4 fig ~ qc {LA PROPRIA ARTE, IL PROPRIO CORPO, LA PROPRIA PENNA} etw verkaufen spreg B itr (essere venduto) ~ + compl di modo {LIBRO BENE, MOLTO, POCO} sich irgendwie verkaufen, irgendwie gehen C rfl 1 spreg (lasciarsi corrompere): **vendersi a qu/qc** {CALCIATORE, POLITICO ALLA MALAVITA, ALLA SQUADRA AVVERSARIA} sich an jdn/etw verkaufen spreg 2 spreg (prostituirsi): **vendersi** {DONNA} sich verkaufen spreg, sich prostituieren 3 (farsi credere): **vendersi per qu/qc** {UOMO PER NOBILE, PER QUEL CHE NON È} sich ₍für jdn/etw₎/[für/als etw (acc)] aus|geben ● **avere qc da ~** fig (molto), Pazienza, Talento mit etw (dat) reichlich gesegnet sein; **averne da ~**, davon ₍in Hülle und Fülle₎/[mehr als genug] haben; **~ qc per buono a qu** fig (spacciare per vero), jdm ein X für ein U vormachen; **te la vendo come l'ho comprata** fig (senza garantire), ich ₍gebe es dir so weiter₎/[erzähle es dir so], wie ich es gehört habe; ich weiß es auch nur aus zweiter Hand; **sapersi ~ bene** fig (sapersi proporre al meglio), sich gut ₍verkaufen können₎/[zu verkaufen wissen] fam; **monolocale centrale vendesi**, zentral gelegene Einzimmerwohnung zu verkaufen; **vendonsi box**, Garage zu verkaufen.
véndesi <-> m Verkaufsschild n.
vendétta f {DIVINA} Rache f: **fare qc per ~ nei confronti di qu**, etw aus Rache an jdm tun; **giurare ~ a qu**, jdm Rache schwören; **gridare ~ (al cospetto di Dio)**, {INGIUSTIZIA} zum Himmel schreien; {DELITTO ecc.} nach Rache/Vergeltung schreien; scherz (di cosa riuscita male) {VERSIONE CINEMATOGRAFICA} zum Himmel schreien; **ricevere ~**, gerächt werden; **~ trasversale** giorn, Sippenhaftung f; **~, tremenda ~!**, dafür werde ich mich grausam rächen!, Rache ist süß/Blutwurst fam scherz!; **la miglior ~ è il perdono** prov, der Siege göttlichster ist das Vergeben.
vendeuse <-, -s pl franc> f franc Verkäuferin f.
vendìbile agg {PROPRIETÀ} verkäuflich; {MERCE} absetzbar.
vendicàre <vendico, vendichi> A tr (riscattare) ~ qu/qc {AMICO, OFFESA RICEVUTA} jdn/etw rächen: **la sorella dello smacco subito**, die Schwester für die erlittene Schmach forb rächen B rfl (compiere la propria vendetta): **vendicarsi (di qu/qc) (su qu/qc)** {SULL'AUTO NUOVA} sich (an jdm/etw) (für etw (acc)) rächen: **ha giurato di vendicarsi**, er/sie hat geschworen, ₍Rache zu üben forb₎/[sich zu rächen]; per sich hat Rache geschworen.
vendicatività <-> f (tendenza) Rachsucht f.
vendicatìvo, (-a) agg {TIPO} rachsüchtig.
vendicatóre, (-trice) A agg {ANGELO} Rache- B m (f) {SOLITARIO} Rächer(in) m(f) forb.
vendifùmo <-> mf fam spreg (ciarlatano) Hochstapler(in) m(f) spreg, Scharlatan m spreg, Schaumschläger(in) m(f) spreg.
véndita f 1 comm Verkauf m: **~ all'asta**, Versteigerung f, Auktion f; **~ di beneficenza**, Verkauf m zu wohltätigen Zwecken; **~ di corde e generi affini**, Verkauf m von Seilen und Seilwaren; **~ per corrispondenza**, Versandhandel m; **~ all'ingrosso/al minuto**, Groß-/Einzelhandel m; **~ di fine stagione**, Schlussverkauf m; **~ fallimentare**, Liquidationsverkauf m; **essere in ~**, im Handel sein, erhältlich sein; **non essere in ~**, nicht erhältlich sein; **in ~ in tutti i negozi di alimentari**, in allen Lebensmittelgeschäften erhältlich; **~ giudiziale/forzata**, Zwangsverkauf m; **~ ₍porta a porta₎/[promozionale]**, Haustür-/Werbeverkauf m; **~ a rate**, Ratenverkauf m 2 comm (smercio) {MOLTA} Absatz m 3 (bottega) {+SALE E TABACCHI} Geschäft n, Laden m 4 spreg Handel m spreg: **delle indulgenze** stor, Ablasshandel m 5 sport {+CALCIATORE} Verkauf m.
venditóre, (-trice) m (f) Verkäufer(in) m(f): **~ ambulante**, Straßenverkäufer m; **~ porta a porta di enciclopedie**, Haustürverkäufer m für Enzyklopädien/Lexika ● **~ di fumo** fig spreg, Hochstapler m spreg, Scharlatan m spreg, Schaumschläger m spreg.
vendùto, (-a) agg 1 comm {ARTICOLO} verkauft 2 fig spreg {ARBITRO} bestochen spreg, gekauft spreg.
venèfico, (-a) <-ci, -che> agg 1 (tossico) {SOSTANZA} giftig 2 (nocivo) {ARIA} (gesundheits)schädlich 3 fig {PROPAGANDA} böswillig.

veneràbile A agg ehrwürdig, verehrungswürdig B m {+LOGGIA MASSONICA} Logenmeister m.

veneràndo, (-a) agg {ETÀ} ehrwürdig.

veneràre tr ~ qu/qc 1 (adorare) {DIO, VERGINE, RELIQUIE} jdn/etw verehren, jdn/ etw an|beten 2 fig (onorare) {MARITO, MEMORIA DI QU} jdn/etw in Ehren halten.

venerazione f Verehrung f: **avere una vera e propria ~ per qu**, jdn richtiggehend verehren; **degno di ~**, verehrungswürdig.

venerdì <-> m (abbr ven.) Freitag m: **Venerdì Santo**, Karfreitag m; → anche **lunedì** ● **non avere tutti i ~** scherz, nicht alle Tassen im Schrank haben fam, nicht recht bei Verstand sein fam; **gli manca un ~** scherz, bei ihm ist eine Schraube locker fam, er hat sie nicht alle fam; **il ~ nero** econ, der Schwarze Freitag; **chi ride il ~, piange la domenica** prov, der am Morgen pfeift, frisst am Abend die Katze prov.

vènere f astrol astr mitol: **Venere**, Venus f ● ~ **di marciapiede** spreg (prostituta), Straßenmädchen n spreg, Strichmädchen n fam, Stricherin f slang; ~ **solitaria** lett (masturbazione), Onanie f, Masturbation f, einsame Freuden f pl forb.

venèreo, (-a) agg med {MALATTIA} Geschlechts-, venerisch scient.

venerologia, **venereologia** f med Venerologie f scient.

vèneto, (-a) A agg venetisch B m (f) (abitante) Veneter(in) m (f).

Vèneto m geog Venetien n.

Venèzia f geog Venedig n.

venezìana f 1 (tenda) Jalousie f 2 gastr **sett** "halbrundes, mit Zucker bestreutes Gebäck"; merid "Kaffee m mit Schokolade".

veneziàno, (-a) A agg venezianisch B m (f) (abitante) Venezianer(in) m (f).

venezuelàno, (-a) A agg venezolanisch, venezuelisch B m (f) Venezolaner(in) m (f), Venezueler(in) m (f).

vènga 1ª, 2ª e 3ª pers sing del congv pres e 3ª pers sing dell'imperat pres di venire①.

vèngo 1ª pers sing dell'ind pres di venire①,②.

vènia f lett Vergebung f, Verzeihung f: **chiedere ~** scherz, untertänigst um Verzeihung bitten scherz.

veniàle agg 1 {ERRORE} verzeihlich 2 relig {PECCATO} lässlich.

venialità <-> f 1 (l'essere veniale) {+MANCANZA} Entschuldbarkeit f 2 relig {+PECCATO} Lässlichkeit f.

venire① <vengo, venni, venuto> A itr <essere> 1 gener ~ (+ compl di luogo) {A CASA, DA ME, IN PALESTRA} kommen: **vengo domani alle 22.00**, ich komme morgen um 22.00 Uhr; **è venuto con sua sorella**, er ist mit seiner Schwester gekommen; **vengo con te**, ich komme mit dir mit; **quando vieni a cena da noi?**, wann kommst du zu uns zum Abendessen?; **vengono stasera a vedere le diapositive delle vacanze**, sie kommen heute Abend, um sich die Urlaubsdias anzusehen 2 (in macchina, tram, treno, ecc.) ~ (+ compl di luogo) {AL MARE, DAGLI ZII, IN GRECIA, IN MONTAGNA} fahren; (in aereo) (irgendwohin) fliegen; (a cavallo) (irgendwohin) reiten 3 (arrivare) {GIORNO, TEMPORALE} kommen; {FATTORINO, POSTA} anche an|kommen; ein|treffen; {OCCASIONE} sich bieten 4 (provenire) ~ **da qc** {TRENO DA NAPOLI} aus etw (dat) kommen; {VENTO DALLE MONTAGNE} von etw dat wehen; {RAGAZZO DA UNA FAMIGLIA POVERA} aus/von etw (dat) stammen; {PAROLA DAL GRECO} anche aus etw (dat) kommen: **chissà da dove le viene tanto coraggio!**, wer weiß, woher sie so viel Mut nimmt!; **viene da Firenze** (è di Firenze), er/sie ist/kommt/stammt aus Florenz; (arriva da Firenze) er/sie kommt aus Florenz (an) 5 (frequentare) ~ **a qc** {A LEZIONE DI PIANO, AGLI SCOUT} zu etw (dat) kommen; {SCUOLA} anche in etw (acc) kommen 6 ~ **a qu** {DUBBIO, SOSPETTO} jdm kommen: **improvvisamente gli è venuta un'idea**, plötzlich kam ihm eine Idee; **gli è venuto il raffreddore**, er bekam einen Schnupfen; **gli è venuta ⌞la febbre⌟/[l'influenza]/[nostalgia]**, er bekam Fieber/[die Grippe]/[Sehnsucht] 7 (costare) kosten: **quanto vengono le mele?**, ⌞wie viel⌟/[was] kosten die Äpfel?; **questo errore gli varrà caro**, dieser Fehler wird ihm/ihn rar teuer zu stehen kommen 8 (ricorrere) ~ **di qc** auf etw (acc) fallen: **Pasqua viene sempre di domenica**, Ostern fällt immer auf einen Sonntag 9 (nelle estrazioni) kommen, fallen: **è venuto il 12**, die 12 ist gefallen 10 (riuscire) ~ + compl di modo {RITRATTO MALE} irgendwie gelingen, irgendwie werden, irgendwie aus|fallen: **com'è venuto il lavoro?**, wie ist die Arbeit geworden/ausgefallen?; **la maionese le viene sempre bene**, die Majonäse gelingt ihr immer (gut) 11 (aver voglia) ~ **da fare qc** Lust haben, etw zu tun: **mi viene da ridergli in faccia**, ich möchte ihm am liebsten ins Gesicht lachen 12 (sentire) ~ **da fare qc** etw tun müssen: **mi viene da piangere**, mir kommen die Tränen, ich muss weinen; **mi viene da vomitare**, ich muss mich übergeben 13 (per fare qc, spesso non si traduce la prep a) ~ **a/per fare qc** kommen, um etw zu tun: **viene qui per lavorare**, sie kommt hierher, um zu arbeiten; **a che ora viene a prenderti?**, um wie viel Uhr holt er/sie dich ab?; ~ **a trovare qu**, jdn besuchen (kommen); (a volte si traduce con l'inf sost) **vengo a mangiare**, ich komme zum Essen 14 fam (avere l'orgasmo) kommen fam 15 ~ + gerundio (non si traduce): **venir dicendo**, sagen; **viene trattando problemi sempre più difficili**, er/sie behandelt immer schwierigere Probleme 16 mat heraus|kommen: **non capisco perché la somma venga sempre diversa**, ich verstehe nicht, warum immer eine andere Summe herauskommt; **ho fatto la somma e mi viene 330 euro**, ich habe alles zusammengerechnet und es sind 330 Euro herausgekommen; **quanto viene?**, wie viel kommt heraus? 17 (avvicinarsi) ~ **accanto/vicino** {AMICA} sich nähern 18 (urtare) ~ **addosso a qu/qc** auf jdn/etw auf|fahren; jdm (hinten) drauf|fahren fam, jdm drauf|brummen fam 19 (avanzare) ~ **avanti** vor|treten, näher (heran)|treten, nach vorn kommen; (entrare) ein|treten, herein|kommen 20 (entrare) ~ **dentro** herein|kommen, ein|treten 21 (seguire) ~ **dietro a qu** {GATTO} jdm folgen 22 ~ **dopo** (nel tempo) {PROBLEMI} später kommen; (per importanza) {LAVORO} nach|kommen 23 (uscire) ~ **fuori** heraus|kommen, hervor|kommen; (risultare) heraus|kommen: **dalle indagini è venuto fuori che ...**, die Untersuchungen haben ergeben, dass...; ~ **fuori con qc**, {CON UNA BATTUTA} mit etw (dat) kommen, mit etw (dat) heraus|platzen fam; {CON DOMANDE} anche mit etw (dat) an|kommen fam; **viene fuori con certe idee!**, der/die hat manchmal Einfälle! 24 (scendere) ~ **giù** {PERSONA} herunter|kommen; (cadere) {NEVE} fallen; {PIOGGIA} anche nieder|gehen 25 (indietreggiare) ~ **indietro** zurück|gehen, zurück|treten 26 ~ **incontro a qu** (muovendosi) jdm entgegen|gehen, anche fig (aiutare) jdm entgegen|kommen: **potrebbe venirmi incontro nel pagamento?**, könnten Sie mir in der Bezahlung entgegenkommen? 27 (svenire) ~ **meno** {PERSONA} ohnmächtig werden, in Ohnmacht fallen; (mancare) {MERCI, ECC...} aus|gehen; {SOLIDARIETÀ} nach|lassen 28 (non mantenere) ~ **meno a qc** {AD UN PATTO} etw nicht ein|halten, etw (dat) nicht nach|kommen; {ALLA PAROLA DATA} etw brechen; {AL PROPRIO DOVERE} etw nicht erfüllen 29 (precedere) ~ **prima** (nel tempo), {PROBLEMI} zuerst kommen; (per importanza) {MOGLIE} zuerst kommen, vor|gehen 30 (salire sopra) ~ (**di**) **sopra** nach oben kommen, rauf|kommen fam 31 (scendere sotto) ~ (**di**) **sotto** nach unten kommen, runter|kommen fam 32 (salire) ~ **su** herauf-, hoch|kommen, rauf|kommen fam; fam (crescere) ~ **su** + compl di modo {RAGAZZA BENE} irgendwie gedeihen, irgendwie auf|wachsen 33 ~ **su** hoch|kommen: **la cipolla mi è venuta su tutto il pomeriggio**, die Zwiebel ist mir den ganzen Nachmittag hochgekommen 34 (allontanarsi) ~ **via** fort|-/weg|kommen: **venga via!**, gehen/kommen Sie (da) weg!; (sparire) {MACCHIA} verschwinden, fam (staccarsi) {MANICO} ab|gehen B itr pron 1 (camminare): **venirsene** daher|kommen, heran|kommen 2 fam: **venirsene fuori con qc** {CON DELLE PRETESE ASSURDE} mit etw (dat) an|kommen fam, mit etw (dat) heraus|platzen fam C rfl rec: **venirsi incontro** 1 (muovendosi) sich entgegen|gehen 2 anche fig (aiutarsi) sich/einander forb entgegen|kommen ● **a ~**, kommende(r, s), nächste(r, s), künftige(r, s); **ora viene il bello**, nun/jetzt kommt das Schönste/Beste/der Clou fam; **come viene, viene**, wie's kommt, so kommt's (eben); es wird, wie es wird; lassen wir den Dingen ihren Lauf; **quanto ti viene a costare il week-end alle terme?**, was kostet dich das Wochenende in den Thermen?; **di là da ~** fig (lontano), {CONCLUSIONE, RIENTRO} weit entfernt, in ferner Zukunft liegend; **gli anni di là da ~**, die kommenden/nächsten Jahre; die Jahre, die da kommen werden; **cose di là da ~** fig (future), Zukunftsmusik f; ~ **al dunque**/**nocciolo**/**sodo**, ⌞zur Sache⌟/[zum Kern der Sache] kommen; **far ~ qu/qc** (mandare a chiamare), {ELETTRICISTA} jdn kommen lassen, jdn holen; {AMBULANZA} etw kommen lassen, etw rufen; {TAXI} etw bestellen; **far ~ qc a qu** (causare), {MAL DI TESTA} jdm etw verursachen; **la passeggiata sotto la pioggia gli fece ~ il raffreddore**, nach dem Spaziergang im Regen bekam er einen Schnupfen; der Spaziergang im Regen war schuld, dass er einen Schnupfen bekam; **far ~ fame/sonno/rabbia/nostalgia a qu**, jdn hungrig/müde/wütend/sehnsüchtig machen; **non mi viene** fam, mir fällt's nicht ein, ich komme nicht drauf fam; ~ **a sapere**, erfahren.

venire② <difet usato solo ai tempi semplici, vengo, venni> (in funzione di ausiliare per la formazione del passivo) ~ + part pass part pass + werden: **viene fatto in pochi minuti**, das wird in wenigen Minuten gemacht/erledigt; **venne sgridato**, er wurde ausgeschimpft; **mi venne detto di fare qc**, mir wurde gesagt, etw zu tun; ~ **denunciato/ucciso**, angezeigt/ermordet werden; **i suoi libri vengono criticati da tutti**, seine/ihre Bücher werden von allen kritisiert.

venóso, (-a) agg {CIRCOLO} Venen-; {SANGUE} anche venös.

ventaccio <-ci> m (vento forte) {GELIDO} unangenehmer Wind.

ventàglio <-gli> A m {+PIUME} Fächer m B <inv> loc agg avv: **a ~**, fächerartig; (rif. alla forma) fächerförmig ● **un ~ di proposte** fig (serie), eine Reihe von Vorschlägen; **tutto il ~ di opere d'arte del novecento**, die ganze Bandbreite von Kunstwerken des 20. Jahrhunderts.

ventàta f 1 meteo Windstoß m 2 fig {+GIO-

VINEZZA} Welle f.

ventennàle A agg 1 (*che dura 20 anni*) {ESPERIENZA} zwanzigjährig 2 (*che ricorre ogni 20 anni*) {FESTA} zwanzigjährlich, Zwanzigjahr- B m zwanzigster Jahrestag: **~ della morte**, zwanzigster Todestag.

ventènne A agg zwanzigjährig B mf Zwanzigjährige mf decl come agg.

ventènnio <-ni> m Zeitraum m von zwanzig Jahren, zwanzig Jahre n pl: **il ~ (fascista)** stor, die Zeit des Faschismus in Italien (1922-1943).

ventèsimo, (**-a**) A agg num zwanzigste(r, s) B m (f) Zwanzigste mfn decl come agg C m (*frazione*) Zwanzigstel n, zwanzigster Teil; → anche **quinto**.

vénti A agg num zwanzig B <-> m 1 (*numero*) Zwanzig f 2 (*nelle date*) Zwanzigste m decl come agg C f pl zwanzig Uhr; → anche **cinque**.

venticinquennàle A agg 1 (*di venticinque anni*) {PATTO, PRESTITO} Fünfundzwanzigjahres-; {ESPERIENZA} fünfundzwanzigjährig 2 (*che ricorre ogni venticinque anni*) {CELEBRAZIONE} fünfundzwanzigjährlich, Fünfundzwanzigjahres- B m 1 (*ricorrenza*) fünfundzwanzigster Jahrestag 2 *fig* (*cerimonia*) Fünfundzwanzigjahresfeier f.

ventilàre tr **~ qc** 1 (*cambiare aria*) {CAMERA, UFFICIO} etw (durch|)lüften 2 *fig* (*avanzare*) {IPOTESI, POSSIBILITÀ} etw vor|schlagen, etw an|deuten: **ventilò l'idea di uscire**, er/sie schlug vor auszugehen 3 *agr* {GRANO} etw worfeln *stor*, etw schwingen 4 *med* {POLMONI} etw (dat) Luft/Sauerstoff zu|führen, etw durchlüften.

ventilàto, (**-a**) agg {POSTO} luftig.

ventilatóre m Ventilator m.

ventilazióne f 1 (*il ventilare*) {+PALESTRA} Lüftung f, Ventilation f 2 (*movimento dell'aria*) Luftbewegung f 3 *med* {POLMONARE} Lüftung f, Ventilation f.

ventìna f: **una ~ (di ...)**, (etwa) zwanzig (...); **essere sulla ~** (*vent'anni*), ˌan/um die˲/[ungefähr] zwanzig sein.

ventìno m "alte Münze im Wert von zwanzig Centesimi".

ventiquattr'óre <-> A f pl (*periodo*) vierundzwanzig Stunden f pl B f 1 (*valigia*): **ventiquattrore**, Diplomatenkoffer m, kleiner Reisekoffer m 2 *sport* Vierundzwanzigstundenrennen n • **negozio aperto ventiquattr'ore su ventiquattr'ore**, rund um die Uhr geöffnetes Geschäft; **lavorare ventiquattr'ore su ventiquattr'ore**, Tag und Nacht arbeiten.

ventitré A agg num dreiundzwanzig B <-> m 1 (*numero*) Dreiundzwanzig f 2 (*nelle date*) Dreiundzwanzigste m decl come agg C f pl dreiundzwanzig Uhr; → anche **cinque**.

vènto m 1 {FORTE, UMIDO} Wind m: **battuto dai venti**, windig; **~ contrario** (il prua], Gegenwind m; **~ favorevole**, Rückenwind m; **~ forza otto**, Windstärke 8; **~ del nord**, Nordwind m; **avere il ~ in poppa**, Rückenwind haben, den Wind im Rücken haben; **tira ~**, es zieht (aria) Luft f: **farsi ~**, sich (dat) Luft zufächeln 3 *fig* (*clima*) Stimmung f: **~ di fronda**, Aufruhrstimmung f 4 *eufem fam* (*peto*) Darmwind m • **andare come il ~** (*molto veloce*), wie der Wind rennen, mit Windeseile laufen; **buttare/gettare al ~ qc** (*sprecare*) {ENERGIE} etw verschwenden, {DENARO} *anche* etw zum Fenster heraus|werfen, etw auf den Kopf hauen *fam*; ˌ**qual buon ~**!˲/[**qual buon ~ ti porta!**] *fig*, was machst du denn hier?, was verschafft mir die Ehre/das Vergnügen (deines Besuches)?, welch glücklicher Umstand führt dich her?; **essere contro ~**, gegen den

Wind segeln, gegen den Strom schwimmen; **esposto ai quattro venti** (*molto esposto*), {CASA} Wind und Wetter ausgesetzt; *fig*, (schutzlos) allem preisgegeben; **gridare/parlare al ~** *fig* (*senza risultato*), in den Wind reden; **odorare il ~ infido** *fig* (*accorgersi di un pericolo*), Gefahr wittern; **che piova o tiri ~** (*con qualsiasi condizione atmosferica*), bei Wind und Wetter; **navigare col ~ in poppa**, mit Rückenwind segeln; *fig* (*andar bene*) {SOCIETÀ} Aufwind haben, im Aufwind sein, gut gehen *fam*, florieren; (*avere successo*) {PERSONA} ˌgroßen Erfolg˲/[eine Glückssträhne] haben; **un ~ che porta via** *fig* (*molto forte*), ein sehr stürmischer Wind; **dire/gridare/spargere/strombazzare qc ai quattro venti** *fig* (*rendere pubblico*), etw (in alle vier Himmelsrichtungen) ausposaunen *fam* anche etw in alle Welt posaunen *fam*; **sentire che ~ tira** *fig* (*informarsi sulla situazione*), sich erkundigen, woher der Wind weht; **~ solare** *astr*, Sonnen-, Solarwind m; **che ~ tira?** *fig fam*, wie ist die Stimmung?, wie sieht's aus?; **veloce come il ~**, schnell wie der Wind; **chi semina ~ raccoglie tempesta** *prov*, wer Wind sät, wird Sturm ernten *prov*.

vèntola f 1 (*del ventilatore*) Flügelrad n 2 (*per il fuoco*) Blasebalg m 3 (*per candela*) Wandarm m • **~ di raffreddamento motori**, Lüfterrad m.

ventósa f 1 {+PLASTICA} Saugnapf m 2 *med* Schröpfkopf m 3 *zoo* {+SANGUISUGA} Saugnapf m.

ventosità <-> f 1 {+LUOGO} Windigkeit f 2 *med* (*flatulenza*) Blähung f.

ventóso, (**-a**) agg 1 (*pieno di vento*) {STAGIONE} windig 2 (*esposto*) {PIANURA, REGIONE} windig 3 *fig lett* (*vuoto*) {DISCORSI} hohl *spreg*, aufgeblasen *fam spreg*, leer 4 *fig lett* (*borioso*) {PERSONAGGIO} blasiert *spreg*, aufgeblasen *fam spreg*, aufgebläht *spreg*, wichtigtuerisch *fam*.

ventòtto A agg num achtundzwanzig B <-> m 1 (*numero*) Achtundzwanzig f 2 (*nelle date*) Achtundzwanzigste m decl come agg; → anche **cinque**.

ventràle agg {DOLORI, PINNE} Bauch-.

vèntre m 1 *anat* Bauch m, Unterleib m 2 *fig* (*utero*) {MATERNO} Schoß m *forb*, Leib m 3 *fig* (*interno*) {+TERRA} Innere n decl come agg 4 *fig* (*parte panciuta*) {+VASO} Bauch m • **basso ~**, Unterleib m, Unterbauch m *rar*; *fig* (*genitali*), Unterleib m, Genitalien f pl; **correre ~ a terra** *fig* (*molto velocemente*), {CAVALLO} in gestrecktem/vollem Galopp reiten; **essere il ~ molle di qc** *fig* (*punto debole*), ˌder Schwachpunkt˲/[die Schwachstelle] von etw (dat) sein.

ventrésca <-sche> f 1 **~ (di tonno)**, "Bauchfleisch n (vom Thunfisch)" 2 *tosc* (*durchwachsener*) Schweinebauch.

ventricolàre agg *anat* Herzkammer-, ventrikulär *scient*, ventrikular *scient*.

ventrìcolo m *anat* Kammer f, Ventrikel m *scient*: **~ cardiaco**, Herzkammer f.

ventrièra f (*panciera*) Bauchbinde f.

ventrìglio <-gli> m *anat* {+UCCELLO} Muskelmagen m.

ventrìloqua f → **ventrìloquo**.

ventrilòquio <-qui> m Bauchreden n.

ventrìloquo, (**-a**) m (f) Bauchredner(in) m(f).

ventunènne A agg einundzwanzigjährig B mf Einundzwanzigjährige mf decl come agg.

ventunèsimo, (**-a**) A agg num einundzwanzigste(r, s) B m (f) Einundzwanzigste mfn decl come agg C m (*frazione*) Einundzwanzigstel n, einundzwanzigster Teil; →

anche **quinto**.

ventùno A agg num einundzwanzig B <-> m 1 (*numero*) Einundzwanzig f 2 (*nelle date*) Einundzwanzigste m decl come agg C f pl einundzwanzig Uhr; → anche **cinque**.

ventùra f *lett* 1 (*sorte*) {BUONA, CATTIVA} Schicksal n, Los n 2 (*buona fortuna*) Glück n • **andare alla ~** *fig* (*affidandosi al caso*), etw ˌaufs Geratewohl *fam*˲/[auf gut Glück] machen, es dem Zufall überlassen; **compagnie/soldati di ~** *stor*, Landsknechtscharen f pl/Landsknechte m pl, Söldner m pl.

vénture càpital <-> loc sost m *ingl econ* Risiko-, Wagniskapital n.

ventùro, (**-a**) agg 1 (*prossimo*) {ANNO, MESE} nächste(r, s), kommende(r, s) 2 *lett* (*futuro*) {GENERAZIONI} zukünftig.

venusiàno, (**-a**) A agg *astr* Venus- B m (f) Venusbewohner(in) m(f).

venustà <-> f *poet* {+DONNA} Liebreiz m *poet*, Anmut f; {+STILE} Erhabenheit f.

venùsto, (**-a**) agg *poet* {DONNA} liebreizend *poet*, anmutig; {STILE} erhaben.

venùta f (*arrivo*) {+MESSIA} Ankunft f, Kommen n.

venùto, (**-a**) A part pass *di* venire①,② B m (f) Angekommene mf decl come agg, Ankömmling m: **i nuovi venuti alzino la mano**, die Neuankömmlinge heben bitte die Hand • **il primo ~**, der Erste; *fig* (*uno qualunque*), der erste Beste, der Erstbeste, der Nächstbeste; **non (devi) fidarti del primo ~** *fig* (*di chiunque*), du darfst nicht dem ˌersten Besten˲/[Erstbesten] trauen; **non essere il primo ~** *fig* (*uno qualunque*), nicht irgendwer/[irgendein Dahergelaufener *spreg*] sein; **essere l'ultimo ~** *fig* (*persona di scarsa importanza*), der (Aller)letzte sein; **non essere l'ultimo ~** *fig* (*essere degno di considerazione*), nicht der letzte Mensch sein.

véra f 1 *sett* (*fede*) Ehe-, Trauring m 2 {+POZZO} Brunnenbrüstung f.

veràce agg 1 *lett* (*vero*) wahrhaftig *forb*, wahr 2 (*sincero*) {TESTIMONE} aufrichtig, {RACCONTO} wahrheitsgetreu 3 *napol* (*autentico*) {NAPOLETANO} echt 4 *napol gastr* {VONGOLE} echt, frisch.

veraménte avv 1 (*proprio*) wirklich, wahrhaft: **si vogliono bene ~**, sie lieben sich wirklich; **è una persona ~ onesta**, er/sie ist ein wahrhaft ehrlicher Mensch 2 (*sul serio*) im Ernst, wirklich: **ci credi ~?**, glaubst du das wirklich?; **~?**, tatsächlich?, wirklich?, echt? 3 (*in realtà*) wirklich, tatsächlich: **bisogna vedere come stanno ~ le cose**, man muss einmal sehen, wie die Dinge tatsächlich liegen 4 (*a dire il vero*) ehrlich gesagt: **io, ~, non ci andrei**, ich würde ehrlich gesagt nicht hingehen; **~ non lo so**, das weiß ich ehrlich gesagt nicht.

veràndа f Veranda f.

verbàle A agg 1 (*orale*) {ESAME, RICHIAMO} mündlich; {REAZIONE} verbal 2 *gramm* {FORMA} verbal, Verbal- B m 1 *amm* {+ASSEMBLEA} Protokoll n: **mettere qc a ~**, etw protokollieren 2 *dir* Niederschrift f, Protokoll n: **~ di udienza**, (Sitzungs-, Verhandlungs)niederschrift f, (Sitzungs-, Verhandlungs)protokoll n; **redigere un ~**, eine Niederschrift anfertigen, ein Protokoll aufnehmen.

verbalìsmo m leere Worte n pl *spreg*, Schwafelei f *fam spreg*.

verbalizzàre tr *amm* **~ qc** {ASSEMBLEA, RIUNIONE} etw protokollieren; {INCIDENTE} etw zu Protokoll nehmen; (*redigere il verbale*) (*uso assol*) Protokoll führen.

verbalizzazióne f *amm* Protokollierung f.

verbanése A agg von/aus Verbania B mf (*abitante*) Einwohner(in) m(f) von Verbania.

verbèna f bot Eisenkraut n, Verbene f.
vèrbo m 1 gramm Verb n, Zeitwort n: ~ ausiliare, Hilfsverb n; ~ causativo, Kausativ n; ~ deponente, Deponens n; ~ difettivo, defektives Verb; ~ fraseologico, phraseologisches Verb; ~ intensivo, Intensivum n; ~ servile/modale, Modalverb n 2 relig Wort n: il ~ divino, das Wort Gottes.
verbosità <-> f {+AUTORE, DISCORSO} Weitschweifigkeit f, Langatmigkeit f; {+ORATORE} anche Redseligkeit f spreg.
verbóso, (-a) agg {RACCONTO, SCRITTORE} weitschweifig, langatmig, wortreich; {ORATORE} anche redselig spreg.
vercellése A agg von/aus Vercelli B mf (abitante) Einwohner(in) m(f) von Vercelli.
verdàstro, (-a) agg pegg {RIFLESSO} grünlich; {PALUDE} schmutzig grün B m (colore) schmutziges Grün.
verdazzùrro, (-a) A agg {MARE} grünblau B m (colore) Grünblau n.
vérde A agg 1 {FOGLIA} grün: ~ acqua, aquamarinblau; ~ bandiera, "Grün der italienischen Fahne"; ~ bottiglia/erba/mare/mela/oliva/pisello/pistacchio/smeraldo, flaschen-/gras-/meer-/apfel-/oliv-/erbsen-/pistazien-/smaragdgrün; ~ chiaro/scuro, hell-/dunkelgrün; ~ ramarro (verde vivo), eidechsengrün 2 (acerbo) {FRUTTA} grün, unreif 3 (non secco) {LEGNA} grün, Grün- 4 (con vegetazione) grün: zona verde, Grünanlage f, Grünfläche f 5 fig (dell'agricoltura) {PIANO} Agrar- 6 fig (giovanile) {ANNI, ETÀ} jung 7 polit (ecologista) grün B m 1 (colore) {+PRATO} Grün n 2 (vegetazione) {+PRATO} Grün n, Grüne n decl come agg, Natur f: una zona ricca di ~, eine Gegend mit viel Grün; non c'è un filo di ~, es gibt kein bisschen Natur/Grün; abitare in mezzo al ~, mitten im Grünen wohnen 3 (rif. al semaforo) Grün n: passare col ~, bei Grün über die Ampel gehen/fahren C mf pl.pl polit (ecologisti) Grüne mf decl come agg ● nel ~ degli anni fig (negli anni giovanili), in jungen Jahren, in den Jugendjahren; ~ attrezzato, Sport-, Spielplatz m; essere/ridursi/trovarsi al ~ fam (senza denaro), blank/abgebrannt sein fam, keinen Pfennig haben; essere ~ di/[per l'] invidia fig (molto invidioso), grün/gelb vor Neid sein; essere ~ di/[per la] paura fig (molto impaurito), blass vor Angst sein; ~ pubblico, öffentliche Grünanlage; essere ~ di/[per la] rabbia fig (molto arrabbiato), ↓grün und gelb↓/[schwarz] vor Ärger sein fam.
verdeazzùrro, (-a) → verdazzurro.
verdechiàro, (-a) <verdechiari, rar verdichiari o verdi chiari> A agg {SFUMATURA} hellgrün B m (colore) Hellgrün n.
verdeggiànte agg {DISTESA} grün, grünend.
verdeggiàre <verdeggio, verdeggi> itr 1 (essere verde) {PRATO, RADURA} grünen, grün sein 2 (diventare verde) {ALBERI, FRONDE} grünen, grün werden, aus|schlagen 3 lett (assumere colore verde) {AZZURRO, LUCE} grün schimmern, ins Grünliche spielen.
verdemàre <inv> agg {BORSETTA} meergrün.
verderàme A <inv> agg (colore) {CUPOLA} kupfergrün B <-> m 1 (patina) Grünspan m 2 chim basisches Kupferacetat.
verdésca <-sche> f itt Blau-, Menschenhai m.
verdescùro, (-a) <verdescuri, rar verdiscuri o verdi scuri> A agg {FOGLIA} dunkelgrün B m (colore) Dunkelgrün n.
verdétto m 1 dir (responso) {FINALE; +GIURIA} Urteil n, Urteilsspruch m: ~ di assoluzione/condanna, Freispruch m/Verurteilung f 2 anche sport (decisione) {+CONCORSO, GARA} Entscheidung f: il ~ è parità, das Schiedsrichterurteil lautet Gleichstand, Gleichstand laut Schiedsrichter 3 fig (giudizio) {+STORIA} Urteil n; {+MEDICO} Befund m.
verdiàno, (-a) A agg mus {OPERA} von Verdi, Verdi- B m (f) (fan) Verdi-Liebhaber(in) m(f), Verdi-Fan m, Anhänger(in) m(f) Verdis.
verdìcchio <-chi> m enol Verdicchio m (trockener Weißwein aus den Marken).
verdìccio, (-a) <-ci, -ce> agg {FOGLIA} grünlich, grüngelb.
verdìno, (-a) <dim di verde> A agg {MAGLIONE} grünlich, hellgrün B m (colore) Hellgrün n.
verdógnolo, (-a) agg {TÈ} grünlich; {VISO} anche blassgrün.
verdolìno, (-a) A agg {CAPPELLO} hell-, zartgrün B m (colore) Hellgrün n.
verdóne A agg {IMPERMEABILE} knall-, tiefgrün B m 1 (colore) Knall-, Tiefgrün n 2 itt Blauhai m 3 ornit Grünfink m.
verdùra f {COTTA, FRESCA} Gemüse n.
verduràio, (-a) <-rai> m (f) region (fruttivendolo) Gemüsehändler(in) m(f).
verdùzzo m enol "eine Weißweinrebenbzw. Weißweinsorte aus dem Friaul".
verecóndia f poet Schamhaftigkeit f, Sittsamkeit f obs.
verecóndo, (-a) agg poet schamhaft, sittsam obs.
vérga <-ghe> f 1 (bacchetta) Gerte f, Rute f, Stock m; {+RABDOMANTE} Wünschelrute f 2 lett {+PASTORE, VESCOVO} Stab m; {+RE} Zepter n 3 {+ARGENTO, ORO, ecc.} Barren m 4 (rotaia) Schiene f, Gleis m 5 fam (pene) Rute f volg, Pimmel m fam, Schwanz m volg ● tremare come una ~ fig obs (molto), wie Espenlaub zittern fam.
vergàre <vergo, verghi> tr ~ qc 1 (rigare) {TESSUTO} etw rippen, etw streifen, etw mit Streifen versehen; {CARTA} etw lin(i)ieren 2 lett (manoscrivere) {ATTO, CARTE, LETTERA} etw (mit der Hand) schreiben, {FOGLIO} etw (eigenhändig) beschreiben.
vergatìna f feines Durchschlagpapier.
vergatìno m tess feingerippter Stoff.
vergàto, (-a) agg {TESSUTO} gerippt; {CARTA} lin(i)iert.
vergatùra f {+TESSUTO} Rippung f; {+CARTA} Lin(i)ierung f.
verghiàno, (-a) agg lett {VERISMO} von Verga, Vergas.
verginàle agg anche fig jungfräulich.
vérgine A f 1 (donna, fanciulla) Jungfrau f 2 relig: Vergine, Jungfrau f (Maria); la Beata Vergine, die Heilige Jungfrau (Maria) B m (uomo, fanciullo) Keusche m decl come agg C <-> mf astrol astr: Vergine, Jungfrau f; sono della/una Vergine, ich bin Jungfrau D agg 1 {RAGAZZA} unberührt, jungfräulich 2 fig {TERRENO} unberührt, jungfräulich forb 3 fig {CERA, OLIO D'OLIVA} rein: extra ~, nativ extra 4 fig {CASSETTA DISCHETTO, NASTRO} unbespielt; {PELLICOLA} unbelichtet 5 fig (puro) {ANIMA, CUORE} rein.
verginèlla <dim di vergine> f anche iron Unschuldsengel m iron.
vergineo → virgineo.
verginità <-> f {+RAGAZZA} Jungfräulichkeit f ● rifarsi una ~ fig scherz (integrità morale), seinen guten Ruf wiederherstellen, sich wieder salonfähig machen.
vergógna f 1 Scham f: avere ~ di qu/qc, {DEL FIGLIO, DELLA PROPRIA SITUAZIONE} sich jds/etw schämen forb, sich für jdn/etw genieren; provare ~, sich schämen, Scham empfinden; rosso di ~, schamrot; senza ~, schamlos 2 (disonore, scandalo) Schande f: essere la ~ della famiglia, die Schande/[das schwarze Schaf] der Familie sein; è una ~!, das ist eine Schande!; che ~!, welche Schande!, so eine Schande!; fare certe cose! ~!, es ist eine Schande, so etwas zu tun! 3 (timidezza) Hemmungen f pl: ha ~ di cantare da sola davanti a tutti, sie hat Hemmungen, allein vor allen anderen zu singen 4 {solo pl} eufem fam Scham f forb eufem, Schamgegend f, Schamteile n pl rar.
vergognàrsi <mi vergogno, ti vergogni> itr pron 1 (sentir vergogna): ~ di qu/qc {DEL PROPRIO FIGLIO, DEI PROPRI ERRORI} sich jds/etw schämen; ~ di/a fare qc sich schämen, etw zu tun: mi vergogno di pensarla così, ich schäme mich, dass ich so darüber denke; ~ per qu {PER IL PROPRIO FRATELLO} sich für jdn schämen; ma non ti vergogni per quello che hai fatto?, ja schämst du dich denn nicht dafür, was du getan hast? 2 (aver soggezione): ~ di qu/qc {DELLA GENTE} sich vor jdm/etw genieren, sich vor jdm/etw schämen, sich vor jdm/etw scheuen; ~ di/a fare qc {DI/A PARLARE IN PUBBLICO} ↓sich scheuen↓/[Scheu haben], etw zu tun ● mi fai vergognare!, du machst/bereitest mir Schande!, du blamierst mich!
vergognóso, (-a) agg 1 spreg {AZIONE, RICHIESTA, ecc.} schändlich: è ~ che si sprechi il denaro pubblico in questo modo, es ist eine Schande, dass die öffentlichen Gelder so vergeudet werden 2 (timido) {RAGAZZO} schamhaft, schüchtern.
veridicità <-> f {+RACCONTO} Wahrhaftigkeit f.
verìdico, (-a) <-ci, -che> agg 1 {RACCONTO} wahrheitsgetreu 2 {TESTIMONE} glaubwürdig.
verìfica <-che> f 1 (Nach-, Über)prüfung f, Kontrolle f: ~ contabile, Rechnungsprüfung f; ~ dei passaporti, Passkontrolle f 2 polit "Überprüfung der Bereitschaft von Koalitionspartnern, weiterhin gemeinsam zu regieren" 3 scuola {+ITALIANO} Test m: oggi c'è la ~ di tedesco, heute haben wir einen/unseren Deutschtest ● fare un dettato di ~ scuola, ein Testdiktat schreiben/machen; ~ dei poteri dir, Wahlprüfung f.
verificàbile agg {ALIBI} (nach-, über)prüfbar; {IPOTESI} beweisbar.
verificabilità <-> f {+ALIBI} (Nach-, Über)prüfbarkeit f; {+TEORIA} Verifizierbarkeit f.
verificàre <verifico, verifichi> A tr ~ qc 1 (accertare) {ESATTEZZA DI QC, QUALITÀ, VERITÀ DI QC} etw (über)prüfen, etw kontrollieren; {BILANCIO, CONTI} etw nach|prüfen 2 (confermare) {LEGGE} etw bestätigen; {IPOTESI, TEORIA} anche etw beweisen, etw nach|weisen; filos etw verifizieren B itr pron: verificarsi 1 (accadere) {EVENTO, SCIAGURA} ein|treten, sich ereignen, geschehen: si è verificato un cambiamento nelle condizioni del malato, der Zustand des Kranken hat sich verändert; si è verificato un improvviso cambiamento del tempo, es ist ein plötzlicher Wetterbruch eingetreten 2 (dimostrarsi vero) {PROFEZIA} ein|treten, sich erfüllen, in Erfüllung gehen; {IPOTESI, TEORIA} sich bewahrheiten, sich als wahr heraus|stellen.
verificatóre, (-trice) m (f) 1 {+CONTI} Prüfer(in) m(f), Kontrolleur(in) m(f): ~ di pesi e misure, Eichmeister m 2 ferr {+LOCOMOTIVE} Wagenmeister(in) m(f).
verificatrice f inform Lochkartenprüfer m, Lochkartenleser m.
verificazióne f {+SCRITTURE PRIVATE, STATO PASSIVO} Überprüfung f.

verismo m 1 *lett* Verismus m 2 *fig* (*realismo*) Realismus m.

verista <-*i* m, -*e* f> *lett* **A** mf Verist(in) m(f) **B** agg veristisch.

veristico, (-a) <-*ci*, -*che*> agg *lett* veristisch.

verità <-> f 1 *gener* Wahrheit f: **la ~ è che non vuol pagare**, die Wahrheit ist, dass er/sie nicht bezahlen will; **in ~**, in Wahrheit/Wirklichkeit, eigentlich; **la pura e semplice ~**, die reine Wahrheit 2 *relig* Offenbarung f: **~ rivelate**, Offenbarungen f pl ● **in ~, in ~ vi dico** *bibl*, wahrlich, wahrlich, ich sage euch; **ma, a dir la ~, non saprei**, also, ⌊um die Wahrheit zu sagen⌋/[um ehrlich zu sein], habe ich auch keine Ahnung; **è la sacrosanta ~** *fig scherz*, das ist die reinste Wahrheit; **giuro di dire la ~, tutta la ~, nient'altro che la ~ dir**, ich schwöre, die Wahrheit zu sagen, die ganze Wahrheit und nichts als die Wahrheit; **~ lapalissiana** (*evidente*), Binsenwahrheit f; **la ~ offende**, die Wahrheit tut weh; **la ~ vien sempre a galla** *prov*, (und ist es doch so fein gesponnen) es kommt doch ans Licht der Sonnen *prov*.

veritiero, (-a) agg 1 (*vero*) {NOTIZIA} wahr; {RESOCONTO} wahrheitsgetreu 2 (*che dice il vero*) {TESTIMONE} aufrichtig; {STORICO} *anche* wahrheitsliebend, sich an die Tatsachen haltend.

verme m 1 *med zoo* Wurm m: **~ solitario**, Bandwurm m 2 <*solo* pl> (*parassiti*) Würmer m pl: **avere i vermi**, Würmer haben 3 *fig anche scherz* (*miserabile*) Wurm m *fam*, Schurke m *spreg*: **sentirsi un ~ scherz**, sich klein und unbedeutend fühlen, sich (dat) klein und unbedeutend vorkommen; **strisciare come un ~**, jdm in den Arsch kriechen *volg*, kriecherisch/ein Kriecher sein *spreg* ● **avere il ~ solitario** *fig scherz* (*mangiare sempre*), essen wie ein Scheunendrescher *fam*, ein Vielfraß *fam* sein; **essere nudo come un ~**, splitternackt sein *fam*.

vermeil <-> m *franc* (*argento dorato*) Vermeil n.

vermentino *enol* 1 (*vitigno*) Vermentino-Rebe f 2 *enol* Vermentino m (*Weißwein aus Ligurien, der Toskana und Nordsardinien*).

vermicelli m pl *gastr* Fadennudeln pl, Vermicelli pl (*etwas dünnere Spaghetti*).

vermicida <-*i* m, -*e* f> *farm* **A** agg wurmabtreibend, vermifug *scient* **B** m Wurmmittel n.

vermicolare agg {AGGREGATO} wurmförmig.

vermiforme agg {AGGREGATO, ASPETTO DI UNA LARVA} wurmförmig, wurmartig.

vermifugo, (-a) <-*ghi*, -*ghe*> *farm* **A** agg {SOSTANZA} wurmtötend **B** m Wurmmittel n.

vermiglio, (-a) <-*gli* m, -*glie* f> **A** agg {COLORE} leuchtend rot **B** m leuchtendes Rot.

verminosi <-> f *veter* Wurmkrankheit f.

verminoso, (-a) agg wurmstichig, voller Würmer.

vermouth, **vermut** <-> m *enol* Wermut m: **bere un ~**, ein Glas Wermut trinken.

vernaccia <-*ce*> f *enol* Vernaccia m (*bernsteinfarbener Wein aus verschiedenen Regionen Italiens*).

vernacolare agg (*del vernacolo*) {LOCUZIONE, TERMINE} mundartlich, Mundart-.

vernacolo, (-a) **A** agg mundartlich, Mundart- f **B** m {ELBANO} Mundart f.

vernice① f 1 *gener* Lack m, Firnis m: **~ antiruggine**, Rostschutzlack m; **dare una mano di ~ a qc**, etw lackieren/streichen 2 (*pelle*) Lackleder n: **scarpe di ~**, Lackschuhe m pl 3 *fig* {+CULTURA} Anstrich m ● **fresca!**, frisch gestrichen!

vernice② f (*vernissage*) Vernissage f.

verniciare <*vernicio, vernici*> **A** tr (*dipingere*) **~ qc** {ARMADIO, CANCELLO} etw streichen, etw lackieren: **~ a smalto/spruzzo**, emaillieren/(lack)spritzen **B** rfl *fig scherz* (*imbellettarsi*): **verniciarsi** sich schminken, sich an|malen *fam*.

verniciata f (*veloce verniciatura*) (oberflächlicher) Anstrich: **dare una ~ a qc**, etw (oberflächlich/flüchtig) streichen.

verniciatore, (-*trice*) **A** m (f) {+PORTE} Maler(in) m(f), Anstreicher(in) m(f) **B** m *tecnol* Lackierer(in) m(f): **~ a spruzzo**, Spritzpistole f.

verniciatura f 1 (*operazione*) Lackieren n, (An)streichen n: **~ a spruzzo**, Spritzlackierung f 2 (*strato*) Lackierung f, Lack m 3 *fig* {+CULTURA} Anstrich m.

vernissage <-, -*s* pl *franc*> m *franc* Vernissage f.

vero, (-a) **A** agg 1 *gener* {NOTIZIA, RESPONSABILE} wahr: **fosse ~!**, wenn's nur wahr wäre!, schön wär's!; **non mi par ~!**, ich kann es kaum glauben/fassen!; das ist zu schön, um wahr zu sein!; **non può essere ~!**, das kann doch (wohl) nicht wahr sein! 2 (*giusto, esatto*) richtig, wahr: **non è ~?**, ist es nicht so?, stimmt's nicht?; **non è forse ~ che ci siamo già incontrati?**, stimmt's vielleicht nicht, dass wir uns schon mal begegnet sind?; **se è ~? Eccome!**, ob das stimmt/[wahr ist]? Und ob!; (*a fondo frase affermativa*) nicht wahr; (*a fondo frase negativa*) oder; **tu non c'eri, ~?**, du warst nicht da, oder?; **lo sai, non è ~?**, du weißt es, nicht wahr?; **non vuoi restare, non è ~?**, du willst (doch) nicht bleiben, oder? 3 (*autentico*) {CACHEMIRE, ORO} echt; {NOME} wirklich, richtig 4 (*sincero*) {AMICO} aufrichtig; {AMICIZIA, AMORE} wahr, wahrhaft, tief 5 (*effettivo, reale*) {INTENZIONI, LAVORO, SIGNIFICATO} wirklich, eigentlich 6 (*~ e proprio*) {ACQUAZZONE, DELINQUENTE, FANNULLONE, NEVICATA} richtig; {SCIOCCHEZZA, SOLLIEVO} *anche* regelrecht, wirklich; {DISASTRO, FORTUNA} richtig, ausgesprochen **B** m 1 (*verità*) Wahrheit f, Wahre n *decl come agg*: **non c'è niente di ~ in tutto questo**, kein Wort davon/daran ist wahr 2 *arte* Natur f: **disegnare/dipingere dal ~**, nach der Natur zeichnen/malen ● **com'è ~ (che c'è) Dio!**, so wahr mir Gott helfe!; **a dire il ~**, um die Wahrheit zu sagen, offen gestanden, um ehrlich zu sein; **tant'è ~ che ...**, so (sehr), dass ...; **è incredibile, ma ~**, (es ist) unglaublich, aber wahr; es klingt unglaublich, ist aber wahr; **niente di più ~!**, das kann man wohl sagen!, wie wahr!; **~ e proprio**, regelrecht, ausgesprochen; **questa è una vera e propria truffa**, das ist ein ⌊ausgemachter Schwindel⌋/[regelrechter Betrug]; **è ~ com'è ~ il sole**, es stimmt, so wahr ich hier stehe.

verone m *lett* (*terrazzo*) Loggia f.

veronese **A** agg veronesisch, Veroneser: **una specialità ~**, eine Veroneser Spezialität **B** mf Veroneser(in) m(f), Veronese m, (Veronesin f).

veronica <-*che*> f *bot* Männertreu n, Ehrenpreis n o m.

Veronica **A** <-*che*> f *relig* Schweißtuch n der Veronika **B** f (*nome proprio*) Veronika.

verosimiglianza f Wahrscheinlichkeit f.

verosimile **A** agg {STORIA} wahrscheinlich **B** m Wahrscheinliche n *decl come agg*.

verrei 1ª pers sing del condiz pres di *venire*①.

verricello m *tecnol* Winde f.

verrò 1ª pers sing del fut di *venire*①,②.

verruca <-*che*> f *med* Warze f.

verrucoso, (-a) agg *med* {PIEDE} warzig.

vers. *banca* abbr di *versamento*: Überweisung f.

versaccio <-*ci*, pegg di *verso*②> m 1 (*di poesia*) unschöner Vers 2 (*grido*) hässlicher/unanständiger/unflätiger *spreg* Schrei, Hohngeschrei n 3 (*boccacce*) Grimasse f, Fratze f *fam*: **fare i versacci a qu**, jdm Grimassen schneiden/ziehen.

versamento m 1 *banca* (abbr ver.) Einzahlung f: **fare un ~ di cinquemila euro sul proprio conto corrente**, fünftausend Euro auf sein eigenes Girokonto einzahlen 2 *med* {PLEURICO} Erguss m.

versante① **A** m *geog* {ITALIANO; +MONTE BIANCO} Seite f: **sul ~ occidentale**, am Westhang **B** *loc prep fig* (*per ciò che riguarda qc*): **sul ~ di qc**, {DELLE TRATTATIVE} was etw betrifft; **sul ~ della politica estera**, in außenpolitischer Hinsicht.

versante② mf *banca* Einzahler(in) m(f).

versare① **A** tr 1 ~ (*qc*) (*a qu*) (+ *compl di luogo*) {ALL'AMICO LA BIRRA NEL BICCHIERE} (jdm) etw irgendwohin gießen, (jdm etw) (irgendwohin) ein|gießen, (jdm etw) (irgendwohin) ein|schenken: **versami da bere!**, schenk mir (zu Trinken) ein!; **~ qc** (+ *compl di luogo*) {FARINA SULLA SPIANATOIA} etw irgendwohin schütten 2 (*rovesciare involontariamente*) **~ qc** (+ *compl di luogo*) {IL SALE SULLA TOVAGLIA} etw (irgendwo) verschütten; {IL CAFFÈ SULLA POLTRONA} *anche* etw (irgendwo) vergießen: **~ qc addosso a qu**, {ACQUA BOLLENTE} jdm etw d(a)rüber|schütten, jdm etw über|gießen 3 (*perdere*) **~ qc** (+ *compl di luogo*) {CAMION ROVESCIATO BENZINA SULL'ASFALTO} etw (irgendwo) verlieren; (*uso assol*) {NAVE, SERBATOIO} leck sein 4 (*immettere*) **~ qc** (+ *compl di luogo*) {ADIGE LE SUE ACQUE NELL'ADRIATICO} etw irgendwohin ergießen 5 **~ qc** (*per qu/qc*) {LACRIME PER LA SCOMPARSA DI QU} etw (wegen jds/etw) vergießen; {IL PROPRIO SANGUE PER LA LIBERTÀ} etw (für jdn/etw) vergießen 6 *amm banca* **~ qc** (*su qc*) (*a qu/qc*) {DENARO SUL CONTO CORRENTE, ALL'ERARIO, ALLO ZIO} (jdm/etw) (auf etw acc) ein|zahlen, (jdm/etw) (auf etw acc) überweisen; {RATA DEL RISCALDAMENTO ALL'ESATTORE} etw an jdn zahlen, jdm etw zahlen; {CAPARRA ALL'AGENZIA, ALL'AMMINISTRATORE} anche jdm/etw erbringen; {ANTICIPO ALL'AGENZIA, AL TAPPEZZIERE} jdm/etw etw leisten **B** itr pron 1 (*riversarsi*): **versarsi** (+ *compl di luogo*) {ACQUA SUL PAVIMENTO} (irgendwohin) ergießen; *anche fig* {GENTE PER LE STRADE} auf etw (acc) strömen 2 (*immettersi*) {FIUME NEL MARE} (irgendwohin) fließen, (irgendwohin) münden **C** rfl *indir*: **versarsi addosso qc** {UNA PENTOLA DI ACQUA BOLLENTE} sich (dat) etw über|schütten, sich (dat) etw über|gießen.

versare② itr (*essere*) **~ in qc** {IN CATTIVE CONDIZIONI} sich in etw (dat) befinden, in etw (dat) sein: **~ in fin di vita**, im Sterben liegen.

versatile agg 1 (*adatto a molti usi*) {APPARECCHIO, BORSA} vielseitig 2 *fig* {INGEGNO, UOMO} vielseitig, flexibel 3 *inform* {PROGRAMMA} vielseitig.

versatilità <-> f 1 {+APPARECCHIO, BORSA} Vielseitigkeit f 2 *inform* {+PROGRAMMA} Vielseitigkeit f 3 *fig* {+INGEGNO, UOMO} Vielseitigkeit f, Flexibilität f.

versato, (-a) agg (*dotato*) **~ in/per qc** {IN MATEMATICA, PER LA PITTURA} in etw (dat) bewandert, für etw (acc) begabt, in etw (dat) versiert: **in questo campo è molto ~**, auf diesem Gebiet ist er sehr bewandert.

verseggiare <*verseggio, verseggi*> **A** tr *rar* (*versificare*) **~ qc** {COMMEDIA} etw in Verse setzen/bringen, etw versifizieren **B** itr (*scrivere versi*) dichten, Verse machen.

verseggiatóre, (-trice) m (f) 1 Verskünstler(in) m(f) 2 *spreg* Dichterling m *spreg*, Versemacher(in) m(f) *spreg*, mittelmäßige(r) Dichter(in) m(f).

versétto m *relig* {+BIBBIA, CORANO} Vers m.

versificàre <versifico, versifichi> A tr rar ~ **qc** {COMMEDIA} *etw* in Verse setzen/bringen, *etw* versifizieren B *itr* (*scrivere versi*) dichten, Verse machen.

versificatóre, (-trice) m (f) Verskünstler(in) m(f).

versificazióne f Verskunst f.

versiliàno, (-a) A agg der Versilia B m (f) (*abitante*) Bewohner(in) m(f) der Versilia.

versióne f 1 (*narrazione*) {+FATTI, INCIDENTE} Darstellung f, Version f 2 (*variante*) Ausführung f: **automobile in ~ due porte**, zweitüriges Automodell; *scherz* **ecco mia madre in ~ contadina!**, und hier ist meine Mutter im Bäuerinnenlook *slang* 3 *film lett teat* {+CINEMATOGRAFICA} Version f, Fassung f: ~ **originale**, Originalfassung f 4 *scuola* Übersetzung f: **una ~ dal/in greco**, eine Übersetzung ₂vom/aus dem Griechischen₁/[ins Griechische] ● ~ *aggiornata inform*, aktualisierte/neu bearbeitete Fassung/Version; ~ **in prosa**, Prosafassung f.

vèrso① prep 1 (*direzione*) ~ **qu/qc**, (*con i pron pers*) ~ **di qu** in Richtung + *sost*, *auf jdn/etw* zu, -wärts: **andavo ~ la stazione**, ich ging in Richtung Bahnhof; **si girò ~ la figlia**, er/sie drehte/wandte sich seiner/ihrer Tochter zu; **veniva ~ di noi**, er/sie kam auf uns zu; ~ **casa**, nach Hause, heimwärts; ~ **sud**, gegen/nach Süden; ~ **Padova**, in Richtung Padua; ~ **dove era diretto?**, in welche Richtung fuhr/ging er?; **si sente attratto ~ di lei**, er fühlt sich zu ihr hingezogen 2 (*contro*) ~ **qu/qc** {ESERCITO NEMICO} gegen *jdn/etw* 3 (*tempo*) ~ **qc** gegen *etw* (acc): ~ **sera**, gegen Abend; ~ **mezzanotte**, gegen Abend/Mitternacht; ~ **le dieci**, gegen zehn Uhr 4 (*dalle parti di*) ~ **qc** an *etw* (dat), bei *etw* (dat): **abita ~ la periferia**, er/sie wohnt am Stadtrand; (*con nomi di città, paesi, ecc.*) in der Nähe *von etw* (dat); **ha comprato una casa ~ Siena**, er/sie hat ein Haus in der Nähe von Siena gekauft 5 (*di età*) ~ **qc** auf *etw* (acc) ... zu: **si avvia ~ la settantina**, er/sie geht auf die Siebzig zu 6 *fig* (*nei confronti di*) ~ **qu/qc** *jdm/etw* gegenüber, auf *jdn/etw*, zu *jdm/etw*: **l'amore ~ i genitori**, die Liebe zu den Eltern; **essere riguardoso ~ qu**, jdm gegenüber rücksichtsvoll sein, auf jdn Rücksicht nehmen; **il suo comportamento ~ di me**, sein/ihr Verhalten mir gegenüber 7 *comm* ~ **qc** gegen *etw* (acc): **consegna ~ pagamento**, Lieferung gegen Barzahlung.

vèrso② m 1 (*grido*) {+SCIMMIA} Schrei m, Ruf m; {+CORVO} Krächzen m; {+ORSO} Brummen n: **il ~ di richiamo**, der Lockruf 2 *lett* (abbr V.) Vers m: **comporre versi**, (Verse) dichten; ~ **intercalare**, Kehrreim m, Refrain m; **versi reciproci**, reziproke Verse, Palindrom n; **versi sciolti**, freie/reimlose Verse 3 <solo pl> *lett* {+UNGARETTI} Verse m pl, Gedicht n 4 (*orientamento*) {+PELLICCIA, STOFFA} Strich m 5 (*modo*) Möglichkeit f, Weg m 6 (*parte, direzione*) Richtung f ● **andare per il proprio ~** (*procedere come previsto*) (gut/wie geplant/nach Wunsch) laufen *fam*; **chi per un ~, chi per un altro**, aus welchen Gründen auch immer; **per un ~ o per un altro**, irgendwie, auf die eine oder die andere Art, so oder so; **non c'è ~ di farglielo capire**, es gibt keine Möglichkeit, es ihm ₂deutlich zu machen₁/[klarzumachen]; **prendere qc per il ~ giusto** (*cominciare bene*), *etw* richtig anpacken *fam*; **prendere qu per il ₂suo ~₁/[~ sbagliato]** *fig*, jdn ₂zu nehmen wissen₁/[nicht zu nehmen wissen]; **bisogna prendere le cose per il loro ~** *fig*, man muss die Dinge nehmen, wie sie sind; **rifare il ~ a qu** *fig* (*imitare*), jdn imitieren, jdn nachmachen, jdn nachäffen *spreg*.

vèrso③ m (*rovescio*) {+FOGLIO, MEDAGLIA, MONETA} Rückseite f.

vèrsus prep *lat anche ling* (*contro*, abbr vs.) versus (abbr vs.) *forb*, gegenüber: **aggettivo ~ avverbio**, Adjektiv versus Adverb *forb*; **calcio ~ tennis**, Fußball versus/gegenüber Tennis.

vèrtebra f *anat* {CERVICALE, LOMBARE} Wirbel m.

vertebràle agg *anat* {COLONNA} Wirbel-.

Vertebràti m pl *zoo* Wirbeltiere n pl.

vertebràto, (-a) *zoo* A agg Wirbel- B m Wirbeltier n.

verténza f Streit(fall) m: ~ **sindacale**, Tarifkonflikt m.

vertenziàle agg *polit* {SITUAZIONE} Rechtsstreits-.

vèrtere <difet *mancano il part pass e le forme composte*> *itr* 1 (*avere per argomento*) ~ **su/[intorno a] qc** {DISCUSSIONE SUL DEBITO DI QU, INTORNO ALL'OPPORTUNITÀ DI FARE QC TEMA SUI PROBLEMI AMBIENTALI} *etw* betreffen, *von etw* (dat) handeln, sich *um etw* (acc) drehen: **questo problema verte intorno a...**, bei diesem Problem handelt/dreht es sich um 2 (*essere in corso*) ~ **tra qu/qc** {CONTROVERSIA, LITE TRA LE FAZIONI, TRA I FIGLI} zwischen *jdm/etw* im Gange sein, sich zwischen *jdm/etw* ab₂spielen.

verticàle A agg 1 {LINEA, PIANO, STRUTTURA} senkrecht, vertikal, Vertikal-: **tappezzeria a righe verticali**, längs gestreifte Tapete; (*in enigmistica*) vertikal 2 *econ* vertikal, Vertikal-: **trust/concentrazione ~**, Vertikalkonzern m/Vertikalkonzentration f B f 1 *mat* {+PUNTO} Vertikale f, Senkrechte f 2 *sport* Handstand m; (*con la testa poggiata al suolo*) Kopfstand m: **fare la ~**, einen Hand-/Kopfstand machen 3 <solo pl> (*in enigmistica*) senkrechte Linien f pl.

verticalità <-> f senkrechte Stellung/Lage.

vèrtice m 1 (*punto più alto*) {+MONTAGNA} Gipfel m, Spitze f 2 *fig* {+GERARCHIA, GLORIA, SUCCESSO} Spitze f, Höhepunkt m, Gipfel m: **raggiungere il ~ della carriera**, den Höhepunkt seiner beruflichen Laufbahn erreichen 3 <di solito al pl> *fig* {+PARTITO} Spitze f; {+AZIENDA} Führung f 4 *mat* {+ANGOLO, TRIANGOLO} Scheitel(punkt) m; {+PIRAMIDE} Spitze f 5 *polit* Gipfel m: **conferenza/incontro al ~**, Gipfelkonferenz f/Gipfeltreffen n.

vertigine f <di solito al pl> Schwindel(gefühl n) m: **ho le vertigini**, mir ist schwindlig; **soffrire di vertigini**, an Schwindel leiden, Höhenangst haben; **fermo, mi fai venire le vertigini** *fig*, halt, du machst mich ganz schwindlig; **una velocità che dà le vertigini** *fig*, eine ₂Schwindel erregende₁/[rasende] Geschwindigkeit.

vertiginóso, (-a) agg 1 *anche fig* {ALTEZZA, PREZZI, RITMO} Schwindel erregend; {VELOCITÀ} *anche* rasend; {SCOLLATURA} atemberaubend 2 *med* {ATTACCO, CRISI} Schwindel-.

verve <-> f *franc* Schwung m, Elan m, Verve f *forb*: **essere pieno di ~**, voller Elan sein.

vèrza f *bot* Wirsing m.

verzùra f *poet* Grün n, Natur f.

VES <-> f abbr *di* Velocità di Eritrosedimentazione: BSG f, BKS f (abbr *di* Blutkörperchensenkungsgeschwindigkeit).

Vesc. *relig* abbr *di* Vescovo: Bischof m.

vescìca <-che> f 1 *anat* Blase f: ~ **biliare/natatoria**, Gallen-/Schwimmblase f; ~ (**urinaria**), (Harn)blase f 2 *med* Blase f: **avere le vesciche ai piedi**, Blasen an den Füßen haben.

vescicànte, (-a), **vescicatòrio**, (-a) <-ri m> A agg {GAS} Blasen ziehend B m *rar farm* Blasen ziehendes Mittel, Vesikatorium n *scient*, Vesikans n *scient*.

vescìcola f 1 *anat biol* Bläschen n 2 *med* Vesicula f *scient*.

vescicóso, (-a) agg 1 (*simile a vescica*) blasenartig 2 (*coperto di vesciche*) blasenreich.

vescovàdo m 1 (*ufficio*) Bischofswürde f, Episkopat n 2 (*regione*) Bistum n 3 (*edificio*) Bischofssitz m, bischöfliche Residenz.

vescovìle agg {DIGNITÀ, SEDE} bischöflich, Bischofs-.

véscovo m *relig* (abbr Vesc.) Bischof m.

vèspa f *zoo* Wespe f.

Vèspa® f *zoo* Vespa® f, Motorroller m.

vespàio <vespai> m 1 *anche fig* Wespennest n 2 *edil* Packlage f 3 *med* Karbunkel m *scient* ● **suscitare un ~** *fig* (*scatenare proteste*), in ein Wespennest stechen/greifen *fam*.

vespașiàno m Pissoir n, öffentliche Bedürfnisanstalt.

vespertìno, (-a) agg *poet* {STELLA} Abend-/{PASSEGGIATA} *anche* abendlich.

vespìno <dim *di* vespa②> m (*ciclomotore*) kleine Vespa, Vespa 50 f, Vespa Special f.

vespìsta <-i m, -e f> mf (*chi viaggia in Vespa*) Vespa-Fahrer(in) m(f).

vèspro m 1 *relig* Abendandacht f, Vesper f 2 *poet* Abend(stunde) f m ● **i Vespri siciliani** *stor*, Sizilianische Vesper.

vessàre tr *lett* (*tormentare*) ~ **qu** {CITTADINI, DIPENDENTE, FIGLIO} *jdn* quälen, *jdn* plagen, *jdn* schikanieren, *jdn* schinden.

vessatóre, (-trice) A agg {GOVERNO} tyrannisierend B m (f) Unterdrücker(in) m(f) *spreg*, Schinder(in) m(f) *spreg*.

vessatòrio, (-a) <-ri m> agg {MISURE} Unterdrückungs-, schikanös.

vessatrice f → **vessatore**.

vessazióne f Schikane f; {POLITICA} Unterdrückung f: **essere sottoposto a vessazioni di ogni genere**, allen möglichen Schikanen ausgesetzt sein.

vessel <-> m *ingl fis* Reaktordruckbehälter m.

vessillìfero, (-a) m (f) 1 *fig* {+NUOVE IDEE POLITICHE} Träger(in) m(f), Vorläufer(in) m(f), Bannerträger(in) m(f) *forb* 2 *stor* Fahnen-, Bannerträger(in) m(f).

vessìllo m *anche fig* {+LIBERTÀ, RIVOLTA} Fahne f, Banner m: **tenere alto il ~ di qc**, die Fahne *etw* (gen) hochhalten, *etw* in Ehren halten.

vestàglia f (*da donna*) Morgenrock m; (*da uomo*) *anche* Morgenmantel m.

vestagliétta f 1 (*da casa*) leichter Morgenrock 2 (*da spiaggia*) Strandkleid n.

vestàle f 1 *stor* Vestalin f 2 *fig* Sittenhüterin f.

vèste A f 1 *gener* Kleidung f; (*da donna*) Kleid n: ~ **da camera** (*da donna*), Morgenrock m; (*da uomo*) Morgenmantel m; ~ **talare**, Talar m 2 <di solito al pl> (*abito solenne, ampio*) {SONTUOSE} Gewand n 3 *rar lett* (*rivestimento*) {+DAMIGIANA, FIASCO} Umhüllung f 4 *fig* (*forma*) Gestalt f: **dare una ~ ai propri pensieri**, seinen Gedanken Gestalt geben/verleihen 5 *edit tip* {EDITORIALE} Aufmachung f; {TIPOGRAFICA} *anche* Bild n B *loc prep* (*qualità*): **in ~ di qc**, {DI CANTANTE, DI ISPETTORE} (in der Eigenschaft) als *etw* (nom) ● **tagliar la ~ secondo il panno** *fig* (*fare come si può*), tun, was man kann; sein Bestes tun; das Beste daraus machen; sich nach der Decke strecken *fam*; **in ~ ufficiale**, offiziell,

amtlich.
Vestfàlia f geog Westfalen n.
vestiàrio <-ri> m **1** Kleidung f: **articoli/magazzino di ~**, Bekleidungsartikel m pl/Bekleidungsgeschäft n **2** (*guardaroba*) Garderobe f **3** teat Kostüme n pl.
vestiarista <-i m, -e f> mf Kostümbildner(in) m(f).
vestibilità <-> f {+CAPPOTTO, TAILLEUR} Kleidsamkeit f.
vestìbolo m **1** arch Vorhalle f, Vestibül n **2** anat Vorhof m: **~ auricolare**, Vestibularapparat m scient.
vestìgio <pl: -gi m o -gia f> **A** m lett (*traccia*) {+DOLORE} Spur f; {+CIVILTÀ SCOMPARSA} anche Zeichen n **B** f <pl> ruderi) Überreste m pl, Denkmal n: **le vestigia di Atene**, die Denkmäler Athens.
vestire <vesto> **A** tr **1** (*mettere i vestiti*) **~ qu/qc** (+ compl di modo) {ANZIANO, BAMBINO, BAMBOLA DI BLU} jdn/etw (irgendwie) anziehen, jdn/etw (irgendwie) (an)kleiden forb **2** (*fare abiti*) **~ qu** {SARTORIA, STILISTA ALTA SOCIETÀ} jdn (an)kleiden **3** (*stare addosso*) **~ qu** (+ compl di modo) {GIACCA, GONNA} jdm (irgendwie) stehen, jdm (irgendwie) passen: **questo cappotto ti veste molto bene**, dieser Mantel steht dir sehr gut/[kleidet dich tadellos forb] **4** (*fornire abiti*) **~ qu** {PADRE OTTO FIGLI} jdn ein|kleiden **5** (*indossare*) **~ qc** {ABITO DA SERA} etw tragen, etw an|haben fam **6** fig (*adornare*) **~ qc con qc** {STRADE CON DRAPPI COLORATI} etw mit etw (dat) schmücken, etw mit etw (dat) aus|statten **7** fig (*ammantare*) **~ qc di qc** {INVERNO CIME DI BIANCO} etw mit etw (dat) überziehen **B** itr **~ + compl di modo 1** (*portare un abito addosso*) sich irgendwie kleiden, sich irgendwie an|ziehen: **~ bene/male**, sich gut/schlecht kleiden; **~ da lavoro**, Arbeitskleidung tragen; **~ a lutto**, Trauer(kleidung) tragen; **~ alla moda**, sich modisch kleiden; **~ di nero**, Schwarz tragen **2** (*stare addosso*) {ABITO LARGO} irgendwie sein **C** itr pron fig lett (*ammantarsi*): **vestirsi di qc** {PRATO DI GENZIANE} mit etw (dat) überzogen/bedeckt sein **D** rfl **1** (*mettersi un vestito addosso*): **vestirsi** (+ compl di modo) {CON GUSTO} sich (irgendwie) an|ziehen, sich (irgendwie) (an|)kleiden: **vestirsi di bianco/seta**, Weiß/Seide tragen; **fa freddo, vestiti bene!**, zieh dich gut/warm an, es ist kalt!; **vestirsi a lutto**, Trauer tragen; **come ti vesti oggi?**, was ziehst du heute an? **2** (*cambiarsi*): **vestirsi** (**per qc**) {PER LA RIUNIONE} sich (für etw acc/zu etw dat) um|kleiden, sich (für etw acc/etw dat) um|ziehen: **vestiti che usciamo!**, zieh dich an, wir gehen aus! **3** (*mascherarsi*): **vestirsi da qc** {DA PIERROT} sich (als etw nom) verkleiden **4** (*rifornirsi di abiti*): **vestirsi da qu, a/in qc** {DA UN FAMOSO STILISTA, AL MERCATO, IN SARTORIA} sich von jdm einkleiden lassen, sich (irgendwo) neu ein|kleiden **E** m **1** (*vestiario*) Kleider n pl, (Be)kleidung f: **il mangiare e il ~**, Essen und Kleidung **2** (*modo di vestire*) {FINE, RICERCATO} Kleidung f • **sa ~/vestirsi** (*bene*), er/sie versteht es, sich gut zu kleiden.
vestito① m (Be)kleidung f; (*da donna*) Kleid n; (*da uomo*) Anzug m; (*da cerimonia*) Gewand n, Kleidung f: **il ~ buono** (*da donna*), das gute Kleid; (*da uomo*) der gute Anzug; **cambiare ~**, sich umziehen, sich umkleiden; **farsi (fare) un ~**, sich (dat) einen Anzug/ein Kleid machen (lassen); **il ~ della festa** (*da donna*), das Sonntagskleid; (*da uomo*) der Sonntagsanzug; **~ di mezza stagione**, Übergangskleid n; **~ pre-maman**, Umstandskleid n; **~ da sera/da sposa**, Abend-/Hochzeitskleid n; **~ da uomo/donna**, Herrenanzug m/Kleid n.

vestito② (-a) agg **1 ~** (**di qc**) {BAMBINO DI AZZURRO} irgendwie/in etw (acc) gekleidet **2 ~ da qc** {DA PAGLIACCIO} (*als etw nom*) verkleidet **3** bot {RISO} ungeschält.
vestizióne f **1** relig {+CAVALIERE} Einkleidung f **2** stor Bekleidung f.
vesuviàno, (-a) agg (*del Vesuvio*) vesuvisch, Vesuv-.
Vesùvio m geog Vesuv m.
veteràno, (-a) **A** agg (*alt*)bewährt **B** m (f) **1** fig (*Alt*)meister(in) m(f), alter Hase fam: **è un ~ del mestiere**, er ist ein Meister seines Faches, er ist (in diesem Fach) ein alter Hase fam **2** sport Veteran(in) m (f) **C** m mil Veteran m.
veterinària f Tier-, Veterinärmedizin f.
veterinàrio, (-a) <-ri m> **A** agg tierärztlich; {CLINICA} Tier- **B** m (f) Tierarzt m, (Tierärztin f), Veterinär m (f).
veterocomunìsmo m (*ideologia*) Altkommunismus m.
veterocomunìsta <-i m, -e f> polit spreg **A** agg altkommunistisch **B** mf Altkommunist(in) m(f).
vetivér <-> m (*olio di ~*) Vetiveröl n.
vèto m Veto n, Einspruch m: **mettere/porre/opporre il ~**, ein Veto/[Widerspruch] einlegen; **porre il proprio ~ a qc** fig, gegen etw (acc) (s)ein Veto einlegen/[Einspruch erheben].
vetràio, (-a) <vetrai m> m (f) **1** (*installatore*) Glaser(in) m(f) **2** (*operaio*) Glasarbeiter(in) m(f); (*soffiatore*) Glasbläser(in) m(f) **3** (*commerciante*) Glashändler(in) m(f).
vetràrio, (-a) <-ri m> agg **1** (*del vetro*) {COMMERCIO} Glas- **2** (*su vetro*) {PITTURA} Glas-.
vetràta f Glaswand f; (*ampia finestra*) Glasfenster n; (*porta*) Glastür f: **le vetrate del duomo di Milano**, die Kirchenfenster des Mailänder Doms.
vetràto, (-a) **A** agg {PORTA} Glas-, aus Glas; {CARTA} Glas-, Schmirgel- **B** m alpin Glatteis n.
vetrerìa f **1** (*fabbrica*) Glasfabrik f, Glashütte f **2** (*negozio*) Glaswarengeschäft n **3** <solo pl> (*oggetti*) Glas(waren f pl) n.
vetrificàre <vetrifico, vetrifichi> **A** tr <avere> **1 ~** (**qc**) {FUOCO MATERIA} etw zu Glas werden lassen **2** (*ricoprire di vetro*) **~ qc** {VASO} etw verglasen **B** itr <essere> itr pron: **vetrificarsi 1** (*diventare vetro*) zu Glas werden, verglasen **2** (*diventare come il vetro*) {GHIACCIO} zu Glas werden.
vetrificazióne f Verglasung f.
vetrìna f **1** {+NEGOZIO} Schaufenster n: **andare a vedere le vetrine**, einen Schaufensterbummel machen **2** (*mobile*) Vitrine f, Glasschrank m **3** (*vernice vetrosa*) Glasur f **4** fig Schaufenster n: **la fiera del libro di Francoforte è la ~ dell'editoria internazionale**, die Frankfurter Buchmesse ist das Schaufenster des internationalen Verlagswesens • **mettere in ~ qc fig** (*rendere pubblico*), etw zur Schau stellen, etw ausstellen; **mettersi in ~** fig (*esporsi*), sich zur Schau stellen.
vetrinìsta <-i m, -e f> mf Schaufensterdekorateur(in) m(f).
vetrinìstica <-che> f Schaufensterdekoration f.
vetrìno <dim di vetro> m Objektträger m.
vetrìolo m chim Sulfat n, Vitriol n.
vétro m **1** Glas n: **~ infrangibile/temperato**, bruchfestes Glas/Sekurit(glas)® n **2** (*lastra*) {+AUTO} Scheibe f: **~ cattedrale**, Kathedralglas n; **~ di finestra**, (Fenster)scheibe f; **lavare i vetri**, die Fenster/Scheiben putzen **3** (*piccolo pezzo*) Glasscherbe f • **arrampi-**

carsi sui vetri fig, das Unmögliche versuchen, einen Pudding an die Wand nageln (wollen) fam scherz; (*sostenere tesi inaccettabili*) sich in wilde Argumentationen verstiegen; **di ~**, Glas-, gläsern; **essere di ~**, aus Glas sein; fig (*delicato*), empfindlich sein; **tenere sotto ~ qu** fig (*proteggere*), jdn in Watte packen fam.
vetrocàmera f edil Doppelfenster n.
vetrocemènto m edil Glasbaustein m.
vetrocerámica <-che> f tecnol Glaskeramik f.
vetrorèsina f tecnol Glasfaserkunststoff m.
vetróso, (-a) agg **1** (*simile al vetro*) {SOSTANZA} glasig, glasartig **2** elettr {ELETTRICITÀ} Reibungs-.
vétta f **1** {+MONTE} Gipfel m; {+ALBERO} Wipfel m; {+FARO} Spitze f **2** fig (*culmine*) {+SUCCESSO} Höhepunkt m, Gipfel m **3** fig (*primo posto*) Spitze f: **essere in ~ alle classifiche/alla graduatoria**, an der Spitze der Tabelle/Rangliste sein, Tabellenführer/Ranglistenstar sein • **raggiungere la ~**, den Gipfel erreichen; **anche fig** (*il massimo*), den Höhepunkt erreichen.
vettóre, (-trice) **A** agg **1** astr {MISSILE, RAZZO} Träger- **2** biol med krankheitsübertragend, Überträger- **3** fis mat {FREQUENZA, ONDA, RAGGIO} Vektor- **B** m **1** comm dir Beförderungsunternehmen m; (*nel trasporto di merci*) Frachtführer m **2** fis mat Vektor m **3** astr (*razzo ~*) Trägerrakete f **4** biol med Überträger m.
vettoriàle agg fis mat {GRANDEZZA} Vektor(en)-, vektoriell.
vettovàglia f <di solito al pl> Proviant m.
vettovagliaménto m {+TRUPPE} Lebensmittelversorgung f, Verpflegung f.
vettovagliàre <vettovaglio, vettovagli> **A** tr (*approvvigionare*) **~ qu/qc** {ESERCITO} jdn/etw verpflegen, jdn/etw verproviantieren **B** tr (*approvvigionarsi*): **vettovagliarsi** {ESERCITO} sich verpflegen.
vettrìce f → **vettore**.
vettùra f **1** autom Wagen m, Auto(mobil) n, Fahrzeug n **2** (*a cavalli*) Pferdewagen m, Fuhrwerk n: **~ di piazza**, Pferdekutsche f, Pferdedroschke f **3** ferr (Eisenbahn)wagen m, Waggon m: **in ~!**, einsteigen!; **~ ristorante**, Speisewagen m; **~ tranviaria**, Straßenbahnwagen m.
vetturìno m Kutscher m.
vetustà <-> f poet (Greisen)alter n, hohes Alter.
vetùsto, (-a) agg poet (sehr) alt.
vexata quaestio <-, vexatae questiones pl lat> loc sost f lat (*questione controversa*) Vexata Quaestio f, große Frage.
vezzeggiaménto m Verhätschelung f spreg.
vezzeggiàre <vezzeggio, vezzeggi> **A** tr (*coccolare*) **~ qu/qc** {BAMBINO, GATTO} jdn/etw (ver)hätscheln spreg, jdn/etw verzärteln spreg **B** itr rar (*fare il vezzoso*) {RAGAZZA} geziert spreg/affektiert forb tun, sich geziert spreg/affektiert forb geben.
vezzeggiatìvo, (-a) **A** agg **1** {ESPRESSIONE} zärtlich **2** gramm {SUFFISSO} Kose- **B** m gramm Koseform f, Kosewort n, Kosename m.
vézzo m **1** (*modo abituale*) Angewohnheit f: **avere il ~ di fare qc**, die Angewohnheit haben, etw zu tun **2** <solo pl> (*leggiadria*) Reize m pl **3** <solo pl> (*smancerie*) Getue n fam spreg.
vezzosità <-> f **1** (*grazia*) {+FANCIULLA} Liebreiz m forb, Anmut f **2** (*leziosità*) {+GESTO} Geziertheit f spreg, Affektiertheit f forb.

vezzóso, (-a) agg **1** (*grazioso*) {FANCIULLA} reizend, anmutig **2** (*lezioso*) {GESTO} geziert *spreg*, affektiert *spreg*.

VF 1 abbr *di* Vigili del Fuoco: Feuerwehr f **2** *fis* abbr *di* videofrequenza: Videofrequenz f.

VHF f *fis* abbr *dell'ingl* Very High Frequency (*altissima frequenza*) VHF (sehr hohe Frequenz, Meterwellen-Hochfrequenz).

VHS m *tecnol TV* abbr *dell'ingl* Video Home System (*sistema televisivo per la registrazione domestica*) VHS n (Heim-Videosystem).

vi <ve> A pron pers **1** 2ª pers pl (compl oggetto o di termine) euch: **non voglio disturbarvi**, ich möchte euch nicht stören; **ve lo dico domani**, ich sage es euch morgen **2** (*forma di cortesia*, compl oggetto) Sie: **Vi ha convinto**, er/sie hat Sie überzeugt; (*se il verbo ted regge il dat*) Ihnen; **Vi aiuto io!**, ich helfe Ihnen! **3** (*forma di cortesia*, compl di termine): **Vi** Ihnen: **Vi ho detto la verità**, ich habe Ihnen die Wahrheit gesagt; (*se il verbo ted regge l'acc*) Sie; **Vi ha mentito**, er/sie hat Sie angelogen B pron rfl **1** 2ª pers pl (*rfl*) **sbrigatevi!**, beeilt euch!; (*nei rfl indiretti*) euch: **lavatevi le mani col sapone!**, wascht euch die Hände mit Seife! **2** (*forma di cortesia*): **Vi** sich: **guardateVi allo specchio!**, betrachten Sie sich im Spiegel!; (*nei rfl indiretti*) sich; **Vi lavate i denti col dentifricio**, Sie putzen sich die Zähne mit Zahnpasta **3** (rfl rec) einander *forb*: **vogliatevi bene!**, liebt einander! *forb*, habt euch gern! C pron dimostr da, daran: **non vi ho fatto caso**, ich habe nicht darauf geachtet; **non vi trovo alcuna differenza**, ich kann da keinen Unterschied feststellen D avv **1** (*qui*) hier: **vi abita da sempre**, er/sie wohnt ˌhier seit jeherˌ/[schon immer hier]; (*moto*) her **2** (*lì*) dort: **vi sono rimasto due anni**, ich bin zwei Jahre dort geblieben; (*moto*) hin; **vi vado spesso**, ich gehe oft (dort)hin **3** (*per questo luogo*) hier vorbei: **vi passava quattro volte al giorno**, er/sie kam viermal am Tag hier vorbei **4** (*pleonastico, non si traduce*): **in questo grattacielo vi lavorano 1000 persone**, in diesem Hochhaus arbeiten 1000 Menschen • **non v'è nessuno**, es ist niemand da; **vi sono degli animali**, dort gibt es Tiere.

via① <vie> A f **1** (*strada*, abbr V.) Straße f: **abitare in via Trento**, in der Via Trento wohnen; **via Verdi angolo via Rossini**, Via Verdi Ecke Via Rossini; **la seconda via a destra**, die zweite Straße rechts; **via comunale/provinciale/nazionale**, (Gemeinde)straße f/Landstraße f/Bundesstraße f; **via secondaria**, Neben-, Seitenstraße f; **via a senso unico**, Einbahnstraße f; **via in salita**, ansteigende Straße, Steige f *süddt* A **2** (*itinerario*) Weg m: **sulla via di casa**, auf dem Nachhauseweg; **fermarsi a mezza via**, auf halbem Weg(e) stehen bleiben; **via del ritorno**, Rückweg m **3** *fig* Weg m: **un diploma che apre molte vie**, ein Diplom, ˌdas viele Möglichkeiten bietetˌ/[mit dem viele Wege offenstehen]; **prendere la via degli affari**, die Laufbahn des Unternehmers einschlagen **4** *fig* (*possibilità*) Weg m, Möglichkeit f: **non vedo altra via**, ich sehe keine andere Möglichkeit; **senza via di scampo**, ausweglos; **via di salvezza**, (rettender) Ausweg; (*mezzo*) Weg m, Mittel n; **per via diplomatica**, auf diplomatischem Weg(e); (*soluzione*) Lösung f; **scegliere la via migliore**, die beste Lösung wählen **5** *anat dir* Weg m: **vie biliari/urinarie/respiratorie**, Gallen-/Harn-/Atemwege m pl **6** *alpin* Weg m: **via direttissima**, direkter Aufstieg B loc prep **1** (*a causa di, per mezzo di*): **per via di qc/qc**, {DI UN AMICO, DEL FREDDO} wegen jds/etw, durch jdn/etw **2** (*vicino*): **essere sulla via di qc**, {DEL FALLIMENTO} (kurz) vor (dat) stehen; **in via di qc**, auf dem Wege etw (gen); **in via di estinzione**, vom Aussterben bedroht; **in via di guarigione**, auf dem Wege der Besserung • **Roma-Vienna via Francoforte**, Rom-Wien über Frankfurt; **via d'accesso**, Zugangsweg m; **adire/esperire le vie legali** *dir*, den Rechtsweg beschreiten; **via aerea**, auf dem Luftweg; *post*, per Luftpost; **via cavo** *tel*, über Kabel, Kabel-; **televisione via cavo** *tel*, Kabelfernsehen n; **collegamento/trasmissione via qc**, Verbindung f, Übertragung f via/über etw (acc); **vie di comunicazione**, Verkehrswege m pl; **in via confidenziale/ufficiale**, ˌvertraulich/im Vertrauenˌ/[offiziell/auf offiziellem Wege]; **per via di padre/madre**, väterlicher-/mütterlicherseits; **in via (del tutto) eccezionale**, (ganz) ausnahmsweise; **per via endovenosa** *med*, intravenös *scient*; **passare a vie di fatto**, tätlich/handgreiflich werden; **per via intramuscolare** *med*, intramuskulär *scient*; **in via istruttoria** *dir*, zur Beweiserhebung; **via lattea** *astr*, Milchstraße f; **via libera!**, freie Fahrt!; **avere via libera**, freie Fahrt haben; *anche fig*, grünes Licht haben *fam*, freie Bahn haben; **dare via libera a qu/qc**, jdm/etw den Weg freimachen; *fig*, jdm grünes Licht geben *fam*, jdm/etw freie Hand lassen; **via maestra**, Hauptstraße f; ˌ**via mare**ˌ/[**per via marittima**], auf dem Seeweg; **in via meritoria**/[**di merito**] *dir* (*nel merito*), zur Sache; **via di mezzo** *fig*, Mittelweg m; **le vie dell'oppio**, die Wege des Opiumhandels; **per via orale/rettale** *med*, oral/rektal *scient*; **non essere la via dell'orto** *fig* (*rif. a qualcosa di difficile o sconosciuto*), nicht der einfachste/direkteste/nächstliegende Weg sein, kein Zucker(sch)lecken/Honiglecken sein *fam*; **in via preliminare**/(*preliminarmente*), vorweg, vorab; **in via principale** *dir*, zur Hauptsache; (*se contrapposto a "in via riconvenzionale"*) zur Hauptklage; **le vie della provvidenza sono infinite**, die Wege des Herrn sind unergründlich; **in via provvisoria**, einstweilig, vorübergehend, vorläufig; **sulla pubblica via**, auf offener Straße; **via radio**, über Radio; **la retta/giusta via**, der rechte Weg; **allontanarsi dalla retta via**, vom rechten Wege abkommen, auf Abwege geraten; **essere sulla retta via**, auf dem rechten Weg sein; **in via riconvenzionale** *dir*, zur Widerklage; **in via di ricostruzione**, im Wiederaufbau begriffen; **in via riservata** (*confidenziale*), vertraulich; **la via della seta**, die Seidenstraße; **le vie del Signore sono infinite** *bibl*, die Wege des Herrn sind wunderbar; **in via sperimentale**, versuchsweise; **in via subordinata** *dir* (*in subordine*), hilfsweise; **via terra**, auf dem Landweg; **per vie traverse**/(**indirette**) *fig* (*non direttamente*), auf Umwegen; **agire per vie traverse** (**indirette**) *fig*, etwas auf Umwegen zu erreichen suchen; **venire a sapere qc per vie traverse**/**oblique** *fig*, etw ˌum drei Ecken herumˌ/[auf Umwegen] erfahren; **via d'uscita**, Ausweg m, Möglichkeit f; **la via dell'inferno è lastricata di buone intenzioni** *prov*, der Weg zur Hölle ist mit guten Vorsätzen gepflastert; **chi lascia la via vecchia per quella nuova sa cosa lascia ma non sa trova** *prov*, wirf nicht weg die alten Kleider, bis du neue hast vom Schneider *prov*.

via② A avv weg, weg-, fort, fort-, hinaus, hinaus-: **andare/buttare/correre via**, weggehen/wegwerfen/weglaufen; **dar via qc**, etw weggeben; **essere via** *fam*, weg/fort sein; **mandare via qu/qc**, jdn/etw wegschicken, jdn/etw fort-, hinausjagen; **un lavoro tirato via** *spreg*, Pfuscharbeit f *fam spreg*, Hudelei f *fam*; **venir via**, {RAGAZZO} weg-, fortgehen; {MACCHIA} weg|gehen *fam*, heraus|gehen; {BOTTONE} ab|gehen; **va'via!** *fam*, geh weg! *fam*, hau ab! *fam*, pack dich! *fam*, scher dich fort! *fam*; **ha preso la sua roba e via col primo treno**, er/sie hat seine/ihre Sachen gepackt und ist mit dem ersten Zug abgefahren B loc avv **1** e così via, e via dicendo, e via discorrendo, und so weiter/fort, usw.; **abbiamo parlato di arte, letteratura e così via**, wir haben über Kunst, Literatur usw. gesprochen **2** (*man mano*): **via via (che ... ind)**, nach und nach ... *ind*: **la situazione va via via peggiorando**, die Situation verschlechtert sich immer mehr; **via via che le ore passano**, im Lauf der Stunden C inter: **via! 1** los!: **pronti, partenza, via!**, uno, due, tre, via!, Achtung, fertig, los!; **via, presto!**, los, schnell! **2** (*di incoraggiamento*) komm!, los!, auf!: **via, facciamolo!**, los/auf (geht's), packen wir's an!; **via, via, non è nulla!**, ach komm, es ist doch überhaupt nichts passiert! **3** (*di impazienza*) los jetzt!, auf jetzt!: **via, smettila!**, los, hör jetzt auf damit! **4** (*per allontanare*) weg!, via di lì!, weg da! D <•> m Startzeichen n, Startsignal n • **dare il via a qc**, {ALLA GARA} das Startzeichen zu etw (dat) geben; *fig* (*far iniziare*), {AI LAVORI} mit etw (dat) an|fangen, etw anlaufen lassen; {A UN DIBATTITO} etw eröffnen; {A UNA DISCUSSIONE} *anche*, mit etw (dat) beginnen; **prendere il via** *fig* (*iniziare*), {PROGETTO} beginnen.

viabilístico, (-a) <-ci, -che> agg Straßen-, Verkehrs-.

viabilità <•> f **1** (*percorribilità*) Straßenzustand m **2** (*rete stradale*) Straßennetz n **3** (*norme*) Straßenverkehrsordnung f; (*costruzione*) Straßenbauordnung f.

Viacárd® <•> f *autom* "Magnetkarte f für die bargeldlose Entrichtung der Autobahngebühr".

via crùcis <Viae Crucis> loc sost f *lat* **1** *relig* Kreuzweg m, Leidensweg m Christi; (*stazioni*) Kreuzweg(stationen f pl) m **2** *fig* Leidensweg m • **fare la Via Crucis** *fig* (*passare da un ufficio all'altro per ottenere qc*), von Pontius zu Pilatus laufen *fam*.

viado <•, -s pl *port*> m (*travestito*) brasilianischer Transvestit.

viadótto m Viadukt m, Überführung f.

viaggiànte agg *aero ferr post* {PERSONALE} Transport-.

viaggiàre <viaggio, viaggi> A tr (*visitare*) ~ **qc** (etw) bereisen, durch etw (acc) reisen: **ho viaggiato mezzo mondo**, ich habe die halbe Welt bereist B itr **1** gener reisen; ~ (**in qc**) {IN AEROPLANO, IN AUTOMOBILE, IN TRENO} (mit etw dat) reisen; ~ **per affari/lavoro/studio/divertimento**, geschäftlich/dienstlich/[zu Studienzwecken]/[zum Vergnügen] reisen; ~ **a dorso d'asino**, auf einem Esel reisen; ~ **per mare**, mit dem Schiff fahren; **uno che ha viaggiato molto**, ein viel gereister Mann; ~ **in prima classe**, erster Klasse reisen; ~ **per diporto**, eine Vergnügungsreise machen **2** (*fare il rappresentante*) ~ **in qc** als Vertreter für etw (acc) reisen, Handlungsreisender für etw (acc) sein: **viaggia in ferramenta**, er/sie reist in Eisenwaren; **viaggia per conto della ditta ...**, er/sie reist für die Firma ... **3** (*effettuare un percorso*) {AUTO, MOTO, NAVE, ecc.} fahren: **il treno viaggia con 3 ore di ritardo**, der Zug hat 3 Stunden Verspätung; {MERCE, PACCO} unterwegs sein **4** *fig* (*fantasticare*) ~ **(con qc)** **compl di luogo** {CON LA FANTASIA, COL PENSIERO, NEL MONDO DEGLI ELFI} sich *von* etw (dat) (*irgendwohin*) (fort)tragen lassen **5** *fig slang* (*essere sotto l'effetto degli stupefacenti*) auf dem Trip sein *slang*.

viaggiatóre, (-trice) A m (f) **1** (*passeggero*) Passagier m, Fahrgast m, Reisende mf

viaggio | vicino 2553

decl come agg **2** (*chi fa spesso viaggi*) Reisende mf decl come agg **3** (*rappresentante*) Handlungs-/(Handels)reisende mf decl come agg, Handelsvertreter(in) m(f) **B** agg: **ha uno spirito ~**, ihm/ihr liegt die Reiselust im Blut, er/sie ist ein reiselustiger Mensch.

viaggio <-gi> m **1** *gener* Reise f: **~ aereo**, Flugreise f; **d'affari/di lavoro**, Geschäftsreise f; **buon ~!**, gute Reise!; **Goethe fece un ~ in Italia**, Goethe machte eine Reise nach Italien; **inaugurale**, Jungfernfahrt f; **interplanetario/spaziale**, Raumfahrt f, Raumflug m; **~ di istruzione/studio**, Bildungs-/Studienreise f; **~ lampo**, Kurztrip m *fam*; **~ per mare**, Seereise f; **mettersi in ~**, sich auf den Weg machen; **~ organizzato**, organisierte Reise; **partire per un ~**, verabreisen; **~ di piacere/nozze**, Vergnügungs-/Hochzeitsreise f **2** (*arrivo*) Fahrt f: **un ~ di poche ore**, eine Fahrt von wenigen Stunden; (*in aereo*) Flug m; **~ di andata e ritorno**, Hin- und Rückfahrt f; (*in aereo*) Hin- und Rückflug m **3** *fig* Reise f: **fare un ~ nel futuro/nell'inconscio**, eine Reise ⌊in die Zukunft⌋/[ins Unbewusste] machen **4** *fig slang* (*dei drogati*) Trip m *slang*, Rauschzustand m: **fare un ~**, auf dem Trip sein *slang* ● **da ~**, {NECESSAIRE} Reise-; **essere in ~**, auf Reisen/unterwegs/verreist sein; *fig* (*arrivo*) {BAMBINO} unterwegs sein; **per portar via tutto dovrò fare tre viaggi** *fam*, um alles wegzubringen, muss ich dreimal gehen; (*con mezzo di trasporto*), um alles wegzubringen, muss ich dreimal fahren; **fare un ~ a vuoto** *fig* (*inutilmente*), eine Fahrt umsonst machen, einmal umsonst fahren; **un ~ senza ritorno** *fig* (*in cui si trova la morte*), eine Reise ohne Rückfahrkarte *eufem*; **~ della speranza**, {+MALATO} "Reise eines Todkranken in der letzten verzweifelten Hoffnung, gesund zu werden"; **(fare) l'ultimo ~** *fig eufem*, die letzte Reise (antreten) *eufem*.

Viagra® <-> m *farm* Viagra® n.

viale m **1** (*abbr* V.le) {+CITTÀ} Allee f **2** {+PARCO} Weg m ● **essere sul ~ del tramonto** *fig* (*alla fine*), sich dem Ende zuneigen *forb*, auf dem absteigenden Ast sein; **un attore sul ~ del tramonto**, ein Schauspieler ⌊auf dem absteigenden Ast⌋/[, dessen Karriere sich dem Ende zuneigt *forb*].

vialetto <*dim di viale*> m {+PARCO} Pfad m, Spazierweg m.

viandante mf *poet* Wanderer m, Wand(e)rerin f.

viareggino, (-a) **A** agg {ENTROTERRA} von Viareggio **B** mf (*abitante*) Einwohner(in) m(f) von Viareggio.

viario, (-ri m> agg {PIANO, RETE} Straßen-.

viatico <-ci> m **1** *fig* Beistand m, Ermutigung f, Trost m **2** *relig* Sterbesakramente n pl **3** *stor* Reiseproviant m.

viavai <-> m {CONTINUO; +GENTE} Kommen und Gehen n, Hin und Her n.

vibonese **A** agg von/aus Vibo Valentia **B** mf (*abitante*) Einwohner(in) m(f) von Vibo Valentia.

vibrafono m *mus* Vibraphon n.

Vibram® <-> m Vibramsohle® f.

vibrante **A** agg **1** (*che vibra*) {SUPERFICIE} schwingend, vibrierend **2** *fig* (*appassionato*) bebend, zitternd: **con una voce vibrante d'entusiasmo**, mit vor Begeisterung bebender Stimme **3** *fig* (*energico*) {VOCE} tönend, schallend **4** *ling* {CONSONANTE} Schwing-, Zitter- **B** f *ling* Schwing-, Zitterlaut m, Vibrant m.

vibrare **A** tr (*assestare*) **~ qc a qu** {COLPO, COLTELLATA} jdm etw versetzen **B** itr **1** *fis* {TERRA} beben; {DIAPASON} schwingen; {VE-

TRO, VOLANTE} vibrieren, zittern **2** (*risuonare*) ~ (+ ***compl di luogo***) {SUONO NELL'ARIA} irgendwo schwingen, (*irgendwo*) widerǀhallen **3** *fig* (*fremere*) ~ **di qc** {CUORE DI PASSIONE} vor etw (dat) beben; {VOCE DI SDEGNO} *anche* vor etw (dat) zittern **4** *tel* {CELLULARE} vibrieren.

vibratile agg *biol* schwingend; {CIGLIA} Flimmer-.

vibrato, (-a) **A** agg **1** (*vigoroso*) {PROTESTA} heftig, energisch; {STILE} kraftvoll **2** *edil* {CALCESTRUZZO} gerüttelt, Rüttel- **B** m *mus* Vibrato n.

vibratore, (-trice) **A** m **1** *edil* Rüttler m **2** *elettr* Vibrator m, Zerhacker m **3** *med tecnol* Vibrator m **B** agg Schwing-.

vibratorio, (-a) <-ri m> agg {MOVIMENTO} Schwing-, Vibrations-.

vibrazione f **1** *fis* {+DIAPASON, TERRA} Vibration f, Schwingung f; *fis* (*rumore*) ~ **acustica**, Schallschwingung f; {+MURO, VETRI, VOLANTE} Vibration f, Zittern n; {+MOTORE} Rattern n **2** *fig* {+ANIMO} Zittern n, Beben n, Erschütterung f **3** *edil* {+CALCESTRUZZO} (Ein)rütteln n **4** *med* Vibrationsmassage f **5** *tel* {+CELLULARE} Vibration f.

vibrione m *biol* {+COLERA} Vibrio m.

vibromassaggiatore m (*apparecchio*) Vibro-, Vibrations(massage)gerät n, Vibrator m.

vicariale agg *relig* Vikar-.

vicariato m *relig* **1** (*ufficio*) Vikariat n **2** (*regione*) Amtsbezirk m eines Vikars.

vicario <-ri> **A** m {VESCOVILE} Vikar m; {IMPERIALE} Stellvertreter m **B** agg **1** {AUTORITÀ, CARDINALE} stellvertretend **2** *biol* {FUNZIONE} vikariierend *scient* ● **il ~ di Dio/Cristo** (*Papa*), der Stellvertreter Gottes/Christi.

vice <-> mf Stellvertreter(in) m(f), Vize m fam.

vice- *primo elemento* (*che può fare le veci di qu*) Vize-, stellvertretend: **vicedirettore**, stellvertretender Direktor, Vizedirektor.

vicebrigadiere m *mil* Carabiniere m/Finanziere m im einfachen Dienst; ~, Polizeimeister m.

vicecommissario <-ri> m *mil* stellvertretender Kommissar.

viceconsole m *amm* {+ITALIA} Vizekonsul m.

vicedirettore, (-trice) m (f) (*funzionario*) {+BANCA} stellvertretende(r) Direktor(in) m(f), Vizedirektor(in) m(f).

vicenda **A** f **1** (*fatto*) {+VITA} Ereignis n, (Wechsel)fall m **2** (*storia*) {AMOROSA, BRUTTA} Geschichte f **3** *agr* Fruchtfolge f **B** loc avv (*reciprocamente*): **a ~**, gegenseitig ● **abbiamo mandato avanti il negozio con alterne vicende** (*alternando momenti positivi a momenti negativi*), wir haben den Laden unter diversen Schwierigkeiten halten können.

vicendevole agg {STIMA} gegenseitig.

viceparroco <-ci> m *relig* Pfarrvikar m.

vicepremier, vice premier <-> mf loc sost mf *polit* Vizepremier m, stellvertretende(r) Ministerpräsident(in) m(f).

vicepreside mf *amm scuola* stellvertretende(r) Direktor(in) m(f), Stellvertreter(in) m(f) (eines Schulleiters/einer Schulleiterin).

vicepresidente mf (*funzionario*) {+AZIENDA, BANCA} Vizepräsident(in) m(f).

vicepresidenza f (*carica*) {+AZIENDA, BANCA} Vizepräsidentschaft f.

vicepretore m *amm* Gerichtsreferendar m.

viceré m *amm stor* Vizekönig m.

vicesindaco <-ci> m *amm* stellvertretender Bürgermeister.

viceversa **A** avv umgekehrt: **bisogna pri-**

ma pensare e poi parlare e non ~, erst denken, dann reden(, und nicht umgekehrt); **Milano-Monaco e ~**, Mailand-München und zurück **B** cong *fam* (*e invece*) ~ ... *ind*, aber (jetzt/dann) ... *ind*: **avevano promesso di fare il lavoro, ~ non hanno neppure cominciato**, sie hatten versprochen, die Arbeit zu erledigen, aber jetzt haben sie noch nicht einmal damit angefangen.

vichingo, (-a) <-ghi, -ghe> **A** agg **1** *stor* wikingisch, Wikinger- **2** *scherz* nordländisch, skandinavisch **B** m (f) **1** *stor* Wikinger(in) m(f) **2** *scherz* blonder Germane *scherz*, Walküre f *scherz*.

vicina f → **vicino**.

vicinale agg **1** *dir* {STRADA} privat **2** *ferr* Stadt-.

vicinanza **A** f **1** {+MONTAGNE} Nähe f: **nonostante la ~ non ci vediamo mai**, obwohl wir ganz in der Nähe wohnen, sehen wir uns nie **2** *fig* {+GUSTI, OPINIONI} Ähnlichkeit f **3** <*solo pl*> (*dintorni*) {+CITTÀ} Nähe f, Umgebung f: **le vicinanze di Perugia sono molto belle**, die Umgebung von Perugia ist sehr schön; **abito qui nelle vicinanze**, ich wohne hier in der Nähe; **nelle immediate vicinanze**, in unmittelbarer Nähe **B** loc avv (*vicino a*): **nelle vicinanze di qu/qc**, {DELLA MADRE, DEL BOSCO} in der Nähe von jdm/etw/+ *gen* **C** loc prep (*vicino a*): **in ~ di qu/qc**, {DELLE VACANZE} kurz vor jdm/etw.

vicinato m **1** (*persone*) Nachbarschaft f, Nachbarn m pl: **i bambini del ~**, die Kinder n pl aus der Nachbarschaft **2** (*rapporti*) nachbarschaftliche Beziehungen f pl.

vicino, (-a) **A** agg **1** ~ (**a qu/qc**) {CITTÀ, *ecc.*} nah (*an jdm/etw*): **la stazione di rifornimento più vicina**, die nächste Tankstelle; {CASE, *ecc.*} umliegend, nah; {POPOLO} benachbart, Nachbar-; **abitano nella casa vicina**, sie wohnen (im Haus) nebenan; **la stanza vicina**, das Nebenzimmer/[Zimmer nebenan]; **uno ~ all'altro**, nebeneinander **2** (*prossimo*) ~ (**a qc**) bevorstehend, (*etw* dat) nah: **gli esami sono vicini**, die Prüfungen stehen bevor; **la fine è ormai vicina**, das Ende ist abzusehen/nahe, es geht dem Ende zu; **è ~ ai sessant'anni**, er geht auf die Sechzig zu; **essere ~ alla morte**, dem Tod nahe sein **3** (*nel recente passato*) ~ (**a qu**) {A NOI} jdm zeitlich nahe liegend: **il trauma è ancora troppo ~, gli ci vorrà del tempo per superarlo**, das Trauma ⌊liegt noch nicht lange genug zurück⌋/[ist noch zu dicht dran *fam*], er wird Zeit brauchen um es zu überwinden **4** *fig* ~ (**a qc**) (*jdm/etw*) nah(e)stehend): **essere/sentirsi ~ a qu**, ⌊jdm nahe sein⌋/[sich jdm nahe fühlen]; **chi è ~ alla perfezione?**, wer ist schon annähernd vollkommen? **5** *fig* ~ (**a qc**) (*somigliante*) *etw* (dat) ähnlich: **un colore più ~ al rosso che al giallo**, eine eher ins Rot als ins Gelb gehende Farbe **B** m *fig* Nachbar(in) m(f): **~ di tavola/banco**, Tisch-/Banknachbar m; **~ di casa**, (Haus)nachbar m; (*rif. a territorio*) Anlieger(in) m(f) **C** avv **1** (*a poca distanza*: *stato*) nah(e), in der Nähe; (*moto*) nah(e), in die Nähe: **vieni più ~**, komm näher **2** (*adiacente*) nebenan **3** (*da poca distanza*) aus der Nähe **4** *fig* näher, genauer **D** loc avv: **da ~**, **1** aus der Nähe: **guardare qc da ~**, etw ⌊aus der Nähe⌋/[von nahem] betrachten **2** *fig* nahe, näher: **conoscere qu da ~**, jdn näher kennen; **esaminare qc da ~**, etw näher prüfen; **toccare qu da ~**, jdm nahegehen; **la sua morte ci ha toccato da ~**, sein/ihr Tod ging uns nahe **E** loc prep: **~ a qu/qc 1** (*stato*) neben jdm/etw, an jdm/etw, in der Nähe von jdm/etw; (*presso*) bei jdm/etw **2** (*moto*) neben jdn/etw, an jdn/etw, in die Nähe von jdm/etw; (*presso*) zu jdm/etw ● **ci sei anda-**

vicissitudini | vigile

to ~, du warst nah(e) daran/dran *fam*; **essere ~ a fare qc** (*pronto*), nah(e) daran sein, etw zu tun; *farsi* ~, sich annähern; *venire* ~, näher kommen; *stare* ~, ganz nah(e)/[in der Nähe] sein.

vicissitùdini f pl {+VITA} Wechselfälle m pl.

vìco <-chi> m *merid* (*vicolo*) Gasse f.

vìcolo m (*strada*) Gasse f: ~ **cieco** *anche fig*, Sackgasse f.

videàta f *inform* Bildschirminhalt m, Bild n (auf dem Bildschirm).

vìdeo A <inv> agg {APPARECCHIATURA, SEGNALE} Video-; {INFORMAZIONE} Fernseh- B <-> m 1 *anche film TV* Video n, Bildschirm m 2 *inform* Bildschirm m 3 *mus* Videoclip m.

vìdeo- primo elemento Video-, Tele-, Bild-: **videocassetta**, Videokassette f, **videogame**, Video-, Telespiel n; **videotelefono**, Bildtelefon; *med* seh-, Seh-; **videoleso**, sehbehindert.

videoamatóre, (-trice) m (f) Amateurfilmer(in) m(f), Amateurvideofilmemacher(in) m(f).

videoamatoriàle agg (*da videoamatore*) {PRODUZIONE, REGISTRAZIONE} (Video)amateurfilm-.

videocàmera f *TV* Videokamera f.

videocassétta f *TV* Videokassette f.

videochiamàta f *tel* Videoanruf m.

videocitòfono m *tecnol* Videotürsprechanlage f.

videoclìp, **video-clip** <-> m *ingl mus TV* Videoclip m.

videoconferènza f *tel TV* Videokonferenz f.

videocontròllo m {+BANCA, MUSEO} Videoüberwachung f.

videocrazìa f (*potere della televisione*) Tele-, Videokratie f *forb*.

videodipendènte A agg {BAMBINO, OPINIONE PUBBLICA} video-, fernsehsüchtig, video-, fernsehabhängig B mf Video-, Fernsehsüchtige mf decl come agg, Video-, Fernsehabhängige mf decl come agg: **a forza di stare in casa sei diventato un ~**, durch das ständige Zu-Hause-Hocken *fam* bist du videosüchtig geworden.

videodipendènza f (*dipendenza della televisione*) Video-, Fernsehsucht f.

videodìsco <-schi> m *TV* Bildplatte f.

videofìlm <-> m *film TV* Videofilm m.

videofonìa f *tel* {FISSA, MOBILE} Videofonie f.

Videofoninò® m *tel* Videohandy n, Video-Mobiltelefon n.

videogame <-> m *ingl* Video-, Telespiel n.

videogiòco m *TV* Video-, Telespiel n.

videogràfica <-che> f *inform* Computer-, Videografik f.

videogràfico, (-a) <-ci, -che> agg *inform* computer-, videografisch.

videolènto m *tel TV* Bildschirmtext m.

videolèso, (-a) med A agg sehbehindert, sehgeschädigt B m (f) Sehbehinderte mf decl come agg, Sehgeschädigte mf decl come agg.

videolettóre m *TV* Video(kassetten)recorder m, Videoabtastgerät m.

videolìbro m *edit TV* Videobuch n.

videomessàggio <-gi> m *tel* Videomessage f.

videomùsic <-> m *ingl mus TV* Videomusik f.

videomusicàle agg *mus* Videomusik-.

videonoleggiatóre, (-trice) m (f) Videoverleiher(in) m(f).

videonolèggio <-gi> m 1 (*settore*) Video-

verleih m 2 (*negozio*) Videothek f.

videopòker <-> m (*apparecchio*, *gioco*) Videopoker m o n.

videoproiettóre m *tecnol* Videoprojektor m, Beamer m.

videoregistràre tr *TV* ~ **qc** {RAGAZZO, CARTONI ANIMATI} etw auf Video auf|nehmen.

videoregistratóre m *TV* Videorecorder m, Videogerät n.

videoregistrazióne f *TV* 1 (*l'atto*) {+INTERVISTA} Videoaufnahme f 2 (*risultato*) {+PARTITA, TRASMISSIONE TELEVISIVA} Videoaufzeichnung f.

videoripréṣa f *TV* Videoaufnahme f.

videoriproduttóre m *TV* Videoabspielgerät n.

videoschérmo m *inform* Bildschirm m.

videoscrittùra f *inform* Videotext m.

videosistèma <-i> m 1 *inform* Textverarbeitungssystem n 2 *TV* Videotechnik f.

videosorveglianza <-> f (*sorveglianza tramite telecamere*) Videoüberwachung f.

videotape <-> m *ingl* Videokassette f.

videotèca <-che> f (*negozio*, *raccolta di videocassette*) Videothek f.

Videotèl® <-> m *tel* Bildschirm-, Videotext m.

videotelefonàre *tel* A tr ~ **qc** {FILMATO} etw per (Video)handy verschicken B itr videotelefonieren, mit Videohandy telefonieren.

videotelefonàta f *tel* Videoanruf m.

videotelèfono m *tel TV* Bildtelefon n.

videoterminàle m *inform* Videoterminal n o m.

Videotèx® <-> m *ingl inform tel* Bildschirm-, Videotext m.

videotrasméttere ~ **qc** 1 (*realizzare una videotrasmissione*) eine Bildübertragung machen 2 (*teletrasmettere*) etw im Fernsehen übertragen.

videotrasmissióne f Bildübertragung f.

vìdi 1ª pers sing del pass rem *di* vedere.

vidimàre tr *amm* ~ **qc** {PASSAPORTO} etw mit einem Sichtvermerk versehen; {ATTO, CERTIFICATO} etw beglaubigen; {BIGLIETTO, TESSERA} etw entwerten.

vidimatóre, (-trice) A m (f) *amm* (*persona*) Beglaubiger(in) m(f) B agg: **macchina vidimatrice**, Entwerter m, Entwertungsmaschine f.

vidimazióne f *amm* {+CERTIFICATO, DOCUMENTO} Beglaubigung f, Vidimation f *forb obs*; {+PASSAPORTO} Sichtvermerk m; {GIORNALIERA, +BIGLIETTO} Entwertung f.

vièmmi 2ª pers sing dell'imperat *di* venire① + mi.

viènci 2ª pers sing dell'imperat *di* venire① + ci.

viène 3ª pers sing dell'ind pres *di* venire①, ②.

vièni 2ª pers sing dell'ind pres *di* venire①, ②.

Viènna f *geog* Wien n.

viennéṣe A agg {BOSCO, VALZER} Wiener-, Wiener; {TRADIZIONE} *anche* wienerisch B mf (*abitante*) Wiener(in) m(f).

vièntene 2ª pers sing dell'imperat *di* venirsene.

viepiù avv *poet* (*sempre più*) immer/noch mehr, mehr und mehr.

vietàre tr (*proibire*) ~ **qc** (**a qu**/**qc**) {INGRESSO AI MENDICANTI, AI CANI} (*jdm*/*etw*) verbieten, (*jdm*/*etw*) etw untersagen: **vietato l'accesso alle automobili**, Zufahrt für Autos verboten; ~ **a qu di fare qc**, jdm verbieten, etw zu tun; **ha vietato ai figli di uscire la sera**, er/sie hat seinen/ihren Kindern verboten, abends auszugehen; (è) **vietato fumare**, Rauchen verboten; (è) **vietato**

sporgersi dai finestrini, nicht hinauslehnen; **nulla vieta che ... congv**, es spricht nichts dagegen, dass ... *ind*; **nulla vieta che tu parta**, es spricht nichts dagegen, dass du wegfährst; ~ **qc (a qu)** {MEDICO ALCOL} (*jdm*) etw untersagen, (*jdm*) etw verbieten.

vietàto, (-a) agg (*proibito*) ~ (**a qu**/**qc**) {ACCESSO AI CAMION} (*jdm*/*etw*) verboten: **è un film ~ ai minori (di 18 anni)**, der Film ist ₍für Minderjährige verboten₎/[erst ab 18 freigegeben].

vietcòng *polit stor* A <inv> agg {ATTACCO} Vietcong-, vietnamesisch B <-> mf (*militante*) Vietcong m.

Vietnàm m *geog* Vietnam n.

vietnamìta <-i m, -e f> A agg vietnamesisch B mf (*abitante*) Vietnamese m, Vietnamesin f C m <*solo sing*> (*lingua*) Vietnamesische n.

vièto, (-a) agg *pegg* abgedroschen *fam spreg*: **vieti luoghi comuni**, abgedroschene Redensarten/Phrasen/Gemeinplätze *fam spreg*.

vig. abbr *di* vigente: glt. (abbr *di* geltend, gültig).

vigènte agg *dir* (abbr vig.) geltend: **in base alle vigenti leggi**, nach den geltenden Gesetzen; **la legge ~ dal 1° settembre**, das am 1. September in Kraft getretene Gesetz.

vigènza f *dir* Geltung f.

vigere <*difet usato solo alla* terza persona sing e pl *del* pres, imperf, congv pres, congv imperf, *nel* gerundio *e nel* part pres> itr (*essere in vigore*) ~ (+**compl di luogo**) {CONSUETUDINE, LEGGE, NORMA DALLE NOSTRE PARTI, PRESSO LE POPOLAZIONI INDIGENE} (*irgendwo*) gelten, (*irgendwo*) in Kraft sein: **vigeva allora l'usanza di ...**, damals war es Brauch, dass ...

vigilànte A agg (*attento*) {SGUARDO} wachsam B m (*chi vigila*) Wächter m.

vigilàntes m pl *amm* (*guardie*) {+AZIENDA} Leibwächter m pl, Leibwache f.

vigilànza f 1 (*attenzione*) Wachsamkeit f, Aufmerksamkeit f 2 (*sorveglianza*) Aufsicht f, Überwachung f, Kontrolle f: **l'allievo studia sotto la ~ dell'insegnante**, der Schüler lernt unter der Aufsicht der Lehrerin; **il detenuto non è riuscito a sottrarsi alla ~ delle guardie**, dem Häftling ist es nicht gelungen, sich der Überwachung durch die Gefängnisaufseher zu entziehen; **raddoppiare la ~**, die Aufsicht/[seine Aufmerksamkeit] verdoppeln; *polit* {+CITTADINI, LAVORATORI} Kontrolle f ● ~ **amministrativa** *amm*, Aufsichtspflicht und Aufsichtsrecht der öffentlichen Verwaltung; **diploma di ~ scolastica** *amm scuola*, "Diplom n der italienischen Pädagogischen Hochschule, mit dem man sich für die Stelle eines Grundschulleiters bewerben kann"; ~ **speciale**, Sonderüberwachung f; **stato di ~ psic**, Vigilanz f.

vigilàre A tr (*sorvegliare*) ~ **qu**/**qc** {FIGLIO, OPERAZIONE} jdn/etw überwachen, jdn/etw beaufsichtigen; {POLIZIA DETENUTI, CARCERE} jdn/etw bewachen B itr (*fare attenzione*) ~ (**su qu**/**qc**) über jdn/etw wachen, (*auf jdn*/ *etw*) auf|passen, (*auf jdn*/*etw*) Acht geben: ~ **sull'ordine pubblico**, über die öffentliche Ordnung wachen; ~ **che/affinché (non) ... congv**, darauf achten/auf|passen, dass (nicht) ... *ind*.

vigilàto, (-a) A agg {ZONA} überwacht, {STUDENTI} beaufsichtigt B m (f) *dir* (*sorvegliato*) unter Führungsaufsicht Stehende mf decl come agg.

vigilatóre, (-trice) m (f) (*chi vigila*) Aufseher(in) m(f): **vigilatrice scolastica** *amm scuola*, Schulärztin f, Schulgesundheitsamtsaufseherin f.

vìgile A agg 1 (*attento*) {CONTROLLO} aufmerksam; {SGUARDO} *anche* wach(sam)

2 *med*: **stato ~**, (höchste) Bewusstseinsklarheit; **coma ~**, Bewusstseinstrübung f ▣ mf Polizist m, Schutzmann m *fam obs*, Wachmann m *A*; **~ (urbano)** (abbr V.U.), Polizist m, Wachmann m *A*; **~ del fuoco**, Feuerwehrmann m; **vigili del fuoco** (abbr V.(d.)F.), Feuerwehr f.

vigiléssa f *rar scherz* Politesse f, Polizistin f.

vigìlia f **1** *anche fig* (*giorno che precede*) {+APPUNTAMENTO} Vortag m; (*notte che precede*) {+OPERAZIONE} Vorabend m: **siamo alla ~ di cambiamenti decisivi**, wir stehen an der Schwelle entscheidender Veränderungen **2** *lett* Wache f **3** *relig* Fasten n ● **la ~ di Capodanno**, (der) Silvester(abend); **fare ~ relig** (*digiunare*), fasten; **~ di Natale**, Heiligabend m; **la ~ di Pasqua**, Karsamstag m.

vigliàcca f → **vigliacco**.

vigliaccàta f *fam spreg* Gemeinheit f.

vigliacchería f *spreg* **1** (*qualità*) {+GESTO} Feigheit f *spreg*, Feigherzigkeit f *obs* **2** (*azione*) Gemeinheit f.

vigliàcco, (-a) <-chi, -che> *spreg* ▣ *agg fam* **1** (*vile*) {UOMO} feig(e) *spreg*; (*cattivo*) gemein, niederträchtig, hinterhältig **2** (*da vigliacco*) {AZIONE, SENTIMENTO} feig(e) ▣ m (f) Feigling m *spreg*, Memme f *obs spreg*; (*cattivo*) Schuft m *spreg*, Schurke m *spreg*.

vigna f **1** *agr* Weinberg m, (*in pianura*) Weingarten m **2** *fig fam* (*fonte di ricchezza*) Futterkrippe f *fam* **3** *fig relig*: **la ~ di Cristo/del Signore**, der Weinberg Christi/[des Herrn].

vignaiòlo, (-a) m (f) (*chi coltiva la vigna*) Weinbauer m, (Weinbäuerin f), Winzer(in) m(f).

vignéto m *agr* Weinberg m, Weingelände n; (*in pianura*) Weingarten m.

vignétta f **1** (*~ umoristica*) Karikatur f, Witzzeichnung f **2** (*illustrazione*) Abbildung f **3** *CH* Vignette f.

vignettìsta <-i m, -e f> mf (*disegnatore*) {FAMOSO} Karikaturist(in) m(f), Karikaturzeichner(in) m(f).

vignettìstica <-che> f **1** (*arte*) Karikaturistik f, Kunst f der Karikatur **2** (*insieme di vignette*) {POLITICA; +FORATTINI} Karikaturen f pl.

vigógna f **1** *tess* (*lana*) Vikunjawolle f; (*stoffa*) Vigogne f **2** *zoo* Vikunja n.

vigóre m **1** (*forza*) {+ELEFANTE, RAGAZZO, VENTO} Kraft f, Stärke f: **riprendere ~**, wieder zu Kräften kommen; **essere nel pieno ~ delle proprie forze**, im Vollbesitz seiner Kräfte sein **2** *fig* {+MENTE, PENSIERO, STILE} Kraft f; {+PROTESTA} Entschiedenheit f, Nachdruck m: **parlare con ~**, mit Entschiedenheit/Nachdruck sprechen; **rifiutare con ~**, ₁mit Nachdruck₁/[entschieden] ablehnen ● **entrare in ~** *dir*, {ATTO} wirksam werden, Wirksamkeit erlangen, Wirkungen entfalten; {LEGGE, ecc.} in Kraft treten; **essere in ~** *dir*, {ATTO} wirksam sein, Wirksamkeit/Wirkungen haben; {LEGGE, ecc.} in Kraft sein.

vigorìa f *fig* (*vigore*) {+MENTE, PENSIERO} Kraft f.

vigorosità <-> f {+STILE} Kraft f; {+RAGAZZO, TORO} *anche* Stärke f; {+EDERA} Üppigkeit f.

vigoróso, (-a) *agg* **1** (*forte*) {CAVALLO, CORPO, RAGAZZO} kräftig, kraftvoll, stark; {EDERA} üppig **2** *fig* {PENSIERO, STILE} kraftvoll; {PROTESTA} energisch, entschieden, nachdrücklich.

vile ▣ *agg* **1** (*codardo*) {UOMO} feige, gemein, niederträchtig: **non sarai vile ~ da ritirarti**!, du wirst doch nicht so feige *spreg* sein und einen Rückzieher machen *fam*! **2** (*da codardo*) {ANIMO, COMPORTAMENTO, DISCORSO} feig *spreg*, kleinmütig, memmenhaft *spreg obs* **3** *fig* (*spregevole*) {PAROLE} verächtlich; {SENTIMENTO} *anche* verwerflich *forb*, erbärmlich *spreg* **4** *lett* (*di poco valore*) {MERCE, ROBA} billig, wohlfeil *obs*; {METALLO} schnöde *forb spreg* **5** *lett* (*umile*) {CONDIZIONI, NATALI, RANGO} niedrig, gering ▣ mf (*codardo*) Feigling m *spreg*, Memme f *obs spreg*.

vilipèndere <*coniug come* dipendere> tr (*ingiuriare*) **~ qu/qc** {NEMICO, CULTURA, STATO} jdn/etw verhöhnen, jdn/etw beschimpfen.

vilipèndio <-di> m **1** (*disprezzo*) {+COSTUMI, GENTE} Geringschätzung f, Verachtung f **2** *dir* {+CADAVERE, TOMBA} Schändung f; **~ a qc** {ALLA BANDIERA, ALLA NAZIONE} Verunglimpfung f *etw* (*gen*).

vilipèsi 1ª pers sing del pass rem *di* vilipendere.

vilipéso part pass *di* vilipendere.

villa f **1** (*abitazione*) Villa f, Landhaus n: **si è fatto una ~ in collina**, er hat sich eine Villa in den Hügeln zugelegt **2** *stor* (*residenza*) {OTTOCENTESCA, PALLADIANA} Villa f ● **comunale** *amm region*, Stadtpark m.

Villàco f *geog* Villach n.

villàggio <-gi> m **1** Dorf n: **~ di montagna, pescatori**, Berg-/Fischerdorf n **2** *etnol urban* Siedlung f, Dorf n: **~ turistico/residenziale**, Feriendorf n/Wohnsiedlung f ● **il ~ globale** *fig sociol* (*il mondo*), das globale Dorf.

villàna f → **villano**.

villanàta f *fam* (*villania*) Flegelei f *spreg*, Ungezogenheit f.

villanìa f **1** (*inciviltà*) Flegelei f *spreg*, Frechheit f **2** (*azione*) Dreistigkeit f: **fare/ricevere una ~**, beleidigen/beleidigt werden.

villàno, (-a) *pegg* ▣ *agg* **1** (*incivile*) {RAGAZZO} flegelhaft *spreg*, ungehobelt *spreg*, rüpelhaft *spreg*; {MODI} *anche* grob *spreg*, barsch, schroff, patzig *fam* **2** (*offensivo*) {PAROLE} verletzend, beleidigend, ausfallend ▣ m (f) *spreg* (*incivile*) Flegel m *spreg*, Lümmel m *spreg*: **non fare il ~!**, sein nicht (so) frech! ● **~ rifatto/rivestito** *fig* (*arricchito*), Neureiche m *spreg*, Parvenu m *forb*, Emporkömmling m *spreg*.

villanzóne, (-a) <*accr di* villano> m (f) *fam spreg* Rüpel m *spreg*, Grobian m *fam spreg*.

villeggiànte mf Feriengast m, Urlauber(in) m(f).

villeggiàre <*villeggio, villeggi*> itr (*fare le vacanze*) **~** (+ *compl di luogo*) {AL MARE, IN MONTAGNA, SUL LAGO} (*irgendwo*) Urlaub machen.

villeggiatùra f **1** (*periodo di vacanza*) Urlaub m, Ferien pl: **~ estiva**, Sommerurlaub m, Sommerferien pl; **partire/andare in ~**, in Urlaub fahren **2** (*luogo*) Ferien-, Urlaubsort m: **scegliere la ~**, den Urlaubsort aussuchen.

villétta <*dim di* villa> f (*casetta*) Häuschen n: **villette a schiera**, Reihenhäuser n pl.

vìllico, (-a) <-ci, -che> *lett scherz* ▣ *agg* (*rustico*) rustikal ▣ m (f) (*contadino*) Bauer m, (Bäuerin f).

villìno <*dim di* villa> m Häuschen n (mit Garten).

villo m *anat* {CORIALE, INTESTINALE} Zotte f.

villocèntesi, villocentèsi f *med* Chorionzottenbiopsie f *scient*.

villosità <-> f **1** (*l'essere peloso*) {+GAMBE} Behaarung f **2** *anat* (*insieme di villi*) Zottenreichtum m.

villóso, (-a) *agg* **1** (*peloso*) {PETTO} behaart **2** *anat* zottig.

Vilma f (*nome proprio*) Wilma.

viltà <-> f **1** *fig* (*codardia*) {+AZIONE, UOMO} Feigheit f, Gemeinheit f: **dar prova di ~**, sich als feig(e) *spreg*/gemein erweisen; **commettere una ~**, eine Gemeinheit begehen **2** *fig* (*spregevolezza*) {+ANIMO, PAROLE, SENTIMENTO} Erbärmlichkeit f *spreg*.

vilùppo m **1** (*imbroglio*) {+CAPELLI, CAVI} Gewirr n **2** *fig* (*groviglio*) {+PAROLE} Wirrwarr m, Wust m *spreg*.

vìmine m <*di solito al pl*> (*giunco*) Weide(ngerte) f: **di vimini**, {CESTO} Weiden-; {MOBILI} Korb-.

vinàccia <-ce> ▣ *agg* (*colore*) {ROSSO} dunkel-, purpur- ▣ f <*di solito al pl*> *enol* {FERMENTATA} Trester m.

vinaigrette <-> f *gastr* Vinaigrette f.

vinàio, (-a) <-nai> m (f) (*venditore di vino*) Weinhändler m (in f).

vinàrio, (-a) <-ri> m *agg* (*da vino*) {ANFORA} Wein-.

Vinavil® <-> m PVAC-, Polyvinylacetatkleber m.

vincènte ▣ *agg* (*che vince*) siegreich; {SCHEDINA} Gewinn- ▣ mf **1** (*vincitore*) Sieger(in) m(f) **2** (*persona di successo*) Gewinner(in) m(f).

Vincènzo m (*nome proprio*) Vinzenz.

vìncere <*irr vinco, vinci, vinsi, vinto*> ▣ tr **1** (*battere*) **~ qu** (*in/a qc*) {AVVERSARIO IN DUELLO} jdn (*in etw* dat) besiegen, jdn (*in etw* dat) schlagen, (*in etw* dat) über jdn siegen, jdn (*in etw* dat) überwältigen; *fig* **~ qu (in qc)/(per qc)** {ALTRI IN BRAVURA, COETANEE PER BELLEZZA} jdn an etw (dat) übertreffen, jdm (an/in etw dat) überlegen sein **2** (*aggiudicarsi*) **~ (qc)** {CAUSA, GARA, GIOCO, GUERRA, POSTO, PREMIO, MEDAGLIA} (*etw*) gewinnen: **~ un concorso**, aus einem Wettbewerb als Sieger hervorgehen; **vuol ~ a tutti i costi**, er/sie will um jeden Preis gewinnen; **~ qu a qc** {AMICO A SCOPA} jdn bei etw (dat) besiegen, jdn bei etw (dat) schlagen **3** *fig* (*forzare*) **~ qu/qc** {AMICO, OPPOSIZIONE DI QU, OSTINAZIONE DI QU, PUDORE DI QU} jdn/etw überwinden; {SONNO RAGAZZO} jdn/etw überwältigen: **si lasciò ~ dalla passione/dalla disperazione**, er/sie ließ sich von seiner/ihrer Leidenschaft/Verzweiflung übermannen/hinreißen, er/sie erlag seiner/ihrer Leidenschaft/Verzweiflung **4** *fig* (*superare*) **~ qc** {PASSIONE} *etw* bezwingen, etw beherrschen; {DIFFICOLTÀ} etw bewältigen; {MALATTIA} etw überstehen, etw überwinden ▣ itr **1** *anche sport* **~ (su qu/qc)** (*über jdn/etw*) siegen, (*gegen jdn/etw*) gewinnen; **~ da qc** {DA FUORICLASSE} irgendwie/[als etw (nom)] siegen: **~ per tre a uno**, drei zu eins gewinnen; **sicuro di ~**, siegessicher **2** (*prevalere*) **~ (in qc)** {TESI DI QU IN UNA DISCUSSIONE} sich (*in etw* dat) durchsetzen ● **vuole sempre averla vinta** *fig* (*avere ragione*), er/sie will immer Recht haben; **chi la dura la vince** *fam*, Beharrlichkeit führt zum Ziel; **vincerla** *fam*, es schaffen, sich durchsetzen.

vincìbile *agg* (*che si può vincere*) {ANTAGONISTA} besiegbar.

vìncita f **1** (*vittoria*) Sieg m: **~ al gioco**, Spielgewinn m **2** (*somma*) Gewinn(summe f) m; (*al lotto, ecc.*) Treffer m: **fare una grossa ~**, einen großen Treffer landen/erzielen; **la sua ~ è di un milione**, sein/ihr Gewinn beläuft sich auf eine Million.

vincitóre, (-trìce) ▣ *agg* (*che vince*) {ATLETA, CONCORRENTE} siegreich; {POTENZA} Sieger- ▣ m (f) **1** (*chi vince*) Sieger(in) m(f) **2** (*nei giochi*) {+LOTTERIA, PARTITA A CARTE} Gewinner(in) m(f); *anche mil sport* {+BATTAGLIA} Sieger(in) m(f); {+CONCORSO, GARA, PREMIO} *anche* Preisträger(in) m(f).

vincolànte *agg* (*che vincola*) {LEGAME, NORMA} bindend, verbindlich.

vincolàre tr **1** *fig* (*obbligare*) ~ *qu* (*con qc*) (*a qc*) {CITTADINI AL RISPETTO DELLA LEGGE} jdn (*durch etw* acc/*mit etw* dat) an etw (acc) binden, jdn (*durch etw* acc/*mit etw* dat) auf *etw* (acc) fest|legen, {SOCIO CON UNA PROMESSA} jdn (*durch etw* acc/*mit etw* dat) (*zu etw* dat) verpflichten; **il contratto che vincola le due parti**, der Vertrag, der beide Seiten verpflichtet; **è vincolato dal segreto professionale**, er ist an das Berufsgeheimnis gebunden **2** (*essere d'impaccio*) ~ *qc* (*a qu*) {CAMICIA BRACCIA ALL'IMPIEGATO} jdn (*an etw* dat) ein|engen; ~ *qu* (*in qc*) {GONNA DONNA NEI MOVIMENTI} jdn (*in etw* dat) hemmen **3** *banca* ~ *qc* {DEPOSITO, SOMMA} *etw* fest an|legen, *etw* fest|legen.

vincolatìvo, (-a) *agg* (*vincolante*) {NORMA, PROMESSA} bindend.

vincolàto, (-a) *agg* **1** *anche fig* (*obbligato*) gebunden **2** *econ banca* fest angelegt, Festgeld **3** *banca*: **deposito ~**, Festgeld n; **conto ~**, Sperrkonto n **4** *mecc* {CORPO} gebunden.

vincolìstico, (-a) <-ci, -che> *agg econ* {POLITICA} Zwangs-.

vìncolo *m* **1** *fig* (*legame*) Band n, Fessel f: **~ affettivo**, gefühlsmäßige Bindung; **~ d'amore/di sangue**, Liebes-/Blutsbande n pl; **~ coniugale**, Eheband n **2** *dir* Belastung f; Beschränkung f; Auflage f; Bindung f: **ipotecario**, Belastung mit einer Hypothek **3** *mecc* Bindung f ● **spezzare i vincoli della schiavitù** *lett*, die Fesseln der Sklaverei sprengen, sich von den Fesseln der Sklaverei befreien.

vinèllo <*dim di vino*> *m* **1** (*vino leggero*) leichter Wein **2** *spreg* (*vino da poco*) Fusel m *fam spreg*.

vinerìa f (*locale*) Weinbar f, Vineria f.

vinìcolo, (-a) *agg enol* {PRODUZIONE} Wein-; {AZIENDA, REGIONE} *anche* Weinanbau-.

vinificàre <*vinifico, vinifichi*> *itr enol* (*fare il vino*) Wein her|stellen.

vinificazióne f *enol* **1** Weinherstellung f **2** {+MOSTO} Gärung f.

vinìle *m chim* Vinyl n: **un disco in ~**, aus Vinyl hergestellte Schallplatte, Vinyl n.

vinìlico, (-a) <-ci, -che> *agg chim* Vinyl-.

vinilpèlle f (*finta pelle*) Kunstleder n.

vìno **A** *agg* <*inv*> (*colore*) {ROSSO} weinbordeaux(-) **B** *m* {AMABILE, FORTE, SPUMANTE} Wein m Fisch-/Bratenwein m; **d'annata**, Wein m aus einem guten Jahrgang; **~ di agave**, Pulque m; **~ bianco/rosso**, Weiß-/Rotwein m; **~ brûlé**, Glühwein m; **~ di 12°**, Wein mit 12 Prozent Alkohol; **~ a denominazione d'origine controllata**, "Wein m kontrollierter Herkunft"; **fare il ~**, Wein herstellen; **~ locale**, Land-, Hauswein m; **~ di mele**, Cidre m, Apfelwein m; **~ nostrano**, hiesiger Wein; **~ nuovo/novello**, junger Wein, Federweißer m; **~ da pasto/dessert**, Tisch-/Dessertwein m; **~ di pere**, Birnenwein m; **~ da pesce/arrosto**, Fisch-/Bratenwein m, Wein m zum Fisch/zum Braten; **~ di produzione propria**, Wein m aus Eigenanbau/[eigenem Anbau]; **~ di riso**, Reiswein m, Sake m; **~ rosato/rosé**, Rosé(wein) m; **~ vecchio/secco**, alter/trockener Wein ● **reggere bene il ~**, Wein gut vertragen; **~ traditore!** *fam*, Wein, der es in sich hat!; **il ~ fa buon sangue** *prov*, Wein macht gutes Blut; **in ~ veritas** *prov*, Wein ist/liegt Wahrheit.

vinóso, (-a) *agg* **1** (*del vino*) {DISTILLAZIONE} Wein- **2** (*simile al vino*) Wein-, weinartig: **colore ~**, weinfarben, weinrot **3** (*che sa di vino*) {ALITO} nach Wein riechend, Wein-; {FRUTTO, SALSA} weinig.

vinsànto, **vin sànto** *m loc sost m enol* Vinsanto m (*süßer Weißwein*).

vìnsi 1ª *pers sing del pass rem di* vincere.

vintage *ingl* **A** <-> *m* **1** *enol* Vintage <*ohne art*> **2** (*nella moda*) Vintage <*ohne art*> **B** <*inv*> *agg* {ABITO, CAPO} Vintage-.

vìnto, (-a) **A** *part pass di* vincere **B** *agg* **1** {BATTAGLIA} gewonnen; {NEMICO} besiegt **2** (*ottenuto*) {PREMIO} gewonnen **3** *fig* (*sopraffatto*) **~ da qc** {DALLA PIETÀ} von etw (dat) überwältigt; {DALLA STANCHEZZA} anche von etw (dat) übermannt **C** *m* (*f*) Besiegte mf *decl come agg* ● **averla vinta** *fam*, sich durchsetzen; **darla vinta a qu** *fam*, jdm nachgeben; **darsi per ~** *anche fig*, sich geschlagen geben.

vìola① **A** <*inv*> *agg* {CAMICIA} violett, veilchenblau **B** ~ *m* (*colore*) Violett n, Veilchenblau n **C** f *bot* Veilchen n: **~ del pensiero/mammola**, Stiefmütterchen n/Märzveilchen n.

vìola② f *mus* Bratsche f, Viola f: **~ da gamba**,/[d'amore], Gambe f, Viola f da Gamba,/[Viola f d'Amore].

violacciòcca <-che> f *bot* Levkoje f.

violàceo, (-a) **A** *agg* (*tendente al viola*) {MANI} {TESSUTO} *anche* veilchenblau **B** *m* (*colore*) Violett n.

violàre tr **1** (*trasgredire*) ~ *qc* {CONTRATTO, SEGRETO EPISTOLARE} *etw* brechen; {REGOLAMENTO} gegen etw (acc) verstoßen; {COMANDAMENTI, LEGGE} *anche etw* verletzen, *etw* übertreten **2** (*invadere*) ~ *qc* {PRIVACY DI QU} *etw* verletzen; **~ il domicilio/territorio**, Hausfriedensbruch/Gebietsverletzung begehen, das Haus-/Gebietsrecht verletzen **3** *lett* (*violentare*) ~ *qu* {RAGAZZA} jdn vergewaltigen **4** *fig* (*profanare*) ~ *qc* {ALTARE, CHIESA} *etw* entweihen; {TOMBA} *etw* schänden.

violazióne f **1** (*il violare*) {+CONTRATTO, DIRITTO, DOVERE} Verletzung f: **~ di confine**, Grenzverletzung f; **~ dei diritti umani**, Verletzung f der Menschenrechte; {+FEDELTÀ} Bruch m; {+PROMESSA} Nichteinhaltung f **2** (*profanazione*) {+CHIESA} Entweihung f; {+TOMBA} Schändung f: **~ di domicilio** *dir* (*reato di ~*), Hausfriedensbruch m; **~ di legge** *dir* (*vizio di legittimità dell'atto amministrativo*), Gesetzwidrigkeit f, Verstoß m gegen ein Gesetz; Rechtswidrigkeit f, Verstoß m gegen eine Rechtsvorschrift; **~ della legge**, Verletzung f des Gesetzes; **~ di sigilli** *dir*, Siegelbruch m.

violentàre tr **1** (*abusare*) ~ *qu* {DONNA, MINORENNE} jdn vergewaltigen **2** *fig* (*far violenza*) ~ *qu/qc* {COSCIENZA DI QU} jdm/*etw* Gewalt an|tun.

violentatóre, (-trice) *m* (*f*) (*chi violenta*) Vergewaltiger(in) m(f).

violènto, (-a) **A** *agg* **1** (*aggressivo*) {TONO} aggressiv; {CARATTERE, UOMO} *anche* gewalttätig; {MEZZI, MODI} gewaltsam **2** (*forte*) {FEBBRE, SOMMOSSA, TEMPESTA} heftig; {COLPO} *anche* schwer; {LUCE} grell; {COLORE} *anche* schrill; {RUMORE} ohrenbetäubend; *fig* {PASSIONE} heftig, ungestüm *forb* **3** (*brutale*) {MORTE} gewaltsam **B** *m* (*f*) Gewalttäter(in) m(f).

violènza f **1** (*prepotenza*) {+MEZZI, MODI, UOMO} Gewalt f: **costringere qu a far qc con la ~**, jdn mit Gewalt zu etw (dat) zwingen; **ricorrere alla ~**, Gewalt anwenden **2** (*azione*) {+FOLLA} Gewalttätigkeit f: **bisogna contenere la ~ dilagante fra i giovani**, man muss die unter Jugendlichen überhandnehmende Gewalt(tätigkeit) einschränken **3** *fig* (*forza*) {+COLPO, SOMMOSSA, TEMPESTA} Gewalt f, Heftigkeit f, Stärke f; {+LUCE} Grelle f; {+COLORE} *anche* Schrillheit f; {+PASSIONE} Heftigkeit f, Ungestüm m *forb* **4** *dir* Gewalt f: **~ ad un pubblico ufficiale**, Nötigung f eines Amtsträgers/Amtswalters; **~ privata**, Nötigung f; **~ sessuale**, Vergewaltigung f, Notzucht f *obs*

● **~ carnale**, Vergewaltigung f, Notzucht f *obs*; **far ~ ad una donna**, einer Frau Gewalt antun; **farsi ~** *fig* (*imporsi qc*), sich (dat) Gewalt antun; **non ~ polit**, passiver Widerstand, Gewaltlosigkeit f; **usare ~ a qu**, jdm Gewalt antun.

violétta <*dim di viola①*> f **1** *bot* (*viola mammola*) Veilchen n; (*viola africana*) Usambaraveilchen n **2** (*profumo*) Veilchenparfüm n.

violétto, (-a) **A** *agg* {CAMICIA, MARE} violett **B** *m* (*colore*) Violett n.

violinìsta <-i *m*, -e f> mf *mus* Geiger(in) m(f), Violinist(in) m(f).

violinìstico, (-a) <-ci, -che> *agg mus* Geigen-, Violin-.

violìno *m mus* **1** (*strumento*) Geige f, Violine f **2** (*suonatore*) Geigenspieler(in) m(f), Geiger(in) m(f), Violinist(in) m(f), Geige f: **primo ~**, erster Geiger ● (**~ di) spalla** *fig scherz*, Stellvertreter(in) m(f), rechte Hand.

violìsta <-i *m*, -e f> mf *mus* Bratschen-, Violaspieler(in) m(f).

violoncellìsta <-i *m*, -e f> mf *mus* (Violon)cellist(in) m(f).

violoncellìstico, (-a) <-ci, -che> *agg mus* (Violon)cellisten-, (Violon)cello-.

violoncèllo *m mus* (Violon)cello n.

viòttola, **viòttolo** f, *m* (*stradina*) {+CAMPAGNA} Pfad m, Weg m.

VIP <-> *m abbr dell'ingl* Very Important Person: VIP m *fo m*, V.I.P. f *o m*: **un VIP della moda**, ein V.I.P. der Mode-Szene.

vìpera f **1** {COMUNE, CORNUTA} Viper f, Otter f **2** *fig spreg* (*serpe*) (Gift)schlange f *spreg*, Natter f *spreg*: **che ~ quella donna!**, was für eine Giftspritze, diese Frau! *fam*.

vippìsmo *m* (*atteggiamento*) Vip-Getue n *spreg*.

viràggio <-gi> *m* **1** *aero mar rar* (*virata*) {+AEREO, BARCA} Abdrehen n **2** *chim* {+COLORE} Verfärbung f; *fot* {+GRIGIO, STAMPA} Tonung f.

viràgo <-, *rar* viragini *pl lat*> f *lat* **1** *lett* (*donna virile*) Virago f *scient* **2** *scherz* Mannweib n *spreg*.

viràle *agg med* {MALATTIA} Virus-, viral.

viràre **A** tr mar **1** {VERRICELLO} (*etw*) ab|drehen, (*etw*) wenden **2** *fot* (*etw*) tonen **B** itr **1** *aero mar* {AEREO, BARCA} ab|drehen, wenden **2** *chim* **~ a qc** {SOLUZIONE AL BLU} sich irgendwie verfärben **3** *fot* **~ a qc** {STAMPA AL ROSSO} irgendwie getont werden **4** *scherz* {AMICO} auf dem Absatz kehrt|machen.

viràta f **1** *aero mar* {+AEREO, BARCA} Abdrehen n: **~ di ruota/poppa**, Luven m/Halsen m **2** *fig polit* (*cambiamento*) Wende f, Wendung f **3** *sport* (*nel nuoto*) Wende f.

virgìneo, (-a) *agg lett* jungfräulich.

Virgìnia① **A** <*inv*> *agg* {SIGARO, TABACCO} Virginia- **B** <-> *m* **1** (*tabacco*) Virginiatabak m **2** (*sigaro*) Virginia f **C** <-> f (*sigaretta*) Virginia(zigarette) f.

Virgìnia② f (*nome proprio*) Virginia f.

vìrgola f **1** *gramm tip* Komma n **2** *mat mus* Komma n ● **doppie virgole**, Anführungszeichen n pl; **non manca una ~** *fig* (*nulla*), vollständig bis aufs (i-) Tüpfelchen, einwandfrei; **non modificare/togliere una ~ a qc** *fig* (*nulla*), an etw (dat) absolut nichts ändern, etw buchstabengetreu wiedergeben.

virgolétta <*dim di virgola*> f <*di solito al pl*> *gramm tip* Anführungszeichen n pl, Anführungsstriche m pl, Gänsefüßchen n pl *fam*: **aprire/chiudere le virgolette**, Anführungszeichen unten/oben; **virgolette a sergente/caporale**, (französische Form der) Anführungszeichen; **tra virgolette** *fig*, in Anführungszeichen.

virgolettàto, (-a) **A** agg 1 (*chiuso fra virgolette*) in Anführungszeichen gesetzt 2 (*evidenziato*) hervorgehoben 3 *fig* (*testuale*) wortgetreu, wortwörtlich **B** m (*citazione*) Anführung f.
virgùlto m 1 *bot* Schössling m, Trieb m 2 *fig poet* (*giovane*) Spross m, Sprössling m.
virile agg 1 (*maschile*) {MEMBRO} männlich, {ATTEGGIAMENTO, ATTRIBUTI} *anche* viril; {VOCE} Männer-: **un ragazzo poco ~**, ein junger Mann mit nicht sehr männlicher Ausstrahlung 2 *fig* (*adulto*) mannhaft; {ETÀ, SAGGEZZA} männlich; {FORZA} Mannes-.
virilìsmo m *med* Virilismus m *scient*.
virilità <-> f 1 *biol* Virilität f 2 *fig* (*vigore sessuale*) Männlichkeit f 3 *fig* (*coraggio*) {+ANIMO} Mannhaftigkeit f.
virilizzàre **A** tr *anche fig* (*rendere virile*) **~ qu/qc** {COMPORTAMENTO DI QU} jdn/etw vermännlichen; {RAGAZZA} *anche* jdn zu einem Mann machen **B** itr pron: **virilizzarsi** {RAGAZZO} zum Manne werden.
viròloga f → virologo.
virologìa f *biol inform* Virologie f.
viròlogo, (-a) <-gi o -ghi, -ghe> m (f) *med* Virologe m, (Virologin f).
virtù <-> **A** f 1 (*~ morale*) Tugend f: **vizio e ~**, Laster und Tugend 2 (*qualità*) Eigenschaft f: **ha tutte le ~ ma non trova marito**, sie ist voller guter Eigenschaften, aber sie findet keinen Mann 3 *fig* (*potere*) Kraft f, Wirkung f: **le ~ curative di certe erbe**, die Heilkraft bestimmter Kräuter; **per ~ magica**, durch Zauberkraft; *iron*, wie ⌊durch ein Wunder⌋/[von Zauberhand]; **ha la ~ di farmi andare in bestia**, er/sie hat das Talent, mich ⌊zur Weißglut zu bringen⌋/[rasend zu machen] *fam*; **ha la ~ di non capire nulla**, er/sie hat ⌊das Talent⌋/[die außergewöhnliche Fähigkeit], nichts zu kapieren *iron* 4 *relig* Tugend f: **le ~ cardinali/teologali**, die Kardinaltugenden f pl/[die göttlichen/ theologischen Tugenden **B** loc prep (*grazie a*) 1 **in ~ di qc**, {DI QUESTA LEGGE} kraft etw (gen); {DELLO STUDIO DI QU} dank etw (gen) 2 **per ~ di qc**, {DELLA PREGHIERA} durch die Kraft von (gen).
virtuàle agg 1 (*potenziale*) {SUCCESSORE} potentiell, möglich 2 (*ipotetico*) {QUALITÀ, STATO} virtuell 3 *filos fis inform mat tel* {ESISTENZA, IMMAGINE, NUCLEO, MEMORIA, REALTÀ, CIRCUITO} virtuell 4 *mecc* {LAVORO} aus-, durchführbar.
virtualità <-> f *lett filos* Virtualität f.
virtuósa f → virtuoso.
virtuosìsmo m 1 (*abilità*) {+CANTANTE, MUSICISTA, POETA} Virtuosität f, Meisterschaft f, Können n, Virtuosentum n; *spreg* Beifallheischerei f *forb spreg* 2 *fig* (*diplomazia*) {+ASSESSORE} Geschicklichkeit f.
virtuosìstico, (-a) <-ci, -che> agg (*fatto con virtuosismo*) virtuos.
virtuóso, (-a) **A** agg {RAGAZZA} tugendhaft; {COMPORTAMENTO} *anche* sittlich **B** m (f) 1 (*chi ha virtù*) tugendhafter Mensch 2 (*maestro*) {+PENNA, PENNELLO} Meister(in) m(f): **un ~ del pallone**, ein Ballkünstler/ Ballvirtuose; *mus* {+VIOLINO} Virtuose m, (Virtuosin f).
virulènto, (-a) agg 1 *med* {INFEZIONE} virulent *scient*, ansteckend 2 *fig* (*violento*) {ATTACCO} heftig; {INVETTIVA} bissig, giftig *fam*, boshaft.
virulènza <-> f 1 *med* {+INFEZIONE} Ansteckungsfähigkeit f, Virulenz f *scient* 2 *fig* (*violenza*) {+ATTACCO} Heftigkeit f, {+INVETTIVA} Bissigkeit f, Giftigkeit f *fam*, Boshaftigkeit f.
virus <-> m *biol inform* {+INFLUENZA} Virus m o n: **~ del computer**, (Computer)virus m o n *inform*, Computervirus m *slang*.

vis <-, *vires* pl *lat*> f *lett lat* (*forza*) Vis f: **vis comica**, Vis comica f, Kraft f der Komik; **vis polemica**, Vis polemica f, Kraft f der Polemik.
visagìsta <-i m, -e f> mf (*estetista*) Visagist(in) m(f).
vis-à-vis A loc avv *franc* (*di fronte*) vis-a--vis, gegenüber **B** m 1 (*divano*) "im 19. Jahrhundert verbreitetes Sofa in Form eines liegenden S" 2 (*carrozza*) "Kutsche, in der sich die Fahrgäste gegenübersitzen".
visceràle agg 1 *anat* Eingeweide- 2 *med* {DOLORE, SPASMO} ⌊bis in die Eingeweide⌋/ [durch Mark und Bein] gehende(r, s) 3 *fig* (*profondo*) innig, hingebungsvoll; {ODIO} abgrundtief, abgründig.
visceralità <-> f *spec fig* {+PASSIONE} Innigkeit f, Tiefe f.
viscere <-ri m, -f> **A** m o *fam* f <*di solito al pl*> 1 *anat* {+UOMO} Eingeweide n, innere Organe 2 *zoo* {+PESCE, POLLO} Eingeweide pl **B** f pl 1 *fig* (*profondo*) {+TERRA} Innere n decl come agg; {+EUROPA} Herz n 2 *lett* (*ventre*) Schoß m, Leib m • **avere qc nelle viscere/sangue** *fig* (*radicato*), etw im Blut haben; **fin nelle viscere** *fig* (*nel profondo dell'animo*), bis ⌊in die Eingeweide⌋/[ins Innerste] (hinein).
vischio <*vischi*> m 1 *bot* Mistel f 2 *fig lett* (*legame*) Bindung f 3 (*nella caccia*) Vogelleim m.
vischiosità <-> f 1 (*collosità*) Klebrigkeit f 2 *chim fis* {+LIQUIDO} Zähflüssigkeit f, Viskosität f 3 *econ* {+MERCATO} Stabilität f, Beständigkeit f.
vischióso, (-a) agg 1 (*colloso*) klebrig, leimig 2 *chim fis* zur zähflüssig, viskos 3 *econ* stabil, beständig.
viscidità <-> f 1 (*l'essere viscido*) {+STRADA} Glitschigkeit f *fam*, Schlüpfrigkeit f 2 (*sensazione*) {+ROSPO} Glitschigkeit f *fam* 3 *fig spreg* {+COLLEGA} schleimige/schmierige Art *spreg*.
vìscido, (-a) agg 1 (*molle e umido*) {SOSTANZA} klebrig, {FONDO STRADALE, SELCIATO} glatt, rutschig; {LUMACA, ROSPO} glitschig *fam*; {ANGUILLA} *anche* glatt 2 *fig spreg* (*subdolo*) {COLLEGA} schleimig *spreg*, schmierig *spreg*.
viscidùme m *spreg* (*sostanze viscide*) schlüpfrige/glitschige *fam* Masse.
vis còmica <-> loc sost f *lat* (*comicità*) Humor m, Komik f.
viscónte, (-essa) m (f) Visconte m/Vicomte m (Viscontesse f/Vicomtesse f), (*ital./ fr. Adelstitel, der zwischen Graf und Baron rangiert*).
viscósa f *tess* Viskose f.
viscosità <-> f 1 *scient* {+LIQUIDO, MATERIA} Zähflüssigkeit f, Viskosität f: **il vetro è un liquido con altissima ~**, Glas ist ein Material mit extrem hoher Viskosität 2 *polit psic* {+TRATTATIVE; PSICHICA} Zähigkeit f; *econ* {+PREZZI} Stabilität f.
viscóso, (-a) agg *chim fis* {GAS, LIQUIDO} zähflüssig, viskos.
visétto <*dim di viso*> m {GRAZIOSO; +FANCIULLA} Gesichtchen n.
visìbile A agg 1 (*che si vede*) {STELLA} sichtbar 2 (*che si può vedere*) **~ a/per qu** {SPETTACOLO A TUTTI, PER ADULTI} für jdn freigeben: **la mostra è ~ dalle 15 alle 19**, die Ausstellung kann von 15 bis 19 Uhr besichtigt werden 3 *fig* (*evidente*) {ANGOSCIA, SDEGNO} sichtlich, deutlich, offenbar **B** m Sichtbare n decl come agg.
visìbilio m sing *fam* (*mucchio*) {+COSE, PERSONE} Unmenge f, Masse f • **andare in ~** *fig*, vor Entzücken außer sich (dat) geraten, ganz begeistert sein; **mandare qu in ~**, jdn in Entzücken versetzen, jdn entzücken.

visibilità <-> f 1 *anche meteo* {BUONA, RIDOTTA, SCARSA} Sicht(weite) f 2 *fis* Sichtbarkeit f.
visièra f 1 {+BERRETTO} Schirm m 2 *autom* Blende f: **~ antiabbagliamento**, Blendschutz m; **~ termica**, Heckscheibenheizung f 3 *stor mil* Visier n.
visigòto, (-a) *stor* **A** agg (*dei Visigoti*) {ACCAMPAMENTO} Westgoten-, westgotisch **B** m (f) (*persona*) Westgote m, Westgotin f).
visionàre tr 1 (*esaminare*) **~ qu/qc** {CONCORRENTE, PRODOTTO, PROGETTO} jdn/etw genau an|sehen, jdn/etw prüfen 2 *film* (*vedere in anteprima*) **~ qc** {CRITICO FILM} sich (dat) etw an|sehen.
visionàrio, (-a) <-ri m> **A** agg 1 *fig* {IDEA} traumtänzerisch *spreg*, schwärmerisch 2 *psic* Trugbild-, halluzinatorisch 3 *relig* Erscheinungs-, Visions-, visionär, seherisch **B** m (f) 1 *fig* Traumtänzer(in) m(f) *spreg*, Phantast m *spreg*, Schwärmer(in) m(f) 2 *psic* Halluzinant(in) m(f) 3 *relig* Seher(in) m(f).
visióne f 1 (*atto, capacità del vedere*) {DIRETTA, DISTINTA, INDIRETTA, INDISTINTA} Sehen n 2 (*modo di vedere*) Anschauung f, Auffassung f: **avere una ~ ottimistica/pessimistica di qc**, etw optimistisch/pessimistisch sehen; **~ del mondo**, Weltanschauung f 3 (*immagine, ricordo*) {+MADRE} Bild n: **non riesco a scacciare questa ~ dalla mia mente**, dieses Bild will mir nicht mehr aus dem Kopf 4 (*esame*) Einsicht f, Ansicht f: **chiedere/ricevere qc in ~**, ⌊darum bitten, etw zur Ansicht zu bekommen⌋/[etw zur Ansicht bekommen]; **d'insieme**, Überblick m; **prendere ~ di qc**, in etw (acc) Einsicht nehmen 5 (*scena*) Anblick m: **che ~!**, was für ein Anblick! 6 *anche relig* (*apparizione*) Vision f, Erscheinung f: **avere una ~**, eine Vision/Erscheinung haben 7 (*profezia*) Vision f, Prophezeiung f: **avere visioni profetiche**, Zukunftsvisionen haben 8 (*fantasia*) Hirngespinst n *spreg*: **sarebbe bello, ma è solo una ~**, schön wär's, aber es ist nur ⌊ein Hirngespinst *spreg*⌋/[eine Seifenblase] 9 *film* Vorführung f: **prima ~**, Ur-, Erstaufführung f; **prima ~ assoluta**, Welturaufführung f 10 *psic* Trugbild n, Halluzination f: **avere delle visioni**, Halluzinationen haben • **quella ha le visioni!** *spreg*, die sieht Gespenster! *fam spreg*.
visìr <-> m *stor* (*alto funzionario*) Wesir m: **gran ~**, Großwesir m.
vìsita f 1 (*il visitare*) Besuch m, Visite f *rar lett*: **andare in ~ da qu**, bei jdm einen Besuch machen; **~ di cortesia**, Höflichkeitsbesuch m; **fare una ~ a qu**, jdn besuchen, jdm einen Besuch abstatten; **restituire la ~**, den Besuch erwidern; **ministro in ~ ufficiale**, Minister auf Staatsbesuch; (*visitatore*) Besuch m; {+CITTÀ, MUSEO} Besucher m; **c'è una ~ per te**, es ist Besuch für dich da 2 {+CITTÀ, MUSEO} Besichtigung f, Besuch m: **~ guidata**, Führung f 3 *amm* (*per ispezionare*) {GENERALE} Durchsuchung f, Visitation f, Kontrolle f: **~ ⌊alle carceri⌋/[a una caserma]**, Visitation f der Gefängnisse/einer Kaserne 4 *amm* (*per controllare*) Prüfung f, Revision f: **~ doganale**, zollamtliche Prüfung; **~ fiscale**, Steuerprüfung f 5 *med* {AMBULATORIALE} Untersuchung f: **~ di controllo**, Routineuntersuchung f, Routinekontrolle f; **~ a domicilio**, Haus-, (Kranken)besuch m; **i medici fecero il loro giro di visite**, die Ärzte machten ihre Visitenrunde; **sottoporsi a ~ medica**, sich untersuchen lassen; **~ specialistica**, Untersuchung f durch einen Spezialisten, fachärztliche Untersuchung f 6 *mil slang* {+LEVA} Musterung f: **passare la ~ (di leva)**, gemustert werden; **marcar ~**, sich krankmelden • **~ lampo** *polit*, Blitzbesuch m.
visitàbile agg 1 (*che può essere visitato*):

parco archeologico ~ in poche ore, in wenigen Stunden zu besichtigende archäologische Ausgrabungsstätte 2 (*che può essere ispezionato*): impianto non ~, nicht besichtigbare Anlage.

visitare tr 1 (*far visita*) ~ qu {AMICO, PARENTE} jdn auf|suchen, jdn auf|suchen forb 2 (*andare a vedere*) ~ qc {CITTÀ, FABBRICA, MINIERA, MONUMENTO, MUSEO} etw besichtigen, etw besuchen 3 ~ (*qu*) {MEDICO PAZIENTE} jdn untersuchen: **andare a farsi ~**, zum Arzt gehen, sich untersuchen lassen; (*a domicilio*) einen Hausbesuch machen; (*uso assol*) {MEDICO} Sprechstunden haben; **oggi il dermatologo visita dalle 10 alle 12**, heute hat der Hautarzt von 10 bis 12 Uhr Sprechstunde 4 *scherz* ~ qc {LADRI APPARTAMENTO} etw (dat) einen Besuch ab|statten *scherz iron*.

visitatóre, (**-trice**) m (f) (*chi visita*) {+MUSEO, GALLERIA} Besucher(in) m(f) ● **~ apostolico** *relig*, apostolischer Visitator.

visitazióne f *relig arte* Mariä Heimsuchung f.

visiting professor <-, - -s pl *ingl*> loc sost mf *ingl università* Gastprofessor(in) m(f).

visivo, (**-a**) agg (*della vista*) {ORGANI} visuell, Seh-; {CAMPO} Blick-; {MEMORIA} visuell.

viso m 1 (*faccia*) {LUNGO, PAFFUTO, ROSEO, TRIANGOLARE} Gesicht n 2 (*espressione*) {SERIO, TRISTE} Gesicht n, Miene f ● **~ d'angelo** (*bellissimo*), Engelsgesicht n; **a ~ aperto** fig (*apertamente*), offen, geradeheraus; **dire qc sul ~ a qu** fig (*direttamente*), jdm etw ins Gesicht sagen; **fare il ~ duro** fig (*essere intransigente*), ein unnachgiebiges Gesicht machen, unnachgiebig sein; **far/mostrare buon ~ a qu** fig (*accogliere bene*), jdn freundlich auf|nehmen; **far buon ~ a ˌcattiva sorteˌ/[cattivo gioco]** fig (*adattarsi*), gute Miene zum bösen Spiel machen; **non guardare in ~ nessuno** fig, sich um niemanden kümmern; **le si legge in ~ che è felice** fig (*si capisce*), es steht ihr ins Gesicht geschrieben, dass sie glücklich ist; **fare il ~ lungo**, ein langes Gesicht machen *fam*; **~ da Madonna**, Madonnengesicht n; **un ~ nuovo** (*uno sconosciuto*), ein neues/unbekanntes Gesicht; **visi pallidi** film stor (*uomo bianco*), Bleichgesichter n pl *anche scherz*; **a ~ scoperto** (*senza maschera*), unverhüllt; **non aver mai visto qu in ~** fig (*non conoscerlo*), jdn noch nie gesehen haben, jdn nicht kennen.

visóne m 1 *zoo* Nerz m 2 (*pelliccia*) Nerz(pelz) m.

visóre m 1 **~ per diapositive**, Diabetrachter m 2 *film fot TV* (*microlettore*) {+MICROFILM} Lesegerät n.

vispo, (**-a**) agg 1 (*vivace*) {BAMBINO, SGUARDO} aufgeweckt, munter, lebhaft 2 (*arzillo*) {VECCHIAIO} rüstig, munter ● **~ come un grillo**, munter wie ein Fisch im Wasser, kreuzfidel *fam*.

vissi 1ª pers sing del pass rem di *vivere*.

vissuto, (**-a**) A part pass di *vivere* B agg 1 (*che è stato ~*) {ESPERIENZA} gemacht; {VITA} gelebt; {PERIODO} verbracht 2 (*navigato*) {DONNA, UOMO} erfahren, reif; {ARIA} (lebens)erfahren C m *psic* Erlebte n decl come agg.

vista A f 1 (*facoltà*) Sehen n, Sehkraft f 2 (*senso*) Auge n, Augen n pl: **avere una ~ buona/debole**, gute/schlechte Augen haben; **ha la ~ corta**, er/sie ist kurzsichtig; **guastarsi la ~**, sich (dat) die Augen verderben/[kaputt machen] *fam*; **perdere la ~**, blind werden, erblinden forb 3 (*il vedere*) {+GENITORI} Anblick m: **sfuggire alla ~ di qu**, aus jds Gesichtskreis verschwinden 4 (*campo visivo*) {VALLE} Sicht f: **togliere/limitare la ~ a qu**, jdm die Sicht nehmen/einschränken; **impedire la ~ a qu**, jdm die Sicht versperren 5 (*veduta*) Aussicht f, Ausblick m: **~ dall'alto**, Aussicht f von oben, Draufsicht f; **fin dove si spinge/arriva la ~**, soweit das Auge reicht; **una camera con ~ sul mare**, ein Zimmer mit Blick aufs Meer; **uscire di ~**, aus dem Blickfeld verschwinden 6 (*spettacolo*) Anblick m: **a quella ~**, bei diesem Anblick 7 (*occhiata*) Blick m 8 (*evidenza*) Sichtbarkeit f: **mettere qc bene in ~**, etw gut sichtbar präsentieren, etw zur Schau stellen; *fig* etw ˌauf den Präsentiertellerˌ/[zur Schau] stellen; **mettersi in ~**, sich zur Schau stellen ● (**pagabile**) **a ~** (abbr a.v.) *dir banca* (*pagabile alla presentazione*), auf/bei/nach Sicht, bei Vorlage/Präsentation; {CAMBIALE, TRATTA} Sicht-; **a ~** *arch edil*, unverputzt; **in bella ~** (*in evidenza*), gut sichtbar; *gastr* {SALMONE} appetitlich angerichtet; **conoscere qu di ~** (*superficialmente*), jdn vom Sehen kennen; **far ~/le viste di fare qc ... *inf***, (so) tun, als ob...; *congv*: **far bella ~**, gut aussehen, einen guten Eindruck machen; **guardare a ~ qu/qc**, jdn/etw nicht aus den Augen lassen; **in ~ di**, in/im Hinblick auf, angesichts; **avere in ~ qc** fig (*progettare qc*), etw in Aussicht haben; **essere in ~**, {TERRA} in Sicht sein; {TEMPORALE} im Anzug sein; fig {CRISI ECONOMICA} bevor|stehen; {UOMO} bekannt berühmt sein; **un personaggio molto in ~** (*prestigioso*), eine Persönlichkeit im Blickfeld der Öffentlichkeit; **a ~ d'occhio** (*a perdita d'occhio*), soweit das Auge reicht; (*in misura percepibile dall'occhio umano*), zusehends; **dimagrire a ~ d'occhio**, zusehends abnehmen; **perdere di ~ qu/qc**, {AMICO, FINE} jdn/etw aus den Augen verlieren; {TEMA PRINCIPALE} von etw (dat) ab|weichen; **a prima ~**, auf den ersten Blick.

vistare tr *amm* ~ qc {PASSAPORTO} etw mit einem Sichtvermerk/Visum versehen; {DOCUMENTO, DOMANDA} etw beglaubigen.

visto, (**-a**) A part pass di *vedere* B agg 1 gesehen: **essere ben/mal ~**, gern/nicht gern gesehen sein 2 (*guardato*) gesehen: **~ di fronte il danno sembra minimo**, von vorne besehen, scheint der Schaden gering zu sein C loc cong (*poiché*): **~ che ... ind**, in Anbetracht dessen, dass ... ind; ˌauf Grundˌ/[aufgrund] dessen, dass ... ind D m *amm* {+GIUDICE} Sichtvermerk m; (*permesso*) {CONSOLARE, TRANSITO} Visum n: **apporre il ~** (*sul passaporto*), ein Visum ausstellen ● **visti i risultati delle elezioni tutto andrà avanti come prima**, so wie die Wahlergebnisse aussehen, wird alles weitergehen wie bisher; *fig polit*: **~ da destra e da sinistra**, wie man es auch dreht und wendet; **già ~**, Déjà-vu(-Erlebnis) n; **mai ~** (*incredibile*), einmalig, unglaublich; **~ si stampi** tip, druckfertig.

Vistola f *geog* Weichsel f.

vistóso, (**-a**) agg 1 (*appariscente*) {ABITI, COLORI} auffällig; {BELLEZZA, DONNA, SOMIGLIANZA} auffallend 2 (*grossolano*) {ERRORE} grob 3 fig (*ingente*) {SOMMA} beachtlich, beträchtlich, ansehnlich forb.

visual <-> m *ingl edit* Bildbeilage f.

visuale A agg (*della vista*) {MEMORIA} visuell; {OSTACOLO} Sicht-; {ANGOLO} Gesichts-, Blick-; *astr* osservazione *n*, "Sternbeobachtung 'nur mit Hilfe des Fernrohrs und des bloßen Auges" B f 1 (*veduta*) (Aus)sicht f, (Aus)blick m: **coprire la ~ a qu**, jdm die Aussicht verbauen/verstellen 2 fis Gesichtslinie f.

visualizzare tr ~ qc (*con qc*) 1 (*rendere visibile*) {CORRENTE MARINA CON UN LIQUIDO ROSSO, *med* ORGANO CON UNA SOSTANZA DI CONTRASTO} etw (mit etw dat) visualisieren, etw (mit etw dat) sichtbar machen 2 (*rappresentare con immagini*) {TASSO D'INQUINAMENTO CON UN GRAFICO} etw (durch etw acc) visual dar|stellen, etw (durch etw acc) veranschaulichen, etw (durch etw acc) visualisieren 3 inform ~ qc su qc {DIMENSIONI DI STAMPA SULLO SCHERMO} etw (irgendwo) visualisieren.

visualizzatóre m inform Sichtgerät n, Display n.

visualizzazióne f 1 (*il visualizzare*) Sichtbarmachen n; (*nella pubblicità*) Visualisierung f 2 inform Anzeige f.

visura f *amm banca* Einsichtnahme f.

visus <-> m lat 1 *fisiologia* Sehkraft f 2 *ott* Visus m, Sehschärfe f.

vita① f 1 gener *anche biol* Leben n: **aver salva la ~**, mit dem Leben davonkommen; **gli è costata la ~**, das hat ihm/ihn das Leben gekostet; **essere in ~**, am Leben sein; **~ interiore**, Innenleben n; **perdere la ~**, sterben, sein Leben verlieren; **~ privata**, Privatleben n; **tenere alla propria ~**, an seinem Leben hängen; **tenere qu in ~**, jdn am Leben halten; **togliere la ~ a qu**, jdn umbringen; **togliersi la ~**, sich (dat) das Leben nehmen; **~ umana**, menschliches Leben; **~ vegetale/animale/sensitiva**, Pflanzen-/Tier-/Sinnenwelt f 2 (*durata*) {BREVE, LUNGA; +CIVILTÀ} Leben n, Lebenszeit f: **a ~**, auf Lebenszeit; *anche dir*, lebenslänglich; **in ~ mia non avevo mai visto niente di simile**, so etwas hatte ich mein Lebtag noch nicht gesehen; fig {+LAMPADINA} Lebensdauer f; {+AZIENDA} anche Bestehen n; **è una moda che non avrà lunga ~**, das ist eine Mode, die sich nicht lange halten wird 3 (*modo di vivere*) Lebensweise f, Leben n: **~ coniugale**, Eheleben n; **cambiar ~**, von vorne anfangen, ein neues Leben beginnen; **condurre una ~ dispendiosa**, ein verschwenderisches Leben führen, auf großem Fuß leben *fam*; **~ di campagna/città**, das Land-/Stadtleben n; **~ domestica**, Familienleben n; **questa non è più ~**, das ist (doch) kein Leben mehr; **avere una ~ regolata/sregolata**, ein geregeltes/[ungeregeltes/unstetes] Leben führen 4 (*attività*) {POLITICA, PROFESSIONALE} Leben n 5 (*abitudini*) {+FORMICHE} Leben n 6 fig (*ciò che dà significato*) Lebensinhalt m: **la musica è tutta la sua vita**, die Musik ist sein/ihr ganzer Lebensinhalt, er/sie lebt nur für die Musik 7 fig (*animazione*) {NOTTURNA; +CITTÀ} Leben n, Treiben n; (*vivacità*) Lebhaftigkeit f: **in quel film non c'è ~**, dieser Film hat kein Leben 8 fig (*vitalità*) {+RAGAZZO} Lebenskraft f: **essere pieno di ~**, {RAGAZZO, UOMO} voller Leben stecken, sehr lebendig sein; **questa città è piena di vita**, diese Stadt ist sehr lebendig, in dieser Stadt ist viel los *fam* 9 fig (*persona*) Leben n: **salvare molte vite**, viele (Menschen)leben retten 10 fig (*il vivere*) Leben n, Lebensunterhalt m, Lebenskosten pl: **la ~ qui ˌè caraˌ/[costa poco]**, die Lebenskosten hier sind hoch/niedrig, das Leben ist hier teuer/billig; **guadagnarsi la ~**, sich (dat) seinen Lebensunterhalt verdienen 11 *lett* Biographie f, Lebensgeschichte f, Vita f forb: **~ e opere di qu**, Leben und Werk von jdm 12 fig (*mondo*) Leben n: **non conoscere la ~**, das Leben nicht kennen, keine Lebenserfahrung haben ● **fare la ~ allegra**, ein unbekümmertes Leben führen; **l'altra ~**, das Jenseits; **fare laˌ/[darsi alla] bella ~** fig (*divertirsi*), sich ˌein ˌliederliches Lebenˌ/[Lotterleben] führen, sich (dat) ein schönes Leben machen; **cambiare ~** fig (*stile di vita*), sein Leben ändern; **fare una ~ da cani/galera** fig (*brutta*), ein Hundeleben *fam spreg* führen; **se ti è cara la ~** (*se non vuoi morire*), wenn dir ˌdein Leben liebˌ/[etwas an deinem Leben liegt]; **fare una ~ da carcerato** fig (*vivere sempre rinchiuso*), ein Leben wie im Käfig/Gefängnis führen; **fare ~ casalinga** fig (*ritirata*), ein häusliches/zurückgezogenes Leben führen; **fare una ~ da** *certosino fig*, ein mönchisches Leben führen; **che ~!**, was für ein Leben!; **complicarsi la ~**, sich (dat) das Leben schwer machen; **conoscere qu da una ~** *fig* (*da molto tempo*), jdn schon ewig/[seit einer Ewigkeit] kennen; **dar ~ a qc** *fig* (*crearla*), etw ins Leben rufen; **dare la propria ~ per qu/qc**, für jdn/etw sein Leben lassen; *fig* (*dare tutto*), für jdn/etw alles geben; **rendere la ~** *difficile a qu* (*ostacolarlo*), jdm das Leben schwer machen; **avere una doppia ~**, ein Doppelleben führen; **è la ~!**, so ist das Leben (nun mal)!, c'est la vie!; **la ~ eterna**, das ewige Leben; **avere la ~** *facile fig* (*senza problemi economici*), keine Geldprobleme/[finanziellen Sorgen] haben; **fare la ~** *fig eufem* (*prostituirsi*), auf den Strich gehen *fam*; **avere nove vite come i gatti** *fig* (*scamparla sempre*), neun Leben haben wie eine Katze; **lasciare la ~** *eufem* (*morire*), sein Leben lassen/verlieren; **~ media** *sociol*, durchschnittliche Lebenserwartung; **far ~** *mondana*, ein reges Gesellschaftsleben haben; **essere fra la ~ e la morte**, zwischen Leben und Tod sein/schweben; **conoscere/sapere ~, morte e miracoli di qu** *fig* (*sapere tutto*), von jdm auch noch das kleinste Detail kennen; **uniti per la ~ e per la morte** (*per sempre*), auf Gedeih und Verderb verbunden/vereint; **passare a miglior ~** *fig eufem* (*morire*), ins ewige Leben eingehen *forb eufem*; **~ natural durante** *anche scherz*, zeitlebens; **fare una ~ da nababbo** *fig*, ein Bonzendasein *spreg* führen; **fare una ~ da pascià** *fig*, leben wie ein Pascha *spreg*; **~ di relazione**, gesellschaftliches/soziales Leben; **rifarsi una ~** *fig* (*ricominciare*), von vorne anfangen, sich (dat) [ein neues Leben]/[eine neue Existenz] aufbauen; **risorgere a nuova ~** *fig*, zu neuem Leben erstehen; **rovinarsi la ~**, sich (dat) sein Leben ruinieren; **fare una ~ da scapolo**, ein Junggesellenleben führen; **senza ~** (*morto*), leblos, tot; **su con la ~!** (*coraggio!*), Kopf hoch!, nur Mut!; **come va la ~?**, wie geht's? (wie steht's?); **ne va della ~ di qu** (*qu rischia la vita*), jds Leben [ist in Gefahr]/[steht auf dem Spiel]; **la vita è fatta a scale, c'è chi le scende e chi le sale** *prov*, das Leben ist ein ewiges Auf und Ab; **finché c'è ~, c'è speranza** *prov*, man hofft, solange man lebt.

vita[2] f *anat* {GROSSA, SOTTILE; +DONNA} Taille f: **un vestito stretto in ~**, ein engtailliertes Kleid • **~ di vespa**, *fig* Wespentaille f.

vitàccia <-ce, pegg di vita[1]> f (*vita dura*) erbärmliches Leben, Hundeleben n *fam spreg*: **che ~!**, was für ein (elendes) Leben!; **fare una ~** (*d'inferno/da cani*), ein Hundeleben führen *fam spreg*.

vitàle agg **1** (*necessario alla vita*) {ORGANO} lebenswichtig; {FORZA} Lebens- **2** *fig* (*essenziale*) vital, Lebens-: **è una questione di ~ importanza**, das ist eine lebenswichtige Angelegenheit **3** *fig* (*vivace*) {UOMO} vital, lebhaft **4** *fig* (*produttivo*) {ENTE} produktiv, florierend **5** *med* lebensfähig, vital: **feto vivo e ~**, lebender und lebensfähiger Fötus.

vitalità <-> f **1** gener {+PIANTA, UOMO} Lebenskraft f, Vitalität f **2** *fig* (*dinamicità*) {+RAGAZZO} Lebendigkeit f, Vitalität f **3** *fig* (*produttività*) {+ENTE, IMPRESA} Produktivität f **4** *med* {+NEONATO} Lebensfähigkeit f, Vitalität f.

vitalìzio, (-a) <-zi m> A agg (*a vita*) {ASSEGNO, SOCIO} lebenslänglich, auf Lebenszeit; **dir** {RENDITA} auf Lebenszeit B *dir* (*rendita ~*) Leibrente f auf Lebenszeit.

vitamìna f *biol chim* Vitamin n: **le vitamine A, B, C, D**, die Vitamine A, B, C, D; **con ~ C**, {SUCCO} Vitamin-C-(haltig).

vitamìnico, (-a) <-ci, -che> agg (*della vitamina*) {CARENZA, FATTORE} Vitamin-.

vitaminizzàre tr (*aggiungere vitamine*) **~ qc** {BISCOTTI, CEREALI, LATTE} (*etw*) mit Vitaminen an|reichern, (*etw*) vitaminisieren.

vitaminizzàto, (-a) agg **1** (*arricchito con vitamine*) {BISCOTTO, LATTE} vitaminisiert, mit Vitaminen angereichert **2** *fig iron* (*robusto*) {RAGAZZO} wohlgenährt.

vitaminizzazióne f (*aggiunta di vitamine*) {+ALIMENTO} Vitaminisierung f.

vìte[1] f *bot* {BIANCA, SELVATICA} Weinstock m, Weinrebe f • **~ vergine** *bot*, Jungfernrebe f; **piangere come una ~ tagliata** *fig* (*molto*), bitterlich weinen, sich (dat) die Augen aus dem Kopf weinen, Rotz und Wasser heulen *fam*.

vìte[2] A f **1** gener anche tecnol {AUTOFILETTANTE, FEMMINA, MASCHIO} Schraube f: **~ senza fine/perpetua**, Schnecke f, endlose Schraube **2** aero Trudeln n: **cadere in ~**, abtrudeln **3** *sport* (*nel vuoto*) Schraube f B <inv> loc agg avv (*elicoidale*): **a ~**, {CHIUSURA, TAPPO} Schraub-; {COLONNA} schraubenförmig.

vitèllo[1] m **1** Kalb n: **~ da latte**, Milchkalb n **2** *gastr* {ARROSTO, STUFATO} Kalbfleisch n: **~ tonnato**, "Kalbfleisch n in Thunfischsoße" **3** (*pelle*) Kalbsleder n • **adorare il ~ d'oro** *fig* (*la ricchezza*), das Goldene Kalb anbeten *forb*; **~ marino** *zoo*, Meerkalb n; **piangere come un ~** *fig* (*esageratamente*), heulen wie ein Schlosshund *fam*; **uccidere il ~ grasso** *fig bibl anche scherz* (*festeggiare sontuosamente*), das gemästete Kalb schlachten.

vitèllo[2] m *biol* (*tuorlo*) Deutoplasma n, Dotter m o n.

vitellóne <accr di vitello[1]> m **1** zoo Jungochse m **2** *fig spreg scherz* (*giovane inetto*) Nichtsnutz m *spreg*, Müßiggänger m *forb*.

viterbése A agg von/aus Viterbo B mf (*abitante*) Viterbo Einwohner(in) m(f) von Viterbo.

vitìccio <-ci> m **1** *bot* Ranke(npflanze) f **2** *arch arte* Rankenornament n, Rankenwerk n.

vitìcolo, (-a) agg *enol* {REGIONE} Weinbau-.

viticoltóre, (-trice) **viticultóre**, (-trice) m (f) *enol* Weinbauer m, (Weinbäuerin f), Winzer(in) m(f).

viticoltùra, **viticultùra** f *enol* Weinbau m.

vitìgno m *enol* {DOLCETTO} Weinstock m, Weinrebe f.

vitilìgine f *med* Scheckhaut f, Pigmentverlust m, Vitiligo f *scient*.

vitìno <dim di vita[2]> m (*giro vita*) schlanke Taille f • **~ di vespa** *fig*, Wespentaille f.

vitivinìcolo, (-a) agg *enol* {MERCATO} "des Weinbaus und der Weinerzeugung/Weinproduktion".

vitivinicoltóre, (-trice) m (f) *enol* Weinbauer m, (Weinbäuerin f), Winzer(in) m(f).

vìtreo, (-a) A agg **1** (*di vetro*) {PASTA} glasig, Glas- **2** (*simile al vetro*) {CONSISTENZA} glasartig, glasig; (*trasparente*) {LASTRA} durchsichtig **3** *fig* {OCCHI, SGUARDO} glasig, starr **4** anat {CORPO, UMORE} Glas- B m anat Glaskörper m.

vitro, in → **in vitro**.

vìttima f **1** gener Opfer n: **le vittime del terremoto/dell'incidente/della guerra**, die Erdbeben-/Unfall-/Kriegsopfer n pl; **le vittime di un attentato**, die Opfer eines Attentats; **restare ~ di un incidente**, Unfallopfer sein, einem Unfall zum Opfer fallen **2** *anche stor* (*animale*) Opfertier n: **immolare una ~**, ein Tieropfer darbringen; **~ sacrificale**, Opfer(tier) n **3** *fig* (*succube*) {+RAGGIRO, SOCIETÀ} Opfer n: **credersi ~ di un complotto**, sich Opfer eines Komplotts fühlen/wähnen

forb; **essere ~ di una truffa**, Opfer eines Betrugs sein **4** *fig* (*preda*) {+ALLUCINAZIONE} Opfer n • **fare la ~** (*il perseguitato*), das Opfer spielen; **povera ~!** *fam scherz*, du Ärmster, du kannst einem wirklich leidtun!; armes Hascherl! *süddt A fam*.

vittimìsmo m Selbstbemitleidung f, Neigung f zum Selbstmitleid.

vittimìsta <-i m> mf (*chi fa la vittima*) Opferlamm n *spreg o iron*, Märtyrer(in) m(f) *spreg*: **non fare sempre il ~**, spiel nicht immer das Opferlamm/den Märtyrer *spreg*.

vittimìstico, (-a) <-ci, -che> agg (*da vittima*) {LAMENTO} selbstmitleidig.

vittimizzàre tr (*rendere vittima*) **~ qu** {MADRE FIGLIO} jdn zum Opfer machen.

vìtto m (*alimenti*) Kost f, Verpflegung f: **~ e alloggio**, Kost und Logis.

vittòria A f (*il vincere*) {FINALE, MORALE, SPORTIVA; +ESERCITO} Sieg m: **la ~ ha arriso alla nostra squadra**, unsere Mannschaft hat den Sieg davongetragen; **riportare una ~ schiacciante sul nemico**, einen überwältigenden Sieg über den Feind davontragen B inter impr: **~!**, Sieg! • **avere la ~ in pugno/mano** *fig* (*avere la sicurezza di vincere*), den Sieg in der Tasche haben *fam*; **cantare/gridare ~** *fig* (*dichiararsi vincitori prima di esserlo veramente*), (allzu) siegessicher sein, frohlocken, triumphieren; **non cantare ~ prima del tempo!**, sei mal nicht so siegessicher!, man soll den Tag nicht vor dem Abend loben! *prov*; **~ di Pirro** *fig* (*illusoria, che si ritorce contro il vincitore*), Pyrrhussieg m *forb*.

Vittòria f (*nome proprio*) Viktoria.

vittoriàno, (-a) agg *arch arte lett stor* {ARCHITETTURA, EPOCA, SCRITTORE} viktorianisch.

Vittòrio m (*nome proprio*) Viktor.

vittorióso, (-a) agg **1** (*di vittoria*) {GRIDO} Sieges- **2** (*che ha vinto*) {ESERCITO, PAESE, SQUADRA} siegreich, Sieger-: **essere ~**, siegreich/Sieger sein **3** (*da vincitore*) {RITORNO} sieghaft.

vituperàbile agg *lett* tadelnswert.

vituperàre tr *lett* (*insultare*) **~ qu/qc** {NEMICO, LAVORO} jdn/etw beschimpfen, jdn/etw verunglimpfen *forb*.

vitupèrio <-ri> m **1** *lett* (*disonore*) Schande f, Schandfleck m, Schmach f *forb*: **essere il ~ della famiglia**, der Schandfleck/[das schwarze Schaf] der Familie sein **2** *rar lett* (*ingiuria*) Beschimpfung f, schwere Beleidigung: **ricoprire qu di vituperi**, jdn übel beschimpfen **3** *scherz* (*obbrobrio*) Abscheulichkeit f, Scheußlichkeit f: **quel monumento moderno è un ~!**, dieses moderne Denkmal ist abscheulich/scheußlich/[eine Beleidigung fürs Auge]!

viùzza <dim di via[1]> f {+CENTRO STORICO} Gasse f, Gässchen n.

vìva[1] inter (*di gioia*) es lebe, hoch lebe: **~ gli sposi!**, hoch lebe das Brautpaar!; **~ il re!**, es lebe der König!

vìva[2] f → **vivo**.

vivacchiàre <vivacchio, vivacchi> itr **1** *fam scherz* (*tirare avanti*) recht und schlecht leben, sich recht und schlecht durchschlagen *fam*: **si vivacchia**, man lebt *fam*, man schlägt sich durch *fam* **2** (*vivere stentatamente*) {IMPRESA} sich mühsam über Wasser halten.

vivàce agg **1** (*esuberante*) {BAMBINO, CLASSE} lebhaft **2** *fig* (*animato*) {CONVERSAZIONE} angeregt, lebhaft; {STILE} lebendig **3** *fig* (*viva*) {INTELLIGENZA, SGUARDO} wach **4** *fig* (*brillante*) {COLORE} leuchtend, grell, glänzend **5** *bot* {PIANTA} mehrjährig, perennierend **6** *mus* vivace, lebhaft.

vivacità <-> f **1** (*esuberanza*) {+TEMPERAMENTO} Lebhaftigkeit f, Lebendigkeit f **2** *fig*

{+CONVERSAZIONE} Lebhaftigkeit f; {+STILE} Lebendigkeit f **3** *fig* {+INTELLIGENZA, SGUARDO} Wachheit f **4** (*brillantezza*) {+COLORE} Glanz m ● **rispose con ~**, er/sie antwortete lebhaft.

vivacizzàre *tr* (*rendere vivace*) **~ qc** {CONVERSAZIONE, RIUNIONE} *etw* beleben, Leben *in etw* (*acc*) bringen; {AMBIENTE, RESOCONTO, TEMA} *etw* lebendig gestalten.

vivàio <-*vai*> m **1** *agr* {+PIANTE MADRI} Baumschule f **2** *itt* Fischteich m, Fischzucht f: **~ di cozze/trote**, Miesmuschel-/Forellenzucht f **3** *fig* (*centro*) {+ARTISTI, STUDIOSI} Schule f, Zentrum n **4** *fig sport* {+CALCIATORI} Trainingszentrum n.

vivaìsta <-*i* m> mf **1** *agr* Baumschuler(in) m(f) **2** (*nella piscicoltura*) Fischzüchter(in) m(f).

vivaldiàno, (**-a**) *agg mus* {CONCERTI} von Vivaldi, Vivaldi-, Vivaldis.

vivànda f (*cibo*) {ELABORATA, SEMPLICE} Speise f.

vivandière, (**-a**) m *mil stor* Marketender(in) m(f).

vivavóce, viva vóce *tel* **A** <-> m *loc sost m* Freisprechanlage f **B** <*inv*> *agg loc agg* mit Lautsprecher, Freisprech-.

vivènte A *agg* (*che vive*) {ANIMA, LINGUA} lebend; {ESSERE} Lebe-: **è il ritratto ~ della madre**, er/sie ist seiner/ihrer Mutter wie aus dem Gesicht geschnitten **B** <*di solito al pl*> *m* (*uomini*) Lebende mf decl come agg ● **i viventi a carico** *amm*, unterhaltsberechtigte Familienmitglieder.

vìvere <*irr vivo, vissi, vissuto*> **A** *itr* <*essere o avere*> **1** ~ **(+ compl di tempo) (+ compl di modo)** (*irgendwann*) (*irgendwie*) leben: **~ felice/libero/onestamente**, glücklich/frei/anständig leben; **non vivrà a lungo**, er/sie wird nicht lange leben; **non lo dimenticherò fin che vivo**, ich werde ihn/das mein Lebtag *fam* nicht vergessen; **~ fino a tarda età**, ein hohes Alter erreichen; **~ 100 anni**, 100 Jahre alt werden; **Kafka visse dal 1883 al 1924/a cavallo tra l'Ottocento e il Novecento**, Kafka lebte von 1883 bis 1924/[um die Jahrhundertwende] **2** ~ **per qu/qc** {PER SUO FIGLIO, PER IL LAVORO} *für jdn/etw* leben **3** (*abitare*) **~** (**+ compl di luogo**) *irgendwo* leben, *irgendwie* wohnen: **~ in campagna/città/all'estero**, auf dem Land/in der Stadt/im Ausland leben; **~ insieme**, zusammenleben; **andare a ~ con qu**, mit jdm zusammenziehen **4** (*avere il proprio habitat*) **~ + compl di luogo** {GHIRO NEL BOSCO} *irgendwo* leben **5** (*nutrirsi*) **~ di qc** {DI DOLCI} *von etw* (*dat*) leben, sich *von etw* (*dat*) ernähren; *fig* {D'AMORE, DI LETTERATURA, DI MUSICA} *für etw* (*acc*) leben, sich *etw* (*dat*) widmen **6** (*sostentarsi*) **~ di qc** *von etw* (*dat*) leben, *von/mit etw* (*dat*) seinen Unterhalt bestreiten: **~ del proprio lavoro/[di rendita]**, von seiner Arbeit/[Zinsen der Rendite] leben **7** (*comportarsi*) sich benehmen: **imparare a ~**, sich zu benehmen lernen; **saper ~**, sich zu benehmen wissen, Benimm *fam*/[gute Umgangsformen] haben **8** (**~ intensamente**) das Leben zu genießen wissen, *savoir vivre* *forb*: **è un uomo che ha vissuto**, er ist ein Mann mit Lebenserfahrung **9** *fig* (*durare*) {FAMA, RICORDO DI QU} (*weiter*)leben **B** *tr* <*avere*> **~ qc 1** (*trascorrere*) {ESISTENZA, VITA} *etw* leben, *etw* führen; {GIORNI FELICI, PERIODO, VACANZA} *etw* erleben, *etw* verbringen, *etw* verleben **2** (*provare*) {AVVENTURA, ESPERIENZA DRAMMATICA} *etw* erleben **3** (*godere*) {CITTÀ, MONTAGNA} *etw* genießen **4** (*sentire*) {FEDE, SOFFERENZA DI QU} *etw* fühlen; {ATTORE SUA PARTE} *etw* nach|empfinden **C** m **1** (*vita*) Leben n **2** (*modo di ~*) Lebensweise f, Lebensart f: **amo il quieto ~**, ich schätze ein geruhsames Leben ● **vive!** *tip*, bleibt stehen!; **avere di che ~**, das Notwendige zum Leben/[Lebensnotwendige] haben; **~ alla grande** (*senza restrizioni economiche*), auf großem Fuß leben *fam*; **vivi e lascia ~!**, leben und leben lassen!; *lascia* **~ (in pace)!**, lass sie in Ruhe!; **stare sul chi vive** *fig*, auf dem Quivive sein *fam*; **vivi tranquillo!** (*non preoccuparti*), mach dir keine Sorgen!; **chi vivrà, vedrà** *prov*, abwarten und Tee trinken *fam*.

vìveri m pl (*alimenti*) Lebensmittel n pl: **~ di prima necessità**, Grundnahrungsmittel n pl ● **mio padre mi ha tagliato i ~** *fig* (*aiuti finanziari*), mein Vater hat mir den Geldhahn zugedreht *fam*.

viveur <-, -s pl *franc*> m *franc* Lebemann m *spreg*.

vivézza f *fig* (*vivacità*) {+IMMAGINE, RICORDO, SENSAZIONE} Lebendigkeit f, Lebhaftigkeit f.

vivìbile *agg* **1** (*che si può vivere*) {TRAFFICO} erträglich, annehmbar *fam*, zumutbar: **una città ~**, eine Stadt in der es sich leben/aushalten lässt/[mit einer gewissen Lebensqualität] **2** (*piacevole*) {AMBIENTE} lebenswert, angenehm.

vivibilità <-> f {+CITTÀ} Lebensqualität f.

vividézza f **1** (*brillantezza*) {+LUCE} Helligkeit f, Glanz m **2** *fig* (*intensità*) {+SENTIMENTO} Intensität f, Stärke f **3** *fig* (*vivacità*) {+INTELLIGENZA} Wachheit f, Regsamkeit f.

vìvido, (**-a**) *agg* **1** {COLORE} lebhaft, leuchtend; {LUCE} hell **2** *fig* (*intenso*) {SENTIMENTO} stark *fig* (*vivace*) {UOMO} lebhaft, lebendig; {INGEGNO} wach, regsam.

vivificàre <*vivifico, vivifichi*> *tr* **1** (*rinvigorire*) **~ qu/qc** {PIOGGIA, SOLE BAMBINO, CAMPAGNA} *jdn/etw* erfrischen; {LETTURA SPIRITO} *etw* erfrischen; (*uso assol*) *anche* beleben, erquicken *forb* **2** *fig* (*rendere vivace*) **~ qc** {INSEGNANTE MATERIA} *etw* lebendig gestalten, *etw* beleben.

vivificazióne f *lett* (*il vivificare*) Belebung f.

vivìparo, (**-a**) **A** *agg* **1** *bot* {PIANTA} vivipar **2** *zoo* {ANIMALE} vivipar, lebend gebärend **B** m (f) *zoo* vivipares Tier, lebend gebärendes Tier.

vivisezionàre *tr* **~ qc 1** (*sottoporre a vivisezione*) {CAVIA} *etw* vivisezieren **2** *fig* (*esaminare*) {QUESTIONE} *etw* eingehend/genau untersuchen.

vivisezióne f **1** {+CONIGLIO, RATTO} Vivisektion f **2** *fig* (*accurata analisi*) {+FENOMENO} genaue/eingehende Untersuchung f, {+SCRITTO, ecc.} *anche* Auseinandernehmen n.

vìvo, (**-a**) **A** *agg* **1** *gener anche fig* (*vivente*) lebend, lebendig: **essere ancora ~**, noch am Leben sein/[am Leben] sein; **aragosta ~**, lebende Languste; **arso ~**, bei lebendigem Leibe verbrannt; **da ~**, zu seinen Lebzeiten; **nato ~**, lebend geboren; {LINGUA} lebend **2** *fig* (*vivace*) {DESCRIZIONE, RACCONTO} lebendig; {SGUARDO} lebhaft, wach; {INTELLIGENZA} *anche* rege **3** (*intenso*) {LUCE} grell; {FUOCO} hell auflodernd: **cuocere a fuoco ~**, auf großer Flamme kochen; {COLORE} kräftig, knallig *fam*; *fig* {DESIDERIO, INTERESSE, RICORDO, SENTIMENTO} stark, lebhaft; {COMPASSIONE} tief; {RISENTIMENTO} groß, stark **4** (*presente*) gegenwärtig: **la sua immagine è ancora viva nel mio ricordo**, in meiner Erinnerung ist sein/ihr Bild noch lebendig **5** *fig* (*sentito*) herzlich, freundlich: **di ~ cuore**, herzlichst; **porgere i più vivi ringraziamenti**, wir verbleiben mit den herzlichsten Dank; **vivissimi auguri**, (aller)herzlichste Glückwünsche **6** (*scoperta*) {CARNE} roh **7** (*mobile*) {ACQUA} fließend **8** *edil* {CALCE} ungelöscht **9** *mus* vivace **B** *loc avv* **1** (*verosimile*): **al ~**, {DESCRIVERE, DIPINGERE} nach der Natur, nach dem Leben **2** (*direttamente*): **dal ~**, Live-, live **C** <*di solito al pl*> (*persone*) Lebende mf decl come agg, Lebendige mf decl come agg: **i vivi e i morti**, die Lebenden und die Toten **D** m **1** (*parte viva*) rohes Fleisch: **la ferita mostrò il ~ della (sua) carne**, die Wunde ließ sein rohes Fleisch sichtbar werden **2** *fig* (*parte essenziale*) Innerste n decl come agg, Kern m: **entrare nel ~ della questione**, zum (eigentlichen) Kern der Frage/des Problems kommen ● **~ della colonna** *edil*, (Säulen)schaft m; **colpire/pungere/toccare qu/qc nel/sul ~**, jdn/etw an seiner empfindlichsten Stelle/[seinem wunden Punkt] treffen; **farsi ~** *fig* (*dar notizie di sé*), sich melden, etw von sich (*dat*) hören lassen, ein Lebenszeichen von sich (*dat*) geben; **da molto tempo non si fa ~**, er meldet sich schon lange nicht (mehr); **se passi da Roma fatti ~!**, wenn du in Rom vorbeikommst, melde dich!; **o ~ o morto**, tot oder lebendig; **essere più morto che ~** *fig* (*malconcio*), mehr tot als lebendig sein; **sepolto ~**, lebendig begraben; *fig* (*isolato*) *anche*, von der Außenwelt abgeschnitten; **essere ancora ~ e vegeto** *fig* (*essere sopravvissuto*), noch gesund und munter sein.

vivo, in → **in vivo**.

viziàre <*vizio, vizi*> **A** *tr* **1** (*diseducare*) **~ qu/qc** {GENITORE FIGLIO, PADRONE CANE, CAVALLO} *jdn/etw* verwöhnen, *jdn/etw* verziehen *spreg* **2** *scherz* (*essere molto premurosi*) **~ qu** {AMICO OSPITE; MARITO MOGLIE} *jdn* verwöhnen **3** (*deteriorare*) {MECCANISMO, MERCE, PRODOTTO} *etw* verderben, *etw* beschädigen, *etw* ruinieren; {ARIA} *etw* verschlechtern, *etw* verderben **4** (*compromettere*) **~ qc** {ERRORE RISULTATO} *etw* gefährden, *etw* aufs Spiel setzen: **l'atto è viziato da nullità** *dir*, die Urkunde ist nichtig **B** *itr pron* (*contrarre cattive abitudini*): **viziarsi** {RAGAZZO} schlechte Angewohnheiten annehmen.

viziàto, (**-a**) *agg* **1** (*male abituato*) {BAMBINO} verwöhnt, verzogen *spreg* **2** *fig* (*inquinato*) {ARIA} schlecht, verdorben **3** *fig* (*difettoso*) {LOGICA} fehlerhaft **4** *dir* (*affetto da vizi*) {ATTO, COSA} mit Fehlern/Mängeln behaftet, fehlerhaft, mangelhaft.

viziétto <*dim di vizio*> m **1** kleines Laster **2** {+GIOCO} Schwäche f, kleiner Fehler; *iron anche* (kleiner) Schönheitsfehler *iron*.

vìzio <*vizi*> m **1** *fam spreg* (*cattiva abitudine*) Laster n, schlechte Angewohnheit: **avere il ~ del fumo/gioco**, Raucher/Spieler sein, das Laster des Rauchens/Spiels haben *anche scherz*; **avere il ~ di mangiarsi le unghie**, Nägel kauen; die schlechte Angewohnheit haben, Nägel zu kauen; **contrarre/perdere un ~**, sich (*dat*) etw angewöhnen/abgewöhnen; **ha il brutto ~ di interrompermi mentre parlo**, er/sie hat die schlechte Angewohnheit, mich beim Reden zu unterbrechen **2** (*difetto*) {+PRONUNCIA} Fehler m **3** (*peccato*) Sünde f: **i sette vizi capitali**, die sieben Todsünden f pl **4** *anat* Fehler m: **~ cardiaco**, Herzfehler m **5** *dir* Fehler m, Mangel m: **vizi dell'atto amministrativo**, Fehlerhaftigkeit f des Verwaltungsakts; **vizi della cosa (venduta)**, Fehler m pl der (verkauften) Sache, Sachmängel m pl; **vizi di forma/procedura**, Formmängel m pl/Verfahrensmängel m pl; **vizi di legittimità dell'atto amministrativo**, Rechtswidrigkeit f von Verwaltungsakten; **vizi occulti**, versteckte Fehler, verdeckte/verborgene Mängel; **vizi della volontà**, Willensmängel m pl **6** *tecnol* {+COSTRUZIONE} Mangel m, Fehler m: **vizi di lavorazione**, Verarbeitungsmängel m pl ● **~ contro natura** *fig* (*omosessualità*), Homose-

xualität f.
viziósa f → vizioso.
viziosità <-> f {+UOMO} Fehlerhaftigkeit f; {+COMPORTAMENTO} anche Unzulänglichkeit f.
vizióso, (-a) **A** agg **1** (corrotto) {ATTO, COMPORTAMENTO, UOMO} lasterhaft; {VITA} anche Lotter- spreg **2** (errato) {POSTURA} fehlerhaft **B** m (f) (depravato) lasterhafter Mensch.
vizzo, (-a) agg (avvizzito) {FIORE} welk; {GUANCIA} anche schlaff; {MELA, PERA} verschrumpelt, verhutzelt fam.
VL ferr abbr di Vettura Letti: Schlafwagen m.
V.le abbr di Viale: Allee.
V.M. 1 abbr di Vostra Maestà: Eu(e)re Majestät **2** abbr di Valor Militare: militärische Tapferkeit.
VMS m inform abbr dell'ingl Virtual Memory Specification (carattere di memoria virtuale) VMS f (virtuelle Speicherverwaltung).
Vn. abbr di valore nominale: Nennwert m.
VO 1 enol abbr di Very Old (molto vecchio) V.O. **2** film abbr di Versione Originale: OF f (abbr di Originalfassung).
vocabolàrio <-ri> m **1** (dizionario) {BILINGUE} Wörterbuch n: **guarda sul** ~!, schlag im Wörterbuch nach! **2** (lessico) {+INDIVIDUO, MATEMATICI; POVERO, RICCO} Wortschatz m: **un ~ lezioso**, eine gezierte Sprache spreg; **che da carrettiere!**, eine Ausdrucksweise wie ein Bierkutscher! fam; ~ **essenziale**, Grundwortschatz m; **il suo ~ è pieno di anglicismi**, sein/ihr Wortschatz ist voller Anglizismen.
vocàbolo m **1** anche (parola) {RARO; +LINGUA} Wort n, Vokabel f **2** lett (nome proprio) {+LOCALITÀ, STELLA} Bezeichnung f, (Eigen)name m.
vocàle① agg **1** anat {CORDE} Stimm- **2** mus {CONCERTO} Vokal-, vokal.
vocàle② f ling {APERTA, BREVE, CHIUSA, LUNGA} Vokal m, Selbstlaut m: ~ **d'appoggio**, eingeschobener Vokal.
vocàlico, (-a) <-ci, -che> agg ling {SEGNO} vokalisch.
vocalist <-> mf ingl mus Vokalist(in) m(f).
vocalista <-i m, -e f> mf mus Vokalist(in) m(f).
vocalizzàre A tr ling ~ **qc 1** (trasformare) {CONSONANTE} (etw) vokalisieren **2** (aggiungere le vocali) {TESTO} (etw) mit Vokalzeichen versehen, (etw) vokalisieren **B** itr mus {CANTANTE} vokalisieren **C** itr pron ling: **vocalizzarsi** {CONSONANTE} zum Vokal werden.
vocalizzazióne f mus Vokalisation f; ling Vokalisierung f.
vocalìzzo m mus Vokalise f.
vocativo, (-a) gramm **A** agg {CASO} Vokativ-, Anrede- **B** m (caso) Vokativ m.
vocazióne f **1** relig Berufung f, Neigung f; ~ **a qc** {ALLA MISSIONE} Berufung zu etw (dat): **fare qc per ~**, etw aus Berufung sein; **seguire la propria ~**, [seiner inneren Stimme] folgen **2** fig Veranlagung f, Begabung f: **avere ~ per qc**, für etw (acc) eine Begabung haben **3** gramm Anrede f.
vóce f **1** gener {ROCA, SOAVE, STRIDULA} Stimme f: **alzare/abbassare la ~**, die Stimme heben/senken; **essere giù di ~** fam, nicht (gut) bei Stimme sein; **a gran ~**, mit lauter Stimme, laut; **parlare ad alta/a bassa ~**, [mit lauter/leiser Stimme]/[laut/leise] sprechen; **parlare sotto ~**, flüstern, leise sprechen; **di petto/testa**, Brust-/Kopfstimme f; **a quattro voci**, vierstimmig; **a (viva) ~**, mündlich; {+LEONE} Laut m, Brüllen n; fig anche **la mia** (suono) {+ARPA, MARE, TUONO, VIOLINO} Klang m **2** fig Gerücht n: **la ~ pubblica**, die öffentliche Meinung; **la ~ del popolo**, die Stimme des Volkes; **corre ~ che ...**, es geht das Gerücht dass ...; **secondo le voci che corrono...**, den umlaufenden Gerüchten zufolge...; **si è sparsa la ~ che...**, [es hat sich das Gerücht verbreitet,]/[es wird gemunkelt fam], dass...; **spargere false voci**, falsche Gerüchte [in Umlauf setzen]/[ausstreuen] **3** econ {+BILANCIO, LISTA} Position f, Posten m: **registrare qc alla ~ "perdite e profitti"**, etw unter dem Posten "Soll und Haben" [als "Verlust und Gewinn"] verbuchen **4** gramm {+VERBO} Form f **5** ling (lemma) {DIZIONARIO} Stichwort n: ~ **nuova**, Neubildung f; **un dizionario di 60 000 voci**, ein Wörterbuch mit 60 000 Stichwörtern; (parola) {ARCAICA, STRANIERA} Wort n, Ausdruck m ● ~ **bianca** fig (nel canto), Knabenstimme f; (falsetto), Falsett n, Fistelstimme f; **cambiare/mutare (la) ~**, im Stimmbruch sein; **avere ~ in capitolo** (in qc) fig, (bei etw dat) (ein Wort/Wörtchen) mitzureden haben, (bei etw dat) etwas zu sagen haben, bei etw (dat) mitzubestimmen haben; **gridare con quanta ~ si ha in corpo**, aus vollem Hals(e) schreien; **voci di corridoio** (non ufficiali) fig, Gerüchte n pl; **la ~ della coscienza/della natura/del sangue** fig, die Stimme der Natur/des Gewissens/des Blutes; **la ~ del cuore** fig, die Stimme des Herzens; **essere una ~ nel deserto** fig, ein Rufer/Prediger in der Wüste sein fam; **dare una ~ a qu** fam, jdn (herbei)rufen; **dare sulla ~ a qu**, jdm über den Mund fahren fam; **dare ~ ai propri sentimenti**, seinen Gefühlen Ausdruck verleihen; **darsi la ~**, sich absprechen; ~ **distesa**, erhobene Stimme; **a ~ distesa**, aus vollstem Hals; **essere senza ~**, heiser sein, ohne Stimme sein; **essere in ~ mus**, bei Stimme sein; **fare la ~ grossa**, ein Machtwort sprechen, Drohungen ausstoßen; **impostare la ~**, den richtigen Ton einsetzen und ihn halten; **ingrossare la ~**, die Stimme erheben; ~ **interna** fig, innere Stimme; ~ **d'oltretomba**, Grabesstimme f; ~ **d'orco**, Brummbass m; **rischiarare la ~** (schiarire), sich räuspern; **passare/passarsi la ~**, etw weitersagen; **pensare ad alta ~**, laut denken; **avere una ~ di tuono** (fortissima), eine Donnerstimme haben; **essere la ~ della verità**, die Aufrichtigkeit selbst sein.
vociàre <vocio, voci> **A** itr fam (sbraitare) herum|schreien fam, krakeelen fam spreg **B** <-> m (rumore) {+GENTE} Geschrei n fam.
vociferàre <di solito impers> (insinuare) ~ **di qu/qc** {DELLA SORELLA, DEL LICENZIAMENTO DI QU} über jdn/von etw (dat) munkeln fam: **si vocifera che tu te ne voglia andar via**, man munkelt, dass du weggehen willst fam.
vocìo <vocii> m (mormorio) {+GENTE} Gemurmel n, Getuschel n fam, Geschrei n fam spreg, Gemunkel n fam, Stimmengewirr n.
vocióne <accr di voce> m laute/kräftige Stimme, Stentorstimme f forb.
vocóder <-> m elettr Vocoder m.
vòdka <- o -> f russo (acquavite) Wodka m.
vóga <voghe> f **1** fig (moda, usanza) {+MINIGONNA} Mode f: **essere/tornare in ~**, in Mode sein, [en vogue] sein/wieder [in Mode kommen]/[modern werden]; {PERSONA} beliebt/in fam sein **2** fig (impeto) Eifer m, Begeisterung f, Schwung m: **lavorare con ~**, mit Feuereifer/Begeisterung arbeiten **3** mar Rudern n: ~ **di punta/coppia**, Rudern n mit Einfach-/Doppelriemen.
vogàre <vogo, voghi> itr mar rudern, pullen.
vogàta f mar **1** (il vogare): **abbiamo fatto una ~ di ore**, wir sind stundenlang gerudert **2** (colpo di remo) Ruderschlag m.
vogatóre, (-trice) **A** m (f) (chi voga) Ruderer m, (Rud(r)erin f **B** m (attrezzo) Rudergerät n.
vògli 2ª pers sing dell'imperat di volere①.
vòglia f **1** (desiderio) ~ **di qc** Lust f auf etw (acc): **avere (una gran) ~ di fare qc**, (große) Lust haben, etw zu tun; **avere una matta ~ di ...** fam, eine wahnsinnige fam/irre fam Lust haben zu ... + inf; **avrei proprio ~ di una tazza di caffè**, ich hätte jetzt wirklich Riesenlust auf eine Tasse Kaffee; **se ne avete ~...**, wenn ihr Lust (dazu) habt, ...; **fare qc contro ~**, etw (nur) widerwillig tun; **far venire ~ di ...**, Lust machen auf ...; **hai ~ di uscire stasera?**, hast du Lust, heute Abend aus-/wegzugehen?; **mangiare contro ~**, widerwillig essen; **morire dalla ~ di ...**, vor Lust auf etw (acc) umkommen; **non ne ho nessuna/proprio/molta ~**, ich habe überhaupt /wirklich keine/[nicht viel] Lust dazu; **gliela faccio passare io la ~ di rompere!** fam, die Lust, zu nerven, werde ich ihm schon austreiben fam!; **togliersi la ~ di qc**, sich (dat) die Lust auf etw (acc) befriedigen; **mi vien ~ di ...**, ich bekomme/kriege fam Lust, zu ...; ~ **di vivere**, Lebenslust f; (capriccio) {IMPROVVISA} Laune f, Wille m, etw zu tun **3** (desiderio sessuale) Begierde f, Lust f, Verlangen n: **cedere alle voglie di qu**, jds Begierde nachgeben **4** fam (durante la gravidanza) ~ **di qc** {+CAFFÈ, FRAGOLA, VINO} Heißhunger m auf etw (acc) **5** fam (macchia della pelle) Muttermal n ● **attaccare la voglia** [al muro]/[al chiodo], die Lust auf etw (acc) unterdrücken, sich (dat) die Lust auf etw (acc) verkneifen; **che ~!**, ich hab' so eine Lust (dazu)!; **fare qc di buona/mala ~** (volentieri/malvolentieri), etw gern/ungern tun; **chi ne ha ~?**, wer hat Lust dazu?; **hai ~!** (certamente), aber/ja sicher!, aber/ja klar!, klar/sicher doch! fam; **potresti aiutarmi a spostare il mobile? – Hai ~!**. Könntest du mir helfen das Möbel zu verrücken? – [Ja klar!]/[Sicher doch!]; **hai ~ di lamentarti, tanto non cambia niente!**, du kannst jammer, soviel du willst – es ändert sich ja doch nichts!
vòglio 1ª pers sing dell'ind pres di volere①,②.
voglióso, (-a) agg **1** (capriccioso) ~ **(di qc)** {DONNA DI TUTTO} gierig auf etw (acc) **2** (concupiscente) {SGUARDO} (be)gierig, lüstern forb, geil fam **3** (desideroso) ~ **(di qc)** lüstern nach etw (dat) forb, begierig auf etw (acc): **era ~ di conoscere questa donna**, er brannte/[war begierig] darauf, diese Frau kennen zu lernen.
vói A pron pers 2ª pers pl **1** (soggetto, spesso sottinteso) ihr: **voglio che (voi) rimaniate a casa**, ich will, dass ihr zu Hause bleibt; **questo lo dite voi!**, das sagt ihr!; **voi tutti che vi siete riuniti qui**, ihr alle, die ihr euch hier versammelt habt; **siete voi?**, seid ihr's? **2** (compl oggetto) euch: **cercavo proprio voi**, gerade nach euch habe ich gesucht; (se il verbo ted regge il dat) euch; **aiutano voi e non loro**, sie helfen euch und nicht ihnen **3** (se il verbo ted regge il gen) euer: **mi vergogno di voi**, ich schäme mich euer forb obs, ich schäme mich für euch; (con prep) euch, eurer: **questi fiori sono per voi?**, sind diese Blumen für euch?; **parlano di voi**, sie sprechen über euch; **è arrivato dopo di voi**, er ist nach euch (an)gekommen; **abita con**/[sopra di]/[sotto di] **voi**, er/sie wohnt mit/über/unter euch; **senza di voi**, ohne euch; **è molto gentile con voi**, er/sie ist sehr freundlich zu euch; **si è rivolto a voi**, er hat sich an euch gewandt **4** (in frase comparative ed esclamative) ihr: **siamo più alti di ...**/[alti quanto/come] **voi**, wir sind [größer als]/[so groß wie] ihr; **poveri voi!**, ihr Armen! **5** (pred) ihr: **sembrano voi**, sie scheinen (so) aus wie ihr **6** (impers) man, ihr: **se voi calcolate che ...**, wenn ihr euch überlegt, dass ... **7** amm merid (forma di cortesia): Voi (soggetto), Sie (oggetto); Ihnen; (con prep

Sie, Ihnen, Ihrer **B** m <-> (*soggetto*) Sie (*oggetto*); Ihnen; (*con prep*) Sie, Ihnen, Ihrer: **dare del voi**, siezen; **passare dal voi al tu**, (vom Sie) zum du übergehen • **si sta bene qui da voi** (*a casa vostra*), schön ist es hier bei euch; (*nel vostro paese*), es lebt sich gut hier bei euch; **quanto a voi**, was euch angeht; *secondo voi*, eurer Meinung nach, nach eurer Meinung.

voialtre *pron pers* 2ª *pers f pl rafforzativo* (*voi*) ihr (euerseits): ~ **donne**, ihr Frauen.

voialtri *pron pers* 2ª *pers m pl rafforzativo* (*voi*) ihr (euerseits): ~ **medici**, ihr Ärzte; ~ **non dovete dimenticare che...**, ihr dürft euerseits nicht vergessen, dass...

voilà *inter franc* (*ecco fatto*) voilà!, sieh da!

voile <-> m *franc tess* {+COTONE, SETA} Voile m.

vol. *abbr di* volume: Bd. (*abbr di* Band).

volano m **1** *sport* Federball m: **giocare al ~**, Federball spielen **2** *mecc* {MAGNETICO +MOTORE A SCOPPIO} Schwungrad n.

volant <-, -s *pl franc*> m *franc* (*balza*) Rüsche f, Volant m.

volànte① **A** *agg* **1** (*che vola*) {DISCO, PESCE} fliegend; {APPARECCHIO} Flug-2 (*non fissato*) {CUCITURA, FOGLIO} los **3** (*celere*) {COLONNA} schnell **4** (*occasionale*) {LAVORO} Gelegenheits- **B** f (*polizia*) Polizeistreife f, mobiles Einsatzkommando.

volànte② m *autom* Steuer(rad) n, Lenkrad n: **stare al ~**, am Steuer sein/sitzen.

volantinàggio <-gi> m (*distribuzione di volantini*) Flugblattverteilen n: **fare ~**, Flugblätter verteilen.

volantinàre *itr* (*distribuire volantini*) ~ (+ **compl di luogo**) {STUDENTE DAVANTI ALLA SCUOLA} (*irgendwo*) eine Flugblattaktion durch|führen, (*irgendwo*) Flugblätter verteilen.

volantinatóre, (-trice) m (f) (*chi distribuisce volantini*) Flugblattverteiler(in) m(f).

volantino① <*dim di* volante①> m (*manifestino*) {POLITICO, PUBBLICITARIO} Flugblatt n, Handzettel m.

volantino② <*dim di* volante②> m *tecnol* Handrad n.

volàre *itr* <*essere o avere*> **1** (*nell'aria*) ~ (+ **compl di luogo**) {PASSEROTTO DI RAMO IN RAMO; PIUMA NELL'ARIA} *irgendwohin* fliegen **2** (*viaggiare*) {AEREO, ELICOTTERO} fliegen; ~ **con/su qc** {PASSEGGERO CON UN AEREO DI LINEA} *mit etw* (*dat*) reisen; {PILOTA CON UN ELICOTTERO} *etw* fliegen **3** (*essere gettato*) ~ + **compl di luogo** {PALLA, SASSO CONTRO I VETRI} *irgendwohin* fliegen **4** (*buttarsi*) ~ + **compl di luogo** {RAGAZZO SULLA PALLA} sich auf etw (acc) werfen/stürzen **5** (*cadere*) ~ **da qc** {GATTO DALL'ULTIMO PIANO, DALLE SCALE; RAGAZZO DALL'ALBERO} (*von etw dat*) herunter|fallen, (*von etw dat*) herunter|fliegen *fam* **6** *fig* {INSULTO, SBERLA} hageln: **volano schiaffi/pugni**, es hagelt Ohrfeigen/|[setzt Schläge] **7** *fig* (*precipitarsi*) ~ + **compl di luogo** {BAMBINO NELLE BRACCIA DELLA MADRE} *jdm irgendwohin* fliegen *fam* **8** *fig* (*correre*) ~ + **compl di luogo** {AUTO, ECC. SULLA PISTA} *irgendwo(hin)* jagen, *irgendwo(hin)* rasen *fam*, *irgendwo(hin)* fliegen *fam*: **le macchine volavano sulla pista**, die Wagen jagten über die Rennstrecke **9** *fig* (*diffondersi*) {NOTIZIA, PETTEGOLEZZO} sich im Flug verbreiten **10** *fig* (*andare*) ~ **a qc** {PENSIERO ALLO SCORSO ANNO} *irgendwohin* schweifen **11** *fig* (*scorrere*) {TEMPO} verfliegen, in Nu *fam* vergehen **12** ~ **via** {FOGLIO} weg|fliegen: **il vento gli fece ~ via il cappello**, der Wind wehte ihm den Hut davon/vom Kopf **13** ~ **via da qc** {DALLA GABBIA} (*aus etw dat*) davon|fliegen.

volàta f **1** *fam* (*corsa*) schnelle Fahrt, Fliegen n, Sausen n *fam*: **faccio una ~ alla stazione e torno subito**, ich sause/flitze zum Bahnhof und bin gleich wieder da *fam*; **fare qc di ~**, etw ,im Eiltempo,/[zack, zack] erledigen *fam*; **ci vado di ~!**, ich eile! **2** *forb* (*volo*) {+AQUILONE, UCCELLINO} Flug m **3** (*stormo*) {+RONDINI} Flug m **4** *fig forb* (*slancio*) {LIRICA} Flug m **5** *mil* {+ARMA DA FUOCO} Rohrmündung f **6** *min* {+MINE} Schuss m **7** *mus* Lauf m **8** *sport* (End)spurt m: **battere qu in ~**, jdn im Endspurt schlagen; (*nel tennis*) Flugball m.

volàtile A *agg* **1** *chim* {SOSTANZA} flüchtig **2** *inform* {MEMORIA} momentan, vorübergehend **B** m (*uccello*) {ESOTICO, PALUSTRE} Vogel m.

volatilità <-> f *chim* {+ETERE} Flüchtigkeit f.

volatilizzàre A *tr* <*essere*> *chim* ~ **qc** {ETERE} *etw* verflüchtigen, *etw* flüchtig machen **B** *itr* <*avere*> *itr pron chim*: **volatilizzarsi** {ETERE} sich verflüchtigen, verdunsten **C** *itr pron fig fam scherz* (*dileguarsi*) *itr pron chim*: **volatilizzarsi** {SOLDI} sich verflüchtigen *fam scherz*, sich in Luft auflösen *fam scherz*, verschwinden, {LADRO} anche sich aus dem Staub machen *fam*, sich verdünnisieren *fam scherz*.

volatilizzazióne f *chim* Verflüchtigung f.

vol-au-vent <-> m *franc gastr* Vol-au-vent m, ≈ (Königin)pastete f.

volée <-> f *franc sport* (*nel tennis*) Flugball m, Volley m.

volémose bène <-> *loc sost m rom fam* (*invito a una conciliazione*) Friede Freude Eierkuchen m.

volènte *loc agg*: ~ **o nolente**, wohl oder übel, nolens volens *forb*.

volenteróso, (-a) *agg* (*di buona volontà*) {ALUNNO} willig, eifrig.

volentièri *avv* **1** (*con piacere*) gern(e): **molto ~**, sehr gern; **vado a teatro ~**, ich gehe gern ins Theater **2** (*come risposta: certamente*) gern: **puoi aiutarmi? ~!**, kannst du mir helfen? – Gern!; **mi fai un favore? – Ben ~!**, tust du mir einen Gefallen? – Aber gern! • **spesso e ~** *fam* (*sempre*), oft und gern.

volére① <*voglio, volli, voluto*> **A** *modale* <*essere o avere*, *spesso prende l'ausiliare del verbo che segue*> **1** ~ **fare qc** *etw tun* wollen: **vuole essere rispettato**, er will respektiert werden; **nessuno vuole più saperne di lui**, keiner will mehr etwas von ihm wissen; **vorrei proprio saperlo**, das wüsste ich wirklich gern, das möchte ich wirklich gern wissen; **ha/è voluto venire di persona**, er hat persönlich kommen wollen; **ha voluto incontrarla ieri pomeriggio**, er/sie hat sie gestern Nachmittag treffen wollen; **aveva voluto andare al cinema**, er/sie hatte ins Kino gehen wollen; (*gradire*) *etw tun* mögen: **cosa vuole mangiare?**, was möchten Sie essen?; (*aver voglia*) Lust haben, *etw tun* wollen: **vuoi fare una passeggiata?**, hast du Lust, einen Spaziergang zu machen? **2** <*avere*> ~ **essere + agg + agg** sein wollen: **ho voluto essere generoso**, ich wollte großzügig sein **3** (*di cosa che non va come si vorrebbe*): **la lavatrice non vuol funzionare** *fam*, die Waschmaschine streikt *fam*/will nicht *fam* **4** (*in frasi di cortesia*): **voglia gradire gentile signora ...**, erlauben Sie mir, gnädige Frau ... (*in frasi interr*) wären Sie geneigt *forb*, gnädige Frau ,hörst du jetzt endlich auf,/[willst du wohl endlich damit aufhören], mich zu unterbrechen? **6** *meteo*: **vuol piovere**, es sieht nach Regen aus **B** *rfl* **1** <*essere*>: **volersi fare qc** sich (*dat*) *etw tun* wollen: **mi sono voluta lavare**, ich wollte mich waschen **2** *indir* <*essere*>: **volersi fare qc** sich (*dat*) *etw tun* wollen: **mi sono voluta lavare la faccia**, ich wollte mir das Gesicht waschen **3** <*avere*>: ~ **farsi qc** sich *etw tun* wollen: **ho voluto pettinarmi da sola**, ich wollte mich allein kämmen **4** *indir* <*avere*>: ~ **farsi qc** sich (*dat*) *etw tun* wollen; **ho voluto pettinarmi da sola i capelli**, ich wollte mir allein die Haare kämmen • **cosa vuol dire?** (*significa*), was bedeutet das?, was soll das heißen?; **non vuol dire** (*non significa nulla*), das heißt/bedeutet überhaupt nichts; **se non puoi accompagnarlo, vuol dire che ci andrà da solo**, wenn du ihn nicht begleiten kannst, (dann) heißt das eben, dass er allein hingehen wird; (*per correggere quanto si dice*) **quel bambino, voglio dire, quel ragazzo**, dieses Kind, ich meine, dieser Junge; **vorresti forse dire che non lo sapevi?**, willst du etwa behaupten, dass du das nicht wusstest?; **volevo ben dire!** *fam*, das habe ich mir doch gleich gedacht!, das war doch klar!; **vuoi vedere che...**, wetten, dass ...; **vorrei vedere te in un simile frangente**, dich möchte ich mal in so einer schwierigen Situation erleben; **vorrei proprio vedere!**, das möchte ich doch einmal sehen!

volére② <*voglio, volli, voluto*> **A** *tr* <*avere*> **1** (*desiderare*) ~ **qu/qc** *etw* wollen, *etw* wünschen, *jdn + inf* wollen, *jdn zu + inf* wünschen: **ti vuole in sala riunioni tra mezz'ora**, er will dich in einer halben Stunde im Sitzungssaal sehen; **come/quando vuoi**, wie/wann du willst; **vorrebbe che tu venissi**, er möchte, dass du kommst; **che altro vuoi?**, was willst du mehr/noch?; **ma che vuoi da me?**, was willst du denn von mir?; **vorrei tre metri di stoffa blu**, ich möchte drei Meter blauen Stoff; (*gradire*) *etw* mögen; **vuoi un gelato?**, möchtest du ein Eis? **2** (*permettere*) ~ (**che ... congv**), wollen, dass ... *ind*; erlauben, dass ... *ind*: **verrò se la mamma vuole**, ich komme, wenn meine Mutter es erlaubt **3** (*pretendere*) ~ **qc** (**da qu/qc**) {UN RISULTATO DA VOI, DA QUESTO PROGETTO} *etw* (*von jdm/etw*) wollen, *etw* (*von jdm/etw*) verlangen; ~ **che... congv**, wollen, dass ... *ind*: **e voi volete che vi credano!**, und ihr wollt, dass sie euch glauben! **4** *comm* ~ **qc per qc** {UNA BELLA CIFRA PER QUELL'AUTO} *etw* für *etw* (acc) verlangen, *etw* für *etw* (acc) (haben) wollen: **quanto vogliono per quell'appartamento?**, wie viel verlangen/wollen sie für diese Wohnung? **5** (*cercare*) wollen, suchen: **c'è un signore che ti vuole**, da ist ein Herr für dich; da ist ein Herr, der dich sprechen will; **ti vogliono al telefono**, du wirst am Telefon verlangt **6** (*richiedere*) ~ **qc** {PIANTA SOLE} *etw* brauchen, *etw* nötig haben: **questo verbo vuole il congiuntivo**, dieses Verb verlangt den Konjunktiv **B** *itr* (*essere necessario*): **volerci** brauchen, nötig sein: **qui ci vorrebbe un elettricista**, hier wäre ein Elektriker nötig; **quanto ci vuole per andare a Monaco?**, wie lange braucht man bis/nach München?; **ci vuole/ci vogliono ...**, man braucht ..., es ist/sind ... nötig; **ce ne vogliono due**, man braucht zwei davon; **ci vuole molto/poco a fare qc**, es gehört viel/wenig dazu, etw zu tun; **è l'abito che ci vuole per questa cerimonia**, das ist das passende Kleidungsstück für diese Zeremonie; **è l'uomo che ci vuole**, das ist der richtige Mann dafür **C** *rfl rec*: **volersi bene** sich gern-/lieb|haben, sich mögen **D** m **1** (*volontà*) Wille m, Wollen n **2** (*solo pl*) Wünsche m pl, Vorstellungen f pl **E** *loc cong* (*sia...sia*): **vuoi ... vuoi ...**, ob ... oder; **vuoi i giovani, vuoi gli anziani, tutti lo stimano**, ob Jung oder Alt, alle schätzen ihn • **ci vuol (ben) altro per liberarti di me!**, so schnell wirst du mich nicht los!; **ci vuole ben altro per fare l'attrice che un bell'aspetto!**, um Schauspielerin zu werden, reicht gutes Aussehen noch lange nicht; **c'è voluto del** *bello* **e del buono per convincerlo a tornare**, wir mussten mit Engelszungen auf ihn einreden, um ihn zur Rückkehr zu bewegen; **~ bene a qu**, jdn gern/lieb haben, jdn mögen; **ti voglio bene**, ich hab dich gern/lieb, ich mag dich; **ben volere → benvolere**; **ce n'è voluto!**, das hat aber (lange) gedauert!; **che ci vuole!** (*è facile*), ist doch kinderleicht!; *fam*, da ist doch nichts dabei!; **che vuoi/volete, era tardi e non sono più andato alla festa**, es tut mir leid, es war spät und ich bin nicht mehr auf die Party gegangen; **come** **vuoi/volete** (*d'accordo*), (ganz) wie ⌊du willst⌋/[ihr wollt!]; *farsi* **bene**, sich beliebt machen; **se** **l'è proprio voluta** *fig* (*meritata*), er/sie hat es wirklich verdient; ~ *male* **a qu**, nicht mögen, jdn nicht leiden können; **chi non mi vuole non mi merita**, wer mich nicht will, hat mich nicht verdient; **non ci vuol** *niente* **fig**, das ist doch keine Kunst, das ist doch ein Kinderspiel; **volere è potere**, wo ein Wille ist, ist auch ein Weg; **quando vuole sa essere gentile**, wenn er/sie will, kann er/sie nett sein; **ci voleva anche questa!** *iron*, das hat uns gerade noch gefehlt! *iron*; **qui ti voglio!** (*qui è il difficile*), da liegt der Hund begraben! *fam*, hier/da liegt der Hase im Pfeffer! *fam*; **senza ~** *fam*, **non volendo** *fam*, ohne es zu wollen, ungewollt, unabsichtlich; **~ o volare** *fam* (*che si voglia o no*), ob man will oder nicht; **non** *volermene!* *fam*, sei mir (deshalb) nicht böse, mach mir (deshalb) keine Vorwürfe; **chi troppo vuole nulla stringe** *prov*, allzu viel ist ungesund *prov*.

Vòlga m o f *geog* Wolga f.

volgàre **A** *agg* **1** *anche ling* (*popolare*) {LINGUA} Volks-, vulgär, Vulgär-: **il nome ~ di un fiore**, der volkstümliche/gewöhnliche Name einer Blume **2** *fig* (*ordinario*) gewöhnlich, einfach: **è una ~ imitazione**, das/es ist eine ganz gewöhnliche Imitation **3** *fig spreg* {MODI, PAROLE, PERSONE} vulgär *forb spreg*, ordinär *spreg*; *anche triviale*) gewöhnlich **B** *mf* (*persona ~*) vulgärer Mensch *forb spreg*: **non fare il ~!**, sei doch nicht so vulgär! *forb spreg* **C** *m* (*lingua*) Vulgärsprache f *forb*: **~ illustre** *m* Dantes Vulgärsprache.

volgarità <-> f **1** (*qualità*) Vulgarität f *forb*, Gemeinheit f, Rohheit f: **la sua ~ è insopportabile**, seine vulgäre Art *forb spreg* ist unerträglich **2** (*espressione volgare*) Gemeinheit f, Grobheit f, ordinärer Ausdruck: **non dire più ~**, keine ⌊ordinären Ausdrücke⌋/ [Schimpfwörter]/[Vulgaritäten *forb rar*] mehr benutzen.

volgarizzàre *tr* **~ qu/qc 1** (*divulgare*) {KANT, TEORIA} jdn/etw allgemein verständlich dar|stellen, jdn/etw popularisieren **2** *lett* (*tradurre in volgare*) {OVIDIO, L'ENEIDE} jdn/etw in die Vulgärsprache *forb* übertragen.

volgarizzazióne f **1** (*divulgazione*) {+TEORIA} Popularisierung f **2** *lett* (*traduzione*) {+CLASSICI LATINI} Übertragung f in Vulgärsprache *forb*.

volgarménte *avv* **1** *spreg* vulgär, gemein: **gli ha risposto ~**, er/sie hat ihm grob/[auf vulgäre *forb spreg* Weise] geantwortet **2** (*comunemente*) gewöhnlich: **Leontopodium alpinum, ~ detto Edelweiss**, Leontopodium alpinum, gewöhnlich Edelweiß genannt.

volgàta → vulgata.

vòlgere <*irr volgo, volgi, volsi, volto*> **A** *tr* <*avere*> **1** (*dirigere*) **~** *qc* **verso qu/qc, a qc** *lett* {VISO AL SOLE} *etw* (*dat*) zu|wenden, *etw* (*dat*) zu|kehren; {SGUARDO VERSO IL GIOCO} *anche etw auf etw* richten, *etw auf jdn/etw* lenken, *etw in Richtung + sost* wenden **2** (*voltare*) **~** *qc* **a qu/qc** *jdm/etw* zu|kehren, *jdm/etw etw* zu|drehen: **~ le spalle a qu**, jdm den Rücken (zu)kehren/zu|wenden **3** *fig* (*mutare*) **~** *qc* **in** *qc* in etw (*acc*) verkehren: **~ le cose in burla**, die Dinge ins Lächerliche ziehen **4** *fig* (*rivolgere*) **~** *qc* **a qu/qc** *jdm/etw etw* zu|wenden: **~ il pensiero a qc**, etw (*dat*) seine Gedanken zuwenden **B** *itr* <*avere o essere*> **~ a qc** *itr pron*: **volgersi** *a qc* **1** (*piegare*) {SENTIERO, STRADA A SUD} nach etw (*dat*) ab|biegen: **~ a destra**, nach rechts abbiegen **2** *fig* (*avvicinarsi*) {ANNO ALLA FINE; GIORNO AL TRAMONTO} sich etw (*dat*) nähern: **~ al termine**, dem Ende zugehen, sich dem Ende zuneigen **3** *fig* (*tendere*) {GIALLO AL VERDE} in etw (*acc*) (über)gehen **4** *fig* (*evolversi*) sich etw (*dat*) kehren, *auf etw* (*acc*) zu|gehen: **il tempo (si) volge al brutto**, das Wetter ⌊wird schlecht⌋/[schlägt (ins Schlechte) um]; **~ al peggio/meglio**, sich zum Schlechteren/Besseren wenden **C** *itr pron* (*orientarsi*): **volgersi** *contro* **qu/qc** {IRA DI QU CONTRO DI NOI} sich gegen jdn/etw richten **D** *rfl* (*dirigersi*): **volgersi** (+ *compl di luogo*) {DI QUA E DI LÀ} sich irgendwohin wenden, sich *irgendwohin* drehen: **da qualunque lato mi volga**, wohin ich mich auch wende; **volgersi verso qu**, sich jdm zuwenden; **volgersi a destra/sinistra**, sich nach rechts/links drehen **E** *m* <-> (Ver)lauf m: **con il ~ degli anni**, im Laufe der Jahre.

vólgo <-*ghi*> m *lett* (*popolo*) Volk n, Volksmassen f pl, Pöbel m *spreg* • **uscire dal ~ fig** (*distinguersi*), aus der Masse herausragen.

volièra f (*uccelliera*) Vogelhaus n, Voliere f.

volitivo, (-a) **A** *agg* **1** (*inflessibile*) {CARATTERE} willensstark **2** (*che indica volontà*) {MASCELLA, MENTO, VISO} energisch **3** *ling* (*FORMA*) des Wunsches **4** *psic* {FACOLTÀ} Willens-, volitiv **B** *m* (f) (*persona volitiva*) willensstarker/zielstrebiger Mensch.

voll. *abbr di* volumi = Bde. (*abbr di* Bände).

volleyball <-> m *ingl sport* Volleyball m.

vólli 1ª *pers sing del pass rem di* volere①,②.

vólo m **1** *anche zoo* (*il volare*) {+APE, AQUILA, AQUILONE} Flug m; (*atto*) *anche* Fliegen n; (*caduta*) Fall m, Sturz m **2** *aero* {LIBERO, RADENTE, VERTICALE} Flug m: **il ~ Milano-Monaco è annunciato per le ore 20.40**, der Flug von Mailand nach München um 20.40 angekündigt; **questo è il mio primo ~**, das ist mein erster Flug; **~ acrobatico**, Kunstflug m, Kunstfliegen n; **~ a alta/bassa quota**, Höhen-/Tiefflug m; **~ di collaudo**, Abnahmeflug m; **~ diretto/senza scalo**, Direkt-, Nonstopflug m; **~ librato**, Gleitflug m; **~ planato**, Gleitflug m; **~ spaziale**, Raumflug m; **~ a vela**, Segelfliegen n, Segelflug m; **~ a vista**, Sichtflug m **3** (*stormo*) {+UCCELLI} Schar f, Schwarm m, Flug m **4** (*traiettoria*) {+PROIETTILE} Geschoss-, Flugbahn f **5** *fig lett* (*intuizione*) {POETICO; +FANTASIA} (Geistes)flug m **6** *sport* (*nel calcio, nel tennis*) {+PALLONE} Flug m: **bloccare il pallone con ~ acrobatico**, den Ball mit einem akrobatischen Sprung abwehren; (*nello sci*) (Ski)flug m • **al ~** (*a mezz'aria*), im Flug; **colpire la palla al ~**, den Ball ⌊aus der Luft⌋/[volley] nehmen; *fig* (*immediatamente*), im Nu *fam*, sofort, flugs *obs*; **cogliere l'occasione al ~**, die Gelegenheit beim Schopf[e] packen/fassen; **cogliere al ~ il gioco di parole** *fig* (*capirlo subito*), das Wortspiel sofort verstehen; **intendere al ~ qu/qc** *fig* (*capire subito*), jdn/etw im Nu *fam*/Flug verstehen; **alzarsi/levarsi in ~**, auf-, hochfliegen; *aero* ab|heben, (zum Flug) starten, ab|fliegen; {ELICOTTERO, PALLONCINO} auf|steigen; **fare un ~** *fig fam* (*caduta*), hin|fliegen *fam*, hin|segeln *fam*, hin|fallen *fam*: **sono scivolato e ho fatto un ~**, ich bin ausgerutscht und hingefallen; **dopo aver fatto un ~ mostruoso si è rialzato incolume**, nach einem schweren/gewaltigen Sturz ist er unversehrt wieder aufgestanden; **far fare un ~ a qu** *fig fam* (*farlo cadere*), jdn zu Fall bringen; **~ di Icaro fig** (*impresa impossibile*), die Quadratur des Kreises *forb*; **prendere il ~ per altri** *lidi fig*, zu neuen Ufern aufbrechen; **~ pindarico** *fig spreg* (*fantasticheria*) Höhenflug m, **è uno dei suoi soliti voli pindarici che non hanno nulla a che fare con la realtà**, es handelt sich wieder einmal um einen seiner Höhenflüge, die von vornherein nichts mit der Realität zu tun haben; *fig spreg* (*cosa utopica*), Luftschloss n, Wolkenkuckucksheim n *forb*; **prendere il ~** (*volare via*), wegfliegen; (*fig*) (*sparire*) {IMPUTATO} die Flucht ergreifen; {REFURTIVA} verschwinden; *fig* (*venir rubato*) {AUTO} geklaut werden *fam*; **spiccare il ~** {UCCELLINO} auf-, hochfliegen; *fig* (*diventare indipendente*), flügge werden *fam anche scherz*; **a ~ d'uccello** *fig* (*dall'alto*), aus der Vogelperspektive; **panorama/paesaggio visto a ~ d'uccello**, aus der Vogelperspektive ⌊gesehenes Panorama⌋/[gesehene Landschaft]; *fig* (*rapidamente*), auf die Schnelle *fam*; **dare un'occhiata a qc a ~ d'uccello**, etw überfliegen.

volontà <-> **A** f **1** (*determinazione*) Wille m: **privo di ~**, willenlos; *anche gramm* Wollen n **2** (*desiderio*) Wille m, Wollen n: **contro la propria ~**, wider Willen; **fare qc di propria spontanea ~**, etw aus eigenem Antrieb tun; **rispettare la ~ di qu**, jds Willen respektieren; **seguire la ~ di qu**, jds Willen nachkommen *forb*, jdm zu Willen sein *forb obs*; **sia fatta la ~ di Dio**, sein/Gottes Wille geschehe; {TESTAMENTARIA} Wille m **B** *loc avv fig fam* (*quanto si desidera*): **a ~**, nach Belieben, nach Wunsch; **avere una ~ di ferro** (*inflessibile*), einen eisernen Willen haben; **essere di buona ~**, guten Willens sein; **forzare la ~ di qu**, jdn zwingen; **è un ragazzo che ha molta buona ~**, er ist ein Junge mit sehr viel gutem Willen; **le** *ultime* **~**, der letzte Wille; **scrivere le ultime ~**, sein Testament aufsetzen.

volontària f → volontario.

volontariaménte *avv* freiwillig, aus freien Stücken.

volontariàto m **1** (*attività sociale*) ehrenamtliche (Sozial)arbeit; (*insieme di associazioni*) "ehrenamtliche Organisationen" **2** (*prestazione di lavoro*) Volontariat n, Praktikum n: **fare ~ in ospedale**, ein Praktikum im Krankenhaus machen **3** (*periodo*) Volontariatszeit f, Praktikumsdauer f **4** *mil* freiwilliger Wehrdienst.

volontarietà <-> f (*l'essere volontario*) Freiwilligkeit f.

volontàrio, (-a) <-*ri* m> **A** *agg* **1** (*liberamente scelto*) {AZIONE} freiwillig **2** (*spontaneo*) {OFFERTA} spontan **3** (*di volontariato*) {ASSISTENTE, DONATORE, SOCCORSO} freiwillig, Freiwilligen- **4** *anat* {MOVIMENTO, MUSCOLO} willkürlich **5** *dir* {OMICIDIO} vorsätzlich; {RAPPRESENTANZA} gewillkürt **B** m (f) {+CROCE VERDE} Volontär(in) m(f); *anche mil* Freiwillige mf *decl come agg*.

volontarìsmo m *anche filos psic* Voluntarismus m.

volovelìsta <-*i* m> mf *sport* Segelflieger(in) m(f).

volpacchiòtto <*dim di* volpe> m **1** *zoo* junger Fuchs **2** *fig* (*persona astuta*) schlauer Fuchs *fam*.

vólpe f **1** *zoo* Fuchs m: **~ femmina**, Füchsin f; **~ rossa/argentata/azzurra**, Rot-/Silber-/Blaufuchs m **2** (*pelliccia*) Fuchs(pelz) m

volpino 3 *fig* (*furbo*) Fuchs m: **è una vecchia ~**, er/sie ist ein alter Fuchs; **è furbo come una ~**, er ist schlau wie ein Fuchs *fam* 4 *med* Haarausfall m, Alopezie f *scient* ● **fare come la ~ con l'uva** *fig* (*fingere disprezzo*), jdm/dem Fuchs hängen die Trauben zu hoch/[sind die Trauben zu sauer].

volpino, (-a) Ⓐ *agg* 1 (*di volpe*) {MUSO, VISO} Fuchs- 2 *fig* (*furbo*) schlau (wie ein Fuchs *fam*) Ⓑ m *zoo* Spitz m.

volpóne <accr *di* volpe> m *fig* (*persona molto furba*) schlauer Fuchs *fam*, Schlitzohr n *fam*.

vòlsi 1ª pers sing del pass rem *di* volgere.

volt <-> m *elettr* (abbr V) Volt n.

vòlta① Ⓐ f 1 (*momento, circostanza*) Mal n: **la prossima ~**, nächstes/das nächste Mal 2 (*turno*) Reihe f, Mal n: **verrà la tua ~**, deine Stunde wird noch kommen, du wirst auch noch drankommen 3 <con numerali> Mal n, -mal, -fach: **è stata due volte campionessa del mondo**, sie war zweimal Weltmeisterin, sie ist zweifache Weltmeisterin; **una ~ su due**, jedes zweite Mal; **uno/due/tre per ~**, jeweils einer/zwei/drei; **quattro volte più largo**, viermal breiter; **tre volte tre fa nove**, drei mal drei ist neun 4 *aero* Schleife f 5 *lett* (*giro*) {+CHIAVE} Drehung f; (*svolta*) {+STRADA} Biegung f 6 *mar* Seilwindung f 7 *sport* Kehre f 8 *tip* Widerdruckseite f Ⓑ *loc conj* (*quando, dopo che*): **una ~ che ... ind**, wenn... einmal... *ind*: **una volta che ha deciso, nessuno può trattenerlo**, wenn er sich erst einmal entschieden hat, kann ihn niemand mehr (auf)halten Ⓒ *loc prep fig fam* (*in direzione*): **alla ~ di**, in Richtung + *sost*, nach + *sost*; **partirono alla ~ di Vienna**, sie fuhren (in) Richtung Wien ● **a/alle volte** (*talvolta*), manchmal, zuweilen, ab und zu, hin und wieder; **se alle volte voleste passar dentro**, wenn ihr ab und zu vorbeischauen wollt; **un'altra ~**, ein andermal; **una ~ o l'altra** (*prima o poi*), irgendwann, früher oder später; **ancora una ~**, noch einmal, ein weiteres Mal; **sei ancora quello di una ~**, du bist noch derselbe wie damals; **una** (*buona*) **~ fam** (*finalmente*), endlich (ein)mal; **questa è la ~ buona!** *fam* (*questa — andrà bene*), endlich ist es so weit!, das ist der richtige Moment!; **è cento volte meglio così**, es ist hundertmal besser so; **una ~ su cento** *fig* (*raramente*), alle Jubeljahre einmal *fam*; **capita una ~ su cento**, das passiert alle Jubeljahre einmal *fam*/[sehr selten]; **certe volte, delle volte** (*talvolta*), manchmal (*spesso*), oft; **a qu di di ~ il cervello** *fig fam* (*qu impazzisce*), jd dreht durch *fam*, jd schnappt über *fam*, jd flippt aus *fam*; **rispondere a ~ di corriere** (*subito*), postwendend antworten; **di ~ in ~**, von Mal zu Mal; **una ~ o due**, ein- oder zweimal; **a mia ~**, meinerseits, was mich angeht; **ha mille volte ragione**, er/sie hat tausendmal recht; **molte/spesse volte** (*spesso*), recht oft, öfter; **nove volte su dieci** (*quasi sempre*), in 90% der Fälle; **ogni ~ che**, jedes Mal, wenn; **qualche ~** (*di tanto in tanto*), ab und zu, manchmal, hin und wieder; **una volta o l'altra**, irgendwann; **qualche ~ andiamo a teatro**, manchmal gehen wir ins Theater; **quante volte?**, wie oft?; **questa/quella ~**, diesmal/damals; **per questa ~**, für dies-mal/heute; **pensaci due volte prima di decidere**, überleg es dir gründlich/[lieber zweimal], bevor du dich entscheidest; **per ~** (*al presentarsi del problema*), jedes Mal; **il più delle volte** (*di solito*), meist, meistens; **un po' alla ~**, nach und nach; **poche/rare volte** (*di rado*), selten; **che sia la prima e l'ultima ~** *fig* (*che non succeda più*), (ich hoffe,) das ist das erste und letzte Mal; **una ~ sì, una no**, jedes zweite Mal, ein Mal ums andere; **una ~ sola**, einmal, ein einziges Mal; **ogni cosa a sua ~** (*al suo momento*), alles zu seiner Zeit, eines nach dem Anderen; **una ~ tanto che** (*ogni tanto*), ab und zu, gelegentlich; **tutte le ~ che ...**, jedes Mal/immer wenn ..., sooft ...; **una ~ per tutte** (*definitivamente*), ein für alle Mal; **tutto in una ~** (*tutto insieme*), alles auf einmal, alles zusammen; **una ~**, einmal; (*in un tempo passato*) einmal, früher, einst; **c'era una ~**, es war einmal; **tradizioni di una ~**, Traditionen von früher; **una ~ per uno non fa male a nessuno** *prov*, Teilen tut niemandem weh.

vòlta② f 1 *arch* Gewölbe n: **a ~**, gewölbt, Gewölbe-; **~ a botte/crociera/ogiva/vela**, Tonnen-/Kreuz(grat)-/Spitzbogen-/Kreuzrippengewölbe n 2 *astr* {CELESTE} Gewölbe n, Firmament n 3 *anat* {CRANICA} Wölbung f 4 *geol* {+CAVERNA} Höhle f.

voltafàccia <-> m 1 (*cambiamento di direzione*) {+CAVALLO} Kehrtwendung f 2 *fig* {+POLITICO} Wende f.

voltagabbàna <-> mf (*banderuola*) Wendehals m *fam*, Opportunist m *fam*: **è un(a) ~**, er/sie hängt/dreht sein/ihr Mäntelchen/Fähnchen nach dem Wind *spreg*.

voltàggio <-gi> m *elettr* {DOPPIO} Spannung f.

voltàico, (-a) <-ci, -che> *agg elettr* {CORRENTE, PILA} voltaisch, Volta-.

voltàmetro m *elettr fis* Voltameter n.

voltàre Ⓐ *tr* 1 (*girare*) ~ **qc** (+ *compl di luogo*) {OCCHI, VISO VERSO LA LUCE, DALL'ALTRA PARTE} etw irgendwohin wenden, *etw* irgendwohin drehen; {PRUA VERSO RIVA} etw zu etw (dat) richten; {MACCHINA} etw wenden; ~ **qc a qu** jdm etw zu|drehen, jdm etw zu|kehren; ~ **le spalle a qu**, jdm den Rücken (zu)kehren 2 (*girare dall'altra parte*) ~ **qc** {FRITTATA} etw wenden; {FOGLIO, PAGINA} *anche* (etw) um|blättern 3 (*svoltare*) ~ **qc** {ANGOLO} um etw (acc) biegen Ⓑ *itr* (*cambiare direzione*) ~ **a/verso qc** {FIUME, PERSONA, SENTIERO A DESTRA, VERSO SUD} nach etw (dat) ab|biegen: **vada ancora avanti e poi volti a sinistra**, gehen/fahren Sie weiter geradeaus und dann biegen Sie links ab Ⓒ *rfl* (*girarsi*): **voltarsi** (+ *compl di luogo*) {DA QUESTA PARTE, VERSO DI LORO} sich nach jdm/etw um|drehen, sich irgendwohin wenden: **voltarsi e rivoltarsi nel letto**, sich im Bett hin- und herwälzen ● **voltarsi indietro**, sich umdrehen; *fig* (*tenere in considerazione il passato*), Rückschau halten, zurück|denken.

voltastòmaco <-chi> m 1 (*nausea*) Übelkeit f, Brechreiz m: **ho il ~**, mir ist übel/schlecht 2 (*cosa disgustosa*) Brechmittel n *fam volg*, Kotzbrühe f *fam volg*: **che ~ questa minestra!**, was für ein Brechmittel *fam volg*/[eine echte Kotzbrühe *fam volg*] diese Suppe! 3 *fig* (*disgusto*) Ekel m, Widerwille m; **mi dà il ~**, das dreht mir den Magen um *fam*; **mi fa venire il ~**, da kommt mir die Galle hoch, da läuft mir die Galle über.

volteggiàre <*volteggio, volteggi*> *itr* 1 (*volare*) {AEREO, AQUILA, FARFALLA} kreisen 2 (*fare giravolte*) {BALLERINA, CAVALLO} Pirouetten drehen 3 *sport* (*nella ginnastica*) ~ **a/su qc** {AGLI ANELLI} einen Überschlag an etw (dat) machen; (*nell'equitazione*) voltigieren.

voltéggio <-gi> m 1 (*il volteggiare*) {+UCCELLO} Kreisen n 2 *aero* Looping m o n 3 *sport* (*nella ginnastica*) Überschlag m, Wende f; (*nell'equitazione*) Voltige f.

vòlto① m 1 *lett* (*viso*) {CONTRATTO, DISTESO} Antlitz n *poet*: **un ~ amico**, ein wohlwollendes/freundliches Gesicht 2 *fig* (*essenza*) Gesicht n, Anblick m: **ha rivelato il suo vero ~**, er/sie hat sein/ihr wahres Gesicht gezeigt 3 (*aspetto*) Gesicht n, Aussehen n: **problema dai mille volti**, ein vielschichtiges Problem; **il ~ dimenticato dell'America**, das vergessene Gesicht Amerikas 4 <*di solito al pl*> (*personaggi*) {NUOVO, +SCENA MUSICALE} Gesicht n ● **~ di Madonna** (*bellissimo*), Madonnengesicht n; **oscurarsi in ~** *fig*, sich verfinstern.

vòlto②, (-a) Ⓐ *part pass di* volgere Ⓑ *agg* 1 (*voltato*) gewendet, (um)gedreht 2 (*teso*) **~ a qc** {INIZIATIVA ALLA RACCOLTA DI INFORMAZIONI} auf etw (acc) gerichtet, zu etw (dat): **sforzi volti a migliorare la situazione economica**, Anstrengungen zur Verbesserung der Wirtschaftslage.

voltolàre Ⓐ *tr* (*rotolare*) ~ **qc** {BOTTE, MASSO} *etw* rollen, etw wälzen Ⓑ *rfl* (*rotolarsi*): **voltolarsi** (+ *compl di luogo*) {NEL FANGO, NEL LETTO} sich (*irgendwo*) wälzen.

voltùra f 1 *amm* {+GAS, LUCE} Ummeldung f: **fare la ~ del telefono**, das Telefon ummelden 2 *dir* {+CONTRATTO} Umschreibung f 3 *comm* {+PARTITA} Umbuchung f ● **~ catastale** *dir* (*trascrizione*), Eintragung f in den/das Kataster.

voltùrare *tr dir* ~ **qc** {CONTRATTO} *etw* um|schreiben.

volùbile *agg* 1 (*che muta*) {TEMPO} unbeständig, veränderlich, wechselhaft 2 (*incostante*) {CARATTERE, RAGAZZA} unbeständig, flatterhaft *spreg* 3 *bot* {PIANTA} rankig.

volubilità <-> f 1 (*mutevolezza*) {+TEMPO} Unbeständigkeit f, Wechselhaftigkeit f 2 (*incostanza*) {+CARATTERE} Unbeständigkeit f, Flatterhaftigkeit f *spreg*.

volùme m 1 (*mole*) {GROSSO, RIDOTTO} Umfang m: **far ~**, umfangreich sein 2 *arte* Ausmaß n, Umfang m: **gioco di volumi**, Spielanteil m 3 *autom*: **vettura a due ~**, Fließheckwagen m 4 *chim* Volumen m: **acqua ossigenata a 12 volumi**, Wasserstoff(su)peroxid mit einem Sättigungswert von 12 mg/l 5 *inform* Datenträger m 6 *mat fig anche comm* {+ESPORTAZIONI, INVESTIMENTI} Volumen n, Umfang m 7 *edit* (*libro*) Band m, Buch n: **enciclopedia in 12 volumi**, zwölfbändige Enzyklopädie, eine Enzyklopädie in 12 Bänden 8 *radio TV* Lautstärke f: **abbassare/alzare il ~ di qc**, etw leiser/lauter stellen; **a tutto ~** *fam*, in voller Lautstärke.

volumetrìa f 1 *arch* {+COMPLESSO EDILIZIO} Raumaufteilung f 2 *chim* Volumetrie f, Maßanalyse f 3 *mat* {+PARALLELEPIPEDO} Volumetrie f.

volumètrico, (-a) <-ci, -che> *agg* 1 *fis mat* {CALCOLO} Rauminhalts-, volumetrisch 2 *chim* Maß-.

voluminosità <-> f (*ingombro*) {+PACCO} (beachtlicher) Umfang, Größe f.

voluminóso, (-a) *agg* 1 (*ingombrante*) {OGGETTO, SCATOLA} voluminös *forb*, groß, sperrig 2 (*grasso*) {DONNA} beleibt, korpulent, voluminös *scherz*.

volùta f 1 (*spira*) {+FUMO} Spirale f; {+CONCHIGLIA} *anche* Windung f 2 (*motivo*) {+MOBILE} *arch* Volute f.

volùto, (-a) Ⓐ *part pass di* volere①,② Ⓑ *agg* 1 (*desiderato*) {RISULTATO, TONO} gewünscht, beabsichtigt, gewollt 2 *fig* (*ricercato*) {PREZIOSISMO} gekünstelt *spreg*, gewollt.

voluttà <-> f 1 (*godimento*) Genuss m: **sorseggiare con ~ il caffè**, genussvoll den Kaffee schlürfen 2 (*piacere*) {SESSUALE} Sinnlichkeit f, Wollust f *forb*.

voluttuàrio, (-a) <-ri> *agg* (*di lusso*) {SPESE, VITA} Luxus-; {BENI} anche Genuss-.

voluttuosità <-> f (*l'essere voluttuoso*) {+CAREZZA, UOMO} Sinnlichkeit f.

voluttuóso, (-a) *agg* 1 (*sensuale*) {LABBRA, SCENA, SGUARDO} sinnlich 2 (*di voluttà*) {VITA} genussvoll, sinnesfroh.

vòmere m **1** agr (Pflug)schar f **2** ferr {+LOCOMOTIVA} Schneepflugvorrichtung f **3** anat Pflugscharbein n **4** mil Lafettensporn m.

vomitàre tr **1** (rigettare) ~ (qc) {BILE, COLAZIONE} (etw) (er)brechen, kotzen volg; **mi viene da ~**, ich muss brechen, mir wird (kotz ma) übel/schlecht **2** (emettere) ~ **qc** {ARMA FUOCO; CRATERE CENERE E LAPILLI} (etw) aus|stoßen **3** fig (dire) ~ **qc** {BESTEMMIE, IMPROPERI, INGIURIE} (etw) aus|stoßen **4** fig (far uscire) ~ **qu** {FROTTE DI PERSONE} jdn aus|spucken fam • **mi fai proprio ~** fig (disgusto), du bist wirklich zum Kotzen volg, du kotzt mich wirklich an volg; **era uno spettacolo da far ~**, das Schauspiel war zum Kotzen volg; **fig (disgustoso)**, das Schauspiel war widerwärtig/Ekel erregend.

vomitévole agg **1** (che fa vomitare) {SOSTANZA} kotz(ε)ig volg, Brech- **2** fig (disgustoso) {ATTO} widerlich spreg, abstoßend, ekelhaft; {SPETTACOLO} widerwärtig, Ekel erregend, zum Kotzen volg.

vòmito m **1** (il vomitare) (Er)brechen n, Kotzen n volg fam: **avere il ~**, Brechreiz haben; **provocare il ~ a qu**, jdm Brechreiz verursachen, ein Brechmittel für jdn sein; **mi viene il ~**, ich muss brechen, mir wird (kotz ma) volg) übel/schlecht **2** (materia vomitata) Erbrochene n decl come agg, Kotze f volg: **odore di ~**, Geruch von Erbrochenem/Kotze volg **3** fig (disgusto) Ekel m, Widerwille m: **dare il ~ a qu**, jdn ankotzen volg • **far venire il ~ a qu** anche fig, jdn ankotzen volg, jdm die Galle hochkommen lassen.

vòngola f zoo Venusmuschel f.

voràce agg **1** (che mangia molto) {BAMBINO, TIGRE} unersättlich, verfressen fam, gefräßig spreg **2** fig (ingordo) {LETTORE} unersättlich **3** fig (distruttivo) {FIAMME} verzehrend, vernichtend.

voracità <-> f **1** (+LEONE) Gefräßigkeit f spreg **2** fig (+INCENDIO) allesverzehrende Gewalt **3** fig (avidità) (+USURAIO) Habgier f spreg.

voràgine f **1** (baratro) Erdloch n, Schlund m: **si è aperta una ~ nel terreno**, in der Erde hat sich ein tiefer Riss/Spalt aufgetan **2** (gorgo) Wirbel m **3** fig (ciò che assorbe denaro) Fass n ohne Boden.

Vórarlberg m geog Vorarlberg n.

-voro secondo elemento (che mangia) (nella formazione di agg) -essend, (-)fressend; (nella formazione di sost) -fresser(in): **carnivoro**, Fleisch fressend; Fleischfresser(in); **erbivoro**, pflanzenfressend; Pflanzenfresser(in); **onnivoro**, allesfressend, Allesfresser(in).

vorrò 1ª pers sing del fut di volere①,②.

vortàle m inform Vortal n, Vertical Portal n.

vòrtice m **1** (mulinello) {+SABBIA} Wirbel m; {+ACQUA} anche Strudel m **2** fig (frenesia) {+AFFARI, PASSIONE} Wirbel m, Strudel m, Sturm m: **nel ~ della danza**, im Wirbel des Tanzes; **il ~ della vita moderna**, der Sog/Strudel des modernen Lebens **3** fis {LIBERO, STAZIONARIO} Wirbelvektor m.

vorticóso, (-a) agg **1** (turbolento) {ACQUE, FIUME} voller (Wasser)strudel; strudel-, wirbelreich **2** fig (frenetico) {MOVIMENTO, WALZER} Schwindel erregend: **il ritmo ~ della vita moderna**, das frenetische forb Tempo/ [der hektische Rhythmus] des modernen Lebens **3** fis {MOTO, SCIA} Wirbel-.

vòstro, (-a) **A** agg poss di 2ª pers pl (abbr vs.), euer, (eure): **la vostra speranza**, eure Hoffnung; **padre/zio**, euer Vater/Onkel; **il ~ libro**, euer Buch; **un ~ amico**, ein Freund von euch; (forma di cortesia) anche: Vostro (abbr Vs.), Euer, (Eu(e)re) forb; **Vostra Eccellenza/Santità**, Eure Exzellenz/Heiligkeit **B** pron poss di 2ª pers pl: **il ~, la vostra**, der

eure, die eu(e)re, das eure; **aspettiamo una risposta: la vostra**, wir erwarten eine Antwort: die eure; (forma di cortesia) anche: Vostro, Ihre(r, s), Eure(r, s) forb obs: **quel baule è il Vostro?**, ist dieser Koffer der Ihre forb?, gehört dieser Koffer Ihnen? **C** m: **il ~**, das Eu(e)re forb, das Eurige forb obs: **metteteci del ~!**, tragt das Eu(e)re dazu bei! forb; **accontentatevi del ~!**, gebt euch mit dem zufrieden, was ihr habt!; (forma di cortesia) anche Vostro, das Ihre, das Ihrige forb obs: **non volete mica rimetterci del Vostro?**, ihr wollt euch doch dabei keine Verluste einhandeln?, ihr wollt doch wohl nicht dabei draufzahlen? fam • **mi sembra sia uno dei vostri** (amici), mir scheint, das ist einer von euch/ [euren Freunden]; **i vostri** (familiari), die Euren forb, eure Familienangehörigen; **ho ricevuto la Vostra** (lettera) **del 21 c.m.**, ich habe Ihr Schreiben vom 21. d. M. erhalten; **dite pure la vostra** (opinione), sagt ruhig eure Meinung; **essere/stare dalla vostra** (parte), auf eurer Seite sein; **ne avete fatta una delle vostre**, das war (wieder mal) typisch für euch, das sah euch mal wieder ähnlich.

votànte A agg **1** (che ha diritto di votare) wahlberechtigt **2** (che vota) wählend **B** mf **1** (chi ha diritto di votare) Wahlberechtigte mf decl come agg **2** (chi vota) Wähler(in) m(f).

votàre A tr **1** (mettere ai voti) ~ **qc** {PROPOSTA} über etw (acc) ab|stimmen **2** (approvare con voto) ~ **qc** {LEGGE} etw verabschieden; {NOMINA, PROGETTO} etw an|nehmen **3** (dare il voto) ~ (**qu/qc**) {PARTITO} (jdn/etw) wählen: **andare a ~**, wählen gehen **4** (dedicare) ~ **qu/qc a qu/qc** {SE STESSO, LA PROPRIA VITA AL LAVORO} jdm/etw jdn/etw widmen; relig {VITA ALLA MADONNA} jdm jdn/etw weihen; (vincolare con voto) **jdn ein|geben B** itr ~ **per/ [a favore di]/[contro] qc/qu** {PER L'ABROGAZIONE DI UNA LEGGE, A FAVORE DI UN CANDIDATO} anche für/gegen jdn/etw ab|stimmen: **quattro hanno votato a favore e cinque contro**, vier haben dafür gestimmt und fünf dagegen **C** rfl **1** (dedicarsi): **votarsi a qc** {ALL'ASSISTENZA DI QU, A UNA CAUSA, ALLA RICERCA} sich etw (dat) hin|geben, sich etw (dat) widmen **2** (offrirsi): **votarsi a qu/qc** {A DIO, ALLA MADONNA, ALLA CASTITÀ} sich jdm/etw weihen: **votarsi alla morte**, mit dem/seinem Leben spielen • **essere votato a qc** (destinato), {GIOVANE ALLA MORTE} etw (dat) geweiht sein; {PROGETTO AL FALLIMENTO} zu etw (dat) verurteilt sein.

votazióne f **1** dir polit (il votare) Abstimmung f; {+LEGGE} anche Verabschiedung f: **procedere alla ~ sulla mozione di sfiducia al governo**, mit der Abstimmung über den Misstrauensantrag beginnen; ~ **per alzata di mano**, Abstimmung f durch Handzeichen; ~ **a scrutinio segreto**, geheime Abstimmung; (risultato della ~) {CONTRARIA, FAVOREVOLE} (Ergebnis n der) Abstimmung **2** scuola università {+ESAME} Benotung f, Zensuren f pl, Noten f pl: **la ~ conseguita da uno studente liceale**, die von einem Gymnasiasten erreichten Zensuren/Noten; (voto) {BUONA, PESSIMA} Note f; **riportare una buona ~**, gute Noten haben/bekommen.

votivo, (-a) agg relig {ISCRIZIONE, MESSA, OFFERTA, STATUETTA} Votiv-, Weih-.

vóto m **1** anche dir polit Stimme f, Votum n forb: **tre voti favorevoli e due contrari**, drei Ja- und zwei Neinstimmen, drei Für- und zwei Gegenstimmen; ~ **di fiducia/sfiducia**, Vertrauens-/Misstrauensvotum n; ~ **di preferenza** stor, Vorzugsstimme f; **con ~ all'unanimità**, einstimmig **2** (votazione) Wahl f, Abstimmung f: ~ **per corrispondenza**, Briefwahl f; **mettere ai voti**, zur Abstimmung

bringen, über etw (acc) abstimmen lassen; ~ **segreto**, geheime Wahl, geheime Abstimmung **3** (diritto di voto) Wahlrecht n: ~ **alle donne**, Frauenwahlrecht n **4** (scheda) Stimm-, Wahlzettel m, Wahlschein m **5** relig Gelübde n, Gelöbnis n: ~ **di castità**, Keuschheitsgelübde n forb; **fare un ~**, ein Gelübde forb ablegen; **ha fatto il ~ di non vederlo più**, er/sie hat gelobt forb, ihn nicht mehr zu sehen **6** relig (oggetto) Weihgabe f **7** scuola università Note f, Zensur f rar: **laurearsi col massimo dei voti e la lode**, "sein Studium mit der Höchstnote und mit Auszeichnung abschließen"/; **essere promosso a pieni voti**, die Höchstpunktzahl erreichen, die Höchst-/Bestnote bekommen **8** <di solito al pl> fig lett obs (desiderio) Wille m, Wunsch m; (augurio) Glückwunsch m • **prendere/pronunciare i voti** (per far parte di un ordine religioso), das Ordensgelübde ablegen forb; ~ **di scambio** polit, gekaufte Stimme; Stimmenkauf m.

voucher <-> m ingl (buono) Voucher n o m, Gutschein m.

Vòv® <-> m enol italienischer Eierlikör.

vox pòpuli <-, voces populi pl lat> loc sost f lat (opinione diffusa) Vox populi f, Stimme f des Volkes.

voyeur <-, -s pl franc> m franc (guardone) Voyeur m.

voyeurìsmo m Voyeurismus m.

voyeurìstico, (-a) <-ci, -che> agg (del voyeurismo) voyeuristisch.

VP 1 abbr di Vaglia Postale: Postanweisung **2** abbr di Vice Presidente: V.P. (abbr di Vizepräsident).

VQPRD enol abbr di Vini di Qualità Prodotti in Regioni Determinate: Qualitätswein m aus bestimmten Anbaugebieten.

v.r. abbr di vedi retro: b. w. (abbr di bitte wenden).

vroom inter onomatopeica (rombo del motore) brom.

vs abbr del lat versus: vs. (abbr di versus).

vs., Vs. comm abbr di vostro: ihr(e), Ihr(e).

v.s. 1 abbr di vedi sopra: s.o. (abbr di siehe oben) **2** abbr di vedi sotto: s.u. (abbr di siehe unten).

V.S. 1 relig abbr di Vostra Santità: Eure Heiligkeit **2** abbr di Vostra Signoria: Euer Wohlgeboren.

VSO enol abbr dell'ingl Very Superior Old (stravecchio superiore) V.S.O.

VSOP enol abbr dell'ingl Very Superior Old Pale (stravecchio superiore paglierino) V.S.O.P.

VSQPRD enol abbr di Vini Spumanti di Qualità Prodotti in Regioni Determinate: "Qualitätsschaumweine m pl aus bestimmten Anbaugebieten".

VT bibl abbr di Vecchio Testamento: A.T. (abbr di Altes Testament).

VTR m tecnol TV abbr di Video Tape Recorder (videoregistratore a nastro) Video(magnet)band-(aufnahme)gerät n.

Vu geog abbr di vulcano: Vulkan m.

VU abbr di Vigile Urbano: (Verkehrs)polizist m.

vucumprà, vu cumprà <-> mf loc sost mf fam (venditore abusivo) "illegale(r) afrikanische(r) Straßenhändler(in)" m(f).

vudù relig **A** <inv> agg {PRATICHE} Wodu-, Voodoo-, Voudou- **B** <-> m Wodu m, Voodoo m, Voudou m.

vulcànico, (-a) <-ci, -che> agg **1** geol {ATTIVITÀ, ERUZIONE, ISOLA} vulkanisch, Vulkan- **2** fig {CERVELLO, RAGAZZA, TEMPERAMENTO} sprühend.

vulcanìsmo m geol Vulkanismus m.

vulcanìte f geol Vulkanit m.

vulcanizzàre tr ~ **qc 1** {GOMMA, MATERAS-

SINO} *etw* vulkanisieren **2** (*riparare*) {PNEUMATICO} *etw* rund|erneuern.

vulcanizzazione f **1** *chim* {+GOMMA} Vulkanisierung f, Vulkanisation f **2** {+PNEUMATICO} Runderneuerung f, Runderneuern n.

vulcàno m **1** *geol* Vulkan m: ~ **in attività/spento**, ⌊tätiger/aktiver⌋/[erloschener] Vulkan **2** *fig* (*persona esuberante*) Temperamentsbolzen m *fam*, Naturereignis n: **essere un ~ di idee**, vor Ideen nur so sprühen • **dormire**/[**essere seduto**] **su un ~** *fig* (*situazione esplosiva*), auf einem Vulkan leben/tanzen, auf einem Pulverfass sitzen.

vulcanologìa f *geol* Vulkanologie f.

vulcanòlogo, (-a) <-gi, -ghe> m (f) *geol* Vulkanologe m, (Vulkanologin f).

vulgàta f *lat relig* Vulgata f.

vulneràbile *agg* **1** *anche fig* (*che si può ferire*) {ANIMO, BAMBINO} verwundbar, verletzlich **2** *anche fig* (*debole*) {PONTE} schwach: **il punto ~ di una teoria**, der Schwachpunkt einer Theorie; **il punto ~ nella difesa**, die empfindliche Stelle in der Verteidigung.

vulnerabilità <-> f {+ANIMO, BAMBINO} Verletzlichkeit f, Verwundbarkeit f; {+ROCCAFORTE, TEORIA} Schwäche f.

vulneràre *tr* **1** *lett* (*ferire*) ~ **qu/qc** {ATTO AMICO, SUSCETTIBILITÀ DI QU} *jdn/etw* verwunden, *jdn/etw* verletzen **2** (*ledere*) ~ **qc** {DIRITTI DI QU, INTERESSE DI QU, NORMA} *etw* verletzen.

vùlva f *anat* Scham(lippen f pl) f, Vulva f.

vulvàre *agg anat* Vulva-.

vulvovaginàle *agg anat* vulvovaginal

scient.

vulvovaginìte f *med* Vulvovaginitis f *scient*.

vuòi① *cong* (*sia*): ~..., ~..., sei es..., sei es...: **~ per la stanchezza, ~ per la pigrizia non usciamo mai**, sei es aus Müdigkeit, sei es aus Faulheit - wir gehen nie aus.

vuòi②, **vuòle** 2ª e 3ª pers sing dell'ind pres di volere①,②.

vuotàre **A** *tr* **1** (*privare del contenuto*) ~ **qc** (*di qc*) {BORSA, CASSETTO, PORTACENERE} *etw* (aus)leeren, *etw* entleeren: ~ **l'armadio dei vestiti**, die Kleider aus dem Schrank räumen **2** (*sgombrare*) ~ **qc** {CANTINA, RIPOSTIGLIO} *etw* (aus|)räumen **3** *fig* (*consumare bevendo*) ~ **qc** {BICCHIERE, BOTTIGLIA, FIASCO} *etw* austrinken **4** *fig* (*far spendere tutto*) ~ **qc** (**a qu**) {BORSA, PORTAFOGLI, TASCHE} (*jdm*) *etw* leeren **5** *fig* (*svaligiare*) ~ **qc** (**a qu**) {LADRO BANCA, CASSAFORTE, UFFICIO} *etw* (aus|)plündern **B** *itr pron* (*diventare vuoto*): **vuotarsi** {AULA MAGNA, BOTTE, CINEMA} sich leeren.

vuotazucchìne <-> m Zucchinimesser n.

vuòto, (-a) **A** *agg* **1** (*privo di contenuto*) {ARMADIO, BORSA} leer **2** *fig* (*libero*) {SCOMPARTIMENTO} frei, unbesetzt; {ALLOGGIO} leer stehend **3** *fig* (*privo*) ~ **di qc** ohne etw (acc), -los, -leer: **parole vuote di senso**, sinnlose Worte; **ad agosto Milano è vuota di persone**, im August ist Mailand menschenleer **4** *fig* (*che manca di sostanza*) {GIORNI, ORE, SGUARDO, VITA} leer; {RACCONTO} inhaltslos, inhaltsleer, nichts sagend; {DISCORSO} *anche* hohl *spreg* **5** *mat* {INSIEME} leer **B** m **1** *anche fis* Vakuum n: ~ **assoluto**, absolutes Vakuum; ~ **d'aria**, Luftloch n; **sotto ~ spinto**, vakuumverpackt **2** *anche filos* (*spazio*) Leere f, Hohlraum m **3** (*cavità*) {+CANNA} Hohlraum m, Loch n **4** (*recipiente*) {+ACQUA MINERALE} Leergut n: ~ **a rendere**, Pfandflasche f; ~ **a perdere**, Einweg-, Wegwerfflasche f; **restituzione dei vuoti**, Leergutrückgabe f; **vuoti di ritorno**, Leergut n **5** *fig* (*mancanza*) Lücke f, Leere f, Loch n: **colmare/riempire un ~**, eine Lücke/ein Loch füllen, eine Leere ausfüllen; **la sua morte ha lasciato un ~ incolmabile**, sein/ihr Tod hat eine Lücke hinterlassen, die nicht zu schließen ist **C** *loc agg banca* (*scoperto*): **a ~** {ASSEGNO} ungedeckt **D** *loc avv*: **a ~ 1** (*inutilmente*) umsonst: **viaggiare**/[**fare un viaggio**] **a ~**, umsonst fahren; **parlare a ~**, ins Leere hineinreden, gegen eine Wand reden **2** *autom tecnol* im Leerlauf: **il motore gira a ~**, der Motor läuft im Leerlauf • **andare a ~** (*fallire*), fehlschlagen, umsonst sein; **cadere nel ~**, ins Leere fallen; *fig* (*rimanere inascoltata*) {PROPOSTA} auf taube Ohren stoßen; *fare il* **~ attorno a sé**, sich mit aller Welt verfeinden; *fissare il* **~**, ins Leere starren; ~ **di memoria**, Gedächtnislücke f; ~ **di potere**, Machtvakuum n; **riempire un ~ legislativo**, eine Gesetzeslücke ausfüllen.

Vurtembèrga f *geog* Württemberg n.

VV *filol abbr di versi*, versetti: Vv. (*abbr di* Verse).

v.v. *abbr di* vice versa: vice versa, umgekehrt.

VVSOP *enol abbr dell'ingl* Very Very Superior Old Pale (*super stravecchio superiore paglierino*) ausgesprochen sanft, alt und hell.

W, w

W①, **w** <-> f o rar m (*ventitreesima lettera dell'alfabeto italiano*) W, w n • **w come Washington** (*nella compitazione delle parole*), W wie Wilhelm; → *anche* **A, a**.

W② **1** *fis abbr dell'ingl* watt: W (*abbr di* Watt) **2** *abbr dell'ingl* West (*ovest*) W (*abbr di* Westen).

wàfer <-> m *ingl* **1** (*biscotto*) Waffel f, Wafer m **2** *elettr* (*piastrina*) Wafer m.

wagneriàno, (-a) **A** *agg* (*di Wagner*) {OPERA, TETRALOGIA} wagnersch, Wagner-, Wagners **B** m (f) (*ammiratore*) Wagnerianer(in) m(f).

wagon-lit <-, *wagons-lits* pl *franc*> m *franc ferr* (*vagone letto*) Schlafwagen m.

wagon-restaurant <-, *wagons-restaurants* pl *franc*> m *franc ferr* (*vagone ristorante*) Speisewagen m.

waiting list <-, -s pl *ingl*> loc sost f *ingl* (*lista d'attesa*) Warteliste f, Waiting List f.

Walhalla <-> m *ted mitol* Walhall n, Walhalla f o n.

walkie-talkie <-, *walkie-talkies* pl *ingl*> m *ingl* (*ricetrasmettitore*) Walkie-Talkie n.

Walkman® <-> m *ingl* (*apparecchio portatile*) Walkman® m.

wallaby <-, -*bies* pl *ingl*> m *ingl zoo* Wallaby(-Känguru) n.

Wall Street <-> loc sost f *ingl* (*la Borsa di New York*) Wall Street f, Wallstreet f: **il crollo di Wall Street**, der Zusammenbruch der Wallstreet.

wàlser **A** *agg* {CULTURA, TRADIZIONE} Walser- **B** m (f) (*persona*) Walser(in) m(f).

Wàlter m (*nome proprio*) Walter.

wàlzer → **valzer**.

wargame <-, -s pl *ingl*> m → **war game**.

war game <-, *war games* pl *ingl*> loc sost m *ingl* **1** (*gioco*) Kriegsspiel n **2** *mil* (*esercitazione*) Kriegs-, Planspiel n.

warm up <-, -s pl *ingl*> loc sost m *ingl sport* **1** (*nelle gare motoristiche*) Warm-up n **2** (*riscaldamento*) {+ATLETA} Warm-up n.

warrant <-> m *ingl* **1** *comm* (*nota di pegno*) Warrant m, (Lager)pfandschein m **2** *banca* (*certificato*) Bescheinigung f, Beleg m.

wash-and-wear <inv> *agg ingl* (*da non stirare*) {PANTALONI} wash and wear, pflegeleicht.

wàter <-> m *ingl* **1** (*water closet*) (Wasser)klosett n, WC n **2** (*vaso*) Toilettenbecken n, Toilettenschüssel f, Klosettbecken n.

water closet <-, *water closets* pl *ingl*> m *ingl* (*gabinetto*, *abbr* WC) (Wasser)klosett n, WC n.

waterproof <inv> *agg ingl* (*impermeabile*) {MASCARA} wasserdicht.

watt <-> m *ingl fis* (*unità di misura*) Watt n.

wàttmetro m *elettr* Wattmeter n.

wattóra <-> m *fis* Wattstunde f.

wattoràmetro m *elettr* Wattstundenzähler m.

wattsecóndo m *fis* (*joule*) Wattsekunde f.

watùsso, (-a) **A** *agg etnol* Watussi- **B** m (f) **1** *etnol* (*persona*) Watussi mf **2** *fig* (*persona molto alta*) Bohnenstange f *fam scherz*.

way of life <-, *ways of life* pl *ingl*> loc sost f *ingl* (*stile di vita*) Way of Life m, Lebensstil m.

WC <-> m *ingl abbr di* water closet (*gabinetto*) WC n.

web <-> m *ingl inform* (*World Wide Web*) Web n.

webcam <-> f *ingl inform* Webcam f.

wèber <-> m *ted fis* Weber n.

weblog <-> m *inform ingl* Weblog n.

webmaster <-> mf *inform ingl* Webmaster(in) m(f).

web site, **website** <-, -s pl *ingl*> m loc sost m *ingl inform* Website f.

weekend <-> m *ingl* (*fine settimana*) Wochenende n: **partire per il week(-)end**, zum Wochenende wegfahren.

Wehrmacht <-> f *ted mil stor* (*esercito nazista*) Wehrmacht f.

welfare <-> m *ingl* **1** (*benessere*) Wohlstand m **2** (*stato assistenziale*) Wohlfahrtsstaat m.

welfare state <-> loc sost m *ingl econ* (*stato assistenziale*) Wohlfahrtsstaat m.

welfarìsmo m (*assistenzialismo*) Wohlfahrtsstaatlichkeit f.

wellness <-> m *ingl* (*benessere*) Wellness f.

Weltanschauung <-, -en pl *ted*> f *ted* (*concezione del mondo*) {+SCRITTORE} Weltanschauung f.

wèlter *ingl* (*nel pugilato*) **A** <inv> *agg* (*medioleggero*) {CATEGORIA, PESI} Welter- **B** <-> m (*atleta*) Weltergewicht(ler) m n.

west <-> m *ingl* (*ovest degli USA e del Canada*) Westen m.

wèstern *ingl film* **A** <inv> *agg* Western- **B** <-> m Western m: ~ **all'italiana**, Italowestern m.

whisky <-, -*skies* pl *ingl*> m *ingl enol* Whisky m: **un ~ doppio**, ein doppelter Whisky; **un ~ liscio**, ein Whisky pur.

whist <-> m *ingl* (*gioco*) Whist n.

Wi-Max <-> m *tec* Wi-Max n.

winchester <-> m *ingl artiglieria* (*fucile*) Winchester-Gewehr n; (*cartuccia*) Winchester-Patrone f.

windsurf <-> m *ingl sport* **1** (*tavola*) Surfbrett n **2** (*disciplina*) Windsurfen n, Windsurfing n: **fare ~**, windsurfen.

windsurfer <-> mf (*windsurfista*) Windsurfer(in) m(f).

windsurfìsta <-i m, -e f> mf *sport* Windsurfer(in) m(f).

wine bar <-> loc sost m *ingl comm* Weinstube f.

wireless <inv> *agg ingl inform* wireless.

WL m *ferr abbr del franc* Wagon-Lit (*vagone letto*) Schlafwagen m.

wok <-> f *cinese* (*padella*) Wok m.

wolfràmio <-> m *chim* (*tungsteno*) Wolfram n.

wolframite f *min* Wolframit n.

Wórcester *ingl* **A** <-> f o m *gastr* Worcestersoße f **B** <inv> *agg* Worcester-.

word prócessing <-> loc sost m *ingl inform* (*operazioni*) Textverarbeitung f.

word processor <-, *word processors* pl *ingl*> loc sost m *ingl inform* (*apparecchiatura*) Textverarbeitungssystem n.

work in progress <-, *works in progress* pl *ingl*> loc sost m *ingl* (*lavoro in divenire*) Work in Progress n: **questo vocabolario è un work in progress**, dieses Wörterbuch ist ein Work in Progress.

wórkshop <-> m *ingl* (*seminario*) Workshop m.

workstation <-> f *ingl inform* **1** (*stazione di lavoro*) Arbeitsplatz m (mit Computerausstattung) **2** (*computer*) Workstation f.

wow *inter ingl* (*di stupore o entusiasmo*) wow *fam*: **wow, che schianto di ragazza!**, wow, was für eine Wucht, die Frau! *fam*.

wrèstling <-> m *ingl sport* Wrestling n.

würstel <-> m *ted* (*salsiccia*) Würstchen n, Würstel n A.

WWF m *abbr dell'ingl* World Wildlife Fund (*Fondo mondiale per la natura*) WWF m.

X, x

X, x <-> f o rar m (*ventiquattresima lettera dell'alfabeto italiano*) X, x n • **(fatto)** *a* x, x-, X-förmig; **x come** *xeres* (*nella compitazione delle parole*), X wie Xanthippe; → *anche* **A, a**.

x f **1** (*indicazione di preferenza su schede elettorali, questionari, ecc.*) X n **2** (*nel Totocalcio: pareggio*) 0 **3** *mat* (*incognita, variabile indipendente*) x; (*ascissa*) x, Abszisse f.

X <inv> in funzione di agg **1** (*indefinito*) X: **il signor X**, Herr X; **ci vediamo il giorno X in un posto X**, wir sehen uns am Tag X in X **2** (*cruciale*) {GIORNO, ORA} X **3** *biol* {CROMOSOMA} X-.

xantàto → **xantogenato**.
xantelàsma m *med* Xanthelasma n *scient*.
xantène m *chim* Xanthen n.
xantìna f *chim* Xanthin n.
xantofìlla f *chim* Xantophyll n.
xantogenàto m *chim* Xanthogenat n, Xanthat n.
xantòma m *med* {PALPEBRALE} Xanthom n *scient*.
xantomatóso, (-a) agg *med* {ASPETTO} Xanthomatose- *scient*.
xèno m *chim* Xenon n.
xenofilìa f Xenophilie f *forb*.
xenòfilo, (-a) **A** agg {ATTEGGIAMENTO} xenophil *forb*, ausländerfreundlich **B** m (f) xenophiler *forb*/ausländerfreundlicher Mensch.
xenofobìa f Fremdenhass m, Ausländerfeindlichkeit f, Xenophobie f *forb*.
xenofòbico, (-a) <-ci, -che> agg {ATTEGGIAMENTO, POLITICA} fremden-, ausländerfeindlich, xenophob *forb*.
xenòfobo, (-a) **A** agg {COMPORTAMENTO, SLOGAN} fremden-, ausländerfeindlich, xenophob *forb* **B** m (f) Fremdenhasser(in) m(f), Ausländerfeind(in) m(f), xenophobischer *forb* Mensch.
xenoglossìa f *psic* Xenoglossie f.
xenotrapiànto m *med* Xenotransplantation f *scient*.
xères <-> m *spagn enol* Xeres m.
xeròbio, (-a) <-bi m> agg *biol* {FAUNA, VEGETAZIONE} an eine trockene Umgebung angepasst.
xerocòpia f Xerokopie f.
xerocopiàre tr ~ *qc* {DOCUMENTO} etw xerokopieren.
xerodermìa f *med* Xerodermie f *scient*.
xeròfilo, (-a) **A** agg {FAUNA} xerophil **B** m (f) Trockenheit bevorzugender Mensch.
xeròfito, (-a) **A** agg {ORGANISMO} an eine trockene Umgebung angepasst **B** m (f) Xerophyt m.
xeroftalmìa, **xeroftàlmo**, m *med* Xerophthalmie f *scient*.
xerografìa f Xerographie f.
xerogràfico, (-a) <-ci, -che> agg {COPIA, RIPRODUTTORE} xerographisch.
xeroradiografìa f *med* Xeroradiographie f *scient*.
xerosfèra f *geog* Gebiet n mit Wüstenklima.
xeròsi f *med* Xerose f *scient*.
xerostomìa f *med* Xerostomie f *scient*.
xi <-> m o f (*lettera greca*) Xi n.
xifòide *anat* **A** agg {APOFISI, APPENDICE} Schwert-, des Brustbeins **B** m o f Schwertfortsatz m.
xilàno m *chim* Xylan n.
xilèma m *bot* Xylem n.
xilène m *chim* Xylenol n.
xilòfago, (-a) <-gi, -ghe> zoo **A** agg holzfressend **B** m Holzfresser m.
xilofonìsta <-i m, -e f> mf *mus* Xylophonspieler(in) m(f).
xilòfono m *mus* Xylophon n.
xilografìa f *tip* **1** (*tecnica*) Holzschneidekunst f, Xylographie f **2** (*stampa*) Holzschnitt m, Xylographie f.
xilogràfico, (-a) <-ci, -che> agg *tip* xylographisch.
xilògrafo, (-a) m (f) *tip* (*chi esegue xilografie*) Holzschneider(in) m(f), Xylograph(in) m(f).
xilolìte f *edil* Xylolith m.
xilòlo m *chim* Xylol n.
xilòsio m *chim* Xylose f.
XL f (*nella moda*) abbr *dell'ingl* Extra Large (*taglia extra grande*) XL, besonders groß.
xoanon <-> m *greco archeol* Xoanon n.
XS f (*nella moda*) abbr *dell'ingl* Extra Small (*taglia extra piccola*) XS, besonders klein.

Y, y

Y, y <-> f o rar m (*venticinquesima lettera dell'alfabeto italiano*) Y, y n ● **y come yacht** (*nella compitazione delle parole*), Y wie Yuppie; → *anche* **A, a**.

y f *mat* (*incognita, variabile dipendente*) y; (*ordinata*) y, Ordinate f.

Y <inv> in funzione di agg *biol* {CROMOSOMA} Y-.

yacht <-> m *ingl mar* Jacht f, Yacht f.

yachting <-> m *ingl mar* (*navigazione*) Jachtsport m; (*a vela*) Segelsport m.

yachtsman <-, -men pl *ingl*> m *ingl* Jachtfahrer m, Jachtbesitzer m.

yàk <-> m *ingl zoo* Jak m, Yak m.

yakùsa <-> f *giapponese* (*mafia giapponese*) Yakuza f.

yang <-> m *cinese filos* Yang n.

yankee *ingl* A <inv> agg *scherz spreg* (*americano*) {USANZA} Yankee- B <-> mf *anche scherz spreg* Yankee m *spreg*.

yard <-> f *ingl* (*iarda*) Yard n.

yawl <-> m *ingl mar* Yawl f, Jolle f.

YCI m *mar* abbr *di* Yacht Club Italia: Jacht-, Yachtklub Italien.

yeah inter (*di entusiasmo*) yeah, auja.

Yèmen m *geog* Jemen n.

yemenìta <-i m, -e f> A agg jemenitisch B mf Jemenit(in) m(f).

yen <-> m *giapponese* (*moneta*) Yen m.

yèti <-> m Yeti m.

yiddish *ingl* A <inv> agg {CULTURA} jiddisch B <solo sing> m (*lingua*) Jiddisch(e) m.

yin <-> m *cinese filos* Yin n.

ylang-ylàng <-> m *bot* Ylang-Ylang-Baum m.

yòga A <inv> agg {POSIZIONE} Joga-, Yoga- B <-> m Yoga m o n, Joga m o n: **praticare lo ~**, Joga machen *fam*/üben/praktizieren.

yògin, yòghin <-> mf Jogi(n) m, Yogi(n) m.

yògurt, yòghurt <-> m *turco* Jog(h)urt m o n, Yoghurt m o n: **~ alla frutta**, Fruchtjog(h)urt m o n.

yogurterìa f (*locale*) Jogurthbar f, Jogurthgeschäft n.

yogurtièra f Jog(h)urtbereiter m.

Yom Kippùr <-> loc sost m *ebraico* (*festa*) Jom Kippur m.

yorkshire <-> m *ingl zoo* **1** (*suino*) Yorkshireschwein n **2** (*Yorkshire terrier*) Yorkshireterrier m.

Yorkshire terrier <- -, - -s pl *ingl*> loc sost *ingl zoo* (*cane*) Yorkshireterrier m.

yo-yo <-> m *ingl* Jo-Jo n, Yo-Yo n.

ỳpsilon → **ipsilon**.

yuan <-> m *cinese* (*moneta*) Yuan m.

yùcca <-che-> f *bot* Yucca f, Palmlilie f.

yùppie <-, -s pl *ingl*> mf *ingl* Yuppie m.

yuppìsmo m **1** (*fenomeno*) Yuppie-Phänomen n **2** (*comportamento*) yuppiehaftes Benehmen **3** (*modo di pensare*) Yuppie-Denkweise f.

yuppy <-, -pies pl *ingl*> → **yuppie**.

Z, z

Z① **, z** <-> f o rar m (*ventiseiesima lettera dell'alfabeto italiano*) Z, n ● **z come Zara** (*nella compitazione delle parole*), Z wie Zacharias; → *anche* **A, a**.

Z② **1** *chim abbr di numero atomico*: Z (*abbr di Atomzahl*) **2** *fis abbr di impedenza*: Z (**abbr** *di* Impedanz f).

zabaglióne, zabaióne m *gastr* Zabaione f (*Schaumcreme aus Eigelb, Zucker und Marsala*).

zac *inter onomatopeica* **1** (*di colpo secco o taglio netto*) zack!: **e zac, recise la rosa più bella!**, zack, und schon schnitt er/sie die schönste Rose ab! **2** *fig* (*di fatto improvviso*) zack!: **è passato con il rosso, e zac, lo hanno multato!**, er ist bei Rot weitergefahren und zack, schon haben sie ihm ein Bußgeld aufgebrummt! *fam*.

Zaccarìa m (*nome proprio*) Zacharias.

zàcchera f Schmutzspritzer m.

zàcchete → **zac**.

zaff, zaf → **zac**.

zaffàre tr ~ **qc 1** (*turare*) {FALLA} *etw* stopfen; {TINO} *etw* verspunden, *etw* verspünden **2** med (*tamponare*) {FERITA} *etw* tamponieren.

zaffàta f **1** (*ondata di tanfo*) Gestank m, übel riechende Dunstwolke: **una ~ che ci ha tolto il fiato**, ein Gestank, der uns (buchstäblich) den Atem verschlagen hat **2** (*getto*) {+VINO} Strahl m; {+FUMO, VAPORE} Wolke f, Schwaden m.

zafferanàto, (-a) agg **1** (*con zafferano*) {RISO} safraniert **2** (*color zafferano*) {CARTA, TESSUTO} safrangelb.

zafferàno A m **1** *anche bot* (*droga*) Safran m **2** <-> (*colore*) Safran(gelb) n B <inv> agg {TENDA} safrangelb; {GIALLO} safran-.

zàffete → **zac**.

zaffìro A m **1** *min* Saphir m **2** <-> (*colore*) Saphirblau n: **cielo di ~**, saphirblauer Himmel B <inv> agg {OCCHI} saphirblau.

zàffo m **1** (*tappo*) {+FALLA} Stopfen m, Stöpsel m; {+BOTTE} Zapfen m, Spund m **2** *med* (*tampone*) Tampon m.

Zagabria f *geog* Zagreb n.

zàgara f *bot* Blüte f der Zitrusgewächse.

zainétto <dim di zaino> m kleiner Rucksack: **i giovani oggi vanno tutti a scuola con lo ~**, die Jugendlichen gehen heutzutage alle mit einem kleinen Rucksack zur Schule.

zàino m {CAPIENTE} Rucksack m: **fare lo ~**, den Rucksack packen; **~ da 15 litri**, 15-Liter-Rucksack m; **~ in spalla!**, Rucksack schultern/umhängen!; *mil* {AFFARDELLATO} Tornister m.

Zaire m *geog* Zaire n.

zaiṛése → **zairiano**.

zairiàno, (-a) A agg zairisch B m (f) (*abitante*) Zairer(in) m (f).

Zàmbia f *geog* Sambia n.

zambiàno, (-a) A agg sambisch B m (f) (*abitante*) Sambier(in) m (f).

zàmpa f **1** (*arto*) {+AIRONE, CANGURO, CAPRIOLO, COLEOTTERO, CONIGLIO, GIRAFFA, OCA, PANTERA, TORO, ZANZARA} Bein n; {+ASINO, CANE, CAVALLO} *anche* Lauf m; **zampe anteriori/posteriori**, Vorder-/Hinterbeine n pl; **animale a quattro zampe**, Vierfüßer m **2** (*piede*) Fuß m; {+CANE, GATTO, ecc.} Pfote f: **su, da bravo, dammi la ~!**, los, sei artig und gib schön Pfötchen!; {+LEONE, TIGRE, ecc.} Pranke f, Tatze f **3** *fig scherz* (*mano*) Pfote f *fam*: **giù le zampe!**, Pfoten weg! *fam* **4** *fig* (*piede*) {+ARMADIO} Fuß m; (*gamba*) {+SEDIA, TAVOLO} Bein n **5** *gastr* {+MAIALE, VITELLO} Hachse f, Haxe f ● **a ~ d'elefante** *fig* (*nella moda*), mit Schlag; **zampe di gallina** *fig* (*rughe intorno agli occhi*), Krähenfüße m pl *fam*; *fig* (*scrittura illeggibile*), Gekrakel n, Gekritzel n; **zampe di gallo** *tecnol*, "Dreifuß, auf dem die Töpferwaren während des Brennens im Ofen liegen"; **~ di lepre** *ferr*, Flügelschiene f; **camminare a quattro zampe** *fig* (*carponi*), auf allen vieren *fam* gehen/kriechen; **~ di ragno** *mecc*, Schmiernut f.

zampàre itr (*scalpitare*) {CAVALLO} mit den Füßen stampfen.

zampàta f **1** (*colpo di zampa*) {+CANE} Pfotenhieb m; {+FIERA} Prankenhieb m **2** (*impronta di zampa*) Fußspur f **3** *fam* (*pedata*) Fußtritt m.

zampettàre itr **1** {PULCINO} (herum|)hüpfen **2** *fig scherz* (*sgambettare*) {BAMBINO} (herum|)trippeln.

zampétto <dim di zampa> m *gastr* {+AGNELLO, MAIALE} Hachse f, Haxe f.

zampillàre itr (*essere o avere*) ~ **da qc** {SANGUE DALLA FERITA} aus etw (dat) heraus|spritzen, aus etw (dat) herausschießen; {ACQUA DALLA ROCCIA} *anche* aus etw (dat) hervor|sprudeln.

zampillìo <-lii> m (*lo zampillare*) {+FONTANA} (andauerndes) Herausspritzen.

zampillo m (*sprizzo*) {+SANGUE, VINO} Strahl m.

zampìno <dim di zampa> m **1** kleine Pfote, Pfötchen n **2** *gastr* (*zampetto*) Hachse f, Haxe f ● **mettere lo ~ in qc** *fig* (*intromettersi*), seine Hand/Hände bei etw (dat) im Spiel haben; **il diavolo ci ha messo lo ~** *fig*, da hat der Teufel seine Hand im Spiel.

zampiróne m **1** Räucher-, Insektenvertilgungsspirale f **2** *scherz* (*sigaretta scadente*) Lungenpuster m *scherz*.

zampógna f *mus* Dudelsack m, Sackpfeife f.

zampognàro, (-a) m (f) *mus* Dudelsackpfeifer(in) m(f), Dudelsackspieler(in) m(f).

zampóne <accr di zampa> m **1** Pranke f **2** *gastr* "gefüllter Schweinsfuß, gefüllte Schweinshaxe".

zàna f *tosc* **1** (*cesta*) Spankorb m **2** (*culla*) (korbförmige) Wiege.

zàngola f **1** (*per il burro*) Butterfass n **2** (*conca di legno*) Holzgefäß n, Holzfass n.

zànna f **1** *zoo* {+CINGHIALE} Hauer m; {+ELEFANTE} Stoßzahn m **2** (*dente canino*) {+LEONE, LUPO, ORSO} Reißzahn m **3** <solo pl> *scherz spreg* (*rif. a persona: denti*) Hauer m pl *scherz* ● **mostrare le zanne a qu** *fig* (*minacciarlo*), jdm die Zähne zeigen.

zannàta f (*colpo*) {+CINGHIALE} Hieb m mit den Hauern; {+ELEFANTE} Hieb m mit den Stoßzähnen.

zannùto, (-a) agg (*fornito di zanne*) {CINGHIALE} mit Hauern versehen; {ELEFANTE} mit Stoßzähnen versehen.

zanzàra f **1** *zoo* (Stech)mücke f: **~ anofele**, Anophelesmücke f; **~ tigre**, Tigermücke f **2** *fig fam* (*persona noiosa*) Nervensäge f *fam*: **sei peggio di una ~!**, du bist die größte Nervensäge, die es gibt!

zanzaricìda <-i m, -e f> farm A agg {PRODOTTO} Mückenvertilgungs- B m Mückenmittel n.

zanzarièra f **1** (*per porte o finestre*) Fliegengitter n **2** (*per il letto*) Moskito-, Mückennetz n.

zanzarìfugo, (-a) <-ghi, -ghe> farm A agg {LOZIONE} Mückenvertreibungs- B m Mückenmittel n.

Zanzibar f *geog* Sansibar n.

zapatìsta <-i m, -e f> *polit stor* A agg {GRUPPO} Zapatisten- B mf Zapatist(in) m (f).

zàppa f Hacke f: ~ **a cavallo**, Hackmaschine f ● **darsi la ~ sui piedi** *fig* (*nuocere a se stessi*), sich (dat) ins eigene Fleisch schneiden; den Ast absägen, auf dem man sitzt.

zappàre tr ~ **(qc)** {ORTO, TERRA} (*etw*) (um|)hacken **2** *fig spreg* (*suonare male*) ~ **qc** {PIANOFORTE} auf etw (dat) (herum|)klimpern *spreg*, auf etw (dat) herum|hacken *spreg*, in die Tasten von etw (dat)/+ gen hauen *fam spreg*.

zappàta f **1** (*colpo*) Hieb m mit der Hacke **2** (*lavoro*) (Um)hacken n.

zappatèrra <-> mf **1** *spreg* (*zappatore*) Feldarbeiter(in) m(f) **2** *fig spreg* (*zotico*) Tölpel m *spreg*, Rüpel m *spreg*.

zappatóre, (-trice) A m (f) Feldarbeiter(in) m(f) B m *mil* Sappeur m.

zappatrìce f *agr* (*macchina*) Hackmaschine f.

zappatùra f {PROFONDA, +TERRENO} (Um)hacken n.

zappétta <dim di zappa> f **1** *agr* kleine Hacke: ~ **bidente**, zweizackige Hacke; ~ **a doppio uso**, Kombihacke f **2** *tecnol* (*chiodo*) Zwecke f.

zappettàre tr (*sarchiare*) ~ **(qc)** (+ **compl di luogo**) {TERRENO INTORNO ALLA VITE} (*etw*) (*irgendwo*) behacken.

zapping <-> *m ingl TV* Zappen n: **fare (lo) ~**, zappen *fam*.

zappóne <*accr di zappa*> *m agr* Karst m.

zar <-> *m stor* (*sovrano*) Zar m.

Zàra *f geog* Zadar n.

zaratino, (-a) A *agg* (*di Zara*) von Zadar, Zadar- **B** *m* (*f*) (*abitante*) Bewohner(in) m(f) von Zadar.

zarìna *f stor* Zarin f.

zarìsmo *m polit stor* Zarismus m, Zarentum n.

zarista <-*i m, -e f polit stor* **A** *agg* {ESERCITO, IMPERO} Zaren-, zaristisch **B** *mf* Zarist(in) m(f), Anhänger(in) m(f) des Zaren.

zàttera *f* **1** (*di tronchi*) Floß n **2** *edil* (*zatterone*) Schwellrost(fundament) m **3** *mar* (*barcone*) Kahn m: **~ di salvataggio**, Rettungsinsel f, Rettungsfloß n; (*autogonfiabile*) Rettungsinsel f.

zatterière *m* Flößer m.

zatteróne <*accr di zattera*> *m* **1** großes Floß: **~ da sbarco**, Landungsfahrzeug n **2** (*calzatura*) Sandale f mit Plateausohle **3** *edil* Schwellrost(fundament) m.

zavórra *f* **1** *aero mar* Ballast m **2** *fig spreg* (*cosa inutile*) unnützes Zeug, Ballast m; (*persona*) Nichtsnutz m *spreg obs*, Klotz m am Bein *fam*: **quell'impiegato è solo una ~**, dieser Angestellte ist zu nichts zu gebrauchen/nur ein Klotz am Bein *fam*.

zavorraménto *m aero mar* Ballastaufnahme f.

zavorràre *tr aero mar* **~ qc** {AEROSTATO, BASTIMENTO} *etw* mit Ballast versehen/beschweren.

zàzzera *f* **1** (*capigliatura spec maschile*) Langhaarschnitt m, schulterlanges Haar: **avere la ~**, lange Haare/[schulterlanges Haar] haben **2** *scherz o spreg* (*capelli lunghi e arruffati*) Mähne *f fam*, Zotteln *f pl fam*.

zazzerùto, (-a) *agg anche scherz o spreg* (*con capelli a zazzera*) {RAGAZZO} langhaarig.

ZdG *f mil abbr di* Zona di Guerra: Kriegsgebiet n.

zèbedèi *m pl fam eufem* (*testicoli*) Eier n pl
● **rompere gli ~ a qu** *fig* (*seccare*), jdm auf die Eier gehen *volg*.

zèbra *f* **1** *zoo* Zebra n **2** <*solo pl*> *fig fam* (*strisce pedonali*) Zebrastreifen m pl.

zebràto, (-a) A *agg* {STOFFA} schwarzweiß gestreift **B** *m pl sport* (*giocatori della Juventus*) Spieler m pl von Juventus Turin.

zebratùra *f* {+TESSUTO} Zebramuster n ● **~ stradale**, Zebrastreifen m.

zebù <-> *m zoo* Zebu m o n, Buckelrind n.

zécca① <-*che*> *f* (*officina di conio*) Münzanstalt f, Münzstätte f, Münze f: **~ clandestina**, Falschmünzerei f ● **nuovo di ~** *fig* (*nuovissimo*), (funkel)nagelneu.

zécca② <-*che*> *f zoo* Zecke f: **un cane pieno di zecche**, ein Hund voller Zecken.

zecchìno *m numism* **1** (*ducato veneziano*) Zechine f **2** (*moneta d'oro*) Goldmünze f.

zefir <-> *m tess* Zephir m, Zephyr m.

zèfiro *m lett* Zephir m.

zelànte A *agg* **1** (*coscienzioso*) {IMPIEGATO, PROFESSORE} eifrig, dienstbeflissen, gewissenhaft; {STUDENTE} fleißig, *spreg* übereifrig, überfleißig: **non essere troppo ~ con lui!**, sei nicht zu übereifrig *spreg* mit ihm! **2** (*acceso*) glühend, begeistert: **uno ~ sostenitore della monarchia**, ein glühender Anhänger der Monarchie **B** *mf iron o spreg* (*pignolo*) pingeliger *fam*/kleinlicher *spreg* Mensch m: **non fare lo ~!**, sei nicht so pingelig! *fam*.

zelatóre, (-trìce) *m* (*f*) (*sostenitore*) Eiferer m, (Eiferin f).

zèlo *m* **1** (*diligenza*) Eifer m, Fleiß m: **studia con ~**, er/sie lernt mit Eifer/[eifrig]; **quanto ~!** *iron*, welch Eifer! *iron* **2** (*fervore*) {APOSTOLICO} Eifer m; {PATRIOTTICO} Begeisterung f.

zelòta <-*i m, -e f mf stor relig ebraica* Zelot m.

zelotìsmo *m stor relig ebraica* Zelotismus m.

zen *giapponese* **A** <*inv*> *agg* {ARTE, FILOSOFIA} Zen- **B** <-> *m* Zen n.

zènit <-> *m* **1** *astr* Zenit m, Scheitelpunkt m: **il sole è allo ~**, die Sonne steht im Zenit **2** *fig* (*culmine*) Höhepunkt m, Zenit m *forb*: **essere alto ~ della propria gloria**, im Zenit *forb* seines Ruhms stehen.

zenitàle *agg astr* {CERCHIO, DISTANZA, TELESCOPIO} zenital, Zenit-, Scheitel-.

Zenóne *m stor* Zenon m.

zénzero *m anche bot* (*droga*) Ingwer m.

zéppa *f* **1** (*cuneo di legno*) (Holz)keil m **2** (*suola spessa*) Plateausohle f: **sandali con la ~**, Sandalen *m pl* mit Plateausohle **3** *enigmistica* Buchstaben-, Worträtsel n **4** *giorn* (*breve articolo*) Füllartikel m **5** *ling* (*parola*) Füllwort n; (*frase*) Einschiebsel n, Einschub m **6** *tip* (*listello di piombo*) Steg m ● **mettere/metterci una ~** (*trovare un rimedio di fortuna*), sich mit einem Provisorium behelfen, eine Behelfsnotlösung finden.

Zeppelin <-, -e pl ted> *m ted aero* Zeppelin m (Luftschiff n).

zéppo, (-a) *agg* **1** *anche fig* (*colmo*) **~ di qc** {CASSETTA DI NOCI} voll (*von*) *etw* (*dat*)/+ *gen forb*, voller *etw* (*nom o gen*): **il tema è ~ di errori**, der Aufsatz ist voll/voller Fehler, der Aufsatz ist voll von Fehlern; {ARMADIO DI VESTITI, SCAFFALE DI LIBRI} *mit etw* (*dat*) vollgestopft, *mit etw* (*dat*) überfüllt **2** (*gremito*) **~ di qu** {AUTOBUS DI GENTE, TEATRO DI SPETTATORI} gerammelt voll *fam mit jdm*, proppenvoll *fam mit jdm*, knallvoll *fam mit jdm*.

zéppola *f* <*di solito al pl*> *gastr* "in Öl gebratenes Karnevalsgebäck aus Süditalien".

zerbìno *m* Fußmatte f, Fußabtreter m *region*: **pulirsi le scarpe sullo ~**, sich (*dat*) die Schuhe (an der Fußmatte) abputzen/abstreifen *region*.

zerbinòtto *m iron o spreg obs* (*damerino*) Geck m, Stutzer m *obs*.

zèro A *agg num* **1** (*quantità*) null: **il termometro segna ~ gradi**, das Thermometer zeigt null Grad/[steht auf null]; **ho fatto ~ punti**, ich habe null Punkte erzielt **2** (*nullo*) {COSTO, LIVELLO} Null-: **crescita/sviluppo ~**, Nullwachstum n **B** <-> *m* **1** (*numero*) Null f: **aggiungere/togliere uno ~**, eine Null hinzufügen/abstreichen; **due per ~ fa ~**, zwei mal null ist/macht null; **la partita è finita ~ a ~**, das Spiel ist null zu null ausgegangen; **puntare sullo ~**, auf die Null setzen; **~ virgola otto**, null Komma acht **2** *anche fis* (*punto iniziale di una sequenza*) Null(punkt m) f: **la temperatura è scesa a ~**, die Temperatur ist auf den Nullpunkt/[null] abgesunken; **10 gradi sopra ~**, 10 Grad über [plus], über 10 Grad; **2 gradi sotto ~**, 2 Grad unter null/[minus], minus 2 Grad; **l'indice della benzina segna/[è a] ~**, die Benzinuhr steht auf null; **mettere/ridurre a ~ uno strumento**, ein Instrument auf null einstellen **3** (*voto scolastico in Italia*) ≈ ungenügend, Sechs: **ho preso ~ in matematica**, ich habe eine Sechs in Mathematik bekommen **4** *fig* (*niente*): **in questo campo tu ne sai ~**, auf diesem Gebiet kennst du dich überhaupt nicht aus/[hast du null Ahnung *fam*]; **in quanto a studiare, ~!**, was das Lernen betrifft, abso-

lute Fehlanzeige! *fam*; **tu per me conti (meno di) ~**, für mich existierst du überhaupt nicht! *fam* **C** *f pl* (*mezzanotte*) vierundzwanzig, null Uhr: **il treno delle ~ venti**, der Zug um null Uhr zwanzig ● **un assegno/una cifra/... a sei/nove/... zeri**, ein Scheck/Zahl/... mit sechs/neun/... Nullen; **~ assoluto** *fis*, absoluter Nullpunkt; *fig* (*nullità*), Null f *fam spreg*; **come padre è uno ~ assoluto**, als Vater ist er eine absolute Null *fam spreg*; **cominciare/partire da ~** *fig* (*dal nulla*), bei null anfangen; **essere (uno) ~ in qc** *fig* (*rif. a persona: una nullità*), in etw (*dat*) eine Null sein *fam spreg*; **rapare/rasare a ~** *fig* (*tagliare i capelli cortissimi*), jdn kahl scheren; **ricominciare/ripartire da ~** *fig* (*da capo*), einen neuen Anfang machen, ganz von vorn anfangen; **essere ridotto a ~** *fig* (*esaurito*), {PATRIMONIO} aufgebraucht sein; {SPERANZA} gleich null sein; *fig fam* (*completamente rovinato*), {PERSONA} völlig abgebrannt sein *fam*; **sparare a ~ (contro/su qu/qc)** *mil*, das Magazin (auf jdn/etw) leer schießen; *fig* (*attaccare duramente*), jdn heftig anschießen *fam*, jdn/etw hart angreifen/attackieren; **~ via da/fa ~** *fig fam* (*dal niente non si ricava niente*), aus nichts wird nichts, von nichts kommt nichts.

zero coupon <*inv*> *loc agg ingl econ* {CERTIFICATO} Nullcoupon-, Nullkupon-.

zèro zèro sètte <-> *loc sost mf* **1** (*agente segreto*) (Geheim)agent(in) m(f), Spion(in) m(f) **2** *fig scherz* (*investigatore*) Fahnder m: **zero zero sette del fisco**, Steuerfahnder(in) m(f).

zèta <-> *f o rar m* (*lettera*) Zeta n.

zèugma <-*i*> *m ling* Zeugma n.

zia <*zie*> *f* Tante f: **zia acquisita**, Tante f zweiten Grades; **zia materna/paterna**, Tante f mütterlicherseits/väterlicherseits.

zibaldóne *m fig spreg* **1** (*opera disorganica*) Sammelsurium n *spreg*, Mischmasch m *spreg*: **il suo ultimo film è uno ~ di luoghi comuni**, sein/ihr letzter Film ist ein einziges Sammelsurium *spreg* an Gemeinplätzen **2** *fig spreg* (*mescolanza confusa*) {+IDEE} Gemisch n, Sammelsurium n *spreg* **3** *lett* {+POETA} Notizen-, Aphorismensammlung f, Zettelkasten m.

zibellìna *f tess* Zibeline f.

zibellìno *m* **1** *zoo* Zobel m **2** (*pelliccia*) Zobel(pelz) m.

zibétto *m* **1** *zoo* Zibetkatze f **2** (*sostanza*) Zibet m.

zibìbbo *m* **1** (*vitigno*) Zibibbotraube f (muskatellerartige Weintraubensorte) **2** *enol* "süßer Weißwein aus Sizilien".

zigàno, (-a) A *agg* {COSTUME, VIOLINO} Zigeuner- **B** *m* (*f*) Zigeuner(in) m(f).

zigèna *f zoo* Zygäne f.

ziggurat <-> *m o f archeol* (*tempio*) Zikkurat f.

zigolo *m ornit* Ammer f: **~ giallo**, Goldammer f.

zigomàtico, (-a) <-*ci, -che*> *agg anat* {MUSCOLO, NERVO} Joch-.

zigomo *m anat* Backenknochen m, Jochbein n, Wangenbein n: **una donna con gli zigomi sporgenti**, eine Frau mit hervorstehenden Backenknochen.

zigomòrfo, (-a) *agg bot* {FIORE} zygomorph.

zigòte, zigòto *m biol* Zygote f.

zigrinàre *tr* **~ qc 1** (*rendere granuloso*) {PELLE} *etw* chagrinieren, *etw* narben **2** (*imprimere righe sottili*) {BORDO DI UNA MONETA} *etw* rändeln; (*tratteggiare fitto*) {ASSEGNO} *etw* fein schraffieren **3** *mecc* {TESTA DI UNA VITE} *etw* rändeln.

zigrinàto, (-a) agg 1 (*granuloso*) {CUOIO} chagriniert, Narben- 2 (*a righe sottili*) {MONETA} geränhelt; (*tratteggiato fitto*) {CARTA} fein schraffiert 3 *mecc* (*godronato*) {DADO, PULSANTE} Rändel-.

zigrinatùra f 1 (*effetto*) {+PELLE} Narbung f; (*azione*) *anche* Chagrinieren n, Narben n 2 {+CONTORNO DI UNA MONETA} Rändelung f; (*azione*) *anche* Rändeln n; {+ASSEGNO} Feinschraffierung f; (*azione*) *anche* Feinschraffieren n 3 *mecc* {LEGGERA, PROFONDA} Rändelung f; (*azione*) *anche* Rändeln n.

zigzàg, **zig zag** **A** <-> m loc sost m 1 (*linea*) {+SENTIERO, LEPRE} Zickzacklinie f 2 (*movimento*) {+LEPRE} Hakenschlagen n, Laufen m im Zickzack **B** <inv> loc agg: a ~, {ANDAMENTO} Zickzack-; {STRADA} im Zickzack **C** loc avv: a ~, {CAMMINARE} Zickzack.

zigzagàre <zigzago, zigzaghi> itr ~ (+ **compl di luogo**) {FULMINE NEL CIELO} etw zickzackartig durchzucken; {SCIATORE SULLA PISTA} (*irgendwo*) zickzack-/[im Zickzack] fahren: **procedere zigzagando**, im Zickzack weitergehen/weiterfahren.

zimàsi <-> f *biol chim* Zymase f.

Zimbàbwe m *geog* Simbabwe n.

zimbèllo m 1 (*uccello di richiamo*) Lockvogel m; (*tonno di richiamo*) Köderfisch m 2 *fig* (*oggetto di scherno*) Zielscheibe f des Spottes: **è lo ~ della classe**, er/sie ist Zielscheibe des Spottes für die ganze Klasse, die ganze Klasse hat ihn/sie auf dem Kieker *fam norddt* 3 *rar fig* (*allettamento*) Lockmittel n, Köder m.

zincàre <zinco, zinchi> tr ~ **qc** {LAMIERA} etw verzinken.

zincàto, (-a) **A** agg (*rivestito di zinco*) {FERRO, FILO} verzinkt; {LAMIERA} *anche* Zink- **B** m *chim* Zinkat m: **di potassio**, Kaliumzinkat n.

zincatùra f 1 (*lo zincare*) Verzinkung f, Verzinken n 2 (*rivestimento*) Verzinkung f, Zinkschicht f.

zinco <-> m *chim* Zink m.

zincografìa f *tip* Zinkdruck m, Zinkographie f.

zincogràfico, (-a) <-ci, -che> agg *tip* {RIPRODUZIONE} Zinkdruck-, Zinkographie-.

zincotipìa f *tip* Zinkotypie f.

zìngara f → zingaro.

zingarésco, (-a) <-schi, -sche> agg *anche fig* (*da, di zingaro*) {COSTUME, TRADIZIONE} Zigeuner-: **condurre una vita zingaresca**, ein Zigeunerleben führen, ein ⌜zigeunerhaftes *fam spreg*⌝/[zigeunerisches *fam spreg*] Leben führen.

zìngaro, (-a) m (f) *anche fig spreg* Zigeuner(in) m (f) *anche fam spreg*: **con quei capelli lunghi e disordinati sembri uno ~**, mit deinen langen ungekämmten Haaren siehst du aus wie ein Zigeuner *fam spreg*.

zìnia → zinnia.

zìnna f *region* (*mammella*) Titten f pl *volg*: **avere delle belle zinne**, schöne Titten *volg* haben.

zìnnia f *bot* Zinnie f.

zìnzino m *region* (*piccola quantità*) {+PANE} Bissen m, Stückchen n; {+VINO} Schlückchen n: **me ne basta uno ~**, mir reicht ein bisschen davon, ich brauche nur ein wenig davon; **uno ~ di tempo**, ein (kleines) bisschen Zeit.

zio <zii> m 1 Onkel m: **zio acquisito**, Onkel m zweiten Grades; **zio materno/paterno**, Onkel m mütterlicherseits/väterlicherseits 2 <solo pl> (*zio e zia*) Onkel und Tante m: **come stanno gli zii?**, wie geht's dem Onkel und der Tante? ● **zio d'America** *scherz*, Onkel m aus Amerika *fam scherz*, Erbonkel m *fam scherz*; **lo zio Sam** *scherz* (*gli Stati Uniti*), Onkel m Sam.

zip <-> **A** m f *ingl* Reißverschluss m, Zipp m **B** m *inform* Zip m.

zippàre tr *inform* ~ **qc** {FILE} etw komprimieren.

zippàto, (-a) agg *inform* {ARCHIVIO} komprimiert.

ziqqurat → ziggurat.

zircòne m *min* Zirkon m.

zircònio <-> m *chim* Zirkonium n.

zirlàre itr {TORDO} singen, pfeifen; {PULCINO, TOPO} piep(s)en.

zìrlo m {+TORDO} Singen n, Pfeifen n; {+PULCINO, TOPO} Piep(s)en n.

zìta f <di solito al pl> *gastr* "dicke Makkaronisorte".

zitèlla f 1 (*nubile*) ledige Frau: **è rimasta ~**, sie ist ledig geblieben, sie hat nicht geheiratet, sie ist sitzen geblieben *obs* 2 *scherz o spreg* alte Jungfer *scherz o spreg*: **sei proprio una vecchia ~!**, du bist ja eine richtige alte Jungfer! *scherz o spreg*; ~ **rancida** *spreg* (*acida*), alte Hexe *spreg*.

zitellésco, (-a) <-schi, -sche> agg 1 (*da zitella*) altjüngferlich 2 *spreg o scherz* (*bisbetico*) altjüngferlich *spreg*, zickig *fam spreg*, launenhaft.

zitèllo m *scherz* (*celibe*) (eingefleischter) Junggeselle.

zitellòna <accr di zitella> f *scherz* alte Jungfer *scherz o spreg*.

zitellòne <accr di zitello> m *scherz* (eingefleischter) Junggeselle.

zìto m → zita.

zittìre <zittisco> **A** tr 1 (*far tacere*) ~ **qu** (**con qc**) jdn (mit etw dat/durch etw acc) zum Schweigen bringen: **lo zittì con un'occhiataccia**, er/sie brachte ihn durch einen bösen Blick zum Schweigen 2 (*mettere nell'impossibilità di replicare*) ~ **qu** (**con qc**) {IMPUTATO CON DELLE PROVE INCONFUTABILI} jdn (durch etw acc) zum Schweigen bringen 3 (*sibilare*) ~ **qu** {CANTANTE, ORATORE} jdn aus|pfeifen, jdn aus|zischen **B** itr (*tacere*) ver|stummen: **il pubblico zittì di colpo**, plötzlich verstummte das Publikum **C** itr pron (*tacere*): **zittirsi** verstummen.

zìtto, (-a) agg still, ruhig: **sta' ~!**, sei still!; **tu sì che riesci a farli stare zitti!**, ja, dir gelingt es, ⌜dass sie ruhig sind⌝/[sie zum Schweigen zu bringen]! **B** inter *impr*: ~!, Ruhe!, ruhig!; ~, **che voglio ascoltare!**, Ruhe, ich will zuhören! ● **zitto zitto** (*in gran silenzio*), mucksmäuschenstill *fam*; (*alla chetichella*), still und heimlich, klammheimlich *fam*.

zizzània f 1 *bot* Taumellolch m 2 *fig* (*discordia*) Zwietracht f, Unfrieden m: **mettere/seminare/spargere ~ in famiglia**, Zwietracht in der Familie stiften/säen.

zloti <-> m *numism* Zloty m.

zòccola f 1 *region* (*topo di fogna*) Ratte f 2 *fig volg* (*prostituta*) Nutte f *fam spreg*.

zoccolàre itr *fam* ~ + **compl di luogo** {PER CASA, SU E GIÙ PER LE SCALE} irgendwo (mit Holzschuhen) klappern.

zoccolàta f (*colpo di zoccolo*) Schlag m/Hieb m mit einem Holzschuh.

zòccolo m 1 (*calzatura*) Holzschuh m, (Holz)pantine f *norddt*, Holzpantoffel m: **calzare/portare gli zoccoli**, Holzschuhe tragen; **zoccoli ortopedici**, orthopädische Schuhe 2 (*strato*) {+FANGO, NEVE} Schicht f 3 (*battiscopa*) (Wand)sockel m: ~ **di legno/marmo**, Holz-/Marmorsockel m, (Wand)sockel m aus Holz/Marmor 4 (*basamento*) {+COLONNA, MOBILE, MONUMENTO} Sockel m, Fuß m 5 *agr* (*blocco di terra e radici*) {+PIANTA} (Wurzel)ballen m 6 *arch* (*fascia inferiore esterna di un edificio*) (Haus)sockel m 7 *elettr* {+LAMPADA} Sockel m 8 *geol* Sockel m: ~ **continentale/sottomarino**, Kontinentalsockel m 9 *tip* Klischeefuß m 10 *zoo* {ANTERIORE; +MULO} Huf m ● **lo ~ duro** *fig giorn* (*settore più stabile*), {+ORGANIZZAZIONE, PARTITO} der harte Kern.

zodiacàle agg *astrol astr* {SEGNO, SIMBOLO} Tierkreis-, zodiakal; {LUCE} Zodiakal-.

zodìaco <-ci> m *astrol astr* Tierkreis m, Zodiakus m.

zolfanèllo m 1 (*fiammifero*) Streich-, Zündholz n 2 (*stoppino per botti*) Schwefeldocht m ● **accendersi come uno ~** *fig* (*essere molto irascibile*), schnell/leicht aufbrausen, sehr aufbrausend sein.

zolfàra e *deriv* → **solfara** e *deriv*.

zolfatàro → solfataio.

zòlfo <-> m *chim* Schwefel m: ~ **ramato**, Kupfervitriol n.

zòlla f 1 (*blocco di terra*) (Erd)scholle f: ~ **erbosa**, Rasenstück n 2 (*pezzo compatto*) {+ZUCCHERO} Würfel m, Stück n 3 *geol* (*placca*) Sockel m: ~ **continentale**, Kontinental-, Festlandsockel m ● **possedere quattro/poche zolle** *fig* (*un po' di terreno*), etwas/[einen Flecken] Land besitzen.

zollétta <dim di zolla> f Stückchen n: **una ~ di zucchero**, ein Stückchen Zucker.

zómbi <-> mf 1 *relig* Zombie m 2 *fig* Zombie m *fam*: **da quando la divorziato è diventato uno ~**, seit seiner Scheidung ist er ⌜zu einem Zombie *fam* geworden⌝/[nicht mehr er selbst].

zómbie <-, -s pl *ingl*> mf *ingl* → zombi.

zompàre itr 1 (*essere*) *rom* (*saltare*) hüpfen, springen: **mi è zompato addosso**, er über mich hergefallen 2 <avere> *fam scherz* (*copulare*) bumsen *volg*.

zómpo m *rom* (*salto*) Sprung m, Satz m.

zòna f 1 (*striscia*) {BUIA, LUMINOSA} Streifen m, Gürtel m 2 (*territorio*) Gebiet n, Gegend f, Zone f: **le zone alluvionale**, die Überschwemmungsgebiete; ~ **di caccia/pesca**, Jagd-/Fischfanggebiet n; ~ **collinare**, Hügelland n; ~ **costiera/paludosa**, Küsten-/Sumpfgebiet n; ~ **depressa**, Notstandsgebiet n; ~ **desertica**, Wüstengegend f; ~ **denuclearizzata**, atomwaffenfreie Zone; ~ **franca**, Freizone f, Zollfreigebiet n; ~ **di frontiera**, Grenzgebiet n; ~ **di guerra** (abbr ZdG), Kriegsgebiet n; ~ **di libero scambio**, Freihandelszone f; ~ **militare**, militärisches Sperrgebiet; ~ **di montagna**, Bergregion f; ~ **di occupazione**, Besatzungszone f; ~ **protetta**, (Natur)schutzgebiet n; ~ **di ripopolamento**, Schonung f; ~ **di vendita**, Verkaufszone f; ~ **vietata**, Sperrgebiet n 3 (*area cittadina*) {CENTRALE, NUOVA, TRAFFICATA, TRANQUILLA} (Stadt)bezirk m, (Stadt)viertel n: ~ **blu**, blaue Zone; ~ **disco**, Parkscheibenzone f (mit Parkscheibenpflicht und Parkzeitbeschränkung); ~ **industriale**, Industriegebiet n; ~ **pedonale**, Fußgängerzone f; ~ **periferica**, Randgebiet n; ~ **portuale**, Hafengelände n; ~ **residenziale**, Wohngebiet n, Wohnbezirk m; ~ **del silenzio**, Zone f mit Hupverbot; ~ **a traffico limitato**, verkehrsberuhigter Bereich, Umweltzone f; ~ **verde**, Grünanlagen f pl 4 (*spazio abitativo*) Bereich m: ~ **giorno/notte**, Wohn-/Schlafbereich m; ~ **pranzo**, Essecke f 5 *geog* (*fascia*) {CLIMATICA} Zone f: ~ **glaciale/polare**, Eis-/Polarzone f; ~ **temperata**, gemäßigte Zone; ~ **torrida/tropicale**, Tropenzone f, tropische Zone 6 *geol meteo* Gebiet n: ~ **di alta/bassa pressione**, Hochdruck-/Tiefdruckgebiet n; ~ **sismica/tettonica**, Erdbebengebiet n 7 *med* (*herpes zoster*) Gürtelrose f **8** *radio* Bereich m; **~ d'ascolto**, Hörbereich m **9** *sport* Raum m, (Spiel)bereich m; **~ d'attacco/di difesa**, Angriffs-/Verteidigungsbereich m; **giocare in ~**, mit Raumdeckung spielen **10** *tel* (*nastro ricevente*) Papierstreifen m ● **~ calda** *fig* (*pericolosa*), Krisengebiet n; **segnare in ~ Cesarini** *sport* (*nel calcio*), in den letzten Minuten ein Tor erzielen; *fig* (*ottenere un successo in extremis*), einen nicht mehr für möglich gehaltenen Erfolg erzielen, in der letzten Minute Erfolg haben; **zone erogene** *anat*, erogene Zonen; **essere fuori ~** (*lontano*), abgelegen liegen; **essere in ~** (*vicino*), in der Nähe sein; **~ d'influenza** *polit*, Einflussbereich m; *fig* (*sfera d'azione*), Aktionsradius m, Wirkungskreis m; **~ d'ombra**, Schattenbereich m; *fig* (*aspetto poco chiaro*), im Dunkeln liegender Aspekt; *fig* (*lacuna, mancanza di informazione*), Informationslücke f; **radio TV** (*zona di silenzio*), Funkstille f; **~ di rispetto** *edil*, Schutzgebiet n; **~ di silenzio** *fis*, tote/ stille Zone.

zonàle *agg* (*di zona*) {COMANDO, COMMISSARIATO} Bezirks-.

zónzo *solo nella loc avv*: **a ~**, {CAMMINARE} ohne Ziel, ins Blaue; **andare a ~ con qu**, mit jdm ˌbummeln *fam*ˌ/[spazieren gehen]; (*con veicolo*) ins Blaue fahren.

zòo <-> m Zoo m: **andare allo zoo**, in den Zoo gehen, den Zoo besuchen; **lo zoo del circo**, der Zirkuszoo ● **zoo safari**, Safaripark m.

zòo- *primo elemento* (*animale*) Tier-, Zoo-: **zoolatria**, Tierkult, Zoolatrie; **zoologia**, Tierkunde, Zoologie; **zoomorfo**, zoomorph.

zoocoltùra f *zoo* Tierzucht f.

zoocorìa f *bot* Zoochorie f.

zoocultùra → zoocoltura.

zoofagìa f *bot zoo* Zoophagie f.

zoòfago, (-a) <-gi, -ghe> *agg bot zoo* zoophag, Fleisch fressend.

zoofilìa f **1** Tierliebe f **2** *psic* (*bestialità*) Zoophilie f *rar*, Sodomie f.

zoòfilo, (-a) ⬛ *agg* **1** {SOCIETÀ} tierliebend **2** *psic* sodomitisch ⬛ m (f) **1** Tierliebhaber(in) m(f), Tierfreund(in) m(f) **2** *psic* Sodomit(in) m(f).

zoòfito m *zoo* Zoophyt m o n.

zoofobìa f *psic* Zoophobie f.

zoogènico, (-a) <-ci, -che> *agg geol* {ROCCIA} zoogen.

zoogeografìa f *geog* Tier-, Zoogeographie f.

zoolatrìa f *stor relig* Tierkult m, Zoolatrie f.

zoòloga f → **zoologo**.

zoologìa f Tierkunde f, Zoologie f.

zoològico, (-a) <-ci, -che> *agg* {GIARDINO, MUSEO} zoologisch.

zoòlogo, (-a) <-gi, -ghe> m (f) Zoologe m, (Zoologin f).

zoom <-> m *ingl fot* Zoom(objektiv) n.

zoomafia f (*settore della mafia*) Tiermafia f.

zoomàre e *deriv* → **zumare** e *deriv*.

zoomorfìsmo m *mitol* Zoomorphismus m.

zoomòrfo, (-a) *agg* {FIGURA} zoomorph.

zoonòsi <-> f *veter* Zoonose f.

zoopatologìa f *veter* "Lehre von den Tierkrankheiten".

zooplàncton <-> m *biol* Zooplankton n.

zooprofilàssi <-> f *veter* Zoo-, Tierprophylaxe f.

zoosafàri <-> m Safaripark m.

zootecnìa f Vieh-, Tierzucht f, Zootechnik f.

zootècnico, (-a) <-ci, -che> ⬛ *agg* Vieh-(zucht)-, zootechnisch ⬛ m (f) Viehzüchter(in) m(f), Zootechniker(in) m(f).

zòppa f → **zoppo**.

zoppicànte *agg* **1** *gener* {CANE} lahmend; {ANDATURA, VECCHIO} hinkend, humpelnd, lahmend *rar* **2** (*traballante*) {SEDIA, TAVOLO} wack(e)lig **3** *fig* (*imperfetto*) {PERIODO, VERSO} hinkend, holp(e)rig; {ARGOMENTAZIONE} hinkend, schwach **4** *fig fam* (*vacillante*) {PROGETTO} unsicher; {MAGGIORANZA} schwach, wackelig: **un allievo zoppicante in storia**, ein Schüler, ˌder in Geschichte schwach istˌ/ [bei dem es in Geschichte hapert *fam*].

zoppicàre <*zoppico, zoppichi*> *itr* **1** {ANIMALE} lahmen; {PERSONA} hinken, humpeln, lahmen *rar*: **zoppica dal/[con il] piede destro**, er/sie hinkt auf/mit dem rechten Fuß **2** (*traballare*) {MOBILE, TAVOLINO} wackeln **3** *fig* (*essere imperfetto*) {RIMA, SINTASSI} hinken, holp(e)rig sein; {RAGIONAMENTO} hinken, schwach sein **4** *fig fam* (*vacillare*) {GOVERNO} wackeln, schwach sein: **uno studente che zoppica in matematica**, ein Schüler, ˌder in Mathematik schwach istˌ/[bei dem es in Mathematik hapert *fam*]; **durante gli studi ha sempre zoppicato**, er/sie ist durch sein/ihr ganzes Studium mit nur Hängen und Würgen *fam* durchgekommen.

zòppo, (-a) ⬛ *agg* **1** {CAVALLO} lahm; {UOMO} hinkend, humpelnd: **è ~ dalla gamba destra**, er hinkt auf/mit dem rechten Bein; **dal giorno dell'incidente è diventato ~**, seit dem Unfall hinkt er **2** (*traballante*) {SCRIVANIA, SEGGIOLA} wack(e)lig **3** *fig* (*difettoso*) {GIAMBO, RIMA} hinkend, holp(e)rig; {DISCORSO, TESI} hinkend, nicht stimmig ⬛ m (f) Hinkende mf *decl come agg* ● **chi va con lo ~ impara a zoppicare** *prov*, schlechte Beispiele verderben gute Sitten *prov*.

zoroastrìsmo m *stor relig* Zoroastrismus m.

Zoroàstro m *stor relig* Zoroaster m.

zostèra f *bot* Seegras n.

zòtica f → **zotico**.

zoticàggine, zotichézza f Grobheit f, Plumpheit f.

zòtico, (-a) <-ci, -che> ⬛ *agg* {GENTE, MODO} grob *spreg*, plump ⬛ m (f) Tölpel m *spreg*, Rüpel m *spreg*.

zoticóne, (-a) <*accr di zotico*> ⬛ *agg* (*grezzo*) grob *spreg*, flegelhaft *fam spreg* ⬛ m (f) Grobian m *fam spreg*, Flegel m *fam spreg*.

zózzo e *deriv* → **sozzo** e *deriv*.

zszszs → **zzz**.

ZTL f *urban abbr di Zona a Traffico Limitato*: verkehrsberuhigter Bereich, Umweltzone f.

zuàvo, (-a) ⬛ m *mil* Zuave m ⬛ <inv> loc agg: **alla zuava**, {GIACCA} Zuaven-; **calzoni/ pantaloni alla zuava**, (Knie)bundhosen f pl, Knickerbocker pl.

zùcca <-che> f **1** *bot* (*pianta, frutto*) {COMUNE, GIALLA} Kürbis m **2** *fig fam* (*testa*) Rübe f *fam*, Birne f *fam*: **~ pelata**, Glatzkopf m; **ma che cos'hai in quella ~?**, ja, hast du sie nicht mehr alle? *fam*; ich möchte nur wissen, was du eigentlich in ˌdeiner Birneˌ/[deinem Schädel] (drin) hast! *fam* ● **avere la ~ dura** *fig fam* (*essere testardo*), einen Dickkopf *fam* haben, dickköpfig sein *fam*; **non gli entra nella ~ che ...** *fam*, es will ihm nicht impara che ..., ihm geht/will nicht in den Kopf (hinein), dass ... *fam*; **essere una ~ vuota** *fig fam* (*stupido*), ein Hohlkopf *spreg*/Strohkopf *fam spreg* sein; (*sbadato*), ein zerstreuter Mensch sein; **usare la ~** *fig* (*l'intelligenza*), seinen Kopf anstrengen.

zuccàta f *fam* (*colpo*) Kopfstoß m, Stoß m mit dem Kopf: **ho battuto una tale ~!**, ich habe mir vielleicht den Kopf angestoßen!; *fam*; **dare una ~ contro lo spigolo**, mit dem Kopf gegen die Kante stoßen.

zuccheràre *tr* **~ qc** {CAFFÈ} *etw* zuckern, *etw* süßen.

zuccheràto, (-a) *agg* **1** {BEVANDA} gezuckert: **il tè lo vuoi ~?**, möchtest du Zucker in den Tee? **2** *fig* (*mellifluo*) {LINGUAGGIO} honigsüß *spreg*, zuckersüß *spreg*.

zuccherièra f {+ARGENTO, PELTRO; PIENA, VUOTA} Zuckerdose f.

zuccherièro, (-a) *agg* {INDUSTRIA, PRODUZIONE} Zucker-.

zuccherifìcio <-ci> m Zuckerfabrik f.

zuccherìno, (-a) ⬛ *agg* **1** (*contenente zucchero*) {SOSTANZA} zuckerhaltig; {SOLUZIONE} Zucker- **2** (*dolce*) {FRUTTA} (zucker)süß ⬛ m **1** (*pezzetto di zucchero*) Zuckerstück n **2** (*dolcino*) Bonbon m o n **3** *fig* (*contentino*) Trostpflaster n: **dare to ~ a qu**, jdm die bittere Pille versüßen **4** *fig* (*persona*) gut-/sanftmütiger Mensch: **vai pure a parlargli: oggi è uno ~**, sprich ruhig mit ihm, heute ist er ˌweich wie Butter *fam*ˌ/[gnädig] ● **non è uno ~ lavorare di notte** *fig* (*non è piacevole*), nachts zu arbeiten ist kein Zucker-/Honiglecken.

zùcchero m **1** *anche chim* (*sostanza*) Zucker m: **~ di barbabietola/canna**, Rüben-/ Rohrzucker m; **~ caramellato/vanigliato**, Karamell-/Vanillezucker m; **~ filato**, Zuckerwatte f; **~ grezzo/semolato**, Roh-/Kristallzucker m; **~ di frutta/latte/malto**, Frucht-/ Milch-/Malzzucker m; **~ invertito**, Invertzucker m; **mettere lo ~ nel caffellatte**, Zucker in den Milchkaffee tun; **~ in pani/zollette**, Hut-/Würfelzucker m; **~ in polvere**, Puder-, Staubzucker m; **prendere il caffè ˌcon loˌ/ [senza]**, den Kaffee mit/ohne Zucker nehmen; **~ raffinato**, Raffinade f; **zuccheri semplici**, Monosacharide n pl; **~ a velo**, Puderzucker m **2** *fig* (*alimento molto dolce*): **questo melone è uno ~**, diese Melone ist/ schmeckt zuckersüß **3** *fig* (*persona dolce*) gut-/sanftmütiger Mensch **4** *fig* (*persona melliflua*): **quando vuole qualcosa diventa uno ~**, wenn er/sie etwas will, wird er/sie zuckersüß *spreg* ● **un fico dolce come lo ~** (*molto dolce*), eine zuckersüße Feige; **essere (tutto) ~ e miele** *fig fam* (*sdolcinato*), {DISCORSO} zucker-/honigsüß sein *spreg*; {PERSONA} anche scheißfreundlich sein *volg*; **avere ˌlo ~ˌ/ [gli zuccheri] nelle urine** *fam* (*soffrire di diabete*), zuckerkrank/Zuckerkranker sein, Diabetes/Zucker *fam* haben.

zuccheróso, (-a) *agg* **1** {FRUTTA, LIQUORE} zuckersüß **2** *fig* (*mellifluo*) {PAROLE} süßlich *spreg*, (honig)süß *spreg* (*stuccevole*) {CANZONETTA, COMMEDIA} schmalzig *spreg*.

zucchétto <*dim di zucca*> m **1** (*copricapo*) Kalotte f; {ROSSO; +CARDINALE} Kalotte f **2** *region* (*zucchina*) Zucchino m ● **ricevere lo ~ rosso** *fig* (*diventare cardinale*), zum Kardinal ernannt werden.

zucchìna, zucchìno f, m <*dim di zucca*> *bot* **1** (*pianta*) Zucchino m **2** <*di solito al pl*> *anche gastr* (*frutto*) Zucchini m pl.

zuccóna f → **zuccone**.

zucconàggine f Begriffsstutzigkeit f.

zuccóne, (-a) ⬛ *agg* **1** (*ottuso*) {ALLIEVO} begriffsstutzig, dumm **2** (*testardo*) {FIGLIO} dickköpfig *fam* ⬛ m (f) *fig spreg* **1** (*ottuso*) Hohlkopf m *spreg*, Dummkopf m *spreg* **2** (*testardo*) Dickkopf m *spreg* ⬛ m *fam* (*testone*) großer Kopf.

zuccòtto m *gastr* (*semifreddo*) halbgefrorene Kuppeltorte f.

zùffa f **1** (*scontro*) {SANGUINOSA} Rauferei f, Schlägerei f, Handgemenge n: **~ tra cani**, Hundegemenge f **2** *fig* (*disputa*) {POLITICA}

Auseinandersetzung f, {LETTERARIA} anche Wortgefecht n.

zufolàre A tr 1 (fischiettare) ~ qc {CANZONCINA, MOTIVETTO} etw pfeifen 2 fig (spifferare) ~ qc a qu jdm etw verraten, singen fam B itr 1 (suonare lo zufolo) die/[auf der] Hirtenflöte spielen/blasen 2 (fischiare) {MERLO} singen.

zùfolo m Hirtenflöte f, Hirtenpfeife f: **suonare lo ~**, die/[auf der] Hirtenflöte spielen/blasen.

zùlu, zulù A <inv> agg {POPOLAZIONE} Zulu- B <·> mf 1 (persona) Zulu mf 2 fig spreg (selvaggio) Wilde mf decl come agg spreg, Hottentotte m, Hottentottin f: **vi siete comportati come degli ~**, ihr habt euch ¡wie die Wilden benommen spreg¡/[aufgeführt wie die Hottentotten]!

zumàre film TV A tr ~ qu/qc {PERSONAGGIO, PARTICOLARE, SCENA} jdn/etw zoomen B itr ~ (su qu/qc) {CAMERAMEN SUL PRESENTATORE, SUL PUBBLICO} jdn/etw näher heranholen.

zumàta f film TV Zoomaufnahme f.

zumpappà A inter (di valzer) humpapa B <·> m Humpapa n: **un monotono ~**, ein eintöniges Humpapa.

zùppa f 1 {DENSA, FUMANTE, SAPORITA} Suppe f: ~ **di cipolle/fagioli/pesce/verdura**, Zwiebel-/Bohnen-/Fisch-/Gemüsesuppe f; ~ **per il cane**, Hundefutter n 2 fig spreg (confusione) Mischmasch m fam spreg, Sammelsurium n spreg: **una ~ di frasi sconnesse**, ein Wortsalat spreg 3 fig fam (noia mortale) tödliche Langeweile: **che ~ quel convegno!**, was für eine sterbenslangweilige/stinklangweilige Tagung! fam • **me ne sono fatto una bella ~!** fig fam (mi è costato molto denaro), das hat mich eine hübsche/schöne Stange fam/Summe Geld gekostet!; **fare la ~ nel vino/latte** (intingere qc), etw in Wein/Milch eintunken; ~ **inglese** gastr, Biskuitdessert n; ~ **(alla) pavese** gastr, Paveser Käsesuppe; ~ **romana** gastr, Biskuitdessert m mit kandierten Früchten; **è sempre la solita ~!** fig (è sempre la stessa cosa), es ist immer ¡das alte Lied¡/[die alte Leier]! fam; **se non è ~ è pan bagnato** prov, das ist gehüpft wie gesprungen.

zuppétta <dim di zuppa> f Süppchen n • **fare (la) ~ nel caffè** (intingere qc), Brot/Kekse in Kaffee eintunken.

zuppièra f {+MAIOLICA} Suppenschüssel f, Suppenterrine f.

zùppo, (-a) agg fam (bagnato fradicio) durchnässt, patsch-, klatsch(e)nass fam, klitsch(e)nass fam: **asciugati, sei (tutto) ~!**, trockne dich ab, du bist ja klitschnass! fam; **camicia zuppa di sudore**, durchgeschwitztes Hemd.

zurighése A agg {ACCENTO, PAESAGGIO} züricherisch, zürcherisch CH B mf (abitante) Züricher(in) m(f), Zürcher(in) m(f) CH.

Zurìgo geog A m (cantone) Zürich n B f (città) Zürich n.

zuzzerellóne, (-a), **zuzzurullóne**, (-a) m (f) fam tosc Kindskopf m fam.

zzz inter onomatopeica 1 (di ronzio) summ 2 (di persona che russa) zzz 3 (di sega) ritze ratze.

I – BREVE GRAMMATICA DELLA LINGUA TEDESCA / *DEUTSCHE KURZGRAMMATIK*

L'articolo

L'articolo tedesco può essere maschile, femminile o neutro, e concorda con il sostantivo che precede in genere, numero e caso.

	articolo determinativo				articolo indeterminativo		
	sing			*pl*	*sing*		
	m	*f*	*n*	*m f n*	*m*	*f*	*n*
nom	der	die	das	die	ein	eine	ein
acc	den	die	das	die	einen	eine	ein
dat	dem	der	dem	den	einem	einer	einem
gen	des	der	des	der	eines	einer	eines

- L'articolo **ein** si usa solo al singolare. Al plurale, dove in italiano si usa il partitivo **dei**, **delle**, ... , il sostantivo in tedesco rimane senza articolo:

  | Ich habe Freunde in der Stadt getroffen | Ho incontrato degli amici in centro |

- Diversamente dall'italiano in tedesco esiste anche un articolo indeterminativo negativo: **kein**.
  Kein si declina al singolare come **ein**:

  | Ich habe keine Freundin | Non ho un'amica |
  | Ich habe kein Problem | Non ho nessun problema |

- Inoltre **kein**, al contrario di **ein**, presenta anche il plurale:

  | Er hat keine Freunde | Non ha amici |

pl	*nom*	*acc*	*dat*	*gen*
m f n	keine	keine	keinen	keiner

Il sostantivo

Il genere e il caso

I generi del sostantivo sono tre:

il maschile *m*	der Tag	il giorno
il femminile *f*	die Frage	la domanda
il neutro *n*	das Meer	il mare

I casi del sostantivo sono quattro:

	sing	*pl*
il nominativo *nom*	der Tag	die Tage
l'accusativo *acc*	den Tag	die Tage
il dativo *dat*	dem Tag(e)	den Tagen
il genitivo *gen*	des Tag(e)s	der Tage

Le forme del plurale del sostantivo

Il sostantivo si distingue nel numero in singolare (*sing*) e plurale (*pl*).
Nove sono le forme del plurale dei sostantivi tedeschi:

	sing	*pl*
-en	die Tat der Bär das Bett	die Taten die Bären die Betten
-n	die Frage der Affe	die Fragen die Affen
-e	der Tag der Film	die Tage die Filme
¨e	die Nacht der Baum	die Nächte die Bäume
-	das Segel der Bürger	die Segel die Bürger
¨	die Mutter der Vogel	die Mütter die Vögel
-er	das Bild	die Bilder
¨er	der Mann das Amt	die Männer die Ämter
-s	die Bar das Auto	die Bars die Autos

- Non ci sono regole fisse per la formazione del plurale dei sostantivi tedeschi. Si può comunque constatare che:
  - i sostantivi femminili terminanti in **-in** formano il plurale in **-innen**: *Freundin - Freundinnen*;
  - il plurale in **-en** e **-n** è il più comune per i sostantivi femminili, mentre il plurale in **-e**, **-**, **¨e** e **¨** è il più comune per i sostantivi maschili e neutri,
  - i sostantivi terminanti in **-nis** formano il plurale in **-nisse**: *Ergebnis, Ergebnisse*.

La declinazione del sostantivo

Tre sono le declinazioni del sostantivo tedesco: la prima declinazione, che è la più comune, la seconda declinazione e la declinazione aggettivale. I nomi propri presentano una declinazione particolare.

1. La prima declinazione

m

	sing	pl	sing	pl
nom	der Vater	die Väter	der See	die Seen
acc	den Vater	die Väter	den See	die Seen
dat	dem Vater	den Vätern	dem See	den Seen
gen	des Vaters	der Väter	des Sees	der Seen

f

	sing	pl	sing	pl
nom	die Mutter	die Mütter	die Frage	die Fragen
acc	die Mutter	die Mütter	die Frage	die Fragen
dat	der Mutter	den Müttern	der Frage	den Fragen
gen	der Mutter	der Mütter	der Frage	der Fragen

n

	sing	pl	sing	pl
nom	das Kind	die Kinder	das Bett	die Betten
acc	das Kind	die Kinder	das Bett	die Betten
dat	dem Kind	den Kindern	dem Bett(e)	den Betten
gen	des Kindes	der Kinder	des Bett(e)s	der Betten

2. La seconda declinazione

m

	sing	pl	sing	pl
nom	der Mensch	die Menschen	der Affe	die Affen
acc	den Menschen	die Menschen	den Affen	die Affen
dat	dem Menschen	den Menschen	dem Affen	den Affen
gen	des Menschen	der Menschen	des Affen	der Affen

- I sostantivi che seguono la seconda declinazione sono quasi tutti maschili.
- Seguono la seconda declinazione:
    - i sostantivi maschili terminanti in: **-and**, **-ant** e **-ent** (*der Doktorand - des Doktoranden, der Elefant - des Elefanten, der Student - des Studenten*),
    - i sostantivi maschile che finiscono per **-e** indicanti essere viventi (*der Hase - des Hasen, der Experte - des Experten, der Kollege - des Kollegen*),
    - i sostantivi maschili derivanti dal greco, spesso indicanti professioni (*der Biologe - des Biologen, der Fotograf - des Fotografen, der Architectk - des Architectken, der Akrobat - des Akrobaten*).

- Alcuni sostantivi presentano una declinazione mista.

	sing	pl
nom	der Name	die Namen
acc	den Namen	die Namen
dat	dem Namen	den Namen
gen	des Namens	der Namen

Come *Name* si declinano anche *Buchstabe*, *Gedanke*, *Wille*, *Friede*, *Glaube* e *Herz*.

3. La declinazione aggettivale

Gli aggettivi sostantivati presentano le stesse forme della declinazione dell'aggettivo e vengono scritti con la maiuscola.

Forme senza articolo

sing	m	f	n
nom	Angestellter	Angestellte	Neugeborenes
acc	Angestellten	Angestellte	Neugeborenes
dat	Angestelltem	Angestellter	Neugeborenem
gen	Angestellten	Angestellter	Neugeborenen

pl	m	f
nom	Angestellte	Neugeborene
acc	Angestellte	Neugeborene
dat	Angestellten	Neugeborenen
gen	Angestellter	Neugeborener

- Queste forme si usano anche con i **numeri cardinali**, con **manch**, **solch**, **viel**, **welch**, **wenig** non declinati e con **ein bisschen**, **etwas**, **mehr**, **ein paar** (*pl*).

Forme dopo l'articolo determinativo

sing	m	f	n
nom	der Angestellte	die Angestellte	das Neugeborene
acc	den Angestellten	die Angestellte	das Neugeborene
dat	dem Angestellten	der Angestellten	dem Neugeborenen
gen	des Angestellten	der Angestellten	des Neugeborenen

pl	m	f
nom	die Angestellten	die Neugeborenen
acc	die Angestellten	die Neugeborenen
dat	den Angestellten	den Neugeborenen
gen	der Angestellten	der Neugeborenen

- Queste forme dell'aggettivo sostantivato si usano dopo **der** e anche dopo **derselbe**, **dieser**, **jener**, **folgender**, **jeder**, **jeglicher**, **mancher**, **solcher**, **welcher**, **viele**, **derjenige**, **beide**, **alle**, **sämtliche**.

Forme dopo l'articolo indeterminativo e dopo l'aggettivo possessivo

sing	m	f	n
nom	ihr Angestellter	ihre Angestellte	ihr Neugeborenes
acc	ihren Angestellten	ihre Angestellte	ihr Neugeborenes
dat	ihrem Angestellten	ihrer Angestellten	ihrem Neugeborenen
gen	ihres Angestellten	ihrer Angestellten	ihres Neugeborenen

pl	m	f
nom	ihre Angestellten	ihre Neugeborenen
acc	ihre Angestellten	ihre Neugeborenen
dat	ihren Angestellten	ihren Neugeborenen
gen	ihrer Angestellten	ihrer Neugeborenen

- Tra i più importanti sostantivi che seguono la declinazione aggettivale si trovano: *Blinder, Beamter, Deutscher, Fremder, Verwandter, Toter, Reisender, Vorsitzender, Abgeordneter, Gefangener, Industrieller ...*

◆ Nel dizionario tra parentesi uncinate vengono riportati dopo il sostantivo il genitivo singolare e il nominativo plurale. *Esempio:* **Telefon** <-s, -e>.

4. La declinazione dei nomi propri

- I **nomi di persona** sono declinati in **-s** al genitivo:

Michaels Frau	La moglie di Michael

Per i nomi terminanti in **-s, -ss, -ß, -x, -z** si sostituisce la **-s** del genitivo con un apostrofo, oppure si usa la costruzione con **von**, o, più raramente, la desinenza **-ens**:

Lukas' Mutter, die Mutter von Lukas	La madre di Lukas

- I **cognomi** sono declinati in **-s** al genitivo singolare e al nominativo plurale:

Frau Hirschs Eltern	I genitori della signora Hirsch
Meiers kommen auch	Vengono anche i Meier

Per i cognomi terminanti in **-s, -ss, -ß, -x, -z** si usa la desinenza **-ens** o la costruzione con **von** per il genitivo singolare; il plurale si forma in **-ens**:

| das neue Auto von Schmitz | La nuova macchina di Schmitz |
| Schmitzens neues Auto | |

L'aggettivo

L'aggettivo si declina solo se precede immediatamente un sostantivo (*ein guter Wein*), quindi quando si trova in posizione attributiva. In posizione predicativa, cioè subito dopo un verbo o un avverbio, rimane invece invariato (*der Wein ist gut, der Wein schmeckt äußerst gut*). L'aggettivo variabile presenta tre diverse declinazioni a seconda che sia preceduto o meno dall'articolo e a seconda dell'articolo (determinativo o indeterminativo) che lo precede.

La declinazione dell'aggettivo

1. L'aggettivo senza articolo

sing	m	f	n
nom	guter Wein	gute Lösung	gutes Brot
acc	guten Wein	gute Lösung	gutes Brot
dat	gutem Wein(e)	guter Lösung	gutem Brot(e)
gen	guten Wein(e)s	guter Lösung	guten Brot(e)s

pl	m f n
nom	gute Weine / Lösungen / Brote
acc	gute Weine / Lösungen / Brote
dat	guten Weinen / Lösungen / Broten
gen	guter Weine / Lösungen / Brote

- Queste forme si usano anche con i **numeri cardinali**, con **manch**, **solch**, **viel**, **welch**, **wenig** non declinati e con **ein bisschen**, **etwas**, **mehr**, **ein paar** (*pl*).

2. L'aggettivo dopo l'articolo determinativo

sing	m	f	n
nom	der gute Wein	die gute Lösung	das gute Brot
acc	den guten Wein	die gute Lösung	das gute Brot
dat	dem guten Wein(e)	der guten Lösung	dem guten Brot(e)
gen	des guten Wein(e)s	der guten Lösung	des guten Brot(e)s

pl	m f n
nom	die guten Weine / Lösungen / Brote
acc	die guten Weine / Lösungen / Brote
dat	den guten Weinen / Lösungen / Broten
gen	der guten Weine / Lösungen / Brote

- Queste forme dell'aggettivo si usano dopo **der** e anche dopo **derselbe**, **dieser**, **jener**, **folgender**, **jeder**, **jeglicher**, **mancher**, **solcher**, **welcher**, **viele**, **alle**, **sämtliche**.

3. L'aggettivo dopo l'articolo indeterminativo e dopo l'aggettivo possessivo

sing	m	f	n
nom	ihr guter Wein	ihre gute Lösung	ihr gutes Brot
acc	ihren guten Wein	ihre gute Lösung	ihr gutes Brot
dat	ihrem guten Wein(e)	ihrer guten Lösung	ihrem guten Brot(e)
gen	ihres guten Wein(e)s	ihrer guten Lösung	ihres guten Brot(e)s

pl	m f n
nom	ihre guten Weine / Lösungen / Brote
acc	ihre guten Weine / Lösungen / Brote
dat	ihren guten Weinen / Lösungen / Broten
gen	ihrer guten Weine / Lösungen / Brote

- Queste forme dell'aggettivo si usano dopo **ein**, **kein**, **mein**, **dein**, **sein**, **ihr** *(f sing)*, **unser**, **euer**, **ihr** *(pl)*, **Ihr**.

4. Alcuni aggettivi irregolari

- Nelle forme declinate degli aggettivi in **-el** si omette la **-e-** della radice:
  dunkel   eine **dunkle** Farbe

- Le forme declinate di alcuni aggettivi in **-er**, soprattutto parole dotte, omettono la **-e-** della radice:
  integer   ein **integrer** Mann

- La radice delle forme declinate dell'aggettivo **hoch** è **hoh-**: ein **hohes** Gebirge

La posizione dell'aggettivo

L'aggettivo attributivo precede – a differenza dell'italiano – sempre il sostantivo:
das **rote** Auto   la macchina rossa

I gradi dell'aggettivo

L'aggettivo oltre al grado positivo presenta altri due gradi, il comparativo e il superlativo:

Uso predicativo

positivo	schnell	klug	nass
comparativo	schneller	klüger	nasser
superlativo	am schnellsten	am klügsten	am nassesten
	der Schnellste	der Klügste	der Nasseste

Uso attributivo

positivo	ein schnelles Auto	una macchina veloce
comparativo	ein schnelleres Auto	una macchina più veloce
superlativo	das schnellste Auto der Welt	la macchina più veloce del mondo

- Forme irregolari:

hoch	höher	am höchsten	der höchste...
groß	größer	am größten	der größte...
gut	besser	am besten	der beste...
viel	mehr *(invariabile)*	am meisten	der meiste...

- Il tedesco non presenta nessuna forma corrispondente al superlativo assoluto dell'italiano. In questa funzione si usa il positivo con l'avverbio **sehr**:

    ein sehr schnelles Auto   una macchina velocissima/ una macchina molto veloce

Il pronome

I pronomi in tedesco sono declinabili.

Il pronome personale

- Il pronome personale indica la persona che parla oppure la persona o cosa di cui si parla nella frase. Diversamente dall'italiano in tedesco il pronome personale non si può omettere:

    Ich habe Paolo gesehen   Ho visto Paolo

sing	*1a pers*	*2a pers*	*3a pers*		
			m	f	n
nom	ich	du	er	sie	es
acc	mich	dich	ihn	sie	es
dat	mir	dir	ihm	ihr	ihm
gen	meiner	deiner	seiner	ihrer	seiner

pl	*1a pers*	*2a pers*	*3a pers*	*forma di cortesia*
nom	wir	ihr	sie	Sie
acc	uns	euch	sie	Sie
dat	uns	euch	ihnen	Ihnen
gen	unser	euer	ihrer	Ihrer

Il pronome riflessivo

Il pronome riflessivo si riferisce al soggetto della frase e deve concordare con questo nel genere e nel numero:

ich wasche mich	mi lavo
du wäschst dich	ti lavi
er wäscht sich	si lava
wir waschen uns	ci laviamo
ihr wascht euch	vi lavate
sie waschen sich	si lavano

Il pronome dimostrativo

Il pronome dimostrativo si riferisce a una persona o cosa di cui si è già parlato prima.

	sing			pl
	m	f	n	m f n
nom	dieser	diese	dieses	diese
acc	diesen	diese	dieses	diese
dat	diesem	dieser	diesem	diesen
gen	dieses	dieser	dieses	dieser
nom	derselbe	dieselbe	dasselbe	dieselben
acc	denselben	dieselbe	dasselbe	dieselben
dat	demselben	derselben	demselben	denselben
gen	desselben	derselben	desselben	derselben

- Come **dieser**, ... si declina anche **jener**. *Dieser* indica un oggetto o una persona vicini, *jener* invece un oggetto o una persona lontani.
- Come **derselbe**, ... si declina anche **derjenige**.
- L'articolo determinativo **der**, **die**, **das** viene usato anche come pronome dimostrativo.

Il pronome relativo

Il pronome relativo introduce una proposizione subordinata che completa la frase principale e concorda in genere e numero con il sostantivo che lo precede.

Sono pronomi relativi **der** e **welcher**. Il pronome **der** segue la declinazione del corrispondente articolo determinativo con eccezione del dativo plurale e del genitivo singolare e plurale:

Ich ziehe den Anzug an,	Mi metto il vestito
den/welchen ich gestern gekauft habe	che ho comprato ieri

	sing			pl
	m	f	n	m f n
dat	dem	der	dem	denen
gen	dessen	deren	dessen	deren

Per la declinazione di **welcher** vedi paragrafo «Il pronome interrogativo».

Possesivpronomen - L'aggettivo e il pronome possessivo

persona del possessore		numero e genere del sostantivo che esprime il possesso			
		sing			pl
sing		m	f	n	m f n
1a pers	nom	mein	meine	mein	meine
	acc	meinen	meine	mein	meine
	dat	meinem	meiner	meinem	meinen
	gen	meines	meiner	meines	meiner

persona del possessore		numero e genere del sostantivo che esprime il possesso			
sing		m	f	n	m f n
2a pers		dein	come **mein**		
3a pers	m	sein			
	f	ihr	come **mein**		
	n	sein			
pl		m	f	n	m f n
1a pers	nom	unser	unsere	unser	unsere
	acc	unseren	unsere	unser	unsere
	dat	unserem	unserer	unserem	unseren
	gen	unseres	unserer	unseres	unserer
2a pers	nom	euer	eu(e)re	euer	eu(e)re
	acc	eu(e)ren	eu(e)re	euer	eu(e)re
	dat	eu(e)rem	eu(e)rer	eu(e)rem	eu(e)ren
	gen	eu(e)res	eu(e)rer	eu(e)res	eu(e)rer
3a pers		ihr	come **mein**		
forma di cortesia		Ihr			

- In tedesco si chiama *Possesivpronomen* sia ciò che in italiano viene chiamato aggettivo possessivo sia ciò che viene chiamato pronome possessivo.

- Le forme del pronome possessivo dipendono sempre dalla persona o dall'oggetto che seguono il pronome stesso e concordano quindi in genere, caso e numero con il sostantivo, assumendo una funzione aggettivale:

| Deine Bücher (n pl nom) | I tuoi libri |
| sind in deinem Zimmer. (n sing dat) | sono in camera tua |

- Il pronome possessivo può presentarsi anche staccato dal sostantivo a cui si riferisce, in piena funzione pronominale:

| Ist es dein Buch? | È il tuo libro questo? |
| Ja, es ist meins | Sì, è il mio |

In questo caso il pronome possessivo cambia le forme del nominativo singolare maschile e neutro e dell'accusativo singolare neutro:

persona del possessore		numero e genere del sostantivo che esprime il possesso	
		sing	
sing		m	n
1a pers	nom	meiner	mein(e)s
	acc		mein(e)s
2a pers		deiner	come **meiner**
3a pers	m	seiner	
	f	ihrer	come **meiner**
	n	seiner	

pl		m	n
1a pers	nom	unserer o unsrer	unseres o unsres
	acc		unseres o unsres
2a pers	nom	eu(e)rer	eu(e)res
	acc	eu(e)ren	eu(e)res
3a pers		ihrer	*come* **meiner**
forma di cortesia		Ihrer	

Il pronome interrogativo

Il pronome interrogativo si può riferire a una persona (**wer**) o a una cosa (**was**) ed esiste solo al singolare:

	riferito a persone	*riferito a oggetti, circostanze ecc.*
nom	wer? (*chi?*)	was? (*che cosa?*)
acc	wen?	was?
dat	wem?	
gen	wessen?	

- Il pronome interrogativo **welcher?** (quale?) presenta le seguenti forme:

	sing			*pl*
	m	f	n	m f n
nom	welcher...?	welche...?	welches...?	welche...?
acc	welchen...?	welche...?	welches...?	welche...?
dat	welchem...?	welcher...?	welchem...?	welchen...?
gen	welches...?	welcher...?	welches...?	welcher...?

Le preposizioni

Le preposizioni tedesche possono reggere diversi casi: il dativo, l'accusativo o entrambi i casi o il genitivo.

- Reggono sempre il *dativo*:

ab	entgegen	nach	seit
aus	entsprechend	nächst	von
außer	gegenüber	nahe	zu
bei	gemäß	nebst	zufolge
binnen	mit	samt	zuwider

- Reggono sempre l'*accusativo*:

bis	gegen	wider
durch	je	pro
für	ohne	um

- Le seguenti preposizioni reggono l'*accusativo* se indicano un movimento o un cambiamento di direzione, reggono invece il *dativo* se indicano uno stato:

an	entlang	in	über	vor
auf	hinter	neben	unter	zwischen

Esempio:

Er hat den Computer auf den Schreibtisch gestellt (*movimento= acc*)   Ha messo il computer sulla scrivania

Der Computer ist auf dem Schreibtisch (*stato= dat*)   Il computer è sulla scrivania

- Reggono sempre il *genitivo*:

aufgrund	infolge	statt	während
außerhalb	innerhalb	trotz	wegen

▶ Nel dizionario è indicato il caso corrispondente ad ogni preposizione.

- Alcune preposizioni possono combinarsi con l'articolo determinativo che le segue:

an/in	+	dem	=	am/im
bei	+	dem	=	beim
von	+	dem	=	vom
zu	+	dem/der	=	zum/zur
an/in	+	das	=	ans/ins

A differenza dell'italiano in tedesco la contrazione delle preposizioni con l'articolo non è obbligatoria. È tuttavia generalmente preferibile, o meglio più elegante.

Le forme del verbo

Il verbo regolare o debole

1. L'indicativo

Il presente e il preterito

	Präsens presente	Präteritum preterito
ich	lobe	lobte
du	lobst	lobtest
er/sie/es	lobt	lobte
wir	loben	lobten
ihr	lobt	lobtet
sie / Sie	loben	lobten

- I verbi con radice terminante in **-d**, **-t** e i verbi con radice in **-m**, **-n** preceduti da consonante (con eccezione di **-lm**, **-rm**, **-hm**, **-mm**, **-ln**, **-rn**, **-hn**, **-nn**) aggiungono una **-e-** in tutte le forme del presente e del preterito così come nella forma del participio passato:

ich	rede	löte	atme	trockne		filme	warne
du	redest	lötest	atmest	trocknest	*ma:*	filmst	warnst
...	...	...	...	...		...	...
	geredet	gelötet	geatmet	getrocknet		gefilmt	gewarnt

- I verbi con radice terminante in **-el** e **-er** non accentuati perdono la **-e-** della desinenza nell'infinito, nella 1ª e nella 3ª persona plurale e nella forma di cortesia dell'indicativo presente:
zittern - wir zittern, sie/Sie zittern
possono perdere facoltativamente la **-e-** della radice nella 1ª persona singolare:
ich zittere *o* **ich zittre**

- Per i verbi in **-s**, **-ß**, **-x**, **-z** si omette la **-s-** nella 2ª persona singolare del presente indicativo:
reisen - du reist   **beißen - du beißt**   **feixen - du feixt**

Il futuro, il passato prossimo, il trapassato e il futuro anteriore

Ausiliari **werden** e **haben**

	Futur I futuro semplice	Perfekt passato prossimo	Plusquamperfekt trapassato prossimo	Futur II futuro anteriore
ich	werde loben	habe gelobt	hatte gelobt	werde gelobt haben
du	wirst loben	hast gelobt	hattest gelobt	wirst gelobt haben
er/sie/es	wird loben	hat gelobt	hatte gelobt	wird gelobt haben
wir	werden loben	haben gelobt	hatten gelobt	werden gelobt haben
ihr	werdet loben	habt gelobt	hattet gelobt	werdet gelobt haben
sie / Sie	werden loben	haben gelobt	hatten gelobt	werden gelobt haben

Ausiliari **werden** e **sein**

	Futur I futuro semplice	Perfekt passato prossimo	Plusquamperfekt trapassato prossimo	Futur II futuro anteriore
ich	werde reisen	bin gereist	war gereist	werde gereist sein
du	wirst reisen	bist gereist	warst gereist	wirst gereist sein
er/sie/es	wird reisen	ist gereist	war gereist	wird gereist sein
wir	werden reisen	sind gereist	waren gereist	werden gereist sein
ihr	werdet reisen	seid gereist	wart gereist	werdet gereist sein
sie / Sie	werden reisen	sind gereist	waren gereist	werden gereist sein

2. Il congiuntivo

	Konjunktiv I presente	Konjunktiv II imperfetto	
ich	lobe	lobte	würde loben
du	lobest	lobtest	würdest loben
er/sie/es	lobe	lobte	würde loben
wir	loben	lobten	würden loben
ihr	lobet	lobtet	würdet loben
sie / Sie	loben	lobten	würden loben

- Le forme semplici del congiuntivo imperfetto (*ich lobte,...*) sono tutte identiche a quelle dell'indicativo imperfetto; per questo motivo si usano spesso le forme composte (*ich würde loben,...*).

	Konjunktiv Futur I futuro semplice	Konjunktiv Perfekt passato prossimo	Konjunktiv Plusquamperfekt trapassato prossimo	Konjunktiv Futur II futuro anteriore
...				
er/sie/es	werde loben	habe gelobt	hätte gelobt *o* würde gelobt haben	werde gelobt haben
...				
...				
er/sie/es	werde reisen	sei gereist	wäre gereist *o* würde gereist sein	werde gereist sein

3. L'imperativo

infinito	Imperativ imperativo		
	2 pers sing	*1-2 pers pl*	*forma di cortesia*
loben	lobe!	loben wir! - lobt!	loben Sie!
reden	rede!	reden wir! - redet!	reden Sie!

4. Il participio

infinito	Partizip I participio presente	Partizip II participio passato
loben	lobend	gelobt
reden	redend	geredet

- I participi si declinano come l'aggettivo.

5. La coniugazione passiva

	indicativo	congiuntivo
presente	er wird gelobt	er werde gelobt
imperfetto	er wurde gelobt	er würde gelobt
futuro semplice	er wird gelobt werden	er werde gelobt werden
passato prossimo	er ist gelobt worden	er sei gelobt worden
trapassato prossimo	er war gelobt worden	er wäre gelobt worden
futuro anteriore	er wird gelobt worden sein	er werde gelobt worden sein

Il verbo irregolare o forte

1. L'indicativo e il congiuntivo

	indicativo		congiuntivo		
	Presens presente	**Präteritum** preterito	**Konjunktiv I** presente	**Konjunktiv II** imperfetto	
ich	trage	trug	trage	trüge	würde tragen
du	trägst	trugst	tragest	trüg(e)st	würdest tragen
er/sie/es	trägt	trug	trage	trüge	würde tragen
wir	tragen	trugen	tragen	trügen	würden tragen
ihr	tragt	trugt	traget	trüg(e)t	würdet tragen
sie / Sie	tragen	trugen	tragen	trügen	würden tragen

2. L'imperativo

infinito	**Imperativ** imperativo		
	2 pers sing	*1-2 pers pl*	*forma di cortesia*
tragen	trage!	tragen wir! - tragt!	tragen Sie!
lesen	lies!	lesen wir! - lest!	lesen Sie!

3. Il participio

infinito	**Partizip I** participio presente	**Partizip II** participio passato
tragen	tragend	getragen

- Gli altri tempi e modi si formano come i verbi regolari.

▸ Nel dizionario sono riportati la 3ª persona singolare del presente, la 3ª persona singolare dell'imperfetto e il participio passato dei verbi irregolari.
Esempio:
tragen <trägt, trug, getragen>

Inoltre in appendice, dopo la grammatica, si trova una lista dei più importanti verbi irregolari con le rispettive forme e le tabelle dei verbi ausiliari e modali.

L'avverbio

Gli avverbi in tedesco sono indeclinabili e si possono riferire a un verbo, a un altro avverbio o a un aggettivo.
Esempi:

verbo:	Ich rufe sie gleich an	Le telefono subito
avverbio:	Ich sehe ihn sehr oft	Lo vedo molto spesso
aggettivo:	Diese Frau ist äußerst schön	Questa donna è bellissima

- Come gli aggettivi anche gli avverbi possono assumere dei **gradi**, i quali presentano le stesse forme irregolari degli aggettivi.

II – ITALIENISCHE KURZGRAMMATIK / *BREVE GRAMMATICA DELLA LINGUA ITALIANA*

Der Artikel

Der Artikel richtet sich in Geschlecht und Zahl nach dem Substantiv.

Bestimmter Artikel

m	sing	pl
allgemein vor *Konsonant*	**il** treno	**i** treni
vor *s + Konsonant, gn, ps, x, z, i* und *y + Vokal*	**lo** sciopero **lo** zio	**gli** scioperi **gli** zii
vor *Vokal*	**l'**anno	**gli** anni
f		
vor *Konsonant*	**la** strada	**le** strade
vor *Vokal*	**l'**ora	**le** ore

1. Verschmelzung von Präpositionen mit dem bestimmten Artikel

	il	*lo*	*l'*	*la*	*i*	*gli*	*le*
a	al	allo	all'	alla	ai	agli	alle
da	dal	dallo	dall'	dalla	dai	dagli	dalle
di	del	dello	dell'	della	dei	degli	delle
in	nel	nello	nell'	nella	nei	negli	nelle
su	sul	sullo	sull'	sulla	sui	sugli	sulle

- Anders als im Deutschen ist im Italienischen die Verschmelzung von Präpositionen mit dem bestimmten Artikel obligatorisch.

Unbestimmter Artikel und Teilungsartikel

	sing		pl
m	*zählbar*	*nicht zählbar*	*zählbar*
allgemein vor *Konsonant*	**un** treno ein Zug	**del** sale (etwas) Salz	**dei** treni (einige) Züge
vor *s + Konsonant, gn, ps, x, z, i* und *y + Vokal*	**uno** sciopero ein Streik	**dello** zucchero (etwas) Zucker	**degli** scioperi (einige) Streiks
vor *Vokal*	**un** anno ein Jahr	**dell'**aceto (etwas) Essig	**degli** anni (einige) Jahre

f			
vor *Konsonant*	**una** casa ein Haus	**della** frutta (etwas) Obst	**delle** case (einige) Häuser
vor *Vokal*	**un'**ora eine Stunde	**dell'**acqua (etwas) Wasser	**delle** ore (einige) Stunden

- Den unbestimmten Artikel **un**,… gibt es, ähnlich wie im Deutschen **ein**,…, nur im Singular bei zählbaren Substantiven. Im Singular bei nicht zählbaren Substantiven und im Plural bei zählbaren Substantiven (im Deutschen jeweils ohne Artikel) steht der Teilungsartikel – die Verschmelzungsform von **di** mit dem bestimmten Artikel. Der Teilungsartikel bezeichnet sowohl im Singular als auch im Plural eine nicht näher bestimmte Menge oder Anzahl:

  Compro del pane   Ich kaufe (etwas) Brot
  Ho incontrato degli amici   Ich habe (einige) Freunde getroffen

Das Substantiv

Das Geschlecht der Substantive

Das Substantiv hat zwei Geschlechtsformen:

Maskulinum *m*	**il** treno **lo** studente	der Zug der Student
Femininum *f*	**la** strada **la** crisi **la** lezione	die Straße die Krise die Lektion

- Ein Neutrum kennt das Italienische nicht.

- Substantive auf **-o** sind meist männlich; Substantive auf **-a** und **-i** sind meist weiblich; Substantive auf **-e** können männlich oder weiblich sein.

Pluralbildung der Substantive

Das Substantiv hat zwei Numerusformen. Die Pluralform (*pl*) unterscheidet sich von der Singularform (*sing*) nach den folgenden Regeln:

1. Grundregel

	sing	*pl*
m	il tren**o**	i tren**i**
m f	il mar**e** la torr**e**	i mar**i** le torr**i**
f	la strad**a**	le strad**e**

2. Substantive auf *-co, -ca, -go, -ga*

sing	il bu**co** la boc**ca** il la**go** la botte**ga**	*pl*	i bu**chi** le boc**che** i la**ghi** le botte**ghe**

- Vor allem bei den Substantiven mit Betonung auf der vorletzten Silbe wird hinter **-c-** und **-g-** des Singulars im Plural ein **-h-** geschrieben; die Aussprache des Singulars bleibt erhalten.
  Ausnahme: l'amico - gli amici

sing	il medi**co**	pl	i medi**ci**
	l'aspara**go**		gli aspara**gi**

- Vor allem bei den Substantiven mit Betonung auf der drittletzten Silbe wird hinter **-c-** und **-g-** des Singulars im Plural kein **-h-** geschrieben. Die Aussprache ändert sich: Bei den Pluralbildungen werden „c" und „g" weich (und nicht hart wie bei den Singularendungen!) ausgesprochen.
  Ausnahme: il carico - i carichi

3. Weibliche Substantive auf –cia und –gia

	sing	pl
Vokal vor Singularendung	la farm**acia** la cili**egia**	le farm**acie** le cili**egie**
Konsonant vor Singularendung	la fa**ccia** la spia**ggia**	le fa**cce** le spia**gge**

4. Substantive auf –io

	sing	pl
Unbetontes **-io**	il figl**io**	i figl**i**
Betontes **-io**	lo z**io**	gli z**ii**

5. Männliche Substantive auf -a

sing	il problem**a**	pl	i problem**i**
	il geometr**a**		i geometr**i**

6. Substantive mit unveränderter Form des Plurals

sing	la città	pl	le città
	il film		i film
	il cinema		i cinema
	la foto		le foto

7. Einzelfälle

sing	la mano	die Hand	pl	le mani
	l'uovo *m*	das Ei		le uova *f*
	l'uomo	der Mensch, der Mann		gli uomini

▸ Im Wörterbuch sind die unregelmäßigen Pluralformen immer angegeben.
  Beispiele: **fuoco** <fuochi>   **città** <->   **uomo** <uomini>

Das Adjektiv

Geschlecht und Zahl des Adjektivs

sing		pl	
m	f	m	f
caldo	calda	caldi	calde
mite		miti	

- Das Adjektiv wird in Geschlecht und Zahl verändert, und zwar sowohl vor oder nach einem Substantiv (*le belle case*, *una ragazza simpatica*), als auch, im Unterschied zum Deutschen, nach einem Verb (*queste case sono belle*).
- Auf die Adjektive auf **-co**, **-go**, **-io** sind im Plural die Regeln für die Schreibung der Substantive auf **-co**,… anzuwenden.

  ACHTUNG! Bezieht sich ein Adjektiv auf mehrere im Singular stehende Substantive unterschiedlichen Geschlechts, steht es im Plural und nimmt das männliche Geschlecht an. *Beispiel*:

  La pasta e il dolce sono squisiti   Die Nudeln und der Nachtisch sind köstlich

Stellung des Adjektivs

Das Adjektiv steht im Italienischen meist nach dem Substantiv. Folgende Adjektive können jedoch vor dem Substantiv stehen: *bello, bravo, buono, caro, cattivo, giovane, grande, piccolo, santo, strano, vecchio*.

- **Bello**, **buono**, **grande** und **santo** haben Sonderformen, wenn sie vor einem Substantiv stehen:
  - **bello** hat vor maskulinen Substantiven die Formen **bel**, **bell'**, **bello**, **bei**, **begli** in derselben Verteilung wie die Formen des Demonstrativadjektivs **quello**.
  - **buono** hat im Singular vor maskulinen Substantiven (außer vor *s* + *Konsonant*, *gn*, *ps*, *x*, *y*, *z*) die Form **buon**.
  - **grande** kann vor Konsonant des nachfolgenden Wortes (außer vor *s* + *Konsonant*, *gn*, *ps*, *x*, *y*, *z*) zu **gran** verkürzt werden, vor Vokal zu **grand'**.
  - **santo** wird vor Konsonant bei Namen männlicher Heiliger (außer vor *s* + *Konsonant*) zu **san** verkürzt, vor Vokal bei Heiligennamen zu **sant'**.

Steigerung des Adjektivs

Positiv	una macchina veloce	ein schnelles Auto
Komparativ	una macchina più veloce	ein schnelleres Auto
relativer Superlativ	la macchina più veloce del mondo	das schnellste Auto der Welt
absoluter Superlativ	una macchina velocissima/molto veloce	ein sehr schnelles Auto

Den absoluten Superlativ bilden Sie – anders als im Deutschen –, indem Sie der männlichen Pluralform des Adjektivs die Endung **-issimo/a/i/e** anhängen.
Den absoluten Superlativ können Sie aber auch – genau wie im Deutschen – mit Adverbien wie **molto**, **tanto** etc. bilden.

- **buono**, **cattivo**, **grande** und **piccolo** haben außer den regelmäßigen Formen (wie *più buono - il più buono - buonissimo*) auch noch unregelmäßige Steigerungsformen:

buono	migliore	il migliore	ottimo
cattivo	peggiore	il peggiore	pessimo
grande	maggiore	il maggiore	massimo
piccolo	minore	il minore	minimo

Demonstrativadjektiv

			sing	pl
questo,… der hier, dieser	m	vor *Konsonant*	questo treno	questi treni
		vor *Vokal*	quest'anno	questi anni
	f	vor *Konsonant*	questa casa	queste case
		vor *Vokal*	quest'ora	queste ore

- **questo**, … verweist auf Sachen/Personen/Sachverhalte in zeitlicher oder räumlicher Nähe des Sprechers.

			sing	pl
quel,… der da, jener	m	vor *Konsonant*	quel treno	quei treni
		vor *s + Konsonant, gn, ps, x, z, i* und *y + Vokal*	quello zio	quegli zii
		vor *Vokal*	quell'anno	quegli anni
	f	vor *Konsonant*	quella casa	quelle case
		vor *Vokal*	quell'ora	quelle ore

- **quel**, … verweist auf Sachen/Personen/Sachverhalte in zeitlicher oder räumlicher Entfernung.

Possessivadjektiv

Person des Besitzers		Geschlecht und Zahl des Substantivs, das den Besitz bezeichnet				
		m			f	
		sing		pl	sing	pl
sing	1.pers	il mio	mein	i miei	la mia	le mie
	2.pers	il tuo	dein	i tuoi	la tua	le tue
	3.pers	il suo	sein, ihr	i suoi	la sua	le sue
pl	1.pers	il nostro	unser	i nostri	la nostra	le nostre
	2.pers	il vostro	euer	i vostri	la vostra	le vostre
	3.pers	il loro	ihr	i loro	la loro	le loro

- Die Höflichkeitsform ist im Singular die 3. Person, oft mit Großschreibung: **il Suo**,…; im Plural ist es die 2. Person, seltener die 3. Person: **il Vostro**,…, **il Loro**,….

- Vor Verwandtschaftsbezeichnungen wie *madre, padre, sorella, fratello, nonna, nonno, zia, zio, nipote*,… stehen die Possessivartikel im Singular in einer verkürzten Form: *mia madre, nostro zio*,…. Die volle Form steht bei Verwandtschaftsbezeichnungen im Plural (*i suoi fratelli*) und bei *loro* (*la loro sorella*).

- Das Possessivadjektiv steht im Allgemeinen vor dem Substantiv, in einigen Ausdrücken aber auch danach: *a casa mia*, *per colpa sua*,....
- Das Possessivadjektiv wird vor Körperteilen und im Allgemeinen vor Substantiven weggelassen, wenn deren Zugehörigkeit eindeutig ist:

  Ha perso il figlio in guerra   Sie hat ihren Sohn im Krieg verloren

Das Pronomen

Personalpronomen

Das Italienische kennt betonte und unbetonte Personalpronomen:

| Gli do ragione | *(unbetont)* | Ich gebe ihm recht |
| Do ragione a lui | *(betont)* | Ich gebe ihm recht |

1. Unbetontes Personalpronomen

	sing					pl				
	1.pers	**2.pers**	**3.pers**			**1.pers**	**2.pers**	**3.pers**		
			m	*f*	*rfl*			*m*	*f*	*rfl*
direktes Objekt (*wen?*)	mi	ti	lo	la	si	ci	vi	li	le	si
indirektes Objekt (*wem?*)	mi	ti	gli	le	si	ci	vi	loro/gli		si

2. Betontes Personalpronomen

	sing					pl				
	1.pers	**2.pers**	**3.pers**			**1.pers**	**2.pers**	**3.pers**		
			m	*f*	*rfl*			*m*	*f*	*rfl*
Subjekt (*wer?*)	io	tu	lui / esso	lei / essa		noi	voi	loro / essi	loro / esse	
direktes Objekt (*wen?*)	me	te	lui	lei	sé	noi	voi	loro	loro	sé
indirektes Objekt (*wem?*)	a me	a te	a lui / a esso	a lei / a essa	a sé	a noi	a voi	a loro / a essi	a loro / a esse	a sé

- Die Höflichkeitsform ist im Singular die weibliche 3. Person: **La**, **Le**, **Lei**, **a Lei**; im Plural ist es die 2. Person: **Vi**, **Voi**, **a Voi**, seltener die 3. Person: **Li**, **Le**, **Loro**, **a Loro**.
- Im Allgemeinen sind Subjektpronomen im Italienischen nicht obligatorisch. Sie treten nur in der betonten Form auf:

  Amo la musica   Ich liebe Musik
  Io amo la musica e lui il teatro   Ich liebe Musik und er das Theater

- Im Allgemeinen treten Objektpronomen in der unbetonten Form auf. Das betonte Personalpronomen wird verwendet, wenn die Person besonders hervorgehoben werden soll:

- Ti è piaciuta la festa?	Hat dir die Fete gefallen?
- A me no, e a te?	Mir nicht, und dir?
- Neanche a me	Mir auch nicht

- Das unbetonte Personalpronomen steht vor dem Verb:

Ti vedo	Ich sehe dich
Mi fate un piacere	Ihr tut mir einen Gefallen

oder es wird beim Infinitiv, beim Gerundium, beim Partizip und beim bejahten Imperativ der 2. Person Singular und der 1. und 2. Person Plural an das Verb angehängt:

Bisogna farlo	Man muss es tun
Fatemi un piacere!	Tut mir einen Gefallen!

Loro steht immer nach dem Verb.

- Die Objektformen des betonten Personalpronomens stehen nach dem Verb:

Amo solo te	Ich liebe nur dich

3. Die Pronomen *ci* und *ne*

ci	Ci puoi contare Andate a Roma/ da Luigi? Sì, ci andiamo	Du kannst damit rechnen Fahrt ihr nach Rom/ zu Luigi? Ja, wir fahren hin/dorthin
ne	Abbiamo visto i tuoi risultati e ne siamo fieri	Wir haben deine Ergebnisse gesehen und wir sind stolz darauf
	Vuole delle patate? Sì, ne prendo un chilo	Möchten Sie Kartoffeln? Ja, ich nehme ein Kilo (davon)
	La nave si allontana dalla costa ◊ La nave se ne allontana	Das Schiff entfernt sich von der Küste ◊ Das Schiff entfernt sich davon

- Als unbetontes Pronomen ersetzt **ci** Ausdrücke mit **a**, **con** oder **su** in der Bedeutung *damit, davon, daran*.... Als Ortsadverb wird **ci** in der Bedeutung *dort, dorthin* verwendet.
- Als unbetontes Pronomen ersetzt **ne** Ergänzungen mit **di** und **da**. Als Ersatz für Ausdrücke mit **di** hat **ne** auch die partitive Bedeutung *davon*. Als Ortsadverb wird **ne** in der Bedeutung *von dort, davon* verwendet.

4. Kombinationsformen des unbetonten Personalpronomens

	lo	la	li	le	ne
mi	me lo	me la	me li	me le	me ne
ti	te lo	te la	te li	te le	te ne

gli / le	glielo	gliela	glieli	gliele	gliene
ci	ce lo	ce la	ce li	ce le	ce ne
vi	ve lo	ve la	ve li	ve le	ve ne
si	se lo	se la	se li	se le	se ne

- Zu **loro**, das immer nach dem Verb steht, gibt es keine Kombinationsformen.

Demonstrativpronomen

	sing			*pl*	
	m	*f*	*neutral*	*m*	*f*
dieser (hier)	questo	questa	questo/ciò	questi	queste
der da	quello	quella	quello/ciò	quelli	quelle

- **Quello** wird auch verwendet, um ein zuvor genanntes Substantiv zu ersetzen:

I miei genitori e quelli del mio ragazzo non si conoscono ancora	Meine Eltern und die meines Freundes kennen sich noch nicht

- **Questo** und **quello** werden benutzt, um Sachverhalte zu bezeichnen:

Non volevo dire questo	Ich meinte nicht das
Pensi sempre e solo a quello	Du denkst immer nur an das eine

- Weitere Demonstrativpronomen sind **tale**, **lo stesso**, **il medesimo**.

Relativpronomen

	sing		*pl*	
	m	*f*	*m*	*f*
als Subjekt/direktes Objekt	che			
nach Präpositionen	cui			
in jeder Position	il quale	la quale	i quali	le quali

Beispiel: Le donne che vedo …   Die Frauen, die ich sehe, …

- Das Relativpronomen **cui** kann auch nach dem bestimmten Artikel vorkommen: **il/la cui**, **i/le cui**. In diesem Fall dient das zur Wiedergabe des deutschen *dessen/deren*:

La Toscana, i cui vini sono ottimi, …	Die Toskana, deren Weine sehr gut sind,…
Petrarca, le cui opere io ammiro molto, …	Petrarca, dessen Werke ich sehr bewundere, …

  Der Artikel richtet sich nach dem darauf folgenden Substantiv.

Possessivpronomen

- Das Possessivpronomen **il mio**,... entspricht in seinen Formen dem Possessivadjektiv **il mio**,...

| *Adjektiv*: | La tua casa è molto grande, | Dein Haus ist sehr groß, |
| *Pronomen*: | la nostra è più piccola | unseres ist kleiner |

Interrogativpronomen

- Das Interrogativpronomen kann sich auf eine Person, eine Sache/Sachverhalt oder auf eine Menge beziehen.

Person	Sache/Sachverhalt		Menge			
	sing	*pl*	*sing*		*pl*	
			m	*f*	*m*	*f*
chi?	(che) cosa?		quanto?	quanta?	quanti?	quante?
	che?					
	quale?	quali?				

- Die Interrogativpronomen **quale** und **che** (*welcher*) werden gebraucht, um nach einer Person oder nach genauen Sachen/Sachverhalten zu fragen:

Che libri leggi?   Welche Bücher liest du?

Die Formen des Verbs

Die regelmäßigen Verben

Im Italienischen unterscheidet man drei Konjugationen: die Verben auf **-are** (*amare*), auf **-ere** (*vendere*) und auf **-ire** (*partire*, *capire*).
Im Anhang befinden sich die Tabellen jeder Konjugation.

1. Indikativ

presente Präsens					
		-are	-ere	-ire	
		amare	vendere	partire	capire
		lieben	verkaufen	abreisen	verstehen
sing	*1.pers*	am**o**	vend**o**	part**o**	cap**isco**
	2.pers	am**i**	vend**i**	part**i**	cap**isci**
	3.pers	am**a**	vend**e**	part**e**	cap**isce**
pl	*1.pers*	am**iamo**	vend**iamo**	part**iamo**	cap**iamo**
	2.pers	am**ate**	vend**ete**	part**ite**	cap**ite**
	3.pers	am**ano**	vend**ono**	part**ono**	cap**iscono**

- Die Höflichkeitsform ist die 3. Person des Singulars, wenn nur eine Person angesprochen wird; es ist die 2. Person des Plurals, seltener die 3. Person des Plurals, wenn mehrere Personen angesprochen werden.

- Die Verben auf **-ere** werden im Infinitiv teils auf der drittletzten Silbe, teils auf der vorletzten Silbe betont (*vendere*, *godere*); die übrigen Formen dieser Verben stimmen miteinander überein.

- Einige Verben auf **-ire** haben im Präsens Sonderformen mit Einschub von **-isc-** zwischen Stamm und Endung (in der 1., 2., 3. Person Singular und 3. Person Plural).
  ◆ Bei diesen Verben ist im Wörterbuch immer die erste Person Präsens angegeben.
  Beispiel: **preferire <preferisco, preferii, preferito>**

- Bei Verben auf **-care** und **-gare** wird vor **e** und **i** ein **-h-** eingefügt, um die harte Aussprache beizubehalten:
  mancare   manco, manchi, manca, manchiamo,…, mancherò,…
  pagare   pago, paghi, paga, paghiamo,…, pagherò,…

- Bei Verben auf **-cere** und **-gere** variiert die Aussprache von **-c-** und **-g-** je nach der Endung.
  vincere   vinco, vinci,…
  conoscere   conosco, conosci,…
  leggere   leggo, leggi,…

- Bei Verben auf **-iare** entfällt unbetontes **i** vor dem **i** der Endung:
  studiare   studio, studi, studia, studiamo,…
  Betontes **i** bleibt erhalten:
  inviare   invio, invii,…
  sciare   scio, scii,…

- Bei Verben auf **-ciare** und **-giare** entfällt das Schreibzeichen **-i-** des Wortstamms vor **-i** und **-e** der Endung:
  cominciare   comincio, cominci, comincia,…, comincerò,…
  mangiare   mangio, mangi, mangia,…, mangerò,…
  Ist jedoch das -i- des Wortstamms betont, wird es in der 2. Person Singular (z. B.: *sciare*, tu *scii*) beibehalten.

- Einige Verben auf **-are** werden im Präsens Singular auf der drittletzten Silbe betont, in der 3. Person Plural auf der viertletzten:
  telefonare   telefono, telefoni, telefona, telefoniamo, telefonate, telefonano

imperfetto Imperfekt				
sing	1. pers	am**avo**	vend**evo**	part**ivo**
	2. pers	am**avi**	vend**evi**	part**ivi**
	3. pers	am**ava**	vend**eva**	part**iva**
pl	1. pers	am**avamo**	vend**evamo**	part**ivamo**
	2. pers	am**avate**	vend**evate**	part**ivate**
	3. pers	am**avano**	vend**evano**	part**ivano**

passato remoto Historisches Perfekt				
sing	1. pers	am**ai**	**vendei**	**partii**
	2. pers	am**asti**	vend**esti**	part**isti**
	3. pers	am**ò**	vend**è**/vend**ette**	part**ì**
pl	1. pers	am**ammo**	vend**emmo**	part**immo**
	2. pers	am**aste**	vend**este**	part**iste**
	3. pers	am**arono**	vend**erono**	part**irono**

futuro semplice Futur I					
sing	1. pers	amerò	venderò		partirò
	2. pers	amerai	venderai		partirai
	3. pers	amerà	venderà		partirà
pl	1. pers	ameremo	venderemo		partiremo
	2. pers	amerete	venderete		partirete
	3. pers	ameranno	venderanno		partiranno

passato prossimo Perfekt					
sing	1. pers	ho		sono	
	2. pers	hai		sei	partito/partita
	3. pers	ha	amato/	è	
pl	1. pers	abbiamo	venduto/capito	siamo	
	2. pers	avete		siete	partiti/partite
	3. pers	hanno		sono	

ACHTUNG! Bei der Perfektbildung mit **essere** richtet sich das Partizip Perfekt in Geschlecht und Zahl nach dem Subjekt.

trapassato possimo Plusquamperfekt			
sing	1. pers	avevo amato / venduto / capito	ero partito/partita
	...	...	...

futuro anteriore Futur II			
sing	1. pers	avrò amato / venduto / capito	sarò partito/partita
	...	...	...

- Perfekt, Plusquamperfekt und Futur II werden mit dem Hilfsverb *avere* gebildet (*ho amato,…*); bei Verben der Bewegung oder der Veränderung eines Zustands stehen die Formen von *essere* (*sono partito,…*), ebenso bei reflexiven Verben (*mi sono lavato,…*) und dem Verb *essere* selbst (*sono stato,…*).

2. Konjunktiv

presente Präsens						
sing	1. pers	che io	ami	venda	parta	capisca
	2. pers	che tu	ami	venda	parta	capisca
	3. pers	che lui	ami	venda	parta	capisca
pl	1. pers	che noi	amiamo	vendiamo	partiamo	capiamo
	2. pers	che voi	amiate	vendiate	partiate	capiate
	3. pers	che loro	amino	vendano	partano	capiscano

imperfetto Imperfekt

sing	1. pers	che io	am**assi**	vend**essi**	part**issi**	cap**isca**
	2. pers	che tu	am**assi**	vend**essi**	part**issi**	cap**isca**
	3. pers	che lui	am**asse**	vend**esse**	part**isse**	cap**isca**
pl	1. pers	che noi	am**assimo**	vend**essimo**	part**issimo**	cap**iamo**
	2. pers	che voi	am**aste**	vend**este**	part**iste**	cap**iate**
	3. pers	che loro	am**assero**	vend**essero**	part**issero**	cap**iscano**

passato Perfekt

sing	1. pers	che io	abbia		sia	
	2. pers	che tu	abbia		sia	partito/partita
	3. pers	che lui	abbia	amato/ venduto/ capito	sia	
pl	1. pers	che noi	abbiamo		siamo	
	2. pers	che voi	abbiate		siate	partiti/ partite
	3. pers	che loro	abbiano		siano	

trapassato Plusquamperfekt

sing	1. pers	che io	avessi amato / venduto / capito	fossi partito/partita
	…	…		…

3. Konditional

presente Präsens

sing	1. pers	am**erei**	vend**erei**	part**irei**
	2. pers	am**eresti**	vend**eresti**	part**iresti**
	3. pers	am**erebbe**	vend**erebbe**	part**irebbe**
pl	1. pers	am**eremmo**	vend**eremmo**	part**iremmo**
	2. pers	am**ereste**	vend**ereste**	part**ireste**
	3. pers	am**erebbero**	vend**erebbero**	part**irebbero**

passato Perfekt

sing	1. pers	avrei		sarei	
	2. pers	avresti		saresti	partito/partita
	3. pers	avrebbe	amato/ venduto/capito	sarebbe	
pl	1. pers	avremmo		saremmo	
	2. pers	avreste		sareste	partiti/ partite
	3. pers	avrebbero		sarebbero	

4. Imperativ

sing	2. pers	ama!	liebe!	vendi!	parti!	capisci!
	3. pers	ami!	lieben Sie!	venda!	parta!	capisca!
pl	1. pers	amiamo!	lieben wir!	vendiamo!	partiamo!	capiamo!
	2. pers	amate!	liebt, lieben Sie!	vendete!	partite!	capite!
	3. pers	amino!	lieben Sie!	vendano!	partano!	capiscano!

ACHTUNG! Zur Verneinung der Form der zweiten Person Singular verwendet man den Infinitiv:
Beispiel: Non amare! - Liebe nicht!

5. Infinitiv, Partizip und Gerundium

infinito Infinitiv	am**are**	vend**ere**	part**ire**
participio presente Partizip Präsens	am**ante**	vend**ente**	part**ente**
participio passato Partizip Perfekt	am**ato**	vend**uto**	part**ito**
gerundio Gerundium	am**ando**	vend**endo**	part**endo**

6. Passiv

Das Passiv wird mit den Formen von *essere* und dem Partizip Perfekt gebildet:

sono amato/ amata   ich werde geliebt
ero amato/ amata   ich wurde geliebt
...

Daneben gibt es die Formen mit *venire* und dem Partizip Perfekt:

vengo informato (m) / informata (f)   ich werde informiert/ ich bekomme eine Information
vengo aiutato (m) / aiutata (f)   mir wird geholfen/ ich erhalte Hilfe

Die unregelmäßigen Verben

Unregelmäßig sind vor allem Verben auf **-ere** und auf **-ire** und zwar fast immer deren Formen des Passato remoto und das Partizip Perfekt, manchmal auch weitere Zeitformen. Beim Passato remoto der unregelmäßigen Verben kann man dennoch eine Regelmäßigkeit feststellen: Die Abweichungen von der Regel sind meist in der 1. und 3. Person Singular und in der 3. Person Plural. *Beispiel*:

vedere   **vidi**, vedesti, **vide**, vedemmo, vedeste, **videro**.

▸ Bei unregelmäßigen Verben sind im Wörterbuch die 1. Person Singular des Präsens (Indikativ) und des Passato remoto und das Partizip II immer angegeben.
Beispiel: **fare <faccio, feci, fatto>**.
Außerdem befindet sich im Anhang nach der Grammatik eine Liste der unregelmäßigen italienischen Verben und die Konjugationstabellen der Modal- und Hilfsverben.

Das Adverb

Adverbien werden nicht dekliniert. Sie können sich auf ein Verb, auf ein anderes Adverb oder auf ein Adjektiv beziehen. *Beispiele*:

Verb:	Arrivo subito	Ich komme gleich
Adverb:	Ci vediamo molto spesso	Wir sehen uns sehr oft
Adjektiv:	Il libro è abbastanza interessante	Das Buch ist ziemlich interessant

- Adverbien können auf Italienisch eine eigene Form haben (*oggi* heute, *qui* hier, *forse* vielleicht) oder vom Adjektiv durch Anhängen der Endung **-mente** abgeleitet werden:

Adjektiv	auf **-o/-a**	auf **-e**	auf **-le**
	perfetto/-a	veloce	facile
Adverb	perfettamente	velocemente	facilmente

- Sonderformen: **leggermente**, **violentemente** (zu *leggero/-a*, *violento/-a*)
  bene (zu *buono/-a*).

- Zahlreiche Adverbien haben wie Adjektive einen Komparativ und einen Superlativ:

Positiv	facilmente	tardi
Komparativ	più facilmente	più tardi
Superlativ	facilissimamente/ molto facilmente	tardissimo/molto tardi

Ausnahmen:	bene	meglio	benissimo	ottimamente
	male	peggio	malissimo	pessimamente
	molto	più	moltissimo	
	poco	meno	pochissimo	

III - VERBI / *VERBEN*

1. Gli ausiliari sein, haben e werden – Die Hilfsverben sein, haben und werden

sein

Präsens	Präteritum	Perfekt	Plusquamperfekt
ich bin	ich war	ich bin gewesen	ich war gewesen
du bist	du warst	du bist gewesen	du warst gewesen
er/sie/es ist	er/sie/es war	er/sie/es ist gewesen	er/sie/es war gewesen
wir sind	wir waren	wir sind gewesen	wir waren gewesen
ihr seid	ihr wart	ihr seid gewesen	ihr wart gewesen
sie sind	sie waren	sie sind gewesen	sie waren gewesen

Futur	Konjunktiv I	Konjunktiv II	Imperativ
ich werde sein	ich sei	ich wäre	
du wirst sein	du seist	du wär(e)st	sei
er/sie/es wird sein	er/sie/es sei	er/sie/es wäre	seien Sie
wir werden sein	wir seien	wir wären	seien wir
ihr werdet sein	ihr seiet	ihr wär(e)t	seid
sie werden sein	sie seien	sie wären	seien Sie

haben

Präsens	Präteritum	Perfekt	Plusquamperfekt
ich habe	ich hatte	ich habe gehabt	ich hatte gehabt
du hast	du hattest	du hast gehabt	du hattest gehabt
er/sie/es hat	er/sie/es hatte	er/sie/es hat gehabt	er/sie/es hatte gehabt
wir haben	wir hatten	wir haben gehabt	wir hatten gehabt
ihr habt	ihr hattet	ihr habt gehabt	ihr hattet gehabt
sie haben	sie hatten	sie haben gehabt	sie hatten gehabt

Futur	Konjunktiv I	Konjunktiv II	Imperativ
ich werde haben	ich habe	ich hätte	
du wirst haben	du habest	du hättest	hab(e)
er/sie/es wird haben	er/sie/es habe	er/sie/es hätte	haben Sie
wir werden haben	wir haben	wir hätten	haben wir
ihr werdet haben	ihr habet	ihr hättet	habt
sie werden haben	sie haben	sie hätten	haben Sie

werden

Präsens	Präteritum	Perfekt	Plusquamperfekt
ich werde	ich wurde	ich bin geworden	ich war geworden
du wirst	du wurdest	du bist geworden	du warst geworden
er/sie/es wird	er/sie/es wurde	er/sie/es ist geworden	er/sie/es war geworden
wir werden	wir wurden	wir sind geworden	wir waren geworden
ihr werdet	ihr wurdet	ihr seid geworden	ihr wart geworden
sie werden	sie wurden	sie sind geworden	sie waren geworden

Futur	Konjunktiv I	Konjunktiv II	Imperativ
ich werde werden	ich werde	ich würde	
du wirst werden	du werdest	du würdest	werd(e)
er/sie/es wird werden	er/sie/es werde	er/sie/es würde	werden Sie
wir werden werden	wir werden	wir würden	werden wir
ihr werdet werden	ihr werdet	ihr würdet	werdet
sie werden werden	sie werden	sie würden	werden Sie

2. I verbi modali – Die Modalverben

können

Präsens	Präteritum	Perfekt	Plusquamperfekt
ich kann	ich konnte	ich habe gekonnt	ich hatte gekonnt
du kannst	du konntest	du hast gekonnt	du hattest gekonnt
er/sie/es kann	er/sie/es konnte	er/sie/es hat gekonnt	er/sie/es hatte gekonnt
wir können	wir konnten	wir haben gekonnt	wir hatten gekonnt
ihr könnt	ihr konntet	ihr habt gekonnt	ihr hattet gekonnt
sie können	sie konnten	sie haben gekonnt	sie hatten gekonnt

Futur	Konjunktiv I	Konjunktiv II
ich werde können	ich könne	ich könnte
du wirst können	du könnest	du könntest
er/sie/es wird können	er/sie/es wird könne	er/sie/es wird könnte
wir werden können	wir können	wir könnten
ihr werdet können	ihr könn(e)t	ihr könntet
sie werden können	sie können	sie könnten

dürfen

Präsens	Präteritum	Perfekt	Plusquamperfekt
ich darf	ich durfte	ich habe gedurft	ich hatte gedurft
du darfst	du durftest	du hast gedurft	du hattest gedurft
er/sie/es darf	er/sie/es durfte	er/sie/es hat gedurft	er/sie/es hatte gedurft
wir dürfen	wir durften	wir haben gedurft	wir hatten gedurft
ihr dürft	ihr durftet	ihr habt gedurft	ihr hattet gedurft
sie dürfen	sie durften	sie haben gedurft	sie hatten gedurft

Futur	Konjunktiv I	Konjunktiv II	
ich werde dürfen	ich dürfe	ich dürfte	
du wirst dürfen	du dürfest	du dürftest	
er/sie/es wird dürfen	er/sie/es dürfe	er/sie/es dürfte	
wir werden dürfen	wir dürfen	wir dürften	
ihr werdet dürfen	ihr dürf(e)t	ihr dürftet	
sie werden dürfen	sie dürfen	sie dürften	

mögen

Präsens	Präteritum	Perfekt	Plusquamperfekt
ich mag	ich mochte	ich habe gemocht	ich hatte gemocht
du magst	du mochtest	du hast gemocht	du hattest gemocht
er/sie/es mag	er/sie/es mochte	er/sie/es hat gemocht	er/sie/es hatte gemocht
wir mögen	wir mochten	wir haben gemocht	wir hatten gemocht
ihr mögt	ihr mochtet	ihr habt gemocht	ihr hattet gemocht
sie mögen	sie mochten	sie haben gemocht	sie hatten gemocht

Futur	Konjunktiv I	Konjunktiv II	
ich werde mögen	ich möge	ich möchte	
du wirst mögen	du mögest	du möchtest	
er/sie/es wird mögen	er/sie/es möge	er/sie/es möchte	
wir werden mögen	wir mögen	wir möchten	
ihr werdet mögen	ihr mög(e)t	ihr möchtet	
sie werden mögen	sie mögen	sie möchten	

müssen

Präsens	Präteritum	Perfekt	Plusquamperfekt
ich muss	ich musste	ich habe gemusst	ich hatte gemusst
du musst	du musstest	du hast gemusst	du hattest gemusst
er/sie/es muss	er/sie/es musste	er/sie/es hat gemusst	er/sie/es hatte gemusst
wir müssen	wir mussten	wir haben gemusst	wir hatten gemusst
ihr müsst	ihr musstet	ihr habt gemusst	ihr hattet gemusst
sie müssen	sie mussten	sie haben gemusst	sie hatten gemusst

Futur	Konjunktiv I	Konjunktiv II	
ich werde müssen	ich müsse	ich müsste	
du wirst müssen	du müssest	du müsstest	
er/sie/es wird müssen	er/sie/es müsse	er/sie/es müsste	
wir werden müssen	wir müssen	wir müssten	
ihr werdet müssen	ihr müss(e)t	ihr müsstet	
sie werden müssen	sie müssen	sie müssten	

sollen

Präsens	Präteritum	Perfekt	Plusquamperfekt
ich soll	ich sollte	ich habe gesollt	ich hatte gesollt
du sollst	du solltest	du hast gesollt	du hattest gesollt
er/sie/es soll	er/sie/es sollte	er/sie/es hat gesollt	er/sie/es hatte gesollt
wir sollen	wir sollten	wir haben gesollt	wir hatten gesollt
ihr sollt	ihr solltet	ihr habt gesollt	ihr hattet gesollt
sie sollen	sie sollten	sie haben gesollt	sie hatten gesollt

Futur	Konjunktiv I	Konjunktiv II	
ich werde sollen	ich solle	ich sollte	
du wirst sollen	du sollest	du solltest	
er/sie/es wird sollen	er/sie/es solle	er/sie/es sollte	
wir werden sollen	wir sollen	wir sollten	
ihr werdet sollen	ihr soll(e)t	ihr solltet	
sie werden sollen	sie sollen	sie sollten	

wollen

Präsens	Präteritum	Perfekt	Plusquamperfekt
ich will	ich wollte	ich habe gewollt	ich hatte gewollt
du willst	du wolltest	du hast gewollt	du hattest gewollt
er/sie/es will	er/sie/es wollte	er/sie/es hat gewollt	er/sie/es hatte gewollt
wir wollen	wir wollten	wir haben gewollt	wir hatten gewollt
ihr wollt	ihr wolltet	ihr habt gewollt	ihr hattet gewollt
sie wollen	sie wollten	sie haben gewollt	sie hatten gewollt

Futur	Konjunktiv I	Konjunktiv II	
ich werde wollen	ich wolle	ich wollte	
du wirst wollen	du wollest	du wolltest	
er/sie/es wird wollen	er/sie/es wolle	er/sie/es wollte	
wir werden wollen	wir wollen	wir wollten	
ihr werdet wollen	ihr woll(e)t	ihr wolltet	
sie werden wollen	sie wollen	sie wollten	

3. I verbi regolari (verbi deboli) – Die regelmässigen Verben (schwache Verben)

machen

Präsens	Präteritum	Perfekt	Plusquamperfekt
ich mache	ich machte	ich habe gemacht	ich hatte gemacht
du machst	du machtest	du hast gemacht	du hattest gemacht
er/sie/es macht	er/sie/es machte	er/sie/es hat gemacht	er/sie/es hatte gemacht
wir machen	wir machten	wir haben gemacht	wir hatten gemacht
ihr macht	ihr machtet	ihr habt gemacht	ihr hattet gemacht
sie machen	sie machten	sie haben gemacht	sie hatten gemacht

Futur	Konjunktiv I	Konjunktiv II	Imperativ
ich werde machen	ich mache	ich machte	
du wirst machen	du machest	du machtest	mach(e)
er/sie/es wird machen	er/sie/es mache	er/sie/es machte	machen Sie
wir werden machen	wir machen	wir machten	machen wir
ihr werdet machen	ihr machet	ihr machtet	macht
sie werden machen	sie machen	sie machten	machen Sie

Verbi con radice terminante in s, ss, ß o z – Verben, deren Stamm auf s, ss, ß oder z endet

rasen

Präsens	Präteritum	Perfekt	Plusquamperfekt
ich rase	ich raste	ich bin gerast	ich war gerast
du rast	du rastest	du bist gerast	du warst gerast
er/sie/es rast	er/sie/es raste	er/sie/es ist gerast	er/sie/es war gerast
wir rasen	wir rasten	wir sind gerast	wir waren gerast
ihr rast	ihr rastet	ihr seid gerast	ihr wart gerast
sie rasen	sie rasten	sie sind gerast	sie waren gerast

Futur	Konjunktiv I	Konjunktiv II	Imperativ
ich werde rasen	ich rase	ich raste	
du wirst rasen	du rasest	du rastest	ras(e)
er/sie/es wird rasen	er/sie/es rase	er/sie/es raste	rasen Sie
wir werden rasen	wir rasen	wir rasten	rasen wir
ihr werdet rasen	ihr raset	ihr rastet	rast
sie werden rasen	sie rasen	sie rasten	rasen Sie

passen

Präsens	Präteritum	Perfekt	Plusquamperfekt
ich passe	ich passte	ich habe gepasst	ich hatte gepasst
du passt	du passtest	du hast gepasst	du hattest gepasst
er/sie/es passt	er/sie/es passte	er/sie/es hat gepasst	er/sie/es hatte gepasst
wir passen	wir passten	wir haben gepasst	wir hatten gepasst
ihr passt	ihr passtet	ihr habt gepasst	ihr hattet gepasst
sie passen	sie passten	sie haben gepasst	sie hatten gepasst

Futur	Konjunktiv I	Konjunktiv II	Imperativ
ich werde passen	ich passe	ich passte	
du wirst passen	du passest	du passtest	pass(e)
er/sie/es wird passen	er/sie/es passe	er/sie/es passte	passen Sie
wir werden passen	wir passen	wir passten	passen wir
ihr werdet passen	ihr passet	ihr passtet	passt
sie werden passen	sie passen	sie passten	passen Sie

grüßen

Präsens	Präteritum	Perfekt	Plusquamperfekt
ich grüße	ich grüßte	ich habe gegrüßt	ich hatte gegrüßt
du grüßt	du grüßtest	du hast gegrüßt	du hattest gegrüßt
er/sie/es grüßt	er/sie/es grüßte	er/sie/es hat gegrüßt	er/sie/es hatte gegrüßt
wir grüßen	wir grüßten	wir haben gegrüßt	wir hatten gegrüßt
ihr grüßt	ihr grüßtet	ihr habt gegrüßt	ihr hattet gegrüßt
sie grüßen	sie grüßten	sie haben gegrüßt	sie hatten gegrüßt

Futur	Konjunktiv I	Konjunktiv II	Imperativ
ich werde grüßen	ich grüße	ich grüßte	
du wirst grüßen	du grüßest	du grüßtest	grüß(e)
er/sie/es wird grüßen	er/sie/es grüße	er/sie/es grüßte	grüßen Sie
wir werden grüßen	wir grüßen	wir grüßten	grüßen wir
ihr werdet grüßen	ihr grüßet	ihr grüßtet	grüßt
sie werden grüßen	sie grüßen	sie grüßten	grüßen Sie

reizen

Präsens	Präteritum	Perfekt	Plusquamperfekt
ich reize	ich reizte	ich habe gereizt	ich hatte gereizt
du reizt	du reiztest	du hast gereizt	du hattest gereizt
er/sie/es reizt	er/sie/es reizte	er/sie/es hat gereizt	er/sie/es hatte gereizt
wir reizen	wir reizten	wir haben gereizt	wir hatten gereizt
ihr reizt	ihr reiztet	ihr habt gereizt	ihr hattet gereizt
sie reizen	sie reizten	sie haben gereizt	sie hatten gereizt

Futur	Konjunktiv I	Konjunktiv II	Imperativ
ich werde reizen	ich reize	ich reizte	
du wirst reizen	du reizest	du reiztest	reiz(e)
er/sie/es wird reizen	er/sie/es reize	er/sie/es reizte	reizen Sie
wir werden reizen	wir reizen	wir reizten	reizen wir
ihr werdet reizen	ihr reizet	ihr reiztet	reizt
sie werden reizen	sie reizen	sie reizten	reizen Sie

Verbi con radice terminante in *d* o *t*, con consonante +*m* o +*n* – Verben, deren Stamm auf *d* oder *t*, mit Konsonant +*m* oder +*n* endet

reden

Präsens	Präteritum	Perfekt	Plusquamperfekt
ich rede	ich redete	ich habe geredet	ich hatte geredet
du redest	du redetest	du hast geredet	du hattest geredet
er/sie/es redet	er/sie/es redete	er/sie/es hat geredet	er/sie/es hatte geredet
wir reden	wir redeten	wir haben geredet	wir hatten geredet
ihr redet	ihr redetet	ihr habt geredet	ihr hattet geredet
sie reden	sie redeten	sie haben geredet	sie hatten geredet

Futur	Konjunktiv I	Konjunktiv II	Imperativ
ich werde reden	ich rede	ich redete	
du wirst reden	du redest	du redetest	red(e)
er/sie/es wird reden	er/sie/es rede	er/sie/es redete	reden Sie
wir werden reden	wir reden	wir redeten	reden wir
ihr werdet reden	ihr redet	ihr redetet	redet
sie werden reden	sie reden	sie redeten	reden Sie

wetten

Präsens	Präteritum	Perfekt	Plusquamperfekt
ich wette	ich wettete	ich habe gewettet	ich hatte gewettet
du wettest	du wettetest	du hast gewettet	du hattest gewettet
er/sie/es wettet	er/sie/es wettete	er/sie/es hat gewettet	er/sie/es hatte gewettet
wir wetten	wir wetteten	wir haben gewettet	wir hatten gewettet
ihr wettet	ihr wettetet	ihr habt gewettet	ihr hattet gewettet
sie wetten	sie wetteten	sie haben gewettet	sie hatten gewettet

Futur	Konjunktiv I	Konjunktiv II	Imperativ
ich werde wetten	ich wette	ich wettete	
du wetten	du wettetest	du wettetest	wett(e)
er/sie/es wird wetten	er/sie/es wette	er/sie/es wettete	wetten Sie
wir werden wetten	wir wetten	wir wetteten	wetten wir
ihr werdet wetten	ihr wettet	ihr wettetet	wettet
sie werden wetten	sie wetten	sie wetteten	wetten Sie

atmen

Präsens	Präteritum	Perfekt	Plusquamperfekt
ich atme	ich atmete	ich habe geatmet	ich hatte geatmet
du atmest	du atmetest	du hast geatmet	du hattest geatmet
er/sie/es atmet	er/sie/es atmete	er/sie/es hat geatmet	er/sie/es hatte geatmet
wir atmen	wir atmeten	wir haben geatmet	wir hatten geatmet
ihr atmet	ihr atmetet	ihr habt geatmet	ihr hattet geatmet
sie atmen	sie atmeten	sie haben geatmet	sie hatten geatmet

Futur	Konjunktiv I	Konjunktiv II	Imperativ
ich werde atmen	ich atme	ich atmete	
du wirst atmen	du atmest	du atmetest	atme
er/sie/es wird atmen	er/sie/es atme	er/sie/es atmete	atmen Sie
wir werden atmen	wir atmen	wir atmeten	atmen wir
ihr werdet atmen	ihr atmet	ihr atmetet	atmet
sie werden atmen	sie atmen	sie atmeten	atmen Sie

trocknen

Präsens	Präteritum	Perfekt	Plusquamperfekt
ich trockne	ich trocknete	ich habe getrocknet	ich hatte getrocknet
du trocknest	du trocknetest	du hast getrocknet	du hattest getrocknet
er/sie/es trocknet	er/sie/es trocknete	er/sie/es hat getrocknet	er/sie/es hatte getrocknet
wir trocknen	wir trockneten	wir haben getrocknet	wir hatten getrocknet
ihr trocknet	ihr trocknetet	ihr habt getrocknet	ihr hattet getrocknet
sie trocknen	sie trockneten	sie haben getrocknet	sie hatten getrocknet

Futur	Konjunktiv I	Konjunktiv II	Imperativ
ich werde trocknen	ich trockne	ich trocknete	
du wirst trocknen	du trocknest	du trocknetest	trockne
er/sie/es wird trocknen	er/sie/es trockne	er/sie/es trocknete	trocknen Sie
wir werden trocknen	wir trocknen	wir trockneten	trocknen wir
ihr werdet trocknen	ihr trocknet	ihr trocknetet	trocknet
sie werden trocknen	sie trocknen	sie trockneten	trocknen Sie

Verbi con radice terminante in *el* o *er* atone – Verben, deren Stamm auf unbetontem *el* oder *er* endet

angeln

Präsens	Präteritum	Perfekt	Plusquamperfekt
ich angle	ich angelte	ich habe geangelt	ich hatte geangelt
du angelst	du angeltest	du hast geangelt	du hattest geangelt
er/sie/es angelt	er/sie/es angelte	er/sie/es hat geangelt	er/sie/es hatte geangelt
wir angeln	wir angelten	wir haben geangelt	wir hatten geangelt
ihr angelt	ihr angeltet	ihr habt geangelt	ihr hattet geangelt
sie angeln	sie angelten	sie haben geangelt	sie hatten geangelt

Futur	Konjunktiv I	Konjunktiv II	Imperativ
ich werde angeln	ich angle	ich angelte	
du wirst angeln	du angelst	du angeltest	angle
er/sie/es wird angeln	er/sie/es angle	er/sie/es angelte	angeln Sie
wir werden angeln	wir angeln	wir angelten	angeln wir
ihr werdet angeln	ihr angelt	ihr angeltet	angelt
sie werden angeln	sie angeln	sie angelten	angeln Sie

zittern

Präsens	Präteritum	Perfekt	Plusquamperfekt
ich zittre	ich zitterte	ich habe gezittert	ich hatte gezittert
du zitterst	du zittertest	du hast gezittert	du hattest gezittert
er/sie/es zittert	er/sie/es zitterte	er/sie/es hat gezittert	er/sie/es hatte gezittert
wir zittern	wir zitterten	wir haben gezittert	wir hatten gezittert
ihr zittert	ihr zittertet	ihr habt gezittert	ihr hattet gezittert
sie zittern	sie zitterten	sie haben gezittert	sie hatten gezittert

Futur	Konjunktiv I	Konjunktiv II	Imperativ
ich werde zittern	ich zittre	ich zitterte	
du wirst zittern	du zitterst	du zittertest	zittre
er/sie/es wird zittern	er/sie/es zittre	er/sie/es zitterte	zittern Sie
wir werden zittern	wir zittern	wir zitterten	zittern wir
ihr werdet zittern	ihr zittert	ihr zittertet	zittert
sie werden zittern	sie zittern	sie zitterten	zittern Sie

4. Modelli di coniugazione dei verbi irregolari (verbi forti) – Koniugationsmuster der unregelmässigen Verben (starke Verben)

tragen

Präsens	Präteritum	Perfekt	Plusquamperfekt
ich trage	ich trug	ich habe getragen	ich hatte getragen
du trägst	du trugst	du hast getragen	du hattest getragen
er/sie/es trägt	er/sie/es trug	er/sie/es hat getragen	er/sie/es hatte getragen
wir tragen	wir trugen	wir haben getragen	wir hatten getragen
ihr tragt	ihr trugt	ihr habt getragen	ihr hattet getragen
sie tragen	sie trugen	sie haben getragen	sie hatten getragen

Futur	Konjunktiv I	Konjunktiv II	Imperativ
ich werde tragen	ich trage	ich trüge	
du wirst tragen	du tragest	du trügest	trag(e)
er/sie/es wird tragen	er/sie/es trage	er/sie/es trüge	tragen Sie
wir werden tragen	wir tragen	wir trügen	tragen wir
ihr werdet tragen	ihr trag(e)t	ihr trüg(e)t	tragt
sie werden tragen	sie tragen	sie trügen	tragen Sie

blasen

Präsens	Präteritum	Perfekt	Plusquamperfekt
ich blase	ich blies	ich habe geblasen	ich hatte geblasen
du bläst	du bliest	du hast geblasen	du hattest geblasen
er/sie/es bläst	er/sie/es blies	er/sie/es hat geblasen	er/sie/es hatte geblasen
wir blasen	wir bliesen	wir haben geblasen	wir hatten geblasen
ihr blast	ihr bliest	ihr habt geblasen	ihr hattet geblasen
sie blasen	sie bliesen	sie haben geblasen	sie hatten geblasen

Futur	Konjunktiv I	Konjunktiv II	Imperativ
ich werde blasen	ich blase	ich bliese	
du wirst blasen	du blasest	du bliesest	blas(e)
er/sie/es wird blasen	er/sie/es blase	er/sie/es bliese	blasen Sie
wir werden blasen	wir blasen	wir bliesen	blasen wir
ihr werdet blasen	ihr blast	ihr blieset	blast
sie werden blasen	sie blasen	sie bliesen	blasen Sie

laufen

Präsens	Präteritum	Perfekt	Plusquamperfekt
ich laufe	ich lief	ich bin gelaufen	ich war gelaufen
du läufst	du liefst	du bist gelaufen	du warst gelaufen
er/sie/es läuft	er/sie/es lief	er/sie/es ist gelaufen	er/sie/es war gelaufen

wir laufen		wir liefen		wir sind gelaufen		wir waren gelaufen	
ihr lauft		ihr lieft		ihr seid gelaufen		ihr wart gelaufen	
sie laufen		sie liefen		sie sind gelaufen		sie waren gelaufen	
Futur		**Konjunktiv I**		**Konjunktiv II**		**Imperativ**	
ich werde laufen		ich laufe		ich liefe			
du wirst laufen		du laufest		du liefest		lauf(e)	
er/sie/es wird laufen		er/sie/es laufe		er/sie/es liefe		laufen Sie	
wir werden laufen		wir laufen		wir liefen		laufen wir	
ihr werdet laufen		ihr laufet		ihr liefet		lauft	
sie werden laufen		sie laufen		sie liefen		laufen Sie	

essen

Präsens	**Präteritum**	**Perfekt**	**Plusquamperfekt**
ich esse	ich aß	ich habe gegessen	ich hatte gegessen
du isst	du aßt	du hast gegessen	du hattest gegessen
er/sie/es isst	er/sie/es aß	er/sie/es hat gegessen	er/sie/es hatte gegessen
wir essen	wir aßen	wir haben gegessen	wir hatten gegessen
ihr esst	ihr aßt	ihr habt gegessen	ihr hattet gegessen
sie essen	sie aßen	sie haben gegessen	sie hatten gegessen
Futur	**Konjunktiv I**	**Konjunktiv II**	**Imperativ**
ich werde essen	ich esse	ich äße	
du wirst essen	du isst	du äßest	iss
er/sie/es wird essen	er/sie/es esse	er/sie/es äße	essen Sie
wir werden essen	wir essen	wir äßen	essen wir
ihr werdet essen	ihr esst	ihr äßet	esst
sie werden essen	sie essen	sie äßen	essen Sie

5. I verbi irregolari tedeschi – Die unregelmässigen deutschen Verben

Nella seguente lista vengono riportati l'infinito (*Infinitiv*), il preterito (*Präteritum*), il passato prossimo (*Perfekt/"Partizip II"*) e la 2a persona singolare e plurale dell'imperativo (*Imperativ*) dei principali verbi irregolari tedeschi. Sotto all'infinito vengono indicate le forme irregolari del presente (*2a persona singolare*), mentre accanto alla forma del participio passato (*Partizip II*) si trova l'ausiliare con il quale si forma il passato prossimo. Le forme dei verbi derivati con il prefisso *auf-*, *ab-*, *be-*, *er-*, *zer-* ecc. corrispondono a quelle dei rispettivi verbi nella loro forma base.

backen bäckst, backst	backte	hat gebacken	back(e)/backt
befehlen befiehlst	befahl	hat befohlen	befiehl/befehlt
beginnen	begann	hat begonnen	beginn(e)/beginnt
beißen	biss	hat gebissen	beiß(e)/beißt
bergen birgst	barg	hat geborgen	birg/bergt
bersten birst	barst	ist geborsten	birst/berstet
bewegen	bewog	hat bewogen	beweg(e)/bewegt
biegen	bog	hat/ist gebogen	bieg(e)/biegt
bieten	bot	hat geboten	biet(e)/bietet
binden	band	hat gebunden	bind(e)/bindet
bitten	bat	hat gebeten	bitt(e)/bittet
blasen bläst	blies	hat geblasen	blas(e)/blast
bleiben	blieb	ist geblieben	bleib(e)/bleibt
braten brätst	briet	hat gebraten	brat(e)/bratet
brechen brichst	brach	hat/ist gebrochen	brich/brecht
brennen	brannte	hat gebrannt	brenn(e)/brennt
bringen	brachte	hat gebracht	bring(e)/bringt
denken	dachte	hat gedacht	denk(e)/denkt
dreschen drischst	drosch	hat/ist gedroschen	drisch/drescht
dringen	drang	ist/hat gedrungen	dring(e)/dringt
dürfen darfst	durfte	hat gedurft	
empfangen empfängst	empfing	hat empfangen	empfang(e)/empfangt
empfehlen empfiehlst	empfahl	hat empfohlen	empfiehl/empfehlt
empfinden	empfand	hat empfunden	empfind(e)/empfindet
erschrecken	erschrak	ist erschrocken	erschrick/erschreckt
essen isst	aß	hat gegessen	iss/esst
fahren fährst	fuhr	hat/ist gefahren	fahr(e)/fahrt
fallen fällst	fiel	ist gefallen	fall(e)/fallt
fangen fängst	fing	hat gefangen	fang(e)/fangt
fechten fichtst	focht	hat gefochten	ficht/fechtet
finden	fand	hat gefunden	find(e)/findet
flechten flichtst	flocht	hat geflochten	flicht/flechtet
fliegen	flog	hat/ist geflogen	flieg(e)/fliegt
fliehen	floh	ist geflohen	flieh(e)/flieht
fließen	floss	ist geflossen	fließ(e)/fließt
fressen frisst	fraß	hat gefressen	friss/fresst
frieren	fror	hat gefroren	frier(e)/friert
gären	gor gärte	hat/ist gegoren hat/ist gegärt	gär(e)/gärt
gebären gebierst	gebar	hat geboren	gebier(e)/gebärt
geben gibst	gab	hat gegeben	gib/gebt
gedeihen	gedieh	ist gediehen	gedeih(e)/gedeiht
gehen	ging	ist gegangen	geh(e)/geht
gelingen	gelang	ist gelungen	geling(e)/gelingt
gelten giltst	galt	hat gegolten	gilt/geltet
genießen	genoss	hat genossen	genieß(e)/genießt
geschehen es geschieht	geschah	ist geschehen	geschieh/gescheht
gewinnen	gewann	hat gewonnen	gewinn(e)/gewinnt
gießen	goss	hat gegossen	gieß(e)/gießt
gleichen	glich	hat geglichen	gleich(e)/gleicht
gleiten	glitt	ist geglitten	gleit(e)/gleitet
glimmen	glomm	hat geglommen	glimm(e)/glimmt
graben gräbst	grub	hat gegraben	grab(e)/grabt
greifen	griff	hat gegriffen	greif(e)/greift
haben hast	hatte	hat gehabt	hab(e)/habt
halten hältst	hielt	hat gehalten	halt(e)/haltet
hängen	hing	hat gehangen	häng(e)/hängt
hauen	haute hieb	hat gehauen	hau(e)/haut
heben	hob	hat gehoben	heb(e)/hebt
heißen	hieß	hat geheißen	heiß(e)/heißt
helfen hilfst	half	hat geholfen	hilf/helft
kennen	kannte	hat gekannt	kenn(e)/kennt

Infinitiv	Präteritum	Perfekt	Imperativ / 2. Pers. Präsens
klingen	klang	hat geklungen	kling(e)/klingt
kneifen	kniff	hat gekniffen	kneif(e)/kneift
kommen	kam	ist gekommen	komm(e)/kommt
können kannst	konnte	hat gekonnt	
kriechen	kroch	ist gekrochen	kriech(e)/kriecht
küren	kürte / kor	hat gekürt / hat gekoren	kür(e)/kürt
laden lädst	lud	hat geladen	lad(e)/ladet
lassen lässt	ließ	hat gelassen	lass/lasst
laufen läufst	lief	ist gelaufen	lauf(e)/lauft
leiden	litt	hat gelitten	leid(e)/leidet
leihen	lieh	hat geliehen	leih(e)/leiht
lesen liest	las	hat gelesen	lies/lest
liegen	lag	hat gelegen	lieg(e)/liegt
lügen	log	hat gelogen	lüg(e)/lügt
mahlen	mahlte	hat gemahlen	mahl(e)/mahlt
meiden	mied	hat gemieden	meid(e)/meidet
melken	molk / melkte	hat gemolken / hat gemelkt	melk(e)/milk/melkt
messen misst	maß	hat gemessen	miss/messt
misslingen	misslang	ist misslungen	
mögen magst	mochte	hat gemocht	
müssen musst	musste	hat gemusst	
nehmen nimmst	nahm	hat genommen	nimm/nehmt
nennen	nannte	hat genannt	nenn(e)/nennt
pfeifen	pfiff	hat gepfiffen	pfeif(e)/pfeift
preisen	pries	hat gepriesen	preis(e)/preist
quellen quillst	quoll	ist gequollen	quill/quellt
raten rätst	riet	hat geraten	rat(e)/ratet
reiben	rieb	hat gerieben	reib(e)/reibt
reißen	riss	hat/ist gerissen	reiß/reißt
reiten	ritt	hat/ist geritten	reit(e)/reitet
rennen	rannte	ist gerannt	renn(e)/rennt
riechen	roch	hat gerochen	riech(e)/riecht
ringen	rang	hat gerungen	ring(e)/ringt
rinnen	rann	ist geronnen	rinn(e)/rinnt
rufen	rief	hat gerufen	ruf(e)/ruft
saufen säufst	soff	hat gesoffen	sauf(e)/sauft
schaffen	schuf	hat geschaffen	schaff(e)/schafft
scheiden	schied	hat/ist geschieden	scheid(e)/scheidet
scheinen	schien	hat geschienen	schein(e)/scheinet
scheißen	schiss	hat geschissen	scheiß(e)/scheißt
schelten schiltst	schalt	hat gescholten	schilt/scheltet
scheren	schor / scherte	hat geschoren / hat geschert	scher(e)/schert
schieben	schob	hat geschoben	schieb(e)/schiebt
schießen	schoss	hat geschossen	schieß(e)/schießt
schinden	schindete / schund	hat geschunden	schind(e)/schindet
schlafen schläfst	schlief	hat geschlafen	schlaf(e)/schlaft
schlagen schlägst	schlug	hat geschlagen	schlag(e)/schlagt
schleichen	schlich	ist geschlichen	schleich(e)/schleicht
schleifen	schliff	hat geschliffen	schleif(e)/schleift
schließen	schloss	hat geschlossen	schließ(e)/schließt
schlingen	schlang	hat geschlungen	schling(e)/schlingt
schmeißen	schmiss	hat geschmissen	schmeiß(e)/schmeißt
schmelzen schmilzt	schmolz	ist geschmolzen	schmilz/schmelzt
schneiden	schnitt	hat geschnitten	schneid(e)/schneidet
schrecken schrickst, schreckst	schreckte, schrak	hat geschreckt	schrick/schreckt
schreiben	schrieb	hat geschrieben	schreib(e)/schreibt
schreien	schrie	hat geschrie(e)n	schrei(e)/schreit
schreiten	schritt	ist geschritten	schreit(e)/schreitet
schweigen	schwieg	hat geschwiegen	schweig(e)/schweigt
schwellen schwillst	schwoll / schwellte	ist geschwollen / hat geschwellt	schwill/schwellt
schwimmen	schwamm	hat/ist geschwommen	schwimm(e)/schwimmt
schwinden	schwand	ist geschwunden	schwind(e)/schwindet
schwingen	schwang	hat geschwungen	schwing(e)/schwingt
schwören	schwor	hat geschworen	schwör(e)/schwört
sehen siehst	sah	hat gesehen	sieh/seht
sein	war	ist gewesen	sei/seid
senden	sandte / sendete	hat gesandt / hat gesendet	send(e)/sendet
singen	sang	hat gesungen	sing(e)/singt
sinken	sank	ist gesunken	sink(e)/sinkt
sinnen	sann	hat gesonnen	sinn(e)/sinnt
sitzen	saß	hat gesessen	sitz(e)/sitzt
sollen	sollte	hat gesollt	
spalten	spaltete	hat gespalten / hat gespaltet	spalt(e)/spaltet
speien	spie	hat gespie(e)n	spei(e)/speit
spinnen	spann	hat gesponnen	spinn(e)/spinnt
sprechen sprichst	sprach	hat gesprochen	sprich/sprecht
sprießen	spross / sprießte	ist gesprossen / ist gesprießt	sprieß(e)/sprießt
springen	sprang	ist gesprungen	spring(e)/springt
stechen stichst	stach	hat gestochen	stich/stecht
stecken	steckte / stak	hat gesteckt	steck(e)/steckt
stehen	stand	hat gestanden	steh(e)/steht
stehlen stiehlst	stahl	hat gestohlen	stiehl/stehlt
steigen	stieg	ist gestiegen	steig(e)/steigt
sterben stirbst	starb	ist gestorben	stirb/sterbt
stinken	stank	hat gestunken	stink(e)/stinkt
stoßen stößt	stieß	hat/ist gestoßen	stoß(e)/stoßt
streichen	strich	hat gestrichen	streich(e)/streicht
streiten	stritt	hat gestritten	streit(e)/streitet
tragen trägst	trug	hat getragen	trag(e)/tragt
treffen triffst	traf	hat getroffen	triff/trefft
treiben	trieb	hat getrieben	treib(e)/treibt
treten trittst	trat	hat/ist getreten	tritt/tretet
triefen	triefte / troff	hat getrieft / hat getroffen	trief(e)/trieft
trinken	trank	hat getrunken	trink(e)/trinkt
trügen	trog	hat getrogen	trüg(e)/trügt
tun	tat	hat getan	tu(e)/tut
verderben verdirbst	verdarb	hat/ist verdorben	verdirb/verderbt
verdrießen	verdross	hat verdrossen	verdrieß(e)/verdrießt
vergessen vergisst	vergaß	hat vergessen	vergiss/vergesst
verlieren	verlor	hat verloren	verlier(e)/verliert
verlöschen verlischst	verlosch	ist verloschen	verlisch/verlöscht
verzeihen	verzieh	hat verziehen	verzeih(e)/verzeiht
wachsen wächst	wuchs	ist gewachsen	wachs(e)/wachst
wägen	wog / wägte	hat gewogen / hat gewägt	wäg(e)/wägt
waschen wäschst	wusch	hat gewaschen	wasch(e)/wascht
weben	wob	hat gewoben	web(e)/webt
weichen	wich	ist gewichen	weich(e)/weicht
weisen	wies	hat gewiesen	weis(e)/weist
wenden	wendete / wandte	hat gewendet / hat gewandt	wend(e)/wendet
werben wirbst	warb	hat geworben	wirb/werbt
werden wirst	wurde / ward	ist geworden	werd(e)/werdet
werfen wirfst	warf	hat geworfen	wirf/werft
wiegen	wog	hat gewogen	wieg(e)/wiegt
winden	wand	hat gewunden	wind(e)/windet
winken	winkte	hat gewinkt / hat gewunken	wink(e)/winkt
wissen weißt	wusste	hat gewusst	wiss(e)/wisset
wollen willst	wollte	hat gewollt	woll(e)/wollt
ziehen	zog	hat/ist gezogen	zieh(e)/zieht
zwingen	zwang	hat gezwungen	zwing(e)/zwingt

6. Le forme più importanti del Konjunktiv II – Die wichtigsten Formen des Konjunktivs II

befehlen	- beföhle	graben	- grübe	schwingen	- schwänge
beginnen	- begänne	haben	- hätte	schwören	- schwüre
bergen	- bärge	heben	- höbe	sehen	- sähe
bersten	- bärste	helfen	- hülfe	sein	- wäre
bewegen	- bewöge	klingen	- klänge	singen	- sänge
biegen	- böge	kommen	- käme	sinken	- sänke
bieten	- böte	können	- könnte	sinnen	- sänne
binden	- bände	kriechen	- kröche	sitzen	- säße
bitten	- bäte	laden	- lüde	spinnen	- spänne
brechen	- bräche	lesen	- läse	sprechen	- spräche
brennen	- brennte	liegen	- läge	sprießen	- sprösse
bringen	- brächte	löschen	- lösche	springen	- spränge
denken	- dächte	lügen	- löge	stechen	- stäche
dreschen	- drösche	melken	- mölke	stehen	- stünde/stände
dringen	- dränge	messen	- mäße	stehlen	- stähle
dürfen	- dürfte	misslingen	- misslänge	sterben	- stürbe
empfehlen	- empföhle	mögen	- möchte	stinken	- stänke
empfinden	- empfände	müssen	- müsste	tragen	- trüge
essen	- äße	nehmen	- nähme	treffen	- träfe
fahren	- führe	quellen	- quölle	treten	- träte
finden	- fände	riechen	- röche	trinken	- tränke
flechten	- flöchte	ringen	- ränge	trügen	- tröge
fliegen	- flöge	rinnen	- ränne	tun	- täte
fliehen	- flöhe	saufen	- söffe	verderben	- verdürbe
fließen	- flösse	schaffen	- schüfe	verdrießen	- verdrösse
fressen	- fräße	schelten	- schölte	vergessen	- vergäße
frieren	- fröre	scheren	- schöre	verlieren	- verlöre
gären	- gäre	schieben	- schöbe	wachsen	- wüchse
gebären	- gebäre	schießen	- schösse	waschen	- wüsche
geben	- gäbe	schinden	- schünde	werben	- würbe
gelingen	- gelänge	schlagen	- schlüge	werden	- würde
gelten	- gälte	schließen	- schlösse	werfen	- würfe
genießen	- genösse	schlingen	- schlänge	wiegen	- wöge
geschehen	- geschähe	schmelzen	- schmölze	winden	- wände
gewinnen	- gewönne	schwellen	- schwölle	wissen	- wüsste
gießen	- gösse	schwimmen	- schwömme	ziehen	- zöge
glimmen	- glömme	schwinden	- schwände	zwingen	- zwänge

7. Die Hilfsverben ESSERE und AVERE – Gli ausiliari ESSERE e AVERE

èssere

Indicativo presente	Indicativo imperfetto	Indicativo passato remoto	Indicativo futuro
io sóno	io èro	io fùi	io sarò
tu sèi	tu èri	tu fósti	tu saràì
egli è	egli èra	egli fu	egli sarà
noi siàmo	noi eravàmo	noi fùmmo	noi sarémo
voi siète	voi eravàte	voi fóste	voi saréte
essi sóno	essi èrano	essi fùrono	essi saranno

Congiuntivo presente	Congiuntivo imperfetto	Condizionale presente	Imperativo
io sia	io fóssi	io sarèi	—
tu sia	tu fóssi	tu sarésti	sii tu
egli sia	egli fósse	egli sarèbbe	sia egli
noi siàmo	noi fóssimo	noi sarémmo	siàmo noi
voi siàte	voi fóste	voi saréste	siàte voi
essi siano	essi fóssero	essi sarèbbero	siano essi

Gerundio	Participio presente	Participio passato	
essèndo	(raro) essènte	stàto	
	(raro) essènti	stàta	
		stàti	
		stàte	

avére

Indicativo presente	Indicativo imperfetto	Indicativo passato remoto	Indicativo futuro
io ho	io avévo	io èbbi	io avrò
tu hai	tu avévi	tu avésti	tu avrài
egli ha	egli avéva	egli èbbe	egli avrà
noi abbiàmo	noi avevàmo	noi avémmo	noi avrémo
voi avéte	voi avevàte	voi avéste	voi avréte
essi hànno	essi avévano	essi èbbero	essi avrànno

Congiuntivo presente	Congiuntivo imperfetto	Condizionale presente	Imperativo
io àbbia	io avéssi	io avrèi	—
tu àbbia	tu avéssi	tu avrésti	àbbi tu
egli àbbia	egli avésse	egli avrèbbe	àbbia egli
noi abbiàmo	noi avéssimo	noi avrémmo	abbiàmo noi
voi abbiàte	voi avéste	voi avréste	abbiàte voi
essi àbbiano	essi avéssero	essi avrèbbero	àbbiano essi

Gerundio	Participio presente	Participio passato
avèndo	avènte	avùto
	avènti	avùta
		avùti
		avùte

8. Die Modalverben DOVERE, POTERE e VOLERE – I verbi servili DOVERE, POTERE e VOLERE

	dovére	potére	volére
Ind. pres.	io dèvo, dèbbo	io pòsso	io vòglio
—	tu dèvi	tu puòi	tu vuòi
—	egli dève	egli può	egli vuòle
—	noi dobbiàmo	noi possiàmo	noi vogliàmo
—	voi dovéte	voi potéte	voi voléte
—	essi dèvono, dèbbono	essi pòssono	essi vògliono
Ind. imp.	io dovévo	io potévo	io volévo
—	io dovètti, dovéi	io potéi, potètti	io vòlli
—	tu dovésti	tu potésti	tu volésti
—	egli dovètte, dové	egli poté, potètte	egli vòlle
—	noi dovémmo	noi potémmo	noi volémmo
—	voi dovéste	voi potéste	voi voléste
—	essi dovèttero, dovérono	essi potérono, potèttero	essi vòllero
Ind. fut.	io dovrò	io potrò	io vorrò
Cong. pres.	io dèbba, dèva	io pòssa	io vòglia
—	noi dobbiàmo	noi possiàmo	noi vogliàmo
Cong. imp.	io dovéssi	io potéssi	io voléssi
Cond. pres.	io dovrèi	io potrèi	io vorrèi
Imp.	—	pòssa tu	vògli tu
—	—	possiàte voi	vogliàte voi
Gerundio	dovèndo	potèndo	volèndo
Part. pres.	—	potènte	volènte
—	—	potènti	volènti
Part. pass.	dovùto	potùto	volùto

9. Die regelmässigen italienischen Verben – I verbi regolari italiani

amàre

Indicativo presente	Indicativo imperfetto	Indicativo passato remoto	Indicativo futuro
io àmo	io amàvo	io amài	io amerò
tu àmi	tu amàvi	tu amàsti	tu amerài
egli àma	egli amàva	egli amò	egli amerà
noi amiàmo	noi amavàmo	noi amàmmo	noi amerémo
voi amàte	voi amavàte	voi amàste	voi ameréte
essi àmano	essi amàvano	essi amàrono	essi amerànno

Congiuntivo presente	Congiuntivo imperfetto	Condizionale presente	Imperativo
io àmi	io amàssi	io amerèi	—
tu àmi	tu amàssi	tu amerésti	àma tu
egli àmi	egli amàsse	egli amerèbbe	àmi egli
noi amiàmo	noi amàssimo	noi amerémmo	amiàmo noi
voi amiàte	voi amàste	voi ameréste	amàte voi
essi àmino	essi amàssero	essi amerèbbero	àmino essi

Gerundio	Participio presente	Participio passato
amàndo	amànte	amàto
	amànti	amàta
		amàti
		amàte

temére

Indicativo presente	Indicativo imperfetto	Indicativo passato remoto	Indicativo futuro
io témo	io temévo	io teméi, temètti	io temerò
tu témi	tu temévi	tu temésti	tu temerài
egli téme	egli teméva	egli temé, temètte	egli temerà
noi temiàmo	noi temevàmo	noi temémmo	noi temerémo
voi teméte	voi temevàte	voi teméste	voi temeréte
essi témono	essi temévano	essi temérono, temèttero	essi temerànno

Congiuntivo presente	Congiuntivo imperfetto	Condizionale presente	Imperativo
io téma	io teméssi	io temerèi	—
tu téma	tu teméssi	tu temerésti	témi tu
egli téma	egli temésse	egli temerèbbe	téma egli
noi temiàmo	noi teméssimo	noi temerémmo	temiàmo noi
voi temiàte	voi teméste	voi temeréste	teméte voi
essi témano	essi teméssero	essi temerèbbero	témano essi

Gerundio	Participio presente	Participio passato
temèndo	temènte	temùto
	temènti	temùta
		temùti
		temùte

finìre

Indicativo presente
io finìsco
tu finìsci
egli finìsce
noi finiàmo
voi finìte
essi finìscono

Indicativo imperfetto
io finìvo
tu finìvi
egli finìva
noi finivàmo
voi finivàte
essi finìvano

Indicativo passato remoto
io finìi
tu finìsti
egli finì
noi finìmmo
voi finìste
essi finìrono

Indicativo futuro
io finirò
tu finiràì
egli finirà
noi finirémo
voi finiréte
essi finirànno

Congiuntivo presente
io finìsca
tu finìsca
egli finìsca
noi finiàmo
voi finiàte
essi finìscano

Congiuntivo imperfetto
io finìssi
tu finìssi
egli finìsse
noi finìssimo
voi finìste
essi finìssero

Condizionale presente
io finirèi
tu finirésti
egli finirèbbe
noi finirémmo
voi finiréste
essi finirèbbero

Imperativo
—
finìsci tu
finìsca egli
finiàmo noi
finìte voi
finìscano essi

Gerundio
finèndo

Participio presente
finènte
finènti

Participio passato
finito
finita
finiti
finite

10. Die unregelmässigen italienischen Verben – I verbi irregolari italiani

aborrìre *Indic. pres.*: aborrisco (*o* aborro), aborrisci (*o* aborri).

accèndere *Pass. rem.*: accesi — *Part. pass.*: acceso.

acclùdere *Pass. rem.*: acclusi — *Part. pass.*: accluso.

accòrgersi *Pass. rem.*: mi accorsi — *Part. pass.*: accortosi.

affìggere *Pass. rem.*: affissi — *Part. pass.*: affisso.

afflìggere *Pass. rem.*: afflissi — *Part. pass.*: afflitto.

allùdere *Pass. rem.*: allusi — *Part. pass.*: alluso.

andàre *Indic. pres.*: vado (*o lett tosc* vo), vai, va, andiamo, andate, vanno — *Fut.*: andrò, andrai, andrà, andremo, andrete, andranno — *Congv. pres.*: vada, vada, vada, andiamo, andiate, vadano — *Condiz. pres.*: andrei, andresti, andrebbe, andremmo, andreste, andrebbero — *Imperat.*: va (*o* va' *o* vai), vada, andiamo, andate, vadano. *Gli altri tempi si formano regolarmente dal tema* and-.

annèttere *Pass. rem.*: annettei (*o rar* annessi) — *Part. pass.*: annesso.

apparìre *Indic. pres.*: appaio (*o* apparisco), appari (*o* apparisci), appare (*o* apparisce), appariamo, apparite, appaiono (*o* appariscono) — *Pass. rem.*: apparii (*o rar* apparsi), apparisti, apparve (*o* apparì *o rar* apparse), apparimmo, appariste, apparvero (*o* apparirono *o rar* apparsero) — *Congv. pres.*: appaia (*o* apparisca) *per le tre persone singolari*, appariamo, appariate, appaiano (*o* appariscano) — *Imperat.*: appari (*o* apparisci), apparite — *Part. pass.*: apparente — *Part. pass.*: apparso.

appèndere *Pass. rem.*: appesi — *Part. pass.*: appeso.

aprìre *Pass. rem.*: aprii (*o* apersi), apristi, aprì (*o* aperse), aprimmo, apriste, aprirono (*o* apersero) — *Part. pass.*: aperto.

àrdere *Pass. rem.*: arsi — *Part. pass.*: arso.

assalìre *Indic. pres.*: assalgo (*o* assalisco), assali (*o* assalisci) — *Pass. rem.*: assalii, assalisti, assalì (*o* assalse), assalimmo, assaliste, assalirono.

assìdersi *Pass. rem.*: mi assisi — *Part. pass.*: assiso.

assòlvere *Pass. rem.*: assolsi (*o* assolvei) — *Part. pass.*: assolto.

assorbìre *Indic. pres.*: assorbisco (*o* assorbo), assorbisci (*o* assorbi) — *Part. pass.*: assorbito, *fig poet* assorto.

assuefàre *Indic. pres.*: assuefaccio (*o* assuefò), assuefai, assuefà — *Nelle altre forme è coniugato come* fare.

assùmere *Pass. rem.*: assunsi — *Part. pass.*: assunto.

assùrgere *Indic. pres.*: assurgo, assurgi — *Pass. rem.*: assursi, assurgesti — *Part. pass.*: assurto.

astenére *Indic. pres.*: astengo, astieni, astiene, asteniamo, astenete, astengono — *Pass. rem.*: astenni, astenesti, astenne, astenemmo, asteneste, astennero — *Fut.*: asterrò — *Condiz. pres.*: asterrei — *Congv. pres.*: astenga, astenga, astenga, asteniamo, asteniate, astengano — *Imperat.*: astieni, astenete.

bàttere *Pass. rem.*: battei — *Part. pass.*: battuto.

benedìre *Imperf.*: benedicevo (*o fam* benedivo) — *Pass. rem.*: benedissi (*o fam* benedii) — *Imperat.*: benedici — *Nelle altre forme è coniugato come* dire.

bére *Indic. pres.*: bevo, bevi — *Imperf.*: bevevo — *Pass. rem.*: bevvi (*o* bevetti *o rar* bevei), bevesti, bevve (*o* bevette *o rar* bevé), bevemmo, beveste, bevvero (*o* bevettero *o rar* beverono) — *Fut.*: berrò — *Congv. pres.*: beva — *Condiz. pres.*: berrei — *Part. pass.*: bevuto.

cadére *Pass. rem.*: caddi — *Fut.*: cadrò — *Condiz. pres.*: cadrei — *Part. pass.*: caduto.

cèdere *Pass. rem.*: cedei (*o* cedetti), cedesti — *Part. pass.*: ceduto.

chièdere *Pass. rem.*: chiesi — *Part. pass.*: chiesto.

chiùdere *Pass. rem.*: chiusi — *Part. pass.*: chiuso.

cìngere *Pass. rem.*: cinsi — *Part. pass.*: cinto.

cògliere *Indic. pres.*: colgo, cogli, coglie, cogliamo, cogliete, colgono — *Pass. rem.*: colsi — *Part. pass.*: colto.

collùdere *Pass. rem.*: collusi, colludesti — *Part. pass.*: colluso.

configgere *Pass. rem.*: confissi — *Part. pass.*: confitto.

compière *Indic. pres.*: compio, compi — *Pass. rem.*: compii (*o* compiei); *Ger.*: compiendo — *Part. pass.*: compiuto — *Le altre forme sono quelle di* compire.

compìre *Indic. pres.*: compisco, compisci.

comprìmere *Pass. rem.*: compressi — *Part. pass.*: compresso.

concèdere *Pass. rem.*: concessi (*o* concedei *o* concedetti) — *Part. pass.*: concesso (*o rar* conceduto).

condùrre *Indic. pres.*: conduco, conduci — *Pass. rem.*: condussi, conducesti, condusse, conducemmo, conduceste, condussero — *Fut.*: condurrò — *Condiz. pres.*: condurrei — *Part. pass.*: condotto.

connèttere *Pass. rem.*: connettei, connettesti — *Part. pass.*: connesso.

conòscere *Pass. rem.*: conobbi — *Part. pass.*: conosciuto.

contùndere *Pass. rem.*: contusi — *Part. pass.*: contuso.

crocifìggere *Pass. rem.*: crocifissi — *Part. pass.*: crocifisso.

convèrgere *Pass. rem.*: conversi (*o rar* convergei), convergesti — *Part. pass.*: converso.

convertìre *Indic. pres.*: converto, converti — *Pass. rem.*: convertii (*o lett* conversi), convertisti — *Part. pass.*: convertito (*o lett* converso).

coprìre *Pass. rem.*: coprii (*o* copersi), copristi, coprì (*o*

coperse), coprimmo, copriste, coprirono (*o* copersero) — *Part. pass.*: coperto.
correre *Pass. rem.*: corsi — *Part. pass.*: corso.
costruire *Pass. rem.*: costruii (*o rar* costrussi), costruisti, costruì (*o rar* costrusse), costruimmo, costruiste, costruirono (*o rar* costrussero) — *Part. pass.*: costruito (*o rar* costrutto).
credere *Pass. rem.*: credei (*o* credetti), credesti.
crescere *Pass. rem.*: crebbi — *Part. pass.*: cresciuto.
cuocere *Indic. pres.*: cuocio, cuoci, cuoce, cuociamo (*o rar* cociamo), cuocete (*o rar* cocete), cuociono — *Pass. rem.*: cossi, cuocesti (*o rar* cocesti), cosse, cuocemmo (*o rar* cocemmo), cuoceste (*o rar* coceste), cossero — *Congv. pres.*: cuocia, cuocia, cuocia, cuociamo (*o rar* cociamo), cuociate (*o rar* cociate), cuociano — *Imperat.*: cuoci, cuocete (*o rar* cocete).
cucire *Indic. pres.*: cucio, cuci, cuce.
dare *Indic. pres.*: do, dai, dà, diamo, date, dànno — *Pass. rem.*: diedi (*o* detti), desti, diede (*o* dette *o poet* diè), demmo, deste, diedero (*o* dettero) — *Fut.*: darò, darai, darà — *Congv. pres.*: dia, dia, dia, diamo, diate, diano — *Congv. imperf.*: dessi, dessi, desse, dessimo, deste, dessero — *Condiz. pres.*: darei, daresti, darebbe, daremmo, dareste, darebbero — *Imperat.*: da' (*o* dai), dia, diamo, date, diano — *Part. pass.*: dato.
decedere *Pass. rem.*: decedei (*o* decedetti), decedesti — *Part. pass.*: deceduto.
decidere *Pass. rem.*: decisi — *Part. pass.*: deciso.
deprimere *Pass. rem.*: depressi, deprimesti — *Part. pass.*: depresso.
devolvere *Pass. rem.*: devolvei (*o* devolvetti) — *Part. pass.*: devoluto.
difendere *Pass. rem.*: difesi — *Part. pass.*: difeso.
dipingere *Pass. rem.*: dipinsi — *Part. pass.*: dipinto.
dire *Indic. pres.*: dico, dici, dice, diciamo, dite, dicono — *Imperf.*: dicevo — *Pass. rem.*: dissi, dicesti, disse, dicemmo, diceste, dissero — *Fut.*: dirò — *Congv. pres.*: dica, dica, dica, diciamo, diciate, dicano — *Condiz. pres.*: direi, diresti, direbbe, diremmo, direste, direbbero — *Imperat.*: di', dite — *Part. pass.*: detto. *Allo stesso modo si coniugano i composti* ridire, disdire, contraddire, benedire, *ecc.*, *ma alla seconda persona sing. dell'imper. pres. hanno la desinenza in* -dici, disdici, maledici, benedici, *ecc.*, *eccetto* ridire *che fa* ridì (*o* ridi').
dirigere *Pass. rem.*: diressi — *Part. pass.*: diretto.
dirimere *Difettivo del part. pass. e dei tempi composti* — *Raro il pass. rem.*: dirimei (*o* dirimetti), dirimesti.
discernere *Pass. rem.*: discernei, discernesti — *Raro il part. pass.*: discernuto (*o* discreto).
discutere *Pass. rem.*: discussi — *Part. pass.*: discusso.
disfare *Indic. pres.*: disfaccio (*o* disfò *o* disfo), disfai, disfà (*o* disfa), disfacciamo, disfate, disfanno (*o* disfano) — *Nelle altre forme è coniugato come* fare; *nel pass. rem.*, *nel fut.*, *nel congv. pres. e nel condiz. pres. è coniugato anche come i verbi regolari in* -are.
distare *Indic. pres.*: disto, disti, dista (*o rar* distà), distiamo, distate, distano (*o rar* distanno) — *Difettivo dei tempi composti*.
distinguere *Pass. rem.*: distinsi — *Part. pass.*: distinto.
distruggere *Indic. pres.*: distruggo, distruggi — *Pass. rem.*: distrussi, distruggesti — *Part. pass.*: distrutto.
divergere *Indic. pres.*: divergo, divergi — *Raro il pass. rem.*: divergei, divergesti — *Difettivo del part. pass. e dei tempi composti*.
dividere *Pass. rem.*: divisi, dividesti — *Part. pass.*: diviso.
dolere *o* **dolersi** *Indic. pres.*: mi dolgo, ti duoli, si duole, ci doliamo (*o* ci dogliamo), vi dolete, si dolgono — *Pass. rem.*: mi dolsi, ti dolesti, si dolse, ci dolemmo, vi doleste, si dolsero — *Fut.*: mi dorrò — *Congv. pres.*: mi dolga, ti dolga, si dolga, ci doliamo (*o* dogliamo), vi doliate (*o* dogliate), si dolgano — *Condiz. pres.*: mi dorrei — *Imperat.*: duoliti, doletevi — *Part. pass.*: dolutosi.
dovere *Indic. pres.*: devo (*o* debbo), devi, deve, dobbiamo, dovete, devono (*o* debbono) — *Pass. rem.*: dovetti (*o rar* dovei), dovesti, dovette (*o rar* dové) — *Fut.*: dovrò — *Condiz. pres.*: dovrei — *Congv. pres.*: debba (*o rar* deva) *per le tre persone singolari*, dobbiamo, dobbiate, debbano (*o rar* devano) — *Part. pass.*: dovuto.
eccellere *Pass. rem.*: eccelsi — *Part. pass.*: eccelso.
elidere *Pass. rem.*: elisi — *Part. pass.*: eliso.
eludere *Pass. rem.*: elusi (*o* eludei), eludesti — *Part. pass.*: eluso.
emergere *Pass. rem.*: emersi — *Part. pass.*: emerso.
emettere *Pass. rem.*: emisi — *Part. pass.*: emesso.
empiere *Coniugato come* empire — *Part. pass.*: empiuto.
empire *Indic. pres.*: empio, empi, empie, empiamo, empite, empiono — *Imperf.*: empivo — *Fut.*: empirò — *Pass. rem.*: empii (*o rar* empiei), empisti (*o rar* empiesti) — *Congv. pres.*: empia — *Congv. imperf.*: empissi — *Condiz. pres.*: empirei — *Imperat.*: empi, empite — *Ger.*: empiendo — *Part. pass.*: empito.
ergere *Pass. rem.*: ersi — *Part. pass.*: erto.
esaudire *Indic. pres.*: esaudisco, esaudisci.
eseguire *Indic. pres.*: eseguisco (*o* eseguo), eseguisci (*o* esegui).
esigere *Pass. rem.*: esigei (*o* esigetti) — *Part. pass.*: esatto.
esimere *Pass. rem.*: esimei (*o* esimetti), esimesti, esimé (*o* esimette), esimemmo, esimeste, esimerono (*o* esimettero) — *Difettivo del part. pass. e dei tempi composti*.
esistere *Pass. rem.*: esistei (*o* esistetti) — *Part. pass.*: esistito.
espellere *Pass. rem.*: espulsi — *Part. pass.*: espulso.
fare *Indic. pres.*: faccio (*o rar* fo), fai, fa, facciamo, fate, fanno — *Congv. pres.*: faccia — *Pass. rem.*: feci, facesti, fece, facemmo, faceste, fecero — *Fut.*: farò — *Condiz. pres.*: farei — *Imperat.*: fa (*o* fa' *o* fai), fate — *Part. pass.*: fatto. *Nei composti di fare la prima e la terza persona singolare dell'indic. pres. sono accentate*: assuefò, rarefò., assuefà, rarefà.; *ma per la prima persona sing. è anche usata la forma in* -faccio: assuefaccio, rarefaccio, contraffaccio. Disfare *fa anche* disfo, disfa *e* soddisfare *può seguire la coniugazione regolare nell'indic. pres.*: soddisfo, soddisfi) *e fut.* (soddisferò) *e nel congv. pres.* (soddisfi).
fendere *Pass. rem.*: fendei (*o* fendetti), fendesti — *Part. pass.*: fenduto.
fingere *Indic. pres.*: fingo, fingi — *Pass. rem.*: finsi, fingesti — *Part. pass.*: finto.
flettere *Indic. pres.*: fletto — *Pass. rem.*: flettei (*o rar* flessi), flettesti — *Part. pass.*: flesso.
fondere *Pass. rem.*: fusi, fondesti — *Part. pass.*: fuso.
frangere *Indic. pres.*: frango, frangi — *Pass. rem.*: fransi, frangesti — *Part. pass.*: franto.
friggere *Indic. pres.*: friggo, friggi — *Pass. rem.*: frissi, friggesti — *Part. pass.*: fritto.
fuggire *Indic. pres.*: fuggo, fuggi — *Pass. rem.*: fuggii, fuggesti — *Part. pass.*: fuggito.
gemere *Pass. rem.*: gemei (*o* gemetti), gemesti — *Part. pass.*: gemuto.
giungere *Pass. rem.*: giunsi — *Part. pass.*: giunto.
godere *Indic. pres.*: godo — *Pass. rem.*: godei (*o* godetti), godesti — *Fut.*: godrò — *Condiz. pres.*: godrei.
incombere *Indic. pres.*: incombo — *Pass. rem.*: incombei (*o* incombetti), incombesti — *Difettivo del part. pass. e dei tempi composti*.
indulgere *Pass. rem.*: indulsi — *Part. pass.*: indulto.
intercedere *Pass. rem.*: intercedei (*o* intercedetti), intercedesti — *Part. pass.*: interceduto.
intridere *Pass. rem.*: intrisi — *Part. pass.*: intriso.
intrudere *Pass. rem.*: intrusi — *Part. pass.*: intruso.
invadere *Pass. rem.*: invasi, invadesti — *Part. pass.*: invaso.
languire *Indic. pres.*: languo (*o* languisco), langui (*o* languisci).
ledere *Pass. rem.*: lesi — *Part. pass.*: leso.
leggere *Pass. rem.*: lessi — *Part. pass.*: letto.
liquefare *Indic. pres.*: liquefaccio (*o* liquefò, *rar* liquefo),

liquefai, liquefà (*rar* liquefa), liquefacciamo, liquefate, liquefanno (*rar* liquefano) — *Per le altre forme è coniugato come* fare.
mettere *Pass. rem.*: misi — *Part. pass.*: messo.
mordere *Pass. rem.*: morsi — *Part. pass.*: morso.
morire *Indic. pres.*: muoio, muori, muore, moriamo, morite, muoiono — *Fut.*: morirò, (*o* morrò) morirai (*o* morrai) — *Congv. pres.*: muoia, muoia, muoia, moriamo, moriate, muoiano — *Condiz. pres.*: morirei (*o* morrei), moriresti (*o* morresti) — *Part. pass.*: morto.
mungere *Pass. rem.*: munsi — *Part. pass.*: munto.
muovere *Indic. pres.*: muovo, muovi, muove, muoviamo (*o* moviamo), muovete (*o* movete), muovono — *Pass. rem.*: mossi — *Congv. pres.*: muova, muova, muova, muoviamo (*o* moviamo), muoviate (*o* moviate), muovano — *Imperat.*: muovi, muova, muoviamo (*o* moviamo), muovete (*o* movete), muovano — *Part. pass.*: mosso.
nascere *Pass. rem.*: nacqui — *Part. pass.*: nato.
nascondere *Pass. rem.*: nascosi — *Part. pass.*: nascosto.
nuocere *Indic. pres.*: nuoccio, nuoci, nuoce, nuociamo, nuocete, nuocciono — *Pass. rem.*: nocqui, nuocesti, nocque, nuocemmo, nuoceste, nocquero — *Congv. pres.*: nuoccia *per le tre persone singolari*, nuociamo, nuociate, nuocciano — *Imperat.*: nuoci, nuocete — *Part. pass.*: nuociuto.
nutrire *Indic. pres.*: nutro (*o* nutrisco), nutri (*o* nutrisci).
offrire *Pass. rem.*: offrii (*o* offersi) — *Part. pass.*: offerto.
parere *Indic. pres.*: paio, pari, pare, paiamo (*o rar* pariamo), parete, paiono — *Pass. rem.*: parvi, paresti, parve, paremmo, pareste, parvero — *Fut.*: parrò — *Condiz. pres.*: parrei — *Congv. pres.*: paia, paia, paia, paiamo (*o* pariamo), paiate (*o* pariate), paiano — *Part. pass.*: parso.
pascere *Indic. pres.*: pasco, pasci — *Pass. rem.*: pascetti (*o* pascei), pascesti — *Part. pass.*: pasciuto.
pendere *Pass. rem.*: pendei (*o* pendetti), pendesti — *Part. pass.*: *rar* penduto.
percepire *Indic. pres.*: percepisco, percepisci.
percuotere *Pass. rem.*: percossi — *Part. pass.*: percosso.
perdere *Pass. rem.*: persi (*o* perdei *o* perdetti) — *Part. pass.*: perso *o* perduto.
permanere *Indic. pres.*: permango, permani, permane, permaniamo, permanete, permangono — *Pass. rem.*: permasi, permanesti, permase — *Fut.*: permarrò — *Congv. pres.*: permanga, permanga, permanga, permaniamo, permaniate, permangano — *Condiz. pres.*: permarrei — *Part. pass.*: permaso.
persuadere *Pass. rem.*: persuasi — *Part. pass.*: persuaso.
piacere *Indic. pres.*: piaccio, piaci, piace, piacciamo, piacete, piacciono — *Pass. rem.*: piacqui — *Congv. pres.*: piaccia, piaccia, piaccia, piacciamo, piacciate, piacciano.
piangere *Pass. rem.*: piansi — *Part. pass.*: pianto.
piovere *Pass. rem.*: piovve — *Part. pass.*: piovuto.
porgere *Pass. rem.*: porsi — *Part. pass.*: porto.
porre *Indic. pres.*: pongo, poni, pone, poniamo, ponete, pongono — *Congv. pres.*: ponga, ponga, ponga, poniamo, poniate, pongano — *Pass. rem.*: posi, ponesti, pose, ponemmo, poneste, posero — *Fut.*: porrò — *Condiz. pres.*: porrei — *Imperat.*: poni, ponete — *Part. pass.*: posto.
potere *Indic. pres.*: posso, puoi, può, possiamo, potete, possono — *Fut.*: potrò — *Condiz. pres.*: potrei, potresti — *Congv. pres.*: possa — *Difettivo dell'imperativo*.
prediligere *Pass. rem.*: predilessi — *Part. pass.*: prediletto.
prendere *Pass. rem.*: presi — *Part. pass.*: preso.
prescindere *Pass. rem.*: prescindei (*o* prescindetti *o rar* prescissi), prescindesti — *Part. pass.*: prescisso.
presiedere *Indic. pres.*: presiedo — *Pass. rem.*: presiedei (*o* presiedetti), presiedesti.
produrre *Indic. pres.*: produco, produci — *Pass. rem.*: produssi, producesti, produsse, producemmo, produceste, produssero — *Fut.*: produrrò — *Condiz. pres.*: produrrei — *Part. pass.*: prodotto.
proferire (*o* **profferire**) *Indic. pres.*: proferisco, proferisci — *Pass. rem.*: proferii (*o* proffersi), proferisti — *Part. pass.*: proferito (*o* profferto).
prudere *Pass. rem.*: prudei (*o* prudetti), prudesti — *Difettivo del part. pass. e dei tempi composti*.
pungere *Pass. rem.*: punsi — *Part. pass.*: punto.
radere *Pass. rem.*: rasi — *Part. pass.*: raso.
rarefare *Indic. pres.*: rarefaccio (*o* rarefò), rarefai, rarefà — *Imperat.*: rarefà — *Nelle altre forme è coniugato come* fare.
redigere *Pass. rem.*: redassi — *Part. pass.*: redatto.
redimere *Pass. rem.*: redensi — *Part. pass.*: redento.
reggere *Indic. pres.*: reggo, reggi — *Pass. rem.*: ressi, reggesti — *Part. pass.*: retto.
rendere *Pass. rem.*: resi (*o rar lett* rendetti *o rar lett* rendei), rendesti — *Part. pass.*: reso.
retrocedere *Pass. rem.*: retrocessi (*o* retrocedei *o* retrocedetti), retrocedesti — *Part. pass.*: retrocesso (*o* retroceduto).
riavere *Indic. pres.*: riò, riai, rià, riabbiamo, riavete, rianno — *Nelle altre forme è coniugato come* avere.
ridere *Pass. rem.*: risi — *Part. pass.*: riso.
ridire *Imperat.*: ridì (*o* ridi') — *Nelle altre forme è coniugato come* dire.
riessere *Pass. rem.*: rifui, rifosti, rifù — *Nelle altre forme è coniugato come* essere.
rifare *Indic. pres.*: rifaccio (*o* rifò), rifai, rifà — *Imperat.*: rifà (*o* rifa' *o* rifai) — *Nelle altre forme è coniugato come* fare.
riflettere *Indic. pres.*: rifletto — *Pass. rem.*: riflettei (*o rar* riflessi), riflettesti — *Part. pass.*: riflesso *per il transitivo e il riflessivo*, riflettuto *per l'intransitivo*.
rifulgere *Pass. rem.*: rifulsi — *Part. pass.*: rifulso.
rilucere *Indic. pres.*: riluco, riluci — *Difettivo del part. pass. e dei tempi composti*.
rimanere *Indic. pres.*: rimango, rimani, rimane, rimaniamo, rimanete, rimangono — *Pass. rem.*: rimasi — *Fut.*: rimarrò — *Condiz. pres.*: rimarrei — *Congv. pres.*: rimanga, rimanga, rimanga, rimaniamo, rimaniate, rimangano — *Part. pass.*: rimasto.
rispondere *Pass. rem.*: risposi — *Part. pass.*: risposto.
rodere *Pass. rem.*: rosi — *Part. pass.*: roso.
rompere *Pass. rem.*: ruppi — *Part. pass.*: rotto.
salire *Indic. pres.*: salgo, sali, sale, saliamo, salite, salgono — *Congv. pres.*: salga, salga, salga, saliamo, saliate, salgano — *Imperat.*: sali, salite.
sapere *Indic. pres.*: so, sai, sa, sappiamo, sapete, sanno — *Pass. rem.*: seppi, sapesti, seppe, sapemmo, sapeste, seppero — *Fut.*: saprò — *Condiz. pres.*: saprei — *Congv. pres.*: sappia — *Imperat.*: sappi, sappiate.
scegliere *Indic. pres.*: scelgo, scegli, sceglie, scegliamo, scegliete, scelgono — *Pass. rem.*: scelsi, scegliesti, scelse, scegliemmo, sceglieste, scelsero — *Congv. pres.*: scelga, scelga, scelga, scegliamo, scegliate, scelgano — *Imperat.*: scegli, scegliete — *Part. pass.*: scelto.
scendere *Pass. rem.*: scesi — *Part. pass.*: sceso.
scernere *Pass. rem.*: scersi (*o* scernei *o* scernetti), scernesti — *Difettivo del part. pass. e dei tempi composti*.
scindere *Pass. rem.*: scissi — *Part. pass.*: scisso.
sciogliere *Indic. pres.*: sciolgo, sciogli — *Pass. rem.*: sciolsi, sciogliesti — *Fut.*: scioglierò — *Part. pass.*: sciolto.
sconfiggere *Indic. pres.*: sconfiggo, sconfiggi — *Pass. rem.*: sconfissi, sconfiggesti — *Part. pass.*: sconfitto.
scrivere *Pass. rem.*: scrissi — *Part. pass.*: scritto.
scuotere *Pass. rem.*: scossi — *Part. pass.*: scosso.
sedere *Indic. pres.*: siedo (*o lett* seggo), siedi, siede, sediamo, sedete, siedono (*o lett* seggono) — *Congv. pres.*: sieda (*o lett* segga) *per le tre persone singolari*, sediamo, sediate, siedano (*o lett* seggano) — *Imperat.*: siedi, sedete.
seguire *Indic. pres.*: seguo, segui — *Pass. rem.*: seguii, seguisti.
sentire *Indic. pres.*: sento, senti — *Pass. rem.*: sentii, sentisti — *Part. pass.*: sentito.

seppellire *Indic. pres.*: seppellisco, seppellisci — *Part. pass.*: sepolto *o* seppellito.

soddisfare *Indic. pres.*: soddisfaccio (*o* soddisfò *o* soddisfo), soddisfai (*o* soddisfi), soddisfà (*o* soddisfa), soddisfacciamo (*evitare* soddisfiamo), soddisfate, soddisfanno (*o* soddisfano) — *Fut.*: soddisfarò (*o fam* soddisferò) — *Congv. pres.*: soddisfaccia (*o* soddisfi) *per le tre persone singolari*, soddisfacciamo, (*evitare* soddisfiamo), soddisfacciate (*evitare* soddisfiate), soddisfacciano (*o* soddisfino) — *Condiz. pres.*: soddisfarei (*o fam.* soddisferei), soddisfaresti (*o fam.* soddisferesti) — *Nelle altre forme è coniugato come* fare — *Nel pass. rem., nel fut., nel congv. pres. e nel condiz. pres. è coniugato anche come i verbi regolari in* -are.

solere *Indic. pres.*: soglio, suoli, suole, sogliamo, solete, sogliono — *Imperf.*: solevo — *Pass. rem.*: solei, solesti — *Congv. pres.*: soglia, soglia, soglia, sogliamo, sogliate, sogliano — *Part. pass.*: solito — *Difettivo del fut., del condiz. pres., dell'imperat., del part. pres. e dei tempi composti; per queste forme si usa la locuzione* essere solito — *È sempre seguito da un verbo all'infinito.*

sorgere *Indic. pres.*: sorgo, sorgi — *Pass. rem.*: sorsi, sorgesti — *Part. pass.*: sorto.

spandere *Pass. rem.*: spandei (*o rar* spandetti *o rar* spansi), spandesti — *Part. pass.*: spanto.

spargere *Indic. pres.*: spargo, spargi — *Pass. rem.*: sparsi, spargesti — *Part. pass.*: sparso.

sparire *Indic. pres.*: sparisco, sparisci — *Pass. rem.*: sparii (*o lett* sparvi), sparisti.

spegnere (*o* **spengere**) *Indic. pres.*: spengo, spegni — *Pass. rem.*: spensi, spegnesti — *Part. pass.*: spento.

splendere *Pass. rem.*: splendei (*o* splendetti), splendesti — *Part. pass.*: *rar* splenduto. *Raro nei tempi composti.*

spingere *Pass. rem.*: spinsi, spingesti — *Part. pass.*: spinto.

stare *Indic. pres.*: sto, stai, sta, stiamo, state, stanno — *Pass. rem.*: stetti, stesti, stette, stemmo, steste, stettero — *Fut.*: starò, starai, starà, staremo, starete, staranno — *Congv. imperf.*: stessi, stessi, stesse, stessimo, steste, stessero — *Condiz. pres.*: starei, staresti, starebbe, staremmo, stareste, starebbero — *Imperat.*: sta (*o* sta' *o* stai), stia, stiamo, state, stiano. *I composti di* stare *hanno l'accento sulla prima e sulla terza persona sing. dell'indic. pres.* (ristò, sottostò; ristà, sottostà) *e seguono la coniugazione di* stare, *eccetto* contrastare, restare, sovrastare. *che seguono la coniugazione regolare.*

stridere *Pass. rem.*: stridei (*o* stridetti), stridesti — *Part. pass.*: *rar* striduto.

stringere *Indic. pres.*: stringo, stringi — *Pass. rem.*: strinsi, stringesti — *Part. pass.*: stretto.

struggere *Pass. rem.*: strussi — *Part. pass.*: strutto.

succedere *Pass. rem.*: successi (*o* succedei *o* succedetti), succedesti — *Part. pass.*: successo (*o* succeduto).

sussistere *Pass. rem.*: sussistei (*o* sussistetti), sussistesti — *Part. pass.*: sussistito.

svellere *Indic. pres.*: svello (*o* svelgo), svelli, svelle, svelliamo, svellete, svellono (*o* svelgono) — *Pass. rem.*: svelsi — *Part. pass.*: svelto.

tangere *Indic. pres.*: tango, tangi — *Oggi usato soprattutto nelle terze pers. sing. e pl.* — *Difettivo del pass. rem., del part. pass. e dei tempi composti.*

tendere *Pass. rem.*: tesi — *Part. pass.*: teso.

tenere *Indic. pres.*: tengo, tieni, tiene, teniamo, tenete, tengono — *Pass. rem.*: tenni, tenesti, tenne, tenemmo, teneste, tennero — *Fut.*: terrò — *Condiz. pres.*: terrei — *Congv. pres.*: tenga, tenga, tenga, teniamo, teniate, tengano — *Imperat.*: tieni, tenete.

tergere *Pass. rem.*: tersi — *Part. pass.*: terso.

tingere *Pass. rem.*: tinsi — *Part. pass.*: tinto.

togliere *Indic. pres.*: tolgo, togli, toglie, togliamo, togliete, tolgono — *Pass. rem.*: tolsi — *Part. pass.*: tolto.

torcere *Indic. pres.*: torco, torci — *Pass. rem.*: torsi, torcesti — *Part. pass.*: torto.

trarre *Indic. pres.*: traggo, trai, trae, traiamo, traete, traggono — *Congv. pres.*: tragga, tragga, tragga, traiamo, traiate, traggano — *Pass. rem.*: trassi, traesti, trasse, traemmo, traeste, trassero — *Fut.*: trarrò — *Condiz. pres.*: trarrei — *Imperat.*: trai, traete — *Part. pass*: tratto — *Tutti gli altri tempi si formano regolarmente dal tema* tra- : traevo, traessi, traendo.

tossire *Indic. pres.*: tossisco (*o rar* tosso), tossisci (*o rar* tossi).

trafiggere *Pass. rem.*: trafissi — *Part. pass.*: trafitto.

tralucere *Indic. pres.*: traluco, traluci — *Difettivo del part. pass. e dei tempi composti.*

trasparire *Indic. pres.*: trasparisco (*o* traspaio), trasparisci (*o* traspari), trasparisce (*o* traspare), traspariamo, trasparite, traspariscono (*o* traspaiono) — *Pass. rem.*: trasparii (*o rar* trasparsi, trasparvi, trasparisti, trasparì (*o rar* trasparse, trasparve), trasparimmo, traspariste, trasparirono (*o rar* trasparsero, trasparvero) — *Fut.*: trasparirò, *lett* trasparrò — *Congv. pres.*: trasparisca (*o* traspaia) *per le tre persone singolari*, traspariamo, traspariate, trasparrscano (*o* traspaiano) — *Imperat.*: trasparisci (*o* traspari), trasparite — *Ger.*: trasparendo — *Part. pres.*: trasparente — *Part. pass.*: trasparito (*o rar* trasparso).

udire *Indic. pres.*: odo, odi, ode, udiamo, udite, odono — *Fut.*: udirò (*o* udrò), udirai (*o* udrai) — *Congv. pres.*: oda, oda, oda, udiamo, udiate, odano — *Condiz. pres.*: udirei (*o* udrei), udiresti (*o* udresti) — *Imperat.*: odi, udite.

uscire *Indic. pres.*: esco, esci, esce, usciamo, uscite, escono — *Congv. pres.*: esca, esca, esca, usciamo, usciate, escano — *Imperat.*: esci, uscite.

valere *Indic. pres.*: valgo, vali, vale, valiamo, valete, valgono — *Pass. rem.*: valsi, valesti, valse, valemmo, valeste, valsero — *Fut.*: varrò — *Condiz. pres.*: varrei — *Part. pass.*: valso.

vedere *Indic. pres.*: vedo (*o lett* veggo), vedi, vede, vediamo, vedete, vedono (*o lett* veggono) — *Pass. rem.*: vidi, vedesti, vide, vedemmo, vedeste, videro — *Fut.*: vedrò — *Condiz. pres.*: vedrei — *Congv. pres.*: veda (*o poet* vegga), *per le tre persone singolari*, vediamo, vediate, vedano (*o poet* veggano) — *Part. pres.*: vedente *o lett* veggente — *Part. pass.*: visto *o* veduto.

vendere *Pass. rem.*: vendei (*o* vendetti), vendesti — *Part. pass.*: venduto.

venire *Indic. pres.*: vengo, vieni, viene, veniamo, venite, vengono — *Pass. rem.*: venni, venisti, venne, venimmo, veniste, vennero — *Fut.*: verrò — *Congv. pres.*: venga, venga, venga, veniamo, veniate, vengano — *Condiz. pres.*: verrei — *Imperat.*: vieni, venite — *Part. pres.*: veniente — *Part. pass.*: venuto.

vincere *Pass. rem.*: vinsi — *Part. pass.*: vinto.

vivere *Pass. rem.*: vissi, vivesti, visse, vivemmo, viveste, vissero — *Fut.*: vivrò — *Condiz. pres.*: vivrei — *Part. pass.*: vissuto.

volere *Indic. pres.*: voglio, vuoi, vuole, vogliamo, volete, vogliono — *Pass. rem.*: volli, volesti, volle, volemmo, voleste, vollero — *Fut.*: vorrò — *Condiz. pres.*: vorrei — *Congv. pres.*: voglia, voglia, voglia, vogliamo, vogliate, vogliano — *Imperat.*: vogli, vogliate.

volgere *Pass. rem.*: volsi — *Part. pass.*: volto.

IV - CORRISPONDENZA / *MUSTERBRIEFE*

1. Korrespondenzbezogene Wendungen

Die Anrede

Sie schreiben

einem guten Bekannten oder Freund

Cara Chiara,
Caro Christian,
Ciao Giovanni!
Miei Cari(ssimi)!

einer Person oder mehreren Personen, die Sie gut bzw. sehr gut kennen

Gentile signora Krämpf,
Caro/Cara collega,
Cari colleghi,

einer Person, die Sie persönlich kennen oder mit der Sie oft zu tun haben

Gentile Sig.ra Kahnt,
Gentile Sig. Koch,

einer Firma bzw. einer Person, von der Sie weder Namen noch Geschlecht kennen

Gentili signori,
Spett.le ditta,

einer Person, deren Titel oder Berufsbezeichnung bekannt ist

Egregio (Gentile) dottor Müller,
Egregia (Gentile) Prof.ssa Schmidt,
Gentile signora direttrice,
Egregio Direttore/Dottore/Avvocato,

Die Grußformel

Sehr privat:

Ciao!/Stammi bene!
A presto!
Cari saluti.
Ti abbraccio affettuosamente.

Privat:

Tanti cari saluti.
Con i migliori saluti.

Freundlich und für kurze Briefe:

Distinti/Cordiali/Sinceri saluti.
Porgo i più cordiali saluti.
Cordialmente

Formell, aber freundlich:

Con i migliori saluti.
Vogliate gradire i nostri più cordiali saluti.
Distinti saluti.

Sehr respektvoll:

Ossequi.
Gradisca i nostri più cordiali saluti.
Voglia gradire i miei ossequi.
Porga i miei rispetti alla Sua Signora
(nur von einem Mann an eine Frau).

An Kunden

Vi preghiamo di gradire i nostri migliori saluti.
Con i migliori saluti.
Vogliate gradire/Vi porgiamo distinti saluti.
Vi salutiamo distintamente.

Für Fax-/E-Mail-Korrespondenz

Distinti/Cordiali saluti.

1. Formule utili per la corrispondenza

Formula iniziale

Se scrivete

a un conoscente o a un amico

Liebe Anja,
Lieber Roland,
Hallo, Michael!
Ihr Lieben alle!

a una o più persone che conoscete (molto) bene

Liebe Frau Krämpf,
Lieber Kollege/Liebe Kollegin
Liebe Kollegen,

a una persona che conoscete personalmente o con la quale avete dei rapporti commerciali regolarmente

Sehr geehrte Frau Kahnt,
Sehr geehrter Herr Koch,

a una società o persona di cui non conoscete il nome

Sehr geehrte Damen und Herren,

a una persona di cui conoscete il titolo accademico

Sehr geehrter Herr Dr. Müller,
Sehr geehrte Frau Professor Schmidt,
Sehr verehrte (Frau) Direktorin
Sehr verehrter (Herr) Direktor/Sehr geehrter
Herr Doktor/Sehr geehrter Herr Rechtsanwalt

Le formule di saluto

Molto confidenziale:

Mach's gut!
Bis bald!
Viele Grüße
Herzlichst

Confidenziale:

Herzliche Grüße

Confidenziale e per brevi messaggi:

Herzliche Grüße
…verbleibe ich mit freundlichen Grußen (Ihr)
Freundlichst

Formale, ma confidenziale:

Mit besten Empfehlungen
Mit freundlichen Grüßen
Mit freundlichem Gruß

Molto formale:

Hochachtungsvoll
Mit vorzüglicher Hochachtung

A dei clienti:

Mit besten Empfehlungen
Mit freundlichen Grüßen

Per fax o posta elettronica:

Mit freundlichen Grüßen/Herzliche Grüße

2. PRIVATKORRESPONDENZ

An das Verkehrsamt: Anforderung von Prospekten

```
P. Unger
Schneiderstr. 6
28717 Bremen

An das
Verkehrsamt
Postfach 66 38 92
82211 Herrsching
```

Bremen, den 2.2.2009

Sehr geehrte Damen und Herren,

wir möchten in diesem Sommer unseren Urlaub am Ammersee verbringen und bitten Sie um Zusendung eines Hotelverzeichnisses und weiterer Informationsmaterialien.
Für Ihre Bemühungen danken wir Ihnen im Voraus.

Mit freundlichen Grüßen

Peter Unger

Wir bitten um Zusendung von...
Vi saremmo grati se ci inviaste...

Für Ihre Bemühungen danken wir Ihnen im Voraus.
Vi ringraziamo anticipatamente.

Ein Hotelzimmer reservieren

Sehr geehrte Frau Malo,

vielen Dank für Ihren freundlichen Brief vom 17. Juni sowie den Prospekt, der uns einen Einblick in ihr Haus gegeben hat. Alle Clubmitglieder waren begeistert.

Entsprechend Ihrer Preisliste bitten wir Sie um die Reservierung von:
4 Doppelzimmern mit Dusche und WC,
4 Einzelzimmern mit Dusche und WC.

Wir gehen davon aus, dass sich die Preise jeweils auf die Übernachtung mit Frühstück beziehen.
Wir werden voraussichtlich am 2. Oktober gegen 14 Uhr eintreffen. Beiliegend schicken wir Ihnen die genaue Teilnehmerliste.

Wir freuen uns auf unseren Aufenthalt und danken Ihnen für Ihre Mühe.

Mit freundlichen Grüßen

Monika Ottke
Monika Ottke

... hat uns einen Einblick in Ihr Haus gegeben...
Ci ha dato un'idea del vostro albergo

Wir werden voraussichtlich am ... eintreffen.
Intendiamo arrivare il ...

2. CORRISPONDENZA PRIVATA

All'Ente per il Turismo: richiesta di dépliants

```
Mario Rossi
via Venezia, 15
15100 Alessandria
```

12 febbraio 2009

```
Ente per il Turismo
Piazza Garibaldi 1
01100 Viterbo
```

Desiderando trascorrere nel mese di luglio le vacanze nella Vostra regione, Vi sarei grato se voleste inviarmi del materiale informativo sui luoghi turistici e sugli alberghi.

Vi ringrazio in anticipo e porgo distinti saluti.

Mario Rossi

Desidero trascorrere le vacanze...
Ich möchte meinen Urlaub... verbringen

inviare del materiale informativo
Prospekte zuschicken

Prenotare una camera d'albergo

Gentile Signor Ricci,

La ringrazio per l'invio del dépliant con le informazioni dettagliate sulle condizioni di soggiorno nel Suo albergo.
Desidero prenotare due stanze con doccia, una matrimoniale e una doppia, trattamento mezza pensione, dal 2 al 15 luglio inclusi.

In attesa di una Sua conferma La ringrazio in anticipo e Le porgo distinti saluti.

Mario Rossi
Mario Rossi

---

il dépliant con le informazioni dettagliate
Ihr Faltblatt, das mich über alle Einzelheiten informiert.

Desidero prenotare...
Ich bitte Sie, ... zu reservieren.

Auskünfte über eine Ferienwohnung einholen | Richiedere informazioni su un appartamento per le vacanze

Sehr geehrte Frau Schober,

das Informationsmaterial des Fremdenverkehrsbüros mit der Beschreibung der Ferienunterkünfte in Ihrer Region hat uns auf die von Ihnen vermieteten Ferienwohnungen aufmerksam gemacht.

Wir würden gerne die Wohnung für fünf Personen ab dem 15. Juli für drei Wochen mieten, haben aber zuvor noch einige Fragen.

Besteht die Möglichkeit in der Woche anzureisen und die Wohnung für 21 Tage von Mittwoch bis Dienstag zu nehmen? Können Sie uns bitte mitteilen, ob die Endreinigung im Preis inbegriffen ist und ob bzw. in welcher Höhe Sie vor der Anreise eine Anzahlung wünschen? Wird Bettwäsche zur Verfügung gestellt? Und ist Hundehaltung, wir haben einen Dackel, in der Wohnung erlaubt?

B. und H. Göckritz

Gentile Signora Ludovici,

l'Ente per il Turismo mi ha inviato una lista con relative descrizioni sulle case e sugli appartamenti della Vostra regione.
Sono particolarmente interessato all'appartamento ammobiliato di Vostra proprietà. Desidererei affittarlo per la durata di un mese a partire dal primo luglio. Ma prima di confermare definitivamente vorrei ricevere ulteriori informazioni.
Mi interesserebbe sapere se i consumi aggiuntivi (luce, gas, acqua ed eventualmente altre tasse) sono compresi nel prezzo o se devono essere pagati in loco, se vengono messe a disposizione le lenzuola, ed infine se sono ammessi animali. Potreste inoltre comunicarmi a quanto ammonta l'acconto da pagare?

Mario Rossi
Mario Rossi

---

das Informationsmaterial des Fremdenverkehrsbüros	*le informazioni che ci ha inviato l'Ente per il Turismo*
die von Ihnen vermieteten Ferienwohnungen	*l'appartamento che affittate*
Besteht die Möglichkeit in der Woche anzureisen?	*Possiamo arrivare nel corso della settimana?*
Ist die Endreinigung im Preis inbegriffen?	*È compresa nel prezzo la pulizia finale dell'appartamento?*
Ist Hundehaltung erlaubt?	*Sono ammessi i cani?*

lista e descrizioni delle case e degli appartamenti per le vacanze	*die Liste und die Beschreibung der Ferienhäuser und -wohnungen*
per un mese a partire dal primo luglio	*für einen Monat ab dem ersten Juli*
Potreste comunicarmi se...	*Könnten Sie mir mitteilen, ob...*
prezzo dell'affitto	*der Mietpreis*
l'ammontare dell'acconto	*die Höhe der zu leistenden Anzahlung*
la biancheria da letto è fornita	*die Bettwäsche wird zur Verfügung gestellt*

Eine Ferienwohnung mieten | Affittare un appartamento per le vacanze

Sehr geehrte Frau Schober,

herzlichen Dank für Ihre rasche Antwort.
Wir sind mit Ihren Konditionen einverstanden und bestätigen hiermit, Ihre Ferienwohnung Nr. 3 für fünf Personen vom 15. Juli bis zum 4. August einschließlich zu mieten.
Die Vorauszahlung in Höhe von 700 € haben wir heute auf das von Ihnen angegebene Konto überwiesen, die restliche Miete in Höhe von 2135 € erhalten Sie wie abgesprochen an unserem Abreisetag.
Wir freuen uns auf den Urlaub bei Ihnen.
Mit freundlichen Grüßen

B. und H. Göckritz

P.S.: Könnten Sie uns bitte rechtzeitig Bescheid geben, wo und bis wann wir am Anreisetag unsere Schlüssel abholen können?

Gentile Signora Ludovici,

La ringrazio per la pronta risposta.
Avendo preso conoscenza delle ulteriori informazioni da Lei gentilmente comunicatemi, Le confermo la mia decisione di affittare l'appartamento dal primo al trenta luglio inclusi.
In allegato Le invio un assegno di 900 euro corrispondenti all'ammontare dell'acconto.
La rimanenza verrà saldata il giorno del nostro arrivo, vale a dire il primo luglio.

Distinti saluti.

Mario Rossi
Mario Rossi

P.S.: Vorrebbe gentilmente comunicarmi dove posso ritirare la chiave dell'appartamento il giorno del nostro arrivo?

---

vom 15. Juli bis zum 4. August einschließlich	*dal 15 luglio al 4 agosto inclusi*
die restliche Miete erhalten Sie wie abgesprochen an unserem Abreisetag	*Riceverete il saldo come concordato il giorno della nostra partenza.*

... da Voi gentilmente comunicateci	*die Sie uns freundlicherweise mitgeteilt haben*
confermo la mia decisione di affittare	*ich bestätige meine Entscheidung ... zu mieten*
come acconto	*als Anzahlung*
La rimanenza sarà saldata ...	*Der Restbetrag wird ... bezahlt.*
Vorreste gentilmente comunicarmi dove ...?	*Würden Sie uns bitte genau angeben, wo ...?*

Urlaubsgrüße

Hallo Marion,
viele Grüße aus Italien! Wir sind jetzt schon seit einer Woche in Rom und noch immer total fasziniert von der Stadt. In ihr pulsiert das Leben, und auf den Straßen ist immer was los selbst noch um 2 Uhr nachts. Tina und ich erholen uns prächtig und sind auch schon schön braun geworden. Das Nachtleben genießen wir in vollen Zügen. Wir gehen jeden Abend tanzen und lassen uns von dem Charme der Römer verzaubern. Schade, dass du nicht hier bist. Alles Weitere in einer Woche. Bis dann.

Schönste Grüße
Deine Manuela

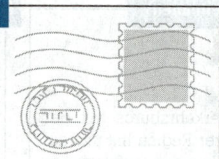

Marion Baumgartner
Mainstr. 15
76199 Karlsruhe

Wir erholen uns prächtig.
Ci stiamo riposando a meraviglia.

Alles Weitere in einer Woche.
Rimando i particolari alla settimana prossima.

Cartolina dalle vacanze

Cara Laura, caro Paolo
un salutone dalla Sardegna dove da una settimana ci godiamo il sole e il mare. Ottimi alberghi, ottimi ristoranti e posti meravigliosi. Insomma proprio la bella vita, la dolce vita.
Ci auguriamo che voi non soffriate troppo il caldo!

Monica e Francesco

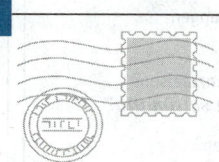

Fam. Paolo Munegato
Via Marco Polo, 10
35043 Monselice (PD)

E che dire di … ?
Was soll man über … sagen?

… che voi non soffriate troppo il caldo.
Ihr leidet nicht zu sehr unter der Hitze …

Weihnachts- und Neujahrsgrüße (an sehr gute Freunde)

Lieber Dieter, liebe Marion,
wir hoffen, dass der Weihnachtsstress euch noch nicht ganz aufgefressen hat. Wir haben soweit alles erledigt: Geschenke für Kinder und Verwandte, Planung des Weihnachtsmenüs und alles, was sonst noch dazu gehört.
Wir möchten es nicht versäumen, euch die allerbesten Weihnachtsgrüße zu schicken. Wir hoffen, dass Ihr genügend Zeit findet, euch von der Hektik des Alltags zu erholen. Und denkt daran, euch noch ein bisschen Kraft und gute Laune für unsere Silvesterfete aufzuheben. Wir freuen uns sehr darauf, mit guten Freunden in das neue Jahr zu feiern.
Bis dahin wünschen wir euch und eurer Familie ein frohes Fest!

Cordula und Peter

Auguri di Buon Natale e Felice Anno Nuovo (ad amici)

Cara Paola, Caro Roberto,
vi ringrazio per gli auguri e a mia volta vi auguro un Buon Natale e un Felicissimo Anno Nuovo, un 2009 che esaudisca ogni vostro desiderio ed aspettativa.
Arrivederci a presto a Torino o in Germania.
Bacioni

Maria e Edoardo

Vi auguro Buon Natale e un Felice Anno Nuovo.
Ich wünsche euch fröhliche Weihnachten und ein sehr gutes neues Jahr.

Weihnachts- und Neujahrsgrüße (an Bekannte)

Ein frohes Weihnachtsfest und ein glückliches neues Jahr 2009 wünschen Ihnen

Herr und Frau Mayer

Auguri di Buon Natale e Felice Anno Nuovo (a conoscenti)

Dott.sa Laura Bianchi
Procuratore legale

Auguro a Lei e alla Sua famiglia
Buone Feste

Cordialmente
Elisa Faccio

Kondolenzkarte (an Bekannte)

Mit Trauer haben meine Frau und ich von dem schmerzlichen Verlust in Ihrer Familie erfahren und möchten Ihnen unser herzliches Beileid aussprechen.

G. Schreiber

Biglietto di condoglianze (a conoscenti)

Gentili signori Rossi,
Abbiamo appreso con grande dispiacere la perdita che Vi ha colpiti.
Vi porgiamo le più sentite condoglianze.

Fam. Bottin

le più sentite condoglianze
herzliches Beileid

Corrispondenza

Geburtstagskarte

Liebe Frau Neumann,

zu Ihrem 60. Geburtstag senden wir Ihnen die herzlichsten Glückwünsche. Als Ihre Nachbarn wissen wir, dass Sie allen gegenüber stets freundlich und aufgeschlossen sind und sich Ihre Jugend bis zum heutigen Tag innerlich bewahrt haben. Trotz aller Feten, die wir gefeiert haben, haben Sie sich nie beschwert und immer ein freundliches Wort für uns übrig gehabt.

An Ihrem Ehrentag wünschen wir Ihnen nun viel Freude, viele, viele Geschenke und ein harmonisches Fest im Familienkreis, so wie Sie es sich gewünscht haben. Für Ihr weiteres Leben wünschen wir Ihnen außerdem Gesundheit, Glück und Lebensfreude.

Nochmals alles Liebe wünschen

die Müllers von nebenan

Auguri di Buon Compleanno

Caro Daniele,

24 luglio: un anno in più... Ma non importa, tu resterai sempre giovane. Ti auguriamo di tutto cuore un Buon Compleanno.

Se non abitassimo così lontano, ti avremmo portato personalmente il nostro regalo: ma così sarà la posta ad assumersene l'incarico.

Speriamo che arrivi in tempo. Ancora una volta: auguroni.

Ti abbracciamo affettuosamente.

Sofia e Michele

> Ti auguriamo di tutto cuore un Buon Compleanno
> Von ganzem Herzen wünschen wir dir alles Gute zum Geburtstag.
>
> sarà la posta ad assumersi l'incarico
> die Post wird es übernehmen
>
> Fa' un bel brindisi!
> begieß ihn richtig! / lass die Korken knallen!

Musterbriefe

Heiratsanzeige

Siegrid Teich und Nils Hörenz

Wir trauen uns!

... und gehen künftig gemeinsam durchs Leben.

Die kirchliche Trauung erfolgt am 21. Juli 2009 um 14 Uhr in der Kreuzkirche, Berlin/Kreuzberg.

Partecipazione di matrimonio

Silvia Leone e Francesco Chiesa

annunciano il loro matrimonio
che avrà luogo
sabato, 27 luglio 2009 alle ore 12
presso la chiesa della
Parrocchia di Gesù Adolescente
via Luserna di Rora, 12 - Torino

Einladung zur Hochzeitsfeier (an Bekannte)

Wir laden Sie/euch herzlich
zu unserer Hochzeitsfeier ein,
die im Anschluss an die kirchliche Trauung
am 21. Juli 2009 im Alten Zollhaus/Berlin stattfindet.

Wir bitten alle unsere Gäste bis Anfang Juni verbindlich zu antworten.
Mit herzlichen Grüßen

Siegrid Teich und Nils Hörenz

im Anschluss an die kirchliche Trauung	*dopo la cerimonia*
bis Anfang Juni verbindlich zu antworten	*dare una risposta entro i primi di giugno*

Invito a un matrimonio (a conoscenti)

Gli sposi

Silvia e Francesco

saluteranno parenti ed amici
presso il ristorante "Due Lanterne"
via Romiti, 13 - Bologna
R.S.V.P.

(subito) dopo la cerimonia	*(unmittelbar) nach dem Gottesdienst*
R.S.V.P. (répondez s'il vous plaît)	*um Antwort wird gebeten*

Einladung zur Hochzeitsfeier (an gute Freunde)

Liebe Susanne, lieber Jens,
wir heiraten am 21. Juli und laden euch ganz herzlich zu unserer Hochzeitsfeier ein. Im Anschluss an die kirchliche Trauung gibt es im 'Alten Zollhaus' Kaffee und Kuchen. Nach einem Spaziergang am Wasser folgt das abendliche Hochzeitsmenü. Für die Unterbringung unserer Gäste ist selbstverständlich gesorgt! Wir freuen uns schon darauf, euch bald auf unserer eigenen Hochzeit wieder zu sehen.
Mit herzlichen Grüßen

Siegrid und Nils

Corrispondenza

Invito a un matrimonio (ad amici)

Cara Monica,
finalmente il grande giorno è arrivato: il 27 luglio alle 12 Francesco e io ci sposiamo nella Parrocchia di Gesù Adolescente.
Tu e Sergio siete naturalmente invitati e speriamo di tutto cuore che voi partecipiate al nostro matrimonio e al rinfresco che si terrà al Ristorante Le due Lanterne.
Sarà l'occasione per rivederci e per festeggiare insieme.

Contiamo sulla vostra presenza

Silvia

> ... che voi partecipiate al nostro matrimonio...
> ... dass ihr uns die Freude macht an dieser Hochzeit teilzunehmen
>
> Sarà l'occasione per rivederci.
> Das gibt uns die Gelegenheit uns wieder zu sehen.
>
> Contiamo sulla vostra presenza.
> Wir rechnen mit eurer Anwesenheit.

Die Einladung zu einer Hochzeitsfeier annehmen

Liebe Christine, lieber Christian,
wir haben uns sehr über eure liebe Einladung zur Hochzeit eurer Tochter Isabelle gefreut. Wir nehmen natürlich dankend an und freuen uns schon darauf dem jungen Paar alles Gute zu wünschen. Es ist schön, dass ihr an uns gedacht habt. Wir sind schon sehr gespannt auf ein Wiedersehen mit euch nach all den Monaten, in denen wir nichts voneinander gehört haben. Aber, ihr wisst ja, das Berufsleben nimmt uns sehr in Anspruch und die Zeit vergeht so schnell!
Wir hoffen es geht euch allen gut!
Bis ganz bald!
Herzliche Grüße senden euch

Maria und Johannes

P.S. Habt ihr eine Idee für ein schönes Hochzeitsgeschenk? Bitte teilt sie uns mit. Vielen Dank im Voraus.

Accettare l'invito a un matrimonio

Cara Valeria, caro Giorgio
Vi ringraziamo tanto per il vostro gentile invito al matrimonio di Vostra figlia Silvia e accettiamo con grande piacere.
Vi siamo molto grati di esservi ricordati di noi dopo il lungo silenzio da parte nostra.
Ma, come voi sapete, le nostre professioni ci impegnano molto e le settimane volano.
Sperando che tutta la famiglia goda di buona salute Vi salutiamo calorosamente.

Carola e Roberto

p.s. Vi saremmo molto grati se voleste darci un suggerimento sul regalo per gli sposi.

> ... che accettiamo con grande piacere....
> ..., die wir mit größtem Vergnügen annehmen.
>
> dopo tutti questi mesi di silenzio da parte nostra
> nach all diesen Monaten, in denen wir uns nicht gemeldet haben
>
> le nostre professioni ci impegnano molto
> unsere Arbeit nimmt uns völlig in Anspruch
>
> dare un suggerimento sul regalo per gli sposi
> ein Hochzeitsgeschenk vorschlagen, das ... gefallen könnte

Einladung zu einem Besuch

Liebe Freunde,
wir wohnen nun seit einem Monat in unserem neuen Haus in Saint-Benin, einem kleinen, malerischen Dorf im Norden Frankreichs.
Wir möchten euch ganz herzlich für das Pfingstwochenende in unser neues Haus einladen. Am Samstagabend geben wir eine Einweihungsparty für all unsere Freunde. Wir würden uns sehr freuen, wenn ihr auch dabei sein könntet.
Wir senden euch anbei eine Wegbeschreibung.
Über eure Zusage würden wir uns sehr freuen.

Elisabeth und Pascal

Invito

Cari amici,
da circa un mese ci siamo trasferiti nella nostra nuova casa a Fubine, un paesino del Monferrato.
Saremmo molto lieti di averVi ospiti per il fine settimana della Pentecoste. Sabato sera organizzeremo una festicciola con i nostri amici e sarebbe veramente bello se foste presenti anche Voi.
Vi alleghiamo una pianta stradale con le indicazioni per raggiungerci. Sperando in una risposta positiva da parte Vostra Vi salutiamo cordialmente.

Giorgia e Matteo

> Sarebbe molto bello se foste presenti anche Voi.
> Wir würden uns freuen, wenn ihr dabei sein würdet.
>
> Vi alleghiamo una piantina stradale con le indicazioni per raggiungerci.
> Anbei ein Plan, damit ihr den Weg findet.

Eine Einladung annehmen

Liebe Freunde,
herzlichen Dank für eure nette Einladung, die wir sehr gerne annehmen. Wir freuen uns sehr darauf, euch wiederzusehen.
Wir kommen am Freitagabend bei euch an und fahren am Montagmorgen wieder nach Hause.
Für die Wegbeschreibung bedanken wir uns.
Darüber hinaus möchten wir die Gelegenheit nutzen, euch zu eurem neuen Heim zu beglückwünschen.
Liebe Grüße

Annie und Bernd

Corrispondenza — Musterbriefe

Accettare un invito

Carissimi,
Vi ringraziamo molto per il Vostro gentile invito che accettiamo con molto piacere.
E' una grande gioia rivederVi. Arriveremo venerdì sera e ripartiremo lunedì mattina.
Grazie per la piantina.
Approfittiamo di questa breve lettera per comunicarvi che siamo contenti di vedere la vostra nuova casa e vi inviamo cordiali saluti

Annie e Bernd

> È una grande gioia rivederVi.
> *Es wird uns eine Freude sein euch wiederzusehen.*

Eine Einladung ablehnen

Liebe Siegrid, lieber Nils,
herzlichen Dank für eure nette Einladung, über die wir uns sehr gefreut haben. Sehr gerne würden wir eure Hochzeit gemeinsam mit euch feiern, doch gerade an diesem Wochenende wird der 90. Geburtstag von Susannes Großmutter mit einem großen Familienfest gefeiert, für das wir schon vor Monaten zugesagt haben.
Am 21. Juli können wir also nur aus der Ferne auf euch anstoßen. Auf jeden Fall kommen wir in diesem Sommer nach Berlin, so dass wir uns bald nach eurer Hochzeit wieder sehen werden. Dann können wir zumindest die Fotos ansehen.
Fürs Erste wünschen wir euch eine schöne Feier!

Susanne und Jens

Rifiutare un invito

Carissimi,
Vi ringraziamo per il Vostro invito a cui purtroppo ci dispiace moltissimo di dover rinunciare.
Sfortunatamente avevamo preso in precedenza degli impegni familiari che non possiamo disdire.
Che peccato!
Speriamo che si ripresenti presto l'occasione per rivederci.
Salutoni

Anna e Roberto

> Sfortunatamente avevamo preso in precedenza degli impegni familiari.
> *Wir haben bereits familiäre Verpflichtungen.*

Sich für ein Hochzeitsgeschenk bedanken

Liebe Frau Clemens, lieber Herr Clemens,
ganz herzlich möchten wir uns bei Ihnen für das schöne Hochzeitsgeschenk bedanken, das Sie uns gemacht haben. Sie haben uns damit eine sehr große Freude bereitet.
Als kleinen Dank und zur Erinnerung an die Feier senden wir Ihnen dieses Hochzeitsfoto zu.
Mit herzlichen Grüßen

        Siegrid Teich und Nils Hörenz

> Sie haben uns damit eine sehr große Freude bereitet.
> *Ci ha fatto veramente piacere.*
>
> Als kleinen Dank
> *Come piccolo ringraziamento...*

Ringraziare per un regalo di matrimonio

Cari amici,
non abbiamo parole per ringraziarVi per lo stupendo regalo che ci avete fatto in occasione del nostro matrimonio.
Siamo veramente senza parole.
Ancora molte grazie, cari amici, e Vi salutiamo cordialmente

        Silvia e Francesco

> lo stupendo regalo che ci avete fatto
> *das wunderbare Geschenk, das ihr uns freundlicherweise gemacht habt*
>
> Siamo veramente senza parole.
> *Ihr habt uns wirklich verwöhnt.*

Sich für ein Geburtstagsgeschenk bedanken

        Düsseldorf, den 5.3.2009

Liebe Carla,
herzlichen Dank für dein Geburtstagsgeschenk, über das ich mich sehr gefreut habe. Du hast meinen Geschmack genau getroffen. Die Vase macht sich phantastisch in meiner neuen Wohnung. Ich hoffe, du kommst mich bald einmal besuchen.
Bis dahin grüße ich dich herzlich!

        Deine Christiane

> Du hast meinen Geschmack genau getroffen.
> *Hai saputo indovinare esattamente i miei gusti.*
>
> ... macht sich phantastisch in meiner neuen Wohnung.
> *... fa un effetto magnifico nel mio nuovo appartamento.*

Corrispondenza — Musterbriefe

Ringraziare per un regalo di compleanno

Cara Sofia, caro Paolo,
il Vostro regalo è appena arrivato.
Mille grazie. E' veramente troppo. Mi mettete quasi in imbarazzo.
Nient'altro mi avrebbe fatto così piacere e voi non perdete mai l'occasione per dimostrarmi il vostro affetto, che come sapete è reciproco.
Ancora una volta grazie e a presto.
Vi abbraccio forte

Silvia

> Mi mettete quasi in imbarazzo.
> *Ihr bringt mich fast in Verlegenheit.*

Sich für die Gastfreundschaft bedanken

Liebe Familie Roth,
wir möchten Ihnen ganz herzlich für Ihre Gastfreundschaft danken.
Wir werden uns noch lange an die schöne Zeit erinnern, die wir mit Ihnen verbringen durften.
Auf den vielen Ausflügen, die Sie für uns organisiert haben, konnten wir die Stadt und die Region, in der Sie leben, erstmals kennen lernen. Darüber hinaus sind wir mit einer anderen Lebensart vertraut geworden.
Bitte richten Sie Ihren Nachbarn Herrn und Frau Lebeau aus, dass wir die gemeinsamen Boule-Partien in bester Erinnerung behalten werden.
Wir danken Ihnen nochmals für alles und würden uns freuen, wenn wir Ihnen nun im Gegenzug unser Land zeigen dürften.
Herzliche Grüße

Jean François

Ringraziare per l'ospitalità

Gentile Famiglia,
desideriamo ringraziarVi per averci accolti così calorosamente.
Non dimenticheremo mai i meravigliosi momenti trascorsi in Vostra compagnia. Grazie ancora per le belle gite che avete avuto la gentilezza di organizzare dandoci così la possibilità di scoprire le bellezze della Vostra regione e della Vostra città e di conoscerne ed apprezzarne le usanze.
Sperando di poter contraccambiare l'ospitalità e di offrirVi così l'occasione di conoscere il nostro paese Vi inviamo i nostri più cordiali saluti

Hans Dottweiler

> per averci accolti così calorosamente
> *dass Sie uns so nett und warmherzig aufgenommen haben*
> i meravigliosi momenti trascorsi in Vostra compagnia
> *die wunderbare Zeit, die wir bei Ihnen verbracht haben*
> abbiamo un ricordo molto bello di …
> *wir erinnern uns sehr gern an …*

3. GESCHÄFTSKORRESPONDENZ

Angebotsanfrage

Firma   Hamburg, den 30.10.2010
Egon Mustermann   ABC/ab
Schöne Straße 1
70368 Stuttgart

Anfrage nach einem Angebot

Sehr geehrte Damen und Herren,
Ihrer Anzeige in der Zeitschrift „Büro & Co" haben wir entnommen, dass Sie einer der führenden Büromöbelhersteller im deutschsprachigen Raum sind, und dass Sie über ein breites Angebot an Raum sparenden und optisch ansprechenden Büromöbelvarianten verfügen.
Da wir die Absicht haben, in Kürze unsere Büroräume mit einer Fläche von insgesamt 2000 m² neu zu möblieren, bitten wir Sie um Zusendung Ihres ausführlichen illustrierten Katalogs sowie Ihrer aktuellen Preisliste und um Angabe Ihrer Liefer- und Zahlungsbedingungen.
Wir möchten Sie bitten, uns die günstigsten Preise zu nennen, da es sich im Falle einer Auftragserteilung um einen Auftrag größeren Umfangs handelt. Sollten uns Ihre Bedingungen zusagen und die Qualität Ihrer Möbel unseren Erwartungen entsprechen, werden wir unseren Bedarf an Büromöbeln gerne auch in Zukunft bei Ihnen decken. Wir möchten Sie schon heute darauf hinweisen, dass unsere neue Filiale, die Anfang nächsten Jahres eröffnet wird, ebenfalls neu möbliert werden soll.
Mit freundlichen Grüßen

Anton Bauer
ABC GmbH
i. A.

3. CORRISPONDENZA COMMERCIALE

Richiesta

Spett.le AB s.r.l.
Piazza Marconi, 10
35100 Padova

Torino, 30.04.2010

Oggetto: Richiesta di catalogo

Spett. Ditta,
nel Vostro annuncio apparso nella rivista „ufficio & Co." abbiamo appreso che la Vostra ditta è una delle migliori nel mercato italiano e che avete un'offerta molto ampia di mobili per ufficio.

Avendo intenzione di ammobiliare i nostri uffici per una superficie totale di 2000 m², Vi preghiamo di farci pervenire un catalogo illustrato dei Vostri prodotti indicandoci le quotazioni minime e le condizioni di spedizione e di pagamento.

Se le Vostre condizioni saranno di nostro gradimento e la qualità della merce corrisponderà alle attese, Vi conferiremo non solo ora, ma anche in futuro diversi ordini. A questo proposito possiamo comunicarVi che all'inizio dell'anno prossimo apriremo una filiale che dovrà essere interamente ammobiliata. Vi saremmo quindi grati se ci faceste pervenire i prezzi minimi dei prodotti in questione.

In attesa di Vostro cortese riscontro, porgiamo i migliori saluti.

Marco Berto
Marco Berto

Antwortschreiben

Firma
Ulrich Mustermann
Musterstraße 1

70368 Stuttgart

                          München, den 20.05.2010
                          XYZ/fm

Ihre Anfrage

Sehr geehrter Herr Mustermann,

wir danken Ihnen für Ihre Anfrage vom 30.04. und freuen uns, dass Sie sich für unsere Produkte interessieren. Gerne schicken wir Ihnen in der Anlage unseren illustrierten Katalog sowie unsere aktuelle Preisliste (Preisänderungen vorbehalten). Die Lieferzeit der von Ihnen gewünschten Artikel beträgt derzeit ca. 2 Monate.

Wir garantieren Ihnen erstklassige Ware und hoffen, dass unsere günstigen Preise Sie veranlassen werden, uns einen Auftrag zu erteilen, den wir selbstverständlich rasch und sorgfältig ausführen werden.

Wir würden uns freuen, einen Auftrag von Ihnen zu erhalten.

Mit freundlichen Grüßen

XYZ GmbH & Co. KG
i. A.

Fritz Müller
Fritz Müller

Risposta

Spett.le Novepel S.r.l.   Padova, 20.05.2010
Via Antonelli, 47
10144 Torino

Oggetto: invio listino prezzi

Egregi Signori,
abbiamo ricevuto la pregiata Vostra del 30.04 e Vi ringraziamo dell'attenzione e della preferenza riservata ai nostri prodotti. Allegato alla presente troverete un catalogo illustrato con il listino prezzi attuale (con riserva di apportare delle modifiche). Il termine di consegna dei prodotti è di circa 2 mesi. Certi che l'ottima qualità e i prezzi più che concorrenziali dei nostri prodotti Vi indurranno a trasmetterci un ordine, Vi garantiamo sollecitudine nella sua esecuzione e Vi porgiamo distinti saluti

Allegato (1)

Antonio Barbato
Antonio Barbato

AB/fm

Corrispondenza — Musterbriefe

Auftragserteilung

Firma
Fritz Muster GmbH
z. H. Frau Müller
Musterstraße 1
80358 München

Stuttgart, den 30.06.2010
FGH/d

Auftragserteilung

Sehr geehrte Frau Müller,
wir danken Ihnen für Ihr Angebot vom 20.06. und für die uns übersandten Muster. Da die Qualität der Muster unseren Erwartungen entspricht, bestellen wir zu den in Ihrem Angebot genannten Preise und Bedingungen:

1. ...
2. ...
3. ...

Bitte tragen Sie dafür Sorge, dass die gelieferten Waren genau den Mustern entsprechen.
Da wir die Waren dringend benötigen, müssen wir auf Lieferung innerhalb der von Ihnen genannten Frist von 4 Wochen bestehen. Zahlung erfolgt innerhalb von 10 Tagen nach Eingang Ihrer Rechnung durch Überweisung auf Ihr Konto bei der CDE Bank München.

Sollte die erste Lieferung zu unserer Zufriedenheit ausfallen sind wir gerne bereit Ihnen weitere Aufträge zu erteilen.
Mit freundlichen Grüßen

FGH GmbH & Co
i. A.
Doris Frank
Doris Frank

Ordine

Bolzano, 30.06.2010

Spett.le Orlandini S.p.A.
Piazza Venezia, 25
30173 Mestre (VE)

Oggetto: ordine

Egregi Signori,
Vi ringraziamo per la Vostra offerta del 20.06 e per l'invio del campionario dei Vostri prodotti.
Essendo pienamente soddisfatti della qualità dei suddetti, Vi preghiamo di provvedere alla spedizione dei seguenti articoli secondo i prezzi e le condizioni stabilite:

1. ...
2. ...
3. ...

Abbiate cura di verificare che la qualità degli articoli corrisponda a quella dei campioni inviatici.
Necessitiamo della merce urgentemente pertanto l'ordine dovrà essere evaso entro 4 settimane e non oltre. Il pagamento avverrà entro dieci giorni dal ricevimento della fattura tramite versamento bancario sul Vostro conto presso la Banca Commerciale di Venezia.
Se la prima fornitura sarà di nostro gradimento provvederemo a commissionarVi altri ordini.
In attesa di un Vostro pronto cenno di riscontro porgiamo distinti saluti

Marco Ferri
Marco Ferri

MC/df

Auftragsbestätigung

Firma
Egon Muster GmbH
z. H. Frau Schwarz
Große Straße 10
10123 Berlin

Hamburg, den 10.07.2010
DEF/ks

Auftragsbestätigung

Sehr geehrte Frau Schwarz,
wir danken Ihnen für Ihren Auftrag vom 23.06. und senden Ihnen in der Anlage den von uns unterzeichneten Liefervertrag in doppelter Ausfertigung. Bitte senden Sie uns ein mit Ihrer Unterschrift versehenes Exemplar zurück.

Ihren Anweisungen werden wir selbstverständlich genau Folge leisten. Wir versichern Ihnen, dass wir unser Möglichstes tun werden, um Ihren Auftrag zu Ihrer vollsten Zufriedenheit auszuführen und hoffen, dass mit diesem Erstauftrag eine dauerhafte und zufriedenstellende Geschäftsverbindung zwischen unseren Häusern entsteht.

Mit freundlichen Grüßen

DEF GmbH
i. A.

Karin Schmidt
Karin Schmidt

Anlage:
Unterzeichneter Liefervertrag

Conferma d'ordine

Roma, 10.07.2010

Spett.le D'Amore & Co.
Via Foscolo, 33
84100 Salerno

All'attenzione della Signora Verdi

Oggetto: conferma d'ordine

Gentile Signora Verdi,
riscontriamo la pregiata Sua del 23.06. con la quale ci trasmette il Suo ordine e La ringraziamo. Allegato Le inviamo il documento di spedizione in duplice copia e La preghiamo di ritornarcene una debitamente firmata.
Le assicuriamo che l'ordine sarà eseguito in conformità alle Sue indicazioni.
Ci auguriamo che questo sia l'inizio di un lungo e proficuo rapporto di lavoro e provvederemo, da parte nostra, a fare tutto il possibile per una collaborazione continuativa.
Cogliamo l'occasione per porgerLe distinti saluti

Mario Gisperi
Mario Gisperi
DIRETTORE COMMERCIALE

Allegato (1)

MG/fr

Alternatives Angebot

Firma
Fritz Musters OHG
z. H. Frau Schiller
Kleine Straße 10

60234 Frankfurt

Mannheim, den 18.09.2009
GHI/cs

Ihr Auftrag vom 27.06.2009

Sehr geehrte Frau Schiller,

besten Dank für Ihren Auftrag vom 27.06.2002.
Leider müssen wir Ihnen mitteilen, dass die von Ihnen gewünschte Qualität nicht mehr vorrätig ist und voraussichtlich erst wieder in ca. 2 Monaten lieferbar sein wird. Wir möchten deshalb anfragen, ob Ihnen eventuell mit einer ähnlichen Qualität, z. B. Nr. 866 auf S. 10 unseres Katalogs, ebenfalls gedient wäre.
Bitte lassen Sie uns Ihre Entscheidung baldmöglichst wissen.
Wir danken Ihnen im Voraus für Ihr Verständnis und Ihr Vertrauen.

Mit freundlichen Grüßen

GHI GmbH
i. A.

Carmen Schulze
Carmen Schulze

Offerta alternativa

Milano, 18.09.2009

Spett.le Malaspina S.r.l.
Via Manzoni, 56
74190 Taranto
All'attenzione della Signora Rodi

Oggetto: Vostro ordine del 27.06.2009

Gentile Signora Rodi,

ci è pervenuto il Vostro ordine del 27.06 e Vi ringraziamo. Purtroppo siamo spiacenti di non poter soddisfare le Vostre richieste, in quanto il prodotto da Voi ordinato non è al momento disponibile e saremo in grado di fornirVelo probabilmente tra 2 mesi.
In sua sostituzione desidereremmo proporVi un articolo con caratteristiche analoghe e precisamente il n°866 a pag. 10 del nostro catalogo.
Se la nostra offerta dovesse interessarVi, Vi saremmo grati di una sollecita risposta.
RingraziandoVi per la Vostra comprensione e fiducia porgiamo distinti saluti

Rosa Fucini
Rosa Fucini

Versandanzeige

Hans Musters GmbH
z. H. Frau Huber
Lange Straße 5

70123 Stuttgart

Köln, den 13.05.2009
JKL/ab

Ihr Auftrag

Sehr geehrte Frau Huber,

wir beziehen uns auf Ihren Auftrag vom 10.04. und freuen uns Ihnen mitteilen zu können, dass die von Ihnen bestellte Ware heute der Bahn übergeben wurde.

In der Anlage senden wir Ihnen eine Kopie unserer Rechnung. Den Wechsel und die Versanddokumente haben wir unserer Bank, der EFG Bank in Köln, übergeben und diese angewiesen die Aushändigung der Dokumente nach Akzeptierung des Wechsels zu veranlassen.

Wir hoffen, dieses Geschäft zu Ihrer vollsten Zufriedenheit abgewickelt zu haben und würden uns freuen bald weitere Aufträge von Ihnen zu erhalten.

Mit freundlichen Grüßen

JKL GmbH
i. A.

Anja Bauer
Anja Bauer
Anlage

Avviso di invio merce

Roma, 13.05.2009

Spett.le Elleci S.n.c.
Via Monteverde 1/7
16100 Genova
All'attenzione del Signor Federichi

Oggetto: ordine n° 2539 del 10.04.2009

Egregio Signor Federichi,

facendo seguito al Suo ordine del 10.04 siamo lieti di comunicarLe che la merce ordinata è stata inviata in data odierna per via ferroviaria.
Alleghiamo alla presente la copia della relativa fattura. La tratta e i documenti della spedizione sono attualmente in possesso della Banca Popolare di Roma e saranno consegnati al momento dell'accettazione della tratta.
Certi di aver soddisfatto pienamente le Sue attese ci auguriamo di ricevere Suoi ulteriori ordini.
Distinti saluti

Allegato (1)

Anna Liri
Anna Liri

AC/al

Qualitätsbestätigung

Frank Muster GmbH
z. H. Frau Schmid
Alte Straße 99

10999 Berlin

Frankfurt, den 12.12.2009
MNO/ef

Unser Auftrag Nr. A 1234 vom 13.10.

Sehr geehrte Frau Schmid,
die mit obigem Auftrag bestellte Ware ist heute in unversehrtem Zustand bei uns eingetroffen. Nach eingehender Prüfung der Ware konnten wir uns von ihrer erstklassigen Qualität überzeugen und haben heute unsere Bank angewiesen, den Rechnungsbetrag in Höhe von €... auf das Konto der XXX Bank in Berlin zu überweisen.

Mit freundlichen Grüßen
MNO GmbH
i. A.

Elke Fischer
Elke Fischer

Conferma qualità merce

Milano, 12.12.2009

Spett.le Alfa S.r.l.
Piazza Marconi, 8
22100 Como

Oggetto: ordine n° 1234 del 13.10

Egregi Signori,

con riferimento al nostro ordine sopracitato, Vi comunichiamo che la merce ci è pervenuta in perfetto stato in data odierna.
Dopo un esame accurato del prodotto ci siamo assicurati della sua ottima qualità e pertanto abbiamo provveduto tramite versamento bancario a saldare la fattura ....ammontante a..........Euro sul Vostro conto corrente presso la Banca Commerciale di Como.

Cogliamo l'occasione per porgerVi distinti saluti

Sandra Perri
Sandra Perri

MNO/sp

Vertrauliche Anfrage

Günter Muster GmbH
Neue Straße 1

München, den 03.02.2010
OPQ/ak

26199 Hamburg

VERTRAULICHE ANFRAGE

Sehr geehrte Damen und Herren,

die Firma Nord in Hamburg hat sich um unsere Vertretung im norddeutschen Raum beworben und Sie dabei als Referenz genannt. Bei Abschluss eines Vertretervertrages würden wir dieser Firma Konsignationswaren im Wert von ca. €... zur Verfügung stellen.

Wir wären Ihnen deshalb für eine möglichst genaue Auskunft über die Vermögenslage dieser Firma und den Umfang ihrer Geschäfte dankbar. Vor allem würde uns interessieren zu erfahren, ob sie Ihrer Ansicht nach in der Lage ist, den Markt im Raum Norddeutschland intensiv zu bearbeiten. Verfügt die Firma über gute Geschäftsverbindungen in Ihrer Branche?

Wir versichern Ihnen, dass wir Ihre Auskunft als streng vertraulich und für Sie unverbindlich behandeln werden. Ein adressierter Umschlag liegt diesem Schreiben bei.

Mit freundlichen Grüßen

OPQ GmbH
i. A.

Anke Kunz
Anke Kunz

Informazione commerciale

Milano, 03.02.2010

Spett.le Alberto Rossi S.r.l.
Via Verdi, 68
28100 Novara
All'attenzione del Signor Bianchi

Oggetto: informazione commerciale

Egregio Signor Bianchi,
la ditta Verdi di Torino ha presentato domanda per assumere la nostra rappresentanza in Piemonte e in Val d'Aosta indicando il Suo nominativo come ulteriore referenza.
Prima di sottoscrivere il contratto di rappresentanza Le saremmo pertanto grati se potesse fornirci informazioni nel più breve tempo possibile sul capitale approssimativo e il volume complessivo degli investimenti di tale ditta. Soprattutto vorremmo sapere se la ritiene in grado di assumersi l'incarico in modo attivo e competente e se ha buoni contatti commerciali, nel qual caso ci impegneremo a consegnare i nostri prodotti in conto vendita.
Ogni informazione che potrà fornirci non implicherà nessuna responsabilità da parte Sua e verrà da noi tenuta nel più assoluto riserbo.
In allegato accludiamo una busta intestata per la risposta.
RingraziandoLa anticipatamente porgiamo distinti saluti

Allegato (1)

Paolo Ottini
Paolo Ottini

OP/al

Mahnung

Firma
XY-Muster
Lange Str. 99

München, den 03.02.2009
PQR/ch

10234 Berlin

Mahnung

Sehr geehrte Damen und Herren,

vor 3 Wochen haben wir die auf der letzten Messe in Frankfurt bei Ihnen bestellte Bohrmaschine erhalten. Leider haben Sie jedoch den Elektromotor nicht mitgeliefert.
Da wir auf die Lieferung des Spezialmotors angewiesen sind, steht die Maschine jetzt ungenutzt in unserem Lager, obwohl wir sie für unseren Betrieb dringend benötigen.
Bei unserem Besuch auf der Messe wurde uns von Ihrem Verkaufsleiter, Herrn X, die Lieferung der kompletten Maschine innerhalb von 4 Wochen verbindlich zugesagt. Sie werden daher sicherlich unsere Enttäuschung darüber verstehen, dass die Maschine jetzt mehr als 2 Monate nach Auftragserteilung immer noch nicht einsatzbereit ist.
Wir setzen Ihnen nunmehr eine Nachfrist bis zum Ende dieses Monats. Sollten wir bis dahin nicht im Besitz des Motors sein, lehnen wir die Annahme ab und senden Ihnen die bereits gelieferte Maschine zu Ihren Lasten zurück. Die geleistete Anzahlung in Höhe von €... bitten wir in diesem Falle auf unser Konto Nr. 12345 bei der XYZ Bank in München zu überweisen.

Mit freundlichen Grüßen

PQR GmbH
i. A.
Christine Huber
Christine Huber

Sollecito

Milano, 03.02.2009

Industrie Berri S.r.l.
Casella postale 222
35100 Padova

Oggetto: reclamo

Egregi Signori,

rileviamo con sommo disappunto che a due mesi dal nostro ordine non ci è ancora pervenuto il motore della perforatrice consegnataci 3 settimane fa.
Tale motore è indispensabile all'attivazione della perforatrice che attualmente è depositata in magazzino inutilizzata, nonostante ci sia urgenza di metterla in funzione e sebbene il Vostro addetto ci avesse assicurato l'evasione completa dell'ordine in breve tempo.
Vi invitiamo pertanto a ritornarci la somma dell'anticipo ammontante a Euro... sul nostro conto corrente presso la Banca Commerciale di Padova.
Non possiamo permetterci ulteriori perdite di tempo e quindi Vi concediamo una sola proroga a fine mese.
Se entro questo termine non ci sarà fornito il motore, Vi restituiremo l'attrezzo e le spese saranno naturalmente a Vostro carico.
In attesa di un pronto riscontro porgiamo distinti saluti

Sergio Longhi
IL DIRETTORE
Sergio Longhi

SL/pr

Zahlungsverzug

Müller & Meier GmbH
z. H. Frau Schwarz
Schöne Straße 1

XYZ/hh
München, den 10.10.2009

20123 Hamburg

Unsere Rechnung vom 05.09.2002

Sehr geehrte Frau Schwarz,
dürfen wir Sie daran erinnern, dass unsere Rechnung vom 05.09. bereits vor über einem Monat fällig war?
Unsere Bank hat uns heute auf unsere Anfrage hin mitgeteilt, dass bisher noch keine Überweisung von Ihnen eingegangen ist.
Selbstverständlich kann es vorkommen, dass eine Rechnung übersehen wird. Davon gehen wir in Ihrem Fall aus. Da wir Sie nun jedoch auf diese Angelegenheit aufmerksam gemacht haben, sind wir überzeugt, dass Sie den offenstehenden Betrag in Kürze begleichen werden.
Wir möchten Sie bei dieser Gelegenheit auch gleich auf unsere Neuheiten hinweisen. Beiliegend erhalten Sie unseren neuesten Katalog. Da wir schon viele Anfragen zu unseren Neuheiten erhalten haben, empfehlen wir Ihnen, Ihre Bestellung so früh wie möglich aufzugeben, da wir unseren Kunden nur im Fall einer frühzeitigen Bestellung rechtzeitige Lieferung garantieren können.
Wir würden uns freuen bald von Ihnen zu hören.

Mit freundlichen Grüßen

XYZ GmbH
i. A.
Heike Huber
Heike Huber

Anlage

Ritardo di pagamento

Bologna, 10.10.2009

Spett.le Industrie Macif
Casella Postale 1345
40100 Bologna
All'attenzione del Signor Rossi

Oggetto: sollecito pagamento fattura del 05.09.2009

Egregio Signor Rossi,

ci dispiace doverLe ricordare che la fattura citata in oggetto non è ancora stata saldata. Non dubitiamo che il ritardo sia dovuto a un involontario disguido, pertanto voglia esaminare l'estratto conto e quindi provvedere al pagamento con cortese sollecitudine.
Cogliamo l'occasione per informarLa sulle ultime novità della nostra produzione.
Allegato troverà il nostro nuovo catalogo. In caso d'interesse Le consigliamo di trasmetterci i Suoi ordini al più presto. Infatti possiamo garantirne l'evasione, solo se l'ordine ci perviene tempestivamente, trovandoci in un periodo di attività intensa.
In attesa di un Suo pronto riscontro porgiamo distinti saluti

Allegato (1)
CO/ab

Aldo Bianchi
Aldo Bianchi

Corrispondenza – Musterbriefe

Bitte um Zahlungsaufschub

Schmidt & Schultze GmbH
z. H. Frau Werner
Kurze Straße 1

80123 München

MM/eb
Hamburg, den 15.10.2009

Ihr Schreiben vom 10.10.2009

Sehr geehrte Frau Werner,

wir haben Ihr o. g. Schreiben erhalten und bedauern es sehr, dass es uns bisher nicht möglich war, Ihre Rechnung zu begleichen.
Der unerwartete Konkurs eines unserer Kunden hat uns große Unannehmlichkeiten bereitet. Außerdem war der Absatz in den letzten Wochen relativ gering, so dass es uns nicht leicht fiel, unsere laufenden Ausgaben zu bestreiten. Es bleibt uns deshalb nichts anderes übrig, als Sie um einen Monat Aufschub zu bitten. Das Geschäft ist gegenwärtig etwas besser und dürfte sich in Zukunft noch weiter beleben.
Wir wären Ihnen für Ihr Entgegenkommen äußerst dankbar und sind überzeugt, dass es uns gelingen wird, unseren Verpflichtungen innerhalb der nächsten 4 Wochen nachzukommen.

Hochachtungsvoll

Müller & Meyer GmbH
i. A.
Elke Bauer
Elke Bauer

Sollecito di pagamento

Padova, 15.10.2009

Spett.le Filtex S.p.A.
Via Roma, 16
28100 Novara

Oggetto: Vs. lettera del 10.10.2009

Egregi Signori,

con riferimento alla Vostra lettera citata in oggetto siamo molto spiacenti di doverVi comunicare che non ci è ancora stato possibile saldare la Vostra fattura.
Il fallimento di un nostro cliente ci ha messo in serie difficoltà economiche aggravate ulteriormente da una diminuzione degli ordini.
Pertanto siamo costretti a chiederVi una dilazione di un mese. Da alcuni giorni il mercato sembra sia in ripresa e le previsioni future fanno ben sperare.
RingraziandoVi anticipatamente per la Vostra comprensione e fiduciosi di poter saldare la Vostra fattura entro un mese, Vi porgiamo distinti saluti

Giorgio Peroni
Giorgio Peroni

CO/gp

Ablehnung eines Rabatts

Muster & Co.
z. H. Frau Schuster
Breite Straße 1

70123 Stuttgart

XXX/sch
Frankfurt, den 22.02.2009

Ihre Bitte um 10% Nachlass

Sehr geehrte Frau Schuster,

wir haben Ihr Schreiben vom 18.02., in dem Sie um einen weiteren Nachlass von 10% auf die Preise unseres Angebots vom 10.02. baten, erhalten.
Nach nochmaliger Überprüfung unserer Preise müssen wir Ihnen zu unserem Bedauern jedoch mitteilen, dass es uns nicht möglich ist, Ihnen einen weiteren Rabatt zu gewähren.
Wenn Sie unsere Erzeugnisse mit anderen Fabrikaten vergleichen, werden Sie sicherlich feststellen, dass unsere Waren in Anbetracht ihrer hohen Qualität sehr preisgünstig sind. Eine Reduzierung unserer Preise wäre nur bei einer geringeren Qualität unserer Produkte möglich, die aber sicherlich nicht im Interesse unserer Kunden wäre.
Wir sind überzeugt, dass Sie diese Argumente verstehen werden und würden uns sehr freuen Ihren Auftrag zu erhalten.

Mit freundlichen Grüßen

XXX GmbH
i. A.
Sabine Schmidt
Sabine Schmidt

Rifiuto sconto

Spett.le Dandi S.r.l.
Piazza Castello, 6
21100 Reggio Emilia

Bologna, 22.02.2009

Oggetto: sconto

Egregi Signori,

con riferimento alla pregiata Vostra del 18.02 con la quale ci chiedete un ulteriore sconto del 10% sul prezzo pattuito nella nostra offerta del 10.02., Vi comunichiamo che dopo aver fatto una serie di valutazioni accurate siamo giunti alla conclusione che non ci è possibile accordarVi ulteriori riduzioni.
La nostra è un'offerta molto vantaggiosa e concorrenziale in considerazione dell'elevata qualità dei nostri prodotti.
Una riduzione del prezzo sarebbe realizzabile solo se la produzione dei nostri articoli fosse più scadente.
Ciò non avverrebbe sicuramente nell'interesse della nostra clientela.
Siamo certi della Vostra comprensione e ci auguriamo che vorrete favorirci con i Vostri graditi ordini.
In attesa di una Vostra risposta porgiamo cordiali saluti

FC/bb

Ferdinando Crespi
Ferdinando Crespi
IL DIRETTORE VENDITE

Mängelrüge

Müller & Co.
z. H. Frau Bauer
Lange Straße 1
10345 Berlin

YYY/mm
Köln, den 03.03.2009

Ihre Sendung
Sehr geehrte Frau Bauer,
die am 15.01. bei Ihnen bestellte Sendung Porzellanware traf gestern endlich am Kölner Hauptbahnhof ein.
Es stellte sich jedoch heraus, dass statt der auf der Rechnung aufgeführten 15 Kisten nur 13 geliefert wurden. Außerdem wurde beim Auspacken der Ware festgestellt, dass ein Teil des Inhalts der Kisten Nr. 6, 7 und 9 während des Transports beschädigt wurde, was unseres Erachtens nur auf mangelnde Verpackung zurückzuführen ist.
Wir müssen Ihnen leider mitteilen, dass wir mit der Ausführung unseres Auftrags äußerst unzufrieden sind, da zum einen die in Ihrer Auftragsbestätigung genannte Lieferzeit von 4 Wochen nicht eingehalten wurde, so dass wir bereits zweimal mahnen mussten, und zum anderen die gelieferte Sendung unvollständig und teilweise beschädigt bei uns eingetroffen ist.
Wir möchten Sie daher dringend bitten, uns umgehend die beiden fehlenden Kisten sowie Ersatz für die beschädigten Waren, über die wir eine Aufstellung beilegen, zu liefern.
Eine Fortsetzung unserer Geschäftsbeziehungen müssen wir von der prompten Erledigung unserer Beschwerde abhängig machen.
Mit freundlichen Grüßen
YYY GmbH
i. A.

Marion Meister
Marion Meister

Anlage

Reclamo per merce difettosa

Galli & Co.
Via Carlo Martello, 7
20100 Milano

Milano, 03.03.2009

Oggetto: reclamo

Egregi Signori,
Vi comunichiamo che i prodotti di porcellana sono arrivati ieri alla stazione centrale di Milano in esecuzione al nostro ordine n° 51.
Effettuando il controllo della merce abbiamo rilevato che sono state consegnate solo 13 casse invece delle 15 registrate sulla fattura.
Inoltre dopo averle sballate abbiamo riscontrato che una parte degli articoli contenuti nelle casse n° 6, 7 e 9 è stata danneggiata durante il trasporto.
Dopo aver sottoposto i prodotti a un accurato esame riteniamo che la responsabilità sia da attribuire all'imballaggio non eseguito con scrupolosità.
Siamo spiacenti di doverVi informare che siamo molto insoddisfatti del modo in cui è stato eseguito l'ordine.
Vi ricordiamo inoltre che secondo quanto convenuto in precedenza i termini di consegna che dovevano essere di 4 settimane, nonostante 2 (due) solleciti, non sono stati rispettati.
Pertanto Vi esortiamo a provvedere con urgenza alla spedizione delle casse mancanti e alla sostituzione della merce danneggiata.
Vi informiamo che se non sarà effettuata una pronta evasione del reclamo, in avvenire saremo costretti a rivolgerci altrove per i nostri ordini.
Distinti saluti

Giorgio Cuella
Giorgio Cuella
IL DIRETTORE

CA/gc

Antwortschreiben auf eine Reklamation

ABC GmbH
z. H. Frau Heinze
Lange Straße 1
20123 Hamburg

XYZ/abs
München, den 04.04.2009

Ihre Reklamation

Sehr geehrte Frau Heinze,
wir haben Ihr Schreiben vom 01.04. erhalten, in dem Sie uns mitteilten, dass unsere letzte Sendung beschädigt bei Ihnen eintraf und ein Teil der Ware unbrauchbar ist.
Wir bedauern diesen Vorfall sehr, können jedoch kein Verschulden unsererseits feststellen, da wir stets auf sorgfältige Verpackung geachtet haben. Unserer Ansicht nach muss der Schaden durch ein außergewöhnliches Ereignis entstanden sein.
Wir schlagen daher vor, dass Sie den Schaden unter Vorlage der Versicherungspolice, des Havariezertifikats, des Konnossements und der Handelsrechnung der dortigen Vertretung der XXX Seeversicherungs-AG melden.
Sollten Sie allerdings vorziehen, dass wir für Sie die Schadensmeldung vornehmen, so sind wir selbstverständlich gern dazu bereit. In diesem Fall müssten wir Sie jedoch bitten, uns die dafür erforderlichen Unterlagen zur Verfügung zu stellen. Nach der Regulierung des Schadens würden wir Ihnen eine Gutschrift erteilen.
Wir sind überzeugt, dass diese Angelegenheit für beide Teile zufrieden stellend geklärt wird, und dass unsere bisher stets guten Geschäftsbeziehungen hierdurch nicht gefährdet werden.
Mit freundlichen Grüßen

XYZ GmbH
i. A.

Anke Bauer-Schmidt
Anke Bauer-Schmidt

Risposta a un reclamo

Spett.le Santini S.r.l.
Zona Industriale, C-27
All'attenzione della Signora Redi

Torino, 04.04.2009

Oggetto: risarcimento danni

Gentile Signora Redi
Le siamo molto grati della Sua lettera del 01.04 con la quale ci informa che la fornitura è stata gravemente danneggiata.
Naturalmente abbiamo immediatamente avviato delle ricerche per indagare sulla questione ed abbiamo accertato che la merce è stata imballata a regola d'arte, com'è del resto nostra abitudine.
Siamo molto dispiaciuti di tali inconvenienti ma comprenderà certamente che sono dovuti a circostanze indipendenti dalla nostra volontà.
Le consigliamo pertanto di trasmettere tutta la pratica alla Sua assicurazione allegando il suo certificato di avaria della merce, la polizza di carico netto e la fattura.
Comunque rimarremo a Sua completa disposizione se riterrà opportuno il nostro intervento presso l'assicurazione, nel qual caso La preghiamo di farci pervenire la documentazione completa.
Dopo il risarcimento danni sarà nostra premura accreditarLe subito l'importo.
Certi di averLe fatto cosa gradita e in attesa di un Suo riscontro porgiamo distinti saluti

Giorgio Dotti
Giorgio Dotti

TC/gd

Corrispondenza

Bewerbung

München, 15.10.2009

Sabine Maier
Schöne Straße 1
80123 München

Verlag Egon Muster GmbH
z. H. Herrn Dr. Wagner
Lange Straße 1
70124 Stuttgart

Bewerbung als Sekretärin

Sehr geehrter Herr Dr. Wagner,
mit großem Interesse habe ich Ihre Anzeige in der gestrigen Ausgabe der „Süddeutschen Zeitung" gelesen und möchte mich hiermit um die von Ihnen ausgeschriebene Stelle als Sekretärin bewerben.
Nach meiner Ausbildung zur Fremdsprachensekretärin, die ich im April 1995 erfolgreich abgeschlossen habe, war ich drei Jahre lang als Sekrekrätin in einer Automobilfirma tätig. Seit August 1998 arbeite ich in einer Textilwarenfirma als Export-Sachbearbeiterin.
Da ich mich gerne beruflich verändern möchte und mich eine Tätigkeit in der Verlagsbranche schon immer gereizt hat, bin ich davon überzeugt, dass die zu besetzende Position genau meinen beruflichen Vorstellungen entspricht und ich für diesen Posten sicherlich gut geeignet bin.
Ich verfüge über sehr gute Sprachkenntnisse in Englisch und Französisch sowie über gute Sprachkenntnisse in Spanisch und Grundkenntnisse in Italienisch. Die deutsche Rechtschreibung beherrsche ich perfekt. Des Weiteren bin ich mit allen Sekretariatsarbeiten bestens vertraut.
Im Laufe meiner bisherigen Tätigkeiten habe ich gute Kenntnisse in den Programmen Word, Excel und QuarkXPress erworben und konnte auch einen Einblick in kaufmännische Zusammenhänge gewinnen.
Mein derzeitiges Gehalt beträgt € ... brutto. Als frühester Eintrittstermin käme für mich der 01. Januar 2010 in Betracht.
Über eine Einladung zu einem persönlichen Gespräch würde ich mich sehr freuen.
Mit freundlichen Grüßen

Sabine Maier

Anlage
Lebenslauf
Lichtbild
Zeugniskopien

Domanda d'assunzione

Forlì, 15.10.2009

Spett.le Casa Editrice Il Libro
Via Tadino, 20
47100 Forlì FC

All'attenzione del Signor Bianchi

Oggetto: domanda d'assunzione in qualità di segretaria

Egregio Signor Bianchi,

con riferimento alla Vostra inserzione su La Repubblica di ieri desidero presentare domanda d'assunzione per il posto di segretaria.
Dopo il conseguimento del diploma di corrispondente in lingue estere nel 1995, ho lavorato per tre anni in qualità di segretaria presso una ditta automobilistica. Dall'agosto 1998 sono addetta all'ufficio esportazioni di una ditta tessile.
Essendo sempre stata attratta dalla prospettiva di lavorare in una casa editrice e volendo attualmente ampliare le mie esperienze, sono particolarmente interessata al posto vacante.
Parlo correntemente l'inglese e il francese, ho una buona conoscenza dello spagnolo e nozioni di tedesco. Sono in grado di svolgere qualsiasi mansione di segretaria.
Nel corso della mia formazione lavorativa ho acquisito conoscenze informatiche per gli applicativi Word, Excel, e Quark XPress e ho approfondito le mie competenze commerciali.
Il mio stipendio attuale ammonta a ... Euro lordi e sarei disponibile per un'eventuale assunzione dal 1 gennaio.
In attesa di un eventuale colloquio porgo distinti saluti

Laura Rossi
Laura Rossi

Musterbriefe

Lebenslauf

Lebenslauf

Name:	Sabine Maier
Geburtstag:	20.05.1975
Geburtsort:	Stuttgart
Staatsangeh.:	deutsch
Eltern:	Anton Maier, Gymnasiallehrer
	Elke Maier, geb. Huber, Erzieherin
Familienstand:	ledig
Schulbildung:	1981-1985
	Grundschule in Stuttgart
	1985-1991
	Realschule in Stuttgart
	Abschluss: Mittlere Reife
Ausbildung:	1991-1993
	Sekretärinnenschule Mannheim
Abschluss:	Diplom-Fremdsprachensekretärin
Tätigkeiten:	1993-1996
	Sekretärin in der Automobilfirma ABC AG in Kornwestheim
	1996-2002
	Exportsachbearbeiterin in der Textilwarenfabrik XYZ München

München, den 20.10.2009

Sabine Maier

Curriculum Vitae

Curriculum Vitae

Nome:	Laura
Cognome:	Battisti
Luogo e data di nascita:	Forlì, 10.06.1976
Indirizzo:	Via Roma, 24 47100 Forlì
Telefono:	01517446653
Nazionalità:	italiana
Stato civile:	coniugata con Paolo Rossi, impiegato, un figlio
Istruzione:	1982-1987 scuola elementare *Maria Montessori*, *Forlì*;
	1987-1990 scuola media *Enrico Fermi*, *Forlì*;
	1990-1995 Istituto Commerciale *Paoli*, *Forlì*;
	1995-1998 diploma di perito industriale corrispondente in lingue estere.
	Votazione: 52/60
Lingue straniere:	- inglese e francese (ottima conoscenza)
	- spagnolo (conoscenza discreta)
	- tedesco (conoscenza di base)
Esperienze professionali:	1995-1998 impiegata in qualità di segretaria presso *Motori Mombelli S.r.l.*;
	dal 1998 impiegata presso *Tessitura Rodi* come addetta all'ufficio esportazioni;
Referenze:	disponibili su richiesta.

Glückwünsche zum Geburtstag

Direktor Peter Muster
Maschinenfabrik Muster GmbH
10. November 2010

Sehr geehrter Herr Schuster,

zu Ihrem 75. Geburtstag möchte ich Ihnen meine herzlichen Glückwünsche aussprechen.
Sie haben sich in den vergangenen Jahren im Kreise Ihrer Geschäftspartner viele Freunde erworben, die sicherlich heute dankbar an Sie denken.
Die überbrachten Blumen sollen ein Zeichen der engen Verbundenheit zu Ihrer Firma sein.
Für Ihr persönliches Wohlergehen wünsche ich Ihnen weiterhin alles Gute. Verbringen Sie noch viele Jahre bei bester Gesundheit inmitten Ihrer Familie.

Mit den besten Grüßen und Wünschen, auch an Ihre Frau Gemahlin, bin ich Ihr

Peter Muster
Peter Muster

Auguri di compleanno

Laminati Pontero S.p.A.

Egregio Signor Roseto,
in occasione del Suo 75° compleanno Le invio i miei più cordiali auguri.
Nella cerchia dei Suoi partner ha acquisito numerosi amici che sicuramente oggi con molta gratitudine La ricorderanno.
Accetti l'omaggio floreale come legame fra le nostre due ditte.
Sinceri auguri di tanta salute.
Porga i miei rispetti alla Sua signora.
                    Ossequi

Roberto Pasquali
DIRETTORE
Roberto Pasquali

Beileidsschreiben

Peter Muster
Direktor
S t u t t g a r t

10. Juni 2010

Sehr verehrte Frau Schmidt,
zum Hinscheiden Ihres von mir so hoch geschätzten Mannes möchte ich Ihnen mein herzliches Beileid aussprechen.
Ich stand mit Ihrem Mann jahrelang in regem Geschäftsverkehr und hatte Gelegenheit, seine hohen fachlichen Qualitäten schätzen zu lernen. Darüber hinaus wurde er mir auch zu einem guten Freund.
Manchen guten Ratschlag habe ich ihm zu verdanken. Um so tiefer empfinde ich die Lücke, die er hinterlassen hat.
So kann ich auch den Verlust ermessen, den Sie erlitten haben. Mögen Ihnen Ihre Kinder ein Trost in diesen schweren Tagen sein.
Ich versichere Ihnen mein aufrichtiges Mitgefühl.
Ihr

Peter Muster
Peter Muster

Condoglianze

10 giugno 2010

Gentile Signora Franchi,
ho appreso con forte emozione la perdita che L'ha colpita e Le porgo le mie più sentite condoglianze.
Nel corso degli anni ho potuto apprezzare, con stima crescente, la professionalità del caro scomparso e ho avuto la fortuna di instaurare con lui anche un legame d'amicizia.
Mi mancheranno molto gli ottimi consigli che era solito darmi.
Posso immaginare il vuoto che lascia.
Spero che Lei trovi un po' di conforto nei figli.
Con osservanza

Paolo Rossi
DIRETTORE
Paolo Rossi

Glückwünsche zur Hochzeit

Maschinenfabrik Peter Muster
S t u t t g a r t
10. Juni 2010

Sehr geehrter Herr Dr. Müller,

seit langem verbinden uns enge geschäftliche Beziehungen. So möchten auch wir heute unter den vielen Gratulanten zu Ihrer Hochzeit sein. Wir wünschen Ihnen und Ihrer Frau von ganzem Herzen, dass Sie in der geschlossenen Ehe das rechte Glück finden mögen.
Bitte sehen Sie das überbrachte Geschenk als Zeichen unserer besonderen Verbundenheit an.

Mit freundlicher Empfehlung

Peter Muster
Peter Muster

Felicitazioni di matrimonio

10 giugno 2010

Spett. Autoricambi Bianchi
Bologna

Egregio Dottor Bianchi,
abbiamo da così tanto tempo rapporti d'affari che mi permetto di inviarLe le mie più vive felicitazioni per il Suo matrimonio.
Dal più profondo del cuore desidero augurare a Lei e alla Sua sposa un futuro di gioia e felicità.
La prego di voler accettare questo dono come segno tangibile della mia amicizia.

Con i migliori saluti.

Franco Laneri
Franco Laneri

Glückwünsche zur Eröffnung

Textilwarenfabrik Peter Muster
H a m b u r g
10. August 2010

Sehr geehrter Herr Dr. Schmidt,

wir danken Ihnen für die Zusendung Ihrer Anzeige und möchten Ihnen zur Eröffnung Ihrer neuen Verkaufsräume gratulieren.

Wir sind überzeugt, dass sich Ihr Unternehmen, mit dem uns seit Jahren angenehme Geschäftsbeziehungen verbinden, auch weiterhin aufwärts entwickeln wird.

Sie können weiterhin mit der pünktlichen Lieferung unserer Stoffe rechnen. Es wird uns eine besondere Freude sein, die langjährigen Beziehungen zu Ihrem Hause zu pflegen und auszubauen.

Mit den besten Wünschen, auch für Ihr persönliches Wohlergehen, grüßen wir Sie

mit Hochachtung
Peter Muster
Peter Muster

Congratulazioni per l'apertura di un negozio

Modena, 10.2010

INDUSTRIA TESSILE
Mario Longhi
Carpi (Modena)

Egregio Dott. Verdi,

La ringraziamo sentitamente per averci informato sull'apertura dei nuovi locali di vendita.
Siamo certi che per la Sua pregiata ditta, alla quale da anni ci lega un proficuo rapporto lavorativo, ciò rappresenti un notevole passo in avanti.
Da parte nostra Le garantiamo la fornitura puntuale delle stoffe.
Ci auguriamo di poter potenziare i contatti lavorativi con la Sua azienda e Le porgiamo i nostri migliori auguri.

Con stima
Mario Longhi
Mario Longhi

V - NUMERI E MISURE / ZAHLEN UND MASSE

ZAHLWÖRTER / NUMERALI

Grundzahlen		Numeri cardinali
0	null	zero
1	eins	uno
2	zwei	due
3	drei	tre
4	vier	quattro
5	fünf	cinque
6	sechs	sei
7	sieben	sette
8	acht	otto
9	neun	nove
10	zehn	dieci
11	elf	undici
12	zwölf	dodici
13	dreizehn	tredici
14	vierzehn	quattordici
15	fünfzehn	quindici
16	sechzehn	sedici
17	siebzehn	diciassette
18	achtzehn	diciotto
19	neunzehn	diciannove
20	zwanzig	venti
21	einundzwanzig	ventuno
22	zweiundzwanzig	ventidue
23	dreiundzwanzig	ventitré
24	vierundzwanzig	ventiquattro
25	fünfundzwanzig	venticinque
26	sechsundzwanzig	ventisei
27	siebenundzwanzig	ventisette
28	achtundzwanzig	ventotto
29	neunundzwanzig	ventinove
30	dreißig	trenta
31	einunddreißig	trentuno
32	zweiunddreißig	trentadue
40	vierzig	quaranta
50	fünfzig	cinquanta
60	sechzig	sessanta
70	siebzig	settanta
80	achtzig	ottanta
90	neunzig	novanta
100	(ein)hundert	cento
101	(ein)hunderteins, hundert(und)eins	centouno
102	(ein)hundertzwei, hundert(und)zwei	centodue
200	zweihundert	duecento
201	zweihundert(und)eins	duecentouno
300	dreihundert	trecento
543	fünfhundertdrei-undvierzig	cinquecento-quarantatré
600	sechshundert	seicento
1000	(ein)tausend	mille
1001	(ein)tausendeins, tausend(und)eins	milleuno, mille e uno
1100	(ein)tausendeinhundert, elfhundert	millecento
1300	(ein)tausenddreihundert, dreizehnhundert	mille trecento
2001	zweitausend(und)eins	duemila (e) uno
3000	dreitausend	tremila
4000	viertausend	quattromila
10 000	zehntausend	diecimila
31 616	einunddreißigtausend-Sechshundertsechzehn	trentunmila-seicentosedici
100 000	(ein)hunderttausend	centomila
1 000 000	eine Million	un milione
2 000 000	zwei Millionen	due milioni
1 000 000 000	eine Milliarde	un miliardo

Ordnungszahlen			Numeri ordinali
1.	erste	I	primo
2.	zweite	II	secondo
3.	dritte	III	terzo
4.	vierte	IV	quarto
5.	fünfte	V	quinto
6.	sechste	VI	sesto
7.	siebte, siebente	VII	settimo
8.	achte	VIII	ottavo
9.	neunte	IX	nono
10.	zehnte	X	decimo
11.	elfte	XI	undicesimo
12.	zwölfte	XII	dodicesimo
13.	dreizehnte	XIII	tredicesimo
20.	zwanzigste	XX	ventesimo
21.	einundzwanzigste	XXI	ventunesimo
22.	zweiundzwanzigste	XXII	ventiduesimo
23.	dreiundzwanzigste	XXIII	ventitreesimo
30.	dreißigste	XXX	trentesimo
40.	vierzigste	XL	quarantesimo
100.	(ein)hundertste	C	centesimo
101.	(ein)hunderterste	CI	centunesimo
102.	(ein)hundertzweite	CII	centoduesimo
200.	zweihundertste	CC	duecentesimo
1000.	(ein)tausendste	M	millesimo
1001.	(ein)tausenderste	MI	millesimo primo
2000.	zweitausendste	MM	duemillesimo
100 000.	(ein)hunderttausendste	$\overline{\text{C}}$	centomillesimo
1 000 000.	millionste	$\overline{\text{X}}$	milionesimo

Jahrhunderte / Secoli

das 19. Jahrhundert, das neunzehnte Jahrhundert	L'Ottocento, il diciannovesimo secolo, il secolo XIX, l' '800
das 20. Jahrhundert, das zwanzigste Jahrhundert	Il Novecento, il ventesimo secolo, il secolo XX, il '900

Bruchzahlen / Numeri frazionari

1/2	ein halb	mezzo
1/3	ein Drittel	un terzo
1/4	ein Viertel	un quarto
1/5	ein Fünftel	un quinto
1/6	ein Sechstel	un sesto
1/7	ein Sieb(en)tel	un settimo
1/8	ein Achtel	un ottavo
1/9	ein Neuntel	un nono
1/10	ein Zehntel	un decimo
1/20	ein Zwanzigstel	un ventesimo
1/100	ein Hundertstel	un centesimo
1/1000	ein Tausendstel	un millesimo
2/5	zwei Fünftel	due quinti
4/7	vier Sieb(en)tel	quattro settimi
1 1/2	eineinhalb, anderthalb	uno e mezzo
2 3/8	zweidreiachtel	due e tre ottavi

Vervielfältigungszahlwörter / Num. moltiplicativi

einfach	semplice
zweifach, doppelt	doppio
dreifach	triplo
vierfach	quadruplo
fünffach	quintuplo
sechsfach	sestuplo
siebenfach	settuplo
achtfach	ottuplo
neunfach	nonuplo
zehnfach	dieci volte tanto
elffach	undici volte tanto
hundertfach	centuplo

Maße und Gewichte — Misure e Pesi

Längenmaße — Misure di lunghezza

	Zeichen / Simbolo		Vielfaches der Einheit / Equivalenza
Millimeter	mm	millimetro	0,001 m
Zentimeter	cm	centimetro	0,01 m
Dezimeter	dm	decimetro	0,1 m
Meter	m	metro	1 m *
Kilometer	km	kilometro	1000 m
Seemeile	sm/n mi	miglio nautico	1852 m

Flächenmaße — Misure di superficie

	Zeichen / Simbolo		Vielfaches der Einheit / Equivalenza
Quadratmillimeter	mm², qmm /mm²	millimetro quadrato	0,000 001 m²
Quadratzentimeter	cm², qcm/ cm²	centimetro quadrato	0,000 1 m²
Quadratdezimeter	dm², qdm/ dm²	decimetro quadrato	0,01 m²
Quadratmeter	m², qm/ m²	metro quadrato	1 m²
Ar	a	ara	100 m²
Hektar	ha	ettaro	10 000 m²
Quadratkilometer	km², qkm/ km²	kilometro quadrato	1 000 000 m²

Raummaße — Misure di volume

	Zeichen / Simbolo		Vielfaches der Einheit / Equivalenza
Kubikmillimeter	mm³, cmm/ mm³	millimetro cubo	0,000 000 001 m³
Kubikzentimeter	cm³, ccm/cm³	centimetro cubo	0,000 001 m³
Kubikdezimeter	dm³, cdm/dm³	decimetro cubo	0,001 m³
Kubikmeter	m³, cbm/m³	metro cubo	1 m³
Raummeter	rm	metro cubo	1 m³
Festmeter	fm	metro cubo	1 m³
Bruttoregistertonne	BRT/t.s.l.	tonnellata di stazza lorda	2, 83168 m³

Hohlmaße — Misure di capacità

	Zeichen / Simbolo		Vielfaches der Einheit / Equivalenza
Milliliter	ml	millilitro	0,001 l
Zentiliter	cl	centilitro	0,01 l
Deziliter	dl	decilitro	0,1 l
Liter	l	litro	1 l
Hektoliter	hl	ettolitro	100 l

Gewichte — Pesi

	Zeichen / Simbolo		Vielfaches der Einheit / Equivalenza
Milligramm	mg	milligrammo	0,001 g
Zentigramm	cg	centigrammo	0,01 g
Dezigramm	dg	decigrammo	0,1 g
Gramm	g	grammo	1 g
Deka(gramm) (in A)	dag	decagrammo	10 g
Pfund	Pfd.	mezzo chilo	500 g
Kilogramm	kg	chilogrammo	1000 g *
Zentner (in D)	Ztr.	mezzo quintale	50 kg
Zentner (in A, CH)	q	quintale	100 kg
Doppelzentner (in D)	dz/q	quintale	100 kg
Tonne	t	tonnellata	1000 kg

* Grundeinheit / Unità fondamentale

La vita quotidiana • *Das tägliche Leben*

La città
Die Stadt

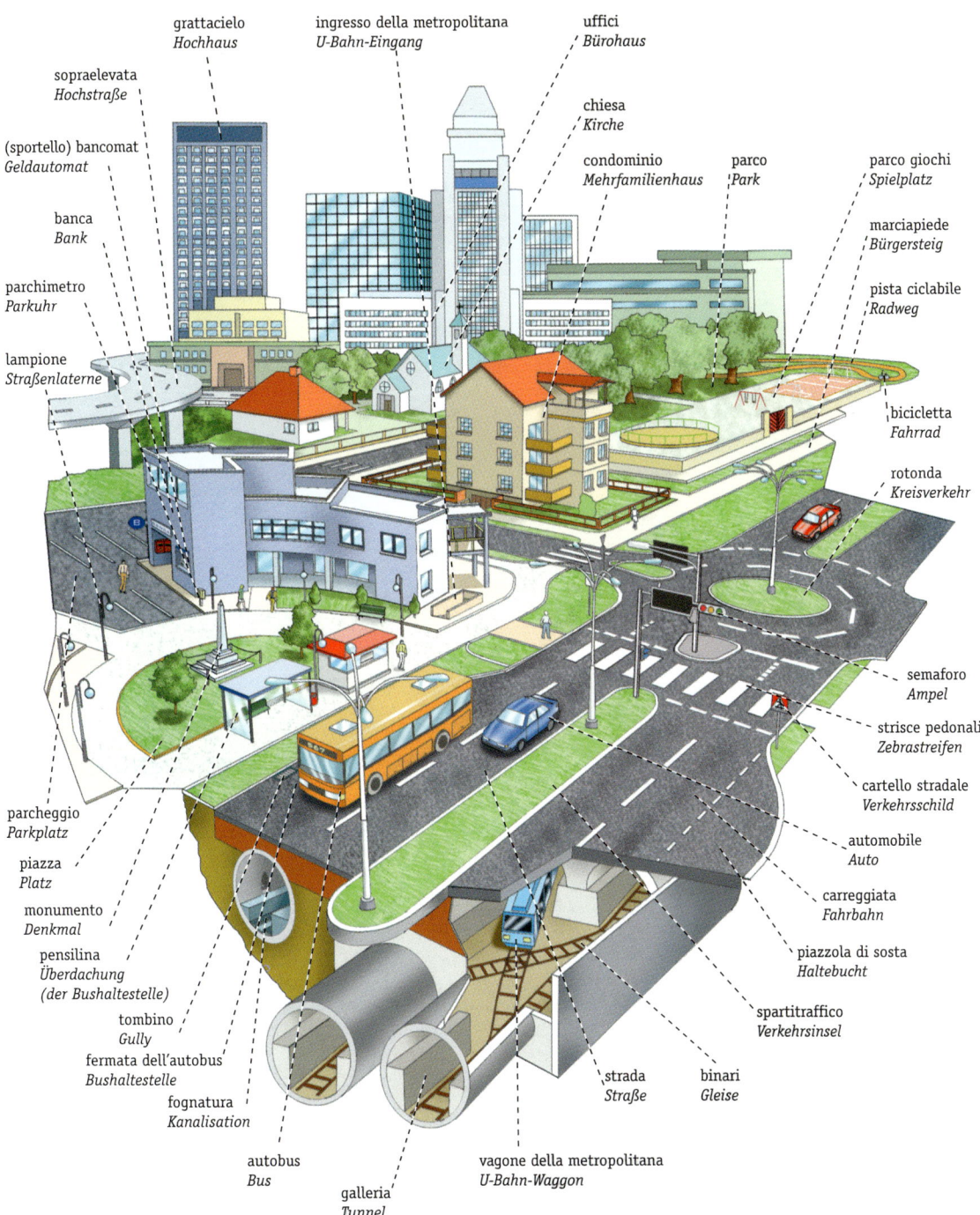

La vita quotidiana • *Das tägliche Leben*

La scuola
Die Schule

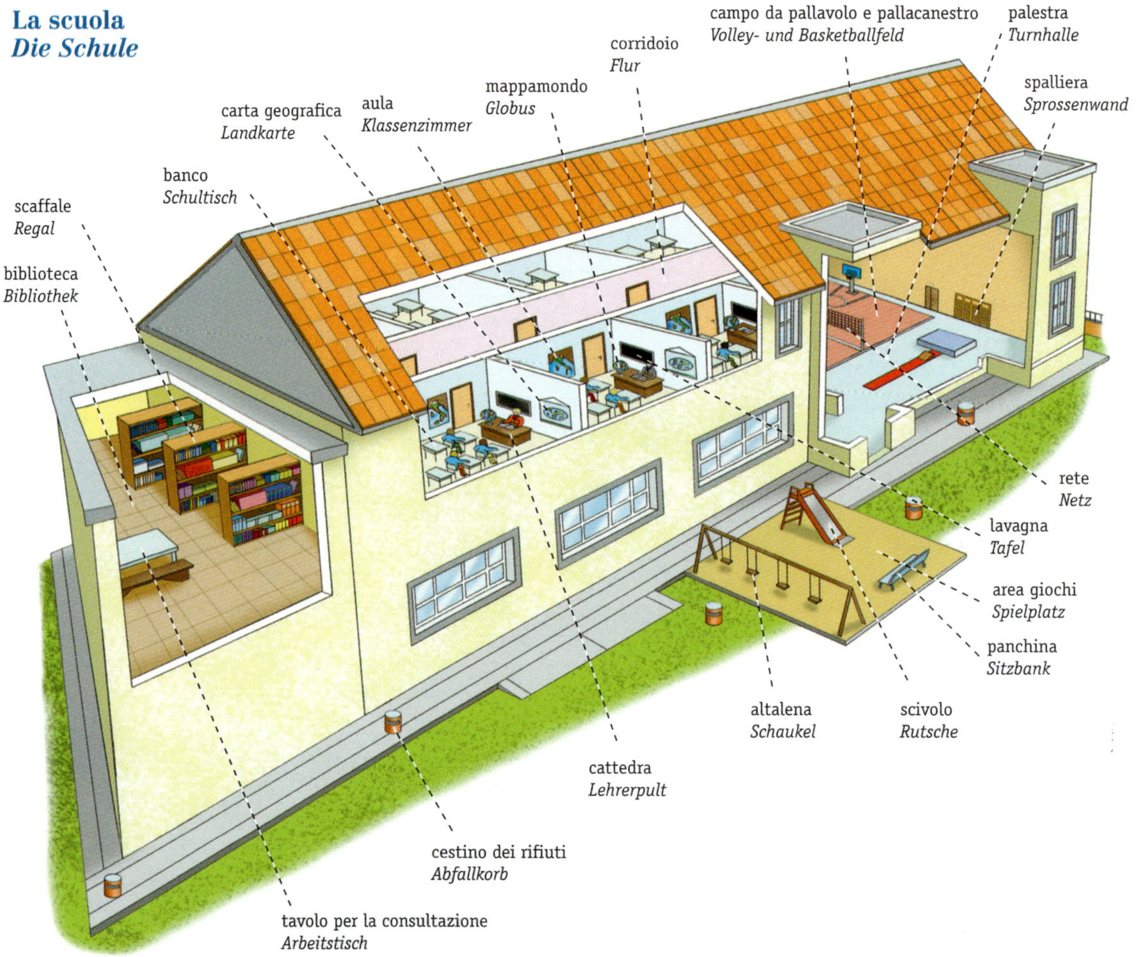

- scaffale / *Regal*
- biblioteca / *Bibliothek*
- banco / *Schultisch*
- carta geografica / *Landkarte*
- aula / *Klassenzimmer*
- mappamondo / *Globus*
- corridoio / *Flur*
- campo da pallavolo e pallacanestro / *Volley- und Basketballfeld*
- palestra / *Turnhalle*
- spalliera / *Sprossenwand*
- rete / *Netz*
- lavagna / *Tafel*
- area giochi / *Spielplatz*
- panchina / *Sitzbank*
- altalena / *Schaukel*
- scivolo / *Rutsche*
- cattedra / *Lehrerpult*
- cestino dei rifiuti / *Abfallkorb*
- tavolo per la consultazione / *Arbeitstisch*

L'aula d'informatica
Der Computerraum

- stampante / *Drucker*
- scanner / *Scanner*
- monitor / *Bildschirm*
- mouse / *Maus*
- tastiera / *Tastatur*
- computer / *Computer*

L'aula di scienze
Der Naturwissenschaftsraum

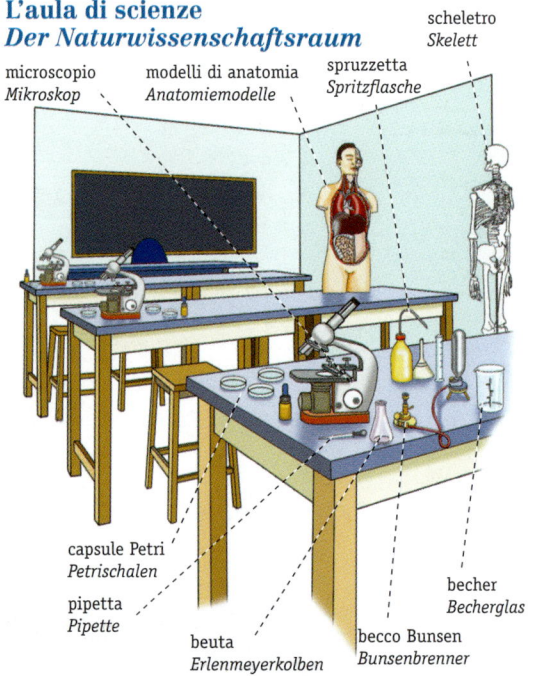

- microscopio / *Mikroskop*
- modelli di anatomia / *Anatomiemodelle*
- spruzzetta / *Spritzflasche*
- scheletro / *Skelett*
- capsule Petri / *Petrischalen*
- pipetta / *Pipette*
- beuta / *Erlenmeyerkolben*
- becco Bunsen / *Bunsenbrenner*
- becher / *Becherglas*

La vita quotidiana • *Das tägliche Leben*

Elementi libro
Bestandteile des Buchs

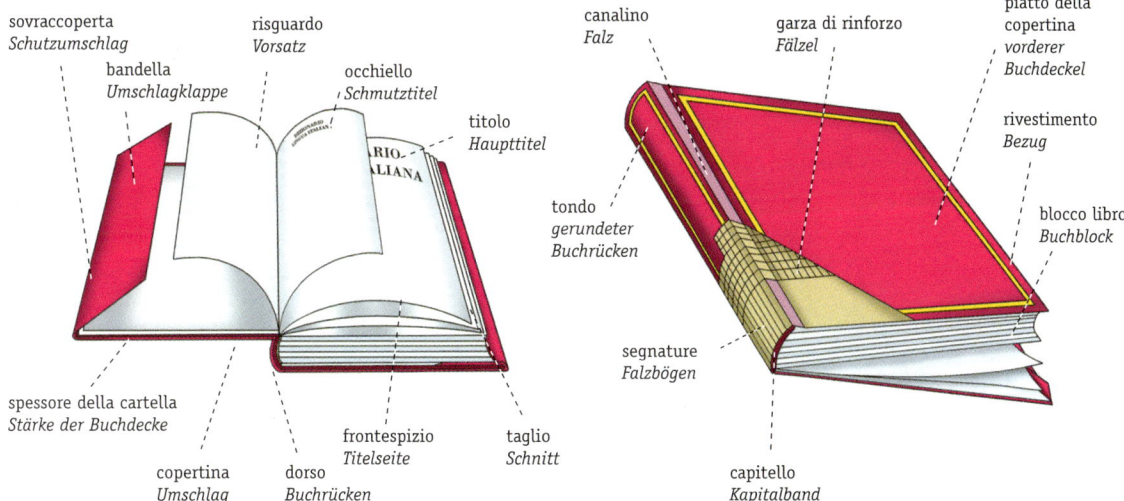

- sovraccoperta / *Schutzumschlag*
- bandella / *Umschlagklappe*
- risguardo / *Vorsatz*
- occhiello / *Schmutztitel*
- titolo / *Haupttitel*
- canalino / *Falz*
- garza di rinforzo / *Fälzel*
- piatto della copertina / *vorderer Buchdeckel*
- rivestimento / *Bezug*
- tondo / *gerundeter Buchrücken*
- blocco libro / *Buchblock*
- segnature / *Falzbögen*
- capitello / *Kapitalband*
- spessore della cartella / *Stärke der Buchdecke*
- copertina / *Umschlag*
- dorso / *Buchrücken*
- frontespizio / *Titelseite*
- taglio / *Schnitt*

Elementi giornale
Bestandteile der Zeitung

- testata / *Zeitungskopf*
- articolo di fondo / *Leitartikel*
- testo dell'articolo / *Artikeltext*
- articolo di taglio medio / *Eckenbrüller*
- colonna / *Spalte*
- manchette / *Kopfzeile*
- occhiello / *Dachzeile*
- fotografia / *Foto*
- didascalia / *Bildunterschrift*
- titolo / *Titel*
- sottotitolo / *Untertitel*
- articolo di taglio basso / *Fuß*

La vita quotidiana • *Das tägliche Leben*

La casa
Das Haus

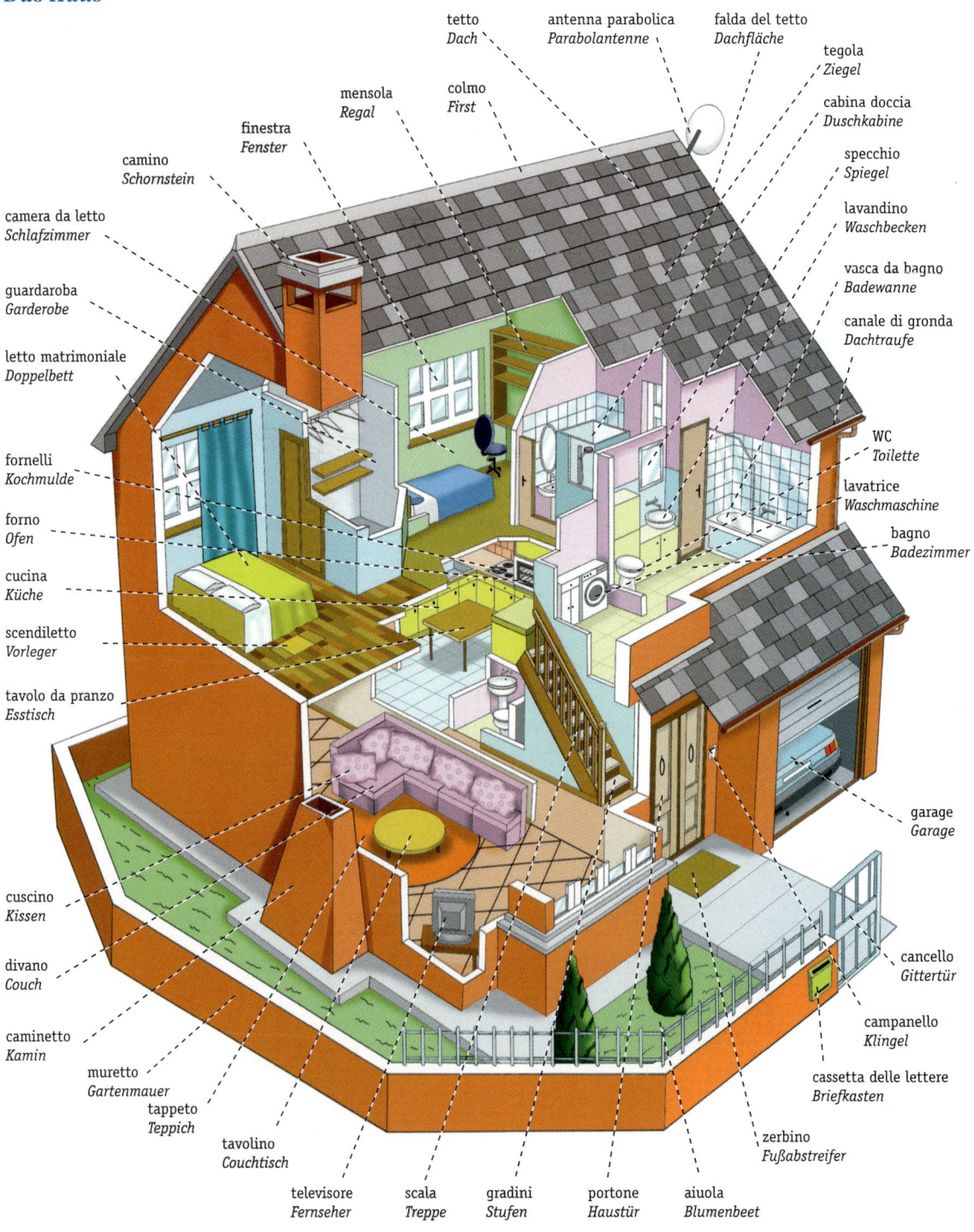

Il supermercato
Der Supermarkt

Il mercato rionale
Der Wochenmarkt

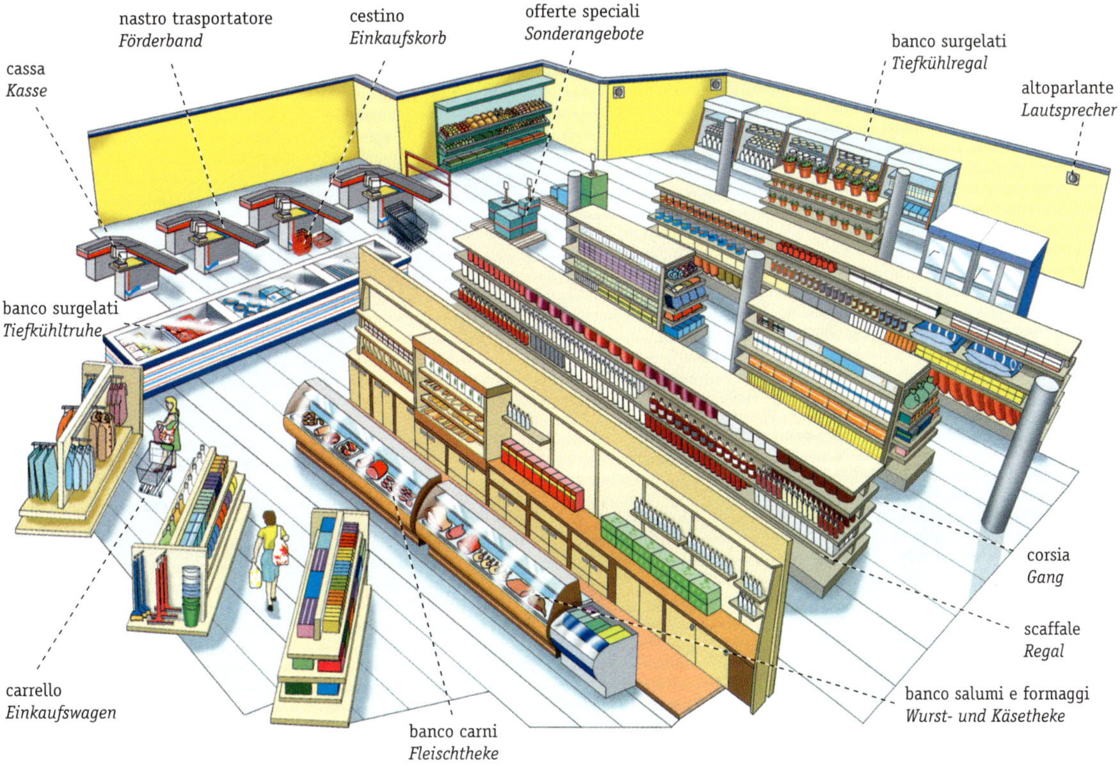

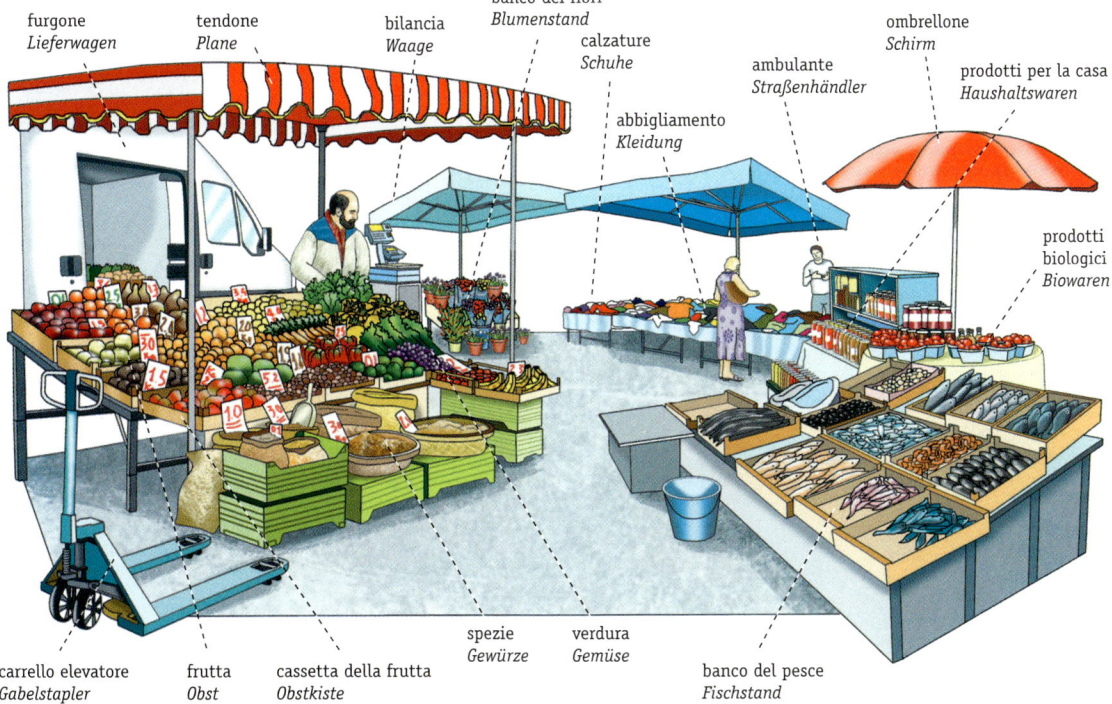

I trasporti • *Das Transportwesen*

L'aeroporto
Der Flughafen

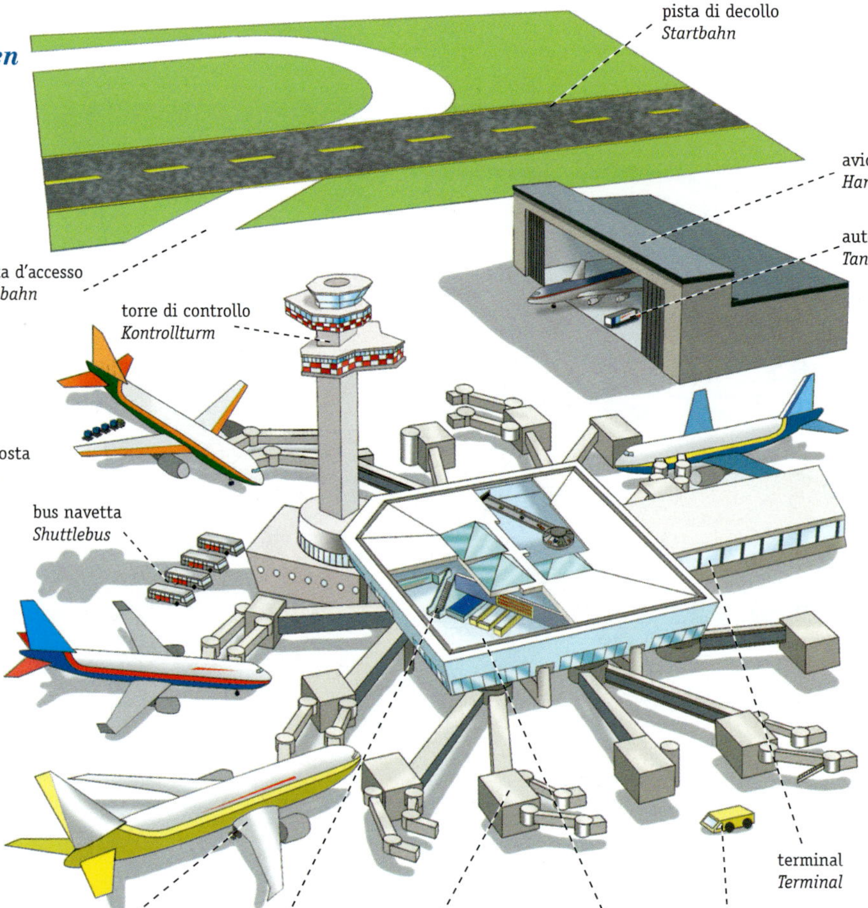

- pista di decollo / *Startbahn*
- aviorimessa / *Hangar*
- autocisterna / *Tankwagen*
- pista d'accesso / *Rollbahn*
- torre di controllo / *Kontrollturm*
- piazzale di sosta / *Parkposition*
- bus navetta / *Shuttlebus*
- terminal / *Terminal*
- aereo di linea / *Linienflugzeug*
- scale mobili / *Rolltreppe*
- corridoio telescopico / *Fluggastbrücke*
- zona di imbarco / *Abflughalle*
- vettura per il trasporto dei bagagli / *Gepäckfahrzeug*

Il ritiro bagagli
Die Gepäckausgabe

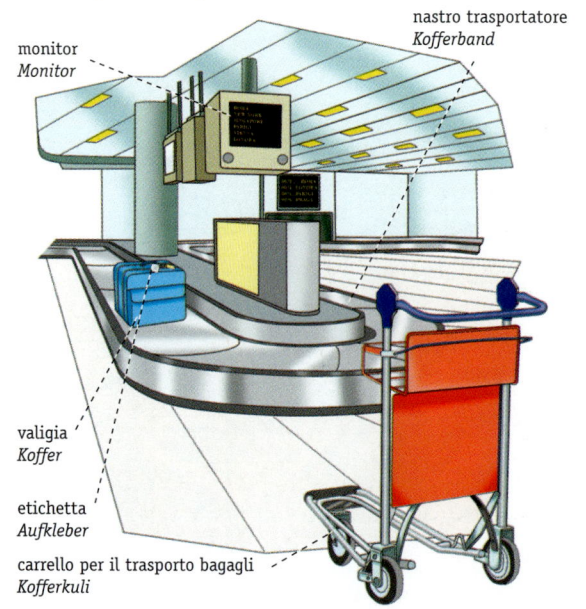

- monitor / *Monitor*
- nastro trasportatore / *Kofferband*
- valigia / *Koffer*
- etichetta / *Aufkleber*
- carrello per il trasporto bagagli / *Kofferkuli*

Il check-in
Der Check-in

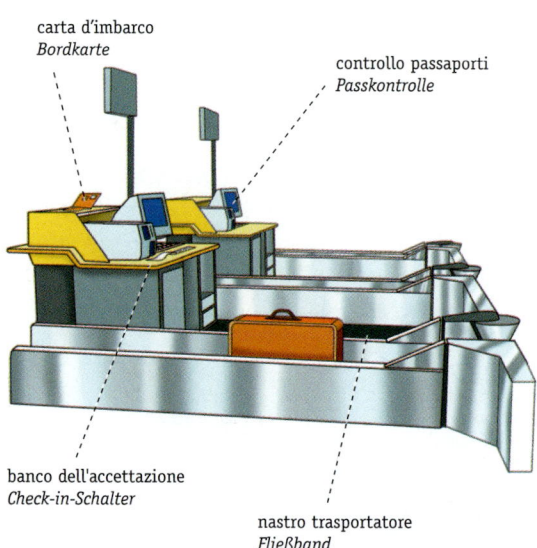

- carta d'imbarco / *Bordkarte*
- controllo passaporti / *Passkontrolle*
- banco dell'accettazione / *Check-in-Schalter*
- nastro trasportatore / *Fließband*

I trasporti • *Das Transportwesen*

L'aviogetto a lungo raggio
Der Langstreckenjet

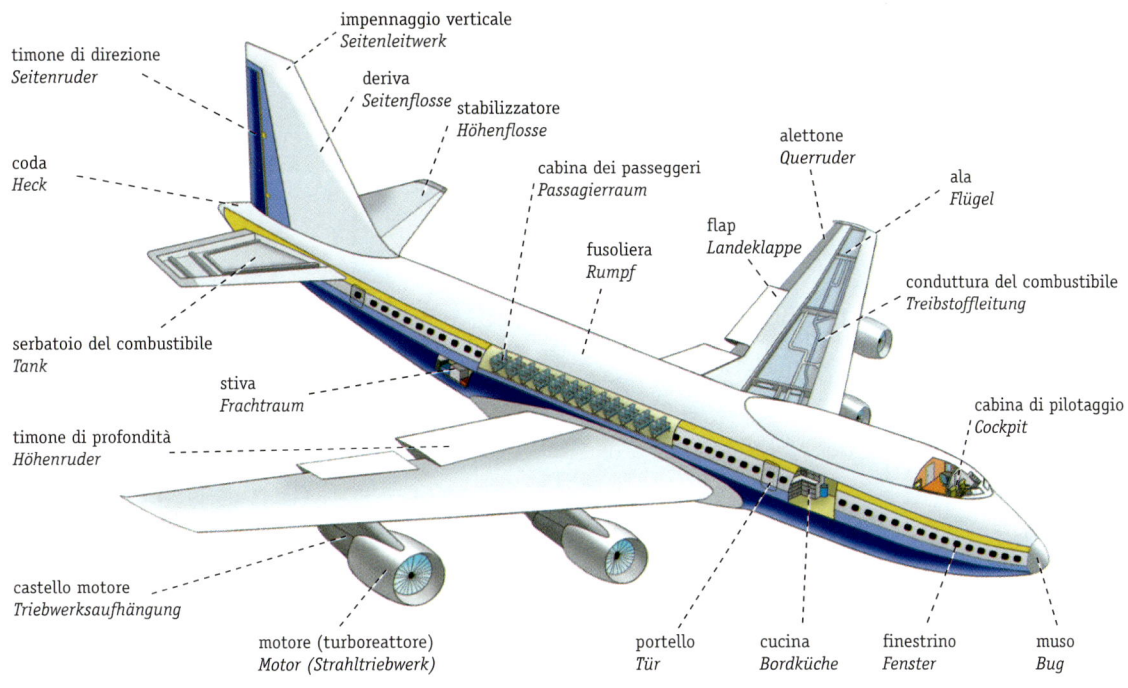

L'elicottero
Der Hubschrauber

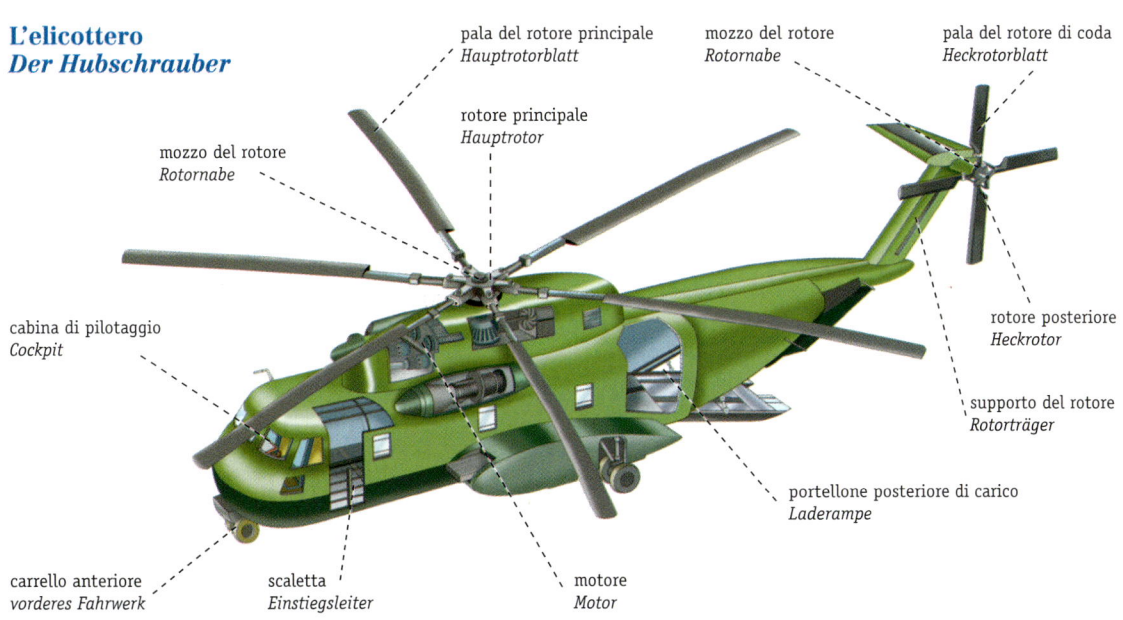

I trasporti • *Das Transportwesen*

La stazione
Der Bahnhof

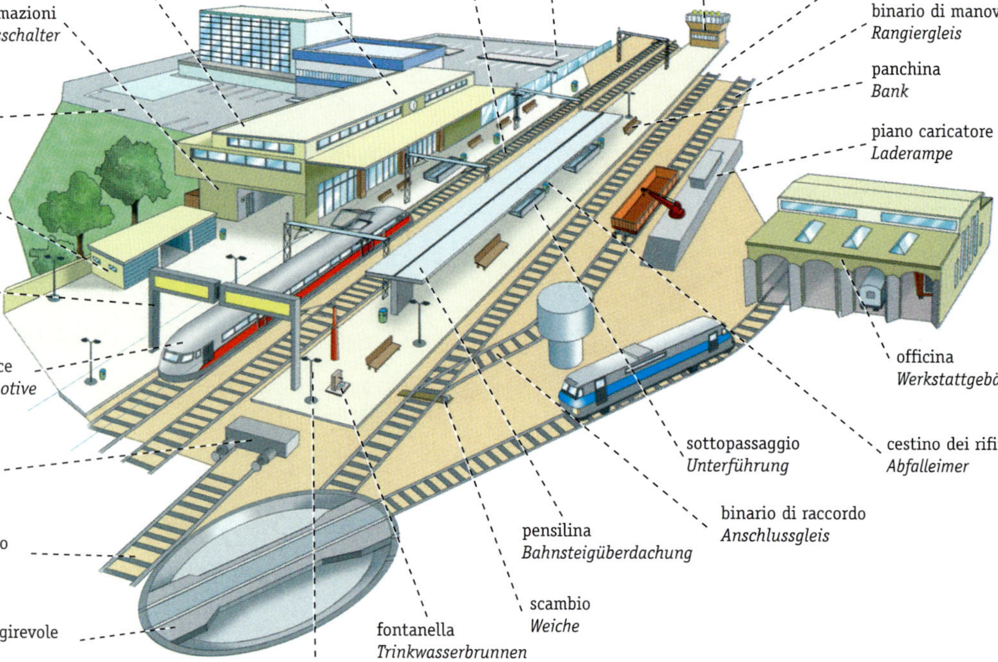

- ufficio informazioni / *Informationsschalter*
- tettoia / *Bahnhofsdach*
- stazione / *Bahnhofsgebäude*
- linea principale / *Hauptgleis*
- parcheggio / *Parkplatz*
- cabina di manovra / *Stellwerk*
- binario di corsa / *Fahrgleis*
- binario di manovra / *Rangiergleis*
- parcheggio / *Parkplatz*
- panchina / *Bank*
- piano caricatore / *Laderampe*
- bagni / *Toiletten*
- pilone / *Pfeiler*
- elettromotrice / *Elektrolokomotive*
- officina / *Werkstattgebäude*
- sottopassaggio / *Unterführung*
- cestino dei rifiuti / *Abfalleimer*
- respingente / *Prellbock*
- binario di raccordo / *Anschlussgleis*
- binario morto / *Stumpfgleis*
- pensilina / *Bahnsteigüberdachung*
- scambio / *Weiche*
- piattaforma girevole / *Drehscheibe*
- fontanella / *Trinkwasserbrunnen*
- lampione / *Lampe*

Il treno
Der Zug

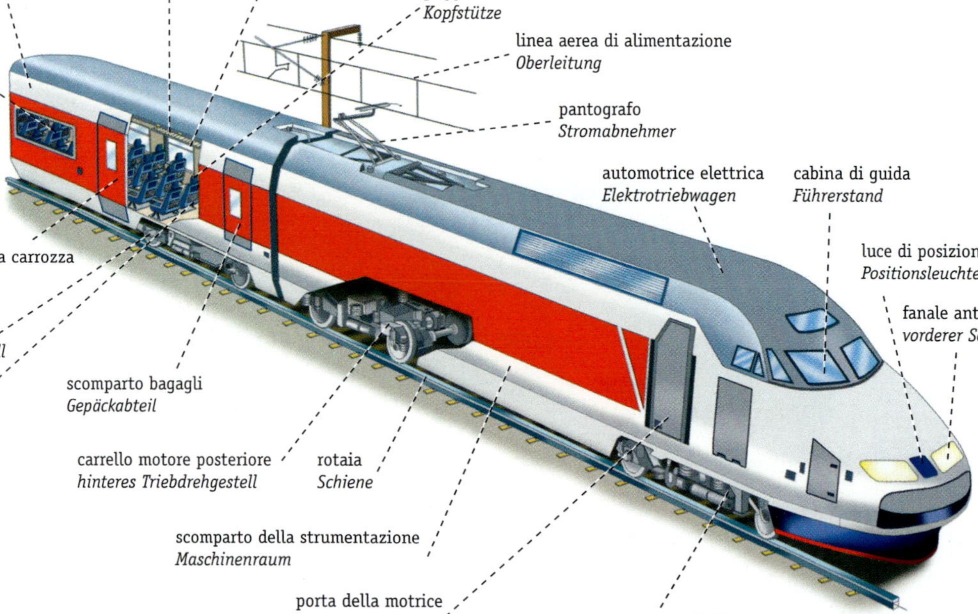

- carrozza viaggiatori / *Personenwagen*
- portapacchi / *Gepäckablage*
- tendina / *Vorhang*
- poggiatesta / *Kopfstütze*
- linea aerea di alimentazione / *Oberleitung*
- finestrino / *Fenster*
- pantografo / *Stromabnehmer*
- automotrice elettrica / *Elektrotriebwagen*
- cabina di guida / *Führerstand*
- luce di posizione / *Positionsleuchte*
- porta della carrozza / *Wagentür*
- fanale anteriore / *vorderer Scheinwerfer*
- carrello / *Drehgestell*
- sedile / *Sitz*
- scomparto bagagli / *Gepäckabteil*
- carrello motore posteriore / *hinteres Triebdrehgestell*
- rotaia / *Schiene*
- scomparto della strumentazione / *Maschinenraum*
- porta della motrice / *Triebwagentür*
- carrello motore anteriore / *vorderes Triebdrehgestell*

I trasporti • *Das Transportwesen*

Il porto
Der Hafen

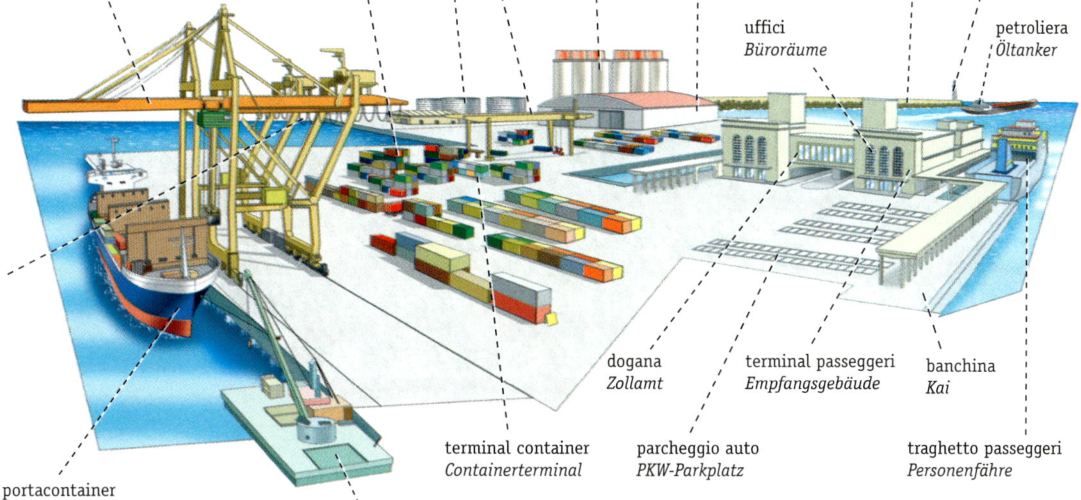

- ponte di caricamento per container / *Containerbrücke*
- serbatoi di petrolio / *Öltanks*
- celle frigorifere / *Kühlräume*
- container / *Container*
- gru / *Kran*
- capannone merci in transito / *Lagerhalle für Transitwaren*
- molo / *Mole*
- faro / *Leuchtturm*
- uffici / *Büroräume*
- petroliera / *Öltanker*
- cavo / *Seil*
- dogana / *Zollamt*
- terminal passeggeri / *Empfangsgebäude*
- banchina / *Kai*
- nave portacontainer / *Containerschiff*
- terminal container / *Containerterminal*
- parcheggio auto / *PKW-Parkplatz*
- traghetto passeggeri / *Personenfähre*
- gru su pontone / *Schwimmkran*

Il transatlantico
Der Ozeandampfer

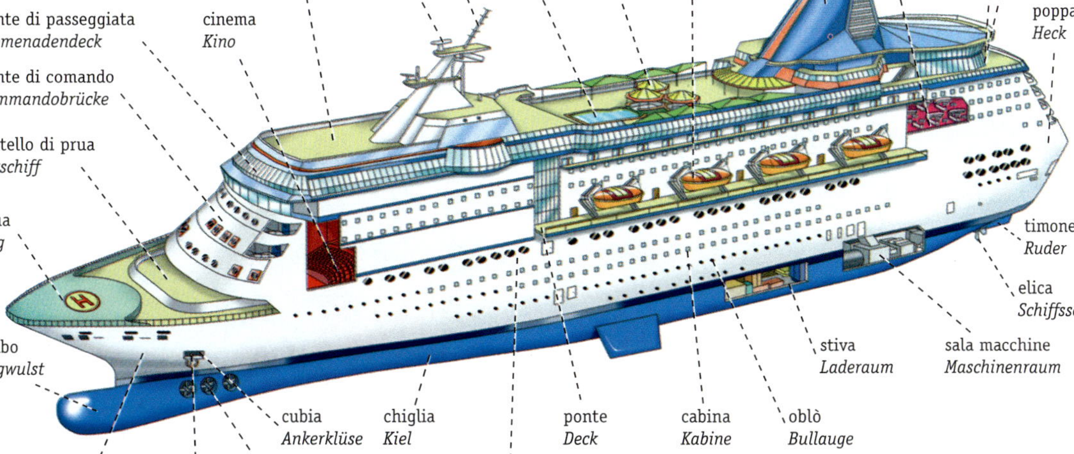

- antenna radio / *Funkantenne*
- area di gioco / *Freizeitbereich*
- fumaiolo / *Schornstein*
- coperta / *Hauptdeck*
- radar / *Radaranlage*
- piscina / *Swimmingpool*
- scialuppa di salvataggio / *Rettungsboot*
- bar/ristorante / *Bar/Restaurant*
- salone / *Aufenthaltsraum*
- terrazza scoperta / *Sonnendeck*
- poppa / *Heck*
- ponte di passeggiata / *Promenadendeck*
- cinema / *Kino*
- ponte di comando / *Kommandobrücke*
- castello di prua / *Vorschiff*
- timone / *Ruder*
- prua / *Bug*
- elica / *Schiffsschraube*
- bulbo / *Bugwulst*
- stiva / *Laderaum*
- sala macchine / *Maschinenraum*
- cubia / *Ankerklüse*
- chiglia / *Kiel*
- ponte / *Deck*
- cabina / *Kabine*
- oblò / *Bullauge*
- scafo / *Schiffsrumpf*
- ancora / *Anker*
- propulsore di prua / *Bugschraube*
- cassero / *Hinterdeck*

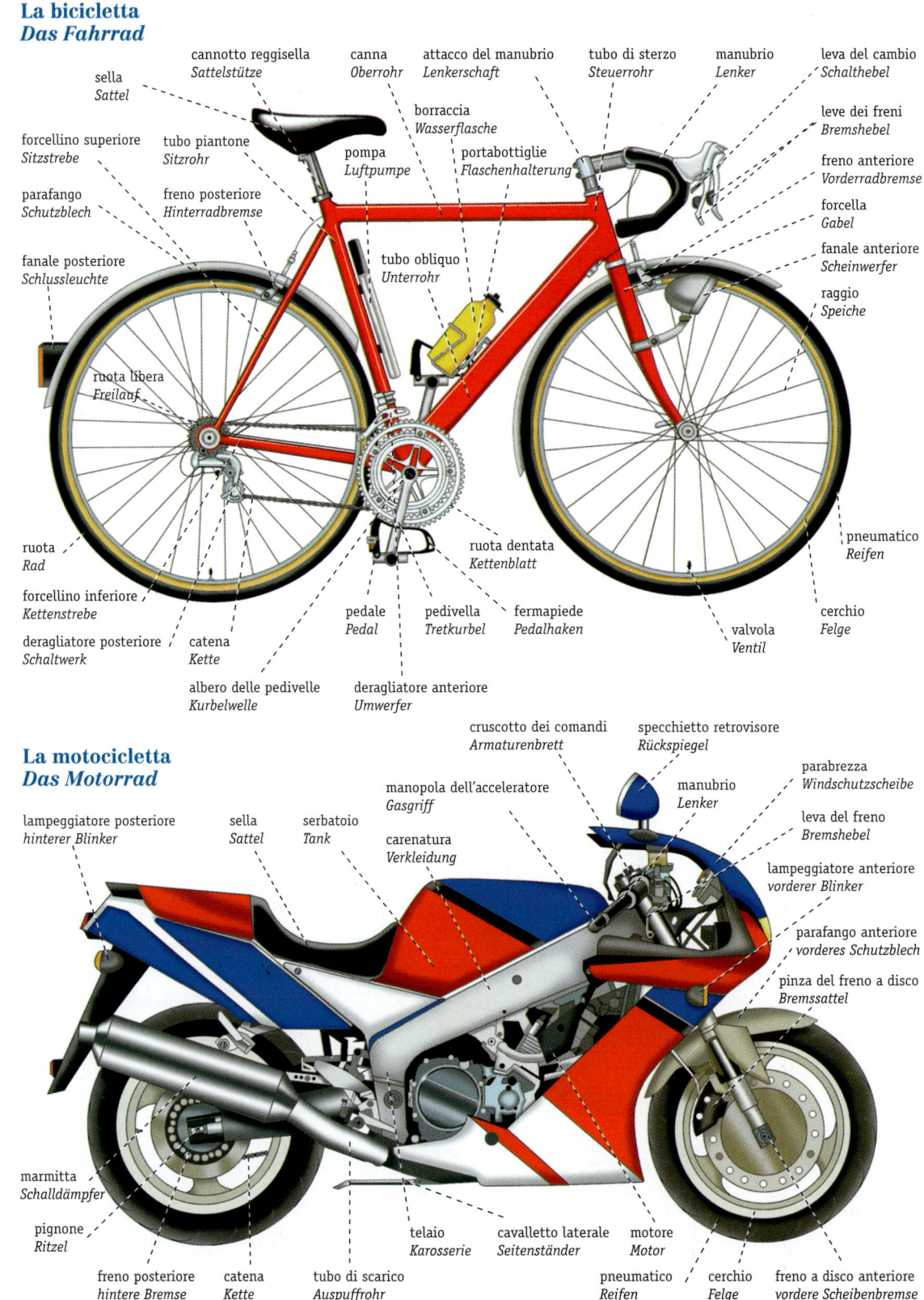

I trasporti • *Das Transportwesen*

L'automobile
Das Auto

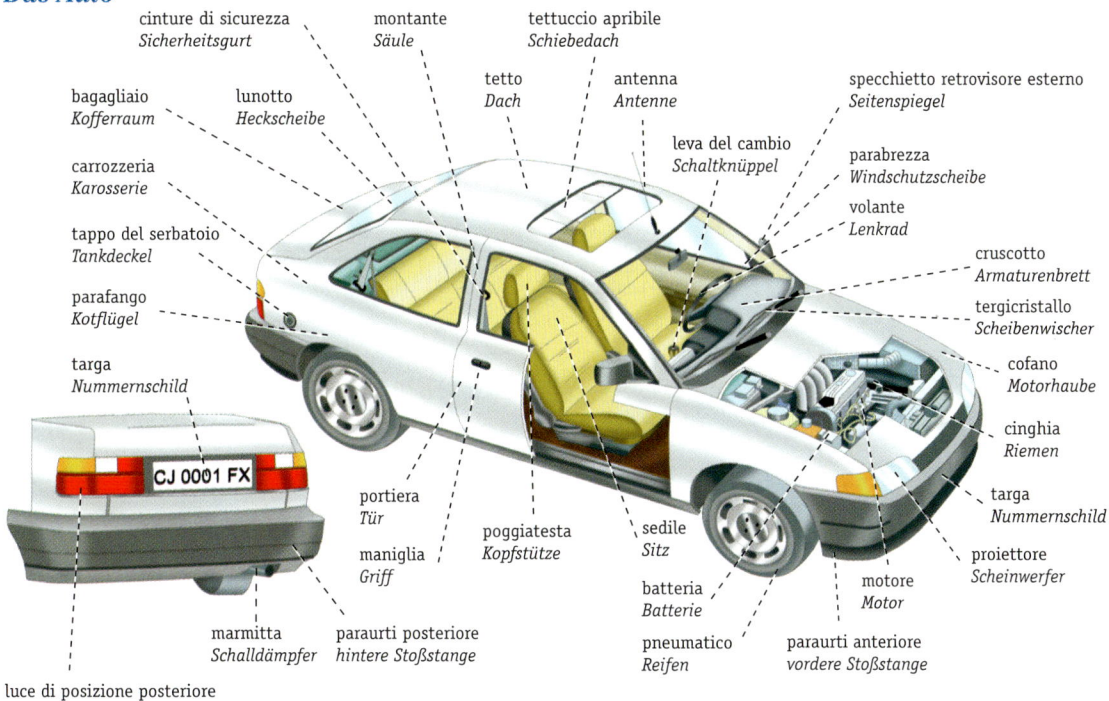

Il clipper
Der Klipper

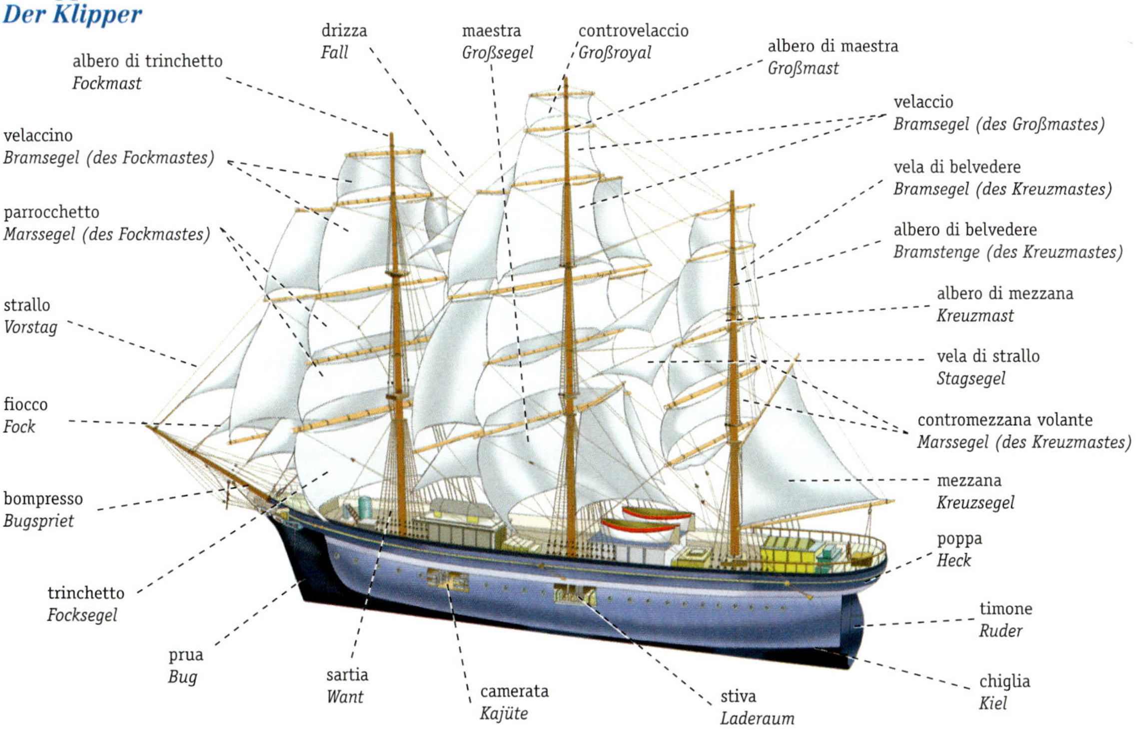

Il tempio greco
Der griechische Tempel

La cattedrale
Die Kathedrale

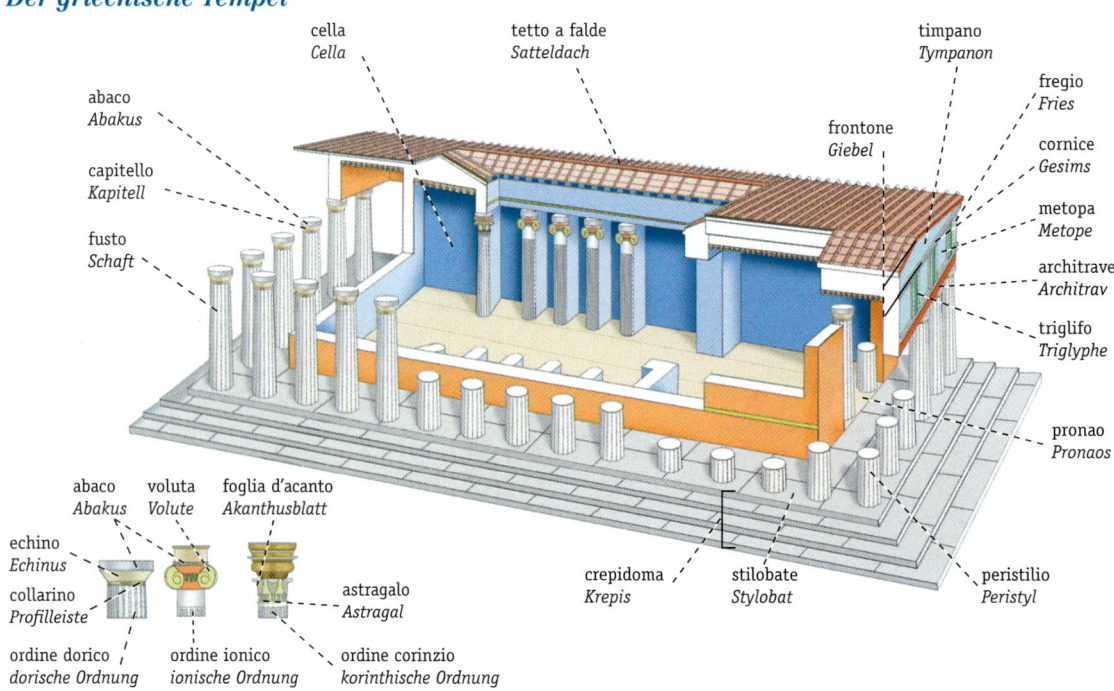

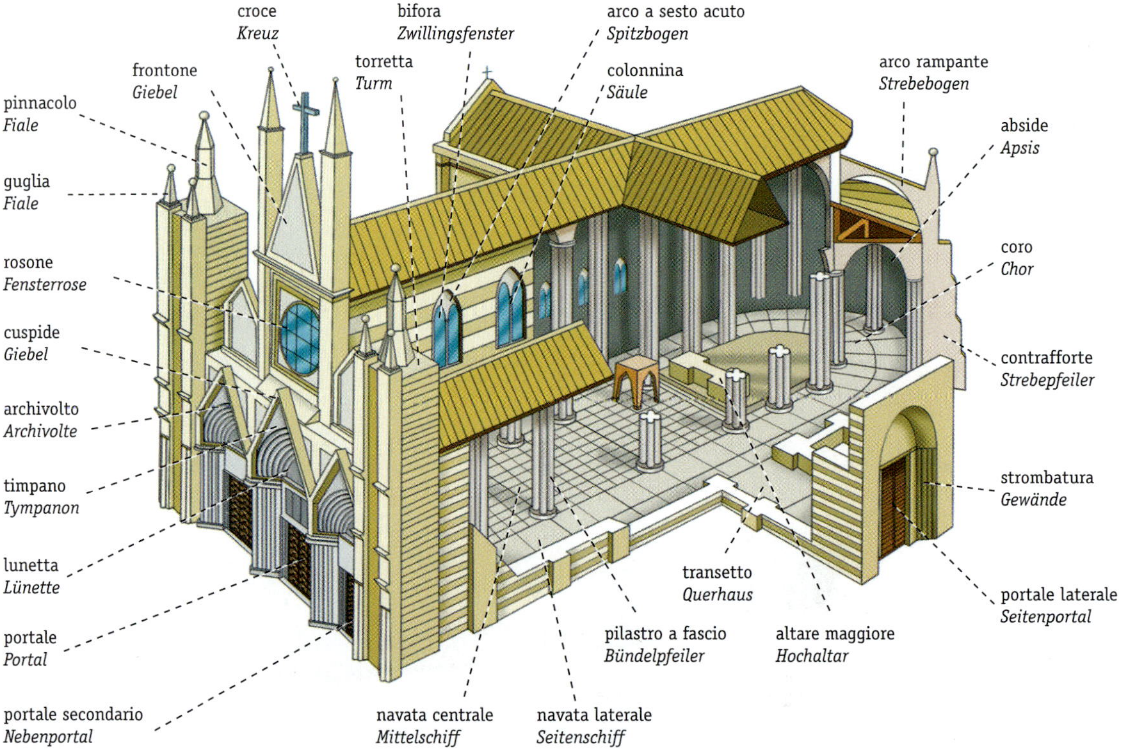

L'architettura • *Die Architektur*

Il castello
Die Burg

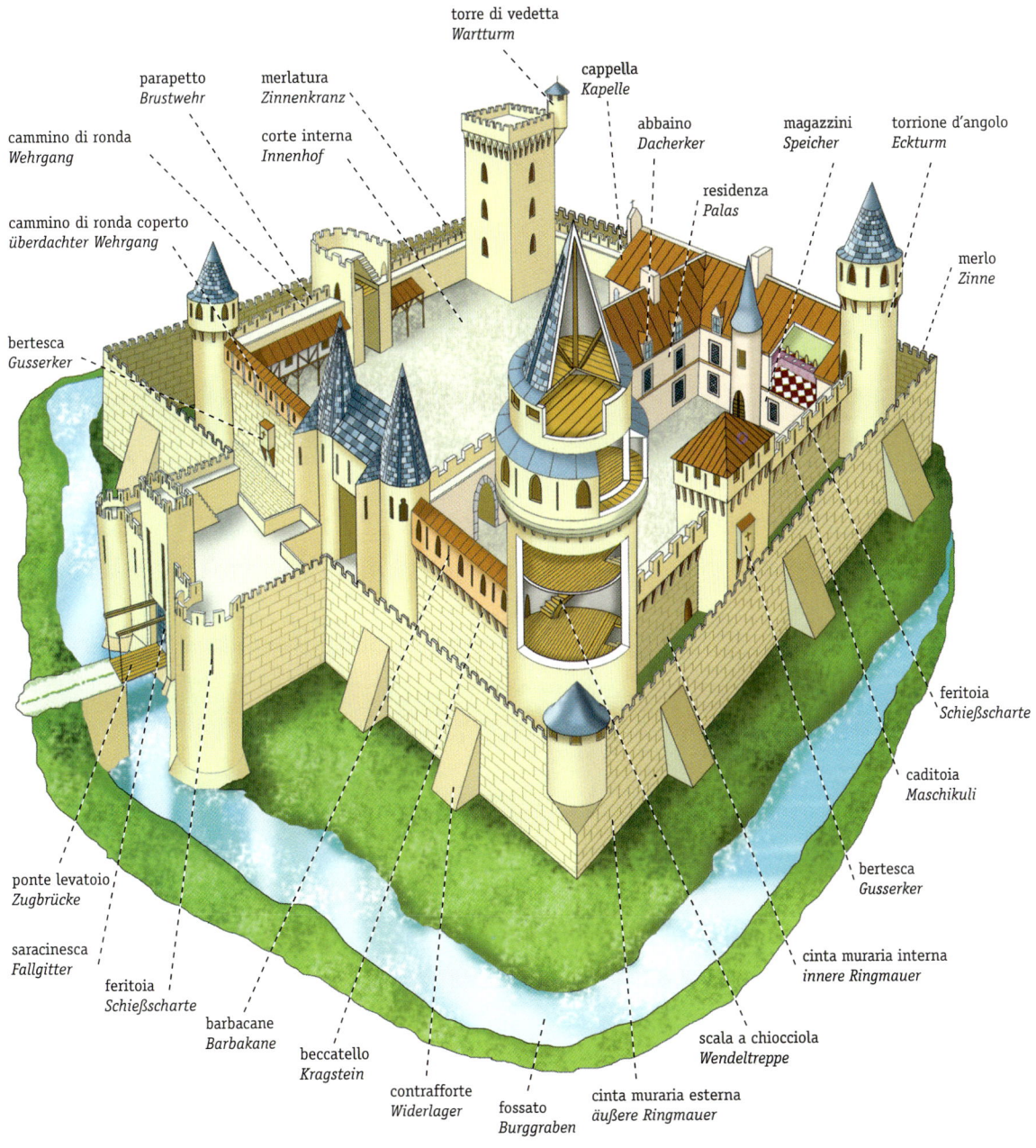

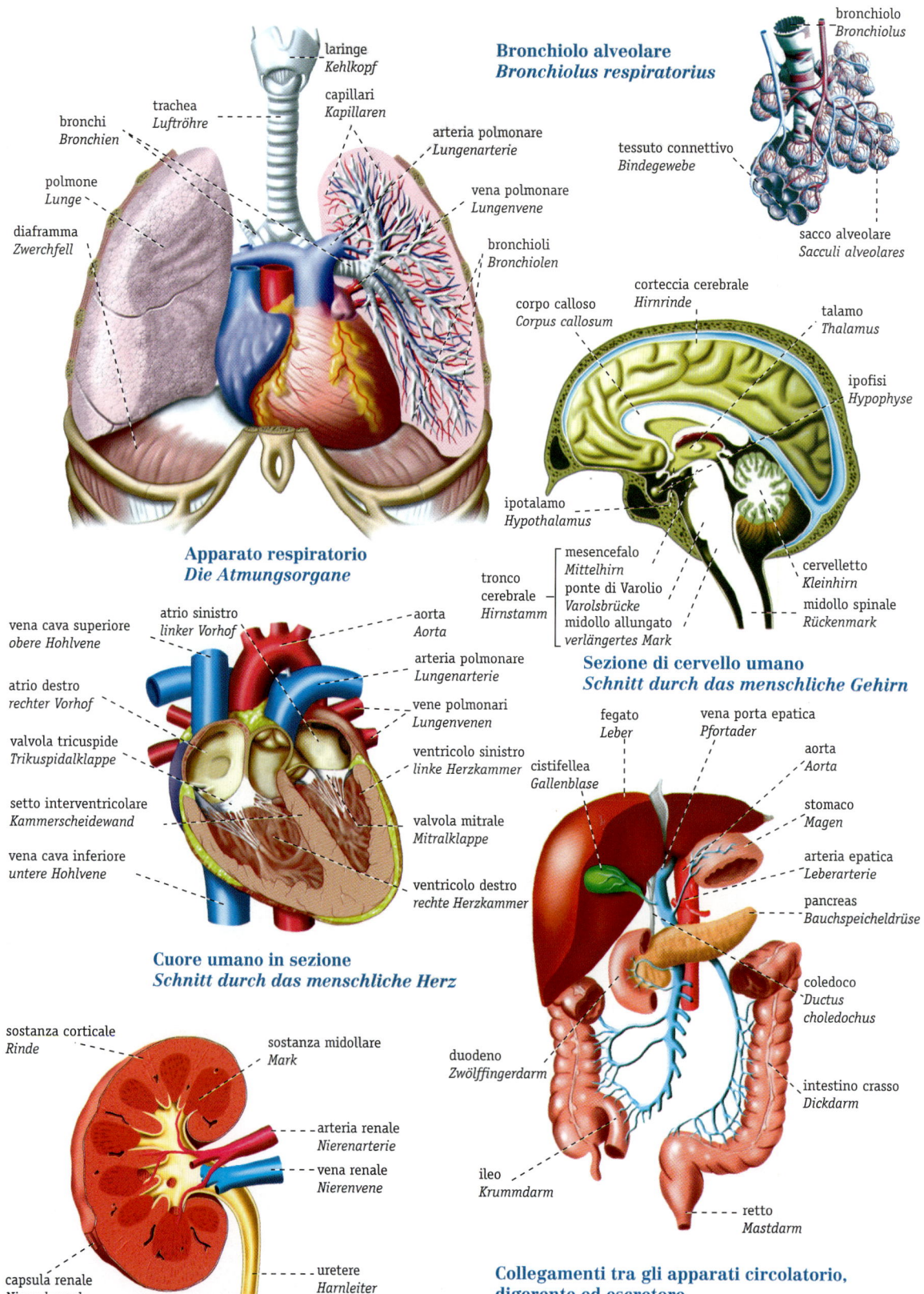

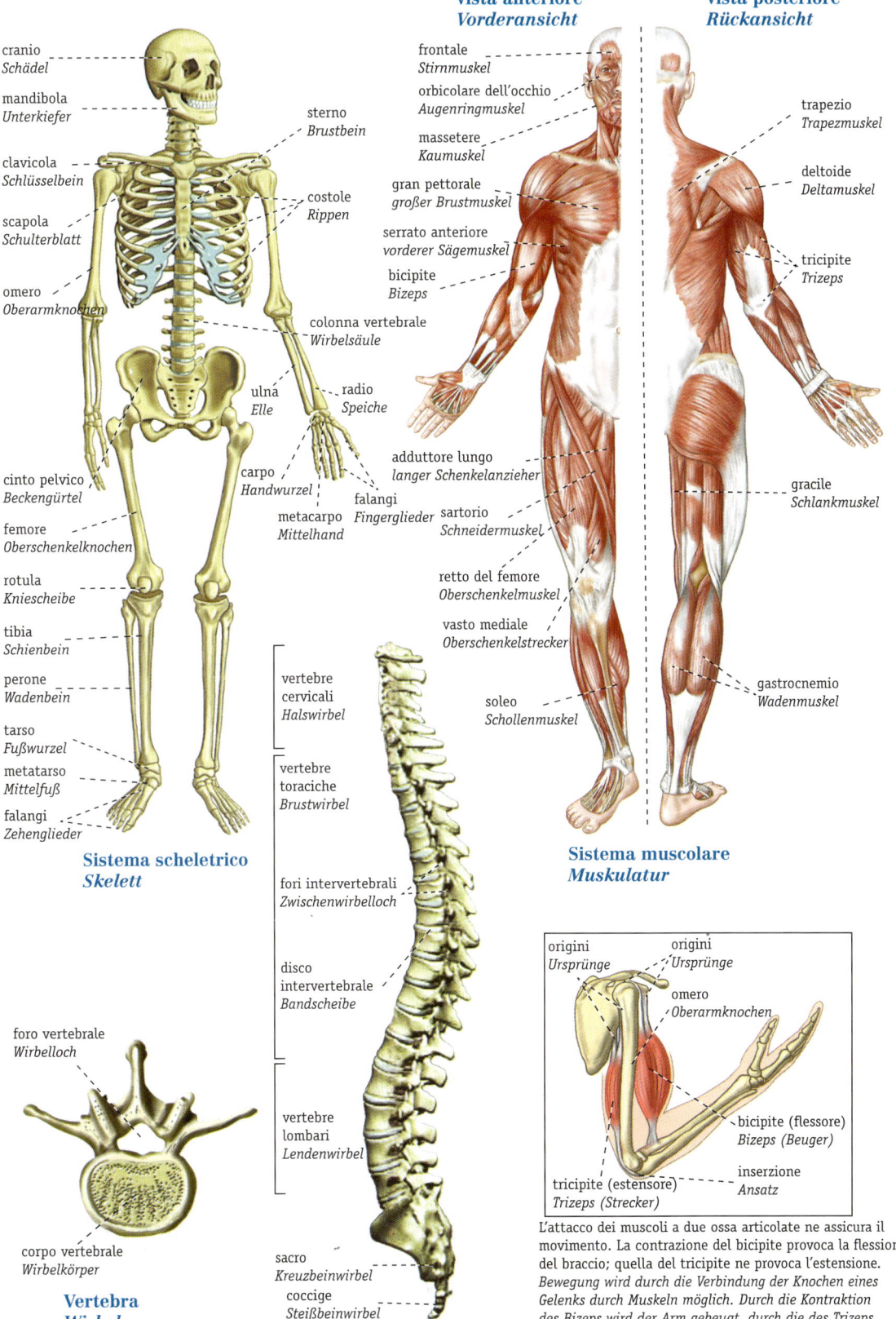

Lo sport • *Der Sport*

Lo stadio di calcio
Das Fußballstadion

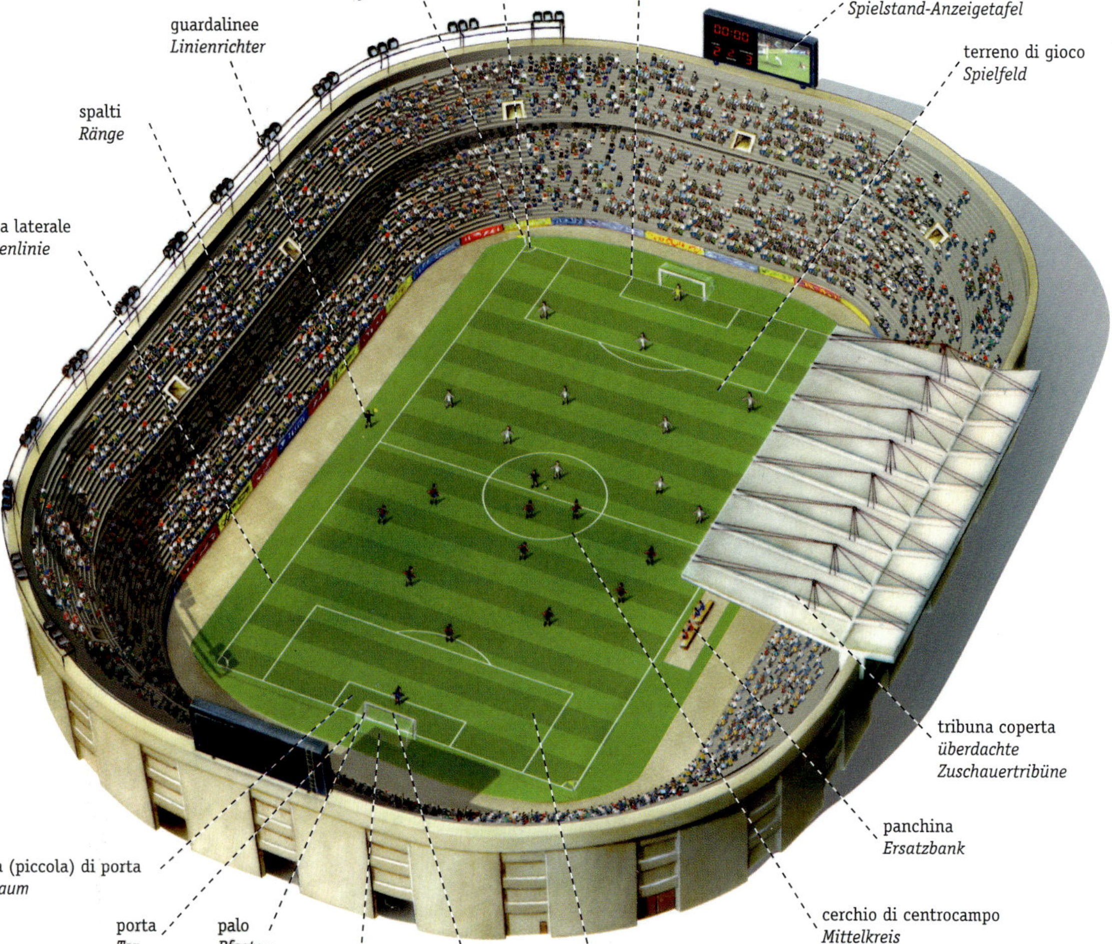

- area d'angolo — *Eckviertelkreis*
- bandierina — *Eckfahne*
- linea di fondo — *Torlinie*
- tabellone luminoso — *Spielstand-Anzeigetafel*
- guardalinee — *Linienrichter*
- terreno di gioco — *Spielfeld*
- spalti — *Ränge*
- linea laterale — *Seitenlinie*
- tribuna coperta — *überdachte Zuschauertribüne*
- panchina — *Ersatzbank*
- area (piccola) di porta — *Torraum*
- cerchio di centrocampo — *Mittelkreis*
- porta — *Tor*
- palo — *Pfosten*
- rete — *Tornetz*
- traversa — *Querlatte*
- area di rigore — *Strafraum*

Il calcio
Der Fußball

- stemma della squadra — *Mannschaftswappen*
- attaccante — *Angreifer*
- difensore — *Verteidiger*
- portiere — *Torwart*
- guanti — *Fußballhandschuhe*
- fischietto — *Trillerpfeife*
- numero di maglia — *Trikotnummer*
- sponsor — *Sponsor*
- maglietta — *Trikot*
- calzoncini — *Fußballhosen*
- calzettoni — *Fußballstrümpfe*
- scarpe — *Fußballschuhe*
- centrocampista — *Mittelfeldspieler*
- bandierina — *Fahne*
- parastinchi — *Schienbeinschoner*
- tacchetti — *Stollen*

Formazione di calcio — *Fußballmannschaft*
Arbitro — *Schiedsrichter*
Guardalinee — *Linienrichter*

La palestra
Die Turnhalle

Il tennis
Das Tennis

Campo da tennis
Tennisplatz

Colpi del tennis
Schlagarten (beim Tennis)

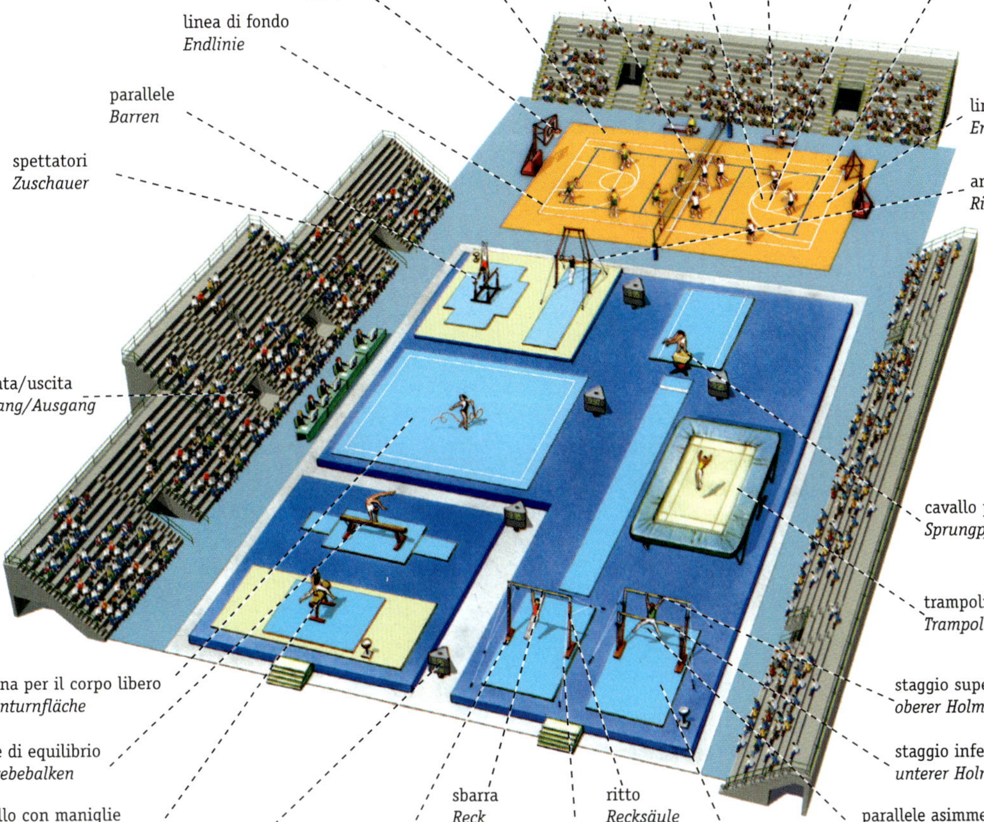

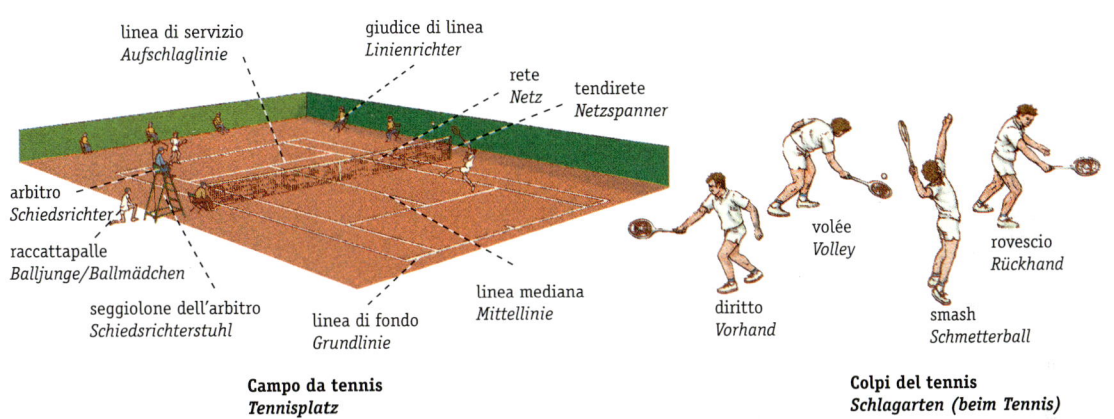

Lo sport • *Der Sport*

Lo stadio d'atletica
Das Leichtathletikstadion

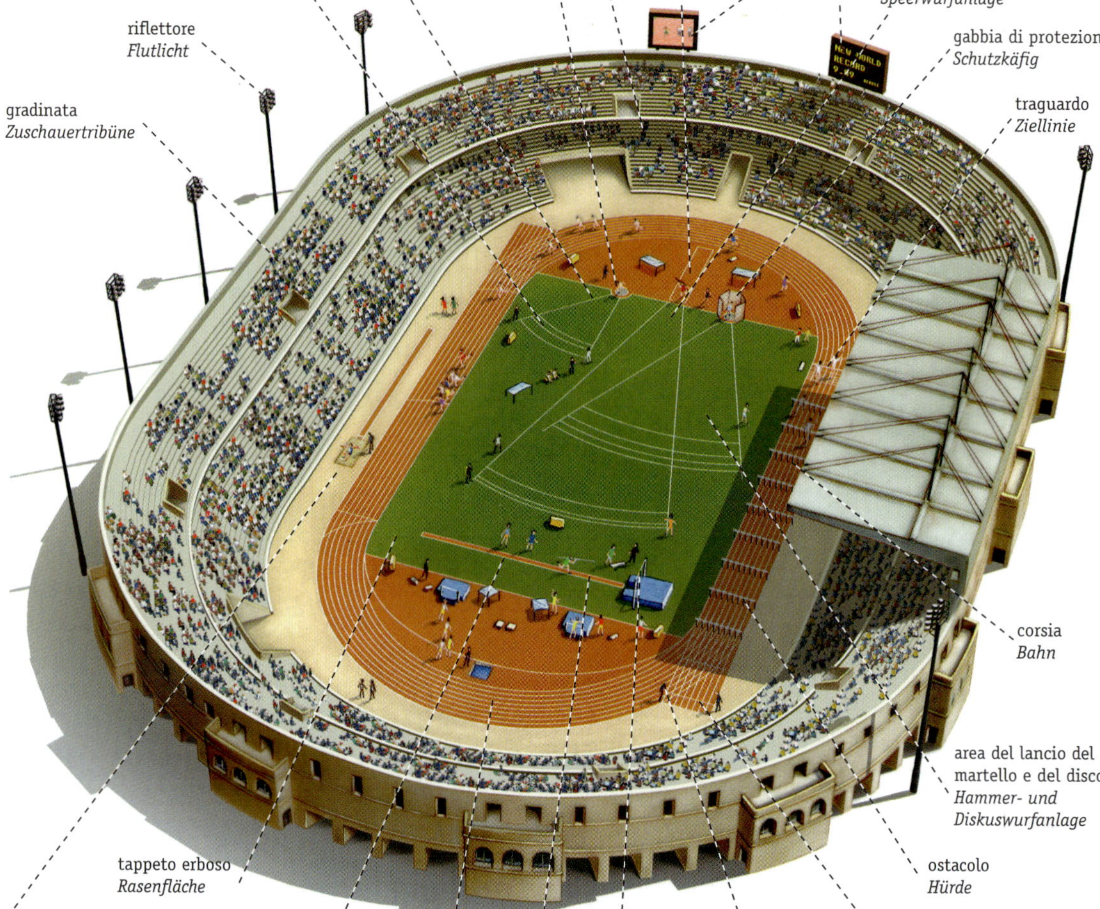

- area del lancio del peso — *Kugelstoßanlage*
- spettatori — *Zuschauer*
- pista di rincorsa — *Anlaufbahn*
- tabelloni segnapunti — *Anzeigetafel*
- area di atterraggio — *Stoßsektor*
- pedana di lancio — *Stoßkreis*
- area del lancio del giavellotto — *Speerwurfanlage*
- riflettore — *Flutlicht*
- gabbia di protezione — *Schutzkäfig*
- gradinata — *Zuschauertribüne*
- traguardo — *Ziellinie*
- corsia — *Bahn*
- area del lancio del martello e del disco — *Hammer- und Diskuswurfanlage*
- tappeto erboso — *Rasenfläche*
- ostacolo — *Hürde*
- area del salto triplo e del salto in lungo — *Drei- und Weitsprunganlage*
- asticella — *Stange*
- starter — *Starter*
- linea di partenza — *Startlinie*
- area del salto con l'asta — *Stabhochsprunganlage*
- pista — *Laufbahn*
- area del salto in alto — *Hochsprunganlage*

L'ippica
Der Reitsport

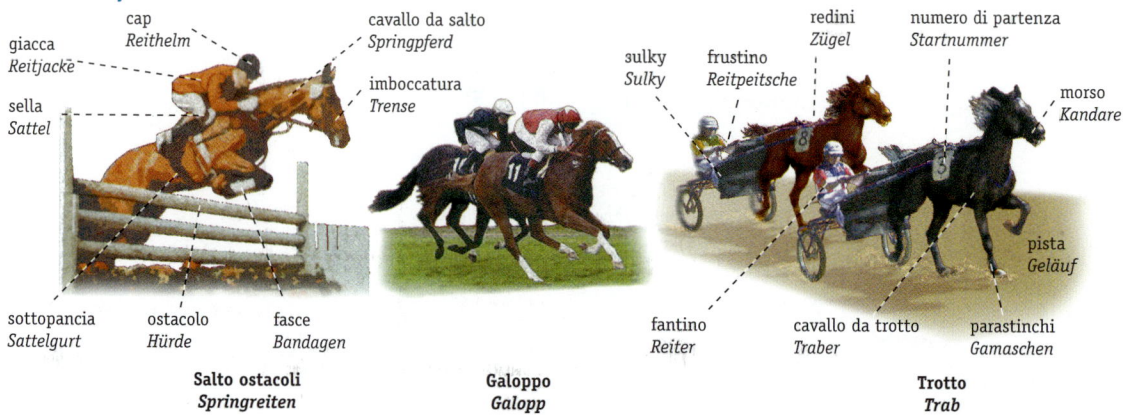

- giacca — *Reitjacke*
- cap — *Reithelm*
- cavallo da salto — *Springpferd*
- redini — *Zügel*
- numero di partenza — *Startnummer*
- sella — *Sattel*
- imboccatura — *Trense*
- sulky — *Sulky*
- frustino — *Reitpeitsche*
- morso — *Kandare*
- pista — *Geläuf*
- sottopancia — *Sattelgurt*
- ostacolo — *Hürde*
- fasce — *Bandagen*
- fantino — *Reiter*
- cavallo da trotto — *Traber*
- parastinchi — *Gamaschen*

Salto ostacoli — *Springreiten*
Galoppo — *Galopp*
Trotto — *Trab*

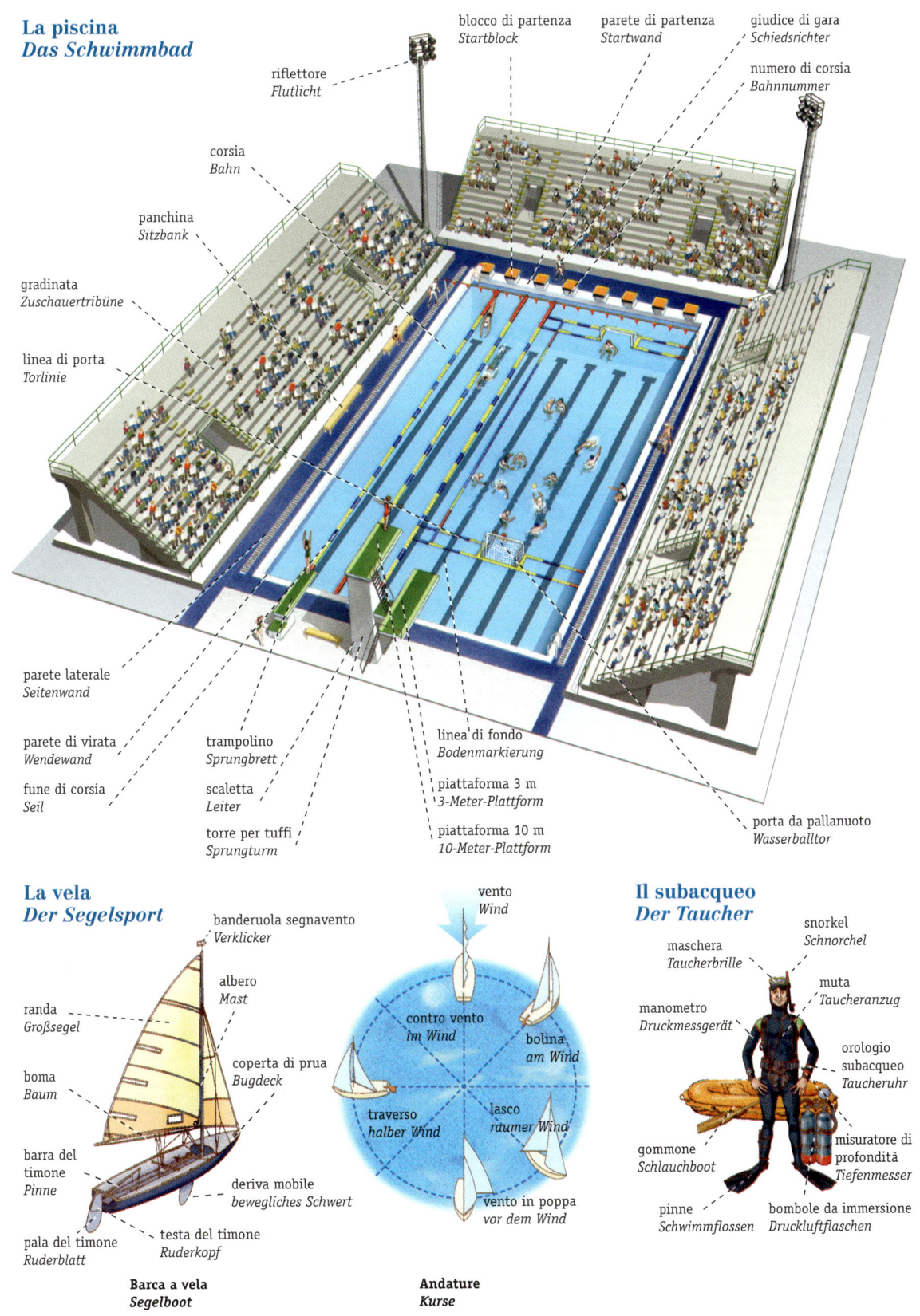

Gli sport invernali
Die Wintersportarten

- discesa libera — *Abfahrt*
- slalom speciale — *Spezialslalom*
- slalom gigante — *Riesenslalom*
- pattinaggio su ghiaccio — *Schlittschuhlaufen*
- salto dal trampolino — *Skispringen*
- snowboard — *Snowboarding*
- biathlon — *Biathlon*
- bob — *Bobrennen*
- curling — *Curling*
- hockey su ghiaccio — *Eishockey*
- sci di fondo — *Langlauf*

La Terra e l'ambiente • *Die Erde und die Umwelt*

La casa colonica
Das Bauernhaus

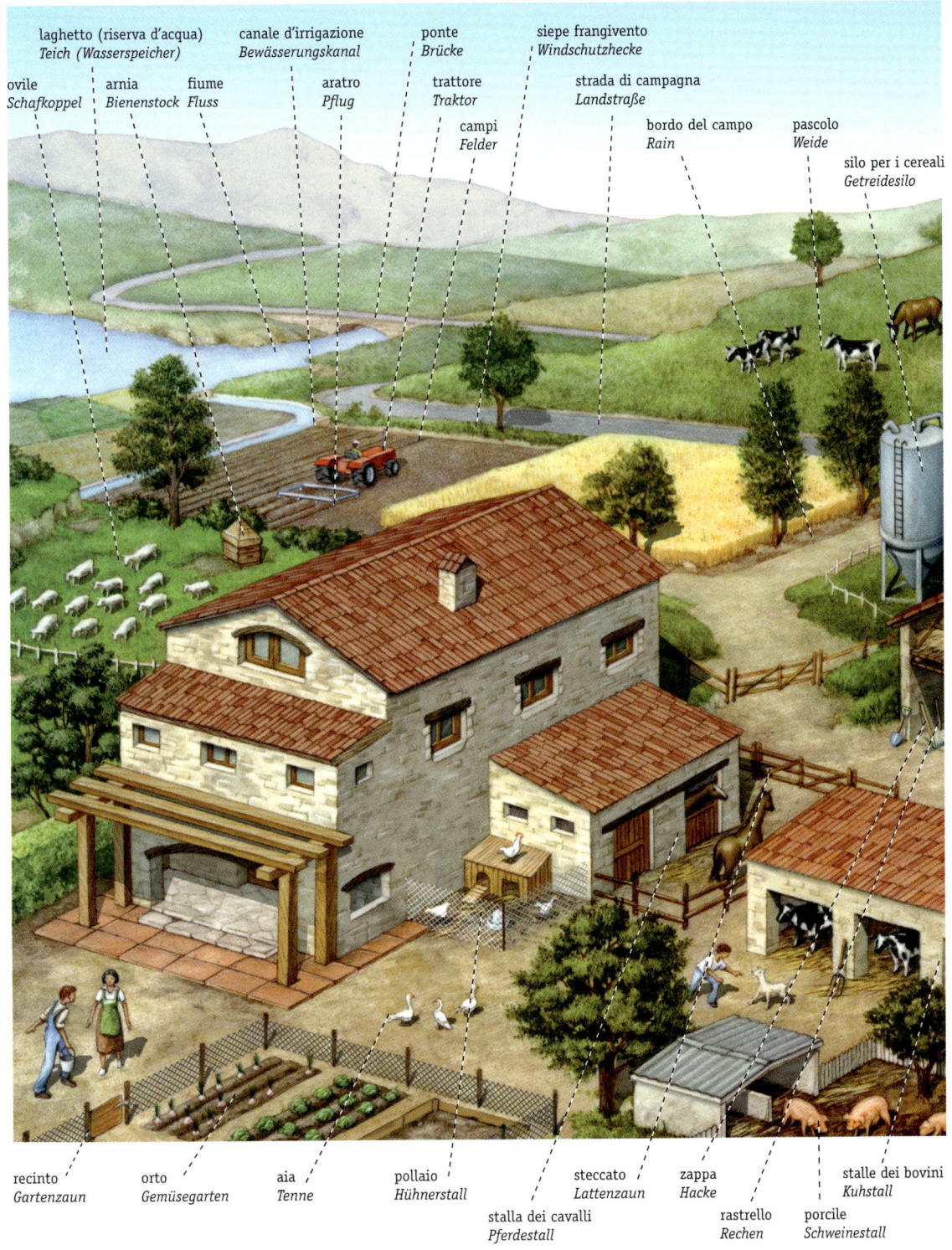

La Terra e l'ambiente • *Die Erde und die Umwelt*

La centrale termoelettrica a carbone
Das Kohlekraftwerk

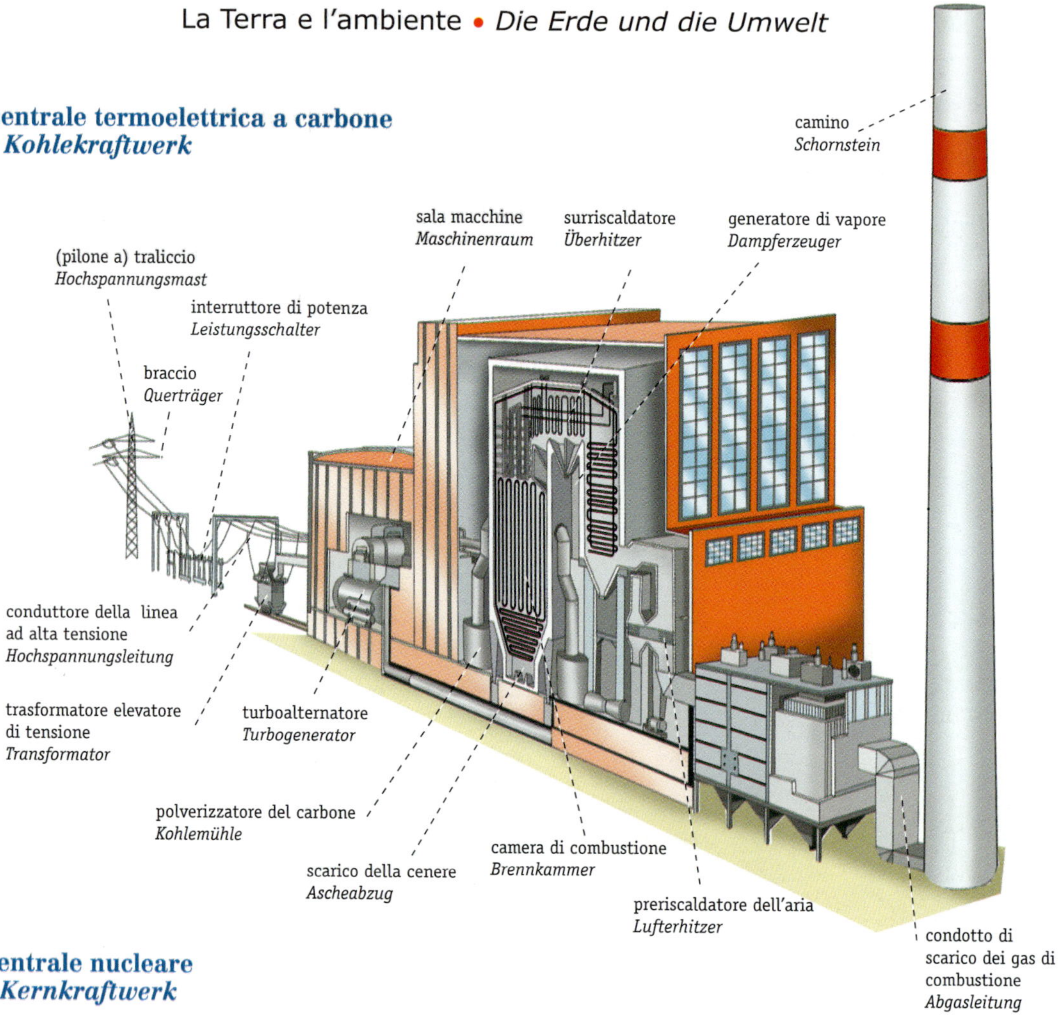

- camino / *Schornstein*
- sala macchine / *Maschinenraum*
- surriscaldatore / *Überhitzer*
- generatore di vapore / *Dampferzeuger*
- (pilone a) traliccio / *Hochspannungsmast*
- interruttore di potenza / *Leistungsschalter*
- braccio / *Querträger*
- conduttore della linea ad alta tensione / *Hochspannungsleitung*
- trasformatore elevatore di tensione / *Transformator*
- turboalternatore / *Turbogenerator*
- polverizzatore del carbone / *Kohlemühle*
- scarico della cenere / *Ascheabzug*
- camera di combustione / *Brennkammer*
- preriscaldatore dell'aria / *Lufterhitzer*
- condotto di scarico dei gas di combustione / *Abgasleitung*

La centrale nucleare
Das Kernkraftwerk

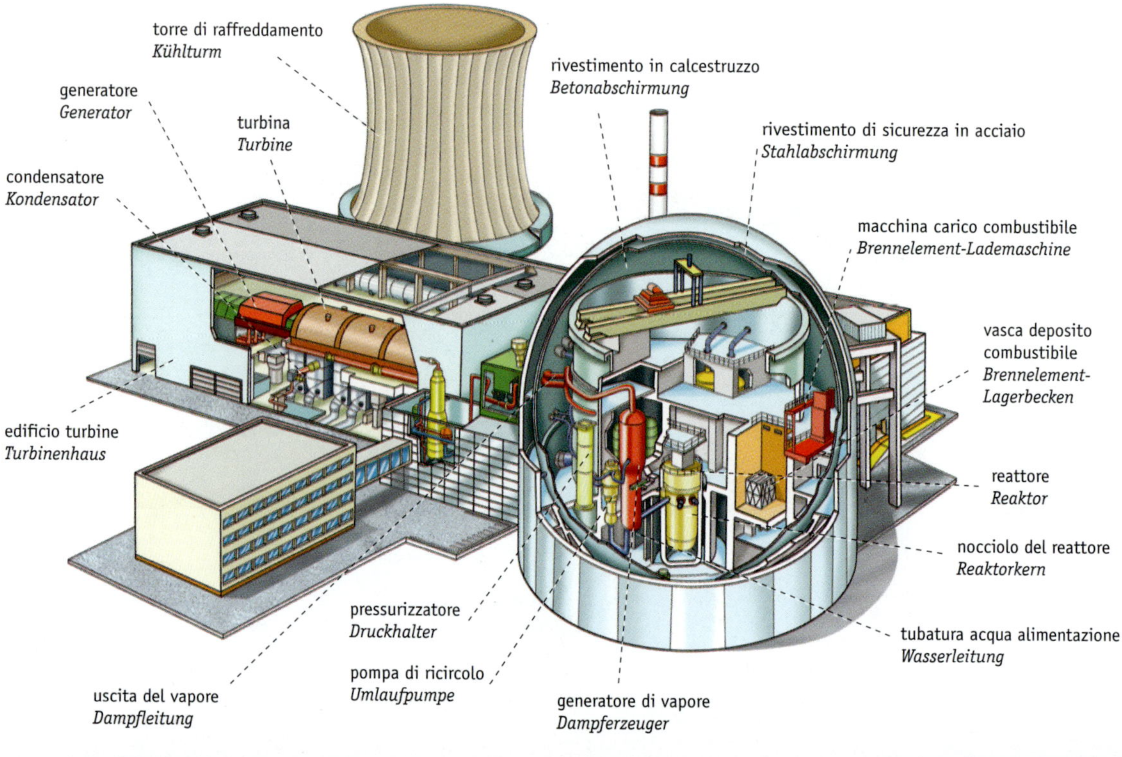

- torre di raffreddamento / *Kühlturm*
- rivestimento in calcestruzzo / *Betonabschirmung*
- generatore / *Generator*
- turbina / *Turbine*
- rivestimento di sicurezza in acciaio / *Stahlabschirmung*
- condensatore / *Kondensator*
- macchina carico combustibile / *Brennelement-Lademaschine*
- vasca deposito combustibile / *Brennelement-Lagerbecken*
- edificio turbine / *Turbinenhaus*
- reattore / *Reaktor*
- nocciolo del reattore / *Reaktorkern*
- pressurizzatore / *Druckhalter*
- tubatura acqua alimentazione / *Wasserleitung*
- uscita del vapore / *Dampfleitung*
- pompa di ricircolo / *Umlaufpumpe*
- generatore di vapore / *Dampferzeuger*

La Terra e l'ambiente • *Die Erde und die Umwelt*

L'energia eolica
Die Windenergie

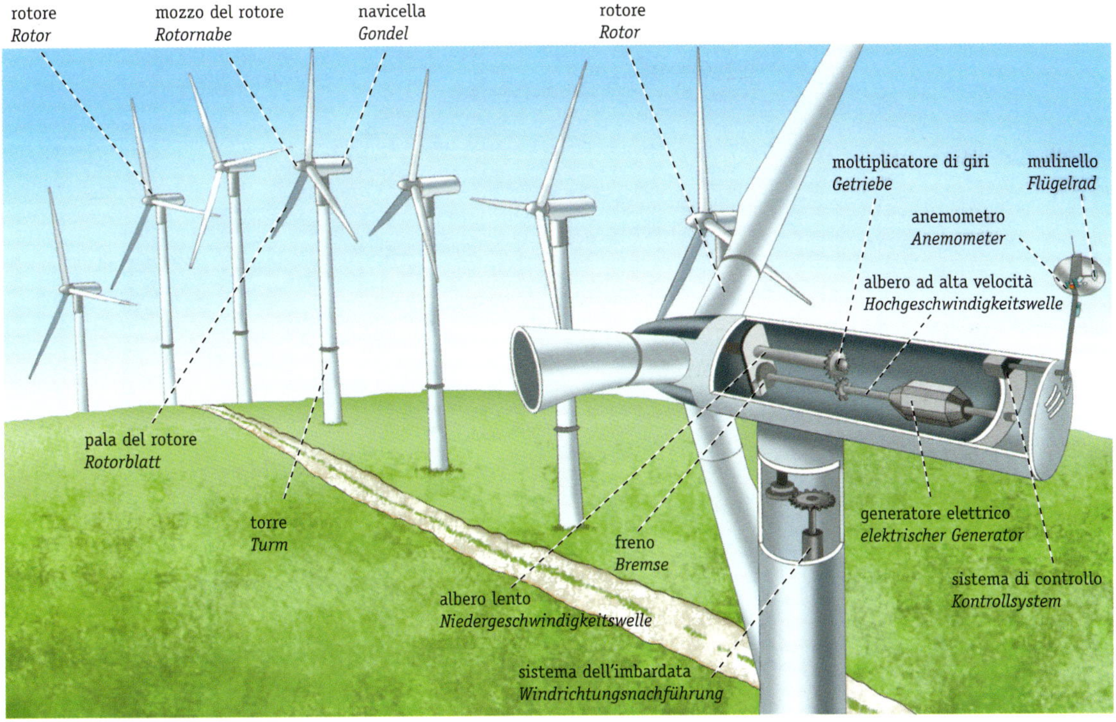

- rotore / *Rotor*
- mozzo del rotore / *Rotornabe*
- navicella / *Gondel*
- rotore / *Rotor*
- moltiplicatore di giri / *Getriebe*
- mulinello / *Flügelrad*
- anemometro / *Anemometer*
- albero ad alta velocità / *Hochgeschwindigkeitswelle*
- pala del rotore / *Rotorblatt*
- generatore elettrico / *elektrischer Generator*
- torre / *Turm*
- freno / *Bremse*
- sistema di controllo / *Kontrollsystem*
- albero lento / *Niedergeschwindigkeitswelle*
- sistema dell'imbardata / *Windrichtungsnachführung*

La diga
Der Staudamm

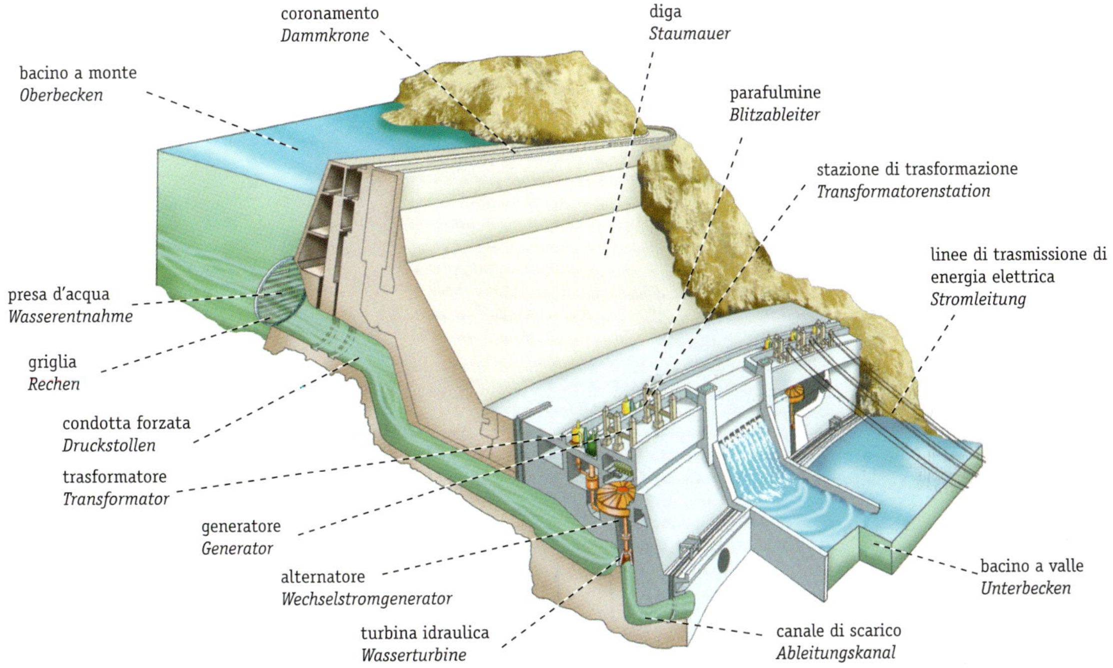

- coronamento / *Dammkrone*
- diga / *Staumauer*
- bacino a monte / *Oberbecken*
- parafulmine / *Blitzableiter*
- stazione di trasformazione / *Transformatorenstation*
- linee di trasmissione di energia elettrica / *Stromleitung*
- presa d'acqua / *Wasserentnahme*
- griglia / *Rechen*
- condotta forzata / *Druckstollen*
- trasformatore / *Transformator*
- generatore / *Generator*
- bacino a valle / *Unterbecken*
- alternatore / *Wechselstromgenerator*
- canale di scarico / *Ableitungskanal*
- turbina idraulica / *Wasserturbine*

La Terra e l'ambiente • *Die Erde und die Umwelt*

La miniera
Das Bergwerk

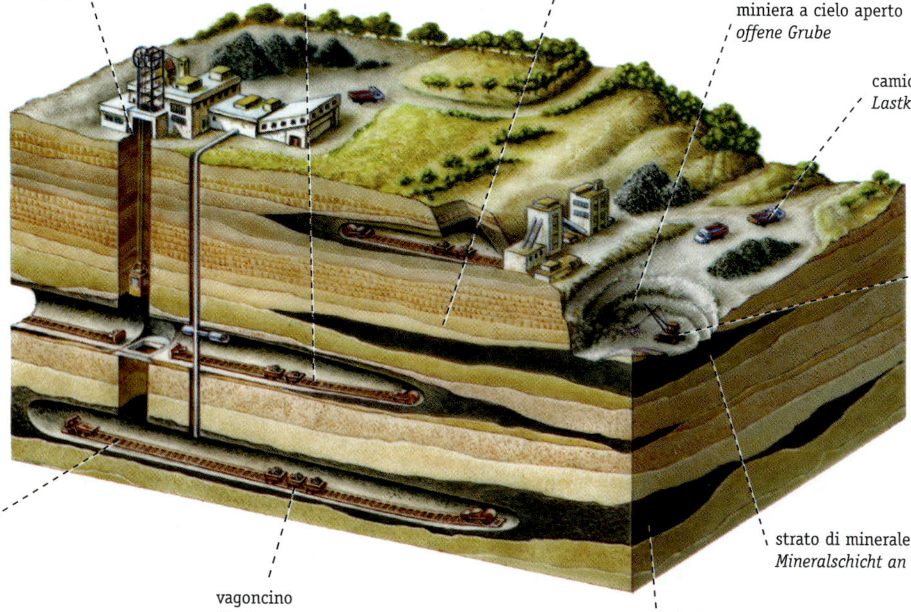

- accesso al pozzo / *Schachteingang*
- galleria orizzontale / *horizontaler Stollen*
- strato roccioso / *Gesteinsschicht*
- miniera a cielo aperto / *offene Grube*
- camion / *Lastkraftwagen*
- gru / *Kran*
- rotaie / *Gleise*
- vagoncino / *Hunt*
- giacimento profondo / *Lagerstätte in der Tiefe*
- strato di minerale superficiale / *Mineralschicht an der Oberfläche*

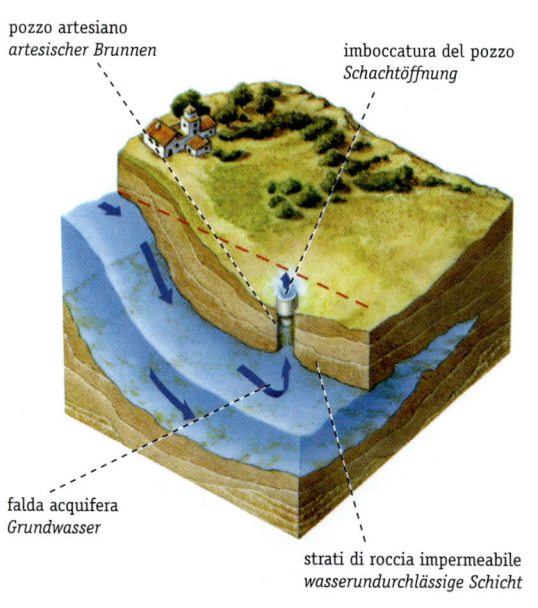

Il pozzo
Der Brunnen

- pozzo artesiano / *artesischer Brunnen*
- imboccatura del pozzo / *Schachtöffnung*
- falda acquifera / *Grundwasser*
- strati di roccia impermeabile / *wasserundurchlässige Schicht*

Le saline
Die Salinen

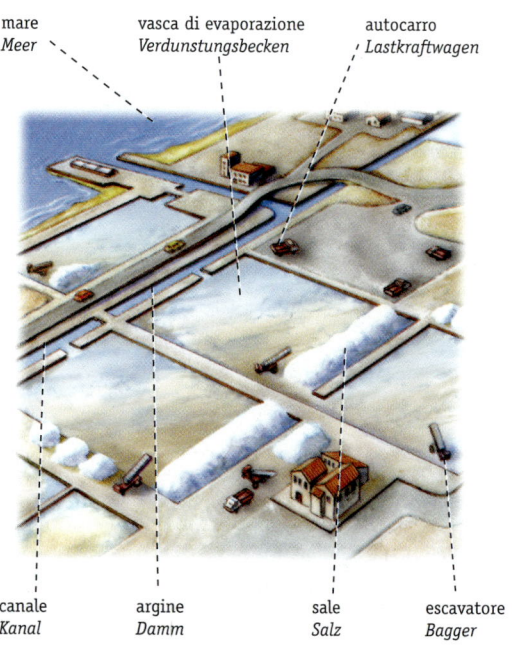

- mare / *Meer*
- vasca di evaporazione / *Verdunstungsbecken*
- autocarro / *Lastkraftwagen*
- canale / *Kanal*
- argine / *Damm*
- sale / *Salz*
- escavatore / *Bagger*

L'isola, la penisola, il promontorio e l'atollo
Die Insel, die Halbinsel, das Kap und das Atoll

I fondali marini
Der Meeresboden

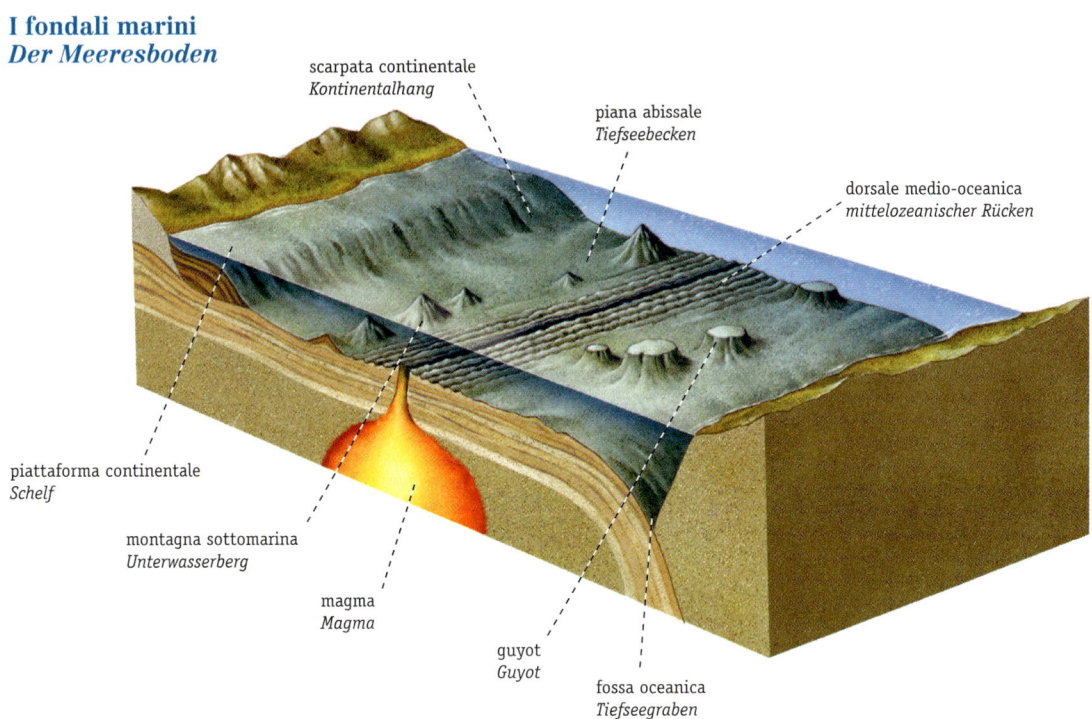

Il ciclo dell'acqua
Der Wasserkreislauf

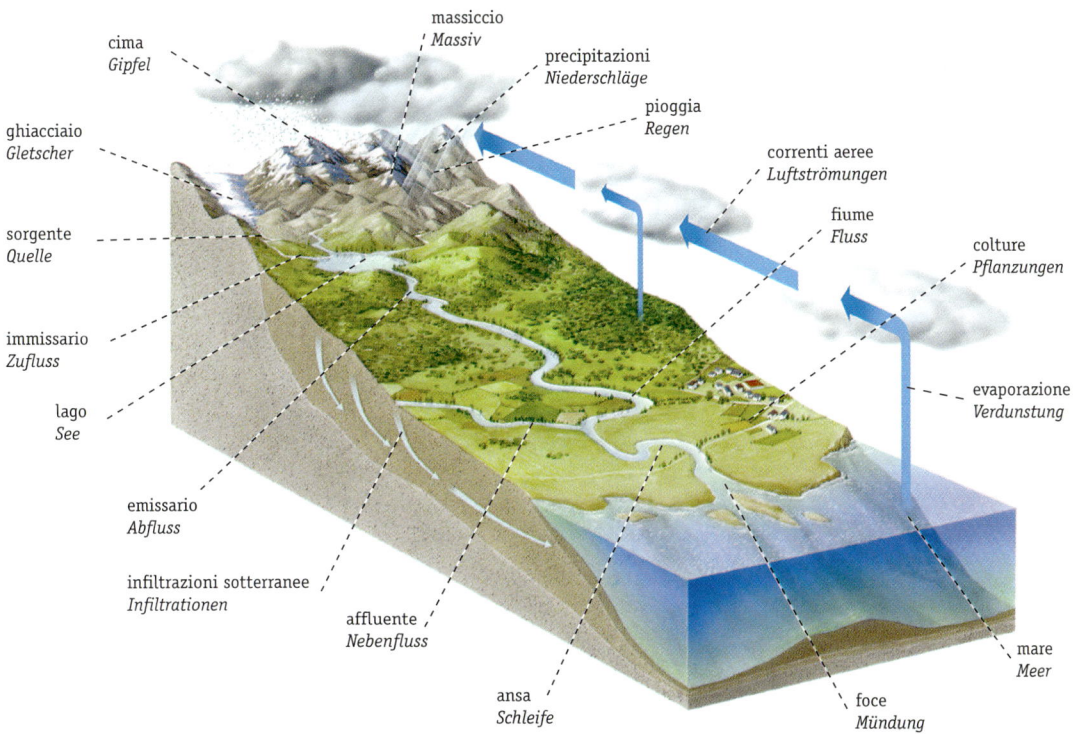

La montagna e il fiume
Der Berg und der Fluss

La Terra e l'ambiente • *Die Erde und die Umwelt*

Il vulcano
Der Vulkan

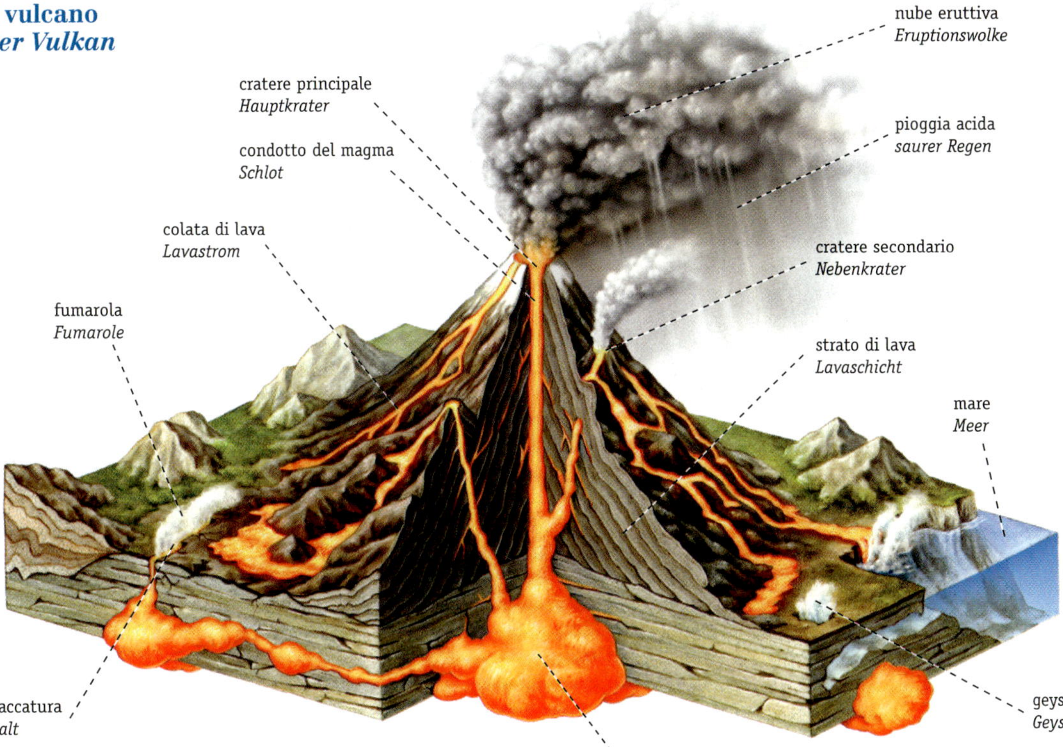

- nube eruttiva / *Eruptionswolke*
- cratere principale / *Hauptkrater*
- condotto del magma / *Schlot*
- pioggia acida / *saurer Regen*
- colata di lava / *Lavastrom*
- cratere secondario / *Nebenkrater*
- fumarola / *Fumarole*
- strato di lava / *Lavaschicht*
- mare / *Meer*
- spaccatura / *Spalt*
- geyser / *Geysir*
- magma / *Magma*

La struttura della Terra
Der Aufbau der Erde

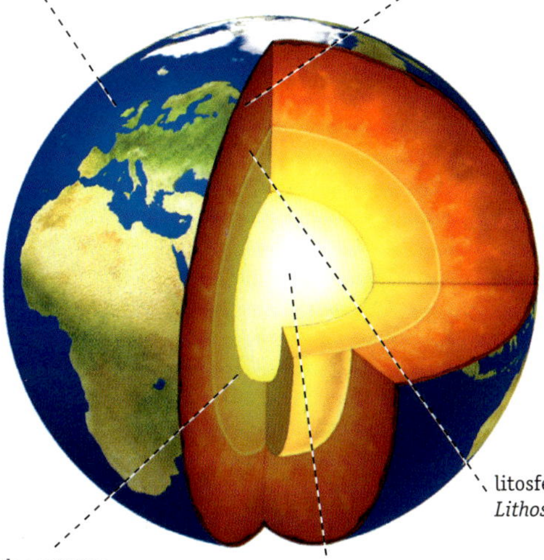

- superficie terrestre / *Erdoberfläche*
- mantello / *Erdmantel*
- litosfera / *Lithosphäre*
- nucleo esterno / *äußerer Erdkern*
- nucleo interno / *innerer Erdkern*

La crosta terrestre
Die Erdkruste

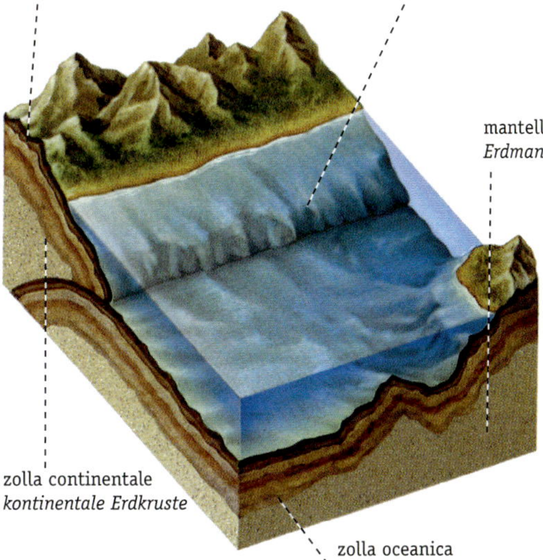

- crosta terrestre / *Erdkruste*
- scarpata continentale / *Kontinentalhang*
- mantello / *Erdmantel*
- zolla continentale / *kontinentale Erdkruste*
- zolla oceanica / *ozeanische Erdkruste*

Lo spazio • *Der Weltraum*

Il sistema solare
Das Sonnensystem

- Sole / *Sonne*
- fascia di asteroidi / *Asteroidengürtel*
- orbita / *Orbit*
- Venere / *Venus*
- Marte / *Mars*
- Urano / *Uranus*
- Plutone / *Pluto*
- Mercurio / *Merkur*
- Terra / *Erde*
- Giove / *Jupiter*
- Saturno / *Saturn*
- Nettuno / *Neptun*

Il telescopio
Das Teleskop

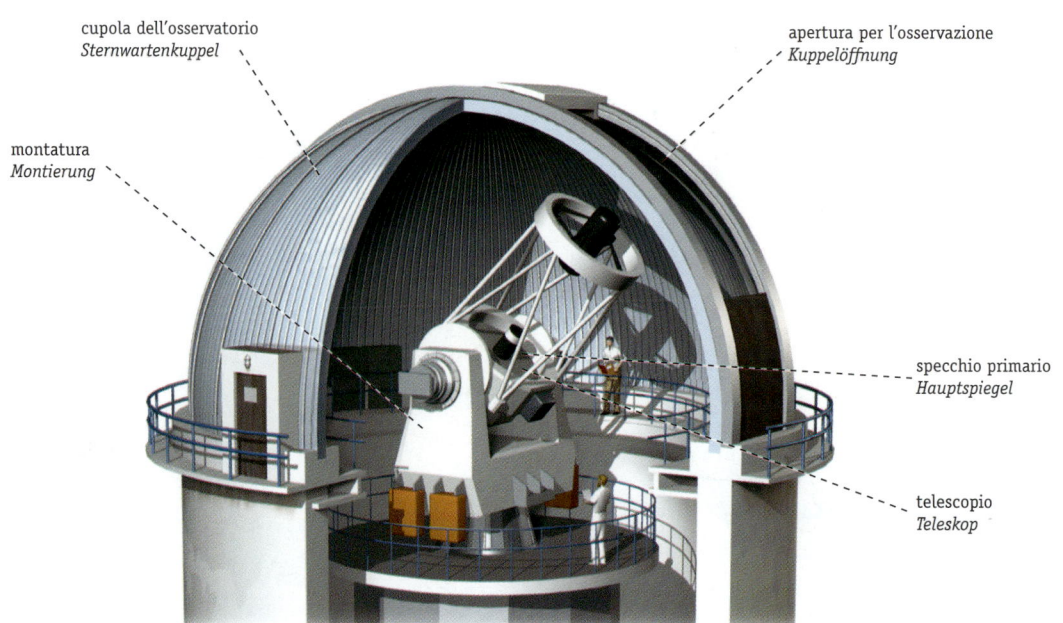

- cupola dell'osservatorio / *Sternwartenkuppel*
- apertura per l'osservazione / *Kuppelöffnung*
- montatura / *Montierung*
- specchio primario / *Hauptspiegel*
- telescopio / *Teleskop*

Lo spazio • *Der Weltraum*

Lo shuttle
Der Spaceshuttle

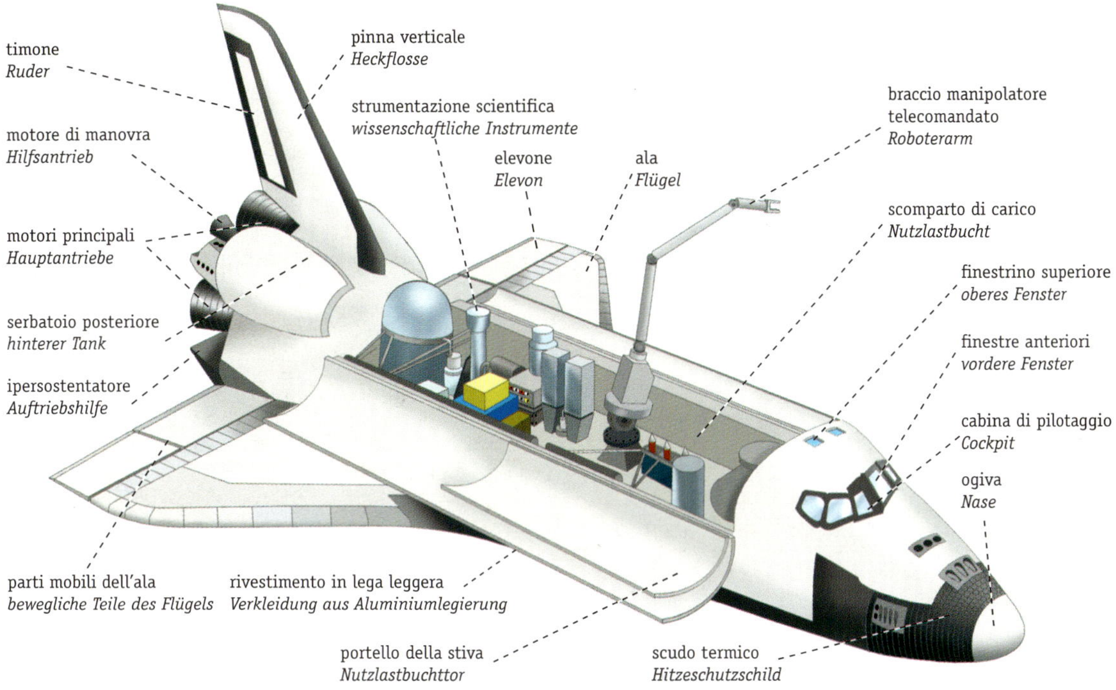

- timone / *Ruder*
- motore di manovra / *Hilfsantrieb*
- motori principali / *Hauptantriebe*
- serbatoio posteriore / *hinterer Tank*
- ipersostentatore / *Auftriebshilfe*
- parti mobili dell'ala / *bewegliche Teile des Flügels*
- rivestimento in lega leggera / *Verkleidung aus Aluminiumlegierung*
- portello della stiva / *Nutzlastbuchttor*
- pinna verticale / *Heckflosse*
- strumentazione scientifica / *wissenschaftliche Instrumente*
- elevone / *Elevon*
- ala / *Flügel*
- scudo termico / *Hitzeschutzschild*
- braccio manipolatore telecomandato / *Roboterarm*
- scomparto di carico / *Nutzlastbucht*
- finestrino superiore / *oberes Fenster*
- finestre anteriori / *vordere Fenster*
- cabina di pilotaggio / *Cockpit*
- ogiva / *Nase*

Il telescopio spaziale Hubble
Das Hubble-Weltraumteleskop

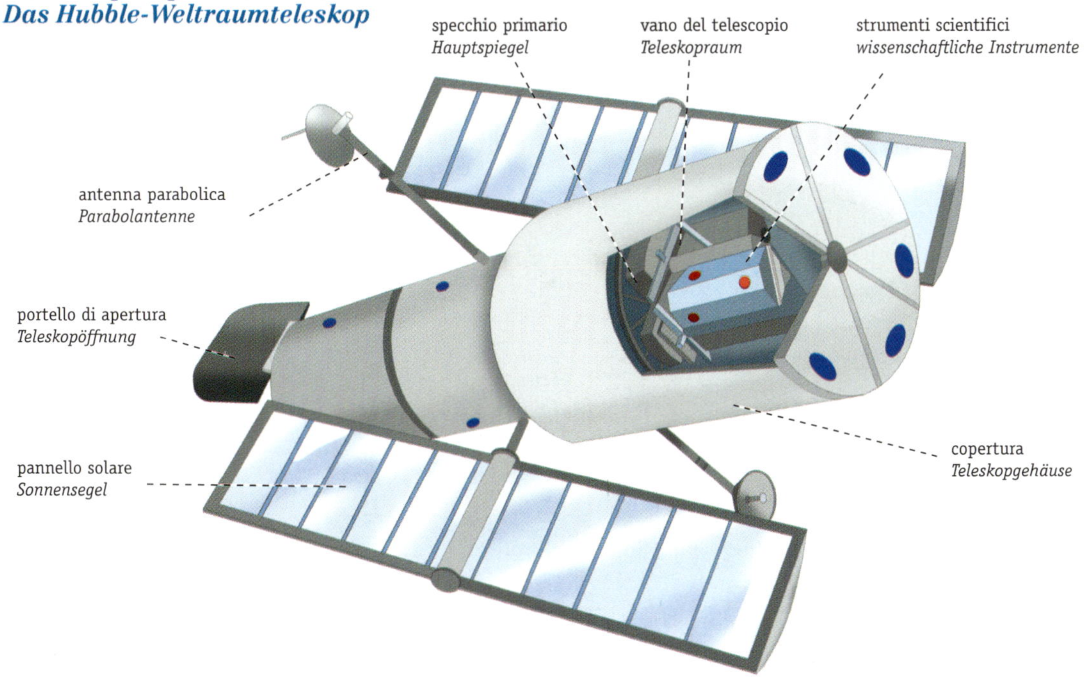

- antenna parabolica / *Parabolantenne*
- portello di apertura / *Teleskopöffnung*
- pannello solare / *Sonnensegel*
- specchio primario / *Hauptspiegel*
- vano del telescopio / *Teleskopraum*
- strumenti scientifici / *wissenschaftliche Instrumente*
- copertura / *Teleskopgehäuse*

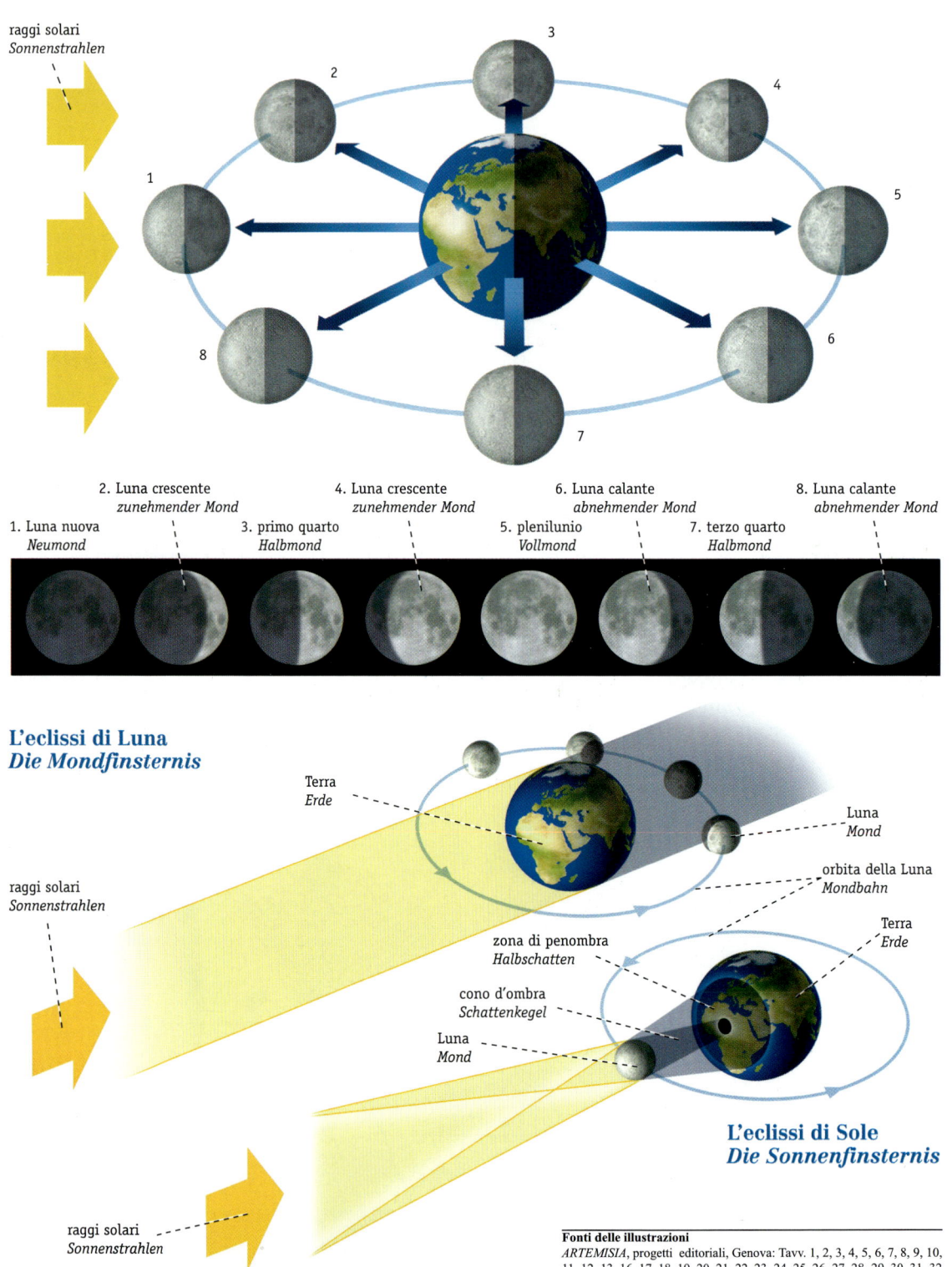